DICCIONARIO GENERAL

ESPAÑOL-FRANCÉS
FRANCÉS-ESPAÑOL

DICTIONNAIRE GÉNÉRAL

FRANÇAIS-ESPAGNOL
ESPAGNOL-FRANÇAIS

LAROUSSE
DICCIONARIO GENERAL
ESPAÑOL-FRANCÉS
FRANÇAIS-ESPAGNOL

por Ramón García-Pelayo y Gross
Professeur à l'École supérieure d'interprètes
et de traducteurs de l'Université de Paris
Maître de conférences à l'École nationale d'administration
et à l'Institut des sciences politiques de Paris
Membre de l'Ilustre Colegio de Abogados de Madrid
Membre correspondant de l'Academia de San Dionisio
de Ciencias, Artes y Letras
de l'Academia Boliviana de la Historia
de la Real Academia de Bellas Artes de San Telmo
et de l'Academia Argentina de Letras

y Jean Testas
Agrégé de l'Université - Assistant à la Sorbonne
Maître de conférences à l'École nationale d'administration
Responsable des études hispaniques
à l'École des hautes études commerciales de Paris (Jouy-en-Josas)

CON LA COLABORACIÓN DE
Micheline Durand
Licenciée de l'Université de Paris - Interprète de conférence
Professeur à l'École supérieure d'interprètes
et de traducteurs de l'Université de Paris
Maître de conférences à l'Institut des sciences politiques de Paris

Fernando García-Pelayo y Gross
Diplômé de l'Université de Madrid
Professeur d'espagnol commercial
à l'Institut supérieur de commerce de Paris

Jean-Paul Vidal
Licencié et diplômé d'études supérieures d'espagnol
Diplômé de l'École supérieure de traducteurs
de l'Université de Paris

LAROUSSE

ES UNA OBRA

PRIMERA EDICIÓN
Colaboradores: Amadeo Bernadó Calcató, Jean Coste, Jacqueline Englund,
Ernesto García-Herrera, Antonio García-Pelayo, Fernando Gómez Peláez, Annick Labarère,
Françoise Laye, José María Rodríguez, Anne-Marie Suret, Guy Testas,
Adolphe V. Thomas, René Violot

EDICIÓN ACTUAL
Coordinación: Beatrice Cazalaà, Paloma Cabot
Colaboradores: José María Ávila Jiménez, María del Mar Bercial Arias, María Jesús Bueno Contestabile,
Leslie Gallmann, Elena Rodríguez Nieto-Ilhe, Natalia Rubio Pellus
Corrección: Jean-Jacques Carreras, Pierre Coët
Informática editorial: Gabino Alonso

© MCMXCIII, Larousse-Bordas

©2000, Larousse Editorial, S.A.

LAROUSSE EDITORIAL, S.A.
Avda. Diagonal 407 bis 10ª, 08008 Barcelona
Tel.: 93 292 26 66 Fax: 93 292 21 62
editorial@larousse.es / www.larousse.es

Quedan rigurosamente prohibidas, sin la autorización escrita de los titulares del Copyright,
bajo las sanciones establecidas en las leyes, la reproducción parcial o total de esta obra por cualquier
medio o procedimiento, comprendidos la reprografía y el tratamiento informático, y la
distribución de ejemplares de ella mediante alquiler o préstamo público.

ISBN 84-8016-245-7
Depósito legal: B. 9.154-2000
Impresión: Liberdúplex, S.L.
Impreso en España - Printed in Spain

Prólogo

LA PRESENTE EDICIÓN, corregida y enriquecida, tiene como objetivo recopilar los principales recursos lingüísticos de la lengua francesa y española de hoy en día.

Pese a su vocación actualizadora y generalista, y teniendo en cuenta que la totalidad del corpus ha sido elegida según criterios de uso y notoriedad, este diccionario recoge igualmente algunas formas clásicas y términos especializados.

Además del enriquecimiento que aportan las 14 000 nuevas voces seleccionadas entre los registros susceptibles de una mayor evolución –el lenguaje cotidiano y el vocabulario de los medios de comunicación– el cuerpo del diccionario se ha visto modificado para obtener una mayor convivialidad.

El resultado de esta revisión es un instrumento de traducción concebido especialmente para los estudiantes de francés de la enseñanza secundaria, primeros años de universidad y, en general, para todos aquellos que aprenden o practican francés.

LOS EDITORES

Préface

LA PRÉSENTE ÉDITION, refondue et enrichie, a pour ambition de rassembler les principales ressources des langues française et espagnole d'aujourd'hui.

S'il se veut actuel et général, ce dictionnaire recueille également certaines formes classiques ainsi qu'un ensemble de termes spécialisés, la totalité du corpus ayant été sélectionnée sur des critères d'usage ou de notoriété.

Parallèlement à cette sélection et à l'enrichissement qu'apportent 14 000 ajouts dans les registres de la langue les plus mouvants –langue courante et vocabulaire des médias– la physionomie du texte même a été modifiée au bénéfice d'une plus grande convivialité.

L'ouvrage ainsi remanié et allégé offre un outil de traduction spécialement conçu pour les lycéens, les étudiants hispanistes des premières années de faculté et, d'une façon générale, pour tous ceux qui apprennent ou pratiquent l'espagnol.

LES EDITEURS

Comment utiliser ce dictionnaire

ORDRE DES MOTS

1. Les libellés se présentent toujours dans l'ordre alphabétique. Cependant, si deux libellés ont le même sens et des orthographes très voisines, ils peuvent être groupés. Ex: **clef; clé**.
2. Les mots composés sont également classés par ordre alphabétique et non après le mot simple dont ils dérivent. C'est ainsi qu'**auto-induction** est placé après **autoguidé** et non à l'intérieur de l'article **auto**, étudié en tant que préfixe.
3. Les verbes essentiellement pronominaux, ne dépendant d'aucun verbe simple, font l'objet d'un article à part entière (cherchez **s'écrier** à **écrier (s')**). Par contre, ceux qui ne sont qu'accidentellement pronominaux sont traités à l'intérieur de l'article relatif au verbe simple, après l'abréviation *v pr* (cherchez **mirarse** à **mirar**).

TRANSCRIPTION PHONÉTIQUE

La prononciation n'est indiquée que lorsque le mot présente une difficulté phonétique. C'est pourquoi, dans la partie espagnole, elle n'apparaît qu'à la lettre *w*. Elle est indiquée selon la méthode de l'Association phonétique internationale (voir p. XII) et placée entre crochets, immédiatement après le libellé. Ex: **gageure** [gaʒyːr].

INDICATIONS GRAMMATICALES

1. La catégorie grammaticale du libellé est indiquée par une abréviation très claire, dont la liste détaillée figure pages XIV et XV.
2. Le genre des substantifs n'est indiqué dans la traduction que s'il est différent de celui du libellé. Ex: **visage** *m* rostro, cara *f*. Il en est de même pour le nombre. Ex: **ajedrez** *m* échecs *pl*.
3. Le pluriel irrégulier des mots est indiqué en observation à la fin de l'article, ex: **chou-fleur**: OBSERV pl *choux-fleurs*; ou figure dans un exemple qui illustre l'article en question. Ex: **œil** *m* ojo; *des yeux bleus* ojos azules.
4. Quand le même libellé revêt plusieurs formes grammaticales, celles-ci sont traitées dans le même article et sont signalées par un losange plein (◆). Ex: à **moins**, on étudie d'abord l'adverbe, puis le substantif.
5. Les verbes irréguliers sont immédiatement suivis d'un astérisque, qui renvoie aux pages finales de conjugaison.

Cómo usar este diccionario

ORDEN DE LAS PALABRAS

1. Los lemas se presentan siempre en su orden alfabético. Sin embargo, cuando dos lemas tienen el mismo sentido y parecida ortografía, pueden aparecer agrupados. Por ej.: **clef; clé**.
2. Las palabras compuestas se clasifican también por orden alfabético y no tras el elemento simple del que se derivan. Así, **auto-induction** está colocado a continuación de **autoguidé**, y no en el interior del artículo **auto**, considerado como prefijo.
3. Los verbos esencialmente pronominales, es decir, que no dependen de ningún verbo simple, figuran en un artículo separado (búsquese **s'écrier** en **écrier (s')**). En cambio, aquellos que son pronominales solamente de modo accidental están tratados en el interior del artículo relativo al verbo simple, tras la abreviatura *v pr* (búsquese **mirarse** en **mirar**).

TRANSCRIPCIÓN FONÉTICA

La pronunciación está indicada solamente cuando la palabra presenta alguna dificultad de orden fonético. Por esta razón, en la parte española no aparece nada más que en la letra *w*. Se ha utilizado el método de la Asociación Fonética Internacional (véase pág. XII) y se ha colocado entre corchetes a continuación del lema. Por ej.: **gageure** [gaʒyːr].

INDICACIONES GRAMATICALES

1. La categoría gramatical de cada palabra está indicada por una abreviatura muy clara, cuya lista detallada figura en las páginas XIV y XV.
2. El género de los sustantivos está indicado en la traducción solamente cuando es diferente al de la palabra que se estudia. Por ej.: **visage** *m* rostro, cara *f*. El mismo procedimiento cuando se trata del número. Por ej.: **ajedrez** *m* échecs *pl*.
3. El plural irregular de ciertos sustantivos se indica en forma de observación al final del artículo, por ej.: **chou-fleur**: OBSERV pl *choux-fleurs*; o bien figura en un ejemplo ilustrativo. Por ej.: **œil** *m* ojo; *des yeux bleus* ojos azules.
4. Cuando el mismo lema encierra diferentes partes de la oración, éstas se encuentran tratadas en el mismo artículo, pero precedidas de un rombo negro (◆). Por ej.: en **moins** se estudia en primer lugar el adverbio y luego el sustantivo.
5. Los verbos irregulares están señalados con un asterisco que envía a las páginas finales de conjugación.

DISTINCTION DES SENS

1. Les traductions sont groupées par acceptions séparées les unes des autres par ‖. Ces acceptions peuvent être différenciées par des rubriques, qui les précèdent et permettent une consultation rapide de l'article (voir la liste des ABRÉVIATIONS, p. XV, pour la 1ʳᵉ partie, et celle des ABREVIATURAS, p. XIV, pour la 2ᵉ partie). Si un vocable a plusieurs sens correspondant à une même rubrique, cette dernière n'est indiquée que la première fois, et les acceptions sont séparées par |. Lorsqu'un mot a de nombreux sens, un tableau figurant en tête de l'article classe les diverses acceptions et donne la possibilité au lecteur de se reporter directement à celle qui l'intéresse. C'est ainsi que, si on doit traduire *estar para*, il suffit de lire le paragraphe **3** de l'article **estar** (intitulé SEGUIDO DE UNA PREPOSICIÓN), sans avoir besoin de parcourir tout ce qui précède. Les acceptions qui sont placées au début de l'article sont naturellement les plus courantes.

2. Les locutions ou expressions se trouvent toujours après toutes les acceptions, desquelles elles sont séparées par le signe ‖ —. Néanmoins, on supprime le tiret quand elles sont trop peu nombreuses. Elles sont classées par ordre alphabétique de la façon suivante: tout d'abord celles qui ne contiennent pas de verbe (elles se subdivisent en expressions dans lesquelles le libellé est placé le premier, en expressions dans lesquelles il figure à l'intérieur d'un groupe de mots, et en locutions diverses), puis celles qui renferment un verbe (voir **carga**). Il faut noter, cependant, que, lorsque le nombre de ces locutions ou expressions est très restreint, elles sont classées selon un ordre alphabétique rigoureux, c'est-à-dire sans tenir compte du fait qu'il y a un verbe ou non (voir **izquierda**).

3. Pour orienter le lecteur et éviter qu'il n'emploie sans s'en rendre compte des termes peu convenables, on a distingué deux degrés de familiarité: FAM correspond à «familier, mais admis», et POP à «populaire», «vulgaire», voire «argotique». Si ces rubriques précèdent la traduction, elles s'appliquent au libellé; si elles la suivent, elles portent sur la traduction. Par conséquent, puisque le mot français **salaud** est immédiatement suivi de la rubrique POP, on en déduit qu'il est jugé vulgaire. En général, la traduction rend compte de ce degré de familiarité, sauf dans les quelques cas où il n'existe pas d'équivalent. Il arrive que le libellé puisse être traduit par un mot parfaitement correct ou par un mot familier; s'il en est ainsi, le second est suivi de la mention *fam* entre parenthèses.

INDICATIONS SÉMANTIQUES

Lorsqu'un mot a plusieurs acceptions, chacune d'elles est suivie d'une explication, qui est placée entre parenthèses si elle est rédigée dans la langue source, ce qui est presque toujours le cas, et entre crochets si elle est écrite dans la langue cible. Ex:

DIFERENCIACIÓN DE LOS SENTIDOS

1. Las traducciones están constituidas por acepciones, separadas mediante el signo ‖. Estas acepciones pueden ser diferenciadas por medio de rúbricas, que les preceden, y facilitan la consulta rápida del artículo (véase la lista de ABRÉVIATIONS, en la pág. XV para la 1ª parte y la de ABREVIATURAS, en la pág. XIV para la 2ª parte). Si un vocablo tiene varios sentidos, correspondientes a una misma rúbrica, ésta figura solamente al principio, y las acepciones están separadas por el signo |. En el caso en que una palabra posea numerosos sentidos, se ha colocado un cuadro en la cabecera del artículo, en el cual se han clasificado las diversas acepciones, dando así la posibilidad al lector de encontrar directamente la que le interese. Un ejemplo aclarará lo dicho: si hay que traducir *estar para*, basta consultar el párrafo **3** del artículo **estar** (que figura con el título SEGUIDO DE UNA PREPOSICIÓN), sin necesidad de recorrer todo lo que precede. Las acepciones que aparecen al comienzo del artículo son naturalmente las más corrientes.

2. Las locuciones y expresiones se encuentran siempre después de todas las acepciones y separadas por el signo ‖ —. Sin embargo, cuando sólo existen pocas locuciones o expresiones, se ha prescindido del guión. La clasificación de las mismas es también alfabética, ateniéndose a las normas siguientes: en primer lugar van las que no tienen verbo; este grupo se subdivide a su vez en expresiones que comienzan por el lema, en otras donde dicha palabra figura en el interior, y en locuciones diversas; en segundo lugar, las expresiones formadas por un verbo (véase **carga**). No obstante, cuando el número de estas expresiones o locuciones es muy reducido, la clasificación se ha hecho de acuerdo con un orden alfabético riguroso, es decir, sin tener en cuenta que haya o no haya verbo (véase **izquierda**).

3. Con objeto de orientar al lector y evitar que pueda emplear palabras o expresiones malsonantes sin darse cuenta, hemos distinguido dos grados de familiaridad: FAM, es decir «familiar, pero admitido», y POP, equivalente a «popular» y «vulgar». Si estas rúbricas preceden a la traducción, se refieren al lema, mientras que si le siguen, son aplicables a la traducción. Por lo tanto el término francés **salaud**, que está seguido de la rúbrica POP, ha sido considerado vulgar. En general, al poner la traducción se ha tenido en cuenta el grado de familiaridad, salvo en los pocos casos en que no existe equivalente. Ocurre a veces también que una palabra perfectamente correcta ha sido traducida por una familiar, en cuyo caso la traducción va seguida de la mención *fam* entre paréntesis.

INDICACIONES SEMÁNTICAS

Cuando una palabra tiene varias acepciones, cada una de ellas va seguida de una pequeña explicación colocada entre paréntesis, si está redactada en la lengua de salida, que es el caso más corriente, o entre corchetes, si está escrita en la len-

louer *alquilar* (maison, meubles, etc.) ‖ *arrendar* (terres). Il en est de même pour les expressions qui ont plusieurs sens. Très souvent, on a préféré remplacer les explications par des exemples. Il arrive qu'une acception ait plusieurs traductions qui ne peuvent s'employer indifféremment; chacune d'elles est alors suivie d'une explication entre parenthèses et séparée de la suivante par une virgule (voir **malle**). Si plusieurs exemples ou expressions ont une partie commune, celle-ci n'est pas indiquée que la première fois, et les différentes versions sont séparées par *o* ou par *ou*, selon qu'il s'agit de français ou d'espagnol, respectivement. Ex: *lengua pastosa* ou *gorda* langue pâteuse; *changer du tout au tout* cambiar por completo *ou* completamente; *à titre gracieux* o *gratuit* graciosamente, gratis.

gua de llegada. Por ej.: **louer** *alquilar* (maison, meubles, etc.) ‖ *arrendar* (terres). Del mismo modo procedemos con las expresiones que tienen varios significados. Frecuentemente hemos preferido sustituir las explicaciones por ejemplos. A veces, también, una simple acepción tiene varias traducciones que no pueden emplearse indiferentemente; en este caso, cada una de ellas va seguida de una explicación entre paréntesis, y está separada de la siguiente por una coma (véase **malle**). Por otro lado, si varios ejemplos o expresiones tienen una primera parte común, ésta se indica sólo una vez y las diferentes variantes están separadas por *ou* o por *o*, según se trate de francés o de español respectivamente. Por ej.: *lengua pastosa* ou *gorda* langue pâteuse; *changer du tout au tout* cambiar por completo *ou* completamente; *à titre gracieux* o *gratuit* graciosamente, gratis.

OBSERVATIONS

Des observations placées à la fin de l'article, et rédigées soit en français, soit en espagnol, selon le lecteur auquel elles s'adressent plus particulièrement, éclairent le sens d'un mot, son emploi, son évolution, ou toute autre caractéristique utile à celui qui consultera l'ouvrage (voir **achalandé**).

OBSERVACIONES

Al final de algunos artículos aparecen unas observaciones redactadas en francés o en español, según a qué lector van más particularmente dirigidas. Tienen por objeto aclarar el sentido de una palabra, el uso especial de la misma, su evolución o cualquier otra característica útil para quien consulte el diccionario (véase **achalandé**).

AMÉRICANISMES

Les américanismes les plus fréquents sont inclus dans ce dictionnaire. Ils sont précédés de l'abréviation *(amér)* dans le texte français, et *(amer)* dans l'espagnol.

AMERICANISMOS

Los americanismos de uso más frecuente están incluidos en nuestro vocabulario, y van precedidos de la abreviatura *(amer)* en el texto español y *(amér)* en el francés.

Alfabeto fonético internacional

VOCALES

SIGNOS	GRAFÍA	MODELO FRANCÉS	SONIDO VECINO EN CASTELLANO
[a]	a	patte	alma
[ɑ:]°	â	âne	igual
[e]	é	été	compré
[ə]	e	regain	
[ɛ]	è	flèche	miércoles
	ai	raide	
	ei	pleine	
[ɛ:]	ê	tête	
	ai	aigre	
	ei	oreille	
[i]	i, y	vite, myrthe	chico
[i:]	î	abîme	marítimo
[o]	o	dos	gato
	au	auto	»
	eau	beau	»
[o:]	ô	rôle	cantó
	au	haute	»
	eau	heaume	»
[ɔ]	o	flotte	rosa
[ɔ:]	o	tort	amor
[ø]	eu	peu	
	eux	eux	
[ø:]	eu	meule	
[œ]	œu	bœuf	
[œ:]	eu	peur	
[u]	ou	mou	turrón
[u:]	ou	jour	agudo
[y]	u	lune	
[y:]	u, û	cure, mûre	
	eu	eurent	

1. El signo (:) colocado después de una vocal indica que esta vocal es larga.

VOCALES NASALES

SIGNOS	GRAFÍA	MODELO FRANCÉS	SONIDO VECINO EN CASTELLANO
[ã]	an	antenne	
	am	champs	
	en	encens	
	em	emprunt	
[ã:]	an	vendange	
	am	pampre	
	en	indigence	
	em	décembre	
[ɛ̃]	in	vin	
	ain	pain	
	ein	plein	
	yn	lynx	
	ym	thym	
[ɛ̃:]	in	méninge	
	ain	plainte	
	ein	teinte	
[õ]	on	son	
	om	nombre	hombre
[õ:]	on	fonte	
[œ̃]	un	un	
[œ̃:]	um	humble	

SEMIVOCALES Y UNIÓN DE VOCALES Y SEMIVOCALES

SIGNOS	GRAFÍA	MODELO FRANCÉS	SONIDO VECINO EN CASTELLANO
[j]	i, y	lieu, yeux	ayuda
[ɥi]	ui	huile	
[ɥa]	ua	habitua	
[wa]	oi	coi	guapa
[wi]	oui	oui	cuidar
[wɛ̃]	oin	oindre	
[i:j]	ille	résille	
[a:j]	ail	travail	ay
	aille	maille	
[ɛ:j]	eille	treille	rey
[œ:j]	œil	œil	
	euil	écureuil	

CONSONANTES

SIGNOS	GRAFÍA	MODELO FRANCÉS	SONIDO VECINO EN CASTELLANO
[b]	b	bon	bueno
[d]	d	dos	doblar
[f]	f	force	fuerza
[f]	ph	pharmacie	fatal
[g]	g (con a, o, u)	garantie	gana
	gu	gomme guide	guión
[ɲ]	gn	champagne	añadir
[k]	c (con a, o, u)	carton, col, cure	cartón
	qu	quantité	cálculo
[l]	l	lit	limón
[m]	m	médaille	malo
[n]	n	nature	nariz
[p]	p	père	perder
[r]	r	rencontre	
[s]	s	soleil	paso
	c (con e, i, y)	citron	sin
	ç	garçon	sonido
[ʃ]	ch	chance	mucho (sin t)
[t]	t	timbre	tinta
[v]	v	voile	
[ʒ]	j	jardin	
	g (con e, i, y)	genou	
[z]	s	garnison	
	z	zèbre	
	xi	deuxième	
[gz]	x	xylophone	
[ks]	x	préfixe	taxi

El alfabeto francés

El alfabeto francés consta de 26 letras, que son: *a* [a], *b* [be], *c* [se], *d* [de], *e* [ə], *f* [ɛf], *g* [ʒe], *h* [aʃ], *i* [i], *j* [ʒi], *k* [ka], *l* [ɛl], *m* [ɛm], *n* [ɛn], *o* [o], *p* [pe], *q* [ky], *r* [ɛr], *s* [ɛs], *t* [te], *u* [y], *v* [ve], *w* [dubləve], *x* [iks], *y* [igrɛk], *z* [zɛd].

Como se ve, este alfabeto carece de las letras castellanas *ch, ll y ñ.* La *ch* se considera en francés como un grupo de dos letras que constituye un solo sonido; *ll* se considera como una *l* duplicada y por lo tanto tiene el sonido de la *l* simple, y el sonido *ñ* se representa por medio del grupo de letras *gn*.

Acento tónico. El acento tónico recae siempre en francés sobre la última sílaba cuando ésta no es muda. Cuando es muda, el acento tónico recae sobre la penúltima, dejándose oír claramente la última consonante (*ami* se lee am**í**, *madame* se dice mad**á**m).

— OBSERV Se consideran como completamente mudas las terminaciones -*e* y -*es* de los polisílabos, así como la final -*ent* de los verbos en la 3ª persona del plural. Así *une porte*, *des portes*, *ils portent* se pronuncian del mismo modo.

Consonantes finales. Las consonantes finales de las palabras no suelen pronunciarse. Pero, *l, f, c, r* se dejan generalmente oír al final de las palabras. Hay, sin embargo, innumerables excepciones. Así, la -*r* final no suena en la terminación del infinitivo de los verbos del 1ᵉʳ grupo ni tampoco en la terminación -*ier* de los polisílabos.

Enlace de las palabras. Cuando una palabra termina en consonante o *e* muda y la siguiente empieza por vocal o *h* muda, se leen generalmente ambas enlazadas como si formaran una sola (*mon âme* se lee mon**am**; *notre âme* se lee notr**am**).

Toda consonante final conserva su sonido propio en el enlace de las palabras, salvo la *d* que al enlazar se pronuncia *t* (*grand abri* se lee gran**t**abri) y la *s* y la *x* que toman el sonido suave de la z francesa (θ) (*les amis* se lee lɛzami; *six ans* se lee sizã).

En los finales -*rd* y -*rt*, el enlace se verifica con la *r* y no con la *d* o la *t* (*regard étonné* se lee regar**é**tonné).

— OBSERV La *t* de la conjunción *et* no enlaza nunca.

L'alphabet espagnol

L'alphabet espagnol possède 28 lettres, dont trois consonnes qui lui sont propres: **ch** (qui se prononce *tch*), **ll** (son mouillé du français *li*ane) et **ñ** (son *gn* comme dans a*gn*eau). Le **w** n'est pas une lettre proprement espagnole, mais elle sert à transcrire les mots d'origine étrangère.

Les consonnes *ch* et *ll* sont indivisibles, de même que le *r* double (*mu-cho; pae-lla; bu-rro*).

Prononciation. En espagnol, toutes les lettres se prononcent, à l'exception du *h*, toujours muet, et du *u* dans les syllabes *gue, gui, que, qui* (cependant le *u* des groupes *gue, gui* se prononce s'il est surmonté d'un tréma: cig**ü**eña).

L'**accent tonique** porte généralement sur l'avant-dernière syllabe des mots terminés par une voyelle, par **-n** ou par **-s** (**li**bro, **li**bros, can**tan**).

Il porte sur la dernière syllabe dans les autres cas (pa**pel**, profe**sor**).

Les mots qui ne suivent pas les règles précédentes portent un accent écrit (´) sur la voyelle tonique (**pá**gina, ca**fé**, **ár**bol).

— OBSERV On trouvera au début de chaque lettre les indications concernant sa prononciation.

L'**accent écrit** permet également de distinguer des mots de forme identique, mais dont la fonction grammaticale est différente: ainsi *él* (pronom, *il, lui*) et *el* (article, *le*), *sí* (adverbe, *oui*; réfléchi, *soi*) et *si* (conjonction, *si*), *más* (adverbe, *plus*) et *mas* (conjonction, *mais*), *sólo* (adverbe, *seulement*) et *solo* (adjectif, *seul*), etc.

L'accent écrit figure également sur les démonstratifs employés comme pronoms, sur les pronoms interrogatifs et exclamatifs et sur certaines personnes des verbes (*canto* je chante; *cantó* il chanta).

Les diphtongues (*ai, au, ei*, etc.) et les triphtongues (*iai, iei, uai, uei*) ont toujours la valeur d'une syllabe. Dans les diphtongues constituées par une voyelle forte et une voyelle faible, l'accent tonique porte sur la voyelle forte *a, e, o* (*a*ire, p*ue*do, *oi*go). Si la diphtongue est constituée par deux voyelles faibles (*i, u*), l'accent tonique porte sur la seconde voyelle (di*u*rno, tru*i*smo).

Abreviaturas

abrev	abreviatura, *abréviation*	*indef*	indefinido, *indéfini*
adj	adjetivo, *adjectif*	INFORM	informática, *informatique*
adv	adverbio, *adverbe*	*interj*	interjección, *interjection*
AGRIC	agricultura; economía rural, *agriculture; économie rurale*	*interr*	interrogativo, *interrogatif*
		inv	invariable, *invariable*
amer	americanismo, *américanisme*	JUEGOS	juegos, *jeux*
ANAT	anatomía, *anatomie*	*loc*	locución, *locution*
ant	anticuado, *vieux*	*m*	masculino, *masculin*
ARQ	arquitectura, *architecture*	MAR	marina, *marine*
art	artículo, *article*	MAT	matemáticas, *mathématiques*
ARTES	artes, *arts*	MECÁN	mecánica, *mécanique*
ASTR	astronomía, *astronomie*	MED	medicina, *médecine*
AUTOM	automóvil, *automobile*	MIL	militar, *militaire*
auxil	auxiliar, *auxiliaire*	MIN	minas; mineralogía, *mines; minéralogie*
AVIAC	aviación; aeronáutica, *aviation; aéronautique*		
		MIT	mitología, *mythologie*
BIOL	biología, *biologie*	MÚS	música, *musique*
BLAS	blasón; heráldica, *blason; héraldique*	*n pr*	nombre propio, *nom propre*
		NUCL	nuclear, *nucléaire*
BOT	botánica, *botanique*	*num*	numeral, *numéral*
CINEM	cinematografía, *cinématographie*	*pers*	personal, *personnel*
		pl	plural, *pluriel*
COM	comercio, *commerce*	POÉT	poética, *poétique*
compl	complemento, *complément*	POP	popular, *populaire*
conj	conjunción, *conjonction*	*pos*	posesivo, *possessif*
CONSTR	construcción, *construction*	*p p*	participio pasado, *participe passé*
CULIN	culinario; cocina, *culinaire; cuisine*		
		p pr	participio presente, *participe présent*
def	definido, *défini*		
dem	demostrativo, *démonstratif*	*pref*	prefijo, *préfixe*
DEP	deportes, *sports*	*prep*	preposición, *préposition*
dim	diminutivo, *diminutif*	*pron*	pronombre, *pronom*
DR	derecho, *droit*	*p us*	poco usado, *peu usité*
ECLES	eclesiástico; iglesia, *ecclésiastique; église*	QUÍM	química, *chimie*
		RAD	radiotelevisión, *radiotélévision*
ECON	economía, *économie*	*rel*	relativo, *relatif*
ELECTR	electricidad, *électricité*	RELIG	religión, *religion*
EQUIT	equitación, *équitation*	*s*	sustantivo, *substantif*
f	femenino, *féminin*	SINÓN	sinónimo, *synonyme*
FAM	familiar, *familier*	TAUROM	tauromaquia, *tauromachie*
FIG	figurado, *figuré*	TECN	tecnología; industria, *technologie; industrie*
FILOS	filosofía, *philosophie*		
FÍS	física, *physique*	TEATR	teatro, *théâtre*
FOT	fotografía, *photographie*	TRANSP	transportes, *transports*
GEOGR	geografía, *géographie*	VETER	veterinaria, *vétérinaire*
GEOL	geología, *géologie*	*v intr*	verbo intransitivo, *verbe intransitif*
GEOM	geometría, *géométrie*		
GRAM	gramática, *grammaire*	*v pr*	verbo pronominal, *verbe pronominal*
HIST.	historia, *histoire*		
impers	impersonal, *impersonnel*	*v tr*	verbe transitivo, *verbe transitif*
IMPR	imprenta, *imprimerie*	ZOOL	zoología, *zoologie*

Abréviations

abrév	abréviation, *abreviatura*	*inv*	invariable, *invariable*
adj	adjectif, *adjetivo*	JEUX	jeux, *juegos*
adv	adverbe, *adverbio*	*loc*	locution, *locución*
AGRIC	agriculture; économie rurale, *agricultura; economía rural*	*m*	masculin, *masculino*
amér	américanisme, *americanismo*	MAR	marine, *marina*
ANAT	anatomie, *anatomía*	MATH	mathématiques, *matemáticas*
ARCHIT	architecture, *arquitectura*	MÉCAN	mécanique, *mecánica*
art	article, *artículo*	MÉD	médecine, *medicina*
ARTS	arts, *artes*	MIL	militaire, *militar*
ASTR	astronomie, *astronomía*	MIN	mines; minéralogie, *minas; mineralogía*
AUTOM	automobile, *automóvil*	MUS	musique, *música*
auxil	auxiliaire, *auxiliar*	MYTH	mythologie, *mitología*
AVIAT	aviation; aéronautique, *aviación; aeronáutica*	*n pr*	nom propre, *nombre propio*
BIOL	biologie, *biología*	NUCL	nucléaire, *nuclear*
BLAS	blason; héraldique, *blasón; heráldica*	*num*	numéral, *numeral*
BOT	botanique, *botánica*	*pers*	personnel, *personal*
CHIM	chimie, *química*	PHILOS	philosophie, *filosofía*
CINÉM	cinématographie, *cinematografía*	PHOT	photographie, *fotografía*
COMM	commerce, *comercio*	PHYS	physique, *física*
compl	complément, *complemento*	*pl*	pluriel, *plural*
conj	conjonction, *conjunción*	POÉT	poétique, *poética*
CONSTR	construction, *construcción*	POP	populaire, *popular*
CULIN	culinaire; cuisine, *culinario; cocina*	*poss*	possessif, *posesivo*
déf	défini, *definido*	*p p*	participe passé, *participio pasado*
dém	démonstratif, *demostrativo*	*p pr*	participe présent, *participio presente*
dim	diminutif, *diminutivo*	*préf*	préfixe, *prefijo*
DR	droit, *derecho*	*prép*	préposition, *preposición*
ECCLÉS	ecclésiastique; église, *eclesiástico; iglesia*	*pron*	pronom, *pronombre*
ÉCON	economie, *economía*	*p us*	peu usité, *poco usado*
ÉLECTR	électricité, *electricidad*	RAD	radiotélévision, *radiotelevisión*
ÉQUIT	équitation, *equitación*	*rel*	relatif, *relativo*
f	féminin, *femenino*	RELIG	religion, *religión*
FAM	familier, *familiar*	*s*	substantif, *sustantivo*
FIG	figuré, *figurado*	SPORTS	sports, *deportes*
GÉOGR	géographie, *geografía*	SYN	synonyme, *sinónimo*
GÉOL	géologie, *geología*	TAUROM	tauromachie, *tauromaquia*
GÉOM	géométrie, *geometría*	TECHN	technologie; industrie, *tecnología; industria*
GRAMM	grammaire, *gramática*	THÉÂTR	théâtre, *teatro*
HIST	histoire, *historia*	TRANSP	transports, *transportes*
impers	impersonnel, *impersonal*	VÉTÉR	vétérinaire, *veterinaria*
IMPR	imprimerie, *imprenta*	*v intr*	verbe intransitif, *verbo intransitivo*
indéf	indéfini, *indefinido*	*v pr*	verbe pronominal, *verbo pronominal*
INFORM	informatique, *informática*	*v tr*	verbe transitif, *verbo transitivo*
interj	interjection, *interjección*	vx	vieux, *anticuado*
interr	interrogatif, *interrogativo*	ZOOL	zoologie, *zoología*

ESPAÑOL - FRANCÉS
ESPAGNOL - FRANÇAIS

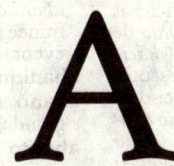

A *f* a m; *una a minúscula* un petit *a* ∥ *a por a y be por be* point par point, en détail ∥ *demostrar por A más B* prouver par A plus B.

a *prep* à [avec l'article masculin singulier, *el* se contracte en *al*].

| 1. SITUACIÓN, LUGAR — 2. DESTINACIÓN — 3. ÉPOCA, FECHA — 4. MODO DE OBRAR — 5. PRECIO — 6. EVALUACIÓN — 7. ENTRE DOS VERBOS — 8. SINTAXIS — 9. FRASES ELÍPTICAS |

1. SITUACIÓN, LUGAR à, au (contracción de *à* y del artículo masculino *le*); *a mi derecha* à ma droite; *a izquierda de* à gauche de; *a orillas del mar* au bord de la mer ∥ à (con movimiento); *voy al campo* je vais à la campagne ∥ dans, à (dentro); *caer al agua* tomber dans l'eau (una persona); *voy al peluquero* je vais chez le coiffeur (es incorrecto aunque frecuente decir *au coiffeur*) ∥ de; *a este lado de ce côté* ∥ *a casa de* chez; *a casa de mi padre* chez mon père.
— OBSERV 1) À (con un nombre de ciudad): *voy a Madrid* je vais à Madrid. 2) Au (con nombres de países masculinos): *van a México* ils vont au Mexique; *va a El Salvador* il va au Salvador. 3) En (con nombres de países femeninos): *fue a Colombia* il est allé en Colombie.
2. DESTINACIÓN à; *dilo a tu amigo* dis-le à ton ami; *dirigirse a su director* s'adresser à son directeur.
3. ÉPOCA, FECHA, TIEMPO à (momento concreto); *a las cinco* à cinq heures ∥ le (fecha); *¿a cuánto estamos? — a 8 de marzo* le combien sommes-nous? — le 8 mars; *París, a 27 de febrero* Paris, le 27 février; *al día siguiente* le lendemain ∥ après (tiempo pasado); *a los seis meses de llegado* six mois après son arrivée; *al poco tiempo* peu après ∥ a eso de vers; *a eso de las ocho* vers huit heures.
4. MODO DE OBRAR à; *ir a pie* aller à pied; *a nado* à la nage; *escribir a lápiz* écrire au crayon; *matar a pedradas* tuer à coups de pierre ∥ de; *moler a palos* rouer de coups ∥ par; *a la fuerza* par force ∥ sur; *a petición suya* sur sa demande; *a la medida* sur mesure ∥ de; *a sangre fría* de sang-froid ∥ à force de; *este niño me va a matar a disgustos* cet enfant va me tuer à force de me donner des soucis.
— OBSERV C'est une faute grave que de dire en espagnol *máquina a escribir* (machine à écrire) au lieu de *máquina de escribir* et *molino a viento* au lieu de *molino de viento*, etc.
5. PRECIO a; *patatas a ou de a cinco pesetas el kilo* des pommes de terre à cinq pesetas le kilo ∥ *¿a cuánto es? — a tanto* combien est-ce? — tant.
6. EVALUACIÓN à; *de tres a cuatro años* de trois à quatre ans ∥ par (distributivo); *a docenas* par douzaines; *a millares* par milliers; *dos a dos* deux par deux; *cien pesetas al día* cent pesetas par jour.
7. ENTRE DOS VERBOS 1) *a* ne se traduit pas (si le premier verbe indique le mouvement); *voy a escribir* je vais écrire; *corre a decírselo* cours le lui dire 2) *a* se traduit ou ne se traduit pas (après d'autres verbes, selon le verbe employé); *enseñar a leer* apprendre à lire; *atreverse a hacer algo* oser faire quelque chose.
8. SINTAXIS 1) *a* se traduit de différentes façons (après un verbe de mouvement, selon le verbe employé); *acercarse a* s'approcher de 2) *a* ne se traduit pas (devant le complément direct); *quiero a mi madre* j'aime ma mère; *vi llorar a un niño* j'ai vu un enfant pleurer. No se confunda con el complemento indirecto 3) de (après un adjectif indiquant la proximidad); *cercano a* proche de 4) de (après un nom); *el amor a la verdad* l'amour de la vérité; *olor a rosa* odeur de rose; *miedo al lobo* peur du loup.
— OBSERV L'emploi de la préposition *a* est obligatoire en espagnol devant les compléments d'objet direct de personnes déterminées: *se busca una criada* (indéterminé) mais *busco a mi criada que desapareció* (déterminé); il peut en outre se justifier pour les noms de choses plus ou moins personnifiées (*amar a la patria* aimer sa patrie, etc.) ainsi que pour distinguer le complément de l'attribut: *llamar casa a un tugurio* appeler un taudis (complément), maison (attribut), donner le nom de maison à un taudis. Par ailleurs *a* est répété en espagnol devant le complément direct redoublé: *a ti te quiero mucho* toi, je t'aime beaucoup; *a éste le conozco bien* lui, je le connais bien.
9. FRASES ELÍPTICAS *¡a comer!* à table! ∥ *¡a dormir!* au lit! ∥ *¿a qué viene usted?* que venez-vous faire?, que voulez-vous? ∥ *a ver* voyons ∥ FAM *ir a por vino* aller chercher du vin ∥ *mandar a* envoyer [chercher, faire, etc.]; *le mandé a un recado* je l'ai envoyé faire une commission ∥ *a que* je parie que; *a que llego más pronto que tú* je te parie que j'arrive avant toi.

AA abrev de *Alcohólicos Anónimos* A.A., Alcooliques Anonymes.

AA EE abrev de *Ministerio de Asuntos Exteriores* ministère des affaires étrangères [Espagne].

abacial *adj* abbatial, e.

ábaco *m* ARQ abaque, tailloir ∥ boulier, abaque (instrumento aritmético) ∥ MIN coffre de bois pour le lavage des métaux.

abad *m* abbé (superior de un monasterio) ∥ curé (cura, párroco) ∥ *abad mitrado* abbé crossé et mitré.

abadejo *m* morue *f*, aiglefin (bacalao) ∥ roitelet (ave) ∥ méloé (carraleja) ∥ cantharide *f* (cantárida).

abadesa *f* abbesse.

abadía *f* abbaye (convento) ∥ dignité d'abbé, d'abbesse.

abajar *v intr* y *tr* descendre (bajar).
abajeño, ña; abajero, ra; abajino, na *adj* y *s (amer)* habitant, e de la côte o des terres basses.
abajo *adv* dessous (debajo) ∥ en bas; *estoy abajo* je suis en bas ∥ à bas; *¡abajo el tirano!* à bas le tyran! ∥ — *abajo del todo* tout en bas ∥ *aquí abajo* ici-bas ∥ *cuesta abajo* en descendant ∥ *de arriba abajo* de haut en bas ∥ *el abajo firmante* le soussigné ∥ *hacia abajo* vers le bas ∥ *más abajo* plus bas, au-dessous; *está colocado más abajo* c'est placé plus bas; ci-dessous (en un escrito) ∥ *por abajo* par en bas ∥ *río abajo* en aval, en descendant le courant ∥ — *echar abajo* renverser; *echar abajo un gobierno* renverser un gouvernement; démolir; *echar abajo los planes de uno* démolir les plans de quelqu'un; démolir, abattre (una casa), abattre (un avión) ∥ *ir abajo* descendre ∥ *venirse abajo* s'écrouler, s'effondrer.
abalanzar *v tr* équilibrer (la balanza) ∥ lancer, jeter (lanzar).
◆ *v pr* s'élancer, se jeter, fondre; *abalanzarse sobre su adversario* se jeter sur son adversaire; *el águila se abalanzó sobre el cordero* l'aigle fondit sur l'agneau ∥ se jeter; *los niños se abalanzan sobre los pasteles* les enfants se jettent sur les gâteaux ∥ *(amer)* se cabrer (el caballo).
abalaustrado, da *adj* à balustres, balustré, e.
abalaustrar *v tr* munir de balustres.
abalear *v tr* AGRIC débourrer ∥ *(amer)* tirailler, tirer des coups de fusil (tirotear).
abalorio *m* verroterie *f* ∥ perle *f* de verre.
abanderado *m* MIL porte-drapeau *inv* ∥ porte-bannière *inv* (procesión) ∥ FIG porte-drapeau *inv*.
abanderamiento *m* MAR nationalisation *f* (de un buque) ∥ enrôlement (en un ejército).
abanderar *v tr* MAR mettre sous pavillon ∥ FIG être le porte-drapeau de, se faire le porte-drapeau de ∥ *(amer)* fixer un programme [politique, etc.] ∥ *barco abanderado en España* bateau sous pavillon espagnol.
abanderizar *v tr* diviser en faction, semer la discorde dans o entre.
◆ *v pr* s'enrôler (en un partido).
abandonado, da *adj* abandonné, e ∥ FIG négligent, e (desidioso) ∥ négligé, e; peu soigné, e (descuidado); *es una chica abandonada* c'est une fille négligée ∥ *(amer)* vicieux, euse (vicioso) ∥ noceur, euse (calavera) ∥ *dejar un jardín abandonado* laisser un jardin à l'abandon.
abandonar *v tr* abandonner; *estar abandonado de ou por todos* être abandonné de tous ∥ abandonner, quitter; *abandonar la casa de sus padres* quitter la maison de ses parents ∥ FIG négliger (descuidar); *abandonar sus quehaceres* négliger ses occupations ∥ abandonner, déclarer forfait (deportes) ∥ perdre, se départir de; *abandonar su calma* perdre son calme ∥ renoncer à, abandonner (renunciar) ∥ *abandonar la partida* abandonner la partie.
◆ *v pr* s'abandonner, se laisser aller (entregarse); *abandonarse al dolor* s'abandonner à la douleur ∥ FIG devenir négligent, se négliger (descuidarse) ∥ se décourager, perdre courage, se laisser aller (desanimarse) ∥ se confier (sincerarse).
abandonismo *m* défaitisme.
abandonista *adj* y *s* défaitiste, capitulard, e; *política abandonista* politique défaitiste.
abandono *m* abandon (acción de abandonar) ∥ FIG abandon, négligence *f* (descuido) ∥ abandon (deportes) ∥ abandon, confiance *f*, franchise *f*.

abanicar *v tr* éventer.
◆ *v pr* s'éventer.
abanico *m* éventail ∥ écran (pantalla) ∥ roue *f* (del pavo real) ∥ MAR bigue *f* (cabria) ∥ FIG éventail; *el abanico de los precios* l'éventail des prix ∥ *(amer) abanico de chimenea* pare-étincelles, écran de cheminée ∥ *abanico eléctrico* ventilateur ∥ *en abanico* en éventail.
abaniqueo *m* action *f* de s'éventer.
abano *m* éventail ∥ panka, panca, punka (abanico grande).
abanto *m* ZOOL vautour d'Afrique.
◆ *adj* simplet (necio) ∥ craintif, peureux (toro).
abaratado, da *adj* dont le prix a baissé, qui a diminué; *géneros abaratados* articles dont le prix a baissé.
abaratamiento *m* baisse *f*, diminution *f* du prix o du coût; *el abaratamiento de un producto* la diminution du prix d'un produit; *el abaratamiento de la vida* la diminution du coût de la vie.
abaratar *v tr* baisser le prix de; *abaratar las frutas* baisser le prix des fruits ∥ baisser, diminuer; *abaratar los precios* baisser les prix.
◆ *v pr* baisser; *la vida se ha abaratado después de la guerra* la vie a baissé après la guerre.
abarbechar *v tr* mettre en jachère.
abarca *f* sandale (calzado) ∥ sabot *m* (zueco).
abarcar *v tr* embrasser (ceñir) ∥ cerner, entourer (rodear) ∥ FIG comprendre, renfermer, contenir (comprender) ∥ embrasser; *abarcar con una sola mirada* embrasser d'un coup d'œil; *la filosofía lo abarca todo* la philosophie embrasse tout ∥ s'occuper à la fois de; *abarcar varios trabajos* s'occuper de plusieurs travaux à la fois ∥ *(amer)* accaparer (acaparar) ∥ couver (empollar) ∥ *quien mucho abarca, poco aprieta* qui trop embrasse, mal étreint.
abaritonado, da *adj* à la voix de baryton (persona) ∥ au son grave (cosa) ∥ de baryton (voz).
abarloar *v tr* MAR accoster (a un muelle) ∥ mettre à couple (dos barcos).
abarquillado, da *adj* gondolé, e; gauchi, e; *tabla abarquillada* planche gauchie ∥ gondolé, e (el cartón).
abarquillar *v tr* courber, incurver ∥ gondoler; *el calor abarquilla el cartón* la chaleur gondole le carton ∥ gauchir (alabear) ∥ rouler (arrollar).
◆ *v pr* se gondoler, se gauchir.
abarrancadero *m* bourbier (atolladero) ∥ impasse *f* (asunto del que no se puede salir fácilmente).
abarrancar *v tr* raviner; *la tormenta abarrancó los campos* l'orage a raviné les champs.
◆ *v intr* MAR échouer, s'échouer.
◆ *v pr* s'embourber (atascarse) ∥ FIG s'embourber (en malos negocios).
abarrocado, da *adj* baroquisant, e.
abarrotado, da *adj* bondé, e; bourré, e; plein à craquer (atestado); *un autobús abarrotado* un autobus bondé ∥ bourré, e; *una carta abarrotada de disparates* une lettre bourrée d'âneries.
◆ *m (amer)* épicerie *f*.
abarrotar *v tr* garnir de barreaux (con barrotes) ∥ MAR arrimer (la carga) ∥ bonder, surcharger (atestar); *este coche está abarrotado* cette voiture est surchargée ∥ encombrer, remplir; *la mesa está abarrotada de libros* la table est encombrée de livres ∥ *(amer)* accaparer, monopoliser.

◆ *v pr* s'emplir; *los restaurantes se abarrotan de gente* les restaurants s'emplissent de monde ‖ *(amer)* baisser de prix (abaratarse).

abarrote *m* MAR ballot.
◆ *pl (amer)* articles d'épicerie et de bazar (artículos) | épicerie *f sing* (tienda) | quincaillerie (ferretería).

abarrotería *f (amer)* quincaillerie (ferretería).

abarrotero, ra *m y f (amer)* épicier, ère.

Abasidas *n pr pl* HIST Abbassides.

abastardar *v intr* s'abâtardir, dégénérer (cosas) ‖ déchoir (personas).

abastecedor, ra *adj y s* fournisseur, euse; pourvoyeur, euse ‖ *(amer)* boucher, ère (carnicero).

abastecer* *v tr* approvisionner, ravitailler; *abastecer de víveres una guarnición* ravitailler en vivres une garnison.

abastecido, da *adj* approvisionné, e; achalandé, e; *tienda bien abastecida* magasin bien achalandé.
— OBSERV La palabra francesa *achalandé* es un barbarismo muy empleado en el sentido de abastecido o surtido.

abastecimiento *m* ravitaillement (avituallamiento) ‖ approvisionnement; *abastecimiento de aguas* approvisionnement en eau ‖ *comisaría de abastecimientos* service de ravitaillement.

abasto *m* approvisionnement, ravitaillement (abastecimiento) ‖ abondance *f* ‖ partie *f* secondaire d'une broderie ‖ *(amer)* abattoir (matadero) ‖ — *dar abasto a* satisfaire; *no pueden dar abasto a todos sus clientes* ils ne peuvent pas satisfaire tous leurs clients | *no dar abasto* ne pas y arriver; *tengo tantas cosas que hacer que no puedo dar abasto* j'ai tant de choses à faire que je ne peux pas y arriver.
◆ *pl* ravitaillement *sing* ‖ — *comisaría de abastos* service du ravitaillement ‖ *plaza de abastos* marché, halles.

abate *m (p us)* abbé; *el abate Grégoire, el abate Marchena* l'abbé Grégoire, l'abbé Marchena.

abatible *adj* abattable ‖ escamotable ‖ — *asiento abatible* siège rabattable ‖ *mesa de alas abatibles* table à abattants.

abatido, da *adj* abattu, e (desanimado) ‖ abject, e; méprisable (despreciable) ‖ tombant, e; *párpados abatidos* paupières tombantes.

abatimiento *m* abattement, découragement, accablement (desánimo) ‖ abaissement (humillación) ‖ honte *f* (cosa afrentosa) ‖ GEOM rabattement ‖ MAR abattée *f* ‖ MAR *abatimiento del rumbo* dérive.

abatir *v tr* abattre (derribar) ‖ FIG abattre, abaisser (el orgullo) | humilier, abaisser (humillar) | abattre (deprimir); *dejarse abatir por la adversidad* se laisser abattre par l'adversité ‖ MAR amener; *abatir banderas, velas* amener pavillon, les voiles | abattre (el rumbo) | incliner (inclinar) ‖ démonter (descomponer); *abatir una tienda de campaña* démonter une tente ‖ abattre (juegos de naipes) ‖ MAT *abatir una perpendicular* abaisser o tracer une perpendiculaire.
◆ *v intr* MAR dériver.
◆ *v pr* s'abattre (arrojarse) ‖ FIG s'humilier ‖ s'abattre; *la desgracia se abatió sobre su familia* le malheur s'abattit sur sa famille ‖ se décourager, se laisser abattre, perdre courage (desanimarse).
— OBSERV Le verbe espagnol *abatir* n'a pas comme le français *abattre* le sens de *tuer*.

abdicación *f* abdication.

abdicar *v tr* abdiquer; *abdicar el poder en su hijo* abdiquer le pouvoir en faveur de son fils.

abdicatario *m* abdicataire.

abdomen *m* ANAT abdomen.

abdominal *adj* abdominal, e; *músculos abdominales* muscles abdominaux.

abductor *adj m y s m* abducteur (músculo).

abecé *m* A B C, abécédaire (alfabeto) ‖ FIG A B C ‖ FIG *eso es el abecé* c'est l'enfance de l'art | *no saber el abecé* ne savoir ni A ni B.

abecedario *m* alphabet (alfabeto); *abecedario manual* alphabet des sourds-muets; *abecedario telegráfico* alphabet télégraphique ‖ abécédaire, A B C (libro).

abedul *m* bouleau (árbol).

abeja *f* abeille ‖ — *abeja albañil* abeille maçonne ‖ *abeja carpintera* abeille charpentière ‖ *abeja machiega* ou *maesa* ou *maestra* ou *reina* reine ‖ *abeja neutra* ou *obrera* ouvrière.

abejar *m* rucher.

abejorro *m* bourdon (insecto himenóptero) ‖ hanneton (insecto coleóptero) ‖ FIG & FAM *ser un abejorro* être une plaie *o* ennuyeux.

abemolar *v tr* adoucir (la voz) ‖ MÚS bémoliser.

aberenjenado, da *adj* aubergine (color) ‖ en forme d'aubergine (forma).

aberración *f* aberration ‖ — FÍS *aberración cromática* aberration chromatique | *aberración esférica* aberration de sphéricité.

aberrante *adj* aberrant, e.

abertal *adj* qui se crevasse facilement (tierra) ‖ sans clôture (campo).

abertura *f* ouverture (boquete) ‖ crique (ensenada) ‖ fente, crevasse (grieta) ‖ trouée, passage *m* (entre dos montañas) ‖ fente; *chaqueta con aberturas laterales* veste avec des fentes sur le côté ‖ FIG ouverture, largeur; *abertura de espíritu* largeur d'esprit | franchise, sincérité (franqueza).

abertzale *adj* nationaliste basque radical, partisan de l'indépendance; *movimiento abertzale* mouvement nationaliste basque radical partisan de l'indépendance.

abestiado, da *adj* abêti, e; abruti, e.

abeto *m* sapin (árbol) ‖ — *abeto albar* sapin blanc *o* argenté ‖ *abeto del Norte* ou *falso* ou *rojo* épicéa.

abetunado, da *adj* bitumineux, euse.

abetunar *v tr* cirer (los zapatos) ‖ bitumer (la carretera).

abicharse *v pr (amer)* se gâter; être véreux, euse (fruta) ‖ être mangé, e par les vers (herida).

Abidjan; Abiyán *n pr* GEOGR Abidjan.

abierto, ta *adj* ouvert, e ‖ découvert, e (terreno) ‖ évident, e ‖ FIG ouvert, e; *tener una cara abierta* avoir un visage ouvert | franc, franche (sincero); épanoui, e (flor) ‖ — *abierto de par en par* grand ouvert ‖ *a cielo abierto* en plein air ‖ *a pecho abierto* à cœur ouvert ‖ *a tumba abierta* à tombeau ouvert (conducir) ‖ *con las piernas abiertas* les jambes écartées ‖ *con los brazos abiertos* à bras ouverts ‖ FIG *quedarse con la boca abierta* rester bouche bée.
◆ *m (amer)* terrain défriché.

abigarrado, da *adj* bigarré, e; bariolé, e; *una tela abigarrada* une étoffe bigarrée ‖ FIG bigarré, e.

abigarramiento *m* bariolage, bigarrure *f*.

abigarrar *v tr* bigarrer, barioler.

abintestato *m* DR procédure *f* d'un héritage ab intestat.

abisagrar *v tr* munir de gonds (puerta, ventana) o de charnières (caja).

abisal *adj* abyssal, e.

abiselar *v tr* biseauter.

Abisinia *n pr f* GEOGR Abyssinie.

abismal *adj* abyssal, e.

abismar *v tr* plonger dans un abîme, engloutir (hundir) ‖ humilier, confondre (confundir).
◆ *v pr* s'abîmer (en el mar) ‖ FIG s'abîmer dans (el dolor, los pensamientos) | se plonger dans (el trabajo) ‖ *(amer)* s'étonner, rester confondu (asombrarse).
— OBSERV Le verbe espagnol *abismar* n'a pas le sens de gâter ou *endommager* que le verbe français *abîmer* a souvent.

abismático, ca *adj* insondable, incommensurable.

abismo *m* abîme ‖ enfer (infierno) ‖ FIG abîme; *estar al borde del abismo* être au bord de l'abîme; *un abismo de dolor* un abîme de douleur | monde, abîme; *hay un abismo entre lo que dije y lo que has entendido* il y a un monde entre ce que j'ai dit et ce que tu as compris.

Abiyán *n pr* GEOGR → **Abidjan**.

abizcochado, da *adj* biscuité, e.

abjurable *adj* abjurable.

abjuración *f* abjuration.

abjurar *v tr* e *intr* abjurer; *abjurar de su fe* abjurer sa foi.

ablación *f* MED ablation, amputation ‖ GEOL ablation.

ablactación *f* ablactation, sevrage *m*.

ablandador, ra *adj* ramollissant, e; amollissant, e ‖ adoucissant, e (que suaviza).
◆ *m* adoucisseur; *ablandador de agua* adoucisseur d'eau.

ablandadura *f*; **ablandamiento** *m* ramollissement *m*, amollissement *m* ‖ FIG adoucissement *m* ‖ fléchissement *m*, assouplissement *m*; *registramos un ablandamiento de su política* nous constatons un assouplissement de sa politique ‖ *ablandamiento del agua* adoucissement de l'eau.

ablandar *v tr* ramollir, amollir, attendrir; *ablandar la carne* attendrir la viande ‖ FIG radoucir (calmar) | attendrir, fléchir; *ablandar a sus padres* attendrir ses parents.
◆ *v intr* se radoucir (el frío) ‖ tomber, se calmer (el viento).
◆ *v pr* s'amollir ‖ FIG s'adoucir, se radoucir (calmarse) | se laisser attendrir; *no me ablando nunca por las lágrimas* je ne me laisse pas attendrir par les larmes.

ablandecer* *v tr* ramollir (ablandar).

ablativo *m* ablatif; *ablativo absoluto* ablatif absolu.

ablución *f* ablution (lavatorio).

ablusado, da *adj* blousant, e.

abnegación *f* abnégation, dévouement *m*; *dar pruebas de abnegación* faire preuve d'abnégation.

abnegadamente *adv* avec abnégation.

abnegado, da *adj* dévoué, e.

abnegarse* *v pr* se dévouer, se sacrifier.

abobado, da *adj* niais, e; bête, sot, sotte (tonto) ‖ hébété, e; ahuri, e (alelado) ‖ tout bête, hébété, e; *estás aquí abobado, sin decir nada* tu es là tout bête, sans rien dire.

abobar *v tr* abêtir, rendre stupide ‖ FAM ébahir (dejar pasmado).
◆ *v pr* s'abêtir.

abocado, da *adj* qui a du bouquet (vin) ‖ — *abocado a la ruina* acculé à la ruine, au bord de la ruine ‖ *estar uno abocado a* courir droit à (una catástrofe), être acculé à (un acto).

abocar *v tr* saisir avec les dents ‖ approcher (acercar) ‖ s'adresser (a una persona).
◆ *v intr* aboutir à, déboucher sur; *para abocar a una solución* pour aboutir à une solution.
◆ *v pr* s'approcher (acercarse) ‖ s'aboucher (conchabarse).

abocelado, da *adj* en forme de tore.

abocetado, da *adj* esquissé, e; ébauché, e.

abocetar *v tr* esquisser, ébaucher; *abocetar un dibujo* esquisser un dessin ‖ brosser; *abocetar un cuadro* brosser un tableau.

abocinado, da *adj* évasé, e (como una trompeta) ‖ ARQ rampant (arco).

abochornado, da *adj* FIG honteux, euse (avergonzado); *estoy abochornado de tu conducta* je suis honteux de ta conduite ‖ gêné, e; confus, e (molesto).

abochornar *v tr* suffoquer; *es un calor que abochorna* c'est une chaleur qui suffoque ‖ FIG faire rougir, vexer, faire honte à; *siempre intentas abochornarme delante de todos* tu essaies toujours de me faire honte devant tout le monde.
◆ *v pr* FIG avoir honte (avergonzarse) ‖ rougir (ruborizarse) ‖ AGRIC griller.

abofetear *v tr* gifler ‖ FIG bafouer, piétiner; *abofetear los principios de la moralidad* bafouer les principes de la moralité.

abogacía *f* barreau *m*, profession d'avocat (profesión) ‖ plaidoirie [art de plaider] ‖ *abogacía de pobres* assistance judiciaire.

abogada *f* avocate, femme avocat ‖ FAM femme d'avocat ‖ médiatrice, avocate (intercesora).

abogado *m* avocat; *abogado demandante, consultor, de pobres* avocat plaidant, conseil, des pauvres ‖ FIG avocat (defensor) | médiateur, intercesseur (intercesor) ‖ — *abogado criminalista* avocat au criminel, pénaliste ‖ *abogado charlatán, trampista* avocat marron ‖ *abogado defensor* avocat défenseur ‖ *abogado del diablo* avocat du diable ‖ *abogado del Estado* avocat de l'État ‖ *abogado de secano* avocat sans causes, prétentieux, charlatan, pédant ‖ *abogado fiscal* procureur, ministère public ‖ *pasante de abogado* avocat stagiaire ‖ — *hacerse el abogado de* se faire le défenseur o l'avocat de, plaider en faveur de.

abogar *v intr* plaider; *abogar por* ou *en* ou *a favor de uno* plaider en faveur de quelqu'un ‖ FIG intercéder (mediar) ‖ *abogar por algo* se faire le défenseur de quelque chose, plaider en faveur de quelque chose.

abolengo *m* ascendance *f*, lignée *f*; *familia de rancio abolengo* famille de haute lignée ‖ patrimoine, héritage (patrimonio) ‖ *de abolengo* de vieille souche (familia), de tradition; *de rancio abolengo* de vieille tradition (cosa).

abolición *f* abolition.

abolicionismo *m* abolitionnisme.

abolicionista *adj y s* abolitionniste.

abolir* *v tr* abolir, abroger.
abolsarse *v pr* prendre la forme d'un sac o d'une poche.
abollado, da *adj* bosselé, e; cabossé, e; *un coche abollado* une voiture cabossée ‖ FIG & FAM fauché, e (sin dinero).
abolladura *f* bosselure, bosse.
abollar *v tr* bosseler, cabosser.
◆ *v pr* se bosseler, se cabosser.
abombado, da *adj* bombé, e; *cristal abombado* verré bombé ‖ *(amer)* hébété, e (atontado) | pompette *(fam)*, éméché, e (achispado).
abombar *v tr* bomber, rendre convexe ‖ FIG & FAM assourdir, étourdir (aturdir).
◆ *v pr (amer)* FIG s'enivrer (emborracharse) | pourrir, se corrompre (el agua), tourner (la leche).
abominable *adj* abominable; *el abominable hombre de las nieves* l'abominable homme des neiges.
abominación *f* abomination, horreur; *tengo abominación por la pedantería* j'ai la pédanterie en abomination.
abominar *v tr* abominer *(p us)*, avoir en abomination o en horreur; *abomino el vino* j'ai le vin en horreur ‖ détester (odiar).
◆ *v intr* maudir; *abominar de su suerte* maudir son sort.
abonable *adj* qui mérite crédit ‖ payable (pagadero) ‖ amendable (tierras).
abonado, da *adj* crédité, e; qui a un crédit ‖ payé, e (pagado) ‖ sûr, e; offrant toute garantie; *un hombre abonado* un homme sûr ‖ engraissé, e; fumé, e (tierras) ‖ FIG capable de, parfait pour (capaz) | disposé à (dispuesto) | idéal pour, parfait pour, prêt pour (cosas); *este país es terreno abonado para tal ideología* ce pays est un terrain parfait pour une telle idéologie ‖ *abonado en cuenta* crédité.
◆ *m y f* abonné, e (de teléfono, teatro, etc.).
◆ *m* AGRIC fumage, fumure *f*, épandage d'engrais (estercolado) ‖ *abonado en superficie* épandage en surface.
abonador, ra *m y f* garant, e; caution *f*.
◆ *m* tarière *f* (de tonelero).
◆ *f* AGRIC épandeur *m* d'engrais.
abonanzar *v intr* MAR se calmer (calmarse) ‖ se calmer, s'apaiser.
abonar *v tr* verser, payer; *abonar una gran cantidad* verser une forte somme; *abonar sus deudas* payer ses dettes ‖ AGRIC fumer, engraisser, bonifier ‖ accréditer (acreditar) ‖ cautionner, garantir (salir fiador) ‖ améliorer, bonifier (mejorar) ‖ affirmer, certifier (dar por cierto) ‖ créditer (en una cuenta) ‖ allouer (atribuir) ‖ abonner (suscribir) ‖ — FIG *abonar el terreno* poser des jalons, préparer le terrain ‖ *abonar en cuenta de* verser au compte de, créditer.
◆ *v intr* se calmer (el mar).
◆ *v pr* s'abonner, prendre un abonnement (a un periódico).
abonaré *m* COM bon, billet à ordre, avis de crédit (pagaré).
abonero, ra *m y f (amer)* marchand ambulant, marchande ambulante qui vend à crédit.
abono *m* payement (pago) ‖ AGRIC engrais (fertilizante); *abonos nitrogenados* engrais azotés ‖ fumage (acción de abonar la tierra) ‖ abonnement (suscripción); *sacar un abono para las corridas* prendre un abonnement pour les courses de tau-

reaux ‖ caution *f*, garantie *f*, cautionnement (fianza) ‖ amélioration *f*, perfectionnement (mejora) ‖ crédit, avis de crédit (en una cuenta) ‖ *en abono de* à l'appui de (una tesis).
aboquillado, da *adj* muni, e d'une embouchure ‖ évasé, e (abocardado), chanfreiné, e (achaflanado).
abordable *adj* abordable (accesible).
abordaje *m* MAR abordage ‖ FIG abord, contact ‖ *al abordaje* à l'abordage.
abordar *v tr e intr* MAR aborder; *abordar a ou en una isla* aborder dans une île ‖ FIG aborder (un asunto) | aborder, accoster (una persona).
aborigen *adj y s* aborigène (indígena).
aborlonado, da *adj (amer)* vergé, e (tejido).
aborrajar *v tr (amer)* enrober (rebozar).
◆ *v pr* sécher prématurément (mieses).
aborrascado, da *adj* orageux, euse (tiempo).
aborrascarse *v tr* devenir orageux, se mettre à l'orage (el tiempo).
aborrecer* *v tr* détester, abhorrer *(p us)*; *aborrecer a su vecino* détester son voisin ‖ abandonner [son nid, ses petits] ‖ ennuyer, lasser (fastidiar); *esta vida me cansa y me aborrece* cette vie me fatigue et m'ennuie ‖ perdre, gaspiller (el tiempo, el dinero) ‖ *aborrecer de muerte* haïr à mort.
◆ *v pr* s'ennuyer.
aborrecible *adj* haïssable, exécrable (detestable).
aborrecido, da *adj* abhorré, e *(p us)*; détesté, e ‖ FIG ennuyé, e; qui s'ennuie (aburrido).
aborrecimiento *m* haine *f*, aversion *f* (odio) ‖ répugnance *f*, dégoût (repugnancia) ‖ ennui, lassitude *f* (aburrimiento).
aborregado, da *adj* moutonneux, euse (cielo) ‖ FIG moutonnier, ère (carácter).
aborregarse *v pr* se moutonner, se pommeler (el cielo) ‖ FIG *(amer)* être intimidé (acobardarse).
aborricarse *v pr* s'abrutir (embrutecerse).
abortar *v intr* avorter (provocado), faire une fausse couche (involuntario) ‖ FIG avorter, échouer; *la conspiración abortó* la conspiration a avorté.
◆ *v tr* FIG & FAM accoucher de, pondre (algo extraordinario).
abortista *m y f* partisan de la légalisation de l'avortement.
abortivo, va *adj* abortif, ive.
◆ *m* remède abortif.
aborto *m* avortement (provocado) ‖ fausse couche (natural) ‖ FIG avortement, échec (fracaso) ‖ FIG & FAM avorton; *este chico es un verdadero aborto* ce garçon est un véritable avorton ‖ — *aborto ilegal* avortement illégal ‖ *aborto provocado* avortement provoqué.
aborujar *v tr* mettre en pelote.
◆ *v pr* se pelotonner, s'envelopper.
abotagamiento *m* boursouflure *f* (de la piel, de la carne) ‖ bouffissure *f* (de la cara).
abotagarse; abotargarse *v pr* se boursoufler (la piel, la carne) ‖ bouffir (la cara).
abotargado, da *adj* bouffi, e (hinchado); *me levanté con la cara abotargada* je me suis levé, la figure bouffie.
abotinado, da *adj* montant, e; *zapato abotinado* chaussure montante.
abotonadura *f* boutonnage *m*.

abotonar *v tr* boutonner || *(amer)* boucher.
◆ *v intr* bourgeonner (plantas) || éclater pendant la cuisson (los huevos).
◆ *v pr* boutonner.
abovedado, da *adj* voûté, e.
abovedar *v tr* ARQ voûter.
aboyar *v tr* MAR baliser || liéger (las redes) || affermer (arrendar).
◆ *v intr* flotter (flotar).
abr. abrev de *abril* avril.
Abraham *n pr m* Abraham.
abrasador, ora *adj* brûlant, e.
abrasar *v tr* embraser, brûler (quemar); *las llamas lo abrasaban todo* les flammes embrasaient tout || brûler; *murieron abrasados en el incendio* ils sont morts brûlés dans l'incendie || AGRIC brûler, griller (las plantas) || brûler (calentar demasiado) || FIG gaspiller, dissiper (la fortuna) | faire rougir, mortifier (avergonzar) | mourir de; *le abrasa la sed* il meurt de soif.
◆ *v pr* se brûler || FIG se consumer; *abrasarse de amor* se consumer d'amour || *abrasarse en ira* être rouge de colère.
abrasión *f* abrasion || érosion (por el mar).
abrasivo, va *adj y s m* abrasif, ive.
abrazadera *f* anneau *m* (anillo) || MECÁN chape (del motor) || TECN bride, collier *m* || IMPR crochet *m*, accolade || *sierra abrazadera* scie de scieur de long.
abrazador, ra *adj* qui étreint.
abrazar *v tr* prendre dans ses bras [dans ses bras], étreindre; *le abracé contra mi corazón* je le serrai contre mon cœur || entourer, ceindre (rodear) || FIG comprendre, embrasser (comprender) | embrasser; *abrazar una religión* embrasser une religion | embrasser, épouser, adopter (adoptar); *abrazar una causa* épouser une cause | entreprendre (un negocio).
abrazo *m* embrassade *f*, accolade *f* (con amistad), étreinte *f* (con ternura) || — *abrazos* affectueusement (en una carta) || *dar un abrazo* embrasser || *un abrazo cariñoso* je vous embrasse affectueusement (en las cartas) || *un fuerte abrazo de* (en las cartas), à toi, à vous, bien amicalement (con cierto respeto), recevez toutes mes amitiés (para amigos), je vous embrasse très affectueusement, très tendrement (para personas íntimas).
abrebotellas *m* ouvre-bouteilles.
abrecartas *m* coupe-papier (plegadera).
ábrego *m* autan (viento sur).
abrelatas *m inv* ouvre-boîtes.
abrevadero *m* abreuvoir || *(amer)* mine *f* inondée.
abrevar *v tr* abreuver, donner à boire || TECN faire boire [les peaux] || arroser (regar) || FIG rassasier (saciar).
abreviación *f* abrègement *m*, raccourci *m*.
abreviadamente *adv* en abrégé, sommairement.
abreviado, da *adj* abrégé, e (corto) || sommaire; *ésta es una explicación abreviada* c'est là une explication sommaire.
abreviar *v tr* abréger (un texto) || abréger, raccourcir (un plazo).
abreviativo, va *adj* abréviatif, ive.

abreviatura *f* abréviation; *cuadro de abreviaturas* tableau d'abréviations || abrégé *m*, résumé *m* (resumen) || *en abreviatura* en abrégé.
abriboca *adj inv* *(amer)* bouche bée.
abribonarse *v pr* devenir un fripon.
abridor, ra *adj* ouvreur, euse; qui ouvre.
◆ *m* ouvre-boîtes, décapsuleur || spatule *f* du greffoir (para injertar) || sorte de pêche *f* (abridero) || mandrin (arete de oro para las orejas) || *(amer)* démêloir (peine) || — *abridor de láminas* graveur || *abridor de ostras* écailleur.
abrigado, da *adj* abrité, e; *un lugar abrigado del viento* un endroit abrité du vent || bien couvert, e (persona); *iba muy abrigado para no coger frío* il était très bien couvert pour ne pas prendre froid.
abrigar *v tr* abriter (proteger); *abrigar del viento* abriter du vent || FIG nourrir; *abrigar una ambición desmedida* nourrir une ambition démesurée | nourrir, caresser; *abrigar una esperanza* caresser un espoir || tenir chaud; *este jersey abriga mucho* ce tricot tient très chaud || protéger; *esta gabardina no abriga nada* cette gabardine ne protège pas du tout || couvrir; *abrígale bien que hace mucho frío* couvre-le bien car il fait très froid || MAR abriter || *abrigar una duda* avoir un doute.
◆ *v pr* s'abriter; *abrigarse de la lluvia* s'abriter de la pluie || se couvrir (con prendas de vestir); *abrígate bien* couvre-toi bien.
abrigo *m* abri || MAR abri || pardessus (de hombre), manteau (de mujer); *abrigo de pieles* manteau de fourrure; *abrigo de visón* manteau de vison || FIG refuge, abri (refugio) || TECN abrivent || — *al abrigo de* à l'abri de || *de abrigo* chaud, e; *prendas de abrigo* vêtements chauds; de taille, très grand, énorme; *una tontería de abrigo* une bêtise énorme || *para abrigo* comme protection, pour se protéger.
abril *m* avril || FIG printemps, jeunesse *f* || — *muchacha de quince abriles* jeune fille de quinze printemps || — *en abril, aguas mil* en avril ne découvre pas d'un fil || FIG *estar hecho, cha un abril* être beau, belle comme un jour de printemps.
abrillantador *m* lapidaire || brunissoir (instrumento para pulir) || brillant à métaux (producto para pulir).
abrillantar *v tr* facetter, tailler en facettes, brillanter || brunir, polir, faire briller (pulir) || FIG donner de l'éclat à, mettre en valeur.
abrir *v tr* ouvrir || percer, ouvrir (horadar) || fendre; *abrir la cabeza* fendre le crâne || creuser; *abrir un surco* creuser un sillon || écarter; *abrir las piernas* écarter les jambes || COM ouvrir; *abrir crédito, una cuenta* ouvrir un crédit, un compte || graver, sculpter (grabar) || FIG ouvrir (inaugurar) | ouvrir, fonder (establecer) || ouvrir; *abrir el corazón* ouvrir son cœur || MAR larguer || *(amer)* déboiser (bosques) || — *abrir calle* percer une rue (hacer), s'ouvrir un passage (una persona) || *abrir el apetito* ou *las ganas* ouvrir l'appétit || FIG *abrir el ojo* ouvrir l'œil (tener cuidado) || *abrir en canal* un animal éventrer *o* fendre de haut en bas un animal || FIG *abrir la mano* se montrer plus souple || *abrir un abismo entre* creuser un abîme entre || *abrir una puerta de par en par* ouvrir une porte en grand *o* à deux battants || *abrir un libro* couper les pages d'un livre (con cortapapel).
◆ *v intr* ouvrir, s'ouvrir || être en tête, ouvrir la marche (ser el primero) || s'ouvrir, s'épanouir (las flores) || — *a medio abrir* entrouvert || *en un abrir y*

cerrar de ojos en un clin d'œil, en moins de deux (*fam*).
- v pr s'ouvrir ǁ s'ouvrir, s'épanouir (las flores) ǁ s'ouvrir, se déplier (desplegarse) ǁ s'éclaircir, se dégager (el tiempo) ǁ craquer, se craqueler (agrietarse) ǁ percer (un absceso) ǁ se fendre (la cabeza) ǁ donner; *puertas que se abren en la calle* des portes qui donnent sur la rue ǁ s'ouvrir, se confier (sincerarse); *abrirse con uno* s'ouvrir à quelqu'un ǁ FAM (*amer*) prendre le large, partir (largarse) | se défiler (rajarse) ǁ — FIG *abrirse camino* percer, faire son chemin; *este hombre se abrirá camino* cet homme percera ǁ *abrirse paso* s'ouvrir un passage, se frayer un chemin.
— OBSERV Le participe passé du verbe *abrir* est irrégulier (*abierto, ta*).

abrochar v tr boutonner (cerrar con botones) ǁ agrafer (con broche) ǁ lacer (zapatos, corsé) ǁ (*amer*) agrafer, saisir (agarrar).
- v pr (*amer*) se disputer (reñir).

abrogar v tr abroger (anular).

abrogatorio, ria adj abrogatoire.

abrojo m BOT chardon ǁ MIL chausse-trape f.
- pl ronces f, broussailles f (zarzas) ǁ MAR écueils, brisants ǁ FIG peines f (dolores).

abroncar v tr FAM ennuyer, fâcher (disgustar) | réprimander, houspiller (regañar); *abroncar a los niños* réprimander les enfants | faire rougir (avergonzar).

abroquelarse v pr se couvrir d'un bouclier ǁ FIG se protéger, se défendre ǁ MAR brasser carré.

abrótano m BOT armoise f (planta).

abrumado, da adj écrasé, e ǁ FIG accablé, e; *abrumado de deudas, de trabajo* accablé de dettes, de travail.

abrumador, ra adj écrasant, e; accablant, e; *un trabajo abrumador* un travail accablant ǁ écrasant, e; *un fracaso abrumador* une défaite écrasante ǁ accablant, e; *un testimonio abrumador* un témoignage accablant.

abrumadoramente adv de manière accablante.

abrumar v tr écraser, accabler (agobiar) ǁ ennuyer, assommer (fastidiar); *esta discusión me abruma* cette discussion m'assomme ǁ accabler; *esta noticia me abrumó* cette nouvelle m'a accablé ǁ *abrumar a preguntas* accabler de questions.
- v pr s'embrumer, devenir brumeux.

abrupto, ta adj abrupt, e.

abrutado, da adj brutal, e ǁ de brute; *tiene una cara abrutada* il a une tête de brute.

ABS abrev de *Anti Block System* ABS, système antiblocage de roues.

absceso m MED abcès; *el absceso se ha abierto* l'abcès a percé.

abscisa f GEOM abscisse.

absenta f absinthe.

absentismo m absentéisme.

absentista adj y s absentéiste.

ábsida f; **ábside** m y f ARQ abside f ǁ ASTR apside f ǁ *ábside lobulado* chœur à absidioles ǁ *ábside triconque* ou *trebolado* ou *tricoro* abside tréflée ou trilobée.

absolución f absolution (perdón); *el sacerdote me dio la absolución* le prêtre m'a donné l'absolution ǁ acquittement m (de un reo) ǁ — *absolución general* absoute ǁ *absolución sacramental* rémission des péchés, absolution.

absolutamente adv absolument ǁ en aucun cas (de ninguna manera).

absolutismo m absolutisme.

absolutista adj y s absolutiste.

absoluto, ta adj absolu, e; *poder absoluto* pouvoir absolu ǁ — *en absoluto* absolument (enteramente), pas du tout (nada); *¿le gusta esta película? — en absoluto* aimez-vous ce film? — pas du tout ǁ *en tono absoluto* d'un ton impérieux, tranchant ǁ *obtener la mayoría absoluta* obtenir la majorité absolue.

absolutorio, ria adj absolutoire ǁ — *fallo absolutorio* jugement absolutoire ǁ *veredicto absolutorio* verdict d'acquittement.

absolver* v tr acquitter, absoudre (un acusado) ǁ absoudre, pardonner (un pecador) ǁ innocenter; *absolver a un reo por falta de pruebas* innocenter un accusé faute de preuves ǁ délier (de una promesa, un juramento, etc.).

absorbencia f absorption.

absorbente adj y s absorbant, e ǁ FIG absorbant, e (trabajo) | exclusif, ive; *carácter absorbente* caractère exclusif.
- m FÍS absorbeur; *absorbente nuclear* absorbeur nucléaire.

absorber v tr absorber.
— OBSERV Ce verbe a deux participes: *absorbido* et *absorto*. Le premier est employé avec *haber* et le second, comme adjectif, avec *ser* ou *estar*.

absorción f absorption.

absortar v tr étonner, ébahir.

absorto, ta adj absorbé, e; plongé, e; *estar absorto en su trabajo* être absorbé par le travail; *estar absorto en la lectura* être plongé dans la lecture ǁ étonné, e; ébahi, e (admirado); *estoy absorto ante sus progresos* je suis ébahi devant ses progrès.

abstemio, mia adj y s abstème *(ant)*, sobre.

abstención f abstention.

abstencionismo m abstentionnisme.

abstenerse* v pr s'abstenir; *en la duda, absténte* dans le doute, abstiens-toi.

abstergente adj y s m abstergent, e (*p us*).

abstinencia f abstinence.

abstinente adj y s abstinent, e.

abstracción f abstraction ǁ concentration d'esprit, réflexion ǁ *hacer abstracción de* faire abstraction de.

abstracto, ta adj abstrait, e; *es un problema abstracto* c'est un problème abstrait; *pintura abstracta* peinture abstraite ǁ — *en abstracto* abstraitement (de modo no concreto), dans l'abstrait (ateniéndose a lo abstracto) ǁ *lo abstracto* l'abstrait.

abstraer* v tr abstraire.
- v intr *abstraer de* faire abstraction de, omettre.
- v pr s'abstraire, s'absorber.
— OBSERV Ce verbe a deux participes passés: *abstraído* et *abstracto*. Le premier s'emploie avec *haber*, le second, comme adjectif, avec *ser* ou *estar*.

abstraído, da adj FIG distrait, e ǁ absorbé, e; *estar abstraído por la lectura* être absorbé par la lecture ǁ isolé, e (aislado).

abstruso, sa adj abstrus, e (*p us*); abscons, e (oscuro).

absuelto, ta adj absous, oute; *absuelto de todo pecado* absous de tout péché ǁ acquitté, e (un reo); *salir absuelto* être acquitté.

absurdidad *f* absurdité.
absurdo, da *adj* absurde ‖ *lo absurdo* l'absurdité; *el colmo de lo absurdo* le comble de l'absurde; l'absurde; *caer en lo absurdo* tomber dans l'absurde; ce qui est absurde; *lo absurdo sería perder esta oportunidad* ce qui serait absurde c'est de perdre cette occasion.
◆ *m* absurdité *f* (disparate); *decir absurdos* dire des absurdités.
abubilla *f* huppe (pájaro).
abuchear *v tr* huer, conspuer, siffler; *los actores fueron abucheados* les acteurs furent sifflés ‖ chahuter; *los alumnos abuchean a los profesores* les élèves chahutent les professeurs.
abucheo *m* FAM huées *f pl*; *salió bajo un abucheo* il sortit sous les huées ‖ cris *pl* (en el espectáculo), chahut (de alumnos).
Abu Dabi *n pr* GEOGR Abu Zabi, Abu Dhabi.
abuela *f* grand-mère (usual), aïeule (literario); *mi abuela es joven todavía* ma grand-mère est encore jeune; *nuestras abuelas no salían por la noche* nos aïeules ne sortaient pas le soir ‖ FIG grand-mère, femme âgée, vieille femme ‖ FIG & FAM *¡cuéntaselo a tu abuela!* à d'autres! ‖ *¡éramos pocos y parió la abuela!* il ne manquait plus que cela!, c'est le comble! ‖ *no tener* ou *no necesitar abuela* ne pas se donner de coups de pied, s'envoyer des fleurs.
abuelita *f* grand-maman, bonne-maman ‖ *(amer)* bonnet *m* d'enfant.
abuelito *m* grand-papa, bon-papa.
abuelo *m* grand-père (usual), aïeul (literario); *sólo me queda un abuelo* je n'ai plus qu'un grand-père ‖ FIG grand-père, vieillard (anciano).
◆ *pl* grands-parents (usual), aïeuls (literario) ‖ aïeux, ancêtres (antepasados); *nuestros abuelos eran muy valientes* nos aïeux étaient très courageux ‖ FAM cheveux de la nuque (tolanos).
— OBSERV Aïeul hace aïeuls en plural en el sentido de padres de los padres, y aïeux en el de antepasados.
abuhardillado, da *adj* mansardé, e.
abulense *adj y s* d'Avila ‖ *la Abulense* sainte Thérèse d'Avila.
abulia *f* MED aboulie.
abúlico, ca *adj y s* aboulique (sin voluntad).
abultado, da *adj* gros, grosse; volumineux, euse; *este paquete es muy abultado* ce paquet est très volumineux ‖ épais, épaisse; *esta persona tiene los labios abultados* cette personne a les lèvres épaisses ‖ enflé, e; renflé, e (hinchado); *tengo los labios abultados porque me ha picado una avispa* j'ai les lèvres enflées parce qu'une guêpe m'a piqué ‖ FIG grossi, e; exagéré, e (exagerado).
abultamiento *m* grossissement, augmentation *f* (crecimiento) ‖ renflement, proéminence *f* (hinchazón) ‖ forme *f* (bulto).
abultar *v tr* grossir (aumentar) ‖ FIG grossir, exagérer; *abultar una historia* grossir une histoire ‖ dégrossir, ébaucher (desbastar, esbozar).
◆ *v intr* être gros, grosse; être volumineux, euse (ser grueso) ‖ prendre de la place; *este armario abulta mucho* cette armoire prend beaucoup de place ‖ encombrer, être encombrant (ocupar demasiado sitio).
abundancia *f* abondance ‖ QUÍM abondance [astrophysique] ‖ — *cuerno de la abundancia* corne d'abondance ‖ *de la abundancia del corazón habla la boca* on ne parle bien que de ce que l'on aime ‖ *nadar en la abundancia* nager dans l'abondance, rouler sur l'or, être cousu d'or.
abundante *adj* abondant, e.
abundantemente *adv* abondamment.
abundar *v intr* abonder ‖ foisonner, être très nombreux, abonder; *en este libro abundan los ejemplos* dans ce livre les exemples foisonnent ‖ *abundar en la opinión de* abonder dans le sens de, être du même avis que ‖ *lo que abunda no daña* abondance de biens ne nuit pas.
Abundio *n pr m* FAM *más tonto que Abundio* fin comme Gribouille.
abundoso, sa *adj (amer)* abondant, e.
¡abur! *interj* FAM salut!, au revoir!
aburguesado, da *adj* embourgeoisé, e.
aburguesarse *v pr* s'embourgeoiser.
aburrado, da *adj* abruti, e; imbécile (estúpido).
aburrición *f* FAM ennui *m* ‖ *(amer)* antipathie.
aburrido, da *adj* qui s'ennuie (avec *estar*); *estoy aburrido* je m'ennuie ‖ ennuyeux, euse (que aburre); *es una película aburrida* c'est un film ennuyeux ‖ las, lasse; dégoûté, e; *aburrido de la vida* las de la vie ‖ — *estar aburrido con* en avoir assez de ‖ *aburrido muy* s'ennuyer beaucoup, s'ennuyer ferme ‖ *lo aburrido es* ce qui est ennuyeux c'est.
aburrimiento *m* ennui ‖ lassitude *f*, dégoût (tedio) ‖ *¡qué aburrimiento!* quel ennui!, que c'est donc ennuyeux! ‖ *ser un aburrimiento* être ennuyeux, euse; *esta conferencia es un aburrimiento que* cette conférence est ennuyeuse!
aburrir *v tr* ennuyer; *aburrir con un largo discurso* ennuyer par un long discours ‖ abandonner, laisser (abandonar).
◆ *v pr* s'ennuyer ‖ FIG & FAM *aburrirse como una ostra* s'ennuyer à mourir, s'ennuyer à cent sous de l'heure, s'ennuyer comme un rat mort.
abusado, da *adj (amer)* rusé, e; astucieux, euse.
abusar *v intr* abuser; *abusar de, con* abuser de.
◆ *v tr* abuser, tromper.
— OBSERV Le verbe *abusar* dans le sens de *tromper* est un gallicisme.
Abu Simbel *n pr* GEOGR Abou-Simbel.
abusivo, va *adj* abusif, ive (excesivo); *precio abusivo* prix abusif.
abuso *m* abus; *abuso de autoridad, de confianza* abus d'autorité, de confiance ‖ *abusos deshonestos* abus déshonnêtes.
abusón, ona *adj y s* abusif, ive (abusivo) ‖ profiteur, euse (aprovechado) ‖ effronté, e (descarado).
abyección *f* abjection (bajeza).
abyecto, ta *adj* abject, e (vil) ‖ misérable, abject, e; *condición abyecta* état misérable.
a/c abrev de *a cuenta* en acompte, à compte, à valoir.
a. C. abrev de *antes de Cristo* av. J.-C., avant Jésus-Christ.
acá *adv* ici, là; *ven acá* viens ici, viens là (véase OBSERV I) ‖ près (con adverbio); *más acá* plus près (véase OBSERV II) ‖ en deçà de, en avant de; *más acá de esta línea* en avant de cette ligne ‖ depuis (desde); *¿de cuando acá?* depuis quand? ‖ — *acá abajo* ici bas ‖ *acá y allá* çà et là, par-ci par-là; *poner*

unas citas acá y allá mettre des citations par-ci par-là; ici et là; *ir acá y allá* aller ici et là ‖ *de... para acá* d'ici à; *de París para acá* d'ici à Paris, de Paris jusqu'ici; *de París para acá hemos tardado una hora de París* jusqu'ici nous avons mis une heure ‖ *de acá para allá* ici et là; de ci, de là ‖ *de ayer acá* depuis hier ‖ *desde entonces acá* depuis lors ‖ *más acá* plus près ‖ *más acá de* en avant de ‖ *muy acá* tout près ‖ *no tan acá* moins près, plus loin ‖ *tan acá como* aussi près que.

— OBSERV I. En francés, *là* se emplea a menudo por *ici* (aquí), aunque nunca *ici* por *là* (allá).

— OBSERV II. *Acá* désigne un endroit moins déterminé que *aquí*; c'est pourquoi il comporte des degrés de comparaison que *aquí* ne peut admettre. — Dans certains pays d'Amérique latine (Argentine par exemple) on emploie presque exclusivement *acá* pour signifier *ici*.

acabable *adj* achevable.
acabadamente *adv* parfaitement ‖ entièrement, complètement.
acabado, da *adj* terminé, e; fini, e (concluido); *hay que devolver el trabajo acabado lo más pronto posible* il faut rendre le travail fini le plus vite possible ‖ fini, e; *producto acabado* produit fini ‖ achevé, e; parfait, e; *esto es el modelo acabado de todas las virtudes* c'est le modèle parfait de toutes les vertus ‖ accompli, e; consommé, e (persona); *un historiador acabado* un historien consommé ‖ fini, e (viejo, destrozado); *es un hombre acabado* c'est un homme fini ‖ épuisé, e (agotado) ‖ usé, e (salud).
   ◆ *m* achèvement (conclusion) ‖ finissage, finition *f*; *el acabado de un coche* la finition d'une voiture ‖ coloris (matiz).
acaballadero *m* haras.
acaballerado, da *adj* distingué, e; noble ‖ qui se veut distingué, e.
acabamiento *m* achèvement (conclusion) ‖ accomplissement, parachèvement (terminación perfecta) ‖ TECN finissage, finition *f*.
acabar *v tr* finir, achever, terminer (terminar) ‖ achever, perfectionner ‖ consommer, achever; *acabar su ruina* achever sa ruine ‖ achever, donner le coup de grâce à (rematar) ‖ *(amer)* dire du mal de (murmurar) ‖ *antes que acabes no te alabes* il ne faut pas vendre la peau de l'ours avant de l'avoir tué.
   ◆ *v intr* finir, se terminer; *acabar en punta* finir en pointe, se terminer par une pointe ‖ finir; *ven cuando acabes* viens quand tu auras fini ‖ finir, mourir; *con este niño, voy a acabar loca* avec cet enfant je vais devenir folle ‖ — FIG & FAM *¡acaba de parir!* accouche!, explique-toi! ‖ — FAM *¡acabáramos!* enfin!, il était temps! ‖ *acabar con* en finir avec, venir à bout de; *por fin he acabado con este trabajo* je suis enfin venu à bout de ce travail; rompre avec; *acabar con su novia* rompre avec sa fiancée; avoir raison de, achever, tuer; *ese trabajo tan penoso va a acabar conmigo* ce travail si pénible va me tuer ‖ *acabar con sus huesos (en la cárcel, etc.)* finir (en prison, etc.) ‖ *acabar de* venir de; *acaba de morir su padre* son père vient de mourir ‖ *acabar de una vez* en finir une bonne fois ‖ *acabar diciendo* finir en disant (al final), finir par dire (en fin) ‖ *acabar en* finir en, aboutir à ‖ *acabar por finir par* ‖ *es cosa o el cuento de nunca acabar* c'est à n'en plus finir ‖ *no acabar de comprender* ne pas arriver à comprendre.

   ◆ *v pr* finir, prendre fin ‖ se terminer ‖ — *se acabó* et c'est tout, un point c'est tout (nada más), c'est fini, c'en est fait ‖ *se me acabó la paciencia* ma patience est à bout ‖ *y sanseacabó* et c'est fini, un point c'est tout.
acabildar *v tr* rallier à une opinion.
acabóse *m* FAM la fin de tout, le comble, le bouquet, la fin des haricots (el colmo) | le fin du fin (lo mejor).
acacalote *m* *(amer)* corbeau d'eau (ave).
acacia *f* acacia *m* ‖ *acacia blanca* ou *falsa* faux acacia, robinier.
acacóyotl *m* *(amer)* larmes-de-Job *f pl* (planta).
acachetar *v tr* TAUROM achever [le taureau, d'un coup de poignard].
academia *f* académie ‖ école; *academia militar* école militaire; *academia de idiomas* école de langues ‖ académie, étude d'après le modèle vivant ‖ — *Academia General Militar* école interarmes ‖ *la Real Academia* l'Académie royale espagnole ‖ *la Real Academia de la Historia* l'Académie royale d'histoire d'Espagne.
academicismo *m* académisme.
académico, ca *adj* académique ‖ universitaire; *título académico* titre universitaire.
   ◆ *m y f* académicien, enne (de una academia) ‖ — *Académico correspondiente* correspondant de l'Académie ‖ *académico de número* académicien en titre.
academizar *v tr* académiser.
acaecer* *v intr* arriver, survenir, avoir lieu.
   ◆ *v impers* arriver.
acaecimiento *m* événement.
acalambrarse *v pr* avoir une crampe.
acalenturarse *v pr* avoir de la fièvre.
acaloradamente *adv* avec ardeur, ardemment.
acalorado, da *adj* échauffé, e; *acalorado por los esfuerzos realizados* échauffé par les efforts réalisés ‖ FIG échauffé, e (excitado); *acalorado por la disputa* échauffé par la dispute | vif, vive; passionné, e; chaud, e (persona); *una discusión acalorada* une discussion passionnée | ardent, e; enflammé, e (entusiasta); *es un defensor acalorado de mis ideas* c'est un ardent défenseur de mes idées.
acaloramiento *m* échauffement ‖ chaleur *f* (tiempo) ‖ FIG ardeur *f*; *defender una causa con mucho acaloramiento* défendre une cause avec beaucoup d'ardeur | le plus vif, le plus fort; *en el acaloramiento de la pelea* au plus fort de la bataille.
acalorar *v tr* chauffer ‖ FIG encourager (fomentar) | échauffer, exciter, enflammer; *estar acalorado por la pasión* être enflammé par la passion.
   ◆ *v pr* s'échauffer ‖ FIG s'emporter (airarse) ‖ s'enflammer (entusiasmarse).
acallar *v tr* faire taire ‖ FIG faire taire, apaiser (aplacar) ‖ apaiser, assouvir; *acallar el hambre* assouvir sa faim | faire taire; *acallar los malos instintos* faire taire ses mauvais instincts.
acamellonar *v tr* AGRIC *(amer)* faire des ados.
acampada *f* camping *m*.
acampado, da *adj* cantonné, e; installé, e dans un camp.
acampamento *m* camping, campement (acción) ‖ campement, camp, bivouac (campamento).
acampanado, da *adj* en forme de cloche ‖ *falda acampanada* jupe cloche *o* évasée.

acampar *v tr* camper.
- *v intr* y *pr* camper.
- OBSERV En francés existe el verbo *se camper* pero significa *plantarse*.

acanalado, da *adj* encaissé, e (encajonado) ‖ cannelé, e; *columna acanalada* colonne cannelée ‖ à côtes (calcetín).

acanalar *v tr* canneler ‖ strier ‖ rucher (una tela).

acanallado, da *adj* encanaillé, e; canaille.

acanelado, da *adj* qui a la couleur, le goût de la cannelle.

acantilado, da *adj* escarpé, e (abrupto) ‖ en falaise ‖ en terrasse (fondo del mar).
- *m* falaise *f*; *los acantilados de Dover* les falaises de Douvres ‖ pente *f* abrupte (pendiente).

acanto *m* BOT acanthe *f* ‖ ARQ acanthe *f* (ornamento).

acantonamiento *m* MIL cantonnement.

acantonar *v tr* cantonner.
- *v pr* se cantonner.
- OBSERV Le verbe *acantonarse* est un gallicisme dans le sens de *se limiter*.

acaobado, da *adj* acajou *inv* (color).

acaparador, ra *adj* y *s* accapareur, euse.

acaparamiento *m* accaparement.

acaparar *v tr* accaparer.

acaparrosado, da *adj* d'un vert bleuté [couleur de la couperose ou du sulfate de cuivre].
- OBSERV On ne doit pas traduire *acaparrosado* par *couperosé*, qui s'applique seulement à une coloration rouge du visage.

acápite *m (amer)* paragraphe, alinéa ‖ *(amer) punto acápite* point à la ligne.

acapullarse *v pr* être en bouton (flor) ‖ FIG & POP devenir con.

acaramelado, da *adj* caramélisé, e ‖ caramel (color) ‖ FIG obséquieux, euse | doucereux, euse; mielleux, euse; *una voz acaramelada* une voix mielleuse ‖ *estar acaramelados* être comme deux tourtereaux.

acaramelar *v tr* caraméliser.
- *v pr* FIG & FAM être tout sucre et tout miel (ser muy obsequioso), faire les yeux doux (mirar con cariño).

acardenalar *v tr* meurtrir, couvrir de bleus.
- *v pr* se couvrir de bleus.

acariciante *adj* caressant, e.

acariciar *v tr* caresser ‖ FIG caresser, nourrir; *acariciar muchas esperanzas* nourrir de grands espoirs; *acariciar grandes ambiciones* nourrir de grandes ambitions.

acáridos *m pl* ZOOL acariens, acarides.

acarralar *v tr* relâcher les fils [d'une étoffe] ‖ défaire une maille (en una media).

acarreamiento *m* charoi (transporte) ‖ charriage (arrastre).

acarrear *v tr* transporter (llevar) ‖ charrier (arrastrar) ‖ charroyer (transportar en carro) ‖ FIG entraîner, occasionner; *esta medida acarrea una readaptación de las estructuras* cette mesure entraîne une réadaptation des structures; *esto le acarreará muchos sinsabores* ceci lui occasionnera bien des déboires ‖ AGRIC *acarrear las cosechas* engranger les récoltes.

acarreo *m* transport (transporte) ‖ charroi (en carro) ‖ charriage (arrastre) ‖ prix de transport, port ‖ AGRIC engrangement, rentrée *f* (cosechas) ‖ *de acarreo* de charriage, de rapport, de remblai, d'alluvion (tierras).

acartonado, da *adj* cartonné, e ‖ FAM parcheminé, e; desséché, e; *una cara acartonada* un visage parcheminé.

acartonar *v tr* durcir [comme du carton].
- *v pr* FAM se dessécher, se ratatiner.

acaso *m* hasard.
- *adv* peut-être; *acaso venga* peut-être viendra-t-il ‖ *(ant)* par hasard, d'aventure *(p us)*; *estaba acaso allí* il était là par hasard ‖ *¿acaso...?* est-ce que par hasard?; *¿acaso ha sido él?* est-ce que par hasard ce serait lui? ‖ *al acaso* au hasard ‖ *por si acaso* au cas où, dans le cas où, pour le cas où, en cas que; *he preparado el trabajo por si acaso venías a buscarlo* j'ai préparé le travail au cas où tu viendrais le chercher; à tout hasard, au cas où, pour le cas où; *he llamado por si acaso* j'ai frappé à tout hasard; *me llevo el paraguas por si acaso* j'emporte mon parapluie au cas où ‖ *si acaso* au cas où, si par hasard (por si acaso), peut-être, à la rigueur (quizás).

acatable *adj* respectable.

acatadamente *adv* avec respect, avec déférence.

acatalepsia *f* acatalepsie.

acatamiento *m* obéissance *f* (obediencia); *el acatamiento a los superiores* l'obéissance aux supérieurs ‖ soumission *f* (sumisión) ‖ respect, observance *f*; *acatamiento de las leyes* observance des lois ‖ hommage (homenaje).

acatar *v tr* honorer, respecter (respetar) ‖ respecter, observer; *acatar una ley* respecter une loi ‖ obéir à (obedecer); *acatar las órdenes, las decisiones de uno* obéir aux ordres, aux décisions de quelqu'un ‖ *(amer)* remarquer (notar).

acatarrarse *v pr* s'enrhumer ‖ FAM *(amer)* s'enivrer.

acaudalado, da *adj* riche, fortuné, e (rico).

acaudalar *v tr* thésauriser ‖ FIG amasser, accumuler (amontonar).

acaudillar *v tr* commander, être à la tête de.

acayú *m (amer)* acajou (caoba).

acceder *v intr* accéder; *accedo a tus deseos* j'accède à tes desirs ‖ acquiescer, consentir (asentir) ‖ accepter de, consentir à (aceptar); *accedió a dejarse retratar* il accepta de se faire photographier.

accesibilidad *f* accessibilité.

accesible *adj* accessible.

accesión *f* consentement *m* (consentimiento) ‖ accession (al poder) ‖ accessoire *m*, chose accessoire (complemento) ‖ DR accession ‖ MED accès *m* de fièvre.

accésit *m* accessit.
- OBSERV D'après l'Académie espagnole, le pluriel de ce mot est *accésit*, mais on rencontre fréquemment la forme *accésits*.

acceso *m* accès ‖ accession (al poder) ‖ MED accès ‖ voie *f* d'accès (camino) ‖ FIG poussée *f*; *un acceso de fanatismo* une poussée de fanatisme ‖ *acceso de tos* quinte de toux.

accesorio, ria *adj* y *s m* accessoire ‖ *gastos accesorios* faux frais.

accesorista *m* y *f* TEATR accessoiriste.

accidentado, da *adj* accidenté, e (terreno) ‖ FIG agité, e; mouvementé, e; accidenté, e; *lleva una vida accidentada* il mène une vie mouvementée.

◆ *m* y *f* accidenté, e (herido).
accidental *adj* accidentel, elle.
◆ *m* MÚS accident.
accidentar *v tr* causer un accident.
◆ *v pr* être victime d'un accident.
accidente *m* accident; *accidente de trabajo* ou *laboral* accident du travail; *seguro contra accidentes* assurance accidents ǁ syncope *f*, défaillance *f*, évanouissement (síncope) ǁ GRAM flexion *f* ǁ MÚS accident ǁ — *accidente aéreo* accident d'avion ǁ *accidente de carretera* accident de la route ǁ *accidente de circulación* accident de la circulation ǁ *accidente del terreno* accident de terrain ǁ — *por accidente* par accident, accidentellement, par hasard.
acción *f* action ǁ geste *m*; *unir la acción a la palabra* joindre le geste à la parole ǁ attitude (postura) ǁ jeu *m* (de un actor) ǁ affaire; *la acción fue encarnizada* l'affaire fut chaude ǁ ÉCON action; *acción al portador* action au porteur; *acción liberada* action libérée ǁ DR action ǁ MIL action (combate) ǁ *(amer)* billet *m* de tombola (rifa) ǁ — *acción de gracias* action de grâces ǁ *esfera de acción* champ d'action ǁ *hombre de acción* homme d'action ǁ *radio de acción* rayon d'action ǁ — FAM *dejar a uno sin acción* immobiliser quelqu'un, empêcher quelqu'un d'agir ǀ *ganar a uno la acción* devancer quelqu'un.
◆ *interj* silence, on tourne! (cine).
accionamiento *m* mise *f* en mouvement *o* en marche, commande *f*.
accionar *v tr* actionner, faire marcher (una máquina) ǁ DR *(amer)* intenter une action.
◆ *v intr* gesticuler.
accionariado *m* actionnariat, actionnaires *pl*.
accionario, ria *adj* relatif aux actions.
◆ *m* y *f* actionnaire.
accionista *m* y *f* COM actionnaire; *accionista beneficiario* titulaire d'actions de jouissance.
acebo *m* BOT houx.
acebrado, da *adj* zébré, e.
acebuche *m* olivier sauvage.
acecinar *v tr* boucaner (ahumar).
◆ *v pr* FIG se dessécher, se ratatiner.
acechanza *f* guet *m*.
acechar *v tr* guetter (observar).
acecho *m* guet ǁ *al* ou *en acecho de* à l'affût de (esperando), aux aguets (vigilando).
acedar *v tr* aigrir (agriar) ǁ FIG aigrir, fâcher.
◆ *v pr* s'aigrir, devenir aigre (agriarse) ǁ se faner, se flétrir (ajarse).
acedera *f* oseille (planta).
acedía *f* aigreur, acidité ǁ aigreur (en el estómago) ǁ FIG aigreur, âpreté, rudesse (desabrimiento) ǁ jaunissement *m* (de las plantas) ǁ plie, carrelet *m*, limande (pez).
acedo, da *adj* aigre, acide.
acéfalo, la *adj* acéphale (sin cabeza).
◆ *m* ZOOL acéphale, lamellibranche.
aceitado *m* graissage.
aceitar *v tr* huiler, graisser.
aceite *m* huile *f*; *aceite de oliva, de cacahuete* huile d'olive, d'arachide ǁ — *aceite alcanforado* huile camphrée ǁ *aceite bruto* pétrole brut ǁ *aceite combustible* huile combustible ǁ *aceite de abeto* oléorésine de pin ǁ *aceite de algodón* huile de coton ǁ *aceite de almendra* huile d'amande ǁ *aceite de anís*

anisette ǁ QUÍM *aceite de arsénico* chlorure d'arsenic ǁ *aceite de ballena* huile de baleine ǁ *aceite de cada* huile de cade ǁ *aceite de colza* huile de colza ǁ *(amer) aceite de comer* huile camphrée ǁ *aceite de girasol* huile de tournesol ǁ *aceite de hígado de bacalao* huile de foie de morue ǁ *aceite de linaza* huile de lin ǁ *aceite de onfacino* huile omphacine ǁ *aceite de palo* huile de copahu ǁ *aceite de ricino* huile de ricin ǁ QUÍM *aceite de vitriolo* huile de vitriol, acide sulfurique ǁ *aceite esencial* ou *volátil* huile essentielle *o* volatile ǁ *aceite explosivo* nitroglycérine ǁ *aceite lampante* pétrole lampant ǁ *aceite lubricante* huile lubrifiante ǁ *aceite mineral* huile minérale ǁ *aceite pesado* huile lourde ǁ *aceite puro* huile pure ǁ *aceite refinado* huile raffinée ǁ *aceite secante* huile siccative, siccatif ǁ *aceite vegetal* huile végétale ǁ *aceite virgen* huile vierge ǁ — FIG *balsa de aceite* mer d'huile ǁ — FIG *echar aceite al fuego* jeter de l'huile sur le feu ǀ *extenderse como mancha de aceite* faire tache d'huile.
aceitera *f* marchande d'huile ǁ burette (vasija para el aceite) ǁ méloé *m* (insecto).
◆ *pl* huilier *m sing*.
aceitoso, sa *adj* huileux, euse.
aceituna *f* olive; *aceitune rellena* olive farcie ǁ — *aceituna gordal* olive grossane ǁ *aceituna picudilla* picholine.
aceitunado, da *adj* olivâtre; *tiene una tez aceitunada* il a un teint olivâtre.
aceitunero, ra *m* y *f* marchand, e d'olives (que las vende) ǁ cueilleur, cueilleuse d'olives (que coge aceitunas).
◆ *m* grenier à olives.
aceituno *m* olivier (árbol) ǁ *aceituno silvestre* olivier sauvage.
◆ *adj (amer)* olivâtre.
aceleración *f* accélération ǁ AUTOM *poder de aceleración* reprise.
aceleradamente *adv* vite, rapidement.
acelerado, da *adj* accéléré, e ǁ *con paso acelerado* au pas de course.
◆ *f* accélération (auto).
◆ *m* accéléré (cine).
acelerador, ra *adj* y *s m* accélérateur, trice ǁ *acelerador nuclear* ou *de partículas* accélérateur nucléaire *o* de particules.
acelerar *v tr* e *intr* accélérer ǁ *acelerar el paso* hâter *o* presser *o* accélérer le pas.
◆ *v pr* FIG & FAM s'exciter.
acelerón *m* coup d'accélérateur.
acelga *f* bette, poirée (planta) ǁ FAM *cara de acelga* figure de carême (mal humor), mine de papier mâché (falta de salud).
acémila *f* bête de somme ǁ FAM butor *m*, âne *m* (persona ruda).
acendrado, da *adj* épuré, e ǁ FIG pur, e; *un amor acendrado* un amour pur.
acendrar *v tr* épurer ǁ FIG purifier (purificar) ǁ affiner (el oro, la plata).
acenefar *v tr* orner de bordures.
acento *m* accent; *acento agudo, circunflejo, grave* accent aigu, circonflexe, grave ǁ POÉT *acento métrico* ou *rítmico* accent métrique ǁ *acento ortográfico* accent orthographique.
acentuación *f* accentuation.
acentuadamente *adv* en accentuant ǁ avec insistance ǁ de façon marquée, nettement.

acentuado, da *adj* accentué, e (con acento) ‖ accentué, e; marqué, e; *facciones acentuadas* traits accentués.
acentuar *v tr* accentuer ‖ détacher; *acentuar todas las sílabas* détacher toutes les syllabes.
◆ *v pr* s'accentuer (incrementar).
aceña *f* moulin *m* à eau.
acepción *f* acception (significado); *en toda la acepción de la palabra* dans toute l'acception du terme ‖ préférence, acception (preferencia); *sin acepción de personas* sans acception de personne.
acepilladora *f* raboteuse (máquina).
acepillar *v tr* raboter (la madera) ‖ brosser (los vestidos) ‖ FIG & FAM polir, civiliser.
aceptable *adj* acceptable.
aceptación *f* acceptation (acción de aceptar) ‖ approbation ‖ satisfaction (contento) ‖ DR acception; *aceptación de personas* acception de personne ‖ FIG succès *m* (éxito); *tener poca aceptación* avoir peu de succès.
aceptador, ra *adj y s* COM accepteur (sin femenino) ‖ acceptant, e.
aceptar *v tr* accepter; *aceptar una cena* accepter un dîner; *aceptar una letra de cambio* accepter une lettre de change ‖ *aceptar un reto* relever un défi.
acepto, ta *adj* agréé, e; bien accueilli, e (admitido con gusto); *ser acepto a la nación* être agréé par la nation.
acequia *f* canal *m* d'irrigation, rigole (para el riego) ‖ (amer) ruisseau *m* (arroyo).
acera *f* trottoir *m* (en una calle); *rondar la acera* faire les cent pas sur le trottoir ‖ rangée de maisons ‖ ARQ parement *m* d'un mur ‖ POP *ser de la acera de enfrente* être de la pédale (marica).
aceración *f* aciération, aciérage *m*.
acerado, da *adj* aciéré, e ‖ acéré, e; aigu, ë (cortante) ‖ FIG d'acier, résistant, e ‖ acéré, e (mordaz) ‖ *agua acerada* eau ferrée.
◆ *m* TECN aciérage, aciération *f*.
acerar *v tr* acérer (soldar acero al hierro) ‖ aciérer (convertir en acero) ‖ donner (à l'eau), des propriétés médicinales en y plongeant de l'acier rougi ‖ FIG fortifier ‖ acérer (una frase) ‖ ARQ revêtir (un mur), de son parement ‖ faire un trottoir (poner acera).
acerbamente *adv* âprement, cruellement.
acerbidad *f* aigreur, âpreté.
acerbo, ba *adj* aigre, âpre ‖ FIG aigre, acerbe; *tono acerbo* ton acerbe ‖ *lo acerbo* la rigueur.
acerca de *loc prep* sur, au sujet de; *acerca de él* à son sujet.
acercamiento *m* rapprochement.
acercar *v tr* rapprocher, approcher; *acerca tu silla a la mesa* rapproche ta chaise de la table ‖ FIG rapprocher; *esta medida acercará a los pueblos* cette mesure rapprochera les peuples.
◆ *v pr* approcher, s'approcher de, se rapprocher (véase OBSERV); *acercarse a s'approcher de; un perro se le acercó* un chien s'approcha de lui ‖ passer, aller; *acércate a mi casa esta tarde* passe chez moi cet après-midi ‖ FIG approcher; *acercarse a la vejez* approcher de la vieillesse; *acercarse la hora* l'heure approche ‖ rejoindre, se rapprocher; *esto se acerca a mis ideas* cela rejoint mes idées o se rapproche de mes idées.
— OBSERV No hay que confundir estos tres verbos. *Approcher* (intransitivo) es llegar junto a las inmediaciones de una cosa o sitio; *se rapprocher* significa sólo que se acorta relativamente la distancia: *el enemigo se acerca a la ciudad* l'ennemi approche de la ville (ya está muy cerca), l'ennemi se rapproche de la ville (puede estar todavía a 100 km de ella). Por otra parte, hablando de cosas, se emplea más bien *approcher*. En cuanto a *s'approcher*, conviene en ambos sentidos, pero refiriéndose sobre todo a personas: *acérquese* approchez-vous.
acería *f* aciérie (fundición de acero).
acerico; acerillo *m* pelote *f* à épingles (para alfileres) ‖ coussin (almohada).
acero *m* acier; *acero dulce, semiduro, moldado* acier doux, semi-dur, moulé ‖ FIG fer, acier (arma blanca); *el acero homicida* le fer homicide | courage, intrépidité *f* (valor) ‖ — *acero al manganeso* acier (au), manganèse ‖ *acero bruto* acier brut o cru ‖ *acero colado* acier au creuset ‖ *acero inoxidable* acier inoxidable ‖ *acero rápido* acier rapide ‖ *aceros especiales* aciers spéciaux ‖ — FIG *tener buenos aceros* avoir du cran.
acerola *f* azerole (fruto).
acérrimo, ma *adj* FIG très fort, e; robuste, vigoureux, euse ‖ tenace, acharné, e; *un acérrimo partidario* un partisan acharné.
acerrojar *v tr* verrouiller.
acertadamente *adv* adroitement, avec succès ‖ juste, bien (hablar, opinar) ‖ à juste titre (con toda la razón) ‖ bien, convenablement; *todos los actores trabajan muy acertadamente* tous les acteurs jouent très bien ‖ par bonheur; *acertadamente no fui a verle ayer* par bonheur je ne suis pas allé le voir hier.
acertado, da *adj* trouvé, e; deviné, e (adivinado) ‖ réussi, e (bien ejecutado) ‖ juste (dicho, opinión) ‖ opportun, e; *no sería acertado que fueses a verle ahora* il ne serait pas opportun que tu ailles le voir maintenant ‖ pertinent, e; opportun, e; *tu contestación ha sido muy acertada* ta réponse a été très pertinente ‖ adroit, e; habile, heureux, euse (hábil); *un paso acertado* une démarche adroite; *en esto, estuviste poco acertado* tu n'as pas été adroit dans cette affaire ‖ *lo acertado* le mieux, le plus raisonnable; *lo acertado es marcharse ahora* le mieux c'est de partir maintenant; le bien fondé; *lo acertado de una decisión* le bien-fondé d'une décision.
acertante *adj y s* gagnant, e.
acertar* *v tr* atteindre (dar en el blanco) ‖ trouver (encontrar) ‖ réussir, avoir du succès (hacer con acierto) ‖ deviner, trouver (adivinar); *¿a que no lo aciertas?* je parie que tu ne le devineras pas.
◆ *v intr* deviner juste, trouver ‖ réussir (lograr); *acertó a abrir la puerta* il réussit à ouvrir la porte ‖ venir; *acertó a pasar* il vint à passer ‖ *acertar con* trouver (encontrar).
acertijo *m* devinette *f*.
acervo *m* tas, monceau, amas (montón) ‖ biens *pl* possédés en commun, masse *f* ‖ FIG trésor, patrimoine; *acervo cultural* patrimoine culturel ‖ DR *acervo común* patrimoine commun (herencia indivisa).
acescencia *f* acescence.
acetato *m* QUÍM acétate.
acético, ca *adj* QUÍM acétique; *ácido acético* acide acétique.
acetificar *v tr* acétifier.
acetileno *m* QUÍM acétylène.
acetimetría *f* QUÍM acétimétrie.
acetona *f* QUÍM acétone.

acetonemia *f* MED acétonémie.
acetonuria *f* MED acétonurie.
acetoso, sa *adj* acéteux, euse.
aciago, ga *adj* funeste, malheureux, euse; malencontreux, euse; *una palabra aciaga* un mot malheureux; *aquél fue un día aciago para mí* ce fut un jour funeste pour moi ‖ de mauvais augure; *una persona aciaga* une personne de mauvais augure.
aciano *m* BOT bleuet, bluet.
acíbar *m* aloès ‖ FIG amertume *f*, douleur *f* ‖ *amargo como el acíbar* amer comme le fiel.
acibarar *v tr* rendre amer ‖ FIG aigrir; *acibararle a uno la vida* aigrir la vie de quelqu'un.
acicalado, da *adj* fourbi, e (armas) ‖ pomponné, e; *una mujer acicalada* une femme pomponnée ‖ tiré à quatre épingles, élégant, e; *siempre va muy acicalado* il est toujours tiré à quatre épingles.
 ◆ *m* fourbissage.
acicalar *v tr* fourbir (armas) ‖ FIG parer, orner (adornar) | aiguiser, affiner [l'esprit].
 ◆ *v pr* se pomponner, se faire beau, se faire belle.
acicate *m* éperon à broche ‖ FIG aiguillon, stimulant; *llevado por este acicate llegará lejos* poussé par cet aiguillon il ira loin.
acicatear *v tr* stimuler, éperonner, aiguillonner (animar).
acíclico, ca *adj* acyclique.
acidez *f* acidité ‖ aigreur (del estómago).
acidificación *f* acidification.
acidificante *adj y s m* acidifiant, e.
acidificar *v tr* acidifier.
acidimetría *f* QUÍM acidimétrie.
ácido, da *adj* acide ‖ FIG amer, ère (desabrido).
 ◆ *m* acide ‖ FAM acide (LSD) ‖ — *ácido acético* acide acétique ‖ *ácido carbónico* acide carbonique ‖ *ácido clorhídrico* acide chlorhydrique ‖ *ácido lisérgico* acide lysergique ‖ *ácido nucleico* acide nucléique ‖ *ácido oxálico* acide oxalique ‖ *ácido sulfuroso* acide sulfureux.
acidosis *f* MED acidose.
acidular *v tr* aciduler.
acídulo, la *adj* acidulé, e.
acierto *m* réussite *f*; *esta idea ha sido un acierto* cette idée a été une réussite ‖ succès, réussite *f* (éxito); *el gobierno ha tenido muchos aciertos* le gouvernement a eu de nombreuses réussites ‖ trouvaille *f*; *el título de este libro es un acierto* le titre de ce livre est une trouvaille ‖ solution *f*, réponse *f* juste (enigma) ‖ FIG adresse *f*, habileté *f* | sagesse *f*, bon sens (sabiduría) | hasard (casualidad) | excellente idée *f*; *¡qué acierto el haber venido hoy!* quelle excellente idée d'être venu aujourd'hui!
ácimo *adj* azyme; *pan ácimo* pain azyme.
acimut *m* ASTR azimut.
 — OBSERV *pl acimut* ou *acimuts*.
ación *m* étrivière *f*, porte-étriers *inv*.
aclamación *f* acclamation; *nombrar por aclamación* nommer par acclamation.
aclamar *v tr* acclamer; *aclamar al rey* acclamer le roi ‖ nommer, appeler (nombrar).
aclaración *f* éclaircissement *m*, mise au point; *al día siguiente, el autor publicó una aclaración a su artículo* le lendemain l'auteur publia une mise au point sur son article ‖ éclaircissement *m*; *he tenido unas aclaraciones sobre lo que pasó* j'ai eu des éclaircissements sur ce qui s'est passé ‖ explication; *una aclaración al margen* une explication en marge.
aclarado *m* rinçage.
aclarar *v tr* éclaircir (el color, un líquido) ‖ dégarnir, éclaircir (un bosque, las filas) ‖ rincer (la ropa) ‖ éclaircir (la voz) ‖ allonger (una salsa) ‖ FIG éclairer (la mente) ‖ éclairer; *esta explicación aclara el texto* cette explication éclaire le texte ‖ clarifier (una duda, una situación) ‖ éclaircir, expliquer; *voy a aclarar lo dicho anteriormente* je vais éclaircir ce qui a été dit au préalable ‖ tirer au clair; *me gusta siempre aclarar las cosas* j'aime toujours tirer les choses au clair ‖ illustrer (hacer ilustre) | éclaircir (la expresión del rostro) | prévenir, rappeler (declarar); *te aclaro que ya no debes salir* je te préviens que tu ne dois plus sortir.
 ◆ *v intr* s'éclaircir (el tiempo) ‖ se lever, pointer (el día) ‖ *(amer)* se clarifier (un líquido).
 ◆ *v pr* s'éclaircir ‖ se clarifier (un líquido) ‖ s'éclaircir (la voz) ‖ FIG & FAM s'expliquer, donner des précisions; *aclárate* explique-toi | se comprendre; *estas dos personas no se aclaran* ces deux personnes ne se comprennent pas | se remettre; *después del puñetazo que había recibido tardó mucho en aclararse* après le coup de poing qu'il avait reçu il mit très longtemps à se remettre | voir clair; *no consigo aclararme en este asunto* je n'arrive pas à voir clair dans cette affaire ‖ *(amer)* être fauché, e (no tener dinero).
aclaratorio, ria *adj* explicatif, ive; apportant des précisions; *nota aclaratoria* note explicative.
aclimatable *adj* acclimatable.
aclimatación *f* acclimatation.
aclimatar *v tr* acclimater.
 ◆ *v pr* s'acclimater.
aclorhidria *f* MED achlorhydrie.
acmé *m* MED acmé.
acné *f* MED acné.
acobardamiento *m* peur *f*, crainte *f*.
acobardar *v tr* faire peur à, intimider.
 ◆ *v pr* avoir peur, être intimidé, e ‖ se laisser impressionner; *no te acobardes con la dificultad de este texto* ne te laisse pas impressionner par la difficulté de ce texte.
acobrado, da *adj* cuivré, e (color).
acocote *m* *(amer)* calebasse *f* pour recueillir le pulque.
acodado, da *adj* coudé, e (doblado); *un tubo acodado* un tube coudé ‖ accoudé, e (apoyado en los codos); *acodado en la barra* accoudé au bar ‖ AGRIC marcotté, e.
acodalar *v tr* ARQ étrésillonner, étayer.
acodar *v tr* étayer (apuntalar) ‖ couder (doblar) ‖ AGRIC marcotter.
 ◆ *v pr* s'accouder.
acodillar *v tr* couder, courber.
 ◆ *v intr* tomber sur les genoux (animal).
acodo *m* AGRIC marcotte *f* (esqueje) | arçon (de la vid) | marcottage (acción de acodar).
acogedor, ra *adj* accueillant, e (afable); *un pueblo acogedor* un peuple accueillant.
acoger *v tr* accueillir, recevoir; *sabe muy bien acoger a los amigos* elle sait très bien recevoir ses amis ‖ protéger, secourir ‖ FIG accueillir; *acoger favorablemente una petición* accueillir favorablement une requête.

acogida

♦ v pr FIG se réfugier | recourir à, faire valoir (un pretexto, una ley) ‖ — *acogerse a* ou *bajo sagrado* chercher o demander asile dans une église ‖ *acogerse a uno* recourir à l'aide de quelqu'un (pedir el auxilio), recourir à la protection de quelqu'un (pedir protección).

acogida f accueil m; *una acogida triunfal* un accueil triomphal ‖ retraite, refuge m (refugio) ‖ retraite (retirada) ‖ acceptation (aprobación).

acogido, da adj accueilli, e ‖ *acogido a la ley* bénéficiant de la loi.
♦ m y f assisté, e (de un hospicio).

acogotar v tr assommer (matar) ‖ colleter (derribar a uno) ‖ FIG (amer) tenir à sa merci, laisser sans voix (vencer).

acojonado, da adj POP *estar acojonado* avoir les boules.
♦ m y f POP trouillard, e; froussard, e.

acojonamiento m POP trouille f, frousse f (canguelo).

acojonante adj POP dingue, génial, e (asombroso, estupendo) ‖ flippant, e (atemorizador).

acojonar v tr POP faire peur, ficher la trouille.

acojone; acojono m POP trouille f, frousse f, flip.

acolchado m matelassure f (relleno) ‖ (amer) dessus-de-lit (colcha).

acolchar v tr capitonner (muebles) ‖ matelasser, rembourrer ‖ matelasser; *una bata acolchada* une robe de chambre matelassée ‖ FIG amortir; *la nieve acolcha el ruido* la neige amortit le bruit.

acólito m acolyte ‖ enfant de chœur (monaguillo) ‖ FIG acolyte, complice.

acollarado, da adj ZOOL qui porte un collier, à collier; *mirlo acollarado* merle à collier.

acometedor, ra adj y s assaillant, e; entreprenant, e (atrevido) ‖ combatif, ive; *un toro acometedor* un taureau combatif.

acometer v tr assaillir, attaquer; *acometer un campo* assaillir un camp; *acometer al enemigo* attaquer l'ennemi ‖ entreprendre (emprender); *acometer una reforma* entreprendre une réforme ‖ éprouver [une sensation]; *me acometieron unas ganas enormes de irme* j'éprouvai une envie terrible de m'en aller ‖ venir [à l'esprit]; *le acometió la idea de* l'idée lui vint de ‖ prendre (sueño) ‖ prendre, surprendre (enfermedad) ‖ arriver à (accidente) ‖ foncer sur, attaquer; *el toro le acometió* le taureau fonça sur lui ‖ déboucher sur o dans (galería, cañería, etc.) ‖ FAM attaquer; *acometer un trabajo* attaquer un travail.

acometida f attaque ‖ branchement m (de una cañería, de tubos) ‖ *acometida de agua* adduction d'eau.

acometimiento m attaque f, agression f ‖ entreprise f; *el acometimiento de un trabajo* l'entreprise d'un travail ‖ branchement, embranchement (de cañería).

acometividad f agressivité, combativité; *la acometividad de un toro* la combativité d'un taureau ‖ esprit o caractère m entreprenant.

acomodación f accommodement m, arrangement m ‖ accomodation (del ojo) ‖ aménagement m (de un piso).

acomodadamente adv convenablement, avec ordre ‖ à l'aise, aisément (fácilmente).

acomodadizo, za adj accommodant, e; arrangeant, e.

acomodado, da adj commode, convenable (conveniente) ‖ commode, aménagé, e; *un piso acomodado para recibir* un appartement commode pour recevoir ‖ à l'aise, aisé, e; *una familia acomodada* une famille aisée ‖ cossu, e; *una casa acomodada* une maison cossue ‖ qui aime ses aises (comodón) ‖ placé, e; installé, e (colocado) ‖ installé, e; *acomodado en su sillón* installé dans son fauteuil ‖ en rapport avec, adapté à; *precio acomodado a mis medios* prix en rapport avec mes moyens.

acomodador, ra adj accommodateur, trice.
♦ m y f placeur m, ouvreuse f (espectáculo).

acomodar v tr arranger (ordenar) ‖ accommoder ‖ aménager (un sitio) ‖ adapter, régler; *acomodar su conducta con* régler sa conduite sur ‖ régler (un lente) ‖ placer (en un espectáculo) ‖ installer (a uno cómodamente) ‖ FIG raccommoder, réconcilier (conciliar) ‖ adapter (adaptar) ‖ (amer) placer, offrir un emploi à (ofrecer trabajo) ‖ *haga usted lo que le acomode* faites ce qui vous arrange o comme il vous plaira.
♦ v intr convenir, arranger.
♦ v pr se placer (en un espectáculo) ‖ s'installer (cómodamente); *acomodarse en un sillón* s'installer dans un fauteuil ‖ accommoder (el ojo) ‖ se placer; *acomodarse de criada* se placer comme bonne à tout faire ‖ trouver une place (lograr empleo) ‖ FIG s'accommoder, s'arranger (conformarse); *acomodarse con todo* s'arranger de tout | se conformer; *acomodarse a una norma* se conformer à une règle | s'adapter (adaptarse) ‖ (amer) se faire beau, belle; s'arranger (componerse) | se débrouiller (amañarse).

acomodaticio, cia adj accommodant, e; arrangeant, e; *siempre se puede llegar a un acuerdo con él porque es muy acomodaticio* on peut toujours arriver à s'arranger avec lui parce qu'il est très accommodant ‖ convenable (conveniente) ‖ complaisant, e (complaciente) ‖ *ser acomodaticio* être de bonne composition, être arrangeant.

acomodo m place f, situation f (empleo) ‖ place f (sitio) ‖ commodité f, convenance f (conveniencia) ‖ FIG place f; *la violencia tiene fácil acomodo en la aventura* la violence trouve facilement sa place dans l'aventure ‖ (amer) toilette f, élégance f (compostura).

acompañado, da adj accompagné, e; *ir muy bien acompañado* être très bien accompagné ‖ FAM fréquenté, e; passant, e (concurrido) ‖ *más vale estar solo que mal acompañado* il vaut mieux être seul qu'en mauvaise compagnie.
♦ adj y s adjoint, e (adjunto).
♦ m (amer) conduite f (atarjea).

acompañamiento m accompagnement ‖ suite f, compagnie f, cortège (comitiva) ‖ TEATR figuration f ‖ MÚS accompagnement ‖ FIG escorte f; *la guerra y su acompañamiento de horrores* la guerre et son escorte d'horreurs.

acompañante adj y s accompagnateur, trice.
♦ m pl suite f sing; *el ministro y sus acompañantes* le ministre et sa suite.

acompañar v tr accompagner; *acompañado por sus amigos* accompagné de ses amis ‖ tenir compagnie à (hacer compañía a) ‖ raccompagner, reconduire, ramener; *le voy a acompañar a su casa* je vais vous raccompagner chez vous ‖ suivre; *acompañar un entierro* suivre un enterrement ‖ joindre, inclure

(adjuntar) ‖ FIG partager; *le acompaño en su sentimiento* je partage votre douleur | sympathiser avec ‖ MÚS accompagner; *acompañar con el piano* accompagner au piano ‖ se joindre à, être des; *mañana organizamos un bridge en casa, ¿quiere usted acompañarnos?* demain, nous organisons un bridge à la maison, voulez-vous vous joindre à nous o être des nôtres? ‖ *acompañar siempre* ne pas quitter; *un deseo que nos acompaña siempre* un désir qui ne nous quitte pas.
◆ *v pr* s'accompagner; *acompañarse con la guitarra, con el piano* s'accompagner à la guitare, au piano.

acompasadamente *adv* avec calme, avec lenteur, posément; *hablar acompasadamente* parler posément.

acompasado, da *adj* rythmé, e; cadencé, e ‖ cadencé, e; *paso acompasado* pas cadencé ‖ FIG posé, e.

acompasar *v tr* mesurer avec un compas ‖ battre la mesure, rythmer (dar cadencia) ‖ FIG régler; *hay que acompasar las exportaciones con las importaciones* il faut régler les exportations sur les importations.

acomplejado, da *adj y s* qui a un complexe, complexé, e.

acomplejar *v tr* donner o provoquer un complexe o des complexes, complexer; *me acomplejas con tus éxitos de toda clase* tu me donnes des complexes avec tes succès de toutes sortes.

Aconcagua *n pr m* GEOGR Aconcagua.

aconchabamiento *m* entente *f*.

aconchabarse *v pr* FAM s'entendre, s'acoquiner; *aconchabarse con malhechores* s'acoquiner à des malfaiteurs, s'entendre avec des malfaiteurs.

acondicionado, da *adj* aménagé, e; arrangé, e (arreglado); *un castillo bien acondicionado* un château bien aménagé ‖ conditionné, e; *aire acondicionado* air conditionné ‖ climatisé, e; *piso acondicionado* appartement climatisé.

acondicionador *m* climatiseur (de aire) ‖ *acondicionador de escaparates* étalagiste.

acondicionamiento *m* arrangement, aménagement; *acondicionamiento de la red de carreteras* aménagement du réseau routier ‖ aménagement; *acondicionamiento de un museo* aménagement d'un musée ‖ conditionnement (del aire), climatisation *f* (de un piso) ‖ *esta casa no tiene el acondicionamiento adecuado para recibir a mucha gente* cette maison n'est pas aménagée pour recevoir beaucoup de monde.

acondicionar *v tr* arranger, préparer ‖ emballer, conditionner; *acondicionar mercancías* conditionner des marchandises ‖ aménager (un sitio); *acondicionar un castillo* aménager un château ‖ conditionner (el aire), climatiser (un piso).
◆ *v pr* acquérir certains caractères.

aconfesional *adj* non confesionnel, elle.

acongojadamente *adv* avec angoisse ‖ douloureusement.

acongojar *v tr* angoisser (angustiar) ‖ affliger (entristecer).

aconsejable *adj* conseillable.

aconsejado, da *adj* conseillé, e ‖ prudent, e ‖ *mal aconsejado* imprudent.

aconsejar *v tr* conseiller; *le aconsejo viajar* je vous conseille de voyager ‖ engager à, conseiller de; *le aconsejo que abandone este trabajo* je vous engage à abandonner ce travail.
◆ *v pr* prendre conseil; *aconsejarse con* ou *de su médico* prendre conseil de son médecin.

aconsonantar *v tr* faire rimer.
◆ *v intr* rimer.

acontecer* *v intr* arriver, avoir lieu, survenir (suceder); *aconteció lo que suponíamos* il arriva ce que nous pensions.

acontecimiento *m* événement (suceso).

acopiar *v tr* amasser, entasser (amontonar) ‖ rassembler; *acopiar documentos para una tesis* rassembler des documents pour une thèse.

acopio *m* provision *f*, approvisionnement ‖ abondance *f* ‖ *hacer acopio de* amasser, faire une réserve de.

acoplable *adj* ajustable (piezas) ‖ attelable (animales).

acoplado, da *adj* accouplé, e ‖ assorti, e; *una pareja muy bien acoplada* un couple très bien assorti.
◆ *m* (amer) remorque *f* (carruaje).

acoplador *m* TECN coupleur; *acoplador acústico* coupleur acoustique.

acoplamiento *m* accouplement; *biela, manguito de acoplamiento* bielle, manchon d'accouplement ‖ assemblage (ensambladura); *acoplamiento en serie* assemblage en série ‖ MECÁN raccord, engagement (de ruedas) ‖ *barra de acoplamiento de cargas* palonnier.

acoplar *v tr* TECN assembler, accoupler (juntar) ‖ ELECTR accoupler, coupler ‖ FIG accoupler; *acoplar dos epítetos* accoupler deux épithètes ‖ accoupler (animales) ‖ concilier (cosas), réconcilier (personas) ‖ faire cadrer, adapter; *tengo que acoplar el horario de las clases con mis días de trabajo* il faut que je fasse cadrer l'horaire de mes cours dans mes journées de travail ‖ rendre homogène.
◆ *v pr* s'accoupler ‖ FIG sympathiser (hacerse amigos) | s'entendre (llevarse bien); *es muy difícil acoplarse con él* c'est très difficile de s'entendre avec lui.

acoquinamiento *m* peur *f* (miedo) ‖ découragement, abattement (desánimo).

acoquinar *v tr* FAM décourager, abattre.
◆ *v pr* FAM prendre peur (asustarse) ‖ se décourager (desanimarse) ‖ reculer (rajarse).

acorazado, da *adj* cuirassé, e; *buque acorazado* bateau cuirassé ‖ blindé, e; *cámara acorazada* coffre blindé ‖ FIG cuirassé, e; endurci, e; *es una persona acorazada contra toda clase de injurias* c'est une personne cuirassée contre toutes sortes d'insultes ‖ *división acorazada* division blindée.
◆ *m* cuirassé (buque).

acorazar *v tr* cuirasser, blinder.
◆ *v pr* FIG se cuirasser, s'endurcir.

acorazonado, da *adj* en forme de cœur, cordé, e.

acorchado, da *adj* liégeux, euse; semblable au liège (como el corcho) ‖ spongieux, euse (esponjoso) ‖ liégé, e (cubierto con corcho) ‖ cotonneux, euse (fruta) ‖ FIG engourdi, e; insensible; *estar con las piernas acorchadas* avoir les jambes engourdies | empâté, e (boca).

acorchar *v tr* recouvrir de liège.
◆ *v pr* devenir spongieux ‖ se cotonner, devenir cotonneux (fruta) ‖ FIG s'engourdir; *se me*

acorcharon las piernas mes jambes se sont engourdies.

acordada *f* arrêt *m*, ordre *m* (de un tribunal).

acordadamente *adv* d'un commun accord, d'accord (de común acuerdo) ‖ avec réflexion, posément (con reflexión).

acordado, da *adj* réfléchi, e; sensé, e (persona) ‖ sensé, e; réfléchi, e; sage (acción o dicho) ‖ *lo acordado* ce qui a été décidé *o* arrêté, ce dont on est convenu.

acordar* *v tr* se mettre d'accord pour, être convenu de; *ambos estadistas han acordado estrechar la cooperación* les deux hommes d'État se sont mis d'accord pour resserrer la coopération ‖ décider de (decidir) ‖ convenir, se mettre d'accord sur, arrêter; *acordar un precio* convenir d'un prix ‖ résoudre, décider (resolver) ‖ accorder, concilier (conciliar) ‖ rappeler, remémorer (recordar) ‖ accorder (música y pintura) ‖ *(amer)* accorder, concéder (otorgar).
◆ *v pr* se souvenir, se rappeler ‖ penser; *no me acordé de devolverle el libro* je n'ai pas pensé à lui rendre le livre; *no se ha acordado nada de ella* il n'a pas du tout pensé à elle ‖ se mettre d'accord, tomber d'accord ‖ — *si mal no me acuerdo* si j'ai bonne mémoire ‖ FAM *¡te acordarás de mí!* tu auras de mes nouvelles! ‖ *y... si te he visto, no me acuerdo* il ne me connaît plus, il a fait semblant de ne pas me reconnaître.
◆ *v intr* s'accorder, concorder.
— OBSERV Ce verbe est un gallicisme dans le sens de *concéder, octroyer.*
— OBSERV Cuidado con el régimen en francés: se dice *se rappeler une chose* (v tr), pero *se souvenir d'une chose* (v intr); *sólo me acuerdo de los momentos felices,* je ne me rappelle que les moments heureux, je ne me souviens que des moments heureux.

acorde *adj* d'accord; *después de una larga discusión, quedaron acordes* après une longue discussion ils tombèrent d'accord ‖ conforme, en accord; *construir un edificio acorde a las tendencias actuales* construire un édifice conforme aux *o* en accord avec les tendances actuelles ‖ identique; *sentimientos acordes* sentiments identiques ‖ MÚS accordé, e; harmonieux, euse.
◆ *m* MÚS accord; *acorde perfecto* accord parfait.

acordeón *m* MÚS accordéon ‖ *plisado de acordeón* plissé accordéon.

acordeonista *m y f* accordéoniste.

acordonado, da *adj* entouré d'un cordon [de soldats ou de policiers]; *el barrio estaba acordonado de policías* le quartier était entouré d'un cordon de police ‖ cordonné, e; en forme de cordon (en figura de cordón) ‖ *(amer)* efflanqué, e; maigre (animales).

acordonar *v tr* lacer (los zapatos) ‖ ganser (poner un cordón) ‖ créneler, cordonner (las monedas) ‖ entourer d'un cordon [de soldats, d'agents] ‖ investir, encercler; *el enemigo ha acordonado la ciudad* l'ennemi a investi la ville ‖ *(amer)* préparer la terre (para la siembra).

acornar; acornear *v tr* donner des coups de corne, encorner.

acorralado, da *adj* aux abois; *un ciervo acorralado* un cerf aux abois ‖ traqué, e; *el bandido, al verse acorralado, se levantó la tapa de los sesos* se voyant traqué, le bandit se brûla la cervelle.

acorralamiento *m* parcage, parquement (del ganado) ‖ FIG acculement.

acorralar *v tr* parquer (el ganado) ‖ mettre aux abois (un ciervo) ‖ FIG acculer (arrinconar) ‖ traquer; *lo acorralaron en un desván* ils l'ont traqué dans un grenier ‖ acculer, mettre aux abois (acosar) ‖ acculer, confondre (confundir).

acortamiento *m* raccourcissement.

acortar *v tr* raccourcir ‖ FIG réduire, diminuer; *acortar el racionamiento* diminuer le rationnement ‖ réduire, écourter (distancia) ‖ abréger, écourter; *acortar un relato, una clase* abréger un récit, un cours ‖ rabattre de; *acortar sus pretensiones* rabattre de ses prétentions.
◆ *v pr* FIG être à court d'idées (no saber qué decir) ‖ se ramasser (los caballos) ‖ diminuer, raccourcir; *en agosto los días empiezan a acortarse* en août les jours commencent à diminuer.

acosador, ra *adj y s* poursuivant, e.
◆ *m* traqueur, coureur (caza).

acosamiento *m* poursuite *f*, harcèlement ‖ traque *f* (caza).

acosar *v tr* poursuivre, harceler; *acosado por los perros* harcelé par les chiens ‖ traquer, réduire aux abois (acorralar) ‖ FIG poursuivre, harceler; *acosar a un deudor* harceler un débiteur ‖ assaillir, harceler; *acosar con preguntas* assaillir de questions ‖ faire courir (un caballo).

acoso *m* harcèlement (acosamiento); *acoso sexual* harcèlement sexuel ‖ traque *f* (caza) ‖ TAUROM poursuite *f* du taureau à cheval ‖ *toque de acoso* hallali.

acostar* *v tr* coucher (en la cama o en el suelo) ‖ MAR accoster ‖ *(amer)* accoucher (parir).
◆ *v intr* MAR aborder.
◆ *v pr* se coucher; *me voy a acostar porque es muy tarde* je vais me coucher car il est très tard ‖ coucher; *para dejar una cama libre a nuestro invitado los niños se acostarán juntos* pour laisser un lit à notre invité les enfants ont couché ensemble ‖ se coucher, coucher; *acostarse vestido* se coucher tout habillé ‖ se pencher (inclinarse) ‖ s'approcher (arrimarse) ‖ *acostarse con* ou *como las gallinas* se coucher avec *o* comme les poules.

acostumbrado, da *adj* habitué, e; accoutumé, e ‖ habituel, elle (que se hace por costumbre).

acostumbrar *v tr* habituer à, accoutumer à; *me han acostumbrado al trabajo* on m'a habitué au travail ‖ avoir l'habitude de; *acostumbro levantarme temprano* j'ai l'habitude de me lever tôt ‖ prendre l'habitude de, accoutumer de (sólo usado en los tiempos pasados); *he acostumbrado pasearme cada día* j'ai pris l'habitude de me promener tous les jours.
◆ *v pr* prendre l'habitude de; *acostumbrarse a beber* prendre l'habitude de boire ‖ s'habituer à, se faire à (avezarse).

acotación *f* bornage *m* (acción de limitar) ‖ annotation, note (nota) ‖ cote (en topografía) ‖ TEATR indication scénique.

acotado, da *adj* réservé, e; gardé, e (terreno).
◆ *f* terrain *m* réservé à la culture.

acotamiento *m* bornage, cantonnement, délimitation *f* (de un terreno) ‖ cote *f* (topografía) ‖ FIG délimitation *f*; *el acotamiento de un problema* la délimitation d'un problème.

acotar *v tr* borner, délimiter (un terreno) ‖ marquer, fixer (fijar) ‖ interdire (prohibir) ‖ annoter, mettre des notes à (anotar) ‖ accepter, admettre;

acoto *lo que usted me ofrece* j'accepte ce que vous m'offrez ‖ FIG délimiter ‖ FAM choisir (elegir) | *(p us)* témoigner (atestiguar) ‖ AGRIC ébrancher, étêter (un árbol) ‖ coter (topografía).
➤ *v pr* se réfugier.
acotejar *v tr (amer)* arranger (acomodar).
ácrata *adj y s* anarchiste.
acre *m* acre *f* (medida).
acre *adj* âcre (agrio) ‖ FIG aigre, mordant, e (mordaz); *palabras acres* des propos mordants | acariâtre (desabrido).
acrecentamiento *m* accroissement, augmentation *f*.
acrecentar* *v tr* accroître, augmenter.
acrecer* *v tr* accroître, augmenter.
➤ *v intr* croître, augmenter ‖ DR *derecho de acrecer* droit d'accroissement, accroissement successoral.
acreditación *f* accréditation.
acreditado, da *adj* accrédité, e ‖ COM crédité, e ‖ réputé, e; *pintor acreditado* peintre réputé.
acreditar *v tr* accréditer (a un embajador, una costumbre, etc.) ‖ COM créditer, porter au crédit (abonar) ‖ FIG révéler, consacrer (como poeta, etc.) | confirmer; *esto acredita lo que te decía* ceci confirme ce que je te disais.
➤ *v pr* prendre du crédit, s'accréditer; *acreditarse con* ou *para con uno* s'accréditer auprès de quelqu'un ‖ présenter ses lettres de créance (un embajador) ‖ devenir réputé, être connu; *antes de que este bar se acredite habrá que esperar mucho tiempo* avant que ce bar ne soit connu il faudra attendre longtemps ‖ FIG se faire une réputation de; *acreditarse de necio* se faire une réputation de sot | se propager, s'accréditer (una cosa).
acreditativo, va *adj* accréditif, ive.
acreedor, ra *adj y s* créancier, ère; *acreedor hipotecario* créancier hypothécaire ‖ créditeur, trice ‖ FIG digne de, qui mérite; *acreedor a mi cariño* digne de mon affection ‖ *hacerse acreedor a* mériter, être digne de.
acribillar *v tr* cribler, percer; *acribillar a balazos, a puñaladas* cribler de balles, de coups de poignard ‖ FIG & FAM cribler; *estar acribillado de deudas* être criblé de dettes ‖ assaillir; *estar acribillado de solicitudes* être assailli de demandes.
acrílico, ca *adj y s m* QUÍM acrylique ‖ *ácido acrílico* acide acrylique ‖ *aldehído acrílico* aldéhyde acrylique ‖ *resinas acrílicas* résines acryliques.
acriminar *v tr* incriminer (acusar).
acrimonia *f* âcreté ‖ FIG acrimonie, ton *m* mordant, aigreur.
acrisolar *v tr* affiner, purifier (los metales) ‖ FIG faire briller (la verdad).
acristalamiento *m* vitrage.
acristalar *v tr* vitrer.
acritud *f* âcreté ‖ FIG acrimonie, âcreté ‖ aigreur; *hablar con acritud* parler avec aigreur.
acrobacia *f* acrobatie.
acróbata *m y f* acrobate.
acrobático, ca *adj* acrobatique.
acrocefalia *f* MED acrocéphalie.
acromado, da *adj* chromé, e.
acromático, ca *adj* achromatique.
acromatismo *m* achromatisme.
acromegalia *f* MED acromégalie.

acromio; acromion *m* ANAT acromion.
acrónimo *m* GRAM acronyme.
ácrono, na *adj* intemporel, elle.
acrópolis *f inv* ARQUEOL acropole.
acta *f* acte *m*; *acta notarial* acte notarié ‖ compte *m* rendu, procès-verbal *m* (de una sesión) ‖ dossier *m* (expediente) ‖ acte *m*, arrêté *m* administratif ‖ *acta adicional* avenant ‖ *acta de acusación* acte d'accusation ‖ *acta de calidad* label de qualité ‖ *acta de defunción* acte de décès ‖ *(amer) acta de nacimiento* acte de naissance ‖ *acta de peritaje* compte rendu d'expertise ‖ — *levantar acta* dresser procès-verbal, verbaliser (multa), faire un constat (atestado), rédiger un procès-verbal (de una reunión), dresser un acte (derecho).
➤ *pl* actes *m*, vies des saints ‖ compte rendu *m sing*, procès-verbal *m sing*; *actas taquigráficas* ou *literales* compte rendu in extenso ‖ registres *m* (para las notas de un examen) ‖ *actas de un concilio* actes d'un concile.
actinio *m* actinium (metal).
actinismo *m* actinisme.
actinología *f* QUÍM actinologie.
actinometría *f* actinométrie.
actinomicosis *f* MED actinomycose.
actinoterapia *f* MED actinothérapie.
actitud *f* attitude.
activación *f* activation.
activador *m* QUÍM activeur ‖ FÍS activateur.
activamente *adv* activement ‖ GRAM au sens actif.
activar *v tr* activer; *activar un trabajo* activer un travail ‖ QUÍM activer; *lodo activado* boue activée.
➤ *v pr* s'activer.
actividad *f* activité; *volcán en actividad* volcan en activité ‖ — QUÍM *actividad óptica* activité optique ‖ *esfera de actividad* champ d'action ‖ — *desplegar una actividad* déployer une activité.
activismo *m* activisme.
activista *adj y s* activiste.
activo, va *adj* actif, ive ‖ — *dividendo activo* dividende distribué ‖ MIL *escala activa* active; *oficial de la escala activa* officier d'active ‖ GRAM *participio activo* participe présent | *voz activa* voix active ‖ *en activo* en activité, en fonction; *militar, funcionario en activo* militaire, fonctionnaire en activité ‖ *estar en servicio activo* être en activité.
➤ *m* COM actif (haber) ‖ FIG & FAM *por activa y por pasiva* de toute façon ‖ — *activo circulante* actif circulant ‖ *activo disponible a corto plazo* actif négociable ‖ *activo inmaterial* ou *intangible* actif immatériel o incorporel ‖ *activo inmovilizado* ou *fijo* actif immobilisé ‖ *activo líquido, realizable* actif disponible, réalisable ‖ *activo neto* actif net.
acto *m* acte (hecho); *se conoce a un hombre por sus actos* on connaît un homme à ses actes ‖ action *f* (acción) ‖ acte; *acto de fe, de contrición* acte de foi, de contrition ‖ œuvre *f*; *acto carnal* œuvre de chair ‖ assemblée *f* (en las universidades) ‖ TEATR acte; *comedia de dos actos* comédie en deux actes ‖ séance *f* (de una asamblea) ‖ *acto inaugural* séance inaugurale ‖ cérémonie *f*, manifestation *f*; *los ministros presenciaron el acto* les ministres assistèrent à cette manifestation ‖ — *acto continuo* ou *seguido* tout de suite, tout de suite après, immédiatement après ‖ *acto de conciliación* conciliation devant le juge ‖ *acto reflejo* réflexe ‖ *acto sexual* acte sexuel ‖

RELIG *Actos de los Apóstoles* Actes des apôtres ‖ DR *injurias y actos de violencia* injures et voies de fait ‖ *salón de actos* salle des fêtes ‖ — *en el acto* sur-le-champ, séance tenante (inmediatamente), sur le coup; *murió en el acto* il mourut sur le coup ‖ *en el acto de* au moment où *o* de ‖ *hacer acto de presencia* faire acte de présence ‖ *muerto en acto de servicio* mort au service de la patrie.

actor, ra *adj y s* DR demandeur, demanderesse ‖ DR *parte actora* demandeur.

actor, triz *m y f* acteur, actrice ‖ — *actor, actriz de doblaje* doublure ‖ *primer actor* acteur principal, vedette ‖ *primera actriz* vedette ‖ *segundo, tercer actor* second, troisième rôle.

actuación *f* façon d'agir, conduite; *su actuación fue poco apreciada* sa conduite fut peu appréciée ‖ comportement *m*; *la actuación de los jugadores* le comportement des joueurs ‖ rôle *m*; *en este caso la actuación de la policía no ha quedado muy clara* le rôle que la police a joué dans cette affaire n'est pas très clair ‖ DR procédure ‖ activité ‖ jeu *m* [d'un acteur] ‖ numéro *m*; *la actuación de los malabaristas* le numéro des jongleurs ‖ *actuación pericial* expertise.

➤ *pl* dossiers *m* d'un procès.

actual *adj* actuel, elle.

actualidad *f* actualité ‖ — *en la actualidad* aujourd'hui, à l'heure actuelle, actuellement (en nuestra época), pour le moment (en este momento) ‖ *ser de actualidad* être d'actualité, être à l'ordre du jour.

➤ *pl* actualités (noticiario).

actualización *f* actualisation, mise à jour ‖ recyclage *m* (en capacitación) ‖ COM actualisation.

actualizar *v tr* actualiser, rendre actuel, mettre à jour; *actualizar un texto* mettre à jour un texte ‖ COM actualiser.

actualmente *adv* actuellement, à l'heure actuelle.

actuar *v intr* agir (obrar); *en eso actuó bien* en cela il a bien agi ‖ jouer un rôle ‖ remplir une charge *o* des fonctions ‖ soutenir une thèse (en la universidad) ‖ subir (un examen), se présenter (à un concours) ‖ jouer; *este actor actuará en nuestro teatro la semana que viene* cet acteur jouera dans notre théâtre la semaine prochaine ‖ DR procéder, instruire un procès ‖ agir; *actuar por lo civil* agir civilement ‖ TAUROM combattre ‖ *actuar de* jouer le rôle de.

➤ *v tr* mettre en action, actionner ‖ assimiler ‖ absorber.

➤ *v pr* *actuarse en* s'exercer à; *actuarse en escribir* s'exercer à écrire ‖ *actuarse en un negocio* instruire une affaire.

actuarial *adj* de l'actuaire, actuariel, elle; *técnica actuarial* technique actuarielle.

actuario *m* DR actuaire, greffier ‖ actuaire (de seguros).

acuache *m* (*amer*) copain, ami ‖ *ir acuaches* aller ensemble.

acuadrillar *v tr* réunir en bande *o* en troupe ‖ commander [une bande].

acuarela *f* aquarelle.

acuarelista *m y f* aquarelliste.

acuario *m* aquarium (de peces).

Acuario *n pr* ASTR Verseau.

acuartelamiento *m* casernement ‖ consigne *f*.

acuartelar *v tr* caserner ‖ consigner (tropas) ‖ diviser (un terrain), en quartiers.

➤ *v pr* se retirer à la caserne.

acuático, ca *adj* aquatique ‖ nautique; *esquí acuático* ski nautique.

acuatinta *f* aquatinte, aqua-tinta (grabado).

acucia *f* diligence, empressement *m* ‖ convoitise, désir *m* (anhelo).

acuciante *adj* pressant, e; *una orden acuciante* un ordre pressant ‖ urgent, e (apremiante).

acuciar *v tr* presser, hâter (animar) ‖ presser; *estar acuciado por la sed, por la necesidad* être pressé par la soif, par le besoin ‖ presser, harceler; *acuciar a alguien con preguntas* presser quelqu'un de questions ‖ convoiter (anhelar).

acuciosamente *adv* diligemment, avec empressement ‖ ardemment.

acucioso, sa *adj y s* diligent, e ‖ avide, désireux, euse.

acuclillarse *v pr* s'accroupir.

acuchillar *v tr* poignarder (apuñalar) ‖ passer au fil de l'épée (pasar a cuchillo) ‖ taillader (vestidos) ‖ garnir de crevés (mangas) ‖ fendre (el aire) ‖ raboter (la madera) ‖ poncer (el suelo).

ACUDE abrev de *Asociación de Consumidores y Usuarios de España* association de consommateurs et d'usagers espagnols.

acudir *v intr* arriver, venir; *en seguida acudo* je viens tout de suite ‖ venir; *acudieron muchos espectadores* beaucoup de spectateurs sont venus ‖ se rendre, aller (ir); *acudir a una cita* se rendre à un rendez-vous ‖ se présenter; *acudir a un examen* se présenter à un examen ‖ aller ouvrir (a la puerta) ‖ répondre; *¿quién acudió al teléfono?* qui a répondu au téléphone? ‖ venir en aide à, secourir (auxiliar) ‖ fréquenter (ir a menudo) ‖ obéir à, exécuter (una orden) ‖ recourir à (recurrir) ‖ survenir (sobrevenir) ‖ obéir (el caballo) ‖ accourir (con prisa) ‖ — *acudir a* recourir à; s'adresser à (dirigirse) ‖ *acudir a la huida* prendre la fuite ‖ *acudir al pensamiento* ou *a la mente* venir à l'esprit *o* à l'idée ‖ *acudir en ayuda de* venir en aide à ‖ *no saber a quién acudir* ne savoir à quel saint se vouer.

acueducto *m* aqueduc.

ácueo, a *adj* aqueux, euse; *humor ácueo* humeur aqueuse.

acuerdo *m* accord; *lo hicieron de común acuerdo* ils l'ont fait d'un commun accord ‖ harmonie *f*, entente *f*; *reinaba el acuerdo entre ellos* l'harmonie régnait entre eux ‖ accord; *acuerdo general sobre tarifas arancelarias y comercio* accord général sur les tarifs douaniers et le commerce; *concertar un acuerdo* conclure un accord ‖ sagesse *f*, bon sens (cordura) ‖ avis, conseil (parecer) ‖ (*ant*) souvenir *m* ‖ (*amer*) conseil des ministres ‖ — *acuerdo bilateral, multilateral* accord bilatéral, multilatéral ‖ *acuerdo de crédito* accord de crédit ‖ DR *acuerdo de las partes* accord des parties ‖ *acuerdo económico, social* contrat économique, social ‖ *acuerdo marco* accord-cadre ‖ *acuerdo tripartito* accord triparti (te) ‖ *acuerdo verbal* accord verbal ‖ — *de acuerdo* d'accord ‖ *de acuerdo con* conformément à (conforme con), en accord avec ‖ — *adoptar acuerdos* approuver des décisions ‖ *estar de acuerdo en* être d'accord sur (una cosa), être d'accord pour (con un verbo) ‖ *estar en su acuerdo* avoir tout son bon sens *o* toute sa tête ‖ *llegar a un acuerdo* parvenir à un accord ‖

ponerse de acuerdo se mettre o tomber d'accord ‖ *volver sobre su acuerdo* revenir sur une décision.

acuícola *adj* aquicole.

acuicultivo *m* aquiculture *f*, aquaculture *f*.

acuidad *f* acuité.

acuífero, ra *adj* aquifère.

acuitadamente *adv* péniblement, avec affliction.

acuitar *v tr* affliger, chagriner.

aculturación *f* acculturation.

acullá *adv* là-bas, par-là ‖ *acá y acullá* par-ci, par-là, çà et là.

acumulable *adj* accumulable.

acumulación *f*; **acumulamiento** *m* accumulation *f* ‖ cumul *m* (de empleos o penas) ‖ emmagasinage *m*, emmagasinement *m*; *acumulación de recuerdos* emmagasinage de souvenirs.

acumulador, ra *adj* accumulateur, trice.
◆ *m* TECN accumulateur, accus (*fam*); *acumulador eléctrico* accumulateur électrique.

acumular *v tr* accumuler (amontonar) ‖ cumuler (empleos o penas) ‖ emmagasiner, accumuler; *acumular recuerdos* emmagasiner des souvenirs.
◆ *v pr* s'accumuler (cosas) ‖ se rassembler (personas); *la gente se acumulaba delante del escaparate* les gens se rassemblaient devant la vitrine.

acumulativamente *adv* DR cumulativement.

acumulativo, va *adj* qui accumule ‖ DR cumulatif, ive.

acunar *v tr* bercer; *acunar a un niño* bercer un enfant.

acuñación *f* frappe, monnayage *m* (monedas).

acuñar *v tr* frapper (monedas y medallas) ‖ caler, coincer (poner cuñas) ‖ *expresión acuñada* expression toute faite.
◆ *v intr* battre monnaie.

acuocultivo *m* BOT aquaculture *f*, aquiculture *f*.

acuosidad *f* aquosité.

acuoso, sa *adj* aqueux, euse ‖ juteux, euse (fruta).

acupuntor, ra *adj y s* MED acupuncteur, trice; acuponcteur, trice.

acupuntura *f* MED acupuncture, acuponcture.

acurrucarse *v pr* se blottir, se pelotonner.

acusación *f* accusation; *acta de acusación* acte d'accusation; *cargo de acusación* chef d'accusation.

acusado, da *adj y s* accusé, e (inculpado).
◆ *adj* accusé, e (saliente).
— OBSERV L'adjectif espagnol *acusado* est un gallicisme dans le sens de *marqué, qui ressort*.

acusador, ra *adj y s* accusateur, trice ‖ DR *acusador público* procureur de la République; procureur du Roi [autrefois]; accusateur public [sous la Révolution française].

acusar *v tr* accuser; *acusar de robo* accuser de vol; *no hay que acusar nunca a su prójimo* il ne faut jamais accuser son prochain ‖ annoncer (juegos) ‖ reprocher, accuser; *le acuso de todas nuestras desdichas* je vous reproche tous nos malheurs ‖ FIG accuser (manifestar); *acusa gran cansancio* il accuse une grande fatigue ‖ FAM dénoncer; *su antiguo amigo le acusó* son ancien ami l'a dénoncé | cafarder, rapporter; *los niños malos tienen la costumbre de acusar* les vilains enfants ont l'habitude de rapporter ‖ — *acusar el golpe* accuser le coup ‖ FIG *acusar las cuarenta a uno* dire son fait o ses quatre vérités à quelqu'un ‖ *acusar recibo* accuser réception.
◆ *v pr* s'accuser.

acusativo, va *adj y s* GRAM accusatif.

acusatorio, ria *adj* accusatoire.

acuse *m* accusé; *acuse de recibo* accusé de réception ‖ annonce *f* (juegos).

acusica *m y f* FAM rapporteur, euse; cafard, e; mouchard, e (soplón).

acusón, ona *adj y s* FAM rapporteur, euse; cafard, e; mouchard, e (soplón).

acústico, ca *adj y s f* acoustique; *trompetilla acústica* cornet acoustique.

achabacanamiento *m* vulgarité *f*, platitude *f*.

achabacanar *v tr* rendre vulgaire.
◆ *v pr* devenir vulgaire.

achacable *adj* imputable.

achacar *v tr* imputer, attribuer.

achacosamente *adv* maladivement, débilement ‖ avec difficulté; *andaba achacosamente* il marchait avec difficulté.

achacoso, sa *adj* malade, perclus, e (baldado) ‖ maladif, ive; dolent, e; souffreteux, euse (enfermizo) ‖ indisposé, e; souffrant, e (ligeramente enfermo) ‖ défectueux, euse (una cosa).

achaflanar *v tr* chanfreiner.

achagual *m* (*amer*) bourbier.

achampanado, da; achampañado, da *adj* champagnisé, e; façon champagne.

achantar *v tr* FAM faire peur, intimider (asustar); *a este niño no le achanta nadie* personne ne fait peur à cet enfant | couper le sifflet, faire perdre tous ses effets (dejar desarmado) ‖ POP *¡achanta la mui!* boucle-la!
◆ *v pr* FAM perdre tous ses effets | se tenir coi (aguantarse) | se dégonfler (rajarse).

achaparrado, da *adj* court et touffu (árbol) ‖ FIG courtaud, e; trapu, e (pequeño), tassé, e; *viejo achaparrado* vieillard tassé | écrasé, e (aplastado).

achaparrarse *v pr* s'élargir [sans croître en hauteur] (los árboles) ‖ FIG se tasser, s'épaissir (personas).

achaque *m* maladie *f* (ligera) ‖ malaise, indisposition *f* (malestar) ‖ FAM indisposition *f*, règles *f pl* (de mujeres) | grossesse *f* (embarazo) ‖ infirmité *f*; *lleno de achaques* plein d'infirmités ‖ FIG excuse *f*, prétexte; *con el achaque de* sous le prétexte de | apparence *f*, semblant (reputación) | occasion *f*, motif (causa) | défaut, manie *f* (vicio) ‖ amende *f* (multa) ‖ affaire *f*, sujet, matière *f* (materia) ‖ — *achaques de salud* ennuis de santé ‖ *achaques de la vejez* infirmités de l'âge.
— OBSERV En espagnol *enfermedad* est une maladie en général, *achaque* une infirmité légère et plus ou moins chronique; *dolencia* ajoute l'idée de souffrance.
— OBSERV En francés, *maladie* corresponde a *enfermedad*, *infirmité* significa una enfermedad crónica (como la ceguera), una parálisis o una mutilación. *Malaise* es un malestar más o menos fuerte.

acharolado, da *adj* vernissé, e.

achatado, da *adj* écrasé, e; épaté, e; *un nez écrasé* una nariz achatada.

achatamiento *m* aplatissement.

achatar *v tr* aplatir.
◆ *v pr* (*amer*) prendre courage, se dégonfler.

achicado, da *adj* enfantin, e (aniñado).

achicamiento *m* rapetissement *m* ‖ vidange (del agua) ‖ FIG abaissement (humillación) | dégonflement, dégonflage (rajamiento).

achicar *v tr* diminuer, réduire; *tuvo que achicar sus pretensiones* il dut réduire ses prétentions ‖ MAR écoper ‖ vider (el agua de una mina, etc.) ‖ FIG humilier, rabaisser (humillar) | faire honte (avergonzar) ‖ FAM tuer, descendre.
◆ *v pr* FAM se dégonfler (rajarse) ‖ *no hay que achicarse* il ne faut pas se laisser abattre.

achicoria *f* chicorée (planta).

achicharradero *m* fournaise *f* (sitio caluroso).

achicharrante *adj* brûlant, e.

achicharrar *v tr* brûler (asar demasiado) ‖ FIG brûler, griller (calentar con exceso) | agacer, tourmenter (quemar la sangre) | mitrailler, bombarder; *le achicharraron a preguntas* on l'a bombardé de questions ‖ *(amer)* aplatir, écraser (estrujar).
◆ *v pr* brûler (un guiso) ‖ griller (con el sol).

achichicle; achichique *m (amer)* stalactite *f*.

achichinque *m (amer)* ouvrier d'une mine (obrero) | domestique zélé (servidor) | flatteur (adulador).

achinado, da *adj* bridé, e (los ojos) ‖ oriental, e; *esta chica tiene una cara achinada* cette jeune fille a un visage oriental ‖ *(amer)* métis, isse | vulgaire.

achiote *m* rocouyer (árbol).

achique *m* vidage, écopage (del agua).

achiquillado, da *adj* enfantin, e.

achispado, da *adj* gris, e; pompette, éméché, e; *estar un poco achispado después de haber bebido* être un peu gris après avoir bu.

achispar *v tr* griser (embriagar).
◆ *v pr* se griser.

achocolatado, da *adj* chocolat *inv*.

achocharse *v pr* FAM devenir gâteux, radoter.

achololera *f (amer)* rigole.

achubascarse *v pr* se couvrir (tiempo, cielo).

achuchado, da *adj* FAM difficile, dur, e; *la vida está muy achuchada* la vie est très difficile.

achuchar *v tr* FAM aplatir, écraser (aplastar) ‖ FIG bousculer, pousser (empujar); *me achucharon por todos lados* on m'a bousculé de tous les côtés ‖ FIG & FAM peloter (un perro) ‖ exciter (un perro).

achucharrar *v tr (amer)* aplatir.
◆ *v pr (amer)* se décourager (amilanarse).

achuchón *m* FAM poussée *f*; *me tiró al agua de un achuchón* d'une poussée, il me jeta à l'eau ‖ écrasement, aplatissement (aplastamiento) ‖ FIG & FAM apostrophe ‖ *dar un achuchón* pousser, bousculer.
◆ *pl* bousculade *f sing*.

achulado, da; achulapado, da *adj* vulgaire, canaille (grosero) ‖ drôle (gracioso) ‖ effronté, e (descarado).

achuncharse *v pr (amer)* avoir honte.

achura *f (amer)* abats *m pl*, fressure.

achurar; achurear *v tr (amer)* vider [une bête tuée] ‖ FIG & FAM étriper.

A.D. abrev de *anno Domini* A.D., Anno Domini, après Jésus-Christ [en el año del Señor].

ADA abrev de *Asociación de Ayuda al Automovilista* association d'assistance aux automobilistes [en Espagne].

adagio *m* adage ‖ MÚS adagio.

adalid *m* chef ‖ champion; *el adalid de la democracia* le champion de la démocratie.

adamantino, na *adj* adamantin, e.

adamascado, da *adj* damassé, e.

adán *m* FIG & FAM homme négligé *o* sans soin (descuidado) | va-nu-pieds (desharrapado) | homme paresseux *o* sans volonté *o* fainéant (haragán) ‖ *ir hecho un adán* être dépenaillé.

Adán *n pr m* Adam ‖ — FAM *ir en el traje de Adán* être en costume d'Adam ‖ ANAT *manzana* ou *nuez de Adán* pomme d'Adam.

adaptabilidad *f* adaptabilité.

adaptable *adj* adaptable.

adaptación *f* adaptation.

adaptado, da *adj* adapté, e ‖ *adaptado a* adapté, e à.

adaptador, ra *adj y s* adaptateur, trice.

adaptar *v tr* adapter; *adaptar su conducta con la de su hermano* adapter sa conduite à celle de son frère; *adaptar una novela al teatro* adapter un roman au théâtre.
◆ *v pr* s'adapter.

adarme *m (ant)* adarme [ancien poids: 1,79 g] ‖ FIG brin, grain, miette *f*, trace *f*; *no tiene un adarme de bondad* il n'y a pas trace de bonté chez lui ‖ — FIG *no me importa ni un adarme* je m'en moque complètement | *por adarmes* au compte-gouttes (poco a poco).

adarve *m* chemin de ronde (fortificación).

adatar *v tr* dater, mettre la date sur.

addenda *m inv* addenda.

Addis Abeba *n pr* GEOGR Addis-Abeba, Addis-Ababa.

adecentar *v tr* nettoyer (limpiar), mettre en ordre (ordenar) ‖ arranger; *hay que hacer estas obras para adecentar la casa* il faut faire ces travaux pour arranger la maison.
◆ *v pr* s'arranger, s'habiller décemment.

adecuación *f* adéquation, conformité ‖ adaptation, ajustement *m* (arreglo) ‖ aménagement *m*; *la adecuación de los grandes almacenes* l'aménagement des grands magasins.

adecuadamente *adv* convenablement ‖ justement, à propos.

adecuado, da *adj* adéquat, e; approprié, e; *vehículo adecuado para este tipo de terreno* véhicule approprié à ce genre de terrain ‖ FILOS adéquat, e.

adecuar *v tr* approprier, accommoder, adapter.

adefesio *m* FAM épouvantail (persona) | polichinelle (persona ridícula) ‖ extravagance *f* (disparate) ‖ vêtement extravagant, tenue *f* ridicule (traje) ‖ — FAM *estar hecho un adefesio* être fichu comme l'as de pique | *poner como un adefesio* mal fagoter.

adehala *f* gratification.

adehesar *v tr* convertir en pâturage.

adelantadamente *adv* d'avance, à l'avance.

adelantado, da *adj* avancé, e; *un niño adelantado* un enfant avancé ‖ en avance, qui avance ‖ en avance, d'avance; *pago adelantado* paiement d'avance ‖ évolué, e; *país adelantado* pays évolué ‖ DEP de premier ordre (excelente) ‖ en avant, en profondeur; *un pase muy adelantado* une passe très en avant.
◆ *adv por adelantado* d'avance, à l'avance, par anticipation.

◆ *m* HIST gouverneur d'une province ‖ FIG pionnier, précurseur ‖ — *adelantado de corte* ou *del rey* officier de justice ‖ *adelantado de mar* chef, capitaine d'une expédition maritime.
— OBSERV L'*adelantado* était le plus haut représentant des pouvoirs politiques, militaires et judiciaires en Amérique pendant la période de la conquête et l'époque coloniale espagnole.

adelantamiento *m* avance *f*, avancement (adelanto) ‖ dépassement (de un coche) ‖ FIG progrès, essor (mejora); *industria de gran adelantamiento* industrie en plein essor ‖ HIST charge *f* de gouverneur de province | gouvernement (territorio).

adelantar *v tr* avancer; *adelantar el reloj* avancer sa montre ‖ avancer de; *adelantar cuatro pasos* avancer de quatre pas ‖ avancer de, gagner; *adelantar cuatro puestos en una clase* avancer de quatre places dans une classe ‖ accélérer, hâter (apresurar) ‖ avancer; *adelantar dinero* avancer de l'argent ‖ dépasser, laisser en arrière (dejar atrás); *adelantar a un rival en una carrera* dépasser un rival dans une course ‖ doubler, dépasser (a un vehículo); *adelantar un coche* dépasser une voiture ‖ FIG augmenter (aumentar) | améliorer (mejorar) ‖ faire progresser (una ciencia).

◆ *v intr* avancer; *tu reloj adelanta* ta montre avance ‖ progresser (progresar) ‖ faire des progrès; *este niño ha adelantado mucho en matemáticas* cet enfant a fait beaucoup de progrès en mathématiques ‖ *adelantar en edad* avancer en âge.

◆ *v pr* s'avancer; *adelantarse al encuentro* s'avancer à la rencontre ‖ doubler, dépasser; *adelantarse a un coche* doubler une voiture ‖ devancer; *adelantarse a su época* devancer son temps; *adelantarse a alguno* devancer quelqu'un ‖ dépasser, laisser en arrière (dejar atrás) ‖ FIG supplanter, prendre le pas sur (aventajar).

adelante *adv* plus loin (más allá) ‖ en avant, devant soi ‖ — *de aquí* ou *de hoy en adelante, en adelante* désormais, à partir de maintenant ‖ *más adelante* plus loin (en textos), plus tard (luego) ‖ *para adelante, para más adelante* pour plus tard ‖ — *ir adelante* aller de l'avant ‖ *llevar adelante* pousser, mener (conducir), faire vivre; *llevar la familia adelante* faire vivre la famille; faire marcher; *llevar la casa adelante* faire marcher la maison; poursuivre, mener à bien (una tarea) ‖ *sacar adelante* élever dignement (su familia), faire prospérer, mener à bien (un negocio) ‖ *salir adelante* s'en tirer ‖ *seguir adelante* continuer.

◆ *interj* entrez! (voz para que alguien entre), continuez (siga), en avant! (avance) ‖ FAM ¡*adelante con los faroles!* vas-y donc!

adelanto *m* avance *f*; *este ciclista tiene veinte minutos de adelanto sobre el pelotón* ce cycliste a vingt minutes d'avance sur le peloton ‖ avancement; *el adelanto de las obras* l'avancement des travaux ‖ avance *f*, provision *f* (de dinero); *pedir un adelanto* demander une avance ‖ avance *f* (de un reloj) ‖ progrès; *los adelantos de la ciencia* les progrès de la science.

adelfa *f* BOT laurier-rose *m*.

adelgazamiento *m* amincissement ‖ amaigrissement (enflaquecimiento) ‖ *de adelgazamiento* amaigrissant; *cura, régimen de adelgazamiento* cure, régime amaigrissant.

adelgazante *adj* amaigrissant, e.

adelgazar *v tr* amincir, rendre mince ‖ effiler (una punta) ‖ faire maigrir (quitar peso a una persona); *esta medicina te adelgazará* ce médicament te fera maigrir ‖ amincir; *este vestido le adelgaza mucho* cette robe l'amincit beaucoup ‖ maigrir de (peso) ‖ amenuiser.

◆ *v intr* maigrir; *he adelgazado* j'ai maigri ‖ amincir; *traje que adelgaza* vêtement qui amincit ‖ faire maigrir (quitar peso).

◆ *v pr* s'amincir.

ademán *m* expression *f*, visage, air; *ademán severo* visage sévère ‖ geste (movimiento) ‖ — *en ademán de* avec l'air de, en signe de ‖ *hacer ademán de* faire mine de (aparentar), faire signe de (mandar).

◆ *pl* façons *f*, manières *f* (modales) ‖ signes, manifestations *f* (manifestación).

además *adv* en plus, de plus (formas corrientes), en outre, par surcroît (formas cultas) ‖ *además de esto* en plus de cela, outre cela.

ADENA abrev de *Asociación para la Defensa de la Naturaleza* Association pour la défense de la nature [en Espagne].

adenitis *f* MED adénite.

adenoides *f pl* végétations adénoïdes.

adenología *f* ANAT adénologie.

adenoma *m* adénome.

adenopatía *f* adénopathie.

adentellar *v tr* mordre ‖ ARQ laisser (dans un mur), des pierres d'attente.

adentrarse *v pr* pénétrer, s'enfoncer; *adentrarse en un bosque* s'enfoncer dans un bois ‖ FIG *adentrarse en uno mismo* s'absorber dans ses pensées.

adentro *adv* a l'intérieur, dedans; *estar adentro* être dedans ‖ — *mar adentro* au large, en pleine mer ‖ *tierra adentro* à l'intérieur du pays ‖ — *meterse puertas adentro* entrer ‖ *ser muy de adentro* faire partie des intimes.

◆ *m pl* for *sing* intérieur; *para* ou *en sus adentros* dans son for intérieur; *pensar para sus adentros* penser dans son for intérieur ‖ FAM *hablar para sus adentros* parler à son bonnet, monologuer.

◆ *interj* entrez!

adepto, ta *adj y s* partisan, e; *adepto al gobierno* partisan du gouvernement ‖ adepte (de una secta o doctrina).

aderezado, da *adj* FIG favorable, propice.

aderezar *v tr* parer, orner (adornar), embellir (embellecer) ‖ CULIN faire cuire, préparer | accommoder; *aderezar pescado* accommoder du poisson | assaisonner, condimenter (aliñar) ‖ aromatiser (licor) ‖ apprêter, préparer (disponer) ‖ apprêter (dar apresto a las telas) ‖ guider (guiar) ‖ FIG agrémenter, enjoliver (amenizar).

◆ *v pr* se parer (adornarse) ‖ s'apprêter (prepararse).

aderezo *m* toilette *f* (acción de aderezarse) ‖ parure *f*, ornement (adorno) ‖ parure *f* (joyas) ‖ préparation *f* (de la comida) ‖ assaisonnement (con especias, etc.) ‖ aromatisation *f* (de licores) ‖ apprêt (de las telas) ‖ harnais (de caballo) ‖ garde *f* (de espada) ‖ FIG préparation *f*, organisation *f*, préparatifs *pl*.

adeudado, da *adj* dû, e (debido) ‖ endetté, e (que tiene deudas).

adeudar *v tr* devoir, avoir une dette de; *adeudar un millón de francos* devoir un million de francs ‖ acquitter *o* payer des droits de douane (géneros) ‖ COM débiter (en una cuenta).

adeudo

◆ *v intr* s'apparenter, entrer dans une famille (emparentar).
◆ *v pr* s'endetter, faire des dettes.
adeudo *m* dette *f* (deuda) ‖ droit de douane *o* d'octroi (en las aduanas) ‖ COM débit (de una cuenta).
a. Dg. abrev de *a Dios gracias* Dieu merci, grâce à Dieu.
adherencia *f* adhérence ‖ tenue de route (de un coche) ‖ *tener buena adherencia* bien tenir la route (un coche).
adherente *adj y s* adhérent, e.
◆ *m* condition *f* nécessaire.
◆ *pl* accessoires, choses *f*.
adherir* *v tr* coller, fixer (pegar).
◆ *v intr* adhérer à (pegarse).
◆ *v intr y pr* adhérer à (una doctrina, un partido); *no se adhiere a ningún partido* il n'adhère à aucun parti ‖ FIG se rallier à (a alguien) ‖ s'associer, se rallier à, se ranger à; *adherirse a una opinión* se ranger à une opinion.
adhesión *f* adhésion ‖ ralliement *m* (a alguien) ‖ adhésion (a un partido, etc.).
adhesividad *f* adhésivité.
adhesivo, va *adj y s m* adhésif, ive.
adiamantado, da *adj* diamantin, e.
adiar *v tr* fixer un jour, une date.
adicción *f* dépendance [toxicomanie].
adición *f* addition ‖ note, annotation ‖ MAT somme, addition (operación aritmética) ‖ DR adition, acceptation; *adición de la herencia* adition d'hérédité.
adicionable *adj* additionnable.
adicional *adj* additionnel, elle; supplémentaire; *disposiciones adicionales* dispositions supplémentaires; *cláusula adicional* clause additionnelle.
adicionar *v tr* additionner (sumar) ‖ ajouter, additionner (agregar) ‖ annoter (un poema).
adicto, ta *adj* attaché, e; fidèle, dévoué, e; *un amigo adicto* un ami dévoué ‖ intoxiqué, e; toxicomane ‖ *ser muy adicto a una causa* être tout acquis à une cause.
◆ *m y f* partisan, e.
adiestrado, da *adj* BLAS adextré, e ‖ entraîné, e; exercé, e (ejercitado).
adiestrador, ra *adj y s* dresseur, euse.
adiestramiento *m* dressage; *el adiestramiento de un caballo* le dressage d'un cheval ‖ instruction *f*, entraînement; *el adiestramiento de las tropas* l'entraînement des troupes.
adiestrar *v tr* dresser (un animal) ‖ instruire, exercer, entraîner (instruir) ‖ guider, diriger (encaminar).
◆ *v pr* s'exercer, s'entraîner; *adiestrarse en saltar* s'exercer à sauter.
adietar *v tr* mettre à la diète.
adinamia *f* MED adynamie.
adinerado, da *adj y s* riche, fortuné, e.
adinerarse *v pr* FAM s'enrichir.
adintelado, da *adj* ARQ déprimé, e (arco).
¡adiós! *interj* adieu (definitivo) ‖ au revoir (hasta luego) ‖ FAM *¡adiós mi dinero!* adieu mon argent! ‖ *decir adiós a sus pretensiones, a la vida* dire adieu à ses prétentions, à la vie ‖ *decir adiós a un objeto* faire son deuil d'un objet.
◆ *m* adieu.

— OBSERV *Adiós* est d'un emploi très courant en espagnol et correspond le plus souvent au français *au revoir.*
— OBSERV Sólo se emplea la palabra *adieu* con el sentido de *hasta luego* en el Sur de Francia.
adiposidad *f* adiposité.
adiposis *f* MED adipose.
adiposo, sa *adj* adipeux, euse.
adir *v tr* DR accepter un héritage.
aditamento *m* addition *f*, supplément ‖ additif, supplément.
aditivo, va *adj* additif, ive.
◆ *m* additif; *aditivos alimentarios* additifs alimentaires.
adivinación *f*; **adivinamiento** *m* divination *f* (de los adivinos) ‖ solution *f*, résolution *f* (de un enigma o acertijo).
adivinador, ra *m y f* devin, devineresse (adivino).
adivinanza *f* divination (adivinación) ‖ devinette (acertijo); *acertar una adivinanza* trouver une devinette.
adivinar *v tr* deviner ‖ — *¡adivina quién soy!* qui est-ce? (juego) ‖ *adivina quién te dio* main chaude (juego) ‖ *¡a que no lo adivina!* je vous le donne en cent *o* en mille, je parie que vous ne devinerez pas.
adivinatorio, ria *adj* divinatoire.
adivino, na *m y f* devin, devineresse.
adjetivación *f* emploi *m* d'un substantif comme adjectif.
adjetivado, da *adj* GRAM adjectivé, e; adjectivisé, e.
adjetival *adj* adjectival, e.
adjetivar *v tr* GRAM adjectiver (emplear como adjetivo) ‖ accorder (concordar) ‖ FIG qualifier, traiter; *le adjetivaron de tonto* ils le traitèrent d'idiot.
adjetivo, va *adj y s m* adjectif, ive.
adjudicación *f* adjudication.
adjudicar *v tr* adjuger (atribuir).
◆ *v pr* s'adjuger (apropriarse).
adjudicatario, ria *m y f* adjudicataire.
adjudicativo, va *adj* adjudicatif, ive.
adjunción *f* adjonction.
adjuntar *v tr* joindre à une lettre, envoyer ci-joint; *le adjunto un sobre con un sello* j'envoie ci-joint une enveloppe timbrée ‖ adjoindre; *le van a adjuntar un auxiliar* on va lui adjoindre un assistant.
adjuntía *f* poste *m* de maître-assistant, te.
adjunto, ta *adj* adjoint, e; *profesor adjunto* professeur adjoint ‖ ci-joint, e; *adjunta una fotografía* ci-joint une photographie ‖ *remitir algo adjunto* envoyer ci-joint quelque chose, adjoindre quelque chose.
◆ *m y f* adjoint, e ‖ assistant, e (profesor).
— OBSERV La expresión *ci-joint* es invariable: 1) al principio de la frase *(ci-joint une lettre)* y 2) cuando le sigue un nombre que no determina ningún artículo o adjetivo *(j'envoie ci-joint copie de cette lettre).* En los otros casos, *ci-joint* concuerda con el nombre *(les pièces ci-jointes; vous avez ci-jointe la copie).*
adjuración *f* adjuration.
adjurar *v tr* adjurer.
adlátere *m* compagnon.
adminicular *v tr* DR aider.

adminículo *m* DR adminicule.
◆ *pl* choses *f* accessoires.
administrable *adj* administrable.
administración *f* administration ‖ — *administración de correos* administration des postes ‖ *administración de fincas públicas* administration des domaines ‖ DR *administración de justicia* administration de la justice ‖ *la Administración pública* l'administration ‖ — *por administración* en régie.
administrado, da *adj* y *s* administré, e.
administrador, ra *adj* y *s* administrateur, trice; *administrador de aduanas* administrateur des douanes; *administrador de correos* administrateur des postes.
administrar *v tr* administrer (regir) ‖ administrer (sacramentos, medicamentos) ‖ FAM administrer; *administrar una paliza* administrer une râclée ‖ — *administrar (la) justicia* rendre o administrer la justice ‖ *administrar los santos sacramentos* munir des sacrements, administrer les sacrements.
administrativista *m* y *f* DR spécialiste en droit administratif.
administrativo, va *adj* administratif, ive.
◆ *m* employé de bureau.
admirable *adj* admirable.
admiración *f* admiration; *producir la admiración de* faire l'admiration de ‖ étonnement *m* (asombro); *su llegada me llenó de admiración* son arrivée m'emplit d'étonnement ‖ merveille (cosa admirable) ‖ GRAM point *m* d'exclamation.
admirador, ra *adj* y *s* admirateur, trice.
admirar *v tr* admirer (entusiasmarse); *admiro su valor* j'admire son courage ‖ étonner (sorprender); *tanta generosidad me admira* tant de générosité m'étonne ‖ *quedarse admirado* être émerveillé (maravillarse).
◆ *v pr* s'étonner (asombrarse); *me admiro de su insolencia* je m'étonne de son insolence ‖ être en admiration devant; *admirarse de los progresos científicos* être en admiration devant les progrès scientifiques.
admirativamente *adv* admirativement (con admiración) ‖ admirablement (admirablemente).
admirativo, va *adj* admiratif, ive (que admira) ‖ admirable ‖ émerveillé, e (maravillado).
admisibilidad *f* admissibilité.
admisible *adj* admissible.
admisión *f* admission ‖ admissibilité, admission (en un examen) ‖ AUTOM admission.
admitir *v tr* admettre ‖ accepter, admettre (aceptar) ‖ donner l'admissibilité (en un examen) ‖ accorder, consentir (conceder) ‖ MAR *admitir un buque a la libre práctica* admettre un navire en libre pratique.
admón. abrev de *administración* administration.
admonición *f* admonition (advertencia).
admonitorio, ria *adj* d'avertissement.
ADN abrev de *ácido desoxirribonucleico* A.D.N., acide désoxyribonucléique.
adobado *m* daube *f* (adobo).
adobar *v tr* apprêter, disposer, préparer ‖ assaisonner (sazonar) ‖ mettre en daube (la carne) ‖ préparer à la marinade (el pescado) ‖ apprêter (las pieles) ‖ arranger (arreglar) ‖ FIG agrémenter; *el texto está adobado con una música de calidad y un ballet* le texte est agrémenté d'une musique de qualité et d'un ballet.
adobe *m* brique *f* crue [d'argile ou de torchis] (ladrillo secado al sol) ‖ fers *pl* (grilletes) ‖ *(amer)* grand pied (pie).
adobera *f* moule *m* à briques ‖ briqueterie (adobería) ‖ *(amer)* moule *m* à fromages | fromage *m* de forme rectangulaire (queso).
adobo *m* apprêt, préparation *f* ‖ daube *f* (de la carne), marinade *f* (del pescado) ‖ apprêt (de las pieles y telas) ‖ fard (afeite).
adocenado, da *adj* vulgaire, commun, e; ordinaire, banal, e.
adocenar *v tr* compter par douzaines ‖ confondre avec le commun; *no quiero que me adocenen* je ne veux pas qu'on me confonde avec le commun.
◆ *v pr* devenir vulgaire.
adoctrinamiento *m* endoctrinement.
adoctrinar *v tr* endoctriner, enseigner.
adogmatismo *m* adogmatisme.
adolecer* *v intr* tomber malade (caer enfermo) ‖ souffrir de, être affligé de; *adolecer de reúma* souffrir de rhumatisme ‖ FIG être en proie à (una pasión) | souffrir de; *adolecer de ciertos defectos* souffrir de certains défauts | pécher; *esta novela adolece de monotonía* ce roman pèche par monotonie.
adolescencia *f* adolescence.
adolescente *adj* y *s* adolescent.
adonde *adv* où [vers où].
— OBSERV *Où* sans idée de mouvement se traduit généralement par *donde* bien que *adonde* soit aussi employé. Dans une phrase interrogative ou exclamative *adonde* porte un accent écrit: *¿adónde va?* où va-t-il?
adondequiera *adv* n'importe où [avec mouvement].
— OBSERV *Dondequiera* en espagnol n'indique pas de mouvement: *vete adondequiera* va où tu voudras; *puedes vivir dondequiera* tu peux vivre n'importe où.
adonis *m* FIG adonis ‖ BOT adonis.
adopción *f* adoption.
adoptante *adj* adoptant, e.
adoptar *v tr* adopter ‖ prendre (tomar).
adoptivo, va *adj* adoptif, ive; *hijo adoptivo* fils adoptif ‖ d'adoption; *patria adoptiva* patrie d'adoption.
adoquín *m* pavé (piedra) ‖ FIG & FAM empoté, sot, cruche *f*, bûche *f* (necio); *eres un adoquín* tu es une cruche ‖ *(amer)* pavé de bois (tarugo) ‖ FAM *comer adoquines* manger des briques.
adoquinado, da *adj* pavé, e.
◆ *m* pavage, pavement.
adoquinar *v tr* paver.
adorable *adj* adorable.
adoración *f* adoration; *estar en perpetua adoración ante alguien* être en adoration devant quelqu'un ‖ *adoración de los Reyes* adoration des Rois mages, Épiphanie, jour des Rois.
adorar *v tr* adorer.
◆ *v intr* prier (orar).
adormecedor, ra *adj* endormant, e; assoupissant, e ‖ FIG calmant, e (sedante).
adormecer* *v tr* assoupir, endormir; *esta música adormece* cette musique endort ‖ FIG endormir, calmer; *el opio adormece los dolores* l'opium calme les douleurs.

adormecido

◆ *v pr* s'assoupir, somnoler (amodorrarse) || s'endormir (dormirse) || FIG s'engourdir (un miembro) | s'endormir (relajarse) | s'adonner, s'abandonner (aficionarse); *adormecerse en un vicio* s'adonner à un vice.

adormecido, da *adj* endormi, e; assoupi, e.

adormecimiento *m* assoupissement (modorra) || engourdissement (de un miembro) || FIG apaisement.

adormidera *f* BOT pavot *m* || stupéfiant *m* (estupefaciente).

adormilarse; adormitarse *v pr* s'assoupir, somnoler.

adornar *v tr* orner, parer; *adornar con* ou *de flores* orner de fleurs (una cosa), parer de fleurs (una persona) | FIG parer, embellir (con supuestas calidades) | embellir; *adornar una historia* embellir une histoire | souligner, exalter (enaltecer).

◆ *v pr* se parer (ataviarse) || FIG s'orner, s'agrémenter de.

adorno *m* ornement, garniture *f* (en cosas) || parure *f* (en personas) || FIG ornement || TAUROM fioriture *f* || *de adorno* d'agrément.

◆ *pl* BOT balsamine *f*.

adosado, da *adj y m* adossé, e || jumeau, elle; *casas, chalets adosados* maisons jumelles, pavillons jumeaux.

adosar *v tr* adosser || adapter, ajuster; *las bombonas espaciales están adosadas al traje espacial* les bonbonnes spatiales sont adaptées à la combinaison spatiale || *columna adosada* colonne adossée.

adquirible *adj* qui peut être acquis, achetable.

adquirido, da *adj* acquis, e; *velocidad adquirida* vitesse acquise.

adquiridor, ra *adj y s* acquéreur (comprador).

adquirir* *v tr* acquérir.

adquisición *f* acquisition (compra) || INFORM *adquisición de datos* acquisition de données.

adquisidor, ra *adj y s* acquéreur (sin femenino).

adquisitivo, va *adj* acquisitif, ive; *prescripción adquisitiva* prescription acquisitive || *poder adquisitivo* pouvoir d'achat.

adquisitorio, ria *adj* acquisitif, ive.

adrede *adv* exprès, à dessein.

adrenalina *f* adrénaline.

Adriático *n pr m* GEOGR Adriatique *f*.

adscribir *v tr* assigner, attribuer (atribuir) || affecter, destiner (destinar).

— OBSERV Le participe passé est irrégulier (*adscrito, ta*; et plus rarement *adscripto, ta*).

adscripción *f* assignation, attribution (atribución) || affectation (destino).

adscripto, ta; adscrito, ta *adj* inscrit, e || assigné, e; attribué, e || affecté, e (destinado).

— OBSERV Voir ADSCRIBIR.

adsorbente *adj y s m* adsorbant, e.

adsorber *v tr* adsorber.

adsorción *f* adsorption.

adstringir *v tr* → **astringir**.

aduana *f* douane || *aduana interior* droit intérieur, taxe intérieure.

aduanero, ra *adj y s* douanier, ère.

aducción *f* adduction.

aducir* *v tr* alléguer.

aductor *adj y s m* ANAT adducteur.

◆ *m* adducteur (cañería).

adueñarse *v pr* s'approprier, s'emparer; *adueñarse de los bienes ajenos* s'emparer des biens d'autrui.

adulación *f* flatterie, adulation (lisonja).

adulador, ra *adj y s* flatteur, euse; adulateur, trice.

adular *v tr* aduler, flatter (halagar) || FIG flatter (deleitar).

adulatorio, ria *adj* adulatoire.

adulón, ona *adj y s* FAM flatteur, euse; flagorneur, euse.

adulteración *f* adultération (falsificación) || falsification, frelatage *m* (de alimentos).

adulterado, da *adj* adultéré, e; frelaté, e; falsifié, e.

adulterador, ra *adj y s* falsificateur, trice (falsificador).

adulterar *v intr* commettre un adultère.

◆ *v tr* adultérer; *adulterar un jarabe con sacarina* adultérer un sirop avec de la saccharine || falsifier, frelater (un producto alimenticio) || corrompre.

adulterino, na *adj* adultérin, e; *hijo adulterino* enfant adultérin || FIG falsifié,e; adultéré, e (falsificado).

adulterio *m* adultère (acto) || FIG adultération *f* (falsificación).

adúltero, ra *adj y s* adultère (que comete adulterio).

◆ *adj* adultéré, e (falsificado) || corrompu, e (lenguaje).

adulto, ta *adj y s* adulte.

adulzar *v tr* TECN adoucir.

adunar *v tr* réunir, unir (congregar) || unifier (unificar).

adustez *f* sécheresse, sévérité.

adusto, ta *adj* FIG sévère, austère; *rostro adusto* visage sévère || (*p us*) aduste | brûlé, e (tostado) | très chaud, torride.

advenedizo, za *adj y s* FIG arriviste (arribista) | parvenu, e (nuevo rico) || étranger, ère (forastero) || (*p us*) émigrant, e.

advenidero, ra *adj* futur, à venir.

advenimiento *m* avènement (de un soberano, del mesías, de una época) || arrivée [solennelle] (llegada), venue *f* (venida) || FIG & FAM *esperar el santo advenimiento* attendre la fin du monde *o* le déluge.

advenir* *v intr* arriver.

◆ *v impers* advenir, arriver (suceder).

adventicio, cia *adj* adventice (ocasional) || BOT adventice (salvaje) | adventif, ive (raíces) || adventif, ive; *bienes adventicios* biens adventifs.

adventismo *m* adventisme.

averación *f* DR certification, attestation, authentification.

averado *adj* certifié, e; authentifié, e (certificado) || *testamento averado* testament authentifié [fait par-devant le notaire et deux témoins].

averar *v tr* certifier, authentifier.

adverbial *adj* adverbial, e.

adverbializar *v tr* employer comme adverbe, adverbialiser.

adverbio *m* GRAM adverbe.
adversario, ria *adj* y *s* adversaire (contrario).
◆ *m pl* notes *f*, fiches *f* [pour rédiger un ouvrage].
adversativo, va *adj* GRAM adversatif, ive.
adversidad *f* adversité (desgracia).
adverso, sa *adj* contraire, défavorable, adverse; *suerte adversa* sort défavorable ‖ adverse, opposé, e; *el equipo adverso* l'équipe adverse; *la parte adversa* la partie adverse.
advertencia *f* avertissement *m*, remarque; *hacer una advertencia a un niño* faire une remarque *o* donner un avertissement à un enfant (observación, aviso) ‖ avertissement *m*, sommation; *después de repetidas advertencias se negaron a dispersarse* après plusieurs sommations ils refusèrent de se disperser ‖ mise en garde, remarque (explicación) ‖ observation, remarque (nota) ‖ avertissement *m*, avant-propos *m inv* (prólogo) ‖ MAR semonce ‖ *advertencia conminatoria* sommation.
advertidamente *adv* sciemment.
advertido, da *adj* avisé, e; averti, e; prévenu, e.
advertir* *v tr* remarquer, observer, constater, se rendre compte; *he advertido que había muchas faltas* j'ai remarqué qu'il y avait beaucoup de fautes ‖ signaler (señalar); *le advierto algunos errores* je vous signale quelques erreurs ‖ avertir, prévenir; *le advierto que no lo consiento* je vous avertis que je ne le permets pas; *te advertiré de mi marcha* je te préviendrai de mon départ ‖ faire remarquer; *le advierto que no dije tal cosa* je vous fais remarquer que ce n'est pas ce que j'ai dit ‖ conseiller de, engager à (mandar amenazando); *te advierto que no lo hagas* je te conseille de ne pas le faire.
◆ *v intr* remarquer, comprendre (caer en la cuenta) ‖ faire attention (estar atento).
adviento *m* avent; *cuarto domingo de Adviento* quatrième dimanche de l'Avent.
advocación *f* RELIG vocable *m* ‖ *— bajo la advocación de la Virgen* sous l'invocation de la Vierge ‖ *poner bajo la advocación de* vouer à, placer sous l'invocation de.
adyacente *adj* adjacent, e (cercano).
adyuvante *adj* adjuvant, e.
AEE abrev de *Agencia Espacial Europea* A.S.E., Agence spatiale européenne.
AELI abrev de *Asociación Europea de Libre Intercambio* A.E.L.E., Association Européenne de libre-échange.
Aenor abrev de *Asociación Española para la Normalización y Racionalización* Association espagnole pour la normalisation et la rationalisation.
aeración *f* aération, aérage *m* (ventilación).
aéreo, a *adj* aérien, enne; *navegación aérea* navigation aérienne ‖ *— estación aérea* aérogare ‖ *toma aérea* aérien, antenne ‖ *transportador aéreo* aérocâble ‖ *transporte aéreo* transport áerien.
aerobic *m* aérobic.
aerobio, bia *adj* y *s m* BIOL aérobie.
aeroclub *m* aéro-club.
aerocondensador *m* Fís aérocondenseur.
aerodeslizador *m* aéroglisseur.
aerodinámico, ca *adj* y *s f* aérodynamique ‖ *— freno aerodinámico* aérofrein ‖ *técnico aerodinámico* aérodynamicien.

aerodinamismo *m* aérodynamisme.
aerodino *m* aérodyne (avión).
aeródromo *m* aérodrome.
aeroespacial *adj* aérospatial, e.
aerofagia *f* aérophagie.
aerofaro *m* aérophare.
aerofiltro *m* Fís filtre à air.
aerofobia *f* aérophobie.
aerofotografía; aereofotografía *f* photographie aérienne.
aerogastria *f* aérogastrie.
aerografía *f* aérographie.
aerógrafo *m* aérographe.
aerograma *m* aérogramme.
aerolínea *f* compagnie aérienne.
aerolito *m* aérolithe, aérolite.
aerología *f* aérologie.
aeromarítimo, ma *adj* aéromaritime.
AEROMEXICO abrev de *Aerovías de México, SA* compagnie nationale de transports aériens au Mexique.
aeromodelismo *m* aéromodelisme.
aeromodelo *m* modèle réduit [d'avion].
aeromotor *m* aéromoteur.
aeromóvil *m* appareil aérien.
aeromoza *f* hôtesse de l'air (azafata).
aeronauta *m* y *f* aéronaute.
aeronáutico, ca *adj* y *s f* aéronautique.
aeronaval *adj* aéronaval, e.
aeronave *f* aéronef *m*.
aeronavegación *f* navigation aérienne.
aeroplano *m* aéroplane (avión).
aeroportuario, ria *adj* aéroportuaire.
aeropostal *adj* aéropostal, e.
aeropuerto *m* aéroport; *aeropuerto de base* aéroport d'attache.
aerosol *m* aérosol.
aerostático, ca *adj* y *s f* aérostatique.
aeróstato *m* aérostat (globo).
aerotaxi *m* avion-taxi.
aerotecnia; aerotécnica *f* aérotechnique.
aeroterapia *f* aérothérapie.
aerotransportado, da *adj* aéroporté, e.
aerotransportar *v tr* transporter par voie aérienne.
afabilidad *f* affabilité (amabilidad).
afable *adj* affable; *afable con* ou *para* ou *para con todos* affable avec *o* envers tout le monde.
afamado, da *adj* fameux, euse; renommé, e; réputé, e (famoso).
afamar *v tr* rendre fameux, euse.
◆ *v pr* devenir fameux, conquérir la célébrité.
afán *m* labeur, travail (trabajo penoso); *los afanes cotidianos* le labeur quotidien ‖ ardeur *f*, empressement (ardor) ‖ désir véhément (deseo) ‖ soif *f*; *afán de venganza* soif de vengeance ‖ goût; *tener afán de aventuras* avoir du goût pour l'aventure ‖ souci (preocupación) ‖ efforts *pl*; *poner su afán en* porter ses efforts sur ‖ *— cada día trae su afán* à chaque jour suffit sa peine ‖ *el afán de lucro* l'appât du gain.
afanador, ra *adj* y *s* qui se donne de la peine, travailleur, euse; zélé, e ‖ POP voleur (ladrón) ‖ *(amer)* homme de peine.

afanar *v intr* travailler beaucoup, se donner de la peine, travailler dur, peiner (en trabajos penosos).
◆ *v tr* tourmenter, ennuyer (molestar) ‖ POP faucher, piquer, rafler (robar) ‖ *(amer)* gagner de l'argent.
◆ *v pr* s'efforcer de, s'évertuer à, se donner beaucoup de mal o de la peine pour; *se afana por ou en conseguir un buen puesto* il s'efforce de trouver une bonne situation.

Afanas abrev de *Asociación de Familias con Niños y Adultos Subnormales* Association d'aide aux handicapés mentaux [en Espagne].

afanosamente *adv* avec ardeur, ardemment ‖ avidement ‖ péniblement.

afanoso, sa *adj* pénible, laborieux, euse (trabajoso) ‖ désireux, euse; impatient, e; avide (deseoso); *afanoso de saber* avide de savoir ‖ empressé, e (atento), zélé, e (concienzudo) ‖ soucieux, euse; anxieux, euse (preocupado).

afantasmado, da *adj* FAM prétentieux, euse; poseur, euse (presumido).

afasia *f* MED aphasie.

afeador, ra *adj* qui enlaidit ‖ qui reproche, qui blâme, censeur (sin femenino).

afeamiento *m* enlaidissement ‖ reproche, blâme (censura).

afear *v tr* enlaidir, rendre laid; *este maquillaje le afea* ce maquillage l'enlaidit ‖ FIG reprocher, blâmer; *afear mucho a uno su conducta* reprocher sévèrement sa conduite à quelqu'un, blâmer sévèrement quelqu'un pour sa conduite.

afección *f* affection ‖ MED *afección cardíaca, hepática* affection cardiaque, maladie du foie.

afeccionarse *v pr* s'attacher, prendre en affection; *afeccionarse a uno* s'attacher à quelqu'un.

afectación *f* affectation.

afectadamente *adv* avec affectation.

afectado, da *adj* affecté, e; maniéré, e (amanerado) ‖ endommagé, e; abîmé, e (dañado) ‖ affecté, e; *fondos afectados al pago de* fonds affectés au paiement de ‖ sinistré, e (damnificado) ‖ *(amer)* malade, souffrant, e (enfermo).

afectar *v tr* affecter; *afectar suma elegancia* affecter une grande élégance ‖ affecter, feindre (fingir) ‖ affecter, toucher, intéresser; *problema que afecta a la economía* problème qui touche l'économie ‖ annexer (agregar) ‖ endommager, abîmer (dañar) ‖ frapper; *hipoteca que afecta a todos los bienes* hypothèque qui frappe tous les biens ‖ affecter; *la enfermedad de su madre le afecta mucho* la maladie de sa mère l'affecte beaucoup ‖ éprouver; *su pulmonía le ha afectado mucho* sa pneumonie l'a beaucoup éprouvé.

afectísimo, ma *adj* très affectionné, e; très dévoué, e (final de cartas), mon très cher, ma très chère (amigo, etc.) ‖ *su afectísimo servidor* votre très dévoué serviteur ‖ *suyo afectísimo* bien à vous, votre très dévoué.

afectividad *f* affectivité.

afectivo, va *adj* affectif, ive.

afecto, ta *adj* affectionné, e; attaché, e; cher, chère; *un amigo afecto* un ami cher (querido) ‖ atteint, e (aquejado) ‖ affecté, e; attaché, e (destinado).
◆ *m* affection *f*, attachement (cariño) ‖ MED affection *f*.

afectuoso, sa *adj* affectueux, euse.

afeitado *m* coupe *f* de la barbe, rasage [action de se raser] ‖ TAUROM épointage (de los cuernos del toro).

afeitar *v tr* raser, faire la barbe ‖ raser [des poils] ‖ farder, mettre au fard (poner afeites) ‖ orner, parer, embellir (adornar) ‖ tondre (los animales) ‖ TAUROM épointer (los cuernos del toro) ‖ FIG & FAM raser, passer très près de ‖ *recién afeitado* frais rasé, rasé de frais.
◆ *v pr* se raser.

afeite *m* fard (cosmético) ‖ parure *f*, toilette *f* [de femme].

afelpado, da *adj* pelucheux, euse.
◆ *m* paillasson.

afelpar *v tr* pelucher.

afeminadamente *adv* d'une manière efféminée.

afeminado, da *adj y s* efféminé, e.

afeminamiento *m* effémination *f*.

afeminar *v tr* efféminer.
◆ *v pr* se comporter comme une femme, prendre les manières d'une femme, s'efféminer.

aferrado, da *adj* obstiné, e; opiniâtre (obstinado) ‖ FIG ancré, e; *idea bien aferrada* idée bien ancrée.

aferramiento *m* accrochage, prise *f* (acción de agarrar) ‖ MAR mouillage (acción de anclar) ‖ FIG obstination *f*, entêtement *m*.

aferrar* *v tr* saisir (agarrar) ‖ MAR carguer, ferler (las velas) ‖ accrocher avec une gaffe, gaffer (con un garfio) | mouiller, jeter l'ancre (anclar).
◆ *v intr* MAR mordre, s'accrocher (hablando del ancla) ‖ FIG *estar aferrado a* ou *en* être attaché à, tenir à.
◆ *v pr* s'accrocher ‖ FIG s'entêter, s'obstiner (obstinarse); *aferrarse en un error* s'entêter dans une erreur ‖ *aferrarse a* ou *en una opinión* ne pas démordre d'une opinion.

affaire *m* affaire *f* (caso).

affiche *f* affiche *f* (cartel).

Afganistán *n pr m* GEOGR Afghanistan.

afgano, na *adj y s* afghan, e.

AFI abrev de *Alfabeto Fonético Internacional* A.P.I., Alphabet phonétique international.

afianzamiento *m* cautionnement, garantie *f* (garantía) ‖ affermissement, consolidation *f* (acción de asegurar) ‖ FIG affermissement; *el afianzamiento de la salud* l'affermissement de la santé | consolidation *f*; *el afianzamiento de un régimen* la consolidation d'un régime.

afianzar *v tr* cautionner, garantir (garantizar) ‖ affermir, consolider, raffermir; *afianzar estructuras* consolider des structures; *este éxito lo ha afianzado en su puesto* ce succès l'a consolidé dans son poste ‖ cristalliser, fixer; *estudio un poco para afianzar lo que he oído en la conferencia* j'étudie un peu pour fixer ce que j'ai entendu à la conférence ‖ soutenir, appuyer (sostener) ‖ soutenir, renforcer (reforzar) ‖ saisir, cramponner (agarrar).
◆ *v pr* se saisir (agarrar) ‖ se cramponner (agarrarse) ‖ FIG se stabiliser (afirmarse) | se raffermir.

afición *f* penchant *m*, goût *m* (inclinación); *tener afición a la lectura* avoir du goût pour la lecture ‖ ardeur, zèle *m* (afán) ‖ *de afición* amateur; *pintor de afición* peintre amateur ‖ *la afición* les amateurs; *la afición está satisfecha con el programa de corridas de este año* les amateurs sont satisfaits du programme de courses de taureaux de cette année ‖ *por afición* en amateur; *pintar por afición* peindre en amateur ‖ *tener afición a* aimer, raffoler de, être un amateur de ‖ *tener afición a los toros* s'intéresser beaucoup à la tauromachie.

aficionado, da *adj y s* amateur (sin femenino), passionné, e (aficionado); *aficionado al fútbol* amateur de football ‖ amateur (no profesional); *teatro de aficionados* théâtre d'amateurs ‖ *ser muy aficionado a* aimer beaucoup; *es muy aficionado a pasearse por el campo* il aime beaucoup se promener dans la campagne; être très amateur de, être passionné de; *es muy aficionado a la música* il est très amateur de musique.

— OBSERV *Aficionado* employé seul s'applique le plus souvent aux amateurs de courses de taureaux, et, dans ce sens, on peut garder le terme en français.

aficionar *v tr* attacher à, faire aimer (una persona, su país) ‖ donner le goût o la passion de, faire prendre goût à; *esta persona me ha aficionado a la pintura* cette personne m'a fait prendre goût à la peinture.

➤ *v pr* s'attacher à, aimer (una persona), prendre plaisir à, prendre goût à, s'engouer de (despectivo), aimer (cosas).

afidávit *m* affidavit.

afijo *adj m y s m* GRAM affixe.

afiladera *adj piedra afiladera* pierre à aiguiser.

➤ *f* affiloir *m*, pierre à aiguiser.

afilado, da *adj* aiguisé, e; affilé, e; *cuchillo afilado* couteau aiguisé ‖ taillé, e; *lápiz afilado* crayon taillé ‖ pointu, e; *diente afilado* dent pointue ‖ aigu, ë; *voz afilada* voix aiguë ‖ — *cara afilada* figure en lame de couteau (estrecha) ‖ FIG *tener las uñas afiladas* avoir les mains crochues.

➤ *m* aiguisage, repassage, affilage.

afilador, ra *adj y s* aiguiseur, euse.

➤ *m* rémouleur, aiguiseur (amolador) ‖ cuir (correa) ‖ *(amer)* coureur [des filles].

➤ *f* AGRIC affûteuse.

afilalápices *m* taille-crayon *inv* (sacapunta) ‖ grattoir, canif.

afilamiento *m* amincissement [des traits du visage, du nez, des doigts].

afilar *v tr* aiguiser, affûter; *afilar un cuchillo* aiguiser un couteau ‖ affiler (sacar punta) ‖ repasser (con afilador, muela o piedra de afilar) ‖ tailler, aiguiser (un lápiz) ‖ rendre aiguë (la voz) ‖ FAM *(amer)* faire la cour, flirter (cortejar), flatter (adular) ‖ *piedra de afilar* pierre à aiguiser o repasser.

➤ *v pr* FIG se tirer [les traits du visage] ‖ s'effiler; *su nariz se ha afilado* son nez s'est effilé ‖ *(amer)* se préparer (prepararse) ‖ *(amer) venirse bien afilado* être fin prêt.

afiliación *f* affiliation.

afiliado, da *adj y s* affilé, e; adhérent, e (miembro); *afiliado a un partido* adhérent à un parti.

afiliar *v tr* affilier.

➤ *v pr* s'affilier, adhérer.

afiligranado, da *adj* filigrané, e; en filigrane ‖ FIG menu, e; gracile (personas), délicat, e; fin, e (cosas).

afiligranar *v tr* filigraner, travailler en filigrane ‖ FIG polir, perfectionner, embellir (hermosear).

afilosofado, da *adj* qui joue o pose au philosophe.

afín; afine *adj* contigu, ë; limitrophe; *campos afines* champs limitrophes ‖ analogue (semejante) ‖ qui a des affinités; *cuerpos afines* corps qui ont des affinités ‖ connexe; *vamos a tratar de la economía y de los problemas afines* nous allons traiter de l'économie et des problèmes connexes ‖ *ideas afines* idées voisines, association d'idées, analogie.

➤ *m pl* proches, parents par affinité *o* par alliance.

afinación *f* TECN affinage *m*, affinement *m* (afinado) ‖ FIG raffinement *m* (del ingenio) ‖ MÚS accordage *m*, accordement *m* (de un instrumento) ‖ justesse (en el canto).

afinadamente *adv* avec justesse, juste (cantar) ‖ intelligemment, finement (delicadamente).

afinado, da *adj* juste, accordé, e; *piano afinado* piano juste.

➤ *m* affinage (depuración) ‖ accordage (de un piano).

afinadura *f*; **afinamiento** *m* TECN affinage *m*, affinement *m* (depuración) ‖ FIG raffinement *m* (del ingenio) ‖ accordage *m* (de un piano) ‖ justesse *f* (en el canto) ‖ FIG finesse *f* (finura).

afinar *v tr* TECN affiner; *afinar el oro* affiner l'or ‖ FIG affiner, dégrossir; *su estancia en la ciudad le ha afinado mucho* son séjour à la ville l'a beaucoup affiné ‖ MÚS accorder; *afinar un piano* accorder un piano ‖ jouer *o* chanter juste ‖ achever, polir, mettre la dernière main (dar la última mano) ‖ finir, terminer (acabar) ‖ ajuster; *afinar la puntería* ajuster son tir.

➤ *v pr* s'élancer (adelgazar) ‖ FIG se dégrossir.

afincado *m (amer)* propriétaire d'une exploitation agricole.

afincar *v intr* acquérir une propriété.

➤ *v pr* se fixer, s'établir; *afincarse en Madrid* s'établir à Madrid.

afine *adj* → **afín.**

afinidad *f* affinité; *hay cierta afinidad entre estas dos personas* il y a une certaine affinité entre ces deux personnes ‖ alliance; *parientes por afinidad* parents par alliance ‖ QUÍM affinité ‖ FIG *las afinidades electivas* les affinités électives.

afino *m* TECN affinage, affinement.

afirmación *f* affirmation; *una afirmación atrevida* une affirmation osée ‖ affermissement *m* (acción de sostener).

afirmar *v tr* assurer, affirmer; *le afirmo que es verdad* je vous assure que c'est vrai; *sólo puede uno afirmar lo que es seguro* on ne peut affirmer que ce qui est sûr ‖ consolider; *poner unos clavos para afirmar un estante* mettre des clous pour consolider une étagère ‖ affermir, consolider, raffermir; *afirmar unas estructuras* raffermir des structures ‖ *afirmar sin pruebas* avancer quelque chose en l'air *o* sans avoir de preuves.

➤ *v pr* prendre appui (en los estribos) ‖ *afirmarse en lo dicho* maintenir ses affirmations, maintenir ce qu'on a dit.

afirmativo, va *adj* affirmatif, ive; *respuesta afirmativa* réponse affirmative ‖ *en caso afirmativo* dans l'affirmative.

➤ *f* affirmative.

afistularse; afistolarse *v pr* MED se transformer en fistule.

aflamencado, da *adj* qui a le genre «flamenco».

aflautado, da *adj* semblable au son de la flûte, flûté, e || aigu, ë; pointu, e; criard, e; *una voz aflautada* une voix aiguë.
— OBSERV El adjetivo francés *flûté* se dice de un sonido o de una voz muy delicada, suave y ligera.

aflicción *f* affliction, peine, tristesse (pesar); *esta noticia me ha dado mucha aflicción* cette nouvelle m'a fait beaucoup de peine.

aflictivo, va *adj* DR afflictif, ive (pena) || affligeant, e (que causa aflicción); *una noticia aflictiva* une nouvelle affligeante.

afligidamente *adv* avec affliction (con aflicción) || de façon navrante o désolante (de modo aflictivo).

afligido, da *adj* affligé, e; *afligido con la noticia* affligé par la nouvelle || FIG affligé, e (de un defecto, etc.).

afligir *v tr* affliger (entristecer) || frapper, affliger; *la desgracia que le aflige* le malheur qui vous frappe || *(amer)* battre, rosser (apalear).
◆ *v pr* être affligé; *afligirse con* ou *de algo* être affligé de o par quelque chose.

aflojamiento *m* relâchement.

aflojar *v tr* relâcher (soltar) || desserrer (un cinturón, la corbata, un tornillo) || détendre (un muelle) || FIG relâcher (su severidad), réduire (pretensiones) || FAM lâcher, abouler (soltar); *aflojar dinero, aflojar la mosca* lâcher de l'argent, abouler la galette || POP casquer, cracher (pagar) || — *aflojar el paso* ralentir le pas || *aflojar la bolsa* dénouer les cordons de la bourse.
◆ *v intr* diminuer, baisser; *el calor ha aflojado* la chaleur a diminué || se relâcher, se détendre (una cuerda) || céder, relâcher (ceder) || FIG se relâcher, faiblir; *alumno que afloja en su estudio* élève qui se relâche dans son travail; *fe que afloja* foi qui faiblit || POP casquer, cracher (pagar).
◆ *v pr* se relâcher, se détendre (una cuerda) || FIG se relâcher.

afloramiento *m* affleurement.

aflorar *v intr* affleurer (aparecer) || FIG affleurer, apparaître (surgir).
◆ *v tr* vanner, tamiser (cerner).

afluencia *f* affluence; *afluencia de espectadores* affluence de spectateurs || afflux *m*; *afluencia de refugiados* afflux de réfugiés || FIG faconde, abondance de paroles (facundia).

afluente *adj* affluent, e; qui afflue || nombreux, euse (gente) || FIG verbeux, euse; bavard, e (facundo, hablador).
◆ *m* affluent [rivière]; *este río es afluente de la izquierda del Ebro* ce fleuve est un affluent de la rive gauche de l'Ebre.

afluir* *v intr* affluer; *la sangre afluye al cerebro* la sang afflue au cerveau || FIG affluer, arriver en grand nombre; *los turistas afluyen a Rouen* les touristes affluent à Rouen || confluer; *este río afluye al Ebro* ce fleuve conflue avec l'Ebre || se jeter dans (en el mar) || aboutir (una calle).

aflujo *m* afflux; *aflujo de sangre* afflux du sang.

afmo. abrev de *afectísimo* très affectionné, e; très dévoué, e.

afofado, da *adj* flasque, mou, molle.

afofarse *v pr* se ramollir (ponerse fofo).

afonía *f* MED aphonie, extinction de voix.

afónico, ca; áfono, na *adj* aphone.

aforado, da *adj y s* privilégié, e; qui jouit d'un fuero [privilège royal concédé à une ville ou une province au Moyen Âge].

aforar* *v tr* jauger; *aforar un barco* jauger un bateau || estimer, évaluer (valorar) || évaluer le débit (un río) || taxer (mercancías) || accorder des privilèges o «fueros».
◆ *v pr* POP cracher (pagar) | se tirer (irse).

aforismo *m* aphorisme (máxima).

aforo *m* jaugeage || évaluation *f* (valoración) || taxation *f* (tasación) || estimación *f* (estimación) || débit; *el aforo de un río* le débit d'un fleuve || nombre de places, capacité *f*; *el teatro tiene un aforo de dos mil personas* le théâtre a deux mille places.

afortunado, da *adj* heureux, euse; *fue una época afortunada* ce fut une époque heureuse || qui a de la chance, chanceux, euse; *no soy afortunado* je n'ai pas de chance || fortuné, e (con buena fortuna); *un pueblo afortunado* un peuple fortuné || MAR orageux, euse (tiempo) || — *poco afortunado* malheureux, euse; *una reforma poco afortunada* une réforme malheureuse; ingrat, disgracieux; *una cara poco afortunada* un visage ingrat; pas très heureux, d'assez mauvais goût; *la decoración de este piso es poco afortunada* la décoration de cet appartement n'est pas très heureuse || — *hombre afortunado en amores* homme heureux en amour || *los afortunados por la lotería* les heureux gagnants à la loterie || *un estilo afortunado en imágenes* un style aux images heureuses.

afrancesado, da *adj* francisé, e.
◆ *m* personne *f* de culture et de goûts français [surtout au XVIIIe siècle] || partisan de Napoléon pendant la guerre d'Espagne.

afrancesar *v tr* franciser.
◆ *v pr* se franciser || prendre le parti de Napoléon (durante la guerra de la Independencia española).

afrecho *m* son [du blé] || issues *f pl* [moutures].

afrenta *f* affront *m*, outrage *m*; *aguantar una afrenta* essuyer un affront, subir un outrage || déshonneur *m*, opprobre *m* (deshonra).

afrentar *v tr* faire affront à, outrager (ultrajar) || humilier, offenser (humillar).
◆ *v pr* rougir, avoir honte; *afrentarse de* ou *por su pobreza* rougir de sa pauvreté.

afretar *v tr* MAR nettoyer (limpiar el casco).

África *n pr f* GEOGR Afrique.

africada *adj y s f* GRAM affriquée (consonante).

africanidad *f* africanité.

africanizar *v tr* africaniser.

africano, na *adj y s* africain, e.

afro *adj inv* afro (peinado).

afroamericano, na *adj y s* afro-américain, e.

afrodisiaco, ca *adj y s m* aphrodisiaque.

Afrodita *n pr f* Aphrodite.

afrontamiento *m* affrontement (acción de arrostrar) || confrontation *f* (careo).

afrontar *v tr* affronter; *afrontar al enemigo* affronter l'ennemi || confronter (dos cosas o personas); *afrontar dos testigos* confronter deux témoins || mettre l'un en face de l'autre; *afrontar dos cuadros* mettre deux tableaux l'un en face de l'autre.

afrutado, da *adj* fruité, e.

afuerita *adv* (amer) FAM dehors.

afta *f* MED aphte *m*.

afuera *adv* dehors; *váyase afuera* allez dehors ‖ — *la parte de afuera* le dehors ‖ *por afuera* au-dehors.
- *f pl* les alentours *m*, les environs *m*; *las afueras de Madrid* les environs de Madrid.
- *interj* hors d'ici!, dehors!

afusilar *v tr (amer)* FAM fusiller.

agabachar *v tr* FAM franciser.

agachada *f* FAM ruse, truc *m* (astucia) ‖ accroupissement *m* (acción de agacharse).
- *pl* faux-fuyants *m*, mauvaises excuses (pretextos).

agachaparse *v pr* se baisser (inclinarse) ‖ s'accroupir (ponerse en cuclillas) ‖ FIG & FAM se tapir, se blottir (ocultarse).

agachar *v tr* baisser; *agachar la cabeza* baisser la tête.
- *v pr* se baisser; *agáchate para que te pueda peinar* baisse-toi pour que je puisse te coiffer ‖ se baisser, s'accroupir (ponerse en cuclillas) ‖ FIG tendre le dos, laisser passer l'orage; *más vale agacharse* il vaut mieux laisser passer l'orage | se cacher, disparaître (retirarse) ‖ *(amer)* céder, se soumettre, se résigner à (someterse a) | se préparer à (prepararse).

agachona *f (amer)* oiseau *f* aquatique.

agalbanado, da *adj* FAM paresseux, euse; flemmard, e; fainéant, e (perezoso).

agalla *f* BOT galle, noix de galle ‖ ANAT amygdale ‖ ZOOL ouïe (de los peces) ‖ *(amer)* gaffe (gancho).
- *pl* angine *sing* (angina) ‖ FIG & FAM cran *m sing*, courage *m sing* (valor); *hay que tener muchas agallas para afrontar ciertas personas* il faut avoir beaucoup de cran pour affronter certaines personnes ‖ FIG & FAM *tener agallas* avoir de l'estomac, avoir du cran, ne pas avoir froid aux yeux.

agallegado, da *adj* qui a l'accent galicien, qui ressemble aux Galiciens.

agangrenarse *v pr* se gangrener (gangrenarse).

ágape *m* agape *f* (convite entre los primeros cristianos) ‖ agapes *f pl* (banquete).

agar agar *m* agar-agar, gélose *f*.

agarrada *f* FAM accrochage *m* (pelea) ‖ accrochage *m*, prise de bec, algarade (riña verbal).

agarradera *f (amer)* poignée (mango).
- *pl* FAM piston *m sing*, appui *m sing*, relations; *tener buenas agarraderas* avoir de bonnes relations, avoir du piston.

agarradero *m* poignée *f* (asa) ‖ manche (mango) ‖ embrasse *f* (de las cortinas) ‖ FIG & FAM piston, appui (protección).

agarrado, da *adj* pris, e; empoigné, e; saisi, e ‖ attaché, e ‖ — *agarrado a la garganta* pris à la gorge ‖ *agarrados del brazo* bras dessus, bras dessous ‖ FAM *bailar agarrado* danser joue contre joue.
- *adj y s* FAM radin, e; pingre; *es un hombre muy agarrado* c'est un homme très radin.

agarrar *v tr* attraper, saisir, accrocher; *agarrar de* ou *por la manga* saisir par la manche ‖ saisir, prendre, attraper; *agarrar un palo* saisir un bâton ‖ FIG & FAM décrocher (obtener); *agarrar una buena colocación* décrocher une bonne situation | surprendre (el sueño, un apuro) | accrocher; *agarrar un marido* accrocher un mari | gagner; *agarró dos puntos en el campeonato* il a gagné deux points au championnat | ramasser; *agarrar un bofetón* ramasser une gifle | remporter; *agarró su primer éxito el año pasado* il a remporté son premier succès l'année dernière | attraper (coger); *agarrar un resfriado* attraper un rhume ‖ saisir, attraper, prendre; *agarrar por la garganta* saisir par à la gorge ‖ attraper; *si lo agarro lo mato* si je l'attrape je le tue ‖ attraper, prendre (tomar); *no se sabe por donde agarrarlo* on ne sait pas par quel bout le prendre ‖ — *agarrar del brazo* saisir par le bras ‖ FAM *agarrarla* prendre une cuite ‖ *agarrar un buen susto* avoir très peur.
- *v intr* prendre (fijarse una vacuna, un tinte) ‖ prendre; *esta planta no agarra* cette plante ne prend pas ‖ attacher; *el arroz ha agarrado en la sartén* le riz a attaché dans la poêle ‖ *(amer)* prendre (dirección); *agarrar por una calle* prendre une rue ‖ *estar siempre agarrado a los faldones de uno* être toujours pendu aux basques de quelqu'un.
- *v pr* s'accrocher, se cramponner, s'agripper; *agarrarse a las ramas de un árbol* s'accrocher aux branches d'un arbre ‖ s'accrocher; *la hiedra se agarra a las paredes* le lierre s'accroche aux murs ‖ prendre; *el humo se me agarra a la garganta* la fumée me prend à la gorge ‖ tenir; *agárrate a su cintura para no caerte* tiens-le par la taille pour ne pas tomber ‖ FIG se raccrocher, saisir, prendre; *se agarra a cualquier pretexto para no hacer lo que le he mandado* il se raccroche à n'importe quel prétexte pour ne pas faire ce que je lui ai demandé ‖ FAM se disputer, s'accrocher (pelearse) ‖ — FIG *agarrarse a un clavo ardiendo* saisir n'importe quelle planche de salut | *agarrarse a* ou *de un pelo* saisir le moindre prétexte ‖ *agarrarse del brazo* se prendre par le bras ‖ *agarrarse del moño* se crêper le chignon ‖ *agarrarse por el cuello* se tenir par le cou.

agarre *m* prise *f*, adhérence *f* ‖ DEP prise *f*.

agarrón *m* FAM *(amer)* dispute *f*, bagarre *f* (agarrada) | coup, secousse *f*.

agarrotado, da *adj* FIG raide (tieso) ‖ raidi, e; engourdi, e (músculo) ‖ grippé, e; bloqué, e (un motor).

agarrotamiento *m* garrotage ‖ action de serrer, d'attacher ‖ grippage, grippement (de un motor) ‖ raidissement (de un músculo).

agarrotar *v tr* garroter (atar) ‖ raidir; *el agua muy fría agarrota los músculos* l'eau très froide raidit les muscles ‖ serrer, comprimer ‖ faire subir le supplice du garrot (a un reo).
- *v pr* gripper, bloquer (un motor) ‖ s'engourdir, se raidir (un músculo), avoir des crampes (una persona).

agasajado, da *adj y s* invité, e.

agasajar *v tr* fêter, accueillir chaleureusement, bien accueillir, traiter avec prévenance; *he sido muy agasajado durante mi estancia en Madrid* j'ai été très bien accueilli pendant mon séjour à Madrid ‖ accueillir chaleureusement; *el ministro ha sido muy agasajado* le ministre a été accueilli très chaleureusement ‖ s'empresser auprès de; *agasajar a sus convidados* s'empresser auprès de ses invités ‖ loger (alojar) ‖ recevoir (acoger).

agasajo *m* prévenance *f*, bon accueil ‖ cadeau, présent (regalo) ‖ invitation *f*, réception *f*.

ágata *f* agate.

agavillar *v tr* gerber, mettre en gerbes, botteler; *agavillar la mies* mettre la moisson en gerbes.
- *v pr* former une bande.

agazapar *v tr* FAM attraper.
- *v pr* FIG se blottir, se cacher; *el niño se agazapó detrás de la puerta* l'enfant se blottit derrière la porte ‖ *(amer)* se tapir.

agencia f agence; *agencia de viajes* agence de voyages; *agencia inmobiliaria* agence immobilière ‖ bureau m; *agencia de colocaciones* bureau de placement ‖ cabinet m d'affaires (gestoría) ‖ FIG démarche (trámite) ‖ *(amer)* boutique de prêteur sur gages ‖ — *agencia de publicidad* agence de publicité ‖ *agencia ejecutiva* étude d'huissier ‖ *agencia funeraria* pompes funèbres ‖ *agencia matrimonial* agence matrimoniale.

agenciar v tr préparer, agencer ‖ FIG procurer; *te voy a agenciar una colocación muy buena* je vais te procurer une très bonne situation.
◆ v pr FAM s'arranger, se débrouiller; *este chico no sabe agenciárselas* ce garçon ne sait pas se débrouiller ‖ se procurer, décrocher; *agenciarse una buena colocación* décrocher une bonne situation; *se ha agenciado un piso magnífico* il s'est procuré un appartement magnifique.

agenda f agenda m ‖ ordre m du jour (de una reunión) ‖ *agenda de entrevistas* carnet m de rendez-vous.

agente m agent; *agente atmosférico* agent atmosphérique ‖ agent (persona); *agente de bolsa* ou *de cambio* ou *de cambio y bolsa* agent de change; *agente de seguros* agent d'assurances ‖ représentant; *tú serás mi agente en el extranjero* tu seras mon représentant à l'étranger ‖ *agente comercial* agent commercial ‖ *agente de colocaciones* placeur ‖ *agente de compras* acheteur, courtier ‖ *agente del orden, de policía* agent (de police) ‖ *agente de negocios* agent o homme d'affaires ‖ *agente de turismo* agent de voyages ‖ *agente de ventas* vendeur ‖ *agente económico* agent économique ‖ *agente ejecutivo* huissier ‖ *agente fiscal* agent du fisc ‖ *agente inmobiliario* agent immobilier ‖ *agente provocador* agent provocateur ‖ *agente secreto* agent secret.

agermanado, da adj germanisé, e; qui imite les Allemands.

agigantado, da adj gigantesque ‖ FIG prodigieux, euse ‖ *a pasos agigantados* à pas de géants.

agigantar v tr donner des proportions gigantesques, grossir démesurément; *no hay que agigantar lo que pasó* il ne faut pas grossir démesurément ce qui s'est passé ‖ augmenter o élargir considérablement; *este acontecimiento agiganta el problema* cet événement augmente considérablement le problème.

ágil adj agile; *está todavía muy ágil a pesar de su edad* il est encore très agile malgré son âge ‖ souple; *hay que ser muy ágil para hacer estas acrobacias* il faut être très souple pour faire ces acrobaties ‖ alerte, enlevé, e; vif, vive; coulant, e; *estilo ágil* style enlevé ‖ rapide.

agílibus m FAM savoir-faire *inv*.

agilidad f agilité; *para dar este salto hace falta mucha agilidad* il faut beaucoup d'agilité pour faire ce saut ‖ agilité, souplesse; *ha perdido su agilidad de joven* il a perdu la souplesse de sa jeunesse ‖ habileté; *tener mucha agilidad en los negocios* avoir une grande habileté dans les affaires ‖ rapidité (celeridad).

agilipollado, da adj y s POP con, conne.

agilipollar v tr POP rendre con.
◆ v pr POP devenir con.

agilización f accélération.

agilizar v tr rendre agile ‖ accélérer (los trámites) ‖ assouplir (flexibilizar).

agio m COM agio (beneficio) ‖ agiotage (especulación).

agiotaje m COM agiotage, spéculation f ‖ agio (beneficio).

agiotar v intr COM agioter.

agitable adj agitable.

agitación f agitation; *agitación de las olas, de un barco, de las masas* agitation des vagues, d'un bateau, des masses ‖ — FÍS *agitación térmica* agitation thermique ‖ — FIG *sembrar la agitación en los ánimos* semer l'agitation dans les esprits.

agitador, ra adj y s agitateur, trice; meneur, euse.
◆ m QUÍM agitateur, baguette f.

agitanado, da adj qui ressemble aux gitans.

agitanar v tr donner une apparence gitane o un caractère gitan.
◆ v pr se conduire comme un gitan, se donner des allures de gitan.

agitar v tr agiter (un líquido) ‖ FIG troubler; *agitar los ánimos* troubler les esprits.
◆ v pr s'agiter.

aglomeración f agglomération ‖ groupement m (agrupación) ‖ *aglomeraciones de gente* cohue.

aglomerado m aggloméré (combustible) ‖ agglomérat (conglomerado) ‖ *aglomerado esférico* boulet (carbón).

aglomerar v tr agglomérer.
◆ v pr s'agglomérer, s'entasser, s'accumuler (amontonarse) ‖ s'attrouper; *curiosos que se aglomeran* des curieux qui s'attroupent.

aglutinación f agglutination.

aglutinante adj y s agglutinant, e; *lengua aglutinante* langue agglutinante.

aglutinar v tr agglutiner.

agnosia f agnosie.

agnosticismo m agnosticisme.

agnóstico, ca adj y s agnostique.

agnus; agnusdéi m *inv* Agnus Dei (oración) ‖ agnus-dei (imagen) ‖ médaillon à reliques [de femme].

ago. abrev de *agosto* août.

agobiado, da adj accablé, e; *agobiado por* ou *con el peso de una carga, de los años* accablé sous le poids d'un fardeau, des ans ‖ accablé, e; débordé, e (de trabajo) ‖ harassé, e; épuisé, e (cansado) ‖ voûté, e (cargado de espaldas).

agobiante adj épuisant, e; accablant, e; écrasant, e; éreintant, e; *una tarea agobiante* une tâche épuisante ‖ accablant, e; *un calor agobiante* une chaleur accablante ‖ fatigant, e; épuisant, e; *es un niño agobiante* c'est un enfant épuisant ‖ ennuyeux, euse; *es agobiante ir ahora allí* c'est ennuyeux d'aller là-bas maintenant.

agobiar v tr courber, écraser (recargar) ‖ FIG épuiser, accabler (cansar); *le agobian las penas* il est accablé par les soucis ‖ accabler; *me agobia con tanta bondad* vous m'accablez par tant de bonté ‖ ennuyer, fatiguer; *me agobias con tus preguntas* tu me fatigues avec tes questions ‖ humilier (rebajar) ‖ déprimer, abattre (desanimar).

agobio m accablement, épuisement (cansancio) ‖ angoisse f (angustia) ‖ oppression f (sofocación) ‖ ennui (aburrimiento).

agolpamiento m entassement, accumulation f.

agolparse *v pr* se presser, se rassembler; *se agolpaba la gente en aquel sitio para ver lo que había pasado* les gens se pressaient à cet endroit pour voir ce qui s'était passé || FIG s'accumuler, s'entasser (hablando de cosas) || *se agolparon las lágrimas en sus ojos* des larmes lui montèrent aux yeux, ses yeux s'emplirent de larmes.

agonía *f* agonie || FIG agonie, souffrance (aflicción) | convoitise, désir *m* ardent (ansia).
◆ *m y f* FAM égoïste, personne exigeante.

agónico, ca *adj* de l'agonie; *estertores agónicos* les râles de l'agonie || moribond, e; à l'agonie; *está agónico* il est moribond.

agonioso, sa *adj* FAM exigeant, e; *no seas tan agonioso* ne sois pas si exigeant.

agonizante *adj y s* agonisant, e (moribundo).
◆ *adj* FIG agonisant, e; *luz agonizante* lumière agonisante.
◆ *m* religieux qui assiste les agonisants.

agonizar *v tr* assister (a un moribundo).
◆ *v intr* agoniser || FIG agoniser; *luz que agoniza* lumière qui agonise | casser les pieds, fatiguer (molestar) | mourir d'envie de; *agonizo por salir* je meurs d'envie de sortir | être à l'agonie, souffrir le martyre.

ágora *f* agora (plaza).

agorafobia *f* MED agoraphobie.

agorar* *v tr* augurer, prédire.

agorero, ra *m y f* devin *m*, devineresse *f*.
◆ *adj* de mauvais augure, de malheur; *ave agorera* oiseau de mauvais augure.

agostamiento *m* AGRIC dessèchement.

agostar *v tr* dessécher, faner; *el sol agosta las flores* le soleil dessèche les fleurs || labourer en août (arar) || sarcler en août (desherbar).
◆ *v intr* paître [dans les chaumes ou les prés].

agosteño, ña *adj* propre au mois d'août; *un calor agosteño* une chaleur propre au mois d'août || du mois d'août, aoûtien, enne; *feria agosteña* foire du mois d'août.

agosto *m* août (mes); *el 15 de agosto* le 15 août || moisson *f*, récolte *f* (cosecha) || FIG profit (beneficio) || FIG & FAM *hacer su agosto* faire son beurre, s'enrichir.

agotado, da *adj* épuisé, e; exténué, e; à bout de forces (cansado) || épuisé, e (producto) || — *agotado de trabajar* épuisé par le travail || *estar agotado* être épuisé o exténué.

agotador, ra *adj* épuisant, e.

agotamiento *m* épuisement.

agotar *v tr* vider [complètement]; épuiser, tarir; *agotar una cisterna* vider une citerne || épuiser; *agotar las existencias, los recursos* épuiser les stocks, les ressources; *edición agotada* édition épuisée || épuiser (la tierra) || épuiser, traiter à fond (un tema) || — *agotar la paciencia* mettre o pousser à bout, épuiser la patience.
◆ *v pr* s'épuiser, s'exténuer || *se me ha agotado la paciencia* je suis à bout de patience, ma patience est à bout.

agracejo *m* épine-vinette *f* || raisin vert (uva).

agraciado, da *adj* joli, e; charmant, e; *un rostro agraciado* un joli visage || gracieux, euse (gracioso) || favorisé, e; *agraciado por la suerte* favorisé par le sort || gagnant, e; *el billete agraciado* le billet gagnant || — *no agraciado* perdant (billete) || *poco agraciado* ingrat, e; *una cara poco agraciada* un visage ingrat.
◆ *m y f* heureux gagnant, heureuse gagnante; *los agraciados recibirán su premio* les heureux gagnants recevront leur prix.

agraciar *v tr* accorder une grâce || remettre; *agraciar con un premio, una condecoración* remettre un prix, une décoration.

agradable *adj* agréable; *agradable al* ou *para el tacto* agréable au toucher; *agradable de sabor* de saveur agréable; *agradable con* ou *para todos* agréable à tous || *unir lo útil con lo agradable* joindre l'utile à l'agréable.

agradar *v intr* plaire; *a mí este espectáculo me agrada mucho* ce spectacle me plaît beaucoup || *si le agrada* si le cœur vous en dit, si cela vous chante, si vous voulez.

agradecer* *v tr* remercier; *le agradezco su oferta* je vous remercie de votre offre || être reconnaissant, savoir gré; *si pudiera usted venir, se lo agradecería mucho* si vous pouviez venir, je vous en serais très reconnaissant || FIG remercier (corresponder a un beneficio) || *se lo agradezco mucho* je vous en remercie infiniment, je vous en suis très reconnaissant.

agradecido, da *adj y s* reconnaissant, e; obligé, e; *agradecido a su bienhechor* reconnaissant envers son bienfaiteur; *agradecido por un favor* reconnaissant d'un service; *le estaría muy agradecido si me dejara el coche* je vous serais très obligé de me laisser votre voiture.

agradecimiento *m* reconnaissance *f*, gratitude *f*.

agrado *m* plaisir (gusto); *haz lo que sea de tu agrado* fais ce qui te fera plaisir || plaisir, agrément; *hallar agrado en una conversación* trouver de l'agrément à une conversation || complaisance *f*, affabilité *f* (afabilidad) || *con agrado* avec plaisir, volontiers.

agrafe *m* MED agrafe *f* (grapa).
— OBSERV Ce mot est un gallicisme très employé en médecine.

agrafia *f* agraphie (imposibilidad de escribir).

agramar *v tr* broyer, teiller (el cáñamo).

agramatical *adj* agrammatical, e.

agramilar *v tr* égaliser (los ladrillos) || ARQ briqueter (simular hileras de ladrillos).

agrandamiento *m* agrandissement.

agrandar *v tr* agrandir; *agrandar una casa* agrandir une maison; *agrandar un boquete* agrandir un trou || grossir, amplifier; *agrandar los defectos de alguien* grossir les défauts de quelqu'un || augmenter; *esto agranda la diferencia que existe entre nosotros* ceci augmente la différence qui existe entre nous || FOT agrandir.
◆ *v pr* augmenter.

agranujado, da *adj* grenu, e || boutonneux, euse; *una cara agranujada* un visage boutonneux || FAM canaille.

agrario, ria *adj* agraire; *ley, reforma agraria* loi, réforme agraire || agrarien, enne || *la clase agraria* la classe paysanne, le paysannat.

agravación *f*; **agravamiento** *m* aggravation *f*.

agravamiento *m* aggravation *f*.

agravante *adj* aggravant, e; *circunstancias agravantes* circonstances aggravantes || *robo con agravantes* vol qualifié.

agravar *v tr* aggraver (hacer más grave) ‖ augmenter, alourdir; *agravar los impuestos* augmenter les impôts.
◆ *v pr* s'aggraver.
agraviante *m* offenseur.
◆ *adj* offensant, e.
agraviar *v tr* offenser; *agraviar la palabra* offenser en paroles ‖ nuire à, faire du tort à (perjudicar) ‖ accabler (oprimir, apesadumbrar) ‖ grever (con impuestos) ‖ aggraver (aumentar) ‖ DR faire appel.
◆ *v pr* s'aggraver ‖ se froisser, s'offenser (ofenderse).
agravio *m* offense *f* (ofensa), injure *f* (injuria), affront (afrenta) ‖ tort, dommage (perjuicio) ‖ DR plainte *f* en appel ‖ *deshacer agravios* redresser des torts (defender a los otros), prendre sa revanche (defender su interés).
agraz *m* verjus, raisin vert (uva sin madurar) ‖ verjus (zumo de uva en agraz) ‖ BOT épine-vinette *f* (agracejo) ‖ FIG & FAM désagrément, peine *f* (amargura) ‖ *en agraz* encore vert, en herbe.
agrazón *m* verjus, raisin vert (uva) ‖ groseillier à maquereau (grosellero).
agredido, da *adj y s* agressé, e.
agredir* *v tr* attaquer, agresser.
agregable *adj* ajoutable.
agregación *f* agrégation ‖ addition (añadido).
agregado, da *adj* ajouté, e ‖ affecté, e.
◆ *m y f* attaché, e; adjoint, e; *agregado de prensa* attaché de presse ‖ maître-auxiliaire (profesor).
◆ *m* agrégat, ensemble (conjunto) ‖ annexe *f*, supplément (añadidura) ‖ attaché; *agregado comercial, cultural, naval* attaché commercial, culturel, naval ‖ *(amer)* métayer.
agregaduría *f* bureau *m*, fonction d'un attaché.
agregar *v tr* agréger ‖ ajouter; *agregar cinco a diez* ajouter cinq à dix ‖ affecter; *ha sido agregado a la dirección* il a été affecté à la direction.
◆ *v pr* s'ajouter ‖ s'unir, s'agréger ‖ *agregarse a* ou *con* s'ajouter à.
agremán *m* entre-deux *inv*, passementerie *f*.
agremiación *f* réunion en corporation *o* en corps de métier.
agremiar *v tr* réunir en corporation *o* en corps de métier.
agresión *f* agression.
agresividad *f* agressivité ‖ mordant *m* (de un ejército).
agresivo, va *adj* agressif, ive.
agresor, ra *adj* assaillant, e; *el ejército agresor* l'armée assaillante.
◆ *m y f* agresseur *m*.
— OBSERV La palabra francesa *agresseur* no tiene forma femenina, y así se dice *sa femme était l'agresseur* su mujer era la agresora.
agreste *adj* agreste (campestre) ‖ sauvage, inculte (inculto) ‖ FIG rude, grossier, ère (tosco).
agriado, da *adj* aigri, e; *vino agriado* vin aigri ‖ tourné, e (leche, etc.) ‖ FIG aigri, e; *persona agriada por las injusticias* personne aigrie par les injustices.
agriamente *adv* FIG aigrement, vertement (con aspereza) ‖ amèrement (amargamente).

agriar *v tr* aigrir ‖ FIG aigrir.
◆ *v pr* s'aigrir, tourner à l'aigre; *el vino se ha agriado* le vin a tourné à l'aigre ‖ tourner (la leche) ‖ FIG s'aigrir, être aigri, e; *agriarse con los reveses de la fortuna* être aigri par les revers de la fortune.
agrícola *adj* agricole.
agricultor, ra *m y f* agriculteur, trice.
◆ *f* femme d'agriculteur.
agricultura *f* agriculture.
agridulce *adj* aigre-doux, aigre-douce.
agrietamiento *m* formation *f o* apparition de crevasses (suelo), de lézardes (pared), de gerçures (piel) ‖ fendillement (de un plato).
agrietar *v tr* crevasser (la tierra) ‖ gercer (la piel, los labios) ‖ gercer, crevasser (las manos) ‖ fendiller (un plato, etc.) ‖ lézarder (una pared).
agrimensor *m* arpenteur, géomètre.
agrimonia; agrimoña *f* aigremoine (planta).
agrio, gria *adj* aigre (ácido); *esta fruta está agria* ce fruit est aigre; *agrio al* ou *de gusto* aigre au goût ‖ FIG rude (pendiente) | accidenté, e (terreno) | sévère, rude (castigo) | aigre, revêche (carácter) ‖ cassant (metal).
◆ *m* aigreur *f* (sabor) ‖ jus acide (zumo).
◆ *pl* agrumes [oranges, citrons, etc.].
agriparse *v pr* *(amer)* attraper la grippe.
agro *m* campagne *f* (campo) ‖ agriculture *f*.
agroalimentario, ria *adj* agroalimentaire.
agrobiología *f* BIOL agrobiologie.
agro-forestación *f* agri-sylviculture.
agrología *f* agrologie.
agronomía *f* agronomie.
agrónomo *adj m y s m* agronome; *ingeniero agrónomo* ingénieur agronome.
agropecuario, ria *adj* agricole, rural, e ‖ — *ingeniero agropecuario* vétérinaire ‖ *productos agropecuarios* produits agricoles.
agroquímica *f* QUIM agrochimie.
agrupación *f*; **agrupamiento** *m* groupement *m* (acción) ‖ groupement *m*, groupe *m* (grupo) ‖ mouvement *m*; *agrupación de jóvenes* mouvement de jeunesse ‖ *agrupación coral* chorale.
agrupar *v tr* grouper (reunir).
agrura *f* aigreur ‖ raideur d'une pente, escarpement *m* (pendiente).
◆ *pl* agrumes *m* (agrios).
agua *f* eau (líquido); *dame agua* donne-moi de l'eau ‖ eau, pluie (lluvia) ‖ versant *m*, pente; *tejado de dos aguas* toit à deux pentes ‖ larmes *pl*, pleurs *m pl* (lágrimas) ‖ MAR voie d'eau (agujero) | marée (flujo o reflujo) | courant *m* marin ‖ FAM fric *m* (dinero) ‖ — *agua acerada* eau ferrée ‖ *agua acídula* eau acidulée ‖ *agua amoniacal* eau ammoniacale ‖ *agua angélica* angélique [liqueur] ‖ *agua bendita* eau bénite ‖ *agua carbónica* eau pétillante ‖ *agua caudal* liqueur à base d'essences de rose et de cannelle ‖ *agua cibera* eau d'irrigation ‖ *agua compuesta* jus de fruit coupé avec de l'eau sucrée ‖ *agua con gas* eau gazeuse ‖ *agua corriente* eau courante ‖ *agua cruda* ou *gorda* eau dure ‖ *agua de ángeles* eau de senteur ‖ *agua de arroz* eau de riz ‖ *agua de azahar* eau de fleur d'oranger ‖ *agua de cal* eau de chaux ‖ *agua de cebada* sorte de sirop d'orgeat ‖ FAM *agua de cepas* jus de la vigne ‖ *agua de coco* lait de coco ‖ *agua de colonia* eau de Cologne ‖ *agua de fregar* eau de vaisselle ‖ *agua de la aurora*

sorte de sirop d'orgeat ‖ *agua de lejía* eau de Javel ‖ *agua delgada* eau légère ‖ *agua del grifo* eau du robinet ‖ *agua de limón* citronnade ‖ *agua de lluvia* ou *llovediza* eau de pluie ‖ *agua de manantial* eau de roche ‖ *agua de melisa* eau de mélisse ‖ *agua de olor* eau de toilette ‖ *agua de pie* eau vive, eau de source ‖ *agua de Seltz* eau de Seltz ‖ *agua de socorro* ondoiement (bautizo) ‖ *agua dulce* eau douce ‖ *agua estancada* eau dormante ‖ *agua de refrigeración* eau de refroidissement ‖ *agua destilada* eau distillée ‖ *agua fenicada* eau phéniquée ‖ *agua ferruginosa* eau ferrugineuse ‖ *agua fuerte* eau-forte (ácido nítrico) ‖ *agua gorda* eau dure ‖ *agua herrada* eau ferrée ‖ DEP *agua milagrosa* eau «magique» [qui réanime instantanément un joueur blessé] ‖ *agua mineral* eau minérale ‖ *agua natural* ou *sin gas* eau plate ‖ *agua nieve* pluie mêlée de neige, neige fondue ‖ *agua oxigenada* eau oxygénée ‖ *agua pesada* eau lourde ‖ *agua potable* eau potable ‖ *agua regia* eau régale ‖ *agua sal* saumure ‖ *agua salobre* eau saumâtre ‖ *agua tofana* aqua-toffana (veneno) ‖ *agua viento* pluie accompagnée de vent ‖ *agua viva* eau courante ‖ — *agua abajo, aguas abajo* en aval ‖ *agua arriba, aguas arriba* en amont, en remontant le courant ‖ *como pez en el agua* comme un poisson dans l'eau ‖ *pera de agua* poire fondante ‖ — *agua pasada no mueve molino* ce qui est fait est fait, inutile de revenir là-dessus ‖ *agua que no has de beber* ce ne sont pas tes affaires ‖ *ahogarse en un vaso de agua* se noyer dans un verre d'eau ‖ *algo tendrá el agua cuando la bendicen* cette chose, cette personne doit tout de même avoir quelques qualités ‖ FAM *bailarle a uno el agua* lécher les bottes de quelqu'un ‖ *como quien se bebe un vaso de agua* en un tour de main, comme si c'était un jeu d'enfant ‖ (amer) *dar agua a uno* tuer quelqu'un ‖ *dar agua a la ropa* passer le linge à l'eau ‖ *del agua mansa me libre Dios, que de la brava me guardaré yo* il n'est pire eau que l'eau qui dort ‖ *echar en el mar porter l'eau à la rivière* ‖ *echar el agua* baptiser ‖ FIG *echarse al agua* se jeter à l'eau (decidirse) ‖ *es agua sucia* c'est de la lavasse, du jus de chapeau (café) ‖ (amer) *estar como agua para chocolate* bouillir de colère ‖ FIG *estar con el agua al cuello* avoir la corde au cou ‖ *estar hecho un agua* être en eau o en nage ‖ MAR *hacer agua* faire eau ‖ *hacérsele a uno la boca agua* en avoir o faire venir l'eau à la bouche ‖ *hacerse una cosa agua en la boca* fondre dans la bouche ‖ (amer) *hay agua puesta* le temps est à l'eau, il va pleuvoir ‖ FIG *irse al agua* tomber à l'eau (fracasar) ‖ *llevar el agua a su molino* faire venir l'eau à son moulin ‖ *nadie diga de esta agua no beberé* il ne faut jamais dire; fontaine, je ne boirai pas de ton eau; il ne faut jurer de rien ‖ *parecerse como dos gotas de agua* se ressembler comme deux gouttes d'eau ‖ (amer) *ponerse al agua* menacer de pleuvoir ‖ *quedar en agua de borrajas* finir o s'en aller en eau de boudin, finir en queue de poisson ‖ FIG & FAM *saca agua de las piedras* il tondrait un œuf ‖ *se mete en agua el tiempo* le temps est à la pluie, le temps est à l'eau (fam) ‖ FIG *ser más claro que el agua* être clair comme de l'eau de roche ‖ FIG & FAM *sin decir agua va* sans crier gare ‖ FAM *venir como el agua de mayo* tomber à pic, arriver comme mars en carême.

▸ *pl* eau *sing*, reflet *m sing* (de una piedra preciosa); *diamante de hermosas aguas* diamant d'une belle eau ‖ *moirure sing*, moiré *m sing* (en las telas) ‖ MAR eaux; *aguas jurisdiccionales* eaux territoriales ‖ sillage *m sing* (estela) ‖ eaux; *tomar las aguas* prendre les eaux (enfermo), couvrir un toit (arquitectura) ‖ — *aguas de creciente* flux, marée montante ‖ *aguas de menguante* reflux, marée descendante ‖ *aguas llenas* marée haute ‖ *aguas madres* eaux-mères ‖ *aguas mayores* selles, matières fécales ‖ *aguas menores* urine ‖ *aguas muertas* marée de morte-eau, marée faible ‖ *aguas sucias* ou *residuales* eaux usées, eaux ménagères, eaux vannes, eaux d'égout ‖ *aguas termales* eaux thermales (caldas) ‖ *aguas vertientes* eaux courantes o de ruissellement (del tejado) ‖ *aguas vivas* marée de vive eau, grande marée ‖ — *cubrir aguas* mettre hors d'eau (edificio) ‖ FIG *estar entre dos aguas* être perplexe ‖ *hacer aguas* uriner ‖ *nadar entre dos aguas* nager entre deux eaux ‖ *romper aguas* perdre les eaux (una parturienta).

▸ *interj* un homme à la mer! (¡hombre al agua!) ‖ ¡*agua va!* gare à l'eau!

aguacal *m* échaudage, lait de chaux (lechada).

aguacatal *m* plantation d'avocatiers.

aguacate *m* BOT avocatier (árbol) ‖ avocat, poire *f* d'avocat (fruto) ‖ (amer) chiffe *f* (persona floja) ‖ testicule ‖ (amer) *ser aguacate con pan* être insipide, fade.

aguacero *m* averse *f*, ondée *f*; *cae un aguacero* il tombe une averse ‖ (amer) ver luisant (luciérnaga).

▸ *pl* FIG ennuis, pépins (fam), tuiles *f* (fam).

aguachinar *v tr* noyer, inonder.

aguachirle *m* piquette *f* (vino malo) ‖ FAM lavasse *f*, jus de chaussettes o de chapeau; *este café es aguachirle* ce café est de la lavasse.

aguada *f* MAR provision d'eau douce ‖ eau; *hacer aguada* faire de l'eau ‖ point *m* d'eau ‖ aiguade ‖ MIN inondation ‖ gouache (pintura) ‖ (amer) abreuvoir *m* (abrevadero).

aguado, da *adj* coupé, e; baptisé, e (fam); *vino aguado, leche aguada* vin baptisé, lait baptisé ‖ FIG troublé, e; perturbé, e (trastornado).

▸ *m* AGRIC mouillage.

aguador *m* porteur d'eau ‖ DEP porteur d'eau (ciclismo).

aguaducho *m* buvette *f* [où l'on vend de l'eau] ‖ (*p us*) inondation *f*, crue *f* subite ‖ aqueduc ‖ noria *f*.

aguafiestas *m y f* trouble-fête *inv*, rabat-joie *inv*.

aguafuerte *f* eau-forte.

— OBSERV Dans le sens de *gravure*, le mot *aguafuerte* est constamment employé comme masculin bien qu'il soit déclaré comme féminin par l'Académie.

aguaitada *f* (amer) FAM coup *m* d'œil; *echar una aguaitada* jeter un coup d'œil.

aguaitar *v tr* (amer) guetter, épier (acechar).

aguaje *m* MAR courant ‖ grande marée *f* (marea) ‖ sillage (estela) ‖ provision *f* d'eau (aguada) ‖ point d'eau ‖ (amer) violente averse *f* (aguacero) ‖ semonce *f*, réprimande *f*.

aguamanil *m* pot à eau (jarro) ‖ cuvette *f* (palangana) ‖ aiguière *f*, aguamanile (lavamanos).

aguamarina *f* MIN aigue-marine.

aguamiel *f* hydromel *m* ‖ (amer) suc *m* de l'agave [dont on fait le pulque].

aguanieve *f* neige fondue, pluie mêlée de neige.

aguanoso, sa *adj* détrempé, e; *terreno aguanoso* terrain détrempé ‖ (amer) insipide (soso).

aguantable *adj* supportable.

aguantaderas *f pl* patience *sing*; *para no enfadarse conmigo hace falta que tenga muchas aguantaderas* pour ne pas se fâcher avec moi il faut qu'il ait beaucoup de patience ‖ endurance *sing*, résistance *sing*.

aguantar *v tr* endurer, supporter (soportar) ‖ supporter, souffrir; *no poder aguantar a alguien* ne pas pouvoir souffrir quelqu'un ‖ essuyer (una tempestad, un huracán) ‖ contenir, réprimer (contener) ‖ supporter, tolérer (tolerar); *no aguanto las impertinencias* je ne tolère pas les impertinences ‖ attendre, patienter (esperar); *aguanté tres horas y luego me fui* j'ai patienté trois heures et puis je suis parti ‖ tenir; *aguanta esta tabla aquí* tiens cette planche ici ‖ résister (resistir) ‖ attendre (le taureau), de pied ferme [au moment de la mise à mort] ‖ — *aguantar bromas* comprendre o prendre bien la plaisanterie ‖ *aguantar mucho bebiendo* tenir le vin ‖ *yo no lo aguanto* j'en ai assez, je ne peux pas supporter cela.
◆ *v intr* résister ‖ tenir bon, résister; *el enemigo aguantó tres horas* l'ennemi a tenu bon pendant trois heures.
◆ *v pr* se taire; *él se aguanta, no dice ni pío* il se tait, il ne dit pas un mot ‖ se contenir, se retenir; *hace mucho tiempo que me aguanto pero no puedo más* il y a longtemps que je me retiens, mais je n'en peux plus ‖ prendre son parti; *aguantarse con una cosa* prendre son parti d'une chose ‖ FIG & FAM ¡*que se aguante!* tant pis pour lui!

aguante *m* endurance *f*, résistance *f* (resistencia) ‖ patience *f*; *hombre de mucho aguante* homme qui a beaucoup de patience ‖ tolérance *f* ‖ *tener mucho aguante* avoir une patience à toute épreuve (paciencia), avoir beaucoup d'endurance (resistencia).

aguapié *m* piquette *f* (vino malo).

aguar *v tr* mélanger d'eau, couper, baptiser, mouiller (un líquido); *aguar el vino* couper le vin ‖ mettre trop d'eau, noyer; *aguar el café* noyer le café ‖ étendre d'eau, délayer (desleír) ‖ FIG gâter, gâcher; *con tus reproches me has aguado la noche* avec tes reproches tu m'as gâché la soirée ‖ troubler; *aguó la fiesta al armar una bronca* il troubla la fête en y semant la pagaille ‖ (*amer*) abreuver ‖ *aguarle la fiesta a uno* gâcher o son plaisir à quelqu'un.
◆ *v pr* être inondé, e (una casa, etc.) ‖ FIG se gâter; *se aguó la fiesta* la fête s'est gâtée ‖ VETER être fourbu (caballo).

aguardar *v tr* attendre (esperar); *aguardar a alguien, a otro día* attendre quelqu'un, un autre jour; *no sabes lo que te aguarda* tu ne sais pas ce qui t'attend.
◆ *v pr* attendre, s'arrêter; ¡*aguárdate!* attends!

aguardentoso, sa *adj* spiritueux, euse; alcoolisé, e ‖ analogue à l'eau-de-vie, d'eau-de-vie; *un olor aguardentoso* une odeur d'eau-de-vie ‖ — *bebidas aguardentosas* boissons alcoolisées, spiritueux ‖ *voz aguardentosa* voix rauque o éraillée (ronca), avinée, de rogomme (de beber).

aguardiente *m* eau-de-vie *f* (licor) ‖ — *aguardiente alemán* eau-de-vie allemande (purgante) ‖ *aguardiente de cabeza* eau de vie de premier jet ‖ *aguardiente de caña* tafia.

aguarrás *m* essence *f* de térébenthine.
— OBSERV *pl aguarrases*.

aguate *m* (*amer*) épine *f*.

aguatero *m* (*amer*) porteur d'eau (aguador).

aguatinta *f* gravure à l'eau-forte.
◆ *m* eau-forte *f* (grabado realizado).

aguaviento *m* pluie *f* accompagnée de vent.

aguazal *m* bourbier, marécage.

agudamente *adv* avec perspicacité ‖ subtilement ‖ spirituellement (ingeniosamente).

agudeza *f* finesse (de un instrumento, del oído) ‖ acuité (del dolor, de los sentidos) ‖ FIG perspicacité, subtilité, vivacité (del ingenio) ‖ esprit (ingenio); *es una persona muy graciosa, tiene mucha agudeza* c'est une personne très drôle, elle a beaucoup d'esprit ‖ mordant *m* (de la sátira) ‖ piquant *m* ‖ trait *m* d'esprit (rasgo de ingenio) ‖ mot *m* d'esprit (palabra chistosa).

agudización *f* aggravation, intensification.

agudizamiento *m* aggravation *f*; *agudizamiento de la situación social* aggravation de la situation sociale ‖ intensification *f*; *agudizamiento de la tensión internacional* intensification de la tension internationale.

agudizar *v tr* aiguiser ‖ FIG accentuer, intensifier; *esto no hará más que agudizar la crisis* ceci ne fera qu'accentuer la crise.
◆ *v pr* s'aggraver (una enfermedad) ‖ FIG s'accentuer, s'intensifier, s'aggraver; *el conflicto político se ha agudizado* le conflit politique s'est accentué ‖ s'accentuer; *con la edad sus manías se agudizan* avec l'âge ses manies s'accentuent.

agudo, da *adj* mince, fin, fine, subtil, e (sutil) ‖ aigu, ë (puntiagudo) ‖ coupant, e; tranchant, e (cortante) ‖ FIG spirituel, elle; plein d'esprit (gracioso); *una persona aguda* une personne pleine d'esprit ‖ mordant, e (satírico); *un escritor agudo* un écrivain mordant ‖ aigu, ë; vif, vive (dolor) ‖ aigu, ë (enfermedad, crisis) ‖ pénétrant, e (olor o sabor) ‖ aigu, ë; perçant, e; pointu, e (voz) ‖ perçant, e (vista) ‖ GEOM & MÚS aigu, ë ‖ GRAM accentué sur la dernière syllabe, oxyton (mot) ‖ — *dicho agudo* mot d'esprit ‖ *ser agudo de ingenio* avoir l'esprit vif.

agüero *m* augure, présage ‖ *pájaro de mal agüero* oiseau de mauvais augure o de malheur.

aguerrido, da *adj* aguerri, e ‖ FIG expérimenté, e (perito).

aguijar *v tr* aiguillonner ‖ FIG aiguillonner, stimuler.
◆ *v intr* se hâter (apresurarse).

aguijón *m* pointe *f* de l'aiguillon ‖ pointe *f* (punta) ‖ ZOOL & BOT aiguillon ‖ FIG aiguillon; *el aguijón de los celos* l'aiguillon de la jalousie ‖ aiguillon, stimulant; *la gloria es un poderoso aguijón* la gloire est un stimulant puissant ‖ *cocear contra el aguijón* ruer dans les brancards.

aguijonazo *m* coup d'aiguillon.

aguijonear *v tr* aiguillonner; *aguijonear la curiosidad* aiguillonner la curiosité.

águila *f* aigle *m* (ave) ‖ aigle *m* (condecoración); *el águila negra de Prusia* l'aigle noir de Prusse ‖ aigle (estandarte) ‖ ASTR Aigle *m* (constelación) ‖ aigle *m* (moneda) ‖ aigle *m*, as *m*; *es un águila para los negocios* c'est un as en affaires ‖ FAM (*amer*) tapeur (petardista) ‖ cigarre (puro) ‖ — BLAS *águila agrifada* griffon ‖ *águila barbuda* grand aigle ‖ *águila bastarda* ou *calzada* aigle roux aux pattes emplumées ‖ *águila blanca* sorte d'orfraie [en Amérique du Sud] ‖ *águila caudal* ou *real* aigle fauve o royal ‖ *águila del foro* ténor du barreau ‖ *águila explayada*

aigle éployée ‖ *águila imperial* aigle impériale ‖ *águila pasmada* aigle au vol abaissé ‖ *águila pescadora* aigle pêcheur, pygargue, orfraie, haliaète ‖ *mirada, vista de águila* regard, yeux d'aigle.
◆ *m* aigle de mer (pez).
— OBSERV La palabra francesa *aigle* es masculina o femenina. Es masculina hablando del animal (ave o pez) y en sentido figurado de una persona. Es femenina cuando se trata de los estandartes o de las águilas heráldicas (salvo en los nombres de condecoraciones en que es masculina).

aguileño, ña *adj* aquilin, e (nariz un poco encorvada), crochu, e (nariz ganchuda) ‖ long, longue; allongé, e (rostro).

aguilucho *m* aiglon ‖ BLAS alérion.

agüilla *f* eau, humeur, liquide *m* transparent.

aguinaldo *m* étrennes *f pl; dar el aguinaldo a la portera* donner des étrennes à la concierge ‖ chant de Noël (villancico) ‖ plante *f* grimpante de Cuba fleurissant à Noël.

agüista *m y f* curiste.

aguja *f* aiguille ‖ sonde (de aduanero) ‖ aiguille (de gramófono) ‖ aiguille (en los ferrocarriles); *dar agujas* manœuvrer les aiguilles ‖ aiguille (de un puente) ‖ flèche, aiguille (de un campanario) ‖ gâteau *m* en forme d'éclair ‖ ZOOL aiguille (pez) ‖ AGRIC greffon *m* (púa) ‖ BOT aiguille (de pino) ‖ burin *m* (de grabador) ‖ talon *m* de collier (carne) ‖ — *aguja colchonera* aiguille à matelas ‖ *aguja de arria* ou *espartera* aiguille à sparterie ‖ *aguja de gancho* crochet [à la dentelle, etc.] ‖ *aguja de hacer punto* ou *de hacer media* aiguille à tricoter ‖ *aguja de inyección* aiguille à injection ‖ *aguja de la cuba del carburador* pointeau de carburateur ‖ *aguja de marear* boussole (brújula) ‖ *aguja de pastor* ou *de Venus* scandix, aiguille de berger, peigne de Vénus (planta) ‖ *aguja hipodérmica* seringue hypodermique ‖ *aguja imantada* ou *magnética* aiguille aimantée ‖ *aguja mechera* lardoire ‖ *aguja paladar* orphie (pez) ‖ *aguja saquera* ou *de enjalmar* grosse aiguille ‖ — *buscar una aguja en un pajar* chercher une aiguille dans une botte *o* meule de foin ‖ *conocer la aguja de marear* savoir mener sa barque ‖ *meter aguja por sacar reja* donner un œuf pour avoir un bœuf.
◆ *pl* aiguillage *m sing* (de ferrocarril); *entrar en agujas* aborder l'aiguillage ‖ côtes (de un animal) ‖ VETER maladie *f sing* du cheval.

agujerear *v tr* percer, faire des trous, trouer; *agujerear una pared* faire des trous dans un mur.

agujero *m* trou (abertura); *tapar un agujero* boucher un trou ‖ fabricant, vendeur d'aiguilles ‖ aiguillier (alfiletero) ‖ ASTR *agujero negro* trou noir ‖ *tiene más agujeros que un colador* il est criblé o percé comme une écumoire.

agujeta *f* aiguillette (cordón) ‖ *(amer)* grande aiguille.
◆ *pl* courbatures (dolor); *tener agujetas en todo el cuerpo* avoir des courbatures partout ‖ *estar lleno de agujetas* être plein de courbatures, être tout courbaturé *o* courbatu.

agusanado, da *adj* véreux, euse (fruto) ‖ vermoulu, e (madera).

agusanarse *v pr* devenir véreux, euse (frutos) ‖ être mangé par les vers (cosas) ‖ se vermouler (madera).

agustiniano, na *adj* augustinien, enne.

agustino, na *adj y s* augustin, e.

aguzado, da *adj* aiguisé, e ‖ pointu, e (puntiagudo).

aguzamiento *m* aiguisement *m*, aiguisage *m*.

aguzar *v tr* aiguiser, affiler; *aguzar un cuchillo* aiguiser un couteau ‖ tailler (un lápiz) ‖ FIG aiguillonner, stimuler (estimular) ‖ aiguiser (el apetito) ‖ — *aguzar el ingenio, el entendimiento* tendre son esprit, prêter toute son attention ‖ *aguzar las orejas* pointer ses oreilles (un perro) ‖ *aguzar las orejas, el oído* dresser, tendre l'oreille, être tout oreilles ‖ *aguzar la vista* regarder attentivement.

¡ah! *interj* ah! ‖ *(amer)* hein?, quoi?

ahechar *v tr* cribler, vanner.

ahecho *m* vannage, criblage.

aherrojar *v tr* enchaîner, mettre aux fers (cargar de cadenas) ‖ mettre sous les verrous (encarcelar) ‖ FIG opprimer.

ahí *adv* là; *ahí está la dificultad* c'est là que réside la difficulté ‖ — *ahí está* le voilà ‖ *ahí fue, ahí será ello* ce fut alors, ce sera le moment critique ‖ FAM *ahí me las den todas* c'est le cadet de mes soucis, je m'en fiche ‖ *(amer) ahí no más* ici même ‖ *ahí tienes lo que querías* voilà ce que tu voulais ‖ *ahí viene* le voilà ‖ *de ahí que* il s'ensuit que ‖ *de por ahí* quelconque, médiocre (cosa) ‖ *he ahí* voilà; *he ahí lo que buscaba* voilà ce que je cherchais ‖ *por ahí* par-là; *ha pasado por ahí* il est passé par-là; là-bas; *voy un rato por ahí* je m'en vais là-bas un instant ‖ *por ahí, por ahí* à peu près.

ahijado, da *m y f* filleul, e ‖ FIG protégé, e.

ahijar *v tr* adopter, prendre pour fils, fille; pour filleul, filleule ‖ FIG imputer, attribuer.
◆ *v intr* enfanter, procréer ‖ AGRIC pousser des rejetons, taller.

¡ahijuna! *interj* POP *(amer)* fils de garce!

ahilado, da *adj* léger, ère (viento) ‖ fluet, ette; frêle (voz) ‖ qui file, qui tourne à la graisse (vino).

ahilar *v intr* aller en file.
◆ *v pr* défaillir (desmayarse) ‖ faire des fils, filer, tourner à la graisse (vino, etc.) ‖ FIG maigrir (adelgazar) ‖ s'étioler (ajarse) ‖ pousser droit (los árboles).

ahincadamente *adv* avec insistance ‖ avec acharnement, avec ténacité, obstinément.

ahincado, da *adj* véhément, e ‖ acharné, e; obstiné, e.

ahínco *m* véhémence *f* ‖ acharnement; *trabajar con ahínco* travailler avec acharnement.

ahitar *v tr* causer une indigestion ‖ borner, jalonner; *ahitar un terreno* jalonner un terrain.
◆ *v pr* se gaver, s'empiffrer *(fam)*; *ahitarse de caramelos* se gaver de bonbons ‖ avoir une indigestion.

ahíto, ta *adj* qui a une indigestion (malucho) ‖ rassasié, e; repu, e; *quedarse ahíto después de una buena comida* être repu après un bon repas ‖ FIG fatigué, e; rassasié, e (de una cosa) ‖ FAM *estar ahíto* n'en pouvoir plus, être rassasié, en avoir une indigestion, en avoir tout son soûl.

ahogadero *m* étuve *f*, bain turc; *esta sala es un ahogadero* cette pièce est une étuve ‖ sous-gorge *f* (arreo del caballo) ‖ corde *f*.

ahogadilla *f* *dar una ahogadilla* faire boire la tasse.

ahogado, da *adj y s* noyé, e; *en ese naufragio hubo diez ahogados* dans ce naufrage il y eut dix noyés.

ahogamiento

adj étouffé, e (asfixiado) ‖ oppressé, e; haletant, e; *respiración ahogada* respiration oppressée ‖ renfermé, e; sans air (sin ventilación) ‖ pat (en el ajedrez) ‖ FIG poussé, e à bout; harcelé, e (apurado) ‖ *(amer)* en ragoût (rehogado) ‖ *— ahogado en deudas* accablé de dettes ‖ *estar* ou *verse ahogado* être acculé, avoir la corde au cou, être pris à la gorge.

ahogamiento *m* étouffement (asfixia) ‖ noyade *f* (en agua).

ahogante *adj* étouffant, e.

ahogar *v tr* noyer; *ahogar a los gatos* noyer les chats ‖ étouffer (impedir la respiración) ‖ étrangler; *ahogar a uno con una cuerda* étrangler quelqu'un avec une corde ‖ inonder (encharcar, inundar) ‖ noyer (regar con exceso) ‖ étouffer; *ahogar la lumbre con ceniza* étouffer le feu avec de la cendre ‖ étouffer (las plantas, sembrándolas muy apretadas) ‖ FIG étouffer; *ahogar una rebelión* étouffer une rébellion; *este sentimiento me ahoga* ce sentiment m'étouffe ‖ étouffer, refouler; *ahogar el llanto, los sollozos* refouler ses pleurs, ses sanglots ‖ noyer; *ahogar su pena embriagándose* noyer son chagrin dans le vin ‖ faire pat (ajedrez) ‖ *ahogar en germen* étouffer au berceau, dans l'œuf ‖ *ahogar los remordimientos* faire taire ses remords.
◆ *v pr* se noyer; *se ahogó en el río* il s'est noyé dans la rivière ‖ s'étouffer (asfixiarse); *el niño se ahogó bajo la almohada* l'enfant s'est étouffé sous l'oreiller ‖ étouffer, s'éteindre (incendio) ‖ s'étrangler (ahorcándose por accidente) ‖ FIG étouffer; *uno se ahoga aquí* on étouffe ici; *ahogarse de calor* étouffer de chaleur ‖ FIG *ahogarse en poca agua* ou *en un vaso de agua* se noyer dans un verre d'eau.

ahogo *m* étouffement ‖ angoisse, oppression *f* ‖ FIG embarras, gêne *f*, difficulté *f* financière; *pasar un ahogo* être dans la gêne.

ahombrado, da *adj* FAM masculin, e (hombruno).

ahondamiento *m* approfondissement, creusement.

ahondar *v tr* creuser, approfondir; *ahondar un pozo* creuser un puits ‖ enfoncer (una cosa en otra).
◆ *v intr* creuser, pénétrer; *las raíces ahondan en la tierra* les racines creusent la terre ‖ FIG approfondir, étudier à fond; *ahondar en una cuestión* approfondir une question.
◆ *v pr* s'enfoncer.

ahonde *m* creusement, approfondissement.

ahora *adv* maintenant, à présent; *ahora no puedo ir* je ne peux pas y aller maintenant ‖ FIG tout à l'heure; *ahora escribiré* j'écrirai tout à l'heure ‖ tout de suite; *ahora vengo* j'arrive tout de suite ‖ *— ahora me lo han dicho* ils viennent de me le dire ‖ *ahora que* remarque bien que, remarquez bien que; *ahora que tampoco me disgustaría hacer este trabajo* remarque bien que ça ne me déplairait pas de faire ce travail; mais; *es inteligente, ahora que es perezoso* il est intelligent, mais il est paresseux ‖ *de ahora en adelante* désormais, dorénavant, à partir de maintenant ‖ *desde ahora* à partir de maintenant, dès à présent, dès lors ‖ *hasta ahora* à tout à l'heure, à tout de suite (hasta luego), jusqu'à présent, jusqu'ici, jusqu'à maintenant (hasta la fecha) ‖ *por ahora* pour l'instant, pour le moment.
◆ *conj* soit que, que; *ahora vengas, ahora no vengas* soit que tu viennes, soit que tu ne viennes pas ‖ *ahora, ahora bien* or; *ahora bien, su padre ha vuelto* or, son père est revenu; maintenant, mais, cela dit; *no me gusta; ahora bien; si lo quieres a toda costa* ça ne me plaît pas, maintenant, si tu y tiens absolument; bon, et alors; *ahora bien, ¡qué te crees!* bon, et alors, qu'est-ce que tu crois! ‖ *ahora mismo* tout de suite; *lo haré ahora mismo* je vais le faire tout de suite; à l'instant même; *ha salido ahora mismo* il est sorti à l'instant même ‖ *ahora o nunca* c'est le moment ou jamais ‖ *ahora sí que me voy* cette fois, je m'en vais ‖ *ahora sí que vale la pena* maintenant, ça vaut la peine, pour le coup ça vaut la peine.

ahorcado, da *adj y s* pendu, e ‖ *en casa del ahorcado, no hay que mentar la soga* il ne faut pas parler de corde dans la maison d'un pendu.

ahorcamiento *m* pendaison *f*.

ahorcar *v tr* pendre ‖ FIG abandonner, laisser ‖ *— ahorcar los hábitos* jeter le froc aux orties ‖ *a la fuerza ahorcan* on ne fait pas toujours ce qu'on veut ‖ *¡que me ahorquen si...!* je veux bien être pendu si...!
◆ *v pr* se pendre; *ahorcarse de ou en una rama de árbol* se pendre à une branche d'arbre.

ahorita *adv* FAM tout de suite, à l'instant même.

ahormar *v tr* mettre en forme ‖ se former (zapatos, vestidos nuevos) ‖ FIG dresser; *vamos a poner este niño en un internado para que le ahormen* nous allons mettre cet enfant dans un internat pour qu'on le dresse ‖ habituer (acostumbrar) ‖ TAUROM placer (le taureau), en bonne position pour le mettre à mort.
◆ *v pr* se plier ‖ se faire, s'habituer; *ahormarse a una nueva vida* se faire à une nouvelle vie.

ahorquillado, da *adj* fourchu, e.

ahorrado, da *adj* économe (ahorrativo) ‖ libre (exento) ‖ économisé, e (dinero) ‖ épargné, e; évité, e (trabajo).

ahorrador, ra *adj* économe.
◆ *m y f* économe; *sus padres son unos ahorradores* ses parents sont des économes ‖ épargnant, e; *el Estado estimula a los ahorradores* l'État encourage les épargnants.

ahorrar *v tr* économiser, épargner, mettre de côté; *la sociedad ha ahorrado dinero* la société a épargné de l'argent; *he ahorrado unos cuartos para irme de vacaciones* j'ai mis de côté quelques sous pour aller en vacances ‖ FIG épargner, éviter; *esto me ahorra hacerlo* cela m'évite de le faire ‖ économiser, épargner; *ahorrar sus fuerzas* économiser ses forces; *ahorrar saliva* économiser sa salive ‖ épargner; *ahorremos palabras inútiles* épargnons les paroles inutiles ‖ *(ant)* libérer, affranchir (un esclavo).
◆ *v intr* faire des économies, économiser.
◆ *v pr* s'épargner; *ahorrarse un trabajo penoso* s'épargner un travail pénible ‖ épargner; *ahorrarse trabajo, tiempo* épargner sa peine, son temps ‖ économiser, gagner; *para ahorrarse cuatro duros no come* pour économiser quatre sous il ne mange pas ‖ faire l'économie de; *ahorrarse una explicación* faire l'économie d'une explication ‖ éviter; *así se ahorra usted discusiones* ainsi vous évitez des discussions ‖ *no ahorrarse* ou *no ahorrárselas con nadie* ne pas y aller par quatre chemins.

ahorrativo, va *adj* économe.

ahorro *m* économie *f*; *tener algunos ahorros* avoir quelques économies ‖ épargne *f*; *hay que fomentar el ahorro* il faut encourager l'épargne ‖ FIG économie f; *es un ahorro de tiempo* c'est une économie de temps ‖ — *ahorros de chicha y nabo* économies de bouts de chandelle ‖ *caja de ahorros* caisse d'épargne.

ahuate; aguate; ajuate *m (amer)* poil, duvet (de una planta).

ahuecado, da *adj* bouffant, e (vestido) ‖ grave, profond, e (voz) ‖ creux, creuse (hueco).

ahuecamiento *m* creusement ‖ évidement (acción de dejar hueco) ‖ ameublissement; *ahuecamiento del suelo* ameublissement du sol ‖ gonflement (inflado) ‖ FIG vanité f.

ahuecar *v tr* creuser, évider; *ahuecar un tronco de árbol* évider un tronc d'arbre ‖ ameublir (la tierra) ‖ décompresser, alléger (lana, etc.) ‖ FIG enfler [la voix] ‖ faire bouffer, faire gonfler (un vestido) ‖ POP *ahuecar, ahuecar el ala* mettre les voiles, débarrasser le plancher, se débiner (largarse).
◆ *v pr* se creuser, devenir creux ‖ FIG & FAM se gonfler d'orgueil, être bouffi d'orgueil.

ahuehué; ahuehuete *m* arbre conifère du Mexique.

ahuesado, da *adj* couleur d'os, jaunâtre (amarillento) ‖ dur comme de l'os.

ahuevado, da *adj* en forme d'œuf.

ahuevar *v tr* donner la forme d'un œuf.

ahuizote *m (amer)* loutre f (nutria) ‖ mauvais augure (mal presagio) ‖ raseur (pesado).

ahumada f feu m [servant de signal].

ahumado, da *adj* enfumé, e (lleno de humo) ‖ fumé, e; *salmón ahumado* saumon fumé; *gafas ahumadas* verres fumés ‖ FIG éméché, e (ebrio); *cuando salió del casino estaba algo ahumado* quand il sortit du casino, il était un peu éméché ‖ *arenque ahumado* hareng saur.
◆ *m* fumage; *el ahumado de la carne* le fumage de la viande ‖ saurissage, saurage (con salmuera) ‖ étouffage (de las abejas).

ahumar *v tr* fumer; *ahumar jamón* fumer du jambon ‖ boucaner (acecinar) ‖ enfumer (llenar de humo).
◆ *v intr* fumer, dégager de la fumée ‖ enivrer; *los licores ahuman* les liqueurs enivrent.
◆ *v pr* prendre un goût de fumée ‖ noircir (ennegrecerse) ‖ FAM se soûler, s'enivrer (emborracharse) ‖ FAM *ahumársele a uno el pescado* se mettre en rogne.

ahusado, da *adj* fuselé, e ‖ *falda ahusada* jupe fourreau.

ahuyentar *v tr* mettre en fuite; *ahuyentar a los ladrones* mettre les voleurs en fuite ‖ mettre en fuite, chasser; *el fuego ahuyenta las fieras* le feu chasse les bêtes sauvages ‖ FIG chasser, éloigner, repousser; *ahuyentar un pensamiento* chasser une pensée ‖ chasser; *el vino ahuyenta las penas* le vin chasse les peines.
◆ *v pr* s'enfuir (huir).

AID abrev de *Asociación Internacional de Desarrollo* A.I.D., Association internationale de développement.

AIEA abrev de *Agencia Internacional de Energía Atómica* A.I.E.A., Agence internationale de l'énergie atomique.

aimara; aimará *adj y s* aymara (raza andina).

airado, da *adj* furieux, euse; irrité, e; en colère; courroucé, e; *gesto airado* visage, air irrité; *respondió con un tono airado* il répondit d'un ton courroucé ‖ *mujer de vida airada* femme de mauvaise vie o de mœurs légères.

airar *v tr* fâcher, mettre en colère, irriter.

airbag *m* AUTOM air-bag, coussin d'air.

aire *m* petit mammifère insectivore de Cuba.

aire *m* air (fluide); *corriente, bocanada de aire* courant, bouffée d'air ‖ air; *el avión vuela por los aires* l'avion vole dans les airs ‖ air, vent; *hoy hace mucho aire* aujourd'hui il y a beaucoup de vent ‖ vent, air; *hacer aire con el abanico* faire du vent avec un éventail ‖ FIG air (parecido); *un aire de familia* un air de famille ‖ air (aspecto); *con aire triste* d'un air triste; *tener un aire severo* avoir l'air sévère ‖ vanité f ‖ futilité f, frivolité f ‖ MÚS mouvement ‖ air (canción); *aire bailable* air de danse; *un aire popular* un air populaire ‖ FIG chic, allure f (gallardía) ‖ allure f (del caballo) ‖ FAM attaque f; *le dio un aire que le dejó paralizado* il a eu une attaque qui l'a laissé paralysé ‖ *(amer)* danse f folklorique ‖ — *aire acondicionado* air conditionné ‖ *aire a presión* air comprimé ‖ *aire colado* vent coulis ‖ *aire comprimido* air comprimé ‖ FIG *aire de suficiencia* air suffisant ‖ *aire líquido* air liquide ‖ *al aire* en l'air; *disparar al aire* tirer en l'air ‖ *al aire libre* en plein air, au grand air; *dormir al aire libre* dormir en plein air; *la vida al aire libre* la vie au grand air ‖ *con un pie en el aire* comme l'oiseau sur la branche (una persona), branlant, e (una cosa), en suspens (un negocio) ‖ FIG *de buen, mal aire* de bonne, mauvaise humeur ‖ *nivel de aire* niveau à bulle d'air ‖ FIG & FAM *palabras al aire* paroles en l'air, du vent ‖ — *cambia el aire* le vent tourne o change ‖ FAM *cogerlas* ou *matarlas en el aire* être vif comme la poudre ‖ *dar aire* faire o donner de l'air (airear) ‖ *darse aires de* prendre des airs de ‖ *darse un aire a* ressembler à ‖ *echar al aire* mettre à l'air ‖ *estar en el aire* être en suspens (un negocio) ‖ *exponer al aire* mettre à l'air ‖ *hablar al aire* parler en l'air ‖ *hacer aire* faire de l'air ‖ *herir el aire* déchirer o fendre l'air ‖ *levantar castillos en el aire* bâtir des châteaux en Espagne ‖ *mudar* ou *cambiar de aires* changer d'air (enfermo) ‖ *¿qué aires le traen por aquí?* quel bon vent vous amène? ‖ FIG *ser aire* n'être que du vent ‖ *sustentarse del aire* vivre de l'air du temps (vivir con poco) ‖ *tener aires de gran señor* avoir grand air ‖ *tomar el aire* prendre l'air, s'aérer (pasearse).
◆ *interj* FAM de l'air!, du vent!

aireación f aération.

aireado, da *adj* aéré, e (ventilado) ‖ aigre; *vino aireado* vin aigre.

aire-aire *adj* air-air (misil).

airear *v tr* aérer, donner de l'air ‖ FIG remettre sur le tapis, rappeler (recordar) ‖ faire beaucoup de bruit autour de (dar publicidad).
◆ *v pr* prendre l'air; *ha salido para airearse* il est sorti pour prendre l'air ‖ prendre un refroidissement (resfriarse).

aireo *m* aération f, aérage.

aire-tierra *adj* air-sol (misil).

airón *m* héron (ave) ‖ aigrette f (penacho) ‖ panache (de cascos) ‖ puits [très profond].

airosamente *adv* avec grâce o élégance, gracieusement; *andar airosamente* marcher avec grâce ‖ *salir airosamente de* bien se tirer de.

airoso, sa *adj* aéré, e (ventilado) ‖ venteux, euse (ventoso) ‖ FIG gracieux, euse; élégant, e (garboso);

aislacionismo

una postura airosa une attitude gracieuse | élégant, e; *una respuesta airosa* une réponse élégante ‖ *quedar* ou *salir airoso* bien s'en tirer, s'en tirer brillamment, s'en tirer avec honneur.

aislacionismo *m* isolationnisme.

aisladamente *adv* isolément ‖ à l'écart (lejos, sin amparo).

aislado, da *adj* isolé, e (solo); *vivir aislado* vivre isolé ‖ isolé, e (casa), écarté, e (sitio, aldea) ‖ mis à l'écart (apartado).

aislamiento *m* isolement; *vivir en el aislamiento* vivre dans l'isolement ‖ mise *f* à l'écart ‖ isolation *f* (térmico, etc.).

aislante *adj y s m* isolant, e; *el vidrio es un buen aislante* le verre est un bon isolant.

aislar *v tr* isoler ‖ mettre à l'écart (apartar).

¡ajá! *interj* FAM voilà!, tout juste! (aprobación) ‖ eh bien!, ah çà! (sorpresa).

ajado, da *adj* défraîchi, e (tela, vestido, etc.) ‖ fané, e; défraîchi, e (deslucido) ‖ fané, e; flétri, e (marchitado) ‖ abîmé, e (estropeado).

¡ajajá!; ¡ajajay! *interj* FAM voilà!, tout juste! (aprobación) ‖ eh bien!, ah çà! (sorpresa).

ajamiento *m* usure *f* (desgaste); *el ajamiento de una tela* l'usure d'une étoffe ‖ flétrissure *f* (de la piel).

ajamonado, da *adj* FAM bien en chair; *una mujer ajamonada* une femme bien en chair.

ajar *m* terrain semé d'ail.

ajar *v tr* défraîchir, user (desgastar); *ajar un vestido* user une robe ‖ défraîchir; *el sol aja las cortinas* le soleil défraîchit les rideaux ‖ flétrir, faner; *flores ajadas* des fleurs fanées; *tez ajada* teint flétri ‖ FIG flétrir, rabaisser (humillar) | froisser; *ajar el amor propio* froisser l'amour propre.
◆ *v pr* se flétrir, se faner (flores).

ajardinado, da *adj* aménagé, e en espaces verts ‖ *una plaza ajardinada* un square.

ajardinar *v tr* aménager des espaces verts.

ajedrea *f* sarriette (planta).

ajedrecista *m y f* joueur, joueuse d'échecs.

ajedrez *m* échecs *pl*, jeu d'échecs (juego) ‖ MAR caillebotis (enjaretado).

ajedrezado, da *adj* en damier.

ajengibre *m* gingembre.

ajenjo *m* absinthe *f*.

ajeno, na *adj* d'un autre, des autres, d'autrui; *las desgracias ajenas* les malheurs des autres; *en casa ajena* chez autrui ‖ étranger, ère; *ajeno a un negocio* étranger à une affaire; *prohibida la entrada a las personas ajenas al servicio* entrée interdite aux personnes étrangères au service ‖ étranger, ère, en dehors de; *disertación ajena al asunto* dissertation étrangère au sujet ‖ en dehors de; *yo estaba completamente ajeno a lo que ocurría* j'étais tout à fait en dehors de ce qui arrivait; *estás completamente ajeno a este mundo* tu es complètement en dehors de ce monde ‖ libre, dégagé, e; *ajeno de prejuicios* libre de préjugés ‖ différent, e; *mis preocupaciones son muy ajenas a las tuyas* mes préoccupations sont très différentes des tiennes ‖ contraire à, impropre à; *ajeno a su estado, a su carácter* contraire à son état, à son caractère ‖ adverse; *el equipo va a jugar en campo ajeno* l'équipe va jouer sur le terrain adverse ‖ — *lo ajeno, el bien ajeno* le bien d'autrui ‖ — *estar ajeno de sí* s'oublier [soi-même] ‖ *estar uno ajeno de una cosa* ne pas être au courant de quelque chose, être loin de penser à quelque chose ‖ *vivir a costa ajena* vivre aux dépens d'autrui, sur le dos des autres.

ajerezado, da *adj* ressemblant au vin de Xérès.

ajete *m* ail tendre ‖ poireau sauvage ‖ aillade *f*, sauce *f* à l'ail.

ajetreado, da *adj* occupé, e; affairé, e; *una persona muy ajetreada* une personne très occupée ‖ mouvementé, e; *una vida ajetreada* une vie mouvementée.

ajetrearse *v pr* s'affairer (atarearse) ‖ se donner du mal, se démener, s'éreinter; *me he ajetreado mucho para nada* je me suis donné beaucoup de mal pour rien.

ajetreo *m* déploiement d'activité ‖ affairement; *¡qué ajetreo!, no paré ni un momento* quel affairement, je n'ai pas arrêté un instant! ‖ agitation *f*; *la preparación de un viaje acarrea mucho ajetreo* la préparation d'un voyage entraîne une grande agitation ‖ animation *f*; *hay mucho ajetreo en la calle* il y a beaucoup d'animation dans la rue ‖ grande fatigue *f*, éreintement.

ají *m* piment rouge, poivre de Guinée ‖ sauce *f* au piment ‖ (amer) cohue *f*, vacarme, tumulte (tumulto) ‖ — FAM (amer) *ponerse como un ají* piquer un fard (sonrojarse), éclater, sortir de ses gonds (enfurecerse) | *ser más bravo que el ají* avoir un caractère de chien, être mauvais comme la gale.

ajiaceite *m* ailloli, aillade *f* (salsa).

ajiaco *m* sauce *f* au piment ‖ (amer) ragoût aux piments.

ajilimoje; ajilimójili *m* sauce *f* piquante (salsa).
◆ *pl* FIG & FAM tout le tremblement; *y con todos sus ajilimójilis* et tout le tremblement.

ajillo *m* sorte d'ailloli.

ajimez *m* fenêtre *f* à meneaux.

ajipuerro *m* poireau sauvage.

ajo *m* ail; *ristra de ajos* chapelet d'ails ‖ aillade *f*, sauce *f* à l'ail ‖ FIG affaire *f* secrète, histoire *f*, coup | gros mot, juron (palabrota) ‖ — *ajo blanco* sorte de soupe à l'ail ‖ *ajo cañete* ou *castañete* ou *castañuela* ail à enveloppe o tunique rougeâtre ‖ *ajo cebollino* ciboulette ‖ *ajo chalote* ou *de ascalonia* échalote ‖ *ajo porro* ou *puerro* poireau, ail à tunique ‖ *ajo tierno* poireau, oignon blanc ‖ *diente de ajo* gousse d'ail ‖ — FIG & FAM *¡bueno anda el ajo!* nous sommes dans de beaux draps! | *estar en el ajo* être dans le coup | *estar harto de ajos* être mal élevé o rustre | *quien se pica, ajos come* qui se sent morveux se mouche | *revolver el ajo* jeter de l'huile sur le feu, raviver une querelle | *ser tieso como un ajo* être raide comme un manche à balai.
— OBSERV. El francés *ail* tiene dos plurales: *aulx*, poco usado, y *ails*.

¡ajo!; ¡ajó! *interj* areu, areu [pour encourager les enfants à parler].

ajoarriero *m* plat de morue à l'ail.

ajofaina *f* cuvette (palangana).

ajonjolí *m* BOT sésame (alegría).

ajornalar *v tr* louer o prendre à la journée.

ajuanetado, da *adj* déformé par un durillon (pie) ‖ aux pommettes saillantes (rostro).

ajuar *m* mobilier (de una casa) ‖ trousseau (de novia).

ajuiciado, da *adj* sage (tranquilo, bien criado) ‖ sage, judicieux, euse (prudente).

ajuiciar *v tr* assagir || traduire en jugement (juzgar).

ajumarse *v pr* POP se saouler.

ajuntar *v tr* causer; *no te ajunto* je ne te cause plus (lenguaje infantil).
◆ *v pr* vivre en concubinage || s'unir [mariage].
— OBSERV Le verbe transitif s'emploie surtout à la forme négative.

ajustado, da *adj* réglé, e || juste, correct, e; exact, e; *un cálculo ajustado* un calcul exact || ajusté, e; collant, e; *un vestido muy ajustado* une robe très ajustée || joint, e; *ventanas mal ajustadas* fenêtres mal jointes || serré, e; *resultados ajustados* des résultats serrés.
◆ *m* ajustage; *el ajustado de las piezas de un motor* l'ajustage des pièces d'un moteur.

ajustador *m* (*ant*) justaucorps (prenda de vestir) || bustier (ropa interior) || ajusteur (obrero) || IMPR metteur en pages.

ajustar *v tr* ajuster; *ajustar un vestido* ajuster un vêtement || ajuster, adapter; *ajustar una tapa a una caja* adapter un couvercle à une boîte || arranger; *ajustar un matrimonio* arranger un mariage || aménager; *ajustar un horario* aménager un horaire || mettre d'accord, réconcilier (enemigos) || convenir de; *ajustar un precio* convenir d'un prix || engager (un criado) || embaucher (un empleado) || régler (una cuenta) || IMPR mettre en pages || assener, donner; *ajustar un puñetazo* assener un coup de poing || TECN ajuster, assembler; *ajustar dos piezas* ajuster deux pièces | régler (una máquina) || (*amer*) attraper (una enfermedad) | économiser (ahorrar) | être dur, sévère (en un examen) || — FIG *ajustar el paso al de alguien* régler son pas sur quelqu'un || *ajustar las cuentas* faire les comptes || FIG *ajustar las cuentas a uno* régler son compte à quelqu'un | *ajustarle las clavijas a uno* serrer la vis à quelqu'un || *ajustar su conducta a* modeler *o* aligner *o* régler sa conduite sur.
◆ *v intr* aller, s'adapter parfaitement; *esta tapadera no ajusta* ce couvercle ne va pas || serrer, coller (un vestido) || FIG cadrer, s'adapter parfaitement; *esto ajusta con lo que te dije* ceci cadre avec ce que je t'ai dit.
◆ *v pr* s'adapter; *me ajusto a todo* je m'adapte à tout || se conformer à || être conforme; *lo que me dices se ajusta a la verdad* ce que tu me dis est conforme à la vérité || coller (un vestido) || serrer; *ajustarse el cinturón* serrer sa ceinture || se mettre d'accord, convenir; *se ajustaron en que iban a venir* ils ont convenu de venir || — *ajustarse a razones* se rendre à la raison || ajustarse en sus costumbres, régler ses mœurs *o* sa conduite.

ajuste *m* TECN ajustage (operación de ajustar) || réglage (acción de reglar) || accord, conciliation *f* (avenencia) || arrangement, préparation *f* (concierto) || engagement (de un criado), embauche *f* (de un obrero) || accord, marché, convention *f* (trato) || *llegar a un ajuste* arriver à un accord || fixation *f* (del precio) || TECN assemblage (asemblaje), emboîtement (encaje de dos cosas) || IMPR imposition *f* (imposición) || COM règlement de compte || CINEM raccord || FOT cadrage || — FIG *ajuste de cuenta* règlement de compte || *ajuste de la paz* préliminaires de paix || *anillo de ajuste* bague de réglage *o* d'arrêt || *carta de ajuste* grille de réglage, mire (en la televisión) || *tornillo de ajuste* vis de blocage || — *más vale mal ajuste que buen pleito* un mauvais arrangement vaut mieux qu'un bon procès.

ajusticiado, da *m y f* victime *f* (actualmente), supplicié, e (antiguamente).

ajusticiamiento *m* exécution *f* (actualmente), supplice (antiguamente).

ajusticiar *v tr* exécuter (actualmente), supplicier (antiguamente).

al *prép* 1. Seguida de sustantivo masculino — au, à la; *dar el libro al maestro, ir al coche* donner le livre au maître, aller à la voiture; *al principio, al final* au début, à la fin || chez; *ir al dentista* aller chez le dentiste || dans; *bajar al patio* descendre dans la cour || en; *traducir al italiano* traduire en italien; *grabar al claroscuro* graver en clair-obscur || par; *ganar tanto al mes* gagner tant par mois || — *al anochecer* à la tombée de la nuit || *al mediodía* à midi || *al menos* au moins, tout au moins || *al mismo tiempo* en même temps || *dar la vuelta al mundo* faire le tour du monde 2. Seguida de infinitivo — en; *al llegar, se cayó* en arrivant, il tomba; *al entrar vio a su tío* en entrant, il vit son oncle || comme; *al dar las cinco* comme cinq heures sonnaient || puisque (ya que) || *al salir el sol* au lever du soleil.

ala *f* aile (ave, insecto, avión, edificio, ejército) || file, rangée (fila) || bord *m*; *sombrero de ala ancha* chapeau à large bord || lobe *m* (hígado) || aile (nariz) || pente (techo) || aile (molino) || — *ala del corazón* oreillette || DEP *ala delta* deltaplane, aile delta || — *a golpe de ala* à tire d'aile || *color ala de mosca* aile-de-mouche || POP *del ala* balle; *veinte del ala* vingt balles [vingt francs] || FIG & FAM *ahuecar el ala* mettre les voiles, débarrasser le plancher, se débiner (marcharse) | *arrastrar el ala* courtiser, faire les yeux doux (enamorar), battre de l'aile (no estar bien) || FIG *caérsele a uno las alas del corazón* perdre courage | *cortar las alas* décourager, refroidir (desanimar) | *cortar* ou *recortar las alas* couper *o* rogner les ailes (quitar la ayuda) | *llevar plomo en el ala* avoir du plomb dans l'aile | *tomar alas* prendre des libertés | *volar con sus propias alas* voler de ses propres ailes.

¡ala! *interj* allons!, allons-y! (para incitar) || holà! (para llamar).

Alá *n pr m* Allah.

alabado, da *adj* loué, e || *alabado sea Dios* Dieu soit loué.
◆ *m* louange *f* (motete) || (*amer*) chant de l'aube [des veilleurs de nuit] || (*amer*) *al alabado* à l'aube.

alabanza *f* éloge *m*; louange; *cantar las alabanzas de* chanter les louanges de, ne pas tarir d'éloges sur || vantardise (jactancia) || *en alabanza de* à la louange de.

alabar *v tr* louer, vanter, faire des éloges (celebrar) || — *alabar a su santo* prêcher pour son saint || *alabar a uno de discreto* ou *por su discreción* louer quelqu'un pour son intelligence.
◆ *v intr* (*amer*) chanter l'«alabado».
◆ *v pr* se vanter (jactarse) || se réjouir; *me alabo de tu triunfo* je me réjouis de ton triomphe.

alabarda *f* hallebarde || sergent *m* d'infanterie (sargento).

alabardero *m* hallebardier.
◆ *pl* la claque *f sing* (en el teatro).

alabastrado, da *adj* semblable à l'albâtre.

alabastrino, na *adj* d'albâtre, albastrin, e || semblable à l'albâtre.

alabastro *m* albâtre || *alabastro yesoso* albâtre gypseux, alabastrite.

alabeado, da *adj* gauchi, e; gondolé, e; *una tabla alabeada* une planche gauchie.

alabear *v tr* gauchir (torcer) ‖ gondoler (abarquillar) ‖ bomber (encorvar).
◆ *v pr* gauchir, se gauchir, se déjeter (torcerse) ‖ se gondoler (abarquillarse) ‖ se bomber (encorvarse).

alabeo *m* gauchissement (torcedura) ‖ gondolement (abarquilladura).

alacena *f* placard *m*; *una casa con muchas alacenas* une maison avec de nombreux placards.

alacrán *m* scorpion (arácnido) ‖ esse (de un corchete) ‖ branche *f* [du mors] ‖ *(amer)* mauvaise langue *f*, langue *f* de vipère (maldiciente) ‖ — *alacrán cebollero* courtilière ‖ *alacrán marinero* sorte de raie (pez).

alacridad *f* alacrité *(p us)*, joie, allégresse.

Aladino *n pr m* Aladin.

alado, da *adj* ailé, e; *hormiga alada* fourmi ailée ‖ BOT en forme d'aile ‖ FIG rapide (ligero).

alagartarse *v pr* écarter les pattes.

ALALC abrev de *Asociación Latinoamericana de Libre Comercio* Association latino-américaine de libre-échange.

alambicado, da *adj* FIG alambiqué, e; *una teoría alambicada* une théorie alambiquée | fourni au compte-gouttes (escaso) ‖ *precio alambicado* prix étudié.

alambicamiento *m* alambiquage ‖ distillation *f* ‖ FIG complexité *f*, complication *f*; *el alambicamiento de un razonamiento* la complexité d'un raisonnement.

alambicar *v tr* distiller (destilar) ‖ FIG éplucher, passer au crible (examinar) ‖ alambiquer, tarabiscoter (complicar, sutilizar) ‖ étudier (un precio).

alambique *m* alambic ‖ — FIG *pasar por el alambique* passer au crible (aquilatar) ‖ *por alambique* au compte-gouttes (escasamente).

alambrada *f* barbelés *m pl* ‖ grillage (reja) ‖ *alambrada de espino* ou *de púas* fil de fer barbelé.

alambrado, da *adj* grillagé, e ‖ clôturé de fil de fer *o* de barbelé.
◆ *m* grillage (alambrera) ‖ clôture *f* de fil de fer ‖ *saltar el alambrado* franchir *o* sauter le pas.

alambrar *v tr* grillager (una ventana) ‖ clôturer avec des fils de fer, des barbelés (un terreno).

alambre *m* fil de fer (de hierro) ‖ fil métallique ‖ clochettes *f pl*, sonnailles *f pl* (del ganado) ‖ rasette *f* (del órgano) ‖ — *alambre cargado* fil sous tension ‖ *alambre de púas* ou *de espino* ou *espinoso* fil de fer barbelé, barbelé ‖ *piernas de alambre* des jambes comme des fils de fer *o* des allumettes ‖ — FAM *ser un alambre* être maigre comme un clou.

alambrera *f* grillage *m* (red de alambre) ‖ toile métallique (red muy fina) ‖ cloche [en toile métallique] ‖ garde-manger *m inv* (alacena).

alameda *f* allée de peupliers ‖ allée, promenade (paseo) ‖ peupleraie (plantío de álamos).

álamo *m* BOT peuplier; *álamo blanco, negro, temblón* peuplier blanc, noir, tremble.

alancear *v tr* percer de coups de lance.

alano *adj m perro alano* dogue.

alar *m* avant-toit, auvent (alero).

alarde *m* MIL parade *f*, revue *f* ‖ étalage; *hacer alarde de su riqueza* faire étalage de sa richesse ‖ démonstration *f*; *un alarde urbanístico* une démonstration d'urbanisme ‖ visite *f* (en la cárcel) ‖ reconnaissance *f* de la ruche [par les abeilles] ‖ DR examen périodique des causes laissées en suspens ‖ *hacer alarde de* se vanter, se targuer de, tirer vanité de (vanagloriarse), afficher; *hacer alarde de indiferencia* afficher de l'indifférence; faire montre de; *hacer alarde de ingenio* faire montre d'ingéniosité.

alardear *v intr* parader ‖ se vanter (jactarse); *alardear de sus conocimientos* se vanter de ses connaissances ‖ se croire (presumir); *alardea de inteligente* il se croit très intelligent ‖ tirer vanité de; *alardear de buen mozo* tirer vanité de sa belle allure.

alardeo *m* étalage, parade *f* (alarde).

alargadera *f* rallonge (de un compás, de un goniómetro) ‖ ELECTR rallonge (cable) ‖ tube *m* de verre, allonge (retorta).

alargado, da *adj* allongé, e.

alargador, ra *adj* qui rallonge.
◆ *m* rallonge *f*.

alargamiento *m* prolongement; *el alargamiento de una calle* le prolongement d'une rue ‖ prolongation *f* (en el tiempo) ‖ allongement; *el alargamiento de un elástico* l'allongement d'un élastique.

alargar *v tr* allonger; *alargar un vestido, una pared* allonger une robe, un mur ‖ étirer (estirar) ‖ étendre (los límites) ‖ rallonger; *alargar una falda que se ha quedado corta* rallonger une jupe qui est devenue trop courte ‖ prolonger (en el tiempo); *alargar su estancia, un discurso, un plazo* prolonger son séjour, un discours, un délai ‖ passer (dar); *alárgame ese libro* passe-moi ce livre ‖ différer, repousser (diferir) ‖ écarter (desviar) ‖ laisser filer, dérouler; *alarga un poco de cuerda* laisse filer un peu de corde ‖ tendre l'oreille (escuchar) ‖ FIG scruter, examiner (examinar) | augmenter (aumentar) | étendre son action à ‖ faire traîner en longueur (dar largas) ‖ — *alargar el camino* rallonger le chemin ‖ *alargar el paso* allonger *o* presser le pas.
◆ *v pr* s'allonger ‖ s'étendre ‖ rallonger, allonger; *en marzo los días se alargan* en mars les jours rallongent ‖ rallonger; *este traje se alarga al lavarse* cette robe rallonge au lavage ‖ s'éloigner, s'écarter (apartarse) ‖ se répandre en (alabanzas, regalos, etc.) ‖ FIG s'étendre; *me he alargado mucho en mi carta* je me suis beaucoup étendu dans ma lettre ‖ FIG & FAM pousser jusqu'à, aller à; *alargarse a ou hasta la ciudad* pousser jusqu'à la ville ‖ passer, aller; *alárgate a casa de tu hermano* passe chez ton frère ‖ MAR tourner [le vent].

alarido *m* cri, hurlement; *dar alaridos* pousser des hurlements; *alaridos de muerte* des cris de mort.

alarife *m* maître d'œuvre (maestro albañil) ‖ maçon (albañil) ‖ *(amer)* malin, dégourdi.

alarma *f* alarme; *dar la alarma* donner l'alarme ‖ alerte; *proclamar* ou *declarar el estado de alarma* proclamer *o* déclarer l'état d'alerte; *falsa alarma* fausse alerte ‖ inquiétude, alarme; *vivir en alarma* vivre dans l'inquiétude ‖ — *señal de alarma* signal d'alarme ‖ *voz de alarma* cri d'alarme (sentido propio) ‖ — *dar un toque de alarma* pousser un cri d'alarme.

alarmado, da *adj* alarmé, e.

alarmante *adj* alarmant, e.

alarmar *v tr* alarmer ‖ prévenir, avertir; *me ha alarmado de la gravedad de la situación* il m'a prévenu de la gravité de la situation.

◆ *v pr* s'alarmer, s'inquiéter; *no alarmarse por nada* ne s'alarmer de rien.

alarmismo *m* propos *pl* alarmistes (palabras) ‖ caractère inquiet, angoisse *f* (angustia).

alarmista *adj y s* alarmiste.

Alaska *n pr* GEOGR Alaska.

a látere *loc lat* FIG & FAM inséparable.

Álava *n pr* GEOGR Alava [province espagnole du Pays basque].

alavense; alavés, esa *adj* d'Alava.

◆ *m y f* natif, native d'Alava (nacido) ‖ habitant d'Alava (vecino).

alazán, ana; alazano, na *adj y s* alezan, e ‖ *alazán dorado, tostado* alezan doré, brûlé.

alba *f* aube, petit jour *m*; *me levanté al alba* je me suis levé à l'aube ‖ aube (de los sacerdotes) ‖ — *misa del alba* première messe à l'aube ‖ — *al rayar el alba* à l'aube, au point du jour; *levantarse al rayar el alba* se lever à l'aube ‖ *clarear* ou *rayar* ou *romper el alba* poindre [le jour] ‖ *la del alba sería cuando* il pouvait être l'heure du petit jour lorsque.

albacea *m y f* exécuteur, exécutrice testamentaire.

albaceazgo *m* fonction *f* d'exécuteur testamentaire.

Albacete *n pr* GEOGR Albacete.

albaceteño, ña; albacetense *adj y s* d'Albacete.

albacora *f* figue d'été, figue fleur (breva) ‖ ZOOL thon *m* (bonito).

albahaca *f* basilic *m* (planta).

albanés, esa *adj y s* albanais, e.

Albania *n pr f* GEOGR Albanie.

albañal; albañar *m* égout (alcantarilla).

albañil *m* maçon ‖ — *oficial de albañil* maître maçon ‖ *peón de albañil* aide-maçon.

albañilería *f* maçonnerie.

albar *adj* blanc, blanche.

albarán *m* écriteau «à louer» ‖ brevet [royal] (albalá) ‖ bulletin de livraison.

albarda *f* bât *m* (de una caballería) ‖ *(amer)* selle (silla) ‖ barde (albardilla de tocino).

albardado, da *adj* qui a le dos d'une autre couleur que le reste du corps (animal).

albardilla *f* selle de dressage ‖ coussinet *m* (almohadilla) ‖ poignée (para coger la plancha) ‖ chaperon *m* (tejadillo) ‖ laine du dos (de las ovejas) ‖ AGRIC ados *m* [dans un potager] ‖ traînée de boue (en las sendas) ‖ barde, tranche de lard (de tocino) ‖ petit pain *m* (panecillo).

albaricoque *m* abricot (fruta) ‖ abricotier (árbol).

albaricoquero *m* abricotier (árbol).

albarillo *m* abricot à chair blanche ‖ air de guitare très vif.

albatros *m* albatros.

albedrío *m* arbitre; *libre albedrío* libre arbitre ‖ fantaisie *f*, caprice (capricho) ‖ coutume *f* (costumbre) ‖ *hazlo a tu albedrío* agis à ta guise.

albéitar *m* vétérinaire.

alberca *f* bassin *m* (estanque) ‖ *(amer)* piscine; *bañarse en una alberca* se baigner dans une piscine ‖ citerne, réservoir *m* (depósito) ‖ rouissoir (poza para cáñamo).

albergar *v tr* héberger, loger ‖ FIG abriter, renfermer (encerrar) ‖ nourrir; *alberga la esperanza de ir a México* il nourrit l'espoir d'aller au Mexique ‖ éprouver; *albergar cierta inquietud* éprouver une certaine inquiétude.

◆ *v intr y pr* loger, être logé, e; descendre; *se alberga en el mismo hotel que yo* il loge dans le même hôtel que moi.

albergue *m* logement (alojamiento) ‖ auberge *f* (posada); *albergue de juventud* auberge de jeunesse ‖ repaire (de fieras) ‖ asile, refuge; *encontrar albergue en casa de un amigo* trouver refuge chez un ami ‖ *albergue de carretera* relais, auberge.

albero, ra *adj* *(p us)* blanc, blanche (albar).

◆ *m* torchon (paño) ‖ sol blanchâtre (terreno).

albigense *adj y s* albigeois, e.

albillo, lla *adj y s* *uva albilla, vino albillo* chasselas.

albinismo *m* albinisme.

albino, na *adj y s* albinos; *esta niña es albina* cette fille est albinos ‖ *(amer)* fils d'un Européen et d'une mulâtresse.

albis (in) *adv* FAM *estar in albis* ne pas savoir le premier mot de, ne pas avoir la moindre idée de ‖ *quedarse in albis* ne rien piger, ne rien comprendre.

albo, ba *adj* POÉT blanc, blanche.

albogue *m* MÚS espèce de flageolet (oboe) ‖ flûte *f* double (instrumento pastoril) ‖ cymbale *f* (platillo).

albóndiga; albondiguilla *f* boulette, croquette (de carne).

albor *m* blancheur *f* (blancura) ‖ aube *f*, point du jour (alba) ‖ FIG début (principio) ‖ *albores de la vida* printemps de la vie.

alborada *f* aube, point *m* du jour (aurora) ‖ MÚS aubade *f* ‖ MIL attaque à l'aube.

alborear *v impers* poindre [le jour]; *ya alborea* le jour point.

albornoz *m* burnous (de los árabes) ‖ peignoir (para el baño).

alborotadamente *adv* tumultueusement, avec turbulence.

alborotado, da *adj* turbulent, e ‖ FIG troublé, e (turbado) ‖ mouvementé, e; *hoy ha sido un día alborotado* aujourd'hui a été un jour mouvementé ‖ mouvementé, e; agité, e (el mar).

alborotador, ra *adj* tapageur, euse; turbulent, e; *es un niño alborotador* c'est un enfant turbulent ‖ chahuteur, euse; *es el chico más alborotador del colegio* c'est le garçon le plus chahuteur de l'école ‖ séditieux, euse; *ideas alborotadoras* idées séditieuses.

◆ *m y f* fauteur, euse de troubles; agitateur, trice; *siempre hay alborotadores en las manifestaciones* il y a toujours des agitateurs dans les manifestations ‖ séditieux, euse (sedicioso) ‖ chahuteur, euse (en un colegio).

alborotamiento *m* tumulte, vacarme; *hubo tal alborotamiento que la gente salió a ver lo que ocurría* il y eut tel vacarme que les gens sortirent voir ce qui se passait ‖ soulèvement, sédition *f*, trouble; *durante su reinado hubo muchos alborotamientos* pendant son règne il y eut beaucoup de soulèvements.

alborotar *v intr* faire du tapage (meter jaleo) ‖ mettre o causer du désordre ‖ s'agiter, remuer; *este niño no deja de alborotar* cet enfant ne cesse de remuer ‖ *¡no alborotéis más, niños!* les enfants, tenez-vous tranquilles!

◆ *v tr* troubler (perturbar), soulever (amotinar) ‖ ameuter; *alborotar el barrio* ameuter le quartier ‖ mettre sens dessus dessous; *lo has alborotado todo* tu as tout mis sens dessus dessous ‖ *alborotar el gallinero* ou *el cotarro* mettre la pagaïe.

◆ *v pr* se troubler (perturbarse) ‖ s'emporter (encolerizarse) ‖ s'affoler; *no te alborotes por tan poca cosa* ne t'affole pas pour si peu ‖ devenir grosse o agitée (el mar).

alboroto *m* vacarme, tapage (vocerío, jaleo); *causar* ou *crear alboroto* faire du vacarme ‖ émeute *f*, sédition *f* (motín) ‖ désordre, tumulte (desorden) ‖ trouble (sobresalto) ‖ inquiétude *f* (inquietud) ‖ — *alboroto nocturno* tapage nocturne ‖ *alborotos públicos* désordres sur la voie publique.

◆ *pl* (*amer*) grains de maïs grillés.

alborozadamente *adv* avec joie, joyeusement.

alborozar *v tr* réjouir, causer de la joie, remplir de joie.

◆ *v pr* se réjouir.

alborozo *m* grande joie *f*, allégresse *f* (gran alegría, regocijo).

albricias *f pl* cadeau *m sing*, présent *m sing* (regalo) ‖ (*amer*) évents *m* (en metalurgia) ‖ *dar albricias* complimenter, féliciter.

◆ *interj* réjouissons-nous!, chic!

albufera *f* lagune, étang *m* naturel [en particulier sur la côte du Levant espagnol].

álbum *m* album (cuaderno, libro, disco) ‖ *álbum de sellos* album de timbres.

— OBSERV El plural en francés es *albums* y en español *álbumes*.

albumen *m* BOT albumen.

albúmina *f* albumine.

albuminoide *m* QUÍM albuminoïde.

albuminoso, sa *adj* albumineux, euse.

albuminuria *f* MED albuminurie.

albur *m* cabot (pez) ‖ première levée *f* du banquier (en el juego) ‖ FIG hasard, coup de hasard; *los albures de la vida* les hasards de la vie ‖ (*amer*) calembour, jeu de mots.

◆ *pl* jeu *sing* de cartes ‖ *jugar* ou *correr un albur* courir o tenter sa chance.

albura *f* blancheur (blancura) ‖ blanc *m* (de huevo) ‖ BOT aubier *m* ‖ *doble albura* lunure.

alburear *v intr* (*amer*) faire des calembours.

alburero, ra *m y f* (*amer*) humoriste [qui joue sur les mots].

alcabala *f* (*ant*) impôt *m* sur les ventes.

alcacel; alcacer *m* BOT orge *f* verte ‖ champ d'orge (terreno).

alcachofa *f* artichaut *m* (planta) ‖ tête de chardon (del cardo) ‖ pomme d'arrosoir (de regadera) ‖ pomme (de la ducha) ‖ crépine (de un tubo) ‖ crapaudine (de una bañera).

alcachofado, da *adj* en forme d'artichaut.

◆ *m* plat d'artichauts.

alcachofal; alcachofar *m* champs d'artichauts.

alcahuete, ta *m y f* entremetteur, euse ‖ maquereau, erelle (*pop*) ‖ FIG & FAM médisant, e; cancanier, ère; mauvaise langue (chismoso).

◆ *m* rideau d'entracte (teatro) ‖ (*amer*) mouchard (soplón).

alcahuetear *v intr* servir d'entremetteur, d'entremetteuse.

◆ *v pr* corrompre (a una mujer).

alcaicería *f* (*ant*) quartier *m* des marchands de soie.

alcaide *m* (*ant*) gouverneur d'une forteresse (de una fortaleza) ‖ geôlier (en una prisión).

alcalaíno, na *adj y s* d'Alcalá [en particulier d'Alcalá de Henares].

alcaldada *f* abus *m* de pouvoir, coup *m* d'autorité.

alcalde; alcade *m* maire; *el alcalde de Madrid* le maire de Madrid ‖ jeu de cartes ‖ — *alcalde de agua* préposé à la distribution de l'eau d'irrigation ‖ *alcalde de alzadas* juge d'appel ‖ *alcalde de barrio, teniente de alcalde* adjoint au maire ‖ FAM *alcalde de monterilla* maire de village ‖ *alcalde mayor* juge de paix ‖ — *tener el padre alcalde* être pistonné.

alcaldesa *f* femme du maire, mairesse.

alcaldía *f* mairie; *la alcaldía se encuentra en la plaza* la mairie se trouve sur la place ‖ dignité de maire; *se le ha subido a la cabeza la alcaldía* sa dignité de maire lui est montée à la tête ‖ juridiction du maire; *la alcaldía de Jerez se extiende hasta aquí* la juridiction du maire de Xérès s'étend jusqu'ici.

álcali *m* QUÍM alcali ‖ *álcali volátil* ammoniaque, alcali volatil.

alcalinidad *f* alcalinité.

alcalinizar *v tr* alcaliniser.

alcalino, na *adj y s m* QUÍM alcalin, e.

alcalización; alcalinización *f* alcalisation, alcalinisation.

alcaloide *m* QUÍM alcaloïde.

alcance *m* portée *f*; *libro que está a mi alcance* livre qui est à ma portée ‖ portée *f*, atteinte *f*; *fuera de mi alcance* hors d'atteinte ‖ portée *f*; *arma de largo alcance* arme à longue portée ‖ FIG talent, capacité *f*; *hombre de mucho alcance* homme de grand talent ‖ portée *f*, importance *f*; *noticia de mucho alcance* nouvelle de grande importance ‖ portée *f*, envergure *f*; *un proyecto de mucho alcance* un projet de grande envergure ‖ levée *f* supplémentaire (correo) ‖ courrier extraordinaire ‖ déficit (en las cuentas) ‖ nouvelle *f* de dernière heure (en los periódicos) ‖ VETER atteinte *f* (alcanzadura) ‖ — *al alcance de la mano* à portée de la main ‖ — FIG *dar alcance a uno* rejoindre o rattraper quelqu'un ‖ *irle a uno a los alcances* poursuivre quelqu'un (perseguir), filer quelqu'un (espiar) ‖ *ser corto de alcances, tener pocos* ou *cortos alcances* avoir l'esprit bouché, être borné.

alcancía *f* tirelire (hucha).

alcanfor *m* camphre.

alcanforar *v tr* camphrer; *alcohol alcanforado* alcool camphré.

◆ *v pr* (*amer*) disparaître, se cacher.

alcantarilla *f* égout *m* (cloaca); *las alcantarillas de una ciudad* les égouts d'une ville ‖ bouche d'égout; *la pelota se cayó en la alcantarilla* la balle est tombée dans la bouche d'égout ‖ petit pont *m* ‖ (*amer*) réservoir *m* (de agua).

alcantarillado *m* égouts *pl*.

alcantarillar *v tr* construire des égouts; *alcantarillar una calle* construire des égouts dans une rue.

alcantarino, na *adj* y *s* d'Alcantara.
◆ *m* chevalier d'Alcantara ‖ franciscain réformé.
alcanzado, da *adj* dans la gêne, à court [d'argent]; *no te puedo prestar dinero porque este mes estoy alcanzado* je ne peux pas te prêter d'argent car ce mois-ci je suis dans la gêne; *no me iré de vacaciones ya que este año estoy alcanzado de dinero* je n'irai pas en vacances puisque cette année je suis à court d'argent ‖ endetté, e (adeudado); *quedar* ou *salir alcanzado* être endetté ‖ *(amer)* fatigué, e (cansado).
alcanzar *v tr* atteindre, arriver jusqu'à; *alcanzar con la mano el techo* atteindre le plafond avec la main ‖ rattraper, rejoindre; *alcanzar a un caminante* rattraper un promeneur ‖ saisir, comprendre; *no alcanzo lo que me dices* je ne saisis pas ce que tu dis ‖ rejoindre; *allí alcanzas la carretera* là tu rejoins la route ‖ FIG avoir connu, avoir vécu; *yo alcancé la Primera Guerra mundial* j'ai connu la Première Guerre mondiale ‖ atteindre, frapper; *la bala le alcanzó en la frente* la balle l'a frappé au front ‖ atteindre; *alcanzar su objetivo* atteindre son objectif ‖ couvrir, toucher, affecter; *ley que alcanza a todos los damnificados* loi qui touche tous les sinistrés ‖ percevoir (con los sentidos) ‖ obtenir; *siempre alcanza lo que quiere* il obtient toujours ce qu'il veut ‖ rattraper; *le he alcanzado en sus estudios* je l'ai rattrapé dans ses études ‖ remporter; *esta película alcanzó gran éxito* ce film a remporté un grand succès ‖ pouvoir attraper; *todavía alcanzas el tren de las siete* tu peux encore attraper le train de sept heures ‖ passer; *alcánzame el pan* passe-moi le pain ‖ accrocher; *el coche alcanzó al peatón* la voiture a accroché le piéton ‖ *alcanzar de cuenta a alguien* prendre quelqu'un en faute.
◆ *v intr* arriver, parvenir; *tu carta no me alcanzó* ta lettre ne m'est pas arrivée; *alcanzar a hacer algo útil* arriver à faire quelque chose d'utile ‖ échoir, aller à; *a mí me alcanzó una finca inmensa* une propriété immense m'est échue ‖ suffire, être suffisant; *el vino alcanza para el camino* le vin suffit pour le chemin ‖ porter; *los cañones modernos alcanzan muy lejos* les canons modernes portent très loin ‖ y arriver; *cógeme este libro, yo no alcanzo* attrape-moi ce livre, je n'y arrive pas.
◆ *v pr* se rejoindre ‖ VETER se meurtrir les pieds (herirsi) ‖ s'attraper (caballos).
alcaparra *f* câprier *m* (arbusto) ‖ câpre (flor y condimento).
alcaparrera *f*; **alcaparrero** *m* câprier *m*.
alcaparrón *m* câpre *f*.
alcaraván *m* butor (ave).
alcaravea *f* carvi *m* (planta) ‖ graine de carvi (semilla).
alcarria *f* plateau *m* dénudé.
alcatraz *m* pélican (ave) ‖ arum (planta).
alcaucí; alcaucil *m* BOT artichaut sauvage (silvestre) ‖ artichaut (comestible) ‖ *(amer)* rapporteur, cancanier (chismoso).
alcayata *f* piton *m* (escarpia).
alcazaba *f* forteresse ‖ casbah.
alcázar *m* alcazar, palais royal (palacio) ‖ forteresse *f*, château fort (fortaleza) ‖ MAR gaillard d'arrière.
alce *m* ZOOL élan ‖ coupe *f* (naipes) ‖ *(amer)* répit (tregua) ‖ chargement de la canne à sucre.

alcedo *m* bois d'érables.
alcista *m* y *f* haussier (en Bolsa).
◆ *adj* à la hausse; *tendencia alcista* tendance à la hausse.
alcoba *f* chambre à coucher (dormitorio) ‖ FIG alcôve; *secretos de alcoba* secrets d'alcôve.
alcohol *m* alcool; *alcohol de quemar* alcool à brûler ‖ galène *f* (mineral) ‖ khôl (afeite) ‖ — QUÍM *alcohol absoluto* alcool absolu ‖ *alcohol amílico* alcool amylique ‖ *alcohol de madera* ou *metílico* esprit-de-bois, alcool méthylique ‖ *alcohol etílico* alcool éthylique.
alcoholado *m* MED alcoolé.
alcoholar *v tr* alcooliser ‖ se farder au khôl (pintarse) ‖ nettoyer avec de l'alcool ‖ MAR goudronner.
alcoholato *m* MED alcoolat.
alcoholaturo *m* alcoolature *f*.
alcoholemia *f* alcoolémie.
alcohólico, ca *adj* y *s* alcoolique.
alcoholímetro; alcohómetro *m* alcoomètre.
alcoholismo *m* alcoolisme.
alcoholización *f* alcoolisation.
alcoholizado, da *adj* alcoolisé, e.
◆ *m* y *f* alcoolique.
alcoholizar *v tr* alcooliser.
alcohotest *m* alcootest.
alcor *m* couteau (colina).
Alcorán *n pr m* Coran.
alcornocal *m* lieu planté de chênes-lièges.
alcornoque *m* BOT chêne-liège ‖ FIG andouille *f*, buse *f*; *este niño es un alcornoque* cet enfant est une buse ‖ *corazón de alcornoque* cœur de pierre.
alcotán *m* ZOOL laneret.
alcotana *f* décintroir *m* (de albañil) ‖ piolet *m* (de alpinista).
alcubilla *f* réservoir *m* à eau.
alcurnia *f* lignée, lignage *m* (estirpe) ‖ — *familia de alcurnia* famille de vieille souche ‖ *ser de alta alcurnia* avoir ses quartiers de noblesse, être de haute lignée.
alcuza *f* burette à huile (aceitera).
aldaba *f* heurtoir *m*, marteau *m* de porte (llamador) ‖ barre (de puertas y ventanas) ‖ anneau *m* fixé au mur pour attacher les chevaux.
◆ *pl* FAM appuis *m*, piston *m sing* ‖ — FAM *agarrarse a buenas aldabas* faire jouer ses influences ‖ *tener buenas aldabas* avoir des appuis, savoir où frapper.
aldabear *v intr* heurter à la porte [avec le marteau].
aldabía *f* poutre.
aldabilla *f* crochet *m*, gâche (de cerradura) ‖ bobinette (de madera).
aldabón *m* heurtoir, marteau de porte (aldaba) ‖ poignée *f* anse *f* (asa).
aldabonazo *m* coup violent de heurtoir ‖ FIG avertissement, signal d'alarme (advertencia).
aldea *f* village *m*, bourgade.
aldeanismo *m* régionalisme (modismo) ‖ esprit de clocher (mentalidad).
aldeano, na *adj* y *s* villageois, e (que vive en una aldea) ‖ campagnard, e (campesino) ‖ FIG rustre, paysan, e (rústico).
aldehído *m* QUÍM aldéhyde.

aldehuela *f* hameau *m*, petit village *m*.
aldeorrio; aldehorro *m* trou, coin perdu, bled.
aldino, na *adj* aldin, e (tipografia).
ale *m* ale *f* (cerveza).
¡ale! *interj* allons!, allez!
álea *m* aléa (riesgo).
aleación *f* alliage *m*.
alear *v intr* battre des ailes (aletear) || FIG agiter les bras (los niños) | reprendre des forces, se remettre (cobrar fuerzas).
◆ *v tr* allier; *alear el cobre con el oro* allier le cuivre à l'or.
aleatorio, ria *adj* aléatoire.
alebrarse; alebrestarse; alebronarse *v pr* se tapir, se coucher à plat ventre (agazaparse) || FIG avoir peur (acobardarse) || *(amer)* se soulever (alborotarse).
aleccionador, ra *adj* instructif, ive; plein d'enseignements; *una historia muy aleccionadora* une histoire très instructive || exemplaire; *un castigo aleccionador* une punition exemplaire.
aleccionamiento *m* enseignement, instruction *f* || dressage (amaestramiento).
aleccionar *v tr* enseigner, instruire || faire la leçon; *su madre le aleccionó para que no volviera a hacer lo mismo* sa mère lui a fait la leçon pour qu'il ne recommence pas || dresser, former; *aleccionar a un criado* former un domestique || apprendre; *esto te aleccionará para no volver a caer en los mismos errores* cela t'apprendra à ne pas retomber dans les mêmes erreurs || *estar aleccionado* avoir compris.
aledaño, ña *adj* voisin, e; limitrophe || accessoire, annexe.
◆ *m (ant)* limite *f*.
alegación *f* allégation || exposé *m*, plaidoirie (de un abogado) || *alegación de falsedad* inscription en faux.
alegar *v tr* alléguer (menos usado en francés que en español), dire que; *para disculparse de no haber venido alegó que había estado enfermo* pour s'excuser de n'être pas venu il a dit qu'il avait été malade || faire valoir, mettre en avant (méritos, etc.) || invoquer; *alegar razones* invoquer des raisons || *(amer)* discuter, disputer (disputar).
◆ *v intr* plaider (un abogado).
alegato *m* DR plaidoirie *f*; *el alegato del abogado defensor* la plaidoirie de l'avocat de la défense || FIG plaidoirie *f*, plaidoyer; *pronunció un alegato en defensa de su postura* il a fait un plaidoyer pour défendre sa position || *(amer)* dispute *f*, querelle *f*.
alegoría *f* allégorie.
alegórico, ca *adj* allégorique.
alegorismo *m* art de l'allégorie || caractère allégorique.
alegrar *v tr* réjouir; *tu venida me alegra* ta venue me réjouit || égayer; *unos cuadros alegran las paredes* des tableaux égayent les murs || animer; *para alegrar la fiesta vamos a cantar* pour animer la fête nous allons chanter || émoustiller, égayer, rendre gai; *este vinillo me ha alegrado* ce petit vin m'a émoustillé || FIG réjouir (la vista) || attiser (la lumbre) | agrémenter; *una joya alegraría tu vestido negro* un bijou agrémenterait ta robe noire; *alegrar una conversación con chistes* agrémenter une conversation d'histoires drôles | aviver; *la luz alegra los colores* la lumière avive les couleurs || TAU-ROM exciter (le taureau), à l'attaque || MAR donner du mou (aflojar).
◆ *v pr* se réjouir, être enchanté; *alegrarse por ou de ou con una noticia* se réjouir d'une nouvelle || sourire; *alégrate, no pongas esta cara de duelo* souris, ne fais pas cette tête d'enterrement || s'animer (los ojos, la cara) || FIG & FAM être gai, être un peu éméché *o* gris (achisparse) || — *¿aquí está?* — *me alegro* vous êtes là? — j'en suis enchanté *o* ravi | *me alegro de verle* je suis heureux de vous voir, je me réjouis de vous voir.
alegre *adj* gai, gaie; *familia alegre* famille gaie || joyeux, euse; content, e; *alegre con la noticia* joyeux de la nouvelle || heureux, euse; *una noticia alegre* une heureuse nouvelle; *esta persona tiene una cara alegre* cette personne a un visage heureux || réjouissant, e; *es muy alegre ver a los niños jugar* c'est très réjouissant de voir jouer les enfants || gai, e; *un color alegre* une couleur gaie || FIG & FAM gai, e; gris, e; éméché, e (achispado) || leste, libre (licencioso) || aventureux, euse; hardi, e (atrevido) || audacieux, euse (juego) || — *alegre como unas pascuas* ou *como unas castañuelas* gai comme un pinson || *alegre como un niño con zapatos nuevos* fier comme Artaban || *alegre de cascos* écervelé.
alegremente *adv* gaiement, joyeusement.
alegrete, ta *adj* un peu gai, gaie; enjoué, e.
alegreto *adv y s m* MÚS allegretto.
alegría *f* joie; *la alegría de vivir* la joie de vivre; *eres la alegría de la casa* tu fais la joie de la maison || gaieté (buen humor) || irresponsabilité, légèreté (irreflexión) || BOT sésame *m* (ajonjolí) || *tener mucha alegría* être très heureux; *tengo mucha alegría en anunciarte esta noticia* je suis très heureux de t'annoncer cette nouvelle.
◆ *pl* fêtes publiques || chanson et danse de Cadix.
alegro *adv y s m* MÚS allegro.
alegrón *m* FAM grande joie *f*, explosion *f o* flambée *f* de joie; *me dio un alegrón con su éxito* son succès m'a fait une grande joie || FIG & FAM flambée (llamarada breve).
◆ *adj (amer)* qui tombe amoureux facilement (enamoradizo) | gris, e; éméché, e (medio ebrio).
alejado, da *adj* éloigné, e; *un lugar alejado de todo* un endroit éloigné de tout || écarté, e; *alejado del poder* écarté du pouvoir.
alejamiento *m* éloignement; *sufrir por el alejamiento de un amigo* souffrir de l'éloignement d'un ami || distance *f*, éloignement.
Alejandría *n pr* GEOGR Alexandrie.
alejandrino *m* alexandrin (verso).
— OBSERV *L'alejandrino* espagnol est un vers de 14 syllabes, divisé en deux hémistiches.
— OBSERV El *alexandrin* francés tiene 12 sílabas y dos hemistiquios.
Alejandro el Magno *n pr* Alexandre le Grand.
alejar *v tr* éloigner; *hay que alejar a este niño de las malas compañías* il faut éloigner cet enfant des mauvaises compagnies || éloigner, écarter; *alejar las sospechas* éloigner les soupçons || écarter; *alejar del poder* écarter du pouvoir.
◆ *v pr* s'éloigner || *alejarse de* s'éloigner de, quitter; *alejarse del buen camino* quitter le droit chemin.
alelado, da *adj* hébété, e; ahuri, e.
alelamiento *m* hébétement.

alelar *v tr* hébéter.
alelí *m* BOT giroflée *f* (alhelí).
— OBSERV pl *alelíes*.
aleluya *m* y *f* alléluia *m* (canto religioso).
◆ *m* Pâques, le temps de Pâques (tiempo de Pascuas).
◆ *f* petite image pieuse (estampita) ‖ image d'Épinal (estampa) ‖ sorte de gâteau *m* (dulce) ‖ alléluia *m* (planta) ‖ *(amer)* ruse, roublardise, mauvaise excuse ‖ FIG & FAM navet *m*, croûte (cuadro malo) | échalas *m*, squelette *m* (muy flaco).
◆ *pl* FIG & FAM vers *m* de mirliton | réjouissance, joie.
◆ *interj* alléluia!, bravo!
alemán, ana *adj* allemand, e; *alemán, ana occidental* ouest-allemand, e; *alemán, ana oriental* est-allemand, e ‖ *alto, bajo alemán* haut, bas allemand ‖ *plata alemana* maillechort.
◆ *m* y *f* Allemand, e.
Alemania *n pr f* GEOGR Allemagne.
alentada *f* souffle *m*, haleine (aliento) ‖ *de una alentada* tout d'une traite.
alentado, da *adj* encouragé, e; *alentado por sus éxitos* encouragé par ses succès ‖ vaillant, e; brave (valiente) ‖ résistant, e [à la fatigue]; endurant, e (resistente) ‖ hautain, e; fier, ère ‖ *(amer)* sain, e; robuste | convalescent, e.
alentador, ra *adj* encourageant, e; *palabras alentadoras* paroles encourageantes ‖ prometteur, euse; encourageant, e; *éxito alentador* succès prometteur ‖ réconfortant, e; *noticia alentadora* nouvelle réconfortante.
alentar* *v intr* respirer ‖ *(amer)* accoucher.
◆ *v tr* encourager (animar); *alentar a uno con sus consejos* encourager quelqu'un de ses conseils; *alentar la rebelión* encourager la rébellion ‖ *(amer)* applaudir (palmotear).
◆ *v pr* s'enhardir (envalentonarse) ‖ reprendre courage ‖ se remettre, se rétablir (reponerse) ‖ *estar alentado* aller mieux, être remis (un enfermo).
aleonado, da *adj* fauve (color).
alerce *m* mélèze (árbol).
alérgeno *m* allergène.
alergia *f* allergie.
alérgico, ca *adj* y *s* allergique.
alergífero, ra *adj* allergisant, e.
alergista *adj* y *s* MED allergologiste, allergologue.
alergología *f* allergologie.
alergólogo, ga *m* y *f* MED → **alergista**.
alero *m* ARQ avant-toit, auvent (tejado) ‖ garde-boue (en los coches) ‖ DEP ailier ‖ FIG *estar en el alero* être en suspens, être incertain.
alerón *m* aileron.
alerta *adv* en alerte, sur ses gardes.
◆ *f* alerte ‖ — *alerta roja* état d'alerte maximale ‖ — *dar la voz de alerta* donner l'alerte ‖ *estar ojo alerta* avoir l'œil aux aguets, être sur ses gardes ‖ *poner en alerta* mettre en alerte.
◆ *interj* alerte!
alertar *v tr* alerter, donner l'alerte (dar la voz de alerta) ‖ avertir, prévenir (avisar).
alerto, ta *adj* attentif, ive; vigilant, e (atento) ‖ sur ses gardes (cuidadoso).
aleta *f* ZOOL nageoire (de los peces) ‖ ARQ aile ‖ aile (de la nariz, de un coche) ‖ ailette (de un radiador, de un proyectil) ‖ palme (para nadar) ‖ empennage (de una bomba) ‖ MAR armature de la poupe (armazón).
aletargado, da *adj* en léthargie, engourdi, e ‖ FIG endormi, e; *aletargado en un rincón* endormi dans un coin.
aletargamiento *m* léthargie *f* (letargo) ‖ engourdissement (adormecimiento).
aletargar *v tr* engourdir, faire tomber en léthargie.
aletear *v intr* battre des ailes (las aves) ‖ agiter les nageoires (los peces) ‖ agiter les bras (los niños).
aleteo *m* battement d'ailes ‖ FIG battements, palpitations *f pl* (del corazón) ‖ *aleteo de la muerte* souffle de la mort.
alevín; alevino *m* alevin (pez).
alevosamente *adv* traîtreusement.
alevosía *f* traîtrise (traición) ‖ fourberie (maña) ‖ *con* ou *por alevosía* traîtreusement, par traîtrise.
alevoso, sa *adj* traître, esse; fourbe.
alexia *f* alexie.
aleya *f* verset du Coran.
alfa *f* alpha *m* (letra griega) ‖ *rayos alfa* rayons alpha.
alfabético, ca *adj* alphabétique.
alfabetización *f* alphabétisation.
alfabetizado, da *adj* alphabétisé, e.
alfabetizar *v tr* alphabétiser.
alfabeto *m* alphabet; *alfabeto Braille* alphabet Braille; *alfabeto Morse* alphabet Morse.
alfaguara *f* source abondante (manantial).
alfajor *m* espèce de pain d'épice (alajú) ‖ *(amer)* macaron (dulce redondo) ‖ poignard, couteau (daga).
alfalfa *f* BOT luzerne.
alfanje *m* alfange *f (p us)*, cimeterre (sable) ‖ espadon (pez).
alfanumérico, ca *adj* alphanumérique.
alfaque *m* MAR barre *f*, banc de sable (banco de arena).
alfaquí *m* docteur de la loi, uléma.
alfar *m* atelier de potier ‖ argile *f* (arcilla).
alfarería *f* poterie.
alfarero *m* potier.
alfayate *m* *(ant)* tailleur.
alfeiza; alféizar *m* ARQ tablette *f* (en el interior), appui, rebord, allège *f* (al exterior).
alfeñique *m* sucre d'orge ‖ FIG & FAM gringalet; *su hijo es un alfeñique* son fils est un gringalet | chichis *pl*, affectation *f*.
alferecía *f* MED attaque d'épilepsie; *darle a uno una alferecía* avoir une attaque d'épilepsie ‖ MIL titre *m* o grade *m* de porte-drapeau.
alférez *m* sous-lieutenant (oficial) ‖ porte-drapeau *inv* (abanderado) ‖ *(amer)* personne *f* qui prend à sa charge les frais d'une fête ‖ MIL *alférez de fragata* enseigne de vaisseau de deuxième classe, aspirant | *alférez de navío* enseigne de vaisseau.
alfil *m* fou (en el ajedrez).
alfiler *m* épingle *f*; *sujetar con un alfiler* attacher avec une épingle; *alfiler de corbata* épingle de cravate ‖ — *alfiler de la ropa* pince à linge ‖ *(amer) alfiler de nodriza* ou *de criandera* ou *de gancho* épingle de sûreté o à nourrice ‖ *alfiler de sombrero*

épingle à chapeaux ‖ FAM *para alfileres* de pourboire (propina), d'argent de poche (a un niño) ‖ ‖ FAM *aquí no cabe un alfiler* c'est plein à craquer, c'est bourré (de cosas), c'est bondé o bourré, c'est plein à craquer (de personas) ‖ FIG & FAM *el alumno lleva la lección prendida con alfileres* l'élève sait sa leçon très superficiellement ‖ *estar de veinticinco alfileres* être tiré à quatre épingles ‖ *(amer) no caberle un alfiler de gusto* ne pas se sentir de joie.

alfilerillo *m (amer)* plante *f* fourragère | cactus (pita) | parasite du tabac (insecto).

alfiletero; alfilerero *m* aiguillier, étui à épingles (para alfileres), étui à aiguilles (para agujas).

alfombra *f* tapis *m*; *alfombra persa* tapis persan ‖ MED rubéole (alfombrilla) ‖ *alfombra de cama* descente de lit.

alfombrado, da *adj* recouvert de tapis; *salón alfombrado* salon recouvert de tapis ‖ qui imite le tapis.
◆ *m* tapis *pl*; *el alfombrado de la escalera* les tapis de l'escalier.

alfombrar *v tr* recouvrir de tapis ‖ FIG tapisser; *calles alfombradas de flores* rues tapissées de fleurs.

alfombrilla *f* MED rubéole ‖ carpette (alfombra pequeña) ‖ paillasson *m* (esterilla en las puertas) ‖ *alfombrilla de cama* descente de lit, carpette.

alfonsí; alfonsino, na *adj* alphonsin, e [relatif à l'un des rois espagnols nommés Alphonse] ‖ *tablas alfonsinas* tables alphonsines [d'Alphonse X le Sage].

alforjas *f pl* besace *sing* ‖ provisions, vivres *m* ‖ — *caerle a uno como alforjas* être ficelé comme un sac ‖ *¡qué alforjas!* laissez-moi tranquille! ‖ *para este viaje no se necesitan alforjas* il est gros-jean comme devant, il est bien avancé ‖ FIG & FAM *(amer) pasarse a la otra alforja* dépasser les bornes (excederse).

alforza *f* pli *m*, rempli *m* (costura) ‖ FIG & FAM balafre, cicatrice (cicatriz).

alfoz *m y f* gorge *f*, défilé *m* (paso entre dos montañas) ‖ banlieue *f* (arrabal).

alga *f* BOT algue.

algarabía *f (ant)* langue arabe, arabe *m* ‖ FIG hébreu *m*; *para mí esto es algarabía* pour moi c'est de l'hébreu | galimatias *m*, charabia *m*; *hablar en algarabía* parler charabia | brouhaha *m*, vacarme *m*; *los niños armaban una algarabía tremenda* les enfants faisaient un vacarme terrible ‖ BOT plante à balais.

algarada *m* MIL razzia, incursion ‖ troupe à cheval (tropa de jinetes) ‖ brouhaha *m*, vacarme *m* (jaleo).

algarrada *f* catapulte ‖ TAUROM course de jeunes taureaux (novillada) | emprisonnement *m* des taureaux dans le toril (encierro) | course de taureaux en pleine campagne (en el campo).

algarroba *f* BOT vesce (planta forrajera) | graine de vesce (semilla) | caroube (fruto).

algarrobo *m* caroubier (árbol) ‖ *algarrobo loco* grainier (ciclamor).

algazara *f* cri de guerre des Maures ‖ FIG vacarme *m*, brouhaha *m* (jaleo) ‖ cris *m pl*, clameur (gritería).

álgebra *f* MAT algèbre ‖ MED art *m* du rebouteux.

algebraico, ca; algébrico, ca *adj* algébrique.

algebrista *m y f* MAT algébriste ‖ rebouteux.

Algeciras *n pr* GEOGR Algésiras.

algecireño, ña *adj y s* d'Algésiras.

algidez *f* MED algidité.

álgido, da *adj* MED algide.

algo *pron indef* quelque chose; *aquí hay algo que no entiendo* il y a là quelque chose que je ne comprends pas; *esta obra es algo maravilloso* cet ouvrage est quelque chose de merveilleux ‖ un peu; *sabe algo de todo* il sait un peu de tout ‖ n'importe quoi; *algo daría por* je donnerais n'importe quoi pour.
◆ *adv* un peu, assez; *algo lejos* un peu loin; *es algo tímido* il est assez timide ‖ *anda algo escaso de dinero* il est un peu o légèrement à court d'argent.
◆ *m* assez; *tiene su algo de orgulloso* il est assez orgueilleux ‖ un je-ne-sais-quoi, un petit quelque chose (fam); *tiene un algo de su madre* il a un je-ne-sais-quoi de sa mère ‖ — *algo así como* une sorte de; *algo es algo, ya es algo* c'est toujours ça de pris, c'est toujours quelque chose, c'est mieux que rien ‖ FAM *creerse algo* se croire quelqu'un ‖ *más vale algo que nada* cela vaut mieux que rien ‖ *por algo lo hice* si ne l'ai pas fait pour rien ‖ *por algo será* il y a sûrement une raison, il doit y avoir une raison ‖ *tener algo que ver* y être pour quelque chose.

algodón *m* cotonnier (planta) ‖ coton; *algodón hidrófilo*, *en rama* coton hydrophile, brut ‖ coton (tejido); *vestido de algodón* robe de coton ‖ barbe *f* à papa (golosina de azúcar) ‖ — *algodón pólvora* coton-poudre, fulmicoton ‖ FAM *criado entre algodones* élevé dans du coton.

algodonal *m* champ de coton, cotonnerie *f*.

algodonar *v tr* rembourrer de coton, ouater.

algodonero, ra *adj* cotonnier, ère.
◆ *m y f* cotonnier, ère (obrero).
◆ *m* cotonnier (planta).
◆ *f* cotonnerie (fábrica).

algodonoso, sa *adj* cotonneux, euse.
◆ *f* cotonnière (planta).

algol *m* INFORM algol (lenguaje).

algología *f* MED sophrologie.

algólogo, ga *m y f* MED sophrologue.

algonquiano *m* algonquin, algonkin (lenguas).

algoritmia *f* MAT algorithmique.

algoritmo *m* algorithme.

algoso, sa *adj* rempli d'algues.

alguacil *m* alguazil, gendarme ‖ TAUROM alguazil ‖ ZOOL araignée *f* d'eau ‖ pince *f* monseigneur (ganzúa) ‖ *(amer)* libellule *f* ‖ *alguacil de ayuntamiento* concierge [dans une mairie].

alguacilillo *m* alguazil (en las corridas de toros) ‖ ZOOL araignée *f* d'eau.

alguien *pron indef* quelqu'un; *alguien llama a la puerta* quelqu'un frappe à la porte ‖ FAM quelqu'un (persona importante).

algún *adj* [apocope de *alguno* devant les substantifs masculins, même précédés d'un adjectif]; quelque; *algún pobre niño* quelque pauvre enfant ‖ — *algún hombre* un homme ‖ *algún tanto* quelque peu, un peu ‖ *algún tiempo* quelque temps, un certain temps ‖ *en algún sitio* quelque part.

alguno, na *adj* quelque (se usa más en el plural), un, une; *vino alguna mujer* une femme est venue; *quiere algunos libros* il veut quelques livres ‖ un peu de (un poco); *¿tiene algún dinero?* avez-vous un peu d'argent?

◆ *pron* l'un, l'une *sing*; quelques-uns, quelques-unes *pl*; *alguno de ellos me lo preguntó* l'un d'eux me l'a demandé || quelqu'un (alguien) || — *alguna que otra vez* de temps à autre || *alguna vez, algunas veces* quelquefois || *alguno que otro* quelques *adj*, quelques-uns *pron* || *algunos piensan* certains pensent (traducción corriente), d'aucuns pensent (estilo elevado) || *no... alguno* ne... aucun; *no he comprado periódico alguno* je n'ai acheté aucun journal; ne... pas du tout; *no tiene dinero alguno* il n'a pas d'argent du tout || *no he visto cosa alguna* je n'ai rien vu du tout, je n'ai absolument rien vu.

alhaja *f* bijou *m; una alhaja de oro* un bijou en or || joyau *m* (de gran valor); *las alhajas de la corona* les joyaux de la couronne || FIG perle; *este empleado es una alhaja* cet employé est une perle | joyau *m*, bijou *m*; *esta catedral es una verdadera alhaja de arte gótico* cette cathédrale est un vrai bijou d'art gothique | bijou *m*, amour *m; este niño es una alhaja* cet enfant est un amour || *¡buena alhaja!* drôle de numéro! (irónicamente).

alharaca *f* explosion (de cólera, de alegría).

alhelí *m* giroflée *f* (flor).
— OBSERV pl *alhelíes*.

alheña *f* troène *m* (arbusto) || henné *m* (polvo y arbusto) || fleur du troène (flor) || rouille (de las mieses) || *estar hecho una alheña* ou *molido como una alheña* être moulu (estar agotado).

alhóndiga *f* halle au blé.

alhucema *f* lavande (espliego).

aliáceo, a *adj* alliacé, e.

aliado, da *adj y s* allié, e.

aliancista *adj* HIST partisan de; relatif, ive à l'Alliance populaire [parti politique espagnol].
◆ *m y f* HIST membre de l'Alliance populaire.

alianza *f* alliance (unión); *pacto de alianza* pacte d'alliance || alliance (anillo) || *la Alianza atlántica* l'Alliance atlantique.

aliar *v tr* allier.
◆ *v pr* s'allier.

alias *adv lat* autrement dit, alias, dit; *Antonio López, alias el Tuerto* Antoine López, dit le Borgne.
◆ *m* surnom, sobriquet (apodo).

alibi *m* alibi (coartada).
— OBSERV Esta palabra es un galicismo.

alicaído, da *adj* qui a les ailes tombantes || FIG & FAM affaibli, e; sans forces; *el enfermo anda alicaído* le malade est affaibli | abattu, e; morne; *desde que ha recibido esta noticia le encuentro alicaído* depuis qu'il a reçu cette nouvelle je le trouve abattu | *tener la moral alicaída* avoir le moral bas.

Alicante *n pr* GEOGR Alicante.

alicantino, na *adj y s* d'Alicante.

alicatado, da *adj* orné d'azulejos (sala, etc.) || carrelé, e (cocina, etc.).
◆ *m* décor d'azulejos, revêtement mural (de sala) || carrelage (de cocina).

alicatar *v tr* orner d'azulejos (una sala, etc.) || carreler (una cocina, etc.) || tailler (los azulejos).

alicates *m pl* pince *f sing; alicates universales* pince universelle; *alicates de uñas* pince à ongles.

aliciente *m* attrait; *el aliciente de la vida al aire libre* l'attrait de la vie en plein air || intérêt; *este viaje no tiene aliciente para mí* ce voyage n'a pas d'intérêt pour moi || stimulant (incentivo); *es un aliciente para* ou *a las grandes acciones* c'est un stimulant aux actions d'éclat.

alicorto, ta *adj* aux petites ailes (pájaro) || FIG qui manque d'envergure.

alícuota *adj f* aliquote; *parte alícuota* partie aliquote.

alienabilidad *f* aliénabilité.

alienable *adj* aliénable.

alienación *f* aliénation.

alienado, da *adj y s* aliéné, e.

alienador, ra; alienante *adj* aliénant, e.

alienar *v tr* aliéner (enajenar).

alienígeno, na *adj y s* étranger, ère || extraterrestre.

alienista *adj y s* aliéniste (médico).

aliento *m* haleine *f; olerle a uno el aliento* avoir l'haleine forte || encouragement; *su apoyo es un aliento para mí* son appui est un encouragement pour moi || FIG vigueur *f*, courage; *es un hombre de aliento* c'est un homme qui a du courage || souffle; *perder el aliento* perdre le souffle || — *de un aliento* d'une seule haleine, d'une seule traite || — *cobrar aliento* reprendre haleine *o* courage | *dejar sin aliento* faire perdre le souffle || *estar sin aliento* être hors d'haleine (jadeante), être découragé, être à plat (desanimado) || *exhalar el postrer aliento* rendre l'âme *o* l'esprit *o* le dernier soupir || *tomar aliento* reprendre haleine *o* son souffle.

aligator *m* alligator (caimán).

aligeramiento *m* allégement || soulagement (alivio) || abrègement (abreviación) || accélération *f* (apresuramiento).

aligerar *v tr* alléger, rendre plus léger; *aligerar una carga* alléger un fardeau; *aligerar un programa* alléger un programme || abréger (abreviar) || FIG soulager, calmer; *la morfina aligera el dolor* la morphine soulage la douleur | atténuer, alléger, soulager; *tu presencia aligera mi tristeza* ta présence atténue ma tristesse || décharger (descargar) || presser, hâter; *aligerar el paso* presser *o* hâter le pas.
◆ *v intr y pr* se dépêcher, se grouiller (fam); *aligera* ou *aligérate que hay que irse* dépêche-toi, il faut partir || *aligerarse de ropa* s'habiller plus légèrement (cuando hace calor), enlever un vêtement (desnudarse).

alijar *v tr* MAR alléger || décharger (un barco) || débarquer [de la contrebande] || débourrer (el algodón).

alijar *m* terrain en friche (terreno) || carreau de faïence (azulejo).
◆ *pl* terrains communaux.

alijo *m* allégement (acción de alijar) || déchargement (de un barco) || contrebande *f* (contrabando) || TECN tender (de ferrocarril).

alimaña *f* bête nuisible, vermine.

alimentación *f* alimentation; *para que la alimentación sea buena hace falta que sea equilibrada* pour que l'alimentation soit bonne il faut qu'elle soit équilibrée || nourriture; *en esta región la alimentación es excelente* dans cette région la nourriture est excellente || *alimentación de energía* alimentation en énergie.

alimentador, ra; alimentante *adj* qui alimente || alimentaire || nutritif, ive.
◆ *m* MÉCAN feeder || INFORM *alimentador de papel* bac d'alimentation de papier.

alimentar *v tr* nourrir; *alimentar a su familia* nourrir sa famille || alimenter (a un enfermo) || FIG alimenter (ríos, máquinas, fuego) | nourrir (vir-

alimentario

tudes, vicios, sentimientos) | nourrir; *la lectura alimenta el espíritu* la lecture nourrit l'esprit | nourrir, caresser; *alimentar esperanzas* nourrir des espoirs | entretenir; *hay libertades que alimentan toda clase de disturbios* il y a des libertés qui entretiennent toutes sortes de troubles.

◆ *v pr* se nourrir, s'alimenter; *alimentarse con ou de verduras* se nourrir de légumes || *alimentarse de quimeras* vivre *o* se nourrir de chimères.

alimentario, ria *adj* alimentaire.

alimenticio, cia *adj* alimentaire; *pastas alimenticias* pâtes alimentaires; *pensión alimenticia* pension alimentaire | nourrissant, e; *este plato es muy alimenticio* ce plat est très nourrissant || *productos alimenticios* denrées alimentaires.

alimentista *m y f* DR personne qui reçoit une pension alimentaire.

alimento *m* nourriture *f*, aliment (palabra menos usada) || FIG nourriture *f*; *la ciencia es el alimento del espíritu* la science est la nourriture de l'esprit || — *alimento energético, plástico* aliment énergétique, plastique || *alimento líquido, sólido* aliment liquide, solide || *de mucho alimento* très nourrissant.

◆ *pl* DR pension *f sing* alimentaire.

alimón (al); alalimón *loc adv* hacer algo al alimón faire quelque chose à deux || *hacer un trabajo al alimón* combattre un taureau ensemble [les deux toreros saisissent chacun un coin de la cape].

alindamiento *m* bornage.

alineación *f* alignement *m* || DEP formation; *la alineación de un equipo* la formation d'une équipe || *política de no alineación* politique de non-alignement.

alineado, da *adj* aligné, e; *país no alineado* pays non-aligné.

alineamiento *m* alignement; *política de no alineamiento* politique de non-alignement.

alinear *v tr* aligner.

◆ *v pr* faire partie; *me he alineado en el equipo de España* j'ai fait partie de l'équipe d'Espagne.

aliñado, da *adj* arrangé, e; préparé, e (compuesto) || assaisonné, e (cocina) || aromatisé, e (licores) || bien mis, e; élégant, e || remis, e (hueso) || réduit, e (fractura).

aliñar *v tr* arranger, préparer (componer) || assaisonner; *aliñar la lechuga* assaisonner la laitue || arranger, parer (una persona) || aromatiser (los licores) || remboîter *o* remettre un os, réduire une fracture || FIG & FAM expédier; *a éste le voy a aliñar pronto* celui-ci, je vais l'expédier rapidement || TAUROM préparer le taureau pour une mise à mort rapide.

aliño *m* apprêt || assaisonnement; *un aliño muy fuerte* un assaisonnement très fort || ingrédient (ingrediente) || parure *f*, ornement (adorno) || propreté *f*, correction *f* de la tenue (aseo).

alioli *m* ailloli (salsa).

alirón *m* DEP vivat [cri de joie des supporters d'une équipe de football victorieuse].

alisado *m* alésage.

alisadura *f* polissage *m* (acción de pulir) || alésage *m* (de un cilindro).

◆ *pl* raclures, rognures.

alisar *m* aulnaie *f*, aunaie *f*.

alisar *v tr* lisser, polir (pulir) || aléser (un cilindro) || aplanir (allanar) || lisser (el pelo).

◆ *v pr* se lisser || *alisarse el pelo* mettre de l'ordre dans sa coiffure (arreglarse el pelo).

alisios *adj m pl y s m pl* MAR alizés (vientos).

aliso *m* aulne, aune, alisier (árbol) || alise *f* (fruto) || — *aliso blanco* bouleau (abedul) || *aliso negro* bourdaine (arraclán).

alistado, da *adj* rayé, e (listado) || enrôlé, e; engagé, e; *alistado en la Legión* engagé dans la Légion.

◆ *m* engagé volontaire.

alistamiento *m* MIL enrôlement, recrutement; engagement; *alistamiento voluntario* engagement par un devancement d'appel *o* volontaire || inscription *f* || FIG enrôlement (en un partido, etc.) || classe *f*, contingent (quinta).

alistar *v tr* enrôler, recruter (reclutar) || inscrire sur une liste (registrar) || préparer, tenir prêt (preparar).

◆ *v pr* s'enrôler || s'engager (en el ejército) || FIG se ranger; *alistarse en las filas monárquicas* se ranger sous la bannière monarchique *o* du côté de la monarchie.

aliteración *f* allitération || paronomase (paronomasia).

aliviadero *m* trop-plein, déversoir (desaguadero) || déversoir (de una presa).

aliviar *v tr* alléger; *aliviar una carga* alléger un fardeau || soulager (mitigar); *aliviarle a uno el trabajo* soulager quelqu'un dans son travail || soulager, calmer; *esta medicina te aliviará* ce médicament te soulagera || soulager (confortar) || adoucir (una pena) || réconforter (alentar) || MED dégager (el vientre) || FIG presser, hâter (el paso, un negocio) || *aliviar el luto* égayer le deuil.

◆ *v pr* aller mieux, se trouver mieux (un enfermo).

alivio *m* allègement (de una carga) || soulagement (bienestar físico) || soulagement; *su marcha fue un alivio para mí* son départ a été un soulagement pour moi || réconfort; *tus palabras son un alivio* tes paroles sont un réconfort || amélioration *f*, mieux; *con estas inyecciones sentirás pronto un alivio* avec ces piqûres tu sentiras vite une amélioration || adoucissement (pena, sufrimiento) || *alivio de luto* demi-deuil || FAM *jugada de alivio* tour pendable, mauvais tour | *persona de alivio* personne gratinée.

aljama *f* synagogue (sinagoga) || mosquée (mezquita) || réunion de Maures *o* de juifs.

aljamía *f* langue romane, castillan *m* [nom donné au castillan par les Arabes] || document *m* en langue espagnole mais en caractères arabes.

aljibe *m* citerne *f* || réservoir (de agua) || MAR bateau-citerne || *(amer)* source *f* (manantial) | cachot *m* (calabozo) || *barco aljibe* bateau-citerne.

aljofaina *f* cuvette (jofaina).

alma *f* âme || âme; *alma noble* âme noble || FIG âme; *no hay ni un alma* il n'y a pas une âme, il n'y a pas âme qui vive; *ciudad de cien mil almas* ville de cent mille âmes | âme; *es el alma del partido* il est l'âme du parti | foyer *m*; *el alma de la revolución está en París* le foyer de la révolution est à Paris || baliveau *m* (viga) || âme (de cañón, de un cable) || MÚS âme (de un violín) || — *alma bendita* simple d'esprit || FIG & FAM *alma de cántaro* cruche, gourde || *alma de Dios* bonne âme || *alma en pena* âme du Purgatoire, âme en peine (fig) || *alma gemela* âme sœur || FAM *alma mía* mon chou, mon chéri (que-

rido), bon sang! (por Dios) || *alma viviente* âme qui vive || *con el alma, con toda el alma* de grand cœur, de tout cœur, de toute son âme || *con el alma y la vida* de tout cœur, || *de mi alma* de mon cœur || *en cuerpo y alma* corps et âme || *en lo más hondo de mi alma* au plus profond de mon cœur || — FIG *caérsele a uno el alma a los pies* s'effondrer || *dar el alma* rendre l'âme || *dar el alma al diablo* donner son âme au diable || *dolerle a uno el alma* avoir le cœur déchiré *o* brisé || FAM *echarse el alma a las espaldas* se moquer de tout || *entregar uno el alma, entregar el alma a Dios* rendre l'âme, rendre l'esprit || *estar con el alma de Caribay* ne savoir que faire, être comme l'âne de Buridan || *estar con el alma en la boca* être à l'agonie (morir) || *estar con el alma en un hilo* être mort d'inquiétude (inquieto), être plus mort que vif (de miedo) || FAM *ir como alma que lleva el diablo* filer comme un dératé, détaler, aller à fond de train, courir comme si on avait le diable à ses trousses || *hablar al alma* parler au cœur || *llegar al alma* aller droit au cœur || *llevar el baile en el alma* avoir la danse dans le sang || *me da en el alma que no volverá* j'ai le pressentiment qu'il ne reviendra pas || FIG *no tener alma* être sans cœur (ser duro) || *partir el alma* fendre le cœur *o* l'âme, déchirer le cœur || *paseársele a uno el alma por el cuerpo* ne pas s'en faire || *recomendar el alma* recommander son âme à Dieu || *romper el alma* tordre le cou || *sentir en el alma* regretter du fond du cœur *o* profondément, être désolé *o* navré || *tener su alma en el almario* avoir du cran || *tocar en el alma* aller droit au cœur.
— OBSERV Bien que féminin, le mot *alma* doit être précédé au singulier de l'article masculin, *el* ou *un*.

almacén *m* magasin, entrepôt (depósito); *almacén nevera* entrepôt frigorifique || magasin; *los grandes almacenes* les grans magasins || magasin (de un arma) || IMPR magasin || *(amer)* épicerie *f* (tienda de comestibles).

almacenaje *m* magasinage (derecho) || emmagasinage.

almacenamiento *m* emmagasinage, stockage; *estar encargado del almacenamiento de las mercancías* être chargé du stockage des marchandises || stocks *pl*; *hay almacenamientos de víveres* il y a des stocks de vivres || *almacenamiento de datos* mise en mémoire de l'information.

almacenar *v tr* emmagasiner, stocker || FIG emmagasiner, accumuler (recuerdos, etc.).

almacenero *m* magasinier || *(amer)* épicier.

almacenista *m* propriétaire d'un magasin *o* d'une boutique, marchand || entreposeur (de vino) || grossiste (mayorista).

almáciga *f* mastic *m* (resina) || AGRIC pépinière (semillero).

almácigo *m* lentisque || AGRIC pépinière *f* (semillero).

almadraba *f* madrague (red) || pêche au thon (pesca) || pêcherie de thon, lieu *m* de pêche au thon (lugar de pesca).

almadreña *f* sabot *m* (zueco).

almagrar *v tr* teindre en rouge.

almagre *m* ocre *f* rouge.

almanaque *m* almanach || annuaire (con datos económicos) || calendrier; *almanaque de taco* calendrier à effeuiller.

almanta *f* espace *m* entre deux files *o* deux sillons.

almazara *f* moulin *m* à huile.

almeja *f* ZOOL clovisse (molusco) || *almeja de río* mye.

almena *f* créneau *m*.

almenado, da *adj* crénelé, e.

almendra *f* amande; *almendra amarga* amande amère; *almendra tostada* amande grillée || FIG & FAM caillou *m* (guijarro).
◆ *pl* pendeloques (araña, candelabro) || *almendras garapiñadas* pralines.

almendrada *f* lait *m* d'amande.

almendrado *m* pâte d'amandes.

almendrilla *f* TECN lime à bout arrondi (lima) || cailloutis *m*, gravier *m* (grava).

almendro *m* amandier (árbol).

almendruco *m* amande *f* verte.

Almería *n pr* GEOGR Almería.

almeriense *adj y s* d'Almería.

almez *m* micocoulier (árbol).

almiar *m* AGRIC gerbier, meule *f* (pajar).

almíbar *m* sirop; *melocotones en almíbar* pêches au sirop || FAM *estar uno hecho un almíbar* être tout sucre et tout miel.

almibarado, da *adj* doucereux, euse (muy dulce) || FIG & FAM mielleux, euse; doucereux, euse (meloso).

almibarar *v tr* confire, baigner dans du sirop.

almidón *m* amidon.

almidonado, da *adj* empesé, e; amidonné, e; *un cuello almidonado* un col empesé || FIG & FAM tiré à quatre épingles (muy compuesto).
◆ *m* empesage.

almidonar *v tr* empeser, amidonner.

alminar *m* minaret.

almirantazgo *m* amirauté *f* || tribunal de l'amirauté.

almirante *m* amiral.

almirez *m* mortier en métal.

almizclar *v tr* musquer.

almizcle *m* musc.

almizcleña *f* BOT muscari *m*, jacinthe musquée.

almizclero, ra *adj* musqué, e; *ratón almizclero* rat musqué || *lirón almizclero* muscardin.
◆ *m* porte-musc (rumiante).
◆ *f* desman *m* (roedor).

almocafre *m* sarcloir, plantoir.

almogávar *m* soldat qui faisait des razzias.

almohada *f* oreiller *m* (de la cama) || coussin *m* (para sentarse) || taie d'oreiller (funda) || ARQ bossage *m* (almohadilla) || FIG & FAM *hay que consultar con la almohada* la nuit porte conseil.

almohade *adj y s* almohade.

almohadilla *f* coussinet *m*, petit coussin *m* (cojincillo) || sachet *m*; *almohadilla perfumada* sachet parfumé || panneau *m*, coussin de bât (en los arreos) || tampon *m* encreur (para sellar) || pattemouille (para planchar) || ARQ bosse (piedra) | coussinet *m* (de la voluta jónica) || *(amer)* pelote (de alfileres) | poignée (de la plancha).

almohadillado, da *adj* rembourré, e; capitonné, e (acolchado) || ARQ bosselé, e; ornée de bossage.
◆ *m* ARQ bossage; *almohadillado achaflanado* bossage à onglet; *almohadillado rústico* bossage rustique || capitonnage (relleno).

almohadillar *v tr* ARQ orner de bossages, bosseler ‖ rembourrer, capitonner (acolchar).

almohadón *m* coussin; *almohadones de pluma* des coussins de plume ‖ ARQ coussinet (de un arco).

almohaza *f* étrille (para los caballos).

almoneda *f* vente aux enchères (subasta) ‖ vente au rabais, soldes *m pl* (a bajo precio) ‖ antiquités *pl* (tienda) ‖ *vender en almoneda* vendre aux enchères.

almonedear *v tr* vendre aux enchères (subastar) ‖ vendre au rabais, solder (a bajo precio).

almorávide *adj y s* almoravide.

almorranas *f pl* hémorroïdes.

almorzado, da *adj* qui a déjà déjeuné.

almorzar* *v intr* déjeuner.
◆ *v tr* déjeuner de, manger au déjeuner; *almorzar chuletas* déjeuner de côtelettes.

almotacén *m* vérificateur des poids et mesures.

almud *m* almude [mesure valant soit 1,76 l soit 4,6 l, soit 28 l].

almuecín; almuédano *m* muezzin.

almuerzo *m* déjeuner (al mediodía) ‖ petit déjeuner (por la mañana).
— OBSERV Le mot *almuerzo* correspond au déjeuner de midi, bien qu'il soit employé dans certaines régions pour le *petit déjeuner* qui se traduit généralement par *desayuno*.

almunia *f* jardin *m* potager.

¡alo!; ¡aló! *interj* allô (teléfono).

alocación *f* ouverture; *alocación de créditos* ouverture de crédits.

alocadamente *adv* étourdiment.

alocado, da *adj* étourdi, e; *es un niño alocado, lo olvida todo* c'est un enfant étourdi, il oublie tout ‖ écervelé, e; *es una persona demasiado alocada para que le confíes algo importante* c'est une personne trop écervelée pour que tu lui confies quelque chose d'important ‖ irréfléchi, e; inconsidéré, e; *un gesto alocado* un geste irréfléchi ‖ lunatique, bizarre, maniaque (extraño).

alocar *v tr* rendre fou, folle; égarer.
◆ *v pr* devenir fou, folle (volverse loco) ‖ FIG s'affoler; *no hay que alocarse por tan poca cosa* il ne faut pas s'affoler pour si peu.

alocución *f* allocution.

alodial *adj* DR allodial; *bienes alodiales* biens allodiaux.

alodio *m* DR franc-alleu, alleu.

áloe; aloe *m* aloès (planta y jugo).

alógeno, na *adj y s* allogène.

alojado, da *adj* logé, e.
◆ *m* soldat logé chez l'habitant.
◆ *m y f* (*amer*) hôte, hôtesse (persona hospedada).

alojamiento *m* logement; *boleta de alojamiento* billet de logement ‖ MIL camp (campamento) ‖ *dar alojamiento* loger.

alojar *v tr* loger (hospedar) ‖ FIG loger (encajar); *no puedo alojar tantos libros aquí* je ne peux pas loger tous ces livres ici.
◆ *v pr* loger, se loger; *alojarse en un hotel* loger à l'hôtel ‖ MIL prendre position (situarse).

alón *m* aile *f* (de ave).
◆ *adj m* à larges bords (sombrero) ‖ (*amer*) ailé.

alondra *f* alouette (pájaro).

alópata *adj y s* allopathe (médico).

alopatía *f* MED allopathie.

alopecia *f* MED alopécie, pelade.

aloque *adj y s m* clairet, rosé (vino).

alotropía *f* allotropie.

alpaca *f* alpaga *m* (animal y tejido); *un traje de alpaca* un costume en alpaga ‖ maillechort *m* (metal blanco).

alpargata *f* espadrille.

alpargatería *f* fabrique, magasin *m* d'espadrilles.

Alpes *n pr m pl* GEOGR Alpes *f*.

alpinismo *m* alpinisme (montañismo).

alpinista *m y f* alpiniste.

alpino, na *adj* alpin, e; *raza alpina* race alpine ‖ *cordillera alpina* chaîne des Alpes.

alpiste *m* BOT alpiste, millet long ‖ POP pinard (vino), tord-boyaux (aguardiente) ‖ POP *gustarle a uno mucho el alpiste* être très porté sur la bouteille, aimer le pinard.

alpujarreño, ña *adj y s* des Alpujarras [montagnes du sud de l'Andalousie).

alquequenje *m* alkékenge, coqueret (planta).

alquería *f* ferme (granja) ‖ hameau *m* (aldea).

alquilar *v tr* louer; *alquilar un piso en 100 000 pesetas* louer un appartement 100 000 pesetas; *alquilar por horas, por meses* louer à l'heure, au mois ‖ — *piso por alquilar* appartement à louer ‖ *se alquila* à louer ‖ FAM *será cosa de alquilar balcones* c'est à ne pas manquer o rater.

alquiler *m* location *f*; *coche de alquiler* voiture de location ‖ loyer; *hay que pagar el alquiler del piso* il faut payer le loyer de l'appartement ‖ location *f*; *el alquiler de este aparato es caro* la location de cet appareil est chère ‖ — *alquiler con opción a compra* location-vente ‖ *alquiler trimestral* terme (de una casa) ‖ *casa de alquiler* maison de rapport ‖ *de alquiler* en location, à louer (pisos); de louage (ant) de location (coches); à louer (animales o cosas).

alquimia *f* alchimie.

alquimista *m* alchimiste.

alquitara *f* alambic *m* (alambique) ‖ FIG & FAM *por alquitara* au compte-gouttes.

alquitarar *v tr* distiller (destilar) ‖ FIG alambiquer; *estilo alquitarado* style alambiqué.

alquitrán *m* goudron; *alquitrán mineral* goudron de houille.

alquitranado *m* MAR toile *f* goudronnée ‖ goudronnage (acción de alquitranar); *el alquitranado de las carreteras* le goudronnage des routes.

alquitranar *v tr* goudronner ‖ *máquina de alquitranar* goudronneuse.

alrededor *adv* autour, tout autour; *girar alrededor de la mesa* tourner autour de la table ‖ aux alentours, alentour; *un vago rondaba alrededor de la casa* un vagabond rodait aux alentours de la maison ‖ FAM *alrededor de* environ, à peu près, autour de, dans les; *alrededor de mil pesos* environ mille pesos; aux environs de, à... environ; *llegó alrededor de las nueve* il est arrivé à neuf heures environ.
◆ *m pl* alentours, environs; *los alrededores de París* les environs de Paris.
— OBSERV *Autour* designa una zona circular y precisa, mientras que *aux alentours* sólo una zona vaga, más o menos cercana y circular.

alta *f* bulletin *m* de sortie; *ya tengo el alta del hospital* j'ai déjà le bulletin de sortie de l'hôpital || entrée (ingreso en un oficio, etc.) || billet *m* d'entrée (de ingreso) || incorporation (en una actividad) || MIL inscription [d'une recrue]; entrée en service actif || ancienne danse de cour || — *dar de alta* inscrire || *dar de* ou *el alta* donner l'exeat (a un enfermo) || *darse de alta* s'inscrire || MIL *ser alta* entrer *o* rentrer en service actif.

altabaquillo *m* liseron (planta).

altanería *f* haut vol (caza) || FIG orgueil *m*, fierté (orgullo) | morgue, arrogance; *me contestó con altanería* il m'a répondu avec arrogance.

altanero, ra *adj* de haut vol (ave de rapiña) || FIG hautain; altier, ère (altivo) | orgueilleux, euse; fier, ère (orgulloso).

altar *m* autel || reposoir (altar temporal) || MIN autel (de horno) | gradin de mine (grada) || *altar mayor* maître-autel || FIG *poner en un altar* mettre sur un piédestal, porter au pinacle (elogiar).

altavoz *m* haut-parleur; *altavoces potentes* des hauts-parleurs puissants.

altea *f* althaea, guimauve (planta).

alterabilidad *f* altérabilité.

alterable *adj* altérable.

alteración *f* altération || émeute, tumulte *m* (motín) || dispute, querelle (altercado) || dérèglement *m* (del pulso) || *alteración del orden* désordre, trouble.

alterado, da *adj* altéré, e || FIG altérée, e (voz, cara) | ému, e; troublé, e (una persona) || modifié, e (modificado).

alterar *v tr* altérer, changer.
◆ *v pr* s'altérer || s'émouvoir, se troubler (turbarse); *no alterarse por nada* ne s'émouvoir de rien || se fâcher, se mettre en colère (enojarse) || s'énerver, s'agiter (excitarse); *¡no te alteres!* ne t'énerve pas! || *(amer)* être altéré, avoir soif || *se altera con la humedad* craint l'humidité (medicina, etc.).
— OBSERV Le verbe transitif espagnol *alterar* n'a pas comme en français le sens de *donner soif*.

altercación *f*; **altercado** *m* altercation *f*, démêlé *m*.

altercar *v intr* se quereller, se disputer.

álter ego *m* alter ego *f*.

alternable *adj* qui peut être alterné.

alternado, da *adj* alterné, e.

alternador *m* ELECTR alternateur.

alternancia *f* alternance.

alternar *v tr* alterner; *alternar trabajos* alterner des travaux || faire alterner; *alterno el trabajo con el descanso* je fais alterner le travail et le repos || AGRIC *alternar cultivos* assoler.
◆ *v intr* alterner, se relayer; *alternar en un trabajo* se relayer dans un travail || fréquenter; *alternar con los sabios* fréquenter les savants || sortir; *a esta chica le gusta mucho alternar* cette jeune fille aime beaucoup sortir || MAT intervertir [les termes de deux fractions].
◆ *v pr* se relayer; *nos alternamos en el volante* nous nous relayons au volant.

alternativa *f* alternance, alternative (sucesión) || alternative, choix *m*; *dejar una alternativa* laisser le choix || solution || alternative [novillero par un *matador*].

alternativamente *adv* alternativement, tour a tour, à tour de rôle.

alternativo, va *adj* alternatif, ive; *cultivo alternativo* culture alternative || *huelga alternativa* grève tournante.

alterne *m* FAM contact (trato) || FIG tournée *f* des bars || *bar de alterne* bar à hôtesses.

alterno, na *adj* alternatif, ive; *corriente alterna* courant alternatif || alterne; *hojas alternas, ángulos alternos externos* feuilles alternes, angles alternes externes || *clases alternas* cours un jour sur deux, cours trois fois par semaine *o* tous les deux jours.

alteza *f* altesse (tratamiento); *su alteza real* votre altesse royale || hauteur (altura) || FIG grandeur, élévation (de sentimientos, etc.).

altibajo *m* coup de haut en bas (esgrima).
◆ *pl* aspérités, inégalités (de un terreno) || FIG & FAM hauts et bas, vicissitudes *f*; *los altibajos de la política* les hauts et les bas de la politique.

altilocuencia *f* grandiloquence.

altilocuente; altílocuo, cua *adj* grandiloquent, e.

altillo *m* coteau, colline *f* (cerrillo) || *(amer)* combles *pl*, soupente *f* (desván) || entresol (entresuelo).

altimetría *f* altimétrie.

altímetro, tra *adj* altimétrique.
◆ *m* altimètre.

altiplanicie *f* haut plateau *m* (meseta).

altiplano *m* *(amer)* haut plateau (altiplanicie).

altísimo, ma *adj* très haut, e; très élevé, e (cosa) || très grand, e (persona) || altissime.
◆ *m el Altísimo* le Très-Haut.

altisonancia *f* emphase (del estilo) || grandiloquence (de un discurso).

altisonante; altísono, na *adj* pompeux, euse; ronflant, e; emphatique (estilo) || grandiloquent, e; pompeux, euse (discurso) || ronflant, e (apellido).

altitud *f* altitude.

altivarse; altivecerse *v pr* s'enorgueillir.

altivez; altiveza *f* hauteur, arrogance, morgue.

altivo, va *adj* hautain, e; altier, ère; arrogant, e.

alto, ta *adj* grand, e; *una mujer alta, un árbol alto* une grande femme, un grand arbre || haut, e; élevé, e; *la torre Eiffel es muy alta* la tour Eiffel est très haute || haut, e; *el Alto Rin* le Haut-Rhin; *el alto Egipto* la Haute-Égypte || HIST haut, e; *alta Edad Media* haut Moyen Âge || élevé, e; *los pisos altos* les étages élevés || fort, e; *voz alta* voix forte || haut, e (mar) || en crue; *el río está alto* la rivière est en crue || poussé, e; haut, e; *altos estudios de matemáticas* études poussées de mathématiques || FIG haut, e; *tener alta idea de sus méritos* avoir une haute idée de ses mérites | haut placé, e (personalidad) | élevé, e; *altos sentimientos* sentiments élevés; *precios altos* prix élevés | beau, belle; *el más alto ejemplo de patriotismo* le plus bel exemple de patriotisme || *(amer)* court, e (vestido) || — *alta sociedad* grand monde || *alta traición* haute trahison || *alto personal* hauts fonctionnaires || *a altas horas de la noche* à une heure très avancée de la nuit || *en alta mar* en haute mer || *en las altas esferas* en haut lieu || *en voz alta* à voix haute || *fiesta alta* fête mobile.
◆ *m* hauteur *f*, haut; *mesa de metro y medio de alto* table d'un mètre et demi de hauteur *o* de haut || hauteur *f*, colline *f* || étage élevé; *vivir en un alto* habiter à un étage élevé || MÚS alto || halte *f* (parada); *hacer alto* faire halte || *(amer)* tas (montón) || —

altoparlante

desde lo alto de du haut de ‖ *los altos y los bajos* les hauts et les bas.

◆ *adv* haut; *poner un libro muy alto* mettre un livre très haut ‖ à haute voix; *hablar alto* parler à haute voix ‖ — *de alto abajo* de haut en bas ‖ *de lo alto* d'en haut ‖ *en lo alto* tout en haut ‖ *por todo lo alto* de premier ordre ‖ — *conseguir el alto el fuego* obtenir le cessez-le-feu ‖ *hacer algo por lo alto* faire quelque chose en grand ‖ *mantener en alto* maintenir bien haut ‖ *pasar por alto* passer sous silence, passer sur, sauter, laisser de côté (omitir), oublier, passer par-dessus (olvidar) ‖ FIG *poner muy alto* porter aux nues, mettre sur un piédestal (alabar) ‖ *se me pasó por alto* cela m'a échappé ‖ *tirar por alto* compter largement (contar), ficher en l'air (tirar) ‖ *ver las cosas de alto* voir les choses de haut.

◆ *interj* halte!, stop! ‖ *¡alto ahí!* halte-là!

altoparlante *m* (amer) haut-parleur (altavoz).

altorrelieve *m* haut-relief.

Alto Volta *n pr* GEOGR Haute-Volta (antiguo nombre del Burkina).

altozano *m* monticule, mamelon (cerro) ‖ lieu le plus élevé d'une ville ‖ (amer) parvis.

altramuz *m* lupin (planta).

altruismo *m* altruisme.

altruista *adj* y *s* altruiste.

altura *f* altitude; *las nubes circulan a gran altura* les nuages passent à haute altitude ‖ hauteur; *la altura de un peldaño* la hauteur d'une marche ‖ hauteur, haut *m*; *un poste de cinco metros de altura* un poteau de cinq mètres de haut ‖ MAT hauteur; *altura de un prisma* hauteur d'un prisme ‖ hauteur, niveau *m*; *estar a la misma altura* être au même niveau ‖ FIG mérite *m*, valeur ‖ élévation (de sentimiento) ‖ — *altura del barómetro* hauteur barométrique ‖ *altura de miras* largeur de vues ‖ ASTR *altura meridiana* hauteur méridienne ‖ — *barco de altura* bateau de haute mer (pesquero), long-courrier (de viajeros) ‖ *navegación de altura* navigation hauturière o au long cours ‖ *pesca de altura* pêche hauturière o en haute mer ‖ *piloto de altura* pilote hauturier ‖ *salto de altura* saut en hauteur ‖ *un programa de altura* un programme à la hauteur ‖ FIG *a estas alturas* maintenant, à présent, à l'heure actuelle | *a la altura de las circunstancias* à la hauteur des circonstances ‖ — FIG & FAM *quedar a la altura del betún* o *de una zapatilla* o *de un poroto* (americanismo), être au-dessous de tout.

◆ *pl* hauteurs, hauts sommets *m* [cumbres]; *hay nieve en las alturas* il y a de la neige sur les hauteurs ‖ *gloria a Dios en las alturas y paz en la tierra a los hombres de buena voluntad* gloire à Dieu au plus haut des cieux et paix sur la terre aux hommes de bonne volonté.

alubia *f* haricot *m* (judía).

alucinación *f* hallucination.

alucinado, da *adj* y *s* halluciné, e.

alucinante *adj* hallucinant, e ‖ trompeur, euse (engañoso) ‖ FIG & FAM hallucinant, e; dingue.

alucinar *v tr* halluciner ‖ leurrer, tromper.

alucinógeno, na *adj* y *s m* hallucinogène.

alud *m* avalanche *f*.

aludido, da *adj* dont on a parlé, en question, mentionné, e; *la persona aludida* la personne en question ‖ FIG *darse por aludido* se sentir visé | *no darse por aludido* faire la sourde oreille.

aludir *v intr* parler de, faire allusion à (hablar de); *no ha aludido a este negocio* il n'a pas parlé de cette affaire ‖ se référer à, renvoyer à (referirse en un texto).

alumbrado, da *adj* éclairé, e; *alumbrado con gas* éclairé au gaz ‖ FAM éméché, e; gris, e (achispado) ‖ aluné, e (con alumbre).

◆ *adj* y *s* illuminé, e (hereje).

◆ *m* éclairage; *alumbrado eléctrico* éclairage électrique ‖ éclairage (de un coche).

alumbramiento *m* éclairage, éclairement (acción de alumbrar) ‖ source *f* (fuente) ‖ accouchement, mise *f* au monde, heureux événement (parto) ‖ *el alumbramiento de la Virgen* l'enfantement de la Vierge.

alumbrar *v tr* éclairer; *el Sol nos alumbra* le Soleil nous éclaire; *alumbrar la sala con gas* éclairer la salle au gaz; *voy a alumbrarte* je vais t'éclairer ‖ rendre la vue (a un ciego) ‖ FIG découvrir [des eaux souterraines] | éclairer, instruire (enseñar) ‖ FIG & FAM frapper, maltraiter ‖ TECN aluner, plonger dans l'alun ‖ (amer) mirer (un huevo).

◆ *v intr* enfanter, mettre au monde (parir) ‖ éclairer; *esta lámpara alumbra bien* cette lampe éclaire bien.

◆ *v pr* FAM se griser, s'enivrer.

alumbre *m* alun.

alúmina *f* QUÍM alumine.

aluminio *m* aluminium ‖ *papel de aluminio* papier (d') aluminium.

alumnado *m* effectif scolaire, ensemble des élèves.

alumno, na *m* y *f* élève; *un alumno modelo* un élève modèle.

alunado, da *adj* lunatique (lunático) ‖ fou, folle (loco) ‖ VETER lunatique.

alunarado, da *adj* tacheté, e (res).

alunizaje *m* alunissage.

alunizar *v intr* alunir.

alusión *f* allusion ‖ *alusión personal* attaque personnelle.

alusivo, va *adj* allusif, ive.

aluvial *adj* alluvial, e; *terrenos aluviales* terrains alluviaux.

aluvión *m* crue *f* (inundación) ‖ alluvion *f* ‖ FIG multitude, foule (gran cantidad) ‖ *tierra de aluvión* alluvions ‖ FAM *un aluvión de improperios* un torrent d'injures.

álveo *m* lit (madre de un río).

alveolado, da *adj* alvéolé, e.

alveolar *adj* alvéolaire ‖ GRAM dental, e (sonido) ‖ *arco alveolar* arcade dentaire.

alveolo; alvéolo *m* alvéole.

alza *f* hausse; *el alza de los precios* la hausse des prix ‖ hausse (de un arma de fuego) ‖ IMPR hausse ‖ vanne (puerta de esclusa) ‖ — FAM *estar en alza* avoir la cote ‖ *jugar al alza* jouer à la hausse (en la Bolsa).

alzacuello *m* rabat, collet (de eclesiástico).

alzada *f* hauteur au garrot (de los caballos) ‖ pâturage *m* d'été (pasto) ‖ DR pourvoi *m*, recours *m*, appel *m* (apelación) ‖ *caballo de mucha, poca alzada* cheval haut, bas sur pattes.

alzado, da *adj* qui fait une banqueroute frauduleuse ‖ (amer) fugitif, ive; sauvage (montaraz) | en rut, en chaleur (en celo) | arrogant, e; insolent, e | rebelle (rebelde) ‖ *a tanto alzado* à forfait.

◆ *m* ARQ levé, tracé (proyección) ‖ hauteur (altura) ‖ IMPR brochage, assemblage ‖ *máquina de alzado* machine à brocher.

alzamiento *m* action *f* de lever *o* de soulever (levantamiento) ‖ soulèvement; *un alzamiento popular* un soulèvement populaire ‖ levée *f* de boucliers (contra una autoridad) ‖ surenchère *f* (puja) ‖ COM banqueroute *f* frauduleuse ‖ IMPR assemblage.

alzar *v tr* lever; *alzar la mano* lever la main ‖ élever, hausser (una pared, la voz) ‖ relever (una cosa o una persona caída, el cuello de un abrigo) ‖ soulever (a poca altura) ‖ enlever (quitar) ‖ dresser; *alzar un plano* dresser un plan ‖ lever (la caza) ‖ FIG soulever (sublevar) ‖ lever (un castigo, el embargo, etc.) ‖ AGRIC rentrer; *alzar la cosecha* rentrer les récoltes | donner un premier labour (arar) ‖ élever (la hostia) | IMPR assembler ‖ — *¡alza!* bravo! | *(amer)* alzar pelo *o* a hésiter devant, craindre | *alzar con una cosa* s'emparer d'une chose, rafler, embarquer quelque chose *(fam)* ‖ *alzar el vuelo* prendre son vol *o* son essor (volar), mettre les voiles (irse) ‖ *alzar velas* mettre à la voile.

◆ *v pr* se lever (levantarse) ‖ se relever (del suelo) ‖ s'élever (sobresalir) ‖ s'emparer; *alzarse con los fondos* s'emparer des fonds ‖ FIG se soulever; *el ejército se ha alzado contra el gobierno* l'armée s'est soulevée contre le gouvernement | s'élever; *alzarse contra el orden establecido* s'élever contre l'ordre établi ‖ faire Charlemagne (en el juego) ‖ COM faire une banqueroute frauduleuse (quebrar) ‖ DR faire *o* interjeter appel, se pourvoir ‖ *(amer)* s'enfuir, retourner à l'état sauvage (un animal) | s'enfuir, gagner le maquis (personas) ‖ *se alzó con el santo y la limosna* il a tout embarqué.

allá *adv* là-bas (lugar) ‖ autrefois (tiempo); *allá en mis mocedades* autrefois dans ma jeunesse ‖ — *allá abajo* là en bas ‖ *allá arriba* là-haut (arriba), au ciel, là-haut (en el cielo) ‖ *allá él* tant pis pour lui, c'est son affaire, ça le regarde, ça ne me regarde pas ‖ *allá en estos tiempos* dans ce temps-là ‖ *allá en mis tiempos* de mon temps ‖ *allá se las componga* qu'il se débrouille, qu'il s'arrange ‖ *allá se va* c'est à peu près la même chose ‖ *allá usted si* libre à vous de ‖ *de Madrid para allá* après Madrid ‖ *el más allá* l'au-delà ‖ *más allá* plus loin ‖ *no ser muy allá* ne pas être fameux (no muy bueno) ‖ *no tan allá* pas si loin.

— OBSERV *Allá* (qui indique un endroit moins précis que *allí*) admet divers degrés de comparaison: *tan allá* aussi loin; *no tan allá* pas si loin; *más allá* plus loin; *muy allá* très loin. D'autre part, lorsque *allá* est suivi d'un complément de temps ou de lieu on peut, dans la plupart des cas, ne pas le traduire: *allá en América* en Amérique.

allanamiento *m* aplanissement (acción de poner llano) ‖ FIG aplanissement; *el allanamiento de las dificultades* l'aplanissement des difficultés | pacification *f* ‖ DR violation *f*; *allanamiento de morada* violation de domicile | soumission *f* à une décision judiciaire.

allanar *v tr* aplanir, niveler; *allanar el suelo* aplanir le sol ‖ FIG aplanir, vaincre (una dificultad) ‖ — FIG *allanar el terreno* déblayer le terrain ‖ DR *allanar la morada* violer le domicile.

◆ *v pr* s'effondrer, s'écrouler (derrumbarse) ‖ FIG se soumettre, se plier; *yo me allano a todo* moi je me plie à tout.

allegado, da *adj* ramassé, e; réuni, e (reunido) ‖ proche, voisin, e (cercano) ‖ proche; *en los círculos allegados a la presidencia* dans les milieux proches de la présidence.

◆ *adj y s* proche, parent, e; *mis allegados* mes proches ‖ partisan, e (partidario) ‖ intime de (a una casa, etc.).

◆ *m pl* entourage *sing*; *los allegados al ministro* l'entourage du ministre.

allegar *v tr* ramasser, recueillir (recoger); *allegar fondos* recueillir des fonds ‖ approcher, rapprocher (acercar) ‖ AGRIC entasser (la parva trillada) ‖ ajouter (añadir).

◆ *v intr* arriver (llegar).

◆ *v pr* s'approcher (acercarse) ‖ adhérer à (adherirse).

allegro *m* MÚS allegro.

allende *adv* au-delà de, de l'autre côté de; *allende los mares* au-delà des mers ‖ outre, en outre (además) ‖ outre, en plus de (fuera de).

allí *adv* là; *es allí adonde voy* c'est là que je vais ‖ y; *voy allí todos los días* j'y vais tous les jours ‖ alors (entonces) ‖ — *allí están* les voilà ‖ FAM *allí fue ello* c'est alors que la chose arriva, ce fut le moment critique *o* décisif ‖ *aquí y allí* ici et là.

a.m. abrev de *ante meridiem* a.m., ante meridiem.

ama *f* maîtresse de maison (señora de la casa) ‖ propriétaire, maîtresse (propietaria) ‖ maîtresse, patronne (para los criados) ‖ gouvernante (de un soltero) ‖ — *(amer)* ama de brazos nourrice ‖ *ama de casa* maîtresse de maison ‖ *ama, ama de cría* ou *de leche* nourrice ‖ *ama de gobierno, ama de llaves* gouvernante ‖ *ama seca* nourrice sèche.

amabilidad *f* amabilité, gentillesse; *es de una gran amabilidad* il est d'une grande amabilité; *le agradezco por su amabilidad* je vous remercie de votre gentillesse ‖ *tenga la amabilidad de pasar* donnez-vous la peine d'entrer.

amable *adj* aimable; *el ministro ha sido muy amable conmigo* le ministre a été très aimable avec moi ‖ gentil, ille; *es un profesor muy amable* c'est un professeur très gentil ‖ — *amable a* ou *con* ou *para con todos* aimable à envers tous ‖ *amable de carácter* d'un caractère aimable ‖ *ha sido usted muy amable viniendo* c'est très aimable *o* gentil à vous d'être venu ‖ *¿sería usted tan amable de...?* voudriez-vous être assez aimable pour...?, voulez-vous avoir l'amabilité *o* l'obligeance de...?

amacigado, da *adj* jaune, jaunâtre.

amacizar *v tr (amer)* bourrer, remplir.

amado, da *adj y s* aimé, e; bien-aimé, e; chéri, e.

amadrigar *v tr* FIG faire bon accueil à.

◆ *v pr* se terrer (en la madriguera) ‖ FIG s'enterrer, s'isoler, vivre retiré (retraerse).

amadrinar *v tr* attacher par le mors, atteler ensemble (dos caballos) ‖ FIG parrainer (apadrinar).

amaestrado, da *adj* dressé, e (animal) ‖ savant, e; *pulga amaestrada* puce savante.

amaestrar *v tr* dresser.

amagar *v intr* être sur le point de, promettre de (estar una cosa a punto de) ‖ s'annoncer; *amaga un día hermoso* une belle journée s'annonce ‖ menacer, s'annoncer; *amaga una tempestad* un orage menace ‖ se déclarer (una enfermedad) ‖ esquisser; *amagar una sonrisa* esquisser un sourire ‖ *amagar y no dar* promettre et ne pas donner, menacer sans frapper.

◆ *v pr* FAM se cacher (esconderse).

amago *m* menace *f*, signe (amenaza) ‖ MED symptôme (de una enfermedad) ‖ attaque *f* simulée, feinte *f* ‖ signe, commencement (comienzo) ‖ semblant, geste; *hizo un amago de* il fit semblant de *o* le geste de ‖ tentative *f*; *sólo hemos oído hablar de amagos de industrialización* nous n'avons entendu parler que de tentatives d'industrialisation.

amainar *v tr* MAR amener (las velas).

◆ *v intr* se calmer; *amaina el temporal* la tempête se calme ‖ tomber; *el viento amaina* le vent tombe ‖ FIG modérer, réduire; *amainar en sus pretensiones* modérer ses prétentions.

amalgama *f* amalgame *m*.

amalgamar *v tr* amalgamer.

amamantamiento *m* allaitement.

amamantar *v tr* allaiter, nourrir au sein.

amán *m* aman, grâce *f*, pardon.

amancebamiento *m* concubinage.

amancebarse *v pr* vivre en concubinage.

amancillar *v tr* tacher (manchar).

amanecer *v impers* faire jour, se lever [le jour]; poindre [le jour]; *amanece tarde en invierno* le jour se lève tard en hiver, il fait jour tard en hiver ‖ *amaneciendo* au lever du jour, au point du jour.

◆ *v intr* arriver au lever du jour; *amanecimos en París* au lever du jour nous arrivâmes à Paris ‖ apparaître [à l'aube, au point du jour]; *el jardín amaneció cubierto de nieve* à l'aube, le jardin apparut couvert de neige ‖ se réveiller le matin; *ayer amanecí con mucha fiebre* hier matin je me suis réveillé avec une forte fièvre ‖ FIG apparaître, commencer à se manifester ‖ *el día amaneció nublado* à l'aube le ciel était couvert.

amanecer *m*; **amanecida** *f* point *m* du jour, aube *f*, lever *m* du jour; *al amanecer* au lever du jour.

amanerado, da *adj* maniéré, e; affecté, e; *una persona amanerada* une personne maniérée ‖ (amer) affable, courtois, e (atento).

amaneramiento *m* façons *f pl* maniérées, affectation *f*.

amanerarse *v pr* avoir une style affecté (un artista) ‖ faire des manières (una persona).

amanita *f* BOT amanite (hongo).

amansar *v tr* dompter; *amansar una fiera* dompter une bête féroce ‖ apprivoiser; *amansar una ardilla* apprivoiser un écureuil ‖ FIG calmer, apaiser (sosegar, apaciguar) | apprivoiser, maîtriser (domar) | dompter (el carácter).

◆ *v pr* s'apprivoiser ‖ s'adoucir (ablandarse).

amante *adj* qui aime; *amante de comer bien* qui aime bien manger.

◆ *adj y s* ami, e; amant, e; *amante de la libertad* ami de la liberté ‖ amoureux, euse; *amante de la gloria* amoureux de la gloire.

◆ *m* amant *f*; MAR câble, filin.

◆ *f* maîtresse.

amanuense *m* employé aux écritures, secrétaire (empleado) ‖ copiste.

amañar *v tr* combiner, truquer ‖ truquer (las elecciones).

◆ *v pr* se débrouiller, s'arranger, s'ingénier; *siempre te las amañas para conseguir lo que quieres* tu t'arranges toujours pour arriver à tes fins.

amaño *m* adresse *f*, dispositions *f pl* (maña) ‖ FIG ruse *f*, astuce *f* (treta, ardid).

◆ *pl* outils (herramientas, aperos).

amapola *f* BOT coquelicot *m* ‖ *rojo como una amapola* rouge comme un coquelicot *o* une pivoine.

amar *v tr* aimer; *amar al prójimo* aimer son prochain; *amar con locura* aimer à la folie.

— OBSERV Le verbe espagnol *amar* s'emploie beaucoup moins que le verbe français *aimer*, il correspond à des sentiments plus abstraits (*aimer sa patrie*, etc.). Il n'a jamais le sens d'*apprécier* (*aimer une chose*) et rarement celui de *chérir* (*aimer quelqu'un*); dans ce dernier sens son emploi est poétique ou prétentieux.

amaraje *m* amerrissage.

amaranto *m* BOT amarante *f*.

amarar *v intr* amerrir.

amargado, da *adj* amer, ère ‖ FIG aigri, e; *persona amargada* personne aigrie.

◆ *m y f* personne qui broie du noir, personne aigrie, pessimiste.

amargar *v intr* être amer; *esta fruta amarga* ce fruit est amer.

◆ *v tr* rendre amer (dar sabor amargo) ‖ FIG affliger, faire de la peine (afligir) | aigrir; *los reveses de la fortuna le han amargado* les revers de fortune l'ont aigri | peser; *me amarga la vida* la vie me pèse ‖ *— amargarle la vida a alguien* empoisonner la vie de quelqu'un, faire la vie dure à quelqu'un ‖ *a nadie le amarga un dulce* il ne faut pas se plaindre que la mariée soit trop belle.

amargo, ga *adj* amer, ère; *almendra amarga* amande amère ‖ FIG amer, ère; triste; *un recuerdo amargo* un souvenir amer | amer, ère; aigri, e; *un carácter amargo* un caractère aigri ‖ (amer) indécis, e (flojo) ‖ *lo amargo* les choses amères.

◆ *m* amertume *f* (sabor amargo) ‖ amer (infusión) ‖ (amer) maté amer.

amargor *m* amertume *f*.

amargoso, sa *adj* (amer) amer, ère.

amargura *f* amertume (sabor) ‖ FIG amertume; *sus fracasos le han llenado de amargura* ses échecs l'ont rempli d'amertume | ennui *m*; *darle a uno muchas amarguras* donner beaucoup d'ennuis à quelqu'un.

amariconado, da *adj* FAM (despectivo) pédé.

amariconarse *v pr* FAM devenir efféminé.

amarillento, ta *adj* jaunâtre ‖ blême, jaune; *tener la tez amarillenta* avoir le teint jaune.

amarillismo *m* sensationnalisme.

amarillista *adj* sensationnel, elle; à sensation, à scandale.

amarillo, lla *adj* jaune; *raza amarilla* race jaune ‖ jaune, amaril, e; *fiebre amarilla* fièvre amarile ‖ *— amarillo como la cera* jaune comme un citron *o* comme un coing ‖ *ponerse amarillo* jaunir.

◆ *m* jaune (color); *amarillo claro* jaune clair ‖ assoupissement passager (de los gusanos de seda).

Amarillo (río) *n pr* GEOGR fleuve Jaune.

amarilloso, sa *adj* (amer) jaunâtre.

amarinar *v tr* MAR amariner ‖ faire mariner (en escabeche).

amariposado, da *adj* BOT papilionacé, e.

amarra *f* MAR amarre (cabo) ‖ martingale (de un arnés).

◆ *pl* FIG & FAM piston *m sing*, relations; *tener buenas amarras* avoir du piston ‖ — *largar amarras* larguer les amarres ‖ *soltar las amarras* lâcher les amarres.
amarraje *m* MAR droit d'amarrage (impuesto).
amarrar *v tr* amarrer (un barco) ‖ attacher; *amarra tus zapatos* attache tes chaussures; *amarrar un paquete* attacher un paquet ‖ attacher, ficeler, ligoter; *le amarraron a una silla* ils l'ont ligoté à une chaise ‖ lier (las gavillas) ‖ tricher (al barajar las cartas) ‖ *jugar muy amarrado* jouer à coup sûr (en el póker).
◆ *v pr* FAM s'assurer ‖ attacher (los zapatos) ‖ POP *(amer) amarrársela* prendre une cuite, se saouler.
amarre *m* tricherie *f* (al barajar las cartas) ‖ amarrage (amarradura).
amarrete *adj* *(amer)* chiche, mesquin, e (tacaño).
amartelado, da *adj* épris, e ‖ amoureux, euse; *están muy amartelados* ils sont très amoureux.
amartelar *v tr* rendre jaloux, ouse (dar celos) ‖ rendre amoureux, euse (enamorar).
◆ *v pr* s'éprendre passionnément de, être mordu pour (enamorarse).
amartillar *v tr* marteler (golpear) ‖ armer (armas de fuego).
amasadura *f*; **amasamiento** *m* pétrissage *m* ‖ pâte *f* pétrie (amasijo) ‖ MED massage *m* (masaje) ‖ malaxage *m* (industria lechera).
amasar *v tr* pétrir; *amasar el pan* pétrir le pain ‖ TECN gâcher [du plâtre, du mortier] ‖ MED masser (dar masajes) ‖ FIG composer, amalgamer ‖ amasser; *amasar una fortuna* amasser une fortune ‖ FIG & FAM combiner, tramer, machiner, manigancer (amañar).
amasia *f* *(amer)* maîtresse (amante).
amasiato *m* *(amer)* concubinage.
amasijo *m* pâte *f* pétrie (masa de harina) ‖ pétrissage (amasadura) ‖ gâchis, mortier (de yeso, cal, etc.) ‖ FIG & FAM fatras, ramassis (mezcolanza); *este libro es un amasijo de tópicos* ce livre est un ramassis de lieux communs ‖ boulot, travail (tarea).
amateur *adj* DEP amateur.
amateurismo *m* DEP amateurisme.
amatista *f* améthyste (piedra).
amazacotado, da *adj* lourd, e; disgracieux, euse ‖ FIG lourd, e; indigeste, sans élégance (estilo); *autor de obras amazacotadas* auteur d'œuvres indigestes ‖ pâteux, euse; *un arroz con leche amazacotado* un riz au lait pâteux.
amazona *f* amazone, écuyère; *montar en amazona* ou *a la amazona* monter en amazone *o* à l'écuyère ‖ FIG amazone (traje).
Amazonas *n pr m* GEOGR A̎mazone.
amazónico, ca; amazonio, nia *adj* amazonien, enne.
ambages *m pl* FIG ambages; *hablar sin ambages* parler sans ambages ‖ *andarse con ambages* prendre des détours.
ámbar *m* ambre ‖ nectar (vino) ‖ — *ámbar gris* ou *pardillo* ambre gris ‖ *ámbar negro* jais (azabache) ‖ *de ámbar* ambré, e (perfumado) ‖ *disco ámbar* feu orange (semáforo).
Amberes *n pr* GEOGR Anvers.
ambición *f* ambition.
ambicionar *v tr* ambitionner.

ambicioso, sa *adj* y *s* ambitieux, euse.
ambidextro, tra; ambidiestro, tra *adj* y *s* ambidextre.
ambientación *f* ambiance (ambiente) ‖ RAD bruitage *m* ‖ *ruido de ambientación* bruit de fond.
ambientador *m* désodorisant.
ambiental *adj* de l'environnement.
ambientar *v tr* baigner d'une certaine atmosphère, créer l'ambiance de; *ambientar una exposición* créer l'ambiance d'une exposition ‖ *un cuadro bien ambientado* un tableau où l'atmosphère est bien rendue.
◆ *v pr* s'habituer, s'adapter, s'acclimater; *se ambienta rápidamente en todos los países* il s'acclimate rapidement dans tous les pays.
ambiente *adj* ambiant, e; *el aire ambiente* l'air ambiant ‖ *medio ambiente* environnement.
◆ *m* milieu ambiant, milieu environnant ‖ air ambiant, atmosphère; *ambiente cargado de humo* atmosphère enfumée ‖ FIG ambiance *f*, milieu (medio); *un ambiente intelectual* une ambiance intellectuelle ‖ ambiance *f*, atmosphère *f*; *aquí hay un ambiente desagradable* ici il y a une atmosphère désagréable ‖ climat; *un ambiente optimista* un climat optimiste ‖ atmosphère *f*; *no hay ambiente para trabajar* l'atmosphère n'incite pas au travail ‖ ambiance *f*; *no entres en esta sala de fiestas, no hay ambiente* n'entre pas dans cette boîte de nuit, il n'y a pas d'ambiance ‖ perspective *f* (en pintura) ‖ milieu (sector); *ambiente rural* milieu rural ‖ *(amer)* pièce *f* (habitación).
ambigú *m* ambigu, repas froid, lunch (comida) ‖ buffet (lugar donde se sirve).
ambigüedad *f* ambiguïté.
ambiguo, gua *adj* ambigu, ë; *una contestación ambigua* une réponse ambiguë ‖ GRAM des deux genres.
ámbito *m* enceinte *f* (recinto) ‖ FIG milieu, atmosphère *f* (ambiente) ‖ cadre; *en el ámbito de la ley* dans le cadre de la loi ‖ *el ámbito nacional* le territoire national.
ambivalencia *f* QUÍM ambivalence.
ambivalente *adj* QUÍM ambivalent, e.
ambos, as *adj pl* les deux; *llegaron ambos hermanos* les deux frères arrivèrent ‖ — *ambos a dos* les deux ensemble *o* en même temps ‖ *de ambas partes* de part et d'autre ‖ *por ambos lados* des deux côtés.
◆ *pron pl* tous deux, toutes deux, tous les deux, toutes les deux; *ambos vinieron* ils sont venus tous les deux.
ambrosía *f* ambroisie (manjar) ‖ FIG nectar *m*, ambroisie (cosa o manjar delicioso).
ambrosíaco, ca *adj* ambrosiaque; *perfume ambrosíaco* parfum ambrosiaque.
ambrosiano, na *adj* ambrosien, enne (de San Ambrosio); *rito, canto ambrosiano* rite, chant ambrosien; *biblioteca ambrosiana* bibliothèque Ambrosienne.
ambulancia *f* ambulance ‖ *ambulancia de correos* bureau ambulant [poste].
ambulante *adj* ambulant, e; *vendedor ambulante* marchand ambulant ‖ itinérant, e; *embajador ambulante* ambassadeur itinérant; *misión ambulante* mission itinérante.
◆ *m* *(amer)* marchand ambulant (vendedor) ‖ ambulancier (ambulanciero) ‖ *ambulante de correos* postier ambulant (en los trenes).

ambulatorio, ria *adj* ambulatoire.
◆ *m* hôpital [de la Sécurité sociale]; dispensaire.
ameba *f* ZOOL amibe.
amedrentador, ra *adj* effrayant, e.
amedrentar *v tr* effrayer, intimider, faire peur; *no amedrento a nadie* je ne fais peur à personne || effrayer, apeurer; *los gritos amedrentaron a los vecinos* les cris effrayèrent les voisins.
◆ *v pr* s'effrayer; *se amedrenta por cualquier cosa* il s'effraie de n'importe quoi || être intimidé, e; *se amedrentaba ante el profesor* il était intimidé devant le professeur.
amelocotonado, da *adj* en forme de pêche || au goût de pêche.
amelonado, da *adj* en forme de melon; *tiene una cabeza amelonada* il a une tête en forme de melon || FIG & FAM amoureux, euse; amouraché, e.
amén *m inv* FAM amen; *decir amén a todo* dire amen à tout.
◆ *adv* amen, ainsi soit-il; *líbranos del mal, amén* délivrez-nous du mal, ainsi soit-il || — FAM *amén de* outre, en plus de; *amén de lo dicho* outre ce qui a été dit || *(amer) amén que* encore que || FIG *en un decir amén, en un amén* en un clin d'œil, en moins de deux.
amenaza *f* menace; *amenazas vanas* menaces en l'air.
amenazador, ra; amenazante *adj* menaçant, e.
amenazar *v tr* menacer; *amenazar con un arma* menacer d'une arme || *la patria amenazada* la patrie en danger *o* menacée.
◆ *v intr* menacer || FIG menacer (estar inminente); *amenaza nieve* il menace de neiger.
amenguar *v tr* amoindrir, diminuer || FIG deshonorer (deshonrar).
amenidad *f* aménité || agrément *m*, charme *m*; *la amenidad de una conversación* le charme d'une conversation.
amenizar *v tr* égayer; *amenizar la conversación* égayer la conversation || agrémenter; *amenizar un discurso con citas* agrémenter un discours de citations || animer; *la fiesta será amenizada por una orquesta* la fête sera animée par un orchestre.
ameno, na *adj* amène *(p us)*, agréable.
amenorrea *f* MED aménorrhée.
amerengado, da *adj* meringué, e.
América *n pr f* Amérique; *América del Norte, Central, del Sur* Amérique du Nord, centrale, du Sud.
americana *f* veston *m*, veste; *una americana cruzada* un veston croisé; *su americana no es del mismo color que su pantalón* sa veste n'est pas de la même couleur que son pantalon || américaine (faetón).
americanismo *m* américanisme.
americanización *f* américanisation.
americanizar *v tr* américaniser.
americano, na *adj* américain, e (del continente) || latino-américain, e; d'Amérique latine (de Hispanoamérica) || américain, e (de los EE.UU.).
◆ *m y f* Am; aaericain, e (del continente o de los EE.UU.) || Latino-Américain, e (de Hispanoamérica).
— OBSERV Véase *américain* en la parte francés-español.
americio *m* américium (metal).

amerindio, dia *adj y s* amérindien, enne.
ameritar *v tr (amer)* mériter.
amerizaje *m* amerrissage.
amerizar *v intr* amerrir (amarar).
ametrallador, ra *adj y s f* mitrailleur, euse.
ametrallamiento *m* mitraillage.
ametrallar *v tr* mitrailler.
amianto *m* amiante.
amiba *f* ZOOL amibe.
amigable *adj* amiable; *contrato amigable* contrat à l'amiable; *amigable componedor* amiable compositeur.
amigacho, cha *m y f* FAM copain, copine.
amígdala *f* ANAT amygdale.
amigdalitis *f* MED amygdalite.
amigo, ga *adj y s* ami, e; *amigo de siempre* ou *de toda la vida* ami de toujours; *una voz amiga* une voix amie; *es un amigo mío* c'est un de mes amis || amateur; *ser amigo de las cosas buenas* être amateur de bonnes choses || — *amigo de la casa* ami intime, ami de la maison || *amigo del alma* ami intime || FAM *amigo del asa* ami intime || *amigo de lo ajeno* voleur || — *como amigos* en amis || *cuanto más amigos más claros* les bons comptes font les bons amis || — *bueno es tener amigos hasta en el infierno* il est bon d'avoir des amis partout || *es muy amigo mío* c'est un de mes bons amis, c'est un bon *o* un grand ami || *ganar amigos* se faire des amis || *poner cara de pocos amigos* faire grise mine || *ser amigo de* aimer, aimer à (con el infinitivo) || *tener cara de pocos amigos* avoir une mine rébarbative, avoir un visage peu sympathique.
◆ *adj* amical, e (amistoso) || MAT amiable (número).
◆ *m y f* amant, maîtresse (amante).
◆ *interj* mon ami!; ¡amigo!, *dígame usted qué hora es* mon ami, dites-moi quelle heure il est.
amigote *m* FAM copain, pote.
amiguismo *m* copinage.
amilanamiento *m* peur *f* (miedo) || découragement (desánimo).
amilanar *v tr* effrayer, faire peur, intimider (asustar) || FIG décourager (desanimar).
◆ *v pr* s'effrayer || se décourager.
amillarar *v tr* répartir les impôts [d'après le cadastre].
amina *f* QUÍM amine.
aminoácido *m* QUÍM amninoacide.
aminorar *v tr* diminuer, amoindrir || ralentir; *aminorar el paso* ralentir le pas || *aminorar la velocidad* ralentir.
amistad *f* amitié || *granjearse la amistad de* gagner l'amitié de || liaison, concubinage *m* (concubinato) || FIG affinité (entre cosas) || — *contraer* ou *trabar amistad* se lier d'amitié.
◆ *pl* amis *m*, relations; *tener amistades poco recomendables* avoir des amis peu recommandables || *hacer las amistades* se réconcilier, faire la paix || *romper las amistades* rompre.
amistoso, sa *adj* amical, e; *una correspondencia muy amistosa* une correspondance très amicale || à l'amiable; *un arreglo amistoso* un arrangement à l'amiable.
amito *m* amict (paño sacerdotal).
Ammán *n pr* GEOGR Amman.
amnesia *f* MED amnésie.

amnésico, ca *adj* y *s* amnésique.

amniótico, ca *adj* ANAT amniotique; *líquido amniótico* liquide amniotique.

amnistía *f* amnistie ‖ ECON *amnistía fiscal* amnistie fiscale.

amnistiar *v tr* amnistier.

amo *m* maître; *amo de casa* maître de maison ‖ maître (propietario); *el ojo del amo engorda al caballo* l'œil du maître engraisse le cheval ‖ propriétaire; *soy el amo de este coche* je suis le propriétaire de cette voiture ‖ patron (de un taller) ‖ — *(amer) Nuestro Amo* le saint sacrement ‖ *perro de muchos amos* personne qui a fait tous les métiers ‖ — FIG & FAM *ser el amo del cotarro* être le grand manitou, faire la pluie et le beau temps, mener la danse.

amodorrado, da *adj* assoupi, e; somnolent, e.

amodorramiento *m* assoupissement, somnolence *f*.

amodorrarse *v pr* s'assoupir.

amogollonarse *v pr* s'entasser, s'accumuler.

amohinar *v tr* fâcher, chagriner.
◆ *v pr* bouder, faire la moue.

amojamado, da *adj* maigre, sec, sèche (flaco).

amojamar *v tr* boucaner, saurer, saurir.
◆ *v pr* maigrir, se dessécher (adelgazar).

amojonar *v tr* borner, mettre des bornes à; *amojonar un campo* borner un champ.

amolar* *v tr* aiguiser (palabra usual), émoudre *(p us)* ‖ FIG & FAM raser, casser les pieds, barber (fastidiar) | faire maigrir (adelgazar) ‖ *piedra de amolar* pierre meulière.

amoldable *adj* conciliant, e; coulant, e *(fam)* ‖ *amoldable a* qui s'adapte à.

amoldamiento *m* moulage ‖ FIG ajustement (ajuste) ‖ FIG adaptation *f*, respect; *amoldamiento a* adaptation a, respect pour.

amoldar *v tr* mouler (en un molde) ‖ ajuster (ajustar) ‖ régler; *amoldar su conducta a los principios cristianos* régler sa conduite sur les principes chrétiens.
◆ *v pr* se mouler, s'ajuster ‖ FIG s'adapter, suivre; *amoldarse a las costumbres locales* suivre les habitudes locales | s'adapter; *amoldarse a las circunstancias* s'adapter aux circonstances.

amonal *m* QUÍM ammonal.

amonestación *f* admonestation, avertissement, réprimande (advertencia) ‖ ban *m* (anuncio de boda); *correr las amonestaciones* publier les bans.

amonestador, ra *adj* admoniteur, trice.

amonestar *v tr* admonester *(p us)*, faire une remontrance à, réprimander (reprender) ‖ publier les bans de mariage (anunciar la boda).

amoniacal *adj* QUÍM ammoniacal, e; *sales amoniacales* des sels ammoniacaux.

amoniaco, ca; amoníaco, ca *adj* QUÍM ammoniac, aque; *sal amoníaca* sel ammoniac.
◆ *m* QUÍM ammoniac *f* ‖ gomme *f* ammoniaque (goma).

amonita *adj* y *s* HIST ammonite.
◆ *f* ZOOL ammonite (fósil).

amontillado, da *adj* très sec (vin).
◆ *m* vin de Xérès très sec.

amontonamiento *m* entassement, amoncellement.

amontonar *v tr* entasser (poner en montones); *amontonar libros* entasser des livres ‖ amonceler (acumular); *amontonar documentos* amonceler des documents ‖ accumuler, amasser; *amontonar pruebas* accumuler des preuves ‖ accumuler, emmagasiner (recuerdos).
◆ *v pr* s'entasser, se masser; *se amontonaba la gente en la plaza* les gens se massaient sur la place ‖ s'accumuler, s'amonceler; *las pruebas contra él se amontonaban* les preuves contre lui s'accumulaient ‖ FIG & FAM s'emballer (enfadarse) | se mettre ensemble, se coller (amancebarse).

amor *m* amour; *el amor de un padre* l'amour d'un père; *trabajar con amor* travailler avec amour ‖ amour (persona o cosa amada); *eres mi amor* tu es mon amour ‖ carotte *f* sauvage (cadillo) ‖ — BOT *amor al uso* ketmie changeante ‖ *amor a primera vista* coup de cœur, coup de foudre ‖ *amor correspondido* amour partagé ‖ BOT *amor de hortelano* gratteron ‖ *amor maternal* amour maternel ‖ *amor pasajero* amourette, amour passager ‖ *amor propio* amour propre ‖ — *al amor del agua* au fil de l'eau ‖ *al amor de la lumbre* ou *del fuego* au coin du feu ‖ *con* ou *de mil amores* avec grand plaisir, très volontiers ‖ *en amor y compañía* en bonne intelligence ‖ *por amor al arte* pour l'amour de l'art ‖ *por amor de* pour l'amour de; *por amor de Dios* pour l'amour de Dieu; à cause de (con motivo de) ‖ — *amor con amor se paga* c'est un échange de bons procédés ‖ *hacer el amor* faire la cour ‖ *pagar el amor* payer de retour ‖ *tener amor a* aimer.
◆ *pl* amours *f* o *m*; *amores contrariados* des amours contrariées ‖ *hablar de amores* parler d'amour ‖ mots d'amour, galanteries *f* (requiebros).

amoral *adj* y *s* amoral, e; *hechos amorales* des faits amoraux.

amoralidad *f* amoralité.

amoratado, da *adj* violacé, e; *tener las manos amoratadas de frío* avoir les mains violacées de froid.

amoratar *v tr* rendre violacé.
◆ *v pr* devenir violet.

amordazar *v tr* bâillonner; *los ladrones le amordazaron* les voleurs le bâillonnèrent ‖ museler (un animal) ‖ FIG museler, bâillonner; *amordazar la prensa* bâillonner la presse.

amorfo, fa *adj* amorphe.

amorío *m* FAM amourette *f*.

amoriscado, da *adj* mauresque.

amormado, da *adj* morveux, euse: atteint, e de la morve (enfermo).

amoroso, sa *adj* tendre, affectueux, euse; *un padre amoroso* un père affectueux ‖ d'amour; *cartas amorosas* lettres d'amour ‖ amoureux, euse; *miradas amorosas* des regards amoureux ‖ AGRIC doux, douce (tierra) ‖ FIG tiède, agréable (tiempo) ‖ *(amer)* adorable (encantador) ‖ *carta* ou *esquela amorosa* billet doux.

amortajar *v tr* ensevelir, mettre dans un linceul ‖ TECN assembler [le tenon et la mortaise]; emboîter [le tenon dans la mortaise].

amortiguación *f* amortissement *m*.

amortiguador, ra *adj* amortissant, e.
◆ *m* TECN amortisseur.

amortiguar *v tr* amortir; *amortiguar el ruido* amortir le bruit ‖ FIG amortir, atténuer, étouffer (menguar) | atténuer (los colores).
◆ *v pr* s'amortir.

— OBSERV La palabra francesa *amortir* corresponde en español a *amortiguar* en el sentido de apagar o ahogar, y a *amortizar* en sentido comercial y jurídico.

amortizable *adj* amortissable; *renta amortizable* rente amortissable.

amortización *f* COM & DR amortissement *m*; *caja de amortización* caisse d'amortissement.

amortizar *v tr* COM & DR amortir; *amortizar el capital empleado* amortir le capital employé.

amoscarse *v pr* se fâcher, prendre la mouche.

amotinado, da *adj y s* insurgé, e || révolté, e (insurrecto), rebelle (rebelde).

amotinamiento *m* émeute *f* (motín), révolte *f* (rebelión), mutinerie *f* (de soldados).

amotinar *v tr* soulever, ameuter; *amotinar al pueblo* soulever le peuple || FIG déchaîner, soulever (turbar).
◆ *v pr* se soulever, se révolter; *el pueblo se amotinó* le peuple s'est révolté || se mutiner; *los soldados se amotinaron* les soldats se sont mutinés || FIG se déchaîner (turbarse).

amovible *adj* amovible.

amparador, ra *adj y s* protecteur, trice.

amparar *v tr* protéger; *amparar a un delincuente* protéger un délinquant || *¡Dios le ampare!* Dieu vous protège!
◆ *v pr* s'abriter, se protéger; *ampararse de la lluvia* se protéger de la pluie || s'abriter; se mettre à l'abri; *ampararse debajo de un árbol* s'abriter sous un arbre || se mettre sous la protection de; *a usted me amparo* je me mets sous votre protection || s'abriter derrière, se prévaloir de; *ampararse en la ley* s'abriter derrière la loi.

amparo *m* protection *f*; *al amparo de uno, de la ley* sous la protection de quelqu'un, de la loi || abri; *ponerse al amparo de la lluvia* se mettre à l'abri de la pluie || appui, soutien, protection; *puedo contar con su amparo* je peux compter sur son appui || refuge; *la Iglesia siempre ha sido el amparo de los desdichados* l'Église a toujours été le refuge des malheureux || *María del Amparo* Notre-Dame du Bon Secours [de là dérive le prénom féminin «Amparo»].

amperaje *m* TECN ampérage.

amperímetro *m* TECN ampèremètre.

amperio *m* FÍS ampère || *amperio hora* ampèreheure.

ampliable *adj* que l'on peut agrandir.

ampliación *f* agrandissement *m*; *ampliación de una tienda* agrandissement d'une boutique || extension; *ampliación de una fábrica* extension d'une usine || accroissement *m*; *ampliación de la superficie* accroissement de la superficie || élargissement *m*; *ampliación de un acuerdo* élargissement d'un accord || agrandissement *m* (de una foto) || — COM *ampliación de capital* augmentation du capital || *ampliación de estudios* perfectionnement.

ampliado, da *adj* agrandi, e || élargi, e; *programa ampliado de asistencia técnica* programme élargi d'assistance technique.

ampliador, ra *adj* amplificateur, trice.
◆ *f* FOT agrandisseur *m*.

ampliar *v tr* agrandir; *ampliar un almacén* agrandir un magasin || étendre, élargir; *ampliar los poderes del gerente* étendre les pouvoirs du gérant || augmenter; *ampliar el número de los accionistas, el capital* augmenter le nombre des actionnaires, le capital || élargir, amplifier (ensanchar) || élargir (un acuerdo) || développer (desarrollar) || FOT agrandir || accroître (una superficie) || amplifier.

amplificación *f* amplification || développement *m* (de una idea).

amplificador, ra *adj y s m* amplificateur, trice || *— amplificador de audio* amplificateur haute-fréquence || FÍS *amplificador de banda ancha* amplificateur à large bande || *amplificador de luminancia* amplificateur de luminance.

amplificar *v tr* amplifier (ampliar) || agrandir; *el microscopio amplifica los pequeños cuerpos* le microscope agrandit les petits corps || développer (una idea).

amplio, ia *adj* ample; *un vestido amplio* une robe ample || étendu, e; *tener amplios poderes* avoir des pouvoirs étendus || vaste; *conocimientos muy amplios* des connaissances très étendues || vaste; *amplio es el mundo* vaste est le monde; *ha habido un amplio movimiento de huelga* il y a eu un vaste mouvement de grève || grand, e; *este pantalón te está un poco amplio* ce pantalon est un peu grand pour toi || considérable; *el amplio desarrollo de la economía* le développement considérable de l'économie || approfondi, e; vaste; *un amplio cambio de impresiones* un échange de vues approfondi || *el sentido amplio de una palabra* le sens large d'un terme.

amplitud *f* ampleur (extensión) || amplitude (de una oscilación) || ASTR amplitude || étendue; *la amplitud del mar* l'étendue de la mer || FIG étendue, ampleur; *la amplitud de un desastre* l'étendue d'un désastre || étendue; *la amplitud de los poderes* l'étendue des pouvoirs | importance; *la amplitud de la publicidad* l'importance de la publicité | envergure; *un proyecto de gran amplitud* un projet de grande envergure || — *amplitud de ideas* idées larges, largeur d'esprit || *con amplitud* largement; *aquí caben con amplitud veinte personas* ici peuvent tenir largement vingt personnes.

ampo *m* blancheur *f* éclatante; *el ampo de la nieve* la blancheur éclatante de la neige || flocon (copo de nieve).

ampolla *f* MED ampoule, cloque; *tengo ampollas en las manos* j'ai des ampoules dans les mains || ampoule (de inyección) || ampoule (vasija) || burette (vinajera) || bulle (burbuja).

ampulosidad *f* FIG emphase, enflure (estilo).

ampuloso, sa *adj* FIG ampoulé, e || enflé, e || emphatique (estilo) || *tener un nombre muy ampuloso* avoir un nom à rallonge.

ampurdanés, esa *adj* de l'Ampurdan.

amputación *f* amputation; *amputación de un miembro, de créditos* amputation d'un membre, de crédits.

amputar *v tr* amputer (mutilar, reducir).

Amsterdam *n pr* GEOGR Amsterdam.

amuchachado, da *adj* enfantin, e; *rostro amuchachado* visage enfantin.

amueblado *m* (amer) meublé loué à des prostituées.

amueblar *v tr* meubler || *piso amueblado* meublé, appartement meublé.

amuermado, da *adj* FAM assommé, e; groggy (atontado) | abattu, e; découragé, e (deprimido) | qui s'embête o se fait suer (aburrido) || MED atteint, e de la morve.

◆ *m y f* FAM camé, e [drogue].
amuermar *v tr* FAM pomper l'air, faire suer (aburrir) | abrutir, ramollir (adormecer).
◆ *v pr* FAM se faire suer (aburrirse) | s'assoupir (adormecerse).
amuermar *v tr* FAM abrutir, assommer (atontar) | embêter, assommer, faire suer (aburrir).
amujerado, da *adj* efféminé, e (afeminado).
amularse *v pr (amer)* se fâcher (enfadarse) || devenir invendable.
amulatado, da *adj* brun, e; basané, e (moreno) || semblable aux mulâtres [par les traits].
amuleto *m* amulette *f*.
amuñecado, da *adj* poupin, e; *rostro amuñecado* visage poupin || pomponné, e (acicalado).
Amur *n pr m* GEOGR Amour (río) .
amurallado, da *adj* fortifié, e.
amurallar *v tr* entourer de murailles, fortifier.
amustiar *v tr* faner, flétrir.
ana *f* aune (medida de longitud).
Ana (santa) *n pr* sainte Anne.
anabolismo *m* anabolisme.
anabolizante; anabolizador, ra *adj y s m* anabolisant, e.
anacarado, da *adj* nacré, e.
anacardo *m* anacardier (árbol) || anacarde, pomme *f* de cajou (fruto).
anacoluto *m* anacoluthe *f*.
anaconda *f* ZOOL anaconda *m* (serpiente).
anacoreta *m y f* anachorète.
anacreóntico, ca *adj* anacréontique.
anacrónico, ca *adj* anachronique.
anacronismo *m* anachronisme.
ánade *m y f* ZOOL canard *m* (pato).
Ana de Austria *n pr* Anne d'Autriche.
anaerobio, bia *adj y s m* anaérobie.
anafe *m* réchaud à charbon (hornillo).
anáfora *f* anaphore (repetición).
anafórico, ca *adj* anaphorique.
anafrodisíaco, ca; afrodisíaco, ca *adj y s m* anaphrodisiaque.
anagnórisis *f* TEATR anagnórisis.
anagrama *m* anagramme *f*.
anal *adj* ANAT anal.
anales *m pl* annales *f*.
analfabetismo *m* analphabétisme.
analfabeto, ta *adj y s* analphabète.
analgesia *f* MED analgésie, analgie.
analgésico, ca *adj y s m* MED analgésique.
análisis *m* analyse *f*; *análisis cuantitativo* analyse quantitative; *análisis de sangre* analyse de sang.
analista *m y f* annaliste || MED analyste || — INFORM *analista de sistemas* analyste de systèmes || ECON *analista financiero* analyste financier.
analítico, ca *adj* analytique; *cuadro analítico* tableau analytique.
analizador, ra *adj* qui analyse.
◆ *m* FÍS analyseur.
analizar *v tr* analyser.
análogamente *adv* pareillement.
analogía *f* analogie.
analógico, ca *adj* analogique.
análogo, ga *adj* analogue.

ananá; ananás *m* BOT ananas (planta y fruto).
— OBSERV Le pluriel de *ananás* est soit *ananaes* soit *ananases*.
anaquel *m* rayon, étagère *f* (de un armario) || étagère *f*, tablette *f* (de un muro).
anaranjado, da *adj* orangé, e.
◆ *m* orange (color).
anarco *m* FAM anar (anarquista).
anarcosindicalismo *m* anarcho-syndicalisme.
anarcosindicalista *adj y s* anarcho-syndicaliste.
anarquía *f* anarchie.
anárquico, ca *adj* anarchique.
anarquismo *m* anarchisme.
anarquista *adj y s* anarchiste.
anarquizar *v tr* anarchiser || faire de la propagande anarchiste.
anatema *m* anathème; *lanzar* ou *fulminar un anatema* jeter *o* prononcer un anathème.
anatematizar *v tr* anathématiser.
Anatolia *n pr f* GEOGR Anatolie.
anatomía *f* anatomie || dissection, anatomie; *hacer la anatomía de un cadáver* faire l'anatomie d'un cadavre || *anatomía patológica* anatomie pathologique.
anatómico, ca *adj* anatomique.
◆ *m y f* anatomiste.
anatomizar *v tr* anatomiser *(p us)*, disséquer.
anca *f* hanche (del caballo) || FAM fesse (nalga) || *(amer)* maïs *m* grillé.
◆ *pl* croupe *sing* (grupas); *a ancas* en croupe || *ancas de rana* cuisses de grenouille.
ANCA abrev de *Asociación Nacional de Controladores Aéreos* Association nationale des contrôleurs aériens [en Espagne].
ancestral *adj* ancestral, e.
ancestro *m* ancêtre.
anciano, na *adj y s* vieux, vieille; âgé, e (de edad).
◆ *m y f* vieillard (sin femenino), vieille personne, personne âgée, vieux, vieille (viejo).
◆ *m* ancien (dignidad religiosa o militar).
— OBSERV Los sustantivos *vieux* y *vieille* son familiares.
ancla *f* MAR ancre; *echar, levar anclas* jeter, lever l'ancre || — *ancla de la esperanza* ancre de miséricorde *o* de salut || FIG *ancla de salvación* ancre de salut || *ancla hall* ancre Hall.
anclaje *m* MAR ancrage, mouillage (fondeadero) || droit de mouillage (derecho) || CONSTR ancrage.
anclar *v tr e intr* mouiller, ancrer [un navire].
ancón *m*; **anconada** *f* MAR anse *f* (bahía pequeña) || *(amer)* coin *m* (rincón).
áncora *f* MAR ancre || FIG ancre; *áncora de salvación* ancre de salut || TECN ancre (de reloj) || ARQ ancre (para muros).
ancoraje *m* MAR ancrage, mouillage.
ancho, cha *adj* large; *vestido ancho* vêtement large || trop large (demasiado ancho) || épais, épaisse; *una pared ancha* un mur épais || grand, e; *el piso nos viene ancho* l'appartement est grand pour nous || — *a lo largo y a lo ancho* en long et en large || FIG *ancha es Castilla* l'avenir est à toi, à lui, etc. | *estar* ou *ponerse muy* ou *tan ancho* se gonfler | *la independencia viene un poco ancha al país* le pays n'est pas tout à fait mûr pour l'indépendance | *le viene un poco ancho su cargo* il n'est pas tout à

fait à la hauteur de ses fonctions | *quedarse tan ancho* ne pas s'affoler, ne pas s'émouvoir, ne pas s'en faire || *ser ancho de espaldas* avoir les épaules larges || FIG *tener anchas las espaldas* avoir bon dos *o* le dos large | *tener la manga ancha* avoir la conscience large.

◆ *m* largeur *f* (anchura); *el ancho de la acera* la largeur du trottoir; *estos dos objetos tienen lo mismo de ancho* ces deux objets ont la même largeur || écartement; *ancho de vía* écartement des rails (ferrocarril) || *tener menos ancho que* être moins large que.

◆ *f pl a mis, a tus, a sus anchas* à mon, à ton, à son aise; à l'aise | *estar a sus anchas* être très à l'aise, avoir les coudées franches.

anchoa *f* anchois *m* (pez) || *anchoas en rollos* ou *enrolladas* anchois roulés.

— OBSERV *Anchois* se dit *boquerón* pour le poisson frais et *anchoa* pour le poisson préparé et salé en boîte.

anchura *f* largeur (dimensión) || FIG sans gêne *m* || largeur, ouverture; *anchura de miras* ouverture d'esprit || IMPR justification || — *a mis anchuras* à mon aise, à l'aise || *anchura de espaldas* carrure.

andada *f* (amer) longue marche (caminata).

◆ *pl* empreintes, traces (huellas) || FIG & FAM *volver a las andadas* retomber dans les mêmes fautes *o* erreurs.

andaderas *f pl* youpala *m sing*, chariot *m sing* (para niño).

andado, da *adj* fréquenté, e; passant, e; animé, e; *calle poco andada* rue peu animée || vulgaire, banal, e (corriente) || usé, e (vestidos); *ropa muy andada* linge très usé.

andador, ra *adj y s* bon marcheur, bonne marcheuse (que anda mucho) || rapide (veloz) || vagabond, e (andariego).

◆ *m* (*p us*) commissionnaire (recadero) || (*p us*) allée *f*, sentier (senda).

◆ *pl* lisières *f* (tirantes) || chariot *sing*, youpala *sing* (andaderas) || FIG *no necesitar andadores* se débrouiller tout seul, se tirer d'affaire tout seul.

andadura *f* marche || allure (del caballo) || *paso de andadura* amble.

¡ándale!; ¡ándele! *interj* (amer) FAM allez!, OK!

Andalucía *n pr f* Andalousie.

andalucismo *m* mot *o* tournure *f* propre à l'Andalousie || provincialisme andalou.

andaluz, za *adj y s* andalou, ouse.

andaluzada *f* FAM gasconnade, rodomontade; *decir andaluzadas* dire des rodomontades.

andaluzarse *v pr* prendre le caractère andalou.

andamiaje *m* échafaudage.

andamio *m* TECN échafaudage; *andamio metálico* échafaudage métallique || POP *flor de andamio* tabac de troupe (tabaco muy malo).

◆ *pl* échafaudage *sing*; *andamios suspendidos o colgados* échafaudage volant.

andanada *f* bordée, volée (descarga); *soltar una andanada* lâcher une bordée || promenoir *m* (gradería) || FIG & FAM bordée; *una andanada de injurias* une bordée d'injures.

¡andandito!; ¡andando! *interj* FAM en avant!, en route!

andante *adj y s m* MÚS andante.

◆ *adj* errant, e; *caballero andante* chevalier errant.

andanza *f* aventure; *a su regreso de América me contó todas sus andanzas* à son retour d'Amérique il m'a raconté toutes ses aventures || évènement *m* || chance, fortune; *buena, mala andanza* bonne, mauvaise fortune || (amer) *volver a las andanzas* retomber dans les mêmes fautes *o* erreurs.

andar* *v intr* marcher; *andar de prisa* marcher vite; *andar a gatas, con las manos, de rodillas* marcher à quatre pattes, sur les mains, sur les genoux || se déplacer; *los planetas andan* les planètes se déplacent || FAM aller; *anda, vete* allez, va-t-en || marcher, aller, fonctionner; *mi reloj anda bien* ma montre marche bien; *el comercio anda mal* le commerce va mal || marcher; *el coche anda con gasolina* la voiture marche à l'essence || se trouver; *andaba por allí cuando lo mataron* je me trouvais par là quand ils l'ont tué || FIG *andar alegre, triste* être gai, triste; *ando ahora muy ocupado* je suis très occupé actuellement | en être; *¿estás leyendo mi libro?, ¿por dónde andas?* tu es en train de lire mon livre?, où en es-tu? || y avoir; *anda mucho barullo por aquí* il y a bien du bruit par ici || passer (el tiempo) || être en train de (con el gerundio); *andar escribiendo* être en train d'écrire || — *andar a se battre; andar a puñetazos* se battre à coups de poing || *andar a gusto* se trouver bien || *andar a la greña* se crêper le chignon || *andar a la que salta* vivre au jour le jour || *andar bueno, malo* aller bien, mal (salud) || *andar como alma en pena* errer comme une âme en peine || *andar con* avoir, être (con adjetivo en francés); *andar con miedo* avoir peur; manier; *andar con pólvora* manier de la poudre; porter, avoir; *andar con traje nuevo* porter un costume neuf; avoir; *andar con ojos enrojecidos* avoir les yeux rouges || *andar con cuidado* faire attention, être prudent || *andar con cumplidos* faire des manières || FIG *andar con ojo* faire attention | *andar con pies de plomo* regarder où on met les pieds | *andar con rodeos* tourner autour du pot | *andar con secreteos* faire des messes basses || *andar corto de dinero* ou *mal de cuartos* être à court d'argent || *andar de acá para allá* errer çà et là, flâner || FIG *andar de cabeza* être sur les dents, ne pas savoir où donner de la tête | *andar de Herodes a Pilato* aller de mal en pis | *andar de picos pardos* faire la noce *o* la vie || *andar de puntillas* marcher sur la pointe des pieds || *andar en* fouiller; *andar en un cajón* fouiller dans un tiroir; s'occuper de; *andar en negocios raros* s'occuper d'affaires bizarres; aller sur; *anda en los treinta años* il va sur ses trente ans || *andar en dimes y diretes* se disputer pour des bêtises, se chamailler || *andar en lenguas de todos* être dans toutes les bouches *o* sur toutes les lèvres || *andar en tratos* être en pourparlers || *andar mal de la cabeza* être tombé sur la tête, avoir une araignée dans le plafond || *andar por las nubes* être dans les nuages || *andar siempre descontento* être toujours mécontent || *andar siempre metido en pleitos* être toujours en procès || *andar tras* courir après (desear *o* perseguir) || — *¡anda!* allons! (para animar), allons donc! (desconfianza), attrape! (¡pega!), et voilà!; *¿te has caído?, ¡anda!* te l'había dicho tu es tombé? et voilà!, je t'avais prévenu; oh! là, là! (admiración) || (amer) *¡ándele!* allez! (para estimular) *ande yo caliente, ríase la gente* mon bien-être avant tout et peu m'importe les gens || *a más* ou *a todo andar* à toute vitesse *o* allure || *dime con quién andas y te diré quién eres* dis-moi qui tu hantes et je te dirai qui tu es || *más viejo que andar a pie* ou *para*

adelante vieux comme le monde *o* comme Hérode ‖ *no andar por las nubes* avoir les deux pieds sur terre ‖ *quien mal anda, mal acaba* telle vie, telle mort ‖ *¡vamos, anda!* allons, dépêche-toi! (date prisa), ne reste pas sans rien faire (haz algo), allons donc!, tu parles! (en signo de duda).
◆ *v tr* parcourir, faire (recorrer); *andar tres kilómetros* parcourir trois kilomètres.
◆ *v pr* s'en aller (marcharse) ‖ MAR se mettre par le travers ‖ — *andarse con* ou *en* user de; *andarse con bromas* user de plaisanteries; *no andarse en circunloquios* ne pas user de circonlocutions; s'occuper de; *siempre te andas con unos negocios raros* tu t'occupes toujours d'affaires bizarres; utiliser; *siempre anda con los mismos cuentos* il utilise toujours les mêmes histoires ‖ — *andarse con paños calientes* employer des palliatifs ‖ *andarse por las ramas* ou *por las márgenes* tourner autour du pot ‖ *¿cómo andamos de tiempo?* combien de temps nous reste-t-il? ‖ *dejar los años que se anduvo a gatas* oublier les mois de nourrice ‖ *no andarse con chiquitas* ne pas y aller avec le dos de la cuillère, ne pas y aller de main morte ‖ *no andarse con rodeos* ne pas y aller par quatre chemins ‖ *todo se andará* tout vient à point à qui sait attendre, chaque chose vient en son temps.
andar *m* marche *f* (acción).
◆ *pl* démarche *f sing*, allure *f sing*; *con sus andares femeninos* avec sa démarche féminine.
andariego, ga *adj* y *s* bon marcheur, bonne marcheuse (de mucho andar) ‖ flâneur, euse (callejero) ‖ vagabond, e (errante).
andarín, ina *adj* y *s* marcheur, euse; *este chico es buen andarín* ce garçon est un bon marcheur.
◆ *f* ZOOL hirondelle (golondrina).
andas *f pl* brancard *m sing*.
¡ándele! *interj* (amer) FAM → **¡ándale!**
andén *m* promenoir (de paseo) ‖ quai (de estación); *andén de salida* quai de départ ‖ trottoir (de un puente) ‖ parapet (pretil) ‖ bas-côté, accotement (de una carretera) ‖ étagère *f*, rayon (anaquel) ‖ (amer) trottoir (acera) ‖ AGR terrasse *f* (bancal).
Andes *n pr m pl* GEOGR Andes *f*.
andinismo *m* (amer) alpinisme [dans les Andes].
andinista *m* y *f* (amer) alpiniste [des Andes].
andino, na *adj* andin, e (de los Andes).
◆ *m* y *f* Andin, e.
Andorra *n pr f* GEOGR Andorre.
andorrano, na *adj* andorran, e.
◆ *m* y *f* Andorran, e.
andorrear *v intr* FAM flâner, traîner, traînasser.
andorrero, ra *adj* y *s* flâneur, euse.
andrajo *m* guenille *f*, haillon; *ir vestido de andrajos* être en guenilles ‖ FIG guenille *f*, loque *f* (cosa de poco valor) ‖ loque *f* (persona); *es un andrajo humano* c'est une loque humaine ‖ *estar hecho un andrajo* être déguenillé (persona), être en loques (cosa).
andrajoso, sa *adj* y *s* déguenillé, e; loqueteux, euse; dépenaillé, e.
Andrés (san) *n pr* saint André.
androcéfalo, la *adj* androcéphale.
androceo *m* BOT androcée.
andrógeno *m* androgène.
andrógino, na *adj* y *s* androgyne.

androide *m* androïde.
andrología *f* MED andrologie.
Andrómeda *n pr f* ASTR Andromède.
andujareño, ña *adj* d'Andújar.
andurriales *m pl* FAM coin *sing* perdu; *¿qué haces por estos andurriales?* que fais-tu dans ce coin perdu?
anécdota *f* anecdote.
anecdotario *m* recueil d'anecdotes.
anecdótico, ca *adj* anecdotique.
anegadizo, za *adj* inondable; *terreno anegadizo* terrain inondable ‖ submersible (madera).
anegar *v tr* inonder; *anegar un campo* inonder un champ ‖ noyer (ahogar) ‖ *anegado en llanto* inondé o noyé o baigné de larmes.
◆ *v pr* se noyer ‖ être inondé ‖ MAR sombrer (un navío) ‖ — *anegarse en llanto* fondre en larmes ‖ *anegarse en sangre* baigner dans son sang.
anejo, ja *adj* annexe; *escuela aneja* école annexe.
◆ *m* annexe *f*.
anélidos *m pl* ZOOL annélides *f*.
anemia *f* MED anémie.
anémico, ca *adj* y *s* anémique.
◆ *adj* anémié, e.
anemógrafo *m* FÍS anémographe.
anemómetro *m* FÍS anémomètre.
anémona; anemone *f* BOT anémone (planta) ‖ *anémona de mar* anémone de mer (actinia).
aneroide *adj* FÍS anéroïde (barómetro).
anestesia *f* MED anesthésie ‖ MED *anestesia local* insensibilisation, anesthésie locale.
anestesiar *v tr* MED anesthésier.
anestésico, ca *adj* y *s m* MED anesthésique, anesthésiant, e.
— OBSERV *Anesthésiant* y *anesthésique* son sinónimos. Pero *anesthésiant* caracteriza una anestesia incompleta o accidental, y *anesthésique* es sobre todo una técnica quirúrgica.
anestesista *m* y *f* anesthésiste.
aneurisma *m* MED anévrisme.
anexar *v tr* annexer.
anexión *f* annexion.
anexionar *v tr* annexer.
anexionismo *m* annexionisme, annexionnisme.
anexionista *adj* y *s* annexionniste.
anexo, xa *adj* annexe.
◆ *m* annexe *f*; *el anexo de un hotel* l'annexe d'un hôtel.
◆ *pl* ANAT annexes *f* (del útero).
anfeta *f* FAM amphets, amphés *f pl*.
anfetamina *f* amphétamine.
anfibio, bia *adj* y *s* ZOOL amphibie ‖ TECN amphibie (avión, automóvil).
◆ *m pl* ZOOL amphibiens *m*.
anfípodo *m* ZOOL amphipode.
anfiteatro *m* amphithéâtre ‖ TEATR amphithéâtre *(ant)*, poulailler, paradis ‖ *anfiteatro anatómico* amphithéâtre de dissection.
anfitrión *m* amphitryon.
Anfitrión *n pr* MIT Amphitryon.
ánfora *f* amphore.
anfractuoso, sa *adj* anfractueux, euse.
angarillas *f pl* brancard *m sing* (andas) ‖ bât *m sing* garni de paniers (de caballo) ‖ huilier *m sing* (vinagreras) ‖ bard *m sing* (para piedras).

ángel *m* ange; *ángel de la guarda, ángel custodio* ange gardien ‖ FIG charme; *tener ángel* avoir du charme; *no tener ángel* manquer de charme ‖ – *ángel bueno* bon ange, ange de lumière ‖ *ángel caído* ange déchu ‖ *ángel malo* ou *de tinieblas* mauvais ange, ange des ténèbres ‖ *el Ángel* l'archange Gabriel ‖ – *bueno como un ángel* sage comme une image ‖ *salto de ángel* saut de l'ange ‖ – *cantar como los ángeles* chanter comme un dieu *o* comme un ange ‖ *tener mal ángel* être fade, n'avoir aucun charme ‖ *ser como un ángel* être beau comme un ange *o* un dieu (hermoso), être un ange (bueno).

angelical *adj* angélique; *miradas angelicales* regards angéliques.

angelito *m* petit ange, angelot, angelet *(p us)* ‖ enfant de chœur (inocentón) ‖ FIG & FAM *estar con los angelitos* dormir; être dans la lune, dans les nuages (estar distraído).

angelote *m* statue *f* d'ange, angelot ‖ FIG & FAM brave garçon, brave fille *f* (persona sencilla), poupon, onne; poupard, e (niño gordo) ‖ ZOOL ange de mer (pez) ‖ BOT sorte de trèfle.

ángelus *m* angélus.

angina *f* MED angine ‖ *angina de pecho, diftérica* angine de poitrine, couenneuse.

angiólogo, ga *m y f* angiologue.

angioma *f* MED angiome.

Angkor *n pr* GEOGR Angkor.

anglicanismo *m* anglicanisme.

anglicanizado, da *adj* anglicisé, e.

anglicanizar *v tr y pr* angliciser, s'angliciser.

anglicano, na *adj y s* anglican, e.

anglicismo *m* anglicisme (giro inglés).

anglicista *m y f* angliciste, anglicisant, e.

angloamericano, na *adj* anglo-américain, e ‖ américain, e d'origine anglaise ‖ américain, e (de Estados Unidos).
 ◆ *m y f* Anglo-Américain, e.

angloárabe *adj y s* anglo-arabe.

anglofilia *f* anglophilie.

anglófilo, la *adj y s* anglophile.

anglofobia *f* anglophobie.

anglófobo, ba *adj y s* anglophobe.

anglófono, na *adj y s* anglophone.

anglohablante *adj y s* anglophone.

anglomanía *f* anglomanie.

anglómano, na *adj y s* anglomane.

anglosajón, ona *adj* anglo-saxon, onne.
 ◆ *m y f* Anglo-Saxon, onne.

Angola *n pr* GEOGR Angola.

angolano, na *adj y s* → **angoleño, ña**.

angoleño, ña; angolano, na *adj* angolais, e.
 ◆ *m y f* Angolais, e.

Angora *n pr* HIST Angora (Ankara) ‖ *gato, cabra de Angora* chat, chèvre angora.

angostar *v tr* rétrécir.
 ◆ *v pr* se resserrer, se rétrécir; *allí el camino se angosta* là-bas le chemin se resserre.

angosto, ta *adj* étroit, e; resserré, e.

angostura *f* étroitesse ‖ gorge, défilé *m* (paso estrecho) ‖ BOT angusture.

angström *m* angström (unidad de longitud de onda).

anguila *f* anguille (pez) ‖ MAR anguille (madero) ‖ – *anguila de cabo* fouet (rebenque) ‖ *anguila de mar* congre (pez).

angula *f* civelle (cría de anguila).

angular *adj* angulaire; *piedra angular* pierre angulaire.
 ◆ *m* TECN cornière *f*.

Angulema *n pr* GEOGR Angoulême.

ángulo *m* angle; *ángulo óptico* angle visuel; *ángulo recto, plano* angle droit, plat ‖ – GEOM *ángulo agudo* angle aigu ‖ *ángulo diedro* angle dièdre ‖ ANAT *ángulo facial* angle facial ‖ GEOM *ángulo obtuso* angle obtus ‖ *ángulo semirrecto* angle de 45 degrés ‖ – ARQ *ángulo de corte* angle de taille *o* de coupe ‖ MIL *ángulo de mira* angle de mire *o* de site ‖ *ángulo de tiro* angle de tir ‖ GEOM *ángulos opuestos por el vértice* angles opposés par le sommet ‖ – *desde este ángulo* sous cet angle.

anguloso, sa *adj* anguleux, euse.

angumés, esa *m y f* Angoumois, e.

angurria *f* MED & FAM incontinence d'urine ‖ FAM (*amer*) voracité, fringale, boulimie (hambre) | avarice (avaricia).

angustia *f* angoisse; *vivir en la angustia* vivre dans l'angoisse ‖ peine, chagrin *m*; *me da angustia verlo tan enfermo* cela me fait de la peine de le voir si malade.
 ◆ *pl* affres; *angustias de la muerte* affres de la mort ‖ – *dar angustias* rendre malade, impressionner; *me da angustias presenciar una operación* cela me rend malade d'assister à une opération ‖ *Virgen de las Angustias* Vierge de Douleur.

angustiado, da *adj* angoissé, e; anxieux, euse; *están angustiados con la desaparición de su hijo* ils sont anxieux à cause de la disparition de leur fils ‖ envieux, euse; jaloux, ouse (codicioso) ‖ vil, e; misérable (apocado) ‖ resserré, e (estrecho) ‖ affolé, e; *a finales de mes está siempre angustiado porque no le queda dinero* à la fin du mois il est toujours affolé car il ne lui reste plus d'argent.

angustiar *v tr* angoisser, affliger ‖ affoler (inquietar).

angustioso, sa *adj* angoissant, e; *es angustioso esperar el resultado de los exámenes* c'est angoissant d'attendre le résultat des examens ‖ angoissé, e; anxieux, euse (angustiado) ‖ angoissé, e; *con voz angustiosa* d'une voix angoissée.

anhelante *adj* essoufflé, e; haletant, e; *sentirse anhelante* être haletant, essoufflé ‖ désireux, euse (deseoso) ‖ *esperar anhelante una cosa* attendre impatiemment quelque chose.

anhelar *v intr* haleter.
 ◆ *v tr e intr* aspirer à, briguer, soupirer après; *anhelar dignidades* briguer les honneurs; *anhelar la gloria* aspirer à la gloire ‖ souhaiter, désirer; *anhelo su regreso* je souhaite son retour.

anhelo *m* désir ardent (deseo).
 ◆ *pl* désirs, aspirations *f*; *compartimos sus preocupaciones y sus anhelos* nous partageons vos inquiétudes et vos aspirations.

anheloso, sa *adj* haletant, e (respiración) ‖ avide de (que anhela).

anhídrido *m* QUÍM anhydride ‖ – *anhídrido arsenioso* anhydride arsénieux ‖ *anhídrido sulfúrico* anhydride sulfurique ‖ *anhídrido sulfuroso* anhydride sulfureux.

anhidro, dra *adj* QUÍM anhydre.

anidar *v intr* nicher, faire son nid; *el águila anida en los altos peñascos* l'aigle fait son nid sur les rochers élevés.
- *v tr* FIG loger, accueillir (acoger).
- *v intr y pr* FIG demeurer, habiter (morar).
- *v pr* se nicher.

anilina *f* QUÍM aniline.

anilla *f* anneau *m* ‖ bague (de un ave, de un puro).
- *pl* anneaux *m* (de gimnasia).

anillado, da *adj y s* ZOOL annelé, e.
- *m* ceinturage (de un obús).

anillo *m* anneau; *los anillos de Saturno* les anneaux de Saturne ‖ bague (del dedo) ‖ ZOOL anneau; *los anillos de un gusano* les anneaux d'un ver ‖ nœud; *los anillos de la culebra* les nœuds de la couleuvre ‖ BLAS anille *f* ‖ TAUROM arène *f* (redondel) ‖ ARQ annelet, moulure *f* (de columna) ‖ base *f* circulaire (de cúpula) ‖ ceinture *f* (de un obús) ‖ cerne (de los árboles) ‖ — TECN *anillo colector* électrode de captage [iconoscope] ‖ *anillo de boda* alliance ‖ *anillo pastoral* anneau pastoral ‖ *sentar como anillo al dedo* aller comme un gant ‖ *viene como anillo al dedo* cela tombe bien, cela tombe à pic, cela vient à point o fort à propos.

ánima *f* âme [en particulier âme du purgatoire] ‖ FIG âme [d'arme à feu] ‖ *ánima bendita* âme du purgatoire.
- *pl* sonnerie *sing* de cloche au début de la nuit [à l'intention des âmes du purgatoire].

animación *f* animation; *discutir con animación* discuter avec animation ‖ entrain *m*, allant *m*; *tener mucha animación* avoir beaucoup d'allant ‖ animation (concurrencia de gente) ‖ ambiance; *la animación de la fiesta es extraordinaria* l'ambiance de la fête est extraordinaire ‖ mise en marche (de un mecanismo) ‖ *dar animación* mettre de l'ambiance.

animado, da *adj* animé, e; *animado de buenas intenciones* animé de bonnes intentions ‖ animé, e; *una calle muy animada* une rue très animée ‖ plein de vie o d'entrain; *es una persona muy animada* c'est une personne absolument pleine de vie ‖ encouragé, e; *animado por este primer éxito, seguí escribiendo* encouragé par ce premier succès, j'ai continué à écrire ‖ en forme; *el enfermo está mucho más animado* le malade est beaucoup plus en forme ‖ *dibujos animados* dessins animés.

animador, ra *adj y s* animateur, trice.

animadversión *f* animadversion.

animal *adj* animal, e ‖ FIG brute; *es tan animal que lo rompe todo* il est tellement brute qu'il casse tout | bête (estúpido).
- *m* animal; *animales domésticos* animaux domestiques ‖ animal, bête *f*; *animal de asta o cornado* bête à cornes ‖ FIG animal, cruche (persona estúpida) | brute, animal, sauvage; *¡pedazo de animal!* espèce de brute! ‖ — *animal de bellota* cochon (cerdo), bête à manger du foin (estúpido); *es un animal de bellota* il est bête à manger du foin ‖ *animal de carga* bête de somme ‖ *animal irracional* animal dépourvu de raison ‖ *animal racional* animal doué de raison ‖ *animales vivos* animaux sur pied ‖ *animal fiero* ou *salvaje* bête sauvage ‖ — *comer como un animal* manger comme quatre, se goinfrer.

animalada *f* FAM ânerie, bêtise; *estás diciendo animaladas* tu dis des âneries ‖ atrocité, horreur, abomination; *este bombardeo ha sido una animalada* ce bombardement a été une atrocité ‖ *¡qué animalada!* il faut être un sauvage pour; *¡qué animalada comerse dos pollos enteros!* il faut être un sauvage pour manger deux poulets entiers; il faut être fou pour; *¡qué animalada haber venido andando desde tan lejos!* il faut être fou pour être venu à pied de si loin!

animalejo *m* bestiole *f*.

animalucho *m* vilaine bête *f*, animal répugnant (desagradable) ‖ bestiole *f*, petite bête *f* (pequeño).

animar *v tr* animer (dar vida); *el alma anima al cuerpo* l'âme anime le corps ‖ FIG encourager, inciter; *animar a los soldados al combate* encourager les soldats au combat; *no animo a nadie a seguir mi ejemplo* je n'encourage personne à suivre mon exemple ‖ animer, intensifier (dar intensidad) ‖ animer (la conversation, etc.) ‖ égayer; *para animar las calles han puesto guirnaldas* pour égayer les rues on a mis des guirlandes ‖ mettre de l'ambiance (en una fiesta) ‖ remonter; *estaba muy decaído pero conseguí animarle* il était très abattu mais j'ai réussi à le remonter ‖ *animar con promesas* encourager par des promesses.
- *v pr* s'enhardir (cobrar ánimo) ‖ s'animer; *sus ojos se animan cuando habla* son regard s'anime quand il parle ‖ se dépêcher (darse prisa) ‖ se décider; *al final me animé y me fui de excursión* finalement je me suis décidé à aller en excursion ‖ *¡anímate!* allez!

anímico, ca *adj* animique, relatif à l'âme.

animista *adj y s* animiste (doctrina, culto).

ánimo *m* âme *f* (alma), esprit (espíritu) ‖ esprit; *quiero grabar esto en el ánimo de todos* je veux graver ceci dans l'esprit de tous ‖ FIG courage (valor); *cobrar ánimo* prendre courage; *recobrar ánimo* reprendre courage | intention *f*, esprit; *no está en mi ánimo hacer eso* il n'est pas dans mon intention de faire cela ‖ — *¡ánimo!* courage! ‖ *con ánimo de* dans o avec l'intention de ‖ *estado de ánimo* état d'esprit o d'âme ‖ *presencia de ánimo* présence d'esprit ‖ *sin ánimo* sans courage, sans enthousiasme (sin energía) ‖ *sin ánimo de* sans l'intention de ‖ — *dar ánimos* donner des encouragements, encourager ‖ *levantar el ánimo* remonter, redonner du courage ‖ *sentirse con ánimos de* se sentir le courage de.

animosidad *f* animosité (resentimiento).

animoso, sa *adj* courageux, euse; *animoso en la lucha* courageux dans la lutte.

aniñado, da *adj* enfantin, e; *una cara aniñada* un visage enfantin ‖ puéril, e; *un comportamiento aniñado* un comportement puéril.

aniñarse *v pr* faire l'enfant.

anión *m* FÍS anion.

aniquilación *f* annihilation.

aniquilador, ra *adj* qui annihile, destructeur, trice.

aniquilar *v tr* annihiler (quitar la fuerza) ‖ anéantir; *el ejército fue aniquilado* l'armée fut anéantie ‖ réduire à néant; *esto aniquila todas mis esperanzas* cela réduit tous mes espoirs à néant ‖ bouleverser (perturbar).

anís *m* BOT anis (planta y grano); *anís estrellado* anis étoilé ‖ anis (confite) ‖ eau-de-vie *f* anisée (licor) ‖ FIG & FAM *no ser grano de anís* ne pas être une bagatelle.

anisado *m* anisette *f*.

anisar *v tr* aniser; *aguardiente anisado* eau-de-vie anisée.

anisete *m* anisette *f*.

aniversario, ria *adj y s m* anniversaire; *es el primer aniversario de su muerte* c'est le premier anniversaire de sa mort.
Anjeo *n pr m* GEOGR Anjou.
Ankara *n pr* GEOGR Ankara.
Annapurna *n pr* GEOGR Annapurna.
ano *m* ANAT anus ‖ *ano contra natura* anus artificiel.
anoche *adv* hier soir; *anoche fui al teatro* hier soir je suis allé au théâtre ‖ la nuit dernière; *anoche no pude dormir* la nuit dernière je n'ai pas pu dormir.
anochecer* *v intr impers* commencer à faire nuit, tomber la nuit; *anochece* la nuit tombe ‖ arriver *o* se trouver à la tombée de la nuit dans un endroit; *anochecer en París* arriver à Paris à la tombée de la nuit ‖ *al anochecer, cuando anochezca, ya anochecido* à la nuit tombée.
◆ *v tr* FIG obscurcir, ternir.
anochecer *m*; **anochecida** *f* crépuscule *m*, tombée *f* de la nuit, nuit *f* tombante, brune *f*; *al anochecer* à la tombée de la nuit.
anódico, ca *adj* FÍS anodique.
anodino, na *adj* anodin, e; *un libro anodino* un livre anodin ‖ MED anodin, e; calmant, e.
◆ *m* calmant (medicina).
ánodo *m* FÍS anode *f* ‖ — *ánodo acelerador* anode accélératrice ‖ *ánodo de enfoque* anode de focalisation.
anofeles *m* anophèle (mosquito).
anomalía *f* anomalie.
anómalo, la *adj* anomal, e.
anonadar *v tr* anéantir (aniquilar), accabler, atterrer (apocar); *me anonadó esa noticia* j'ai été accablé par cette nouvelle.
anonadado, da *adj* épaté, e; stupéfait, e.
anonimato *m* anonymat.
anónimo, ma *adj* anonyme; *una sociedad anónima* une société anonyme.
◆ *m* anonymat, anonyme *(p us)*; *conservar el anónimo* garder l'anonymat ‖ écrit *o* lettre *f* anonyme (escrito).
anorak *m* anorak (chaqueta impermeable).
anorexia *f* MED anorexie.
anormal *adj y s* anormal, e; *niños anormales* des enfants anormaux.
anormalidad *f* anomalie ‖ caractère *m* anormal.
anotación *f* annotación.
anotador, ra *adj y s* annotateur, trice.
◆ *f* scripte (cine).
anotar *v tr* noter, prendre note de; *anotar la dirección* noter l'adresse ‖ annoter (un escrito).
anovulatorio, ria *adj* anovulatoire.
◆ *m* contraceptif oral.
anquilosamiento *m* ankylose *f* ‖ FIG ankylose *f*, paralysie *f*; *el anquilosamiento de la economía* l'ankylose de l'économie.
anquilosar *v tr* ankyloser.
◆ *v pr* FIG être paralysé, e; *se anquilosa la economía* l'économie est paralysée.
ansa *f* hanse (confederación).
ánsar *m* ZOOL oie *f* (oca).
anseático, ca *adj* hanséatique.
ansia *f* anxiété, angoisse (inquietud, angustia) ‖ convoitise, avidité, désir *m* ardent; *ansia de riquezas* désir ardent de richesses.

◆ *pl* nausées; *tener ansias* avoir des nausées ‖ affres; *las ansias de la muerte* les affres de la mort.
ansiar *v tr* convoiter; *ansiar algo* convoiter quelque chose ‖ désirer ardemment; *ansiar la tranquilidad* désirer ardemment la tranquilité.
ansiedad *f* anxiété (angustia) ‖ avidité, désir *m* ardent, convoitise.
ansiolítico, ca *adj y s m* anxiolytique.
ansioso, sa *adj y s* anxieux, euse (inquieto) ‖ avide de; désireux, euse de; affamé, e de; *ansioso de gloria* avide de gloire ‖ égoïste; *es muy ansioso, lo quiere todo para él* il est très égoïste, il veut tout pour lui.
antagónico, ca *adj* antagonique.
antagonismo *m* antagonisme.
antagonista *adj y s* antagoniste.
antaño *adv* l'année dernière (el año pasado) ‖ jadis, autrefois (antiguamente) ‖ *de antaño* d'antan *(p us)*, d'autrefois, ancien, enne (muy antiguo), de l'année dernière (del año pasado).
antártico, ca; antárctico, ca *adj* antarctique.
Antártico (océano Glacial) *n pr* GEOGR océan Antarctique *o* Austral.
Antártida *n pr f* GEOGR Antarctide.
ante *m* ZOOL élan (ciervo) ‖ daim; *una chaqueta de ante* une veste en daim ‖ bubale (antílope) ‖ chamois (color) ‖ (ant) entrée *f* (primer plato) ‖ *(amer)* boisson *f* rafraîchissante aux fruits ǀ gâteau aux amandes ǀ bouillie *f* de céréales et de miel.
ante *prep* devant; *comparecer ante el tribunal* comparaître devant le tribunal ‖ avant; *ante todo* avant tout ‖ devant, étant donné; *ante las circunstancias, he decidido irme* devant les circonstances, j'ai décidé de m'en aller ‖ — *ante el juez* par-devant *o* par-devers le juge ‖ *ante el temor de que* de peur que ‖ *ante los ojos* sous les yeux ‖ *ante notario* par-devant notaire.
— OBSERV *Ante* exprime un rapport abstrait (en présence, en comparaison de) et s'oppose à *delante de*, qui indique une position dans l'espace, et à *antes de*, qui indique le temps.
anteanoche *adv* avant-hier soir, il y a deux nuits.
anteayer *adv* avant-hier.
antebrazo *m* ANAT avant-bras.
anteburro *m* *(amer)* tapir.
antecama *m* descente *f* de lit (alfombra).
antecámara *f* antichambre (vestíbulo).
antecedente *adj y s m* antécédent, e ‖ précédent, e; *esto va a constituir un antecedente* ceci va constituir un précédent ‖ — DR *antecedentes penales* casier judiciaire ǀ *persona con antecedentes penales* repris de justice ‖ *tener malos antecedentes* avoir de mauvais antécédents, avoir un casier chargé.
anteceder *v tr e intr* précéder.
antecesor, ra *m y f* prédécesseur; *he sido tu antecesor en este despacho* j'ai été ton prédécesseur dans ce bureau ‖ ancêtre, aïeul, e (antepasado).
— OBSERV La palabra *prédécesseur* no tiene forma femenina (*elle fut son prédécesseur, elle le précéda*).
antedata *f* DR antidate ‖ *poner antedata en una carta* mettre une antidate à une lettre, antidater une lettre.
antedatar *v tr* antidater.
antedespacho *m* antichambre *f* d'un bureau.
antedía *adv* avant le jour fixé.

antedicho, cha *adj* susdit, e.
antediluviano, na *adj* antédiluvien, enne.
antefirma *f* formule de politesse au bas d'une lettre (fórmula) ‖ titre *m* du signataire (título).
anteguerra *f* avant-guerre.
antejuicio *m* DR jugement préalable.
antelación *f* anticipation ‖ — *con antelación* à l'avance, par avance, par anticipation ‖ *con antelación a* avant.
antemano (de) *loc adv* d'avance; *lo sabía de antemano* je le savais d'avance.
antemencionado, da *adj* susmentionné, e; mentionné, e plus haut.
antemeridiano, na *adj* avant midi ‖ ASTR situé avant le passage du méridien.
antena *f* RAD & ZOOL antenne ‖ — *antena colectiva* antenne collective ‖ *antena parabólica* antenne parabolique ‖ — *estar en antena* avoir l'antenne, être à l'antenne.
antenacido, da *adj* né, e avant terme.
antenista *m y f* installateur-réparateur *m* d'antennes.
antenombre *m* titre précédant le nom [comme *san* saint; *don* monsieur; etc.].
anteojera *f* œillère (de caballo) ‖ étui *m* à lunettes (estuche) ‖ FIG œillère.
anteojo *m* lunette *f* ‖ — *anteojo de larga vista* lunette d'approche, longue-vue.
◆ *pl* lunettes *f* (lentes) ‖ jumelles *f* (prismáticos) ‖ — *serpiente de anteojos* serpent à lunettes.
antepagar *v tr* payer d'avance.
antepalco *m* petit salon d'une loge de théâtre.
antepasado, da *adj* passé, e; antérieur, e.
◆ *m pl* aïeux, ancêtres (ascendientes).
antepasar *v intr* précéder *vtr*.
antepechado, da *adj* pourvu, e d'un garde-fou.
antepecho *m* garde-fou, parapet (balaustrada) ‖ appui, accoudoir (de ventana) ‖ poitrail du harnais (arreo) ‖ MIN gradin de mine (banco).
antepenúltimo, ma *adj y s* antépénultième.
anteponer* *v tr* mettre devant ‖ FIG faire passer avant, préférer à; *anteponer el deber al interés personal* faire passer le devoir avant l'intérêt personnel.
anteportada *f* IMPR faux-titre *m*.
anteproyecto *m* avant-projet.
antepuesto, ta *adj* placé en avant o devant ‖ préféré, e.
Antequera *n pr* Antequera ‖ *que salga el sol por Antequera* advienne que pourra.
antequerano, na *adj* d'Antequera.
◆ *m y f* habitant o originaire d'Antequera.
antera *f* BOT anthère.
anterior *adj* antérieur, e ‖ précédent, e; *en la página anterior* à la page précédente.
anterioridad *f* antériorité ‖ *con anterioridad* auparavant, précédemment (antes), à l'avance (con antelación).
anteriormente *adv* antérieurement, précédemment, avant, auparavant; *esto no había ocurrido nunca anteriormente* ce n'était jamais arrivé précédemment ‖ avant; *anteriormente era muy simpático* avant il était très sympathique ‖ ci-dessus; *véase anteriormente* voyez ci-dessus.

antes *adv y prep* avant; *antes que llegue* avant qu'il (n') arrive; *antes, todo era distinto* avant, tout était différent ‖ — *antes de* avant; *antes de mí* avant moi ‖ *antes de anoche* avant-hier soir ‖ *antes de ayer* avant-hier ‖ *antes de Jesucristo* avant Jésus-Christ ‖ *antes que* avant; *lo he visto antes que tú* je l'ai vu avant toi ‖ *antes que nada* avant tout, avant toutes choses ‖ *cuanto antes* ou *lo antes posible* le plus tôt possible, dès que possible, au plus tôt ‖ *cuanto antes mejor* le plus tôt sera le mieux ‖ *de antes de la guerra* d'avant-guerre ‖ *mucho antes* bien avant, longtemps avant ‖ *poco antes* peu de temps avant.
◆ *adv* plutôt; *antes morir que faltar a su deber* plutôt mourir que faillir à son devoir (véase OBSERV).
◆ *conj* plutôt, au contraire (más bien); *no teme la muerte, antes la desea* il ne craint pas la mort, il la désire plutôt ‖ *antes bien, antes al contrario* bien au contraire.
◆ *adj* d'avant, précédent, e; *el día, la noche, el año antes* le jour, la nuit, l'année d'avant.
— OBSERV *Plutôt* indica una preferencia y *plus tôt* una anterioridad en el tiempo: *llegó antes de mí* il est arrivé plus tôt que moi.
antesala *f* antichambre ‖ FIG *hacer antesala* faire antichambre.
antevíspera *f* avant-veille.
antevisto, ta *adj* prévu, e; vu, e [avant un autre].
anti *pref* anti.
antiabortista *m y f* personne ou loi opposées à la légalisation de l'avortement.
antiacadémico, ca *adj* antiacadémique.
antiácido, da *adj y m* antiacide.
antiadherente *adj* antiadhésif, ive.
antiaéreo, a *adj* antiaérien, enne.
antialcalino, na *adj* antialcalin, e.
antialcohólico, ca *adj* antialcoolique.
antiamericano, na *adj* antiaméricain.
antiapoplético, ca *adj* antiapoplectique.
antiarrugas *adj* antirides.
antiartrítico, ca *adj y s m* antiarthritique.
antiasmático, ca *adj y s m* antiasthmatique.
antiatómico, ca *adj* antiatomique.
antibala *adj* pare-balles.
antibiótico *m* MED antibiotique.
anticanceroso, sa *adj* anticancéreux, euse.
anticanónico, ca *adj* anticanonique.
anticatarral *adj* MED contre le rhume.
anticatólico, ca *adj* anticatholique.
anticiclón *m* anticyclone.
anticiclónico, ca *adj* anticyclonique.
anticientífico, ca *adj* antiscientifique.
anticipación *f* anticipation ‖ *con anticipación* par anticipation, à l'avance, d'avance.
anticipadamente *adv* préalablement.
anticipado, da *adj* anticipé, e; *pago anticipado* versement anticipé; *gracias anticipadas* remerciement d'avance o par anticipation.
anticipar *v tr* anticiper *(p us)*, avancer la date o le moment de; *anticipar las fiestas, una visita* avancer la date des fêtes, le moment d'une visite ‖ anticiper (un pago) ‖ avancer; *anticipo el dinero* j'avance l'argent ‖ FIG avancer (dar por seguro).
◆ *v pr* devancer; *anticiparse a un rival* devancer un rival ‖ FIG prévenir; *anticiparse a una*

desgracia prévenir un malheur | dire à l'avance ‖ être en avance; *se anticipa la estación* la saison est en avance ‖ arriver avant terme; *el niño se ha anticipado* l'enfant est arrivé avant terme ‖ *anticiparse a su época* devancer son époque.
anticipo *m* avance *f*; *llegar con anticipo* arriver en avance ‖ acompte (sobre una deuda) ‖ avance *f* (sobre un sueldo) ‖ DR provision *f*; *anticipo sobre los honorarios* provision sur les honoraires (de un abogado).
anticlerical *adj y s* anticlérical, e.
anticlericalismo *m* anticléricalisme.
anticoagulante *adj y s m* anticoagulant, e.
anticolonialismo *m* anticolonialisme.
anticolonialista *adj y s* anticolonialiste.
anticomunismo *m* anticommunisme.
anticomunista *adj y s* anticommuniste.
anticoncepción *f* contraception.
anticonceptivo, va *adj y s m* contraceptif, ive.
anticonformismo *m* anticonformisme.
anticonformista *adj y s* anticonformiste.
anticongelante *m* antigel ‖ antigivre.
anticonstitucional *adj y s m* anticonstitutionnel, elle.
anticonstitucionalidad *f* caractère *m* anticonstitutionnel.
anticorrosivo, va *adj* anticorrosif.
◆ *m* anti-corrosif.
anticresis *f* DR antichrèse (contrato).
anticristo *m* antéchrist.
anticuado, da *adj* vieilli, e; *palabra anticuada* mot vieilli ‖ vieillot, otte (persona) ‖ démodé, e; suranné, e (fuera de moda) ‖ désuet, ète; *uso anticuado* coutume désuète ‖ vieux, vieille; ancien, enne ‖ — *estar anticuado* dater (vestido, película), être vieux jeu (persona) ‖ *quedarse anticuado* passer de mode.
anticuario *m* antiquaire (persona) ‖ magasin d'antiquités (tienda).
anticuerpo *m* BIOL anticorps.
antichoque *adj* antichoc.
antidemócrata *m y f* antidémocrate.
antidemocrático, ca *adj* antidémocratique.
antideportivo, va *adj* antisportif, ive.
antidepresivo *adj y s m* antidépresseur.
antideslizante *adj y s m* antidérapant, e.
antideslumbrante *adj y s m* antiaveuglant, antiéblouissant.
antidetonante *adj y s m* antidétonant, e.
antidiabético, ca *adj* antidiabétique.
antidiftérico, ca *adj* antidiphtérique.
antidinástico, ca *adj* antidynastique.
antidisturbios *adj inv* antiémeutes.
antidiurético, ca *adj y s m* antidiurétique.
antidopaje *m* contrôle antidopage, lutte antidopage.
antidoping *adj* antidoping, antidopage.
antídoto *m* MED antidote, contrepoison.
antidroga *adj* anti-drogue.
antidumping *adj* COM antidumping.
antieconómico, ca *adj* antiéconomique ‖ pas économique (caro).
antiedad *adj* anti-vieillissement, anti-âge.
antienzima *f* antienzyme.

antiepiléptico, ca *adj y s m* antiépileptique.
antier *adv* FAM avant-hier.
antiesclavista *adj y s* antiesclavagiste.
antiescorbútico, ca *adj y s m* MED antiscorbutique.
antiespañol, la *adj y s* antiespagnol, e.
antiespasmódico, ca *adj y s m* MED antispasmodique.
antiestático, ca *adj* antistatique.
antiestético, ca *adj* inesthétique.
antievangélico, ca *adj* antiévangélique.
antifading *m* TECN antifading.
antifascista *adj y s* antifasciste.
antifaz *m* masque (máscara) ‖ loup (que sólo tapa la frente y los ojos).
antifederal *adj* qui s'oppose au fédéralisme.
◆ *m y f* opposant, e au fédéralisme.
antifeminismo *m* antiféminisme.
antifeminista *adj y s* antiféministe.
antifilosófico, ca *adj* antiphilosophique.
antífona *f* RELIG antienne.
antifranquista *adj y s* antifranquiste.
antífrasis *f* antiphrase.
antifricción *f* antifriction (aleación).
antigás *adj inv* antigaz, à gaz; *careta antigás* masque à gaz.
antígeno *m* MED antigène.
antigramatical *adj* agrammatical.
antigripal *adj* antigrippe.
antigualla *f* vieillerie, antiquaille; *vestirse de antiguallas* porter des vieilleries.
◆ *pl* vieilles histoires, contes *m* de grand-mère.
antiguamente *adv* anciennement.
Antigua y Barbuda *n pr* GEOGR Antigua et Barbuda.
antigubernamental *adj* antigouvernemental, e.
antigüedad *f* Antiquité (época antigua) ‖ antiquité, ancienneté (calidad de antiguo) ‖ ancienneté; *ascenso por antigüedad* avancement par ancienneté; *ser ascendido por antigüedad* être promu à l'ancienneté ‖ — *de toda antigüedad* de toute antiquité ‖ *tener mucha antigüedad* avoir beaucoup d'ancienneté.
◆ *pl* antiquités; *tienda de antigüedades* magasin d'antiquités.
antiguo, gua *adj* antique (de la Antigüedad) ‖ ancien, enne; vieux, vieille (viejo); *tradición antigua* vieille tradition; *porcelana antigua* porcelaine ancienne ‖ ancien, enne; *es el antiguo presidente* c'est l'ancien président ‖ antique, démodé, e (pasado de moda); *un traje antiguo* un costume antique ‖ — *antiguo testamento* Ancien Testament ‖ — *a la antigua* ou *a lo antiguo* à l'antique ‖ *de antiguo* depuis longtemps, de longue date, de vieille date ‖ *desde muy antiguo* de toute antiquité ‖ *en lo antiguo* autrefois ‖ *estar chapado a la antigua* être vieux jeu ‖ *venir de antiguo* venir de loin.
◆ *m* antique; *copiar lo antiguo* copier l'antique.
◆ *pl* Anciens; *los antiguos eran supersticiosos* les Anciens étaient superstitieux.
antihalo *adj y s m* antihalo (fotografía).
antihemorroidal *adj y s m* antihémorroïdaire.
antihéroe *m* antihéros.

antihigiénico, ca adj antihygiénique.
antihipertensivo, va adj y s m MED hypotenseur.
antihistamínico, ca adj y s m antihistaminique.
antihistérico, ca adj antihystérique.
antihumanitario, ria adj antihumanitaire.
antihumano, na adj inhumain.
antiimperialismo m anti-impérialisme.
antiimperialista adj y s anti-impérialiste.
antiinflacionista adj anti-inflationniste.
antiinflamatorio, ria adj y s m anti-inflammatoire.
antijurídico, ca adj contraire au droit.
antiliberal adj y s antilibéral, e.
antiliberalismo m antilibéralisme.
antilogía f antilogie (contradicción).
antilógico, ca adj antilogique.
antílope m antilope f.
antillano, na adj antillais, e.
◆ m y f Antillais, e.
Antillas n pr f pl GEOGR Antilles.
antimagnético, ca adj antimagnétique.
antimasónico, ca adj antimaçonnique.
antimateria f antimatière.
antimeridiano m antiméridien.
antimicrobiano, na adj antimicrobien, ienne.
antimilitarismo m antimilitarisme.
antimilitarista adj y s antimilitariste.
antimisil adj y s m antimissile.
antimonárquico, ca adj antimonarchique, antimonarchiste.
antimonial adj QUÍM antimonial, e.
antimonio m QUÍM antimoine (metal).
antimoniuro m QUÍM antimoniure.
antimonopolio adj ECON antitrust.
antimoral adj immoral, e; antimoral, e.
antinacional adj antinational, e.
antinatural adj antinaturel, elle.
antinazi adj y s antinazi, e.
antinefrítico, ca adj y s m antinéphrétique.
antineurálgico, ca adj MED antinévralgique, antimigraineux, euse.
antineutrón m FÍS antineutron.
antiniebla adj antibrouillard.
antinomia f antinomie.
antinómico, ca adj antinomique.
antinuclear adj antinucléaire.
antioqueño, ña adj y s d'Antioquia [en Colombie].
Antioquía n pr f GEOGR Antioche.
antioxidante adj y s m antioxydant, e; antirouille.
antipalúdico, ca adj qui combat le paludisme.
antipapa m antipape.
antipapista adj y s antipapiste.
antiparásito, ta; antiparasitario, ria adj y s m antiparasite (radio).
antiparlamentario, ria adj y s antiparlementaire.
antiparlamentarismo m antiparlementarisme.
antiparras f pl FAM lunettes.
antipartícula f FÍS antiparticule.
antipartido adj antiparti.
antipatía f antipathie.
antipático, ca adj antipathique; *esta persona me cae antipática* cette personne m'est antipathique ‖ désagréable; *¡qué antipático eres!* que tu es désagréable!, ce que tu peux être désagréable!
◆ m y f personne désagréable.
antipatriota adj y s antipatriote.
antipatriótico, ca adj antipatriotique.
antipedagógico, ca adj antipédagogique.
antipirético, ca adj y s m MED antipyrétique.
antipirina f MED antipyrine.
antípoda m y f antipode m.
antipolilla adj y s m antimite.
antiprogresista adj y s antiprogressiste.
antiprohibicionista adj y s antiprohibitionniste.
antiproteccionismo m antiprotectionnisme.
antiproteccionista adj y s antiprotectionniste.
antiprotón m antiproton.
antiquísimo, ma adj très ancien, enne.
antirrábico, ca adj MED antirabique.
antirracional adj antirationnel, elle.
antirracista adj y s antiraciste.
antirradar adj antiradar.
antirraquítico, ca adj MED antirachitique.
antirreflector, ra adj antireflet.
antirreglamentario, ria adj antiréglementaire.
antirreligioso, sa adj y s antireligieux, euse.
antirrepublicano, na adj y s antirépublicain, e.
antirreumático, ca adj y s m antirhumatismal, e.
antirrevolucionario, ria adj y s antirévolutionnaire.
antirrobo m antivol.
antisemita adj y s antisémite.
antisemitismo m antisémitisme.
antisepsia f MED antisepsie.
antiséptico, ca adj y s MED antiseptique.
antisifilítico, ca adj MED antisyphilitique.
antisísmico, ca adj antisismique, parasismique.
antisociable adj antisociable.
antisocial adj antisocial, e.
antisudoral adj y s m antisudoral, e.
antisuero m antisérum.
antitabaquismo m lutte f contre l'usage du tabac.
antitérmico, ca adj MED antithermique.
antiterrorismo m lutte f contre le terrorisme.
antiterrorista adj antiterroriste.
antítesis f antithèse.
antitetánico, ca adj MED antitétanique.
antitético, ca adj antithétique.
antitífico, ca adj antityphique.
antitóxico, ca adj antitoxique.
antitoxina f MED antitoxine.
antituberculoso, sa adj MED antituberculeux, euse.
antitusígeno, na adj y s m antitussif, ive.
antivaho adj antibuée.
antivenenoso, sa adj antivenimeux, euse (contra el veneno de los animales) ‖ antivénéneux, euse (contra el veneno de las plantas).

antivenéreo, a *adj* MED antivénérien, enne.
antivirus *m* antiviral.
antiyanqui *adj y s* FAM anti-américain, e.
antojadizo, za *adj* capricieux, euse ‖ lunatique (cambiadizo) ‖ fantasque (extravagante).
antojarse *v pr* avoir envie de (desear); *no hace más que lo que se le antoja* il ne fait que ce dont il a envie ‖ avoir l'idée de; *se le antojó dar la vuelta al mundo* il eut l'idée de faire le tour du monde ‖ avoir dans l'idée, avoir l'impression; *se me antoja que va a llover* j'ai l'impression qu'il va pleuvoir ‖ penser, croire (opinar).
— OBSERV Dans le premier sens, le verbe *antojarse* ne s'emploie qu'à l'infinitif et aux troisièmes personnes avec un pronom personnel: *se me antojó* j'ai eu envie.
antojito *m* (amer) amuse-gueule (bocado ligero).
antojo *m* caprice; *hay que satisfacer todos sus antojos* il faut lui passer tous ses caprices ‖ lubie *f*, passade *f*; *esto no es más que un antojo* ce n'est qu'une lubie ‖ envie *f*; *las mujeres embarazadas tienen antojos* les femmes enceintes ont des envies ‖ envie *f* (mancha de la piel) ‖ — *cada uno a su antojo* chacun à sa guise ‖ *manejar a uno a su antojo* mener quelqu'un par le bout du nez, faire ce que l'on veut de quelqu'un ‖ (amer) *no morirse de antojo* ne pas rester sur sa faim ‖ *no obrar sino a su antojo* n'en faire qu'à sa tête ‖ *seguir sus antojos* suivre sa fantaisie ‖ *vivir a su antojo* vivre à sa guise.
antología *f* anthologie ‖ FAM *de antología* magnifique, fantastique; *Rodríguez marcó un gol de antología* Rodríguez marqua un but magnifique.
antológico, ca *adj* anthologique.
antonimia *f* antonymie.
antónimo *m* antonyme (contrario).
Antonio (san) *n pr* saint Antoine.
antonomasia *f* antonomase.
antonomástico, ca *adj* relatif, ive à l'antonomase.
antorcha *f* torche, flambeau *m*.
antraceno *m* anthracène.
antracita *f* anthracite *m*.
◆ *adj* anthracite (color).
ántrax *m inv* MED anthrax ‖ *ántrax maligno* charbon, pustule maligne.
antro *m* antre.
antropocéntrico, ca *adj* anthropocentrique.
antropocentrismo *m* anthropocentrisme.
antropofagia *f* anthropophagie.
antropófago, ga *adj y s* anthropophage.
antropofobia *f* anthropophobie.
antropográfico, ca *adj* anthropographique.
antropología *f* anthropologie.
antropológico, ca *adj* anthropologique.
antropologista; antropólogo, ga *m y f* anthropologue, anthropologiste.
antropomorfismo *m* RELIG anthropomorphisme.
antropomorfo, fa *adj y s* anthropomorphe.
antropónimo *m* anthroponyme.
antuvión *m* FAM agression *f*, attaque *f* brusque ‖ — *de antuvión* soudain, inopinément ‖ — *jugar de antuvión* prendre de vitesse.
anual *adj* annuel, elle.
anualidad *f* annuité (renta); *pagar las anualidades* payer les annuités ‖ annualité (carácter anual).

anuario *m* annuaire.
anubarrado, da *adj* nuageux, euse; couvert, e; *cielo anubarrado* ciel nuageux.
anublar *v tr* obscurcir (el cielo) ‖ cacher (los astros) ‖ FIG ternir (la fama, la alegría).
◆ *v pr* se couvrir; *el cielo se va anublando* le ciel se couvre peu à peu ‖ AGRIC se faner (las plantas) ‖ FIG s'évanouir (desvanecerse).
anudar *v tr* nouer; *anudar una cinta, una corbata* nouer un ruban, une cravatte ‖ attacher (atar); *anudar los zapatos* attacher ses chaussures ‖ FIG renouer; *anudar la conversación* renouer la conversation.
◆ *v pr* attacher (los zapatos) ‖ nouer (la corbata) ‖ AGRIC se rabougrir.
anuencia *f* assentiment *m*, consentement *m*.
anuente *adj* consentant, e.
anulable *adj* annulable ‖ DR cassable.
anulación *f* annulation; *la anulación de un tratado* l'annulation d'un traité; *anulación de contrato* annulation de contrat ‖ décommandement *m*; *la anulación de una cena* le décommandement d'un dîner.
anular *adj* annulaire.
◆ *m* annulaire (dedo).
anular *v tr* annuler ‖ révoquer, destituer (una persona) ‖ décommander, annuler; *anular un encargo* annuler une commande; *anular una comida* décommander un repas.
◆ *v pr* s'annuler.
anunciación *f* annonciation.
anunciador, ra *adj y s* annonciateur, trice ‖ annonceur *m* (en un periódico) ‖ *empresa anunciadora* agence de publicité.
anunciante *m et f* annonceur, euse.
anunciar *v tr* annoncer; *anunciar algo a bombos y platillos* annoncer quelque chose à grand renfort de trompettes; *anunciar una nueva* annoncer une nouvelle ‖ afficher; *anunciar una subasta* afficher une vente aux enchères ‖ faire de la publicité pour; *es un producto que han anunciado mucho* c'est un produit pour lequel on a fait beaucoup de publicité ‖ *el tiempo anuncia lluvia* le temps est à la pluie.
anuncio *m* annonce *f*; *los anuncios de un diario* les annonces d'un journal ‖ pancarte *f*; *había un gran anuncio de madera al borde de la carretera* il y avait une grande pancarte en bois au bord de la route ‖ affiche *f* (cartel); *anuncio luminoso* affiche lumineuse ‖ publicité *f* ‖ — *anuncio mural* affiche publicitaire ‖ *anuncio por palabras* petites annonces (en un periódico) ‖ *anuncio publicitario* spot publicitaire ‖ — *fijación de anuncios* affichage ‖ *hombre anuncio* homme-sandwich ‖ *tablón* ou *tablilla de anuncios* tableau d'affichage ‖ — *prohibido fijar anuncios* défense d'afficher.
anverso *m* avers, face *f* (de moneda) ‖ recto (de página).
anzuelo *m* hameçon ‖ *tragar el anzuelo, caer* ou *picar en el anzuelo* mordre à l'hameçon, tomber dans le panneau.
añada *f* temps *m* général de l'année ‖ AGRIC sole (de tierra).
añadido, da *adj* ajouté, e ‖ *lo añadido* ce qui est ajouté.
◆ *m* postiche (de cabello) ‖ addition *f*, ajouté, ajout (*p us*); *hacer un añadido a un texto* faire une

addition à un texte || *poner un añadido a* rallonger; *poner un añadido a una mesa* rallonger une table.

añadidura *f* addition, ajout *m*, ajouté *m* (en un texto) || supplément *m* || allonge (de un vestido) || *por añadidura* en outre, par surcroît, avec cela, en sus, par-dessus le marché (además).

añadir *v tr* ajouter.

añafea *f* strasse, papier *m* d'emballage, papier *m* gris.

añagaza *f* appeau *m*, moquette (pájaro que atrae a los demás) || FIG ruse, leurre *m*, artifice *m* (ardid).

añal *adj* annuel, elle (anual) || âgé, e d'un an (las reses).

➤ *m* offrande *f* pour l'anniversaire d'un défunt || jeune veau *o* chevreau *o* agneau âgé d'un an.

añejo, ja *adj* vieux, vieille (vinos, conservas); *vino añejo* vin vieux || FIG & FAM vieux, vieille; ancien, enne (noticia).

añicos *m pl* miettes *f*, morceaux; *hacer añicos* réduire en miettes, mettre en morceaux.

añil *m* indigotier (arbusto) || indigo (color) || *color de añil* bleu indigo.

año *m* an; *tener veinte años cumplidos* avoir vingt ans révolus; *el año 50 antes de J.C.* l'an 50 avant J.-C.; *ir para ou acercarse a los treinta años* aller sur ses trente ans || année *f*, an (véase OBSERV); *el año que viene* l'année prochaine, l'an prochain; *año bisiesto ou intercalar, común ou vulgar, civil* année bissextile, commune, civile; *año académico ou escolar* année scolaire | agneau (piel); *abrigo de año* manteau d'agneau || — *año árabe ou lunar* année lunaire || *año astral ou astronómico, sideral ou sidéreo* année astronomique, sidérale || *año de gracia* an de grâce || *año de jubileo ou santo* année sainte || ASTR *año de luz* année de lumière, année-lumière || *año económico* exercice financier || *año entrante* année qui commence || ECON *año fiscal* année *o* exercice budgétaire || *año nuevo* nouvel an || *año republicano* l'an I de la République [calendrier republicain] || *año tras año* d'année en année || *el año de la nana* le temps où la reine Berthe filait || *el año nuevo* le nouvel an || *el día de año nuevo* le jour de l'an || — *¡buen año!, ¡feliz año nuevo!* bonne année!, heureuse *o* joyeuse année! || *un año con otro* bon an mal an || *una vez al año ou por año* une fois l'an *o* par an || — *felicitar el día de año nuevo ou por año nuevo* souhaiter la bonne année || *venir del año de Maricastaña* remonter au déluge || *vivir muchos años* vivre de longues années.

➤ *pl* années || temps; *en aquellos años felices de nuestra juventud* au temps heureux de notre jeunesse || — *años pobres* années de misère || *años y años* pendant des années || *— con sus pocos, muchos años* malgré son jeune, grand âge || *en sus años mozos* dans sa jeunesse || *entrado en años* d'un âge avancé || *por los años 1800* vers 1800, dans les années 1800 || *¡qué años aquellos!* ah! quelle époque! || — *con los años viene el juicio* la raison vient avec l'âge || *en los años que corren* par les temps qui courent || *hace años* il y a des années; *hace años que la producción no ha aumentado* il y a des années que la production n'a pas augmenté; il y a des années, il y a des siècles; *hace años que no le he visto* il y a des siècles que je ne l'ai pas vu.

— OBSERV Para el empleo de *an* y de *année* ver la observación de la primera parte después del artículo *an*.

añoranza *f* regret *m* (pesar) || nostalgie; *tener añoranza de su país* avoir la nostalgie de son pays.

añorar *v tr* regretter, avoir la nostalgie de; *añorar el tiempo pasado* avoir la nostalgie du temps passé.

añoso, sa *adj* âgé, e (viejo).

aojar *v tr* jeter un sort sur (impedir el logro de una cosa).

aojo *m* mauvais œil, sort.

aorta *f* ANAT aorte.

aórtico, ca *adj* aortique.

Aosta *n pr* GEOGR Aoste.

aovado, da *adj* ovale.

aovar *v intr* pondre.

AP abrev de *Alianza Popular* Alliance populaire [parti politique espagnol de droite].

APA abrev de *asociación de padres de alumnos* association de parents d'élèves [en Espagne].

apabullar *v tr* FAM aplatir, écraser (aplastar) || FIG renverser, sidérer | faire taire, clouer le bec (*fam*); *lo apabulló con sus argumentos* il lui cloua le bec avec ses arguments.

apacentador, ra *adj* qui fait paître, qui paît.

➤ *m y f* berger, ère; pâtre (sin femenino).

apacentamiento *m* AGRIC pâturage, mise *f* à l'herbage (acción) || pâture *f* (pasto).

apacentar* *v tr* AGRIC paître, faire paître, pâturer, pacager (*p us*) || repaître (satisfacer los deseos).

➤ *v pr* paître (comer) || FIG se repaître.

apacibilidad *f* tranquillité, douceur, calme *m* || FIG affabilité.

apacible *adj* paisible, calme, tranquille; *una vida apacible* une vie tranquille || calme, doux, douce; *esta niña es muy apacible* cette enfant est très calme || FIG affable (de buen carácter) | calme (tiempo).

apaciguador, ra *adj* apaisant, e.

➤ *m y f* pacificateur, trice; conciliateur, trice.

apaciguamiento *m* apaisement.

apaciguar *v tr* apaiser, calmer; *apaciguar los ánimos* apaiser les esprits.

➤ *v pr* s'apaiser, se calmer; *la tempestad se apaciguó* la tempête s'est calmée.

apache *m* Apache (piel roja) || FIG apache, malfaiteur (bandido) || (*amer*) vêtement en feuilles de palmier utilisé par les paysans pour se protéger de la pluie.

apadrinado *m* protegé, poulain [familier] [protegido].

apadrinar *v tr* parrainer, être le parrain de; *apadrino a mi sobrino* je suis le parrain de mon neveu || FIG servir de témoin (en un desafío) || parrainer; *apadrinar a un escritor principiante* parrainer un écrivain débutant | défendre; *apadrina todas las ideas humanitarias* il défend toutes les idées humanitaires.

apagado, da *adj* éteint, e; *fuego apagado* feu éteint | terne, sans éclat; *un color apagado* une couleur terne || FIG effacé, e; *esta mujer es muy apagada* cette femme est très effacée | éteint, e (voz, mirada) | étouffé, e; sourd, e (ruido) || *cal apagada* chaux éteinte.

apagar *v tr* éteindre (el fuego, la luz) || éteindre, faner, ternir; *el sol apaga los colores* le soleil éteint les couleurs || détremper, éteindre (la cal) || étouffer, assourdir (sonido) || FIG apaiser, adoucir; *apagar su ira* apaiser sa colère | atténuer; *el tiempo apaga todos los rencores* le temps atténue toutes les rancunes | FIG tarir, étouffer (un afecto) || — *apagar la sed* désaltérer, étancher la soif; *el limón apaga*

la sed le citron désaltère; se désaltérer; *apagó su sed bebiendo un vaso de agua* il s'est désaltéré en buvant un verre d'eau ‖ FAM *apaga y vámonos* ça suffit, n'en parlons plus.
◆ *v pr* s'éteindre ‖ FIG s'éteindre (morir).
apagavelas *m* éteignoir.
apagón *m* coupure *f*, panne *f* [du courant électrique].
apaisado, da *adj* oblong, gue; en largeur (más ancho que largo); *formato apaisado* format en largeur ‖ à l'italienne (dibujo, libro) ‖ *tamaño apaisado* format rectangulaire o à l'italienne.
apalabrar *v tr* décider o convenir verbalement de; *apalabrar un negocio con un amigo* décider verbalement d'une affaire avec un ami ‖ arrêter (contratar); *apalabrar a un criado* arrêter un domestique.
◆ *v pr* s'entendre verbalement.
Apalaches *n pr m pl* GEOGR Appalaches *f*.
apalancamiento *m* levage.
apalancar *v tr* MECÁN lever, exercer une pesée sur [avec un levier] ‖ soulever (levantar) ‖ FIG appuyer, soutenir (apoyar).
apalancarse *v pr* FAM prendre racine, s'incruster (en un sitio).
apaleado, da *adj y s* battu, e ‖ *tras cornudo apaleado* les battus paient l'amende; cocu, battu et content.
apaleamiento *m* bastonnade *f* ‖ gaulage (de los frutos) ‖ action de battre les vêtements (la ropa).
apalear *v tr* donner des coups de bâton, battre, rosser, bâtonner *(p us)* ‖ battre (la ropa) ‖ AGRIC gauler (los frutos) | éventer (el grano) ‖ — FIG *apalear oro ou dinero ou las onzas de oro ou los millones* remuer l'argent à la pelle, rouler sur l'or, être cousu d'or.
apandillar *v tr* grouper en bande.
◆ *v pr* se grouper en bande, faire une bande.
apantallado, da *adj (amer)* ahuri, e (bobo), impressionné, e (achatado).
apantanar *v tr* inonder (un terreno).
apañado, da *adj* foulé, e (tejido) ‖ FIG & FAM adroit, e; habile; *es muy apañado para toda clase de cosas* il est très habile pour toutes sortes de choses | bricoleur, euse; *al ver su casa se da uno cuenta que es un chico apañado* en voyant sa maison on se rend compte que c'est un garçon bricoleur | pratique; *me he comprado un vestido muy apañado* je me suis acheté une robe très pratique | utile; *un colaborador apañado* un collaborateur utile | bien arrangé, e; *esta chica va siempre muy apañada* cette fille est toujours très bien arrangée.
apañamiento *m* arrangement (arreglo) ‖ FAM adresse *f* (habilidad).
apañar *v tr* FAM arranger, disposer (preparar) | réparer, arranger, retaper, raccommoder; *apañar unos pantalones* arranger un pantalon | arranger; *¿te apaña coger el avión de la noche?* ça t'arrange de prendre l'avion de nuit? ‖ prendre, attraper (coger) ‖ couvrir (con ropa) ‖ *(amer)* s'approprier, adopter ‖ protéger, défendre; *las madres apañan a sus hijos* les mères défendent leurs enfants.
◆ *v pr* FAM s'arranger, se débrouiller; *yo me las apaño siempre para conseguir lo que quiero* moi je m'arrange toujours pour obtenir ce que je veux | se débrouiller; *a pesar de su poca edad se apaña él solo* malgré son jeune âge il se débrouille tout seul | se procurer, dégoter; *me apañé un coche para irme de vacaciones* je me suis procuré une voiture pour aller en vacances.

apaño *m* FAM arrangement (arreglo) | raccommodage, réparation *f*, retapage (compostura) | adresse *f*, habileté *f* (habilidad) | liaison *f* (relaciones amorosas) | ami, e (amante) | fortune *f* ‖ FAM *ser algo de mucho* ou *de gran apaño* être quelque chose de très utile.
apapachador, ra *adj (amer)* réconfortant, e.
apapachar *v tr (amer)* réconforter, câliner, cajoler.
apapachos *m pl (amer)* calins.
aparador *m* buffet (meuble) ‖ atelier (taller) ‖ vitrine *f* (escaparate).
aparato *m* apparat, pompe *f*; *una ceremonia con mucho aparato* une cérémonie en grand apparat; *me agrada poco tanto aparato* je n'aime pas beaucoup toute cette pompe ‖ appareil; *un aparato de televisión* un appareil de télévision ‖ machine *f* (máquina) ‖ appareil (para los dientes) ‖ FAM appareil (avión, teléfono, fotografía) ‖ ANAT appareil, système; *aparato circulatorio, digestivo* appareil circulatoire, digestif ‖ MED appareil (vendaje) ‖ appareil (de un partido) ‖ appareil (preparativos) ‖ *(amer)* fantôme ‖ — *aparato de radio* poste de radio ‖ *aparato escénico* mise en scène ‖ *aparato salvavidas* appareil de sauvetage ‖ *aparatos de gimnasia* agrès ‖ *¿quién está en el aparato?* qui est à l'appareil? (teléfono).
aparatosidad *f* pomposité ‖ caractère *m* spectaculaire ‖ manque *m* de simplicité.
aparatoso, sa *adj* pompeux, euse (vistoso) ‖ spectaculaire ‖ *accidente aparatoso* accident spectaculaire ‖ qui ne passe pas inaperçu, qu'on remarque; *un traje aparatoso* une robe qui ne passe pas inaperçue.
aparcamiento *m* stationnement (acción de aparcar) ‖ parc de stationnement, parking (sitio).
aparcar *v tr* garer, ranger, parquer; *aparcar su coche* garer sa voiture.
◆ *v intr* se ranger, se garer; *en esta calle nunca puede uno aparcar* dans cette rue on ne peut jamais se garer ‖ stationner; *prohibido aparcar* défense de stationner ‖ *aparcar en batería* se ranger en épi.
aparcería *f* AGRIC métayage *m*.
aparcero, ra *m y f* AGRIC métayer, ère ‖ copropriétaire (comunero) ‖ *(ant)* compagnon *m*.
aparear *v tr* accoupler, apparier ‖ égaliser, rendre égal (hacer igual).
◆ *v pr* s'accoupler.
aparecer* *v intr* apparaître (dejarse ver) ‖ paraître (un libro) ‖ figurer (en una lista) ‖ FAM arriver (llegar) | paraître, venir (venir); *no apareció en la oficina* il n'a pas paru au bureau; *hace dos años que no aparece por aquí* il y a deux ans qu'il ne vient pas par ici | faire son apparition; *después de un cuarto de hora apareció* il a fait son apparition un quart d'heure plus tard ‖ *aparecer en escena* paraître sur la scène (teatro).
◆ *v pr* apparaître; *Dios se apareció a Moisés* Dieu apparut à Moïse; *los fantasmas se aparecen por la noche* les fantômes apparaissent la nuit.
aparecido *m* revenant, fantôme.
aparejado, da *adj* préparé, e ‖ propre, convenable, adéquat, e ‖ — *ir aparejado con* aller de pair avec ‖ *traer aparejado* entraîner.

aparejador, ra *m* et *f* préparateur, trice ‖ aide-architecte ‖ MAR gréeur.

aparejar *v tr* apprêter, préparer (preparar) ‖ disposer (disponer) ‖ harnacher (los caballos) ‖ MAR gréer ‖ apprêter, imprimer (imprimar).
- *v pr* se préparer, s'apprêter.

aparejo *m* préparation *f*, arrangement (preparativo) ‖ matériel, attirail (lo necesario) ‖ harnais (arreo), bât (de un animal de carga) ‖ FIG matériel, attirail ‖ ARQ appareil ‖ CONSTR liaison *f* ‖ MECÁN moufle *f* (de poleas) ‖ MAR gréement (palos) ‖ palan (botavara) ‖ IMPR impression *f*, apprêt ‖ apprêt (de un cuadro) ‖ — *aparejo de pescar* attirail de pêche ‖ *aparejo marconi* gréement Marconi *o* bermudien ‖ *aparejo mixto* gréement composé de voiles carrées et de voiles auriques.
- *pl* attirail *sing*, matériel *sing* ‖ outillage *sing* (herramientas).

aparentar *v tr* feindre, simuler (simular) ‖ sembler, avoir l'air (parecer); *aparentar alegría* avoir l'air gai ‖ paraître, faire; *no aparenta cuarenta años* il ne fait pas quarante ans ‖ paraître; *¿estaba contento?, no lo dejaba aparentar* il était content?, il ne le laissait pas paraître ‖ — *aparentar trabajar* ou *que se trabaja* faire semblant *o* feindre de travailler ‖ *no aparentar la edad que se tiene* ne pas faire son âge, ne pas porter son âge.
- *v intr* se faire remarquer, paraître; *a esta mujer le gusta mucho aparentar* cette femme aime beaucoup se faire remarquer.

aparente *adj* apparent, e; *un éxito aparente* un succès apparent ‖ propre, approprié, e (adecuado) ‖ *un vestido muy aparente* une robe très bien.

aparentemente *adv* apparemment.

aparición *f* apparition (visión) ‖ parution (publicación).

apariencia *f* apparence; *fiarse de las apariencias* se fier aux apparences ‖ *guardar* ou *salvar* ou *cubrir las apariencias* sauver les apparences; *juzgar por las apariencias* juger sur les apparences ‖ FIG & FAM façade ‖ — *apariencia falsa* apparence trompeuse ‖ *en apariencia* en apparence, apparemment ‖ — *tener la apariencia* avoir l'air; *tiene apariencia de gran señor* il a l'air d'un grand seigneur.

apartadero *m* gare *f* de triage (estación) ‖ voie de garage (vía) ‖ refuge, lieu de dégagement (en un camino) ‖ bief de dérivation (en los canales) ‖ enceinte *f* où l'on choisit les taureaux [pour les «corridas»].

apartado, da *adj* écarté, e; éloigné, e; distant, e; *un pueblo apartado* un village écarté ‖ FIG écarté, e; *persona apartada del poder* personne écartée du pouvoir ‖ *mantenerse apartado* rester *o* se tenir à l'écart *o* dans l'ombre.
- *m* fond d'un appartement, partie *f* située à l'écart (aposento) ‖ cabinet particulier (en un bar) ‖ TEATR aparté (aparte) ‖ section *f*, service (de oficina) ‖ boîte *f* postale (de correos) ‖ alinéa, paragraphe (párrafo) ‖ mise *f* au toril [des taureaux] ‖ choix des taureaux (selección de las reses) ‖ MIN affinage (del oro) ‖ *apartado oficial* franchise postale.

apartamento *m* appartement.
- OBSERV Le mot *apartamento* correspond en réalité à un petit appartement.

apartar *v tr* écarter, éloigner (alejar) ‖ mettre *o* tenir à l'écart; *apartar a alguien de todas las ventajas* tenir quelqu'un à l'écart de tous les avantages ‖ écarter, détourner; *apartar a uno de su camino* détourner quelqu'un de son chemin ‖ mettre de côté; *ya he apartado todo lo que tengo que llevar* j'ai déjà mis de côté tout ce que je dois emporter ‖ FIG détourner, dissuader (disuadir) ‖ se mettre à (empezar); *apartar a correr* se mettre à courir ‖ TECN trier (el mineral) ‖ — *apartar de sí el temor, la ira* bannir la crainte, la colère ‖ *apartar la vista* ou *la mirada de* détourner les yeux *o* le regard *o* la vue de ‖ *no apartar la mirada de* ne pas détacher les yeux de.
- *v pr* s'écarter, s'éloigner (alejarse) ‖ FIG s'éloigner; *doctrinas que se apartan una de otra* des doctrines qui s'éloignent l'une de l'autre ‖ s'éloigner, se retirer; *apartarse del mundo* s'éloigner du monde ‖ se détourner; *apartarse de su deber* se détourner de son devoir ‖ se pousser; *apártate para que tenga un pocomás de sitio* pousse-toi pour que j'aie un peuplus de place ‖ s'écarter (dejar el paso libre) ‖ DR se désister d'une plainte ‖ — *apartarse del peligro* fuir le danger ‖ *apártate de mi camino* ôte-toi de mon chemin ‖ *apártate demi vista* ôte-toi de ma vue.

aparte *adv* de côté; *poner aparte* mettre de côté ‖ à part; *bromas aparte* plaisanteries à part; *es una niña aparte* c'est une enfant à part ‖ en plus; *aparte recibe ayuda del exterior* en plus il reçoit une aide de l'extérieur ‖ *aparte de* mis à part, en dehors de, hormis; *aparte del estilo esta obra no vale nada* mis à part le style, cet ouvrage ne vaut rien ‖ — *conversación aparte* aparté ‖ *eso aparte* outre cela, cela mis à part ‖ — *dejando aparte* abstraction faite de ‖ *eso es capítulo aparte* c'est une autre histoire, c'est à part ‖ *hacer párrafo aparte* aller à la ligne ‖ *hacer rancho aparte* faire bande à part.
- *m* TEATR aparté ‖ paragraphe, alinéa (párrafo) ‖ *punto y aparte* point à la ligne.

apartheid *m* apartheid.

apartotel *m* complexe d'appartements bénéficiant de services hôteliers.

apasionado, da *adj* passionné, e; *apasionado por la caza, por una persona* passionné de chasse, pour une personne ‖ partisan, e (partidario) ‖ ardent, e; acharné, e; *es un apasionado defensor de* c'est un défenseur ardent de.

apasionamiento *m* passion *f* ‖ *con apasionamiento* passionnément, avec passion.

apasionante *adj* passionnant, e.

apasionar *v tr* passionner.
- *v pr* se passionner; *apasionarse por el estudio* se passionner pour l'étude.

apaste; apastle *m* (*amer*) cuvette *f*.

apatía *f* apathie.

apático, ca *adj* y *s* apathique.

apátrida *adj* y *s* apatride.

apeadero *m* halte *f*, petite gare *f* (ferrocarriles); *la línea cuenta con cuarenta estaciones y once apeaderos* la ligne comprend quarante gares et onze haltes ‖ pied-à-terre *inv* (casa) ‖ montoir (poyo).

apear *v tr* faire descendre [de cheval ou de voiture] ‖ entraver (trabar un caballo) ‖ caler (un vehículo) ‖ arpenter, délimiter (medir) ‖ abattre (un árbol) ‖ FIG & FAM faire démordre (disuadir); *no pude apearlo* je n'ai pas pu l'en faire démordre ‖ ARQ étayer (apuntalar) ‖ déplacer, descendre (bajar); *apear el tratamiento* laisser les titres de côté.
- *v pr* mettre pied à terre (bajarse de un caballo), descendre (de un coche, de caballo) ‖ FIG & FAM démordre (se emplea sólo con una nega-

apechugar   72

ción), renoncer à (disuadirse) ‖ *(amer)* descendre (en un hotel) ‖ — FAM *apearse del burro* reconnaître son erreur | *apearse por las orejas* vider les arçons, faire panache.

apechugar *v intr* FIG & FAM se coltiner, s'appuyer; *siempre tengo que apechugar con todo el trabajo* il faut toujours que je me coltine tout le travail | s'appuyer; *apechugar con una caminata* s'appuyer une longue course | affronter; *hay que apechugar con las consecuencias de esta acción* il faut affronter les conséquences de cette action ‖ pousser avec la poitrine (empujar).

apedazar *v tr* mettre en pièces (despedazar) ‖ rapiécer (remendar).

apedreado, da *adj* lapidé, e; *San Esteban murió apedreado* saint Étienne est mort lapidé ‖ bariolé, e (abigarrado) ‖ grêlé, e [de petite vérole].

apedreamiento *m* lapidation *f*.

apedrear *v tr* jeter des pierres, lapider.
- *v impers* grêler (granizar).
- *v pr* être grêlé (cosechas).

apegado, da *adj* attaché, e; *estar muy apegado a las tradiciones* être très attaché aux traditions.

apegarse *v pr* s'attacher à, avoir de l'attachement *o* de l'affection pour; *apegarse a una persona* s'attacher à une personne ‖ *(amer)* s'approcher (acercarse).

apego *m* attachement, affection *f*; *apego a una persona* affection pour quelqu'un ‖ attachement; *apego a la patria* attachement à sa patrie ‖ intérêt; *demostrar poco apego a los estudios* montrer peu d'intérêt pour les études ‖ — *tener apego a* tenir à; *tiene apego a su reputación* il tient à sa réputation ‖ *tomar* ou *cobrar apego a* s'attacher à.

apelación *f* DR appel *m*; *presentar una apelación* faire appel ‖ consultation de médecins (entre médicos) ‖ — *médico de apelación* médecin consultant | *recurso de apelación* recours en appel ‖ *tribunal de apelación* cour d'appel — FIG *interponer apelación* interjeter appel ‖ *no haber* ou *no tener apelación* être sans appel *o* irrévocable.

apelante *adj y s* DR appelant, e; la partie appelante.

apelar *v intr* DR faire appel; *apelar de una sentencia* faire appel d'un jugement ‖ FIG faire appel, en appeler, s'en remettre; *apelo a su competencia* j'en appelle à votre compétence | avoir recours; *apelar a la violencia* avoir recours à la violence ‖ avoir même poil *o* même robe (los animales) ‖ — DR *apelar a* avoir recours à, recourir à, saisir; *apelar a la justicia* saisir les tribunaux ‖ *apelar por* appeler à.

apelativo, va *adj* GRAM commun [nom].
- *m* nom, appellation *f*.

apelmazado, da *adj* compact, e; collé, e; *arroz apelmazado* riz collé ‖ FIG lourd, e; indigeste (amazacotado).

apelmazamiento *m* compacité *f*.

apelmazar *v tr* comprimer, tasser ‖ feutrer (el pelo).

apelotonar *v tr* pelotonner.

apellidar *v tr* nommer, appeler (llamar por su apellido) ‖ dénommer, surnommer; *a este indio le apellidan Ojo de Lince* on surnomme cet Indien; Oeil-de-Lynx ‖ appeler, convoquer (llamar) ‖ FIG appeler; *yo a esto lo apellido una broma pesada* moi, j'appelle ça une mauvaise plaisanterie.
- *v pr* se nommer, s'appeler.

apellido *m* nom [de famille]; *me acuerdo de su nombre pero no de su apellido* je me rappelle votre prénom mais pas votre nom ‖ surnom; *le han dado un apellido muy feo* on lui a donné un surnom très laid ‖ appel (llamamiento o grito).

apenado, da *adj (amer)* honteux, euse; gêné, e.

apenar *v tr* peiner, faire de la peine, affliger.
- *v pr* s'affliger.

apenas *adv* à peine, presque pas; *apenas se mueve, no se mueve apenas* il bouge à peine, il ne bouge presque pas ‖ à peine; *apenas hay un kilómetro* il y a à peine un kilomètre ‖ avec peine, péniblement (penosamente) ‖ dès que; *apenas llegó se puso a trabajar* dès qu'il arriva, il se mit à travailler ‖ *apenas... cuando* à peine... que; *apenas había llegado cuando le vi* à peine étais-je arrivé que je le vis.

apencar *v intr* FAM bosser, trimer, boulonner (trabajar mucho) | se coltiner, s'appuyer; *apenca con el trabajo más pesado* il se coltine le travail le plus ennuyeux | affronter; *apencar con las consecuencias* affronter les conséquences.

apéndice *m* ANAT appendice ‖ appendice (de un libro) ‖ FIG acolyte.

apendicitis *f* MED appendicite.

Apeninos *n pr m pl* GEOGR Apennins.

apepsia *f* MED apepsie.

apercibimiento *m* préparation *f* ‖ action *f* d'apercevoir ‖ DR sommation *f*, avis (aviso).

apercibir *v tr* préparer, disposer (preparar) ‖ avertir, admonester (advertir) ‖ percevoir (percibir) ‖ DR faire une sommation.
- *v pr* se préparer; *apercibirse para un viaje* se préparer pour un voyage.

apergaminado, da *adj* parcheminé, e ‖ FIG parcheminé, e; comme du parchemin (rostro).

apergaminarse *v pr* FIG & FAM se racornir, se ratatiner.

aperitivo, va *adj* apéritif, ive.
- *m* apéritif (bebida) ‖ amuse-gueule (comida).

apero *m* matériel agricole ‖ bêtes *f pl* de trait (animales) ‖ *(amer)* harnachement (recado de montar), selle *f* (silla de montar).
- *pl* outils, instruments, matériel *sing* (herramientas); *aperos de labranza* outils agricoles.

aperreado, da *adj* FAM de chien; *una vida aperreada* une vie de chien.

aperrear *v tr* lâcher les chiens [sur quelqu'un] ‖ FIG & FAM assommer, ennuyer (molestar).
- *v pr* FAM s'entêter; *¿por qué te aperreas en ir tan lejos?* pourquoi t'entêtes-tu à aller si loin? | s'éreinter, s'échiner (cansarse).

apersonamiento *m* DR comparution *f*.

apertura *f* ouverture; *apertura del testamento* ouverture du testament ‖ entrée de jeu (ajedrez) ‖ ouverture (rugby); *medio de apertura* demi d'ouverture ‖ percement *m* (de una calle) ‖ ouverture; *la apertura de la pesca, del congreso, de una sesión, de crédito* l'ouverture de la pêche, du congrès, d'une séance, de crédits ‖ ouverture (en política) ‖ *apertura de curso* rentrée des classes.

— OBSERV *Apertura*, contrairement à son paronyme *abertura*, a souvent un sens abstrait: *apertura de las hostilidades* ouverture des hostilités.

aperturismo *m* politique *f* de l'ouverture.

aperturista *adj* d'ouverture (política) ‖ partisan, e de l'ouverture.
- *m y f* partisan *m* de l'ouverture.

apesadumbrar; apesarar *v tr* attrister, faire de la peine, chagriner, affliger.
◆ *v pr* s'affliger; *apesadumbrarse con ou de ou por una noticia* s'affliger d'une nouvelle.

apestado, da *adj y s* empesté, e ‖ pestiféré, e; *hospital para apestados* hôpital pour pestiférés ‖ FIG infesté, e; *la ciudad está apestada de pordioseros* la ville est infestée de mendiants.

apestar *v tr* donner la peste ‖ FIG & FAM assommer, ennuyer (fastidiar).
◆ *v intr* puer, empester (heder); *apestar a ajos* puer l'ail; *aquí apesta* ici, ça empeste.
◆ *v pr* attraper la peste ‖ *(amer)* s'enrhumer.

apestoso, sa *adj* puant, e (hediondo); *bolas apestosas* boules puantes ‖ FIG assommant, e (enojoso).

apétalo, la *adj* BOT apétale.

apetecedor, ra *adj* séduisant, e; *lo que me propones es muy apetecedor* ce que tu me proposes est très séduisant ‖ désirable.

apetecer* *v tr* désirer, avoir envie de (codiciar).
◆ *v intr* faire envie, plaire, dire; *si le apetece podemos ir al cine* si cela vous dit, nous pouvons aller au cinéma ‖ avoir envie de; *hoy no me apetece salir* je n'ai pas envie de sortir aujourd'hui; *no me apetece nada* je n'en ai aucune envie.

apetecible *adj* désirable, appétissant, e.

apetecido, da *adj* voulu, e; désiré, e (deseado) ‖ recherché, e; souhaité, e; escompté, e; *puede que la búsqueda de petróleo no dé el resultado apetecido* il se peut que les recherches de pétrole ne donnent pas le résultat escompté.

apetencia *f* appétence (deseo), appétit (apetito).

apetito *m* appétit; *tener apetito* avoir de l'appétit; *tener mucho apetito* avoir bon appétit; *comer con mucho apetito* manger de bon appétit ‖ appât; *el apetito de la ganancia* l'appât du gain ‖ — *apetito carnal* appétit charnel ‖ — *abrir* ou *dar* ou *despertar el apetito* ouvrir l'appétit, mettre en appétit.

apetitoso, sa *adj* appétissant, e; *este pastel parece muy apetitoso* ce gâteau a l'air très appétissant ‖ bon, bonne; délicieux, euse; savoureux, euse; *hemos comido un plato apetitoso* nous avons mangé un plat savoureux ‖ FIG & FAM appétissant, e.

API abrev de *agente de la propiedad inmobiliaria* agent immobilier.

apiadar *v tr* apitoyer; *su desgracia apiada a sus amigos* son malheur apitoie ses amis.
◆ *v pr* s'apitoyer; *apiadarse de uno* s'apitoyer sur quelqu'un; *apiadarse de las desdichas de uno* s'apitoyer sur les malheurs de quelqu'un.

ápice *m* extrémité *f*, pointe *f* (extremo) ‖ accent, signe orthographique ‖ FIG sommet, apogée (apogeo) | rien, iota (cosa inapreciable); *no falta un ápice* il ne manque rien o pas un iota ‖ hic (dificultad) ‖ — *ni un ápice* pas le moins du monde; *no me molesta ni un ápice* ça ne me gêne pas le moins du monde; *pas un brin de*; *no tiene ni un ápice de bondad* il n'y a pas un brin de bonté chez lui ‖ — *estar en ápices de alguna cosa* connaître quelque chose à fond ‖ *no cambiar un ápice en una cosa, no cambiar una cosa en un ápice* ne pas changer un iota à quelque chose.

apícola *adj* apicole (de las abejas).

apicultor, ra *m y f* apiculteur, trice.

apicultura *f* apiculture.

apilamiento; apilado *m* empilement, entassement.

apilar *v tr* empiler (poner en pilas) ‖ entasser (el grano).

apimplarse *v pr* FAM prendre une cuite, se soûler (emborracharse).

apiñado, da *adj* entassé, e; tassé, e; serré, e; *en el metro la gente está apiñada* dans le métro, les gens sont tassés ‖ en pomme de pin, conique (de figura de piña).

apiñamiento *m* entassement, empilement ‖ *apiñamiento de gente* foule, affluence.

apiñar *v tr* entasser, empiler (amontonar) ‖ serrer (apretar).
◆ *v pr* s'entasser, se presser, s'empiler; *la gente se apiñaba ante los escaparates* les gens se pressaient devant les vitrines.

apiñonado, da *adj* (amer) brun, e de peau; basané, e (de color moreno).

apio *m* BOT céleri ‖ *apio caballar* céleri sauvage.

apiparse; apiporrarse *v pr* FAM s'empiffrer, se caler les joues (atracarse).

apirético, ca *adj* MED apyrétique.

apisonadora *f* rouleau *m* compresseur, cylindre *m*.

apisonamiento *m* cylindrage, damage, tassement de la terre.

apisonar *v tr* damer, tasser, cylindrer (aplastar); *apisonar una carretera* cylindrer une route.

aplacable *adj* qui peut être apaisé.

aplacador, ra *adj* qui apaise.

aplacar *v tr* apaiser, calmer; *aplacar el hambre, la ira* calmer la faim, la colère ‖ étancher; *aplacar la sed* étancher la soif ‖ *aplacar el entusiasmo* refroidir l'enthousiasme.
◆ *v pr* se calmer; *la tempestad se aplacó* la tempête s'est calmée.

aplanadera *f* TECN hie, demoiselle, dame.

aplanador, ra *adj* aplanisseur, euse.
◆ *f* AGRIC niveleuse, aplanisseuse ‖ (amer) rouleau *m* compresseur (apisonadora).

aplanamiento *m* aplanissement; *el aplanamiento de un terreno* l'aplanissement d'un terrain ‖ effondrement, écroulement (derrumbamiento) ‖ FIG & FAM abattement, découragement, accablement (abatimiento).

aplanar *v tr* aplanir (allanar) ‖ niveler (suelo) ‖ FIG & FAM abattre; *esta noticia le aplanó* cette nouvelle l'a abattu; *estar aplanado por el calor* être abattu par la chaleur ‖ (amer) *aplanar las calles* flâner, arpenter les rues.
◆ *v pr* s'effondrer, s'écrouler (edificio) ‖ dépérir (perder el vigor).

aplasia *f* aplasie.

aplastador, ra; aplastante *adj* écrasant, e; *un triunfo aplastante* un triomphe écrasant.

aplastamiento *m* aplatissement ‖ FIG écrasement; *el aplastamiento de las tropas* l'écrasement des troupes.

aplastar *v tr* aplatir; *aplastar un sombrero* aplatir un chapeau ‖ écraser; *aplastar un tomate* écraser une tomate ‖ FIG & FAM réduire à néant; *sus argumentos aplastan todas las críticas* ses arguments réduisent à néant toutes les critiques ‖ décontenancer, laisser sans voix o sans réplique, sidérer (dejar confuso) ‖ écraser; *aplastar a un adversario* écraser un adversaire ‖ (amer) épuiser, crever (una caballería).

aplatanado

◆ *v pr* s'aplatir, s'écraser; *el albaricoque se aplastó contra la pared* l'abricot s'écrasa contre le mur ‖ s'aplatir; *se aplastó contra el suelo para no ser alcanzado por las balas* il s'aplatit contre le sol pour ne pas être frappé par les balles ‖ *(amer)* s'affaler (en un sillón) ‖ se décourager (desanimarse) ‖ s'épuiser (una caballería).

aplatanado, da *adj* FAM avachi, e; ramolli, e.

aplatanar *v tr* FAM ramollir, abrutir.

◆ *v pr* FAM être ramolli, e; se ramollir, être rapla pla, être abruti, e ‖ FAM *uno se aplatana cuando hace mucho calor* on est ramolli quand il fait très chaud.

aplaudir *v tr* e *intr* applaudir; *aplaudir frenéticamente* applaudir à tout rompre ‖ applaudir à; *aplaudo tu decisión* j'applaudis à ta décision (aprobar).

aplauso *m* applaudissement; *una salva de aplausos* un tonnerre *o* une salve d'applaudissements ‖ applaudissements *pl*, éloges *pl*; *su obra merece el mayor aplauso* son œuvre mérite les plus grands éloges ‖ *con el aplauso de* aux applaudissements de.

aplazamiento *m* ajournement, remise *f*, renvoi; *el aplazamiento de una sesión* l'ajournement d'une séance ‖ citation *f* [convocation] ‖ *(amer)* ajournement (de un candidato).

aplazar *v tr* ajourner, remettre, différer, renvoyer; *aplazar una reunión* ajourner une réunion ‖ reculer, différer; *aplazar un pago* reculer le paiement ‖ citer, convoquer (citar) ‖ *(amer)* ajourner (en un examen).

aplebeyar *v tr* avilir, dégrader.

aplicable *adj* applicable.

aplicación *f* application (ejecución); *la aplicación de una teoría* l'application d'une théorie ‖ mise en œuvre; *la aplicación del plan de desarrollo* la mise en œuvre du plan de développement ‖ application (esmero); *aplicación en el trabajo* application au travail ‖ application, applique; *mueble con aplicaciones de marfil* meuble avec des applications d'ivoire ‖ INFORM application ‖ MIL *escuela de aplicación* école d'application.

aplicado, da *adj* FIG appliqué, e; studieux, euse; *un alumno muy aplicado* un enfant très appliqué.

aplicar *v tr* appliquer; *aplicar una ley, un sistema, un barniz* appliquer une loi, un système, un vernis ‖ appliquer, employer; *aplicar un remedio* appliquer un remède ‖ FIG appliquer ‖ *aplicar el oído* prêter l'oreille, écouter attentivement.

◆ *v pr* s'appliquer (hacer con esmero); *aplicarse en hacer bien un trabajo* s'appliquer à bien faire un travail ‖ s'appliquer (concernir); *esta ley se aplica a todos los ciudadanos* cette loi s'applique à tous les citoyens ‖ *apliquese el cuento* tirez-en la leçon.

aplique *f* applique (lámpara).

aplomado, da *adj* plombé, e; grisâtre (plomizo) ‖ FIG équilibré, e; pondéré, e; *una persona muy aplomada* une personne très équilibrée ‖ TAUROM affaissé, e; sans énergie.

aplomar *v tr* mettre d'aplomb.

◆ *v intr* vérifier une verticale au fil à plomb (con la plomada).

◆ *v pr* s'effondrer (desplomarse) ‖ FIG se remettre d'aplomb; *para aplomarme me di una ducha* pour me remettre d'aplomb, j'ai pris une douche ‖ *(amer)* avoir honte.

aplomo *m* sérieux, jugement ‖ aplomb (serenidad); *perder el aplomo* perdre son aplomb ‖ aplomb (del caballo) ‖ aplomb (verticalidad).

apocado, da *adj* pusillanime, timide.

apocalipsis *m* apocalypse *f*.

apocalíptico, ca *adj* apocalyptique.

apocamiento *m* FIG pusillanimité *f*, timidité *f*.

apocar *v tr* amoindrir, diminuer (disminuir) ‖ limiter, réduire (limitar) ‖ FIG faire peur; *a mí no me apoca nada* rien ne me fait peur.

◆ *v pr* FIG s'avilir, s'humilier (humillarse) ‖ s'effrayer; *no me apoco por nada* je ne m'effraie de rien.

apocopado, da *adj* apocopé, e.

apocopar *v tr* GRAM faire une apocope.

apócope *f* GRAM apocope.

apócrifo, fa *adj* apocryphe (supuesto).

apodar *v tr* surnommer; *Antonio, apodado «el Embustero»* Antoine, surnommé «le Menteur».

apoderado *m* mandataire, fondé de pouvoir ‖ manager (de deportista) ‖ imprésario (de un torero).

apoderamiento *m* appropriation *f*.

apoderar *v tr* nommer comme fondé de pouvoir, déléguer des pouvoirs à.

◆ *v pr* s'emparer; *apoderarse del poder* s'emparer du pouvoir ‖ FIG s'emparer; *el miedo se apoderó de ti* la peur s'est emparée de toi.

apodo *m* surnom, sobriquet (mote).

apófisis *f* ANAT apophyse.

apogeo *m* ASTR apogée ‖ FIG apogée; *el apogeo de la gloria* l'apogée de la gloire ‖ *estar en todo su apogeo* être à son apogée (cosa), être à l'apogée de sa gloire *o* de sa réussite (persona), battre son plein (fiesta).

apolillado, da *adj* mangé, e par les mites; mité, e (la ropa) ‖ vermoulu, e (la madera).

apolillamiento *m* dégâts *pl* fait par les mites (en las telas) ‖ vermoulure *f* (en la madera).

apolillar *v tr* ronger (la polilla) ‖ POP *(amer) estarla apolillando* roupiller, pioncer (dormir).

◆ *v pr* être vermoulu, e (la madera), être mangé par les mites (la ropa).

apolíneo, a *adj* POÉT apollinaire, apollinien, enne (en honor de Apolo).

apolítico, ca *adj* apolitique.

Apolo *n pr m* MITOL Apollon.

apologético, ca *adj y s f* apologétique.

apología *f* apologie.

apoltronado, da *adj* acagnardé, e *(p us)*; fainéant, e.

apoltronarse *v pr* s'acagnarder *(p us)*, fainéanter (arrellanarse) ‖ devenir paresseux, se laisser aller (hacerse poltrón).

apomazar *v tr* poncer.

aponer* *v tr* GRAM mettre en apposition.

apoplejía *f* MED apoplexie; *apoplejía fulminante* apoplexie foudroyante.

apopléctico, ca *adj y s* MED apoplectique.

apoquinar *v tr* POP lâcher, cracher [de l'argent].

◆ *v intr* POP casquer, cracher (pagar).

aporreado, da *adj* battu, e; assommé, e (golpeado) ‖ misérable; *llevar una vida aporreada* mener une vie misérable ‖ coquin, e (bribón).

aporrear *v tr* battre, frapper, cogner; *aporrear a una persona* cogner quelqu'un ‖ FIG *aporrearle a uno los oídos* casser les oreilles de quelqu'un.
➤ *v intr* frapper, cogner; *aporrear en la puerta* frapper à la porte ‖ *aporrear en el piano* pianoter, taper sur le piano.
➤ *v pr* se battre, se donner des coups (pelearse) ‖ FIG s'acharner au travail, s'éreinter (trabajar).
aportación *f* apport *m*; *aportación de fondos* apport de fonds ‖ apport *m*, contribution; *la aportación de este país ha sido considerable* la contribution de ce pays a été considérable.
aportar *v intr* MAR aborder (tocar tierra) ‖ FIG arriver à, débarquer (llegar) | échouer; *hay que ver a dónde ha ido a aportar* il faut voir où il est allé échouer | passer; *cuando aportó por allí fue muy mal recibido* quand il est passé par là il a été très mal reçu.
➤ *v tr* apporter, faire un apport de (fondos a una sociedad) ‖ FIG fournir (proporcionar).
aportillar *v tr* faire une brèche [dans un mur].
aportuguesado, da *adj* qui a le caractère portugais.
aposentar *v tr* loger, héberger.
➤ *v pr* se loger, s'installer (alojarse) ‖ descendre; *aposentarse en un hotel* descendre dans un hôtel.
aposento *m* chambre *f*, pièce *f* (habitación) ‖ demeure *f*; *mi humilde aposento* mon humble demeure ‖ — *aquí el aposento es caro* ici il est cher de se loger ‖ *tomar aposento* en loger, descendre; *tomar aposento en una fonda* descendre dans une auberge.
aposición *f* GRAM apposition.
apósito *m* MED pansement, bandage; *poner, levantar un apósito* mettre, enlever un pansement.
aposta; apostas *adv* à dessein, exprès; *lo ha hecho aposta para molestarme* il l'a fait exprès pour m'ennuyer.
apostante *adj y s* parieur, euse.
apostar* *v tr e intr* parier; *apostar en las carreras de caballos* parier aux courses de chevaux; *apostar sobre seguro* parier à coup sûr; *¿cuánto te apuestas que...?* combien paries-tu que...? ‖ poster, aposter (colocar gente en un lugar) ‖ — *apostar la cabeza* donner sa tête à couper, parier tout l'or du monde ‖ *apostar mucho que* y avoir gros o beaucoup o tout à parier que.
➤ *v pr* parier; *apostárselas con alguien* parier avec quelqu'un ‖ se poster (en un lugar).
— OBSERV Ce verbe est irrégulier dans le sens de *parier* et se conjugue comme *contar*. Il est régulier dans l'acception de *poster, aposter.*
apostasía *f* apostasie.
apóstata *adj y s* apostat, e.
apostema *f* MED apostème *m*.
apostilla *f* apostille.
apostillar *v tr* apostiller (anotar).
➤ *v pr* MED se couvrir de croûtes; *la herida se ha apostillado* la blessure s'est couverte de croûtes.
apóstol *m* apôtre; *los Hechos de los Apóstoles* les Actes des apôtres ‖ FIG apôtre; *apóstol de la paz* apôtre de la paix.
apostolado *m* apostolat.
apostólico, ca *adj* apostolique ‖ apostolique, papal, e (del papa) ‖ *nuncio apostólico* nonce apostolique.

apostolizar *v tr* évangéliser.
apostrofar *v tr* apostropher.
apóstrofe *m y f* apostrophe *f*.
apóstrofo *m* apostrophe *f* (signo ortográfico).
apostura *f* prestance, élégance, allure (aspecto); *de buena apostura* de belle prestance; *una noble apostura* une noble prestance; *una persona de mucha apostura* une personne qui a beaucoup d'allure.
apotegma *m* apophtegme (sentencia).
apotema *f* GEOM apothème *m*.
apoteósico, ca *adj* d'apothéose ‖ *ha sido un triunfo apoteósico* ce triomphe a été une apothéose.
apoteosis *f* apothéose.
apoticario *m* (ant) apothicaire.
apoyacabezas *m inv* → **reposacabezas**.
apoyar *v tr* appuyer; *apoyar los codos en la mesa* appuyer les coudes sur la table; *apoyar en la pared* appuyer contre le mur ‖ FIG confirmer, sanctionner, appuyer, venir à l'appui de; *sus discursos apoyan su decisión* ses discours appuient sa décision ‖ appuyer; *apoyar a un candidato* appuyer un candidat.
➤ *v intr y pr* s'appuyer, reposer sur ‖ s'appuyer; *apoyarse en un bastón, en una doctrina* s'appuyer sur un bâton, sur une doctrine ‖ FIG s'appuyer, reposer sur; *su doctrina no se apoya en la realidad* sa doctrine ne repose pas sur la réalité.
apoyo *m* appui; *punto de apoyo* point d'appui; *en apoyo de* à l'appui de ‖ FIG appui, protection *f* (protección) ‖ MECÁN palier.
apreciable *adj* appréciable (que puede valorarse); *una ayuda apreciable* une aide appréciable ‖ FIG estimable, de valeur (digno de estima); *persona apreciable* personne estimable.
apreciación *f* appréciation, estimation, évaluation.
apreciador, ra *adj y s* appréciateur, trice.
apreciar *v tr* apprécier, estimer, évaluer (valorar) ‖ FIG apprécier, estimer, avoir de l'estime pour; *apreciar mucho o en mucho a un amigo* avoir beaucoup d'estime pour un ami ‖ — *apreciar en* ou *por su verdadero valor* apprécier à sa juste valeur ‖ *un genio mal apreciado* un génie méconnu.
➤ *v pr* enregistrer; *se ha apreciado un excedente* on a enregistré un excédent ‖ apparaître; *en la foto se aprecian unos defectos* sur la photo apparaissent quelques défauts.
aprecio *m* appréciation *f*, estimation *f*, évaluation *f* (evaluación) ‖ FIG estime *f*, considération *f*; *tener gran aprecio a uno* avoir quelqu'un en grande estime, avoir beaucoup de considération pour quelqu'un ‖ *es una persona de mi mayor aprecio* c'est une personne que j'ai en grande estime.
aprehender *v tr* appréhender, saisir (coger) ‖ concevoir (concebir) ‖ appréhender, craindre (temer).
— OBSERV *Aprehender*, dans le sens de *craindre*, est un gallicisme.
aprehensión *f* appréhension (*p us*), prise, capture; *la aprehensión de un ladrón* la capture d'un voleur ‖ compréhension, conception (comprensión) ‖ appréhension (temor).
— OBSERV Dans le sens de *crainte*, *aprehensión* est un gallicisme; le mot adéquat est *aprensión*.
aprehensivo, va *adj* perspicace (perspicaz).

apremiable *adj* DR contraignable.

apremiador, ra; apremiante *adj* pressant, e; urgent, e; *trabajo apremiante* travail pressant || DR contraignant, e (que compele).

apremiar *v tr* contraindre, forcer (obligar) || presser; *no me apremie usted tanto* ne me pressez pas tant || opprimer || DR contraindre.
◆ *v intr* presser (dar prisa, urgir); *el tiempo apremia* le temps presse.

apremio *m* contrainte *f* (obligación) || urgence *f* (urgencia) || DR contrainte *f*; *comisionado de apremios* porteur de contraintes; *por vía de apremio* par contrainte.

aprender *v tr* apprendre; *aprender de memoria* ou *de carretilla* apprendre par cœur || *aprender en cabeza ajena* apprendre aux dépens d'autrui || *para que aprenda* ça lui apprendra, il l'a bien cherché, il ne l'a pas volé.
◆ *v pr* apprendre; *aprenderse la lección* apprendre sa leçon.

aprendiz, za *m y f* apprenti, e; *aprendiz de pastelero* apprenti pâtissier || — *aprendiza de costura* petite main || *colocar de aprendiz* mettre en apprentissage || *ser aprendiz de todo y oficial de nada* être un propre à rien.

aprendizaje *m* apprentissage.

aprensión *f* appréhension (recelo) || peur; *tiene mucha aprensión a los enfermos* il a très peur des malades || scrupules *m pl*; *me da aprensión aceptar este trabajo porque se lo quito a otro* j'ai des scrupules à accepter ce travail, car je l'enlève à quelqu'un d'autre || *el enfermo de aprensión* le malade imaginaire.
◆ *pl* idées fausses, imaginations.

aprensivo, va *adj* pusillanime, craintif, ive || peureux, euse; *es tan aprensivo que nunca va a ver a los enfermos* il est tellement peureux qu'il ne va jamais voir les malades || *ser aprensivo* s'écouter, écouter son mal.

apresador, ra *adj y s* qui capture.

apresar *v tr* saisir [avec les griffes ou avec les dents]; *el lobo apresó el cordero* le loup saisit l'agneau || MAR arraisonner (apoderarse de un barco) || (ant) incarcérer (aprisionar).

aprestar *v tr* apprêter (preparar); *aprestar las armas* apprêter les armes || TECN apprêter (cueros, tejidos, etc.).
◆ *v pr* s'apprêter; *aprestarse para salir* s'apprêter pour sortir.

apresto *m* préparatifs *pl* || TECN apprêt (cueros, tejidos, etc.).

apresuradamente *adv* hâtivement, en toute hâte.

apresurado, da *adj* pressé, e; *que las personas apresuradas pasen primero* que les personnes pressées passent les premières || FIG hâtif, ive; *conclusión apresurada* conclusion hâtive.

apresuramiento *m* hâte *f*, empressement (prisa).

apresurar *v tr* presser, hâter; *apresurar el paso* hâter le pas.
◆ *v pr* s'empresser, se hâter; *apresurarse a* ou *por llegar, en responder* s'empresser d'arriver, de répondre || se presser, se hâter; *hay que apresurarse, ya es muy tarde* il faut se hâter, il est déjà très tard || *no apresurarse* prendre son temps; *no se apresure* prenez votre temps.

apretadamente *adv* fortement, étroitement || de justesse; *ganó apretadamente* il a gagné de justesse || avec insistance, de façon pressante || petitement; *vivir muy apretadamente* vivre très petitement || *llegar muy apretadamente al final del mes* avoir du mal à finir le mois.

apretado, da *adj* serré, e; *lío muy apretado* ballot bien serré; *los codos apretados al cuerpo* les coudes serrés au corps || FIG serré, e; resserré, e (escritura) | pincé, e; serré, e (los labios) | difficile, périlleux, euse; critique; *asunto apretado* affaire périlleuse; *lance apretado* situation critique | chiche, regardant, e (tacaño) || — FIG & FAM *estar uno muy apretado* avoir de gros problèmes d'argent (de dinero), avoir de gros ennuis (problemas) || *un programa apretado* un programme chargé || *vivir muy apretado en un piso* être très à l'étroit dans un appartement.

apretar* *v tr* serrer; *apretar entre los brazos* serrer dans ses bras; *apretar la mano, los dientes* serrer la main, les dents; *apretar un tornillo* serrer une vis || serrer (un vestido) || serrer, pincer; *apretar los labios* pincer les lèvres || presser, comprimer (comprimir) || presser, appuyer; *apretar el gatillo* presser o appuyer sur la détente || presser, hâter, accélérer (activar); *apretar el paso* presser le pas; *¡apriete!* hâtez-vous! || harceler, presser (acosar); *me aprieta el tiempo* le temps me presse || FIG affliger, contrarier (afligir) || — *apretar las clavijas a alguien* visser quelqu'un, serrer la vis à quelqu'un || *cada uno sabe donde le aprieta el zapato* chacun sait où le bât le blesse || *quien mucho abarca, poco aprieta* qui trop embrasse, mal étreint.
◆ *v intr* redoubler; *la lluvia aprieta* la pluie redouble || — *apretar a correr* se mettre à courir, prendre ses jambes à son cou || FAM *apretar a fondo* bloquer || *apretarse el cinturón* serrer sa ceinture (sentido propio), se serrer la ceinture (sentido figurado) || FAM *¡aprieta!* allons donc!, voyons!

apretón *m* serrement (apretadura) || pincement (dolor) || FAM besoin pressant (necesidad natural) || FIG & FAM embarras, situation *f* critique (apuro) || FAM course *f* courte et rapide, sprint (carrera) || touche *f* très foncée (pintura) || — *apretón de manos* poignée de main || *reciba un apretón de manos* amicalement (en una carta).

apretujar *v tr* FAM presser très fort.
◆ *v pr* FAM se serrer, se tasser, se presser (las personas por falta de espacio).

apretujón *m* FAM serrement.

apretura *f* gêne, embarras *m*; *momentos de apretura* des moments de gêne || foule, cohue (gentío) || bousculade; *en los autobuses hay muchas apreturas* dans les autobus il y a beaucoup de bousculades || passage étroit (sitio estrecho) || disette (escasez).

aprieto *m* gêne *f*, oppresion *f* || FIG embarras, situation critique, gêne (mala situación); *hallarse* ou *verse en un aprieto, pasar un aprieto* se trouver o être dans l'embarras; *en tales aprietos hay que tener valor* dans des situations critiques il faut avoir du courage || — FIG & FAM *estar en aprietos* être dans de beaux draps || *poner en un aprieto* mettre dans l'embarras, embarrasser || *salir del aprieto* se tirer d'affaire.

apriorismo *m* apriorisme.

apriorístico, ca *adj* apriorique, aprioritique.

aprisa *adv* vite, rapidement; *se fue muy aprisa* il est parti très vite.

aprisionar *v tr* emprisonner (encarcelar) ‖ FIG enchaîner, lier, tenir; *aprisionado por el reglamento* tenu par le règlement.

aproar *v intr* MAR mettre le cap sur.

aprobación *f* approbation, consentement *m*; *dar su aprobación* donner son consentement ‖ adoption; *aprobación de un informe* adoption d'un rapport ‖ mise à l'essai, à l'épreuve (prueba) ‖ succès *m* (en un examen) ‖ — *sonrisa de aprobación* sourire approbateur ‖ *dar la aprobación a* approuver, donner son approbation à.

aprobado, da *adj* approuvé, e; agréé, e; *aprobado por el Ministerio de Industria* approuvé par le ministère de l'Industrie ‖ reçu, e (en un examen); *salir aprobado* être reçu.
◆ *m* mention *f* passable; *tener un aprobado* avoir la mention passable (en un examen).

aprobar* *v tr* approuver ‖ être reçu à, réussir (en un examen); *aprobar el examen de ingreso* réussir l'examen d'entrée ‖ adopter; *aprobar una ley* adopter une loi ‖ admettre à un examen; *el profesor no me ha aprobado* le professeur ne m'a pas admis à l'examen ‖ *aprobar por unanimidad* recevoir *o* approuver à l'unanimité.

aprobatorio, ria *adj* aprobatif, ive.

apropiación *f* appropriation ‖ DR *apropiación indebida* divertissement, détournement de fonds.

apropiado, da *adj* approprié, e.

apropiar *v tr* approprier, adapter; *apropiar las leyes a las costumbres* adapter les lois aux coutumes.
◆ *v pr* s'approprier, s'emparer; *se ha apropiado de lo que no le pertenece* il s'est approprié ce qui ne lui appartient pas.

aprovechable *adj* utilisable; *estos restos son todavía aprovechables* ces restes sont encore utilisables ‖ mettable; *un vestido aún aprovechable* une robe encore mettable.

aprovechado, da *adj* très économe; *ama de casa muy aprovechada* ménagère très économe ‖ FIG appliqué, e (estudioso) ‖ conçu, e; *casa bien aprovechada* maison bien conçue ‖ employé, e; *dinero, tiempo bien aprovechado* argent, temps bien employé ‖ débrouillard, e (apañado).
◆ *adj y s* profiteur, euse (aprovechón).

aprovechamiento *m* profit, parti; *sacaron el aprovechamiento máximo de esto* ils en ont tiré le plus grand profit ‖ utilisation *f*; *aprovechamiento de los recursos naturales* utilisation des ressources naturelles ‖ exploitation *f*, utilisation *f*; *aprovechamiento en común* exploitation en commun; *aprovechamiento de una información* exploitation d'un renseignement ‖ mise *f* en valeur; *aprovechamiento de las tierras* mise en valeur des terres ‖ aménagement; *el aprovechamiento de un curso de agua* l'aménagement d'un cours d'eau.

aprovechar *v intr* profiter à, être utile, servir; *esto les aprovechará a tus hermanos* cela servira à tes frères ‖ en profiter; *como hacía buen tiempo, aprovecharon y se fueron al campo* comme il faisait beau, ils en profitèrent et partirent à la campagne ‖ FIG progresser (adelantar); *aprovechar en sabiduría* progresser en sagesse ‖ MAR serrer au plus près ‖ *¡que aproveche!* bon appétit.
◆ *v tr* mettre à profit, profiter de, utiliser; *aprovechar el tiempo* mettre le temps à profit ‖ profiter de, tirer profit de; *ha aprovechado muy bien las clases* il a très bien profité des cours ‖ profiter de; *aproveché la situación y me fui* j'ai profité de l'occasion et je suis parti ‖ se servir de, utiliser; *no aprovecho nunca los restos* je ne me sers jamais des restes ‖ mettre en valeur (tierras) ‖ aménager; *aprovechar un salto de agua* aménager une chute d'eau ‖ exploiter (fincas) ‖ utiliser (emplear) ‖ — *aprovechando la ocasión, les diré que* par la même occasion, je vous dirai que ‖ *aprovechar la ocasión* profiter de l'occasion.
◆ *v pr* profiter de, tirer parti *o* avantage de (sacar provecho) ‖ en profiter; *aprovéchate ahora, luego será demasiado tarde* profites-en maintenant, après il sera trop tard ‖ profiter; *aprovecharse de uno* profiter de quelqu'un; *aprovecharse de un momento de descuido* profiter d'un moment d'inattention.

aprovechón, ona *m y f* FAM profiteur, euse.

aprovisionamiento *m* approvisionnement, ravitaillement (abastecimiento).

aprovisionar *v tr* approvisionner, ravitailler.

aproximación *f* approximation (estimación vaga); *cálculo con aproximación* calcul par approximation ‖ lot *m* de consolation (en la lotería) ‖ proximité (proximidad) ‖ rapprochement (acercamiento) ‖ — *con una aproximación del uno por ciento* à un pour cent près ‖ *sólo es una aproximación* ce n'est qu'un à-peu-près.

aproximadamente *adv* approximativement, à peu près.

aproximado, da *adj* approximatif, ive; approché, e; *cálculo aproximado* calcul approximatif; *valor aproximado* valeur approchée.

aproximar *v tr* approcher.
◆ *v pr* s'approcher; *aproximarse al fuego* s'approcher du feu ‖ approcher; *se aproxima la hora del almuerzo* l'heure du déjeuner approche ‖ *¡ni se le aproxima!* il en est loin!

aproximativo, va *adj* approximatif, ive.

ápside *m* ASTR apside *f*.

áptero, ra *adj* ZOOL aptère (sin alas).
◆ *m pl* ZOOL aptères.

aptitud *f* aptitude; *aptitudes físicas* aptitudes physiques ‖ disposition; *tener aptitudes para el dibujo* avoir des dispositions pour le dessin ‖ compétence, capacité (capacidad) ‖ *certificado de aptitud* certificat d'aptitude.

apto, ta *adj* apte; *apto para ocupar este cargo* apte à occuper ce poste ‖ — MIL *apto para el servicio* bon pour le service ‖ *apta para todos los públicos* visible par tous (película) ‖ *no apta para menores* interdit aux moins de dix-huit ans (película).

apuesta *f* pari *m* ‖ *apuestas mutuas* pari mutuel.

apuesto, ta *adj* de belle prestance, beau, belle; élégant, e; *un chico apuesto* un beau garçon.

apulgarar *v tr* presser avec le pouce.
◆ *v pr* se piquer de petites taches (la ropa).

apunar *v tr* (amer) donner le mal des montagnes.
◆ *v pr* (amer) avoir le mal des montagnes.

apuntado, da *adj* pointu, e (puntiagudo) ‖ BLAS appointé, e ‖ ARQ en ogive (arco).

apuntador, ra *adj y s* pointeur, euse (artillería) ‖ annotateur, trice (que anota).
◆ *m* TEATR souffleur; *concha del apuntador* trou du souffleur ‖ pointeur (en petanca) ‖ FIG *en esta*

obra muere hasta el apuntador dans cette pièce tout le monde y passe.

◆ *m y f* secrétaire de plateau (cine).

apuntalamiento *m* étaiement, étayage.

apuntalar *v tr* étayer.

apuntar *v tr* pointer, braquer (un arma) || viser; *apuntar a uno a la cabeza* viser la tête de quelqu'un || montrer, désigner (señalar); *apuntar con el dedo* montrer du doigt || manifester, faire preuve de; *este principianta apunta excelentes cualidades* ce débutant manifeste d'excellentes qualités || faire remarquer, signaler; *el periodista apunta la importancia del problema* le journaliste fait remarquer l'importance du problème || marquer (señalar un escrito) || noter, prendre note de (anotar); *apuntar unas señas* noter une adresse || mettre, noter; *apúntalo en mi cuenta* mets-le sur mon compte || convenir de, fixer (concertar) || aiguiser, tailler (sacar punta); *apuntar un lápiz* tailler un crayon || empointer (una aguja) || bâtir (en la costura) || FAM raccommoder (zurcir) || ARTES croquer, esquisser (bosquejar) || TEATR souffler || FIG indiquer, montrer (enseñar) || souffler; *le están apuntando la lección* on lui souffle la leçon || FAM *apúntalo en la barra de hielo* tu peux en faire ton deuil.

◆ *v intr* poindre (el día) || pousser (la barba) || FIG viser; *objetivos que apuntan a la supresión de los privilegios* objectifs qui visent à la suppression des privilèges || mettre en joue (con un arma) || ponter (en el juego) || *¡apunten!* en joue! || *apuntar presente* porter o marquer présent.

◆ *v pr* s'aigrir, tourner (el vino) || FAM s'inscrire; *me apunté en el colegio* je me suis inscrit à l'école | se griser (embriagarse) || *apuntarse a algo* être partant pour faire quelque chose || *apuntarse un tanto* marquer un point.

apunte *m* annotation *f*, note *f* (nota) || croquis, esquisse *f* (dibujo) || TEATR souffleur (apuntador) | texte du souffleur (texto) || secrétaire de plateau (cine) || ponte (jugador) || mise *f* (en el juego, puesta) || (*amer*) *llevar al apunte* payer de retour (corresponder).

◆ *pl* notes *f* [de cours]; *tomar apuntes* prendre des notes || cours *sing*; *apuntes a multicopista* cours polycopié.

apuntillar *v tr* achever, donner le coup de grâce.

apuñalar *v tr* poignarder.

apuñear *v tr* frapper à coups de poing.

apurado, da *adj* gêné, e; dans la gêne, à court d'argent; *estar apurado* être dans la gêne | gêné, e (molesto) || épuisé, e; tari, e (agotado) || précis, e; exact, e (exacto) || FIG difficile, délicat, e; périlleux, euse (peligroso) || (*amer*) pressé, e (apresurado) || — *estar apurado de tiempo* être à court de temps, être pressé || *estar apurado por uno* être ennuyé par quelqu'un.

apurar *v tr* épurer (una cosa) || purifier (una persona) || épuiser, finir (agotar) || FIG éclaircir (examinar a fondo) | peiner, faire de la peine, attrister; *me apura tener que decirle esto* cela me fait de la peine de devoir lui dire ça | épuiser, mettre, pousser à bout; *apurar la paciencia* épuiser la patience, pousser à bout || harceler, presser (apremiar) || finir, aller jusqu'au bout de; *apurar el cigarrillo, el vaso* finir sa cigarette, son verre || — *apurándolo mucho* tout au plus; *apurándolo mucho esta casa le ha costado cinco millones* cette maison lui a coûté tout au plus cinq millions || *apurar el cáliz hasta las heces* boire le calice jusqu'à la lie.

◆ *v pr* s'affliger, s'attrister || s'inquiéter, s'en faire (*fam*); *no se apure por esto* ne vous inquiétez pas pour cela || (*amer*) se hâter, se dépêcher (apresurarse) || — *apurarse la barba* se raser de près || *no apurarse por nada* ne s'embarrasser de rien.

apuro *m* gêne *f*, embarras, mauvais pas; *sacar de apuro* tirer d'un mauvais pas; *estar en un apuro* être dans l'embarras || affliction *f*, tristesse *f* || difficulté *f*; *al principio he pasado muchos apuros en este país* au début, j'ai eu beaucoup de difficultés dans ce pays || (*amer*) hâte *f* (prisa) || — *estar en apuros, estar en un apuro de dinero, tener apuros de dinero* être dans la pénurie o dans la gêne, être à court d'argent, avoir des difficultés d'argent, être dans l'embarras || *estar en el mayor apuro* avoir de grandes difficultés || *no tengas apuros, díselo* ne t'en fais pas, dis-le-lui || *poner a alguien en un apuro, hacer pasar un apuro a uno* mettre quelqu'un dans l'embarras || *sacar de apuro* tirer d'embarras o d'affaire || *salir de apuro* sortir d'embarras || *tengo apuro en hacer tal cosa* ça m'ennuie de faire cela.

aquaplaning *m* AUTOM aquaplaning.

aquárium *m* aquarium (acuario).

aquejado, da *adj* atteint, e; affligé, e (de una enfermedad).

aquejar *v tr* peiner, chagriner || FIG affliger, frapper; *aquejado de grave enfermedad* affligé d'une maladie grave || FIG *estar* ou *encontrarse aquejado de* souffrir de; *la economía se encuentra aquejada de falta de mano de obra* l'économie souffre d'un manque de main-d'œuvre.

aquel *m* FAM charme, chien (gracia) | un petit quelque chose; *esta persona no es guapa pero tiene un aquel* cette personne n'est pas jolie, mais elle a un petit quelque chose.

aquel, lla *adj dem* ce, cette (plural masculino y femenino: ces); *aquel sombrero* ce chapeau; *aquella mujer* cette femme || *¿te acuerdas de la mujer aquella que encontramos?* te rappelles-tu la femme que nous avons rencontrée? (véase AQUÉL observ)

◆ *pron* celui, celle; *aquel de quien no me fío nada* celui en qui je n'ai aucune confiance; *aquella cuya casa está siempre abierta* celle dont la maison est toujours ouverte.

— OBSERV Cuando el adjetivo masculino francés va seguido de un sustantivo que empieza por una vocal o una h muda se transforma en *cet*: *cet oiseau* aquel pájaro; *cet homme* aquel hombre. Se añade en francés a veces la partícula invariable *là* para dar mayor precisión: *ce livre-là* aquel libro.

aquél, élla, ello *pron dem* celui-là, celle-là, cela (plural: ceux-là, celles-là); *éste es mayor que aquél* celui-ci est plus grand que celui-là; *esto no es tan bueno como aquello* ceci n'est pas aussi bon que cela.

— OBSERV *Aquel*, adjectif ou pronom, s'emploie pour désigner une personne ou une chose également éloignées dans l'espace ou dans le temps de la personne qui parle et de celle à qui on parle: il s'oppose ainsi à *este* et *ese*. Les pronoms *aquél* et *aquélla* portent un accent pour se distinguer des adjectifs homonymes, sauf lorsqu'ils précèdent un pronom relatif. *Aquello* n'étant que pronom n'a pas besoin de porter un accent écrit.

aquelarre *m* sabbat (brujos) || FIG sabbat, tapage (ruido).

aquella *adj dem* → **aquel**.

aquende *adv* de ce côté-ci de, en deçà de; *aquende los Pirineos* de ce côté-ci des Pyrénées.

aquí *adv* ici; *aquí abajo* ici-bas; *ven aquí* viens ici ‖ là (con preposición y en sentido figurado); *de aquí viene su desgracia* de-là vient son malheur; *por aquí se conoce que* par-là on voit que ‖ alors, là (entonces); *aquí no pudo contenerse* alors il ne put se contenir ‖ maintenant; *aquí las va a pagar todas* c'est maintenant qu'il va payer ‖ ici, maintenant (con preposición); *hasta aquí* jusqu'ici, jusqu'à maintenant ‖ POP celui-ci, celle-ci ‖ — *aquí presente* ici présent ‖ *aquí y allí, aquí y allá* çà et là, ici et là ‖ *de aquí a mañana* d'ici à demain ‖ *de aquí a ocho días* dans huit jours (plazo), aujourd'hui en huit (fecha) ‖ *de aquí a poco* d'ici peu, sous peu, bientôt ‖ *de aquí en adelante* dorénavant, désormais ‖ *de aquí hasta entonces* d'ici là ‖ *por aquí y por allá* par-ci par-là ‖ — *aquí está* voici; *aquí está tu libro* voici ton livre ‖ *aquí estoy, aquí está, etc.* me voici, le voici, etc. ‖ *¡aquí fue Troya!* alors ce fut la bagarre (pelea), alors ce fut la pagaille (desorden) ‖ *aquí le cojo aquí le mato* aussitôt pris aussitôt tué ‖ *aquí yace* ci-gît ‖ *he aquí* voici.

aquiescencia *f* acquiescement *m*, assentiment *m*.

aquietar *v tr* apaiser; *aquietar los ánimos* apaiser les esprits ‖ rassurer, rasséréner (calmar).
 ◆ *v pr* s'apaiser, se calmer.

aquilatado, da *adj* éprouvé, e; *hombre de aquilatado valor* homme de valeur éprouvée.

aquilatar *v tr* éprouver, déterminer le titre de (el oro) ‖ estimer la valeur [d'un diamant, d'une perle, etc.] ‖ affiner, épurer (purificar) ‖ FIG juger, apprécier (una persona o una cosa).

aquilino, na *adj* aquilin, e (aguileño); *nariz aquilina* nez aquilin.

Aquisgrán *n pr* GEOGR Aix-la-Chapelle.

Aquitania *n pr f* GEOGR Aquitaine.

aquitano, na *adj* aquitain, e.
 ◆ *m y f* Aquitain, e.

ara *f* autel *m* (altar) ‖ pierre d'autel (piedra) ‖ *en aras de* sur l'autel de, en l'honneur de (en honor a), au nom de; *en aras de nuestra amistad* au nom de notre amitié.
 ◆ *m* ZOOL ara (guacamayo) ‖ ASTR autel (constelación).

árabe *adj* arabe ‖ FAM *eso es árabe para mí* c'est de l'hébreu pour moi.
 ◆ *m* arabe; *árabe clásico, literario* ou *culto* arabe classique, littéraire; *árabe moderno* arabe moderne.
 ◆ *m y f* Arabe.

arabesco, ca *adj* arabesque.
 ◆ *m* arabesque *f*.

Arabia Saudí *n pr* GEOGR Arabie Saoudite.

arábico, ca; arábigo, ga *adj* arabe; *número arábigo* chiffre arabe ‖ arabique; *goma arábiga* gomme arabique.
 ◆ *m* arabe (lengua) ‖ FIG & FAM *estar en arábigo* être de l'hébreu.

Arábigo *n pr m* GEOGR *mar Arábigo* mer *f* d'Oman | *golfo Arábigo* golfe Arabique.

arabismo *m* arabisme.

arabista *m y s* arabisant, e.

arabizar *v tr* arabiser.

arácnidos *m pl* ZOOL arachnides.

aracnofobia *f* arachnéphobie.

arada *f* AGRIC labourage *m* (acción de arar) ‖ terre labourée (tierra labrada) ‖ labours *m pl* ‖ travail *m* de la terre (trabajo) ‖ ouvrée (jornal).

arado *m* AGRIC charrue *f*; *arado múltiple, bisurco* charrue polysoc, bisoc ‖ (*amer*) labours *pl* (labor) ‖ AGRIC *arado de balancín* charruebalance | *arado de viñador* ou *de viñatero* déchausseuse, décavaillonneur, décavaillonneuse.

Aragón *n pr m* GEOGR Aragon.

aragonés, esa *adj* aragonais, e.
 ◆ *m y f* Aragonais, e ‖ FIG *testarudo* ou *terco como un aragonés* têtu comme un Breton *o* une mule.

Aral (mar de) *n pr m* GEOGR mer *f* d'Aral.

arameo, a *adj* araméen, enne.
 ◆ *m et f* Araméen, enne.

arancel *m* tarif douanier (tarifa) ‖ droit de douane (derecho) ‖ *arancel aduanero común* tarif douanier commun | *arancel de aduanas* tarif douanier.

arancelario, ria *adj* concernant les tarifs douaniers ‖ — *derechos arancelarios* droits de douane ‖ *leyes arancelarias* législation douanière.

arándano *m* BOT airelle *f*, myrtille *f*.

arandela *f* bobèche (de bujía) ‖ TECN rondelle, bague (para tuercas) ‖ raquette (de esquí) ‖ rondelle (de lanza) ‖ candélabre *m* de table *o* d'applique (candelabro) ‖ (*amer*) jabot *m* (chorrera).

araña *f* ZOOL araignée ‖ BOT nigelle de Damas (arañuela) ‖ lustre *m* (lámpara de techo) ‖ filet *m* pour les oiseaux (red) ‖ MAR araignée (de hamaca) ‖ FIG & FAM fourmi, personne très économe ‖ (*amer*) carriole ‖ — *araña de agua* gyrin (insecto) ‖ *araña de mar* araignée de mer (crustáceo) ‖ *red* ou *tela de araña* toile d'araignée.

arañar *v tr* griffer; *el gato me ha arañado* le chat m'a griffé ‖ égratigner (rasguñar ligeramente); *las zarzas me han arañado* les ronces m'ont égratigné ‖ érafler; *la portezuela del coche está arañada* la portière de la voiture est éraflée ‖ FIG grappiller, ramasser (recoger) | gratter (un instrumento de cuerda).
 ◆ *v pr* se griffer, s'égratigner.

arañazo *m* coup de griffe (de gato, etc.) ‖ égratignure *f* (rasguño ligero).

arar *m* genévrier (enebro) ‖ mélèze (alerce).

arar *v tr* AGRIC labourer ‖ FIG sillonner (surcar) ‖ ronger; *el rostro arado por el sufrimiento* le visage rongé par la souffrance ‖ FIG *arar en el mar* donner des coups d'épée dans l'eau, porter de l'eau à la rivière *o* la mer.

Ararat (Gran) *n pr* GEOGR mont Ararat.

araucano, na *adj* araucan, e.
 ◆ *m y f* Araucan, e.

arbitrable *adj* arbitrable.

arbitraje *m* arbitrage; *arbitraje de divisas* arbitrage de change.

arbitral *adj* DR arbitral, e; *sentencias arbitrales* jugements arbitraux, sentences arbitrales.

arbitrar *v tr* arbitrer; *arbitrar un partido de fútbol* arbitrer un match de football.
 ◆ *v pr* s'arranger pour, s'ingénier à (ingeniarse).

arbitrariedad *f* arbitraire *m*, procédé *m* arbitraire.

arbitrario, ria *adj* arbitraire.

arbitrio *m* volonté *f* (voluntad); *seguir el arbitrio de sus padres* obéir à la volonté de ses parents ‖ libre arbitre (albedrío) ‖ bon plaisir, fantaisie *f*; *seguir su arbitrio* suivre sa fantaisie ‖ expédient, recours (medio) ‖ DR arbitrage.
- *pl* taxes *f* municipales, droits d'octroi, charges *f* (impuestos).

árbitro, tra *m y f* arbitre *m* ‖ DEP *árbitro de centro* arbitre de champ | *árbitro de portería* arbitre de ligne de but.

árbol *m* arbre; *árbol frutal* arbre fruitier ‖ corps (de camisa sin mangas) ‖ CONSTR noyau (escalera) ‖ IMPR arbre (prensa) ‖ MAR mât (palo) ‖ TECN arbre; *árbol motor* arbre moteur ‖ — INFORM *árbol de directorios* arborescence ‖ BOT *árbol de la cera* arbre à cire, cirier ‖ *árbol de la ciencia del bien y del mal* arbre de la connaissance du bien et du mal ‖ *árbol de Judas* arbre de Judée ‖ MAR *árbol de la hélice* arbre de couche ‖ *árbol del diablo* sablier ‖ MECÁN *árbol de levas* arbre à cames ‖ BOT *árbol del pan* arbre à pain | *árbol de monte alto* arbre de haute futaie ‖ *árbol de Navidad* ou *de Noel* arbre de Noël ‖ BOT *árbol desmochado* têtard ‖ *árbol genealógico* arbre généalogique ‖ ANAT *árbol respiratorio* système respiratoire ‖ — *del árbol caído, todos hacen leña* quand l'arbre est tombé, chacun court aux branches ‖ *por el fruto se conoce al árbol* on connaît l'arbre à son fruit.

arbolado, da *adj* boisé, e; couvert, e *o* planté, e d'arbres; *lugar, paseo arbolado* endroit boisé, promenade plantée d'arbres.
- *m* bois (bosque).

arboladura *f* MAR mâture.

arbolar *v tr* arborer (enarbolar) ‖ MAR mâter (poner mástiles) | arborer, battre; *arbolar bandera argentina* battre pavillon argentin, arborer le pavillon argentin.
- *v pr* se cabrer (encabritarse).

arboleda *f* bois *m*, bosquet *m*, boqueteau *m* (bosque).

arbóreo, a *adj* arborescent, e.

arboricida *adj y s m* arboricide.

arboricultura *f* arboriculture.

arbotante *m* ARQ arc-boutant ‖ MAR support d'arbre (de la hélice).

arbusto *m* BOT arbrisseau; *el lila es un arbusto* le lilas est un arbrisseau | arbuste; *la madreselva es un arbusto* le chèvrefeuille est un arbuste.

arca *f* coffre *m* (cofre) ‖ coffre-fort *m* (caja de caudales) ‖ arche; *arca de Noé* arche de Noé ‖ TECN arche (de cristalería) ‖ — *arca de agua* château d'eau ‖ *arca de la Alianza* ou *del Testamento* Arche d'alliance ‖ *arca del cuerpo* tronc du corps humain.
- *pl* coffres *m* (en las tesorerías) ‖ ANAT flancs *m* (debajo de las costillas) ‖ *arcas públicas* coffres de l'État, Trésor, Trésor public.

arcabuz *m* arquebuse *f* ‖ arquebusier (arcabucero).

arcabuzazo *m* coup d'arquebuse, arquebusade *f*.

arcada *f* arcade (arcos) ‖ arche (de puente) ‖ — *arcada ciega* ou *falsa* arcade aveugle ‖ *arcada fingida* ou *figmada* arcade simulée *o* feinte.
- *pl* nausées (náuseas).

arcaico, ca *adj* archaïque ‖ GEOL archéen, enne.

arcaísmo *m* archaïsme.

arcaizar *v intr* employer des archaïsmes.
- *v tr* rendre archaïque.

arcángel *m* archange.

arcangélico, ca *adj* archangélique.

arcano, na *adj* secret, ète; caché, e.
- *m* arcane, secret, mystère.
- *pl* FIG coulisses *f*, arcanes; *los arcanos de la política* les coulisses de la politique.

arce *m* érable (árbol) ‖ *arce blanco* sycomore, faux platane.

arcén *m* accotement, bas-côté (de una carretera).

arcilla *f* argile (greda) ‖ matière, substance (tierra cualquiera) ‖ *arcilla cocida* terre cuite ‖ *arcilla figulina* ou *de alfarería* argile figuline [à potier] ‖ *arcilla refractaria* argile réfractaire.

arcilloso, sa *adj* argileux, euse.

arciprestazgo *m* archiprêtré.

arcipreste *m* archiprêtre.

arco *m* GEOM arc; *arco de círculo* arc de cercle ‖ arc (arma); *tirar con arco* tirer à l'arc ‖ archet (de violín) ‖ cerceau (de tonel) ‖ ANAT arcade *f*; *arco alveolar* arcade dentaire ‖ ARQ arc (bóveda) ‖ arche *f* (de un puente) ‖ arçon (para la lana) ‖ *(amer)* but (portería) ‖ — ARQ *arco abocinado* arc en anse | *arco adintelado* ou *a nivel* arc déprimé | *arco apuntado* arc en lancette | *arco capialzado* arc de biais | *arco carpanel* ou *apainelado* arc en anse de panier | *arco ciego* ou *cegado* arc aveugle ‖ GEOM *arco complementario* arc complémentaire ‖ ARQ *arco conopial* arc en accolade | *arco cortinado* ou *de cortina* arc infléchi | *arco de descarga, sobrearco* arc de décharge | *arco de herradura* ou *morisco* arc en fer à cheval *o* outrepassé | *arco de medio punto* arc en plein cintre | *arco de todo punto* arc en ogive | *arco de triunfo* ou *triunfal* arc de triomphe | *arco elíptico* arc elliptique | *arco en gola* arc en doucine | *arco escarzano* arc bombé | *arco formero* arc formeret | *arco iris* ou *de San Martín* arc-en-ciel ‖ ARQ *arco lanceolado* arc lancéolé | *arco mitral* arc brisé | *arco ojival* arc en ogive | *arco peraltado* arc surhaussé | *arco perpiaño* arc doubleau | *arco por tranquil* ou *rampante* arc rampant | *arco rebajado* arc surbaissé *o* en anse de panier ‖ GEOM *arco supplementario* arc supplémentaire ‖ ARQ *arco tercelete* tierceron | *arco toral* arc de soutien (d'une coupole) | *arco trebolado* ou *trilobulado* arc trilobé | *arco tudor* arc Tudor ‖ ELECTR *arco voltaico* arc voltaïque ‖ *armar el arco* bander son arc ‖ *desarmar el arco* débander l'arc.

arcón *m* grand coffre ‖ MIL caisson (de artillería).

archero *m* archer (soldado).

archicofradía *f* archiconfrérie.

archiconocido, da *adj* FAM archiconnu, e.

archidiácono *m* archidiacre.

archidiócesis *f* archevêché *m*.

archiducado *m* archiduché.

archiduque, quesa *m y f* archiduc, chesse.

archimillonario, ria *adj y s* archimillionnaire.

archipámpano *m* FAM grand moutardier, grand mamamouchi (dignidad imaginaria) ‖ *creerse el archipámpano de Sevilla* se croire le grand moutardier du pape.

archipiélago *m* archipel.

archisabido, da *adj* archiconnu, e.

archivador, ra *m y f* archiviste (persona).
- *m* classeur (mueble).

archivar *v tr* classer (clasificar) ‖ mettre aux archives ‖ INFORM archiver, classer, stocker ‖ FIG classer; *los grandes problemas pendientes quedan* *archivados* les grands problèmes en suspens sont classés | mettre au rancart o au rebut (arrumbar) || FIG *archivar algo en su cabeza* prendre bonne note de quelque chose.

archivo *m* archives *f pl*; *los archivos de la Biblioteca Nacional* les archives de la Bibliothèque nationale || FIG tombeau (persona que sabe guardar secretos) | modèle (dechado).

Ardenas *n pr f pl* GEOGR Ardennes || *de las Ardenas* ardennais, e.

arder *v intr* brûler; *la leña seca arde bien* le bois sec brûle bien || FIG être dévoré; *arder en celos* être dévoré de jalousie | brûler, griller (fam); *arder en deseos* brûler d'envie | bouillir; *arder de ou en ira* bouillir de colère || AGRIC fermenter (el estiércol) || — *arderle a uno la boca* avoir la bouche en feu || *este país arde en guerra, en discordia* la guerre, la discorde fait rage dans ce pays || *la ciudad arde en fiestas* la ville est toute en fête, la ville est en liesse || *la cosa está que arde* le torchon brûle || *(amer) ¿qué te arde?* qu'est-ce que cela peut te faire?
- *v tr* brûler (abrasar).
- *v pr* brûler || AGRIC brûler, griller (las plantas).

ardid *m* ruse *f*; *valerse de ardides* user de ruses.

ardiente *adj* ardent, e || FIG ardent, e; chaud, e; *ardiente partidario* chaud partisan || *capilla ardiente* chapelle ardente.

ardientemente *adv* ardemment.

ardilla *f* ZOOL écureuil *m*.

ardite *m* (ant) liard (moneda) || — FAM *me importa un ardite* je m'en moque comme de l'an quarante || *no valer un ardite* ne pas valoir un liard.

ardor *m* ardeur *f*; *el ardor del sol* l'ardeur du soleil; *ardor en el trabajo* ardeur au travail; *en el ardor de la batalla* dans l'ardeur de la bataille | feu; *en el ardor de la acción* dans le feu de l'action.
- *pl* brûlures *f* (de estómago).

ardoroso, sa *adj* ardent, e.

arduo, dua *adj* ardu, e.

área *f* aire (superficie) || GEOM surface; *el área del triángulo* la surface du triangle || are *m* (medida agraria) || AGRIC massif *m* (de flores) | carré *m* (de hortalizas) || zone; *no se puede construir en un área de 50 kilómetros* on ne peut pas construire sur une zone de 50 kilomètres || — DEP *área de castigo* ou *de penalti* zone o surface de réparation || *área de conocimiento* unité de formation et de recherche (universidad) || *área de gol* terrain d'en-but (rugby) || ECON *área de libre cambio* zone de libre-échange || *área de servicios* aire de services || *área metropolitana* ou *urbana* district urbain.

areito *m* chant o danse *f* des anciens Indiens d'Amérique centrale.

arel *m* van (criba).

arena *f* sable *m*; *no hay arena en esta playa* il n'y a pas de sable sur cette plage || arènes *pl* (redondel) || — *arena de ampolleta* sable très fin pour sablier || *arena de miga* sable argileux || *reloj de arena* sablier || — *edificar sobre arena, sembrar en la arena* bâtir sur le sable.
- *pl* MED sable *m sing*, calculs (en el riñón) | poudre *sing*; *arenas de oro* poudre d'or || — *arenas movedizas* sables mouvants.

arenal *m* étendue *f* de sable, banc de sable || sablière *f* (cantera) || sables *pl* mouvants (arenas movedizas).

arenar *v tr* ensabler (enarenar) || sabler, sablonner (frotar con arena).

arencar *v tr* saurer, saurir.

arenero, ra *m y f* marchand, e de sable (vendedor de arena) || boîte *f* à sable, sablière *f* (de locomotora) || TAUROM garçon d'arène.

arenga *f* harangue.

arengar *v tr* haranguer.

arenífero, ra *adj* arénifère.

arenilla *f* sable *m* [pour sécher l'encre].
- *pl* MED sable *m sing*, calculs *m* || salpêtre *m sing* (salitre).

arenisco, ca *adj* sablonneux, euse (arenoso) || en grès; *vaso arenisco* vase en grès || *piedra arenisca* grès.
- *f* grès *m* (piedra).

arenoso, sa *adj* sablonneux, euse; *playa arenosa* plage sablonneuse.

arenque *m* ZOOL hareng; *arenque ahumado* hareng saur || FIG & FAM *seco como un arenque* sec comme un hareng.

arenquera *f* harenguière (red) || FIG & FAM harengère (vendedora de pescado).

areografía *f* aréographie.

areola; aréola *f* MED & ANAT aréole.

areópago *m* aréopage.

arete *m* petit anneau (anillo) || boucle *f* d'oreille (pendiente).

argamasa *f* mortier *m*.

argamasón *m* morceau de ciment, plâtras.

Argel *n pr* GEOGR Alger.

Argelia *n pr f* GEOGR Algérie.

argelino, na *adj* algérien, enne.
- *m y f* Algérien, enne.

argentado, da *adj* argenté, e || argentin, e (voz).

argentar *v tr* argenter.

argentería *f* orfroi *m* (bordado de oro o de plata) || argenterie (platería).

Argentina *n pr f* GEOGR Argentine.

argentinismo *m* argentinisme.

argentinizar *v tr* donner le caractère argentin o les manières argentines.

argentino, na *adj* argentin, e; *voz argentina* voix argentine || argenté, e (argénteo).
- *adj* argentin, e (de la República Argentina).
- *m y f* Argentin, ine.

argentoso, sa *adj* mêlé d'argent; argenté, e.

argo *m* argon (gas).

argolla *f* anneau *m* (aro de metal) || sorte de passe-boule (juego) || carcan *m*, pilori *m* (castigo público) || collerette (adorno de mujer) || FIG carcan *m* (sujeción) || MAR boucle || (amer) alliance (de matrimonio) || FAM (amer) veine (suerte).

argón *m* QUÍM argon (gas).

argonauta *m* argonaute || ZOOL argonaute.

argos *m* FIG argus (persona muy vigilante) || ZOOL argus (pájaro).

argot *m* jargon; *argot médico* jargon médical || argot (germanía).
- — OBSERV Le mot *argot* est un gallicisme dans le sens d'*argot*, mais il ne l'est pas dans celui de *jargon*.

Argovia *n pr* GEOGR Argovie.

argucia *f* argutie.

argüir* *v tr* arguer (*p us*), déduire, conclure; *de esto arguyo que vendrá* j'en conclus qu'il viendra ||

argumentación

faire voir, prouver, arguer (probar) ‖ reprocher [une chose à quelqu'un]; accuser [quelqu'un d'une chose]; arguer; *argüir de falso un acta* arguer de faux un acte ‖ rétorquer (contestando).
◆ *v intr* arguer, argumenter (poner argumentos) ‖ discuter (discutir).

argumentación *f* argumentation ‖ argument *m*.

argumentar *v intr* argumenter, discuter.
◆ *v tr* arguer *(p us)*, conclure (concluir) ‖ démontrer, prouver (probar) ‖ alléguer, dire; *¿qué tienes tú que argumentar para tu defensa?* qu'as-tu à alléguer pour ta défense?

argumentativo, va *adj* argumentatif, ive.

argumento *m* argument, raisonnement; *tu argumento es falso* ton raisonnement est faux; *argumento terminante* argument sans réplique ‖ argument (de una obra) ‖ sujet (asunto) ‖ scénario; *el argumento de una película* le scénario d'un film ‖ résumé (resumen) ‖ *argumento cornuto* argument cornu, dilemme.

arguyente *adj* argumentateur, trice.

aria *f* MÚS aria.

Ariadna; Ariana *n pr f* MITOL Ariadne *(p us)*, Ariane.

aridecer *v tr* rendre aride.
◆ *v pr* devenir aride.

aridez *f* aridité ‖ FIG aridité; *aridez del espíritu* aridité d'esprit.

árido, da *adj* aride ‖ FIG aride; *asunto árido* sujet aride.
◆ *m pl* COM grains, céréales *f* ‖ TECN agrégats ‖ *medida de áridos* mesure de capacité.

Aries *n pr m* ASTR Bélier (constelación).

arieta *f* MÚS ariette.

ariete *m* MIL bélier (máquina de guerra) ‖ *(ant)* MAR bateau à éperon ‖ avant-centre (en fútbol) ‖ *ariete hidráulico* bélier hydraulique.

arillo *m* boucle *f* d'oreille (pendiente).

ario, ria *adj* aryen, enne.
◆ *m y f* Aryen, enne.

arioso *m* MÚS arioso.

arisco, ca *adj* sauvage, farouche; *es un niño muy arisco* c'est un enfant très sauvage ‖ bourru, e; intraitable, revêche; *genio arisco* caractère bourru; *persona arisca* personne revêche ‖ rébarbatif, ive; *tener una cara arisca* avoir un visage rébarbatif ‖ *(amer)* peureux, euse (miedoso) ‖ *es arisco como un gato* c'est un ours mal léché.

arista *f* arête (borde, intersección) ‖ GEOM arête; *arista de un cubo* arête d'un cube ‖ barbe (del trigo) ‖ ARQ arête; *bóveda por arista* voûte d'arêtes ‖ chènevotte (parte leñosa del cáñamo) ‖ bavure (de los metales).

aristado, da *adj* à arêtes saillantes ‖ barbu, e (el trigo).

aristocracia *f* aristocratie.

aristócrata *adj y s* aristocrate.

aristocrático, ca *adj* aristocratique.

Aristóteles *n pr m* Aristote.

aristotélico, ca *adj y s* aristotélicien, enne; aristotélique.

aritmética *f* arithmétique.

aritmético, ca *adj* arithmétique; *progresión aritmética* progression arithmétique.
◆ *m y f* arithméticien, enne.

arito *m* boucle *f* d'oreille.

arlequín *m* TEATR arlequin ‖ arlequin (máscara) ‖ polichinelle, pantin (persona ridícula y despreciable) ‖ FIG & FAM glace *f* panachée (helado).

Arlequín *n pr* Arlequin.

arlequinada *f* FAM arlequinade.

arma *f* arme; *arma de fuego* arme à feu ‖ MIL arme; *arma de caballería* arme de cavalerie ‖ défense (de los animales) ‖ FIG arme; *sin más armas que su buena voluntad* n'ayant pour arme que sa bonne volonté ‖ — *arma aérea* arme aérienne ‖ *arma antiaérea* arme antiaérienne ‖ *arma arrojadiza* arme de jet ‖ *arma blanca* arme blanche ‖ *arma de depósito* arme à magasin ‖ FIG *arma de dos filos* arme à deux tranchants ‖ *arma de fuego* arme à feu ‖ *arma de repetición* arme à répétition ‖ *arma de retrocarga* arme se chargeant par la culasse ‖ *arma naval* arme navale ‖ *arma negra* fleuret moucheté ‖ *arma nuclear* arme nucléaire ‖ *¡sobre el hombro, arma!* arme sur l'épaule! ‖ — *estar en arma* ou *en armas* être en armes ‖ *rendir el arma* rendre les honneurs au saint sacrement ‖ *tocar el arma* appeler *o* sonner aux armes.
◆ *pl* MIL armes ‖ BLAS armes; *armas parlantes* armes parlantes ‖ *escudo de armas* armoiries ‖ *hecho de armas* fait d'armes (hazaña) ‖ *libro de armas* armorial (heráldica) ‖ *licencia de armas* port d'armes (autorización legal) ‖ *tenencia de armas* port d'armes (posesión) ‖ — *¡a las armas!, ¡a formar con armas!, ¡arma, arma!* aux armes! ‖ *con las armas en la mano* les armes à la main ‖ *de armas tomar* qui n'a pas froid aux yeux (persona) ‖ *sobre las armas* sous les armes ‖ — *alzarse en armas* prendre les armes, se révolter, se soulever ‖ *¡cuelguen armas!* l'arme à la bretelle! ‖ *dar armas contra sí mismo* fournir des armes contre soi ‖ *descansar las armas* reposer les armes ‖ *¡descansen armas!* arme au pied!; reposez, armes! ‖ *hacer sus primeras armas* faire ses premières armes, débuter, faire ses débuts; *hacer sus primeras armas en el foro* débuter au barreau ‖ *llegar a las armas* en venir aux armes ‖ *medir las armas* se battre ‖ *pasar por las armas* passer par les armes, fusiller ‖ *poner en armas* armer (armar), soulever (sublevar) ‖ *presentar las armas* présenter les armes ‖ *¡presenten armas!* présentez, armes! ‖ *rendir las armas* rendre les armes, mettre bas les armes ‖ *tomar (las) armas* prendre les armes (armarse), présenter les armes (hacer los honores militares) ‖ *velar las armas* faire sa veillée d'armes.

armada *f* armée de mer, flotte (conjunto de fuerzas navales) ‖ escadre (escuadra) ‖ armada; *la Armada Invencible* l'Invincible Armada ‖ *(amer)* disposition du lasso [pour le lancer].

armadillo *m* ZOOL tatou, «armadillo».

armado, da *adj* armé, e (en armas) ‖ armé, e; monté, e; *un fusil armado* un fusil armé ‖ armé, e; *hormigón armado* béton armé ‖ *(amer)* têtu, e (terco) ‖ *armado hasta los dientes* armé jusqu'aux dents.
◆ *m* homme vêtu en soldat romain (en las procesiones) ‖ assemblage (costura) ‖ *(amer)* cigarette *f* roulée à la main.

armador *m* MAR armateur (naviero) ‖ pourpoint (jubón) ‖ assembleur ‖ *(amer)* gilet (chaleco) ‖ porte-manteau (percha).

armadura *f* armure (armas) ‖ armature (armazón) ‖ squelette *m* (esqueleto) ‖ TECN charpente (del tejado) ‖ carcasse (de neumático) ‖ assemblage

m, monture (montura) ‖ FÍS armature (de imán o de condensador) ‖ MÚS armature, armure ‖ *armadura de la cama* bois de lit.
armamentismo *m* surarmement.
armamentista *adj* de l'armement (industria) ‖ aux armements; *carrera armamentista* course aux armements ‖ *(amer)* militariste.
armamento *m* armement; *carrera de armamentos* course aux armements.
armañac *m* armagnac.
armar *v tr* armer; *armado con un fusil* armé d'un fusil; *armar a cien mil hombres* armer cent mille hommes ‖ armer (un arma, un muelle) ‖ monter (una máquina) ‖ bander (un arco) ‖ dresser, monter (una cama, una tienda de campaña, etc.) ‖ FIG disposer, préparer (preparar) | monter, organiser; *armar una cábala* monter une cabale ‖ FIG & FAM organiser; *armar un baile* organiser un bal | faire, causer; *armar ruido, jaleo, escándalo, la gorda* faire du bruit, du raffut o du foin o du tapage, un scandale o toute une histoire, les quatre cents coups ‖ produire, susciter; *armar dificultades a uno* susciter des difficultés à quelqu'un ‖ MAR armer, équiper (un navío) ‖ *(amer)* rouler [une cigarette] ‖ — FIG & FAM *armarla, armar una* ou *armarla buena* faire un scandale o un esclandre; *no hagas esto sino la armo* ne fais pas ça sinon je fais un scandale; faire beaucoup de bruit (meter mucho ruido), faire du grabuge (mucho jaleo) ‖ *armar una intriga* machiner une intrigue ‖ *armar una trampa* tendre o dresser un piège ‖ *armar un lío* faire une histoire ‖ *armar pendencia* chercher querelle ‖ *palanca de armar* levier d'armement.
◆ *v pr* armer; *los países se armaban* les pays armaient ‖ FIG s'armer; *armarse de paciencia, de valor* s'armer de patience, de courage | éclater, se produire (riñas, escándalos) | se préparer; *se arma una tempestad* un orage se prépare ‖ *(amer)* s'arrêter net (plantarse) | s'obstiner, s'entêter (obstinarse) ‖ — FIG & FAM *¡se armó un lío!* cela a fait toute une histoire! | *se va a armar la de Dios es Cristo* ou *la gorda* ou *la de San Quintín* il va y avoir du grabuge, ça va barder.
armario *m* armoire *f*; *armario de luna* armoire à glace; *armario frigorífico* armoire frigorifique ‖ *armario empotrado* placard.
armatoste *m* monument, objet encombrant et inutile (objeto tosco); *este armario es un armatoste* cette armoire est un monument ‖ FIG & FAM personne *f* encombrante, gros paquet (persona corpulenta).
armazón *f* armature, carcasse; *armazón de pantalla* carcasse d'abat-jour ‖ charpente (maderamen) ‖ FIG charpente (de una obra) ‖ châssis *m* (bastidor) ‖ TECN monture ‖ MÚS éclisse ‖ *armazón de un tejado* comble.
◆ *m* squelette, carcasse *f* (esqueleto) ‖ *(amer)* étagère *f pl*, rayons *pl* (estante).
armella *f* piton *m* (clavo).
Armenia *n pr f* GEOGR Arménie.
armenio, nia *adj* arménien, enne.
◆ *m y f* Arménien, enne.
armería *f* armurerie (tienda del armero) ‖ musée *m* de l'armée (museo) ‖ blason *m*.
armero *m* armurier (fabricante o vendedor de armas) ‖ râtelier (para colocar las armas) ‖ — *armero mayor* responsable de l'armurerie royale espagnole ‖ *maestro armero* maître armurier.

armiñado, da *adj* garni d'hermine ‖ BLAS herminé, e.
armiño *m* ZOOL hermine *f* (animal).
armisticio *m* armistice.
armonía *f* MAT & MÚS harmonie ‖ FIG harmonie; *vivir en armonía* vivre en harmonie.
armónico, ca *adj* harmonique.
◆ *f* harmonique *m* (sonido) ‖ harmonica *m* (instrumento de música).
armonio *m* MÚS harmonium.
armonioso, sa *adj* harmonieux, euse.
armonización *f* harmonisation.
armonizar *v tr* harmoniser.
◆ *v intr* être en harmonie.
armorial *m* armorial (libro de armas).
Armórica *n pr f* GEOGR Armorique (Bretaña).
ARN abrev de *ácido ribonucleico* A.R.N., acide ribonucléique.
arnés *m* harnois (armadura).
◆ *pl* harnais *sing* (de las caballerías) ‖ FIG & FAM attirail *sing*, équipement *sing*.
árnica *f* arnica (planta); *tintura de árnica* teinture d'arnica.
aro *m* cercle (de un tonel) ‖ cerceau; *ya los niños no juegan al aro* les enfants ne jouent plus au cerceau ‖ anneau de fer (argolla) ‖ arum (planta) ‖ *(amer)* bague *f* (sortija) ‖ boucle *f* d'oreille (pendiente) ‖ — *aro de émbolo* anneau de piston ‖ *aro de rueda* cercle de roue ‖ *aro para las servilletas* rond de serviette ‖ — FIG & FAM *entrar* ou *pasar por el aro* s'incliner, capituler, en passer par là.
◆ *interj (amer)* cri poussé lorsque l'on offre un verre de liqueur à celui qui parle, danse ou chante.
aroma *m* arôme, parfum.
aromático, ca *adj* aromatique.
aromatizador *m (amer)* vaporisateur.
aromatizante *adj* aromatisant, e.
aromatizar *v tr* aromatiser.
aromo *m* BOT cassie *f*, cassier, casse *f*.
arpa *f* MÚS harpe; *arpa eolia* harpe éolienne; *tocar* ou *tañer el arpa* jouer o pincer de la harpe.
arpado, da *adj* denté, e; dentelé, e; crochu, e ‖ POÉT au chant mélodieux (pájaros).
arpegiar *v intr* MÚS arpéger.
arpegio *m* MÚS arpège.
arpía *f* harpie (ave fabulosa) ‖ FIG harpie, mégère, chipie (mujer mala) ‖ ZOOL harpie (pájaro).
arpillar *v tr (amer)* emballer.
arpillera *f* serpillière (tela).
arpista *m y f* harpiste.
arpón *m* harpon ‖ ARQ crampon de fer (grapa).
arponado, da *adj* en forme de harpon.
arponar; arponear *v tr* harponner.
arponero *m* harponneur.
arqueado, da *adj* arqué, e; *piernas arqueadas* jambes arquées.
arquear *v tr* arquer (combar) ‖ cambrer; *arquear el tronco* cambrer la taille ‖ TECN arçonner (la lana) ‖ MAR jauger (un navío) ‖ FIG *arquear el lomo* faire le gros dos.
◆ *v intr* FAM avoir des nausées.
◆ *v pr* se courber.
arqueo *m* courbure *f* (acción de arquear) ‖ cambrure *f* (del cuerpo) ‖ MAR jauge *f*; *arqueo neto, de registro bruto* jauge nette, brute ‖ tonnage (tone-

arqueolítico

laje) ‖ arçonnage (de la lana) ‖ COM caisse *f*, compte de la caisse; *hacer el arqueo* faire la caisse.

arqueolítico, ca *adj* de l'âge de pierre.

arqueología *f* archéologie.

arqueológico, ca *adj* archéologique.

arqueólogo, ga *m y f* archéologue.

arquería *f* arcature, série d'arcs.

arquero *m* archer (soldado) ‖ *(p us)* COM caissier (cajero) ‖ fabricant de cerceaux (para toneles) ‖ *(amer)* gardien de but (en fútbol).

arquetipo *m* archétype.

arquidiócesis *f* archidiocèse *m*.

arquiepiscopal *adj* archiépiscopal, e.

Arquímedes *n pr m* Archimède.

arquitecto, ta *m y f* architecte.

arquitectónico, ca *adj y s* architectonique.

arquitectura *f* architecture ‖ *arquitectura naval* construction navale.

arquitectural *adj* architectural, e; *medios arquitecturales* des moyens architecturaux.

arquitrabado, da *adj* ARQ architravé, e.

arquitrabe *m* ARQ architrave *f*.

arquivolta *f* ARQ archivolte.

arrabal *m* faubourg.

arrabalero, ra; arrabalesco, ca *adj y s* faubourien, enne.

arrabiatar *v tr (amer)* attacher par la queue (los caballos).

arracada *f* boucle d'oreille.

arracimado, da *adj* en grappe.

arracimarse *v pr* se réunir *o* se disposer en grappes.

arraigamiento *m* → arraigo.

arraigado, da *adj* enraciné, e.
- *m* MAR amarrage.

arraigar *v intr* s'enraciner, prendre racine ‖ FIG prendre racine, s'enraciner (costumbre, vicio, etc.).
- *v tr* enraciner ‖ FIG enraciner, établir ‖ *(amer)* assigner à résidence.
- *v pr* s'enraciner, prendre racine ‖ se fixer, s'établir; *arraigarse en París* se fixer à Paris ‖ FIG prendre racine, s'enraciner.

arraigo; arraigamiento *m* enracinement ‖ biens-fonds *pl*, terres *f pl* (bienes raíces).

arramblar; arramplar *v tr* ensabler (cubrir de arena).
- *v tr e intr* FIG & FAM ramasser, emporter, rafler, embarquer (robar, coger); *arramblar con todo* tout rafler.
- *v pr* s'ensabler (los ríos).

arrancaclavos *m inv* arrache-clous.

arrancada *f* démarrage *m* brusque (de un coche) ‖ bond *m* en avant (de una persona o cosa que se mueve) ‖ départ *m* (de una carrera) ‖ démarrage *m* (de un corredor) ‖ MAR départ *m* brusque ‖ arraché *m* (halterofilia).

arrancado, da *adj* arraché, e; *un árbol arrancado por la tormenta* un arbre arraché par l'orage ‖ FIG & FAM lessivé, e; ruiné, e (arruinado) ‖ FAM très mauvais, e ‖ BLAS arraché, e ‖ FAM *es más malo que arrancado* il est mauvais comme la gale (un niño).

arrancar *v tr* arracher; *arrancar una planta, una muela* arracher une plante, une dent ‖ FIG arracher, extorquer; *arrancar una promesa* arracher une promesse ‖ décrocher; *el equipo arrancó un punto* l'équipe décrocha un point ‖ mettre en marche, faire démarrer; *a ver si podemos arrancar este motor* voyons si nous pouvons mettre ce moteur en marche ‖ INFORM lancer (programas) ‖ *arrancar de raíz* ou *de cuajo* déraciner; *el viento arrancó de cuajo los árboles* le vent a déraciné les arbres; extirper; *arrancar de cuajo los abusos* extirper les abus.
- *v intr* démarrer, partir; *el coche arrancó* la voiture démarra ‖ se mettre à courir (echar a correr) ‖ s'élancer; *el toro arrancó contra él* le taureau s'élança contre lui ‖ FIG procéder, venir, provenir, découler; *dificultades que arrancan de su mala gestión* des difficultés qui proviennent de sa mauvaise gestion ‖ commencer, débuter (empezar) ‖ partir de; *la calle arranca de la plaza* la rue part de la place.
- *v pr* commencer, se mettre; *se arrancó a cantar* il s'est mis à chanter ‖ s'élancer (arremeter) ‖ *(amer)* se ruiner.

arranque *m* arrachage (acción de arrancar) ‖ départ (de una persona que corre) ‖ démarrage, mise *f* en marche (de un vehículo, de una máquina) ‖ FIG élan (ímpetu, pujanza) ‖ mouvement, accès; *arranque de ira, de mal genio* accès de colère, de mauvaise humeur ‖ boutade *f*, repartie *f* (ocurrencia) ‖ sortie *f*; *tiene algunos arranques desagradables* il a des sorties désagréables ‖ audace *f*, courage (brío) ‖ commencement, début (principio); *el arranque de esta película es bueno* le début de ce film est bon ‖ point de départ; *el arranque de un razonamiento* le point de départ d'un raisonnement ‖ démarrage; *el arranque de un negocio, le démarrage d'une affaire* ‖ ANAT attache *f*, articulation *f* (de un miembro) ‖ ARQ point de départ; *el arranque de la escalera* le point de départ de l'escalier ‖ base *f*, point de départ, naissance *f* (de bóveda o de arco) ‖ BOT base *f*, point d'attache ‖ TECN démarreur *m* (de un motor) ‖ MIN abattage *m* (amer) pauvreté *f* ‖ — *arranque de energía* sursaut d'énergie ‖ *arranque de generosidad* accès de générosité.

arras *f pl* arrhes ‖ DR donation *sing* faite par le mari à sa femme.

arrasado, da *adj* satiné, e (tela).

arrasamiento *m* aplanissement (igualamiento) ‖ rasement (destrucción).

arrasar *v tr* aplanir (allanar) ‖ raser (destruir) ‖ rader (los granos) ‖ remplir jusqu'au bord *o* à ras bord (llenar hasta el borde) ‖ ravager, dévaster; *el ciclón ha arrasado la región* le cyclone a ravagé la région.
- *v intr y pr* s'éclaircir (el cielo) ‖ — *arrasarse en lágrimas* fondre en larmes ‖ *ojos arrasados en lágrimas* yeux remplis de larmes.

arrastradero *m* TECN glissoir, chemin de débardage (camino) ‖ TAUROM sortie *f* par laquelle on entraîne le taureau mort hors de l'arène ‖ *(amer)* tripot (garito).

arrastrado, da *adj* FIG & FAM misérable; *llevar una vida arrastrada* mener une vie misérable ‖ coquin, e (pícaro) ‖ se dit des jeux où il faut fournir de la couleur jouée (juegos).
- *f* FIG & FAM traînée (mujer pública).

arrastrar *v tr* traîner; *arrastrar una miserable existencia* traîner une existence misérable ‖ FIG entraîner; *arrastrar a sus hermanos a cometer malos actos* entraîner ses frères à commettre de mauvaises actions ‖ convaincre, entraîner; *su discurso*

arrastró a la multitud son discours a convaincu la foule || MAR porter; *la corriente arrastra mar adentro* le courant porte au large || *arrastrar a uno por los suelos* traîner quelqu'un dans la boue.
- *v intr* traîner (una cortina, un vestido) || jouer atout (juegos).
- *v pr* ramper (reptar) || se traîner; *el herido se arrastró hasta la puerta* le blessé se traîna jusqu'à la porte || FIG se traîner, ramper (humillarse) | traîner en longueur; *la crisis viene arrastrándose desde hace tiempo* la crise traîne en longueur depuis longtemps.

arrastre *m* traînage || action de jouer atout || débardage (árboles) || MECÁN entraînement || (amer) bocard || — FIG *ser de mucho arrastre* avoir beaucoup d'influence, faire la pluie et le beau temps || FAM *estar para el arrastre* être au bout de son rouleau (persona), ne plus valoir grand-chose (cosa).

arrayán *m* myrte; *patio de los arrayanes* cour des myrtes [à l'Alhambra].

¡arre! *interj* hue! || FAM allons donc!

¡arrea! *interj* dépêchons!, allons! (para meter prisa), oh, là, là! (para manifestar sorpresa).

arrear *v tr* exciter, stimuler [les bêtes] || harnacher (poner los arreos) || parer, orner (adornar) || dépêcher, hâter (dar prisa) || FAM flanquer, ficher; *arrear un latigazo* flanquer un coup de fouet || (amer) voler du bétail.
- *v intr* aller, marcher vite (ir de prisa) || *irse arreando* partir en vitesse.

arrebañar *v tr* ramasser || FAM rafler (arramblar) || saucer (un plato).

arrebatadizo, za *adj* FIG irritable, emporté, e (carácter).

arrebatado, da *adj* emporté, e; impétueux, euse || FIG violent, e; inconsidéré, e (inconsiderado) || très rouge (rostro).

arrebatador, ra *adj y s* qui enlève, qui arrache (que quita) || captivant, e; enchanteur, euse (cautivador) || entraînant, e (que arrastra).

arrebatamiento *m* arrachement, enlèvement (acción de quitar) || rapt, enlèvement (rapto) || extase *f*, transport, ravissement (éxtasis) || FIG accès [de colère]; fureur *f* (furor).

arrebatar *v tr* enlever, arracher (quitar); *arrebatar de las manos* arracher des mains || entraîner (llevar tras sí) || enthousiasmer, ravir, transporter (arrobar) || griller (las mieses) || (amer) bousculer, renverser (atropellar).
- *v pr* s'emporter || *arrebatarse en cólera* ou *de ira* s'emporter, sortir de ses gonds.

arrebato *m* emportement, fureur *f* (furor); *hablar con arrebato* parler avec emportement || accès, mouvement; *hizo esto en un arrebato de cólera* il a fait cela dans un mouvement de colère || extase *f*, transport (éxtasis).

arrebol *m* couleur *f* rouge [des nuages]; embrasement [au lever ou au coucher du Soleil]; *el sol poniente tiene arreboles magníficos* le Soleil couchant a de merveilleux embrasements || fard rouge (afeite) || rougeur *f* (rubor).

arrebolar *v tr* rougir, teindre en rouge || enflammer; *la aurora arrebolaba el cielo* l'aurore enflammait le ciel || *tener el rostro arrebolado* être tout rouge.
- *v pr* se teindre en rouge, prendre une teinte rouge || flamboyer, être embrasé, rougeoyer (el cielo) || (amer) s'orner.

arrebozar *v tr* enrober (con azúcar, harina, etc.).
- *v pr* s'envelopper; *arrebozarse en la capa* s'envelopper dans sa cape.

arrebozo *m* façon *f* de s'envelopper dans une cape.

arrebujar *v tr* chiffonner, friper (arrugar).
- *v pr* s'envelopper; *arrebujarse en una capa* s'envelopper dans une cape || s'envelopper, s'emmitoufler; *arrebujarse en una manta* s'emmitoufler dans une couverture.

arreciar *v intr* redoubler, tomber dru (lluvia).

arrecife *m* récif.

arrechar *v tr* (amer) énerver, exciter.
- *v pr* (amer) s'énerver, s'exciter.

arrecho, cha *adj* (amer) lascif, ive.

arrechuchar *v tr* pousser (empujar).

arrechucho *m* FAM accès; *arrechucho de cólera, de piedad* accès de colère, de pitié || indisposition *f*, malaise passager, petit malaise (indisposición).

arredramiento *m* effroi, peur *f* (miedo).

arredrar *v tr* écarter, éloigner (apartar) || FIG faire reculer (retraer) | faire peur, effrayer (asustar).
- *v pr* avoir peur; *no se arredra por nada* il n'a peur de rien.

arreglado, da *adj* réglé, e; soumis à une règle (sujeto a regla) || FIG modéré, e (moderado) | arrangé, e (compuesto) | ordonné, e; mesuré, e (ordenado) | réglé, e; rangé, e; *vida arreglada* vie réglée | raisonnable, avantageux, euse (precio); *me ha hecho un precio muy arreglado* il m'a fait un prix très avantageux || — FAM *¡estamos arreglados!* nous sommes bien!, nous voilà bien!, nous voilà bien avancés! | *estar arreglados con alguien* être bien loti avec quelqu'un; *¡arreglados estamos con estos colaboradores!* nous sommes bien lotis avec ces collaborateurs!

arreglar *v tr* régler (someter a una regla) || arranger, réparer; *arreglar un mueble roto* réparer un meuble cassé || aménager (instalar) || arranger; *hay que arreglar esta obra de teatro* il faut arranger cette pièce de théâtre || ranger, mettre en ordre; *arreglar su cuarto* ranger sa chambre || régler, arranger; *arreglaré este asunto* je réglerai cette affaire || FIG réparer, raccommoder (un error) || arranger, décorer (una casa) || FAM corriger, arranger (castigar) || (amer) castrer, châtrer || — *arreglar el cuello* rafraîchir les cheveux || FAM *lo han arreglado de lo lindo* on l'a drôlement arrangé | *¡ya te arreglaré!* je vais t'apprendre!, tu vas avoir affaire à moi!
- *v pr* s'arranger, se contenter; *me arreglo con cualquier cosa* je m'arrange avec n'importe quoi, je me contente de n'importe quoi || se préparer, s'arranger; *me voy a arreglar para salir* je vais me préparer pour sortir || s'habiller (vestirse) || s'arranger; *ya nos arreglaremos* nous nous arrangerons || — FAM *arreglárselas* se débrouiller, s'en sortir, s'arranger; *¡que se las arregle como pueda!* qu'il se débrouille comme il pourra! || *arreglarse muy bien con alguien* s'entendre très bien avec quelqu'un || *arreglarse por las buenas* s'arranger à l'amiable || *saber arreglárselas* savoir comment s'y prendre.

arreglista *m y f* MÚS arrangeur, euse.

arreglo *m* accord, arrangement; *llegar a un arreglo* parvenir à un accord || règlement (asunto, cuentas) || réparation *f* (compostura) || MÚS arrangement || FAM concubinage (amancebamiento) || *arreglo final* mise au point || *con arreglo a* confor-

arrejuntar

mément à, dans le cadre de (conforme con), par rapport à (en comparación) ‖ — *no tener arreglo* ne pas avoir de solution, être sans issue.

arrejuntar *v tr* FAM rapprocher, resserrer (cosas).
◆ *v pr* FAM se mettre à la colle (amantes).

arrejuntarse *v pr* se réunir (reunirse) ‖ POP se mettre en ménage (vivir maritalmente).

arrellanarse *v pr* s'asseoir commodément, se caler, s'enfoncer, se carrer.

arremangado, da *adj* FAM retroussé, e (mangas).

arremangar *v tr* retrousser, relever, trousser.
◆ *v pr* retrousser les manches; *arremangarse la camisa* retrousser les manches de sa chemise.

arremetedor, ra *adj y s* assaillant, e.

arremeter *v tr e intr* foncer sur, tomber sur; *arremeter al* ou *contra el enemigo* foncer sur l'ennemi ‖ FIG s'en prendre, s'attaquer; *arremeter contra la Constitución* s'en prendre à la Constitution.

arremetida *f* attaque, assaut *m* (acción de atacar) ‖ bousculade *f*, poussée *f* (empujón) ‖ FIG attaque.

arremolinarse *v pr* tournoyer, tourbillonner; *las hojas se arremolinan* les feuilles tourbillonnent ‖ tourbillonner, faire des tourbillons (el agua) ‖ FIG s'entasser (la gente).

arrempujar *v tr* POP pousser.

arrendado, da *adj* docile au frein (caballo) ‖ affermé, e (finca), loué, e (casa).

arrendador, ra *adj y s* loueur, euse.
◆ *m* fermier ‖ anneau pour attacher les chevaux (anillo).

arrendamiento *m* affermage, louage (de una finca rural) ‖ location *f* (de una casa) ‖ bail (contrato o precio) ‖ *tomar en arrendamiento* prendre à ferme.

arrendar* *v tr* louer; *arrendar tierras* louer des terres ‖ affermer, donner o prendre à ferme (una finca) ‖ attacher (un cheval), par la bride ‖ *no le arriendo la ganancia* je ne voudrais pas être à sa place, je ne l'envie pas, je ne suis pas jaloux de son sort.

arrendatario, ria *adj y s* affermataire, fermier, ère [qui prend à ferme] ‖ locataire ‖ *Compañía Arrendataria de Tabacos* régie des tabacs.

arrendaticio, cia *adj* relatif, ive au bail o au contrat de fermage.

arreo *m* parure *f*, ornement (adorno).
◆ *pl* harnais *sing* (para los caballos) ‖ FIG & FAM accessoires, attirail *sing* | attirail *sing*; *llegó a casa con todos sus arreos* il est arrivé à la maison avec tout son attirail ‖ *(amer)* troupeau *sing* (recua).

arrepanchigarse; arrepanchingarse *v pr* FAM s'asseoir confortablement, se carrer (arrellanarse).

arrepentido, da *adj y s* repentant, e; repenti, e.
◆ *f* repentie.

arrepentimiento *m* repentir; *tener arrepentimiento por* avoir du repentir pour ‖ ARTES repentir.

arrepentirse* *v pr* se repentir de; *¡ya se arrepentirá usted!* vous vous en repentirez.

arrequesonarse *v pr* (se) cailler (la leche).

arrestado, da *adj* audacieux, euse (audaz), entreprenant, e (arrojado) ‖ détenu, e; arrêté, e (preso).

arrestar *v tr* MIL mettre aux arrêts arrêter; *arrestar a un ladrón* arrêter un voleur.
◆ *v pr* se lancer, se jeter aux devants de (lanzarse a una acción).

arresto *m* MIL arrêts *pl*; *arresto mayor, menor* arrêts de rigueur, simples ‖ détention *f* préventive (provisional) ‖ emprisonnement, détention *f* (reclusión) ‖ audace *f*, hardiesse *f* (arrojo).

arrezagar *v tr* relever, retrousser (arremangar) ‖ lever (el brazo).

arriada *f* crue, inondation (riada) ‖ MAR action d'amener les voiles.

arriano, na *adj y s* arien, enne (hereje).
— OBSERV No hay que confundir con la palabra *aryen*, que significa *ario*, de la raza aria.

arriar *v tr* MAR amener; *arriar bandera* amener pavillon | affaler, mollir (un cable).
◆ *v pr* être inondé (inundarse).

arriata *f*; **arriate** *m* plate-bande *f* ‖ AGRIC planche *f* ‖ chaussée *f* (calzada).

arriba *adv* en haut; *Pedro vive arriba* Pierre vit en haut ‖ là-haut, en haut; *¿dónde está?* — *arriba* où est-il? — là-haut ‖ dessus, au-dessus (encima) ‖ ci-dessus, plus haut; *lo arriba mencionado* ce qui a été, mentionné ci-dessus ‖ plus de; *de dos pesetas arriba* de plus de deux pesetas ‖ — *arriba del todo* tout en haut ‖ — *allá arriba* là-haut ‖ *de arriba* d'en haut, du ciel, de Dieu (del cielo), gratis, à l'œil (en América) ‖ *de arriba abajo* de haut en bas (cosas), de fond en comble (radicalmente), de haut en bas, des pieds à la tête; *mirar a uno de arriba abajo* regarder quelqu'un des pieds à la tête ‖ *lo de arriba* le dessus ‖ *más arriba* plus; *más arriba de cinco años* plus de cinq ans; plus haut (más alto), ci-dessus, plus haut (en una carta) ‖ *para arriba* passé, plus de; *tiene de cincuenta años para arriba* il a plus de cinquante ans, il a cinquante ans passés ‖ *por arriba y por abajo* de tous les côtés ‖ — *aguas* ou *río arriba* en amont ‖ *calle arriba* en remontant la rue ‖ *cuesta arriba* en remontant la côte ‖ *¡manos arriba!* haut les mains! ‖ *patas arriba* les quatre fers en l'air; *caerse patas arriba* tomber les quatre fers en l'air; sens dessus dessous; *ponerlo todo patas arriba* tout mettre sens dessus dessous ‖ *peñas arriba* vers le sommet ‖ *véase más arriba* voir plus haut o ci-dessus.
◆ *interj* debout! (levántate), courage! (ánimo) ‖ *¡arriba España!* vive l'Espagne! ‖ *¡arriba los corazones!* haut les cœurs!

arribada *f* MAR accostage *m*, arrivée (llegada de un barco) | bordée (bordada) ‖ arrivage *m*; *arribada de mercancías* arrivage de marchandises.

arribar *v intr* MAR accoster, arriver (abordar) | se laisser aller avec le vent ‖ FIG arriver (por tierra).

arribeño, ña *adj y s (amer)* habitant des terres hautes | habitant des provinces du nord.

arribismo *m* arrivisme.

arribista *adj y s* arriviste.

arribo *m* MAR arrivée *f* (de un barco) ‖ arrivage (de mercancías).

arriendo *m* affermage ‖ location *f* (de una casa) ‖ bail (contrato o precio).

arriero *m* muletier.

arriesgadamente *adv* dangereusement ‖ hardiment.

arriesgado, da *adj* risqué, e; dangereux, euse (peligroso) ‖ hasardeux, euse; *una empresa arriesgada* une entreprise hasardeuse ‖ hardi, e; audacieux, euse (audaz).

arriesgar *v tr* risquer, hasarder; *arriesgar la vida* risquer sa vie.

◆ *v pr* risquer de, s'exposer à; *arriesgarse a perderlo todo* risquer de tout perdre ‖ se risquer à, se hasarder à; *arriesgarse a salir* se risquer à sortir ‖ *quien no se arriesga no pasa el río* ou *la mar* qui ne risque rien n'a rien.

arrimadizo, za *adj* qui peut être appuyé, e.
◆ *adj y s* FIG intéressé, e; opportuniste.

arrimar *v tr* approcher, mettre auprès; *arrima tu silla a la mía* approche ta chaise de la mienne ‖ adosser (adosar) ‖ appuyer (apoyar) ‖ FIG abandonner; *arrimar los libros* abandonner ses études ‖ reléguer, mettre dans un coin (arrinconar) ‖ FIG & FAM donner, envoyer, flanquer; *arrimar un palo* donner un coup de bâton ‖ — POP *arrimar candela* passer à tabac (pegar) ‖ FAM *arrimar el ascua a su sardina* tirer la couverture à soi, faire venir l'eau à son moulin | *arrimar el hombro* donner un coup d'épaule *o* de main | *estar arrimado con una mujer* être marié de la main gauche.
◆ *v pr* s'appuyer; *arrimarse a la pared* s'appuyer au *o* contre le mur ‖ s'approcher; *arrimarse al fuego* s'approcher du feu ‖ FIG se réunir, se rapprocher (juntarse) | se mettre sous la protection [de quelqu'un] ‖ *arrimarse al sol que más calienta* se tenir près du soleil, se mettre du côté du plus fort.

arrimo *m* approche *f* ‖ FIG appui, soutien (protección) ‖ attachement, penchant (inclinación) ‖ mur mitoyen (pared) ‖ — *al arrimo de alguien, de algo* proche de quelqu'un, de quelque chose, sous la protection de quelqu'un, de quelque chose ‖ *tener buen arrimo* avoir de bons appuis.

arrinconado, da *adj* laissé de côté, jeté dans un coin; *un objeto arrinconado* un objet laissé de côté ‖ délaissé, e; laissé à l'écart; *un hombre arrinconado y solitario* un homme délaissé et solitaire ‖ FIG négligé, e; oublié, e (olvidado).

arrinconamiento *m* abandon, mise *f* au rebut.

arrinconar *v tr* mettre dans un coin ‖ abandonner, laisser de côté, mettre au rancart *o* au rebut; *arrinconar un mueble desvencijado* mettre au rancart un meuble démantibulé ‖ FIG négliger, délaisser, laisser tomber (*fam*); *arrinconar a un antiguo amigo* laisser tomber un ancien ami ‖ acculer, traquer (acosar).
◆ *v pr* FIG & FAM se renfermer, vivre dans son coin (vivir solo).

arriñonado, da *adj* réniforme, en forme de rein.

arriscado, da *adj* hardi, e; résolu, e (audaz) ‖ casse-cou *inv* (temerario) ‖ vif, vive; agile (ágil) ‖ accidenté, e; abrupt, e (lleno de riscos) ‖ (*amer*) *nariz arriscada* nez retroussé.

arriscar *v tr* risquer ‖ (*amer*) retrousser, lever, relever (levantar) | atteindre, monter à, arriver à; *no arrisca a cien pesos* cela ne monte pas à plus de cent pesos.
◆ *v pr* tomber dans un ravin (las reses) ‖ s'enorgueillir, tirer vanité (engreirse) ‖ FIG se fâcher, se mettre en colère (enfurecerse) ‖ (*amer*) s'habiller avec soin (vestirse con esmero).

arritmia *f* arythmie.

arrítmico, ca *adj* arythmique.

arrizar *v tr* MAR prendre des ris, ariser (tomar rizos) | lester (lastrar) | lier, attacher (atar).

arroba *f* arrobe [11,502 kg] ‖ arrobe [16,137 litres pour le vin, 12,564 litres pour l'huile] ‖ — FIG *por arrobas* à foison, à gogo (*fam*) ‖ (*amer*) *llevar la media arroba a uno* damer le pion à quelqu'un.

arrobado, da *adj* en extase [mystique] ‖ béat, e; *sonrisa arrobada* sourire béat.

arrobamiento *m* extase *f*, ravissement [en particulier mystique].

arrobar *v tr* ravir, mettre en extase.
◆ *v pr* tomber en extase, être dans le ravissement ‖ être en extase (los místicos).
— OBSERV Ce mot s'emploie surtout dans le langage mystique.

arrocero, ra *adj* rizier, ère ‖ *molino arrocero* rizerie.
◆ *m y f* riziculteur, trice (cultivador) ‖ marchand, e de riz (vendedor).

arrocinar *v tr* FIG & FAM abrutir (embrutecer) ‖ (*amer*) dresser (amansar).
◆ *v pr* FIG & FAM s'amouracher, se toquer de (enamorarse).

arrodillar *v tr* agenouiller, mettre à genoux.
◆ *v intr y pr* s'agenouiller.

arrogación *f* attribution (atribución) ‖ mainmise sur, usurpation de (usurpación).

arrogancia *f* arrogance (soberbia) ‖ élégance, grâce; *andar con mucha arrogancia* marcher avec beaucoup d'élégance.

arrogante *adj* arrogant, e (altanero) ‖ élégant, e (gallardo) ‖ vaillant, e; courageux, euse (valiente).

arrogarse *v pr* s'arroger; *arrogarse un derecho* s'arroger un droit.

arrojadizo, za *adj* de jet; *arma arrojadiza* arme de jet.

arrojado *adj* FIG hardi, e; courageux, euse (valiente) ‖ audacieux, euse; téméraire (temerario).

arrojar *v tr* lancer; *arrojar una piedra* lancer une pierre | jeter; *arrojar algo por la borda* jeter quelque chose par-dessus bord ‖ lancer, cracher; *volcán que arroja lava* volcan qui crache de la lave ‖ darder; *arrojar rayos* darder ses rayons ‖ atteindre, totaliser; *los tres diamantes arrojan un valor de 1000 dólares* les trois diamants atteignent une valeur de 1000 dollars ‖ démontrer, montrer, faire apparaître; *según lo que arrojan las estadísticas* d'après ce que démontrent les statistiques ‖ signaler, faire apparaître; *la estimación arroja un crecimiento de las inversiones* l'estimation signale un accroissement des investissements; *el balance arroja un beneficio* le bilan fait apparaître un bénéfice ‖ FAM rendre, vomir (vomitar) ‖ *prohibido arrojar basuras* défense de déposer des ordures.
◆ *v pr* se jeter, se ruer; *arrojarse a uno* se jeter sur quelqu'un ‖ se précipiter (precipitarse) ‖ FIG se jeter à corps perdu, se lancer (en una actividad) ‖ — *arrojarse al mar, a las llamas* se jeter dans la mer, dans les flammes ‖ *arrojarse a los pies de uno* se jeter *o* tomber aux pieds de quelqu'un ‖ *arrojarse de cabeza* se jeter la tête la première.

arrojo *m* courage, hardiesse *f*, intrépidité *f*, cran (*fam*); *hace falta mucho arrojo para obrar de esta manera* il faut beaucoup de courage pour agir de la sorte.

arrollador, ra *adj* entraînant, e; qui entraîne (que arrastra) ‖ FIG irrésistible; *una fuerza arrolladora* une force irrésistible ‖ retentissant, e; fracassant, e; *éxito arrollador* succès retentissant.

arrollar *v tr* enrouler, rouler (enrollar) ‖ entraîner, rouler (arrastrar) ‖ emporter; *el agua de la crecida lo arrolló todo* l'eau de la crue a tout emporté ‖ renverser; *el coche arrolló a un peatón* la voiture a renversé un piéton || FIG mettre en déroute, enfoncer; *arrollar los batallones enemigos* enfoncer les bataillons ennemis || confondre, laisser sans réplique; *en la discusión lo arrolló en seguida* au cours de la discussion, il l'a laissé immédiatement sans réplique | renverser, passer outre; *arrollar todos los principios* renverser tous les principes.

arromanzar *v tr* traduire en castillan.

arromar *v tr* émousser, épointer (embotar).

arropamiento *m* action *f* de couvrir *o* de se couvrir, enveloppement.

arropar *v tr* couvrir; *en invierno hay que arropar mucho a los niños* en hiver, il faut bien couvrir les enfants || border (a alguien en una cama) || envelopper, emmitoufler || mêler du moût cuit [au vin nouveau] || FIG protéger; *dos montañas arropan la bahía* deux montagnes protègent la baie || *estar muy arropado en la cama* être bien couvert *o* bordé dans son lit.
◆ *v pr* se couvrir; *arrópate bien que hace mucho frío* couvre-toi bien car il fait très froid || se couvrir (en la cama) || FIG s'appuyer; *arroparse con buenas recomendaciones* s'appuyer sur de bonnes recommandations.

arrope *m* moût cuit || sirop (jarabe) || (*amer*) confiture *f* de figues, de caroubes, etc.

arrorró *m* FAM dodo | *arrorró mi nene, arrorró mi sol* dodo, l'enfant do.

arrostrar *v tr* affronter, faire face, braver; *arrostrar el frío, un peligro* affronter le froid, faire face à un danger; *arrostrar la muerte* braver la mort || faire face; *arrostrar las consecuencias de una acción* faire face aux conséquences d'une action.
◆ *v pr* se mesurer, tenir tête; *arrostrarse con uno* se mesurer avec quelqu'un, tenir tête à quelqu'un.

arroyada *f* ravine, ravin *m* (curso de un arroyo) | crue, inondation (inundación).

arroyar *v tr* raviner || former des rigoles (la lluvia).
◆ *v pr* se raviner || AGRIC se rouiller, être attaqué par la rouille; *el trigo se arroya* le blé est attaqué par la rouille.

arroyo *m* ruisseau (riachuelo) || caniveau (en una calle) || FIG rue *f* (calle); *tirar al arroyo, plantar ou poner en el arroyo* jeter à la rue | torrent, flot, ruisseau; *arroyos de lágrimas* des torrents de larmes | (*amer*) rivière *f* (río) || FIG *sacar del arroyo* tirer du ruisseau.

arroyuelo *m* ruisselet.

arroz *m* riz; *arroz descascarillado* riz décortiqué | — *arroz a la italiana* risotto | *arroz blanco* ou *en blanco* riz à la créole | *arroz con leche* riz au lait | (*amer*) *arroz de leche* riz au lait || *arroz picón* ou *quebrantado* brisures de riz || *polvos de arroz* poudre de riz || FAM *haber* ou *tener arroz y gallo muerto* y avoir grande chère, tuer le veau gras.

arrozal *m* rizière *f* (campo de arroz).

arruar *v intr* nasiller (el jabalí).

arruga *f* ride; *este anciano tiene muchas arrugas* ce vieillard a beaucoup de rides || pli *m* (en la ropa); *este vestido tiene arrugas* cette robe fait des plis || (*amer*) escroquerie (estafa).

arrugamiento *m* ridement, formation *f* de rides (en la piel) || froissement (de la ropa).

arrugar *v tr* rider (hacer arrugas) || chiffonner, froisser; *de rabia arrugó la carta que tenía en las manos* de rage, il chiffonna la lettre qu'il avait entre les mains || plisser (hacer pliegues) || (*amer*) ennuyer, embêter (fastidiar) || *arrugar el ceño* ou *el entrecejo* froncer les sourcils.
◆ *v pr* se rétrécir (encogerse) || se chiffonner, se froisser; *al sentarse, este vestido se arruga* quand on s'assoit, cette robe se froisse.

arruinado, da *adj* ruiné, e.

arruinar *v tr* ruiner; *la guerra arruinó a mucha gente* la guerre a ruiné bien des gens || FIG ruiner; *arruinar la salud* ruiner la santé | démolir; *arruinar una reputación* démolir une réputation.
◆ *v pr* se ruiner.

arrullador, ra *adj* roucoulant, e (las aves) || berceur, euse (para los niños) || FIG cajoleur, euse.

arrullar *v intr* roucouler (los palomos).
◆ *v tr* FIG bercer en chantant (dormir a un niño cantándole) || FIG & FAM roucouler auprès de (enamorar).

arrullo *m* roucoulement; *el arrullo de las palomas* le roucoulement des colombes || roucoulement (de los enamorados) || FIG berceuse *f* (canción de cuna).

arrumaco *m* FAM câlinerie *f*, cajolerie *f*, chatterie *f* (mimo); *andar con arrumacos* faire des câlineries | minauderie *f*, simagrée *f*; *esta chica está siempre haciendo arrumacos* cette fille fait toujours des simagrées || fanfreluche *f* (adorno ridículo).

arrumar *v tr* MAR arrimer.

arrumbamiento *m* MAR direction *f*, cap, route *f* (rumbo) || FIG mise *f* au rancart *o* au rebut (arrinconamiento).

arrumbar *v tr* mettre au rancart *o* au rebut (*fam*) || FIG laisser sans réplique, fermer la bouche à (confundir) || arrimer [des tonneaux, des barriques].
◆ *v intr* MAR mettre le cap sur un point.
◆ *v pr* MAR déterminer sa position *o* sa route.

arrume *m* (*amer*) tas, monceau.

arsenal *m* arsenal.

arsénico, ca *adj* QUÍM arsénique.
◆ *m* arsenic (metaloide); *arsénico blanco* arsenic blanc.

arsenito *m* QUÍM arsénite.

art. abrev de *artículo* art., article.

arte *m o f* art *m* || art *m* (conjunto de reglas) || FIG art *m*, adresse *f*; *ejecutar una cosa con arte* faire quelque chose avec art || — *arte abstracto* art abstrait || *arte conceptual* art conceptuel || (*ant*) POÉT *arte de maestría* ou *mayor* genre poétique comportant la répétition des mêmes rimes tout au long de la pièce | *arte de maestría media* genre analogue au précédent mais avec une rime changée à chaque strophe || *arte mecánica* arts mécaniques || *arte plumaria* broderie en plumes || *arte poética* art poétique || — *artes de adorno* arts d'agrément || *artes domésticas* arts ménagers || *artes liberales* arts libéraux || DEP *artes marciales* arts martiaux || *artes y oficios* arts et métiers || — *bellas artes* beaux-arts || *con todas las reglas del arte* dans les règles de l'art, selon les règles de l'art, dans les règles || *por amor al arte* pour l'amour de l'art || *por arte de birlibirloque, por arte de magia* comme par enchantement, par l'opération du Saint-Esprit || *por buenas, malas artes* par de moyens *o* des procédés honnêtes ou malhonnêtes || *sin arte ni tino* à tort et à travers, maladroitement || — *no tener arte ni parte en una cosa* n'être pour rien dans quelque chose.

◆ *pl* engin *m sing*, attirail *m sing* (de pesca).
— OBSERV Le mot *arte* es toujours féminin au pluriel (*las artes gráficas* les arts graphiques) et généralement masculin au singulier sauf lorsqu'il est suivi de certains adjectifs (*arte cisoria, poética, plumaria*, etc.).
artefacto *m* machine *f* (máquina) || engin; *artefactos explosivos* engins explosifs.
artejo *m* jointure *f*, articulation *f* (nudillo) || article (en los insectos).
Artemisa *n pr f* MIT Artémise.
arteramente *adv* sournoisement, malhonnêtement || par ruse, astucieusement.
arteria *f* ANAT artère; *arteria subclavia* artère sous-clavière || FIG artère (vía de comunicación).
arterial *adj* artériel, elle.
arteriectomía *f* MED artériectomie.
arteriografía *f* artériographie.
arteriopatía *f* MED artériopathie.
arteriosclerosis; arterioesclerosis *f* MED artériosclérose.
arteriosclerótico, ca *adj y s* artérioscléreux, euse.
arteriotomía *f* MED artériotomie.
arteritis *f* MED artérite.
artero, ra *adj* astucieux, euse; rusé, e.
artesa *f* pétrin *m* (del panadero) || auge (del albañil).
artesanado *m* artisanat.
artesanal *adj* artisanal, e.
artesanía *f* artisanat *m* (conjunto de artesanos) || ouvrage *m* d'artisan (obra de artesano) || *de artesanía* artisanal, e; *trabajos de artesanía* travaux artisanaux.
artesano, na *m y f* artisan, e.
artesón *m* baquet (cubo) || ARQ caisson (de un techo) | plafond à caissons (techo).
artesonado, da *adj* ARQ à caissons, lambrissé, e (techo).
◆ *m* plafond à caissons (techo).
ártico, ca *adj* arctique.
articulación *f* ANAT articulation || articulation (pronunciación) || MECÁN articulation, joint *m*; *articulación hidráulica* joint hydraulique || — GRAM *modo de articulación* mode d'articulation | *punto de articulación* lieu *o* point d'articulation.
articuladamente *adv* en articulant nettement [les mots]; en détachant les syllabes.
articulado, da *adj* articulé, e; *lenguaje articulado* langage articulé; *tren articulado* train articulé.
◆ *m* texte, ensemble des articles (de una ley).
◆ *pl* ZOOL articulés.
articular *adj* articulaire; *reúma articular* rhumatisme articulaire.
articular *v tr* articuler; *articular dos piezas* articuler deux pièces || articuler; *articular bien las palabras* bien articuler les mots || DR articuler (enunciar en artículos).
articulista *m* journaliste, auteur d'articles (periodista), chroniqueur (cronista).
artículo *m* article; *un artículo de periódico* un article de journal || denrée *f*; *artículos de consumo* denrées alimentaires || article (de los insectos) || GRAM article || — *artículo básico* denrée de base || *artículo de fe* article de foi || *artículo de fondo* éditorial, article de fond || *artículo de marca* produit de marque || — *artículos de escritorio* fournitures de bureau ||

artículos de primera necesidad produits de première nécessité || *artículos de tocador* objets de toilette || — *como artículo de fe* c'est parole d'Évangile || *en el artículo de la muerte, in artículo mortis* à l'article de la mort || *hacer el artículo* faire l'article, vanter sa marchandise.
Ártida *n pr* GEOGR Arctique.
artífice *m y f* FIG artisan; *ha sido el artífice de su fortuna* il a été l'artisan de sa fortune || auteur *m* (autor) || artiste (artista).
artificial *adj* artificiel, elle; *inseminación, pierna artificial* insémination, jambe artificielle || *fuegos artificiales* feux d'artifice.
artificiero *m* artificier.
artificio *m* artifice, art (arte, habilidad) || machine *f*, appareil, engin (aparato) || FIG artifice, astuce *f* (astucia) || *artificio de luces, de señales* artifice éclairant, à signaux.
artificiosidad *f* ingéniosité.
artificioso, sa *adj* artificieux, euse (cauteloso); *conducta artificiosa* conduite artificieuse || ingénieux, euse (hecho con habilidad).
artilugio *m* FAM mécanique *f*, machine *f*, engin || *valerse de artilugios* user de subterfuges.
artillería *f* MIL artillerie; *artillería pesada* artillerie lourde || *atestar* ou *poner toda la artillería* dresser ses batteries.
artillero *m* artilleur || *artillero de mar* artilleur *o* canonnier de marine.
artimaña *f* ruse, artifice *m* (astucia) || piège *m*, traquenard *m*, menées *pl* (trampa).
artista *adj y s* artiste || — *artista de cine* artiste de cinéma, acteur, actrice || *artista de variedades* artiste de variétés.
artístico, ca *adj* artistique || *monumento declarado de interés artístico* monument classé.
artralgia *f* MED arthralgie.
artrítico, ca *adj y s* MED arthritique.
artritis *f* MED arthrite.
artropatía *f* MED arthropathie.
artrosis *f* MED arthrose.
arveja *f* BOT vesce (planta) || petit pois *m* (guisante) || *arveja silvestre* gesse.
arvejal *m* champ de vesce || champ *o* carré de petits pois (de guisantes).
arz. abrev de *arzobispo* archevêque.
arzobispado *m* archevêché || archiépiscopat (duración).
arzobispo *m* archevêque.
arzón *m* arçon (de la silla de montar) || *potro con arzón* cheval d'arçon, cheval-arçons (gimnasia).
as *m* as (carta y dado); *parejas de ases* une paire d'as || as (moneda romana) || FIG as (persona notable); *un as del volante* un as du volant; *ser un as* être un as.
asa *f* anse (de una vasija, cesta, etc.) || manche *m* (mango) || poignée (de una maleta) || anse (del intestino) || BOT assa (gomorresina) || — *asa dulce o olorosa* benjoin || BOT *asa fétida* assafœtida || *los brazos en asa* les poings sur les hanches.
asá *loc* FAM *así que asá* d'une façon ou d'une autre || *a mí se me da así que asá* cela m'est égal.
asado *m* rôti || (amer) quartier de viande rôtie à la broche ou sur le gril en plein air || (amer) *asado con cuero* quartier de viande rôtie avec son cuir.

asador *m* broche *f* (varilla para asar) ‖ rôtissoire *f* (aparato para asar).
asadura *f* foie *m* (víscera) ‖ FAM flegme *m*, lenteur (pachorra).
 ◆ *pl* abats *m*, entrailles, fressure *sing* ‖ FIG & FAM *echar las asaduras* en mettre un coup, s'éreinter.
 ◆ *m* flemmard, pataud.
asaetear *v tr* cribler *o* percer de flèches (herir o matar con saetas) ‖ lancer des flèches (disparar) ‖ FIG harceler, assaillir; *asaetear a* ou *con preguntas* assaillir de questions.
asalariado, da *adj y s* salarié, e.
asalariar *v tr* salarier.
asalmonado, da *adj* saumoné, e (salmonado) ‖ rose saumon *inv* (color).
asaltador, ra; asaltante *adj y s* assaillant, e.
asaltar *v tr* assaillir, attaquer, prendre d'assaut ‖ FIG venir; *una idea le asaltó* une idée lui vint.
asalto *m* assaut; *dar asalto* donner l'assaut; *tomar por asalto* prendre d'assaut ‖ attaque *f*, agression *f* (ataque) | round (boxeo) | assaut (esgrima) ‖ FAM surprise-partie *f* (fiesta).
asamblea *f* assemblée (reunión) ‖ MIL rassemblement *m* (reunión o toque).
asambleísta; asambleario *m y f* membre d'une assemblée ‖ congressiste (congresista).
asar *v tr* rôtir; *asar en* ou *a la parrilla* rôtir sur le gril ‖ importuner, agacer, casser les oreilles (fam); *me asaron con preguntas* ils me cassèrent les oreilles avec leurs questions ‖ — *asar a la plancha* griller ‖ *eso no se le ocurre ni al que asó la manteca* cela ne viendrait même pas à l'idée du dernier des imbéciles.
 ◆ *v pr* FIG rôtir, étouffer (sentir gran calor); *estar asado de calor* étouffer de chaleur ‖ *asarse vivo* griller (de calor).
asaz *adv* POÉT assez (bastante) | très fort (muy), beaucoup (mucho).
ascáride *f* ZOOL ascaride *m*, ascaris *m*.
ascendencia *f* ascendance.
ascendente *adj y s* ascendant, e.
ascender* *v intr* monter; *ascender por los aires* monter en l'air ‖ monter, se monter; *la cuenta asciende a dos mil francos* la note monte à deux mille francs ‖ atteindre, s'élever; *la producción de acero asciende a cinco mil toneladas* la production d'acier s'élève à cinq mille tonnes ‖ FIG monter en grade, avoir de l'avancement (en un empleo) ‖ accéder au grade de, passer; *ascender a capitán* passer capitaine.
 ◆ *v tr* accorder de l'avancement, promouvoir ‖ *ser ascendido a jefe por antigüedad* être promu au grade de chef à l'ancienneté.
ascendido, da *adj* promu, e.
ascendiente *adj* ascendant, e.
 ◆ *m* ascendant.
ascensión *f* ascension; *la ascensión a los Alpes* l'ascension des Alpes ‖ montée; *la ascensión de un avión* la montée d'un avion ‖ ascension (fiesta) ‖ accession (al pontificado, al trono) ‖ ASTR *ascensión recta* ascension droite.
ascenso *m* ascension *f*, montée *f* (subida) ‖ FIG avancement (en un empleo); *conseguir un ascenso* obtenir de l'avancement | promotion *f*; *el ascenso a capitán* la promotion au grade de capitaine ‖ GÉOL *ascenso de falla* glissement vertical le long d'un plan de faille ‖ *ascenso por antigüedad*, por *elección* avancement à l'ancienneté, au choix ‖ — *lista de ascenso* tableau d'avancement.
ascensor *m* ascenseur; *el hueco del ascensor* la cage de l'ascenseur ‖ — *ascensor de subida y bajada* ascenseur et descenseur ‖ DEP *equipo ascensor* équipe qui peut passer dans la division supérieure.
ascensorista *m y f* liftier, ère.
asceta *m y f* ascète.
ascético, ca *adj y s f* ascétique.
ascetismo *m* ascétisme *m*.
ASCII abrev de *American standard code for information interchange* ASCII.
ascítico, ca *adj y s* MED ascitique.
asco *m* dégoût (repugnancia); *tener asco a* ou *de la vida* avoir du dégoût pour la vie ‖ — FIG *canta que da asco* il chante à faire pitié ‖ *coger* ou *cobrar* ou *tomar asco a* prendre en dégoût ‖ *¡da asco!* c'est dégoûtant! ‖ *dar asco* dégoûter, répugner; *eso le da asco* cela le dégoûte ‖ FAM *estar hecho un asco* être dégoûtant o très sale, ne pas être à prendre avec des pincettes | *hacer asco (de todo)* faire le difficile *o* le dégoûté *o* la fine bouche | *le tengo asco* il me dégoûte (me da asco), je le déteste, je ne peux pas le voir (le odio) ‖ *le tiene asco al agua* il a une sainte horreur de l'eau ‖ *poner cara de asco* prendre un air dégoûté ‖ *¡qué asco!* c'est dégoûtant! ‖ FIG & FAM *ser un asco* ne rien valoir, être dégoûtant (no tener valor), être dégoûtant (estar sucio o tener mal gusto).
ascua *f* braise, charbon *f* ardent ‖ — FIG *ascua de oro* escarboucle (cosa que brilla mucho) ‖ *hierro hecho ascua* fer chauffé au rouge ‖ — FIG *arrimar uno el ascua a su sardina* tirer la couverture à soi, faire venir l'eau à son moulin ‖ *estar en* ou *sobre ascuas* être sur des charbons ardents, être sur le gril | *pasar como sobre ascuas* passer très vite | *poner en ascuas* mettre sur le gril | *ser un ascua de oro* être beau comme un astre, être sur son trente-et-un | *tener ojos como ascuas* avoir les yeux brillants *o* pétillants.
asdic *m* asdic (aparato de detección submarina).
aseado, da *adj* propre, net, nette (limpio) ‖ soigné, e; bien mis, bien mise (elegante).
asear *v tr* laver (lavar) ‖ nettoyer (limpiar) ‖ arranger [avec soin] ‖ parer (ataviar) ‖ orner (adornar).
 ◆ *v pr* faire sa toilette, se laver (lavarse) ‖ se préparer, s'arranger (componerse).
asechador, ra *adj* insidieux, euse; qui tend des pièges *o* des embûches.
asechamiento *m*; **asechanza** *f* piège *m*, embûche *f*, guet-apens *m* (trampa).
asechar *v tr* tendre *o* dresser des embûches *o* des pièges.
asedado, da *adj* soyeux, euse.
asedar *v tr* affiner (el cáñamo).
asediador, ra *adj y s* assiégeant, e ‖ FIG harcelant, e; importun, e (importuno).
asediar *v tr* assiéger (sitiar) ‖ FIG assiéger, poursuivre, harceler; *estaba asediado de solicitudes* il était assiégé de demandes; *asediar con preguntas* harceler de questions.
asedio *m* siège (cerco, sitio) ‖ FIG importunité *f*, harcèlement.

asegurado, da *adj y s* assuré, e; *casa asegurada de incendio* maison assurée contre l'incendie; *asegurado en un millón de pesetas* assuré pour un million de pesetas.

asegurador, ra *adj* d'assurances; *compañía aseguradora* compagnie d'assurances.
◆ *m* assureur.

asegurar *v tr* assurer (dar firmeza) ‖ mettre en sûreté (poner en sitio seguro) ‖ préserver de, assurer contre (preservar) ‖ affermir, consolider (consolidar) ‖ rassurer (tranquilizar) ‖ assurer, garantir, certifier (afirmar); *le aseguro que es así* je vous assure qu'il en est ainsi ‖ assurer; *asegurar contra incendio* ou *de incendio* assurer contre l'incendie.
◆ *v pr* s'assurer.

asemejar *v tr* rendre semblable, assimiler à (hacer parecido).
◆ *v intr* ressembler (parecerse a).
◆ *v pr* se ressembler ‖ ressembler.

asenso *m* assentiment, approbation.

asentada *f* séance, temps *m* que l'on reste assis ‖ *de una asentada* en une seule fois, tout d'une traite.

asentaderas *f pl* FAM fesses, séant *m sing*, derrière *m sing* (nalgas).

asentadillas (a) *adv* en amazone.

asentado, da *adj* placé, e; situé, e ‖ FIG stable, équilibré, e (estable) | sage (cuerdo) ‖ assis, e; *reputación muy asentada* réputation bien assise.

asentamiento *m* action *f* de s'asseoir *o* d'asseoir ‖ établissement, installation *f* (de personas) ‖ emplacement (emplazamiento) ‖ COM inscription *f* ‖ FIG sagesse *f*, bon sens (juicio) ‖ *asentamientos humanos* établissements humains, aménagement du territoire.

asentar* *v tr* asseoir (sentar) ‖ placer (colocar) ‖ établir (establecer) ‖ poser (poner) ‖ asseoir *(p us en este sentido)*, fonder; *asentar una ciudad* fonder une ville ‖ assener (un golpe) ‖ aplatir (aplanar) ‖ aiguiser (una navaja de afeitar) ‖ supposer (suponer) ‖ convenir que *o* de; *se asentó que* il fut convenu que ‖ assurer (afirmar una cosa) ‖ établir (un contrato, un convenio) ‖ fixer; *asentar una persona inestable* fixer une personne instable ‖ noter, enregistrer (escribir) ‖ établir, installer (las personas) ‖ établir, poser (un principio, un argumento) ‖ COM porter, inscrire; *asentar algo en los libros* porter quelque chose sur les livres.
◆ *v intr* convenir, aller bien (ir o sentar bien).
◆ *v pr* s'asseoir ‖ se fixer, s'établir (establecerse) ‖ s'adapter, s'ajuster (encajarse) ‖ s'affirmer; *su carácter se asienta* son caractère s'affirme ‖ se percher (los pájaros) ‖ déposer, former un dépôt (los líquidos) ‖ blesser [le harnais] ‖ *asentarse en el estómago* peser *o* rester sur l'estomac, ne pas passer (los alimentos).

asentimiento *m* assentiment, consentement *m*.

asentir* *v intr* assentir *(p us)*, acquiescer.

aseñorado, da *adj* qui a un air (que parece) *o* qui prend des airs (que imita) de grand seigneur, de grande dame.

aseo *m* propreté *f* (limpieza) ‖ soin [dans la toilette] ‖ hygiène *f*; *productos para el aseo* produits pour l'hygiène personnelle ‖ toilette *f*; *cuarto de aseo* cabinet de toilette ‖ cabinet de toilette (cuarto).

asepsia *f* asepsie (saneamiento).

aséptico, ca *adj* aseptique.

aseptizar *v tr* aseptiser.

asequible *adj* accessible, abordable; *precio asequible* prix abordable; *persona asequible* personne abordable ‖ FIG accessible, à la portée de; *lectura asequible a todos* lecture à la portée de tous.

aserción *f* assertion, affirmation.

aserenar *v tr* tranquilliser, rasséréner.

aserradero *m* scierie *f*.

aserrado, da *adj* dentelé, e.
◆ *m* sciage.

aserrador, ra *adj y s m* scieur, euse.
◆ *f* scieuse (máquina).

aserrar* *v tr* scier.

aserrín *m* sciure *f*.

aserto *m* assertion *f* (aserción).

asertorio, ria *adj* assertorique (juicio).

asesinar *v tr* assassiner (matar) ‖ FIG tuer, causer une vive affliction; *me vas a asesinar a disgustos* tu vas me tuer à force de me contrarier.

asesinato *m* assassinat, meurtre.

asesino, na *adj* assassin, e; *mano asesina* main assassine.
◆ *m y f* assassin (sin femenino), meurtrier, ère ‖ *asesino pagado* ou *profesional* tueur à gages.

asesor, ra *adj y s* conseiller, ère; *asesor fiscal* conseiller fiscal; *asesor jurídico* conseiller juridique.
◆ *m* assesseur (magistrado) ‖ *asesor agrónomo* agronome conseil.

asesorado *m* assessorat, assessoriat.

asesoramiento *m* consultation *f*, conseil [d'un homme de loi] ‖ conseil (consejo) ‖ assistance *f*; *con el asesoramiento técnico de* avec l'assistance technique de.

asesorar *v tr* conseiller.
◆ *v pr* prendre conseil de, consulter; *asesorarse con* ou *de un letrado* prendre conseil d'un homme de loi.

asesoría *f* assessorat *m*, assessoriat *m* (cargo de asesor) ‖ bureau *m* d'un conseiller (oficina) ‖ charge, fonction de conseiller (cargo).

asestar *v tr* braquer, pointer; *asestar un cañón* braquer un canon; *asestar la lanza* pointer la lance ‖ braquer; *asestar la vista, los anteojos* braquer son regard, ses jumelles ‖ assener (dar un golpe); *asestar una puñalada, un puñetazo* asséner un coup de couteau, un coup de poing ‖ tirer, envoyer; *asestar un tiro* envoyer une balle.
— OBSERV Braquer se emplea sobre todo hablando de las armas de fuego.

aseveración *f* affirmation, assertion.

aseverar *v tr* assurer, affirmer.

aseverativo, va *adj* affirmatif, ive ‖ GRAM *oración aseverativa* affirmative.

asexual; asexuado, da *adj* asexué, e; asexuel, elle *(p us)*.

asfaltado, da *adj* asphalté, e.
◆ *m* asphaltage.

asfaltar *v tr* asphalter.

asfáltico, ca *adj* bitumeux, euse; bitumineux, euse.

asfalto *m* asphalte.

asfixia *f* asphyxie.

asfixiado, da *adj* y *s* asphyxié, e.
asfixiante; asfixiador, ra *adj* asphyxiant, e; *gas asfixiante* gaz asphyxiant.
asfixiar *v tr* asphyxier ‖ FIG étouffer; *la miseria asfixia muchos talentos* la misère étouffe bien des talents.
➤ *v pr* s'asphyxier.
así *adv* ainsi, comme cela; *así habló* il parla ainsi ‖ comme celui-là, celle-là, cela; *un amigo así no se encuentra todos los días* on ne trouve pas tous les jours un ami comme celui-là ‖ aussi, également; *es hombre bueno y así honrado* c'est un homme bon et également honnête ‖ alors, ainsi donc; *¿así me dejas?* alors tu me quittes? ‖ d'une telle façon; *así lo dijo que toda la gente se lo creyó* il l'a dit d'une telle façon que tout le monde l'a cru ‖ aussi, par conséquent; *se resfrió, así no pudo venir* il s'est enrhumé, aussi n'a-t-il pas pu venir ‖ — (con el subjuntivo), même si; *así te mueras* même si tu meurs; que; *así Dios te ayude* que Dieu te vienne en aide; puisse; *¡así llegues a entenderme!* puisses-tu arriver à comprendre!; quand bien même; *así lo quiera el rey* quand bien même le roi le voudrait ‖ — *así, así; así como así* comme ci comme ça, passablement, couci couça ‖ *así como* ainsi que; *estaban sus padres así como sus hermanas* il y avait ses parents ainsi que ses sœurs; dès que; *así como llegue, le hablaré* dès qu'il arrivera, je lui parlerai; de la même façon, comme; *así como lo hiciste, lo hice yo* je l'ai fait comme tu l'as fait toi-même; de même que; *así como los sordos no oyen, así los ciegos no ven* de même que les sourds n'entendent pas, les aveugles ne voient pas ‖ *así... como* tout autant... que, comme, aussi bien... que, tant... que; *así los buenos como los malos* les bons comme les méchants, tant les bons que les méchants ‖ *así como así* de toute manière ‖ FAM *así de* comme ça; *así de grande* grand comme ça ‖ *así mismo* de même ‖ *(amer) así no más* comme ci comme ça ‖ *así pues* donc, ainsi donc ‖ *así o asá* d'une façon ou d'une autre ‖ *así que* dès que; *así que amanezca, me levantaré* dès qu'il fera jour, je me lèverai; si bien que, aussi; *llovía, así que no salimos* il pleuvait, aussi ne sommes nous pas sortis; par conséquent, donc; *no vas a conseguir nada, así que ya te puedes ir* tu ne vas rien obtenir, tu peux donc partir ‖ *así... que* tant... que, tellement... que; *así había trabajado que estaba agotado* il avait tellement travaillé qu'il était épuisé ‖ FAM *así que asá, así que asao* d'une manière ou d'une autre, c'est pareil, c'est égal; *lo mismo me da así que asá* d'une façon ou d'une autre ça m'est égal ‖ *así y todo* malgré tout ‖ *¿cómo así?* comment ça? ‖ *y así* si bien que ‖ — *así es* c'est comme ça ‖ *así es* ou *fue como* c'est ainsi que; *así fue como se nos escapó* c'est ainsi qu'il nous a échappé ‖ *¡así me gusta!* à la bonne heure! très bien! bravo! ‖ *así sea* qu'il en soit ainsi ‖ *¿no es así?* n'est-ce pas? ‖ *puesto que así es* puisqu'il en est ainsi.
Asia *n pr f* GEOGR Asie ‖ *Asia Menor* Asie Mineure.
asiático, ca *adj* y *s* asiatique.
➤ *m* y *f* asiate.
asidero *m* manche (mango), anse *f* (asa), poignée *f* (para agarrarse) ‖ FIG occasion *f*, prétexte; *aprovechó este asidero* il a profité de cette occasion ‖ appui; *ya le quedan pocos asideros* il n'a plus beaucoup d'appuis ‖ *no tener asidero* ne pas tenir debout.

asido, da *adj* saisi, e; pris, e ‖ *asidos del brazo* bras dessus, bras dessous.
asiduamente *adv* assidûment, fréquemment.
asiduidad *f* assiduité.
asiduo, dua *adj* assidu, e.
➤ *m* y *f* habitué, e.
asiento *m* siège; *estos asientos no son muy cómodos* ces sièges ne sont pas très confortables ‖ banquette *f*, siège *f* (de un coche) ‖ place *f*; *el asiento n.º 5 está en este departamento* la place n° 5 est dans ce compartiment ‖ place *f*; *déjame tu asiento* laisse-moi ta place; *tome usted asiento* prenez place ‖ assise *f* (base, fundamento) ‖ emplacement (lugar que ocupa una casa, una ciudad) ‖ fond, base *f* (de botellas, vasijas, etc.) ‖ place *f* (localidad en un espectáculo); *reservar un asiento* réserver une place ‖ pose *f*, mise *f* en place (colocación) ‖ lie *f*, dépôt, sédiment *(p us)* ‖ ARQ tassement des matériaux [d'une construction] ‖ assiette *f*; *el asiento de una viga* l'assiette d'une poutre ‖ contrat de fourniture ‖ traité, accord (tratado) ‖ COM inscription *f*, enregistrement *f*, écriture *f*, passation *f* d'écriture (en un libro); *asiento contable* écriture comptable ‖ chapitre (de un presupuesto) ‖ poste (en una cuenta) ‖ assiette (del impuesto, hipotecas) ‖ note *f*, annotation *f* (anotación) ‖ embouchure *f* (del freno) ‖ barres *f pl* (de la boca del caballo) ‖ TECN siège; *asiento de válvula* siège de soupape ‖ FIG stabilité *f*, permanence *f* ‖ sagesse *f*, bon sens; *persona de asiento* personne de bon sens ‖ *(amer)* étendue *f* (de una mina) ‖ centre d'une exploitation agricole ‖ — *asiento de colmenas* rucher ‖ *asiento de estómago* embarras gastrique ‖ BOT *asiento de pastor* hérisonne ‖ COM *asiento duplicado* double emploi ‖ *asiento giratorio* siège pivotant ‖ *baño de asiento* bain de siège ‖ *estar de asiento* résider ‖ FIG *no calentar el asiento* ne pas moisir [quelque part] ‖ *tomar asiento* s'asseoir, prendre place, prendre un siège.
➤ *pl* séant *sing*, fesses *f* (asentaderas).
asignable *adj* assignable.
asignación *f* assignation (cita) ‖ attribution (atribución) ‖ allocation (subsidio) ‖ allocation; *la asignación de un crédito* l'allocation d'un crédit ‖ traitement *m*, émoluments *m pl* (sueldo) ‖ *asignación presupuestaria* crédit budgétaire.
asignar *v tr* assigner ‖ attribuer, assigner; *le han asignado un sueldo muy elevado* on lui a attribué un salaire très élevé ‖ accorder, allouer (un crédito).
asignatura *f* matière (disciplina); *el primer año escolar tiene cinco asignaturas y son todas difíciles* en première année, il y a cinq matières, qui sont toutes difficiles ‖ — *asignatura pendiente* matière *o* discipline à repasser (examen) ‖ — FIG *tener una asignatura pendiente* faire un blocage sur quelque chose.
asilado, da *m* y *f* pensionnaire d'un asile ‖ *asilado político* réfugié politique.
asilar *v tr* donner asile; *asilar a un condenado político* donner asile à un condamné politique.
➤ *v pr* trouver asile.
asilo *m* asile; *derecho de asilo* droit d'asile ‖ FIG asile, protection *f*, faveur *f* (protección) ‖ asile; *asilo de la paz* asile de paix ‖ ZOOL asile (insecto) ‖ — *asilo político* asile politique ‖ — *buscar asilo* demander asile.
asimetría *f* asymétrie.

asimétrico, ca *adj* asymétrique.
asimilable *adj* assimilable.
asimilación *f* assimilation.
asimilar *v tr* e *intr* assimiler.
- *v intr* ressembler à (parecerse).
- *v pr* s'assimiler ‖ se ressembler, être similaire (asemejarse).

asimismo *adv* de la même manière, pareillement (del mismo modo) ‖ aussi, de même (también).
asín; asina *adv* FAM ainsi (así) | aussi, de même (también).
asincronismo *m* asynchronisme.
asíncrono, na *adj* asynchrone ‖ INFORM asynchrone.
asíndeton *m* asyndète (supresión de conjunciones).
asíntota *f* GEOM asymptote.
asir* *v tr* prendre (tomar), saisir (agarrar); *asir del brazo* prendre o saisir par le bras ‖ *asir la ocasión de* ou *por los cabellos* saisir l'occasion aux cheveux o au moment propice.
- *v intr* prendre racine (las plantas).
- *v pr* se saisir (tomar) ‖ s'accrocher à (agarrarse) ‖ FIG mettre à profit, saisir, profiter; *se asió del primer pretexto* il saisit le premier prétexte ‖ FIG & FAM se disputer, se bagarrer (reñir).

Asiria *n pr f* GEOGR Assyrie.
asirio, ria *adj* assyrien, enne.
- *m y f* Assyrien, enne.
asiriólogo, ga *m y f* assyriologue.
asisito *adv* (*amer*) FAM c'est ça.
asistencia *f* assistance (auditorio) ‖ présence; *con asistencia de* en présence de ‖ soins *m pl* (de un médico); *prestar asistencia a uno* donner des soins à quelqu'un ‖ secours *m pl* (socorros) ‖ TAUROM personnel *m* des arènes ‖ (*amer*) petit salon *m* (saloncito) ‖ — *asistencia facultativa* soins médicaux (curas), personnel médical (médicos) ‖ *asistencia médica* assistance médicale, soins médicaux ‖ *asistencia pública* assistance publique ‖ *asistencia social* assistance sociale ‖ *asistencia técnica* assistance technique ‖ — (*amer*) *casa de asistencia* pension de famille ‖ *ficha de asistencia* jeton de présence.
- *pl* aliments *m*, pension *sing* (pensión alimenticia).

asistencial *adj* d'aide ‖ d'assistance.
asistenta *f* assistante (monja) ‖ femme de ménage, femme de journée (criada no permanente) ‖ (*ant*) femme de chambre, camériste (en un palacio) ‖ *asistenta social* assistante sociale.
asistente *adj* qui assiste, assistant.
- *m y f* présent, personne *f* présente; *entre los asistentes se encontraban varios artistas* parmi les personnes présentes se trouvaient plusieurs artistes ‖ *asistente social* assistante sociale.
- *m* assistant (obispo, religioso) ‖ MIL ordonnance *f*.
- *pl* assistance *f sing*; *había muchos asistentes* il y avait une assistance nombreuse.

asistido, da *adj* assisté, e (socorrido) ‖ *freno asistido* frein assisté.
asistir *v tr* assister; *le asiste en su trabajo* il l'assiste dans son travail ‖ assister, secourir; *asistir a los pobres* secourir les pauvres ‖ soigner, traiter; *le asiste un buen médico* c'est un bon médecin qui le soigne ‖ servir provisoirement [comme domestique] ‖ *me asiste el derecho* le droit est de mon côté, j'ai le droit pour moi.
- *v intr* assister, être présent à, aller; *no asiste nunca a clase* il n'assiste jamais au cours ‖ être présent; *asistía una multitud impresionante* une foule considérable était présente ‖ fournir de la couleur jouée (en los naipes).

asma *f* asthme *m*.
asmático, ca *adj y s* asthmatique.
asna *f* ânesse (hembra del asno).
- *pl* chevrons *m* (vigas).
asnería *f* FAM troupeau *m* d'ânes ‖ FIG & FAM ânerie, bêtise (tontería); *decir asnerías* dire des bêtises.
asno *m* âne (animal) ‖ FIG & FAM âne, bourrique *f* ‖ — *puente de los asnos* pont aux ânes ‖ — *al asno muerto, la cebada al rabo* après la mort le médecin ‖ FIG & FAM *apearse* ou *caer uno de su asno* reconnaître son erreur ‖ *no ver uno siete* ou *tres en un asno* n'y voir goutte ‖ *parecerse al asno de Buridán* faire comme l'âne de Buridan.
asociable *adj* associable.
asociación *f* association; *Asociación Europea de Libre Cambio* Association européenne de libre-échange ‖ — *asociación de ideas* association d'idées ‖ ECON *Asociación Española de Banca Privada (AEB)* Association espagnole de banques privées.
asociacionismo *m* associationnisme.
asociado, da *adj y s* associé, e.
asocial *adj* asocial, e.
asociar *v tr* associer.
- *v pr* s'associer ‖ FIG partager, s'associer; *asociarse a la alegría de uno* partager la joie de quelqu'un.

asociativo, va *adj* associatif, ive.
asolador, ra *adj y s* dévastateur, trice; destructeur, trice.
asolar* *v tr* dévaster, ravager (destruir); *el granizo ha asolado las viñas* la grêle a ravagé les vignes ‖ AGRIC brûler, dessécher (el calor, el sol).
- *v pr* déposer, former un dépôt (los líquidos).
asoleado, da *adj* exposé, e au soleil ‖ (*amer*) victime d'une insolation (insolado) | fruste (rudo), maladroit, e (torpe).
asolear *v tr* mettre au soleil ‖ ensoleiller; *casa muy asoleada* maison très ensoleillée.
- *v pr* se chauffer au soleil (tomar el sol) ‖ brunir, se hâler (tostarse al sol) ‖ être atteint d'insolation (los animales).
asomar *v intr* apparaître ‖ se montrer, apparaître; *hoy el sol no asoma* aujourd'hui le soleil ne se montre pas ‖ apparaître, poindre (el día) ‖ sortir, dépasser; *un pañuelo asomaba fuera de su bolsillo* un mouchoir sortait de sa poche.
- *v tr* montrer, laisser voir; *asomar la punta de la oreja* montrer le bout de l'oreille ‖ *asomar la cabeza a* ou *por la ventana* mettre la tête à la fenêtre, se pencher au dehors.
- *v pr* se montrer; *asomarse a* ou *por la ventana* se montrer à la fenêtre ‖ FAM être un peu gris (achisparse) ‖ se pencher; *está prohibido asomarse al exterior* il est interdit de se pencher au-dehors (en los trenes) ‖ jeter un coup d'œil, regarder vaguement; *usted no se ha asomado siquiera a la lección* vous n'avez même pas jeté un coup d'œil à la leçon ‖ montrer son nez, faire une courte apparition; *no hice más que asomarme a esa reunión* je n'ai fait que montrer mon nez à cette réunion.

asombrado, da *adj* étonné, e ‖ ahuri, e (pasmado).

asombrar *v tr* ombrager (dar sombra) ‖ foncer, obscurcir (una pintura) ‖ FIG effrayer (asustar) ‖ étonner, épater (*fam*), stupéfier (causar admiración).
◆ *v pr* FIG s'effrayer (asustarse) ‖ s'étonner; *no se asombra de* ou *por* ou *con nada* il ne s'étonne de rien.

asombro *m* frayeur *f*, peur *f* (susto) ‖ étonnement (sorpresa); *con gran asombro de mi madre* au grand étonnement de ma mère ‖ ahurissement (estupefacción) ‖ FAM revenant, fantôme (aparecido) ‖ *— de asombro* étonnant ‖ *¡no salgo de mi asombro!* je n'en reviens pas!

asombroso, sa *adj* étonnant, e ‖ ahurissant, e.

asomo *m* apparence *f* (apariencia) ‖ ombre *f*; *sin el menor asomo de duda* sans l'ombre d'un doute ‖ indice (indicio) ‖ soupçon (presunción) ‖ *— ni por asomo* en aucune manière, pas le moins du monde, nullement ‖ *no conocer ni por asomo* ne connaître ni d'Ève ni d'Adam, ne pas connaître le moins du monde.

asonancia *f* assonance (consonancia) ‖ FIG relation, rapport *m* (entre dos cosas) ‖ assonance (retórica).

asonantar *v intr* être assonant, e.
◆ *v tr* faire rimer par assonance.

asonante *adj* y *s* assonant, e.

asonar* *v intr* produire une assonance.

aspa *f* croix de saint André, croix en forme de X ‖ MAT signe *m* de multiplication ‖ dévidoir *m*, asple *m* (devanadera) ‖ aile (de molino) ‖ BLAS sautoir *m* ‖ corne (cuerno) ‖ *colocado en aspa* en forme de X.

aspado, da *adj* les bras en croix (los penitentes de una procesión) ‖ FIG & FAM gêné aux entournures [par ses vêtements] ‖ en forme de croix.

aspar *v tr* dévider (hilo) ‖ crucifier (crucificar) ‖ FAM mortifier (mortificar) ‖ *¡que me aspen si...!* je veux bien être pendu si...!
◆ *v pr* FIG *asparse a gritos* pousser de grands cris, s'égosiller (desgañitarse).

aspártico, ca *adj* aspartique; *ácido aspártico* acide aspartique.

aspaventero, ra *adj* y *s* faiseur, euse de simagrées.

aspavientos *m pl* simagrées *f*, gestes désordonnés.

aspecto *m* aspect (apariencia) ‖ domaine (terreno) ‖ mine *f* (estado de salud), allure *f* (garbo), aspect; *tener buen aspecto* avoir bonne mine (estar bien), avoir de l'allure (tener buena facha), avoir bon aspect (cosas) ‖ *al* ou *a primer aspecto* à première vue, au premier abord ‖ *bajo este aspecto* à ce point de vue-là, à cet égard, vu sous cet angle ‖ *en ciertos aspectos*, à certains égards, ‖ *en todos los aspectos* sous tous les rapports.

aspereza; asperidad *f* aspérité ‖ âpreté, rudesse (del carácter) ‖ *limar asperezas* arrondir les angles.

asperjar *v tr* asperger (rociar).

áspero, ra *adj* âpre (al gusto) ‖ rugueux, euse; rêche (al tacto) ‖ dur, e; acerbe (voz, respuesta) ‖ violent, e; acharné, e (violento) ‖ mauvais, e (tiempo) ‖ *ser áspero de condición* ou *de genio* avoir mauvais caractère.

aspersión *f* aspersion.

aspersor *m* arroseur, asperseur.

aspersorio *f* aspersoir, goupillon.

áspid; áspide *m* ZOOL aspic (víbora).

aspilla *f* jauge [tige graduée].

aspiración *f* aspiration ‖ FIG aspiration ‖ *aspiración de aire* appel d'air.

aspirador, ra *adj* aspirateur, trice.
◆ *m* y *f* aspirateur *m* (aparato doméstico).

aspirante *adj* aspirant, e; *bomba aspirante* pompe aspirante.
◆ *adj* y *s* aspirant, e (postulante), candidat, e (candidato).

aspirar *v tr* e *intr* aspirer ‖ FIG aspirer; *aspirar a altos cargos* aspirer à de hautes charges.

aspirina *f* aspirine.

asquear *v tr* e *intr* dégoûter, écœurer; *su conducta me asquea* sa conduite me dégoûte.
◆ *v pr* se dégoûter ‖ *asquearse de la vida* être dégoûté de la vie.

asquerosidad *f* saleté, chose dégoûtante.

asqueroso, sa *adj* dégoûtant, e; repoussant, e; écœurant, e (olor, conducta, etc.); *asqueroso de ver* dégoûtant à voir; *asqueroso en su aspecto* d'un aspect repoussant ‖ dégoûté, e; écœuré, e (que siente asco).
◆ *m* y *f* dégoûtant, e; *son unos asquerosos* ce sont des dégoûtants.

asta *f* haste (lanza de los romanos) ‖ bois *m*, hast *m* (palo de la lanza) ‖ lance, pique (armas) ‖ hampe (de la bandera) ‖ manche *m* (mango) ‖ corne (cuerno) ‖ corne; *un peine de asta* un peigne en corne ‖ ente, manche *m* (del pincel) ‖ *— a media asta* en berne (bandera).
◆ *pl* bois *m* (del ciervo) ‖ FIG & FAM *dejar a uno en las astas del toro* laisser quelqu'un en plan, laisser tomber quelqu'un, laisser quelqu'un se débrouiller.

astado, da *adj* BOT hasté, e.
◆ *m* taureau.

astático, ca *adj* FÍS astatique.

astenia *f* MED asthénie.

asteria *f* ZOOL astérie, étoile de mer (estrellamar) ‖ opale (ópalo).

asterisco *m* astérisque.

asterismo *m* astérisme (constelación).

asteroide *m* ASTR astéroïde.

astifino, na *adj* aux cornes fines (toro).

astigmático, ca *adj* y *s* astigmate.

astigmatismo *m* MED astigmatisme.

astil *m* manche (mango de instrumento) ‖ fléau, bras (de la balanza) ‖ tuyau (de la pluma) ‖ bois (de la flecha).

astilla *f* éclat *m*, fragment *m* de bois *o* de pierre ‖ écharde (de leña) ‖ esquille (de un hueso) ‖ *— MAR astilla muerta* acculement ‖ *de tal palo, tal astilla* tel père, tel fils ‖ *hacer astillas* réduire en miettes, briser en éclats ‖ *no hay peor astilla que la del mismo palo* il n'est pire ennemi que son ancien ami.

astillar *v tr* casser, fendre (hacer pedazos) ‖ fendre [du bois].

Astillejos *n pr m* ASTR Les Gémeaux, Castor et Pollux (estrellas).

astillero *m* MAR chantier naval, arsenal (taller) ‖ râtelier (de armas).

astilloso, sa *adj* qui se fend, qui éclate facilement (madera o piedra) ‖ esquilleux, euse (hueso).

astracán *m* astrakan.
astracanada *f* FAM farce, pièce d'un comique farfelu.
astrágalo *m* ANAT & ARQ & BOT astragale.
Astrakán *n pr* GEOGR Astrakhan, Astrakan.
astral *adj* astral, e; des astres; *influencia astral* influence astrale; *cuerpos astrales* corps astraux.
astreñir* *v tr* astreindre (obligar) || resserrer, contracter (apretar).
astricto, ta *adj* astreint, e; contraint, e; *astricto a un servicio* astreint à un service.
astringencia *f* astringence; *la astringencia del ácido gálico* l'astringence de l'acide gallique.
astringente; adstringente *adj y s m* astringent, e.
astringir; adstringir; astriñir* *v tr* → **astreñir**.
astro *m* ASTR astre (estrella) || FIG vedette *f*, étoile *f* (de cine, etc.) || *el astro rey* ou *del día* l'astre du jour (el sol).
astrodinámica *f* ASTR dynamique astrale.
astrofísico, ca *adj* astrophysicien, enne.
◆ *f* astrophysique.
astrolabio *m* ASTR astrolabe.
astrolito *m* aérolithe, aérolite.
astrología *f* astrologie.
astrológico, ca *adj* astrologique.
astrólogo, ga *m y f* astrologue (adivino).
astronauta *m y f* astronaute.
astronáutico, ca *adj y s f* astronautique.
astronave *f* astronef *m*.
astronomía *f* astronomie.
astronómico, ca *adj* astronomique || FIG & FAM astronomique, très élevé (cifra).
astrónomo, ma *m y f* astronome.
astroquímica *f* astrochimie.
astroso, sa *adj* sale, malpropre (desastrado) || déguenillé, e; négligé, e (desaseado) || malheureux, euse (desgraciado) || FIG misérable, sordide, méprisable (despreciable).
astucia *f* astuce, ruse, rouerie.
astucioso, sa *adj* astucieux, euse; roué, e.
astur; asturiano, na *adj* asturien, enne; des Asturies.
◆ *m y f* Asturien, enne.
asturianismo *m* asturianisme.
Asturias *n pr f pl* GEOGR Asturies || *el príncipe de Asturias* le prince des Asturies [titre du dauphin en Espagne].
astuto, ta *adj* astucieux, euse; rusé, e; roué, e; madré, e; *un abogado astuto* un avocat astucieux; *un animal astuto* un animal rusé; *un campesino astuto* un paysan madré || *astuto como un zorro* malin comme un singe.
Asuán *n pr* GEOGR Assouan.
asueto *m* congé (vacación corta); *día de asueto* jour de congé.
asumir *v tr* assumer; *asumir una responsabilidad* assumer une responsabilité.
asunción *f* action d'assumer, prise en charge || RELIG assomption || FIG élévation, avènement *m* (a una dignidad).
Asunción *n pr f* GEOGR Assomption, Asunción (capital del Paraguay).
asuntillo *m* FAM aventure *f* amoureuse.

asunto *m* sujet (tema) || question *f*; *asuntos de orden general* des questions d'ordre général || affaire *f* (negocio); *trataré de ese asunto* je m'occuperai de cette affaire; *eso es asunto mío* cela c'est mon affaire; *un asunto peliagudo* une affaire épineuse || fait (caso); *el asunto es que* le fait est que || ennui (molestia); *el asunto es que no tenemos dinero* l'ennui c'est que nous n'avons pas d'argent || — *asunto concluido* affaire ou question réglée || *asuntos exteriores* ou *extranjeros* affaires étrangères || *asuntos pendientes* affaires en suspens, affaires courantes || — *conocer bien el asunto* s'y connaître || *eso es otro asunto* c'est une autre histoire, c'est une autre paire de manches || *está el asunto que* le fait est que || *no me gusta el asunto* ça ne me dit rien qui vaille || *(amer) poner el asunto* faire attention || *suspendiendo todos los demás asuntos* toute affaire cessante || *volvamos a nuestro asunto* revenons à nos moutons || *¡y asunto concluido!* ça suffit !
asurcar *v tr* sillonner (surcar).
asustadizo, za *adj* craintif, ive; peureux, euse; facile à effrayer || ombrageux, euse (caballo) || FAM *más asustadizo que una mona* peureux comme un lièvre.
asustado, da *adj* effrayé, e; apeuré, e.
asustar *v tr* faire peur à, effrayer (dar miedo); *es un espectáculo que asusta* c'est un spectacle à faire peur; *es de un feo que asusta* il est laid à faire peur.
◆ *v pr* avoir peur; *asustarse del ruido* avoir peur du bruit; *asustarse por* ou *con nada* avoir peur d'un rien || *nada le asusta* rien ne lui fait peur, il ne recule devant rien.
atabacado, da *adj* de couleur tabac, tabac *inv*.
atabal *m* MÚS timbale *f* (tambor).
atabalear *v intr* marteler le sol (el caballo) || tambouriner (tamborilear).
atabanado, da *adj* miroité, e (caballo).
atacado, da *adj* FIG & FAM timide, hésitant, e (irresoluto) | avare, mesquin, e (mezquino).
atacador, ra *adj y s* attaquant, e (que ataca).
◆ *m* refouloir (de cañón).
atacante *adj y s m* attaquant, e.
atacar *v tr* attaquer, s'attaquer à; *atacar a un adversario* s'attaquer à un adversaire || bourrer (un arma de fuego) || prendre, surprendre (una enfermedad, el sueño) || MÚS attaquer || QUÍM attaquer, ronger (corroer); *el orín ataca el hierro* la rouille attaque le fer || FIG attaquer, s'attaquer à; *atacar el estudio de la geometría* attaquer l'étude de la géométrie || DR *atacar de falsedad* attaquer en faux || *atacar los nervios* taper sur les nerfs, crisper, agacer || *atacar una pipa* bourrer une pipe.
ataderas *f pl* FAM jarretières (ligas).
atadijo *m* FAM paquet mal ficelé.
atado, da *adj* FIG embarrassé, e; gauche (apocado).
◆ *m* paquet (paquete); *un atado de ropa* un paquet de linge || *(amer)* paquet de cigarettes (de cigarrillos).
atadura *f* attache, lien *m* || fixation (de esquíes) || FIG lien *m*, union (unión) | entrave, assujettissement *m* (traba).
atajador, ra *adj y s* qui arrête, qui barre || celui, celle qui prend un raccourci.
◆ *m (amer)* muletier de tête (que guía).
atajar *v intr* couper, prendre un raccourci (tomar un atajo); *atajar por los campos* couper à travers

champs ‖ raccourcir, couper (ser más corto el camino).

♦ *v tr* barrer *o* couper le chemin; *atajaron al fugitivo* ils coupèrent le chemin au fugitif ‖ couper, diviser (dividir), séparer ‖ FIG couper, arrêter (parar); *atajar el fuego* couper le feu | couper la parole, interrompre; *atajar al orador* couper la parole à l'orateur | souligner, cocher (señalar en un escrito) | couper court à, arrêter (interrumpir) | enrayer; *hay que atajar el aumento de la delincuencia juvenil* il faut enrayer l'augmentation de la délinquence juvénile.

♦ *v pr* FIG se troubler, rester court (turbarse, cortarse) ‖ FAM s'enivrer (emborracharse).

atajo *m* raccourci, chemin de traverse (camino); *echar por un atajo* prendre un raccourci ‖ FIG moyen, expédient (procedimiento) ‖ séparation *f*, division *f* (separación) ‖ coupure *f*, suppression *f* (en un escrito) ‖ petit troupeau (rebaño pequeño) ‖ — FIG & FAM *echar ou tomar por el atajo* prendre un biais ‖ *no hay atajo sin trabajo* nul bien sans peine, on n'a rien sans peine.

— OBSERV Certains emploient le mot à tort dans le sens de *série, tas*, à la place du terme correct qui est *hatajo*.

atalaya *f* tour de guet, échauguette, poivrière (torre de una fortaleza para vigilar) ‖ beffroi *m* (torre para dar la alarma) ‖ éminence, hauteur (lugar elevado).

♦ *m* guetteur, vigie *f* (el que vigila).

atañer* *v intr* concerner, regarder; *esto no me atañe* ceci ne me regarde pas ‖ concerner; *esta medida nos atañe a todos* cette mesure nous concerne tous ‖ incomber, être du ressort de; *esto atañe al primer ministro* ceci est du ressort du Premier ministre ‖ *en lo que atañe a* en ce qui concerne.

ataque *m* attaque *f*; *ataque por sorpresa* attaque par surprise; *ataque de apoplejía* attaque d'apoplexie ‖ crise *f* (de nervios, epiléptico) ‖ DEP attaque *f* (de un equipo) ‖ — *ataque de risa* fou rire ‖ *ataque de tos* quinte de toux ‖ *iniciar un ataque* déclencher une attaque.

atar *v tr* attacher; *atar a un árbol* attacher à un arbre ‖ lier; *atar una gavilla* lier une gerbe ‖ ficeler (con bramante) ‖ CULIN brider (ave) ‖ FIG lier; *estos compromisos me atan* ces engagements me lient ‖ — *atar bien los cabos* s'assurer ‖ *atar cabos* tirer des conclusions, procéder par recoupements, conclure, déduire; *atando cabos* d'où je déduis que, j'en conclus que ‖ FIG & FAM *atar corto a uno* tenir la bride à quelqu'un ‖ *atar de pies y manos* lier les pieds et les mains ‖ *atar la lengua* réduire au silence, lier la langue ‖ *atar y desatar* faire et défaire, lier et délier ‖ — FIG *atado de pies y manos* pieds et poings liés ‖ *átame esta mosca por el rabo* cela va te donner du fil à retordre ‖ *loco de atar* fou à lier ‖ *no atar ni desatar* parler à tort et à travers (hablar sin concierto), ne rien résoudre (no resolver nada).

♦ *v pr* attacher, lacer (con lazos); *atarse los zapatos* lacer ses chaussures ‖ — FIG se troubler, s'embrouiller (hablando) | s'embarrasser; *es hombre que no se ata por tan poco* il n'est pas homme à s'embarrasser pour si peu | s'en tenir à (ceñirse a una cosa).

atarantado, da *adj* piqué, e de la tarentule ‖ FIG & FAM turbulent, e; remuant, e (bullicioso) | étourdi, e (aturdido), épouvanté, e (espantado).

atarantar *v tr* étourdir (aturdir).

atarazana *f* arsenal *m* ‖ corderie (taller del cordelero) ‖ dépôt *m* de cuves de vin ‖ *(amer)* toit *m* à deux versants.

atarazar *v tr* mordre, déchirer avec les dents.

atardecer* *v intr* décliner, tomber [le jour].

atardecer *m* soir, déclin *o* tombée *f* du jour; *iré al atardecer* j'irai à la tombée du jour.

atareado, da *adj* affairé, e; occupé, e; *un hombre muy atareado* un homme très occupé.

atareamiento *m* affairement.

atarear *v tr* donner une tâche *o* un travail à faire (señalar una tarea).

♦ *v pr* s'affairer, s'adonner au travail.

atarugamiento *m* chevillage (acción de poner cuñas) ‖ FIG & FAM embarras, confusion *f* | empiffrement, gavage (acción de atracarse) | remplissage, bourrage (atestamiento).

atarugar *v tr* cheviller (fijar con tarugos) ‖ boucher (con un tapón) ‖ FIG & FAM clouer le bec (hacer callar) | bonder, bourrer (llenar) ‖ bourrer, gaver (atracar).

♦ *v pr* rester court, ne savoir que répondre (quedar sin saber qué responder) ‖ se troubler, s'embrouiller (turbarse) ‖ FIG & FAM s'empiffrer, se gaver (atracarse).

atascadero *m* bourbier, ornière *f* ‖ FIG obstacle (estorbo).

atascar *v tr* boucher, engorger (una cañería) ‖ étouper (tapar con estopa) ‖ coincer (un mecanismo) ‖ FIG arrêter, contrarier (un negocio) | arrêter, gêner, déranger (a una persona) ‖ FIG *quedarse atascado* s'arrêter.

♦ *v pr* s'embourber, s'enliser (un coche) ‖ se boucher, s'engorger (atorarse una cañería) ‖ se coincer (un mecanismo) ‖ s'embrouiller, s'empêtrer (embrollarse).

atasco *m* engorgement, obstruction *f* (de una cañería) ‖ embourbement, enlisement (de un coche) ‖ embouteillage; *en esta ciudad hay muchos atascos* dans cette ville il y a beaucoup d'embouteillages ‖ obstacle, empêchement (obstáculo) ‖ empêtrement (en un discurso) ‖ coincement (de un mecanismo) ‖ enrayage (de un arma).

ataúd *m* cercueil, bière *f* (féretro).

ataviar *v tr* parer, orner (adornar).

♦ *v pr* se parer; *ataviarse con* ou *de* se parer de ‖ s'habiller, se préparer (vestirse).

atávico, ca *adj* atavique.

atavío *m* parure *f*, ornement (adorno) ‖ FIG habillement, vêtements *pl*, toilette *f* (de mujer) | harnachement, accoutrement (de mal gusto).

atavismo *m* atavisme (herencia).

ataxia *f* MED ataxie.

ate *m* *(amer)* gelée *f* de coing.

atediar *v tr* ennuyer.

ateísmo *m* athéisme.

ateísta *adj y s* athée (ateo).

atelaje *m* attelage (caballos) ‖ harnais, harnachement (arreos).

atemorizar *v tr* effrayer (asustar) ‖ *atemorizarse de* ou *por algo* s'effrayer de quelque chose.

atemperar *v tr* tempérer, modérer ‖ accommoder, adapter.

♦ *v pr* se modérer ‖ s'accommoder à *o* de (arreglarse) ‖ s'adapter; *la formación profesional debe atemperarse al ritmo de la industria* la formation professionnelle doit s'adapter au rythme de l'industrie.

Atenas *n pr* GEOGR Athènes.

atenazar *v tr* tenailler ‖ FIG tenailler, tourmenter (torturar) ‖ *estar atenazado* être pris *o* serré comme dans un étau.

atención *f* attention; *prestar atención a* faire attention à; *fijar la atención* fixer son attention ‖ politesse, courtoisie (cortesía) ‖ soin; *hacer un trabajo con mucha atención* faire un travail avec beaucoup de soin ‖ intérêt *m*; *su atención por estos problemas ha sido muy grande* il a porté un très grand intérêt à ces problèmes ‖ — *atención domiciliaria* ou *a domicilio* soins à domicile ‖ — *a la atención de* à l'attention de ‖ *en atención a* eu égard à, en considération de, étant donné; *en atención a sus méritos* en considération de ses mérites ‖ — *llamar la atención* attirer l'attention (despertar la curiosidad) ‖ *llamar la atención a alguien* rappeler quelqu'un à l'ordre, réprimander quelqu'un (reprender) ‖ *no me llamó la atención* je n'ai pas remarqué ‖ *¡no vayas a llamar la atención!* ne te fais pas remarquer! ‖ *poner atención* prêter attention.
‣ *pl* attentions, égards *m*, prévenances *sing*, marques de politesse; *tener atenciones con las personas de edad* avoir des égards pour les personnes âgées ‖ gentillesses; *tuvo mil atenciones conmigo* il m'a fait mille gentillesses ‖ affaires (ocupaciones) ‖ — *deshacerse en atenciones* ou *tener atenciones delicadas con* ou *para uno* être aux petits soins pour quelqu'un.
‣ *interj* attention!

atender* *v tr* s'occuper de; *atiendo mis negocios* je m'occupe de mes affaires ‖ s'occuper de, servir (en una tienda); *¿le atienden?* on s'occupe de vous? ‖ s'occuper de; *el médico atiende al enfermo* le médecin s'occupe du malade ‖ recevoir, accueillir; *el propio director atendió al visitante* le directeur lui-même a reçu le visiteur ‖ assurer; *atender el servicio permanente* assurer la permanence ‖ (*ant*) attendre (esperar) ‖ — *atender una petición* satisfaire une demande, faire droit à une demande ‖ *atender un ruego* satisfaire une prière.
‣ *v intr* faire attention à; *atiende a lo que haces* fais attention à ce que tu fais ‖ faire *o* prêter attention, être attentif; *atender a una lección* prêter attention à une leçon ‖ IMPR lire des yeux avec un teneur de copie ‖ — *atender al nombre de* répondre au nom de ‖ *atender a lo más urgente* courir au plus pressé ‖ *atender al teléfono* répondre au téléphone ‖ *atender a sus necesidades* subvenir à ses besoins ‖ *atendiendo a las circunstancias* compte tenu des circonstances, vu les circonstances ‖ *el servicio postal está mal atendido* le service postal fonctionne mal *o* est mal organisé ‖ *este almacén está muy bien atendido ahora* ce magasin a beaucoup de personnel maintenant, on s'occupe bien de la clientèle maintenant dans ce magasin ‖ *este hotel está muy bien atendido* le service est très bien fait dans cet hôtel ‖ *iglesia bien atendida* église bien desservie ‖ *no atender a razones* ne pas entendre raison.

Atenea *n pr* MIT Athéna.

atenebrarse *v pr* s'assombrir, s'enténébrer.

ateneísta *m y f* membre d'un athénée.

ateneo, a *adj y s* POÉT athénien, enne.
‣ *m* athénée (sociedad científica o literaria).

atenerse* *v pr* s'en tenir à, s'en référer à, s'en rapporter à; *me atengo a lo que has dicho* je m'en tiens à ce que tu as dit ‖ s'en remettre (a una persona) ‖ *aténgase a las consecuencias* subissez-en les conséquences, vous l'avez voulu ‖ *ateniéndose a las circunstancias* compte tenu des *o* vu les circonstances ‖ *no saber a qué atenerse* ne savoir à quoi s'en tenir, ne plus savoir sur quel pied danser ‖ (*fam*) ‖ *querer saber a qué atenerse* vouloir en avoir le cœur net, vouloir savoir à quoi s'en tenir *o* de quoi il retourne.

ateniense *adj y s* athénien, enne.

atenorado, da *adj* ténorisant, e; propre à un ténor.

atentado, da *adj* prudent, e; sage (prudente) ‖ silencieux, euse (hecho sin ruido).
‣ *m* attentat (contra personas) ‖ atteinte *f*, attentat; *atentado contra la seguridad del Estado* atteinte à la sûreté de l'État; *atentado contra las buenas costumbres* attentat aux mœurs.

atentamente *adv* attentivement (con atención) ‖ poliment, courtoisement ‖ *le saludo muy atentamente* veuillez agréer mes salutations distinguées (en una carta).

atentar *v intr* attenter à; *atentar contra* ou *a la vida de su hermano* attenter à la vie de son frère ‖ porter atteinte (contra el honor, la moral) ‖ commettre un attentat ‖ (*amer*) tâter (tocar).

atentatorio, ria *adj* attentatoire; *medida atentatoria a la libertad* mesure attentatoire à la liberté.

atento, ta *adj* attentif, ive; *atento al menor ruido* attentif au moindre bruit ‖ gentil, ille; *es usted muy atento* vous êtes très gentil ‖ attentionné, e; prévenant, e; plein d'attentions; *este hombre es atento con todos* cet homme est prévenant avec tout le monde ‖ soucieux, euse; *atento a hablar bien* soucieux de bien parler ‖ tout particulier, toute particulière; *su atenta atención a los problemas árabes* son attention toute particulière pour les problèmes arabes ‖ — *su atenta* votre honorée (carta) ‖ *su atento y seguro servidor (s.a.s.s.)* votre tout dévoué (fórmula de correspondencia).
‣ *adv* attendu, eu égard à (en atención a).

atenuación *f* atténuation (disminución) ‖ litote, atténuation *f (p us)*.

atenuante *adj* atténuant, e.
‣ *m* circonstance *f* atténuante.

atenuar *v tr* atténuer ‖ FIG atténuer, diminuer; *atenuar la culpa* diminuer la faute.

ateo, a *adj y s* athée.

aterciopelado, da *adj* velouté, e; satiné, e; *papel aterciopelado* papier velouté; *cutis aterciopelado* peau satinée.

aterido, da *adj* transi, e de froid.

aterirse* *v pr* être transi de froid.

atérmico, ca *adj* FÍS athermique.

aterrador, ra *adj* effroyable, épouvantable, terrifiant, e.

aterrar* *v tr* renverser, jeter à terre (echar por tierra) ‖ MIN décombrer ‖ atterrer, terrifier, effrayer; *me aterra pensar que* je suis effrayé à l'idée que ‖ (*amer*) remplir de terre (llenar).
‣ *v intr* MAR aborder ‖ atterrir (aterrizar) ‖ atterrer, terrifier; *quedó aterrado por la noticia* il fut atterré par la nouvelle.
‣ *v pr* s'effrayer, être atterré *o* terrorisé (estar aterrado).

aterrizaje *m* atterrissage; *tren de aterrizaje* train d'atterrissage ‖ — *aterrizaje en un portaaviones*

aterrizar

appontage || *aterrizaje forzoso* atterrissage forcé || *aterrizaje sin visibilidad* ou *a ciegas* atterrissage sans visibilité || *tren de aterrizaje plegable* atterrisseur *o* train d'atterrissage escamotable.

aterrizar *v intr* atterrir || INFORM atterrir [les têtes de lecture sur une disquette].

aterrorizador, ra *adj* terrifiant, e; effroyable.

aterrorizar *v tr* terroriser, terrifier.
◆ *v pr* être terrorisé.

atesoramiento *m* thésaurisation *f.*

atesorar *v tr* amasser, thésauriser (ahorrar) || FIG réunir; *Felipe atesora muchas cualidades* Philippe réunit beaucoup de qualités.

atestación *f* attestation (escrita) || déposition, témoignage *m*, déclaration (más bien oral).

atestado *m* attestation *f* (documento) || acte; *pedir, hacer un atestado* demander, donner acte || constat, procès-verbal, contravention *f*; *hacer un atestado* faire un constat, dresser une contravention *o* un procès-verbal.

atestado, da *adj* rempli, e; bourré, e || bondé, e; comble, plein à craquer (lugar público) || entêté, e; têtu, e (testarudo) || ouillé, e (una cuba).

atestar* *v tr* bourrer, remplir (llenar) || encombrer; *atestar con muebles un piso* encombrer de meubles un appartement || bonder; *un tren atestado* un train bondé || ouiller (las cubas de vino) || DR attester, témoigner de (atestiguar).
◆ *v pr* FIG & FAM se bourrer, s'empiffrer (atracarse).

atestiguación *f*; **atestiguamiento** *m* témoignage *m* || DR *atestiguación forense* constat.

atestiguar *v tr* témoigner de *o* que, déclarer que [comme témoin] || FIG témoigner de, démontrer, prouver; *esto atestigua el valor de estas medidas* cela démontre la valeur de ces mesures.

atezado, da bruni, e; hâlé, e (piel) || noir, e (negro) || poli, e; lisse (pulido).

atezar *v tr* brunir, hâler (la piel) || noircir || polir (pulir).
◆ *v pr* brunir.

atiborrar *v tr* bourrer (llenar de borra) || FIG & FAM bourrer, remplir.
◆ *v pr* FIG & FAM se gaver, se bourrer, s'empiffrer; *atiborrarse de frutas* se gaver de fruits.

Ática *n pr f* GEOGR Attique.

ático, ca *adj y s* attique.
◆ *m* ARQ attique, dernier étage.

atigrado, da *adj* tigré, e.

atildado, da *adj* d'une mise recherchée, soigné, e; élégant, e || FIG recherché, e; *estilo atildado* style recherché.

atildamiento *m* critique *f*, censure *f* || FIG parure *f*, ornement *m* || recherche *f* [de la toilette]; élégance *f*; *vestido con atildamiento* vêtu avec recherche || ponctuation *f* (puntuación).

atildar *v tr* (*p us*) mettre les accents *o* les tildes || FIG critiquer, censurer.
◆ *v pr* FIG se parer, se bichonner, se pomponner [familier] (acicalarse).

atinadamente *adv* adroitement, judicieusement || justement, avec justesse.

atinado, da *adj* judicieux, euse; *una observación atinada* une remarque judicieuse || bien choisi, e; bien trouvé, e; réussi, e; *una contestación atinada* une réponse bien trouvée || pertinent, e; opportun, e; approprié, e; adéquat, e; *una medida atinada* une mesure opportune.

atinar *v intr* trouver, découvrir, tomber sur; *atinar con la solución* tomber sur *o* trouver la solution || tomber *o* deviner juste (acertar) || réussir; *atinó a encontrar la solución* il a réussi à trouver la solution || viser juste, frapper au but (dar en el blanco).

atinente *adj* touchant à, relatif à.

atingencia *f* (*amer*) rapport *m*, relation.

atípico, ca *adj* atypique.

atiplado, da *adj* aigu, ë (voz).

atiplar *v tr* mettre à l'aigu.
◆ *v pr* passer à l'aigu.

atirantar *v tr* raidir, tendre.

atisbar *v tr* guetter (acechar) || regarder, observer (mirar).

atisbo *m* guet (acecho) || FIG indice léger, soupçon (asomo) | lueur *f*; *no es muy astuto pero a veces tiene atisbos de inteligencia* il n'est pas très astucieux mais il a quelquefois des lueurs d'intelligence.

¡atiza! *interj* oh, là, là!, fichtre!, sapristi!

atizador, ra *adj y s* attiseur, euse (que atiza).
◆ *m* tisonnier (atizadero).

atizar *v tr* tisonner, attiser (el fuego) || moucher (una luz) || FIG attiser; *atizar la discordia* attiser la discorde || FIG & FAM allonger, flanquer, donner; *atizar un puntapié* allonger un coup de pied.
◆ *v pr* FAM siffler; *se atizó el vaso de un trago* il siffla son verre d'un trait.

atlante *m* ARQ atlante (telamón).

Atlántico *n pr m* GEOGR Atlantique.

atlántico, ca *adj* atlantique.

Atlántida *n pr f* GEOGR Atlantide.

atlantismo *m* atlantisme.

atlantista *adj y s* atlantiste.

atlas *m* atlas.

atleta *m y f* athlète || FIG athlète || *un atleta de feria* un hercule.

atlético, ca *adj* athlétique.

atletismo *m* athlétisme.

atmósfera; atmosfera *f* atmosphère || FIG climat *m*, atmosphère.

atmosférico, ca *adj* atmosphérique.

atoar *v tr* touer, remorquer.

atocinado, da *adj* FIG & FAM gras, grasse.

atocinar *v tr* préparer le lard (hacer los tocinos) || dépecer [un porc] || FIG & FAM descendre (matar).
◆ *v pr* FIG & FAM prendre la mouche, se fâcher (irritarse) | se toquer de, s'enticher de (encapricharse).

atochar *v tr* bourrer de sparte || FIG bourrer, remplir || MAR plaquer (una vela).
◆ *v pr* MAR être coincé, e (un câble).

atol; atole *m* (*amer*) boisson *f* à base de maïs || GEOGR atoll (atolón).

atolón *m* atoll (isla).

atolondrado, da *adj* FIG écervelé, e; étourdi, e.

atolondramiento *m* étourderie *f*, inconséquence *f*; *obrar con atolondramiento* agir avec inconséquence.

atolondrar *v tr* étourdir.
◆ *v pr* FIG perdre la tête (turbarse).

atolladero *m* bourbier (atascadero) || FIG impasse *f*; *las negociaciones están ahora en un atolladero* les négociations se trouvent maintenant dans une impasse ‖ — *cada sendero tiene su atolladero* il n'y a pas de rose sans épine ‖ FIG & FAM *estar en un atolladero* être en mauvaise posture *o* dans le pétrin *o* dans de beaux draps *o* dans une mauvaise passe | *sacar del atolladero* tirer d'embarras *o* du pétrin *o* d'affaire *o* d'une mauvaise passe | *salir del atolladero* se tirer du pétrin *o* d'affaire *o* d'embarras, se dépêtrer, sortir d'une mauvaise passe.

atollar *v intr* y *pr* s'embourber, s'enliser.

atómico, ca *adj* atomique; *bomba, cabeza, energía, pila atómica* bombe, tête, énergie, pile atomique; *peso atómico* poids atomique.

atomismo *m* FIL & FÍS atomisme.

atomización *f* atomisation.

atomizador *m* atomiseur.

atomizar *v tr* atomiser.

átomo *m* atome ‖ — *átomo-gramo* atome-gramme ‖ FIG & FAM *ni un átomo de* pas un atome de, pas l'ombre de.

atonalidad *f* MÚS atonalité.

atonía *f* MED atonie.

atónito, ta *adj* abasourdi, e; stupéfait, e (estupefacto), pantois, e (boquiabierto).

átono, na *adj* atone (sin acentuación).

atontado, da *adj* étourdi, e; abruti, e (por un ruido) ‖ ahuri, e; ébahi, e (boquiabierto) ‖ abêti, e; abruti, e; *atontado por un trabajo estúpido* abêti par un travail stupide ‖ abruti, e; *atontado por un sedante* abruti par un calmant.

atontamiento *m* étourdissement, abrutissement (por un ruido) ‖ abêtissement, abrutissement (embrutecimiento) ‖ abrutissement (por una medicina).

atontar *v tr* étourdir, abrutir (el ruido) ‖ étourdir (un golpe) ‖ abêtir, abrutir (embrutecer) ‖ entêter, étourdir (un perfume).

◆ *v pr* être étourdi ‖ s'abêtir, s'abrutir.

atontolinamiento *m* FAM étourdissement, abrutissement ‖ abêtissement (embrutecimiento).

atontolinar *v tr* FAM abrutir (atontar) ‖ *estar atontolinado* être dans le cirage.

atoramiento *m* engorgement (atascamiento) ‖ enlisement (en el fango).

atorar *v tr* engorger, obstruer, boucher (una bomba, una cañería, etc.).

◆ *v intr* y *pr* s'engorger, s'obstruer (una bomba, una cañería) ‖ s'embourber (en un barrizal) ‖ FAM *(amer)* avaler de travers, s'étrangler (atragantarse).

atormentador, ra *adj* y *s* tourmenteur, euse (persona); qui tourmente, pénible, douloureux, euse (cosa).

atormentar *v tr* tourmenter ‖ FIG torturer; *¿por qué me atormentas con estos recuerdos?* pourquoi me tortures-tu avec ces souvenirs?

◆ *v pr* se tourmenter, s'inquiéter ‖ *no atormentarse por nada* ne s'affliger de rien.

atornillar *v tr* visser ‖ FIG *(amer)* déranger, harceler.

atorón *m* *(amer)* bouchon, embouteillage.

atorrante *adj* y *s* *(amer)* vagabond, e; clochard, e (vago), fainéant, e (ocioso) | voyou *m* (granuja).

atortolar *v tr* FAM troubler, faire perdre la tête (aturdir) ‖ *estar muy atortolados* être comme des tourtereaux.

◆ *v pr* FAM s'éprendre l'un de l'autre.

atosigador, ra *adj* y *s* empoisonneur, euse (envenenador) ‖ harceleur, euse; qui harcèle (que apremia).

atosigamiento *m* empoisonnement (envenenamiento) ‖ harcèlement.

atosigar *v tr* empoisonner (envenenar) ‖ FIG harceler, presser, bousculer (dar prisa) ‖ FAM empoisonner (fastidiar).

◆ *v pr* être obsédé *o* harcelé.

atrabilis *f* MED atrabile ‖ FIG mauvaise humeur.

atracadero *m* MAR débarcadère.

atracador, ra *m* y *f* malfaiteur *m*, voleur, euse [à main armée]; auteur *m* d'un hold-up ‖ bourre-pipe.

atracar *v tr* MAR amarrer ‖ FAM bourrer, gaver (hartar) ‖ attaquer, dévaliser, voler à main armée (robar).

◆ *v intr* MAR amarrer ‖ *atracar al muelle* se mettre à quai.

◆ *v pr* FAM se bourrer, se gaver, s'empiffrer (hartarse) ‖ *(amer)* faire chorus, entrer dans les vues de quelqu'un (adherirse) | se battre, se bagarrer (reñir).

atracción *f* attraction; *ley de atracción universal* loi d'attraction universelle ‖ attirance; *sentir una atracción por una persona* ressentir une attirance pour une personne ‖ attraction (espectáculo) ‖ — FÍS *atracción molecular* attraction moléculaire ‖ *la atracción de la fiesta* le clou de la soirée.

atraco *m* agression *f*, vol *o* attaque *f* à main armée [dans la rue].

atracón *m* FAM gavage, goinfrerie *f* ‖ *(amer)* poussée *f*, bousculade *f* (empujón) ‖ *darse un atracón de caramelos* se gaver de bonbons.

atractivo, va *adj* attractif, ive; d'attraction ‖ FIG attirant, e (persona), attrayant, e (cosa).

◆ *m* attrait, charme (encanto) ‖ FIG appât; *el atractivo de la ganancia* l'appât du gain.

atraer* *v tr* attirer; *el imán atrae el hierro* l'aimant attire le fer ‖ FIG attirer; *atraer las miradas* attirer les regards.

atragantamiento *m* étouffement (sofoco), étranglement (ahogo).

atragantarse *v pr* s'étrangler, avaler de travers; *come tan de prisa que se atraganta* il mange si vite qu'il s'étrangle ‖ se mettre en travers du gosier; *se me ha atragantado una espina* une arête s'est mise en travers de mon gosier ‖ FIG & FAM se troubler, se décontenancer, s'embarrasser (turbarse) | perdre le fil (cortarse) ‖ — FIG & FAM *atragantársele algo a uno* avoir quelque chose sur l'estomac | *atragantársele a uno una persona* ne pas pouvoir souffrir *o* sentir *o* avaler quelqu'un.

atrancar *v tr* barrer, barricader, fermer avec une barre; *atrancó la puerta por miedo a los bandidos* il a barré la porte par peur des bandits ‖ boucher (obstruir).

◆ *v pr* se boucher, s'obstruer (obstruirse) ‖ se coincer (un mecanismo) ‖ s'embourber (atascarse) ‖ s'embrouiller, s'arrêter dans un discours ‖ *(amer)* s'entêter, s'obstiner (empeñarse).

atranco; atranque *m* bourbier (atasco) ‖ FIG embarras, gêne *f* (apuro) ‖ *no hay barranco sin atranco* on n'a rien sans peine.

atrapamoscas *m* BOT attrape-mouches *inv*.

atrapar *v tr* FAM attraper | décrocher; *atrapar un empleo* décrocher un emploi.

atraque *m* MAR accostage, amarrage.

atrás *adv* derrière; *ir atrás* marcher derrière ‖ en arrière; *quedar atrás* rester en arrière ‖ exprime aussi le temps écoulé; *algunos días atrás* quelques jours plus tôt, il y a quelques jours (*hace algunos días*) ‖ — *cuenta hacia atrás* compte à rebours ‖ *hacia atrás, para atrás* en arrière; *mirar hacia atrás* ou *para atrás* regarder en arrière ‖ — *echado para atrás* renversé; *la cabeza echada para atrás* la tête renversée; *rejeté en arrière; el pelo echado para atrás* les cheveux rejetés en arrière ‖ *estos problemas vienen de muy atrás* ces problèmes remontent à très loin o viennent de loin ‖ *volverse atrás* revenir en arrière ‖ *volverse* ou *echarse para atrás* se dédire, revenir sur ce que l'on a dit.
◆ *interj* arrière!

atrasado, da *adj* en retard; *estoy muy atrasado para salir* je suis très en retard pour sortir ‖ en retard; *este niño está atrasado en los estudios* cet enfant est en retard dans ses études ‖ arriéré, e; *pago atrasado* paiement arriéré ‖ sous-développé, e (*subdesarrollado*) ‖ FIG endetté, e (*entrampado*) ‖ qui retarde (*reloj*) ‖ — *¡andas atrasado de noticias!* tu retardes! ‖ *lo atrasado* l'arriéré; *saldar lo atrasado* solder l'arriéré ‖ *un atrasado mental* un débile mental, un arriéré.

atrasar *v tr* retarder; *atrasar un reloj* retarder une montre ‖ retarder de; *mi reloj atrasa cinco minutos* ma montre retarde de cinq minutes.
◆ *v pr* rester en arrière (*quedarse atrás*) ‖ se mettre o être en retard (*llevar atraso*) ‖ s'endetter (*entramparse*) ‖ être retardé, e [dans son développement].

atraso *m* retard; *este reloj tiene un atraso de diez minutos* cette montre a dix minutes de retard ‖ retard; *esta niña tiene mucho atraso en los estudios* cette enfant a beaucoup de retard dans ses études ‖ *con atraso* en retard.
◆ *pl* arriéré, arriérages; *este comerciante tiene muchos atrasos* ce commerçant a beaucoup d'arriérés.

atravesado, da *adj* en travers; *había un árbol atravesado en la carretera* il y avait un arbre en travers de la route ‖ transpercé, e; *atravesado por las flechas* transpercé de flèches ‖ traversé, e; franchi, e (*recorrido*) ‖ louche (*bizco*) ‖ croisé, e (*bastardo*) ‖ FIG pervers, e; méchant, e; *una persona atravesada* une personne méchante ‖ — *poner atravesado* mettre en travers ‖ *tener a alguien atravesado* ne pas pouvoir avaler o souffrir o sentir quelqu'un ‖ *tener el genio atravesado* avoir l'esprit de travers ‖ *tener la cara atravesada* avoir une mine rébarbative.

atravesar* *v tr* mettre en travers (*poner*) ‖ traverser, passer à travers; *el agua atraviesa este impermeable* l'eau traverse cet imperméable ‖ percer, transpercer (*traspasar*); *atravesar el pecho de un balazo* transpercer la poitrine d'une balle; *atravesar de parte a parte* transpercer de part en part ‖ traverser, franchir (*franquear*) ‖ traverser (*cruzar*); *atravesar la calle* traverser la rue ‖ FIG traverser; *la economía atraviesa un período difícil* l'économie traverse une période difficile ‖ *atravesar el pensamiento* traverser l'esprit ‖ couper (*juego*) ‖ parier pour l'un des joueurs (*apostar*) ‖ FAM jeter un sort (*aojar*) ‖ MAR mettre à la cape ‖ (*amer*) accaparer, monopoliser ‖ *atravesar el Rubicón* passer o franchir le Rubicon.

◆ *v pr* se mettre en travers; *se atravesó en mi camino* il s'est mis en travers de mon chemin ‖ FIG intervenir dans, se mêler de, prendre part à; *atravesarse en el juego* prendre part au jeu ‖ se disputer, se quereller (*tener pendencia*) ‖ engager [une somme dans une partie] ‖ FAM *atravesársele a uno una persona* ne pas pouvoir avaler o souffrir o sentir quelqu'un.

atrayente *adj* attrayant, e (*cosa*); attirant, e (*persona*).

atrechar *v intr* (*amer*) FAM couper à travers champs.

atreverse *v pr* oser; *atreverse a hablar* oser parler ‖ manquer de respect, être insolent; *atreverse con un superior* manquer de respect à un supérieur, être insolent envers un supérieur.

atrevido, da *adj* audacieux, euse; hardi, e; *una política atrevida* une politique audacieuse ‖ insolent, e (*descarado*) ‖ osé, e; *una película atrevida* un film osé ‖ entreprenant, e; *atrevido con las mujeres* entreprenant avec les femmes.
◆ *m y f* audacieux, euse ‖ insolent, e; *estos chicos son unos atrevidos* ces garçons sont des insolents.

atrevimiento *m* hardiesse *f*, audace *f* (*osadía*); *tiene el atrevimiento de interrumpirme* il a l'audace de m'interrompre ‖ insolence *f*, effronterie *f* (*insolencia*).

atribución *f* attribution; *esto sale de mis atribuciones* ceci est en dehors de mes attributions.

atribuir* *v tr* attribuer.
◆ *v pr* s'attribuer.

atribulado, da *adj* en butte aux tribulations ‖ *vida atribulada* vie d'infortune o de tribulations.

atribular *v tr* affliger, attrister, consterner.
◆ *v pr* être affligé o consterné; *atribularse con la noticia de su muerte* être consterné par la nouvelle de sa mort.

atributario, ria *adj* DR attributaire.

atributivo, va *adj* attributif, ive.

atributo *m* attribut ‖ apanage; *las grandes ideas son el atributo del genio* les grandes idées sont l'apanage du génie ‖ GRAM attribut.

atril *m* pupitre à musique ‖ lutrin (*facistol*) ‖ appui-livres, appuie-livres.

atrincar *v tr* (*amer*) attacher (*atar*).

atrincheramiento *m* MIL retranchement.

atrincherar *v tr* retrancher (*fortificar*).
◆ *v pr* se retrancher.

atrinchilar *v tr* (*amer*) coincer [une femme]; étreindre.

atrio *m* ARQ atrium (*de la casa romana*) ‖ parvis (*pórtico*) ‖ vestibule (*zaguán*) ‖ portique (*galería*).

atrito, ta *adj* affligé, e.

atrocidad *f* atrocité; *los invasores hicieron atrocidades en todo el país* les envahisseurs ont commis des atrocités dans tout le pays ‖ FIG & FAM → **barbaridad**.

atrofia *f* MED atrophie.

atrofiar *v tr* atrophier.

atrojar *v tr* engranger (*entrojar*).
◆ *v pr* (*amer*) s'y perdre (*confundirse*) ‖ être dans le pétrin ‖ être épuisé par la chaleur (*caballos*).

atronado, da *adj* étourdi, e; écervelé, e.

atronador, ra *adj* assourdissant, e; *un ruido atronador* un bruit assourdissant ǁ tonitruant, e; *una voz atronadora* une voix tonitruante ǁ *unos aplausos atronadores, una atronadora ovación* un tonnerre d'aplaudissements.

atronamiento *m* assourdissement (por el ruido) ǁ étourdissement (por un golpe) ǁ VETER entretaillure *f* avalure' *f* (alcanzadura).

atronar* *v tr* assourdir (con el ruido) ǁ foudroyer (matar de un solo golpe) ǁ étourdir (con un golpe) ǁ assommer (en el matadero).

atropelladamente *adv* avec précipitation, précipitamment, à la hâte ǁ *hablar atropelladamente* bafouiller, bredouiller.

atropellado, da *adj* qui agit *o* parle avec précipitation ǁ précipité, e; *discurso atropellado* discours précipité.
◆ *f (amer)* bousculade (atropello).

atropellador, ra *adj* brusque, impétueux, euse.
◆ *m y f* emporté, e; violent, e.

atropellamiento *m* → atropello.

atropellar *v tr* renverser; *fue atropellado por un coche* il a été renversé par une voiture ǁ bousculer (empujar con violencia) ǁ FIG passer par-dessus, passer outre, piétiner; *atropellar todos los principios morales* passer par-dessus tous les principes de la moralité | outrager (ultrajar) | malmener, maltraiter (agraviar) | bâcler (un trabajo) | abattre, accabler (las desgracias).
◆ *v pr* se bousculer (empujarse) ǁ bredouiller, bafouiller (al hablar).

atropello; atropellamiento *m* bousculade *f* (empujón) ǁ accident (por un vehículo) ǁ FIG infraction *f*, violation *f* (de las leyes) | violation *f* (de los principios) | outrage (insulto) | mauvais traitement (agravio) ǁ bredouillement, bafouillement (de palabras).

atroz *adj* atroce ǁ FAM énorme, démesuré, e.

atrozmente *adv* atrocement ǁ FIG énormément, démesurément.

A.T.S. abrev de *Ayudante Técnico Sanitario* infirmier, ère.

atte. abrev de *atentamente* veuillez agréer mes salutations distinguées.

attrezzo; atrezo *m* CINEM accessoires *pl*.

atuendo *m* toilette *f*, tenue *f*, mise *f* (atavío) ǁ *(p us)* apparat, ostentation *f* (ostentación).

atufado, da *adj* irrité, e; en colère (irritado) ǁ incommodé, e (por el tufo) ǁ étouffé, e; asphyxié, e (ahogado) ǁ *(amer)* étourdi, e; écervelé, e (atolondrado).

atufamiento *m* colère *f*, irritation *f*.

atufar *v tr* FIG fâcher, irriter (enfadar).
◆ *v intr* sentir mauvais (oler mal).
◆ *v pr* se fâcher (enfadarse); *se atufa por ou con ou de nada* il se fâche pour un rien ǁ être incommodé (por un olor) ǁ s'asphyxier, s'étouffer (por el tufo) ǁ se piquer, s'aigrir (vino).

atufo *m* irritation *f*, colère *f*.

atún *m* thon (pescado) ǁ FIG & FAM idiot, e; âne, abruti, e; *pedazo de atún* espèce d'idiot.

atunero, ra *m y f* marchand, e de thon (que vende atún) ǁ *barco atunero, atunero* thonier.
◆ *m* pêcheur de thon (pescador).
◆ *f* hameçon *m* pour le thon (anzuelo).

aturdido, da *adj* étourdi, e; écervelé, e.

aturdidor, ra *adj* étourdissant, e.

aturdimiento *m* étourdissement (perturbación de los sentidos) ǁ commotion *f*, étourdissement, trouble (perturbación moral) ǁ FIG étourderie *f*; *a causa de su aturdimiento no se puede uno fiar de él* on ne peut pas lui faire confiance à cause de son étourderie | maladresse *f* (torpeza).

aturdir *v tr* étourdir ǁ FIG stupéfier, ahurir (pasmar).

aturquesado, da *adj* turquoise *inv* (color).

aturrullamiento; aturullamiento *m* FAM trouble.

aturrullar; aturullar *v tr* FAM démonter, déconcerter, troubler.
◆ *v pr* FAM s'embrouiller, perdre la tête, se troubler (turbarse) ǁ s'affoler; *aturrullarse por el tráfico* s'affoler devant la circulation.

atusar *v tr* tondre (cortar el pelo) ǁ lisser (el pelo, el bigote) ǁ caresser; *atusarle el cuello a un caballo* caresser l'encolure d'un cheval ǁ *(amer)* couper les crins (de un animal).
◆ *v pr* FIG se pomponner, s'attifer (componerse mucho) ǁ *(amer)* se fâcher (enfadarse).

audacia *f* audace, hardiesse; *manifestar audacia* payer d'audace, montrer de la hardiesse.

audaz *adj y s* audacieux, euse; *la fortuna es de los audaces* la fortune sourit aux audacieux.

audible *adj* audible.

audición *f* audition.

audiencia *f* audience; *dar audiencia* donner audience ǁ audience, tribunal *m*, cour (tribunal de justicia); *audiencia de lo criminal, territorial* cour d'assises, d'appel ǁ palais *m* de justice (palacio de justicia) ǁ *(ant)* audiencia [en Espagne et en Amérique] ǁ *— audiencia arbitral* tribunal d'arbitrage ǁ *audiencia oral* audience.

audífono *m* audiophone.

audímetro *m* audimètre.

audio *m* RAD matériel audio, son.

audiofrecuencia *f* audiofréquence.

audiometría *f* audiométrie.

audiómetro *m* FÍS audimètre.

audiovisual *adj* audiovisuel, elle.

auditar *v tr* ECON auditer, soumettre à un audit.

auditivo, va *adj* auditif, ive.

auditor *m* auditeur ǁ commissaire aux comptes, audit (interventor de cuentas).

auditoría *f* auditorat *m* ǁ tribunal *m o* bureau *m* de l'auditeur (tribunal o despacho) ǁ audit *m*, vérification *o* contrôle *m* des comptes; *auditoría externa* audit externe.

auditorio *m* auditoire ǁ FIG audience *f*; *persona que tiene mucho auditorio* personne qui a une large audience ǁ auditorium ǁ *distraer el auditorio* amuser la galerie.

auditorium *m* auditorium.

auge *m* essor; *la televisión ha tenido un auge extraordinario* la télévision a connu un essor extraordinaire ǁ ASTR apogée ǁ *— auge económico* expansion économique | *en período de* ou *en pleno auge* en plein essor.

augural *adj* augural, e; *ciencia augural* science augurale.

augurar *v tr* augurer, prédire.

augurio *m* augure, présage.

augusto, ta *adj* auguste.

aula *f* salle, amphitéâtre *m* (en la universidad) ‖ salle (en una escuela) ‖ POÉT palais *m* (palacio) ‖ *aula magna* grand amphithéâtre.

aullador, ra *adj* hurleur, euse.
- *m* singe hurleur (mono).

aullar *v intr* hurler.
— OBSERV Le présent de l'indicatif de ce verbe fait: *aúllo, aúllas, aúlla, aullamos, aulláis, aúllan*.

aullido; aúllo *m* hurlement.

aumentador, ra *adj* augmentateur, trice.

aumentar *v tr* augmenter; *aumentar en un tercio* augmenter d'un tiers; *aumentar un sueldo* augmenter un salaire ‖ grossir; *el microscopio aumenta los objetos* le microscope grossit les objets.
- *v intr* augmenter, croître.
- *v pr* s'augmenter, s'accroître.

aumentativo, va *adj y s m* augmentatif, ive.

aumento *m* augmentation *f*, accroissement ‖ grossissement (de microscopio) ‖ majoration *f* (de un precio) ‖ (*amer*) postscriptum (posdata) ‖ — *aumento temporal* augmentation saisonnière ‖ *lentes de aumento* verres grossissants ‖ — *tener aumento de sueldo* avoir de l'augmentation.

aun *adv* même; *te daré mil francos, y aun dos mil* je te donnerai mille francs, et même deux mille ‖ cependant, malgré tout (sin embargo) ‖ — *aun así* et encore ‖ *aun cuando* même si; *aun cuando quisiera, no podría* même si je voulais, je ne pourrais pas ‖ *aun si* si encore; *aun si tuviera* si encore il avait ‖ *ni aun* ni même, pas même, même pas.

aún *adv* encore, toujours; *no ha llegado aún* il n'est pas encore arrivé; *aún no lo sé* je ne le sais toujours pas ‖ encore; *yo tengo más aún* j'ai encore plus ‖ *aún no* pas encore.
— OBSERV *Aún* s'accentue quand il signifie *encore* (adverbe de temps); il ne prend pas d'accent dans les autres cas.

aunar *v tr* unir, allier, réunir (unir) ‖ conjuguer; *aunar los esfuerzos* conjuguer les efforts ‖ unifier (unificar).

aunque *conj* quoique, bien que, encore que (con el subjuntivo en francés); *aunque estoy malo, no faltaré a la cita* bien que je sois malade, je ne manquerai pas au rendez-vous; *aunque no venga nadie debes quedarte aquí* quoiqu'il ne vienne personne tu dois rester ici ‖ même si (con el indicativo en francés); *iré aunque llueva* j'irai même s'il pleut ‖ quand bien même, même si; *aunque estuvieses aquí* quand bien même tu serais ici, même si tu étais ici ‖ *aunque más* avoir beau, quelque... que, quoique.
— OBSERV *Aunque* se construit avec l'indicatif si la restriction porte sur un fait réel et avec le subjonctif si elle ne porte pas sur un fait éventuel. Ce dernier cas *aunque* se rapproche de la nuance de *même si*.

¡aúpa! *interj* houp!, hop là! ‖ — FAM *de aúpa* formidable, du tonnerre (magnífico), gratiné, e (en el mal sentido) ‖ *los de aúpa* les picadors.
— OBSERV La locution *de aúpa* a une valeur emphatique et sert à conférer au mot qu'elle accompagne le sens d'*exceptionnel, qui sort de l'ordinaire*.

aupar *v tr* FAM hisser, lever ‖ FIG porter aux nues, exalter (ensalzar).

aura *f* urubu *m*, aura (buitre de América) ‖ POÉT zéphir *m*, souffle *m* léger (viento apacible) ‖ FIG faveur populaire, approbation générale (aceptación) ‖ aura (atmósfera inmaterial) ‖ MED aura; *aura epiléptica* aura épileptique.

áureo, a *adj* d'or (de oro) ‖ doré, e; d'or (parecido al oro) ‖ *áureo número* nombre d'or.
- *m* auréus (antigua moneda de oro).

aureola *f* auréole ‖ FIG auréole.

aureolar *adj* auréolaire.

áurico, ca *adj* aurique, d'or.
- *adj f* aurique (vela).

aurícula *f* ANAT oreillette (del corazón) ‖ auricule ‖ BOT auricule (de las hojas).

auricular *adj* auriculaire.
- *m* auriculaire (dedo) ‖ écouteur (teléfono) ‖ *auricular con micrófono* combiné.

aurífero, ra *adj* aurifère.

aurora *f* aurore (amanecer) ‖ FIG aurore (principio) ‖ lait *m* d'amandes (bebida) ‖ aurore (color) ‖ (*amer*) sorte de chicha, boisson fermentée ‖ oiseau *m* grimpeur du Mexique ‖ — *aurora polar, boreal, austral* aurore polaire, boréale, australe ‖ CULIN *salsa aurora* Béchamel à la tomate ‖ — *despuntar, romper la aurora* poindre [le jour].

Ausburgo *n pr* GEOGR Augsbourg.

auscultación *f* MED auscultation.

auscultar *v tr* MED ausculter.

ausencia *f* absence ‖ — FAM *brillar por su ausencia* briller par son absence ‖ *en ausencia de* en l'absence de.

ausentado, da *adj* absent, e.

ausentarse *v pr* s'absenter.

ausente *adj y s* absent, e ‖ *ni ausente sin culpa, ni presente sin disculpa* les absents ont toujours tort.

ausentismo *m* absentéisme (absentismo).

auspiciar *v tr* (*amer*) protéger, patronner.

auspicio *m* auspice; *bajo los auspicios de* sous les auspices de ‖ protection *f*, faveur *f* ‖ *con buenos auspicios* sous d'heureux auspices.

austeridad *f* austérité ‖ *austeridad económica* austérité ‖ sévérité.

austero, ra *adj* austère.

austral *adj* austral, e.

Australia *n pr f* GEOGR Australie.

australiano, na *adj* australien, enne.
- *m y f* Australien, enne.

Austria *n pr f* GEOGR Autriche.

austriaco, ca *adj* autrichien, enne.
- *m y f* Autrichien, enne.

austro-húngaro, ra *adj* austro-hongrois, e.
- *m y f* Austro-Hongrois, e.

autarquía *f* autarchie.

autárquico, ca *adj* autarchique.

autenticar *v tr* DR authentiquer, légaliser.

autenticidad *f* authenticité.

auténtico, ca *adj* authentique ‖ FAM vrai, e; *es un gitano auténtico* c'est un vrai gitan ‖ véritable; *joya auténtica* bijou véritable ‖ MÚS authente.
- *m y f* vrai, e; vrai de vrai, véritable; *los hombres, los auténticos, son valerosos* les hommes, les vrais, sont courageux.

autentificación *f* authentification.

autentificar; autentizar *v tr* authentifier.

autillo *m* ZOOL chat-huant ‖ arrêt de l'Inquisition (auto del tribunal de la Inquisición).

autismo *m* autisme.

autista *adj y s* autiste.

auto *m* DR arrêt, arrêtée, jugement (sentencia) | acte (de un pleito) ‖ drame religieux [du XVIe et du XVIIe siècle surtout, correspondant à peu près aux mystères français du Moyen Âge] ‖ — *auto de comparecencia* assignation ‖ *auto de fe* autodafé ‖ *auto definitivo* jugement définitif ‖ *auto de oficio* jugement d'office ‖ *auto de posesión* envoi de possession ‖ *auto de prisión* mandat d'arrêt *o* de dépôt ‖ *auto de procesamiento* arrêt d'accusation ‖ DR *auto interlocutorio* jugement interlocutoire | *auto para mejor proveer* décision prise dans le but d'obtenir de plus amples informations ‖ *auto sacramental* auto, drame sur l'Eucharistie.
 ◆ *pl* procédure *f sing* judiciaire ‖ — *el día de autos* le jour du délit ‖ *estar, poner en autos* être, mettre au courant.

auto *m* FAM auto *f*, voiture *f* (coche) ‖ *auto de choque* auto tamponneuse.
autoabastecimiento *m* autoapprovisionnement.
autoaccesorio *m* accessoire automobile.
autoacusación *f* autoaccusation.
autoadhesivo, va *adj* autoadhésif, ive; autocollant, e.
autoagresión *f* autoagressivité.
autoapagado *m* arrêt automatique (d'un appareil).
autoaplicador *m* applicateur.
autoarranque *m* MECÁN démarrage automatique.
autobiografía *f* autobiographie.
autobiográfico, ca *adj* autobiographique.
autobombo *m* FAM auto-publicité *f*, éloge que l'on fait de soi-même ‖ FAM *hacerse el autobombo* s'envoyer des fleurs.
autobús *m* autobus ‖ — *autobús de dos pisos* autobus à impériale ‖ *autobús de línea* autocar [de ligne]; car.
autocar *m* autocar, car.
autocartera *f* autocontrôle *m*.
autocastigo *m* autopunition *f*.
autocensura *f* autocensure.
autocierre *m* fermeture *f* incorporée.
autocine *m* drive-in.
autoclave *f* autoclave *m*.
autocomplacencia *f* autosatisfaction.
autoconocimiento *m* connaissance *f* de soi.
autoconsumo *m* autoconsommation *f*.
autocontrol *m* self-control, autocontrôle ‖ auto-évaluation (alumno).
autocracia *f* autocratie.
autócrata *m y f* autocrate.
autocrítica *f* autocritique.
autocromo, ma *adj* autochrome.
autóctono, na *adj y s* autochtone.
autodecisión *f* autodétermination.
autodefensa *f* auto-défense.
autodefinido *m* mots fléchés *pl*.
autodestrucción *f* autodestruction.
autodestruirse *v pr* se détruire soi-même.
autodeterminación *f* autodétermination.
autodidáctico, ca; autodidacto, ta *adj y s* autodidacte.
autodirección *f* autoguidage *m*.
autodirigido, da *adj* autoguidé, e.
autodisciplina *f* autodiscipline.
autodisparador *m* FOT retardateur, déclencheur à action différée.
autodominio *m* maîtrise *f* de soi.
autódromo *m* autodrome.
autoedición *f* INFORM microédition, PAO, publication assistée par ordinateur.
autoeditar *v tr* INFORM faire de la microédition.
autoencendido *m* AUTOM auto-allumage.
autoenfoque *m* mise au point *f* automatique.
autoescuela *f* auto-école.
autoestima *f* estime de soi.
autoestop; autoestopismo; auto-stop *m* auto-stop.
autoestopista; auto-stopista *m y f* auto-stoppeur, euse.
autofecundación *f* BIOL autofécondation.
autofinanciación *f*; **autofinanciamiento** *m* autofinancement *m*.
autofinanciarse *v pr* s'autofinancer.
autofoco *m* FOT autofocus.
autogestión *f* autogestion.
autogiro *m* autogire.
autogobierno *m* autonomie *f*.
autogol *m* DEP but marqué dans son propre camp.
autograbado *m* procédé chimique de gravure en creux.
autografiar *v tr* autographier.
autógrafo, fa *adj y s m* autographe.
autoinducción *f* self-induction, auto-induction.
autoinfección *f* auto-infection.
autointoxicación *f* auto-intoxication.
autólisis *f* autolyse.
autómata *m* automate.
automático, ca *adj* automatique ‖ *conducción automática* autoguidage.
 ◆ *m* bouton-pression.
automatismo *m* automatisme.
automatización *f* automatisation ‖ *automatización de fábricas* robotisation.
automatizar *v tr* automatiser.
automedicación *f* automédication.
automedicarse *v pr* pratiquer l'automédication.
automoción *f* automobilisme *m*.
automodelismo *m* modélisme automobile.
automotor, ra *adj* automoteur, trice.
 ◆ *m* automotrice *f*, autorail (autovía) ‖ automobile *f*.
automóvil *adj* automobile.
 ◆ *m* automobile *f*, voiture *f* (coche) ‖ — *automóvil de carreras* voiture de course ‖ *automóvil eléctrico* voiture électrique ‖ *automóvil todo terreno* voiture tout-terrain.
automovilismo *m* automobilisme.
automovilista *s* automobiliste.
automovilístico, ca *adj* de l'automobile.
automutilación *f* automutilation.
autónica *f* électronique appliquée à l'automobile.
autonomía *f* autonomie.
autonómico, ca *adj* autonome.

autonomismo *m* autonomisme.
autonomista *adj y s* autonomiste.
autónomo, ma *adj* autonome.
autopiloto *m* pilote automatique.
autopista *f* autoroute.
autoportante *adj* autoportant, e.
autoproclamado, da *adj* autoproclamé, e.
autopropulsado, da *adj* autopropulsé, e.
autopropulsión *f* autopropulsion.
autopsia *f* MED autopsie.
autopullman *m* car pullman.
autor, ra *m y f* auteur; *esta mujer es la autora de esta novela* cette femme est l'auteur de ce roman ‖ TEATR chef d'une troupe (anticuado), régisseur (hoy).
autorcillo *m* FAM écrivassier, plumitif.
autoría *f* TEATR emploi *m* de régisseur.
autoridad *f* autorité ‖ officiel *m*; *las autoridades que acompañan al jefe del Estado* les officiels qui accompagnent le chef de l'État ‖ — *autoridad férrea* poigne; *hombre de autoridad férrea* homme à poigne ‖ *autoridades judiciales* parquet, autorités judiciaires ‖ — *abuso de autoridad* abus de pouvoir ‖ *con plena autoridad* de pleine autorité ‖ *por su propia autoridad* de sa propre autorité ‖ *ser autoridad* faire autorité (un autor, un libro) ‖ *tener autoridad para* avoir qualité pour.
autoritario, ria *adj* autoritaire.
autoritarismo *m* autoritarisme.
autorización *f* autorisation; *pedir autorización para salir* demander l'autorisation de sortir.
autorizado, da *adj* autorisé, e; respectable; *opinión autorizada* avis autorisé ‖ fondé, e (fundamento); *estar autorizado para decir* être fondé à dire ‖ accrédité, e; *palabra autorizada por su uso constante* mot accrédité pour son usage constant.
autorizar *v tr* autoriser ‖ authentifier, légaliser (un documento) ‖ confirmer, prouver (confirmar) ‖ accréditer (acreditar) ‖ consacrer (por el uso).
autorradio *m* autoradio.
autorrebobinado *m* rembobinage automatique.
autorregulable *adj* autoréglable, autorégulable, à réglage *o* régulation automatique.
autorregulación *f* autoréglage *m*, autorégulation.
autorregularse *v pr* se réguler *o* se régler automatiquement.
autorretrato *m* autoportrait.
autorreverse *m* auto-reverse (de un casete).
autosatisfacción *f* autosatisfaction.
autoservicio *m* self-service.
autosuficiencia *f* autosuffisance.
autosuficiente *adj* autosuffisant, e.
autosugestión *f* autosuggestion.
autosugestionarse *v pr* pratiquer l'autosuggestion.
autovacuna *f* autovaccin *m*.
autovía *f* autorail, automotrice *f*.
autovolquete *m* tombereau.
auvernés, esa *adj* auvergnat, e.
  ➙ *m y f* Auvergnat, e.
Auvernia *n pr f* GEOGR Auvergne.
auxiliador, ra *adj y s* auxiliateur, trice.

auxiliar *adj y s* auxiliaire, adjoint, e; assistant, e; *catedrático auxiliar* professeur adjoint ‖ GRAM auxiliaire.
  ➙ *m y f* assistant, e (profesor) ‖ — *auxiliar de contabilidad* aide-comptable ‖ *auxiliar de farmacia* préparateur en pharmacie, aide de pharmacie ‖ *auxiliar de laboratorio* laborantin ‖ *auxiliar de vuelo* steward (avión) ‖ *auxiliar sanitario* aide-soignant, e ‖ — *profesor auxiliar* professeur suppléant.
auxiliar *v tr* aider, assister, porter secours à; *auxiliar a uno con donativos* aider quelqu'un de ses dons ‖ assister (un mourant).
auxilio *m* secours, aide *f*, assistance *f* ‖ — *auxilio en carretera* secours routier ‖ *Auxilio Social* Assistance publique (beneficencia pública) ‖ *con el auxilio de* avec l'aide de (una persona), à l'aide de (una cosa) ‖ *en auxilio de* au secours de ‖ — *dar auxilio* prêter secours ‖ *pedir auxilio* appeler au secours, demander du secours ‖ *prestar auxilio* venir en aide, porter secours, prêter main forte (ayudar), secourir.
  ➙ *interj* au secours!
av.; avda. abrev de *avenida* av., avenue.
aval *m* COM aval, garantie *f* ‖ garantie *f* ‖ — *aval crediticio* ou *de crédito* crédit par aval ‖ — *dar su aval a* apporter sa caution à, se porter garant de ‖ *por aval* pour aval.
avalador, ra *adj y s* garant, e.
avalancha *f* avalanche.
  — OBSERV Le mot *avalancha* s'emploie surtout au sens figuré; *una avalancha de censuras* une avalanche de reproches. Au sens propre, on dit plutôt *alud*.
avalar *v tr* COM avaliser, donner son aval *o* sa caution à, se porter garant de.
avalentonado, da *adj* crâne, fanfaron, onne (valentón).
avalista *m y f* caution *f* (personne).
avaluar *v tr* évaluer, estimer (valuar).
avalúo *m* évaluation *f*, estimation *f*.
avance *m* avance *f*, avancement, progression *f* (acción de avanzar) ‖ empiètement (del mar) ‖ avance *f*, acompte (de dinero) ‖ budget (presupuesto de un Estado) ‖ devis (presupuesto de una obra) ‖ bilan (balance) ‖ MECÁN avance *f* ‖ CINEM film annonce ‖ — *avance al encendido* avance à l'allumage ‖ *avance informativo* flash d'information.
avante *adv* MAR en avant; *avante toda* en avant toute.
avantrén *m*; **avanzadilla** *f* MIL avanttrain *m*.
avanzada *f* MIL avancée.
avanzado, da *adj* avancé, e (ideas) ‖ avancé, e; *avanzado de* ou *en edad* d'âge avancé.
avanzar *v tr e intr* avancer ‖ *avanzar en edad* prendre de l'âge.
avaricia *f* avarice ‖ avidité (codicia) ‖ *la avaricia rompe el saco* l'avarice perd tout en voulant tout gagner.
avaricioso sa; avariento, ta *adj y s* avaricieux, euse; avare ‖ RELIG *la parábola del rico avariento* la parabole du mauvais riche.
avaro, ra *adj y s* avare.
avasallador, ra *adj* asservissant, e.
  ➙ *m y f* asservisseur, euse.
avasallamiento *m* asservissement ‖ soumission *f* (sometimiento).

avasallar *v tr* asservir, soumettre (someter).
♦ *v pr* s'asservir.
avatar *m* avatar.
avda. → **av.**
ave *f* oiseau *m* ‖ — *ave canora* oiseau chanteur ‖ *ave de corral* volaille, oiseau de basse-cour ‖ *ave del paraíso* paradisier, oiseau de paradis ‖ *ave de mal agüero* oiseau de mauvais augure, oiseau de malheur ‖ *ave de rapiña* oiseau de proie ‖ *ave de ribera* échassier ‖ ASTR *ave Fénix* Phénix ‖ *ave lira* oiseau-lyre, ménure ‖ FIG *ave nocturna* noctambule ‖ *ave pasajera* ou *de paso* oiseau de passage ‖ *ave rapaz* rapace ‖ *ave tonta* ou *zonza* bruant jaune ‖ FAM *ave tonta* ou *zonza* cornichon.
♦ *pl* oiseaux *m* (clase de animales).
— OBSERV Le mot *ave* s'emploie surtout pour désigner les grandes espèces tandis que le mot *pájaro* s'applique aux petites.
AVE abrev de *alta velocidad española* train à grande vitesse espagnol.
avecilla *f* petit oiseau *m* ‖ *avecilla de las nieves* bergeronnette.
avecinar *v tr* domicilier.
♦ *v pr* se domicilier ‖ s'approcher (acercarse) ‖ fixer sa demeure, s'établir (establecerse) ‖ approcher; *se avecina el fin del mundo* la fin du monde approche ‖ se rapprocher; *todas estas tendencias se avecinan* toutes ces tendances se rapprochent.
avecindar *v tr* domicilier.
♦ *v pr* s'établir, élire domicile, fixer son domicile.
avefría *f* ZOOL vanneau *m* ‖ FIG glaçon *m* (persona fría).
avejentar *v tr* vieillir prématurément.
♦ *v intr y pr* vieillir; *Felipe se ha avejentado mucho* Philippe a beaucoup vieilli.
avejigar *v tr* former des ampoules ‖ cloquer (pintura).
avellana *f* noisette ‖ — *color de avellana, color avellana* noisette; *ojos color de avellana* yeux noisette; beurre frais; *guantes color de avellana* des gants beurre frais ‖ *más seco que una avellana* sec comme un coup de trique.
avellanado, da *adj* ratatiné, e (arrugado) ‖ de couleur noisette.
♦ *m* TECN fraisage.
avellanar *v tr* MECÁN fraiser, agrandir (un trou), avec la fraise.
♦ *v pr* se rider, se ratatiner (envejecer).
avellano *m* noisetier, coudrier, coudre.
— OBSERV Estos tres sinónimos no se usan indiferentemente. Hay que decir: *le fruit du noisetier, une branche de coudrier, du bois de coudre*.
avemaría *f* ave *m*, ave-maria *m*, avemaria *m* (oración) ‖ ave *m* (cuenta del rosario) ‖ angélus *m* du soir ‖ — *al avemaría* à la nuit tombante ‖ FIG *en una avemaría* en un clin d'œil ‖ FIG *saber algo como el avemaría* savoir quelque chose sur le bout du doigt.
¡ave María! *interj* Jésus Marie (para expresar asombro o extrañeza) ‖ *¡ave María!, ¡ave María purísima!* salutation que l'on adresse dans quelques provinces en entrant dans une maison.
avena *f* BOT avoine *f* ‖ POÉT pipeau *m* (zampoña) ‖ *avena loca* folle avoine (ballueca).
avenado, da *adj* lunatique, un peu fou, un peu folle ‖ drainé, e; *terreno avenado* terrain drainé.

avenencia *f* accord *m* (convenio) ‖ accord *m* (conformidad) ‖ *más vale mala avenencia que buena sentencia* un mauvais accommodement vaut mieux qu'un bon procès.
avenible *adj* avenant, e (afable) ‖ compatible, accordable (cosas).
avenida *f* crue (de un río) ‖ avenue (calle).
avenido, da *adj estar bien, mal avenido con* s'entendre bien, mal avec, être en bons, en mauvais termes avec.
avenimiento *m* accord (acuerdo).
avenir* *v tr* accorder, mettre d'accord.
♦ *v intr* advenir (suceder).
♦ *v pr* s'accorder, se mettre d'accord (ajustarse) ‖ s'entendre (entenderse bien) ‖ s'accommoder; *esta persona se aviene con* ou *a todo* cette personne s'accommode de tout ‖ se conformer à (amoldarse) ‖ FAM se débrouiller, s'arranger; *allá se las avenga* qu'il se débrouille ‖ — *avenirse a razones* entendre raison, se rendre à la raison.
aventador, ra *adj y s* vanneur, euse.
♦ *m* van (harnero) ‖ fourche *f* (bieldo) ‖ éventail (abanico) ‖ TECN clapet (de un tubo de aspiración).
♦ *f* tarare *m* (máquina agrícola).
aventajado, da *adj* remarquable (notable) ‖ avancé, e (adelantado) ‖ avantageux, euse (ventajoso).
aventajamiento *m* avantage (ventaja).
aventajar *v tr* dépasser, surpasser, l'emporter sur; *aventaja a todos en el juego* il surpasse tout le monde au jeu ‖ avantager, favoriser (dar ventaja) ‖ devancer (ir por delante) ‖ préférer.
♦ *v pr* dépasser, surpasser; *se me aventaja en mucho* il me surpasse de beaucoup ‖ être avantagé, e (lograr ventaja).
aventamiento *m* éventement (acción) ‖ AGRIC vannage.
aventar* *v tr* éventer (exponer al viento) ‖ AGRIC vanner ‖ pousser, emporter (el viento) ‖ disperser; *sus cenizas fueron aventadas* ses cendres furent dispersées ‖ *(amer)* exposer (le sucre), à l'air et au soleil (el azúcar) ‖ FIG & FAM mettre dehors, renvoyer (despedir).
♦ *v pr* se gonfler d'air (de viento) ‖ FIG & FAM prendre la clé des champs, mettre les voiles (huir).
aventura *f* aventure ‖ *novela de aventuras* roman d'aventures ‖ hasard *m* (casualidad) ‖ risque *m*, danger *m* (peligro).
aventurado, da *adj* risqué, e; hasardeux, euse; aventuré, e; *empresa aventurada* entreprise aventurée ‖ aventureux, euse; *un proyecto aventurado* un projet aventureux ‖ *no es aventurado decir* on peut se permettre de dire.
aventurar *v tr* aventurer ‖ risquer, hasarder; *aventurar su vida* risquer sa vie ‖ FIG hasarder, risquer; *aventurar una teoría* hasarder une théorie.
♦ *v pr* s'aventurer, se risquer ‖ *el que no se aventura no pasa el mar* qui ne risque rien, n'a rien.
aventurero, ra *adj* aventureux, euse (que busca aventura) ‖ *(amer)* produit hors-saison (maíz, arroz).
♦ *m y f* aventurier, ère.
♦ *m (amer)* muletier de louage (arriero).
average *m* DEP goal-average.
avergonzado, da *adj* honteux, euse; penaud, e.
avergonzar* *v tr* faire honte; *avergonzar a uno por su pereza* faire honte à quelqu'un de sa paresse.

◆ *v pr* avoir honte; *me avergüenzo de tu conducta* j'ai honte de ta conduite.

avería *f* avarie (daño) ‖ panne (en un coche); *tener una avería en el motor* avoir une panne de moteur ‖ — *avería con compensación, sin compensación* avarie avec dédommagement, sans dédommagement ‖ *avería general* panne *o* avarie générale ‖ MAR *avería gruesa* avarie commune, grosse ‖ *avería parcial* avarie partielle ‖ — *reparar una avería* dépanner.

averiado, da *adj* en panne (un automóvil, un motor) ‖ avarié, e; gâté, e (echado a perder) ‖ endommagé, e; abîmé, e (estropeado) ‖ avarié, e (un buque).

averiar *v tr* endommager.

◆ *v pr* tomber en panne, se dérégler, ne plus fonctionner (un motor) ‖ s'avarier, se gâter (echarse a perder) ‖ s'abîmer (estropearse) ‖ avoir une avarie (un buque).

averiguación *f* vérification, examen *m* ‖ enquête (investigación) ‖ recherche (busca).

averiguar *v tr* vérifier, examiner (examinar) ‖ rechercher, enquêter sur; *hay que averiguar las causas del accidente* il faut enquêter sur les causes de l'accident ‖ se renseigner sur, s'enquérir de, rechercher; *voy a averiguar lo que ha sucedido* je vais me renseigner sur ce qui est arrivé ‖ savoir; *por fin averigüé la verdad* j'ai enfin su la vérité ‖ FIG *averígüelo Vargas* débrouillez-vous [cette expression s'emploie lorsque l'on charge quelqu'un d'enquêter ou de se renseigner sur une question difficile].

◆ *v pr* FAM s'entendre avec (llevarse bien) ‖ *(amer)* disputer (reñir).

Averno *n pr m* GEOGR Averne.

averrugado, da *adj* verruqueux, euse.

aversión *f* aversion; *cobrarle aversión a uno* prendre quelqu'un en aversion.

avestruz *m* autruche *f* (ave) ‖ — *avestruz de América* autruche d'Amérique, nandou (ñandú) ‖ FIG *política del avestruz* politique de l'autruche.

avezado, da *adj* habitué, e ‖ rompu, e; *avezado a toda clase de trabajos* rompu à toutes sortes de travaux ‖ expérimenté, e; qui a de l'expérience.

avezar *v tr* accoutumer à, habituer à, familiariser avec ‖ endurcir (curtir) ‖ *avezado en estas lides* rompu à ces travaux.

◆ *v pr* s'accoutumer à, s'habituer à; *avezarse a todo* s'habituer à tout.

aviación *f* aviation.

Aviaco abrev de *Aviación y Comercio, SA* compagnie d'aviation espagnole.

aviado, da *adj* disposé, e; préparé, e ‖ préparé, e; prêt, e; *el pollo ya está aviado* le poulet est déjà prêt ‖ prêt, e; *aviado para salir* prêt à sortir ‖ *¡aviado estoy* ou *voy!* me voilà bien!, me voilà propre!, je suis dans de beaux draps!

aviador, ra *m y f* aviateur, trice (que tripula un avión).

◆ *m* tarière *f* (barrena de calafete) ‖ *(amer)* bailleur de fonds (que presta dinero).

aviar *adj* peste aviar peste des poules.

aviar *v tr* arranger, préparer; *aviar una habitación* arranger une pièce ‖ préparer; *aviar una maleta* préparer une valise ‖ CULIN préparer; *aviar la carne* préparer la viande ‖ FAM rendre service, dépanner; *¿no me puedes prestar mil pesetas para aviarme?* peux-tu me prêter mille pesetas pour me dépanner? ‖ arranger; *¿te avía si te llevo en coche?* ça t'arrange que je t'emmène en voiture? ‖ FAM *ir aviando* se dépêcher; *vamos aviando* dépêchons-nous.

◆ *v pr* s'arranger, se préparer; *aviarse para ir a cenar* se préparer pour aller dîner ‖ FAM s'arranger, se débrouiller; *se avía con muy poca cosa* il se débrouille avec très peu de choses ‖ se dépêcher, se presser, se grouiller [familier] (darse prisa); *¡aviate!* dépêche-toi! ‖ *aviarse de ropa* s'habiller, se nipper *(fam)*.

avícola *adj* avicole.

avicultor, ra *m y f* aviculteur, trice.

avicultura *f* aviculture.

avidez *f* avidité (ansia).

ávido, da *adj* avide (ansioso) ‖ *ávido de dinero* âpre au gain.

aviejar *v tr* vieillir; *este traje le avieja mucho* cette robe la vieillit beaucoup.

◆ *v intr y pr* vieillir [prématurément].

aviesamente *adv* méchamment.

avieso, sa *adj* retors, e; *espíritu avieso* esprit retors ‖ torve; *mirada aviesa* regard torve.

avifauna *f* ZOOL avifaune.

avilantarse *v pr* devenir insolent, faire l'insolent.

avilés, esa *adj y s* d'Avila [Espagne].

avilesino, na *adj y s* d'Avilés [aux Asturies].

avillanado, da *adj* roturier, ère (no noble).

avillanar *v tr* avilir, abaisser (envilecer) ‖ encanailler (encanallar).

avinado, da *adj* aviné, e.

— OBSERV Ce mot est un gallicisme.

avinagradamente *adv* aigrement, âprement.

avinagrado, da *adj* aigre, vinaigré, e ‖ FIG amer, ère; acariâtre, aigre; *carácter avinagrado* caractère amer ‖ aigri, e (amargado).

avinagrar *v tr* aigrir.

◆ *v pr* s'aigrir, tourner au vinaigre (el vino).

avío *m* apprêts *pl*, préparatifs *pl* ‖ provisions *f pl* de bouche (de un pastor) ‖ *(amer)* prêt d'argent à un agriculteur ou à un industriel ‖ *¡al avío!* au travail!, au boulot *(fam)* ‖ *hacer avío* rendre service, dépanner *(fam)*, faire l'affaire de; *esta bicicleta me hace un avío imponente* cette bicyclette me rend extrêmement service; *hace mi avío* il fait mon affaire ‖ FAM *ir a su avío* ne penser qu'à soi, chercher son profit.

◆ *pl* FAM affaires *f*, attirail *sing* ‖ nécessaire; *avíos de coser, de escribir, de afeitar* nécessaire à ouvrage, à écrire, pour la barbe ‖ ingrédients (de cocina) ‖ TAUROM *tomar los avíos de matar* prendre la muleta et l'épée.

avión *m* avion (aeroplano); *avión de reacción, de carga, nodriza, de reconocimiento, cohete, sin piloto, supersónico* avion à réaction, cargo, de ravitaillement, de reconnaissance, fusée, téléguidé, supersonique ‖ — *avión comercial* avion commercial ‖ *avión de bombardeo* bombardier, avion de bombardement ‖ *avión de caza* avion de chasse, chasseur ‖ *avión de despegue vertical* avion à décollage vertical ‖ *avión de recorrido de distancias medias* ou *continental* moyen-courrier ‖ *avión de recorrido de larga distancia* ou *transcontinental* long-courrier ‖ *avión sin motor* planeur.

avión *m* ZOOL martinet (pájaro).

avioneta *f* avion *m* de tourisme, avionnette ‖ *avioneta cigüeña* biplace.

aviónica *f* avionique.
avisadamente *adv* prudemment, sagement.
avisado, da *adj* avisé, e; averti, e; prudent, e ‖ TAUROM averti, e; expérimenté, e [le taureau] ‖ *mal avisado* malavisé.
avisador *adj m y s m* avertisseur ‖ TEATR avertisseur.
avisar *v tr* aviser, avertir ‖ annoncer (decir); *avisaron la llegada del avión* on annonça l'arrivée de l'avion ‖ prévenir; *me avisaste demasiado tarde para que pudiera venir* tu m'as prévenu trop tard pour que je puisse venir ‖ dire, faire savoir, prévenir; *me acaba de avisar que se tiene que ir* il vient de me dire qu'il doit partir ‖ appeler; *avisar al médico* appeler le médecin.
aviso *m* avis; *aviso al público* avis au public ‖ avis, nouvelle *f* (noticia) ‖ avertissement, avis; *sin previo aviso* sans avis *o* sans avertissement préalable ‖ avertissement; *darle un aviso a uno por sus retrasos repetidos* donner un avertissement à quelqu'un à cause de ses retards répétés ‖ avis; *recibir un aviso de la prefectura* recevoir un avis de la préfecture ‖ note *f*, avis (nota) ‖ annonce *f* (anuncio); *dar un aviso al público* faire une annonce au public ‖ précaution *f*, soin (cuidado) ‖ prudence *f*, sagesse *f* (prudencia) ‖ FIG avertissement; *su recaída ha sido un aviso* sa rechute a été un avertissement; *el ataque del país vecino es un aviso* l'attaque du pays voisin est un avertissement ‖ MAR aviso (navío) ‖ TAUROM avertissement [adressé par le président de la course au matador lorsque celui-ci n'a pas tué le taureau dans le temps réglementaire] ‖ — *aviso telefónico* préavis ‖ *aviso de crédito* avis de virement ‖ *aviso de débito* avis de débit ‖ *aviso de vencimiento* avis d'échéance ‖ COM *carta de aviso* lettre d'avis ‖ *con aviso* avec préavis; *Miguel ha pedido una conferencia telefónica con aviso* Michel a demandé une communication téléphonique avec préavis ‖ *hasta nuevo aviso* jusqu'à nouvel ordre ‖ *sin el menor aviso* sans crier gare; *llegó a casa sin el menor aviso* il est arrivé à la maison sans crier gare; sans avis préalable; *le han echado sin el menor aviso* on l'a mis à la porte sans avis préalable ‖ *andar* ou *estar sobre aviso* être *o* se tenir sur ses gardes *o* sur la réserve *o* en éveil ‖ *poner sobre aviso* mettre sur ses gardes.
avispa *f* guêpe (insecto) ‖ *cintura de avispa* taille de guêpe.
avispado, da *adj* FIG & FAM éveillé, e; vif, ive.
avispar *v tr* fouetter, cingler (con el látigo) ‖ FIG & FAM éveiller, dégourdir (espabilar).
◆ *v pr* FIG se réveiller ‖ s'inquiéter, s'agiter.
avispero *m* guêpier (nido de avispas) ‖ rayon, étage du guêpier (panal) ‖ FIG & FAM guêpier; *meterse en un avispero* se fourrer dans un guêpier ‖ MED anthrax.
avistar *v tr* apercevoir, découvrir.
◆ *v pr* se réunir, se voir.
avitaminosis *f* avitaminose.
avituallamiento *m* ravitaillement.
avituallar *v tr* ravitailler ‖ MAR avitailler.
avivamiento *m* animation *f*, excitation *f* ‖ attisage, attisement (del fuego) ‖ avivage (de un color).
avivar *v tr* exciter, stimuler (excitar) ‖ aviver, raviver, ranimer; *avivar la lumbre* aviver le feu ‖ raviver, rafraîchir, aviver (colores) ‖ FIG rallumer (una pasión, una cólera) ‖ enflammer, échauffer (acalorar) ‖ attiser; *avivar el fuego de la insurrección* attiser le feu de l'insurrection ‖ *avivar el paso* presser le pas.
◆ *v intr y pr* reprendre des forces, revenir à la vie ‖ éclore (los gusanos de seda) ‖ — FAM ¡*avívate!* grouille-toi! ‖ *¡hay que avivarse!* il faut se remuer.
avizor *adj* ¡*ojo avizor!* attention! ‖ *estar ojo avizor* être sur ses gardes, avoir l'œil au guet.
avizorar *v tr* guetter, épier (acechar).
avo, va MAT terminaison que l'on ajoute aux nombres cardinaux pour exprimer les fractions ayant au dénominateur un nombre supérieur à dix; *los dos dieciseisavos* les deux seizièmes; *los tres veintinueveavos* les trois vingt-neuvièmes; *la dieciseisava parte* le seizième.
avocar *v tr* DR évoquer, se saisir de [une cause].
avorazado, da *adj* (amer) avide.
avutarda *f* ZOOL outarde.
axial; axil *adj* axial, e; axile (relativo al eje).
axila *f* aiselle.
axilar *adj* ANAT & BOT axillaire.
axiología *f* FILOS axiologie.
axioma *m* axiome.
axiomático, ca *adj* axiomatique.
axis *m* ANAT axis (vértebra).
ay *m* aï, paresseux (animal).
¡ay! *interj* aïe! (dolor físico) ‖ hélas! (aflicción) ‖ — ¡*ay de los vencidos!* malheur aux vaincus! ‖ ¡*ay del que...!* malheur à celui qui... (amenaza), malheureux celui qui... (compasión) ‖ ¡*ay, Dios mío!* mon Dieu!
◆ *m* plainte *f*, soupir; *se oían tristes ayes* on entendait de tristes plaintes; *dar ayes* pousser des soupirs.
— OBSERV Suivi de la particule *de* et d'un nom ou pronom, ¡*ay!* exprime la douleur, la menace, la crainte ou la pitié: ¡*ay de mí!* hélas! pauvre de moi!; ¡*ay de él!* malheur à lui!, gare à lui! (amenaza), le malheureux! (compasión).
aya *f* gouvernante.
ayatollah *m* ayatollah.
ayer *adv* hier; *ayer por la tarde* hier après-midi; *ayer noche* hier soir; *ayer hizo un año que nos encontramos* il y a eu un an hier que nous nous sommes rencontrés ‖ FIG hier (poco tiempo ha); *parece que fue ayer* on croirait que c'était hier ‖ autrefois (en tiempo pasado); *esta persona ya no es lo que era ayer* cette personne n'est plus ce qu'elle était autrefois ‖ — *antes de ayer* avant-hier ‖ *de ayer acá, de ayer a hoy* depuis peu ‖ *lo que va de ayer a hoy* les choses ont bien changé ‖ *no es cosa de ayer* cela ne date pas d'hier ‖ *no ha nacido ayer* il n'est pas né d'hier.
ayo *m* précepteur.
ayocote *m* (amer) gros haricot.
ayuda *f* aide; *hacer un trabajo con ayuda de alguien* faire un travail avec l'aide de quelqu'un; *ayuda estatal* aide accordée par l'État ‖ secours *m*, aide; *acudir en ayuda de alguien* se précipiter au secours de quelqu'un, venir en aide à quelqu'un ‖ lavement *m*, clystère *m* (lavativa) ‖ secours *m* (dinero) ‖ appui *m*; *encontrar ayudas* trouver des appuis ‖ — *ayuda crediticia* aide au crédit ‖ *ayuda de costa* secours en argent, gratification ‖ *ayuda mutua* entraide ‖ *ayuda de parroquia* église paroissiale auxiliaire ‖ *ayuda financiera* aide financière ‖ *ayuda*

por carestía de vida indemnité de cherté de la vie ‖ *— centro de ayuda* centre d'accueil ‖ *con ayuda de* à l'aide de ‖ *Dios y ayuda* Dieu aidant ‖ *—* FAM *no necesitar ayuda del vecino* n'avoir besoin de personne ‖ *prestar ayuda* prêter secours (a un herido), aider (ayudar).

◆ *m* valet; *ayuda de cámara* valet de chambre ‖ *ayuda de oratorio* prêtre-sacristain de l'oratoire du Palais Royal ‖ *no hay hombre grande para su ayuda de cámara* nul n'est un grand homme pour son valet de chambre.

◆ *pl* EQUIT aides.

ayudado, da *adj y s m* TAUROM passe de muleta avec l'intervention des deux mains.

ayudanta *f* assistante.

ayudante *m* aide, assistant, adjoint; *ayudante de dirección* assistant du metteur en scène ‖ professeur adjoint, assistant (profesor) ‖ MIL adjudant ‖ *— ayudante de campo* aide de camp ‖ CINEM *ayudante del operador* aide-opérateur ‖ *ayudante de obras públicas* ingénieur adjoint [des travaux publics] ‖ *ayudante de peluquería* apprenti-coiffeur ‖ *ayudante técnico sanitario* infirmier, ère.

ayudantía *f* emploi *m* d'adjoint, titre *m* d'adjoint ‖ MIL grade *m* d'adjudant ‖ titre *m* d'assistant (de profesor) ‖ MED adjuvat *m*.

ayudar *v tr* aider; *ayudar a uno con sus consejos* aider quelqu'un de ses conseils; *ayudar a los pobres* aider les pauvres; *ayudar a uno a llevar una maleta* aider quelqu'un à porter une valise ‖ *avancer*; *eso no ayuda nada* cela n'avance à rien ‖ *— ayudar a misa* servir la messe ‖ *un grano no hace granero pero ayuda al compañero* petit à petit l'oiseau fait son nid.

◆ *v pr* s'aider (uno al otro) ‖ s'entraider (entre varios); *en la vida hay que ayudarse* dans la vie il faut s'entraider ‖ s'aider (valerse); *ayudándose con sus dientes, desató la cuerda* en s'aidant de ses dents, il défit la corde ‖ *ayúdate y ayudarte he, ayúdate y el cielo* ou *Dios te ayudará* aide-toi, le ciel t'aidera.

ayunar *v intr* jeûner; *ayunar en cuaresma* jeûner pendant le carême ‖ FIG *ayunarle a uno* craindre *o* respecter quelqu'un.

ayunas (en) *loc adv* à jeun ‖ *— estar en ayunas* être à jeun (sin comer), ne pas être au courant (no saber); ‖ FIG *quedarse en ayunas* ne rien comprendre (no entender), ne rien savoir (no saber).

ayuno *m* jeûne ‖ *guardar ayuno* pratiquer le jeûne, jeûner.

ayuno, na *adj* à jeun ‖ FIG privé, e; *estar ayuno del calor materno* être privé de la chaleur maternelle ‖ *me tiene usted ayuno de lo que dice* je ne suis pas au courant de ce que vous dites (no saber), je ne comprends rien à ce que vous dites (no entender).

ayuntamiento *m* conseil municipal (institución) ‖ hôtel de ville, mairie *f* (edificio) ‖ réunion *f*, assemblée *f* (reunión) ‖ copulation *f* (cópula) ‖ *ayuntamiento carnal* accouplement.

azabachado, da *adj* d'un noir de jais.

azabache *m* jais (variedad de lignito) ‖ petite charbonnière *f* (pájaro).

azada *f* houe (instrumento agrícola).

azadón *m* houe *f* (instrumento agrícola) ‖ *azadón de peto* ou *de pico* pioche.

azadonar *v tr* houer.

azafata *f* dame d'atour (en palacio) ‖ hôtesse de l'air (en un avión) ‖ hôtesse (recepcionista); *azafata de exposiciones y congresos* hôtesse d'accueil.

azafate *m* corbeille *f* d'osier.

azafrán *m* safran ‖ *azafrán silvestre* safran printannier *o* à fleurs blanches.

azafranado, da *adj* safran *inv*, safrané, e (color).

azafranar *v tr* safraner.

azahar *m* fleur *f* d'oranger; *agua de azahar* eau de fleur d'oranger.

azalea *f* BOT azalée.

azar *m* hasard (hecho fortuito); *un puro azar* un pur hasard ‖ malheur, imprévu, revers (desgracia) ‖ *— los azares de la vida* les vicissitudes de la vie ‖ *al azar* au hasard, par hasard.

azaramiento; azoramiento; azoro *m* effarement, trouble (miedo) ‖ embarras, gêne (confusión).

azarar *v tr* faire rougir, faire honte (avergonzar).

◆ *v pr* rougir, avoir honte; *este niño no se azara de lo que ha hecho* cet enfant ne rougit pas de ce qu'il a fait ‖ se troubler, être gêné *o* embarrassé (turbarse) ‖ prendre une mauvaise tournure, ne pas réussir (malograrse).

azarosamente *adv* malheureusement, par malchance (por desgracia).

azaroso, sa *adj* malheureux, euse (desgraciado) ‖ hasardeux, euse (arriesgado).

Azerbaidzhán; Azerbaiyán *n pr* GEOGR Azerbaïdjan.

ázimo *adj m y s m* azyme; *pan ázimo* pain azyme.

azimut *m* ASTR azimut (acimut).

azoar *v tr* QUÍM azoter (nitrogenar).

azoato *m* QUÍM azotate, nitrate.

ázoe *m* azote (nitrógeno).

azogado, da *adj* étamé, e (espejos) ‖ MED atteint d'hydrargyrisme ‖ FIG agité, e ‖ FIG *temblar como un azogado* trembler comme une feuille.

azogar *v tr* étamer (los espejos) ‖ éteindre (la cal viva).

◆ *v pr* MED être atteint d'hydrargyrisme ‖ FIG & FAM ne pas tenir en place, être surexcité (agitarse mucho).

azogue *m* mercure, vif-argent (metal) ‖ *— ser uno un azogue* être du vif-argent, être très remuant ‖ *temblar como azogue* trembler comme une feuille ‖ *tener azogue en las venas* avoir du vif-argent dans les veines.

azor *m* autour (ave).

azoramiento *m* → **azaramiento**.

azorar *v tr* → **azarar** ‖ effrayer.

Azores (islas) *n pr f pl* GEOGR îles Açores.

azotado, da *adj* fouetté, e ‖ battu, e; *azotado por los vientos* battu par les vents ‖ panaché, e (flor) ‖ (amer) tigré, e (atigrado) | zébré, e (acebrado).

◆ *m* condamné au fouet (reo) ‖ pénitent.

azotador, ra *adj* cinglant, e (lluvia, viento).

azotaina *f* FAM volée, raclée (paliza); *dar una azotaina* administrer une volée ‖ fessée (a los niños).

azotamiento *m* fouettement.

azotar *v tr* fouetter (dar azotes) ‖ battre, frapper (pegar) ‖ fouetter, cingler (la lluvia, el granizo) ‖ battre (el viento) ‖ s'abattre sur; *el ciclón azotó la isla* le cyclone s'abattit sur l'île ‖ battre, fouetter (el mar) ‖ — *azotar las calles* battre le pavé, courir les rues, vadrouiller ‖ *azotar el aire* donner des coups d'épée dans l'eau.

◆ *v pr* *(amer)* flâner, battre le pavé | se précipiter, se jeter; *azotarse en el agua* se jeter à l'eau.

azote *m* fouet (látigo) ‖ coup de fouet (latigazo) ‖ fessée *f* (golpe en las nalgas) ‖ lanière *f* (tira de cuero) ‖ FIG coup de fouet (del viento, del mar) | fléau; *la peste es un azote* la peste est un fléau | fléau (persona mala).

◆ *pl* fouet *sing* (suplicio antiguo) ‖ *dar azotes* ou *de azotes* fouetter.

azotea *f* terrasse (terraza) ‖ *(amer)* maison à toit plat ‖ FIG & FAM *estar mal de la azotea, tener pájaros en la azotea* avoir une araignée au *o* dans le plafond, onduler de la toiture.

azteca *adj y s* aztèque.

azúcar *m y f* sucre *m*; *un terrón de azúcar* un morceau de sucre ‖ — *azúcar blanco* ou *de flor* ou *florete* ou *refinado* sucre raffiné ‖ *azúcar cande, candi* sucre candi ‖ *azúcar de caña* sucre de canne ‖ *azúcar de cortadillo* ou *en terrones* sucre en morceaux ‖ *azúcar de leche* sucre de lait (lactosa) ‖ *azúcar de lustre* sucre glace ‖ *azúcar en polvo* sucre en poudre ‖ *azúcar de pilón* sucre en pain ‖ *azúcar de plomo* ou *de Saturno* sel de Saturne ‖ *azúcar de quebrados* casson ‖ *azúcar mascabada* cassonade ‖ *azúcar moreno* ou *negro* sucre roux, cassonade ‖ *azúcar refinado* sucre raffiné ‖ *azúcar rosado* sirop de sucre ‖ *azúcar terciada* sucre paille ‖ *fábrica de azúcar* sucrerie ‖ — *echar azúcar en* sucrer.

— OBSERV Le féminin est plus courant que le masculin, mais le pluriel est toujours du genre masculin: *los azúcares finos*.

azucarado, da *adj* sucré, e; *sabor azucarado* goût sucré ‖ FIG sucré, e; mielleux, euse; *palabras azucaradas* paroles mielleuses.

azucarar *v tr* sucrer; *azucarar el café* sucrer le café ‖ FIG sucrer, adoucir.

◆ *v pr* se cristalliser.

azucarera *f* sucrier *m* (vasija para el azúcar) ‖ sucrerie (fábrica).

azucarero, ra *adj* sucrier, ère.

◆ *m* sucrier (recipiente) ‖ grimpereau des régions tropicales (ave).

azucarillo *m* sucre spongieux.

azucena *f* BOT lis *m*, lys *m* *(p us)* ‖ — *azucena de agua* nénuphar ‖ *azucena silvestre* martagon.

azud *m*; **azuda** *f* roue *f* hydraulique ‖ barrage *m* (presa).

azuela *f* herminette, erminette (herramienta).

azufrado, da *adj* soufré, e ‖ couleur de soufre.

◆ *m* soufrage.

azufrador *m* soufroir (para la ropa) ‖ soufreur (para las vides).

azufrar *v tr* soufrer ‖ mécher (las cubas).

azufre *m* soufre ‖ — *azufre vegetal* soufre végétal, poudre de lycopode ‖ *azufre vivo* soufre natif ‖ — *flor de azufre* fleur de soufre.

azufroso, sa *adj* soufré, e; sulfureux, euse.

azul *adj* bleu, e ‖ *(amer)* indigo (añil) ‖ — *azul celeste, claro, oscuro, de cobalto, marino, pastel, de Prusia, verdoso* bleu ciel, clair, foncé, de cobalt, marine, pastel, de Prusse, pétrole ‖ *azul de ultramar* ou *ultramarino* ou *ultramaro* bleu outremer ‖ *azul eléctrico* bleu électrique ‖ *azul turquí* indigo (color) ‖ — *el príncipe azul* le prince charmant ‖ *enfermedad azul* maladie bleue ‖ GEOGR *la Costa Azul* la Côte d'Azur ‖ *sangre azul* sang bleu.

◆ *m* bleu ‖ bleu, azur [poétique] (del cielo, del mar).

azulado, da *adj* bleuté, e; bleuâtre, azuré, e.

◆ *m* bleuissage.

azular *v tr* bleuter, bleuir, azurer *(p us)*.

azulear *v intr* être bleu, faire une tache bleue ‖ bleuir (ponerse azul) ‖ tirer sur le bleu (tirar a azul).

◆ *v tr* bleuter (con añil).

azulejear *v tr* carreler, recouvrir d'azulejos.

azulejo *m* azulejo, carreau de faïence émaillée ‖ nom de divers oiseaux à plumage bleu (pájaro) ‖ guêpier (abejaruco) ‖ BOT bluet, bleuet (aciano).

◆ *adj* *(amer)* bleuâtre, bleuté, e (azulado).

azuleo *m* bleuissage.

azulete *m* bleu (para la ropa blanca) ‖ *dar azulete* bleuter.

azulgrana *adj y s* supporter du football-club de Barcelone.

azuloso, sa *adj* bleuté, e.

azumbre *f* mesure de liquide [2,016 litres].

azur *adj y s m* BLAS azur.

azuzador, ra *adj* qui excite, qui irrite.

azuzar *v tr* exciter (a los perros) ‖ FIG pousser, exciter, asticoter *(fam)*.

B

b *f* b *m*; *una «b» mayúscula, minúscula* un grand, un petit *b* ‖ *probar por «a» más «b»* prouver par *a* plus *b*.

baba *f* bave ‖ lait *m* (de ciertas plantas) ‖ *(amer)* espèce de caïman ‖ — FIG & FAM *caérsele a uno la baba* être aux anges, boire du petit lait ‖ *echar baba* baver ‖ FAM *tener mala baba* être mal embouché, être hargneux.

babaza *f* bave (baba) ‖ limace (babosa).

babear *v intr* baver (las personas) ‖ baver, écumer (los animales) ‖ FIG & FAM faire le joli cœur, faire des grâces.

babel *m o f* FIG & FAM tour *f* de Babel, capharnaüm *m*, foutoir *m*; *esta casa es una babel* cette maison est un capharnaüm.

Babel *n pr* HIST Babel ‖ *torre de Babel* tour de Babel.

babeo *m* action *f* de baver ‖ FIG & FAM empressement, belles manières *f pl*.

babero *m* bavoir, bavette *f*; *los niños pequeños llevan un babero para comer* les petits enfants portent un bavoir pour manger ‖ salopette *f* (pantalón) ‖ blouse *f* (bata) ‖ tablier (para niños).

babi *m* tablier, blouse *f* (para los niños).

Babia *n pr* FIG & FAM *estar en Babia* être dans les nuages *o* dans la Lune.

babieca *adj y s* FAM nigaud, e; bêta, asse.

Babilonia *n pr f* GEOGR Babylone.

babilónico, ca *adj* babylonien, enne ‖ FIG oriental, e; fastueux, euse.

babilla *f* grasset *m* (de los solípedos) ‖ rotule (rótula) ‖ *(amer)* synovie (humor).

bable *m* asturien (dialecto).

babor *m* MAR bâbord ‖ *a babor* à bâbord.

babosa *f* ZOOL limace.

babosada *f* *(amer)* sottise, niaiserie (bobería) ‖ rien *m*, moins que rien *m y f* (cosa, sujeto despreciable).

babosear *v tr* baver.
◆ *v intr* FIG & FAM faire le joli cœur, faire des grâces.

baboso, sa *adj* baveux, euse ‖ FIG & FAM niais, e; sot, sotte (tonto) ‖ galant, e.
◆ *m* FAM bourreau des cœurs, vert-galant (anciano enamoradizo) | morveux (mocoso).

babucha *f* babouche (zapatilla) ‖ *(amer) a babucha* sur le dos.

babuino *m* babouin (mono).
— OBSERV Ce mot est un gallicisme.

baby *m* FAM blouse *f*, tablier (guardapolvo) ‖ *(amer)* bébé.

baca *f* impériale (de diligencia) ‖ galerie (de automóvil) ‖ bâche (de lona).

bacaladero, ra; bacalaero, ra *adj y sm* morutier, ère.

bacaladilla *f* ZOOL merlan *m* bleu, poutassou *m* (pez).

bacalao *m* morue *f* (pez) ‖ — FIG & FAM *cortar ou partir el bacalao* faire la pluie et le beau temps, être le grand manitou, avoir la haute main | *te conozco bacalao aunque vienes disfrazado* je te vois venir avec tes gros sabots.

bacán, ana *m y f* *(amer)* FAM personne *f* bien.

bacanal *f* bacchanale.

bacanora *f* *(amer)* boisson fermentée tirée de l'agave.

bacante *f* bacchante ‖ FIG bacchante.

bacarrá; bacará *m* baccara (juego).

Baccarrat *n pr* GEOGR Baccarrat ‖ *cristal de Baccarrat* baccarrat.

bacía *f* cuvette ‖ plat *m* à barbe (de barbero).

bacilar *adj* MED bacillaire.

bacilo *m* MED bacille; *bacilo de Koch* bacille de Koch.

bacilón, ona *adj y s* → **vacilón**.

bacilosis *f* MED bacillose (tuberculosis).

baciluria *f* MED bacillurie.

bacín *m* vase de nuit, pot de chambre (orinal) ‖ sébile *f* (de mendigo) ‖ FAM pauvre type.

bacinica; bacinilla *f* sébile (para las limosnas) ‖ petit vase *m* de nuit (orinal).

backup *m* INFORM sauvegarde *f*.

Baco *n pr m* Bacchus.

bacon [beikɔn] *m* bacon.

bacteria *f* bactérie.

bacteriano, na *adj* bactérien, enne.

bactericida *adj y s m* bactéricide.

bacteriófago *m* bactériophage.

bacteriología *f* bactériologie.

bacteriológico, ca *adj* bactériologique.

bacteriólogo *m* bactériologiste, bactériologue.

bacteriostático, ca *adj y s m* bactériostatique.

báculo *m* bâton (cayado) ‖ crosse *f*, bâton (de obispo); *báculo pastoral* crosse, bâton pastoral ‖ bourdon (de peregrino) ‖ FIG appui, soutien (apoyo) ‖ FIG *báculo de vejez* bâton de vieillesse.

bache *m* trou, nid-de-poule (hoyo), ornière *f* (carrilada) ‖ trou d'air; *no puedo soportar los baches en los viajes de avión* je ne peux pas supporter les trous d'air dans les voyages en avion ‖ *salir del bache* sortir d'une mauvaise passe, sortir de l'ornière.
◆ *pl* moments difficiles, les hauts et les bas; *los baches de la vida* les moments difficiles de la vie.

bachicha; bachiche *m (amer)* FAM italien.
◆ *pl* restes, résidus (sobras).
bachiller, ra *m y f* bachelier, ère; *bachiller en letras* bachelier en lettres ‖ FIG & FAM bavard, e; phraseur, euse (charlatán).
bachillerato *m* baccalauréat, bac (*fam*), bachot (*fam*) [examen]*bachillerato comercial* baccalauréat d'économie ‖ études secondaires (curso de estudios); *está haciendo el bachillerato* il est en train de faire ses études secondaires ‖ — *bachillerato elemental* premier cycle des études secondaires ‖ *bachillerato superior* deuxième cycle des études secondaires.
badajada *f*; **badajazo** *m* coup *m* de cloche ‖ FIG & FAM sottise *f*, bêtise *f*; *soltar una badajada* dire une bêtise.
badajo *m* battant (de campana) ‖ FIG pie *f*, moulin à paroles; *esta mujer es un verdadero badajo* cette femme est un véritable moulin à paroles.
badajocense; badajoceño, ña *adj y s* de Badajoz.
Badajoz *n pr m* GEOGR Badajoz.
badana *f* basane (piel) ‖ — *ser un badana* être fainéant *o* flemmard (holgazán) ‖ FIG & FAM *zurrar la badana* secouer les puces, passer à tabac, tanner le cuir (golpes), éreinter, bassiner (con palabras).
badén *m* rigole (arroyo) ‖ cassis (bache en una carretera).
badil *m*; **badila** *f* pelle *f* à feu ‖ FIG & FAM *dar a uno con la badila en los nudillos* taper sur les doigts de quelqu'un.
bádminton *m* badminton (juego del volante).
badulaque *m* sorte de fard.
◆ *adj y s* FIG & FAM idiot, e; imbécile, nigaud, e; crétin, e (estúpido) ‖ (*amer*) vaurien, enne (bellaco).
baffle *m* RAD baffle.
bagaje *m* bagage, bagages *pl*, matériel d'équipement (militar) ‖ bagages *pl* (equipaje) ‖ bête *f* de somme (acémila) ‖ FIG bagage (intelectual, etc.).
— OBSERV Ce mot est un gallicisme dans le sens figuré et dans celui d'*equipaje*.
bagatela *f* bagatelle.
bagazo *m* bagasse *f* (de la caña de azúcar) ‖ marc (residuo de uva, etc.) ‖ balle *f* (del lino) ‖ (*amer*) personne *f* méprisable, vermine *f*.
Bagdad *n pr* GEOGR Bagdad.
¡bah! *interj* bah!
Bahamas *n pr f pl* GEOGR Bahamas.
baharí *f* hobereau (halcón).
bahía *f* baie (golfo); *la bahía de Málaga* la baie de Malaga.
Baikal (lago) *n pr* GEOGR lac Baïkal.
bailable *adj* dansant, e; *música bailable* musique dansante ‖ dansable (que puede bailarse).
◆ *m* ballet (ballet).
bailador, ra *m y f* danseur, euse.
— OBSERV Ce mot s'applique à l'artiste spécialisé dans l'interprétation de danses folkloriques espagnoles, et notamment andalouses; on l'écrit d'ailleurs généralement *bailaor*. Dans son acception la plus générale danseur se traduit par *bailarín*.
bailaor, ra *m y f* danseur, euse (de flamenco).
bailar *v intr* danser; *bailar agarrado* danser par couple ‖ FIG danser (moverse) ‖ tourner, pivoter (un trompo) ‖ FIG & FAM nager; *mis pies bailan en los zapatos* mes pieds nagent dans mes chaussures ‖ — *bailar al son que tocan* hurler avec les loups, suivre le mouvement ‖ *bailar como una peonza* tourner comme une toupie ‖ *bailar de puntas* faire des pointes ‖ *bailar en la cuerda floja* danser *o* être sur la corde raide ‖ *bailarle a uno los ojos de alegría* être tout guilleret ‖ *otro que bien baila* les deux font la paire ‖ *¡que me quiten lo bailado!* c'est autant de pris *o* de gagné, c'est toujours ça de pris *o* de gagné ‖ *sacar a bailar a una joven* faire danser une jeune fille, inviter une jeune fille à danser.
◆ *v tr* danser; *bailar un vals* danser une valse ‖ FIG & FAM *bailarle el agua a uno* lécher les bottes de quelqu'un.
bailarín, ina *adj y s* danseur, euse (que baila).
◆ *f* ballerine (de profesión).
baile *m* danse *f* (danza); *música de baile* musique de danse; *baile clásico* danse classique ‖ bal (lugar donde se baila) ‖ TEATR ballet; *cuerpo de baile* corps de ballet ‖ — FAM *baile de candil* ou *de botón gordo* ou *popular* bastringue, bal musette ‖ *baile de etiqueta* ou *serio* grand bal, bal paré ‖ *baile de gala* soirée de gala ‖ *baile de máscaras* ou *de disfraces* bal masqué *o* costumé ‖ *baile de noche* soirée dansante ‖ *baile de piñata* bal de carnaval ‖ *baile de salón* danse de salon ‖ *baile de San Vito* danse de Saint-Gui ‖ *baile de trajes* bal costumé *o* travesti ‖ *té baile* thé dansant ‖ — FIG *dirigir el baile* mener la danse ‖ *estando en el baile hay que bailar* une fois pris dans l'engrenage, il faut suivre le mouvement ‖ FAM *tener ganas de baile* avoir le cœur à la danse.
baile *m* bailli (magistrado).
bailón, ona *m y f* FAM personne qui aime beaucoup danser.
bailongo *m* (*amer*) bal populaire.
bailotear *v intr* dansotter, gigoter (*pop*).
bailoteo *m* action *f* de dansotter ‖ bal (baile) ‖ *a él le gusta mucho el bailoteo* il adore danser.
baja *f* baisse (del agua, de los precios, en la Bolsa) ‖ MIL perte; *el ejército tuvo muchas bajas en el combate* l'armée a subi de grandes pertes dans le combat ‖ procès-verbal *m* de disparition (documento) ‖ — *baja de* ou *por enfermedad* congé de maladie ‖ — *dar de baja* porter disparu (a un soldado muerto, un desertor), réformer (en el servicio militar), délivrer un arrêt de travail (a un obrero, un empleado), congédier, licencier, donner congé à (despedir), rayer des cadres, exclure (echar de una sociedad) ‖ *darse de baja* se retirer, cesser d'appartenir (dejar de pertenecer); *se ha dado de baja oficialmente en el Consejo de Administración* il s'est retiré officiellement du conseil d'administration; démissionner (dimitir); se faire porter malade (declararse enfermo) ‖ *darse de baja en una suscripción* arrêter un abonnement ‖ *estar dado de baja* être en congé de maladie ‖ *estar de* ou *en baja* être en baisse (perder valor), être en perte de vitesse (tener menos aceptación) ‖ *jugar a la baja* jouer à la baisse (en Bolsa) ‖ *ser baja* être porté disparu (un soldado, por muerte o deserción), cesser d'appartenir à (en una sociedad, etc.).
bajá *m* pacha (dignatario turco).
bajada *f* baisse; *la bajada de las aguas* la baisse des eaux ‖ descente ‖ — *bajada de aguas* tuyau de descente, conduite d'eau ‖ *bajada de bandera* prise en charge (en un taxi) ‖ *bajada del telón* baisser *o* chute du rideau.
bajamar *f* MAR marée basse, basse mer.

bajar *v intr* descendre; *bajar a la bodega* descendre à la cave; *bajar del autobús, del tren* descendre de l'autobus, du train ‖ baisser; *baja la marea* la marée baisse ‖ baisser, diminuer (el frío, los precios, el nivel del agua, la vista, etc.) ‖ tomber, baisser, diminuer; *le ha bajado la fiebre* sa fièvre est tombée ‖ FIG baisser; *fulano ha bajado mucho en mi estima* un tel a beaucoup baissé dans mon estime ‖ — FAM *bajar de* ou *el tono* baisser le ton ‖ *no bajará de dos horas* il ne faudra pas moins de deux heures.

◆ *v tr* descendre (poner en un lugar inferior); *bájame este libro* descends-moi ce livre ‖ descendre (una escalera) ‖ baisser, courber (inclinar); *bajar la cabeza* baisser o courber la tête ‖ rabattre; *bajar las alas de un sombrero* rabattre les bords d'un chapeau ‖ baisser, abaisser (una cortina, los párpados, los precios, etc.) ‖ baisser; *bajar el tono* baisser le ton ‖ diminuer; *me ha bajado la cuenta* il a diminué ma note ‖ FIG abaisser, rabaisser, rabattre (humillar); *bajar el orgullo a uno* rabattre l'orgueil à quelqu'un ‖ — *bajar las orejas* baisser l'oreille ‖ *bajar los bríos a uno* remettre quelqu'un à sa place ‖ FAM *bajarle los humos a uno* rabattre le caquet de quelqu'un, remettre quelqu'un à sa place.

◆ *v pr* se baisser, s'incliner, s'abaisser ‖ descendre; *bajarse del autobús* descendre de l'autobus.

— OBSERV Le verbe *bajar* sous la forme pronominale peut signifier *descendre*, avec une nuance d'effort: *me bajo la escalera veinte veces al día* je descends l'escalier vingt fois par jour.

bajero, ra *adj* inférieur, e; de dessous; *sábana bajera* drap de dessous.

◆ *f* (*amer*) couverture de selle (manta) | mauvais tabac *m* (tabaco).

bajeza *f* bassesse; *cometer una bajeza* commettre une bassesse ‖ FIG *bajeza de ánimo* lâcheté.

bajial *m* (*amer*) terre *f* basse.

bajines (por); bajini (por lo) *adv* FAM en dessous; *hacer algo por bajines* faire quelque chose en dessous | tout bas; *hablar por bajines* parler tout bas | sous cape; *reírse por lo bajini* rire sous cape.

bajío *m* banc de sable, bas-fond (arena) ‖ (*amer*) terre *f* basse (terreno bajo) | dépression *f*, marigot (anegadizo) ‖ FIG *dar en un bajío* achopper.

bajista *adj y s* ECON baissier (en la Bolsa).

bajito *adv* tout bas; *le gusta hablar bajito* il aime parler tout bas.

bajo, ja *adj* bas, basse; *una silla baja* une chaise basse ‖ petit, e (estatura); *una mujer muy baja* une femme très petite ‖ bas, basse; baissé, e; *con la cabeza baja* la tête basse ‖ baissé, e; *con los ojos bajos* les yeux baissés ‖ faible, bas, basse; *la cifra más baja* le chiffre le plus faible ‖ pâle, terne (los colores); *azul bajo* bleu terne ‖ FIG bas, basse; humble (humilde) ‖ bas, basse; ordinaire, grossier, ère; vulgaire (vulgar) ‖ bas, basse; vil, e; *a bajo precio* à bas prix, à vil prix ‖ MÚS grave, bas, basse (sonido, voz) ‖ GEOGR bas, basse; *Baja Normandía* Basse Normandie ‖ — *baja latinidad* bas latin ‖ *baja temporada* saison creuse ‖ *bajo las agujas* au dos plongeant (caballería) ‖ *bajo relieve* bas-relief ‖ FIG *bajos fondos* bas-fonds ‖ *bajo vientre* bas-ventre ‖ IMPR *caja baja* bas de casse ‖ *golpe bajo* coup bas ‖ *los barrios bajos* les quartiers populaires, les bas quartiers ‖ *monte bajo* garrigue, maquis ‖ *tierras bajas* basses terres, terres basses ‖ — *de baja ralea* de bas étage ‖ *en voz baja* à voix basse ‖ *tiene la moral muy baja* il a le moral très bas.

◆ *adv* au dessous, en dessous (abajo) ‖ bas; *hablar bajo* parler bas.

◆ *m* bas-fond, terrain bas (lugar hondo) ‖ bas-fond, haut-fond (en los mares, ríos, lagos) ‖ rez-de-chaussée *inv* (piso bajo) ‖ MÚS basse *f*.

◆ *pl* dessous (ropa interior), bas *sing* (de pantalones) ‖ rez-de-chaussée *inv* (piso bajo).

◆ *prep* sous; *bajo la dominación romana* sous la domination romaine; *bajo tutela* sous tutelle ‖ sur; *bajo palabra* sur parole; *bajo mi honor* sur mon honneur ‖ — *por bajo de* au-dessous de ‖ *por lo bajo* en cachette, en secret (disimuladamente), tout bas (bajito) ‖ *tirando por lo bajo* au bas mot (por lo menos).

bajón *m* MÚS basson (fagot) | basson, bassoniste (instrumentista) ‖ FIG & FAM grande baisse *f*, diminution *f* | chute *f*; *el bajón de las acciones en Bolsa* la chute des actions en Bourse | déclin (de la salud) | dégradation *f*, détérioration *f* (de la situación) ‖ *dar un bajón* baisser (salud, inteligencia); *Pedro ha dado un gran bajón* Pierre a beaucoup baissé; vieillir d'un coup, prendre un coup de vieux (*fam*), se dégrader, se détériorer (la situación).

bajorrelieve; bajo relieve *m* bas-relief.

bajura *f* *de bajura* côtière, littorale; *pesca de bajura* pêche côtière.

Bakú *n pr* GEOGR Bakou.

bala *f* balle (proyectil); *bala explosiva, fría, trazadora* balle explosive, morte, traceuse o traçante ‖ boulet *m* (de artillería) ‖ balle (de algodón, etc.) ‖ IMPR balle (tampón de tinta) ‖ (*amer*) poids *m* (deporte) ‖ — *bala cansada* ou *perdida* balle perdue ‖ FIG *bala perdida* écervelé, hurluberlu (tarambana), tête brûlée (temerario) | *bala rasa* tête brûlée (balarrasa) ‖ (*amer*) *ni a bala* en aucune façon ‖ FAM *salir como una bala* partir o filer comme une flèche.

◆ *m* POP voyou, vaurien.

balacear *v tr* (*amer*) blesser o tuer par balles.

balacera *f* (*amer*) fusillade.

balada *f* ballade.

baladí *adj* sans importance, futile, insignifiant, e.

baladronada *f* fanfaronnade, bravade ‖ *decir* ou *soltar baladronadas* fanfaronner.

baladronear *v intr* faire le fanfaron.

bálago *m* glui, paille *f* (paja).

balance *m* balancement (balanceo) ‖ FIG hésitation *f*, doute (vacilación) ‖ COM balance *f* (cuenta) | bilan (estado de cuentas); *hacer el balance* faire o dresser le bilan; *examen de balance* analyse de bilan; *el balance arroja un superávit* le bilan présente un excédent ‖ ELECTR balance *f* ‖ MAR roulis ‖ (*amer*) affaire *f* (negocio) ‖ — *balance de víctimas* nombre de victimes ‖ — FIG *hacer el balance de la situación* faire le point de la situation.

balancear *v intr* balancer, se balancer ‖ FIG balancer, hésiter (dudar) ‖ rouler, avoir du roulis (un barco).

◆ *v tr* mettre en équilibre.

◆ *v pr* se balancer.

balanceo *m* balancement ‖ roulis (de un barco).

balancín *m* palonnier (de un carruaje) ‖ balancier (de volatinero) ‖ MECÁN balancier, bascule *f* (de una máquina) | palonnier (de un automóvil) | culbuteur (de un motor) ‖ balancier (para acuñar mo-

neda) ‖ fauteuil à bascule, rocking-chair (mecedora) ‖ MAR balancier (para dar estabilidad) | balancine f (cabo) ‖ ZOOL balancier (de insectos).
balandra f MAR sloop m (barco).
balandro m MAR cotre | yacht (de vela) | voilier (embarcación pequeña).
balanza f balance; *balanza de cocina* balance de ménage; *balanza de precisión* balance de précision; *balanza de Roberval* balance de Roberval; *balanza romana* balance romaine ‖ COM balance; *balanza comercial, de cuentas, de pagos* balance commerciale, des comptes, des paiements ‖ comparaison, confrontation, mise en balance *o* en parallèle (confrontación) ‖ ASTR Balance ‖ *(amer)* balancier m (de volatinero) ‖ — *inclinar el fiel de la balanza* faire pencher la balance ‖ *poner en balanza* mettre en balance, comparer.
balar v intr bêler.
balarrasa f tord-boyaux m (aguardiente) ‖ FIG tête brûlée (persona).
balasto; balastro m ballast (grava).
balaustrada f balustrade.
balaustre; balaústre m balustre (columnita) ‖ *(amer)* truelle f (llana).
balazo m coup de feu (tiro); *le dieron un balazo en el pecho* on lui a tiré un coup de feu dans la poitrine ‖ blessure f produite par une balle ‖ *murió de un balazo* une balle le tua.
balboa m balboa [unité monétaire de Panama].
balbucear v intr y tr balbutier (balbucir).
balbuceo m balbutiement.
balbucir* v intr babutier.
Balcanes n pr m pl GEOGR Balkans.
balcánico, ca adj y s balkanique.
balcanización f balkanisation.
balcón m balcon; *asomarse al balcón* se mettre au balcon ‖ — *balcón corrido* grand balcon ‖ FIG & FAM *eso es cosa de alquilar balcones* c'est à ne pas manquer, c'est une chose à voir, c'est à ne pas rater, les places seront chères.
balconaje m ensemble des balcons.
balconcillo m petit balcon ‖ balcon (teatro, plaza de toros).
balda f étagère, rayon m (de un armario).
baldado, da adj y s impotent, e.
baldaquín; baldaquino m baldaquin.
baldar v tr estropier (lisiar) ‖ jouer atout, couper (naipes) ‖ FIG contrarier, indisposer (contrariar) ‖ FAM *estar ou quedarse baldado* être éreinté o claqué o pompé.
 ◆ v pr s'éreinter (cansarse).
balde m MAR baille f (cubo de madera) ‖ seau (cubo de metal) ‖ *(amer)* puits (pozo) ‖ FIG & FAM *caer como un balde de agua fría* faire l'effet d'une douche froide.
balde (de) loc adv gratis, gratuitement, à l'œil *(fam)*; *tener entradas de balde* avoir des billets gratis ‖ — *en balde* en vain, pour rien, pour des prunes *(fam)*; *hemos hecho todo este trabajo en balde* nous avons fait tout ce travail pour rien ‖ — *estar de balde* être oisif (estar sin empleo), être de trop (estar de más).
baldear v tr laver à grande eau (lavar) ‖ écoper, vider l'eau (achicar).
baldíamente adv en vain, inutilement.

baldío, a adj vague, inculte, en friche (terreno sin cultivo) ‖ FIG vain, e; *deshacerse en esfuerzos baldíos* se dépenser en vains efforts ‖ vagabond, e; sans feu ni lieu (vagabundo).
 ◆ m terrain inculte, friche f ‖ *(amer)* terrain vague.
baldón m affront, injure f (oprobio).
baldosa f carreau m ‖ dalle (de mayor tamaño).
baldosar v tr carreler, daller.
baldosilla f; **baldosín** m carreau m.
balduque m ruban étroit (cinta).
balear v tr *(amer)* blesser (herir), tuer (matar), transpercer d'une *o* plusieurs balles | fusiller.
balear adj y s des Baléares.
Baleares n pr f pl *islas Baleares* îles Baléares.
baleárico, ca adj des Baléares.
balénidos m pl ZOOL balénidés.
baleo m paillasson, natte f (estera) ‖ *(amer)* coups pl de feu (tiroteo).
balido m bêlement ‖ *dar balidos* bêler.
balín m balle f de petit calibre ‖ plomb (escopeta de aire comprimido).
balístico, ca adj y s f balistique.
baliza f MAR & AVIAC balise ‖ AVIAC *baliza de obstrucción* balise d'obstacle.
balizar v tr baliser.
balneario, ria adj balnéaire; *estación balnearia* station balnéaire.
 ◆ m station f balnéaire (en el mar) ‖ établissement de bains, bains pl (de baños medicinales) ‖ station f thermale.
balompié m football.
balón m ballon (pelota) ‖ ballon (recipiente); *balón de oxígeno* ballon d'oxygène ‖ ballot (paquete) ‖ — *balón alto* chandelle (fútbol) ‖ *balón oval* ballon ovale (de rugby).
balonazo m coup de ballon.
baloncestista m y f basketteur, euse.
baloncesto m basket-ball (juego) ‖ *jugador de baloncesto* basketteur.
balonmano m hand-ball (juego).
balonvolea m volley-ball (juego).
balotaje m *(amer)* ballottage (empate en una votación).
balsa f radeau m (embarcación); *balsa insuflable* radeau pneumatique; *balsa salvavidas* radeau de sauvetage ‖ mare (charca) ‖ BOT balsa m (árbol y madera) ‖ — FIG *balsa de aceite* mer d'huile | *este lugar es una balsa de aceite* cet endroit est très tranquille, le calme règne dans cet endroit.
balsámico, ca adj balsamique.
bálsamo m baume ‖ FIG baume.
Baltasar n pr m Balthazar.
báltico, ca adj y s baltique.
Báltico (mar) n pr GEOGR mer Baltique.
baluarte m bastion ‖ FIG rempart, bastion; *esta provincia es un baluarte del cristianismo* cette province est un bastion du christianisme.
ballena f baleine (mamífero) ‖ baleine (de corsé, etc.).
ballenato m baleineau.
ballenero, ra adj baleinier, ère.
 ◆ m baleinier (barco y pescador).
 ◆ f baleinière (barco).
ballesta f baliste (máquina de guerra) ‖ arbalète (arma antigua) ‖ ressort m à lames (de coche).

ballet *m* ballet (baile y música); *los ballets rusos* les ballets russes.

Bamako *n pr* GEOGR Bamako.

bamba *f* raccroc *m*, point *m* heureux (billar) ‖ balançoire (columpio) ‖ *(amer)* nom *m* de diverses monnaies ‖ loupe (en un árbol) | bamba (baile).

bambalina *f* TEATR frise ‖ — *actor nacido entre bambalinas* enfant de la balle ‖ *detrás de las bambalinas* dans les coulisses.

bambolear *v intr* y *pr* osciller, branler, ballotter; *mueble, cabeza que bambolea* ou *se bambolea* meuble qui branle, tête qui ballotte ‖ chanceler, vaciller (las personas) ‖ *hacer bambolear* ballotter, secouer.

bamboleo *m* balancement, oscillation *f* ‖ ballottement, balancement; *el bamboleo de un barco* le ballottement d'un navire.

bambolla *f* FAM esbroufe, étalage *m* (aparato) | tralala *m*; *una fiesta con mucha bambolla* une fête avec beaucoup de tralala ‖ *(amer)* bavardage *m* (charla), fanfaronnade, épate *m* (fanfarronería).

bambú *m* BOT bambou.
— OBSERV pl *bambúes*.

banal *adj* banal, e; *elogios banales* des éloges banals.
— OBSERV Véase BANAL, 1.ª parte.

banalidad *f* banalité.

banalizar *v tr* banaliser.

banana *f* banane (fruto) ‖ bananier *m* (árbol).
— OBSERV En espagnol, *banane* se traduit de préférence par *plátano*, mot qui signifie également *platane* (arbre). *Banano* o *banana* est surtout employé en Amérique.

bananal; bananar *m (amer)* baneraie *f*, plantation *f* de bananiers.

bananero, ra *adj* bananier, ère ‖ — *compañía bananera* compagnie bananière ‖ *república bananera* république bananière.
◆ *m* bananier (árbol y barco).

banano *m* banane *f* (fruto) ‖ bananier (árbol).

banasta *f* banne, manne (cesto).

banasto *m* panier rond, bannette *f* (cesto).

banca *f* banquette, banc *m* (asiento) ‖ auget *m* (de lavandera) ‖ sorte de pirogue philippine ‖ banque (juegos); *hacer saltar la banca* faire sauter la banque ‖ éventaire *m* (de vendedor) ‖ COM banque (conjunto de bancos, profesión) | banque (establecimiento de crédito) ‖ *(amer)* banc *m* (para sentarse) | siège *m* (escaño en el parlamento) ‖ — ECON *banca oficial* banque d'État | *banca privada* banque privée [secteur bancaire] ‖ *copar la banca* faire banco (baccara) ‖ *(amer) tener banca* avoir du piston o des recommandations (tener influencias).
— OBSERV El término *banca* o *casa de banca* es actualmente muy poco usado para denominar a un establecimiento bancario, empleándose sobre todo *banco*. En cambio *banca* se utiliza corrientemente para representar el conjunto o la profesión: *la nacionalización de la banca, la banca hace jornada intensiva*.

bancal *m* carré (de verduras); *bancal de lechugas* carré de laitues ‖ terrasse *f*, gradin (en una montaña); *campo de bancales* champ en terrasse ‖ tapis [dont on recouvre un banc]; garniture *f* (tapete).

bancario, ria *adj* bancaire.

bancarrota *f* banqueroute ‖ *declararse en bancarrota* déposer le bilan.

banco *m* banc (de piedra, de madera, en las iglesias, etc.), banquette *f* (en un salón, una antesala) ‖ COM banque *f* [voir OBSERV en BANCA] (establecimiento de crédito) ‖ comptoir (de cambista) ‖ établi (de carpintero) ‖ banc (de arena, de peces) ‖ ARQ soubassement (sotabanco) ‖ CONSTR assise *f* [en pierre] ‖ GEOL banc (estrato) ‖ *(amer)* banc (de los acusados) | banque *f* (juego) ‖ — *banco azul* banc des ministres (en el congreso) ‖ *banco comercial* ou *de depósitos* banque de dépôts ‖ *banco de crédito* banque de crédit ‖ *banco de datos* banque de données ‖ *banco de fábrica* banc d'œuvre (en las iglesias) ‖ *banco de hielo* banquise ‖ TECN *banco de husada* banc à broches ‖ *banco de negocios* banque d'affaires ‖ *banco de esperma, de órganos, de sangre* banque de sperme, d'organes, du sang ‖ *banco de pruebas* banc d'essai ‖ *banco emisor* banque centrale, banque o institut d'émission ‖ *banco hipotecario* crédit foncier ‖ *Banco Mundial* Banque mondiale.
◆ *pl* branches *f* (del freno).

banda *f* bande ‖ écharpe, grand cordon *m* (condecoración) ‖ écharpe (faja) ‖ bandelette (de momia) ‖ bande (de gentes, de animales) ‖ volée, bande (de pájaros); *una banda de gorriones* une volée de moineaux ‖ côté *m* (lado); *de la banda de acá de la montaña* de ce côté-ci de la montagne ‖ rive (orilla); *de la banda de allá del río* sur l'autre rive du fleuve ‖ aile (de un partido político) ‖ bande (billar); *jugar por la banda* jouer par la bande ‖ voile *m* huméral (humeral) ‖ voie (de la carretera) ‖ BLAS bande ‖ CINEM bande; *banda sonora* bande sonore ‖ FÍS bande [spectre de] ‖ MAR bord *m*; *de banda a banda* bord sur bord | bande; *banda estribor* bande de tribord ‖ MÚS fanfare ‖ touche (fútbol); *juez, línea de banda* juge, ligne de touche; *quedarse en la banda* rester sur la touche; *saque de banda* remise en touche; *fuera de banda* sortie en touche ‖ RAD bande; *banda de frecuencia* bande de fréquence ‖ *(amer)* battant *m* (de puerta, de ventana) ‖ — ECON *bandas de fluctuación* marge de fluctuation ‖ *banda de rodadura* chape, bande de roulement (de una rueda) ‖ *banda magnética* bande magnétique ‖ *banda salarial* échelle des salaires ‖ — *de banda a banda* de part en part ‖ *arriar en banda* larguer les amarres ‖ *caer* ou *estar en banda* être libre (un cabo, etc.) ‖ FAM *coger a uno por banda* prendre quelqu'un à partie; en faire baver à quelqu'un; prendre quelqu'un à part [pour lui parler] ‖ FIG & FAM *cerrarse a la banda* n'en pas démordre, ne rien vouloir entendre, se buter ‖ *dar de banda* ou *a la banda* donner de la bande o de la gîte, mettre à la bande (voluntariamente).

bandada *f* bande (grupo) ‖ volée, bande (de pájaros) ‖ compagnie (de perdices y perdigones).

bandazo *m* MAR coup de roulis ‖ FAM tour, balade *f* (paseo) ‖ embardée *f*; *dar un bandazo* faire une embardée (coche) ‖ FAM *dar bandazos* flâner, errer.

bandear *v tr* traverser (cruzar) | transpercer (de un tiro) | harceler (perseguir) | blesser gravement (herir) | faire la cour (a una mujer).
◆ *v pr* s'arranger, se débrouiller, se tirer d'affaire, nager; *este hombre sabe bandearse* cet homme sait se tirer d'affaire ‖ *(amer)* retourner sa veste (en política).

bandeja *f* plateau *m* ‖ *(amer)* plat *m* (fuente) ‖ plage arrière (de coche) ‖ — *bandeja para los cubiletes de hielo* bac à glace ‖ FIG *en bandeja de plata* sur un plat d'argent ‖ — FIG *poner* ou *traer en ban-*

deja apporter sur un plateau | *servir en bandeja* servir sur un plateau ‖ *pasar la bandeja* demander un service (sentido figurado), faire la quête (sentido propio).

bandera *f* drapeau *m*; *la bandera española, del regimiento* le drapeau espagnol, du régiment; *bandera blanca* ou *de paz* drapeau blanc ‖ couleurs *pl*; *izar la bandera* hisser les couleurs ‖ bannière (de una cofradía) ‖ INFORM drapeau ‖ *(ant)* MIL compagnie (compañía) ‖ MAR pavillon *m*; *bandera de inteligencia* pavillon d'aperçu; *bandera morrón* ou *a media asta* pavillon en berne ‖ — *a banderas desplegadas* en toute liberté ‖ *bajada de bandera* prise en charge (taxi) ‖ FIG & FAM *de bandera* du tonnerre ‖ *lleno hasta la bandera* plein à craquer ‖ — MAR *afianzar* ou *afirmar* ou *asegurar la bandera* assurer le pavillon ‖ MIL *alzar* ou *levantar bandera* ou *la bandera* recruter des troupes ‖ MAR *arriar bandera* ou *la bandera* amener o rentrer pavillon ‖ MIL *batir banderas* baisser le drapeau ‖ *militar bajo la bandera de uno, seguir la bandera de uno* se ranger sous le drapeau o la bannière de quelqu'un ‖ MAR *rendir la bandera* saluer du pavillon, baisser pavillon ‖ MIL *salir con banderas desplegadas* avoir les honneurs de la guerre.

banderazo *m* DEP signal du juge de touche.

banderilla *f* TAUROM banderille; *banderilla de fuego* banderille de feu [entourée de pétards] ‖ becquet *m*, béquet *m* (imprenta) ‖ amuse-gueule *m* piqué sur un cure-dents (palillo) ‖ *(amer)* emprunt *m*, tapage *m* (sablazo) ‖ FIG & FAM *clavar, plantar* ou *poner banderillas a uno* lancer des piques à quelqu'un.

banderillazo *m* *(amer)* emprunt, tapage (sablazo).

banderillear *v intr* planter des banderilles.

banderillero *m* TAUROM banderillero.

banderín *m* MIL guidon, fanion (bandera) | portefanion, enseigne (soldado) ‖ *banderín de enganche* bureau de recrutement.

banderola *f* banderole, flamme (bandera) ‖ MIL guidon *m*, pennon *m* *(ant)*, flamme (con dos o varias puntas) ‖ *(amer)* vasistas *m* (de una ventana).

bandidaje *m* banditisme, brigandage.

bandido *m* bandit, brigand (bandolero).

bando *m* ban, édit; *echar bando* publier o promulguer un édit ‖ arrêté; *bando de policía, de la alcaldía* arrêté de police, du maire ‖ faction *f*, parti (partido) ‖ bande *f* (bandada) ‖ FAM *ser uno del otro bando* ou *del bando contrario* être de la jaquette.
▶ *pl* bans (amonestaciones).

bandolera *f* femme bandit (mujer) ‖ bandoulière (correa); *a la* ou *en bandolera* en bandoulière ‖ *a la bandolera* en écharpe (brazo).

bandolerismo *m* banditisme, brigandage.

bandolero *m* bandit, brigand (bandido).

bandolina *f* bandoline (cosmético) ‖ mandoline (bandola).

bandurria *f* MÚS mandore, mandole, mandoline espagnole.

Bangkok *n pr* GEOGR Bangkok.

Bangladesh *n pr m* GEOGR Bangladesh.

banjo *m* MÚS banjo.

banquero, ra *adj* y *s* banquier, ère.

banqueta *f* banquette (asiento corrido) ‖ tabouret *m* (asiento) ‖ marchepied *m*, escabeau *m* (para los pies) ‖ banquette (andén) ‖ MIL banquette ‖ trottoir *m* (acera).

banquete *m* banquet (festín) ‖ — *banquete de boda* repas de noce ‖ *banquete de gala* banquet.

banquetear *v tr* e *intr* donner des banquets (dar banquetes) ‖ banqueter (andar en banquetes).

banquillo *m* banc des accusés, sellette *f* (del tribunal) ‖ petit banc (banco) ‖ billot (de zapatero) ‖ FIG *colocar* ou *sentar en el banquillo de los acusados* mettre sur la sellette.

banquisa *f* banquise (banco de hielo).

bañada *f* *(amer)* bain *m* (acción de bañarse).

bañadera *f* *(amer)* baignoire (bañera).

bañador, ra *m* y *f* baigneur, euse (que se baña).
▶ *m* maillot o costume de bain (traje de baño) ‖ — *bañador de dos piezas* deux-pièces ‖ *bañador de una pieza* maillot (de bain), une pièce.

bañar *v tr* baigner (a un niño) ‖ baigner, tremper (un cuerpo) ‖ baigner (el mar, un río); *costas bañadas por el mar* côtes baignées par la mer ‖ arroser (un río); *el arroyo bañaba hermosas huertas* le ruisseau arrosait de beaux jardins ‖ enrober; *un pastel bañado en chocolate* un gâteau enrobé de chocolat ‖ baigner, inonder (luz, sol, etc.); *el sol baña la habitación de una luz cruda* le soleil inonde la pièce d'une lumière crue ‖ — *bañado en llanto* ou *en lágrimas* tout en larmes, baigné de larmes ‖ *bañado en sangre* couvert de sang, tout en sang ‖ *bañado en sudor* ruisselant de sueur, en nage, tout en sueur ‖ FIG *ojos bañados en lágrimas* yeux baignés de larmes.
▶ *v pr* se baigner (en el mar) ‖ prendre un bain, se baigner (en la bañera).

bañera *f* baignoire (baño).

bañista *m* y *f* baigneur, euse (que va al baño) ‖ curiste (que toma aguas medicinales).

baño *m* bain; *baño de mar, de sol* bain de mer, de soleil ‖ baignade *f* (en un río) ‖ baignoire *f* (bañera) ‖ couche *f* (capa); *un baño de pintura* une couche de peinture ‖ enrobage, enrobement (en chocolate, etc.) ‖ FIG vernis, teinture *f* (barniz) ‖ QUÍM bain ‖ *(amer)* toilettes *f pl* (excusado) ‖ — *baño de asiento, de vapor* bain de siège, de vapeur ‖ *baño (de) maría* bain-marie ‖ *baño turco* bain turc (con vapor), étuve; *esta habitación es un baño turco* cette pièce est une étuve ‖ *espuma de baño* bain moussant ‖ — *darse un baño* se baigner (bañarse), se replonger; *darse un baño de inglés* se replonger dans l'anglais ‖ FAM *dar un baño a* donner une leçon, flanquer une piquette; *el equipo azul ha dado un baño al equipo amarillo* l'équipe bleue a flanqué une piquette à l'équipe jaune.
▶ *pl* établissement *sing* de bains ‖ bagne *sing* (prisión); *los baños de Argel* le bagne d'Alger ‖ *casa de baños* établissement de bains, bains publics ‖ *ir a los baños* aller aux eaux.

bao *m* MAR bau.

baobab *m* BOT baobab.

baptisterio *m* baptistère (edificio) ‖ fonts *pl* baptismaux (pila).

baquelita *f* bakélite.

baqueta *f* baguette (de fusil) ‖ ARQ baguette ‖ — FIG & FAM *llevar* ou *mandar* ou *tratar a la baqueta* mener à la baguette o tambour battant, traiter durement.
▶ *pl* baguettes de tambour (de tambor) ‖ MIL baguettes.

baqueteado, da *adj* qui a beaucoup d'expérience; endurci, e; aguerri, e.

baquetear *v tr* MIL passer par les baguettes ‖ FIG mener *o* traiter durement (tratar mal) | exercer, habituer, aguerrir (ejercitar) | ennuyer, incommoder (incomodar).

baqueteo *m* cahotement, ballottement (traqueteo) ‖ expérience *f,* habitude *f,* aguerrissement (ejercitación) ‖ ennui, tracas (molestia).

baquiar *v tr (amer)* dresser (adiestrar).

bar *m* bar (café); *bar de citas* ou *de alterne* bar à hôtesses ‖ bar (unidad de presión atmosférica).

barahúnda; baraúnda *f* tapage *m,* vacarme *m* (alboroto) ‖ mêlée (confusión); *meterse en la barahúnda* se jeter dans la mêlée.

baraja *f* jeu *m* de cartes ‖ querelle, dispute (disputa) ‖ FIG & FAM *jugar con dos barajas* miser sur deux tableaux, jouer double jeu.

barajar *v tr* battre, mêler (naipes) ‖ FIG brouiller, embrouiller, mêler (mezclar, revolver) | brasser; *barajar ideas* brasser des idées | mettre en avant; *se barajan varios nombres para esta colocación* on met en avant plusieurs noms en vue de cette place ‖ *(amer)* saisir au bond (agarrar al vuelo) | empêcher (estorbar).

◆ *v intr* s'embrouiller, se mêler (mezclarse).

baranda *f* rampe, main courante (de escalera) ‖ balustrade (balaustrada), barre d'appui (de balcón, etc.) ‖ bande (de billar).

barandal *m* socle (base de la balaustrada) ‖ tablette *f,* tablette *f* d'appui (parte superior de la balaustrada) ‖ rampe *f* (barandilla).

barandilla *f* rampe, main courante (de escalera) ‖ balustrade (balaustrada), barre d'appui (de balcón, etc.) ‖ barre (de un tribunal) ‖ MAR rambarde ‖ *(amer)* ridelle (de coche).

baratear *v tr* solder, sacrifier, vendre à perte (saldar).

baratería *f* DR concussion, exaction (prevaricación) ‖ tromperie, fraude (fraude) ‖ MAR baraterie du patron (de capitán o patrón).

baratija *f* bagatelle, babiole, bricole (fruslería) ‖ camelote (joya sin valor).

baratillero, ra *m y f* brocanteur, euse; marchand, e de bric-à-brac; fripier, ère.

baratillo *m* boutique *m* de brocanteur, friperie *f* (tienda) ‖ braderie *f* (subasta) ‖ bric-à-brac (conjunto de cosas).

barato, ta *adj* bon marché *inv* (no caro); *un traje barato, una falda barata* un costume, une jupe bon marché ‖ FIG facile (fácil).

◆ *m* vente *f* au rabais, liquidation *f* (venta) ‖ *lo barato es* ou *sale caro* le bon marché coûte toujours trop cher.

◆ *f* bon marché *m* (baratura) ‖ troc *m,* échange *m* (cambio) ‖ *(amer)* liquidation *f,* vente au rabais (saldo) | blatte (cucaracha).

◆ *adv* bon marché, à bon marché; *vender barato* vendre à bon marché *o* bon marché ‖ — *de barato* gratis, à l'œil *(fam)* ‖ *salir barato* revenir bon marché.

baratura *f* bon marché *m,* bas prix *m.*

barba *f* menton *m* (parte de la cara) ‖ barbe (pelo); *barba cerrada* ou *corrida, bien poblada* barbe touffue, bien fournie (véase OBSERV) ‖ barbe (de cabra, etc.) ‖ barbillon *m* (de ave) | fanon *m* (de ballena) ‖ AGRIC essaim *m* primaire (enjambre) | plafond *m* de la ruche (de la colmena) ‖ BOT *barba cabruna* barbe-de-bouc | *barba de cabra* barbe-de-chèvre ‖ *papel de barba* papier non rogné ‖ — FAM *con toda la barba* accompli, pour de bon, à trois poils ‖ *hacer la barba* faire la barbe (afeitar), faire de la lèche (adular) ‖ *hazme la barba, hacerte he el copete* passez-moi la rhubarbe, je vous passerai le séné ‖ *llevar* ou *gastar barba* porter la barbe ‖ FAM *nos salió a tanto por barba* cela nous est revenu à tant par tête de pipe ‖ *tener pelos en la barba* avoir de la barbe au menton.

◆ *pl* barbes (de las plantas, del papel, de las plumas), penne *f sing* (de una flecha) ‖ barbe; *barbas enmarañadas* barbe en broussaille ‖ *barbas de coco* fibre de coco ‖ *barbas de chivo* bouc *m* ‖ *en las barbas de* à la barbe de, au nez et à la barbe de; *reírse en las barbas de uno* rire à la barbe de quelqu'un | *cuando las barbas del vecino veas a pelar, echa las tuyas a remojar* si l'on rosse ton voisin, tu peux préparer tes reins ‖ *echar a las barbas* jeter au visage ‖ *subirse a las barbas de* perdre tout respect pour ‖ *tener pocas barbas* n'avoir pas encore de poil au menton ‖ *tirarse de las barbas* s'arracher les cheveux.

— OBSERV Pour désigner la barbe, pillosité au menton, l'espagnol emploie de préférence le pluriel: *barbas de zamarro* barbe drue, imposante.

barba *m* TEATR barbon, père noble (comediante).

Barba Azul *n pr m* Barbe-Bleue.

barbacana *f* barbacane (fortificación, tronera).

barbacoa *f* gril *m* rustique, barbecue *m* (parrilla) ‖ viande grillée (carne asada) ‖ *(amer)* lit *m* rustique, grabat *m* [fait d'une natte tendue sur quatre pieux] | hutte [bâtie sur pilotis ou sur un arbre] | grenier *m* (para guardar los granos) ‖ échafaudage *m* soutenu par des pieux (andamio) | treillage *m* (emparrado) | claie sur laquelle on fait sécher le maté (para secar el mate).

barbado, da *adj* barbu, e.

◆ *m* provin (sarmiento) ‖ bouture *f* (esqueje) ‖ rejeton, rejet, surgeon (rama que brota al pie de un árbol).

Barbados *n pr m* GEOGR Barbade *f.*

barbaridad *f* barbarie, cruauté (crueldad) ‖ atrocité, horreur; *durante la guerra se cometieron barbaridades* pendant la guerre des atrocités ont été commises ‖ FIG bêtise, sottise, énormité (necedades); *decir barbaridades* sortir des énormités; *hacer barbaridades* faire des bêtises ‖ FAM énormément, beaucoup; *comer una barbaridad* manger énormément; *una barbaridad de gente* énormément de gens ‖ *¡qué barbaridad!* quelle horreur!, mon Dieu! (¡Dios mío!), c'est incroyable!; *¡qué barbaridad, hay que ver cómo las ciencias adelantan!* c'est incroyable de voir la façon dont les sciences progressent!

barbarie *f* FIG barbarie.

barbarismo *m* GRAM barbarisme ‖ FIG bêtise *f* (barbaridad) | barbarie *f* (crueldad).

bárbaro, ra *adj y s* barbare ‖ FIG barbare (cruel, grosero); *un soldado bárbaro* un soldat barbare | audacieux, euse; téméraire (temerario) | grossier, ère (bruto) ‖ FAM formidable, du tonnerre (muy bueno); *esta película es bárbara* ce film est du tonnerre | énorme (muy grande) ‖ FAM *hacer un efecto bárbaro* faire un effet bœuf, faire beaucoup d'effet.

◆ *interj* FAM formidable!

bárbaro *adv* FAM formidablement bien.
Barbarroja *n pr* Barberousse.
barbear *v tr* atteindre avec le menton.
◆ *v tr* faire la barbe, raser (afeitar) ‖ FAM *(amer)* flatter, lécher les bottes (adular) | renverser (un animal), en le saisissant par le museau.
barbechar *v tr* mettre en jachère.
barbechera *f*; **barbecho** *m* AGRIC jachère *f*.
barbería *f* boutique du barbier *o* du coiffeur.
barbero, ra *adj* *navaja barbera* rasoir *m*.
◆ *m* barbier *(ant)*, coiffeur (peluquero).
barbián, ana *m y f* FAM luron, onne; *un gran barbián* un gai luron.
barbicano, na *adj* à la barbe chenue, à la barbe blanche.
barbilampiño *adj* à la barbe peu fournie, glabre.
◆ *m* FIG blanc-bec, béjaune (novicio).
barbilindo; **barbilucio** *adj m* efféminé.
barbilla *f* ANAT menton *m* ‖ barbillon *m* (de pez) ‖ TECN tenon *m* ‖ VETER grenouillette.
◆ *pl (amer)* homme *m sing* à la barbe rare.
barbirrojo, ja *adj* à (la) barbe rousse.
barbirrubio *adj* à (la) barbe blonde.
barbirrucio *adj* à (la) barbe grise.
barbitaheño *adj* à (la) barbe rousse.
barbitúrico, ca *adj y s m* QUÍM barbiturique.
barbo *m* barbeau (pez).
barboquejo *m* mentonnière *f*, jugulaire *f*.
barbotar *v intr* marmotter, bredouiller.
barboteo *m* clapotis, clapotement.
barbudo, da *adj* barbu, e.
◆ *m (amer)* rejeton, rejet, surgeon (de árbol).
barbullar *v intr* FAM bafouiller.
barca *f* barque; *barca de pesca* barque de pêche ‖ *barca de pasaje* bac.
barcarola *f* MÚS barcarolle.
barcaza *f* barcasse, allège (embarcación) ‖ bac *m* (transbordador) ‖ — MIL *barcaza armada* ou *de guerra* vedette, chaloupe | *barcaza de desembarco* péniche de débarquement.
Barcelona *n pr* GEOGR Barcelone.
barcelonés, esa *adj* barcelonais, e.
◆ *m et f* Barcelonais, e.
barcelonista *adj* relatif, ive au football-club de Barcelone.
◆ *m y f* supporter du football-club de Barcelone.
barco *m* bateau; *barco de vapor, de velas* bateau à vapeur, à voiles ‖ nacelle *f* (de nave espacial) ‖ ravin peu profond (barranco) ‖ *(amer)* calebasse *f* coupée en deux ‖ — *barco aljibe* bateau-citerne ‖ *barco bomba* bateau-pompe ‖ *barco cablero* câblier ‖ *barco carbonero* charbonnier, navire charbonnier ‖ *barco de apoyo* navire *o* bâtiment de soutien ‖ *barco de guerra* navire *o* bâtiment de guerre ‖ *barco del práctico* bateau-pilote ‖ *barco de pasajeros* paquebot ‖ *barco de recreo* bateau de plaisance ‖ *barco escuela* bateau-école, navire-école ‖ *barco faro* bateau-phare, bateau-feu ‖ *barco mercante* ou *de carga* bateau marchand, cargo ‖ *barco meteorológico* navire météorologique ‖ *barco nodriza* ravitailleur, navire ravitailleur ‖ *barco ómnibus* bateau-mouche (de París) ‖ *barco patrullero* patrouilleur ‖ *barco volandero* tramp.

barda *f* barde (armadura del caballo) ‖ couronnement *m* d'un mur en ronces (de una tapia) ‖ MAR gros nuage *m* (nubarrón oscuro).
bardado, da *adj* bardé, e (caballo).
bardal *m* mur chaperonné de ronces (tapia) ‖ haie *f* (vallado) ‖ *saltando bardales* en une fuite éperdue.
bardana *f* BOT bardane, glouteron *m* (lampazo).
bardo *m* barde (poeta).
baremo *m* barème.
barestesia *f* MED baresthésie.
bargueño *m* cabinet espagnol.
baricentro *m* barycentre.
barimetría *f* barymétrie.
bario *m* baryum (metal).
barita *f* QUÍM baryte.
barítono *m* MÚS baryton.
barloventear *v intr* MAR louvoyer ‖ FIG & FAM traîner, bourlinguer (vagabundear).
barlovento *m* MAR dessus du vent ‖ — MAR *banda de barlovento* côté au vent ‖ *islas de Barlovento* îles du Vent ‖ — *estar a barlovento* être au vent ‖ *ganar el barlovento* monter au vent.
barman *m* barman.
— OBSERV pl *barmans*.
barn *m* barn (unidad de superficie en física nuclear).
Barna. abrev de *Barcelona* Barcelone.
barniz *m* vernis; *barniz para las uñas* vernis à ongles ‖ crème *f* (afeite) ‖ FIG vernis; *no tiene realmente cultura sino sólo un barniz* il n'a pas vraiment de culture mais seulement un vernis ‖ BOT *barniz del Japón* vernis du Japon.
barnizado *m* vernissage.
barnizador, ra *adj y s* vernisseur, euse.
barnizar *v tr* vernir.
barógrafo *m* barographe.
barométrico, ca *adj* barométrique.
barómetro *m* baromètre; *barómetro aneroide, registrador, de mercurio* ou *de cubeta* baromètre anéroïde, enregistreur, à mercure *o* à cuvette ‖ *barómetro de sifón* baromètre à siphon ‖ *barómetro metálico* baromètre métallique ‖ *barómetro holostérico* baromètre anéroïde.
barón *m* baron (título).
baronesa *f* baronne.
baronía *f* baronnie, baronnage *m*.
baroscopio *m* FÍS baroscope.
barquero, ra *m y f* batelier, ère ‖ FIG *decirle* ou *cantarle a uno las verdades del barquero* dire à quelqu'un son fait *o* ses quatre vérités.
barqueta *f*; **barquete** *m*; **barquichuelo** *m* petit bateau *m*, batelet *m* (barco pequeño).
barquilla *f* MAR flotteur *m* de loch ‖ AVIAC nacelle (de un globo) | fuseau-moteur *m* (de un motor de avión).
barquillero, ra *m y f* marchand, e d'oublies.
◆ *m* moule à oublies *o* à plaisirs *(ant)* *o* à gaufres.
barquillo *m* oublie *f*, plaisir *(ant)*, gaufre *f* (pastel).
barquitos *m pl* FAM mouillettes *f*, trempettes *f* (en un líquido).
barra *f* barre (de madera, metal, chocolate) ‖ barre, levier *m* (palanca) ‖ bâton *m*; *barra de labios* ou *de carmín* bâton de rouge à lèvres ‖ pain *m*, bâton *m*; *barra de lacre* bâton de cire à cacheter ‖

tringle (para cortinas) ‖ barette (joya) ‖ baguette, pain *m* de fantasie (pan de forma alargada) ‖ pain *m* (de hielo) ‖ barre (banco de arena) ‖ comptoir *m*, bar *m*; *tomar un chato de vino en la barra* prendre un verre au comptoir ‖ BLAS barre ‖ DR barre (del tribunal) ‖ MAR barre ‖ MÚS barre ‖ *(amer)* public *m*, foule (público) ‖ bande (pandilla) ‖ — *barra americana* bar américain ‖ AUTOM *barra de acoplamiento* barre d'accouplement ‖ BLAS *barra de bastardía* barre de bâtardise ‖ *barra de carga* ou *de acoplamiento de cargas* palonnier ‖ AVIAC *barra de control* ou *de dirección* barre de direction ‖ *barra de equilibrios* poutre ‖ *barra espaciadora* ou *de espacios* barre d'espacement ‖ *barra fija* barre fixe ‖ ELECTR *barra ómnibus* barre omnibus ‖ *de barra a barra* de part en part, d'un bout à l'autre.
◆ *pl* barres (juego) ‖ barres (de la quijada del caballo) ‖ — *barras asimétricas* barres asymétriques ‖ *barras paralelas* barres parallèles ‖ *ejercicios en la barra* exercices à la barre (ballet) ‖ — *a barras derechas* sans détours ‖ — *no pararse en barras* ne faire ni une ni deux ‖ *sin pararse* ou *reparar en barras* sans aucun égard (sin miramientos), sans s'arrêter à quoi que ce soit, en allant droit au but.

barrabás *m* FIG & FAM démon, espiègle (travieso), scélérat (malo).

barrabasada *f* FAM vacherie, rosserie ‖ monstruosité, acte *m* odieux, tour *m* pendable (acción perversa) ‖ bêtise, sottise; *el niño hizo barrabasadas* l'enfant a fait des bêtises.

barraca *f* baraque (caseta) ‖ stand *m*; *barraca de tiro al blanco* stand de tir ‖ chaumière [dans les *huertas* de Valence et Murcie] ‖ *(amer)* hangar *m*, magasin *m*, dépôt *m* (cobertizo) ‖ étal, *m* (en un mercado).

barracón *m* grande baraque *f*.

barragana *f* concubine.

barrancal *m* terrain raviné.

barranco *m* ravin ‖ précipice (precipicio) ‖ FIG obstacle, difficulté *f* ‖ FIG *salir del barranco* se tirer d'affaire *o* d'un mauvais pas.

barranquismo *m* DEP canyoning.

barrar *v tr* barbouiller, tacher.

barredero, ra *adj* qui balaie, qui entraîne avec soi, que l'on traîne ‖ MAR *red barredera* traîne.
◆ *m* écouvillon (escoba).
◆ *f* balayeuse.

barredura *f* balayage *m*.
◆ *pl* balayures (basura) ‖ déchets *m* (residuos).

barrena *f* mèche, foret *m* (sin mango) ‖ vrille (con mango) ‖ barre à mine (de minero) ‖ tarière (para la madera) ‖ — *barrena de mano* vrille, chignole ‖ *entrar en barrena, hacer la barrena* descendre en vrille (un avión).

barrenado, da *adj* FAM piqué, e (loco).

barrenador *m* mineur.

barrenadora *f* foreuse.

barrenar *v tr* percer, forer (abrir agujeros) ‖ miner (una roca, etc.) ‖ MAR saborder ‖ FIG déjouer, faire échouer, torpiller (un proyecto, una empresa) ‖ enfreindre, fouler aux pieds (las leyes, los reglamentos) ‖ TAUROM faire tourner le fer de la pique dans la blessure du taureau.

barrendero, ra *m y f* balayeur, euse.

barreno *m* grande vrille *f* (barrena grande) ‖ trou de vrille (agujero) ‖ MIN fougasse *f* (de pólvora) ‖ trou de mine (taladro) ‖ FIG vanité *f*, présomption *f* (vanidad) ‖ *(amer)* manie *f*, marotte *f* (manía).

barreño *m* terrine *f* (de barro) ‖ bassine *f*, cuvette *f* (metálico, de plástico).

barrer *v tr* balayer (limpiar) ‖ FIG balayer ‖ — *(amer) al barrer* sans distinction ‖ FIG *barrer con todo* faire place nette, faire table rase ‖ *barrer para adentro* tirer la couverture à soi.

barrera *f* barrière (de paso a nivel, etc.) ‖ barrage *m* (cierre de un camino) ‖ FIG barrière; *los Pirineos sirven de barrera natural entre España y Francia* les Pyrénées servent de barrière naturelle entre l'Espagne et la France ‖ obstacle *m*, empêchement *m* (obstáculo); *poner barreras* mettre des obstacles ‖ glaisière (de arcilla) ‖ MIL barrage *m* (de tiros) ‖ TAUROM barrière (para saltar el torero) ‖ première rangée (localidad) ‖ mur *m* (fútbol); *formar barrera* faire le mur ‖ — *barrera del sonido* mur du son ‖ *barreras arancelarias* barrières douanières.

Barrera de Arrecifes (la Gran) *n pr f* GEOGR la Grande Barrière.

barretear *v tr* barrer, renforcer avec des barres ‖ *(amer)* creuser (des trous ou des tranchées), avec le pic *o* la barre à mine.

barretina *f* bonnet *m* catalan (gorro).

barriada *f* quartier *m* [dans les faubourgs].

barrial *m* *(amer)* glaisière (gredal) ‖ bourbier (barrizal).

barrica *f* barrique (tonel) ‖ *barrica bordelesa* bordelaise.

barricada *f* barricade (obstáculo).

barrido *m*; **barrida** *f* balayage *m*, balayures *f pl* ‖ FÍS balayage, scanning ‖ scannographie ‖ — *barrido ligero* coup de balai ‖ FIG *lo mismo sirve para un barrido que para un fregado* il est bon à tout, on le met à toutes les sauces.
◆ *pl* balayures *f* (barreduras).

barriga *f* ventre *m*; *dolor de barriga* mal au ventre; *echar barriga* prendre du ventre ‖ FAM bedaine, panse; *llenarse la barriga* se remplir la panse ‖ panse (de una vasija) ‖ bombement *m*, renflement *m* (de una pared) ‖ — FIG *llenar el ojo antes que la barriga* avoir les yeux plus gros que le ventre ‖ FAM *hacer una barriga* mettre en cloque ‖ *rascarse* ou *tocarse la barriga* se tourner les pouces.

barrigazo *m* FAM gamelle *f*, gadin; *darse un barrigazo* ramasser une gamelle *o* un gadin.

barrigón, ona; barrigudo, da *adj* FAM ventru, e; bedonnant, e; ventripotent, e (grueso).
◆ *m y f* bambin, e; gamin, e (niño).
◆ *m (amer)* fromager (árbol).

barril *m* baril, tonneau (tonel); *un barril de vino* un tonneau de vin; *un barril de pólvora* un baril de poudre ‖ baril (159 litros de petróleo) ‖ caque *f* (para pescado salado) ‖ cruchon (de barro) ‖ — FIG *barril de pólvora* poudrière; *este país es un barril de pólvora* ce pays est une poudrière ‖ *cerveza de barril* bière (à la), pression.

barrilero *m* tonnelier.

barrilete *m* valet (de carpintero) ‖ crabe (crustáceo) ‖ barillet (de un revólver) ‖ *(amer)* cerf-volant (cometa) ‖ avocat stagiaire (pasante de abogado) ‖ laideron (mujer fea).

barrillo *m* MED point noir [sur le visage].

barrio *m* quartier; *una ciudad se divide en varios barrios* une ville est divisée en plusieurs quartiers ‖ faubourg (arrabal) ‖ — *barrio comercial* quartier commerçant ‖ *barrio chino* quartier chaud ‖ *barrio de las latas* bidonville ‖ *barrio periférico* quartier périphérique ‖ FIG & FAM *el otro barrio* l'autre monde, l'au-delà ‖ *los barrios bajos* les bas quartiers, les quartiers populaires ‖ — FIG & FAM *irse al otro barrio* partir pour l'autre monde, passer l'arme à gauche, avaler son bulletin de naissance ‖ FAM *mandar a uno al otro barrio* envoyer quelqu'un dans l'autre monde, faire avaler à quelqu'un son bulletin de naissance.

barriobajero, ra *adj* faubourien, enne; *acento barriobajero* accent faubourien.

barrista *m* gymnaste qui travaille à la barre fixe.

barritar *v intr* barêter (el elefante, el rinoceronte).

barrizal *m* bourbier (lodazal).

barro *m* boue *f* (lodo); *después de un aguacero los caminos están llenos de barro* après une averse les chemins sont pleins de boue ‖ terre *f*, terre *f* glaise; *barro cocido, de alfareros* terre cuite, à potier; *jarro de barro* pot en terre ‖ argile *f*; *Dios creó al hombre con barro* Dieu créa l'homme avec de l'argile ‖ poterie *f* (recipiente de barro) ‖ FIG vétille *f* (cosa sin importancia) ‖ MED point noir (granillo) ‖ VETER échauboulure *f* (erupción) ‖ *(amer)* grosse gaffe *f*, bourde *f* (metedura de pata) ‖ — FIG & FAM *estar comiendo* ou *mascando barro* manger les pissenlits par la racine (estar enterrado) ‖ *estar con barro hasta los ojos* être crotté jusqu'aux oreilles *o* jusqu'aux yeux ‖ *mancharse de barro* se crotter, se couvrir de boue.

barroco, ca *adj y s m* baroque.

barroquismo *m* baroque ‖ FIG extravagance *f*, mauvais goût.

barroso, sa *adj* glaiseux, euse; argileux, euse (con arcilla) ‖ boueux, euse (lleno de barro) ‖ terreux, euse; bistre (de color rojizo) ‖ MED boutonneux, euse; *rostro barroso* visage boutonneux.

barrote *m* barreau; *barrotes de hierro* des barreaux de fer ‖ barre *f* (para reforzar algo).

barruntador, ra *adj* prophétique; *signos barruntadores* signes prophétiques.

barruntar *v tr* pressentir, sentir; *barrunto que me va a dar un sablazo* je sens qu'il va me demander de l'argent ‖ présumer (suponer).

barrunte; barrunto *m* indice, indication *f* (indicio) ‖ pressentiment (presentimiento) ‖ soupçon (sospecha) ‖ *tener barruntos de* avoir vent de.

bartola (a la) *loc adv* FIG & FAM tout à son aise, sans s'en faire, sans se soucier de rien ‖ — FAM *echarse* ou *tenderse* ou *tumbarse a la bartola* s'étendre comme un veau (descansar), en prendre à son aise, ne pas s'en faire, se la couler douce, se reposer; *este alumno se ha tumbado a la bartola durante el tercer trimestre* cet élève en a pris à son aise *o* ne s'en est pas fait *o* se l'est coulée douce pendant le troisième trimestre | *hacer algo a la bartola* faire quelque chose par-dessus l'épaule *o* par-dessous la jambe.

bartolina *f (amer)* cachot *m*, bloc *m (fam)* (calabozo).

bártulos *m pl* FIG affaires *f* (objetos de uso corriente), saint-frusquin *sing (fam)*; *preparar todos sus bártulos* préparer toutes ses affaires; *llegó con todos sus bártulos* il est arrivé avec tout son saint-frusquin ‖ — *liar los bártulos* plier bagage, faire ses malles, prendre ses cliques et ses claques (para

una mudanza o un viaje) ‖ *preparar los bártulos* préparer tout, prendre ses dispositions (disponer).

barullo *m* FAM tohu-bohu, pagaye, pagaille *f*, remue-ménage, chambard (alboroto); *armar barullo* faire du chambard ‖ cohue *f* (multitud); *en los grandes almacenes hay mucho barullo* il y a beaucoup de cohue dans les grands magasins ‖ *a barullo* à la pelle; *en Italia hay monumentos a barullo* en Italie, il y a des monuments à la pelle.

basa *f* ARQ base; *basa corintia, toscana* base corinthienne, toscane ‖ FIG base.

basal *adj* basal, e ‖ *metabolismo basal* métabolisme basal *o* de base.

basáltico, ca *adj* basaltique.

basalto *m* MIN basalte.

basamento *m* ARQ soubassement.

basar *v tr* baser ‖ FIG baser, fonder; *una escuadrilla basada en Torrejón* une escadrille basée à Torrejón.
◆ *v pr* FIG se fonder, se baser; *basarse en datos falsos* se fonder sur des données fausses.

basca *f* nausée, haut-le-cœur *m inv*; *ese olor da bascas* cette odeur donne des haut-le-cœur ‖ FAM clique, bande ‖ FIG & FAM accès de rage, coup de sang, rogne.

bascosidad *f* immondice, saleté (suciedad) ‖ dégoût *m* (asco) ‖ nausée *f* (amer) gros mot *m* (palabra soez), obscénité (obscenidad).

bascoso, sa *adj* qui a des nausées (que tiene bascas) ‖ dégoûtant, e ‖ *(amer)* indécent, e; obscène.

báscula *f* bascule ‖ — *báscula automática* balance automatique ‖ *báscula de baño* pèse-personne ‖ *báscula de precisión* balance de précision ‖ *báscula de puente* pont-bascule ‖ *báscula de Roberval* balance de Roberval ‖ *báscula hidrostática* balance hydrostatique.

basculador *m* basculeur.

bascular *v intr* basculer.

base *f* base; *base de un edificio* base d'un édifice ‖ QUÍM & BOT & MAT base ‖ MIL base; *base naval, extranjera, aérea* base navale, étrangère, aérienne ‖ FIG base; *teniendo como base* sur la base de | fondement *m*; *esta noticia carece absolutamente de base* cette nouvelle est dénuée de tout fondement | pilier *m*; *Pedro es la base de la pandilla* Pierre est le pilier de la bande ‖ base (de un sindicato) ‖ — INFORM *base de datos* base de données ‖ *base de datos relacional* base de données relationnelle ‖ *base de lanzamiento, base espacial* base de lancement ‖ MIL *base de operaciones* théâtre d'opérations ‖ *base imponible* ou *liquidable* assiette de l'impôt, revenu imposable ‖ — *ley de bases* loi-cadre ‖ *militante de base* militant de base (política) ‖ *pelota base* base-ball ‖ *salario* ou *sueldo base* salaire de base ‖ — *a base de* à coups de; *traducir a base de diccionarios* traduire à coups de dictionnaires; grâce à; *a base de enormes esfuerzos* grâce à d'énormes efforts ‖ POP *a base de bien* tout ce qu'il y a de mieux ‖ *una comida a base de jamón y salchichón* un repas composé *o* à base de jambon et de saucisson ‖ *el Real Madrid es la base de la selección nacional* le Real Madrid fournit l'essentiel de l'équipe nationale ‖ *no tener base* ne pas tenir debout, n'avoir pas de sens ‖ *sentar las bases de* jeter les bases de ‖ *teniendo como base, si tomamos como base* sur la base de.

baseball *m inv* DEP base-ball.

Basic *m* INFORM BASIC (lenguaje).
basicidad *f* basicité.
básico, ca *adj* QUÍM basique || de base; *industrias básicas* industries de base || fondamental, e; essentiel, elle; *un hecho básico* un fait essentiel.
basidiomiceto *adj y s m* basidiomycète (hongo).
basilar *adj* ANAT basilaire.
Basilea *n pr* GEOGR Bâle.
basílica *f* basilique.
- *pl* DR basiliques.

basilisco *m* basilic (animal fabuloso) || basilic (reptil) || — FIG & FAM *estar hecho un basilisco* être fou de rage, être frémissant de colère | *ponerse como un basilisco* monter sur ses ergots, frémir de rage.
basket; basketball *m inv* DEP basket, basketball.
basta *f* bâti *m*, faufilure (hilvanado) || piqûre (en los colchones).
bastante *adv* assez; *es bastante rico* il est assez riche || suffisamment, assez; *hemos comido bastante* nous avons suffisamment *o* assez mangé || *lo bastante para* assez pour, suffisamment pour.
- *adj* suffisant, e; assez || *tiene bastantes amigos* il a pas mal d'amis.

bastar *v intr* suffire, n'y avoir que; *basta pulsar el botón para que arranque el motor* il suffit de *o* il n'y a qu'à presser sur le bouton pour que le moteur démarre || — *bastar con* suffire de *o* que; *basta con apuntarlo* il suffit d'en prendre note; *basta con que vengas* il suffit que tu viennes || — *¡basta!* assez!, cela suffit! || *¡basta con eso!* cela suffit!, il suffit!, c'en est assez! || *basta con tus tonterías* en voilà assez avec tes bêtises || *¡basta de bromas!* trêve de plaisanteries || *¡basta y sobra!* en voilà assez!, c'est plus qu'il n'en faut, c'est amplement suffisant || — *hasta decir basta* jusqu'à satiété || *me basta con su palabra* je vous crois sur parole, votre parole me suffit || *me basta y me sobra* j'en ai largement assez, j'en ai plus qu'il n'en faut, c'est amplement suffisant.
- *v pr* se suffire.

bastarda *f* bâtarde (lima) || bâtarde (letra).
bastardear *v intr* s'abâtardir, dégénérer. || FIG s'abâtardir || FIG *bastardear de sus antepasados* déchoir de ses aïeux.
- *v tr* abâtardir.
- — OBSERV Ce verbe est un néologisme dans son sens transitif.

bastardía *f* bâtardise || FIG indignité, vilenie; *cometer una bastardía* commettre une vilenie.
bastardilla *adj f y s f* IMPR italique (letra).
- *f* espèce de flûte (flauta).

bastardo *m* IMPR bâtarde *f* (letra) || MAR voile *f* bâtarde.
bastardo, da *adj y s* bâtard, e || *letra bastarda* bâtarde.
bastear *v tr* bâtir, faufiler (hilvanar).
bastidor *m* châssis (de lienzo para pintar, de vidriera) || métier à broder (de bordadora) || châssis (de vagón, de coche) || CONSTR châssis || MAR cadre de l'hélice (de la hélice) || (*amer*) jalousie (celosía) | sommier métallique (colchón de muelles) || — *bastidor fijo* châssis fixe *o* dormant.

- *pl* TEATR châssis *sing* (decorado) | coulisses || FIG *entre bastidores* dans les coulisses, dans la coulisse.

bastilla *f* ourlet *m* (doblez).
bastimento *m* bâtiment, embarcation *f* (embarcación) || approvisionnement, vivres *f pl*, provisions *f pl*.
bastión *m* bastion.
basto *m* bât (arnés) || baste (as de bastos) || coussinet de selle (de silla de montar).
- *pl* une des couleurs des jeux de cartes espagnols || (*amer*) panneau *sing* (de la silla de montar).

basto, ta *adj* grossier, ère; *una tela basta* un tissu grossier || FIG grossier, ère; rustre; *un hombre basto* un homme rustre.
bastón *m* canne *f* (para apoyarse); *un bastón con contera de plata* une canne avec un bout en argent || bâton (insignia); *bastón de mariscal, de mando* bâton de maréchal, de commandement || BLAS pal, bâton || — *bastón de montañero* piolet || FIG *empuñar el bastón* prendre le commandement || *no hay razón como la del bastón* la raison du plus fort est toujours la meilleure.
bastonada *f*; **bastonazo** *m* coup *m* de canne *o* de bâton (golpe) || bastonnade *f* (paliza).
bastoncillo *m* badine *f*, petit bâton || galon étroit (galoncillo) || ANAT bâtonnet (en la retina).
bastonear *v tr* bâtonner.
basura *f* ordures *pl*; *tirar la basura* jeter les ordures || ordures *pl* ménagères; *los basureros recogen la basura* les éboueurs ramassent les ordures ménagères || saleté; *barrer basuras* balayer des saletés || crottin *m* (estiércol de caballo) || — *cubo de basura* poubelle, boîte à ordures || *está prohibido arrojar basuras* il est interdit de déposer des ordures || *vertedero* ou *colector de basuras* vide-ordures.
basurero *m* boueux (fam), boueur (*p us*), éboueur (el que recoge la basura) || voirie *f*, décharge *f* (lugar donde se arroja la basura).
bata *f* robe de chambre (salto de cama) || blouse (para trabajar) || (*amer*) corsage *m*.
- *m* jeune Indien des Philippines.

batacazo *m* fracas, bruit que fait un objet en tombant sur le sol || chute *f* (caída); *darse un batacazo* faire une chute || (*amer*) victoire *f* inattendue [dans une course de chevaux].
bataho; bataola *f* FAM raffut *m*, tapage *m*; *armar una bataola infernal* faire un raffut de tous les diables.
batalla *f* bataille; *batalla campal* bataille rangée || ordre *m* de bataille; *formar en batalla* se ranger en ordre de bataille || siège *m* (de la silla de montar) || empattement *m* (de un carruaje) || assaut *m* (esgrima) || ARTES bataille || — *de batalla* courant, de tous les jours; *traje de batalla* costume de tous les jours || *en batalla* en bataille || *marca de batalla* marque courante || — FIG *dar la batalla* livrer bataille || *dar mucha batalla* donner du mal *o* du fil à retordre | *quedar sobre el campo de batalla* rester sur le carreau.
batallador, ra *adj y s* batailleur, euse; *Alfonso I el Batallador* Alphonse Ier le Batailleur.
- *m* escrimeur (esgrimidor).

batallar *v intr* batailler, livrer bataille || FIG batailler, livrer bataille (disputar); *batallar por pequeñe-*

ces batailler sur des riens | hésiter, balancer (vacilar) || faire assaut (en esgrima).

batallita *f* FAM craque (cuento); *contar batallitas* raconter des craques.

batallón *m* MIL bataillon.

batallón, ona *adj* combatif, ive || turbulent, e; *un niño batallón* un enfant turbulent || — FAM *cuestión batallona* question très débattue *o* épineuse || *traje batallón* costume de tous les jours.

batán *m* foulon, moulin à foulon, fouloir (máquina para el paño) || batan (tejido) || — *batán doble* batteur double || *tierra de batán* terre à foulon.
- *pl* jeu *sing* d'enfants.

batanar *v tr* fouler les draps.

batanero *m* foulon, fouleur.

batasuno, na *adj y s* relatif, ive au parti politique basque Herri Batasuna.

batata *f* BOT patate douce, batate || FAM *(amer)* timidité (timidez), trac *m*, gêne (turbación).
- *m* poule *f* mouillée, timoré (apocado).

batatar; batatal *m* plantation *f* de patates.

bate *m* batte *f*, bat (béisbol).

batea *f* plateau *m* (bandeja) || clayon *m* (de mimbre) || bac *m* (embarcación) || plateau *m*, wagon *m* plat (vagón descubierto) || MIN batée || *(amer)* bac *m* à laver (para lavar), baquet *m*, cuvette (cubeta).

bateador *m* batteur (béisbol).

batear *v tr* frapper (la balle), avec une batte.

batel *m* canot (bote).

batelero, ra *m y f* batelier, ère; *los bateleros del Volga* les bateliers de la Volga.

batería *f* MIL & MAR batterie; *batería contracarro* batterie antichar; *entrar en batería* mettre en batterie || ELECTR batterie || MÚS batterie (instrumentos) || TEATR rampe || — *aparcar en batería* ranger en épi (automóviles) || *batería de cocina* batterie de cuisine || TEATR *batería de luces* lumières de la scène *o* de la rampe || FAM *cargar las baterías* recharger ses accus (recuperarse).
- *m* batteur (músico).

batiborrillo; batiburrillo *m* FAM méli-mélo, fouillis; *había un batiborrillo tremendo en sus papeles* il y avait un fouillis terrible dans ses papiers | galimatias; *su discurso fue un verdadero batiborrillo* son discours a été un véritable galimatias | fatras; *esta novela es un batiborrillo de cosas inconexas* ce roman est un fatras d'idées sans lien les unes avec les autres || *¡qué batiborrillo!* quelle salade!

batida *f* battue (caza) || *batida de la policía* rafle.

batido, da *adj* battu, e (camino) || chatoyant, e (tejido) || fouetté, e; *nata batida* crème fouettée || *tierra batida* terre battue.
- *m* œufs *pl* battus en neige (huevos) || battage (acción de batir) || batte *f* (del oro) || barattage (de la mantequilla) || lait battu et parfumé, «milkshake» (leche) || battu, saut battu (danza).

batidor, ra *adj* batteur, euse; qui bat.
- *m* MIL éclaireur (explorador) || démêloir (peine) || batteur (cacería) || batte *f* (para la mantequilla) || *(amer)* chocolatière *f* (chocolatera) | dénonciateur (soplón) || *batidor de oro, de plata* batteur d'or, d'argent.
- *f* mixer *m*, mixeur *m*, batteur *m* (de cocina) || batteuse (para los metales).

batiente *adj* battant, e || *reírse a mandíbula batiente* rire à gorge déployée.
- *m* battant (hoja de la puerta) || battée *f*, battement (marco de la puerta) || MAR brisant.

batik *m* batik [décoration de tissus].

batín *m* veste *f* d'intérieur.

batipelágico, ca *adj* bathypélagique.

batir *v tr* battre; *las olas baten el acantilado* les vagues battent la falaise || abattre; *la artillería batió las murallas enemigas* l'artillerie abattit les murailles ennemies || battre; *batir las alas* battre les ailes || battre (los huevos, el metal) || fouetter (la nata) || battre, frapper (acuñar) || battre (derrotar) || crêper (el pelo) || baratter (la leche) || balayer; *el viento batía la región* le vent balayait la région *(amer)* rincer (la ropa) || — *batir el campo* battre la campagne || *batir en brecha* battre en brèche || *batir palmas* battre des mains, applaudir || *batir una mayonesa* monter une mayonnaise || *batir un récord* battre un record || — *al hierro candente batir de repente* il faut battre le fer pendant qu'il est chaud.
- *v intr (amer)* avouer.
- *v pr* se battre; *batirse en duelo* se battre en duel || — FIG *batirse el cobre* travailler dur *o* ferme || *batirse en retirada* battre en retraite.

batiscafo *m* bathyscaphe.

batisfera *f* bathysphère.

batista *f* batiste (tela).

batitermógrafo *m* bathythermographe.

batómetro *m* bathymètre.

batracio *m* ZOOL batracien, enne.

Batuecas *n pr f pl* FIG & FAM *estar en las Batuecas* être dans les nuages *o* dans la Lune.

batueco, ca *adj y s* natif, native des Batuecas [région d'Espagne].

baturrillo *m* FIG & FAM méli-mélo, fatras, fouillis, salade *f* (mezcla), galimatias.

baturro, rra *adj y s* paysan aragonais, paysanne aragonaise.

batuta *f* MÚS baguette (de un director de orquesta) || *llevar la batuta* diriger l'orchestre (una orquesta), avoir la haute main sur, faire la pluie et le beau temps, mener la danse (dirigir un asunto).

baudio *m* baud (unidad de velocidad).

baúl *m* malle *f* (maleta grande) || FIG & FAM bedaine *f*, bedon || — *baúl metálico* cantine || *baúl mundo* chapelière, grosse malle.

bauprés *m* MAR beaupré.

bautismal *adj* baptismal, e || *pila bautismal* fonts baptismaux.

bautismo *m* baptême || — *bautismo de infusión* baptême par affusion || *bautismo deinmersión* baptême par immersion || *bautismo del aire, de fuego* baptême de l'air, du feu || *fe de bautismo* extrait *o* acte de baptême || *pila de bautismo* fonts baptismaux || FIG & FAM *romper el bautismo a uno* casser la figure à quelqu'un.

bautista *m* baptiseur *(p us)* || baptiste (secta protestante) || FIG & FAM chauffeur de maître; valet de chambre || *el Bautista* saint Jean-Baptiste.

bautizar *v tr* RELIG baptiser || FIG baptiser; *bautizar una calle* baptiser une rue || FAM baptiser (aguar el vino o la leche).

bautizo *m* baptême (ceremonia).

bauxita *f* bauxite.

bávaro, ra *adj y s* bavarois, e.

Baviera *n pr f* GEOGR Bavière.
baya *f* BOT baie (fruto) | sorte de jacinthe (planta) ‖ *(amer)* espèce de clovisse (almeja) | boisson fermentée, «chicha» de raisin (bebida).
bayeta *f* flanelle, bayette (tejido de lana) ‖ serpillière, lavette (para fregar) ‖ *(amer)* chiffe (hombre flojo) ‖ *bayeta de gamuza* peau de chamois.
bayetón *m* molleton (tejido).
bayo, ya *adj* bai, e (caballo).
◆ *m* papillon du ver à soie, bombyx (mariposa) ‖ *(amer)* bière *f*, cercueil (féretro) ‖ *pescar de bayo* pêcher à la mouche.
bayón *m* sac en fibres de buri (en Filipinas).
bayoneta *f* MIL baïonnette; *a la bayoneta* à la baïonnette; *bayoneta de cubo* baïonnette à douille ‖ *— armar* ou *calar la bayoneta* mettre la baïonnette au canon ‖ *hacer frente con la bayoneta calada* croiser la baïonnette.
bayonetazo *m* coup de baïonnette.
baza *f* levée, pli *m* (en el juego); *baza de menos* levée en moins ‖ FIG atout *m*; *tiene muchas bazas para conseguir lo que quiere* il a beaucoup d'atouts pour obtenir ce qu'il veut ‖ *— asentar bien su baza* bien établir son crédit ‖ *hacer baza* faire son chemin ‖ *meter baza en* fourrer son nez dans (un asunto), mettre son grain de sel, dire son mot, se mêler à (la conversación) ‖ *no dejar meter baza* ne pas laisser placer un mot (en la conversación) ‖ *sentada esta baza* ce point étant acquis.
bazar *m* bazar.
bazo, za *adj* bis, e (pan, tela).
◆ *m* ANAT rate *f*.
bazofia *f* restes *m pl* (de comida) ‖ FIG saleté, cochonnerie (cosa sucia) | mauvais repas *m*, ratatouille (comida mala).
bazooka; bazuca *m* MIL bazooka.
be *f* bé, nom de la lettre b ‖ *be por be* par le menu, en détail ‖ *tener las tres bes* être excellente, réunir toutes les conditions (*bonita* jolie; *barata* bon marché; *buena* bonne).
be *m* bêlement, bê (balido).
beagle *m* beagle (perro pachón).
bearnés, esa *adj y s* béarnais, e.
beata *f* dévote ‖ béguine (mujer que vive en comunidad) ‖ FAM bigote (mujer muy devota) ‖ POP peseta.
beatería *f* bigoterie.
beatificación *f* béatification.
beatificar *v tr* béatifier.
beatífico, ca *adj* béatifique; *visión beatífica* vision béatifique ‖ béat, e; *una sonrisa beatífica* un sourire béat.
beatísimo, ma *adj* béatissime ‖ *beatísimo Padre* Très Saint-Père.
beatitud *f* béatitude.
beato, ta *adj y s* bienheureux, euse; béat, e (beatificado) ‖ dévot, e (piadoso) ‖ FAM bigot, e; cagot, e (muy devoto).
◆ *m* béat (*p us*), frère convers (religioso).
beba *f* *(amer)* FAM bébé, petite fille.
bebe *m* *(amer)* FAM bébé.
bebé *m* bébé ‖ *bebé probeta* bébé-éprouvette.
— OBSERV En Argentine, on dit *bebe*, *m* et *beba*, *f*.
bebedero, ra *adj* buvable, bon, bonne à boire; d'une saveur agréable.
◆ *m* auget (de los pájaros), abreuvoir (para los animales) ‖ bec (de algunas vasijas).
bebedizo, za *adj* buvable, bon, bonne à boire (bebedero).
◆ *m* MED potion *f* ‖ philtre (filtro mágico) ‖ breuvage empoisonné (veneno).
bebedor, ra *adj y s* buveur, euse.
beber *m* boire (acción); *el beber* le boire ‖ boisson *f* (bebida).
beber *v intr y tr* boire; *beber agua, al chorro* boire de l'eau, à la régalade; *beber de la botella* boire à la bouteille ‖ boire (emborracharse); *este hombre bebe* cet homme boit ‖ boire (brindar); *beber por* ou *a la salud de uno* boire à la santé de quelqu'un, boire à quelqu'un ‖ *— FAM beber a morro* boire à (même), la bouteille o au goulot | *beber a pote* être un gros buveur | *beber a sorbos* ou *a tragos* boire à petites gorgées ‖ FIG & FAM *beber como una cuba* ou *como una esponja* ou *como un cosaco* boire comme un trou o comme une éponge o comme un Polonais | *beber de un trago* boire d'un trait ‖ FIG *beber en las fuentes de* puiser aux sources de, s'abreuver aux sources de; *beber en las fuentes grecolatinas* puiser aux sources gréco-latines | *beber los vientos por* guigner (una cosa), être éperdument amoureux de (una mujer) ‖ *echar de beber* verser à boire ‖ *esto es como quien se bebe un vaso de agua* c'est simple comme bonjour, c'est bête comme chou ‖ *no hay que decir de esa agua no beberé* il ne faut jamais dire; fontaine je ne boirai pas de ton eau ‖ *sin comerlo ni beberlo* sans y être pour rien.
◆ *v pr* boire.
bebible *adj* FAM buvable.
bebida *f* boisson; *bebida alcohólica* boisson alcoolisée ‖ boire *m*; *la bebida y la comida* le boire et le manger ‖ *(amer)* potion (potingue) ‖ *— darse a la bebida* s'adonner à la boisson ‖ *tener mala bebida* avoir le vin mauvais.
bebido, da *adj* gris, e; un peu ivre, pris, e de boisson.
bebistrajo *m* FAM mixture *f*, breuvage désagréable, bibine *f*.
bebito, ta *m y f* *(amer)* bébé, petit, e.
be-bop *m* be-bop (baile).
beca *f* bourse (de estudio); *beca de investigación* bourse de recherche.
becado, da *m y f* boursier, ère.
becar *v tr* accorder une bourse à.
becario, ria *m y f* boursier, ère.
becerra *f* génisse [de moins d'un an] ‖ muflier *m* (planta).
becerrada *f* course de jeunes taureaux.
becerro *m* veau [d'un an ou deux] ‖ veau (cuero) ‖ cartulaire, livre terrier (libro) ‖ *— becerro de oro* veau d'or ‖ *becerro marino* veau marin, phoque (foca).
— OBSERV Le *veau*, viande de boucherie, se dit *ternera*.
becuadro *m* MÚS bécarre.
béchamel *f* béchamel (salsa).
bedel *m* appariteur (en la universidad).
beduino, na *adj y s* bédouin, e (árabe nómada) ‖ FIG barbare, sauvage (hombre brutal).
befa *f* raillerie, moquerie (escarnio) ‖ *hacer befa de uno* tourner quelqu'un en dérision, se moquer de quelqu'un.

befar *v intr* remuer les lèvres, jouer avec le mors (los caballos).
◆ *v tr* se moquer de, railler (burlarse).
befo, fa *adj* lippu, e (de labio grueso) ‖ cagneux, euse (zambo).
◆ *m* babine *f* (de perro, mono, etc.), lèvre *f* (de caballo, etc.) ‖ lippe *f* (labio inferior grueso) ‖ singe (mico).
begonia *f* BOT bégonia *m*.
behaviorismo *m* behaviorisme, behaviourisme.
beige *adj y s m* beige (color).
— OBSERV Ce mot est un gallicisme très employé.
béisbol *m* base-ball.
bejucal *m* lieu où abondent les lianes.
bejuco *m* liane *f* (planta).
bel *m* bel (unidad de intensidad sonora).
beldad *f* beauté ‖ beauté (mujer bella).
belén *m* crèche *f* (del niño Jesús) ‖ FIG & FAM pagaille *f*, pagaye *f* (confusión) | capharnaüm, foutoir (lugar donde hay desorden) ‖ *meterse en belenes* se fourrer dans un guêpier.
Belén *n pr* GEOGR Bethléem ‖ *estar en Belén* être dans les nuages *o* dans la Lune.
beleño *m* BOT jusquiame *f*.
belfo, fa *adj* lippu, e.
◆ *m* lèvre *f* (del caballo), babine *f* (deperro, mono, etc.) ‖ lippe *f* (labio inferiorgrueso).
belga *adj* belge.
◆ *m y f* Belga.
Bélgica *n pr f* GEOGR Belgique.
Belgrado *n pr* GEOGR Belgrade.
Belice *n pr* GEOGR Belize.
belicismo *m* bellicisme.
belicista *adj y s* belliciste.
bélico, ca *adj* de guerre; *preparativos bélicos* préparatifs de guerre.
belicosidad *f* bellicosité, caractère *m* belliqueux, agressivité.
belicoso, sa *adj* belliqueux, euse (guerrero) ‖ FIG belliqueux, euse; batailleur, euse (agresivo).
beligerancia *f* belligérance ‖ *no dar beligerancia a uno* ne pas s'occuper de quelqu'un, laisser quelqu'un tranquille ‖ *política de no beligerancia* politique de non-belligérance *o* de non-intervention.
beligerante *adj y s* belligérant, e.
belinógrafo *m* bélinographe.
belinograma *m* bélinogramme.
belio *m* bel (unidad de intensidad sonora).
belvedere *m* belvédère.
bellaco, ca *adj y s* coquin, e; fripon, onne (astuto) ‖ scélérat, e; vaurien, enne (malo) ‖ *(amer)* rétif, ive (caballo) ‖ *mentir como un bellaco* mentir comme un arracheur de dents.
belladona *f* BOT belladone.
bellaquería *f* friponnerie, méfait *m* (acción) ‖ friponnerie, scélératesse (calidad).
belleza *f* beauté ‖ — *diplomada en belleza* esthéticienne diplômée ‖ *una belleza* une beauté (mujer).
bellísimo, ma *adj* très beau, très belle ‖ *una bellísima persona* une excellente personne.
bello, lla *adj* beau, bel, belle; *bello como un sol* beau comme un astre; *las bellas artes* les beaux-arts ‖ — *el bello sexo* le beau sexe ‖ FIG *por su bella cara* pour ses beaux yeux.
— OBSERV *Bel* se emplea delante de los sustantivos masculinos singulares que empiezan por vocal o *h* aspirada: *un niño, un hombre bello* un bel enfant, un bel homme.
bellota *f* BOT gland *m* (de la encina) ‖ ANAT gland *m* (bálano) ‖ gland *m* (adorno) ‖ bouton *m* d'œillet (del clavel) ‖ FIG & FAM *animal de bellota* cochon, porc (cerdo), mule, cabochard (testarudo), buse, butor (de escasa inteligencia).
bemol *adj y s m* MÚS bémol; *si bemol* «si» bémol ‖ *hacer bemol* bémoliser.
◆ *pl* POP cran *sing* (valor) ‖ — *esto tiene bemoles* ou *muchos bemoles* ou *tres bemoles* ce n'est pas de la blague, ce n'est pas facile, ce n'est pas du tout cuit.
bemolado, da *adj* bémolisé, e.
ben *m* ben (hijo de) ‖ BOT moringa.
Benarés *n pr* GEOGR Bénarès.
benceno *m* QUÍM benzène.
bencidina *f* QUÍM benzidine.
bencílico, ca *adj* QUÍM benzilique.
bencina *f* QUÍM benzine.
bendecir* *v tr* bénir; *bendecir la mesa, la comida* bénir le repas; *estar bendecido por los dioses* être béni des dieux ‖ *¡Dios le bendiga!* Dieu vous bénisse!
— OBSERV Le verbe espagnol *bendecir* a deux participes passés: l'un régulier, *bendecido*, employé dans l'énoncé d'une action ou de son résultat: *esta iglesia fue bendecida por* cette église a été bénite par; l'autre, le participe irrégulier, *bendito*, qui n'a qu'une valeur d'adjectif. Cependant cette dernière forme subsiste dans les prières ou les invocations: *bendita eres entre todas las mujeres, bendito sea tu nombre* tu es bénie entre toutes les femmes, béni soit ton nom.
— OBSERV El verbo francés *bénir* tiene dos participios pasados: *béni, e* y *bénit, e*. Este último se usa solamente al tratar de objetos consagrados: *pain bénit, eau bénite*, pan bendito, agua bendita. En los demás casos, se dice *béni, e*: *une époque bénie* una época bendita.
bendición *f* bénédiction ‖ — *bendición apostólica* bénédiction apostolique ‖ *bendición nupcial* bénédiction nuptiale ‖ FIG & FAM *echar la bendición a alguien* couper les ponts avec quelqu'un ‖ FAM *es una bendición de Dios* c'est une bénédiction | *ya nos echaron las bendiciones* nous sommes déjà passés devant monsieur le curé (matrimonio).
bendito, ta *adj* béni, e; bénit, e (voir OBSERV en BENDECIR) ‖ bienheureux, euse (bienaventurado) ‖ heureux, euse (dichoso) ‖ benêt *m*, niais, e; bêbête (de pocos alcances) ‖ *¡bendito sea Dios!* mon Dieu! (de enojo), Dieu soit loué *o* béni (de contento).
◆ *m* niais (bobo) ‖ bonasse (bonachón) ‖ prière *f* qui commence par les mots «*bendito y alabado*», etc. ‖ *(amer)* niche *f* pour statue (hornacina) | sorte de tente *f* (tienda de campaña) ‖ — FIG & FAM *dormir como un bendito* dormir comme un bienheureux ‖ *reír como un bendito* rire aux anges.
benedictino, na *adj y s* bénédictin, e ‖ FIG *obra de benedictino* travail de bénédictin, œuvre de longue haleine.
◆ *m* bénédictine *f* (licor).
benefactor, ra *adj y s* bienfaiteur, trice.
beneficencia *f* bienfaisance; *sección de beneficencia* bureau de bienfaisance ‖ *beneficencia pública* assistance publique (administración).

beneficiado

beneficiado, da *m y f* bénéficiaire.
→ *m* bénéficier (eclesiástico).
beneficiar *v tr* faire du bien (hacer bien); *beneficiar al género humano* faire du bien au genre humain || faire valoir, mettre en valeur (una cosa, un terreno) || cultiver (la tierra) || exploiter (une mine) || traiter (un mineral) || *(amer)* abattre (matar una res) | dépecer (descuartizar) || favoriser (favorecer) || *ser beneficiado por* être l'objet d'une dotation de lapart de; *el convento ha sido beneficiado por* le couvent a été l'objet d'une dotation de la part de.
→ *v pr* bénéficier; *beneficiarse de una ley* bénéficier d'une loi; *beneficiarse con la ayuda de* bénéficier de l'aide de || tirer profit, profiter (sacar provecho).
beneficiario, ria *m y f* bénéficiaire.
beneficio *m* bienfait (bien); *colmar a uno de beneficios* combler quelqu'un de bienfaits || bénéfice (ganancia); *los beneficios del año* les bénéfices de l'année || avantage; *beneficios sociales* avantages sociaux || FIG bénéfice, profit (provecho); *a ou en beneficio de* au bénéfice de || ECLES bénéfice || exploitation *f* (explotación) || AGRIC culture *f* (cultivo) || MIN traitement (de un mineral) || *(amer)* abattage (matanza) | dépeçage (descuartizamiento) | exploitation *f* rurale (hacienda) | fumier (abono) || *— beneficio bruto* bénéfice brut || DR *beneficio de inventario* bénéfice d'inventaire || *beneficio líquido* ou *neto* bénéfice net || *beneficio operativo* bénéfice d'exploitation || *remanente de beneficios* bénéfices rapportés || *— a beneficio de inventario* sous bénéfice d'inventaire || *de beneficio* bénéficiaire; *margen de beneficio* marge bénéficiaire || *en beneficio de* au profit de || *en beneficio propio* pour son propre compte || *no tener oficio ni beneficio* ne rien avoir du tout.
beneficioso, sa *adj* avantageux, euse; profitable (provechoso), bienfaisant, e (benéfico).
benéfico, ca *adj (ant)* bénéfique (los astros) || bienfaisant, e; bénéfique (que hace bien) || *fiesta benéfica* fête de bienfaisance.
Benelux *n pr m* GEOGR Benelux.
benemérito, ta *adj* digne d'honneur, méritant, e; digne de récompense || *— benemérito de la patria* qui a bien mérité de la patrie.
→ *f la Benemérita* la garde civile [gendarmerie espagnole].
beneplácito *m* approbation *f*, agrément, accord; *dar su beneplácito* donner son approbation *o* son accord; *negar el beneplácito* refuser son accord.
benévolamente *adv* bénévolement (voluntariamente).
benevolencia *f* bienveillance.
benevolente *adj* bienveillant, e; favorable.
benévolo, la *adj* bienveillant, e; bénévole (bueno) || bénévole; *oyente benévolo* auditeur bénévole.
bengala *f* feu *m* de Bengale || rotin *m* (caña).
Bengala *n pr f* GEOGR Bengale *m*; *golfo de Bengala* golfe du Bengale || *luz de Bengala* feu de Bengale.
bengalí *adj* bengali (de Bengala).
→ *m y f* Bengali.
→ *m* bengali (pájaro) || bengali (langue).
benignamente *adv* bénignement, de façon bénigne.
benignidad *f* bénignité || douceur (del clima).

124

benigno, na *adj* bénin, bénigne; *enfermedad benigna* maladie bénigne || doux, douce (clima).
Benín *n pr m* GEOGR Bénin.
benjamín *m* benjamin (hijo menor).
bentos *m* benthos (fauna del fondo de los mares).
benzoico, ca *adj* QUÍM benzoïque.
benzol *m* QUÍM benzol.
beodez *f* ivresse.
beodo, da *adj y s* ivre, ivrogne, esse (borracho).
berberecho *m* bucarde, coque *f* (molusco).
berberisco, ca *adj y s* barbaresque.
berbiquí *m* vilebrequin (barrena).
BERD abrev de *Banco Europeo para la Reconstrucción y el Desarrollo* B.E.R.D., Berd, Banque Européenne pour la reconstruction et le développement.
beréber; berebere *adj y s* berbère.
berenjena *f* BOT aubergine; *berenjenas rellenas* aubergines farcies || FAM *¡ni qué berenjenas!* des figues!, des nèfles!
berenjenal *m* champ d'aubergines || FIG pagaille *f*, pagaye *f*; *armar un berenjenal* semer la pagaille || FIG & FAM *meterse en un berenjenal* se mettre dans de beaux draps (en un apuro), se fourrer dans un guêpier (en un lío).
bergamota *f* bergamote (fruta).
bergante *m* FAM chenapan, vaurien.
bergantín *m* brigantin, brick (barco).
berginización *f* berginisation (carburantes).
beriberi *m* béribéri (enfermedad tropical).
berilio *m* béryllium (metal).
berilo *m* MIN béryl.
Berlín *n pr* GEOGR Berlin || HIST *Berlín Este* Berlin-Est | *Berlín Oeste* Berlin-Ouest.
berlina *f* berline (vehículo) || coupé *m* (de una diligencia).
berlinés, esa *adj* berlinois, e.
→ *m y f* Berlinois, e.
bermejo, ja *adj* vermeil, eille (rojo) || roux, rousse (cabellos).
bermellón *m* vermillon (color).
bermudas *m pl* bermuda *m* sing.
Bermudas *n pr f pl* GEOGR Bermudes.
Berna *n pr* GEOGR Berne.
bernés, esa *adj* bernois, e (de Berna).
→ *m y f* Bernois, e.
berraco *m* braillard (niño).
berrear *v intr* mugir, beugler (los becerros) || FIG & FAM brailler, beugler (gritar o cantar) | pleurer comme un veau (llorar) || se mettre en rogne (enfadarse).
berrido *m* beuglement, mugissement (del becerro) || FIG hurlement, cri, braillement (grito) | fausse note *f*, couac, canard (al cantar).
berrinche; berrenchín *m* FAM rogne *f*, colère *f* (rabieta); *el niño ha cogido un berrinche* l'enfant a piqué une rogne | gros chagrin, contrariété *f* (disgusto).
berrinchudo, da *adj (amer)* coléreux, euse.
berro *m* cresson.
berrocal *m* terrain rocheux.
berroqueña *adj piedra berroqueña* granite, granit.

berza *f* chou *m* (col) ‖ FIG & POP *un berzas* une andouille.

berzal *m* champ de choux.

berzotas *m* y *f* FAM andouille *f* (idiota).

besalamano *m* billet non signé, portant en tête l'abréviation B.L.M (je vous baise les mains), et le nom de l'expéditeur; faire-part.

besamanos *m* baisemain.

besamela; besamel *f* béchamel (salsa).

besana *f* AGRIC billonnage *m* (surcos paralelos) | enrayure (primer surco) | mesure agraire catalane [21 ares 87].

besar *v tr* baiser (voir OBSERV), embrasser (dar un beso); *le besé en las mejillas* je l'ai embrassé sur les joues ‖ FIG toucher, effleurer (tocar) ‖ — FAM *aquello fue llegar y besar el santo* ça a marché comme sur des roulettes | *hacer besar la lona* envoyer au tapis (boxeo).
◆ *v pr* s'embrasser ‖ se toucher, s'effleurer (rozarse).
— OBSERV Hoy día el verbo *baiser* no debe emplearse más que en expresiones como *baiser les mains, les pieds, le front, les lèvres* besar las manos, los pies, la frente, los labios; se le sustituye en el verbo *embrasser*, que significa propiamente *abrazar*.

besico; besito *m* petit baiser, bécot, bise *f*; *dar un besito* faire *o* donner une bise, faire la bise ‖ BOT *besico de monja* campanule (farolillo).

beso *m* baiser; *beso de paz* baiser de paix ‖ FIG coup, heurt, choc (golpe) ‖ — FIG & FAM *comerse a besos* se manger de baisers ‖ FAM *dar un beso de tornillo* rouler un patin.

bestia *f* bête ‖ FIG bête brute (persona ruda); *¡vaya tío bestia!* espèce de brute! ‖ âne (ignorante) ‖ — *bestia de albarda* âne ‖ *bestia de carga* bête de somme ‖ *bestia de tiro* bête de trait ‖ FIG *bestia negra* bête noire ‖ *gran bestia* élan (anta), tapir (tapir) ‖ — FAM *a lo bestia* vachement ‖ FAM *ser un bestia* être une brute.

bestial *adj* bestial, e (irracional); *instintos bestiales* instincts bestiaux.

bestialidad *f* bestialité (brutalidad) ‖ FAM imbécilité, idiotie (tontería) ‖ FIG & FAM *una bestialidad de* un tas de, un grand nombre de.

bestializar *v tr* bestialiser.
◆ *v pr* devenir bestial.

bestiario *m* bestiaire.

best-seller *m* best-seller.

besucón, ona *adj* y *s* FAM lécheur, euse.

besugo *m* ZOOL daurade *f*, dorade *f*, rousseau ‖ FIG & FAM niais, bête, moule *f*.

besuguera *f* marchande de daurades ‖ turbotière (para el besugo) ‖ plat *m* à poisson (para cualquier pescado).

besuquear *v tr* FAM bécoter, baisoter (*p us*).
◆ *v pr* se bécoter.

besuqueo *m* bécotage, fricassé *f* de museaux (*fam*).

beta *f* bêta *m* (letra griega) ‖ bout *m* de corde *o* de ficelle (cuerda) ‖ MAR filin *m*, cordage *m* (cable) ‖ *rayos beta* rayons bêta.

betarraga; betarrata *f* betterave (remolacha).

Bética *n pr f* GEOGR Bétique.

bético, ca *adj* bétique.
◆ *f* bétique.

betún *m* bitume (brea) ‖ cirage (para el calzado) ‖ mastic (masilla) ‖ — *betún de Judea* bitume de Judée, asphalte ‖ *negro como el betún* noir comme un pruneau ‖ FAM *quedar a la altura del betún* être au-dessous de tout, être minable.

bezo *m* lippe *f* (labio grueso) ‖ lèvre *f* (de una herida).

bezoárico *m* antidote (contraveneno) ‖ *bezoárico mineral* bézoard minéral, peroxyde d'antimoine.

bezudo, da *adj* lippu, e; qui a des grosses lèvres.

bianual *adj* biennal, e.

biatómico, ca *adj* QUÍM biatomique.

bibelot *m* bibelot.

biberón *m* biberon.

biblia *f* bible ‖ — FAM *la biblia en pasta* ou *en verso* des masses ‖ *la Santa Biblia* la Sainte Bible ‖ *papel biblia* papier bible ‖ — y FAM *es la biblia en verso* c'est terrible ‖ *saber la biblia* tout savoir.

bíblico, ca *adj* biblique.

bibliobús *m* bibliobus.

bibliofilia *f* bibliophilie.

bibliófilo, la *m* y *f* bibliophile.

bibliografía *f* bibliographie.

bibliográfico, ca *adj* bibliographique.

bibliógrafo *m* bibliographe.

bibliología *f* bibliologie.

bibliomanía *f* bibliomanie.

bibliorato *m* (*amer*) classeur (carpeta).

biblioteca *f* bibliothèque ‖ — *biblioteca circulante* bibliothèque circulante *o* itinérante ‖ *biblioteca de consulta* bibliothèque de référence ‖ *biblioteca pública* bibliothèque publique ‖ *biblioteca universitaria* bibliothèque universitaire ‖ FIG *es una biblioteca viviente* c'est une encyclopédie vivante.

bibliotecario, ria *m* y *f* bibliothécaire.

biblioteconomía *f* bibliothéconomie.

bicameral *adj* bicaméral, e; *principios bicamerales* principes bicaméraux.

bicameralismo *m* bicamérisme, bicaméralisme.

bicarbonatado, da *adj* bicarbonaté, e.

bicarbonato *m* QUÍM bicarbonate.

bicéfalo, la *adj* y *s m* bicéphale.

bicentenario *m* bicentenaire.

bíceps *adj* y *s m* ANAT biceps; *bíceps crural* biceps crural.

bici *f* FAM vélo *m*, bécane (bicicleta).

bicicleta *f* bicyclette; *ir en bicicleta* aller à bicyclette ‖ *bicicleta estática* bicyclette d'appartement.

biciclo *m* bicycle.

bicoca *f* FIG & FAM babiole, bricole, bagatelle (fruslería) | occasion, bonne affaire (ganga) | fromage *m* (puesto ventajoso) ‖ bicoque (fortificación) ‖ (*amer*) calotte (de los clérigos) | chiquenaude (capirotazo) ‖ *por una bicoca* pour rien, pour une bouchée de pain, pour une misère (muy barato).

bicolor *adj* bicolore.

bicóncavo, va *adj* biconcave.

biconvexo, xa *adj* biconvexe.

bicromía *f* bichromie.

bicha *f* (*ant*) bête (bicho) ‖ couleuvre (culebra) ‖ ARQ mascaron *m*.

bicharraco *m* sale bête *f* ‖ FAM sale type, sale individu.

bicho *m* bestiole *f* (bestia pequeña) ‖ FAM bête *f*, taureau (toro de lidia) ‖ FIG phénomène, drôle de phénomène (persona ridícula) ‖ — *(amer)* bicho colorado aoûtat ‖ FIG & FAM *bicho malo, mal bicho* sale individu, sale type, chameau | *bicho malo nunca muere* mauvaise herbe croît toujours | *bicho raro* drôle d'oiseau, bête curieuse | *no hay bicho viviente que no lo sepa* tout le monde le sait, personne ne l'ignore | *todo bicho viviente* tout un chacun, tous sans exception, tout le monde.

bidé *m* bidet (mueble).

bidimensional *adj* bidimensionnel, elle.

bidón *m* bidon; *un bidón de gasolina* un bidon d'essence.

biela *f* bielle; *biela de acoplamiento* bille d'accouplement; *fundir una biela* couler une bielle ‖ manivelle (de una bicicleta).

bieldo *m* AGRIC fourche *f* à faner | bident (con los dientes).

Bielorusia *n pr f* GEOGR Biélorussie.

bien *m* bien (moral); *discernir el bien del mal* discerner le bien du mal; *lo hice por tu bien* ou *en bien tuyo* je l'ai fait pour ton bien; *hombre de bien* homme de bien ‖ bien, intérêt; *el bien de la patria* l'intérêt de la patrie; *el bien público* l'intérêt public ‖ — *bien común* bien public ‖ *bien supremo* souverain bien ‖ *devolver bien por mal* rendre le bien pour le mal ‖ *hacer bien* ou *el bien* faire du bien (beneficiar), faire le bien (socorrer) ‖ *haz el bien y no mires a quien* que ta main gauche ignore le bien que fait ta main droite ‖ *el bien fundado* le bienfondé ‖ *no hay bien ni mal que cien años dure* le bonheur et le malheur ne sont pas éternels ‖ *no hay mal que por bien no venga* à quelque chose malheur est bon ‖ *querer el bien de* vouloir du bien à, vouloir le bien de.

◆ *pl* biens; *bienes muebles, de consumo, de equipo* biens meubles, de consommation, d'équipement ‖ — *bienes de capital* biens d'équipement ‖ *bienes de consumo duraderos* biens de consommation durables ‖ *bienes de fortuna* des biens, du bien [patrimoine] ‖ *bienes de inversión* biens d'investissement ‖ *bienes de propios* usages ‖ *bienes fungibles* biens fongibles ‖ *bienes gananciales* acquêts; *comunidad de bienes gananciales* communauté réduite aux acquêts ‖ *bienes heredables* biens transmissibles ‖ *bienes inmuebles* biens immeubles, immobilier ‖ *bienes mostrencos* biens jacents, épaves ‖ *bienes nullius* biens vacants o sans maître ‖ *bienes parafernales* biens paraphernaux ‖ *bienes públicos* bien public ‖ *bienes raíces* biensfonds ‖ *bienes relictos* patrimoine successoral laissé par le de cujus ‖ *bienes sedientes* biens-fonds ‖ *bienes semovientes* bétail, cheptel vif ‖ *bienes terrestres* biens terrestres o de ce monde ‖ *bienes vinculados* biens inaliénables ‖ *bienes y personas* corps et biens (en un naufragio) ‖ — *bienes mal adquiridos a nadie han enriquecido* bien mal acquis ne profite jamais ‖ FAM *decir mil bienes de uno* dire beaucoup de bien de quelqu'un, porter quelqu'un aux nues.

bien *adv* bien (convenientemente); *obrar bien* agir bien ‖ bien (correctamente); *habla bien el francés* il parle bien français; *bien criado* bien élevé ‖ bien, juste; *razonar bien* raisonner juste ‖ bien (felizmente); *su negocio marcha bien* son affaire marche bien ‖ bien, largement, à l'aise (cómodamente); *vive bien* il vit bien o largement, il est à l'aise ‖ bon; *oler bien* sentir bon ‖ bien, volontiers, avec plaisir (con gusto); *bien le ayudaría si* je vous aiderais volontiers si ‖ bien, assez (bastante); *estoy bien cansado* je suis bien fatigué ‖ bien, beaucoup, pas mal (mucho); *hemos caminado bien* nous avons bien marché ‖ bien, très (muy); *es bien malo* il est bien méchant ‖ bien; *bien entendiste* tu as bien compris; *bien es verdad que* il est bien vrai que; *bien me lo decía mi abuelo* mon grand-père me le disait bien ‖ bien, bon, soit (de acuerdo); *¿vamos al cine? — bien* nous allons au cinéma? — bon ‖ *ahora bien* or, cela étant, ceci dit ‖ *bien... o bien, bien sea... o bien* soit... soit ‖ *de bien a bien* de bon gré, de gré à gré (por las buenas) ‖ *de bien en mejor* de mieux en mieux ‖ *gente bien* des gens bien ‖ *mal que bien* tant bien que mal ‖ *más o menos bien* plus ou moins bien, tant bien que mal ‖ *no bien* à peine; *no bien vio el relámpago, echó a correr* à peine eut-elle vu l'éclair qu'elle se mit à courir; *ne... pas* plutôt, à peine ‖ *no bien lo había dicho cuando se levantó* il ne l'avait pas plutôt dit qu'il se leva ‖ *¡pues bien!* bon! ‖ FAM *¡qué bien!* épatant!, magnifique!, chic! ‖ *si bien* quoique, bien que, encore que ‖ *y bien* eh bien, alors ‖ — *como bien le parezca* comme bon vous semble ‖ *¡está bien!* d'accord! (de acuerdo), ça commence à bien faire! (¡basta!) ‖ *estar bien con* être dans les bonnes grâces de, être bien avec ‖ *estar bien de salud* être en bonne santé o bien portant ‖ *hablar bien de* dire du bien de, parler en bien de ‖ *hacer bien en* faire bien de, avoir raison de, ne pas avoir tort de ‖ *quien bien te quiere te hará llorar* qui aime bien châtie bien ‖ *sentar bien* faire du bien (un alimento, una cura), aller bien (vestido) ‖ *tener a bien* vouloir, vouloir bien, avoir l'obligeance de; *tenga usted a bien decirme* veuillez me dire; *espero que usted tendrá a bien escribirme pronto* j'espère que vous voudrez bien m'écrire bientôt; juger bon; *tuve a bien quedarme más tiempo* j'ai jugé bon de rester plus longtemps ‖ *tomar a bien* prendre du bon côté, bien prendre ‖ *¡ya está bien!* cela suffit!, c'en est assez!, ça commence à bien faire!

bienal *adj* biennal, e; *rotaciones bienales* assolements biennaux.

◆ *f* biennale.

bienandanza; buenandanza *f* bonheur *m*, félicité (felicidad) ‖ chance, réussite (éxito).

bienaventurado, da *adj y s* bienheureux, euse.

bienaventuranza *f* béatitude ‖ bonheur *m* (felicidad).

◆ *pl* RELIG béatitudes; *las ocho bienaventuranzas* les huit béatitudes.

bienestar *m* bien-être, confort.

bienhablado, da *adj* courtois, e; poli, e.

◆ *adj y s* bien-disant, e (*p us*).

bienhechor, ra *adj y s* bienfaiteur, trice.

bienintencionadamente *adv* avec de bonnes intentions.

bienintencionado, da *adj* bien intentionné, e.

bienio *m* espace de deux ans.

bienquerencia *f*; **bienquerer** *m* affection *f* (cariño) ‖ bonne volonté *f* ‖ estime *f* (consideración).

bienquerer* *v tr* estimer, apprécier.

bienquistar *v tr* mettre d'accord, réconcilier.

◆ *v pr* se mettre d'accord, se réconcilier.

bienquisto, ta *adj* bien vu, e; apprécié, e; *bienquisto de sus vecinos* bien vu de ses voisins.

— OBSERV Ce mot est le participe passé irrégulier de *bienquerer.*
bienvenida *f* bienvenue; *dar la bienvenida* souhaiter la bienvenue.
bienvenido, da *adj y s* bienvenu, e; *ser bienvenido* être le bienvenu.
bienvivir *v intr* vivre à l'aise (con holgura) ‖ mener une vie honnête (honradamente).
bies *m* biais (costura); *al bies* en biais; *poner un bies* mettre un biais.
bifásico, ca *adj* biphasé, e.
bife *m (amer)* bifteck; *bife a caballo* bifteck avec deux œufs sur le plat | calotte *f*, claque *f* (guantada).
bífido, da *adj* BOT bifide (hendido).
bífidus; bifidus *m inv* bifidus.
bifocal *adj* bifocal, e; à double foyer; *lentes bifocales* verres à double foyer.
biftec *m* → **bistec**.
bifurcación *f* bifurcation.
bifurcarse *v pr* bifurquer, se diviser en deux (un río, una rama) ‖ bifurquer (carretera); *la carretera se bifurca en Soria* la route bifurque à Soria.
bigamia *f* bigamie.
bígamo, ma *adj y s* bigame.
bigardo, da; bigardón, ona *adj y s* paresseux, euse; fainéant, e (vago) ‖ libertin, e.
bígaro; bigarro *m* bigorneau (molusco).
big bang *m* big-bang, big bang.
bigornia *f* bigorne (yunque).
bigote *m* moustache *f*; *bigote retorcido* moustache retroussée; *bigote con guías* moustache en croc ‖ IMPR sorte de filet ‖ trou de coulée (en un horno) ‖ — ELECTR *bigote de gato* chercheur, moustache ‖ — FAM *estar de bigote* être du tonnerre *o* formidable ‖ *tener bigotes*, *ser un hombre de bigotes* être un dur *o* un brave à trois poils.
bigotudo, da *adj* moustachu, e.
bigudí *m* bigoudi.
bikini *m* → **biquini**.
bilabial *adj y s f* bilabial, e.
bilateral *adj* bilatéral, e; *acuerdos bilaterales* accords bilatéraux.
bilbaíno, na *adj y s* de Bilbao.
bilbilitano, na *adj y s* de Calatayud [ville d'Aragon, autrefois «Bilbilis»].
biliar; biliario, ria *adj* biliaire (humor).
bilingüe *adj y s* bilingue.
bilingüismo *m* bilinguisme.
bilioso, sa *adj y s* bilieux, euse.
bilirrubina *f* bilirubine.
bilis *f* bile (humor) ‖ FIG bile; *exaltar la bilis* échauffer la bile (irritar) ‖ — FIG *descargar la bilis* décharger sa bile ‖ FIG & FAM *revolver la bilis* (re)tourner les sangs ‖ FAM *tragar bilis* avaler des couleuvres (aguantar).
bilobulado, da *adj* bilobé, e.
billar *m* billard (juego); *taco de billar* queue de billard ‖ — *billar americano* billard américain *o* à six trous ‖ *billar automático* flipper, billard électrique (maquinitas) ‖ *billar ruso* billard russe.
billete *m* billet (carta); *billete amoroso* billet doux ‖ billet (de banco, de tren, de lotería, de espectáculo, etc.); *sacar un billete* prendre un billet; *billete circular* billet circulaire ‖ ticket (metro, tranvía, andén) ‖ — *billete al portador* billet au porteur ‖ *billete a mitad de precio* billet demi-tarif ‖ *billete de abono* abonnement ‖ *billete de andén* billet de quai ‖ TEATR *billete de favor* billet de faveur ‖ *billete de ida* billet simple, aller simple ‖ *billete de ida y vuelta* aller-retour, billet d'aller et retour ‖ *billete kilométrico* carnet kilométrique ‖ *billete postal* carte-lettre ‖ *billete semanal* billet hebdomadaire ‖ *billete sencillo* aller simple ‖ — *billete tarifa completa* billet à plein tarif ‖ *con el cartel de no hay billetes* à bureaux fermés ‖ *medio billete* demi-place ‖ *no hay billetes* complet.
billetera *f*; **billetero** *m* porte-billets *m inv*, portefeuille *m* (cartera) ‖ *(amer)* marchand, e de billets de loterie.
billón *m* MAT billion (millón de millones).
billonésimo, ma *adj y s* MAT millionième de millionième.
bimba *f* FAM tube *m*, gibus *m* (chistera) ‖ POP talmouse (puñetazo) ‖ FAM *(amer)* perche (persona alta) | cuite (borrachera).
bimensual *adj* bimensuel, elle.
bimestral *adj* bimestriel, elle.
bimestre *m* bimestre.
bimetal *m* bilame.
bimetálico, ca *adj* bimétallique.
bimilenario *m* bimillénaire.
bimotor, ra *adj y s m* bimoteur, trice.
bina *f* AGRIC binage *m*.
binadera *f* AGRIC binette (herramienta).
binadora *f* bineur *m*, bineuse (máquina).
binar *v tr* AGRIC biner.
  → *v intr* ECLES biner.
binario, ria *adj* binaire.
bingo *m* bingo.
binocular *adj* binoculaire.
binóculo *m* binocle.
binomio *m* MAT binôme.
binza *f* pelure d'oignon (de cebolla) ‖ membrane coquillière (del huevo) ‖ membrane (telilla).
bioagricultura *f* agriculture biologique.
biobibliografía *f* biobibliographie.
biodegradable *adj* biodégradable.
biodinámica *f* biodynamique.
bioelectricidad *f* bioélectricité.
bioelemento *m* élément biogénétique.
bioenergética *f* bioénergie.
bioética *f* bioéthique.
biofísica *f* biophysique.
biofísico, ca *adj y s* biophysique.
  → *m y f* biophysicien, enne.
biogénesis *f inv* biogenèse.
biogenético, ca *adj* biogénétique.
biografía *f* biographie.
biografiar *v tr* écrire la biographie de.
biográfico, ca *adj* biographique.
biógrafo, fa *m y f* biographe.
  → *m (amer)* cinéma.
— OBSERV Ce mot est un barbarisme dans le sens de *cinéma.*
bioingeniería *f* génie *m o* ingénierie biologique.
biología *f* biologie; *biología aplicada* biologie appliquée; *biología molecular* biologie moléculaire.
biológico, ca *adj* biologique.

biólogo, ga *m y f* biologiste.
biomasa *f* biomasse.
biombo *m* paravent.
biomecánica *f* biomécanique.
biomédico, ca *adj* biomédical, e.
biometría *f* biométrie.
biónica *f* bionique.
biopsia *f* MED biopsie.
bioquímico, ca *adj* biochimique.
◆ *m y f* biochimiste.
◆ *f* biochimie.
biorritmo *m* MED biorythme.
biosfera *f* biosphère.
biotecnología *f* biotechnologie, biotechnique.
bioterapia *f* biothérapie.
biotipo *m* biotype.
biotopo *m* biotope.
bióxido *m* QUÍM bioxyde.
bipartición *f* bipartition.
bipartidismo *m* bipartisme.
bipartidista *adj* biparti, e; bipartite.
bipartido, da *adj* biparti, e; bipartite (en el lenguaje científico); *hoja bipartida* feuille bipartite || biparti, e; bipartite (comité, gobierno, etc.).
bipartito, ta *adj* bipartite, biparti, e (acuerdo).
bípede; bípedo, da *adj y s m* bipède.
bíper *m* bip.
biplano *m* biplan (avión).
biplaza *adj y s m* biplace.
bipolar *adj* bipolaire.
biquini; bikini *m* bikini, deux-pièces (bañador).
BIRD abrev de *Banco Internacional de Reconstrucción y Desarrollo* B.I.R.D., Banque internationale pour la reconstruction et le développement.
bipolarización *f* bipolarisation.
birlar *v tr* rabattre (en el juego de los bolos) || FIG & FAM chiper, barboter, faucher, piquer (robar) | rabioter, ratiboiser (en el juego) | souffler (una novia, un empleo) | descendre, ratiboiser (matar).
birlibirloque (por arte de) *loc adv* par enchantement, comme par enchantement.
birlocha *f* cerf-volant *m* (cometa).
Birmania *n pr f* GEOGR Birmanie.
birmano, na *adj y s* birman, e.
birome *m* ou *f (amer)* stylo *m* à bille.
birra *f* POP bière, demi *m* (cerveza).
birreactor *adj y s m* biréacteur.
birrefringente *adj* biréfringent, e.
birreta *f* barrette (de cardenal).
birrete *m* barrette *f* (birreta) || toque *f* (de los magistrados) || bonnet (gorro).
birria *f* FAM horreur (cosa o persona fea) | cochonnerie (cosa sin valor) || *(amer)* haine (tirria) | caprice *m*, manie (capricho).
bis *adv* bis.
bisabuelo, la *m y f* arrière-grand-père *m*, arrière-grand-mère *f*; bisaïeul, e *(p us)*.
◆ *m pl* arrière-grands-parents.
bisagra *f* charnière (de puerta, etc.) || bisaigüe (de zapatero) || FIG charnière (política, etc.).
bisanual; bisanuo, a *adj* bisannuel, elle.
bisar *v tr* bisser.

bisbisar; bisbisear *v tr* FAM marmotter (decir entre dientes) || murmurer, chuchoter (al oído).
bisbiseo *m* chuchotement, murmure.
biscote *m* biscotte *f*; *biscote integral* biscotte complète.
biscuit *m* biscuit (porcelana).
bisección *f* GEOM bissection.
bisector, triz *adj y s f* GEOM bissecteur, trice.
bisel *m* biseau; *en bisel* en biseau.
biselado *m* biseautage.
biselar *v tr* biseauter, tailler en biseau.
bisemanal *adj* bihebdomadaire.
bisexual *adj* bissexuel, elle; bissexué, e.
bisexualidad *f* bisexualité.
bisiesto *adj* bissextile; *año bisiesto* année bissextile || — *día bisiesto* bissexte, jour bissextile || FIG & FAM *mudar de bisiesto* changer son fusil d'épaule.
bisilábico, ca; bisílabo, ba *adj* de deux syllabes.
bismuto *m* bismuth.
bisnieto, ta *m y f* arrière-petit-fils *m*, arrière-petite-fille *f*.
◆ *m pl* arrière-petits-enfants.
bisojo, ja *adj y s* loucheur, euse; bigle (bizco).
bisonte *m* ZOOL bison.
bisoñé *m* toupet, petite perruque *f*.
bisoño, ña *adj y s* débutant, e; novice (principiante).
◆ *m* MIL bleu, nouvelle recrue *f* || FAM bleu, béjaune, blanc-bec.
bistec; bisté; biftec *m* bifteck, beefsteak.
bisturí *m* MED bistouri.
bisurco *adj m* *arado bisurco* bisoc.
bisutería *f* bijouterie de fantaisie *o* en faux *o* fausse *o* en simili *o* en toc *(fam)*; *una joya de bisutería* un bijou en simili.
bit *m* INFORM bit.
bitácora *f* MAR habitacle *m* || *cuaderno de bitácora* livre de bord.
bitensión *f* bitension.
bitoque *m* fausset (de tonel) || *(amer)* robinet (grifo) | canule *f* (de una jeringa) | égout (sumidero).
bitter *m* bitter (licor).
bituminante *adj* bitumeux, euse; bitumineux, euse.
bituminoso, sa; betuminoso, sa *adj* bitumineux, euse.
bivalente *adj* QUÍM bivalent, e.
bivalvo, va *adj y s m* BOT & ZOOL bivalve.
Bizancio *n pr* GEOGR Byzance.
bizantino, na *adj y s* byzantin, e || FIG *discusiones bizantinas* discussions byzantines.
bizarría *f* courage *m*, bravoure, hardiesse (valor) || générosité, largesse (generosidad) || prestance, allure (gallardía).
bizarro, ra *adj* courageux, euse; brave, vaillant, e; hardi, e; *un bizarro coronel* un vaillant colonel || généreux, euse; large (generoso) || de belle prestance (gallardo).
bizcaitarra *m y f* nationaliste basque.
bizcar *v intr* loucher (mirar torcido).

bizco, ca *adj* louche, bigle.
→ *m* y *f* loucheur, euse; bigle || FIG & FAM *dejar bizco* laisser pantois *o* baba *o* comme deux ronds de flanc.
bizcochada *f* soupe au lait et aux biscuits (sopa) || petit pain *m* fendu (bollo).
bizcochar *v tr* biscuiter, recuire; *pan bizcochado* pain biscuité || biscuiter (la porcelana).
bizcocho *m* CULIN biscuit, pâte *f* à biscuit (masa) | gâteau (pastel) || TECN biscuit (de porcelana) || *bizcocho borracho* baba [au rhum].
bizcochuelo *m* petit biscuit.
biznaga *f* visnage *m* (plante) || petit bouquet *m* de jasmin (en Andalucía) || *(amer)* échinocactus *m*, cactacée du Mexique (cacto).
biznieto, ta *m* y *f* arrière-petit-fils *m*, arrière-petite-fille *f*.
→ *m pl* arrière-petits-enfants.
bizquear *v intr* FAM loucher, bigler.
bizquera *f* strabisme *m*.
blanca *f* maille (antigua moneda) || MÚS blanche || pie (urraca) || FAM blanche (cocaína) || FIG & FAM *no tener una blanca, estar sin blanca* n'avoir pas un radis, être fauché, être sans un rond *o* sans le sou.
Blancanieves y los siete enanitos Blanche-Neige et les sept nains.
blanco, ca *adj* blanc, blanche; *pan, vino blanco* pain, vin blanc || FIG & FAM froussard, e; trouillard, e (cobarde) | — *blanco como el papel* blanc comme un linge, pâle comme la mort || *manjar blanco* blanc-manger (natilla) || *más blanco que la nieve* blanc comme neige || *ropa blanca* lingerie || *tienda de ropa blanca* maison de blanc || — *dar carta blanca* donner carte blanche || POP *estar blanco* avoir un casier (judiciaire), vierge.
→ *m* y *f* Blanc, Blanche, (de raza blanca) || *blanca doble* double-blanc (dominós).
→ *m* blanc (color) || blanc (intervalo) || cible *f* (para tirar) || FIG but (objetivo) || — *blanco de ballena* blanc de baleine || *blanco de cinc* ou *de España* ou *de plata* ou *de plomo* blanc de zinc *o* d'Espagne *o* de céruse || *blanco de la uña* lunule || *blanco del ojo* blanc de l'œil || — *caseta de tiro al blanco* stand de tir || *cheque en blanco* chèque en blanc || *tiro al blanco* tir à la cible || — *como de lo blanco a lo negro* comme le jour et la nuit || *en blanco* en blanc (sin escribir), nue (espada), négatif; *ha sido un día en blanco* cela a été un jour négatif || — *calentar al blanco* chauffer à blanc || *dar en el blanco, hacer blanco* frapper au but, donner *o* mettre dans le mille, faire mouche || *pasar una noche en blanco* passer une nuit blanche || *ponerse en blanco* chavirer (los ojos) || *quedarse en blanco* ne rien être pour ses frais (a la luna de Valencia) || *ser el blanco de las burlas* être un objet de risée, être en butte aux plaisanteries || *ser el blanco de las miradas* être le point de mire || *tirar al blanco* faire un carton || *votar en blanco* voter blanc.
blancor *m* blancheur *f* (blancura).
blancura *f* blancheur.
blancuzco, ca *adj* blanchâtre.
blandamente *adv* mollement (con blandura) || FIG doucement (suavemente); *hablar blandamente* parler doucement.
blandear *v intr* faiblir, fléchir (flojear) || céder.
→ *v tr* influencer || brandir (un arma).
→ *v pr* fléchir.

blandengue *adj* y *s* FAM faible, mou, molle; mollasse.
→ *m (amer)* lancier [de la province de Buenos Aires].
blanduería *f* mollesse, faiblesse.
blandir* *v tr* brandir (un arma).
blando, da *adj* mou, molle (muelle); *este colchón es blando* ce matelas est mou || tendre (tierno) || FIG doux, douce (ojos, palabras, etc.) | tendre; *blando de corazón* au cœur tendre | mou, molle; faible (débil); *carácter blando* caractère faible || FAM froussard, e (cobarde) || MÚS bémolisé, e.
→ *adv* mollement, doucement.
blandón *m* brandon (antorcha) || torchère *f* (candelero).
blanducho, cha; blandujo, ja *adj* FAM mollasse, mollasson, onne.
blandura *f* mollesse (calidad) || emplâtre *m*, émollient *m* (emplasto) || tiédeur (de la atmósfera) || FIG douceur, bien-être *m* (bienestar) | affabilité, douceur (en el trato) | flatterie (halago).
blanqueado *m* → **blanqueo**.
blanqueador, ra *adj* qui blanchit, blanchissant, e.
→ *m* badigeonneur.
blanquear *v tr* blanchir (poner una cosa blanca) || chauler, blanchir *o* badigeonner à la chaux (encalar las paredes) || blanchir (los metales, el azúcar) || ECON blanchir (el dinero).
→ *v intr* blanchir, devenir blanc, blanche (ponerse blanco); *esta salsa blanquea* cette sauce blanchit || tirer sur le blanc (tirar a blanco) || blanchoyer (tener reflejos blancos).
blanquecino, na *adj* blanchâtre || blafard, e; *una luz blanquecina* une lumière blafarde.
blanqueo; blanqueado *m* blanchiment (acción de blanquear), chaulage, badigeonnage à la chaux (encalado) || ECON blanchiment (del dinero) || TECN blanchiment | blanchissage (del azúcar).
blanquillo, lla *adj* *trigo blanquillo* froment.
→ *m (amer)* œuf (huevo) | pêche *f* à chair blanche (melocotón) | poisson du Chili || POP *(amer)* couille *f* (testículo).
blanquinegro, gra *adj* noir et blanc.
blasfemador, ra *adj* y *s* blasphémateur, trice.
blasfemar *v intr* blasphémer; *blasfemar contra Dios, de la virtud* blasphémer contre Dieu, contre la vertu.
blasfematorio, ria *adj* blasphématoire.
blasfemia *f* blasphème *m*.
blasfemo, ma *adj* blasphématoire (palabra).
→ *adj* y *s* blasphémateur, trice (persona).
blasón *m* blason || honneur, gloire *f* (gloria) || *hacer blasón de* faire parade de.
blasonar *v tr* blasonner (heráldica).
→ *v intr* FIG se vanter, se targuer, faire parade *o* étalage de; *blasonar de rico* se targuer d'être riche, faire étalage de sa richesse.
blastodermo *m* BIOL blastoderme.
blastómero *m* blastomère.
blazer *m* blazer (chaqueta).
bledo *m* blette *f* (planta) || — FIG & FAM *no dársele a uno un bledo de alguna cosa* ne pas donner un sou de quelque chose | *no me importa un bledo* je m'en fiche, je m'en moque comme de l'an quarante.
blefaritis *f* MED blépharite.

blenorragia *f* MED blennorragie.
blindado, da *adj* blindé, e; *puerta blindada* porte blindée.
blindaje *m* blindage.
blindar *v tr* blinder.
blizzard *m* blizzard.
bloc *m* bloc; *bloc de notas* bloc-notes.
blocaje *m* blocage.
blocar *v tr* DEP bloquer (en fútbol y balonmano).
blocao *m* blockhaus (fortificación).
block-system *m* block-system, bloc-système, bloc (ferrocarriles).
blondo, da *adj* blond, e (rubio).
bloomers; blúmers *m pl* (*amer*) culotte *f sing*, slip *sing* (para mujeres).
bloque *m* bloc; *un bloque de mármol* un bloc de marbre ‖ INFORM bloc; *bloque de memoria* bloc de mémoire ‖ — MECÁN *bloque de motor* bloc-moteur (coche), fuseau moteur (avión) ‖ *bloque de matrizar* bloc à colonne ‖ *bloque de sellos* carnet de timbres ‖ *bloque diagrama* bloc-diagramme ‖ — *de un solo bloque* tout d'une pièce, en un seul bloc ‖ *en bloque* en bloc, en masse ‖ — *formar bloque con* former corps avec, faire un tout avec.
bloquear *v tr* MIL & MAR bloquer, faire le blocus de (cercar) ‖ COM bloquer, geler (créditos, etc.) ‖ FIG bloquer.
bloqueo *m* MIL & MAR blocus ‖ COM blocage; *bloqueo de fondos* blocage de fonds ‖ — *bloqueo económico* blocus économique ‖ *bloqueo mental* blocage.
blue-jean *m* blue-jean (pantalón vaquero).
blues *m* MUS blues.
bluff *m* bluff (farol).
blúmers *m pl* (*amer*) → **bloomers.**
blusa *f* blouse (de alumno, etc.) ‖ corsage *m*, blouse, chemisier *m* (de mujer).
blusón *m* blouse *f* longue (blusa larga) ‖ marinière *f* (de mujer).
boa *f* boa *m* (reptil) ‖ boa *m* (adorno de pieles, de plumas).
boardilla *f* mansarde (buhardilla).
boato *m* ostentation *f*, faste.
bobada *f* bêtise, sottise ‖ *¡déjate de bobadas!* trêve de plaisanteries!, cesse de dire *o* de faire des bêtises.
bobalicón, ona *adj y s* FAM abruti, e; crétin, e; bébête (tonto).
bobamente *adv* bêtement, sottement ‖ FIG sans soin, avec négligence (sin cuidado).
bobear *v intr* niaiser (*p us*), faire (hacer), dire (decir) des bêtises.
bobería *f* niaiserie, sottise.
bóbilis bóbilis (de) *adv* FAM sans se casser, les doigts dans le nez (muy fácilmente) ‖ à l'œil, aux frais de la princesse (de balde).
bobina *f* bobine (carrete) ‖ ELECTR *bobina de sintonía* bobine d'accord.
bobinado *m* bobinage.
bobinadora *f* bobinoir *m*.
bobinar *v tr* embobiner, bobiner.
bobo, ba *adj y s* sot, sotte; idiot, e; niais, e (tonto) ‖ naïf, ive (candoroso) ‖ *la guerra boba* la drôle de guerre.

◆ *m* TEATR bouffon ‖ poisson d'eau douce d'Amérique centrale (pez) ‖ FAM (*amer*) tocante *f* (reloj) ‖ — *a los bobos se les aparece la madre de Dios* aux innocents les mains pleines ‖ *el bobo de Coria* l'idiot du village ‖ *entre bobos anda el juego* ils s'entendent comme larrons en foire.
bobsleigh *m* bobsleigh (trineo).
boca *f* bouche; *boca acorchada* bouche empâtée ‖ gueule ‖ ZOOL pince (de crustáceo) ‖ bec *m* (de una vasija) ‖ bouche (de un cañón) ‖ entrée (de un puerto) ‖ TECN bouche, gueule (de un horno) ‖ gueulard *m* (de alto horno) ‖ tranchant *m* (de una herramienta cortante) ‖ mâchoire (de las pinzas) ‖ panne (de un martillo) ‖ débouché *m* (de una calle) ‖ goût *m*, bouquet *m* (del vino) ‖ FIG bouche; *tener seis bocas que atender* avoir six bouches à nourrir ‖ — *boca abajo* à plat ventre, sur le ventre ‖ *boca a boca* bouche à bouche ‖ *boca arriba* sur le dos (personas); *volver boca arriba* retourner sur le dos; sur table; *poner las cartas boca arriba* mettre cartes sur table ‖ FIG *boca de escorpión* langue de vipère ‖ FAM *boca de espuerta* four, bouche fendue jusqu'aux oreilles ‖ MIL *boca de fuego* bouche à feu ‖ *boca de incendio* bouche d'incendie ‖ FIG *boca del estómago* creux de l'estomac ‖ *boca de metro* bouche de métro ‖ *boca de oro* beau parleur, saint Jean Bouche d'or ‖ *boca de riego* bouche d'arrosage *o* d'eau, prise d'eau ‖ — *a boca, boca a boca* de vive voix ‖ *a boca de cañón* à bout portant (desde muy cerca), à brûle-pourpoint, de but en blanc (repentinamente) ‖ *a boca de jarro* à bout portant (a quema ropa) ‖ *a boca de noche* à la tombée de la nuit, entre chien et loup ‖ *a boca llena* sans mâcher ses mots, tout cru ‖ *ancho de boca* évasé ‖ *blando de boca* à la bouche sensible *o* tendre (un caballo) ‖ *con la boca abierta* bouche bée; *dejar con la boca abierta* laisser bouche bée ‖ *con toda la boca* à pleine bouche ‖ *duro de boca* à la bouche dure *o* fraîche (un caballo) ‖ *por una boca* à l'unisson ‖ *¡punto en boca!* bouche cousue!, motus!, silence! ‖ *telón de boca* rideau de scène ‖ — *abrir boca* ouvrir l'appétit, mettre en appétit ‖ FAM *¡a callarse la boca!* la ferme! ‖ *andar de boca en boca* aller *o* voler de bouche en bouche, être sur toutes les lèvres ‖ *andar en boca de las gentes* être dans toutes les bouches ‖ *a pedir de boca* à souhait ‖ *buscar a uno la boca* chercher noise à quelqu'un ‖ *calentársele a uno la boca* s'étendre, délayer, avoir la bouche pleine de son sujet (hablar con extensión), prendre feu, s'emporter (enardecerse) ‖ *callar la boca* retenir sa langue ‖ *cerrar a uno la boca* clouer le bec *o* couper le sifflet *o* rabattre le caquet à quelqu'un ‖ *con sólo abrir la boca* il suffit de dire un mot pour que ‖ *darle a uno en la boca* casser la figure à quelqu'un (romper las narices), en boucher un coin à quelqu'un (dejar patidifuso) ‖ *decir algo con la boca chiquita* dire quelque chose du bout des lèvres ‖ *decir uno lo que le viene a la boca* dire tout ce qui lui passe par la tête ‖ *de la mano a la boca se pierde la sopa* il y a loin de la coupe aux lèvres ‖ *despegar la boca* ouvrir la bouche, desserrer les dents ‖ *echar por aquella boca* cracher ‖ *el que tiene boca, se equivoca* il n'y a que celui qui ne dit rien qui ne se trompe jamais ‖ *en boca cerrada no entran moscas* la parole est d'argent, le silence est d'or ‖ *estar colgado de la boca de uno* être pendu aux lèvres de quelqu'un, boire les paroles de quelqu'un ‖ *estar oscuro como boca de lobo* faire noir comme dans un four ‖ *estar uno a que quieres boca*

être dans l'aisance || *estar uno con la boca a la pared* être sur le pavé *o* sur la paille || *hablar por boca de* parler par la bouche de || *hablar uno por boca de ganso* répéter comme un perroquet || *hacer boca* ouvrir l'appétit || *hacer la boca* faire *o* travailler la bouche (de un caballo) || *hacer una promesa de boca para fuera* faire une promesse en l'air || *írsele la boca a uno* ne pas savoir tenir sa langue || *meterse en la boca del lobo* se jeter dans la gueule du loup || *no abrir* ou *descoser la boca* ne pas desserrer les dents || *no caérsele a uno algo de la boca* n'avoir que cela à la bouche || *no decir esta boca es mía* ne pas souffler mot, ne pas ouvrir la bouche, rester muet comme une carpe, ne pas piper (mot) || *no tener nada que llevarse a la boca* n'avoir rien à se mettre sous la dent || FAM *partir la boca a uno* casser la figure à quelqu'un || *poner boca de corazoncito* faire la bouche en cœur || *poner en boca de* mettre dans la bouche de || *poner* ou *volver las cartas boca arriba* étaler son jeu (en el juego), mettre cartes sur table, retourner ses cartes (en un negocio) || *por la boca muere el pez* trop parler nuit || *quitárselo uno de la boca* s'ôter le pain de la bouche || *respirar por boca de* ne jurer que par || *se me hace la boca agua al ver este pastel* la vue de ce gâteau me fait venir l'eau à la bouche, en voyant ce gâteau l'eau m'en vient à la bouche || FAM *tapar la boca a uno* faire taire quelqu'un, graisser la patte à quelqu'un (sobornar), faire taire, clouer le bec, couper le sifflet à quelqu'un (hacer callar) || *torcer la boca* faire la moue || *venir a pedir de boca* bien tomber, tomber à pic.
➤ *pl* bouches, embouchure *sing*; *las bocas del Nilo* les bouches du Nil.

bocacalle *f* débouché *m o* entrée d'une rue || *tuerza a la tercera bocacalle a la derecha* tournez à la troisième rue à droite.

bocadillo *m* sandwich (emparedado); *un bocadillo de jamón* un sandwich au jambon || casse-croûte *inv* (comida ligera) || bulle *f* (de tiras cómicas) || (*amer*) pâte *f* de goyave (dulce de guayaba), de noix de coco (dulce de coco) || *tomar un bocadillo* casser la croûte.

bocado *m* bouchée *f*; *bocado de pan* bouchée de pain || morceau (de comida); *un buen bocado* un bon morceau; *comer* ou *tomar un buen bocado* manger un morceau || becquée *f*, béquée *f* (lo que coge el ave de una vez con el pico) || morsure *f*, coup de dent (mordisco); *dar un bocado* faire une morsure, donner un coup de dent || mors (freno del caballo) || embouchure *f* (parte del freno) || — *bocado de Adán* pomme d'Adam || FAM *bocado de cardenal* morceau de roi | *con el bocado en la boca* ayant à peine fini de manger, la bouche encore pleine || — FAM *comer una cosa en un bocado* ne faire qu'une bouchée d'une chose | *me lo comería a bocados* il, elle est à croquer || *no haber para un bocado* n'y avoir pas grand-chose à manger || *no pruebo bocado desde* je ne me suis rien mis sous la dent depuis.

bocajarro (a) *loc adv* à brûle-pourpoint (decir algo) || à bout portant (disparar) .

bocal *m* bocal.

bocamanga *f* ouverture de la manche, poignet *m* || MIL parement *m* (del uniforme).

bocamina *f* entrée d'une mine.

bocanada *f* bouffée (de humo) || gorgée; *una bocanada de vino* une gorgée de vin || — FIG *bocanada de aire* bouffée d'air | *bocanada de gente* flot de gens, affluence | *bocanada de viento* coup de vent.

bocata *m* FAM sandwich.

bocaza *f* FAM four *m*, grande bouche (boca grande).

bocazas *m* FAM grande gueule *f sing*.

bocel *m* ARQ tore (moldura) || MIL bourrelet || ARQ *cuarto bocel* quart-de-rond.

bocelar *v tr* ARQ tailler en tore.

bocera *f* moustaches *pl* [ce qui reste collé aux lèvres après avoir mangé ou bu]; *boceras de chocolate* moustaches de chocolat || MED gerçure aux commissures des lèvres, perlèche.

boceras *m inv* FAM grande gueule *f*.

boceto *m* esquisse *f* (dibujo), pochade *f* (pintura) || ébauche *f* (escultura, escrito) || IMPR projet.

bocina *f* MÚS corne || porte-voix *m inv* (para hablar desde lejos) || AUTOM trompe, corne (antes), klaxon *m*, avertisseur *m* (ahora) || pavillon *m* (de los gramófonos) || MAR gueulard *m*, porte-voix *m inv* || ASTR Petite Ourse (Osa Menor) || ZOOL buccin || (*amer*) chapeau *m* de moyeu (de las ruedas) || cornet *m* acoustique (para los sordos) || *tocar la bocina* corner (antes), klaxonner (ahora).

bocinazo *m* POP coup de gueule.

bocio *m* goitre; *bocio exoftálmico* goitre exophtalmique.

bock *m* chope *f* (de cerveza).

bocón, ona *adj y s* FAM qui a une grande bouche || FIG & FAM hâbleur, euse; grande gueule (fanfarrón).
➤ *m* sardine *f* de la mer des Antilles (sardina) || (*amer*) tromblon (trabuco).

bocoy *m* boucaut (tonel).
— OBSERV *pl bocoyes*.

bocha *f* boule (bola).
➤ *pl* boules (juego).

boche *m* bloquette *f* (agujero) || bourreau (verdugo) || (*amer*) coup de boule (bochazo) | dispute *f*, bagarre *f* (pendencia) || FIG & FAM (*amer*) *dar boche* donner un camouflet, repousser, éconduire, envoyer sur les roses.

bochinche; buchinche *m* FAM raffut, tapage, boucan (alboroto); *armar un bochinche* faire du tapage || taverne *f*, bistrot (taberna), boui-boui (cafetucho) || (*amer*) petite fête *f* (baile, fiesta casera).

bochorno *m* chaleur *f* lourde (calor sofocante) || FIG honte *f*; *sufrir un bochorno* avoir honte || rougeur *f* (rubor) | étourdissement (mareo corto) || MED bouffée *f* (sofoco).

bochornoso, sa *adj* lourd, e; étouffant, e; orageux, euse (el tiempo); *un día bochornoso* une journée étouffante || honteux, euse; *una acción bochornosa* une action honteuse.

boda *f* noce, mariage *m* (voir OBSERV) || — FIG & FAM *boda de negros* bamboula || *no hay boda sin tornaboda* il n'y a pas de rose sans épine.
➤ *pl* noces; *bodas de diamante, de oro, de plata* noces de diamant, d'or, d'argent.

bodega *f* cave (donde se guarda el vino, etc.) || cellier *m* (donde se guarda y cría el vino) || chai (donde se almacenan cubas de vino o aguardiente) || grenier *m* (granero) || dock *m*, entrepôt *m*, magasin *m* (almacén en los puertos) || MAR cale (del barco).

bodegón *m* gargote *f* (restaurante malo) || bistrot (*fam*), cabaret (taberna) || nature morte (pintura) ||

bodeguero

¿*en qué bodegón hemos comido juntos?* aurions-nous gardé les cochons ensemble?
bodeguero, ra *m y f* sommelier, ère (persona que cuida de la bodega) ‖ propriétaire d'une cave (dueño).
bodijo *m* FAM mauvais mariage, mésalliance *f* (boda desigual) | mariage pauvre (sin aparato).
bodoque *m* jalet (de ballesta) ‖ relief (bordados) ‖ tapon, pelote *f* (burujo) ‖ FIG & FAM bûche *f*, cruche *f* (persona poco inteligente) ‖ *(amer)* bosse *f* (chichón).
bodorrio *m* FAM → **bodijo**.
bodrio *m* ratatouille *f* (guiso malo) ‖ sang préparé pour la confection du boudin (para morcillas) ‖ FIG fatras, méli-mélo (mezcla) | cochonnerie *f* (cosa mal hecha).
BOE abrev de *Boletín Oficial del Estado* Journal officiel espagnol.
body *m* body.
bóer *adj y s* boer.
bofe *m*; **bofes** *m pl* poumons *pl* (*p us*), mou *sing* (de ternera, etc.).
▸ *m sing (amer)* jeu d'enfant (trabajo llevadero) ‖ FIG & FAM *echar el bofe* ou *los bofes* souffler comme un bœuf, être à bout de souffle (jadear), travailler dur, en mettre un coup (trabajar).
bofetada *f*; **bofetón** *m* gifle *f* ‖ FIG gifle *f*, camouflet *m*, affront *m* ‖ FAM gamelle (caída); *darse una bofetada* ramasser une gamelle.
bofia *f* FAM flic *m*, poulet *m*.
boga *f* ZOOL bogue *m* (pez) ‖ MAR nage (acción de remar), ‖ FIG vogue, mode; *estar en boga* être en vogue *o* à la mode.
▸ *m y f* rameur, euse.
bogada *f* MAR espace *m* que le bateau parcourt d'un seul coup de rames.
bogar *v intr* MAR ramer, nager (navegar, remar) ‖ FIG naviguer ‖ *(amer)* écumer (el metal fundido).
bogavante *m* *(ant)* MAR vogue-avant (remero) ‖ ZOOL homard (crustáceo).
bogie; **boggie** *m* boggie (carretón).
Bogotá *n pr* GEOGR Bogota.
bogotano, na *adj y s* de Bogota.
bohemia *f* bohème (vida de bohemio).
bohemio, mia *adj y s* bohémien, enne (de Bohemia) ‖ bohème (de vida desarreglada); *vida de bohemio* vie de bohème.
bohío *m* *(amer)* hutte *f*, case *f*.
boicot *m* → **boicoteo**.
boicotear *v tr* boycotter.
boicoteo; **boicot** *m* boycottage.
boina *f* béret *m*; *boina vasca* béret basque.
boira *f* brouillard *m* (niebla).
boite *f* boîte (sala de baile).
boj; **boje** *m* BOT buis.
boja *f* BOT armoise (abrótano).
bol *m* bol (taza grande) ‖ filet (red) ‖ lancement du filet (redada) ‖ *bol arménico* bol d'Arménie (barro rojo).
bola *f* boule (cuerpo esférico) ‖ bille (de billar, canica) ‖ vole (acción de hacer todas las bazas) ‖ chelem *m* (en el juego de bridge); *media bola* petit chelem ‖ cirage *m* (betún) ‖ FIG & FAM balle (fútbol) ‖ mensonge *m*, bobard *m*, craque (cuento); *contar ou meter bolas* raconter des bobards ‖ *(amer)* cerf-volant *m* rond (cometa) | foire (reunión desordenada) | émeute (motín) | tourte (tamal) ‖ — *bola de cristal* boule de cristal ‖ *bola de nieve* boule-de-neige (arbusto), boule de neige ‖ *(amer) bola pampa* arme de jet constituée par une boule attachée à une corde ‖ — *carbón de bola* boulet ‖ *cojinetes de bolas* roulements à billes ‖ *el Niño de la Bola* l'Enfant Jésus ‖ — *a bola vista* ouvertement, cartes sur table ‖ *¡dale bola!* encore!, ce n'est pas fini? ‖ *dar bola* cirer ‖ *(amer) dar en bola* réussir, mettre dans le mille ‖ *dejar que ruede la bola* laisser faire *o* courir, laisser rouler la boule ‖ *echar bola negra* blackbouler ‖ FIG & FAM *no dar pie con bola* faire tout de travers, faire tout à l'envers ‖ *no rascar bola* ne pas en ficher une rame | *¡ruede la bola!* vogue la galère!
▸ *pl* → **boleadoras** ‖ POP couilles (testículos) | *en bolas* à poil; *ir en bolas* se promener à poil.
bolada *f* jet *m* de boule ‖ volée (del cañón) ‖ *(amer)* occasion (oportunidad) | friandise (golosina) | mauvais tour *m* (jugarreta) | bon mot *m* (ocurrencia).
bolchevique *adj y s* bolchevique.
bolchevismo *m* bolchevisme.
bolea *f* DEP volée.
bolear *v intr* jouer au billard sans engager la partie (al billar) ‖ FIG mentir, raconter des bobards (mentir) ‖ *(amer)* jouer un mauvais tour (trampear).
▸ *v tr* FAM lancer, jeter (arrojar) ‖ *(amer)* blackbouler (en una votación) | recaler, coller (en un examen) | cirer (el calzado) | lancer [les «boleadoras»].
▸ *v pr (amer)* se tromper (equivocarse) | s'embrouiller (enredarse) | se cabrer (un potro) | perdre la boule, se troubler (turbarse).
bolera *f* bilboquet *m* (boliche) ‖ jeu de quilles (juego de bolos) ‖ boulodrome *m* ‖ *bolera americana* bowling (local).
bolero, ra *adj* qui fait l'école buissonnière (novillero) ‖ ZOOL *escarabajo bolero* bousier.
▸ *adj y s* FIG & FAM menteur, euse; bluffeur, euse (mentiroso).
▸ *m y f* danseur, euse de bolero (que baila el bolero).
▸ *m* boléro (baile español) ‖ boléro (chaquetilla de mujer) ‖ *(amer)* haut-de-forme (sombrero de copa) | cireur (limpiabotas) | volant (farala).
boleta *f* billet *m* d'entrée (cédula de entrada) ‖ bon *m* (vale) ‖ *(amer)* bulletin *m*; *boleta de sanidad* bulletin de santé ‖ MIL *boleta de alojamiento* billet de logement.
boletería *f (amer)* guichet *m* (taquilla).
boletero, ra *m y f (amer)* employé, e qui vend des billets au guichet.
boletín *m* bulletin (cédula, periódico) ‖ billet (billete) ‖ — *boletín de inscripción* bulletin d'inscription ‖ *boletín de multa* procès-verbal ‖ *boletín de premios* liste des prix ‖ *boletín de suscripción* bulletin d'abonnement ‖ *boletín facultativo* bulletin de santé ‖ *boletín informativo* ou *de noticias* bulletin d'informations ‖ *boletín meteorológico* bulletin météorologique ‖ *Boletín Oficial del Estado* Journal officiel.
boleto *m* bolet (hongo) ‖ billet (billete) ‖ *(amer)* billet (ferrocarril, teatro, etc.) | promesse *f* de vente (contrato) | FAM bobard (embuste) ‖ *boleto de apuestas* bulletin de pari individuel.

boli *m* FAM stylo.

boliche *m* cochonnet (blanco en la petanca) ‖ jeu de quilles (juego de bolos) ‖ bowling (bolera americana) ‖ bilboquet (juguete) ‖ trou-madame (juego antiguo) ‖ boule *f* (adorno) ‖ fourneau à réverbère (horno) ‖ bouclier (red) ‖ menus poissons *pl*, blanchaille *f* (morralla) ‖ *(amer)* épicerie-buvette *f*, échoppe *f* (tienda) | bistrot (taberna) | mauvais tabac (tabaco).

bólido *m* bolide ‖ FAM *ir como un bólido* filer comme un bolide.

bolígrafo *m* crayon à bille, stylo à bille.

bolillo *m* fuseau; *encaje de bolillos* dentelle aux fuseaux ‖ boulet (de las caballerías) ‖ *(amer)* petit pain (panecillo).
◆ *pl* sucres d'orge, sucettes *f* (dulce) ‖ *(amer)* baguettes *f* (de tambour).

bolita *f* *(amer)* bille (canica).

bolívar *m* bolivar (unité monétaire du Venezuela).

Bolivia *n pr f* GEOGR Bolivie.

boliviano, na *adj* bolivien, enne.
◆ *m y f* Bolivien, enne.
◆ *m* boliviano [unité monétaire de Bolivie].

bolo *m* quille *f* (juego) ‖ MECÁN arbre, axe (eje) ‖ noyau (de una escalera) ‖ vole *f* (en los naipes) ‖ capot (el que no hace baza en el juego) ‖ FIG & FAM empoté, gourde *f* ‖ bol (píldora) ‖ coutelas (machete filipino) ‖ — *bolo alimenticio* bol alimentaire ‖ *bolo arménico* bol d'Arménie ‖ *jugador de bolos* bouliste.
◆ *pl* quilles *f* (juego) ‖ bowling *sing* (bolera americana).

bolo, la *adj (amer)* ivre (ebrio) | sans queue (sin cola).

bolsa *f* bourse (para el dinero); *tener la bolsa repleta* avoir la bourse bien garnie; *tener la bolsa vacía* avoir la bourse plate ‖ sacoche (de cuero o tela) ‖ sac *m* poche (de papel) ‖ trousse (de herramientas, etc.) ‖ chancelière (para los pies), poche, faux pli *m* (de un vestido) ‖ bourse; *bolsa de Comercio, de Trabajo* bourse de commerce, du travail; *operaciones de Bolsa* opérations de Bourse ‖ ANAT bourse (serosa, sinovial) | sac *m* (lagrimal) ‖ poche (de los ojos, de pus) ‖ poche; *los calamares tienen una bolsa de tinta* les calmars ont une poche d'encre ‖ MED vessie à glace (de hielo) | bouillotte, boule (de agua caliente) ‖ MIL poche (cerco) ‖ MIN poche (de mineral, de gas) ‖ bourse [cachet d'un boxeur] ‖ *(amer)* poche (bolsillo) ‖ — *bolsa de aire* trou d'air ‖ *bolsa de labores* sac à ouvrage ‖ *bolsa de las aguas* poche des eaux ‖ BOT *bolsa de pastor* bourse-à-pasteur ‖ *bolsa negra* marché noir ‖ FIG *bolsa rota* panier percé, gouffre ‖ — *¡la bolsa o la vida!* la bourse ou la vie! ‖ *sin aflojar la bolsa* sans bourse délier ‖ — *(amer) hacer algo bolsa* réduire en miettes ‖ *volver a uno bolsa* tromper quelqu'un.
◆ *pl* ANAT bourses (escroto).

bolsear *v intr* faire des plis *o* des poches (los vestidos).
◆ *v tr* FAM *(amer)* repousser, envoyer promener, éconduire (echar) | soutirer de l'argent à, taper (sablear) | voler à la tire (robar).

bolsero, ra *m y f* boursier, ère; fabricant, e (el que hace) *o* marchand, e (el que vende) de bourses.
◆ *m (amer)* pique-assiette (gorrón) | voleur à la tire (ratero).

bolsillo *m* poche *f* (de un vestido); *bolsillo de parche, con cartera* poche rapportée *o* plaquée, à revers *o* à rabat ‖ gousset (del chaleco) ‖ bourse *f*, porte-monnaie (portamonedas) ‖ — *de bolsillo* de poche; *libro de bolsillo* livre de poche ‖ — *consultar con el bolsillo* consulter son porte-monnaie ‖ FIG & FAM *meterse a alguien en el bolsillo* mettre quelqu'un dans sa poche | *poner de su bolsillo* mettre de sa poche, en être de sa poche | *rascarse el bolsillo* râcler ses fonds de poche *o* de tiroir | *sin echarse la mano al bolsillo* sans bourse délier | *tener a uno en el bolsillo* avoir quelqu'un dans sa poche.

bolsín *m* COM bourse *f* de seconde importance, coulisse *f* (Bolsa) | réunion *f* de boursiers.

bolsista *m* COM boursier ‖ *(amer)* voleur à la tire (ladrón).

bolsita *f* sachet *m*; *una bolsita de azafrán* un sachet de safran.

bolso *m* sac à main (de mujer) ‖ bourse *f*, porte-monnaie (portamonedas) ‖ poche (bolsillo) ‖ — *bolso de mano* sac à main (grande), pochette (pequeño) ‖ *bolso de viaje* sac de voyage.

bolsón *m* grande bourse *f*, grand sac ‖ *(amer)* cartable | poche *f* de minerai (mineral) | dépression *f* (en una zona desértica) | lagune *f* (laguna) ‖ FAM *(amer)* âne, cancre (alumno malo).

boludo, da *adj (amer)* POP con, conne; connard, e.

bolladura *f* bosse.

bollería *f* pâtisserie.

bollo *m* petit pain au lait (alargado), brioche *f* (redondo) ‖ bosse *f* (bulto, chichón) ‖ bosse *f* (abolladura) ‖ FAM coup de poing, gnon (puñetazo) ‖ — *hacerle un bollo a un objeto* cabosser un objet ‖ *no está el horno para bollos* ce n'est vraiment pas le moment, le moment est bien mal choisi ‖ *perdonar el bollo por el coscorrón* le jeu n'en vaut pas la chandelle ‖ *¡se va a armar un bollo!* il va y avoir du pétard!

bollón *m* caboche *f*, clou d'ameublement (tachuela) ‖ pendant d'oreille (pendiente) ‖ BOT bourgeon (de la vid).

bomba *f* TECN pompe; *bomba aspirante e impelente* pompe aspirante et foulante; *bomba de aire* pompe à air ‖ MIL bombe; *bomba atómica, de efecto retardado* bombe atomique, à retardement ‖ globe *m* (de lámpara) ‖ MÚS pompe ‖ FIG bombe, coup *m* de théâtre (noticia inesperada) ‖ poème *m* improvisé (poema) ‖ FAM *(amer)* cuite (borrachera) ‖ cerfvolant *m* rond (cometa) | bulle [de savon] (pompa de jabón) | louche (cucharón) | mensonge *m* (mentira), canard *m* (noticia falsa) | haut-de-forme *m* (chistera) | ballon *m* aérostatique (globo) ‖ — TECN *bomba centrífuga* ou *rotatoria* pompe centrifuge | *bomba de aceite* pompe à huile | *bomba de alimentación* pompe d'alimentation ‖ MED *bomba de cobalto* bombe au cobalt ‖ *bomba de engrase* pompe à diffusion d'huile *o* de graissage ‖ *bomba de gasolina* pompe à essence ‖ *bomba de hidrógeno* ou *termonuclear* bombe thermonucléaire *o* à hydrogène, bombe H ‖ *bomba de humo* bombe fumigène ‖ *bomba de incendios* pompe à incendies ‖ *bomba de inyección* pompe à injection ‖ MIL *bomba de mano* grenade | *bomba de profundidad* grenade sous-marine ‖ *bomba fétida* boule puante ‖ *bomba lacrimógena* bombe *o* grenade lacrymogène ‖ *bomba neumática* pompe pneumatique *o* à air ‖ *bomba volcánica* ou *de lava* bombe volcanique ‖ — FIG y

bombacha

FAM *éxito bomba* succès fou o bœuf | *noticia bomba* nouvelle sensationnelle | *salud a prueba de bomba* santé de fer || — *a prueba de bombas* à l'épreuve des bombes || — FIG *caer como una bomba* arriver o tomber comme une bombe || *dar a la bomba* pomper || *estar echando bombas* être sous pression || FAM *pasarlo bomba* s'amuser comme un fou, s'en donner à cœur joie.

bombacha *f* (amer) pantalon *m* bouffant || culotte (de niño o de mujer).
— OBSERV *Bombacha* s'emploie surtout au pluriel.

bombacho *adj m y s m* pantalón *bombacho, bombacho* pantalon de golf (de los jugadores de golf), pantalon de zouave (de zuavo), culotte bouffante (de niños).

bombardear *v tr* bombarder.

bombardeo *m* MIL & FÍS bombardement; *bombardeo aéreo* bombardement aérien; *bombardeo en picado* bombardement en piqué.

bombardero, ra *adj* de bombardement || *lancha bombardera* canonnière.
◆ *m* bombardier (soldado y avión).

bombardino *m* MÚS saxhorn.

bombazo *m* explosion *f* d'une bombe.

bombear *v tr* pomper (con una bomba); *bombear agua* pomper de l'eau || arquer, bomber (arquear) || FIG & FAM vanter (dar bombo) || (amer) épier (espiar), explorer (explorar) | congédier (despedir) | FAM tomber les filles (ligar) || *balón bombeado* balle en cloche.

bombeo *m* bombement (convexidad) || pompage (de un líquido); *estación de bombeo* station de pompage.

bombero *m* pompier (de incendios) || MIL mortier (cañón) || (amer) explorateur, éclaireur (explorador) | espion (espía).

bombilla *f* ELECTR ampoule, lampe [électrique]; *el casquillo de una bombilla* la douille d'une ampoule électrique; *se ha fundido la bombilla* la lampe est grillée || MAR fanal *m* (farol) || (amer) pipette [pour boire le maté] | louche (cucharón).

bombillo *m* siphon (sifón) || pipette *f* (para sacar líquidos) || MAR petite bombe *f* || (amer) ampoule *f* électrique (bombilla).

bombín *m* FAM melon, chapeau melon (hongo) || pompe *f* à bicyclette.

bombo, ba *adj* étourdi, e; abasourdi, e (atolondrado) || — FAM *poner la cabeza bomba* casser la tête | *tener la cabeza bomba* avoir la tête comme un tambour o comme ça o prête à éclater.
◆ *m* grosse *f* caisse (tambor) | joueur de grosse caisse (músico) || bac, chaland (barco) || sphère *f* (de lotería) || FIG bruit, tam-tam (publicidad); *dar mucho bombo a una obra* faire beaucoup de tam-tam autour d'un ouvrage || *publicidad a bombo y platillos* publicité tapageuse o à grand renfort de trompettes || *publicidad de bombo* battage publicitaire | *sin bombo ni platillos* sans tambour ni trompette || — FAM *anunciar a bombo y platillos* annoncer à grand bruit o à son de trompe o avec tambour et trompette | *darse bombo* s'envoyer des fleurs | *dejar a una con bombo* mettre une fille en cloque | *estar con bombo* être en cloque || (amer) *irse al bombo* échouer (fracasar).

bombón *m* chocolat, bonbon au chocolat, crotte *f* de chocolat; *una caja de bombones* une boîte de chocolats || récipient en bambou (aux Philippines) || (amer) sorte de grande louche *f* (cucharón) || FIG & FAM *ser un bombón* être joli à croquer o comme un cœur (una mujer, un niño).
— OBSERV Le mot espagnol *bombón* s'applique toujours aux bonbons au chocolat. Le mot français *bonbon* se traduit par *caramelo*.

bombona *f* bombonne || bouteille (de butano).

bombonera *f* bonbonnière (caja) || FIG bonbonnière (casita, teatro, etc.).

bombonería *f* confiserie.

bonachón, ona *adj* FAM bonasse, débonnaire, bon enfant.
◆ *m y f* brave homme, brave femme.

bonachonería *f* bonasserie, débonnaireté.

bonaerense *adj y s* de Buenos Aires.

bonancible *adj* calme, paisible, serein, e; *tiempo bonancible* temps serein.

bonanza *f* MAR bonace (calma) || FIG prospérité (prosperidad) | calme *m* (tranquilidad) || (amer) filon *m* très riche (en una mina).

bonapartismo *m* bonapartisme.

bondad *f* bonté || — *es la bondad personificada* c'est la bonté même || *tenga la bondad de* ayez la bonté de, prenez la peine de; *tenga la bondad de sentarse* prenez la peine de vous asseoir; ayez la bonté de; *tenga la bondad de ayudarme* ayez la bonté de m'aider.

bondadosamente *adv* avec bonté.

bondadoso, sa *adj* bon, bonne; gentil, ille; doux, douce.

bonete *m* bonnet carré (de eclesiástico, colegiales, graduados, etc.) || barrette *f* (de eclesiástico) || FIG prêtre séculier (clérigo) || compotier (tarro) || bonnette *f*, bonnet à o de prêtre, queue-d'aronde *f* (fortificación) || ZOOL bonnet (de rumiante) || — FIG & FAM *a tente bonete* à n'en pouvoir plus, tant et plus, plus que de raison || *tirarse los bonetes* se crêper le chignon, se chamailler.

bongo *m* (amer) bateau plat, bac.

boniato *m* BOT patate *f*.

bonificación *f* bonification (mejora y rebaja) || ristourne (rebaja).

bonificar *v tr* bonifier; *bonificar tierras* bonifier des terres.

bonísimo, ma *adj* très bon, très bonne.

bonitamente *adv* joliment || adroitement (con habilidad) || doucement, petit à petit (despacio).

bonito, ta *adj* jolie, e || *¡muy bonito!* c'est du joli!, c'est du propre!
◆ *m* bonite *f*, thon (pez); *bonito en aceite* thon à l'huile.

bono *m* bon || — *bono alimenticio* ticket de ravitaillement; *bono del Estado* obligation d'État; *bono del Tesoro* bon du Trésor.

bonobús *m* ticket d'autobus permettant d'effectuer plusieurs voyages.

bonsai *m* BOT bonsaï.

bonzo *m* bonze (sacerdote budista).

boñiga *f*; **boñigo** *m* bouse *f*.

bookmaker *m* bookmaker (corredor de apuestas).

boom *m* boom.

boomerang *m* boomerang, boumerang.

boqueada *f* dernier soupir *m* || FAM *dar las últimas boqueadas* rendre le dernier soupir, en être à la dernière extrémité, agoniser (persona), agoniser (cosa).

boquear *v intr* ouvrir la bouche ‖ expirer, agoniser, râler (morir) ‖ FIG & FAM expirer, agoniser, tirer à sa fin (acabarse).

boquera *f* MED perlèche, gerçure aux commissures des lèvres ‖ saignée, prise d'eau (para regar) ‖ lucarne *f*, fenêtre (del pajar) ‖ VETER plaie à la bouche.

boquerón *m* anchois (pez) ‖ large ouverture *f*, large brèche *f*.
— OBSERV Ce mot ne s'applique qu'aux anchois frais, les anchois en boîte portant le nom de *anchoas*.

boquete *m* trou (agujero) ‖ passage étroit ‖ brèche *f*, ouverture *f* (en una pared), trouée *f* (en un bosque) ‖ MIL trouée *f*, brèche *f*.

boquiabierto, ta *adj* qui a la bouche ouverte ‖ FIG bouche bée; *me dejó boquiabierto* j'en suis resté bouche bée.

boquiancho, cha *adj* qui a la bouche large *o* fendue ‖ évasé, e (un jarro, etc.).

boquiangosto, ta *adj* qui a la bouche étroite.

boquifresco, ca *adj* qui a la bouche fraîche (caballo) ‖ FIG & FAM effronté, e (descarado).

boquilla *f* porte-cigarette *m inv*, fume-cigarette *m inv* (para cigarrillos) ‖ fume-cigare *m inv* (para cigarros puros) ‖ filtre *m* (de cigarrillo), bout *m*; *boquilla con filtro* bout filtre ‖ saignée, prise d'eau (para regar) ‖ MÚS embouchure, bec *m* (de varios instrumentos) ‖ mortaise (escopleadura) ‖ embouchoir *m* (del fusil) ‖ ouverture (orificio) ‖ fermoir *m* (de un bolso) ‖ tétine (de biberón) ‖ chape (de la funda de la espada) ‖ bec *m* (de lámpara) ‖ TECN buse (de tobera) ‖ raccord *m* (de dos tubos) ‖ — *de boquilla* en l'air; *hacer una promesa de boquilla* faire une promesse en l'air.

boquirroto, ta *adj* FAM à la langue bien pendue, bavard, e (parlanchín).

boquirrubio, bia *adj* bavard, e (parlanchín) ‖ naïf, ive; candide (candoroso).
— ◆ *m* FAM blanc-bec, blondin.

boquiseco, ca *adj* qui a la bouche sèche (caballo).

Bora-Bora *n pr* GEOGR Bora Bora.

boratado, da *adj* QUÍM boraté, e.

borato *m* QUÍM borate.

bórax *m* QUÍM borax.

borbollar; borbollear *v intr* bouillonner ‖ barbotter (un gas) ‖ FIG bafouiller (hablar mal).

Borbón *n pr* Bourbon.

borbónico, ca *adj* bourbonien, enne ‖ *nariz borbónica* nez bourbonien.

borborigmo *m* MED borborygme.

borboritar; borbotar; borbotear *v intr* → **borbollar**.

borboteo; borbolleo *m* bouillonnement ‖ barbottement (de un gas).

borbotón; borbollón *m* bouillonnement ‖ — *a borbotones* à gros bouillons; *el agua hierve a borbotones* l'eau bout à gros bouillons; à flots; *la sangre corre a borbotones* le sang coule à flots; précipitamment; *hablar a borbotones* parler précipitamment.

borceguí *m* brodequin.

borda *f* MAR bord *m* ‖ hutte (choza) ‖ — FIG & FAM *arrojar* ou *echar* ou *tirar por la borda* jeter par-dessus bord ‖ *motor de fuera borda* moteur hors-bord.

bordada *f* MAR bordée, bord *m*; *dar bordadas* tirer des bordées ‖ FIG & FAM allées et venues *pl*, balade (paseo).

bordado, da *adj* brodé, e ‖ FIG *salir bordado* être très réussi *o* parfait.
— ◆ *m* broderie *f*; *bordado a canutillo, de realce, a tambor* broderie en cannetille, en relief, au tambour.

bordadura *f* lisière (en una tela).

bordar *v tr* broder; *bordar en calado, de realce* broder à jour, en relief ‖ FIG fignoler, ciseler, soigner; *bordar una obra* fignoler un ouvrage; *este actor bordó su papel* cet acteur a soigné son rôle.

borde *m* bord; *el borde de una mesa* le bord d'une table ‖ MAR bord ‖ POP salaud (persona mala) ‖ *borde de ataque, de salida* bord d'attaque, de fuite (avión) ‖ *borde con borde* bord à bord ‖ — *a borde de* sur le point de, à deux doigts de; *estar al borde de llorar* être sur le point de pleurer ‖ *llenar un vaso hasta el borde* remplir un verre à ras bord.

borde *adj* BOT sauvage; *ciruelo borde* prunier sauvage ‖ FAM *ponerse borde* faire sa tête de mule.
— ◆ *adj y s* bâtard, e (bastardo).

bordear *v intr* MAR tirer des bords, louvoyer ‖ longer, border, côtoyer (costear) ‖ arriver à ras bord; *el agua del estanque bordeaba* l'eau du bassin arrivait à ras bord.
— ◆ *v tr* encadrer, entourer; *bordear una foto con una lista blanca* encadrer une photo d'une bande blanche ‖ FIG friser; *esto bordea el ridículo* cela frise le ridicule ‖ (*amer*) *bordear un asunto* éluder un sujet.

bordillo *m* bord, bordure *f* (de la acera).

bordo *m* MAR bord; *subir a bordo* monter à bord ‖ bordée *f* (bordada) ‖ (*amer*) levée *f* de terre ‖ — MAR *a bordo* à bord ‖ *de alto bordo* de haut bord ‖ *los hombres de a bordo* les hommes du bord ‖ *segundo de a bordo* second, commandant en second ‖ *virar de bordo* virer de bord.

bordón *m* bourdon (de peregrino) ‖ refrain (estribillo) ‖ FIG refrain, ritournelle *f*, rengaine *f* (repetición) ‖ soutien, appui, guide (guía) ‖ IMPR bourdon (olvido) ‖ MÚS bourdon (cuerda).

bordoncillo *m* refrain, ritournelle *f*, rengaine *f*.

bordonear *v intr* donner des coups de bâton (dar palos) ‖ jouer avec les cordes graves de la guitare ‖ vagabonder (andar vagando) ‖ bourdonner (zumbar).

bordoneo *m* bourdonnement (zumbido).

boreal *adj* boréal, e (septentrional); *aurora boreal* aurore boréale.

borgoña *m* bourgogne (vino).

Borgoña *n pr f* GEOGR Bourgogne ‖ *vino de la Borgoña* bourgogne.

bórico, ca *adj* QUÍM borique; *ácido bórico* acide borique.

borla *f* gland *m* (adorno) ‖ pompon *m* (del gorro militar) ‖ houppe, houppette (para polvos) ‖ bonnet *m* de docteur (en la universidad) ‖ FIG *tomar la borla* prendre le bonnet de docteur.
— ◆ *pl* BOT amarante *sing*.

borne *m* morne *f* (de la lanza) ‖ borne *f* (de aparatos eléctricos) ‖ BOT cytise *f*.

bornear *v tr* tourner, faire le tour (torcer) ‖ ARQ appareiller (los sillares) | galber (una columna) ‖ bornoyer (mirar con un solo ojo).
- *v intr* MAR virer, tourner (un barco).
- *v pr* gauchir (la madera).

borneo *m* gauchissement (acción de torcerse) ‖ visée *f* (acción de mirar con un solo ojo).

boro *m* QUÍM bore (metaloide).

borona *f* millet *m* (mijo) ‖ maïs *m* (maíz) ‖ pain *m* de maïs (pan de maíz) ‖ *(amer)* miette (migaja).

borra *f* bourre (de lana, pelo) ‖ boue, dépôt *m* (de tinta, etc.), lie (hez) ‖ FIG & FAM fadaises *pl*, fariboles *pl*, balivernes *pl* (palabras) ‖ *meter borra* faire du remplissage (ripio).

borrable *adj* effaçable.

borrachera *f* cuite; *agarrar* ou *coger una borrachera* attraper une cuite ‖ FIG & FAM beuverie, soûlerie (festín) ‖ FIG exaltation, ivresse; *la borrachera de los triunfos* l'ivresse des triomphes ‖ *despejarse* ou *quitarse* ou *espabilarse la borrachera* dessoûler.

borrachín *m* FAM poivrot, soûlard, soûlot, soûlaud.

borracho, cha *adj* ivre, soûl, e; saoul, e ‖ rouge, violacé, e (color) ‖ FIG ivre; *borracho de ira* ivre de colère | enivré, e; *borracho con sus éxitos* enivré par ses succès ‖ *(amer)* blet, blette (fruta) ‖ — *bizcocho borracho* baba [au rhum] ‖ FAM *borracho como una cuba* complètement rond, soûl comme une bourrique | *borracho como un tronco, una uva* soûl ou bourré comme un cochon, un âne ‖ *estar borracho perdido* être ivre mort.
- *m y f* ivrogne, esse; *ser un borracho perdido* être un ivrogne invétéré *o* fini.

borrachuelo, la *adj* pompette.
- *m y f* poivrot, e (borracho).
- *m* beignet au miel (pestiño).
- *f* ivraie (cizaña).

borrado, da *adj* effacé, e (con goma) ‖ biffé, e; barré, e (tachado) ‖ FIG effacé, e (sin personalidad).

borrador *m* brouillon ‖ cahier de brouillon (cuaderno) ‖ COM brouillard, brouillon, main *f* courante ‖ gomme *f* (goma de borrar).

borradura *f* biffage *m* (acción) ‖ rature, biffage *m*; *carta llena de borraduras* lettre pleine de ratures.

borraja *f* BOT bourrache ‖ FIG *agua de borrajas* eau de boudin; *quedar en agua de borrajas* s'en aller en eau de boudin.

borrajear *v tr* griffonner (palabras) ‖ barbouiller (papel).

borrar *v tr* biffer, barrer, raturer (tachar) ‖ effacer (con una esponja), gommer (con una goma) ‖ FIG effacer, faire disparaître ‖ *goma de borrar* gomme à effacer.
- *v pr* s'effacer, disparaître; *esta historia se borró de mi memoria* cette histoire s'est effacée de ma mémoire.

borrasca *f* bourrasque (temporal), tempête, tourmente (tempestad) ‖ FIG risque *m*, péril *m* (riesgo); *las borrascas de la vida* les périls de la vie ‖ FIG & FAM orgie, bringue (orgía) ‖ *(amer)* épuisement *m* du minerai (en el filón).

borrascoso, sa *adj* orageux, euse (viento, lugar) ‖ tourmenté, e (mar, etc.) ‖ FIG & FAM orageux, euse; tumultueux, euse; désordonné, e (vida, conducta).

borrego, ga *m y f* agneau, agnelle; petit mouton *m* [d'un à deux ans] ‖ FIG & FAM benêt *m*, nigaud, e (tonto) | mouton (servil) ‖ *(amer)* fausse nouvelle *f*, bobard *(fam)*.

borreguil *adj* moutonnier, ère; grégaire; *espíritu borreguil* caractère moutonnier, esprit grégaire.

borrica *f* ânesse (asna) ‖ FIG & FAM bourrique (mujer ignorante).

borricada *f* troupeau *m* d'ânes ‖ promenade à ânes; *dar una borricada* faire une promenade à âne ‖ FIG & FAM ânerie (tontería); *soltar borricadas* sortir des âneries.

borrico *m* âne (asno) ‖ baudet, chevalet (de carpintero) ‖ FIG & FAM âne, baudet, âne bâté (necio) ‖ — FIG *apearse de su borrico* reconnaître son erreur | *caerse del borrico* tomber de haut | *ser muy borrico* être très bête *o* très bouché.

borricón; borricote *adj y s* FIG & FAM âne (necio) | cheval (fuerte) ‖ *ser muy borricote para las matemáticas* être brouillé avec les mathématiques.

borriquero *adj m* *cardo borriquero* chardon aux ânes.
- *m* ânier.

borriquillo; borriquito *m* bourricot, petit âne ‖ *el borriquito por delante, para que no se espante* on ne doit jamais se nommer le premier.

borrón *m* pâté, tache *f* d'encre (de tinta) ‖ brouillon, cahier de brouillon (borrador) ‖ ébauche *f*, pochade *f* (de una pintura) ‖ FIG tache *f*, défaut (defecto) | tache *f* (deshonor); *este acto es un borrón en su vida* cet acte est une tache dans sa vie | gribouillage (escrito) ‖ FIG & FAM *borrón y cuenta nueva* passons l'éponge, n'y pensons plus, n'en parlons plus, tournons la page.

borronear *v tr* griffonner (palabras) ‖ barbouiller; *borronear el papel* barbouiller le papier.

borroso, sa *adj* boueux, euse (líquido) ‖ confus, e; embrouillé, e (escritura) ‖ flou, e (fotografía, pintura) ‖ FIG fumeux, euse; vague; nébuleux, euse (ideas) ‖ IMPR bavocheux, euse.

borujo *m* tourteau d'olive, tourte *f* (orujo) ‖ bosse *f* (bulto).

boscaje *m* bosquet, bocage (bosque pequeño) ‖ bocage, paysage (pintura).

boscoso, sa *adj* boisé, e; couvert de bois.

Bósforo *n pr m* GEOGR Bosphore.

Bosnia-Herzegovina *n pr f* GEOGR Bosnie-Herzégovine.

bosniaco, ca; bosnio, nia *adj y s* bosnien, enne.

bosque *m* bois, forêt *f*; *un bosque de pinos* une forêt de pins; *bosque comunal* forêt communale; *bosque del Estado* forêt domaniale; *bosque maderable* bois pour exploitation forestière.
— OBSERV En francés *bois* y *forêt* difieren sólo por la extensión. La primera palabra se aplica a un sitio poblado de árboles generalmente menos extenso que la *forêt*. *Forêt* no corresponde al español *selva* sino cuando se trata de superficies arboladas muy extensas y de carácter salvaje: *la forêt amazonienne* la selva amazónica; *la Forêt-Noire* la Selva Negra.

bosquecillo *m* boqueteau, petit bois.

bosquejar *v tr* ébaucher, esquisser (una pintura, una escultura, etc.); *bosquejar un retrato* esquisser un portrait ‖ FIG ébaucher, esquisser (esbozar); *bosquejar un proyecto* ébaucher un projet | brosser;

bosquejar un cuadro de la situación brosser un tableau de la situation.
bosquejo *m* ébauche *f*, esquisse *f*.
bossa-nova *f* bossa-nova.
bosta *f* bouse (de los bovinos) ‖ crottin *m* (del caballo).
bostezar *v intr* bâiller.
bostezo *m* bâillement.
bota *f* gourde (para el vino) ‖ tonneau *m* (cuba) ‖ botte; *botas de agua* ou *de goma* bottes en caoutchouc; *botas de campaña* ou *altas* ou *de montar* bottes à revers *o* à l'écuyère ‖ chaussure montante (zapato) ‖ — *bota de esquiar* chaussure de ski ‖ *bota de potro* botte à l'écuyère rustique faite avec le cuir d'une patte de poulain ‖ *botas de fútbol* chaussures de football ‖ *el Gato con botas* le Chat botté ‖ — FIG *colgar las botas* se retirer, cesser une activité ‖ *estar con las botas puestas* avoir le pied à l'étrier, être prêt à partir ‖ *morir con las botas puestas* mourir debout ‖ FIG & FAM *ponerse las botas* faire son beurre (negocio), s'en mettre plein la lampe (comida).
botado, da *adj y s* *(amer)* enfant trouvé (expósito) | effronté, e (descarado) | très bon marché (barato) | gaspilleur, euse; panier *m* percé (derrochador) | ivre mort (borracho).
botadura; botada *f* lancement *m* [d'un bateau].
botafumeiro *m* encensoir (en Santiago de Compostela).
botalón *m* MAR bout-dehors, boute-hors, tangon ‖ pieu (estaca).
botana *f* pièce [à une outre] ‖ bouchon *m* (tapón), bonde (de un tonel) ‖ FIG & FAM emplâtre *m* | cicatrice (de una llaga) ‖ *(amer)* capuchon *m* en cuir [dont on recouvre les ergots des coqs de combat] | amuse-gueule *m* (tapas).
botánico, ca *adj* botanique; *jardín botánico* jardin botanique.
◆ *m y f* botaniste.
◆ *f* botanique (ciencia).
botanista *m y f* *(p us)* botaniste.
botar *v tr* lancer, jeter dehors (arrojar) ‖ MAR lancer (en un astillero), mettre à l'eau (barco pequeño) | mettre la barre à; *botar a babor* mettre la barre à bâbord ‖ FAM ficher dehors, flanquer à la porte, bouter *(p us)*; *lo botaron del colegio* ils l'ont flanqué à la porte de l'école ‖ botter; *botar un córner* botter un corner ‖ *(amer)* jeter (tirar) | gaspiller (malgastar).
◆ *v intr* rebondir (una pelota, una piedra) ‖ sauter, bondir; *botar de alegría* sauter de joie ‖ cabrioler (un caballo) ‖ — FAM *estar que bota* être à cran *o* en rogne.
◆ *v pr* *(amer)* se jeter (arrojarse) | devenir (volverse).
botaratada *f* FAM crétinerie, bêtise (tontería).
botarate *m* FAM idiot (tonto); *no seas botarate* ne fais pas l'idiot ‖ *(amer)* gaspilleur, dépensier, panier percé (manirroto).
botarel *m* ARQ arc-boutant.
botavara *f* MAR gui *m*, bôme.
bote *m* bond (salto) ‖ bond (de una pelota) ‖ boîte *f*; *bote de leche condensada* boîte de lait concentré ‖ pot (tarro); *bote de tabaco* pot à tabac ‖ MAR canot; *bote salvavidas* ou *de salvamento* canot de sauvetage ‖ coup (de pica *o* lanza) ‖ bloquette *f* (boche) ‖ haut-le-corps (caballo) ‖ FAM poche *f* (bolsillo) ‖ cagnotte *f* (en un bar) ‖ — *bote de carnero* saut-de-mouton (de un caballo) ‖ *bote de paseo* ou *de remos* bateau à rames ‖ *bote de paso* bac ‖ *bote neumático* canot pneumatique ‖ DEP *bote neutro* chandelle ‖ *bote patrullero* patrouilleur ‖ TECN *bote rotativo* boîte tournante (de la carda) ‖ — FIG & FAM *bote en bote* comble, plein à craquer ‖ — FAM *chupar del bote* être un profiteur ‖ *dar botes de alegría* bondir de joie ‖ FIG & FAM *dar el bote* lessiver, ficher dehors (echar) | *darse el bote* se tirer, se barrer (irse) | *estar en el bote* être dans la poche *o* dans le sac | *pegar un bote* faire un bond | *tener metido en el bote* avoir dans sa poche ‖ *(amer) tocarle a uno amarrar el bote* être bon dernier.
botella *f* bouteille; *beber de la botella* boire à la bouteille ‖ — FIS *botella de Leiden* bouteille de Leyde ‖ *botella termo* bouteille thermos, thermos.
botellazo *m* coup de bouteille.
botellero *m* casier à bouteilles, porte-bouteilles *inv* (estante) ‖ panier à bouteilles (cesta) ‖ fabricant (el que fabrica), marchand (el que vende), de bouteilles.
botellín *m* petite bouteille *f*.
botellón *m* grande bouteille *f* ‖ *(amer)* dame-jeanne *f* (damajuana).
botica *f* pharmacie, officine *(ant)* ‖ médicaments *m pl*, pharmacie (médicamentos) ‖ *(p us)* boutique (tienda) ‖ — *hay de todo, como en botica* on trouve tout ce qu'on veut *o* de tout ‖ FAM *oler a botica* sentir la pharmacie.
boticario, ria *m y f* pharmacien, enne, apothicaire *(ant)* ‖ *venir como pedrada en ojo de boticario* arriver comme marée en carême, arriver à point, tomber à pic.
botija *f* cruche ‖ *(amer)* magot *m*, trésor *m* caché ‖ — *estar hecho* ou *estar como una botija* être gros comme un tonneau, une bombonne.
botijo *m* gargoulette *f*, cruche *f* ‖ — FAM *cara de botijo* visage de pleine lune ‖ *tren botijo* train de plaisir.
botillería *f* débit *m* de boissons, buvette.
botín *m* guêtre *f* (polaina) ‖ bottine *f*, botillon (calzado) ‖ MIL butin ‖ *(amer)* chaussette *f* (calcetín).
botiquín *m* pharmacie *f* portative (maletín) ‖ trousse *f* à pharmacie, boîte *f* de secours (estuche) ‖ armoire *f* à pharmacie (mueble) ‖ infirmerie *f* (enfermería) ‖ *(amer)* débit de vins.
botón *m* bouton (en los vestidos) ‖ BOT bouton (de flor) | bourgeon (renuevo) ‖ bouton, poussoir (de timbre) ‖ bout, bouton (del florete) ‖ POP *(amer)* flic (poli) ‖ — *botón automático* bouton-pression ‖ AUTOM *botón de arranque* starter ‖ *botón de contacto* bouton de contact ‖ *botón de fuego* bouton *o* pointe de feu ‖ *botón de muestra* échantillon ‖ MED *botón de Oriente* bouton d'Alep ‖ *botón de oro* bouton d'or (planta) ‖ RAD *botón de sintonización* bouton de recherche de station ‖ *botón espoleado* bouton quadrillé ‖ — *(amer) al botón* en vain (en vano), au hasard (al buen tuntún) ‖ *como botón de muestra* à titre d'exemple, en échantillon ‖ FAM *de botones adentro* dans mon (ton, son, etc.), for intérieur ‖ — *dar al botón* tourner le bouton ‖ *pulsar el botón* appuyer sur le bouton.
botonadura *f* garniture de boutons, les boutons *m pl*.
botones *m* chasseur, groom (de un hotel, etc.) ‖ garçon de courses (chico de los recados).

Botswana

Botswana; Botsuana *n pr m* GEOGR Botswana.
botulismo *m* MED botulisme.
bóveda *f* ARQ voûte ‖ crypte (cripta) ‖ — *bóveda anular* voûte annulaire ‖ *bóveda celeste* voûte céleste, calotte des cieux ‖ *bóveda craneana* ou *craneal* boîte crânienne ‖ *bóveda de cañón* voûte en berceau *o* en plein cintre ‖ *bóveda de crucería* voûte en croisée d'ogives ‖ *bóveda de cuarto de esfera* ou *de cascarón* ou *de horno* voûte en cul-de-four ‖ *bóveda de medio punto* voûte en plein cintre ‖ *bóveda de ojiva* ou *nervada* voûte nervée ‖ *bóveda esférica* ou *semiesférica* ou *de media naranja* voûte sphérique ‖ *bóveda palatina* voûte du palais *o* palatine (cielo de la boca) ‖ *bóveda por arista* ou *claustral* ou *esquifada* voûte d'arête ‖ *bóveda vaída* voûte en hémicycle ‖ *clave de bóveda* clef de voûte.
bóvidos *m pl* ZOOL bovidés.
bovino, na *adj y s* bovin, e.
➧ *m pl* bovins, bovidés.
box *m* box.
box-calf *m* box-calf (cuero).
boxeador *m* boxeur.
boxear *v intr* boxer.
boxeo *m* boxe *f*.
boxer *m* boxer-short.
bóxer *adj perro bóxer* boxer.
boya *f* MAR bouée; *boya luminosa* bouée lumineuse ‖ flotteur *m*, bouchon *m* (de una red) ‖ *(amer)* forme (de un sombrero) ‖ *boya de salvamento* ou *salvavidas* bouée de sauvetage.
boyante *adj* TAUROM se dit du taureau facile à combattre ou franc ‖ prospère, fortuné, e (próspero); heureux, euse (feliz) ‖ MAR lège.
boyar *v intr* être renfloué *o* remis à flot (barco) ‖ flotter.
boyera; boyeriza *f* bouverie, étable à bœufs ‖ bouvril *m* (en el matadero).
boyero *m* bouvier ‖ ASTR Bouvier.
boy-scout *m* boy-scout (explorador).
boyuno, na *adj* bovin, e.
bozal *adj y s (ant)* Noir, Noire récemment venu d'Afrique (negro) ‖ FIG & FAM blanc-bec, nouveau, elle (novicio) | niais, e; sot, sotte (tonto) ‖ sauvage; *caballo bozal* cheval sauvage ‖ *(amer)* Indien *o* étranger qui parle mal l'espagnol, baragouineur, euse.
➧ *m* muselière *f* (para los animales) ‖ *(amer)* licou (cabestro).
bozo *m* duvet (vello) ‖ bouche *f* (parte exterior de la boca) ‖ sorte de licou (cabestro) ‖ *a este niño ya le apunta el bozo* la moustache de ce garçon commence à pousser.
braceada *f* mouvement *m* violent des bras.
bracear *v intr* agiter *o* remuer les bras (agitar los brazos) ‖ nager la brasse (nadar) ‖ FIG s'efforcer (esforzarse) ‖ relever correctement les jambes de devant en marchant (un caballo) ‖ MAR brasser (las velas).
braceo *m* mouvement des bras ‖ brasse *f* (natación) ‖ MAR brassage.
bracero *m* manœuvre (peón).
bracista *m y f* nageur, euse de brasse.
bracmán *m* brahmane.
braga *f* culotte, slip *m* (de mujer) ‖ lange *m*, couche, couche-culotte (de niño de pecho) ‖ verboquet *m* (cuerda) ‖ FAM *estar hecho una braga* être crevé.
➧ *pl* braies (calzón ancho) ‖ — *y* FAM *en bragas* fauché; sans un rond ‖ *no se pescan truchas a bragas enjutas* on ne fait pas d'omelette sans casser des œufs.
— OBSERV Dans sa première acception, le mot *braga* s'emploie surtout au pluriel.
bragado, da *adj* se dit de l'animal dont l'entrecuisse est d'une couleur différente du reste de la robe ‖ FIG & FAM énergique, décidé, e; culotté, e; courageux, euse (valiente) ‖ faux, fausse; malintentionné, e (malintencionado).
bragadura *f* entrecuisse *m* (del animal) ‖ entrejambe *m*, enfourchure (del pantalón).
bragapañal *m* couche-culotte *f*.
bragazas *m* FAM chiffe *f*, nouille *f*.
braguero *m* bandage herniaire (ortopédico) ‖ MAR brague *f* (de cañón).
bragueta *f* braguette ‖ — *casamiento de bragueta* mariage d'intérêt ‖ *hidalgo de bragueta* gentilhomme titré pour avoir eu sept garçons consécutivement.
braguetazo *m* FAM *dar un braguetazo* épouser une femme riche, faire un mariage intéressant.
brahmán; bramán *m* brahmane.
brahmanismo; bramanismo *m* brahmanisme.
braille *m* braille.
brainstorming *m* brainstorming, remue-méninges.
brama *f* rut *m* (de los ciervos, etc.) ‖ temps *m* de brame (temporada).
bramante *m* ficelle *f* (cuerda delgada).
bramar *v intr* mugir (el toro) ‖ bramer (el venado) ‖ barrir (el elefante) ‖ FIG mugir (el viento, el mar, etc.), gronder (el trueno), mugir (de ira) ‖ FAM brailler, hurler (gritar).
bramido *m* mugissement (del toro) ‖ brame, bramement (del venado) ‖ barrissement, barrit (del elefante) ‖ FAM mugissement (del viento, del mar, etc.) ‖ FAM rugissement, hurlement; *dar bramidos* pousser des hurlements.
brandy *m* brandy (coñac).
branquial *adj* ANAT branchial, e; *órganos branquiales* organes branchiaux.
branquias *f pl* branchies (del pez).
braquial *adj* brachial, e; du bras.
braquicéfalo, la *adj* brachycéphale.
brasa *f* braise; *a la brasa* à la braise ‖ — FIG *estar como en brasas* ou *en brasas* être sur des charbons ardents | *pasar como sobre brasas por un asunto* passer rapidement sur un sujet, ne faire qu'effleurer un sujet.
braseado, da *adj* à la braise.
brasear *v tr* braiser (la carne).
brasero *m* brasero ‖ bûcher (hoguera) ‖ *(amer)* foyer (hogar).
brasier; brassier *m (amer)* soutien-gorge.
Brasil *n pr m* GEOGR Brésil.
brasileño, ña *adj y s* brésilien, enne.
brasilero, ra *adj y s (amer)* brésilien, enne.
Brasilia *n pr f* GEOGR Brasilia.
brassier *m (amer)* → **brasier**.
brava *f (amer)* bravade (bravata) ‖ *(amer) a la brava* de force.

bravata *f* bravade, fanfaronnade, rodomontade.
braveza *f* bravoure (bravura) ‖ violence, furie (de los elementos).
bravío, a *adj* sauvage (sin domar, sin civilizar) ‖ sauvage (silvestre) ‖ rustre, sauvage (rústico).
◆ *m* férocité *f* (bravura).
bravo, va *adj* brave, vaillant, e (valeroso) ‖ bon, bonne; excellent, e (bueno, excelente) ‖ féroce, sauvage, combatif, ive (animal) ‖ de combat (de lidia); *toros bravos* des taureaux de combat ‖ sauvage; *un paisaje muy bravo* un paysage très sauvage; *indio bravo* Indien sauvage ‖ déchaîné, e (los elementos) ‖ FAM vantard, e; bravache (valentón) ‖ FIG & FAM sauvage, bourru, e (de mal carácter) | superbe, magnifique (magnífico) | irrité, e; en colère (enfadado).
◆ *m* bravo (aplauso).
◆ *interj* bravo!
bravucón, ona *adj* y *s* FAM bravache, fanfaron, onne.
bravuconada; bravuconería *f* fanfaronnade.
bravuconear *v intr* (despectivo) fanfaronner.
bravura *f* férocité (de los animales) ‖ combativité (de un toro) ‖ bravoure (valor) ‖ bravade (bravata).
braza *f* brasse (medida) ‖ MAR bras *m* (cuerda) ‖ brasse (modo de nadar); *braza mariposa* brasse papillon; *nadar a la braza* nager la brasse.
brazada *f* brassée, brasse (del nadador) ‖ brassée [ce qu'on tient dans ses bras] ‖ *(amer)* brasse (medida).
brazado *m* brassée *f* (lo que abarcan los brazos).
brazal *m* brassard (de la armadura) ‖ brassard (en la manga) ‖ saignée *f* (de un río).
brazalete *m* bracelet (pulsera) ‖ brassard (en la manga).
brazo *m* ANAT bras ‖ patte *f* antérieure *o* de devant (de un cuadrúpedo) ‖ bras (de una palanca, de una balanza, de un sillón) ‖ branche *f* (de un candelero, etc.) ‖ bras (de mar, de río) ‖ perche *f*, bras (del micrófono) ‖ FIG bras, pouvoir (poder); *nadie resiste a su brazo* nul ne résiste à son bras ‖ *(ant)* état [chacune des classes de citoyens représentées aux Cortes] ‖ — *brazo de cruz* croisillon ‖ *brazo de dirección* levier de commande *o* de direction ‖ *brazo de gitano* sorte de biscuit roulé ‖ *brazo secular* bras séculier ‖ — *a brazo* à bras, à force de bras ‖ *a brazo partido* à bras-le-corps (sin usar las armas), à bras raccourcis, à tour de bras (de poder a poder) ‖ *a fuerza de brazos* à force de bras ‖ *con los brazos abiertos* à bras ouverts, les bras ouverts ‖ *con los brazos cruzados* les bras croisés ‖ *del brazo* bras dessus, bras dessous ‖ *en brazos* dans le bras ‖ *huelga de brazos caídos* grève sur le tas *o* des bras croisés ‖ — *cruzarse de brazos* se croiser les bras, rester les bras croisés (no obrar) ‖ *dar el brazo de uno* donner le bras à quelqu'un ‖ *dar su brazo a torcer* lâcher prise, en rabattre (ceder), en mettre sa main au feu ‖ *echar los brazos al cuello de alguien* jeter les bras autour du cou de quelqu'un ‖ *echarse ou entregarse en brazos de uno* se jeter dans les bras de quelqu'un ‖ *estar atado de brazos* être pieds et poings liés ‖ *estar con los brazos cruzados* rester les bras croisés, se tourner les pouces ‖ FAM *estar hecho un brazo de mar* être beau comme un astre, parée comme une châsse ‖ *ir del brazo ou dándose el brazo ou cogidos del brazo* aller bras dessus, bras dessous; se donner le bras ‖ *no dar su brazo a torcer* ne pas lâcher prise, ne pas en démordre, ne pas se laisser faire ‖ *ser el brazo derecho de uno* être le bras droit de quelqu'un ‖ *tener en brazos* tenir dans ses bras.
◆ *pl* FIG bras; *faltan brazos en la agricultura* l'agriculture manque de bras.
brazuelo *m* petit bras (brazo pequeño) ‖ avant-bras (de caballo) ‖ épaule *f*, éclanche *f* (de carnero); jambonneau (del cerdo).
Brazzaville *n pr* GEOGR Brazzaville.
brea *f* brai *m*; *brea mineral* brai de goudron de houille ‖ prélart *m* (tela embreada).
break *m* break (coche).
brear *v tr* FIG & FAM rosser, malmener (maltratar) | assommer (fastidiar) ‖ *brear a palos* rouer de coups.
◆ *v pr* FAM *brearse de trabajar* se tuer à la tâche.
brebaje *m* breuvage.
breca *f* ZOOL ablette (albur), pagel *m* (pagel).
brécol *m*; **brecolera** *f* BOT brocoli *m*.
brecha *f* brèche; *abrir una brecha en la muralla* faire une brèche dans le mur ‖ trouée, percée (en un bosque, en las líneas enemigas) ‖ MIN brèche ‖ FIG impression, effet *m*; *hacer una brecha en* faire impression sur ‖ — MIL & FIG *abrir brecha* faire brèche, ouvrir *o* faire une brèche ‖ *batir en brecha* battre en brèche ‖ *estar siempre en la brecha* être toujours sur la brèche ‖ *hacerse una brecha en la frente* s'ouvrir le front ‖ MIL *montar la brecha* monter sur la brèche ‖ *morir en la brecha* mourir sur la brèche.
brega *f* lutte (pelea); *la brega de la vida* la lutte pour la vie ‖ querelle, dispute (pendencia) ‖ rude besogne, travail *m* dur (trabajo) ‖ — TAUROM *capote de brega* cape de travail ‖ *en brega con* en lutte avec ‖ — *andar a la brega* trimer, travailler dur *o* ferme *o* d'arrache-pied ‖ *dar brega* malmener.
bregar *v intr* lutter ‖ FIG trimer (trabajar) | se démener, se mettre en quatre, se décarcasser, se donner du mal (cansarse).
◆ *v tr* pétrir (amasar) ‖ TAUROM travailler [le taureau].
breña *f* broussaille, hallier *m* (maleza).
breñoso, sa *adj* broussailleux, euse.
Bretaña *n pr f* GEOGR Bretagne ‖ *Gran Bretaña* Grande-Bretagne.
brete *m* fers *pl* [des prisonniers] ‖ FIG situation *f* difficile, embarras, difficultés *f*; *estar, poner en un brete* être, mettre dans une situation difficile *o* dans l'embarras *o* en difficulté ‖ bétel (buyo) ‖ *(amer)* enclos [où l'on marque, où l'on enferme de bétail].
breteles *m pl inv* *(amer)* bretelles *f*.
bretón, ona *adj* breton, onne.
◆ *m* y *f* Breton, onne.
◆ *m* breton (lengua) ‖ BOT chou cavalier.
breva *f* figue-fleur (higo) ‖ gland *m* précoce (bellota) ‖ cigare *m* aplati (cigarro) ‖ FIG & FAM aubaine, veine (suerte); *cogió ou le cayó una buena breva* il a eu une sacrée veine | fromage *m* (buena colocación) ‖ *(amer)* tabac *m* à mâcher *o* à chiquer (tabaco) ‖ FIG & FAM *de higos a brevas* tous les 36 du mois.
breve *adj* bref, ève; court, e (corto) ‖ quelque; *breves palabras* quelques mots ‖ GRAM bref, ève ‖ *en breve* bientôt, sous peu, d'ici peu, dans peu de

temps, prochainement (pronto), bref (en pocas palabras).
- *m* bref (bula apostólica).
- *f* MÚS brève (nota) ǁ brève (sílaba).

brevedad *f* brièveté ǁ *— con brevedad* brièvement ǁ *niña vestida con brevedad* jeune fille court-vêtue ǁ *se ruega hablar con brevedad* on est prié d'être bref.

brevemente *adv* brièvement.

brevete *m* en-tête (membrete).

breviario *m* bréviaire.

brezal *m* bruyère *f* (terreno cubierto de brezo).

brezo *m* BOT bruyère *f*.

briaga *f* *(amer)* cuite.

bribón, ona *adj y s* coquin, e; fripon, onne (pícaro); *este niño es un bribón* cet enfant est un coquin ǁ gueux, gueuse (mendigo).

bribonada *f* friponnerie, coquinerie.

bribonear *v intr* mener une vie de fripon ǁ commettre des friponneries.

bribonería *f* friponnerie, coquinerie.

bricbarca *m* brick (barco).

bricolage; bricolaje *m* bricolage.

bricolar *v intr* bricoler.

brida *f* bride (rienda) ǁ collerette (de un tubo) ǁ MED bride ǁ TECN bride (abrazadera) ǁ *— a toda brida* à toute bride, à bride abattue ǁ *brida de fijación* étrier.

bridge *m* bridge (naipes); *jugar al bridge* jouer au bridge ǁ *jugador de bridge* bridgeur.

brigada *f* MIL brigade ǁ troupe (de bestias) ǁ brigade, équipe (de trabajadores, etc.) ǁ *— brigada antidisturbios* brigade antiémeutes ǁ *brigada antidroga* brigade des stupéfiants ǁ *brigada de bombas* équipe de déminage ǁ *brigada móvil* brigade mobile.
- *m* MIL adjudant.

brigadier *m* général de brigade, brigadier.

brillante *adj* brillant, e ǁ FIG brillant, e (lucido).
- *m* brillant, diamant (diamante) ǁ *un collar de brillantes* une rivière de diamants.

brillantemente *adv* brillamment.

brillantez *f* FÍS brillance ǁ éclat *m*; *las ceremonias se han desarrollado con gran brillantez* les cérémonies se sont déroulées avec beaucoup d'éclat ǁ *terminó sus estudios con gran brillantez* il a terminé ses études très brillamment.

brillantina *f* brillantine.

brillar *v intr* briller ǁ FIG briller, rayonner; *la alegría brillaba en sus ojos* ses yeux brillaient de joie ǁ briller (sobresalir) ǁ *brillar por su ausencia* briller par son absence.

brillo *m* éclat, brillant ǁ FIG éclat, gloire *f*; *esto no quita brillo a lo que ha hecho* cela n'enlève pas d'éclat à ce qu'il a fait ǁ lustre (esplendor) ǁ *— papel de brillo* papier glacé ǁ *estar lleno de brillos* être plein d'entrain ǁ *sacar brillo a* faire reluire (zapatos), faire briller, astiquer (metales, madera).

brilloso, sa *adj* *(amer)* brillant, e (brillante).

brincar *v intr* bondir, sauter (saltar) ǁ FIG & FAM bondir (enfadarse) ǁ bondir, sauter; *brincar de alegría* bondir de joie ǁ FAM *está que brinca* il est piqué au vif (de cólera), il ne tient plus en place (de alegría).

brinco *m* bond, saut (salto); *pegar un brinco* faire un bond ǁ gambade *f* (niño) ǁ bond (caballo, cabra, etc.) ǁ pendeloque *f* (joya) ǁ *— a brincos* par à-coups ǁ *de un brinco* d'un bond ǁ *en dos brincos, en un brinco* en moins de deux ǁ *— dar brincos* faire des bonds, bondir.

brindar *v intr* porter un toast à, boire à; *brindemos por nuestra amistad* buvons à notre amitié ǁ boire à la santé de; *brindar por uno* boire à la santé de quelqu'un ǁ trinquer (chocar las copas).
- *v tr* offrir (proponer, ofrecer); *le brindo la oportunidad de* je vous offre la possibilité de ǁ TAUROM *brindar el toro* dédier le taureau, offrir le sacrifice du taureau.
- *v pr* offrir, proposer; *se brindó a pagar* il offrit de payer.

brindis *m* toast; *echar un brindis* porter un toast ǁ TAUROM brindis [hommage que le matador fait du taureau qu'il va tuer à une personnalité ou au public].

briñón *m* brugnon (fruta).

brío *m* courage, énergie *f* (pujanza) ǁ brio; *hablar con brío* parler avec brio ǁ fougue *f*, entrain; *lleno de brío* plein d'entrain; *cantar con brío* chanter avec entrain ǁ abattage (de un actor, etc.) ǁ grâce *f*, élégance *f* (gentileza) ǁ *hombre de bríos* homme énergique.

brioche *m* CULIN brioche *f*.

briología *f* BOT bryologie.

briosamente *adv* courageusement (con valor) ǁ avec entrain (con ardor) ǁ avec brio (con brillo).

brioso, sa *adj* courageux, euse; énergique (enérgico) ǁ fougueux, euse; vif, vive (fogoso); *caballo brioso* cheval fougueux.

briqueta *f* briquette (carbón).

brisa *f* brise (viento); *brisa marina* brise de mer *o* marine ǁ marc *m* (orujo).

brisca *f* brisque, mariage *m* (juego).

briscado *adj* broché, e (tela).
- *m* brocart.

británico, ca *adj* britannique.
- *m* y *f* Britannique.

brizna *f* brin *m*; *una brizna de hierba, de paja* un brin d'herbe, de paille ǁ fil *m* (de la judía).

broca *f* broche (de bordadora) ǁ foret *m*, tarière (taladro) ǁ broquette (clavo).

brocado, da *adj* broché, e (telas).
- *m* brocart (tela).

brocal *m* margelle *f* (de un pozo) ǁ chape *f* (de una vaina) ǁ embouchure *f* [d'une outre à vin] ǁ BLAS bordure *f*.

brocha *f* brosse, gros pinceau *m* (pincel) ǁ queue-de-morue (pincel aplastado) ǁ houpette (para polvos) ǁ dé chargé *o* pipé (juegos) ǁ FIG broche ǁ *— brocha de afeitar* blaireau ǁ *pintor de brocha gorda* peintre en bâtiment (casa), barbouilleur (mal pintor) ǁ *versos de brocha gorda* vers de mirliton.

brochadora *f* MECÁN brocheuse.

brochadura *f* broche, agrafe.

brochazo *m*; **brochada** *f* coup de brosse *o* de pinceau.

broche *m* broche *f*, agrafe *f* ǁ *(amer)* trombone (para sujetar papeles) ǁ FIG *el broche final* ou *de oro* le couronnement, le point final, l'apothéose, le bouquet.
- *pl* *(amer)* boutons de manchettes (gemelos).

brocheta *f* CULIN brochette.

broma *f* plaisanterie; *¡no es ninguna broma!* ce n'est pas une plaisanterie! ‖ farce, blague; *gastar bromas* faire des farces ‖ ZOOL taret *m* (molusco) ‖ bruit *m*, tapage *m* (bulla) ‖ — *broma aparte* blague *o* plaisanterie à part ‖ *broma de mal gusto* plaisanterie de mauvais goût ‖ *broma pesada* mauvaise plaisanterie, sale blague ‖ *en broma* pour plaisanter, pour rire ‖ *entre bromas y veras* mi-figue, mi-raisin ‖ *ni en broma* sûrement pas, jamais de la vie ‖ *sin broma* blague à part ‖ *tienda de bromas y engaños* magasin de farces et attrapes ‖ — *¡basta de bromas!, dejémonos de bromas* trêve de plaisanteries!, suffit! ‖ *dar una broma a* faire une blague à ‖ *es pura broma* c'est de la rigolade ‖ *no estar para bromas* ne pas avoir envie de rire *o* le cœur à rire, ne pas avoir envie de plaisanter ‖ *no gastar bromas* ne pas plaisanter ‖ *saber tomar las bromas* comprendre *o* savoir prendre la plaisanterie ‖ *ser amigo de bromas* aimer à rire, aimer la rigolade (*fam*) | *tomar a broma* tourner en dérision *o* en plaisanterie (ridiculizar), ne pas prendre au sérieux (tomar a guasa).

bromatología *f* diététique.

bromatólogo, ga *m* y *f* diététicien, enne.

bromazo *m* plaisanterie *f* de mauvais goût, grosse *o* mauvaise plaisanterie *f*; *dar un bromazo* faire une grosse plaisanterie.

bromear *v intr* plaisanter, blaguer (*fam*), rigoler (*fam*); *no estoy bromeando* je ne plaisante pas.

brómico, ca *adj* QUÍM bromique.

bromista *adj* y *s* farceur, euse; plaisantin (sin femenino), blagueur, euse; rigolo, ote (*fam*) ‖ *bromista pesado* mauvais plaisant.

bromo *m* BOT & QUÍM brome.

bromuro *m* QUÍM bromure.

bronca *f* bagarre, rixe, grabuge *m* (riña) ‖ réprimande, savon *m*, engueulade [populaire] (represión), chahut *m* (manifestación colectiva) ‖ huées *pl* (gritos) ‖ scène; *bronca familiar* scène de famille; *su mujer le armó una bronca* sa femme lui fit une scène ‖ — *dar una bronca* faire du chahut, chahuter ‖ *echar una bronca* passer un savon, sonner les cloches, disputer, engueuler (*pop*) ‖ *ganarse una bronca* se faire huer ‖ *llevarse una bronca* recevoir un savon, se faire sonner les cloches, se faire disputer, se faire engueuler (*pop*) ‖ *se armó una bronca* une bagarre a éclaté, il y a eu du grabuge.

bronce *m* bronze (metal y objeto de arte) ‖ POÉT airain, bronze ‖ FIG *escribir en bronce* écrire sur l'airain | *ser de bronce* avoir un cœur de pierre *o* d'acier.

bronceado, da *adj* bronzé, e.
◆ *m* bronzage.

bronceador *m* huile *f* de bronzage.

broncear *v tr* bronzer (un metal, una estatua, la piel).
◆ *v pr* se bronzer (la piel).

bronco, ca *adj* âpre, rude ‖ cassant, e (metales) ‖ rauque, désagréable (voz, sonido) ‖ FIG revêche, désagréable (carácter).

bronconeumonía *f* MED broncho-pneumonie.

broncoscopio *m* bronchoscope.

broncotomía *f* MED bronchotomie.

bronquear *v tr* MED réprimander, gronder.

bronquial *adj* ANAT bronchial, e.

bronquio *m* ANAT bronche *f*.

bronquiolos *m pl* ANAT bronchioles *f*.

bronquítico, ca *adj* y *s* bronchitique.

bronquitis *f* MED bronchite.

broquel *m* bouclier.

broquelarse *v pr* se couvrir, se mettre à l'abri d'un bouclier ‖ FIG se défendre, se mettre à l'abri, se protéger.

broqueta *f* brochette; *riñones en broquetà* rognons en brochette.

brotar *v intr* pousser (las plantas); *el trigo brota* le blé pousse ‖ bourgeonner (echar renuevos); *este árbol empieza a brotar* cet arbre commence à bourgeonner ‖ jaillir, sourdre (las fuentes) ‖ jaillir; *brotaron las lágrimas de sus ojos* les larmes jaillirent de ses yeux ‖ apparaître, sortir (erupción cutánea) ‖ FIG apparaître, se manifester (surgir).
◆ *v tr* produire.

brote *m* BOT bourgeon, pousse *f* ‖ jaillissement (del agua, de las lágrimas) ‖ poussée *f* (de fiebre) ‖ FIG première manifestation *f*, début (principio), apparition *f*.

browniano *adj m* FÍS brownien (movimiento).

browning *f* browning *m* (pistola).

broza *f* feuilles *pl* mortes (hojas muertas), débris *m pl* végétaux (residuos vegetales) ‖ résidus *m pl*, débris *m pl* (desechos) ‖ buissons *m pl* (matorrales) ‖ broussailles *pl* (maleza) ‖ FIG remplissage *m* (por escrito), verbiage *m*, bla-bla *m* (de palabra); *meter broza* faire du remplissage ‖ IMPR brosse.

bruces (a); bruces (de) *loc adv* à plat ventre ‖ *caer* ou *darse de bruces* s'étaler de tout son long, tomber à plat ventre.

bruja *f* sorcière (hechicera) ‖ ZOOL chouette ‖ FIG sorcière (mujer vieja y fea) ‖ — *creer en brujas* croire au Père Noël, gober tout ‖ (*amer*) *estar bruja* être pauvre *o* misérable.

Brujas *n pr* GEOGR Bruges.

brujear *v intr* se livrer à la sorcellerie.

brujería *f* sorcellerie.

brujo *m* sorcier ‖ *el aprendiz de brujo* l'apprenti sorcier.

brújula *f* boussole ‖ (*p us*) mire, viseur *m* (mira) ‖ — ASTR *brújula de cuadrante* boussole à cadran ‖ *brújula de declinación* boussole de déclinaison ‖ GEOGR *brújula de eclímetro* boussole à éclimètre ‖ *brújula de inclinación* boussole d'inclinaison ‖ *brújula giroscópica* compas gyroscopique ‖ — FIG *perder la brújula* perdre la boussole *o* le nord *o* la boule.

brujulear *v tr* filer les cartes (naipes) ‖ FIG & FAM deviner (adivinar) | flâner (vagar).

bruma *f* brume ‖ *bruma ligera* brumasse.

brumoso, sa *adj* brumeux, euse.

bruñido *m* bruni, poli (pulimento) ‖ brunissage, polissage (acción) ‖ brunissure *f* (pulido).

bruñidor, ra *m* y *f* brunisseur, euse.
◆ *m* TECN brunissoir, polissoir.

bruñir* *v tr* polir (un metal, una piedra), brunir (un metal) ‖ lustrer (un espejo) ‖ fourbir (un metal, una espada) ‖ FAM (*amer*) embêter, raser, barber (fastidiar).
◆ *v pr* FIG & FAM se farder (maquillarse).

brusco, ca *adj* brusque.
◆ *m* BOT petit houx, fragon épineux.

Bruselas *n pr* GEOGR Bruxelles.

bruselense *adj* y *s* bruxellois, e.

brusquedad *f* brusquerie.
brut *m inv* brut (champagne).
brutal *adj* brutal, e; *hombres brutales* des hommes brutaux ‖ FAM énorme, terrible ‖ *de una manera brutal* brutalement (con brusquedad), énormément (mucho).
◆ *m* brute *f* (bruto).
brutalidad *f* brutalité ‖ FAM énormité (barbaridad).
brutalizar *v tr* brutaliser.
◆ *v pr* s'abrutir (embrutecerse).
bruteza *f* → **brutalidad**.
bruto, ta *adj* bête, stupide, idiot, e; bouché, e; *este hombre es muy bruto* cet homme est très bête ‖ brut, e (sin cultura) ‖ brut, e; *piedra bruta* pierre brute; *petróleo bruto* pétrole brut ‖ — *(amer) a la bruta, a lo bruto* grossièrement, à la va-vite ‖ *el noble bruto* le cheval ‖ *en bruto* brut; *diamante, peso en bruto* diamant, poids brut ‖ FIG & FAM *pedazo de bruto* espèce de brute ‖ FAM *ser más bruto que un adoquín* ou *un arado* être complètement bouché, en tenir une couche.
◆ *m y f* imbécile, idiot, e (tonto) ‖ rustre (rústico) ‖ FIG sauvage; *este niño es un bruto, acaba de comer diez pasteles* cet enfant est un sauvage, il vient de manger dix gâteaux.
◆ *m* brute *f*.
bruza *f* brosse (de tipógrafo).
bruzar *v tr* brosser.
bu *m* FAM croque-mitaine (coco).
bubón *m* MED bubon.
bubónico, ca *adj* MED bubonique (peste).
buboso, sa *adj* qui a des bubons.
bucal *adj* buccal, e.
bucanero *m* boucanier.
Bucarest *n pr* GEOGR Bucarest.
búcaro *m* cruche *f* (vasija de barro) ‖ boucaro (arcilla).
buccino *m* ZOOL buccin (molusco).
buceador *m* scaphandrier (buzo) ‖ pêcheur de perles.
bucear *v intr* plonger, travailler sous l'eau *o* en plongée (el buzo) ‖ nager sous l'eau (nadar) ‖ FIG explorer, sonder, tâter (un asunto).
buceo *m* plongée *f* (del buzo) ‖ plongeon (del nadador) ‖ FIG exploration *f*, recherches *f pl*, sondage (investigación).
bucle *m* boucle *f* (de cabellos) ‖ INFORM boucle *f*.
bucólica *f* bucolique (composición poética) ‖ FAM boustifaille, mangeaille (comida).
bucólico, ca *adj* bucolique.
bucolismo *m* amour de la poésie pastorale (afición a la poesía), amour de la vie champêtre (afición a la vida del campo).
buchaca *f (amer)* bourse (bolsa) | blouse (tronera del billar).
buchada *f* gorgée.
buche *m* jabot (de las aves) ‖ estomac (de ciertos animales) ‖ gorgée *f* (de líquido) ‖ poche *f* (que hace la ropa) | FIG & FAM ventre, panse *f* (estómago) | cœur, ventre (pecho) | ânon (borrico) | *(amer)* haut-de-forme (chistera) | goitre (bocio) | — FAM *llenarse el buche* se remplir la panse, se taper la cloche | *no le cupo en el buche esta broma* il n'a pas avalé cette plaisanterie.
Buda *n pr* Bouddha.

Budapest *n pr* GEOGR Budapest.
budín *m* CULIN pudding (pastel) ‖ pain; *budín de espinacas* pain d'épinards.
budismo *m* bouddhisme.
budista *adj et s* bouddhiste.
buen *adj* forme apocopée de bueno (voir BUENO).
— OBSERV L'adjectif *bueno* s'apocope en *buen* lorsqu'il est placé devant le mot qu'il détermine, que ce soit un substantif (*un buen libro* un bon livre; *un buen mozo* un beau garçon; *un buen hombre* un brave homme; *hace buen tiempo* il fait beau; *un buen día* un beau jour, etc.) ou un verbe à l'infinitif employé comme substantif (*un buen andar* un bon pas, etc.).
Buena Esperanza (cabo de) *n pr m* GEOGR cap de Bonne-Espérance.
buenamente *adv* tout bonnement, tout simplement (sencillamente) ‖ facilement (fácilmente) ‖ de bonne foi; *creer buenamente todo lo que se dice* croire de bonne foi tout ce qu'on dit ‖ *si buenamente puede usted hacerlo* si vous voulez bien avoir la gentillesse de le faire.
buenaventura *f* bonne aventure; *echar* ou *decir la buenaventura* dire la bonne aventure ‖ chance (suerte).
buenazo, za *adj* bonasse, débonnaire.
◆ *m y f* brave homme, brave femme.
¡buen día! *interj (amer)* FAM bonjour!
bueno, na *adj* bon, bonne (bondadoso); *es más bueno que el pan* il est bon comme le pain *o* du bon pain ‖ sage; *este niño es bueno como un ángel* cet enfant est sage comme une image ‖ bon, bonne; *buena conducta* bonne conduite; *ser de buena familia* être de bonne famille ‖ bon, bonne; fort, e; *una buena calentura* une bonne fièvre ‖ bon, bonne (útil, agradable) ‖ bon, bonne (hábil); *un buen obrero* un bon ouvrier ‖ en bonne santé; *estar bueno* être en bonne santé [dans ce cas, toujours avec le verbe *estar*] ‖ bon, bonne; brave (sencillote); *una buena chica* une bonne fille ‖ bon, bonne; beau, belle; *llevarse una buena bofetada* recevoir une belle gifle ‖ beau, belle; *tener buena voz* avoir une belle voix; *una buena ocasión* une belle occasion ‖ beau, belle; *un buen día* un beau jour ‖ FAM gentil, ille; coquet, ette; *una buena cantidad* une gentille somme ‖ drôle de; *¡buen sinvergüenza está hecho Juan!* Jean en un drôle d'effronté! ‖ — FAM *buena jugada* mauvais tour, drôle de tour (mala jugada), bon coup (acierto) ‖ *buenas noches* bonsoir (al atardecer), bonne nuit (al acostarse) ‖ *buenas tardes* bonjour (después del mediodía), bonsoir (al atardecer) ‖ *bueno de* ou *para* bon à; *bueno de comer* bon à manger ‖ *buenos días* bonjour (hasta el mediodía) ‖ *buen perdedor* beau joueur ‖ — *a buenas, por las buenas* volontiers, de bon gré ‖ *¿adónde* ou *a dónde bueno?* où allez-vous comme ça *o* de ce pas? ‖ *a la buena de Dios* à la bonne franquette, sans façon (sin cumplido), au petit bonheur, à la va-comme-je-te-pousse, à la six-quatre-deux (a lo que salga) ‖ *de buena gana* de bon cœur ‖ *de buenas a primeras* de but en blanc, brusquement (de repente), de prime abord (a primera vista) ‖ *¿de dónde bueno?* d'où venez-vous comme ça? ‖ *de las buenas* magistral ‖ *de verdad de las buenas* vrai de vrai ‖ *el buen camino* le droit chemin ‖ *los buenos tiempos* le bon vieux temps ‖ *por las buenas* comme ça (hacer las cosas) ‖ *por las buenas o por las malas* bon gré mal gré, de gré ou de force ‖ — *dar por buena una cosa* approuver *o* admettre une

chose ‖ *darse buena vida* mener la belle *o* bonne vie ‖ *es bueno saberlo* c'est bon à savoir ‖ FAM *estar bueno, buena* être bien foutu, e ‖ FAM *estar de buenas* être bien luné *o* de bonne humeur ‖ *(amer) estar en la buena* être chanceux ‖ *estaría bueno que* il ferait beau voir que, il ne manquerait plus que ‖ *hace buen tiempo* il fait beau ‖ *librarse de una buena* l'échapper belle ‖ *poner buena cara* faire bon visage ‖ ¿*qué dice de bueno?* quoi de neuf? ‖ *ser muy buena persona* être très gentil ‖ FAM *tirarse una buena vida* se la couler douce ‖ *verá usted lo que es bueno* vous allez voir ce que vous allez voir.
◆ *m* bon; *los buenos y los malos* les bons et les méchants; *el bueno de la película* le bon du film, le héros ‖ bon; *preferir lo bueno a lo bello* préférer le bon au beau ‖ FAM *lo bueno es que* le meilleur *o* le mieux *o* le plus fort c'est que ‖ *lo bueno, si breve, dos veces bueno* le plus court est le meilleur, plus c'est court mieux c'est.
◆ *interj* FAM bon!, bien! (está bien), assez!, stop! (basta) ‖ —¡*buenas!* salut! ‖ ¡*pero bueno!* mais enfin! ‖ ¡*qué buena!, ¡muy buena!* elle est bien bonne! (historia) ‖ *(amer) ¡qué bueno!* chic!, formidable! (¡qué bien!) ‖ ¡*qué bueno!, ¡muy bueno!* bravo! (olé), excellent! ‖ —¡*buena es ésa!* ça alors!, c'est un peu fort! (sorpresa), elle est bien bonne! (tiene gracia) ‖ *buena la has hecho!* tu en as fait de belles! ‖ FAM ¡*bueno está lo bueno!* ça suffit! ‖ ¡*estamos buenos!* nous voilà bien! ‖ FAM ¡*estaría bueno!* il ne manquerait plus que ça!

Buenos Aires *n pr* GEOGR Buenos Aires.

buey *m* ZOOL bœuf ‖ — *buey de mar* tourteau (crustáceo) ‖ *buey marino* lamantin ‖ — *el buey suelto bien se lame* rien ne vaut la liberté ‖ *(amer) hablar de bueyes perdidos* parler pour ne rien dire ‖ *habló el buey y dijo mu* que pouvait-on attendre d'autre de lui?
— OBSERV Le *bœuf*, viande de boucherie, se traduit de préférence par *vaca*.

bueyada *f (amer)* paire de bœufs.

bufa *f* plaisanterie, bouffonnerie (bufonada) ‖ *(amer)* cuite (borrachera).

bufado, da *adj* soufflé, e (vidrio).

búfalo, la *m y f* ZOOL buffle, bufflonne.

bufanda *f* cache-nez *m inv*, cache-col *m inv*, écharpe; *una bufanda de lana, de seda* un cache-nez en laine, une écharpe de soie.

bufar *v intr* souffler (el toro, etc.) ‖ FIG écumer de colère ‖ s'ébrouer (resoplar el caballo), feuler (el gato) ‖ *bufando de cólera* fumant *o* écumant de colère.

bufete *m* bureau (mesa) ‖ cabinet, étude *f* (despacho de un abogado); *abrir bufete* ouvrir une étude ‖ clientèle *f* (de un abogado).

buffer *m* INFORM mémoire *f* tampon, mémoire *f* intermédiaire.

buffet *m* buffet (mesa donde se sirven refrescos, fonda) ‖ *(amer)* repas froid, lunch (ambigú).

bufido *m* mugissement (del toro) ‖ feulement (de los felinos); *dar bufidos* pousser des feulements ‖ ébrouement (de los caballos) ‖ FIG & FAM bouffée *f*, explosion *f*; *dar bufidos de rabia* avoir des bouffées de colère | remontrance *f*, coup de gueule (pop); *el director ha dado un bufido* le directeur a poussé un coup de gueule *o* a fait une remontrance ‖ POP *recibir un bufido* se faire engueuler.

bufo, fa *adj* bouffe (ópera) ‖ *actor bufo* bouffe.
◆ *m y f* bouffon, onne.

bufón, ona *adj y s* bouffon, onne ‖ *hacer el bufón* faire le pitre.

bufonada; bufonería *f* bouffonnerie ‖ plaisanterie (broma).

bufonesco, ca *adj* bouffon, onne.

bug *m* INFORM bug.

buganvilla *f* BOT bougainvillée.

buggy *m* buggy (coche).

buharda; buhardilla *f* lucarne, fenêtre à tabatière (ventanilla) ‖ combles *m pl*, mansarde (desván); *vivir en una buhardilla* habiter une mansarde *o* sous les combles.

búho *m* hibou (ave) ‖ FIG & FAM vieux hibou, ours mal léché ‖ *búho real* grand duc.

buhonería *f* pacotille, camelotte *(fam)* (mercancías), éventaire *m* (tienda portátil).

buhonero *m* colporteur (ambulante) ‖ camelot (vendedor al aire libre).

buido, da *adj* effilé, e; aiguisé, e (afilado) ‖ strié, e; cannelé, e (acanalado) ‖ *estilo buido* style coulant.

buitre *m* vautour (ave); *buitre franciscano* vautour moine ‖ FIG corbeau ‖ y FAM vautour.

bujía *f* bougie (vela, de encendido, unidad de intensidad luminosa).

Bujumbura *n pr* GEOGR Bujumbura.

bula *f* bulle (adorno antiguo) ‖ bulle (del papa) ‖ bulle, dispense (dispensa) ‖ — HIST *bula de oro* bulle d'or ‖ FIG & FAM *no poder con la bula* être à bout, n'en pouvoir plus | *tener bula para todo* avoir carte blanche.

bulbo *m* BOT & ANAT & ARQ bulbe ‖ — *bulbo dentario* pulpe dentaire ‖ *bulbo piloso* bulbe pileux ‖ *bulbo raquídeo* bulbe rachidien.

bulboso, sa *adj* BOT bulbeux, euse.

buldog; bulldog *m* bouledogue (perro).

bulozer; bulldozer *m* bulldozer (excavadora).

bule *m (amer)* gourde *f* [fruit et récipient] ‖ *llenarse hasta los bules* se goinfrer.

bulerías *f pl* bulerias [air et danse andalous].

bulevar *m* boulevard (alameda).

Bulgaria *n pr* GEOGR Bulgarie.

búlgaro, ra *adj y s* bulgare.

bulimia *f* MED boulimie (hambre).

bulímico, ca *adj y s* boulimique.

bulín *m* FAM *(amer)* piaule *f* (casa).

bulo *m* FAM canard, bobard, fausse *f* nouvelle, faux bruit; *corre un bulo* un faux bruit court.

bulto *m* volume, grosseur *f*, taille *f*; *libro de poco bulto* livre de petite taille ‖ masse *f*, silhouette *f*, forme *f* vague (objeto o persona de aspecto confuso); *he visto dos bultos cerca de la casa* j'ai vu deux silhouettes près de la maison ‖ grosseur *f*, bosse *f*; *me hice un bulto al caerme* je me suis fait une bosse en tombant; *tiene un bulto en el cuello* il a une grosseur dans le cou ‖ paquet, colis (paquete) ‖ ballot; *un bulto de ropa* un ballot de linge ‖ taie *f* (de almohada) ‖ corps; *el toro busca el bulto* le taureau cherche le corps ‖ *(amer)* cartable (cartapacio) ‖ — *a bulto* au jugé, en gros, au pifomètre *(fam)* ‖ *bultos de mano* bagages à main ‖ *cuanto menos bulto, más claridad* bon débarras ‖ *de bulto* de taille ‖ *de mucho bulto* encombrant (voluminoso) ‖ *error de bulto* erreur grossière *o* manifeste *o* de taille ‖ FIG & FAM *buscar a uno el bulto* chercher noise à quelqu'un ‖ *escoger a bulto* prendre dans le tas ‖ *escurrir el bulto*

bulla

se défiler, se dérober || *hacer bulto* faire nombre || *hacer mucho bulto* encombrer, prendre beaucoup de place || *ser de bulto* sauter aux yeux, être évident o manifeste || *tirar a bulto* tirer au jugé o au hasard.

bulla *f* tapage *m*, raffut *m*, vacarme *m*; *meter ou armar bulla* faire du raffut, du boucan || chahut *m*; *a él le gusta mucho la bulla* il aime beaucoup le chahut || foule, affluence, cohue; *hay mucha bulla en las tiendas* il y a beaucoup de cohue dans les magasins || bousculade (atropello) || — *meter bulla* bousculer (meter prisa) || *tener bulla* être bousculé.

bullabesa *f* bouillabaisse.

bullanga *f* agitation, tumulte *m* (tumulto).

bullanguero, ra *adj y s* turbulent, e; tapageur, euse (alborotador).

bullebulle *m y f* FIG & FAM personne qui a la bougeotte, qui ne tient pas en place.
◆ *m* agitation *f*.

bullicio *m* brouhaha, tumulte, tapage (ruido) || agitation *f*; *retirarse al campo para huir del bullicio* se retirer à la campagne pour fuir l'agitation || bousculade *f*; *ser cogido en el bullicio* être pris dans la bousculade || grouillement (de la muchedumbre).

bullicioso, sa *adj* bruyant, e (ruidoso); *una calle bulliciosa* une rue bruyante || remuant, e; turbulent, e (inquieto); *un chico muy bullicioso* un garçon très turbulent || séditieux, euse (sedicioso).

bullir* *v intr* bouillir (hervir) || bouillonner (a borbotones) || grouiller (insectos), frétiller (peces) || FIG bouillir; *la sangre le bulle en las venas* le sang bout dans ses veines | fourmiller, grouiller (una muchedumbre) | remuer, s'agiter (agitarse) | foisonner, abonder (las cosas) || *bullirle a uno hacer algo* avoir une envie folle de faire quelque chose || *le bullen los pies al ver bailar* en voyant danser, elle a une envie folle d'en faire autant || *me bulle la lengua* la langue me démange.
◆ *v tr (p us)* remuer (mover).
◆ *v pr* se remuer (moverse).

bumerang *m* boomerang (arma).

bungalow *m* bungalow.

bunquer; bunker *m* bunker.

buñuelo *m* beignet || FIG & FAM navet; *esta película es un buñuelo* ce film est un navet || — *buñuelo de viento* pet-de-nonne || FIG & FAM *hacer un buñuelo* bâcler son travail.

BUP abrev de *Bachillerato Unificado Polivalente* scolarité de la troisième à la première [Espagne].

buque *m* bateau, bâtiment, vaisseau (barco); *buque de hélice, de ruedas, de vapor, de vela, mercante* bateau à hélice, à aubes, à vapeur, à voiles, marchand || contenance *f*, capacité *f* (cabida) || MAR coque *f* (casco) || — *buque aljibe* bateau-citerne || *buque almirante* vaisseau amiral || *buque costero* garde-côte (s) || *buque de abastecimiento* ravitailleur || *buque de carga* cargo || *buque de desembarco* péniche de débarquement || *buque de guerra* navire de guerre || *buque de línea* paquebot || *buque escuela* bateau-école, navire-école || *buque factoría* navire-usine || *buque fanal* ou *faro* bateau-feu, bateau-phare || *buque granelero* vraquier || *buque hospital* navire-hôpital || *buque insignia* vaisseau-amiral || *buque minador* mouilleur de mines || *buque porta-contenedores* porte-conteneurs.

buqué *m* bouquet (bouquet).
— OBSERV Ce mot est un gallicisme.

burbuja *f* bulle (de aire).

144

burbujear *v intr* bouillonner, faire des bulles || pétiller (vino).

burbujeo *m* bouillonnement || pétillement (del vino).

burdégano *m* ZOOL bardot, bardeau.

burdel *adj* vicieux, euse.
◆ *m* bordel.

burdeos *adj y s m* bordeaux.

Burdeos *n pr* GEOGR Bordeaux.

burdo, da *adj* grossier, ère.

bureo *m* FAM passe-temps, distraction *f* (diversión) | tour (paseo) || FAM *estar* ou *irse de bureo* faire la noce o la foire.

burgalés, esa *adj y s* de Burgos.

burgo *m (ant)* hameau, bourg (población pequeña) || *burgo podrido* bourg pourri.

burgomaestre *m* bourgmestre.

Burgos *n pr* GEOGR Burgos.

burgués, esa *adj y s* bourgeois, e.

burguesía *f* bourgeoisie; *alta burguesía* haute bourgeoisie.

buril *m* burin.

burilado *m* burinage.

burilar *v tr* buriner, graver au burin.

Burkina Faso *n pr m* GEOGR Burkina.

burla *f* moquerie (mofa) || plaisanterie (chanza) || tromperie (engaño) || — FAM *burla burlando* en badinant (bromeando), sans s'en rendre compte (sin darse cuenta), mine de rien (disimuladamente) || *de burlas, en son de burlas* pour rire, pour plaisanter || *entre burlas y veras* mi-sérieux, mi-plaisant; mi-figue, mi-raisin || — *gastar burlas* plaisanter || *hacer burla de uno* se moquer de quelqu'un (mofarse) || *hacer burla de uno con la mano* faire un pied de nez à quelqu'un (un palmo de narices).

burladero *m* TAUROM refuge [écran en planche].

burlador, ra *adj y s* moqueur, euse.
◆ *m* libertin, séducteur, Don Juan.

burlar *v tr* plaisanter || tromper, abuser (engañar) || FIG se moquer de; *burlar las leyes* se moquer des lois | ruiner, déjouer, faire échouer (una esperanza, etc.).
◆ *v pr* se moquer, railler; *burlarse de alguien* se moquer de quelqu'un, railler quelqu'un.

burlería *f* moquerie (burla) || fable, conte *m*, histoire (cuento).

burlesco, ca *adj* FAM burlesque, grotesque (festivo) || *el género burlesco* le burlesque, le genre burlesque.

burlete *m* bourrelet.

burlón, ona *adj y s* moqueur, euse; *aire burlón* air moqueur.
◆ *m* plaisantin.

burlonamente *adv* moqueusement.

buró *m* bureau (mesa de despacho, junta política) || *(amer)* table *f* de nuit.

burocracia *f* bureaucratie.

burócrata *m y f* bureaucrate.

burocrático, ca *adj* bureaucratique.

burocratismo *m* bureaucratisation *f*.

burocratización *f* bureaucratisation.

burocratizar *v tr* bureaucratiser.

burra *f* ânesse (hembra del burro) || FIG & FAM bourrique (ignorante) | bourreau *m* de travail (trabajadora).

burrada f troupeau d'ânes ‖ FIG & FAM ânerie, bêtise (necedad), énormité (barbaridad); *soltar una burrada* dire une énormité ‖ FAM flopée, tapée, tas m; *una burrada de gente* une flopée de gens.

burrito m ânon, bourricot ‖ *(amer)* frange f (flequillo).

burro m ZOOL âne; *en burro* à âne, à dos d'âne ‖ baudet, chevalet [de scieur] ‖ bourre f (juego) ‖ FIG âne, âne bâté, crétin, idiot; *este muchacho es muy burro* ce garçon est un vrai âne ‖ *(amer)* échelle f pliante *o* double (escalera) ‖ table f à repasser (para planchar) ‖ — FIG & FAM *burro cargado de letras* aliboron ‖ *burro de carga* cheval de labour, bourreau de travail ‖ — *a burro muerto cebada al rabo* il est trop tard, après la mort le médecin ‖ *apearse* ou *caerse de su burro* reconnaître son erreur ‖ *(amer)* POP *gustarle a uno los burros* être amateur de turf ‖ FIG & FAM *no querer bajar* ou *apearse del burro* ne pas en démordre | *no ver tres en un burro* être myope comme une taupe, n'y voir goutte.

bursátil adj COM boursier, ère.

burujo m petite boule f, pelote f (de lana) ‖ tapon (de cabellos, etc.) ‖ tourteau d'olive (de aceitunas).

bus m bus, autobus.

busca f recherche, quête (acción de buscar); *en* ou *a la busca de* à la recherche de, en quête de ‖ battue (caza).

◆ m → **buscapersonas**.
◆ f pl *(amer)* à-côtés m.

buscador, ra adj y s chercheur, euse ‖ *cabeza buscadora* tête chercheuse (de un cohete).

buscapersonas; busca m inv bip, bip-bip.

buscapiés m serpenteau, crapaud, petit pétard.

buscapleitos m *(amer)* chicanier, chicaneur.

buscar v tr chercher; *lo busqué en toda la ciudad sin encontrarle* je l'ai cherché dans toute la ville sans le trouver ‖ rechercher; *buscar la amistad de uno* rechercher l'amitié de quelqu'un ‖ FAM chercher (provocar) ‖ — FAM *buscarle la boca a uno* chercher quelqu'un | *buscarle las cosquillas a uno* chercher les puces à quelqu'un | *buscar* ou *buscarle tres pies al gato* chercher midi à quatorze heures | *buscarse algo* ou *la vida* se débrouiller ‖ *buscársela* le chercher, gagner; *¡te la has buscado!* tu l'as cherché!, tu as gagné! ‖ *buscarse la ruina* courir à sa ruine ‖ *buscar una aguja en un pajar* chercher une aiguille dans une meule *o* botte de foin ‖ *quien busca halla* qui cherche trouve.

buscarruidos m y f FIG & FAM querelleur, euse; chamailleur, euse (camorrista).

buscavidas m y f FIG & FAM fouineur, euse; fureteur, euse (muy curioso) | débrouillard, e (que sabe desenvolverse).

buscón, ona adj y s chercheur, euse.
◆ m filou (ratero) ‖ aventurier (aventurero).
◆ f POP racoleuse, raccrocheuse (ramera).

buseta f *(amer)* minibus m.

busilis m hic; *ahí está el busilis* voilà le hic ‖ *dar con el busilis* mettre le doigt sur la difficulté.

búsqueda f → **busca**.

busto m buste.

butaca f fauteuil m (asiento) ‖ — *butaca de patio* fauteuil d'orchestre ‖ *patio de butacas* orchestre (en un cine *o* teatro).

butano m butane; *bombona de butano* bouteille de butane.

buten (de) loc adv POP épatant, e; au poil.

butifarra f sorte de saucisse catalane.

butiroso, sa adj butyreux, euse.

buzamiento m MIN inclination f (del filón).

buzo m plongeur; *campana de buzo* cloche à plongeur ‖ scaphandrier (con escafandra) ‖ bleu de travail (mono de trabajo) ‖ *enfermedad de los buzos* maladie des caissons.

buzón m boîte f aux lettres; *echar una tarjeta en el buzón* mettre *o* jeter une carte dans la boîte aux lettres ‖ bonde f (de un estanque) ‖ bouchon (tapón).

buzonero m *(amer)* facteur.

byte m INFORM byte.

C

c f c m.

¡ca! interj FAM pas question! [indique la négation].

cabal adj juste, exact, e; *una cuenta cabal* une somme juste; *una definición cabal* une définition exacte || parfait, e; accompli, e (sin defecto); *un hombre cabal* un homme accompli || total, e; complet, ète; *un cabal fracaso* un échec total || juste; *tres horas cabales* trois heures juste || — *es honrado a carta cabal* c'est l'honnêteté même o personnifiée, il est parfaitement honnête || *estar en sus cabales* ne pas avoir tous ses esprits o toute sa tête || *por sus cabales* parfaitement, suivant les règles (perfectamente), au plus juste prix (precio).

cábala f cabale, kabbale (doctrina) || FIG cabale; *andar metido en una cábala* être impliqué dans une cabale || — *hacer cábalas sobre algo* faire des pronostics o se livrer à des conjectures sur quelque chose.

cabalgada f chevauchée, cavalcade (cabalgata).

cabalgadura f monture (bestia de silla) || bête de somme (bestia de carga).

cabalgar v intr chevaucher, monter o aller à cheval.
◆ v tr monter || saillir, couvrir (cubrir).

cabalgata f cavalcade, défilé m (desfile) || chevauchée (correría a caballo) || *la cabalgata de los Reyes Magos* le défilé des Rois mages.
— OBSERV El francés *cavalcade* se aplica exclusivamente hoy a un desfile de máscaras o, por extensión, a una tropa ruidosa.

cabalista adj y s cabaliste.

cabalístico, ca adj cabalistique.

cabalmente adv parfaitement, suivant les règles (perfectamente), à son juste prix (a su precio), entièrement, exactement.

caballa f maquereau m (pescado).

caballaje m monte f (de caballos, etc.).

caballar adj chevalin, e; *raza caballar* race chevaline; *perfil caballar* profil chevalin || *cría caballar* élevage de chevaux.

caballerango m (amer) écuyer (caballerizo).

caballeresco, ca adj chevaleresque (heroico) || de caballería; *poema caballeresco* poème de chevalerie || FIG chevaleresque; *sentimientos caballerescos* sentiments chevaleresques.

caballería f monture (bestia de silla) || MIL cavalerie (cuerpo militar); *una carga de caballería* une charge de cavalerie || chevalerie (orden) || équitation (arte de cabalgar) || (amer) nom de différentes mesures agraires [de 1 343 ares à Cuba, 7 858 ares à Porto Rico, et 4 279 ares à Mexico et au Guatemala] || — FIG & FAM *andarse en caballerías* faire des façons o des manières (cumplidos), débiter des compliments (galanterías) || *caballería andante, ligera* chevalerie errante, légère || *caballería mayor* cheval, mule || *caballería menor* âne.

caballeriza f écurie.

caballerizo m écuyer || garçons pl d'écurie (criados) || *caballerizo mayor del rey* grand écuyer du roi.

caballero, ra adj à cheval, monté, e; *caballero en un asno* à cheval sur un âne || FIG à cheval (porfiado); *caballero en su opinión* à cheval sur son opinion || ARTES *perspectiva caballera* perspective cavalière.
◆ m chevalier (noble, de una orden); *armar caballero* armer chevalier || monsieur [appellation de politesse]; ¡*entren, señoras y caballeros!* entrez, mesdames et messieurs! || homme; *trajes para caballeros* costumes pour hommes || FIG homme bien né o de cœur, un monsieur (de consideración) || galant homme || cavalier (fortificación) || — *caballero andante* chevalier errant || FIG & FAM *caballero cubierto* grand d'Espagne (sentido propio), malappris (sentido figurado) || *caballero de industria* o *de la industria* chevalier d'industrie || *caballero en plaza* torero à cheval || *de caballero a caballero* d'homme à homme || *el Caballero sin miedo y sin tacha* le Chevalier sans peur et sans reproche || *comportarse como un caballero* agir o se conduire en gentleman || *poderoso caballero es Don Dinero* l'argent peut tout || *ser un caballero* être un homme comme il faut.

caballerosamente adv en gentleman, noblement.

caballerosidad f noblesse, esprit m chevaleresque (nobleza), générosité (generosidad).

caballeroso, sa adj chevaleresque || galant, e; *un hombre caballeroso* un galant homme || de gentleman.

caballete m faîte (del tejado) || chevalet (de tortura) || chevalet, tréteau (soporte) || mitre f (de chimenea) || dos, épine f (de la nariz) || AGRIC billon (caballón) || ARTES chevalet (de pintor), sellette f (de escultor).

caballista m cavalier (jinete) || écuyer (en un espectáculo).
◆ f écuyère.

caballito m petit cheval || (amer) dos, épine f (de la nariz) | couche f, pointe f (metedor de los niños) | radeau (balsa) || — *caballito de agua* hippocampe || *caballito de Bamba* cinquième roue du carrosse, bon à rien || *caballito del diablo* libellule, demoiselle || *caballito de mar* ou *marino* cheval marin, hippocampe || (amer) *caballito de San Vicente* libellule (saltamontes) | *caballito de totora* petit radeau en jonc.
◆ pl manège sing de chevaux de bois (tiovivo) || petits chevaux (juego).

caballo *m* ZOOL cheval; *tiene muchos caballos* il a beaucoup de chevaux; *montar a caballo* monter à cheval; *caballo que ha cerrado* cheval hors d'âge || cavalier (jinete) || cavalier (juego de ajedrez) || cavalier [du jeu de cartes espagnol correspondant à la dame du jeu français] || baudet (burro de serrar) || FAM héroïne (droga) || MIN masse *f* de roche || FAM cheval (muy fuerte), grand cheval (espingarda) || — *caballo de agua* hippocampe || FIG *caballo de batalla* cheval de bataille || FIG & FAM *caballo de buena boca* bonne pâte, personne accommodante || *caballo de carrera* cheval de course || MIL *caballo de frisa* cheval de frise || TECN *caballo de fuerza* cheval-vapeur britannique || ZOOL *caballo del diablo* libellule, demoiselle || *caballo de mar* ou *marino* cheval marin, hippocampe || *caballo de regalo* cheval de parade || *caballo de silla* ou *de montar* cheval de selle || *caballo de tiro* cheval de trait || TECN *caballo de vapor* cheval-vapeur || ASTR *Caballo Menor* Petit Cheval || *caballo padre* étalon || *expendeduría de carne de caballo* boucherie chevaline || *un coche de dos caballos* une deux-chevaux || — *a caballo* à cheval || *a mata caballo* à bride abattue, ventre à terre || *a uña de caballo* à toute bride, à bride abattue; *correr a uña de caballo* courir à bride abattue || FAM *con mil de a caballo* aux cinq cents diables || *soldado de a caballo* cavalier || — *a caballo regalado no le mires el diente* à cheval donné on ne regarde pas la bride || *jugar al caballo perdedor* miser sur le mauvais cheval.

caballón *m* AGRIC billon, ados.

caballuno, na *adj* chevalin, e; *perfil caballuno* profil chevalin.

cabaña *f* cabane (casita) || troupeau *m* (rebaño) || cheptel.
◆ *m* (riqueza ganadera); *la cabaña nacional* le cheptel national || bétail *m* (ganado) || quartier *m* (en el juego de billar) || ARTES pastorale, sujet *m* pastoral || (*amer*) ferme d'élevage || *cabaña alpina* chalet [dans les Alpes].

cabañuela *f* petite cabane.
◆ *pl* pronostics *m* météorologiques [d'après les observations faites dans les 24 premiers jours du mois d'août, de septembre ou de janvier, selon la contrée] || (*amer*) premières pluies d'été.

cabaret *m* cabaret, boîte *f* de nuit.

cabaretera *f* danseuse de cabaret, entraîneuse.

cabe *prep* (*ant*) POÉT près de, jouxte; *cabe la casa* jouxte la maison, près de la maison.

cabeceador, ra *adj* qui hoche *o* branle la tête (que cabecea) || MAR qui a tendance à tanguer (barco).

cabecear *v intr* branler *o* hocher la tête (balancear) || dire non de la tête, hocher *o* secouer la tête (negar) || dodeliner de la tête (durmiéndose) || faire une tête (fútbol) || EQUIT battre à la main, encenser || MAR tanguer (los barcos) || cahoter (carruajes) || pencher (inclinarse).
◆ *v tr* couper (el vino) || border (los tapices) || tranchefiler (un libro) || rempiéter (las medias viejas) || AGRIC enrayer || (*amer*) attacher par la tige [feuilles de tabac].

cabeceo *m* hochement de tête (de la cabeza) || dodelinement (oscilación ligera) || cahot (de un vehículo) || EQUIT secousse *f* donnée par un cheval qui bat à la main || MAR tangage.

cabecera *f* tête (parte principal) || chevet *m*, tête du lit (de la cama); *a la cabecera del enfermo* au chevet du malade || haut bout *m* (plaza de honor en la mesa) || source (fuente de un río) || chef-lieu *m* (capital de distrito o territorio) || IMPR frontispice *m*, tranchefile (en un libro) | manchette (en un periódico) || (*p us*) oreiller *m* (almohada) || — *cabecera del reparto* tête d'affiche (teatro) || *cabecera de puente* tête de pont || — *estar a la cabecera de la mesa* présider [à table] || *médico de cabecera* médecin traitant.

cabecero *m* appui-tête, appuie-tête.

cabecilla *m y f* FIG & FAM écervelé, e; étourdi, e.
◆ *m* chef de file, meneur (jefe de rebeldes).

cabellera *f* chevelure (cabellos, pelo) || ASTR chevelure, queue (de cometa) || *cabellera postiza* chevelure postiche, perruque, faux cheveux (peluca).

cabello *m* cheveu (pelo); *cabellos postizos* faux cheveux || *cheveux pl*, chevelure *f*; *tenía el cabello rubio* elle avait les cheveux blonds (véase OBSERV) || — *cabello lacio* cheveux raides || *cabellos de ángel* cheveux d'ange (dulce), cheveux d'ange (fideos) || *cabello merino* cheveux crépus || — *en cabello* les cheveux épars || *en cabellos* en cheveux, nu-tête || *por los cabellos* par les cheveux; *agarrar a una persona por los cabellos* attraper quelqu'un par les cheveux || — FIG *agarrar la ocasión por los cabellos* saisir l'occasion aux cheveux *o* par les cheveux | *asirse de un cabello* saisir le moindre prétexte | *cortar* ou *partir un cabello en el aire* saisir tout à demi-mot || FAM *estar colgado de los cabellos* être dans ses petits souliers || *estar pendiente de un cabello* ne tenir qu'à un cheveu *o* à un fil || *llevar de* ou *por los cabellos* mener par le bout du nez || *mesarse los cabellos* s'arracher les cheveux || *poner los cabellos de* ou *en punta* faire dresser les cheveux sur la tête || *traer por los cabellos* tirer par les cheveux; *explicación traída por los cabellos* explication tirée par les cheveux || *tropezar en un cabello* s'arrêter à des riens.
◆ *pl* barbes *f* (del maíz).

cabelludo, da *adj* chevelu, e; *el cuero cabelludo* le cuir chevelu.

caber* *v intr y tr* tenir, entrer, rentrer; *caben seis personas en el coche* six personnes tiennent dans la voiture; *mi chaqueta no cabe en la maleta* ma veste ne tient *o* n'entre pas dans la valise || être à, appartenir (tocarle a uno); *no me cabe decirlo* ce n'est pas à moi *o* il ne m'appartient pas de le dire || revenir, incomber; *me cabe el honor de* il me revient l'honneur de || pouvoir; *cabe decir, calcular que* on peut dire, calculer que || tenir, contenir (contener) || — ¿*cabe mayor disparate que...?* est-ce possible, peut-on imaginer que? || *cabe pensar que* il y a lieu de penser que, on peut penser que || *dentro de lo que cabe* dans la mesure du possible, autant que possible || *en lo que cabe* autant que possible || ¡*esto no me cabe en la cabeza!* cela me dépasse! || *me cabe la satisfacción de* j'ai le plaisir de, je suis heureux de || *no cabe duda* il n'y a pas de doute, cela ne fait pas de doute || *no cabe la menor duda* ça ne fait pas l'ombre d'un doute, il n'y a aucun doute || *no cabe más* c'est plein (lleno), c'est le comble (el colmo) || *no cabe más holgazán* on ne peut plus paresseux || *no caber en el pellejo* ne pas tenir dans sa peau || *no caber en sí* être bouffi d'orgueil || *no caber en sí de gozo* ou *de júbilo* ou *de contento* ne pas se tenir *o* se sentir de joie || *no caberle a uno el corazón en el pecho* avoir le cœur trop grand || *no cabe en la cabeza la idea que* je n'arrive pas à croire que || ¿*quepo yo?* y a-t-il une place pour moi? || *si cabe* si

cabestrante

c'est possible || FAM *todo cabe en él* il est capable de tout, tout est possible chez lui || *todo cabe en lo humano* tout est possible, rien n'est impossible.
cabestrante *m* cabestan (cabrestante).
cabestrar *v tr* mettre un licou à.
cabestrillo *m* MED écharpe *f* (venda); *brazo en cabestrillo* bras en écharpe || chaînette [autour du cou].
cabestro *m* licou (rienda) || sonnailler (buey guía).
cabeza *f* ANAT tête (cráneo); *romper la cabeza a uno* fendre la tête à quelqu'un | tête (individuo); *pagar tanto por cabeza* payer tant par tête || tête (res); *rebaño de cien cabezas* troupeau de cent têtes || tête, jugement *m* (juicio); *es hombre de gran cabeza* c'est un homme de tête || tête (mente); *tener algo metido en la cabeza* avoir quelque chose en tête *o* dans la tête || tête, vie (vida); *pedir la cabeza de un reo* réclamer la tête d'un condamné || FIG tête; *estar en cabeza* tenir la tête, être en tête || GEOGR sommet *m* (de montaña) || tête (de alfiler, de clavo, de viga, de ajo, de capítulo, de rotor, de tornillo, etc.) || tête (de magnétofono); *cabeza sonora ou de grabación, auditiva, supresora* tête d'enregistrement, de lecture, d'effacement || tête (de un convoy) || hune (de campana); *cabeza a pájaros* ou *destornillada* tête sans cervelle || TECN *cabeza atómica* tête atomique, ogive nucléaire | *cabeza buscadora* tête chercheuse (de un cohete) || *cabeza caliente* tête brûlée || BOT *cabeza de ajo* tête d'ail || *cabeza de cordada* premier de cordée || *cabeza de chorlito* tête de linotte || BOT *cabeza de espárrago* pointe d'asperge | *cabeza de fraile* tête de loup || *cabeza de hierro* tête de fer *o* carrée || *cabeza de línea* tête de ligne || *cabeza de lista* tête de liste (elecciones) || IMPR *cabeza de muerto* blocage || BOT *cabeza de negro* variété d'annone (anona), arbre à ivoire (árbol), tête de nègre (fruto) || *cabeza de olla* écume || *cabeza de partido* chef-lieu d'arrondissement || MIL *cabeza de playa, de puente* tête de plage, de pont || DEP *cabeza de serie* tête de série || *cabeza de turco* tête de turc, bouc émissaire || *cabeza dura* tête dure, entêté || *cabeza lectora* tête de lecture || *cabeza loca* tête brûlée || *cabeza mayor* tête de gros bétail || *cabeza menor* tête de petit bétail || *cabeza redonda* tête dure || *cabeza torcida* faux jeton (hipócrita) || — *dolor de cabeza* mal de tête, mal à la tête | *flaco de cabeza* tête fêlée || *quebraderos de cabeza* casse-tête, cassements de tête || — *a la cabeza* en tête, devant; *ir a la cabeza* aller en tête; à la tête; *a la cabeza de un negocio* à la tête d'une affaire | *con la cabeza alta, baja* la tête haute, basse || *de cabeza* de tête, par cœur (de memoria); *aprender de cabeza* apprendre par cœur; tête baissée, sans hésiter (con rapidez, de lleno), la tête la première; *caerse de cabeza* tomber la tête la première || *de gran cabeza* de grand talent || *de pies a cabeza* de pied en cap; *vestir a un niño de pies a cabeza* habiller un enfant de pied en cap; des pieds à la tête, cent pour cent; *es un hombre de pies a cabeza* c'est un homme cent pour cent || *de mi (tu, etc.) cabeza* de mon (ton, etc.), cru (del propio ingenio) || *(amer.) en cabeza* nu-tête || *mala cabeza* mauvaise tête || *por una cabeza* d'une tête (ganar o perder en una carrera) | *por su cabeza* à sa tête (según su voluntad), de son propre chef, de sa propre initiative (por su dictamen) | *tanto por cabeza* tant par tête *o* tête de pipe (fam) || — *agachar la cabeza* courber le front, baisser la tête || *alzar* ou *levantar cabeza* lever la tête (sentido propio), reprendre du poil de la bête (rehacerse) || *andar* ou *ir de cabeza* ne pas savoir où donner de la tête, être sur les dents || FAM *andar mal de la cabeza* avoir le timbre fêlé *o* une araignée dans le plafond || *andársele* ou *írsele a uno la cabeza* avoir la tête qui (lui) tourne || *apostar la cabeza* donner sa tête *o* son bras à couper | *bajar* ou *doblar la cabeza* baisser *o* courber la tête || *calentarse la cabeza* s'échauffer || *cargársele a uno la cabeza* se sentir la tête lourde || *conservar la cabeza* garder *o* avoir toute sa tête || *dar de cabeza en el suelo* tomber la tête la première || FIG *darle a uno dolores de cabeza* casser la tête à quelqu'un || *darle a uno vueltas la cabeza* tourner la tête à quelqu'un; *me da vueltas la cabeza* la tête me tourne || FIG *dar en la cabeza* contredire | *darse de cabeza contra la pared* se taper la tête contre les murs || FAM *dar un buen lavado de cabeza* passer un savon || AGRIC *echar de cabeza* provigner, marcotter || FAM *estar mal de la cabeza* être piqué *o* timbré || FIG *hacer a alguien levantar cabeza* remettre quelqu'un sur pied | *hincharle a uno la cabeza* casser la tête à quelqu'un (fastidiar), monter la tête à quelqu'un (incordiar) | *írsele a uno la cabeza* perdre la tête | *írsele a uno de la cabeza* sortir de l'esprit *o* de la tête de quelqu'un | *jugarse la cabeza* donner sa tête à couper || *lavarse la cabeza* se laver les cheveux *o* la tête || *llenar la cabeza de pajaritos* bourrer le crâne || *llevarse las manos a la cabeza* lever les bras au ciel || *más vale ser cabeza de ratón que cola de león* mieux vaut être le premier dans son village que le second à Rome | *meter en la cabeza* mettre dans la tête *o* en tête | *nadie escarmienta en cabeza ajena* on apprend toujours à ses dépens || FIG *no levantar cabeza* ne pas arrêter (trabajar), ne pas reprendre le dessus | *no tener cabeza* ne pas avoir de tête | *no tener ni pies ni cabeza* n'avoir ni queue ni tête, ne pas tenir debout (ser insensata una cosa) || *otorgar de cabeza* dire oui de la tête, acquiescer de la tête || *pagar con la cabeza* payer de sa tête || *pasarle a uno por la cabeza* (lui), passer par la tête *o* traverser l'esprit || *perder la cabeza* perdre la tête || FAM *poner la cabeza bomba* casser les oreilles *o* la tête || *quebrantarle* ou *romperle a uno la cabeza* casser la tête *o* les pieds à quelqu'un | *quebrarse* ou *romperse la cabeza* se casser la tête, se creuser la tête *o* la cervelle || *¡quítate eso de la cabeza!* ôte-toi cette idée de la tête, tu peux toujours courir (¡ni pensarlo!) || *sacar la cabeza* montrer la tête || *se le subieron los humos a la cabeza* il est devenu prétentieux || *sentar la cabeza* se calmer (volverse razonable), se ranger || *ser duro de cabeza* ne pas avoir la comprenette facile (fam) || *sin levantar cabeza* sans lever les yeux || *subirse a la cabeza* monter à la tête || *tener la cabeza a las once* ou *a pájaros* avoir la tête fêlée, le cerveau vide (tonto), une tête sans cervelle, la tête à l'évent (distraído) || *tener la cabeza loca* avoir la tête à l'envers || *tirarse de cabeza* plonger, se jeter la tête la première || *tocado de la cabeza* piqué, cinglé, toqué || *torcer la cabeza* tomber malade (enfermarse), casser sa pipe (morir) || *traer a uno de cabeza* rendre fou, faire perdre la tête || *venir a la cabeza* venir à l'esprit.
➥ *m* tête *f*, chef (jefe); *cabeza de familia* chef de famille.
➥ *pl* (amer.) têtes (fuentes).
cabezada *f* coup *m* de tête (golpe dado con la cabeza) || coup *m* reçu à la tête (golpe recibido en la cabeza) || dodelinement *m* de la tête (al dormirse) || salut *m* de la tête (saludo) || tranchefile (encua-

dernación) ‖ MAR tangage *m* ‖ caveçon *m* (del caballo) ‖ *(amer)* arçon *m* (arzón) ‖ — FIG & FAM *dar cabezadas* dodeliner de la tête | *darse de cabezadas* se creuser *o* se casser la tête *o* la cervelle | *echar una cabezada* faire un petit somme.

cabezal *m* oreiller (almohada) ‖ traversin (almohada larga) ‖ appui-tête, appuie-tête (de un sillón) ‖ MED compresse *f* ‖ TECN avant-train (de coche) | poupée *f* (de torno).

cabezazo *m* coup de tête ‖ tête *f* (en el fútbol); *dar un cabezazo* faire une tête.

cabezo *m* sommet (cima) ‖ monticule, mamelon (cerro) ‖ MAR écueil [arrondi] (escollo).

cabezón, ona *adj y s* FAM qui a une grosse tête ‖ FIG & FAM cabochard, e; têtu, e; entêté, e (terco) ‖ qui monte à la tête (de mucha graduación) ‖ — *cabezón de cuadra* caveçon (cabezada) ‖ *ser cabezón como un aragonés* être têtu comme un Breton *o* une mule.

cabezonada *f* FIG & FAM coup *m* de tête (capricho).

cabezonería *f* FIG & FAM entêtement *m*.

cabezota *f* FAM grosse tête, citrouille.
◆ *m y f* FAM cabochard, e; tête *f* de mule (terco).

cabezudo, da *adj* qui a une grosse tête ‖ FAM cabochard, e (terco) ‖ capiteux, euse (bebida).
◆ *m* ZOOL muge (mújol).
◆ *pl* nains, grosses têtes *f* (en algunas fiestas).

cabezuela *f* petite tête ‖ repasse, recoupe, recoupette (harina) ‖ fleurs *pl* (del vino) ‖ BOT jacée | capitule *m* (inflorescencia) | bouton *m* de rose (de rosa) | pointe (de espárrago) ‖ FIG tête de linotte, tête à l'évent (de poco juicio).

cabida *f* capacité, contenance; *esta sala tiene cabida para cien personas* cette salle a une capacité de cent personnes.

cabildada *f* FAM coup *m* de force.

cabildear *v intr* intriguer.

cabildeo *m* manœuvres *f pl* électorales ‖ *andar de cabildos* intriguer.

cabildo *m* chapitre (de iglesia) ‖ conseil municipal (ayuntamiento) ‖ réunion *f* [du chapitre ou du conseil] ‖ salle *f* de réunion [du chapitre ou du conseil].

cabillo *m* BOT queue *f*, pédoncule.

cabina *f* cabine (telefónica, en un cine, en un avión, en un barco, etc.) ‖ cabine de bain (caseta) ‖ — *cabina de cambio de agujas* poste *o* cabine d'aiguillage ‖ *cabina electoral* isoloir.

cabinera *f (amer)* hôtesse de l'air (azafata).

cabio *m* ARQ solive *f* (viga) ‖ traverse *f* (de puerta *o* ventana) ‖ *cabio bajo* jet (de una ventana).

cabizbajo, ja *adj* tête basse (meditabundo).

cable *m* câble (maroma); *cable de alambre* câble métallique *o* d'acier ‖ câble (cablegrama) ‖ MAR encablure *f* (medida) ‖ — *cable desnudo, eléctrico, herciano, portante, submarino* câble nu, électrique, hertzien, porteur, sous-marin ‖ — FIG & FAM *echar un cable* tendre la perche.

cableado, da *adj* câblé, e.
◆ *m* câblage.

cablear *v tr* câbler (alambres).

cablegrafiar *v intr* câbler.

cablegrama *m* câblogramme, câble.

cablevisión *f* télévision par câble.

cabo *m* bout (extremidad) ‖ bout (pedazo); *cabo de vela* bout de chandelle ‖ manche (de herramienta) | colis (paquete) ‖ MAR cordage, bout [cuerda] ‖ GEOGR cap; *cabo de Hornos* cap Horn ‖ carte *f* blanche (en el revesino) ‖ MIL caporal (de escuadra) | brigadier (de caballería, de policía) ‖ MIL *cabo de cañón* chef de pièce | *cabo de fila, de ronda* chef de file, de patrouille | *cabo primero* caporal-chef ‖ *cabo de la Marina* ou *de mar* quartier-maître ‖ *cabo de año* bout de l'an (oficio religioso) ‖ *cabo de maestranza* chef d'équipe ‖ *cabo de trompetas* brigadier-trompette ‖ *cabo de vara* gardien de prison ‖ *cabo furriel* brigadier-fourrier ‖ *cabos negros* cheveux, sourcils, yeux noirs [d'une femme] ‖ *cabo suelto* question en suspens, affaire non réglée ‖ — *al cabo* à la fin ‖ *al cabo de* au bout de; *al cabo del mundo* au bout du monde ‖ *al fin y al cabo* finalement, à la fin, en fin de compte, au bout du compte ‖ *de cabo a cabo, de cabo a rabo* d'un bout à l'autre, de bout en bout ‖ *en mi, en tu, en su solo cabo* moi, toi, lui tout seul (a solas) ‖ *por ningún cabo* en aucune façon ‖ *atando cabos* par recoupements ‖ *atar* ou *juntar cabos* réunir des renseignements, mener l'enquête, procéder par recoupements ‖ *dar cabo a una cosa* terminer *o* parachever une chose ‖ *dar cabo de* achever, détruire complètement ‖ FIG *echar un cabo a alguien* aider quelqu'un à s'en sortir *o* à se tirer d'affaires ‖ *estar, ponerse al cabo (de la calle)* être, se mettre au courant ‖ *llevar a cabo* mener à bien *o* à bonne fin (ejecutar), réaliser (realizar), effectuer (efectuar), venir à bout de (concluir) ‖ *no dejar cabo suelto* ne rien laisser en suspens, faire tout le nécessaire.
◆ *pl* accessoires [de l'habillement] ‖ attaches *f* (tobillo, muñeca) ‖ queue et crinière *f sing* (del caballo).

cabotaje *m* MAR cabotage.

Cabo Verde (islas de) *n pr m* GEOGR îles du Cap-Vert.

cabra *f* ZOOL chèvre ‖ *(amer)* dé *m* pipé (brocha) | sorte de sulky (carruaje) ‖ — *cabra de almizcle* musc, porte-musc (almizclero) ‖ *cabra de los Alpes* bouquetin ‖ *cabra montés* bouquetin *m* ‖ — FAM *estar como una cabra* être piqué *o* sonné *o* timbré ‖ *la cabra siempre tira al monte* la caque sent toujours le hareng.

cabrahigo *m* BOT caprifiguier, figuier sauvage (árbol) | figue *f* sauvage (fruto).

cabrales *m inv* fromage asturien à base de lait de vache, de brebis et de chèvre.

cabreado, da *adj* FAM de mauvais poil (de mal humor) | fâché, e (enfadado), en colère.

cabrear *v tr* FAM crisper, faire bondir (enojar) ‖ POP emmerder.
◆ *v intr (amer)* jouer en sautant (jugar).
◆ *v pr* FAM se mettre en rogne (irritarse) | se fâcher (enfadarse).

cabreo *m* FAM *coger un cabreo* piquer une crise | *dar un cabreo* mettre de mauvais poil | *tener un cabreo* être de mauvais poil *o* en colère.

cabreriza *f* chevrière (cabrera) ‖ cabane du chevrier (choza).

cabrerizo, za *adj* caprin, e; relatif, relative aux chèvres.
◆ *m* chevrier (cabrero).

cabrero, ra *m y f* chevrier, ère.
➤ *adj* FAM *(amer)* coléreux, euse (propenso a enojarse), en colère (enojado).
cabrestante *m* MAR cabestan.
cabria *f* TECN chèvre.
cabrilla *f* ZOOL serran *m* ‖ TECN baudet *m* (de carpintero).
➤ *pl* ASTR Pléiades ‖ moutons *m* (olas en el mar) ‖ ricochets *m* (juego); *jugar al juego de cabrillas* s'amuser à faire des ricochets ‖ rougeurs produites par le brasero.
cabrillear *v intr* moutonner (el mar) ‖ brasiller (rielar).
cabrio *m* ARQ & BLAS chevron.
cabrío, a *adj* caprin, e; *raza cabría* race caprine ‖ *macho cabrío* bouc (cabrón).
➤ *m* troupeau de chèvres (rebaño).
cabriola *f* cabriole; *dar cabriolas* faire des cabrioles.
➤ *pl (amer)* espiègleries, niches (travesuras) ‖ *hacer cabriolas* caracoler (los caballos).
cabriolé; cabriolet *m* cabriolet (coche) ‖ balandran (capote).
cabrita *f* chevrette (cabra pequeña).
cabritilla *f* chevreau *m* (piel).
cabrito *m* chevreau, cabri ‖ FAM salopard (persona mala).
➤ *pl (amer)* grains de maïs grillés (rosetas de maíz).
cabro, bra *m y f (amer)* gamin, e.
cabrón *m* ZOOL bouc (macho de la cabra) ‖ FIG & FAM vache *f*, salaud (persona mala) ‖ cocu (cornudo) ‖ souteneur (rufián).
cabronada *f* FAM vacherie, tour *m* de cochon.
cabronazo *m* POP conard, e; connard, e; salopard.
cabruno, na *adj* caprin, e.
cabuya *f* BOT agave *m*, agavé *m* ‖ fibre d'agave (fibra) ‖ MAR cordage *m*, cordages *m pl* ‖ — *(amer) dar cabuya* amarrer | *ponerse en la cabuya* se mettre au courant.
caca *f* FAM caca *m* (excremento, suciedad) ‖ FIG & FAM vice *m*, défaut *m* ‖ *eso es una caca* ça ne vaut rien, c'est une cochonnerie.
cacahuete; cacahuate *m* cacahuète *f*, cacahouète *f* ‖ *aceite de cacahuete* huile d'arachide.
cacahué; cacahuey *m* cacahuète *f*, cacahouète *f* (planta y fruto).
cacao *m* cacaoyer, cacaotier (árbol) ‖ cacao (grano); *crema de cacao* crème de cacao; *manteca de cacao* beurre de cacao; *cacao en polvo* poudre de cacao ‖ FAM pagaille *f* (lío) ‖ *(amer)* cacao, chocolat ‖ FAM *cacao mental* salade, confusion.
cacaotal *m* AGRIC cacaoyère *f*, cacaotière *f*.
cacarañar *v tr (amer)* pincer.
cacareado, da *adj* FIG vanté, e; rebattu, e; *un éxito demasiado cacareado* un succès trop vanté o dont on nous a trop rebattu les oreilles ‖ fameux, euse; *tus planes tan cacareados no tienen base* tes fameux projets ne tiennent pas debout.
cacarear *v intr* caqueter (las gallinas).
➤ *v tr* FIG & FAM crier sur les toits, faire grand bruit de; *¡cómo cacarea lo poco que hace!* comme il fait grand bruit du peu qu'il fait | vanter, faire beaucoup de bruit pour (una persona).

cacareo *m* caquetage (acción de cacarear), caquet (de la gallina) ‖ FIG concert de louanges (alabanzas).
cacatúa *f* ZOOL cacatoès *m*.
cacaxtle *m (amer)* sorte de banne *f* [pour transporter des fruits, légumes, etc.] ‖ squelette.
cacaxtlero *m (amer)* portefaix.
cacería *f* partie de chasse; *ir de cacería* aller à une partie de chasse ‖ chasse (caza).
cacerola *f* casserole (con mango), marmite, faittout *m inv* (con asas).
cacillo *m* louche *f* (cucharón) ‖ petite casserole *f* (cacerola).
cacique *m* cacique (jefe) ‖ FIG & FAM coq du village (gallo de pueblo) | personnage influent.
caciquismo *m* caciquisme ‖ FIG influence *f* excessive, arbitraire.
cacle *m (amer)* sandale *f* en cuir.
caco *m* filou (ladrón) ‖ FAM timide | poule *f* mouillée, poltron (cobarde).
cacodilato *m* QUÍM cacodylate.
cacofonía *f* cacophonie.
cacofónico, ca *adj* cacophonique.
cacoquimia *f* MED cacochymie.
cacto; cactus *m* BOT cactus, cactier *(p us)*.
cacumen *m* FIG & FAM esprit (caletre) | flair (agudeza), perspicacité *f*.
cacha *f* plaque (de cuchillo), manche *m* (mango) ‖ plaque de crosse (de una pistola) ‖ FAM fesse (nalga) | joue, bajoue (carrillo) ‖ *(amer)* corne (cuerno) | argent *m* (dinero) ‖ — FIG & FAM *hasta las cachas* jusqu'au cou; *se ha metido en este asunto hasta las cachas* il s'est mis dans cette affaire jusqu'au cou ‖ — *(amer) hacer la cacha* se moquer (burlarse) ‖ FAM *estar cachas* être baraqué.
— OBSERV S'emploie surtout au pluriel.
cachalote *m* ZOOL cachalot.
cachar *v tr* briser, casser (romper) ‖ fendre (la madera) ‖ FAM *(amer)* dégoter (obtener) | prendre, saisir (asir) | surprendre (sorprender) | ridiculiser, tourner en dérision, railler (ridiculizar) | prendre (el autobús, tranvía, etc.).
cacharrazo *m* FAM coup (porrazo), chute *f* (caída) ‖ FAM *(amer)* coup (trago).
cacharrería *f* magasin *m* de faïences et de poteries.
cacharrero, ra *m y f* marchand, e de poteries, faïencier, ère.
cacharro *m* pot (recipiente) ‖ poterie *f* (vasija) ‖ tesson (tiesto) ‖ FAM machin, truc (chisme) | clou (máquina, bicicleta) | sabot (barco, piano) | tacot, guimbarde *f* (coche) | joint (porro) ‖ *(amer)* prison *f* (cárcel).
➤ *pl* affaires *m*; *llegó con todos sus cacharros y se puso a trabajar* il est arrivé avec toutes ses affaires et il s'est mis à travailler ‖ ustensiles; *los cacharros de la cocina* les ustensiles de la cuisine.
cachaza *f* FAM calme *m*, lenteur (lentitud) | flegme *m* (flema); *hombre que tiene mucha cachaza* homme qui a beaucoup de flegme ‖ tafia *m* (aguardiente) ‖ *(amer)* écume du sucre.
cachazudo, da *adj y s* flegmatique (flemático).
caché; cachet *m* cachet [d'un acteur, d'un musicien].
cachear *v tr* fouiller (registrar) ‖ *(amer)* donner un coup de corne (cornear).

cachemir *m*; **cachemira** *f* cachemire *m* (tela).
cacheo *m* fouille *f* (registro) ‖ *(amer)* coup de corne (cornada).
cachet *m* cachet (carácter) ‖ → **caché**.
cachetada *f* gifle, claque (bofetada); *dar un par de cachetadas a uno* donner une paire de gifles à quelqu'un.
cachete *m* FAM joue *f*, bajoue *f* (carrillo) ‖ horion, coup de poing (golpe), claque *f*, gifle *f* (bofetada); *pegar un cachete* flanquer un horion ‖ poignard (puñal).
cachetear *v tr* gifler.
cachetón, na *adj (amer)* joufflu, e (carrilludo) ‖ effronté, e (descarado).
◆ *m y f (amer)* petit voyou; fripon, onne.
cachicuerno, na *adj* à manche de corne (cuchillo).
cachifollar *v tr* FAM humilier, confondre, donner un camouflet à (apabullar) | gâcher (estropear).
cachimba *f*; **cachimbo** *m* pipe *f*, bouffarde *f* *(fam)*; *fumar en cachimba* fumer la pipe ‖ *(amer) chupar cachimbo* fumer la pipe (fumar en pipa), sucer son pouce (un niño).
cachipolla *f* éphémère *m* (insecto).
cachiporra *f* massue.
cachiporrazo *m* coup de massue.
cachirulo *m* flacon [pour spiritueux] ‖ cruche *f* (botijo) ‖ petite embarcation *f* à trois mâts (embarcación) ‖ POP galurin (sombrero) | gigolo (amante) ‖ basane *f* (de pantalón de montar).
◆ *pl* trucs, machins (chismes).
cachito *m* petit morceau (trocito) ‖ *a cachitos* au compte-gouttes.
cachivache *m* ustensile, récipient (vasija, utensilio) ‖ babiole *f* (fruslería) ‖ truc, machin (chisme) ‖ FIG & FAM pauvre type (hombre despreciable).
cacho, cha *adj* courbé, e (encorvado).
◆ *m* morceau; *un cacho de pan* un morceau de pain ‖ brelan, bouillotte *f* (juego de cartas) ‖ *(amer)* corne *f* (cuerno) ‖ *(amer) cacho de bananas* régime de bananes très serré.
cachondearse *v pr* FIG & POP se ficher de (guasearse); *cachondearse de alguien* se ficher de quelqu'un | prendre à la rigolade; *se cachondea de todo* il prend tout à la rigolade.
cachondeo *m* POP moquerie *f* (burla), rigolade *f* (guasa) ‖ — *armar cachondeo* faire du chahut, chahuter ‖ *tomar a cachondeo* prendre à la rigolade.
cachondo, da *adj* en chaleur, en rut (un animal) ‖ FIG & POP en chaleur | sensuel, elle; lascif, ive ‖ POP marrant, e; bidonnant, e; rigolo, ote (gracioso).
cachorro, rra *m y f* chiot *m* (cría del perro) ‖ lionceau *m* (cría del león) ‖ petit *m* (cría de otros mamíferos); *la loba y sus cachorros* la louve et ses petits.
◆ *adj (amer)* mal élevé, e (malcriado).
cachuchear *v tr* caresser, cajoler (acariciar).
cachucho *m* aiguillier, porte-aiguilles *inv* (alfiletero) ‖ pot (vasija tosca) ‖ cruche *f* (botijo) ‖ MAR petit canot (bote) ‖ ZOOL serran (pez de las Antillas).
cachureco, ca *adj (amer)* conservateur, trice | difforme (deformado).
cada *adj* chaque; *cada cosa* chaque chose ‖ tous les, toutes les [avec un nom au pluriel]; *cada tres días* tous les trois jours; *cada cuarto de hora* tous les quarts d'heure ‖ — *cada cual; cada uno, una* chacun, e; *a cada cual lo suyo* à chacun son bien ‖ *cada día* tous les jours ‖ *cada dos días* tous les deux jours, un jour sur deux ‖ *cada dos por tres* à tout bout de champ ‖ FAM *cada hijo de vecino, cada quisque* chacun, e; tout un chacun ‖ *cada oveja con su pareja* chacun avec sa chacune ‖ *cada uno, una* chacun, e; chaque; *cada uno de estos libros* chacun de ces livres; *me han costado veinte francos cada uno* ils m'ont coûté vingt francs chaque ‖ *cada uno en su casa y Dios en la de todos* chacun pour soi et Dieu pour tous ‖ *cada uno es rey en su casa* charbonnier est maître chez lui ‖ *cada vez más, cada día más; cada vez menos, cada día menos* de plus en plus, de moins en moins ‖ *cada vez peor* de mal en pis ‖ *cada y cuando* toutes les fois que, aussitôt que, dès que, aussitôt ‖ — *a cada paso* partout ‖ *el pan nuestro de cada día* notre pain quotidien *o* de chaque jour ‖ *uno de cada diez* un sur dix ‖ FAM *¡le dio cada bofetada!* il lui a donné de ces gifles! ‖ *¡se veían señoras con cada sombrero!* on voyait des dames avec de ces chapeaux!
cadalso *m* échafaud, gibet (patíbulo) ‖ estrade *f* (tablado).
cadáver *m* cadavre ‖ corps; *hacer una autopsia de un cadáver* faire l'autopsie d'un corps ‖ — *levantamiento del cadáver* levée du corps ‖ *rígido como un cadáver* raide comme un mort ‖ *antes pasarán por encima de mi cadáver* il faudrait me passer sur le corps.
cadavérico, ca *adj* cadavérique (relativo al cadáver); *rigidez cadavérica* rigidité cadavérique ‖ cadavéreux, euse (que se parece a un cadáver).
caddy *m* caddie (en el juego de golf).
cadena *f* chaîne; *cadena de agrimensor* chaîne d'arpenteur ‖ chaîne (de presidiarios) ‖ DR travaux *m pl* forcés, détention, emprisonnement *m*; *cadena perpetua* travaux forcés à perpétuité, détention perpétuelle, emprisonnement à vie ‖ FIG chaîne (sujeción); *las cadenas de la esclavitud* les chaînes de l'esclavage; *romper las cadenas* briser ses chaînes | chaîne, enchaînement *m* (sucesión de hechos) ‖ chaîne (de periódicos, emisoras, cines, hoteles, tiendas, etc.) ‖ ARQ & QUÍM chaîne ‖ — *cadena alimenticia* chaîne alimentaire ‖ *cadena de contrete* chaîne à étançons *o* à étais ‖ *cadena de montaje* chaîne de montage ‖ GEOGR *cadena de montañas* chaîne de montagnes ‖ *cadena de seguridad* chaîne d'entrebâillement *o* de sûreté (de puerta), chaîne de sûreté (de pulsera) ‖ *cadena de transmisión* chaîne de transmission ‖ *cadena sin fin* chaîne sans fin ‖ *cadena Vaucanson* chaîne Vaucanson ‖ *reacción en cadena* réaction en chaîne ‖ *trabajo en cadena* travail à la chaîne ‖ — *hacer cadena* faire la chaîne.
cadencia *f* cadence; *caminar con cadencia* marcher en cadence.
cadencioso, sa *adj* cadencé, e.
cadeneta *f* chaînette; *punto de cadeneta* point de chaînette ‖ tranchefile, chaînette (encuadernación) ‖ guirlande de papier (adorno de papel).
cadenilla; cadenita *f* chaînette.
cadera *f* ANAT hanche.
caderamen *m* FAM sacré tour de hanches (de una mujer).
cadete *m* MIL cadet ‖ *(amer)* coursier.

cadi *m* DEP caddie, caddy.
cadí *m* cadi (juez musulmán).
Cádiz *n pr* GEOGR Cadix.
cadmio *m* QUÍM cadmium.
caducar *v intr* être périmé, expirer; *su pasaporte ha caducado* son passeport est périmé *o* a expiré ‖ être périmé, e (ley) ‖ retomber en enfance, radoter (chochear).
caduceo; cadúceo *m* caducée (emblema).
caducidad *f* caducité; *la caducidad de una ley* la caducité d'une loi ‖ DR déchéance (de un derecho).
caduco, ca *adj* caduc, caduque (viejo) ‖ FIG périmé, e ‖ révolu, e; *tiempos caducos* des temps révolus ‖ BOT caduc, caduque; *hojas caducas* feuilles caduques ‖ DR caduc, caduque; *testamento caduco* testament caduc.
caer* *v intr* tomber, choir (ant); *el niño ha caído a* ou *en* ou *por tierra* l'enfant est tombé par terre; *caer de cabeza* tomber sur la tête *o* la tête la première; *caer de espaldas, de rodillas* tomber sur le dos, sur les genoux *o* à genoux ‖ tomber (las cosas); *las hojas de los árboles caían lentamente* les feuilles des arbres tombaient lentement; *un vestido que cae bien* une robe qui tombe bien ‖ FIG tomber (en una trampa, emboscada, etc.) | tomber; *caer en la indigencia, en desgracia* tomber dans l'indigence, en disgrâce | tomber (un imperio, ministerio) | tomber, décliner (declinar) | tomber (morir); *el capitán cayó al frente de sus tropas* le capitaine est tombé à la tête de ses troupes | tomber (el sol, la noche, etc.) | tomber; *nuestras ilusiones caen una tras otra* nos illusions tombent les unes après les autres | trouver (adivinar); *he caído en la solución* j'ai trouvé la solution | se trouver, être situé; *la puerta cae a la derecha* la porte se trouve à droite; *este detalle cae en el capítulo 10* ce détail se trouve au chapitre X | donner sur; *una ventana que cae a la calle* une fenêtre qui donne sur la rue | tomber; *su cumpleaños cae en domingo* son anniversaire tombe un dimanche | entrer; *esto cae dentro de sus atribuciones* cela entre dans ses attributions ‖ — FIG *caer a mano* tomber sous la main | *caer a tiempo* bien tomber, tomber à pic | *caer bien, mal* tomber bien, mal (venir bien *o* mal), aller bien, mal; tomber bien, mal; *este traje te cae bien* ce costume te va bien *o* tombe bien sur toi | *caer como chinches* ou *como moscas* tomber comme des mouches | *caer como muerto* tomber comme une masse | *caer como pedrada en ojo de boticario* tomber à pic | *caer como un balde de agua fría* faire l'effet d'une douche froide, jeter un froid | *caer de perlas* tomber à pic | *caer dentro de la competencia de* relever de la compétence de | *caer de pie* retomber sur ses pieds | *caer de su peso* ou *de suyo* tomber sous le sens, aller de soi, couler de source | *caer encima* tomber dessus ‖ *caer encima de* ou *sobre* tomber *o* retomber sur ‖ FIG *caer en el garlito* ou *en el lazo* ou *en la trampa* donner dans le panneau, mordre à l'hameçon | *caer en el nombre de una persona* mettre un nom sur un visage | *caer enfermo* ou *malo* tomber malade | *caer en gracia* plaire (persona) | *caer en la cuenta* comprendre, saisir, piger (fam), se rendre compte (darse cuenta), se rappeler (acordarse) | *caer en los mismos errores* retomber dans les mêmes erreurs | *caer en manos de* ou *en poder de* tomber entre les mains de *o* aux mains de ‖ *caer en redondo* s'écrouler ‖ FIG *caer en suerte* échoir ‖ FIG & FAM *caer gordo, pesado* déplaire, taper sur le système ‖ *caer hecho jirones* tomber en lambeaux ‖ FIG *caerle a uno el premio gordo* gagner le gros lot | *caerle a uno seis meses de cárcel* attraper six mois de prison ‖ *caer patas arriba* tomber les quatre fers en l'air | *cayó cuan largo era, cayó de plano* il est tombé de tout son long ‖ — *al caer la noche* à la nuit tombante ‖ *estar al caer* être sur le point d'arriver (a punto de ocurrir), être dans la poche (a punto de conseguirse) ‖ *este tío me cae bien, mal* ce type-là me plaît, ne me revient pas (agradar *o* no) ‖ *hacerle caer la venda de los ojos* lui ouvrir les yeux ‖ *Juan me cae simpático* je trouve Jean sympathique ‖ *no caerá esa breva* ça n'arrivera pas ‖ *no caer en saco roto* ne pas tomber dans l'oreille d'un sourd ‖ *tomar las cosas cuando caen* prendre les choses comme elles viennent ‖ *¡ya caigo!* j'y suis!, j'ai compris!, j'ai saisi.

◆ *v pr* tomber (nunca reflexivo en francés); *caerse de espaldas* tomber à la renverse; *caerse de sueño* tomber de sommeil; *se me cae el pelo* mes cheveux tombent (véase OBSERV) ‖ — *caerse al agua* tomber à l'eau ‖ *caerse a pedazos* tomber en miettes ‖ FIG *caerse de debilidad* tomber d'inanition | *caerse de tonto* être bête comme tout ‖ *caérsele a uno la cara de vergüenza* ne plus savoir où se mettre | *caerse muerto de miedo, de risa* mourir de peur, de rire ‖ *caerse redondo* tomber raide ‖ FIG *no se cayó de la cuna* il n'est pas né d'hier ‖ *no tener dónde caerse muerto* être sur le pavé, n'avoir ni feu ni lieu.

— OBSERV La forme réfléchie du verbe *caer* marque une nuance de spontanéité dans l'action: elle est fréquente et devra être traduite par la forme active.

café *m* café (grano y bebida); *café con leche* café au lait, café crème ‖ BOT caféier (cafeto) ‖ café (establecimiento); *café cantante* café-concert ‖ FAM (amer) savon; *dar un café* passer un savon ‖ — *café americano* grand café noir ‖ *café instantáneo*, soluble café instantané, soluble ‖ *café irlandés* irish-coffee, café irlandais ‖ *café molido* café moulu ‖ *café solo* café noir, noir ‖ — *los estrategas de café* les stratèges en chambre ‖ — FAM *tener mal café* être de mauvais poil (mal humor), être un mauvais coucheur (mal genio), être quelqu'un dont il faut se méfier (mala intención).

◆ *adj* café; *vestido de color café* robe café.
cafeína *f* QUÍM caféine.
cafetal *m* caféière *f*, plantation *f* de café.
cafetear *v intr* boire du café.
café-teatro *m* café-théâtre.
cafetera *f* cafetière ‖ POP tacot *m* (coche), clou *m*, rossignol *m* (aparato que funciona mal) ‖ FAM *estar como una cafetera* être cinglé.
cafetería *f* snack-bar *m*, milk-bar *m*.
cafetero, ra *adj* relatif au café ‖ FAM *Juan es muy cafetero* Jean est très amateur de café.

◆ *m y f* cafetier, ère (*p us*); patron, onne d'un café (propietario de un café).
cafetín; cafetucho *m* FAM bistrot, caboulot ‖ *cafetucho cantante* beuglant.
cafeto *m* caféier (árbol).
cafiche *m* (amer) souteneur, maquereau.
cáfila *f* FAM bande (de personas *o* animales) ‖ FIG & FAM flopée; *soltar una cáfila de mentiras* sortir une flopée de mensonges.
cafre *adj y s* cafre ‖ FIG barbare, sauvage (cruel y bárbaro) | sauvage, rustre (zafio).

cagada *f* excrément *m*, chiure (de mosca), fiente (de ave) ‖ FIG & FAM bourde (en un negocio).
cagadero *m* POP chiottes *f pl.*
cagado, da *adj y s* POP trouillard, e ‖ *y* FAM *estar cagado de miedo* faire dans son froc.
cagalera; cagaleta *f* POP foire, foirade ‖ POP *tener cagalera* foirer, caner (tener miedo).
cagar *v intr* POP chier.
◆ *v tr* FIG & FAM cochonner, saloper (chapucear) ‖ POP *cagarla* mettre les pieds dans le plat (meter la pata).
◆ *v pr* POP foirer, avoir la trouille (de miedo).
cagarruta *f* crotte (excremento).
cagatinta; cagatintas *m* FAM rond-de-cuir, gratte-papier *inv* (chupatintas).
cagón, ona; cagueta *adj y s* POP trouillard, e.
caída *f* chute (acción de caer) ‖ pente (declive) ‖ pente (tapicería colgante) ‖ tombée, retombée (paño o ropa) ‖ FIG chute (del primer hombre) ‖ chute, effondrement *m*; *caída del Imperio romano* la chute de l'Empire romain ‖ réception (de un salto) ‖ MAR chute (de una vela) ‖ FIG & FAM trait *m* d'esprit, bon mot *m* ‖ — *caída de la tarde* chute du jour, tombée de la nuit ‖ *caída del telón* baisser du rideau ‖ *caída en desuso* désaffection pour (una cosa) ‖ *caída libre* chute libre (paracaidista) ‖ *caída vertical de los precios* effondrement des prix ‖ — *a la caída de la tarde, del sol* à la tombée de la nuit o du jour, au coucher du soleil ‖ *hacerle a uno una caída de ojos* faire les yeux en coulisse à quelqu'un.
caído, da *adj* tombé, e ‖ FIG défaillant, e (desfallecido) ‖ abattu, e (abatido) ‖ tombant, e; *tener los hombros caídos* avoir les épaules tombantes ‖ *caído del cielo* tombé du ciel.
◆ *m pl* morts, tués (en la guerra); *la Cruz de los Caídos* le monument aux morts ‖ réglures *f* obliques d'un cahier d'écriture (de un cuaderno).
caimán *m* caïman (reptil) ‖ FIG vieux renard, fin matois (hombre astuto).
Caín *n pr m* Caïn ‖ — FIG *alma de Caín* peau de vache ‖ — *ir con las de Caín* être animé de mauvaises intentions ‖ *pasar las de Caín* en voir de toutes les couleurs o de dures.
cairel *m* tour de cheveux (peluca) ‖ frange *f* (pasamanería).
Cairo (El) *n pr* GEOGR Le Caire.
cairota *adj y s* cairote.
cairelar *v tr* garnir de franges.
caja *f* boîte (pequeña de cartón, etc.); *una caja de bombones* une boîte de chocolats ‖ caisse (de gran tamaño, de madera); *una caja de uva* une caisse de raisin ‖ boîte, caisse (contenido) ‖ tiroir-caisse *m* (cajón) ‖ caisse; *ocuparse de la caja* être à la caisse, tenir la caisse ‖ COM caisse (donde se hacen los pagos) ‖ cercueil *m*, bière (ataúd) ‖ caisse (del coche) ‖ boîtier *m* (de reloj) ‖ MÚS caisse (tambor) ‖ buffet *m*, laie (del órgano) ‖ fût *m* (de un arma de fuego) ‖ ARQ cage (de escalera o ascensor) ‖ BOT capsule (fruto) ‖ IMPR casse; *caja alta* haut de casse; *caja baja* bas de casse ‖ boîtier *m* (de máquina fotográfica) ‖ *(amer)* lit *m* (de un río) ‖ — ANAT *caja craneana* boîte crânienne ‖ *caja de ahorros* caisse d'épargne ‖ *caja de arena* boîte à sable (para las armas) ‖ TECN *caja de cambios* boîte de vitesses ‖ *caja de caudales* coffre, coffre-fort ‖ TECN *caja de combustión* boîte à feu ‖ *caja de cortar al sesgo* ou *de ingletes* boîte à onglets ‖ *caja de distribución* boîte à tiroir (s) o à vapeur o de distribution ‖ *caja de engrase* boîte à graisse ‖ *caja de humos* boîte à fumée ‖ *caja de la cama* bois de lit ‖ FAM *caja de las muelas* bouche, bec, mandibules ‖ ANAT *caja del cuerpo* ou *torácica* cage thoracique ‖ *caja del tambor* ou *del tímpano* caisse du tympan ‖ *caja de música* boîte à musique ‖ MIL *caja de recluta* bureau de recrutement ‖ MÚS *caja de resonancia* caisse de résonance ‖ MIL *caja de respetos* trousse aux accessoires ‖ *caja fuerte* ou *de seguridad* coffre-fort ‖ AVIAC *caja negra* boîte noire ‖ IMPR *caja perdida* casseau du haut de casse ‖ ECON *Caja Postal de Ahorros* caisse d'épargne dépendant de la poste espagnole ‖ *caja registradora* caisse enregistreuse ‖ *fábrica de cajas* caisserie, fabrique de caisses ‖ *libro de caja* livre des comptes o de caisse ‖ *valores en caja* ou *caja* encaisse ‖ — FAM *echar a uno con cajas destempladas* renvoyer quelqu'un avec pertes et fracas, envoyer bouler quelqu'un ‖ *entrar en caja* se ranger (una persona), faire partie du prochain contingent (militar) ‖ *ingresar en caja* encaisser.
cajero, ra *m y f* caissier, ère (encargado de la caja).
◆ *m* fabricant de caisses ‖ *cajero automático* distributeur automatique, billetterie.
◆ *f* MAR arcasse (de polea).
cajetilla *f* paquet *m* de cigarettes (de cigarrillos) o de tabac (de tabaco) ‖ boîte (de cerillas).
◆ *m* FAM *(amer)* gandin, gommeux.
cajista *m y f* IMPR compositeur, trice ‖ *cajista de imprenta* ouvrier typographe.
cajón *m* caisse *f* (caja grande) ‖ tiroir (de mueble) ‖ compartiment (en los estantes) ‖ échoppe *f*, boutique *f* (tienda) ‖ IMPR casseau ‖ caisson (obras públicas) ‖ *(amer)* gorge *f*, défilé (cañada) ‖ cercueil (ataúd) ‖ — *cajón de herramientas* boîte à outils ‖ FIG *cajón de sastre* ou *de turco* fouillis, capharnaüm, foutoir (objetos en desorden) ‖ FIG & FAM *de cajón* évident, e; qui va de soi; *¡es de cajón!* c'est évident, ça va de soi; ordinaire, quelconque (corriente).
cajuela *f* *(amer)* coffre *m*.
cake *m* CULIN cake.
cal *f* chaux; *cal viva* ou *anhidra, apagada* ou *muerta* chaux vive, éteinte; *cal hidráulica* chaux hydraulique ‖ — FIG & FAM *a cal y canto* à double tour (cerrado), à chaux et à sable (construido) ‖ *lechada de cal* lait de chaux ‖ *una de cal y otra de arena* moitié moitié.
cala *f* entame (primer trozo), tranche [pour goûter un fruit] ‖ MED suppositoire *m* (supositorio) ‖ sonde (sonda) ‖ MAR cale ‖ GEOGR anse, crique ‖ BOT arum *m* ‖ FIG sondage *m* (sondeo de opinión) ‖ FAM peseta ‖ *a cala y cata* à la tranche, à la coupe.
calabacín *m* courgette *f* (fruto) ‖ FIG & FAM gourde *f*, courge *f*.
calabaza *f* BOT courge ‖ citrouille (de gran tamaño) ‖ gourde, calebasse (recipiente) ‖ FIG & FAM gourde, courge (persona tonta) ‖ sabot *m*, rafiot *m* (buque pesado) ‖ — *calabaza bonetera* ou *pastelera* potiron turban, pâtisson ‖ *calabaza confitera* ou *totanera* ou *de cidra* potiron ‖ *calabaza de peregrino* gourde ‖ *calabaza de San Roque* calebasse ‖ *calabaza vinatera* gourde, calebasse ‖ FIG & FAM *dar calabazas* coller, étendre, recaler (en un examen); dire non, envoyer promener, éconduire (a un pretendiente) ‖ *recibir calabazas* essuyer un refus (un pretendiente), être collé o recalé (en un examen).

calabobos *m inv* FAM crachin, bruine *f*.
calabocero *m* geôlier (carcelero).
calabozo *m* cachot, geôle *f* (prisión); *meter en el calabozo* mettre au cachot *o* en geôle.
calada *f* trempage *m* (en o con líquido) ‖ bouffée (de cigarrillo) ‖ essor *m*, vol *m* à tire d'aile (de las aves).
caladero *m* lieu de pêche.
calado *m* broderie *f* à jour *o* ajourée (bordado) ‖ découpure *f*, ajour (perforado de papel, tejidos, etc.) ‖ MAR tirant d'eau, calaison *f* ‖ MECÁN calage (de un motor).
calafateado *m*; **calafateadura** *f* calfatage *m*.
calafatear *v tr* MAR calfater (barcos) ‖ calfeutrer (cualquier juntura).
calafateo *m*; **calafatería** *f* calfatage *m*.
calamar *m* ZOOL calmar, encornet.
calambre *m* MED crampe *f*; *calambre de estómago* crampe d'estomac; *me ha dado un calambre en la pierna* j'ai eu une crampe à la jambe ‖ décharge *f* électrique.
calamidad *f* calamité; *la guerra es una calamidad* la guerre est une calamité ‖ fléau *m* (plaga) ‖ FIG & FAM *ser una calamidad* être un bon à rien *o* une nullité (un incapaz).
calamina *f* calamine (carbonato de cinc).
calamitoso, sa *adj* calamiteux, euse.
cálamo *m* MÚS chalumeau (flauta) ‖ POÉT roseau (planta) | plume *f* (para escribir).
calamocano, na *adj* FAM éméché, e; pompette.
calandrado *m* TECN calandrage.
calandrar *v tr* TECN calandrer.
calandria *f* calandre (ave) ‖ TECN calandre (para lustrar) | calandre (de automóvil) ‖ sorte de treuil (torno) ‖ FIG & FAM malade *m* imaginaire (enfermo fingido) ‖ (amer) POP flemmard *m*.
calaña *f* modèle *m*, forme (muestra) ‖ FIG nature (las personas), qualité (las cosas) ‖ espèce, engeance, acabit *m* (despectivo); *estos dos chicos son de la misma calaña* ces deux garçons sont du même acabit ‖ éventail *m* bon marché (abanico) ‖ *gente de mala calaña* gens peu recommandables.
calañés *adj m sombrero calañés* chapeau à bords relevés.
calar *adj* calcaire (calizo).
◆ *m* carrière *f* de pierre à chaux (cantera).
calar *v tr* tremper, transpercer (un líquido); *la lluvia ha calado el abrigo* la pluie a trempé le manteau ‖ traverser, transpercer; *calar una tabla con la barrena* transpercer une planche avec la vrille ‖ broder à jours (bordar) ‖ ajourer (agujerear) ‖ entamer (una fruta) ‖ enfoncer (un sombrero) ‖ FIG percer, percer à jour, deviner (adivinar); *ha calado mis intenciones* il a deviné mes intentions | pénétrer, saisir (comprender) ‖ pénétrer; *calar hondamente en el alma humana* pénétrer à fond dans l'âme humaine ‖ MAR caler; *calar una vela* caler une voile ‖ (amer) humilier (cachifollar) ‖ extraire (un échantillon), avec la sonde ‖ — *calar la bayoneta* mettre baïonnette au canon ‖ *hacer frente con la bayoneta calada* croiser la baïonnette.
◆ *v intr* MAR caler.
◆ *v pr* être trempé, e; *se caló hasta los huesos* il a été trempé jusqu'aux os ‖ enfoncer; *calarse el sombrero* enfoncer son chapeau ‖ fondre, s'abattre rapidement (el ave) ‖ FAM se fourrer (introducirse)

‖ MECÁN caler; *se me caló el motor* mon moteur a calé ‖ *calarse las gafas* chausser ses lunettes.
calato, ta *adj* (amer) nu, e (desnudo).
calavera *f* tête de mort (cráneo) ‖ ZOOL sphinx *m* tête-de-mort (mariposa).
◆ *m* FIG viveur, bambocheur, noceur (juerguista) | tête *f* brûlée (cabeza loca).
calaverada *f* frasque, fredaine.
calcado, da *adj* calqué, e ‖ *ser calcado a alguien* être le portrait de quelqu'un.
calcáneo *m* calcanéum (hueso).
calcañal; calañar; calcaño *m* talon.
calcar *v tr* calquer, décalquer (reproducir) ‖ FIG calquer (imitar) ‖ fouler (pisar).
calcáreo, a *adj* calcaire.
calce *m* jante *f* (de rueda) ‖ acérure *f* (de instrumentos cortantes) ‖ coin (cuña) ‖ cale *f* (alza); *poner un calce a un mueble cojo* mettre une cale à un meuble boiteux ‖ (amer) pied, bas (de un documento) ‖ (amer) *dar calce* donner l'occasion (permitir).
calceta *f* bas *m* (media) ‖ *hacer calceta* tricoter.
calcetín *m* chaussette *f* ‖ FIG *volverle a uno como a un calcetín* retourner quelqu'un comme un gant.
cálcico, ca *adj* QUÍM calcique.
calcificación *f* calcification.
calcificar *v tr* calcifier.
calcinación *f* calcination.
calcinar *v tr* calciner ‖ FIG & POP casser les pieds, bassiner (fastidiar).
calcio *m* calcium (metal).
calco *m* calque (copia); *papel de calco* papier-calque.
calcografía *f* chalcographie.
calcografiar *v tr* chalcographier.
calcógrafo *m* chalcographe (grabador).
calcomanía *f* décalcomanie.
calculable *adj* calculable.
calculador, ra *adj y s* calculateur, trice; *calculadora de bolsillo* calculatrice de poche, calculette; *calculadora electrónica* calculateur *o* calculatrice électronique ‖ FIG calculateur, trice (interesado).
calcular *v tr* calculer; *calcular una raíz cuadrada* calculer une racine carrée ‖ FIG calculer, évaluer; *calcular los gastos de viaje* évaluer les frais de voyage | penser, supposer, croire, compter; *calculo que terminaré mañana* je pense finir demain ‖ — *calculando por bajo* au bas mot ‖ *máquina de calcular* machine à calculer.
cálculo *m* calcul; *cálculo diferencial, integral, infinitesimal, mental* calcul différentiel, intégral, infinitésimal, mental ‖ évaluation *f*, calcul; *cálculo de gastos* évaluation des frais ‖ FIG calcul (conjetura, reflexión) | prudence *f*; *obrar con mucho cálculo* agir avec beaucoup de prudence ‖ MED calcul (piedra) ‖ *regla de cálculo* règle à calculer.
calda *f* chauffage *m* (acción de calentar) ‖ chauffe (introducción del combustible) ‖ TECN chaude (metales).
◆ *pl* eaux thermales, station *sing* thermale (baños).
caldeamiento *m* chauffe *f*, chauffage.
caldear *v tr* chauffer (calentar), réchauffer (lo que se ha enfriado) ‖ rougir (los metales) ‖ FIG réchauffer, chauffer (el ambiente, etc.).

◆ *v pr* se chauffer ‖ rougir (los metales).

caldeo *m* chauffe *f*, chauffage (calda); *el caldeo de una habitación* le chauffage d'une pièce; *superficie de caldeo* surface de chauffe.

caldera *f* chaudière; *caldera de vapor* chaudière à vapeur ‖ chaudron *m* (caldero) ‖ chaudière, chaudronnée (calderada) ‖ MIN puisard *m* (pozo) ‖ *(amer)* bouilloire (para infusiones) ‖ cratère *m* ‖ — *caldera de jabón* savonnerie ‖ FIG & FAM *las calderas de Pero Botero* l'Enfer, le feu éternel.

calderería *f* chaudronnerie.

calderero *m* chaudronnier.

caldereta *f* petit chaudron *m*, petite chaudière (caldera) ‖ ECLES bénitier *m* portatif (de agua bendita) ‖ CULIN soupe de poisson (sopa de pescado) | ragoût *m* de mouton *o* de chevreuil.

calderilla *f* ECLES bénitier *m* portatif (de agua bendita) | petite *o* menue monnaie, ferraille (moneda fraccionaria).

caldero *m* chaudron (recipiente) ‖ chaudron, chaudronnée *f* (contenido) ‖ TECN poche *f* [pour la fonte]; *caldero de colada* poche de coulée.

calderón *m* gros chaudron (recipiente) ‖ IMPR pied-de-mouche (signo) ‖ MÚS point d'orgue.

calderoniano, na *adj* caldéronien, enne [du dramaturge Calderón].

caldillo *m* jus, sauce *f* (salsa).

caldo *m* bouillon; *caldo de verduras* bouillon de légumes ‖ consommé (sopa) ‖ assaisonnement, sauce *f* [de la salade] ‖ *(amer)* jus de la canne à sucre (jugo de la caña) ‖ — AGRIC *caldo bordelés* bouillie bordelaise ‖ *caldo corto* court-bouillon ‖ *caldo de cultivo* bouillon de culture ‖ — *al que no quiere caldo, la taza llena* ou *tres tazas* lui qui n'aimait pas ça, le voilà servi ‖ FAM *estar a caldo* être à sec (sin dinero) ‖ *gallina vieja da* ou *hace buen caldo* c'est dans les vieilles marmites qu'on fait la bonne soupe | *hacerle a uno el caldo gordo* faire le jeu de quelqu'un | *poner a caldo* passer un savon (regañar).

◆ *pl* liquides alimentaires (vino, vinagre, aceite, etc.) ‖ crus; *los caldos de Jerez* les crus de Xérès.

caldoso, sa *adj* qui a beaucoup de jus *o* de sauce.

calducho *m* FAM lavasse *f*.

calé *m* Gitan ‖ monnaie *f* de cuivre (moneda).

calefacción *f* chauffage *m*; *calefacción central* chauffage central; *calefacción por fuel-oil* chauffage au mazout ‖ TECN chauffe; *superficie de calefacción* surface de chauffe.

calefactor *m* chauffeur (encargado de la calefacción) ‖ radiateur (aparato de calefacción).

caleidoscopio *m* kaléidoscope.

calendario *m* calendrier; *calendario gregoriano, juliano, perpetuo* calendrier grégorien, julien, perpétuel ‖ calendrier (distribución de la labor) ‖ échéancier (para los pagos) ‖ — *calendario americano* ou *exfoliador* ou *de taco* calendrier à effeuiller ‖ BOT *calendario de Flora* calendrier de Flore ‖ *calendario escolar* calendrier scolaire ‖ *calendario laboral* calendrier de travail ‖ *calendario republicano* calendrier républicain ‖ — FIG *hacer calendarios* faire des pronostics (pronósticos), rêvasser (soñar).

calendas *f pl* calendes (día del mes) ‖ FAM *calendas griegas* calendes grecques.

calentador, ra *adj* chauffant, e.

◆ *m* calorifère (aparato) ‖ chauffe-eau *inv* (para calentar agua), chauffe-bain (de baño) ‖ bassinoire *f*, chauffe-lit (de cama) ‖ TECN réchauffeur; *calentador de aire* réchauffeur d'air | surchauffeur (de locomotora) ‖ FIG & FAM bassinoire *f* (reloj muy grueso).

calentamiento *m* chauffage (acción de calentar) ‖ — DEP *calentamiento específico* échauffement | *ejercicios de calentamiento* exercices d'échauffement.

calentar* *v tr* chauffer, faire chauffer; *calentar un horno* chauffer un four; *calentar hasta el rojo blanco* chauffer à blanc; *caliéntame un poco de agua* fais-moi chauffer un peu d'eau ‖ échauffer; *calentar los músculos* échauffer les muscles ‖ FIG & FAM chauffer; *calentar el asiento* chauffer sa place | chauffer, activer, mener rondement; *calentar un negocio* chauffer une affaire ‖ FAM flanquer une dégelée (azotar) ‖ — *calentar la cabeza* ou *los cascos con* échauffer *o* rebattre les oreilles avec | *calentar las orejas a alguien* chauffer les oreilles à quelqu'un ‖ *calentar la sangre* échauffer le sang.

◆ *v pr* se chauffer (el que tiene frío) ‖ chauffer (el fuego) ‖ être en chaleur (los animales) ‖ FIG s'échauffer (irritarse) ‖ — *las manos se le calientan* la main lui démange ‖ FAM *no calentarse los cascos* ne pas se creuser la cervelle.

calentón *m darse un calentón* se mettre à chauffer (un motor).

calentura *f* MED fièvre, température; *tener calentura* avoir de la fièvre | bouton *m* de fièvre (pústula en los labios) ‖ *(amer)* sorte d'asclepias (planta) | phtisie (tisis) | colère ‖ FIG & FAM *calentura de pollo* maladie imaginaire.

calenturiento, ta *adj* fiévreux, euse ‖ FIG fiévreux, euse; fébrile; *tener la mente calenturienta* avoir l'imagination fiévreuse.

calenturón *m* MED grosse fièvre *f*, fièvre *f* de cheval.

calera *f* carrière de pierre à chaux (cantera) ‖ four *m* à chaux, chaufour *m* (p us).

calesa *f* calèche (carruaje).

calesera *f* veste de postillon (chaqueta) ‖ chant *m* populaire andalou (cante).

calesita *f (amer)* manège [de chevaux de bois].

caletre *m* FAM jugeote *f* (tino); *tener poco caletre* avoir peu de jugeote ‖ *de su propio caletre* de son cru.

calibrado *m* TECN alésage (de un tubo o un cilindro) ‖ calibrage (medición).

calibrador *m* calibre; *calibrador de mordazas* calibre à mâchoires ‖ jauge *f*; *calibrador de profundidades* jauge de profondeur ‖ alésoir (de un tubo) ‖ *calibrador micrométrico* jauge micrométrique, palmer.

calibrar *v tr* calibre (medir) ‖ aléser (mandrilar) ‖ FIG jauger (juzgar) ‖ *máquina de calibrar* aléseuse.

calibre *m* MIL calibre ‖ TECN calibre, jauge *f* | alésage (diámetro interior) ‖ FIG importance *f*; *un asunto de mucho calibre* une affaire de grande importance.

calidad *f* qualité; *tela de buena calidad* toile de bonne qualité; *persona de calidad* personne de qualité ‖ qualité (condición); *calidad de ciudadano* qualité de citoyen ‖ choix *m*; *de primera, de segunda calidad* de premier, de second choix | FIG im-

portance, poids *m*; *asunto de calidad* affaire d'importance ‖ condition (cláusula de contrato) ‖ — *calidad cromática* qualité chromatique (pintura) ‖ *calidad de vida* qualité de la vie ‖ — *certificado de calidad* label de qualité ‖ *control de calidad* contrôle de (la) qualité ‖ *voto de calidad* voix prépondérante ‖ — *a calidad de que* à condition que ‖ *en calidad de* en qualité de, à titre de, au titre de ‖ *de dinero y calidad la mitad de la mitad* il faut en prendre et en laisser.
- *pl* qualités ‖ conditions (juegos).

cálido, da *adj* chaud, e; *clima, colorido cálido* climat, ton chaud; *voz cálida* voix chaude.

calidoscopio *m* kaléidoscope.

calientapiés *m inv* chaufferette f, chauffepieds.

calientaplatos *m inv* chauffe-plats, chauffeassiettes.

caliente *adj* chaud, e; *agua caliente* eau chaude; *colorido caliente* ton chaud ‖ FIG chaud, e; ardent, e ‖ — *en caliente* sur-le-champ, tout chaud (en el acto), à chaud (una operación quirúrgica) ‖ — FIG *estar en caliente* être en chaleur (los animales) ‖ *mantener caliente* tenir au chaud ‖ FIG *ser caliente de cascos* avoir la tête chaude.

califa *f* calife.

califato *m* califat.

calificable *adj* qualifiable.

calificación *f* qualification ‖ note (de un ejercicio).

calificado, da *adj* qualifié, e; reconnu, e; réputé, e (importante) ‖ qualifié, e; autorisé, e (con los requisitos necesarios).

calificador *m* qualificateur, examinateur ‖ — *calificador del Santo Oficio* qualificateur du Saint-Office ‖ *jurado calificador de un premio* jury chargé de décerner un prix.

calificar *v tr* qualifier ‖ noter (un examen) ‖ qualifier, traiter; *calificar a uno de ladrón* traiter quelqu'un de voleur ‖ FIG ennoblir, illustrer (ilustrar).
- *v pr* prouver ses quartiers de noblesse.

calificativo, va *adj y s m* qualificatif, ive; *adjetivo calificativo* adjectif qualificatif; *uncalificativo injurioso* un qualificatif injurieux.

California *n pr f* GEOGR Californie.

californiano, na; californio, nia *adj* californien, enne (de California).
- *m y f* Californien, enne.

californio *m* QUÍM californium.

caliginoso, sa *adj* obscur, e; ténébreux, euse ‖ caligineux, euse (brumoso).

caligrafía *f* calligraphie.

caligrafiar *v tr* calligraphier.

caligráfico, ca *adj* calligraphique.

calígrafo *m* calligraphe.

calina *f* brume *m* (niebla) ‖ chaleur.

cáliz *m* ECLES calice (copa) ‖ BOT calice ‖ *apurar el cáliz hasta las heces* boire le calice jusqu'à la lie.

caliza *f* calcaire *m* (roca sedimentaria); *caliza litográfica* calcaire lithographique ‖ pierre à chaux (carbonato de calcio natural); *caliza hidráulica* pierre à chaux hydraulique ‖ MIN *caliza lenta* dolomie.

calizo, za *adj* calcaire.

calma *f* calme *m* (tranquilidad) ‖ FIG calme *m*; *la calma de la noche* le calme de la nuit | accalmie (en los dolores, en los negocios) | calme *m*, nonchalance, décontraction (pachorra); *lo hace todo con una calma increíble* il fait tout avec une nonchalance incroyable ‖ — MAR *calma chicha* calme plat ‖ — *con calma* calmement, à tête reposée ‖ *¡con mucha calma!* du calme!, tout doux! ‖ *en calma* calme; *todo está en calma* tout est calme ‖ — *después de la tempestad viene la calma* après la pluie le beau temps.

calmante *adj* calmante, e.
- *m* MED calmant, tranquillisant.

calmar *v tr* calmer, apaiser (sosegar) ‖ calmer; *esta medicina calma el dolor* ce médicament calme la douleur.
- *v intr y pr* se calmer ‖ tomber (el viento).

calmoso, sa *adj* calme (tranquilo) ‖ FAM nonchalant, e; indolent, e (pachorrudo) | flegmatique.

caló *m* parler des Gitans.

calor *m* FÍS chaleur *f*; *calor específico* chaleur spécifique; *calor natural* chaleur naturelle ‖ chaleur *f*; *los calores del verano* les chaleurs de l'été ‖ chaleur *f*, chaud (calidad de lo caliente); *mantener al calor* tenir au chaud ‖ FIG chaleur *f*, feu; *en el calor de la improvisación, del combate* dans la chaleur de l'improvisation, dans le feu du combat | chaleur *f*; *acoger con calor* accueillir avec chaleur ‖ — FIG *al calor de* avec l'aide o la protection de ‖ — FAM *ahogarse* ou *asarse* ou *morirse de calor* mourir de chaud, crever de chaleur ‖ *dar calor* encourager (animar), tenir chaud ‖ *darse calor* se tenir chaud ‖ *entrar en calor* s'échauffer (acalorarse), se réchauffer (cuando se tiene frío) ‖ *hace calor* il fait chaud ‖ *hacer entrar en calor* réchauffer ‖ *tener calor* avoir chaud ‖ *tomar una cosa con calor* prendre une chose à cœur.

— OBSERV L'usage de *calor* au féminin est à proscrire.

caloría *f* FÍS calorie; *caloría grande, pequeña* grande, petite calorie.

calórico, ca *adj* calorique.
- *m* FÍS calorique ‖ chaleur *f*; *desprender mucho calórico* dégager beaucoup de chaleur; *calórico radiante* chaleur radiante.

calorífero, ra *adj y s m* calorifère.

calorífico, ca *adj* calorifique.

calorimetría *f* calorimétrie.

calorimétrico, ca *adj* calorimétrique.

calorímetro *m* calorimètre.

calostro *m* colostrum (primera leche).

calote *m* (amer) escroquerie *f*, vol (estafa) ‖ (amer) *dar calote* escroquer, rouler (estafar), voler, calotter (birlar).

calpense *adj* gibraltarien, enne (de Gibraltar).
- *m y f* Gibraltarien, enne.

calumnia *f* calomnie (acusación falsa).

calumniador, ra *adj y s* calomniateur, trice.

calumniar *v tr* calomnier.

calumnioso, sa *adj* calomnieux, euse.

calurosamente *adv* chaleureusement, chaudement; *el presidente fue recibido calurosamente* le président fut accueilli chaleureusement; *felicitar calurosamente* féliciter chaudement.

— OBSERV *Chaleureusement* implica mayor viveza que *chaudement* y hasta entusiasmo en la manera de actuar.

caluroso, sa *adj* chaud, e (con calor); *un día caluroso* une chaude journée ‖ FIG chaleureux, euse; *un recibimiento caluroso* un accueil chaleureux.

calva *f* calvitie (calvicie) ‖ partie élimée o râpée (de una piel) ‖ clairière (en un bosque).

calvario *m* RELIG calvaire ‖ FIG & FAM calvaire (de adversidades) ‖ *tener un calvario de deudas* être criblé de dettes.

calvero *m* clairière *f* (en un bosque).

calvez; calvicie *f* calvitie.

calvinismo *m* calvinisme.

calvinista *adj y s* calviniste.

calvo, va *adj y s* chauve (cabeza).
- *adj* dénudé, e; pelé, e (terreno) ‖ râpé, e; élimé, e (tejido) ‖ *a la ocasión la pintan calva* il faut saisir l'occasion par les cheveux o au vol, l'occasion est chauve (*p us*).

calza *f* cale (cuña) ‖ FAM bas *m* (media) ‖ bague (señal que se pone a ciertos animales) ‖ BLAS chausse *f (amer)* plombage *m* (de una muela).
- *pl* chausses (vestido antiguo); *medias calzas* bas-de-chausses ‖ FAM *verse en calzas prietas* être dans ses petits souliers.

calzada *f* chaussée.

calzado, da *adj* chaussé, e ‖ pattu, e (ave); *pichón calzado* pigeon pattu ‖ BLAS chaussé, e ‖ *caballo calzado de blanco* cheval balzan.
- *m* chaussure *f*; *industria del calzado* industrie de la chaussure ‖ chaussures *f pl*; *una tienda de calzado* un magasin de chaussures [ne s'emploie jamais au pluriel en espagnol dans ce sens].
- *pl (p us)* bas (medias), jarretières *f* (ligas).

calzador *m* chausse-pied, corne *f* à chaussure ‖ *(amer)* porte-plume (portaplumas) ‖ porte-cure-dents (palillero) ‖ porte-crayon (lapicero).

calzar *v tr* chausser (los pies); *calzo el 37* je chausse du 37; *hay que calzar a los niños porque no pueden hacerlo solos* il faut chausser les enfants parce qu'ils ne peuvent pas le faire tout seuls ‖ chausser, porter (llevar puesto); *calzar zuecos* porter des sabots ‖ caler (poner un calce) ‖ chausser (poner neumáticos) ‖ *(amer)* plomber (una muela).
- *v intr* FAM *(amer)* se caser (lograr un puesto).
- *v pr* se chausser ‖ mettre (ponerse); *calzarse los zapatos* mettre ses chaussures.

calzo *m* cale *f* (calce), coin (cuña) ‖ point d'appui du levier (fulcro) ‖ pied en avant (en fútbol).
- *pl* extrémités *f* (de caballería).

calzón *m* culotte *f* (prenda); *calzón bombacho* culotte bouffante ‖ TECN étrier (para sujetarse) ‖ *(amer)* culotte *f* (de mujer), caleçon (calzoncillo) ‖ ragoût de porc (guiso) ‖ maladie *f* de la canne à sucre.
- *pl* culotte *f sing* ‖ FIG & FAM *llevar los calzones* ou *tener los calzones bien puestos* porter la culotte (en un matrimonio).
— OBSERV Le mot *calzón* s'emploie plus fréquemment au pluriel lorsqu'il désigne une *culotte*.

calzonaria *f (amer)* dessous *m pl*, lingerie féminine.

calzonazos *m inv* FAM chiffe *f*, femmelette *f*.

calzoncillos *m pl* caleçon *sing*.

calzoneras *f pl (amer)* pantalon *m sing* ouvert et boutonné sur le côté.

calzonudo, da *adj (amer)* mollasson, onne.

callada *f* silence *m* (acción de callarse) ‖ — *a la callada, de callada* en tapinois, en catimini ‖ *dar la callada por respuesta* ne pas daigner répondre.

calladamente *adv* sans mot dire, secrètement.

callado, da *adj* silencieux, euse; discret, ète ‖ réservé, e (comedido); *es una persona muy callada* c'est une personne très réservée ‖ — *de callado* en catimini ‖ *más callado que un muerto* muet comme une carpe o comme la tombe ‖ — *no quedarse nunca callado* avoir réponse à tout.

callampa *f (amer)* champignon *m* (hongo) ‖ FAM galurin *m* en feutre (sombrero).

callandico; callandito *adv* FAM en tapinois, en catimini.

callao *m* galet, caillou roulé (canto rodado) ‖ terrain couvert de galets (terreno).

callar *v intr y pr* se taire; *los niños deben callar cuando hablan las personas mayores* les enfants doivent se taire quand les grandes personnes parlent; *dicho esto, calló* ceci dit, il se tut ‖ — *calla callando* en douce ‖ *¡cállate!* tais-toi! ‖ FAM *¡cállate la boca!* la ferme!, ferme-la! ‖ *¡cállense!* taisez-vous! ‖ — *a la chita callando* en catimini ‖ *al buen callar llaman Sancho* il faut savoir parler avec modération ‖ *matarlas callando* faire les choses en douce ‖ *quien calla otorga* qui ne dit mot consent.
- *v tr* taire (un secreto) ‖ passer sous silence (no decir); *he callado lo principal* j'ai passé sous silence le plus important.

calle *f* rue (camino); *calle mayor* grand-rue ‖ voie (de una autopista) ‖ allée (de árboles) ‖ IMPR rue ‖ couloir *m* (atletismo), ligne d'eau, couloir *m* (en una piscina) ‖ — *calle abajo* en descendant la rue ‖ *calle arriba* en remontant la rue ‖ *calle peatonal* rue piétonnière o piétonne ‖ *calle pública* voie publique ‖ *el hombre de la calle* l'homme de la rue, monsieur Tout-le-monde ‖ *traje de calle* costume de ville ‖ — FIG & FAM *abrir calle* se frayer un passage ‖ *azotar calles* battre le pavé ‖ *coger la calle* prendre la porte, sortir ‖ *dejar en la calle, echar a la calle* jeter sur le pavé ‖ *doblar la calle* tourner au coin de la rue ‖ FIG & FAM *echar a la calle, plantar en la calle* mettre dehors, mettre à la porte, jeter à la rue ‖ *echar por la calle de en medio* foncer droit au but ‖ *echarse a la calle* descendre dans la rue ‖ *echar por la calle de en medio* foncer droit au but ‖ *echarse a la calle* descendre dans la rue ‖ *estar en la calle* être sorti (haber salido), être sur le pavé (ser pobre) ‖ *hacer calle* faire la haie (soldados) ‖ *irse a la calle* sortir ‖ FIG & FAM *llevarse de calle* convaincre par des arguments, embobiner ‖ *poner de patitas en la calle* flanquer o mettre à la porte ‖ *quedarse en la calle* être à la rue, rester sur le pavé.

calleja *f* ruelle (calle pequeña).

callejear *v intr* flâner, battre le pavé, courir les rues (vaguear).

callejeo *m* flânerie *f* (paseo).

callejero, ra *adj* flâneur, euse (amigo de callejear) ‖ de la rue; *la animación callejera* l'animation de la rue ‖ ambulant, e; *venta callejera* vente ambulante ‖ boulevardier, ère; *musa callejera* muse boulevardière.
- *m* répertoire des rues d'une ville.

callejón *m* ruelle *f*, petite rue *f*, passage ‖ TAUROM couloir qui court le long de l'arène et sert de refuge aux toréros ‖ *callejón sin salida* impasse, cul-de-sac (calle), impasse (situación).

callejuela *f* ruelle (calle) ‖ FIG échappatoire (evasiva).

callicida *m* MED coricide.

callista *m y f* pédicure.

callo m MED cor (en los pies), durillon, callosité f (en los pies o en las manos) | cal (de una fractura) || éponge f (de la herradura) || FIG & FAM mocheté f, horreur f, laideron (fea) || FAM *dar el callo* bosser (trabajar).
◆ *pl* tripes f pl, gras-double sing (plato) || — *callos a la madrileña* sorte de tripes à la mode de Caen.

callosidad f callosité || *úlcera con callosidades* ulcère calleux.

calloso, sa adj calleux, euse; *manos callosas* mains calleuses; *cuerpo calloso* corps calleux.

cama f lit m; *cama de campaña* lit de camp; *cama de matrimonio* lit à deux places, lit pour deux personnes, grand lit; *camas separadas* lits jumeaux; *camas nido* lits gigognes; *destapar la cama* découvrir le lit || lit m, châlit m (armadura del lecho) || lit m; *hospital de cien camas* hôpital de cent lits || gîte m, lit m (de la liebre), reposée (de los animales para su descanso) || portée (camada) || fond m d'une charrette (suelo de la carreta) || partie d'un melon qui repose sur le sol || FIG couche, lit m (capa); *una cama de tierra, de césped* une couche de terre, un lit de gazon || AGRIC age m (del arado) || MAR souille (hoyo del casco en la arena) || — *cama de paja* litière || *cama redonda* lit à plusieurs places (sentido propio), partouse (*pop*) (sentido figurado) || *cama turca* cosy || — *caer en cama* tomber malade || *echarse en la cama* s'allonger sur le lit || *estar en cama, guardar cama, hacer cama* garder le lit, être alité || *hacer la cama a la inglesa* retaper un lit || FIG *hacer* ou *poner la cama a uno* se comporter en traître avec quelqu'un.

camada f portée, litée, nichée (crías) || couche, ensemble m d'objets placés horizontalement; *caja con dos camadas de huevos* caisse avec deux couches d'œufs || FIG & FAM bande (de ladrones) || — FAM *son lobos de la misma camada* ils sont tous à mettre dans le même sac, ils sont du même acabit.

camafeo m camée (piedra grabada, pintura).

camagua adj (*amer*) mûrissant (maíz).

camaleón m caméléon (reptil) || FIG caméléon (persona) || *camaleón azul* bolet satan (seta).

camaleónico, ca adj FIG changeant, e.

camalote m pontédéria (planta acuática americana).

cámara f chambre (habitación) || (*ant*) chambre à coucher (dormitorio) || chambre (consejo); *cámara de comercio, sindical* chambre de commerce, syndicale || chambre (cuerpo legislativo); *cámara de diputados* chambre des députés || grenier m (desván) || chambre à air (neumático) || ANAT chambre (del ojo); *cámara anterior y posterior del ojo* chambre antérieure et postérieure de l'œil || CINEM caméra || FOT appareil photo || MAR carré m, chambre (de los oficiales) || MIL chambre (de las armas de fuego) || TECN chambre (de los hornos de combustión, etc.) | sas m [d'une écluse] || — *cámara acorazada* chambre forte, coffre blindé || *cámara apostólica* chambre apostolique || *cámara clara* ou *lúcida* chambre claire || *cámara de aire* chambre à air || (*amer*) DR *cámara de apelaciones* tribunal de seconde o de dernière instance || ECON *cámara de compensación* chambre de compensation || *cámara de gas* chambre à gaz || *cámara del rey* trésor du roi || *cámara de oxígeno* tente à oxygène || *cámara de resonancia* chambre d'écho || *cámara frigorífica*

chambre froide || *cámara mortuoria* chambre mortuaire, chapelle ardente || *cámara oscura* chambre noire || FOT *cámara réflex* appareil reflex || — *ayuda de cámara* valet de chambre || *música de cámara* musique de chambre || — CINEM *a cámara lenta* au ralenti.
◆ *pl* selles (excremento), diarrhée *sing* (diarrea).

cámara m CINEM cadreur, caméraman.

camarada m camarade.

camaradería f camaraderie.

camarera f serveuse (en un café, restaurante) | servante (sirvienta) || camériste (en casa principal) || — *camarera de teatro* habilleuse || *camarera mayor de la Reina* première dame de la reine.

camarero m garçon de café | valet de chambre (en un hotel) || habilleur (de un teatro) || (*ant*) camérier || *camarero de piso* garçon d'étage (en un hotel).
◆ *interj* garçon!

camarilla f camarilla, coterie, clan m || lobby m (de parlamento) || box m (de dormitorio).

camarín m niche f (para las estatuas) || TEATR loge f (de los actores) || cabinet (donde se guarda una colección) || cabinet de toilette (tocador) || cabinet, bureau (despacho).

camarón m crevette f.

camarote m MAR cabine f.

camastro m grabat (cama mala).

cambalache m FAM échange, troc || (*amer*) bric-à-brac, boutique f de brocanteur.

cambalachear v tr FAM échanger.

cámbaro m crabe (cangrejo de mar).

cambiable adj échangeable.

cambiador, ra adj y s changeur, euse.
◆ m échangeur; *cambiador de calor* échangeur de chaleur || (*amer*) aiguilleur (guardagujas).

cambiante adj changeant, e || changeant, e; inconstant, e; instable (carácter).
◆ m chatoiement (visos) || moiré [s'emploie surtout au pluriel] || COM cambiste, changeur.

cambiar v tr changer; *cambiar una rueda* changer une roue || échanger; *cambiar sellos con un filatelista* échanger des timbres avec un philatéliste; *cambiar impresiones* échanger des impressions || changer; *cambiar francos en pesetas* changer des francs en pesetas || faire la monnaie de; *cámbiame estos mil francos* fais-moi la monnaie de ces mille francs || renverser, inverser; *cambiar los papeles* renverser les rôles || *cambiar el aceite de un motor* vidanger un moteur.
◆ v intr changer (el viento) || faire de la monnaie || AUTOM changer de vitesse || — FAM *cambiar de idea cada tres por cuatro* changer d'idée comme de chemise || MAR *cambiar de rumbo* se dérouter || FIG & FAM *cambiar la peseta* dégobiller || *cambiar más que una veleta* tourner comme une girouette || *cambiar por completo* ou *completamente* changer du tout au tout || FAM (*amer*) *mandarse cambiar* ficher le camp, se tirer.
◆ v pr se changer (de ropa) || FIG *cambiarse la chaqueta* changer son fusil d'épaule, tourner casaque.

cambiazo m volte-face f; *dar un cambiazo* faire volte-face || FAM *dar el cambiazo a uno* rouler quelqu'un.

cambio *m* échange (acción de cambiar) ‖ COM cours, cours du change; *¿a cuánto está el cambio de la peseta hoy?* quel est le cours de la peseta aujourd'hui? ‖ monnaie *f*; *¿tiene usted cambio?* avez-vous de la monnaie?; *dar el cambio* rendre la monnaie ‖ échange, change (trueque) ‖ changement; *cambio de tiempo* changement de temps ‖ change; *perder con el cambio* perdre au change ‖ changement (de dirección) ‖ FIG volte-face *f*, revirement, retournement (en su opinión) ‖ *— cambio brusco de humor* saute d'humeur ‖ *cambio de impresiones* échange de vues ‖ MECÁN *cambio de marcha* ou *de velocidades* changement de vitesse (de un coche), dérailleur (de una bicicleta) ‖ *cambio sincronizado* boîte de vitesses synchronisées, synchroniseur ‖ TECN *cambio de piñón* dérailleur ‖ *cambio de vía* aiguillage ‖ *cambio escénico* changement à vue (teatro) ‖ *— agente de Cambio y Bolsa* agent de change ‖ *botón de cambio de ondas* changeur d'ondes (radio) ‖ AUTOM *caja de cambios* boîte de vitesses ‖ *casa de cambio* bureau de change ‖ *caseta* ou *cabina de cambio de agujas* poste d'aiguillage ‖ *letra de cambio* lettre de change ‖ *zona de libre cambio* zone de libre-échange ‖ *— a cambio de* en échange de ‖ *a las primeras de cambio* immédiatement, sur-le-champ (en seguida), à la première òccasion ‖ *en cambio* en revanche, par contre (al contrario), en contrepartie; *hazme este favor y en cambio te haré otro* rends-moi ce service et en contrepartie je t'en rendrai un autre ‖ *en cambio de* en échange de, au lieu de ‖ *esto es un cambio para mí* cela me change.

cambista *m* changeur ‖ COM cambiste (de monedas).

Camboya *n pr f* GEOGR Cambodge *m*.

camboyano, na *adj y s* cambodgien, enne.

cambujo, ja *adj* noir truité (caballerías).

cambullón *m (amer)* ruse *f*, astuce *f* (trampa) | troc (cambalache).

cambur *m (amer)* emploi dans la Fonction publique (empleo).

camelar *v tr* FAM baratiner, faire du boniment *o* du baratin à; *camelar a una chica* baratiner une fille | enjôler (embaucar) | aimer, désirer (querer) ‖ *(amer)* regarder (mirar).

camelia *f* BOT camélia *m* (planta).

camélidos *m pl* ZOOL camélidés.

camelista *m y f* FAM fumiste (cuentista) | baratineur, euse.
◆ *adj* FAM à la manque, à la gomme; *es un pintor camelista* c'est un peintre à la manque.

camelo *m* FAM baratin, galanterie *f* (galanteo) | fumisterie *f*, chiqué (tongo); *es puro camelo* c'est de la fumisterie | histoire *f*, mensonge (mentira) | tape-à-l'œil; *esta construcción es un camelo* cet édifice est du tape-à-l'œil ‖ *— FAM dar el camelo a uno* rouler quelqu'un (timar) ‖ *de camelo* à la manque, à la gomme; *un escritor de camelo* un écrivain à la manque.

camellear *v intr* FAM revendre de la drogue.

camellero *m* chamelier.

camello *m* ZOOL chameau ‖ MAR chameau (pontón) ‖ FAM dealer [revendeur de drogue].

camellón *m* AGRIC billon, cavaillon (caballón) ‖ auge *f* (artesa, bebedero) ‖ *(amer)* talus, terre-plein (terraplén).

camembert [kamãmber] *m* camembert (queso).

cameraman *m* CINEM cadreur, caméraman.

— OBSERV pl *cameramen*.
— OBSERV On doit éviter cet anglicisme et employer le nom masculin *cámara*.

camerino *m* TEATR loge *f* [des artistes].

camero, ra *adj* de grand lit; *manta camera* couverture de grand lit ‖ *cama camera* lit à deux personnes *o* à deux places.
◆ *m y f* marchand, e de literie.

Camerún *n pr m* GEOGR Cameroun.

camerunés, esa *adj* camerounais, e.
◆ *m y f* Camerounais, e.

camilla *f* lit *m* de repos (cama para descansar) ‖ brancard *m*, civière (angarillas) ‖ table ronde sous laquelle on place le brasero, sorte de tandour ‖ *camilla de ruedas* chariot d'hôpital.

camillero *m* brancardier.

caminante *m y f* voyageur, euse à pied.

caminar *v intr* voyager (viajar); *caminar de noche* voyager de nuit ‖ marcher, cheminer (andar) ‖ FIG marcher, suivre son cours (un río, un astro).
◆ *v tr* marcher (recorrer); *hemos caminado tres kilómetros* nous avons marché trois kilomètres ‖ parcourir (recorrer).

caminata *f* FAM longue promenade fatigante, randonnée, grande balade (paseo); *darse una caminata* faire une grande balade | petit voyage *m* d'agrément (paseo por diversión) | trotte (distancia).

caminero, ra *adj* qui appartient au chemin ‖ *peón caminero* cantonnier.

camino *m* chemin (vía); *camino vecinal, de herradura, de sirga* chemin vicinal, muletier, de halage ‖ voyage, route *f*; *ponerse en camino* se mettre en route ‖ chemin, route *f* (itinerario) ‖ FIG chemin, voie *f* (del honor, de la gloria, de la virtud, etc.) | chemin (medio); *ir por buen camino* suivre le bon chemin; *ir por mal camino* suivre un mauvais chemin ‖ *— camino asendereado* chemin battu ‖ *camino carretero* ou *carretil* ou *de ruedas* route carrossable ‖ *camino cubierto* chemin couvert ‖ *camino de hierro* chemin de fer ‖ FIG *camino derecho* droit au but, sans détours ‖ *camino de ronda* chemin de ronde ‖ FIG & FAM *camino de rosas* chemin de velours ‖ ASTR *Camino de Santiago* Voie lactée ‖ *camino real* chemin royal (*ant*), grande route, grand-route (carretera), le plus court chemin (lo más corto) ‖ *caminos, canales y puertos* ponts et chaussées ‖ *camino trillado* ou *trivial* chemin battu (el muy frecuentado), sentier battu (tema trillado) ‖ *— a camino largo, paso corto* qui veut voyager loin ménage sa monture ‖ *a medio camino, a la mitad del camino* à mi-chemin ‖ *camino adelante* tout droit ‖ *camino de* en direction de, vers; *vamos camino de Francia* nous allons vers la France, en allant à *o* vers; *camino del colegio le encontramos* nous l'avons rencontré en allant vers l'école ‖ *de camino* chemin faisant, en chemin, en passant (al pasar), en même temps (al mismo tiempo) ‖ *el buen camino* le droit chemin ‖ *en el camino* en route, en cours de route ‖ *— abrir camino* ouvrir *o* montrer le chemin ‖ *abrirse camino* se frayer *o* s'ouvrir un chemin (al andar), faire son chemin (en la vida) ‖ *cruzarse en el camino de alguien* se mettre sur le chemin de quelqu'un ‖ *dejar en el camino* laisser en route ‖ *errar el camino* faire fausse route ‖ *hacerse su camino* faire son chemin ‖ *ir fuera de camino* faire fausse route ‖ *ir por su camino* aller son petit bonhomme de chemin ‖ *ir* ou *ser una cosa fuera de camino* ne pas tenir debout || *llevar buen camino* prendre une bonne tournure, être sur la bonne voie || *pillarle de camino a uno* être sur le chemin de quelqu'un || *salirle a uno al camino* aller à la rencontre de quelqu'un || *¡siga usted su camino!* passez *o* allez votre chemin! || *todos los caminos van a Roma* tous les chemins mènent à Rome || *tomar el camino más largo* prendre le chemin des écoliers.

camión *m* camion (vehículo); *camión cisterna* camion-citerne || *(amer)* autocar (autobús) || — *camión de carga pesada* poids lourd || *camión remolque* semi-remorque || FAM *está como un camión* elle est drôlement bien (una mujer) || *transportar en camión* camionner, transporter en camion.

camionaje *m* camionnage (transporte y precio).

camionero *m* camionneur, routier.

camioneta *f* camionnette.

camisa *f* chemise (ropa) || peau, enveloppe (de ciertas semillas) || dépouille (de las serpientes) || chemise (envoltura de papel) || TECN chemise (de horno, de cilindro) | manchon *m* à incandescence (manguito) | chemise, crépi *m* (enlucido de cemento o yeso) || MIL chemise (de fortification) || — *camisa de dormir* chemise de nuit || *camisa de fuerza* camisole de force, gilet de force *(p us)* || FAM *cambiar de camisa* virer de bord, tourner casaque (chaquetear) | *dejarle a uno sin camisa* mettre quelqu'un sur la paille | *jugarse uno hasta la camisa* jouer jusqu'à la dernière chemise | *meterse en camisa de once varas* se mêler des affaires d'autrui, fourrer son nez partout | *no llegarle a uno la camisa al cuerpo* ne pas en mener large | *¡no te metas en camisa de once varas!* occupe-toi de ce qui te regarde *o* de tes oignons!

camisería *f* chemiserie (tienda).

camisero, ra *m y f* chemisier, ère (persona) || *traje camisero* robe chemisier.

camiseta *f* chemisette (camisa corta) || gilet *m o* tricot *m* de corps, gilet *m* de peau, maillot *m* (la que se lleva sobre la piel) || maillot *m* (de un deportista) || *camiseta de punto* maillot de corps.

camisola *f* camisole (ropa) || chemise d'homme (camisa común) || maillot *m* (de un deportista).

camisón *m* chemise *f* de nuit (camisa grande) || chemise *f* d'homme (camisa) || *(amer)* chemise *f* de femme (de mujer).

camomila *f* BOT camomille (manzanilla).

camorra *f* FAM bagarre, querelle, noise (disputa); *armar ou buscar camorra* chercher noise *o* la bagarre *o* querelle.

camorrero, ra; camorrista *adj y s* bagarreur, euse; querelleur, euse.

camote *m* *(amer)* patate *f* douce (batata) | bulbe (bulbo) | béguin (enamoramiento) | maîtresse *f* (querida) | sot, niais (tonto) || FIG & FAM *(amer) tragar camote* bafouiller.

campal *adj f* *batalla campal* bataille rangée.

campamento *m* campement (acción de acampar) || camp, campement (lugar) || camp (tropa acampada); *campamento volante* camp volant.

campana *f* cloche; *las campanas de la iglesia* les cloches de l'église || manteau *m* (parte exterior de la chimenea), hotte (parte interior) || TECN caisson *m* (obras públicas) || cloche (objeto en forma de campana) || paroisse (parroquia *o* iglesia) || couvre-feu *m* (queda) || — *campana de buzo* cloche à plongeur || *campana de salvamento* cloche de sauvetage || *campana extractora de humos* hotte aspirante || *campana mayor* bourdon || *campana neumática* cloche à vide || — *dar la vuelta de campana* capoter (un coche) || *echar las campanas al vuelo* sonner à toute volée, carillonner (repicar), trompetter, carillonner, crier sur tous les toits (cacarear) || *oír campanas y no saber dónde* ne comprendre qu'à moitié || *un toque de campana* un son de cloche.

campanada *f* coup *m* de cloche (toque) || FIG scandale *m*, éclat *m* (escándalo); *dar una campanada* faire un scandale *o* un éclat.

campanario *m* clocher (de iglesia).

campaneo *m* volée *f* (de campanas) || FIG & FAM dandinement (cononeo).

campanilla *f* clochette (campana) || sonnette (para llamar) || bulle d'air (burbuja) || ANAT luette (úvula) || BOT clochette (flor) || — *campanilla de las nieves* perce-neige.
  ◆ *pl* liseron *m sing* || *de muchas campanillas* très important, influent, e (persona), de poids (asunto).

campanillazo *m* coup de sonnette.

campanillear *v intr* carillonner.

campanilleo *m* tintement (tintineo) || carillon (timbre).

campante *adj* FAM satisfait, e; content de soi (satisfecho) || décontracté, e (tranquilo); *toreaba tan campante* il toréait tout à fait décontracté || *quedarse tan campante* ne pas s'en faire.

campánula *f* campanule (farolillo).

campaña *f* campagne; *campaña fértil* campagne fertile || MIL campagne; *ponerse en campaña* se mettre en campagne || FIG campagne; *campaña antialcohólica, parlamentaria, electoral* campagne antialcoolique, parlementaire, électorale; *campaña de publicidad* campagne de publicité *o* publicitaire || — MAR *campaña de pesca* campagne de pêche || *misa de campaña* messe en plein air || *tienda de campaña* tente.

campañol *m* ZOOL campagnol (ratón de campo).

campar *v intr* exceller, briller (sobresalir) || camper (acampar) || FIG *campar por sus respetos* faire ce qu'on veut, agir à sa guise, n'en faire qu'à sa tête (independizarse), faire bande à part (hacer rancho aparte).

campatedije *m* *(amer)* FAM Untel (Fulano).

campeador *adj m y s m* *(ant)* guerrier illustre || *el Cid Campeador* le Cid Campéador.

campear *v intr* AGRIC aller paître dans les champs (los animales) || FIG apparaître, ressortir; *en su prosa campea la ironía* dans sa prose l'ironie apparaît || verdoyer (los sembrados) || *(amer)* parcourir la campagne.

campechanía *f* FAM bonhomie.

campechano, na *adj* FAM bon enfant *inv* (bonachón) || sans façon, simple (sin cumplidos).

campeón *m* champion; *un campeón ciclista* un champion cycliste || FIG *hacerse el campeón de una causa* se faire le champion d'une cause.

campeonato *m* championnat || FIG & FAM *de campeonato* formidable, terrible; *una paliza de campeonato* une raclée terrible.

campero, ra *adj* de la campagne, rustique (relativo al campo) || en plein air (al aire libre) || que l'on ne rentre pas la nuit (ganado) || *(amer)* rompu à la vie des champs.
  ◆ *f (amer)* blouson *m* (prenda de abrigo).

◆ *m* jeep *f* (coche).
campesino, na *adj* champêtre (del campo) ‖ campagnard, e; paysan, anne; *costumbres campesinas* habitudes campagnardes ‖ *ratón campesino* rat des champs.
◆ *m* y *f* paysan, anne.
campestre *adj* champêtre.
camping *m* camping (actividad y terreno).
campiña *f* grande pièce de terre, champ *m* ‖ campagne; *la campiña romana* la campagne romaine.
campista *m* campeur.
campito *m* (*amer*) propriété *f* à la campagne.
campo *m* champ; *un campo de trigo* un champ de blé ‖ campagne *f* (llano fuera de poblado); *pasar las vacaciones en el campo* passer ses vacances à la campagne; *el campo raso* la rase campagne ‖ FIG camp; *el campo carlista* le camp carliste | champ; *campo de actividad* champ d'activité | domaine; *el campo del arte* le domaine de l'art ‖ DEP terrain (de fútbol, etc.) | court, terrain (de tenis) ‖ BLAS champ ‖ fond, champ (fondo) ‖ MIL camp; *campo atrincherado* champ retranché; *campo de batalla, del honor* champ de bataille, d'honneur ‖ — AVIAC *campo de aviación* terrain *o* champ d'aviation ‖ *campo de concentración* camp de concentration ‖ *campo deportivo* terrain de sports ‖ *campo de trabajo* camp de travail ‖ ELECTR & FÍS *campo eléctrico, magnético, de un microscopio, óptico, visual* champ électrique, magnétique, d'un microscope, optique, visuel ‖ MED *campo operativo* champ opératoire ‖ *campo santo* cimetière ‖ GRAM *campo semántico* champ sémantique ‖ *carrera a campo través* ou *traviesa* cross-country ‖ *casa de campo* maison de campagne ‖ *conejo de campo* lapin de garenne ‖ *feria del campo* foire agricole ‖ FOT *profundidad de campo* profondeur de champ ‖ — *a campo raso* à ciel ouvert (sin techo), à la belle étoile; *dormir a campo raso* dormir à la belle étoile ‖ *a campo traviesa* à travers champs ‖ *en campo raso* en rase campagne ‖ — *batir* ou *descubrir* ou *reconocer el campo* battre la campagne ‖ *dejar el campo libre* laisser le champ libre ‖ *hacer campo* faire de la place, écarter la foule ‖ *levantar el campo* lever le camp ‖ *reconocer el campo* reconnaître le terrain ‖ *retirarse al campo* se retirer à la campagne, aller planter les choux (*fam*) ‖ *tener campo libre* avoir le champ libre.
camposanto *m* cimetière.
Campsa abrev de *Compañía Arrendataria del Monopolio de Petróleos, SA* monopole du pétrole en Espagne.
campus *m* campus (universitario).
camuflaje *m* MIL camouflage.
camuflar *v tr* MIL camoufler.
can *m* chien (perro) ‖ gâchette *f*, chien (gatillo) ‖ ARQ corbeau ‖ modillon (modillón) ‖ *can de busca* chien de quête (caza) ‖ ASTR *Can Mayor* Grand Chien; *Can Menor* Petit Chien.
— OBSERV Dans sa première acception, le mot *can* (chien) est réservé au style poétique ou noble. *Perro* est le mot d'usage courant.
cana *f* cheveu *m* blanc ‖ (*amer*) POP flic ‖ — FIG & FAM *echar una cana al aire* faire une incartade ‖ (*amer*) *estar en cana* être en prison ‖ *peinar canas* avoir des cheveux blancs.
Canadá *n pr m* GEOGR Canada.
canadiense *adj* y *s* canadien, enne.
◆ *f* canadienne (pelliza y arado).

canal *m* canal; *canal navegable* canal navigable; *el canal de la Mancha* le canal de la Manche; *canal de riego* canal d'irrigation ‖ circuit; *canales comerciales* circuits commerciaux ‖ RAD & ANAT canal; *canal medular* canal médullaire; *canal torácico* canal thoracique ‖ chenal; *el canal del puerto* le chenal du port ‖ conduite *f*; *el agua pasa por canales de plomo* l'eau passe dans des conduites en plomb ‖ chaîne *f* (de televisión) | MECÁN canal; *el canal de inyección* le canal d'injection ‖ ARQUIT noue *f* (del tejado).
◆ *f* carcasse (de un animal); *peso en canal* poids carcasse ‖ cannelure (de columna) ‖ gouttière (de un libro) ‖ — MAR *canal de experiencia* bassin de carène ‖ *canal maestra* gouttière ‖ — *abrir en canal* ouvrir de haut en bas (un animal) ‖ POP *mojar la canal maestra* se rincer la dalle.
◆ *adj* FÍS *rayos canales* rayons canaux.
canaladura *f* cannelure.
canalé *m* *jersey canalé* pull à côtes.
canalizable *adj* canalisable (río).
canalización *f* canalisation ‖ (*amer*) réseau *m* d'égouts (alcantarillado).
canalizar *v tr* canaliser ‖ FIG canaliser; *canalizar el descontento* canaliser le mécontentement.
canalón *m* descente *f* (conducto vertical) ‖ chapeau *m* d'ecclésiastique ‖ gouttière *f* (conducto en el borde del tejado) ‖ CONSTR cornière *f* (angular).
canalla *f* canaille.
◆ *m* canaille *f*, fripouille *f*; *este hombre es un canalla* cet homme est une canaille.
canallada *f* canaillerie.
canallesco, ca *adj* vil, e; abject, e; *acción canallesca* action vile ‖ canaille; *risa canallesca* rire canaille.
canapé *m* canapé ‖ CULIN canapé.
Canarias (islas) *n pr f pl* GEOGR îles Canaries.
canario, ria *adj* canarien, enne (de las islas Canarias).
◆ *m* y *f* Canarien, enne.
◆ *m* ZOOL serin, canari.
canasta *f* corbeille (cesto) ‖ panier *m* (cesta); *canasta para la ropa* panier à linge ‖ canasta (juego de naipes) ‖ panier *m* (tanto en el baloncesto).
canastero *m* vannier (el que hace los cestos) ‖ (*amer*) marchand ambulant.
canastilla *f* layette, trousseau *m* (ropa para recién nacido) ‖ corbillon *m* (canasto pequeño) ‖ *canastilla de boda* corbeille de mariage.
canastillo *m* corbillon (canasto pequeño) ‖ corbeille *f*; *un canastillo de geranios* une corbeille de géraniums.
canasto *m* corbeille *f* (canasta).
◆ *interj* ¡*canastos!* sapristi!
— OBSERV Le *canasto* est moins évasé que la *canasta*.
cáncamo *m* piton, cheville *f* à œillet (armella).
cancán *m* cancan (baile) ‖ jupon [raide].
cancanear *v intr* FAM flâner, traînasser (vagar) ‖ (*amer*) bégayer (tartamudear).
cáncano *m* FAM pou (piojo).
cancel *m* tambour de porte (de puerta) ‖ (*amer*) paravent (biombo).
cancela *f* grille, porte en fer forgé.
— OBSERV Dans les maisons andalouses, la *cancela* sépare le vestibule du patio.
cancelación *f* annulation.

cancelar *v tr* annuler (anular); *cancelar un viaje* annuler un voyage ‖ décommander (una invitación) ‖ composter (un billete) ‖ régler, solder (una deuda).

cáncer *m* MED cancer ‖ FIG plaie *f* (calamidad).

Cáncer *n pr* GÉOGR Cancer (signo del zodíaco).

cancerarse *v pr* MED devenir cancéreux (un tumor) ‖ FIG se corrompre, se pourrir, se putréfier (corromperse).

cancerbero *m* MIT Cerbère ‖ FIG cerbère (portero) | gardien de but (guardameta).

cancerígeno, na *adj* cancérigène.

cancerología *f* MED cancérologie.

cancerológico, ca *adj* MED cancérologique.

cancerólogo *m* cancérologue.

cancerización *f* MED cancérisation.

canceroso, sa *adj* MED cancéreux, euse; *tumor canceroso* tumeur cancéreuse.

canciller *m* chancelier ‖ *(amer)* ministre des Affaires étrangères.

cancilleresco, ca *adj* relatif au chancelier ‖ protocolaire.

cancillería *f* chancellerie; *cancillería apostólica* chancellerie apostolique *o* romaine ‖ *(amer)* ministère *m* des Affaires étrangères.

canción *f* chanson ‖ — *canción báquica* chanson à boire ‖ *canción de cuna* berceuse ‖ *canción de gesta* chanson de geste ‖ *canción ligera* variété, chanson de variétés ‖ *siempre la misma canción* toujours la même histoire ‖ — *volver siempre a la misma canción* chanter toujours la même chanson, répéter toujours la même rengaine.

cancionero *m* recueil de poésies lyriques, chansonnier *(p us)* ‖ compositeur de chansons.

cancro *m* MED & BOT chancre.

cancha *f* DEP terrain *m* (de fútbol, etc.) | court *m* (de tenis) | hippodrome (hipódromo) | fronton *m* (de pelota vasca) ‖ *(amer)* terrain *m*, dépôt *m*; *cancha de maderas* dépôt de bois | partie d'un cours d'eau où celui-ci s'étale sans obstacles (en un río) | maïs *m* grillé (maíz) ‖ — FIG *(amer) abrir cancha* faire un passage, ouvrir un chemin | *dar cancha a uno* avantager quelqu'un | *estar en su cancha* être dans son élément | *tener cancha* avoir de l'expérience.

◆ *interj (amer)* place!, laissez passer!

candado *m* cadenas.

cande *adj* candi; *azúcar cande* sucre candi.

candeal *adj pan candeal* pain blanc ‖ *trigo candeal* froment.

◆ *m (amer)* sorte de lait de poule.

candela *f* chandelle (vela de sebo) ‖ chaton *m* (flor de castaño) ‖ FÍS candela (unidad de intensidad) ‖ FAM feu *m*; *pedir candela para el cigarrillo* demander du feu pour la cigarette ‖ FIG & FAM *arrimar candela* rosser ‖ MAR *en candela* debout, verticalement.

candelabro *m* candélabre ‖ BOT candélabre (cacto).

candelaria *f* Chandeleur (fiesta) ‖ BOT bouillon-blanc *m* (gordolobo).

candelero *m* chandelier (utensilio) ‖ lampe *f* à huile (velón) ‖ pharillon (para la pesca) ‖ MAR chandelier; *candelero ciego* chandelier sans anneau; *candelero de ojo* chandelier surmonté d'un anneau ‖ FIG *estar en el candelero* être très en vue, tenir le haut du pavé (en un lugar destacado).

candelilla *f* petite chandelle (candela pequeña) ‖ MED bougie (sonda) ‖ BOT chaton *m* (inflorescencia) ‖ *(amer)* feu *m* follet (fuego fatuo) | luciole (luciérnaga) | espèce d'euphorbe (planta) ‖ — BOT *echar candelillas* chatonner ‖ FIG & FAM *hacerle a uno candelillas los ojos* être entre deux vins.

candente *adj* incandescent, e; chauffé au rouge ‖ FIG à l'ordre du jour; *cuestión candente* question à l'ordre du jour (de actualidad) | brûlant, e (grave); *problema candente* problème brûlant.

Candía *n pr* GÉOGR Candie.

candidato *m* candidat; *candidato a* ou *para un puesto* candidat à un poste.

candidatura *f* candidature; *presentar su candidatura* poser sa candidature ‖ liste de candidats.

candidez *f* candeur ‖ FIG naïveté.

cándido, da *adj* candide ‖ FIG naïf, ive; niais, e (tonto).

candil *m* lampe *f* à huile (lámpara) ‖ andouiller (cuerno) ‖ FIG & FAM corne *f* (de sombrero) ‖ *(amer)* lustre (araña) ‖ — *baile de candil* bal musette ‖ *ni buscado con candil* c'est exactement ce qu'il fallait ‖ *pescar al candil* pêcher au flambeau la nuit.

candileja *f* petite lampe ‖ BOT nielle (neguilla).

◆ *pl* TEATR rampe *sing*, feux *m* de la rampe.

candiota *f* tonneau *m* (barril).

candor *m* candeur *f*.

candoroso, sa *adj* candide.

caneca *f* cruchon *m* à liqueur.

caneco, ca *adj (amer)* gris, e; éméché, e (ebrio).

canela *f* cannelle (especia) ‖ FIG & FAM délice *m* (cosa exquisita) ‖ FIG & FAM *ser canela fina* être la crème *o* le fin du fin.

canelo, la *adj* cannelle (color).

◆ *m* BOT cannelier ‖ FAM *hacer el canelo* faire l'andouille.

canelón *m* descente *f* (canalón) ‖ glaçon (carámbano) ‖ torsade *f* (pasamanería).

◆ *pl* cannelloni (pasta alimenticia).

canesú *m* canezou (blusa) ‖ empiècement (de un vestido).

cangilón *m* godet, auge *f* (de rueda hidráulica) | godron, tuyau (pliegue) ‖ cruche *f*, jarre *f* (vasija) | *(amer)* ornière *f* (carril), nid-de-poule (hoyo).

cangrejo *m* ZOOL crabe (de mar), écrevisse *f* (de río) ‖ MAR corne *f* (verga) | lorry, wagonnet plat (ferrocarril) ‖ ASTR Cancer, Écrevisse *f* ‖ — *(amer) cangrejo moro* crabe ‖ FIG & FAM *andar o avanzar como los cangrejos* marcher à reculons ‖ *rojo como un cangrejo* rouge comme un homard *o* comme une écrevisse.

canguelo *m* POP frousse *f*, trouille *f*; *tener canguelo* avoir la trouille.

canguro *m* ZOOL kangourou.

caníbal *adj y s* cannibale (antropófago) ‖ FIG cannibale, sauvage (cruel).

canibalismo *m* cannibalisme.

canica *f* bille; *jugar a las canicas* jouer aux billes.

canicie *f* canitie (de los cabellos).

canícula *f* canicule.

canicular *adj* caniculaire; *temperatura canicular* température caniculaire.

caniche *m* caniche (perro de aguas).

cánidos *m pl* ZOOL canidés.
canijo, ja *adj* FAM malingre, chétif, ive (enclenque) ‖ grêle; *piernas canijas* jambes grêles.
canilla *f* ANAT os *m* long (hueso) ‖ TECN cannelle, cannette (caño) ‖ canette (para el hilo) ‖ *(amer)* robinet *m* (grifo) ‖ force (fuerza) ‖ FIG & FAM *irse de canilla* avoir la diarrhée (padecer diarrea), dégoiser (hablar sin ton ni son).
canillita *m (amer)* crieur de journaux.
canino, na *adj* canin, e; *raza canina* race canine ‖ *tener hambre canina* avoir une faim de loup.
◆ *m* canine *f* (diente del hombre), croc (del animal).
canje *m* échange; *canje de notas diplomáticas, de prisioneros* échange de notes diplomatiques, de prisonniers.
canjeable *adj* échangeable.
canjear *v tr* échanger; *canjear los bonos por los premios* échanger les bons pour les prix.
cannabis *m* BOT cannabis.
cano, na *adj* blanc, blanche (el cabello); *un anciano de pelo cano* un vieillard aux cheveux blancs ‖ FIG vieux, vieille (viejo) ‖ POÉT blanc, blanche (blanco).
canoa *f* canoë *m* (piragua), canot *m* (bote).
canódromo *m* cynodrome.
canon *m* ECLES canon (de la Iglesia, de la misa) ‖ canon (regla, precepto) ‖ redevance (pago) ‖ MÚS canon ‖ *no estar de acuerdo con los cánones* ne pas être réglementaire, ne pas être très orthodoxe.
canónica *f* règle canonique.
canonicato *m*; **canonjía** *f* canonicat *m* (beneficio de canónigo) ‖ FIG & FAM sinécure *f*, canonicat *m* (sinecura).
canónico, ca *adj* canonique; *derecho canónico* droit canon.
canónigo *m* chanoine ‖ FIG & FAM *llevar una vida de canónigo* mener la vie de château, mener une vie de coq en pâte.
canonista *m* canoniste.
canonizable *adj* canonisable.
canonización *f* canonisation.
canonizar *v tr* canoniser ‖ FIG approuver, applaudir à (aprobar).
canonjía *f* FAM sinécure (enchufe).
canoro, ra *adj* chanteur, euse (pájaros) ‖ mélodieux, euse (melodioso).
canoso, sa *adj* chenu, e; grisonnant, e; *anciano canoso* vieillard chenu ‖ — *barba canosa* barbe grisonnante ‖ *pelo canoso* cheveux gris o grisonnants ‖ *sienes canosas* tempes grises.
canotié; canotier *m* canotier (sombrero).
cansado, da *adj* fatigué, e; las, lasse; *cansado por una larga caminata* fatigué d'une longue marche ‖ FIG fatigant, e; *un viaje cansado* un voyage fatigant ‖ ennuyeux, euse; fatigant, e (fastidioso) ‖ *marfil cansado* vieil ivoire ‖ *tener la cara cansada* avoir les traits tirés o le visage fatigué.
cansador, ra *adj (amer)* ennuyeux, euse; fatigant, e.
cansancio *m* fatigue *f*, lassitude *f*.
cansar *v tr* fatiguer (causar cansancio); *este trabajo nos cansa mucho* ce travail nous fatigue beaucoup ‖ FIG fatiguer, ennuyer, lasser (fastidiar); *este discurso me cansa* ce discours me fatigue ‖ FIG *estar cansado* en avoir assez; *estoy cansado de verlo* j'en ai assez de le voir; être dégoûté; *estoy cansado de la vida* je suis dégoûté de la vie.
◆ *v pr* se fatiguer; *cansarse en buscar* se fatiguer à chercher; *se cansa en seguida* il se fatigue très vite.
cansino, na *adj* fatigué, e (animales) ‖ ennuyeux, euse; fatigant, e (pesado) ‖ traînant, e; *una voz cansina* une voix traînante.
cantable *adj* chantable.
◆ *m* partie *f* chantée d'une opérette (de zarzuela) ‖ MÚS cantabile (trozo lento y fácil).
Cantabria *n pr* GEOGR Cantabrique.
cantábrico, ca *adj* cantabrique.
Cantábrico *n pr m* GEOGR *Mar Cantábrico* golfe de Gascogne.
cántabro, bra *adj* cantabre.
◆ *m y f* Cantabre.
cantador, ra *m y f* chanteur, euse; *cantador de flamenco* chanteur de flamenco.
— OBSERV Se trouve en général sous la forme dialectale *cantaor*. Voir CHANTEUR.
cantaleta *f (amer)* rengaine.
cantamañanas *m y f inv* FAM fantaisiste.
cantante *adj* chantant, e (que canta) ‖ chantant, e; *café cantante* café chantant ‖ FIG *llevar la voz cantante* tenir les rênes, mener la danse (mandar).
◆ *m y f* chanteur, euse [du théâtre lyrique].
cantaor, ra *m y f* chanteur, euse de flamenco.
cantar *m* chanson *f*; *cantar de gesta* chanson de geste ‖ — *Cantar de los cantares* Cantique des cantiques ‖ *¡ése es otro cantar!* c'est une autre chanson!
cantar *v intr y tr* chanter; *cantar a compás* chanter en mesure ‖ chanter, célébrer; *cantar la gloria de un pueblo* chanter la gloire d'un peuple ‖ *cantar misa* dire sa première messe (después de la ordenación).
◆ *v intr* annoncer (naipes) ‖ FIG & FAM grincer (rechinar) ‖ se mettre à table, chanter, avouer (confesar) ‖ — FIG & FAM *cantar de plano* manger le morceau, se mettre à table (confesar) ‖ *cantar entonado* chanter juste ‖ FAM *cantarlas claras* ne pas mâcher ses mots ‖ *cantarle a uno las cuarenta* dire à quelqu'un ses quatre vérités ‖ — *al cantar el gallo* au chant du coq ‖ *en menos que canta un gallo* en deux coups de cuillère à pot, en moins de deux ‖ *eso es coser y cantar* ça va comme sur des roulettes.
cántara *f* cruche ‖ broc *m* (antigua medida de capacidad) ‖ bidon *m* de lait (metálico).
cantarela *f* MÚS chanterelle.
cantarín, ina *adj* chantant, e (voz).
cántaro *m* cruche *f* ‖ broc (antigua medida) ‖ urne *f* (para sortear) ‖ — FIG & FAM *alma de cántaro* cruche ‖ *llover a cántaros* pleuvoir à verse o à seau o à torrent ‖ *tanto va el cántaro a la fuente que al fin se rompe* tant va la cruche à l'eau qu'à la fin elle se casse.
— OBSERV La *cántara* est moins haute et plus rebondie que le *cántaro*.
cantata *f* cantate.
cantatriz *f* cantatrice [du théâtre lyrique].
cantautor *m* auteur interprète.
cante *m* chant populaire.
— OBSERV Le mot *cante* s'applique essentiellement au *cante hondo* ou *jondo* et au *cante flamenco*, expressions folkloriques de l'Andalousie.
cantegril *m (amer)* bidonville.

cantera *f* carrière (de piedra) ‖ FIG pépinière; *es una cantera de artistas* c'est une pépinière d'artistes ‖ *(amer)* pierre de taille (cantería).

cantería *f* taille de pierre ‖ ARQ ouvrage *m* en pierre de taille (obra) | pierre de taille (sillar).

cantero *m* tailleur de pierres (que labra las piedras) ‖ carrier (obrero) ‖ chanteau (de pan) ‖ pièce *f* de terre *m* (haza).

cántico *m* MÚS cantique.

cantidad *f* quantité; *una gran cantidad* une grand quantité ‖ somme; *abonar una cantidad de mil pesetas* payer une somme de 1 000 pesetas ‖ GRAM quantité ‖ — *adjetivo, adverbio de cantidad* adjectif, adverbe de quantité ‖ — *cantidad alzada* somme *o* prix forfaitaire (tanto alzado) ‖ MAT *cantidad constante, continua, variable* quantité constante, continue, variable | *cantidad imaginaria, real* nombre imaginaire, réel | *cantidad negativa* quantité négative ‖ — FIG *en cantidades industriales* en quantités industrielles ‖ — ¡*había una cantidad de gente!* il y avait un de ces mondes!

cántiga; cantiga *f* (ant) chanson.

cantil *m* falaise *f*, rocher à pic (acantilado) ‖ *(amer)* bord d'un précipice.

cantilena *f* cantilène (composición poética) ‖ FIG & FAM rengaine, chanson; *siempre la misma cantilena* toujours la même chanson.

cantimplora *f* gourde (frasco aplanado), bidon *m* (de soldado) ‖ siphon *m* (sifón) ‖ *(amer)* double menton *m* (papada) | goitre *m* (bocio).

cantina *f* cantine (refectorio) ‖ buvette (en una estación, etc.) ‖ cave (sótano) ‖ cantine [de voyage] ‖ *(amer)* taverne, café *m*, bistrot *m* (taberna).

cantinela *f* cantilène (cantilena) ‖ *es siempre la misma cantinela* c'est toujours la même chanson *o* le même couplet *o* le même refrain *o* la même rengaine.

cantinero, ra *m y f* cantinier, ère.

cantizal *m* terrain pierreux.

canto *m* chant; *canto de victoria* chant de victoire ‖ — *canto gregoriano* ou *llano* chant grégorien, plain-chant ‖ *canto jubilatorio* ou *aleluiático* chant alléluiatique ‖ *canto litúrgico* chant liturgique ‖ — *al canto del gallo* au chant du coq, à l'aube ‖ FIG *el canto del cisne* le chant du cygne.

canto *m* coin, arête *f* (ángulo), bord (borde), bout (extremidad) ‖ côté *f* (lado) ‖ tranche *f* (de una moneda) ‖ chanteau *(p us)*, quignon (pedazo de pan), croûton (extremidad del pan) ‖ dos (de un cuchillo) ‖ tranche *f* (del libro) ‖ *de canto dorado* doré sur tranche ‖ épaisseur *f* (espesor) ‖ caillou, pierre *f* (guijarro) ‖ palet (juego) ‖ — *canto pelado* ou *rodado* galet ‖ — *al canto* à l'appui; *pruebas al canto* preuves à l'appui | *de canto* sur la tranche, de chant, sur le côté ‖ FIG & FAM *por el canto de un duro* il s'en est fallu de l'épaisseur d'un cheveu *o* d'un fil | *darse con un canto en los dientes* s'estimer content *o* heureux.

cantón *m* coin (esquina) ‖ canton; *Suiza se divide en cantones* la Suisse se divise en cantons ‖ cantonnement (acantonamiento) ‖ BLAS canton ‖ *(amer)* sorte de tissu de coton (tejido) ‖ *cantón redondo* queue-de-rat (limatón).

Cantón *n pr* GEOGR Canton.

cantonal *adj* cantonal.

cantonera *f* cantonnière (pieza de metal) ‖ coin *m* (encuadernación) ‖ plaque de couche (de arma).

cantor, ra *adj y s* chanteur, euse; *cantor callejero* chanteur des rues ‖ chantre (poeta).

cantoral *m* livre de chœur.

cantúo, túa *adj* POP du tonnerre (excelente).

canturrear; canturriar *v intr* FAM chantonner, fredonner.

canturreo *m* chantonnement, fredonnement.

cánula *f* MED canule.

canutas (pasarlas) *loc* en voir de toutes les couleurs.

canutillo *m* cannetille *f* (para bordar) ‖ — AGRIC *injerto de canutillo* greffe en flûte ‖ *pana de canutillo* velours côtelé.

canuto *m* BOT entre-nœud ‖ étui à aiguilles (canutero) ‖ tube ‖ POP joint (porro).

caña *f* BOT chaume *m*, tige (tallo) | roseau *m*; *caña común* roseau commun | rotin *m* (caña de Indias) ‖ ANAT os *m* du bras *o* de la jambe (hueso) | canon *m* (del caballo) | moelle (tuétano) ‖ tige (de la bota) ‖ demi *m*; *una caña de cerveza* un demi de bière | verre *m* (vaso) ‖ ligne; *pescar con caña* pêcher à la ligne | fût *m* (del fusil) ‖ ARQ fût *m*, tige (fuste) ‖ MIN galerie | MAR barre (del timón) | verge (del ancla) ‖ MÚS chanson populaire andalouse ‖ *(amer)* eau-de-vie, tafia *m* (aguardiente) | fanfaronnade (bravata) ‖ — BOT *caña borde* roseau commun, roseau à balais (carrizo) | *caña de azúcar* ou *dulce* ou *melar* canne à sucre | *caña de Bengala* ou *de Indias* rotin (rota) ‖ BOT *(amer) caña de Castilla* canne à sucre | *caña de cuentas* ou *de India* balisier (cañacoro) | *caña de mosca* canne à mouche | *caña de pescar* canne à pêche, ligne ‖ *caña de pulmón* trachée (tráquea).

➥ *pl* joutes (torneo) ‖ *correr cañas* participer à des joutes.

cañada *f* vallon *m*, gorge (entre dos montañas) ‖ chemin *m* creux (camino) ‖ *(amer)* ruisseau *m* (arroyo) ‖ *Real cañada* draille [chemin de transhumance].

cañaduz *f* canne à sucre (caña de azúcar).

cañamazo *m* étoupe *f* (estopa) ‖ toile *f* d'étoupe (tela) ‖ canevas (para bordar) ‖ FIG canevas (bosquejo); *sólo está hecho el cañamazo de la obra* seul le canevas de l'ouvrage est fait.

cañamero, ra *adj* du chanvre, chanvrier, ère.

cañamiel *f* canne à sucre.

cáñamo *m* chanvre (planta y fibra) ‖ *(amer)* ficelle *f* (bramante) ‖ — *cáñamo de Manila* abaca, chanvre de Manille (abacá) ‖ *cáñamo indio* ou *índico* ou *de Indias* chanvre indien.

cañamón *m* BOT chènevis.

cañavera *f* roseau *m* commun (carrizo).

cañaveral *m* roselière *f*, cannaie *f* (plantación de cañas), plantation *f* de canne à sucre (de cañas de azúcar).

Cañaveral (cabo) *n pr* GEOGR cap Canaveral.

cañería *f* canalisation, conduite (de agua, gas, etc.).

cañero *m* plombier (fontanero) ‖ plateau double pour verres étroits et hauts (bandeja) ‖ *(amer)* planteur *o* marchand de canne à sucre (cultivador *o* vendedor de caña) | endroit où l'on dépose les cannes à sucre dans une raffinerie.

cañí *adj y s* gitan, e.

— OBSERV *pl cañís*.

cañizal; cañizar *m* cannaie *f*, roselière *f* (plantación de cañas), plantation *f* de canne à sucre (cañaveral).

cañizo *m* claie *f* (de roseaux).

caño *m* tuyau, tube (tubo) ‖ égout, tout-à-l'égout (albañal) ‖ tuyau (del órgano) ‖ jet (chorro); *el caño de la fuente* le jet de la fontaine ‖ MAR chenal (canal) ‖ *(amer)* conduite *f*, canalisation (de agua, de gas).

cañón *m* tuyau (tubo); *cañón de chimenea* tuyau de cheminée ‖ tuyau, tuyauté (pliegue de la ropa) ‖ tuyau, canon (de la pluma de ave) ‖ MIL canon; *cañón antiaéreo* canon antiaérien ‖ GEOGR canon, canyon (desfiladero) ‖ — MIL *cañón antitanque* ou *anticarro* canon antichar ‖ FÍS *cañón de electrones* ou *electrónico* canon à électrons ‖ *cañón de obús* obusier ‖ MAR *cañón lanzacabos* canon porte-amarre ‖ MIL *cañón rayado* canon rayé ‖ *cañón sin retroceso* canon sans recul ‖ — *bóveda de cañón* voûte en berceau ‖ FAM *carne de cañón* chair à canon ‖ — *escopeta de dos cañones* fusil à deux coups ‖ FIG *estar al pie del cañón* être à pied d'œuvre | *morir al pie del cañón* mourir à la tâche.

◆ *adj* FAM formidable, du tonnerre.

cañonazo *m* coup de canon (tiros y ruido) ‖ shoot (fútbol).

cañonear *v tr* canonner.

cañoneo *m* canonnage *f*.

cañonero *m* MAR canonnière *f* (barco).

cañuto *m* entre-nœud (de una caña) ‖ tube (tubo) ‖ FIG & FAM mouchard, rapporteur, cafard (soplón). — OBSERV Le terme *cañuto* est très peu usité; on lui préfère *canuto*. Il en est de même pour leurs dérivés.

caoba *f* acajou *m* (árbol y madera).

caolín *m* kaolin.

caos *m* chaos.

caótico, ca *adj* chaotique.

cap. abrev de *capítulo* chapitre.

capa *f* cape (vestido sin mangas) ‖ cape (de torero) ‖ couche; *capa de aire, de pintura* couche d'air, de peinture ‖ enveloppe (envoltorio) ‖ robe, cape (del cigarro) ‖ FIG apparence; *bajo una capa de humildad* sous une apparence d'humilité ‖ robe (color del pelaje) ‖ ZOOL paca *m*, agouti *m* ‖ GEOL couche, banc *m*; *capa geológica, de rocas* couche géologique, banc de rochers ‖ nappe; *capa acuífera, freática, de gas* nappe aquifère, phréatique, de gaz ‖ FIG couche (social) | prétexte *m* (pretexto) | receleur *m* (encubridor) ‖ FIG & FAM capitaux, biens (caudal) ‖ MAR cape ‖ POP la nuit (la noche) ‖ — *capa consistorial* ou *magna* grande chape ‖ RELIG *capa de coro* chape ‖ *capa del cielo* calotte des cieux, voûte céleste ‖ *capa gascona* ou *aguadera* cape gasconne o imperméable ‖ ANAT *capa pigmentaria* couche pigmentaire ‖ *capa pluvial* pluvial ‖ FIG & FAM *capa rota* agent secret ‖ *capa torera* cape de toréador, cape courte et élégante (prenda de vestir) ‖ — *de capa y espada* de cape et d'épée ‖ *so capa* sous cape ‖ *so capa de* sous prétexte de, sous le couvert de ‖ *andar* ou *estar de capa caída* tirer le diable par la queue (recursos), filer un mauvais coton (salud, negocios) ‖ *el que tiene capa escapa* avec de l'argent on s'en sort toujours ‖ MAR *esperar* ou *estar* ou *poner a la capa* être o se mettre à la cape ‖ *hacer de su capa un sayo* n'en faire qu'à sa tête ‖ *una buena capa todo lo tapa* les apparences sont trompeuses.

capacidad *f* capacité ‖ DR habilité, capacité; *la capacidad para suceder* l'habilité à succéder ‖ possibilité ‖ INFORM capacité ‖ — *capacidad calorífica* capacité calorifique *o* thermique ‖ *capacidad de decisión* pouvoir de décision ‖ *capacidad eléctrica* capacité électrique ‖ — *estadio de una capacidad para cien mil personas* stade pouvant contenir cent mille personnes ‖ — *tener capacidad para* être capable de ‖ *tener una gran capacidad de trabajo* avoir une grande puissance de travail.

capacitación *f* formation; *escuela de capacitación profesional* école de formation professionnelle; *cursillo de capacitación* stage de formation ‖ qualification (capacidad de un obrero).

capacitado, da *adj* qualifié, e (obrero, persona) ‖ DR habile, capable; *capacitado para suceder* habile à succéder ‖ *capacitado para* qualifié pour, apte à.

capacitar *v tr* former, instruire, préparer; *capacitar a alguien para algo* former quelqu'un pour quelque chose ‖ DR habiliter.

capacha *f* couffin *m*, cabas *m* (capacho) ‖ FIG & FAM ordre *m* de Saint-Jean-de-Dieu ‖ *(amer)* prison (cárcel).

capacho *m* couffin, cabas (sera) ‖ FIG & FAM religieux de l'ordre de Saint-Jean-de-Dieu ‖ TECN godet (de pala mecánica) ‖ *(amer)* vieux chapeau (sombrero).

capadura *f* castration (castradura) ‖ feuille de tabac de qualité inférieure (tabaco).

capar *v tr* châtrer, castrer (castrar) ‖ FIG diminuer, réduire (disminuir).

caparazón *m* caparaçon (del caballo) ‖ couverture *f* (cubierta) ‖ musette *f* (de la caballería) ‖ carcasse *f* (de un ave) ‖ carapace *f*, écaille *f* (de tortuga) ‖ carapace *f* (de crustáceo) ‖ — FIG *meterse en el caparazón* rentrer dans sa coquille ‖ *quitar el caparazón* décortiquer (un cangrejo).

caparrosa *f* QUÍM couperose.

capataz *m* contremaître ‖ *capataz de cultivo* assistant d'un ingénieur des eaux et forêts, assistant d'un ingénieur agronome.

capaz *adj* capable, habile (diestro) ‖ apte; *capaz para un empleo* apte à un emploi ‖ capable, susceptible; *hombre capaz de matar* homme capable de tuer; *carne capaz de perderse* viande susceptible de se gâter ‖ accessible, capable; *capaz de compasión* accessible à la pitié, capable de pitié ‖ pouvant contenir, susceptible de contenir; *estadio capaz para cien mil personas* stade pouvant contenir cent mille personnes ‖ d'une contenance de; *capaz de diez litros* d'une contenance de dix litres ‖ assez grand pour; *banco capaz para tres personas* banc assez grand pour trois personnes ‖ spacieux, euse; *una iglesia capaz* une église spacieuse ‖ FAM *es capaz que* il est possible que, il se peut que.

capazo *m* grand cabas de sparte (capacho) ‖ coup donné avec une cape ou un manteau (golpe).

capcioso, sa *adj* captieux, euse.

capea *f* course de jeunes taureaux pour amateurs.
— OBSERV La *capea* consiste exclusivement à exciter le taureau avec la cape, sans pose de banderilles ni mise à mort.

capear *v tr* TAUROM faire des passes avec la cape ‖ FIG & FAM monter le coup, la faire (engañar); *a mí no me capea nadie* on ne me la fait pas ‖ se tirer de, surmonter; *capear las dificultades* se tirer d'affaire, surmonter les difficultés ‖ MAR être *o* se mettre à la cape ‖ *capear el temporal* braver la tempête (un

barco), laisser passer l'orage (con una persona enfadada).
capelina f MED capeline (vendaje).
capellán m RELIG chapelain | prêtre (sacerdote) | aumônier (militar).
capellanía f chapellenie (beneficio eclesiástico) || MIL aumônerie.
capeo m TAUROM jeu de cape | course f de jeunes taureaux pour amateurs (capea).
caperucita f petit capuchon m, petit chaperon m (caperuza) || *Caperucita Roja* le Petit Chaperon rouge.
caperuza f chaperon m (bonete).
caperuzón m grand chaperon.
capialzado m ARQ arrière-voussure f.
capicúa m nombre palindrome.
capilar adj capillaire (relativo al cabello).
◆ adj y s m ANAT capillaire (vaso) || FÍS capillaire (tubo).
capilaridad f FÍS capillarité.
capilla f chapelle (edificio religioso) || chapelle (de capellanes) || chapelle (músicos); *maestro de capilla* maître de chapelle || capuchon m (capucha) || capuce m (de fraile) || FIG & FAM moine m, religieux m | clan m, chapelle (camarilla) || IMPR feuille || — *capilla ardiente* chapelle ardente || *capilla mayor* sanctuaire [d'une église] || *capilla real* chapelle royale || — *estar en capilla* être en chapelle (un condenado a muerte), être sur des charbons ardents (esperar).
capillo m béguin (gorro de niño) || chrémeau (de niño bautizado) || bout dur (del zapato) || bourse f (red para conejos) || cape f (del cigarro) || cocon (capullo) || bouton (capullo) || chausse f (filtro).
capirotada f sauce à base d'œufs, d'ail, de fines herbes, etc. (aderezo) || (amer) plat m indigène à base de viande, de maïs grillé et de fromage | POP fosse commune.
capirotazo m chiquenaude f.
capirote adj dont la couleur de tête est différente de celle du reste du corps (res).
◆ m hennin (para mujeres) || chaperon (para hombre o mujer) || chausse f, chaperon, mozette f (de doctores) || cagoule f (de penitente) || chaperon (del halcón) || capote f de voiture (capota) || chiquenaude f (capirotazo) || *tonto de capirote* bête à manger du foin.
capirucho m FAM chaperon (capuchón) | cagoule f (cucurucho).
cápita (per) loc adv per capita, par tête.
capital adj capital, e; essentiel, elle; fondamental, e; *punto capital* point capital; *error capital* erreur essentielle || capital, e; *ciudad capital* ville capitale || — *lo capital* l'essentiel; *lo capital en la vida es la salud* l'essentiel, dans la vie, c'est la santé || *pecados capitales* péchés capitaux || *pena capital, sentencia capital* peine capitale.
◆ m ECON capital (caudal); *capital e intereses* capital et intérêts || — *capital bajo riesgo* capital-risque o à risque || *capital circulante* ou *de rotación* fonds de roulement, capital d'exploitation || *capital fijo* capital fixe || *capital inicial* capital de départ || *capital líquido* actif net || DR *capital social* capital social.
◆ f capitale (ciudad principal) || IMPR capitale (mayúscula) || *capital de provincia* chef-lieu de département.

capitalismo m ECON capitalisme.
capitalista adj y s ECON capitaliste.
capitalizable adj ECON capitalisable.
capitalización f ECON capitalisation.
capitalizar v tr e intr ECON capitaliser; *capitalizar intereses* capitaliser des intérêts.
capitán m MIL capitaine (oficial) || MAR commandant, capitaine; *capitán de la marina mercante* capitaine au long cours; *capitán de corbeta, de fragata, de navío* capitaine de corvette, de frégate, de vaisseau || capitaine (jefe); *el capitán del equipo de fútbol* le capitaine de l'équipe de football | chef (jefe) || (amer) maître d'hôtel || — FIG *capitán de industria* capitaine d'industrie || *capitán general* dignité comparable à celle de maréchal || *capitán general de región* général commandant une région militaire || *capitán preboste* prévôt de l'armée.
capitanear v tr commander, diriger (mandar).
capitanía f charge du capitaine (empleo) || MIL bureau m du capitaine (oficina del capitán) || MIL *capitanía general* état-major de région militaire (oficina), région militaire (demarcación).
capitel m ARQ chapiteau; *capitel compuesto, dórico, toscano* chapiteau composite, dorique, toscan.
capitolino, na adj capitolin, e (del Capitolio).
Capitolino (monte) n pr GEOGR mont Capitole, mont Capitolin.
capitolio m capitole.
capitoné m camion de déménagement.
◆ adj capitonné, e (acolchado).
— OBSERV L'adjectif *capitoné* est un gallicisme.
capitoste m FAM grand manitou, caïd.
capitulación f capitulación (rendición).
◆ pl contrat m sing de mariage, accords m de mariage.
capitular adj capitulaire.
capitular v intr capituler (libro litúrgico).
capítulo m chapitre (de un libro) || ECLES chapitre || — *capítulos matrimoniales* accords o contrat de mariage || FIG *eso es capítulo aparte* ça c'est une autre histoire, ça c'est à part | *llamar a capítulo* chapitrer, sermonner.
capó m AUTOM capot.
capoc m; **capoca** f kapok m (fibra).
capón m chapon (pollo) || fagot de sarments (sarmientos) || MAR bosse f (boza) || FAM pichenette f (golpe) || (amer) mouton (carnero) || *caballo capón hongre*.
caporal m contremaître (capataz) || AGRIC maître valet || (ant) MIL caporal (cabo).
capot; capó m capot (de automóvil).
capota f capote (de mujer) || capote (de coche) || carde (del batán).
capotar v intr capoter.
capotazo m TAUROM passe f de cape.
capote m capote f (abrigo) || TAUROM cape f; *capote de paseo* cape de parade || FIG & FAM moue f, grimace f; *poner capote* faire la moue | gros nuage (nubarrón) || capot (naipe); *dar capote* faire capot; *llevar capote* être capot || (amer) volée f, rossée f (tunda) || — (amer) *capote de monte* poncho || *de capote* en cachette, en secret || *para mi, tu, su capote* en mon, ton, son for intérieur; à part moi, toi, soi || — *decir algo para su capote* dire quelque chose dans son for intérieur || FIG & FAM *echar un capote a uno* tendre la perche à quelqu'un, donner un

coup de main à quelqu'un | *hablar para su capote* parler à son bonnet.

capotear *v tr* TAUROM leurrer (le taureau), avec la cape ‖ FIG & FAM monter le coup (engañar) | se tirer de, surmonter (dificultades).

capoteo *m* TAUROM travail avec la cape.

Capricornio *n pr* ASTR Capricorne (signo del zodíaco).

capricho *m* caprice; *los caprichos de la moda* les caprices de la mode ‖ fantaisie, caprice; *satisfacer un capricho* se passer une fantaisie ‖ coup de tête (cabezonada) ‖ *al capricho de* au gré de.

caprichoso, sa *adj* capricieux, euse; *un niño muy caprichoso* un enfant très capricieux.

caprino, na *adj* caprin, e; *raza caprina* race caprine.

cápsula *f* capsule (de botella, proyectil, cohete, envase) ‖ ANAT capsule; *cápsula suprarrenal* capsule surrénale | bourse; *cápsula sinovial* ou *articular* bourse synoviale ‖ BOT & QUÍM capsule ‖ gélule (medicamento) ‖ *poner una cápsula* a capsuler, mettre une capsule à.

capsular *v tr* capsuler (botellas).

captación *f* captage *m* (de aguas, ondas, etc.) ‖ DR captation (de una herencia).

captar *v tr* capter (granjearse) ‖ capter (las aguas, las ondas de radio) ‖ FIG saisir, comprendre; *captar un pensamiento* saisir une pensée | gagner, capter (la amistad).

captura *f* capture ‖ prise (de pescado) ‖ GEOGR capture (de río); *un codo de captura* un coude de capture.

capturar *v tr* capturer.

capucha *f* capuchon *m*, capuche ‖ capuce *m* (de monje) ‖ IMPR accent *m* circonflexe ‖ poche (del pulpo).

capuchina *f* BOT capucine ‖ petite lampe à éteignoir (lámpara).

capuchino, na *adj y s* capucin, e (religioso).
◆ *m* capucin *m* (mono).

capucho *m* capuchon.

capuchón *m* capuchon (de abrigo, de pluma estilográfica) ‖ poche *f* (del pulpo).

capullo *m* cocon (de insecto) ‖ BOT bouton (de flor) | cupule *f* (de bellota) ‖ ANAT prépuce (prepucio) ‖ bourre *f* (tela de seda) ‖ FIG & POP gland (estúpido).

caquexia *f* MED cachexie.

caqui *m* BOT plaqueminier (árbol) | plaquemine *f*, kaki (fruto) ‖ kaki (color) ‖ FAM *ponerse el caqui* s'habiller en kaki (soldados).
◆ *adj inv* kaki.

cara *f* visage *m*, figure, face (véase OBSERV) ‖ tête (de un animal) ‖ visage *m*, mine, figure (semblante); *juzgar por la cara* juger sur la mine; *me recibió con buena cara* il m'a reçu avec une figure aimable ‖ mine (aspecto); *tener buena cara* avoir bonne mine ‖ air *m*, tête; *tiene cara de haberse pasado la noche de juerga* il a l'air de quelqu'un qui a passé la nuit à faire la bringue; *¡la cara que puso!* il fallait voir sa tête! ‖ face (parte anterior); *echar a cara o cruz* jouer à pile ou face (juego) ‖ côté *m* (lado) ‖ FAM effronterie, audace, front *m*, toupet *m*, culot *m* (descaro); *tener cara para* avoir l'audace de ‖ GEOM face (plano) ‖ — *cara apedreada, cara de rallo* visage grêlé ‖ *cara de acelga* figure de papier mâché ‖ *cara de aleluya* ou *de pascua* ou *de risa* visage réjoui ‖ *cara de Cuaresma* ou *de viernes* visage o mine de carême, air de requiem ‖ *cara de hereje* épouvantail (persona muy fea) ‖ *cara de juez* ou *de pocos amigos* ou *de viernes* ou *de vinagre* visage sévère o renfrogné, tête d'enterrement, mine rébarbative ‖ *cara larga* mine allongée ‖ — *por su bella* ou *linda cara* pour ses beaux yeux ‖ *¡qué cara dura!* quel culot!, quel toupet! ‖ — *caérsele a uno la cara de vergüenza* ne plus savoir où se mettre ‖ *cruzar la cara* flanquer une paire de claques ‖ *dar con la puerta en la cara* fermer la porte au nez ‖ *dar la cara* prendre quelque chose sur soi, prendre la responsabilité d'une chose ‖ *dar* ou *sacar la cara por uno* prendre la défense de quelqu'un, prendre fait et cause pour quelqu'un (salir a su defensa), se porter garant de quelqu'un (avalarle) ‖ *echar a la cara* ou *en cara* jeter à la figure *o* au visage (una falta), objecter, reprocher; *siempre me están echando en cara mi edad* on m'objecte toujours mon âge; *le echan en cara su riqueza* on lui reproche sa richesse ‖ *en la cara se le conoce* cela se lit sur son visage ‖ *hacer a dos caras* jouer sur deux tableaux ‖ *hacer cara* faire face *o* front, tenir tête ‖ *juzgarle a uno por su linda cara* juger quelqu'un sur sa mine ‖ *lavar la cara a uno* passer la main dans le dos de quelqu'un ‖ *mirar cara a cara* regarder en face ‖ *mirar con mala cara* regarder de travers ‖ *no mirar la cara a uno* ne plus vouloir entendre parler de quelqu'un, ne plus pouvoir voir quelqu'un ‖ *no saber qué cara poner* ne pas savoir quelle figure faire ‖ *no saber uno dónde tiene la cara* être très ignorant ‖ *poner a mal tiempo buena cara* faire contre mauvaise fortune bon cœur ‖ *poner buena, mala cara* faire bonne, mauvaise figure ‖ *poner cara de* faire une tête de ‖ *poner cara de asco* prendre un air dégoûté ‖ *poner cara de circunstancias* faire une mine de circonstance, se composer un visage ‖ *poner cara larga* ou *mala cara* faire la tête (a uno), faire grise mine (a una cosa) ‖ *reírsele en la cara a alguien* rire au nez de quelqu'un ‖ *romper la cara* casser la figure (maltratar) ‖ *saltar a la cara* sauter aux yeux ‖ *tener cara de alma en pena* ou *de duelo* avoir o faire une tête d'enterrement ‖ *tener cara de sueño* avoir l'air endormi ‖ *tener dos caras* être hypocrite, être un faux jeton (fam) ‖ *tener mucha cara, ser un cara, ser un cara dura* ne pas manquer de culot *o* de toupet, être gonflé ‖ *terciar la cara* balafrer (con un cuchillo) ‖ *verse las caras* se retrouver, s'expliquer; *nos veremos las caras* nous nous retrouverons ‖ *volver la cara* faire volte-face.
◆ *adv* face à (hacia); *cara a la pared, al sol* face au mur, au soleil ‖ — *cara a cara* face à face, nez à nez; *a la vuelta de la esquina se encontraron cara a cara* au coin de la rue, ils se sont trouvés nez à nez; en tête à tête; *tener una conversación cara a cara* avoir une conversation en tête à tête; en face; *decir algo cara a cara* dire quelque chose en face; *mirar la muerte cara a cara* regarder la mort en face ‖ *cara adelante* en avant ‖ *cara atrás* en arrière ‖ — *a cara descubierta* à visage découvert ‖ *de cara* de face, de front; *tener el sol de cara* avoir le soleil en face ‖ *de cara a* vis-à-vis de.
◆ *adj y s* FAM culotté, e.
— OBSERV *Visage* y *figure* son las palabras más corrientes para designar la parte anterior de la cabeza. Son sinónimos perfectos. Sin embargo *visage* se refiere más bien a la expresión. *Face* se emplea con menos frecuencia y se usa principalmente como término anatómico:

chirurgie de la face cirugía de la cara. Se puede aplicar también a ciertos animales, aunque en este caso es más propio decir *tête*: *la cara del perro, del toro* la tête du chien, du taureau.

caraba *f* FAM *este es la caraba* il est impayable | *esto es la caraba* ça c'est le comble.

cárabe *m* ambre (ámbar).

carabela *f* MAR caravelle.

carabina *f* carabine (arma) || chaperon *m* [d'une demoiselle] || *eso es la carabina de Ambrosio* c'est un cautère sur une jambe de bois.

carabinero *f* carabinier || grosse crevette (crustáceo).
— OBSERV On donne le nom de *carabineros* en Espagne à des militaires faisant essentiellement fonction de *douaniers* et chargés de réprimer la contrebande.

cárabo *m* carabe (coleóptero) || chat-huant (autillo).

caracal *m* ZOOL caracal (lince).

Caracas *n pr* GEOGR Caracas.

caracol *m* ZOOL escargot, colimaçon, limaçon (molusco terrestre) | bigorneau (de mar) || CULIN escargot; *purgar los caracoles* faire dégorger les escargots || accroche-cœur (rizo) || limaçon (de reloj) || ANAT limaçon; *caracol óseo, membranoso* limaçon osseux, membraneux || *(amer)* chemise de nuit || *escalera de caracol* escalier en colimaçon || EQUIT *hacer caracoles* caracoler.
◆ *interj* ¡caracoles! mince!, sapristi!

caracola *f* ZOOL conque.

caracolada *f* plat *m* d'escargots.

caracolear *v intr* caracoler (los caballos).

carácter *m* caractère (índole, genio, personalidad); *mal carácter* mauvais caractère; *hombre de mucho carácter* homme de grand caractère || condition *f*, qualité *f*, caractère; *con carácter de embajador* en qualité d'ambassadeur || caractère; *carácter dramático* caractère dramatique || IMPR caractère || INFORM caractère.
— OBSERV pl *caracteres*. (Remarquez le déplacement d'accent lorsqu'on passe du singulier au pluriel.)

característico, ca *adj* caractéristique.
◆ *m* y *f* TEATR barbon *m* (actor), duègne *f* (actriz).
◆ *f* caractéristique (particularidad) || MAT caractéristique (del logaritmo) || *(amer)* indicatif *m* (teléfono) || *características técnicas* renseignements techniques.

caracterización *f* caractérisation.

caracterizado, da *adj* caractérisé, e || distingué, e; remarquable (notable).

caracterizar *v tr* caractériser || TEATR jouer *o* interpréter d'une façon expressive.

caracterología *f* caractérologie.

caradura *m* y *f* FAM personne culottée (fresco).
◆ *f* FAM culot *m*, toupet *m*; *tener mucha caradura* avoir un culot monstre.
◆ *adj* FAM culotté, e; gonflé, e; *¡qué hombre más caradura!* il est gonflé!

carajillo *m* FAM café arrosé [généralement de cognac ou d'anis].

¡carajo! *interj* POP merde!

¡caramba! *interj* sapristi!, zut!, mince! || diable! (enfado) || tiens!, allons donc! (sorpresa).

carámbano *m* glaçon.

carambola *f* carambolage *m* (billar) || FIG & FAM coup *m* double (doble resultado) | hasard *m*; *apro-*

bó por carambola il fut reçu par hasard | niche, tour *m* (faena hecha a alguien) || — *carambola corrida* coulé || *por carambola* par ricochet, par contrecoup.

¡carambolas! *interj* *(amer)* FAM zut!, mince!

caramelizar *v tr* caraméliser.

caramelo *m* bonbon (golosina) || caramel (azúcar fundida, pasta de azúcar) || — *caramelo blando* caramel || FAM *de caramelo* à croquer (excelente).
— OBSERV Le mot espagnol *bombón* signifie uniquement *bonbon au chocolat*.

caramillo *m* MÚS chalumeau (flauta) || tas, fatras (montón) || FIG tour (enredo), racontar, histoire *f* (chisme) || BOT arroche *f* de mer.

carantoña *f* FIG & FAM vieille coquette (mujer vieja y presumida).
◆ *pl* agaceries, minauderies, cajoleries (zalamerías).

caraota *f* *(amer)* haricot *m* (judía).

carapacho *m* carapace *f* test (de los moluscos).

caraqueño, ña *adj* y *s* de Caracas (Venezuela).

carátula *f* masque *m* (careta) || FAM planches *pl* (teatro); *dejó la espada por la carátula* il abandonna l'épée pour les planches || *(amer)* frontispice *m*, page de titre (de un libro) | couverture (de una revista).

Caravaggio (il) *n pr* le Caravage.

caravana *f* caravane (de gentes, remolque) || file de voitures (de automóviles) || FAM groupe *m* troupeau *m* (tropa) || *en caravana* en file indienne, à la file.
◆ *pl* *(amer)* pendants *m* d'oreille | politesses.

caravaning *m* caravaning.

caravanseray; caravasar; caravanserrallo *m* caravansérail.

¡caray! *interj* mince!, sapristi!, zut!, diable! || — *¡caray con los sablistas!* au diable (soient), les tapeurs! || *¡qué caray!* que diable!

carbón *m* charbon (combustible); *carbón de piedra, mineral, vegetal* ou *de leña* charbon de terre, minéral, de bois || BOT charbon (enfermedad de los cereales) | fusain, charbon (carboncillo); *dibujo al carbón* dessin au fusain || — *carbón animal* charbon animal || *carbón de bola* boulet || *carbón en polvo* poussier || — *negro como el carbón* noir comme le jais *o* comme de l'encre || *papel carbón* papier carbone.

carbonada *f* carbonnade, carbonade, charbonnée (carne cocida y después asada) || pelletée de charbon (paletada de carbón) || pâte frite (pasta) || *(amer)* ragoût *m* de viande, pommes de terre, maïs, courgettes et riz (guisado).

carbonatar *v tr* QUÍM carbonater.

carbonato *m* QUÍM carbonate.

carboncillo *m* fusain [à dessin].

carbonear *v tr* charbonner (hacer carbón).

carboneo *m* carbonisation *f*.

carbonera *f* meule (para hacer carbón) || charbonnier *m* (para guardar carbón) || mine de houille || *(amer)* soute à charbon (del ténder).

carbonero, ra *adj* y *s* charbonnier, ère || *la fe del carbonero* la foi du charbonnier.

carbónico, ca *adj* QUÍM carbonique; *ácido, gas, anhídrido carbónico* acide, gaz, anhydride carbonique; *nieve carbónica* neige carbonique.

carbonífero, ra *adj* carbonifère.

carbonilla *f* escarbille; *tener una carbonilla en el ojo* avoir une escarbille dans l'œil ‖ charbonnaille (carbón) ‖ *(amer)* fusain *m* [à dessin].
carbonización *f* carbonisation.
carbonizar *v tr* carboniser.
carbono *m* QUÍM carbone.
carbonoso, sa *adj* charbonneux, euse.
carborundo *m* QUÍM carborundum.
carbunclo; carbunco *m* MED charbon (enfermedad) | anthrax (tumor).
carburación *f* QUÍM carburation.
carburador, ra *adj y s m* carburateur, trice.
carburante *m* carburant ‖ *carburante para reactores* carburéacteur.
carburar *v tr* carburer ‖ FIG & FAM carburer, gazer, tourner rond.
carburo *m* QUÍM carbure.
carca *adj y s m* FAM carliste ‖ FIG réactionnaire.
carcaj *m* carquois (aljaba) ‖ porte-étendard (de bandera) ‖ *(amer)* fourreau de carabine.
carcajada *f* éclat *m* de rire ‖ — *reír a carcajadas* rire aux éclats ‖ *soltar la carcajada* éclater de rire.
carcajear *v intr* rire aux éclats.
carcamal *m* FAM vieille barbe *f*, vieille baderne *f*, vieille carcasse *f* (persona vieja).
carcamán *m* MAR vieux rafiot (barco viejo).
↦ *m y f (amer)* immigré, e; pauvre.
cárcel *f* prison; *salir de la cárcel* sortir de prison ‖ TECN sergent *m*, serre-joint *m* (herramienta) | coulisse (ranura) ‖ *cárcel de alta seguridad* quartier de haute sécurité.
carcelario, ria *adj* relatif à la prison, de la prison.
carcelero, ra *adj* de la prison.
↦ *m y f* geôlier, ère; gardien, enne de prison.
↦ *f* chanson populaire andalouse.
carcinogénesis *f* MED carcinogenèse.
carcinoide *m* MED carcinoïde.
carcinoma *m* MED carcinome (cáncer).
carcoma *f* ZOOL artison *m*, vrillette ‖ vermoulure (polvo de la madera) ‖ FIG & FAM hantise; *esta cuestión es para él una verdadera carcoma* cette question est pour lui une véritable hantise | sangsue (persona gastosa).
carcomer *v tr* artisonner (la madera) ‖ FIG ronger, miner, consumer; *este problema me carcome* ce problème me ronge.
↦ *v pr* se ronger.
carcomido, da *adj* mangé aux vers, vermoulu, e.
carda *f* cardage *m* (acción) ‖ carde (cabeza de la cardencha) ‖ carde (instrumento) ‖ FIG & FAM savon *m* (reprimenda).
cardado *m* TECN cardage ‖ crêpage (del pelo).
cardamomo *m* cardamome (planta).
cardán *m* TECN cardan *m* (articulación).
cardar *v tr* carder (la lana) ‖ crêper (el pelo).
cardenal *m* cardinal (prelado) ‖ cardinal (pájaro) ‖ bleu (equimosis) ‖ pinçon (que resulta de un pellizco) ‖ *un bocado de cardenal* un morceau de roi o de prince.
cardenalato *m* cardinalat.
cardenalicio, cia *adj* cardinalice; *púrpura cardenalicia* pourpre cardinalice.
cardencha *f* BOT chardon *m* à foulon, cardère ‖ TECN carde (carda).
cardenillo *m* vert-de-gris ‖ *criar cardenillo* verdir.

cárdeno, na *adj* violacé, e (color) ‖ pie (color de reses) ‖ opalin, e (líquidos).
cardiaco, ca; cardíaco, ca *adj y s* cardiaque; *tónico cardíaco* tonique cardiaque.
cardialgia *f* MED cardialgie.
cardiálgico, ca *adj* MED cardialgique.
cardias *m* ANAT cardia (del estómago).
cárdigan; cardigán *m* cardigan, gilet.
cardillo *m* BOT pissenlit.
cardinal *adj* cardinal, e; *los puntos cardinales* les points cardinaux; *las virtudes cardinales* les vertus cardinales; *número cardinal* nombre cardinal.
cardiografía *f* MED cardiographie.
cardiógrafo *m* MED cardiographe.
cardiograma *m* MED cardiogramme.
cardiología *f* MED cardiologie.
cardiólogo, ga *m y f* cardiologue.
cardiopatía *f* MED cardiopathie.
cardiovascular *adj* MED cardio-vasculaire.
cardo *m* cardon (planta comestible) ‖ chardon (planta espinosa) ‖ FIG chardon, porte de prison (persona poco amable) ‖ — *cardo ajonjero, aljonjero* carline (ajonjera) ‖ *cardo borriquero* chardon aux ânes ‖ *cardo corredor* ou *setero* panicaut, chardon Roland ‖ *cardo mariano* chardon argenté, chardon Notre-Dame ‖ — FIG *ser un cardo borriquero* être un fagot d'épines.
carear *v tr* DR confronter (cotejar).
↦ *v pr* s'aboucher (entrevistarse) ‖ s'expliquer o avoir une explication avec (encararse).
carecer* *v intr* manquer, être à court o dépourvu de; *carecer de recursos* manquer de ressources ‖ *Luis presume de lo que carece* Louis se vante de ce qu'il n'a pas.
carena *f* MAR carénage *m*, radoub *m* ‖ FIG & FAM brimade (broma pesada) ‖ MAR *dique de carena* bassin de radoub.
carenado *m* carénage.
carenar *v tr* MAR caréner, radouber.
carencia *f* manque *m*; *carencia de datos* manque de renseignements ‖ carence; *enfermedad por carencia* maladie par carence.
carencial *adj* carentiel, elle ‖ *estado carencial* état de carence.
carente *adj* manquant, e; dépourvu, e.
careo *m* confrontation *f*; *el careo de los testigos* la confrontation des témoins.
carero, ra *adj* qui vend cher.
carestía *f* disette (hambre) ‖ pénurie (escasez) ‖ cherté (precio subido); *la carestía de la vida* la cherté de la vie.
careta *f* masque *m* ‖ *careta antigás* ou *contra gases* masque à gaz.
carey *m* caret (tortuga) ‖ écaille *f* de caret ‖ écaille *f*; *un peine de carey* un peigne en écaille.
— OBSERV pl *careyes*.
carga *f* charge (peso) ‖ chargement *m* (acción); *la carga de un barco* le chargement d'un bateau ‖ cartouche, recharge (estilográfica) ‖ MAR cargaison (lo contenido) ‖ charge (de pólvora); *carga hueca* charge creuse ‖ MIL charge; *carga de caballería, cerrada* charge de cavalerie, en colonne serrée o en ligne; *paso de carga* pas de charge ‖ ELECTR charge (de un condensador) ‖ FOT magasin *m* ‖ FIG charge; *cargas sociales* charges sociales | charge (impuesto)

|| — *carga de profundidad* charge de profondeur || MAR *carga máxima* port en lourd || *carga mayor* charge d'un mulet || *carga menor* charge d'un âne, ânée || TECN *carga útil* charge utile || — *barco de carga* cargo || *barra de carga* ou *de acoplamiento de cargas* palonnier || *bestia de carga* bête de charge *o* de somme || — *a carga cerrada* sans réflexion, à la légère (sin reflexión) || FIG & FAM *a cargas* des tonnes, en quantité || *a paso de carga* au pas de course (rápidamente), au pas de charge (militar) || — *echar uno las cargas a otro* se décharger sur quelqu'un, mettre quelque chose à la charge de quelqu'un || *llevar la carga de* prendre en charge || *ser una carga a uno* être à la charge de quelqu'un || MIL *tocar paso de carga* sonner la charge || *volver a la carga* revenir à la charge.

cargada *f* (*amer*) mauvaise plaisanterie.

cargadero *m* lieu de chargement || ARQ linteau (dintel).

cargado, da *adj* chargé, e || lourd, bas (tiempo) || épais, aisse; *ambiente cargado* air épais || lourd, e (ojos) || pleine (próxima a parir) || tassé, e; fort, e (bebida alcohólica); *un whisky muy cargado* un whisky bien tassé || fort, e (infusiones, café) || — *cargado de años* chargé d'ans || *cargado de espaldas* voûté || FIG & FAM *estar cargado* être gris (borracho).
◆ *m* pas de danse espagnole.

cargador, ra *adj* y *s* chargeur, euse || *pala cargadora* pelle mécanique, pelleteuse, pelleteuse chargeuse.
◆ *m* MIL chargeur || TECN chargeur (de acumuladores, etc.) || (*amer*) portefaix || *cargador de muelle* docker.
◆ *f* pelleteuse || AGRIC *cargadora de remolachas* chargeur de betteraves.

cargamento *m* MAR cargaison *f*, chargement.

cargante *adj* FIG & FAM tannant, e; rasoir, casse-pieds.

cargar *v tr* charger (una acémila, un barco, un horno, una pluma estilográfica, etc.); *cargar una maleta en los hombros* charger une valise sur ses épaules || charger (un arma de fuego); *cargar con bala* charger à balle || charger, recharger (una máquina de retratar) || MAR carguer (las velas) || FIG grever, charger; *cargar el país de impuestos* grever le pays d'impôts || FIG & FAM ennuyer, embêter, barber, raser, faire suer, tanner (fatigar, molestar) | coller, refiler; *me han cargado este trabajo* on m'a refilé ce travail || MIL charger; *cargar al enemigo* charger l'ennemi || FIG attribuer, imputer, mettre sur le dos; *le cargaron la culpa* on lui a attribué la faute || couper (naipes) || — COM *cargar algo en cuenta* porter quelque chose au débit, débiter quelque chose || FAM *cargar la cuenta* saler la note (cobrar caro) | *cargar la mano* forcer la dose | *cargar las tintas* en rajouter, forcer la note.
◆ *v intr* s'abattre (el viento, la tempestad) || FIG prendre, emporter; *cargó con el paquete* il a pris le paquet; *cargó con todo* il a tout emporté | porter; *ha tenido que cargar con la maleta todo el tiempo* il a dû porter la valise tout le temps || appuyer sur (estribar en) || se charger de; *cargar con un asunto* se charger d'une affaire || retomber; *todo el trabajo carga sobre mí* tout le travail retombe sur moi || GRAM tomber (el acento) || (*amer*) faire une mauvaise plaisanterie || — *cargar con el santo y la limosna* tout prendre, tout rafler (fam) || *cargar con la responsabilidad de* se charger de, endosser *o* assumer la responsabilité de, prendre sur soi la responsabilité de || *cargar con las consecuencias* subir les conséquences || *cargar con uno* avoir quelqu'un sur les bras, se charger *o* s'embarrasser de quelqu'un || FAM *siempre me toca cargar con el muerto* c'est toujours sur moi que tombe la corvée.
◆ *v pr* se charger (el cielo, el tiempo) || se charger, s'embarrasser; *cargarse de equipajes* s'embarrasser de bagages || FAM bousiller, esquinter; *me he cargado el motor del ventilador* j'ai bousillé le moteur du ventilateur | se taper, se coltiner, s'envoyer; *me he cargado solo todo el trabajo* je me suis tapé le travail tout seul | écoper; *cargarse una multa* écoper une amende | descendre, avoir la peau de (matar) | couler (derribar a uno) || — *cargarse de lágrimas* se remplir de larmes || *cargarse de paciencia* s'armer de patience.

cargazón *f* MAR chargement *m*, cargaison (cargamento) || lourdeur (del estómago, de la cabeza) || amoncellement *m* [de nuages bas] || (*amer*) belle récolte de fruits (de frutos).

cargo *m* charge *f* (peso) || chargement (acción) || FIG poste, charge *f*, place *f*; *desempeñar un cargo de profesor* occuper *o* avoir un poste de professeur | accusation *f*, critique *f*, reproche; *graves cargos al gobierno* vives critiques lancées contre le gouvernement | charge *f*; *tener alguien a su cargo* avoir quelqu'un à sa charge || DR charge *f*; *testigo de cargo* témoin à charge || COM débit || MAR *cargo* = *cargo de acusación* chef d'accusation || *cargo de almas* charge d'âmes || *cargo de conciencia* cas de conscience || *acumulador de cargos* cumulard (*fam*) || — *a cargo de* à la charge de; *correr a cargo de* être à la charge de [une dépense]; à condition que, à charge de; *te dejo eso a cargo de que me lo devuelvas* je te prête ça à condition que tu me le rendes *o* à charge pour toi de me le rendre || *con cargo a* au compte de || *correr a cargo de* être à la charge de || *hacer cargo a uno de una cosa* reprocher quelque chose à quelqu'un, mettre quelque chose à la charge de quelqu'un || *hacerse cargo de la situación* se rendre compte *o* prendre conscience de la situation || *hacerse cargo de una persona* prendre quelqu'un en charge *o* à sa charge, se charger de quelqu'un || *hacerse cargo de un negocio* se charger d'une affaire, prendre une affaire en charge *o* en main || *tener a su cargo* avoir à sa charge, s'occuper de || *tomar a su cargo* prendre à sa charge.

cargosear *v tr* (*amer*) harceler, importuner.

cargoso, sa *adj* (*amer*) agaçant, e.

carguero *m* (*amer*) bête *f* de somme (acémila) | cargo (barco).

cariacontecido, da *adj* soucieux, euse; préoccupé, e.

cariado, da *adj* carié, e; *una muela cariada* une dent cariée.

cariancho, cha *adj* au visage large.

cariar *v tr* MED carier.
◆ *v pr* MED se carier.

cariátide *f* ARQ cariatide.

caribe *adj* y *s* caraïbe.

Caribe *n pr m* GEOGR Caraïbe *f* || GEOGR *mar Caribe* mer des Caraïbes, mer Caraïbe.

caribeño, ña *adj* caribéen, enne.
◆ *m* y *f* Caribéen, enne.

caribú *m* ZOOL caribou.

caricato *m* fantaisiste (actor cómico).

caricatura *f* caricature.
caricaturesco, ca *adj* caricatural, e.
caricaturista *m* caricaturiste.
caricaturizar *v tr* caricaturer.
caricia *f* caresse.
caridad *f* charité (virtud) ‖ charité (limosna); *hacer caridad* faire la charité ‖ *(amer)* repas des prisonniers ‖ *— la caridad bien entendida comienza por uno mismo* charité bien ordonnée commence par soi-même ‖ *¡por caridad!* de grâce (por favor).
caries *f* carie.
— OBSERV pl *caries.*
carilampiño, ña *adj* imberbe.
carilargo, ga *adj* FAM qui a le visage allongé.
carilla *f* page [de papier à lettre].
carillón *m* MÚS carillon (campanas y sonido).
cariñena *m* vin de Cariñena [vin très doux de la région de Saragosse].
cariño *m* affection *f*, tendresse; *le tiene mucho cariño* il a beaucoup d'affection pour elle ‖ amour (esmero); *hacer una cosa con cariño* faire quelque chose avec amour ‖ FIG caresse *f* (caricia) ‖ *— ¡cariño mío!* mon amour! ‖ *tomar cariño a* prendre en affection (a uno), s'attacher (a una cosa).
◆ *pl* sentiments affectueux (en una carta).
cariñoso, sa *adj* affectueux, euse; tendre (afectuoso) ‖ caressant, e (mimoso).
carioca *adj y s* carioca, de Rio de Janeiro.
cariocinesis *f* BIOL caryocinèse.
carisma *m* charisme.
carismático, ca *adj* charismatique.
caritativo, va *adj* charitable.
cariz *m* aspect [de l'atmosphère] ‖ FIG & FAM tournure *f*, allure *f*; *esto va tomando mal cariz* ceci prend une mauvaise tournure *o* une mauvaise allure.
carlinga *f* MAR & AVIAC carlingue.
carlismo *m* carlisme.
carlista *adj y s* carliste.
Carlomagno *n pr m* Charlemagne.
Carlos V *n pr* Charles Quint.
carlota *f* charlotte (postre).
carmelita *adj y s* ECLES carmélite ‖ *(amer)* havane, marron clair (color).
◆ *m* carme (religioso); *carmelita descalzo* carme déchaussé *o* déchaux.
◆ *f* carmélite (religiosa) ‖ BOT fleur de la capucine (flor).
carmelitano, na *adj y s* ECLES carmélite.
carmen *m* ECLES carmel (orden) ‖ villa *f* [à Grenade].
carmenar *v tr* démêler, peigner (la lana) ‖ FIG & FAM plumer, dévaliser (robar) | tirer *o* arracher les cheveux *o* le poil (repelar).
carmesí *adj y s m* cramoisi, e.
carmín *adj inv y s m* carmin (color) ‖ *carmín de los labios* rouge à lèvres.
carminativo, va *adj y s m* carminatif, ive.
Carnac *n pr* GEOGR → **karnak**.
carnada *f* appât *m* [de viande].
carnal *adj* charnel, elle (sensual) ‖ germain, e (primo, hermano); *primo carnal* cousin germain ‖ au premier degré (tío, sobrino) ‖ FIG charnel, elle; matériel, elle.
carnaval *m* carnaval.

carnavalada *f* FAM pantalonnade, mascarade.
carnavalesco, ca *adj* carnavalesque.
carnaza *f* *(p us)* derme *f* (dermis) ‖ FIG & FAM carne, bidoche (carne) ‖ FAM chair ‖ *(amer)* appât *m* (cebo) | tête de Turc (cabeza de turco).
carne *f* ANAT chair (tejidos) ‖ chair (cuerpo); *el Verbo se hizo carne* le Verbe s'est fait chair; *la carne es flaca* la chair est faible; *carne prieta, fofa* chair ferme, molle ‖ viande (comestible); *carne de vaca, de ternera* viande de bœuf, de veau; *carne poco hecha, ahumada* viande saignante, fumée ‖ chair (de los frutos) ‖ *(amer)* cœur *m* (de un tronco de árbol) ‖ — FIG *carne de cañón* chair à canon | *carne de gallina* chair de poule | *carne de horca* gibier de potence ‖ *carne de membrillo* pâte de coing ‖ *carne de mi carne* chair de ma chair | *carne de pelo* gibier à poil ‖ *carne de pluma* gibier à plume ‖ *carne mollar* viande maigre ‖ *carne picada* viande hachée (de vaca), chair à saucisse (de cerdo) ‖ *carnes blancas* viande blanche ‖ *carne sin hueso* viande désossée ‖ *carne viva* chair vive ‖ *color carne* couleur chair ‖ *día de carne* jour gras ‖ *— de* ou *en carne y hueso* en chair et en os ‖ *en carne viva* à vif ‖ *en carnes, en vivas carnes* nu, e; tout nu, toute nue ‖ *— cortar en carne viva* tailler dans le vif *o* dans l'os ‖ *echar carnes* engraisser, prendre de l'embonpoint, grossir ‖ *echar* ou *poner toda la carne en el asador* risquer le tout pour le tout, y mettre le paquet ‖ FIG *herir en carne viva* piquer au vif (ofender), tourner le couteau dans la plaie (insistir) ‖ *metido* ou *metidito en carnes* bien en chair, rondelet, plantureux ‖ *no ser ni carne ni pescado* n'être ni chair ni poisson, n'être ni lard ni cochon ‖ *poner toda la carne en el asador* risquer le tout pour le tout ‖ *ser uno de carne y hueso* ne pas être un pur esprit ‖ *ser uña y carne* être comme les deux doigts de la main ‖ *temblarle a uno las carnes* avoir la chair de poule.
carné *m* → **carnet.**
carnear *v tr* *(amer)* abattre et dépecer les animaux de boucherie (matar y descuartizar) | escroquer, rouler (estafar), tromper (engañar) | tuer, zigouiller (matar).
carnero *m* mouton (rumiante) ‖ mouton (carne y piel) ‖ *(amer)* lama (llama) | FIG mouton (sin voluntad) ‖ *— carnero del Cabo* albatros hurleur, mouton du cap (ave) ‖ *carnero de simiente* bélier | *carnero llano* mouton ‖ *carnero marino* phoque (foca) ‖ *carnero padre* ou *morueco* bélier ‖ FIG *no hay tales carneros* c'est de la blague.
carnero *m* *(amer)* POP jaune, briseur de grève ‖ charnier (osario) ‖ FAM *(amer) cantar para el carnero* passer l'arme à gauche (morir).
carnet; carné *m* carnet (librito); *carnet de billetes* carnet de tickets ‖ agenda, carnet d'adresses ‖ *— carnet de conductor* ou *de conducir* permis de conduire ‖ *carnet de identidad* carte d'identité.
— OBSERV pl *carnés.*
carnicería *f* boucherie; *carnicería hipofágica* boucherie chevaline ‖ FIG boucherie, massacre *m*, carnage *m* (matanza) ‖ *(amer)* abattoir *m* (matadero).
carnicero, ra *adj y s* carnassier, ère; *el lobo es carnicero* le loup est carnassier ‖ FAM carnassier, ère (que le gusta la carne) ‖ FIG & FAM sanguinaire.
◆ *m y f* boucher, ère (vendedor).
◆ *m* boucher.
cárnico, ca *adj* de la viande; *industrias cárnicas* industries de la viande.

carnívoro, ra *adj* y *s* carnassier, ère; *el gato es un carnívoro* le chat est un carnassier ‖ carnivore (que se alimenta con carne); *el hombre es carnívoro, pero no carnicero* l'homme est carnivore, mais pas carnassier.

carnosidad *f* MED excroissance (excrecencia) ‖ embonpoint *m* (gordura).

carnoso, sa *adj* charnu, e ‖ gras, grasse; *planta carnosa* plante grasse ‖ *parte carnosa del brazo, de la pierna* le gras du bras, de la jambe.

caro, ra *adj* cher, ère; *hotel caro* hôtel cher; *caro amigo* cher ami.
◆ *adv* cher; *pagar caro* payer cher ‖ — *lo barato sale caro* le bon marché revient toujours cher ‖ *salir caro* revenir cher ‖ *vender cara su vida* vendre chèrement sa vie.
— OBSERV Dans son emploi adverbial, l'adjectif *caro* admet l'accord avec le sujet. L'accord est obligatoire avec les verbes *resultar, quedar, permanecer, seguir; me resultó cara esta casa* cette maison m'est revenue cher.

caroca *f* décor *m* en planches et en toile que l'on dresse lors de la Fête-Dieu en Espagne.

carolingio, gia; carolino, na *adj* y *s* carolingien, enne (de Carlomagno).

carota *m* y *f* FAM culotté, e (caradura).

caroteno *m* carotène.

carótida *f* ANAT carotide.

carozo *m* rafle *f* (de la mazorca de maíz) ‖ noyau (de la aceituna, durazno, etc.).

carpa *f* carpe (pez) ‖ AGRIC grappillon *m* (racimillo) ‖ tente (tienda de campaña) ‖ chapiteau *m* (del circo) ‖ — DEP *salto de la carpa* saut de carpe ‖ *salto en carpa* saut carpé.

carpanel *adj* GEOM & ARQ en anse de panier.

carpanta *f* FAM fringale, faim de loup (hambre) ‖ (amer) bande de malfaiteurs.

Cárpatos *n pr m pl* GEOGR Carpates *f*.

carpeta *f* sous-main *m* (para escribir) ‖ chemise, dossier *m* (para documentos) ‖ tapis *m* de table (sobre la mesa).

carpetazo (dar) *loc* FIG classer, enterrer; *dar carpetazo a un asunto* classer une affaire.

carpetovetónico, ca *adj* typiquement espagnol, e; espagnol, e jusqu'au bout des ongles.

carpiano, na *adj* ANAT carpien, enne.

carpintería *f* charpenterie ‖ menuiserie (oficio y taller) ‖ — *carpintería metálica* charpentes métalliques ‖ *trabajo de carpintería* menuiserie.

carpintero *m* charpentier (en obras gruesas) ‖ menuisier (carpintero de blanco) ‖ — *carpintero de armar* charpentier ‖ *carpintero de carretas* ou *de prieto* charron ‖ *carpintero de ribera* charpentier de bateaux ‖ — ZOOL *pájaro carpintero* pic ‖ *San José Carpintero* saint Joseph charpentier.

carpo *m* ANAT carpe.

carraca *f* MAR caraque (navío) ‖ *(ant)* chantier *m* naval (astillero) ‖ FIG vieux rafiot *m* (barco viejo) ‖ MECÁN cliquet *m* ‖ MÚS crécelle (instrumento) ‖ (amer) mâchoire (quijada).

Carracuca *n pr* estar *más perdido que Carracuca* être complètement perdu o paumé *(pop)* ‖ *ser más feo que Carracuca* être laid comme un pou.

Carrara *n pr* GEOGR Carrare.

carrasca *f* BOT yeuse, chêne *m* [de petite taille].
— OBSERV Véase ENCINA.

carraspear *v intr* se racler la gorge ‖ grailler *(p us)*, parler d'une voix enrouée (hablar con voz ronca).

carraspeo *m*; **carraspera** *f* enrouement *m*, graillement *m (p us)* ‖ *tener carraspera* être enroué, avoir un chat dans la gorge.

carrasposo, sa *adj* très enroué, e (ronco) ‖ *(amer)* rugueux, euse (áspero).

carrera *f* DEP course; *carrera ciclista, de fondo, de vallas* ou *de obstáculos, de caballos* course cycliste, de fond, de haies, de chevaux ‖ cours *m* (de los astros) ‖ cours *m* (calle) ‖ trajet *m*, parcours *m* (trayecto) ‖ course (recorrido); *la carrera del émbolo* la course du piston ‖ course (d'un taxi) ‖ FIG rangée (fila); *carrera de árboles* rangée d'arbres ‖ échelle (rotura en la media) ‖ carrière; *carrera diplomática* carrière diplomatique ‖ profession; *carrera liberal* profession libérale ‖ études *pl*; *exámenes de fin de carrera* examen de fin d'études; *hacer la carrera de derecho* faire des études de droit; *¿qué carrera hace usted?* quelles études faites-vous? ‖ FIG carrière, chemin *m*; *hacer carrera* faire carrière, faire son chemin ‖ vie; *una carrera bien aprovechada* une vie bien remplie ‖ ARQ lambourde ‖ — *carrera a campo traviesa* ou *a campo través* cross-country ‖ FIG *carrera de armamentos* course aux armements ‖ *carrera de persecución* poursuite ‖ *carrera de sacos* course en sac ‖ — *a carrera abierta* à toutes jambes, à bride abattue (rápidamente), à la légère (sin reflexión) ‖ *de carrera* avec aisance, haut la main ‖ — *cubrir la carrera* faire la haie (a una comitiva) ‖ *dar carrera a uno* payer ses études à quelqu'un ‖ FAM *hacer la carrera* faire le trottoir ‖ *media que ha hecho carrera* bas qui a filé ‖ FAM *no poder hacer carrera con* ou *de uno* ne pouvoir rien obtenir de quelqu'un, ne pouvoir venir à bout de quelqu'un (no poder con), ne savoir que faire de quelqu'un ‖ *tomar carrera* prendre de l'élan.

carrerilla *f* MÚS trait *m* ‖ pas *m* redoublé (paso) ‖ échelle (en una media) ‖ — *de carrerilla* d'un trait (de corrido), par cœur (de memoria), sur le bout du doigt (saber) ‖ *coger una carrerilla en una media* remmailler un bas ‖ *tener una carrerilla en una media* avoir une échelle à un bas, avoir un bas filé ‖ *tomar carrerilla* prendre de l'élan.

carrerista *m* turfiste (aficionado) ‖ coureur (ciclista, a pie).
◆ *f* FAM racoleuse (ramera).

carreta *f* charrette ‖ tombereau *m* (para los condenados a muerte) ‖ — *andar como una carreta* marcher comme une tortue ‖ FAM *tren carreta* tortillard, charrette.

carretada *f* charretée, tombereau *m* (carga de una carreta) ‖ flopée, tas *m* (gran cantidad) ‖ FAM *a carretadas* à foison, à la pelle.

carrete *m* bobine *f*; *carrete de hilo, de inducción* bobine de fil, à induction ‖ FOT rouleau (de película) ‖ bobine (en la máquina de fotografías) ‖ moulinet (de caña de pescar); *carrete de tambor fijo* moulinet à tambour fixe ‖ — *dar carrete* rendre la main, donner du fil (pesca) ‖ FIG *dar carrete a uno* raconter des histoires à quelqu'un.

carretear *v tr* charroyer, charrier.

carretel *m* moulinet (de caña de pescar) ‖ MAR touret (de la corredera) ‖ *(amer)* bobine *f* (carrete).

carretela *f* calèche (coche).

carretera *f* route; *carretera nacional* route nationale ‖ — *carretera de empalme* ou *de enlace* bretelle de raccordement ‖ *carretera general* grande route,

route à grande circulation ‖ *carretera secundaria* ou *comarcal* route départementale ‖ *— albergue de carretera* relais routier ‖ *estrechamiento de carretera* chaussée rétrécie ‖ *mapa de carreteras* carte routière ‖ *red de carreteras* réseau routier.

carretero *adj m* carrossable; *camino carretero* chemin carrossable.
◆ *m* charron (constructor) ‖ charretier (conductor); *blasfemar como un carretero* jurer comme un charretier ‖ FAM *fumar como un carretero* fumer comme un pompier.

carretilla *f* brouette ‖ chariot *m* (para los niños) ‖ serpenteau *m* (cohete) ‖ *(amer)* mâchoire (quijada) | chariot *m* tiré par trois mules (carro) ‖ *carretilla de almacén* diable ‖ *carretilla eléctrica* chariot électrique ‖ *carretilla elevadora* chariot élévateur ‖ *de carretilla* d'un trait (de corrido), par cœur (de memoria) ‖ *saber de carretilla* savoir sur le bout des doigts, savoir par cœur.

carretón *m* charrette *f* (carro) ‖ voiture *f* à bras (tirado a mano) ‖ voiturette *f* de rémouleur (del afilador) ‖ chariot (para enseñar a andar a los niños) ‖ bogie, boggie (ferrocarril) ‖ *(amer)* bobine *f* (de hilo).

carricoche *m* FAM carriole *f*, guimbarde *f* (coche malo).

carril *m* ornière *f* (huella) ‖ sillon (surco) ‖ chemin muletier (camino) ‖ rail (de vía férrea) ‖ voie *f* (de autopista, de autobuses); *carril de aceleración* voie d'accélération ‖ *(amer)* chemin de fer (ferrocarril), train (tren).

carrillo *m* joue *f* (parte de la cara) ‖ table *f* roulante (mesa para servir) ‖ poulie *f* (garrucha) ‖ triporteur (carro) ‖ *comer a dos carrillos* manger comme un goinfre o comme quatre.

carrito *m* table *f* roulante (para servir la mesa) ‖ poussette *f* (para la compra) ‖ sabot (en bacarrá).

carrizal *m* lieu où abondent les roseaux.

carrizo *m* BOT roseau à balais, laîche *f*.

carro *m* chariot (de cuatro ruedas) ‖ voiture *f* (vehículo en general) ‖ voiture *f*, charretée *f* (carga del carro) ‖ morpion (juego) ‖ IMPR train (de la prensa) ‖ MECÁN chariot (de una máquina de escribir, de un torno) ‖ MIL char (tanque); *carro de asalto* char d'assaut; *carro de combate* char de combat ‖ *(amer)* automobile *f*, voiture *f* (coche) | tramway | wagon ‖ *— carro cuba* arroseuse hippomobile ‖ *carro de bancada* traînard (del torno) ‖ *carro fuerte* binard (de cantero) ‖ ASTR *Carro Mayor* ou *de David* Grand Chariot (Osa Mayor) | *Carro Menor* Petit Chariot (Osa Menor) ‖ *carro transbordador* chariot (ferrocarril) ‖ — FIG *empujar el carro* pousser à la roue ‖ *le cogió el carro* il lui est arrivé une histoire | *parar el carro* se calmer (calmarse), rabattre le caquet, clouer le bec (contestando), mettre le holà (actuando) | *tirar del carro* tirer la charrue, avoir tout le travail | *tragar carros y carretas* en voir des vertes et des pas mûres o de toutes les couleurs | *untar el carro* graisser la patte.

carrocería *f* carrosserie ‖ *poner la carrocería a un bastidor* carrosser un châssis.

carrocero *m* carrossier.

carrocha *f* couvain *m* (de insectos).

carromato *m* chariot couvert (carro) ‖ roulotte *f* (de gente de circo).

carroña *f* charogne.

carroño, ña *adj* pourri, e (podrido).

carroza *f* carrosse *m* (vehículo) ‖ char *m* (para carnaval) ‖ MAR carrosse *m* ‖ *carroza fúnebre* corbillard, char funèbre.
◆ *adj* y *s* FAM vieux jeu, ringard, e (persona).

carruaje *m* voiture *f* (vehículo) ‖ convoi (conjunto de coches).

carrusel *m* carrousel (ejercicio hípico) ‖ manège (tiovivo).

carta *f* lettre (misiva); *carta abierta, certificada* lettre ouverte, recommandée; *echar una carta* poster une lettre; *echar una carta al buzón* mettre une lettre à la boîte ‖ carte (naipe); *baraja de cartas* jeu de cartes ‖ carte (lista de platos en un restaurante); *comer a la carta* manger à la carte ‖ charte; *carta del Atlántico* charte de l'Atlantique; *Carta Magna* Grande Charte; *Carta Social Europea* Charte sociale européenne ‖ MAR carte (mapa); *carta de marear* carte marine ‖ *— carta blanca* carte blanche ‖ *carta con* ou *de valores declarados* lettre chargée, pli chargé ‖ *carta credencial* ou *de creencia* lettre de créance ‖ *carta de agradecimiento* lettre de remerciement (para dar las gracias) ‖ *carta de ajuste* mire, grille (televisión) ‖ *carta de amparo* ou *de seguro* ou *de encomienda* sauf-conduit ‖ *carta de aviso* lettre d'avis ‖ COM *carta de crédito* lettre de crédit ‖ *carta de despido* lettre de remerciement (para despedir a uno) ‖ *carta de dote* contrat de mariage précisant la valeur de la dot ‖ *carta de fletamento* contrat d'affrètement ‖ MAR *carta de marca* lettre de marque ‖ *carta de naturaleza* lettre de naturalisation ‖ *carta de origen* pedigree ‖ COM *carta de pago* quittance, reçu ‖ *carta de pésame* lettre de condoléances ‖ *carta de porte* lettre de voiture ‖ *carta de presentación* lettre d'introduction ‖ *carta de vecindad* certificat de résidence ‖ *carta ejecutoria* ou *de hidalguía* lettres de noblesse ‖ *carta factura* lettre bordereau ‖ *carta falsa* fausse carte (juegos) ‖ *carta partida* charte-partie ‖ *carta pastoral* lettre pastorale ‖ *cartas de los lectores al director* ou *a la dirección* courrier des lecteurs ‖ *papel de cartas* papier à lettres ‖ *— a carta cabal* parfaitement, foncièrement, cent pour cent; *un hombre honrado a carta cabal* un homme foncièrement honnête; parfait, cent pour cent; *un caballero a carta cabal* un parfait gentleman, un gentleman cent pour cent ‖ *a cartas vistas* cartes sur table (sin disimulo); *jugar a cartas vistas* jouer cartes sur table ‖ *— echar las cartas* tirer les cartes ‖ *jugarse la última carta* jouer sa dernière carte ‖ *jugárselo todo a una carta* jouer le tout pour le tout ‖ *mostrar las cartas* abattre son jeu o ses cartes ‖ *no saber a qué carta quedarse* ne savoir à quoi s'en tenir, ne savoir sur quel pied danser ‖ *poner las cartas sobre la mesa* ou *boca arriba* jouer cartes sur table ‖ *tener carta de ciudadanía* avoir droit de cité ‖ *tomar cartas en un asunto* intervenir dans une affaire.

cartabón *m* équerre *f* (de dibujante, de agrimensor) ‖ pied à coulisse (de zapatero) ‖ *(amer)* toise *f* (talla).

Cartagena *n pr* GEOGR Carthagène.

cartagenero, ra *adj* y *s* de Carthagène.

cartaginense; cartaginés, esa *adj* carthaginois, e.
◆ *m* y *f* Carthaginois, e.

Cartago *n pr* GEOGR Carthage.

cartapacio *m* cartable, serviette *f* (para libros) ‖ carton (para dibujos) ‖ carnet de notes (cuaderno) ‖ dossier (de documentos).

cartear *v intr* jouer les fausses cartes pour reconnaître le jeu.
♦ *v pr* correspondre, entretenir une correspondance, être en correspondance.

cartel *m* affiche *f* (anuncio) ‖ alphabet mural (alfabeto) ‖ *(ant)* cartel (de desafío) ‖ cartel (cártel) ‖ BLAS cartel ‖ — *colgar el cartel de «no hay localidades»* afficher complet, jouer à bureaux fermés ‖ *obra que continúa* ou *se mantiene en cartel* pièce qui tient l'affiche ‖ *pegar* ou *fijar carteles* afficher ‖ *se prohibe* ou *prohibido fijar carteles* défense d'afficher ‖ FIG *tener buen* ou *mucho cartel* avoir bonne presse, être très coté.

cártel *m* cartel; *el cártel de las izquierdas* le cartel des gauches; *cártel industrial* cartel industriel.
— OBSERV pl *cárteles.*

cartela *f* tablette (para notas) ‖ console (ménsula) ‖ gousset *m* (para ensamblar) ‖ BLAS billette.

cartelera *f* porte-affiche *m inv* (para carteles) ‖ rubrique des spectacles (en un periódico) ‖ *llevar mucho tiempo en cartelera* tenir longtemps l'affiche.

cartelero, ra *adj* populaire, en vogue, coté, e.

cartelista *m y f* affichiste.
♦ *adj y s* cartelliste (del cártel).

cartelón *m* grande affiche *f*.

carteo *m* échange de correspondance.

cárter *m* TECN carter.

cartera *f* portefeuille *m* (de bolsillo) ‖ cartable *m* (de colegiales), serviette (de mano), porte-documents *m inv* (portadocumentos) ‖ sacoche (de cobrador) ‖ *(amer)* sac *m* à main (bolso de señora) ‖ COM portefeuille *m* (efectos comerciales); *cartera de valores* portefeuille de valeurs ‖ carton *m* (para dibujos) ‖ rabat *m*, patte, revers *m* (de un bolsillo) ‖ pochette (bolsillo) ‖ FIG portefeuille *m*; *ministro sin cartera* ministre sans portefeuille ‖ — *cartera de papeles de comercio* portefeuille d'effets de commerce ‖ *cartera de pedidos* carnet de commandes ‖ — *echar mano a la cartera* sortir son portefeuille (para pagar) ‖ *tener en cartera un asunto* avoir une affaire dans ses dossiers.

cartería *f* emploi *m* de facteur ‖ bureau *m* de poste.

carterilla *f* rabat *m*, patte, revers *m* (de un bolsillo) ‖ pochette; *una carterilla de cerillas* une pochette d'allumettes.

carterista *m* voleur à la tire, pickpocket.

cartero *m* facteur, préposé des postes (repartidor de correos).

cartesiano, na *adj y s* cartésien, enne.

cartilagíneo, a; cartilaginoso, sa *adj* ANAT cartilagineux, euse; *tejido cartilaginoso* tissu cartilagineux.

cartílago *m* ANAT cartilage.

cartilla *f* abécédaire *m*, alphabet *m*, ABC *m* (libro) ‖ memento *m*, précis *m* (compendio) ‖ livret *m*; *cartilla de ahorros, militar* livret de caisse d'épargne, militaire ‖ ordo *m* (añalejo) ‖ — *cartilla de familia numerosa* carte de famille nombreuse ‖ *cartilla de parado* carte de chômeur [Espagne] ‖ *cartilla de racionamiento* carte de rationnement ‖ — FIG & FAM *cantar* ou *leerle a uno la cartilla* faire la leçon à quelqu'un | *no saber la cartilla* être parfaitement ignare.

cartografía *f* cartographie.

cartografiar *v tr* cartographier.

cartográfico, ca *adj* cartographique.

cartógrafo, fa *m y f* cartographe.

cartomancia; cartomancía *f* cartomancie.

cartomántico, ca *m y f* cartomancien, enne.

cartón *m* carton; *caja de cartón* boîte en carton ‖ ARTES carton ‖ cartouche *f* (de cigarrillos) ‖ — *cartón embreado* carton bitumé ‖ *cartón ondulado* carton ondulé ‖ *cartón piedra* carton-pierre, carton-pâte.

cartonaje *m* cartonnage.

cartoné (en) *adv* cartonné, e; *un libro en cartoné* un livre cartonné.

cartuchera *f* MIL cartouchière.

cartucho *m* MIL cartouche *f*; *cartucho de fogueo, de salvas* cartouche à blanc | gargousse *f* (saquete de pólvora) ‖ sac (de papel grueso), cornet (cucurucho) ‖ rouleau (de moneda) ‖ FIG *quemar el último cartucho* brûler sa dernière cartouche.

cartuja *f* chartreuse.

cartujano, na *adj y s* chartreux, euse ‖ *caballo cartujano* cheval andalou.

cartujo *adj m y s m* chartreux ‖ FIG & FAM *vivir como un cartujo* vivre en ermite.

cartulario *m* cartulaire.

cartulina *f* bristol *m*.

casa *f* maison; *casa amueblada* maison meublée o garnie ‖ immeuble *m*, maison (edificio); *una casa de ocho plantas* un immeuble de huit étages ‖ maison (familia); *la casa de los Borbones* la maison des Bourbons ‖ maison, maisonnée (habitantes) ‖ maison, ménage *m*; *llevar bien la casa* bien diriger sa maison, bien conduire son ménage ‖ *poner casa* monter son ménage ‖ maison (establecimiento comercial); *casa editorial* maison d'édition ‖ case (división); *el tablero de ajedrez tiene 64 casas* l'échiquier a 64 cases ‖ quartier *m* (del billar) ‖ — *casa adosada* maison mitoyenne ‖ ASTR *casa celeste* maison du ciel ‖ *casa central* ou *matriz* maison mère ‖ *casa comercial* maison de commerce ‖ *casa consistorial* hôtel de ville ‖ *casa cuna* crèche ‖ *casa de banca* banque ‖ *casa de baños* établissement de bains ‖ *casa de beneficencia* maison de bienfaisance, hospice, asile ‖ *casa de cambio* bureau de change ‖ *casa de campo* maison de campagne ‖ *casa de citas* maison de passe ‖ *casa de comidas* restaurant ‖ *casa de contratación de las Indias* chambre de commerce créée par les Rois Catholiques à Séville ‖ *casa de corrección* maison de redressement *o* de correction ‖ *casa de correos* poste ‖ *casa de Dios* maison de Dieu *o* du Seigneur ‖ *casa de empeños* ou *de préstamos* maison de prêt sur gages ‖ *casa de expósitos* hospice des enfants trouvés ‖ *casa de fieras* ménagerie ‖ *casa de huéspedes* pension de famille ‖ *casa de labor* ou *de labranza* métairie ‖ *casa del cura* cure, presbytère ‖ *casa de locos* ou *de orates* asile *o* maison de fous ‖ *casa de maternidad* maternité, maison d'accouchement ‖ *casa de moneda* ou *de la Moneda* hôtel de la Monnaie *o* des monnaies ‖ *casa de recreo* maison de plaisance ‖ *casa de salud* maison de santé ‖ *casa de socorro* clinique d'urgence, poste de secours ‖ *casa de tolerancia* ou *de trato* maison de tolérance *o* close ‖ *casa de vecindad* ou *de vecinos* ou *de alquiler* immeuble *o* maison de rapport ‖ *casa mortuoria* maison mortuaire ‖ *casa paterna* maison paternelle ‖ *casa remolque* roulotte, caravane ‖ *casa solariega* manoir, gentilhommière ‖ *casa unifamiliar* maison individuelle ‖ — *amigo de casa* ami de la maison *o* de la famille

FAM *la casa de Tócame Roque* la cour du roi Pétaud, une pétaudière ‖ *la casa de un rey* ou *de un príncipe* la maison du roi o du souverain [domesticité] ‖ *la casa y comida* le vivre et le couvert ‖ *una mujer de su casa* une femme d'intérieur ‖ — *a casa de* chez; *irse a casa del vecino* aller chez le voisin (véase OBSERV) ‖ *de casa en casa* de porte en porte ‖ *en casa* à la maison, chez moi, toi, lui, etc. (véase OBSERV) ‖ — *alojarse en una casa particular* loger chez l'habitant ‖ *aquí está usted en su casa* faites comme chez vous, vous êtes ici chez vous ‖ *aquí tiene usted su casa* vous êtes ici chez vous ‖ *cada uno en su casa y Dios en la de todos* chacun pour soi et Dieu pour tous ‖ *cada uno es rey en su casa* chacun est maître chez soi ‖ FIG *de andar* ou *de ir por casa* insignifiant ‖ *echar* ou *tirar la casa por la ventana* jeter l'argent par les fenêtres (despilfarrar), mettre les petits plats dans les grands (esmerarse) ‖ *empezar la casa por el tejado* mettre la charrue avant les bœufs ‖ *en casa del herrero cuchillo de palo* les cordonniers sont toujours les plus mal chaussés ‖ *entrar como Pedro por su casa* entrer comme dans un moulin ‖ *estar de casa* être en négligé ‖ *estrenar una casa* essuyer les plâtres ‖ *hacer la casa* faire le ménage ‖ *inaugurar la casa* pendre la crémaillère ‖ *levantar casa* déménager ‖ *no parar en la casa* ne jamais être chez soi, être toujours sorti o dehors ‖ *no salir de casa* garder la maison, ne pas sortir ‖ *no tener casa ni hogar* n'avoir ni feu ni lieu ‖ *pasar por casa de alguien* passer chez quelqu'un ‖ *poner casa* s'installer.
— OBSERV *Casa*, con la preposición *a, en* o *de* antepuesta, se traduce por el francés *chez: voy a casa del médico* je vais chez le médecin. Cuando no figura el posesivo, hay que indicar los pronombres personales correspondientes en francés: *estoy en casa* je suis chez moi; *se fue a casa* il est rentré chez lui.

Casablanca *n pr* GEOGR Casablanca.

casaca *f* casaque (vestido) ‖ FAM mariage *m* ‖ *volver casaca* ou *la casaca* tourner casaque, retourner sa veste, changer son fusil d'épaule.

casación *f* DR cassation.

casadero, ra *adj* en âge d'être marié, e; à marier; bon, bonne à marier; mariable; *una muchacha casadera* une fille à marier o bonne à marier.

casado, da *adj y s* marié, e; *los recién casados* les jeunes o les nouveaux mariés ‖ *casado casa quiere* chacun chez soi ‖ FIG *casado con* joint à ‖ *casado y arrepentido* mari et marri.

casamata *f* MIL casemate.

casamentero, ra *adj y s* marieur, euse.

casamiento *m* mariage; *hacer un casamiento ventajoso* faire un mariage d'argent ‖ *casamiento desigual* mésalliance.

casanova *m* don Juan, coureur de jupons.

casapuerta *f* vestibule *m* (zaguán).

casar *v tr* marier (unir en matrimonio) ‖ DR casser (anular) ‖ FIG marier, assortir (combinar); *casar los colores* marier les couleurs ‖ raccorder (tejidos).
◆ *v intr y pr* se marier; *casarse por la Iglesia* se marier devant l'Église ‖ FIG s'accorder, se marier; *colores que casan bien* couleurs qui s'accordent bien ‖ — *casarse en segundas nupcias* convoler en secondes noces ‖ *casarse por detrás de la iglesia* se marier de la main gauche ‖ *casarse por interés* faire un mariage d'argent ‖ *casarse por lo civil* se marier à la mairie ‖ *casarse por poderes* se marier par procuration ‖ *¡cásate y verás!* qui vivra verra! ‖ — *antes que te cases mira lo que haces* il faut réfléchir avant d'agir, il faut tourner sept fois la langue dans sa bouche avant de parler ‖ *no casarse con nadie* avoir des idées très arrêtées, n'épouser les idées de personne.

casatienda *f* boutique avec logement.

casca *f* marc *m* de raisin ‖ peau (de la uva) ‖ tan *m* (para curtir).

cascabel *m* grelot (campanilla) ‖ MIL bouton de culasse (de un cañón) ‖ — FIG & FAM *de cascabel gordo* ronflant, e ‖ *serpiente de cascabel* serpent à sonnettes, crotale ‖ *poner el cascabel al gato* attacher le grelot ‖ *ser un cascabel* être étourdi o une tête en l'air.

cascabeleo *m* bruit de grelots.

cascabelero, ra *adj* FAM tête en l'air, écervelé, e ‖ de grelot (ruido).
◆ *m* hochet (sonajero).

cascabelillo *m* petit grelot (cascabel) ‖ prune d'Agen (ciruela).

cascabillo *m* petit grelot (cascabel) ‖ BOT balle *f* (de los cereales) ‖ cupule *f* (de la bellota).

cascada *f* cascade.

cascado, da *adj* cassé, e; *un anciano muy cascado* un vieillard tout cassé ‖ cassé, e; éraillé, e; *tener la voz cascada* avoir la voix cassée ‖ vétuste (una cosa) ‖ cassé, e; fêlé, e.

cascajo *m* gravier (guijarrillo), caillou (guijo) ‖ gravats *pl*, gravois *pl* (escombros) ‖ fruit à coquille (fruto) ‖ FIG & FAM croulant (viejo) ‖ tacot (coche) ‖ rebut, vieillerie *f* (trastos viejos) ‖ ferraille *f* (moneda) ‖ FAM *estar hecho un cascajo* être tout décrépit.

cascanueces *m inv* casse-noix, casse-noisettes ‖ ZOOL casse-noix (pájaro).

cascar *v tr* fêler (una vasija, un huevo) ‖ casser; *cascar una nuez* casser une noix ‖ casser (la voz) ‖ FAM cogner (pegar, golpear) ‖ briser, épuiser (debilitar) ‖ POP casquer (pagar) ‖ coller, flanquer; *cascar una paliza* flanquer une volée ‖ casser; *cascar la boca* casser la gueule ‖ claquer; *hoy casqué mil pesetas en el juego* j'ai claqué aujourd'hui mille pesetas au jeu.
◆ *v intr* FAM bavarder, pérorer (charlar) ‖ POP casser sa pipe, mourir.

cáscara *f* coquille (del huevo) ‖ coque, écalure (de los frutos secos) ‖ écorce (de los troncos) ‖ peau (de las frutas) ‖ croûte (del queso) ‖ zeste *m* (de la naranja o limón) ‖ FAM *ser de la cáscara amarga* être de la pédale.
◆ *interj pl* zut!

cascarilla *f* cascarille (corteza) ‖ coquille de bouton (de botón) ‖ coque du cacao (del cacao) ‖ paillon *m*, clinquant *m* (de metal) ‖ FAM *jugar de cascarilla* compter pour du beurre.

cascarón *m* coquille *f* (de huevo) ‖ écorce *f* épaisse (cáscara) ‖ ARQ coquille *f*, voûte *f* en quart de sphère ‖ — *cascarón de nuez* coquille de noix (barco) ‖ — FIG & FAM *aún no ha salido del cascarón* il n'est pas encore sorti de l'œuf o de sa coquille, il tète encore sa mère ‖ *meterse en su cascarón* rentrer dans sa coquille.

cascarrabias *m y f* FAM grincheux, euse; ronchonneur, euse (gruñón) ‖ soupe *m* au lait (irritable).

cascarrón, ona *adj* FAM rude, âpre.

casco *m* casque (de soldado, bombero, aviador) ‖ coiffe *f* (del sombrero) ‖ casque, serre-tête (de auricular) ‖ crâne (cráneo) ‖ tesson (de botella), éclat (de vidrio, de metralla, de obús) ‖ BOT tunique *f* (de las cebollas) | quartier (de naranja) ‖ fût (tonel) ‖ bouteille *f*, verre (botella); *casco pagado* bouteille consignée ‖ périmètre urbain, enceinte *f* (de población) ‖ BLAS casque ‖ MAR coque *f* (del barco) ‖ ZOOL sabot, corne *f* (de las caballerías) ‖ *(amer)* centre, ensemble des bâtiments et des terrains contigus d'une ferme (de una estancia) ‖ *casco antiguo* centre historique, vieille ville ‖ *casco comercial* quartier commerçant, centre d'affaires ‖ *(amer) casco de mula* sorte de tortue (tortuga).
➤ *pl* tête *f sing* de veau *o* de mouton [sans cervelle ni langue] (cabeza de res) ‖ — FIG & FAM *alegre ou ligero de cascos* écervelé, cervelle d'oiseau, sans cervelle | *de cascos lucios* sans cervelle, écervelé ‖ — FIG & FAM *estar mal del casco* avoir le crâne un peu fêlé | *levantar de cascos* leurrer, bercer de vaines promesses | *romper los cascos* casser la tête | *romperse ou calentarse los cascos* se casser la tête, se creuser la tête *o* la cervelle | *sentar los cascos* se mettre du plomb dans la tête, se poser.

cascote *m sing (amer)* gravats *pl*, plâtras, décombres *pl*, gravois *pl (p us)*.

caseificación *f* QUÍM caséification.

caseína *f* QUÍM caséine.

caseoso, sa *adj* QUÍM caséeux, euse.

casería *f* maison de campagne.

caserío *m* hameau (pueblecito) ‖ ferme *f* (cortijo) ‖ maison *f* de campagne (casería).

caserna *f* MIL bunker *m*.

casero, ra *adj* domestique (animal) ‖ de ménage, maison (pan, dulce, etc.); *tarta casera* tarte maison ‖ de famille, familial, e (fiesta, reunión) ‖ du foyer (paz, tranquilidad) ‖ d'intérieur; *traje casero* robe d'intérieur ‖ casanier, ère ‖ — *cocina casera* cuisine familiale ‖ *remedio casero* remède de bonne femme.
➤ *m* y *f* propriétaire (de casa alquilada) ‖ gérant, e d'une maison de rapport (gerente) ‖ intendant, e (administrador de una finca rústica).

caserón *m* grande bâtisse *f*.

caseta *f* maisonnette (casita) ‖ baraque (barraca) ‖ DEP vestiaire *m* (vestiario) ‖ cabine de bain, cabine (de bañista) ‖ stand *m* (de exposición) ‖ — *caseta de cambio de agujas* poste d'aiguillage (ferrocarriles) ‖ MAR *caseta de derrota* kiosque de veille ‖ *caseta del timón* timonerie.

casete *m o f* cassette *f*.

cash flow *m* ECON cash-flow, marge *f* brute d'autofinancement.

casi *adv* presque; *tiene casi cien años* il a presque cent ans ‖ presque, guère; *casi no tiene amigos* il n'a guère d'amis ‖ presque, peu s'en faut, à peu de chose près; *tiene cien años o casi* il a cent ans ou presque *o* peu s'en faut *o* à peu de chose près ‖ quasi, quasiment *(fam)* [voir OBSERV] ‖ — *casi casi* pas loin de; *eran casi casi las doce* il n'était pas loin de midi; pour un peu, peu s'en est fallu; *casi casi me mata* pour un peu il m'aurait tué, peu s'en est fallu qu'il me tuât ‖ *casi nada* presque pas ‖ *casi que parece de ayer* il semble que ce soit hier ‖ *un, una casi* une sorte de; *el arte experimentó una casi resurrección* l'art connut une sorte de résurrection.
— OBSERV Los adverbios franceses *quasi* y *quasiment* se emplean poco y preferentemente con un adjetivo.

casia *f* BOT cassie, cassier *m* (arbusto).

casicontrato *m* DR quasi-contrat.

casilla *f* maisonnette, cabane (casita) ‖ maison (de peón caminero, de un guarda, etc.) ‖ TEATR guichet *m* (venta de billetes) ‖ case (papel rayado) ‖ case (de ajedrez, de un crucigrama) ‖ case, casier *m* (de estante) ‖ POP violon *m*, tôle; *meter en la casilla* mettre au violon ‖ *(amer)* cabinets *m pl*, toilettes *pl* (excusado) ‖ — *(amer) casilla postal* boîte postale (apartado).
➤ *pl* grille *sing* (de un crucigrama) ‖ — FIG *sacar a uno de sus casillas* faire sortir quelqu'un de ses gonds, mettre quelqu'un hors de soi | *salir uno de sus casillas* sortir de ses gonds.

casillero *m* casier.

casimir *m*; **casimiro** *m*; **casimira** *f* cachemire *m* (tela).

casino *m* casino (casa de recreo) ‖ cercle, club (asociación y lugar donde se reúne).

Casiopea *f* ASTR Cassiopée.

casis *m* cassis (licor).

caso *m* cas (suceso, circunstancia, etc.) ‖ histoire *f (famAM)*; *lo mejor del caso* le plus beau de l'histoire ‖ hasard (casualidad) ‖ affaire *f*; *el caso Dreyfus* l'affaire Dreyfus ‖ MED cas; *un caso de meningitis* un cas de méningite ‖ GRAM cas ‖ — *caso apretado* affaire difficile ‖ *caso clínico* cas clinique ‖ *caso de conciencia* cas de conscience ‖ *caso de fuerza mayor* cas de force majeure | *caso de honra* affaire d'honneur ‖ DR *caso fortuito* ou *de fuerza mayor* cas fortuit *o* de force majeure ‖ — *caso que, en caso de que* au cas où, dans le cas où, au cas que *(ant)* ‖ *en caso de necesidad* en cas de besoin, le cas échéant ‖ *en el peor de los casos* en mettant les choses au pire ‖ *en este caso* dans ce cas, alors ‖ *en tal caso* en ce cas ‖ *en todo caso* en tout cas ‖ *en último caso* en dernier recours ‖ *por el mismo caso* pour la même raison ‖ — *dado el caso* supposé que, étant donné que ‖ *el caso es que le fait est que* ‖ *¡es un caso!* c'est un cas à part! ‖ *eso no viene al caso* cela n'a rien à voir, là n'est pas la question ‖ FAM *estar en el caso* être au fait, être au courant ‖ *hablar al caso* parler à bon escient *o* à propos ‖ *hacer al caso* venir à propos ‖ *hacer caso de* s'occuper de, faire cas de, tenir compte de ‖ *hacer caso omiso de* passer outre à, faire peu de cas de, faire abstraction de, ne pas faire attention à, passer par-dessus; *hizo caso omiso de mis observaciones* il a fait peu de cas de mes observations; ignorer; *hace caso omiso de las leyes, del peligro* il ignore les lois, le danger ‖ *llegado el caso, si viene al caso* le cas échéant, à l'occasion ‖ *no hacer al caso* ne pas venir à propos, être déplacé ‖ *no hacerle caso a uno* ne pas faire attention à quelqu'un, négliger quelqu'un (no ocuparse), ne pas écouter quelqu'un (desobedecer) ‖ *no hizo caso* il n'a pas fait attention ‖ *poner por caso* prendre pour exemple, supposer ‖ *ponerse en el peor de los casos* mettre les choses au pis *o* pire ‖ *ser del caso, venir al caso* venir à propos, tomber bien ‖ *vamos al caso* allons au fait, venons-en au fait.

casón *m*; **casona** *f* grande bâtisse *f*.

casorio *m* FAM noce *f*, mariage.

caspa *f* pellicules *pl*.

Caspio (mar) *n pr m* GEOGR mer *f* Caspienne.

¡cáspita! *interj* FAM diable!, sapristi!

casposo, sa *adj* pelliculeux, euse; plein, e de pellicules.

casquería f triperie.
casquero m tripier (tripicallero) ‖ FIG *tener cosas de casquero* avoir de drôles d'idées.
casquete m calotte f, toque f (gorro) ‖ tour de cheveux (peluca) ‖ MED calotte f (de tiñoso) ‖ POP coup (cópula sexual); *echar un casquete* tirer un coup ‖ *casquete esférico, glaciar, polar* calotte sphérique, glaciaire, polaire.
casquillo m TECN frette f, bague f (anillo) ‖ culot, douille f (de lámpara); *casquillo de bayoneta, de rosca* culot à baïonnette, à vis ‖ douille f (cartucho) ‖ culot (parte metálica del cartucho) ‖ pointe f de flèche (de saeta) ‖ *(amer)* fer à cheval (herradura) ‖ porte-plume (portaplumas) ‖ FAM *a casquillo quitado* à gorge déployée, à ventre déboutonné (reír).
casquivano, na adj FAM écervelé, e; hurluberlu, e; tête en l'air (atolondrado).
cassette m o f TECN cassette f.
casta f race (familia, linaje); *perro de casta* chien de race ‖ FIG sorte, espèce, qualité (de las cosas) ‖ caste (en la India) ‖ IMPR fonte ‖ *de casta le viene al galgo el ser rabilargo* il a de qui tenir, bon chien chasse de race.
castaña f châtaigne (fruto), marron m (especie más gruesa que la común) ‖ dame-jeanne (botella) ‖ chignon m, marron *(p us)* ‖ FIG & FAM marron m, châtaigne (puñetazo); *arrear una castaña* flanquer un marron ‖ POP cuite (borrachera) ‖ — *castaña confitada* marron glacé ‖ *castaña de agua* châtaigne d'eau, macle, macre ‖ *castaña de Indias* marron d'Inde ‖ *castaña pilonga* ou *apilada* châtaigne séchée au four ‖ *castaña regoldana* châtaigne sauvage ‖ *¡castañas calentitas!* chauds les marrons! ‖ *parecerse como un huevo a una castaña* être le jour et la nuit ‖ FIG *sacar las castañas del fuego* tirer les marrons du feu.
castañal m; **castañar** m; **castañeda** f châtaigneraie f.
castañazo m FAM marron, châtaigne f (puñetazo) ‖ FAM *pegarse un castañazo contra* s'écraser contre.
castañero, ra m y f marchand, e de marrons.
castañeta f claquement m de doigts (chasquido) ‖ MÚS castagnette (instrumento).
castañetazo m claquement sonore des castagnettes o des doigts (chasquido) ‖ craquement des os (de los huesos) ‖ éclat, crépitement (de la castaña que revienta) ‖ FAM *pegarse un castañetazo contra* s'écraser contre.
castañetear v tr jouer des castagnettes (con castañetas) ‖ faire claquer (los dedos).
   ◆ v intr claquer des dents (los dientes) ‖ craquer (los huesos) ‖ cacaber (las perdices).
castañeteo m claquement de dents (de los dientes) ‖ craquement de huesos) ‖ bruit de castagnettes (de castañuelas).
castaño, ña adj châtain, e; marron *inv* (color); *una cabellera castaña* une chevelure châtain.
   ◆ m châtaignier, marronnier (árbol) ‖ — *castaño de Indias* marronnier d'Inde ‖ *castaño regoldano* châtaignier sauvage ‖ FIG & FAM *pasar de castaño oscuro* être trop fort, être le comble, être un peu raide, dépasser les bornes.
   — OBSERV Se usa sobre todo la forma masculina del adjetivo *châtain* aunque el femenino *châtaine* exista, pero se emplea sobre todo en lenguaje literario. El *marronnier* es una variedad de *châtaignier* que produce el fruto comestible llamado *marron*, de tamaño mayor que la *châtaigne sauvage*.

castañuela f MÚS castagnette ‖ souchet m (planta) ‖ FIG & FAM *alegre como unas castañuelas* gai comme un pinson.
castellanismo m mot o tournure f propre à la Castille.
castellanizar v tr hispaniser (una palabra).
castellano, na adj castillan, e (de Castilla) ‖ *paso castellano* pas allongé.
   ◆ m y f Castillan, e.
   ◆ m castillan, espagnol (lengua) ‖ châtelain (señor de un castillo) ‖ *a la castellana* à la mode de Castille.
castellano-leonés, esa adj y s de Castille-León.
castellanoparlante adj y s hispanophone, qui parle le castillan.
castellonense adj y s de Castellón de la Plana.
casticidad f; **casticismo** m pureté f, propriété f, raffinement m (en el lenguaje), respect m des usages, traditionalisme m (de las costumbres).
castidad f chasteté.
castigador, ra adj y s punisseur, euse *(p us)*; qui châtie (el que castiga).
   ◆ m FIG & FAM don Juan, bourreau des cœurs.
castigar v tr châtier, punir; *castigado por su temeridad* puni de sa témérité ‖ FIG affliger (afligir) ‖ malmener; *castigado por la vida* malmené par la vie ‖ châtier, corriger (un escrito) ‖ réduire (los gastos) ‖ FAM faire marcher (a las mujeres) ‖ TAUROM exciter (le taureau), avec des banderilles.
castigo m châtiment, punition f (sanción); *como castigo* comme châtiment, en punition ‖ FIG correction f d'un texte (literatura) ‖ pénalité f (en deportes) ‖ MIL punition f ‖ TAUROM blessure f faite au taureau pour l'exciter ‖ — *área de castigo* surface de réparation (fútbol) ‖ — *castigo ejemplar* châtiment exemplaire ‖ *castigo máximo* penalty (fútbol), coup de pied de réparation o de pénalité (rugby).
   — OBSERV La palabra *châtiment* implica una pena mucho más severa que la de *punition*.
Castilla n pr f GEOGR Castille ‖ FIG *¡ancha es Castilla! allons-y!*, l'avenir est à nous!
Castilla-La Mancha n pr f GEOGR Castille-la Manche [Nouvelle-Castille].
Castilla la Nueva n pr HIST & GEOGR Nouvelle-Castille.
Castilla la Vieja n pr HIST & GEOGR Vieille-Castille.
Castilla-León n pr f GEOGR Castille-León [Vieille-Castille].
castillo m château fort, château (edificio); *en Segovia hay un castillo* à Ségovie il y a un château fort ‖ BLAS château ‖ MAR château *(ant)*, gaillard ‖ — *castillo de fuego* pièce d'artifice, chevalet (pirotecnia) ‖ FIG *castillo de naipes* château de cartes ‖ *castillo de popa* gaillard d'arrière, dunette ‖ *castillo de proa* gaillard d'avant ‖ *castillo en la arena* château de sable ‖ — *levantar* ou *hacer castillos en el aire* bâtir o faire des châteaux en Espagne.
   — OBSERV Les demeures royales ou seigneuriales non fortifiées sont appelées en espagnol *palacios*: *el palacio de Versalles* le château de Versailles; mais on dit *los castillos del Loira* les châteaux de la Loire.
castizo, za adj pur, e; de bonne souche, cent pour cent, vrai, e (puro); *un madrileño castizo* un vrai Madrilène, un Madrilène cent pour cent ‖

casto

châtié, e (lenguaje); *estilo castizo* style châtié || typique, bien de chez nous (típico).
casto, ta *adj* chaste.
castor *m* castor (animal y su piel).
Cástor y Pólux *n pr* MIT Castor et Pollux.
castra; castración *f* castration || taille des arbres (poda).
castrado, da *adj* châtré, e; castré, e.
↦ *m* castrat.
castrar *v tr* châtrer, castrer (capar) || châtrer (una colmena) || AGRIC tailler (podar) || cicatriser (una llaga) || FIG affaiblir (debilitar).
castrense *adj* militaire; *una costumbre castrense* une coutume militaire || *capellán* ou *cura castrense* aumônier militaire.
castrismo *m* castrisme.
castrista *adj y s* castriste.
casual *adj* casuel, elle *(ant)*; accidentel, elle; fortuit, e; imprévu, e.
casualidad *f* hasard *m*; *por* ou *de casualidad* par hasard; *una verdadera casualidad* un pur hasard || *— dar la casualidad* advenir; *dio la casualidad que* il advint que; par hasard, juste; *dio la casualidad que en aquel momento saliera de su casa* juste à ce moment-là il sortait de chez lui.
casualmente *adv* par hasard, d'aventure.
casuario *m* casoar (ave).
casuca *f*; **casucha** *f*; **casucho** *m* bicoque *f*, baraque *f*.
casuista *m* casuiste.
casuístico, ca *adj y s f* casuistique.
casulla *f* ECLES chasuble.
cata *f* dégustation (acción de catar) || échantillon *m*, morceau *m* (porción) || *(amer)* perruche (cotorra) || *vender un melón a raja y cata* ou *a cala y cata* vendre un melon à la coupe *o* à la tranche [après avoir prélevé une tranche pour le faire goûter].
catabólico, ca *adj* BIOL catabolique.
catabolismo *m* BIOL catabolisme.
catacaldos *m inv* FIG & FAM touche-à-tout.
cataclismo *m* cataclysme.
catacumbas *f pl* catacombes (cementerio).
catador *m* dégustateur (que prueba alimentos) | prospecteur (que prospecta) || *catador de vino* tâte-vin, taste-vin.
catadura *f* dégustation || FIG & FAM mine, tête, air *m* (apariencia); *tener mala catadura* avoir une sale tête.
catafalco *m* catafalque.
catafaro; catafoto *m* cataphote, catadioptre.
catalán, ana *adj* catalan, e.
↦ *m y f* Catalan, e.
catalanidad *f* caractère *m* catalan.
catalanismo *m* catalanisme.
catalanista *adj y s* catalaniste.
catalejo *m* longue-vue *f*.
catalepsia *f* MED catalepsie.
cataléptico, ca *adj y s* cataleptique.
catálisis *f* QUÍM catalyse.
catalítico, ca *adj y s* catalytique.
catalizador, ra *adj y s m* QUÍM catalyseur.
catalizar *v tr* catalyser.
catalogación *f* catalogage *m*.
catalogar *v tr* cataloguer.

catálogo *m* catalogue.
Cataluña *n pr f* GEOGR Catalogne.
catamarán *m* catamaran.
cataplasma *f* cataplasme *m* (pasta medicinal) || FIG & FAM pot *m* de colle (pelmazo).
¡cataplum!; ¡cataplun! *interj* patatras!
catapulta *f* catapulte.
catapultar *v tr* catapulter.
catapún (del año) *loc* FAM du temps que la reine Berthe filait, de l'an mille, d'avant le Déluge.
catar *v tr* goûter (probar), déguster (el vino) || *(ant)* regarder (mirar), examiner, inspecter (examinar) || châtrer (colmenas) || *cata aquí que* voilà que; *cátate que* voilà que, etc.
catarata *f* chute; *las cataratas del Niágara* les chutes du Niagara || cataracte (salto) || MED cataracte (del ojo); *tener catarata* avoir la cataracte.
↦ *pl* FIG cataractes; *las cataratas del cielo* les cataractes du ciel.
catarral *adj* MED catarrhal, e.
catarro *m* catarrhe, rhume (palabra usual) || *catarro pradial* rhume des foins.
catarsis *f* catharsis.
catártico, ca *adj* cathartique.
catastral *adj* cadastral, e; *registros catastrales* registres cadastraux.
catastro *m* cadastre.
catástrofe *f* catastrophe.
catastrófico, ca *adj* catastrophique.
catastrofismo *m* catastrophisme.
catastrofista *adj y s* alarmiste, catastrophiste.
catavino *m* tâte-vin *inv*, taste-vin *inv*.
catavinos *m inv* dégustateur de vins (persona) || FIG & FAM poivrot, pilier de cabaret (bribón y borracho).
catch *m* catch (deporte) || *luchador de catch* catcheur.
catchup *m* CULIN ketchup.
cate *m* FAM coup de poing (puñetazo), gnon (golpe), baffe *f* (bofetada) | veste *f* (en un examen); *le han dado dos cates en física y en latín* il a ramassé une veste en physique et en latin.
cateador *m (amer)* prospecteur.
catear *v tr* chercher, guetter (buscar) || FAM recaler, coller, étendre (suspender); *me han cateado* je me suis fait étendre || *(amer)* prospecter (minas).
catecismo *m* catéchisme.
catecúmeno *m y f* catéchumène.
cátedra *f* chaire || FIG chaire || *— FIG cátedra del Espíritu Santo* chaire évangélique *o* du prédicateur || *cátedra de San Pedro* chaire de saint Pierre || *la cátedra apostólica* la chaire apostolique || *— clase ex cátedra* cours magistral || *oposición a una cátedra* agrégation || *opositor a una cátedra* agrégatif || *— poner cátedra* parler ex cathedra, pontifier (hablando), donner une leçon.
catedral *adj y s f* cathédrale || FIG & FAM *como una catedral* grand, énorme.
catedralicio, cia *adj* de la cathédrale.
catedrático, ca *m y f* professeur [d'université, dans un lycée, un collège]; *catedrático por oposición* professeur agrégé || *título de catedrático por oposición* agrégation.
categoría *f* catégorie || classe; *hotel de primera categoría* hôtel de première classe || échelon *m*

(grado) || rang *m*, classe; *categoría social* rang social; *persona de alta categoría* personne d'un rang élevé || standing *m*; *piso de gran categoría* appartement de grand standing || — *de mucha categoría* de grande classe || *de poca categoría* qui n'a pas de classe, quelconque || — *dar categoría* classer.

categórico, ca *adj* catégorique.

catenario, ria *adj y s f* TECN caténaire.
◆ *f* GEOM chaînette.

catequesis *f*; **catequismo** *m* catéchèse *f*, catéchisme *m*.

catequista *m y f* catéchiste.

catequizar *v tr* catéchiser || FIG catéchiser, endoctriner.

catering *m* AVIAC service de ravitaillement des avions.

caterva *f* bande, foule, ramassis *m*; *una caterva de pillos* une bande de fripons || tas *m*, amas *m*; *una caterva de cosas viejas* un tas de vieilleries || FAM tripotée, flopée; *había una caterva de policías* il y avait une tripotée d'agents.

catéter *m* MED cathéter (sonda).

cateto, ta *adj* FAM paysan, anne | rustre, grossier, ère.
◆ *m* GEOM cathète *f*, côté || FAM péquenot, croquant.
◆ *m y f* paysan, anne (paludro).

catgut *m* MED catgut.

catilinaria *f* catilinaire (sátira).

catinga *f* (*amer*) odeur désagréable (mal olor) | forêt clairsemée du Nord-Est du Brésil.

cation *m* FÍS cation.

catire; catiro, ra *adj y s* (*amer*) roux, rousse.

catite *m* petit pain de sucre (azúcar) || tape *f*, calotte *f* (golpe o bofetada) || *sombrero de catite* chapeau pointu || — FAM *dar catite a uno* rosser quelqu'un (golpear).

catódico, ca *adj* FÍS cathodique.

cátodo *m* FÍS cathode *f*.

catolicismo *m* catholicisme.

católico, ca *adj y s* catholique || FIG & FAM *no estar muy católico* être patraque (pachucho) || *no ser muy católico* ne pas être très catholique (un negocio), ne pas être très orthodoxe (no ser muy correcto).

catón *m* FIG caton, censeur sévère || premier livre de lecture (libro).

Catón *n pr* Catón.

catorce *adj y s m* quatorze (decimocuarto); *Luis XIV* (catorce), Louis XIV [quatorze] || quatorzième; *el siglo XIV* (catorce), le XIVe (quatorzième), siècle.

catorceno, na *adj* quatorzième.

catre *m* lit [pour une seule personne] || FAM pieu (cama) || *catre de tijera* ou *de viento* lit de sangle, lit de camp.

catrín *adj* (*amer*) petit-maître.

Catulo *n pr* Catulle.

caucáseo, a *adj y s* caucasien, enne.

caucásico, ca *adj y s* caucasique, caucasien, enne.

Cáucaso *n pr m* GEOGR Caucase.

cauce *m* lit [d'un cours d'eau] || canal, rigole *f* (acequia) || cuvette *f* (de un canal) || FIG voie *f*, chemin (vía) || cours (curso) || *volver a su cauce* rentrer dans son lit (un río), reprendre son cours (un asunto).

caución *f* caution, garantie (garantía) || cautionnement *m* (fianza) || couverture (en Bolsa) || DR *caución juratoria* caution juratoire.

caucionar *v tr* cautionner, garantir.

caucho *m* caoutchouc (goma elástica); *caucho vulcanizado* caoutchouc vulcanisé || *del caucho* caoutchoutier, ère.

cauchutado *m* caoutchoutage.

cauchutar *v tr* caoutchouter.

caudal *adj* de grand débit (río) || caudal, e (de la cola) || *águila caudal* aigle royal.

caudal *m* fortune *f*, capital, richesse *f*; *hombre de mucho caudal* homme d'une grande fortune || débit; *río de poco caudal* fleuve de peu de débit || FIG abondance *f*, quantité *f* (abundancia).

caudalímetro *m* débitmètre (contador).

caudaloso, sa *adj* abondant, e; de grand débit (río, manantial) || riche, fortuné, e; aisé, e (rico).

caudillaje; caudillismo *m* gouvernement d'un caudillo || (*amer*) domination *f* d'un chef, sorte de despotisme.

caudillo *m* capitaine, chef || caudillo [en Espagne] || FIG (*amer*) cacique, personnage influent.

causa *f* cause; *no hay efecto sin causa* il n'y a pas d'effet sans cause || cause, raison, motif *m*; *hablar sin causa* parler sans raison || DR cause, procès *m*, affaire (proceso); *instruir una causa* instruire une affaire || (*amer*) collation (comida ligera) || — FILOS *causa eficiente* cause efficiente | *causa final* cause finale | *causa formal* cause formelle | *causa material* cause matérielle | *causa primera* cause première || DR *causa pública* cause publique || — *a causa de* à cause de || *fuera de causa* hors de cause || *por causa tuya* à cause de toi, par ta faute || *por cuya causa* à cause de quoi || *por esta causa* pour cette raison || — *dar la causa por conclusa* déclarer la cause entendue || *hacer causa común* faire cause commune.

causahabiente *m* DR ayant cause.

causal *adj* GRAM causal, e.
◆ *f* cause, motif *m*.

causalidad *f* causalité; *principio de causalidad* principe de causalité || origine (origen).

causante *adj y s* causant, e; qui est la cause.

causar *v tr* causer, occasionner (ser causa) || *causar perjuicio* porter préjudice.

causticidad *f* causticité.

cáustico, ca *adj y s m* caustique.

cautamente *adv* avec précaution, prudemment; *obrar cautamente* agir avec précaution.

cautela *f* précaution, prudence, cautèle (*ant*).

cautelarse *v pr* se prémunir contre, se préserver de.

cauteloso, sa *adj* cauteleux, euse; fin, e; rusé, e (astuto) || prudent, e || *con paso cauteloso* à pas feutrés.

cauterio *m* cautère; *cauterio actual* cautère actuel || FIG remède énergique.

cauterización *f* cautérisation.

cauterizar *v tr* MED cautériser || FIG appliquer un remède énergique à.

cautivador, ra *adj* captivant, e; séduisant, e.
◆ *m y f* séducteur, trice.

cautivante *adj* captivant, e.

cautivar *v tr* faire prisonnier, capturer (a un enemigo) ‖ FIG captiver (la atención, a un auditorio) | captiver, séduire.

cautiverio *m*; **cautividad** *f* captivité *f*; *vivir en cautividad* vivre en captivité.

cautivo, va *adj y s* captif, ive ‖ *globos cautivos* ballons captifs.

cauto, ta *adj* prudent, e; avisé, e; circonspect, e.

cava *adj f* ANAT cave (vena).

cava *f* AGRIC labourage *m* à la main, binage *m* ‖ cave (donde se conserva el vino).

◆ *m* vin champagnisé catalan.

cavador *m* terrassier (de obras).

cavadura *f* creusage *m*, creusement *m* (excavación) ‖ TECN terrassement *m* ‖ AGRIC bêchage *m* (con la laya), binage *m* (con la azada).

cavar *v tr* creuser (excavar) ‖ AGRIC bêcher (con laya), biner (con azada) ‖ TECN terrasser.

◆ *v intr* FIG creuser, pénétrer, approfondir (ahondar) | méditer; *cavar en los misterios de la fe* méditer sur les mystères de la foi.

caverna *f* caverne ‖ caverne (en el pulmón).

cavernícola *adj y s* troglodyte (hombre) ‖ cavernicole (animales) ‖ FIG réactionnaire (en política).

cavernoso, sa *adj* caverneux, euse.

caviar *m* caviar (hueva de esturión).

cavidad *f* cavité.

cavilación *f* réflexion, méditation, cogitation.

cavilar *v intr* réfléchir, méditer, se creuser la tête, cogiter *(fam)*.

caviloso, sa *adj* pensif, ive (pensativo) ‖ préoccupé, e; soucieux, euse *(amer)* cancanier, ère (chismoso) | querelleur, euse (agresivo).

cayado *m* houlette *f* (de pastor) ‖ crosse *f* (de obispo) ‖ ANAT *cayado de la aorta* crosse de l'aorte.

Cayena *n pr* GEOGR Cayenne.

cayo *m* îlot rocheux, récif, caye (escollo).

caza *f* chasse; *ir de caza* aller à la chasse ‖ chasse, gibier *m* (animales que se cazan); *caza mayor, menor* gros, petit gibier ‖ MIL chasse ‖ *— a la espera* ou *al aguardo* ou *en puesto* chasse à l'affût ‖ *caza con perros, con hurón* chasse aux chiens, au furet ‖ *caza de altanería* chasse au faucon ‖ *caza de brujas* chasse aux sorcières ‖ *caza en ala* chasse à tir ‖ *caza furtiva* braconnage ‖ *caza ojeada* ou *de ojeo* battue ‖ *— coto de caza* chasse gardée ‖ *guarda de caza* garde-chasse ‖ *licencia* ou *permiso de caza* permis de chasse ‖ *vedado de caza* réserve de chasse ‖ *— andar a la caza de gangas* être à l'affût *o* à la recherche d'une bonne occasion ‖ *dar caza* donner la chasse à, faire la chasse à, prendre en chasse (a un animal, un ladrón, un avión, etc.), faire la chasse à (los honores) ‖ FIG *ir a la caza del hombre* faire la chasse à l'homme ‖ *levantar la caza* lever le lièvre.

caza *m* chasseur, avion de chasse ‖ *piloto de caza* chasseur, pilote de chasse.

cazabombardero *m* AVIAC chasseur-bombardier.

cazador, ra *adj* chasseur, euse [féminin poétique: *chasseresse*].

◆ *m* chasseur ‖ MIL chasseur (soldado) ‖ *— cazador de alforja* chasseur qui n'emploie pas d'armes à feu ‖ FIG *cazador de dotes* chasseur *o* coureur de dots ‖ *cazador furtivo* braconnier.

◆ *f* blouson *m*, vareuse (chaqueta).

cazadotes *m inv* coureur *o* chasseur de dots.

cazalla *f* eau-de-vie d'anis.

cazar *v tr* chasser (los animales) ‖ FIG & FAM dénicher, dégoter; *cazar un buen destino* dénicher une bonne place | attraper (coger) | débusquer (sorprender) | engluer, capturer dans ses filets (cautivar engañosamente) ‖ MAR border (las velas) ‖ *— FIG cazar en terreno vedado* marcher sur les plates-bandes de quelqu'un, chasser sur les terres d'autrui ‖ *cazar furtivamente* braconner ‖ FIG *cazar largo* voir loin, avoir du flair ‖ *cazar moscas* gober les mouches.

cazatalentos *m y f inv* chasseur de tête.

cazatorpedero *m* MAR contre-torpilleur.

cazcarria *f* crotte, boue (barro) ‖ *(amer)* crottin *m* (excremento).

cazo *m* louche *f*, cuiller *f* à pot (semiesférico y con mango) ‖ casserole *f* (vasija metálica con mango) ‖ *— TECN cazo de colada* poche de coulée ‖ *cazo eléctrico* bouilloire électrique.

cazolada *f* casserolée.

cazoleta *f* petite casserole ‖ bassinet *m* (de arma de fuego) ‖ coquille (de la espada) ‖ cassolette (para perfumar) ‖ fourneau *m*, talon *m* (de pipa).

cazoletear *v intr* FAM fourrer son nez partout.

cazoletero; cazolero *adj m y s m* touche-à-tout, fouille-au-pot.

cazón *m* chien de mer (pez).

cazuela *f* casserole, terrine (de arcilla) ‖ fait-tout *m* (de palastro) ‖ cocotte (de fundición) ‖ casserole, ragoût *m* (guiso) ‖ TEATR poulailler *m*, paradis *m* ‖ bonnet *m* (de sostén).

cazurro, rra *adj* renfermé, e; réservé, e (huraño) ‖ bourru, e (rudo) ‖ niais, e (tonto) ‖ têtu, e; tête de mule (testarudo) ‖ roublard, e (astuto).

c/c abrev de *cuenta corriente* C.C., compte courant.

CC abrev de *código civil* C.C., code civil ‖ abrev de *código de circulación* C.R., code de la route ‖ abrev de *cuerpo consular* C.C., corps consulaire.

CCE abrev de *Comisión de las Comunidades Europeas* C.C.E., Commission des communautés européennes.

CC OO abrev de *Comisiones Obreras* Commissions Ouvrières [syndicat espagnol].

CD abrev de *club deportivo* club sportif ‖ abrev de *cuerpo diplomático* C.D., corps diplomatique ‖ abrev de *compact disc* CD, Compact Disc, disque compact.

CDS abrev de *Centro Democrático y Social* Centre Démocratique et Social [parti politique espagnol].

CDTI abrev de *Centro para el Desarrollo Tecnológico e Industrial* Centre pour le développement technologique et industriel [Espagne].

CDU abrev de *clasificación decimal universal* C.D.U., classification décimale universelle.

ce *f* c *m* (letra).

CE abrev de *Consejo de Europa* CE, Conseil de l'Europe ‖ abrev de *Comunidad Europea* CE, Communauté européenne ‖ abrev de *constitución española* constitution espagnole.

ceba *f* nourriture, gavage *m* [pour l'engraissement des animaux] ‖ chargement *m* (de un horno) ‖ *(amer)* amorce (de un arma).

cebada f orge f y m (planta, semilla); *cebada perlada* orge perlé ‖ *a burro muerto, cebada al rabo* il est trop tard, après la mort le médecin.

cebadal m champ d'orge.

cebadera f musette [pour faire manger les animaux] ‖ coffre m à avoine ‖ MAR civadière (vela) ‖ TECN appareil m de chargement du gueulard (de un horno).

cebado, da adj gavé, e ‖ FAM gros, osse (gordo) ‖ *(amer)* féroce [se dit d'un fauve devenu plus féroce après avoir goûté à la chair humaine].

cebador m poire f à poudre, flasque f ‖ *(amer)* celui qui prépare le maté.

cebadura f gavage m, engraissement m, engraissage m (de un animal) ‖ amorçage m (de un arma) ‖ *(amer)* contenu m d'une calebasse de maté.

cebar v tr gaver, engraisser, nourrir (engordar un animal) ‖ amorcer, appâter (atraer los peces con un cebo) ‖ FIG alimenter, entretenir (lumbre) ‖ nourrir; *cebar con esperanza* nourrir d'espoir ‖ encourager (fomentar) ‖ MIL amorcer (armas) ‖ TECN charger (un horno) ‖ amorcer, mettre en marche (una máquina) ‖ *(amer) cebar el mate* préparer le maté.
◆ v intr FIG pénétrer (un clavo), mordre (un tornillo).
◆ v pr s'acharner (encarnizarse); *cebarse en uno* s'acharner sur quelqu'un; *se cebó conmigo* il s'acharna contre moi.

cebellina adj f y s f zibeline.

cebiche m *(amer)* soupe f de poisson froide.

cebo m nourriture f pour engraisser (para los animales) ‖ amorce f (para atraer los peces) ‖ appât, esche f, aiche f (lo que se pone en el anzuelo) ‖ amorce f (de un arma) ‖ combustible pour amorcer un four (mineral) ‖ FIG appât (señuelo) ‖ aliment (alimento) ‖ — *cebo artificial* leurre ‖ *cebo artificial de cuchara* cuiller (para la pesca).

cebo m → **cefo**.

cebolla f oignon m (planta y bulbo); *una ristra de cebollas* un chapelet d'oignons ‖ FIG roulure (de la madera) ‖ pomme d'arrosoir (de una regadera) ‖ FAM *(amer)* pouvoir m, autorité (mando); *agarrar la cebolla* prendre le pouvoir ‖ — BOT *cebolla albarrana* scille maritime ‖ *cebolla escalonia* échalote ‖ — BOT *tela de cebolla* pelure d'oignon.

cebollazo m FAM gnon.

cebolleta f BOT ciboulette, civette.

cebollino m petit oignon, ciboule f ‖ — FIG & FAM *escardar cebollinos* peigner la girafe, enfiler des perles ‖ *enviar a escardar cebollinos* envoyer planter ses choux, envoyer promener, envoyer paître.

cebollón m oignon doux.

cebón, ona adj gras, grasse; engraissé, e.
◆ m porc engraissé (puerco).

cebra f zèbre m (animal) ‖ *paso de cebra* passage pour piétons.

cebú m zébu (animal).

ceca f *(ant)* hôtel m de la Monnaie (Casa de la Moneda) ‖ *(amer)* pile [d'une pièce de monnaie] ‖ FAM *ir de la Ceca a la Meca* aller à droite et à gauche, aller de côté et d'autre.

cecear v intr zézayer [prononcer les s comme des z].
◆ v tr héler [faire *psst* ou *hé* pour appeler quelqu'un].

ceceo m zézaiement.
— OBSERV Le *ceceo* consiste exactement à prononcer les s comme des z. On trouve ce phénomène en Andalousie méridionale, particulièrement à Séville et à Cadix, et dans certaines parties d'Amérique telles que Puerto Rico, la Colombie et le Salvador.

cecina f viande séchée (al sol) o boucanée (con humo) ‖ *(amer)* bande o lamelle de viande séchée.

ceda f z m (letra) ‖ soie (cerda).

cedazo m tamis, sas, blutoir.

ceder v tr céder; *ceder un comercio, el paso* céder un commerce, le pas ‖ céder, donner; *ceder el sitio a una señora* donner sa place à une dame ‖ *ceda el paso* vous n'avez pas la priorité (señal de tráfico).
◆ v intr céder (someterse) ‖ céder; *el puente ha cedido* le pont a cédé ‖ renoncer, abandonner; *ceder en su derecho* renoncer à son droit ‖ baisser (la temperatura), s'apaiser, se calmer (el viento) ‖ le céder à quelqu'un (ser inferior).

cedilla f cédille.

cedizo, za adj faisandé, e (carnes).

cedro m cèdre (árbol) ‖ — *cedro de España* sabine ‖ *cedro del Líbano* cèdre du Liban.

cédula f billet m ‖ cédule (de reconocimiento de una deuda) ‖ *(amer)* carte d'identité (documentación) ‖ — DR *cédula de citación* exploit o cédule de citation ‖ *cédula de confesión* billet de confession ‖ *cédula de habitabilidad* certificat d'habitabilité ‖ ECON *cédula de inversiones* certificat d'investissement ‖ *(ant); cédula de vecindad* ou *personal* carte d'identité ‖ *cédula en blanco* blanc-seing ‖ DR *cédula hipotecaria* cédule hypothécaire ‖ *(ant) cédula real* brevet du roi.

CEE abrev de *Comunidad Económica Europea* C.E.E., Communauté économique européenne.

cefalalgia f MED céphalalgie.

cefalea f MED céphalée.

cefálico, ca adj céphalique.

cefalópodos m pl céphalopodes (moluscos).

cefalorraquídeo, a adj céphalo-rachidien, enne.

céfiro m zéphyr (viento) ‖ zéphyre (lienzo).

cegado, da adj aveuglé, e ‖ bouché, e (cerrado).

cegador, ra adj aveuglant, e; éblouissant, e.

cegar* v intr devenir aveugle (perder la vista) ‖ FAM *antes ciegues que tal veas* que jamais ne se réalisent les malheurs que tu prédis.
◆ v tr aveugler (quitar la vista) ‖ FIG combler (un pozo, una cañería) ‖ boucher, obstruer (paso o camino) ‖ aveugler (cerrar provisionalmente una vía de agua, etc.) ‖ aveugler; *le ciega la ira* la colère l'aveugle.

cegarra; cegarrita; cegato, ta; cegatón, ona adj y s FAM bigleux, euse; myope comme une taupe ‖ *a cegarritas* à l'aveuglette.

cegesimal adj cégésimal, e; *sistema cegesimal* système cégésimal.

ceguedad; ceguera f cécité (estado del que es ciego) ‖ FIG aveuglement m ‖ MED *ceguera verbal* cécité verbale.

CEI abrev de *Confederación de Estados Independientes* C.E.I., Communauté d'États indépendants.

ceja f sourcil m (del ojo) ‖ rebord m (borde saliente de un objeto) ‖ passepoil m (en la ropa) ‖ mors m (de un libro) ‖ crête (cumbre de una sierra) ‖ nuages m pl qui couronnent une montagne, queues-de-chat *pl* || MÚS sillet *m* (de guitarra, etc.) || ARQ larmier *m* (saledizo) || TECN boudin *m* (pestaña) || *(amer)* sentier *m* (vereda) || *— arquear las cejas* ouvrir grands les yeux || FIG & FAM *estar hasta las cejas* en avoir par-dessus la tête | *quemarse las cejas* piocher, bûcher (estudiar), se crever les yeux || *romper la ceja* rompre l'arcade sourcilière (boxeo) || FIG *tener a uno entre ceja y ceja* ou *entre cejas* avoir quelqu'un dans le nez, ne pas pouvoir voir quelqu'un | *tener* ou *meterse una cosa entre ceja y ceja* avoir *o* se mettre quelque chose dans la tête.

cejar *v intr* reculer || FIG renoncer; *no cejes en tu empeño* ne renonce pas à ton entreprise | céder, faiblir, lâcher prise (ceder) | baisser le ton (en una discusión).

cejijunto, ta *adj* aux sourcils épais qui se rejoignent || FIG renfrogné, e (ceñudo).

cejilla *f* sillet *m* (de la guitarra).

cejudo, da *adj* aux sourcils épais qui se rejoignent.

celada *f* salade (del casco) || FIG embuscade, guet-apens *m*; *caer en una celada* tomber dans un guet-apens | embûche, piège *m* (trampa) || *celada borgoñota* bourguignotte.

celador, ra *adj y s* zélateur, trice (que manifiesta celo).
◆ *m y f* surveillant, e (que vigila).

celaje *m* claire-voie *f* (claraboya) || FIG présage, pressentiment (presagio).
◆ *pl* nuages colorés [au crépuscule].

celar *v tr* surveiller (vigilar) || veiller; *celar la observancia de las leyes* veiller au respect des lois || celer (ocultar) || *(p us)* ciseler (grabar).

celda *f* cellule || *celda de castigo* cellule disciplinaire, cachot.

celdilla *f* cellule || BOT loge || FIG niche (hornacina) || *celdilla real* cellule royale (de las abejas).

celebérrimo, ma *adj* très célèbre.

celebración *f* célébration.

celebrar *v tr* célébrer (alabar) || célébrer (una ceremonia) || dire, célébrer (misa) || tenir (asamblea, concilio, etc.) || se réjouir de; *celebro su éxito* je me réjouis de son succès || conclure (un contrato) || fêter; *celebrar su cumpleaños* fêter son anniversaire || disputer (un partido de fútbol, etc.) || avoir (conversaciones, etc.) || *celebrar sesiones* ou *una reunión* siéger; *la Unesco celebra sus reuniones en París* l'Unesco siège à Paris.
◆ *v pr* avoir lieu, se tenir (tener lugar).

célebre *adj* célèbre || FAM amusant, e; drôle, rigolo, ote (gracioso) || *(amer)* beau, belle; gracieux, euse; charmant, e [surtout pour les femmes].

celebridad *f* célébrité.

celemín *m* boisseau (medida) || boisselée *f* (contenido).

celeridad *f* célérité *(p us)*, rapidité, vitesse (velocidad) || *con toda celeridad* en toute hâte, le plus rapidement possible.

celeste *adj* céleste (del cielo); *los espacios celestes* les espaces célestes || *el Celeste Imperio* le Céleste Empire.
◆ *adj y s m* bleu ciel (color).

celestial *adj* céleste (del cielo); *música celestial* musique céleste || FIG parfait, e; divin, e (delicioso) || FAM niais, e (simple, bobo) || FAM *todo eso es música celestial* tout ça c'est du vent.

celestina *f* FIG entremetteuse (alcahueta).

celiaco, ca *adj* cœliaque (intestinal).
◆ *f* flux *m* cœliaque (diarrea).

celibato *m* célibat (soltería) || FAM célibataire, vieux garçon (soltero).

célibe *adj y s* *(p us)* célibataire.

celical; célico, ca *adj* POÉT céleste.

celidonia *f* BOT chélidoine, éclaire.

celinda *f* seringa *m* (planta).

celo *m* zèle (cuidado); *mostrar demasiado celo* faire trop de zèle || jalousie *f* (envidia) || rut, chaleur *f* (de los animales); *estar en celo* être en rut *o* en chaleur.
◆ *pl* jalousie *f sing* (en amor); *celos infundados* jalousie injustifiée || *dar celos* rendre jaloux || *tener celos* être jaloux.

celofán *m*; **celófana** *f* (nombre registrado) Cellophane *f*.

celosamente *adv* avec zèle || jalousement.

celosía *f* jalousie (ventana) || treillis *m* (enrejado).

celoso, sa *adj y s* zélé, e (esmerado) || jaloux, ouse (que tiene celos); *celoso como un turco* jaloux comme un tigre || méfiant, e (receloso) || MAR léger, ère (embarcación) || *(amer)* sensible (un mecanismo) || *El celoso extremeño* le Jaloux d'Extrémadure (de Cervantes).

celta *m y f* Celte.
◆ *adj* celtique, celte.

Celtiberia *n pr f* HIST & GEOGR Celtibérie.

celtibérico, ca *adj* celtibère.

celtíbero, ra; celtibero, ra *adj* celtibère, celtibérien, enne.
◆ *m pl* Celtibères.

céltico, ca *adj y s* celtique.

célula *f* cellule (celda) || BIOL & ZOOL cellule || FIG cellule (política) || INFORM cellule || *— célula fotoeléctrica* cellule photo-électrique || *célula sanguínea* globule *m* [du sang] || *célula solar* cellule solaire [photopile].

celular *adj* ANAT cellulaire; *tejido celular* tissu cellulaire || *coche celular* fourgon *o* voiture cellulaire, panier à salade (fam).

celulitis *f* MED cellulite.

celuloide *m* celluloïd || *— celuloide rancio* vieux film || *llevar al celuloide* porter à l'écran (una película).

celulosa *f* QUÍM cellulose.

celulósico, ca *adj* cellulosique.

celuloterapia *f* traitement *m* de la cellulite.

cellisca *f* bourrasque de neige fondue.

cellisquear *v impers* tomber de la neige fondue.

cementación *f* TECN cémentation.

cementar *v tr* cimenter (con cemento) || TECN cémenter (un metal).

cementerio *m* cimetière || *— cementerio de automóviles* ou *de coches* cimetière de voitures || *cementerio nuclear* ou *radioactivo* dépôt de déchets radioactifs.

cemento *m* ciment; *cemento romano* ciment romain || béton (hormigón); *cemento armado* béton armé || cément (de los dientes) || FAM *tener una cara de cemento armado* avoir un culot monstre, être gonflé.

cempasúchil; cempoal *m* *(amer)* œillet d'Inde.

cena *f* dîner *m*, souper [comida]; *cena con baile* dîner dansant || Cène (de Jesucristo); *la Última Cena*

la Dernière Cène ‖ *cena de Nochebuena* ou *de Nochevieja* réveillon de Noël, du Jour de l'An.
— OBSERV La palabra *souper* sólo se emplea en los medios rurales o para designar la comida que se toma después de una función de noche.
cenáculo *m* cénacle.
cenacho *m* cabas (de esparto); *un cenacho de legumbres* un cabas de légumes.
cenado, da *adj* qui a dîné ‖ *estar cenado* avoir dîné.
cenador, ra *adj y s* dîneur, euse.
➤ *m* tonnelle *f*, charmille *f*, berceau (en un jardín).
cenagal *m* bourbier (sitio pantanoso) ‖ FIG & FAM bourbier, pétrin, guêpier; *estar metido en un cenagal* être dans le pétrin.
cenagoso, sa *adj* fangeux, euse; bourbeux, euse; boueux, euse; *camino cenagoso* chemin bourbeux.
cenar *v intr* dîner, souper ‖ — *cenar fuera* dîner en ville ‖ *quedarse sin cenar* ne pas dîner.
➤ *v tr* dîner de, manger pour le dîner; *ha cenado una tortilla* il a mangé une omelette pour son dîner, il a dîné d'une omelette.
— OBSERV Véase CENA.
cencerrada *f* charivari *m* (alboroto); *dar una cencerrada* donner un charivari.
cencerrear *v intr* sonnailler (agitar una campanilla) ‖ faire du bruit (hacer ruido) ‖ FIG & FAM gratter du violon *o* de la guitare (tocar mal) ‖ crier, grincer (una puerta, una ventana, una herradura) ‖ remuer, branler (un diente).
cencerreo *m* bruit de sonnailles ‖ tapage, vacarme (ruido).
cencerro *m* sonnaille *f*, clarine *f* (campanilla de los animales) ‖ — *a cencerros tapados* en tapinois, en catimini (secretamente) ‖ — FAM *estar como un cencerro* ou *más loco que un cencerro* être complètement fou, être fou à lier ‖ *mudarse a cencerros tapados* déménager à la cloche de bois.
cencuate *m* (*amer*) serpent venimeux du Mexique.
cendal *m* voile (velo) ‖ ECLES voile huméral.
➤ *pl* barbes *f* (de la pluma) ‖ essuie-plume *sing*.
cendra; cendrada *f* TECN cendrée (pasta de ceniza de huesos).
cenefa *f* bordure, lisière (borde) ‖ plinthe (de la pared).
cenetista *adj y s* militant, e de la CNT.
cenicero *m* cendrier.
Cenicienta *n pr f* Cendrillon.
ceniciento, ta *adj* cendré, e (color); *rubio ceniciento* blond cendré.
cenit *m* ASTR zénith.
cenital *adj* zénithal, e.
ceniza *f* cendre; *reducir a cenizas* réduire en cendres ‖ oïdium *m* (de la vid) ‖ enduit *m* (pintura) ‖ — *miércoles de Ceniza* mercredi des Cendres ‖ *remover las cenizas* remuer la cendre ‖ *tomar la ceniza* recevoir les cendres [le mercredi des Cendres].
➤ *pl* cendres (restos mortales) ‖ poussières; *cenizas radiactivas* poussières radioactives.
cenizo, za *adj* cendré, e (ceniciento).
➤ *m* oïdium (de la vid) ‖ FAM trouble-fête (aguafiestas) ‖ poisse *f*, guigne *f* (mala suerte); *tener el cenizo* avoir la guigne ‖ FAM *ser un cenizo* avoir le mauvais œil, porter la poisse.

cenobial *adj* cénobitique.
cenobio *m* monastère (monasterio).
cenobita *m y f* cénobite; *vivir como un cenobita* vivre en cénobite.
cenotafio *m* cénotaphe.
cenote *m* (*amer*) puits naturel.
censar *v tr* (*amer*) effectuer le recensement.
censatario, ria *m y f* DR censitaire.
censo *m* recensement, dénombrement (empadronamiento) ‖ DR cens (*ant*), redevance *f* (tributo) ‖ contrat de rente, rente *f* (renta); *censo muerto* rente perpétuelle; *censo al quitar* rente amortissable ‖ charge *f* (sobre una casa) ‖ bail (arrendamiento); *constituir un censo* passer un bail ‖ FIG gouffre; *este pleito es un censo* ce procès est un gouffre ‖ — *censo electoral* corps électoral ‖ DR *censo enfitéutico* emphytéose ‖ *censo reservativo* cession d'un bien immobilier en échange d'une redevance perpétuelle ‖ — FIG & FAM *ser un censo* grever le budget (ser costoso).
censor *m* censeur.
censual *adj* censuel, elle; censitaire (del censo).
censualista *m y f* censier, ère (quien percibe el censo).
censura *f* censure; *moción de censura* motion de censure ‖ blâme *m*; *incurrir en la censura* mériter un blâme ‖ *voto de censura* blâme.
censurable *adj* censurable, blâmable.
censurador, ra *adj* qui censure, qui blâme.
➤ *m* censeur.
censurar *v tr* censurer; *censurar una película* censurer un film ‖ censurer, blâmer, critiquer; *censurar a* ou *en uno su conducta* censurer la conduite de quelqu'un, blâmer la conduite de quelqu'un.
centaura; centaurea *f* BOT centaurée.
centauro *m* centaure.
centavo, va *adj y s* centième (centésimo).
➤ *m* (*amer*) centime, cent (moneda) ‖ FAM *estar sin un centavo* être sans le sou, ne pas avoir un sou.
centella *f* éclair *m* (rayo) ‖ foudre; *cayó una centella sobre el pararrayos de la torre* la foudre est tombée sur le paratonnerre de la tour ‖ étincelle (chispa) ‖ FIG lueur, trace (vestigio) ‖ (*amer*) anémone, renoncule ‖ — FIG *partir como una centella* partir comme un éclair ‖ *raudo como la centella* rapide comme l'éclair.
centellante; centelleante *adj* étincelant, e; scintillant, e.
centellar; centellear *v intr* scintiller, étinceler, briller; *su sortija centellea con el sol* sa bague scintille au soleil.
centelleo *m* scintillement (de las estrellas, de los diamantes) ‖ clignotement (de la luz).
centena *f* centaine.
centenada *f* centaine; *a centenadas* par centaines.
centenal; centenar *m* champ de seigle.
centenar *m* centaine *f* (centena); *a* ou *por centenares* par centaines; *centenares de hombres* des centaines d'hommes ‖ centenaire (centenario).
centenario, ria *adj y s* centenaire; *un viejo centenario de aspecto joven* un centenaire à l'air jeune.
➤ *m* centenaire; *el tercer centenario del nacimiento* le troisième centenaire de la naissance.
centeno, na *adj* (*p us*) centième (centésimo).
centeno *m* BOT seigle.

centesimal *adj* centésimal, e.
centésimo, ma *adj y s* centième ‖ *la centésima parte* le centième.
◆ *m* centième ‖ centime (centavo en Uruguay y Panamá).
centiárea *f* centiare *m* (medida agraria).
centígrado, da *adj y s m* centigrade.
centigramo *m* centigramme.
centilitro *m* centilitre.
centímetro *m* centimètre; *centímetro cúbico* centimètre cube.
céntimo, ma *adj* centième (centésimo).
◆ *m* centime (moneda).
centinela *m* MIL sentinelle *f*, factionnaire ‖ FIG sentinelle *f*; *hacer centinela* faire sentinelle ‖ — *centinela de vista* gardien de prison ‖ MIL *estar de centinela, hacer centinela* monter la garde, être de faction.
centiplicado, da *adj* centuplé, e.
centolla *f*; **centollo** *m* araignée *f* de mer.
centón *m* centon (poesía).
centrado, da *adj* centré, e; *una máquina mal centrada* une machine mal centrée ‖ BLAS cintré, e ‖ FIG équilibré, e; *una persona muy centrada* une personne très équilibrée.
◆ *m* centrage.
central *adj* central, e; *núcleo central* noyau central ‖ *casa central* maison mère.
◆ *f* centrale; *central hidroeléctrica, nuclear* centrale hydro-électrique, nucléaire ‖ central *m*; *una central telefónica* un central téléphonique ‖ standard *m* (teléfono interior) ‖ maison mère (casa matriz) ‖ — *central cooperativa* centre coopératif ‖ *central de correos* grande poste, bureau de poste principal ‖ *central eólica* centrale éolienne ‖ *central geotérmica* centrale géothermique ‖ *central hidráulica* centrale hydraulique ‖ *central obrera* centrale ouvrière ‖ *central solar* ou *heliotérmica* centrale solaire.
centralismo *m* centralisme.
centralista *adj y s* centraliste.
centralita *f* standard *m* (de teléfono).
centralización *f* centralisation.
centralizado, da *adj* centralisé, e.
centralizador, ra *adj y s* centralisateur, trice.
centralizar *v tr* centraliser.
centrar *v tr* centrer ‖ pointer (arma de fuego) ‖ concentrer (rayos de luz) ‖ FIG préciser, délimiter (un significado) | faire tourner autour; *centra su vida en la política* il fait tourner sa vie autour de la politique | axer; *centrar una novela sobre las cuestiones sociales* axer un roman sur les questions sociales.
◆ *v tr e intr* centrer (deportes).
◆ *v pr* FIG tourner autour, être axé.
céntrico, ca *adj* central, e; *barrios céntricos* quartiers centraux.
centrifugación *f* centrifugation.
centrifugador, ra *adj y s* centrifugeur, euse.
centrifugar *v tr* centrifuger.
centrífugo, ga *adj* centrifuge; *bomba centrífuga* pompe centrifuge.
centrípeto, ta *adj* centripète; *aceleración centrípeta* accélération centripète.

centrista *m y f* centriste (en política).
◆ *adj* centriste, du centre; *partido político centrista* parti politique centriste.
centro *m* centre (medio); *el centro de un círculo* le centre d'un cercle; *comprar algo en el centro* acheter quelque chose dans le centre ‖ FIG but, objectif (objeto principal) ‖ milieu; *en el centro de la calle* au milieu de la rue ‖ milieu; *en los centros diplomáticos* dans les milieux diplomatiques ‖ FIG foyer; *el centro de la rebelión* le foyer de la rébellion ‖ cercle (club) ‖ centre (en el fútbol) ‖ ANAT & MAT centre ‖ MED siège (de una enfermedad) ‖ *(amer)* gilet (chaleco) | jupe *f* (saya) ‖ — *centro* chut centretir (fútbol) ‖ *centro de atracción, de gravedad* centre d'attraction, de gravité ‖ *centro de desintoxicación* centre de désintoxication ‖ *centro de interés* centre d'intérêt ‖ *centro de mesa* chemin de table (tapete), surtout, coupe (recipiente) ‖ *centro nervioso* centre nerveux ‖ *en el mismísimo centro* au beau milieu, en plein milieu ‖ — FIG *estar en su centro* être dans son élément ‖ *(amer) hacer centro* faire mouche.
centroamericano, na *adj y s* de l'Amérique centrale.
centrocampista *m y f* DEP demi (en el fútbol).
centroeuropeo, a *m y f* Européen, enne du Centre.
◆ *adj* de l'Europe centrale.
centrosoma *m* BIOL centrosome.
centuplicado, da *adj* au centuple, centuplé, e.
centuplicar *v tr* centupler.
céntuplo, a *adj y s m* centuple.
centuria *f* siècle *m*, centurie (siglo) ‖ centurie (división del ejército romano).
centurión *m* HIST centurion.
cenzonte; cenzontle *m* *(amer)* moqueur (pájaro).
ceñido, da *adj* économe ‖ ajusté, e; *un vestido muy ceñido* une robe très ajustée ‖ moulant, e; *una camiseta ceñida* un gilet de corps moulant ‖ pédiculé, e (los insectos).
ceñidor *m* ceinture *f* (cinturón), cordelière *f* (cordón).
ceñir* *v tr* serrer (apretar); *esta cintura no me ciñe bien* cette ceinture ne me serre pas bien ‖ ceindre, entourer; *ceñir la frente de rosas* ceindre le front de roses; *el mar ciñe la tierra* la mer entoure la terre ‖ entourer, encadrer; *cabellos negros que ciñen un rostro* cheveux noirs qui encadrent un visage ‖ mouler (ajustar); *camiseta que ciñe el busto* maillot qui moule le buste ‖ ceinturer (abrazar); *ceñir a un adversario* ceinturer un adversaire ‖ abréger (una narración).
◆ *v pr* se modérer, se resteindre (en los gastos) ‖ se modérer (en las palabras) ‖ se limiter à, s'en tenir à; *me ciño a lo que se ha dicho* je m'en tiens à ce qui a été dit ‖ se faire (amoldarse) ‖ coller; *este traje se ciñe al cuerpo* cette robe colle au corps ‖ TAUROM s'approcher très près [du taureau] ‖ — *ceñirse a* serrer; *hay que ceñirse al tema* il faut serrer le sujet; *ceñirse a la derecha* serrer à droite ‖ *ceñirse a la curva* prendre un tournant à la corde (en una carrera).
ceño *m* froncement de sourcils ‖ bourrelet (del casco del caballo) ‖ FIG aspect imposant et menaçant ‖ *fruncir el ceño* froncer les sourcils.
ceñudo, da *adj* renfrogné, e; sombre, taciturne.

CEOE abrev de *Confederación Española de Organizaciones Empresariales* Confédération espagnole des organisations patronales.

cepa *f* cep *m*, pied *m* de vigne (vid) ∥ souche (tronco de árbol, de un virus) ∥ FIG souche (origen de una persona); *de pura* ou *de vieja cepa* de vieille souche ∥ pilier *m* (de un puente).

cepillado *m*; **cepilladura** *f* rabotage *m* (carpintería) ∥ brossage *m* (de un vestido).
➤ *pl* copeaux *m*.

cepilladora *f* raboteuse (en carpintería).

cepillar *v tr* brosser (los trajes, etc.) ∥ raboter (carpintería).
➤ *v pr* POP recaler, coller, étendre (en un examen), bousiller, zigouiller (matar).

cepillo *m* tronc (en las iglesias) ∥ rabot (carpintería) ∥ brosse *f*; *cepillo de la ropa, de dientes, de la cabeza* brosse à habits, à dents, à cheveux; *cepillo para el suelo, las uñas, los zapatos* brosse à parquet, à ongles, à chaussures ∥ — *al cepillo* en brosse (los cabellos) ∥ *cepillo bocel* mouchette (herramienta) ∥ *cepillo para fregar* lavette.

cepo *m* rameau, branche *f* d'arbre (rama) ∥ billot (para el yunque) ∥ rouet à dévider la soie, guindre *f* (para la seda) ∥ cep (instrumento de tortura) ∥ traquenard (trampa) ∥ tronc (en las iglesias) ∥ TECN boulon de butée (ferrocarriles) ∥ ZOOL sajou, sapajou (mono) ∥ sabot de Denver (para bloquear un automóvil) ∥ — *caer en el cepo* tomber dans le piège ∥ *cepo de campaña* ou *colombiano* crapaudine (castigo militar) ∥ MAR *cepo del ancla* jas.

ceporro *m* vieux cep bon à brûler, sarment sec ∥ FAM poussah, patapouf (persona muy gruesa) ∥ bûche *f*, cruche *f*, soliveau (estúpido).

CEPSA abrev de *Compañía Española de Petróleos, SA* Compagnie espagnole des pétroles.

CEPYME abrev de *Confederación Española de la Pequeña y Mediana Empresa* Confédération espagnole des petites et moyennes entreprises.

cera *f* cire; *cera amarilla, blanca, vegetal* cire jaune, blanche, végétale ∥ fart *m* (para los esquíes) ∥ *(amer)* bougie, cierge *m* (vela) ∥ — *cera aleda* propolis ∥ *cera de abejas* cire d'abeille ∥ MED *cera de los oídos* cérumen, cire ∥ *cera mineral* cire minérale ∥ ARTES *cera perdida* cire perdue ∥ *cera virgen* cire vierge ∥ — FIG *amarillo como la cera* jaune comme un citron *o* comme un coing ∥ — *estar pálido como la cera* avoir un teint de papier mâché.
➤ *pl* alvéoles *m* d'une ruche (alvéolos).

cerafolio *m* cerfeuil (planta).

cerámica *f* céramique.

cerámico, ca *adj* céramique ∥ *gres cerámico* grès cérame.

ceramista *m y f* céramiste.

cerbatana *f* sarbacane ∥ cornet *m* acoustique (para los sordos).

Cerbero; cancerbero *n pr* MIT Cerbère.

cerca *f* clôture, enceinte.

cerca *adv* près; *vivimos muy cerca* nous habitons tout près; *no te pongas tan cerca* ne te mets pas si près ∥ — *cerca de* près de, environ (aproximadamente); *cerca de mil muertos* près de mille morts; auprès de; *intervenir cerca de uno* intervenir auprès de quelqu'un ∥ *cerca de mí, de ti, etc.* près de moi, de toi, etc. ∥ *de cerca* de près; *mirar de cerca* regarder de près ∥ *embajador cerca de la Santa Sede* ambassadeur près le Saint-Siège *o* auprès du Saint-Siège ∥ *muy de cerca* de très près.
➤ *m pl* ARTES premiers plans.
— OBSERV Usado absolutamente, *cerca* se traduce con preferencia por *tout près* (cerquita).
— OBSERV *Auprès de* indica mayor proximidad que *près de*.

cercado *m* enclos (huerto) ∥ clôture *f* (valla) ∥ *(amer)* division *f* territoriale.

cercanía *f* proximité; *trabaja en la cercanía de su casa* il travaille à proximité de chez lui.
➤ *pl* alentours *m*, environs *m* (alrededores); *vive en las cercanías de París* il vit aux environs de Paris ∥ banlieue *sing* (suburbios); *tren de cercanías* train de banlieue.

cercano, na *adj* proche, rapproché, e (próximo, inmediato) ∥ voisin, e; *ir a un pueblo cercano* aller à un village voisin ∥ — *cercano a su fin* proche de sa fin ∥ *Cercano Oriente* Proche-Orient.

Cercano Oriente; Próximo Oriente *n pr* GEOGR Proche-Orient.

cercar *v tr* clore, clôturer (rodear con una cerca) ∥ MIL assiéger, encercler, cerner (sitiar) ∥ entourer, cerner (por la muchedumbre).

cercén (a) *loc adv* à ras, ras; *cortar a cercén* couper à ras, couper ras.

cercenadura *f*; **cercenamiento** *m* rognure *f* (parte cortada) ∥ rognage *m*, retranchement *m*, raccourcissement *m* (acción de cercenar) ∥ raccourcisement *m*, réduction *f* (de un texto, discurso)

cercenar *v tr* rogner, retrancher (cortar el borde) ∥ FIG diminuer, réduire (disminuir); *cercenar el gasto* réduire la dépense ∣ rogner (suprimir una parte de); *cercenar un sueldo* rogner un salaire ∣ raccourcir, réduire (un texto).

cerceta *f* sarcelle (ave).
➤ *pl* dagues (del ciervo).

cerciorar *v tr* assurer.
➤ *v pr* s'assurer; *cerciorarse de un hecho* s'assurer d'un fait.

cerco *m* cercle (lo que rodea) ∥ cercle (aro de tonel) ∥ ceinture *f* (de las ruedas) ∥ cercle (corrillo) ∥ cerne (figura mágica) ∥ cerne (de una mancha) ∥ ASTR halo (corona, halo) ∥ cadre (marco de puerta, etc.) ∥ MIL siège (asedio); *alzar* ou *levantar el cerco* lever le siège ∥ *(amer)* enclos (cercado), clôture *f* (cerca), haie *f* vive (seto vivo) ∥ tour (vuelta) ∥ — *cerco policiaco* cordon de police ∥ — MIL *poner cerco* mettre le siège, assiéger ∣ *poner cerco al enemigo* cerner l'ennemi.

cerchear *v intr* se gauchir (alabearse).

cerda *f* soie (del cerdo) ∥ crin *m* (del caballo) ∥ truie (hembra del cerdo) ∥ soie, soyon *m* (enfermedad del cerdo) ∥ collet *m* (lazo para la caza) ∥ récolte, gerbe (mies segada) ∥ *ganado de cerda* porcs, porcins.

cerdada *f* FAM cochonnerie (guarrada).

cerdear *v intr* fléchir les pattes antérieures (los animales) ∥ MÚS sonner faux (un instrumento) ∥ FIG & FAM regimber, se défiler (resistir) ∥ *(amer)* tailler la crinière et la queue des chevaux (cortar la cerda a un caballo).

cerdo *m* porc, cochon (puerco) ∥ FIG & FAM cochon ∥ — *carne de cerdo* viande de porc ∥ *cerdo marino* marsouin.

cerdoso, sa *adj* couvert de soies ∥ sétacé, e (semejante a la cerda del puerco) ∥ comme du crin; *barba cerdosa* barbe comme du crin.

cereal *m* céréale *f*.
◆ *pl* fêtes *f* en l'honneur de Cérès.
cerealista *adj y s m* céréalier, ère; *región cerealista* région céréalière ‖ *congreso cerealista* congrès de céréalistes.
cerebelo *m* ANAT cervelet.
cerebral *adj y s* cérébral, e.
cerebro *m* ANAT cerveau ‖ FIG cerveau (inteligencia) ‖ — *cerebro electrónico* cerveau électronique ‖ FIG *torturar su cerebro* se creuser la cervelle, se torturer les méninges.
cerebroespinal *adj* cérébro-spinal, e.
cerecilla *f* piment *m* rouge (guindilla).
ceremonia *f* cérémonie ‖ façons *pl*, cérémonie, manières *pl* (cumplidos); *andarse con ceremonias* faire des cérémonies o des façons ‖ — *con gran ceremonia* en grande cérémonie, en grande pompe (*fam*) ‖ *de ceremonia* cérémonieux, euse ‖ *por ceremonia* par politesse.
ceremonial *m* cérémonial.
◆ *adj* cérémoniel, elle.
ceremonioso, sa *adj* cérémonieux, euse.
céreo, a *adj* de cire, cireux, euse.
cereza *f* cerise (fruta) ‖ (*amer*) écorce du grain de café (de café), cerise (grano de café) ‖ — *cereza gordal* ou *garrafal* bigarreau ‖ *cereza mollar* cerise commune ‖ *cereza pasa* cerisette ‖ *cereza póntica* griotte, guigne ‖ *cereza silvestre* merise.
cerezal *m* cerisaie *f* (plantío de cerezos).
cerezo *m* cerisier (árbol) ‖ — *cerezo aliso* merisier à grappes, putier ‖ *cerezo silvestre* merisier.
cerilla *f* allumette (fósforo); *una caja de cerillas* une boîte d'allumettes ‖ rat *m* de cave, queue-de-rat (vela) ‖ cérumen *m* (cera de los oídos).
cerillera *f*; **cerillero** *m* boîte *f* d'allumettes ‖ marchand, e d'allumettes et de cigarettes ‖ poche *f* pour les allumettes.
cerillo *m* → **cerilla**.
cerio *m* QUÍM cérium (metal raro).
cermeña *f* muscadelle (variedad de pera).
cermeño *m* poirier muscadelle (peral) ‖ FIG rustre, brute *f* (tosco).
cernedor *m* blutoir, bluteau, tamis (cedazo) ‖ bluteur, sasseur (persona).
cerneja *f* fanon *m* (del caballo).
cerner* *v tr* bluter (la harina), tamiser (cualquier materia) ‖ FIG observer, scruter; *cerner el horizonte* scruter l'horizon ‖ épurer, purifier (los pensamientos, las acciones).
◆ *v intr* être en fleur (florecer) ‖ bruiner, pleuviner (llover muy fino).
◆ *v pr* planer (los pájaros, los aviones) ‖ FIG planer, menacer (un peligro) ‖ se balancer (al andar).
cernícalo *m* ZOOL buse *f*, crécerelle *f* (pájaro) ‖ FIG & FAM butor, buse *f*, patate *f*, cruche *f* (tonto) ‖ POP cuite *f*; *coger* ou *pillar un cernícalo* prendre une cuite.
cernido *m* criblage, blutage (acción de cerner) ‖ farine *f* blutée (harina).
cernidor *m* → **cedazo**.
cernidura *f* criblage *m*, blutage *m* (cernido).
◆ *pl* criblures (residuos del cernido).
cernir* *v tr* → **cerner**.
cero *m* MAT & FÍS zéro; *cero absoluto* zéro absolu; *seis grados bajo cero* six degrés au-dessous de zéro ‖ rien (tenis); *cuarenta a cero* quarante à rien ‖ — FIG & FAM *estar a cero* être fauché ‖ *ser un cero* ou *un cero a la izquierda* être une nullité o un zéro o un zéro tout rond.
ceroso, sa *adj* cireux, euse; *tez cerosa* teint cireux.
cerote *m*; **cerapez** *f* poix *f* de cordonnier ‖ FIG & FAM frousse *f*, trouille *f* (miedo).
cerquillo *m* couronne *f*, tonsure *f* (tonsura de monje) ‖ trépointe *f* (del calzado) ‖ (*amer*) frange *f* (flequillo).
cerquita *adv* tout près.
cerrado, da *adj* fermé, e; *puerta cerrada* porte fermée ‖ FIG caché, e; *el sentido cerrado de una carta* le sens caché d'une lettre ‖ resserré, e (poro) ‖ couvert, e; nuageux, euse (cielo) ‖ dru, e (lluvia) ‖ touffu, e; épais, aisse (espeso), abondant, e; fourni, e (abundante); *una barba cerrada* une barbe touffue ‖ FIG & FAM renfermé, e; peu communicatif, ive (poco expansivo) ‖ bouché, e (muy torpe); *cerrado de mollera* bouché à l'émeri ‖ à l'accent très marqué o prononcé; *hablar un andaluz cerrado* parler avec un accent andalou très marqué ‖ nourri, e; fourni, e; *unos aplausos cerrados* des applaudissements nourris ‖ — *cerrado por obras* en travaux ‖ *curva muy cerrada* virage en épingle à cheveux ‖ *noche cerrada* nuit noire o close ‖ MIL *orden cerrado* formation en masse ‖ *pliego* ou *sobre cerrado* lettre cachetée, pli cacheté ‖ *testamento cerrado* testament secret o mystique ‖ — *a ojos cerrados* les yeux fermés ‖ *a puerta cerrada* à huis clos ‖ — *tomar la curva muy cerrada* prendre un virage à la corde.
◆ *m* clôture *f*, enclos (cercado) ‖ FIG & FAM personne *f* bornée (poco inteligente) ‖ *oler a cerrado* sentir le renfermé.
cerrador *m* fermoir.
cerradura *f* serrure (para cerrar); *cerradura de seguridad* serrure de sûreté ‖ fermeture (acción de cerrar) ‖ — *cerradura antirrobo* antivol ‖ *cerradura de combinación* serrure à combinaison ‖ *cerradura embutida* serrure cachée o affleurée.
cerrajería *f* serrurerie.
cerrajero *m* serrurier.
cerrar* *v tr* fermer (una caja, un cajón, una puerta); *cerrar con llave* fermer à clef; *cerrar con dos vueltas* fermer à double tour ‖ fermer (los ojos, la mano, las piernas, etc.) ‖ fermer, plier (un paraguas, un abanico) ‖ fermer (un puerto) ‖ barrer (un camino); *cerrar el paso* barrer la route ‖ boucher (una abertura, un conducto) ‖ boucler (un cinturón) ‖ refermer (una herida) ‖ serrer (unir estrechamente); *cerrar las filas* serrer les rangs ‖ clore, mettre fin, mettre un point final à (una discusión, un debate) ‖ conclure; *cerrar un trato* conclure un marché ‖ clore (un contrato, un negocio) ‖ clore (suscripción, empréstito, etc.) ‖ clore, clôturer, arrêter (una cuenta) ‖ fermer, cacheter (una carta) ‖ fermer (ir detrás); *cerrar la marcha* fermer la marche ‖ — FIG & FAM *cerrar con siete llaves* fermer à double tour ‖ POP *cerrar el pico* fermer o clouer le bec, la boucler, la fermer ‖ *cerrar en falso* fermer à faux ‖ *cerrar los ojos a la realidad* fermer les yeux sur la réalité ‖ — (*ant*) *¡Cierra España!* à l'attaque!, en avant!
◆ *v intr* fermer (cerrarse); *ventana que cierra mal* fenêtre qui ferme mal ‖ démarquer (un caballo) ‖ rabattre (géneros de punto) ‖ — FIG *cerrar con*

ou *contra uno* fondre sur quelqu'un, tomber sur quelqu'un || *la noche está cerrada* il fait nuit noire.
◆ *v pr* se fermer (una herida, una flor, etc.) | faire une queue de poisson; *el camión se me ha cerrado* le camion m'a fait une queue de poisson || FIG s'obstiner, s'entêter; *se cierra en callar* il s'obstine à garder le silence || se couvrir, se boucher (el cielo, el horizonte) || — *cerrarse a la* ou *por* ou *en banda* s'entêter, s'obstiner || *cerrarse en falso* mal cicatriser (una herida).

cerrazón *f* obscurité, assombrissement *m* du ciel [qui précède un orage] || FIG étroitesse d'esprit || (amer.) contrefort *m* d'une chaîne de montagnes (contrafuerte).

cerril *adj* accidenté, e (terreno) || sauvage (animal) || FIG & FAM grossier, ère; rustre (tosco).

cerro *m* coteau, colline *f* (colina), butte *f*, tertre (otero) || cou (cuello del animal) || croupe *f* (espalda del animal) || quenouille *f* (de lino o cáñamo) || — *cerro testigo* butte témoin || FIG & FAM *echar* ou *irse por los cerros de Úbeda* divaguer, battre la campagne (divagar), s'éloigner du sujet, être à cent lieues du sujet (salirse del tema).

cerrojazo *m* fermeture *f*, verrouillage brusque || *dar cerrojazo* fermer [boutique].

cerrojo *m* verrou || verrou (del fusil) || béton, verrou (en fútbol), bétonneur (jugador) || — *cerrar con cerrojo, echar* ou *correr el cerrojo* fermer au verrou, mettre le verrou à, verrouiller || *descorrer el cerrojo* tirer o ouvrir le verrou.

certamen *m* duel (desafío), joute *f* (torneo) || FIG concours [littéraire, etc.]; *participar en un certamen* participer à un concours | joute *f* oratoire (oratoria).

certero, ra *adj* adroit, e || juste; *tiro certero* tir juste || sûr, e; fondé, e (cierto).

certeza; certidumbre *f* certitude, assurance; *tener la certeza que* avoir la certitude que || exactitude, authenticité (autenticidad).

certificación *f* certification (acción de certificar) || recommandation (de una carta) || certificat *m* (certificado).

certificado, da *adj* recommandé, e (carta) || *por certificado* sous pli recommandé.
◆ *m* certificat || brevet d'études (diploma) || — ECON *certificado de depósito* certificat de dépôt || *certificado de favor* certificat de complaisance || *certificado de penales* extrait de casier judiciaire || *certificado médico* certificat médical.
◆ *pl* objets recommandés.

certificar *v tr* certifier, assurer (asegurar) || recommander (las cartas).

certitud *f* certitude (certeza).

cerúleo, a *adj* céruléen, enne (celeste).

cerumen *m* cérumen (cerilla de los oídos).

ceruminoso, sa *adj* cérumineux, euse.

cerval *adj* cervin, e; du cerf || — *gato cerval* chat-cervier || *lobo cerval* loup-cervier || *miedo cerval* peur bleue.

cervantesco, ca; cervántico, ca; cervantino, na *adj* relatif à Cervantes o à son style, cervantesque.

cervantista *adj y s* cervantiste, personne occupée à l'étude des œuvres de Cervantes.

cervatillo *m* ZOOL porte-musc.

cervato *m* ZOOL faon (ciervo).

cervecería *f* brasserie (fábrica y tienda).

cervecero *m* brasseur.

cerveza *f* bière; *cerveza dorada, negra* bière blonde, brune || *cerveza de barril* bière (à la), pression.

cervical *adj* cervical, e.

cérvidos *m pl* ZOOL cervidés.

Cervino (monte) *n pr* GEOGR mont Cervin.

cerviz *f* nuque (nuca) || — FIG *bajar* ou *doblar* ou *humillar la cerviz* courber la tête o le front o l'échine | *levantar la cerviz* lever la tête | *ser de dura cerviz* être une forte tête.

cesación *f*; **cesamiento** *m* cessation *f*; *cesación de pagos* cessation de paiement || *cesación a divinis* interdit.

cesante *adj* mis à pied o en disponibilité, révoqué de ses fonctions || suspendu, e; en non-activité (un funcionario) || — *dejar cesante* remercier, révoquer, relever de ses fonctions || *lucro cesante* manque à gagner.
◆ *m y f* fonctionnaire en disponibilité.

cesantear *v tr* (amer.) licencier, renvoyer.

cesantía *f* mise à pied (de un funcionario), révocation (despido) || disponibilité, non-activité (sin trabajo) || pension [d'employé en disponibilité] || congé *m* d'inactivité (descanso).

cesar *v intr* cesser, prendre fin || — *cesar en el cargo* cesser ses fonctions || *cesar en sus quejas* cesser ses plaintes || *sin cesar* sans cesse, sans arrêt.
◆ *v tr* démettre de ses fonctions, révoquer.

César *n pr m* César (emperador) || *hay que dar a Dios lo que es de Dios y al César lo que es del César* il faut rendre à César ce qui est à César et à Dieu ce qui est à Dieu.

cesáreo, a *adj* césarien, enne.
◆ *adj f y s f* césarienne (operación).

cese *m* cessation *f* || ordre de cessation de paiement || révocation *f* d'un fonctionnaire.

cesibilidad *f* cessibilité.

cesible *adj* DR cessible.

Cesid abrev de *Centro Superior de Información de la Defensa* Centre supérieur de renseignements de la Défense [services d'espionnage espagnols].

cesio *m* césium, c; aesium (metal).

cesión *f* cession; *cesión de tierras, de bienes* cession de terres, de biens.

cesionario, ria *m y f* cessionnaire.

cesionista *m y f* cédant, e (que hace cesión de bienes).

césped *m* gazon, pelouse *f*; *cortar el césped* tondre la pelouse || *césped inglés* gazon anglais.

cesta *f* panier *m* (recipiente de mimbre, etc.) || chistera *m* [pour jouer à la pelote basque] || panier *m* (en el juego del baloncesto) || — *cesta de labores* panier à ouvrage || FIG *cesta de la compra* panier de la ménagère || *cesta de Navidad* colis de Noël || FIG & FAM *llevar la cesta* tenir la chandelle, chaperonner.

cestería *f* vannerie.

cestero, ra *m y f* vannier, ère.

cesto *m* panier, corbeille *f*; *cesto de los papeles* corbeille à papiers || manne *f* (cesto grande) || ceste (guante de atletas) || *quien hace un cesto hará ciento* qui a bu boira, qui vole un œuf vole un bœuf.

cesura *f* POÉT césure (verso).

ceta *f* → *zeta*.

cetáceo *m* ZOOL cétacé.
Cetme *m* (nombre registrado) MIL fusil d'assaut espagnol.
cetona *f* QUÍM cétone.
cetrería *f* fauconnerie.
cetrero *m* fauconnier.
cetrino, na *adj* citrin, e *(p us)*; olivâtre (color) ‖ FIG mélancolique.
cetro *m* sceptre (insignia de mando) ‖ canne *f* (de capellán) ‖ perchoir (para halcones) ‖ FIG sceptre (reinado) ‖ *cetro de bufón* marotte ‖ *empuñar el cetro* monter sur le trône.
ceutí *adj y s* de Ceuta.
CF abrev de *caballo de fuerza* HP [cheval-vapeur britannique] ‖ abrev de *club de fútbol* FC, football-club.
CI abrev de *coeficiente de inteligencia* Q.I., quotient intellectuel.
Cía. abrev de *Compañía* Cie, Compagnie.
CIA abrev de *Central Intelligence Agency* CIA, agence centrale de renseignements des États-Unis.
ciaboga *f* MAR virement *m* de bord.
cianosis *f* MED cyanose.
cianuro *m* QUÍM cyanure.
ciar *v intr* reculer, marcher à reculons (retroceder) ‖ MAR scier (remar) ‖ renoncer, abandonner; *ciar en sus pretensiones* renoncer à ses prétentions, abandonner ses prétentions | renverser (el vapor).
ciático, ca *adj y s f* MED sciatique.
cibernético, ca *adj y s* cybernéticien, ienne; cybernétique.
◆ *f* cybernétique.
cicatear *v intr* FAM lésiner.
cicatería *f* lésinerie, ladrerie.
cicatero, ra *adj y s* lésineur, euse; avare, chiche, ladre.
cicatriz *f* cicatrice.
cicatrizable *adj* cicatrisable.
cicatrización *f* cicatrisation.
cicatrizado, da *adj* cicatrisé, e.
cicatrizante *adj y s m* cicatrisant, e.
cicatrizar *v tr* cicatriser.
cícero *m* IMPR cicéro.
cicerón *m* beau parleur, orateur-né.
Cicerón *n pr* Cicéron.
cicerone *m* cicerone (guía).
ciclamen; ciclamino *m* BOT cyclamen.
cíclico, ca *adj* cyclique.
ciclismo *m* cyclisme.
ciclista *adj y s* cycliste; *carrera ciclista* course cycliste; *un ciclista francés* un cycliste français.
ciclo *m* cycle (lunar, literario, vital, etc.) ‖ *ciclos económicos* cycles économiques.
ciclocros *m* cyclo-cross.
cicloidal; cicloideo, a *adj* cycloïdal, e.
cicloide *f* GEOM cycloïde.
ciclomotor *m* cyclomoteur.
ciclón *m* cyclone (huracán) ‖ FIG ouragan; *llegar como un ciclón* arriver comme un ouragan.
ciclonal; ciclónico, ca *adj* cyclonal, e; cyclonique.
cíclope *m* cyclope.
ciclópeo, a; ciclópico, ca *adj* cyclopéen, enne.

Cíclopes *n pr* MIT Cyclopes.
ciclostilo *m* cyclostyle.
cicloterapia *f* MED cyclothérapie.
ciclotimia *m* MED cyclothymie.
ciclotímico, ca *adj* MED cyclothymique.
ciclotrón *m* FÍS cyclotron.
CICR abrev de *Comité Internacional de la Cruz Roja* C.I.C.R., Comité International de la Croix-Rouge.
cicuta *f* ciguë (planta) ‖ *cicuta menor* petite ciguë, éthuse.
Cid campeador (el) *n pr m* le Cid ‖ FAM *creerse descendiente de la pata del Cid* se croire sorti de la cuisse de Jupiter.
cid *m* FIG homme valeureux.
cidra *f* BOT cédrat *m* (fruta).
— OBSERV Ne pas confondre avec *sidra* cidre [boisson].
cidro *m* BOT cédratier.
cidronela *f* BOT citronnelle, mélisse.
ciegamente *adv* aveuglément ‖ tête baissée; *los soldados atacaron ciegamente* les soldats attaquèrent tête baissée ‖ *confiar ciegamente en* avoir une confiance aveugle en.
ciego, ga *adj* aveugle (que no ve); *ciego de nacimiento* aveugle-né, aveugle de naissance ‖ FIG aveuglé, e (cegado); *ciego de ira* aveuglé par la colère ‖ aveuglé, e; bouché, e (cañería) ‖ compact, e; sans trous (pan, queso) ‖ FIG & FAM *estar ciego* être noir (alcohol), être défoncé (droga) | *ponerse ciego* se bourrer la gueule *o* prendre une cuite (alcohol), se défoncer (droga), se bâfrer (comida).
◆ *m y f* aveugle ‖ — *coplas de ciego* vers de mirliton ‖ — *dar palos de ciego* aller *o* agir à l'aveuglette ‖ — *en tierra* ou *en país de ciegos el tuerto es rey* au royaume des aveugles, les borgnes sont rois ‖ FAM *hacerse el ciego* fermer les yeux ‖ *un ciego lo ve* cela crève les yeux.
◆ *m* ANAT c; aecum (intestino) ‖ FIG & FAM cuite *f* (alcohol), défonce *f* (droga).
◆ *f pl a ciegas* à l'aveuglette (sin ver); *andar a ciegas* aller à l'aveuglette; en aveugle, à l'aveuglette, aveuglément (sin reflexión); *obrar a ciegas* agir en aveugle; les yeux fermés; *comprar a ciegas* acheter les yeux fermés.
cielo *m* ciel; *cielo azul, sereno, aborregado, encapotado* ciel bleu, serein, moutonneux, couvert ‖ RELIG ciel; *subir al cielo* monter au ciel ‖ *(amer)* danse *f* et chanson *f* populaires ‖ — *cielo de la boca* voûte *o* voile du palais ‖ *cielo de la cama* ciel de lit ‖ *cielo raso* faux plafond ‖ *el reino de los cielos* le royaume des cieux (véase OBSERV), le paradis ‖ *un aviso del cielo* un avertissement du ciel ‖ — *a cielo abierto* à ciel ouvert (minas) ‖ *a cielo descubierto* à découvert, à ciel ouvert ‖ *a cielo raso* à la belle étoile (a la intemperie) ‖ — *cerrarse* ou *entoldarse el cielo* se couvrir [le ciel] ‖ *con paciencia se gana el cielo* la patience vient à bout de tout ‖ *desencapotarse el cielo* s'éclaircir ‖ *estar en el séptimo cielo* être au septième ciel ‖ *esto va al cielo* c'est la loi et les prophètes ‖ *ganar el cielo* gagner le ciel ‖ FAM *juntársele a uno el cielo con la tierra* être pris entre deux feux, être dans la gueule du loup ‖ *llovido del cielo* tombé du ciel ‖ *mover* ou *revolver cielo y tierra* remuer ciel et terre ‖ *poner al cielo por testigo* prendre le ciel à témoin ‖ *poner el grito en el cielo* pousser les hauts cris ‖ FIG & FAM *se me ha ido el santo al cielo* ça m'est sorti de la tête | *ser un cielo* être un ange *o* un amour | *si escupes al cielo, en la cara te*

caerá ça te retombera sur le nez ‖ *ver el cielo abierto* voir les cieux ouverts (alegrarse), trouver le joint (descubrir el medio para salir de un apuro).
- *interj* ¡*mi cielo!*, ¡*cielo mío!* mon ange!, mon amour!, mon chou!
- *pl* ciel!
— OBSERV El plural de *ciel* est *cieux* pero cuando se trata del clima el plural hace *ciels* (*des ciels sans nuages*). También se dice *des ciels de lit*, *des ciels de tableau* (parte de un cuadro que representa el cielo).

ciempiés; **cienpiés** *m inv* ZOOL mille-pattes.

cien *adj* cent ‖ *cien por cien* cent pour cent.
— OBSERV *Ciento* s'apocope delante de los substantifs: *cien años, cien pesetas* cent ans, cent pesetas et devant les numéraux supérieurs à la centaine: *cien mil pesetas* cent mille pesetas.

ciénaga *f* marécage *m* (zona pantanosa).

ciencia *f* science; *los adelantos de la ciencia* les progrès de la science ‖ FIG science; *pozo de ciencia* puits de science ‖ — *ciencia ficción* science-fiction ‖ *ciencia infusa* science infuse ‖ *ciencias naturales, exactas* sciences naturelles, exactes ‖ *gaya ciencia* gai savoir, poésie ‖ — *a* ou *de ciencia cierta* en connaissance de cause (con conocimiento), de bonne source, de science certaine (con seguridad) ‖ — *creer algo a ciencia cierta* croire à quelque chose comme à l'évangile.

cienmilésimo, ma *adj y s* cent millième ‖ *la cienmilésima parte* le cent millième.

cienmilímetro *m* centième de millimètre.

cienmillonésimo, ma *adj y s* cent millionième ‖ *la cienmillonésima parte* le cent millionième.

cieno *m* vase *f*, bourbe *f* (fango).

cienpiés *m inv* ZOOL → **ciempiés**.

científico, ca *adj* scientifique.
- *m* homme de science, savant.

cientifismo *m* scientifisme.

ciento *adj y s m* cent ‖ centième (centésimo).
- *m* cent; *un ciento de ostras* un cent d'huîtres ‖ centaine *f*; *un ciento de huevos* une centaine d'œufs ‖ — FIG & FAM *el ciento y la madre* une kyrielle, une foule ‖ *un tanto por ciento* un tant pour cent, un pourcentage ‖ — *darle ciento y raya a uno* faire la pige à quelqu'un, être cent fois supérieur à quelqu'un ‖ *devolver ciento por uno* rendre au centuple.
- *pl* piquet *sing* (juego de naipes).
— OBSERV Véase CENT en la parte francés-español.

cierne *m* floraison *f* du blé *o* de la vigne ‖ *en cierne* en fleur (la vid), en herbe (el trigo), en herbe (una persona), en germe, embryonnaire, en puissance (una cosa).

cierre *m* fermeture *f* ‖ fermoir (de un bolso) ‖ clôture *f* (de la Bolsa, de un inventario, de una sesión) ‖ clôture *f*, arrêté; *cierre de ejercicio* clôture des comptes ‖ fixation *f* (de los esquís) ‖ — *cierre centralizado* système de fermeture centralisé ‖ *cierre de cremallera* fermeture à glissière *o* Éclair ‖ *cierre de seguridad* fermeture de sûreté ‖ *cierre hidráulico* fermeture hydraulique ‖ *cierre metálico* rideau de fer (de una tienda) ‖ *cierre patronal* lock-out (de una fábrica).

cierro *m* fermeture *f* (cierre) ‖ *(amer)* clôture *f* (vallado) | enveloppe *f* (sobre) ‖ *cierro de cristales* mirador, véranda, balcon vitré.

cierto, ta *adj* certain, e; *un hecho cierto* un fait certain; *ciertos escritores* certains écrivains; *persona de cierta edad* personne d'un certain âge; *cierto tiempo* un certain temps ‖ sûr, e (seguro); *cierto de su razón* sûr d'avoir raison.
- *m lo cierto* ce qui est certain *o* sûr, ce qu'il y a de certain *o* de sûr, la vérité; *lo cierto es que no iré* ce qui est certain c'est que je n'irai pas.
- *adv* certainement, certes ‖ — *de cierto* certes, certainement ‖ *no por cierto* bien sûr que non, certainement pas ‖ *por cierto* certes, certainement, assurément, bien sûr ‖ *por cierto* à propos; *por cierto, ayer fui a verte y no te encontré* à propos, hier je suis allé te voir et je ne t'ai pas trouvé ‖ *por cierto que* bien sûr que ‖ — *estar en lo cierto* être dans le vrai ‖ *lo cierto es que* toujours est-il que ‖ *lo que hay de cierto es que* ce qu'il y a de certain c'est que, à vrai dire ‖ *si es cierto que* s'il est vrai que, si tant est que ‖ *tan cierto como dos y dos son cuatro* aussi vrai que deux et deux font quatre.
— OBSERV L'article indéfini est exclu en espagnol lorsque *cierto* est placé devant un nom: *cierto día* un certain jour, mais *un dato cierto* une donnée sûre.
— OBSERV Cuando *cierto* viene directamente delante del sustantivo, el francés coloca el artículo indefinido antes de *certain*.

cierva *f* biche (rumiante).

ciervo *m* ZOOL cerf (rumiante) ‖ *ciervo volante* cerf-volant (coleóptero).

cierzo *m* bise *f*.

CIF abrev de *código de identificación fiscal* code d'identification fiscale [numéro attribué à toute personne morale pour les opérations financières et commerciales, en Espagne].

cifosis *f* MED cyphose.

cifra *f* chiffre *m* ‖ abréviation (abreviatura) ‖ FIG *en cifra* obscurément (ininteligiblemente), en abrégé (abreviadamente).

cifrado, da *adj* chiffré, e; *bajo cifrado* basse chiffrée.
- *m* mise *f* en chiffre.

cifrar *v tr* chiffrer (un mensaje) ‖ résumer, abréger (resumir) ‖ COM chiffrer ‖ *cifrar en placer*, mettre en *o* dans; *cifrar la esperanza en Dios* placer son espoir en Dieu; *cifrar su placer en la lectura* placer son plaisir dans la lecture.
- *v pr* se chiffrer, s'élever; *cifrarse en* se chiffrer à.

cigala *f* langoustine (crustáceo).

cigarra *f* cigale (insecto) ‖ *cigarra de mar* cigale de mer (crustáceo).

cigarral *m* villa *f* [à Tolède].

cigarrera *f* cigarière (que fabrica cigarros) ‖ buraliste (que vende cigarros) ‖ porte-cigares *m inv* (para puros) ‖ blague à tabac (petaca).

cigarrero, ra *m y f* ouvrier, ère qui confectionne des cigares; cigarière *f* (persona).
- *f* boîte à cigares (caja).

cigarrillo *m* cigarette *f*; *liar un cigarrillo* rouler une cigarette; *una cajetilla de cigarrillos* un paquet de cigarettes ‖ *cigarrillo con filtro* cigarette filtre *o* à bout filtre.

cigarro *m* cigare (puro) ‖ cigarette *f* (cigarrillo) ‖ *(amer)* libellule *f* ‖ — *cigarro de papel* cigarette ‖ *cigarro puro* ou *habano* cigare.

cigarrón *m* sauterelle *f* (saltamontes).

cigomático, ca *adj* ANAT zygomatique.

cigoto *m* BIOL zygote.

cigüeña *f* ZOOL cigogne ‖ MECÁN manivelle, cigogne (manubrio) ‖ *(amer)* orgue *m* de Barbarie (órgano de manubrio) ‖ — FIG *lo trajo la cigüeña* il est venu au monde dans un chou, c'est la cigogne qui l'a apporté (un niño).
cigüeñal *m* manivelle *f* (manubrio) ‖ MECÁN vilebrequin (de motor).
cilantro *m* BOT coriandre *f*.
ciliado, da *adj y s m* cilié, e.
ciliar *adj* ANAT ciliaire.
cilicio *m* cilice.
cilindrada *f* cylindrée; *gran cilindrada* grosse cylindrée.
cilindrado *m* TECN cylindrage.
cilindrar *v tr* cylindrer.
cilíndrico, ca *adj* cylindrique.
cilindro *m* MAT cylindre; *cilindro de revolución* cylindre de révolution ‖ MECÁN cylindre; *cilindro de aletas* cylindre à ailettes ‖ IMPR cylindre ‖ *(amer)* haut-de-forme, tube (sombrero) | orgue de Barbarie (organillo) ‖ *cilindro compresor* rouleau compresseur, cylindre (rodillo).
cilio *m* BIOL cil; *cilio vibrátil* cil vibratile.
cima *f* sommet *m*, cime (de una montaña) ‖ cime (de un árbol) ‖ BOT cyme *m*; *cima helicoidea* cyme hélicoïdale ‖ tige (tallo) ‖ — FIG fin, terme *m* ‖ — FIG *dar cima a* mener à bonne fin, venir à bout de | *mirar una cosa por cima* regarder quelque chose superficiellement ‖ *por cima* tout en haut.
cimarrón, ona *adj* *(amer)* marron, onne [en Amérique, autrefois «esclave», aujourd'hui «animal domestique qui s'est enfui»] | sauvage (animal, planta) | paresseux, euse; fainéant, e (vago).
◆ *m* maté sans sucre, maté pur (mate).
cimbalaria *f* BOT cymbalaire.
cimbalillo *m* clochette *f*.
címbalo *m* clochette *f* (campanita).
◆ *pl* MÚS cymbales *f* (platillos).
cimbel *m* corde *f* pour attacher l'oiseau qui sert d'appeau ‖ moquette *f*, appelant (pájaro que sirve de señuelo) ‖ FIG leurre (añagaza) ‖ FIG & FAM mouchard (soplón).
cimborio; cimborrio *m* ARQ ciborium, tour-lanterne *f* (en el crucero).
cimbra *f* ARQ cintre *m* (de armazón); *cimbra peraltada, rebajada* cintre surhaussé, surbaissé ‖ MAR courbure ‖ *(amer)* piège *m* (trampa).
cimbrado, da *adj* cintré, e.
◆ *m* mouvement de la danse.
cimbrar *v tr* faire vibrer [un objet flexible] ‖ FIG & FAM cingler, frapper (golpear); *cimbrar de un bastonazo* frapper d'un coup de bâton ‖ ARQ cintrer (una bóveda).
◆ *v pr* vibrer (un objeto flexible) ‖ se ployer, se plier (doblarse).
cimbreante *adj* flexible, souple ‖ ondulant, e.
cimbrear *v tr* → **cimbrar**.
cimbreño, ña *adj* flexible, souple.
cimbreo *m* ploiement ‖ cintrage (combadura).
cimentación *f* fondation, fondements *m pl*.
cimentar* *v tr* cimenter (fijar con cemento) ‖ cémenter (hacer la cementación) ‖ ARQ jeter les fondations (de un edificio) ‖ FIG cimenter, consolider, affermir (la amistad, las relaciones, la paz) | jeter les bases *o* les fondations de (una sociedad, etc.).
cimera *f* cimier *m* (del casco).

cimero, ra *adj* qui occupe le sommet, placé au sommet ‖ FIG dominant, e; supérieur, e.
cimiento *m* ARQ fondations *f pl*; *abrir, echar los cimientos* creuser, jeter les fondations ‖ FIG origine *f*, source *f* (origen) | assise *f*, fondement; *su autoridad tiene sólidos cimientos* son autorité a de solides assises | base *f*; *echar los cimientos de una cooperación* jeter les bases d'une coopération.
cimitarra *f* cimeterre *m* (arma).
cinabrio *m* MIN cinabre.
cinamomo *m* BOT cinnamome.
cinc *m* zinc (metal).
— OBSERV pl *cincs*.
— OBSERV En espagnol, l'orthographe *zinc* est également correcte.
cincel *m* ciseau.
cincelado, da *adj* ciselé, e.
◆ *m* ciselure *f*.
cincelar *v tr* ciseler.
cincelete *m* TECN ciselet.
cinco *adj y s* cinq; *los cinco dedos* les cinq doigts ‖ cinquième.
◆ *m* cinq (cifra) ‖ cinq (naipe) ‖ *(amer)* guitare *f* à cinq cordes (guitarrita) ‖ — FIG & FAM *esos cinco* la main, la pince ‖ — FIG *decir a uno cuántas son cinco* dire à quelqu'un ses vérités ‖ *son las cinco* il est cinq heures ‖ FIG & FAM *vengan* ou *choca esos cinco* tope là (para concluir un acuerdo), serre-moi donc la pince (para reconciliarse).
cincoenrama *f* BOT quintefeuille.
cincograbado *m* zincogravure *f*.
cincografía *f* zincographie.
cincuenta *adj y s m* cinquante ‖ cinquantième (quincuagésimo) ‖ *los cincuenta* la cinquantaine; *andar por* ou *frisar en los cincuenta* friser la cinquantaine.
cincuentavo, va *adj y s* cinquantième.
cincuentenario *m* cinquantenaire.
cincuenteno, na *adj* cinquantième.
◆ *f* cinquantaine.
cincuentón, ona *adj y s* quinquagénaire, qui a atteint la cinquantaine, qui a dans les cinquante ans *(fam)*.
cincha *f* sangle ‖ *a revienta cinchas* à bride abattue.
cinchadura *f* serrage *m* de la sangle, sanglage *m*.
cinchar *v tr* sangler (la cincha) ‖ cercler (un tonel).
◆ *v intr* *(amer)* FIG & POP se démener [pour obtenir quelque chose].
cinchera *f* partie du corps du cheval où se place la sangle, ventre *m* ‖ VETER écorchure produite par la sangle.
cincho *m* ceinture *f* (cinturón) ‖ cercle, cerceau (para los toneles) ‖ VETER bourrelet (ceño) ‖ *(amer)* sangle *f* (cincha).
cine; cinema *m* cinéma, ciné *(fam)*; *cine mudo, sonoro, de estreno, de sesión continua* cinéma muet, sonore *o* parlant, d'exclusivité, permanent ‖ *cine de autor* cinéma d'auteur ‖ FAM *de cine* du tonnerre.
— OBSERV L'espagnol *cine* n'est pas familier comme le français *ciné*.
cineasta *m* cinéaste.
cine-club *m* ciné-club.
cinefilia *f* cinéphilie.
cinéfilo, la *adj y s* cinéphile.

cinegético, ca *adj* y *s f* cynégétique.
cinema *m* → **cine**.
Cinemascope *m* (nombre registrado) Cinémascope.
cinemateca *f* cinémathèque.
cinemática *f* FÍS cinématique.
cinematografía *f* cinématographie.
cinematografiar *v tr* cinématographier.
cinematográficamente *adv* cinématographiquement.
cinematográfico, ca *adj* cinématographique.
cinematógrafo *m* cinématographe.
cinematoscopio *m* cinématoscope.
Cinerama *m* (nombre registrado) Cinérama.
cinerario, ria *adj* cinéraire; *urna cineraria* urne cinéraire.
▸ *f* BOT cinéraire.
cinéreo, a; cinericio, cia *adj* cendré, e.
cinético, ca *adj* y *s f* cinétique.
cíngaro, ra *adj* y *s* tzigane.
▸ *m* zingaro *(vx)* tzigane.
cínico, ca *adj* y *s* cynique.
cinismo *m* cynisme.
cinocéfalo *m* cynocéphale (mono).
cinta *f* ruban *m* (para adornar, envolver, etc.) ‖ galon *m* (de lana, de algodón, etc.) ‖ film *m*, bande (película) ‖ ruban *m* (de máquina de escribir) ‖ lacet *m* (lazo) ‖ ARQ ruban *m* (ornamento) ‖ bordure (de baldosines) ‖ MAR préceinte ‖ couronne (del casco de las caballerías) ‖ — *cinta adhesiva* ruban adhésif ‖ *cinta autoadhesiva* ruban auto-adhésif ‖ *cinta aisladora* chatterton, ruban isolant ‖ *cinta cinematográfica* pellicule cinématographique ‖ DEP *cinta de llegada* fil d'arrivée, ruban (en una carrera) ‖ *cinta de papel perforado* bande de papier perforé ‖ *cinta de vídeo* vidéocassette, cassette vidéo ‖ *cinta magnética* bande magnétique ‖ *cinta métrica* décamètre à ruban, mètre à ruban ‖ *cinta transportadora* transporteur *o* convoyeur à bande.
cinteado, da *adj* enrubanné, e (guarnecido de cintas) ‖ galonné, e (engalonado).
cintilar *v intr* scintiller.
cinto, ta *adj* ceint, e.
▸ *m* ceinturon (para el sable, etc.) ‖ ceinture *f* (cinturón).
cintra *f* ARQ cintre *m*.
cintrado, da *adj* ARQ cintré, e.
cintura *f* ceinture, taille (talle); *coger por la cintura* prendre par la taille ‖ ceinture (ceñidor) ‖ — ANAT *cintura escapular* ceinture scapulaire ‖ *cintura pelviana* ceinture pelvienne ‖ *doblarse por la cintura* être plié en deux ‖ FIG & FAM *meter a uno en cintura* faire entendre raison à quelqu'un ‖ *tener una cintura de avispa* avoir une taille de guêpe.
cinturón *m* ceinturon (para el sable, etc.) ‖ ceinture *f* (de cuero); *un cinturón de lagarto* une ceinture de lézard ‖ FIG ceinture *f* (de murallas, etc.) ‖ ceinture *f* (en judo) ‖ — *cinturón de seguridad* ceinture de sécurité ‖ *cinturón salvavidas* ceinture de sauvetage ‖ — FIG *apretarse el cinturón* se serrer la ceinture.
cipayo *m* cipaye.
cipo *m* ARQ cippe ‖ borne *f* (en los caminos).
cipote *m* y *f (amer)* gamin, e; gosse (chiquillo).
ciprés *m* BOT cyprès.

CIR abrev de *Centro de Instrucción de Reclutas* centre d'instruction des recrues [Espagne].
circense *adj* du cirque.
circo *m* cirque ‖ — *circo ecuestre* manège ‖ *circo taurino* arène.
circonio *m* zirconium (metal).
circonita *f* QUÍM zirconite.
circuito *m* circuit (contorno, viaje) ‖ ELECTR circuit; *corto circuito* court-circuit ‖ — *circuito cerrado* circuit fermé ‖ *circuito integrado* circuit intégré ‖ *circuito magnético* circuit magnétique ‖ AUTOM *circuito precintado* circuit scellé.
circulación *f* circulation (de la savia, de las ideas, de los vehículos, etc.) ‖ — BIOL *circulación de la sangre* circulation du sang ‖ ECON *circulación fiduciaria* circulation fiduciaire ‖ *circulación rodada* circulation routière, trafic routier ‖ — *billetes de circulación* billets en cours ‖ *código de la circulación* code de la route.
circulante *adj* circulant, e ‖ *biblioteca circulante* bibliothèque de prêt à domicile.
circular *adj* circulaire.
▸ *f* circulaire, lettre circulaire (carta).
circular *v intr* circuler; *circular por las calles* circuler dans les rues ‖ FIG circuler, courir; *circulan rumores* des bruits circulent.
circulatorio, ria *adj* circulatoire.
círculo *m* cercle (circunferencia) ‖ FIG cercle, club; *círculo de juego* cercle de jeu ‖ cercle (cenáculo) ‖ cercle (extensión) ‖ — MAR *círculo acimutal* cercle azimutal ‖ *círculo de reflexión* cercle de réflexion ‖ *círculo equinoccial* équateur, ligne équinoxiale ‖ GEOM *círculo máximo, menor* grand, petit cercle ‖ *círculo polar* cercle polaire ‖ *círculo repetidor* rapporteur ‖ FIG *círculo vicioso* cercle vicieux ‖ — *en círculo* en cercle ‖ — *formar un círculo alrededor de alguien* faire un cercle autour de quelqu'un.
▸ *pl* milieux (medios); *en los círculos bien informados* dans les milieux bien informés ‖ entourage *sing*; *en los círculos allegados al rey* dans l'entourage du roi.
circumpolar *adj* circumpolaire.
circuncidante *adj* qui circoncit.
circuncidar *v tr* circoncire.
circuncisión *f* circoncision.
circunciso, sa *adj* y *s m* circoncis, e.
circundante *adj* environnant, e; qui entoure.
circundar *v tr* environner, entourer.
circunferencia *f* circonférence.
circunferir* *v tr* circonscrire, limiter.
circunflejo *adj* y *s m* circonflexe (acento).
circunfuso, sa *adj* répandu, e autour.
circunlocución *f*; **circunloquio** *m* circonlocution *f*.
circunnavegar *v tr* circumnaviguer.
circunscribir *v tr* circonscrire.
▸ *v pr* se limiter, s'en tenir; *circunscribirse a algo* se limiter *o* s'en tenir à quelque chose.
circunscripción *f* circonscription; *circunscripción electoral* circonscription électorale.
circunscrito, ta; circunscripto, ta *adj* circonscrit, e.
circunspección *f* circonspection.
circunspecto, ta *adj* circonspect, e.

circunstancia *f* circonstance; *adaptarse a las circunstancias* s'adapter aux circonstances ‖ — DR *circunstancia agravante, atenuante* circonstance aggravante, atténuante | *circunstancia eximente* cause d'irresponsabilité ‖ — *de circunstancias* de circonstance ‖ *en esta circunstancia* pour la circonstance ‖ *en las circunstancias presentes* dans l'état actuel des choses ‖ — *poner cara de circunstancias* faire une tête de circonstance, se composer un visage.

circunstancial *adj* circonstanciel, elle; *complemento circunstancial* complément circonstanciel.

circunstante *m y f* assistant, e (presente).
- *adj* environnant, e; circonvoisin, e.

circunvalación *f* circonvallation ‖ — *carretera de circunvalación* boulevard périphérique (en una ciudad) ‖ *línea de circunvalación* ligne de ceinture ‖ *tren, ferrocarril de circunvalación* train, chemin de fer de ceinture.

circunvalar *v tr* entourer, ceindre.

circunvolar *v tr* voler autour de.

circunvolución *f* circonvolution ‖ *circunvoluciones cerebrales* circonvolutions cérébrales.

cirial *m* chandelier d'église (candelero) ‖ porte-chandelier.

cirílico, ca *adj* cyrillique, cyrillien, enne (alfabeto).

cirio *m* cierge; *cirio pascual* cierge pascal ‖ BOT cierge.

cirquero, ra *m y f* (*amer*) acrobate.

cirro *m* cirrus (nube) ‖ MED squirre (tumor) ‖ BOT cirre, vrille *f* (zarcillo) ‖ ZOOL cirre.

cirrosis *f* MED cirrhose.

ciruela *f* BOT prune (fruta) ‖ — *ciruela amarilla* mirabelle ‖ *ciruela claudia* reine-claude ‖ *ciruela amacena* ou *almacena* ou *damascena* quetsche, prune d'Agen ‖ *ciruela pasa* pruneau.

ciruelo *m* BOT prunier (árbol).

cirugía *f* chirurgie ‖ — *cirugía estética* ou *plástica* chirurgie esthétique ‖ *cirugía mayor* grande chirurgie ‖ *cirugía menor* petite chirurgie.

cirujano *m* chirurgien.

ciscar *v tr* FAM salir, cochonner (ensuciar) ‖ (*amer*) fâcher, blesser (picar).
- *v pr* POP chier.

cisco *m* charbonnaille *f*, poussier (carbón muy menudo) ‖ FIG & FAM foin, grabuge; *meter* ou *armar cisco* faire du foin o du grabuge ‖ *hacer cisco* mettre en pièces.

cisión *f* incision.

Cisjordania *n pr f* GEOGR Cisjordanie.

cisma *m* schisme; *cisma de Oriente* schisme d'Orient ‖ FIG discorde *f*.

cismático, ca *adj y s* schismatique.

cisne *m* ZOOL cygne ‖ ASTR cygne ‖ FIG cygne (poeta o músico) ‖ (*amer*) houppette *f* (para polvos) ‖ FIG *canto del cisne* chant du cygne.

cisoria *adj f* *arte cisoria* art de découper les viandes.

Cistel; Cister *n pr m* Cîteaux (orden religiosa).

cisterciense *adj y s* cistercien, enne (de la orden del Cister).

cisterna *f* citerne; *vagón cisterna, buque cisterna* wagon-citerne, navire-citerne ‖ chasse d'eau (retrete).

cístico, ca *adj* cystique.

cistitis *f* MED cystite.

cisura *f* incision (incisión).

cita *f* rendez-vous *m*; *arreglar una cita* prendre un rendez-vous ‖ citation (nota sacada de una obra) ‖ — *casa de citas* maison de passe ‖ *darse cita* se donner rendez-vous, se fixer un rendez-vous.

citación *f* DR citation, assignation ‖ DR *citación de remate* commandement avant saisie.

citar *v tr* donner rendez-vous; *citar a uno en un café* donner rendez-vous à quelqu'un dans un café ‖ citer (hacer una cita) ‖ DR citer, appeler; *citar a juicio* appeler en témoignage | citer, traduire; *citar ante la justicia* citer en justice | traduire; *citar ante un consejo de guerra* traduire en conseil de guerre ‖ TAUROM provoquer [le taureau] ‖ *para no citar otros* pour ne pas les citer tous.
- *v pr* prendre rendez-vous.

citara *f* galandage *m* (tabique de ladrillos).

cítara *f* MÚS cithare.

citerior *adj* citérieur, e.

citología *f* BIOL cytologie.

citológico, ca *adj* cytologique.

citoplasma *m* ANAT cytoplasme.

citrato *m* QUÍM citrate.

cítrico, ca *adj* QUÍM citrique ‖ *productos cítricos* produits citriques.
- *m pl* agrumes (agrios); *exportación de cítricos* exportation d'agrumes.

citrón *m* (*p us*) citron (limón).

CiU abrev de *Convergència i Unió* Convergence et Union [parti politique catalan].

ciudad *f* ville; *la Ciudad Eterna* la Ville éternelle ‖ cité; *ciudad universitaria, obrera* cité universitaire, ouvrière ‖ — *ciudad de lona* village de toile ‖ *ciudad hermana* ville jumelle ‖ *ciudad hongo* ville-champignon ‖ *ciudad jardín* cité-jardin ‖ *ciudad satélite* ville satellite ‖ *la ciudad santa* la ville sainte ‖ *Sr. don Juan Ruiz, Ciudad* (en cartas), M. Jean Ruiz, en ville [lettre].

ciudadanía *f* citoyenneté ‖ *derecho de ciudadanía* droit de cité.

ciudadano, na *m y f* citadin, e (de una ciudad) ‖ citoyen, enne (de un Estado).

Ciudad del Cabo *n pr m* GEOGR Le Cap.

ciudadela *f* citadelle.

cívico, ca *adj* civique.
- *m* (*amer*) agent de police | chope *f* (de cerveza).

civil *adj y s* civil, e; *guerra, matrimonio civil* guerre civile, mariage civil ‖ FIG civil, e; sociable (sociable) ‖ — *casarse por lo civil* se marier à la mairie o civilement ‖ *incorporado a la vida civil* réintégré dans le civil ‖ *por lo civil* au civil.
- *m* FAM gendarme (guardia civil) ‖ civil (paisano).

civilista *m* civiliste (jurisconsulto).

civilización *f* civilisation.

civilizado, da *adj y s* civilisé, e.

civilizador, ra *adj y s* civilisateur, trice.

civilizar *v tr* civiliser.

civismo *m* civisme.

cizalla *f* cisailles *pl* (tijeras grandes) ‖ cisaille (cortaduras de metal) ‖ *cizalla de banco* cisoires *pl*.

cizalladura *f* cisaillement *m*.

cizallar *v tr* cisailler.

cizaña *f* BOT ivraie ‖ FIG ivraie; *separar la cizaña del buen grano* séparer le bon grain de l'ivraie | zizanie, discorde (enemistad).

cizañar; cizañear *v tr* semer la discorde, la zizanie.

cizañero, ra *adj y s* semeur, euse de discorde.

clac *m* claque, chapeau claque (sombrero).
◆ *interj* clac!

clachique *m* (amer) pulque non fermenté.

clamar *v tr* clamer, crier; *clamar su inocencia, su indignación* crier son innocence, son indignation ‖ *clamar venganza* crier vengeance.
◆ *v intr* implorer; *clamar a Dios, por la paz* implorer Dieu, la paix ‖ se récrier, crier; *clamar contra una injusticia* se récrier contre une injustice, crier à l'injustice ‖ FIG réclamer; *la tierra clama por agua* la terre réclame de l'eau | *esto clama al cielo* ceci appelle la justice divine.

clamor *m* clameur *f* (grito) ‖ plainte *f*, gémissement (voz lastimosa) ‖ acclamation *f* (vítores) ‖ glas (toque de campana fúnebre).

clamorear *v tr* réclamer (con instancia) ‖ implorer (suplicar) ‖ se plaindre (quejarse) ‖ clamer (clamar).
◆ *v intr* sonner le glas (doble de campanas).

clamoreo *m* clameur *f* (clamor) ‖ FAM prière *f* agaçante (ruego).

clamoroso, sa *adj* retentissant, e; éclatant, e; *éxito clamoroso* succès retentissant ‖ plaintif, ive (quejoso).

clan *m* clan.

clandestinidad *f* clandestinité.

clandestino, na *adj* clandestin, e; *reunión clandestina* réunion clandestine.

claque *f* FIG & FAM claque (teatro).

claqué *m* claquettes *f pl*.

claqueta *f* claquette (de cine).
◆ *pl* claquette *sing* (tablillas).

clara *f* blanc *m* de l'œuf (del huevo) ‖ clarté (claridad) ‖ clairure (falta en una tela) ‖ place dénudée (en el cráneo) ‖ éclaircie (de la lluvia) ‖ (amer) clarisse (monja) ‖ *levantarse con las claras del día* se lever au point du jour.

claraboya *f* lucarne (tragaluz) ‖ fenêtre à tabatière (en un tejado).

clarear *v tr* éclairer (dar claridad) ‖ éclaircir (aclarar); *clarear un color* éclaircir une couleur ‖ (amer) transpercer [d'un coup de feu].
◆ *v intr* poindre, se lever (el día) ‖ s'éclaircir; *el cielo va clareando* le ciel s'éclaircit ‖ *al clarear el día* au lever o au point du jour.
◆ *v pr* s'éclaircir, devenir transparent; *el codo de la chaqueta se clarea* le coude de la veste s'éclaircit ‖ être transparent; *tu vestido es tan fino que se clarea* ta robe est si fine qu'elle est transparente ‖ FIG & FAM laisser percer ses intentions, se découvrir, se vendre; *este chico se ha clareado sin querer* ce garçon s'est vendu sans le vouloir ‖ être visible; *sus intenciones se clarean* ses intentions sont visibles.

clarete *adj m* rosé, vin rosé, vin clairet.

claridad *f* clarté; *la claridad del día* la clarté du jour ‖ FIG vérité, impertinence (verdad desagradable); *decir claridades a uno* dire ses vérités à quelqu'un ‖ *— con claridad* clairement; *me lo dijo con mucha claridad* il me l'a dit très clairement ‖ *cuanto menos bulto, más claridad* bon débarras ‖ *de una claridad meridiana* clair comme le jour ‖ *todavía hay claridad* il fait encore clair.

clarificación *f* clarification ‖ FIG éclaircissement *m* (explicación).

clarificador, ra *adj* éclairant, e.

clarificar *v tr* clarifier; *clarificar el vino* clarifier du vin ‖ FIG éclaircir.

clarín *m* MÚS clairon (instrumento); *toque de clarín* coup de clairon | clairon (instrumentista) ‖ sorte de batiste (tela) ‖ (amer) *clarín de la selva* sorte de grive (ave).

clarinete *m* clarinette *f* (instrumento) ‖ clarinettiste (instrumentista).

clarinetista *m* clarinettiste.

clarión *m* craie *f*.

clarisa *adj f y s f* clarisse (religiosa).

clarividencia *f* clairvoyance.

clarividente *adj y s* clairvoyant, e.

claro, ra *adj* clair, e; *una habitación clara* une pièce claire; *agua, voz clara* eau, voix claire ‖ clair, e; *que quede esto bien claro* que ce soit bien clair ‖ évident, e; clair, e; *prueba muy clara* preuve très évidente ‖ clairsemé, e (poco abundante); *pelo claro* chevelure clairsemée ‖ illustre, noble (noble); *claros varones de Castilla* hommes illustres de la Castille ‖ TAUROM franc, franche; impulsif, ive [bête qui attaque brusquement] ‖ *— claro* il est bien évident que ‖ *claro que sí, claro que no* mais oui, mais non ‖ *¿está claro?* c'est clair?, est-ce bien clair? ‖ *¡las cuentas claras y el chocolate espeso!* soyons clairs! ‖ *más claro que el agua* clair comme de l'eau de roche.
◆ *m* jour, ouverture *f* (agujero) ‖ espace, blanc (entre dos palabras escritas) ‖ pause *f*, repos (en un discurso) ‖ clairière *f* (en un bosque) ‖ *— claro de luna* clair de lune ‖ *llenar un claro* combler une lacune.
◆ *adv* clairement, clair, net; *hablar claro* parler clairement ‖ *— a las claras* clairement, au grand jour ‖ *bien claro* clair et net ‖ *de claro en claro* d'un bout à l'autre ‖ *en claro* en clair ‖ *por lo claro* clairement ‖ *— pasar en claro una noche* passer une nuit blanche ‖ *poner en claro* tirer au clair ‖ *sacar algo en claro* tirer quelque chose au clair ‖ *ver poco claro* voir trouble, ne pas voir très clair.
◆ *interj* bien sûr!, évidemment!, naturellement! ‖ *¡claro está!* évidemment!, bien entendu!

claroscuro *m* clair-obscur.

clarucho, cha *adj* très clair, e; *sopa clarucha* soupe très claire.

clase *f* classe; *la clase media* la classe moyenne; *lucha de clases* lutte des classes ‖ classe (escuela); *está en la clase de los párvulos* il est dans la classe des petits | classe (aula) ‖ cours *m*; *clase nocturna, atrasada* cours du soir, de rattrapage; *dar clases particulares* donner des cours particuliers ‖ FIG genre *m*; *modelo en su clase* modèle en son genre; *¿qué clase de cosas me traes ahí?* quel genre de choses m'apportes-tu? ‖ sorte, espèce; *de toda clase* de toute sorte | classe; *esta persona tiene mucha clase* cette personne a beaucoup de classe ‖ BOT & ZOOL classe ‖ *— clase social* classe sociale ‖ AVIAC *clase turista* classe touriste *o* économique ‖ *la clase agraria* le paysannat ‖ TRANSP *primera clase* première classe ‖ *— de la misma clase* du même genre ‖ *— dar clase* faire cours, donner des cours (sentido general), donner une leçon (el profesor), suivre *o* prendre un cours (el alumno).

clasicismo

◆ *pl* MIL hommes *m* de troupe ‖ — *clases de recuperación* cours de rattrapage ‖ *clases pasivas* retraités et pensionnés de l'État.
clasicismo *m* classicisme.
clasicista *adj* y *s* classiciste.
clásico, ca *adj* classique; *obras, lenguas clásicas* œuvres, langues classiques ‖ FIG typique, classique.
clasificación *f* classification (sistemática, de las ciencias, etc.) ‖ classement *m* (alfabética, etc.) ‖ triage *m* (del correo, de carbones, etc.) ‖ cote (de una película).
clasificador, ra *adj* y *s* classificateur, trice.
◆ *m* classeur (mueble) ‖ MIN *clasificador de aire* classeur à air.
◆ *f* fichier *m*.
clasificar *v tr* classer ‖ trier (seleccionar).
clasismo *m* discrimination *f* sociale.
clasista *adj* socialement discriminatoire.
◆ *m* y *f* sectaire.
claudia *adj* *ciruela claudia, reina claudia* reine-claude.
claudicación *f* claudication.
claudicante *adj* claudicant, e; qui cloche ‖ défaillant, e; vacillant, e; *sus fuerzas claudicantes* ses forces défaillantes.
claudicar *v intr* (*p us*) boiter, clocher (cojear) ‖ FIG céder, se soumettre (ceder) ‖ faillir; *sin claudicar de mis deberes* sans faillir à mon devoir ‖ vaciler, défaillir (disminuir).
claustral *adj* claustral, e.
◆ *adj* y *s* cloîtré, e (orden religiosa).
claustro *m* cloître (de un convento) ‖ FIG cloître, état monastique ‖ conseil, assemblée *f* des professeurs (en la universidad) ‖ ANAT *claustro materno* matrice.
claustrofobia *f* claustrophobie.
cláusula *f* clause (de un contrato) ‖ GRAM phrase, période (período) ‖ — *cláusula adicional* additif ‖ *cláusula a la orden* clause à ordre ‖ *cláusula de escape* clause échappatoire ‖ *cláusula del país más favorecida* clause de la nation la plus favorisée ‖ *cláusula de protección* ou *de salvaguardia* clause de sauvegarde ‖ DR *cláusula resolutoria* clause résolutoire ‖ *cláusula rítmica* vers rythmique.
clausura *f* clôture (religiosa); *quebrantar la clausura* franchir la clôture ‖ clôture; *sesión de clausura* séance de clôture ‖ (*amer*) fermeture (cierre) ‖ *monja de clausura* sœur cloîtrée.
clausurar *v tr* clôturer, clore (una sesión, un debate) ‖ fermer (cerrar).
clava *f* massue.
clavadista *m* y *f* (*amer*) plongeur, euse.
clavado, da *adj* clouté, e (guarnecido con clavos) ‖ juste, tapant, e (exacto); *llegó a las siete clavadas* il arriva à sept heures juste *o* tapantes (*fam*) ‖ à merveille; *este traje le está clavado* ce costume lui va à merveille ‖ FIG cloué, e; *clavado en la cama* cloué au lit ‖ fixé, e; arrêté, e; *con la mirada clavada en el cielo* le regard fixé sur le ciel ‖ — *es clavado el retrato de su padre, es su padre clavado* c'est tout le portrait de son père, c'est son père tout craché ‖ *es la traducción clavada* c'est la traduction exacte.
◆ *m* clouage ‖ (*amer*) plongeon, saut (en el agua).

clavar *v tr* clouer (poner clavos); *clavar a* ou *en la pared* clouer au mur ‖ enfoncer, planter, ficher (introducir una cosa con punta) ‖ enclouer (un cañón) ‖ FIG fixer, braquer (la atención), river, braquer, fixer (la mirada); *clavar los ojos en* fixer les yeux sur ‖ FIG & FAM rouler (engañar) ‖ — (*amer*) *clavar a alguien* poser un lapin à quelqu'un ‖ FIG & FAM *en ese restaurante te clavan* dans ce restaurant, c'est le coup de fusil *o* le coup de barre (muy caro).
◆ *v pr* s'enfoncer (pincharse); *me clavé una espina* je me suis enfoncé une épine ‖ (*amer*) plonger (en el agua) ‖ empocher (embolsarse).
clavazón *f* clouage *m* (conjunto de clavos).
clave *f* clef, clé (explicación) ‖ clef, chiffre *m* (de un texto cifrado) ‖ ARQ clef; *clave de arco* clef de voûte ‖ MÚS clef; *clave de sol* clef de sol ‖ livre *m* du maître ‖ FIG clef ‖ — *dar en la clave* trouver ‖ *escribir en clave* écrire en code ‖ *la clave del enigma* la clef *o* le mot de l'énigme.
◆ *m* MÚS clavecin (clavicordio).
◆ *adj* clef; *una posición clave* une position clef ‖ *la palabra clave* le mot clef.
clavecín *m* MÚS clavecin.
clavel *m* BOT œillet (flor) ‖ ZOOL *clavel de mar* œillet *o* anémone de mer.
clavelito *m* BOT mignonnette *f*, mignardise *f*.
clavelón *m* œillet d'Inde, tagète.
clavellina *f* petit œillet *m*.
clavero *m* BOT giroflier (árbol) ‖ clavier (dignidad de ciertas órdenes religiosas).
clavete *m* petit clou ‖ ferret (de una cinta) ‖ MÚS plectre.
claveteado *m* cloutage.
clavetear *v tr* clouter (guarnecer con clavos) ‖ ferrer (guarnecer con herretes).
clavicémbalo *m* MÚS clavecin (instrumento).
clavicordio *m* MÚS clavecin (instrumento).
clavícula *f* ANAT clavicule.
clavija *f* cheville (de madera o metal), goupille (de metal), fiche (eléctrica); *clavija de dos contactos* ou *de enchufe* fiche bipolaire; *clavija banana* fiche banane ‖ fiche (de central telefónica) ‖ MÚS cheville (de guitarra, etc.) ‖ — *clavija de escalada* piton (alpinismo) ‖ *clavija maestra* cheville ouvrière ‖ — FIG & FAM *ajustar* ou *apretar las clavijas a uno* serrer la vis à quelqu'un, visser quelqu'un.
clavijero *m* MÚS chevillier.
clavillo *m* vis *f*, pivot (pasador) ‖ clou de girofle (especia) ‖ MÚS cheville *f* (del piano).
clavo *m* clou, pointe *f* ‖ clou de girofle (especia) ‖ MED clou (furúnculo) ‖ cor (callo) ‖ migraine *f* (jaqueca) ‖ FIG douleur *f* poignante ‖ VETER clou ‖ POP ardoise *f*; *dejar un clavo en la tasca* laisser une ardoise au bistrot ‖ coup de fusil (cosa cara) ‖ (*amer*) rossignol, marchandise *f* invendable ‖ filon riche (veta) ‖ — *clavo baladí* ou *de herrar* clou de ferrure ‖ *clavo de ala de mosca* clou à patte ‖ *clavo de especia* clou de girofle ‖ *clavo de gota de sebo* clou à tête ronde ‖ *clavo de pie* clou qui ne dépasse pas vingt centimètres de long ‖ *clavo de rosca* clou fileté, vis ‖ *clavo de tercia* clou d'un peu moins de trente centimètres de longueur ‖ *clavo trabal* cheville à chevrons ‖ — *como un clavo* ponctuel; *a las diez llegaré como un clavo* j'arriverai à dix heures pile ‖ — FIG & FAM *agarrarse a un clavo ardiendo* saisir n'importe quelle planche de salut ‖ *dar en el clavo* tomber *o* viser juste, mettre dans le mille, faire

mouche, mettre le doigt dessus | *dar una en el clavo y ciento en la herradura* réussir une fois par hasard | *por un clavo se pierde una herradura* pour un point Martin perdit son âne | *remachar el clavo* insister | *ser de clavo pasado* être tout à fait évident o très facile | *tener un clavo en el corazón* avoir un poids sur le cœur | *un clavo saca otro clavo* un clou chasse l'autre.

claxon *m* klaxon ‖ *tocar el claxon* klaxonner.
clazol *m* (*amer*) bagasse *f* (bagazo).
clearing *m* clearing (compensación financiera).
clemátide *f* BOT clématite.
clemencia *f* clémence.
clemente *adj* clément, e.
clementina *f* clémentine (mandarina).
clepsidra *f* clepsydre (reloj de agua).
cleptomanía *f* cleptomanie.
cleptomaníaco, ca *adj* cleptomane, kleptomane.
cleptómano, na *adj y s* cleptomane.
clerecía *f* clergé *m* (cuerpo eclesiástico) ‖ cléricature (oficio de los clérigos) | clergie (privilegio de los clérigos) ‖ (*ant*) *mester de clerecía* poésie savante.
clergyman *m* clergyman ‖ *clergyman, traje de clergyman* habit de clergyman (traje seglar).
clerical *adj y s m* clérical, e.
clericalismo *m* cléricalisme.
clérigo *m* ecclésiastique (eclesiástico) ‖ prêtre (sacerdote) ‖ clerc (hombre letrado en la Edad Media).
clero *m* clergé.
cliché *m* cliché (fotografía, frase hecha).
cliente *m y f* client, e.
clientela *f* clientèle.
clima *m* climat ‖ FIG climat.
climatérico, ca *adj* climatérique ‖ FIG & FAM *estar climatérico* être mal luné.
climático, ca *adj* climatique.
climatización *f* climatisation, conditionnement de l'air.
climatizado, da *adj* (*p us*) climatisé, e.
climatizador, ra *adj* de climatisation.
◆ *m* climatiseur.
climatizar *v tr* climatiser (acondicionar el aire).
climatología *f* climatologie.
climatológico, ca *adj* climatologique.
clímax *m* climax ‖ comble, sommet, summum, apogée (colmo).
clínica *f* clinique.
clínico, ca *adj* clinique ‖ *termómetro clínico* thermomètre médical.
◆ *m* clinicien.
Clío *n pr* Clio.
clip *m* trombone, attache *f* (sujetapapeles) ‖ clip, boucle *f* d'oreille [pour oreille non percée] ‖ pince *f* (para papel de dibujo).
clíper *m* clipper (barco y avión).
clisado *m* IMPR clichage (estereotipado).
clisar *v tr* IMPR clicher (estereotipar).
clisé *m* IMPR & FOT cliché.
clítoris *m* ANAT clitoris.
clo *m* cri de la poule qui couve.
cloaca *f* cloaque *m*.

clon *m* BIOL clone ‖ clown (payaso).
— OBSERV *Clon*, dans l'acception de *payaso*, est la forme préconisée par la Real Academia.
clonación *f* BIOL clonage.
clónico, ca *adj* BIOL clonique.
cloquear *v intr* glousser (las gallinas).
cloqueo *m* gloussement (de una gallina).
cloración *f* chloration.
clorado, da *adj* QUÍM chloré, e.
cloral *m* QUÍM chloral.
clorar *v tr* chlorer.
clorato *m* QUÍM chlorate (sal).
clorhídrico, ca *adj* QUÍM chlorhydrique (ácido).
clórico *adj m* QUÍM chlorique.
cloro *m* QUÍM chlore.
cloroanfenicol *m* MED chloramphénicol.
clorofila *f* BOT chlorophylle.
clorofílico, ca *adj* chlorophyllien, enne; *función clorofílica* fonction chlorophyllienne.
cloroformizar *v tr* MED chloroformer.
cloroformo *m* QUÍM chloroforme.
cloromicetina *f* MED chloromycétine.
cloroplasto *m* BOT chloroplaste.
clorosis *f* MÉD chlorose.
clorótico, ca *adj y s* chlorotique.
cloruro *m* QUÍM chlorure.
clown *m* clown (payaso).
club *m* club ‖ *club de noche* boîte de nuit.
— OBSERV pl *clubs* ou *clubes*.
clueca *adj* qui veut couver.
◆ *f* poule couveuse.
cluniacense *adj* clunisien, enne.
CNE abrev de *Compañía Nacional de Electricidad* Compagnie nationale d'électricité [Espagne].
Cnossos *n pr* GEOGR Cnossos, Knossós.
CNT abrev de *Confederación Nacional del Trabajo* Confédération nationale du travail [syndicat espagnol].
coa *f* (*amer*) sorte de houe (azada) | argot *m*.
coacción *f* contrainte (violencia).
coaccionar *v tr* contraindre (forzar).
coacreedor, ra *m y f* cocréancier, ière.
coactivo, va *adj* coercitif, ive.
coacusado, da *adj y s* coaccusé, e.
coadjutor, ra *m y f* coadjuteur, trice.
coadministrador *m* coadministrateur.
coadquiridor *m* coacquéreur.
coadyutor *m* coadjuteur.
coadyuvante *adj* qui aide.
coadyuvar *v tr* contribuer, aider; *coadyuvar al bien público* contribuer au bien public; *glándulas que coadyuvan a la digestión* glandes qui aident à la digestion.
coagente *m* coopérateur, collaborateur.
coagulación *f* coagulation.
coagulante *adj y s m* coagulant, e.
coagular *v tr* coaguler.
coágulo *m* coagulum (de sustancia coagulada) | caillot (de sangre).
coaguloso, sa *adj* qui coagule, qui est en cours de coagulation.
coalición *f* coalition.
coaligar *v tr y pr* ⟶ **coligar**.

coartación *f* limitation, restriction.
coartada *f* DR alibi *m*; *alegar ou presentar una coartada* fournir un alibi.
coartar *v tr* limiter.
coaseguro *m* COM coassurance *f*.
coatí *m* ZOOL coati.
coautor, ra *m y f* coauteur *m*.
coaxial *adj* GEOM & MECÁN coaxial, e; *cilindros coaxiales* cylindres coaxiaux.
coba *f* FAM blague (embuste) | flatterie, lèche (adulación) || FAM *darle coba a uno* faire de la lèche *o* du plat à quelqu'un, passer de la pommade à quelqu'un, lécher les bottes de quelqu'un.
cobalto *m* cobalt (metal).
cobarde *adj y s* lâche, poltron, onne.
cobardía *f* lâcheté, poltronnerie.
cobardón, ona *adj y s* FAM trouillard, e; froussard, e.
cobaya *f*; **cobayo** *m* ZOOL cobaye *m*.
cobear *v tr* FAM faire de la lèche à, lécher les bottes de.
cobertera *f* couvercle *m* (tapadera).
cobertizo *m* auvent (saledizo) || hangar (cochera) || remise *f* (para maquinaria) | abri (refugio).
cobertor *m* couverture *f* de lit (manta) || dessus-de-lit (colcha).
cobertura *f* couverture.
cobija *f* enfaîteau *m*, tuile faîtière (teja) || (*amer*) couverture de lit (manta) | toit *m* de chaume.
→ *pl* couvertures (pluma de ave).
cobijamiento; **cobijo** *m* protection *f* (protección) || accueil (acogida) || hébergement, hospitalité *f* (hospitalidad) || refuge, abri (refugio).
cobijar *v tr* couvrir, abriter (cubrir) || FIG héberger, loger (albergar) | couver, nourrir; *cobijar una ambición desmedida* couver une ambition démesurée | protéger (proteger); *cobijado bajo un paraguas* protégé sous un parapluie.
cobijo *m* → **cobijamiento**.
cobista *m y f* FAM lécheur, euse; lèche-bottes *inv* (pelotillero).
cobol *m* INFORM cobol.
cobra *f* courroie d'attelage (cornal, coyunda) || ZOOL cobra *m*, naja *m* (serpiente) || rapport *m* (del perro de caza) || — ZOOL *cobra de anteojos* serpent à lunettes | *cobra real* cobra royal.
cobrable; **cobradero, ra** *adj* percevable, recouvrable, encaissable (que puede cobrarse).
cobrador *m* receveur (de un autobús o tranvía) || encaisseur (recaudador).
cobranza *f* encaissement *m*, recouvrement *m* || paye (del sueldo).
cobrar *v tr* toucher; *¿cuánto cobras por mes?* combien touches-tu par mois?; *cobrar un cheque* toucher un chèque || encaisser, percevoir; *cobrar una deuda* encaisser une dette || prendre, demander; *¿cuánto te ha cobrado?* combien t'a-t-il pris? || être payé; *cobro a finales de mes* je suis payé à la fin du mois || se payer, prendre; *cobra lo que te debo* prends ce que je te dois || recouvrer, reprendre (recuperar); *cobrar valor ou ánimo ou aliento* reprendre courage, haleine || prendre, sentir; *cobrarle cariño, odio a alguien* prendre quelqu'un en affection, en aversion || prendre; *el asunto cobra importancia* l'affaire prend de l'importance || acquérir, se faire; *cobrar buena fama* acquérir une bonne réputation || prendre; *cobrar conciencia* prendre conscience || tirer, haler (una cuerda) || rapporter [le gibier tué] || POP écoper, récolter; *vas a cobrar una torta* tu vas récolter une gifle || — *cobrar afición a* prendre goût à, s'éprendre de, se passionner pour | *ir a cobrar* aller se faire payer, passer à la caisse || FIG & FAM *¡vas a cobrar!* qu'est-ce que tu vas prendre!
→ *v pr* se payer; *cóbrate lo que te debo* paie-toi ce que je te dois.
cobratorio, ria *adj* qui a rapport aux recouvrements || *cuaderno cobratorio* carnet de recouvrements.
cobre *m* cuivre || (*amer*) monnaie *f* de cuivre || — *cobre amarillo* cuivre jaune || *cobre quemado* sulfate de cuivre || *cobre verde* malachite || — FIG & FAM *batir el cobre* mener rondement une affaire | *batirse el cobre* y mettre le paquet.
→ *pl* MÚS cuivres (instrumentos).
cobreño, ña *adj* cuivreux, euse.
cobrizo, za *adj* cuivré, e (color).
cobro *m* paye *f*; *día de cobro* jour de paye || encaissement, recouvrement (cobranza) || — *cobro indebido* trop-perçu || *conferencia a cobro revertido* communication en P.C.V. (teléfono) || — *poner en cobro* mettre en sûreté.
coca *f* BOT coca *m*, cocaïer *m* (arbusto) | coca (hoja) || cocaïne || baie (baya) || coque [de cheveux] || FAM coloquinte, boule (cabeza) | calotte (coscorrón) || MAR coque (pliegue de una cuerda) || (*amer*) bilboquet *m* (boliche) || (*amer*) *de coca* gratis, à l'œil (de balde).
cocaína *f* QUÍM cocaïne.
cocainómano, na *m y f* cocaïnomane.
cocción *f* cuisson, coction.
cóccix *m inv* ANAT coccyx.
cocear *v intr* ruer || FIG résister, regimber.
cocer* *v tr e intr* cuire (pan, legumbres, ladrillos, etc.); *cocer a fuego lento* cuire à petit feu || *en todas partes cuecen habas* c'est partout pareil, nous sommes tous logés à la même enseigne.
→ *v intr* cuire, fermenter (vino) || bouillir (hervir).
→ *v pr* cuire; *legumbres que se cuecen mal* légumes qui cuisent mal || FIG cuire (tener mucho calor).
cocido *m* pot-au-feu || FIG & FAM *ganarse el cocido* gagner son bifteck.
— OBSERV Le *cocido* correspond au *pot-au-feu* auquel on aurait ajouté principalement des pois chiches.
cociente *m* MAT quotient || DEP goal-average (en fútbol).
cocimiento *m* cuisson *f*, coction *f* || décoction *f* (tisana).
cocina *f* cuisine; *hacer la cocina* faire la cuisine (guisar) || cuisinière (aparato); *cocina eléctrica* cuisinière électrique || *cocina económica* cuisinière (hornillo de cocina).
cocinar *v tr* cuisiner.
→ *v intr* cuisiner, faire la cuisine (guisar) || FAM se mêler des affaires d'autrui, fourrer son nez partout.
cocinero, ra *m y f* cuisinier, ère || FIG *haber sido uno cocinero antes que fraile* avoir été à bonne école.
cocinilla *f* réchaud *m*; *cocinilla de alcohol* réchaud à alcool || FAM homme *m* qui se mêle des choses ménagères.

cocker *m* cocker (perro).
cock-tail *m* cocktail (cóctel).
coco *m* cocotier (árbol) ‖ noix *f* de coco (fruto) ‖ coccus (microbio) ‖ ver (de las frutas) ‖ bruche *f* (larva) ‖ FAM croque-mitaine (bu) ‖ chignon (moño de pelo) ‖ grain de chapelet (cuenta de rosario) ‖ FAM grimace *f* (mueca) ¦ boule *f*, coloquinte *f* (cabeza) ‖ — FAM *comer el coco* prendre la tête, embobiner ¦ *comerse el coco* se prendre la tête ¦ *estar hasta el coco* en avoir ras-le-bol, en avoir par-dessus la tête ¦ *parecer* ou *ser un coco* être un épouvantail.
cocodrilo *m* crocodile (reptil) ‖ FIG *lágrimas de cocodrilo* larmes de crocodile.
cocol *m* (amer) petit pain en forme de losange.
cocolero *m* (amer) boulanger.
cocolía *f* (amer) aversion, antipathie.
coconete *m* (amer) enfant rondouillard.
cocorocó *m* cocorico.
cocotal *m* lieu planté de cocotiers.
cocotero *m* BOT cocotier.
cóctel *m* cocktail ‖ — *cóctel de mariscos* plateau de fruits de mer ‖ *cóctel molotov* cocktail molotov. — OBSERV pl *cócteles*.
coctelera *f* shaker *m* (recipiente) ‖ FIG cocktail *m* (mezcla).
cochambre *f* FAM crasse, saleté (suciedad) ¦ cochonnerie (porquería).
cochayuyo *m* (amer) algue *f* comestible de couleur noire.
coche *m* voiture *f* (de caballos, automóvil); *coche de carreras* voiture de course ‖ voiture *f*, wagon (en el tren) ‖ — *coche cama, restaurante* wagon-lit, voiture-lit, wagon-restaurant, voiture-restaurant ‖ *coche celular* fourgon cellulaire, panier à salade (fam) ‖ *coche cerrado* conduite intérieure ‖ *coche de alquiler* voiture en location (alquilado), sans chauffeur (sin conductor) ‖ *coche de bomberos* voiture de pompiers ‖ *coche de correos* fourgon postal ‖ *coche de línea* car, autocar ‖ *coche de plaza* ou *de punto* ou *de sitio* voiture de place ‖ *coche de turismo* voiture de tourisme ‖ *coche escoba* voiture balai ‖ *coche fúnebre* corbillard ‖ *coche patrulla* véhicule de patrouille ‖ *coche silla* poussette (para los niños) ‖ *coche simón* fiacre ‖ *coches literas* wagons-couchettes, voitures-couchettes ‖ *coche utilitario* véhicule utilitaire ‖ — FIG & FAM *esto va en coche* ce n'est pas si mal que ça ¦ *ir en el coche de San Fernando* aller à pied *o* pedibus cum jambis *o* à pattes, prendre le train onze.
coche-bomba *m* voiture *f* piégée.
cochecito *m* petite voiture *f* (juguete) ‖ fauteuil roulant (para inválidos) ‖ — *cochecito de niño* voiture d'enfant ‖ *coger el cochecito de San Fernando* prendre le train onze, aller à pied.
cochera *adj f* cochère; *puerta cochera* porte cochère.
◆ *f* remise, garage *m* (para los coches) ‖ dépôt *m*; *cochera de autobuses* dépôt d'autobus ‖ femme du cocher (mujer del cochero).
cochero *m* cocher ‖ ASTR Cocher (constelación).
cochina *f* truie.
cochinada *f* FIG & FAM cochonnerie, tour *m* de cochon, saloperie, vacherie.
cochinera *f* porcherie.

cochinería *f* FIG & FAM cochonnerie; *hacer, decir cochinerías* faire, dire des cochonneries.
cochinero, ra *adj* de mauvaise qualité, bon pour les porcs ‖ FAM *el trotecillo cochinero* le train-train quotidien (rutina) ‖ *trote cochinero* petit trot.
cochinilla *f* cloporte *m* (bicho) ‖ cochenille (insecto utilizado en tintorería).
cochinillo *m* cochon de lait, cochonnet.
cochino *m* cochon, porc.
cochino, na *m y f* FIG & FAM cochon, onne; sagouin, e; dégoutant, e.
◆ *adj* FIG & FAM cochon, onne; sale (sucio) ¦ sale; *este cochino despertador funciona muy mal* ce sale réveil marche très mal ¦ répugnant, e; dégoûtant, e; *una comida cochina* une nourriture répugnante ¦ sale, de cochon; *hace un tiempo cochino* il fait un sale temps *o* un temps de cochon ¦ *¡este cochino dinero!* ce maudit argent!
cochiquera *f*; **cochitril** *m* FAM porcherie *f*.
cochura *f* cuisson (cocción) ¦ fournée (de pan).
cód. abrev de *código* code.
coda *f* MÚS coda ¦ taquet *m* (cuña).
codal *adj* qui mesure une coudée ‖ coudé, e; en forme de coude (forma).
◆ *m* cubitière *f* (de la armadura) ‖ marcotte *f* de la vigne (de la vid) ‖ ARQ étrésillon (puntal) ‖ bras (de una sierra) ‖ (amer) grosse bougie *f* (vela).
codaste *m* MAR étambot.
codazo *m* coup de coude ‖ — *abrirse paso* ou *caminar a codazos* jouer des coudes ‖ *dar codazos a uno* faire du coude à quelqu'un, pousser quelqu'un du coude (para advertir).
codear *v intr* jouer des coudes; *abrirse paso codeando* s'ouvrir un chemin en jouant des coudes ‖ (amer) quémander, soutirer de l'argent.
◆ *v pr* coudoyer, côtoyer, se coudoyer; *codearse con príncipes* coudoyer *o* côtoyer des princes, se coudoyer avec des princes ‖ fréquenter (tratar); *se codea con la alta sociedad* il fréquente la haute société.
codecisión *f* décision prise en commun.
codeína *f* MED codéine.
codelincuencia *f* complicité.
codelincuente *adj y s* complice.
codemandante *adj y s* DR codemandeur, eresse.
codeo *m* coudoiement, coude à coude ‖ (amer) emprunt (sablazo).
codera *f* pièce ajoutée au coude d'un vêtement ‖ MAR bosse (cabo).
codeso *m* BOT cytise.
codeudor, ra *m y f* codébiteur, trice.
códice *m* codex, manuscrit ancien.
codicia *f* cupidité (ambición de riquezas) ‖ FIG convoitise (envidia) ¦ soif (deseo vehemente); *codicia de saber* soif de connaissance ¦ âpreté; *la codicia de ganancia* l'âpreté au gain ‖ TAUROM combativité ‖ *la codicia rompe el saco* l'avarice perd tout en voulant tout gagner.
codiciable *adj* désirable, convoitable.
codiciar *v tr* convoiter.
codicilo *m* codicille (de un testamento).
codiciosamente *adv* avidement, avec cupidité.

codicioso, sa *adj y s* cupide, convoiteur, euse *(p us)* ‖ FIG & FAM travailleur, euse; bûcheur, euse (laborioso) ‖ de convoitise (mirada).

codificación *f* DR codification ‖ codage *m* ‖ INFORM codage.

codificador, ra *adj y s* codificateur, trice.

codificar *v tr* DR codifier ‖ coder (un mensaje).

código *m* code; *código de carreteras* ou *de la circulación, postal* code de la route, postal ‖ — *código de barras* code (à), barres ‖ *código deontológico* code déontologique ‖ MAR *código de señales* code de signaux ‖ *código morse* code morse ‖ *código territorial* indicatif (teléfono).

codillo *m* coude (de los solípedos), épaule *f* (de los demás animales) ‖ bras (brazuelo) ‖ CULIN épaule *f*; *codillo de cordero* épaule de mouton ‖ fourche *f* (de dos ramas de árbol) ‖ défaut de l'épaule (caza) ‖ coude, tube coudé (tubo acodado) ‖ étrier (estribo) ‖ MAR extrémité *f* de la quille ‖ FIG & FAM *jugársela a uno de codillo* couper l'herbe sous les pieds de quelqu'un | *tirar a uno al codillo* tirer dans les jambes de quelqu'un.

codirección *f* codirection.

codirector, ra *m y f* codirecteur, trice.

codo *m* coude (parte del brazo); *apoyar los codos en la mesa* mettre les coudes sur la table ‖ coude, épaule *f* (de los animales) ‖ coude, tuyau coudé (tubo acodado) ‖ coudée *f* (medida) ‖ — *codo con codo, codo a codo* coude à coude ‖ — FIG & FAM *a base de clavar los codos* à base d'huile de coude (estudiar) ‖ — FIG & FAM *alzar* ou *empinar el codo* lever le coude (beber mucho) | *comerse los codos de hambre* crever de faim ‖ *dar con el codo* donner un coup de coude ‖ FIG & FAM *hablar por los codos* jaser comme une pie, avoir la langue bien pendue | *meterse hasta los codos en un asunto* tremper *o* être enfoncé jusqu'au cou dans une affaire | *romperse los codos* potasser, bûcher, bachoter.

◆ *m y f (amer)* mesquin, e.

codorniz *f* caille (ave).

COE abrev de *Comité Olímpico Español* COE, Comité olympique espagnol.

coedición *f* coédition.

coeditar *v tr* coéditer.

coeducación *f* coéducation, enseignement *m* mixte.

coeficiente *m* coefficient ‖ taux; *coeficiente de invalidez, de incremento* taux d'invalidité, d'accroissement ‖ — FÍS *coeficiente de absorción* coefficient d'absorption ‖ *coeficiente de caja* ratio de trésorerie ‖ FÍS *coeficiente de dilatación* coefficient de dilatation | *coeficiente de escorrentía* coefficient d'écoulement ‖ *coeficiente de inteligencia* quotient intellectuel ‖ ECON *coeficiente de inversión* ratio d'investissement.

coercer *v tr* contraindre (forzar) ‖ contenir (contener) ‖ retenir (sujetar).

coercible *adj* coercible.

coerción *f* coercition.

coercitivo, va *adj* coercitif, ive.

coetáneo, a *adj y s* contemporain, e.

coexistencia *f* coexistence; *coexistencia pacífica* coexistence pacifique.

coexistente *adj* coexistant, e.

coexistir *v intr* coexister.

cofa *f* MAR hune; *cofa mayor* grande hune.

cofia *f* résille (red para el cabello) ‖ coiffe (especie de gorro) ‖ coiffe (de proyectil) ‖ BOT coiffe (pilorriza).

cofrade *m y f* confrère.

cofradía *f* confrérie (hermandad) ‖ association (asociación).

cofre *m* coffre (caja) ‖ IMPR coffre ‖ ZOOL coffre (pez) ‖ *(amer)* AUTOM capot.

cofrecillo *m* coffret.

cofundador, ra *adj y s* cofondateur, trice.

cogedor, ra *adj y s* cueilleur, euse; ramasseur, euse (que coge o recoge).

◆ *m* pelle *f* à ordures, pelle *f* (instrumento de limpieza).

coger *v tr* prendre (tomar); *coger del* ou *por el brazo* prendre par le bras; *no me gusta coger el avión* je n'aime pas prendre l'avion; *ha cogido mucho sol* il a pris beaucoup de soleil ‖ saisir (agarrar); *lo cogieron por el cuello* ils l'ont saisi au collet ‖ cueillir; *coger manzanas* cueillir des pommes ‖ ramasser; *coger nueces* ramasser des noix ‖ prendre; *coger desprevenido* ou *descuidado* prendre au dépourvu ‖ surprendre; *dejarse coger por la lluvia, por la noche* se laisser surprendre par la pluie, par la nuit ‖ attraper; *coger un catarro, frío* attraper un rhume, froid ‖ rattraper, atteindre (alcanzar) ‖ renverser; *le cogió un coche* une voiture l'a renversé ‖ TAUROM blesser, encorner, donner un coup de corne ‖ saillir (los animales) ‖ FAM attraper (un acento) | attraper; *coger a un ladrón* attraper un voleur | prendre, occuper; *esto coge mucho sitio* cela prend beaucoup de place ‖ FIG comprendre, saisir; *no cojo lo que me dices* je ne saisis pas ce que tu me dis ‖ — *coger al paso* prendre au passage ‖ *cogerlas al vuelo* tout saisir au vol, tout comprendre à demi-mot ‖ *coger bajo su manto* prendre sous son aile ‖ *coger con las manos en la masa* prendre la main dans le sac, sur le fait ‖ *coger in fraganti* prendre sur le fait ‖ *cogerle la palabra a uno* prendre quelqu'un au mot ‖ *coger los puntos* ou *las carreras de las medias* remmailler les bas ‖ *coger por su cuenta* s'occuper de ‖ FIG & FAM *coger una liebre* ramasser une pelle *o* une bûche ‖ POP *coger una mona* prendre une cuite ‖ *dejarse coger* se laisser rattraper (ser alcanzado), se laisser prendre (ser engañado) ‖ *le cogió de buen humor* il était de bonne humeur à ce moment-là ‖ *me ha cogido muy mal tiempo* j'ai eu très mauvais temps ‖ *no hay* ou *no se sabe por dónde cogerlo* on ne sait pas par quel bout le prendre, il n'est pas à prendre avec des pincettes ‖ *no me cogerán otra vez* on ne m'y reprendra plus ‖ *no me cogen truchas a bragas enjutas* on ne fait pas d'omelette sans casser des œufs.

◆ *v intr* prendre; *coger a la derecha* prendre à droite ‖ prendre; *el tinte no ha cogido* la teinture n'a pas pris ‖ FAM tenir; *el coche no coge en el garaje* la voiture ne tient pas dans le garage ‖ *(amer)* POP baiser (copularse) ‖ POP *coger y* (verbo), eh bien, et puis (para indicar resolución o determinación); *como no venga, cojo y me voy* s'il n'arrive pas, eh bien! je m'en vais.

◆ *v pr* se prendre, se coincer, s'attraper (pillarse); *cogerse los dedos con la puerta* se prendre les doigts dans la porte ‖ s'attraper (pegarse); *el acento del Sur se coge fácilmente* l'accent du Midi s'attrape facilement.

— OBSERV *Coger* a, dans quelques pays d'Amérique latine, un sens inconvenant. On le remplace soit par *tomar* soit par *agarrar*.

cogerencia *f* cogérance.
cogestión *f* cogestion.
cogida *f* cueillette; *la cogida de la uva* la cueillette du raisin || TAUROM coup *m* de corne; *sufrir una cogida* recevoir un coup de corne | *cogida de los puntos* ou *de las carreras de las medias* remmaillage des bas.
cogido, da *adj* pris, e || encorné, e; blessé, e (un torero) || — *cogidos del brazo* bras dessus, bras dessous || FAM *estar cogido* être pris, avoir un fil à la patte.
◆ *m* fronce *f* (frunce) || pli (pliegue).
cogitativo, va *adj* pensant, e.
cognición *f* cognition, connaissance.
cognoscitivo, va *adj* cognitif, ive.
cogollo *m* cœur (de una lechuga, una col, etc.) || BOT rejeton, bourgeon, pousse *f* (brote de un árbol); *echar cogollos* faire des bourgeons | tête *f* d'un pin (del pino) || FIG & FAM cœur, centre (centro) | le dessus du panier (élite) || *(amer)* extrémité *f* de la canne à sucre (de la caña de azúcar) | grosse cigale *f* (chicharra).
cogorza *f* POP cuite (borrachera); *agarrar una cogorza* attraper une cuite.
cogotazo *m* calotte *f*.
cogote *m* nuque *f* || FIG & FAM *hasta el cogote* jusqu'au cou.
cogulla *f* habit *m*, froc *m*, coule *(p us)*; *tomar la cogulla* prendre l'habit || cagoule (capucha).
cohabitación *f* cohabitation.
cohabitar *v intr* cohabiter.
cohechar *v tr* suborner, corrompre (sobornar) || AGRIC faire un dernier labour.
cohecho *m* subornation *f*, corruption *f* (soborno) || AGRIC époque *f* du dernier labour.
coheredar *v tr* cohériter.
coheredero, ra *m y f* cohéritier, ère.
coherencia *f* cohérence || FÍS cohésion.
coherente *adj* cohérent, e.
coherentemente *adv* d'une façon cohérente.
cohesión *f* cohésion.
cohesivo, va *adj* cohésif, ive.
cohete *m* fusée *f* (de fuegos artificiales) || fusée *f*; *cohete espacial* fusée spatiale || *(amer)* mine *f* (barreno) | ivrogne (borracho) || — *cohete corredor* courantin, dragon || *cohete chispero, tronador* fusée à étoiles || *cohete de varilla* fusée à baguette || *cohete de varios cuerpos* fusée à étages || AGRIC *cohete paragranizo* fusée paragrêle || *cohete volador* fusée volante || — FAM *(amer) al cohete* en vain, pour des prunes | *avión cohete* fusée || — *escapar* ou *salir como un cohete* partir comme une flèche *o* comme un bolide.
cohibición *f* contrainte.
cohibido, da *adj* intimidé, e.
cohibir *v tr* réprimer (reprimir) || intimider; *su presencia le cohibe* sa présence l'intimide.
cohombro *m* concombre (planta) || sorte de beignet (churro) || *cohombro de mar* holothurie, concombre de mer (molusco).
cohonestador, ra *adj* qui s'efforce de sauver les apparences.
cohonestar *v tr* présenter sous un jour favorable (una acción), sauver les apparences.

cohorte *f* cohorte || FIG cohorte, légion | série, séquelle (acompañamiento) || *cohortes celestes* cohortes célestes.
COI abrev de *Comité Olímpico Internacional* CIO, Comité international olympique.
coima *f* droit *m* que perçoit le tenancier d'un tripot (del garitero) || concubine (manceba) || *(amer)* gratification, pot-de-vin *m* (gratificación).
Coimbra *n pr* GEOGR Coïmbre.
coincidencia *f* coïncidence || *en coincidencia con* en même temps que, parallèlement à.
coincidente *adj* coïncident, e.
coincidir *v intr* coïncider || se rencontrer; *ayer coincidimos en el teatro* hier nous nous sommes rencontrés au théâtre || — *coincidir con* tomber en même temps que; *mi cumpleaños coincide con el tuyo* mon anniversaire tombe en même temps que le tien || *coincidir en* être d'accord pour *o* sur (estar de acuerdo) || *coincidir en la misma opinión* abonder dans le même sens, partager la même opinion, se ranger à la même opinion.
coinquilino, na *m y f* colocataire.
coito *m* coït.
cojear *v intr* boiter, clocher (las personas) || être bancal, e; boiter (los muebles); *mesa que cojea* table bancale || FIG & FAM agir mal (obrar mal) | clocher; *negocio que cojea* affaire qui cloche || — FIG & FAM *el que no cojea, renquea* nul n'est parfait | *saber de qué pie cojea uno* connaître le point faible de quelqu'un, savoir où le bât blesse quelqu'un.
cojera *f* boiterie, claudication.
— OBSERV *Boiterie* se dice sobre todo de los animales.
cojijoso, sa *adj* ronchonneur, euse.
cojín *m* coussin || *cojín de aire* coussin d'air.
cojinete *m* coussinet (cojín pequeño) || MECÁN coussinet, palier (de ferrocarril, de rodamiento, etc.) || — MECÁN *cojinete de bolas* roulement à billes | *cojinete de rodillos* palier à rouleaux.
cojitranco, ca *adj y s* boiteux, euse.
cojo, ja *adj y s* boiteux, euse (que cojea).
◆ *adj* bancal, e; boiteux, euse (mueble); *un sillón cojo* un fauteuil boiteux || FIG boiteux, euse (razonamiento, etc.) || — *andar a la pata coja* marcher à cloche-pied || FIG & FAM *no ser uno cojo ni manco* ne pas être embarrassé de ses dix doigts, ne pas être bancal ni manchot.
cojón *m* POP couille *f* || POP *tener los cojones de corbata* avoir les boules.
cojonudo, da *adj* POP du tonnerre.
cojudear *v tr (amer)* POP faire le con (hacer tonterías) | couillonner (engañar).
cojudez *f (amer)* POP couillonnade.
cojudo, da *adj* entier, ère (no castrado) || *(amer)* idiot, e; poire (bobo) | viril, fort, courageux (valiente).
cojuelo, la *adj* légèrement boiteux, euse || *el diablo cojuelo* le diable boiteux.
cok *m* coke (carbón).
col *f* BOT chou *m*; *col común, lombarda, rizada, de Bruselas* chou commun, rouge, frisé, de Bruxelles || — *el que quiere la col, quiere las hojas de alrededor* qui m'aime aime mon chien || *entre col y col, lechuga* l'ennui naquit un jour de l'uniformité.
cola *f* queue (de los cuadrúpedos, aves, peces, de los aviones) || traîne (de un vestido); *la cola del traje de novia* la traîne de la robe de mariée || queue (de

un cometa) ‖ queue (de gente que aguarda); *hacer cola* faire la queue; *ponerse en la cola* ou *en cola* se mettre à la queue, prendre la queue ‖ colle (substancia gelatinosa); *cola fuerte* ou *de conejo* colle forte; *cola de pescado* colle de poisson ‖ BOT kola *m*, cola *m* ‖ MÚS coda ‖ — *cola de caballo* prêle, presle, queue-de-cheval (planta), queue de cheval (peinado) ‖ *cola de golondrina* queue-d'aronde (fortificación) ‖ *cola de león* léonure (planta) ‖ *cola de milano* ou *de pato* queue-d'aronde (ensambladura) ‖ *cola de rata* queue-de-rat (de un caballo con poco pelo) ‖ *cola de zorra* queue-de-renard, vulpin (planta) ‖ BOT *nuez de cola* noix de kola ‖ *piano de cola* piano à queue ‖ — *a la cola* à la queue, derrière, en queue ‖ — FIG *es la pescadilla mordiéndose la cola* c'est l'histoire du poisson qui se mord la queue ‖ *estar en la cola* être à la queue (ser el último) ‖ *llevar la cola* tenir la traîne (en una boda) ‖ *montar en cola* monter en queue (tren) ‖ *tener* ou *traer cola* avoir des suites.

colaboración *f* collaboration.
colaboracionismo *m* politique de collaboration.
colaboracionista *adj* y *s* collaborateur, trice; collaborationniste [en politique].
colaborador, ra *adj* y *s* collaborateur, trice.
colaborar *v intr* collaborer.
colación *f* collation (de un beneficio) ‖ collation (comparación) ‖ collation (comida ligera) ‖ *(amer)* bonbon *m* ‖ DR *colación de bienes* rapport à succession, règlement d'une succession ‖ — *sacar* ou *traer a colación* faire mention de, ressortir; *siempre traes a colación lo mismo* tu ressors toujours la même chose ‖ DR *traer a colación* rapporter (en una sucesión), donner à l'appui (un ejemplo).
colacionar *v tr* collationner (comparar) ‖ DR rapporter, inclure dans un partage de succession.
colada *f* lessivage *m*, lessive (acción de colar); *hacer la colada* faire la lessive ‖ lessive (lejía y ropa colada) ‖ coulée (de lava) ‖ TECN coulée (del alto horno); *orificio de colada* trou de coulée ‖ filtrage *m* (filtrado) ‖ chemin *m* pour les troupeaux (para los rebaños) ‖ gorge (entre dos montañas) ‖ FIG bonne épée, durandal [par allusion à l'une des épées du Cid] ‖ FAM *todo saldrá en la colada* tout ça finira par se savoir.
coladera *f* passoire (tamiz pequeño) ‖ *(amer)* grille d'égout | égout *m* (sumidero).
coladero *m* passoire *f*, filtre (filtro) ‖ couloir, passage étroit (paso) ‖ MIN galerie *f*, bure *f* ‖ FIG & FAM jury d'examen très coulant.
colado, da *adj* *aire colado* vent coulis ‖ *hierro colado* fonte ‖ — FIG & FAM *estar colado por* en pincer pour.
colador *m* ECLES collateur ‖ passoire *f* (para el té, el café, etc.) ‖ cuvier, cuve *f* à lessive (para la lejía) ‖ — *los calcetines están como un colador* les chaussettes sont une vraie passoire ‖ *tener más agujeros que un colador* être troué comme une écumoire.
coladura *f* filtration, filtrage *m* (filtración) ‖ MED colature (filtración) ‖ marc *m*, résidus *m pl* (residuos de una cosa colada) ‖ FIG & FAM gaffe, maladresse, boulette (metedura de pata) | erreur (equivocación).
colágeno *m* QUÍM collagène.
colagogo *adj m* y *s m* MED cholagogue.
colaje *m* collage (arte).
colanilla *f* espagnolette, targette (de ventana).

colapsar *v tr* paralyser, bloquer.
colapso *m* MED collapsus ‖ effondrement.
colar* *v tr* passer, filtrer; *colar la leche* passer le lait ‖ lessiver (con lejía) ‖ collationner (conferir un beneficio) ‖ couler (los metales) ‖ FAM refiler, passer; *colar una moneda falsa* refiler une pièce fausse.
◆ *v intr* passer ‖ FIG & FAM biberonner (beber vino) ‖ prendre; *esta noticia falsa no ha colado* cette fausse nouvelle n'a pas pris; *por si cuela* pour voir si ça prend.
◆ *v pr* FAM se glisser, se faufiler; *colarse en la primera fila* se faufiler au premier rang | resquiller (en una cola); *haga el favor de no colarse* je vous prie de ne pas resquiller | se gourer, se ficher dedans (equivocarse) | faire une gaffe (meter la pata) ‖ — FAM *colarse con* ou *por alguien* s'amouracher de quelqu'un, en pincer pour quelqu'un | *¡esto es colarse!* c'est de la resquille!
colateral *adj* y *s* collatéral, e.
colcha *f* couvre-lit *m*, dessus-de-lit *m*, courtepointe.
colchar *v tr* matelasser, capitonner.
colchón *m* matelas ‖ — TECN *colchón de aire* coussin d'air ‖ *colchón de muelles* matelas à ressorts (colchón), sommier (bastidor) ‖ *colchón de tela metálica* sommier métallique ‖ *colchón neumático* ou *de viento* matelas pneumatique ‖ — FIG *dormir en un colchón de plumas* dormir dans un lit de plumes.
colchonería *f* lainerie (lanería) ‖ boutique du matelassier.
colchonero, ra *m* y *f* matelassier, ère ‖ *aguja colchonera* carrelet, aiguille à matelas.
◆ *adj* y *s* DEP supporter du football-club Atlético de Madrid.
colchoneta *f* matelas *m* étroit (colchón estrecho) ‖ coussin *m* (cojín) ‖ TECN *colchoneta de aire* coussin d'air.
cole *m* FAM bahut (colegio).
colear *v intr* remuer la queue (la cola) ‖ se balancer [les derniers wagons d'un train en marche] ‖ *(amer) colea en los sesenta* il frise la soixantaine.
◆ *v tr* retenir o renverser (un taureau), en le prenant par la queue ‖ FAM *(amer)* casser les pieds (fastidiar) | suivre (seguir) | refuser (negar) ‖ — FAM *todavía colea* ce n'est pas encore fini, l'affaire n'est pas terminée | *vivito y coleando* tout frétillant, plus vivant que jamais.
colección *f* collection ‖ échantillonnage *m*, assortiment *m*, gamme; *esta tienda tiene una colección impresionante de corbatas* ce magasin a tout un assortiment de cravates.
coleccionable *adj* que l'on peut collectionner, détachable.
◆ *m* supplément détachable.
coleccionador, ra *m* y *f* collectionneur, euse.
coleccionar *v tr* collectionner.
coleccionista *m* y *f* collectionneur, euse.
colecta *f* collecte (de un impuesto) ‖ collecte, quête (de donativos o limosnas); *hacer una colecta* faire la quête ‖ RELIG collecte (oración de la misa).
— OBSERV La *collecte* se hace con un fin más bien benéfico, mientras la *quête* (durante la misa, por ejemplo) supone una intención caritativa y piadosa.
colectar *v tr* collecter, recouvrer (recaudar); *colectar el impuesto* recouvrer l'impôt ‖ recueillir, ramasser (recoger).
colectividad *f* collectivité.

colectivismo *m* collectivisme.
colectivista *adj* y *s* collectiviste.
colectivización *f* collectivisation.
colectivizar *v tr* collectiviser.
colectivo, va *adj* collectif, ive.
◆ *m* GRAM collectif ‖ *(amer)* petit autobus, microbus (autobús).
colector *m* collecteur (recaudador) ‖ ELECTR collecteur ‖ collecteur, égout (sumidero) ‖ — *colector de basuras* vide-ordures ‖ *colector de drenaje* gros drain, drain principal.
colédoco *adj m* y *s m* cholédoque.
colega *m* collègue, confrère ‖ homologue; *el ministro francés de Hacienda ha recibido a su colega español* le ministre français des Finances a reçu son homologue espagnol.
— OBSERV Son *collègues* los que ejercen la misma función pública (funcionarios, profesores); son *confrères* los miembros de una misma sociedad literaria, etc., o los que ejercen la misma profesión liberal (médicos, etc.).
colegatario, ria *m* y *f* DR colégataire.
colegiación *f* inscription dans une corporation officielle.
colegiado, da *adj* associé, e (socio).
◆ *m* y *f* membre d'une corporation.
◆ *m* DEP arbitre.
colegial *adj* collégial, e (relativo al colegio) ‖ collégien, enne (relativo a los colegiales); *las costumbres colegiales* les habitudes collégiennes ‖ *iglesia colegial* collégiale.
◆ *m* écolier (de un colegio), collégien, lycéen (de un instituto).
◆ *f* collégiale (iglesia).
colegiarse *v pr* se réunir en corporation *o* en corps.
colegiata *f* collégiale (iglesia).
colegio *m* collège (casa donde se educa) ‖ école *f* (escuela); *colegio de niñas* école de filles ‖ corporation *f* (corporación) ‖ ordre; *colegio de abogados, de médicos* ordre des avocats, des médecins ‖ — *colegio apostólico* collège apostolique ‖ *colegio de cardenales* ou *cardenalicio* collège des cardinaux, sacré collège ‖ *colegio de internos* internat ‖ *colegio de párvulos* école maternelle, jardin d'enfants ‖ *colegio electoral* collège électoral ‖ *colegio mayor* résidence universitaire.
— OBSERV *Colegio* a en espagnol un sens plus large que le français *collège*.
— OBSERV *Collège* designa exclusivamente un establecimiento de segunda enseñanza menos importante que el *lycée* (*instituto* en España).
colegir* *v tr* réunir, rassembler (juntar) ‖ déduire (inferir); *colegir algo de lo dicho* déduire quelque chose de ce qui a été dit.
coleóptero *m* ZOOL coléoptère.
cólera *f* colère (ira) ‖ bile (bilis); *descargar la cólera en* décharger sa bile sur ‖ *montar en cólera* s'emporter, se mettre en colère.
◆ *m* MED choléra; *cólera-morbo* choléra morbus; *cólera nostras* choléra nostras.
colérico, ca *adj* colérique, coléreux, euse (irritado).
◆ *adj* y *s* MED cholérique.
colerina *f* MED cholérine.
colesterina *f* ANAT cholestérine.
colesterol *m* ANAT cholestérol.

coleta *f* queue (trenza antigua) ‖ petite natte (de los toreros) ‖ natte, tresse (de pelo trenzado) ‖ couette, queue (de pelo sin trenzar) ‖ FIG & FAM addition, ajouté *m*, appendice *m* ‖ — FIG *cortarse la coleta* abandonner l'arène (torero), renoncer à son métier, prendre sa retraite, se retirer (oficio).
coletazo *m* coup de queue ‖ FIG soubresaut, sursaut; *los últimos coletazos del régimen* les derniers sursauts du régime ‖ *dar coletazos* remuer la queue.
coletilla *f* FIG addition, ajouté *m*, appendice *m*; *poner una coletilla a un texto* faire une addition à un texte ‖ leitmotiv *m* (repetición) ‖ suites *pl* (consecuencias).
colgadero, ra *adj* qui peut être accroché.
◆ *m* croc, crochet (garfio), allonge *f* (para la carne).
colgado, da *adj* suspendu, e ‖ pendu, e (ahorcado) ‖ FIG & FAM déçu, e; frustré, e (burlado) ‖ FIG & POP défoncé, e (bajo los efectos de una droga) ‖ FIG & FAM *dejar a uno colgado* laisser quelqu'un en plan.
colgador *m* IMPR étendoir ‖ crochet (gancho) ‖ porte-manteau (perchero).
colgajo *m* lambeau (de tela, de piel) ‖ grappe *f* de raisin [que l'on suspend] ‖ pendeloque *f* (dije).
colgamiento *m* pendaison *f*, suspension *f*.
colgante *adj* pendant, e; suspendu, e ‖ *puente, jardín colgante* pont, jardin suspendu.
◆ *m* ARQ feston ‖ pendeloque *f*, breloque *f* (joya) ‖ pendeloque *f* (de araña).
colgar* *v tr* pendre, suspendre; *colgar un vestido de un clavo* pendre une robe à un clou ‖ étendre; *colgar la ropa en una cuerda* étendre le linge sur une corde ‖ accrocher; *colgar un cuadro* accrocher un tableau ‖ raccrocher (el teléfono) ‖ tapisser, orner de tentures (adornar) ‖ FIG & FAM pendre (ahorcar); *colgar de un árbol* pendre à un arbre ‖ coller, refuser (en un examen) ‖ refiler, coller; *me colgó un trabajo fastidioso* il m'a refilé un travail ennuyeux ‖ imputer, attribuer ‖ — *colgar los hábitos* jeter le froc aux orties ‖ MIL *¡cuelguen armas!* l'arme à la bretelle! ‖ FAM *quedarse con dos asignaturas colgadas* avoir deux matières à repasser, avoir été collé dans deux matières.
◆ *v intr* pendre à, être suspendu à ‖ pendre; *un vestido que cuelga de un lado* un vêtement qui pend d'un côté ‖ raccrocher (teléfono) ‖ *¡no cuelgue!* ne raccrochez pas!
◆ *v pr* se pendre à.
colibacilo *m* MED colibacille.
colibacilosis *f* MED colibacillose.
colibrí *m* colibrí, oiseau-mouche (ave).
cólico, ca *adj* colique (relativo al colon).
◆ *m* colique *f* ‖ — *cólico cerrado* obstruction intestinale ‖ *cólico hepático, nefrítico* colique hépatique, néphrétique ‖ *cólico miserere* colique de miséréré, iléus ‖ *cólico saturnino* colique de plomb.
colicuar *v tr* fondre, liquéfier.
◆ *v pr* fondre, se liquéfier.
coliflor *f* chou-fleur *m*.
coligado, da *adj* y *s* allié, e; coalisé, e.
coligar; coaligar *v tr* unir, rassembler, resserrer les liens; *intereses comunes coligaron a ambos países*. des intérêts communs ont resserré les liens entre les deux pays.
◆ *v pr* s'allier, s'unir, se coaliser, se liguer.

colilla f mégot m.
colimador m TECN collimateur.
colimba f (amer) POP service m militaire.
colimbo m plongeon (ave).
colina f colline (elevación de terreno) ‖ graine de chou (simiente de coles) ‖ plant m de chou (colino).
colindancia f contiguïté.
colindante adj limitrophe, contigu, ë.
colindar v intr être contigu, ë.
colirio m MED collyre.
colirrojo m rouge-queue (ave).
coliseo m colisée.
colisión f collision ‖ FIG choc m, heurt m (de ideas o intereses).
colisionar v intr percuter ‖ FIG colisionar con se heurter à.
colista m dernier, lanterne f rouge.
colitis f MED colite.
colmado, da adj plein, e; rempli, e; comblé, e; comble (lleno) ‖ una cucharada colmada une cuillère pleine à ras bord.
◆ m bistrot, gargote f (tasca).
colmar v tr remplir à ras bord; colmar un vaso remplir un verre à ras bord ‖ combler (rellenar) ‖ FIG combler; colmar de favores combler de faveurs ‖ — colmar de injurias agonir d'injures ‖ FIG colmar la medida dépasser les bornes o la mesure.
colmena f ruche ‖ FIG fourmilière; una colmena humana une fourmilière humaine ‖ POP tube m (chistera).
colmenar m rucher.
colmenero, ra m y f apiculteur, trice.
◆ m (amer) tamandou (oso hormiguero).
colmenilla f BOT morille (cagarria).
colmillada f coup m de dent.
colmillazo m coup de dent, morsure f ‖ coup de défense (de ciertos animales).
colmillo m canine f ‖ défense f (de elefante, jabalí, morsa, narval) ‖ croc (de un perro) ‖ — FIG & FAM enseñar los colmillos montrer les dents ‖ escupir por el colmillo faire le bravache o le fanfaron ‖ tener el colmillo retorcido être un vieux renard, avoir beaucoup d'expérience.
colmilludo, da adj qui a de grandes canines o défenses o de grands crocs ‖ FIG rusé, e; malin, e (astuto).
colmo m comble; el colmo de la locura le comble de la folie ‖ chaume (techo de paja) ‖ — a colmo abondamment ‖ ¡es el colmo! c'est un comble!, c'est le comble!, c'est le bouquet! ‖ para colmo par-dessus le marché ‖ para colmo de bienes pour comble de chance o de bonheur ‖ para colmo de desgracia pour comble de malheur.
colmo, ma adj comble, comblé, e.
colocación f placement m; agencia ou oficina de colocación bureau de placement ‖ situation; tener una buena colocación avoir une bonne situation ‖ place, emploi m, poste m; conseguir una colocación en el ministerio obtenir un emploi au ministère ‖ pose; colocación de un marco pose d'un cadre ‖ emplacement m, place, disposition; no me gusta la colocación de esos cuadros je n'aime pas l'emplacement de ces tableaux ‖ placement m, emploi m (de dinero) ‖ colocación de la primera piedra pose de la première pierre.

colocado, da adj y s employé, e; placé, e (trabajo) ‖ placé, e (hípica) ‖ FAM paf (alcohol) ‖ défoncé, e (droga).
colocar v tr placer; colocar por orden placer par ordre ‖ mettre, poser; coloqué el libro en la mesa j'ai posé le livre sur la table ‖ placer (dinero) ‖ mettre, placer (instalar) ‖ FIG placer; sus padres le han colocado en una panadería ses parents l'ont placé dans une boulangerie ‖ trouver du travail (encontrar trabajo) ‖ — estar colocado travailler, être employé o placé ‖ estar muy bien colocado avoir une belle situation.
◆ v pr se placer; se ha colocado de criada elle s'est placée comme domestique ‖ trouver une situation o du travail; no es tan fácil colocarse ce n'est pas facile de trouver du travail ‖ FAM se défoncer [drogue].
colocón m POP cuite f (causado por el alcohol) ‖ trip (causado por la droga).
colodión m QUÍM collodion.
colodrillo m occiput, nuque m (cogote).
colofón m IMPR cul-de-lampe ‖ note f finale (en un libro) ‖ FIG clou; fue el colofón del espectáculo ce fut le clou du spectacle ‖ couronnement, point culminant; el brillante colofón de su carrera le couronnement brillant de sa carrière.
colofonia f QUÍM colophane (resina).
coloidal adj QUÍM colloïdal, e; metaloides coloidales métaloïdes colloïdaux.
coloide adj y s m QUÍM colloïde.
Colombia n pr f GEOGR Colombie.
colombiano, na adj colombien, enne.
◆ m y f Colombien, enne.
colombino, na adj relatif à Christophe Colomb.
colombo m BOT colombo (raíz).
colombofilia f colombophilie.
colon m ANAT côlon (intestino) ‖ GRAM côlon (período) ‖ point-virgule, deux points (puntuación).
colón m «colón», unité f monétaire de Costa Rica et du Salvador.
Colón (Cristobal) n pr Christophe Colomb.
Colón (archipiélago de) n pr GEOGR → gálapagos (islas de los).
colonato m colonat.
colonche m (amer) eau-de-vie f analogue au pulque.
colonia f colonie (país, reunión de personas, de animales, etc.) ‖ eau de Cologne (agua de colonia) ‖ ruban m de soie (cinta) ‖ — colonia obrera cité ouvrière ‖ colonia de vacaciones, penitenciaria colonie de vacances, pénitentiaire.
Colonia n pr GEOGR Cologne.
colonial adj colonial, e ‖ colonial, e; exotique; productos coloniales denrées coloniales, produits exotiques.
colonialismo m colonialisme.
colonialista adj y s colonialiste.
colonización f colonisation ‖ colonisation, peuplement m (agricultura).
colonizador, ra adj y s colonisateur, trice.
colonizar v tr coloniser.
colono m colon (habitante de una colonia) ‖ fermier, colon (el que cultiva una granja).
coloquial adj familier, ère; parlé, e (estilo, etc.).
coloquio m colloque, conversation f.

color *m* couleur *f* ‖ FIG couleur *f*, opinion *f*; *el color de un periódico* la couleur d'un journal | couleur *f* (apariencia); *pintar con colores trágicos* peindre sous des couleurs tragiques ‖ — *color del espectro solar* ou *del iris* ou *elemental* couleurs spectrales o primitives ‖ *color de rosa, de aceituna* rose, olive; *seda de color de rosa* soie rose ‖ *colores complementarios* couleurs complémentaires ‖ *color local* ou *típico* couleur locale ‖ *color quebrado* couleur éteinte ‖ *color sólido* grand teint (tejido) ‖ — *a todo color* (entièrement), en couleurs ‖ *de color* de couleur; *hombre de color* homme de couleur ‖ *so color de* sous couleur de, sous prétexte de ‖ *subido de color, de color subido* haut en couleur ‖ *distinguir de colores* être bon juge, savoir juger ‖ FIG *mudar de color* changer de couleur ‖ *pintar con negros colores* peindre en noir ‖ FAM *ponerse de mil colores* passer par toutes les couleurs ‖ *sacarle a uno los colores al rostro* faire rougir quelqu'un ‖ *salirse a uno los colores a la cara* rougir ‖ *se le suben los colores a la cara* le rouge lui monte au visage ‖ *tomar color* prendre couleur ‖ FAM *un color se le iba y otro se le venía* il passait par toutes les couleurs ‖ *ver las cosas de color de rosa* voir les choses en rose.
➤ *pl* couleurs *f* (bandera); *colores nacionales* couleurs nationales.

coloración *f* coloration.

colorado, da *adj* coloré, e (que tiene color) ‖ rouge (rojo); *la flor colorada de la amapola* la fleur rouge du coquelicot ‖ FIG libre, leste, grivois, e (conversación) ‖ — FIG *estar colorado* être tout rouge (de vergüenza) | *más vale ponerse una vez colorado que ciento amarillo* mieux vaut oser qu'ensuite regretter | *poner colorado* faire rougir ‖ *ponerse colorado* rougir, devenir rouge | *ponerse más colorado que un pavo* rougir jusqu'à la racine des cheveux | *ponerse más colorado que un tomate* devenir rouge comme une pivoine *o* comme une tomate *o* comme un coq.
➤ *m* rouge (color).

Colorado *n pr* GEOGR Colorado.

colorante *adj y s m* colorant, e.

colorar *v tr* colorer, colorier.

colorear *v tr* colorer, colorier ‖ FIG colorer (dar apariencia engañosa); *colorear el vicio* colorer le vice.
➤ *v intr* rougir (ciertos frutos) ‖ tirer sur le rouge (tirar a rojo).

colorete *m* rouge, fard (afeite).

colorido *m* coloris ‖ FIG couleur *f*.

colorín *m* chardonneret (jilguero) ‖ FAM rougeole *f* (sarampión) ‖ *y colorín, colorado, este cuento se ha acabado* ils se marièrent et ils eurent beaucoup d'enfants (final de un cuento), et l'histoire se termine là.
➤ *pl* couleurs *f* criardes.

colorista *adj y s* coloriste.

colosal *adj* colossal, e; *edificios colosales* édifices colossaux ‖ FIG formidable, extraordinaire, colossal, e (extraordinario).

coloso *m* colosse.

colt *m* colt (revólver).

columbino, na *adj* colombin, e (perteneciente a la paloma y color).

columbrar *v tr* apercevoir, distinguer (ver de lejos) ‖ FIG prévoir, deviner, conjecturer.

columna *f* colonne; *columna abalaustrada, compuesta* colonne en balustre, composite ‖ FIG colonne, pilier *m* (apoyo) ‖ colonne (en un periódico o libro) ‖ MIL colonne; *en columna de a tres* en colonne par trois ‖ — *columna aislada* ou *suelta* ou *exenta* colonne isolée ‖ TECN *columna de dirección* colonne de direction (auto) | *columna de fraccionamiento* tour de fractionnement ‖ *columna embebida* ou *entregada* colonne engagée *o* adossée ‖ *columna estriada* colonne cannelée *o* striée ‖ *columna fajada* colonne à bossages ‖ *columna fasciculada* colonne fasciculée ‖ *columna miliar* borne milliaire ‖ *columna rostrada* ou *rostral* colonne rostrale ‖ ANAT *columna vertebral* colonne vertébrale (espinazo) ‖ — FIG *quinta columna* cinquième colonne.

columnata *f* ARQ colonnade.

columnista *adj y s* chroniqueur, euse [d'un journal].

columpiar *v tr* balancer.
➤ *v pr* se balancer (mecerse) ‖ FIG & FAM se dandiner en marchant (al andar) | se gourer, se ficher dedans (equivocarse).

columpio *m* balançoire *f*, escarpolette *f*.
— OBSERV La *balançoire* puede ser de varios tipos: de madera, de metal o compuesta de un asiento suspendido entre dos cuerdas. La *escarpolette* designa solamente esta última.

colusión *f* DR collusion.

colusorio, ria *adj* DR collusoire.

colutorio *m* MED collutoire.

colza *f* BOT colza *m*.

collado *m* coteau (cerro) ‖ col (entre dos montañas).

collaje *m* collage (pintura).

collar *m* collier (adorno, de animales domésticos) ‖ chaîne *f* (de una condecoración) ‖ carcan (esclavos, castigo) ‖ MECÁN collier, étrier (abrazadera) ‖ *collar de fijación* bague de fixation ‖ *un collar de brillantes* une rivière de diamants.

collarín *m* rabat (alzacuello) ‖ collet, gorgerette *f*, collerette *f* (sobrecuello) ‖ collerette *f* (de un tubo) ‖ *collarín de la botella* collerette.

collarino *m* ARQ gorgerin.

colleja *f* BOT carnillet *m*.
➤ *pl* petits nerfs *m* situés dans le cou du mouton.

collera *f* collier *m* (parte de los arreos) ‖ FIG chaîne (de presidiarios) ‖ *(amer)* couple *m*, paire (pareja).
➤ *pl (amer)* boutons *m* de manchette (gemelos).

coma *f* virgule (signo ortográfico); *punto y coma* point-virgule ‖ miséricorde (en las sillas del coro) ‖ MÚS comma *m* (intervalo).
➤ *m* MED coma.

comadre *f* sage-femme, accoucheuse (partera) ‖ commère *(p us)*, marraine (la madrina respecto del padrino y los padres) ‖ FAM entremetteuse (alcahueta) ‖ commère (vecina) ‖ *cuentos* ou *chismes de comadre* potins de commère, commérages, cancans.

comadrear *v intr* FAM faire des commérages, cancaner, potiner, commérer *(p us)*.

comadreja *f* ZOOL belette.

comadreo *m* FAM commérage, cancan, potin.

comadrón *m* FAM accoucheur (partero).

comadrona *f* FAM sage-femme, accoucheuse (partera) | bonne femme, commère (vecina).

comal *m (amer)* plaque *f* en terre pour cuire les galettes de maïs.

comanche *adj y s* comanche (indio).

comandancia *f* MIL commandement *m* (grado, distrito, edificio) ‖ *comandancia de marina* commandement de la marine (edificio), arrondissement (sector naval).

comandante *m* commandant ‖ — *comandante de armas* commandant d'armes ‖ *comandante de provincia marítima* préfet maritime ‖ *comandante de un avión* commandant de bord ‖ *comandante en jefe* commandant en chef.

comandar *v tr* MIL commander.

comandita *f* COM commandite; *sociedad en comandita* société en commandite.

comanditar *v tr* commanditer.

comanditario, ria *adj y s m* commanditaire ‖ *socio comanditario* commanditaire.

comando *m* MIL commando.

comarca *f* contrée, région; *comarcas dotadas* régions favorisées.

— OBSERV Le mot *comarca* désigne une région considérée surtout sous son aspect d'entité géographique.

comarcal *adj* régional, e ‖ *carretera comarcal* route départementale.

comarcar *v intr* confiner, être limitrophe.
◆ *v tr* planter en échiquier (los árboles).

comatoso, sa *adj* MED comateux, euse ‖ *estar en estado comatoso* être dans le coma.

comba *f* courbure, cambrure, bombement *m* (inflexión) ‖ corde (juego de niñas); *saltar a la comba* sauter à la corde ‖ — *hacer combas* se balancer ‖ FAM *no perder comba* ne pas rater une occasion.

combado, da *adj* courbé, e; arqué, e.

combadura *f* courbure, gauchissement *m*, cambrure (alabeo).

combar *v tr* courber, tordre; *combar un hierro* tordre un morceau de fer ‖ gauchir (alabear).

combate *m* combat; *empeñar el combate* engager le combat ‖ match, combat (de boxeo); *combate nulo* match nul; *combate en quince asaltos* combat en quinze rounds ‖ *(amer)* entraide (para las tareas agrícolas) ‖ *fuera de combate* hors de combat, knock-out (boxeo) ‖ *librar combate por* livrer bataille pour.

combatiente *adj y s* combattant, e ‖ *ex combatiente* ancien combattant.

combatir *v intr* combattre.
◆ *v tr* combattre (al enemigo, un incendio) ‖ battre, frapper (el viento, las olas, etc.) ‖ FIG s'attaquer à, combattre; *combatir los prejuicios* s'attaquer aux préjugés ‖ agiter, troubler (las pasiones).

combatividad *f* combativité.

combativo, va *adj* combatif, ive.

combés *m* MAR tillac.

combi; combina *f* FAM combine (combinación) ‖ *amigo de combinas* combinard.

combinación *f* combinaison (de colores, química) ‖ combinaison (prenda femenina) ‖ cocktail *m* (bebida) ‖ FIG combinaison.

combinado, da *adj* combiné, e ‖ MIL *operaciones combinadas* opérations combinées.
◆ *m* QUÍM combiné ‖ cocktail (bebida) ‖ combinat (industrial).

combinar *v tr* combiner ‖ combiner, assortir (emparejar).
◆ *v pr* se combiner.

combinatorio, ria *adj* MAT combinatoire.

combo, ba *adj* courbé, e; cambré, e (combado).
◆ *m* chantier [pour tonneaux] ‖ *(amer)* masse *f* (mazo) ‖ coup de poing (puñetazo).

comburente *adj y s m* FÍS comburant, e.

combustibilidad *f* combustibilité.

combustible *adj y s m* combustible; *combustible nuclear* combustible nucléaire.

combustión *f* combustion; *combustión espontánea, orgánica* combustion spontanée, organique.

comecocos *m y f inv* FAM manipulateur, trice; enjôleur, euse.

Comecon abrev de *Consejo de Asistencia Económica Mutua* COMECON, Comecon, Conseil d'assistance économique mutuelle [CAEM].

comedero, ra *adj* mangeable, bon à manger.
◆ *m* mangeoire *f* (para animales) ‖ salle *f* à manger (comedor) ‖ FIG & FAM *limpiarle a uno el comedero* priver quelqu'un de son gagne-pain, mettre quelqu'un sur la paille.

comedia *f* comédie; *representar una comedia* jouer la comédie ‖ théâtre *m*; *ir a la comedia* aller au théâtre ‖ FIG comédie; *hacer uno la comedia* jouer la comédie ‖ — *comedia de capa y espada* comédie de cape et d'épée ‖ *comedia de carácter ou de figurón* comédie de genre ‖ *comedia de enredo* comédie d'intrigue ‖ *comedia de magia* féerie ‖ *comedia heroica* comédie héroïque ‖ *comedia ligera* vaudeville ‖ *comedia musical* comédie musicale ‖ — *¡eso es pura comedia!* c'est de la comédie o du chiqué! *(fam)*.

comediante, ta *m y f* comédien, enne ‖ FIG comédien, enne.

comedido, da *adj* modéré, e; mesuré, e; circonspect, e; réservé, e (moderado) ‖ posé, e; tranquille (tranquilo) ‖ courtois, e; poli, e (cortés) ‖ *(amer)* intrigant, e (entrometido) ‖ serviable, obligeant, e (servicial).

comedimiento *m* modération *f*, mesure *f*, circonspection *f*, retenue *f* (moderación) ‖ courtoisie *f*, urbanité *f* (cortesía).

comediógrafo, fa *m y f* auteur *m* de pièces de théâtre.

comedirse* *v pr* se contenir, se modérer.

comedón *m* MED comédon.

comedor, ra *adj* mangeur, euse.
◆ *m y f* gros mangeur, grosse mangeuse; belle fourchette *f* (persona que come mucho).
◆ *m* salle *f* à manger (pieza y muebles) ‖ restaurant, cantine *f* (restaurante) ‖ réfectoire (en un convento, etc.) ‖ — *coche comedor* wagon-restaurant ‖ *comedor universitario* restaurant universitaire ‖ — *jefe de comedor* maître d'hôtel.

comején *m* termite, fourmi *f* blanche.

comendador *m* commandeur; *comendador mayor* grand commandeur.

comendadora *f* supérieure, mère supérieure.

comensal *m y f* convive, commensal, e *(p us)*.

comentador, ra *m y f* commentateur, trice.

comentar *v tr* commenter.

comentario *m* commentaire ‖ *huelgan los comentarios* sans commentaires.

comentarista *m y f* commentateur, trice.

comenzar* *v tr e intr* commencer; *comenzar a hablar* commencer à parler; *comenzar bien el día* bien commencer sa journée || commencer, débuter (tener principio) || *la vida es un eterno comenzar* la vie est un perpétuel recommencement.

comer *m* manger; *el beber y el comer* le boire et le manger || — *el comer y el rascar, todo es empezar* l'appétit vient en mangeant || *ser de buen comer* avoir bon appétit.

comer *v tr* e *intr* manger; *no se puede vivir sin comer* on ne peut vivre sans manger; *ir a comer* aller manger || manger; *comer carne, frutas* manger de la viande, des fruits || déjeuner (al mediodía), dîner (cenar), manger (en un caso u otro) || manger, consommer; *la estufa come mucho carbón* le poêle mange beaucoup de charbon || manger, ronger; *el orín come el hierro* la rouille mange le fer || prendre (ajedrez o damas); *comer al paso* prendre en passant || manger, faire passer; *el sol come el color de las telas* le soleil mange la couleur des tissus || démanger (sentir comezón); *la pierna me come* la jambe me démange || — *comer a dos carrillos* engloutir, dévorer, manger comme quatre (comer mucho), manger comme un goinfre (con gula) || *comer como un pajarito* avoir un appétit d'oiseau || *comer como un sabañón* ou *un regimiento* ou *por cuatro* manger comme quatre || *comer con muchas ganas* manger de bon appétit || *comer de vigilia* faire maigre || *comer hasta hartarse* manger jusqu'à satiété || *comer sin ganas* manger du bout des dents || — FAM *¡con su pan se lo coma!* grand bien lui fasse!, c'est son affaire! || *dar de comer* donner à manger || FAM *¿desde cuándo hemos comido en el mismo plato?* est-ce que nous avons gardé les cochons ensemble? | *donde comen dos, comen tres* quand il y en a pour deux, il y en a pour trois | *¡parece que ha comido lengua!* qu'est-ce qu'il est bavard aujourd'hui! || *sin comerlo ni beberlo* sans y être pour rien.

◆ *v pr* manger; *comerse un pollo entero* manger un poulet tout entier || FIG manger; *comerse las palabras* manger ses mots | sauter, omettre; *comerse un párrafo* sauter un paragraphe | manger, faire passer; *el sol se come los colores* le soleil mange les couleurs | manger; *comerse el capital* manger son capital || — FIG *comerse a besos* se manger o se couvrir de baisers | *comerse con los ojos a uno* couver quelqu'un des yeux o du regard, manger o dévorer quelqu'un des yeux o du regard | *comerse de envidia* mourir d'envie | *comerse la risa* se mordre les lèvres | *comerse las narices* se manger le nez || POP *comerse los codos de hambre* bouffer des briques | *comerse los higadillos* se bouffer le nez || FIG *comerse una cosa con la vista* ou *los ojos* dévorer o manger quelque chose des yeux | *comerse unos a otros* se manger les uns les autres | *comerse vivo a uno* avaler quelqu'un tout cru (por enojo) | *está para comérsela* elle est à croquer, elle est jolie comme un cœur | *está para comérselo* on en mangerait | *se lo come la envidia* il crève d'envie || FAM *¿y eso con qué se come?* qu'est-ce que c'est que ce truc-là?

comercial *adj* commercial, e || commerçant, e; *calle comercial* rue commerçante || — *valor comercial* valeur marchande || *vehículo comercial* commerciale.

comercialidad *f* commercialité.

comercialismo *m* mercantilisme.

comercialización *f* commercialisation (mercantilización) || commercialisation, marketing *m* (mercadeo).

comercializar *v tr* commercialiser.

comerciante *adj y s* commerçant, e || *comerciante al por menor* détaillant (detallista).

comerciar *v intr* faire le commerce (negociar); *comerciar con* ou *en naranjas* faire le commerce des oranges || commercer, faire du commerce; *España comercia con el mundo entero* l'Espagne commerce avec le monde entier || FIG commercer, avoir des relations [avec quelqu'un] || *comerciar al por mayor, al por menor* faire le commerce en gros o de gros, au détail o de détail.

comercio *m* commerce || FIG commerce (trato) || — *comercio al por mayor, al por menor, intermediario al por mayor* commerce de gros, de détail, de demi-gros || *comercio exterior, interior* commerce extérieur, intérieur || *cámara, código de comercio* chambre, code de commerce || *libre comercio* libre échange; *zona de libre comercio* zone de libre échange || *viajante de comercio* voyageur de commerce.

comestible *adj y s m* comestible || *tienda de comestibles* épicerie.

cometa *m* ASTR comète *f* || *cometa periódico* comète périodique.

◆ *f* cerf-volant *m* (juguete).

cometer *v tr* commettre (un error, un crimen) || charger de, confier (encargar); *cometerle a uno la ejecución de algo* confier l'exécution de quelque chose à quelqu'un || faire, employer (una figura de retórica).

cometido *m* tâche *f*, mission *f*; *cumplir su cometido* remplir sa mission || mandat (mandato) || devoir; *desempeñar su cometido* faire son devoir || *llenar su cometido* jouer un rôle dans la vie.

comezón *f* démangeaison || FIG *sentía comezón por decir algo* ça le démangeait de parler, il avait une envie folle de parler.

comible *adj* mangeable.

cómic *m* bande *f* dessinée.

comicastro *m* mauvais acteur, cabotin, cabot.

comicidad *f* comique *m*.

comicios *m pl* comices (asamblea) || élections *f*.

cómico, ca *adj* comique; *actor cómico* acteur comique || FIG comique (divertido).

◆ *adj y s* comédien, enne (comediante) || — *cómico de la lengua* comédien ambulant, cabotin (ant) || — FIG *¡es un cómico!* c'est un farceur || *lo cómico* le comique.

comida *f* nourriture (alimento) || repas *m*; *hacemos tres comidas al día* nous faisons trois repas par jour; *comida de pescado* repas maigre || déjeuner *m* (almuerzo); *la comida es a las dos* le déjeuner est à deux heures (véase OBSERV) || repas *m* (acción de comer); *una comida interminable* un repas interminable || — *buena, mala comida* bonne, mauvaise chère || *comida campestre* repas champêtre, pique-nique || *comida hecha, compañía deshecha* la fête passée adieu le saint || — *gustarle a uno la buena comida* aimer la table o la bonne chère.

comidilla *f* FIG & FAM occupation favorite, dada *m* | sujet *m* de conversation, fable; *es la comidilla del pueblo* il est la fable du village || *ser la comidilla de la actualidad* ou *de los periódicos* défrayer la chronique.

comido, da *adj* qui a mangé; *está comido* il a mangé || — *comido de gusanos* mangé par les vers, mangé aux mites || *comido y bebido* nourri || FIG & FAM *lo comido por lo servido* ça n'est pas rentable, ça marche tout juste [une affaire, un emploi] | *ser pan comido* être simple comme bonjour, être du tout cuit, être du gâteau.

comienzo *m* commencement, début || — *dar comienzo* commencer || *estar en sus comienzos* en être à ses débuts.

comilón, ona *adj* y *s* FAM glouton, onne.
◆ *m* y *f* gros mangeur, grosse mangeuse; goinfre *m*.

comilona *f* FAM ripaille, gueuleton *m*; *darse una comilona* faire un gueuleton, faire ripaille.

comillas *f pl* guillemets *m*; *entre comillas* entre guillemets.

cominear *v intr* → **cazoletear**.

cominería *f* méticulosité, souci *m* du détail.

cominero *adj* y *s* → **cazoletero**.

comino *m* BOT cumin || — FIG & FAM *no me importa un comino* je m'en fiche comme de l'an quarante, je m'en moque royalement | *no valer un comino* ne pas valoir tripette *o* un fétu.

comisaría; comisariato *m* commissariat *m* || HIST *Alta Comisaría* résidence générale (durante el protectorado de Marruecos).

comisario *m* commissaire || *(amer)* inspecteur de police || — *Comisario* commissaire de la C.E.E || *comisario de policía* commissaire de police || *comisario ordenador* commissaire ordonnateur || — HIST *Alto Comisario* résident général (en Marruecos).

comiscar; comisquear *v tr* grignoter, mangeotter.

comisión *f* commission (encargo, delegación) || COM commission (porcentaje); *cobrar una comisión* toucher une commission || accomplissement *m*, perpétration (de un delito) || — *comisión bancaria* commission, frais bancaires, agios || *comisión de servicio* affectation provisoire || *Comisión Europea* Commission européenne || *comisión fija* commission fixe || *comisión parlamentaria* commission parlementaire || — *trabajar con comisiones* travailler à la commission.

comisionado, da *adj* mandaté, e.
◆ *m* y *f* mandataire || *comisionado de apremios* porteur de contraintes.

comisionar *v tr* commissionner, mandater.

comisionista *m* COM commissionnaire.

comiso *m* DR confiscation *f*, saisie *f*.

comisorio, ria *adj* DR commissoire.

comistrajo *m* FAM ratatouille *f* (comida mala).

comisura *f* commissure (de los labios).

comité *m* comité || — *comité de empresa* comité d'entreprise || *Comité económico y social* Conseil économique et social.

comitente *m* commettant.

comitiva *f* suite, cortège *m*.

como

> 1. ADVERBIO — 2. CONJUNCIÓN: *a)* temporal *b)* causal *c)* condicional *d)* copulativa — 3. LOCUCIONES

1. ADVERBIO comme (de la manera que); *haz como quieras* fais comme tu voudras || comment (de qué manera); *no sé cómo agradecerle* je ne sais pas comment vous remercier || comment (interrogación); *¿cómo está su padre?* comment va votre père?; *¿cómo te llamas?* comment t'appelles-tu?; *¿cómo le va?, ¿cómo estás?, ¿cómo anda?* comment ça va? || comme (exclamación); *¡cómo llueve!* comme il pleut! || comme (comparación); *blanco como la nieve* blanc comme neige; *se quedó como muerto* il resta comme mort | POËT comme un, tel, telle; *cayó como una piedra en el abismo* il tomba comme *o* telle une pierre dans l'abîme || que (después de *tan, tanto, tal* comparativos); *es tan alto como yo* il est aussi grand que moi || au point de; *su enfermedad no es grave como para renunciar a su viaje* sa maladie n'est pas grave au point qu'il doive renoncer à son voyage || comme, en tant que, à titre de, au titre de (en calidad de); *asistió a la ceremonia como testigo* il assista à la cérémonie comme témoin; *como buen francés que era* en bon Français qu'il était || dans le rôle de (en el papel de) || en; *partir como hermanos, tratar como amigo* partager en frères, traiter en ami || — *¡cómo!* comment! (sorpresa, indignación) || *¿cómo?* comment?, pardon?, plaît-il? || *¿cómo así?* comment donc?, pourquoi cela? || *¡cómo es eso!, ¡cómo es posible!* par exemple! || *¿cómo es eso?* comment cela?, comment se fait-il? || (amer) *¡cómo no!* bien sûr || *¿cómo que nada?* comment rien? || *¡cómo que no!* bien sûr que si! || *como sea* n'importe comment.

2. CONJUNCIÓN *a)* temporal: comme; *como bajaba la cuesta* comme il descendait la côte; *como daban las once* comme onze heures sonnaient.

b) causal: comme, étant donné que, vu que; *como recibí tarde tu invitación, no pude venir* comme j'ai reçu ton invitation tard, je n'ai pas pu venir || *como que, como quiera que* étant donné que; *como que no estaba presente* étant donné que j'étais absent; comme, du moment que; *como quiera que no me interrogaban, yo callaba* comme on ne m'interrogeait pas, je restais silencieux.

c) condicional: si; *como no lo hagas, te castigaré* si tu ne le fais pas, je te punirai || si, pourvu que; *como me lo devuelva mañana no diré nada* pourvu que vous me le rendiez demain je ne dirai rien || — *¡como lo hagas otra vez!* si jamais tu recommences! || *como no sea que* à moins que; *como no sea que llueva* à moins qu'il ne pleuve || *como sea tan difícil hacerlo* puisque c'est tellement difficile à faire.

d) copulativa: que; *sabrás como me encontré ayer con él* tu sais sans doute que je l'ai rencontré hier || *de tan, de tanto... como* tant; *de tanto calor como hacía* tant il faisait chaud.

3. LOCUCIONES *como es debido* comme il faut || *como es lógico* ou *natural* comme il est normal, comme de juste, comme de raison || *como quien dice, como si dijéramos* comme qui dirait || *como quien no quiere la cosa* mine de rien, sans avoir l'air d'y toucher || *como quiera que* étant donné que || *como quiera que contestes, te criticará* de quelque façon que tu réponds, il te critiquera || *como quiera que sea* quoi qu'il en soit, n'importe comment || *como si* (con subjuntivo), comme si (con indicativo); *como si nada hubiese ocurrido* comme si rien n'était arrivé, comme si de rien n'était || *como si tal cosa* comme si de rien n'était || — *así como, tan pronto como* dès que, aussitôt que (en seguida que), de même que (del mismo modo que) || *un como, una como* une sorte de; *un como silencio* une sorte de silence || — *ya fue como* c'est ainsi que || *está como para que lo tire* il est bon à jeter || *había como veinte personas* il y avait presque *o* environ *o* à peu près vingt personnes || *hacer como si* ou *como quien* faire semblant de; *hace como si escribiera* ou *como quien escribe* il fait semblant d'écrire || *parece*

como que on dirait que ‖ *sin saber cómo ni cuándo* sans savoir pourquoi ni comment.
— OBSERV En règle générale, *como* se traduit par *comme* lorsqu'il ne porte pas d'accent écrit (sauf dans le cas où il est exclamatif) et par *comment* quand il porte un accent. Suivi d'un verbe au subjonctif, *como* équivaut souvent à un participe présent: *como sea corta la vida del hombre* la vie de l'homme étant courte.
— OBSERV El presente de subjuntivo español se traduce por el futuro de indicativo francés.

cómo *m* comment; *el cómo y el porqué* le pourquoi et le comment.

cómoda *f* commode (mueble).

comodato *m* DR commodat (contrato).

comodidad *f* commodité, confort *m*; *con todas las comodidades* avec tout le confort, tout confort ‖ intérêt *m*; *Fulano sólo busca su comodidad* Untel ne recherche que son intérêt ‖ avantage *m*, commodité (utilidad) ‖ *— con comodidad* à l'aise.
◆ *pl* commodités, aises; *buscar sus comodidades* chercher ses aises.

comodín *m* joker (naipes) ‖ FIG bouche-trou (persona) | formule *f* passe-partout (palabra).

cómodo, da *adj* confortable ‖ commode (fácil, manejable, acomodaticio) ‖ facile, commode; *carácter cómodo* caractère facile ‖ *póngase cómodo* mettez-vous à l'aise.

comodón, ona *adj* FAM qui aime ses aises (aficionado a su comodidad) | qui en prend à son aise, qui ne s'en fait pas ‖ *ser un comodón* aimer ses aises, en prendre à son aise.

comodoro *m* commodore.

comoquiera *adv* n'importe comment, de toute façon.

compa *m y f* (*amer*) FAM pote (mate).

compacidad *f* compacité.

compactación *f* INFORM compactage *m*.

compacto, ta *adj* compact, e ‖ *disco compacto* Compact Disc, disque compact.

compadecer* *v tr* compatir à; *compadezco las desgracias ajenas* je compatis aux malheurs d'autrui ‖ plaindre, avoir pitié de; *compadece a los pobres* il plaint les pauvres ‖ *Fulano no es de compadecer* Untel n'est pas à plaindre.
◆ *v pr* compatir à; *compadecerse del* ou *con el dolor ajeno* compatir aux douleurs d'autrui ‖ plaindre, avoir pitié de (tener lástima).

compadrar *v intr* sympathiser, se lier d'amitié.

compadrazgo; compadraje *m* compérage.

compadre *m* parrain ‖ compère, ami (vecino o amigo) | (*amer*) fanfaron, matamore (fanfarrón).

compadrear *v intr* FAM (*amer*) crâner (presumir).

compadreo *m* camaraderie *f*, complicité *f* (amistad).

compaginación *f* assemblage *m* (reunión) ‖ FIG conciliation ‖ IMPR mise en page.

compaginar *v tr* assembler, réunir (reunir) ‖ FIG concilier; *compaginar los intereses de las dos partes* concilier les intérêts des deux parties | combiner, concilier; *puede compaginar todas sus actividades* il peut combiner toutes ses activités ‖ IMPR mettre en page.
◆ *v pr* s'accorder, s'harmoniser.

compañerismo *m* camaraderie; *premio de compañerismo* prix de camaraderie.

compañero, ra *m y f* compagnon, compagne; *compañero de fatigas* compagnon d'infortune ‖ camarade; *un compañero de colegio* un camarade de classe ‖ collègue; *compañero de oficina* collègue de bureau ‖ compagnon *m* (miembro de una corporación) ‖ partenaire (en el juego) ‖ FIG pendant *m* [objet semblable] ‖ *— compañero de armas* compagnon d'armes ‖ *compañero de equipo* coéquipier ‖ *compañero de viaje* compagnon de voyage.

compañía *f* compagnie (acompañamiento) ‖ compagnie (reunión) ‖ compagnie (sociedad); *compañía de seguros* compagnie d'assurances; *y compañía (y Cía.)* et compagnie (et Cie) ‖ troupe, compagnie (de comediantes) ‖ fréquentation; *las malas compañías* les mauvaises fréquentations ‖ MIL compagnie ‖ *— Compañía de Jesús, la Compañía* Compagnie de Jésus ‖ *compañía de la legua* troupe de comédiens ambulants ‖ ECON *compañía multinacional* multinationale [firme] ‖ *— MAT regla de compañía* règle de société ‖ *señora de compañía* dame de compagnie ‖ *— hacer compañía* tenir compagnie.

comparable *adj* comparable.

comparación *f* comparaison ‖ *— GRAM grados de comparación* degrés de comparaison ‖ *— en comparación con* en comparaison de, par rapport à ‖ *ni punto de comparación* aucune comparaison, rien à voir ‖ *todas las comparaciones son odiosas* comparaison n'est pas raison.

comparado, da *adj* comparé, e.

comparar *v tr* comparer; *comparar una persona con otra* comparer une personne à une autre ‖ confronter, comparer; *comparar dos mapas* confronter deux cartes.

comparativo, va *adj y s m* comparatif, ive.

comparecencia *f* DR comparution.

comparecer* *v intr* comparaître ‖ *orden de comparecer* mandat d'amener *o* de comparution.

compareciente *adj y s* DR comparant, e.

comparencia *f* (*amer*) comparution (comparecencia).

comparendo *m* DR assignation *f*, mandat de comparution.

comparición *f* DR comparution ‖ *orden de comparición* mandat de comparution *o* d'amener (comparecencia).

comparsa *f* TEATR figuration (acompañamiento) ‖ mascarade, troupe de gens masqués de la même manière (en el carnaval) ‖ suite, cortège *m* (séquito).
◆ *m y f* TEATR comparse | figurant, e.

comparsería *f* TEATR figuration.

comparte *m y f* DR celui, celle qui est partie avec un autre dans un procès.

compartimentado, da *adj* FIG cloisonné, e.

compartimentar *v tr* compartimenter, cloisonner.

compartimiento; compartimento *m* compartiment; *un compartimiento de primera clase* un compartiment de première classe ‖ répartition *f*, distribution *f* (reparto) ‖ *— compartimiento estanco* sas, compartiment étanche ‖ *dividir en compartimientos* compartimenter ‖ *división en compartimientos* compartimentage, division en compartiments.

compartir *v tr* répartir, partager, copartager (repartir, dividir) ‖ partager; *compartimos el mismo piso* nous partageons le même appartement; *com-*

compás

partir el poder partager le pouvoir ‖ FIG partager; *compartir una opinión* partager une opinion.
compás *m* compás; *compás para dibujo* compas à dessin; *trazar un círculo con compás* tracer un cercle au compas ‖ territoire attenant à un monastère ‖ *(p us)* parvis (atrio) ‖ FIG dimension *f* (tamaño) ǀ mesure *f* (medida) ‖ volte *f* (esgrima) ‖ MAR compas, boussole *f* ‖ MÚS mesure *f*; *llevar el compás* battre la mesure ‖ — MÚS *compás binario* mesure binaire ‖ *compás de calibre* compas de calibre ‖ *compás de corredera* pied à coulisse ‖ *compás de cuadrante* compas à quart de cercle ‖ *compás de espera* mesure *o* temps d'arrêt (música), période d'attente (pausa) ‖ *compás de espesores* ou *de gruesas* compas d'épaisseur ‖ *compás de reducción* compas de réduction ‖ MÚS *compás de tres por cuatro* ou *de seis por ocho* mesure à trois temps ‖ *compás de vara* compas à verge ‖ MÚS *compás mayor* deux-temps ‖ *compás menor* mesure à quatre temps ǀ *compás ternario* mesure ternaire ‖ — *al compás* en mesure ‖ *al compás de* au rythme de ‖ — TAUROM *abrir el compás* écarter les jambes ‖ FIG *guardar el compás* garder la mesure.
compasado, da *adj* modéré, e (mesurado).
compasar *v tr* compasser (medir con compás) ‖ FIG compasser (obrar con orden) ‖ MÚS marquer la mesure.
compasión *f* compassion, pitié ‖ — *llamar a compasión* inciter à la pitié ‖ *merecer compasión* être à plaindre.
compasivo, va *adj* compatissant, e.
compatibilidad *f* compatibilité.
compatibilizar *v tr* rendre compatible.
compatible *adj* compatible.
compatriota; compatricio, cia *m y f* compatriote.
compeler *v tr* contraindre, forcer, obliger, pousser; *le compelieron a hablar* ils le forcèrent *o* le contraignirent à parler.
compendiar *v tr* abréger, résumer.
compendio *m* résumé, abrégé, précis, compendium *(p us)*; *compendio de historia* abrégé d'histoire ‖ — *compendio de química* mémento de chimie ‖ *en compendio* en abrégé.
compendioso, sa *adj* abrégé, e; compendieux, euse (ant).
compenetración *f* compénétration.
compenetrarse *v tr* se compénétrer ‖ FIG se pénétrer ‖ *compenetrarse con su papel* se mettre dans la peau du personnage, s'identifier à son personnage (actor).
compensable *adj* compensable.
compensación *f* compensation ‖ dédommagement *m* (indemnización) ‖ — *cámara de compensación* chambre de compensation ‖ *compensación bancaria* compensation, clearing ‖ *en compensación* en revanche ‖ *en justa compensación* par un juste retour des choses.
compensador, ra *adj y s m* compensateur, trice ‖ *péndulo compensador* pendule compensateur.
compensar *v tr* compenser; *compensar las pérdidas con las ganancias* compenser les pertes par les gains ‖ dédommager (indemnizar) ‖ payer; *trabajo que compensa* travail qui paie ‖ — *compensarse uno a sí mismo* se dédommager ‖ *no me compensa hacer esto* ça ne vaut pas la peine de faire cela ‖ *resultados que compensan* résultats payants.

competencia *f* ressort *m*, domaine *m*, compétence (incumbencia); *esto no es de mi competencia, no cae dentro de mi competencia* cela n'est pas de mon ressort, cela n'est pas mon domaine *o* ne relève pas de ma compétence ‖ compétence (capacidad) ‖ concurrence (rivalidad); *la competencia arruina a algunos comerciantes* la concurrence ruine certains commerçants; *competencia desleal* concurrence déloyale ‖ DR compétence, droit *m* de juger une affaire (un juez) ‖ *(amer)* compétition (deportiva) ‖ *hacer la competencia a* concurrencer, faire concurrence à.
competente *adj* compétent, e; *tribunal competente* tribunal compétent; *persona muy competente* personne très compétente ‖ approprié, e; convenable (conveniente).
competentemente *adv* avec compétence.
competer *v intr* être de la compétence de, relever de, être du ressort de, regarder; *esto compete al ayuntamiento* c'est du ressort de la municipalité; *no me compete* ça ne me regarde pas ‖ appartenir en droit ‖ *a quien competa* à qui de droit.
competición *f* DEP compétition ‖ concurrence (competencia).
competido, da *adj* disputé, e (partido, campeonato, etc.).
competidor, ra *adj y s* compétiteur, trice ‖ concurrent, e (en el comercio, los exámenes).
◆ *m* partant (carrera).
competir* *v intr* concourir, être en concurrence; *muchas personas compiten para esta colocación* de nombreuses personnes concourent pour ce poste ‖ rivaliser; *competir en esfuerzos* rivaliser d'efforts ‖ concurrencer, faire concurrence à (en comercio); *este almacén compite con aquél* ce magasin concurrence celui-là; *esta tela puede competir con aquélla* ce tissu peut faire concurrence à celui-là.
competitividad *f* compétitivité.
competitivo, va *adj* compétitif, ive (competición) ‖ concurrentiel, elle (competencia).
compilación *f* compilation.
compilador, ra *m y f* compilateur, trice.
compilar *v tr* compiler.
compinche *m y f* FAM *(amer)* copain, copine (amigote) ǀ acolyte.
complacencia *f* complaisance; *mirarse con complacencia* se regarder avec complaisance ‖ plaisir *m*, satisfaction; *tener complacencia en* avoir de la satisfaction à.
complacer* *v tr* complaire, plaire, être agréable; *los cortesanos procuran complacer al rey* les courtisans s'efforcent de plaire au roi ‖ obliger, rendre service (a sus amigos) ‖ *me complace su éxito* je me réjouis de son succès.
◆ *v pr* se complaire; *complacerse en su desdicha* se complaire dans son malheur; *complacerse en criticar* se complaire à critiquer ‖ avoir plaisir à, se plaire à; *complacerse en el estudio* avoir plaisir à étudier ‖ avoir le plaisir de, être heureux, euse de; *me complazco en saludar al señor X* j'ai le plaisir de saluer monsieur X.
complacido, da *adj* satisfait, e; content, e; *complacido con su suerte* satisfait de son sort.
complaciente *adj* complaisant, e.
complejidad; complexidad *f* complexité.

complejo, ja *adj y s m* complexe || *complejo industrial* complexe industriel.
complementar *v tr* compléter.
◆ *v pr* se compléter; *caracteres que se complementan* caractères qui se complètent.
complementario, ria *adj* complémentaire; *ángulos complementarios* angles complémentaires.
complemento *m* complément || GRAM complément; *complemento directo* complément d'objet direct; *complemento circunstancial* complément circonstanciel || MIL *oficial de complemento* officier de réserve.
completar *v tr* compléter; *completar una suma* compléter une somme.
completo, ta *adj* complet, ète; *autobús completo* autobus complet || complet, ète; parfait, e (perfecto); *un estudio completo* une étude complète || *por completo* complètement, de fond en comble; *registrar una casa por completo* fouiller une maison de fond en comble; complètement, de toutes pièces; *hacer algo por completo* faire quelque chose de toutes pièces.
◆ *m* petit déjeuner complet.
complexión *f* complexion.
complexo, xa *adj* complexe.
complicación *f* complication.
complicado, da *adj* compliqué, e (intrincado); *sistema complicado* système compliqué || impliqué, e; *persona complicada en una rebelión* personne impliquée dans une rébellion.
complicar *v tr* compliquer; *complicar una cosa sencilla* compliquer une chose facile || mélanger, mêler (mezclar) || *complicar en* impliquer dans, mêler à; *complicado en un robo* impliqué dans un vol.
◆ *v pr* se compliquer; *complicarse la vida* se compliquer la vie || *¡esto se complica!* ça se complique! ça se corse! (fam).
cómplice *m y f* complice; *cómplice de un robo* complice d'un vol.
complicidad *f* complicité || *estar en complicidad con alguien* être de connivence avec quelqu'un.
complot *m* FAM complot.
— OBSERV. pl *complots*.
complotar *v tr e intr* comploter (conspirar).
complutense *adj y s* d'Alcalá de Henares || *Biblia Políglota Complutense* biblia complutensis.
componedor, ra *m y f* compositeur, trice; *amigable componedor* amiable compositeur.
◆ *m* IMPR composteur (regla) || *(amer)* rebouteur (algebrista).
componenda *f* accommodement *m*, arrangement *m*, compromis *m* (expedientes de conciliación) || FAM combine (combinación) || — *componendas electorales* cuisine électorale || *sin componendas* sans concession.
componente *adj y s* composant, e (de un todo) || membre (miembro) || *viento de componente Sur* vent de secteur sud.
componer* *v tr* composer (formar un todo) || réparer, arranger (arreglar lo que está roto) || arranger; *componer un asunto* arranger une affaire || décorer, orner, parer (adornar una cosa) || composer (versos, libros, música) || réconcilier; *componer a dos enemigos* réconcilier deux ennemis || adouber (ajedrez) || FAM remettre, retaper (fortificar, restablecer la salud) || IMPR composer || MAR adouber || remettre en place [les os] || *(amer)* préparer, entraîner [un cheval pour la course, un coq pour le combat] | châtrer (castrar).
◆ *v intr* composer.
◆ *v pr* s'arranger, se parer, se faire une beauté, se pomponner (una mujer) || arriver à un accord, se mettre d'accord, s'entendre (ponerse de acuerdo) || — FAM *componérselas* s'arranger, se débrouiller, s'en sortir | *compóntelas como puedas* arrange-toi comme tu pourras, débrouille-toi | *no sabía cómo componérselas* il ne savait pas comment s'y prendre *o* comment se débrouiller *o* comment s'en sortir.
componible *adj* accommodable, conciliable || raccommodable, arrangeable (que se puede arreglar).
comportamiento *m* conduite *f*, comportement.
comportar *v tr* supporter, tolérer, souffrir (sufrir) || comporter, comprendre (contener).
◆ *v pr* se comporter, se conduire (conducirse).
— OBSERV Ce verbe est un gallicisme lorsqu'il est employé dans le sens de *comprendre*.
comporte *m* conduite *f*, comportement (comportamiento) || démarche *f*, air (porte).
composición *f* composition; *la composición del agua* la composition de l'eau || composition (obra) || composition (ejercicio de redacción) || DEP enchaînement || GRAM & MÚS & IMPR composition || FIG mesure, discrétion (comedimiento) || — DR *composición amigable* amiable composition || *hacer composición de lugar* peser le pour et le contre, se tracer un plan de conduite.
compositor, ra *m y f* MÚS compositeur, trice.
◆ *m (amer)* entraîneur, dresseur [de chevaux ou de coqs de combat].
compostelano, na *adj y s* de Saint-Jacques-de-Compostelle.
compostura *f* composition (disposición de las partes de una cosa) || réparation, raccommodage *m* (arreglo); *la compostura de un reloj* la réparation d'une montre || contenance (actitud) || tenue (manera de comportarse) || maintien *m* (porte) || circonspection, retenue (mesura) || toilette, parure (aseo) || accord *m*, entente, arrangement *m* (convenio); *hacer una compostura con los acreedores* faire un arrangement avec ses créanciers || *este vino tiene compostura* ce vin est frelaté [contient des colorants artificiels].
compota *f* compote; *una compota de manzanas* une compote de pommes || FAM *un ojo en compota* un œil au beurre noir (a la funerala).
compotera *f* compotier *m* (vasija).
compound *m* TECN compound.
compra *f* achat *m*; *una compra ventajosa* un achat avantageux; *precio de compra* prix d'achat || — *compra a plazos, al contado* achat à terme, comptant || *jefe de compras* chef des achats || — *(amer) estar de compras* être enceinte || *hacer compras* faire ses achats || *hacer la compra* faire son marché || *ir a la compra* aller au marché, faire son marché || *ir de compras* faire les commissions *o* les courses *o* ses emplettes.
comprador, ra *m y f* acheteur, euse.
comprar *v tr* COM acheter; *comprar al contado* acheter comptant *o* au comptant || FIG acheter (sobornar); *comprar a uno* acheter quelqu'un || — *comprar al por mayor, al por menor* acheter en gros, au détail || *comprar a plazos, con pérdida, en firme*

compraventa

acheter à tempérament, à perte, ferme ‖ FIG *comprar con su sangre* acheter de son sang ‖ *comprar fiado* acheter à crédit.
compraventa *f* contrat *m* d'achat et de vente.
comprender *v tr* comprendre (entender); *no comprendo el alemán* je ne comprends pas l'allemand ‖ comprendre (contener); *esta obra comprende cuatro tomos* cet ouvrage comprend quatre tomes ‖ — *comprender mal* comprendre de travers, mal comprendre; *has comprendido mal lo que he dicho* tu as mal compris ce que j'ai dit ‖ *comprendida la suma de y* compris la somme de ‖ *no comprende usted* vous n'y êtes pas ‖ *todo comprendido* tout compris ‖ *viaje todo comprendido* voyage à forfait ‖ *¡ya comprendo!* j'y suis!
◆ *v pr* se comprendre ‖ *se comprende* ça se comprend.
comprensibilidad *f* compréhensibilité.
comprensible *adj* compréhensible.
comprensión *f* compréhension, intelligence ‖ *ser tardo de comprensión* avoir l'esprit lent, avoir la comprenette difficile (*fam*).
comprensivo, va *adj* compréhensif, ive; *hombre comprensivo* homme compréhensif.
compresa *f* compresse ‖ garniture *o* serviette périodique, serviette hygiénique.
compresibilidad *f* compressibilité.
compresible *adj* compressible.
compresión *f* compression ‖ GRAM synérèse.
compresivo, va *adj* compressif, ive.
compresor *adj m y s m* compresseur; *cilindro compresor* rouleau compresseur.
comprimible *adj* compressible.
comprimido, da *adj y s m* comprimé, e.
comprimir *v tr* comprimer ‖ FIG comprimer, réprimer (una sonrisa), retenir (lágrimas) ‖ entasser; *viven comprimidos en una sola habitación* ils vivent entassés dans une seule pièce.
◆ *v pr* se comprimer ‖ se retenir (refrenarse).
comprobable *adj* vérifiable, contrôlable (que se puede averiguar) ‖ constatable.
comprobación *f* vérification (averiguación) ‖ constatation (observación) ‖ preuve (prueba).
comprobante *adj* probant, e (que prueba).
◆ *m* preuve *f* (justificación) ‖ DR pièce *f* justificative, pièce *f* à l'appui ‖ décharge *f* (de una deuda) ‖ reçu, récépissé (recibo) ‖ *comprobante, comprobante de compra* ticket, ticket d'achat.
comprobar* *v tr* vérifier (averiguar); *hay que comprobar la marca antes de comprar* il faut vérifier la marque avant d'acheter ‖ constater (observar); *pudiste comprobar tú mismo que había dicho la verdad* tu as pu constater toi-même qu'il avait dit la vérité ‖ contrôler (examinar); *comprobar las afirmaciones de una persona* contrôler les affirmations de quelqu'un ‖ prouver, démontrer (demostrar) ‖ collationner (cotejar).
comprometedor, ra *adj* compromettant, e; *persona demasiado comprometedora* personne trop compromettante.
comprometer *v tr* compromettre; *comprometer sus intereses, a una persona* compromettre ses intérêts, une personne ‖ engager; *esto no te compromete a nada* cela ne t'engage à rien; *comprometer su fe* engager sa foi.

◆ *v pr* se compromettre ‖ s'engager; *comprometerse en* ou *a defender una causa* s'engager à défendre une cause ‖ s'engager; *este escritor no se ha comprometido* cet écrivain ne s'est pas engagé ‖ (*amer*) se fiancer.
comprometido, da *adj* compromis, e (en un mal negocio) ‖ engagé, e (por una promesa); *política no comprometida* politique non engagée; *un escritor comprometido* un écrivain engagé.
compromisario *m* DR arbitre | délégué sénatorial (en una elección) | représentant.
compromiso *m* compromis, accommodement (convenio) ‖ engagement (obligación); *hacer honor a sus compromisos, cumplir sus compromisos* faire honneur à ses engagements; *sin compromiso por su parte* sans engagement de votre part ‖ embarras, difficulté *f*; *poner en un compromiso* mettre dans l'embarras ‖ — *actitud* ou *política sin compromisos* non-engagement ‖ *compromiso matrimonial* promesse de mariage ‖ *¡qué compromiso!* quelle histoire!
compromisorio, ria *adj* DR compromissoire.
compuerta *f* vanne, porte (de presa *ou* esclusa).
compuesto, ta *adj* composé, e (tiempo, nombre, etc.) ‖ arrangé, e; raccommodé, e, (arreglado) ‖ pomponné, e (una mujer) ‖ FIG réservé, e; discret, ète ‖ ARQ composite ‖ ARQ *orden compuesto* architecture modulaire.
◆ *m* QUÍM composé.
◆ *f pl* BOT composées, composacées.
compulsa *f* DR copie conforme, copie collationnée (de un documento).
compulsación *f* comparaison, collation, confrontation (confrontación).
compulsar *v tr* DR compulser ‖ collationner, comparer, confronter (confrontar) ‖ faire une copie conforme de (sacar una compulsa) ‖ (*amer*) obliger, contraindre (compeler).
compulsión *f* DR contrainte (apremio).
compulsivo, va *adj* compulsif, ive.
compunción *f* componction (tristeza).
compungido, da *adj* contrit, e; attristé, e; affligé, e (dolorido); *voz compungida* voix contrite.
compungirse *v pr* s'affliger (entristecerse); *compungirse por* s'affliger de.
computable *adj* quantifiable, calculable.
computación *f* → **cómputo**.
computador *m*; **computadora** *f* ordinateur *m* ‖ calculateur *m*, calculatrice *f* ‖ — *computadora electrónica* calculateur électronique ‖ *computador analógico, digital* calculateur analogique, numérique.
computadorización; computerización *f* informatisation.
computadorizar; computerizar *v tr* informatiser.
computar *v tr* computer, calculer (calcular).
cómputo *m* calcul, computation *f* (cálculo) ‖ comput.
comulgante *adj y s* communiant, e.
comulgar *v tr* (*p us*) donner la communion, communier
◆ *v intr* communier ‖ FIG communier ‖ *comulgar por Pascua Florida* faire ses Pâques ‖ FIG & FAM *hacer comulgar con ruedas de molino* faire prendre des vessies pour des lanternes.

comulgatorio *m* table *f* de communion, sainte table *f*.

común *adj* commun, e; *uso, sentido común* usage, sens commun ‖ courant, e; commun, e; *expresión poco común* expression peu courante ‖ commun, e (vulgar); *modales comunes* manières communes ‖ GRAM commun, e ‖ — *la voz común* la rumeur publique ‖ *lugar común* lieux d'aisances, cabinets (letrina), lieu commun (tópico) ‖ — *de común acuerdo, por acuerdo común* d'un commun accord ‖ *en común* en commun ‖ *fuera de lo común* qui sort de l'ordinaire ‖ *por lo común* généralement, communément.
- *m* communauté *f* (sociedad) ‖ commun; *el común de los mortales* le commun des mortels ‖ communaux *pl* (tierras que posee la comunidad) ‖ *cámara de los Comunes* Chambre des communes.

comuna *f* communauté [en marge de la société] ‖ *(amer)* commune, municipe *m*.

comunal *adj* commun, e; communal, e.
- *m* communauté *f*.

comunalmente *adv* en commun.

comunero, ra *adj* populaire (popular) ‖ HIST des «comuneros» (relativo a las antiguas comunidades de Castilla).
- *m* copropriétaire (copropietario) ‖ HIST «comunero» [partisan des communes en Castille, de l'indépendance en Colombie et au Paraguay].

comunicable *adj* communicable ‖ FIG sociable, communicatif, ive (tratable).

comunicación *f* communication; *la comunicación de un movimiento* la communication d'un mouvement ‖ correspondance (correspondencia) ‖ communication (telefónica); *estar en comunicación* être en communication ‖ rapport *m*, relation; *ponerse en comunicación con el ministro* se mettre en rapport avec le ministre ‖ *poner en comunicación* relier.
- *pl* postes, télégraphes, téléphones ‖ moyens *m* de communication; *este barrio tiene comunicaciones muy malas* ce quartier a de très mauvais moyens de communication ‖ communications (entre pueblos, mares, etc.) ‖ — *palacio de comunicaciones* bureau central des Postes (en Madrid).

comunicado, da *adj* communiqué, e ‖ desservi, e; *barrio bien comunicado* quartier bien desservi (transportes).
- *m* communiqué (aviso) ‖ *comunicado a la prensa* prière d'insérer.

comunicante *adj* communicant, e; *vasos comunicantes* vases communicants.

comunicar *v tr* communiquer (transmitir) ‖ communiquer, imprimer (un movimiento).
- *v intr* communiquer, être en communication (por carta, teléfono, etc.); *comunicar con alguien* communiquer avec quelqu'un ‖ communiquer; *cuartos que comunican* chambres qui communiquent ‖ être occupé (el teléfono); *está comunicando* c'est occupé.
- *v pr* communiquer, correspondre; *comunicarse por señas* communiquer par signes ‖ communiquer (dos casas, habitaciones, lagos, etc.) ‖ se communiquer (propagarse).

comunicativo, va *adj* communicatif, ive; *risa comunicativa* rire communicatif.

comunidad *f* communauté (de intereses, etc.); *comunidad de bienes gananciales* communauté réduite aux acquêts ‖ communauté (de religiosos) ‖ *(ant)* commune (conjunto de habitantes de una ciudad) ‖ — *comunidad autónoma* communauté autonome ‖ *comunidad de propietarios* syndicat de propriétaires, copropriété ‖ *comunidad sucesoria* communauté d'héritiers ‖ — *de comunidad* en commun ‖ *delegado* ou *presidente de la comunidad de propietarios* syndic.
- *pl* HIST Communes [soulèvement populaire au temps de Charles Quint].

Comunidad Valenciana *n pr* GEOGR communauté autonome de Valence.

comunión *f* communion ‖ *comunión tradicionalista* obédience traditionnaliste.

comunismo *m* communisme.

comunista *adj y s* communiste.

comunitario, ria *adj* communautaire, de la communauté (de la comunidad) ‖ communautaire, commun, e (de la CEE).

comúnmente *adv* communément, généralement, d'ordinaire, d'habitude (generalmente).

con *prep*

> 1. À, AU, AVEC — 2. AVEC — 3. À, AU — 4. AUPRÈS DE — 5. CONTRE — 6. AVEC, APRÈS — 7. DE — 8. PAR — 9. ENVERS, POUR, AVEC — 10. SUR — 11. DANS — 12. EN — 13. CON EL INFINITIVO — 14. LOCUCIONES

1. À, AU, AVEC *comer con una cuchara* manger avec une cuillère *o* à la cuillère; *un anciano con lentes de oro* un vieillard avec des lunettes en or *o* aux lunettes en or.
2. AVEC *salir con un amigo* sortir avec un ami; *reñir con alguien* se disputer avec quelqu'un; *conforme con uno* d'accord avec quelqu'un.
3. À, AU *café con leche* café au lait; *igualarse con* s'égaler à.
4. AUPRÈS DE *asiduo con* assidu auprès de; *disculparse con* s'excuser auprès de.
5. CONTRE *pelear con* se battre contre; *chocar con un árbol* se cogner contre un arbre.
6. AVEC, APRÈS *estoy disgustado con él* je suis fâché avec lui.
7. DE *con voz ronca* d'une voix rauque; *hacer seña con la mano* faire signe de la main; *contento con las noticias, con uno* content des nouvelles, de quelqu'un; *no sé qué hacer con ese libro* je ne sais que faire de ce livre; *soñar con algo* rêver de quelque chose; *contentarse con poco* se contenter de peu.
8. PAR *trataba de seducirnos con halagos* il cherchait à nous séduire par des flatteries; *demostrar con ejemplos* prouver par des exemples.
9. ENVERS, POUR, AVEC *duro con los criados* dur envers les domestiques.
10. SUR *contar con alguien* compter sur quelqu'un; *tropezar con una piedra* trébucher sur une pierre.
11. DANS *hacer una cosa con la idea de* faire une chose dans l'idée de; *con objeto de* dans le but de.
12. EN *con buena salud* en bonne santé; *con toda franqueza* en toute franchise; *con toda independencia* en toute indépendance.
13. CON EL INFINITIVO en (con el participio presente); *con pulsar este botón ya se enciende la luz* en appuyant sur ce bouton on allume la lumière ‖ comme, du fait que; *con llegar muy tarde, quedó sin cenar* comme il était arrivé très tard, il se passa de dîner ‖ bien que, malgré; *con ser tan inteligente no ha conseguido triunfar* bien qu'il soit très intelligent il n'a pas pu réussir ‖ pourvu que (subjuntivo); *con*

escribirme mañana pourvu que tu m'écrives demain.
14. LOCUCIONES *con arreglo a la ley* conformément à la loi ‖ *con ello* pour cela; *¿seremos más felices con ello?* serons-nous plus heureux pour cela? ‖ *con el título de* sous le titre de ‖ *con esto y con todo* néanmoins, cependant ‖ *con gusto* volontiers, avec plaisir ‖ *con las manos juntas* les mains jointes ‖ *con mucho gusto* très volontiers ‖ *con que* ainsi, ainsi donc, alors ‖ *con seguridad, con toda seguridad* sûrement ‖ *con sólo* il suffit de; *con sólo querer las cosas se consiguen* il suffit de vouloir les choses pour les obtenir ‖ *con tal que, con que, con sólo que* pourvu que, du moment que ‖ *con todo, con todo y con eso* malgré tout ‖ *con todos los requisitos en* bonne et due forme ‖ *para con* envers ‖ — *cargar con* se charger de ‖ *cumplir con* s'acquitter de ‖ *no pude salir con tanta lluvia* je n'ai pas pu sortir à cause de la pluie *o* tant il pleuvait ‖ *salirse con la suya* avoir gain de cause ‖ *salvó al niño con gran admiración de los que le rodeaban* il sauva l'enfant à la grande admiration de ceux qui l'entouraient ‖ *tener cuidado con* faire attention à ‖ FAM *¡vaya con el niño!* quel enfant!
— OBSERV *Con* no tiene traducción en francés cuando expresa la actitud: *iba con la cabeza desnuda, con las manos en los bolsillos* il allait la tête nue, les mains dans les poches; y después de ciertos verbos: *frisar con la cuarentena* friser la quarantaine; *consultar con un abogado* consulter un avocat; *quedarse con una cosa* garder indûment quelque chose, etc.

Conakry *n pr* GEOGR Conakry.
conato *m* (*p us*) effort, acharnement (empeño) | intention *f*, désir, projet (propósito) ‖ DR tentative *f* (intento); *conato de robo* tentative de vol ‖ *conato de incendio* début d'incendie.
concadenar; concatenar *v tr* FIG enchaîner, lier.
concatenación *f* enchaînement *m*; *la concatenación de las ideas* l'enchaînement des idées.
concausa *f* cause, facteur *m* (causa).
concavidad *f* concavité.
cóncavo, va *adj* concave; *espejo cóncavo* miroir concave.
concavoconvexo, xa *adj* GEOM concave d'un côté et convexe de l'autre.
concebible *adj* concevable.
concebir* *v intr y tr* concevoir (quedar preñada la hembra) ‖ FIG concevoir; *lo que bien se concibe se enuncia con claridad* ce qui se conçoit bien s'énonce clairement.
conceder *v tr* accorder, concéder (otorgar); *conceder una gracia, un privilegio, un plazo* accorder une grâce, un privilège, un délai ‖ accorder; *no puedo concederle sino algunos minutos* je ne peux vous accorder que quelques minutes ‖ accorder, allouer; *conceder una indemnización* allouer une indemnité ‖ décerner (un premio) ‖ concéder, admettre, reconnaître, accorder (reconocer); *concedo que tiene usted razón* j'admets que vous avez raison; vous avez raison, je vous l'accorde ‖ *conceder importancia* accorder *o* donner *o* attacher de l'importance *o* de la valeur.
concejal, la *m y f* conseiller municipal, conseillère municipale.
concejalía *f* fonction de conseiller municipal.
concejil *adj* municipal, e ‖ HIST *milicias concejiles* milices communales *o* bourgeoises.
concejo *m* conseil municipal (ayuntamiento).

— OBSERV Il ne faut pas confondre ce mot avec *consejo*, qui a tous les sens du mot *conseil* français, sauf celui de *conseil municipal*.

concelebración *f* RELIG concélébration.
concelebrar *v tr* concélébrer.
conceller *m* conseiller municipal en Catalogne.
concentrabilidad *f* qualité de ce qui est concentrable.
concentrable *adj* concentrable.
concentración *f* concentration; *la concentración de un producto químico* la concentration d'un produit chimique ‖ concentration (de personas, de industrias, etc.); *campo de concentración* camp de concentration ‖ — *concentración parcelaria* remembrement ‖ *llevar a cabo la concentración parcelaria* remembrer, procéder au remembrement.
concentrado, da *adj* concentré, e.
◆ *m* concentré; *concentrado de tomates* concentré de tomate.
concentrar *v tr* concentrer.
◆ *v pr* se concentrer.
concéntrico, ca *adj* concentrique; *concéntrico con* concentrique à.
concepción *f* conception ‖ *Inmaculada Concepción* Immaculée Conception.
conceptismo *m* conceptisme [doctrine et style].
concepto *m* concept; *concepto puro* concept pur ‖ pensée *f* (pensamiento) ‖ notion *f*, idée *f* (noción) ‖ trait d'esprit, saillie *f* (agudeza) ‖ opinion *f*, jugement (juicio) ‖ raison *f* (razón) ‖ poste (de una cuenta) ‖ — *en concepto de* à titre de, au titre de, en tant que ‖ *en mi concepto* à mon avis, à mon sens ‖ *en ningún concepto* nullement, en aucun cas ‖ *en su amplio concepto* au sens large ‖ *por todos los conceptos* à tous égards ‖ *por varios conceptos* à divers titres ‖ — *formarse concepto de* se faire une idée de ‖ *perder el concepto de* se discréditer ‖ *tener en buen concepto a una persona* avoir bonne opinion de quelqu'un.
conceptual *adj* conceptuel, elle.
conceptualismo *m* conceptualisme.
conceptualista *adj* conceptuel, elle.
◆ *m y f* concepteur, trice.
conceptuar *v tr* estimer, juger, considérer; *conceptuar* ou *tener conceptuado a uno de* ou *por inteligente* considérer quelqu'un comme intelligent ‖ *bien, mal conceptuado* bien, mal vu.
conceptuoso, sa *adj* ingénieux, euse (agudo) ‖ sentencieux, euse ‖ précieux, euse (estilo).
concerniente *adj* concernant, e; qui concerne, relatif, ive; *reglamento concerniente a los transportes* règlement concernant les transports.
concernir* *v intr* concerner, avoir rapport à.
— OBSERV Ce verbe est défectif et se conjugue seulement aux troisièmes personnes. Il est employé au présent et à l'imparfait de l'indicatif et du subjonctif, au participe présent et au gérondif.

concertación *f* concertation.
concertadamente *adv* avec ordre.
concertado, da *adj* ordonné, e; organisé, e ‖ conclu, e (tratado, negocio) ‖ *impuesto concertado* forfait.
concertador, ra *adj y s* conciliateur, trice; médiateur, trice.
concertar* *v tr e intr* concerter (proyectar en común) ‖ s'entendre sur, convenir de; *concertar una compra* convenir d'un achat; *concertar en* ou

por precio s'entendre sur un prix, convenir d'un prix ‖ passer, conclure; *concertar un negocio* passer un marché ‖ conclure; *concertar un acuerdo* conclure un accord ‖ MÚS accorder (instrumentos de música) ‖ FIG concerter; *concertar los esfuerzos* concerter les efforts.
- *v intr* concorder; *dos pasajes que no conciertan* deux passages qui ne concordent pas ‖ GRAM s'accorder (las palabras).
- *v pr* se concerter ‖ se mettre d'accord, s'entendre sur (llegar a un acuerdo).

concertina *f* MÚS concertina.
concertino *m* premier violon (en una orquesta).
concertista *m y f* concertiste.
concesible *adj* accordable.
concesión *f* concession ‖ remise (entrega) ‖ délivrance, octroi *m*; *la concesión de un permiso* la délivrance d'un permis ‖ FIG concession; *hacer concesiones* faire des concessions.
concesionario, ria *adj y s m* concessionnaire.
conciencia *f* conscience; *tener conciencia de sus derechos* avoir conscience de ses droits ‖ conscience (moralidad); *ser ancho de conciencia* avoir la conscience large ‖ — *cargo de conciencia* affaire de conscience ‖ *caso de conciencia* cas de conscience ‖ *gusanillo de la conciencia* ver rongeur (remordimiento) ‖ *libertad de conciencia* liberté de conscience ‖ — *a conciencia* consciencieusement; *trabajo hecho a conciencia* travail fait consciencieusement ‖ *en conciencia* en conscience, en bonne conscience, en son âme et conscience ‖ *en descargo de la conciencia* par acquit de conscience ‖ — *acusar la conciencia* avoir des remords, ne pas avoir bonne conscience ‖ *cargar la conciencia* mettre sur la conscience ‖ *le remuerde la conciencia* il a des remords ‖ *para descargar la conciencia* pour soulager sa conscience ‖ *tener la conciencia limpia* avoir bonne conscience, avoir la conscience tranquille ‖ *tener un peso en la conciencia* avoir quelque chose sur la conscience.
concienciar *v tr* alerter, faire prendre conscience *v intr*.
- *v pr* prendre conscience, se rendre compte.
concienzudo, da *adj* consciencieux, euse.
concierto *m* MÚS concert; *concierto al aire libre* concert en plein air ‖ concerto; *concierto de piano* concerto pour piano ‖ FIG concert, accord, entente *f*, harmonie *f* ‖ — *concierto económico* forfait (impuesto) ‖ — *de concierto* de concert, conjointement ‖ *sin orden ni concierto* à tort et à travers.
conciliable *adj* conciliable.
conciliábulo *m* conciliabule.
conciliación *f* conciliation ‖ — *acto de conciliación* acte de conciliation, conciliation devant le juge ‖ *tribunal de conciliación laboral* conseil des prud'hommes.
conciliador, ra *adj y s* conciliateur, trice.
conciliante *adj* conciliant, e.
conciliar *adj* conciliaire; *padre conciliar* père conciliaire.
- *m* membre d'un concile.
conciliar *v tr* concilier, mettre d'accord; *conciliar a dos enemigos* concilier deux ennemis ‖ *conciliar el sueño* trouver le sommeil.
- *v pr* se concilier; *conciliarse la amistad de todo el mundo* se concilier l'amitié de tout le monde.

conciliativo, va; conciliatorio, ria *adj* conciliatoire, conciliant, e.
concilio *m* concile ‖ *concilio ecuménico* ou *general* concile œcuménique.
concisamente *adv* avec concision.
concisión *f* concision.
conciso, sa *adj* concis, e.
concitar *v tr* attirer; *concitar contra* attirer sur.
conciudadano, na *m y f* concitoyen, enne.
cónclave; conclave *m* conclave.
concluido, da *adj* fini, e; terminé, e; conclu, e (acabado) ‖ réglé, e (solucionado); *es asunto concluido* c'est une affaire réglée ‖ *asunto concluido* un point c'est tout.
concluir* *v tr* finir, terminer, achever (acabar) ‖ conclure, déduire (deducir) ‖ décider (determinar); *concluyeron pedir un armisticio* ils décidèrent de demander un armistice.
- *v intr* conclure, en finir; *es tiempo de concluir* il est temps de conclure *o* d'en finir ‖ conclure; *después de estas observaciones voy a concluir* après ces remarques, je vais conclure ‖ se terminer, s'achever, finir; *el libro concluye con estas palabras* le livre se termine par ces mots ‖ *concluir con un trabajo* terminer *o* finir un travail, en finir avec un travail.
- *v pr* finir, prendre fin, se terminer.
conclusión *f* conclusion (de un negocio, de un razonamiento) ‖ — *en* ou *como conclusión* en conclusion, en somme ‖ *llegar a la conclusión de que* en arriver à la conclusion que.
concluso, sa *adj* conclu, e; terminé, e.
— OBSERV Cet adjectif est le participe passé irrégulier du verbe *concluir*.
concluyente *adj* concluant, e; *una prueba concluyente* une preuve concluante.
concluyentemente *adv* d'une manière concluante.
concoideo, a *adj* conchoïdal, e (en forma de concha).
concomerse *v pr* remuer les épaules ‖ FAM se ronger (de impaciencia, etc.).
concomimiento; concomio *m* *(p us)* mouvement d'épaules ‖ FIG & FAM démangeaison *f* intérieure, agitation *f*.
concomitancia *f* concomitance.
concomitante *adj* concomitant, e.
concordancia *f* concordance ‖ GRAM accord *m* (entre sustantivo y adjetivo), concordance (de los tiempos) ‖ MÚS accord *m*.
- *pl* concordances (de la Biblia).
concordar* *v tr* mettre d'accord, accorder; *concordar a dos enemigos* mettre deux ennemis d'accord.
- *v intr* concorder, être d'accord; *los indicios concuerdan en que* les indices concordent sur le fait que ‖ GRAM s'accorder; *el verbo concuerda con el sujeto* le verbe s'accorde avec son sujet.
concordato *m* concordat (tratado con la Santa Sede).
concorde *adj* d'accord; *estamos concordes* nous sommes d'accord; *poner concordes a dos personas* mettre deux personnes d'accord ‖ opportun, e; convenable (conveniente).
concordia *f* concorde (unión) ‖ accord *m* ‖ *de concordia* d'un commun accord.

concreción *f* concrétion; *concreción calcárea* concrétion calcaire.

concretamente *adv* concrètement, d'une manière concrète, d'une façon précise; *explicar algo concretamente* expliquer quelque chose d'une manière concrète ‖ plus précisément, en particulier; *se lo dije a uno de vosotros, concretamente a tu hermano* je l'ai dit à l'un de vous, plus précisément à ton frère.

concretar *v tr* concrétiser (hacer concreto) ‖ FIG préciser; *concretar una idea* préciser une idée ‖ matérialiser ‖ *concretemos* faisons le point, résumons-nous.

◆ *v pr* se limiter, se borner; *me concretaré a hablar de* je me limiterai à parler de ‖ se matérialiser; *su desacuerdo se concretó durante la última asamblea* leur désaccord s'est matérialisé pendant la dernière assemblée ‖ prendre corps, se concrétiser; *la solución parece concretarse* la solution paraît prendre corps.

concretizar *v tr* concrétiser.

concreto, ta *adj* concret, ète ‖ — *algo concreto* quelque chose de concret ‖ *en concreto* en somme, bref ‖ *en el caso concreto de* dans le cas précis de ‖ *lo concreto* le concret ‖ *nada se ha dicho hasta ahora en concreto, nada concreto se ha dicho hasta ahora* rien de concret n'a été dit jusqu'à présent.

◆ *m* concrétion *f* ‖ *(amer)* béton (hormigón).

concubinario *m*; **concubina** *f* concubin, ine.

concubinato *m* concubinage.

conculcación *f* infraction, violation.

conculcar *v tr* fouler aux pieds (hollar) ‖ enfreindre, transgresser, violer (infringir); *conculcar la ley* violer la loi.

concuñado, da *m y f* beau-frère, belle-sœur par alliance.

concupiscencia *f* concupiscence (codicia).

concupiscente *adj* concupiscent, e.

concurrencia *f* assistance; *una concurrencia numerosa* une assistance nombreuse ‖ coïncidence (simultaneidad); *la concurrencia de dos muertes* la coïncidence de deux morts ‖ concours *m* (de circunstancias) ‖ concurrence (pretensión de varias personas a una misma cosa) ‖ — *divertir a la concurrencia* amuser la galerie ‖ *gran concurrencia* affluence, foule.

— OBSERV *Concurrencia* au sens de rivalité commerciale (*competencia, competición*) est considéré comme un gallicisme.

concurrente *adj y s* assistant, e (que presencia) ‖ concurrent, e; participant, e (participante en un concurso) ‖ simultané, e (que coincide) ‖ concurrent, e (competidor).

— OBSERV *Concurrente* au sens de rival commercial (*competidor*) est considéré comme un gallicisme.

concurrido, da *adj* fréquenté, e (paseo, jardín, museo) ‖ passant, e (calle, bulevar).

concurrir *v intr* se rendre à, affluer vers (a un lugar) ‖ assister (presenciar) ‖ coïncider (en el tiempo) ‖ concourir à, contribuer à (contribuir); *concurrir al éxito de* concourir au succès de ‖ être du même avis, abonder dans un sens (en un dictamen) ‖ concourir, participer à un concours (tomar parte en un concurso).

concursante *m y f* participant, e (en un concurso).

concursar *v tr* DR convoquer [les créanciers d'un débiteur en faillite].

◆ *v intr* concourir (en un concurso).

concurso *m* affluence *f*, réunion *f*, concours *(ant)*; *concurso de espectadores* affluence de spectateurs ‖ concours (ayuda); *prestar su concurso* prêter son concours ‖ concours (examen, prueba deportiva); *concurso hípico* concours hippique ‖ FIG concours; *concurso de circunstancias* concours de circonstances ‖ adjudication *f* (de una obra, de un servicio) ‖ — DR *concurso de acreedores* concours entre créanciers ‖ *concurso de belleza* concours de beauté.

concusión *f* concussion, exaction.

concusionario, ria *adj y s* concussionnaire.

concha *f* coquille (de molusco) ‖ carapace (de tortuga) ‖ coquillage *m* (animal que vive en una concha) ‖ écaille (carey); *peine de concha* peigne en écaille ‖ baie, rade (pequeña bahía) ‖ gîte *m*, meule gisante (de molino) ‖ *(amer)* écorce (cáscara) ‖ POP chatte (sexo de la mujer) ‖ — ANAT *concha auricular* ou *auditiva* conque ‖ TEATR *concha del apuntador* trou du souffleur ‖ *concha de peregrino* coquille Saint-Jacques ‖ *concha de perla* huître perlière (madreperla) ‖ FIG *meterse en su concha* rentrer dans sa coquille ‖ FAM *tener muchas conchas* ou *más conchas que un galápago* être cachottier (reservado), être sournois (hipócrita).

conchabamiento *m*; **conchabanza** *f* accommodement *m* (acción de acomodarse) ‖ FAM complot *m*, ligue *f*, coup *m* monté.

conchabar *v tr* associer, grouper (unir) ‖ *(amer)* engager, embaucher [surtout des domestiques].

◆ *v pr* s'associer, se liguer, se coaliser ‖ s'aboucher, s'acoquiner; *conchabarse con malhechores* s'aboucher à des malfaiteurs ‖ *estar conchabado con* être de mèche avec.

conchudo, da *adj (amer)* fripon, onne; crapule (sinvergüenza) ‖ POP con, conne (bobalicón).

condado *m* comté (territorio) ‖ dignité *f* de comte.

condal *adj* comtal, e (de conde) ‖ *la Ciudad Condal* Barcelone.

conde *m* comte (título); *el señor conde* monsieur le comte.

condecoración *f* décoration (insignia); *imponer una condecoración* remettre une décoration.

condecorado, da *adj y s* décoré, e.

condecorar *v tr* décorer; *condecorar con una cruz* décorer d'une croix.

condena *f* DR condamnation (sentencia) ‖ peine; *el penado cumplió* ou *sufrió su condena* le condamné a accompli o purgé sa peine ‖ *condena condicional* condamnation avec sursis.

condenable *adj* condamnable (digno de ser condenado) ‖ damnable (digno de condenación divina) ‖ blâmable (censurable).

condenación *f* condamnation (acción de condenar); *condenación en costas, en rebeldía* condamnation aux dépens, par contumace ‖ RELIG damnation (infierno).

condenado, da *adj y s* condamné, e (por un tribunal) ‖ damné, e (al infierno) ‖ — FIG & FAM *correr como un condenado* courir comme un dératé | *forcejear como un condenado* se débattre comme un diable o comme un beau diable | *sufrir como un condenado* souffrir le martyre | *trabajar como un* *condenado* travailler comme un galérien *o* comme un damné *o* comme un Nègre.

◆ *adj* condamné, e (por los médicos) ‖ FIG maudit, e; sacré, e; *este condenado Pablo siempre nos está dando la lata* ce sacré Paul il n'arrête pas de nous ennuyer; *este condenado trabajo* ce maudit travail.

condenar *v tr* condamner; *condenar a una multa, por ladrón* condamner à une amende, comme voleur ‖ condamner (una doctrina, una conducta) ‖ damner (al infierno) ‖ *(amer)* irriter ‖ — *condenar en costas* condamner aux dépens ‖ *condenar una puerta* condamner une porte.

◆ *v pr* se déclarer coupable (confesar su culpa) ‖ se damner (al infierno).

condenatorio, ria *adj* DR condamnatoire.

condensable *adj* condensable.

condensación *f* condensation.

condensado, da *adj* condensé, e ‖ *leche condensada* lait concentré *o* condensé.

condensador *m* FÍS condensateur (para los gases, eléctrico) ‖ MECÁN condenseur (de las máquinas de vapor).

condensar *v tr* condenser.

condesa *f* comtesse (título); *la señora condesa* madame la comtesse.

condescendencia *f* condescendance.

condescender* *v intr* condescendre (avenirse, ceder); *condescender a los ruegos de uno* condescendre aux prières de quelqu'un; *condescender en ir a verle* condescendre à aller le voir.

condescendiente *adj* condescendant, e.

condestable *m* connétable ‖ MAR sous-officier dans l'artillerie de marine.

condición *f* condition (naturaleza de las cosas) ‖ naturel *m*, caractère *m*, tempérament *m*; *de condición perversa* d'un naturel pervers ‖ condition (situación social); *de humilde condición* de condition modeste ‖ qualité; *en mi condición de ministro ordeno* en ma qualité de ministre j'ordonne ‖ DR condition; *condición casual, potestativa, tácita* condition casuelle, potestative, tacite ‖ — *a condición de* à condition de ‖ *a condición que, con la condición de que* à condition que, pourvu que.

◆ *pl* dispositions, aptitudes; *tener condiciones para el dibujo* avoir des dispositions pour le dessin ‖ — *condiciones de pago* conditions de paiement ‖ *mercancía en malas condiciones* marchandise en mauvais état ‖ *pliego de condiciones* cahier des charges ‖ — *en estas condiciones* dans ces conditions ‖ *en iguales condiciones* dans des conditions semblables ‖ *estar en condiciones de* être en état de ‖ *imponer condiciones* mettre des conditions ‖ *poner en condiciones de* mettre à même de, mettre en état de ‖ *rendirse sin condiciones* se rendre sans condition.

condicionado, da *adj* conditionné, e (acondicionado); *reflejo condicionado* réflexe, conditionné *o* conditionnel ‖ conditionnel, elle (condicional).

condicional *adj* conditionnel, elle ‖ GRAM *conjunción condicional* conjonction conditionnelle ‖ *oración condicional* proposition conditionnelle.

condicionamiento *m* conditionnement.

condicionante *m* condition *f*.

condicionar *v intr* convenir, cadrer (convenir).

◆ *v tr* conditionner; *su aceptación condiciona la mía* son acceptation conditionne la mienne.

— OBSERV *Condicionar* n'a pas en espagnol le sens de *préparer, emballer*, pour lequel existe le verbe *acondicionar*.

condimentación *f* assaisonnement *m*.

condimentar *v tr* assaisonner, épicer, condimenter (sazonar).

condimento *m* condiment (aliño).

condiscípulo *m y f* condisciple.

condolencia *f* condoléance (pésame).

condolerse* *v pr* s'apitoyer sur, compatir à, avoir pitié de, plaindre (compadecerse); *condolerse de una desgracia, de los miserables* s'apitoyer sur un malheur, plaindre les malheureux.

condominio *m* condominium (de un territorio).

condón *m* POP capote *f* anglaise.

condonación *f* remise (de una pena, de una deuda) ‖ remise (de contribuciones).

condonar *v tr* remettre [une peine, une dette].

cóndor *m* condor (ave, moneda).

conducción *f* conduite; *conducción de un coche* conduite d'une voiture ‖ DR conduction ‖ conduction (de fluido) ‖ conduite (tubo) ‖ *permiso de conducción* permis de conduire.

conducente *adj* qui conduit *o* mène à, conduisant ‖ approprié, e; convenable (que conviene).

conducir* *v tr* conduire; *conducir un coche, un ejército* conduire une voiture, une armée.

◆ *v intr* conduire; *no sabe conducir* il ne sait pas conduire ‖ convenir, être approprié ‖ conduire, mener (llevar); *eso no conduce a nada* cela ne mène à rien ‖ *permiso de conducir* permis de conduire.

◆ *v pr* se conduire, se comporter (portarse).

conducta *f* conduite (conducción) ‖ conduite (manera de comportarse); *tiene siempre malas notas de conducta* il a toujours de mauvaises notes de conduite ‖ conduite, direction (guía, dirección).

conductibilidad *f* FÍS conductibilité.

conductible *adj* FÍS conductible.

conductismo *m* comportementalisme (en psicología).

conductividad *f* ELECTR conductivité.

conducto *m* conduit (tubo), conduite *f* (cañería) ‖ FIG intermédiaire, entremise *f*, canal; *por conducto de* par l'intermédiaire *o* l'entremise *o* le canal de ‖ — ANAT *conducto auditivo, lagrimal* conduit auditif, lacrymal ‖ *conducto de humos* carneau ‖ *por conducto regular* ou *reglamentario* par voie hiérarchique.

conductor, ra *adj y s* conducteur, trice (de automóvil, etc.).

◆ *m* FÍS conducteur ‖ conducteur, machiniste (autobús) ‖ IMPR conducteur ‖ contrôleur (coches camas) ‖ *(amer)* receveur (cobrador) ‖ *conductor suicida* conducteur suicide [qui prend une voie en sens contraire].

condueño *m y f* copropriétaire.

condumio *m* FAM mangeaille *f*, boustifaille *f* ‖ *(amer)* sorte de nougat.

conectado, da *adj* ELECTR branché, e; relié, e; *conectado a* branché, e sur; relié, e à ‖ INFORM connecté, e; relié, e.

conectar *v tr* TECN & ELECTR connecter, brancher, raccorder ‖ accoupler, coupler ‖ relier (enlazar) ‖ FIG mettre en rapport *o* en liaison ‖ — RAD *conectar con* donner l'antenne (dar), prendre l'antenne (coger) ‖ — ELECTR *conectar con la red* brancher sur le

secteur ‖ RAD *conectamos con Madrid* à vous Madrid ‖ *estar conectados con* être en liaison avec ‖ FAM *estar mal conectados* ne pas être sur la même longueur d'onde.
conectivo, va *adj* connectif, ive.
conejal; conejar *m* clapier.
conejera *f* garenne (de los conejos en libertad) ‖ clapier *m*, cabane *o* cage à lapins (conejal) ‖ FIG souterrain *m*, terrier *m* | repaire *m* (de gente de mal vivir) | clapier *m*, cabane *o* cage à lapins (casa demasiado pequeña).
conejillo *m* petit lapin, lapereau ‖ *conejillo de Indias* cochon d'Inde, cobaye.
conejo *m* lapin (mamífero); *conejo casero* lapin domestique *o* de choux ‖ FIG & POP chatte *f* (sexo) | — *conejo de campo* ou *de monte* lapin de garenne ‖ *conejo de Angora* lapin angora ‖ FIG *risa de conejo* rire jaune.
◆ *adj (amer)* fade, amer, ère.
— OBSERV En Amérique latine, on donne le nom de *conejo* à divers rongeurs. L'un des plus répandus est le *tapetí* ou *lièvre du Brésil*.
conexión *f* connexion ‖ ELECTR prise ‖ raccordement *m* (empalme) ‖ liaison; *estar en conexión con* être en liaison avec ‖ *vuelo de conexión* vol de liaison.
conexionar *v tr* établir des connexions.
conexo, xa *adj* connexe.
confabulación *f* confabulation, complot *m*.
confabular *v intr* conférer, deviser, confabuler.
◆ *v pr* se concerter, comploter.
confección *f* confection ‖ confection (ropa hecha); *tienda de confección* magasin de confection ‖ habillement *m*; *sindicato de la confección* syndicat de l'habillement ‖ MED confection, électuaire *m* ‖ IMPR mise en page.
confeccionado, da *adj* tout fait (ropa).
confeccionador, ra *m y f* confectionneur, euse ‖ metteur *m* en page (en la redacción).
confeccionar *v tr* confectionner.
confederación *f* confédération.
confederado, da *adj y s* confédéré, e.
confederal *adj* confédéral, e.
confederar *v tr* confédérer.
◆ *v pr* former une confédération.
confer confer.
— OBSERV Il existe trois abréviations pour *confer* en espagnol: *cf, conf* et *cof*.
— OBSERV La abreviatura francesa de *confer* es *cf*.
conferencia *f* conférence; *conferencia política, de prensa* conférence politique, de presse; *conferencia en la cumbre* ou *de alto nivel* conférence au sommet ‖ communication [telefónique] ‖ *conferencia interurbana* communication interurbaine ‖ — *dar una conferencia* faire une conférence ‖ *poner una conferencia a Madrid* téléphoner à Madrid.
conferenciante *m y f* conférencier, ère.
conferenciar *v intr* s'entretenir, conférer.
conferir* *v tr* conférer (conceder una dignidad, etc.) ‖ attribuer; *conferir a uno nuevas responsabilidades* attribuer à quelqu'un de nouvelles responsabilités ‖ conférer, comparer (comparar) ‖ examiner (examinar).
◆ *v intr* conférer; *conferir con su abogado* conférer avec son avocat.
confesable *adj* avouable, confessable.

confesar* *v tr* confesser, avouer; *confesar su ignorancia* avouer son ignorance ‖ confesser (proclamar); *confesar la fe* confesser sa foi ‖ confesser (oír en confesión) ‖ *confesar de plano* tout avouer, manger le morceau (*pop*).
◆ *v pr* se confesser; *confesarse con el párroco* se confesser au curé; *confesarse de un pecado* se confesser d'un péché ‖ — *confesarse culpable, vencido* se déclarer coupable, s'avouer vaincu ‖ *ir a confesarse* aller à confesse *o* se confesser.
— OBSERV *Confesar* a deux participes passés: l'un régulier (*confesado*), l'autre irrégulier (*confeso*) qui a une valeur d'adjectif.
confesión *f* confession, aveu *m* ‖ confession; *bajo secreto de confesión* sous le sceau de la confession ‖ confession (credo religioso) ‖ — *confesión auricular* confession auriculaire ‖ *confesión general* confession générale ‖ — *oír en confesión* confesser ‖ *volver de confesión* revenir de confesse.
confesional *adj* confessionnel, elle; *disputas confesionales* querelles confessionnelles.
confesionario; confesorio *m* confessionnal.
confeso, sa *adj* qui s'est confessé, e; qui a avoué.
◆ *adj y s* convers, e.
◆ *m y f* frère lai, sœur converse (lego).
confesonario *m* confessionnal.
confesor *m* confesseur.
confeti *m pl* confetti (papelillos).
confiable *adj* de confiance, sûr, e; *un amigo confiable* un ami de confiance.
confiadamente *adv* en confiance.
confiado, da *adj* confiant, e; crédule (crédulo) ‖ présomptueux, euse; vaniteux, euse (presumido).
confianza *f* confiance; *tener confianza en el porvenir* avoir confiance dans l'avenir ‖ — *con toda confianza* en toute confiance ‖ *de confianza* de confiance, sûr; *él es de confianza* c'est une personne de confiance ‖ *en confianza* en confiance ‖ — *donde no hay confianza, da asco* où il y a de la gêne, il n'y a pas de plaisir ‖ *plantear la cuestión de confianza* poser la question de confiance ‖ *tener confianza en* avoir confiance en ‖ *tener mucha confianza con alguien* être très intime avec quelqu'un (ser muy amigo), être très familier avec (tener familiaridad) ‖ *tomarse demasiadas confianzas* prendre trop de libertés, être trop familier.
confiar *v tr* confier (encargar); *confiar a* ou *en uno el cuidado* confier à quelqu'un le soin.
◆ *v intr* avoir confiance; *confiar en Dios, en su bondad* avoir confiance en Dieu, en sa bonté ‖ faire confiance, avoir confiance; *confío en mi amigo* je fais confiance à mon ami, j'ai confiance en mon ami ‖ compter sur; *confío en su discreción* je compte sur votre discrétion ‖ avoir (bon), espoir; *confío en que esta obra será un éxito* j'ai bon espoir que cette œuvre soit un succès ‖ espérer; *confío en que no pasará nada* j'espère qu'il ne lui arrivera rien.
◆ *v pr* se confier ‖ se confier, s'ouvrir; *confiarse a* ou *en un amigo* se confier à un ami.
confidencia *f* confidence (revelación); *hacer confidencias* faire des confidences.
confidencial *adj* confidentiel, elle.
confidencialidad *f* confidentialité.
confidente *adj* de confiance, fidèle, sûr, e (fiel).
◆ *m y f* confident, e ‖ informateur, trice; indicateur *m* de police, mouton *m* (de policía).
◆ *m* causeuse *f*, vis-à-vis (canapé).

configuración *f* configuration.
configurar *v tr* configurer.
confín *adj* limitrophe; voisin, e.
◆ *m pl* confins (límites) ‖ *por todos los confines del mundo* aux quatre coins du monde.
confinación *f*; **confinamiento** *m* confinement.
confinado *m* exilé.
confinar *v intr* confiner; *Francia confina con España* la France confine à l'Espagne.
◆ *v tr* confiner, exiler, reléguer; *confinar a uno en un monasterio* confiner quelqu'un dans un monastère.
◆ *v pr* se confiner.
— OBSERV La forme pronominale du verbe *confinar* est un gallicisme.
confirmación *f* confirmation; *la confirmación de una noticia* la confirmation d'une nouvelle ‖ RELIG confirmation.
confirmado, da *adj y s* confirmé, e.
confirmar *v tr* confirmer; *confirmar una noticia* confirmer une nouvelle; *confirmar a uno en su cargo* confirmer quelqu'un à son poste.
◆ *v pr* se confirmer.
confirmativo, va; confirmatorio, ria *adj* confirmatif, ive.
confiscable *adj* confiscable.
confiscación *f* confiscation.
confiscar *v tr* confisquer.
confitado, da *adj* confit, e; *nueces confitadas* noix confites ‖ FIG plein d'espoir, confiant, e (esperanzado) ‖ *castañas confitadas* marrons glacés.
confitar *v tr* confire ‖ FIG adoucir, atténuer.
confite *m* sucrerie *f*.
confitera *f* bonbonnière, boîte à bonbons (caja de confites) ‖ confiturier *m* (dulcera).
confitería *f* confiserie (dulcería) ‖ pâtisserie (pastelería) ‖ *(amer)* salón *m* de thé (salón de té).
confitero, ra *m y f* confiseur, euse.
confitura *f* confiture.
conflagración *f* conflagration.
conflictividad *f* caractère *m* conflictuel.
conflictivo, va *adj* de conflit.
conflicto *m* conflit; *conflicto entre dos naciones, de intereses* conflit entre deux nations, d'intérêts ‖ FIG situation *f* difficile, mauvais pas (apuro) ‖ histoire *f* (lío) ‖ *conflicto laboral* conflit social.
confluencia *f* MED confluence ‖ confluent *m*, confluence (de los ríos) ‖ FIG *punto de confluencia* point de rencontre.
confluente *adj* confluent, e.
◆ *m* confluent (río).
confluir* *v intr* confluer, se rejoindre (ríos, caminos, etc.) ‖ se réunir (personas).
conformación *f* conformation.
conformar *v tr* conformer; *conformar su conducta con sus palabras* conformer sa conduite à ses paroles.
◆ *v intr* être d'accord *o* du même avis; *conformo con usted* je suis d'accord avec vous, je suis du même avis que vous *o* de votre avis ‖ *ser de buen conformar* être de bonne composition (una persona).
◆ *v pr* se conformer, se soumettre; *conformarse con la voluntad de Dios* se conformer à la volonté de Dieu ‖ se faire une raison, se résigner; *no iremos de vacaciones, hay que conformarse* nous n'irons pas en vacances, il faut se faire une raison ‖ se résigner; *conformarse con su suerte* se résigner à son sort ‖ se contenter; *conformarse con poco* se contenter de peu ‖ se contenter, se rabattre; *como no había carne se conformó con las verduras* comme il n'y avait pas de viande, il s'est rabattu sur les légumes *o* il s'est contenté de légumes ‖ *conformarse con el parecer de uno* s'en remettre à quelqu'un.

conforme *adj* conforme (parecido, igual); *conforme con el modelo* conforme au modèle ‖ conforme (de acuerdo); *conforme con la razón* conforme à la raison ‖ résigné, e; *conforme con su suerte* résigné à son sort ‖ lu et approuvé, vu et approuvé (un documento) ‖ *estar ou quedar conforme* être d'accord.
◆ *conj* suivant, selon, conformément à (según); *pagar a uno conforme a su trabajo* payer quelqu'un conformément à son travail ‖ conformément à, en vertu de; *conforme a lo establecido en la ley* conformément à ce qui est stipulé dans la loi ‖ comme, tel que; *te describo la escena conforme la vi* je te décris la scène telle que je l'ai vue ‖ aussitôt que, dès que (con indicativo); *conforme amanezca, iré* dès qu'il fera jour, j'irai ‖ à mesure que, au fur et à mesure que (con indicativo); *colocar la gente conforme llegue* placer les gens à mesure qu'ils arrivent ‖ *según y conforme* exactement comme.
◆ *interj* d'accord!
conformemente *adv* conformément, en accord.
conformidad *f* conformité ‖ accord *m*; *me ha dado su conformidad* il m'a donné son accord ‖ résignation, soumission (resignación); *aceptar con conformidad las pruebas de la vida* accepter avec résignation les épreuves de la vie ‖ — *conformidad con* conformité à ‖ *conformidad en* conformité de ‖ — *de* ou *en conformidad con* conformément à ‖ *en esta* ou *en tal conformidad* dans ce cas, dans cette condition.
conformismo *m* conformisme.
conformista *adj y s* conformiste.
confort *m* confort; *esta casa tiene un gran confort* cette maison a un grand confort.
confortable *adj* confortable (cómodo); *un sillón muy confortable* un fauteuil très confortable.
confortador, ra *adj* réconfortant, e.
confortante *adj* réconfortant, e.
◆ *m* mitaine *f* (mitón).
confortar *v tr* réconforter; *confortar a un desgraciado* réconforter un malheureux; *confortado con los últimos sacramentos* réconforté par les derniers sacrements.
confraternal *adj* confraternel, elle.
confraternar; confraternizar *v intr* fraterniser.
confraternidad *f* confraternité.
confrontación *f* confrontation (careo); *confrontación de testigos, de textos* confrontation des témoins, de textes.
confrontar *v tr* confronter.
◆ *v intr* *confrontar con* confiner à, être contigu à (confinar).
confucianismo; confucionismo *m* confucianisme.
Confucio *n pr m* Confucius.
confucionismo *m* → **confucianismo**.
confundible *adj* qui peu être confondu.

confundido, da *adj* confus, e; *estar confundido* être confus.

confundir *v tr* confondre, mêler (mezclar) ‖ confondre (equivocarse); *confundir una calle con otra* confondre une rue avec une autre ‖ confondre (turbar, humillar) ‖ FIG & FAM *confundir Roma con Santiago* ou *la gimnasia con la magnesia* prendre des vessies pour des lanternes.
◆ *v pr* se confondre (turbarse) ‖ se tromper (equivocarse); *me he confundido* je me suis trompé ‖ se tromper, se méprendre; *confundirse respecto a uno* se méprendre sur quelqu'un.

confusión *f* confusion ‖ désordre *m*, confusion; *en esta casa reina la mayor confusión* le plus grand désordre règne dans cette maison ‖ DR *confusión de los poderes, de las penas* confusion des pouvoirs, des peines.

confusionismo *m* confusionnisme.

confuso, sa *adj* confus, e; *un montón, un ruido, un discurso, un recuerdo confuso* un amas, un bruit, un discours, un souvenir confus ‖ confus, e (turbado); *permanecer confuso* rester confus.

conga *f* conga (baile).

congelable *adj* congelable.

congelación *f* congélation ‖ surgélation (a temperatura muy baja) ‖ FIG blocage *m*, gel *m* ‖ FÍS *punto de congelación* point de congélation.

congelador *m* congélateur, freezer.

congelados *m pl* produits congelés.

congelamiento *m* congélation *f*.

congelar *v tr* congeler (helar); *carne congelada* viande congelée ‖ surgeler (a temperatura muy baja) ‖ FIG bloquer, geler; *créditos, fondos congelados* crédits, fonds gelés.
◆ *v pr* se congeler, prendre (agua, etc.), se figer (aceite, grasas, etc.).

congénere *adj y s* congénère.

congeniar *v intr* sympathiser.

congénitamente *adv* foncièrement.

congénito, ta *adj* congénital, e; *defecto congénito* défaut congénital ‖ FIG foncier, ère; *una mala fe congénita* une mauvaise foi foncière.

congestión *f* MED congestion.

congestionar *v tr* congestionner.
◆ *v pr* se congestionner.

congestivo, va *adj* congestif, ive.

conglomeración *f* conglomération.

conglomerado *m* GEOL conglomérat ‖ TECN conglomérat, agrégat ‖ FIG mélange.

conglomerar *v tr* conglomérer.

conglutinar *v tr* conglutiner.

congo *m* (*amer*) nègre, noir (negro).

congoja *f* angoisse (angustia) ‖ douleur, chagrin *m*, affliction ‖ évanouissement *m* (desmayo).

congojar *v tr* angoisser (angustiar) ‖ affliger (entristecer).

congoleño, ña; congolés, esa *adj y s* congolais, e (del Congo).

congosto *m* défilé, gorge *f*.

congraciarse *v pr* gagner *o* s'attirer les bonnes grâces [de quelqu'un]; *congraciarse con su superior* gagner les bonnes grâces de son supérieur ‖ gagner; *congraciarse las voluntades* gagner les volontés.

congratulación *f* congratulation.

congratular *v tr* congratuler (felicitar).
◆ *v pr* se congratuler, se féliciter; *congratularse de* ou *por algo* se féliciter de quelque chose ‖ se congratuler, se faire des congratulations.

congratulatorio, ria *adj* congratulateur, trice.

congregación *f* congrégation; *congregación de los fieles, de los ritos* congrégation des fidèles, des rites.

congregante, ta *m y f* congréganiste.

congregar *v tr* réunir, rassembler.

congresista *m y f* congressiste.

congreso *m* congrès (asamblea) ‖ *congreso de los diputados* Congrès, Chambre des députés.

congrio *m* congre (pez).

congruencia *f* congruence, congruité, convenance (oportunidad) ‖ MAT congruence.

congruente *adj* MAT congruent, e; congru, e.

congruo, grua *adj* MAT congru, e; congruent, e ‖ *porción congrua* portion congrue.

cónico, ca *adj y s f* GEOM conique.

conífero, ra *adj* BOT conifère.
◆ *f pl* conifères *m*.

conjetura *f* conjecture (suposición); *hacer conjeturas sobre el futuro* faire des conjectures sur l'avenir.

conjeturable *adj* présumable, supposable.

conjetural *adj* conjectural, e.

conjeturar *v tr* conjecturer.

conjugable *adj* conjugable.

conjugación *f* GRAM conjugaison.

conjugado, da *adj y s* conjugué, e.

conjugar *v tr* GRAM conjuguer ‖ FIG conjuguer.

conjunción *f* conjonction.

conjuntado, da *adj* uni, e; *una compañía muy conjuntada* une compagnie très unie.

conjuntar *v tr* rendre cohérent; *conjuntar un equipo* rendre une équipe cohérente.

conjuntiva *f* ANAT conjonctive.

conjuntivitis *f* MED conjonctivite.

conjuntivo, va *adj* conjonctif, ive.

conjunto, ta *adj* conjoint, e ‖ mixte; *la base conjunta de Torrejón* la base mixte de Torrejón.
◆ *m* ensemble; *conjunto vocal* ensemble vocal; *un conjunto decorativo* un ensemble décoratif ‖ ensemble [de pièces d'habillement] ‖ — *conjunto urbanístico* grand ensemble ‖ *de conjunto* d'ensemble ‖ *en conjunto* dans l'ensemble ‖ *en el conjunto* dans le nombre ‖ *formar un conjunto* former un tout.
— OBSERV Le mot espagnol *conjunto* n'a pas le sens français de *conjoint* cónyuge, consorte.

conjura; conjuración *f* conjuration.

conjurado, da *adj y s* conjuré, e.

conjurador *m* conjurateur.

conjurar *v intr* conjurer, comploter, conspirer; *conjurar contra la República* conspirer contre la République.
◆ *v tr* conjurer; *os conjuro que vengáis* je vous conjure de venir ‖ FIG conjurer (un peligro, etc.).
◆ *v pr* se conjurer.

conjuro *m* exhortation *f*.

conllevar *v tr* aider à porter ‖ FIG supporter, endurer (soportar).

conmemorable *adj* mémorable.

conmemoración *f* commémoration, commémoraison; *conmemoración de los difuntos* commémoration des morts.

conmemorar *v tr* commémorer.

conmemorativo, va; conmemoratorio, ria *adj* commémoratif, ive.

conmensurable *adj* commensurable.

conmensurar *v tr* mesurer exactement.

conmigo *pron pers* avec moi; *ven conmigo* viens avec moi ‖ avec moi, à mon égard; *es muy amable conmigo* il est très aimable à mon égard ‖ — *no tengo dinero conmigo* je n'ai pas d'argent sur moi ‖ *tendrá que habérselas conmigo* il aura affaire à moi.

conminación *f* menace.

conminar *v tr* menacer ‖ enjoindre, intimer.

conminativo, va; conminatorio, ria *adj* qui menace, comminatoire, d'intimidation.

conmiseración *f* commisération.

conmoción *f* commotion, choc *m*; *conmoción cerebral* commotion cérébrale ‖ FIG commotion, émotion, choc *m*; *la noticia de su muerte me produjo una gran conmoción* la nouvelle de sa mort m'a causé une grande émotion | secousse; *una conmoción política* une secousse politique.

conmocionado, da *adj y s* commotionné, e.

conmocionar *v tr* commotionner.

conmovedor, ra *adj* émouvant, e; touchant, e; poignant, e; *un discurso, un espectáculo conmovedor* un discours, un spectacle émouvant.

conmover* *v tr* émouvoir, ébranler, toucher; *su desgracia me conmueve* son malheur me touche ‖ ébranler, perturber (hacer vacilar).

◆ *v pr* s'émouvoir.

conmutación *f* commutation (cambio).

conmutador *m* ELECTR commutateur.

conmutar *v tr* commuer (las penas) ‖ échanger; *conmutar una cosa en* ou *con* ou *por otra* échanger une chose contre o pour une autre.

conmutativo, va *adj* commutatif, ive.

connato, ta *adj* né, e à la même date.

connaturalizarse *v pr* s'habituer, se faire à, s'adapter à; *connaturalizarse con* s'habituer à, se faire à.

connivencia *f* connivence; *estar de connivencia* être de connivence.

connivente *adj* connivent, e.

connotación *f* connotation.

connotado, da *adj (amer)* remarquable.

◆ *m* parenté *f* lointaine.

connotar *v tr* connoter.

connubio *m* POÉT hymen, mariage.

cono *m* BOT & ZOOL cône ‖ GEOM cône; *cono circular* ou *recto cône* droit ‖ — FÍS *cono de luz* cône de lumière ‖ ASTR *cono de sombra* cône d'ombre ‖ GEOM *cono oblicuo* cône oblique ‖ *cono truncado* cône tronqué, tronc de cône.

conocedor, ra *adj y s* connaisseur, euse; expert, e (entendido).

◆ *adj* informé de (enterado de) ‖ — *ser conocedor de caballos* être connaisseur o s'y entendre en chevaux ‖ *ser conocedor de las últimas noticias* être informé o au courant des dernières nouvelles.

◆ *m* maître bouvier.

conocer* *v tr* connaître; *le conozco sólo de vista* je le connais seulement de vue ‖ connaître, savoir; *conocer el latín* savoir le latin ‖ connaître, reconnaître (distinguir); *conocer a uno por la voz* reconnaître quelqu'un à sa voix ‖ faire la connaissance de, connaître; *le conocí en Londres el año pasado* j'ai fait sa connaissance à Londres l'an dernier ‖ s'y connaître, s'y entendre, être connaisseur; *no conoce nada de pintura* il n'y connaît rien en peinture ‖ connaître (en sentido bíblico) ‖ — *conocer como la palma de la mano* connaître comme sa poche ‖ *conocer muy bien el percal* ou *el paño* ou *el asunto* connaître la musique ‖ — DR *conocer de un pleito* connaître d'une cause ‖ *conozco los puntos que calza* je le connais comme si je l'avais fait ‖ *dar a conocer* faire connaître, faire savoir ‖ *darse a conocer* se faire connaître ‖ *no conocer ni por asomo* ne connaître ni d'Ève ni d'Adam ‖ FAM *te conozco bacalao aunque vengas disfrazado* je te vois venir avec tes gros sabots.

◆ *v pr* se connaître; *conócete a ti mismo* connais-toi toi-même ‖ *se conoce a la legua* ça se voit de loin o d'une lieue ‖ *se conoce que* apparemment; *se conoce que no pudo venir* apparemment il n'a pu venir.

conocido, da *adj* connu, e ‖ — *es más conocido que la ruda* il est connu comme le loup blanc ‖ *país conocido* pays de connaissance (región) ‖ FIG *terreno conocido* pays de connaissance (tema).

◆ *m y f* connaissance *f*, relation *f*; *un conocido mío* une de mes connaissances.

conocimiento *m* connaissance *f* (acción); *tener un conocimiento profundo del inglés* avoir une profonde connaissance de l'anglais ‖ connaissance *f* (sentido); *perder el conocimiento* perdre connaissance ‖ *(ant)* reconnaissance *f* (documento) ‖ connaissance *f* (conocido) ‖ COM connaissement (de la carga de un buque) | document prouvant l'identité du porteur d'une lettre de change ‖ — *con conocimiento de causa* en connaissance de cause ‖ — *dar conocimiento de* donner connaissance de, faire part de ‖ *poner en conocimiento de* porter à la connaissance de ‖ *venir en conocimiento* ou *llegar al conocimiento de uno* venir à la connaissance o aux oreilles de quelqu'un.

◆ *pl* connaissances *f*, savoir *sing*, érudition *f sing*.

conopial *adj m* *arco conopial* arc en accolade.

conque *coj* ainsi donc, alors; *conque ¿sigue convencido?* ainsi donc, vous êtes toujours convaincu? ‖ ainsi, donc; *lo mando, conque lo harás* je l'ordonne, ainsi le feras-tu.

conquense *adj y s* de Cuenca.

conquista *f* conquête.

conquistador, ra *adj y s* conquérant, e ‖ conquistador (de América).

◆ *m* FIG & FAM Don Juan, séducteur.

conquistar *v tr* conquérir; *conquistar un reino* conquérir un royaume ‖ FIG conquérir; *por su simpatía nos ha conquistado a todos* il nous a tous conquis par sa gentillesse ‖ faire la conquête de, conquérir (a una mujer) ‖ *conquistar laureles* cueillir des lauriers.

consabido, da *adj* bien connu, e; traditionnel, elle; inévitable, classique; *el consabido discurso inaugural* le traditionnel discours d'ouverture ‖ précité, e (citado antes).

consagración *f* RELIG consécration (del pan y del vino) | sacre *m* (de un obispo) ‖ FIG consécration; *la consagración de una costumbre* la consécration

consagrado

d'un usage ‖ *la consagración de la Primavera* le Sacre du Printemps (de Stravinsky).

consagrado, da *adj* dédié, e à la mémoire de (a una persona o un acontecimiento) ‖ consacré, e; béni, e (a Dios) ‖ consacré, e; reconnu, e (artista, profesional).

consagrar *v tr* ECLES consacrer (una iglesia, un sacerdote, etc.) | consacrer (el pan y el vino) ‖ sacrer (a un monarca, un obispo) ‖ FIG consacrer, vouer, donner; *consagrar su vida a* consacrer sa vie à | consacrer; *consagrar una nueva palabra* consacrer un nouveau mot ‖ *vino de consagrar* vin de messe.

◆ *v pr* se consacrer, se vouer, s'adonner; *consagrarse al estudio* se consacrer à l'étude.

consanguíneo, a *adj* y *s* consanguin, e.
consanguinidad *f* consanguinité.
consciente *adj* conscient, e; *consciente de sus derechos* conscient de ses droits.
conscientemente *adv* consciemment.
consecución *f* obtention; *la consecución de un premio literario* l'obtention d'un prix littéraire ‖ réalisation; *la consecución de un deseo* la réalisation d'un désir ‖ réussite (de un proyecto) ‖ consécution (encadenamiento) ‖ satisfaction (de una aspiración).
consecuencia *f* conséquence ‖ — *a* ou *como consecuencia de* par suite de, à la suite de; *como consecuencia de ello* à la suite de quoi ‖ *en consecuencia* en conséquence ‖ *por consecuencia* par conséquent ‖ — *atenerse a las consecuencias* supporter o subir les conséquences ‖ *estar en consecuencia* être en rapport ‖ *ser de consecuencia* être de conséquence, tirer à conséquence ‖ *sufrir las consecuencias* subir les conséquences ‖ *tener* ou *traer buenas, malas consecuencias* avoir des conséquences heureuses, malheureuses ‖ *traer como consecuencia* avoir pour conséquence.
consecuente *adj* y *s m* conséquent, e.
consecuentemente *adv* conséquemment.
consecutivo, va *adj* consécutif, ive.
conseguir* *v tr* obtenir (un favor) ‖ obtenir, trouver; *le consiguió una buena colocación* il lui a trouvé une bonne situation ‖ remporter (una victoria) ‖ atteindre (un objetivo) ‖ se faire, acquérir (fama) ‖ arriver à, réussir à; *conseguí ver al ministro* je suis arrivé à voir le ministre ‖ parvenir à, arriver à; *conseguir sus fines* parvenir à ses fins ‖ — *conseguir la mayoría* recueillir la majorité (en una votación) ‖ *dar por conseguido* tenir pour acquis, compter sur ‖ *una cosa muy conseguida* une chose très réussie.
consejería *f* conseil *m* [administration régionale].
consejero, ra *m* y *f* conseiller, ère; *consejero en Corte* conseiller à la Cour ‖ FIG *ser buen consejero* être de bon conseil.
consejo *m* conseil; *pedir consejo a* demander conseil à; *tomar consejo de* prendre conseil de ‖ conseil; *Consejo de Estado, de ministros* conseil d'État, des ministres ‖ — ECON *consejo de administración* conseil d'administration ‖ HIST *Consejo de Ciento* ancien conseil municipal de Barcelone ‖ *consejo de disciplina* conseil de discipline ‖ *Consejo de Europa* Conseil de l'Europe (organización) ‖ *consejo de familia* conseil de famille ‖ *consejo de guerra* conseil de guerre, cour martiale ‖ HIST *Consejo de Hacienda* Conseil des Finances ‖ *Consejo de la Inquisición* Tribunal de l'Inquisition ‖ *Consejo europeo* Conseil européen (institución) ‖ — *celebrar consejo* tenir conseil.

— OBSERV Voir CONCEJO.

consenso *m* consentement (asentimiento) ‖ consensus (acuerdo unánime).
consensual *adj* DR consensuel, elle (contrato).
consensuar *v tr* parvenir à un consensus (llegar a un consenso) ‖ approuver à la majorité, soutenir majoritairement (una ley, una opinión, un acuerdo).
consentido, da *adj* gâté, e (mimado); *niño consentido* enfant gâté ‖ consentant (marido).
consentidor, ra *adj* tolérant, e.
consentimiento *m* consentement.
consentir* *v tr* e *intr* consentir; *consentir un plazo, en algo* consentir un délai, à quelque chose ‖ FIG tolérer, souffrir, permettre (tolerar); *no consiento que le ridiculicen* je ne tolère pas qu'on le ridiculise | permettre, laisser; *no tienes por qué consentirle que traiga a todos sus amigos a tu casa* tu n'as aucune raison de le laisser amener tous ses amis chez toi | laisser faire, permettre (permitir); *a este niño se lo consienten todo* ils laissent tout faire à cet enfant | gâter (mimar) ‖ céder (un mueble).

◆ *v pr* se fendre (rajarse), se fêler (una vasija).

conserje *m* concierge; *el conserje del Ministerio de Comercio* le concierge du ministère du Commerce ‖ *conserje de hotel* portier [d'hôtel].

— OBSERV Au sens de *gardien d'immeuble*, on emploie en espagnol le mot *portero*. Le mot *conserje* ne s'applique qu'aux hommes et désigne les *gardiens de bureaux, de ministères, etc.*

conserjería *f* conciergerie, loge [du concierge] ‖ réception (de un hotel).
conserva *f* conserve; *una lata de conserva* une boîte de conserve ‖ MAR *navegar en conserva* naviguer de conserve.
conservación *f* conservation.
conservador, ra *adj* y *s* conservateur, trice.
conservadurismo *m* conservatisme.
conservante *m* conservateur.
conservar *v tr* conserver, garder (la salud, un secreto, sus amigos, etc.) ‖ faire des conserves; *conservar los tomates* faire des conserves de tomates ‖ *bien conservado* bien conservé.

◆ *v pr* se conserver, se garder; *conservarse con* ou *en salud* se conserver en bonne santé.

conservatorio, ria *adj* conservatoire.

◆ *m* conservatoire (de música, etc.) ‖ (*amer*) serre *f* (invernadero) | collège (academia).

conservero, ra *adj* des conserves; *industria conservera* industrie des conserves.

◆ *m* y *f* fabricant, e de conserves.

considerable *adj* considérable.
consideración *f* considération, estime; *de mi mayor consideración* de toute ma considération ‖ attention; *un asunto digno de la mayor consideración* une affaire digne de la plus grande attention ‖ fait *m*, considération (motivo) ‖ égards *m pl*, respect *m*; *tratarle a uno sin consideración* traiter quelqu'un sans égards, n'avoir aucun égard pour quelqu'un ‖ — *de consideración* considérable, important, e; *daños de consideración* dégâts importants; grave; *quemaduras de consideración* brûlures graves ‖ (*amer*) *de mi consideración, de nuestra consideración* cher Monsieur, chers Messieurs [début d'une lettre] ‖ *en consideración a* eu égard à, en

raison de, en considération de ‖ *falta de consideración* manque d'égards ‖ — *ser de consideración* mériter considération, être considérable o important ‖ *tomar* ou *tener en consideración* prendre en considération.

considerado, da *adj* réfléchi, e; pondéré, e (que obra con reflexión) ‖ considéré, e (respetado).

considerando *m* considérant, attendu (motivo).

considerar *v tr* considérer, envisager; *considerar un asunto en* ou *bajo todos sus aspectos* considérer une affaire sous tous ses aspects ‖ considérer (juzgar o tratar con respeto) ‖ — *considerándolo todo* tout bien considéré ‖ *considerando que* attendu que, considérant que.

consigna *f* MIL consigne, mot *m* d'ordre (contraseña) ‖ consigne (en las estaciones) ‖ FIG *violar la consigna* manger la consigne.

consignación *f* consignation ‖ allocation; *consignación de créditos* allocation de crédits ‖ *caja de depósitos y consignaciones* caisse des dépôts et consignations.

consignar *v tr* consigner (una mercancía, citar en un escrito) ‖ allouer (créditos).

consignatario *m* consignataire.

consigo *pron pers* avec soi ‖ — *llevar consigo* emporter (cosa), emmener (persona), entraîner (acarrear) ‖ *no tener dinero consigo* ne pas avoir d'argent sur soi ‖ FAM *no tenerlas todas consigo* ne pas en mener large, ne pas être très rassuré (tener miedo), ne pas avoir toutes les chances de son côté (no estar muy seguro de algo) ‖ FIG *traer consigo* comporter; *esta medida trae consigo muchas desventajas* cette mesure comporte bien des inconvénients; entraîner (acarrear).

consiguiente *adj* résultant, e; consécutif, ive; *los gastos consiguientes a mi instalación* les frais résultant de o consécutifs à mon installation ‖ conséquent, e; *río consiguiente* fleuve conséquent ‖ *por consiguiente* par conséquent, donc.

consiguientemente *adv* conséquemment, en conséquence, par conséquent.

consistencia *f* consistance ‖ *tomar consistencia* prendre corps (un asunto), prendre de la consistance, prendre (crema, mayonesa).

consistente *adj* consistant, e.

consistir *v intr* consister; *la felicidad consiste en la virtud, en practicar la virtud* le bonheur consiste dans o en la vertu, à pratiquer la vertu ‖ consister, être composé de; *su fortuna consiste en tierras* sa fortune consiste en terres ‖ tenir à; *en ti consiste el hacerlo* il ne tient qu'à toi de le faire.

consistorial *adj* consistorial, e ‖ *casa consistorial* hôtel de ville (ayuntamiento), mairie (alcaldía).

consistorio *m* consistoire (de cardenales) ‖ conseil municipal ‖ hôtel de ville (casa consistorial).

consola *f* console (mueble) ‖ console (de órgano) ‖ pupitre *m*, console (de ordenador).

consolación *f* consolation; *un premio de consolación* un lot de consolation.

consolador, ra *adj* y *s* consolateur, trice.

consolar* *v tr* consoler; *consolar a los desgraciados* consoler les malheureux.
◆ *v pr* se consoler.

consolidable *adj* consolidable.

consolidación *f* consolidation.

consolidar *v tr* consolider; *consolidar la amistad* consolider l'amitié.

consomé *m* consommé (caldo).

consonancia *f* MÚS consonance ‖ rime, consonance (rima) ‖ FIG conformité, accord *m* (similitud).

consonante *adj* consonant, e (que consuena) ‖ *u consonante* v [la lettre «v»].
◆ *f* consonne (letra).

consonántico, ca *adj* consonantique.

consorcio *m* association *f* (asociación) ‖ consortium (comercial) ‖ union *f*, entente *f* (unión), ménage (matrimonio); *vivir en buen consorcio* vivre en bonne entente, faire bon ménage ‖ *consorcio bancario* consortium de banques.

consorte *m* y *f* conjoint, e (cónyuge) ‖ compagnon, compagne (persona que comparte la existencia de otra) ‖ *príncipe consorte* prince consort.
◆ *pl* DR consorts.

conspicuo, cua *adj* illustre, notable.

conspiración *f* conspiration; *conspiración contra el Estado* conspiration contre l'État.

conspirador, ra *m* y *f* conspirateur, trice.

conspirar *v intr* conspirer; *conspirar contra el Estado* conspirer contre l'État.

constancia *f* constance, persévérance; *trabajar con constancia* travailler avec persévérance ‖ certitude, preuve (certeza); *no hay constancia de ello* on n'en a pas la preuve ‖ *dejar constancia de* rendre compte de (en un acta), laisser o être un témoignage de.

constante *adj* y *s f* constant, e ‖ *constante solar* constante solaire.

constantemente *adv* constamment.

Constantina *n pr* GEOGR Constantine.

Constantinopla *n pr* GEOGR Constantinople.

Constanza (lago de) *n pr* GEOGR lac de Constance.

constar *v intr* être certain o sûr; *me consta que no vino* je suis sûr qu'il n'est pas venu ‖ être composé o constitué de, se composer de, comporter, comprendre; *este libro consta de tres partes* ce livre se compose de trois parties ‖ être établi, être prouvé; *consta por este documento que* il est établi par ce document que ‖ figurer; *esto consta en el contrato* cela figure dans le contrat ‖ être juste (verso) ‖ — *hacer constar* faire remarquer, constater; *el periodista hace constar el incremento de la producción* le journaliste constate l'augmentation de la production ‖ *hacer constar por escrito* consigner par écrit ‖ *que conste que* qu'il soit entendu que ‖ *y para que así conste* dont acte.

constatación *f* constatation.

constatar *v tr* constater.
— OBSERV *Constatar* et *constatación* sont des gallicismes.

constelación *f* ASTR constellation.

constelado, da *adj* constellé, e (el cielo) ‖ parsemé, e (tachonado).

consternación *f* consternation (desolación); *producir consternación* jeter la consternation.

consternar *v tr* consterner (entristecer).
◆ *v pr* être consterné; *se consternó con la muerte de* il fut consterné par la mort de.

constipado *m* rhume (catarro); *tengo un constipado muy fuerte* j'ai un très gros rhume.

constiparse *v pr* s'enrhumer (acatarrarse).
constitución *f* constitution ∥ *constitución pontificia* constitution papale.
constitucional *adj* constitutionnel, elle; *ley constitucional* loi constitutionnelle.
constitucionalidad *f* constitutionnalité.
constitucionalismo *m* constitutionnalisme.
constituir* *v tr* constituer (formar); *constituir una sociedad* constituer une société.
 ◆ *v pr* se constituer ∥ — DR *constituirse parte* se porter partie ∥ *constituirse por* ou *en fiador* se constituer o se porter garant ∥ *constituirse prisionero* se constituer prisonnier.
constitutivo, va *adj* constitutif, ive.
constituyente *adj y s* constituant, e; *las Cortes constituyentes*, *las Constituyentes* l'Assemblée constituante.
 ◆ *m* constituant; *el hidrógeno es uno de los constituyentes del agua* l'hydrogène est un des constituants de l'eau.
constreñir*; costreñir *v tr* contraindre, forcer (obligar); *constreñir a uno a que salga* forcer quelqu'un à sortir ∥ MED resserrer (apretar).
constricción *f* constriction, resserrement *m* (estrechamiento) ∥ MED rétrécissement *m*.
constrictor, ra *adj y s m* constricteur, trice; *boa constrictor* boa constrictor o constricteur.
construcción *f* construction; *la construcción de un puente* la construction d'un pont ∥ bâtiment *m*; *trabajar en la construcción* travailler dans le bâtiment ∥ GRAM construction ∥ *solar para construcción* terrain à bâtir.
constructivo, va *adj* constructif, ive; *crítica constructiva* critique constructive.
constructor, ra *adj y s* constructeur, trice.
construir* *v tr* construire, bâtir (edificar) ∥ GEOM & GRAM construire.
consubstancial *adj* consubstantiel, elle; *consubstancial con* consubstantiel à.
consuegro, gra *m y f* père et mère d'un époux par rapport aux parents de l'autre.
consuelo *m* consolation *f*, réconfort; *la lectura es su único consuelo* la lecture est sa seule consolation ∥ soulagement (alivio); *su marcha ha sido un consuelo para mí* son départ a été un soulagement pour moi.
consuetudinario, ria *adj* consuétudinaire (habitual) ∥ *derecho consuetudinario* droit coutumier.
cónsul *m* consul; *cónsul general* consul général.
 — OBSERV Lorsqu'il s'agit d'une femme, on dit *la consul*.
cónsula *f* FAM femme du consul.
consulado *m* consulat.
consular *adj* consulaire; *dignidad consular* dignité consulaire.
consulta *f* consultation; *horas de consulta* heures de consultation ∥ consultation (de varios médicos) ∥ cabinet *m* de consultation (consultorio) ∥ RELIG consulte; *sacra consulta* consultation sacrée ∥ — *consulta previa petición de hora* consultation sur rendez-vous ∥ *obra de consulta* ouvrage de référence ∥ — *tener consulta con un médico* consulter un médecin.
consultar *v tr* e *intr* consulter; *consultar con un abogado, con un médico* consulter un avocat, un médecin; *consultar el diccionario* consulter le dictionnaire ∥ voir, vérifier, consulter; *consultar una palabra en el diccionario* vérifier un mot dans le dictionnaire ∥ *hay que consultar con la almohada* la nuit porte conseil.
consultivo, va *adj* consultatif, ive.
consultor, ra *adj y s* consultant, e; *médico consultor* médecin consultant ∥ *ingeniero consultor* ingénieur-conseil.
 ◆ *m* consulteur (dignatario de la corte de Roma); *consultor del Santo Oficio* consulteur du Saint-Office.
consultoría *f* cabinet *m* de conseil, agence conseil.
consultorio *m* cabinet (de un médico, de un dentista) ∥ étude *f* (de un abogado) ∥ services *pl* de consultation, dispensaire (en un hospital) ∥ service (técnico, etc.) ∥ bureau d'information (de información) ∥ *consultorio sentimental* courrier du cœur.
consumación *f* consommation ∥ *la consumación de los siglos* la consommation des siècles.
consumado, da *adj* consommé, e ∥ FIG consommé, e; *sabiduría consumada* sagesse consommée ∥ achevé, e; accompli, e; émérite; *un hombre, un bailarín consumado* un homme, un danseur émérite ∥ FAM parfait, e; fini, e; *un bribón, un imbécil consumado* un parfait fripon, un parfait imbécile ∥ *hecho consumado* fait accompli.
consumar *v tr* consommer; *consumar un crimen, un sacrificio, el matrimonio* consommer un crime, un sacrifice, le mariage.
consumición *f* consommation (bebida).
consumido, da *adj* FIG & FAM maigre, décharné, e; efflanqué, e (flaco) | exténué, e; épuisé, e (agotado) | tourmenté, e (preocupado) | miné, e; *consumido por la fiebre* miné par la fièvre.
consumidor, ra *m y f* consommateur, trice; *asociación de consumidores* association de consommateurs ∥ *a gusto del consumidor* au goût du client.
consumir *v tr* consumer, détruire (destruir); *el fuego lo ha consumido todo* le feu a tout consumé ∥ consommer (comestibles, bebidas) ∥ consommer; *consumir gasolina* consommer de l'essence ∥ communier (comulgar) ∥ consumer, passer (el tiempo) ∥ FIG & FAM consumer, miner, ronger, faire dépérir; *las preocupaciones que tiene le consumen* ses soucis le minent | épuiser (agotar) ∥ FIG prendre, absorber; *este trabajo consumía todo su tiempo* ce travail lui prenait tout son temps.
 ◆ *v pr* se consumer (extinguirse) ∥ FIG se consumer, dépérir (adelgazar) ∥ — *consumirse con la fiebre* être consumé par la fièvre ∥ *consumirse de fastidio* périr d'ennui ∥ *consumirse de impaciencia* brûler d'impatience ∥ *consumirse en meditaciones* s'abîmer dans des méditations.
consumismo *m* surconsommation *f*.
consumista *adj y s* grand consommateur, grande consommatrice.
consumo *m* consommation *f*; *bienes de consumo* biens de consommation.
 ◆ *pl* droits d'octroi (contribución).
consunción *f* MED consomption.
contabilidad *f* comptabilité (contaduría); *contabilidad por partida doble, simple* comptabilité en partie double, simple ∥ — *contabilidad nacional* comptabilité nationale ∥ *contabilidad pública* comptabilité publique.
contabilización *f* comptabilisation.

contabilizar *v tr* COM comptabiliser, inscrire sur les livres de comptabilité.
contable *adj* qui peut être compté (calculable) ‖ racontable (decible).
◆ *m y f* comptable.
contactar *v intr* contacter *v tr*; *contactar con alguien* contacter quelqu'un.
contacto *m* contact; *ciertas enfermedades se transmiten por simple contacto* certaines maladies se transmettent par simple contact ‖ FIG rapport, contact; *poner en contacto a dos personas* mettre deux personnes en rapport, faire entrer en contact deux personnes ‖ contact, liaison *f*; *establecer contactos radiofónicos* établir des liaisons radiophoniques ‖ FOT contact ‖ — *contacto sexual* rapport sexuel ‖ *lentes de contacto* verres *o* lentilles de contact ‖ — *entrar en contacto, ponerse en contacto con, establecer contacto con* entrer en contact avec, contacter, se mettre en rapport avec.
contadero, ra *adj* qui peut être compté ‖ à compter; *un plazo de diez días contaderos desde esta fecha* un délai de dix jours à compter de cette date.
contado, da *adj* compté, e ‖ conté, e; raconté, e (dicho) ‖ rare, peu nombreux, euse; *son contadas las personas que saben el griego* rares sont les personnes qui savent le grec ‖ *en contadas ocasiones* rarement ‖ *tiene contados los días, sus días están contados* ses jours sont comptés.
◆ *m* (amer) paiement; *pagar una deuda en tres contados* régler une dette en trois paiements ‖ *al contado* comptant; *pagar al contado* payer comptant.
contador, ra *adj* de compte (para contar).
◆ *m* compteur (que cuenta) ‖ comptable (contable) ‖ comptoir (de una tienda) ‖ compteur (instrumento); *contador de agua, de gas, de imágenes* compteur d'eau, de gaz, d'images ‖ *sin contador* sans mesure.
◆ *m y f* (amer) prêteur, euse (prestamista).
contaduría *f* comptabilité ‖ bureau *m* du comptable (oficina) ‖ emploi *m* du comptable (oficio) ‖ bureau *m* de location (teatro) ‖ — *contaduría del Ejército* intendance militaire ‖ *contaduría general* cour des comptes.
contagiar *v tr* contaminer, contagionner *(p us)*; *contagiar a un país* contaminer un pays ‖ transmettre, passer; *me ha contagiado su enfermedad* il m'a transmis sa maladie ‖ FIG contaminer.
◆ *v pr* se transmettre; *enfermedad que no se contagia* maladie qui ne se transmet pas ‖ être contaminé par ‖ FIG se communiquer; *las ganas de bostezar se contagian fácilmente* l'envie de bâiller se communique facilement.
contagio *m* contagion *f* (transmisión de una enfermedad), contamination *f* ‖ contage (agente de contagio) ‖ FIG contagion *f*; *contagio del vicio* contagion du vice.
contagioso, sa *adj* contagieux, euse; *una enfermedad contagiosa* une maladie contagieuse ‖ FIG contagieux, euse; communicatif, ive; *una risa muy contagiosa* un rire très communicatif.
container *m* TECN container.
contaminación *f* contamination (contagio) ‖ pollution [de l'air, de l'eau, etc.].
contaminante *adj y s m* polluant, e.
contaminar *v tr* contaminer ‖ polluer (l'air, l'eau, etc.) ‖ FIG contaminer.

◆ *v pr* FIG être contaminé; *contaminarse con el mal ejemplo* être contaminé par le mauvais exemple ‖ se polluer (l'air, l'eau, etc.).
contante *adj m* comptant (dinero) ‖ *dinero contante y sonante* argent comptant et trébuchant, espèces sonnantes et trébuchantes.
contar* *v tr* compter (numerar); *contar dinero* compter de l'argent ‖ compter; *contar entre sus amigos a alguien* compter quelqu'un parmi ses amis ‖ raconter, conter (referir); *cuando ha bebido, siempre me cuenta su vida* quand il a bu, il me raconte toujours sa vie ‖ dire (un cuento) ‖ compter, tenir compte de (tener en cuenta) ‖ — *contar una cosa por hecha* considérer une chose comme faite ‖ *cuenta ochenta años de edad* il a quatre-vingts ans ‖ *¡cuéntamelo a mí!* ce n'est pas toi qui vas me l'apprendre, je suis bien placé pour le savoir ‖ FAM *¡cuénteselo a su abuela!* à d'autres! ‖ *si me lo cuentan no lo creo* je n'en crois pas mes yeux.
◆ *v intr* compter, calculer; *contar con los dedos* compter sur ses doigts ‖ être muni de, disposer, avoir; *el barco cuenta con un motor eléctrico* le bateau est muni d'un moteur électrique ‖ disposer, avoir; *cuento con ingresos considerables* j'ai des revenus considérables ‖ — *contar con uno* compter sur quelqu'un, se fier à quelqu'un ‖ *¡cuenta con ello!* compte là-dessus! ‖ *dejarse contar* se laisser dire ‖ *es largo de contar* c'est long à raconter, il y a fort à dire, c'est toute une histoire *(fam)* ‖ *hay que contar con que siempre puede ocurrir una desgracia* il faut toujours penser qu'un malheur peut arriver ‖ *no contaba con que podía llover* je ne comptais pas sur la pluie, je ne pensais pas qu'il allait pleuvoir ‖ *tener mucho que contar* en avoir long à conter ‖ *y pare usted de contar* ça ne va plus loin, un point c'est tout.
— OBSERV *Conter*, más familiar que *raconter*, se refiere a hechos muchas veces supuestos o inverosímiles, narrados con amenidad. *Raconter* indica un relato más cercano a la verdad.
contemplación *f* contemplation.
◆ *pl* ménagements *m* ‖ — *no andar con contemplaciones* agir sans ménagements, ne pas y aller de main morte *(fam)* ‖ *tratar con, sin contemplaciones a alguien* traiter quelqu'un avec, sans ménagements.
contemplar *v tr* contempler (mirar, meditar) ‖ avoir des égards pour, être empressé avec (complacer) ‖ envisager (una posibilidad).
contemplativo, va *adj y s* contemplatif, ive; *vida contemplativa* vie contemplative.
contemporaneidad *f* actualité; *obra literaria de constante contemporaneidad* œuvre littéraire toujours d'actualité.
contemporáneo, a *adj y s* contemporain, e.
contemporizador, ra *adj y s* temporisateur, trice.
◆ *m y f* personne *f* accommodante.
contemporizar *v intr* temporiser, composer, être accommodant, s'arranger; *contemporizar con alguien* s'arranger avec quelqu'un.
contención *f* contention (tensión, esfuerzo) ‖ maintien *m* (de precios, etc.) ‖ *muro de contención* mur de soutènement *o* de retenue.
contencioso, sa *adj y s m* DR contentieux, euse; litigieux, euse ‖ *lo contencioso* le contentieux.
contender* *v intr* lutter, se battre, combattre (batallar) ‖ FIG disputer (disputar) ‖ rivaliser (competir).

contendiente *adj* opposé, e (contrario).
◆ *m y f* adversaire.
contenedor, ra *adj* qui contient.
◆ *m* container (caja de mercancías) ‖ *contenedor de basura* benne à ordures.
contener* *v tr* contenir; *el decalitro contiene diez litros* le décalitre contient dix litres ‖ contenir, renfermer; *este libro contiene muchos ejemplos* ce livre renferme de nombreux exemples ‖ retenir; *lo contuvo por el brazo* il l'a retenu par le bras ‖ FIG contenir (un pueblo, la cólera, etc.) ‖ contenir, retenir; *contener las ganas de reír* retenir l'envie de rire.
◆ *v pr* se contenir, se retenir (dominarse).
contenido, da *adj* mesuré, e; pondéré, e (que se conduce con moderación) ‖ réprimé, e; rentré, e; contenu, e; *ira contenida* colère rentrée.
◆ *m* contenu (de una carta) ‖ teneur *f* (de un pacto, tratado, escrito) ‖ teneur *f*; *contenido de carbono* teneur en carbone.
contentar *v tr* contenter, satisfaire ‖ *(ant)* COM endosser (letras) ‖ *(amer)* réconcilier ‖ FAM *ser de buen, mal contentar* être facile, difficile à contenter o à satisfaire.
◆ *v pr* se contenter, être satisfait; *contentarse con poco* se contenter de peu.
contento, ta *adj* content, e (alegre) ‖ content, e; satisfait, e; *contento con ou de su suerte, con el éxito de* content de son sort, du succès de ‖ — *contento como unas Pascuas* gai comme un pinson ‖ *darse por contento* s'estimer heureux.
◆ *m* contentement, joie *f*, satisfaction *f* (alegría) ‖ FIG *no caber en sí de contento* ne pas se tenir de joie, être fou de joie ‖ *sentir gran contento* ressentir o éprouver une grande joie.
conteo *m* estimation *f*, évaluation *f*, calcul.
contertuliano, na; contertulio, lia *m y f* membre o habitué, e d'un cercle o d'une réunion.
contesta *f (amer)* conversation, entretien *m* (conversación) ‖ réponse (contestación).
contestación *f* réponse (respuesta); *una contestación satisfactoria* une réponse satisfaisante ‖ contestation, débat *m* (discusión) ‖ DR *contestación a la demanda* mémoire en réponse.
contestador *m* répondeur (teléfono).
contestar *v tr* répondre; *contestar una carta, una pregunta* répondre à une lettre, à une question; *contestar a alguien* répondre à quelqu'un ‖ confirmer (garantizar) ‖ prouver (comprobar) ‖ contester, discuter (impugnar).
◆ *v intr (amer)* parler, converser (conversar).
— OBSERV Le verbe *contestar* est un gallicisme dans le sens de *discuter*.
contestatario, ria *adj* contestataire, contestateur, trice.
contexto *m* contexte.
contextualizar *v tr* mettre en contexte (una palabra) ‖ placer o replacer dans son contexte (un hecho).
contextura *f* contexture.
contienda *f* guerre, conflit *m* (guerra) ‖ FIG dispute, altercation (altercado) ‖ *contienda electoral* bataille électorale.
contigo *pron pers* avec toi ‖ *¿tienes dinero contigo?* as-tu de l'argent sur toi?
contigüidad *f* contiguïté.
contiguo, gua *adj* contigu, ë (adyacente).
continencia *f* continence (virtud).

continental *adj* continental, e; *clima continental* clima continental.
◆ *m (p us)* message (carta).
continente *adj* contenant (que contiene) ‖ continent, e (casto).
continente *m* GEOGR continent; *el Viejo, el Nuevo Continente* l'Ancien, le Nouveau Continent ‖ contenant (lo que contiene); *el continente y el contenido* le contenant et le contenu ‖ contenance *f*, maintien (actitud).
contingencia *f* contingence ‖ éventualité; *prever cualquier contingencia* parer à toute éventualité.
contingente *adj* contingent, e; aléatoire.
◆ *m* contingent.
continuación *f* continuation (acción de continuar) ‖ continuation, prolongement *m*; *este sendero es la continuación de este camino* ce sentier est le prolongement de ce chemin ‖ suite (lo que sigue) ‖ *a continuación* ensuite (después), à la suite (detrás).
continuadamente *adv* → **continuamente**.
continuador, ra *m y f* continuateur, trice.
continuamente; continuadamente *adv* continuellement, de façon continue, continûment *(p us)*.
continuar *v tr* continuer; *continuar trabajando* continuer à travailler ‖ poursuivre; *continuar su camino* poursuivre sa route.
◆ *v intr* continuer, se poursuivre, durer; *la lucha continúa* la lutte continue ‖ poursuivre; *continuar con su trabajo* poursuivre son travail; *continuar en sus pesquisas* poursuivre ses recherches ‖ continuer; *el coche continuó hacia París* la voiture a continué sur Paris; *la sesión continúa* la séance continue ‖ — *continuar con buena salud* se maintenir en bonne santé, être toujours en bonne santé ‖ *continuar en cartel* tenir l'affiche ‖ *continuar en un mismo sitio* être toujours à la même place ‖ *continuar en vigor* rester en vigueur ‖ — *continuará* à la suite, la suite au prochain numéro (revista o película).
continuidad *f* continuité ‖ *solución de continuidad* solution de continuité (interrupción).
continuo, a *adj* continu, e (no dividido); *línea continua* ligne continue ‖ continuel, elle (incesante); *un temor continuo* une crainte continuelle ‖ persévérant, e; *un hombre continuo en su política* un homme persévérant dans sa politique ‖ — ELECTR *corriente continua* courant continu ‖ *de sesión continua* permanent (cine) ‖ *movimiento continuo* mouvement perpétuel ‖ *ondas continuas* ondes entretenues ‖ *papel continuo* papier sans fin.
◆ *adv* continuellement ‖ *de continuo, a la continua* continuellement, constamment.
contonearse *v pr* se dandiner, se déhancher.
contoneo *m* dandinement, déhanchement.
contornar; contornear *v tr* contourner; *contornear una montaña* contourner une montagne ‖ TECN chantourner.
contorno *m* contour (línea que rodea) ‖ pourtour, tour (vuelta) ‖ tranche *f* (de una moneda) ‖ *en contorno* autour (alrededor).
◆ *pl* alentours, environs (de una ciudad).
contorsión *f* contorsion ‖ *hacer contorsiones* faire des contorsions, se contorsionner.
contorsionarse *v pr* se contorsionner.

contorsionista *m* y *f* contorsionniste (acróbata).

contra *prep* contre; *lucha contra el enemigo* lutte contre l'ennemi; *remedio contra la tos* remède contre la toux ∥ *sur; alcanzar una victoria contra el enemigo* remporter une victoire sur l'ennemi ∥ en face (enfrente); *su casa está contra la iglesia* sa maison est en face de l'église ∥ — *contra viento y marea* contre vent et marée ∥ *en contra* à l'encontre, contre; *en contra de él* contre lui ∥ *en contra de* à l'encontre de, au désavantage de (a expensas de), contre; *hablar en contra de uno* parler contre quelqu'un ∥ *salvo prueba en contra* sauf preuve du contraire ∥ *viento en contra* vent debout ∥ — *tener todo el mundo en contra* avoir tout le monde à dos.
◆ *m* contre; *el pro y el contra* le pour et le contre ∥ MÚS pédale *f* de l'orgue.
◆ *f* FAM difficulté, ennui *m*, hic *m*; *ahí está la contra* voilà le hic ∥ contre *m* (esgrima) ∥ *(amer)* prime, gratification (dádiva) ∥ — FAM *hacer* ou *llevar la contra a uno* faire obstacle à quelqu'un (poner obstáculos), contredire quelqu'un (contradecir) ∥ *jugar a la contra* contrer.
◆ *m pl* MÚS basses.
— OBSERV La préposition *contra* est un gallicisme dans le sens d'*en face*.

contraacusación *f* contre-accusation.
contraalmirante; contralmirante *m* contre-amiral.
contraatacar *v tr* MIL contre-attaquer.
contraataque *m* MIL contre-attaque *f*.
contraaviso *m* contrordre (contraorden).
contrabajo *m* MÚS contrebasse *f* (instrumento) ∣ contrebassiste, contrebasse *f* (músico).
contrabalanza *f* contrepoids *m* (compensación).
contrabandista *adj* y *s* contrebandier, ère.
contrabando *m* contrebande *f*; *vivir del contrabando* vivre de la contrebande ∥ — *de contrabando* de contrebande ∥ *pasar de contrabando* passer en contrebande.
contrabarrera *f* seconde rangée de places aux arènes.
contracancha *f* DEP périmètre de sécurité qui sépare le public du terrain.
contracarta *f* contre-lettre.
contracción *f* contraction (de un músculo) ∥ GRAM contraction.
contracédula *f* contre-lettre, cédule qui annule la précédente.
contracepción *f* MED contraception.
contraceptivo, va *adj* y *s m* contraceptif, ive.
contracorriente *f* contre-courant *m* ∥ *ir a contracorriente* aller à contre-courant, remonter le courant.
contráctil *adj* contractile.
contracto, ta *adj* GRAM contracté, e; *artículo contracto* article contracté.
contractual *adj* contractuel, elle.
contractura *f* MED contracture.
contracultura *f* contre-culture.
contrachapado, da; contrachapeado *m* contreplaqué, e, contre-placage.
contradanza *f* contredanse.
contradecir* *v tr* contredire; *siempre me estás contradiciendo* tu es toujours en train de me contredire ∥ FIG contredire, démentir; *sus actos contradicen sus palabras* ses actes contredisent ses paroles.
◆ *v pr* se contredire.
contradeclaración *f* déclaration opposée.
contradenuncia *f* DR contre-dénonciation.
contradicción *f* contradiction; *en contradicción* en contradiction; *espíritu de contradicción* esprit de contradiction.
contradictorio, ria *adj* contradictoire.
◆ *f* contradictoire (lógica).
contradiós *m* FAM énormité *f* (barbaridad).
contraer* *v tr* contracter; *el frío contrae los metales* le froid contracte les métaux ∥ FIG contracter, attraper (una enfermedad) ∥ GRAM contracter ∥ — *contraer deudas* contracter des dettes, s'endetter ∥ *contraer matrimonio* se marier ∣ *contraer matrimonio con* se marier avec, épouser.
◆ *v pr* se contracter ∥ *(amer)* s'appliquer (al estudio, a un trabajo).
contraescritura *f* contre-lettre.
contraespionaje *m* contre-espionnage.
contrafase *f* ELECTR opposition de phase.
contrafigura *f* doublure [d'un acteur].
contrafilo *m* contre-pointe *f*, partie *f* aiguisée du dos d'une arme blanche.
contrafirma *f* contreseing *m*.
contrafuego *m* contre-feu (contra los incendios).
contrafuerte *m* ARQ contrefort ∥ contrefort (de una montaña, del calzado).
contragolpe *m* contrecoup (rechazo).
contraguerrilla *f* troupe légère destinée à combattre les guérillas.
contrahacer* *v tr* contrefaire (imitar, falsificar); *contrahacer la letra de alguien* contrefaire l'écriture de quelqu'un ∥ déguiser, simuler, contrefaire (fingir).
contrahecho, cha *adj* contrefait, e; difforme.
contrahílo *m* contre-fil ∥ *a contrahílo* à contre-fil (al revés).
contraindicación *f* MED contre-indication.
contraindicado, da *adj* contre-indiqué, e; *medicación contraindicada* remède contre-indiqué.
contraindicar *v tr* MED contre-indiquer.
contralmirante *m* → **contraalmirante**.
contralor *m* *(amer)* inspecteur des Finances.
contralto *m* MÚS contralto.
contraluz *m* contre-jour *inv*; *fotografiar a contraluz* photographier à contre-jour.
— OBSERV Bien qu'étymologiquement ce mot soit féminin, l'usage moderne préfère le masculin.
contramaestre *m* MAR contremaître ∥ porion (capataz en las minas) ∥ MAR *contramaestre de segunda* premier maître.
contramandar *v tr* contremander.
contramanifestación *f* contre-manifestation.
contramaniobra *f* contre-manœuvre.
contramano (a) *loc adv* en sens interdit (circulación rodada) ∥ *actuar a contramano* ne pas agir comme il faut.
contramarea *f* contre-marée.
contramatar *v tr* *(amer)* frapper fort.
◆ *v pr* *(amer)* regretter (arrepentirse).
contramuelle *m* quai opposé [à un autre].
contramuro *m* ARQ contre-mur *m*.
contranatural *adj* contre nature.

contraofensiva *f* MIL contre-offensive.
contraorden *f* contrordre *m*.
contrapartida *f* contrepartie; *como contrapartida en contrepartie* ‖ *la contrapartida de la gloria* la rançon de la gloire.
contrapaso *m* contre-pas *inv* ‖ MÚS contre-partie *f*.
contrapelo (a) *adv* à contre-poil, à rebrousse-poil (al revés).
contrapesar *v tr* contre-balancer.
contrapeso *m* contrepoids.
contrapié (a) *loc adv* au mauvais moment (inoportunamente) ‖ — *caer a contrapié* mal tomber ‖ *hacer algo a contrapié* faire quelque chose de travers.
contraponer* *v tr* opposer; *contraponer su voluntad a la de* opposer sa volonté à celle de ‖ comparer, confronter (cotejar).
◆ *v pr* s'opposer (oponerse).
contraportada *f* quatrième page de couverture.
contraposición *f* opposition ‖ comparaison (cotejo) ‖ contraste *m*.
contraprestación *f* DR contre-prestation.
contraproducente *adj* qui a des effets contraires, qui fait plus de mal que de bien; *esta medida ha tenido efectos contraproducentes* cette mesure a fait plus de mal que de bien *o* a eu des effets contraires ‖ contre-indiqué, e; *una medicina contraproducente* un médicament contre-indiqué.
contraproposición; contrapropuesta *f* contre-proposition.
contraproyecto *m* contre-projet.
contrapuerta *f* contre-porte (segunda puerta).
contrapuesto, ta *p p de contraponer* [opposite].
contrapunto *m* MÚS contrepoint ‖ *(amer)* concours poétique (competencia poética).
contrariado, da *adj* contrarié, e.
contrariamente *adv* contrairement.
contrariar *v tr* contrarier.
contrariedad *f* contrariété (disgusto) ‖ désappointement *m* (desengaño) ‖ obstacle *m* (impedimento); *tropezar con una contrariedad* rencontrer un obstacle, buter sur un obstacle ‖ ennui *m*; *he tenido una contrariedad, he pinchado al cabo de 10 kilómetros* j'ai eu un ennui, j'ai crevé au bout de 10 kilomètres.
contrario, ria *adj* contraire, opposé; e (opuesto); *correr en sentido contrario* courir en sens contraire ‖ FIG nocif, ive; contraire; *el vino es contrario a la salud* le vin est nocif pour la santé ‖ contraire, adverse; *suerte contraria* sort contraire; *la parte contraria* la partie adverse.
◆ *m y f* adversaire (adversario) ‖ — *al contrario, por el contrario* au contraire ‖ *de lo contrario* dans le cas contraire, autrement, sinon ‖ *lo contrario* le contraire ‖ *muy al contrario* bien au contraire, tout au contraire ‖ *salvo prueba en contrario* sauf preuve du contraire ‖ — *llevar la contraria a uno* contrarier quelqu'un, faire obstacle à quelqu'un (poner obstáculo), contredire (contradecir) ‖ *llevar siempre la contraria* avoir l'esprit de contradiction.
Contrarreforma *f* Contre-Réforme.
contrarreloj *adj inv* DEP contre la montre; *etapa contrarreloj* course contre la montre.
◆ *f inv* DEP contre-la-montre *m inv*.
contrarrelojista *adj* DEP qui court contre la montre.
◆ *m y f* coureur, euse contre la montre.
contrarréplica *f* réponse à une réplique.
contrarrestar *v tr* contrecarrer, faire obstacle à (oponerse) ‖ résister ‖ renvoyer [la balle].
contrarresto *m* résistance *f*, opposition *f* (resistencia) ‖ renvoi de la balle (en el frontón de pelota) ‖ joueur qui renvoie la balle (jugador).
contrarrevolución *f* contre-révolution.
contrarrevolucionario, ria *adj y s* contre-révolutionnaire.
contrarrotura *f* VETER emplâtre *m*.
contraseguro *m* contre-assurance *f*.
contrasello *m* contre-sceau ‖ contre timbre.
contrasentido *m* contresens; *cometer un contrasentido en una traducción* faire un contresens dans une traduction ‖ contresens, non-sens (disparate); *lo que has dicho es un contrasentido* ce que tu as dit est un non-sens.
contraseña *f* signe *m* de reconnaissance *o* de ralliement (seña) ‖ contremarque (contramarca) ‖ MIL mot *m* de passe, mot *m* d'ordre ‖ *contraseña de salida* contremarque (teatro).
contrastar *v tr* résister à, contrecarrer (oponerse a); *contrastar el ataque* résister à l'attaque ‖ poinçonner (el oro y la plata) ‖ essayer (las joyas) ‖ étalonner, contrôler (verificar pesos y medidas).
◆ *v intr* contraster (formar contraste) ‖ trancher, contraster; *colores contrastados* des couleurs tranchées; *esto contrasta con su moderación habitual* cela tranche sur sa modération habituelle ‖ être très différent, ne pas se ressembler; *dos personas que contrastan mucho entre sí* deux personnes qui sont très différentes ‖ *hacer contrastar* contraster, mettre en contraste.
contraste *m* résistance *f* ‖ contraste (oposición); *formar contraste* faire contraste ‖ poinçon (en las joyas) ‖ étalonnage, étalonnement, contrôle (de pesas y medidas) ‖ contrôle (acción de controlar) ‖ contrôleur (el que controla) ‖ essayeur (de joyas) ‖ étalonneur, contrôleur (de medidas) ‖ poinçonneur (de metales preciosos) ‖ MAR saute *f* de vent ‖ *en contraste con* en opposition avec.
contrata *f* contrat *m* (obligación por escrito); *firmar una contrata* signer un contrat ‖ embauche, embauchage *m* (ajuste) ‖ contrat *m* administratif, adjudication (del gobierno a una corporación o un particular).
contratación *f* contrat *m* (contrato) ‖ engagement *m*; *la contratación de un criado* l'engagement d'un domestique ‖ embauche, embauchage *m*; *la contratación de personal temporero* l'embauche d'un personnel saisonnier ‖ *(ant)* commerce *m*, trafic *m* (comercio) ‖ HIST *Casa de Contratación* chambre de commerce créée par les Rois Catholiques à Séville.
contratante *adj* contractant, e; *las partes contratantes* les parties contractantes.
◆ *m (ant)* commerçant, trafiquant.
contratar *v tr* commercer (hacer comercio) ‖ passer un contrat avec (un contrato) ‖ engager (empleados, artistas), embaucher (obreros); *contratado por meses* engagé au mois.
contraterrorismo *m* contre-terrorisme.
contraterrorista *adj y s* contre-terroriste.

contratiempo *m* contretemps ‖ MÚS contre-mesure *f*; *a contratiempo* à contre-mesure ‖ *a contratiempo* à contre-temps, mal à propos; *actuar a contratiempo* agir à contretemps.

contratista *m y f* entrepreneur, euse; *contratista de obras* entrepreneur en bâtiment; *contratista de obras públicas* entrepreneur de travaux publics ‖ adjudicataire.

contrato *m* contrat; *contrato gratuito, oneroso* contrat à titre gratuit, à titre onéreux ‖ engagement (compromiso) ‖ contrat (bridge); *cumplir un contrato* honorer un contrat ‖ *— contrato administrativo* contrat administratif ‖ *contrato a la gruesa* ou *a riesgo marítimo* contrat à la grosse (aventure) *o* à risque maritime ‖ *contrato aleatorio* contrat aléatoire ‖ *contrato bilateral* ou *sinalagmático* contrat bilatéral *o* synallagmatique ‖ *contrato consensual* contrat consensuel ‖ *contrato de arrendamiento* contrat de location ‖ *contrato de compraventa* contrat de vente ‖ *contrato de trabajo* contrat de travail ‖ *contrato enfitéutico* bail emphytéotique ‖ *contrato privado* contrat sous seing privé ‖ *contrato real* contrat réel ‖ *contrato solemne* contrat solennel ‖ *contrato temporal* contrat à durée déterminée ‖ *contrato unilateral* contrat unilatéral ‖ *contrato verbal* contrat verbal.

contravalor *m* contre-valeur *f*.

contravención *f* contravention, infraction (infracción); *cometer una contravención* commettre une infraction.
— OBSERV Le mot *contravención* n'a jamais le sens d'*amende*.

contraveneno *m* contrepoison.

contravenir* *v intr* contrevenir; *contravenir a la ley* contrevenir à la loi.

contraventana *f* volet *m*, contrevent *m*, contre-fenêtre.

contraventor, ra *adj y s* contrevenant, e.

contraviento *m* ARQ contrevent.

contrayente *adj y s* contractant, e ‖ *los contrayentes* les nouveaux mariés.

contrecho, cha *adj* perclus, e; impotent, e.

contribución *f* contribution; *contribuciones directas, indirectas* contributions directes, indirectes ‖ *— contribución de guerra* contribution de guerre ‖ FIG *contribución de sangre* impôt du sang [service militaire] ‖ *contribución industrial* taxe professionnelle, patente ‖ *contribución municipal* impôts locaux ‖ *contribución territorial* contribution foncière ‖ *— recaudador de contribuciones* percepteur de contributions.

contribuir* *v intr* contribuer, payer ses contributions (pagar) ‖ contribuer; *contribuir a* ou *para la construcción de un hospital* contribuer à la construction d'un hôpital; *contribuir en* ou *por una tercera parte* contribuer pour un tiers ‖ *le pido que contribuya* je vous mets à contribution.

contributivo, va *adj* contributif, ive.

contribuyente *adj y s* contribuable.

contrición *f* contrition; *acto de contrición* acte de contrition.

contrincante *m* concurrent, compétiteur, rival.

contrito, ta *adj* contrit, e; affligé, e; *rostro contrito* visage contrit.

control *m* contrôle (comprobación) ‖ contrôle (lugar donde se controla) ‖ *— DEP control antidoping* ou *de estimulantes* contrôle antidopage ‖ *control de natalidad* contrôle des naissances ‖ *control de seguridad* contrôle de sécurité ‖ *control fronterizo* contrôle douanier ‖ *control remoto* télécommande, commande à distance ‖ *— AVIAC torre de control* tour de contrôle.

controlador, ra *m y f* contrôleur, euse; *controlador del tráfico aéreo* contrôleur de la navigation aérienne.

controlar *v tr* contrôler.

controversia *f* controverse (discusión) ‖ *mantener una controversia sobre* controverser.

controvertible *adj* contestable.

controvertir* *v intr y tr* controverser (discutir) ‖ contester; *es un punto controvertido* c'est un point contesté.

contubernio *m* (*p us*) concubinage, cohabitation *f* ‖ FIG alliance *f* contre nature, mariage de la carpe et du lapin.

contumacia *f* contumace; *juzgar en contumacia* juger par contumace; *condenar por contumacia* condamner par contumace.

contumaz *adj* opiniâtre, obstiné, e; tenace.
◆ *adj y s* DR contumax, contumace.

contundencia *f* caractère *m* contondant (de un arma) ‖ FIG poids *m* (de un argumento).

contundente *adj* contondant, e; *un arma contundente* une arme contondante ‖ FIG frappant, e; de poids; *un argumento contundente* argument frappant ‖ accablant, e; *prueba contundente* preuve accablante.

conturbado, da *adj* troublé, e; inquiet, ète.

conturbar *v tr* troubler, inquiéter, alarmer.

contusión *f* contusion; *estar lleno de contusiones* être couvert de contusions.

contusionar *v tr* contusionner.
— OBSERV Ce verbe est un barbarisme employé pour *contundir*.

contuso, sa *adj* MED contus, e; *herida contusa* blessure contuse.

conurbación *f* GEOGR conurbation.

convalecencia *f* convalescence; *casa de convalecencia* maison de convalescence.

convalecer* *v intr* entrer *o* être en convalescence; *estoy convaleciendo* je suis en convalescence ‖ se remettre, relever; *convalecer de una enfermedad* se remettre d'une maladie ‖ FIG se remettre, récupérer (*fam*).

convaleciente *adj y s* convalescent, e.

convalidación *f* ratification, confirmation ‖ validation ‖ équivalence (de un diploma).

convalidar *v tr* valider ‖ ratifier, confirmer.

convección *f* FÍS convection.

convecino, na *adj y s* voisin, e.

convector *m* convecteur.

convencer *v tr* convaincre.
◆ *v pr* se convaincre, se persuader; *convencerse de una verdad* se persuader d'une vérité.

convencido, da *adj* convaincu, e.

convencimiento *m* conviction *f*.

convención *f* convention.

convencional *adj* conventionnel, elle; *signos convencionales* signes conventionnels.

convencionalismo *m* conventionnalisme.

convenido *adv* conforme, entendu.

conveniencia *f* convenance; *conveniencia de caracteres* convenance de caractères || opportunité; *la conveniencia de una gestión* l'opportunité d'une démarche || convenance, commodité; *a su conveniencia* à votre convenance || place (acomodo de un criado); *buscar conveniencia* chercher une place || — *matrimonio de conveniencia* mariage de convenance *o* de raison.

→ *pl* avantages *m*, petits profits *m*, accessoires d'un domestique || fortune *sing*, biens *m*, revenus *m*.

conveniente *adj* convenable || convenable, décent, e; *una conducta conveniente* une tenue décente || satisfaisant, e; *respuesta conveniente* réponse satisfaisante || — *es conveniente hacer algo* il convient de faire quelque chose || *ser conveniente* convenir; *este trabajo es conveniente para mí* ce travail me convient.

convenientemente *adv* convenablement.

convenio *m* convention *f*; *convenios colectivos* conventions collectives || accord; *convenio comercial* accord commercial; *llegar a un convenio* arriver à un accord || traité, pacte (pacto) || — *convenio marco* accord-cadre || *vinculado por un convenio* conventionné, lié par un accord.

convenir* *v tr e intr* convenir (estar de acuerdo); *hemos convenido en irnos mañana* nous avons convenu *o* nous sommes convenus de partir demain; *convino con su amigo que vendrían* il convint avec son ami de venir (voir OBSERV) || s'accorder, tomber d'accord, se mettre d'accord; *convenir en una cuestión, en un precio* tomber d'accord sur une question, sur un prix || convenir (ser adecuado); *me convendría mucho esta casa* cette maison me conviendrait bien || — *convengo en ello* j'en conviens, je l'accorde, je le reconnais || *el día convenido* au jour fixé, au jour dit || *eso me conviene mucho* cela me plaît beaucoup (gusta), cela fait bien mon affaire, cela m'arrange bien (viene bien) || *no te conviene tomar este trabajo* tu ne devrais pas prendre ce travail, ce genre de travail n'est pas pour toi || *según le convenga* comme il vous plaira || *sueldo a convenir* salaire à débattre.

→ *v impers* importer, convenir, seoir *(p us)*.
→ *v pr* se convenir, s'accorder.

— OBSERV Teóricamente *convenir* se conjuga con el auxiliar *être* cuando significa *estar de acuerdo* y con *avoir* cuando tiene sentido de *gustar*. Pero en la práctica se emplea casi siempre *avoir*.

convento *m* couvent (casa religiosa); *convento de clausura* couvent cloîtré || assemblée *f*, réunion *f*.

convergencia *f* convergence.

convergente *adj* convergent; *sistema de lentes convergentes* système de lentilles convergentes || MIL *tiro convergente* feux croisés.

converger; convergir *v intr* converger.

conversación *f* conversation (plática) || entretien *m*; *el ministro ha tenido conversaciones con el presidente* le ministre a eu des entretiens avec le président || échange *m* de vues (cambio de impresiones) || — *conversación a solas* tête-à-tête || *dar conversación a uno* parler à quelqu'un || FIG & FAM *dejar caer en la conversación* laisser tomber dans la conversation, glisser dans la conversation | *hacer el gasto de la conversación* faire les frais de la conversation || *sacar la conversación* orienter la conversation [sur un sujet]; commencer à parler [d'un sujet] || *tener mucha conversación* avoir de la conversation || *tener poca conversación* ne pas avoir beaucoup de conversation || *trabar conversación* lier conversation, engager *o* entamer la conversation.

conversada *f (amer)* conversation.

conversador, ra *adj y s* causeur, euse.

conversar *v intr* converser, parler (hablar); *siguió conversando con nosotros* il continua à converser avec nous || s'entretenir de, causer; *conversar sobre diversos asuntos* causer de choses et d'autres.

conversión *f* conversion || convertissement *m* (de monedas) || MIL conversion || TECN convertissage *m*.

converso, sa *adj* converti, e (convertido).
→ *m y f* convers, e (lego).
— OBSERV El francés *convers* sólo tiene el sentido de *lego* y no el de moro o judío convertidos.

convertibilidad *f* convertibilité.

convertible *adj* convertissable, convertible || convertible; *moneda convertible* monnaie convertible.

→ *m (amer)* cabriolet, voiture *f* décapotable.

convertidor *m* TECN convertisseur || *convertidor de frecuencia* changeur de fréquence.

convertir* *v tr* changer, transformer, convertir *(p us en este sentido)*; *convertir el agua en vino* changer l'eau en vin || changer, convertir; *convertir el papel en dinero* changer des billets pour de l'argent || FIG convertir; *san Pablo convirtió a los gentiles* saint Paul convertit les gentils.

→ *v pr* se convertir (al catolicismo, etc.) || se changer, se transformer; *el agua se convirtió en vino* l'eau s'est changée en vin || FIG devenir; *convertirse en la providencia de los pobres* devenir la providence des pauvres.

convexo, xa *adj* convexe.

convicción *f* conviction.

convicto, ta *adj* DR convaincu, e; *convicto y confeso* atteint et convaincu.
→ *m* convict (en los países anglosajones).

convidado, da *m y f* convive (que asiste a un convite) || invité, e (invitado) || *estar como el convidado de piedra* rester comme la statue du commandeur, être pétrifié.

convidar *v tr* convier, inviter; *me ha convidado a cenar* il m'a invité à dîner || offrir; *convidar a uno con algo* offrir quelque chose à quelqu'un || FIG inciter, pousser, inviter; *los alimentos salados convidan a beber* les aliments salés incitent à boire || *convidar a tomar una copa* offrir un verre.

convincente *adj* convaincant, e || *testimonios convincentes* témoignages parlants *o* convaincants *o* probants.

convite *m* invitation *f* (acción de invitar); *rehusar un convite* refuser une invitation || fête *f*, banquet [auquel on est invité] || *(amer)* mascarade *f* qui parcourt les rues pour annoncer une fête (mojiganga).

convivencia *f* vie en commun, cohabitation || coexistence.

convivir *v intr* vivre ensemble, vivre en commun, cohabiter || coexister.

convocación *f* convocation.

convocar *v tr* convoquer (citar); *convocar una junta* convoquer une assemblée || réunir; *convocar el Senado* réunir le Sénat || acclamer (aclamar) || déclencher (una huelga).

convocatoria *f* convocation (anuncio) ‖ convocation, collante *(fam)* ‖ session (examen); *la convocatoria de septiembre* la session de septembre.

convoy *m* convoi (de buques y escolta) ‖ convoyage, convoiement (escolta) ‖ FIG & FAM suite *f*, cortège (acompañamiento).

convulsión *f* convulsion (contracción) ‖ FIG trouble; *las convulsiones políticas de África* les troubles politiques en Afrique.

convulsionar *v tr* convulsionner ‖ convulser; *con las facciones convulsionadas por el espanto* les traits convulsés par l'effroi ‖ secouer, troubler (agitar).

convulsivo, va *adj* convulsif, ive.

convulso, sa *adj* convulsé, e; *rostro convulso de terror* visage convulsé par la terreur.

conyugal *adj* conjugal, e.

cónyuge *m y f* conjoint, e (consorte).

coña *f* POP rigolade (guasa); *tomar a coña* prendre à la rigolade.

coñac *m* cognac.

coñazo *m* POP emmerdeur, euse *m y f* (persona) ‖ *dar el coñazo* emmerder.

coño *m* POP con.
◆ *interj* POP merde!

coocupante *m y f* cooccupant, e.

cooperación *f* coopération.

cooperador, ra *adj y s* coopérateur, trice (persona).

cooperante *adj* qui contribue (cosa).

cooperar *v intr* coopérer; *cooperar al buen éxito de* coopérer au succès de.

cooperativismo *m* coopératisme.

cooperativista *adj y s* partisan, partisane du coopératisme.

cooperativo, va *adj* coopératif, ive; coopérant, e ‖ *espíritu cooperativo* esprit coopératif ‖ *sociedad cooperativa* société coopérative.
◆ *f* coopérative ‖ — *cooperativa agraria* coopérative agricole ‖ *cooperativa de consumo* coopérative de consommation.

coopositor, ra *m y f* concurrent, e.

coordenada *f* GEOM coordonnée; *coordenadas cartesianas* coordonnées cartésiennes ‖ ASTR *coordenadas esféricas* coordonnées astronomiques ‖ *coordenadas geográficas* coordonnées géographiques.

coordenado, da *adj* GEOM coordonné, e.

coordinación *f* coordination.

coordinado, da *adj* coordonné, e.

coordinador, ra *adj y s* coordonnateur, trice; qui coordonne.

coordinar *v tr* coordonner; *coordinar los esfuerzos* coordonner les efforts ‖ ordonner, classer (ordenar).

copa *f* coupe; *copa de champaña* coupe de champagne ‖ verre *m* à pied; *el vino tinto se suele tomar en una copa* on prend d'ordinaire le vin rouge dans un verre à pied ‖ verre; *invitar a una copa* offrir un verre ‖ coupe (trofeo) ‖ tête, cime (de un árbol) ‖ calotte (del sombrero) ‖ bonnet *m* (del sostén) ‖ brasero *m* ‖ mesure de capacité [1/8 de litre] ‖ — *copa del horno* voûte du four ‖ *copa graduada* verre gradué ‖ *sombrero de copa* ou *de copa alta* chapeau haut de forme ‖ — FIG *apurar la copa del dolor* boire le calice jusqu'à la lie ‖ FAM *estar de co-* *pas* ou *de copitas* prendre des verres, faire la tournée des cafés.
◆ *pl* couleur du jeu de cartes espagnol ‖ bossettes (del bocado del caballo).

copado, da *adj* touffu, e (árbol) ‖ FIG & FAM *estar copado* ne pas pouvoir s'en sortir.

copar *v tr* accaparer, rafler; *copar todos los puestos en una elección* accaparer tous les sièges dans une élection ‖ MIL envelopper, encercler, couper la retraite à (un ejército) ‖ — *copar la banca* faire banco ‖ DEP *copar los dos primeros puestos* faire un doublé.

copartícipe *m y f* coparticipant, e (que participa) ‖ copartageante, e (que comparte).

copartidario, ria *adj y s* qui appartient au même parti politique.

COPE abrev de *Cadena de Ondas Populares Españolas* station de radio [Espagne].

copear *v intr* boire *o* prendre quelques verres (beber) ‖ FAM picoler, chopiner (beber mucho).

Copenhague *n pr* GEOGR Copenhague.

copeo *m* tournée des cafés; *irse de copeo* faire la tournée des cafés ‖ *estar de copeo* prendre quelques verres, faire la tournée des cafés.

Copérnico *n pr m* Copernic.

copero *m* échanson; *copero mayor* grand échanson ‖ étagère *f* à verres.

copete *m* houppe *f*, toupet (de cabellos); *Riquete el del copete* Riquet à la houppe ‖ huppe *f*, aigrette *f* (de un pájaro) ‖ toupet (del caballo) ‖ corniche *f* (ornamento) ‖ comble (de un helado) ‖ cime *f*, sommet (de una montaña) ‖ FIG toupet, culot (fam); *tener mucho copete* avoir beaucoup de toupet ‖ *(amer)* chapeau (de un artículo) ‖ — FIG *de alto copete* huppé, e; de la haute *(fam)*; *una familia de alto copete* une famille de la haute ǀ *estar hasta el copete* en avoir par-dessus la tête.

copetín *m* petit verre ‖ *(amer)* apéritif, cocktail.

copetón *adj (amer)* huppé, e.
◆ *m* moineau huppé, huppe *f* (gorrión).

copia *f* abondance, profusion, foule (gran cantidad) ‖ exemplaire *m*; *cien copias de este libro* cent exemplaires de ce livre ‖ copie (reproducción); *copia legalizada* copie certifiée conforme ‖ épreuve; *hacer una copia de una fotografía* tirer une épreuve d'une photographie ‖ FIG copie, portrait; *es una copia de su madre* c'est le portrait de sa mère ǀ imitation ‖ *máquina para sacar copias* tireuse (en fotografía).

copiador, ra *adj* à copier (máquina).
◆ *adj y s m* copie *f* de lettres (libro copiador).

copiar *v tr* copier; *copiar del natural* copier d'après nature ‖ *copiar al pie de la letra* copier mot à mot *o* à la lettre.

copiloto *m* copilote.

copina *f (amer)* peau d'un animal écorché.

copinar *v tr (amer)* écorcher [un animal] ǀ se détacher; tomber (una cosa de otra).

copión, ona *m y f* FAM copieur, euse (en un examen).

copioso, sa *adj* copieux, euse; *una comida copiosa* un repas copieux ‖ FIG abondant, e.

copista *m* copiste.

copistería *f* magasin *m* de photocopies.

copla *f* couplet *m* (combinación métrica) ‖ couplet *m* (estrofa corta de canción popular) ‖ chanson (canción).

◆ *pl* FAM vers *m*, poésies, poèmes *m* ‖ — FIG *coplas de Calaínos* histoires à dormir debout, contes de ma mère l'oie ‖ *coplas de ciego* chansons des rues (canciones), vers de mirliton (versos malos) ‖ — FAM *andar en coplas* être dans toutes les bouches | *echar coplas a uno* éreinter quelqu'un, en raconter sur quelqu'un, dire pis que pendre de quelqu'un.

coplear *v intr* composer des chansons (hacer canciones) ‖ chanter des chansons (cantar).

coplero, ra; coplista *m y f* FIG rimailleur, euse, poétereau *m*.

copo *m* flocon (de nieve, de trigo, de avena) ‖ quenouillée *f* (de cáñamo o lino) ‖ touffe *f* (de lana) ‖ caillot (coágulo) ‖ grumeau (de harina) ‖ banco (en el juego) ‖ MIL résultat d'un mouvement enveloppant ‖ poche *f* (de una red) ‖ *(amer)* nuage, nimbus (nube) ‖ — *poquito a poco hila la vieja el copo* les petits ruisseaux font les grandes rivières, petit à petit l'oiseau fait son nid ‖ *sacar el copo* tirer les filets.

copón *m* grande coupe *f* ‖ ECLES ciboire (vaso sagrado).

coposesión *f* copossession.

copresidencia *f* coprésidence.

coproducción *f* CINEM coproduction.

coprófago, ga *adj y s* ZOOL coprophage.

copropiedad *f* copropriété.

copropietario, ria *adj y s* copropriétaire.

copto, ta; cofto, ta *adj y s* copte.

copudo, da *adj* touffu, e (árbol).

cópula *f* GRAM copule, liaison, mot *m* de liaison ‖ copulation, union charnelle.

copulación *f* copulation.

copular *v tr (ant)* unir.
◆ *v pr* s'accoupler (aparearse).

copulativo, va *adj* GRAM copulatif, ive.

coque *m* coke (carbón).

coquefacción *f* cokéfaction.

coquería *f* cokerie (fábrica de coque).

coqueta *adj y s f* coquette; *una mujer coqueta* une femme coquette.
◆ *f* coiffeuse (tocador).

coquetear *v intr* faire la coquette (una mujer) ‖ flirter (flirtear).

coqueteo *m* flirt (flirteo).

coquetería *f* coquetterie.

coqueto *adj* → **coquetón**.

coquetón, ona *adj* FAM gentil, ille; coquet, ette; mignon, onne; *un apartamento coquetón* un appartement coquet | coquet, ette; *una suma muy coquetona* une somme fort coquette.
◆ *m* FAM dandy | joli cœur.
◆ *f* FAM coquette.

coquificar *v tr* cokéfier.

coquina *f* petite clovisse (molusco comestible).

coquito *m* FAM geste (ademán), mine *f*, grimace *f* [pour amuser les enfants] ‖ frisette *f* (rizo) ‖ *(amer)* noix *f* de coco (coco) | variété de tourterelle *f* (tórtola).

coracero *m* cuirassier (soldado) ‖ FIG & FAM mauvais cigare.

coraje *m* irritation *f*, colère *f*, emportement, hargne *f* (ira) ‖ courage (valor) ‖ — FAM *dar coraje* faire rager, mettre en colère | *echarle coraje a algo y mettre le paquet* ‖ *¡qué coraje!* c'est rageant.
— OBSERV Dans le sens de *courage* le mot *coraje*, peu usité, est remplacé par *valor*.

corajina *f* FAM explosion *o* accès *m* de colère.

coral *m* ZOOL corail; *corales* coraux ‖ — FIG *fino como un coral, más fino que un coral* fin comme l'ambre.
◆ *f* corail *m*, serpent *m* corail (serpiente).
◆ *m pl* collier *sing* de corail (collar) ‖ caroncules (del pavo).

coral *adj* choral, e; *canto coral* chant choral.
◆ *f* MÚS choral *m* (composición musical) | chorale (coro).

coralífero, ra *adj* corallifère.

coralino, na *adj* corallin, e.
◆ *f* coralline (alga).

corán *m* coran, koran (alcorán).

coránico *adj* coranique.

coraza *f* cuirasse ‖ MAR blindage *m* ‖ ZOOL carapace (de la tortuga).

corazón *m* cœur (víscera) ‖ cœur (centro) ‖ FIG courage, cœur (valor) ‖ cœur (afecto); *amar de todo corazón* aimer de tout son cœur ‖ cœur (naipe) ‖ cœur (de una vía de ferrocarril) ‖ BLAS cœur, abîme ‖ — *corazón artificial* cœur artificiel ‖ *corazón de alcachofa* cœur d'artichaut ‖ — *blando de corazón* au cœur tendre ‖ *con todo mi corazón* de tout mon cœur ‖ *de corazón de bon cœur*, bien, franchement ‖ *dedo del corazón* doigt du milieu, médius ‖ *de todo corazón* de tout cœur, de grand cœur ‖ *operación a corazón abierto* opération à cœur ouvert ‖ *prensa del corazón* presse du cœur ‖ *con el corazón metido en un puño* le cœur gros (de tristeza) ‖ *darle a uno un vuelco el corazón* tressaillir (de miedo o de alegría) ‖ *hablar al corazón* aller droit au cœur ‖ *hablar con el corazón en la mano* parler à cœur ouvert ‖ *hacer de tripas corazón* faire contre mauvaise fortune bon cœur ‖ *llegar al corazón* aller droit au cœur, toucher ‖ *llevar el corazón en la mano* avoir le cœur sur la main ‖ *me lo da* ou *me lo dice el corazón* le cœur me le dit, j'en ai le pressentiment ‖ *no caberle a uno el corazón en el pecho* avoir un très grand cœur (ser muy bueno), être fou de joie (estar muy alegre) ‖ *no tener corazón* ne pas avoir de cœur, être sans cœur ‖ *no tener corazón para hacer algo* n'avoir pas le cœur à faire quelque chose ‖ *ojos que no ven, corazón que no siente* loin des yeux, loin du cœur ‖ *partir* ou *traspasar el corazón* crever *o* déchirer *o* fendre le cœur *o* l'âme ‖ *salir* ou *brotar del corazón* jaillir du cœur ‖ *se me encogió el corazón* cela m'a donné un coup au cœur, j'ai eu un pincement au cœur ‖ *ser uno todo corazón* avoir un grand cœur ‖ *tener buen corazón* avoir du cœur, avoir bon cœur ‖ *tener el corazón encogido* avoir le cœur serré ‖ *tener el corazón hecho polvo* avoir le cœur gros ‖ *tener el corazón que se le sale del pecho* avoir le cœur sur la main ‖ *tener mal corazón* ne pas avoir de cœur.
◆ *pl* ARQ rais-de-cœur.

corazonada *f* pressentiment *m*; *tengo la corazonada de que vendrá* j'ai le pressentiment qu'il viendra ‖ élan *m*, impulsion (impulso) ‖ fressure (asadura de una res).

corbata *f* cravate (prenda de vestir, lazo de bandera); *ponerse la corbata* mettre sa cravate ‖ — *con corbata* cravaté ‖ *corbata de neumático* pare-clous.

corbatín *m* petite cravate *f* ‖ cravate *f* (de bandera) ‖ FIG & FAM *irse* ou *salirse por el corbatín* avoir le cou de grue, être taillé dans un bâton de sucette.
corbeta *f* corvette (embarcación).
Córcega *n pr f* GEOGR Corse.
corcel *m* coursier (caballo).
corcova *f* bosse (joroba, jiba) ‖ *(amer)* prolongation d'une fête.
corcovado, da *adj y s* bossu, e.
corchea *f* MÚS croche; *doble corchea* double croche.
corchera *f* seau *m* à glace ‖ ligne de séparation des couloirs (en las calles de una piscina).
corchero, ra *adj* du liège.
corchete *m* agrafe *f* (para sujetar) ‖ agrafe *f* (que se engancha en la hembra) ‖ crochet (de carpintería) ‖ crochet (signo tipográfico) ‖ *(ant)* FIG sergent de ville, argousin (agente de policía).
corchetera *f (amer)* agrafeuse.
corcho *m* liège (corteza de alcornoque) ‖ bouchon de liège (tapón) ‖ bouchon, flotteur (para pescar) ‖ seau à glace (corchera) ‖ ruche *f* (colmena) ‖ sorte de pare-étincelles en liège ‖ *corcho bornizo* ou *virgen* liège mâle, premier liège.
 ► *pl* ceinture *f sing* de liège, flotteur *sing*, bouée *f sing* (para nadar).
corcholata *f (amer)* capsule (en métal).
¡córcholis! *interj* sapristi!, nom d'une pipe!, mince!, zut!
cordado, da *adj* BLAS cordé, e (acorazonado).
 ► *f* cordée (alpinismo); *primero* ou *cabeza* ou *jefe de cordada* premier de cordée.
 ► *m pl* ZOOL cordés.
cordaje *m* cordages *pl* (conjunto de cuerdas) ‖ MAR manœuvre *f* (jarcia).
cordel *m* corde *f* (cuerda) ‖ cordeau (cuerda delgada); *tirado a cordel* tiré au cordeau ‖ longueur *f* de cinq pas (distancia) ‖ draille *f* (camino pastoril).
cordelejo *m* cordelette *f* ‖ *(amer) dar cordelejo* faire traîner en longueur [une affaire].
cordera *f* agnelle, petite brebis (ovejita) ‖ FIG agneau *m*, femme très douce.
corderillo *m* agnelet, petit agneau ‖ agnelin (piel de cordero).
cordero *m* agneau (cría de la oveja) ‖ agneau (carne de cordero menor), mouton (carne de cordero mayor) ‖ agneau, agnelin (piel) ‖ FIG agneau; *manso como un cordero* doux comme un agneau ‖ — *cordero endoblado* agneau qui tête deux mères ‖ *cordero lechal* ou *de su cesto* agneau de lait ‖ *cordero pascual* agneau pascal ‖ FIG *el Divino Cordero, Cordero de Dios* l'Agneau divin, l'Agneau de Dieu ‖ FIG *la madre del cordero* le mot de l'énigme, le fin mot de l'histoire.
 — OBSERV En termes de boucherie, *cordero* désigne aussi bien la viande de mouton que celle d'agneau.
cordial *adj* cordial, e (confortante); *remedio cordial* remède cordial ‖ FIG cordial, e; *hacer un convite cordial* faire une invitation cordiale ‖ — *dedo cordial* doigt du milieu, médius ‖ *saludos cordiales* cordialement, bien à vous (en una carta).
 ► *m* cordial (bebida reconfortante).
cordialidad *f* cordialité, caractère *m* cordial; *hablar con cordialidad* parler avec cordialité.
cordillera *f* cordillère, chaîne; *la cordillera de los Andes, la cordillera de los Alpes* la cordillère des Andes, la chaîne des Alpes; *la cordillera Pirenaica* la chaîne des Pyrénées ‖ *(amer) por cordillera* par personne interposée.
cordillerano, na *adj (amer)* de la cordillère des Andes.
córdoba *m* unité monétaire du Nicaragua.
Córdoba *n pr* GEOGR Cordoue [Espagne] ‖ Cordoba (Argentina).
cordobés, esa *adj* cordouan, e (de Córdoba).
 ► *m y f* Cordouan, e.
cordón *m* cordon (cuerda pequeña) ‖ cordon, cordelière *f* (de algunos religiosos) ‖ lacet, cordon (para los zapatos) ‖ cordelière *f* (corbata) ‖ ANAT cordon (umbilical, etc.) ‖ ARQ cordon, cordelière *f* (bocel) ‖ MAR bitord ‖ FIG cordon; *cordón sanitario, de policía, de tropa* cordon sanitaire, de police, de troupe ‖ *(amer)* bordure *f* du trottoir (de la acera).
 ► *pl* aiguillettes *f*, fourragère *f sing* (de uniforme militar).
cordoncillo *m* cordonnet ‖ grain d'une étoffe ‖ passepoil (costura) ‖ cordon (de una moneda) ‖ IMPR cordelière *f*.
cordonería *f* passementerie.
cordura *f* sagesse, bon sens *m*.
Corea *n pr f* GEOGR Corée; *Corea del Norte, del Sur* Corée du Nord, du Sud.
coreano, na *adj* coréen, enne.
 ► *m y f* Coréen, enne.
corear *v tr* composer des chœurs (componer música coreada) ‖ FIG faire chorus.
coreografía *f* chorégraphie.
coreógrafo, fa *m y f* chorégraphe.
Corfú *n pr* GEOGR Corfou.
coriáceo, a *adj* coriace.
corifeo *m* coryphée.
corintio, tia *adj* corinthien, enne (de Corinto), *m y f* Corinthien, enne.
Corinto *n pr* GEOGR Corinthe.
corista *m* choriste (religioso).
 ► *m y f* choriste (ópera).
 ► *f* girl (revista, music-hall).
cormorán *m* cormoran (cuervo marino).
cornada *f* coup *m* de corne; *dar cornadas* donner des coups de corne ‖ flanconade (esgrima) ‖ FAM *más cornadas da el hambre* il vaut mieux ça que crever de faim.
cornadura *f* → **cornamenta**.
cornalón *adj m* à grandes cornes.
 ► *m* grand coup de corne.
cornamenta; cornadura *f* cornes *pl*, encornure (del toro, vaca, etc.) ‖ ramure, bois *m pl* (de un ciervo, etc.).
cornamusa *f* MÚS cornemuse.
cornazo *m* coup de corne.
córnea *f* ANAT cornée (del ojo); *córnea opaca, transparente* cornée opaque, transparente ‖ *de la córnea* cornéen, enne.
cornear *v tr* donner des coups de corne, encorner (dar cornadas).
corneja *f* ZOOL corneille (especie de cuervo) ‖ petit duc *m* (especie de búho).
corneliano, na *adj* cornélien, enne.
córneo, a *adj* corné, e.
 ► *f pl* BOT cornacées.

córner *m* DEP corner (saque de esquina); *tirar un córner* botter *o* tirer un corner.

corneta *f* MÚS cornet *m*; *corneta de llaves* cornet à pistons | clairon *m* (militar) || cornette (bandera de un regimiento) || cornette (de monjas) || — *corneta acústica* cornet acoustique || *corneta de monte* cor de chasse (trompa) || MIL *corneta de órdenes* sonnerie militaire réglementaire || — *a toque de corneta* à son de trompe || *toque de corneta* sonnerie de clairon.
◆ *m* MIL clairon, trompette (persona que toca la corneta).

cornete *m* cornet (hueso de la nariz).

cornetilla *f* sorte de piment.

cornetín *m* MÚS cornet à pistons, bugle | cornettiste (el que toca el cornetín).

corneto, ta *adj* (*amer*) qui a les jambes torses | qui a une seule corne.

corniabierto, ta *adj* billardé, e (toro de cuernos separados).

corniapretado, da *adj* qui a les cornes rapprochées.

cornigacho, cha *adj* bas encorné, e.

cornisa *f* ARQ & GEOGR corniche || *carretera de cornisa* route de corniche.

corniveleto, ta *adj* haut encorné, e.

cornucopia *f* corne d'abondance (emblema decorativo) || miroir *m* orné d'appliques pour bougies.

cornudo, da *adj* cornu, e (con cuernos).
◆ *adj m y s m* FIG & FAM cocu (marido) || FIG & FAM *tras cornudo apaleado* cocu, battu et content.

cornúpeta; cornúpeto *m* taureau (toro).

coro *m* MÚS & TEATR chœur; *cantar a ou en coro* chanter en chœur || chœur (en las iglesias) || — *hablar a coro* parler tous à la fois *o* tous en même temps || *hacer coro, repetir a coro* faire chorus.

coroideo, a *adj* choroïdien, enne.

coroides *f* ANAT choroïde (membrana del ojo).

corola *f* corolle (de flor).

corolario *m* corollaire.

corona *f* couronne (de laurel, de rey, duque, etc.); *corona de espinas* couronne d'épines || sommet *m* de la tête (coronilla) || couronne, tonsure (de clérigos) || couronne (moneda) || FIG couronne (reino) || ANAT couronne (de diente) || ASTR couronne, auréole (de un astro) || GEOM & ARQ couronne || TECN couronne | remontoir *m* (de reloj) || — BOT *corona de rey* saxifrage à feuilles longues || *corona fúnebre* couronne funéraire *o* mortuaire || — *muela con una corona* dent couronnée || — *ceñir* ou *ceñirse uno la corona* ceindre la couronne || *poner una corona a una muela* couronner une dent, mettre une couronne à une dent.

coronación *f* couronnement *m* (fin, término) || ARQ couronnement *m*.

coronado, da *adj* couronné, e; *testa coronada* tête couronnée || tonsuré (clérigo).

coronamiento *m* FIG couronnement (remate, final).

coronar *v tr* couronner, sacrer (poner una corona) || damer (en el juego de damas) || FIG couronner (acabar) | couronner, surmonter; *una estatua corona el edificio* une statue surmonte l'édifice.

coronario, ria *adj* coronaire; *la arteria coronaria* l'artère coronaire.

coronel, la *m y f* MIL colonel, elle.

coronilla *f* sommet *m* de la tête || tonsure (de los sacerdotes) || BOT coronille || — FIG & FAM *andar* ou *estar de coronilla* ne pas savoir où donner de la tête, être sur les dents | *estar uno hasta la coronilla* en avoir par-dessus la tête, en avoir marre, en avoir plein le dos.

corotos *m pl* (*amer*) machins, trucs (trastos).

corpachón; corpanchón; corpazo *m* FAM carcasse *f*, grand corps mal bâti | carcasse *f* de volaille (del ave).

corpiño *m* corsage sans manches, corselet || (*amer*) soutien-gorge (sostén).

corporación *f* corporation || assemblée.

corporal *adj* corporel, elle (del cuerpo); *pena corporal* peine corporelle.
◆ *m* ECLES corporal (lienzo bendito).

corporativamente *adv* en corporation.

corporativismo *m* corporatisme.

corporativista *adj y s* corporatiste.

corporativo, va *adj* corporatif, ive.

corpóreo *adj* corporel, elle.

corpulencia *f* corpulence.

corpulento, ta *adj* corpulent, e.

Corpus *n pr m* RELIG Fête-Dieu *f*.

corpúsculo *m* corpuscule; *los microbios son corpúsculos* les microbes sont des corpuscules.

corral *m* basse-cour *f* (para aves) || cour *f* (patio) || parc (de pesca) || cirque (de montañas) || (*ant*) théâtre || (*amer*) enclos (redil) || — *aves de corral* oiseaux de basse-cour, volaille || *corral de madera* chantier de bois || FIG & FAM *corral de vacas* écurie, porcherie.

corralito *m* parc [pour enfants].

corralón *m* grande cour *f* || cour *f* (de una casa de vecinos) || (*amer*) hangar (almacén) | fourrière *f* (para automóviles).

correa *f* courroie (tira de cuero); *correa de transmisión* courroie de transmission || ceinture (cinturón) || bracelet *m* (de un reloj) || FIG souplesse, élasticité (flexibilidad) || ARQ panne || FIG & FAM *tener correa* avoir bon dos, comprendre la plaisanterie, être patient (ser sufrido), être costaud, avoir de la résistance (tener fuerza).

correaje *m* bufflèterie *f* (del equipo del soldado) || harnais (arnés).

correazo *m* coup de courroie, sanglade *f*.

correcalles *m* FAM coureur de rues, batteur de pavés (vago).

corrección *f* correction; *recibir una corrección* recevoir une correction || correction (finura, enmienda) || IMPR correction || — *corrección de pruebas* correction des épreuves || *corrección disciplinaria* sanction disciplinaire || *corrección-modelo* corrigé; *la corrección-modelo de la versión* le corrigé de la version.

correccional *adj* correctionnel, elle || *tribunal correccional* tribunal correctionnel, la correctionnelle.
◆ *m* maison *f* de correction, maison *f* de redressement; *correccional de menores* maison de redressement.

correctivo, va *adj y s m* correctif, ive || GRAM *conjunción correctiva* conjonction adversative | *oración correctiva* discours adversatif.

correcto, ta *adj* correct, e.

corrector, ra *adj* y *s* correcteur, trice ‖ corrigeur, euse (imprenta).
— OBSERV El *correcteur* está encargado de corregir las pruebas. El *corrigeur* hace, en una imprenta, la corrección tipográfica de los caracteres de plomo.

corredero, ra *adj* coulissant, e; *puerta corredera* porte coulissante.
◆ *f* coulisse (de una ventana o puerta) ‖ meule courante (muela de molino) ‖ ZOOL cloporte *m* (cochinilla) ‖ *(p us)* cirque *m*, hippodrome *m* ‖ allée cavalière (calle) ‖ MAR loch *m* ‖ TECN tiroir *m* (de la máquina de vapor) ‖ FIG & FAM entremetteuse, maquerelle (alcahueta) ‖ FAM *(amer)* courante (diarrea) ‖ — *corredera pequeña* coulisseau ‖ *de corredera* à coulisse, coulissant, à glissière (ventana, puerta).

corredizo, za *adj* coulant, e; *nudo corredizo* nœud coulant ‖ *techo corredizo* toit ouvrant o coulissant (de los coches).

corredor, ra *adj* y *s* coureur, euse (que corre) ‖ ZOOL coureur (dícese de ciertas aves).
◆ *m* COM courtier, commissionnaire, placier (de ventas); *corredor de seguros* courtier d'assurances ‖ agent; *corredor de Bolsa, de cambio* agent de change ‖ éclaireur (soldado) ‖ couloir, corridor (pasillo) ‖ chemin couvert (fortificación) ‖ AVIAC *corredor aéreo* couloir aérien.
◆ *f* coureur *m* (ave).

correduría *f* courtage *m* (profesión) ‖ courtage *m* (corretaje).

Correggio (il) *n pr* le Corrège.

corregidor *m* corrégidor (antiguo magistrado español) ‖ maire (antiguo alcalde nombrado por el rey).

corregir* *v tr* corriger (una falta, un vicio, a alguien, etc.); *corregir por su mano* corriger de sa main ‖ — *corregido y aumentado* revu et corrigé ‖ MIL *corregir el tiro* rectifier le tir.
◆ *v pr* se corriger.

correinado *m* règne simultané de deux rois.

correlación *f* corrélation.

correlacionar *v tr* mettre en rapport, relier.

correlativo, va *adj* y *s m* corrélatif, ive.

correligionario, ria *adj* y *s* coreligionnaire.

correlón, ona *adj* *(amer)* coureur, euse ‖ lâche, peureux, euse (cobarde).

correo *m* courrier, messager (mensajero) ‖ poste *f* (servicio postal); *echar una carta al correo* mettre une lettre à la poste [poster] ‖ bureau de poste (oficina) ‖ courrier, correspondance *f* (cartas recibidas); *hoy no hay mucho correo* aujourd'hui il n'y a pas beaucoup de courrier ‖ train-poste (tren correo) ‖ DR complice, coaccusé (cómplice) ‖ — *a vuelta de correo* par retour du courrier ‖ *correo aéreo* poste aérienne ‖ *correo certificado* courrier recommandé ‖ FIG & FAM *correo de malas nuevas* messager de malheur ‖ INFORM *correo electrónico* courrier électronique ‖ *correo marítimo* poste maritime.
◆ *pl* poste *f sing*; *la Administración de Correos* l'administration des Postes ‖ — *apartado de Correos* boîte postale ‖ *central de Correos* poste centrale ‖ *estafeta de Correos* bureau de poste d'un quartier ‖ *lista de Correos* poste restante; *escribir a lista de Correos* écrire poste restante ‖ *sello de correos* timbre-poste.

correoso, sa *adj* souple, flexible ‖ mou, molle (el pan) ‖ coriace (la carne) ‖ FIG coriace (coriáceo).

correr *v intr* courir; *correr tras uno* courir à la poursuite de o derrière quelqu'un; *correr en busca de uno* courir à la recherche de quelqu'un ‖ FIG courir; *la senda corre entre las viñas* le sentier court parmi les vignes ‖ couler; *el río corre entre los árboles* la rivière coule entre les arbres; *la sangre corre a borbotones* le sang coule à flots ‖ FIG souffler (el viento) ‖ passer, courir (tiempo); *¡cómo corre el tiempo!* comme le temps passe! ‖ aller vite, filer; *este coche corre mucho* cette voiture va très vite ‖ courir (noticia); *corre la voz que* le bruit court que ‖ avoir cours; *esta moneda no corre* cette monnaie n'a pas cours ‖ être compté (interés, sueldo, renta); *correrá tu sueldo desde el primero de marzo* ton salaire te sera compté à partir du 1ᵉʳ mars ‖ glisser (deslizar) ‖ — *correr a cargo de* o *por cuenta de* être à la charge de, incomber à ‖ *correr como un descosido* courir comme un dératé o à fond de train o à perdre haleine o à toutes jambes ‖ *correr como un gamo* courir comme un zèbre ‖ *correr con alguna cosa* se charger d'une chose ‖ *correr con los gastos* prendre à ses frais ‖ *correr prisa* être urgent, être pressé ‖ FAM *correr uno que se las pela* courir comme un dératé ‖ — *al correr de la pluma* au fil o au courant de la plume ‖ *al correr de los días* au fil des jours ‖ *al correr de los siglos* au cours des siècles ‖ *a todo correr, a más correr* à toute vitesse, à toute allure ‖ *a todo turbio, correr; a turbio, correr* continuer quoiqu'il arrive ‖ *¡corre!, ¡corre!* vite, vite! ‖ *de prisa y corriendo* en toute hâte, très vite, à toute vitesse ‖ *el mes que corre* le mois en cours o qui court ‖ *en los tiempos que corren* par les temps qui courent ‖ *eso corre de* o *por su cuenta* cela vous revient (le incumbe), c'est vous qui vous en occupez ‖ *ir a todo correr* aller à fond de train.
◆ *v tr* faire courir; *correr un caballo* faire courir un cheval ‖ courir (acosar); *correr un jabalí* courir un sanglier ‖ combattre (los toros); courir; *correr los cien metros* courir le cent mètres ‖ parcourir (recorrer) ‖ FIG pousser, déplacer; *correr una silla* pousser une chaise ‖ tirer; *correr las cortinas* tirer les rideaux ‖ mettre, pousser, tirer, fermer; *correr el cerrojo* mettre le verrou ‖ dénouer (desatar) ‖ faire pencher (la balanza) ‖ confondre, faire rougir (avergonzar) ‖ *(amer)* intimider quelqu'un (atemorizar) ‖ — FAM *correrla* faire la bombe o la noce ‖ *correr las amonestaciones* publier les bans ‖ *correr las mozas* courir le guilledou, courir les filles ‖ *correr mundo* voir du pays, courir le monde (viajar), rouler sa bosse (conocer mucho) ‖ *correr parejas* aller de pair ‖ *correr peligro* être en danger ‖ *correr peligro de* risquer de ‖ *correr un peligro* courir un danger ‖ FIG *correr un velo sobre* jeter un voile sur, tirer le rideau sur, passer sous silence ‖ *corre el peligro de que* il est à craindre que ‖ *estar corrido* être confus.
◆ *v pr* FIG se pousser; *córrase un poco* poussez-vous un peu ‖ FAM rougir; *correrse de vergüenza* rougir de honte ‖ couler (candela) ‖ filer; *se me ha corrido la media* mon bas a filé ‖ baver (la tinta) ‖ couler (el maquillaje) ‖ — FAM *correrse una juerga* faire la bringue ‖ IMPR *prueba en que la tinta se corre* épreuve qui bavoche.

correría *f* incursion, raid *m* (en país enemigo) ‖ voyage *m* rapide.

correspondencia *f* correspondance (relación) ‖ correspondance; *mantener correspondencia con alguien* être en correspondance o entretenir une correspondance avec quelqu'un ‖ correspondance,

corresponder

courrier *m* (correo); *llevar ou encargarse de la correspondencia* s'occuper du courrier ∥ correspondance (comunicación) ∥ — MAT *correspondencia biunívoca* correspondance biunivoque ∥ MAT *correspondencia unívoca* correspondance univoque.

corresponder *v intr* communiquer; *estas dos habitaciones corresponden* ces deux pièces communiquent ∥ rendre, payer de retour; *corresponder un beneficio con otro* rendre un bienfait par un autre, payer de retour un bienfait ∥ revenir; *esto te corresponde a ti* ceci te revient ∥ être à; *a ti te corresponde hacerlo* c'est à toi de le faire ∥ correspondre (concordar); *corresponder a* ou *con* correspondre à ∥ — *amor correspondido* amour partagé ∥ *a quien corresponda* à qui de droit ∥ *como corresponde* comme de juste ∥ *corresponder a una invitación* rendre une invitation ∥ *querer a alguien sin ser correspondido* aimer quelqu'un sans être payé de retour.

◆ *v pr* correspondre, entretenir une correspondance; *corresponderse con un amigo* correspondre avec un ami ∥ s'aimer (amarse).

correspondiente *adj* correspondant, e; *ángulos correspondientes* angles correspondants ∥ *miembro correspondiente* correspondant (academia).

corresponsal *adj y s* correspondant, e; *corresponsal de periódico* correspondant d'un journal ∥ correspondant, e; agent (de un banco, etc.).

corresponsalía *f* correspondance (de un periódico) ∥ emploi *m* de correspondant d'un journal (cargo) ∥ *jefe de corresponsalía* chef de correspondance.

corretaje *m* COM courtage, commission *f*.

corretear *v intr* FAM battre le pavé, flâner, courailler (vagar) ∥ s'ébattre, courir en tous sens (los niños) ∥ *(amer)* poursuivre (perseguir).

correteo *m* FAM flânerie *f* (del vago) ∥ ébats *pl* (de los niños).

correvedile; correveidile *m y f* FIG & FAM rapporteur, euse; cancanier, ère (chismoso) | entremetteur, euse (alcahuete).

corrida *f* course (carrera) ∥ course de taureaux, corrida (de toros) ∥ FAM série (tanda) ∥ *(amer)* affleurement *m* (minas) | foire (juerga) ∥ *de corrida* à la hâte (apresuradamente), couramment (hablar), à livre ouvert (traducir).

◆ *pl* chant *m sing* populaire andalou (playera).

corrido, da *adj* bon, bonne; *un kilo corrido* un bon kilo ∥ cursive (escritura) ∥ FIG confus, e; déconfit, e; penaud, e (avergonzado) | qui a beaucoup d'expérience (experimentado) ∥ — *balcón corrido* long balcon ∥ *barba corrida* barbe fournie ∥ *de corrido* couramment; *leer de corrido* lire couramment; *hablar un idioma de corrido* parler couramment une langue; à livre ouvert; *traducir de corrido* traduire à livre ouvert ∥ *pesar corrido* faire bon poids ∥ *saber de corrido* savoir sur le bout du doigt.

◆ *m* hangar (cobertizo) ∥ chanson et danse mexicaines.

corriente *adj* courant, e (que corre) ∥ courant, e (tiempo actual); *el 15 del corriente* le 15 courant; *le escribiré a fines del corriente* je lui écrirai fin courant ∥ courant, e (común) ∥ ordinaire; *vino corriente* vin ordinaire ∥ coulant, e (estilo) ∥ moyen, enne; *el francés corriente* le Français moyen ∥ — *al corriente* au courant (al tanto), sans retard (sin atraso) ∥ — *corriente y moliente* courant, ordinaire, moyen ∥ *cuenta corriente* compte courant ∥ *es cosa corriente*, *es moneda corriente* c'est chose courante, c'est

monnaie courante | FIG *poner al corriente* mettre au courant, apprendre | *tener, estar al corriente* tenir, être au courant ∥ *salirse de lo corriente* sortir de l'ordinaire.

◆ *f* courant *m* (movimiento de un fluido); *corriente marina, de aire* courant marin, d'air ∥ cours *m*; *seguir la corriente de un río* suivre le cours d'un fleuve ∥ coulée (de lava) ∥ ELECTR courant *m*; *corriente alterna, continua, de alta frecuencia, trifásica* courant alternatif, continu, à haute fréquence, triphasé ∥ FIG courant *m*; *seguir la corriente* suivre le courant; *la corriente de la opinión* le courant de l'opinion ∥ — FIG *abandonarse a la corriente* aller à la dérive | *dejarse llevar de la corriente* suivre le mouvement ∥ *ir* ou *navegar contra la corriente* remonter le courant ∥ FIG *llevar la corriente* ne pas contrarier.

corrientemente *adv* couramment.

corrillo *m* cercle, petit groupe ∥ FIG corbeille *f*, parquet (en la Bolsa) ∥ compartiment (sector).

corrimiento *m* GEOL glissement [de terrain] ∥ coulée *f*, action *f* de couler ∥ AGRIC coulure *f* (de la uva) ∥ MED fluxion *f* ∥ FIG confusion *f*, honte *f* (vergüenza) ∥ *(amer)* rhumatisme (reumatismo).

corro *m* cercle (de personas); *en corro* en cercle ∥ cercle (espacio circular) ∥ ronde *f* (danza) ∥ FIG corbeille *f*, parquet (en la Bolsa) | compartiment (sector); *corro bancario* compartiment bancaire ∥ — *bailar en corro* faire la ronde ∥ *entrar en el corro* entrer dans la ronde ∥ *hacer corro* faire cercle ∥ *hacer corro aparte* faire bande à part.

corroboración *f* corroboration.

corroborar *v tr* fortifier (fortificar) ∥ corroborer; *corroborar con hechos* corroborer par des faits.

corroer* *v tr* corroder, ronger (roer) ∥ FIG ronger; *las preocupaciones le corroen* les soucis le rongent.

◆ *v pr* se corroder.

corromper *v tr* corrompre.

◆ *v pr* se corrompre.

corrosión *f* corrosion.

corrosivo, va *adj y s m* corrosif, ive.

corrupción *f* corruption ∥ FIG corruption (de voces, de costumbres, de funcionarios) ∥ *corrupción de menores* corruption o détournement de mineurs.

corruptela *f* corruption ∥ abus *m* (abuso).

corrupto, ta *adj* corrompu, e.

— OBSERV Cet adjectif est le participe passé irrégulier de *corromper*.

corruptor, ra *adj y s* corrupteur, trice.

corrusco *m* FAM croûton (de pan).

corsario, ria *adj y s m* corsaire.

corsé *m* corset ∥ *corsé ortopédico* corset orthopédique.

corsetería *f* fabrique (fábrica), boutique (tienda), de corsets.

corso *m* MAR course *f* [des corsaires]; *armar en corso* armer en course ∥ *(amer)* corso (desfile).

corso, sa *adj* corse (de Córcega).

◆ *m y f* Corse.

cortacallos *m inv* coupe-cors.

cortacéspedes *m inv* tondeuse *f* à gazon.

cortacigarros *m inv* coupe-cigares.

cortacircuitos *m inv* ELECTR coupe-circuit.

— OBSERV Ne pas confondre avec *cortocircuito* court-circuit.

cortacorriente *m* ELECTR commutateur.

cortado, da *adj* coupé, e ‖ FIG troublé, e; confus, e; court, e; *se quedó cortado* il a été confus, il est resté court | tourné, e; *leche cortada* lait tourné | coupé, e; haché, e; saccadé, e (estilo) ‖ BLAS coupé, e ‖ — *(amer) andar cortado* être fauché *o* sans le sou ‖ *dejar cortado* interdire; *lo dejó cortado* il a été tout interdit ‖ *están todos cortados por el mismo patrón ou la misma tijera* ils sont tous taillés sur le même modèle ‖ *tener el cuerpo cortado* être mal fichu.
◆ *m* café crème, crème (café con leche) ‖ coupé (paso de baile).

cortador, ra *adj y s* coupeur, euse (que corta).
◆ *m y f* coupeur, euse (sastre).
◆ *f* TECN trancheuse ‖ *cortadora de césped* tondeuse à gazon.

cortadura *f* coupure (incisión) ‖ gorge, défilé *m* (entre montañas) ‖ coupure (en un periódico) ‖ *hacerse una cortadura en la mano, en la cara con la cuchilla de afeitar* se couper la main, se couper la figure avec le rasoir.
◆ *pl* rognures (recortes).

cortafrío *m* TECN ciseau à froid, burin, bédane *f*.

cortafuego *m* AGRIC coupe-feu *inv*, pare-feu *inv* ‖ ARQ mur, coupe-feu *inv*.

cortahierro *m* TECN ciseau à froid.

cortalápices *m inv* taille-crayon.

cortante *adj* coupant, e; tranchant, e.
◆ *m* couperet (cuchilla).

cortapapel *m*; **cortapapeles** *m inv* coupe-papier *inv*.

cortapisa *f* condition, restriction; *poner cortapisas a* poser des conditions à, faire des restrictions à ‖ obstacle *m*, entrave (traba) ‖ bordure, garniture de vêtements (guarnición) ‖ FIG charme *m*, piquant *m* (gracia) ‖ *sin cortapisas* sans condition restrictive, sans réserve.

cortaplumas *m inv* canif.

cortapuros *m inv* coupe-cigares.

cortar *v tr* couper; *cortar pan, un vestido* couper du pain, une robe ‖ trancher (separar netamente); *cortar la cabeza* trancher la tête ‖ tailler, couper (dando determinada forma); *cortar el pelo al cepillo* tailler les cheveux en brosse ‖ FIG fendre; *cortar el agua, el aire* fendre l'eau, l'air | couper (suprimir) | couper (vino, líquido) | couper, séparer (separar) | couper, barrer (una calle) | couper (los naipes) | couper, transpercer (el frío, el viento) | couper, interrompre (la inspiración, una comunicación, una discusión) | trancher (decidir como árbitro) ‖ — FIG *cortar bien una poesía* bien réciter une poésie | *cortar de raíz* tuer dans l'œuf, couper à *o* par la racine | *cortar el apetito* couper l'appétit | *cortar el bacalao* être le grand manitou, faire la pluie et le beau temps, avoir la haute main | *cortar el hilo del discurso* rompre le fil du discours | *cortar el paso* barrer le chemin | *cortar en seco* trancher net | *cortar la palabra* couper la parole ‖ *cortar la retirada* couper la retraite ‖ FIG *cortar los puentes* couper les ponts | *cortar por lo vivo ou por lo sano* trancher dans le vif, crever l'abcès ‖ FAM *cortar un traje ou un vestido* casser du sucre sur le dos de quelqu'un | *cortar vestidos* cancaner.
◆ *v intr* couper; *un cuchillo que corta bien* un couteau qui coupe bien | couper (en los naipes) ‖ FAM *éste ni corta ni pincha en su casa* chez lui, il n'a que le droit de se taire.
◆ *v pr* se couper ‖ FIG se troubler, rester confondu (turbarse) ‖ tourner; *la leche se ha cortado* le lait a tourné ‖ gercer (la piel) ‖ se faire couper; *yo me corto el pelo en la peluquería* je me fais couper les cheveux chez le coiffeur ‖ FAM *(amer)* claquer (morir).

cortaúñas *m inv* coupe-ongles.

cortaviento *m* coupe-vent *inv*.

corte *m* coupure *f* (acción de cortar) ‖ coupure *f*, panne *f* (de corriente eléctrica) ‖ tranchant, fil (filo); *el corte de una espada* le fil d'une épée ‖ coupe *f* (del pelo) ‖ *corte a la navaja* coupe au rasoir ‖ coupe *f* (de un traje) ‖ métrage (cantidad de tela); *corte de vestido* métrage d'une robe ‖ coupe *f* (del trigo) ‖ coupure *f* (herida) ‖ coupe *f* (de la cara) ‖ coupe *f* (en los naipes) ‖ tranche *f* (de un libro) ‖ coupe *f* (dibujo de una sección) ‖ coupé (en el tenis) ‖ *(amer)* moisson *f* (siega) | mouvement de danse, balancement (contoneo) ‖ — FAM *corte de manga* bras d'honneur | *darse corte* se faire mousser.

corte *f* cour (residencia de los reyes) ‖ cour (familia real y gentes de palacio) ‖ suite, cortège *m* (acompañamiento) ‖ *(amer)* cour de justice ‖ — *hacer la corte* faire la cour ‖ *la corte celestial* le ciel, la cour céleste.

cortedad *f* petitesse (poca extensión), brièveté (brevedad) ‖ FIG manque *m* [de moyens, d'instruction, de courage, etc.]; *cortedad de ánimo* manque de courage | timidité, pusillanimité (timidez) ‖ *cortedad de genio* timidité.

cortejar *v tr* faire la cour à (halagar) ‖ faire la cour à, courtiser (galantear).

cortejo *m* cour *f* (acción de cortejar) ‖ cortège, suite *f* (séquito); *cortejo fúnebre* cortège funèbre ‖ présent, cadeau (regalo, agasajo).

Cortes *n pr m pl* HIST états *m* généraux [de l'ancienne Espagne] ‖ Cortes [ensemble des deux chambres législatives] ‖ *Cortes Constituyentes* assemblée constituante.

cortés *adj* courtois, e; poli, e ‖ FAM *lo cortés no quita lo valiente* on ne perd rien à être poli, la courtoisie n'exclut pas le courage.

cortesano, na *adj* de la cour (de la corte) ‖ courtois, e; poli, e (cortés) ‖ *literatura cortesana* littérature courtoise.
◆ *m* courtisan (palaciego).
◆ *f* courtisane (mujer de mala vida).

cortesía *f* courtoisie, politesse, civilités *pl*; *rivalizar en cortesía* faire assaut de politesses ‖ formule de politesse (en las cartas) ‖ cadeau *m* (regalo) ‖ COM délai *m* de grâce [pour le paiement d'une traite] | grâce (favor) ‖ titre *m* (tratamiento) ‖ IMPR blanc *m* [page ou espace laissé en blanc] ‖ — *cortesía de la Dirección General de Turismo* cédé par l'Office du tourisme ‖ *cortesía del autor* hommage de l'auteur.

corteza *f* écorce (del árbol) ‖ écorce, zeste *m* (de naranja o limón) ‖ croûte (del pan, del queso, etc.) ‖ couenne (del tocino) ‖ ZOOL gelinotte (ave) ‖ FIG écorce, extérieur *m* (apariencia) | rudesse, rusticité (rusticidad) ‖ ANAT *corteza cerebral* cortex (cérébral), écorce cérébrale ‖ *la corteza terrestre* l'écorce terrestre.

cortical *adj* ANAT cortical, e; *sustancia cortical* substance corticale.

corticoide *m* MED corticoïde.

cortijo *m* ferme *f*, métairie *f* [principalement en Andalousie].

cortina *f* rideau *m* (semi transparente); *correr la cortina* tirer le rideau ‖ double rideau (opaco) ‖ dais *m* (dosel) ‖ FIG rideau *m*, écran *m* (lo que oculta); *cortina de fuego* rideau de feu; *cortina de humo* rideau *o* écran de fumée ‖ courtine (fortificación) ‖ mur *m* de soutènement d'un quai (muelle).

cortinado; cortinaje *m* rideaux *pl*.

cortinilla *f* rideau *m*.

cortisona *f* MED cortisone.

corto, ta *adj* court, e; *una falda muy corta* une jupe très courte ‖ FIG timide, timoré, e ‖ — *corto de alcance* borné ‖ *corto de estatura* très petit ‖ *corto de medios* à court d'argent, désargenté ‖ *corto de vista* myope, qui a la vue basse (*fam*) ‖ — *a corta distancia* à faible distance ‖ *a la corta o a la larga* tôt ou tard ‖ *caldo corto* court-bouillon ‖ *ni corto ni perezoso* sans crier gare, de but en blanc ‖ *novela corta* nouvelle ‖ *vestida de corto* qui n'a pas encore fait son entrée dans le monde ‖ *vista corta* vue basse ‖ — *ser corto de alcances* avoir l'esprit bouché ‖ *ser corto de genio* être timide.

◆ *adv* court ‖ — *quedarse corto* être au-dessous du nombre, avoir calculé trop juste, être au-dessous de la vérité ‖ *y me quedo corto* j'en passe, et des meilleures.

◆ *m* CINEM court-métrage.

cortocircuito *m* ELECTR court-circuit.

— OBSERV Ne pas confondre avec *cortacircuito* coupe-circuit.

cortometraje *m* CINEM court-métrage.

Coruña (La) *n pr* GEOGR La Corogne.

coruñés, esa *adj y s* de La Corogne.

corva *f* ANAT jarret *m*.

córvidos *m pl* corvidés (aves).

corvina *f* corbeau *m* de mer (pez).

corvo, va *adj* courbé, e ‖ crochu, e; *nariz corva* nez crochu.

corzo, za *m y f* chevreuil, chevrette.

cosa *f* chose ‖ DR chose; *cosa juzgada* chose jugée ‖ — *cosa de* quelque chose comme, environ, à peu près; *cosa de dos horas, de cinco kilómetros* quelque chose comme deux heures, environ cinq kilomètres ‖ (*amer*) *cosa que* pour que, afin que, de façon à ce que (no vaya a ser que); *iré a verle mañana cosa que no vaya a pensar que le he olvidado* j'irai le voir demain pour qu'il ne pense pas que je l'ai oublié ‖ — *a cosa hecha* exprès (adrede), à coup sûr (con éxito seguro) ‖ *cada cosa en su tiempo, y los nabos en adviento* chaque chose en son temps ‖ FAM *como si tal cosa* comme si de rien n'était ‖ *cualquier cosa* n'importe quoi ‖ *de una cosa a otra* de fil en aiguille ‖ FAM *poquita cosa* minable ‖ *¡qué cosa más estúpida!* c'est vraiment stupide!, c'est complètement stupide! ‖ *¡qué cosa más* ou *tan rara!* c'est vraiment curieux! ‖ — *como quien no quiere la cosa* mine de rien ‖ *cosa nunca vista* du jamais vu ‖ *dejarlo como cosa perdida* en faire son deuil ‖ *esa es la cosa* voilà le hic, c'est là l'ennui ‖ *es cosa de un mes, de un año* c'est l'affaire d'un mois, d'un an ‖ *es cosa de ver, de oír* c'est à voir, à entendre; ça vaut la peine d'être vu, d'être entendu ‖ *eso es cosa mía* c'est mon affaire, cela me regarde ‖ *este niño es una cosa mala* cet enfant est un démon (demonio), cet enfant est incorrigible (incorregible) ‖ *hacerse con una cosa* s'emparer de quelque chose ‖ *la cosa está que arde* le torchon brûle ‖ *¡ni cosa que valga!* pas d'excuse qui tienne! ‖ *no es cosa del otro jueves* ou *del otro mundo* ce n'est pas la mer à boire, il n'y a pas de quoi fouetter un chat (no es difícil), ça ne casse rien, ça ne casse pas des briques (no es ninguna maravilla) ‖ *no hay tal cosa* il n'en est rien, ce n'est pas vrai ‖ *no sea cosa que* au cas où ‖ *no vale gran cosa* ça ne vaut pas grand-chose ‖ *ser cosa de* être bien de; *son cosas de tu amigo* c'est bien de ton ami ‖ *ser poca cosa* être peu de chose ‖ *tengo otras cosas en que pensar* j'ai d'autres choses en tête ‖ FIG *una cosa es enhebrar y otra cosa es dar puntadas* la critique est aisée, mais l'art est difficile.

◆ *pl* affaires (objetos); *lléveseme sus cosas de aquí* emportez vos affaires d'ici ‖ FAM idées; *¡qué cosas tiene!* il a de ces idées!; *son cosas de él* ce sont des idées à lui ‖ *las cosas de palacio van despacio* tout vient à point à qui sait attendre.

cosaco, ca *adj y s m* cosaque ‖ FIG *beber como un cosaco* boire comme un Polonais.

coscarse *v pr* FAM ne rien piger, ne rien saisir (no comprender).

coscorrón *m* coup [donné sur la tête].

cosecante *f* MAT cosécante.

cosecha *f* AGRIC récolte (término general) ‖ cueillette (de las frutas) ‖ moisson (de cereales) ‖ cru *m* (vino) ‖ FIG moisson, abondance (acopio) ‖ cru; *de su propia cosecha* de son cru ‖ *de la última cosecha* de la dernière cuvée.

cosechador, ra *m y f* cueilleur, euse.

cosechar *v intr* AGRIC faire la récolte ‖ moissonner (cereales).

◆ *v tr* récolter, moissonner ‖ cueillir (frutas, flores) ‖ FIG cueillir; *cosechar laureles* cueillir des lauriers ‖ recueillir, moissonner; *cosechó innumerables galardones* il a moissonné d'innombrables récompenses ‖ recueillir (aplausos).

cosechero, ra *m y f* récoltant, e; propriétaire récoltant ‖ *cosechero destilador* bouilleur de cru.

coseno *m* MAT cosinus.

coser *v tr* coudre; *coser un botón* coudre un bouton; *máquina de coser* machine à coudre ‖ piquer (coser con máquina) ‖ FIG coudre (reunir) ‖ — *coser a cuchilladas* larder, transpercer de coups de couteau ‖ *coser con grapas* agrafer (papeles) ‖ FIG & FAM *eso es coser y cantar* c'est simple comme bonjour, c'est bête comme chou, c'est un jeu d'enfant (muy fácil), ça va tout seul *o* comme sur des roulettes (como una seda).

◆ *v pr* se coudre ‖ se piquer ‖ *coserse a uno* se coller à quelqu'un (pegarse a él).

cosido, da *adj* cousu, e; *cosido a mano* cousu main ‖ piqué, e (a máquina).

◆ *m* couture *f* (costura); *cosido hecho a mano* couture faite à la main.

cosmético, ca *adj y s m* cosmétique.

cósmico, ca *adj* cosmique.

cosmofísica *f* astrophysique.

cosmogonía *f* cosmogonie.

cosmografía *f* cosmographie.

cosmología *f* cosmologie.

cosmonauta *m y f* cosmonaute.

cosmonave *f* spationef *m*.

cosmopolita *adj y s* cosmopolite.

cosmos *m* cosmos.

cosmovagar *v intr* sortir d'un engin spatial [dans l'espace].

coso *m* arènes *f pl* (plaza de toros) ‖ cours [rue principale dans certaines villes] ‖ ZOOL artison, cossus (carcoma) ‖ *(amer)* machin, truc (chisme).

cosque; cosqui *m* FAM coup [donné sur la tête]; gnon.

cosquillas *f pl* chatouillement *m sing* ‖ chatouilles *(fam)* ‖ — FIG *buscarle a uno las cosquillas* provoquer quelqu'un, chercher à agacer quelqu'un, chercher des choses o des puces à quelqu'un ‖ *hacer cosquillas* chatouiller, faire des chatouilles ‖ *tener cosquillas* être chatouilleux.

cosquilleo *m* chatouillement.

cosquilloso, sa *adj* chatouilleux, euse ‖ FIG susceptible, chatouilleux, euse.

costa *f* dépense, frais *m pl* (gasto) ‖ *a costa ajena* aux dépens d'autrui ‖ *a costa de* aux dépens de; *a costa de su familia* aux dépens de sa famille; à force de; *a costa de trabajo* à force de travail; au prix de; *a costa de grandes esfuerzos* au prix de grands efforts ‖ *a costa de su vida* au péril de sa vie ‖ *a poca costa* à peu de frais ‖ *a toda costa* à tout prix, absolument, coûte que coûte ‖ — *vivir a costa de uno* vivre aux crochets de quelqu'un.
◆ *pl* DR dépens *m* (gastos judiciales); *reserva de costas* distraction des dépens; *condenar en* ou *a costas* condamner aux dépens.

costa *f* côte; *la costa cantábrica* la côte cantabrique ‖ — *barajar la costa* longer la côte ‖ MAR *navegar costa a costa* côtoyer la terre, longer la côte.

Costa Azul *n pr f* GEOGR Côte d'Azur.

Costa Brava *n pr f* GEOGR Costa Brava.

Costa de Marfil *n pr f* GEOGR Côte-d'Ivoire.

costado *m* côté; *dolor* ou *punto de costado* point de côté; *tendido de costado* couché sur le côté ‖ MIL flanc (de un ejército) ‖ MAR travers, flanc (de un barco) ‖ — *dar el costado* présenter le flanc (en un combate), abattre (para carenar o limpiar un barco) ‖ *por los cuatro costados* jusqu'au bout des ongles.

costal *adj* costal, e (de las costillas).
◆ *m* sac [d'environ 50 kg] ‖ étai (puntal) ‖ — FIG & FAM *eso es harina de otro costal* c'est une autre paire de manches, c'est une autre histoire | *ser un costal de huesos* n'avoir que la peau et les os, être un paquet d'os | *vaciar el costal* vider son sac, dire tout ce que l'on avait sur le cœur.

costalada *f*; **costalazo** *m* chute *f* sur le côté o sur le dos, culbute *f* ‖ *pegarse una costalada* se flanquer par terre, faire la culbute.

costalero *m* portefaix, crocheteur (mozo de cordel) ‖ porteur [qui porte les «pasos»].

costanero, ra *adj* en pente (inclinado) ‖ côtier, ère; *navegación costanera* navigation côtière.

costanilla *f* ruelle en pente (calle).

costar* *v intr* coûter, valoir; *esto cuesta caro* ça coûte cher ‖ FIG coûter; *me cuesta mucho confesarlo* ça me coûte beaucoup de l'avouer; *las promesas cuestan poco* les promesses coûtent peu ‖ avoir peine à; *cuesta creerlo* on a peine à le croire.
◆ *v tr* coûter; *este trabajo me ha costado muchos esfuerzos* ce travail m'a coûté beaucoup d'efforts ‖ — *costar la vida* coûter la vie ‖ *costar trabajo* coûter beaucoup, coûter; *me ha costado trabajo rehusar* ça m'a beaucoup coûté de refuser; avoir peine à, avoir du mal à; *me cuesta trabajo creerlo* j'ai peine à le croire ‖ FIG & FAM *costar un ojo de la cara* ou *un sentido* ou *un riñón* coûter les yeux de la tête o un prix fou | *costó Dios y ayuda echarle fuera* ça a été toute une histoire pour le mettre dehors | *cueste lo que cueste* coûte que coûte ‖ *le ha costado la salud* il y a laissé sa santé.

Costa Rica *n pr f* Costa Rica.

costarricense; costarriqueño, ña *adj* costaricien, enne; de Costa Rica.
◆ *m y f* Costaricien, enne.

coste *m* coût, prix; *el coste de un coche* le prix d'une voiture ‖ — *coste, seguro y flete* C.A.F [coût, assurance, fret] ‖ *coste de la vida* coût de la vie ‖ *coste de producción* coût de production ‖ *precio de coste* prix de revient ‖ — *a precio de coste* au prix coûtant.

— OBSERV La confusion entre *coste* et *costo* est fréquente. *Coste* représente le prix en argent: *coste de un mueble* prix d'un meuble. *Costo* s'emploie pour des choses plus importantes et fait partie du langage des économistes: *costo de un puente, de una carretera* coût d'un pont, d'une route.

costear *v tr* payer; *costear la instrucción a un niño* payer l'instruction d'un enfant ‖ financer (financiar) ‖ MAR longer la côte ‖ *(amer)* engraisser [le bétail].
◆ *v pr* couvrir les frais, rentrer dans ses frais; *esta empresa apenas se costea* cette entreprise rentre à peine dans ses frais ‖ FAM s'offrir, se payer; *costearse unas buenas vacaciones* s'offrir de belles vacances ‖ *(amer)* prendre la peine de | se payer la tête de (burlarse).

costeño *adj* côtier, ère.

costero, ra *adj* côtier, ère (costanero).
◆ *m* dosse *f* (tabla) ‖ MAR côtier (barco) ‖ MIN épontes *f pl* (de un filón) ‖ TECN paroi *f* latérale [d'un haut-fourneau].

costilla *f* ANAT côte (del hombre); *costilla verdadera, falsa, flotante* vraie côte, fausse côte, côte flottante ‖ côte (de una cosa) ‖ côtelette (chuleta) ‖ ARQ côte ‖ MAR couple *m* ‖ FIG & FAM moitié, bourgeoise (esposa); *ven a cenar con tu costilla* viens dîner avec ta moitié.
◆ *pl* FAM dos *m sing* (espalda) ‖ — FIG *a las costillas de* aux dépens de, sur le dos de | *llevar sobre las costillas* porter sur les épaules | *medirle a uno las costillas* caresser o chatouiller les côtes de quelqu'un.

costillaje; costillar *m* ensemble des côtes du corps ‖ *los costillares de un caballo* le flanc d'un cheval (ijada).

costo *m* prix, coût (coste); *mercancía de gran costo* marchandise de grand prix; *costo de fabricación* coût de fabrication; *costo de la vida* coût de la vie ‖ dépense *f*, frais *pl* (gasto) ‖ BOT costus (planta tropical) ‖ POP hasch (droga).
— OBSERV Voir COSTE.

costoso, sa *adj* coûteux, euse ‖ FIG coûteux, euse; *error costoso* erreur coûteuse.

costra *f* croûte ‖ lumignon *m* (de una vela) ‖ MED croûte; *costra láctea* croûte de lait (usagre).

costreñir *v tr* → **constreñir**.

costroso, sa *adj* croûteux, euse.

costumbre *f* coutume; *cada país tiene sus usos y sus costumbres* chaque pays a ses us et coutumes ‖ habitude, coutume (hábito); *tener costumbre de* avoir l'habitude de, avoir coutume de (p us) ‖ *como de costumbre* comme d'habitude, comme à

l'accoutumée, comme à l'ordinaire ‖ *cuadro de costumbres* tableau de genre ‖ *de costumbre* d'habitude, de coutume ‖ *por costumbre* d'habitude ‖ *según costumbre* suivant l'usage ‖ — *la costumbre es una segunda naturaleza* l'habitude est une seconde nature ‖ *la costumbre tiene fuerza de ley* ou *hace ley* la coutume fait loi.
- *pl* mœurs; *las costumbres anglosajonas* les mœurs anglo-saxonnes; *las costumbres de las abejas* les mœurs des abeilles ‖ — *atentado a* ou *contra las buenas costumbres* attentat aux mœurs.

costumbrismo *m* peinture *f* des mœurs d'un pays [genre et école littéraires].

costumbrista *adj* de mœurs, qui se rapporte à la peinture des mœurs; *comedia, escena costumbrista* comédie, scène de mœurs.
- *m* écrivain spécialisé dans le costumbrismo ‖ peintre de genre.

costura *f* couture; *la alta costura* la haute couture; *sentar las costuras* rabattre les coutures (el sastre) ‖ piqûre (con la máquina) ‖ MAR épissure, couture (empalme) ‖ — *caja de costura* nécessaire de couture ‖ *cesta de costura* corbeille à ouvrage ‖ TECN *costura de remaches* rivure ‖ FIG *meter a uno en costura* mettre quelqu'un au pas, faire entendre raison à quelqu'un.

costurera *f* couturière (modista) ‖ *costurera de ropa blanca* lingère.

costurero *m* table *f* à ouvrage (mesita) ‖ chiffonnier (mueble con cajones) ‖ nécessaire de couture (caja).

costurón *m* couture *f* grossière ‖ FIG balafre *f*, estafilade *f*, couture *f* (cicatriz).

cota *f* cotte (vestido antiguo) ‖ cotte (armadura); *cota jacerina* ou *de mallas* cotte de mailles ‖ cote (en topografía, número y altura).

cotangente *f* MAT cotangente.

cotarro *m* asile de nuit (asilo) ‖ côté [flanc d'un ravin] (ladera) ‖ — FIG & FAM *alborotar el cotarro* semer le trouble, mettre la pagaille ‖ *dirigir el cotarro* mener la danse.

cotejar *v tr* confronter, collationner, comparer; *cotejar dos textos* confronter deux textes ‖ rapprocher, comparer; *si cotejamos las dos situaciones* si nous rapprochons les deux situations.

cotejo *m* collationnement, collation *f*, comparaison *f* (comparación) ‖ confrontation *f*, rapprochement, comparaison *f*; *cotejo de dos textos* confrontation de deux textes.

coterráneo, a *adj y s* compatriote.

cotidianidad *f* quotidienneté.

cotidiano, na *adj* quotidien, enne; journalier, ère.

cotiledón *m* BOT cotylédon.

cotilla *f* sorte de corset.
- *m y f* FAM cancanier, ère; commère *f* (chismoso).

cotillear *v intr* FAM cancaner, potiner.

cotilleo *m* FAM commérage, ragots *pl*, cancans *pl*.

cotillón *m* cotillon (baile).

cotizable *adj* cotisable ‖ — *título cotizable* titre coté ‖ *valores no cotizables* valeurs hors cote.

cotización *f* COM cote, cours *m* de la Bourse (en la Bolsa) ‖ cotisation (cuota) ‖ — *cotización al cierre* cours de clôture, dernier cours ‖ *cotización inicial* cours d'ouverture, premier cours.

cotizado, da *adj* BLAS coticé, e.

cotizar *v tr* coter (en la Bolsa) ‖ FIG *estar cotizado* être coté, avoir la cote; *empleado que está muy cotizado* employé qui est très bien coté.
- *v intr* cotiser [sa quote-part].
- *v pr* être coté, e; *valores que se cotizan* valeurs qui sont cotées.
- OBSERV L'emploi de *cotizar* sous la forme intransitive est un gallicisme.

coto *m* clos (terreno) ‖ réserve *f*, terrain réservé (terreno acotado) ‖ borne *f* (mojón) ‖ cours (precio) ‖ ZOOL chabot (pez) ‖ FIG terme, limite *f*; *poner coto a sus excesos* mettre un terme à ses excès ‖ (amer) goitre (bocio) ‖ — *coto de caza, de pesca* chasse, pêche gardée.

cotón *m* étoffe *f* de coton imprimé, sorte d'indienne ‖ (amer) chemise *f* de paysan ‖ chemisette *f* (camisa corta).

cotona *f* (amer) veste de daim (de gamuza) ‖ chemisette de travail (de tela).

cotorra *f* ZOOL perruche (ave) ‖ pie (urraca) ‖ FIG & FAM perruche, pie (mujer habladora); *hablar como una cotorra* jacasser comme une pie.

cotorrear *v intr* FIG & FAM jacasser.

cotorreo *m* FIG & FAM bavardage, caquet, jacasserie *f*.

coturno *m* cothurne (zapato) ‖ — FIG *calzar el coturno* chausser le cothurne ‖ *de alto coturno* de haut rang.

cotutela *f* DR cotutelle.

cotutor, ra *m y f* DR cotuteur, trice.

COU abrev de *Curso de Orientación Universitaria* année d'orientation universitaire [dernière année des études secondaires en Espagne].

covacha *f* caveau *m* (cueva pequeña) ‖ FAM taudis *m* (zaquizamí) ‖ (amer) épicerie (tienda).

covachuela *f* FAM ministère *m*, secrétariat *m* ‖ bureau *m* (oficina).
- OBSERV Ce nom tire son origine du fait que les bureaux des secrétaires des ministres se trouvaient jadis dans les caves (*covachas*) du Palais Royal à Madrid.

cover-girl *f* cover-girl (presentadora).

cow-boy *m* cow-boy (vaquero).

coxal *adj* ANAT coxal, e; *hueso coxal* os coxal.

coxalgia *f* MED coxalgie.

coxis *m* ANAT coccyx.

coyote *m* coyote (lobo americano) ‖ (amer) petit marchand, usurier.
- *adj* (amer) fauve (color).

coyuntura *f* ANAT jointure, articulation (articulación) ‖ FIG occasion (oportunidad) ‖ conjoncture (situación política o económica).

coyuntural *adj* conjoncturel, elle.

coz *f* ruade (de un caballo); *tirar coces* lancer des ruades ‖ coup *m* de pied en arrière (patada) ‖ recul *m* (de un arma de fuego) ‖ crosse [culata de fusil] ‖ FIG & FAM grossièreté, juron *m*; *soltar* ou *pegar una coz* lâcher une grossièreté ‖ — *dar coces* lancer des ruades, ruer ‖ FIG & FAM *disparar* ou *tirar coces, dar coces contra el aguijón* se regimber, se rebiffer, se cabrer.

CPN abrev de *Cuerpo de la Policía Nacional* corps de la police nationale [Espagne].

CPU abrev de *central processing unit* UC, unité centrale (de traitement).

crac *m* krach, faillite *f* (quiebra).

crack *m* crak (favorito).
crampón *m* crampon (de alpinista).
cran *m* IMPR cran (de un carácter).
craneal; craneano, na *adj* crânien, enne; *bóveda craneana* voûte crânienne.
cráneo *m* ANAT crâne.
crápula *f* ivresse (borrachera) ∥ débauche, crapule (libertinaje).
crapuloso, sa *adj* crapuleux, euse.
◆ *m* crapule *f* (disipado).
craso, sa *adj* gras, grasse (lleno de grasa) ∥ FIG crasse, grossier, ère; *ignorancia crasa* ignorance crasse.
cráter *m* cratère (de un volcán); *cráter de explosión* cratère égueulé *o* d'explosion.
crawl *m* crawl (natación).
creación *f* création.
creador, ra *adj* y *s* créateur, trice (que crea) ∥ *el Creador* le Créateur.
crear *v tr* créer ∥ *ser creado cardenal* être sacré cardinal.
creatividad *f* créativité.
creativo, va *adj* créateur, trice; à l'esprit inventif.
crecer* *v intr* croître, augmenter, allonger; *los días crecen* les jours allongent ∥ grandir, pousser (*fam*); *este niño ha crecido mucho* cet enfant a beaucoup grandi ∥ pousser; *los pelos crecen* les cheveux poussent ∥ pousser, croître (las plantas) | croître (la luna) | monter, grossir; *el río crece* le fleuve grossit | croître; *creced y multiplicaos* croissez et multipliez ∥ s'agrandir; *Madrid crece constantemente* Madrid s'agrandit de jour en jour ∥ augmenter de valeur (las monedas) ∥ augmenter (en labores de punto) ∥ — FIG *crecer como hongos* pousser comme des champignons | *crecer como la cizaña* pousser comme de la mauvaise herbe.
◆ *v pr* FIG se redresser.
creces *f pl* augmentation *sing* de volume ∥ FIG avantages *m* (ventajas), intérêts *m* (intereses); *pagar algo con creces* payer quelque chose avec intérêts ∥ — *con creces* largement; *tener con creces de que vivir* avoir largement de quoi vivre; de loin, de beaucoup; *ha superado con creces todas las dificultades* il a surmonté de beaucoup toutes les difficultés ∥ *devolver con creces* rendre au centuple.
crecida *f* crue (de un río).
crecido, da *adj* important, e; grand, e; considérable (importante); *una cantidad crecida* une quantité importante ∥ — *crecido de cuerpo, de talla* monté en graine (una persona) | *un niño muy crecido* un enfant qui a beaucoup grandi.
◆ *m pl* augmentations *f* (punto).
creciente *adj* croissant, e (que crece) ∥ grossissant, e (que aumenta) ∥ *cuarto creciente* premier quartier *o* croissant de la Lune.
◆ *m* BLAS croissant.
◆ *f* crue (crecida) ∥ levure (levadura) ∥ *creciente del mar* marée montante.
crecimiento *m* croissance *f* (acción de crecer) ∥ accroissement, augmentation *f* (aumento) ∥ grossissement (de un río) ∥ ECON *crecimiento económico* croissance économique.
credencial *adj* de créance; *carta credencial* lettre de créance.
◆ *f pl* lettres de créance (cartas) ∥ *(amer)* laissez-passer *m inv* (pase) | permis *m* (permiso).
credibilidad *f* crédibilité.
crediticio, cia *adj* de crédit.
crédito *m* crédit (solvencia) ∥ FIG crédit; *gozar de gran crédito* jouir d'un grand crédit ∥ COM crédit (plazo); *crédito a corto plazo, a largo plazo* crédit à court, à long terme; *apertura de crédito* ouverture de crédit ∥ DR créance *f* ∥ — *crédito abierto* découvert autorisé ∥ *crédito hipotecario* créance hypothécaire | *crédito inmobiliario* crédit foncier ∥ — *carta de crédito* lettre de crédit ∥ — *abrir un crédito a uno* ouvrir un crédit à quelqu'un ∥ FIG *conceder crédito* faire crédit ∥ *dar crédito* accorder crédit, faire foi, donner créance (conceder fe), faire crédit, accorder un crédit (acreditar) ∥ FIG *dar crédito a* accorder crédit à, croire | *no dar crédito a sus ojos, a sus oídos* ne pas en croire ses yeux, ses oreilles; ne pas en revenir | *tener crédito* avoir du crédit.
credo *m* credo (oración) ∥ FIG credo (opinión) ∥ FIG *en menos que se dice un credo* en un clin d'œil.
credulidad *f* crédulité.
crédulo, la *adj* y *s* crédule.
creencia *f* croyance (sentimiento); *creencia en* croyance au ∥ croyance (religiosa) ∥ *en la creencia de que* croyant que.
creer* *v tr* e *intr* croire; *creer en Dios* croire en Dieu; *creer en la virtud* croire à la vertu ∥ croire; *creo de mi deber hacerlo* je crois qu'il est de mon devoir de le faire ∥ penser; *así lo creo* c'est ce que je pense ∥ — *creer algo a ciencia cierta* croire quelque chose comme à l'Évangile, être convaincu de quelque chose ∥ *creer a pies juntillas* ou *a ojos cerrados* croire les yeux fermés *o* dur comme fer ∥ *creer bajo* ou *sobre palabra* croire sur parole ∥ *cualquiera creería que* c'est à croire que ∥ *hacer creer* faire croire ∥ *hay que verlo para creerlo* il faut le voir pour le croire ∥ *¡quién lo hubiera creído!* qui l'eût cru! ∥ *según yo creo* à ce que je crois ∥ FAM *¡ya lo creo!* je crois bien!, je pense bien!, bien sûr!, naturellement!
◆ *v pr* se croire ∥ — *creérselas* se croire, avoir bonne opinion de soi ∥ *¡es para no creérselo!* c'est à ne pas y croire ∥ *no me lo creo* je n'y crois pas ∥ FAM *¿qué te crees?* qu'est-ce que tu crois?, tu ne m'as pas regardé! | *¡que te crees tú eso!, ¡que te lo has creído!* tu peux toujours courir, tu ne m'as pas regardé! (ni hablar), penses-tu!, tu parles! (ni pensarlo) ∥ *si se le cree* à l'en croire.
creíble *adj* croyable.
creído, da *adj* confiant, e; crédule (crédulo) ∥ présomptueux, euse; fier, ère; arrogant, e (orgulloso) ∥ — *creído de sí mismo* content de soi, imbu de soi-même, infatué de sa personne, plein de soi-même.
crema *f* crème (nata, cosmético, licor) ∥ cirage *m*, crème (betún) ∥ FIG crème, gratin *m* (lo mejor) ∥ GRAM tréma *m* ∥ — *crema batida* crème fouettée ∥ *crema de Chantilly* crème Chantilly ∥ *crema de chocolate* crème au chocolat ∥ *crema dental* pâte dentifrice ∥ *crema pastelera* crème pâtissière.
◆ *adj* crème *inv* (color).
cremación *f* crémation (incineración).
cremallera *f* MECÁN crémaillère; *ferrocarril de cremallera* chemin de fer à crémaillère ∥ fermeture à glissière.
crematística *f* économie politique, chrématistique ∥ FAM argent *m* (dinero).

crematístico, ca *adj* monétaire.
crematorio, ria *adj* crématoire; *horno crematorio* four crématoire.
cremoso *adj* crémeux, euse.
creosota *f* QUÍM créosote || *aceite de creosota* créosol, huile de créosote.
crepe *f* CULIN crêpe.
crepé *m* crépon (papel) || crêpe (tela) || crêpe; *suelas de crepé* semelles de crêpe.
crepitación *f* crépitement *m*, crépitation.
crepitar *v intr* crépiter.
crepuscular *m* crépusculaire.
crepúsculo *m* crépuscule.
crescendo *adv y s m* MÚS crescendo.
Creso *n pr m* Crésus.
cresol *m* QUÍM crésol.
crespo, pa *adj* crépu, e (cabello) || crépu, e; frisé, e (vegetal) || FIG embrouillé, e; obscur, e (estilo) | irrité, e; en colère.
crespón *m* crêpe (tejido); *crespón de China* crêpe de Chine || crêpon (tela) || *crespón tupido* crêpon (tejido).
cresta *f* crête (de las aves) || huppe (copete) || FIG crête, cime, arête (cima) | crête; *cresta de una ola* crête d'une vague || MED crête (excrecencia) || — *cresta de explanada* crête du glacis || BOT *cresta de gallo* crête-de-coq || — FIG & FAM *alzar* ou *levantar la cresta* se redresser, se rengorger (enorgullecerse) | *dar en la cresta* rabattre le caquet.
crestado, da *adj* crêté, e.
creta *f* craie (carbonato de cal).
Creta *n pr f* GEOGR Crète.
cretáceo, a *adj y s m* GEOL crétacé, e.
◆ *adj* crayeux, euse (gredoso).
cretense *adj* crétois, e (de Creta).
◆ *m y f* Crétois, e.
cretino, na *adj y s* crétin, e.
cretona *f* cretonne (tejido).
creyente *adj y s* croyant, e.
cría *f* élevage *m*; *cría extensiva, intensiva* élevage extensif, intensif || nourrisson *m* (niño de pecho) | petit *m* (de un animal); *la cría de la loba se llama el lobezno* le petit de la louve s'appelle le louveteau || portée (camada de mamíferos) || couvée, nichée (de aves) || *(amer)* souche, lignée, lignage *m*.
criada *f* bonne, domestique, employée de maison || — *criada para todo* bonne à tout faire || FIG & FAM *me ha salido la criada respondona* je ne m'attendais vraiment pas à ça.
criadero *m* pépinière (de arbolillos) || élevage (de animales) || parc; *criadero de ostras* parc à huîtres || MIN gisement (yacimiento).
criadilla *f* ANAT testicule *m* || petit pain *m* rond (panecillo) || *criadilla de tierra* truffe (trufa).
criado *m* domestique, employé de maison.
criado, da *adj* élevé, e; *bien, mal criado* bien, mal élevé.
criador, ra *m y f* éleveur, euse (de animales) || — *criador de vino* viticulteur || *el Criador* le Créateur (Dios).
— OBSERV *Creador* désigne surtout celui qui crée, *criador*, celui qui élève.
crianza *f* élevage *m* (de animales) || allaitement *m* (de niños de pecho) || FIG éducation; *buena, mala crianza* bonne, mauvaise éducation.

criar *v tr* allaiter, nourrir (a un niño o a un animal); *criar con biberón* nourrir au biberon || élever (animales) || élever, éduquer, former (instruir) || faire pousser (plantas) || produire; *la tierra cría plantas* la terre produit des plantes || produire, pousser; *un árbol que cría retoños* un arbre qui pousse des rejetons || créer (crear) || FIG créer, causer, occasionner, faire naître, provoquer (ocasionar) || — *cría fama y échate a dormir* acquiers bonne renommée et fais la grasse matinée, repose-toi sur tes lauriers || *criar grasas* engraisser (engordar) || *Dios los cría y ellos se juntan* qui se ressemble, s'assemble || *no críes motivos para que te castiguen* ne cherche pas des raisons de te faire punir || *zapatos que crían ampollas* chaussures qui donnent des ampoules.
◆ *v pr* être élevé (niños o animales); *los niños que se crían al aire libre* les enfants qui sont élevés au grand air || se nourrir (alimentarse) || pousser, croître (plantas) || se former (cosas) || travailler (el vino).
— OBSERV Dans le sens de *créer*, on emploie de préférence *crear*.
criatura *f* créature (cosa creada) || nourrisson *m* (niño de pecho) || FIG enfant *m*, gosse *m y f (fam)*; *llorar como una criatura* pleurer comme un enfant.
criba *f* crible *m* || — FIG & FAM *estar como una criba* être percé comme une écumoire | *pasar por la criba* passer au tamis o au crible.
cribado *m* criblage || *(amer)* broderie *f* à jour.
cribar *v tr* cribler.
cric *m* TECN cric (gato).
cricket *m* DEP cricket.
Crimea *n pr f* GEOGR Crimée.
crimen *m* crime.
criminal *adj y s* criminel, elle.
criminalidad *f* criminalité.
criminalista *m* criminaliste.
criminología *f* criminologie.
criminologista; criminólogo, ga *m y f* criminologiste.
crin *f* crin *m* (de algunos animales).
◆ *pl* crinière *sing* || *crin vegetal* crin végétal.
crío *m* FAM bébé (niño de pecho) | gosse, marmot, petit; *vino con todos sus críos* il est venu avec tous ses gosses.
criollo, lla *adj y s* créole.
— OBSERV En Amérique latine, le substantif ou l'adjectif *criollo* s'applique à tout ce qui est autochtone, national, par rapport à ce qui est étranger. Ainsi, *un manjar criollo* est un plat typique; *un caballo criollo*, un cheval indigène, d'une race propre au pays en question. En Argentine, par extension, *un buen criollo* veut dire un bon Argentin, un Argentin de bonne souche.
criometría *f* FÍS cryométrie.
crioscopia *f* FÍS cryoscopie.
cripta *f* crypte.
críptico, ca *adj* cryptique.
criptógamo, ma *adj y s f* BOT cryptogame.
criptografía *f* cryptographie (escritura secreta).
criptograma *m* cryptogramme.
criptón *m* QUÍM krypton (gas).
criquet *m* DEP cricket.
crisálida *f* ZOOL chrysalide.
crisantema *f*; **crisantemo** *m* BOT chrysanthème *m*.

crisis *f* crise (de una enfermedad); *crisis de apendicitis* crise d'appendicite ‖ crise (ataque); *crisis de llanto, de furia* crise de larmes, de rage ‖ crise (momento decisivo); *crisis financiera, ministerial* crise financière, ministérielle ‖ — ECON *crisis del petróleo* choc pétrolier | *crisis económica* crise économique ‖ — *hacer crisis* atteindre un point critique (enfermedad).

crisma *m* chrême (aceite consagrado).
◆ *f* FAM figure (cabeza); *romper la crisma* casser la figure.

crismas *m* carte *f* de Noël.

crisol *m* TECN creuset (para fundir metales) ‖ FIG creuset.

crisolada *f* coulée contenue dans le creuset.

crispación *f* crispation.

crispar *v tr* crisper ‖ taper sur les nerfs; *este niño me crispa* cet enfant me tape sur les nerfs.
◆ *v pr* se crisper.

cristal *m* cristal (cuerpo cristalizado); *cristal de roca* cristal de roche ‖ cristal (vidrio fino); *cristal de Bohemia* cristal de Bohême; *cristales de Venecia* cristaux de Venise ‖ carreau, vitre *f* (de ventana) ‖ verre; *el cristal de un reloj* le verre d'une montre ‖ verre (lente); *cristal de contacto* verre de contact ‖ AUTOM glace *f* ‖ FIG miroir (espejo) ‖ FIG & POÉT cristal (del agua) ‖ *(amer.)* verre (vaso) ‖ — *cristal de aumento* verre grossissant ‖ *cristal hilado* verre filé ‖ *cristal trasero* lunette arrière (automóvil).

cristalera *f* armoire vitrée (armario) ‖ buffet *m* (aparador) ‖ porte vitrée (puerta) ‖ verrière (de un techo).

cristalería *f* cristallerie (fábrica de cristal) ‖ verrerie (objetos de cristal) ‖ service *m* de verres (de mesa).

cristalero, ra *m y f* vitrier, ère (que arregla los cristales) ‖ verrier, ère (que trabaja en cristal).

cristalino, na *adj y s m* cristallin, e.

cristalización *f* cristallisation.

cristalizador, ra *adj* cristallisant, e.
◆ *m* QUÍM cristallisoir.

cristalizar *v tr e intr* cristalliser ‖ se cristalliser; *el patriotismo cristalizó en la resistencia al enemigo* le patriotisme se cristallisa dans la résistance à l'enemi.
◆ *v pr* se cristalliser.

cristalográfico, ca *adj* cristallographique.

cristaloide *adj y s m* cristalloïde.

cristiandad *f* chrétienté (conjunto de los cristianos) ‖ christianisme *m* (virtud cristiana).

cristianísimo, ma *adj* très chrétien, enne (título de los reyes de Francia).

cristianismo *m* christianisme.

cristianización *f* christianisation.

cristianizar *v tr* christianiser.

cristiano, na *adj y s* chrétien, enne ‖ — *cristiano nuevo* nouveau chrétien [juif, maure, etc. converti au christianismo] ‖ *cristiano viejo* vieux chrétien [chrétien de souche ancienne] ‖ — *hablar en cristiano* parler un langage chrétien, parler espagnol.
◆ *m* FAM chrétien | chat, âme *f* qui vive; *por la calle no pasa un cristiano* il n'y a pas un chat dans la rue.

cristino, na *adj y s* partisan d'Isabelle II d'Espagne, sous la régence de Marie-Christine, opposé aux carlistes.

Cristo *m* le Christ ‖ christ, crucifix; *un cristo de marfil* un christ en ivoire ‖ — FIG & FAM *donde Cristo dio las tres voces, donde Cristo perdió el gorro ou la boina* au diable, au diable vauvert | *ni Cristo que lo fundó* personne (nadie) | *¡voto a Cristo!* mince!, zut!

cristobalita *f* MIN cristobalite.

criterio *m* critère, critérium *(p us)* ‖ notion *f* (noción) ‖ jugement, discernement (juicio) ‖ *en mi criterio* à mon avis, à mon sens.

crítica *f* critique (juicio) ‖ critique (censura); *la crítica es fácil, pero el arte es difícil* la critique est aisée mais l'art est difficile ‖ reproche *m*, critique; *¿qué crítica puedes hacerme?* quel reproche peux-tu me faire?

criticable *adj* critiquable.

criticar *v tr* critiquer (juzgar) ‖ critiquer (censurar) ‖ critiquer, reprocher; *no critico nada en el sistema* je ne reproche rien au système.

criticastro *m* mauvais critique, critique de peu d'envergure.

criticismo *m* FIL criticisme.

crítico, ca *adj* critique (propio de la crítica) ‖ critique (propio de la crisis).
◆ *m y f* critique (el que critica); *crítico de arte* critique d'art.
◆ *adj y s* critiqueur, euse (criticón).

criticón, ona *adj y s* qui a l'esprit critique très développé, critiqueur, euse.

Croacia *n pr f* GEOGR Croatie.

croar *v intr* coasser (las ranas).

croata *adj* croate.
◆ *m y f* Croate.

croché; crochet *m* crochet (ganchillo).

croissant; cruasán *m* croissant.

croissantería *f* croissanterie.

crol *m* DEP crawl.

cromado *m* TECN chromage, chromé.

Cro-Magnon; Cromañón *m* Cro-Magnon.

cromar *v tr* TECN chromer.

cromático, ca *adj* FÍS & MÚS chromatique; *escala cromática* gamme chromatique.

cromatismo *m* chromatisme.

cromato *m* QUÍM chromate.

cromatóforo *m* chromatophore.

cromatografía *f* QUÍM chromatographie.

crómlech; crónlech *m* cromlech (monumento megalítico).

cromo *m* chrome (metal) ‖ chromo (cromolitografía) ‖ image *f*; *coleccionar cromos* collectionner des images ‖ image *f* d'Épinal, chromo (grabado de poco valor).

cromosoma *m* BIOL chromosome.

cromosómico, ca *adj* chromosomique.

cromoterapia *f* MED chromothérapie.

crónica *f* chronique (anales) ‖ chronique; *crónica literaria* chronique littéraire ‖ — *crónica de sucesos* rubrique des faits divers ‖ *crónicas de sociedad* carnet mondain.

crónico, ca *adj* chronique.

cronista *m* chroniqueur.

crónlech *m* → **crómlech**.

crono *m* DEP temps.

cronógrafo *m* chronographe.

cronología *f* chronologie.

cronológico, ca *adj* chronologique.
cronometrador, ra *m y f* chronométreur, euse.
cronometraje *m* chronométrage (de deporte, etc.) ‖ minutage, chronométrage (de un trabajo).
cronometrar *v tr* chronométrer.
cronométrico, ca *adj* chronométrique.
cronómetro *m* chronomètre (reloj) ‖ *ser como un cronómetro* être une pendule (exacto), être réglé comme du papier à musique (regular).
Cronos *n pr m* MIT Cronos, Kronos.
croquet *m* croquet (juego).
croqueta *f* CULIN croquette; *croqueta de pescado* croquette de poisson ǀ croquette (de chocolate).
croquis *m* croquis (dibujo).
cros; cross-country *m inv* DEP cross, cross-country (carrera).
crótalo *m* crotale (castañuela antigua) ‖ ZOOL crotale, serpent à sonnettes.
◆ *pl* POÉT castagnettes *f*.
crotorar *v intr* claqueter, craqueter (la cigüeña).
croupier *m* croupier (en el juego).
— OBSERV La palabra *croupier* es un galicismo.
cruce *m* croisement, carrefour, croisée *f* (encrucijada) ‖ intersection *f* (de carreteras) ‖ échangeur (de autopistas) ‖ interférence *f* de deux conversations au téléphone ‖ croisement (acción de cruzarse) ‖ entrecroisement (acción de cruzarse en varios sentidos) ‖ BIOL croisement ‖ court-circuit (cortocircuito) ‖ *luces de cruce* feux de croisement, phares codes.
cruceiro *m* → cruzeiro.
crucero *m* porte-croix (en las procesiones) ǀ croisement, carrefour (encrucijada) ‖ ARQ transept, croisée *f* (en los templos) ‖ ASTR croix du Sud *f* (constelación) ‖ CONSTR traverse *f*, moise *f* ǀ croisillon (de ventana) ‖ IMPR milieu d'une feuille d'impression ‖ MAR croiseur (navío) ǀ croisière *f* (viaje por mar), croisière *f* (vigilancia de las costas) ‖ MIN plan de clivage (de un mineral) ‖ *velocidad de crucero* vitesse de croisière.
cruceta *f* croisillon *m* (de enrejado) ‖ MAR hune (cofa) ǀ traverse (crucero) ‖ MECÁN crosse, croisillon *m*.
crucial *adj* crucial, e; *incisión crucial* incision cruciale ‖ FIG crucial, e (fundamental); *puntos cruciales* points cruciaux.
cruciferario *m* porte-croix *inv* (el que lleva la cruz) ǀ religieux de l'ordre de la Sainte-Croix.
crucificado, da *adj* crucifié, e.
◆ *m el Crucificado* le Crucifié (Jesucristo).
crucificar *v tr* crucifier ‖ FIG & FAM crucifier, martyriser, tourmenter.
crucifijo *m* crucifix.
crucifixión *f* crucifixion ‖ crucifiement *m*.
— OBSERV *Crucifiement* es la acción y el efecto de crucificar. La palabra *crucifixión* se relaciona particularmente con el suplicio de Cristo.
crucigrama *m* mots *pl* croisés.
crucigramista; cruciverbista *m y f* amateur de mots croisés, cruciverbiste.
crudamente *adv* crûment.
crudeza *f* crudité (de lo que está crudo) ‖ FIG rigueur (rigor); *la crudeza de las heladas* la rigueur des gelées ǀ dureté, âpreté (aspereza) ǀ dureté (del agua) ‖ crudité (palabra grosera).

crudo, da *adj* cru, e (no cocido) ‖ vert, e (no maduro) ‖ indigeste, cru, e (indigesto) ‖ brut, e; *petróleo crudo* pétrole brut ‖ écru, e; cru, e (cuero, seda) ‖ grège (seda) ‖ FIG rigoureux, euse; rude (tiempo) ǀ rude, cruel, elle (cruel) ǀ pas mûr, e (no hecho) ǀ cru, e; *un chiste crudo* une histoire crue ‖ *(amer)* ivre-mort, dans les vignes du Seigneur (después de una borrachera) ‖ *en crudo* crue, e; *tomate en crudo* tomate crue; crûment (bruscamente).
◆ *m* brut (petróleo).
◆ *f* (*amer*) FAM cuite (borrachera) ǀ gueule de bois (resaca).
cruel *adj y s* cruel, elle; *un tirano cruel* un tyran cruel ‖ *mostrarse cruel* être o se montrer cruel; s'acharner; *el destino se muestra cruel con él* le destin s'acharne contre lui.
crueldad *f* cruauté.
cruentamente *adv* de façon sanglante, avec effusion de sang.
cruento, ta *adj* sanglant, e (sangriento).
crujía *f* corridor *m*, couloir *m* (corredor) ‖ salle commune (en un hospital) ‖ espace *m* entre le chœur et le sanctuaire (en una catedral) ‖ ARQ espace *m* entre deux murs de soutènement ‖ MAR coursive (de proa a popa) ‖ — *crujía de habitaciones* enfilade de pièces ‖ FIG & FAM *pasar* ou *sufrir una crujía* en voir de dures, souffrir le martyre.
crujido *m* craquement (ruido de lo que cruje) ‖ frou-frou (de una tela) ‖ grincement (de dientes) ‖ claquement (de un látigo).
crujiente *adj* craquant, e ‖ croustillant, e (pan), croquant, e (galleta).
crujir *v intr* craquer ‖ grincer (los dientes) ‖ frou-frouter (la seda) ‖ crisser (arena, hojas muertas, nieve) ‖ — *allí será el llorar y el crujir de dientes* il y aura des pleurs et des grincements de dents ‖ *crujirse los dedos* faire craquer ses doigts.
crustáceo, a *adj y s m* ZOOL crustacé, e.
crústula *f* petite croûte.
cruz *f* croix (patíbulo, figura) ‖ croix (condecoración); *gran cruz de Isabel la Católica* grand-croix d'Isabelle la Catholique ‖ pile (de la moneda); *jugar a cara o cruz* jouer à pile ou face ‖ garrot *m* (de los animales) ‖ fourche (de las ramas de un árbol) ‖ entre-jambe *m* (de los pantalones) ‖ FIG croix (carga); *cada uno lleva su cruz* à chacun sa croix ‖ ASTR Croix du Sud ‖ BLAS croix ‖ — *cruz ancorada* ou *de áncora* croix ancrée ‖ *cruz de Borgoña* ou *de San Andrés* croix de Saint-André ǀ *cruz de Lorena* croix de Lorraine ǀ *cruz de los Caídos* monument aux morts ‖ *cruz de Malta* croix de Malte ‖ *cruz egipcia* croix ansée ‖ BLAS *cruz flordelisada* croix fleurdelisée ‖ *cruz gamada* croix gammée ‖ *cruz griega* croix grecque ‖ *cruz latina* croix latine ‖ *cruz papal* croix papale ‖ BLAS *cruz potenzada* croix potencée ‖ *Cruz Roja* Croix-Rouge ‖ *cruz tao* ou *de San Antonio* tau, croix de Saint-Antoine ‖ *cruz trebolada* croix tréflée ‖ — FIG & FAM *cruz y raya* c'est fini, qu'il n'en soit plus question, l'affaire est close ǀ *de la cruz a la fecha* d'un bout à l'autre ‖ *en cruz* en croix ‖ FAM *en cruz y en cuadro* sans rien ‖ *señal de la cruz* signe de la croix ‖ — FIG *es la cruz y los ciriales* c'est la croix et la bannière ‖ *hacerse cruces* rester pantois ǀ *llevar la cruz a cuestas* porter sa croix ‖ *por esta cruz, por éstas que son cruces* par notre Seigneur Jésus-Christ.
cruza *f* (*amer*) BIOL croisement *m*.

cruzada f HIST croisade ‖ *(p us)* croisement m, carrefour m (encrucijada) ‖ FIG croisade, campagne; *cruzada antialcohólica* croisade antialcoolique.

cruzado, da adj croisé, e; *tela, chaqueta cruzada* étoffe croisée, veston croisé ‖ COM barré, e; *cheque cruzado* chèque barré ‖ — MIL *fuegos cruzados* feux croisés ‖ *palabras cruzadas* mots croisés.
◆ m croisé (participante en una cruzada) ‖ croisé (animal) ‖ croisure f (de una tela) ‖ MÚS un des accords de la guitare ‖ chassé-croisé (danza).
◆ pl hachures f (en el dibujo).

cruzamiento m croisement (de dos coches) ‖ croisement (de animales) ‖ armement (ceremonia).

cruzar v tr croiser; *cruzar las piernas* croiser les jambes ‖ traverser; *cruzar la calle* traverser la rue ‖ couper, croiser; *este camino cruza la carretera* ce chemin coupe la route ‖ barrer (un cheque) ‖ décorer [de la croix d'un ordre]; faire chevalier [d'un ordre] ‖ faire (apuestas) ‖ AGRIC faire un second labour ‖ BIOL croiser (animales o plantas) ‖ — *cruzar a uno la cara* cingler le visage de quelqu'un ‖ MIL *cruzar la bayoneta* croiser la baïonnette ‖ *cruzar la espada* croiser le fer avec (pelearse) ‖ FIG *cruzar palabras con uno* échanger quelques mots avec quelqu'un (conversar brevemente), avoir une prise de bec, se chamailler avec quelqu'un (disputar) ‖ *cruzar por la imaginación* traverser l'esprit ‖ *nunca había cruzado una palabra con él* je n'avais jamais échangé une parole avec lui.
◆ v intr MAR croiser.
◆ v pr se croiser (dos personas o cosas); *nuestras cartas se han cruzado* nos lettres se sont croisées ‖ échanger (palabras, regalos, etc.) ‖ croiser; *me crucé con él por la calle* je l'ai croisé dans la rue ‖ s'entrecroiser (diversas personas o cosas) ‖ devenir membre d'un ordre ‖ être fait, e (apuesta) ‖ — *cruzarse de brazos* se croiser les bras ‖ *cruzarse de palabras* se disputer, se prendre de bec ‖ *cruzarse de piernas* croiser les jambes.

cruzeiro; cruceiro m cruzeiro (moneda brasileña).

CSCE abrev de *Conferencia sobre Seguridad y Cooperación en Europa* C.S.C.E., Conférence sur la sécurité et la coopération en Europe.

CSIC abrev de *Consejo Superior de Investigaciones Científicas* Conseil supérieur de la recherche scientifique [Espagne].

cta. abrev de *cuenta* compte.

cte. abrev de *corriente* courant.

CTNE abrev de *Compañía Telefónica Nacional de España* Compagnie nationale des téléphones d'Espagne.

cu f q m, nom de la lettre q.

cuaco m farine f de racine de yucca ‖ *(amer)* cheval, rosse f, haridelle f.

cuaderna f quaterne, carne (juego) ‖ MAR & AVIAC couple m; *cuaderna maestra* maître couple ‖ MAR membrure ‖ *cuaderna vía* quatrain d'alexandrins monorimes (estrofa).

cuadernillo m carnet (librito) ‖ cahier (de papel de fumar) ‖ cahier [de cinq feuilles] ‖ ECLES ordo (añalejo) ‖ IMPR feuillet.

cuaderno m cahier ‖ FAM jeu de cartes (baraja) ‖ MAR *cuaderno de bitácora* livre de bord.

cuadra f écurie (caballeriza) ‖ écurie (caballos de automóviles de un propietario) ‖ grande salle (sala grande) ‖ dortoir m (dormitorio común) ‖ chambrée (en un cuartel) ‖ quart m de mille (medida itineraria) ‖ croupe (grupa) ‖ *(amer)* pâté m o îlot m de maisons (manzana de casas) [voir OBSERV] ‖ salon m (sala de recibo).
— OBSERV Dans les villes américaines, dont le plan est souvent un quadrillage de rues, la *cuadra* désigne la longueur d'un pâté de maisons, soit la distance entre deux angles de rues. Cette distance équivaut à une centaine de mètres: *vivo a tres cuadras* j'habite à 300 mètres environ.

cuadrado, da adj carré; *vela cuadrada* voile carrée; *raíz cuadrada* racine carrée ‖ FIG parfait, e | de face (de frente).
◆ m GEOM carré (figura) ‖ carrelet (regla) ‖ MAT carré; *el cuadrado de la hipotenusa* le carré de l'hypoténuse ‖ IMPR cadrat, cadratin (para espacios).

cuadrafonía f quadriphonie, tétraphonie.

cuadrafónico, ca adj quadriphonique.

cuadragenario, ria adj y s quadragénaire.

cuadragésimo, ma adj y s quarantième.

cuadrangular adj quadrangulaire.

cuadrángulo, la adj GEOM quadrangulaire.
◆ m GEOM quadrangle.

cuadrante m ASTR quadrant (de meridiano) ‖ GEOM quadrant (de círculo) ‖ cadran (reloj solar) ‖ MAR quart [de vent ou de rumb] ‖ ECLES tableau des offices (tablilla de las misas) ‖ arbalétrier (cuadral).

cuadrar v tr donner la forme d'un carré, rendre carré, carrer (dar forma cuadrada) ‖ MAT élever au carré, carrer (un número) ‖ TECN équarrir (un tronco) ‖ GEOM carrer, faire la quadrature d'une figure (determinar el cuadrado) ‖ cadrer (en compaginación) ‖ graticuler (cuadricular un dibujo).
◆ v intr cadrer, s'accorder, aller; *su carácter no cuadra con el mío* votre caractère ne s'accorde pas avec le mien; *nuestras cuentas no cuadran con las suyas* nos comptes ne cadrent pas avec les vôtres ‖ tomber juste; *no me cuadran las cuentas* les comptes ne tombent pas juste ‖ *(amer)* plaire, convenir (convenir); *no me cuadra eso* cela ne me plaît pas.
◆ v pr MIL se mettre au garde-à-vous (soldados) ‖ ÉQUIT s'arrêter ferme (los caballos) ‖ TAUROM se planter ferme sur les quatre pattes ‖ FIG & FAM se raidir.

cuadratura f quadrature (del círculo) ‖ débitage m (de la madera).

cuadriceps adj y s m quadriceps (músculo).

cuadrícula f quadrillage m.

cuadriculado, da adj quadrillé, e; *papel cuadriculado* papier quadrillé.
◆ m quadrillage.

cuadricular adj relatif au quadrillage.

cuadricular v tr quadriller (un papel), graticuler (un dibujo).

cuadridimensional adj FÍS à quatre dimensions; *el espacio cuadridimensional de Einstein* l'espace à quatre dimensions d'Einstein.

cuadriga f quadrige m.

cuadrilátero, ra adj GEOM quadrilatère, quadrilatéral, e; *terrenos cuadriláteros* terrains quadrilatéraux.
◆ m quadrilatère (polígono) ‖ ring (boxeo).

cuadrilla f TAUROM «cuadrilla», équipe qui accompagne le matador ‖ bande (de amigos, de malhechores) ‖ équipe (de obreros) ‖ quadrille m

cuadrimotor

(baile) ‖ HIST compagnie d'archers de la Santa Hermandad [chargés de poursuivre les malfaiteurs].
cuadrimotor *adj m* y *s m* quadrimoteur.
cuadriplicar *v tr* quadripler (cuatriplicar).
cuadrisílabo, ba *adj* quadrisyllabique.
◆ *m* quadrisyllabe.
cuadro, a *adj* (*p us*) carré, e (cuadrado).
◆ *m* carré, rectangle (rectángulo) ‖ carreau, damier; *tela de cuadros* tissu à carreaux ‖ tableau (pintura) ‖ IMPR platine *f* ‖ parterre (de un jardín); *cuadro de flores* parterre de fleurs ‖ TEATR tableau (parte del acto) ‖ FIG tableau (espectáculo) | tableau (descripción); *cuadro de costumbres* tableau de mœurs ‖ équipe *f* (equipo) ‖ TECN cadre (de motos y bicicletas) ‖ MIL cadre (conjunto de jefes) | carré (formación) ‖ (*amer*) abattoir (matadero) ‖ — *cuadro clínico* signes cliniques ‖ *cuadro de distribución* tableau de distribution ‖ *cuadro de instrumentos* ou *de mandos* tableau de bord ‖ *cuadro facultativo* ou *médico* personnel médical ‖ *cuadro flamenco* groupe de flamenco ‖ *cuadro sueco* portique (de gimnasia) ‖ MIL *cuadros de mando* personnel de commandement (ejército) ‖ *cuadro vivo* tableau vivant ‖ — *dentro del cuadro de* dans le cadre de ‖ *en cuadro* en carré ‖ *quedarse en cuadro* avoir été déserté ‖ FAM *¡vaya un cuadro!* quel tableau!
cuadrúpedo, da *adj* y *s m* ZOOL quadrupède.
cuádruple *adj* quadruple.
cuádruplex *m* quadruplex (telégrafo).
cuadruplicar *v tr* e *intr* quadrupler.
cuádruplo *m* quadruple (cuádruple).
cuajada *f* caillé *m* (de la leche) ‖ fromage *m* blanc, caillé *m* (requesón).
cuajado, da *adj* caillé, e ‖ FIG & FAM saisi, e; figé, e (de extrañeza); *quedó cuajado* il resta figé ‖ FIG ahuri, e; stupéfait, e; pantois, e (asombrado) | endormi, e; planté, e; figé, e (inmóvil) ‖ FAM *estar cuajado como un palo* être planté comme un piquet.
◆ *m* gâteau de fruits et hachis de viande sucré (pastel).
cuajar *m* ANAT caillette *f*.
cuajar *v tr* coaguler (la sangre, etc.) ‖ cailler, présurer, empresurer (la leche) ‖ figer (el aceite, las grasas) ‖ FIG surcharger [d'ornements] ‖ réussir; *nuestro equipo cuajó un magnífico partido* notre équipe a réussi un excellent match.
◆ *v intr* FIG & FAM réussir, bien tourner, marcher; *no cuajó su negocio* son affaire n'a pas marché | prendre; *esta moda no cuajó* cette mode n'a pas pris | prendre, passer; *tales mentiras no cuajan* de tels mensonges ne passent pas | plaire, convenir; *no me cuaja su proposición* votre proposition ne me convient pas | devenir; *esa promesa ha cuajado en un gran artista* cet espoir est devenu un grand artiste ‖ *estar cuajado* être rempli o bourré; *París está cuajado de extranjeros* Paris est bourré d'étrangers; être rempli o couvert; *balcón cuajado de flores* balcon couvert de fleurs; être rempli o parsemé; *cielo cuajado de estrellas* ciel parsemé d'étoiles; être rempli o plein o jalonné; *su vida está cuajada de éxitos* sa vie est jalonnée de succès.
◆ *v pr* se coaguler, se figer ‖ se cailler, cailler (la leche) ‖ prendre (una crema, mayonesa, dulces) ‖ prendre (hielo, río) ‖ FIG se remplir (llenarse) ‖ s'endormir (ser poco activo).
cuajo *m* présure *f* (contenido del cuajar) ‖ caillement (coagulación) ‖ ZOOL caillette *f* (cuajar del rumiante) ‖ FIG & FAM calme (calma) ‖ — *añadir cuajo* empresurer ‖ *arrancar de cuajo* déraciner (un árbol), couper à la racine, extirper (cosas malas) ‖ *tener cuajo* être indolent.

cual *pron rel* — PRECEDIDO DE ARTÍCULO qui, lequel, laquelle, lesquels, lesquelles; *llamó al portero, el cual dormía* il appela le concierge, lequel dormait o qui dormait ‖ celui-ci, celle-ci, ceux-ci, celles-ci; *entró en la habitación de su hermano, el cual todavía dormía* il entra dans la chambre de son frère; celui-ci dormait encore ‖ — *a cual más, a cual mejor* à qui mieux mieux ‖ *al cual, a la cual, a los cuales, a las cuales* auquel, à laquelle, auxquels, auxquelles; *bajo el cual* sous lequel ‖ *cada cual* chacun; *a cada cual lo suyo* à chacun son bien ‖ *del cual, de la cual, de los cuales, de las cuales* duquel, de laquelle, desquels, desquelles; *el Sol, en torno del cual gira la Tierra* le Soleil autour duquel tourne la Terre; dont, duquel, de laquelle, etc.; *el hombre del cual te hablé* l'homme dont je t'ai parlé; *cinco chicos dos de los cuales son unos bandidos* cinq garçons dont deux sont des bandits ‖ *de lo cual* ce dont; *ha conseguido lo que quería, de lo cual me alegro mucho* a obtenu ce qu'il voulait, ce dont je me réjouis fort; d'où; *de lo cual podemos inferir que* d'où nous pouvons déduire que ‖ *después de lo cual* après quoi ‖ *en el cual* où, dans lequel; *el sitio en el cual me encuentro* l'endroit où je me trouve ‖ *lo cual* ce qui, ce que; *ya no nos saluda, lo cual equivale a decir que está enfadado con nosotros* il ne nous salue plus, ce qui revient à dire qu'il est fâché avec nous ‖ *por lo cual* par quoi, c'est pour quoi, par conséquent, donc ‖ *sin lo cual* sans quoi — SIN ARTÍCULO comme, tel que, telle que, tels que, telles que; *epidemias cuales se propagaban en la Edad Media ya no habrá más* il n'y aura plus d'épidémies telles que o comme celles qui se propageaient au Moyen Âge ‖ POÉT comme, tel, telle; *cual las flores del naranjo* comme o telles les fleurs de l'oranger ‖ — *cual o cual, tal cual* de rares, quelques rares; *entre la asistencia, cual o cual aficionado* parmi l'assistance, de rares amateurs ‖ *tal... cual* tel... tel; *cual el padre, tal el hijo* tel père, tel fils.
◆ *adv* tel que, comme; *cual se lo cuento* tel que je vous le raconte ‖ *tal cual* tel quel; *lo ha dejado tal cual, no lo ha arreglado nada* il l'a laissé tel quel, il ne l'a pas arrangé du tout; comme ci, comme ça; *una solución tal cual* une solution comme ci, comme ça; quelques (algunos).
— OBSERV pl *cuales*.
cuál *adj* y *pron interrog* quel, quelle, quels, quelles; *no sé cuál será su decisión* je ne sais pas quelle sera sa décision; *¿cuál es el camino más corto?* quel est le chemin le plus court? ‖ qui, lequel, laquelle, lesquels, lesquelles; *¿cuál de los tres llegará primero?* lequel des trois arrivera le premier?
◆ *pr indet* l'un, l'autre, l'une, l'autre, les uns, les autres, les unes, les autres; qui... qui; *todos se quejaban, cuáles de la comida, cuáles de la cama* tous se plaignaient, les uns de la nourriture, les autres du lit o qui du lit o qui de la nourriture, qui du lit ‖ *todos contribuyeron, cuál más, cuál menos a este éxito* tous contribuèrent à des degrés différents o plus ou moins à ce succès.
◆ *adv* comment, comme; *¡cuál infeliz se encontraba!* comme il se trouvait malheureux!
cualidad *f* qualité.

— OBSERV *Calidad* et *cualidad* traduisent deux sens de qualité: *un reloj de calidad* une montre de qualité; *la bondad es una cualidad* la bonté est une qualité.

cualificación *f* qualification.

cualificado, da *adj* qualifié, e (obrero).

cualificar *v tr* qualifier.

cualitativo, va *adj* qualitatif, ive.

cualquier *adj indef* apócope de *cualquiera* → **cualquiera**.

— OBSERV *Cualquiera* s'apocope obligatoirement en *cualquier* devant un nom masculin singulier, facultativement devant un nom féminin singulier, rarement devant un nom au pluriel.

— OBSERV pl *cualesquier*.

cualquiera *adj y pron indef* n'importe qui, quiconque; *cualquiera de Uds* n'importe qui d'entre vous, quiconque parmi vous || n'importe lequel, n'importe laquelle; *cualquiera de los dos* n'importe lequel des deux || n'importe quel, n'importe quelle; *en cualquier momento y a cualquier hora* à n'importe quel moment et à n'importe quelle heure || quel que, quelle que; *cualquiera que sea su excusa no le perdono* quelle que soit son excuse je ne lui pardonne pas || tout, e; *cualquier hombre inteligente sabe que* tout homme intelligent sait que || personne; *cualquiera lo creerá* personne ne le croira || on; *cualquiera se acostumbra a todo* on s'habitue à tout || quelconque; *un día cualquiera* un jour quelconque || — *cualquiera que* quiconque; *cualquiera que haya viajado lo sabe* quiconque a voyagé le sait || *cualquier cosa* n'importe quoi || *cualquier cosa que* quoi que; *cualquier cosa que haga* quoi qu'il fasse || *cualquier día* un de ces jours || *cualquier otro* tout autre; *cualquier otro menos yo* tout autre que moi || *en cualquier otra parte* n'importe où ailleurs, partout ailleurs || *una cualquiera* une femme quelconque, une femme de rien || *un cualquiera* le premier venu, un homme quelconque, un homme de rien || *unos cualquieras* des gens de rien || — *cualquiera lo diría* on croirait bien || *por cualquier parte que vaya* de quelque côté qu'il aille.

— OBSERV pl *cualesquiera*.

cuan *adv* combien, comme; *no puedes imaginarte cuan cansada estoy* tu ne peux pas t'imaginer combien je suis fatiguée || comme, combien (exclamativo); *¡cuán pronto pasan los años!* comme les années passent vite! || que, comme; *¡cuán hermoso es!* qu'il est beau! || *tan... cuan* aussi... que; *el castigo será tan grande cuan grave fue la culpa* le châtiment sera aussi grand que la faute fut grave; autant... autant (cuanto... tanto); *cuan bueno era el padre, tan malo es el hijo* autant le père était bon autant le fils est méchant || *cayó cuan largo era* il tomba de tout son long.

— OBSERV *Cuan*, apócope de *cuanto*, ne s'emploie que devant les adjectifs et les adverbes. Il porte un accent dans les phrases exclamatives ou interrogatives.

cuando *conj* quand, lorsque (en el tiempo en que); *será ya de noche cuando lleguemos a casa* il fera déjà nuit quand nous arriverons chez nous; *ven a buscarme cuando sean las tres* viens me chercher lorsqu'il sera 3 heures (voir OBSERV); *cuando joven, yo creía* quand j'étais jeune, je croyais || même si, quand bien même (aunque); *cuando lo dijeras mil veces* même si tu le répétais mille fois || puisque, du moment que (puesto que); *cuando lo dices será verdad* puisque tu le dis, ce doit être vrai || que; *no bien lo hubo dicho cuando se cayó* il ne l'avait pas plutôt dit qu'il tomba || — *cuando la guerra* au moment de o pendant la guerre || *cuando la última huelga* lors de la dernière grève || *cuando más, cuando mucho* tout au plus, au plus || *cuando mayor* une fois devenu grand || *cuando menos* tout au moins, au moins, pour le moins || *cuando no* dans le cas contraire, sinon || *cuando quiera que* à quelque moment que || — *aun cuando* même si, quand bien même, quand; *aun cuando llueva* même s'il pleuvait; *aun cuando lo supiese me callaría* quand je le saurais, je me tairais || *de cuando en cuando, de vez en cuando* de temps en temps, de temps à autre || *entonces es cuando* c'est alors que.

◆ *adv* quand; *vendrás, pero ¿cuándo?* tu viendras, mais quand?; *no sé cuándo iré* je ne sais pas quand j'irai || — *cuándo... cuándo* tantôt... tantôt || *cuando quiera* n'importe quand || *¿de cuándo acá, desde cuándo?* depuis quand? || *¿para cuándo?* pour quand?

◆ *m el cómo y el cuándo* comment et quand.

— OBSERV Pour marquer l'éventualité, l'espagnol emploie le subjonctif présent là où le français emploie le futur de l'indicatif, et l'imparfait du subjonctif là où le français met le conditionnel. *Cuando* porte l'accent écrit dans les phrases exclamatives et interrogatives.

cuantía *f* quantité (cantidad) || montant *m* (importe) || qualité, importance (de una persona) || DR importance (de una cosa) || — *juicio de mayor, de menor cuantía* jugement pour une somme élevée, peu importante || *persona de mayor, de menor cuantía* personne importante, personne sans importance.

cuántico, ca *adj* quantique; *mecánica cuántica* mécanique quantique.

cuantificable *adj* quantifiable.

cuantificación *f* quantification.

cuantificar *v intr* FÍS quantifier.

cuantimás *adv* FAM à plus forte raison, d'autant plus.

cuantioso, sa *adj* considérable, abondant, e; important, e.

cuantitativo, va *adj* quantitatif, ive; *análisis cuantitativo* analyse quantitative.

cuanto, ta *adj* combien de; *¿cuántas manzanas quieres?* combien de pommes veux-tu? || autant; *cuantas cabezas, tantos pareceres* autant de têtes, autant d'avis || que de, quel, quelle; *¡cuánta gracia!* quelle grâce!; *¡cuántos problemas!* que d'ennuis! || tout, toute, tous, toutes; *se llevó cuantos objetos había comprado* il a emporté tous les objets qu'il avait achetés || — *cuanto más... más* plus... plus || *tanto... cuanto* autant... que; *su salario será tanto más elevado cuanto más penoso sea el trabajo* votre salaire sera d'autant plus élevé que le travail sera plus pénible || *unos cuantos, unas cuantas* quelques; *tengo unos cuantos amigos* j'ai quelques amis.

◆ *pron* combien; *¿cuántos han muerto?* combien sont morts? || tous ceux qui; *cuantos vayan allí serán castigados* tous ceux qui iront là-bas seront punis || tout ce que; *¡si supieras cuánto me dijo!* si tu savais tout ce qu'il m'a dit || — *todo cuanto* tout ce que || *unos cuantos, unas cuantas* quelques-uns, quelques-unes; *¿tiene muchos amigos?* — *tengo unos cuantos* avez-vous beaucoup d'amis? — J'en ai quelques-uns.

◆ *adv* combien (de qué manera); *ya sabes cuánto te aprecio* tu sais combien je t'estime ||

combien (cantidad); *¿cuánto vale esto?* combien vaut ceci? || combien de temps; *¿cuánto dura este disco?* combien de temps dure ce disque? || — *cuanto a, en cuanto a* quant à; *en cuanto a mí* quant à moi || *cuanto antes* dès que possible, aussitôt que possible, le plus tôt possible, au plus vite || *cuanto más* à plus forte raison (a mayor abundamiento), tout au plus; *esto vale cuanto más diez francos* cela vaut tout au plus dix francs || *cuanto más... más plus... plus; cuanto más le conozco más le quiero* plus je le connais, plus je l'aime || *cuanto más... menos plus... moins; cuanto más le veo, menos le comprendo* plus je le vois, moins je le comprends || — *¿a cuánto estamos?* le combien sommes-nous? (fecha) || *¿cada cuánto?* tous les combien? || *en cuanto* dès que, aussitôt que || *por cuanto* parce que.
- *m* FÍS quantum.
— OBSERV *Cuanto, cuanta* portent l'accent écrit dans les phrases exclamatives et interrogatives.

cuaquerismo *m* quakérisme (doctrina religiosa).
cuáquero, ra *m y f* quaker, eresse.
cuarenta *adj* quarante; *tengo cuarenta alumnos* j'ai quarante élèves.
- *m* quarante || quarantième; *es el cuarenta de la clase* c'est le quarantième de la classe || — *hasta el cuarenta de mayo no te quites el sayo* en avril ne te découvre pas d'un fil || *unos cuarenta* une quarantaine.
- *f pl las cuarenta* les quarante points que vaut au jeu du «tute» le joueur qui fait un mariage d'atout || FIG & FAM *cantar a uno las cuarenta* dire son fait o ses quatre vérités à quelqu'un.
cuarentavo, va *adj y s* quarantième.
cuarentena *f* quarantaine || carême, quarantaine (cuaresma) || quarantaine (medida de sanidad); *poner un barco en cuarentena* mettre un bateau en quarantaine || FIG *poner a alguien en cuarentena* mettre quelqu'un en quarantaine.
cuarentón, ona *adj y s* quadragénaire, qui a atteint la quarantaine.
cuaresma *f* carême *m*.
cuaresmal *adj* relatif au carême, quadragésimal, e (*p us*).
cuarta *f* quart *m* (cuarta parte) || empan *m* (palmo) || quatrième (en los juegos) || quarte (en esgrima) || *(amer)* fouet *m* (látigo) || ASTR quadrant *m* (cuadrante) || MÚS quarte || MIL peloton *m* || — MAT *cuarta proporcional* quatrième proportionnelle || FAM *no levanta una cuarta del suelo* il est haut comme trois pommes (es muy bajo).
cuartana *f* MED fièvre quarte.
cuartazo *m (amer)* coup de fouet.
cuartear *v tr* diviser en quatre (dividir en cuatro) || diviser, mettre en pièces (fragmentar) || dépecer (descuartizar) || hausser d'un quart les enchères (pujar).
- *v intr* TAUROM planter les banderilles en faisant un bond de côté.
- *v pr* se lézarder, se crevasser, se fendre (una pared) || FIG s'ébranler, être ébranlé; *las estructuras de esta organización se han cuarteado* les structures de cette organisation ont été ébranlées || *(amer)* manquer à sa parole, faire faux bond.
cuartel *m* MIL quartier (de un ejército); *cuartel general* quartier général, Q.G. *(fam)* || caserne *f* (de tropas) || quartier (gracia concedida al vencido); *dar cuartel* faire o donner quartier || *(p us)* quart (cuarta) || quartier (barrio) || carré (cuadro de jardín) || BLAS quartier, écartelure *f* || MAR panneau d'écoutille || — *(amer) golpe de cuartel* coup d'État || *¡guerra sin cuartel!* pas de quartier! || *servicio de cuartel* corvée || *sin cuartel* sans merci; *lucha sin cuartel* lutte sans merci || — MIL *estar de cuartel* être en demi-solde.
cuartelada *f*; **cuartelazo** *m* putsch *m*, pronunciamiento *m*.
cuartelero, ra *adj* relatif à la caserne, de la caserne.
- *m* MIL soldat de chambrée à la caserne.
cuartelillo *m* cantonnement d'une section [militaire] || poste de gendarmerie.
cuarteo *m* écart, feinte *f* (del cuerpo) || crevasse *f*, lézarde *f* (grieta en una pared).
cuarteta *f* quatrain *m* (redondilla).
cuartete; cuarteto *m* quatrain (poema) || MÚS quatuor, quartetto, quartette; *cuarteto de cuerda* quatuor à cordes.
cuartilla *f* feuillet *m* (de papel) || paturon *m* (de la pata del animal) || *papel de cuartillas* papier écolier.
cuarto, ta *adj* quatrième (que sigue al tercero) || quatre; *Enrique IV (cuarto),* Henri IV [quatre] || — *cuarta parte* quart; *tres es la cuarta parte de doce* trois est le quart de douze || *en cuarto lugar* quatrièmement, en quatrième lieu || FAM *estar a la cuarta pregunta* être sans le sou.
- *m* quart (cuarta parte); *un cuarto de hora* un quart d'heure; *son las dos y cuarto* il est deux heures et quart || chambre *f*; *estoy en mi cuarto* je suis dans ma chambre || pièce *f*; *este piso tiene dos cuartos y una cocina* cet appartement a deux pièces et une cuisine || appartement (piso); *cuarto amueblado* appartement meublé || quartier (línea de descendencia) || quartier (de un vestido) || quartier (de un animal) || lot (de un terreno) || ASTR quartier; *cuarto creciente, menguante* premier, dernier quartier || MAR quart || MIL faction *f* (del centinela) || VETER seime *f* (del casco del caballo) || FIG & FAM liard, sou; *no tener un cuarto* n'avoir pas le sou || — FAM argent, galette *f*, fric, sous *pl*; *tener muchos cuartos* avoir de la galette || — *cuarto de aseo* cabinet de toilette || *cuarto de banderas* salle d'officiers, salle d'honneur (en un cuartel) || *cuarto de baño* salle de bains || *cuarto de dormir* chambre à coucher || *cuarto de estar* salle de séjour || *cuarto de final* quart de finale || *cuarto delantero* train de devant [partie antérieure d'un animal] || *cuarto de luna* quartier de Lune || *cuarto de prevención* salle de police || *cuarto oscuro* chambre noire (de fotógrafo) || *cuarto trasero* train de derrière [d'un animal]; arrière-train || — *botella de a cuarto* quart; *una botella de a cuarto de agua mineral* un quart d'eau minérale || *de cuatro cuartos, de tres al cuarto* de rien du tout, de quatre sous, de peu de valeur; *un vestido de tres al cuarto* une robe de rien du tout; à la gomme; *un escultor de tres al cuarto* un sculpteur à la gomme || *en cuarto* in-quarto (encuadernación) || *en cuarto mayor* grand in-quarto || *en cuarto menor* petit in-quarto || — FAM *aflojo los cuartos* aboule ta galette | *dar un cuarto al pregonero* crier quelque chose sur les toits | *dejar sin un cuarto* laisser sans un sou | *echar su cuarto a espadas* placer son mot, mettre son grain de sel, se mêler à une conversation | *estar sin un cuarto* ne pas avoir un sou | *es tres cuartos de lo propio* c'est du pareil au même | *manejar los cuartos* tenir les cordons de la bourse | *no andar bien*

cuartucho *m* FAM taudis, bouge (habitación mala) | cagibi (habitación pequeña).

cuarzo *m* quartz (piedra); *cuarzo ahumado, hialino* quartz enfumé, hyalin.

cuasidelito *m* DR quasi-délit.

Cuasimodo *n pr m* Quasimodo *f*.

cuate, ta *adj y s* (*amer*) jumeau, jumelle (gemelo) | semblable, pareil, eille (parecido) | copain, copine; ami, e (amigo).

cuaternario, ria *adj y s m* quaternaire; *era cuaternaria* ère quaternaire.

cuatezón, ona *adj* (*amer*) écorné, e.

cuatrero, ra *adj y s* voleur, euse de bestiaux || (*amer*) voyou *m* (bribón) | FAM blagueur, euse (guasón).

cuatricromía *f* IMPR quadrichromie.

cuatrienio *m* période *f* de quatre ans.

cuatrillizos, zas *m y f pl* quadruplés, ées (niños).

cuatrimestral *adj* quadrimestriel, elle || qui dure quatre mois.

cuatrimestre *m* quadrimestre.

cuatrimotor *adj m y s m* quadrimoteur, tétramoteur (avión).

cuatripartito, ta *adj* quadripartite.

cuatrirreactor *adj m y s m* quadriréacteur (avión).

cuatrisílabo, ba *adj* quadrisyllabique (de cuatro sílabas).
◆ *m* quadrisyllabe.

cuatro *adj* quatre; *Alejandro nació el día cuatro de marzo* Alexandre est né le 4 mars || FAM *le pondré cuatro letras* je lui écrirai deux mots || — *cuatro ojos ven más que dos* deux valent mieux qu'un | *ni siquiera había cuatro gatos* il n'y avait pas un chat, il y avait quatre pelés et un tondu.
◆ *m* quatre (número) | quatre (naipe) || MÚS quatuor vocal | (*amer*) petite guitare *f* à quatre cordes (guitarra) | sottise *f*, bêtise *f* (disparate) | piège, duperie *f*, tromperie *f* (engaño) || — *de cuatro en cuatro* quatre à quatre || MÚS *de cuatro por ocho* quatre-huit (compás) || *las cuatro* quatre heures || FIG & FAM *más de cuatro* plus d'un, beaucoup de gens, beaucoup de monde; *más de cuatro se equivocan* plus d'un se trompe || *trabajar por cuatro* travailler comme quatre.

cuatrocentista *adj y s m* quattrocentiste.

cuatrocientos, tas *adj y s m* quatre cents.

cuatrojos *m y f inv* FAM quat'z'yeux.

cuba *f* cuve, tonneau *m* (tonel); *cuba de fermentación* cuve de fermentation || cuve, cuvée (contenido) || FIG & FAM tonneau *m* (muy grueso o borracho) || — *vagón cuba* wagon-foudre || — FIG & FAM *beber como una cuba* boire comme une éponge | *estar borracho como una cuba* être noir, être rond | *cada cuba huele al vino que tiene* la caque sent toujours le hareng.

Cuba *n pr* GEOGR Cuba || *¡más se perdió en Cuba!* on en a vu d'autres!

cubalibre *m* rhum-Coca.

cubanizar *v tr* donner le caractère cubain.
◆ *v pr* prendre les manières cubaines.

cubano, na *adj* cubain, e (de Cuba).
◆ *m y f* Cubain, e.
◆ *f* sorte de vareuse (pescadora).

cubata *m* FAM long drink || *cubata de ron* rhum-Coca.

cubero *m* tonnelier || — FIG & FAM *a ojo de buen cubero* à vue de nez, à vue d'œil, au pifomètre, au juger | *tener ojo de buen cubero* avoir l'œil américain.

cubertería *f* couverts *m pl*.

cubeta *f* petit tonneau *m* (tonel) || cuveau *m* (cuba pequeña) || FÍS cuvette (del barómetro) || cuvette, bac *m* (de laboratorio).

cubicaje *m* AUTOM cylindrée *f*.

cubicar *v tr* MAT & GEOM cuber.

cúbico, ca *adj* MAT cubique; *raíz cúbica* racine cubique | cube; *metro cúbico* mètre cube.

cubículo *m* cubiculum.

cubierta *f* couverture || couverture (de libro) || housse (funda) || enveloppe, pneu *m* (neumático) || ARQ couverture, toit *m*, toiture || MAR pont *m*; *cubierta de popa* arrière-pont; *cubierta de proa* avant-pont; *cubierta de vuelos* pont d'envol || gaine, enveloppe, revêtement *m* (de un cable) || FIG couverture, prétexte *m* || (*amer*) enveloppe (de una carta) || — *cubierta a un agua* toit en appentis || *cubierta a dos aguas* toit en bâtière || *cubierta de choza* couverture de chaume || *cubierta de nieve y hielo* pneu clouté.

cubierto, ta *adj* couvert, e.
◆ *m* couvert (para comer) || menu; *cubierto turístico* menu touristique || abri, couverture *f* (abrigo) || — *a cubierto* à l'abri, à couvert; *ponerse a cubierto* se mettre à l'abri || *juego de cubiertos* service de couverts || *poner los cubiertos* mettre le couvert.

cubil *m* tanière *f*, gîte (de los animales).

cubilete *m* timbale *f* (utensilio de cocina) || CULIN timbale *f* (guiso) || glaçon (hielo) || gobelet, timbale *f* (vaso de metal) || gobelet (de prestidigitador) || cornet, gobelet (para los dados) || (*amer*) haut-de-forme, tube (sombrero de copa) | intrigue *f*, machination *f* (intriga) || *bandeja para los cubiletes de hielo* bac à glace (en las neveras).

cubismo *m* cubisme (pintura y escultura); *cubismo analítico* cubisme analytique; *cubismo sintético* cubisme synthétique.

cubista *adj y s* cubiste.

cubital *adj* ANAT cubital, e (del codo).

cubito *m* cube || *cubito de hielo* glaçon, cube de glace.

cúbito *m* ANAT cubitus (hueso).

cubo *m* seau (recipiente portátil) || cuveau (cuba pequeña) || douille *f* (de bayoneta) || moyeu (de rueda) || écluse *f* d'un moulin à eau || boîte *f* (caja) || barillet (del reloj) || tour *f* circulaire || ARQ dé || MAT & GEOM cube; *elevar al cubo* élever au cube || — *cubo de la basura* boîte à ordures, poubelle || AUTOM *cubo de rueda* boîte d'essieu.

cubrecadena *m* carter [de bicyclette].

cubrecama *m* dessus-de-lit, couvre-lit.

cubrefuego *m* couvre-feu (queda).

cubrepiés *m* couvre-pieds *inv*, couvre-pied.

cubreplatos *m inv* couvre-plat.

cubrerradiador *m* couvre-radiateur, cache-radiateur.

cubretiestos *m inv* cache-pot.

cubrir *v tr* couvrir; *cubrir algo con un velo* couvrir quelque chose d'un voile ‖ cacher (ocultar) ‖ FIG satisfaire; *cubrir las necesidades* satisfaire les besoins | couvrir (una deuda, gastos); *los ingresos cubren los gastos* les recettes couvrent les dépenses | couvrir; *su voz cubre todas las demás* sa voix couvre toutes les autres | pourvoir à; *cubrir una vacante* pourvoir à une vacance | couvrir, protéger; *está cubierto por una persona importante* il est couvert par une personne importante ‖ MIL couvrir (defender) ‖ couvrir (un animal) ‖ — *cubrir aguas* mettre hors d'eau (un edificio) ‖ *cubrir carrera* faire la haie ‖ *cubrir de gloria* couvrir de gloire ‖ *cubrir las apariencias* ou *las formas* ou *el expediente* sauver les apparences ‖ *cubrir una demanda* couvrir une demande, répondre à une demande ‖ *esta piscina no cubre* dans ce bassin, on a toujours pied.
◆ *v pr* se couvrir (ponerse el sombrero) ‖ FIG se couvrir; *cubrirse de un riesgo con un seguro* se couvrir d'un risque par une assurance | être pourvu, e; *el año pasado sólo pudieron cubrirse dos plazas* l'année dernière deux places seulement ont pu être pourvues.

cuca *f* BOT souchet *m* comestible (chufa) ‖ ZOOL chenille (cuco) ‖ *(amer)* espèce de héron (zancuda).

cucaña *f* mât *m* de cocagne (diversión) ‖ FIG & FAM aubaine, profit *m* inespéré (ganga).

cucañero, ra *adj* y *s* débrouillard, e.

cucar *v tr* cligner de l'œil (guiñar).

cucaracha *f* blatte, cafard *m* (insecto) ‖ tabac *m* à priser (tabaco) ‖ *(amer)* remorque de tramway | bagnole (coche viejo).

cuclillas (en) *loc adv* accroupi, e ‖ *ponerse en cuclillas* s'accroupir, s'asseoir sur ses talons, se mettre à croupetons.

cuclillo *m* coucou (ave).

cuco, ca *adj* FIG & FAM joli, e (bonito), gentil, ille; mignon, onne (mono).
◆ *adj* y *s* malin, igne; rusé, e; finaud, e (astuto).
◆ *m* ZOOL coucou (pájaro) ‖ FAM tricheur (tramposo) ‖ *reloj de cuco* coucou.
◆ *pl* culotte *f sing*.

cucú *m* coucou (canto del cuco).

cucurucho *m* cornet (de papel) ‖ cagoule *f* (caperuza) ‖ *(amer)* sommet, pointe *f*.

cuchara *f* cuiller (mejor que «cuillère») ‖ *cuchara de café* cuiller à café ‖ *cuchara sopera* cuiller à soupe; *cuchara de palo* cuiller en bois ‖ cuiller à pot (cucharón de cocina) ‖ louche (para servir) ‖ cuiller (para metales) ‖ cuiller (para la pesca) ‖ MAR écope (achicador) ‖ TECN godet *m*, benne preneuse, cuiller (de pala mecánica) ‖ *(amer)* truelle (llana) ‖ — *cuchara autoprensora* benne preneuse ‖ *cuchara para desmonte* benne butte ‖ — FAM *meter algo con cuchara* faire rentrer dans la tête.

cucharada *f* cuillerée (cabida de la cuchara); *cucharada de café* cuillerée à café ‖ — FIG & FAM *cucharada y paso atrás* repas où tout le monde mange dans le même plat.

cucharilla *f* petite cuiller; *dame una cucharilla* donne-moi une petite cuiller ‖ cuiller (cuchara); *cucharilla de café, de postre* cuiller à café, à dessert ‖ MIN curette (para barrenos) ‖ VETER ratelle (enfermedad del cerdo).

cucharón *m* cuiller *f* à pot (de cocina) ‖ louche *f* (para servir).

cuché *adj m* couché (papel).

cuchichear *v intr* chuchoter.

cuchicheo *m* chuchotement.

cuchilla *f* couperet *m* (de carnicero, de guillotina) ‖ couteau *m* à rogner (del encuadernador) ‖ plane (de curtidor) ‖ lame de rasoir (hoja de afeitar) ‖ lame (de un arma blanca) ‖ coutre *m* (de arado) ‖ POÉT glaive *m*, lame (espada) ‖ *(amer)* chaîne de montagnes (cadena), crête (cumbre) | collines *pl*, ligne de crêtes ‖ FIG *estar cortado con una cuchilla* être taillé au couteau ‖ *patines de cuchilla* patins à glace.

cuchillada *f* coup *m* d'épée (de espada) o de couteau (de cuchillo o navaja) ‖ blessure d'arme blanche (herida), estafilade, balafre (herida en la cara).
◆ *pl* crevés *m* (de vestidos) ‖ FIG dispute *sing* (pendencia).

cuchillazo *m* coup de couteau (cuchillada).

cuchillería *f* coutellerie.

cuchillo *m* couteau (instrumento cortante); *cuchillo de monte, de trinchar, de postre* couteau de chasse, à découper, à dessert ‖ couteau (de la balanza) ‖ ZOOL lime *f*, défense *f* inférieure (del jabalí) ‖ soufflet *m* (de un vestido) ‖ FIG droit de justice (jurisdicción) ‖ coin (punta, extremidad) ‖ ARQ aiguille *f* (viga vertical) ‖ MAR coutelas (vela) ‖ — MIL *cuchillo bayoneta* baïonnette ‖ *cuchillo de la guillotina* couperet de la guillotine ‖ *cuchillo eléctrico* couteau électrique ‖ *señor de horca y cuchillo* seigneur haut justicier ‖ — *a cuchillo* au couteau ‖ *en casa del herrero cuchillo de palo* les cordonniers sont toujours les plus mal chaussés ‖ — *pasar a cuchillo* passer au fil de l'épée ‖ *tener el cuchillo en la garganta* avoir le couteau sous la gorge.

cuchipanda *f* FAM ripaille, bombance (comilona) | bombe (juerga) ‖ FAM *ir de cuchipanda* faire la bombe (ir de juerga), gueuletonner, faire bombance (darse una comilona).

cuchitril *m* taudis, bouge (habitación mala) | cagibi (habitación pequeña).

cuchufleta *f* FAM blague, plaisanterie.

cuellicorto, ta *adj* qui a le cou ramassé.

cuellilargo, ga *adj* à long cou.

cuello *m* cou (del cuerpo); *alargar el cuello* tendre le cou ‖ goulot (de botella) ‖ BOT hampe *f*, collet (tallo) ‖ col (parte estrecha de un objeto) ‖ collet (de un diente) ‖ col (de un vestido, de la camisa); *cuello almidonado, duro* col empesé, dur ‖ encolure *f* (número de cuello de una camisa) ‖ collet (adorno de piel) ‖ collerette *f* (de encaje) ‖ encolure (del caballo) ‖ collier (en carnicería) ‖ — *cuello acanalado* ou *alechugado* ou *apanalado* ou *escarolado* fraise [collerette] ‖ *cuello bufanda* col châle ‖ *cuello de pajarita* ou *palomita* col cassé ‖ *cuello postizo* faux col ‖ *cuello vuelto* ou *alto, cisne* col roulé, cheminée ‖ — *agarrar* ou *agarrarse a uno del* ou *por el cuello* saisir o prendre quelqu'un au collet ‖ *echar los brazos al cuello* sauter au cou ‖ *estar con el agua al cuello* avoir de l'eau jusqu'au cou ‖ *gritar a voz en cuello* crier à tue-tête ‖ *hablar al cuello de la camisa* parler à son bonnet ‖ FAM *meter el cuello* trimer, boulonner, en mettre un coup | *poner el cuello* en mettre sa main au feu (apostar).

cuenca *f* écuelle de bois (escudilla) ‖ orbite (del ojo) ‖ vallée (valle) ‖ bassin *m* (de río, lago, mar y mina); *cuenca petrolífera* bassin pétrolifère.

cuenco *m* terrine *f* (vaso de barro).
cuenta *f* compte *m* ‖ note (factura); *la cuenta del gas* la note du gaz ‖ addition, note (en los cafés, hoteles); *pedir la cuenta* demander l'addition; *¡mozo, traiga la cuenta!* garçon, l'addition! ‖ COM compte *m*; *cuenta corriente, bancaria, de ahorros* compte courant, bancaire, d'épargne; *interventor de cuentas* vérificateur des comptes ‖ grain *m* (de rosario o collar) ‖ FIG charge (obligación) | affaire (cuidado); *eso es cuenta tuya* c'est ton affaire ‖ — *cuenta de efectos impagados* compte d'impayés ‖ FAM *cuenta de la vieja* calcul fait en comptant sur les doigts ‖ *cuenta de resaca* compte de retour ‖ *cuenta atrás* compte à rebours ‖ *cuenta pendiente* impayé ‖ *cuenta redonda* compte rond ‖ *cuenta separada* compte à part ‖ *cuentas galanas* ou *del Gran Capitán* comptes d'apothicaire *o* de cuisinière ‖ — *ajuste de cuentas* règlement de comptes ‖ *cantidad a buena cuenta* quantité à compte ‖ *cantidad a cuenta* acompte ‖ *desembolso a cuenta* versement provisionnel ‖ FAM *pájaro de cuenta* drôle de loustic ‖ *tribunal de cuentas* cour des comptes ‖ — *a cuenta* en acompte, à compte, à valoir; *dejar una suma a cuenta* laisser une somme en acompte; *cien pesetas a cuenta de las mil que usted me debe* cent pesetas à valoir sur les mille que vous me devez ‖ *a cuenta de qué* pourquoi, pour quelle raison ‖ *a fin de cuentas* tout compte fait, en fin de compte, au bout du compte ‖ *borrón y cuenta nueva* tournons la page, passons l'éponge ‖ *con su cuenta y razón* et pour cause ‖ *de cuenta* d'importance, considérable ‖ *en resumidas cuentas* en fin de compte, tout compte fait, somme toute, en somme ‖ *las cuentas claras y el chocolate espeso* les bons comptes font les bons amis ‖ *más de la cuenta* plus que de raison, trop (demasiado) ‖ *por cuenta de* pour le compte de ‖ *por cuenta y riesgo de* aux risques et périls de ‖ *por mi cuenta* quant à moi ‖ — *abonar en cuenta* créditer ‖ *abrir una cuenta* ouvrir un compte ‖ *adeudar en cuenta* débiter, porter au débit d'un compte ‖ *ajustar la cuenta* faire le compte ‖ FIG *ajustarle a uno las cuentas* régler son compte à quelqu'un ‖ *caer* ou *dar en la cuenta* y être, piger (*fam*); *yo caigo en la cuenta* j'y suis, j'ai pigé ‖ *caer en la cuenta de que* se rendre compte de ce que *o* que ‖ COM *cargar en cuenta* débiter | *cerrar una cuenta* arrêter *o* solder un compte ‖ *dar cuenta de* rendre compte de (dar a conocer), faire savoir (comunicar), en finir avec, faire un sort à (*fam*); *dimos buena cuenta de la tortilla* nous fîmes un sort à l'omelette ‖ *darse cuenta de* se rendre compte de, constater ‖ *dejar de cuenta* laisser pour compte ‖ *echar la cuenta* faire le compte, calculer ‖ *entrar en cuenta* entrer en ligne de compte ‖ *estar fuera de cuenta* être à terme (una mujer) ‖ *estar lejos de la cuenta* être loin du compte, ne pas y être du tout ‖ *esto corre de* ou *por mi cuenta* c'est à ma charge, c'est moi qui m'en occupe (hacerse cargo), c'est moi qui paie (pagar) ‖ *habida cuenta de, teniendo en cuenta que* compte tenu de *o* de ce que ‖ *hacer la cuenta de la vieja* compter sur ses doigts ‖ *hacerse cuenta* s'imaginer, supposer ‖ *hacer sus cuentas* faire ses comptes ‖ *la cuenta sale mal* le compte n'y est pas ‖ *las cuentas son las cuentas* les affaires sont les affaires ‖ *llevar las cuentas* tenir les comptes ‖ *me salen mal las cuentas* les comptes ne sont pas justes ‖ *no querer cuentas con uno* ne pas vouloir avoir affaire à quelqu'un ‖ *pagar algo a cuenta* payer un acompte; *pagar algo a cuenta de una deuda* payer un acompte sur une dette ‖ *pasar la cuenta* envoyer *o* passer la note ‖ *pasar las cuentas del rosario* égrener son chapelet ‖ *pedir cuentas a uno* avoir affaire à quelqu'un, avoir une explication avec quelqu'un ‖ *pedir cuentas de* demander compte de ‖ *perder la cuenta de* ne pas se rappeler de, perdre souvenance de ‖ *saldar una cuenta* solder un compte ‖ *si echamos la cuenta* tout compte fait ‖ *tener cuenta de* s'occuper de ‖ *tener cuenta* être avantageux; *tener más cuenta* être plus avantageux ‖ *tener en cuenta* tenir compte, considérer, prendre en considération, ne pas oublier; *tengamos en cuenta sus proposiciones* prenons ses propositions en considération; *tenga usted en cuenta que* considérez que, tenez compte du fait que, prenez en considération le fait que ‖ *teniendo en cuenta* vu; *teniendo en cuenta el artículo dos* vu l'article numéro deux ‖ *tomar cuentas* examiner les comptes ‖ *tomar en cuenta* faire entrer en ligne de compte ‖ *trabajar por cuenta* travailler à façon ‖ *trabajar por su cuenta* ou *por cuenta propia* travailler à son compte ‖ *traer cuenta a* être profitable *o* avantageux pour ‖ *vamos a cuentas* mettons les choses au clair.

cuentagotas *m inv* compte-gouttes ‖ FIG *dar una cosa con cuentagotas* donner quelque chose au compte-gouttes.

cuentakilómetros *m inv* compteur kilométrique.

cuentarrevoluciones; cuentavueltas *m inv* compte-tours.

cuentista *adj* y *s* conteur, euse (autor de cuentos) ‖ FAM cancanier, ère (chismoso) ‖ rapporteur, euse; cafard, e (soplón) ‖ FIG & FAM baratineur, euse (que dice muchas mentiras), fantaisiste, fumiste, farceur, euse.

cuento *m* conte; *contar un cuento de hadas* raconter un conte de fées ‖ histoire *f*, récit (relato) ‖ FAM cancan, potin, ragot (chisme) ‖ histoire *f*, boniment (mentira); *a mí, que no me vengan con cuentos* qu'on ne vienne pas me raconter d'histoires | histoire *f* (disgusto) ‖ — *cuento chino o tártaro* histoire à dormir debout, bobard ‖ *cuento de nunca acabar* histoire à n'en plus finir ‖ *cuento de viejas* conte de bonne femme, conte de ma mère l'Oie ‖ — *a cuento de* à propos de ‖ *nada de cuentos* pas d'histoires ‖ *sin cuento* sans nombre ‖ *¡apliquese el cuento!* tirez-en la leçon! ‖ *dejarse de cuentos* aller droit au but ‖ *¡déjate de cuentos!* arrête de raconter des histoires! ‖ *es cuento largo* c'est toute une histoire ‖ *eso es el cuento de la lechera* c'est Perrette et le pot au lait ‖ *estar en el cuento* être au courant, être dans le coup (*fam*) ‖ *esto parece cuento* on croirait que ce sont des histoires ‖ *no venir a cuento* ne rien avoir à voir (no tener nada que ver), ne rimer à rien, ne pas venir à propos (no ser oportuno) ‖ *tener mucho cuento* être très comédien, bluffer ‖ *traer a cuento* ramener sur le tapis (la conversación) ‖ *¡váyase con el cuento a otra parte!* à d'autres!, on ne me la fait pas! ‖ *venir a cuento* venir à propos *o* à point ‖ *venir con cuentos* raconter des histoires.

cuerda *f* corde; *cuerda de cáñamo* corde de chanvre ‖ ficelle (para atar un paquete) ‖ ANAT corde; *cuerdas vocales* cordes vocales ‖ chaîne (de reloj antiguo) ‖ ressort *m* (de muelle) ‖ chaîne (de galeote) ‖ corde (de una pista) ‖ GEOM corde ‖ MÚS corde (de un instrumento); *cuerda de tripa* corde de boyau ‖ — *cuerda dorsal* corde *o* chorde dorsale ‖ *cuerda floja* corde raide ‖ *mozo de cuerda* portefaix

cuerdo

|| *por debajo de* ou *bajo cuerda* en sous-main, en cachette || — FIG *acabársele a uno la cuerda* être au bout de son rouleau | *andar* ou *bailar en la cuerda floja* danser sur la corde raide | *apretar la cuerda* serrer la vis || *dar cuerda al reloj* remonter la montre o l'horloge | *dar cuerda* ou *a la cuerda* faire traîner en longueur | *dar cuerda a uno* faire parler quelqu'un | *estar con la cuerda al cuello* avoir la corde au cou | *no hay que mentar la cuerda en casa del ahorcado* il ne faut pas parler de corde dans la maison du pendu | *no ser de la misma cuerda* ne pas être du même bord (de la misma opinión) | *obrar bajo cuerda* agir en dessous, par-derrière | *parece que a éste le han dado cuerda* il est remonté, le voilà parti | *tener cuerda para rato* en avoir encore pour longtemps | *tirar de la cuerda* tirer sur la corde | *tocar la cuerda sensible* toucher la corde sensible.
◆ *pl* cordes (del ring) || MÚS cordes (instrumentos).

cuerdo, da *adj* y *s* raisonnable (sano de juicio) || sage, judicieux, euse; prudent, e (sensato) || *de cuerdo y loco todos tenemos un poco* chacun a ses travers o ses défauts.

cuereada *f* (*amer*) raclée, volée (paliza).

cueriza *f* FAM (*amer*) raclée, volée (paliza).

cuerno *m* corne *f* (asta) || corne *f* (materia); *calzador de cuerno* chausse-pied en corne || antenne *f* (de los insectos) || corne *f* (de la luna) || ANAT corne *f* (de médula) || BOT craterelle *f*, corne *f* d'abondance, trompette *f* des morts (hongo) || MÚS cor (de caza) || — *cuerno de la abundancia* corne d'abondance (cornucopia) || FIG & FAM *estar en los cuernos del toro* être dans la gueule du loup | *levantar* ou *poner en los cuernos de la luna* porter aux nues | *mandar a uno al cuerno* envoyer quelqu'un promener o paître o au diable | *no valer un cuerno* ne pas valoir grand-chose | *oler a* ou *saber a cuerno quemado* sentir le roussi | *poner en los cuernos del toro* placer dans une situation très critique | *¡váyase al cuerno!* allez au diable!
◆ *pl* FIG & POP cornes *f* (de un marido engañado) || *poner los cuernos* faire porter des cornes, cocufier, encorner (hacer cornudo).
◆ *interj* fichtre!, zut!

cuero *m* cuir (piel) || outre *f* (odre) || DEP ballon (*amer*) fouet || — *cuero cabelludo* cuir chevelu || *cuero en vivo* cuir brut o vert || *cuero exterior* couche superficielle de la peau || *cuero interior* couche profonde de la peau || — *en cueros* tout nu, toute nue; dans le plus simple appareil, à poil (*fam*) || *en cueros vivos* nu comme un ver || *entre cuero y carne* entre cuir et chair || — FAM (*amer*) *arrimar el cuero, dar* ou *echar cuero* flanquer une raclée, fouetter | *estar hecho un cuero* être soûl | *sacar el cuero a uno* éreinter quelqu'un, casser du sucre sur le dos de quelqu'un.

cuerpo *m* corps; *el cuerpo humano* le corps humain || corps (de un vestido, de un tejido, de un vino) || corps (parte de un mueble); *armario de dos cuerpos* armoire à deux corps || corps; *cuerpo docente, diplomático, de ingenieros* corps enseignant, diplomatique, du génie || étage; *nave espacial de un solo cuerpo* vaisseau spatial à un seul étage || volume (libro); *biblioteca de mil cuerpos* bibliothèque de mille volumes || ANAT corps; *cuerpo amarillo, tiroides* corps jaune, thyroïde || DEP longueur *f*; *le sacó dos cuerpos de ventaja* il l'a battu avec deux longueurs d'avance; *ganar por medio cuerpo* gagner d'une demi-longueur || ARQ corps de logis || DR corpus (compilación) || FÍS & QUÍM corps; *cuerpo compuesto, simple* corps composé, simple || IMPR corps (de una letra) || MIL corps; *cuerpo de ejército* corps d'armée; *cuerpo de guardia* corps de garde; *cuerpo expedicionario* corps expéditionnaire || — *cuerpo a cuerpo* corps à corps || *cuerpo a tierra* à plat ventre || TEATR *cuerpo de baile* corps de ballet || *cuerpo de bomba* corps de pompe || *cuerpo de casa* ménage (limpieza) || DR *cuerpo del delito* corps du délit || *cuerpo electoral* collège électoral || *cuerpo facultativo* faculté || *cuerpo legislativo* corps législatif || MAR *cuerpo muerto* corps mort || FAM *mi cuerpo serrano* ma pomme || *misa de cuerpo presente* messe de funérailles || — *a cuerpo, en cuerpo* sans pardessus (un hombre), sans manteau, en taille (una mujer) || *a cuerpo descubierto* à découvert (sin protección), en taille (sin abrigo) || *a cuerpo gentil* en taille || *a cuerpo limpio* à corps perdu || *a medio cuerpo* à mi-corps || *bañador de cuerpo entero* maillot de bain || *bañador de medio cuerpo* caleçon de bain || *de cuerpo entero* en pied (retrato) || *de cuerpo presente* exposé en public, sur son lit de mort (cadáver) || *de medio cuerpo* en buste; *retrato de medio cuerpo* portrait en buste; à mi-corps; *entrar en el agua de medio cuerpo* entrer dans l'eau à mi-corps || *en cuerpo de camisa* en manche de chemise, en bras de chemise || FIG & FAM *en cuerpo y alma* corps et âme, de tout cœur || *por medio del cuerpo* à mi-corps || — *dar con el cuerpo en tierra* s'étaler, tomber par terre || *dar cuerpo* prendre du corps (líquido) || *estar a cuerpo de rey* être comme un coq en pâte o comme un prince || *formar cuerpo con* faire corps avec || FAM *hacer del cuerpo* aller à la selle || *hurtar el cuerpo* faire un écart (fintar) || FAM *me pide el cuerpo* hacer tal cosa j'ai envie de faire telle chose | *no quedarse con nada en el cuerpo* tout avouer, vider son sac || *no tener nada en el cuerpo* avoir l'estomac o le ventre vide || *pertenecer al cuerpo docente* être dans l'enseignement, faire partie du corps enseignant || FAM *sacar del cuerpo* faire dire | *tener buen cuerpo* être bien faite (una mujer) | *¡tengo un miedo en el cuerpo!* j'ai une de ces peurs!, j'ai une peur bleue! || *tomar* ou *cobrar cuerpo* prendre corps (un proyecto), prendre consistance (una salsa) || *tratar a uno a cuerpo de rey* traiter quelqu'un comme un prince, se mettre en quatre pour quelqu'un.

cuervo *m* corbeau (pájaro) || — *cuervo marino* cormoran (mergo) || *cuervo merendero* crave (grajo) || — *cría cuervos y te sacarán los ojos* on est toujours payé d'ingratitude, nourris un corbeau, il te crèvera les yeux || *criar cuervos* réchauffer un serpent dans son sein.

cuesco *m* noyau (hueso de fruta) || FAM pet bruyant (ventosidad).

cuesta *f* côte, pente; *a la mitad de la cuesta* à mi-côte; *en cuesta* en pente || GEOGR côte || — *a cuestas* sur le dos; *llevar un bulto a cuestas* porter un paquet sur le dos; sur les épaules (una responsabilidad) || *este trabajo se me ha hecho cuesta arriba* j'ai eu du mal à faire ce travail, j'ai trouvé ce travail pénible || *ir cuesta abajo* descendre (bajar), décliner, baisser (decaer) || *ir cuesta arriba* monter || *tener a uno a cuestas* avoir quelqu'un à sa charge o sur le dos (*fam*).

— OBSERV La palabra española *cuesta* está admitida en el lenguaje geográfico internacional para designar un relieve de cuesta.

cuestación *f* quête, collecte.

cuestión *f* question; *una cuestión interesante* une question intéressante; *poner una cuestión sobre el tapete* mettre une question sur le tapis ‖ question; *es cuestión de vida o muerte* c'est une question de vie ou de mort ‖ affaire; *es cuestión de un cuarto de hora* c'est l'affaire d'un quart d'heure ‖ question (pregunta) ‖ dispute, querelle (riña) ‖ DR question (tormento) ‖ — *cuestión batallona* ou *candente* question brûlante ‖ *cuestión de confianza* question de confiance ‖ MAT *cuestión determinada, indeterminada* problème déterminé, indéterminé ‖ DR *cuestión de tormento* question [torture] ‖ *cuestión prejudicial* question préjudicielle ‖ *cuestión previa* question préalable ‖ — *esto es cuestión mía* cela c'est mon affaire.

cuestionable *adj* discutable.

cuestionamiento *m* mise *f* en question.

cuestionar *v tr* controverser, débattre ‖ mettre en question (someter a examen).

cuestionario *m* questionnaire.

cuestor *m* questeur (magistrado) ‖ quêteur (el que pide para una cuestación).

cuete *m* (amer) tranche *f* de gigot, de rumsteack.

cueva *f* grotte, caverne (gruta) ‖ grotte; *las cuevas de Altamira* les grottes d'Altamira ‖ cave (subterráneo y cabaret) ‖ — *cueva de ladrones* caverne de voleurs ‖ *el hombre de las cuevas* l'homme des cavernes.

cuico *m* (amer) étranger (extranjero) ‖ FAM flic (agente de policía).

cuidado *m* soin (atención); *trabajar con cuidado* travailler avec soin ‖ charge *f* (dependencia); *correr al cuidado de uno* être à la charge de quelqu'un ‖ affaire *f* (cargo); *eso es cuidado tuyo* c'est ton affaire ‖ souci (preocupación); *vivir libre de cuidados* vivre sans souci ‖ attention *f*; *ten cuidado con este niño* fais attention à cet enfant; *hay que tener cuidado con este libro* il faut faire attention à ce livre; *tiene mucho cuidado en no herir a nadie* il fait très attention pour ne blesser personne ‖ prudence *f* (precaución) ‖ peur *f* (temor); *tener cuidado, estar con cuidado* avoir peur ‖ — *¡cuidado!* attention!, prenez garde!, gare!; *¡cuidado con el coche!* attention à la voiture!; *¡cuidado con la pintura!* prenez garde à la peinture!; *¡cuidado contigo!* gare à toi! ‖ *¡cuidado con el niño!* quel gosse! ‖ *¡cuidado con el perro!* attention, chien méchant! ‖ *¡cuidado con Juan, qué pesado es!* ce Jean, ce qu'il peut être pénible! ‖ — *al cuidado de* aux bons soins de ‖ *bajo el cuidado de* sous la garde de, sous la surveillance de ‖ *de cuidado* grave; *es un enfermo de cuidado* c'est un malade grave; gravement; *estar enfermo de cuidado* être gravement malade ‖ *hombre de cuidado* homme dont il faut se méfier, homme dangereux ‖ *sin cuidado* sans soin, à la va-vite (negligentemente), à tort et à travers (a tontas y a locas) ‖ *andarse con cuidado* faire attention ‖ *estar al cuidado de* s'occuper de ‖ *ir con cuidado* faire attention ‖ FAM *me tiene* ou *me trae sin cuidado* je m'en fiche, je m'en moque, c'est le dernier o le cadet de mes soucis ‖ *no hay cuidado, pierda cuidado* il n'y a pas de danger ‖ *¡pierda usted cuidado!* ne vous en faites pas! ‖ *poner cuidado en* faire attention à ‖ *poner fuera de cuidado a un enfermo* mettre un malade hors de danger, être délivrée (en un parto), être hors de danger (en una enfermedad) ‖ *ser de cuidado* être dangereux (peligroso), être quelqu'un dont il faut se méfier (poco seguro), être grave; *esta herida es de cuidado* cette blessure est grave.
→ *pl* soins (del médico).

cuidador, ra *adj* soigneux, euse.
→ *m* soigneur ‖ DEP soigneur.
→ *f* (amer) infirmière ‖ bonne d'enfant (niñera).

cuidadosamente *adv* soigneusement (con aplicación) ‖ prudemment (con precaución).

cuidadoso, sa *adj* soigneux, euse ‖ soucieux, euse (atento); *cuidadoso del resultado* soucieux du résultat ‖ précautionneux, euse (aplicado y prudente).

cuidar *v tr* soigner (asistir); *cuidar a un enfermo* soigner un malade ‖ s'occuper de; *en esta pensión me cuidan mucho* dans cette pension on s'occupe beaucoup de moi ‖ tenir bien, s'occuper (guardar); *cuidar la casa* bien tenir la maison ‖ entretenir, avoir o prendre soin de, faire attention à (conservar); *cuidar su ropa* avoir soin de ses vêtements ‖ FIG soigner; *cuidar los detalles* soigner les détails.
→ *v intr* cuidar de prendre soin de, veiller à o sur, faire attention à; *cuidar de su salud, de los niños* prendre soin de sa santé, veiller aux enfants; être aux petits soins pour (asistir solícitamente) ‖ *cuidar de sus obligaciones* remplir ses obligations.
→ *v pr* se soigner (la salud) ‖ se surveiller (después de una enfermedad) ‖ *cuidarse de* prendre soin de (la salud, etc.), se soucier de, tenir compte de; *no se cuida del qué dirán* il ne se soucie pas du qu'en-dira-t-on; s'occuper de (ocuparse de), faire attention à; *cuídate de lo que dices* fais attention à ce que tu dis ‖ *cuidarse mucho* faire beaucoup attention à soi.

cuija *f* (amer) petit lézard *m* (lagartija) ‖ FIG grande bringue, perche (mujer flaca).

cuita *f* peine, souci *m* (aflicción) ‖ (amer) fiente d'oiseaux ‖ *las cuitas del joven Werther* les souffrances du jeune Werther (de Goethe).

cuja *f* (p us) bois *m* de lit, châlit *m* (armazón de la cama) ‖ porte-étendard *m* (para la bandera) ‖ (amer) lit *m* (cama).

culada *f* chute sur le derrière.

culata *f* culasse (del motor, del cañón) ‖ crosse (de la escopeta); *la culata se apoya en el hombro* la crosse s'appuie sur l'épaule ‖ FIG partie postérieure, arrière *m*, fond *m* (parte posterior) ‖ croupe [du cheval] (anca) ‖ collet *m* (de la talla de un diamante) ‖ FIG *le ha salido el tiro por la culata* ça a raté.

culatada *f*; **culatazo** *m* coup *m* de crosse (golpe) ‖ recul *m* (retroceso de un arma).

culé *adj y s* DEP & FAM supporter du football club de Barcelone.

culear *v intr* POP remuer le derrière ‖ (amer) POP forniquer, baiser.

culebra *f* ZOOL couleuvre ‖ serpent *m*; *culebra de cascabel* serpent à sonnettes (crótalo); *culebra coral* serpent corail; *culebra de cristal* serpent de verre, seps ‖ serpentin *m* (del alambique) ‖ FIG & FAM chahut *m*, tapage *m* (alboroto) ‖ ASTR serpentaire *m* ‖ FIG & FAM *saber más que las culebras* être malin comme un singe.

culebrear *v intr* serpenter, zigzaguer.

culebrilla *f* MED dartre (herpes) ‖ ZOOL couleuvreau *m* (cría de la culebra) ‖ BOT dragon *m* vert ‖ *papel de culebrilla* papier de soie.

culebrón *m* grosse couleuvre *f* ‖ FIG & FAM fine mouche *f*, vieux renard (astuto) ‖ feuilleton mélo (telenovela).

culera *f* tache sur les langes des enfants (mancha) ‖ fond *m* (de pantalón), pièce (remiendo).

culinario, ria *adj* culinaire (de cocina).

culmen *m* sommet (cumbre).

culminación *f* ASTR culmination ‖ FIG couronnement *m*, point *m* culminant.

culminante *adj* culminant, e.

culminar *v intr* culminer ‖ ASTR culminer ‖ FIG *su vida culminó en la presidencia de la República* la présidence de la République a été le couronnement o le point culminant de sa vie.

culo *m* POP cul, derrière (asentaderas); *caer de culo* tomber sur le derrière ‖ FIG cul (de algunos objetos); *culo de botella* cul de bouteille ‖ — IMPR *culo de lámpara* cul-de-lampe ‖ FAM *culo de mal asiento* personne qui ne tient pas en place o qui a la bougeotte ‖ FIG & FAM *culo de pollo* couture mal faite ‖ *culo de vaso* fond d'un verre (de una copa), bouchon de carafe (piedra falsa) ‖ — FIG & FAM *dejar a alguien con el culo al aire* mettre quelqu'un dans le pétrin ‖ FAM *poner los labios de culo* ou *de culito de pollo* faire la bouche en cul de poule.

culombio *m* ELECTR coulomb.

culón, ona *adj* FAM fessu, e; bien assis, e.
◆ *m* (ant) invalide (soldado).

culote *m* culot (casquillo).

culpa *f* faute; *es culpa suya* c'est sa faute; *¿de quién es la culpa?* à qui la faute? ‖ tort *m*, torts *m pl*; *tienes la culpa de todo* tu as tous les torts; *reconocer su culpa* reconnaître ses torts; *es él quien tiene la culpa* c'est lui qui a tort ‖ — *por culpa de* à cause de; *por culpa de lo que dijiste* à cause de ce que tu as dit; à cause de, par la faute de; *por culpa tuya* à cause de toi, par ta faute ‖ — *echar la culpa a uno* rejeter la faute sur quelqu'un, rendre quelqu'un responsable ‖ *echar la culpa de* reprocher; *me ha echado la culpa de su fracaso* il m'a reproché son échec ‖ *es culpa mía* c'est ma faute ‖ *la culpa es de* c'est la faute de ‖ *no tengo la culpa* ce n'est pas ma faute, je n'y suis pour rien ‖ *tener la culpa de* être coupable de, être responsable de.

culpabilidad *f* culpabilité ‖ — DR *declaración de no culpabilidad* mise hors cause, déclaration de non-culpabilité ‖ *solicitar la declaración de culpabilidad* plaider coupable.

culpabilizar *v tr* culpabiliser.

culpable *adj y s* coupable ‖ fautif, ive (de una cosa de menos importancia) ‖ *declararse culpable* plaider coupable.

culpado, da *adj y s* coupable ‖ accusé, e; inculpé, e (acusado).

culpar *v tr* inculper (de un delito, etc.) ‖ accuser; *culpar de insolente* accuser d'insolence o d'être insolent; *yo no culpo a nadie* je n'accuse personne ‖ reprocher, rendre responsable; *le culpo de nuestra derrota* je lui reproche notre défaite; *culpar al padre por los daños causados por su hijo* rendre le père responsable des dommages causés par son fils.
◆ *v pr* s'accuser.

culteranismo *m* cultisme, cultéranisme, gongorisme ‖ préciosité *f* (afectación).

culterano, na *adj y s* cultiste, précieux, euse; gongoriste.

cultismo *m* cultisme (culteranismo) ‖ mot recherché (palabra culta).

cultivable *adj* cultivable.

cultivado, da *adj* cultivé, e (tierra) ‖ cultivé, e; versé, e dans (persona).
— OBSERV El uso de *cultivado* con el sentido de *culto* es un galicismo.

cultivador, ra *adj y s* cultivateur, trice.
◆ *m* cultivateur (máquina).

cultivar *v tr* AGRIC cultiver ‖ FIG cultiver (las bellas artes, la memoria, la amistad, etc.) ‖ entretenir (los pensamientos, un recuerdo).

cultivo *m* AGRIC culture *f*; *cultivo extensivo, intensivo* culture extensive, intensive ‖ culture *f*; *el cultivo de las letras* la culture des lettres ‖ BIOL culture *f*; *cultivo de tejidos* culture de tissus ‖ — *cultivo de hortalizas* culture maraîchère ‖ *cultivo en bancales* ou *de terrazas* culture en terrasse ‖ *cultivo frutícola* culture fruitière ‖ *cultivo migratorio* divagation des cultures ‖ — *caldo de cultivo* bouillon de culture ‖ *tierra de cultivo* terrain de culture.
— OBSERV Le mot espagnol *cultivo* ne s'emploie qu'au sens propre. Dans le sens de *culture de l'esprit*, on emploie *cultura*.

culto, ta *adj* AGRIC cultivé, e ‖ FIG cultivé, e (instruido) ‖ précieux, euse (culterano) ‖ savant, e; *palabra culta* mot savant ‖ savant, e; littéraire; *el lenguaje culto* la langue littéraire.
◆ *m* RELIG culte; *culto de dulía, de hiperdulía, de latría* culte de dulie, d'hyperdulie, de latrie; *culto de los antepasados* culte des anciens; *culto a los santos* culte des saints ‖ *rendir culto a* rendre o vouer un culte à (un santo, una persona), rendre hommage; *rendir culto a la valentía de una persona* rendre hommage au courage d'une personne.

cultura *f* culture; *hombre de gran cultura* homme de grande culture; *cultura clásica, física* culture classique, physique.

cultural *adj* culturel, elle ‖ *agregado cultural* attaché culturel.

culturismo *m* DEP culturisme.

culturista *adj y s* DEP culturiste.

culturizar *v tr* acculturer.

cumbia *f* (amer) cumbia, cumbiamba [danse].

cumbre *f* sommet *m* (cima) ‖ FIG apogée *m*, faîte *m*; *la cumbre de la gloria* l'apogée de la gloire ‖ sommet *m* (reunión) ‖ *conferencia en la cumbre* conférence au sommet.

cumpleaños *m* anniversaire (del nacimiento); *feliz cumpleaños* bon anniversaire.

cumplido, da *adj* accompli, e; révolu, e; *veinte años cumplidos* vingt ans révolus ‖ accompli, e; *una profecía cumplida* une prophétie accomplie ‖ complet, ète; *pago cumplido* paiement complet ‖ accompli, e (perfecto); *un cumplido caballero* un chevalier accompli ‖ achevé, e; *un modelo cumplido de virtudes* un modèle achevé de vertus ‖ ample (holgado) ‖ bon, bonne; *una cucharada cumplida* une bonne cuillerée ‖ poli, e; bien élevé, e (bien educado); *persona muy cumplida* personne très polie ‖ *soldado cumplido* soldat qui a fait son temps.
◆ *m* compliment; *basta de cumplidos* trêve de compliments ‖ — *de cumplido* de politesse; *visita de cumplido* visite de politesse ‖ *por cumplido* par pure politesse ‖ *sin cumplidos* sans façons, sans cérémonie ‖ *una señora de mucho cumplido* une dame très formaliste, très à cheval sur les bons usages, très façonnière ‖ — *devolverle el cumplido a uno* rendre la politesse o retourner son compliment à quelqu'un.

► *pl* politesses *f*, civilités *f*; *deshacerse en cumplidos* faire assaut de politesses, se confondre en politesses ‖ — *andarse con* ou *hacer cumplidos* faire des façons *o* des cérémonies *o* des manières.

cumplidor, ra *adj* sérieux, euse (de fiar); *un muchacho cumplidor* un garçon sérieux ‖ qui remplit; *cumplidor de sus obligaciones* qui remplit ses obligations ‖ qui tient (de sus promesas).
► *m y f* personne qui tient sa parole *o* qui remplit ses engagements.

cumplimentar *v tr* complimenter, adresser ses compliments à (felicitar) ‖ recevoir, accueillir; *el ministro fue cumplimentado por el gobernador* le ministre fut reçu par le gouverneur ‖ DR exécuter (órdenes).

cumplimentero, ra *adj y s* FAM complimenteur, euse.

cumplimiento *m* accomplissement, exécution *f*; *cumplimiento de una orden* accomplissement d'un ordre ‖ application *f*; *el cumplimiento de un decreto* l'application d'un décret ‖ respect (acatamiento); *cumplimiento de los requisitos legales* respect des dispositions de la loi; *cumplimiento de los compromisos* respect des engagements ‖ réalisation *f*, accomplissement (de los deseos) ‖ compliment, politesse *f* (cortesía) ‖ FIG achèvement (perfección) ‖ complément (complemento) ‖ — *cumplimiento pascual* devoir pascal ‖ *de cumplimiento* par politesse ‖ *en cumplimiento de* conformément à, vu, en application de ‖ — *dar cumplimiento a los nuevos estatutos* mettre en application les nouveaux statuts.

cumplir *v tr* accomplir; *cumplir un deber* accomplir un devoir ‖ accomplir, faire; *cumplir el servicio militar* faire son service militaire ‖ exécuter; *cumplir una orden* exécuter un ordre ‖ tenir; *cumplir una promesa* tenir une promesse ‖ combler; *cumplir un deseo* combler un désir ‖ faire honneur à, remplir, respecter; *cumplir sus compromisos* faire honneur à ses engagements ‖ avoir; *ha cumplido veinte años* il a eu vingt ans; *hoy cumple cinco años* il a cinq ans aujourd'hui ‖ respecter (una ley) ‖ — *cumplir años* être l'anniversaire; *hoy cumple años* c'est aujourd'hui son anniversaire ‖ *cumplir condena* purger une peine ‖ *haber cumplido 25 años* avoir 25 ans révolus.
► *v intr* tenir sa parole *o* sa promesse ‖ faire *o* remplir son devoir, s'acquitter de son devoir *o* de ses obligations; *cumplió como debía* il a fait son devoir comme il devait ‖ s'acquitter, faire, remplir; *cumplir con su deber* s'acquitter de son devoir, faire son devoir ‖ respecter; *cumplir con los requisitos legales* respecter les dispositions de la loi ‖ convenir, falloir; *cumple a Juan hacer esto* il convient que Jean fasse cela ‖ échoir; *el pagaré cumple mañana* le billet échoit demain ‖ MIL avoir fait son temps (soldado) ‖ — *cumplir con la Iglesia* ou *con Dios* satisfaire aux préceptes religieux ‖ *cumplir con los requisitos* remplir les conditions requises ‖ *cumplir con su palabra* tenir parole ‖ *cumplir con sus deberes religiosos* faire ses dévotions ‖ *cumplir con todos* ne manquer à personne ‖ *para cumplir, por cumplir* pour la forme, par politesse.
► *v pr* s'accomplir, se réaliser ‖ *se cumplieron tus vaticinios* tes prévisions se sont réalisées ‖ avoir lieu; *este año se ha cumplido el centenario de su nacimiento* cette année a lieu le centenaire de sa naissance ‖ expirer (un plazo).

cumulativo, va *adj* cumulatif, ive.

cúmulo *m* accumulation *f*, tas, amoncellement (de cosas) ‖ cumulus (nube) ‖ FIG tas; *un cúmulo de disparates* un tas de bêtises ‖ concours; *un cúmulo de circunstancias* un concours de circonstances ‖ *cúmulo estelar* amas d'étoiles.

cuna *f* berceau *m* (cama) ‖ hospice *m* d'enfants trouvés (inclusa) ‖ FIG berceau *m*; *Grecia, cuna de la civilización* Grèce, berceau de la civilisation ‖ naissance, origine (origen de una persona); *de ilustre cuna* d'illustre naissance ‖ berceau *m* (del cañón) ‖ espace *m* entre les cornes (de un toro) ‖ — *canción de cuna* berceuse ‖ *casa cuna* hospice d'enfants trouvés ‖ *cuna colgante* bercelonnette, barcelonnette.

cundir *v intr* se répandre, se propager, s'étendre; *cundió la noticia, el pánico* la nouvelle, la panique se répandit ‖ fournir; *esta pierna de cordero cunde mucho* ce gigot fournit bien ‖ gonfler, augmenter de volume; *el arroz cunde al cocer* le riz gonfle à la cuisson ‖ avancer, progresser (un trabajo) ‖ se multiplier (multiplicarse) ‖ s'étaler, s'étendre; *las manchas de aceite cunden rápidamente* les taches d'huile s'étalent rapidement ‖ — *cunde la voz que* le bruit court que ‖ *el tiempo no me cunde* le temps me semble trop court ‖ *le cunde el trabajo* il abat de la besogne.

cuneiforme *adj* cunéiforme.

cunero, ra *adj y s* enfant trouvé (expósito) ‖ d'origine inconnue (toro).
► *adj y s m* député parachuté (diputado extraño al distrito y patrocinado por el gobierno).
► *adj* FAM d'une sous-marque, sans marque; *una estilográfica cunera* un stylo sans marque ‖ de second ordre.

cuneta *f* fossé *m* (de una carretera) ‖ accotement *m* (arcén) ‖ caniveau *m* (de una calle) ‖ cunette (fortificación).

cuña *f* cale (para sostener); *poner una cuña* mettre une cale ‖ coin *m* (para rajar la madera) ‖ semelle compensée (suela) ‖ IMPR cale ‖ FIG & FAM piston *m*, appui *m* (apoyo); *tener mucha cuña* avoir beaucoup de piston ‖ ANAT os *m* du tarse ‖ — *cuña de altas presiones* zone de hautes pressions ‖ GEOM *cuña esférica* coin sphérique ‖ *cuña publicitaria* spot publicitaire, jingle ‖ — *no hay peor cuña que la de la misma madera* il n'est pire ennemi que ses anciens amis.

cuñado, da *m y f* beau-frère, belle-sœur.

cuño *m* coin (para monedas) ‖ empreinte *f*, poinçon (huella que deja el cuño) ‖ FIG marque *f*, empreinte *f*; *dejar el cuño de su personalidad* laisser la marque de sa personnalité ‖ — *de buen cuño* marqué au bon coin ‖ *de nuevo cuño* nouveau, nouvelle; moderne.

cuota *f* quote-part, quotité (parte proporcional) ‖ cotisation; *pagar su cuota* payer sa cotisation ‖ cotisation, cote (impuestos) ‖ frais *m pl*; *la cuota de instalación de teléfono* les frais d'installation du téléphone ‖ *(amer)* versement *m* (de una compra a plazos) ‖ tarif *m* (tarifa) ‖ — ECON *cuota de mercado* part de marché ‖ *(amer) venta por cuotas* vente à tempérament.

cupé *m* coupé (coche).

cupido *m* FIG & FAM bourreau des cœurs.

Cupido *n pr m* Cupidon.

cuplé *m* chanson *f* (copla).

cupletista *m y f* chanteur, euse.

cupo *m* quote-part *f* (cuota) ‖ MIL contingent (reclutas) ‖ COM contingent, quota; *cupo arancelario* contingent tarifaire ‖ *(amer)* contenance *f*, capacité *f* (cabida) ‖ MIL *excedente de cupo* jeune homme exempté de service militaire après tirage au sort.

cupón *m* coupon (de un título de renta) ‖ billet (de lotería) ‖ coupon-réponse (para un concurso) ‖ bon; *cupón de pedido* bon de commande ‖ *cupón de cartilla de racionamiento* ticket d'une carte de rationnement.

cúprico, ca *adj* QUÍM cuprique, cuivrique.

cuprífero, ra *adj* cuprifère.

cuproníquel *m* QUÍM cupro-nickel.

cúpula *f* ARQ coupole (bóveda) ‖ BOT cupule ‖ MAR tourelle (blindaje).

cuquillo *m* coucou (cuclillo).

cura *m* prêtre, curé, abbé (sacerdote) ‖ FAM curé (sacerdote católico) ‖ postillon (de saliva) ‖ *(amer)* avocat (aguacate) ‖ — *cura de almas* curé (sacerdote) ‖ FAM *cura de misa y olla* prêtre ignorant ‖ *cura obrero* prêtre-ouvrier ‖ *cura párroco* curé d'une paroisse, curé ‖ — *casa del cura* cure, presbytère ‖ FAM *este cura* bibi, moi (mi menda).
◆ *f* soin *m*; *curas médicas* soins médicaux ‖ traitement *m* (tratamiento) ‖ cure; *hacer una cura de aguas* faire une cure d'eau ‖ pansement *m* (apósito) ‖ — REL *cura de almas* charge d'âmes ‖ *cura de reposo* cure de repos ‖ — FAM *no tener cura* être incurable ‖ *ponerse en cura* se soigner ‖ *tener cura* être guérissable.

curación *f* MED guérison | traitement *m* (tratamiento) ‖ pansement *m* (apósito).

curado, da *adj* FIG endurci, e; aguerri, e; habitué, e à la souffrance ‖ séché, e; *jamón curado* jambon séché ‖ *(amer)* ivre (ebrio) ‖ FIG *estar curado de espanto* en avoir vu bien d'autres.

curador, ra *adj y s* DR curateur, trice; tuteur, trice (tutor) ‖ *curador ad bona* curateur aux biens; *curador ad litem* curateur aux causes.
◆ *m* guérisseur (curandero) ‖ régisseur, administrateur (administrador).

curalotodo *m* panacée *f*.

curandería *f*; **curanderismo** *m* pratique *f* des guérisseurs.

curandero, ra *m y f* guérisseur, euse.

curar *v intr* MED guérir (sanar) ‖ FIG guérir (de un mal moral) ‖ — *curar de* se soucier de, avoir cure de *(ant)* ‖ *estar curado de espanto* en avoir vu bien d'autres.
◆ *v tr* soigner (a un enfermo) ‖ panser; *curar una herida* panser une plaie ‖ sécher (carne, pescado) ‖ tanner (pieles) ‖ culotter (pipa) ‖ blanchir (hilos, lienzos) ‖ *(amer) curar un mate* culotter le récipient appelé maté.
◆ *v pr* se soigner; *esto se cura con penicilina* ça se soigne avec de la pénicilline ‖ guérir; *si quieres curarte tienes que guardar cama* si tu veux guérir il faut que tu gardes le lit ‖ FAM se soûler, se cuiter, prendre une cuite ‖ *curarse en salud* ménager ses arrières, se ménager une porte de sortie, prendre ses précautions.

curare *m* curare (veneno).

curasao *m* curaçao (licor).

curatela *f* DR curatelle (curaduría).

curativo, va *adj* curatif, ive.

curco, ca *adj y s (amer)* bossu, e.
◆ *f (amer)* bosse (joroba).

curcuncho, cha *adj y s (amer)* bossu, e.

curda *f* FAM cuite (borrachera).
◆ *adj* FAM soûl, e; ivre; *estoy curda* je suis ivre.

curdo, da *adj* kurde (del Curdistán).
◆ *m y f* Kurde.

curia *f* HIST curie (de los romanos) ‖ curie (de la iglesia); *curia romana* curie romaine ‖ DR tribunal *m* du contentieux ‖ justice, magistrature (justicia) ‖ *gente de curia* gens de robe.

Curiacios (los tres) *n pr* MIT les Curiaces.

curial *adj* curial, e (de la curia).
◆ *m* HIST officier de la curie romaine ‖ basochien (subalterno).

curie *m* FÍS curie (unidad de radiactividad).

curio *m* QUÍM curium (elemento).

curiosamente *adv* curieusement (con curiosidad) ‖ proprement (con limpieza) ‖ avec soin, soigneusement (cuidadosamente).

curiosear *v intr* FAM se mêler des affaires d'autrui, mettre son nez partout, fouiner.
◆ *v tr* fouiner dans (fisgonear); *los chicos curioseaban los cuartos de la casa* les enfants fouinaient dans les pièces de la maison ‖ regarder d'un œil curieux o avec curiosité.

curiosidad *f* curiosité (deseo de conocer) ‖ propreté (limpieza) ‖ indiscrétion (indiscreción) ‖ soin *m* (cuidado, esmero) ‖ curiosité (cosa curiosa); *es aficionado a curiosidades* il est amateur de curiosités ‖ *mirar con curiosidad* regarder d'un œil curieux.

curioso, sa *adj* curieux, euse (que tiene curiosidad); *ser curioso por naturaleza* être curieux de nature; *curioso por conocer la verdad* curieux de connaître la vérité ‖ propre, soigné, e (limpio) ‖ soigneux, euse (cuidadoso) ‖ curieux, euse; étrange, bizarre (raro) ‖ *curioso de noticias* avide de nouvelles.
◆ *m y f* curieux, euse.

curita *f (amer)* pansement *m* adhésif.

curling *m* DEP curling.

currante *adj* FAM bosseur, euse.

currar; currelar *v intr* FAM bosser, trimer (trabajar).

curre; currelo *m* FAM boulot, turbin.

curricán *m* MAR ligne *f* de fond [grosse ligne pour pêcher à la traîne].

currículo *m* curriculum.

curriculum vitae *m* curriculum vitae (historial).

Curro, rra *n pr m y f* diminutifs de *Francisco, Francisca.*

curruscante *adj* croustillant, e; *pan curruscante* pain croustillant.

curruscar *v intr* croustiller.

curry *m* carry.

cursar *v tr* suivre un cours; *cursar Literatura* suivre un cours de littérature ‖ faire ses études; *cursar en Alcalá* faire ses études à Alcalá ‖ faire; *cursar Derecho, Medicina* faire son droit, sa médecine; *cursar estudios* faire des études ‖ faire suivre son cours, donner suite à [une affaire] ‖ transmettre (órdenes) ‖ envoyer (cartas).

cursi *adj* FAM de mauvais goût; *un piso muy cursi* un appartement de très mauvais goût | guindé, e; chichiteux, euse; *una persona cursi* une personne guindée | snob | maniéré, e (amanerado) | crâneur, euse; poseur, euse (presumido).

◆ *m* y *f* snobinard, e ‖ crâneur, euse; poseur, euse (presumido).
◆ *f* pimbêche, mijaurée.
cursilada; cursilería *f* FAM snobisme ǀ mauvais goût *m* ǀ chose de mauvais goût.
cursilón, ona *adj* y *s* → **cursi**.
cursillista *m* y *f* étudiant, e qui suit un cours (estudiante) ‖ stagiaire (de prácticas) ‖ *profesor cursillista* professeur stagiaire.
cursillo *m* cours (de corta duración) ‖ cycle de conférences (conferencias) ‖ stage; *cursillo de capacitación* stage de formation; *un cursillo de vuelo sin visibilidad* un stage sur le vol sans visibilité.
cursivo, va *adj* cursif, ive ‖ *letra cursiva* italique.
◆ *f* cursive, italique *m* (letra).
curso *m* cours; *el curso de un río, de los acontecimientos* le cours d'un fleuve, des événements ‖ cours (clase); *dar un curso de filosofía* faire un cours de philosophie ‖ année *f* scolaire (año escolar); *curso de orientación universitaria (COU)* année d'orientation universitaire ‖ FIN cours; *este billete tiene curso legal* ce billet a cours légal ‖ courant; *en el curso de la semana* dans le courant de la semaine ǀ courant; *el curso de la historia* le courant de l'histoire ‖ course *f* (de un astro) ‖ — *apertura de curso* rentrée des classes ‖ *en curso* en cours; *este proyecto está en curso* ce projet est en cours; *el año en curso* l'année en cours; courant, e; *en curso* en cours; *asuntos en curso* affaires courantes ‖ — *dar curso a* donner cours à; *dar libre curso a su cólera* donner libre cours à sa colère; donner o faire suite à; *dar curso a una solicitud* donner suite à une demande.
cursor *m* TECN curseur, coulisseau.
curtido, da *adj* FIG expérimenté, e; chevronné, e; *militar curtido* militaire chevronné ǀ rompu, e; *es una persona curtida en los negocios* c'est une personne rompue aux affaires ǀ basané, e; tanné, e (piel).
◆ *m* tannage (del cuero).
◆ *pl* cuirs; *industrias de curtidos* industrie des cuirs.
curtidor, ra *m* y *f* tanneur, euse corroyeur *m* (de cueros).
curtir *v tr* tanner, corroyer (el cuero) ‖ FIG hâler (la piel humana) ǀ endurcir, aguerrir (acostumbrar a la vida dura); *estar curtido contra el frío* être aguerri contre le froid ‖ *estar curtido* être entraîné o rodé (fam), être habitué (acostumbrado).
◆ *v pr* s'endurcir à.
curva *f* courbe (línea) ‖ tournant *m*, virage *m* (de carretera); *curva peligrosa* virage dangereux; *curva muy cerrada* virage en épingle à cheveux; *curva peraltada* virage relevé; *tomar la curva muy cerrada* prendre un virage à la corde; *sortear una curva* négocier un virage ‖ boucle (de un río) ‖ FAM rondeur (del cuerpo) ‖ — ECON *curva de costes* évolution des charges ‖ *curva de temperatura, de natalidad, de nivel* courbe de température, de natalité, de niveau.
curvado, da *adj* courbé, e.
curvar *v tr* courber ‖ cintrer (alabear).
curvatura *f* courbure.
curvilíneo, a *adj* curviligne.
curvo, va *adj* courbe; *línea curva* ligne courbe.
cuscurrante *adj* croustillant, e.
cuscurrear *v intr* croustiller.
cuscurro; cuscurrón *m* croûton (de pan).
cuscús *m* couscous (alcuzcuz).
cúspide *f* sommet *m* (cima, cumbre) ‖ BOT cuspide ‖ GEOM sommet; *cúspide de la pirámide* sommet de la pyramide ‖ FIG faîte *m*, comble *m*; *llegar a la cúspide de los honores* arriver au faîte des honneurs.
custodia *f* garde, surveillance (vigilancia); *bajo la custodia de* sous la surveillance de; *colocado en custodia* placé sous surveillance ‖ garde, gardien *m* ‖ ECLES ostensoir *m* (vaso sagrado).
custodiar *v tr* garder, surveiller (vigilar) ‖ défendre, protéger (proteger).
custodio *adj m* y *s m* gardien (el que guarda); *ángel custodio* ange gardien.
◆ *m* garde, gardien ‖ custode (dignidad franciscana).
cutáneo, a *adj* ANAT cutané, e.
cutícula *f* cuticule (epidermis).
cutis *m* peau *f* [du visage].
cutre *adj* y *s* radin, e (tacaño) ‖ FAM craignos, merdique, pourri, e.
cutrez *f* FAM ¡*qué cutrez!* qu'est-ce que c'est craignos!
cutter *m* cutter.
cuyo, ya *pron rel* dont le, dont la, dont les; *la casa cuyo tejado es de tejas* la maison dont le toit est en tuiles; *la casa cuya puerta es verde* la maison dont la porte est verte; *el niño cuyos padres están en Madrid* l'enfant dont les parents sont à Madrid ‖ de qui, duquel, de laquelle, desquels, desquelles (después de una preposición); *el cuarto en cuyo fondo está la chimenea* la pièce au fond de laquelle est la cheminée; *el amigo a cuya generosidad debo esto* l'ami à la générosité de qui je dois ceci ‖ *(p us)* à qui; ¿*cuya es esta capa?* à qui est cette cape? ‖ — *a cuyo efecto* à cet effet ‖ *con cuyo objeto* en vue de quoi, dans ce but ‖ *en cuyo caso* auquel cas ‖ *para cuyo fin* à cette fin ‖ *por cuya causa* à cause de quoi, c'est pourquoi.
◆ *m* FAM *(p us)* soupirant, céladon (enamorado).
Cuzco *n pr* GEOGR Cuzco.
CV abrev de *caballo de vapor* ch, cheval-vapeur.

CH

ch f ch m.
chabacanada f grossièreté, vulgarité; *decir chabacanadas* dire des grossièretés.
chabacanería f vulgarité, grossièreté.
chabacano, na *adj* ordinaire, quelconque; *una mujer chabacana* une femme ordinaire ‖ vulgaire; *un aspecto chabacano* un air vulgaire ‖ grossier, ère; vulgaire; *un chiste chabacano* une plaisanterie grossière.
◆ m (amer) type d'abricotier.
chabola f hutte (choza) ‖ cabane (caseta) ‖ guérite (del soldado) ‖ baraque (casa mala) ‖ *las chabolas* le bidonville (barrio de latas).
chabolismo m bidonvilles *pl*; *hay que terminar con el chabolismo* il faut éliminer les bidonvilles.
chabolista m y f habitant, e des bidonvilles.
chacal m ZOOL chacal.
chacarero, ra *adj* y s (amer) fermier, ère; paysan, anne.
◆ f danse paysanne [en Argentine, Uruguay et Bolivie].
chacina f charcuterie.
chacinería f charcuterie (tienda).
chacolí m chacoli (vin basque).
chacota f plaisanterie (burla) ‖ — FAM *echar* ou *tomar a chacota* tourner en plaisanterie, prendre à la rigolade (burlarse), se ficher pas mal de (desentenderse de) ‖ *hacer chacota de* se moquer de.
chacra f (amer) ferme, métairie.
chacha f FAM bonne (d'enfant), boniche.
cha-cha-cha; chachachá m cha-cha-cha.
chachalaca f ortalide, oiseau m gallinacé du Mexique (ave) ‖ FIG (amer) bavard, e; pie (charlatán).
cháchara f FAM bavardage m, papotage m, babillage m; bla-bla m (charla) ‖ *estar de cháchara* bavarder, papoter.
◆ *pl* (amer) babioles f, colifichets m (baratijas).
chachi *adj* FAM super, extra.
chacho, cha m y f FAM garçon, gars (muchacho), fille (muchacha); *¡ven acá, chacho!* viens ici, mon gars!
◆ *adj* y s (amer) jumeau, elle.
Chad n pr GEOGR Tchad.
chafar v tr écraser, aplatir (aplastar) ‖ froisser, chiffonner (arrugar) ‖ FIG & FAM confondre, mettre à quia (en una discusión) ‖ écraser, flétrir (humillar) ‖ flanquer par terre; *me ha chafado el plan* cela a flanqué mes projets par terre.
chaflán m chanfrein (bisel), pan coupé (esquina).
chagolla f (amer) bricole, babiole ‖ fausse monnaie.

chagra m (amer) paysan.
◆ f (amer) ferme (chacra).
chah m shah (soberano).
chaise longue f chaise longue.
chal m châle (mantón).
chalado, da *adj* FAM toqué, e; dingue, cinglé, e (tonto) ‖ fou, folle d'amour (enamorado) ‖ — FAM *estar chalado por* ou *con alguien* en tenir o être mordu pour quelqu'un, être fou de quelqu'un, raffoler de quelqu'un.
chaladura f FAM toquade, excentricité ‖ amourette.
chalán m maquignon (comerciante en caballos) ‖ (amer) dresseur (de chevaux).
chalana f MAR chaland m (gabarra).
chalanería f maquignonnage m.
chalar v tr affoler, rendre fou (enloquecer).
◆ v pr s'amouracher, s'éprendre, se toquer; *chalarse por* s'amouracher de.
chalchihuite m (amer) sorte d'émeraude f grossière ‖ colifichet, babiole f (baratija).
chalé; chalet m pavillon, villa f ‖ *chalets adosados* ou *pareados* pavillons jumeaux.
— OBSERV En francés *chalet* designa sobre todo la casita de madera de estilo suizo.
— OBSERV La forme *chalé* est la plus courante et fait *chalés* au pluriel.
chaleco m gilet ‖ — (amer) *chaleco de fuerza* camisole de force ‖ *chaleco de punto* tricot, pull-over ‖ *chaleco salvavidas* gilet de sauvetage.
chalecón, ona *adj* (amer) tricheur, euse (tramposo).
chalupa f chaloupe (barco de vela) ‖ canot m, barque (bote) ‖ (amer) gâteau m de maïs.
challenger m challenger (candidato).
chamaco, ca m y f (amer) gars m, garçon m, fille f.
chamada f bourrée (leña) ‖ flambée (llama) ‖ *pasar una chamada* être dans une mauvaise passe, traverser une mauvaise période.
chamagoso, sa *adj* (amer) crasseux, euse (mugriento) ‖ mal arrangé, e; mal fagoté, e (mal vestido) ‖ quelconque, vulgaire, sans goût (vulgar).
chamán m chaman.
chamarileo m brocante f.
chamarra f pelisse, veste de paysan ‖ (amer) FIG triche, tromperie.
chamarreta f longue veste légère.
chamarro m (amer) couverture f grossière.
chamba f FAM raccroc m (en el billar) ‖ coup m de veine, veine (suerte) ‖ (amer) gazon m (césped) ‖ travail m, emploi m (trabajo) ‖ FAM *de* ou *por*

chamba, por pura chamba par miracle (de milagro), tout à fait par hasard (por casualidad).

chambelán *m* chambellan.

chambergo, ga *adj* s'est dit d'un régiment créé à Madrid en 1666 par le maréchal de Schomberg pendant la minorité de Charles II ainsi que des soldats de ce régiment et de certaines pièces de leur uniforme ‖ *sombrero chambergo* chapeau à large bord.
◆ *m* chapeau mou à large bord (sombrero) ‖ *(amer)* petit oiseau noir et jaune de Cuba.

chambón, ona *adj y s* FAM veinard, e; chanceux, euse (con suerte) | mazette (mal jugador) | mazette (poco hábil).

chamiza *f* graminée sauvage dont la tige peut servir de chaume ‖ bourrée (leña menuda).

chamizo *m* chaumine *f* (choza) ‖ arbre arsin (árbol) ‖ tison (tizón) ‖ FAM tripot (garito de juego) | taudis (tugurio).

chamorro, rra *adj y s* tondu, e.

champa *f* *(amer)* gazon *m* (césped) | fouillis *m* (cosa enmarañada).

champán *m* champagne (vino) ‖ sampan (embarcación).

champanera *f* seau *m* à champagne.

champaña *m* champagne (vino).

champiñón *m* champignon.

champú *m* shampooing.
— OBSERV pl *champúes* o *champús*.

chamucina *f* *(amer)* populace (populacho).

chamuscar *v tr* flamber (pasar por la llama) ‖ roussir (quemar ligeramente) ‖ *(amer)* vendre à bas prix.
◆ *v pr* *(amer)* se fâcher.

chamusquina *f* action de flamber *o* de roussir ‖ roussi *m* (olor a quemado) ‖ FIG & FAM bagarre (pelea) ‖ FIG & FAM *oler a chamusquina* sentir le roussi *o* le brûlé (tener mal aspecto), sentir le fagot (un hereje).

chancear *v intr* plaisanter, blaguer.

chancla *f* savate (zapato viejo) ‖ pantoufle (zapatilla); *en chanclas* en pantoufles.

chancleta *f* savate, babouche (babucha) ‖ *en chancletas* en pantoufles ‖ — FAM *(amer)* gosse, môme, petite fille.
◆ *m y f* FIG & FAM savate *f* (inepto).

chanclo *m* socque (sandalia de madera) ‖ caoutchouc (para la lluvia y el barro) ‖ claque *f* (de un zapato).

chanchada *f* FAM *(amer)* vacherie, tour *m* de cochon (acción sucia).

chanchi *adv* FAM du tonnerre, formidable.

chanchito, ta *adj* *(amer)* FAM chéri, e.

chancho, cha *adj* *(amer)* sale (sucio).
◆ *m* *(amer)* porc, cochon (puerco) ‖ pièce *f* bloquée, mat (en el ajedrez).

chanchullero, ra *adj y s* intrigant, e.

chanchullo *m* FAM affaire *f* louche, tripotage, magouille *f*; *andar en chanchullos* se livrer à des tripotages.

chandal *m* survêtement (en deporte).

chanelar *v intr* POP piger (comprender) | connaître (saber); *yo chanelo de esto* j'en connais un bout, je m'y connais.

chanfaina *f* ragoût *m* de mou.

chanfle *m* *(amer)* chanfrein (chaflán).

changarro *m* *(amer)* petit magasin, épicerie *f*.

chango *m* *(amer)* singe (mono pequeño) | garçon (niño).

changurro *m* araignée *f* de mer gratinée au four (País Vasco).

chano, chano *loc adv* FAM piano, piano; tout doucement.

chanquete *m* petit poisson de la famille des athérinidés.

chantaje *m* chantage ‖ — *hacer chantaje* faire du chantage ‖ *hacer chantaje a uno* faire chanter quelqu'un.

chantajear *v tr* faire chanter, faire du chantage.

chantajista *m y f* maître *m* chanteur.

chantillí *m* chantilly *f* [crème].

chanza *f* plaisanterie (broma); *gastar chanzas* faire des plaisanteries ‖ — FIG *entre chanzas y veras* mi-figue, mi-raisin ‖ *hablar de chanzas* parler pour rire.

¡chao! *interj* FAM au revoir, salut (adiós).

chapa *f* plaque (de metal) ‖ capsule, bouchon *m* capsule (de una botella) ‖ tôle; *chapa ondulada* tôle ondulée ‖ plaque (de madera) ‖ rougeur *f* des joues (chapeta) ‖ FIG & FAM jugeote, bon sens *m* (formalidad) ‖ *(amer)* serrure (cerradura) ‖ — *chapa de estarcir* pochoir ‖ *chapa de madera* placage.
◆ *pl* pile ou face *sing* (juego); *jugar a las chapas* jouer à pile ou face.

chapado, da *adj* TECN plaqué, e (cubierto con chapas); *reloj chapado en oro* montre en plaqué or ‖ FIG *chapado a la antigua* vieux jeu.
◆ *m* tôlage (metal).

chapar *v tr* TECN plaquer (chapear) ‖ FIG lâcher, sortir (encajar); *le chapó un insulto* il lui a lâché une injure.

chaparreras *f pl* *(amer)* pantalon *m sing* de cuir fendu sur le côté.

chaparro *m* buisson d'yeuses (mata) ‖ FIG personne *f* boulotte, pot à tabac (rechoncho) ‖ *(amer)* enfant (chico).

chaparrón *m* averse *f*; *cayó un chaparrón* il est tombé une averse ‖ FIG & FAM pluie (de injurias, etc.) ‖ *llover a chaparrones* pleuvoir à verse.

chapeado, da *adj* plaqué, e (con chapa) ‖ *(amer)* riche (rico).
◆ *m* TECN placage | harnais garni de plaques d'argent (arreos).

chapear *v tr* couvrir de plaques ‖ plaquer (guarnecer con chapas) ‖ *(amer)* désherber, nettoyer [la terre].
◆ *v intr* locher (la herradura).

chapela *f* béret *m* basque.

charcutero, ra *m y f* charcutier, ère.

chapero *m* POP tapineur.

chapetón, ona *adj y s* *(amer)* Européen, Européenne nouvellement établis en Amérique ‖ FIG novice, débutant, e (bisoño).
◆ *m* averse *f* (chaparrón).

chapista *m* tôlier, ouvrier tôlier ‖ *taller de chapista* tôlerie.

chapistería *f* tôlerie (taller) ‖ tôlage (acción).

chapopote *m* *(amer)* asphalte, bitume.

chapotear *v tr* mouiller, humecter avec une éponge (mojar).
◆ *v intr* FAM barboter, patauger, patouiller.

chapoteo *m* barbotage (del agua).

chapucear *v tr* bâcler, saboter (hacer muy de prisa y mal) ‖ *(amer)* tromper (engañar).

chapucería *f* bâclage *m*, sabotage *m* (acción de hacer mal un trabajo) ‖ rafistolage *m* (arreglo rápido) ‖ bricolage *m*; *esta reparación es una chapucería* cette réparation c'est du bricolage ‖ camelote (obra mal hecha); *este mueble es una chapucería* ce meuble c'est de la camelote.

chapucero, ra *adj* bâclé, e; *un trabajo chapucero* un travail bâclé.
◆ *m y f* bâcleur, euse; bricoleur, euse (frangollón).
◆ *m* taillandier (herrero).

chapulín *m (amer)* sauterelle *f* (saltamontes) | gamin (niño).

chapurrar; chapurrear *v tr* baragouiner, écorcher (hablar mal un idioma); *chapurrear el francés* baragouiner le français ‖ FAM mélanger [des liqueurs].

chapurreo *m* baragouinage.

chapuz *m*; **chapuza** *f* bricole *f* (obra de poca monta) ‖ bousillage *m*, bâclage *m* (acción de hacer mal un trabajo) ‖ rafistolage *m*, replâtrage *m* (arreglo rápido) ‖ plongeon *m* (zambullida).

chapuzar *v tr e intr* plonger.
◆ *v pr* se baigner.

chapuzón *m* plongeon ‖ FAM *darse un chapuzón* faire trempette.

chaqué; chaquet *m* jaquette *f*.
— OBSERV La forme *chaqué* est la plus courante et fait *chaqués* au pluriel.

chaqueta *f* veston *m*, veste; *con chaqueta* en veston ‖ — FAM *cambiarse la chaqueta* retourner sa veste, tourner casaque ‖ *ser más vago que la chaqueta de un guardia* avoir un poil dans la main.

chaquetear *v intr* FIG retourner sa veste, tourner casaque, virer de bord (cambiar de opinión) | fuir, s'échapper (huir) | se dégonfler, revenir sur sa décision (rajarse).

chaqueteo *m* FIG fuite *f* (huida) | retournement, changement (cambio).

chaquetero, ra *adj y s* FIG caméléon, girouette (veleta) ‖ FAM lèche-bottes (pelotillero).

chaquetilla *f* veste courte (de los toreros, camareros) ‖ boléro *m* (para mujeres)

chaquetón *m* veste *f*, vareuse *f*.

charada *f* charade.

charal *m* petit poisson du Mexique (pez) ‖ FIG & FAM *estar hecho un charal* être maigre comme un clou *o* comme un coucou.

charamusca *f (amer)* petit bois *m* (leña).

charanga *f* fanfare (orquesta) ‖ bastringue *m* (baile, ruido).

charca *f* mare.

charco *m* flaque *f* d'eau ‖ FIG & FAM *pasar el charco* traverser la mare aux harengs [océan Atlantique].

charcutería *f* charcuterie.

charla *f* FAM bavardage *m* (conversación) ‖ causerie (disertación) ‖ ZOOL drenne, draine (cagaaceite).

charlador, ra *adj y s* FAM bavard, e.

charlar *v intr* FAM bavarder, causer (hablar mucho) ‖ FAM *charlar por los codos* jaser comme une pie.

charlatán, ana *adj y s* bavard, e.
◆ *m* charlatán (curandero) ‖ camelot (vendedor ambulante).

charlatanería *f* charlatanerie (modales de charlatán) ‖ verbosité (locuacidad).

charlestón *m* charleston.

charlotada *f* pitrerie, clownerie, bouffonnerie (acción grotesca) ‖ TAUROM spectacle *m* comicotaurin.

charlotear *v intr* FAM bavarder, papoter.

charloteo *m* FAM bavardage, papotage ‖ FAM *gustarle a uno mucho el charloteo* avoir une fière tapette.

charneca *f* BOT lentisque *m* (lentisco).

charnela; charneta *f* charnière (bisagra) ‖ ZOOL charnière (de algunos moluscos).

charol *m* vernis noir ‖ vernis (cuero barnizado); *zapatos de charol* souliers vernis ‖ *(amer)* plateau [de bois verni ou laqué] ‖ FAM *darse charol* se faire mousser.

charola *f (amer)* plateau *m* (bandeja).
◆ *pl* FAM *(amer)* gros yeux, *m*.

charque *m (amer)* viande *f* boucanée (tasajo).

charretera *f* MIL épaulette (insignia militar).

charro, rra *adj y s* paysan, paysanne de Salamanque (de Salamanca).
◆ *m (amer)* cavalier mexicain | chapeau à larges bords (sombrero).
◆ *adj* FIG & FAM balourd, e; rustre (rústico) | rococo, de mauvais goût (de mal gusto).

charrúa *adj y s* membre des tribus de la côte septentrionale du Río de la Plata.

chárter *adj y s m* charter.

¡chas! *interj* crac!

chasca *f* bourrée, brindilles *pl* (leña).

chascar *v intr* craquer (la madera) ‖ claquer (el látigo, la lengua) ‖ croquer (un manjar duro).

chascarrillo *m* histoire *f* drôle, plaisanterie *f*.

chasco *m* niche *f*, tour (broma o engaño); *dar un chasco a uno* jouer un tour, faire une niche à quelqu'un | FIG fiasco, échec (fracaso) ‖ déception *f*, désillusion *f* (desengaño); *llevarse un chasco* avoir une déception.

chasis *m* châssis ‖ FIG & FAM *quedarse en el chasis* ne plus avoir que la peau et les os.

chasquear *v tr* jouer des tours, faire des niches ‖ duper, tromper (engañar) ‖ faire claquer (el látigo).
◆ *v intr* craquer (la madera) ‖ claquer (el látigo, la lengua).
◆ *v pr* avoir une déception (sufrir un desengaño) ‖ essuyer un échec (fracasar).

chasquido *m* craquement (de la madera) ‖ crachement (de una ametralladora) ‖ claquement (del látigo, de la lengua) ‖ bang, détonation *f* (de aviones y proyectiles).

chasquillas *f pl (amer)* frange *sing*.

chatarra *f* ferraille (hierro viejo).
◆ *pl* FAM ferblanterie *sing* (condecoraciones).

chatarrería *f* commerce *m* de la ferraille; ferrailleur *m*.

chatarrero, ra *m y f* ferrailleur *m*.

chatear *v intr* FAM prendre quelques verres.

chateo *m* FAM action *f* de prendre quelques verres *o* de faire la tournée des bistrots.

chato, ta *adj* camus, e; aplati, e; *nariz chata* nez aplati ‖ FIG plat, e; aplati, e (cosa); *barco chato* bateau plat ‖ *(amer)* pauvre, insignifiant, e ‖ — FAM *chata mía* mon chou | *dejar chato* en boucher un coin | *quedarse chato* rester baba *o* ahuri.
→ *m* FAM verre; *chato de vino* verre de vin.

¡chau! *interj (amer)* FAM au revoir!, salut!

chaucha *adj (amer)* miteux, euse; pauvre (deslucido).
→ *f (amer)* petite monnaie (moneda) | haricot *m* vert (judía verde) ‖ *(amer) pelar la chaucha* tirer le couteau, jouer du couteau.

chauffeur *m* → **chófer.**

chauvinismo *m* chauvinisme (patriotería).

chauvinista *adj y s* chauvin, e (patriotero).

chaval, la *m y f* FAM gamin, e; gosse, gars *m*.

chavalería *f* FAM marmaille, les mioches *m pl*.

chavalo, la *m y f (amer)* gamin, e; gosse.

chaveta *f* TECN clavette, goupille fendue (hendida) ‖ — FIG & FAM *estar chaveta* être cinglé *o* piqué | *perder la chaveta* perdre la boule.

chavo *m* FAM ancienne monnaie *f* (ochavo) ‖ *no tener un chavo* ne pas avoir un sou *o* un liard.

chavó *m* POP gamin (chaval).

che *f* nom de la lettre «ch».
→ *interj* eh!, tiens!

checo, ca *adj y s* tchèque, tchécoslovaque.
→ *m y f* Tchèque, Tchécoslovaque.

checoslovaco, ca *adj* tchécoslovaque.
→ *m y f* Tchécoslovaque.

Checoslovaquia *n pr f* Tchécoslovaquie.

chef *m* CULIN chef.

chele *adj y s (amer)* blond, e.
→ *m* chassie *f* (legaña).

cheli *m* argot madrilène.

chelín *m* shilling (moneda inglesa).

Chelito; Chelo *n pr f* FAM diminutif de «Consuelo» [prénom féminin].

chepa *f* FAM bosse (joroba).

cheposo, sa *adj y s* bossu, e.

cheque *m* chèque; *extender un cheque* faire un chèque ‖ — *cheque al portador* chèque au porteur ‖ *cheque Banco de España* chèque de la Banque d'Espagne ‖ *cheque cruzado* chèque barré ‖ *cheque de viaje* ou *de viajero* chèque de voyage ‖ *cheque en blanco* chèque en blanc ‖ *cheque nominativo* chèque nominatif *o* à ordre | *cheque sin fondos* chèque sans provision ‖ *talonario de cheques* carnet de chèques, chéquier.

chequear *v tr (amer)* établir *o* faire un chèque | contrôler, vérifier | MED faire un bilan de santé à | comparer (cotejar).
→ *v intr (amer)* utiliser fréquemment l'interjection «che».

chequeo *m* bilan de santé (examen médico) ‖ contrôle, vérification *f* ‖ comparaison *f*.

chequera *f (amer)* porte-chéquier.

chévere *adj (amer)* FAM génial, e; super.

cheviot *m* cheviotte *f* (tejido).

chía *f* manteau *m* de deuil ‖ FIG & FAM *(amer)* discorde, zizanie; *meter chía* semer la zizanie *o* la discorde.

chic *m* chic (distinción).

chica *f* fille, jeune fille (muchacha) ‖ bonne (criada); *chica para todo* bonne à tout faire ‖ petite bouteille (botella) ‖ *(amer)* mesure de capacité pour le pulque (medida) | danse exotique des Noirs (baile) ‖ *chica de conjunto* chanteuse, danseuse de revue.

chicada *f* gaminerie.

chicano *m* Mexicain résidant aux États-Unis.

chicarrón, ona *m y f* FAM grand garçon, grande fille.

chicle *m* chewing-gum, gomme *f* à mâcher (goma de mascar) ‖ *(amer)* résine *f* du sapotier, chiclé (resina) | crasse *f*, saleté *f* (suciedad).

chiclé; chicler *m* AUTOM gicleur.

chiclear *v intr (amer)* mâcher de la gomme, mastiquer (mascar).

chicler *m* AUTOM → **chiclé**

chico, ca *adj* petit, e; *un libro muy chico* un livre très petit ‖ *una perra chica* un petit sou.
→ *m y f* garçon, fille; *un buen chico* un bon garçon; *una chica guapa* une jolie fille ‖ *¡oye, chico!* écoute, mon vieux!
→ *m* enfant; *dar la merienda a los chicos* donner le goûter aux enfants | mesure *f* de capacité | — *chico con grande* l'un dans l'autre; *a diez pesetas la docena, chico con grande* à dix pesetas la douzaine, l'un dans l'autre.
→ *f* FAM petit sou *m* (moneda).

chicoria *f* BOT chicorée.

chicote, ta *m y f* FAM grand garçon, grande fille.
→ *m* MAR extrémité *f* de cordage (de cuerda) ‖ FIG & FAM bout d'un cigare (cigarro) ‖ *(amer)* fouet (látigo).

chicuelo, la *adj* tout petit, toute petite.
→ *m y f* gamin, e; gosse.

chicha *adj f* MAR *calma chicha* calme plat.

chicha *f* chicha (bebida alcohólica) ‖ FAM viande [dans le langage des enfants] ‖ — FIG & FAM *de chicha y nabo* à la noix, à la gomme, de rien du tout, quelconque | *hacer economías de chicha y nabo* faire des économies de bouts de chandelle | *no ser ni chicha ni limonada* n'être ni chair ni poisson | *tener pocas chichas* n'avoir que la peau sur les os (flaco), manquer de ressort, ne pas avoir de nerf (pocas fuerzas).

chícharo *m* petit pois.

chicharra *f* ZOOL cigale (cigarra) ‖ FAM *hablar como una chicharra* jaser comme une pie.

chicharrero *m* FAM four, étuve *f* (sitio muy caluroso).

chicharro *m* saurel, chinchard (jurel).

chicharrón *m* FIG viande *f* carbonisée | pruneau (persona tostada).
→ *pl* rillons.

chiche *adj (amer)* facile, pratique.
→ *m* FAM *(amer)* babiole *f* (chuchería) | joujou (juguete) | bijou (joya) | téton (pecho) | nourrice *f*, nounou (nodriza).

chichón *m* bosse *f* [à la tête].

chichonera *f* bourrelet *m* (de niño) ‖ casque *m* (de paracaidista).

chifla *f* sifflement *m* (silbido) ‖ sifflet *m* (silbato, pito) ‖ doloir *m* (para adelgazar las pieles).

chiflado, da *adj y s* FAM toqué, e; piqué, e; cinglé, e; maboul, e (loculeo) ‖ — *estar chiflado* être

chifladura | **260**

cinglé, travailler du chapeau ‖ *estar chiflado por* raffoler de; *estar chiflado por la música* raffoler de la musique.
- *m* mordu; *los chiflados del fútbol* les mordus du football.

chifladura *f* sifflement *m* (silbido) ‖ FAM manie, toquade, dada *m*.

chiflar *v intr* siffler (silbar) ‖ *(amer)* chanter (las aves).
- *v tr* siffler (a un actor) ‖ FAM siffler, lamper (vino, etc.) ‖ — *cazar es lo que le chifla* chasser, c'est son dada, il adore chasser ‖ *esto me chifla* j'adore ça.
- *v pr* avoir une toquade pour, se toquer de (de una persona), aimer à la folie, raffoler de (una cosa); *chiflarse por una actriz* se toquer d'une actrice; *chiflarse por el cine* raffoler du cinéma.

chiflido *m* coup de sifflet (con silbato) ‖ sifflement (con la boca).

chiflón *m* vent coulis, courant d'air (viento) ‖ *(amer)* cascade *f* (cascada) | canal d'évacuation (canal) | éboulement (derrumbe).

chigüín *m* *(amer)* gosse.

chiíta *adj y s* chiite.

chilaba *f* djellaba.

chile *m* piment.

Chile *n pr m* GEOGR Chili.

chilena *f* DEP reprise de volée arrière (fútbol).

chilenismo *m* mot *o* tournure *f* propres aux Chiliens.

chilenizar *v tr* donner le caractère chilien à.

chileno, na *adj* chilien, enne.
- *m y f* Chilien, enne.

chilindrina *f* FAM vétille, bagatelle (cosa insignificante) | anecdote, histoire drôle, plaisanterie (anécdota) | bon mot *m*, boutade (chiste).

chilindrón *m* nain jaune (juego) ‖ CULIN *pollo al chilindrón* poulet basquaise.

chilmole *m* *(amer)* sauce *f* à base de piment.

chilpayate, ta *m y f* *(amer)* gamin, e; gosse.

chiltepe; chiltipiquín *m* *(amer)* piment (ají).

chillar *v intr* crier, pousser des cris, glapir *(fam)*; *el niño no para de chillar* l'enfant n'arrête pas de crier ‖ glapir (ciertos animales) ‖ grincer (chirriar); *la puerta chilla* la porte grince ‖ FIG être criarde (un color), jurer, crier (detonar varios colores) ‖ *(amer)* protester, crier (protestar) ‖ *fue chillado por el público* il fut sifflé par le public.
- *v pr (amer)* se fâcher, s'irriter (enojarse).

chillería *f* criaillerie, clabaudage *m (p us)* ‖ remontrance (regaño). ‖ *echar una chillería a uno* faire une remontrance à quelqu'un, crier après quelqu'un.

chillido *m* cri perçant (grito) ‖ glapissement (de un animal) ‖ grincement; *el chillido de una rueda* le grincement d'une roue.

chillón, ona *adj y s* criard, e; braillard, e; *un niño chillón* un enfant braillard ‖ FIG criard, e (color, sonido) ‖ *una voz chillona* une voix pointue *o* perçante *o* criarde.
- *m* TECN pointe *f* (clavo).

chimar *v tr (amer)* ennuyer, importuner, agacer (fastidiar).
- *v pr (amer)* se blesser (lastimarse).

chimenea *f* cheminée; *chimenea francesa, de campana* cheminée d'appartement, à hotte ‖ MIN cheminée ‖ — *chimenea de paracaídas* trou d'air de parachute ‖ *chimenea de tiro* cheminée d'appel ‖ *chimenea estufa* cheminée à la prussienne ‖ *chimenea volcánica* cheminée volcanique.

chimiscolear *v intr (amer)* flâner (vagar) | cancaner (chismear).

chimpancé *m* ZOOL chimpanzé.

china *f* petit caillou *m* (piedrecita) ‖ chine, porcelaine de Chine (porcelana) ‖ lampes *m*, tissu *m* de Chine (tejido) ‖ FIG & FAM argent *m* (dinero) ‖ FAM petite dose de haschisch ‖ — *echar algo a chinas* tirer quelque chose à la courte paille ‖ *jugar a las chinas* jouer aux petits cailloux ‖ FIG *poner chinos a uno* mettre des bâtons dans les roues de quelqu'un, tailler des croupières à quelqu'un | *tocarle a uno la china* être désigné par le sort.

china *f (amer)* → **chino, na** (2.º artículo).

China *n pr f* GEOGR Chine.

chinaca *f (amer)* pauvres *m pl*.

chinampa *f* chinampa, jardins *m pl* flottants [près de Mexico].

chinampero, ra *adj* cultivé dans les chinampas.
- *m* cultivateur d'une chinampa.

chinarro *m* caillou (piedra).

chinazo *m* caillou (piedra) ‖ coup donné avec un caillou (golpe).

chinchal *m (amer)* petite boutique *f*, échoppe *f* (tenducho).

chinchar *v tr* FAM enquiquiner, casser les pieds, empoisonner (molestar) | descendre, démolir (matar) ‖ FAM *chínchate, para que te chinches* bisque, bisque rage, c'est bien fait pour toi!

chinche *f* ZOOL punaise ‖ punaise (clavito) ‖ FIG & FAM *morir como chinches* tomber comme des mouches.
- *m y f* FIG & FAM enquiquineur, euse; empoisonneur, euse (cargante) ‖ FAM *tener* ou *estar con la chinche* être de mauvais poil.

chincheta *f* punaise (clavito).

chinchilla *f* chinchilla *m* (animal y piel).

chinchín *m* FAM flonflon; *el chinchín de la banda* le flonflon de la fanfare ‖ *(amer)* bruine *f*, crachin (llovizna) | hochet (sonajero).

chinchón *m* alcool d'anis.

chinchorro *m* MAR boulier, senne *f* (red) | youyou (bote).

chinchoso, sa *adj* FIG & FAM assommant, e; enquiquinant, e; empoisonnant, e (cargante).
- *m y f* enquiquineur, euse; empoisonneur, euse.

chinela *f* mule (zapatilla) ‖ claque (chanclo).

chinero *m* vaisselier (mueble).

chinesco, ca *adj* chinois, e; *sombras chinescas* ombres chinoises.
- *m* MÚS chapeau chinois.

chingada; chingadura *f* POP embêtement ‖ *(amer)* échec *m* (fracaso).

chingado, da *adj* POP emmerdé, e (persona) | foutu, e (cosa).

chingana *f (amer)* gargote (tabernucha) | fête populaire (fiesta).

chingar *v tr* POP picoler (beber mucho) | embêter, casser les pieds, empoisonner (molestar) | bai-

ser (joder) ‖ *(amer)* couper la queue (cortar el rabo) | plaisanter (bromear).
- *v pr* FAM se formaliser, se fâcher (enfadarse) | se soûler (emborracharse) ‖ *(amer)* échouer, ne pas réussir (fracasar) | rater (un cohete).

chinguirito *m* *(amer)* tafia (aguardiente).

chinita *f* *(amer)* bonne, employée de maison (criada) | coccinelle (animal).

chino, na *adj* chinois, e (de China) ‖ — *tinta china* encre de Chine ‖ — *un cuento chino* une histoire à dormir debout.
- *m y f* Chinois, e ‖ — FAM *a este le engañan como a un chino* il avale tout ce qu'on lui dit ‖ *trabajar como un chino* travailler comme un Nègre.
- *m* chinois (langue) ‖ *eso es chino para mí* pour moi c'est de l'hébreu.

chino, na *adj y s* *(amer)* indien, enne (indio) | métis, isse (mestizo) | mulâtre, esse (mulato) | chéri, e ‖ — *estar chino por* être toqué de ‖ *¿somos chinos?* pour qui me prenez-vous?
- *adj* *(amer)* en colère (airado) | crêpu, e (pelo) | jaunâtre (amarillento).
- *m* *(amer)* gosse, gamin (niño) | domestique (criado) ‖ bouclette *f* (rizo).
- *f* *(amer)* campagnarde, fille de la campagne (campesina) | servante, domestique (criada) | compagne (compañera) | amie, amante (amante) | toupie (peonza).

chip *m* INFORM puce *f*.

chipe; chipén; chipendi (de) *loc adv* POP au poil, du tonnerre, formidable (de órdago) ‖ FAM *la chipén* la vérité.

chipi; chípil *m* *(amer)* pleurnicheur [enfant].

chípil *m* *(amer)* → **chipi.**

chipirón *m* calmar, encornet (calamar).

Chipre *n pr* GEOGR Chypre.

chipriota; chipriote *adj* chypriote, cypriote.
- *m y f* Chypriote, Cypriote.

chiqueadores *m pl* *(amer)* emplâtre *sing* de papier graissé contre la migraine.

chiquear *v tr* *(amer)* flatter, cajoler (mimar).
- *v pr* *(amer)* se dandiner (contonearse).

chiqueo *m* *(amer)* flatterie *f*, cajolerie *f* | déhanchement, dandinement.

chiquero *m* porcherie *f* (pocilga) ‖ TAUROM toril (toril) ‖ *(amer)* étable (establo).

chiquilicuatro *m* FAM gringalet, freluquet (hombre pequeño).

chiquillada *f* gaminerie, enfantillage *m* (niñería) ‖ *hacer chiquilladas* faire l'enfant.

chiquillería *f* marmaille.

chiquillo, lla *m y f* gamin, e; gosse (rapaz) ‖ marmot *m* (nene), bambin, e (niño).

chiquirritico, ca; chiquirritillo, lla; chiquirritito, ta *adj* tout petit, toute petite; riquiqui.

chiquitín, ina *adj y s* tout petit, toute petite.

chiquito, ta *adj y s* tout petit, toute petite ‖ FAM *no andarse con chiquitas* y aller carrément, ne pas y aller par quatre chemins (no vacilar), ne pas y aller de main morte, ne pas y aller avec le dos de la cuillère (no escatimar nada).
- *m y f* gosse.
- *m* verre, petit verre (vaso de vino).

chiribita *f* étincelle (chispa).
- *pl* mouches volantes (de la vista) ‖ FIG & FAM *echar chiribitas* jeter feu et flammes, se fâcher tout rouge, être furibond.

chirigota *f* FAM plaisanterie (chanza) | blague (broma) ‖ FAM *a chirigota* à la rigolade; *tomar algo a chirigota* prendre quelque chose à la rigolade.

chirimbolo *m* FAM machin, truc, chose *f* (chisme).

chirimía *f* MÚS chalumeau *m*, flageolet *m*.

chirimoya *f* anone, cachiman *m* (fruto del chirimoyo).

chirimoyo *m* anone *f*, cachimantier (árbol).

chiringuito *m* FAM sorte *f* de buvette ‖ *montarse un chiringuito* monter une petite affaire.

chiripa *f* raccroc *m* (en el billar) ‖ FIG & FAM coup *m* de veine (suerte, azar) ‖ *de* ou *por chiripa, por pura chiripa* par miracle (de milagro), tout à fait par hasard (por casualidad).

chirivía *f* BOT panais *m* (pastinaca) ‖ ZOOL hochequeue *m*, bergeronnette (aguzanieves).

chirla *f* petite clovisse (almeja).

chirle *adj* FAM insipide, fade (insípido).
- *m* fiente *f* des moutons (sirle).

chirlo *m* balafre *f*, estafilade *f* (herida y cicatriz) ‖ *(amer)* coup de fouet (latigazo).

chirola *f* *(amer)* menue monnaie.

chirona *f* *(amer)* tôle, violon *m*, bloc *m*; *meter en chirona* mettre en tôle ‖ FAM *estar en chirona* être sous les verrous *o* en tôle *o* au violon.

chirriador, ra; chirriante *adj* grinçant, e (que rechina) ‖ pétillant, e; crépitant, e (que restalla) ‖ piailleur, euse (pájaro) ‖ FIG & FAM criard, e; pointu, e; perçant, e (voz).

chirriar *v intr* grincer (las ruedas) ‖ piailler (los pájaros) ‖ FIG & FAM chanter faux, brailler (cantar) | brailler (gritar) ‖ *(amer)* faire la noce (ir de juerga) | grelotter (tiritar).

chirrido *m* cri (de los pájaros) ‖ grincement (ruido desagradable); *el chirrido de la puerta* le grincement de la porte ‖ pétillement, crépitement (del fuego), grésillement (del aceite hirviendo) ‖ FIG & FAM cri, braillement (berrido) ‖ *el chirrido del grillo* le chant du grillon.

chirula *f* petite flûte (Vizcaya).

¡chis! *interj* chut! (chitón).

chischás *m* cliquetis (ruido de las espadas al entrechocarse).

chisgarabís *m* FAM gringalet, freluquet (hombre pequeño) | fouinard (entrometido).

chisguete *m* FAM coup (trago); *echar un chisguete* boire un coup | jet, giclée *f* (chorro) ‖ *(amer)* tube de caoutchouc (tubo).

chisme *m* cancan, potin, commérage, ragot (hablilla); *los vecinos andan siempre con chismes* les voisins passent leur temps à faire des cancans ‖ FAM babiole *f* (objeto sin importancia) | machin, truc; *¡qué chisme tan raro!* quel drôle de truc! ‖ *el cuarto de los chismes* le débarras ‖ *meter, traer chismes* cancaner, potiner.

chismear *v intr* cancaner, potiner.

chismorrear *v intr* cancaner, potiner, faire des potins (chismear).

chismorreo *m* commérage, cancan.

chismoso, sa *adj y s* cancanier, ère.

chispa *f* étincelle; *chispa eléctrica, de ruptura* étin-

celle électrique, de rupture; *echar chispas* jeter des étincelles ∥ étincelle, petit diamant *m* (diamante pequeño) ∥ goutte, gouttelette (de lluvia) ∥ FIG lueur; *una chispa de inteligencia* une lueur d'intelligence | brin *m*, miette (pedazo de una cosa); *no sobró ni una chispa de pan* il ne resta même pas une miette de pain | esprit *m* (viveza, ingenio); *tener chispa* avoir de l'esprit ∥ FAM cuite (borrachera) ∥ *(amer)* mensonge *m* (mentira) | succès *m* ∥ *— de chispa* à pierre; *escopeta de chispa* fusil à pierre ∥ *ni chispa* pas du tout; *no me gusta ni chispa* ça ne me plaît pas du tout; *esto no tiene ni chispa de gracia* ce n'est pas drôle du tout ∥ *— echar chispas* jeter des étincelles, être furibond ∥ *ser una chispa* être vif comme la poudre.
- *adj (amer)* drôle.
- *interj* diable!

chisparse *v pr* FAM se soûler, s'enivrer (emborracharse).

chispazo *m* étincelle *f*; *le saltó un chispazo a la cara* une étincelle lui sauta au visage ∥ brûlure *f* (quemadura) ∥ FAM cancan, potin (chisme) ∥ *— FIG chispazo de ingenio* étincelle *o* éclair de génie.

chispeante *adj* étincelant, e (que echa chispas) ∥ pétillant, e; *ojos chispeantes* des yeux pétillants ∥ FIG spirituel, elle (ingenioso), plein d'esprit, pétillant, e; étincelant, e; pétillant, e; brillant, e (brillante) ∥ FIG *tener un ingenio chispeante* pétiller d'esprit.

chispear *v intr* étinceler (echar chispas) ∥ FIG pétiller; *chispear de alegría* pétiller de joie | être brillant; *su discurso chispeó* son discours a été brillant | pleuviner, tomber quelques gouttes (lloviznar).

chisporroteante *adj* pétillant, e (fuego).

chisporrotear *v intr* pétiller, crépiter; *el fuego chisporrotea* le feu crépite ∥ crépiter, grésiller (aceite) ∥ RAD cracher.

chisporroteo *m* FAM pétillement, crépitement (de la leña) | grésillement (del aceite) ∥ RAD friture *f*, crachotement, crachement (ruido parásito).

chisquero *m* briquet à amadou.

¡chist! *interj* chut!

chistar *v intr* parler, ouvrir la bouche; *no chistó mientras estuvimos allí* pendant que nous étions là il n'a pas ouvert la bouche ∥ *— sin chistar* sans répliquer, sans mot dire (sin contestar), sans broncher, sans mot dire, sans tiquer (sin protestar) ∥ FAM *sin chistar ni mistar* sans dire un mot, sans ouvrir la bouche.

chiste *m* bon mot, plaisanterie *f* (agudeza) ∥ histoire *f* drôle, blague *f* (cuento gracioso); *contar un chiste* raconter une blague ∥ bonne *f*, chose *f* drôle *f* (gracia); *no le veo el chiste a lo que ha dicho* je ne vois pas ce qu'il y a de drôle dans ce qu'il a dit ∥ *— con chiste* drôlement, spirituellement, avec esprit ∥ *sin chiste* bêtement, sans esprit ∥ *— caer en el chiste* comprendre, piger (fam) ∥ *hacer chiste de uno* se moquer de quelqu'un, se payer la tête de quelqu'un ∥ *tener chiste* être drôle.

chistera *f* panier *m* de pêcheur (cesta de pescador) ∥ FIG & FAM tube *m*, chapeau *m* haut de forme, huit-reflets *m* (sombrero de copa) ∥ chistera (para jugar a la pelota).

chistorra *f* saucisson *m* semblable au chorizo (Navarra).

chistoso, sa *adj* spirituel, elle; drôle (gracioso); *una anécdota muy chistosa* une anecdote très drôle

∥ blagueur, euse (bromista) ∥ *— lo chistoso* ce qu'il y a de curieux (extraño), ce qu'il y a de drôle *o* de piquant.

chistu *m* MÚS chistu [petite flûte du Pays Basque et du Béarn].

chistulari *m* joueur de chistu.

¡chit! *interj* chut!

chita *f* ANAT astragale *m* (hueso) ∥ palet *m* (juego) ∥ *— FIG & FAM a la chita callando* à pas de loup, en tapinois; *me acerqué a él a la chita callando* je me suis approché de lui à pas de loup; en douce; *le hizo una mala jugada a la chita callando* il lui a joué un mauvais tour en douce; sans tambour ni trompette; *se marchó a la chita callando* il est parti sans tambour ni trompette | *dar en la chita* donner dans le mille.

chiticallando *adv* FAM à pas de loup, en tapinois, en douce (a la chita callando).

¡chito!; ¡chitón! *interj* FAM chut!

chivar *v tr* POP casser les pieds (fastidiar).
- *v pr* FAM s'embêter | rapporter, cafarder (soplonear), moucharder (delatar) ∥ *(amer)* se mettre en colère (enfadarse).

chivatazo *m* FAM mouchardage ∥ FAM *dar el chivatazo* moucharder.

chivato *m* chevreau (chivo).

chivato, ta *m y f* FAM donneur, euse (delator) ∥ rapporteur, euse; cafard, e (acusica).
- *m* mouton (soplón) ∥ voyant (indicador).

chivo, va *m y f* chevreau *m*, chevrette *f*; cabri *m* (cría de la cabra) ∥ FIG *chivo expiatorio* bouc émissaire.

choc *m* choc émotionnel.

chocante *adj* choquant, e; *unas costumbres chocantes* des mœurs choquantes ∥ désagréable; *voz chocante* voix désagréable.

chocar *v intr* heurter, choquer *(p us)*; *chocó el coche con o contra la farola* l'auto heurta le réverbère ∥ entrer en collision; *chocaron dos trenes* deux trains sont entrés en collision ∥ FIG choquer; *me chocó mucho su contestación* sa réponse m'a beaucoup choqué | se battre (pelear); *los ejércitos chocaron en esta ciudad* les armées se sont battues dans cette ville ∥ FAM toper, toucher (la mano); *¡chócala!* tope là, touche là ∥ *— coches que chocan* autos tamponneuses ∥ *chocar de frente* heurter de plein fouet.

choclo *m* socque (chanclo) ∥ *(amer)* épi de maïs très tendre (maíz) | aliment à base de maïs tendre (alimento) | FAM corvée *f*, ennui (carga) ∥ FAM *(amer) ¡qué choclo!* quelle barbe!

choclón *m* passage de la boule sous l'arceau au croquet ∥ *(amer)* réunion *f* politique, meeting.

choco *m* petite seiche *f* (jibia pequeña) ∥ *(amer)* barbet (perro de aguas) | moignon (muñón).

chocolate *m* chocolat; *pastilla de chocolate* barre *o* tablette de chocolat; *jícara de chocolate* tasse de chocolat ∥ FAM shit ∥ *— chocolate a la taza* ou *para crudo* chocolat à cuire *o* à croquer ∥ FIG *economías del chocolate del loro* économies de bouts de chandelle ∥ FAM *las cosas claras y el chocolate espeso* soyons clairs ∥ *— (amer) sacar chocolate* faire saigner du nez.
- *adj* chocolat *inv* (color).

chocolatera *f* chocolatière ∥ FAM tacot *m* (automóvil) | sabot *m* (barco).

chocolatería *f* chocolaterie.

chocolatero, ra *adj* y *s* amateur de chocolat.
◆ *m* y *f* chocolatier, ère (fabricante).
chocolatín *m*; **chocolatina** *f* tablette *f* de chocolat, barre *f* de chocolat (alargado), chocolat *m*, croquette *f* (redondo).
chochear *v intr* radoter (repetir la misma cosa) ‖ radoter, devenir gâteux, retomber en enfance (un anciano) ‖ FIG & FAM perdre la tête; *el amor hace chochear con frecuencia a los hombres* l'amour fait souvent perdre la tête aux hommes.
chochera; **chochez** *f* radotage *m* (repetición) ‖ gâtisme *m* (calidad de chocho) ‖ FAM toquade.
chocho *m* graine *f* comestible du lupin (altramuz) ‖ sucrerie *f* à la cannelle (confite) ‖ sucrerie *f*, bonbon (golosina) ‖ POP chatte *f* (sexo de la mujer).
chocho, cha *adj* radoteur, euse (que chochea) ‖ gâteux, euse; gaga (*fam*); *viejo chocho* vieux gâteux ‖ *estar chocho por* être toqué de, raffoler de.
chochocol *m* (*amer*) cruche *f* (cántaro), jarre *f* (tinaja).
chófer; **chauffeur** *m* chauffeur.
chollo *m* FAM aubaine *f*, fromage, sinécure *f* (ganga) | veine *f*, chance *f* (suerte).
chomba; **chompa** *f* (*amer*) T-shirt *m*.
chompipe *m* (*amer*) dindon.
chonchón *m* (*amer*) sorte de cerf-volant (cometa) | oiseau de mauvais augure (ave fatídica) | vilain oiseau (persona despreciable).
chongo *m* (*amer*) boucle *f* (rizo) | chignon (moño) | sucrerie *f* au lait et au miel (dulce) | plaisanterie *f* (broma).
chonguear *v intr* (*amer*) plaisanter, blaguer.
chopera *f* peupleraie.
chopito *m* calmar servi en amuse-gueule.
chopo *m* BOT peuplier noir (álamo) ‖ FAM flingue, flingot (fusil).
choque *m* choc (golpe) ‖ MED choc; *choque operatorio* choc opératoire ‖ FIG heurt (oposición) | tamponnement (entre dos trenes) | collision *f* (colisión) ‖ — *choque de frente* télescopage ‖ *choque de rechazo* choc en retour ‖ *precio de choque* prix choc.
chorbo, ba *m* y *f* POP mec, gonzesse.
choriceo *m* FAM fauche.
chorizar *v tr* FAM piquer, tirer, faucher.
chorizo *m* saucisson au piment, «chorizo» ‖ POP filou (ladrón) | balancier (balancín) | (*amer*) faux filet (lomo) | torchis (para revocar) | andouille *f* (mentecato).
chorlito *m* ZOOL chevalier (pájaro) ‖ — FIG & FAM *cabeza de chorlito* tête de linotte ‖ *chorlito de collar* pluvier à collier ‖ *chorlito real* pluvier, courlis.
choro *m* (*amer*) moule *f*.
chorra *adj* y *s m* POP andouille *f* (necio).
◆ *f* POP pot *m* (suerte) ‖ POP *tener mucha chorra* avoir du pot.
chorrada *f* bonne mesure (dans la vente des liquides) ‖ FAM bêtise; *soltar chorradas* débiter des bêtises.
chorrear *v intr* couler; *líquido que chorrea* liquide qui coule ‖ dégoutter, dégouliner (gotear); *la ropa está chorreando* le linge dégouline ‖ FIG couler à flots; *el dinero chorrea en esta casa* l'argent coule à flots dans cette maison ‖ FAM *estar chorreando* être trempé.
◆ *v tr* verser, faire couler; *chorrear agua por el suelo* verser l'eau par terre ‖ ruisseler, dégouliner; *el cuerpo chorreando sudor* le corps ruisselant de sueur ‖ FIG *esto chorrea sangre* c'est une injustice flagrante.
◆ *v pr* FAM (*amer*) barboter, s'approprier; *chorrearse algo* barboter quelque chose.
chorreo *m* écoulement; *el chorreo del agua* l'écoulement de l'eau ‖ FIG flot; *un chorreo de gente, de turistas* un flot de gens, de touristes | dépense *f* (gasto).
chorrera *f* rigole, sillon *m* [tracé par l'eau courante] ‖ jabot *m* (de camisa) ‖ (*amer*) série, flopée (*fam*); *una chorrera de desatinos* une série d'idioties.
chorretada *f* jet *m*, giclée (chorro) ‖ bonne mesure d'un liquide (chorrada).
chorrillo *m* petit jet ‖ filet; *un chorrillo de aceite* un filet d'huile ‖ AGRIC *sembrar a chorrillo* semer en ligne.
chorro *m* jet (de un líquido, de un gas) ‖ FIG pluie *f*; *un chorro de pesetas* une pluie de pesetas | flot; *un chorro de luz* un flot de lumière ‖ — *avión de chorro* avion à réaction ‖ FIG *chorro de voz* voix qui porte ‖ — *beber al chorro* boire à la régalade ‖ *hablar a chorros* parler avec abondance (mucho), bafouiller (balbucear) ‖ *llover a chorros* pleuvoir à torrents ‖ *estar limpio como los chorros de oro* ou *como un chorro de agua* être propre comme un sou neuf ‖ *soltar el chorro de la risa* éclater de rire ‖ *sudar a chorros* suer à grosses gouttes.
◆ *adj* (*amer*) voleur, euse.
chotearse *v pr* FAM se payer la tête de, se ficher de (burlarse).
choteo *m* FAM moquerie *f*, raillerie *f* (burla) | rigolade *f*; *tomárselo todo a choteo* prendre tout à la rigolade.
chotis *m* scottish *f*, danse *f* ressemblant à la mazurka (baile propio de Madrid).
choto, ta *m* y *f* cabri, chevrette (cabrito) ‖ veau (ternero).
chotuno, na *adj* relatif aux chevreaux ‖ POP *oler a chotuno* puer comme un bouc.
choucroute *f* choucroute.
chovinismo *m* chauvinisme.
chovinista *adj* y *s* chauvin, e.
choza *f* hutte (bohío) | cabane (cabaña) ‖ chaumière (casa con techo de paja) ‖ *choza de paja* paillote.
christmas *m inv* carte *f* de vœux [pour Noël].
chubasco *m* averse *f* (aguacero); *chubasco de origen tormentoso* averse orageuse ‖ MAR grain (lluvia) ‖ FIG nuage, contretemps.
chubasquero *m* ciré (impermeable).
chúcaro, ra *adj* (*amer*) sauvage.
◆ *m* y *f* (*amer*) mulet *m* sauvage, mule *f* sauvage.
chuchería *f* babiole, colifichet *m* (fruslería) ‖ friandise, sucrerie (golosina) ‖ chasse aux pièges ou aux appeaux (caza).
chucho *m* FAM toutou, chien (perro) ‖ (*amer*) malaria *f*, paludisme (paludismo) | frisson (escalofrío).
◆ *interj* allez coucher! (dirigiéndose a un perro).
chuchurrido, da *adj* FAM fané, e; *flores chuchurridas* fleurs fanées | ridé, e (arrugado) | ratatiné,

e; *una vieja mujer chuchurrida* une vieille femme ratatinée.

chueco, ca *adj (amer)* tordu, e; *piernas chuecas* jambes tordues.

chufa *f* BOT souchet *m* comestible (planta) || *horchata de chufas* orgeat de souchet.

chufla; chufleta *f* FAM plaisanterie, blague (broma) | raillerie (burla).

chuflarse; chuflearse *v pr* FAM se moquer.

chulada *f* FAM grossièreté (grosería) | saillie, boutade (agudeza) | crânerie, aplomb (desfachatez) | désinvolture (desenfado) | *obrar con chulada* agir avec désinvolture | truc *m* sympa (cosa bonita) || FAM *decir una chulada, hacer chuladas* crâner.

chulapo, pa; chulapón, ona *m y f* gommeux *m*, poupée *f*.

chulé *m* POP douro, monnaie *f* de cinq pesetas.

chulear *v tr* railler spirituellement, blaguer || *(amer)* flirter (flirtear).
◆ *v pr* se payer la tête de (burlarse) || FAM crâner (darse pisto).

chulería *f* grâce piquante || bravade, crânerie (bravata) || désinvolture (desenfado).

chulesco, ca *adj* crâne; *gesto chulesco* air crâne || faubourien, enne (populachero).

chuleta *f* côtelette, côte (costilla); *chuleta empanada* côtelette panée || FIG & FAM tarte, baffe (bofetada) | antisèche (que llevan los estudiantes) | insolent *m*, effronté *m* (chulo).

chulo, la *adj* effronté, e; insolent, e (descarado), dévergondé, e (pícaro) || crâne; *un gesto chulo* un air crâne || *(amer)* joli, e (bonito), bien mis, e (elegante).
◆ *m* TAUROM valet || souteneur (rufián) || gigolo (gigolo) || POP type, mec || mauvais garçon (pícaro).
◆ *m y f* joli garçon, jolie fille || FAM gommeux *m*, petit maître *m*, poupée *f* [du bas peuple de Madrid].

chumacera *f* MECÁN crapaudine || MAR toletière.

chumbera *f* BOT nopal *m*, figuier de Barbarie.

chumbo, ba *adj higuera chumba* figuier de Barbarie || *higo chumbo* figue de Barbarie.
◆ *m (amer)* balle (bala).

chuminada *f* POP connerie.

chumino *m* POP chatte *f*.

chungo, ga *adj* POP nul, nulle (malo).
◆ *f* FAM farce, plaisanterie (broma) | blague, plaisanterie (burla) || — *por chunga* pour rire || FAM *andar de chunga* rigoler | *estar de chunga* plaisanter | *tomar a ou en chunga* se moquer de, prendre à la rigolade, ne pas prendre au sérieux.

chupa *f* justaucorps *m* (prenda) || *(amer)* cuite (borrachera) || FIG *poner a uno como chupa de dómine* mettre quelqu'un plus bas que terre, traîner quelqu'un dans la boue.

chupacirios *m* FAM bigot, bondieusard (beato).

chupachup *m* (nombre registrado) sucette *f*.

chupada *f* bouffée (de humo) || sucement *m*, succion (de una sustancia).

chupado, da *adj* maigre, émacié, e; *cara chupada* visage émacié | serré, e; étroit, e; *falda chupada* jupe serrée || *(amer)* paf, ivre (borracho) || — FIG & FAM *mejillas chupadas* joues caves *o* creuses || — FIG & FAM *está chupado* c'est simple comme bonjour, c'est l'enfance de l'art, c'est du billard.

chupar *v tr* sucer; *chupar un limón* sucer un citron || pomper, absorber, boire; *las raíces chupan la humedad del suelo* les racines pompent l'humidité du sol || FIG & FAM sucer, soutirer [de l'argent]; *chuparle a uno el dinero* soutirer de l'argent à quelqu'un | tirer (sacar) || *(amer)* fumer || FIG *chupar la sangre a alguno* saigner quelqu'un à blanc.
◆ *v pr* se lécher; *chuparse los dedos* se lécher les doigts || maigrir, se creuser (ir enflaqueciendo) || FIG & FAM tirer; *chuparse seis meses de prisión* tirer six mois de prison || *(amer)* boire || — *chuparse el dedo* sucer son pouce || FAM *¡chúpate esa!* avale ça! | *es para chuparse los dedos* c'est à s'en lécher les babines | *no chuparse el dedo* ne pas se laisser marcher sur les pieds, ne pas se laisser faire.

chupatintas *m inv* FAM rond-de-cuir, gratte-papier, scribouillard.

chupe *m* FAM sucette *f* (chupador) || *(amer)* ragoût de pommes de terre, de viande, d'œufs et de fromage.

chupete *m* tétine *f* (de biberón) || sucette *f* (chupador) || *(amer)* sucette *f* (caramelo).

chupetear *v intr* suçoter.

chupeteo *m* sucement, succion *f*.

chupetón *m* forte succion *f*.

chupi *adj* FAM génial, e.

chupinazo *m* FAM shoot (con el balón).

chupito *m* gorgée *f* (sorbo) || bouffée *f* (de humo) || *(amer)* sucette *f* (caramelo).

chupo; chupón *m (amer)* furoncle.

chupón, ona *adj y s* suceur, euse (que chupa).
◆ *m* AGRIC gourmand (brote) || bouffée *f* (chupada) || suçon (beso) || déboucheur (destrancador neumático) || ZOOL plume *f* vive || MECÁN piston plongeur (émbolo) || sucette *f* (caramelo) || tétine *f* (de biberón).
◆ *m y f* profiteur, euse; parasite *m*, sangsue *f*.

chupóptero *m* FAM cumulard.

churra *f* gelinotte des bois (ortega).

churrasco *m (amer)* grillade *f* (carne asada).

churrería *f* commerce *m* de beignets.

churrero, ra *m y f* marchand, e de beignets.

churrete; churretón *m* tache *f*, saleté *f* (en la cara) || FAM *(amer)* pauvre bougre, pauvre type.

churretoso, sa *adj* sale, crasseux, euse (sucio).

churrigueresco, ca *adj* ARQ churriguersque (estilo) || FIG surchargé, e; rococo (recargado).
— OBSERV Le style *churrigueresco* (du nom de l'architecte José de Churriguera) a marqué l'architecture espagnole à la fin du XVIIe et au début du XVIIIe siècle. Il se caractérise par un baroquisme outré et s'apparente au *rococo*.

churriguerismo *m* ARTES style churrigueresque.

churro, rra *adj* jarreux, euse (lana) || *(amer)* FAM séduisant, e (un hombre o una mujer) || *lana churra* jarre.
◆ *m* beignet (masa frita) || FAM bricolage (chapuza) | navet; *esta película es un churro* ce film est un navet || — FAM *salirle a uno un churro* louper *o* rater complètement; *me ha salido un churro* ça a complètement raté | *ser un churro* être un coup de veine (casualidad), être vraiment loupé *o* raté (fracaso).

churruscarse *v pr* brûler (el pan, un guiso, etc.).

churrusco *m* croûton de pain brûlé.

churumbel *m* POP gosse, loupiot, marmot, mioche.

chusco, ca *adj* plaisant, e; facétieux, euse; cocasse (gracioso) ‖ *(amer)* bâtard, e (perro).
➤ *m* MIL pain de munition.
chusma *f* chiourme (de galeotes) ‖ populace, populo *m* *(pop)* (muchedumbre) ‖ racaille, vermine (conjunto de gente soez) ‖ *(amer)* troupe d'Indiens.
chus ni mus (no decir) *loc* ne pas souffler mot.
chut *m* shoot (puntapié).
chutar *v intr* shooter, botter, tirer (fútbol) ‖ — FAM *este asunto va que chuta* cette affaire tourne rond *o* marche à merveille ‖ *¡y va que chuta!* c'est bien suffisant!, ça suffit!
➤ *v pr* POP se shooter.
chute *m* shoot, fix (drogas).
chuza *f* *(amer)* aux quilles, action d'abattre toutes les quilles d'un seul coup ‖ pique (lanza).
chuzo *m* pique *f* (arma) ‖ épieu, bâton ferré (del sereno) ‖ *(amer)* cravache *f* (fusta) ‖ FIG *llover a chuzos, caer chuzos de punta* tomber *o* pleuvoir des hallebardes, pleuvoir à seaux.

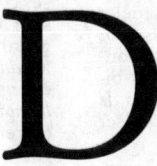

d *f* d *m* (letra) ‖ D., D.ª abréviation de *Don* monsieur et de *Doña* madame.
dabuten *adj* POP cool, super, au poil.
Dacca; Dhaka *n pr* GEOGR Dacca, Dhaka.
dactilar *adj* digital, e; *huellas dactilares* empreintes digitales.
dáctilo *m* dactyle (verso).
dactilografía *f* dactylographie.
— OBSERV En espagnol on traduit plutôt *dactylographie* par *mecanografía*.
dactilología *f* dactylologie.
dactiloscopia *f* dactyloscopie.
dadaísmo *m* dadaïsme.
dadaísta *adj y s* dadaïste.
dádiva *f* don *m* (donación) ‖ présent *m* (regalo).
dadivosidad *f* générosité.
dadivoso, sa *adj* généreux, euse.
dado *m* dé (juegos); *dado cargado* ou *falso* dé pipé *o* chargé ‖ ARQ dé ‖ TECN dé (cubito de metal) ‖ — *cargar los dados* piper les dés ‖ FIG & FAM *correr el dado* avoir de la chance, être en veine.
dado, da *adj* donné, e ‖ enclin, e; porté, e (inclinado); *dado a la bebida* enclin à la boisson, porté sur la boisson; *dado a la generosidad* porté à la générosité ‖ sonné, e; *las once dadas* onze heures sonnées ‖ — *dado que* étant donné que ‖ FAM *ir dado* être gâté, être bien loti; *¡vas dado con esos colaboradores!* tu es bien loti avec de tels collaborateurs! ‖ *ser dado a* avoir un penchant *o* du goût pour; *es dado a la poesía* il a un penchant pour la poésie ‖ FAM *¡vas dado!* tu peux toujours courir!
dador, ra *adj y s* donneur, euse.
➤ *m* porteur (el que entrega una carta) ‖ COM tireur (de una letra de cambio).
daga *f* dague (puñal) ‖ *(amer)* coutelas *m* (machete).
daguerrotipo *m* daguerréotype (aparato o imagen) ‖ daguerréotypie *f* (arte).
Dahomey *n pr* HIST & GEOGR Dahomey.
Dakar *n pr* GEOGR Dakar.
¡dale! *interj* allez!, vas-y!, encore!
dalia *f* BOT dahlia *m*.
dálmata *adj y s* dalmate [de Dalmatie].
daltónico, ca *adj* MED daltonien, enne.
daltonismo *m* MED daltonisme.
dama *f* dame ‖ suivante (criada primera) ‖ *(p us)* concubine (manceba) ‖ dame (del juego de damas); *hacer dama* aller à dame ‖ dame, reine (del ajedrez) ‖ MAR dame de nage ‖ TECN dame (del crisol) ‖ — *dama cortesana* courtisane (ramera) ‖ *dama de honor* dame d'honneur ‖ TEATR *dama joven* jeune première, ingénue ‖ *¡damas y caballeros!* mesdames, messieurs ‖ TEATR *primera, segunda dama* premier, second rôle féminin.
➤ *pl* dames (juego) ‖ *tablero de damas* damier.
damajuana *f* dame-jeanne.
damasceno, na *adj* damascène (de Damasco) ‖ *ciruela damascena* damas, quetsche *o* prune d'Agen.
➤ *m y f* Damascène.
damasco *m* damas (tela) ‖ variété d'abricot (albaricoque).
Damasco *n pr* GEOGR Damas.
damasquina *f* BOT tagète *m*, œillet *m* d'Inde.
damasquinado *m* damasquinage.
damero *m* damier.
damisela *f* demoiselle, petite demoiselle (irónico) ‖ courtisane (cortesana).
damnificado, da *adj y s* sinistré, e ‖ *los damnificados por la inundación* les personnes sinistrées lors de l'inondation.
damnificar *v tr* endommager.
Damocles *n pr m* Damoclès; *espada de Damocles* épée de Damoclès.
dáncing *m* dancing (sala de baile).
dandi; dandy *m* dandy.
dandismo; dandysmo *m* dandysme.
danés, esa *adj y s* danois, e ‖ *perro danés* danois, chien danois.
➤ *m* et *f* Danois, e.
dantesco, ca *adj* dantesque.

Danubio *n pr m* GEOGR Danube.
danza *f* danse; *una danza sagrada* une danse sacrée ‖ FAM affaire [louche]; *¿por qué te has metido en tal danza?* pourquoi t'es-tu fourré dans cette affaire?; *¿cómo va la danza?* comment va cette affaire? | bagarre, querelle (riña) ‖ — *danza de cintas* gymnastique rythmique ‖ *danza de espadas* danse du sabre ‖ *danza de la muerte* ou *macabra* danse macabre ‖ *danza del vientre* danse du ventre ‖ *danza guerrera* danse guerrière ‖ FAM *entrar en la danza* entrer en o dans la danse.
danzante *adj* dansant, e; *procesión danzante* procession dansante.
◆ *m y f* danseur, euse (en una procesión) ‖ FIG & FAM personne légère, papillon *m* (casquivano).
danzar *v tr* e *intr* danser (bailar) ‖ FAM se mêler de (intervenir); *¿qué danza usted en este asunto?* qu'avez-vous à vous mêler de cette affaire? | courir; *va danzando por las bibliotecas* il court les bibliothèques | valser; *ahora la tienen danzando de un servicio a otro* en ce moment, on la fait valser d'un service à l'autre.
danzarín, ina *m y f* danseur, euse.
dañado, da *adj* endommagé, e (estropeado), gâté, e; abîmé, e (fruta), avarié, e (comestible) ‖ méchant, e; pervers, e; *hombre muy dañado* homme très méchant.
dañar *v tr* nuire à (perjudicar); *dañar a uno en su honra* nuire à l'honneur de quelqu'un ‖ abîmer, endommager (echar a perder); *el granizo ha dañado las cosechas* la grêle a endommagé les récoltes ‖ condamner (condenar).
◆ *v pr* s'abîmer, s'endommager.
dañino, na *adj* nuisible; *animales dañinos* animaux nuisibles.
daño *m* dommage; *daños y perjuicios* dommages et intérêts ‖ tort; *reparar los daños que se han hecho* réparer les torts que l'on a causés ‖ dégât; *los daños causados por el granizo* les dégâts causés par la grêle ‖ mal; *se ha hecho daño* il s'est fait mal ‖ — DR *daño emergente* dommage émergeant ‖ *hacer daño* faire mal; *me hace daño el pie* le pied me fait mal (doler), faire du tort o du mal (perjudicar) ‖ *limitar el daño* limiter les dégâts.
dar* *v tr* donner; *dar una propina, las cartas, noticias, un consejo* donner un pourboire, les cartes, des nouvelles, un conseil ‖ donner (un golpe); *dar un palo, un puntapié* donner un coup de bâton, un coup de pied ‖ donner (ocasionar); *dar trabajo* donner du travail ‖ donner; *le doy treinta años* je lui donne trente ans ‖ faire (causar); *dar gana(s), gusto, lástima, pena* faire envie, plaisir, pitié, (de la) peine ‖ faire (hacer); *dar saltos, un paseo, una vuelta, un resbalón, los primeros pasos* faire des bonds, une promenade, un tour, une glissade, les premiers pas ‖ pousser; *dar un grito, voces, un suspiro, un maullido* pousser un cri, des hurlements, un soupir, un miaulement ‖ réciter; *dar las lecciones* réciter les leçons ‖ sonner; *el reloj da las dos, la media* l'horloge sonne deux heures, la demie ‖ AGRIC donner; *el rosal da rosas* le rosier donne des roses ‖ CINEM passer, donner; *hoy dan una película de miedo* aujourd'hui on passe un film d'épouvante ‖ — *dar a conocer* faire connaître, faire savoir ‖ *dar a entender* donner à entendre, laisser entendre ‖ *dar a luz* donner le jour (a un niño) ‖ *dar asco* dégoûter ‖ MAR *dar barreno* saborder ‖ *dar calabazas* recaler (en un examen), éconduire, repousser (a un pretendiente) ‖ *dar celos* rendre jaloux ‖ *dar ciento y raya a uno* être nettement supérieur à quelqu'un, valoir beaucoup plus que quelqu'un ‖ *dar cita* donner rendez-vous ‖ *dar clases* suivre des cours (recibirlas), donner des cours (enseñar) ‖ *dar cuenta de* rendre compte de, faire part de ‖ *dar cuerda* remonter; *dar cuerda al reloj* remonter sa montre ‖ *dar de* donner à; *dar de comer* donner à manger; enduire, recouvrir; *dar de barniz* enduire de vernis; frapper à coups de; *dar de palos, de cuchilladas, de puñaladas* frapper à coups de bâton, de couteau, de poignard ‖ *dar de lado* laisser de côté (una cosa), laisser tomber, ignorer (a una persona) ‖ *dar el día, la noche* gâcher la journée, la nuit ‖ *dar el parabién* féliciter ‖ *dar el pésame* présenter ses condoléances ‖ *dar en qué pensar* donner à penser ‖ *dar fe* faire foi ‖ *dar gato por liebre* rouler (engañar) ‖ *dar importancia a* attacher de l'importance à ‖ *dar la cara* faire face ‖ *dar la enhorabuena* féliciter ‖ FAM *dar la lata* raser, casser les pieds ‖ *dar la mano* donner la main (coger), serrer la main (apretar) ‖ *dar la razón a* donner raison à ‖ *dar largas a un asunto* faire traîner une affaire en longueur ‖ *dar las gracias por* remercier de ‖ *dar la última hora* mettre à la dernière main ‖ *dar la vuelta* rendre la monnaie ‖ *darle a uno calentura, un ataque* avoir la fièvre, une attaque ‖ *darle a uno en la cabeza* frapper quelqu'un à la tête ‖ *darle vueltas a una idea* retourner une idée dans sa tête ‖ *dar los buenos días, las buenas tardes* donner o souhaiter le bonjour, le bonsoir ‖ *dar muerte* donner la mort ‖ *dar mala, buena suerte* porter malheur, bonheur ‖ *dar noticias* donner de ses nouvelles o signe de vie ‖ *dar oídos* prêter l'oreille ‖ *dar paso* laisser passer (dejar pasar), ouvrir la voie (acarrear) ‖ *dar permiso para* donner la permission de ‖ *dar pie a* donner lieu o prise à, provoquer ‖ *dar por* donner o tenir pour, considérer, croire; *le dan por muerto* on le tient pour mort; *dar por hecha* ou *por concluida una cosa* considérer une chose comme terminée ‖ *dar por perdida una cosa* faire son deuil de quelque chose ‖ DR *dar por quito* tenir quitte ‖ *dar por sentado que* considérer comme un fait acquis que, partir du principe que ‖ *dar prisa* presser ‖ *dar pruebas de atrevimiento* payer d'audace ‖ *dar que hablar* faire parler de soi (persona), faire couler de l'encre, faire du bruit (una cosa) ‖ *dar que hacer* donner du mal o du fil à retordre ‖ *dar que reír* prêter à rire ‖ *dar salida a* écouler (mercancía) ‖ *dar saludos* dire bonjour, saluer ‖ *dar su nombre* donner o décliner son nom ‖ *dar su palabra* donner sa parole ‖ *dar testimonio* porter témoignage ‖ *dar un abrazo* donner l'accolade; serrer dans ses bras, embrasser ‖ *dar una broma* jouer un tour, faire une farce ‖ *dar una coz* lancer une ruade ‖ *dar un cabezazo* faire une tête (fútbol), donner un coup de tête ‖ *dar un mal paso* faire une fausse manœuvre (equivocarse), commettre une faute, faire un pas de clerc (cometer una falta) ‖ *dar un paso en falso* faire un faux pas ‖ FAM *dar un plantón* poser un lapin ‖ *dar un tiro* tirer [un coup de feu] ‖ *dar vueltas* tourner ‖ — FAM *ahí me las den todas* ça m'est bien égal, je m'en fiche, je m'en balance ‖ *al dar las diez* sur le coup de 10 heures ‖ *da gusto* ou *gloria verlo* ça fait plaisir à voir ‖ (amer) *¡dale!* vas-y! (¡anda!), encore! (¡otra vez!) ‖ *dale que dale, dale que le das* allez, du nerf (¡ánimo!), c'est toujours la même chanson, encore! ‖ *donde las dan las toman* à bon chat, bon rat ‖ *más vale un toma que dos te daré* un

tiens vaut mieux que deux tu l'auras ‖ *me da miedo, vergüenza de* j'ai peur, honte de ‖ *me va a dar algo* il va m'arriver quelque chose ‖ *no hay que darle vueltas* il n'y a pas de doute, cela ne fait pas l'ombre d'un doute.

◆ *v intr* frapper; *dar a la bola con el mazo* frapper la boule avec le maillet ‖ sonner [les heures]; *dan las tres* 3 heures sonnent ‖ appuyer, presser; *dar al botón* appuyer sur le bouton, presser le bouton ‖ tourner; *dar a la manilla* tourner la poignée ‖ mettre en marche, actionner; *darle a la máquina* mettre la machine en marche ‖ — *dar a* donner sur; *la ventana da al patio* la fenêtre donne sur la cour ‖ *dar a la luz* allumer ‖ *dar con* trouver par hasard, dénicher (una cosa), rencontrer, joindre (a una persona); *no conseguí dar con él en todo el día* je n'ai pas réussi à le joindre de la journée; tomber sur; *al salir di con él* en sortant je suis tombé sur lui; trouver; *dar con la solución* trouver la solution; frapper avec; *dar con la aldaba* frapper avec le heurtoir ‖ FIG & FAM *dar con los huesos en el suelo* ramasser une pelle ‖ *dar consigo en el suelo* tomber par terre ‖ *dar consigo en París* se retrouver à Paris ‖ *dar de tomber* sur; *dar de espaldas* tomber sur le dos ‖ *dar de baja* donner un arrêt de travail (médico), radier, rayer des cadres (militar) ‖ *dar de sí* s'allonger, prêter (una tela), se faire (unos zapatos) ‖ *dar diente con diente* claquer des dents ‖ *dar en* saisir, comprendre; *dar en el chiste* comprendre la plaisanterie ‖ *dar en blando* ne pas rencontrer de difficultés ‖ *dar en duro* tomber sur une difficulté ‖ *dar en el blanco* toucher le but (terminar), tomber juste, mettre dans le mille (acertar) ‖ *dar en el clavo* tomber juste, mettre le doigt dessus ‖ *dar en la trampa* tomber dans le piège ‖ *darle duro al trabajo* abattre de la besogne ‖ *dar por* se mettre à; *a Juan le ha dado por el vino, por viajar* Jean s'est mis à boire, à voyager ‖ *dar por tierra con algo* réduire à néant (esperanza), renverser (teoría) ‖ *dar tras uno* persécuter quelqu'un ‖ — *da lo mismo, lo mismo da, da igual* ça revient au même, c'est pareil ‖ *este día no me ha dado de sí* je n'ai pas tiré parti de cette journée, je n'ai pas fait aujourd'hui tout ce que je voulais faire ‖ *haber para dar y tomar* y avoir matière à discussion (en una afirmación), en avoir à revendre; *tiene corbatas para dar y tomar* il a des cravates à revendre ‖ *hay que dar a César lo que es del César* il faut rendre à César ce qui est à César ‖ *me da el corazón que mañana va a llover* j'ai dans l'idée o j'ai le pressentiment que demain il va pleuvoir ‖ *me da igual, lo mismo me da* ça m'est égal ‖ *me da no sé qué* ça me gêne, ça me fait quelque chose ‖ *¿qué más da?* qu'est-ce que ça peut faire?, peu importe, qu'importe? ‖ *si da el caso* si cela se produit o arrive o se présente.

◆ *v pr* se rendre, se livrer (entregarse) ‖ s'adonner, se mettre à; *darse a la bebida* se mettre à boire, s'adonner à la boisson ‖ se heurter, se cogner; *darse con* ou *contra un poste* se heurter contre un poteau ‖ importer, faire; *¿y a mi qué se me da?* qu'est ce que ça peut me faire? ‖ AGRIC donner, venir; *se da bien el tabaco en esta provincia* le tabac donne bien dans cette province ‖ — *darse a conocer* se faire connaître ‖ *darse bien, mal algo a uno* être doué, ne pas être doué pour; *la natación se me da muy bien* je suis très doué pour la natation; réussir, ne pas réussir; *el latín se me da mejor que las matemáticas* le latin me réussit mieux que les mathématiques; bien, mal marcher; *se le ha dado muy bien la conferencia* sa conférence a très bien marché; avoir le coup pour, ne pas avoir le coup pour (tener o no tener maña) ‖ *darse con la cabeza contra* donner de la tête contre ‖ *darse cuenta* se rendre compte ‖ *darse de baja* cesser d'être membre (de un club) ‖ *darse de cabeza contra la pared* se taper la tête contre les murs ‖ *darse importancia* se donner de l'importance o des airs ‖ *darse el trabajo de* se donner la peine de, prendre la peine de ‖ FAM *dársela a uno con queso* posséder quelqu'un ‖ *darse la espalda* se tourner le dos ‖ *dárselas de* faire le, jouer le; *dárselas de valiente* faire le brave, jouer les durs; se donner des airs de; *se las daba de marquesa* il se donnait des airs de marquise ‖ *darse por aludido* se sentir visé ‖ *darse por contento* s'estimer heureux ‖ *darse por entendido* dire o montrer qu'on est au courant, qu'on a compris, faire celui o celle qui a compris ‖ *darse por enterado* se le tenir pour dit ‖ *darse por entero a* se consacrer entièrement à, ne pas se ménager ‖ *darse por vencido* s'avouer o se tenir pour vaincu (ceder), donner sa langue au chat (en un acertijo) ‖ *darse prisa* se hâter, se dépêcher ‖ *darse tono* faire l'important, se donner des airs ‖ POP *darse una comilona* faire un gueuleton, se taper la cloche ‖ *darse una vida de rey* vivre comme un prince ‖ *poco se me da que te vayas* ça m'est bien égal que tu t'en ailles ‖ *que darse pueda* que l'on puisse imaginer; *es la persona más estúpida que darse pueda* c'est la personne la plus stupide que l'on puisse imaginer ‖ *se ha dado el caso de* il est arrivé que, on a vu ‖ FAM *se la he dado* je l'ai bien eu, je l'ai roulé.

dardo *m* dard (lanza) ‖ ZOOL dard (aguijón) ‖ ablette *f* (pez) ‖ FIG trait (dicho satírico).

dares y tomares *loc* FAM sommes données et reçues ‖ *andar en dares y tomares* se disputer pour des bêtises, avoir des démêlés.

dársena *f* MAR bassin *m*, darse ‖ dock *m* (rodeado de muelles).

— OBSERV La palabra *darse* se emplea sobre todo en el sur de Francia.

darvinismo *m* darwinisme.

darvinista *m* y *f* darwiniste.

data *f* date (fecha) ‖ COM débit *m* (de la cuenta propia), crédit *m* (de la cuenta ajena) ‖ ouverture calibrée d'un réservoir (orificio).

datar *v tr* dater (fechar); *datar de un mes* dater d'un mois ‖ COM créditer.

◆ *v intr* dater de; *eso data del siglo XV* ceci date du XVe siècle.

dátil *m* datte *f* (fruto) ‖ ZOOL *dátil de mar* datte de mer.

◆ *pl* FAM doigts (dedos).

dativo, va *adj* y *s m* DR & GRAM datif, ive.

dato *m* donnée *f* (noción) ‖ renseignement (información) ‖ *datos personales* coordonnées ‖ *por falta de datos* par manque de renseignements.

◆ *pl* MAT données *f*; *datos estadísticos* données statistiques; *los datos de un problema* les données d'un problème ‖ INFORM données *f*; *datos de entrada* données d'entrée.

Dcha. abrev de *Derecha* dte, droite.

d.d.C. abrev de *después de Cristo* apr. J.-C., après Jésus-Christ.

d. de J.C.; d.d. de J.C. abrev de *después de Jesucristo* apr. J.-C., après Jésus-Christ.

D.D.T. abrev de *diclorodifeniltricloretano* DDT (insecticida).

de *f* d *m* (letra).

de *prep*

1. SEGUIDA DE UN SUSTANTIVO — 2. SEGUIDA DE UN INFINITIVO — 3. SEGUIDA DE UN ADJETIVO O DE UNA CIFRA — 4. LOCUCIONES

1. SEGUIDA DE UN SUSTANTIVO de; *el libro de Juan* le livre de Jean; *vengo de Madrid, de allá* je viens de Madrid, de là-bas; *un vaso de agua* un verre d'eau (ver en las locuciones «ser de») || en, de (materia); *una mesa de mármol* une table de marbre || à, au (característica); *la señora de las gafas* la dame aux lunettes; *barco de vapor* bateau à vapeur; *molino de viento* moulin à vent; *una bebida amarga de sabor* une boisson au goût amer || en (modo); *de paisano, de marinero* en civil, en marin || comme (como); *le mandaron a México de embajador* on l'a envoyé à Mexico comme ambassadeur || comme (para); *¿qué hay de postre?* qu'y a-t-il comme dessert? || en (por); *me lo dieron de regalo* on me l'a donné en cadeau || de (causa); *llorar de alegría* pleurer de joie; *morir de hambre* mourir de faim || de (entre); *tres de estos coches* trois de ces voitures || d'entre (entre varias personas); *cinco de nosotros* cinq d'entre nous || de (después de un adjetivo); *el bribón de mi hermano* mon coquin de frère; pero se dice: *el pobre del hombre* le pauvre homme; *la buena de la mujer* la brave femme || sur; *Miranda de Ebro* Miranda-sur-l'Èbre.

2. SEGUIDA DE UN INFINITIVO à (destino); *máquina de escribir, de coser* machine à écrire, à coudre || à (después de un adjetivo); *fácil de hacer* facile à faire; *largo de narrar* long à raconter || à (después de otro verbo); *dar de comer* donner à manger || si (suposición); *de saberlo antes, no venía* si je l'avais su plus tôt, je ne serais pas venu.

3. SEGUIDA DE UN ADJETIVO O DE UNA CIFRA de (causa); *caerse de cansado* tomber de fatigue (sustantivo en francés) || étant (edad); *la conocí de pequeña* je l'ai connue étant enfant || ôté de; *uno de tres son dos* un ôté de trois égale deux; *cinco de ocho son tres* cinq ôté de huit égale trois || sur; *uno de cada tres* un sur trois || *de a* de; *moneda de a ocho reales* pièce de huit réaux; *grupo de a tres* groupe de trois.

4. LOCUCIONES *de a caballo, de a pie* à cheval, à pied [soldat] || *de cabeza* la tête la première; *tirarse de cabeza* plonger la tête la première || *de cara* à face à, en face de || *de día, de mañana, de noche* le jour, le matin, la nuit || *de él, de ella, de ellos, de ellas, de ello* en; *ama a su mujer y es amado de ella* il aime sa femme et il en est aimé; à lui, à elle, à eux; *¿de quién es este libro? — de ella* à qui est ce livre? — à elle || *de madrugada* à l'aube || *de... que* tant, tellement; *no se puede tocar de tan caliente que está* on ne peut pas y toucher tant il est chaud || *de que, de quien* dont; *la mujer de quien te hablé* la femme dont je t'ai parlé || *de usted a mí* de vous à moi, entre nous || *de verdad, de veras* vraiment || *de treinta años de edad* âgé de trente ans || *muy de mañana* de bon matin || *¡pobre de mí!* hélas, pauvre de moi! || *coger de la mano* prendre par la main || *dar de palos* donner des coups de bâton || *estar de* être [exercer un métier, une charge]; *está de abogado en Bilbao* il est avocat à Bilbao; être en; *está de paseo* il est en promenade || *hacer de:* faire le; *yo hice de cocinero* j'ai fait le cuisinier; jouer le rôle de, faire; *este actor hace de Otelo* cet acteur joue le role d'Othello; *¿quién hacía de primera dama?* qui faisait la jeune première? || *pasar de* dépasser || *ser de*

être à (posesión); *la casa es de Pablo* la maison est à Paul; être en *o* de (materia); *la casa es de ladrillos* la maison est en brique || *ser de día, de noche* faire jour, faire nuit || *tomar de* prendre sur; *tomar de su capital* prendre sur son capital || *tirar de* tirer; *tirar de una carreta* tirer sur une charrette; tirer sur; *tirar de una cuerda* tirer sur une corde.

— OBSERV La préposition *de* est obligatoire après certains verbes, substantifs et adjectifs tels que: *acordarse de, darse noticia de, extrañado de, seguro de*....

deambular *v intr* déambuler (andar, pasear).

deán *m* doyen (decano).

debacle *f* débâcle.

— OBSERV Galicismo que se emplea con el sentido de *ruina, desastre, cataclismo, hecatombe.*

debajo *adv* dessous; *estar debajo* être dessous || *debajo de* sous, en dessous de; *debajo de la mesa* sous la table; au-dessous de; *debajo de la ciudad* au-dessous de la ville; *vivimos debajo de ellos* nous habitons au-dessous d'eux || *por debajo* au-dessous, en dessous, par-dessous || FAM *por debajo de cuerda* en cachette, en sous-main.

— OBSERV *Sous* se traduit en espagnol par *debajo de*, au sens concret, et par *bajo* au sens abstrait ou au figuré: *bajo la República*, sous la République.

debate *m* débat.

debatir *v tr* débattre || *(p us)* combattre.

◆ *v pr* se débattre || *debatirse entre la vida y la muerte* être entre la vie et la mort.

debe *m* COM débit (de una cuenta) | doit; *el debe y el haber* le doit et l'avoir.

deber *m* devoir; *cumplir con sus deberes* s'acquitter de *o* remplir ses devoirs || devoir (lecciones) || *creo mi deber* je crois de mon devoir de || *es mi deber decírselo* il est de mon devoir de vous le dire.

— OBSERV Ce mot est un gallicisme dans le sens scolaire de *tarea.*

deber *v tr* devoir; *debe venir a verme* il doit venir me voir || devoir; *me debe cien francos* il me doit cent francs || *deber a medio mundo* être criblé de dettes || *deber de* devoir (probabilidad); *debe de ser rico* il doit être riche || *— ¿a qué debo tan grata visita?* quel bon vent vous amène?, que me vaut une si agréable visite?, à quoi dois-je une si agréable visite? || FAM *quien debe y paga no debe nada* qui paie ses dettes s'enrichit.

◆ *v pr* se devoir; *deberse a la patria* se devoir à la patrie || être dû; *se debe a su ignorancia* c'est dû à son ignorance || *lo que se debe* le dû; *reclamar lo que se le debe a uno* réclamer son dû à quelqu'un.

debidamente *adv* dûment (pagar, cumplir) || convenablement, comme il faut (portarse).

debido, da *adj* dû, due; *la suma debida* la somme due || convenable; *comportamiento debido* attitude convenable || pertinent, e; opportun, e; *hacer la debida reclamación* faire la réclamation pertinente || juste; *pagar a su debido precio* payer son juste prix || *debido a* à cause de, par suite de (a causa de), étant donné, compte tenu (teniendo en cuenta) || *a su debido tiempo* en temps utile || *como es debido* comme il convient || *en debida forma* dûment, en bonne et due forme || *lo debido* le dû, ce qui est dû || *más de lo debido* plus que de raison, plus qu'il ne convient.

débil *adj* faible, débile *(p us)*; *un niño débil* un enfant faible; *un anciano débil* un vieillard débile ||

faible; *una luz débil* une faible lueur ‖ FIG faible, débile (carácter).
- *m y f* faible ‖ *débil mental* débile mental, faible d'esprit.

debilidad *f* faiblesse (falta de vigor) ‖ débilité, faiblesse; *debilidad mental* débilité mentale ‖ FIG faible *m*, faiblesse; *tener una debilidad por algo* avoir un faible pour quelque chose ‖ *caerse de debilidad* tomber d'inanition.
— OBSERV Ce mot est un gallicisme dans le sens de *penchant.*

debilitación *f*; **debilitamiento** *m* affaiblissement *m*, débilitation *f (p us)* ‖ repli *m* (de las cotizaciones en la Bolsa).

debilitar *v tr* affaiblir, débiliter; *la enfermedad le ha debilitado* la maladie l'a affaibli.
- *v pr* s'affaiblir, faiblir ‖ FIG faiblir, fléchir, mollir; *su voluntad se ha debilitado* sa volonté a molli.

debilucho, cha *adj* faiblard, e; faible.

débito *m* dette *f* (deuda) ‖ devoir (deber) ‖ — *débito conyugal* devoir conjugal ‖ *(amer) pagar sus débitos* payer ses échéances.

debut *m* TEATR début (estreno).
— OBSERV Ce mot est un gallicisme de même que *debutante* et *debutar*.

debutante *m y f* débutant, e (principiante).

debutar *v intr* débuter (un artista).

década *f* décade.

decadencia *f* décadence; *la decadencia del Imperio Romano* la décadence de l'Empire romain ‖ déchéance (moral).

decadente *adj y s* décadent, e.
- *m pl* décadents (escritores y artistas de la escuela simbolista).

decaedro *m* GEOM décaèdre.

decaer* *v intr* déchoir, tomber en déchéance (venir a menos) ‖ dépérir; *este comercio decae* ce commerce dépérit ‖ tomber; *la animación decayó* l'animation tomba; *el viento decae* le vent tombe; *esta industria ha decaído mucho* cette industrie est beaucoup tombée ‖ décliner, s'affaiblir; *fuerzas que decaen* forces qui déclinent ‖ FIG baisser, perdre; *antes era muy divertido pero ha decaído mucho* avant il était très drôle mais il a beaucoup baissé ‖ MAR dériver (desviarse de rumbo).

decágono *m* GEOM décagone.

decagramo *m* décagramme.

decaído, da *adj* déchu, e; *imperio decaído* empire déchu ‖ abattu, e (desalentado); *estar un poco decaído* être un peu abattu ‖ peu animé, e (Bolsa, mercado).

decaimiento *m* décadence *f*, déchéance *f* ‖ abattement (desaliento) ‖ MED dépérissement, affaiblissement.

decalcificación *f* MED décalcification.

decalitro *m* décalitre.

decálogo *m* décalogue.

decámetro *m* décamètre.

decanato *m* décanat, doyenné.

decano, na *m y f* doyen, enne.

decantar *v tr* décanter (un líquido) ‖ vanter, célébrer (celebrar); *decantar las proezas de un héroe* célébrer les prouesses d'un héros.
- *v pr* préférer, tendre (à, vers) ‖ — *decantarse hacia* aller vers [quelque chose] ‖ *decantarse por* pencher pour, tendre vers.

decapante *m* TECN décapant.

decapitación *f* décapitation.

decapitar *v tr* décapiter.

decapsular *v tr* décoiffer (un proyectil).

decasílabo, ba *adj* décasyllabe, décasyllabique.
- *m* décasyllabe.

decatlón *m* DEP décathlon.

deceleración *f* décélération.

decelerador *m* ralentisseur.

decena *f* dizaine; *decenas de conejos* des dizaines de lapins ‖ *a decenas* par dizaines.

decenal *adj* décennal, e; *plan decenal* plan décennal.

decencia *f* décence ‖ *con decencia* décemment ‖ *faltar a la decencia* blesser la décence.

decenio *m* décennie *f* (diez años).

decente *adj* décent, e ‖ honnête; *una mujer decente* une femme honnête ‖ convenable, correct, e; honnête; *un empleo decente* une situation convenable ‖ confortable; *un ingreso muy decente* un revenu très confortable ‖ propre, soigné, e (aseado).

decentemente *adv* décemment ‖ proprement (con aseo).

decenvirato *m* décemvirat.

decepción *f* déception; *se llevó grandes decepciones* il a connu de grosses déceptions.

decepcionar *v tr* décevoir; *este resultado me ha decepcionado* ce résultat m'a déçu ‖ désappointer (contrariar).

deceso *m (ant)* décès (muerte).

decibel; **decibelio** *m* FÍS décibel.

decididamente *adv* résolument, carrément; *lanzarse decididamente* y aller carrément.
— OBSERV La palabra francesa *décidément* significa *en efecto, realmente.*

decidido, da *adj* décidé, e; résolu, e; *adversario decidido* adversaire résolu ‖ ferme, solide; *apoyo decidido* ferme appui ‖ *persona poco decidida* personne indécise o qui n'a pas l'esprit de décision.

decidir *v tr* décider; *decidir una cuestión* décider une question ‖ décider de; *decidieron salir* ils ont décidé de partir ‖ décréter (resolución categórica); *decidió quedarse* il décréta qu'il resterait.
- *v pr* se décider; *hay que decidirse* il faut se décider ‖ *decidirse por* se décider pour, fixer son choix sur.

decigramo *m* decigramme.

decilitro *m* décilitre.

décima *f* dixième *m* (una de las diez partes) ‖ dîme (diezmo) ‖ dizain *m* (composición poética) ‖ FAM *tener décimas* avoir un peu de fièvre.

decimal *adj* décimal, e.
- *m* décimale *f*; *separar los decimales con una coma* séparer les décimales avec une virgule ‖ *decimal periódico* fraction périodique.

decímetro *m* decimètre (medida).

décimo, ma *adj y s* dixième ‖ dix; *Alfonso X (décimo)*, Alphonse X [dix] ‖ *en décimo lugar* dixièmement.
- *m* dixième (lotería) ‖ monnaie *f* d'argent de dix centimes en Colombie et en Équateur (moneda).

decimoctavo, va *adj y s* dix-huitième.

decimocuarto, ta *adj y s* quatorzième.
decimonónico, ca *adj* du XIXe siècle || démodé, e (anticuado).
decimonono, na; decimonoveno, na *adj y s* dix-neuvième.
decimoquinto, ta *adj y s* quinzième.
decimoséptimo, ma *adj y s* dix-septième.
decimosexto, ta *adj y s* seizième.
decimotercero, ra; decimotercio, cia *adj y s* treizième.
decir *m* parole *f*, sentence *f* || dire; *según sus decires* selon ses dires; *según los decires de* au dire de || court poème en prose du Moyen Âge, sorte de lai (poema) || *es un decir* c'est une façon de parler || *los decires* les on-dit (las habladurías).
decir* *v tr* dire; *dime lo que piensas de esto* dis-moi ce que tu en penses || dire, rapporter (contar); *se dice que* on rapporte que || dire, ordonner; *te digo que te vayas* je te dis de t'en aller || — FIG *decir adiós a* dire adieu à, faire son deuil de, faire une croix sur || *decir agudezas* faire de l'esprit || *decir bien, mal a* aller bien, mal à *o* avec || *decirle a uno cuatro frescas* ou *cuántas son cinco* ou *las verdades del barquero* dire à quelqu'un ses quatre vérités || *decirlo todo* en dire long || *una mirada que lo dice todo* un regard qui en dit long || *decir misa* dire la messe || *decir para sí* se dire || *decir para su capote* ou *para su coleto* ou *para sus adentros* dire à son bonnet, dire à part soi (interiormente) || *decir por lo bajo* dire tout bas, dire à voix basse || *decir que no* dire non || *dicho* c'est dit || *dicho de otro modo* autrement dit || *dicho sea de paso* soit dit en passant || *dicho sea* ou *sea dicho entre nosotros* ceci entre nous *o* entre nous soit dit || *dicho y hecho* aussitôt dit, aussitôt fait || *¿diga?, ¿dígame?* allô? (teléfono) || *¡dígamelo a mí!* à qui le dites-vous!, je suis bien placé pour le savoir! || *digan lo que digan, dígase lo que se diga* quoi qu'on en dise || *¡digo!, ¡digo!* tiens, tiens! || *digo yo* il me semble, à mon avis || *dime con quien andas y te diré quién eres* dis-moi qui tu hantes, je te dirai qui tu es || — *a decir verdad* à vrai dire, à dire vrai || *al decir de su autor* au dire de || FAM *como dijo el otro* comme disait l'autre || *como quien dice, como si dijéramos* comme qui dirait || *como quien no dice nada* sans avoir l'air d'y toucher || *con eso queda todo dicho* c'est tout dire || *dar que decir* faire parler de soi (dar que hablar) || *de paso diremos que* notons en passant que, disons en passant que || *el qué dirán* le qu'en-dira-t-on || *es decir* c'est-à-dire || *es fácil decirlo* c'est facile à dire || *es mucho decir* c'est beaucoup dire, c'est un bien grand mot || *esto me dice algo* ça me dit quelque chose || *esto no me dice nada* ça ne me dit rien (du tout) || *esto se dice pronto* c'est facile à dire, c'est vite dit || *¡haberlo dicho!* il fallait le dire! || *hallar qué decir* trouver à redire || *huelga decirle que* inutile de vous dire que || *lo dicho, dicho* ce qui est dit est dit || *lo dije sin querer* je l'ai dit sans le vouloir, cela m'a échappé || *lo que se dice un* ce qu'on appelle un (para insistir) || *lo que tú digas* comme tu voudras, à toi de décider || *ni que decir tiene* inutile de dire *o* il va sans dire (que), cela va sans dire (al final de la frase) || *no decir esa boca es mía, no decir ni pío* ne pas souffler mot, ne pas desserrer les dents || *no digo nada* j'en passe || *no es para* ou *por decir* ce n'est pas pour dire || *no hay más que decir* c'est tout dire || *¡no me diga!* pas possible!, allons donc!, sans blague!, par exemple! || *¡no se lo diré dos veces!* tenez-vous-le pour dit!, je ne vous le dirai pas deux fois, je vous le répéterai pas || *no te digo más* je ne t'en dis pas plus, tu vois ce que je veux dire || *o mejor dicho* ou plutôt, ou plus exactement, pour mieux dire || *para decirlo con las palabras de mi padre* pour reprendre la formule de mon père || *para que no se diga* pour la forme || *por decirlo así* pour ainsi dire || *por* ou *según lo que se dice* à ce qu'on dit || *por más que diga* il a beau dire || *que digamos* particulièrement; *no es rico que digamos* il n'est pas particulièrement riche || *¿qué me dice?* qu'est-ce que vous me racontez?! || *¡que no te digo nada!,...ya me dirá usted* tu m'en diras des nouvelles!, vous m'en donnerez des nouvelles || *se lo dije bien claro* je vous l'avais bien dit || *sin decir agua va* sans crier gare || *¡y usted que diga!* je vous crois!
◆ *v pr* se dire || *lo menos que puede decirse* le moins qu'on puisse dire.
decisión *f* décision; *la decisión del Gobierno* la décision du gouvernement || décision, détermination; *mostrar decisión* montrer de la décision, parti *m*; *tomar la decisión de callarse* prendre le parti de se taire || *tomar una decisión* prendre une décision, se décider.
decisivo, va *adj* décisif, ive; *la Revolución Francesa marca un viraje decisivo en la historia* la Révolution française marque un tournant décisif dans l'histoire.
decisorio, ria *adj* DR décisoire.
declamación *f* déclamation.
declamar *v tr e intr* déclamer; *declamar versos* déclamer des vers.
declaración *f* déclaration || propos; *hacer declaraciones subversivas* tenir des propos subversifs || DR déposition, déclaration; *la declaración del testigo* la déposition du témoin || annonce (en el bridge) || — *declaración de amor* déclaration d'amour || *declaración de guerra* déclaration de guerre || *declaración de impuestos* ou *de renta* ou *fiscal* déclaration d'impôts *o* de revenus || *declaración de no culpabilidad* mise hors cause || *declaración de quiebra* dépôt de bilan || *declaración fuera de ley* mise hors la loi || *(amer.)* DER *declaración inmediata* déposition immédiate || — DR *prestar una declaración jurada* faire une déclaration sous la foi du serment | *tomar declaración* enregistrer une déclaration *o* une déposition.
declarante *adj y s* déclarant, e || DR déposant, e; témoin (sin femenino).
declarar *v tr e intr* déclarer; *declarar por nula una cosa* déclarer une chose nulle || déposer, faire une déclaration; *declarar ante el juez* déposer devant le juge || avouer (confesar) || DR *declarar incompetente* dessaisir.
◆ *v pr* se déclarer || faire une déclaration d'amour || — *declararse a favor de* ou *por un candidato* se déclarer en faveur d'un candidat || *declararse culpable* plaider coupable || *declararse enfermo* se faire porter malade || *declararse en huelga* se mettre en grève || *declararse en quiebra* déposer son bilan.
declaratorio, ria *adj* déclaratoire.
declinación *f* ASTR & GRAM déclinaison || FIG déclin *m* (decadencia) || pente (pendiente).
declinante *adj* déclinant, e; *poder declinante* puissance déclinante.
declinar *v intr* s'incliner, être en pente || décliner; *declina el día* le jour décline || FIG décliner (dismi-

nuir) | baisser (debilitarse); *ha declinado mucho desde la última vez* il a beaucoup baissé depuis la dernière fois | dévier; *declinar del camino derecho* dévier du droit chemin ‖ ASTR décliner.
◆ *v tr* DR décliner (rechazar) ‖ GRAM décliner.
declive *m*; **declividad** *f*; **declivio** *m* pente *f*, déclivité *f*, inclinaison *f* ‖ *en declive* en pente.
decocción *f* décoction ‖ MED amputation (amputación).
decolaje *m* *(amer)* décollage (de un avión).
decolar *v intr* *(amer)* décoller (un avión).
decoloración *f* décoloration (del pelo).
decolorante *m* décolorant.
decolorar *v tr* décolorer; *pelo decolorado* cheveux décolorés.
decomisar *v tr* confisquer, saisir.
decomiso *m* confiscation *f*, saisie *f*.
decoración *f* décoration; *la decoración de un salón* la décoration d'un salon ‖ TEATR décor *m* (decorado).
decorado *m* décor (de una casa) ‖ TEATR décor.
decorador, ra *adj y s* décorateur, trice.
decorar *v tr* décorer (adornar).
decorativo, va *adj* décoratif, ive ‖ FIG & FAM *hacer de figura decorativa* jouer les utilités.
decoro *m* respect; *guardar el decoro a uno* montrer du respect à quelqu'un ‖ dignité *f* (dignidad) ‖ réserve *f*, retenue *f* (recato) ‖ décorum, convenances *f pl*; *portarse con decoro* observer le décorum ‖ ARQ décoration *f* ‖ — *acabar con decoro* finir en beauté ‖ *con decoro* dignement, correctement.
decorosamente *adv* convenablement, dignement, décemment (como se debe).
decoroso, sa *adj* convenable, correct, e; décent, e; *no es decoroso ir a ese sitio* ce n'est pas convenable d'aller à cet endroit ‖ honorable; *llevó una vida decorosa* il mena une vie honorable ‖ digne, respectable (digno) ‖ correct, e; sérieux, euse (que obra bien) ‖ *tener un final muy decoroso* finir en beauté.
decrecer* *v intr* décroître, diminuer (disminuir).
decreciente *adj* décroissant, e.
decrépito, ta *adj* décrépit, e; *anciano decrépito* vieillard décrépit.
decrepitud *f* décrépitude.
decretar *v tr* décréter, décider par décret.
decreto *m* décret ‖ — *decreto ley* décret-loi ‖ FIG *por real decreto* par décret royal.
decúbito *m* MED décubitus; *decúbito supino, prono* décubitus dorsal, ventral.
décuplo, pla *adj y s m* décuple.
decurión *m* HIST décurion.
dechado *m* modèle, exemple; *dechado de virtudes* ou *de perfección* modèle de vertu.
dedal *m* dé à coudre, dé (para coser) ‖ doigtier (dedil).
dédalo *m* FIG dédale, labyrinthe (laberinto).
dedicación *f* dédicace (de una iglesia) ‖ vocable *m* (inscripción) ‖ — *de dedicación exclusiva, de plena dedicación* à plein temps, à temps complet ‖ *le consagra una dedicación completa* il lui consacre tout son temps.
dedicar *v tr* dédier (una iglesia, etc.) ‖ dédicacer, dédier (un libro) ‖ consacrer (dinero, esfuerzos) ‖ occuper, consacrer (tiempo) ‖ adresser (palabras).
◆ *v pr* s'adonner, se consacrer; *dedicarse al estudio* s'adonner à l'étude ‖ s'occuper (ocuparse); *dedicarse a la política, a obras de caridad* s'occuper de politique, d'œuvres de charité; *¿a qué te dedicas?* de quoi t'occupes-tu? ‖ se vouer, se consacrer (consagrarse); *dedicarse a los enfermos* se consacrer aux malades ‖ se livrer (con ardor) ‖ passer son temps à (con el infinitivo); *se dedica a cazar* il passe son temps à chasser ‖ *emisión dedicada a Francia* émission à destination de la France.
dedicatoria *f* dédicace [d'un livre, d'un objet d'art, etc.].
dedillo *m* petit doigt ‖ *saber al dedillo* savoir sur le bout du doigt.
dedo *m* doigt; *yema* ou *punta del dedo* bout du doigt ‖ doigt (medida) ‖ — *dedo anular* annulaire ‖ *dedo auricular* ou *meñique* ou *pequeño* auriculaire, petit doigt ‖ *dedo cordial* ou *de en medio* ou *del corazón* doigt du milieu, médius ‖ *el dedo de Dios* le doigt de Dieu (la fatalidad) ‖ *dedo del pie* orteil, doigt de pied ‖ *dedo gordo* pouce ‖ *dedo índice* index ‖ *dedo pulgar* pouce ‖ — *a dos dedos de* à deux doigts de ‖ — *beber un dedo de vino* boire un doigt de vin ‖ *contar con los dedos* compter sur ses doigts ‖ FIG *cogerse los dedos* se laisser prendre ‖ *chuparse el dedo* sucer son pouce (un niño) ‖ *escaparse de entre los dedos* glisser des mains ‖ *está para chuparse los dedos* c'est à s'en lécher les doigts *o* les babines ‖ *estar a dos dedos de* être à deux doigts de ‖ FAM *hacer dedo* faire de l'auto-stop ‖ *meter los dedos a uno* tirer les vers du nez à quelqu'un ‖ *morderse los dedos* s'en mordre les doigts ‖ *no chuparse los dedos, no mamarse el dedo* ne pas être idiot *o* né d'hier ‖ *nombrar a dedo* désigner ‖ *no mover un dedo de la mano* ne rien faire de ses dix doigts ‖ *no tener dos dedos de frente* n'avoir pas deux sous de jugeotte ‖ *poner el dedo en la llaga* mettre le doigt sur la plaie ‖ *poner a uno los cinco dedos en la cara* flanquer sa main sur la figure de quelqu'un ‖ MÚS *poner bien los dedos* avoir du doigté, bien placer ses doigts ‖ *señalar con el dedo* montrer du doigt ‖ *tocar con el dedo* toucher du doigt.
dedocracia *f* FIG & FAM nomination de protégés à des postes clés.
deducción *f* déduction ‖ MÚS série diatonique ‖ *deducción del salario* retenue sur le salaire ‖ *deducción fiscal* prélèvement fiscal.
deducible *adj* déductible; *gasto deducible* frais déductibles.
deducir* *v tr* déduire; *deduzco de* ou *por ello que no lo vas a hacer* j'en déduis que tu ne vas pas le faire; *deducir los gastos de las ganancias* déduire les frais des gains ‖ DR alléguer, présenter ‖ COM déduire, défalquer ‖ *deducir del salario* retenir sur le salaire.
deductivo, va *adj* déductif, ive.
defasaje *m* ELECTR déphasage ‖ FIG décalage, déphasage.
defecación *f* défécation.
defecar *v tr* déféquer.
defectivo, va *adj* défectueux, euse (defectuoso).
◆ *adj y s m* GRAM défectif, ive (verbo).
defecto *m* défaut ‖ défectuosité *f* (defectuosidad) ‖ IMPR défet (pliego) ‖ — *a defecto de* à défaut de, faute de ‖ *en su defecto* à défaut ‖ *por defecto* par défaut.
defectuoso, sa *adj* défectueux, euse.

defender* *v tr* défendre; *defender la patria* défendre sa patrie ‖ DR plaider, défendre; *defendre una causa* plaider une cause.
- *v pr* se défendre ‖ FIG & FAM se débrouiller, se défendre (en un idioma), se défendre (no dársele mal) ‖ *defenderse como gato panza arriba* se défendre comme un lion.

defendible *adj* défendable.

defendido, da *adj* DR défendeur, eresse ‖ intimé, e (en apelación).

defenestración *f* défenestration ‖ FIG destitution, expulsion (de un puesto, cargo, etc.).

defenestrar *v tr* défenestrer ‖ FIG destituer, expulser (de un puesto, cargo, etc.).

defensa *f* défense; *defensa de una ciudad, de una idea* défense d'une ville, d'une idée ‖ DR défense; *conceder la palabra a la defensa* donner la parole à la défense ǀ plaidoyer *m*, plaidoirie (alegato) ‖ MIL & MAR défense; *defensa pasiva* défense passive ‖ protège-jambe *m* (moto) ‖ DEP défense (línea) ‖ *(amer)* pare-chocs *m* (de coche) ‖ — *en defensa de* en faveur de, à la défense de ‖ *en defensa mía* ou *propia* à mon corps défendant ‖ *legítima defensa* légitime défense.
- *pl* défenses (colmillos).

defensa *m* DEP arrière; *defensa central, izquierda, derecha* arrière central, gauche, droit.

defensiva *f* défensive; *estar, ponerse a la defensiva* être o se tenir, se mettre sur la défensive ‖ DEP défense; *jugar a la defensiva* jouer la défense.

defensivo, va *adj* défensif, ive; *táctica defensiva* tactique défensive.

defensor, ra *adj* qui défend ‖ *abogado defensor* défenseur.
- *m y f* défenseur (sin femenino), avocat, e ‖ *defensor del pueblo* défenseur du peuple [médiateur].

deferencia *f* déférence; *por* ou *en deferencia a* par déférence pour.

deferente *adj* déférent, e (atento) ‖ ANAT *conducto deferente* canal déférent.

deferir* *v intr* s'en remettre à, s'appuyer sur; *deferir al dictamen ajeno* s'en remettre à la décision d'autrui.
- *v tr* DR déférer; *deferir una causa a un tribunal* déférer une cause à un tribunal.

deficiencia *f* déficience.

deficiente *adj* déficient, e ‖ médiocre; *alumno deficiente* élève médiocre ‖ *deficiente mental* arriéré.

deficientemente *adv* insuffisamment ‖ médiocrement; *trabajo hecho muy deficientemente* travail fait très médiocrement.

déficit *m* déficit ‖ — *déficit comercial* déficit commercial ‖ *déficit presupuestario* déficit budgétaire ‖ — *en déficit* en déficit, déficitaire.
— OBSERV *pl déficits*.

deficitario, ria *adj* déficitaire, en déficit.

definición *f* définition ‖ définition (televisión) ‖ *por definición* par définition.

definido, da *adj* défini, e; *artículo definido* article défini ‖ *lo definido* ce qui est défini, le défini.

definir *v tr* définir (determinar) ‖ décider (decidir) ‖ finir, mettre la dernière main à (una obra de pintura).

definitivo, va *adj* définitif, ive ‖ *en definitiva* en définitive, en fin de compte.

definitorio, ria *adj* définitoire.

deflación *f* déflation.

deflacionario, ria; deflacionista *adj* déflationniste.

deflagración *f* déflagration.

deflagrar *v intr* déflagrer *(p us)*, s'enflammer.

deflector *m* TECN déflecteur ǀ chicane *f* (de cambiador).

deflexión *f* FÍS déflexion.

defoliación *f* BOT défoliation.

defoliante *adj y s m* défoliant, e.

deforestación *f* déforestation, déboisement *m*.

deforestar *v tr* déboiser.

deformación *f* déformation; *deformación profesional* déformation professionnelle.

deformado, da *adj* déformé, e ‖ avachi, e; *zapatos deformados* souliers avachis ‖ perverti, e (conciencia).

deformar *v tr* déformer.
- *v pr* se déformer ‖ s'avachir, se déformer; *los zapatos se deforman* les souliers s'avachissent.

deforme *adj* difforme.

deformidad *f* difformité.

defraudación *f* fraude; *defraudación fiscal* ou *de impuestos* fraude fiscale.

defraudado, da *adj* déçu, e (decepcionado), frustré, e (frustrado).

defraudar *v tr* frauder; *defraudar a sus acreedores* frauder ses créanciers ‖ frauder (al fisco) ‖ décevoir, frustrer (las esperanzas) ‖ trahir; *defraudar la confianza de un amigo* trahir la confiance d'un ami.

defunción *f* décès *m*; *esquela de defunción* faire-part de décès; *partida de defunción* acte de décès ‖ *cerrado por defunción* fermé pour cause de décès.

DEG abrev de *derecho especial de giro* D.T.S., droits de tirages spéciaux.

degeneración *f* dégénérescence (de las células) ‖ dégénération (de una familia).

degenerado, da *adj y s* dégénéré, e.

degenerar *v intr* dégénérer ‖ FIG *degenerar en tontería* dégénérer en bêtise.
- *v pr* dégénérer, s'abâtardir; *animales que se degeneran* animaux qui dégénèrent.

degenerativo, va *adj* dégénératif, ive.

deglución *f* déglutition.

deglutir *v intr y tr* déglutir.

degollación *f* décollation; *la degollación de San Juan Bautista* la décollation de saint Jean Baptiste ‖ égorgement *m* (degüello) ‖ massacre *m*; *la degollación de los Santos Inocentes* le massacre des saints Innocents.

degolladero *m* gorge *f* [cou des bêtes de boucherie] ‖ abattoir (matadero) ‖ FIG *llevar al degolladero* mener à l'abattoir.

degollar* *v tr* égorger (cortar la garganta) ‖ décoller, décapiter (decapitar) ‖ FIG ruiner, détruire (arruinar); *esto degüella todos mis proyectos* cela ruine tous mes projects ‖ MAR déchirer les voiles ‖ TAUROM égorger [effectuer maladroitement la mise à mort] ‖ TEATR massacrer (representar mal).

degradación *f* dégradation; *degradación cívica, militar* dégradation civique, militaire ‖ FIG dégradation, avilissement *m* (envilecimiento) ‖ ARTES dégradé *m*, dégradation, fondu *m*; *la degradación de* *los colores* le fondu des couleurs ‖ *degradación de luz* dégradé.

degradador *m* FOT dégradateur (desvanecedor).

degradante *adj* dégradant, e.

degradar *v tr* dégrader; *degradar a un militar* dégrader un militaire ‖ FÍS dégrader ‖ FIG dégrader, avilir; *degradado por la bebida* dégradé par la boisson ‖ dégrader, fondre (el color), réduire (el tamaño).

degüello *m* égorgement ‖ — MIL *entrar a degüello* massacrer; *entraron a degüello en la ciudad* ils massacrèrent la ville entière ‖ *pasar a degüello* passer au fil de l'épée ‖ FIG & FAM *tirar a uno a degüello* s'acharner contre *o* sur quelqu'un ‖ MIL *tocar a degüello* sonner la charge (caballería).

degustación *f* dégustation.

degustar *v tr* déguster (probar, catar).
— OBSERV Ce mot est un gallicisme.

dehesa *f* pâturage *m* ‖ FIG *soltar el pelo de la dehesa* se dégrossir, se polir.

deicida *adj y s* déicide.

deidad *f* divinité, déité; *las deidades de la fábula* les déités de la Fable.

deificar *v tr* déifier (a una persona) ‖ diviniser (una cosa).

deísmo *m* déisme.

deísta *adj y s* déiste.

deíxis *f inv* GRAM déixis ‖ — *deíxis anafórica* anaphore ‖ *deíxis catafórica* cataphore ‖

dejada *f* abandon *m*, action de laisser *o* de quitter ‖ amorti *m* (en tenis).

dejadez *f* laisser-aller *m* ‖ négligence, abandon (descuido).

dejado, da *adj* négligent, e (negligente) ‖ indolent, e (flojo) ‖ apathique, abattu, e (caído de ánimo) ‖ *dejado de la mano de Dios* abandonné des dieux.
◆ *m y f* personne *f* négligente.

dejar *v tr* laisser; *lo he dejado en casa* je l'ai laissé à la maison; *le he dejado algo por* ou *sin hacer* il vous a laissé quelque chose à faire; *déjalo tranquilo* laisse-le tranquille; *dejar a uno el cuidado de* laisser à quelqu'un le soin de; *dejar improductivo un capital* laisser dormir un capital ‖ déposer; *dejé a mi amigo en la estación* j'ai déposé mon ami à la gare ‖ quitter; *dejar a su mujer* quitter sa femme; *dejar un empleo* quitter sa place ‖ laisser, abandonner; *dejar a sus hijos* abandonner ses enfants ‖ cesser, arrêter; *deja de trabajar a las seis* il arrête de travailler à 6 heures; *dejó de escribirme* il a cessé de m'écrire ‖ rapporter; *este negocio deja mucho dinero* cette affaire rapporte beaucoup d'argent ‖ prêter; *¿puedes dejarme mil pesetas?* peux-tu me prêter mille pesetas? ‖ — *dejad que los niños se acerquen a mí* laissez venir à moi les petits enfants ‖ FAM *¡déjalo!* laisse tomber! ‖ *¡déjame en paz!* laisse-moi tranquille!, fiche-moi la paix! ‖ *dejar al descubierto* découvrir (un ejército) ‖ *dejar aparte* laisser de côté ‖ FIG *dejar a salvo* faire abstraction de ‖ *dejar atrás* laisser en arrière, lâcher, distancer ‖ *dejar a un lado* ou *de lado* laisser de côté ‖ FIG *dejar caer* glisser; *dejó caer en la conversación que quería irse a España* il glissa dans la conversation qu'il voulait partir en Espagne ‖ *dejar como nuevo* remettre à neuf (una cosa), remettre (una persona) ‖ *dejar correr* laisser faire, laisser courir ‖ FAM *dejar chiquito* laisser loin derrière, surpasser; *este nuevo modelo deja chiquito a todos los anteriores* ce nouveau modèle laisse loin derrière tous les précédents; en boucher un coin, faire la pige; *se compró un coche deportivo para dejar chiquita a toda la vecindad* il acheta une voiture de sport pour en boucher un coin à tous ses voisins ‖ *dejar decir* ou *hablar* laisser dire ‖ *dejar de cuenta* laisser pour compte ‖ FIG *dejar de lado* renoncer ‖ *dejar de la mano de Dios* abandonner ‖ *dejar dicho* dire; *he dejado dicho que no me despierten* j'ai dit qu'on ne me réveille pas ‖ *dejar en prenda* mettre en gage ‖ FAM *dejar fresco* ne faire ni chaud ni froid; *esto me deja fresco* cela ne me fait ni chaud ni froid ‖ *dejar plantado* ou *en la estacada* planter là, laisser le bec dans l'eau ‖ *dejar por heredero a uno* faire son héritier de quelqu'un; *le ha dejado por heredero* il en a fait son héritier ‖ *dejar que* laisser, permettre de *o* que; *déjeme que hable* laissez-moi parler; *dejó a su hijo que saliera* il permit à son fils de sortir, il laissa son fils sortir ‖ *dejar que desear* laisser à désirer ‖ *dejar tiempo al tiempo* laisser faire le temps ‖ *dejar tirado a alguien* laisser tomber quelqu'un ‖ *dejar todo de la mano* laisser tout aller ‖ *dejémoslo así* restons-en là ‖ *no dejar a uno ni a sol ni a sombra* ne pas quitter quelqu'un d'une semelle ‖ *no dejar de* ne pas manquer, ne pas laisser de; *no deja de extrañarme su conducta* sa conduite ne laisse pas de me surprendre; ne pas manquer *o* oublier; *no dejes de venir* n'oublie pas de venir ‖ *no dejarle a uno un hueso sano* mettre quelqu'un en charpie, hacher menu comme chair à pâté ‖ FIG *no dejar piedra por mover* remuer ciel et terre ‖ *no dejes para mañana lo que puedes hacer hoy* il ne faut pas remettre au lendemain ce que l'on peut faire le jour même ‖ *no por eso deja de ser un disparate* cela n'empêche pas que ce soit une bêtise ‖ *no por eso dejaré de ir* je n'en irai pas moins, cela ne m'empêchera pas d'y aller ‖ *si me dejan* si on me laisse faire ‖ *sin dejar de hablar* sans cesser de parler, tout en parlant.

◆ *v pr* se faire; *se deja sentir el frío* le froid se fait sentir ‖ se laisser; *dejarse llevar por el viento* se laisser porter par le vent; *dejarse beber* se laisser boire ‖ se négliger, se laisser aller (descuidarse) ‖ — FIG & FAM *dejarse caer* se présenter, débarquer; *me dejé caer por su casa a las ocho* j'ai débarqué chez eux à huit heures ‖ *dejarse convencer* se laisser convaincre ‖ *dejarse de* arrêter de; *déjate de historias* arrête de raconter des histoires; *déjese de llorar* arrêtez de pleurer ‖ *dejarse de cuentos, de rodeos* aller droit au but ‖ *dejarse de ilusiones* perdre ses illusions ‖ *dejarse estar* laisser faire ‖ *dejarse ir* se laisser aller ‖ *dejarse llevar por* se laisser aller à, se laisser emporter par; *dejarse llevar por la cólera* se laisser emporter par la colère ‖ *dejarse rogar* se faire prier ‖ FAM *dejarse ver* apparaître, se montrer, être visible; *¡por fin!, ¿te dejas ver?* enfin, tu te montres?

— OBSERV *Dejar* suivi d'un participe passé équivaut à l'emploi simple du verbe correspondant, avec cependant une nuance d'intensité, de plénitude: *dejar a uno asombrado* (*asombrar*) ébahir, laisser bouche bée; *dejar desamparado* (*desamparar*) abandonner, laisser à l'abandon. *Dejar hecho* est un cas particulier, fort employé, de cette construction: *la lluvia le dejó hecho una sopa* la pluie le trempa comme une soupe; *eso lo dejó hecho una estatua* cela l'a littéralement pétrifié.

deje; dejo *m* accent (de la voz) ‖ abandon (dejación) ‖ *(p us)* fin *f*, terme d'une chose (fin) ‖ nonchalance *f* (dejadez) ‖ arrière-goût (gusto) ‖ FIG arrière-goût (sentimiento) ∥ *deje de cuenta* laissé-pour-compte.

del *art* contraction de *de el* du (delante de los nombres masculinos que comienzan por una consonante, salvo la *h* muda); *los precios del pan y del arenque son módicos* les prix du pain et du hareng sont modiques ∥ de l' (en los demás casos); *este libro trata del amor y del honor* ce livre traite de l'amour et de l'honneur ∥ sur; *Francfort del Meno* Francfort-sur-le-Main.
— OBSERV Voir DE.

delación *f* délation.

delantal *m* tablier.

delante *adv* devant; *andar delante* marcher devant; *delante de mí* devant moi ∥ — *delante de* devant; *delante de la ventana* devant la fenêtre ∥ — *se lleva todo por delante* rien ne l'arrête ∥ *tener algo delante de sus narices* avoir quelque chose sous le nez ∥ *tener mucho trabajo por delante* avoir beaucoup de travail devant soi o sur la planche.

delantera *f* devant *m* (de casa, de prenda de vestir, etc.) ∥ avant *m* (de coche, de buque) ∥ premier rang *m* (teatro y plaza de toros) ∥ avance [temps ou chemin gagnés sur un concurrent]; *llevar la delantera* être en avance sur quelqu'un; avants *m pl*; *la delantera de un equipo de fútbol* les avants d'une équipe de football ∥ FAM doudounes *pl* (pecho) ∥ *coger* ou *tomar a uno la delantera* prendre les devants (anticiparse a uno), devancer quelqu'un, gagner quelqu'un de vitesse (adelantársele).
◆ *pl* culotte *sing* de paysan fendue sur les côtés et servant à protéger les autres vêtements.

delantero, ra *adj* qui va devant (primero) ∥ situé, e en avant o devant (anterior) ∥ avant (en un vehículo); *rueda delantera* roue avant.
◆ *m* DEP avant; *delantero centro* avant centre ∥ devant (de un jersey).

delatar *v tr* dénoncer; *delatar a los cómplices* dénoncer ses complices.

delator, ra *adj y s* dénonciateur, trice; délateur, trice.

delco *m* AUTOM delco.

delegación *f* délégation ∥ — *delegación comercial* succursale, agence commerciale ∥ *delegación de Hacienda* centre des impôts ∥ *delegación de poderes* délégation de pouvoir ∥ *delegación sindical* délégation syndicale (conjunto de delegados), bureau syndical [en Espagne].

delegado, da *adj y s* délégué, e.

delegar *v tr* déléguer; *delegar sus poderes a* ou *en una persona* déléguer ses pouvoirs à une personne.

deleitación *f*; **deleitamiento** *m* délectation *f*.

deleitar *v tr* enchanter, charmer; *la música deleita el oído* la musique charme l'oreille ∥ délecter (dar gozo muy intenso) ∥ *deleitar aprovechando* joindre l'utile à l'agréable, divertir et enseigner [devise des œuvres classiques].
◆ *v pr* prendre un vif plaisir, aimer beaucoup, se délecter; *deleitarse en la lectura* aimer beaucoup la lecture, prendre un vif plaisir à la lecture; *deleitarse en novelas policiacas* se délecter de romans policiers; *deleitarse con* ou *en la contemplación de* se délecter à la contemplation de.
— OBSERV *Délecter* se usa mucho menos que *deleitar* en español.

deleite *m* délectation *f*; *leer con deleite* lire avec délectation ∥ plaisir, délice; *vivir en los deleites* vivre dans les plaisirs; *esto es un deleite* c'est un délice; *el deleite de los hombres* les délices du genre humain.
— OBSERV *Délice* en plural es femenino.

deletrear *v tr* épeler; *deletree su apellido* épelez votre nom ∥ FIG déchiffrer; *deletrear jeroglíficos* déchiffrer des hiéroglyphes.

deleznable *adj* friable; *arcilla deleznable* argile friable ∥ glissant, e (que resbala) ∥ FIG fragile, peu résistant, e; peu durable (que dura poco) ∣ détestable, horrible; *clima deleznable* climat détestable.

delfín *m* dauphin (cetáceo) ∥ dauphin (príncipe heredero de Francia).

delgadez *f* minceur, finesse ∥ maigreur; *delgadez cadavérica* maigreur cadavérique.

delgado, da *adj* mince, fin, e (poco grueso); *mujer delgada de cintura* femme à la taille mince ∥ maigre, mince (flaco); *está muy delgado* il est très maigre ∥ maigre (terreno) ∥ FIG spirituel, elle; ingénieux, euse (agudo, ingenioso) ∥ — *intestino delgado* intestin grêle ∥ — FAM *delgado como un fideo* maigre comme un clou ∥ — FIG *hilar delgado* couper les cheveux en quatre ∥ *ponerse delgado* maigrir, mincir; *se ha puesto delgado durante el servicio militar* il a maigri pendant le service militaire; *su hermana se ha puesto muy delgada* sa sœur a beaucoup minci.
◆ *m pl* flanchets (del vientre de los cuadrúpedos).

delgaducho, cha *adj* maigrichon, onne; maigrelet, ette; grêle; *niño delgaducho* enfant maigrichon; *piernas delgaduchas* jambes grêles.

Delhi *n pr* GEOGR Delhi.

deliberación *f* délibération.

deliberadamente *adv* délibérément, de propos délibéré.

deliberado, da *adj* délibéré, e.

deliberante *adj* délibérant, e; *asamblea deliberante* assemblée délibérante.

deliberar *v intr* délibérer.

deliberatorio, ria *adj* DR délibératoire.

delicadeza *f* délicatesse (del rostro, gusto, etc.) ∥ attention *f*, marque *f* de délicatesse; *fue una delicadeza de su parte* ce fut une attention de sa part ∥ — *falta de delicadeza* manque de délicatesse ∥ — *tener mil delicadezas con* être aux petits soins pour, avoir mille attentions pour.

delicado, da *adj* délicat, e; *manjares delicados* des mets délicats; *situación delicada* situation délicate ∣ délicat, e (de salud); fluet, ette; *miembros delicados* des membres fluets ∥ dégoûté, e; *hacerse el delicado* faire le dégoûté ∥ susceptible (fácil de enojar).

delicaducho, cha *adj* maladif, ive; fragile, malingre.

delicia *f* délice *m*; *es una verdadera delicia* c'est un vrai délice ∥ délices *pl*; *Juanito es la delicia de sus padres* Jeannot fait les délices de ses parents.
◆ *pl* délices.

delicioso, sa *adj* délicieux, euse.

delictivo, va *adj* délictueux, euse.

delimitación *f* délimitation.

delimitar *v tr* délimiter (temas, atribuciones).

delincuencia *f* délinquance; *delincuencia juvenil* délinquance juvénile.

delincuente *adj* y *s* délinquant, e; *delincuente juvenil* délinquant juvénile.

delineante *m* dessinateur industriel ǁ *delineante proyectista* dessinateur-projeteur.

delinear *v tr* dessiner des plans, délinéer *(p us)* ǁ *relieve bien delineado* relief bien profilé *o* délimité.

delinquir *v intr* commettre un délit.

delirante *adj* délirant, e; *imaginación, ovaciones delirantes* imagination, ovations délirantes ǁ délirant, e; en délire; *muchedumbre delirante* foule en délire.

delirar *v intr* délirer ǁ FIG délirer (desatinar).

delirio *m* délire; *delirio de la persecución* délire de la persécution ǁ — *con delirio* à la folie ǁ *delirio de grandezas* folie des grandeurs ǁ *en delirio* en délire, délirant, e ǁ — FAM *es el delirio* c'est du délire.

delito *m* délit (culpa poco grave); *delito de fuga* délit de fuite ǁ crime (muy grave); *delito común, político* crime de droit commun, politique ǁ — *delito consumado* délit consommé ǁ *delito de lesa majestad* crime de lèse-majesté ǁ *delito de sangre* crime de sang ǁ *delito flagrante* flagrant délit; *cogido en flagrante delito* pris en flagrant délit ǁ *delito frustrado* délit frustré, tentative de délit ǁ — *el cuerpo del delito* le corps du délit.

delta *f* delta *m* (letra) ǁ DEP aile delta.
◆ *m* delta (de un río).

demacrado, da *adj* émacié, e; amaigri, e; *rostro demacrado* visage émacié.

demacrarse *v pr* s'émacier, maigrir.

demagogia *f* démagogie.

demagógico, ca *adj* démagogique.

demagogo, ga *m* y *f* démagogue.

demanda *f* demande, requête; *rechazar una demanda* rejeter une demande ǁ quête (limosna) ǁ COM demande; *la ley de la oferta y la demanda* la loi de l'offre et de la demande | commande (pedido) ǁ recherche, quête (busca); *ir en demanda de* aller à la recherche de (una persona), aller en quête de (una cosa) ǁ — DR *auto de demanda* mise en cause | *contestar uno la demanda* produire un mémoire en défense | *presentar una demanda* intenter une action | *salir uno a la demanda* être partie prenante | *satisfacer* ou *estimar una demanda* faire droit à une requête.
— OBSERV Le mot espagnol *demanda* a surtout un sens juridique; *demande* se traduit normalement par *ruego, petición* ou *pregunta*.

demandado, da *m* y *f* DR défendeur, eresse.

demandante *adj* y *s* DR demandeur, eresse | plaidant, e; *abogado demandante* avocat plaidant | poursuivant, e (querellante).

demandar *v tr* DR poursuivre, demander; *demandar un juicio* demander en justice ǁ *(p us)* demander (pedir) | convoiter, désirer (desear) ǁ *demandar por daños y perjuicios* intenter une action en dommages et intérêts.

demarcación *f* démarcation; *línea de demarcación* ligne de démarcation ǁ démarcation, délimitation (de las fronteras) ǁ zone (terreno) ǁ territoire *m*, district *m* (jurisdicción).

demarcador, ra *adj* démarcatif, ive; de démarcation; *línea demarcadora* ligne démarcative.

demarcar *v tr* délimiter ǁ MAR déterminer la route d'un navire.

demás *adj* y *pron ind* autre, autres *pl*; *los demás invitados* les autres invités; *poco importa lo que piensan los demás* peu importe ce que pensent les autres ǁ *lo demás* le reste.
◆ *adv* du reste, au reste, d'ailleurs ǁ — *no estaría demás* il ne serait pas inutile, cela ne ferait de mal à personne ǁ *por demás* inutile, en vain; *está por demás que le escribas* il est inutile de lui écrire, c'est en vain que tu vas lui écrire; à l'excès, vraiment trop; *es por demás cobarde* il est vraiment trop peureux ǁ *por lo demás* cela dit, à part cela, au surplus, au reste, du reste, d'ailleurs ǁ *y demás* et caetera (etc.), et les autres (personas), et le reste (cosas); *visitamos el Louvre, la torre Eiffel y demás* nous avons visité le Louvre, la tour Eiffel, etc. ǁ *y todo lo demás* et le reste, et tout le reste.
— OBSERV Au pluriel, l'adjectif n'est pas toujours précédé de l'article: *Andrés y demás alumnos* André et les autres élèves.

demasía *f* excès *m*; *cometer demasías* se livrer à des excès ǁ insolence, audace (atrevimiento) ǁ *en* ou *con demasía* à l'excès.

demasiado, da *adj* trop de; *demasiada agua* trop d'eau; *demasiados libros* trop de livres ǁ trop; *¿tienes bastantes revistas? — tengo demasiadas* as-tu assez de magazines? — j'en ai trop ǁ excessif, ive; *la demasiada confianza es perjudicial* une confiance excessive nuit ǁ *lo demasiado* l'excès.
◆ *adv* trop; *pides demasiado* tu demandes trop ǁ *sería demasiado* ce serait trop beau.

demasié *adj* y *adv* POP trop; *¡es demasié!* c'est trop!

demencia *f* démence.

demencial *adj* démentiel, elle.

demente *adj* dément, e; démentiel, elle.
◆ *m* y *f* dément, e.

demérito *m* démérite.

demiurgo *m* démiurge.

democracia *f* démocratie.

demócrata *adj* y *s* démocrate.

democratacristiano, na; democristiano, na *adj* y *s* démocrate-chrétien, enne.

democrático, ca *adj* démocratique.

democratización *f* démocratisation.

democratizar *v tr* démocratiser.

demodé *adj* FAM ringard, e.

demodulación *f* FÍS démodulation.

demodulador *m* ELECTR démodulateur.

demografía *f* démographie.

demográfico, ca *adj* démographique; *explosión demográfica* explosion démographique.

demógrafo, fa *m* y *f* démographe.

demoledor, ra *adj* y *s* démolisseur, euse ǁ FIG démolisseur, euse; *crítica demoledora* critique démolisseuse.

demoler* *v tr* démolir.

demolición *f* démolition, démolissage *m*.

demoniaco, ca *adj* démoniaque, possédé, e [du démon].
◆ *m* y *f* démoniaque.

demonio *m* démon ǁ — *¿cómo demonios...?* comment diable...? ǁ *¡demonio!, ¡demonios!* diable!, mince! ǁ *¡qué demonios!* que diable! ǁ *¿quién demonios...?* qui diable...? ǁ — FAM *del demonio* formidable, du diable ǁ *de mil demonios* du tonnerre, à tout casser | *de todos los demonios* de tous les diables ǁ *ese demonio de hombre* ce diable d'homme ǁ — *estar poseído por el demonio* être possédé du démon ‖ *ponerse hecho un demonio, ponerse como un demonio* écumer de colère ‖ *¡que me lleve el demonio si...!* que le diable m'emporte si...! ‖ FAM *saber a demonios* avoir un goût horrible ‖ *ser el mismísimo demonio* être le diable en personne ‖ *tener el demonio en el cuerpo* avoir le diable au corps o dans la peau ‖ FAM *¡vete al demonio!* va te faire voir!

demonología *f* démonologie.

demora *f* retard *m*, délai *m* ‖ attente; *¿qué demora tiene una conferencia telefónica con Málaga?* quelle attente y a-t-il pour une communication téléphonique avec Malaga? ‖ DR retard *m* ‖ (ant) (amer) travail *m* forcé des Indiens dans les mines [8 mois] ‖ *sin demora* sans retard, sans délai, sans différer.

demorar *v tr* retarder (retardar); *demorar un viaje* retarder un voyage; *no quiero demorarte más* je ne veux pas te retarder davantage ‖ remettre à plus tard; *no demores tu solicitud* ne remets pas ta demande à plus tard.
◆ *v intr* tarder; *me he demorado en contestarle* j'ai tardé à vous répondre ‖ demeurer, s'arrêter (detenerse) ‖ MAR se trouver dans une certaine direction par rapport à un point donné.

demoscopia *f* sondage d'opinion.

demóstenes *m inv* FIG homme très éloquent.

demostrable *adj* démontrable.

demostración *f* démonstration.

demostrar* *v tr* démontrer; *demostrar una teoría* démontrer une théorie ‖ démontrer; *demostrar su ignorancia en la materia* démontrer son ignorance en la matière ‖ montrer; *su respuesta demuestra su inteligencia* sa réponse montre son intelligence ‖ faire preuve de; *demostrar buena voluntad* faire preuve de bonne volonté ‖ prouver; *eso no demuestra nada* cela ne prouve rien.

demostrativo, va *adj y s m* démonstratif, ive.

demudar *v tr* changer (cambiar) ‖ altérer; *rostro demudado por la cólera* visage altéré par la colère.
◆ *v pr* s'altérer, changer; *su cara se demudó* son visage s'altéra.

demultiplicar *v tr* TECN démultiplier.

denegación *f* dénégation ‖ DR débouté *m* ‖ — *denegación de auxilio* non-assistance à personne en péril o en danger ‖ *denegación de demanda* fin de non-recevoir ‖ *denegación de paternidad* désaveu de paternité.

denegar* *v tr* refuser, dénier; *denegar un derecho* dénier un droit ‖ DR débouter (una demanda).

denegatorio, ria *adj* DR dénégatoire.

denigrador, ra; denigrante *adj* dénigrant, e.
◆ *m y f* détracteur, trice; dénigreur, euse (*p us*).

denigrar *v tr* dénigrer ‖ injurier (injuriar).

denodado, da *adj* courageux, euse; vaillant, e (valiente).

denominación *f* dénomination ‖ appellation (de los vinos, etc.); *denominación de origen* appellation d'origine o contrôlée ‖ nom *m*; *denominación social* raison sociale.

denominado, da *adj* MAT *número denominado* nombre complexe.

denominador, ra *adj* qui dénomme.
◆ *m* MAT dénominateur; *denominador común* dénominateur commun.

denominar *v tr* dénommer.

denominativo, va *adj* dénominatif, ive.

denostador, ra *adj* injuriant, e; insultant, e.

denostar* *v tr* insulter, injurier.

denotar *v tr* dénoter; *denotar franqueza* dénoter de la franchise ‖ signifier; *este refrán denota que* ce proverbe signifie que ‖ indiquer, dénoncer, montrer; *su ropa denotaba su miseria* ses vêtements montraient sa misère; *su nerviosismo denotaba su ira* sa nervosité dénonçait sa colère.

denotativo, va *adj* révélateur, trice.

densidad *f* densité; *densidad de población* densité de population ‖ épaisseur (de la noche).

denso, sa *adj* dense; *humo denso* fumée dense; *multitud densa* foule dense ‖ FIG épais, aisse; dense; *una noche densa* une nuit épaisse ‖ dense; *pensamiento denso* pensée dense ‖ *lo denso de la noche* l'épaisseur de la nuit.

dentado, da *adj* denté, e; en dents de scie; *rueda dentada* roue dentée ‖ dentu, e (con dientes) ‖ BOT dentelé, e (hoja) ‖ BLAS denté, e (animal), dentelé, e (escudo).
◆ *m* dents *f pl*; *el dentado de un sello* les dents d'un timbre.

dentadura *f* denture, dents *pl*; *tiene una dentadura muy bonita* il a de très jolies dents ‖ *dentadura postiza* dentier, fausses dents, râtelier (*fam*).

dental *adj* dentaire; *prótesis dental* prothèse dentaire ‖ *crema dental* pâte dentifrice.
◆ *adj y s f* dental, e; *consonante dental* consonne dentale.
◆ *m* AGRIC sep (del arado).

dentar* *v tr* denter; *dentar una sierra* denter une scie.
◆ *v intr* percer o faire ses dents (niño).

dentellada *f* coup *m* de dent; *dar dentelladas* donner des coups de dent ‖ *morder a dentelladas* mordre à belles dents.

dentellar *v intr* claquer des dents; *dentella de miedo* il claque des dents de peur.

dentera *f* agacement *m* (en los dientes) ‖ FIG & FAM envie *f* (envidia); *dar dentera a uno* faire crever d'envie quelqu'un ‖ — *dar dentera* agacer les dents; *la acedera da dentera* l'oseille agace les dents.

denticina *f* sirop de dentition pour enfants.

dentición *f* dentition ‖ — ZOOL *dentición completa* denture complète ‖ *dentición temporal* ou *de leche* dents temporaires o de lait.

denticulado, da *adj* denticulé, e.

dentífrico, ca *adj y s m* dentifrice ‖ *pasta dentífrica* pâte dentifrice.

dentina *f* dentine (esmalte).

dentista *m* dentiste, chirurgien-dentiste; *ir al dentista* aller chez le dentiste.

dentistería *f* (amer) cabinet *m* dentaire.

dentística *f* (amer) odontologie.

dentolabial *adj y s* labiodental, e.

dentón, ona *adj y s* FAM qui a de grandes dents.
◆ *m* denté (pez).

dentro *adv* dans (con un complemento); *dentro de la casa* dans la maison; *dentro de dos días, de un año* dans deux jours, un an ‖ dedans, à l'intérieur; *busqué la carta en mi bolsillo y estaba dentro* j'ai cherché la lettre dans ma poche et elle était dedans ‖ — *dentro de poco* d'ici peu, avant peu, sous peu, tout à l'heure ‖ FAM *¿dentro o fuera?* c'est oui ou c'est non? ‖ — *a dentro* dedans ‖ *ahí dentro* là-dedans (de una cosa), à l'intérieur (de la casa) || *de dentro* du dedans || *por dentro, por de dentro* en dedans, à l'intérieur, par-dedans, au-dedans || — *¿dónde está? — dentro* où est-il? — dans la maison, à l'intérieur || *ir hacia dentro* ou *para dentro* rentrer || *meter hacia dentro* rentrer; *meter hacia dentro el estómago* rentrer l'estomac || *tener los pies hacia dentro* avoir les pieds en dedans.

dentudo, da *adj y s* dentu, e *(p us)*; qui a de grandes dents || *(amer)* nom donné à plusieurs requins (tiburón).

denudar *v tr* GEOL dénuder.

denuedo *m* courage, intrépidité *f*.

denuesto *m* insulte *f*, injure *f*.

denuncia *f* dénonciation (de un criminal, de un tratado) || plainte; *presentar una denuncia* déposer une plainte || *— denuncia de multa* procès-verbal || DR *denuncia de un tratado* dénonciation d'un traité || *denuncia escrita* procès-verbal (de un delito).

denunciante *adj y s* dénonciateur, trice.

denunciar *v tr* dénoncer; *denunciar un tratado* dénoncer un traité; *denunciar a un criminal* dénoncer un criminel || demander une concession minière (una mina).

denunciatorio, ria *adj* qui dénonce, dénonciateur, trice.

deontología *f* déontologie.

deontológico, ca *adj* déontologique.

deparar *v tr* procurer, accorder (conceder) || présenter, offrir, proposer; *entré en el primer cine que me deparó la suerte* je suis entré dans le premier cinéma qui s'est présenté à moi || — *deparar una oportunidad* offrir une occasion || *¡Dios te la depare buena!* je te souhaite bien du plaisir!, bonne chance!

departamental *adj* départemental, e.

departamento *m* département (división territorial) || service, département (división administrativa) || compartiment; *caja dividida en seis departamentos* boîte divisée en six compartiments || compartiment (de un vagón de ferrocarril) || rayon (en una tienda); *el departamento de corbatas* le rayon des cravates || *(amer)* appartement (piso) || *— departamento de (no) fumadores* compartiment (non-) fumeurs || *departamento marítimo* préfecture maritime || — *jefe de un departamento marítimo* préfet maritime.

departir *v intr* deviser, causer, s'entretenir, parler.

depauperar *v tr* appauvrir (empobrecer) || MED affaiblir (debilitar).

dependencia *f* dépendance; *estar bajo la dependencia de* être sous la dépendance de || succursale (oficina) || affaire annexe (asunto).
◆ *pl* dépendances, appartenances; *las dependencias de un palacio* les dépendances d'un château || communs *m* (conjunto de edificios para la servidumbre) || *dependencia asistencial* dispensaire.

depender *v intr* dépendre, relever; *depender de alguien* dependre de quelqu'un; *no depender de nadie* ne relever de personne || dépendre; *de usted depende que* il dépend de vous que; *eso depende* cela dépend || tenir, dépendre; *sólo depende de mí que* il ne tient qu'à moi de.

dependienta *f* employée, vendeuse, commise.

dependiente *adj* dépendant, e.
◆ *m* employé, vendeur, commis (empleado) || *dependiente de una tienda de comestibles* garçon épicier.

depilación *f* épilation, dépilation, épilage *m*.

depilar *v tr* épiler, dépiler.

depilatorio, ria *adj y s m* dépilatoire.

deplorable *adj* déplorable.

deplorar *v tr* déplorer (lamentar).

deponente *adj* déposant, e (que depone).
◆ *adj s m* GRAM déponent, e (verbo).

deponer* *v tr* déposer, poser; *deponer las armas* déposer les armes || déposer (destituir) || déposer; *deponer ante el juez* déposer devant le juge || FIG bannir; *deponer el temor, la ira* bannir la peur, la colère.
◆ *v intr* déposer, témoigner en justice (prestar declaración) || aller à la selle (defecar) || *(amer)* vomir (vomitar).

deportación *f* déportation.

deportado, da *adj y s* déporté, e.

deportar *v tr* déporter.

deporte *m* sport; *deportes de invierno* sports d'hiver; *campo de deportes* terrain de sport || — *deporte de remo* aviron || *deporte de vela* yachting, voile || — FIG *hacer algo por deporte* faire quelque chose pour le sport.

deportista *adj y s* sportif, ive.

deportividad *f*; **deportivismo** *m* esprit *m* sportif, sportivité *f*.

deportivo, va *adj* sportif, ive; *periódico deportivo* journal sportif || de sport; *coche deportivo* voiture de sport || sport *inv* (traje) || *campo deportivo* terrain de sport.
◆ *m* voiture *f* de sport.

deposición *f* déposition (de un rey o un obispo, de un testigo) || élimination, selles *pl* (evacuación de vientre) || — *deposición eclesiástica* déposition ecclésiastique || *la deposición de la cruz* la déposition de croix.

depositador, ra *adj y s* déposant, e.

depositar *v tr* déposer, mettre en dépôt; *depositar fondos en el banco* déposer des fonds à la banque || déposer (los líquidos); *el vino deposita heces* le vin dépose de la lie || entreposer, laisser en dépôt; *depositar las mercancías en un almacén* entreposer les marchandises dans un magasin || DR faire sortir judiciairement (une personne), pour lui permettre d'exprimer librement sa volonté devant un juge || *(amer)* réserver [le saint sacrement].
◆ *v pr* se déposer || se fonder; *en este muchacho se depositan justamente muchas esperanzas* on fonde avec raison beaucoup d'espérances sur ce garçon.

depositario, ria *adj* de dépôt || FIG qui contient, qui renferme un dépôt.
◆ *m y f* dépositaire (de un depósito, de un secreto).
◆ *m* caissier (cajero), trésorier (tesorero).

depósito *m* dépôt (de una suma) || réservoir; *depósito de agua, de gasolina* réservoir d'eau, d'essence || dépôt (de un líquido) || entrepôt (almacén) || MIL dépôt || *(amer)* réserve *f* eucharistique (del Santísimo) || — ECON *depósito a plazo* dépôt à terme | *depósito bancario* dépôt bancaire || *depósito de aceite combustible* soute à mazout || *depósito de cadáveres* morgue || *depósito de decantación* bassin de décantation ‖ *depósito de equipajes* consigne (en una estación) ‖ *depósito de objetos perdidos* bureau des objets trouvés ‖ MIL *depósito de reserva territorial* réserve ‖ *depósito franco* entrepôt de douane ‖ DR *depósito judicial* consignation ‖ *depósito legal* dépôt légal ‖ DR *depósito miserable* ou *necesario* dépôt nécessaire ‖ — *caja de depósitos y consignaciones* caisse des dépôts et consignations ‖ *casco en depósito* bouteille consignée ‖ — *en depósito* en dépôt.

depravación *f* dépravation.
depravado, da *adj y s* dépravé, e.
depravar *v tr* dépraver (corromper).
depreciación *f* dépréciation.
depreciar *v tr* déprécier.
depredación *f* déprédation.
depredador, ra *adj y s* déprédateur, trice.
depredar *v tr* commettre des déprédations.
depresión *f* dépression ‖ *depresión magnética* déclinaison magnétique.
depresivo, va *adj* déprimant, e; dépressif, ive.
deprimente *adj* déprimant, e.
deprimido, da *adj* déprimé, e.
deprimir *v tr* déprimer ‖ FIG déprimer (quitar las fuerzas) ‖ *frente deprimida* front fuyant.
◆ *v pr* être déprimé o aplati ‖ former une dépression (el terreno).
deprisa *adv* → *prisa*.
depuesto, ta *adj* déposé, e.
depuración *f* épuration, dépuration ‖ FIG épuration ‖ AGRIC *depuración de semillas* nettoyage des semences.
depurador, ra *adj y s* épuration, trice; dépurateur, trice.
depurar *v tr* épurer, dépurer ‖ réhabiliter, rétablir dans ses fonctions ‖ FIG épurer.
depurativo, va *adj y s m* MED dépuratif, ive; *jarabe depurativo* sirop dépuratif.
dequeísmo *m* emploi erroné et abusif de la préposition *de* suivie de la conjonction *que* en espagnol.
derby *m* DEP Derby (competición hípica).
derecha *f* droite (mano) ‖ — *a la derecha* à droite, sur la droite ‖ *la derecha* la droite (política) ‖ — *no hacer nada a derechas* faire tout de travers ‖ *ser de derechas* être de droite.
derechazo *m* TAUROM passe *f* de la main droite avec la muleta.
derechista *m y f* membre de la droite (política) ‖ droitier, ère (que no es zurdo).
derechito *adv* FAM directement, tout droit.
derecho *m* droit; *derecho canónico, civil, de gentes, consuetudinario, marítimo, mercantil, político* droit canon, civil, des gens, coutumier, maritime, commercial, constitutionnel ‖ droit; *primer año de Derecho* première année de droit ‖ endroit (de una tela) ‖ — *derecho administrativo* droit administratif ‖ FAM *derecho al pataleo* droit de rouspéter ‖ *derecho de asilo* droit d'asile ‖ *derecho del más fuerte* droit du plus fort ‖ *derecho de regalía* droit de régale ‖ *derecho financiero* droit financier ‖ *derecho fiscal* droit fiscal ‖ *derecho habiente* ayant droit ‖ *derecho internacional* droit international ‖ *derecho laboral* droit du travail ‖ *derecho natural* droits naturels ‖ *derecho penal* droit pénal ‖ *derecho procesal* droit de la procédure ‖ — *con derecho* à bon droit ‖ *con derecho o sin derecho* à tort ou à raison ‖ *con pleno derecho* de plein droit ‖ *¿con qué derecho?* de quel droit? ‖ *de derecho* de droit, à juste titre ‖ *de pleno derecho* de plein droit; *miembro de pleno derecho* membre de plein droit ‖ *facultad de Derecho* faculté de droit ‖ *por derecho propio* de son propre chef ‖ *reservado el derecho de admisión* droit d'admission réservé ‖ *reservados todos los derechos* tous droits réservés ‖ *según derecho* selon la justice ‖ — *estudiar Derecho* faire son droit ‖ *no hay derecho* ce n'est pas permis (no está permitido), ce n'est pas de jeu (fuera de las reglas) ‖ *tener derecho de* ou *para* avoir le droit de ‖ *usar de su derecho* user de son droit.
◆ *pl* vacations (de juez) ‖ — *derechos arancelarios* ou *de aduana* droits de douane ‖ *derechos de autor* droits d'auteur ‖ *derechos del hombre* droits de l'homme ‖ *los derechos de la amistad* les droits de l'amitié.
derecho *adv* droit; *ir derecho* marcher droit ‖ — *ir derecho al bulto* aller droit au but ‖ *siga* ou *vaya derecho* allez tout droit.
derecho, cha *adj* droit, e; *el brazo derecho* le bras droit ‖ *(amer)* heureux, euse; chanceux, euse ‖ — *derecho como una vela* droit comme un I o comme un cierge ‖ *es un hombre hecho y derecho* c'est un homme à cent pour cent, c'est un homme accompli.
deriva *f* dérive; *ir a la deriva* aller à la dérive ‖ *plano de deriva* dérive (de un avión).
derivación *f* dérivation.
derivado, da *adj y s m* dérivé, e.
◆ *f* MAT dérivée.
derivar *v intr* dériver, découler (resultar).
◆ *v tr* acheminer (dirigir) ‖ GRAM faire dériver ‖ ELECTR & MAT dériver.
◆ *v pr* dériver, découler (provenir).
derivativo, va *adj* GRAM dérivatif, ive.
◆ *adj y s m* dérivatif, ive.
dermatitis *f* MED dermatite, dermite.
dermatología *f* MED dermatologie.
dermatológico, ca *adj* dermatologique.
dermatólogo *m* MED dermatologue.
dermatosis *f* MED dermatose.
dérmico, ca *adj* ANAT dermique.
dermis *f* ANAT derme *m*.
dermoprotector, ra *adj y s m* dermoprotecteur [produit].
derogable *adj* qui peut être dérogé.
derogación *f* dérogation; *la derogación de una ley* la dérogation à une loi.
derogar *v tr* abroger, abolir; *derogar una ley* abroger une loi ‖ déroger à (un contrato).
derogatorio, ria *adj* DR dérogatoire.
derramamiento *m* effusion *f*; *una revolución sin derramamiento de sangre* une révolution sans effusion de sang ‖ dispersion *f* (de una familia, de un pueblo) ‖ épanchement, écoulement (chorreo) ‖ propagation *f* (de una noticia).
derramar *v tr* répandre; *derramar arena al* ou *por el suelo* répandre du sable sur le sol ‖ renverser; *derramar un vaso de agua* renverser un verre d'eau ‖ FIG répandre; *derramar una noticia* répandre une nouvelle ‖ verser, épancher (verter); *derramar lágrimas* verser des larmes o des pleurs ‖ verser, faire couler; *derramar sangre* faire couler le sang ‖

déborder de; *derramar gracia, ternura* déborder d'esprit, de tendresse ‖ répartir (los impuestos).
- *v pr* se répandre (esparcirse) ‖ MED s'épancher (un humor) ‖ déboucher, se jeter (río).

derrame *m* action de répandre, dispersion *f* (esparcimiento) ‖ épanchement, écoulement, dégorgeage, dégorgement (de un líquido) ‖ trop-plein (exceso) ‖ fuite *f* (de un recipiente roto o averiado) ‖ embranchement, bifurcation *f* (de un valle) ‖ ARQ ébrasement, ébrasure *f* (de puertas y ventanas) ‖ pente *f* (declive) ‖ MED épanchement; *derrame sinovial* épanchement synovial *o* de synovie ‖ hémorragie; *derrame cerebral* hémorragie cérébrale.

derrapaje; **derrape** *m* dérapage.

derrapar *v intr* déraper (patinar).
— OBSERV Ce mot est un gallicisme.

derredor *m* tour, contour (contorno) ‖ *en ou al derredor* autour; *sentarse en derredor de una mesa* s'asseoir autour d'une table ‖ *en derredor mío* autour de moi.

derrengar *v tr* éreinter *(p us)*, casser les reins (lastimar el espinazo) ‖ tordre (inclinar) ‖ FIG & FAM éreinter (cansar).

derretido, da *adj* fondu, e; *plomo derretido* plomb fondu ‖ FIG langoureux, euse; amoureux, euse; *miradas derretidas* des regards amoureux.

derretimiento *m* fonte *f*; *el derretimiento de los carámbanos* la fonte des glaçons ‖ fonte *f*, fusion *f*; *el derretimiento de un metal* la fusion d'un métal ‖ FIG amour ardent *o* passionné.

derretir* *v tr* fondre; *derretir sebo* fondre du suif ‖ FIG gaspiller, dissiper (derrochar).
- *v pr* fondre; *la nieve se derrite con el calor* la neige fond à la chaleur ‖ FIG s'enflammer, brûler pour (enamorarse) ‖ se mordre, bouillir (de impaciencia) ‖ se faire du mauvais sang (inquietarse).

derribar *v tr* abattre; *derribar una muralla* abattre une muraille ‖ abattre, raser (una construcción) ‖ faire tomber, renverser; *derribar los bolos* faire tomber les quilles ‖ renverser, jeter à terre (a personas o animales); *derribó el toro* il jeta le taureau à terre; *derribar a un transeúnte* renverser un piéton ‖ abattre, humilier (postrar) ‖ plaquer au sol (al boxeador) ‖ FIG renverser, déboulonner (*fam*); *derribar la monarquía, a un privado* renverser la monarchie, un favori | dompter, réprimer (las pasiones) ‖ EQUIT acculer [un cheval].
- *v pr* se jeter par terre (tirarse al suelo) ‖ tomber, s'abattre (caerse).

derribo *m* démolition *f* (acción) ‖ chantier de démolition (lugar) ‖ TAUROM *acoso y derribo* terrassement [du taureau].
- *pl* matériaux de démolition (materiales); *construir con derribos* bâtir avec des matériaux de démolition.

derrocamiento *m* action *f* de jeter du haut d'un rocher ‖ FIG renversement; *el derrocamiento de un rey* le renversement d'un roi.

derrocar *v tr* précipiter du haut d'un rocher (despeñar) ‖ FIG démolir, abattre (un edificio) | renverser; *derrocar al rey de su trono* renverser le roi de son trône.

derrochador, ra *adj y s* gaspilleur, euse; dissipateur, trice.

derrochar *v tr* gaspiller, dilapider, dissiper; *derrochar su fortuna* dilapider sa fortune ‖ FIG & FAM être plein de, déborder de; *derrochar salud* être plein de santé.

derroche *m* gaspillage, dissipation *f* ‖ FIG profusion *f*; *un derroche de luces* une profusion de lumières | débauche *f*; *hacer un derroche de energía* faire une débauche d'énergie.

derrochón, ona *adj* gaspilleur, euse.

derrota *f* échec *m*, défaite; *su derrota en las elecciones fue un golpe duro para el partido* son échec aux élections fut un coup dur pour le parti ‖ échec *m*, revers *m*; *las derrotas en la vida* les revers de l'existence ‖ MIL déroute, défaite; *sufrir una derrota* essuyer une défaite, subir une défaite | défaite; *la derrota de Aníbal en Zama* la défaite d'Hannibal à Zama ‖ débâcle (en todos los frentes) ‖ FIG déroute, debâcle ‖ chemin *m*, sentier *m* (camino) ‖ MAR route, cap *m* (rumbo) ‖ MAR *cuarto de derrota* chambre de veille, cabine des cartes.

derrotado, da *adj* battu, e; malheureux, euse; *el candidato derrotado* le candidat malheureux ‖ MIL défait, e; mis, e en déroute; battu, e; vaincu, e (vencido) ‖ FIG en haillons, dépenaillé, e; déchiré, e (andrajoso).

derrotar *v tr* battre, vaincre; *en las elecciones el candidato de la oposición derrotó al presidente en ejercicio* aux élections, le candidat de l'opposition a battu le président en exercice; *el equipo nacional derrotó al equipo contrario por 2 a 1* l'équipe nationale a battu l'équipe adverse par 2 à 1 ‖ MIL mettre en déroute, défaire ‖ MAR dériver, dérouter, détourner de sa route (un barco) ‖ TAUROM donner des coups de corne; *toro que derrota por la izquierda* taureau qui donne des coups de corne à gauche ‖ gaspiller, dissiper, dilapider (su fortuna) ‖ ruiner (la salud).

derrote *m* TAUROM coup de corne (cornada).

derrotero *m* MAR route *f* (rumbo) ‖ routier (libro) ‖ FIG chemin, voie *f*, marche *f* à suivre, ligne *f* de conduite (medio para llegar a un fin).

derrotismo *m* défaitisme.

derrotista *adj y s* défaitiste.

derruir* *v tr* démolir, abattre (un edificio) ‖ miner (destruir poco a poco).

derruido, da *adj* en ruine (ruinoso).

derrumbamiento *m* écroulement (desplome) ‖ éboulement (desmoronamiento) ‖ FIG renversement (derrocamiento) ‖ effondrement; *el derrumbamiento del Imperio Romano* l'effondrement de l'Empire romain.

derrumbar *v tr* abattre; *derrumbar una casa* abattre une maison ‖ abattre, renverser (derribar) ‖ précipiter (despeñar).
- *v pr* s'écrouler, crouler, s'effondrer (desplomarse) ‖ s'écrouler, s'ébouler; *el muro se derrumbó* le mur s'est écroulé.

derrumbe *m* éboulement (desmoronamiento) ‖ écroulement (desplome) ‖ précipice (despeñadero).

desabastecer *v tr* démunir.

desabastecimiento *m* désapprovisionnement.

desabollar *v tr* débosseler; *desabollar una cafetera* débosseler une cafetière ‖ redresser; *desabollar el guardabarros de un coche* redresser l'aile d'une voiture.

desaborido, da *adj* fade, insipide (insípido) ‖ FIG & FAM insipide, fade, quelconque, insignifiant, e; *una chica desaborida* une fille insignifiante.

◆ *m y f* homme, femme quelconque, personne insignifiante *o* qui n'a aucun charme.
— OBSERV Ce mot est fréquemment prononcé *esaborío.*
desabotonar *v tr* déboutonner (desabrochar).
◆ *v intr* FIG s'épanouir, éclore (las flores).
◆ *v pr* se déboutonner (desabrocharse).
desabridamente *adv* insipidement ‖ FIG vertement, durement, rudement; *contestar desabridamente* répondre durement.
desabrido, da *adj* fade, insipide (soso) ‖ dur, e; acerbe, hargneux, euse (tono, frase) ‖ heurté, e (estilo) ‖ maussade (el tiempo) ‖ FIG maussade (triste), acariâtre, hargneux, euse (huraño); *tiene un carácter desabrido* il a un caractère acariâtre ‖ dur à la détente (armas de fuego).
desabrigado, da *adj* désabrité, e; à découvert (sin amparo) ‖ découvert, e (sin abrigo) ‖ pas assez couvert, e (sin abrigo suficiente); *vas muy desabrigado con el frío que hace* tu n'es pas assez couvert par le froid qu'il fait ‖ FIG abandonné, e; délaissé, e (abandonado).
desabrigar *v tr* mettre *o* laisser à découvert (dejar al descubierto) ‖ découvrir (desarropar).
◆ *v pr* se découvrir; *no debe uno desabrigarse cuando está sudando* on ne doit pas se découvrir quand on transpire.
desabrimiento *m* fadeur *f*, insipidité *f* (insipidez) ‖ caractère maussade (del tiempo) ‖ FIG dureté *f*, rudesse *f*, aigreur *f*; *contestar con desabrimiento* répondre avec aigreur ‖ chagrin (pena); *sentir desabrimiento* avoir du chagrin.
desabrochar *v tr* déboutonner (botones) ‖ dégrafer, décrocher (broches y corchetes) ‖ FIG ouvrir (abrir).
◆ *v pr* se déboutonner, se dégrafer; *los niños pequeños no saben desabrocharse* les petits enfants ne savent pas se déboutonner ‖ FIG & FAM ouvrir son cœur, s'épancher ‖ *desabrocharse la chaqueta* déboutonner sa veste.
desacalorarse *v pr* se rafraîchir (refrescarse) ‖ FIG s'apaiser, se calmer, se rasséréner (calmarse).
desacatador, ra *adj y s* insolent, e; effronté, e (insolente) ‖ irrévérencieux, euse (irrespetuoso).
desacatamiento *m* → desacato.
desacatar *v tr* manquer de respect à; *desacatar a sus padres* manquer de respect à ses parents ‖ ne pas obéir à; *desacatar las órdenes* ne pas obéir aux ordres ‖ enfreindre, ne pas respecter (las leyes).
desacato; desacatamiento *m* désobéissance *f* (a las órdenes) ‖ infraction *f* (a las leyes) ‖ manque de respect, insolence *f* (falta de respeto) ‖ DR outrage [à un fonctionnaire]; *desacato al tribunal* outrage à magistrat.
desaceitado, da *adj* qui manque d'huile.
desaceleración *f* décélération.
desacelerar *v tr* décélérer.
desacerbar *v tr* adoucir (templar).
desacertado, da *adj* maladroit, e; malavisé, e; malheureux, euse; malencontreux, euse (dicho, acción).
desacierto *m* erreur *f* (error) ‖ sottise *f*, maladresse *f*, erreur *f*; *ha sido un desacierto hacer esto* ce fut une erreur de faire cela.
desaclimatar *v tr* désacclimater.
desacomodado, da *adj* qui n'est pas à l'aise, gêné, e (por falta de medios) ‖ en chômage, sans emploi (sin empleo) ‖ incommode, gênant, e (molesto) ‖ *(amer)* désordonné, e.
desacomodar *v tr* incommoder, gêner (molestar) ‖ congédier, renvoyer, mettre à pied (dejar sin empleo).
◆ *v pr* quitter *o* perdre son emploi (quedarse sin empleo).
desacomodo *m* incommodité *f*, gêne *f* ‖ chômage (paro forzoso).
desaconsejado, da *adj* déconseillé, e.
◆ *adj y s* imprudent, e.
desaconsejar *v tr* déconseiller.
desacoplamiento *m* MECÁN désaccouplement.
desacoplar *v tr* désaccoupler ‖ TECN découpler, désaccoupler.
desacordado, da *adj* MÚS désaccordé, e ‖ sans harmonie, qui manque d'unité (falto de unidad).
desacorde *adj* discordant, e; *instrumentos desacordes* instruments discordants.
desacostumbrado, da *adj* inhabituel, elle; inaccoutumé, e; peu commun, e; *un acontecimiento desacostumbrado* un évènement peu commun.
desacostumbrar *v tr* désaccoutumer, déshabituer, faire perdre l'habitude; *desacostumbrar a uno del tabaco* désaccoutumer quelqu'un du tabac; *desacostumbrar de mentir* faire perdre l'habitude de mentir.
desacralizar *v tr* désacraliser.
desacreditar *v tr* discréditer.
desactivación *f* désamorçage *m* ‖ FÍS désactivation (de una substancia radiactiva).
desactivar *v tr* désamorcer ‖ FÍS désactiver.
desacuerdo *m* désaccord; *estar en desacuerdo* être en désaccord.
desafecto, ta *adj* dépourvu d'affection (sin afecto) ‖ opposé, e; contraire (opuesto).
◆ *m* froideur *f*, désaffection *f (p us)*; *mostrar desafecto a uno* montrer de la froideur à l'égard de quelqu'un ‖ malveillance *f*, animosité *f* (malquerencia).
desafiador, ra *adj y s* provocateur, trice.
desafiante *adj* de défi, provocant, e.
desafiar *v tr* défier, lancer un défi à (provocar); *desafiar un rival* défier un rival ‖ FIG défier; *le desafío a que lo entienda* je vous défie de le comprendre ‖ braver, défier; *desafiar los peligros* braver les dangers.
◆ *v·pr* se défier.
desaficionar *v tr* désaffectionner ‖ dégoûter; *desaficionar a uno del tabaco* dégoûter quelqu'un du tabac.
desafinadamente *adv* de façon discordante.
desafinar *v tr* MÚS désaccorder (un instrumento).
◆ *v intr* MÚS chanter faux (la voz) ‖ jouer faux (instrumento) ‖ FIG & FAM déraisonner, dérailler (desvariar).
desafío *m* défi (reto) ‖ duel (combate) ‖ rivalité *f*, concurrence *f* (competencia).
desaforadamente *adv* en désordre (atropelladamente) ‖ avec excès; *comer desaforadamente* manger avec excès ‖ témérairement (con osadía) ‖ furieusement (con furia) ‖ *gritar desaforadamente* pousser des cris épouvantables, crier comme un putois.
desaforado, da *adj* démesuré, e; énorme; *ambición desaforada* ambition démesurée ‖ épouvan-

table, violent, e; furieux, euse; *dar voces desaforadas* pousser des cris épouvantables ‖ acharné, e; *partidario desaforado de una reforma* partisan acharné d'une réforme ‖ illégal, e; illégitime, arbitraire (contra fuero) ‖ *gritar como un desaforado* crier comme un putois.

desafortunado, da *adj* malheureux, euse; infortuné, e.

desafuero *m* atteinte *f o* infraction *f* aux lois *o* aux usages (violación de las leyes o fueros) ‖ privation *f* d'un droit *o* d'un privilège ‖ FIG inconvenance *f*, incongruité *f*, écart (desacato) | excès, abus (abuso) ‖ *cometer un desafuero* enfreindre les lois *o* les usages.

desagradable *adj* désagréable; *música desagradable* musique désagréable.

desagradar *v intr* déplaire; *este libro me desagrada* ce livre me déplaît ‖ déplaire, ennuyer (molestar); *me desagrada hacerlo* cela me déplaît de le faire ‖ déplaire, être désagréable, ne pas plaire beaucoup; *palabra que desagrada* mot qui ne plaît pas beaucoup.

desagradecer* *v tr* se montrer ingrat envers, payer d'ingratitude (a uno) ‖ payer d'ingratitude; *desagradece todo el bien que se le ha hecho* il paie d'ingratitude tout le bien qu'on lui a fait.

desagradecido, da *adj y s* ingrat, e; *desagradecido con* ou *para su bienhechor* ingrat envers son bienfaiteur; *hijo desagradecido* fils ingrat.

desagradecimiento *m* ingratitude *f* [envers quelqu'un, pour un bienfait].

desagrado *m* mécontentement, contrariété *f* (disgusto) ‖ — *con desagrado* d'un ton bourru (ásperamente), à contrecœur, avec répugnance (a pesar suyo) ‖ — *causar desagrado* contrarier, ennuyer; *esta noticia me causó desagrado* cette nouvelle m'a contrarié ‖ *mostrar desagrado* faire preuve de mécontentement.

desagraviar *v tr* dédommager, réparer; *desagraviar a uno el daño que se le causó* dédommager quelqu'un du mal qu'on lui a fait, réparer le mal qu'on a fait à quelqu'un ‖ *desagraviar a Dios* demander à Dieu le pardon d'une offense.

desagravio *m* satisfaction *f*, réparation *f* (de una ofensa); *exigir un desagravio* réclamer une satisfaction ‖ dédommagement (de un perjuicio); *en desagravio de* en dédommagement de; *a guisa de desagravio* en guise de dédommagement ‖ *acto de desagravio* cérémonie expiatoire.

desagregación *f* désagrégation ‖ FIG émiettement *m*, désagrègement *m* (de un partido).

desagregar *v tr* désagréger ‖ FIG émietter, désagréger (un partido).

desaguadero *m* déversoir (vertedero) ‖ dégorgeoir (de un canal) ‖ FIG gouffre [source de dépenses] ‖ MAR dalot (imbornal) ‖ drain (en obras públicas).

desaguar *v tr* épuiser, tarir (quitar el agua) ‖ assécher (una mina).
◆ *v intr* déboucher (un río).
◆ *v pr* FIG vomir (vomitar) ‖ aller à la selle (hacer de cuerpo) ‖ uriner (orinar).

desagüe *m* écoulement, dégorgement (de un líquido) ‖ déversoir (desaguadero) ‖ — *conducto de desagüe* descente, tuyau d'écoulement (para vaciar), trop-plein (para el agua sobrante) ‖ *desagüe directo* tout-à-l'égout.

desaguisado, da *adj* contraire à la loi *o* à la raison.
◆ *m* offense *f* (ofensa), injustice *f* (injusticia), sottise *f*, bêtise *f*, erreur *f* (desacierto).

desahogadamente *adv* librement, sans gêne, sans contrainte; *hablar desahogadamente* parler librement ‖ à l'aise; *vivir desahogadamente* vivre à l'aise ‖ FIG insolemment, avec insolence (con descaro); *contestar desahogadamente* répondre avec insolence.

desahogado, da *adj* effronté, e (descarado); *un muchacho muy desahogado* un garçon très effronté ‖ dégagé, e; peu encombré, e (sitio); *es una calle desahogada* c'est une rue dégagée ‖ à l'aise, aisé, e (adinerado); *una familia desahogada* une famille aisée ‖ — *estar desahogado* être à l'aise ‖ *existencia desahogada* existence facile ‖ *vida desahogada* vie aisée.

desahogar *v tr* soulager, réconforter (aliviar) ‖ FIG donner libre cours à; *desahogar una pasión* donner libre cours à une passion | déverser, décharger, passer, donner libre cours à; *desahogar su ira contra uno* déverser sa colère sur quelqu'un | épancher, ouvrir; *desahogar su corazón* épancher son cœur | soulager; *las lágrimas desahogan el corazón* les larmes soulagent le cœur; *te voy a hacer este trabajo para desahogarte* je vais te faire ce travail pour te soulager ‖ MED dégager (el pecho).
◆ *v pr* se mettre à l'aise; *cambiarse de ropa para desahogarse* se changer pour se mettre à l'aise ‖ se détendre, se reposer; *después de haber trabajado mucho hace falta desahogarse* après avoir beaucoup travaillé il faut se détendre (esparcirse) ‖ acquitter ses dettes, se libérer (desempeñarse) ‖ FIG s'épancher, épancher *o* ouvrir son cœur à, s'ouvrir à (confiarse); *desahogarse con* ou *a un amigo* s'épancher auprès d'un ami ‖ FAM vider son sac (decir lo que se piensa).

desahogo *m* soulagement (alivio) ‖ bien-être *inv*, aisance *f*, aise *f*; *vivir con desahogo* vivre à l'aise *o* dans le bien-être ‖ épanchement (del corazón); *desahogo afectivo* épanchement affectueux ‖ sansgêne, désinvolture *f* [de langage] ‖ dégagement, débarras; *esta habitación sirve de desahogo* cette pièce sert de débarras.

desahuciar *v tr* ôter tout espoir (quitar toda esperanza) ‖ MED condamner (a un enfermo) ‖ expulser, donner congé à (a un inquilino) ‖ *enfermo desahuciado por los médicos* malade abandonné par les médecins, malade perdu.

desahucio *m* congé (a un inquilino) ‖ éviction *f*, expulsion *f* (a un campesino).

desahumado, da *adj* éventé, e (licores).

desahumar *v tr* désenfumer.

desairadamente *adv* sans grâce, gauchement (sin garbo) ‖ rudement, avec mauvaise humeur (descortésmente); *contestar desairadamente* répondre rudement.

desairado, da *adj* repoussé, e; éconduit, e; *pretendiente desairado* soupirant éconduit ‖ gênant, e; *situación desairada* situation gênante ‖ sans grâce, gauche, lourd, e (sin garbo).

desairar *v tr* dédaigner (desdeñar) ‖ mépriser (despreciar) ‖ éconduire, repousser, renvoyer, envoyer promener (rechazar) ‖ vexer, outrager (ultrajar) ‖ *la visita del presidente resultó muy desairada* la visite du président s'est soldée par un échec.

desaire *m* affront, vexation *f*, camouflet (afrenta); *sufrir un desaire* subir un affront, recevoir un camouflet ‖ lourdeur *f*, inélégance *f* (falta de garbo) ‖ mépris, dédain (desprecio).

desajustar *v tr* désajuster; *desajustar una máquina* désajuster une machine ‖ dérégler (un tiro) ‖ FIG déranger; *esto desajusta mis planes* cela dérange mes plans.
◆ *v pr* se dédire (romper un contrato).

desajuste *m* désajustement ‖ rupture *f* d'une convention (ruptura de un acuerdo) ‖ IMPR mauvais repère (de un color).

desalado, da *adj* dessalé, e (sin sal) ‖ sans ailes (sin alas) ‖ FIG pressé, e; empressé, e (apresurado) | anxieux, euse (ansioso).

desalar *v tr* dessaler (quitar la sal) ‖ couper les ailes (quitar las alas).
◆ *v pr* se dépêcher, s'empresser, se hâter (apresurarse) ‖ FIG convoiter, désirer vivement, brûler [d'avoir]; *se desalaba por conseguir una buena colocación* il brûlait d'obtenir une bonne situation.

desalazón *f* dessalaison, dessalage *m*, dessalement *m*.

desalentador, ra *adj* décourageant, e; *una noticia desalentadora* une nouvelle décourageante.

desalentar* *v tr* essouffler, mettre hors d'haleine ‖ FIG décourager, abattre (desanimarse); *la desgracia le ha desalentado* le malheur l'a abattu.
◆ *v pr* se décourager, se laisser abattre (desanimarse); *no debemos desalentarnos ante las adversidades* nous ne devons pas nous laisser abattre par l'adversité.

desalfombrar *v tr* enlever les tapis; *desalfombrar una casa* enlever les tapis d'une maison.

desaliento *m* découragement, abattement.

desalinear *v tr* désaligner.
◆ *v pr* rompre l'alignement.

desaliñado, da *adj* négligé, e; débraillé, e; *un aspecto desaliñado* un aspect négligé; *una persona desaliñada* une personne débraillée ‖ FIG négligé, e (estilo).

desaliñar *v tr* froisser, chiffonner; *desaliñar un vestido* froisser une robe.

desaliño *m* négligé, débraillé, laisser-aller [de la tenue] ‖ négligence *f*, manque de soin (descuido, negligencia) ‖ *ir vestido con desaliño* être négligé *o* débraillé.
◆ *pl* longs pendants d'oreilles (pendientes).

desalmado, da *adj* scélérat, e; méchant, e (malo) ‖ cruel, elle; inhumain, e; sans cœur (cruel).
◆ *m y f* scélérat, e (malvado) ‖ sans-cœur *m y f inv* (cruel).

desalmarse *v pr* FIG convoiter, désirer avidement *o* ardemment (anhelar).

desalojado, da *m y f* sans-logis *inv*, sans-abri *inv* (sin vivienda).

desalojar *v tr* déloger (expulsar); *desalojar al enemigo del fortín* déloger l'ennemi du fortín ‖ évacuer, quitter (abandonar) ‖ MAR déplacer, jauger (desplazar); *el barco desaloja 100 toneladas* le bateau jauge 100 tonnes.
◆ *v intr* déménager (mudarse); *el vecino desaloja* le voisin déménage ‖ déloger, décamper, déménager (irse).

desalojo *m* expulsion *f* (expulsión) ‖ déménagement (mudanza).

desalquilar *v tr* donner congé (dejar su alojamiento) ‖ libérer un logement (dejar libre) ‖ *hay dos pisos desalquilados* il y a deux appartements libres.
◆ *v pr* être libre (un piso).

desalterar *v tr* (*p us*) calmer (apaciguar).

desamarrar *v tr* MAR larguer les amarres, démarrer (largar las amarras) ‖ FIG détacher, ôter les liens (desatar) | écarter, éloigner (alejar).

desambientado, da *adj* désorienté, e ‖ *sentirse desambientado* ne pas se sentir dans son élément.

desambientar *v tr* désorienter; *en un país extranjero uno se encuentra desambientado* dans un pays étranger on est désorienté ‖ manquer d'ambiance; *esta sala de baile está muy desambientada* cette boîte de nuit manque beaucoup d'ambiance.

desamontonar *v tr* désentasser.

desamor *m* manque d'affection *f*, froideur *f*, indifférence *f*; *su desamor a los padres* sa froideur envers ses parents ‖ haine *f*, inimitié *f* (odio).

desamortizable *adj* susceptible d'être désamorti, aliénable; *bienes desamortizables* biens aliénables.

desamortización *f* désamortissement *m*, action de désamortir.

desamortizar *v tr* désamortir.

desamparado, da *adj* abandonné, e; délaissé, e.

desamparar *v tr* abandonner, délaisser; *desamparar a un anciano* abandonner un vieillard ‖ quitter, abandonner (un sitio) ‖ DR abandonner ses droits sur, renoncer à ‖ MAR désemparer (desmantelar).

desamparo *m* abandon; *un anciano en desamparo* un vieillard dans l'abandon ‖ détresse *f* (aflicción) ‖ MIL *desamparo de apelación* désertion d'appel.

desamueblar *v tr* démeubler, dégarnir ‖ *pisos desamueblados* appartements vides *o* non meublés.

desanclar; desancorar *v tr* MAR lever l'ancre.

desandar* *v tr* refaire en sens inverse; *desandar el camino* refaire le chemin en sens inverse ‖ *desandar lo andado* revenir *o* retourner sur ses pas, rebrousser chemin.

desangelado, da *adj* sans attrait, sans charme.

desangramiento *m* saignement (sangría) ‖ assèchement (desagüe).

desangrar *v tr* saigner (sangrar) ‖ FIG assécher (agotar, desaguar) | saigner (empobrecer); *desangrar a los contribuyentes* saigner les contribuables.
◆ *v pr* saigner ‖ perdre beaucoup de sang (perder mucha sangre) ‖ perdre tout son sang; *murió desangrado* il est mort après avoir perdu tout son sang.

desanidar *v intr* dénicher, quitter son nid (las aves).
◆ *v tr* FIG débusquer, déloger, dénicher (desalojar).

desanimación *f* démoralisation, découragement *m* (desánimo) ‖ manque *m* d'ambiance (falta de animación).

desanimado, da *adj* démoralisé, e; découragé, e (persona) ‖ sans ambiance (fiesta, etc.).

desanimar *v tr* décourager, démoraliser, abattre; *este tiempo me desanima* ce temps me décourage; *la desgracia le ha desanimado* le malheur l'a abattu.
◆ *v pr* se décourager, perdre courage, se laisser abattre; *¡no se desanime!* ne vous laissez pas abattre!, ne vous découragez pas!

desánimo *m* découragement.

desanudar *v tr* dénouer; *desanudar una corbata* dénouer une cravate ‖ FIG démêler (desembrollar).

desapacible *adj* rude, brusque, acerbe; *tono desapacible* ton acerbe ‖ désagréable; *ruido desapacible* bruit désagréable ‖ — *genio desapacible* mauvais caractère ‖ *tiempo desapacible* temps maussade.

desapadrinar *v tr (p us)* FIG désapprouver (desaprobar) ‖ retirer son parrainage *o* sa protection à (retirar el apoyo).

desaparear *v tr* déparier, désapparier, dépareiller (cosas) ‖ désaccoupler, déparier, désapparier (animales).

desaparecer* *v intr* disparaître ‖ FAM *desaparecer del mapa* s'évaporer, disparaître de la circulation.

desaparecido, da *m y f* disparu, e.

desaparejar *v tr* déharnacher (quitar los arreos) ‖ MAR dégréer (un barco).

desaparición *f* disparition.

desapasionadamente *adv* sans passion (objetivamente).

desapasionarse *v pr* oublier (a una persona) ‖ se désintéresser de, perdre son enthousiasme *o* son intérêt pour, devenir indifférent à (una cosa); *desapasionarse del juego* devenir indifférent au jeu.

desapegar *v tr* décoller, détacher (despegar) ‖ FIG détacher, faire perdre l'affection; *esto le ha desapegado de su familia* cela l'a détaché de sa famille.
◆ *v pr* se détacher, se décoller (despegarse) ‖ FIG se détacher de (desaficionarse).

desapego *m* FIG détachement, indifférence *f*; *mostrar desapego a una persona* montrer de l'indifférence à l'égard de quelqu'un ‖ répugnance *f*, manque d'intérêt; *desapego a los estudios* manque d'intérêt pour les études.

desapercibido, da *adj* non préparé, e; au dépourvu; *coger desapercibido* prendre au dépourvu ‖ inaperçu, e; *pasar desapercibido* passer inaperçu.

desaplacible *adj* déplaisant, e.

desaplicadamente *adv* sans application, négligemment.

desaplicado, da *adj* inappliqué, e; qui ne s'applique pas.
◆ *m y f* paresseux, euse.

desapoderado, da *adj* hors de soi ‖ FIG effréné, e; déchaîné, e; furieux, euse (desenfrenado).

desapoderar *v tr* déposséder (privar); *desapoderar a uno de una herencia* déposséder quelqu'un d'un héritage ‖ révoquer (quitar la autoridad).

desapolillar *v tr* chasser les mites de; *desapolillar la ropa* chasser les mites des vêtements.
◆ *v pr* FIG & FAM sortir, prendre l'air (salir de casa).

desaprensión *f* sans-gêne *m inv*, indélicatesse *f*.

desaprensivo, va *adj y s* sans-gêne.

desaprobación *f* désapprobation (reprobación) ‖ désaveu *m* (de un mandatario).

desaprobador, ra *adj* désapprobateur, trice.

desaprobar* *v tr* désapprouver (censurar); *lo que la moral desaprueba* ce que la morale désapprouve ‖ désavouer (a un mandatario).

desapropiación *f*; **desapropiamiento** *m* abandon *m*, dessaisissement *m*.

desapropiar *v tr* déposséder, dessaisir.
◆ *v pr* se défaire de, se dessaisir de (abandonar).

desaprovechado, da *adj* inappliqué, e; négligent, e; indolent, e (indolente) ‖ gaspillé, e; mal employé, e; *dinero, tiempo desaprovechado* argent, temps mal employé ‖ perdu, e; *oportunidad desaprovechada* occasion perdue ‖ FIG infructueux, euse (infructuoso) ‖ *alumno desaprovechado* élève qui peut mieux faire.

desaprovechamiento *m* gaspillage, mauvais emploi [des possibilités, des dons].

desaprovechar *v tr* ne pas profiter de; *desaprovechar el buen tiempo, sus dotes, una influencia* ne pas profiter du beau temps, de ses dons, d'une influence ‖ mal employer, gaspiller; *desaprovechar el dinero* gaspiller l'argent ‖ *desaprovechar una ocasión* rater *o* laisser passer *o* perdre une occasion.

desapuntalar *v tr* enlever les étançons *o* les étais [d'un édifice].

desarbolar *v tr* MAR démâter ‖ *(amer)* détraquer.
◆ *v pr* MAR démâter.

desarenar *v tr* dessabler, désensabler; *desarenar la entrada del puerto* dessabler l'entrée du port.

desargentar *v tr* TECN désargenter.

desarmador *m* détente *f* (disparador).

desarmar *v tr* désarmer ‖ démonter; *desarmar un reloj* démonter une montre ‖ MAR désarmer (un buque) ‖ FIG désarmer; *desarmar la cólera* désarmer la colère ‖ désarmer, désarçonner; *su respuesta me desarmó* sa réponse m'a désarmé ‖ — *desarmar el arco* débander l'arc ‖ MIL *desarmar pabellones* rompre les faisceaux ‖ *un coche desarmado* une voiture en pièces détachées.
◆ *v intr* désarmer.

desarme *m* désarmement (de las armas) ‖ désarmement (de un país); *conferencia sobre* ou *para el desarme* conférence du *o* sur le désarmement ‖ démontage (desmontadura); *desarme de una máquina* démontage d'une machine.

desarmonizar *v tr* désharmoniser *(p us)*.

desarraigar *v tr* déraciner; *desarraigar un árbol* déraciner un arbre ‖ FIG déraciner; *desarraigar el vicio, un pueblo* déraciner le vice, un peuple.

desarraigo *m* déracinement.

desarrapado, da *adj y s* dégueulillé, e.

desarregladamente *adv* en désordre (sin orden), d'une façon désordonnée (sin concierto), de façon déréglée (sin regla, sin freno).

desarreglado, da *adj* déréglé, e (descompuesto) ‖ désordonné, e; *un niño desarreglado* un enfant désordonné ‖ en désordre; *cuarto desarreglado* pièce en désordre ‖ négligé, e; débraillé, e (desaseado) ‖ FIG déréglé, e; *una vida desarreglada* une vie déréglée.

desarreglar *v tr* mettre en désordre, déranger (desordenar) ‖ dérégler, détraquer; *desarreglar un reloj* dérégler une horloge ‖ FIG déranger, bouleverser; *esto ha desarreglado mis planes* cela bouleverse mes plans | déranger (no convenir).

desarreglo *m* désordre; *en el más completo desarreglo* dans le désordre le plus complet ‖ dérèglement (de un mecanismo) ‖ désordre (de los vestidos) ‖ FIG désordre, dérèglement (de la conducta).
◆ *pl* troubles; *desarreglos intestinales* des troubles intestinaux.

desarrendar* *v tr* débrider, ôter la bride à (a una caballería) ‖ annuler un bail *o* un fermage.

desarrollable *adj* MAT développable ‖ susceptible d'être développé, e (industria, teoría).

desarrollado, da *adj* développé, e.

desarrollar *v tr* développer, dérouler; *desarrollar un mapa* développer une carte ‖ développer; *desarrollar el cuerpo, la industria, una teoría* développer le corps, l'industrie, une théorie ‖ MAT développer; *desarrollar una función* développer une fonction ‖ *desarrollar actividades subversivas* avoir des activités subversives.
◆ *v pr* se développer (plantas, industria) ‖ se produire, se dérouler, avoir lieu (suceder).

desarrollo *m* déroulement (de un papel) ‖ FIG déroulement; *el desarrollo de los acontecimientos* le déroulement des évènements ‖ développement, croissance *f*; *niño en pleno desarrollo* enfant en plein développement | développement, essor, expansion *f* (incremento); *industria en pleno desarrollo* industrie en pleine expansion; *países en vías de desarrollo* pays en voie de développement ‖ développement (de una planta) ‖ GEOM développement ‖ TECN développement (de una bicicleta).

desarropar *v tr* dévêtir (quitar la ropa) ‖ découvrir (en la cama) ‖ *no desarropes al niño que está sudando* ne découvre pas l'enfant car il est en nage.
◆ *v pr* se dévêtir (quitarse la ropa) ‖ se découvrir (en la cama).

desarrugar *v tr* défroisser, défriper (la ropa) ‖ dérider (el rostro) ‖ *desarrugar el entrecejo* défroncer les sourcils, se dérider.
◆ *v pr* se défroisser, se défriper (la ropa) ‖ se dérider (el rostro).

desarticulación *f* désarticulation ‖ FIG démembrement *m*; *desarticulación de un partido* démembrement d'un parti.

desarticular *v tr* désarticuler ‖ FIG démembrer (un partido).

desaseado, da *adj* malpropre, sale (sucio), négligé, e (descuidado).
◆ *m y f* personne *f* négligée.

desasimiento *m* dessaisissement (acción de desasirse) ‖ FIG désintéressement, détachement (desinterés).

desasir* *v tr* lâcher (soltar) ‖ détacher (desprender).
◆ *v pr* se dessaisir, se défaire (desprenderse de una cosa).

desasistencia *f* abandon *m*.

desasistir *v tr* abandonner, délaisser (descuidar) ‖ — *estar desasistido* n'être guère aidé *o* assisté (en su trabajo) ‖ *estaba muy desasistido en el hospital* on ne s'occupait pas du tout de lui à l'hôpital.

desasosegadamente *adv* avec agitation, avec inquiétude.

desasosegado, da *adj* agité, e; inquiet, ète; troublé, e (turbado).

desasosegar* *v tr* inquiéter, troubler, agiter.
◆ *v pr* s'inquiéter.

desasosiego *m* agitation *f*, inquiétude *f*, trouble (intranquilidad).

desastradamente *adv* désastreusement, de façon désastreuse (con desastre) ‖ misérablement; *ir vestido desastradamente* être misérablement vêtu.

desastrado, da *adj* malpropre (desaliñado) ‖ loqueteux, euse; déguenillé, e; dépenaillé, e (harapiento) ‖ malheureux, euse (desgraciado) ‖ déréglé, e; désordonné, e; *llevar una vida desastrada* mener une vie déréglée.
◆ *m y f* personne *f* négligée.

desastre *m* désastre ‖ nullité *f*, propre-à-rien (persona); *este niño es un verdadero desastre* cet enfant est une vraie nullité ‖ *¡qué desastre!* quelle tuile! (pega), quel désastre!, quel échec retentissant! (fracaso).

desastrosamente *adv* désastreusement *(p us)*, de façon désastreuse.

desastroso, sa *adj* désastreux, euse.

desatar *v tr* détacher, défaire; *desatar un nudo* défaire un nœud ‖ dénouer (una cinta) ‖ déficeler; *desatar un paquete* déficeler un paquet ‖ délacer (zapatos) ‖ déboutonner (desabotonar) ‖ détacher (soltar); *desatar al perro* détacher le chien ‖ FIG éclaircir, élucider, résoudre, dénouer; *desatar una intriga* dénouer une intrigue ‖ dénouer, délier (la lengua) ‖ RELIG *atar y desatar* faire et défaire, lier et délier.
◆ *v pr* se détacher, se défaire (lo atado) ‖ délacer; *desatarse los zapatos* délacer ses souliers ‖ FIG se mettre en colère (encolerizarse) | s'emporter, perdre toute retenue (perder los estribos) | trop parler (hablar con exceso) | se déchaîner; *los elementos se desataron* les éléments se sont déchaînés | éclater; *su cólera se desató* sa colère éclata ‖ FIG *desatarse en injurias* ou *en improperios* se répandre en injures *o* en invectives (insultar).

desatascador *m* débouchoir (para tuberías) ‖ dégorgeoir.

desatascamiento *m* débouchage, dégorgement, dégorgeage (de una tubería).

desatascar *v tr* désembourber, débourber (desatollar) ‖ déboucher, dégorger, désobstruer (una cañería, una tubería) ‖ FIG & FAM dépêtrer, tirer (sacar de un apuro).

desataviar *v tr* dépouiller de sa parure.

desatavío *m* tenue *f* négligée, négligence *f* vestimentaire.

desate *m* débordement ‖ — *desate de palabras* flot de paroles ‖ *desate de vientre* flux de ventre.

desatención *f* inattention (distracción) ‖ impolitesse, incorrection, manque *m* d'égards (descortesía).

desatender* *v tr* ne pas prêter attention à; *desatender lo que se dice* ne pas prêter attention à ce qu'on dit ‖ négliger, ne pas prendre soin de; *desatender a sus huéspedes* négliger ses invités ‖ négliger; *desatender sus deberes, órdenes* négliger ses devoirs, les ordres ‖ opposer un refus (a una demanda).

desatentamente *adv* étourdiment, distraitement (sin prestar atención) ‖ impoliment, sans égards (descortésmente).

desatento, ta *adj* distrait, e; inattentif, ive; *un alumno desatento* un élève inattentif ‖ impoli, e (grosero).

desatinadamente *adv* inconsidérément, maladroitement (con poco tacto) ‖ étourdiment, follement (sin tino) ‖ excessivement, follement (con exceso).

desatinado, da *adj* absurde; insensé, e (disparatado) ‖ fou, folle; insensé, e (sin juicio).

desatino m bêtise f, maladresse f; *ha cometido un desatino* il a fait une bêtise ‖ sottise f, ânerie f, bêtise f, ineptie f; *decir desatinos* dire des sottises ‖ erreur f (equivocación) ‖ déraison f.

desatorar v tr déboucher, dégorger (las tuberías) ‖ MAR désarrimer ‖ MIN déblayer (los escombros).

desatornillar v tr dévisser (destornillar).

desatracar v tr MAR larguer les amarres.
◆ v intr MAR déborder, larguer les amarres.

desatrancador m débouchoir.

desatrancar v tr ôter la barre (de una puerta) ‖ déboucher, désobstruer (un pozo, una fuente, una cañería).

desautorización f désaveu m, désapprobation ‖ interdiction ‖ discrédit m (descrédito).

desautorizar v tr désavouer, désapprouver (desaprobar) ‖ interdire (prohibir) ‖ discréditer (desacreditar) ‖ *desautorizar a un embajador* désavouer un ambassadeur.

desavenencia f désaccord m (desacuerdo) ‖ brouille, mésentente; *desavenencia conyugal* brouille conjugale.

desavenido, da adj brouillé, e; fâché, e; en désaccord; *familias desavenidas* familles brouillées ‖ *países desavenidos* pays en désaccord.

desavenir* v tr brouiller, fâcher, désaccorder (p us); *desavenir a dos amigos* brouiller deux amis.
◆ v pr se brouiller, se fâcher; *desavenirse con alguien* se brouiller avec quelqu'un.

desaventajado, da adj désavantagé, e ‖ désavantageux, euse (poco ventajoso).

desaviar v tr déranger (molestar) ‖ (p us) dévoyer, égarer, fourvoyer (desviar) ‖ démunir (desproveer).
— OBSERV El francés *dévoyer* se emplea sobre todo en el sentido figurado de *corromper, pervertir*.

desavío m dérangement, ennui (molestia) ‖ (p us) dévoiement, égarement (desvío) ‖ dénuement (carencia).

desayunado, da adj qui a pris son petit déjeuner; *estoy desayunado* j'ai pris mon petit déjeuner.

desayunar v intr y tr prendre son petit déjeuner, déjeuner; *esta mañana he desayunado muy temprano* ce matin j'ai déjeuné o j'ai pris mon petit déjeuner de très bonne heure; *desayunar con té* prendre du thé à son petit déjeuner; *he desayunado café con leche* j'ai déjeuné de café au lait.
◆ v pr déjeuner; *aún no me he desayunado* je n'ai pas encore déjeuné ‖ FIG recevoir la première nouvelle d'une chose, en entendre parler pour la première fois.
— OBSERV La forme pronominale *desayunarse* n'est presque plus employée de nos jours dans le sens propre.

desayuno m petit déjeuner.

desazón f fadeur, insipidité (insipidez) ‖ AGRIC trop grande sécheresse f de la terre ‖ FIG peine, chagrin m, ennui m (pesar) | contrariété (disgusto) | malaise m (malestar); *sentir una desazón en el estómago* éprouver un malaise à l'estomac.

desazonado, da adj fade, insipide (soso) ‖ AGRIC trop sec, trop sèche (la tierra) ‖ FIG indisposé, e; mal à l'aise (indispuesto) | inquiet, ète; ennuyé, e (intranquilo).

desazonar v tr affadir (hacer insípido) ‖ FIG indisposer, fâcher (disgustar) ‖ agacer (molestar).

◆ v pr s'irriter, se fâcher (enfadarse) ‖ s'inquiéter (preocuparse) ‖ FIG éprouver un malaise, se sentir mal à l'aise (sentirse mal de salud).

desbancar v tr faire sauter la banque (juegos) ‖ FIG supplanter, évincer (suplantar) ‖ débanquer, ôter les bancs; *desbancar una embarcación* débanquer une embarcation.

desbandada f débandade ‖ *a la desbandada* à la débandade, en désordre.

desbandarse v pr MIL se débander, s'enfuir en désordre; *las tropas se desbandaron* les troupes se débandèrent ‖ rester à l'écart, faire bande à part (apartarse) ‖ se disperser (dispersarse).

desbarajustar v tr déranger, mettre sens dessus dessous, chambarder (fam); *está todo desbarajustado* tout est sens dessus dessous.

desbarajuste m désordre, confusion f, pagaille f, pagaïe f (fam); *¡qué desbarajuste!* quelle pagaille!

desbaratadamente adv confusément ‖ sans ordre, pêle-mêle (en desorden) ‖ à tort et à travers; *hablar desbaratadamente* parler à tort et à travers.

desbaratado, da adj désordonné, e ‖ cassé, e (roto), défait, e (deshecho) ‖ FIG & FAM débauché, e; dévergondé, e ‖ déconfit, e; défait, e (un ejército).

desbaratar v tr démantibuler (descomponer); *desbaratar un reloj* démantibuler une pendule ‖ gaspiller, dissiper (malgastar); *desbaratar una fortuna* dissiper une fortune ‖ déjouer (hacer fracasar); *desbaratar una intriga* déjouer une intrigue ‖ bouleverser, défaire, détruire, flanquer par terre (fam); *desbaratar los planes de uno* bouleverser les plans de quelqu'un ‖ MIL tailler en pièces, mettre en déroute, déconfire, défaire; *desbaratar a los adversarios* mettre les adversaires en déroute.
◆ v intr parler à tort et à travers, déraisonner (disparatar).
◆ v pr tomber en morceaux ‖ FIG s'emporter (descomponerse).

desbarrar v intr (p us) lancer la perche [jeu] ‖ glisser (escurrir) ‖ FIG déraisonner, dire des sottises, divaguer (disparatar).

desbarro m absurdité f, folie f, divagations f pl (desatino) ‖ glissade f (resbalón).

desbastador m TECN ébauchoir, dégrossisseur.

desbastar v tr dégrossir; *desbastar el mármol antes de esculpirlo* dégrossir le marbre avant de le sculpter ‖ dégrossir (los metales) ‖ ébaucher (esbozar) ‖ FIG dégrossir, civiliser, décrotter, décrasser (fam); *desbastar a un palurdo* dégrossir un rustre ‖ *pieza desbastada* ébauche.

desbaste m dégrossissement, dégrossissage (acción de desbastar) ‖ TECN bloom (de acero) | ébauchage ‖ FIG décrottage, décrassage (de una persona) ‖ *en desbaste* dégrossi.

desbautizar v tr débaptiser; *desbautizar una calle* débaptiser une rue.

desbloquear v tr COM & MECÁN & MIL débloquer.

desbloqueo m COM & MIL déblocage ‖ FOT dégagement de l'obturateur ‖ dégagement; *desbloqueo de un dedo cogido en un engranaje* dégagement d'un doigt pris dans un engrenage.

desbobinado m débobinage.

desbocadamente adv sans retenue, sans frein (desenfrenadamente) ‖ effrontément, insolemment (descaradamente).

desbocado, da *adj* emballé, e; emporté, e (caballo) ‖ FIG débridé, e; *imaginación desbocada* imagination débridée | intenable; *hoy los niños están desbocados* aujourd'hui les enfants sont intenables ‖ égueulé, e (vasija de boca rota) ‖ ébréché, e (de boca mellada).

   ◆ *adj y s* FIG & FAM effronté, e; insolent, e (descarado).

desbocamiento *m* emballement (de un caballo) ‖ FIG insolence *f*, impertinence *f*, effronterie *f* (descaro).

desbocar *v tr* égueuler (romper la abertura); *desbocar un cántaro* égueuler une cruche ‖ ébrécher (mellar).

   ◆ *v intr* se jeter dans la mer (un río); *el Tajo desboca en Lisboa* le Tage se jette dans la mer à Lisbonne ‖ déboucher sur *o* dans (calle, camino).

   ◆ *v pr* s'emballer, s'emporter (caballo) ‖ sortir de son lit (río) ‖ FIG s'emporter (irritarse) | dépasser les bornes, aller trop loin (pasarse de la raya).

desbordamiento *m* débordement; *el desbordamiento de un río* le débordement d'un fleuve ‖ FIG emportement (exaltación).

desbordante *adj* débordant, e; *una alegría desbordante* une joie débordante.

desbordar *v intr* déborder; *el río desbordó por los campos* le fleuve déborda dans les champs; *su alegría desborda* sa joie déborde.

   ◆ *v pr* déborder ‖ s'emporter, se déchaîner (exaltarse).

desbragado, da *adj y s* débraillé, e (descamisado) ‖ FAM le derrière à l'air, sans culotte (un niño).

desbravar *v tr* dresser, dompter (el ganado).

   ◆ *v intr y pr* s'apprivoiser, devenir moins farouche (hacerse más sociable) ‖ s'apaiser, se calmer (calmarse); *el mar se desbrava* la mer se calme ‖ s'éventer (un licor).

desbriznar *v tr* hacher, couper menu (la carne) ‖ réduire en miettes (un palo) ‖ recueillir les stigmates du safran (el azafrán).

desbroce *m* → **desbrozo**.

desbrozar; desembrozar *v tr* débroussailler, défricher, essarter (la maleza) ‖ désherber (la hierba) ‖ ébrancher (los árboles) ‖ curer (acequia) ‖ FIG défricher, débrouiller (un borrador) | défricher; *desbrozar un tema* défricher un sujet.

desbrozo; desbroce *m* débroussaillement, défrichage, défrichement (de la broza) ‖ désherbage (de la hierba) ‖ ébranchage (de los árboles) ‖ broussailles *f pl* (maleza) ‖ branchages *pl* (ramas) ‖ FIG défrichage, défrichement.

descabalado, da *adj* dépareillé, e.

descabalamiento *m* désassortiment, action *f* de dépareiller.

descabalar *v tr* dépareiller, désassortir (desemparejar) ‖ entamer, écorner, rogner (un todo).

   ◆ *v pr* être dépareillé, e ‖ être entamé, e.

descabalgar *v intr* descendre de cheval, mettre pied à terre.

descabellado, da *adj* FIG saugrenu, e; sans queue ni tête; *ideas, teorías descabelladas* idées, théories saugrenues | insensé, e; *es descabellado hacer tal cosa* il est insensé de faire une chose pareille.

descabellar *v tr* dépeigner, écheveler (despeinar); *mujer descabellada* femme échevelée ‖ TAUROM tuer le taureau par un «descabello».

   ◆ *v pr* être dépeigné, e; être échevelé, e.

descabello *m* TAUROM «descabello» [coup porté entre les deux premières vertèbres cervicales du taureau après une estocade non décisive] ‖ épée *f* spéciale utilisée pour le «descabello».

descabezado, da *adj* décapité, e (decapitado) ‖ étêté, e; sans tête (cosa desprovista de cabeza) ‖ FIG irraisonné, e; insensé, e (desprovisto de sentido) | déréglé, e; désordonné, e (desordenado).

descabezamiento *m* décapitation *f*; *el descabezamiento del asesino* la décapitation de l'assassin ‖ étêtement, étêtage (de los árboles) ‖ MIL conversion *f* (cambio de marcha).

descabezar *v tr* décapiter (cortar la cabeza) ‖ étêter; *descabezar un clavo, un árbol* étêter un clou, un arbre ‖ FIG & FAM entamer, attaquer; *descabezar un trabajo* entamer un travail ‖ MIL opérer une conversion (cambiar de dirección) ‖ *descabezar un sueño* faire *o* piquer un somme.

   ◆ *v pr* AGRIC s'égrener (desgranarse) ‖ FIG & FAM se casser la tête (romperse la cabeza).

descabritar *v tr* sevrer (los cabritos).

descacharrar *v tr* FAM casser (romper) ‖ FIG gâcher (estropear).

   ◆ *v pr* se casser (romperse) ‖ FIG échouer, tourner court (malograrse).

descafeinar *v tr* décaféiner; *café descafeinado* café décaféiné.

descalabrado, da *adj* blessé, e à la tête (herido en la cabeza) ‖ FIG malmené, e (en una pendencia) | perdant, e (mal parado); *salir descalabrado de un negocio* sortir perdant d'une affaire.

descalabrar *v tr* blesser *o* casser la tête (herir en la cabeza); *descalabrar a pedradas* blesser la tête à coups de pierre ‖ FIG malmener, maltraiter (maltratar) | nuire, causer préjudice à (perjudicar) | battre (al enemigo).

   ◆ *v pr* se blesser à la tête ‖ *(amer)* se payer la tête de, plaisanter (chasquear).

descalabro *m* échec; *sufrir muchos descalabros en su vida* essuyer de nombreux échecs dans sa vie ‖ désastre; *esta derrota fue un descalabro* cette défaite a été un désastre.

descalce *m* déchaussage, déchaussement (de un árbol) ‖ décalage (de calzos).

descalcificación *f* MED décalcification.

descalcificar *v tr* MED décalcifier.

descalificación *f* disqualification.

descalificar *v tr* disqualifier.

descalzar *v tr* déchausser (quitar el calzado) ‖ décaler (quitar un calzo) ‖ AGRIC déchausser (socavar).

   ◆ *v pr* se déchausser ‖ se déferrer (los caballos) ‖ FIG entrer chez les carmes déchaux (un fraile).

descalzo, za *adj* déchaussé, e; pieds nus, nupieds; *ir descalzo* aller pieds nus ‖ FIG dénué de tout, pauvre (pobre) ‖ déchaux, déchaussé (fraile).

descamación *f* MED desquamation.

descambiar *v tr* annuler un échange.

   — OBSERV C'est à tort qu'on emploie le verbe *descambiar* dans le sens de *cambiar* échanger.

descaminar; desencaminar *v tr* égarer, fourvoyer (hacer perder el camino); *se ha descaminado* il s'est fourvoyé ‖ FIG fourvoyer, dévoyer, écarter du droit chemin; *las malas compañías lo descaminaron* les mauvaises fréquentations l'ont fourvoyé ‖ FIG *ir* ou *andar descaminado* faire fausse route, se fourvoyer, avoir tort; *no iba descaminado al escribir que* il n'avait pas tort d'écrire que; *andas muy descaminado* tu fais complètement fausse route.

descamisado, da *adj* sans chemise (sin camisa) ‖ FIG déguenillé, e.
◆ *m* va-nu-pieds (desharrapado).
◆ *pl* HIST descamisados [en Espagne, nom des libéraux de la révolution de 1820. En Argentine, nom des partisans du général Peron et de son épouse, en 1946].

descamisar *v tr* enlever la chemise ‖ FIG ruiner.

descampado, da *adj* déboisé, e; découvert, e (un terreno) ‖ *en descampado* en rase campagne (a campo raso), en plein air (al aire libre).

descampar *v intr* cesser de pleuvoir (escampar).

descangallado, da *adj* (*amer*) FAM miteux, euse.

descansado, da *adj* reposé, e; *ya estoy descansado* je suis déjà reposé ‖ détendu, e; reposé, e; *cara descansada* visage détendu ‖ de tout repos (tranquilo); *un negocio descansado* une affaire de tout repos ‖ tranquille, reposant, e; *vida descansada* vie tranquille; *trabajo descansado* travail reposant ‖ sûr, e; assuré, e; *puede usted estar descansado* soyez sûr que.

descansar *v intr* reposer; *descansar en la cama* reposer dans son lit ‖ se reposer (reparar las fuerzas); *está descansando de su viaje* il se repose de son voyage ‖ s'arrêter, se reposer (en el trabajo); *no descansaba ni un momento* il ne s'arrêtait pas un seul instant ‖ reposer, s'appuyer; *la viga descansa en la pared* la poutre repose sur le mur ‖ connaître un répit; *no descansa en sus penas* il ne connaît pas de répit dans ses chagrins ‖ laisser un répit, cesser; *no descansaban sus trabajos* ses travaux ne lui laissaient aucun répit ‖ se calmer (tempestad) ‖ reposer, rester en jachère (la tierra) ‖ se détendre (relajarse) ‖ se reposer sur (tener confianza); *puede usted descansar en mí* vous pouvez vous reposer sur moi ‖ — *aquí descansa* ici repose ‖ *que en paz descanse* qu'il repose en paix.
◆ *v tr* reposer; *para descansar la vista* pour reposer les yeux ‖ appuyer (apoyar); *descansar la cabeza en* ou *sobre la almohada* appuyer sa tête sur l'oreiller ‖ MIL reposer; *descansar las armas* reposer les armes ‖ MIL *¡descansen armas!* reposez armes!

descansillo *m* palier (de escalera).

descanso *m* repos; *tomar un rato de descanso* prendre un moment de repos ‖ halte *f*, pause *f* (en la marcha) ‖ pause *f*; *en la oficina tenemos un descanso a las diez* au bureau, nous avons une pause à 10 heures ‖ interclasse (entre dos clases) ‖ repos (posición); *¡descanso!* repos! ‖ congé; *descanso por enfermedad* congé de maladie ‖ palier (descansillo) ‖ support, appui (sostén) ‖ mi-temps *f* (en un partido de fútbol); *en el descanso* à la mi-temps ‖ entracte (en un cine o teatro) ‖ FIG soulagement, réconfort (alivio) ‖ (*amer*) cabinets *pl* (retrete) ‖ — *descanso eterno* repos *o* sommeil éternel ‖ *descanso de maternidad* congé de maternité ‖ *descanso semanal* repos hebdomadaire ‖ *sin descanso* sans repos, sans répit, sans relâche, sans arrêt ‖ — FAM *¡buen descanso tenga él!* je lui souhaite bien du plaisir! ‖ *no dar el menor descanso* ne pas laisser le moindre repos, ne laisser aucun répit.

descapitalización *f* décapitalisation.

descapitalizar *v tr* décapitaliser.

descapotable *adj* décapotable.
◆ *m* voiture *f* décapotable, décapotable *f*.

descarado, da *adj* effronté, e; éhonté, e; insolent, e; impudent, e; *mentira descarada* mensonge éhonté.
◆ *m y f* effronté, e; impudent, e; insolent, e.

descararse *v pr* parler *o* agir avec insolence *o* effronterie, être insolent; *descararse con un anciano* être insolent envers un vieillard.

descarbonatar *v tr* QUÍM décarbonater.

descarburación *f* TECN décarburation.

descarga *f* décharge (eléctrica) ‖ ARQ décharge ‖ MAR déchargement *m* (de un buque) ‖ décharge, feu *m* (de artillería) ‖ MIL *descarga cerrada* salve.

descargador *m* déchargeur *m* débardeur, docker (el que descarga los barcos) ‖ tire-bourre (sacatrapos).

descargar *v tr* décharger; *descargar una barcaza* décharger une péniche ‖ décharger (disparar un arma, quitarle la carga) ‖ ELECTR décharger ‖ assener (golpes) ‖ FIG décharger (de una obligación) ‖ passer sur; *descargar uno la bilis sobre alguien* passer sa colère sur quelqu'un.
◆ *v intr* frapper, battre (dar golpes) ‖ aboutir, déboucher, finir (ríos) ‖ crever (las nubes) ‖ *batería descargada* batterie à plat *o* déchargée.
◆ *v pr* se décharger; éclater (tempestad) ‖ s'abattre (granizada) ‖ démissionner (dejar un empleo) ‖ se décharger; *descargarse de sus obligaciones en* ou *sobre un colega* se décharger de ses obligations sur un collègue ‖ DR réfuter une accusation (el reo).

descargo *m* déchargement (acción de descargar); *el descargo de una chalana* le déchargement d'un chaland ‖ COM décharge *f* (de una cuenta) ‖ DR décharge *f*; *testigo de descargo* témoin à décharge ‖ FIG décharge *f* ‖ — *en descargo de conciencia* par acquit de conscience ‖ *en su descargo* à sa décharge ‖ DR *pliegos de descargo* mémoire en défense.

descarnada *f* FAM La Camarde, la Mort.

descarnadamente *adv* franchement, sans détour.

descarnado, da *adj* décharné, e; *cara descarnada* visage décharné ‖ dénudé, e (un hueso) ‖ FIG dépouillé, e; *estilo descarnado* style dépouillé.

descarnar *v tr* décharner (un hueso) ‖ FIG éroder; *el mar descarnó las rocas de la playa* la mer a érodé les roches de la plage.
◆ *v pr* se décharner ‖ se déchausser (los dientes).

descaro *m* effronterie *f*, insolence *f*, impudence *f*; *su descaro me asombra* son insolence m'ahurit ‖ front; *tuvo el descaro de venir a mi casa* il a eu le front de venir chez moi.

descarriar *v tr* égarer, fourvoyer (descaminar) ‖ séparer (des bêtes), d'un troupeau ‖ écarter du devoir ‖ *oveja descarriada* brebis égarée.
◆ *v pr* s'égarer (perderse) ‖ s'écarter (separarse) ‖ FIG s'égarer (apartarse de la razón).

descarriladura *f*; **descarrilamiento** *m* déraillement *m*; *no hubo heridos en el descarrilamiento del tren París-Roma* le déraillement du train Paris-Rome n'a pas fait de blessés ‖ FIG égarement *m*, écart *m* (descarrío); *las descarriladuras de la juventud* les égarements de la jeunesse.

descarrilar *v intr* dérailler (un tren).

descartar *v tr* écarter, éliminer, rejeter; *descartar todos los obstáculos* éliminer tous les obstacles;

descartar *una posibilidad* écarter une possibilité ‖ *quedarse descartado* se tenir à l'écart.
◆ *v pr* écarter (en los naipes).

descarte *m* écart (naipes descartados) ‖ rejet, refus, élimination *f* (acción de descartar) ‖ FIG excuse *f*, échappatoire *f* (excusa).

descasar *v tr* démarier (anular un matrimonio) ‖ FIG déranger, déclasser; *descasar los sellos de una colección* déclasser les timbres d'une collection | dépareiller, désapparier, déparier (dos cosas).
◆ *v pr* divorcer (divorciarse).

descascar; descascarar *v tr* écorcer, décortiquer, peler (quitar la piel), écaler (quitar la cáscara).

descascarillar *v tr* décortiquer (quitar la cascarilla); *arroz descascarillado* riz décortiqué.
◆ *v pr* s'écailler (el esmalte de las uñas).

descastado, da *adj y s* peu affectueux, euse; *este niño es muy descastado* cet enfant est très peu affectueux.

descendencia *f* descendance.

descendente *adj* descendant, e.

descender* *v intr* descendre; *descender de una cima* descendre d'un sommet; *todos descendemos de Adán y Eva* nous descendons tous d'Adam et Ève.
◆ *v tr* descendre (bajar).
— OBSERV Le verbe espagnol *descender* est moins usité que le mot français *descendre*, auquel correspond normalement *bajar*.

descendiente *adj* descendant, e (que desciende) ‖ issu, e; *era descendiente de una familia linajuda* elle était issue d'une noble lignée ‖ *creerse descendiente de la pata del Cid* se croire sorti de la cuisse de Jupiter.
◆ *adj et s* descendant, e.

descenso *m* descente *f* (bajada) ‖ descente *f* (esquí, paracaídas) ‖ décrue *f* (de un río) ‖ FIG déclin, décadence *f* (decadencia) ‖ diminution *f*, réduction *f* (disminución) ‖ baisse *f* (de precios, de temperatura) ‖ *descenso a segunda división* descente en seconde division (fútbol).

descentrado, da *adj* décentré, e; désaxé, e ‖ FIG désorienté, e; *me encuentro descentrado en esta ciudad* je me sens désorienté dans cette ville | désaxé, e (desequilibrado).
◆ *m* décentrage.

descentralización *f* décentralisation.

descentralizador, ra *adj y s* décentralisateur, trice.

descentralizar *v tr* décentraliser.

descentramiento *m* décentrage, décentrement.

descentrar *v tr* décentrer, désaxer ‖ FIG désaxer.

descercar *v tr* abattre une clôture *o* une muraille, déclore (p us) ‖ MIL libérer (una ciudad), faire lever le siège (levantar un sitio).

descerebrar *v tr* MED décérébrer.

descerrajado, da *adj* forcé, e (cerradura) ‖ FIG dévergondé, e.

descerrajar *v tr* forcer une serrure (una cerradura) ‖ FIG & FAM tirer; *descerrajar un tiro* tirer un coup de feu | sortir, déclarer (decir).

descifrable *adj* déchiffrable.

descifrador, ra *adj y s* déchiffreur, euse.

desciframiento *m* déchiffrement (de una escritura) ‖ décryptement (sin clave) ‖ décodage (con clave).

descifrar *v tr* déchiffrer ‖ décrypter (sin conocer la clave) ‖ décoder (conociendo la clave).

desclasificar *v tr* déclasser.

desclavar *v tr* déclouer.

descoagulante *adj y s m* décoagulant, e.

descobijar *v tr* découvrir (descubrir) ‖ mettre au jour, mettre à découvert (sacar a luz).

descocadamente *adv* effrontément.

descocado, da *adj* effronté, e; déluré, e ‖ farfelu, e (extravagante).

descocamiento *m* effronterie *f* (descaro) ‖ AGRIC échenillage.

descocarse *v pr* FAM être effronté, avoir de l'aplomb *o* du toupet | perdre la tête (desear locamente).

descoco *m* FAM → **descocamiento**.

descodificación *f* décodage *m*.

descodificador, ra *adj y s m* décodeur, euse.

descodificar *v tr* décoder.

descohesión *f* DEP manque *m* de cohésion [dans une équipe].

descojonarse *v pr* POP se poiler.

descolar *v tr* couper la queue, écouer.

descolgar* *v tr* décrocher, dépendre; *descolgar un cuadro* décrocher un tableau ‖ enlever les tentures, les tapisseries (quitar las colgaduras).
◆ *v pr* se décrocher ‖ se laisser glisser (bajar escurriéndose); *descolgarse de ou por la pared* se laisser glisser le long du mur ‖ dévaler (bajar rápidamente); *las tropas se descuelgan de las montañas* les troupes dévalent les montagnes ‖ FIG & FAM tomber du ciel, débarquer; *se descolgó con una noticia sensacional* il est tombé du ciel avec une nouvelle sensationnelle; *siempre se descuelga en casa a la hora de comer* il débarque toujours chez nous à l'heure du repas.

descolocado, da *adj y s* sans emploi, sans situation ‖ *estar descolocado* ne pas être à sa place.

descolocar *v tr* DEP démarquer.

descolonización *f* décolonisation.

descolonizar *v tr* décoloniser.

descolorar *v tr* décolorer, défraîchir, pâlir; *el sol descolora todos los vestidos* le soleil décolore tous les vêtements ‖ décolorer (el cabello).
◆ *v pr* se décolorer [les cheveux].

descolorido, da *adj* décoloré, e (sin color) ‖ sans couleur, blême, pâle (pálido) ‖ FIG décoloré, e; terne, plat, e (estilo).

descollado, da *adj* surélevé, e (superficie) ‖ élevé, e; haut, e (altura).

descollante *adj* de premier ordre, qui se distingue; *una persona descollante* une personne de premier ordre ‖ marquant, e; saillant, e; *estos son los hechos descollantes de su vida* ce sont les faits marquants de sa vie.

descollar* *v intr* surpasser, dominer; *este alumno descuella mucho entre los demás* cet élève surpasse de beaucoup les autres ‖ se distinguer; *ha descollado en la pintura de frescos* il s'est distingué dans la peinture à fresque ‖ ressortir; *no hay nada que descuelle en su vida* il n'y a rien qui ressorte dans sa vie ‖ se dresser (montaña).

descombro *m* désencombrement, dégagement, déblaiement.

descomedidamente *adv* grossièrement, avec insolence; *hablar descomedidamente* parler grossièrement ‖ avec excès, sans mesure; *beber descomedidamente* boire avec excès.

descomedido, da *adj* excessif, ive ‖ grossier, ère; insolent, e (insolente) ‖ *ser descomedido* manquer de mesure.

descomedimiento *m* inconvenance *f*, grossièreté *f* ‖ démesure *f*.

descompaginar *v tr* mettre en désordre, brouiller (descomponer) ‖ bouleverser, déranger; *la huelga descompagina todos mis proyectos* la grève bouleverse tous mes projets ‖ déranger; *¿te descompagina mucho si no te acompaño?* est-ce que ça te dérange beaucoup si je ne t'accompagne pas?

descompás *m* excès, démesure *f*.

descompasadamente *adv* sans cadence, par à-coups (sin ritmo) ‖ démesurément (con exceso).

descompasado, da *adj* excessif, ive; disproportionné, e.

descompensación *f* décompensation.

descompensar *v tr* faire perdre une compensation *o* un dédommagement ‖ MED décompenser.

descomponer* *v tr* déranger, mettre en désordre (desordenar) ‖ décomposer (separar los elementos de un todo); *descomponer un cuerpo* décomposer un corps ‖ détraquer, dérégler (un mecanismo); *descomponer un motor* détraquer un moteur ‖ FIG irriter, exaspérer (irritar) ‖ décomposer; *el miedo descompuso sus rasgos* la peur décomposa ses traits ‖ rendre malade; *me descompone ver tantas injusticias* ça me rend malade de voir tant d'injustices ‖ *descomponer el intestino* ou *el vientre* déranger.
◆ *v pr* se décomposer (corromperse) ‖ se détraquer, se dérégler (mecanismo) ‖ FIG s'emporter, se mettre en colère (irritarse) ‖ en être malade; *me descompongo cuando veo todo lo que me queda por hacer* j'en suis malade quand je vois tout ce qu'il me reste à faire ‖ *se me descompuso el estómago* ou *el vientre* j'ai eu l'estomac détraqué, j'ai eu mal au ventre.

descomposición *f* décomposition ‖ FIG désagrégation; *la descomposición del Imperio Romano* la désagrégation de l'Empire romain ‖ — *descomposición del rostro* altération du visage ‖ *descomposición intestinal* ou *del vientre* dérangement intestinal, mal au ventre.

descompostura *f* négligence, laisser-aller *m* (desaliño) ‖ décomposition (descomposición) ‖ effronterie, impudence (descaro).

descompresión *f* décompression.

descompresor *m* décompresseur (de un fluido) ‖ détendeur (de un gas).

descompuesto, ta *adj* décomposé, e (corrompido) ‖ détraqué, e; *reloj descompuesto* montre détraquée ‖ effronté, e; impudent, e (descarado) ‖ défait, e; décomposé, e; *rostro descompuesto* visage défait ‖ — *tener el cuerpo descompuesto* ne pas se sentir très bien *o* en forme ‖ *tener el estómago* ou *el vientre descompuesto* avoir l'estomac détraqué, avoir mal au ventre.

descomulgado, da *adj* excommunié, e.
◆ *adj* y *s* FAM méchant, e; pervers, e.

descomulgar *v tr* excommunier.

descomunal *adj* énorme (desmedido); *una mentira descomunal* un énorme mensonge ‖ démesuré, e; *estatura descomunal* taille démesurée ‖ FIG démesuré, e; immodéré, e (desmedido); extraordinaire; *una película descomunal* un film extraordinaire.

descomunalmente *adv* extraordinairement ‖ démesurément, immodérément; *beber descomunalmente* boire immodérément ‖ FAM merveilleusement bien; *lo pasé descomunalmente en su casa* je me suis merveilleusement bien amusé chez lui.

desconcertante *adj* déconcertant, e.

desconcertar* *v tr* FIG déconcerter; *lo hago para desconcertar al adversario* je le fais pour déconcerter l'adversaire; *mi pregunta lo ha desconcertado* ma question l'a déconcerté.
◆ *v pr* se démettre (dislocarse) ‖ FIG s'oublier, s'emporter (descomedirse) ‖ se démonter (turbarse); *yo no me desconcierto por cualquier cosa* je ne me démonte pas pour n'importe quoi.

desconcierto *m* désordre, confusion *f*; *hay grandes desconciertos en el país* il y a de grands désordres dans le pays ‖ désarroi (desasosiego).

desconchado *m*; **desconchadura** *f* écaillement *m*, écaillage *m*, ébrèchement *m* (de la loza) ‖ écaillure (parte desconchada) ‖ décrépissage, écaillage (de un muro) ‖ partie *f* décrépie *o* écaillée (parte sin enlucido).

desconchar *v tr* décrépir; *pared desconchada* mur décrépi ‖ écailler, ébrécher (loza).
◆ *v pr* se décrépir, perdre son crépi (un muro).

desconchón *m* écaille *f*; *la pintura de la pared tiene desconchones* la peinture du mur fait des écailles.

desconectar *v tr* TECN débrayer (dos piezas) ‖ ELECTR débrancher, déconnecter ‖ FIG *estar desconectado de* être détaché de, ne plus avoir de contact avec.

desconexión *f* déconnexion.

desconfiado, da *adj* méfiant, e; défiant, e; douteur, euse (*p us*); *una persona desconfiada* une personne méfiante.
◆ *m* y *f* méfiant, e.

desconfianza *f* méfiance, défiance.

desconfiar *v intr* se défier, se méfier (de una persona) ‖ se méfier (de una cosa); *desconfíe de las imitaciones* méfiez-vous des imitations ‖ — *¡desconfíe!* attention!, gare! ‖ *desconfío de que las ostras estén frescas* je crains fort que les huîtres ne soient pas fraîches.

descongelador *m* dégivreur (en una nevera).

descongelar *v tr* dégeler; *descongelar créditos* dégeler des crédits ‖ dégivrer (nevera).

descongestión *f* cessation de la congestion ‖ FIG décentralisation (urbana).

descongestionar *v tr* décongestionner ‖ FIG décongestionner; *hay que descongestionar el centro de la ciudad* il faut décongestionner le centre de la ville.

desconocer* *v tr* ne pas connaître; *desconozco esta persona* je ne connais pas cette personne ‖ ne pas connaître, ignorer; *desconozco su punto de vista* je ne connais pas son point de vue ‖ ne pas savoir, ignorer; *desconozco lo que ocurre* je ne sais pas ce qui arrive ‖ FIG ne pas reconnaître; *tanto ha cambiado que lo desconocí* il a tant changé que je ne l'ai pas reconnu ‖ renier, désavouer; *desconozco esas afirmaciones* je renie ces affirmations ‖ méconnaître; *desconocer los méritos de alguien* méconnaître les mérites de quelqu'un ‖ enfreindre (las

órdenes) || *desconocido de* ou *para todos* ignoré de tous.
desconocido, da *adj* y *s* inconnu, e (a quien no se conoce); *un pintor, un país desconocido* un peintre, un pays inconnu || *un ilustre desconocido* un illustre inconnu.
◆ *adj* méconnaissable (que ha cambiado); *desde su enfermedad está desconocido* depuis sa maladie il est méconnaissable || méconnu, e; *méritos desconocidos* des mérites méconnus || *— lo desconocido* l'inconnu || *vivir desconocido* vivre ignoré.
desconocimiento *m* ignorance *f* (ignorancia) || méconnaissance *f* (de los deberes o derechos) || ingratitude *f*.
desconsideración *f* déconsidération, inconsidération || inconsidération, manque *m* d'égards.
desconsideradamente *adv* inconsidérément, sans réflechir || sans considération.
desconsiderado, da *adj* déconsidéré, e (sin crédito) || inconsidéré, e; *palabra desconsiderada* parole inconsidérée || qui manque d'égards; *persona desconsiderada* personne qui manque d'égards.
desconsoladamente *adv* tristement, avec accablement.
desconsolado, da *adj* inconsolé, e; inconsolable (que no recibe consuelo) || éploré, e (afligido); *una viuda desconsolada* une veuve éplorée || triste, chagrin, e; morose (melancólico).
desconsolar* *v tr* affliger, navrer, désoler.
desconsuelo *m* chagrin, peine *f*, affliction *f* (pena).
descontado, da *adj* déduit, e; rabattu, e; retenu, e || *dar por descontado* tenir pour sûr, être sûr de; *doy por descontado su éxito* je suis sûr de son succès.
descontaminación *f* décontamination, dépollution.
descontaminar *v tr* décontaminer, dépolluer.
descontar* *v tr* déduire, rabattre, retenir; *descontar el diez por ciento* rabattre de 10 pour cent; *descontar parte del salario* retenir une partie du salaire || déduire, enlever; *descontando las vacaciones y los domingos quedan unos trescientos días de trabajo* en enlevant les vacances et les dimanches, il reste environ trois cents jours de travail || FIG rabattre (quitar mérito); *hay mucho que descontar en las alabanzas que le tributan* il y a beaucoup à rabattre des éloges qu'on lui fait || COM escompter (un efecto a pagar) || démarquer (en el juego) || *descontarse años* se rajeunir.
descontentar *v tr* mécontenter, fâcher.
descontento, ta *adj* y *s* mécontent, e; *descontento con su suerte* mécontent de son sort; *descontento de sí mismo* mécontent de soi-même.
◆ *m* mécontentement.
descontextualizar *v tr* sortir de son contexte, prendre hors contexte.
descontrol *m* FAM pagaille *f*.
descontrolado, da *adj* incontrôlé, e; *elementos descontrolados* éléments incontrôlés.
descontrolarse *v pr* perdre la maîtrise de soi.
desconvocar *v tr* annuler.
descoque *m* FAM culot, aplomb, effronterie *f*.
descorazonador, ra *adj* décourageant, e.
descorazonamiento *m* FIG découragement.

descorazonar *v tr* (*p us*) arracher le cœur (arrancar el corazón) || FIG décourager (desanimar); *este tiempo me descorazona* ce temps me décourage.
◆ *v pr* se décourager.
descorchar *v tr* démascler, écorcer, décortiquer (los alcornoques) || déboucler (una botella) || forcer (abrir por la fuerza).
descordar* *v tr* MÚS ôter les cordes [d'un instrument] || TAUROM paralyser le taureau par un coup d'épée à la nuque.
descornar* *v tr* décorner (arrancar los cuernos).
◆ *v pr* FIG & FAM se casser la tête, se creuser la cervelle (pensar) | se fatiguer, s'éreinter (trabajar).
descoronar *v tr* découronner.
descorrer *v tr* tirer, ouvrir; *descorrer el pestillo* tirer le verrou; *descorrer las cortinas* ouvrir les rideaux || enlever; *descorrer un velo* enlever un voile.
descortés *adj* y *s* impoli, e; grossier, ère || discourtois, e (falto de delicadeza y miramiento).
descortesía *f* impolitesse, incivilité (grosería) || manque *m* de courtoisie, désobligeance (falta de delicadeza).
descortezar *v tr* écorcer (quitar la cáscara) || enlever la croûte (del pan) || démascler, décortiquer (alcornoque) || FIG & FAM dégrossir (desbastar).
descoser *v tr* découdre (las costuras).
◆ *v pr* se découdre.
descosido, da *adj* décousu, e (costura) || indiscret, ète; trop bavard, e (que habla demasiado) || FIG décousu, e; sans suite; *un discurso descosido* un discours décousu || négligé, e (desastrado).
◆ *m* couture *f* défaite || — FAM *comer como un descosido* manger comme quatre | *correr como un descosido* courir comme un dératé *o* un perdu | *reír como un descosido* rire à gorge déployée *o* comme un fou *o* comme un bossu.
descostillarse *v pr* tomber sur le dos (caerse).
descostrar *v tr* désencroûter.
descoyuntamiento *m* dislocation *f* || MED luxation *f* || FIG lassitude *f*, faiblesse *f* (malestar).
descoyuntar *v tr* disloquer || MED démettre, luxer, déboîter (un os) || — FIG & FAM *descoyuntarse de risa* se tordre de rire || *estar descoyuntado* être désarticulé (un artista de circo).
◆ *v pr* se démettre, se luxer, se déboîter; *descoyuntarse la cadera* se démettre la hanche.
descrédito *m* discrédit; *caer en descrédito* tomber dans le discrédit.
descreído, da *adj* y *s* incroyant, e; mécréant, e.
descreimiento *m* manque de foi, incrédulité *f*.
descremado, da *adj* écrémé, e.
descremadora *f* écrémeuse.
descremar *v tr* écrémer.
describible *adj* descriptible.
describir *v tr* décrire; *describir un paisaje* décrire un paysage; *describir una órbita* décrire une orbite || dépeindre (relatar).
descripción *f* description.
descriptivo, va *adj* descriptif, ive; *geometría descriptiva* géométrie descriptive.
descristianizar *v tr* déchristianiser.
descrito, ta *adj* décrit, e.
descruzar *v tr* décroiser; *descruzar los brazos* décroiser les bras.
descuajar *v tr* décoaguler, liquéfier, défiger (poner líquido) || FIG & FAM décourager (desalentar) |

désespérer ‖ AGRIC déraciner, arracher (desarraigar).
- *v pr* FIG se liquéfier.

descuajaringar; descuajeringar *v tr* FAM démantibuler, déglinguer (descomponer) ‖ FAM *estar descuajeringado* être éreinté, moulu, fourbu (de cansancio).

descuartizamiento *m* écartèlement (suplicio) ‖ dépècement, dépeçage, équarrissage (despedazamiento); *el descuartizamiento de un ternero* le dépeçage d'un veau.

descuartizar *v tr* écarteler (en un suplicio) ‖ dépecer, équarrir (despedazar) ‖ FAM mettre en pièces.

descubierto, ta *adj* découvert, e ‖ tête nue (sin sombrero); *andaban descubiertos* ils allaient tête nue.
- *m* COM découvert (déficit) ‖ exposition *f* du saint sacrement ‖ — *a la descubierta, al descubierto* ouvertement, au vu et au su, sans détour (sin rodeos), à découvert (sin protección) ‖ *al descubierto* à découvert (en deuda) ‖ *en descubierto* à découvert; *estar en descubierto* être à découvert (en deuda), interdit, penaud, sans réponse (cortado) ‖ *en todo lo descubierto* dans le monde entier ‖ — *poner algo al descubierto* dévoiler quelque chose.

descubridor, ra *adj y s* découvreur, euse (explorador) ‖ inventeur, trice (que descubre o inventa).
- *adj* MAR de reconnaissance (embarcación).
- *m* MIL éclaireur (batidor).

descubrimiento *m* découverte *f*; *el descubrimiento de América* la découverte de l'Amérique ‖ inauguration *f* (de una estatua, lápida) ‖ *la época de los descubrimientos* l'époque des grandes découvertes.

descubrir *v tr* découvrir; *descubrir un tesoro* découvrir un trésor ‖ dévoiler, inaugurer; *descubrir una estatua* dévoiler une statue ‖ FIG dévoiler, révéler, découvrir (revelar) ‖ découvrir (ajedrez) ‖ — FIG *descubrir América* ou *el Mediterráneo* enfoncer une porte ouverte ‖ FAM *descubrir el pastel* découvrir le pot aux roses ‖ *descubrir su juego* découvrir son jeu.
- *v pr* se découvrir, enlever son chapeau ‖ FIG dévoiler sa pensée, s'ouvrir (abrirse) | tirer son chapeau, mettre chapeau bas (de admiración) ‖ — FAM *¡hay que descubrirse!* chapeau! ‖ *no se descubra* restez couvert.

descuento *m* escompte; *tasa de descuento* taux d'escompte; *regla de descuento* règle d'escompte ‖ retenue *f*; *descuento del salario* retenue sur le salaire ‖ remise *f*, rabais, abattement, ristourne *f*, boni (rebaja); *conceder un descuento a un cliente* accorder une remise à un client ‖ — *descuento comercial* escompte en dehors ‖ *descuento por no declaración de siniestro* bonification pour non-déclaration de sinistre ‖ COM *descuento por pronto pago* escompte au comptant *o* de caisse ‖ *descuento racional* ou *matemático* escompte en dedans.

descuerar *v tr* écorcer, enlever la peau (reses) ‖ (*amer*) éreinter, critiquer (desollar).

descuernar *v tr* décorner.

descuidadamente *adv* négligemment (con descuido) ‖ étourdiment, distraitement (sin pensarlo) ‖ avec insouciance (sin preocupación).

descuidado, da *adj y s* négligent, e (negligente) ‖ nonchalant, e (desidioso) ‖ distrait, e; inattentif, ive (distraído) ‖ insouciant, e; *es un descuidado, no se preocupa por nada* c'est un insouciant, il ne s'inquiète de rien ‖ négligé, e; peu soigné, e; *un libro descuidado* un livre peu soigné; *una casa descuidada* une maison négligée ‖ négligé, e (dejado de lado); *negocios descuidados* des affaires négligées ‖ *coger descuidado* prendre au dépourvu.

descuidar *v tr* négliger; *descuidar sus obligaciones* négliger ses devoirs ‖ décharger (de una obligación) ‖ distraire (la atención) ‖ *descuide usted* ne vous inquiétez pas, soyez tranquille.
- *v pr* négliger; *descuidarse de su trabajo* négliger son travail ‖ négliger, oublier; *descuidarse de sus obligaciones* négliger ses obligations ‖ se négliger (en el atavío) ‖ FIG avoir un moment d'inattention, se distraire; *me descuidé un momento y tropecé con un árbol* j'ai eu un moment d'inattention et je suis rentré dans un arbre ‖ *en cuanto se descuida usted* si vous ne faites pas attention, au premier moment d'inattention.

descuido *m* négligence *f* (negligencia) ‖ inattention *f*, distraction *f*, inadvertance *f*; *un momento de descuido* un moment d'inattention ‖ incorrection *f*, pas de clerc (falta) ‖ faute *f* d'inattention, négligence *f*; *hay muchos descuidos en este libro* il y a beaucoup de négligences dans ce livre ‖ faux pas, faute *f* (desliz) ‖ — *al descuido* négligemment ‖ *al menor descuido* au premier moment d'inattention ‖ *con* ou *por descuido* par inadvertance, par mégarde ‖ *en un descuido* au moment le plus inattendu.

descular *v tr* défoncer (romper el fondo).

desde *adv* depuis (tiempo, lugar); *desde la creación* depuis la création; *desde el primero hasta el último* depuis le premier jusqu'au dernier ‖ depuis, de; *desde París hasta Madrid* depuis Paris jusqu'à Madrid, de Paris à Madrid ‖ depuis, dès; *desde el amanecer* depuis l'aube (expresa la duración a partir del momento de que se habla), dès l'aube (refiérese al momento de que se habla); *desde ayer acá* depuis hier; *desde niño ya* dès l'enfance ‖ — *desde ahora* dès maintenant, dès à présent ‖ *desde cierto punto* à certains égards ‖ *¿desde cuándo?* depuis quand? ‖ *desde entonces* depuis lors, depuis; *no le volví a ver desde entonces* je ne l'ai pas revu depuis ‖ *desde... hasta* depuis... jusqu'à, de *o* du... à; *desde la mañana hasta la tarde* du matin au soir ‖ *desde lo alto de* du haut de ‖ *desde luego* bien sûr, évidemment ‖ *desde mi punto de vista* à mon point de vue ‖ *desde que* depuis que ‖ *desde siempre* depuis toujours ‖ (*amer*) *desde ya* dès maintenant ‖ *desde hace poco* depuis peu ‖ *desde hace tiempo* ou *mucho tiempo* depuis longtemps ‖ *desde hace un año, un mes* depuis un an, un mois; *no le he visto desde hace un mes* je ne l'ai pas vu depuis un mois.

desdecir* *v intr* être indigne de; *desdecir de su familia, de su pasado* être indigne de sa famille, de son passé ‖ ne pas être en accord avec, aller mal avec; *esta adición desdice de lo principal* cette addition n'est pas d'accord avec le reste | contredire (contradecir) ‖ détonner; *dos colores que desdicen uno de otro* deux couleurs qui détonnent.
- *v pr* se dédire (retractarse) ‖ revenir sur; *desdecirse de su promesa* revenir sur sa promesse ‖ se raviser; *había dicho que lo haría pero al final se desdijo* il avait dit qu'il le ferait mais finalement il s'est ravisé ‖ renier; *desdecirse de sus opiniones* renier ses opinions.

desdén *m* dédain, mépris (desprecio) ‖ — *al desdén* négligemment ‖ *El desdén con el desdén* Dédain pour dédain (obra de Moreto).
desdentado, da *adj* édenté, e.
◆ *m pl* ZOOL édentés.
desdentar* *v tr* édenter.
desdeñable *adj* méprisable, dédaignable.
desdeñar *v tr* dédaigner, mépriser.
◆ *v pr* dédaigner de, ne pas daigner; *desdeñarse de hablar* ne pas daigner parler.
desdeñoso, sa *adj y s* dédaigneux, euse.
desdibujado, da *adj* effacé, e; estompé, e; *contornos desdibujados* des contours estompés.
desdibujarse *v pr* FIG s'effacer, s'estomper (borrarse).
desdicha *f* malheur *m* (desgracia); *sufrir continuas desdichas* n'avoir que des malheurs ‖ infortune (infelicidad) ‖ — *para colmo de desdichas* pour comble de malheur ‖ *por desdicha* par malheur, malheureusement ‖ *ser el rigor de las desdichas* être malheureux comme les pierres.
desdichado, da *adj y s* malheureux, euse (desgraciado) ‖ *¡desdichado de mí, de ti!* malheureux!
desdoblamiento *m* dédoublement; *desdoblamiento de la personalidad* dédoublement de personnalité ‖ dépliage, dépliement (desenrollamiento).
desdoblar *v tr* déplier (extender) ‖ dédoubler (separar).
desdoro *m* déshonneur ‖ *sin desdoro de* sans ternir, sans nuire à, sans porter préjudice à; *puedes hacer esto sin desdoro de tu fama* tu peux faire cela sans ternir ta réputation.
desdramatizar *v tr* dédramatiser.
deseable *adj* désirable, souhaitable.
deseado, da *adj* désiré, e; souhaité, e.
desear *v tr* désirer (tener gana); *desear hacer algo* désirer faire quelque chose ‖ souhaiter; *le deseo mucho éxito* je vous souhaite bonne chance ‖ — *desear con ansia* désirer vivement *o* ardemment ‖ — *cuanto más se tiene, más se desea* plus on en a, plus on en veut ‖ *es de desear* il est souhaitable ‖ *hacerse desear* se faire désirer ‖ *no dejar nada que desear* ne rien laisser à désirer ‖ *vérselas y deseárselas* se donner un mal de chien.
desecación *f*; **desecamiento** *m* dessèchement *m* (natural) ‖ assèchement *m*; *la desecación de una marisma* l'assèchement d'un marais ‖ dessiccation *f* (química).
desecante *adj* desséchant, e.
desecar *v tr* dessécher; *el calor deseca la tierra* la chaleur dessèche la terre ‖ assécher; *desecar un estanque* assécher un étang ‖ FIG dessécher.
desecativo, va *adj y s m* siccatif, ive; dessicatif, ive; *barniz desecativo* vernis dessiccatif.
desechable *adj* jetable ‖ *envases desechables* emballages non consignés.
desechar *v tr* rejeter, chasser; *desechar los malos pensamientos* chasser les mauvaises pensées ‖ rejeter; *desechar un consejo* rejeter un conseil ‖ dédaigner, mépriser (despreciar) ‖ refuser (un empleo *o* una dignidad) ‖ bannir, écarter (un temor) ‖ ne plus mettre (ropa), ne plus se servir de (utensilio) ‖ mettre au rebut (arrumbar).
desecho *m* rebut ‖ résidu ‖ déchet; *desechos animales, radiactivos* déchets animaux, radioactifs ‖ FIG mépris (desprecio) ‖ — *desecho de la sociedad* laissé-pour-compte ‖ TAUROM *desecho de tienta* bétail n'ayant pas manifesté les aptitudes requises lors de l'épreuve de la «tienta» et ne pouvant pas figurer dans une corrida régulière. Il est soit abattu, si ses défauts sont trop accusés, soit utilisé dans une «becerrada» ou une «novillada» ‖ *productos de desecho* déchets de fabrication ‖ — *ser un desecho* être un bon à rien *o* une nullité (un incapaz).
deselectrizar *v tr* ELECTR décharger.
desembalaje *m* déballage.
desembalar *v tr* déballer; *desembalar una vajilla* déballer un service.
desembalsamar *v tr* désembaumer.
desembarazado, da *adj* débarrassé, e; dégagé, e (libre) ‖ désinvolte, très à l'aise, plein, e d'aisance (desenvuelto) ‖ alerte (vivo).
desembarazar *v tr* débarrasser, dégager ‖ débarrasser, évacuer (desocupar) ‖ FIG tirer d'embarras (sacar de apuro).
◆ *v pr* se débarrasser; *desembarazarse de un enemigo* se débarrasser d'un ennemi.
desembarazo *m* débarras ‖ aisance *f*, désinvolture *f* (desenfado) ‖ *(amer)* accouchement (parto).
desembarcadero *m* débarcadère.
desembarcar *v tr* débarquer; *desembarcar mercancías* débarquer des marchandises.
◆ *v intr* débarquer; *los pasajeros desembarcaron en el puerto por la mañana* les passagers débarquèrent au port le matin ‖ FIG & FAM aboutir (una escalera) ‖ débarquer (llegar).
desembarco *m* débarquement; *el desembarco de Normandía* le débarquement de Normandie.
desembargar *v tr* débarrasser (quitar estorbos) ‖ DR lever l'embargo, lever le séquestre (suprimir el embargo).
desembarque *m* débarquement.
desembarrancar *v tr* déséchouer, remettre à flot, renflouer.
desembarrar *v tr* décrotter (quitar el barro).
desembocadura *f* embouchure *f* (de un río) ‖ issue *f*, sortie *f*, débouché (de una calle, etc.).
desembocar *v intr* déboucher, se jeter (un río) ‖ déboucher (calles) ‖ MAR débouquer ‖ FIG aboutir; *disturbios que pueden desembocar en la guerra* désordres qui peuvent aboutir à la guerre; *razonamientos que no desembocan en nada* raisonnements qui n'aboutissent à rien.
desembolsado, da *adj* libéré, e; *acciones desembolsadas* actions libérées (en la Bolsa) ‖ *el capital desembolsado* le capital versé.
desembolsar *v tr* débourser, verser ‖ FIG débourser, dépenser.
desembolso *m* déboursement ‖ versement; *desembolso a cuenta* versement provisionnel; *desembolso inicial* premier versement.
◆ *pl* dépenses *f*, frais, débours (gastos).
desembozar *v tr* découvrir [son visage] ‖ FIG mettre au grand jour.
desembragar *v tr* MECÁN débrayer.
desembrague *m* MECÁN débrayage.
desembriagar *v tr* dégriser, désenivrer.
desembrollar *v tr* FAM débrouiller, éclaircir (aclarar).

desembrujar *v tr* désensorceler, délivrer d'un sortilège.
desembuchar *v tr* dégorger (los pájaros).
◆ *v intr* FIG & FAM se mettre à table, vider son sac, manger le morceau, avouer (confesar).
desempacar *v tr* déballer.
◆ *v pr* s'apaiser, se calmer.
desempachar *v tr* soulager, dégager l'estomac, remettre d'une indigestion.
◆ *v pr* se soulager (el estómago) || FIG s'enhardir (perder la timidez).
desempalmar *v tr* déconnecter.
desempañar *v tr* démailloter (a un niño) || enlever la buée de (un cristal).
desempapelar *v tr* enlever le papier.
desempaquetar *v tr* dépaqueter, déballer.
desemparejar *v tr* dépareiller.
desempastar *v tr* déplomber (un diente).
desempatar *v tr* départager (votos) || prendre l'avantage (deshacer el empate en deportes) || jouer un match d'appui (jugar un partido de desempate en fútbol).
desempate *m* match d'appui (en fútbol); *jugar un partido de desempate* jouer un match d'appui || — *gol de desempate* but donnant l'avantage à l'une des équipes || *jugar el desempate* jouer la belle (en los naipes).
desempedrar* *v tr* dépaver || FIG *ir desempedrando calles* brûler le pavé.
desempeñar *v tr* dégager (lo empeñado); *desempeñar sus alhajas* dégager ses bijoux || dégager (de la palabra dada) || remplir, exercer; *desempeñar un cargo* remplir des fonctions || remplir, accomplir; *desempeñar una misión peligrosa* accomplir une mission périlleuse || jouer; *desempeñar el papel de Tartufo* jouer le rôle de Tartuffe; *desempeñar un papel importante* jouer un rôle important || acquitter les dettes (de una persona) || aider (quelqu'un), à se tirer d'affaire.
◆ *v pr* se libérer de ses dettes || se tirer d'affaire (salir de apuro) || TAUROM mettre pied à terre pour tuer le taureau (rejoneadores).
desempeño *m* dégagement (de una prenda empeñada) || exercice (de un cargo) || acquittement (de una deuda) || accomplissement (de un deber) || exécution *f* (de un papel).
desempleado, da *adj y s* chômeur, euse.
desempleo *m* chômage (paro) || sous-emploi || *tasa de desempleo* taux de chômage.
desemplumar *v tr* plumer, déplumer.
desempolvar *v tr* épousseter (quitar el polvo) || dépoudrer (polvo de arroz) || FIG tirer de l'oubli, rafraîchir; *desempolvar viejos recuerdos* rafraîchir les vieux souvenirs.
desempotrar *v tr* desceller.
desempuñar *v tr* lâcher.
desenamorar *v tr* rendre indifférent, détacher de.
◆ *v pr* devenir indifférent, se détacher de.
desencabalgar *v tr* démonter [une pièce d'artillerie].
desencadenamiento *m* déchaînement || déclenchement; *desencadenamiento de un ataque* déclenchement d'une attaque || FIG déferlement, déchaînement; *el desencadenamiento de las pasiones* le déchaînement des passions.

desencadenar *v tr* déchaîner, désenchaîner; *desencadenar un perro* désenchaîner un chien || déclencher; *desencadenar una guerra* déclencher une guerre || FIG déchaîner, donner libre cours à; *desencadenar la hilaridad* déchaîner l'hilarité.
◆ *v pr* FIG se déchaîner, déferler; *los aplausos se desencadenaron* les applaudissements déferlèrent || se déchaîner; *se desencadenó la tempestad* la tempête se déchaîna.
desencajamiento *m* déboîtement (de los huesos) || décrochage, décrochement (de la mandíbula) || altération *f* des traits (del rostro).
desencajar *v tr* déboîter, démettre (los huesos) || décrocher (la mandíbula) || décoincer (una pieza) || désunir (separar) || altérer [les traits, le visage] || *ojos desencajados* yeux exorbités.
◆ *v pr* s'altérer (el rostro).
desencajonamiento *m* TAUROM sortie *f* des taureaux hors des cages de transport.
desencajonar *v tr* décaisser *(p us)*, sortir d'une caisse || TAUROM faire sortir les taureaux des cages de transport || TECN décoffrer.
desencallar *v tr* renflouer, remettre à flot, déséchouer.
desencaminar *v tr* → descaminar.
desencantar *v tr* désenchanter || désillusionner, désenchanter (desengañar).
◆ *v pr* être désenchanté o déçu.
desencanto *m* désenchantement || déception *f*; *sufrir un desencanto* avoir une déception.
desencapotar *v tr* *(p us)* ôter le manteau o la capote || FIG découvrir, mettre au grand jour (descubrir) || EQUIT faire relever la tête [à un cheval].
◆ *v pr* ôter son manteau || s'éclaircir, se découvrir (el cielo) || se dérider (el rostro).
desencaprichar *v tr* faire passer un caprice [à quelqu'un].
desencarcelar *v tr* désemprisonner, relâcher.
desencargar *v tr* annuler, décommander.
desencasquillar *v tr* désenrayer (un arma).
desenclavar *v tr* déclouer, désenclouer *(p us)* || débloquer (ferrocarriles) || FIG arracher (sacar).
desenclavijar *v tr* décheviller (quitar las clavijas) || FIG séparer, désassembler.
desencobrado *m* décuivrage.
desencofrado *m* décoffrage.
desencofrar *v tr* TECN décoffrer.
desencolar *v tr* décoller.
desencolerizar *v tr* apaiser, calmer.
◆ *v pr* décolérer.
desenconar *v tr* calmer l'inflammation || FIG calmer, apaiser (la cólera).
◆ *v pr* se calmer || s'adoucir (una cosa).
desencuadernado *m* FIG jeu de cartes.
desencuadernar *v tr* enlever la reliure.
desenchufar *v tr* débrancher.
desenchufe *m* débranchement.
desendemoniar; desendiablar *v tr* exorciser.
desendiosar *v tr* FIG humilier, mortifier, rabattre le caquet *(fam)* | démystifier; *desendiosar a un gran personaje* démystifier un grand personnage.
desenfadadamente *adv* franchement, avec désinvolture, sans se gêner.

desenfadado, da *adj* plein, e d'aisance; désinvolte (desembarazado) ‖ gai, e; joyeux, euse; insouciant, e (despreocupado).

desenfadar *v tr* calmer, apaiser, rasséréner.

desenfado *m* franchise *f* (franqueza) ‖ désinvolture *f*, aplomb (desenvoltura) ‖ aisance *f* (facilidad) ‖ insouciance *f*; *vivir con desenfado* vivre dans l'insouciance.

desenfocado, da *adj* FOT flou, e.

desenfocar *v tr* FOT faire perdre la mise au point ‖ FIG mal envisager (un problema, etc.).

desenfoque *m* CINEM & FOT mauvaise mise *f* au point.

desenfrenadamente *adv* sans frein, sans retenue.

desenfrenado, da *adj* effréné, e; échevelé, e; *baile desenfrenado* danse effrénée ‖ débridé, e; *apetitos desenfrenados* appétits débridés.

desenfrenar; desfrenar *v tr* débrider, ôter la bride *o* le mors [à un cheval].
◆ *v pr* FIG s'emporter, se déchaîner (desencadenarse) | s'abandonner *o* se laisser aller au vice, perdre toute retenue ‖ se déchaîner (la tempestad, los elementos).

desenfreno *m* dérèglement, dévergondage (vicio) ‖ déchaînement (de las pasiones).

desenfundar *v tr* tirer de la housse (un mueble) ‖ tirer du fourreau, dégainer (un arma).

desenfurecer* *v tr* apaiser, calmer.

desenfurruñar *v tr* calmer, apaiser.

desenganchar *v tr* décrocher ‖ dételer (los caballos, dos vagones) ‖ détacher, désassocier, désolidariser (desolidarizar).

desenganche *m* dételage.

desengañado, da *adj* désabusé, e; sans illusions; *está muy desengañado* il est bien désabusé ‖ déçu, e (decepcionado); *desengañado con* déçu par ‖ (amer) hideux, euse.

desengañar *v tr* détromper, désabuser ‖ décevoir (decepcionar).
◆ *v pr* se désabuser, se détromper; *desengáñese usted* détrompez-vous ‖ *desengañarse de sus ilusiones* revenir de ses illusions.

desengaño *m* désillusion *f* ‖ *sufrir un desengaño amoroso* avoir un chagrin d'amour.
◆ *pl* désillusions *f*, déceptions *f*, désenchantements; *haberse llevado muchos desengaños en la vida* avoir éprouvé *o* eu bien des désillusions dans la vie.

desengarzar *v tr* désenfiler.

desengastar *v tr* dessertir, déschâsser (una piedra preciosa).

desengomar *v tr* dégommer (los tejidos).

desengoznar *v tr* arracher les gonds.

desengranar *v tr* désengrener.

desengrasado *m* dégraissage ‖ dessuintage (de la lana).

desengrasante *adj y s* dégraissant, e.

desengrasar *v tr* dégraisser (limpiar) ‖ dessuinter (lana).
◆ *v intr* FAM maigrir (adelgazar).

desengrosar* *v tr* faire maigrir (enflaquecer) ‖ amincir (adelgazar).
◆ *v intr* maigrir ‖ diminuer de grosseur (adelgazar).

desenhebrar *v tr* désenfiler (una aguja).

desenjaezar *v tr* déharnacher (quitar los jaeces).

desenjaular *v tr* faire sortir d'une cage, mettre en liberté.

desenlace *m* dénouement; *el desenlace de un drama* le dénouement d'un drame.

desenladrillar *v tr* décarreler.

desenlazar *v tr* dénouer (desatar) ‖ FIG dénouer (un asunto) ‖ résoudre (un problema) ‖ conclure, donner une fin à (una obra literaria).
◆ *v pr* arriver au dénouement, avoir un dénouement, se terminer; *esta comedia se desenlaza ridículamente* cette comédie a un dénouement ridicule.

desenlosar *v tr* dédaller (quitar las losas) ‖ décarreler (ladrillos) ‖ dépaver (adoquines).

desenlutar *v tr* faire quitter le deuil.
◆ *v pr* quitter le deuil.

desenmarañar *v tr* démêler ‖ FIG débrouiller (desenredar), éclaircir (aclarar).

desenmascarar *v tr* démasquer; *desenmascarar la hipocresía* démasquer l'hypocrisie.

desenmohecer* *v tr* dérouiller.

desenmudecer* *v tr* délier la langue.
◆ *v intr* recouvrer la parole ‖ FIG rompre le silence.

desenredar *v tr* démêler, débrouiller (desenmarañar) ‖ FIG dénouer, démêler (una intriga, etc.) ‖ mettre en ordre (arreglar).
◆ *v pr* se débrouiller, s'en sortir (salir de apuro).

desenredo *m* débrouillement (de una madeja, de un problema) ‖ issue *f*, solution *f* (de un apuro) ‖ dénouement, issue *f* (desenlace).

desenrollar *v tr* dérouler.

desenroscar *v tr* dévisser.

desensamblar *v tr* désassembler.

desensartar *v tr* défiler, désenfiler; *desensartar un collar* défiler un collier ‖ désenfiler; *desensartar una aguja* désenfiler une aiguille.

desensibilizar *v tr* désensibiliser.

desensillar *v tr* desseller (un caballo).

desensortijado, da *adj* défrisé, e (pelo).

desentablar *v tr* arracher [des planches] ‖ démolir [un ouvrage en planches] ‖ FIG défaire un marché (negocio) | mettre fin à (una amistad), rompre (trato).

desentenderse* *v pr* se désintéresser de; *me desentiendo por completo de ese negocio* je me désintéresse complètement de cette affaire.

desentendido, da *adj* (ant) ignorant, e ‖ *hacerse el desentendido* faire l'innocent (hacerse el inocente), faire la sourde oreille (hacer oídos de mercader).

desenterrado, da *adj* déterré, e; exhumé, e.

desenterramiento *m* déterrement, exhumation, *f*.

desenterrar* *v tr* déterrer, exhumer ‖ FIG exhumer, tirer de l'oubli.

desentoldar *v tr* débâcher ‖ ôter le velum (en una calle).

desentonación *f* → **desentono**.

desentonar *v intr* détonner, chanter faux (cantar falso) ‖ détonner (instrumento) ‖ FIG détonner; *modales que desentonan* des manières qui détonnent.
◆ *v pr* FIG élever la voix (alzar la voz) | s'emporter.

— OBSERV No confundir *détonner* desentonar, con *détoner* detonar.

desentono *m*; **desentonación** *f* action *f* de détonner || FIG impudence *f*, ton *m* violent (desenvoltura).

desentornillar *v tr* ⟶ **destornillar**.

desentrañamiento *m* connaissance *f* (de un misterio, etc.).

desentrañar *v tr* (*p us*) éventrer || FIG percer, pénétrer (un misterio, etc.).
◆ *v pr* se dépouiller, se saigner aux quatre veines.

desentrenado, da *adj* qui manque d'entraînement.

desentrenar *v intr* *estar desentrenado* manquer d'entraînement.
◆ *v pr* manquer d'entraînement.

desentubar *v tr* FAM débrancher (a un enfermo).

desentumecer* *v tr* dégourdir, se dégourdir; *desentumecer las piernas* se dégourdir les jambes.

desentumecimiento *m* dégourdissement.

desenvainar *v tr* dégainer; *desenvainar el sable* dégainer le sabre || FIG sortir [les griffes].

desenvoltura *f* désinvolture || effronterie, hardiesse (descaro) || dissipation (desvergüenza) || lucidité d'esprit (juicio) || facilité d'élocution, aisance (en el decir).

desenvolver* *v tr* défaire, développer (un paquete, etc.) || dérouler (desenrollar) || FIG développer (una idea, una teoría) | éclaircir, débrouiller (aclarar).
◆ *v pr* se développer || se dérouler (un negocio) || FIG se tirer d'affaire, se débrouiller, s'en tirer (arreglárselas); *con dos mil francos al mes, me desenvuelvo muy bien* avec deux mille francs par mois, je m'en tire parfaitement.

desenvolvimiento *m* déroulement (de un negocio) || développement (del comercio, etc.).

desenvuelto, ta *adj* FIG désinvolte, dégagé, e; sans gêne; *tener un aire desenvuelto* avoir un air dégagé | débrouillard, e; *muchacho muy desenvuelto* garçon très débrouillard.

desenzarzar *v tr* dégager des ronces.

deseo *m* désir; *satisfacer los deseos* satisfaire les désirs || souhait, désir (aspiración); *según sus deseos* selon vos souhaits || souhait, vœu (voto); *deseos de felicidad* souhaits de bonheur; *formular un deseo* former un vœu || envie *f* (ganas, ansia) || — *a medida del deseo* à souhait || — *arder en deseos de* brûler *o* griller *o* mourir d'envie de || *es nuestro mayor deseo* c'est notre vœu le plus cher, c'est notre plus cher désir || *satisfacer un deseo* combler un désir || *venir uno en deseo de una cosa* avoir très envie de quelque chose.

deseoso, sa *adj* désireux, euse || empressé, e (obsequioso).

desequilibrado, da *adj y s* déséquilibré, e.

desequilibrar *v tr* déséquilibrer || FIG déséquilibrer, désaxer; *la guerra ha desequilibrado a muchos hombres* la guerre a désaxé bien des hommes.

desequilibrio *m* déséquilibre (económico, psicológico, etc.).

deserción *f* désertion || DR désertion d'appel.

desertar *v intr* déserter || FIG déserter; *desertar de un círculo* déserter un cercle || — *desertar al campo contrario* passer à l'ennemi || *desertar de sus banderas* abandonner son drapeau.

desértico, ca *adj* désertique.

desertización *f* désertisation, désertification.

desertizar *v tr y pr* désertifier.

desertor *m* déserteur.

desescolarización *f* déscolarisation.

desescombrar *v tr* enlever les décombres, déblayer.

desespañolizar *v tr* faire perdre le caractère espagnol.

desesperación *f* désespoir *m*; *con la mayor desesperación* au plus grand désespoir; *estar loco de desesperación* être fou de désespoir || énervement *m*, rage (rabia) || — *me da* ou *causa desesperación* il me désespère, il fait mon désespoir || *ser la desesperación de* être *o* faire le désespoir de || *ser una desesperación* être désespérant.

desesperado, da *adj y s* désespéré, e || — *a la desesperada* par des moyens désespérés, en risquant le tout pour le tout || *correr como un desesperado* courir comme un dératé || *estar desesperado* être au désespoir, être désespéré.

desesperante *adj* désespérant, e.

desesperanzar *v tr* désespérer, enlever tout espoir à.
◆ *v pr* se désespérer.

desesperar *v tr* désespérer, mettre au désespoir || exaspérer (irritar); *este niño me desespera* cet enfant m'exaspère.
◆ *v intr* désespérer; *desespero de que venga* je désespère qu'il vienne || — *estar desesperado* être au désespoir || *me tiene desesperado* il me désespère, il fait mon désespoir.
◆ *v pr* se désespérer, être désespéré, être au désespoir; *me desespero por no recibir noticias suyas* je suis désespéré de ne pas recevoir de ses nouvelles || s'exaspérer (irritarse).

desestabilización *f* déstabilisation.

desestabilizar *v tr* déstabiliser.

desestimación *f* mésestime, mépris *m* (desprecio) || DR déboutement *m* || *desestimación de una demanda* fin de non-recevoir, rejet d'une demande.

desestimar *v tr* mésestimer (menospreciar) || mépriser (despreciar) || repousser, rejeter (rechazar) || DR débouter; *han desestimado mi demanda* je suis débouté, ma demande a été déboutée.

desfacedor, ra *adj* qui défait || FAM *desfacedor de entuertos* redresseur de torts.

desfachatado, da *adj* FAM sans gêne, impudent, e; effronté, e.

desfachatez *f* FAM sans-gêne *m inv*, culot *m*; *tiene una desfachatez inmensa* il est d'un sans-gêne terrible, il a un culot terrible.

desfalcar *v tr* détourner, escroquer (sustraer fraudulentamente) || déduire.

desfalco *m* détournement, escroquerie *f* (malversación).

desfallecer* *v intr* défaillir (perder las fuerzas) || s'évanouir (desmayarse).
◆ *v tr* affaiblir (debilitar).

desfallecido, da *adj* tombé, e en défaillance; évanoui, e (desmayado).

desfallecimiento *m* défaillance *f* (debilidad) || évanouissement (desmayo).

desfasado, da *adj* FÍS déphasé, e ‖ FIG & FAM déphasé, e; *estar desfasado* être déphasé.
desfasar *v tr* ELECTR déphaser.
desfase *m* FÍS déphasage ‖ FIG déséquilibre, décalage.
desfavorable *adj* défavorable.
desfavorecer* *v tr* défavoriser, désavantager.
desfibrar *v tr* TECN défibrer.
desfibrilación *f* MED défibrillation.
desfibrilador *m* défibrillateur.
desfiguración *f* défiguration.
desfigurado, da *adj* défiguré, e.
desfigurar *v tr* défigurer; *una cicatriz ancha le desfigura* une large cicatrice le défigure ‖ altérer, déformer; *desfigurar la verdad, los hechos* déformer la vérité, les faits ‖ estomper, effacer (las formas) ‖ FIG contrefaire, déguiser (la voz).
◆ *v pr* FIG se troubler, avoir les traits altérés (turbarse).
desfiladero *m* défilé (paso estrecho).
desfilar *v intr* défiler.
desfile *m* défilé (de tropas) ‖ *desfile de modelos* défilé de mannequins.
desfloración *f*; **desfloramiento** *m* défloration *f* ‖ flétrissement *m* (ajamiento).
desflorar *v tr* déflorer (desvirgar) ‖ défleurir (hacer caer la flor) ‖ faner, flétrir (marchitar) ‖ FIG effleurer (no profundizar) ‖ déflorer; *desflorar una noticia, un asunto* déflorer une nouvelle, un sujet.
desfogar *v tr* donner libre cours à; *desfogar la cólera* donner libre cours à sa colère ‖ éteindre (la cal).
◆ *v intr* MAR faiblir, se calmer (una tempestad).
◆ *v pr* donner libre cours à [une passion, etc.] ‖ se défouler, se soulager, passer sa mauvaise humeur sur; *después de la bronca que le habían echado se desfogó con nosotros* après la réprimande qu'on lui avait adressée, il se défoula sur nous ‖ se détendre; *los niños necesitan desfogarse* les enfants ont besoin de se détendre ‖ se défouler (desquitarse).
desfogue *m* issue *f* donnée au feu ‖ FIG assouvissement (de una pasión) ‖ (*amer*) orifice d'une conduite d'eau.
desfoliación *f* défoliation.
desfondar *v tr* défoncer (romper el fondo) ‖ effondrer (hundir) ‖ AGRIC défoncer (el suelo).
◆ *v pr* se défoncer, être défoncé; *el sillón se ha desfondado* le fauteuil est défoncé ‖ FIG être épuisé, avoir une défaillance, s'effondrer.
desfonde *m* défonçage, défoncement (hundimiento); *el desfonde de un tonel* le défoncement d'un tonneau ‖ MAR sabordage ‖ FIG défaillance *f*, effondrement (cansancio).
desforestación *f* déforestation.
desfrenar *v tr* → **desenfrenar**.
desfruncir *v tr* défroncer.
desgaire *m* nonchalance *f*; *andar con desgaire* marcher avec nonchalance ‖ geste de mépris *o* de dédain ‖ — *al desgaire* nonchalamment (con descuido afectado), négligemment, par-dessous la jambe (con descuido); *hacer un trabajo al desgaire* faire un travail négligemment.
desgajar *v tr* arracher ‖ casser, disloquer (romper).

◆ *v pr* s'arracher; *desgajarse de* s'arracher à ‖ FIG s'écarter, se séparer (apartarse) | se détacher.
desgana *f* dégoût *m*, répugnance ‖ dégoût *m*, inappétence (falta de apetito) ‖ *hacer una cosa a desgana* ou *con desgana* faire quelque chose à contrecœur *o* sans entrain.
desganado, da *adj* sans appétit (sin apetito) ‖ sans enthousiasme; *el equipo jugó desganado* l'équipe joua sans enthousiasme.
desganar *v tr* couper l'appétit à (cortar el apetito).
◆ *v pr* perdre l'appétit (el apetito) ‖ se dégoûter de (cansarse).
desgañitarse *v pr* s'égosiller, s'époumoner ‖ *gritaba hasta desgañitarse* il criait à tue-tête *o* à en perdre le souffle.
desgarbado, da *adj* dégingandé, e.
desgarbo *m* manque de grâce, dégingandement.
desgarrador, ra *adj* déchirant, e; *oíanse gritos desgarradores* on entendait des cris déchirants ‖ FIG navrant, e (lastimoso).
desgarramiento *m* déchirement, craquement, rupture *f* (de una tela) ‖ déchirure *f* (de un músculo).
desgarrar *v tr* déchirer; *desgarrar un vestido* déchirer un vêtement ‖ FIG déchirer, fendre (afligir); *sus desgracias me desgarran el corazón* ses malheurs me déchirent le cœur | déchirer; *la tos le desgarraba el pecho* la toux lui déchirait la poitrine.
◆ *v pr* se déchirer ‖ *desgarrarse uno a otro* s'entre-déchirer.
desgarro *m* déchirure *f* (rotura muscular) ‖ déchirement (aflicción) ‖ FIG impudence *f*, effronterie *f* (descaro) | fanfaronnade *f*, vantardise *f* ‖ (*amer*) crachat (escupidura).
desgarrón *m* accroc, large déchirure *f* ‖ lambeau (colgajo) ‖ déchirure *f* (muscular).
desgasificador *m* TECN dégageur.
desgastar *v tr* user (deteriorar) ‖ FIG gâter (viciar).
◆ *v pr* FIG s'user (debilitarse).
desgaste *m* usure *f* ‖ FIG affaiblissement (debilitación) ‖ *guerra de desgaste* guerre d'usure.
desglaseado *m* déglaçage, déglacement (del papel).
desglosar *v tr* (*p us*) supprimer les annotations ‖ détacher (un escrito de otro) ‖ CINEM faire le découpage de, découper (una película) ‖ ventiler, faire le détail de (gastos) ‖ DR disjoindre ‖ FIG *permanecer desglosado de* rester séparé de.
desglose *m* CINEM découpage ‖ ventilation *f*, détail; *desglose de los gastos generales* ventilation des frais généraux ‖ DR disjonction *f* ‖ *hacer el desglose* faire le détail, ventiler.
desgobernar* *v tr* perturber, mettre le désordre (desordenar) ‖ mal gouverner ‖ démettre, déboîter (huesos) ‖ MAR mal gouverner (un barco).
◆ *v pr* se démettre, se déboîter (huesos).
desgobierno *m* mauvaise tenue *f*, manque d'ordre, désordre (de la casa) ‖ désordre dans la conduite, dérèglement, inconduite *f* ‖ mauvaise administration *f* ‖ mauvais gouvernement.
desgracia *f* malheur *m*; *ser ou verse perseguido por la desgracia* jouer de malheur ‖ *labrarse la propia desgracia* faire son propre malheur ‖ disgrâce (pérdida de favor); *caer en desgracia* tomber en disgrâce ‖ lourdeur, maladresse (torpeza) ‖ — *las desgracias nunca vienen solas* un malheur ne vient

jamais seul ‖ *no ha habido que lamentar desgracias personales* on n'a pas eu à déplorer de victimes (accidente) ‖ *para mayor desgracia* pour comble de malheur ‖ *por desgracia* malheureusement, par malheur.

desgraciado, da *adj* malheureux, euse; *desgraciado en el juego* malheureux au jeu; *un suceso desgraciado* un évènement malheureux ‖ disgracieux, euse (sin gracia) ‖ désagréable (desagradable) ‖ malheureux, euse; pauvre ‖ *ser desgraciado* n'avoir pas de chance.
- *m y f* malheureux, euse ‖ *pobre desgraciado* pauvre malheureux, pauvre hère ‖ *ser un desgraciado* être un pauvre type *o* un pauvre diable.

desgraciar *v tr* abîmer, esquinter (estropear) ‖ blesser (herir) ‖ estropier, amocher (lisiar).
- *v pr* tourner mal, rater (malograrse); *desgracióse su negocio* son affaire a mal tourné ‖ se brouiller (desavenirse).

desgranador, ra *adj* qui égrène.
- *m* égreneur.
- *f* égreneuse (máquina); *desgranadora de maíz* égreneuse à maïs.

desgranamiento *m* égrenage.

desgranar *v tr* AGRIC égrener (sacar el grano) ‖ égrapper (las uvas) ‖ dépiquer (el trigo) ‖ égrener (un rosario).
- *v pr* s'égrener ‖ (*amer*) se disperser, se débander (desbandarse).

desgravación *f* dégrèvement *m* (impuesto).

desgravar *v tr* dégrever (rebajar).

desgreñado, da *adj* échevelé, e; hirsute ‖ *tener el pelo desgreñado* avoir le cheveux en bataille, être échevelé.

desgreñar *v tr* écheveler, ébouriffer (despeinar).
- *v pr* être échevelé ‖ se crêper le chignon (reñir).

desguace *m* MAR démolition *f*, dépeçage (barco) ‖ dégrossissage (madera) ‖ casse *f* (de coches).

desguanzarse *v pr* (*amer*) se fatiguer.

desguanzo *m* (*amer*) épuisement.

desguarnecer* *v tr* dégarnir (quitar un adorno); *desguarnecer un sombrero* dégarnir un chapeau ‖ MIL dégarnir (una plaza, un fuerte) ‖ déharnacher (quitar los arreos a un animal) ‖ démanteler, mettre en pièces (romper).

desguazar *v tr* dégrossir (madera) ‖ MAR démolir, livrer à la démolition, dépecer (un barco).

desguince *m* foulure *f*, entorse *f* (torcedura) ‖ TECN dérompoir (cuchillo).

deshabillé *m* déshabillé (vestido).

deshabitado, da *adj* inhabité, e.

deshabitar *v tr* dépeupler; *la guerra deshabitó la provincia* la guerre a dépeuplé la province ‖ quitter, abandonner (dejar un sitio).

deshabituar *v tr* déshabituer.

deshacedor, ra *adj y s* (*p us*) qui défait ‖ *deshacedor de agravios* ou *de entuertos* redresseur de torts.

deshacer* *v tr* défaire (destruir) ‖ défaire, battre (vencer) ‖ faire fondre, dissoudre (disolver); *deshacer un terrón de azúcar* faire fondre un morceau de sucre ‖ délayer (desleír) ‖ FIG détruire, démolir; *esto deshace todos mis planes* cela détruit tous mes plans | déjouer; *deshacer una intriga* déjouer une intrigue ‖ annuler (contrato) ‖ — *deshacer entuertos* ou *agravios* redresser les torts ‖ FIG *deshacer un trato* rompre un marché ‖ *es él quien hace y deshace* c'est lui qui fait la loi.
- *v pr* se défaire; *deshacerse de una cosa* se défaire de quelque chose ‖ se briser, se casser; *el vaso se deshizo al caer* le verre se brisa en tombant ‖ s'éreinter, se démener, s'échiner, se mettre en quatre (*fam*); *se deshace por terminar pronto* il se démène pour en finir au plus vite ‖ se mettre en quatre; *deshacerse por uno* se mettre en quatre pour quelqu'un ‖ — *deshacerse como el humo* s'en aller en fumée ‖ *deshacerse de* se défaire de, se débarrasser de (librarse de), se défaire de, abandonner (abandonar) ‖ *deshacerse en* fondre en; *el hielo se deshace en agua* la glace fond en eau ‖ *deshacerse en alabanzas, en cumplidos* se répandre en éloges, en compliments ‖ *deshacerse en atenciones con alguien* être plein d'attentions *o* avoir mille égards pour quelqu'un ‖ *deshacerse en celos, en pavores* être rongé de jalousie, d'inquiétude ‖ *deshacerse en esfuerzos baldíos* se dépenser en vains efforts ‖ *deshacerse en excusas* se confondre en excuses ‖ *deshacerse en impaciencia* se morfondre d'impatience ‖ *deshacerse en imprecaciones, en llanto* éclater en imprécations, en sanglots ‖ *deshacerse en lágrimas* fondre en larmes ‖ *deshacerse en suspiros* pousser de profonds soupirs ‖ *deshacerse por algo* avoir une envie folle de quelque chose ‖ — *con los nervios deshechos* les nerfs à bout ‖ *estar deshecho* être à moitié mort d'inquiétude, être dans tous ses états (de inquietud), être effondré *o* bouleversé *o* anéanti (consternado), être fourbu *o* éreinté *o* rompu (de cansancio).

desharrapado, da *adj y s* déguenillé, e.

deshechizar *v tr* désensorceler.

deshecho, cha *adj* défait, e ‖ violent, e (tormenta, lluvia).

deshelar* *v tr* dégeler, déglacer; *deshelar una cañería* dégeler un tuyau ‖ dégivrer (una nevera, etc.).
- *v pr* se dégeler, dégeler ‖ dégeler, débâcler (río).

desheredado, da *adj y s* déshérité, e.

desheredamiento *m* déshéritement.

desheredar *v tr* déshériter; *desheredar a un hijo* déshériter un enfant.

deshermanar *v tr* désassortir, dépareiller.
- *v pr* se conduire en frère indigne.

desherrar* *v tr* déferrer, enlever les fers (a un caballo) ‖ ôter les fers [à un prisonnier].
- *v pr* se déferrer.

desherrumbrar *v tr* dérouiller.

deshidratación *f* déshydratation.

deshidratado, da *adj* déshydraté, e.
- *m* aliment, produit déshydraté.

deshidratante *adj y s m* déshydratant, e.

deshidratar *v tr* déshydrater.

deshidrogenación *f* déshydrogénation.

deshidrogenar *v tr* déshydrogéner.

deshielo *m* dégel ‖ dégivrage (de una nevera, un coche, un avión) ‖ dégel, débâcle *f* (de un río) ‖ FIG dégel; *el deshielo de las relaciones internacionales* le dégel des relations internationales.

deshijar *v tr* (*amer*) couper les rejetons d'une plante | sevrer (animales).

deshilachadura *f* effilochement *m*.

deshilachar 298

deshilachar *v tr* effiler, effilocher ‖ effranger (desflecar).
deshilado, da *adj* à la file (uno tras otro).
◆ *m* broderie *f* à jour ‖ défilage (costura).
deshilar *v tr* effiler, effilocher; *deshilar una tela* effiler une toile ‖ provoquer l'essaimage artificiel (abejas) ‖ FIG couper menu.
deshilvanado, da *adj* défaufilé, e; débâti, e (costura) ‖ FIG décousu, e; *estilo, discurso deshilvanado* style, discours décousu.
deshilvanar *v tr* défaufiler, débâtir.
deshinchar *v tr* désenfler ‖ dégonfler (un balón) ‖ FIG exhaler (la cólera).
◆ *v pr* désenfler; *se te ha desinchado la pierna* ta jambe a désenflé ‖ se dégonfler (un neumático) ‖ FIG & FAM en rabattre, mettre de l'eau dans son vin ‖ se dégonfler (rajarse).
deshipnotizar *v tr* réveiller.
deshipotecar *v tr* déshypothéquer.
deshojar *v tr* effeuiller ‖ FIG *deshojar la margarita* effeuiller la marguerite.
deshollinador, ra *adj* qui ramone (que deshollina).
◆ *adj y s* FIG & FAM fouinard, e (escudriñador).
◆ *m* tête de loup *f* (escobón) ‖ hérisson (para deshollinar chimeneas) ‖ ramoneur (el que limpia chimeneas).
deshollinar *v tr* ramoner (chimeneas) ‖ FIG & FAM observer, épier (observar).
deshonestidad *f* indécence, déshonnêteté.
deshonesto, ta *adj* impudique, indécent, e; déshonnête (persona) ‖ malséant, e (cosas).
deshonor *m* déshonneur (pérdida del honor) ‖ honte *f*, déshonneur; *el deshonor de la familia* la honte de la famille ‖ affront (afrenta).
deshonra *f* déshonneur *m* ‖ honte ‖ *tener a deshonra* juger déshonorant.
deshonrar *v tr* déshonorer; *deshonrar la familia, la patria* déshonorer la famille, la patrie ‖ déshonorer (a una mujer) ‖ insulter.
◆ *v pr* se déshonorer; *se deshonró con sus vilezas* il s'est déshonoré par ses infamies.
deshonrosamente *adv* honteusement.
deshonroso, sa *adj* déshonorant, e; honteux, euse; indigne (vergonzoso); *acto deshonroso* acte déshonorant.
deshora *f* moment *m* inopportun ‖ *a deshora* ou *deshoras* à une heure indue (fuera de tiempo), mal à propos, à contretemps, intempestivement (fuera de ocasión).
deshornar *v tr* défourner.
deshuesado, da *adj* désossé, e.
deshuesar *v tr* désosser; *deshuesar un pollo* désosser un poulet ‖ dénoyauter (frutas).
deshumanización *f* déshumanisation.
deshumanizar *v tr* déshumaniser.
deshumano, na *adj* inhumain, e.
deshumedecer* *v tr* déshumidifier.
deshumidificador *m* déshumidificateur.
desiderata *f* liste d'objets, en particulier de livres, que l'on souhaite acquérir.
desiderativo, va *adj* désidératif, ive (verbo).
desiderátum *m* desiderata *pl.*

desidia *f* négligence (negligencia) ‖ nonchalance, mollesse (despreocupación).
desidioso, sa *adj* négligent, e (negligente) ‖ nonchalant, e; mou, molle (despreocupado).
desierto, ta *adj* désert, e (deshabitado) ‖ désertique; *llanura desierta* plaine désertique ‖ vacant, e; *el premio Nobel ha sido declarado desierto* le prix Nobel a été déclaré vacant ‖ FIG désert, e; *calle desierta* rue déserte.
◆ *m* désert ‖ FIG *clamar* ou *predicar en el desierto* prêcher dans le désert.
designación *f* désignation ‖ *designación de procurador* constitution d'avoué.
designar *v tr* désigner; *designar a un sucesor* désigner un successeur ‖ indiquer; *designar la hora de una cita* indiquer l'heure d'un rendez-vous ‖ projeter de (querer).
designativo, va *adj* désignatif, ive.
designio *m* dessein, projet ‖ *con el designio de* dans le dessein de.
desigual *adj* inégal, e ‖ inégal, e; accidenté, e; raboteux, euse (terreno) ‖ FIG changeant, e (cambiadizo); *persona desigual* personne changeante ‖ inégal, e; *un alumno desigual* un élève inégal ‖ inégal, e; variable; *tiempo desigual* temps variable ‖ FIG & FAM *salir desigual* n'être pas égal, ne pas coïncider; *las dos figuras me salieron totalmente desiguales* les deux figures ne coïncidaient pas du tout.
desigualar *v tr* rendre inégal *o* différent (dos cosas) ‖ traiter différemment (dos personas).
◆ *v pr* prendre l'avantage, se distinguer (aventajarse).
desigualdad *f* inégalité ‖ MAT inégalité ‖ disparité, inégalité; *desigualdad entre los salarios agrícolas e industriales* disparité entre les salaires agricoles et industriels.
desilusión *f* désillusion, déception; *sufrir una desilusión* avoir une grosse déception.
desilusionado, da *adj* désillusionné, e; déçu, e (desengañado) ‖ désabusé, e (sin ilusiones).
desilusionar *v tr* désillusionner, décevoir.
desimantación *f* désaimantation.
desimantar *v tr* désaimanter.
desincorporar *v tr* isoler, séparer.
desincrustación *f* désincrustation ‖ détartrage *m* (de las calderas).
desincrustante *adj m y s m* détartrant (caldera) ‖ désincrustant.
desincrustar *v tr* désencroûter, détartrer (una caldera, tubería, etc.) ‖ désincruster.
desinencia *f* GRAM désinence.
desinfección *f* désinfection.
desinfectante *adj y s m* désinfectant, e.
desinfectar *v tr* désinfecter.
desinflado; desinflamiento *m* dégonflement, dégonflage.
desinflamación *f* disparition de l'inflammation.
desinflamar *v tr* MED désenflammer.
◆ *v pr* MED se désenflammer.
desinflar *v tr* dégonfler.
◆ *v pr* se dégonfler; *el balón se desinfló* le ballon se dégonfla ‖ FAM se dégonfler (rajarse).
desinformación *f* désinformation.
desinformar *v intr* désinformer.
desinsectación *f* désinsectisation.

desinsectar *v tr* désinsectiser.
desintegración *f* désintégration ∥ *desintegración nuclear* fission nucléaire.
desintegrar *v tr* désintégrer.
desinterés *m* désintéressement ∥ indifférence *f*.
desinteresadamente *adv* d'une manière désintéressée.
desinteresado, da *adj* désintéressé, e.
desinteresarse *v pr* se désintéresser.
desintoxicación *f* désintoxication.
desintoxicar *v tr* désintoxiquer.
desistimiento *m* désistement.
desistir *v intr* renoncer à, se désister de *(p us)*; *desistió de su empresa* il a renoncé à son entreprise ∥ se désister (un candidato).
desjuiciado, da *adj* écervelé, e; sot, sotte; irréfléchi, e (sin juicio).
desjuntar *v tr* séparer (personas o cosas) ∥ disjoindre (cosas).
desladrillar *v tr* décarreler.
deslavado *m* lavage *m* superficiel ∥ délavage *m* (acción de desteñir).
deslavar *v tr* laver superficiellement ∥ délaver, déteindre (desteñir); *tela deslavada* toile délavée.
deslavazado, da *adj* délavé, e (desteñido) ∥ noyé, e; insipide [mets] ∥ FIG décousu, e [style].
deslavazar *v tr* délaver (desteñir) ∥ rendre insipide [un mets].
desleal *adj* déloyal, e; *desleal con su hermano* déloyal envers son frère.
deslealtad *f* déloyauté.
desleír* *v tr* délayer ∥ détremper (colores) ∥ FIG délayer.
◆ *v pr* se délayer.
deslenguado, da *adj* FIG insolent, e (insolente) ∣ fort, e en gueule (grosero); *una pescadera deslenguada* une harengère forte en gueule.
deslenguar *v tr* couper la langue.
◆ *v pr* FIG & FAM parler insolemment o sans retenue (con insolencia), se laisser aller à des écarts de langage (groseramente).
desliar *v tr* délier, détacher (desatar) ∥ défaire; *desliar un paquete* défaire un paquet ∥ clarifier, coller [le vin].
◆ *v pr* se délier.
desligadura *f* déliement *m*.
desligar *v tr* délier, dénouer, détacher (desatar) ∥ FIG délier, dégager (de una obligación) ∣ débrouiller (desenredar) ∥ MÚS détacher, piquer (destacar).
◆ *v pr* se détacher, perdre contact; *desligarse de su familia* se détacher de sa famille; *desligarse de sus amigos* perdre contact avec ses amis ∥ se dégager, se libérer; *desligarse de un compromiso* se dégager d'une obligation ∥ s'éloigner; *deslígate de ese amigo que te perjudica* éloigne-toi de cet ami qui te fait du tort.
deslindar *v tr* borner, délimiter (poner lindes); *deslindar una heredad* délimiter une propriété ∥ FIG préciser, délimiter, poser en termes précis; *deslindar un problema* poser un problème en termes précis ∣ distinguer (distinguir) ∣ mettre au clair, éclaircir (aclarar).
deslinde *m* bornage, délimitation *f*.
desliz *m* glissade *f* (de personas) ∥ glissement (de cosas) ∥ FIG faux pas, moment de faiblesse, faute *f*, glissade *f* (falta); *tener un desliz* faire un faux pas,

avoir un moment de faiblesse ∥ *esta mujer ha cometido un desliz en su juventud* cette femme a fauté dans sa jeunesse.
deslizable *adj* qui peut se glisser; *error deslizable* erreur qui a pu se glisser.
deslizante *adj* glissant, e.
deslizar *v tr* glisser; *deslizar una palabra, una carta debajo de la puerta* glisser un mot, une lettre sous la porte.
◆ *v intr* glisser.
◆ *v pr* se glisser, se faufiler (escurrirse) ∥ coulisser (una cinta) ∥ FIG faire un faux pas, avoir un moment de faiblesse (cometer una falta) ∣ être sur la pente; *deslizarse al ou en el vicio* être sur la pente de la débauche ∣ filer, s'enfuir (escaparse) ∥ *deslizarse entre las manos* glisser des mains.
deslomado, da *adj* éreinté, e; qui a les reins brisés.
deslomar *v tr* casser les reins, rompre l'échine (derrengar).
◆ *v pr* FAM s'éreinter, s'échiner (trabajar demasiado).
deslucido, da *adj* FIG terne, sans éclat, peu brillant, e; *una acción deslucida* une action sans éclat.
deslucimiento *m* manque d'éclat *o* de grâce.
deslucir* *v tr* abîmer, gâcher (estropear) ∥ déparer (afear) ∥ discréditer, faire du tort à (desacreditar).
deslumbrador, ra; deslumbrante *adj* éblouissant, e.
deslumbramiento *m* éblouissement ∥ FIG aveuglement (ceguera).
deslumbrar *v tr* éblouir, aveugler; *la luz de los faros nos deslumbraba* la lumière des phares nous éblouissait ∥ FIG éblouir, fasciner; *lo deslumbró con promesas engañosas* il l'a ébloui par des promesses trompeuses ∣ jeter de la poudre aux yeux, éblouir (confundir).
deslustrado *m* TECN décatissage (del paño).
deslustrar *v tr* délustrer, ternir (quitar el lustre) ∥ décatir (los paños) ∥ déglacer (el papel) ∥ dépolir (el cristal) ∥ amatir (el oro, la plata) ∥ FIG discréditer, faire du tort à (desacreditar) ∣ déshonorer (deshonrar).
deslustre *m* ternissure *f*, manque d'éclat ∥ décatissage, délustrage (del paño) ∥ déglaçage (del papel) ∥ dépolissage (del cristal) ∥ FIG tache *f*, discrédit (descrédito) ∣ déshonneur.
deslustroso, sa *adj* terne, laid, e ∥ FIG inconvenant, e.
desmadejado, da *adj* FIG mou, molle; faible (sin energía) ∣ dégingandé, e (desgarbado) ∥ *dejar desmadejado* couper bras et jambes.
desmadejar *v tr* FIG affaiblir, couper bras et jambes, laisser sans ressort (debilitar).
◆ *v pr* se dégingander (desgarbarse).
desmadrar *v tr* sevrer (los animales).
◆ *v pr* FAM dépasser les bornes (descomedirse).
desmadre *m* FAM pagaille *f* (desbarajuste) ∣ foire *f* (jolgorio).
desmagnetización *f* TECN démagnétisation.
desmagnetizar *v tr* démagnétiser.
desmán *m* excès; *cometer toda clase de desmanes* commettre *o* faire toute sorte d'excès ∥ abus; *no tolerar desmanes de nadie* ne tolérer d'abus de la

desmandado

part de personne ‖ malheur (desdicha) ‖ desman (mamífero).

desmandado, da *adj* désobéissant, e (desobediente) ‖ rebelle (indómito) ‖ à l'écart (desbandado).

desmandar *v tr* donner un contrordre (a uno) ‖ contremander, annuler (una orden).
- *v pr* dépasser les bornes, s'oublier, y aller un peu fort (descomedirse) ‖ désobéir, n'en faire qu'à sa tête (desobedecer); *como te desmandes te metemos en un internado* si tu continues à n'en faire qu'à ta tête nous te mettons dans un internat ‖ échapper; *el profesor debe cuidar que sus alumnos no se desmanden* le professeur doit veiller à ce que ses élèves ne lui échappent pas ‖ faire bande à part (separarse) ‖ se défendre, regimber, ne plus répondre aux aides (un caballo) ‖ s'écarter du troupeau (un toro) ‖ *muchedumbre desmandada* foule en débandade.

desmangar *v tr* démancher.

desmano (a) *loc adv* hors de portée [de la main] ‖ *me coge a desmano* ce n'est pas sur mon chemin.

desmanotado, da *adj* maladroit, e; gauche.

desmantecar *v tr* dégraisser (quitar la grasa) ‖ écrémer (quitar la manteca).

desmantelado, da *adj* démantelé, e ‖ dégarni, e (sin muebles) ‖ MAR démâté, e ‖ FIG à l'abandon (desamparado).

desmantelamiento *m* démantèlement; *el desmantelamiento de una plaza fuerte* le démantèlement d'une place forte ‖ MAR démâtage ‖ FIG abandon (desamparo).

desmantelar *v tr* démanteler (una fortaleza) ‖ MAR démâter (desarbolar) ‖ FIG abandonner (abandonar) | démanteler; *desmantelar una organización* démanteler une organisation.

desmaña *f* maladresse.

desmañado, da *adj y s* maladroit, e.

desmaquillador *m* démaquillant.

desmaquillar *v tr* démaquiller.

desmarcaje *m* DEP démarcage.

desmarcar *v tr* COM & DEP démarquer.
- *v pr* DEP se démarquer.

desmarque *m* DEP démarcage.

desmayado, da *adj* évanoui, e (sin sentido) ‖ découragé, e (desanimado) ‖ épuisé, e (sin fuerzas) ‖ faible, affamé, e (hambriento) ‖ indolent, e (dejado) ‖ pâle, éteint, e (color).

desmayar *v tr* causer un évanouissement, faire défaillir; *aquella noticia le desmayó* cette nouvelle le fit défaillir ‖ adoucir, estomper, éteindre (un color).
- *v intr* FIG se décourager, se laisser décourager.
- *v pr* s'évanouir, tomber en défaillance, défaillir.

desmayo *m* évanouissement (pérdida del conocimiento), défaillance *f* (primer grado de la privación de sentido) ‖ BOT saule pleureur.

desmedido, da *adj* démesuré, e; *ambición desmedida* ambition démesurée.

desmedirse* *v pr* dépasser les bornes *o* la mesure (excederse).

desmedrar *v tr* détériorer (deteriorar).
- *v intr* déchoir, décliner, baisser, dépérir; *este negocio ha desmedrado mucho* cette affaire a beaucoup baissé.

- *v pr* se détériorer, déchoir.

desmejora *f* → **desmejoramiento**.

desmejorado, da *adj* changé, e; qui a mauvaise mine, en mauvaise santé; *he encontrado a Pedro desmejorado* j'ai trouvé Pierre en mauvaise santé.

desmejoramiento *m*; **desmejora** *f* détérioration *f* ‖ affaiblissement, dépérissement (de salud).

desmejorar *v tr* détériorer, abîmer (menoscabar).
- *v intr y pr* perdre sa santé, s'affaiblir, baisser (una persona) ‖ se dégrader, se détériorer; *la situación se ha desmejorado rápidamente* la situation s'est rapidement dégradée.

desmelenado, da *adj* échevelé, e.

desmelenar *v tr* écheveler.
- *v pr* FIG & FAM s'emballer.

desmembración *f*; **desmembramiento** *m* démembrement *m*.

desmembrar* *v tr* démembrer ‖ FIG démembrer, disloquer; *desmembrar un imperio* démembrer un empire.

desmemoriado, da *adj* qui a mauvaise mémoire; *soy tan desmemoriado que olvidé la fecha de tu cumpleaños* j'ai une si mauvaise mémoire que j'ai oublié la date de ton anniversaire.

desmemoriarse *v pr* perdre la mémoire.

desmentido, da *adj* démenti, e.
- *m (amer)* démenti (mentís).

desmentir* *v tr e intr* démentir, donner un démenti à.

desmenuzable *adj* friable.

desmenuzador, ra *adj* FIG pénétrant, e.
- *f* moulin *m* à sucre (máquina).

desmenuzar *v tr* émietter, réduire en miettes (pan, etc.) ‖ hacher menu (picar) ‖ FIG examiner de près *o* dans le détail, passer au crible.

desmerecedor, ra *adj* qui démérite.

desmerecer* *v tr* démériter de.
- *v intr* être inférieur à (en una comparación) ‖ perdre de sa valeur, baisser (perder parte de su valor).

desmerecimiento *m* démérite (demérito).

desmesura *f* excès *m*, démesure, manque *m* de mesure.

desmesuradamente *adv* démesurément, excessivement, avec excès.

desmesurado, da *adj* démesuré, e; excessif, ive (excesivo); *ambición desmesurada* ambition démesurée.
- *adj y s* insolent, e; effronté, e (descarado).

desmigajar; **desmigar** *v tr* émietter, réduire en miettes.
- *v pr* s'émietter.

desmilitarización *f* démilitarisation.

desmilitarizar *v tr* démilitariser.

desmineralización *f* déminéralisation.

desmirriado, da *adj* FAM rabougri, e; chétif, ive; malingre (flaco, enclenque).

desmitificar *v tr* démythifier.

desmochar *v tr* étêter, écimer (los árboles) ‖ couper les cornes, écorner (las reses) ‖ décolleter (remolacha) ‖ FIG mutiler (una obra).

desmonetizar *v tr* démonétiser.

desmontable *adj* démontable; *un armario desmontable* une armoire démontable ǁ amovible (que se quita).
◆ *m* *desmontable para neumáticos* démonte-pneu.
desmontaje *m* démontage.
desmontar *v tr* démonter (deshacer); *desmontar un neumático* démonter un pneu ǁ désarmer (arma de fuego) ǁ démonter (a un jinete) ǁ déboiser (cortar árboles) ǁ défricher (un campo) ǁ déblayer (quitar tierra) ǁ niveler (rebajar).
◆ *v intr* mettre pied à terre (apearse).
desmonte *m* déboisement (tala de árboles) ǁ coupe *f* de bois (parte desmontada) ǁ déblaiement, terrassement (nivelación de un terreno) ǁ déblai (escombros) ǁ défrichement (de una tierra).
desmoralización *f* démoralisation.
desmoralizador, ra *adj* démoralisant, e.
desmoralizante *adj* démoralisant, e.
desmoralizar *v tr* démoraliser.
desmoronadizo, za *adj* friable, qui s'éboule; *arena desmoronadiza* sable friable.
desmoronamiento *m* éboulement (derrumbamiento) ǁ éboulis (escombros) ǁ effritement; *el desmoronamiento de una roca* l'effritement d'une roche ǁ FIG effritement, décomposition *f*, dégradation *f*; *el desmoronamiento de un régimen* l'effritement d'un régime.
desmoronar *v tr* ébouler, faire s'écrouler, abattre (derrumbar) ǁ effriter (reducir a polvo) ǁ FIG miner, saper, ruiner (arruinar lentamente).
◆ *v pr* s'ébouler, s'écrouler (derrumbarse) ǁ se déliter, s'effriter (rocas) ǁ tomber en ruine; *esta casa se desmorona* cette maison tombe en ruine ǁ FIG s'écrouler (imperios, proyectos) | tomber (el crédito, etc.) ǁ s'effriter; *la mayoría se desmorona* la majorité s'effrite.
desmovilización *f* démobilisation.
desmovilizar *v tr* démobiliser.
desmultiplicador *m* TECN démultiplicateur.
desmultiplicar *v tr* MECÁN démultiplier.
desnacionalización *f* dénationalisation.
desnacionalizar *v tr* dénationaliser.
desnarigado, da *adj* camus, e; canard, e (chato) ǁ qui n'a pas de nez, sans nez (sin narices).
desnatado, da *adj* écrémé, e.
desnatadora *f* écrémeuse.
desnatar *v tr* écrémer (la leche) ǁ FIG écrémer (sacar lo mejor de algo).
desnaturalización *f* dénaturalisation ǁ dénaturation (alteración).
desnaturalizado, da *adj* dénaturé, e; *padre desnaturalizado* père dénaturé ǁ dénaturé, e; *alcohol desnaturalizado* alcool dénaturé ǁ dénaturalisé, e (sin nacionalidad).
desnaturalizar *v tr* dénaturaliser (quitar la naturalización) ǁ dénaturer (alterar).
desnebulización *f* TECN dénébulation, dénébulisation.
desnicotinizar *v tr* dénicotiniser (tabaco).
desnitrificación *f* dénitrification.
desnitrificar *v tr* dénitrifier.
desnivel *m* dénivellement, dénivellation *f* ǁ FIG déséquilibre; *desnivel de las regiones* déséquilibre entre les régions.
desnivelado, da *adj* inégal, e (desigual) ǁ déséquilibré, e.
desnivelar *v tr* déniveler.
desnucar *v tr* rompre la nuque *o* le cou.
◆ *v pr* se rompre le cou.
desnuclearización *f* dénucléarisation.
desnuclearizar *v tr* dénucléariser.
desnudar *v tr* déshabiller, dévêtir (quitar la ropa) ǁ FIG dépouiller, dénuder (despojar) ǁ dépouiller; *el viento desnuda los árboles de sus hojas* le vent dépouille les arbres de leurs feuilles.
◆ *v pr* se déshabiller ǁ FIG se dépouiller, se défaire; *desnudarse de sus defectos* se défaire de ses défauts.
— OBSERV *Dénuder* se dice de las cosas, *déshabiller* es el término corriente, hablando de personas, y *dévêtir* es más culto y elegante.
desnudez *f* nudité.
desnudismo *m* nudisme.
desnudo, da *adj* nu, e; *con las piernas desnudas* les jambes nues ǁ nu, e; tout nu, toute nue (desvestido) ǁ déshabillé, e (ya sin vestido) ǁ FIG nu, e (una pared, una espada) | dénué de (falto de); *desnudo de méritos* dénué de mérites | clair, e; évident, e (patente) ǁ — FIG *al desnudo* à nu ǁ *la verdad desnuda* la vérité toute nue.
◆ *m* ARTES nu.
— OBSERV El giro *tout nu, toute nue* se emplea más que *nu* solo y es más familiar. Compárese: *las Venus a menudo se representan desnudas* les Vénus sont souvent représentées nues, y la frase *los niños estaban desnudos* les petits étaient tout nus.
desnutrición *f* MED dénutrition, sous-alimentation, malnutrition.
desnutrirse *v pr* être atteint de dénutrition.
desobedecer* *v tr* désobéir à; *desobedecer las órdenes, la ley* désobéir aux ordres, à la loi; *desobedecer a sus padres* désobéir à ses parents.
desobediencia *f* désobéissance ǁ DR *desobediencia civil* désobéissance civile *o* passive.
desobediente *adj y s* désobéissant, e.
desobligar *v tr* dégager, libérer [d'une obligation] ǁ désobliger (causar disgusto).
desobstruir* *v tr* désobstruer.
desocupación *f* désœuvrement *m*, oisiveté (ocio) ǁ chômage *m* (desempleo).
desocupado, da *adj y s* désœuvré, e; inoccupé, e; oisif, ive (ocioso) ǁ libre; *alquilar un piso desocupado* louer un appartement libre ǁ inhabité, e; *a menudo hay ratones en las casas desocupadas* il y a souvent des souris dans les maisons inhabitées ǁ (amer) chômeur, euse ǁ *estar desocupado* ne rien faire, n'avoir rien à faire (no hacer nada), chômer, être en chômage (sin empleo).
desocupar *v tr* débarrasser (dejar libre) ǁ vider (vaciar) ǁ abandonner, quitter, évacuer; *desocupar una casa* quitter une maison; *desocupar el campo de batalla* évacuer le champ de bataille.
◆ *v pr* se libérer, se débarrasser (de una ocupación).
desodorante *adj y s m* désodorisant, e.
desodorar; desodorizar *v tr* désodoriser.
desoír* *v tr* faire la sourde oreille à, ne pas écouter; *desoí los consejos de mi padre* je n'ai pas écouté les conseils de mon père ǁ faire fi de, ne pas tenir compte de; *desoyó la prescripción médica* il ne tint pas compte du diagnostic.

desolación f désolation.
desolador, ra adj désolant, e (que aflige) ‖ dévastateur, trice; *una epidemia desoladora* une épidémie dévastatrice.
desolar* v tr désoler ‖ ravager (asolar).
— v pr se désoler.
desoldar* v tr dessouder.
desolidarizarse v pr se désolidariser; *desolidarizarse de sus compañeros* se désolidariser de ses camarades.
desolladero m abattoir (matadero).
desollado, da adj y s FAM insolent, e; impudent, e (descarado).
desolladura f écorchure (arañazo) ‖ écorchement m (de las reses muertas).
desollar* v tr écorcher, dépouiller (los animales); *desollar un conejo* dépouiller un lapin ‖ FIG & FAM endommager (causar daño) | écorcher, matraquer, faire payer trop cher (vender muy caro); *desollarle a uno vivo* faire payer trop cher à quelqu'un | ruiner, plumer (en el juego) | éreinter, esquinter, dire pis que pendre de (criticar) ‖ FIG *queda el rabo por desollar* le plus dur reste à faire.
desopilación f MED désopilation.
desopilante adj MED désopilant, e.
desopilar v tr MED désopiler.
— OBSERV L'emploi de ce verbe dans le sens de *faire rire* est un gallicisme.
desoprimir v tr libérer [de l'oppression]; affranchir (librar).
desorbitado, da adj exorbitant, e; *precios desorbitados* des prix exorbitants ‖ *tener los ojos desorbitados* écarquiller les yeux (de asombro), avoir les yeux hagards o exorbités (de espanto).
desorbitar v tr monter en épingle, grossir, exagérer; *este periódico desorbita siempre los hechos* ce journal grossit toujours les faits ‖ (amer) affoler (enloquecer).
— v pr quitter son orbite, sortir de son orbite.
desorden m désordre; *estar, poner en desorden* être, mettre en désordre; *reinaba gran desorden en la administración* un grand désordre régnait dans l'administration ‖ excès (demasía) ‖ FIG désordre (de la conducta) | désordre, dérèglement; *el alcohol ocasiona desórdenes en el organismo* l'alcool provoque des désordres dans l'organisme.
desordenadamente adv en désordre, sans ordre; *huyeron desordenadamente* ils s'enfuirent en désordre ‖ d'une façon décousue; *hablar desordenadamente* parler d'une façon décousue ‖ précipitamment, avec agitation (apresuradamente).
desordenado, da adj désordonné, e ‖ FIG déréglé, e; *vida desordenada* vie déréglée.
desordenar v tr mettre en désordre, déranger, désordonner (p us); *desordenar un armario* déranger une armoire.
— v pr se dérégler.
desorejado, da adj y s FAM dévergondé, e; dépravé, e (infame) ‖ (amer) qui n'a pas d'oreille [musicale]; qui chante faux.
— adj sans anses (una vasija) ‖ TAUROM les oreilles coupées [après la course].
desorejar v tr couper les oreilles.
desorganización f désorganisation.
desorganizadamente adv sans organisation.
desorganizar v tr désorganiser; *desorganizar una fábrica* désorganiser une usine ‖ désagréger, décomposer, dissoudre (desagregar).
desorientación f désorientation ‖ FIG perplexité, embarras m (perplejidad).
desorientado, da adj désorienté, e.
desorientar v tr désorienter ‖ FIG désorienter, troubler, déconcerter; *mi pregunta le desorientó* ma question l'a déconcerté | égarer; *el dolor nos desorienta* la douleur nous égare.
desovar v intr frayer (las hembras de los peces) ‖ pondre (los anfibios).
desovillar v tr dépelotonner (deshacer los ovillos) ‖ FIG débrouiller, démêler, éclaircir (desenredar) | encourager (animar).
desoxidación f désoxydation ‖ TECN décapage m, décapement m (de un metal).
desoxidante adj y s m désoxydant, e ‖ TECN décapant, e (para un metal).
desoxidar v tr désoxyder ‖ TECN décaper (limpiar un metal).
— v pr se désoxyder.
desoxigenar v tr QUÍM désoxyder ‖ désoxygéner; *desoxigenar el aire* désoxygéner l'air.
desoxirribonucleico, ca adj désoxyribonucléique; *ácido desoxirribonucleico* acide désoxyribonucléique.
despabilado, da adj éveillé, e; réveillé, e (despierto) ‖ FIG vif, vive; éveillé, e (despejado); *un niño despabilado* un enfant éveillé | débrouillard, e; dégourdi, e (apañado); *en la vida hay que ser despabilado* dans la vie il faut être dégourdi | intelligent, e (listo).
despabilador, ra adj qui mouche les chandelles.
— m moucheur (en los teatros).
— f pl mouchettes (despabiladeras).
despabilar v tr moucher (una vela) ‖ FIG dégourdir (avivar el ingenio); *despabilar a uno* dégourdir quelqu'un | expédier; *despabilar la comida* expédier le repas | dilapider, dévorer (la hacienda) | subtiliser, voler, faucher (robar) ‖ FIG & FAM expédier, occire (matar).
— v pr FIG se réveiller, s'éveiller | se secouer, se remuer; *¡despabílate que nos tenemos que ir!* remue-toi, il faut que nous partions ‖ (amer) filer, s'en aller (marcharse).
despacio adv lentement; *hable más despacio* parlez plus lentement ‖ doucement, lentement; *iba despacio* il allait lentement ‖ (amer) doucement, à voix basse (hablar) ‖ *vísteme despacio que tengo prisa* qui va lentement va sûrement, qui veut voyager loin ménage sa monture.
— interj doucement!
despacito adv FAM tout doucement, lentement; *anda despacito* il marche tout doucement.
— interj FAM doucement!
despachaderas f pl brusquerie sing, dureté sing [dans la façon de répondre à une question] ‖ savoir-faire m sing ‖ *tener buenas despachaderas* avoir de la répartie, savoir renvoyer la balle.
despachador, ra adj qui abat de la besogne, expéditif, ive.
— m (amer) mineur (minero).
despachar v tr envoyer, dépêcher (p us); *despachar un recadero* envoyer un garçon de courses ‖ expédier (paquetes), envoyer (cartas) ‖ régler (un

negocio) || conclure (un convenio) || vendre (mercancías) || servir; *despachar a los clientes* servir les clients || débiter (vender al por menor); *el carnicero despacha carne* le boucher débite de la viande || renvoyer, congédier, envoyer promener (*fam*); *despachar a los importunos* renvoyer les importuns | FAM expédier; *el orador despachó su conferencia en media hora* l'orateur expédia sa conférence en une demi-heure | envoyer ad patres, expédier (dans l'autre monde); || *despachar el correo* faire son courrier.

◆ *v intr* se dépêcher (darse prisa) || avoir un entretien (sobre un asunto) || FAM accoucher (una historia, etc.).

◆ *v pr* se débarrasser, se défaire (desembarazarse) || se dépêcher (darse prisa) || FIG & FAM *despacharse a su gusto* dire tout ce que l'on a sur le cœur.

despacho *m* expédition *f*, envoi (envío) || expédition *f*, acheminement (del correo) || débit, vente *f* (venta) || bureau (oficina); *el despacho del director* le bureau du directeur || guichet (taquilla) || débit (tienda); *despacho de vinos* débit de vins || dépêche *f*; *despacho diplomático* dépêche diplomatique || communiqué (comunicado) || titre (título) || conclusion *f*, réalisation *f* (de un negocio) || expédition *f* d'une affaire (resolución) || MIL brevet (título de oficial) || (*amer*) épicerie *f* (tienda) | bureau (puesto); *despacho de lotería* bureau de loterie | *correr los despachos* expédier les affaires || *despacho de carne de caballo* boucherie chevaline *o* hippophagique || *tener buen despacho* être expéditif, savoir s'y prendre.

despachurramiento; despachurro *m* écrasement, écrabouillement (aplastamiento) || bafouillage (en el hablar) || embarras, trouble (confusión).

despachurrar *v tr* FAM écraser, écrabouiller (aplastar); *despachurrar un tomate* écraser une tomate | éventrer (reventar) || embrouiller (embrollar) | décontenancer, couper le sifflet à (confundir).

despajar *v tr* dépailler || AGRIC vanner || MIN cribler la terre (para obtener el mineral).

despaldillar; despaletillar *v tr* fouler *o* démettre l'épaule (de un animal) || FIG & FAM rompre l'échine, rosser (golpear).

despampanante *adj* FAM sensationnel, elle; épatant, e; extraordinaire, ébouriffant, e (sorprendente) | tordant, e (de risa).

despampanar *v tr* AGRIC épamprer, essarmenter (la vid) | ébourgeonner (quitar los brotes) || FIG & FAM épater, ébahir, laisser pantois (sorprender, dejar atónito).

◆ *v pr* FIG & FAM se faire mal en tombant, se casser le cou | se tordre (de reír).

despanchurrar; despanzurrar *v tr* FAM étriper, crever la panse (romper la panza) | écraser, écrabouiller (aplastar) | éventrer; *casa despanzurrada por los obuses* maison éventrée par les obus.

desparafinación *f*; **desparafinado** *m* QUÍM déparaffinage *m*.

desparejar *v tr* dépareiller, désassortir.

desparejo, ja *adj* inégal, dissemblable (no semejante) || dépareillé, e (descabalado).

desparpajado, da *adj* plein, e d'aplomb, désinvolte, culotté, e (desenvuelto).

desparpajo *m* FAM désinvolture *f*, sans-gêne *inv*, aplomb, culot (desembarazo) || bagou (al hablar) || FAM (*amer*) désordre, fouillis (desorden).

desparramado, da *adj* large (amplio), ouvert, e (abierto) || éparpillé, e (esparcido) || répandu, e (derramado).

desparramar *v tr* répandre; *desparramar flores por el suelo* répandre des fleurs sur le sol; *desparramar una noticia* répandre une nouvelle || éparpiller, disperser; *la familia está desparramada por el mundo entero* la famille est dispersée dans le monde entier || FIG gaspiller, dissiper; *desparramar su fortuna* gaspiller sa fortune.

◆ *v pr* se répandre || FIG se distraire, s'amuser (divertirse).

desparramo *m* (*amer*) éparpillement | diffusion *f* (de una noticia) | FIG désordre, fouillis.

despatarrada *f* FAM grand écart *m* (en algunas danzas).

despatarrar *v tr* FAM écarter largement les jambes || FIG épater (asombrar) || *dejar a uno despatarrado* laisser quelqu'un ébahi *o* pantois.

◆ *v pr* écarter *o* ouvrir les jambes (separar las piernas) || FIG tomber les quatre fers en l'air (caerse) | *quedarse despatarrado* rester pantois.

despavoridamente *adv* avec effroi, avec épouvante.

despavorido, da *adj* épouvanté, e; affolé, e; effrayé, e.

despavorir *v tr* effrayer, épouvanter, affoler.

◆ *v pr* s'effrayer, s'épouvanter, s'affoler, être affolé, e.

despectivamente *adv* avec dédain, avec mépris, d'une manière péjorative.

despectivo, va *adj* méprisant, e; *hablar con tono despectivo* parler sur un ton méprisant || GRAM péjoratif, ive; *una palabra despectiva* un terme péjoratif.

despechar *v tr* dépiter (causar despecho) || désespérer || FAM sevrer (destetar).

◆ *v pr* être dépité, e; se désespérer.

despecho *m* dépit (descontento) || FAM sevrage (destete) || — *a despecho de* en dépit de, malgré; *a despecho suyo* malgré lui; *a despecho de los rumores* en dépit des bruits || *a despecho de todos* envers et contre tous || *por despecho* par dépit.

despechugado, da *adj* FAM débraillé, e; dépoitraillé, e.

despechugar *v tr* enlever le blanc [d'une volaille].

◆ *v pr* FIG & FAM se débrailler.

despedazador, ra *m y f* dépeceur, euse.

despedazamiento *m* dépeçage, dépècement.

despedazar *v tr* dépecer, mettre en pièces, déchiqueter; *el león despedaza su presa* le lion dépèce sa proie || mettre en pièces (hacer pedazos) || FIG déchirer; *despedazar el corazón* déchirer le cœur.

despedida *f* adieux *m pl*; *una despedida conmovedora* des adieux touchants || renvoi *m*, licenciement *m*, congé *m* (de un obrero, de un empleado) || strophe finale (de un canto) || dégorgeoir *m*, drain *m* (desaguadero) || — *cena de despedida* dîner d'adieux || *plazo de despedida* délai de congé *o* de préavis || — *hacer la despedida de soltero* enterrer sa vie de garçon.

despedir* *v tr* jeter, lancer; *el Sol despide rayos de luz* le Soleil lance des rayons de lumière || projeter; *salir despedido fuera de su asiento* être projeté hors de son siège || renvoyer (un funcionario) || congédier, donner congé à, renvoyer (el personal

despedrar

doméstico), licencier, renvoyer (un empleado, un obrero) ‖ mettre dehors, mettre à la porte (echar); *despedir a las personas molestas* mettre les gêneurs à la porte ‖ expulser; *despedir a un inquilino* expulser un locataire ‖ éconduire (desairar) ‖ dégager, répandre (olor) ‖ reconduire; *despedir a alguien a la puerta* reconduire quelqu'un à la porte ‖ accompagner; *fui a despedirlo al aeropuerto* je suis allé l'accompagner à l'aéroport.
→ *v pr* prendre congé, faire ses adieux à; *despedirse de su familia* faire ses adieux à sa famille ‖ dire au revoir; *se fue sin despedirse* il est parti sans dire au revoir ‖ se quitter, faire ses adieux à; *nos despedimos en el aeropuerto* nous nous sommes quittés à l'aéroport ‖ donner son congé (un empleado) ‖ faire son deuil de, renoncer à; *te puedes despedir del libro que le has prestado* tu peux faire ton deuil du livre que tu lui as prêté ‖ — *despedirse a la francesa* filer à l'anglaise ‖ *despedirse de la vida de soltero* enterrer sa vie de garçon ‖ *me despido de usted con un saludo afectuoso* je vous prie de croire à mes sentiments les meilleurs (fórmula de correspondencia) ‖ *se despide de usted su seguro servidor q.e.s.m* veuillez agréer mes salutations distinguées (en una carta).
despedrar*; despedregar *v tr* épierrer.
despegable *adj* qui peut se décoller.
despegado, da *adj* décollé, e ‖ FIG détaché, e; indifférent, e; *aire despegado* air détaché ∣ revêche (áspero).
despegar *v tr* décoller; *despegar un sobre* décoller une enveloppe ‖ détacher (separar) ‖ *no despegar los labios* ne pas desserrer les dents.
→ *v intr* décoller (un avión); *el avión para Acapulco despega en seguida* l'avion pour Acapulco décolle immédiatement.
→ *v pr* FIG se détacher; *despegarse de sus amigos* se détacher de ses amis.
despego *m* détachement, indifférence *f*.
despegue *m* décollage, envol; *el despegue del avión tendrá lugar dentro de un minuto* le décollage de l'avion aura lieu dans une minute; *pista de despegue* piste d'envol ‖ FIG décollage ‖ AVIAC *despegue vertical* décollage vertical.
despeinar *v tr* décoiffer, dépeigner.
despejado, da *adj* sûr, sûre de soi, désinvolte (que tiene soltura) ‖ éveillé, e; déluré, e (listo) ‖ ouvert, e (franco); *espíritu despejado* esprit ouvert ‖ vaste, spacieux, euse; dégagé, e; *frente, plaza despejada* front dégagé, place spacieuse ‖ dégagé, e (cielo, camino).
despejar *v tr* débarrasser; *despejar un cuarto* débarrasser une pièce ‖ dégager, déblayer; *despejar la calle de escombros* dégager la rue des décombres, déblayer les décombres de la rue ‖ FIG balayer; *despejar las dificultades* balayer les difficultés ∣ se débarrasser de; *despejar a los importunos* se débarrasser des importuns ∣ éclaircir (aclarar) ‖ dégager (fútbol) ‖ MAT dégager (una incógnita) ‖ FIG *despejar el terreno* déblayer le terrain.
→ *v pr* prendre de l'assurance, s'éveiller (adquirir soltura) ‖ s'éclaircir, se découvrir (el cielo), se dégager (el tiempo) ‖ se distraire, se divertir (esparcirse) ‖ n'avoir plus de fièvre (un enfermo) ‖ *salir a despejarse* aller prendre l'air.
despeje *m* dégagement (en el fútbol).
despejo *m* débarras (acción de despejar) ‖ déblaiement (de cosas pesadas); *el despejo del terreno* le déblaiement du terrain ‖ dégagement (de una carretera) ‖ TAUROM évacuation *f* de l'arène avant de lâcher le taureau ‖ aisance *f*, désinvolture *f* (soltura) ‖ intelligence *f*, vivacité *f* d'esprit (talento) ‖ dégagement (esgrima).
despelotado, da *adj* rondelet, ette; dodu, e ‖ *(amer)* POP bordélique (desorganizado).
despelotarse *v pr* FAM s'arrondir (engordar) ‖ POP se mettre à poil (desnudarse) ∣ se marrer (desternillarse de risa) ‖ FAM se débrouiller (arreglárselas).
despelote *m* POP strip (acción de desnudarse) ∣ grosse rigolade *f* (risa) ∣ *(amer)* bordel (desorden).
despellejar *v tr* écorcher, dépouiller; *despellejar un conejo* écorcher un lapin ‖ FIG dire du mal de, dire pis que pendre de, casser du sucre sur le dos de (murmurar).
despenalización *f* dépénalisation.
despenalizar *v tr* dépénaliser.
despensa *f* garde-manger *m inv* (para guardar las provisiones) ‖ provisions *pl* (géneros de una comunidad); *una abundante despensa* des provisions abondantes ‖ dépense (oficio de despensero y provisiones).
despeñadero, ra *adj* escarpé, e; à pic (abrupto).
→ *m* précipice ‖ FIG catastrophe *f*.
despeñadizo, za *adj* escarpé, e; à pic (abrupto).
despeñamiento; despeño *m* chute *f* (caída) ‖ MED diarrhée *f* (del vientre) ‖ FIG chute *f*, effondrement.
despeñar *v tr* précipiter, jeter, pousser; *despeñar a un hombre por un precipicio* pousser un homme dans un précipice.
→ *v pr* se précipiter, se jeter (precipitarse, arrojarse) ‖ FIG se précipiter, se jeter (en los vicios, etc.).
despepitar *v tr* enlever les grains *o* les pépins; *despepitar una naranja* enlever les pépins d'une orange.
→ *v pr* s'égosiller (gritar) ‖ parler étourdiment, ne pas se surveiller (hablar sin concierto) ‖ *despepitarse por una cosa* brûler d'envie d'avoir quelque chose, désirer ardemment quelque chose.
desperdiciado, da *adj* gaspillé, e.
desperdiciar *v tr* gaspiller (despilfarrar); *desperdiciar el dinero, las fuerzas* gaspiller l'argent, les forces ‖ gâcher (emplear mal) ‖ perdre; *desperdiciar el tiempo, una ocasión* perdre son temps, une occasion ‖ ne pas profiter de; *ha desperdiciado todos los consejos que le di* il n'a pas profité de tous les conseils que je lui ai donnés.
desperdicio *m* gaspillage (despilfarro) ‖ déchet, reste (residuo) ‖ — *este trozo de carne no tiene desperdicio* il n'y a pas de perte avec *o* de déchet dans ce morceau de viande ‖ FIG *no tiene desperdicio* tout est bon.
desperdigamiento *m* dispersion *f*, éparpillement, émiettement.
desperdigar *v tr* disperser; *todos mis hermanos andan desperdigados por el mundo entero* tous mes frères sont dispersés dans le monde entier.
desperezarse *v pr* s'étirer (estirarse).
desperfecto *m* détérioration *f*, dommage, dégât (deterioro) ‖ imperfection *f*, défaut (defecto) ‖ *sufrir desperfectos* être endommagé.

desperfilar *v tr* ARTES adoucir, arrondir, estomper [les contours] ‖ MIL dissimuler, noyer les contours [des retranchements].

despernado, da *adj* estropié, e (sin piernas) ‖ FIG sur les genoux, fourbu, e; harassé, e (cansado).

despersonalización *f* dépersonnalisation.

despersonalizar *v tr* dépersonnaliser.

despertador, ra *adj* qui réveille.
- *m y f* réveilleur, euse; *el despertador de un seminario* le réveilleur d'un séminaire.
- *m* réveille-matin *inv*, réveil (reloj con timbre) ‖ FIG aiguillon, stimulant (estímulo).

despertar* *v tr* réveiller, éveiller; *despertar a un enfermo* réveiller un malade ‖ FIG éveiller (suscitar); *despertar la atención* éveiller l'attention | réveiller (recordar); *despertar recuerdos, una pasión* réveiller des souvenirs, une passion ‖ FIG *despertar el apetito* ouvrir l'appétit.
- *v intr y pr* s'éveiller, se réveiller; *quería despertarse a las seis de la mañana* il voulait se réveiller à 6 heures du matin ‖ FIG se réveiller, se dégourdir (avisparse).

despertar *m* éveil, réveil; *el despertar de un pueblo* le réveil d'un peuple.

despiadado, da *adj* impitoyable; *crítica despiadada* critique impitoyable ‖ inhumain, e; *persona despiadada* personne inhumaine.

despichar *v tr* dessécher (secar) ‖ presser; *despichar una naranja* presser une orange ‖ écraser (aplastar) ‖ *(amer)* égrapper (descobajar).
- *v pr* FAM casser sa pipe, claquer (morir).

despido *m* licenciement (en una empresa) ‖ renvoi, congé, congédiement *(p us)*; *despido improcedente* licenciement abusif, renvoi injustifié.

despiece *m* dépeçage, dépècement.

despierto, ta *adj* éveillé, e; réveillé, e ‖ FIG éveillé, e; vif, vive; dégourdi, e; *una muchacha muy despierta* une enfant très vive.

despigmentación *f* dépigmentation.

despilfarrado, da *adj* prodigue, gaspilleur, euse ‖ déguenillé, e (harapiento).

despilfarrador, ra *adj y s* gaspilleur, euse; panier percé *m* (manirroto); *esta muchacha es una despilfarradora* cette fille est un panier percé.

despilfarrar *v tr* gaspiller, jeter par les fenêtres; *despilfarrar el dinero* jeter l'argent par les fenêtres.
- *v pr* faire des folies (hacer gastos excesivos).

despilfarro *m* gaspillage (derroche); *el despilfarro es la ruina de la economía de un país* le gaspillage est la ruine de l'économie d'un pays ‖ dépense *f* inconsidérée, folie *f* (gasto); *hacer un despilfarro* faire une folie ‖ profusion *f* (abundancia).

despintar *v tr* effacer une peinture ‖ délaver; *la lluvia ha despintado esta pared* la pluie a délavé ce mur ‖ FIG défigurer, changer.
- *v intr* déparer; *Miguel no despinta de su familia* Michel ne dépare pas sa famille.
- *v pr* s'effacer (la pintura), passer (lo teñido) ‖ *cuando veo a una persona nunca se me despinta* lorsque je vois une personne je me souviens toujours de son visage.

despiojar *v tr* épouiller, enlever les poux (quitar los piojos) ‖ FIG & FAM renflouer, tirer de la misère.

despiole *m (amer)* FAM raffut, boucan, bazar.

despistado, da *adj y s* distrait, e; dans les nuages, ahuri, e; *una persona despistada* une personne distraite ‖ — *estoy despistado* je suis complètement perdu, je n'y suis plus ‖ *hacerse el despistado* faire l'étonné ‖ *tiene cara de despistado* il a une tête d'ahuri.

despistar *v tr* dépister, dérouter, semer *(pop)*; *la liebre despista a los perros* le lièvre dépiste les chiens; *despistar a la policía* dérouter la police | mettre sur une fausse piste (orientar mal) ‖ FIG faire perdre la tête | égarer; *le conté todo esto para despistarle* je lui ai raconté tout ça pour l'égarer | désorienter; *lo que me dijiste me ha despistado* ce que tu m'as dit m'a désorienté | dérouter; *este problema es tan fácil que despista* ce problème est si facile qu'il déroute.
- *v pr* s'égarer (extraviarse) ‖ déraper, faire une embardée, quitter la route (coche) ‖ dérouter, semer *(pop)*; *los bandidos se han despistado de la policía* les bandits ont semé la police ‖ FIG s'affoler, perdre la tête; *no hay que despistarse en momentos tan graves* il ne faut pas perdre la tête à des moments aussi graves.

despiste *m* dérapage, embardée *f*; *sufrir un despiste* faire un dérapage *o* une embardée (coche) ‖ FIG distraction *f*, étourderie *f*; *tiene un despiste increíble* il est d'une incroyable étourderie | distracción *f*; *los científicos suelen tener un despiste enorme* les savants sont généralement d'une distraction incroyable | perplexité, confusion *f*; *después de oír las tres versiones del asunto, menudo despiste tenía* après avoir entendu les trois versions de l'affaire, j'étais plongé dans la confusion la plus complète ‖ *esta persona tiene tanto despiste que nunca sabe qué camino tomar* cette personne a si peu le sens de l'orientation qu'elle ne sait jamais quel chemin prendre.

desplantar *v tr* AGRIC dépiquer, déplanter; *desplantar tomates* dépiquer des tomates ‖ dévier de la verticale.
- *v pr* perdre l'équilibre.

desplante *m* mauvaise attitude *f* (danza) ‖ fausse posture *f* (esgrima) ‖ effronterie *f*, impudence *f* (acto descarado) ‖ sortie *f*, incartade *f* (salida de tono) ‖ TAUROM passe *f* de cape ou de muleta fantaisiste et d'une exécution dangereuse ‖ — *dar un desplante a alguien* donner un coup de massue à quelqu'un.

desplazado, da *adj* FIG déplacé, e; qui n'est pas à sa place.

desplazamiento *m* MAR déplacement ‖ déplacement (traslado).

desplazar *v tr* MAR déplacer ‖ déplacer (trasladar).
- *v pr* se déplacer.

desplegable *m* dépliant [touristique].

desplegar* *v tr* déplier; *desplegar un papel* déplier un papier ‖ déployer (las banderas, las velas) ‖ FIG éclaircir (aclarar) | déployer, faire preuve de, montrer; *desplegar energía* déployer de l'énergie; *desplegar inteligencia* faire preuve d'intelligence; *desplegar celo* montrer du zèle ‖ MIL déployer (las tropas).

despliegue *m* MIL déploiement; *un gran despliegue de fuerzas navales* un grand déploiement de forces navales; *despliegue de misiles* déploiement de missiles.

desplomar *v tr* faire perdre l'aplomb, faire pencher, incliner ‖ *(amer)* réprimander, gronder (regañar).

desplome

♦ *v pr* s'incliner, pencher ‖ s'écrouler, s'effondrer (derrumbarse); *se desplomó esa vieja casa* cette vieille maison s'est écroulée ‖ tomber de tout son poids, s'abattre (una cosa pesada) ‖ s'écrouler, s'effondrer (una persona); *su madre se desplomó al saber la noticia* sa mère s'effondra en apprenant la nouvelle.

desplome *m* écroulement (caída) ‖ ARQ saillie *f* (salidizo).

desplumar *v tr* déplumer, plumer (más usual); *desplumar un pato* plumer un canard ‖ FIG plumer (sacar dinero).

♦ *v pr* perdre ses plumes, se déplumer.

despoblación *f*; **despoblamiento** *m* dépeuplement *m*, dépopulation ‖ — *despoblación del campo* exode rural, dépeuplement des campagnes ‖ *despoblación forestal* déboisement.

— OBSERV La palabra *dépeuplement* se usa más que la palabra *dépopulation*.

despoblado, da *adj* dépeuplé, e (país, región) ‖ inhabité, e; désert, e (ciudad, sitio) ‖ déboisé, e (sin árboles) ‖ dégarni, e; *frente despoblada* front dégarni.

♦ *m* endroit inhabité *o* désert ‖ *en despoblado* en rase campagne.

despoblamiento *m* → **despoblación**.

despoblar* *v tr* dépeupler; *la peste ha despoblado este país* la peste a dépeuplé ce pays ‖ débarrasser de (despojar); *despoblar un campo de hierbas* débarrasser un champ des mauvaises herbes ‖ *despoblar de árboles* déboiser.

♦ *v pr* se vider, être déserté, se dépeupler (un lugar) ‖ se dégarnir (clarear el pelo).

despoetizar *v tr* dépoétiser, ôter toute poésie à; *despoetizar la vida* dépoétiser la vie.

despojador, ra *adj y s* spoliateur, trice; *una medida despojadora* une mesure spoliatrice.

despojar *v tr* dépouiller; *le despojaron de todo lo que llevaba* on l'a dépouillé de tout ce qu'il portait ‖ spolier (espoliar) ‖ enlever, ôter; *despojar un árbol de su corteza* enlever l'écorce d'un arbre.

♦ *v pr* FIG se dépouiller ‖ se débarrasser de, se dépouiller de, enlever (quitarse); *despojarse de su abrigo* se dépouiller de son manteau.

despojo *m* dépouille *f* (resto) ‖ dépouillement (acción) ‖ butin (presa, botín).

♦ *pl* abats, abattis (de animales) ‖ restes (de una comida) ‖ matériaux de démolition (escombros) ‖ restes (cadáver).

despolarizador *adj y s m* FÍS dépolarisant, e.

despolarizar *v tr* dépolariser.

despolitización *f* dépolitisation.

despolitizar *v tr* dépolitiser.

despopularización *f* perte de la popularité.

despopularizar *v tr* faire perdre sa popularité à.

desportillar *v tr* ébrécher (una vasija).

desposado, da *adj* nouvellement marié, e; jeune marié, e ‖ emmenotté, e (*p us*); qui a les menottes (preso).

♦ *m y f* nouveau marié, nouvelle mariée, jeune marié, e (recién casados).

desposar *v tr* marier (casar).

♦ *v pr* se fiancer (contraer esponsales) ‖ se marier, épouser (casarse); *se desposó con Juana* il s'est marié avec Jeanne, il a épousé Jeanne.

desposeer *v tr* déposséder; *desposeer a un propietario* déposséder un propriétaire.

desposeimiento *m* dépossession *f*, dépouillement.

desposorios *m pl* fiançailles *f* (esponsales) ‖ mariage *sing*, noces *f* (matrimonio).

déspota *m* despote; *Nerón fue un déspota cruel* Néron fut un despote cruel; *este niño es un verdadero déspota* cet enfant est un vrai despote.

despótico, ca *adj* despotique; *un gobierno despótico* un gouvernement despotique ‖ FIG despote; *un marido despótico* un mari despote.

despotismo *m* despotisme; *el despotismo ilustrado* le despotisme éclairé.

despotricar *v intr* FAM parler à tort et à travers (hablar sin reparo) | déblatérer; *despotricar contra uno* déblatérer contre quelqu'un.

despotrique *m* FAM bavardage, caquetage (charla).

despreciable *adj* méprisable; *una persona despreciable* une personne méprisable ‖ minime, insignifiant, e; négligeable; *consumo despreciable* consommation insignifiante; *un error despreciable* une erreur négligeable ‖ de peu de valeur (de poca monta).

despreciar *v tr* mépriser, dédaigner, faire bon marché de (tener en poco).

despreciativo, va *adj* méprisant, e; dédaigneux, euse; *un gesto despreciativo* une moue méprisante.

desprecio *m* mépris; *con desprecio de las convenciones* au mépris des conventions ‖ dédain (desdén) ‖ affront; *me han hecho un desprecio al no aceptar mi invitación* il m'a fait un affront en n'acceptant pas mon invitation.

desprender *v tr* détacher (separar, desatar) ‖ dégager; *esta flor desprende un olor muy agradable* cette fleur dégage une odeur très agréable ‖ projeter (chispas) ‖ QUÍM dégager.

♦ *v pr* se détacher; *se desprendió un clavo de la pared* un clou s'est détaché du mur ‖ se dégager; *se desprende de ella tanto encanto* il se dégage d'elle un tel charme ‖ se dégager (olor, calor) ‖ être projeté, jaillir (chispas, etc.) ‖ se décoller (la retina) ‖ FIG se dessaisir, se défaire, se séparer; *tuvo que desprenderse de sus joyas* elle a dû se défaire de ses bijoux | se dégager, découler (deducirse); *de todo ello se desprenden dos consecuencias* de tout cela deux conclusions se dégagent ‖ — *de aquí se desprende que* d'où l'on peu conclure que, d'où il découle que ‖ *por lo que se desprende de* d'après ce que l'on peut déduire de.

desprendido, da *adj* généreux, euse (generoso), désintéressé, e.

desprendimiento *m* générosité *f*, désintéressement ‖ détachement (desapego) ‖ éboulement (de tierra) ‖ éboulis (de rocas) ‖ dégagement (de calor, olor, gases, etc.) ‖ descente *f* de Croix (pintura) ‖ MED *desprendimiento de la retina* décollement de la rétine.

despreocupación *f* insouciance (falta de preocupación) ‖ négligence (descuido) ‖ absence de préjugés.

despreocupado, da *adj y s* insouciant, e (sin preocupación) ‖ sans préjugés.

despreocuparse *v pr* s'affranchir *o* se défaire d'un préjugé ‖ négliger, laisser de côté, ne pas se soucier de (descuidarse) ‖ se distraire, se détendre (salir de su preocupación).

desprestigiar *v tr* affaiblir le prestige, faire perdre de son prestige, discréditer; *su última obra le ha desprestigiado mucho* son dernier ouvrage l'a beaucoup discrédité *o* lui a fait perdre beaucoup de son prestige ‖ décrier (criticar); *desprestigiar a sus colegas* décrier ses collègues; *marca injustamente desprestigiada* marque injustement décriée.
◆ *v pr* perdre son prestige; *el rey se desprestigió completamente* le roi a perdu tout son prestige.

desprestigio *m* perte *f* de prestige, discrédit.

despresurización *f* dépressurisation.

desprevenidamente *adv* au dépourvu (sin previo aviso), à l'improviste (de improviso).

desprevenido, da *adj* dépourvu, e ‖ imprévoyant, e (poco precavido) ‖ au dépourvu, à l'improviste; *coger a una persona desprevenida* prendre quelqu'un au dépourvu *o* à l'improviste.

desproporción *f* disproportion.

desproporcionado, da *adj* disproportionné, e.

desproporcionar *v tr* disproportionner.

despropósito *m* sottise *f*, ânerie *f*, absurdité *f*; *decir muchos despropósitos* dire beaucoup d'âneries ‖ coq-à-l'âne (patochada) ‖ gaffe *f*, impair (metedura de pata) ‖ *con despropósito* à contretemps, hors de propos.

desprotegido, da *adj* INFORM déprotégé, e.

desproveer *v tr* démunir.

desprovisto, ta *adj* dépourvu, e; dénué, e; *relato desprovisto de interés* récit dépourvu d'intérêt ‖ démuni, e; dénué, e; dépourvu, e (privado); *desprovisto de todo* dépourvu de tout.

después *adv* après; *después de la guerra* après la guerre; *después de cenar* après le dîner ‖ ensuite, puis (a continuación); *después fuimos a bañarnos* ensuite, nous sommes allés nous baigner ‖ plus tard, après; *no puedo hablarte ahora, te veré después* je ne peux pas te parler maintenant, je te verrai plus tard ‖ — *después de* (con participio pasado), une fois; *después de hecho* une fois fait; *después de cerrada la ventana* une fois la fenêtre fermée ‖ *después de hacerlo* après l'avoir fait ‖ *después de todo* après tout ‖ *después que* après; *llegó después que yo* il est arrivé après moi; *después que*, quand; *después que saliste, lo hicimos* nous l'avons fait après que *o* quand tu fus parti; *después que llegue hablaremos de ello* nous en parlerons après qu'il sera arrivé *o* quand il sera arrivé ‖ (ant) *después que* depuis que (desde que) ‖ *el año después, el día después* l'année d'après, le jour suivant.

despulpar *v tr* dépulper ‖ *máquina de despulpar* dépulpeur.

despuntador *m* (amer) pic [de mineur].

despuntar *v tr* épointer, casser la pointe (quitar la punta) ‖ émousser (embotar) ‖ MAR doubler (pasar una punta, un cabo) ‖ enlever les rayons vides (de una colmena).
◆ *v intr* bourgeonner (las plantas) ‖ FIG poindre (la luz del día); *el alba despunta* l'aube point | briller, montrer de l'esprit (manifestar agudeza) | se distinguer; *este niño despunta entre los demás* cet enfant se distingue parmi les autres; *despuntó por sus cualidades de orador* il s'est distingué par ses qualités d'orateur.

despunte *m* épointage (despuntadura) ‖ émoussement (embotadura) ‖ *(amer)* brindille *f* (leña delgada).

desquerer *v tr* cesser d'aimer, ne plus aimer (desamar).

desquiciado, da *adj* FIG déséquilibré, e; désaxé, e; *una persona desquiciada* une personne désaxée | bouleversé, e; déséquilibré, e; *vivimos en un mundo desquiciado* nous vivons dans un monde bouleversé | chancelant, e; *una sociedad desquiciada* une société chancelante.

desquiciamiento *m* bouleversement (trastorno) ‖ déséquilibre (desequilibrio) ‖ disgrâce *f*, défaveur *f* (pérdida del favor).

desquiciar *v tr* dégonder (una puerta) ‖ FIG ébranler, faire chanceler; *las instituciones estaban desquiciadas* les institutions étaient ébranlées | bouleverser, déséquilibrer (trastornar) | désaxer, déséquilibrer; *la guerra ha desquiciado a muchos hombres* la guerre a désaxé bien des hommes ‖ FAM faire tomber en disgrâce, déboulonner; *desquiciar al gerente de una sociedad* déboulonner le gérant d'une société.

desquitar *v tr* rattraper, reprendre, regagner (la cosa perdida) ‖ dédommager; *desquitar a uno por los estropicios producidos* dédommager quelqu'un des dégâts produits.
◆ *v pr* se dédommager; *desquitarse de una pérdida* se dédommager d'une perte ‖ se rattraper; *hoy no he dormido mucho pero me desquitaré mañana* aujourd'hui je n'ai pas beaucoup dormi mais je me rattraperai demain ‖ prendre sa revanche; *en breve el equipo se desquitó* l'équipe prit bientôt sa revanche ‖ se défouler; *durante las vacaciones se desquita* pendant les vacances il se défoule.

desquite *m* revanche *f*; *tomar un desquite* prendre une revanche ‖ *en desquite* à charge de revanche, en revanche (como contrapartida).

desratización *f* dératisation; *campaña de desratización* opération de dératisation.

desratizar *v tr* dératiser.

desrazonable *adj* FAM déraisonnable.

desregular *v tr* déréguler.

desrielar *v intr* *(amer)* dérailler (descarrilar).

desrizar *v tr* défriser; *desrizar el pelo* défriser les cheveux ‖ MAR larguer les ris.
◆ *v pr* se défriser.

destacado, da *adj* remarquable (notable); *un trabajo destacado* un travail remarquable ‖ saillant, e; *los hechos más destacados* les faits les plus saillants ‖ de choix; *ocupar un lugar destacado en la jerarquía eclesiástica* occuper une place de choix dans la hiérarchie ecclésiastique ‖ *persona destacada* personnalité.

destacamento *m* MIL détachement.

destacar *v tr* MIL détacher (tropas); *destacar unos soldados para una expedición peligrosa* détacher quelques soldats pour une expédition dangereuse ‖ FIG faire ressortir, souligner, mettre en relief *o* en évidence, mettre l'accent sur; *conviene destacar la importancia de esta decisión* il convient de souligner l'importance de cette décision | détacher; *el pintor quiso destacar a sus personajes* le peintre a voulu détacher ses personnages | distinguer; *destacar a una persona* distinguer une personne.
◆ *v intr y pr* briller, se faire remarquer, se distinguer; *destaca por su inteligencia* il brille par son intelligence.
◆ *v pr* se détacher, ressortir (cosas, colores); *la silueta de la torre se destacaba en el cielo* la si-

lhouette de la tour se détachait sur le ciel ‖ se détacher (corredor).

destajo *m* forfait (contrato por un trabajo determinado) ‖ entreprise *f o* travail à forfait (trabajo) ‖ *— a destajo* à forfait, à la pièce, aux pièces, à la tâche, à façon (trabajo), forfaitaire (precio) ‖ FAM *hablar a destajo* trop parler.

destalonar *v tr* éculer; *destalonar el calzado* éculer ses chaussures ‖ détacher [d'un registre à souches] ‖ VETER rogner les sabots [d'un cheval].

destantearse *v pr (amer)* être désorienté, e; se perdre.

destapar *v tr* déboucher (descorchar, desatorar) ‖ découvrir; *destapar un recipiente, la cama* découvrir un récipient, le lit.
◆ *v pr* se découvrir; *destaparse en la cama* se découvrir dans son lit ‖ FIG s'ouvrir à, s'épancher auprès de; *se destapó con su amigo* il s'ouvrit à son ami ‖ se révéler (revelarse) ‖ dévoiler son jeu.

destape *m* débouchage (descorche) ‖ FAM striptease [cinéma, spectacles] ‖ FIG ouverture, libéralisation.

destapiar *v tr* abattre les murs *o* la clôture; *destapiar una finca* abattre les murs d'une ferme.

destaponar *v tr* déboucher.

destartalado, da *adj* disproportionné, e; mal conçu, e; *una casa destartalada* une maison mal conçue ‖ disloqué, e; démantibulé, e; *un mueble destartalado* un meuble démantibulé.

destechar *v tr* enlever le toit *o* la toiture [d'une maison].

destejar *v tr* enlever les tuiles; *destejar una casa* enlever les tuiles d'une maison ‖ FIG exposer, laisser à découvert *o* sans abri (descubrir).

destejer *v tr* détisser, défaire; *Penélope destejía por la noche la tela que tejía durante el día* Pénélope défaisait la nuit la toile qu'elle tissait le jour ‖ FIG détruire, défaire.

destellar *v intr* briller, étinceler (brillar) ‖ scintiller (estrellas).
◆ *v tr* émettre; *destellar rayos de luz* émettre des rayons de lumière ‖ *destellar chispas* pétiller.

destello *m* scintillement (de las estrellas) ‖ éclair (luz repentina) ‖ feu, éclat (de un diamante) ‖ FIG éclair, lueur *f*; *destello de genio* éclair de génie.

destemplado, da *adj* emporté, e; irrité, e (irritado); *con voz destemplada* d'une voix irritée ‖ dérangé, e (desconcertado) ‖ désaccordé, e; *un arpa destemplada* une harpe désaccordée ‖ MED qui a un peu de fièvre, légèrement fiévreux, euse ‖ peu harmonieux, euse; criard, e (cuadro) ‖ TECN détrempé, e (acero) ‖ FIG & FAM *despedir con cajas destempladas* renvoyer avec pertes et fracas.

destemplanza *f* intempérie (en el tiempo) ‖ intempérance (abuso) ‖ FIG emportement *m* (impaciencia) | excès *m*, manque *m* de retenue (falta de moderación) ‖ MED fièvre légère.

destemplar *v tr* déranger ‖ MÚS désaccorder ‖ faire infuser (poner en infusión).
◆ *v pr* se déranger, se dérégler ‖ MED avoir un peu de fièvre ‖ FIG s'emporter (irritarse) ‖ TECN se détremper (acero) ‖ *(amer)* avoir mal aux dents (sentir dentera).

desteñir* *v tr* déteindre.
◆ *v pr* déteindre; *desteñirse con el uso* déteindre à l'usage.

desternillarse *v pr desternillarse de risa* rire à gorge déployée, se tordre de rire, se tenir les côtes ‖ *es cosa de desternillarse de risa* c'est désopilant *o* tordant, c'est à mourir de rire.

desterrar* *v tr* exiler, bannir (término político y jurídico) ‖ enlever la terre (quitar la tierra) ‖ FIG bannir, chasser; *desterrar la tristeza* bannir la tristesse; *desterrar la enfermedad* chasser la maladie.
◆ *v pr* s'expatrier, s'exiler.

destetar *v tr* sevrer.
◆ *v pr* être sevré, e ‖ FIG *destetarse uno con* être élevé dans.

destete *m* sevrage.

destiempo (a) *adv* a contretemps, mal à propos; *lo hace todo a destiempo* il fait tout à contretemps.

destierro *m* exil; *vivir en el destierro* vivre dans l'exil *o* en exil ‖ bannissement (término político) ‖ exil, lieu d'exil (lugar).

destilable *adj* distillable.

destilación *f* distillation ‖ distillat *m* (producto) ‖ écoulement *m*, flux *m* (de humores) ‖ *destilación fraccionada* distillation fractionnée.

destiladera *f* alambic *m* (alambique) ‖ *(amer)* filtre *m* (filtro) ‖ armoire, placard *m* (armario).

destilador, ra *adj* qui distille.
◆ *m* distillateur ‖ filtre (filtro) ‖ alambic (alambique).

destilar *v tr* distiller; *destilar vino* distiller du vin; *destilar veneno* distiller du poison ‖ filtrer (filtrar) ‖ exsuder, laisser suinter; *la llaga destila pus* la plaie exsude du pus ‖ *este libro destila una profunda amargura* une profonde amertume se dégage de ce livre.
◆ *v intr* couler goutte à goutte, dégoutter (gotear) ‖ suinter (rezumar).
◆ *v pr* être extrait de *o* obtenu par distillation de; *la gasolina se destila del petróleo* l'essence est obtenue par distillation du pétrole.

destilería *f* distillerie.

destinación *f* destination.

destinar *v tr* destiner à; *destinar un buque al transporte del carbón* destiner un navire au transport du charbon; *destinar a su hijo al foro* destiner son fils au barreau ‖ envoyer; *fue destinado a Madrid para cónsul* il a été envoyé comme consul à Madrid ‖ affecter, envoyer; *militar destinado a Burgos* militaire affecté à Burgos ‖ COM affecter, destiner; *destinar una cantidad* affecter une somme.
◆ *v pr* se destiner (pensar dedicarse).

destinatario, ria *m y f* destinataire; *el destinatario de un paquete* le destinataire d'un paquet.

destino *m* destinée *f*, destin (hado); *un destino desgraciado* un destin malheureux ‖ destination *f*, affectation *f*; *este edificio ha cambiado de destino* ce bâtiment a changé de destination; *el destino de un barco* la destination d'un navire ‖ affectation *f* (de un militar) ‖ place *f*, emploi, situation *f* (colocación, empleo) ‖ *— con destino a* à destination de ‖ *estación* ou *lugar de destino* destination ‖ *llegar a destino* arriver à destination.

destitución *f* destitution; *destitución de un funcionario* destitution d'un fonctionnaire.

destituible *adj* destituable.

destituir* *v tr* destituer; *destituir a un jefe de Estado* destituer un chef d'État.

destorcer* *v tr* détordre (deshacer lo torcido); *destorcer un cable* détordre un câble ‖ redresser

(enderezar); *destorcer una varilla* redresser une baguette.
- *v pr* se détordre || se redresser || MAR dériver (salirse un barco de su ruta).
destorlongo *m (amer)* gaspillage.
destornillado, da *adj y s* FIG étourdi, e (atolondrado) | cinglé, e; toqué, e (loco).
destornillador *m* tournevis || FAM vodka-orange *f* (bebida).
destornillar *v tr* dévisser; *destornillar una bisagra* dévisser une charnière.
- *v pr* se dévisser || FIG perdre la tête, divaguer (perder el juicio).
destrabar *v tr* désentraver (los animales) || dégager (desprender).
- *v pr* se dégager (animales o cosas).
destrenzado, da *adj* dénatté, e; détressé, e *(p us)*; *pelo destrenzado* cheveux dénattés.
destrenzar *v tr* détresser *(p us)* || dénatter, détresser (el pelo).
destreza *f* adresse, habileté; *obrar con destreza* agir avec habileté || dextérité, adresse, habileté; *este prestidigitador tiene mucha destreza* ce prestidigitateur a beaucoup de dextérité || *(ant)* escrime (esgrima).
destripador, ra *adj y s* éventreur, euse.
destripamiento *m* étripage (del pescado).
destripar *v tr* étriper (quitar las tripas) || éventrer (herir en el vientre o abrir una cosa); *destripar un sillón* éventrer un fauteuil || écrabouiller (despachurrar) || FIG couper son effet à quelqu'un || AGRIC *destripar los terrones* émotter.
destrísimo, ma *adj* très adroit, e; très habile.
destrizar *v tr* mettre en pièces, réduire en miettes.
destronamiento *m* détrônement.
destronar *v tr* détrôner.
destroncar *v tr* couper, abattre (un árbol) || FIG disloquer, démettre (un miembro) | couper les ailes (embarazar a uno) | éreinter, épuiser (cansar) | interrompre, couper (un discurso) | tronquer (cortar) || *(amer)* déraciner (descuajar).
destroyer *m* MAR destroyer (destructor).
destrozar *v tr* mettre en pièces, déchirer; *destrozar un libro* déchirer un livre || mettre en pièces, briser, casser, démolir (romper) || abîmer (estropear) || défaire; *en un minuto ha destrozado todo lo que yo había hecho* en une minute il a défait tout ce que j'avais fait || MIL défaire, mettre en déroute, tailler en pièces (derrotar) || FIG briser, déchirer; *destrozar el corazón de alguien* briser le cœur de quelqu'un | briser; *destrozar la carrera de alguien* briser la carrière de quelqu'un | démolir (la salud) | bouleverser, détruire; *su llegada ha destrozado mis planes* son arrivée a bouleversé mes plans | détruire, anéantir; *este niño ha destrozado la fortuna de sus padres* cet enfant a anéanti la fortune de ses parents | épuiser, éreinter; *la realización de tal obra destroza a cualquiera* la réalisation d'un tel ouvrage épuise n'importe qui | *estar destrozado* être éreinté *o* épuisé *o* fourbu *o* rompu (cansado), être accablé *o* à plat (abatido).
- *v pr* se briser || *destrozarse trabajando* se tuer au travail.
destrozo *m* destruction *f* (acción) || désastre (resultado) || déroute *f* (derrota).
- *pl* débris (pedazos) || dégâts (daño).

destrozón, ona *adj y s* FIG brise-tout *inv*.
destrucción *f* destruction.
destructivo, va *adj* destructif, ive.
destructor, ra *adj y s* destructeur, trice.
- *m* MAR destroyer.
destrueco; destrueque *m* annulation *f* d'un échange.
destruible *adj* destructible.
destruir* *v tr* détruire; *destruir una casa* détruire une maison || détruire, anéantir; *destruir un país* anéantir un pays || FIG détruire, anéantir, ruiner (esperanza, proyecto) || réduire à néant, démolir (argumento).
- *v pr* MAT s'annuler.
desubstanciar *v tr* ⟶ **desustanciar**.
desuello *m* écorchement (acción) || écorchure *f* (herida) || FIG toupet, effronterie *f*, impudence *f* (descaro).
desulfuración *f* désulfuration.
desulfurar *v tr* désulfurer.
desuncir *v tr* dételer [les bœufs].
desunidamente *adv* sans cohérence.
desunión *f* désunion || division; *la desunión de los países* la division des pays.
desunir *v tr* désunir || diviser; *la cuestión de la esclavitud desunió a los norteamericanos* la question de l'esclavage divisa les Américains.
desurdir *v tr* défaire la trame; *desurdir una tela* défaire la trame d'un tissu || FIG déjouer (una intriga).
desusado, da *adj* désuet, ète (anticuado); *modos desusados* mœurs désuètes || désuet, ète; vieilli, e (caído en desuso); *palabra desusada* mot désuet || inusité, e (poco usado) || inhabituel, elle (poco corriente); *hablar en tono desusado* parler sur un ton inhabituel.
desuso *m* désuétude *f*; *caer en desuso* tomber en désuétude.
desustanciar; desubstanciar *v tr* affaiblir (debilitar) || annihiler, neutraliser (desvirtuar) || AGRIC dégraisser (un terreno).
desvaído, da *adj* pâle, terne, éteint, e; passé, e (descolorido) || FIG terne (sin personalidad).
desvainar *v tr* écosser (legumbres).
desvalido, da *adj y s* déshérité, e; *socorrer a los desvalidos* secourir les déshérités.
desvalijador, ra *m y f* dévaliseur, euse.
desvalijamiento; desvalijo *m* dévalisement.
desvalijar *v tr* dévaliser (robar).
desvalimiento *m* abandon, délaissement.
desvalorización *f* dévalorisation (de una cosa) || dévaluation (de la moneda).
desvalorizar *v tr* dévaloriser, dévaluer, déprécier (una cosa) || dévaluer (la moneda).
desván *m* grenier || *desván gatero* grenier non aménagé.
desvanecedor, ra *adj* qui dissipe.
- *m* dégradateur (fotografía).
desvanecer* *v tr* dissiper; *el viento desvanece el humo* le vent dissipe la fumée || pâlir, effacer (colores) || FIG dissiper (errores, dudas, sospechas) || TECN dégrader.
- *v pr* s'évanouir, se dissiper (el humo, etc.) || s'évanouir, s'évaporer (una persona) || pâlir, s'effacer (colores) || s'éventer (el vino) || avoir un

malaise, s'évanouir (desmayarse) ‖ FIG s'effacer (recuerdos) | s'admirer, se pavaner; *se desvanece mucho* il s'admire beaucoup | tirer vanité de, s'enorgueillir de; *se desvanece con sus éxitos* il tire vanité de ses succès.

desvanecido, da *adj* content, contente de soi, vaniteux, euse (presumido) ‖ charmé, e; flatté, e (halagado).
◆ *m* CINEM dégradé.

desvanecimiento *m* évanouissement, disparition *f* (del humo) ‖ effacement (de los colores) ‖ dissipation *f*, éclaircissement (de dudas, errores, sospechas) ‖ évanouissement (síncope) ‖ FIG vanité *f*, prétention *f* (presunción) | arrogance *f* (altanería) ‖ RAD évanouissement [des signaux]; fading.

desvarar *v tr* glisser ‖ MAR déséchouer, remettre à flot, renflouer.
◆ *v pr* glisser.

desvariar *v intr* délirer (enfermo o loco), déraisonner, divaguer (desatinar).

desvarío *m* délire (de enfermo o loco) ‖ FIG absurdité *f*, extravagance *f* (desatino) | égarement, divagation *f*; *los desvaríos de una imaginación enfermiza* les égarements d'une imagination maladive | folie *f*; *la compra de esta casa ha sido un desvarío* l'achat de cette maison a été une folie | monstruosité *f* (monstruosidad) | vicissitude *f*, caprice; *los desvaríos de la fortuna* les caprices de la fortune.

desvelado, da *adj* éveillé, e; *se quedó desvelado toda la noche* il est resté éveillé toute la nuit.

desvelar *v tr* empêcher de dormir, tenir éveillé, e; *el café desvela* le café empêche de dormir ‖ FIG donner des insomnies, empêcher de dormir; *las preocupaciones desvelan a todo el mundo* les soucis donnent des insomnies à tout le monde.
◆ *v pr* se réveiller (despertarse) ‖ FIG se donner du mal, se mettre en quatre (*fam*); *una madre que se desvela por sus hijos* une mère qui se donne du mal pour ses enfants.

desvelo *m* insomnie *f* ‖ mal, peine *f*; *sus desvelos le resultaron inútiles* toutes les peines qu'il a prises n'ont servi à rien ‖ souci, inquiétude *f* (preocupación) ‖ dévouement; *el desvelo por la causa común* le dévouement à la cause commune.

desvencijado, da *adj* branlant, e; déglingué, e (*fam*); *una puerta desvencijada* une porte déglinguée ‖ détraqué, e; déglingué, e (*fam*); *un reloj desvencijado* une horloge détraquée ‖ délabré, e; *casa desvencijada* maison délabrée.

desvencijar *v tr* détraquer, déglinguer (un mecanismo) ‖ délabrer (una casa).

desventaja *f* désavantage *m*; *en su desventaja* à son désavantage ‖ désavantage *m*, inconvénient *m*; *las desventajas de una política* les inconvénients d'une politique.

desventajoso, sa *adj* désavantageux, euse.

desventura *f* malheur *m*, mésaventure, infortune (desgracia).

desventurado, da *adj* y *s* malheureux, euse; infortuné, e (desgraciado) ‖ avare, ladre (avariento) ‖ innocent, e (de corto entendimiento).

desvergonzadamente *adv* insolemment, impudemment.

desvergonzado, da *adj* y *s* effronté, e (descarado) ‖ dévergondé, e (sinvergüenza).

desvergonzarse* *v pr* manquer de respect à, être insolent o grossier avec; *desvergonzarse con uno* manquer de respect à quelqu'un ‖ se dévergonder (descomedirse).

desvergüenza *f* effronterie (descaro) ‖ insolence, grossièreté (grosería) ‖ dévergondage *m* (mala conducta).

desvestir* *v tr* dévêtir, déshabiller (desnudar) ‖ *desvestir un santo para vestir otro* déshabiller saint Pierre pour habiller saint Paul.
◆ *v pr* se déshabiller, se dévêtir.

desviación *f* déviation; *desviación de la luz* déviation de la lumière; *desviación de un hueso* déviation d'un os; *hay una nueva desviación en la carretera* il y a une nouvelle déviation sur la route.

desviacionismo *m* déviationnisme.

desviacionista *adj* y *s* déviationniste.

desviar* *v tr* dévier; *desviar una línea, un golpe* dévier une ligne, un coup ‖ détourner, écarter, dévier; *desviar a uno de su camino* détourner quelqu'un de son chemin ‖ FIG détourner, éloigner; *desviar de un proyecto, de las malas compañías* détourner d'un projet, des mauvaises compagnies ‖ dérouter (barco, avión) ‖ détourner; *desviar un río* détourner une rivière; *desviar la conversación* détourner la conversation.
◆ *v pr* dévier ‖ tourner; *desviarse a la derecha* tourner à droite ‖ s'éloigner, s'écarter (alejarse) ‖ se perdre, s'égarer (descaminarse) ‖ MAR dériver (un barco).

desvinculación *f* libération (de un compromiso) ‖ détachement *m*.

desvincular *v tr* délier; *desvincular a uno de un compromiso* délier quelqu'un d'un engagement ‖ détacher; *desvinculado de su familia* détaché de sa famille.

desvío *m* déviation *f* (desviación) ‖ FIG détachement, désaffection *f*; *el desvío de este hijo respecto a su madre* le détachement de ce fils pour sa mère ‖ (*amer*) voie de dégagement (ferrocarril).

desvirgar *v tr* déflorer.

desvirtuar *v tr* affaiblir (quitar la fuerza) ‖ fausser (alterar) ‖ FIG dénaturer; *desvirtuar su pensamiento* dénaturer sa pensée.

desvitrificación *f* dévitrification.

desvitrificar *v tr* dévitrifier.

desvivirse *v pr* désirer vivement o ardemment, mourir d'envie de; *desvivirse por ir al teatro* mourir d'envie d'aller au théâtre ‖ être fou de; *desvivirse por una chica* être fou d'une jeune fille ‖ se dépenser, se mettre en quatre (*fam*); *desvivirse por sus amigos* se mettre en quatre pour ses amis.

desyerbar *v tr* désherber, sarcler.

desyugar *v tr* dételer (los bueyes).

detalladamente *adv* en détail.

detallar *v tr* détailler.

detalle *m* détail ‖ FIG attention *f*, gentillesse *f*; *tener miles de detalles con una persona* avoir mille attentions pour quelqu'un ‖ (*amer*) commerce au détail ‖ *al detalle* au détail ‖ *con detalles, con todo detalle* en détail, avec des détails, par le menu ‖ *con todo lujo de detalles* avec un luxe de détails ‖ — *ahí está el detalle* c'est ça l'astuce ‖ *no meterse en detalles* ne pas entrer dans les détails ‖ *no perder detalle* ne pas perdre une miette ‖ *sin entrar en detalles* sans entrer dans les détails ‖ FIG *tener un buen detalle* avoir un beau geste.

detallista *m y f* détaillant, e (comerciante).
detección *f* détection ‖ MED dépistage *m*.
detectar *v tr* détecter; *detectar aviones enemigos* détecter des avions ennemis.
detective *m y f* détective; *detective privado* détective privé.
detectivesco, ca *adj* de détective.
detector, ra *adj y s* FÍS & ELECTR détecteur, trice ‖ — *detector de mentiras* détecteur de mensonges ‖ *detector de metales* détecteur de métaux ‖ *detector de minas* détecteur de mines.
detención *f* arrêt *m*; *la detención de los negocios* l'arrêt des affaires; *detención en ruta* arrêt en cours de route ‖ attention; *examinar con detención* examiner avec attention ‖ retard *m*, délai *m* (dilación); *le llamé y vino sin detención* je l'appelai et il vint sans retard ‖ arrestation (apresamiento) ‖ DR détention (prisión).
detener* *v tr* arrêter (parar) ‖ DR arrêter (arrestar); *detener a un ladrón* arrêter un voleur ‖ détenir (mantener preso) ‖ retarder, retenir (retrasar) ‖ détenir, garder, conserver (guardar); *detener un objeto* garder un objet ‖ *detener la mirada en* arrêter ses regards sur.
◆ *v pr* s'arrêter; *detenerse mucho tiempo en un paraje, en una idea* s'arrêter longtemps dans un endroit, sur une idée ‖ s'attarder (estar mucho tiempo); *detenerse en casa de amigos* s'attarder chez des amis.
detenidamente *adv* longuement, attentivement; *mirar detenidamente algo* regarder longuement quelque chose ‖ avec attention, attentivement; *estudiar detenidamente un problema* étudier attentivement un problème.
detenido, da *adj y s* détenu, e (preso).
◆ *adj* long, longue; minutieux, euse; approfondi, e (minucioso); *un estudio detenido* une étude approfondie ‖ indécis, e; irrésolu, e (irresoluto).
detenimiento *m* arrêt (arresto) ‖ retard (tardanza) ‖ soin, minutie *f*, attention *f* (cuidado).
detentación *f* DR détention (posesión ilegal).
detentador, ra *adj y s* DR détenteur, trice.
detentar *v tr* DR détenir (poseer).
detentor, ra *m y f* DR détenteur, trice.
detergente *adj y s m* détergent, e; détersif, ive.
deterger *v tr* déterger (limpiar); *deterger una herida* déterger une plaie.
deterioración *f* détérioration.
deteriorar *v tr* abîmer, détériorer (estropear) ‖ FIG détériorer.
◆ *v pr* se détériorer ‖ FIG se détériorer, se dégrader, empirer.
deterioro *m* détérioration *f*.
determinable *adj* déterminable.
determinación *f* détermination; *la determinación de una fecha* la détermination d'une date ‖ décision, détermination; *mostrar determinación* faire preuve de décision ‖ *tener poca determinación* être indécis.
determinado, da *adj* déterminé, e; résolu, e; décidé, e (carácter) ‖ précis, e; fixé, e; déterminé, e; *un día determinado* un jour fixé ‖ GRAM défini, e ‖ réglé, e; fixé, e; *disposiciones determinadas de antemano* dispositions réglées d'avance.
determinante *adj y s m* déterminant, e.

determinar *v tr* déterminer; *determinar las causas de un accidente* déterminer les causes d'un accident ‖ fixer, déterminer; *determinar la fecha* fixer la date ‖ déterminer, décider; *esto me determinó a hacerlo* cela m'a décidé à le faire; *determinaron firmar la paz* ils décidèrent de signer la paix ‖ DR statuer sur, se prononcer sur (sentencia).
◆ *v pr* se déterminer, se décider (decidir).
determinismo *m* déterminisme.
determinista *adj y s* déterministe.
detestable *adj* détestable.
detestar *v tr* détester, avoir horreur de, avoir en horreur; *detestar los viajes* détester les voyages.
detonación *f* détonation.
detonador *m* détonateur (fulminante).
detonante *adj y s m* détonant, e; *mezcla detonante* mélange détonant.
detonar *v intr* détoner (hacer explosión).
— OBSERV No se confunda con el francés *détonner* (con *nn*), que significa *desentonar*.
detracción *f* médisance, dénigrement *m* (murmuración) ‖ déviation (desvío).
detractor, ra *adj y s* détracteur, trice.
detraer* *v tr* détracter, dénigrer (desacreditar) ‖ soustraire (sustraer) ‖ dévier (desviar).
detrás *adv* derrière; *herir por detrás* blesser par derrière ‖ — *detrás de* derrière; *detrás de la casa* derrière la maison.
detrimento *m* détriment; *en detrimento de* au détriment de; *en detrimento suyo* à son détriment.
detrítico, ca *adj* GEOL détritique; *formación detrítica* formation détritique.
detrito; detritus *m* détritus.
deuda *f* dette; *tener una deuda con uno* avoir une dette envers quelqu'un; *pagar una deuda* payer une dette ‖ RELIG péché *m*, offense; *perdónanos nuestras deudas* pardonne-nous nos offenses ‖ — *deuda a largo plazo* dette à long terme ‖ *deuda amortizable* dette amortissable ‖ *deuda consolidada* dette consolidée ‖ *deuda exterior* dette extérieure ‖ *deuda flotante* dette flottante ‖ *deuda perpetua* dette perpétuelle ‖ *deuda pública* dette publique ‖ — *contraer deudas* faire des dettes ‖ *estar en deuda con uno* être en reste avec quelqu'un, avoir une dette envers quelqu'un ‖ *lo prometido es deuda* chose promise, chose due; ce qui est promis est promis.
deudo, da *m y f* parent, e.
◆ *m* parenté *f* (parentesco) ‖ *mis deudos* mes proches.
— OBSERV *Deudos* au pluriel a le sens, non pas de *père et mère* qu'a souvent *parents* en français, mais de famille, parenté (ensemble de parents).
deudor, ra *adj y s* débiteur, trice ‖ — *saldo deudor* solde dû ‖ FIG *ser deudor de una persona* avoir des dettes envers quelqu'un.
deutón *m* QUÍM deuton, deutéron.
devaluación *f* dévaluation (moneda).
devaluar *v tr* dévaluer.
devanado *m* ELECTR bobinage, enroulement.
devanador, ra *adj y s* dévideur, euse; bobineur, euse.
◆ *m* bobine *f* (carrete) ‖ dévidoir (de máquina de coser) ‖ (amer) dévidoir (devanadera).
devanar *v tr* dévider (hacer un ovillo) ‖ bobiner, enrouler (hacer un carrete) ‖ FAM *devanarse los sesos* se creuser la cervelle o les méninges o la tête.

devaneo *m* amourette *f*, caprice (amorío) ‖ divagation *f*, élucubration *f* (delirio) ‖ frivolité *f*, bagatelle *f* (fruslería).

devastación *f* dévastation.

devastador, ra *adj y s* dévastateur, trice.

devastar *v tr* dévaster (destruir); *casa devastada* maison dévastée ‖ ravager (asolar) ‖ *regiones devastadas* régions sinistrées (después de la guerra).

devengado, da *adj* COM échu, e (los créditos); *intereses devengados* intérêts échus.

devengar *v tr* gagner, toucher (salario) ‖ rapporter (intereses).

devenir* *v tr* (*p us*) survenir (suceder) ‖ FILOS devenir (cambiarse en).

◆ *m* FILOS devenir.

devoción *f* dévotion; *cumplir con sus devociones* faire ses dévotions; *La devoción de la Cruz* «La Dévotion à la Croix» (obra de Calderón) ‖ FIG dévotion, sympathie (afición) ‖ coutume, habitude (costumbre); *tengo por devoción pasear todos los días* j'ai pour habitude de me promener tous les jours ‖ — FIG *estar a la devoción de uno* être à la dévotion de quelqu'un | *no es santo de mi devoción, no le tengo mucha devoción* je ne le porte pas dans mon cœur, je n'ai aucune sympathie pour lui.

devocionario *m* paroissien, missel.

devolución *f* dévolution (*p us*), restitution, renvoi *m* ‖ remboursement *m*; *devolución del importe de una entrada* remboursement d'une place ‖ COM rendu *m*; *no se admiten devoluciones* on n'accepte pas les rendus ‖ retour *m* (correo); *devolución al remitente* retour à l'expéditeur *o* à l'envoyeur ‖ HIST *guerra de Devolución* guerre de Dévolution.

devolutivo, va; devolutorio, ria *adj* DR dévolutif, ive.

devolver* *v tr* rendre, restituer; *devolver un libro prestado* rendre un livre emprunté ‖ FIG rendre; *devolver la vista* rendre la vue ‖ rendre, dégager de; *devolverle la palabra a uno* rendre sa parole à quelqu'un, dégager quelqu'un de sa parole | rendre (un favor, una visita) ‖ retourner, renvoyer, réexpédier (correo); *devolver una carta* retourner une lettre ‖ rembourser; *devolver el importe de las entradas* rembourser le prix des billets; *devolver el dinero* rembourser l'argent ‖ retourner; *devolver el cumplido a alguien* retourner son compliment à quelqu'un ‖ FAM rendre (vomitar) ‖ — *devolver (el) bien por (el) mal* rendre le bien pour le mal ‖ *devolver la palabra* rendre la parole (a un orador) ‖ *devolver la pelota* renvoyer la balle ‖ *devuélvase al remitente* retour à l'envoyeur (en el correo).

◆ *v pr* (*amer*) revenir (volver).

devorador, ra *adj* dévorant, e; *hambre devoradora* faim dévorante.

◆ *m y f* dévoreur, euse; dévorateur, trice.

◆ *adj y s f* FAM (mujer) devoradora de hombres mangeuse d'hommes.

devorar *v tr* dévorer; *el fuego lo devora todo* le feu dévore tout ‖ FIG dévorer (destruir) | dissiper (arruinar) | dévorer; *devorar una novela* dévorer un roman; *devorar con los ojos* dévorer des yeux ‖ *devorar sus lágrimas* avaler ses larmes.

devoto, ta *adj y s* dévot, e (piadoso); *devoto de la Virgen* dévot à la Vierge ‖ pieux, euse; *imagen devota* image pieuse ‖ dévoué, e; *su muy devoto* votre tout dévoué; *devoto de su amo* dévoué à son maître ‖ *ser devoto de la Virgen del puño* être avare comme Harpagon.

◆ *m* patron (santo).

— OBSERV Le mot espagnol *devoto* n'a pas le sens péjoratif que prend souvent le terme français *dévot*.

dexteridad *f* dextérité.

dextrina *f* QUÍM dextrine.

deyección *f* déjection ‖ GEOL *cono de deyección* cône de déjections.

deyector *m* déjecteur.

dezmar *v tr* → **diezmar**.

DGE abrev de *Dirección General de Empleo* Direction générale de l'emploi [Espagne].

DGIEE abrev de *Dirección General del Instituto Español de Emigración* Direction générale de l'émigration [Espagne].

DGS abrev de *Dirección General de Sanidad* Direction générale de la Santé [Espagne].

DGT abrev de *Dirección General de Tráfico* Direction générale de la circulation [Espagne].

Dhaka *n pr* GEOGR → **Dacca**.

día *m* jour; *día y noche* jour et nuit; *el día que llegues* le jour où tu arriveras ‖ journée *f*; *un día hermoso, soleado* une belle journée, une journée ensoleillée; *durante el día* pendant la journée; *pasar el día trabajando* passer la journée à travailler ‖ le [quantième]; *el día 15 de mayo* le 15 mai ‖ fête *f* (onomástica); *hoy es mi día* c'est aujourd'hui ma fête ‖ temps; *hace buen día* il fait beau temps ‖ — *día artificial* jour artificiel ‖ *día civil* jour civil ‖ *día D* jour J ‖ *día de año nuevo* jour de l'an ‖ *día de asueto* jour de congé ‖ *día de carne* jour gras ‖ *día de Ceniza* jour des Cendres ‖ *día de descanso* jour de repos (trabajo), relâche (teatro) ‖ *día de fiesta* ou *festivo* jour de fête ‖ *día de huelga* jour de grève ‖ *día de la Madre* fête des mères ‖ *día del Corpus* fête-Dieu ‖ *día del juicio final* jour du jugement dernier ‖ *día de (los) difuntos* jour des morts ‖ *día de los inocentes* jour des Innocents [28 décembre, équivalent du 1er avril en France] ‖ *día de paga* ou *de cobro* jour de paie ‖ *día de precepto* ou *de guardar* jour liturgique ‖ *día de recibo* jour de réception ‖ *día de Reyes* jour des Rois ‖ *día de trabajo* jour ouvrable ‖ *día de vigilia* ou *de viernes* ou *de pescado* jour d'abstinence *o* maigre ‖ *día feriado* ou *festivo* jour férié ‖ *día hábil* jour ouvré ‖ *día inhábil* jour chômé ‖ *día laborable* jour ouvrable ‖ *día lectivo* jour de classe ‖ *día libre* jour de repos ‖ — *a días* certains jours ‖ *a la luz del día* en plein jour ‖ *al día* à jour (al corriente); *poner al día* mettre à jour; au jour le jour; *vivir al día* vivre au jour le jour (con estrechez); *la vida madrileña al día* la vie madrilène au jour le jour (cotidiana), par jour; *dos litros al día* deux litres par jour; à la journée; *alquilar una habitación al día* louer une chambre à la journée ‖ *al otro día, al día siguiente* le lendemain ‖ *a tantos días vista* ou *fecha* à tant de jours de vue *o* de date ‖ *¡buenos días!* bonjour! ‖ *cada día más, cada día menos* de plus en plus, de moins en moins; *es cada día más feliz* il est de plus en plus heureux ‖ *cada dos, tres días* tous les deux, trois jours ‖ *cierto día* un beau jour ‖ *como del día a la noche* comme le jour et la nuit [se ressembler] ‖ *cualquier día* un de ces jours ‖ *de cada día* de chaque jour ‖ *de día en día* de jour en jour ‖ *del día* du jour (fresco, reciente), à la mode, dernier cri (de moda) ‖ *de un día a* ou *para otro* d'un jour à l'autre ‖ *día por día* jour pour jour; *se llevan un año de diferencia día por día* ils ont un an de différence jour pour jour ‖ *día tras día* jour après jour, pendant des jours et des jours ‖ *el día de hoy* au jour d'aujourd'hui ‖ *el día de mañana* demain (mañana), un jour prochain, plus tard (en tiempo venidero) ‖ *el día de San* la Saint-; *el día de San Juan* la Saint-Jean ‖ *el mejor día, el día menos pensado* quand on s'y attend le moins, un beau jour ‖ *el pan nuestro de cada día* notre pain quotidien ‖ *en su día* en son temps, en temps voulu ‖ *en sus mejores días* dans ses beaux jours ‖ *¡hasta otro día!* à la prochaine! ‖ *hoy día, hoy en día, en nuestros días* de nos jours, à notre époque, à l'heure actuelle, aujourd'hui ‖ *hoy, día 22 de enero* aujourd'hui, 22 janvier ‖ *(amer) los otros días* l'autre jour ‖ *si algún día* si jamais; *si algún día lo encuentras* si jamais tu le rencontres ‖ FAM *todo el santo día* à longueur de journée, toute la sainte journée ‖ *un buen día* un beau jour, un beau matin ‖ *un día de éstos* un de ces jours, un de ces quatre matins (fam) ‖ *un día señalado* un grand jour ‖ *un día sí y otro no* tous les deux jours, un jour sur deux — *al romper* ou *al despuntar* ou *al rayar el día* au petit jour ‖ *cada día trae su afán* à chaque jour suffit sa peine ‖ *dar los buenos días* dire bonjour, souhaiter le bonjour ‖ *dar los días a uno* souhaiter la fête à quelqu'un ‖ *dejar para el día del juicio final* renvoyer aux calendes grecques ‖ *estar al día* être à jour (sin retraso), être à la page (de moda) ‖ *hacerse de día* paraître [le jour]; *se está haciendo de día* le jour paraît ‖ FAM *hay más días que longanizas* il y a plus de jours que de semaines, rien ne presse ‖ *mañana será otro día* demain il fera jour ‖ *no todos los días son iguales* les jours se suivent et ne se ressemblent pas ‖ *romper el día* se lever [le jour] ‖ *ser de día* faire jour ‖ *ser muy de día* faire grand jour ‖ *tener días* avoir ses bons et ses mauvais jours.

◆ *pl* jours (vida); *hasta el fin de sus días* jusqu'à la fin de ses jours ‖ *en los días de* du vivant de, au temps de ‖ *en mis días* de mon temps ‖ *tiene contados los días* ses jours sont comptés.

— OBSERV *Journée* tiene un valor más relativo que *jour* y se refiere sobre todo al empleo del tiempo durante el curso del día: *un día de trabajo* une journée de travail.

— OBSERV *Día* s'emploie souvent explétivement en Amérique: *el día sábado* le samedi.

diabetes *f* MED diabète *m*; *diabetes insípida, sacarina* diabète insipide, sucré.

diabético, ca *adj* y *s* MED diabétique.

diablesa *f* FAM petite diablesse.

diablillo *m* diable (disfraz) ‖ FIG & FAM diable, diablotin (persona traviesa).

diablo *m* diable ‖ FIG diable; *este niño es un diablo* cet enfant est un diable ‖ *(amer)* fardier (carromato) ‖ — ZOOL *diablo de Tasmania* diable de Tasmanie ‖ *al diablo au diable* ‖ *¡cómo diablos!, ¡qué diablos!* que diable! ‖ FIG *como un* ou *el diablo* en diable, énormément ‖ *del diablo, de todos los diablos* de tous les diables ‖ *(amer) diablos azules* delirium tremens ‖ *el diablo cojuelo* le diable boiteux ‖ *el diablo encarnado* ou *hecho carne* le diable incarné ‖ *un pobre diablo* un pauvre diable ‖ — *anda el diablo en Cantillana* le diable s'en mêle ‖ *andar* ou *estar como el diablo* être dans un état déplorable ‖ FIG *darse uno al diablo* devenir fou furieux (irritarse), s'abandonner au désespoir (desesperarse) ‖ *(amer) donde el diablo perdió el poncho* au diable vauvert ‖ *el diablo que lo entienda* du diable si je comprends ‖ *ése es el diablo* c'est là o voilà le diable ‖ FIG *eso pesa como un diablo* cela pèse très lourd ‖ *harto de carne el diablo se metió a fraile* quand le diable fut vieux, il se fit ermite ‖ *más sabe el diablo por viejo que por diablo* ce n'est pas aux vieux singes qu'on apprend à faire la grimace ‖ *no es tan feo el diablo como lo pintan* le diable n'est pas si noir qu'il en a l'air ‖ *no temer ni a Dios ni al diablo* ne craindre ni Dieu ni diable, n'avoir ni foi ni loi ‖ *tener el diablo en el cuerpo, ser la piel del diablo* avoir le diable au corps ‖ *¡váyase al diablo!* allez au diable!

diablura *f* diablerie; *las diabluras de los niños* les diableries des enfants ‖ niche (travesura) ‖ merveille, prouesse; *este malabarista hace diabluras con sus aros* ce jongleur fait des merveilles avec ses cerceaux ‖ *hacer diabluras* faire le diable.

diabólico, ca *adj* diabolique.

diábolo; diávolo *m* diabolo (juguete).

diaconado *m* diaconat.

diácono *m* diacre; *ordenar diácono* ordonner diacre.

diacrítico, ca *adj* GRAM & MED diacritique.

diacronía *f* diachronie.

diacrónico, ca *adj* diachronique.

díada *f* dyade (pareja).

diadema *f* diadème *m* (corona) ‖ serre-tête *m*.

diáfano, na *adj* diaphane.

diafonía *f* diaphonie.

diafragma *m* ANAT & BOT diaphragme ‖ TECN diaphragme (foto, fonógrafo); *diafragma iris* diaphragme à iris ‖ diaphragme (anticonceptivo).

diagnosis *f* MED diagnose.

diagnosticar *v tr* diagnostiquer.

diagnóstico, ca *adj* MED diagnostique.

◆ *m* MED diagnostic.

diagonal *adj* diagonal, e.
◆ *f* diagonale ‖ *en diagonal* en diagonale.

diagrama *m* diagramme; *diagrama de barras* diagramme en bâtons.

dial *m* cadran (de radio).

dialectal *adj* dialectal, e.

dialéctica *f* dialectique.

dialecto *m* dialecte (variante regional) ‖ langue *f* (idioma derivado).

dialectología *f* dialectologie.

diálisis *f* QUÍM & MED dialyse.

dializador *m* QUÍM dialyseur.

dialogar *v intr* dialoguer.

diálogo *m* dialogue.

diamagnético, ca *adj* ELECTR diamagnétique.

diamantado, da *adj* diamanté, e.

diamante *m* diamant; *diamante en bruto* diamant brut ‖ FIG *bodas de diamante* noces de diamant ‖ *edición diamante* édition diamant ‖ — FIG *ser un diamante en bruto* être mal dégrossi.

diamantista *m* y *f* diamantaire.

diametralmente *adv* diamétralement; *diametralmente opuesto* diamétralement opposé.

diámetro *m* GEOM diamètre ‖ alésage (de cilindro de motor).

diamidofenol *m* diamidophénol (revelador).

diana *f* MIL diane; *tocar diana* sonner la diane ‖ mouche (blanco); *hacer diana* faire mouche.

¡dianche!; ¡diantre! *interj* FAM diantre!

diapasón *m* MÚS diapason ‖ touche *f* (del mástil de un instrumento de cuerda) ‖ *bajar* ou *subir el diapasón* changer de diapason.

diaporama *m* diaporama.
diapositiva *f* FOT diapositive.
diariamente *adv* journellement, quotidiennement, chaque jour.
diario, ria *adj* journalier, ère; de chaque jour, quotidien, enne.
◆ *m* journal, quotidien (periódico); *los diarios de la mañana* les journaux du matin ‖ journal (relación histórica) ‖ COM journal, livre-journal ‖ dépense *f* quotidienne (gasto diario) ‖ *— a ou de diario* journellement, tous les jours ‖ MAR *diario de a bordo* livre *o* journal de bord ‖ *diario de sesiones* journal des débats, registre des procès-verbaux ‖ *diario dominical* journal du dimanche ‖ *diario hablado* journal parlé ‖ *— traje de diario* habit de tous les jours.
diarrea *f* MED diarrhée; *tener diarrea* avoir la diarrhée ‖ FAM *diarrea mental* salade (confusión).
diarreico, ca *adj* MED diarrhéique.
diartrosis *f* ANAT diarthrose.
diáspora *f* diaspora.
diástole *f* ANAT diastole (dilatación del corazón) ‖ GRAM diastole (cambio de una sílaba).
diastólico, ca *adj* diastolique.
diastrofia *f* MED dislocation articulaire.
diatónico, ca *adj* MÚS diatonique; *escala diatónica* gamme diatonique.
diatriba *f* diatribe; *lanzar* ou *dirigir una diatriba* lancer une diatribe.
dibujante *adj y s* dessinateur, trice.
dibujar *v tr* dessiner; *dibujar con* ou *a pluma, con* ou *a lápiz, a pulso, del natural, a la aguada* dessiner à la plume, au crayon, à main levée, d'après nature, au lavis ‖ FIG peindre (describir), dessiner (un carácter).
◆ *v pr* FIG se dessiner, se préciser.
dibujo *m* dessin; *dibujo al carbón, a lápiz, a pluma* dessin au fusain, au crayon, à la plume ‖ *— dibujo a pulso, del natural* dessin à main levée, d'après nature ‖ CINEM *dibujos animados* dessins animés ‖ *— academia de dibujo* école de dessin ‖ FAM *meterse en dibujos* entrer dans les détails.
dic.; dicbre. abrev *de diciembre* décembre.
dicción *f* diction (modo de pronunciar) ‖ mot *m* (palabra).
diccionario *m* dictionnaire; *diccionario bilingüe, de bolsillo, electrónico* dictionnaire bilingue, de poche, électronique.
diccionarista *m y f* lexicographe.
dicente *adj* qui dit.
◆ *m y f* diseur, euse.
diciembre *m* décembre; *el 25 de diciembre* le 25 décembre.
dicotiledón; dicotiledóneo, a *adj y s* BOT dicotylédoné, e; dicotylédone.
dicotomía *f* dichotomie.
dicromático, ca *adj* dichromatique.
dictado, da *adj* dicté, e.
◆ *m* titre (dignidad) ‖ dictée *f*; *hacer un dictado, dictado musical* faire une dictée, dictée musicale; *escribir al dictado* écrire sous la dictée.
◆ *pl* préceptes, commandements; *los dictados de la conciencia* les préceptes de la conscience.
dictador *m* dictateur.

dictadura *f* dictature; *dictadura del proletariado* dictature du prolétariat.
dictáfono *m* dictaphone.
dictamen *m* opinion *f*; *abundo en su dictamen* je me range à votre opinion ‖ avis; *dar un dictamen desfavorable* donner un avis défavorable ‖ rapport; *dictamen de los peritos, de las comisiones* rapport des experts, des commissions ‖ *— dictamen médico* diagnostic ‖ *dictamen pericial* expertise ‖ *tomar dictamen de un amigo* prendre conseil d'un ami.
dictaminar *v tr* opiner, estimer; *el grafólogo dictamina que la letra es la de un tímido* le graphologue estime que c'est l'écriture d'un timide ‖ conseiller (dar consejo) ‖ se prononcer; *han dictaminado sobre el proyecto de ley* ils se sont prononcés sur le projet de loi ‖ prescrire (un médico) ‖ DR rapporter (en un juicio).
dictar *v tr* dicter; *dictar una carta* dicter une lettre ‖ édicter (leyes), passer (decreto), donner (órdenes) ‖ *— dictar disposiciones* prendre des mesures ‖ *dictar la ley* faire la loi ‖ *(amer) dictar una conferencia* donner une conférence.
dictatorial *adj* dictatorial, e; *poderes dictatoriales* pouvoirs dictatoriaux.
dicterio *m* insulte *f*.
dicha *f* bonheur *m* (felicidad) ‖ chance (buena suerte); *ser un hombre de dicha* avoir de la chance ‖ *— nunca es tarde si la dicha es buena* mieux vaut tard que jamais ‖ *por dicha* heureusement, par bonheur.
dicharachero, ra *adj y s* FAM rigolo, ote; petit rigolo, petite rigolote.
dicho, cha *p p de decir y adj* dit, e; *es cosa dicha* c'est chose dite ‖ *— dicho de otro modo* autrement dit ‖ *dicho sea de paso* soit dit en passant ‖ *dicho y hecho* aussitôt dit, aussitôt fait ‖ *mejor dicho* plutôt; *alto, o mejor dicho gigantesco* grand, ou plutôt gigantesque ‖ *téngalo por dicho* tenez-vous-en pour dit.
◆ *adj dem* ce, cette; *dicha ciudad* cette ville.
◆ *m* pensée *f*, sentence *f*, mot; *un dicho de Cicerón* une pensée de Cicéron ‖ phrase *f*, parole *f*, propos *pl*; *un dicho desacertado* une phrase malheureuse ‖ dicton (refrán) ‖ FAM injure *f*, insulte *f* (insulto) ‖ DR déposition *f*, déclaration *f* ‖ *— dicho de las gentes* rumeur publique ‖ *dicho gracioso* bon mot, mot pour rire ‖ *— del dicho al hecho hay mucho* ou *un gran trecho* faire et dire sont deux, promettre et tenir c'est deux ‖ *lo dicho* ce qui a été dit *o* convenu; *lo dicho ayer vale todavía* ce qui a été dit hier tient toujours ‖ *lo dicho* ce qui est dit est dit.
◆ *pl* consentement *sing* (des époux); *tomarse los dichos* échanger leur consentement ‖ fiançailles *f* (esponsales).
— OBSERV El plural del adjetivo demostrativo es *ces*.
dichosamente *adv* heureusement.
dichoso, sa *adj* heureux, euse; *dichoso con su suerte* heureux de son sort ‖ FIG & FAM ennuyeux, euse; assommant, e (molesto); *¡dichoso niño!* quel enfant assommant!; *¡dichosa visita!* quelle visite ennuyeuse! ‖ de malheur, sacré, e; maudit, e; *ese dichoso individuo* ce sacré individu, cet individu de malheur | maudit, e; sacré, e; *ese dichoso trabajo me impide salir* ce maudit travail m'empêche de sortir.
didáctico, ca *adj y s f* didactique.
didactismo *m* didactisme.

diecinueve *adj y s m* dix-neuf; *somos diecinueve personas* nous sommes dix-neuf personnes; *hoy estamos a 19 de enero* aujourd'hui nous sommes le 19 janvier; *el 19 de mayo* le 19 mai ‖ *el siglo XIX (diecinueve)* le XIXe [dix-neuvième] siècle.
diecinueveavo, va *adj y s* dix-neuvième.
dieciochavo, va *adj y s* dix-huitième ‖ *en dieciochavo (en 18.°)* in-dix-huit (in-18).
dieciochesco, ca; dieciochista *adj* du XVIIIe siècle.
dieciocho *adj y s m* dix-huit; *llegaron el 18 de enero* ils sont arrivés le 18 janvier ‖ *el siglo XVIII (dieciocho)* le XVIIIe [dix-huitième] siècle.
dieciséis *adj y s m* seize; *el 16 de julio* le 16 juillet ‖ *el siglo XVI (dieciséis)* le XVIe [seizième] siècle.
dieciseisavo, va *adj y s* seizième [fraction] ‖ *en dieciseisavo (en 16.°)* in-seize (in-16).
diecisiete *adj y s m* dix-sept; *me voy el 17* je pars le 17 ‖ *el siglo XVII (diecisiete)* le XVIIe [dix-septième] siècle.
diecisieteavo, va *adj y s* dix-septième.
dieléctrico, ca *adj y s m* diélectrique.
dielectrólisis *f* diélectrolyse.
Dien Bien Phu *n pr* GEOGR Diên Biên Phu.
diente *m* dent *f*; *diente de leche* dent de lait; *diente picado* dent gâtée ‖ dent *f* (de una sierra, engranaje) ‖ ARQ pierre *f* d'attente (adaraja) ‖ — *diente canino* ou *columelar* croc (de animal) ‖ *diente de ajo* gousse d'ail ‖ *diente de león* dent-de-lion, pissenlit ‖ TECN *diente de lobo* dent à brunir ‖ *diente incisivo* incisive ‖ *diente molar* molaire ‖ *dientes postizos* fausses dents ‖ — *con todos sus dientes* à belles dents (morder, desgarrar) ‖ — FIG & FAM *aguzarse los dientes* se faire la main ‖ *alargársele a uno los dientes* en avoir l'eau à la bouche (desear) ‖ *armado hasta los dientes* armé jusqu'aux dents ‖ *crujirle* ou *rechinarle a uno los dientes* grincer des dents ‖ *dar diente con diente, castañetearle a uno los dientes* claquer des dents ‖ *decir de dientes para fuera* dire du bout des lèvres ‖ *echar los dientes, salirle a uno los dientes* faire o percer ses dents (un niño) ‖ *enseñar* ou *mostrar los dientes* montrer les dents ‖ *hablar entre dientes* parler entre ses dents, marmotter (mascullar) ‖ FIG & FAM *hincar el diente en* s'attaquer à (acometer), donner un coup de dent à (maldecir), prendre sa part du gâteau (aprovecharse) ‖ *(amer) pelar el diente* sourire avec complaisance ‖ FIG & FAM *reír de dientes afuera* rire du bout des dents, rire jaune ‖ *tener a uno entre dientes* avoir une dent contre quelqu'un ‖ *tener buen diente* avoir un bon coup de fourchette.
dientudo, da *adj* à grandes dents.
diéresis *f* GRAM diérèse ‖ tréma *m*, diérèse (signo ortográfico) ‖ MED diérèse.
diesel *adj y s m* diesel (motor).
diestra *f* droite, main droite ‖ BLAS dextre.
diestramente *adv* adroitement.
diestro, tra *adj* droit, e; *la mano diestra* la main droite ‖ adroit, e; habile; *diestro en hablar* habile à parler; *diestro en su oficio* habile dans son métier ‖ BLAS dextre ‖ — *a diestro y siniestro* à tort et à travers ‖ *golpear a diestro y siniestro* frapper à droite et à gauche.
◆ *m* TAUROM matador, torero ‖ licou, longe *f* (cabestro) ‖ *(ant)* bretteur.
dieta *f* diète (congreso) ‖ MED diète; *poner a dieta* mettre à la diète ‖ régime *m*; *dieta láctea alta en calorías* régime lacté riche en calories.

◆ *pl* honoraires *m*, vacation *sing* (de juez) ‖ indemnité *sing* de déplacement (de un empleado) ‖ indemnité *sing* parlementaire (de diputados) ‖ per diem *m sing*, indemnité *sing* de séjour.
dietario *m* agenda.
dietético, ca *adj y s f* diététique ‖ *médico dietético* diététicien.
diez *adj* dix; *diez pesetas* dix pesetas.
◆ *m* dix ‖ dizaine *f* (del rosario) ‖ pater (cuenta gruesa del rosario) ‖ dix (naipes) ‖ — *el (día) 10 de mayo* le 10 mai ‖ *el siglo X (diez)* le Xe [dixième]; siècle ‖ FIG *estar en las diez de últimas* être à l'article de la mort, être à la dernière extrémité ‖ *son las diez* il est 10 heures ‖ *unos diez libros* une dizaine de livres.
— OBSERV Les nombres cardinaux de 16 à 19 peuvent s'écrire de deux façons: *diez y seis* ou *dieciséis, diez y siete* ou *diecisiete,* etc.
diezmal *adj* de la dîme.
diezmar; dezmar *v tr* décimer (matar) ‖ payer la dîme (el diezmo).
diezmilésimo, ma *adj y s* dix-millième.
diezmillonésimo, ma *adj y s* dix-millionième.
diezmo *m* dîme *f*.
difamación *f* diffamation; *proceso por difamación* procès en diffamation.
difamador, ra *adj y s* diffamateur, trice.
difamar *v tr* diffamer.
difamatorio, ria *adj y s* diffamatoire, diffamant, e.
difásico, ca *adj* FÍS diphasé, e.
diferencia *f* différence ‖ différend *m* (controversia); *arreglar una diferencia* régler un différend ‖ décalage *m*; *entre París y Washington hay una diferencia de cinco horas* entre Paris et Washington, il y a un décalage de cinq heures ‖ — ELECTR *diferencia de fase* différence de phase ‖ *a diferencia de* contrairement à, à la différence de ‖ *con la sola diferencia de que* à cette différence près que ‖ — *notar la diferencia* sentir o voir la différence ‖ *partir la diferencia* partager la différence, couper la poire en deux (fam).
diferenciación *f* différenciation ‖ MAT différentiation.
— OBSERV Hay que tener en cuenta que en su sentido general la palabra francesa se escribe con una *c* mientras que tratándose de matemáticas se escribe con una *t*.
diferencial *adj* différentiel, elle; *cálculo diferencial* calcul différentiel.
◆ *f* MAT différentielle.
◆ *m* MECÁN différentiel (de coche).
diferenciar *v tr* différencier ‖ MAT différencier, différentier (calcular la diferencial).
◆ *v intr* différer, n'être pas du même avis, diverger (de opinión); *en este punto diferenciamos usted y yo* nous différons sur ce point vous et moi.
◆ *v pr* différer (no estar de acuerdo); *en esta cuestión, nos diferenciamos mucho* nous différons beaucoup sur cette question ‖ différer, être différent (ser diferente) ‖ se distinguer (hacerse notable); *esta chica se diferencia de sus compañeras* cette fille se distingue de ses camarades ‖ différer (ser diferente); *diferenciarse en la conducta* différer par sa conduite.
diferente *adj* différent, e; *diferente a* ou *de* différent de ‖ *diferentes veces* de nombreuses fois, plusieurs fois.

diferido, da *adj* différé, e ‖ *emisión diferida* émission en différé.
diferir* *v tr* différer (aplazar); *diferir la respuesta* différer sa réponse.
◆ *v intr* différer (ser diferente).
difícil *adj* difficile; *difícil de decir* difficile à dire; *cada vez más difícil* de plus en plus difficile; *hacer difícil* rendre difficile ‖ difficile (persona); *difícil de contentar* difficile à contenter ‖ ingrat, e (cara) ‖ — *difícil de llevar* difficile; *este niño es difícil de llevar* cet enfant est difficile; difficile à mener; *negocio difícil de llevar* affaire difficile à mener; difficile à tenir; *cuenta difícil de llevar* compte difficile à tenir; difficile à porter; *traje difícil de llevar* toilette difficile à porter; difficile à suivre; *compás difícil de llevar* rythme difficile à suivre ‖ *no es muy difícil que digamos* on ne peut pas dire que ce soit très difficile.
difícilmente *adv* difficilement; *difícilmente se puede creer* on le croira difficilement.
dificultad *f* difficulté; *vencer dificultades* surmonter des difficultés ‖ ennui *m*, difficulté (problemas) ‖ inconvénient *m* (inconveniente) ‖ *tener dificultad para andar* avoir de la peine *o* du mal à marcher.
◆ *pl* difficultés, embarras *m*; *poner dificultades* faire des difficultés, susciter des embarras ‖ ennuis *m*; *dificultades mecánicas* ennuis mécaniques.
dificultador, ra *adj* à l'esprit compliqué, compliqué, e.
dificultar *v tr* rendre difficile, compliquer (complicar) ‖ gêner (estorbar).
dificultoso, sa *adj* difficultueux, euse; difficile; *trabajo dificultoso* travail difficile ‖ FIG & FAM disgracieux, euse; ingrat, e (rostro) ‖ compliqué, e; qui a l'esprit compliqué.
difluente *adj* MED diffluent, e.
difluir* *v intr* diffluer *(p us)*, se répandre.
difracción *f* FÍS diffraction.
difteria *f* MED diphtérie.
diftérico, ca *adj* MED diphtérique.
difuminar *v tr* estomper.
difuminación *f* estompage *m*, estompement *m* (acción) ‖ fondu *m* (resultado).
difundir *v tr* répandre; *difundir el agua por los campos* répandre l'eau dans les champs ‖ propager; *las ratas difunden las epidemias* les rats propagent les épidémies ‖ diffuser; *difundir la luz, una emisión radiofónica* diffuser la lumière, une émission radiophonique ‖ propager, ébruiter, diffuser, répandre; *difundir una noticia* répandre une nouvelle.
— OBSERV Le verbe *difundir* a deux participes passés: l'un régulier, *difundido*, qui sert à former les temps composés, l'autre irrégulier, *difuso*, employé comme adjectif.
difunto, ta *adj y s* défunt, e ‖ FIG & FAM *difunto de taberna* ivre-mort.
◆ *adj* feu, e; *mi difunto padre* feu mon père.
◆ *m* défunt, disparu (muerto) ‖ — *día de (los) difuntos* jour des morts ‖ *oler a difunto* sentir le cadavre (una habitación), sentir le sapin (antes de morir uno) ‖ FAM *parece que es del difunto* on dirait qu'il a pleuré pour l'avoir *o* qu'il a mis le costume de son petit frère (traje estrecho).
— OBSERV El adjetivo francés *feu* es invariable cuando precede al posesivo o al artículo definido: *feu ma mère*, y variable en el caso contrario: *ma feue mère*.

difusamente *adv* de façon diffuse.
difusión *f* diffusion.
difuso, sa *adj* diffus, e.
difusor *m* diffuseur; *difusor de noticias* diffuseur de nouvelles ‖ TECN diffuseur.
digerible *adj* digestible, digérable, digeste *(fam)*.
digerir* *v tr* digérer ‖ FIG digérer, avaler (una ofensa) ‖ assimiler; *no ha digerido la lección* il n'a pas assimilé la leçon ‖ FAM *no poder digerir a uno* ne pas pouvoir avaler *o* voir quelqu'un.
digestible *adj* digestible.
digestión *f* digestion.
digestivo, va *adj y s m* digestif, ive.
digesto *m* DR digeste.
digital *adj* digital, e; *huellas digitales* empreintes digitales ‖ INFORM digital, e; numérique; *ordenador digital* calculateur numérique.
◆ *f* BOT digitale.
digitalizar *v tr* INFORM digitaliser, numériser.
dígito *m* MAT nombre simple [nombre d'un seul chiffre] ‖ digit (de un ordenador) ‖ *dígito binario* chiffre binaire [bit].
diglosia *f* diglossie (bilingüismo).
dignarse *v pr* daigner; *no se dignó contestarme* il n'a pas daigné me répondre ‖ *dígnese usted hacer lo que le pido* veuillez avoir l'obligeance de faire ce que je vous demande.
dignatario *m* dignitaire.
dignidad *f* dignité ‖ *hablar con dignidad* parler avec gravité.
dignificante *adj* sanctifiant, e (gracia).
dignificar *v tr* rendre *o* déclarer digne.
digno, na *adj* digne; *digno de fe* digne de foi ‖ — *digno de elogio* digne de compliments ‖ *ejemplo digno de imitación* exemple à imiter ‖ — *no ser digno de compasión* n'être pas à plaindre ‖ *ser digno de mención* mériter d'être mentionné ‖ *ser digno de verse* valoir le déplacement *o* le détour.
digresión *f* digression.
dije *m* pendeloque *f*, breloque *f*; *esta pulsera tiene muchos dijes* ce bracelet a beaucoup de breloques ‖ FIG & FAM perle *f*; *esta criada es un dije* cette bonne est une perle ‖ bijou (una preciosidad).
◆ *pl* FAM fanfaronnades *f*.
dilacerar *v tr* dilacérer ‖ FIG lacérer (dañar).
dilación *f* retard *m* (retraso) ‖ délai *m* (demora) ‖ *sin dilación* sans délai, immédiatement.
dilapidación *f* dilapidation.
dilapidador, ra *adj y s* dilapidateur, trice.
dilapidar *v tr* dilapider.
dilatación *f* dilatation ‖ FIG soulagement *m*.
dilatado, da *adj* dilaté, e ‖ vaste (ancho) ‖ long, longue (largo) ‖ FIG élargi, e; large; *horizontes dilatados* des perspectives élargies.
dilatador, ra *adj y s m* dilatateur, trice.
dilatar *v tr* dilater; *el calor dilata los cuerpos* la chaleur dilate les corps ‖ FIG retarder, différer (retrasar); *dilatar su regreso por un año* retarder son retour d'une année ‖ répandre; *dilatar la fama de un héroe* répandre la renommée d'un héros ‖ *dilatar un asunto* faire traîner une affaire en longueur.
◆ *v pr* se dilater; *el agua se dilata al congelarse* l'eau se dilate en se congelant ‖ FIG s'étendre (en un relato) ‖ s'étendre; *la llanura se dilataba hasta*

el horizonte la plaine s'étendait jusqu'à l'horizon ǁ *(amer) tarder; no te dilates para salir* ne tarde pas à partir.
dilatorio, ria *adj* DR dilatoire.
◆ *f pl* retard *m sing*, atermoiements *m* ǁ *andar con dilatorias* faire toujours attendre, faire traîner (les choses), en longueur.
dilema *m* dilemme.
diletante *m* dilettante (aficionado).
diletantismo *m* dilettantisme.
diligencia *f* diligence (actividad) ǁ démarche; *hacer diligencias para* faire des démarches pour ǁ diligence (coche) ǁ DR diligence, poursuite ǁ *— diligencias previas* DR enquête ǁ *nuevas diligencias en el sumario* supplément d'enquête ǁ *— DR instruir diligencias* engager des poursuites.
diligente *adj* diligent, e.
diligentemente *adv* diligemment.
dilucidación *f* élucidation.
dilucidar *v tr* élucider.
diluente *adj* qui dilue.
diluir* *v tr* diluer, délayer (desleír) ǁ QUÍM diluer, étendre.
diluvial *adj* GEOL diluvial, e; *sedimentos diluviales* sédiments diluviaux.
◆ *m* diluvium (terreno).
diluviano, na *adj* diluvien, enne; *lluvia diluviana* pluie diluvienne.
diluviar *v tr* pleuvoir à verse *o* à torrents.
diluvio *m* déluge ǁ FIG déluge, torrent; *un diluvio de injurias* un déluge d'injures ǁ *tras de mí, el diluvio* après moi le déluge.
diluyente *m* diluant.
dimanación *f* enchaînement *m*, succession.
dimanar *v intr* couler (el agua) ǁ FIG provenir, émaner; *el poder dimana del pueblo* le pouvoir émane du peuple ǁ découler; *una medida que dimana de otra* une mesure qui découle d'une autre.
dimensión *f* dimension ǁ *dimensiones totales* ou *exteriores* encombrement *o* dimensions hors tout.
dimensional *adj* dimensionnel, elle.
dímero *adj* QUÍM dimère.
dimes y diretes *loc* FAM chamailleries *f* ǁ *andar en dimes y diretes con uno* être en discussion avec quelqu'un.
diminutivo, va *adj y s m* diminutif, ive.
diminuto, ta *adj* très petit, très petite; tout petit, toute petite; minuscule.
dimisión *f* démission; *dar su dimisión* donner sa démission; *presentar la dimisión* présenter sa démission ǁ *hacer dimisión de un cargo* démissionner d'un poste.
dimitente *adj y s* démissionnaire.
dimitir *v intr* se démettre, démissionner, donner sa démission; *dimitir de un empleo* se démettre d'un emploi.
dimorfo, fa *adj* dimorphe.
dina *m* FÍS dyne (unidad de fuerza).
Dinamarca *n pr f* GEOGR Danemark *m*.
dinamarqués, esa *adj* danois, e.
◆ *m y f* Danois, e.
dinámico, ca *adj y s f* dynamique.
dinamismo *m* dynamisme.

dinamita *f* dynamite (explosivo) ǁ *— fábrica de dinamita* dynamiterie ǁ *voladura con dinamita* dynamitage ǁ *volar con dinamita* dynamiter.
dinamitar *v tr* dynamiter.
dinamitero, ra *m y f* dynamiteur, euse.
dinamizar *v tr* dynamiser.
dinamo; dínamo *m* dynamo.
dinamoeléctrico, ca *adj* dynamoélectrique; *generador* ou *motor dinamoeléctrico* dynamoélectrique.
dinamómetro *m* dynamomètre.
dinar *m* dinar (moneda).
dinastía *f* dynastie.
dinástico, ca *adj* dynastique.
dinerada *f*; **dineral** *m* grosse somme *f*, fortune *f*, somme *f* folle; *me costó un dineral* cela m'a coûté une fortune.
dinerillo *m* FAM argent de poche.
dinero *m* argent; *dinero para gastos menudos* argent de poche; *andar escaso de dinero* être à court d'argent ǁ denier (moneda anti gua); *Judas vendió a Jesucristo por treinta dineros* Judas livra le Christ pour trente deniers ǁ *(amer)* pièce *f* d'une demi-peseta ǁ FIG & FAM argent, richesse *f* (riqueza) ǁ *— dinero acuñado* argent monnayé ǁ *dinero al contado, dinero contante* ou *en tabla* argent comptant ǁ *dinero contante y sonante* espèces sonnantes et trébuchantes ǁ *dinero de curso legal* monnaie légale ǁ *dinero de San Pedro* denier de saint Pierre ǁ *dinero efectivo* ou *en metálico* espèces ǁ *dinero falso* fausse monnaie ǁ *dinero líquido* argent liquide ǁ *dinero negro* ou *sucio* argent sale ǁ *dinero suelto* petite monnaie (calderilla), monnaie (moneda suelta); *no tengo dinero suelto* je n'ai pas de monnaie ǁ *— de dinero* riche, qui a de l'argent; *familia, hombre de dinero* famille, homme riche ǁ *de dinero y calidad la mitad de la mitad* il faut en prendre et en laisser ǁ *dineros son calidad* argent vaut noblesse ǁ *el dinero llama al dinero* l'argent appelle l'argent, l'argent va à l'argent ǁ *el dinero no tiene olor* l'argent n'a pas d'odeur ǁ FIG & FAM *ganar dinero a espuertas* gagner des mille et des cents, gagner de l'argent à la pelle | *hacer dinero* faire fortune, s'enrichir ǁ *invertir dinero* placer de l'argent ǁ *poderoso caballero es don Dinero* avec l'argent on peut tout, l'argent ouvre toutes les portes ǁ *por dinero baila el perro* point d'argent, point de suisse ǁ *querer sacarle jugo al dinero* en vouloir pour son argent ǁ *sacar dinero de las piedras* tondre un œuf, faire argent de tout ǁ *sacarle jugo al dinero* utiliser son argent au mieux ǁ *tirar el dinero por la ventana* jeter l'argent par les fenêtres.
dinosaurio *m* dinosaure, dinosaurien.
dintel *m* ARQ linteau | dessus-de-porte (decoración).
diñar *v tr* POP *diñarla* casser sa pipe.
◆ *v pr* POP se barrer, se tirer (irse).
diocesano, na *adj y s* diocésain, e.
diócesis; diócesi *f* diocèse *m*.
diodo *m* ELECTR diode *f*.
Diógenes *n pr m* Diogène.
dionisiaco, ca; dionisíaco, ca *adj* dionysiaque.
◆ *f pl* dyonysiaques.
Dioniso *n pr m* Dionysos, Dionysius (Baco).
dioptría *f* FÍS & MED dioptrie.
dióptrico, ca *adj y s f* FÍS dioptrique.

diorama *m* diorama.

dios *m* dieu ‖ le Bon Dieu (*fam*); *rogar a Dios* prier le Bon Dieu ‖ — *Dios Padre, Dios Hijo, Dios Hombre* dieu le Père, Dieu le Fils, Dieu fait homme ‖ *¡Dios!, ¡Dios mío!, ¡Dios santo!* mon Dieu! ‖ *Dios mediante* Dieu aidant, si Dieu le veut ‖ *Dios todopoderoso* Dieu tout-puissant ‖ — *¡a Dios!* adieu (voir ADIEU 1ère partie) ‖ *a Dios gracias, gracias a Dios* Dieu merci, grâce à Dieu ‖ *a la buena de Dios* au petit bonheur ‖ *¡ay Dios!* mon Dieu! ‖ FAM *¡con Dios!* adieu!, que Dieu vous garde! ‖ *¡ira de Dios!* tonnerre de Dieu! ‖ *por amor de Dios* pour l'amour de Dieu ‖ *¡por Dios!* je t'en prie!, je vous en prie! (por favor); *¡siéntese por Dios!* asseyez-vous, je vous en prie; mon Dieu! (¡Dios mío!) ‖ FAM *todo Dios!* tout le monde ‖ — *Dios aprieta pero no ahoga* Dieu ne veut pas la mort du pécheur ‖ *Dios da ciento por uno* Dieu vous rendra au centuple ‖ *Dios dará* Dieu y pourvoira ‖ *¡Dios dirá!* à la grâce de Dieu!, on verra bien! ‖ *Dios es testigo que* Dieu m'est témoin que *o* nous est témoin que ‖ *Dios le bendiga* ou *le asista* ou *le ayude* ou *le ampare* Dieu vous bénisse *o* vous assiste *o* vous aide *o* vous garde ‖ *Dios lo ha dejado de su mano* Dieu l'a abandonné ‖ *¡Dios lo quiera!* plaise à Dieu!, plût à Dieu! ‖ *Dios los cría y ellos se juntan* qui se ressemble s'assemble ‖ *¡Dios me confunda!* Dieu me damne! ‖ *¡Dios me libre!* Dieu m'en préserve! ‖ *Dios no le ha llamado por el camino de* il n'a aucune aptitude pour ‖ *Dios sabe,* ou *sabe Dios* Dieu sait (con un complemento), Dieu seul le sait (al final de una frase) ‖ *¡Dios se lo pague!* Dieu vous le rende! ‖ — *a Dios rogando y con el mazo dando* aide-toi, le ciel t'aidera ‖ *alabado sea Dios* dieu soit loué ‖ *anda o vete con Dios* adieu!, va en paix ‖ *¡bendito sea Dios!* Dieu soit loué! ‖ *como Dios le da a entender* selon l'inspiration du moment ‖ *como Dios manda* comme il faut; *vestido como Dios manda* habillé comme il faut; en règle; *batalla como Dios manda* bataille en règle ‖ *costar (algo) Dios y ayuda* donner un mal de chien ‖ *dar gracias a Dios* rendre grâce au ciel, remercier Dieu ‖ *dejarlo a Dios* s'en remettre à Dieu ‖ *digan, que de Dios dijeron* vous pouvez toujours parler ‖ *estaba de Dios* c'était à prévoir, c'était écrit ‖ *hay que dar a Dios lo que es de Dios y al César lo que es del César* il faut rendre à César ce qui est à César et à Dieu ce qui est à Dieu ‖ *jurar por todos los dioses* jurer ses grands dieux ‖ FAM *no haber ni Dios* ne pas y avoir un chat ‖ *no (lo) quiera Dios* à Dieu ne plaise ‖ *no temer ni a Dios ni al diablo* n'avoir ni foi ni loi, ne craindre ni Dieu ni diable ‖ *pasar la de Dios es Cristo* en voir de toutes les couleurs ‖ *poner a Dios por testigo* prendre le ciel à témoin ‖ *¡que Dios le guarde!* Dieu vous garde! ‖ *que Dios lo tenga en su santa gloria* que Dieu ait son âme ‖ *que Dios me perdone, pero* que Dieu me pardonne, mais ‖ *que Dios nos asista* ou *nos coja confesados* Dieu nous soit en aide ‖ *quiera Dios* plaise à Dieu ‖ *recibir uno a Dios* recevoir le corps du Christ ‖ *se armó la de Dios es Cristo* une bagarre de tous les diables a éclaté, il y a eu du grabuge ‖ *si Dios quiere* s'il plaît à Dieu ‖ *¡válgame Dios!* grand Dieu!, que Dieu me vienne en aide! ‖ *¡vaya con Dios!* adieu!, allez en paix! ‖ *¡vaya por Dios!* mon Dieu!, eh bien! ‖ *¡venga Dios y véalo!, que venga Dios y lo vea* Dieu m'est témoin ‖ *¡vive Dios!* ma foi! ‖ *¡voto a Dios!* morbleu!, par Dieu!

◆ *pl* dieux; *los dioses del Olimpo* les dieux de l'Olympe.

diosa *f* déesse ‖ FAM *la diosa botella* la dive bouteille.

diplejía *f* MED diplégie.

diplodoco *m* diplodocus (fósil).

diploma *m* diplôme ‖ *dar un diploma* diplômer.

diplomacia *f* diplomatie.

diplomado, da *adj y s* diplômé, e ‖ *diplomada en belleza* esthéticienne diplômée.

diplomático, ca *adj* diplomatique; *cuerpo diplomático* corps diplomatique; *valija diplomática* valise diplomatique ‖ FIG & FAM diplomate (sagaz).

◆ *m y f* diplomate.

dipsomanía *f* dipsomanie (sed violenta); *la dipsomanía es un síntoma de la diabetes* la dipsomanie est un symptôme du diabète.

dipsómano, na *adj y s* dipsomane.

díptero, ra *adj y s* ARQ diptère; *un templo díptero* un temple diptère.

◆ *m pl* ZOOL diptères.

díptico *m* diptyque.

diptongo *m* GRAM diphtongue *f*.

diputación *f* députation (conjunto de diputados y cargo) ‖ *(amer)* hôtel *m* de ville ‖ *diputación provincial* conseil général.

diputado, da *m y f* député, e; *diputado en Cortes* député aux Cortes [à la Chambre] ‖ — *codiciar ser diputado* briguer la députation ‖ *diputado provincial* conseiller général.

dique *m* MAR digue *f* (muro) ‖ bassin de radoub, dock (en la dársena) ‖ FIG frein; *poner un dique a las pasiones* mettre un frein aux passions ‖ GEOL dyke (filón volcánico vertical) ‖ — *dique de carena* bassin de radoub ‖ *dique de marea* bassin à marée ‖ *dique flotante* dock flottant ‖ *dique seco* cale sèche ‖ *poner un dique a* endiguer (contener).

dirección *f* direction; *llevar la dirección* avoir la direction; *vamos en la misma dirección* nous allons dans la même direction ‖ adresse (señas); *mi dirección es Alcalá 27* mon adresse est 27, rue Alcalá ‖ sens *m*; *dirección única, obligatoria* sens unique, obligatoire ‖ directorat *m* (función de director) ‖ MECÁN direction; *dirección asistida* direction assistée ‖ TEATR & CINEM mise en scène ‖ INFORM adresse ‖ — *dirección a distancia* téléguidage ‖ *dirección comercial* adresse d'une société ‖ *dirección escénica* mise en scène ‖ *dirección general* direction générale ‖ *dirección general de producción* régie (cine) ‖ *dirección por radio* radioguidage ‖ *dirección prohibida* sens interdit ‖ *en dirección a* en direction de.

direccional *adj* directionnel, elle.

direccionar *v tr* INFORM adresser.

directivo, va *adj* directif, ive ‖ directeur, trice; *principio directivo* principe directeur ‖ *comité directivo* comité directeur.

◆ *f* comité *m* directeur, direction ‖ directive; *no me ha dado ninguna directiva* il ne m'a donné aucune directive.

directo, ta *adj* direct, e ‖ — GRAM *complemento directo* complément (d'objet), direct ‖ *estilo directo* style direct ‖ *emisión en directo* émission en direct.

◆ *m* direct (boxeo).

◆ *f* prise directe (coche); *poner la directa* se mettre en prise directe.

director, ra *adj y s* directeur, trice ‖ *— director de emisión* metteur en ondes ‖ *director de escena, de cine* metteur en scène ‖ *director de orquesta* chef d'orchestre ‖ *director de personal* directeur du personnel ‖ *director de producción* directeur de production (cine) ‖ *director de tesis* directeur de thèse ‖ *director espiritual* directeur de conscience *o* spirituel ‖ *director general* directeur général ‖ *director gerente* directeur général, directeur intérimaire.
directoral; directorial *adj* directorial, e.
directorio, ria *adj* directif, ive (que dirige).
➤ *m* répertoire (de direcciones) ‖ guide; *directorio médico* guide médical ‖ directoire (asamblea directiva) ‖ INFORM répertoire ‖ *(amer) directorio de teléfonos* annuaire téléphonique.
directriz *adj f y s f* GEOM directrice.
➤ *f pl* directives (instrucciones); *les he dado directrices perfectamente claras* je leur ai donné des directives parfaitement claires.
dirigente *adj y s* dirigeant, e.
dirigible *adj y s m* dirigeable.
dirigir *v tr* diriger; *dirigir una empresa, una orquesta* diriger une entreprise, un orchestre ‖ adresser (enviar, presentar); *dirigir la palabra, una carta* adresser la parole, une lettre ‖ dédier (dedicar) ‖ CINEM réaliser, mettre en scène ‖ TEATR mettre en scène ‖ *— FIG dirigir el baile* mener la danse ‖ *dirigir la mirada* diriger son regard ‖ *dirigir por radio* radioguider ‖ *proyectil dirigido* engin téléguidé (astronáutica).
➤ *v pr* se diriger vers, gagner; *dirigirse a su residencia* gagner sa résidence ‖ s'adresser; *me dirijo a usted* je m'adresse à vous.
dirigismo *m* dirigisme (intervencionismo).
dirimente *adj* DR dirimant, e (que anula).
dirimir *v tr* dirimer *(p us)*, faire cesser, régler (una controversia); *dirimir una diferencia* régler un différend ‖ annuler; *dirimir el matrimonio, un contrato* annuler le mariage, un contrat.
discapacidad *f* incapacité, déficience.
discar *v tr (amer)* composer (un número de teléfono).
discernible *adj* discernable.
discernimiento *m* discernement; *actuar sin discernimiento* agir sans discernement ‖ DR nomination *f* à une tutelle *o* à une charge.
discernir* *v tr* discerner; *discernir el bien del mal* discerner le bien du mal ‖ conférer une charge (encargar) ‖ DR nommer à une tutelle *o* à une charge.
➤ OBSERV On emploie abusivement ce verbe dans le sens de *décerner*, qui se dit normalement *conceder*.
disciplina *f* discipline.
disciplinadamente *adv* avec discipline.
disciplinado, da *adj* discipliné, e ‖ FIG bigarré, e; panaché, e (jaspeado); *rosa disciplinada* rose panachée.
disciplinar *v tr* discipliner (un ejército, sus instintos) ‖ appliquer la discipline, flageller (azotar).
➤ *v pr* se discipliner.
disciplinario, ria *adj y s m* disciplinaire; *castigo, batallón disciplinario* sanction, bataillon disciplinaire.
discípulo, la *m y f* disciple (el que sigue a un maestro) ‖ élève (escolar, alumno); *un discípulo aplicado* un élève appliqué.
disc-jockey *m* disc-jockey.

disco *m* disque; *lanzamiento del disco* lancement du disque; *disco de Newton* disque de Newton ‖ disque (de fonógrafo); *tocar un disco microsurco* passer un disque microsillon ‖ feu; *disco rojo, verde* feu rouge, vert (en las calles) ‖ MECÁN disque (de un freno) ‖ TECN galette *f* (de un magnetófono, etc.) ‖ FAM barbe *f* (cosa pesada); *¡qué disco ir allí!* quelle barbe d'y aller | chanson *f*; *siempre estás con el mismo disco* c'est toujours la même chanson ‖ INFORM disque ‖ *— disco compacto* disque compact ‖ *disco de control* disque de stationnement ‖ *disco de larga duración* 33-tours ‖ INFORM *disco de memoria virtual* disque virtuel ‖ *disco de señales* disque (ferrocarril) ‖ INFORM *disco duro* disque dur ‖ *disco flexible* disque souple ‖ ANAT *disco intervertebral* disque intervertébral ‖ INFORM *disco óptico* disque optique | *disco removible* disque amovible ‖ *disco selector* cadran (teléfono) ‖ *— INFORM unidad de disco* unité de disques ‖ *— FIG & FAM cambiar de disco* changer de disque ‖ *pasar con el disco cerrado, abierto* passer au rouge, au vert ‖ *soltar un disco* toujours répéter la même rengaine.
discóbolo *m* discobole.
discografía *f* discographie.
discográfico, ca *adj* discographique ‖ *casa discográfica* maison de disques.
díscolo, la *adj* indocile, turbulent, e (indócil).
disconforme *adj* pas d'accord; *estoy disconforme contigo* je ne suis pas d'accord avec toi.
disconformidad *f* désaccord *m* ‖ divergence; *disconformidad de opiniones* divergence d'opinions.
discontinuidad *f* discontinuité.
discontinuo, nua *adj* discontinu, e.
disconvenir* *v intr* ne pas être d'accord, disconvenir *(p us)* ‖ ne pas aller ensemble (cosas).
discordancia *f* discordance, désaccord; *discordancia entre los dichos y los hechos* désaccord entre les actes et les paroles ‖ divergence; *discordancia de opiniones* divergence d'opinions.
discordante *adj* discordant, e; *nota discordante* fausse note.
discordar* *v intr* être en désaccord; *discordar del original* être en désaccord avec l'original ‖ diverger; *discordamos en pareceres* nos avis divergent ‖ discorder (colores) ‖ MÚS discorder.
discorde *adj* d'un avis différent, pas d'accord; *hallarse discordes* n'être pas d'accord ‖ MÚS discordant, e; dissonant, e; discord *(p us)*.
discordia *f* discorde; *sembrar la discordia* semer la discorde ‖ *— manzana de la discordia* pomme de discorde ‖ *ser el tercero en discordia* être le troisième larron ‖ DR *tercero en discordia* tiers arbitre.
discoteca *f* discothèque.
discotequero, ra *adj* de discothèque, de boîte de nuit.
➤ *m y f* personne qui aime sortir en boîte.
discreción *f* discrétion ‖ discrétion, réserve, retenue (reserva, secreto) ‖ intelligence, bon sens *m*, sagesse (cordura) ‖ vivacité d'esprit, esprit *m*, finesse (ingenio) ‖ *— a discreción* à discrétion (al antojo) ‖ *a discreción de* à la disposition de.
discrecional *adj* facultatif, ive; *parada discrecional* arrêt facultatif ‖ discrétionnaire (arbitrario); *poder discrecional* pouvoir discrétionnaire ‖ *servicio discrecional* service spécial (autobuses).
discrecionalmente *adv* discrétionnairement ‖ facultativement.

discrepancia *f* divergence, discordance; *discrepancia de ideas* divergence d'idées.

discrepante *adj* discordant, e; divergent, e.

discrepar *v intr* diverger, être en désaccord; *nuestras opiniones discrepan* nos opinions divergent ‖ être différent, différer; *mi opinión discrepa de la tuya* mon opinion diffère de la tienne ‖ différer d'opinion, avoir des avis partagés (dos o más personas).

discretamente *adv* discrètement (con reserva) ‖ avec esprit, avec finesse (con agudeza) ‖ sagement (cuerdamente).

discreto, ta *adj* discret, ète (reservado) ‖ intelligent, e; sage, sensé, e (cuerdo) ‖ fin, e; spirituel, elle (agudo).
◆ *m y f* personne *f* sage *o* sensée ‖ personne *f* d'esprit ‖ père discret, mère discrète (en una comunidad religiosa).

discriminación *f* discrimination; *discriminación racial* discrimination raciale.

discriminar *v tr* discriminer.

discriminatorio, ria *adj* discriminatoire.

disculpa *f* excuse; *tener por disculpa* avoir pour excuse ‖ — *¡buena disculpa!* bonne *o* belle excuse! ‖ *dar disculpas* fournir des excuses ‖ *pedir disculpas a* présenter des excuses à.

disculpable *adj* excusable, pardonnable.

disculpar *v tr* disculper ‖ FIG excuser (perdonar); *discúlpeme* excusez-moi ‖ *tenga a bien disculparme* veuillez m'excuser, je vous prie de m'excuser.
◆ *v pr* se disculper ‖ s'excuser; *se disculpó de su retraso con su padre* il s'est excusé de son retard à son père.
— OBSERV Es preferible emplear las expresiones *je vous prie de m'excuser* o *veuillez m'excuser* en lugar de *je m'excuse*.

discurrir *v intr* penser, réfléchir (reflexionar); *discurrir en* réfléchir à ‖ parcourir, aller (andar) ‖ couler (líquidos) ‖ passer (tiempo).
◆ *v tr* imaginer, inventer.

discursear *v intr* FAM faire des discours, pérorer.

discursivo, va *adj* réfléchi, e; méditatif, ive ‖ discursif, ive; *método discursivo* méthode discursive.

discurso *m* discours (expresión verbal) (escrito); *Discurso del Método* Discours de la méthode ‖ raisonnement (razonamiento) ‖ cours (del tiempo).

discusión *f* discussion ‖ *sin discusión* sans discuter ‖ MAT *discusión de una ecuación* discussion d'une équation.

discutible *adj* discutable, sujet, ette à discussion.

discutir *v tr e intr* discuter; *discutir de* ou *sobre* discuter de *o* sur ‖ débattre (un precio) ‖ contester; *eso no te lo discuto* cela je ne te le conteste pas; *un libro muy discutido* un livre très contesté.

disecación *f* dissection ‖ empaillement *m*, empaillage *m* (de un animal muerto).

disecador, ra *m y f* dissecteur, euse ‖ empailleur, euse (el que conserva).

disecar *v tr* disséquer (un cadáver o una planta) ‖ empailler (conservar un animal muerto) ‖ FIG dessécher (analizar).

disección *f* dissection ‖ empaillage *m*, empaillement *m* (de un animal muerto) ‖ dessiccation (conservación de una planta).

diseminación *f* dissémination.

diseminar *v tr* disséminer.

disensión *f* dissension.

disentería *f* MED dysenterie.

disentérico, ca *adj y s* MED dysentérique.

disentimiento *m* dissentiment (desacuerdo).

disentir* *v intr* dissentir (*p us*), n'être pas du même avis *o* du même bord *o* d'accord; *disentimos en esto* nous ne sommes pas d'accord là-dessus ‖ différer; *nuestras opiniones políticas disienten* nos opinions politiques diffèrent.

diseñador *m* dessinateur.

diseñar *v tr* dessiner.

diseño *m* dessin ‖ description *f* (por palabras) ‖ *diseño asistido por ordenador* conception assistée par ordinateur.

disertación *f* dissertation ‖ exposé *m*, conférence (conferencia); *el conferenciante inició su disertación* le conférencier commença son exposé.

disertador, ra; disertante *adj y s* disserteur, euse ‖ conférencier, ère (conferenciante).

disertar *v intr* disserter.

disfagia *f* dysphagie (dificultad en tragar).

disfasia *f* dysphasie (dificultad en el habla).

disformidad *f* difformité.

disfraz *m* déguisement, travestissement ‖ travesti, déguisement (traje) ‖ FIG déguisement, fard (disimulación); *sin disfraz* sans fard ‖ masque (apariencia); *bajo el disfraz de* sous le masque de ‖ *baile de disfraces* bal costumé *o* travesti.

disfrazar *v tr* déguiser ‖ FIG déguiser; *disfrazar la voz* déguiser la voix | farder (la verdad) | masquer (con malos designios) | travestir, maquiller, camoufler (fam); *crimen disfrazado en suicidio* crime maquillé en suicide.
◆ *v pr* se déguiser, se travestir; *disfrazarse de chino* se déguiser en Chinois.

disfrutar *v tr* posséder (una finca) ‖ profiter de; *¡disfrútelo!* profitez-en!; *disfrutar sus vacaciones* profiter de ses vacances.
◆ *v intr* jouir; *disfrutar de* ou *con algo* jouir de quelque chose ‖ jouir (de salud, favor, herencia) ‖ s'amuser; *he disfrutado mucho en esta ciudad* je me suis beaucoup amusé dans cette ville ‖ — *disfrutar con la música* éprouver un vif plaisir à entendre de la musique, être heureux d'entendre de la musique ‖ *madre que disfruta de sus hijos* mère qui profite de ses enfants ‖ *mi hermano disfruta mucho en el cine* mon frère est ravi quand il va au cinéma *o* passe de très bons moments au cinéma.

disfrute *m* jouissance *f*.

disfunción *f* MED dysfonctionnement *m*, trouble *m* du fonctionnement.

disgregación *f* désagrégation.

disgregante *adj* TECN désagrégeant, e.

disgregar *v tr* désagréger.
◆ *v pr* se désagréger.

disgustado, da *adj* fâché, e; *disgustado con* ou *de uno, una cosa* fâché contre quelqu'un, quelque chose ‖ déçu, e (decepcionado); *disgustado con la actitud del ministro* déçu par l'attitude du ministre ‖ contrarié, e; désolé, e; ennuyé, e (pesaroso) ‖ FAM *estoy disgustado con este coche* je ne suis pas content de cette voiture.

disgustar *v tr* déplaire; *tu carta me ha disgustado* ta lettre m'a déplu ‖ contrarier, désoler (contrariar) ‖ fâcher, mettre en colère (enfadar).

◆ *v pr* se fâcher; *disgustarse con uno por una tontería* se fâcher avec quelqu'un pour une bêtise || en avoir assez de (hartarse de); *disgustarse de hacer siempre el mismo trabajo* en avoir assez de faire toujours le même travail.

disgusto *m* contrariété *f*; *llevarse un gran disgusto* éprouver une grosse contrariété || ennui, contrariété *f*, désagrément, déboire (desagrado) || ennui, malheur (revés); *tuvo muchos disgustos* il a eu beaucoup d'ennuis || chagrin, peine *f* (pesadumbre); *esta muerte le dio un gran disgusto* cette mort lui a causé une grande peine || dégoût (tedio, repulsión) || brouille *f* (desavenencia) || *— a disgusto* à contrecœur, sans plaisir, à regret || *estar* ou *hallarse a disgusto en* ne pas être bien, ne pas se plaire à || *matar a uno a disgustos* mener la vie dure à quelqu'un || *tener disgustos con uno* avoir des ennuis *o* des difficultés avec quelqu'un.

disidencia *f* dissidence.

disidente *adj y s* dissident, e.

disilábico, ca; disílabo, ba *adj* dissyllabique, dissyllabe.
◆ *m* dissyllabe.

disimétrico, ca *adj* dissymétrique.

disimulable *adj* dissimulable || excusable (perdonable).

disimuladamente *adv* avec dissimulation.

disimulado, da *adj* dissimulé, e (hipócrita) || *— a lo disimulado, a la disimulada* avec dissimulation || *hacerse el disimulado* faire l'innocent.

disimular *v tr* dissimuler || excuser, pardonner (disculpar) || cacher, dissimuler; *disimular su alegría* cacher sa joie || *sin disimular* sans dissimuler.
◆ *v intr* feindre le contraire de ce que l'on pense.

disimulo *m* dissimulation *f* || indulgence *f*, tolérance *f* || déguisement, dissimulation, détours *pl*; *hablar sin disimulo* parler sans détours || *con disimulo* en cachette.

disipación *f* dissipation.

disipado, da *adj y s* dissipé, e.

disipar *v tr* dissiper; *disipar el humo, su fortuna, las ilusiones* dissiper la fumée, sa fortune, ses illusions.
◆ *v pr* se dissiper, s'évaporer (desaparecer) || se ruiner; *disiparse en prodigalidades* se ruiner en prodigalités.

dislate *m* sottise *f*, bourde *f*, absurdité *f*.

dislexia *f* MED dyslexie.

disléxico, ca *adj y s* dyslexique.

dislocación *f* dislocation || déboîtement *m* (de los huesos) || déplacement *m* (de las vértebras) || MIL dislocation.

dislocar *v tr* disloquer || déboîter, démettre (los huesos) || déplacer (las vértebras) || FIG & FAM *estar dislocado* être fou de joie.
◆ *v pr* se disloquer || se déboîter, se démettre, se déplacer (los huesos).

dismembración *f* démembrement *m*.

dismenorrea *f* MED dysménorrhée.

disminución *f* diminution || abaissement *m* (de la temperatura) || *ir en disminución* aller en diminuant.

disminuido, da *adj y s* handicapé, e; *disminuido físico, psíquico* handicapé physique, mental.

disminuir* *v tr* diminuer.
◆ *v intr y pr* diminuer; *disminuir en la altura* diminuer de hauteur.

disnea *f* MED dyspnée.

disociable *adj* dissociable.

disociación *f* dissociation.

disociar *v tr* dissocier.

disoluble *adj* soluble.

disolución *f* dissolution || QUÍM solution.

disoluto, ta *adj y s* dissolu, e.

disolvente *adj y s m* dissolvant, e.
◆ *m* solvant (para pinturas).

disolver* *v tr* dissoudre (un cuerpo, un matrimonio, una sociedad) || FIG disperser; *disolver un grupo en la calle* disperser un attroupement dans la rue.

disonancia *f* dissonance.

disonante *adj* dissonant, e; discordant, e.

dispar *adj* différent, e; dissemblable.

disparadero *m* détente *f*, gâchette *f* (de un arma).

disparador *m* tireur (el que dispara) || détente *f* (en las armas) || déclencheur (de cámara fotográfica) || échappement (de reloj) || FIG & FAM *poner a uno en el disparador* pousser quelqu'un à bout.

disparar *v tr* tirer un coup de, décharger; *disparar un cañón* tirer un coup de canon; *disparó el fusil contra el enemigo* il déchargea son fusil sur l'ennemi || tirer; *disparar a alguien* tirer sur quelqu'un || jeter, lancer (arrojar) || décocher (flecha) || DEP tirer au but (el balón).
◆ *v intr* tirer, faire feu; *empuñó la escopeta y disparó* il empoigna son fusil et tira || FIG déraisonner (decir o hacer tonterías) | (amer) s'enfuir (echar a correr) | dilapider son argent (derrochar) || *— FAM estar disparado* ne pas tenir en place || FIG *salir disparado* partir comme un trait *o* comme une flèche (salir corriendo), être projeté; *salir disparado fuera de su asiento* être projeté hors de son siège.
◆ *v pr* se décharger, partir (un arma de fuego) || se précipiter (arrojarse) || partir au galop, s'emballer (un caballo) || se débander (un muelle) || être hors de soi (obrar con violencia) || s'emballer (un motor).

disparatadamente *adv* absurdement || sottement.

disparatado, da *adj* absurde, extravagant, e || disparate (inconexo).

disparatar *v intr* déraisonner, dire *o* faire des absurdités.

disparate *m* sottise *f*, idiotie *f*, absurdité *f*; *es un disparate salir sin abrigo con el frío que hace* c'est une absurdité de sortir sans pardessus par le froid qu'il fait || bêtise *f*, énormité *f*; *soltar un disparate* lâcher une énormité || *costar un disparate* coûter une fortune || *¡qué disparate!* quelle idiotie!, quelle bêtise! (¡qué tontería!), c'est incroyable!, mon Dieu! (¡qué barbaridad!).

disparejo, ja *adj* inégal, e; dissemblable.

disparidad *f* disparité || *disparidad de cultos* différence de cultes.

disparo *m* décharge *f* (acción de disparar un arma) || coup de feu (tiro) || décochement (de una flecha) || tir, shoot (en el fútbol) || FIG sottise *f* (disparate) | attaque *f*; *los disparos de los periodistas se centraron en él* les attaques des journalistes se sont axées sur lui ‖ MAR *disparo de aviso* ou *de advertencia* coup de canon de semonce.

dispendio *m* gaspillage.

dispendioso, sa *adj* dispendieux, euse.

dispensa *f* dispense ‖ *dispensa de edad* dispense d'âge ‖ *dispensa matrimonial* dispense de mariage.

dispensable *adj* dispensable.

dispensador, ra *adj y s* dispensateur, trice.

dispensar *v tr* dispenser (distribuir), accorder (conceder) ‖ dispenser (de una obligación) ‖ excuser, pardonner; *dispénseme por llegar tan tarde* veuillez m'excuser d'arriver si tard; *dispénseme que le interrumpa* excusez-moi de vous interrompre ‖ *dispensar medicamentos* administrer des médicaments ‖ *dispense usted* excusez-moi, pardon.

dispensario *m* dispensaire (consultorio).

dispepsia *f* MED dyspepsie.

dispéptico, ca *adj y s* dyspeptique, dispepsique.

dispersar *v tr* disperser ‖ FIG disperser (esfuerzos, una manifestación).
◆ *v pr* se disperser.

dispersión *f* dispersion.

disperso, sa *adj* dispersé, e; *en orden disperso* en ordre dispersé.

dispersor, ra *adj* qui disperse.

displasia *f* MED dysplasie.

display *m* INFORM écran (terminal) | voyant d'affichage (indicador).

displicencia *f* froideur, sécheresse (en el trato) ‖ nonchalance (descuido) ‖ découragement *m* (desaliento) ‖ *trabajar con displicencia* travailler sans enthousiasme.

displicente *adj* déplaisant, e; *tono displicente* ton déplaisant ‖ acrimonieux, euse; acerbe (desabrido) ‖ nonchalant, e (descuidado).

disponente *m y f* DR disposant, e.

disponer* *v tr* disposer, ordonner ‖ *disponer la mesa* mettre o dresser la table.
◆ *v intr* disposer; *disponer de un amigo* disposer d'un ami.
◆ *v pr* se disposer; *disponerse a* o *para marcharse* se disposer à partir.

disponibilidad *f* disponibilité.

disponible *adj* disponible ‖ en disponibilité, en non-activité; *empleado disponible* employé en disponibilité.

disposición *f* disposition (arreglo) ‖ disposition, agencement *m* (de una casa) ‖ ordonnance (ordenación) ‖ FIG *manifestar disposiciones para la música* avoir o montrer des dispositions pour la musique ‖ — *disposición de ánimo* état d'esprit ‖ *disposición escénica* mise en scène ‖ — *a la disposición de* à la disposition de ‖ *a su disposición* à votre service, à votre disposition | *a su libre disposición* à votre entière disposition ‖ DR *tercio de libre disposición* quotité disponible ‖ *última disposición* dernières volontés ‖ — *estoy a la disposición de usted* ou *a su disposición* je suis à votre disposition o à votre service ‖ *estar* ou *hallarse en disposición de* être o se trouver en état de ‖ *tomar sus disposiciones* prendre ses dispositions.

dispositivo *m* dispositif ‖ — INFORM *dispositivo de alimentación* unité d'alimentation | *dispositivo de almacenamiento* unité de stockage, mémoire ‖ *dispositivo de seguridad* dispositif de sécurité ‖ *dis-*

positivo intrauterino dispositif intra-utérin, stérilet ‖ INFORM *dispositivo periférico* unité périphérique.

dispuesto, ta *adj* disposé, e ‖ disposé, e; prêt, e; *estoy muy dispuesto a ayudarle* je suis tout prêt à vous aider ‖ prêt, e; *dispuesto para la marcha* prêt à partir ‖ qui est toujours prêt à rendre service, serviable; *una mujer muy dispuesta* une femme toujours prête à rendre service (servicial) ‖ — *bien* ou *mal dispuesto con uno* bien o mal disposé envers quelqu'un ‖ *lo dispuesto* les dispositions, ce qui est prévu o stipulé; *en cumplimiento de lo dispuesto en el artículo* conformément à ce qui est stipulé dans l'article.

disputa *f* dispute ‖ *sin disputa* sans conteste, sans contredit, sans discussion.

disputar *v tr e intr* disputer, discuter (discutir) ‖ disputer; *disputar el primer puesto a* disputer la première place à.
◆ *v pr* se disputer.

disquete *m* INFORM disquette *f*.

disquetera *f* INFORM unité de disquette(s), lecteur *m* de disquette(s).

disquisición *f* exposé *m*, étude ‖ digression.

disrupción *f* ELECTR disruption.

disruptor *m* ELECTR disrupteur.

distancia *f* distance ‖ — *distancia de seguridad* distance de sécurité ‖ MECÁN *distancia entre ejes* empattement ‖ *distancia focal* distance focale ‖ — *a distancia, a la distancia* à distance ‖ *a respetable* ou *respetuosa distancia* à distance respectueuse ‖ *avión de larga distancia* avion long-courrier ‖ — *acortar las distancias* rapprocher les distances ‖ *guardar las distancias* garder ses distances ‖ *mantener* ou *tener a distancia* tenir à distance ‖ *marcar distancias* prendre ses distances ‖ *salvando las distancias* toutes proportions gardées.

distanciamiento *m* TEATR recul, éloignement (alejamiento) ‖ distanciation *f*.

distanciar *v tr* éloigner, écarter; *acompañarte a tu casa me distancia mucho de mi camino* ça m'éloigne beaucoup de t'accompagner chez toi ‖ distancer (dejar atrás); *un corredor que distancia a su rival* un coureur qui distance son rival ‖ *estar distanciado de su familia* ne plus voir sa famille.
◆ *v pr* se séparer ‖ ne plus voir; *distanciarse de sus amigos* ne plus voir ses amis.

distante *adj* distant, e (espacio) ‖ éloigné, e (espacio y tiempo); *en época distante* à une époque éloignée.

distar *v intr* être éloigné de; *distar dos leguas* être éloigné de deux lieues ‖ FIG être loin; *dista mucho de ser bueno* il est bien loin d'être bon.

distender* *v tr* distendre.

distendido, da *adj* détendu, e (informal).

distensión *f* distension ‖ claquage *m* (de un músculo) ‖ *tener una distensión* se claquer un muscle.

distinción *f* distinction; *hacer distinción entre* faire une distinction entre; *no hacer distinción entre* ne pas faire de distinction entre ‖ distinction (honor) ‖ distinction (elegancia) ‖ considération (miramiento); *tratar a un superior con distinción* traiter un supérieur avec considération ‖ *distinción honorífica* distinction honorifique ‖ *a distinción de* à la différence de.

distingo *m* distinguo *inv*.

distinguido, da *adj* distingué, e; *un escritor distinguido* un écrivain distingué ‖ distingué, e (elegante).

distinguir *v tr* distinguer; *distinguir una cosa de otra* distinguer une chose d'avec une autre ‖ rendre hommage; *el general le distinguió, ascendiéndole a coronel* le général a rendu hommage à ses mérites en l'élevant au grade de colonel.
◆ *v pr* se distinguer; *distinguirse por su valor* se distinguer par son courage.

distintivo, va *adj* distinctif, ive.
◆ *m* signe distinctif; *el caduceo es el distintivo de los médicos* le caducée est le signe distinctif des médecins ‖ insigne (señal) ‖ qualité *f* distinctive (cualidad).

distinto, ta *adj* distinct, e (claro) ‖ différent, e; *distinto a* ou *de* différent de; *quiero uno distinto* j'en veux un différent ‖ *ver de distinta manera* voir d'une façon différente, ne pas voir de la même façon.

distorsión *f* distorsion.

distorsionar *v tr* dénaturer.

distracción *f* distraction ‖ dissipation, dérèglement *m* (en las costumbres).

distraer* *v tr* distraire ‖ distraire, amuser, délasser (divertir) ‖ distraire, détourner (fondos) ‖ détourner; *distraer a uno de un proyecto* détourner quelqu'un de son projet ‖ MIL *distraer al enemigo* distraire l'ennemi, opérer une diversion.
◆ *v·pr* se distraire; *distraerse con la lectura* se distraire en lisant.

distraído, da *adj* distrayant, e; *una película distraída* un film distrayant.
◆ *adj y s* distrait, e ‖ *(amer)* négligé, e; débraillé, e (desaliñado).

distraimiento *m* distraction *f*.

distribución *f* distribution ‖ répartition; *distribución geográfica de la población* répartition géographique de la population ‖ AUTOM & CINEM & IMPR distribution.

distribuidor, ra *adj y s* distributeur, trice ‖ — *distribuidor automático* distributeur automatique ‖ *pipa del distribuidor* doigt du distributeur.

distribuir* *v tr* distribuer (repartir).

distributivo, va *adj* distributif, ive.

distrito *m* district *(p us)*, secteur, territoire ‖ arrondissement (en una ciudad) ‖ — *distrito electoral* circonscription électorale ‖ *distrito marítimo* secteur maritime ‖ *distrito postal* bureau distributeur ‖ *distrito universitario* académie.

distrofia *f* MED dystrophie; *distrofia muscular* dystrophie musculaire.

disturbar *v tr* perturber, troubler.

disturbio *m* trouble (desorden).

disuadir *v tr* dissuader.

disuasión *f* dissuasion ‖ *fuerza* ou *poder de disuasión* force de dissuasion o de frappe.

disuasivo, va *adj* dissuasif, ive ‖ *fuerza disuasiva, poder disuasivo* force de frappe o de dissuasion.

disuasorio, ria *adj* dissuasif, ive ‖ *fuerza disuasoria* force de frappe o de dissuasion.

disuelto, ta *adj* dissous, oute.

disyuntiva *f* alternative; *no tengo otra disyuntiva* je n'ai que cette alternative.

disyuntivo, va *adj y s f* disjonctif, ive ‖ GRAM *oración, conjunción disyuntiva* proposition, conjonction disjonctive.

disyuntor *m* ELECTR disjoncteur.

DIU abrev de *dispositivo intrauterino* D.I.U., dispositif intra-utérin.

diuresis *f* MED diurèse.

diurético, ca *adj y s m* MED diurétique.

diurno, na *adj* diurne.
◆ *m* RELIG diurnal (libro).

diva *f* POÉT déesse ‖ FIG diva (cantante).

divagación *f* divagation.

divagador, ra *adj* divagateur, trice.

divagar *v intr* divaguer.

diván *m* divan (canapé) ‖ divan (consejo y gobierno turco) ‖ divan (poesía oriental).

divergencia *f* divergence.

divergente *adj* divergent, e.

divergir *v intr* diverger.

diversidad *f* diversité.

diversificación *f* différenciation, diversité (diversidad) ‖ diversification.

diversificar *v tr* diversifier.

diversión *f* divertissement *m*, distraction; *la caza es su diversión favorita* la chasse est son divertissement favori ‖ distraction; *hay pocas diversiones en este pueblo* il y a peu de distractions dans ce village ‖ MIL diversion ‖ *servir de diversión* servir de spectacle.

diverso, sa *adj* divers, e; *el orador habló sobre los temas más diversos* l'orateur parla sur les sujets les plus divers ‖ divers, e; différent, e; *artículos de diversas categorías* articles de différentes catégories; *en diversas oportunidades* en diverses occasions, à différentes reprises ‖ plusieurs; *diversos escritores han relatado el mismo suceso* plusieurs écrivains ont rapporté le même fait.

divertido, da *adj* amusant, e; drôle; divertissant, e; *una película divertida* un film amusant; *una persona muy divertida* une personne très drôle ‖ drôle; *no es nada divertido* ce n'est pas drôle du tout.

divertimento *m* MÚS divertissement.

divertimiento *m* amusement, divertissement.

divertir* *v tr* divertir, amuser; *este chiste me ha divertido mucho* cette plaisanterie m'a beaucoup amusé ‖ détourner, éloigner (apartar) ‖ MIL opérer une diversion.
◆ *v pr* se distraire, s'amuser; *divertirse en pintar* s'amuser à peindre ‖ se divertir; *divertirse a costa de uno* se divertir aux dépens de quelqu'un ‖ — *divertirse en grande* s'amuser follement ‖ FAM *¡se va usted a divertir!* je vous en souhaite!, je vous en promets!, je vous souhaite bien du plaisir!

dividendo *m* MAT & COM dividende; *dividendo activo* dividende distribué.

dividir *v tr* diviser; *dividir en dos* diviser en deux; *dividir por cuatro* diviser par quatre; *dividir por partes* diviser en parties ‖ partager (repartir); *dividir entre cuatro* partager en quatre *o* entre quatre personnes ‖ *divide y vencerás* divise pour régner.

divinidad *f* divinité ‖ FIG dieu *m*, divinité (persona).

divinización *f* divinisation.

divinizar *v tr* diviniser ‖ FIG déifier, faire son dieu de, se faire un dieu de.

divino, na *adj* divin, e (de Dios) ‖ mystique, religieux, euse; *poeta divino* poète mystique ‖ FIG divin, e (encantador) ‖ *lo divino* le divin.

divisa *f* devise (pensamiento) ‖ insigne *m* (señal) ‖ devise (moneda) ‖ BLAS devise (lema) ‖ DR divis *m*

divisar

(partición) || TAUROM cocarde [pour distinguer les taureaux].

divisar *v tr* distinguer, apercevoir (discernir).

divisible *adj* divisible; *una cantidad divisible* une quantité divisible.

división *f* MAT & MIL division || GRAM trait *m* d'union (guión) || FIG partage *m*, divergence; *división de opiniones* partage d'opinions | division, discorde; *sembrar la división en una familia* semer la discorde dans une famille || — MIL *división acorazada* ou *blindada* division blindée || DEP *división de honor* division d'honneur | *primera, segunda división* première, deuxième division.

divisor, ra *adj* MAT sous-multiple.
- *m* diviseur || — *común divisor* commun diviseur || *máximo común divisor* plus grand commun diviseur.

divisorio, ria *adj* qui divise, divisoire, diviseur || *línea divisoria de aguas* ligne de partage des eaux.

divo, va *adj* POÉT divin, e.
- *m y f* chanteur, diva [d'opéra] || FIG vedette *f* (figura principal).
- *m* dieu (divinidad pagana).

divorciado, da *adj y s* divorcé, e.

divorciar *v tr* séparer, prononcer le divorce de.
- *v pr* divorcer; *se han divorciado* ils ont divorcé.

divorcio *m* divorce || *(amer)* prison *f* pour femmes.

divulgación *f* divulgation; *la divulgación de un secreto* la divulgation d'un secret || vulgarisation; *divulgación agrícola* vulgarisation agricole.

divulgador, ra *adj y s* divulgateur, trice.

divulgar *v tr* divulguer; *divulgar una noticia* divulguer une nouvelle.

dizque *adv* *(amer)* soi-disant *adj inv*.

Dm. abrev de *Dios mediante* Dieu aidant, si Dieu le veut.

Dn. abrev de *Don* M, Monsieur.

DNA abrev de *ácido desoxirribonucleico* A.D.N., acide désoxyribonucléique.

DNI abrev de *Documento Nacional de Identidad* carte (nationale) d'identité.

Dniéper *n pr* GEOGR Dniepr (río).

do *m* MÚS do, ut (nota) || — FIG & FAM *dar el do de pecho* se surpasser || *do de pecho* ut de poitrine.
- *adv* (ant) où (donde) | d'où (de donde).
— OBSERV *Do*, en tant qu'adverbe, est l'apocope de *donde*. Il est devenu inusité dans le langage courant et n'est en fait employé maintenant qu'en poésie.

doberman *m* doberman.

dobladillo *m* ourlet (costura); *dobladillo de vainica* ourlet à jour.

doblado, da *adj* doublé, e (duplicado) || plié, e (plegado) || FIG trapu, e (pequeño y recio) | dissimulateur, trice; faux, fausse; fourbe (hipócrita).

dobladura *f* pli *m*; *es muy difícil borrar las dobladuras de una tela* c'est très difficile d'effacer les plis d'un tissu.

doblaje *m* CINEM doublage, postsynchronisation *f*.

doblar *v tr* plier; *doblar en dos* plier en deux || plier, courber, recourber (curvar) || tordre (torcer); *doblar una vara de hierro* tordre une tige en fer || plier, fléchir, courber; *doblar la rodilla* plier le genou || tourner; *dobla la página* tourne la page ||

tourner; *doblar la calle* ou *la esquina* tourner au coin de la rue || doubler (aumentar); *doblar el sueldo* doubler les appointements || rabattre (un dobladillo) || contrer (en los naipes) || FIG plier, soumettre, réduire; *he doblado Juan a mi voluntad* j'ai réduit Jean à ma volonté || CINEM doubler (un actor) || fausser; *doblar una llave* fausser une clef || MAR doubler; *doblar un cabo* doubler un cap || *(amer)* descendre (matar) || — *doblar la cerviz* courber le front || *doblar las esquinas* ou *los picos de las páginas de un libro* faire des cornes à un livre, écorner *(p us)* un livre.
- *v intr* doubler; *sus fuerzas doblaron en dos meses* ses forces ont doublé en deux mois || tourner (en una calle); *doblar a la derecha* tourner à droite || FIG plier (ceder) || sonner [le glas] || TAUROM s'écrouler [le taureau, au moment de sa mort] || *antes doblar que quebrar* il vaut mieux plier que rompre.
- *v pr* se plier || se courber (encorvarse) || se courber, ployer (un árbol) || FIG plier, se plier à (ceder una persona) || FAM *doblarse por la cintura* être plié en deux (reírse).

doble *adj* double || trapu, e (rechoncho) || FIG faux, fausse; fourbe, double (disimulado) || — INFORM *doble cara* double face | *doble densidad* double densité | *doble espacio* double interligne || — *con* ou *de doble sentido* à double sens || COM *contabilidad por partida doble* comptabilité en partie double || *esta calle es doble de la otra* cette rue fait le double de l'autre; *es doble de ancha que la otra* elle est deux fois plus large que l'autre || *tela de doble ancho* tissu en grande longueur.
- *m* double (cantidad); *has pagado el doble de lo que vale* tu as payé le double de ce que ça vaut || double; *el doble de un acta* le double d'un acte || pli (pliegue) || glas (toque de campana) || double (tenis); *doble caballeros* ou *masculino* double messieurs || chope *f* (de cerveza) || contre (en los naipes) || double (sosia) || CINEM doublure *f* || — *doble contra sencillo* deux contre un (apuesta) || CINEM *doble especial* cascadeur | *doble o nada* quitte ou double (juego) || *el doble que* deux fois plus que; *come el doble que tú* il mange deux fois plus que toi.
- *adv* double; *ver doble* voir double || *al doble* au double.

doblegable; doblegadizo, za *adj* pliable || FIG souple; *este niño tiene un carácter muy doblegable* cet enfant a un caractère très souple.

doblegar *v tr* plier || FIG plier, assouplir, faire fléchir, soumettre (carácter).
- *v pr* se plier || FIG se plier; *doblegarse a la voluntad ajena* se plier à la volonté d'autrui | fléchir (someterse, ceder).

doblemente *adv* doublement; *magnánimo doblemente* doublement magnanime || FIG hypocritement, avec fausseté (con falsedad).

doblete *adj* d'épaisseur moyenne.
- *m* GRAM doublet || doublet (piedra falsa) || doublé (en caza) || QUÍM doublet.

doblez *m* pli (pliegue).
- *f* fausseté, dissimulation, duplicité (falsedad).

doblón *m* doublon (moneda antigua de cuatro duros) || *doblón de a ocho* once.

doc. abrev de *documento* document.

doce *adj y s m* douze; *los doce apóstoles* les douze apôtres; *el doce de agosto* le 12 août || — *las doce de la noche* minuit || *son las doce (del día)* il est midi || *unos doce libros* une douzaine de livres.

doceañista *adj y s* HIST partisan de la Constitution espagnole de 1812.

doceavo, va *adj y s* douzième.

docena *f* douzaine; *una docena de ostras* une douzaine d'huîtres || — *a docenas* à la douzaine (venta), par douzaines; *llegaban a docenas* ils arrivaient par douzaines || FAM *la docena del fraile* treize à la douzaine || *por docenas* par douzaines.

docencia *f* enseignement *m* (enseñanza).

docente *adj* enseignant, e; *el cuerpo docente* le corps enseignant || *centro docente* centre d'enseignement.

dócil *adj* docile; *dócil de condición* d'un caractère docile || obéissant, e; *me gustan los niños dóciles* j'aime les enfants obéissants.

docilidad *f* docilité.

dócilmente *adv* docilement.

dock *m* dock.

dócker *m* docker (descargador).

doctamente *adv* savamment || doctement (con erudición).

docto, ta *adj y s* savant, e; docte *(p us)* || *docto en* savant *o* versé en; *muy docto en historia* très versé en histoire.

doctor, ra *m y f* docteur *m*; *la señora Jarro es doctor en Letras* Mme Jarro est docteur ès lettres; *doctor en Ciencias, en Medicina, honoris causa* docteur ès sciences, en médecine, honoris causa || MED docteur, doctoresse; *la mujer del farmacéutico es doctora* la femme du pharmacien est doctoresse || — ECLES *doctor de la Iglesia* docteur de l'Église || *el doctor angélico* saint Thomas d'Aquin || — *investir a alguien doctor honoris causa* nommer quelqu'un docteur honoris causa.

— OBSERV El título de *docteur* se aplica en Francia solamente a los doctores en Medicina, tanto al hombre como a la mujer: *la doctora López* le docteur López. El femenino *doctoresse* no se usa como título.

— OBSERV En Espagne, et dans les pays d'Amérique latine surtout, le titre de *doctor* s'applique non seulement au docteur en médecine mais à toute personne qui a obtenu un doctorat (en droit, en philosophie, en pharmacie, etc.).

doctorado *m* doctorat.

doctoral *adj* doctoral, e; *un tono doctoral* un ton doctoral.

doctorando *m* candidat au doctorat.

doctorar *v tr* conférer le titre de docteur.
◆ *v pr* être reçu docteur.

doctrina *f* doctrine (ciencia u opinión) || enseignement *m* (enseñanza) || catéchisme *m* (enseñanza de la doctrina cristiana a los niños) || mission (predicación religiosa) || fidèles *m pl* qui se rendent à la mission || *(amer)* paroisse d'Indiens (pueblo de indios).

doctrinal *adj* doctrinal, e; *avisos doctrinales* avis doctrinaux.

doctrinar *v tr* instruire || FIG endoctriner (convencer).

doctrinario, ria *adj y s* doctrinaire.

docudrama *m* docudrame (radio, televisión).

documentación *f* documentation; *necesita mucha documentación para preparar sus conferencias* il a besoin de beaucoup de documentation pour préparer ses conférences || papiers *m pl* (de identidad) || — *documentación del coche* carte grise || *documentación laboral* dossier.

documentado, da *adj* documenté, e.

documental *adj* documentaire.
◆ *m* CINEM documentaire.

documentalista *m y f* CINEM documentariste || documentaliste.

documentar *v tr* documenter.
◆ *v pr* se documenter.

documento *m* document || — *documento justificativo* pièce justificative || *Documento Nacional de Identidad* carte d'identité.
◆ *pl* papiers (de identidad).

dodecaedro *m* GEOM dodécaèdre; *dodecaedro regular* dodécaèdre régulier.

dodecafónico, ca *adj* dodécaphonique; *música dodecafónica* musique dodécaphonique.

dodecafonismo *m* dodécaphonisme.

dodecágono *m* GEOM dodécagone.

dodecasílabo, ba *adj* dodécasyllabe, de douze syllabes.
◆ *m* alexandrin, vers de douze syllabes, dodécasyllabe.

dogma *m* dogme.

dogmático, ca *adj y s* dogmatique.

dogmatismo *m* dogmatisme.

dogmatizar *v intr* dogmatiser.

dogo *m* dogue (perro).

dolar* *v tr* doler (trabajar con la doladera).

dólar *m* dollar.

Dolby *m* (nombre registrado) Dolby.

dolencia *f* indisposition, maladie, infirmité (achaque).

doler* *v intr* avoir mal à, faire mal; *me duele mucho la cabeza* j'ai très mal à la tête, la tête me fait très mal || souffrir; *me duele ver tanta injusticia* je souffre de voir tant d'injustice || ennuyer; *me duele tener que escribir* cela m'ennuie de devoir écrire || regretter; *me duele decírtelo* je regrette de te le dire || — FIG *ahí le duele* c'est là que le bât le blesse || *estar dolido* être peiné *o* chagriné.
◆ *v pr* regretter; *dolerse de sus pecados* regretter ses péchés || plaindre, avoir pitié de (alguien), combatir à (los males) || se plaindre (gemir, quejarse); *dolerse de lo difícil que es la vida* se plaindre des difficultés de la vie || s'affliger; *dolerse de las desgracias que ocurren* s'affliger des malheurs qui arrivent.

dolido, da *adj* blessé, e [dans son amour-propre].

doliente *adj* qui fait mal, douloureux, euse (dolorido) || malade, dolent, e; souffrant, e (enfermo).
◆ *adj y s* malade.

dolmen *m* dolmen.

dolo *m* DR dol (fraude, engaño).

dolor *m* douleur *f* || mal; *tener dolor de muelas, de vientre* avoir mal aux dents, au ventre; *el dolor de muelas es muy desagradable* le mal de dents est très désagréable || FIG peine *f*, chagrin; *causar dolor* faire la peine || — *dolor de cabeza* mal de tête *o* à la tête || *dolor de corazón* contrition || *dolor de costado* point de côté || *dolor de estómago* mal à l'estomac, crampe d'estomac || FIG *dolor de viudo* ou *de viuda* chagrin [douleur intense et passagère] || *dolor la-*

dolorido

tente ou *sordo* douleur sourde ‖ — *con harto dolor de mi parte* avec une profonde douleur ‖ *estar con los dolores* être dans les douleurs (una mujer).

dolorido, da *adj* endolori, e; *tener el brazo dolorido* avoir le bras endolori ‖ FIG affligé, e; désolé, e; brisé de douleur.

doloroso, sa *adj* douloureux, euse; *una herida dolorosa* une blessure douloureuse ‖ désolant, e; lamentable, déplorable (de lamentar).
◆ *f* Vierge des Sept Douleurs ‖ FAM la douloureuse (la cuenta).

dolosamente *adv* frauduleusement.

doloso, sa *adj* dolosif, ive.

doma *f* domptage *m* (de potros, fieras) ‖ dressage *m* (adiestramiento) ‖ FIG domestication, domptage *m* (de las pasiones) ‖ *La doma de la bravía* La Mégère apprivoisée (de Shakespeare).

domador, ra *m y f* dompteur, euse (de fieras) ‖ dresseur, euse (de potros y otros animales).

domar *v tr* dompter; *domar fieras* dompter des fauves ‖ dresser (adiestrar) ‖ FIG *domar zapatos nuevos* briser des chaussures neuves ‖ FIG dompter (las pasiones, a uno) ‖ *La fierecilla domada* La Mégère apprivoisée (de Shakespeare).

domeñar *v tr* assouplir, dompter, soumettre; *domeñar a uno* assouplir quelqu'un ‖ maîtriser, dompter; *domeñar sus pasiones* maîtriser ses passions ‖ *domeñar la resistencia de uno* rompre *o* briser *o* vaincre la résistance de quelqu'un.

domesticable *adj* apprivoisable, qui peut être apprivoisé *o* domestiqué *o* dressé.

domesticación *f* domestication, apprivoisement *m* (amansamiento).

domesticar *v tr* apprivoiser (amansar); *domesticar un ratón* apprivoiser une souris ‖ domestiquer (reducir a domesticidad); *domesticar una nutria* domestiquer une loutre ‖ FIG apprivoiser.

doméstico, ca *adj* domestique ‖ — *artes domésticas* arts ménagers ‖ *faenas domésticas* travaux ménagers.
◆ *m y f (p us)* domestique, employé, e de maison.

domiciliación *f* domiciliation ‖ COM *domiciliación bancaria* domiciliation bancaire.

domiciliado, da *adj* domicilié, e ‖ COM *letra domiciliada* effet domicilié.
◆ *m y f* personne *f* domiciliée.

domiciliar *v tr* domicilier ‖ — *domiciliar una cuenta* demander un virement automatique ‖ *estar domiciliado en Madrid* être domicilié à Madrid.
◆ *v pr* se domicilier.

domiciliario, ria *adj* domiciliaire ‖ *arresto domiciliario* assignation à résidence.
◆ *m y f* habitant, e.

domicilio *m* domicile; *elegir domicilio* élire domicile ‖ — ECON *domicilio fiscal* domicile fiscal ‖ *domicilio social* siège social ‖ *servicio a domicilio* livraison à domicile.

dominación *f* domination ‖ MIL hauteur qui domine une place ‖ rétablissement *m* (gimnasia).
◆ *pl* ECLES dominations (ángeles).

dominador, ra *adj y s* dominateur, trice.

dominanta *adj f* dominatrice; *mujer dominanta* femme dominatrice.
◆ *f* FAM forte femme.

dominante *adj* dominant, e (que sobresale) ‖ dominateur, trice; *espíritu dominante* esprit dominateur ‖ BIOL *carácter dominante* caractère dominant.
◆ *f* dominante (rasgo característico) ‖ MÚS dominante.

dominar *v tr* dominer; *Napoleón quiso dominar Europa* Napoléon voulut dominer l'Europe ‖ contrôler (la pelota) ‖ dominer, contrôler, maîtriser (los nervios, las pasiones) ‖ dominer, posséder (un idioma) ‖ dominer, surplomber; *las rocas dominan el barranco* les rochers surplombent le ravin ‖ maîtriser, se rendre maître de; *dominar la rebelión* maîtriser la rébellion ‖ — *dominar la situación* dominer la situation, être maître de la situation ‖ *dominar un incendio* maîtriser un incendie.
◆ *v intr* dominer, surplomber.
◆ *v pr* se dominer, se maîtriser (controlarse).

dómine *m* FAM professeur de latin, magister *(ant)* ‖ FIG magister (pedante) ‖ *poner a uno como chupa de dómine* dire pis que pendre de quelqu'un, traîner quelqu'un dans la boue.

domingas *f pl* POP nichons *m pl*, lolos *m pl*.

domingo *m* dimanche; *vendré el domingo* je viendrai dimanche ‖ — *domingo de Adviento* dimanche de l'Avent ‖ *domingo de Carnaval* dimanche gras ‖ *domingo de Cuasimodo* dimanche de Quasimodo ‖ *domingo de Lázaro* ou *de Pasión* dimanche de la Passion ‖ *domingo de Piñata* dimanche quadragésime ‖ *domingo de Ramos* dimanche des Rameaux ‖ *domingo de Resurrección* dimanche de Pâques ‖ — *hacer domingo* ne pas travailler, faire la fête ‖ *traje de los domingos* habits du dimanche.

Domingo (Santo) *n pr m* GEOGR Saint-Domingue (República Dominicana).

dominguero, ra *adj* FAM du dimanche; *ropa dominguera* vêtements *o* habits du dimanche.
◆ *m* conducteur du dimanche (conductor).

Dominica (la) *n pr* GEOGR la Dominique (Antillas).

domínica *f* dimanche *m* (en lenguaje eclesiástico) ‖ office *m* du dimanche.

dominical *adj* dominical, e ‖ *(p us)* domanial, e (del Estado).

dominicano, na *adj y s* dominicain, e (religioso) ‖ dominicain, e (de la República Dominicana).

dominico, ca *adj y s* dominicain, e (religioso).

dominio *m* domaine (tierras) ‖ autorité *f*, pouvoir (autoridad); *tener bajo su dominio* avoir sous son autorité (un jefe); *un maestro que tiene dominio sobre sus discípulos* un maître qui a de l'autorité sur ses élèves ‖ domination *f* (señorío); *el dominio del genio* la domination du génie ‖ dominion (de la Commonwealth) ‖ FIG maîtrise *f*, parfaite connaissance *f* (de una lengua) ‖ maîtrise *f* (de las pasiones) ‖ empire sur, maîtrise *f* de; *tiene un gran dominio de sí mismo* il a une grande maîtrise de soi ‖ — *dominio del aire* maîtrise de l'air ‖ — *con pleno dominio de sus facultades* en pleine possession de ses moyens ‖ *perder el dominio de sí mismo* perdre le contrôle de soi-même ‖ *recobrar el dominio de sí mismo* reprendre ses esprits ‖ *ser del dominio público* être tombé dans le domaine public.

dominó *m* domino (juego y traje).
— OBSERV *pl dominós*.

domo *m* ARQ dôme (cúpula).

domótica *f* domotique.

don *m* don (presente) ‖ don (talento); *el don de la palabra* le don de la parole ‖ — *don de acierto* habileté, savoir-faire ‖ *don de errar* maladresse ‖ *don de gentes* don de plaire ‖ *don de lenguas* don des langues ‖ *don de mando* sens du commandement.

don *m* monsieur; *don Fulano de Tal* monsieur Untel ‖ *don Diego, don Pedro* belle-de-nuit (planta) ‖ *don Juan* don Juan (tenorio) ‖ *señor don Fulano de Tal* monsieur Untel ‖ *un don nadie* un moins-que-rien.
— OBSERV On n'emploie *don* que devant un prénom; il ne se traduit pas lorsqu'il est précédé de *señor*.

Don *n pr* GEOGR Don (río).

donación *f* donation, don *m*; *donación entre vivos* donation entre vifs.

donaire *m* grâce *f*, élégance *f*, allure *f*; *andar con mucho donaire* marcher avec beaucoup d'allure ‖ esprit, finesse *f*, sel (en el hablar) ‖ mot d'esprit, trait spirituel (chiste).

donairoso, sa *adj* élégant, e; gracieux, euse ‖ spirituel, elle (chistoso).

donante *adj y s* donneur, euse.
◆ *m y f* donateur, trice; *cuadro que representa a la Virgen con un donante* tableau qui représente la Vierge avec un donateur ‖ *donante de sangre* donneur de sang ‖ *donante de un órgano* donneur (d'organe).

donar *v tr* faire don de, offrir.

donatario, ria *m y f* donataire.

donativo *m* don, présent (regalo).

doncel *m* (ant) damoiseau (joven noble) | page du roi (paje) | sorte de mousquetaire (en la milicia del rey).

doncella *f* jeune fille (joven) ‖ demoiselle (término de consideración) ‖ femme de chambre, suivante (ant) ‖ pucelle; *la Doncella de Orleans* la Pucelle d'Orléans (Juana de Arco) ‖ labre *m* (budión) ‖ *(amer)* panaris *m* | sensitive (sensitiva).

donde *adv* où; *¿dónde estás?* où es-tu?; *¿dónde iba?* où allait-il?; *es un sitio donde abundan los peces* c'est un endroit où les poissons abondent ‖ là où; *lo compré donde tú me dijiste* je l'ai acheté là où tu me l'as dit ‖ *(ant)* d'où (de donde) ‖ chez; *voy donde Juan* je vais chez Jean ‖ — *a donde* où (con movimiento); *¿a dónde vas?* où vas-tu? ‖ *de donde* d'où ‖ *en donde* où; *la casa en donde nací* la maison où je suis né ‖ *donde no* sinon, dans le cas contraire ‖ *hacia donde*, vers où ‖ *por donde* d'où; *por donde se infiere que* d'où il découle que ‖ *¿por dónde?* pourquoi? (por qué), par où (por qué sitio) ‖ — *donde sea* n'importe où ‖ *estés donde estés* où que tu sois ‖ *¡mira por dónde!* tu as vu!
— OBSERV *Dónde* interrogatif est toujours accentué.

dondequiera *adv* n'importe où ‖ partout où; *dondequiera que vayas* partout où tu iras, où que tu ailles.

donjuán *m* BOT belle-de-nuit *f*.

donjuanesco, ca *adj* donjuanesque.

donjuanismo *m* donjuanisme.

donosamente *adv* gracieusement, élégamment ‖ spirituellement.

donoso, sa *adj* spirituel, elle; enjoué, e; *un chico muy donoso* un garçon très spirituel ‖ enlevé, e (estilo) ‖ beau, belle, drôle, fameux, euse (con ironía); *¡donosa pregunta!* drôle de question; *¡donosa ocurrencia!* fameuse idée ‖ *donosa cosa es que* il est un peu fort que.

donostiarra *adj y s* de Saint-Sébastien.

doña *f* madame; *doña Ana Bravo* madame Anne Bravo.
— OBSERV Après *señora, doña* ne se traduit pas.

dopado, da *adj* dopé, e.

dopaje *m* → **doping**.

dopar *v tr* doper (drogar).

doping; dopaje *m* doping, dopage.

doquier; doquiera *adv* n'importe où.
— OBSERV C'est un adverbe employé uniquement dans le langage littéraire.

dorada *f* dorade, daurade (pez).

dorado, da *adj* doré, e ‖ CULIN rissolé, e ‖ d'or; *edad dorada, siglo dorado* âge d'or, siècle d'or ‖ *(amer)* bai, e (caballo) ‖ *libros de cantos dorados* livres dorés sur tranche
◆ *m* dorure *f*, dorage ‖ poisson de la Méditerranée, coryphène (pez).

dorar *v tr* dorer ‖ — FIG & FAM *dorar la píldora* dorer la pilule ‖ CULIN *hacer dorar* rissoler.

dórico, ca *adj* dorique (de los dorios) ‖ ARQ dorique; *orden dórico* ordre dorique.
◆ *m* dorien (dialecto griego).

dorio, ria *adj y s* dorien, enne (de Dóride).

dormida *f* somme *m* (acción de dormir); *echar una dormida* faire un somme ‖ engourdissement *m* [du ver à soie] ‖ gîte *m* (cama de los animales) ‖ nuit, halte de nuit (en un viaje).

dormido, da *adj* endormi, e; *estar medio dormido* être à moitié endormi ‖ FIG engourdi, e; endormi, e; *tener la pierna dormida* avoir la jambe engourdie.

dormilón, ona *adj y s* FAM grand dormeur, grande dormeuse.
◆ *m* engoulevent (pájaro).
◆ *f* boucle d'oreille, dormeuse (arete) ‖ chaise longue (tumbona) ‖ *(amer)* sensitive (planta).

dormir* *v intr* dormir; *hartarse de dormir* dormir tout son soûl ‖ coucher, passer la nuit; *tuvimos que dormir en Madrid antes de salir para Andalucía* nous avons dû passer la nuit à Madrid avant de partir pour l'Andalousie ‖ — *dormir al raso* coucher à la belle étoile ‖ *dormir boca arriba* dormir sur le dos ‖ *dormir como un lirón* ou *como una marmota* ou *como un tronco* ou *a pierna suelta* ou *como una souche* o à poings fermés o comme une marmotte ‖ *dormir con toda tranquilidad* ou *en paz* dormir sur ses deux oreilles ‖ *dormir con un ojo abierto* ne dormir que d'un œil ‖ *dormir de un tirón* dormir d'un trait ‖ *quien duerme cena* qui dort dîne ‖ — *¡a dormir!* au lit! ‖ *gorro de dormir* bonnet de nuit ‖ *saco de dormir* sac de couchage ‖ FIG *ser de mal dormir* être mauvais coucheur.
◆ *v tr* endormir, faire dormir; *dormir a un niño* endormir un enfant; *esta música me duerme* cette musique me fait dormir ‖ — *dormir el sueño de los justos* dormir du sommeil du juste ‖ *dormir el último sueño* dormir de son dernier sommeil ‖ FAM *dormir la mona* cuver son vin ‖ *dormir la siesta* faire la sieste ‖ FIG *dejar dormir un asunto* laisser dormir une affaire.
◆ *v pr* s'endormir ‖ FIG s'engourdir, s'endormir; *se me ha dormido la pierna* ma jambe s'est engourdie ‖ s'endormir, dormir; *dormirse sobre los laureles* s'endormir sur ses lauriers.

dormitar *v intr* sommeiller, somnoler.

dormitorio

dormitorio *m* chambre *f* à coucher (alcoba) ‖ *dormitorio común* dortoir (para varias personas).
dorsal *adj* dorsal, e; *músculos dorsales* muscles dorsaux ‖ GRAMM dorsal, e (consonante).
◆ *m* dossard; *los atletas llevan un dorsal en la camiseta* les athlètes portent un dossard sur leur maillot.
dorso *m* dos; *el dorso de una carta* le dos d'une lettre ‖ *véase al dorso* voir au dos, tournez s'il vous plaît.
dos *adj y s m* deux; *el dos de mayo* le deux mai; *son las dos* il est 2 heures; *dos y dos son cuatro* deux et deux font quatre ‖ — *dos a dos* deux à deux, deux par deux ‖ *dos por dos* deux fois deux (multiplicación), deux par deux (de dos en dos) ‖ — *a dos pasos de aquí* à deux pas d'ici ‖ *cada dos días* tous les deux jours, un jour sur deux ‖ MÚS *compás de dos por cuatro* mesure à deux temps ‖ *con las dos manos* à deux mains ‖ *de dos en dos* de deux en deux, deux par deux ‖ *ellos dos, entre los dos* à eux deux ‖ FAM *en un dos por tres* en moins de deux, en deux temps trois mouvements ‖ *los dos* tous deux, tous les deux; *vinieron los dos* ils sont venus tous les deux ‖ *una de dos* de deux choses l'une ‖ — *hacer un trabajo entre dos* faire un travail à deux ‖ *no hay dos sin tres* jamais deux sans trois.
DOS abrev de *disk operating system* DOS, Dos, système d'exploitation à disques.
doscientos, tas *adj y s m* deux cents; *dos mil doscientos* deux mille deux cents ‖ deux cent; *doscientos veinte* deux cent vingt (seguido de otra cifra); *el año doscientos* l'an deux cent (cuando equivale a un ordinal) ‖ *mil doscientos* mille deux cents, douze cents.
dosel *m* dais (de altar, trono) ‖ ciel de lit (de cama) ‖ portière *f* (antepuerta).
dosificable *adj* dosable.
dosificación *f* dosage *m* ‖ QUÍM dosage *m* (operación) | titre *m* (contenido).
dosificador *m* doseur (aparato).
dosificar *v tr* doser ‖ QUÍM doser, titrer.
dosimetría *f* dosimétrie (método terapéutico).
dosímetro *m* dosimètre.
dosis *f* dose; *a* ou *en pequeña dosis* à petite dose ‖ MED *dosis de recuerdo* rappel [d'un vaccin].
dos piezas *m* deux-pièces *inv* (traje, bañador).
dossier *m* dossier (expediente, informe).
dotación *f* dotation (de una fundación) ‖ équipage *m* (tripulación) ‖ personnel *m* (de oficina) ‖ dot (de una mujer).
dotado, da *adj* doué, e; *dotado de mil cualidades* doué de mille qualités ‖ *comarcas dotadas* régions favorisées.
dotar *v tr* doter (una institución, a una mujer); *dotar un hospital con un millón de pesetas* doter un hôpital d'un million de pesetas ‖ doter, pourvoir (proveer) ‖ doter, douer ‖ affecter (una renta, una dignidad) ‖ pourvoir (de personal una oficina) ‖ équiper (tripular un buque).
dote *m y f* dot *m*; *cazador de dotes* coureur de dots.
◆ *m* jetons *pl* (en el juego).
◆ *f pl* don *m sing*, aptitude *sing*, qualité *sing*; *este niño manifiesta buenas dotes* cet enfant a de grandes qualités ‖ *dotes de mando* qualités de chef, sens du commandement.
Dover *n pr* GEOGR Douvres.

DP abrev de *distrito postal* bureau distributeur.
Dr. abrev de *doctor* docteur.
dracma *f* drachme (moneda).
draconiano, na *adj* draconien, enne; *medidas draconianas* des mesures draconiennes.
DRAE abrev de *Diccionario de la Real Academia Española* Dictionnaire de l'Académie royale d'Espagne.
drag *m* drag (coche inglés).
draga *f* drague ‖ dragueur *m*, dragueuse (barco).
dragado *m* dragage; *el dragado de un canal* le dragage d'un canal.
dragaminas *m* dragueur de mines.
dragar *v tr* draguer.
dragón *m* dragon (monstruo) ‖ MIL dragon (soldado) ‖ BOT muflier, gueule-deloup *f* ‖ ZOOL dragon (reptil) ‖ VETER dragon ‖ gueulard (en los hornos).
dragona *f* MIL dragonne (del sable).
drama *m* drame; *drama lírico* drame lyrique.
dramático, ca *adj* dramatique.
dramatismo *m* dramatique; *es de un dramatismo excesivo* c'est d'un dramatique excessif.
dramatizar *v tr* dramatiser.
dramaturgia *f* dramaturgie.
dramaturgo *m* dramaturge, auteur dramatique.
dramón *m* FAM sombre drame, mélodrame, mélo.
drapeado *m* drapé.
drapear *v tr* draper.
drástico, ca *adj y s m* MED drastique.
◆ *adj* FIG draconien, enne; *medida drástica* mesure draconienne.
drawback *m* COM drawback.
drenaje *m* drainage ‖ MED drainage ‖ — *colector de drenage* gros drain ‖ *tubo de drenaje* drain.
drenar *v tr* drainer (avenar) ‖ MED drainer.
Dresde *n pr* GEOGR Dresde.
dríada; díade *f* dryade.
driblar *v intr* dribbler (regatear en fútbol).
dribling *m* DEP dribble (regate).
dril *m* coutil (tela) ‖ ZOOL drill (mono).
drive *m* drive (tenis).
driver *m* INFORM driver, gestionnaire de périphérique.
driza *f* MAR drisse.
droga *f* drogue ‖ FIG blague, mensonge *m* (mentira) | attrape, piège *m* (pega) ‖ FAM barbe, scie (lata) ‖ *(amer)* dette (deuda) ‖ médicament *m* (aduana) ‖ — *droga blanda, dura* drogue douce, dure ‖ *droga milagrosa* remède miracle, panacée.
drogadicción *f* toxicomanie.
drogadicto, ta *m y f* toxicomane.
drogar *v tr* droguer ‖ doper; *un atleta drogado* un athlète dopé.
drogata *m y f* POP camé, e.
drogodependencia *f* assuétude.
droguería *f* droguerie, marchand *m* de couleurs; *voy a la droguería* je vais chez le marchand de couleurs ‖ *(amer)* pharmacie.
droguero, ra *m y f* droguiste ‖ *(amer)* mauvais payeur.
dromedario *m* dromadaire.
drosófila *f* drosophile (mosca).
drugstore *m* drugstore.

druida *m* druide.
druídico, ca *adj* druidique.
DSE abrev de *Dirección de la Seguridad del Estado* Direction de la sûreté de l'État [Espagne].
dto. abrev de *descuento* escompte.
dual *m* GRAM duel.
Duala *n pr* GEOGR Douala.
dualidad *f* dualité || QUÍM dimorphisme *m* || *(amer)* ballottage *m* (empate).
dualismo *m* dualisme, dualité.
dualista *adj y s* dualiste.
dubitación *f* dubitation || doute *m* (duda).
dubitativo, va *adj* dubitatif, ive.
Dublín *n pr* GEOGR Dublin.
ducado *m* duché (territorio) || titre *o* dignité *f* de duc *o* de duchesse (título) || ducat (moneda).
ducal *adj* ducal, e; *palacios ducales* palais ducaux.
duce *m* duce (jefe).
dúctil *adj* ductile (metal) || souple (maleable) || FIG accommodant, e (acomodadizo).
ductilidad *f* ductilité (de los metales) || FIG souplesse.
ducha *f* douche; *tomar una ducha* prendre une douche || FIG & FAM *ducha de agua fría* douche froide.
duchar *v tr* doucher.
◆ *v pr* se doucher, prendre une douche.
ducho, cha *adj* expert, e; fort, e; ferré, e; *ducho en latín* fort en latin; *estar ducho en* être expert en || *estar ducho en la materia* être expert *o* orfèvre *o* ferré en la matière.
duda *f* doute *m*; *sin duda* sans doute; *fuera de duda* hors de doute; *sin duda alguna* sans aucun doute || — *duda filosófica* doute philosophique *o* méthodique || *aclarar las dudas de uno* éclaircir les doutes de quelqu'un || *en la duda abstente* dans le doute abstiens-toi || *no cabe duda, no hay duda, sin lugar a dudas* il n'y a pas de doute || *no te quepa (la menor) duda* n'aie pas l'ombre d'un doute || *sacar de dudas a uno* dissiper les doutes de quelqu'un || *salir de duda* savoir à quoi s'en tenir.
— OBSERV Hoy, *sans doute* significa más bien *quizás, probablemente*.
dudar *v intr* douter; *dudo de ou sobre ou acerca de su honradez* je doute de son honnêteté; *dudo mucho que venga* je doute fort qu'il vienne || se demander; *dudo si venderé mi casa* je me demande si je vendrai ma maison; *dudaba qué iba a pasar* il se demandait ce qui allait se passer || hésiter à (vacilar); *dudo en salir* j'hésite à sortir || — *no dudo de ello* je n'en doute pas || *¿qué dudas?* qu'est-ce qui t'arrête?, qu'est-ce qui te fait hésiter?
◆ *v tr* douter de; *dudo lo que dice* je doute de ce qu'il dit; *lo dudo* j'en doute.
dudosamente *adv* en hésitant (vacilando) || douteusement (sin certeza).
dudoso, sa *adj* hésitant, e (vacilante) || douteux, euse (poco acierto).
duelista *m* duelliste.
duelo *m* duel (combate); *batirse en duelo* se battre en duel || douleur *f* profonde, chagrin (dolor) || deuil; *presidir el duelo* conduire *o* mener le deuil; *su muerte fue un duelo nacional* sa mort fut un deuil national || cortège funèbre (cortejo).
◆ *pl* fatigues *f*, peines *f* (trabajos) || *duelos y quebrantos* œufs frits avec du lard ou de la cervelle.

duende *m* lutin, esprit follet || charme, envoûtement (encanto); *los duendes del flamenco* l'envoûtement du flamenco; *el duende de una persona* le charme d'une personne || — *andar como un duende, parecer un duende* être un vrai feu follet || *tener duende* avoir un souci en tête, se tracasser.
dueña *f* maîtresse (propietaria) || dame (señora) || duègne (dama de compañía) || propriétaire (de una casa) || — *dueña de honor* dame d'honneur || *ponerle a uno cual digan dueñas* dire pis que pendre de quelqu'un.
dueño *m* maître; *dueño de la casa* maître de maison; *ser dueño de sus pasiones* être maître de ses passions || propriétaire; *el dueño de una tienda* le propriétaire d'un magasin || — *dueño y señor* seigneur et maître; *como dueño y señor* en seigneur et maître || *hacerse dueño de* se rendre maître de || *ser dueño de sí mismo* être son maître (ser libre), être maître de soi (dominarse) || *ser dueño y señor de* être le maître de || *ser muy dueño de* être parfaitement libre de; *es usted muy dueño de aceptar o rehusar* vous êtes parfaitement libre d'accepter ou de refuser.
duermevela *m* FAM demi-sommeil | sommeil agité.
Duero *n pr m* GEOGR Douro.
dueto *m* MÚS duetto.
dulce *adj* doux, douce; *dulce como la miel* doux comme le miel || FIG doux, douce; *mirada dulce* regard doux || sucré, e; *el café está muy dulce* le café est très sucré || *agua dulce* eau douce || TECN *hierro dulce* fer doux.
◆ *m* confiture *f*; *dulce de membrillo* confiture de coings || entremets (manjar) || — *dulce de almíbar* fruits au sirop || *dulce de fruta* pâte de fruits || *(amer) dulce de leche* crème à base de lait sucré cuit.
◆ *pl* sucreries *f*, friandises *f*; *a mí me gustan mucho los dulces* j'aime beaucoup les sucreries.
dulcificante *adj* adoucissant, e.
dulcificar *v tr* adoucir, dulcifier *(p us)*.
Dulcinea *n pr f* Dulcinée (mujer amada).
dulzor *m* douceur *f*; *el dulzón del azúcar* la douceur du sucre.
dulzura *f* douceur (dulzor) || FIG douceur (carácter, clima).
dumping *m* dumping.
duna *f* dune.
Dunquerque *n pr* GEOGR Dunkerque.
dúo *m* MÚS duo.
duodecimal *adj* duodécimal, e.
duodécimo, ma *adj y s* douzième || *en duodécimo lugar* douzièmement, en douzième lieu.
duodenal *adj* ANAT duodénal, e.
duodenitis *f* MED duodénite.
duodeno, na *adj (p us)* douzième.
◆ *m* ANAT duodénum.
dupdo. abrev de *duplicado* duplicata.
dúplex *m* TECN duplex (metalurgia y telecomunicaciones) || duplex (piso) || — *dispositivo para el enlace dúplex* duplicateur || *enlace dúplex* duplexage || *establecer un enlace dúplex* duplexer.
duplicado *m* duplicata *inv*, double (copia); *el duplicado de un acta* le duplicata d'un acte.
◆ *adj* doublé, e (doblado) || en *o* par duplicata || bis; *calle Luchana número 5 duplicado* 5 bis, rue Luchana || — *por duplicado* en double exemplaire;

hecho por duplicado en Madrid fait en double exemplaire à Madrid.
duplicar *v tr* doubler, multiplier par deux (hacer doble); *duplicar la producción* doubler la production ‖ reproduire (reproducir) ‖ plier en deux (plegar).
◆ *v pr* doubler; *la población se ha duplicado* la population a doublé.
duplicata *m* duplicata *inv*.
duplicidad *f* duplicité (doblez).
duplo, pla *adj y s m* double; *ocho es el duplo de cuatro* huit est le double de quatre.
duque *m* duc (título); *el señor duque* monsieur le duc.
duquesa *f* duchesse; *la señora duquesa* madame la duchesse.
durable *adj* durable.
duración *f* durée; *tener larga* ou *mucha duración* avoir une longue durée ‖ durée, longeur; *la duración de los días* la longueur des jours.
duradero, ra *adj* durable.
duraluminio *m* duralumin.
duramadre; duramáter *f* ANAT dure-mère.
duramente *adv* durement ‖ *trabajar duramente* travailler dur.
durante *adv y prep* pendant; *durante un día* pendant une journée ‖ durant, pendant; *durante todo el año* durant o pendant toute l'année, toute l'année durant.
durar *v tr* durer; *durar (por) mucho tiempo* durer longtemps ‖ rester, demeurer, être encore (quedar); *durar en pie* être encore debout ‖ *mientras dura, vida y dulzura* après moi le déluge.
durazno *m* variété de pêche (fruta) ‖ pêcher (arbre) ‖ *(amer) (fruta)*.

dureza *f* dureté (hierro, madera, agua, etc.) ‖ FIG dureté (oído, voz, etc.) ‖ MED durillon *m* (callosidad).
durmiente *adj* dormant, e; *la Bella Durmiente del Bosque* la belle au bois dormant.
◆ *m* TECN traverse *f* (traviesa de ferrocarril) ‖ CONSTR dormant.
duro, ra *adj* dur, e; *metal duro* métal dur ‖ FIG dur, e (resistente, cruel, penoso) | heurté, e (estilo) | angeleux, euse (perfil) | tranché, e (color) ‖ — FIG *duro como la pata de Perico* ou *como la piedra* dur comme du bois ‖ FAM *duro de cocer* ou *de pelar* dur à cuire | *duro de roer* ou *de tragar* dur à avaler ‖ — *agua dura* eau dure ‖ MED *chancro duro* chancre induré ‖ *huevo duro* œuf dur ‖ — *hacer algo a duras penas* faire quelque chose à grand-peine ‖ *hay que estar a las duras y a las maduras* quand on épouse la veuve, on épouse ses dettes ‖ *ser duro de casco* avoir la tête dure, être têtu ‖ *ser duro de mollera* avoir la tête dure, être bouché à l'émeri ‖ *ser duro de oído* être dur d'oreille ‖ *sufrir dura prueba* en voir de dures ‖ *tener el gatillo duro* être dur à la détente (pistola).
◆ *adv* fort, fortement; *pegar duro* frapper fort ‖ dur; *trabajar duro* travailler dur ‖ *darle duro al trabajo* abattre de la besogne, travailler dur.
◆ *m* douro [monnaie de cinq pesetas] ‖ FAM *un duro* un dur ‖ — FAM *estar sin un duro* être sans un rond ‖ *¡que te den dos duros!* tu peux aller te faire voir!
Düsseldorf *n pr* GEOGR Düsseldorf.
duunvir; duunviro *m* duumvir.
duunvirato *m* duumvirat.
d/v abrev de *días vista* dans un délai de *x* jours.

E

e *f* e *m*.
e *conj* et.
— OBSERV La conjonction *e* remplace *y* devant les mots commençant par *i* ou *hi* (i vocalique): *Federico e Isabel* Frédéric et Isabelle; *madre e hija* mère et fille. Cependant, au commencement d'une phrase interrogative ou exclamative, ou devant un mot commençant par *y* ou *hi* suivi d'une voyelle (*i* consonantique), on garde l'y: *¿y Ignacio?* et Ignace?; *vid y hiedra* vigne et lierre; *tú y yo* toi et moi.
¡ea! *interj* allons!
easonense *adj y s* de Saint-Sébastien.
EAU abrev de *Emiratos Árabes Unidos* ÉAU, fédération des Émirats Arabes Unis.
ebanista *m y f* ébéniste.
ebanistería *f* ébénisterie.

ébano *m* ébène *f* (madera) ‖ ébénier (árbol) ‖ *ébano vivo* bois d'ébène (los negros).
ebonita *f* ébonite (caucho endurecido).
ebriedad *f* ébriété; *en estado de ebriedad* en état d'ébriété.
ebrio, a *adj y s* ivre (embriagado) ‖ FIG ivre; *ebrio de ira* ivre de colère.
Ebro *n pr m* GEOGR Èbre.
ebullición *f* ébullition ‖ FIG effervescence.
ebullómetro; ebulioscopio *m* FÍS ebullioscope, ébulliomètre.
ebúrneo, a *adj* éburnéen, enne; éburné, e (de marfil).
ecarté *m* écarté (juego de cartas).
eccehomo; ecce homo *m* ecce homo *inv* ‖ FIG *estar hecho un eccehomo* être dans un piteux état.

eccema *m* MED eczéma.
— OBSERV Véase ECZEMA.
ECG abrev de *electrocardiograma* E.C.G., électrocardiogramme.
ecijano, na *adj* y *s* d'Ecija.
eclecticismo *m* éclectisme.
ecléctico, ca *adj* y *s* éclectique.
eclesiástico, ca *adj* ecclésiastique.
♦ *m* ecclésiastique (clérigo) ‖ ecclésiastique (libro de la Biblia).
eclipsar *v tr* éclipser ‖ FIG éclipser (deslucir).
♦ *v pr* s'éclipser (desaparecer).
eclipse *m* ASTR éclipse *f*; *eclipse lunar, solar* éclipse de Lune, de Soleil ‖ FAM éclipse *f*, absence *f*.
eclíptico, ca *adj* ASTR écliptique.
♦ *f* écliptique.
eclisa *f* TECN éclisse.
eclosión *f* éclosion.
— OBSERV Ce mot est un gallicisme employé pour *nacimiento*.
eco *m* écho (acústica) ‖ écho (composición poética, gacetilla) ‖ FIG écho; *hacerse eco de una declaración* se faire l'écho d'une déclaration; *petición que no tuvo ningún eco* demande qui n'a trouvé aucun écho ‖ — *ecos de sociedad* mondanités, carnet du jour *o* mondain (en los periódicos).
ecoespecie *f* → **ecospecie**.
ecografía *f* MED échographie.
ecología *f* BIOL écologie.
ecológico, ca *adj* BIOL écologique.
ecologismo *m* écologisme.
ecologista *m* y *f* écologiste.
♦ *adj* écologique.
ecólogo, ga *m* y *f* écologiste.
economato *m* économat.
econometría *f* économétrie ‖ *especialista en econometría* économétricien, enne.
economía *f* économie; *economía política* économie politique; *economía planificada* économie dirigée ‖ — *economía de mercado* ou *de libre mercado* économie de marché ‖ *economía doméstica* économie domestique.
♦ *pl* économies ‖ — *economías de chicha y nabo* ou *del chocolate del loro* économies de bouts de chandelle ‖ *economías de escala* économies d'échelle.
económico, ca *adj* économique (relativo a la economía, barato) ‖ économe (persona) ‖ financier, ère; *situación económica de la familia* situation financière de la famille ‖ parcimonieux, euse; ladre (avaro) ‖ — *año* ou *ejercicio económico* exercice financier ‖ *cocina económica* cuisinière.
economista *m* y *f* économiste.
economizar *v tr* économiser ‖ *no economizar esfuerzos* ne pas ménager ses efforts.
ecónomo, ma *m* y *f* économe (administrador).
ecosistema *m* écosystème.
ecospecie; ecoespecie *f* écobiocénose.
ectoplasma *m* ectoplasme.
ECU abrev de *European Currency Unit* ECU.
ecuación *f* MAT équation; *ecuación con dos incógnitas, de segundo grado* équation à deux inconnues, du second degré *o* quadratique; *ecuación diferencial* équation différentielle ‖ *raíz de una ecuación* racine d'une équation ‖ *ecuación personal* équation personnelle.
ecuador *m* équateur ‖ FAM *el paso del ecuador* le passage *o* le baptême de la ligne (línea ecuatorial), le milieu de la durée des études, le passage de la ligne (mitad de la carrera).
Ecuador *n pr m* GEOGR Équateur.
ecuánime *adj* d'humeur égale ‖ impartial, e.
ecuanimidad *f* égalité d'humeur (igualdad de espíritu) ‖ impartialité.
ecuatoguineano, na *adj* équato-guinéen, enne.
♦ *m* et *f* Équato-Guinéen, enne.
ecuatorial *adj* équatorial, e.
♦ *m* ASTR équatorial.
ecuatoriano, na *adj* équatorien, enne.
♦ *m* y *f* Equatorien, enne.
ecuestre *adj* équestre; *ejercicio, estatua ecuestre* exercice, statue équestre.
ecuménico, ca *adj* œcuménique (concilio).
eczema; eccema *m* MED eczéma.
— OBSERV Ce mot, féminin d'après l'Académie espagnole, est généralement employé comme masculin.
echada *f* jet *m* (acción) ‖ longueur (en una carrera); *ganar por tres echadas* gagner de trois longueurs ‖ *(amer)* blague (mentira).
echado, da *adj* FAM *un hombre echado para adelante* un homme intrépide *o* hardi.
♦ *m* pente *f* du filon (buzamiento).
echador, ra *adj* y *s* jeteur, euse (que echa o tira) ‖ verseur, euse (que vierte) ‖ *(amer)* vantard, e (fanfarrón) ‖ — *echadora de buenaventura* diseuse de bonne aventure ‖ *echadora de cartas* tireuse de cartes.
♦ *m* garçon de café (mozo).
echar *v tr*

> 1. TIRAR, ARROJAR — 2. DESPEDIR, EXPULSAR — 3. BROTAR, SALIR — 4. PONER, APLICAR — 5. DECIR — 6. OTROS SENTIDOS — 7. CON PREPOSICIÓN — 8. LOCUCIONES DIVERSAS — 9. VERBO PRONOMINAL

1. TIRAR, ARROJAR jeter; *echar un hueso a un perro* jeter un os à un chien; *echar por la borda* jeter par-dessus bord; *echar chispas* jeter des étincelles ‖ envoyer, lancer; *échame la pelota* envoie-moi la balle ‖ verser; *echar agua en un vaso* verser de l'eau dans un verre; *echar lágrimas* verser des larmes ‖ mettre; *echar una carta al correo* mettre une lettre à la poste; *echar sal* mettre du sel ‖ répandre, dégager (olor) ‖ jeter, tendre (redes).
2. DESPEDIR, EXPULSAR jeter *o* mettre dehors; *le echaron a puntapiés* on l'a jeté dehors à coups de pieds ‖ expulser, faire sortir; *le echaron de la sala* on l'expulsa de la salle ‖ expulser, chasser; *le han echado de su piso* on l'a expulsé de son appartement ‖ congédier, renvoyer, mettre à la porte, flanquer à la porte *(fam)*; *le han echado por holgazán* on l'a congédié à cause de sa paresse ‖ faire sortir; *¡que echen el toro!* qu'on fasse sortir le taureau! ‖ renvoyer; *echar el toro al corral* renvoyer le taureau au corral ‖ rejeter (una culpa, una responsabilidad).
3. BROTAR, SALIR pousser; *echar raíces* pousser des racines ‖ percer, faire; *el niño ha echado dos dientes* l'enfant a percé deux dents; *echa los dientes* il fait ses dents ‖ commencer à pousser (hojas, pelo); *echa bigotes* sa moustache commence à pousser.
4. PONER, APLICAR mettre; *echar un remiendo* mettre une pièce ‖ mettre, flanquer *(fam)*; *echar*

una multa mettre une amende ‖ mettre, tirer, pousser; *echar el cerrojo* tirer le verrou ‖ poser; *echar ventosas* poser des ventouses ‖ parier (apostar) ‖ accoupler (animales).
5. DECIR dire; *echar la buenaventura* dire la bonne aventure; *echar patrañas* dire des bourdes ‖ réciter; *echar versos* réciter des vers ‖ faire; *echar un sermón* faire un sermon; *echar una perorata* faire un laïus ‖ chanter (una canción).
6. OTROS SENTIDOS faire; *echar cálculos, sus cuentas, una partida de cartas* faire des calculs, ses comptes, une partie de cartes ‖ donner; *¿qué edad le echas?* quel âge lui donnes-tu? ‖ passer, donner, jouer; *echar una película* passer un film; *¿qué echan?* qu'est-ce qu'on joue?, que joue-t-on? ‖ mettre; *echar una hora en ir de París a Melun* mettre une heure pour aller de Paris à Melun ‖ coucher, mettre au lit; *voy a echar al niño* je vais coucher le petit ‖ jeter, lancer; *echar una mirada a alguien* jeter un regard à quelqu'un.
7. CON PREPOSICIÓN *echar a* (con infinitivo) se mettre à, commencer à; *echar a llorar, a correr* se mettre à pleurer, à courir ‖ — *echar a volar* prendre son vol, s'envoler ‖ *echar de* (con infinitivo) donner à; *echar de comer, de beber* donner à manger, à boire ‖ *echar por* prendre; *echar por la derecha* prendre à droite; *echar por la primera calle* prendre la première rue; *entrer dans (carrera); echar por la Iglesia* entrer dans les ordres.
8. LOCUCIONES DIVERSAS *echar abajo* renverser, abattre, jeter bas, démolir (derribar), détruire, démolir (destruir); *echar abajo una reputación* détruire une réputation; enfoncer (una puerta) ‖ *echar a broma* le prendre à la blague, tourner en plaisanterie; *lo echa todo a broma* il tourne tout en plaisanterie ‖ *echar a buena, mala parte* prendre en bonne, mauvaise part ‖ *echar a cara y cruz* jouer à pile ou face ‖ FIG *echar agua en el mar* donner des coups d'épée dans l'eau, porter de l'eau à la mer ‖ *echar a la calle* jeter à la rue, mettre à la porte *o* dehors ‖ *echar a la lotería* jouer à la loterie ‖ *echar a perder* abîmer, endommager; *echar a perder un vestido* abîmer une robe; manquer, rater; *echar a perder un guiso* manquer un plat ‖ *echar a pique* envoyer par le fond, couler (barco), couler (negocio) ‖ *echar atrás* pencher ‖ *echar barriga* o *carnes* ou *vientre* prendre du ventre *o* de l'embonpoint ‖ *echar bravatas* fanfaronner ‖ *echar brotes* bourgeonner (plantas) ‖ *echar cartas* donner les cartes ‖ *echar de menos* s'ennuyer de, regretter, manquer; *echo de menos a mi pueblo* je m'ennuie de mon village; *echo de menos a mis hijos* mes enfants me manquent ‖ *echar de ver* remarquer ‖ MAR *echar el ancla* jeter l'ancre ‖ *echar el freno* serrer le frein, mettre le frein ‖ FIG & FAM *echar el guante a* épingler, mettre la main sur ‖ *echar el resto* en mettre un coup (trabajar mucho), jouer son va-tout (naipes) ‖ *echar en cara* jeter à la figure *o* à la tête *o* à la face *o* au nez, reprocher ‖ *echar fuego por los ojos* jeter feu et flammes, foudroyer du regard ‖ *echar humo* fumer ‖ *echar juramentos* jurer ‖ *echar la bendición* bénir, donner sa bénédiction ‖ FIG *echar la casa por la ventana* mettre les petits plats dans les grands ‖ *echarla de* faire le, jouer les; *echarla de valiente* faire le courageux ‖ *echar la llave* tourner la clef, fermer à clef ‖ *echar las bases de* jeter les bases de ‖ *echar las bendiciones* marier ‖ *echar las cartas* tirer les cartes ‖ FIG & FAM *echarlas gordas, echar bolas* en conter de belles, en dire de

bonnes (mentir) ‖ *echarle gracia a una cosa* donner du piquant à quelque chose ‖ FIG *echar leña al fuego* jeter de l'huile sur le feu ‖ *echarle sal y pimienta y mettre du piment* ‖ *echar los brazos al cuello* sauter au cou ‖ FIG *echarlo todo a rodar* envoyer tout bouler *o* promener ‖ *echar maldiciones* maudire ‖ *echar mano a* se servir de, faire appel à, taper dans (fam); *echar mano a las reservas* taper dans les réserves ‖ *echar mano de* recourir à, faire appel à, se servir de ‖ FIG *echar pajas* tirer à la courte paille ‖ *echar pestes* pester ‖ *echar por largo* calculer largement ‖ *echar por tierra* jeter à terre, démolir ‖ *echar raíces* s'enraciner, prendre racine ‖ FIG *echar rayos* jeter feu et flammes, lancer des éclairs ‖ *echar sangre* saigner; *echar sangre por la nariz* saigner du nez ‖ *echar suertes* tirer au sort ‖ FIG *echar tierra a un asunto* enterrer une affaire ‖ *echar una cana al aire* faire une incartade ‖ *echar una mano a alguien* donner un coup de main à quelqu'un ‖ *echar un capote a uno* tendre la perche à quelqu'un ‖ *echar una ojeada, un vistazo* jeter un coup d'œil ‖ FIG & FAM *echar un bocado, un trago* manger un morceau, boire un coup ‖ *echar un cigarro* ou *un cigarrillo* griller une cigarette ‖ *echar una parrafada* ou *un párrafo* tailler une bavette ‖ *no lo eche usted en saco roto* inscrivez cela sur vos tablettes ‖ *echar un sueño* faire un somme.
9. VERBO PRONOMINAL se jeter (arrojarse); *echarse en brazos de alguien* se jeter dans les bras de quelqu'un ‖ se verser; *echarse a beber* se verser à boire ‖ s'étendre, se coucher, s'allonger; *échate en la cama* étends-toi sur le lit ‖ couver (aves) ‖ tomber (el viento) ‖ ramener; *echarse los pelos adelante* ramener ses cheveux en avant ‖ FIG s'adonner à; *echarse a la bebida* s'adonner à la boisson ‖ s'offrir; *se ha echado un abrigo de visón* elle s'est offert un manteau de vison ‖ MAR se coucher (amer) porter; *echarse zapatos* porter des chaussures ‖ — *echarse a dormir* se coucher (acostarse), laisser tomber, abandonner (abandonar un esfuerzo) ‖ FAM *echarse al cuerpo* s'appuyer, s'envoyer; *echarse al cuerpo una buena comida* s'envoyer un bon dîner ‖ *echarse al monte* prendre le maquis ‖ *echarse a morir* ou *a temblar* être pris de peur, se mettre à trembler ‖ *echarse a perder* se gâter, s'abîmer (una cosa), mal tourner (una persona) ‖ FIG *echarse atrás* faire machine arrière, se raviser, reculer ‖ *echarse a un lado* se pousser ‖ *echarse de ver* être évident ‖ *echarse encima* tomber dessus (caer), gagner (llegar); *la noche se nos echa encima* la nuit nous gagne ‖ POP *echarse entre pecho y espalda* s'envoyer ‖ *echárselas de listo* faire le malin ‖ *echárselas de vencedor* se poser en vainqueur ‖ *echarse la siesta* faire la sieste ‖ *echarse novia* avoir une fiancée ‖ *echarse un amigo* se faire un ami ‖ *echarse una siestecita* faire une petite sieste *o* un petit somme ‖ *echarse un cigarro* griller une cigarette ‖ *echarse un trago* boire un coup ‖ POP *echarse un vaso al coleto* siffler un verre, s'en jeter un derrière la cravate.

echarpe *m* écharpe *f* (chal, mantón).
edad *f* âge *m*; *¿qué edad tienes?* quel âge as-tu?; *no aparentar su edad* ne pas faire son âge ‖ âge *m* (época); *la Edad del Hierro* l'âge du fer; *la Edad de (la) Piedra* l'âge de la pierre; *la Edad de Oro* l'âge d'or; *la Edad Media* le Moyen Âge ‖ époque; *la Edad Contemporánea* l'époque contemporaine ‖ temps *m*; *por aquella edad* en ce temps-là ‖ — *edad adulta* âge adulte, âge d'homme ‖ *Edad Antigua* Antiquité ‖ *edad avanzada* âge avancé, grand âge ‖

edad crítica âge critique, retour d'âge ‖ *Edad del Bronce* âge du bronze (prehistoria), âge d'airain (historia antigua) ‖ *edad de la razón* ou *del juicio* âge de raison ‖ *edad del pavo* ou *del chivateo* (americanismo) âge ingrat ‖ *edad de menester* âge nubile ‖ *edad escolar* âge scolaire ‖ *edad madura* ou *provecta* âge mûr ‖ *Edad Moderna* temps modernes ‖ *edad temprana* bel âge ‖ *edad tierna* âge tendre ‖ *edad viril* âge viril ‖ *— alta, baja Edad Media* haut, bas Moyen Âge ‖ *— a mi edad* à mon âge ‖ *de cierta edad* d'un certain âge ‖ *de corta* ou *poca edad* en bas âge ‖ *de edad* âgé, e; *una persona de edad* une personne âgée; *un chico de diez años de edad* un garçon âgé de dix ans ‖ *de edad provecta* d'âge mûr ‖ *de edad temprana* en pleine jeunesse ‖ *de más edad* plus âgé ‖ *de mediana edad* entre deux âges ‖ *de menor edad* moins âgé ‖ *en edad de* en âge de ‖ *en edad escolar* d'âge scolaire ‖ *en su edad temprana* dans son jeune âge ‖ *entrado en edad* âgé ‖ *la flor de la edad* la fleur de l'âge ‖ *mayor edad* majorité ‖ *menor edad* minorité ‖ *primera edad* premier âge ‖ *tercera edad* troisième âge ‖ *un mayor de edad, un menor de edad* un majeur, un mineur ‖ *— representar la edad que se tiene* bien porter son âge ‖ *ser mayor de edad, menor de edad* être majeur, mineur ‖ *tener edad para* être d'âge à o en âge de.

edafología *f* pédologie.

edecán *m* aide de camp.

edelweiss *m* BOT edelweiss.

edema *f* MED œdème *m*.

edén *m* éden.

edénico, ca *adj* édénique, édénien, enne.

edición *f* édition; *edición príncipe* ou *prínceps* édition princeps; *edición en rústica, diamante* édition brochée, compacte ‖ *— edición anotada* édition variorum ‖ *edición crítica* édition critique ‖ *edición de bolsillo* édition de poche ‖ *edición extraordinaria* édition spéciale ‖ *edición facsímil* édition en fac-similé ‖ *edición pirata* édition pirate.

edicto *m* édit.

edificación *f* construction, édification; *la edificación de un templo* la construction d'un temple ‖ FIG édification (ejemplo).

edificante; edificativo, va *adj* édifiant, e; *un ejemplo edificante* un exemple édifiant.

edificar *v tr* édifier, bâtir, construire; *edificar en la arena* bâtir sur le sable ‖ FIG édifier; *edificar con su ejemplo* édifier par son exemple.

◆ *v pr* s'édifier, s'établir, se construire, s'élever; *las grandes fortunas se edifican en los beneficios* les grandes fortunes s'élèvent sur les bénéfices.
— OBSERV En sentido propio *bâtir* se usa más en el lenguaje corriente que *édifier*.

edificio *m* édifice; *el Prado es un edificio hermoso* le Prado est un bel édifice ‖ bâtiment (construcción cualquiera); *¿qué edificio es éste?* quel est ce bâtiment? ‖ immeuble (casa) ‖ FIG édifice; *el edificio social* l'édifice social.

edil *m* édile (magistrado romano) ‖ édile, conseiller municipal.

Edimburgo *n pr* GEOGR Édimbourg.

Edipo *n pr m* Œdipe.

editar *v tr* éditer; *editar por su cuenta* éditer à ses frais.

editor, ra *adj* d'édition; *casa editora* maison d'édition.

◆ *m y f* éditeur, trice (persona) ‖ *editor responsable* directeur de la publication (de un periódico).

◆ *m* éditeur (persona o casa) ‖ INFORM *editor de textos* éditeur de textes.

◆ *f* éditeur *m*, maison d'édition, éditions *pl* (casa).

editorial *adj* de l'édition, de l'éditeur.

◆ *m* editorial, article de fond.

◆ *f* maison d'édition, éditions *pl*; *la editorial Larousse* les éditions Larousse.

editorialista *m* éditorialiste.

edredón *m* édredon.

educable *adj* éducable.

educación *f* éducation ‖ *— educación especial* éducation spécialisée ‖ *educación física* éducation physique ‖ *educación sexual* éducation sexuelle ‖ *— falta de educación* manque d'éducation ‖ *mala educación* mauvaise éducation.

educacionista *m y f* éducateur, trice.

educado, da *adj* élevé, e; éduqué, e; *niño mal educado* enfant mal élevé ‖ poli, e (correcto).

educador, ra *adj y s* éducateur, trice.

educar *v tr* élever (criar) ‖ éduquer, élever (formar); *educar en* ou *con buenos principios* éduquer o élever dans de bons principes; *educar el gusto* éduquer le goût.

◆ *v pr* être élevé.

educativo, va *adj* éducatif, ive.

edulcorante *m* édulcorant.

edulcorar *v tr* édulcorer.

EE abrev de *Euskadiko Ezkerra* parti basque de gauche.

EEG abrev de *electroencefalograma* E.E.G., électroencéphalogramme.

EE UU abrev de *Estados Unidos* É.-U., États-Unis.

efe *f* m [la lettre «f»] ‖ ouïe (de violín).

efebo *m* éphèbe.

efectismo *m* effet, tape-à-l'œil *(fam)*.

efectista *adj* amateur de l'effet [en art] ‖ *pintura efectista* peinture en trompe-l'œil.

efectividad *f* caractère *m* effectif.

efectivo, va *adj* effectif, ive ‖ *— dinero efectivo* argent comptant ‖ TECN *potencia efectiva* puissance au frein ‖ *— hacer algo efectivo* mettre quelque chose à effet, réaliser quelque chose ‖ *hacer efectivo un cheque* encaisser un chèque ‖ *hacerse efectivo* prendre effet.

◆ *m* effectif ‖ espèces *f pl*, argent liquide (dinero disponible) ‖ *— efectivo en caja* ou *en existencia* valeur en caisse, encaisse ‖ *en efectivo* en espèces (en numerario); *pagar en efectivo* payer en espèces.

◆ *m pl* MIL effectifs.

efecto *m* effet; *pequeñas causas, grandes efectos* petites causes, grands effets ‖ effet (picado); *dar un efecto a la pelota* donner de l'effet à la balle ‖ FIG effet (impresión); *causar buen efecto* faire un bel effet ‖ ARTES trompe-l'œil ‖ *— efecto retroactivo* effet rétroactif ‖ *— a dicho efecto, a ese efecto, a tal efecto* a cet effet, dans ce but ‖ *de efecto retardado* à retardement ‖ *en efecto* en effet ‖ *— causar gran efecto* faire de l'effet ‖ FAM *hacer un efecto bárbaro* faire un effet bœuf ‖ *llevar a efecto* mettre à exécution ‖ *surtir efecto* faire de l'effet (medicamento), prendre effet (entrar en vigor); *surtir efecto a partir del 15 de marzo* prendre effet le 15 mars.

◆ *pl* effets (bienes); *efectos personales* effets personnels ‖ — *efectos de comercio, mobiliarios, públicos* effets de commerce, mobiliers, publics ‖ CINEM *efectos especiales* effets spéciaux ‖ *efectos secundarios* effets secondaires ‖ *efectos sonoros* bruitage (cine, teatro, radio) ‖ — *a efectos de* à l'effet de, en vue de.

efectuar *v tr* effectuer, faire; *efectuar una resta* faire une soustraction ‖ opérer; *efectuar una detención* opérer une arrestation.

efedrina *f* éphédrine.

efemérides *f pl* éphéméride *sing*.
— OBSERV On utilise ce mot au singulier (una *efeméride* o una *efemérides*) bien que l'Académie espagnole n'admette que le pluriel.

eferente *adj* ANAT efférent, e.

efervescencia *f* effervescence ‖ FIG effervescence (agitación); *estar en efervescencia* être en pleine effervescence ‖ *entrar en efervescencia* entrer en effervescence (sustancia).

efervescente *adj* effervescent, e.

efesino, na; efesio, sia *adj* éphésien, enne (de Éfeso).
◆ *m y f* Ephésien, enne.

Éfeso *n pr* GEOGR Éphèse.

eficacia *f* efficacité.

eficaz *adj* efficace.

eficiencia *f* efficience.

eficiente *adj* efficient, e.

efigie *f* effigie; *moneda con la efigie del emperador* monnaie à l'effigie de l'empereur.

efímero, ra *adj* éphémère (breve).

efluvio *m* effluve.

EFP abrev de *escuela de formación profesional* lycée professionnel.

efugio *f* échappatoire *f* (evasión).

efusión *f* effusion ‖ FIG effusion (del ánimo); *efusiones amorosas* effusions sentimentales ‖ MED épanchement *m*.

efusividad *f* expansivité.

efusivo, va *adj* expansif, ive ‖ GEOL effusif, ive.

EGB abrev de *educación general básica* cycle d'enseignement pour les élèves de 7 à 14 ans en Espagne.

Egeo (mar) *n pr m* GEOGR mer *f* Égée.

égida; egida *f* égide ‖ *bajo la égida de* sous l'égide de.

egipcio, cia *adj y s* égyptien, enne.

Egipto *n pr m* Égypte *f*.

egiptología *f* égyptologie.

egiptólogo, ga *m y f* égyptologue.

égloga *f* églogue.

egocéntrico, ca *adj* égocentrique.

egocentrismo *m* égocentrisme.

egoísmo *m* égoïsme.

egoísta *adj y s* égoïste.

ególatra *f* (*p us*) égotiste.

egolatría *f* (*p us*) égotisme, égoïsme *m* démesuré.

egotismo *m* égotisme.

egotista *adj y s* égotiste.

egregio, gia *adj* illustre.

egresado, da *adj y s* (*amer*) diplômé, e.

egresar *v intr* (*amer*) sortir (salir).

— OBSERV Ce verbe signifie *sortir* dans le sens d'*avoir terminé ses études*.

egreso *m* COM dépense *f* (gasto) ‖ sortie *f* (salida).

¡eh! *interj* eh!; *¡eh!, ¡oiga!* eh!, là-bas!

einstenio *m* QUÍM einsteinium.

eje *m* axe; *el eje de una calle* l'axe d'une rue; *girar sobre su eje* tourner sur son axe ‖ essieu (de una rueda); *eje delantero* essieu avant; *eje trasero* essieu arrière ‖ TECN arbre; *eje de levas* arbre à cames; *eje motor* arbre moteur ‖ — ANAT *eje cerebroespinal* axe cérébro-spinal ‖ GEOM *eje de abscisas* axe des abscisses ‖ *eje de coordenadas* axe des coordonnées ‖ ASTR *eje del mundo* axe du monde ‖ MAT *eje de revolución, de rotación* axe de révolution, de rotation ‖ GEOM *eje de simetría* axe de symétrie ‖ — *el eje Berlín-Roma* l'axe Berlin-Rome ‖ *idea eje* idée force ‖ — FIG *partir a uno por el eje* empoisonner, enquiquiner (fastidiar).

ejecución *f* exécution; *la ejecución de un proyecto* l'exécution d'un projet ‖ exécution (de un condenado); *pelotón de ejecución* peloton d'exécution ‖ jeu *m* (de un actor) ‖ MÚS exécution ‖ DR exécution (de un deudor) ‖ saisie (embargo) ‖ — DR *ejecución de un embargo* saisie-exécution ‖ *poner en ejecución* mettre à exécution, mettre en œuvre ‖ DR *trabar ejecución* opérer une saisie.

ejecutante *m y f* exécutant, e.
◆ *m* saisissant.

ejecutar *v tr* exécuter; *ejecutar una obra de arte, a un condenado* exécuter une œuvre d'art, un condamné ‖ jouer (en el teatro) ‖ DR exécuter (reclamar un pago) ‖ saisir (embargar) ‖ MÚS exécuter.
◆ *v intr* exécuter; *usted manda y yo ejecuto* vous commandez et j'exécute.

ejecutivamente *adv* expéditivement, rapidement.

ejecutivo, va *adj* exécutif, ive (que ejecuta) ‖ expéditif, ive (rápido).
◆ *m* exécutif (poder) ‖ cadre supérieur.

ejecutor, ra *m y f* exécuteur, trice ‖ — *ejecutor de la justicia* exécuteur des hautes œuvres (verdugo) ‖ *ejecutor testamentario* exécuteur testamentaire.

ejecutoria *f* lettres *pl* de noblesse ‖ DR exécutoire *m* (acto que confirma un juicio).

ejecutoría *f* charge de l'exécuteur.

ejecutorio, ria *adj* DR exécutoire.

¡ejem! *interj* hum!

ejemplar *adj* exemplaire; *conducta ejemplar* conduite exemplaire ‖ *Novelas Ejemplares* Nouvelles exemplaires (de Cervantes).
◆ *m* exemplaire (unidad); *una tirada de diez mil ejemplares* un tirage de dix mille exemplaires ‖ numéro (de una revista) ‖ spécimen (de colección científica); *un ejemplar magnífico de escarabajo* un spécimen magnifique de scarabée ‖ FAM *¡menudo ejemplar!* drôle de numéro!

ejemplaridad *f* caractère *m* exemplaire.

ejemplarizar *v tr* servir d'exemple.

ejemplificar *v tr* démontrer *o* illustrer par des exemples.

ejemplo *m* exemple; *un diccionario sin ejemplos es un esqueleto* un dictionnaire sans exemples est un squelette ‖ — *a ejemplo de* à l'exemple de, à l'instar de ‖ *por ejemplo* par exemple ‖ — *dar ejemplo* donner l'exemple ‖ *predicar con el ejemplo* prêcher par l'exemple *o* d'exemple ‖ *servir de ejemplo* servir

d'exemple ‖ *tomar ejemplo de alguien* prendre l'exemple sur quelqu'un ‖ *tomar por ejemplo* ou *como ejemplo* prendre comme exemple o pour modèle.

ejercer *v tr* e *intr* exercer; *ejercer la medicina* exercer la médecine ‖ faire usage de, exercer; *ejercer el derecho de voto* faire usage du droit de vote ‖ exercer (la autoridad).
— OBSERV *S'exercer* se dit non pas *ejercerse*, mais *ejercitarse*.

ejercicio *m* exercice ‖ devoir, exercice (de un alumno); *ejercicio de latín* exercice de latin ‖ — AVIAC *ejercicio acrobático* acrobatie aérienne ‖ *ejercicio antiaéreo* exercice antiaérien ‖ ECON *ejercicio económico* exercice financier | *ejercicio fiscal* année fiscale ‖ RELIG *ejercicios espirituales* exercices spirituels ‖ *ejercicios gimnásticos* exercices de gymnastique ‖ — *en ejercicio* en exercice (en activo) ‖ *hacer ejercicio* faire o prendre de l'exercice ‖ MIL *hacer el ejercicio* faire l'exercice ‖ MED *médico en ejercicio* médecin en exercice o exerçant.

ejercitación *f* entraînement *m*, exercice *m*.

ejercitado, da *adj* exercé, e; *ejercitado en el manejo de las armas* exercé au maniement des armes.

ejercitante *adj* qui s'exerce.
◆ *m y f* exercitant, e (que hace los ejercicios espirituales).

ejercitar *v tr* exercer ‖ entraîner (las tropas), former (en un oficio).
◆ *v pr* s'exercer (adiestrarse) ‖ s'exercer, s'essayer; *ejercitarse en hablar* s'exercer à parler.

ejército *m* armée *f*; *ejército del Aire* armée de l'air; *ejército de Tierra* armée de terre ‖ FIG armée *f* (multitud) ‖ — *Ejército de Salvación* Armée du Salut ‖ *ejército permanente* armée de métier.

ejido *m* terrain communal [d'un village].

ejote *m* (*amer*) haricot vert (habichuela verde).

el *art m sing* le; *el pozo* le puits ‖ celui; *el que habla* celui qui parle; *el de las gafas* celui aux lunettes; *no es mi libro sino el de tu padre* ce n'est pas mon livre mais celui de ton père ‖ *el cual* lequel ‖ *¡el... que...!* quel, quelle; *¡el susto que me dio!* quelle peur il m'a faite ‖ *en el año 1965* en 1965 ‖ *es... el que* c'est.... qui; *es mi primo el que acaba de llegar* c'est mon cousin qui vient d'arriver; *soy yo el que ha de decidir* c'est moi qui dois décider.
— OBSERV *El* debe traducirse a menudo por el adjetivo posesivo en francés: *llevaba el sombrero puesto* il avait son chapeau sur la tête; *arreglé el negocio* j'ai arrangé mon affaire. Pero se dice *extender el brazo* étendre le bras, porque se trata de una parte del cuerpo. *El* no se traduce cuando precede un día de la semana pasada o de la semana siguiente al momento en que se habla: *vino el lunes, saldré el viernes* il est venu lundi, je partirai vendredi. En los nombres propios como *El Greco, El Salvador*, el francés hace la contracción de la preposición con el artículo; *los lienzos de El Greco* les toiles du Greco; *voy a El Salvador* je vais au Salvador.
— OBSERV *El* remplace l'article féminin devant un mot commençant par *a* ou *ha* accentué (*el ala, el hacha*).

él *pr pers m sing* il; *él viene* il vient ‖ lui (enfático); *es él* c'est lui; *él ha de decírselo* lui (il) va vous le dire; *él lo hizo, lo hizo él* c'est lui qui l'a fait ‖ lui (con preposición); *hablo de él* je parle de lui; *me voy con él* je pars avec lui ‖ *él mismo* lui-même.
— OBSERV *Él*, sujet, est le plus souvent sous-entendu devant le verbe: (*él*) *se marchó* il est parti; on ne l'exprime en général que pour insister davantage: *él se fue, yo me quedé* lui est parti, moi je suis resté.

elaboración *f* élaboration ‖ établissement *m*, élaboration; *elaboración del presupuesto* établissement du budget.

elaborar *v tr* élaborer.

elasticidad *f* élasticité ‖ ECON *elasticidad de la demanda, de la oferta* élasticité de la demande, de l'offre.

elástico, ca *adj* élastique.
◆ *m* élastique (tejido o cinta).
◆ *pl* bretelles *f*.

elastómero *m* élastomère.

Elba *n pr m* GEOGR Elbe (río).
◆ *f* Elbe (isla).

Eldorado *n pr m* Eldorado (país legendario).

ele *f* l *m* [nom de la lettre «l»].

elección *f* élection; *elecciones por sufragio universal* élections au suffrage universel ‖ choix *m*; *la elección de un oficio* le choix d'un métier ‖ — *elecciones generales* élections législatives ‖ *elecciones municipales* élections municipales ‖ *elecciones provinciales* élections régionales ‖ — *a elección de* au choix de ‖ *tierra de elección* terre d'élection.

electivo, va *adj* électif, ive; *monarquía electiva* monarchie élective.

electo, ta *adj y s* élu, e.
— OBSERV Ce mot est le participe passé irrégulier du verbe *elegir*. Il ne s'applique qu'au candidat élu qui n'a pas encore occupé son poste: *el presidente electo tomará posesión de su cargo el día 30* le président élu sera investi le 30. Les temps composés du verbe *elegir* se conjuguent uniquement avec le participe passé régulier *elegido*.

elector, ra *adj y s* électeur, trice.
◆ *m* HIST électeur, prince électeur.

electorado *m* électorat, corps électoral (censo electoral) ‖ électorat; *el Electorado de Maguncia* l'électorat de Mayence.

electoral *adj* électoral, e; *censos electorales* corps électoraux ‖ — *campaña electoral* campagne électorale ‖ *colegio, mesa electoral* collège électoral.

electoralismo *m* électoralisme.

electoralista *adj* électoraliste.

electricidad *f* électricité; *electricidad estática* électricité statique ‖ — *electricidad negativa* ou *resinosa* électricité négative o résineuse ‖ *electricidad positiva* ou *vítrea* électricité positive o vitreuse.

electricista *adj y s* électricien, enne.

eléctrico, ca *adj* électrique.
◆ *m* FAM électricien.

electrificación *f* électrification.

electrificar *v tr* électrifier.

electrizable *adj* électrisable.

electrización *f* électrisation.

electrizante *adj* électrisant, e.

electrizar *v tr* électriser ‖ FIG électriser; *electrizar una asamblea* électriser une assemblée.

electroacústica *f* FÍS électroacoustique.

electrocardiograma *m* MED électrocardiogramme.

electrocoagulación *f* électrocoagulation.

electrocución *f* électrocution.

electrocutar *v tr* électrocuter.

electrochoque; electroshock *m* MED électrochoc.

electrodinámico, ca *adj y s f* FÍS électrodynamique.

electrodo *m* FÍS électrode, *f*; *electrodo cubierto* électrode enrobée.
electrodoméstico *adj m* électroménager.
◆ *m pl* appareils électroménagers.
electroencefalografía *f* électroencéphalographie.
electroencefalográfico, ca *adj* MED électroencéphalographique.
electroencefalograma *m* électroencéphalogramme.
electrófono *m* électrophone.
electrógeno, na *adj* électrogène; *grupo electrógeno* groupe électrogène.
◆ *m* électrogénérateur.
electroimán *m* FÍS électroaimant.
electrólisis *f* QUÍM électrolyse.
electrólito *m* QUÍM électrolyte.
electrolización *f* QUÍM électrolyse.
electrolizar *v tr* électrolyser.
electromagnético, ca *adj* électromagnétique.
electromagnetismo *m* FÍS électromagnétisme.
electromecánico, ca *adj* électromécanique.
◆ *m* électromécanicien.
◆ *f* électromécanique (ciencia).
electrometalurgia *f* électrométallurgie.
electrómetro *m* FÍS électromètre.
electromotor, ra *adj* FÍS électromoteur, trice.
electromotriz *adj f* électromotrice; *fuerza electromotriz* force électromotrice.
electrón *m* FÍS électron.
electronegativo, va *adj* FÍS électronégatif, ive.
electrónico, ca *adj y s f* électronique || — *especialista en electrónica* électronicien, enne || INFORM *proceso electrónico de datos* traitement électronique des données *o* de l'information || *tubo electrónico* tube électronique.
electrón-voltio *m* électron-volt.
electropositivo, va *adj* FÍS électropositif, ive.
electrorradiología *f* électroradiologie.
electroshock *m* MED (anglicismo) → **electrochoque**.
electrostático, ca *adj y s f* FÍS électrostatique.
electroterapia *f* MED électrothérapie.
elefancía; elefantiasis *f* MED éléphantiasis *m*.
elefante *m* éléphant || *elefante marino* éléphant de mer (morsa).
elefantiasis *f* MED → **elefancía**.
elefantillo *m* éléphanteau.
elegancia *f* élégance.
elegante *adj y s* élégant, e.
elegantemente *adv* élégamment || *terminar elegantemente* finir en beauté.
elegantón, ona *adj* FAM chic, smart || très élégant, e.
elegía *f* élégie.
elegíaco, ca *adj* élégiaque.
elegibilidad *f* éligibilité, électivité.
elegible *adj* éligible (que puede ser elegido).
elegido, da *adj y s* élu, e; *elegido por la mayoría* élu à la majorité.
◆ *m* élu (predestinado).
elegir* *v tr* choisir (escoger) || élire (por voto); *elegir por votación* élire aux voix || *dos platos a elegir* deux plats au choix (en una minuta).

elemental *adj* élémentaire || fondamental, e (primordial).
elemento *m* élément || FÍS élément (de una batería) || FAM individu, type, zèbre, numéro (individuo); *¡menudo elemento!* quel drôle de numéro! || (amer) benêt, sot (tonto) || — *el líquido elemento* l'élément liquide || FIG *estar en su elemento* être dans son élément || *los cuatro elementos* les quatre éléments.
elenco *m* catalogue, liste *f* || CINEM & TEATR distribution *f* (reparto), troupe *f* (compañía de teatro).
elepé *m* album, trente-trois-tours (disco de larga duración).
— OBSERV *Elepé* est formé à partir des initiales du mot anglais *long play*.
elevación *f* élévation || noblesse (del estilo) || ECLES élévation || FIG élévation (del alma) || MIL *tirar por elevación* faire un tir vertical.
elevadamente *adv* de façon élevée.
elevado, da *adj* élevé, e (alto); *precio elevado* prix élevé || élevé, e (alto, sublime) || soutenu, e (estilo) || MAT *elevado a* puissance; *tres elevado a cuatro* trois puissance quatre.
elevador, ra *adj* élévateur, trice; *carretilla elevadora* chariot élévateur.
◆ *m* élévateur (montacargas) || ANAT élévateur (músculo) || TECN transformateur à élévateur (televisión) | vérin; *elevador de rosca* ou *de tornillo* vérin à vis || (amer) ascenseur || ELECTR *elevador-reductor* survolteur-dévolteur || TECN *torno elevador* appareil de levage.
elevadorista *m y f* (amer) liftier, ère.
elevalunas *m* AUTOM lève-vitre, lève-glace; *elevalunas eléctrico* lève-vitre électrique.
elevamiento *m* FIG élévation *f*.
elevar *v tr* élever (un peso) || élever (un monumento, un edificio) || FIG élever; *elevar protestas, elevar a alguien a una dignidad* élever des protestations, élever quelqu'un à une dignité || MAT élever; *elevar al cuadrado* élever au carré *o* à la puissance deux.
◆ *v pr* s'élever; *elevarse por los aires* s'élever dans les airs || FIG s'élever, monter; *los gastos se elevaban a tres millones* les frais montaient à trois millions | s'élever; *elevarse sobre el vulgo* s'élever au-dessus du vulgaire | être transporté (enajenarse) || s'enorgueillir (engreírse) || — *elevarse de la tierra* s'élever au-dessus du sol || *elevarse en la jerarquía* gravir les échelons de la hiérarchie, s'élever dans la hiérarchie.
elfo *m* elfe.
elidir *v tr* GRAM élider.
eliminación *f* élimination.
eliminador, ra *adj y s* éliminateur, trice.
eliminar *v tr* éliminer || MED éliminer (cálculos) || MAT éliminer; *eliminar una incógnita* éliminer une inconnue.
eliminatorio, ria *adj y s f* éliminatoire.
elipse *f* GEOM ellipse.
elipsis *f* GRAM ellipse.
elipsoidal *adj* GEOM ellipsoïdal, e.
elipsoide *m* GEOM ellipsoïde.
elipticidad *f* ellipticité.
elíptico, ca *adj* elliptique.
elíseo, a *adj* élyséen, enne || *Campos Elíseos* Champs-Élysées.

◆ *m* MIT Élysée.
elisión *f* GRAM élision.
élite *f* élite; *la élite de la nación* l'élite de la nation.
— OBSERV Ce mot est un gallicisme couramment employé.
elitismo *m* élitisme.
elitista *adj y s* élitiste.
élitro *m* ZOOL élytre (ala).
elixir *m* élixir.
elocución *f* élocution; *facilidad de elocución* facilité d'élocution ‖ élocution, débit *m*; *elocución fácil* débit facile.
elocuencia *f* éloquence ‖ *elocuencia del foro* éloquence du barreau.
elocuente *adj* éloquent, e.
elogiable *adj* digne d'éloges.
elogiador, ra *adj y s* louangeur, euse.
elogiar *v tr* louer, faire l'éloge de (alabar, ponderar) ‖ *discurso muy elogiado* discours très applaudi.
elogio *m* éloge (alabanza); *hacer elogios de* faire des éloges de ‖ *— deshacerse en elogios* ne pas tarir d'éloges, se répandre en éloges, couvrir d'éloges ‖ *Elogio de la locura* Éloge de la folie (de Erasmo) ‖ *palabras de elogio* mots élogieux.
elogioso, sa *adj* élogieux, euse; *en términos elogiosos* en termes élogieux.
elongación *f* ASTRON & MED élongation.
elote *m* (*amer*) épi de maïs vert (mazorca de maíz).
El Salvador *n pr m* GEOGR Salvador.
elucidación *f* élucidation.
elucidar *v tr* élucider (aclarar).
elucubración *f* élucubration.
elucubrar *v tr* élucubrer.
— OBSERV *Elucubración* et *elucubrar* sont des gallicismes pour *lucubración* et *lucubrar*.
eludible *adj* évitable.
eludir *v tr* éluder; *eludir una pregunta* éluder une question.
ella *pron pers f sing* elle; *ella viene* elle vient; *es ella* c'est elle; *lo hice por ella* je l'ai fait pour elle ‖ c'est elle qui (enfático); *ella lo dijo, lo dijo ella* c'est elle qui l'a dit ‖ FAM *aquí fue ella* il y a eu du grabuge ‖ *mañana será ella* c'est demain le grand jour.
— OBSERV L'espagnol n'exprime le pronom sujet devant le verbe que lorsqu'il veut insister: *es simpática* elle est sympathique; *ella es simpática* elle, elle est sympathique.
elle *f* ll *m* [nom de la lettre «ll»].
ello *pron pers neutro* cela; *ello no me gusta* cela ne me plaît pas ‖ *— ¡a ello!* allons-y! (para animar a hacer algo) ‖ *de ello* en; *no hablemos más de ello* n'en parlons plus ‖ *ello es* c'est; *ello es lo que te quería decir* c'est ce que je voulais te dire ‖ *en ello* y; *no pienso en ello* je n'y pense pas ‖ *no se inmutó por ello* il ne se troubla pas pour autant.
ellos, ellas *pron pers pl* eux, elles ‖ *¡a ellos!, ¡a por ellos!* allons-y!, en avant! (para atacar).
Em. abrev de *Eminencia* Ém., Éminence.
emaciado, da *adj* émacié, e.
emanación *f* émanation.
emanar *v tr* émaner.
emancipación *f* émancipation.

emancipado, da *adj y s* DR émancipé, e.
emancipador, ra *m y f* émancipateur, trice.
emancipar *v tr* émanciper ‖ affranchir; *esclavos emancipados* esclaves affranchis.
◆ *v pr* s'émanciper.
emasculación *f* émasculation.
emascular *v tr* émasculer.
embadurnar *v tr* barbouiller; *embadurnar de tinta* barbouiller d'encre ‖ enduire (dar una mano).
◆ *v pr* s'enduire; *embadurnarse de grasa* s'enduire de graisse.
embaidor, ra *adj y s* trompeur, euse.
embaír* *v tr* duper (embaucar).
— OBSERV Ce verbe est défectif et se conjugue seulement aux personnes dont la désinence commence par *i*.
embajada *f* ambassade ‖ FIG commission (mensaje) ‖ — FAM *¡brava ou linda embajada!* belle proposition! ‖ *¡con buena embajada me viene usted!* vous avez de drôles de propositions à me faire!
embajador, ra *m y f* ambassadeur, drice.
embalador, ra *m y f* emballeur, euse (empaquetador).
embalaje; embalamiento *m* emballage; *papel de embalaje* papier d'emballage ‖ conditionnement (envasado).
embalar *v tr* emballer ‖ conditionner (envasar).
embaldosado, da *adj* dallé, e; carrelé, e.
◆ *m* dallage; carrelage.
embaldosar *v tr* daller; carreler.
embalsadero *m* fondrière *f*.
embalsamador, ra *adj* qui embaume.
◆ *m* embaumeur.
embalsamamiento *m* embaumement.
embalsamar *v tr* embaumer.
embalsar *v tr* retenir [l'eau] ‖ *agua embalsada* réserves d'eau (de una cuenca hidrográfica).
◆ *v pr* former une mare.
embalse *m* réservoir, bassin (balsa artificial) ‖ barrage, retenue *f* d'eau; *el embalse de Asuán* le barrage d'Assouan.
emballenado, da *adj* baleiné, e.
◆ *m* baleinage.
embanastar *v tr* mettre dans une corbeille ‖ FIG entasser (a la gente).
embancarse *v pr* MAR s'échouer (encallarse) ‖ (*amer*) s'embourber (cegarse un río).
embanquetado *m* (*amer*) trottoir (acera).
embarazada *adj f* enceinte (mujer); *estar embarazada de seis meses* être enceinte de six mois ‖ FAM *dejar embarazada a una* mettre une fille enceinte.
◆ *f* femme enceinte.
embarazador, ra *adj* embarrassant, e.
embarazar *v tr* embarrasser (a uno) ‖ gêner (una cosa); *embarazar el paso* gêner le passage ‖ rendre enceinte (a una mujer).
◆ *v pr* être embarrassé, e; *embarazarse con* ou *por algo* être embarrassé par quelque chose.
embarazo *m* embarras (obstáculo) ‖ gaucherie *f* (falta de soltura) ‖ grossesse *f* (de la mujer) ‖ *— embarazo ectópico* ou *extrauterino* grossesse ectopique *o* extra-utérine ‖ *embarazo fantasma* ou *falso* ou *espurio* grossesse nerveuse ‖ *embarazo múltiple* grossesse multiple ‖ *embarazo uterino* grossesse utérine.

embarazosamente *adv* avec embarras.
embarazoso, sa *adj* embarrassant, e; *una pregunta embarazosa* une question embarrassante ‖ encombrant, e; embarrassant, e (voluminoso).
embarcación *f* embarcation (barco); *embarcación menor* petite embarcation ‖ embarquement *m* (embarco) ‖ voyage *m* en bateau (duración) ‖ — *embarcación auxiliar* prame ‖ *embarcación pesquera* bateau de pêche.
embarcadero *m* embarcadère.
embarcar *v tr* embarquer; *aviación embarcada* aviation embarquée.
   ◆ *v pr* s'embarquer; *embarcarse de pasajero* s'embarquer comme passager; *embarcarse en un vapor* s'embarquer sur un vapeur ‖ FIG s'embarquer (en un pleito, un negocio, etc.).
embarco *m* embarquement (de personas).
   — OBSERV Pour les marchandises on dit *embarque*.
embargar *v tr* gêner, embarrasser (estorbar) ‖ FIG saisir (sorprender) ‖ accabler, briser (el dolor); *voz embriagada por el dolor* voix brisée par la douleur ‖ DR séquestrer, mettre sous séquestre, saisir ‖ MAR mettre l'embargo sur ‖ FIG *embargarle a uno la felicidad* nager dans le bonheur.
embargo *m* indigestion *f* (empacho) ‖ FIG saisissement (de los sentidos) ‖ DR saisie *f*, séquestre ‖ MAR embargo, saisie *f* ‖ DR *ejecución de embargo* saisie-exécution ‖ *embargo de bienes litigiosos* saisie-revendication ‖ *embargo de la cosecha en pie* saisie-brandon ‖ *embargo de retención* saisie-arrêt ‖ *embargo preventivo* saisie conservatoire ‖ *embargo provisional* saisie-gagerie ‖ *sin embargo* cependant, néanmoins.
embarque *m* embarquement (de mercancías).
embarrado, da *adj* crotté, e; plein, pleine de boue.
embarrancar *v intr* MAR s'échouer, échouer (encallarse).
   ◆ *v pr* s'embourber (atascarse) ‖ MAR s'échouer.
embarrar *v tr* crotter (manchar de barro) ‖ badigeonner (embadurnar) ‖ FIG (*amer*) couvrir de boue (envilecer), compromettre (comprometer), impliquer (en un negocio, etc.) ‖ FAM *embarrarla* mettre par terre (proyecto).
   ◆ *v pr* se crotter (mancharse) ‖ se brancher (la perdiz).
embarrilado; embarrilamiento *m* encaquement (de arenques) ‖ enfûtage (en un barril), entonnage, entonnement, entonnaison *f* (en un tonel).
embarrilar *v tr* encaquer (arenques) ‖ entonner (en un tonel), enfûtailler (en un barril).
embarullador, ra *adj y s* brouillon, onne.
embarullar *v tr* FAM embrouiller ‖ bâcler (chapucear).
   ◆ *v pr* FAM s'embrouiller (hacerse un lío).
embastar *v tr* bâtir, faufiler (hilvanar) ‖ piquer (en un colchón) ‖ bâtir (en un bastidor) ‖ bâter (las caballerías).
embaste *m* bâti (costura).
embate *m* MAR coup de mer ‖ assaut (asalto) ‖ FIG combat (de los elementos).
embaucador, ra *adj y s* trompeur, euse (que engaña), enjôleur, euse (engatusador).
embaucamiento *m* duperie *f*, tromperie *f*, leurre (engaño) ‖ séduction *f*, enjôlement (seducción).

embaucar *v tr* leurrer, tromper, duper (engañar); *embaucar a uno con promesas* tromper quelqu'un par des promesses ‖ séduire, enjôler (seducir).
embaular *v tr* mettre dans une malle ‖ FIG & FAM empiler (personas o cosas) ‖ engloutir, s'empiffrer de (atiborrarse).
embazar *v tr* brunir (teñir de moreno) ‖ embarrasser, gêner, empêcher (estorbar) ‖ FIG frapper, stupéfier (pasmar).
   ◆ *v pr* se lasser (hartarse) ‖ se charger l'estomac (empacharse) ‖ faire des levées (en el juego).
embebecer* *v tr* ravir, fasciner (encantar) ‖ distraire (distraer).
   ◆ *v pr* être fasciné par, s'extasier sur ‖ être ébahi (quedarse pasmado) ‖ s'absorber dans (quedar absorto).
embebecimiento *m* ravissement (embeleso).
embebedor, ra *adj* qui imbibe (que empapa) ‖ FIG absorbant, e.
embeber *v tr* absorber, boire; *la esponja embebe el agua* l'éponge absorbe l'eau ‖ imbiber; *embeber en agua* imbiber d'eau ‖ renfermer (encerrar) ‖ rétrécir (reducir).
   ◆ *v intr* rétrécir, se rétrécir (encogerse) ‖ boire (el lienzo pintado al óleo).
   ◆ *v pr* FIG s'absorber; *embeberse en la lectura* s'absorber dans la lecture ‖ se plonger; *embeberse en un negocio* se plonger dans une affaire ‖ s'imbiber (en alcohol, etc.).
embebimiento *m* rétrécissement.
embelecador, ra *adj y s* trompeur, euse (engañador), enjôleur, euse; séducteur, trice (embaucador).
embelecamiento *m* leurre (engaño).
embelecar *v tr* tromper, leurrer (engañar) ‖ séduire, enjôler (seducir).
embeleco *m* leurre, attrape-nigaud (*fam*).
embelesador, ra *adj* ravissant, e; charmant, e (encantador) ‖ ensorcelant, e (hechicero).
   ◆ *m y f* ensorceleur, euse.
embelesamiento *m* → **embeleso**.
embelesar *v tr* ravir, charmer (encantar) ‖ éblouir, émerveiller (maravillar) ‖ FIG ensorceler (embrujar).
   ◆ *v pr* être transporté par; *embelesarse con un espectáculo* être transporté par un spectacle.
embeleso; embelesamiento *m* ravissement, enchantement, extase *f* ‖ FIG ensorcellement (embrujo) ‖ dentelaire *f* (belesa).
embellecedor *m* AUTOM enjoliveur.
embellecer* *v tr* embellir.
   ◆ *v intr* embellir (naturalmente).
   ◆ *v pr* s'embellir (adornándose).
embellecimiento *m* embellissement.
emberrenchinarse; emberrincharse *v pr* FAM piquer une colère, faire une colère (encolerizarse).
embestida *f* charge, attaque, assaut *m*; *la embestida del toro* l'attaque du taureau.
embestir* *v tr* assaillir, attaquer (asaltar) ‖ charger, s'élancer *o* foncer *o* se ruer *o* vers; *el toro embistió al matador* le taureau chargea le matador ‖ FIG & FAM emboutir (un coche) ‖ FAM *embestir a alguien* foncer sur quelqu'un.
   ◆ *v intr* attaquer, charger.
embetunar *v tr* cirer (los zapatos) ‖ goudronner, bitumer (asfaltar).

embijado, da *adj (amer)* disparate (dispar).
emblandecer* *v tr* ramollir, amollir.
◆ *v pr* se ramollir ‖ FIG se radoucir (enternecerse).
emblanquecimiento *m* blanchiment, blanchissage.
emblanquecer* *v tr y pr* blanchir.
emblema *m* o *f* emblème *m* ‖ MIL écusson *m*.
emblemático, ca *adj* emblématique.
embobado, da *adj* ébahi, e (atontado) ‖ hébété, e (sin reacción).
embobamiento *m* ébahissement (admiración) ‖ hébétude *f*, hébétement (alelamiento).
embobar *v tr* ébahir (atontar) ‖ enjôler (embaucar) ‖ *quedarse embobado* rester ébahi *o* bouche bée.
embobecer* *v tr* rendre stupide, abêtir (atontar).
embocado, da *adj* qui a du fumet *o* du bouquet (vino).
embocadura *f* embouchure (de un río, de un instrumento de viento, del bocado de un caballo) ‖ TEATR devant *m* de la scène ‖ fumet *m*, bouquet *m* (del vino) ‖ MAR embouquement *m* ‖ EQUIT *tener buena embocadura* avoir la bouche sensible.
embocar *v tr* mettre dans la bouche ‖ fourrer (en un espacio estrecho) ‖ MÚS emboucher (un instrumento) ‖ FIG & FAM faire avaler (hacer creer) ‖ avaler, engloutir (tragar) ‖ MAR embouquer.
◆ *v pr* se fourrer (meterse) ‖ s'engager; *embocarse por un corredor* s'engager dans un couloir.
embodegar *v tr* encaver *(p us)*, mettre en cave.
embolada *f* MECÁN coup *m* o battement *m* de piston.
embolado *m* TEATR rôle sacrifié ‖ TAUROM taureau aux cornes boulées ‖ FIG & FAM supercherie *f* (engaño) ‖ — FAM *meter a uno en un embolado* mettre quelqu'un dans de beaux draps | *¡pues vaya un embolado!* quelle tuile!
embolador *m (amer)* cireur de chaussures.
embolar *v tr* cirer (zapatos) ‖ TAUROM bouler les cornes [d'un taureau] ‖ *(amer)* soûler (emborrachar) | POP emmerder (aburrir).
◆ *v pr (amer)* s'enivrer, se soûler (emborracharse) | POP s'emmerder (aburrirse).
embolia *f* MED embolie.
émbolo *m* MECÁN piston.
embolsar *v tr* mettre dans un sac (guardar) ‖ empocher, toucher (cobrar); *embolsar dinero* empocher *o* toucher de l'argent.
embolso *m* fait de toucher de l'argent (cobro).
embonar *v tr (p us)* bonifier (hacer bueno) ‖ *(amer)* ajuster, assembler (juntar) | aller (venir bien) | fertiliser (abonar).
emboque *m* passage par une petite ouverture ‖ FIG & FAM tromperie *f* (engaño).
emboquillado, da *adj* à bout filtre ‖ *cigarrillo emboquillado* cigarette filtre *o* à bout filtre.
emboquillar *v tr* garnir d'un bout filtre (un cigarrillo) ‖ MIN ouvrir une galerie.
emborrachamiento *m* ivresse *f*.
emborrachar *v tr* enivrer (embriagar) ‖ soûler (adormecer).
◆ *v pr* s'enivrer, se soûler *(fam)*; *emborracharse con* ou *de aguardiente* s'enivrer d'eau-de-vie, se soûler à l'eau-de-vie.

emborrar *v tr* rembourrer, embourrer (llenar con borra) ‖ FIG & FAM engloutir, avaler (tragar).
emborrascarse *v pr* se gâter (el tiempo, un negocio) ‖ se fâcher (irritarse) ‖ *(amer)* s'épuiser (agotarse una mina).
emborricarse *v pr* FAM être troublé, e; s'embrouiller (embarullarse) | s'enticher de, s'amouracher de (enamorarse).
emborrizar *v tr* paner (carne) ‖ rouler, passer; *emborrizar un pescado en harina* passer un poisson dans la farine.
emborronar *v tr* griffonner (escribir mal) ‖ *emborronar papel* noircir du papier.
emboscada *f* embuscade; *tener una emboscada* tendre une embuscade ‖ guet-apens *m* (para asesinar o robar) ‖ FIG embûche *f*.
emboscado *m* MIL embusqué (soldado).
emboscar *v tr* MIL embusquer.
◆ *v pr* MIL s'embusquer, se tenir en embuscade ‖ FIG s'embusquer, se planquer *(pop)*.
embotado, da *adj* émoussé, e.
embotadura *f*; **embotamiento** *m* émoussement *m* ‖ FIG & FAM encroûtement *m* (intelectual).
embotar *v tr* émousser ‖ FIG émousser, engourdir (adormecer); *embotar los sentidos* engourdir les sens | émousser; *el ocio embota el ánimo* l'oisivité émousse le courage ‖ mettre en pot (el tabaco).
◆ *v pr* s'émousser ‖ FIG s'émousser (debilitarse) ‖ FIG & FAM s'encroûter ‖ *(p us)* se botter (calzarse).
embotellado, da *adj* embouteillé, e; en bouteille (líquido) ‖ FIG préparé longtemps à l'avance (discurso, etc.).
◆ *m* embouteillage, mise *f* en bouteilles.
embotelladora *f* machine à embouteiller.
embotellamiento *m* embouteillage, mise *f* en bouteilles (líquidos) ‖ embouteillage, encombrement (en la vía pública); *un embotellamiento de coches* un embouteillage de voitures.
embotellar *v tr* embouteiller ‖ embouteiller, encombrer (la calle).
◆ *v pr* FIG apprendre par cœur.
embotijar *v tr* mettre dans des cruches.
◆ *v pr* FIG & FAM ‖ prendre du ventre (criar carne) | se fâcher, s'emporter (encolerizarse).
embovedado *m* ARQ voûte *f*.
embovedar *v tr* ARQ voûter.
embozar *v tr* cacher le bas du visage ‖ FIG déguiser, cacher (disfrazar) ‖ museler (poner un bozal).
◆ *v pr* cacher le bas de son visage, se draper; *embozarse en la capa* se draper dans sa cape.
embozo *m* pan [d'une cape] ‖ rabat, retour (de la sábana) | action *f* de se couvrir le bas du visage avec un pan de son manteau ‖ FIG déguisement (disfraz), dissimulation *f* (disimulo) ‖ FIG & FAM *hablar con embozo* parler à mots couverts | *quitarse el embozo* jeter *o* mettre bas le masque.
embragar *v tr* e *intr* TECN embrayer.
embrague *m* TECN embrayage; *embrague automático, de disco, de fricción, magnético, hidráulico* embrayage automatique, à disque, à friction, électromagnétique, hydraulique.
embravecer* *v tr* irriter, rendre furieux.
◆ *v pr* s'irriter ‖ se déchaîner, être démontée (el mar) ‖ prospérer (plantas).

embravecido, da *adj* irrité, e; furieux, euse ∥ *mar embravecido* mer démontée *o* déchaînée.
embravecimiento *m* irritation *f*, fureur *f* ∥ déchaînement, courroux [poétique] (del mar).
embrear *v tr* goudronner.
embriagado, da *adj* ivre.
embriagador, ra; embriagante *adj* enivrant, e; grisant, e.
embriagar *v tr* enivrer, soûler (emborrachar) ∥ FIG soûler, engourdir (adormecer) | enivrer, griser (enajenar); *embriagado por la gloria* enivré de gloire ∥ *embriagado por la alegría* ivre de joie.
◆ *v pr* s'enivrer; *embriagarse con alcohol* s'enivrer d'alcool ∥ FIG se griser, s'enivrer.
embriaguez *f* ivresse, ébriété, enivrement *m* (borrachera) ∥ FIG ivresse, griserie (enajenamiento).
embridar *v tr* EQUIT brider (poner la brida) | faire relever la tête.
embriogénesis; embriogenia *f* BIOL embryogenèse, embryogénie.
embriología *f* BIOL embryologie.
embrión *m* BIOL embryon ∥ FIG embryon (principio) ∥ *estar en embrión* être à l'état d'embryon (niño), être à l'état embryonnaire (cosa).
embrionario, ria *adj* embryonnaire.
embrocar *v tr* transvaser (un líquido) ∥ renverser, mettre à l'envers (poner boca abajo) ∥ TECN brocher (un bordado) | fixer la semelle avec des clous (un zapato) ∥ TAUROM attraper entre les cornes.
◆ *v pr* (*amer*) passer (el sarape).
embrolladamente *adv* d'une manière embrouillée *o* confuse; *hablar embrolladamente* parler d'une manière confuse ∥ en désordre.
embrollador, ra *adj y s* brouillon, onne.
embrollar *v tr* embrouiller (enmarañar) ∥ brouiller (desordenar, malquistar personas).
◆ *v pr* s'embrouiller.
embrollo *m* embrouillement (enredo) ∥ imbroglio, confusion *f* (confusión) ∥ mensonge (embuste) ∥ FIG guêpier (atolladero).
embrollón, ona *adj y s* brouillon, onne.
embromado, da *adj* (*amer*) FAM ennuyé, e ∥ *estar embromado* avoir de gros ennuis.
embromar *v tr* mystifier, berner (engañar) ∥ se moquer de (burlarse) ∥ (*amer*) ennuyer (fastidiar) | faire du tort à, nuire à (dañar) | faire perdre son temps à ∥ *¡déjate de embromar!* fiche-nous la paix!
embrujar *v tr* ensorceler, envoûter (hechizar).
embrujo; embrujamiento *m* maléfice, ensorcellement, envoûtement (hechizo) ∥ sortilège, envoûtement (encanto).
embrutecedor, ra *adj* abrutissant, e; *es un trabajo embrutecedor* c'est un travail abrutissant.
embrutecer* *v tr* abrutir.
◆ *v pr* s'abrutir.
embrutecimiento *m* abrutissement.
embuchado *m* charcuterie *f* en boyau (embutido) ∥ FIG remplissage (añadidura de texto) | fraude *f* électorale (fraude).
embuchar *v tr* gaver (las aves) ∥ farcir (las tripas) ∥ FAM avaler, engloutir (tragar).
embudar *v tr* placer un entonnoir ∥ rabattre [le gibier] ∥ FIG tromper (engañar).

embudo *m* entonnoir (para trasegar líquidos) ∥ FIG tromperie *f* (engaño) ∥ *— embudo de colada* entonnoir de coulée ∥ *embudo de granada* trou d'obus ∥ FAM *se aplica la ley del embudo* il y a deux poids et deux mesures.
emburujar *v tr* FAM entasser.
◆ *v pr* (*amer*) s'emmitoufler (arrebujarse).
embuste *m* mensonge (mentira); *es una trama* ou *una sarta de embustes* c'est un tissu de mensonges.
◆ *pl* colifichets (baratijas).
— OBSERV À la différence de *mentira*, le mot *embuste* implique une idée de *fourberie*.
embustero, ra *adj y s* menteur, euse.
embutidera *f* emboutissoir *m* (máquina de embutir).
embutido *m* charcuterie *f* comprenant les saucisses, saucissons, boudins, etc. (embuchado) ∥ marqueterie *f* (taracea) ∥ (*amer*) entre-deux (bordado) ∥ TECN emboutissage (de las chapas) ∥ *fábrica de embutidos* charcuterie (usine).
embutir *v tr* marqueter (taracear) ∥ faire des saucisses, saucissons, boudins, etc. (embuchar) ∥ bourrer (rellenar) ∥ FIG fourrer, introduire (meter) ∥ intercaler (intercalar) ∥ TECN emboutir (forjar un metal) ∥ *— FIG & FAM embutir la cabeza con* bourrer le crâne de, farcir la tête de ∥ (*amer*) *encaje de embutir* entre-deux ∥ FAM *persona emburtida en un abrigo* personne engoncée dans un manteau.
◆ *v tr y pr* FAM avaler, engloutir (tragar).
eme *f* m *m* [nom de la lettre «m»].
emergencia *f* émergence; *punto de emergencia* point d'émergence ∥ FIG urgence; *en caso de emergencia* en cas d'urgence | circonstance, cas *m*; *salvo emergencias graves* sauf dans des circonstances graves ∥ *— estado de emergencia* état d'exception *o* d'urgence ∥ *salida de emergencia* sortie de secours ∥ *solución de emergencia* solution de rechange.
emergente *adj* émergent, e (que emerge) ∥ FIG résultant, e (que resulta).
emerger *v intr* émerger, surgir (brotar) ∥ sortir (salir) ∥ FIG résulter.
emeritense *adj y s* de Mérida [Espagne].
emérito, ta *adj* émérite [retraité].
emersión *f* ASTR émersion.
emético, ca *adj y s m* MED émétique (vomitivo).
emigración *f* émigration ∥ *emigración de capitales* exode des capitaux.
emigrado, da *adj y s* émigré, e.
emigrante *adj y s* émigrant, e.
emigrar *v intr* émigrer; *emigrar a* ou *hacia la Argentina* émigrer en Argentine.
emigratorio, ria *adj* migratoire, d'émigration.
eminencia *f* éminence (elevación de terreno) ∥ *—* FIG *eminencia gris* éminence grise ∥ *su Eminencia* Son Éminence (tratamiento eclesiástico).
eminente *adj* éminent, e.
eminentemente *adv* éminemment.
eminentísimo, ma *adj* éminentissime.
emir *m* émir (jefe árabe).
emirato *m* émirat.
Emiratos Árabes Unidos *n pr m pl* GEOGR fédération des Émirats Arabes Unis.
emisario *m* émissaire (enviado) ∥ émissaire, canal de vidange (desaguadero).

emisión *f* émission ‖ RAD émission ‖ tirage *m* (de una letra) ‖ RAD *director de emisión* metteur en ondes ‖ ECON *emisión de valores* émission de valeurs.

emisor, ra *adj* émetteur, trice ‖ RAD *centro emisor, estación emisora* poste émetteur *o* station émettrice.
◆ *m* émetteur (aparato).
◆ *f* poste *m* émetteur, station émettrice ‖ *emisora pirata* station pirate.

emitir *v tr* émettre; *emitir radiaciones* émettre des radiations ‖ émettre (poner en circulación) ‖ FIG porter, émettre; *emitir un juicio* porter un jugement ‖ ELECTR émettre; *emitir en onda corta* émettre sur ondes courtes.
◆ *v intr* RAD émettre.

emoción *f* émotion.

emocionado, da *adj* ému, e; *emocionado con sus lágrimas* ému par ses larmes.

emocional *adj* émotif, ive; *choque emocional* choc émotif ‖ émotionnel, elle; *proceso emocional* processus émotionnel.

emocionante *adj* émouvant, e (conmovedor) ‖ impressionnant, e (impresionante) ‖ palpitant, e (muy interesante); *un libro emocionante* un livre palpitant.

emocionar *v tr* émouvoir, émotionner *(fam)* ‖ impressionner; *le emociona ver sangre* la vue du sang l'impressionne.
◆ *v pr* s'émouvoir, être ému.
— OBSERV Le verbe *émotionner* existe mais son usage est déconseillé.
— OBSERV El verbo *émouvoir* se emplea muy poco en el imperfecto y en el futuro.

emoliente *adj y s m* MED émollient, e.

emolumentos *m pl* émoluments.

emotividad *f* émotivité.

emotivo, va *adj y s* émotif, ive; *niña emotiva* fillette émotive.
◆ *adj* émouvant, e (que produce emoción).

empacador, ra *adj* emballeur, euse ‖ *planta empacadora de pescado* usine de conditionnement du poisson.

empacar *v tr* emballer (empaquetar).
◆ *v intr (amer)* faire les valises.
◆ *v pr* s'entêter, se buter (emperrarse) ‖ se troubler (turbarse) ‖ *(amer)* s'arrêter net [un animal].

empachado, da *adj* qui a une indigestion ‖ maladroit, e (torpe).

empachar *v tr* charger l'estomac (indigestar) ‖ FIG cacher, couvrir (ocultar) | embarrasser, gêner (estorbar).
◆ *v pr* avoir une indigestion ‖ être embarrassé, perdre contenance, se troubler (turbarse).

empacho *m* embarras gastrique (indigestión) ‖ *(p us)* obstacle (estorbo) ‖ embarras, gêne *f* (confusión) ‖ FAM *¡qué empacho de niño!* que cet enfant est donc collant! ‖ *sin empacho* sans faire de manières.

empachoso, sa *adj* lourd, e (alimento) ‖ gênant, e; embarrassant, e (que estorba) ‖ honteux, euse (vergonzoso).

empadrarse *v pr* ne pas pouvoir se passer de ses parents (un niño).

empadronamiento *m* recensement, dénombrement (censo) ‖ enregistrement (inscripción) ‖ rôle (impuestos).

empadronar *v tr* recenser, enregistrer (hacer el empadronamiento) ‖ établir les rôles (impuestos) ‖ cataloguer (catalogar).
◆ *v pr* se faire enregistrer.

empajar *v tr* empailler, pailler (semilleros, etc.) ‖ *(amer)* couvrir de chaumes (techar de paja) | mêler de la paille [à l'argile].
◆ *v pr (amer)* avoir trop de paille (los cereales).

empalagamiento *m* écœurement, dégoût (empalago).

empalagar *v tr* écœurer (los alimentos) ‖ FIG ennuyer, assommer (fastidiar).

empalago *m* écœurement, dégoût (asco por un alimento) ‖ FIG ennui.

empalagoso, sa *adj* écœurant, e (alimento) ‖ FIG ennuyeux, euse; collant, e (cargante) | assommant, e; ennuyeux, euse (fastidioso) | doucereux, euse; mielleux, euse (palabras, voz) | mijaurée, snobinette (una mujer) | à l'eau de rose (película, novela).

empalar *v tr* empaler ‖ DEP taper dans la balle.
◆ *v pr (amer)* s'entêter (obstinarse) | s'engourdir (envararse).

empalizada *f* palissade (estacada).

empalizar *v tr* palissader.

empalmar *v tr* embrancher, raccorder (vías, ferrocarril) ‖ FIG enchaîner (ideas) ‖ TECN assembler (ensamblar) | enter, abouter (carpintería) | aboucher, raccorder, relier (tubos) | épisser, relier (cables, hilos eléctricos) | coller (trozos de película cinematográfica).
◆ *v intr* s'embrancher; *carretera que empalma con otra* route qui s'embranche sur une autre ‖ correspondre (tren, autocar, etc.) | s'enchaîner (sucederse) ‖ FIG & FAM faire la soudure avec.

empalme *m*; **empalmadura** *f* embranchement, raccordement (de ferrocarriles) ‖ correspondance *f* (de comunicaciones) ‖ bretelle *f*, raccordement (carretera) | liaison *f* (conexión) ‖ TECN assemblage (ensambladura) | enture *f*, aboutement (carpintería) | abouchement, raccord (de tubos) | épissure *f* (de cables, hilos eléctricos) | torsade *f* (de varios hilos) ‖ reprise *f* (fútbol).

empanada *f* pâté *m* en croûte, friand *m* (manjar) ‖ FIG manigances *pl* (maniobra secreta) ‖ FIG *tener una empanada mental* perdre les pédales.

empanadilla *f* CULIN chausson *m* (con dulce), friand *m* (con carne picada).

empanado, da *adj* CULIN pané, e; *chuleta empanada* côtelette panée ‖ AGRIC emblavé, e.

empanar *v tr* paner (con pan rallado) | enrober de pâte (con masa) ‖ AGRIC emblaver.
◆ *v pr* AGRIC étouffer (el trigo).

empantanar *v tr* inonder (inundar) ‖ embourber (meter en un barrizal) ‖ FIG laisser croupir *o* en plan, paralyser (un asunto).
◆ *v pr* être inondé, e; *la carretera se empantanó* la route a été inondée ‖ s'embourber; *la carreta se empantanó* la charrette s'est embourbée ‖ FIG croupir, rester en plan; *se empantanó el pleito* le procès est resté en plan | piétiner; *asunto que se empantana* affaire qui piétine.

empañar *v tr* embuer (un cristal) ‖ ternir (quitar el brillo) ‖ FIG ternir; *empañar la reputación* ternir la réputation ‖ emmailloter (en pañales) ‖ *voz empañada* voix voilée *o* couverte.

empapamiento *m* absorption *f* (de un líquido en una cosa) ‖ imbibition *f* (de una cosa en un líquido).

empapar *v tr* tremper; *la lluvia empapa los vestidos* la pluie trempe les vêtements; *empapar pan en la sopa* tremper du pain dans la soupe ‖ détremper; *suelo empapado* sol détrempé ‖ boire, absorber; *la tierra empapa la lluvia* la terre boit la pluie ‖ imbiber; *empapar una esponja en agua* imbiber une éponge d'eau ‖ éponger; *empapar el agua con un trapo* éponger l'eau avec un chiffon ‖ — *estar empapado* être trempé ‖ *estar empapado en sudor* être trempé *o* en nage *o* en eau ‖ *voz empapada en lágrimas* voix noyée de larmes.

◆ *v pr* s'imbiber de; *el pan se empapa en el vino* le pain s'imbibe de vin ‖ être bu; *la tinta se empapa en el papel secante* l'encre est bue par le papier buvard ‖ pénétrer; *la lluvia se empapa en el suelo* la pluie pénètre dans le sol ‖ être trempé; *llovía tanto que se ha empapado mi gabardina* il pleuvait tellement que ma gabardine était trempée ‖ FIG se pénétrer, s'imprégner de; *empaparse en una doctrina* se pénétrer d'une doctrine ‖ se mettre dans la tête; *empápate bien esta regla* mets-toi bien cette règle dans la tête.

empapelado *m* tapisserie *f* (de las paredes) ‖ papier peint (papel).

empapelador *m* tapissier (de paredes).

empapelar *v tr* empaqueter, envelopper (envolver en papel) ‖ tapisser (las paredes) ‖ FIG & FAM traîner devant les tribunaux.

empaque *m* empaquetage ‖ container (del paracaídas) ‖ FAM allure *f*; *caballo, traje de mucho empaque* cheval, costume qui a beaucoup d'allure ‖ *(amer)* effronterie *f* (descaro).

empaquetado; empaquetamiento *m* empaquetage.

empaquetador, ra *m y f* emballeur, euse.

empaquetar *v tr* empaqueter (embalar) ‖ entasser (colocar) ‖ FIG entasser (a la gente) ‖ expédier (enviar).

emparedado, da *adj y s* emmuré, e ‖ reclus, e (recluso).
◆ *m* sandwich (con pan de molde).

emparedar *v tr* emmurer ‖ FIG claquemurer, enfermer (encerrar).

emparejar *v tr* assortir (combinar); *emparejar una cosa con otra* assortir une chose à une autre ‖ accoupler, appareiller (reunir) ‖ égaliser, uniformiser (igualar) ‖ mettre au même niveau (poner al mismo nivel) ‖ niveler, affleurer (la tierra).
◆ *v intr* rattraper (alcanzar a uno).
◆ *v intr y pr* faire la paire, être assorti (hacer pareja).
◆ *v pr (amer)* se débrouiller (arreglarse) ‖ chaparder (sisar).

emparentar* *v intr* s'apparenter, s'allier à ‖ *estar bien* ou *muy bien emparentado* être allié *o* apparenté à de grandes familles.
◆ *v tr* apparenter.

emparrado *m* treille *f* (parra) ‖ treillage *m* (armazón) ‖ berceau *m* (armazón en forma de bóveda) ‖ *viña en emparrado* vigne en espalier.

emparrar *v tr* treillager.

emparrillar *v tr* griller (asar en la parrilla) ‖ ARQ construire une armature [dans les fondations].

empastar *v tr* empâter (llenar de pasta) ‖ cartonner (encuadernar) ‖ plomber (un diente) ‖ ARTES empâter ‖ *(amer)* météoriser (el ganado) ‖ mettre en pâturage (un terreno).
◆ *v pr (amer)* être converti en pâturage ‖ être envahi par les mauvaises herbes (llenarse de maleza un terreno) ‖ souffrir de la météorisation (el ganado).

empaste *m* plombage (de un diente) ‖ ARTES empâtement ‖ IMPR empattement ‖ *(amer)* météorisation *f* (del ganado).

empastelamiento *m* IMPR mastic.

empastelar *v tr* FIG & FAM transiger, composer ‖ IMPR faire un mastic [mêler les mots].

empatar *v intr* DEP égaliser; *López empató en el minuto diecisiete* López égalisa à la dix-septième minute ‖ faire match nul; *Madrid y Reims empataron* Madrid et Reims ont fait match nul ‖ tenir en échec (con un equipo); *Madrid empata con Reims* Madrid tient Reims en échec ‖ être ex; aequo avec quelqu'un (en una carrera) ‖ *(amer)* s'emboîter (empalmar) ‖ — *empatados a dos* deux partout (fútbol) ‖ *estar empatados* être à égalité ‖ *salir empatados* partager les voix (votación).
◆ *v pr* être en ballottage (en una elección).

empate *m* ballottage (en una elección) ‖ partage (de opiniones) ‖ résultat nul (en un concurso) ‖ match nul (en deportes) ‖ partie *f* nulle (en el ajedrez) ‖ — *el gol del empate* le but d'égalisation *o* égalisateur ‖ *empate a dos* deux partout (fútbol).

empavesado, da *adj* pavoisé, e ‖ voilé, e (monumento no inaugurado).
◆ *m* pavoisement (del buque).

empavesar *v tr* pavoiser ‖ voiler (ocultar un monumento).

empavonar *v tr* bleuir (los metales) ‖ *(amer)* enduire (untar).

empecatado, da *adj* incorrigible ‖ insupportable (muy travieso) ‖ méchant, e (malo) ‖ malchanceux, euse (desgraciado).

empecinado, da *adj* têtu, e; obstiné, e (terco).
◆ *m* marchand de poix ‖ *El Empecinado* surnom de Martín Díaz, héros de la guerre d'Indépendance en Espagne.

empecinamiento *m* obstination *f*.

empecinar *v tr* poisser (untar con pez) ‖ crotter (ensuciar).
◆ *v pr* s'obstiner, s'entêter.

empedarse *v pr* FAM se soûler.

empedernido, da *adj* endurci, e; invétéré, e; impénitent, e; enragé, e; *bebedor, fumador, jugador empedernido* buveur, fumeur, joueur invétéré *o* enragé; *solterón empedernido* célibataire endurci ‖ insensible, dur; *corazón empedernido* cœur insensible.

empedernir* *v tr* endurcir.
◆ *v pr* s'endurcir, devenir insensible.
— OBSERV Ce verbe ne s'emploie qu'aux personnes dont la désinence commence par *i*: *empederní, empederniría, empederniera*, etc.

Empédocles *n pr* Empédocle.

empedrado, da *adj* pavé, e (con adoquines) ‖ empierré, e (con piedras) ‖ pommelé, e (caballería, cielo) ‖ grêlé, e (cara).
◆ *m* pavage (adoquinado) ‖ empierrement (con piedras) ‖ ragoût (guiso).

empedrar* *v tr* paver (con adoquines) ‖ empierrer (con piedras) ‖ FIG semer, truffer, couvrir (llenar, plagar); *empedrar con citas un libro* semer un livre de citations.

empegar *v tr* poisser, empoisser, enduire avec de la poix ‖ marquer avec de la poix (el ganado).

empeine *m* bas-ventre (parte inferior del vientre) ‖ cou-de-pied (parte superior del pie) | empeigne *f* (del zapato) ‖ MED dartre *f* (herpes) ‖ BOT hépatique | fleur *f* du cotonnier (del algodón).

empelotarse *v pr* être en désordre, être pêle-mêle (enredarse) ‖ se chamailler, se disputer (reñir) ‖ FAM *(amer)* se déshabiller (desnudarse) ‖ s'enticher de, en pincer pour.

empellada *f* poussée.

empellar *v tr* pousser.

empellón *m* poussée *f* ‖ FAM *a empellones* brutalement, rudement.

empenachar *v tr* empanacher.

empeñado, da *adj* acharné, e (riña) ‖ engagé, e (palabra).

empeñar *v tr* engager, mettre en gage; *empeñar sus joyas* engager ses bijoux ‖ engager (su palabra, el honor, la fe) ‖ FIG engager, embarquer; *empeñar el país en una guerra sangrienta* embarquer le pays dans une guerre meurtrière ‖ FAM *empeñar hasta la camisa* y laisser jusqu'à sa chemise.
◆ *v pr* s'obstiner, s'entêter; *empeñarse en escribir* s'entêter à écrire; *empeñarse en trabajar* s'obstiner à travailler ‖ insister; *puesto que te empeñas, te lo diré* puisque tu insistes, je te le dirai ‖ s'engager (una batalla) ‖ s'efforcer de, s'appliquer; *me empeñaba en hacerlo lo mejor posible* je m'appliquais à le faire le mieux possible ‖ s'endetter (endeudarse) ‖ — FAM *por más que te empeñes* tu auras beau faire.

empeñero, ra *m y f* *(amer)* prêteur, euse [sur gage].

empeño *m* engagement; *empeño de joyas* engagement de bijoux ‖ acharnement, opiniâtreté *f*; *trabajar con empeño* travailler avec acharnement ‖ constance *f*, persévérance *f* (constancia) ‖ effort (esfuerzo); *empeño constante para mejorarse* effort constant pour s'améliorer ‖ *(amer)* maison *f* de prêt (sur gage) ‖ *casa de empeño* mont-de-piété, maison de prêt (sur gage) ‖ *con empeño* avec acharnement ‖ *en empeño* en gage ‖ *papeleta de empeño* reconnaissance du mont-de-piété ‖ — *poner* ou *tomar empeño en* s'efforcer de, s'acharner à ‖ *tener empeño en* tenir à; *tengo empeño en que este trabajo esté acabado hoy* je tiens à ce que ce travail soit terminé aujourd'hui.

empeoramiento *m* aggravation *f* ‖ détérioration *f*, dégradation *f* (de una situación).

empeorar *v tr* aggraver, empirer.
◆ *v intr y pr* empirer, s'aggraver, se détériorer, se dégrader; *la situación se ha empeorado rápidamente* la situation s'est rapidement dégradée ‖ aller plus mal (un enfermo).

empequeñecer* *v tr* rapetisser, amoindrir.

empequeñecimiento *m* rapetissement, amoindrissement.

emperador *m* empereur ‖ poisson-épée, espadon (pez espada).

emperatriz *f* impératrice.
— OBSERV On disait aussi jadis *emperadora*.

emperejilarse *v pr* FAM se mettre sur son trente-et-un.

emperezarse *v pr* se laisser aller à la paresse, fainéanter.

emperifollarse *v pr* FAM se mettre sur son trente et un.

empernar *v tr* TECN boulonner.

empero *conj* *(p us)* mais (pero) ‖ cependant, néanmoins (sin embargo).
— OBSERV L'usage de cette conjonction est réservé à la langue littéraire.

emperramiento *m* FAM entêtement, obstination *f* | rage *f*, colère *f* (rabia).

emperrarse *v pr* FAM s'entêter, se buter (obstinarse) | se mettre en rage *o* en colère (irritarse).

empezar* *v tr* commencer; *empezó el discurso hablando de la guerra* il a commencé son discours en parlant de la guerre ‖ — *empezar de nuevo, volver a empezar* recommencer ‖ POP *empezar la casa por el tejado* mettre la charrue avant *o* devant les bœufs.
◆ *v intr* commencer; *empezar a trabajar* commencer à travailler ‖ — *haber empezado con nada* être parti de rien ‖ *todo es empezar* il n'y a que le premier pas qui coûte, le tout c'est de commencer.

empicarse *v pr* se passionner pour (aficionarse) ‖ *empicarse en el juego* se piquer au jeu.

empiece *m* FAM commencement (comienzo).

empiltrarse *v pr* FAM se pieuter (acostarse).

empinado, da *adj* dressé, e (levantado) ‖ raide, en pente; *camino empinado* chemin en pente ‖ très haut, e; élevé, e (alto) ‖ cabré, e (animal) ‖ sur la pointe des pieds (persona) ‖ FIG suffisant, e; hautain, e (orgulloso).

empinar *v tr* dresser, mettre debout (levantar) ‖ incliner, renverser [une bouteille pour boire] ‖ FAM *empinar el codo* lever le coude.
◆ *v pr* se cabrer (caballo) ‖ se dresser sur la pointe des pieds (ponerse de puntillas) ‖ s'élever, se dresser (ser muy alto) ‖ monter (ascender).

empingorotado, da *adj* FIG huppé, e.

empingorotarse *v pr* grimper, monter (subirse) ‖ FIG monter sur ses ergots (engreírse).

empiparse *v pr* FAM s'empiffrer, se gaver (atracarse).

empíreo *m* empyrée (el cielo).

empírico, ca *adj* empirique.

empirismo *m* empirisme.

empizarrado, da *adj* ardoisé, e.
◆ *m* toit d'ardoises (tejado).

empizarrar *v tr* ardoiser (cubrir de pizarras).

emplastar *v tr* appliquer un emplâtre (cubrir con un emplasto) ‖ FIG farder, plâtrer (poner afeites).
◆ *v pr* se barbouiller (embadurnarse).

emplastecer* *v tr* égaliser une surface.

emplástico, ca *adj* visqueux, euse; gluant, e (pegajoso) ‖ MED suppuratif, ive.

emplasto *m* emplâtre ‖ FIG emplâtre (componenda).

emplazamiento *m* DR assignation *f*, mise *f* en demeure ‖ emplacement (situación) ‖ *emplazamiento arqueológico* site archéologique.

emplazar *v tr* DR assigner ‖ convoquer (citar) ‖ placer (colocar).

empleado, da *adj y s* employé, e ‖ *— empleado bancario* ou *de banco* employé de banque ‖ *empleado de correos* postier ‖ *empleado de hogar* employé de maison ‖ *empleado de ventanilla* guichetier ‖ *empleado público* fonctionnaire.

empleador, ra *adj* qui emploie.
♦ *m y f* employeur, euse.

emplear *v tr* employer; *emplear en* employer à ‖ employer, dire; *no emplee esta palabra* n'employez pas ce mot ‖ *— bien empleado le está, lo tiene bien empleado* c'est bien fait pour lui ‖ *dar por bien empleado* ne pas regretter.
♦ *v pr* s'employer, être employé, e; *esta palabra ya no se emplea* ce mot ne s'emploie plus.

empleo *m* emploi; *pleno empleo* plein emploi; *petición de empleo* demande d'emploi ‖ situation *f*; *tiene un buen empleo* il a une belle situation ‖ emploi (uso) ‖ grade (militar) ‖ *— empleo juvenil* emploi des jeunes ‖ *oficina de empleo* agence pour l'emploi ‖ *— estar sin empleo* être sans emploi ‖ *solicitar empleo* être demandeur d'emploi ‖ *suspender a uno del empleo* suspendre quelqu'un de ses fonctions.

emplomado *m* plombage.

emplomadura *f (amer)* plombage *m* (empaste de diente).

emplomar *v tr* plomber (marchamar) ‖ *(amer)* plomber (dientes).

emplumar *v tr* emplumer ‖ empenner (flechas) ‖ *(amer)* tromper, rouler, faire marcher (engañar) ‖ renvoyer (despedir) | rosser (zurrar) ‖ — FAM *(amer) emplumarlas* prendre la poudre d'escampette (huir) | *¡que me emplumen si...!* je veux bien être pendu si...! ‖ *serpiente emplumada* serpent à plumes.
♦ *v intr* se couvrir de plumes (emplumescerse).

empobrecer* *v tr* appauvrir.
♦ *v intr y pr* s'appauvrir (una cosa) ‖ perdre de l'argent, s'appauvrir (una persona).

empobrecimiento *m* appauvrissement.

empolvado, da *adj* poussiéreux, euse (cubierto de polvo) ‖ poudré, e (cubierto de polvos).
♦ *m* poudrage.

empolvar *v tr* couvrir de poussière (ensuciar) ‖ couvrir; *el viento empolva las ropas con arena* le vent couvre les vêtements de sable ‖ poudrer (la cara, el pelo).
♦ *v pr* se poudrer (el rostro) ‖ se couvrir de poussière, prendre la poussière (los muebles) ‖ *(amer)* FIG se rouiller (perder la práctica).

empolvorar; empolvorizar *v tr* couvrir de poussière (cubrir de polvo).

empollado, da *adj* FAM calé, e; ferré, e; fort, e; *estar empollado en una materia* être ferré sur une matière; *empollado en matemáticas* fort en mathématiques.
♦ *m y f* FAM grosse tête *f*.

empollar *v tr* couver (las aves) ‖ FIG & FAM ruminer (meditar) | potasser, bûcher, piocher (estudiar mucho); *empollar química* bûcher la chimie.
♦ *v intr* pondre le couvain (las abejas) ‖ couver (las aves).
♦ *v pr* FIG & FAM potasser, bûcher (una lección) ‖ *(amer)* avoir des ampoules (criar ampollas).

empollón, ona *adj* bûcheur, euse (un alumno).

emponzoñador, ra *adj y s* empoisonneur, euse (que emponzoña) ‖ FIG corrupteur, trice (que corrompe).

emponzoñamiento *m* empoisonnement ‖ FIG corruption *f*.

emponzoñar *v tr* empoisonner (envenenar) ‖ FIG envenimer (una riña) | empoisonner, corrompre; *país emponzoñado por el vicio* pays empoisonné par le vice.

emporcar* *v tr* cochonner *(fam)*, salir (ensuciar).

emporio *m* grand centre commercial, grand marché (centro comercial) ‖ FIG haut lieu (de las ciencias, artes, etc.) ‖ HIST emporium ‖ *(amer)* grand magasin (almacén).
— OBSERV La palabra francesa *emporium* sólo se aplica a las ciudades de la Antigüedad.

emporrado, da *adj* POP camé, e; qui plane (bajo los efectos del porro).

emporrarse *v pr* POP fumer (des joints), fumer (drogarse con porros).

empotramiento *m* scellement, scellage (con cemento) ‖ encastrement (en un hueco).

empotrar *v tr* sceller (fijar con cemento) ‖ encastrer ‖ *armario empotrado* placard, armoire encastrée.

emprendedor, ra *adj* entreprenant, e.

emprender *v tr* entreprendre; *emprender un viaje* entreprendre un voyage; *emprender un trabajo* entreprendre un travail ‖ — FAM *emprenderla con uno* s'en prendre à quelqu'un, prendre quelqu'un à partie.

empreñar *v tr* féconder [une femelle].
♦ *v pr* être fécondée.

empresa *f* entreprise; *la conquista de América fue una empresa considerable* la conquête de l'Amérique a été une entreprise considérable ‖ entreprise; *empresa privada* entreprise privée ‖ société, compagnie (sociedad) ‖ devise (emblema) ‖ *— empresa de seguridad* société de gardiennage ‖ *empresa de venta por correo* entreprise de vente par correspondance ‖ *empresa filial* filiale ‖ *empresa libre, libre empresa* libre entreprise ‖ *empresa multinacional* entreprise multinationale ‖ *empresa municipal* entreprise municipale ‖ *empresa pública* entreprise publique ‖ *— jurado de empresa* comité d'entreprise.

empresariado *m* patronat.

empresarial *adj* patronal, e; *problemas empresariales* problèmes patronaux ‖ *— estudios empresariales* études de gestion des entreprises, études de commerce ‖ *la clase empresarial* le patronat.

empresario, ria *m y f* entrepreneur, euse ‖ employeur, euse (empleador), patron, onne (patrono); *pequeño empresario* patron d'une petite entreprise ‖ exploitant, e (de un cine).
♦ *m* TEATR impresario ‖ DEP manager ‖ chef d'entreprise (director).
♦ *pl* patronat *sing*.

empréstito *m* emprunt; *contraer, hacer un empréstito* contracter, lancer un emprunt.

empujar *v tr* pousser (mover) ‖ bousculer (atropellar) ‖ FIG chasser (expulsar) | pousser (incitar).
♦ *v intr* pousser.
♦ *v pr* se pousser.

empuje *m* poussée *f* (empujón) ‖ ARQ & AVIAC & FÍS poussée ‖ FIG énergie *f*, allant, nerf, ressort; *esta persona tiene mucho empuje* cette personne a beaucoup d'allant ‖ — *hombre de empuje* homme d'action ‖ *tomar al primer empuje* emporter d'emblée.

empujón *m* coup, poussée *f* rude ‖ bourrade *f* (a una persona) ‖ — *a empujones* rudement (bruscamente), de force (a la fuerza), sans égard (sin cuidado) ‖ *dar empujones* pousser, bousculer ‖ FAM *dar un empujón* donner un coup de pouce ‖ *tratar a empujones* rudoyer.

empuñadura *f* poignée (de espada, etc.) ‖ pied-de-biche *m* (de campanilla) ‖ *hasta la empuñadura* jusqu'à la garde (espada).

empuñar *v tr* empoigner ‖ saisir (asir) ‖ FIG décrocher (un empleo) ‖ FIG *empuñar las armas* s'élever contre, partir en guerre contre.

emulación *f* émulation.

emulador, ra *adj y s* émule.
— OBSERV *Emulador* est plutôt pris en mauvaise part avec le sens de *rival envieux*, sens que n'a pas *émulo*.

emular *v tr y pr* rivaliser avec.

émulo, la *adj y s* émule, rival, e.

emulsión *f* émulsion; *emulsión fotográfica* émulsion photographique.

emulsionar *v tr* émulsionner, émulsifier.

emulsivo, va *adj y s m* émulsif, ive; émulsifiant.

en *prep*

| 1. LUGAR — 2. TIEMPO — 3. MODO — 4. LOCUCIONES DIVERSAS |

1. LUGAR en (nombres no determinados), dans (nombres determinados); *en Francia* en France; *en la Francia de hoy* dans la France d'aujourd'hui; *en jaula* en cage; *en la jaula* dans la cage ‖ à, au (véase OBSERV I); *vivir en Madrid, en Chile* habiter à Madrid, au Chili; *sentarse en la mesa* s'asseoir à table; *estar en la cama* être au lit; *en la página tal* à la page tant ‖ dans, sur; *leer en un periódico* lire dans un journal ‖ sur (superficie); *el libro está en la mesa* le livre est sur la table; *sentarse en una silla, en la cama* s'asseoir sur une chaise, sur le lit; *en la carretera* sur la route; *hay un buen programa en el primer canal* il y a un bon programme sur la première chaîne; *grabar en madera* graver sur bois ‖ — *en casa de* chez; *en mi casa* chez moi ‖ *en donde, en que* où; *¿en dónde lo pusiste?* où l'as-tu mis? ‖ *en el suelo* sur le sol, à terre, par terre ‖ *la boda se celebrará en la iglesia de* le mariage aura lieu en l'église de.

2. TIEMPO en; *en 1965* en 1965; *el 45 en 45*, en 1945; *en el año 1492* en 1492; *en septiembre* en septembre; *terminó su novela en dos semanas* il a terminé son roman en deux semaines ‖ dans; *en mi juventud* dans ma jeunesse ‖ à, au; *en esa época* à cette époque; *¿en qué momento?* à quelle époque?; *en el mes de septiembre* au mois de septembre; *en el siglo XX* au XXe siècle (véase OBSERV II) ‖ de; *en nuestros días* de nos jours; *en mi tiempo, en mis tiempos* de mon temps ‖ par; *en una tarde calurosa* par un chaud après-midi ‖ de; *no he dormido en toda la noche* je n'ai pas dormi de la nuit; *no vi tal cosa en mi vida* de ma vie je n'ai rien vu de pareil; *en mi vida lo haré* de ma vie je ne le ferai ‖ dès que, aussitôt que (con gerundio); *en llegando Juan me avisarás* dès que Jean arrivera, tu me préviendras (voir OBSERV III) ‖ — *en cuanto* aussitôt que, dès que ‖ *en esto* sur ce, sur ces entrefaites, là-dessus ‖ *en invierno* en hiver, l'hiver ‖ *en que* où; *el año en que te conocí* l'année où je t'ai connu ‖ *en tanto que* tandis que ‖ *en tiempos de* du temps de ‖ *en vísperas de* à la veille de ‖ — *de hoy en ocho días* aujourd'hui en huit.

3. MODO à; *lento en obrar* lent à agir; *hábil en manejar las armas* habile à manier les armes; *en voz alta* à voix haute; *le conocí en el andar* je l'ai reconnu à sa façon de marcher ‖ en; *en camisa* en chemise; *en reparación* en réparation; *estar en guerra* être en guerre; *ponerse en círculo* se mettre en cercle; *escribir en verso* écrire en vers ‖ à; *ir en bicicleta* aller à bicyclette ‖ en, par; *viajar en tren* voyager par le train ‖ si, du moment que (con gerundio); *en haciendo lo que te digo triunfarás* si tu fais ce que je te dis, tu réussiras (voir OBSERV III) ‖ — *doctor en letras, en ciencias* docteur ès lettres, ès sciences ‖ *doctor en medicina* docteur en médecine ‖ *vender en veinte pesetas* vendre vingt pesetas.

4. LOCUCIONES DIVERSAS *en broma* pour rire ‖ *en cambio* par contre ‖ *en cuanto a* quant à ‖ *en serio* au sérieux; *tomar en serio* prendre au sérieux; sérieusement; *hablar en serio* parler sérieusement; vraiment, sérieusement; *¿en serio?* vraiment? ‖ — *cifrarse en* se chiffrer à ‖ *¿en qué quedamos?* que décidons-nous?, alors? ‖ *estar en hacer algo* avoir l'intention de faire quelque chose ‖ *pensar en* penser à ‖ *tener en mucho a* apprécier, avoir de l'estime pour.

— OBSERV I. Se emplea *a* o *au* con los nombres de ciudades o con los nombres masculinos de países (*en París* à Paris; *en El Cairo* au Caire; *en el Perú* au Pérou) y *en* con los nombres femeninos de países (*en Argentina* en Argentine).

— OBSERV II. Cuando la preposición *en* indica una fecha, no se traduce: *en el día 18* le 18; *sucedió en domingo* c'est arrivé un dimanche.

— OBSERV III. *En* precediendo al gerundio marque toujours l'antériorité immédiate de l'action (*en diciendo estas palabras, se marchó* ayant dit ces mots, il s'en alla) ou une condition préalable (*en tomando tú el coche, te acompañaré* du moment que tu prends la voiture, je t'accompagnerai).

Enagas abrev de *Empresa Nacional del Gas* Entreprise nationale du gaz [Espagne].

enaguachar *v tr* détremper (empapar); *terreno enaguachado* terrain détrempé ‖ gonfler (el estómago).
◆ *v pr* avoir l'estomac gonflé.

enaguar *v tr* détremper.

enaguas *f pl* jupon *m sing*.

enagüillas *f pl* petit jupon *m sing* ‖ fustanelle *sing* (del traje nacional griego).

enajenable *adj* aliénable.

enajenación *f*; **enajenamiento** *m* aliénation (cesión) ‖ aliénation; *enajenación mental* aliénation mentale ‖ affolement *m* (turbación) ‖ ravissement *m* (encanto).

enajenar *v tr* aliéner (ceder) ‖ FIG rendre fou, folle; faire perdre tout contrôle, mettre hors de soi; *la cólera le enajenó* la colère le mit hors de lui ‖ enivrer (embriagar); *enajenado por la gloria* enivré de gloire ‖ transporter (embelesar) ‖ *enajenado de alegría* fou de joie.
◆ *v pr* perdre tout contrôle; *se enajenó por el miedo* la peur lui fit perdre tout contrôle ‖ être ravi o transporté (extasiarse) ‖ perdre, s'aliéner; *enajenarse la amistad de uno* perdre l'amitié de quelqu'un.

enalbardar *v tr* bâter (poner la albarda) ‖ CULIN enrober [de pâte à frire] | paner (con pan rallado) ‖ barder (un ave).

enaltecedor, ra *adj* exaltant, e; élogieux, euse.

enaltecer* *v tr* exalter, louer.

enaltecimiento *m* exaltation *f*, louange *f*.

enamoradizo, za *adj* qui tombe souvent o facilement amoureux.

enamorado, da *adj y s* amoureux, euse; *enamorado perdido* amoureux fou.
- *adj* épris, e.

enamoramiento *m* amour, passion *f*.

enamorar *v tr* rendre amoureux ‖ faire la cour (cortejar).
- *v pr* tomber amoureux, s'éprendre, s'énamourer *(p us)*.

enamoriscarse; enamoricarse *v pr* FAM s'amouracher.

enanismo *m* nanisme.

enano, na *adj y s* nain, naine ‖ FAM *trabajar como un enano* travailler comme un nègre.

enarbolar *v tr* arborer (levantar) ‖ MAR battre; *enarbolar bandera argentina* battre pavillon argentin ‖ brandir (esgrimir un arma).
- *v pr* se cabrer (encabritarse) ‖ se fâcher, devenir furieux (enfurecerse).

enarcar *v tr* arquer, courber (arquear) ‖ cercler (un tonel) ‖ *enarcar las cejas* ouvrir de grands yeux.

enardecedor, ra *adj* excitant, e; encourageant, e.

enardecer* *v tr* FIG échauffer, exciter, encourager; *enardecer las pasiones* exciter les passions.
- *v pr* FIG s'échauffer, s'exciter, s'enflammer.

enardecimiento *m* échauffement.

enarenar *v tr* sabler, ensabler (cubrir de arena) ‖ engraver (cubrir de gravas).
- *v pr* s'ensabler (encallar un barco).

enarmonía *f* MÚS enharmonie.

enarmónico, ca *adj* MÚS enharmonique.

enastar *v tr* emmancher (un arma).

encabalgamiento *m* *(p us)* affût (de cañón) ‖ POÉT enjambement.

encabalgar *v intr* chevaucher, être à cheval sur.
- *v tr* pourvoir de chevaux ‖ monter ‖ TECN enchevaucher.

encaballar *v tr* embroncher, imbriquer, emboîter (las tejas, etc.) ‖ IMPR faire un mastic (desarreglar) ‖ TECN enchevaucher.

encabestrar *v tr* enchevêtrer (al caballo) ‖ habituer (le troupeau), à suivre le sonnailler.
- *v pr* s'enchevêtrer (la bestia).

encabezamiento *m* recensement (padrón) ‖ en-tête (de una carta, etc.) ‖ manchette *f* (en un periódico) ‖ abonnement (impuestos).

encabezar *v tr* recenser (empadronar) ‖ mener, prendre la tête de; *encabezar el pelotón* mener le peloton ‖ être à la tête de; *¿quién encabezaba la rebelión?* qui était à la tête de la rébellion? ‖ ouvrir, commencer, être le premier (suscripción, lista); *encabezar una lista, una suscripción* être le premier sur une liste, à souscrire ‖ placer en tête, commencer; *encabezó su libro con la frase siguiente* il plaça la phrase suivante en tête de son livre ‖ alcooliser (un vino) ‖ TECN coiffer.

encabritarse *v pr* se cabrer (los caballos, un vehículo) ‖ monter en chandelle (avión) ‖ FIG se cabrer, se fâcher (enojarse).

encabronarse *v pr* FAM se mettre en boule.

encadenado *m* ARQ chaînage ‖ CINEM enchaîné.

encadenamiento *m* enchaînement ‖ FIG engrenage, enchaînement.

encadenar *v tr* enchaîner ‖ FIG enchaîner (enlazar) ‖ CINEM enchaîner.

encajadura *f* emboîtement *m* (de un hueso).

encajamiento *m* MED engagement [de la tête du fœtus].

encajar *v tr* emboîter, encastrer (ajustar); *encajar una pieza en otra* emboîter une pièce dans une autre ‖ remboîter, remettre; *encajar un hueso* remboîter un os ‖ faire joindre (juntar) ‖ FIG essuyer; *encajar críticas* essuyer des reproches | supporter, encaisser (*fam*); *encajar un golpe* encaisser un coup ‖ FIG & FAM refiler; *le encajaron un billete falso* on lui a refilé un faux billet | sortir, placer, caser; *consiguió encajarles su discurso* il a réussi à leur placer son discours | assener, flanquer; *le encajé un puñetazo* je lui ai flanqué un coup de poing ‖ TECN enchâsser | enclaver.
- *v intr* joindre; *la puerta no encaja bien con la humedad* avec l'humidité, la porte ne joint pas bien ‖ s'emboîter, s'encastrer; *dos piezas que encajan perfectamente* deux pièces qui s'emboîtent parfaitement ‖ FIG convenir, aller; *esta vestimenta no encaja con la solemnidad del acto* ce costume ne va pas avec o ne convient pas à la solennité de la cérémonie | aller; *Pedro no encaja con el grupo de amigos que tengo* Pierre ne va pas avec mon groupe d'amis | encaisser (boxeador) | entrer; *esto encaja en mis proyectos* cela entre dans mes projets | cadrer; *sistema anticuado que no encaja en la realidad* système archaïque qui ne cadre pas avec la réalité ‖ — *estar encajado en* s'être fait à, s'être adapté o habitué à; *Jaime está ya encajado en su nuevo destino* Jacques s'est maintenant fait à son nouveau poste ‖ *la puerta no está bien encajada* la porte n'est pas bien fermée ‖ FIG *encajar muy bien en un papel* avoir le physique de l'emploi.
- *v pr* se glisser, se fourrer (introducirse) ‖ se coincer; *la rueda se encajó entre dos piedras* la roue s'est coincée entre deux pierres ‖ enfiler; *encajarse un gabán* enfiler son manteau ‖ enfoncer (un sombrero) ‖ FAM se déplacer, s'appuyer o faire le voyage; *todos los años se encaja a París para ver las colecciones de moda* tous les ans, il fait le voyage jusqu'à Paris pour voir les collections de mode | se ranger (llevar una vida ordenada).

encaje *m* dentelle *f*; *encaje de bolillos* dentelle aux fuseaux ‖ emboîtement, encastrement, enclavement (de una pieza) ‖ remboîtage, remboîtement (de un hueso) ‖ (*amer*) encaisse *f*; *encaje metálico* encaisse métallique ‖ — *encaje de la cara* traits du visage ‖ *industria del encaje* industrie dentellière.

encajonado, da *adj* encaissé, e; *río encajonado entre rocas* rivière encaissée entre des rochers ‖ creux, euse; encaissé, e (camino).
- *m* ARQ encaissement | coffrage (de un muro) ‖ batardeau (en un río).

encajonamiento *m* encaissement (de un río, de un camino) ‖ encaissage (de una planta) ‖ TAUROM mise *f* des taureaux dans des cages [pour le transport].

encajonar *v tr* encaisser, mettre dans des caisses ‖ acculer, coincer (arrinconar) ‖ ARQ coffrer, faire le coffrage (para construir una pared) | renforcer [un mur] ‖ TAUROM mettre dans une cage [le taureau].
◆ *v pr* s'encaisser (un río).

encalada *f* lait *m* de chaux.

encalado *m* badigeonnage.

encalar *v tr* blanchir à la chaux, chauler, badigeonner.

encalmarse *v pr* se calmer (viento) ‖ se rasséréner (tiempo, personas) ‖ VETER être épuisé par la chaleur ‖ *mercado encalmado* marché calme (en la Bolsa).

encalvecer* *v intr* devenir chauve.

encalladero *m* MAR échouage.

encalladura *f*; **encallamiento** *m* échouement *m*, ensablement *m* (de un barco).

encallar *v intr* échouer, s'échouer; *encallar en la arena* échouer sur le sable ‖ FIG être dans une impasse.

encallecer* *v intr y pr* devenir calleux, euse (las manos) ‖ durcir (endurecer) ‖ FIG s'endurcir (endurecerse).

encallecido, da *adj* endurci, e.

encamarse *v pr* s'aliter (un enfermo); *el médico ordenó que se encamase* le médecin lui ordonna de s'aliter ‖ gîter (la caza) ‖ AGRIC se coucher (los trigos).

encaminamiento *m* acheminement ‖ routage (del correo).

encaminar *v tr* acheminer (una cosa) ‖ diriger, montrer le chemin (a uno) ‖ FIG diriger, orienter, tendre (los esfuerzos) ‖ — *medidas encaminadas a suprimir* mesures tendant à o visant à o destinées à supprimer ‖ *negocio bien encaminado* affaire en bonne voie.
◆ *v pr* se diriger vers; *encaminarse a la puerta* se diriger vers la porte ‖ se mettre en route; *encaminarse hacia* o *a* se mettre en route vers o pour (marcharse) ‖ FIG tendre à (los esfuerzos).

encamotarse *v pr* FAM *(amer)* s'amouracher.

encampanar *v tr (amer)* laisser quelqu'un en plan (dejar en la estacada).
◆ *v pr* s'évaser, s'élargir ‖ *(amer)* plastronner, parader (engreírse) | se mettre dans de beaux draps (meterse en un berenjenal).

encanalar; encanalizar *v tr* acheminer par une canalisation.

encanallamiento *m* encanaillement.

encandecer* *v tr* chauffer à blanc.

encandelar *v intr* fleurir.

encandilado, da *adj* FAM brillant, e (ojo).

encandilamiento *m* lueur *f* (de los ojos).

encandilar *v tr* éblouir (deslumbrar).
◆ *v pr* pétiller, briller, s'allumer (los ojos).

encanecer* *v intr* blanchir, grisonner (el cabello) ‖ FIG vieillir, blanchir (envejecer) ‖ *encanecer en el oficio* blanchir sous les harnois.

encanijamiento *m* maigreur *f*.

encanijarse *v pr* se rabougrir ‖ *estar encanijado* être tout maigrichon.

encanillar *v tr* embobiner.

encantado, da *adj* enchanté, e ‖ FIG & FAM distrait, e; dans la lune (distraído) | hanté, e; *casa encantada* maison hantée ‖ *encantado de conocerle* enchanté de faire votre connaissance.

encantador, ra *adj* enchanteur, eresse; ravissant, e; *una voz encantadora* une voix ravissante | charmant, e; adorable (simpático); *una niña encantadora* une enfant adorable.
◆ *m y f* charmeur, euse; *encantador de serpientes* charmeur de serpents ‖ *el Encantador Merlín* Merlin l'enchanteur.

encantamiento *m*; **encantación** *f* enchantement ‖ incantation *f* (invocación mágica) ‖ *como por encantamiento* comme par enchantement.

encantar *v tr* enchanter, ravir; *estoy encantado con mi viaje* je suis enchanté de mon voyage; *encantado de conocerle* enchanté de faire votre connaissance; *su manera de cantar me encanta* sa façon de chanter me ravit ‖ *me encanta esta persona, hacer tal cosa* j'adore cette personne, faire telle chose.

encante *m* encan, enchères *f pl* (subasta); *vender muebles al encante* vendre des meubles à l'encan ‖ salle *f* des ventes (sala donde se hacen estas ventas).

encanto *m* enchantement (encantamiento); *esto es un encanto* c'est un enchantement; *como por encanto* comme par enchantement ‖ charme; *¡qué encanto tiene esta mujer!* quel charme a cette femme! ‖ *este niño es un encanto* c'est un amour d'enfant, cet enfant est adorable.
◆ *pl* charmes (de la mujer).

encañada *m* gorge (de un monte).

encañado *m* conduite *f* (canalización) ‖ AGRIC treillis de roseaux, paillasson, treillage (de jardín) | drain (tubo de desagüe) | drainage (acción) ‖ TECN lattis.

encañar *v tr* conduire, canaliser (las aguas) ‖ AGRIC drainer (un terreno húmedo) | ramer (los tallos de algunas plantas) ‖ embobiner (hilo, seda, etc.).

encañonado *m* tuyautage (planchado).

encañonar *v tr* introduire dans un tuyau ‖ canaliser (el agua) ‖ embobiner (enrollar) ‖ braquer, pointer (un arma) ‖ tuyauter (una pechera).
◆ *v intr* s'emplumer (los pájaros).

encapotado, da *adj* couvert, e; bouché, e; *cielo encapotado* ciel o temps couvert.

encapotar *v tr* couvrir d'un manteau.
◆ *v pr* se couvrir (el cielo) ‖ FIG froncer les sourcils (mostrar descontento) ‖ EQUIT s'encapuchonner (el caballo).

encaprichamiento *m* entichement, toquade *f* ‖ caprice (capricho).

encapricharse *v pr* s'entêter (emperrarse) ‖ se mettre dans la tête; *el niño se ha encaprichado con ir al circo* l'enfant s'est mis dans la tête d'aller au cirque ‖ FAM s'amouracher de, avoir le béguin pour, s'enticher de, s'éprendre de (persona); *encapricharse por* ou *con alguien* avoir le béguin pour quelqu'un | se prendre d'affection.

encapuchado, da *adj* encapuchonné, e (persona) ‖ rebouché, e (objeto).
◆ *m y f* personne masquée ‖ RELIG pénitent, e.

encapuchar; encapuzar *v tr* encapuchonner.
◆ *v pr* s'encapuchonner.

encarado, da *adj* *bien, mal encarado* à la mine aimable, à la mine renfrognée; au visage sympathique, au visage antipathique.

encaramar *v tr* jucher, hisser ‖ FIG faire monter, élever (elevar) ‖ *(amer)* faire rougir (abochornar).
➤ *v pr* grimper, se jucher (subir); *encaramarse a* ou *en un árbol* grimper a o sur un arbre ‖ FIG grimper, s'élever (alcanzar un puesto elevado) ‖ *(amer)* rougir (avergonzarse).

encaramiento *m* confrontation *f* (de personas) ‖ affrontement (de una dificultad).

encarar *v tr* affronter ‖ pointer, braquer (un arma) ‖ *(amer)* envisager (considerar).
➤ *v pr* affronter; *encararse con un peligro* affronter un danger ‖ épauler (un fusil) ‖ *encararse con uno* faire front o tenir tête à quelqu'un.

encarcelación *f*; **encarcelamiento** *m* emprisonnement *m* ‖ DR incarcération *f*, écrou *m*; *registro* ou *asiento de encarcelamiento* registre d'écrou.

encarcelar *v tr* emprisonner ‖ DR incarcérer, écrouer ‖ TECN sceller (fijar con yeso) | serrer, presser (con la prensa) ‖ *estar encarcelado* être en prison.

encarecer* *v tr* élever le prix de, faire monter le prix de (hacer más caro) ‖ FIG louer, vanter (elogiar) | faire valoir, mettre l'accent sur; *encarecer los servicios prestados* mettre l'accent sur les services rendus | recommander; *le encareció mucho que trabajase* il lui recommanda vivement de travailler ‖ *se lo encarezco* je vous en prie.
➤ *v intr* augmenter, enchérir, renchérir; *la vida ha encarecido* la vie a augmenté ‖ augmenter; *el pan ha encarecido* le pain a augmenté.

encarecidamente *adv* instamment; *se lo ruego encarecidamente* je vous en prie instamment ‖ vivement, chaleureusement (elogiando).

encarecido, da *adj* chaudement recommandé o loué (persona) ‖ chaleureux, euse (elogio).

encarecimiento *m* enchérissement, hausse *f* du prix, augmentation *f*; *el encarecimiento del pan* l'augmentation du pain ‖ hausse *f* du coût; *el encarecimiento de la vida* la hausse du coût de la vie ‖ recommandation *f* (recomendación) ‖ *con encarecimiento* instamment.

encargado, da *m y f* préposé, e; employé, e (empleado) ‖ responsable (de un cargo) ‖ — *encargado del vestuario* costumier ‖ *encargado de negocios* chargé d'affaires ‖ *encargado de un surtidor de gasolina* pompiste ‖ *Pilar fue la encargada de la comida* Pilar fut chargée de préparer le repas.

encargar *v tr* charger; *encargar un negocio a uno* charger quelqu'un d'une affaire ‖ *encargar a uno que despache el asunto* charger quelqu'un de régler l'affaire ‖ préposer; *encargar a alguien del teléfono* préposer quelqu'un au téléphone ‖ charger, demander; *le encargué a usted que escribiera* je vous ai demandé d'écrire ‖ commander; *encargó un almuerzo para diez personas* il a commandé un déjeuner pour dix personnes ‖ faire faire, commander; *encargar un vestido* faire faire une robe ‖ recommander (aconsejar); *me encargó mucho que tratase de conseguirlo* il me recommanda vivement d'essayer de l'obtenir.
➤ *v pr* se charger; *encargarse de vender* ou *de la venta* se charger de vendre o de la vente ‖ s'occuper de; *me encargo de la biblioteca* je m'occupe de la bibliothèque ‖ FAM s'occuper, se charger; *¡ya me encargaré yo de él!* je vais m'occuper de lui!, je vais m'en charger! ‖ *encargarse un traje* se faire faire un costume.

encargo *m* commission *f*, course *f*; *hacer encargos* faire les commissions, des courses ‖ commission *f*; *cumplir un encargo* s'acquitter d'une commission ‖ COM commande *f*; *hacer un encargo* passer une commande ‖ — *como hecho de encargo* comme sur mesure ‖ *de encargo* sur mesure (a la medida), sur commande (a petición) ‖ — *(amer)* FAM *estar de encargo* être grosse (estar embarazada).

encariñar *v tr* éveiller l'affection.
➤ *v pr* prendre goût à (una cosa) ‖ s'attacher, prendre en affection; *me he encariñado mucho con él* je me suis beaucoup attaché à lui.

encarnación *f* incarnation ‖ carnation (color) ‖ FIG *es la encarnación de la bondad* c'est la bonté en personne, c'est la bonté même.

encarnado, da *adj* incarné, e; *el diablo encarnado* le diable incarné ‖ incarnat, e *(p us)*; rouge (color) ‖ *uña encarnada* ongle incarné (uñero).
➤ *m* incarnat *(p us)*, rouge.

encarnadura *f (p us)* blessure (herida) ‖ acharnement *m* (del perro de caza) ‖ *buena, mala encarnadura* chair qui se cicatrise vite, mal.

encarnar *v intr* s'incarner (el verbo divino) ‖ MED s'incarner (uña, etc.) | se cicatriser (cicatrizarse).
➤ *v tr* incarner, personnifier; *magistrado que encarna la justicia* magistrat qui incarne la justice ‖ mettre en curée (los perros) ‖ appâter (colocar el cebo en el anzuelo) ‖ ARTES colorer les chairs.
➤ *v pr* faire curée (los perros) ‖ FIG s'acharner (encarnizarse) | se joindre (mezclarse).

encarnizadamente *adv* avec acharnement.

encarnizado, da *adj* acharné, e (riña, batalla) ‖ injecté de sang.

encarnizamiento *m* acharnement; *encarnizamiento en la lucha* acharnement dans la lutte.

encarnizar *v tr* acharner (al perro) ‖ déchaîner, rendre féroce (enfurecer); *la guerra encarniza a los hombres* la guerre rend les hommes féroces.
➤ *v pr* s'acharner; *encarnizarse con su presa, en la lucha* s'acharner sur la proie, à la lutte.

encarpetar *v tr* ranger o classer dans un dossier ‖ FIG laisser dormir, faire traîner en longueur (detener un expediente) | classer (dar por terminado).

encarrilamiento *m* voie *f*.

encarrilar *v tr* diriger, engager (dirigir) ‖ aiguiller (el tren) ‖ remettre sur ses rails (colocar en los rieles) ‖ FIG remettre en bonne voie (un expediente) | mettre sur la voie, aiguiller, orienter (poner en buen camino) ‖ donner une orientation; *encarrilar su vida* donner une orientation à sa vie | engager, emmancher (empezar); *asunto mal encarrilado* affaire mal emmanchée.
➤ *v pr* MAR se coincer [un cordage].

encartar *v tr* condamner par contumace (condenar) ‖ inscrire o coucher sur les rôles (para los tributos) ‖ encarter, insérer; *encartar un prospecto* encarter un prospectus ‖ impliquer (implicar); *las personas encartadas en este asunto* les personnes impliquées dans cette affaire ‖ obliger (son adversaire), à se défausser (juegos).
➤ *v intr* FIG & FAM coller, marcher, aller (ser conveniente); *esto no encarta* ça ne colle pas | cadrer; *esto no encarta con mis proyectos* ça ne cadre pas avec mes projets.
➤ *v pr* FIG & FAM *si se encarta* si l'occasion se présente.

encarte *m* obligation *f* de fournir à la carte (juegos) ‖ ordre des cartes (orden de los naipes) ‖ IMPR encart.

encartonado *m* encartage, encartonnage.

encartonadora *f* encarteuse (máquina).

encartonar *v tr* cartonner.

encasillado *m* quadrillage ‖ grille *f* (crucigrama).

encasillar *v tr* inscrire dans les cases d'un quadrillage ‖ répartir (distribuir) ‖ classer (a una persona) ‖ FIG enfermer; *encasillado en un egoísmo monstruoso* enfermé dans un égoïsme monstrueux.
 ◆ *v pr* FIG se limiter.

encasquetar *v tr* enfoncer sur la tête, renfoncer (un sombrero) ‖ FIG fourrer dans la tête (idea, opinión) | faire avaler *o* subir; *nos encasquetó un discurso interminable* il nous a fait avaler un discours interminable.
 ◆ *v pr* se mettre *o* se fourrer dans la tête; *se le encasquetó estudiar ruso* il s'est mis dans la tête d'apprendre le russe ‖ enfoncer (el sombrero).

encasquillamiento *m* enrayage (de un arma).

encasquillar *v tr* (*amer*) ferrer (el caballo).
 ◆ *v pr* s'enrayer (arma de fuego).

encastillado, da *adj* FIG enfermé, e ‖ altier, ère; hautain, e (soberbio).

encastillar *v tr* (*p us*) fortifier ‖ entasser (apilar).
 ◆ *v pr* se réfugier dans un château fort ‖ se réfugier, se retrancher [dans les montagnes, etc.] ‖ FIG s'enfermer, se retrancher; *encastillarse en su opinión* s'enfermer dans son opinion ‖ se cantonner (abstraerse) | se draper (en su dignidad, en su virtud).

encastrar *v tr* encastrer ‖ MECÁN engrener (endentar).

encausar *v tr* mettre en accusation.

encáustico, ca *adj* encaustique.
 ◆ *m* encaustique *f* (cera).

encausto *m* encaustique *f*; *pintura al encausto* peinture à l'encaustique.

encauzamiento *m* canalisation *f* ‖ endiguement, endigage (de aguas).

encauzar *v tr* diriger, endiguer, canaliser, acheminer (el agua, una discusión, un asunto, etc.) ‖ FIG mettre sur la voie, aiguiller, orienter; *encauzar investigaciones* aiguiller des recherches | *encauzar el descontento* canaliser le mécontentement.

encebollado *m* CULIN oignonade *f*.

encebollar *v tr* garnir d'oignons.

encefálico, ca *adj* ANAT encéphalique.

encefalitis *f* MED encéphalite.

encéfalo *m* ANAT encéphale.

encefalografía *f* encéphalographie.

encefalograma *m* MED encéphalogramme.

enceguecer *v tr* aveugler (cegar).

encelamiento *m* jalousie *f* (celos).

encelar *v tr* rendre jaloux.
 ◆ *v pr* devenir jaloux ‖ être en rut (animales).

encenagado, da *adj* plein, pleine de boue (cubierto de barro) ‖ embourbé, e ; enlisé, e (atascado) ‖ FIG corrompu, e.

encenagamiento *m* embourbement, enlisement (en barro) ‖ envasement, enlisement (en cieno) ‖ FIG croupissement (dans le vice).

encenagarse *v pr* s'embourber, s'enliser (atascarse) ‖ se rouler dans la boue (revolcarse) ‖ se salir de boue (ensuciarse) ‖ FIG se vautrer, croupir (en el vicio) | croupir (en la ignorancia).

encendedor *m* briquet (mechero); *encendedor de gas* briquet à gaz ‖ allumeur (el que enciende) ‖ allumoir (aparato) ‖ — *encendedor de yesca* briquet à amadou ‖ *encendedor para el gas* allume-gaz.

encender* *v tr* allumer; *encender una vela* allumer une bougie ‖ FIG allumer; *encender una discordia, una guerra* allumer une discorde, une guerre | enflammer; *la fiebre encendía sus mejillas* la fièvre enflammait ses joues | consumer; *le encienden los celos* la jalousie le consume ‖ *encender la luz* allumer.
 ◆ *v pr* s'allumer ‖ s'enflammer; *mirada que se enciende* regard qui s'enflamme ‖ rougir (ruborizarse) ‖ *encenderse de* ou *en ira* devenir rouge de colère, devenir furieux.

encendidamente *adv* ardemment.

encendido, da *adj* allumé, e ‖ rouge vif (color) ‖ ardent, e; enflammé, e (mirada) ‖ en feu; *tener la cara encendida* avoir le visage en feu ‖ empourpré, e; *con la cara encendida por la ira* visage empourpré de colère ‖ — FIG *encendido como la grana* ou *como un pavo* rouge comme un coq ‖ *estar encendido en* ou *por la ira* être rouge de colère.
 ◆ *m* allumage; *el encendido de los faroles* l'allumage des réverbères ‖ AUTOM allumage; *avance en el encendido* avance à l'allumage ‖ mise *f* à feu (de un cohete) ‖ — *encendido de alta tensión* allumage à haute tension ‖ *sistema de encendido* dispositif d'allumage.

encendimiento *m* embrasement ‖ FIG ardeur *f* | échauffement (de la sangre, de las pasiones).

encenizar *v tr* couvrir de cendres.

encentar* *v tr* entamer (empezar).

encerado, da *adj* ciré, e (dado de cera) ‖ cireux, euse (color) ‖ épais, aisse; consistant, e (la argamasa).
 ◆ *m* cirage, encaustiquage (del parquet) ‖ couche *f* de cire (capa de cera) ‖ tableau noir (pizarra para escribir) ‖ toile *f* cirée (tela) ‖ MAR prélart.

encerador, ra *adj y s* cireur, euse.
 ◆ *f* cireuse (máquina).

enceramiento *m* cirage, encaustiquage.

encerar *v tr* cirer (aplicar cera) ‖ tacher de cire (las bujías) ‖ épaissir (la argamasa).
 ◆ *v intr y pr* blondir, dorer (las mieses).

encerradero *m* parc (aprisco, redil) ‖ TAUROM toril.

encerrar* *v tr* enfermer; *encerrar con siete llaves* enfermer à double tour ‖ FIG renfermer (incluir) | contenir, renfermer, receler; *este museo encierra magníficas obras de arte* ce musée renferme de splendides œuvres d'art ‖ enfermer, bloquer (en el ajedrez) ‖ *encerrar en la cárcel* mettre en prison.
 ◆ *v pr* FIG se retirer du monde ‖ FIG *encerrarse en una idea* s'entêter.

encerrona *f* FAM retraite, réclusion volontaire (retiro) ‖ TAUROM corrida privée ‖ — FAM *hacer una encerrona* préparer ses batteries | *preparar una encerrona* préparer un piège *o* un guet-apens.

encestar *v intr* faire un panier [au basket].

enceste *m* panier (baloncesto); *marcar un enceste* marquer un panier.

encía *f* gencive.
encíclico, ca *adj y s f* encyclique.
enciclopedia *f* encyclopédie ‖ FIG dictionnaire vivant; *esta muchacha es una enciclopedia* cette jeune fille est un dictionnaire vivant ‖ FIG *enciclopedia en persona* encyclopédie vivante, dictionnaire vivant.
enciclopédico, ca *adj* encyclopédique.
enciclopedista *adj y s* encyclopédiste.
encierro *m* réclusion *f*, retraite (de una persona) ‖ parcage (del ganado) ‖ parc (dehesa) ‖ cachot (calabozo) ‖ TAUROM emprisonnement des taureaux dans le toril ‖ toril ‖ «encierro».
— OBSERV L'*encierro* fait partie des fêtes de la Saint-Firmin qui commencent le 7 juillet à Pampelune. Au cours de l'*encierro*, on conduit les taureaux, qui sont précédés d'une foule de jeunes gens, à travers la ville jusqu'aux arènes pour les enfermer dans les *toriles*.
encima *adv* dessus; *se sentó encima* il s'est assis dessus ‖ en plus (además); *le dio diez pesos y otros dos encima* il lui donna dix pesos et deux autres en plus ‖ FAM en plus, par-dessus le marché; *gana mucho dinero y encima está descontento* il gagne beaucoup d'argent et en plus il n'est pas content ‖ — *encima de* sur (sobre); *encima de la mesa* sur la table; au-dessus (más arriba); *la nariz está encima de la boca* le nez est au-dessus de la bouche ‖ *encima de que* en plus du fait que, en dehors du fait que ‖ *encima mío* ou *de mí* sur moi ‖ — *ahí encima* là-dessus ‖ *de encima de dessus* ‖ *por encima* par-dessus (sobre), en plus, avec cela (además); *es tonto y por encima charlatán* il est sot et avec cela bavard; superficiellement, rapidement (de pasada); *leer algo por encima* lire quelque chose superficiellement ‖ *por encima de* par-dessus (sobre); *por encima de todo* par-dessus tout; malgré, en dépit de (a pesar de) ‖ — *echarse encima* arriver sur; *se nos echó encima un camión* un camion est arrivé sur nous; tomber sur; *se le echó encima una gran desgracia* un grand malheur est tombé sur lui; charger de; *echarse encima un trabajo* se charger d'un travail; endosser (responsabilidad), se mettre à dos (enemistarse); *se echó encima a todos los críticos* il s'est mis à dos tous les critiques ‖ *estar por encima de* être au-dessus de, surpasser; *estar por encima de todos los alumnos* il surpasse tous les élèves; être au-dessus de; *está por encima de todas las cuestiones económicas* il est au-dessus de toutes les questions financières ‖ *llevar encima* porter sur soi ‖ FIG *pasar por encima* parcourir, jeter un coup d'œil sur (un escrito), passer par-dessus, fermer les yeux sur (hacer la vista gorda) ‖ *pasar por encima de* enjamber; *pasar por encima de un arroyo* enjamber un ruisseau ‖ *quitarse de encima* éluder (problema, dificultades), ne pas s'embarrasser de (escrúpulos), se débarrasser de (una persona); *creía que no podría nunca quitármelo de encima* je croyais que je ne pourrais jamais m'en débarrasser.
— OBSERV *Encima* se substitue à *sobre* pour marquer la superposition d'un objet sur un autre lorsque cet objet est placé à une certaine hauteur.
encimero, ra *adj* de dessus, qui est au-dessus.
➤ *f* (*amer*) pièce de cuir que recouvre la selle.
encina *f*; **encino** *m* BOT chêne *m* vert, yeuse.
— OBSERV Il ne faut pas confondre le chêne vert (*encina*), espèce méridionale à feuilles persistantes, avec le chêne rouvre (*roble*), espèce à feuilles caduques, la plus commune en Europe.
encinal; encinar *m* chênaie *f*.

encinta *adj f* enceinte (mujer); *dejar a una encinta* mettre une femme enceinte.
encintado *m* bord *o* bordure *f* de trottoir.
encintar *v tr* enrubanner (con cintas) ‖ faire la bordure (de una acera) ‖ MAR préceinter.
encizañar *v tr* semer la discorde.
enclaustramiento *m* claustration *f*.
enclaustrar *v tr* cloîtrer.
enclavado *m* enclave *f* (enclave) ‖ BLAS émanché *f*.
enclavar *v tr* clouer (clavar) ‖ transpercer (traspasar) ‖ VETER encloûer (al caballo) ‖ enclaver; *territorio enclavado* territoire enclavé ‖ *hueso enclavado en otro* os emboîté dans *o* articulé sur un autre.
enclave *m* enclave *f*.
enclavijar *v tr* cheviller.
enclenque *adj y s* chétif, ive; malingre, souffreteux, euse.
enclítico, ca *adj* GRAM enclitique.
➤ *f* mot *m* enclitique.
enclocar*; **encloquecer*** *v intr* glousser pour demander à couver (la gallina).
encobar *v intr* couver (empollar).
encocorar *v tr* FAM embêter (fastidiar).
encofrado *m* TECN coffrage (para el hormigón).
encofrar *v tr* TECN coffrer (hormigón).
encoger *v tr* rétrécir, faire rétrécir (estrechar); *el lavado encoge ciertos tejidos* le lavage rétrécit certains tissus ‖ contracter (contraer) ‖ FIG démonter, troubler (apocar).
➤ *v intr* rétrécir (tela).
➤ *v pr* se rétrécir ‖ FIG se serrer; *se le encogía el corazón* son cœur se serrait ‖ se démonter, manquer de nerf, se dégonfler (apocarse) ‖ *encogerse de hombros* hausser les épaules.
encogido, da *adj* FIG timide, réservé, e (poco expansivo) | noué, e; serré, e; *tener el estómago encogido* avoir l'estomac noué | serré, e; *tener el corazón encogido* avoir le cœur serré.
encogimiento *m* rétrécissement (de una tela) ‖ pincement (de los labios) ‖ FIG timidité *f* (timidez) ‖ attitude *f* recroquevillée (del cuerpo) ‖ *encogimiento de hombros* haussement d'épaules.
encolador, ra *adj y s* encolleur, euse.
➤ *f* TECN colleuse, encolleuse (cine, etc.).
encolar *v tr* encoller (engomar) ‖ coller (pegar) ‖ coller (el vino).
encolerizar *v tr* irriter, mettre en colère.
➤ *v pr* s'irriter, s'emporter, se mettre en colère.
encomendar* *v tr* recommander (idea de protección); *le encomiendo a usted mi hijo* je vous recommande mon fils ‖ charger (encargar) ‖ confier (confiar).
➤ *v pr* s'en remettre à, se confier à, se recommander à; *encomendarse a Dios* se recommander à Dieu; *en vuestras manos me encomiendo* je m'en remets à vous ‖ se vouer; *no saber a qué santo encomendarse* ne pas savoir à quel saint se vouer.
encomiar *v tr* louer, vanter, louanger.
encomiástico, ca *adj* élogieux, euse; louangeur, euse.
encomienda *f* commission, affaire confiée à quelqu'un (encargo) ‖ commanderie (antigua dignidad) ‖ croix que portaient les chevaliers des

ordres militaires (cruz) ‖ rente viagère sur les revenus d'une ville o d'une terre (renta) ‖ recommandation, éloge m (recomendación) ‖ HIST «encomienda» (voir OBSERV) ‖ *(amer) colis m; encomienda postal* colis postal.

— OBSERV L'*encomienda* était une institution espagnole en Amérique à l'époque coloniale. Elle consistait à diviser les Indiens en plusieurs groupes de personnes qui étaient mises au service d'un *encomendero*. Les Indiens devaient payer un impôt et travailler pour l'*encomendero*, qui était chargé de les protéger et de les évangéliser.

encomio m louange f, éloge.

enconado, da adj passionné, e; acharné, e; *bibliófilo enconado* bibliophile passionné; *partidario enconado* partisan acharné.

enconadura f; **enconamiento** m inflammation f, envenimement m; *la enconadura de esta herida puede resultar peligroso* l'envenimement de cette plaie peut se révéler dangereux ‖ FIG rancune f (rencor) ‖ hostilité f, animosité f (odio).

enconar v tr enflammer, envenimer (una llaga, herida) ‖ FIG envenimer (una discusión) | irriter, exaspérer (personas).
◆ v pr s'enflammer, s'envenimer (una llaga, una herida) ‖ FIG s'envenimer | se fâcher, être exaspéré.

encono m rancune f (rencor) ‖ animosité f, hostilité f (odio).

encontradizo, za adj *hacerse el encontradizo* feindre une rencontre fortuite, faire semblant de rencontrer quelqu'un par hasard, s'arranger pour rencontrer quelqu'un.

encontrado, da adj opposé, e; contraire; *intereses encontrados* intérêts opposés.

encontrar* v tr trouver; *encontrar una solución* trouver une solution; *lo encontré anegado en lágrimas* je l'ai trouvé en larmes ‖ rencontrer; *encontrar a un amigo en la calle* rencontrer un ami dans la rue ‖ retrouver (lo perdido) ‖ trouver; *no encuentro palabras para expresarle mi agradecimiento* je ne trouve pas de mots pour vous exprimer ma reconnaissance ‖ FIG trouver; *¿cómo encuentras esta película?* comment trouves-tu ce film? ‖ *encontrar con quien hablar, encontrar la horma de su zapato* trouver à qui parler.
◆ v intr heurter (tropezar).
◆ v pr se rencontrer (dos personas); *se encontraron en París* ils se sont rencontrés à Paris ‖ se trouver (estar); *se encuentra en París* il se trouve à Paris ‖ se retrouver (reunirse) ‖ rencontrer, se heurter (tropezar) ‖ FIG se trouver; *me encuentro muy a gusto* je me trouve très bien | se sentir, se trouver; *me encuentro mucho mejor* je me sens beaucoup mieux | se heurter, s'opposer (ser contrarias las opiniones, etc.) | s'accorder (coincidir) ‖ — *encontrarse con* rencontrer, tomber sur (hallar), heurter (tropezar), se heurter à, devoir affronter (con problemas) ‖ *encontrarse con valor* avoir du courage ‖ *no encontrarse en las opiniones* différer d'opinion.

encontrón; encontronazo m choc, collision f.

encopetado, da adj huppé, e; collet monté.

encopetar v tr élever, mettre en haut.
◆ v pr FIG prendre de grands airs (engreírse).

encorajarse; encorajinarse v pr se fâcher, voir rouge, se mettre en rage (encolerizarse) ‖ être stimulé (animarse).

encorchar v tr AGRIC recueillir un essaim d'abeilles ‖ boucher (poner tapones).

encorchetar v tr poser des agrafes ‖ agrafer (fijar con corchetes).

encordar* v tr corder, mettre des cordes.
◆ v pr s'encorder (alpinismo).

encordelar v tr cordeler, ficeler.

encordonar v tr garnir de cordons.

encornado, da adj encorné, e (animales).

encornadura f encornure (disposición de los cuernos) ‖ cornes pl (cornamenta).

encorralar v tr parquer (los rebaños).

encorsetar v tr corseter.

encorvadura f; **encorvamiento** m courbure f, courbement m ‖ action de se voûter (persona).

encorvar v tr courber ‖ recourber (en forma de gancho) ‖ voûter (una persona); *tener la espalda encorvada por la edad* avoir le dos voûté par l'âge.
◆ v pr se courber ‖ se recourber (en forma de gancho) ‖ se voûter (una persona) ‖ ployer (bajo una carga) ‖ TECN s'envoiler (doblarse).

encostalar v tr ensacher (ensacar).

encrespamiento m frisage (del pelo) ‖ hérissement (erizamiento) ‖ moutonnement (del mar) ‖ FIG bouillonnement (de las pasiones) ‖ échauffement (discusión) | irritation f, excitation f | embrouillement (enredo).

encrespar v tr friser; *cabello encrespado* cheveux frisés ‖ hérisser (erizar) ‖ FIG irriter (irritar).
◆ v pr être agité, moutonner (el mar) ‖ FIG s'agiter, bouillonner (las pasiones) | s'aigrir, s'échauffer, s'envenimer (una discusión) | s'embrouiller (enredarse los negocios) ‖ MAR *mar encrespado* mer agitée o houleuse.

encrucijada f carrefour m.

encrudecer* v tr FIG irriter (irritar).
◆ v intr refroidir, devenir plus rigoureux (el tiempo).

encuadernación f reliure; *encuadernación en rústica* reliure brochée ‖ — *encuadernación en pasta* cartonnage ‖ *encuadernación en piel* reliure en cuir ‖ *encuadernación en tela* entoilage.

encuadernador, ra m y f relieur, euse.

encuadernar v tr relier; *libro encuadernado* livre relié ‖ *encuadernar en rústica* brocher.

encuadramiento; encuadre m FOT cadrage ‖ FIG cadre (límite) ‖ MIL encadrement (de tropas).

encuadrar v tr encadrer ‖ FOT cadrer ‖ MIL encadrer ‖ FIG faire rentrer | être intégré, faire partie (formar parte) ‖ embrigader, enrégimenter (incorporar) | reclasser (readaptar).

encubar v tr encuver (meter en una cuba).

encubierta f fraude (fraude).

encubiertamente adv en secret.

encubierto, ta adj caché, e ‖ FIG couvert, e; *palabras encubiertas* mots couverts.

encubridor, ra adj y s receleur, euse (de lo robado) ‖ complice; *madre encubridora de las malas acciones de su hijo* mère complice des mauvaises actions de son fils.

encubrimiento m dissimulation f (ocultación) ‖ recel, recelé, recèlement (cosa, persona).

encubrir v tr cacher, dissimuler (ocultar) ‖ receler (una cosa robada).

encuentro m rencontre f (de personas) ‖ choc, collision f (de cosas) ‖ rencontre f (coincidencia) ‖ rencontre f, engagement (deportes, duelo) ‖ FIG trouvaille f (hallazgo) | choc, opposition f (contra-

encuesta

dicción) ‖ rendez-vous; *el encuentro de los cosmonautas en el espacio* le rendez-vous spatial des cosmonautes ‖ ANAT aisselle *f* (axila) ‖ ARQ encoignure *f* (ángulo) ‖ MIL accrochage (de tropas) ‖ — *ir al encuentro de* aller à la rencontre de, aller au-devant de ‖ *salir al encuentro de* aller à la rencontre o au-devant de (ir en busca de), contredire, trouver à redire (oponerse), devancer (prevenir), faire face (afrontar una dificultad).
◆ *pl* articulation *f sing* de l'aile (en las aves) ‖ encolure *f sing* (en los cuadrúpedos) ‖ IMPR réserves *f* destinées à l'impression de lettres en couleur.

encuesta *f* enquête (en un periódico); *encuesta por correo* enquête par correspondance ‖ *encuesta judicial* enquête judiciaire ‖ *hacer una encuesta* faire une enquête, enquêter.

encuestado, da *m y f* personne *f* interrogée; sondé, e.

encuestador, ra *m y f* enquêteur, euse.

encuestar *v tr* interroger, sonder.

encumbrado, da *adj* élevé, e; haut placé, e.

encumbramiento *m* élévation *f* ‖ FIG exaltation *f* (exaltación) | ascension *f*, montée *f* en flèche (progreso).

encumbrar *v tr* élever ‖ FIG faire l'éloge de, exalter, vanter (ensalzar) ‖ FIG *encumbrar hasta las nubes* porter aux nues.
◆ *v pr* s'élever ‖ FIG progresser, monter en flèche (desarrollarse) | prendre des grands airs, faire l'important (envanecerse).

encurtidos *m pl* conserves *f* au vinaigre [cornichons, oignons, etc.].

encurtir *v tr* confire dans le vinaigre ‖ *(amer)* tanner (curtir).

enchapado *m* placage, plaqué.

enchapar *v tr* plaquer.

encharcamiento *m* inondation *f* ‖ MED hémorragie *f* interne (de los pulmones).

encharcar *v tr* inonder, détremper (el suelo).
◆ *v pr* être inondé ‖ *encharcarse los pulmones* avoir une hémorragie interne aux poumons.

enchastrar *v tr (amer)* salir.

enchilada *f (amer)* galette de maïs au piment.

enchilado, da *adj (amer)* rouge (rojo) | FIG rageur, euse.
◆ *m (amer)* CULIN ragoût de fruits de mer accompagné d'une sauce au piment.

enchilar *v tr (amer)* CULIN accomoder au piment | FIG irriter [quelqu'un].
◆ *v pr (amer)* FIG se fâcher (enfadarse).

enchinar *v tr* caillouter ‖ *(amer)* friser (rizar).

enchiquerar *v tr* TAUROM mettre au toril ‖ FIG & FAM coffrer, mettre à l'ombre (encarcelar).

enchironar *v tr* FAM coffrer (encarcelar).

enchuecar *v tr (amer)* tordre (torcer).

enchufado, da *adj* FAM pistonné, e (recomendado) | planqué, e (en un puesto) ‖ FAM *estar enchufado* avoir du piston, être pistonné.
◆ *m y f* FAM type pistonné, personne qui a du piston | embusqué, e (soldado).

enchufar *v tr* brancher; *enchufar una lámpara* brancher une lampe ‖ raccorder (dos tubos) ‖ FIG & FAM pistonner (favorecer).
◆ *v pr* se faire pistonner.

enchufe *m* ELECTR prise *f* de courant | embranchement ‖ raccord (de dos tubos) ‖ FIG & FAM piston (influencia) | sinécure *f*, planque *f* (puesto) ‖ — *enchufe flexible* raccord ‖ *enchufe luz relámpago* prise de flash ‖ FIG & FAM *tener enchufe* avoir du piston, être pistonné.

ende *adv (ant)* là ‖ *por ende* par là, par suite, par conséquent.

endeble *adj* faible (débil) ‖ chétif, ive (enclenque).

endeblez *f* faiblesse, débilité.

endecágono, na *adj y s m* GEOM hendécagone.

endecasílabo, ba *adj y s m* hendécasyllabe ‖ — *endecasílabo anapéstico* ou *de gaita gallega* hendécasyllabe anapestique ‖ *endecasílabo sáfico* hendécasyllabe saphique.

endecha *f* complainte (melodía) ‖ quatrain *m* (composición métrica) ‖ *endecha real* strophe de trois heptasyllabes suivis d'un hendécasyllabe.

endemia *f* MED endémie.

endémico, ca *adj* MED endémique.

endemoniado, da *adj* diabolique (perverso) | diabolique, démoniaque; *un invento endemoniado* une invention démoniaque ‖ satané, e; *hace un tiempo endemoniado* il fait un satané temps ‖ endiablé, e; *ritmo endemoniado* rythme endiablé ‖ FIG *este niño es endemoniado* cet enfant a le diable au corps.
◆ *adj y s* démoniaque, possédé, e (poseído del demonio); *gritar como un endemoniado* crier comme un possédé.

endemoniar *v tr* ensorceler (embrujar) ‖ rendre furieux o fou (enfurecer).

endenantes *adv* POP avant (antes).

endentar* *v tr* MECÁN endenter ‖ MAR entailler.

enderezado, da *adj* favorable (propicio).

enderezador, ra *adj y s* redresseur, euse ‖ bon administrateur, bonne administratrice (de una casa).

enderezamiento *m* redressement; *el enderezamiento de un clavo* le redressement d'un clou.

enderezar *v tr* redresser (poner derecho); *enderezar una viga* redresser une poutre ‖ adresser, dédier (dirigir, dedicar) ‖ corriger (corregir) ‖ FIG redresser; *enderezar una situación* redresser une situation; *enderezar entuertos* redresser des torts ‖ TECN dresser.
◆ *v intr* se diriger (dirigirse hacia).
◆ *v pr* se redresser ‖ se disposer à (prepararse, disponerse) ‖ *sus menores acciones estaban enderezadas a la realización de su proyecto* ses moindres actions visaient à la réalisation de son projet.

ENDESA abrev de *Empresa Nacional de Electricidad, Sociedad Anónima* Entreprise nationale d'électricité [Espagne].

endeudamiento *m* endettement.

endeudarse *v pr* s'endetter (entramparse) ‖ se reconnaître débiteur o obligé.

endiabladamente *adv* diaboliquement.

endiablado, da *adj* endiablé, e (fogoso, colérico) ‖ horrible (feo) ‖ diabolique (perverso).

endiablar *v tr* FIG ensorceler (endemoniar).

endibia *f* BOT endive.

endilgar *v tr* FAM acheminer, expédier (dirigir) | refiler, coller; *me ha endilgado este trabajo molesto* il m'a refilé ce travail ennuyeux | faire avaler; *le endilgué todo mi poema* je lui ai fait avaler tout mon poème.

endiñar *v tr* POP flanquer, administrer, coller; *le endiñé una torta* je lui ai flanqué une gifle.

endiosamiento *m* FIG orgueil (orgullo).

endiosar *v tr* diviniser.
▶ *v pr* s'enorgueillir (enorgullecerse) ‖ FIG s'absorber, se plonger; *endiosarse en la lectura* s'absorber dans la lecture.

endoblasto *m* endoblaste.

endocardio *m* ANAT endocarde.

endocarditis *f* MED endocardite.

endocarpio *m* BOT endocarpe.

endocrino, na *adj* BIOL endocrinien, enne.
▶ *adj f* endocrine (glándula).

endocrinología *f* MED endocrinologie.

endocrinólogo, ga *m y f* MED endocrinologue, endocrinologiste.

endodermo *m*; **endodermis** *f* BIOL endoderme *m*.

endoesqueleto *m* ZOOL squelette interne.

endogamia *f* endogamie.

endogámico, ca *adj* endogame.

endógeno, na *adj* BIOL endogène.

endomingado, da *adj* endimanché, e ‖ *estar endomingado* être endimanché.

endomingar *v tr* endimancher.
▶ *v pr* s'endimancher, mettre ses plus beaux atours.

endoplasma *m* endoplasme.

endorreico, ca *adj* endoréique.

endosante *adj m y s m* COM endosseur.

endosar *v tr* COM endosser (transmitir) ‖ FIG endosser (tomar a su cargo) | POP refiler (un trabajo).

endosatario; **endosador** *m* endossataire.

endoscopia *f* MED endoscopie.

endoscópico, ca *adj* endoscopique.

endoscopio *m* MED endoscope.

endósmosis; **endosmosis** *f* FÍS endosmose.

endoso *m* COM endossement, endos.

endotelio *m* ANAT endothélium ‖ *del endotelio* endothélial, e.

endriago *m* endriague, andriague (monstruo fabuloso).

endulzante *adj y s m* édulcorant, e.

endulzar *v tr* sucrer (agregar azúcar); *endulzar con miel* sucrer avec du miel ‖ FIG adoucir (suavizar).

endurecer* *v tr* durcir (poner duro) ‖ FIG endurcir; *endurecer al cansancio* endurcir à la fatigue.
▶ *v pr* FIG s'endurcir (volverse insensible) ‖ durcir, se durcir; *endurecerse con* ou *en el juego* durcir au feu.

endurecimiento *m* durcissement ‖ FIG endurcissement | obstination *f*, entêtement.

ene *f n m* [nom de la lettre «n»] ‖ x; *hace ene años* il y a x années.

ene. abrev de *enero* janv., janvier.

enea *f* BOT massette (anea) ‖ *silla de enea* chaise de paille.

eneágono, na *adj y s m* GEOM ennéagone.

enebro *m* BOT genévrier.

eneldo *m* BOT aneth.

enema *m* (ant) MED onguent (emplasto) ‖ lavement (ayuda).

— OBSERV Dans son second sens, le mot *enema* est également employé au masculin bien que l'Académie espagnole préfère le féminin.

enemiga *f* inimitié, antipathie (enemistad); *tenerle enemiga a una persona* avoir de l'antipathie pour quelqu'un.

enemigo, ga *adj y s* ennemi, e.
▶ *m* le Malin (el demonio) ‖ — *al enemigo que huye el puente de plata* à l'ennemi qui fuit, faites un pont d'or ‖ *hacerse enemigos* se faire des ennemis ‖ *no hay enemigo pequeño* il n'est si petit chat qui n'égratigne, il n'est si petit buisson qui ne porte son ombre ‖ *pasarse al enemigo* passer à l'ennemi.

enemistad *f* inimitié.

enemistar *v tr* brouiller, fâcher; *enemistar a una persona con otra* brouiller une personne avec une autre.
▶ *v pr* se brouiller.

energético, ca *adj y s f* énergétique.

energía *f* énergie; *energía atómica* ou *nuclear* énergie atomique *o* nucléaire ‖ FIG énergie (vigor) ‖ — FÍS *energía cinética* énergie cinétique | *energía hidráulica* énergie hydraulique | *energía química* énergie chimique | *energía radiante* énergie rayonnante | *energía solar* énergie solaire.

enérgico, ca *adj* énergique.

energúmeno, na *m y f* énergumène.

enero *m* janvier; *el 5 de enero* le 5 janvier.

enervante *adj* énervant, e.
— OBSERV La palabra francesa *énervant* significa *irritante, molesto*.

enervar *v tr* énerver ‖ affaiblir.
— OBSERV La palabra francesa *énerver* se emplea sobre todo en el sentido de *irritar, exasperar*.

enésimo, ma *adj* MAT n; *potencia enésima* puissance *n* ‖ *te lo digo por enésima vez* je te le dis pour la énième fois.

enfadar *v tr* agacer, contrarier (disgustar) ‖ fâcher, mettre en colère (enojar).
▶ *v pr* être agacé *o* contrarié, agacer; *se enfada con tus necedades* il est agacé par tes idioties, tes idioties l'agacent ‖ se fâcher, se mettre en colère; *enfadarse por poca cosa* se fâcher *o* se mettre en colère pour peu de chose; *enfadarse por todo* se fâcher de tout ‖ *enfadarse con uno* se fâcher contre quelqu'un (disputarse), se fâcher avec quelqu'un (enemistarse).

enfado *f* irritation *f*, mécontentement (descontento) ‖ fâcherie *f*, brouille *f* (disgusto) ‖ colère *f* (enojo) ‖ *causar enfado* agacer (fastidiar), mettre en colère, fâcher (enojar).

enfadosamente *adv* de mauvais gré, à contrecœur (a regañadientes) ‖ d'une façon désagréable.

enfadoso, sa *adj* ennuyeux, euse; fâcheux, euse (molesto) ‖ déplaisant, e (desagradable) ‖ agaçant, e (crispante).

enfaldado, da *adj* qui est toujours dans les jupes des femmes (niños).

enfangar *v tr* couvrir de boue.
▶ *v pr* se couvrir de boue ‖ FIG & FAM tremper dans (negocios sucios) | se vautrer dans (los placeres).

énfasis *m* emphase *f* (afectación).

enfático, ca *adj* emphatique; *responder con tono enfático* répondre sur un ton emphatique.

enfatizar *v tr* mettre l'accent sur, souligner, faire prévaloir, faire ressortir.

enfermar *v intr* tomber malade ‖ *enfermar del pecho* attraper une maladie de poitrine.
- *v tr* rendre malade ‖ FIG rendre malade; *las injusticias me enferman* les injustices me rendent malade ‖ affaiblir, énerver (debilitar).

enfermedad *f* maladie; *enfermedad contagiosa, azul, del sueño* maladie contagieuse, bleue, du sommeil ‖ — *enfermedad adquirida* maladie acquise ‖ *enfermedad carencial* maladie de carence ‖ *enfermedad congénita* maladie congénitale ‖ *enfermedad hereditaria* maladie héréditaire ‖ *enfermedad profesional* maladie professionnelle ‖ *enfermedad venérea* maladie vénérienne ‖ — *es peor el remedio que la enfermedad* le remède est pire que le mal ‖ *salir de una enfermedad* relever d'une maladie.

enfermería *f* infirmerie.

enfermero, ra *m y f* infirmier, ère (en el hospital) ‖ garde (en casa del enfermo).

enfermizo, za *adj* maladif, ive; *persona, pasión enfermiza* personne, passion maladive ‖ insalubre (comarca) ‖ malsain, e (alimento).

enfermo, ma *adj y s* malade; *ponerse enfermo* tomber malade; *enfermo de aprensión* malade imaginaire; *enfermo de gravedad* gravement malade ‖ — *fingirse enfermo* faire le malade ‖ FIG *poner enfermo* rendre malade | *ponerse enfermo* en être malade.

enfermucho, cha *adj* souffreteux, euse.

enfervorizar *v tr* encourager, stimuler, fortifier; *el éxito le enverforizó* le succès l'a stimulé.

enfilada *f* enfilade ‖ — MIL *batir en enfilada* battre en enfilade | *tiro de enfilada* tir d'enfilade.

enfilado *m* enfilage (de perlas).

enfilar *v tr* enfiler (ensartar); *enfilar perlas* enfiler des perles ‖ aligner, ranger (colocar en fila) ‖ surfiler (hilvanar) ‖ enfiler (una calle) ‖ MIL enfiler (batir por el flanco) | braquer (apuntar).

enfisema *m* MED emphysème.

enfisematoso, sa *adj y s* MED emphysémateux, euse.

enfiteusis *f* DR emphytéose.

enfiteuta *m y f* DR emphytéote.

enfitéutico, ca *adj* DR emphytéotique.

enflaquecer* *v tr* amaigrir (adelgazar) ‖ FIG affaiblir (debilitar).
- *v intr* maigrir (adelgazar) ‖ FIG faiblir (desanimarse).

enflaquecimiento *m* amaigrissement (adelgazamiento) ‖ affaiblissement (debilitación).

enflatarse *v pr* (amer) s'affliger, s'attrister.

enflautada *f* (amer) incongruité, excentricité.

enflautado, da *adj* FIG ampoulé, e; enflé, e.

enflautar *v tr* FAM tromper, berner (engañar) | gonfler (hinchar) ‖ FAM (amer) placer, faire avaler [une histoire, etc.].

enfocador *m* FOT viseur.

enfocar *v tr* FOT mettre au point ‖ centrer (la imagen) ‖ pointer (gemelos) ‖ FIG envisager (una cuestión); *enfocar un asunto desde el punto de vista religioso* envisager un sujet du point de vue religieux ‖ FIG *enfocar algo de distinta manera* avoir une autre optique de quelque chose, voir o envisager quelque chose différemment.

enfoque *m* FOT mise *f* au point | centrage, cadrage (de la imagen) ‖ façon *f* d'envisager o d'aborder [un problème]; optique *f*.

enfoscar *v tr* crépir (una pared).
- *v pr* se rembrunir (ponerse ceñudo) ‖ s'absorber dans (aplicarse) ‖ s'obscurcir, se couvrir (el cielo).

enfrascamiento *m* FIG abstraction, *f*.

enfrascar *v tr* mettre en flacon.
- *v pr* s'engager dans un fourré ‖ FIG s'absorber dans, se plonger dans (en una ocupación).

enfrenar *v tr* brider (poner la brida) ‖ dresser (domar un caballo) ‖ arrêter (detener un caballo) ‖ FIG réfréner, contenir (reprimir) ‖ *enfrenar bien al caballo* faire relever la tête au cheval.

enfrentamiento *m* affrontement.

enfrentar *v tr* affronter, faire face à (un peligro, adversidades, etc.) ‖ mettre face à face, mettre en présence (poner frente a frente) ‖ opposer, dresser (oponer); *enfrentar una persona con otra* dresser une personne contre une autre.
- *v intr* être en face de.
- *v pr* affronter, faire front o face à; *nuestro ejército se enfrentó a* o *con el ejército enemigo* notre armée affronta l'armée ennemie ‖ rencontrer (equipos); *el equipo del Real Madrid se enfrentó con el equipo uruguayo* l'équipe du Real Madrid a rencontré l'équipe uruguayenne ‖ se rencontrer; *los dos equipos se enfrentaron en París* les deux équipes se sont rencontrées à Paris ‖ s'affronter; *los dos ejércitos se enfrentaron aquí* les deux armées se sont affrontées ici ‖ faire face; *enfrentarse con las necesidades de* faire face aux besoins de ‖ faire front, tenir tête; *se enfrentó conmigo* il me fit front, il me tint tête.

enfrente *adv* en face; *enfrente de mi casa* en face de chez moi; *enfrente mía* en face de moi ‖ contre; *su propia madre se le puso enfrente* même sa mère s'est dressée contre lui ‖ *en la página de enfrente* à la page ci-contre.

enfriadera *f* rafraîchissoir *m*, rafraîchisseur *m* [pour les boissons].

enfriadero *m* chambre *f* froide.

enfriador, ra *adj* refroidissant, e.
- *m* refroidisseur (aparato) ‖ chambre *f* froide (fresquera).

enfriamiento *m* refroidissement.

enfriar *v tr* refroidir; *enfriar un líquido, el entusiasmo* refroidir un liquide, l'enthousiasme.
- *v intr* refroidir.
- *v pr* se refroidir ‖ FIG prendre froid, attraper froid (acatarrarse).

enfrijolarse *v pr* (amer) s'embrouiller (un asunto).

enfrontar *v tr* affronter.

enfundar *v tr* mettre dans une housse (vestido, etc.), mettre dans sa taie (almohada) ‖ engainer, gainer (meter en una funda) ‖ rengainer (una pistola) ‖ TECN enchemiser (forrar).

enfurecer* *v tr* rendre furieux, euse; mettre en fureur ‖ *mar enfurecido* mer démontée o en furie.
- *v pr* entrer en fureur, s'emporter; *enfurecerse con* s'emporter contre ‖ se déchaîner; *el mar se enfurece* la mer se déchaîne.

enfurecimiento *m* fureur *f*.

enfurruñamiento *m* mauvaise humeur *f*.

enfurruñarse *v pr* FAM se fâcher, bougonner (enfadarse) | se couvrir (el cielo).

engaitar *v tr* FAM rouler, tromper, embobiner.

engalanar *v tr* parer (adornar); *engalanar con parer de* || décorer (decorar) || habiller avec élégance, pomponner; *estar muy engalanada* être très pomponnée || MAR pavoiser.
◆ *v pr* se parer || s'habiller avec élégance, se pomponner || FIG *engalanarse con plumas ajenas* se parer des plumes du paon.

engallado, da *adj* FIG arrogant, e | remonté, e (envalentonado) || FIG *muy engallado* fier comme un coq.

engallarse *v pr* FIG prendre des grands airs, se dresser sur ses ergots (*fam*) || lever la tête, encenser (el caballo).

enganchar *v tr* accrocher (coger con un gancho); *enganchar la gabardina en la percha* accrocher la gabardine au portemanteau || accrocher (dos vagones) || atteler (un caballo) || enclencher (engranar) || MIL enrôler, recruter (reclutar) || FIG & FAM entortiller, embobiner (atraer a una persona) | racoler, rabattre (clientes) | attraper; *enganchó una borrachera* il a attrapé une cuite | décrocher (una colocación) | dégoter, mettre la main sur (un marido) | attraper, mettre la main sur; *la policía enganchó al ladrón* la police a mis la main sur le voleur || MAR engager (el ancla) || TAUROM encorner, accrocher (coger).
◆ *v pr* s'accrocher || MIL s'engager.

enganche *m* crochet (pieza) || accrochage (de vagones) || attelage (de caballos) || enclenche *f*, enclenchement (trinquete) || MIL enrôlement, racolage | recrutement (reclutamiento); *banderín de enganche* bureau de recrutement.

enganchón *m* accrochage || accroc (desgarrón).

engañabobos *m* attrape-nigaud.

engañar *v tr* tromper; *engañar a un cliente* tromper un client || tromper (adulterio) || duper (causando un daño) || FIG tromper; *engañar el hambre, el tiempo* tromper la faim, le temps || FAM *¡a mí no me engañan!* on ne me la fait pas!! || *la vista engaña* les apparences sont trompeuses, il ne faut pas se fier aux apparences.
◆ *v pr* se tromper (equivocarse); *engañarse en la cuenta* se tromper dans son compte; *engañarse con uno* se tromper sur quelqu'un || s'abuser, s'aveugler soi-même (no querer admitir la verdad) || *si no me engaño* si je ne m'abuse, si je ne me trompe.
— OBSERV Se tromper (commettre une erreur) se dit plutôt *equivocarse*.

engañifa *f* FAM tromperie, mystification | marché *m* de dupe (estafa).

engaño *m* erreur *f*; *salir del engaño* revenir de son erreur || leurre (lo que engaña) || tromperie *f*, mystification *f*, duperie *f* (acción de engañar) || TAUROM cape *f*, muleta *f* || leurre, appât (para pescar) || — *deshacer un engaño* rétablir la vérité || *llamarse a engaño* se laisser abuser, s'y tromper.

engañoso, sa *adj* trompeur, euse.

engarabitarse *v pr* grimper.

engarce *m*; **engarzadura** *f* enfilage (acción) || fil (de un collar, etc.) || enchâssure *f*, enchatonnement, enchâssement, sertissage, sertissure *f* (de un anillo) || FIG enchaînement (trabazón).

engarzar *v tr* enfiler (perlas, etc.) || enchâsser, sertir, enchatonner (engastar) || friser (rizar) || FIG enchaîner (enlazar) | amener (una idea, una jugada).

engastar *v tr* enchâsser, sertir, enchatonner (piedras preciosas); *engastar un diamante en el oro* enchâsser o sertir un diamant dans l'or || monter (en una sortija); *engastar una piedra* monter une pierre.

engaste *m* sertissage, sertissure *f*, enchâssement, enchâssure *f*, enchatonnement || chaton (cerco que abraza lo que se engasta), monture *f* (guarnición) || sorte de perle *f* baroque (perla).

engatillar *v tr* TECN cramponner.

engatusador, ra *adj y s* enjôleur, euse; cajoleur, euse (halagador).

engatusamiento *m* enjôlement.

engatusar *v tr* FAM entortiller, embobiner, enjôler; *engatusar a los acreedores* embobiner les créanciers.

engavillar *v tr* botteler, gerber.

engendramiento *m* engendrement.

engendrar *v tr* engendrer.

engendro *m* engendrement || avorton (monstruo) || FIG élucubration *f* (lucubración), produit, idée *f* || FIG & FAM *¡mal engendro!* quelle engeance!, sale gosse! (un niño).

englobar *v tr* englober (reunir).

engolado, da *adj* collet monté, guindé, e || prétentieux, euse.

engolamiento *m* prétention *f*.

engolosinar *v tr* allécher.
◆ *v pr* prendre goût; *engolosinarse con algo* prendre goût à quelque chose.

engomado *m*; **engomadura** *f* engommage *m*, gommage *m* (con pegamento), encollage *m* (con cola) || apprêtage *m*, gommage *m* (de tejidos).

engomar *v tr* gommer, engommer (con pegamento), encoller (con cola) || apprêter, gommer (los tejidos) || *papel engomado* papier collant o gommé.
— OBSERV *Gommer* avec une gomme se dit *borrar*.

engordar *v tr* engraisser (los animales), gaver (las aves de corral) || grossir de, prendre (hablando de peso) || *el ojo del amo engorda el ganado* il n'est pour voir que l'œil du maître, l'œil du maître engraisse le cheval (*p us*).
◆ *v intr* grossir; *has engordado mucho* tu as beaucoup grossi.

engorde *m* engraissement, engraissage || AGRIC embouche *f* (pastizal).

engorro *m* ennui, embarras, empoisonnement (molestia) || FAM ennui, pépin, anicroche *f*, difficulté *f* (dificultad).

engorroso, sa *adj* ennuyeux, euse (molesto) || délicat, e; *un asunto engorroso* une affaire délicate.

engranaje *m* MECÁN engrenage; *engranaje de transmisión* ou *de arrastre* engrenage d'entraînement; *engranaje de linterna* engrenage à lanterne || engrènement (acción de engranar) || FIG engrenage; *estar preso en el engranaje* être pris dans l'engrenage.

engranar *v intr* MECÁN engrener || FIG enchaîner (enlazar).
◆ *v pr* (*amer*) se fâcher, monter sur ses grands chevaux (sulfurarse).

engrandecer* *v tr* agrandir (hacer mayor) || FIG louer, vanter (celebrar) | élever (exaltar) | agrandir,

grandir; *la lectura engrandece el espíritu* la lecture grandit l'esprit.
◆ *v pr* FIG s'élever.

engrandecimiento *m* agrandissement ‖ FIG éloge, panégyrique (ponderación) | élévation *f* (honores, etc.).

engranujarse *v pr* se couvrir de boutons (llenarse de granos) ‖ s'encanailler (hacerse granuja).

engrasado *m* graissage.

engrasamiento *m* MECÁN graissage (engrase) | encrassement (de una bujía).

engrasar *v tr* graisser; *engrasar una máquina* graisser une machine ‖ lubrifier (lubricar).
◆ *v pr* MECÁN s'encrasser (una bujía de motor).

engrase *m* graissage; *estación de engrase* station de graissage ‖ lubrifiant (materia).

engreído, da *adj* bouffi d'orgueil, suffisant, e ‖ infatué, e; *engreído de sí mismo* infatué de sa personne.

engreimiento *m* suffisance *f*.

engreír* *v tr* remplir d'orgueil *o* de vanité ‖ *(amer)* gâter (mimar) ‖ *dejarse engreír por su éxito* se laisser griser par son succès.
◆ *v pr* s'enorgueillir (envanecerse) ‖ *(amer)* s'attacher à (encariñarse).

engrescar *v tr* pousser à la discorde ‖ échauffer, monter (a uno contra otro).
◆ *v pr* se chamailler (disputarse).

engrosamiento *m* grossissement ‖ élargissement, augmentation *f*.

engrosar* *v tr* e *intr* grossir.
◆ *v pr* grossir.

engrudar *v tr* empeser (la ropa) ‖ coller (los papeles).
◆ *v pr* épaissir.

engrudo *m* empois (de ropa) ‖ colle *f* de pâte (para papeles).

engrumecerse* *v pr* se grumeler.

enguachinar *v tr* tremper (enaguachar).

enguantarse *v pr* mettre ses gants, se ganter ‖ *iban todos enguantados* ils étaient tous gantés.

enguatar *v tr* ouater (un vestido), molletonner (tejido), rembourrer (un sillón), capitonner (un camión).

enguirnaldar *v tr* enguirlander.

engullir* *v tr* engloutir.

engurruñar *v tr* chiffonner, froisser (arrugar).
◆ *v pr* se replier, se contracter (encogerse).

enharinar *v tr* enfariner.

enhebrado; enhebramiento *m* enfilage.

enhebrar *v tr* enfiler ‖ FIG débiter ‖ *una cosa es enhebrar, otra es dar puntadas* la critique est aisée, mais l'art est difficile.

enhiesto, ta *adj* dressé, e; droit, e (alzado).

enhilar *v tr* enfiler (enhebrar) ‖ mettre en rang (enfilar) ‖ FIG lier, enchaîner (las ideas).
◆ *v intr* s'acheminer, se diriger.

enhorabuena *f* félicitations *pl*, compliments *m pl* ‖ — *dar a uno la enhorabuena* présenter à quelqu'un ses félicitations, féliciter quelqu'un, présenter *o* faire ses compliments à quelqu'un ‖ *estar de enhorabuena* rayonner de joie ‖ *mi más cordial enhorabuena* tous mes vœux.
◆ *adv* heureusement que; *enhorabuena lo hiciste* heureusement que tu l'as fait ‖ très bien, à la bonne heure (de acuerdo) ‖ *venga usted enhorabuena* venez donc.

enhoramala *adv* mal à propos, malencontreusement; *enhoramala habló* il parla mal à propos ‖ *haber nacido enhoramala* être né sous une mauvaise étoile.

enhornar *v tr* enfourner.

enigma *m* énigme *f*; *la clave del enigma* le mot de l'énigme.

enigmático, ca *adj* énigmatique.

enjabonado *m*; **enjabonadura** *f* savonnage *m*.

enjabonar *v tr* savonner ‖ FIG & FAM passer un savon à (reprender) ‖ passer la main dans le dos *o* de la pommade (adular).

enjaezar *v tr* harnacher, enharnacher.

enjabelgador *m* badigeonneur, ouvrier qui chaule.

enjabelgadura *f* badigeonnage *m*, chaulage *m*.

enjalbegar *v tr* badigeonner, chauler (blanquear un muro) ‖ FIG se plâtrer (el rostro).

enjalma *f* bât *m* (albarda).

enjalmar *v tr* bâter (albardar).

enjambrar *v tr* recueillir un essaim ‖ essaimer (abejas).
◆ *v intr* FIG essaimer.

enjambre *m* essaim (de abejas) ‖ ASTR amas.

enjaretado *m* MAR caillebotis (tablero, enrejado).

enjaretar *v tr* coulisser ‖ FIG & FAM débiter (hablar sin parar) | expédier (un trabajo).

enjaular *v tr* mettre en cage, encager (meter en jaula) ‖ FAM coffrer (aprisionar).

enjertar *v tr* greffer (injertar).

enjoyar *v tr* parer de bijoux ‖ FIG orner, parer (embellecer) ‖ TECN enchâsser, sertir (engastar).

enjuagar *v tr* rincer (aclarar).
◆ *v pr* se rincer [la bouche].

enjuagatorio; enjuague *m* rinçage (enjuagadura) ‖ rince-doigts *inv* (lavafrutas) ‖ rince-bouche *inv* (enjuagadientes) ‖ FIG intrigue *f*, tripotage, manigance *f* (artificio).

enjugar *v tr* sécher ‖ éponger (un líquido) ‖ essuyer; *enjugar los platos* essuyer les assiettes; *enjugar el llanto de alguien* essuyer les pleurs de quelqu'un ‖ FIG éponger, résorber; *enjugar un déficit* résorber un déficit | neutraliser (una diferencia).
◆ *v pr* se sécher ‖ s'éponger (la frente).

enjuiciamiento *m* DR poursuites *f pl*, procédure *f* de jugement | règlement judiciaire (instrucción) ‖ FIG examen, jugement ‖ *ley de enjuiciamiento civil* code de procédure civile.

enjuiciar *v tr* DR mettre en accusation (a uno) | instruire un procès (instruir) ‖ FIG juger (juzgar).

enjundia *f* graisse ‖ FIG force, vigueur (vigor) | substance; *libro de mucha enjundia* livre plein de substance | poids *m*; *argumento de enjundia* argument de poids | étoffe, envergure; *ser de mucha enjundia* avoir beaucoup d'envergure.

enjundioso, sa *adj* gras, grasse ‖ FIG riche, dense (sustancioso).

enjuta *f* ARQ écoinçon *m*, écoison *m*, triangle *m* limité par un cavet | pendentif *m* d'une voûte (de una cúpula).

enjuto, ta *adj* sec, sèche ‖ desséché, e (desecado) ‖ FIG sec, sèche, maigre (flaco).

◆ *m pl* fagots, bourrées *f* (encendajas).
enlace *m* enchaînement (encadenamiento) ‖ FIG rapport, liaison *f* (relación) ‖ union *f* (casamiento) ‖ liaison *f* (en la pronunciación) ‖ correspondance (trenes, autobuses) ‖ MIL & QUÍM liaison ‖ — QUÍM *enlace covalente* liaison covalente ‖ INFORM *enlace de datos* liaison (de transmission), de données ‖ QUÍM *enlace iónico* liaison ionique ‖ *enlace matrimonial* mariage ‖ QUÍM *enlace metálico* liaison métallique ‖ *enlace sindical* délégué *o* responsable syndical ‖ *enlace telefónico* liaison téléphonique ‖ — MIL *agente de enlace* agent de liaison ‖ *carretera de enlace* bretelle de raccordement.
enladrillado *m* carrelage (suelo).
enladrillar *v tr* carreler.
enlatado *m* mise *f* en boîte.
enlatar *v tr* latter (con madera) ‖ mettre (des conserves), en boîte (en botes de lata).
enlazar *v tr* lier, attacher (atar) ‖ FIG rattacher, relier, lier; *enlazar una idea con otra* relier deux idées entre elles ‖ prendre au lasso (un animal) ‖ assurer la liaison (avión, tren, etc.).
◆ *v pr* s'unir, se marier (novios) ‖ s'unir (familias) ‖ être lié, e (ideas, etc.).
enlegajar *v tr* réunir en liasse.
enlistonado *m* TECN couvre-joint (de tejado).
enlodar; enlodazar *v tr* crotter (manchar de lodo) ‖ FIG déshonorer (manchar la fama).
enloquecedor, ra *adj* affolant, e; grisant, e.
enloquecer* *v tr* affoler (turbar) ‖ rendre fou, rendre folle (volver loco).
◆ *v intr* devenir fou, devenir folle ‖ AGRIC devenir improductif (árbol).
enloquecimiento *m* perte *f* de la raison, folie *f*.
enlosado *m* carrelage ‖ dallage.
enlosar *v tr* carreler ‖ daller.
— OBSERV *Carreler* se dice hablando de las losas o losetas que se usan en las casas, y *daller* hablando de baldosas mayores, como en las iglesias, los jardines, etc.
enlucido, da *adj* badigeonné, e ‖ blanc, blanche; éclatant, e (blanqueado) ‖ fourbi, e (armas).
◆ *m* enduit, crépi (de una pared).
enlucimiento *m* badigeon de plâtre, crépissage ‖ fourbissage (de las armas).
enlucir* *v tr* badigeonner de plâtre, crépir (enjalbegar) ‖ enduire (poner un revestimiento) ‖ fourbir (bruñir).
enlutado, da *adj* en deuil, qui porte le deuil ‖ FIG endeuillé, e.
enlutar *v tr* endeuiller; *la catástrofe ha enlutado numerosas familias* la catastrophe a endeuillé de nombreuses familles.
◆ *v pr* porter le deuil ‖ FIG s'assombrir.
enllantar *v tr* garnir de jantes (poner llantas).
enmaderado; enmaderamiento *m* boiserie *f* (revestimiento de madera).
enmaderar *v tr* poser les boiseries (revestir de madera) ‖ édifier la charpente (construir el maderamen).
enmadrarse *v pr* s'attacher excessivement à sa mère (un niño).
enmarañamiento *m* enchevêtrement (de cosas) ‖ embrouillement (de un asunto).
enmarañar *v tr* emmêler (enredar) ‖ FIG embrouiller (un asunto).
◆ *v pr* s'emmêler ‖ FIG s'embrouiller ‖ se couvrir (el cielo).
enmarcar *v tr* encadrer; *unos cabellos negros enmarcaban su cara* des cheveux noirs encadraient son visage.
enmarillecerse* *v pr* jaunir.
enmascarado, da *m y f* masque *m*.
enmascaramiento *m* MIL camouflage.
enmascarar *v tr* masquer ‖ MIL camoufler.
enmasillar *v tr* mastiquer, mettre du mastic (poner masilla).
enmelar* *v tr* emmieller (untar con miel) ‖ FIG adoucir, mitiger (endulzar) ‖ fabriquer du miel (las abejas).
enmendar* *v tr* corriger (corregir) ‖ réparer (un daño) ‖ amender (corregir un juicio, un texto) ‖ AGRIC amender (abonar) ‖ MAR affaler un palan ‖ changer de mouillage.
◆ *v pr* se corriger de; revenir de; *enmendarse de una equivocación* revenir d'une erreur ‖ TAUROM bouger; *dio cinco pases sin enmendarse* il fit cinq passes sans bouger.
enmicado *m* (*amer*) film plastique.
enmicar *v tr* (*amer*) plastifier.
enmienda *f* correction; *poner muchas enmiendas en un texto* apporter beaucoup de corrections à un texte ‖ amendement *m* (en textos oficiales) ‖ amendement *m*; *enmienda de la vida* amendement dans la conduite ‖ AGRIC amendement *m*, amélioration; *enmienda del terreno* amendement du sol ‖ — *no tener enmienda* être incorrigible ‖ *poner enmienda* corriger, amender ‖ *propósito de enmienda* bonne résolution.
enmohecer* *v tr* rouiller (el metal) ‖ moisir (materia orgánica).
◆ *v pr* rouiller, se rouiller (el metal) ‖ moisir (materia orgánica) ‖ FIG se rouiller (un músculo, etc.).
enmohecimiento *m* moisissure *f* (de materias orgánicas) ‖ rouille *f* (de metal).
enmoquetar *v tr* moquetter, poser de la moquette.
enmudecer* *v tr* faire taire ‖ FIG rendre muet (el temor, etc.).
◆ *v intr* devenir muet (perder el habla) ‖ FIG se taire, rester muet (callar).
enmudecimiento *m* silence, mutisme (efecto de enmudecer) ‖ bâillonnement (acción de enmudecer).
enmugrecer *v tr* encrasser.
◆ *v pr* s'encrasser.
ennegrecer* *v tr e intr* noircir ‖ FIG culotter (una pipa).
◆ *v pr* se noircir.
ennegrecimiento *m* noircissement.
ennoblecer* *v tr* anoblir (dar título de nobleza) ‖ FIG ennoblir (dar brillo).
ennoblecimiento *m* anoblissement (con título) ‖ FIG ennoblissement (con brillo).
enófilo, la *adj* œnophile.
enojadizo, za *adj* coléreux, euse; colérique, qui se met facilement en colère.
enojado, da *adj* en colère; *estar enojado con uno* être en colère contre quelqu'un.
enojar *v tr* irriter, courroucer (irritar) ‖ fâcher (enfadar) ‖ ennuyer (molestar) ‖ offenser (ofender).

◆ *v pr* se mettre en colère, s'irriter, se fâcher; *enojarse con sus criados* se mettre en colère contre ses domestiques ‖ être irrité; *se enoja al ver la ingratitud de sus hijos* il est irrité de voir l'ingratitude de ses enfants ‖ se fâcher, se brouiller; *enojarse con sus hijos* se fâcher avec ses enfants ‖ se déchaîner (el mar, el viento).

enojo *m* colère *f* (ira) ‖ fâcherie *f*, bouderie *f* (enfado) ‖ *causar enojo* irriter, mettre en colère.

enojosamente *adv* avec colère.

enojoso, sa *adj* ennuyeux, euse; fâcheux, euse; *es muy enojoso* c'est très fâcheux ‖ irritant, e; déplaisant, e (desagradable) ‖ contrariant, e (que contraría).

enología *f* œnologie (ciencia de los vinos).

enólogo *m* œnologiste.

enómetro *m* œnomètre, alcoomètre.

enorgullecedor, ra *adj* flatteur, euse.

enorgullecer* *v tr* enorgueillir.
◆ *v pr* s'enorgueillir; *enorgullecerse de* ou *con sus éxitos* s'enorgueillir de ses succès.

enorgullecimiento *m* orgueil.

enorme *adj* énorme.

enormemente *adv* énormément.

enormidad *f* énormité ‖ FIG énormité (disparate).

ENPETROL abrev de *Empresa Nacional de Petróleos* Entreprise nationale des pétroles [Espagne].

enquiciar *v tr* fixer sur ses gonds (una puerta).

enquistado, da *adj* MED enkysté, e.
◆ *m* enkystement.

enquistamiento *m* MED enkystement.

enquistarse *v pr* MED s'enkyster ‖ FIG *estar enquistado en* se greffer sur (una cosa), s'incruster (una persona).

enrabiar *v tr* mettre en colère, enrager (*p us*).
◆ *v pr* enrager.

enraizar *v intr* s'enraciner.

enramada *f* ramure, branchage *m* (conjunto de ramas) ‖ ramée, berceau *m* de verdure, tonnelle formée de branchages (cobertizo) ‖ guirlande de feuillage (adorno).

enramar *v tr* garnir de branchages ‖ MAR fixer les couples d'un navire.
◆ *v intr* se développer (un árbol).

enrarecer* *v tr* raréfier.
◆ *v intr y pr* se raréfier (el aire) ‖ devenir rare, se raréfier (escasear).
◆ *v pr* s'espacer (relaciones).

enrarecimiento *m* raréfaction *f*.

enrasar *v tr* araser (allanar) ‖ mettre de niveau (poner de nivel).
◆ *v intr* se trouver au même niveau.

enrase *m* arasement (de una superficie) ‖ nivellement (de alturas).

enredadera *adj f* grimpante; *planta enredadera* plante grimpante.
◆ *f* BOT liseron *m* ‖ BOT *enredadera de campanillas* volubilis.

enredador, ra *adj* embrouilleur, euse; brouillon, onne (que enreda) ‖ FIG intrigant, e.

enredar *v tr* prendre dans un filet (con una red) ‖ FIG embrouiller, emmêler (enmarañar) ‖ brouiller, semer la discorde (meter cizaña) ‖ impliquer, mêler à (complicar) ‖ engager, embarquer, emberlificoter (en un mal negocio) ‖ MAR engager (el ancla).
◆ *v intr* être turbulent, e (un niño) ‖ *este niño está enredando todo el día* cet enfant passe sa journée à faire des bêtises.
◆ *v pr* s'embrouiller, s'emmêler ‖ FIG s'embrouiller, se compliquer (un asunto) ‖ s'empêtrer, s'embourber (uno en un mal negocio) ‖ FAM avoir une liaison (amancebarse).

enredijo *m* FAM enchevêtrement (enredo).

enredista *adj* (amer) brouillon, onne; intrigant, e (enredador).

enredo *m* enchevêtrement (maraña) ‖ FIG embrouillement, confusion *f* (confusión) ‖ confusion *f*, imbroglio (situación inextricable); ¡*qué enredo!* quel imbroglio! ‖ mensonge, intrigue *f*, manigances *f pl* (engaño) ‖ intrigue *f* (de un libro); *comedia de enredo* comédie d'intrigue ‖ espièglerie *f*, coquinerie *f* (travesura) ‖ liaison *f* (amancebamiento).
◆ *pl* attirail *sing* (trastos).

enredoso, sa *adj* embrouillé, e (complicado) ‖ FIG turbulent, e; espiègle (niño) ‖ intrigant, e (enredista).

enrejado *m* grillage (alambrada) ‖ grilles *f pl* (rejas) ‖ treillis (celosía) ‖ filet (encaje) ‖ caillebotis (para la aeración).

enrejar *v tr* grillager (poner una verja) ‖ fixer le soc [à la charrue] ‖ (amer) repriser (zurcir) ‖ attacher.

enrevesado, da *adj* embrouillé, e; compliqué, e (enredado).

enrielar *v tr* laminer (le fer), en barres ‖ poser des rails (poner rieles) ‖ (amer) mettre sur ses rails (encarrilar) ‖ FIG mettre en bonne voie (un negocio).

enripiar *v tr* remplir de gravats.

enriquecedor, ra *adj* enrichissant, e.

enriquecer* *v tr* enrichir; *enriquecer con* ou *de dádivas* enrichir de ses dons.
◆ *v intr y pr* s'enrichir.

enriquecimiento *m* enrichissement.

enristrar *v tr* mettre en chapelet, enfiler (ensartar) ‖ mettre en arrêt (la lanza).

enristre *m* mise *f* en arrêt (la lanza).

enrocar* *v tr* roquer (en el ajedrez) ‖ TECN coiffer (la rueca).
◆ *v pr* se coincer (trabarse).
— OBSERV *Enrocar* est irrégulier dans le sens de *coiffer* et régulier dans le sens de *roquer*.

enrojecer* *v tr* rougir ‖ empourprer; *la cólera enrojecía su rostro* la colère empourprait son visage.
◆ *v pr* rougir.

enrojecimiento *m* rougeoiement (del metal) ‖ rougeur *f* (del rostro).

enrolamiento *m* enrôlement.

enrolar *v tr* MAR enrôler.

enrollado, da *adj* enroulé, e ‖ FIG & FAM occupé, e; pris, e (liado).

enrollador, ra *adj* enrouleur, euse.

enrollamiento *m* enroulement ‖ bobinage; *botón de enrollamiento* bouton de bobinage.

enrollar *v tr* enrouler (arrollar) ‖ empierrer (empedrar).
◆ *v pr* s'enrouler ‖ FAM *enrollarse como una persiana* être un moulin à paroles, tenir la jambe (à quelqu'un) ‖ — FAM *enrollarse bien, mal* avoir le contact facile, difficile ‖ *enrollarse con uno* sortir

avec quelqu'un (salir con alguien), avoir une aventure (ligar).

enronquecer* *v tr* enrouer; *el frío le enronqueció* le froid l'a enroué.
➤ *v pr* s'enrouer; *se ha enronquecido con tanto hablar* il s'est enroué à force de parler.

enronquecido, da *adj* enroué, e.

enronquecimiento *m* enrouement.

enroque *m* roque (ajedrez); *enroque corto, largo* petit, grand roque.

enroscadura *f*; **enroscamiento** *m* enroulement *m*.

enroscar *v tr* enrouler (curvar en espiral).

ensabanar *v tr* envelopper *o* recouvrir d'un drap || passer une première couche de plâtre (dar yeso).

ensacado *m* ensachement, ensachage.

ensacador, ra *m y f* ensacheur, euse.
➤ *f* ensacheuse (máquina).

ensacar *v tr* ensacher (meter en sacos).

ensaimada *f* gâteau *m* en forme de spirale.

ensalada *f* salade || FIG salade (de ideas) | pagaille, micmac *m* (lío); *armar una ensalada* semer la pagaille || MÚS pot-pourri *m* || *ensalada rusa* salade russe.

ensaladera *f* saladier *m*.

ensaladilla *f* macédoine (ensalada) || bonbons *m pl* (dulce) || FIG pagaille, micmac *m* (lío) || *ensaladilla rusa* salade russe.

ensalivar *v tr* insaliver, humecter de salive.

ensalmador, ra *m y f* rebouteux, euse (de los huesos) || guérisseur, euse (curandero).

ensalmar *v tr* remettre (componer huesos) || guérir [en parlant d'un guérisseur].

ensalmo *m* remède empirique, remède de bonne femme || *como por ensalmo* comme par enchantement (rápidamente).

ensalzamiento *m* exaltation *f* (engrandecimiento) || louange *f*, éloge (elogio).

ensalzar *v tr* louer, exalter, chanter *o* célébrer les louanges de (alabar).
➤ *v pr* se vanter.

ensamblado *m* assemblage.

ensamblador *m* assembleur.

ensambladura *f*; **ensamblaje** *m* assemblage *m* || ARQ enfourchement *f* || TECN enlaçure *f*, enlassure *f* (de una mortaja).

ensamblar *v tr* assembler || empatter, assembler (pieza de madera).

ensamble *m* assemblage.

ensanchador, ra *adj* qui élargit.
➤ *m* demoiselle *f* [de gantier].

ensanchamiento *m* élargissement || évasement (de un jarro).

ensanchar *v tr* élargir (dar anchura) || agrandir; *ensanchar la ciudad* agrandir la ville || évaser; *ensanchar un tubo* évaser un tuyau || gonfler, dilater; *la alegría ensancha el corazón* la joie gonfle le cœur.
➤ *v pr* FIG se gonfler, se rengorger (engreírse).

ensanche *m* élargissement; *ensanche del firme* élargissement de la chaussée || agrandissement; *ensanche de una ciudad* agrandissement d'une ville || expansion *f*; *zona de ensanche* zone d'expansion || nouveau quartier (barrio nuevo) || évasement (de un orificio) || ourlet (costura).

ensangrentar* *v tr* ensanglanter.
➤ *v pr* baigner dans le sang || FIG s'échauffer, s'irriter; *ensangrentarse con* ou *contra uno* s'irriter contre quelqu'un.

ensañamiento *m* acharnement, rage *f*.

ensañar *v tr* rendre furieux, échauffer.
➤ *v pr* s'acharner; *ensañarse en un enemigo, con su víctima* s'acharner contre *o* sur un ennemi, contre sa victime.

ensartar *v tr* enfiler; *ensartar perlas, una aguja* enfiler des perles, une aiguille || embrocher, enfiler (atravesar) || FIG débiter; *ensartar disparates* débiter des idioties || *(amer)* FIG faire tomber dans un piège, piéger.
➤ *v pr* *(amer)* FIG se fourrer dans un guêpier (meterse en un lío).

ensarte *m* enfilage (de perlas).

ensayar *v tr* essayer; *ensayar un prototipo* essayer un prototype || répéter (un espectáculo) || dresser (un animal) || essayer (un metal).
➤ *v intr* TEATR répéter.
➤ *v pr* s'exercer, s'essayer; *ensayarse a cantar, para hablar en público* s'exercer à chanter, à parler en public || FIG *ensayarse con alguien* se faire la main *o* s'essayer sur quelqu'un.

ensaye *m* essai (de metales).

ensayista *m* essayiste, auteur d'essais (autor de ensayos).

ensayo *m* essai; *el ensayo de un método, de una máquina* l'essai d'une méthode, d'une machine || essai (obra literaria) || essai (rugby) || QUÍM essai || TEATR répétition *f* || — *centro de ensayos* centre d'essais || *el ensayo general* la répétition générale, la générale (teatro) || *globo, tubo de ensayo* ballon d'essai, tube à essai.

ensebar *v tr* suiffer (untar con sebo).

enseguida; en seguida *adv* tout de suite, immédiatement, sur-le-champ.

ensenada *f* GEOGR anse, crique || *(amer)* enclos *m* (cerco).

ensenar *v tr* ancrer (un bateau), dans une crique.

enseña *f* enseigne (estandarte).
— OBSERV *Une enseigne lumineuse* se dit en espagnol *un rótulo luminoso.*

enseñado, da *adj* *bien, mal enseñado* bien, mal élevé.

enseñante *adj* enseignant, e.

enseñanza *f* enseignement *m* || — *enseñanza estatal* enseignement public || *enseñanza laboral* ou *técnica* enseignement technique || *enseñanza privada* enseignement privé || *enseñanza superior* enseignement supérieur || *enseñanza universitaria* enseignement universitaire || — *escuela de primera enseñanza* école primaire || *instituto de segunda enseñanza* lycée || *primera enseñanza, enseñanza primaria* enseignement primaire || *segunda enseñanza, enseñanza media* enseignement secondaire.

enseñar *v tr* apprendre; *enseñar a hablar* apprendre à parler || enseigner (dar clases); *enseñar latín en la universidad* enseigner le latin à l'université || montrer (indicar); *enseñar el camino* montrer le chemin; *enseñar con el dedo* montrer du doigt || FIG *enseñar la oreja* montrer le bout de l'oreille | *enseñar las cartas* étaler son jeu | *enseñar los colmillos* montrer les dents.

enseñoramiento *m* prise *f* de possession.

enseñorearse *v pr* se rendre maître, s'emparer de (apoderarse); *enseñorearse de una fortaleza* s'emparer d'une forteresse.

enseres *m pl* effets (ropa) ‖ outils (herramientas) ‖ ustensiles (utensilios).

ensiforme *adj* ensiforme (en forma de espada).

ensilado; ensilaje; ensilamiento *m* AGRIC ensilage, silotage.

ensilar *v tr* AGRIC ensiler, mettre en silo.

ensillado, da *adj* sellé, e ‖ ensellé, e (caballo de lomo hundido).

ensilladura *f* dos *m* du cheval (lomo) ‖ pose de la selle (acción) ‖ cambrure (de la columna vertebral) ‖ ensellure (defecto del caballo).

ensillar *v tr* seller (el caballo).

ensimismado, da *adj* absorbé, e; *ensimismado por la lectura* absorbé par la lecture ‖ plongé, e; *ensimismado en un libro* plongé dans un livre ‖ concentré, e (reconcentrado) ‖ songeur, euse; pensif, ive (pensativo) ‖ — *estar ensimismado en* être plongé dans, être absorbé par; *estar ensimismado en meditaciones* être plongé dans des méditations.

ensimismamiento *m* réflexion *f* profonde, méditation *f* ‖ *(amer)* orgueil, prétention *f*.

ensimismarse *v pr* s'absorber, réfléchir profondément (en algo), rentrer en soi-même, se concentrer (quedarse abstraído) ‖ *(amer)* faire l'important, prendre de grands airs (envanecerse).

ensoberbecer* *v tr* enorgueillir.
◆ *v pr* s'enorgueillir ‖ FIG s'agiter (el mar).

ensombrecer* *v tr* assombrir ‖ FIG noircir; *ensombrecer la situación* noircir la situation.
◆ *v pr* FIG s'assombrir.

ensoñación *f* rêve *m*, rêverie.

ensopar *v tr* tremper (empapar).

ensordecedor, ra *adj* assourdissant, e.

ensordecer* *v tr* assourdir; *nos ensordecía con sus gritos* il nous assourdissait de ses cris ‖ rendre sourd (provocar sordera) ‖ assourdir; *ensordecer un sonido* assourdir un son.
◆ *v intr* devenir sourd (quedarse sordo).

ensordecimiento *m* assourdissement (acción) ‖ surdité *f* (sordera).

ensortijamiento *m* boucles *f pl* (de los cabellos) ‖ entortillement (de hilos).

ensortijar *v tr* boucler (los cabellos) ‖ enrouler autour de (enrollar).

ensuciamiento *m* encrassement; *ensuciamiento de una máquina* encrassement d'une machine ‖ salissure *f* (acción) ‖ saleté *f* (suciedad).

ensuciar *v tr* salir; *ensuciar algo con lodo* salir quelque chose de boue ‖ encrasser, salir; *el humo de la fábrica ensucia los cristales* la fumée de l'usine encrasse les vitres ‖ FIG souiller (la virtud), salir, flétrir (la reputación).
◆ *v intr* FAM faire ses besoins.
◆ *v pr* se salir ‖ FIG se salir ‖ se vendre, se laisser acheter *o* corrompre (con dádivas).

ensueño *m* rêve (durante el sueño) ‖ rêve; *un país de ensueño* un pays de rêve ‖ rêve, rêverie *f* (fantasía) ‖ rêve, songe (ilusión).

entablado *m* plancher (suelo) ‖ armature *f* en planches.

entabladura *f* CONSTR parquetage *m*, planchéiage.

entablamento *m* ARQ entablement.

entablar *v tr* commencer, entamer ‖ amorcer, entamer; *intentó entablar conversación* il tenta d'amorcer la conversation ‖ engager (un combate) ‖ DR entamer; *entablar un pleito* entamer un procès ‖ disposer les pions (en juegos) ‖ parqueter, planchéier (cubrir con tablas) ‖ consolider avec des planches (asegurar) ‖ MED éclisser (entablillar) ‖ *(amer)* habituer le bétail à marcher en troupeau ‖ — *entablar amistad con* nouer amitié avec, se lier d'amitié avec ‖ *entablar conversaciones* entrer en pourparlers ‖ *entablar lucha con alguien* entrer en lutte avec quelqu'un ‖ *entablar negociaciones* entamer des négociations.
◆ *v intr* *(amer)* faire partie nulle (empatar) ‖ fanfaronner (fanfarronear).
◆ *v pr* être entamé, e ‖ *(amer)* commencer (tener principio) ‖ tourner (el viento) ‖ résister au mors (el caballo).

entablillar *v tr* MED éclisser; *entablillar un brazo* éclisser un bras.

entalegar *v tr* ensacher (meter en un saco) ‖ économiser, mettre de côté (ahorrar dinero).
◆ *v pr* FAM empocher (embolsarse).

entalladura *f*; **entallamiento** *m* entaille *f* (en un árbol), gemmage *m* (en un pino) ‖ entaille *f* (en un madero) ‖ encoche *f* (muesca pequeña) ‖ TECN mortaisage *m* ‖ sculpture *f* (escultura) ‖ ciselure *f* (cinceladura) ‖ gravure *f* (grabado).

entallamiento *m* ajustement.

entallar *v tr* entailler (un árbol o la madera en carpintería) ‖ sculpter (esculpir) ‖ ciseler (cincelar) ‖ graver (grabar) ‖ cintrer, ajuster (vestido) ‖ TECN mortaiser.
◆ *v intr* être ajusté; *este vestido entalla bien, mal* cette robe est bien, mal ajustée.

entallecer* *v intr* germer (las plantas).

entapujar *v tr* cacher, dissimuler.

entarimado *m* plancher, parquet (suelo); *entarimado a la inglesa, de punto de Hungría, en espinapez* parquet à l'anglaise, à point de Hongrie, à bâtons rompus ‖ parquetage, planchéiage (acción).

entarimar *v tr* parqueter, planchéier.

entarugado *m* pavage de bois.

éntasis *f* ARQ entasis, renflement *m* (de la columna) ‖ ARQ *columna con éntasis* colonne renflée.

ente *m* réalité *f* [chose qui existe] ‖ être, créature *f* (ser vivo) ‖ firme *f*, société *f* (comercial), organisme (organismo) ‖ FAM phénomène (persona notable o ridícula) ‖ FILOS *ente de razón* être de raison.

entecado, da; enteco, ca *adj* chétif, ive; maladif, ive.

entelequia *f* FILOS entéléchie.

entendederas *f pl* FAM jugeotte *sing*, comprenette *sing* ‖ *ser duro de entendederas* ne pas avoir la comprenette facile, ne pas être rapide.

entendedor, ra *adj y s* connaisseur, euse; *es muy entendedor de estas cosas* c'est un grand connaisseur de ces choses-là ‖ intelligent, e (listo).
◆ *m* entendeur ‖ *al buen entendedor pocas palabras bastan, al buen entendedor con pocas palabras basta* à bon entendeur, salut.

entender* *v tr* comprendre, entendre (véase OBSERV); *entender un problema, inglés* comprendre un problème, l'anglais; *no entiendo nada* je n'y comprends rien; *no entender nada de matemáticas* ne rien entendre aux mathématiques ‖

comprendre; *tengo que confesar que ya no te entiendo* je dois avouer que je ne te comprends plus || croire, penser; *entiendo que sería mejor callarse* je crois qu'il vaudrait mieux se taire || entendre (exigir); *entiendo que se me obedezca* j'entends qu'on m'obéisse || voir (imaginar); *yo no entiendo las cosas así* moi, je ne vois pas les choses comme ça || entendre (significar); *¿qué entiende usted por esta palabra?* qu'entendez-vous par ce mot? || — *a mí, tu, su entender* à mon, ton, son avis || *¿cómo se entiende esto?, ¿qué se entiende por eso?* qu'est-ce que cela veut dire? || *dar a entender* laisser entendre, donner à entendre, faire comprendre || *entender a medias palabras* comprendre à demi-mot || *hacer como quien lo entiende todo* prendre un air entendu || *no entender ni jota* ou *ni pizca* ou *ni media* ou *ni palabra* ne pas comprendre quoi que ce soit *o* un traître mot || *ya entiendo* je vois.

◆ *v intr* s'y entendre, s'y connaître; *entender de música* s'y entendre en musique; *usted entiende de esto* vous vous y connaissez || s'occuper de (ocuparse) || DR connaître; *entender en un asunto* connaître d'une affaire.

◆ *v pr* se comprendre; *entenderse por señas* se comprendre par gestes || s'entendre, se mettre d'accord, se concerter; *entenderse con sus socios* s'entendre avec ses associés || se mettre en rapport, entrer en contact; *te entenderás con él para este trabajo* tu te mettras en rapport avec lui pour ce travail || avoir une liaison (relación amorosa) || — *cada uno se entiende, yo me entiendo* je me comprends || *¡él* ou *allá se las entienda!* qu'il se débrouille!

— OBSERV El verbo *entendre* con el sentido de *comprender* pertenece al lenguaje elevado.

entendido, da *adj* entendu, e; compris, e; *las cosas entendidas se aprenden más fácilmente* les choses comprises sont plus faciles à apprendre || entendu, e; compétent, e (inteligente, hábil) || FAM calé, e; *muy entendido en matemáticas* très calé en mathématiques | au courant; *es muy entendido en estas cosas* il est très au courant de ces choses || — *darse por entendido* de *entendu o* montrer qu'on est au courant, qu'on a compris, faire celui, celle qui a compris || *no darse por entendido* faire la sourde oreille || *ser entendido en* s'y entendre en, s'y connaître en.

◆ *m y f* connaisseur, euse (enterado).

◆ *interj* entendu!, d'accord! (de acuerdo), compris! (comprendido).

entendimiento *m* entendement, intelligence *f* (facultad) || entente *f* (comprensión) || jugement, bon sens (juicio) || — *corto entendimiento, entendimiento limitado* esprit borné || *de entendimiento* d'une grande intelligence.

entenebrecerse* *v pr* s'obscurcir.

entente *f* entente; *entente cordial* entente cordiale.

enterado, da *adj* au courant; *¿está usted enterado de la noticia?* êtes-vous au courant de la nouvelle? || FAM calé, e (entendido) || *(amer)* poseur, euse; vaniteux, euse (orgulloso) || — *darse por enterado* se le tenir pour dit || *dárselas de enterado* faire l'entendu || *estar enterado* être au courant || *no darse por enterado* faire la sourde oreille.

◆ *m y f* connaisseur, euse.

enteramente *adv* entièrement, tout à fait.

enterar *v tr* informer, instruire || *(amer)* verser (dinero) | compléter (completar).

◆ *v pr* s'informer; *enterarse de lo que pasa* s'informer de ce qui se passe || apprendre; *me he enterado de la muerte de tu tío* j'ai appris la mort de ton oncle || se rendre compte; *cuando me enteré de su maldad reñí con él* quand je me suis rendu compte de sa méchanceté, je me suis fâché avec lui || se renseigner; *entérate de la hora de salida del tren* renseigne-toi sur l'heure de départ du train || *para que te enteres* pour ta gouverne || FAM *¿te enteras?* tu as compris?, tu me suis?

entereza *f* intégrité (integridad) || FIG fermeté, force; *entereza de carácter* fermeté de caractère | énergie (energía) | discipline (observancia perfecta).

entérico, ca *adj* MED entérique (intestinal).
enteritis *f* MED entérite.
enterizo, za *adj* entier, ère (entero) || d'une seule pièce (de una pieza).
enternecedor, ra *adj* attendrissant, e.
enternecer* *v tr* attendrir, amollir, ramollir (ablandar) || FIG attendrir (conmover).

◆ *v pr* s'attendrir.

enternecidamente *adv* avec attendrissement.
enternecimiento *m* attendrissement.
entero, ra *adj* entier, ère (completo) || FIG robuste, vigoureux, euse (fuerte) | entier, ère; *carácter entero* caractère entier | intègre, droit, e (recto) || fort, e; résistant, e (telas) || entier, ère (no castrado) || MAT entier (número) || FAM *(amer)* tout pareil, toute pareille (parecido).

◆ *m* entier || point (Bolsa); *estas acciones han perdido muchos enteros* ces actions ont perdu beaucoup de points || *(amer)* versement (remesa de dinero) | solde (saldo) || — *darse por entero a* se donner *o* se consacrer entièrement à || *por entero* entièrement, en entier.

enterrador *m* fossoyeur || ZOOL nécrophore, enfouisseur (insecto).
enterramiento *m* enterrement (entierro) || tombeau, sépulture *f* (tumba) || enfouissement (de una cosa).
enterrar* *v tr* enterrer, ensevelir, mettre *o* porter en terre (una persona) || enfouir, enterrer (una cosa); *enterrar un tesoro* enfouir un trésor || FIG enterrer (olvidar); *enterrar sus ilusiones* enterrer ses illusions | enterrer (sobrevivir a); *enterrar a todos sus herederos* enterrer tous ses héritiers | enfoncer, planter (clavar).

◆ *v pr* FIG s'enterrer; *enterrarse en un convento* s'enterrer dans un couvent.

entibación *f*; **entibado** *m* MIN boisage *m*, coffrage *m* (de galerías), cuvelage *m* (de pozos).
entibar *v tr* MIN boiser, coffrer (galerías), cuveler (pozos).

◆ *v intr* s'appuyer (estribar).

entibiar *v tr* attiédir, tiédir || FIG modérer, tempérer, refroidir (las pasiones).

◆ *v pr* tiédir, s'attiédir.

entibo *m* ARQ & MIN étai || FIG appui, soutien.
entidad *f* société, organisme *m*, entreprise; *entidad privada* société privée || compagnie; *entidad de seguros* compagnie d'assurances || FILOS entité || — *de entidad* important, d'importance || *de poca* ou *corta entidad* peu important (limitado), sans envergure (persona).
entierro *m* enterrement, ensevelissement (acción) || enterrement (ceremonia) || tombeau, sé-

pulture f (sepulcro) ‖ FAM trésor caché ‖ — *entierro de la sardina* enterrement de la sardine [cérémonie burlesque du mercredi des Cendres] ‖ *más triste que un entierro de tercera* triste comme un lendemain de fête ‖ FAM *¿quién te dio vela en este entierro?* mêle-toi de ce qui te regarde, mêle-toi de tes affaires, on ne t'a pas demandé l'heure qu'il est.

entintador, ra adj IMPR encreur; *rodillo entintador* rouleau encreur.

entintar v tr IMPR encrer (aplicar tinta) ‖ tacher d'encre (manchar) ‖ FIG teindre (teñir).

entizar v tr *(amer.)* mettre de la craie [à une queue de billard].

entlo. abrev de *entresuelo* entresol.

entoldado m vélum, bâche f.

entoldar v tr tendre un vélum o une bâche sur o au-dessus de, couvrir, bâcher [des toiles, etc., pour donner de l'ombre]; *entoldar una calle* tendre un vélum au-dessus d'une rue ‖ tendre [de tapisseries]; *entoldar una iglesia* tendre de tapisseries une église.

◆ v pr se couvrir (el cielo) ‖ FIG parader (engreírse).

entomófilo, la adj entomophile.
entomología f entomologie.
entomológico, ca adj entomologique.
entomólogo m entomologiste.

entonación f MÚS intonation ‖ début m, attaque [d'un chant] ‖ FIG arrogance, présomption (entono) ‖ redressement m; *entonación de las cotizaciones de la Bolsa* redressement des cours de la Bourse.

entonado, da adj arrogant, e; présomptueux, euse ‖ juste; *voz entonada* voix juste ‖ FIG remonté, e (en forma) ‖ animé, e (Bolsa) ‖ *cantar entonado* chanter juste.

entonar v tr MÚS entonner; *entonar un salmo* entonner un psaume ‖ actionner les soufflets (del órgano) ‖ ragaillardir, remonter; *este ponche me ha entonado* ce punch m'a ragaillardi ‖ harmoniser (colores) ‖ *entonar el yo pecador* faire son meaculpa.

◆ v intr chanter juste.

◆ v pr parader, poser (engreírse) ‖ se remonter, se retaper (fam).

entonces adv alors ‖ — *desde entonces* depuis lors, dès lors ‖ *en* ou *por aquel entonces* à cette époque (-là) ‖ *entonces fue cuando entró* c'est alors qu'il entra ‖ *hasta entonces* jusqu'alors.

entonelar v tr enfûtailler (en barriles), entonner (en toneles).

entono m prétention f, arrogance f (engreimiento) ‖ MÚS intonation f.

entontecer* v tr abrutir; *entontecer con el trabajo* abrutir de travail ‖ abêtir, rendre stupide; *la pasión le entontece* la passion le rend stupide.

◆ v intr y pr s'abêtir.

entontecimiento m abrutissement.

entorchado m MÚS corde f filée (en los pianos) ‖ filé (para bordar) ‖ MIL galon ‖ FIG titre (título); *consiguió el entorchado de internacional a los 25 años* il a obtenu le titre d'international à vingt-cinq ans ‖ *columna entorchada* colonne torse.

entorchar v tr TECN filer (una cuerda de instrumento músico) ‖ torsader (retorcer).

entornar v tr entrebâiller, entrouvrir; pousser (una puerta, una ventana) ‖ fermer à demi, ouvrir à moitié (los ojos).

◆ v pr s'entrouvrir.

entorno m environnement ‖ INFORM environnement.

entorpecedor, ra adj engourdissant, e (que embota) ‖ FIG embarrassant, e; gênant, e (que molesta) ‖ engourdissant, e; alourdissant, e (que adormece).

entorpecer* v tr engourdir (los sentidos) ‖ FIG gêner, paralyser (estorbar) ‖ retarder (retardar) ‖ engourdir (la imaginación, etc.) ‖ alourdir (adormecer).

◆ v pr s'engourdir ‖ FIG être gêné o embarrassé.

entorpecimiento m engourdissement, torpeur f ‖ FIG engourdissement, torpeur f (del entendimiento) ‖ arrêt, retard, stagnation f (en los asuntos) ‖ obstacle, embarras, gêne f ‖ MECÁN enrayement, enraiement (de un mecanismo).

entrada f entrée; *puerta de entrada* porte d'entrée; *entrada triunfal* entrée triomphale; *entrada prohibida* entrée interdite ‖ entrée, vestibule m (antesala) ‖ accès m (paso); *se prohíbe la entrada al almacén* l'accès du magasin est interdit ‖ entrée, début m; *la entrada del invierno* l'entrée de l'hiver ‖ entrée (en una comida) ‖ début m (en una carrera) ‖ réplique (teatro) ‖ monde m, affluence (público); *anoche hubo gran entrada en el teatro* hier soir, il y a eu beaucoup de monde o une grosse affluence au théâtre ‖ recette (lo recaudado) ‖ entrée; *¿cuánto cuesta la entrada en este museo?* combien coûte l'entrée dans ce musée?; *derecho de entrada* droit d'entrée ‖ ticket m, billet m, place; *fui a sacar las entradas del cine* je suis allé prendre les billets de cinéma ‖ COM recette, entrée; *las entradas y las salidas* les recettes et les dépenses ‖ arrivée (de teléfono) ‖ premier versement m; *al comprar este piso tuve que pagar una entrada de 10 000 francos* lorsque j'ai acheté cet appartement, j'ai dû faire un premier versement de 10 000 francs ‖ *entrada de aire* bouche o arrivée d'air ‖ *entrada en materia* entrée en matière ‖ — *de entrada* d'emblée, dès le début, du premier coup ‖ *de primera entrada* de prime abord ‖ *media entrada* demi-place (espectáculo) ‖ ECON *sin entrada* sans acompte ‖ — *dar entrada a* donner accès à (conducir), faire entrer, admettre (admitir) ‖ FIG & FAM *hacer una entrada a uno* rentrer dans quelqu'un ‖ *se prohíbe la entrada* défense d'entrer ‖ *tener entradas (en la frente)* avoir le front dégarni.

entramado m lattis, treillis (de un tabique) ‖ treillis, caillebotis (del suelo).

entramar v tr CONSTR latter.

entrambos, bas adj ind pl les deux; *lo hicieron entrambos hermanos* les deux frères l'ont fait ‖ *por entrambos lados* de deux côtés.

◆ pron ind pl tous (les) deux, toutes (les) deux; *entrambos vinieron* ils sont venus tous les deux ‖ — *entrambos lo acabaron* ils l'ont fini à eux deux ‖ *entrambos lo haremos* à nous deux nous le ferons ‖ *lo mío, mío, y lo tuyo de entrambos* ce qui est à moi à moi, ce qui est à toi à nous deux.

entrampar v tr prendre au piège (un animal) ‖ FIG prendre au piège (engañar) ‖ embrouiller (un negocio) ‖ *estar entrampado* être criblé de dettes.

◆ v pr tomber dans un piège ‖ s'endetter, faire des dettes (contraer deudas).

entrante *adj* entrant, e (que entra) ‖ qui commence; *el año entrante* l'année qui commence ‖ — GEOM *ángulo entrante* angle rentrant ‖ *guardia entrante* garde montante.
◆ *m* y *f* entrant, e; *los entrantes y los salientes* les entrants et les sortants.
◆ *m* enfoncement (de una fachada).

entraña *f* ANAT viscère *m*.
◆ *pl* entrailles ‖ FIG entrailles; *las entrañas de la Tierra* les entrailles de la Terre | entrailles, cœur *m sing* (ternura); *no tener entrañas* être sans cœur; *de buenas entrañas* qui a bon cœur, bienveillant; *de malas entrañas* malveillant ‖ — FAM *¡entrañas mías!, ¡hijo de mis entrañas!* mon enfant chéri ‖ FIG & FAM *arrancársele a uno las entrañas* déchirer le cœur | *dar hasta las entrañas* donner jusqu'à sa chemise | *sacar las entrañas* éventrer | *echar las entrañas* vomir, rendre tripes et boyaux.

entrañable *adj* intime; *amigo entrañable* ami intime ‖ cher, chère; *la muerte de nuestro entrañable colega* la mort de notre cher collègue ‖ qui est cher; *Soria, lugar entrañable de Castilla* Soria, endroit de Castille qui nous est cher ‖ profond, e; cher, chère (profundo); *los más entrañables deseos* les désirs les plus profonds.

entrañablemente *adv* affectueusement, tendrement.

entrañar *v tr* enfouir, introduire (introducir) ‖ renfermer (contener) ‖ entraîner, impliquer (llevar consigo).
◆ *v pr* s'introduire, pénétrer ‖ FIG se lier intimement (unirse) ‖ *entrañarse la simpatía de uno* gagner la sympathie de quelqu'un.

entrar *v intr* entrer; *entrar por la puerta* entrer par la porte; *entra en mi casa* entre chez moi ‖ entrer, rentrer (caber, encajar); *esta carpeta no entra en el cajón* cette chemise n'entre pas dans le tiroir; *esta pieza no entra en la otra* cette pièce ne rentre pas dans l'autre ‖ commencer; *ya ha entrado el verano* l'été a déjà commencé; *la carta entra diciendo* la lettre commence par ces mots; *este libro entra tratando de* ce livre traite pour commencer de ‖ FIG entrer; *entrar en las costumbres* entrer dans les mœurs ‖ rentrer; *esto no entra en mis atribuciones* ceci ne rentre pas dans mes attributions | entrer (ingresar); *entrar en religión* entrer en religion | être pris, e; *le entró la calentura, el sueño, las ganas de hablar* il a été pris de fièvre, de sommeil, de l'envie de parler | se mettre; *entrar en cólera* se mettre en colère | être composé de; *en la paella entran arroz y carne* la paella est composée de riz et de viande | y avoir (pour); *en este traje entran tres metros de paño* il y a pour trois mètres de tissu dans ce costume ‖ se jeter (ríos) ‖ passer (en contrabando) ‖ MECÁN passer; *no entra la tercera* la troisième ne passe pas ‖ MÚS faire son entrée ‖ TAUROM attaquer; *el toro no entra* le taureau refuse d'attaquer ‖ — *entrado en años* âgé; *una mujer entrada en años* une femme âgée ‖ *entrar a escena* sortir de scène ‖ *entrar a matar* s'apprêter à donner l'estocade (el torero) ‖ *entrar a servir* se placer [comme domestique] ‖ *entrar a servir con uno* entrer au service de quelqu'un ‖ *entrar bien* bien tomber, venir à point (ser oportuno) ‖ *entrar como un torbellino* entrer en coup de vent ‖ *entrar con buen pie* partir du bon pied ‖ MAR *entrar de guardia* prendre le quart ‖ *entrar dentro de sí* ou *en sí mismo* rentrer en soi-même ‖ *entrar en años* prendre de l'âge ‖ *entrar en calor* se réchauffer ‖ *entrar en campaña* se mettre en campagne ‖ *entrar en contacto* prendre contact, se mettre en rapport ‖ *entrar en conversaciones* entamer des pourparlers ‖ *entrar en detalles* rentrer dans les détails ‖ *entrar en el marco de* rentrer o s'inscrire dans le cadre de ‖ *entrar en el número de los vencedores* être du nombre des vainqueurs ‖ *entrar en las miras de alguien* entrer dans les vues de quelqu'un, être dans l'intention de quelqu'un ‖ *entrar en liza* entrer en lice ‖ *entrar en materia* entrer en matière ‖ *entrar en posición* être mis en batterie (cañones) ‖ *entrar en razón* entendre raison ‖ FAM *entrar por los ojos* taper dans l'œil ‖ *hacer entrar en razón* mettre à la raison, faire entendre raison ‖ FAM *le entra la prisa* il ne tient plus en place (es muy agitado), il met les bouchées doubles (se apresura) | *no entro ni salgo* je ne veux pas me mêler de cette affaire, ce n'est pas mon rayon | *no me entra la geometría* je n'arrive pas à me faire entrer la géométrie dans la tête, je n'arrive pas à assimiler la géométrie ‖ *por un oído me entra y por otro me sale* ce qui entre par une oreille sort par l'autre ‖ *una vez bien entrado el mes de mayo* une fois le mois de mai bien avancé ‖ *volver a entrar* rentrer.
◆ *v tr* entrer, rentrer; *entrar el coche en el garaje* entrer la voiture au garage ‖ introduire, faire entrer (introducir) ‖ FIG attaquer ‖ MAR rejoindre (alcanzar).

— OBSERV On rencontre quelquefois le verbe *entrar* à la forme pronominale; cette forme sert à imprimer une nuance d'effort à l'action du sujet: *se entró en la bodega* il entra (avec difficulté) dans la cave.

entre *prep* entre; *vacilar entre dos partidos* hésiter entre deux partis; *estar entre la vida y la muerte* être entre la vie et la mort; *llegaron entre las dos y las tres* ils sont arrivés entre 2 et 3 heures ‖ parmi (en el número de); *entre mis amigos* parmi mes amis ‖ chez (colectividad); *entre (los) sastres* chez les tailleurs; *entre romanos* chez les Romains ‖ dans, entre; *lo cogió entre sus manos* il l'a pris dans ses mains ‖ dans; *tuvo que conducir entre la niebla* il a dû conduire dans le brouillard ‖ mi... mi; *sabor entre dulce y amargo* goût mi-aigre, mi-doux; *mirada entre cariñosa y hostil* regard mi-tendre, mi-fâché ‖ en soi-même, à part soi, dans son for intérieur; *así pensaba entre mí* je pensais ainsi à part moi o en moi-même ‖ à (con varias personas); *entre los cuatro hicieron el trabajo* à eux quatre ils firent le travail; *construir una casa entre dos* bâtir une maison à deux ‖ — *entre los viejos y los jóvenes serán unos veinte* en comptant les vieux et les jeunes, ils doivent être une vingtaine ‖ *entre nosotros, dicho sea entre nosotros* entre nous soit dit, entre nous ‖ *entre otras cosas* entre autres, notamment ‖ *entre que* pendant que ‖ *entre tanto* entre-temps, cependant ‖ *la asamblea tomó esta decisión entre sus doce miembros* l'assemblée a pris cette décision sur l'avis de ses douze membres ‖ *por entre* parmi.

— OBSERV Cuando *entre* expresa una idea de colaboración entre varias personas, el francés utiliza la preposición *à* delante del numeral: *hacer algo entre dos* faire quelque chose à deux.

entreabierto, ta *adj* entrouvert, e.

entreabrir *v tr* entrouvrir; *entreabrir los ojos* entrouvrir les yeux ‖ entrouvrir, entrebâiller (puerta, ventana).
◆ *v pr* s'entrouvrir.

entreacto *m* entracte (intermedio).

entreayudarse *v pr* s'entraider.

entrecano, na *adj* gris, e; poivre et sel (*fam*); *tener el pelo entrecano* avoir les cheveux gris.

entrecavar *v tr* AGRIC bêcher légèrement.

entrecejo *m* espace entre les sourcils, glabelle *f* (*p us*) || *fruncir* ou *arrugar el entrecejo* froncer les sourcils || *mirar con entrecejo* regarder en fronçant les sourcils.

entrecerrar* *v tr* (*amer*) entrebâiller (entornar).

entrecomar *v tr* mettre des virgules || (*p us*) mettre entre guillemets (entrecomillar).

entrecomillar *v tr* mettre entre guillemets.

entrecoro *m* chœur [d'église].

entrecortado, da *adj* entrecoupé, e.

entrecortar *v tr* entrecouper || FIG entrecouper; *voz entrecortada* voix entrecoupée | entrecouper, entremêler; *discurso entrecortado de* ou *por sollozos* discours entrecoupé de sanglots | hacher; *este orador tiene una elocución entrecortada* cet orateur a un débit haché.

entrecote *m* entrecôte *f* (lomo).

entrecruzamiento *m* entrecroisement.

entrecruzar *v tr* entrecroiser.

entrecubierta *f* MAR entrepont *m*.

entrechocar *v tr* entrechoquer.

entredicho, cha *adj* interdit, e.
◆ *m* défense *f* (prohibición) || ECLES interdit (censura eclesiástica); *poner en entredicho a alguien* jeter l'interdit sur quelqu'un || (*amer*) rupture (de relaciones) || *estar en entredicho* être en question.

entredós *m* entre-deux *inv*, entretoile *f* (encaje o bordado) || entre-deux (mueble).

entrefilete *m* entrefilet (de periódico).

entrefino, na *adj* demi-fin, e || demi-sec (vino).

entrega *f* remise; *entrega de las llaves, de los premios* remise des clés, des prix || livraison (de géneros o compras) || livraison (de un periódico) || dévouement *m*; *entrega a una causa* dévouement à une cause || reddition (rendición) || passe (en fútbol) || ARQ extrémité d'une poutre qui entre dans un mur || — *entrega a domicilio* livraison à domicile || *entrega contra reembolso* livraison contre remboursement || — *novela por entregas* roman-feuilleton || — *hacer entrega de* offrir, remettre (solenellement).

entregado, da *adj* ensorcelé, e; fasciné, e.

entregar *v tr* remettre (dar); *me entregó esta carta* il m'a remis cette lettre; *entregar los poderes* remettre les pouvoirs; *entregar en manos propias* remettre en mains propres || livrer (por traición, etc.); *entregar una ciudad* livrer une ville || livrer; *entregar un pedido* livrer une commande || — *entregar el alma* rendre l'âme || *para entregar* aux bons soins (carta); *señor Martín para entregar a la señora de Dupuy* Madame Dupuy, aux bons soins de Monsieur Martin.
◆ *v pr* se livrer, se donner (darse) || se livrer, se rendre (una ciudad, etc.) || rendre les armes (declararse vencido) || FIG se livrer, s'abandonner (confiarse) || se livrer, s'adonner (dedicarse); *entregarse al estudio, a la bebida* se livrer à l'étude, s'adonner à la boisson || — *entregarse a la justicia* se livrer à la justice, se constituer prisonnier || *entregarse al lujo* donner dans le luxe || *entregarse al sueño* s'abandonner au sommeil.

entreguerras (de) *loc adj* de l'entre-deux-guerres.

entrelazamiento *m* entrelacement || FIG imbrication *f*; *sutiles entrelazamientos de interés* de subtiles imbrications d'intérêt.

entrelazar *v tr* entrelacer.

entrelínea *f* IMPR interligne *m*, entre-ligne *m* (añadido).

entrelinear *v tr* interligner.

entrelistado, da *adj* rayé, e (telas).

entrelucir* *v intr* transparaître.

entremedias *adv* au milieu (en medio) || pendant ce temps (mientras tanto).

entremés *m* TEATR intermède || CULIN hors-d'œuvre (antes del plato principal) || MÚS entremets.
— OBSERV En francés, los *entremets* son dulces, cremas, etc. que se sirven antes de los postres.

entremeter *v tr* mêler, entremêler (mezclar).
◆ *v pr* se mêler de; *no te entremetas en esto* ne te mêle pas de ça || se mêler à; *se entremetió en la conversación* il se mêla à la conversation.

entremetido, da *adj y s* indiscret, ète; *un hombre entremetido* un homme indiscret.
◆ *m y f* touche-à-tout (metomentodo).

entremetimiento *m* ingérence *f*, immixtion *f*.

entremezclar *v tr* entremêler.

entrenador *m* DEP entraîneur || AVIAC *entrenador de pilotaje* simulateur de vol.

entrenamiento *m* DEP entraînement.

entrenar *v tr* e *intr* DEP entraîner.
◆ *v pr* s'entraîner.

entreoír* *v tr* entendre vaguement.

entrepaño *m* ARQ panneau, trumeau || tablette *f* (anaquel).

entrepierna *f* entrejambe *m*.
◆ *pl* entrejambe *m sing*.

entrepiso *m* MIN étage [entre deux galeries].

entrepuente *m* MAR entrepont.

entrerrenglonar *v tr* interligner (escribir entre dos renglones).

entresacar *v tr* trier, choisir (sacar) || tirer (una conclusión) || rafraîchir, éclaircir [les cheveux] || AGRIC éclaircir.

entresijo *m* ANAT mésentère (mesenterio) || FIG secret, mystère || — *tener muchos entresijos* présenter beaucoup de difficultés (una cosa), cacher son jeu (una persona) || *conocer todos los entresijos* connaître les tenants et les aboutissants.

entresuelo *m* entresol || TEATR premier balcon.

entresurco *m* AGRIC crête *f* (entre dos surcos).

entretallar *v tr* sculpter en bas relief || découper (recortar una tela), ajourer, faire des jours (hacer calados) || FIG barrer le chemin (impedir el paso).

entretanto *adv* entre-temps, pendant ce temps, cependant (mientras tanto) || sur ces entrefaites (en esto) || — *en el entretanto* entre-temps, dans l'intervalle || *entretanto que* jusqu'à ce que; *voy a leer entretanto que se come* je vais lire jusqu'à ce qu'on déjeune.

entretecho *m* (*amer*) grenier (desván).

entretejer *v tr* brocher, entretisser (tejer con hilos de colores diferentes) || FIG mêler, truffer, entrelarder (un escrito) | entrelacer, croiser (cruzar).

entretela *f* triplure (para reforzar) || bougran *m* (tela gruesa) || IMPR satinage *m*.
◆ *pl* FAM entrailles.

entretención *f (amer)* amusement *m*.
entretener* *v tr* distraire, amuser (recrear) || FIG distraire (un dolor) | amuser (al enemigo) | tromper; *entretener la muerte, el hambre* tromper la mort, la faim | faire traîner en longueur (dar largas) | entretenir (cuidar) | entretenir; *entretener a alguien con esperanzas* entretenir quelqu'un d'espérances | bercer; *entretener con promesas, con buenas palabras* bercer par des promesses, de belles paroles | occuper, prendre; *estas gestiones me han entretenido toda la mañana* ces démarches m'ont occupé toute la matinée.
◆ *v pr* s'amuser, se distraire; *entretenerse en leer* ou *leyendo* se distraire en lisant *o* par la lecture || FIG perdre son temps (perder el tiempo) | se mettre en retard (retrasarse) | s'attarder; *entretenerse en casa de alguien* s'attarder chez quelqu'un.
entretenida *f* amusement *m* || femme entretenue || *dar a uno la entretenida* amuser quelqu'un, distraire quelqu'un, détourner l'esprit de quelqu'un.
entretenido, da *adj* amusant, e; distrayant, e (divertido) || délassant, e; distrayant, e; *una lectura entretenida* une lecture délassante || occupé, e (ocupado).
entretenimiento *m* amusement (recreo) || occupation *f* || passe-temps (pasatiempo) || entretien (conversación) || entretien (cuidado) || MIL diversion *f*.
entretiempo *m* demi-saison *f*; *traje de entretiempo* costume de demi-saison.
entreventana *f* ARQ trumeau *m*.
entrever* *v tr* entrevoir.
entreverado *m* tripes *f pl* de mouton assaisonnées et grillées || *tocino entreverado* petit lard, lard maigre.
entreverar *v tr* entremêler.
◆ *v pr (amer)* se mêler, s'entremêler.
entrevero *m (amer)* foule *f* (gentío) | confusion *f* (mezcla) || *por los entreveros y recovecos* dans tous les coins et recoins.
entrevía *f* entre-rail *m*, entrevoie.
entrevista *f* entrevue, entretien *m*; *tuve una entrevista con el director* j'ai eu une entrevue avec le directeur || interview (de periodista) || *hacer una entrevista a* interviewer.
entrevistador, ra *m y f* journaliste qui fait des interviews, interviewer *m* || enquêteur, euse (encuestador).
entrevistar *v tr* interviewer.
◆ *v pr* avoir une entrevue *o* un entretien avec, rencontrer; *el presidente se entrevistó con su primer ministro* le président a eu une entrevue avec *o* a rencontré son Premier ministre || interviewer; *el periodista se entrevistó con el Rey* le journaliste a interviewé le roi.
entripado, da *adj* intestinal, e.
◆ *m* rembourrage (relleno de un asiento) || FIG dépit, rancune *f* (encono).
entristecedor, ra *adj* attristant, e.
entristecer* *v tr* attrister.
◆ *v pr* s'attrister; *entristecerse con* ou *de* ou *por* s'attrister de.
entristecimiento *m* tristesse *f*.
entrometer *v tr* → **entremeter**.
entrometido, da *adj y s* indiscret, ète.
entrometimiento *m* ingérence *f*, immixtion *f*.

entromparse *v pr* POP se cuiter, se soûler (emborracharse) || *(amer)* se fâcher, faire la tête (enfadarse).
entrona *f (amer)* coquette.
entronar *v tr* introniser.
◆ *v pr* FIG faire l'important, pontifier (engreírse).
entroncamiento *m* lien, parenté *f* (parentesco) || rattachement (acción de entroncar) || alliance *f* (parentesco que se contrae).
entroncar *v tr* rattacher || *(amer)* apparier (aparear).
◆ *v intr* être apparenté *o* lié à; *mi familia entronca con la tuya* ma famille est apparentée à la tienne || s'allier à (contraer parentesco); *sus familias entroncaron en el siglo XVII* leurs familles s'allièrent au XVIIe siècle.
◆ *v intr y pr (amer)* s'embrancher [chemins de fer].
entronización *f*; **entronizamiento** *m* intronisation *f*.
entronizar *v tr* introniser (colocar en el trono) || FIG exalter.
◆ *v pr* pontifier, faire l'important.
entronque *m* parenté *f* (parentesco) || FIG parenté *f* (relación) || *(amer)* embranchement (ferrocarril).
entropía *f* FÍS entropie.
entubación *f* pose d'un tube.
entubado *m* TECN tubage.
entubamiento *m* TECN tubage || MED intubation *f*.
entubar *v tr* tuber.
entuerto *m* dommage (agravio) || tort; *deshacer* ou *enderezar entuertos* redresser des torts.
◆ *pl* MED tranchées *f* utérines.
entullecer* *v tr* FIG paralyser (un asunto).
◆ *v intr* devenir perclus (tullirse).
entumecer* *v tr* engourdir, endormir (entorpecer); *tener los miembros entumecidos* avoir les membres endormis || tuméfier (hinchar); *labios entumecidos* lèvres tuméfiées || *dedos entumecidos* doigts gourds (por el frío).
◆ *v pr* FIG s'agiter (el mar).
entumecimiento *m* engourdissement (adormecimiento) || tuméfaction *f* (hinchazón).
enturbiar *v tr* troubler; *enturbiar el agua* troubler l'eau || FIG embrouiller (enredar).
entusiasmar *v tr* enthousiasmer || enthousiasmer, enlever; *entusiasmar al auditorio* enthousiasmer son auditoire.
◆ *v pr* s'enthousiasmer; *entusiasmarse con el teatro* s'enthousiasmer pour le théâtre.
entusiasmo *m* enthousiasme.
entusiasta *adj y s* enthousiaste; *un hombre entusiasta* un homme enthousiaste.
entusiástico, ca *adj* enthousiaste; *un recibimiento entusiástico* un accueil enthousiaste.
enumeración *f* énumération || récapitulation (resumen) || DR dénombrement *m*; *la enumeración de la población de un país* le dénombrement de la population d'un pays.
enumerar *v tr* énumérer.
enumerativo, va *adj* énumératif, ive.
enunciación *f*; **enunciado** *m* énoncé *m*, énonciation *f*.
enunciar *v tr* énoncer.

enunciativo, va *adj* énonciatif, ive ‖ GRAM *oración enunciativa* proposition énonciative.

envainar *v tr* engainer (meter en la vaina) ‖ rengainer, remettre au fourreau (la espada).

envalentonamiento *m* hardiesse *f*.

envalentonar *v tr* enhardir (dar valor) ‖ encourager, stimuler (estimular).
◆ *v pr* s'enhardir ‖ être encouragé *o* stimulé; *se envalentonó con aquellas palabras elogiosas* il a été encouragé par ces paroles élogieuses ‖ s'enorgueillir; *envalentonarse con un pequeño éxito* s'enorgueillir d'un maigre succès | prendre de l'assurance.

envanecedor, ra *adj* qui enorgueillit.

envanecer* *v tr* enorgueillir.
◆ *v pr* s'enorgueillir, tirer vanité; *envanecerse con* ou *de* ou *por* ou *en sus éxitos* s'enorgueillir de ses succès.

envanecimiento *m* vanité *f*, orgueil.

envarado, da *adj* guindé, e; collet monté.

envarar *v tr* engourdir (entumecer) ‖ engoncer; *esta chaqueta me envara* cette veste l'engonce.
◆ *v pr* s'engourdir, se raidir.

envasado, da *adj* en boîte, en conserve (pescado, etc.) ‖ en bouteille (líquidos, gas butano).
◆ *m* mise *f* en conserve *o* en bouteille.

envasador *m* grand entonnoir ‖ emballeur (obrero).

envasar *v tr* mettre dans un récipient (en una vasija) ‖ empaqueter, emballer (mercancías); *envasar al vacío* emballer sous vide ‖ ensacher (poner en un saco) ‖ FAM boire.

envase *m* ensachement (en un saco) ‖ récipient (recipiente), boîte *f* (caja), bouteille *f* (botella) ‖ emballage (embalaje); *envase de materia plástica* emballage en matière plastique ‖ paquet (fardo) ‖ récipient, bouteille *f* (gas butano) ‖ *leche en envase de cartón* berlingot de lait.

envejecer* *v tr* vieillir; *los sufrimientos la han envejecido* les souffrances l'ont vieillie ‖ FIG vieillir; *este vestido negro le envejece* cette robe noire la vieillit ‖ FIG *¡esto nos envejece!* cela ne nous rajeunit pas.
◆ *v intr* vieillir; *ha envejecido mucho* il a beaucoup vieilli ‖ *envejecer en el oficio* blanchir sous le harnois.
◆ *v pr* vieillir.

envejecido, da *adj* vieilli, e ‖ FIG expérimenté, e; exercé, e (acostumbrado).

envejecimiento *m* vieillissement.

envenenador, ra *adj y s* empoisonneur, euse.

envenenamiento *m* empoisonnement, envenimement *(p us)* ‖ FIG envenimement ‖ pollution *f; el envenenamiento del aire* la pollution de l'air.

envenenar *v tr* empoisonner ‖ FIG empoisonner; *la envidia envenena la existencia* l'envie empoisonne la vie ‖ envenimer (una discusión).

enverdecer* *v intr* verdir (las plantas).

envergadura *f* MAR envergure ‖ FIG envergure (potencia, importancia) ‖ AVIAC & ZOOL envergure.

envergar *v tr* MAR enverguer.

enverjado *m* grille *f* (enrejado).

envés *m* verso (de una página) ‖ BOT envers (revés) ‖ FAM dos (espalda).

enviado, da *adj y s* envoyé, e; *enviado especial* envoyé spécial; *enviado extraordinario* envoyé extraordinaire.

enviar *v tr* envoyer ‖ — FAM *enviar al diablo, a todos los diablos* envoyer au diable, à tous les diables | *enviar a paseo* envoyer promener ‖ *enviar de envoyer* comme, en tant que; *enviar de jefe de batallón* envoyer comme chef de bataillon ‖ *enviar noramala* envoyer au diable ‖ *enviar por* envoyer chercher; *enviar a uno por unos libros* envoyer quelqu'un chercher des livres; envoyer prendre (noticias, informes).

enviciar *v tr* dépraver, corrompre, débaucher; *enviciar a un adolescente* dépraver un adolescent; *enviciar a una muchacha* débaucher une fille ‖ vicier (viciar) ‖ exciter à la débauche (a los menores de edad).
◆ *v intr* ne plus pouvoir se passer de; *es un desgraciado enviciado en el juego* c'est un pauvre type qui ne peut plus se passer du jeu ‖ produire trop de feuillage (un árbol) ‖ — *estar enviciado* être prisonnier d'un vice *o* d'une mauvaise habitude ‖ *no fume tanto porque se va a enviciar* ne fumez pas tant, car vous ne pourrez plus vous arrêter *o* vous débarrasser de cette mauvaise habitude *o* vous en passer.
◆ *v pr* se dépraver, se corrompre, se débaucher; *enviciarse con el contacto de las malas compañías* se dépraver au contact des mauvaises compagnies ‖ prendre la mauvaise habitude de; *enviciarse en el tabaco, la bebida* prendre la mauvaise habitude de fumer, de boire ‖ se jeter dans la débauche, se livrer à la débauche; *al salir de la cárcel se envició* en sortant de prison, il se jeta dans la débauche.

envidar *v tr* renvier [aux cartes] ‖ *envidar en falso* bluffer, renvier sans avoir de jeu.

envidia *f* envie; *la envidia es un pecado* l'envie est un péché ‖ envie, jalousie; *la envidia le carcome* la jalousie le ronge ‖ émulation (emulación) ‖ — *dar envidia* faire envie ‖ *quedarse mudo de envidia, comérsele a uno la envidia* mourir *o* crever d'envie *o* de jalousie ‖ *dar envidia a la gente* faire des envieux | *tener envidia a uno* envier quelqu'un; *te tengo envidia de haber hecho este viaje* je t'envie d'avoir fait ce voyage.

envidiable *adj* enviable.

envidiar *v tr* envier, jalouser; *envidiar a uno* envier quelqu'un; *envidiar el cargo a uno* envier le poste de quelqu'un ‖ — *más vale ser envidiado que envidioso* il vaut mieux faire envie que pitié ‖ *no tener que envidiar a* n'avoir rien à envier à.

envidiosamente *adv* jalousement.

envidioso, sa *adj y s* envieux, euse (de una cosa); *envidioso de la felicidad ajena* envieux du bonheur d'autrui ‖ jaloux, ouse (de una persona *o* cosa).

envigado *m* CONSTR solivage, charpente *f*, ferme *f* (armadura de un tejado).

envilecer* *v tr* avilir (hacer vil y despreciable) ‖ déshonorer (quitar la honra y estimación).
◆ *v pr* s'avilir.

envilecimiento *m* avilissement (bajeza) ‖ déshonneur, déchéance *f* (deshonra).

envinado, da *adj* *(amer)* vineux, euse (color).

envinar *v tr* rougir (añadir vino al agua).

envío *m* envoi ‖ — *envío contra reembolso* envoi contre remboursement ‖ *gastos de envío* frais d'envoi.

envite *m* renvi [aux cartes] ‖ FIG coup, poussée *f* (empujón) | offre *f* (ofrecimiento) ‖ — *aceptar el envite* tenir (en los naipes) ‖ *al primer envite* du premier coup.

enviudar *v intr* devenir veuf, veuve.

envoltorio *m* paquet.

envoltura *f* enveloppe, couverture (lo que envuelve) ‖ emballage *m* (envase) ‖ maillot *m* (pañales) ‖ TECN enchemisage *m* (forro).

envolvente *adj* enveloppant, e; *línea envolvente* ligne enveloppante ‖ MIL enveloppant, e; tournant, e; *movimiento envolvente* mouvement tournant.

◆ *f* MAT enveloppante.

envolver* *v tr* envelopper; *envolver en un papel* envelopper dans un papier ‖ enrouler; *envolver hilo en un carrete* enrouler du fil sur une bobine ‖ enrober (medicamentos) ‖ emmailloter (a un niño) ‖ FIG envelopper; *envolver el pensamiento con hábiles perífrasis* envelopper sa pensée dans d'habiles périphrases | mêler, impliquer [dans une affaire] ‖ MIL envelopper, tourner ‖ *papel de envolver* papier d'emballage.

◆ *v pr* s'envelopper; *envolverse en ou con una manta* s'envelopper dans une couverture ‖ être enveloppé; *el chocolate suele envolverse en papel de estaño* le chocolat est généralement enveloppé dans du papier d'étain ‖ s'enrouler sur *o* autour de (enrollarse) ‖ FIG se mêler (mezclarse) | se draper; *envolverse con* ou *en su dignidad* se draper dans sa dignité ‖ FAM avoir une liaison (amancebarse).

envolvimiento *m* enveloppement ‖ enroulement (arrollamiento) ‖ emmaillotement (de un niño) ‖ MIL enveloppement.

envuelto, ta *adj* enveloppé, e ‖ enroulé, e; roulé, e; enveloppé, e; *envuelto en una manta* enroulé dans une couverture ‖ FIG enveloppé, e; *envuelto en tal misterio* enveloppé dans un tel mystère | mêlé, e; *envuelto en una serie de líos* mêlé à toute une série d'histoires.

◆ *m* (*amer*) galette *f* (tortilla).

enyerbar *v tr* enherber (sembrar de hierba) ‖ (*amer*) ensorceler (hechizar).

◆ *v pr* (*amer*) se couvrir d'herbe | s'empoisonner (envenenarse).

enyesado *m*; **enyesadura** *f* plâtrage *m* ‖ MED plâtre *m* (escayolado).

enyesar *v tr* plâtrer; *enyesar una pared, un miembro roto* plâtrer un mur, un membre brisé.

enyugar; enyuntar *v tr* atteler [les bœufs].

enzarzar *v tr* couvrir de ronces (una tapia) ‖ TECN encabaner [les vers à soie] ‖ FIG brouiller (malquistar).

◆ *v pr* se prendre dans les ronces ‖ FIG s'embrouiller, s'empêtrer (enredarse) | se fourrer, s'empêtrer, s'embarquer [dans une mauvaise affaire] | s'embarquer (en una discusión) | se disputer (reñirse), se crêper le chignon (las mujeres).

enzima *f* BIOL enzyme (fermento soluble).

enzimático, ca *adj* enzymatique.

eñe *f* nom du «n» mouillé en espagnol (ñ), qui se prononce comme *gn* dans *agneau*.

eoceno *adj y s m* GEOL éocène.

eólico, ca *adj* éolien, enne.

◆ *m* dialecte éolien.

eón *m* FILOS éon (inteligencia eterna entre los gnósticos).

eosina *f* QUÍM éosine.

epatar *v tr* épater.

— OBSERV Galicismo que se emplea con el sentido de *asombrar, deslumbrar, pasmar*.

epazote *m* (*amer*) chénopode (planta).

e.p.d. abrev de *en paz descanse* R.I.P., requiescat in pace [qu'il repose en paix].

eperlano *m* ZOOL éperlan (pez).

épica *f* poésie épique.

épicamente *adv* d'une manière épique.

epicardio *m* ANAT épicarde.

epicarpio *m* BOT épicarpe.

epiceno *m* GRAM épicène.

epicentro *m* GEOL épicentre.

épico, ca *adj* épique; *poema épico* poème épique.

◆ *m* poète épique.

epicureísmo *m* FILOS épicurisme.

epicúreo, a *adj y s* épicurien, enne.

Epicuro *n pr m* Épicure.

epidemia *f* épidémie ‖ FIG épidémie (oleada).

epidémico, ca *adj* épidémique.

epidemiología *f* MED épidémiologie.

epidérmico, ca *adj* épidermique.

epidermis *f* ANAT épiderme *m* ‖ FIG & FAM *tener la epidermis fina* avoir l'épiderme sensible.

Epifanía *f* RELIG Épiphanie.

epifenómeno *m* épiphénomène.

epífisis *f* ANAT épiphyse.

epigástrico, ca *adj* épigastrique.

epigastrio *m* ANAT épigastre.

epiglotis *f* ANAT épiglotte.

epígono *m* épigone.

epígrafe *m* épigraphe *f* (inscripción, cita) ‖ alinéa (de un párrafo) ‖ titre (encabezamiento).

epigrafía *f* épigraphie.

epigrama *m* épigramme *f* (pieza satírica).

epilepsia *f* MED épilepsie.

epiléptico, ca *adj y s* MED épileptique.

epilogar *v tr* résumer (resumir), conclure (concluir).

epílogo *m* épilogue (de una novela o poema) ‖ récapitulation *f* (recapitulación) ‖ résumé, abrégé (compendio).

epinicio *m* épinicie *f* (canto de victoria).

episcopado *m* ECLES épiscopat.

episcopal *adj* épiscopal, e; *palacios episcopales* palais épiscopaux.

episódico, ca *adj* épisodique.

episodio *m* épisode.

epistemología *f* épistémologie.

epistemológico, ca *adj* épistémologique.

epístola *f* épître; *las epístolas de Horacio* les épîtres d'Horace ‖ ECLES épître ‖ FAM épître (carta).

epistolar *adj* épistolaire.

epistolario *m* recueil de lettres ‖ livre des Épîtres (libro litúrgico).

epitafio *m* épitaphe *f*.

epitelial *adj* épithélial, e; *tejidos epiteliales* tissus épithéliaux.

epitelio *m* ANAT épithélium.

epíteto *m* épithète *f*.

epitomar *v tr* abréger.
epítome *m* épitomé, abrégé (compendio).
epizootia *f* VETER épizootie ‖ *(amer)* fièvre aphteuse.
epizoótico, ca *adj* VETER épizootique.
época *f* époque ‖ temps (tiempo); *época de la siembra* temps des semailles ‖ — *en esta época* à cette époque ‖ *en la época de Felipe II* à l'époque de Philippe II ‖ *en mi época* de mon temps ‖ *hacer época* faire date ‖ *ser de su época* être de son temps.
epónimo, ma *adj y s m* éponyme.
epopeya *f* épopée.
épsilon *f* epsilon *m* («e» breve en griego).
eptágono, na *adj y s m* GEOM heptagone.
equidad *f* équité (justicia).
equidistancia *f* équidistance.
equidistante *adj* équidistant, e.
equidistar *v intr* GEOM être équidistant, e.
equidna *m* ZOOL échidné.
équidos *m pl* ZOOL équidés.
equilátero, ra *adj* GEOM équilatéral, e; *triángulos equiláteros* triangles équilatéraux.
equilibrado, da *adj* équilibré, e; en équilibre ‖ FIG équilibré, e (sensato).
equilibrar *v tr* équilibrer.
equilibrio *m* équilibre; *mantener el equilibrio* garder son équilibre; *perder el equilibrio* perdre l'équilibre ‖ FIG équilibre (político, mental, etc.) ‖ — *equilibrio de fuerzas* équilibre des forces ‖ *equilibrio de poderes* équilibre des pouvoirs ‖ *equilibrio ecológico* équilibre écologique ‖ — FIG *hacer equilibrios* faire des acrobaties.
equilibrismo *m* exercices *pl* d'équilibre, équilibrisme.
equilibrista *m y f* équilibriste.
equimolecular *adj* QUÍM équimoléculaire.
equimosis *f* ecchymose.
equimúltiplo, pla *adj y s m* MAT équimultiple.
equino *m* oursin (erizo de mar) ‖ ARQ échine *f* (moldura).
  ➤ *pl* ZOOL équidés.
equino, na *adj* chevalin, e ‖ équin, e (relativo al caballo).
equinoccial *adj* équinoxial, e; *puntos equinocciales* points équinoxiaux.
  ➤ *f* ligne équinoxiale.
equinoccio *m* ASTR équinoxe.
equipaje *m* bagages *pl*; *viajar con poco equipaje* voyager avec peu de bagages ‖ MAR équipage (tripulación) ‖ *equipaje de mano* bagage à main.
equipamiento *m* équipement.
equipar *v tr* équiper.
equiparable *adj* comparable.
equiparación *f* comparaison.
equiparar *v tr* comparer; *equiparar Alejandro a* ou *con César* comparer Alexandre à César.
equipo *m* équipe *f*; *equipo de colaboradores, de fútbol* équipe de collaborateurs, de football ‖ équipement (del soldado) ‖ équipement; *equipo eléctrico* équipement électrique ‖ matériel; *equipo de oficina* matériel de bureau ‖ trousseau (de novia, de colegial) ‖ chaîne *f* (estereofónico) ‖ — *bienes de equipo* biens d'équipement ‖ *compañero, ra de equipo* équipier, ère (jugador), coéquipier, ère (en relación uno con otro) ‖ — *equipo de rescate* équipe de secours ‖ *equipo de sonido* matériel hi-fi, équipe du son ‖ *equipo quirúrgico* instruments de chirurgie.
equipolencia *f* équipollence (equivalencia).
equipolente *adj* équipollent, e.
equiponderar *v intr* être du même poids.
equipotencial *adj* équipotentiel, elle.
equis *f* x *m* [nom de la lettre «x»] ‖ MAT x *m* [nombre quelconque].
equitación *f* équitation.
equitativo, va *adj* équitable (justo).
equivalencia *f* équivalence.
equivalente *adj y s m* équivalent, e.
equivaler* *v intr* équivaloir à, valoir; *una blanca en música equivale a dos negras* une blanche en musique vaut deux noires ‖ GEOM être égal à ‖ *eso equivale a decir que* cela revient à dire que.
equivocación *f* erreur, méprise; *tener una equivocación* commettre un erreur ‖ mécompte *m*, erreur (en una cuenta) ‖ *por equivocación* par erreur.
equivocadamente *adv* de façon erronée, par erreur.
equívocamente *adv* d'une manière équivoque.
equivocar *v tr* tromper (engañar) ‖ *estar equivocado* se tromper, faire erreur.
  ➤ *v pr* se tromper; *equivocarse de puerta* se tromper de porte; *equivocarse en un cálculo* se tromper dans un calcul ‖ se tromper, faire erreur; *reconozco que me he equivocado* je reconnais que je me suis trompé ‖ prendre pour (confundir); *me he equivocado con otra persona* je vous ai pris pour une autre personne ‖ se tromper (juzgar mal); *equivocarse con uno* se tromper sur o sur le compte de quelqu'un ‖ *si no me equivoco* si je ne me trompe pas, si je ne m'abuse.
equívoco, ca *adj* équivoque ‖ douteux, euse.
  ➤ *m* équivoque *f*, mot équivoque (palabra ambigua) ‖ équivoque *f*, malentendu (confusión) ‖ POÉT équivoque *f* ‖ *(amer)* erreur *f*, méprise *f* ‖ *andar con equívocos* jouer sur les mots.
era *f* ère; *la era cristiana* l'ère chrétienne ‖ FIG ère, époque; *era atómica* ère atomique ‖ aire; *trillar en la era* battre le blé sur l'aire ‖ carré *m*, carreau *m* [de légumes] ‖ MIN carreau *m*.
eral *m* jeune taureau [entre un et deux ans].
erario *m* trésor; *erario público* trésor public.
erbio *m* erbium (metal).
ERC abrev de *Esquerra Republicana de Catalunya* Gauche républicaine de Catalogne [parti politique].
ere *f* r *m* [nom du «r» doux espagnol].
erección *f* érection (de un monumento, de un tejido orgánico) ‖ FIG érection, établissement *m* (de un tribunal).
eréctil *adj* érectile.
erectilidad *f* érectilité.
erecto, ta *adj* dressé, e.
eremita *m* ermite (ermitaño).
erg; ergio *m* FÍS erg.
ergonomía *f* ergonomie.
ergonómico, ca *adj* ergonomique.
ergotizar *v intr* FAM ergoter (discutir).
erguimiento *m* redressement.
erguir* *v tr* lever (levantar); *erguir la cabeza* lever la tête ‖ dresser, redresser (poner derecho).

◆ *v pr* se dresser; *la montaña se yergue a lo lejos* la montagne se dresse au loin ‖ FIG se rengorger (envanecerse).

erial; eriazo, za *adj* en friche, inculte (tierra).
◆ *m* friche *f*, terrain en friche.

Erie (lago) *n pr* GEOGR lac Érié.

erigir *v tr* ériger (instituer, levanter).
◆ *v pr* s'ériger, se poser (constituirse); *erigirse en juez* s'ériger en juge.

erisipela *f* MED érysipèle *m*, érésipèle *m*.

eritema *m* MED érythème (inflamación).

Eritrea *n pr f* GEOGR Érythrée.

eritreo, a *adj* érythréen, enne (relativo a Eritrea).

erizado, da *adj* hérissé, e; *erizado de espinas, de dificultades* hérissé d'épines, de difficultés.

erizamiento *m* hérissement.

erizar *v tr* hérisser ‖ FIG *erizar el pelo* faire dresser les cheveux sur la tête.
◆ *v pr* se hérisser, se dresser; *se me erizó el pelo* mes cheveux se hérissèrent.

erizo *m* hérisson (mamífero) ‖ bogue *f* (envoltura de la castaña) ‖ FIG & FAM hérisson (persona arisca) ‖ hérisson (defensor de púas en un muro) ‖ MIL hérisson (mecánico) ‖ BOT touffe *f* épineuse (mata) ‖ — *erizo de mar* oursin (equinodermo) ‖ *erizo hembra* hérissonne ‖ *ser suave como un erizo* être comme un fagot d'épines.

ermita *f* ermitage *m*.

ermitaño *m* ermite ‖ ZOOL bernard-l'ermite (crustáceo).

erogación *f* distribution ‖ *(amer)* dépense, paiement *m* (desembolso).

erogar *v tr* distribuer (distribuir) ‖ *(amer)* payer (pagar).

erógeno, na *adj* érogène.

eros *m inv* éros (en psicología).

Eros *n pr m* Éros.

erosión *f* érosion; *erosión eólica, glacial, pluvial* érosion éolienne, glaciaire, pluviale ‖ MED érosion, écorchure.

erosionar *v tr* éroder (la roca).

erosivo, va *adj* érosif, ive.

erótico, ca *adj* érotique.

erotismo *m* érotisme.

erpetología *f* erpétologie, herpétologie (estudio de los reptiles).

errabundo, da *adj* errant, e; vagabond, e ‖ FIG vagabond, e; *imaginación errabunda* imagination vagabonde.

erradicación *f* éradication.

erradicar *v tr* déraciner, extirper ‖ supprimer.

errado, da *adj* faux, fausse; erroné, e ‖ manqué, e; raté, e; *tiro errado* coup manqué ‖ *estar errado* être dans l'erreur.

errante *adj* errant, e ‖ *estrella errante* étoile errante, planète.

errar* *v intr* errer (vagar) ‖ se tromper (equivocarse) ‖ *errar es humano* l'erreur est humaine.
◆ *v tr* manquer, rater; *errar el golpe* manquer son coup ‖ — *errar el camino* se tromper de chemin (en un viaje), faire fausse route (en la vida) ‖ *errar el tiro* manquer le but, rater son coup ‖ *errar la respuesta* faire une mauvaise réponse ‖ *quien mucho habla mucho yerra* trop parler nuit.

errata *f* erratum *m* ‖ faute (error) ‖ *fe de erratas* errata.

errático, ca *adj* errant, e ‖ GEOL & MED erratique.

erre *f* rr *m* [nom du «r» double] ‖ — FAM *erre que erre* coûte que coûte ‖ — FAM *sostener erre con erre* ou *erre que erre* soutenir mordicus ‖ *tropezar en las erres* ne pas marcher droit, zigzaguer (estar borracho).

erróneamente *adv* erronément.

erróneo, a *adj* erroné, e (falso).

error *m* erreur *f* (engaño, equivocación); *cometer un error, incurrir en un error* faire une erreur ‖ MAT erreur *f* ‖ — INFORM *error de escritura, de lectura* erreur d'écriture, de lecture ‖ *error de imprenta* coquille, faute d'impression ‖ *error de máquina* ou *de copia* faute de frappe ‖ DR *error judicial* erreur judiciaire ‖ *error tipográfico* faute typographique ‖ — *por error* par erreur ‖ *salvo error u omisión* sauf erreur ou omission ‖ — *estar en un error* être dans l'erreur.

eructar *v intr* éructer.

eructo *m* éructation *f*.

erudición *f* érudition.

erudito, ta *adj y s* érudit, e ‖ FAM *erudito a la violeta* personne d'une érudition superficielle.

erupción *f* éruption (volcánica, cutánea) ‖ MED *erupción de los dientes* éruption dentaire.

eruptivo, va *adj* éruptif, ive.

esa *adj dem* → **ese**.

ésa *pr dem* → **ése**.

ESADE abrev de *Escuela Superior de Administración y Dirección de Empresas* École supérieure d'administration et de direction d'entreprises [équivalent espagnol de H.E.C.].

esbeltez *f* sveltesse.

esbelto, ta *adj* svelte.

esbirro *m* sbire, policier.

esbozar *v tr* ébaucher, esquisser (bosquejar) ‖ ébaucher, esquisser; *esbozó una sonrisa* il ébauche un sourire ‖ *esbozar al lápiz* esquisser au crayon, crayonner.

esbozo *m* ébauche *f*, esquisse *f* (bosquejo).

esca *f* aiche, esche (cebo).

escabechado, da *adj* mariné, e (pescado) ‖ FIG & FAM descendu, e (matado) ‖ recalé, e; collé, e (en un examen).
◆ *m* marinage (del pescado).

escabechar *v tr* mariner (conservar) ‖ FIG & FAM descendre (matar) ‖ recaler, coller (en un examen).

escabeche *m* marinade *f*; *atún en escabeche* marinade de thon ‖ poisson mariné (pescado) ‖ *estar en escabeche* mariner.

escabechina *f* FAM ravage *m* ‖ hécatombe (en un examen).

escabel *m* escabeau, tabouret (asiento) ‖ petit banc, petit tabouret (para los pies).

escabrosamente *adv* rudement, âprement.

escabrosidad *f* rudesse, inégalité ‖ caractère scabreux.

escabroso, sa *adj* accidenté, e (terreno) ‖ FIG scabreux, euse; *historia escabrosa* histoire scabreuse ‖ rude, intraitable (carácter).

escabullirse* *v pr* glisser des mains, échapper (escurrirse) ‖ s'éclipser, s'esquiver (marcharse).

escacharrar *v tr* casser (romper) ‖ FIG abîmer, esquinter (estropear).

escafandra *f*; **escafandro** *m* scaphandre *m*; *escafandra autónoma* scaphandre autonome.

escafandrista *m y f* scaphandrier *m*.

escafoides *adj y s m* ANAT scaphoïde.

escagüite *m (amer)* dragonnier (árbol).

escala *f* échelle (graduación, proporción); *la escala de un mapa* l'échelle d'une carte ‖ échelle (escalera, escalerilla) ‖ escale; *hacer escala en Montevideo* faire escale à Montevideo ‖ dégradé *m* (en prendas de punto) ‖ MIL tableau *m* d'avancement ‖ MÚS gamme, échelle; *escala mayor, menor, cromática, diatónica* gamme majeure, mineure, chromatique, diatonique ‖ barême *m* (de tarifas) ‖ — *escala de cuerda* échelle de corde ‖ MIN *escala de Mohs* ou *de dureza* échelle de Mohs ‖ MIL *escala de reserva* cadre de réserve ‖ *escala móvil* échelle mobile; *escala móvil salarial* échelle mobile des salaires ‖ MAR *escala real* échelle de coupée ‖ — *a escala* à l'échelle ‖ *a escala internacional* à l'échelle internationale ‖ *en gran, pequeña escala* sur une grande, petite échelle.

escalabrar *v tr* → **descalabrar**.

escalada *f* escalade ‖ *escalada de chimeneas* ramonage (en alpinismo).

escalador, ra *adj* grimpeur, euse.

◆ *m y f* escaladeur, euse; grimpeur, euse.

escalafón *m* tableau d'avancement (del personal) ‖ échelon (grado) ‖ MIL cadre ‖ *seguir el escalafón* gravir les échelons.

escalamiento *m* escalade *f*.

escalar *v tr* escalader (una pared, una montaña, etc.) ‖ ouvrir une vanne (en la acequia) ‖ FIG monter (alcanzar dignidades) ‖ *escalar de chimenea* ramoner (en alpinismo) ‖ FIG *escalar puestos* monter en grade.

escalar *adj* scalaire.

escaldadera *f* TECN échaudoir *m* (recipiente para escaldar).

escaldado, da *adj* échaudé, e ‖ *gato escaldado del agua fría huye* chat échaudé craint l'eau froide.

◆ *m* échaudage.

escaldadura *f* échaudage *m* ‖ brûlure (quemadura) ‖ FIG expérience *f* cuisante.

escaldar *v tr* échauder, ébouillanter (con agua caliente) ‖ chauffer à blanc (caldear) ‖ FIG échauder.

escaleno *adj m* GEOM scalène.

escalera *f* escalier *m*; *escalera de caracol* escalier en colimaçon; *escalera excusada* ou *falsa* escalier dérobé ‖ suite, séquence (naipes), quinte (póker); *escalera al rey, de color, máxima* quinte au roi, quinte flush o floche, majeure ‖ — *escalera de gancho* échelle à crochets ‖ *escalera de mano* échelle ‖ *escalera de servicio* escalier de service ‖ *escalera de tijera* échelle double ‖ *escalera mecánica* ou *automática* escalier mécanique *o* roulant, escalator ‖ — *de escalera abajo* de bas étage; *gente de escalera abajo* gens de bas étage ‖ *paso de escalera* montée en escalier ‖ — *subir la escalera* monter l'escalier.

escalerilla *f* tierce (tres naipes seguidos) ‖ petit escalier *m* (escalera) ‖ échelette *(p us)*, petite échelle (escala) ‖ passerelle (de avión) ‖ VETER instrument *m* de fer pour maintenir ouverte la bouche du cheval.

escalfado, da *adj* poché (huevo) ‖ boursouflé, e; cloqué, e (pared, yeso).

escalfador *m* coquemar (hervidor) ‖ chaufferette *f* (para calentar) ‖ pocheuse *f* (para los huevos).

escalfar *v tr* pocher (los huevos).

escalinata *f* ARQ perron *m*.

escalo *m* escalade *f* ‖ tranchée *f*, galerie *f* souterraine, boyau (boquete) ‖ *robo con escalo* vol avec escalade.

escalofriante *adj* terrifiant, e; horrifiant, e; qui fait froid dans le dos.

escalofrío *m* frisson.

escalón *m* échelon (de escala) ‖ marche *f*, degré (de escalera) ‖ FIG échelon (de dignidad, empleo) ‖ MIL échelon, unité *f* ‖ *cortar el pelo en escalones* faire des échelles dans les cheveux.

escalonado, da *adj* échelonné, e ‖ *huelga escalonada* grève tournante.

escalonamiento *m* échelonnement ‖ étalement; *escalonamiento de las vacaciones* étalement des vacances ‖ étagement (a diferentes niveles).

escalonar *v tr* échelonner ‖ étaler; *escalonar los pagos* étaler les paiements ‖ étager.

escalonia; escalona *f* BOT échalote (chalote).

escalope *m* escalope *f*.

escalpar *v tr* scalper.

escalpelo *m* MED scalpel.

escama *f* écaille (de pez, de serpiente) ‖ MED squame (de la piel) ‖ BOT écaille ‖ écaille (de coraza) ‖ FIG méfiance, soupçon *m* (desconfianza) ‖ — *jabón en escamas* savon en paillettes ‖ *quitar las escamas* écailler.

escamado, da *adj* FAM méfiant, e; soupçonneux, euse (desconfiado).

◆ *f* broderie pailletée (recamado).

escamar *v tr* écailler (quitar las escamas) ‖ FIG & FAM rendre méfiant; *la experiencia le ha escamado* l'expérience l'a rendu méfiant ‖ — FIG & FAM *estar escamado* être sur ses gardes ‖ *esto me ha escamado siempre* cela m'a toujours paru suspect.

◆ *v pr* FIG & FAM se méfier.

escamilla *f* squamule.

escamón, ona *adj* méfiant, e.

escamonda *f* émondage *m*, émondement *m*, ébranchage *m*, ébranchement *m*, élagage *m*.

escamondar *v tr* AGRIC émonder, ébrancher, élaguer (podar) ‖ FIG élaguer (lo superfluo) ‖ nettoyer à fond (limpiar) ‖ laver, débarbouiller (la cara) ‖ — *escamondar un bosque* jardiner un bois ‖ *estar muy escamondado* être très propre.

escamoso, sa *adj* écailleux, euse (que tiene escamas) ‖ squameux, euse (piel).

escamoteador, ra *m y f* escamoteur, euse.

escamotear *v tr* escamoter.

escamoteo *m* escamotage.

escampado, da *adj* désert, e; inhabité, e.

◆ *f* éclaircie.

escampar *v impers* cesser de pleuvoir, ne plus pleuvoir; *espera que escampe* attends qu'il ne pleuve plus.

escampavía *f* MAR vedette (barco pequeño) ‖ garde-côte *m* (para vigilar las costas).

escanciador *m* échanson.

escanciar *v tr* verser à boire.

◆ *v intr* boire du vin.

escandalera *f* FAM scandale *m*, esclandre *m*.

escandalizar *v tr* scandaliser (causar escándalo); *su conducta me escandaliza* sa conduite me scandalise.
◆ *v pr* se scandaliser, être scandalisé; *se escandalizó por tu conducta* il a été scandalisé par ta conduite ‖ se fâcher (encolerizarse) ‖ crier au scandale (protestando).

escándalo *m* scandale ‖ esclandre, éclat (alboroto) ‖ tapage (ruido); *escándalo nocturno* tapage nocturne ‖ — *piedra de escándalo* pierre de scandale ‖ — *con gran* ou *el consiguiente escándalo de* au grand scandale de ‖ — *armar un escándalo* faire du scandale o un scandale, faire de l'esclandre o un esclandre ‖ *armar* ou *formar un escándalo a uno* faire une scène à quelqu'un ‖ *causar escándalo* faire scandale.

escandalosa *f* MAR flèche d'artimon (vela) ‖ FIG & FAM *echar la escandalosa* engueuler.

escandalosamente *adv* scandaleusement.

escandaloso, sa *adj* scandaleux, euse (que causa escándalo) ‖ FIG tapageur, euse; bruyant, e (que mete jaleo) | criant, e; *injusticia escandalosa* injustice criante ‖ *ser una escandalosa* faire des histoires.

escandallar *v tr* MAR sonder (sondear) ‖ COM contrôler, visiter (mercancías).

escandallo *m* MAR sonde *f*, plomb ‖ COM contrôle (de mercancías) ‖ FIG essai (prueba).

Escandinavia *n pr f* GEOGR Scandinavie.

escandinavo, va *adj y s* scandinave.

escandio *m* QUÍM scandium.

escandir *v tr* scander (versos).

escáner *m* scanner.

escantillón *m* TECN modèle, gabarit ‖ échasse *f* (de albañil) ‖ MAR échantillon, échantillonnage.

escaño *m* banc [à dossier] ‖ siège (en el Parlamento).

escapada *f* escapade (escapatoria) ‖ échappée (de un ciclista) ‖ FAM *en una escapada* en moins de deux.

escapar *v intr* échapper; *escapar de un peligro* échapper à un danger ‖ réchapper (con suerte); *escapar de una enfermedad* réchapper d'une maladie ‖ s'échapper (irse); *escapar a la calle* s'échapper dans la rue ‖ — *escapar bien* en être quitte à bon compte, bien s'en tirer ‖ *escapar con vida de un accidente* réchapper d'un accident, sortir sain et sauf d'un accident ‖ *de buena hemos escapado* nous l'avons échappé belle.
◆ *v tr* faire courir ventre à terre, crever (un caballo).
◆ *v pr* s'échapper, se sauver; *el canario se ha escapado* le canari s'est échappé ‖ s'échapper (de gas, etc.) ‖ s'évader, s'enfuir (evadirse) ‖ s'échapper (deportes) ‖ — *escapársele de las manos* glisser des mains; *el plato se le escapó de las manos* l'assiette lui a glissé des mains ‖ FIG *escapársele a uno la mano* avoir la main leste | *esta palabra se me ha escapado* ce mot m'a échappé.

escaparate *m* vitrine *f* (armario de cristales) ‖ vitrine *f*, étalage, devanture *f* (de tienda); *en el escaparate* en vitrine, à l'étalage, à la o en devanture ‖ (*amer*) armoire *f* (armario) ‖ *decorador, ra de escaparates* étalagiste ‖ *ir de escaparates* faire du lèche-vitrines.

escaparatista *m y f* étalagiste.

escapatoria *f* échappatoire (evasiva) ‖ issue (salida) ‖ escapade ‖ échappée (de un ciclista).

escape *m* fuite *f* (de gas) ‖ issue *f* (salida) ‖ échappement (de un motor, reloj) ‖ — *a escape* à toute allure, à toute vitesse ‖ FIG *puerta de escape* porte de sortie ‖ *tubo de escape* tuyau d'échappement ‖ *velocidad de escape* vitesse de libération ‖ — *correr a escape* courir à perdre haleine o comme un lièvre o un dératé.

escápula *f* ANAT omoplate.

escapular *adj* scapulaire (del hombro).

escapulario *m* RELIG scapulaire.

escaque *m* case *f* (del tablero de ajedrez) ‖ BLAS échiquier.
◆ *pl* échecs (ajedrez).

escaqueado, da *adj* en échiquier, en damier ‖ BLAS échiqueté, e.

escaquearse *v pr* FAM se débiner.

escara *f* MED escarre, eschare ‖ MED *producir una escara en* escarrifier.

escarabajear *v intr* griffonner, gribouiller (garabatear) ‖ se démener, se remuer (agitarse) ‖ FIG & FAM chiffonner, tracasser (preocupar); *este problema me escarabajea* ce problème me tracasse.

escarabajeo *m* gribouillage, griffonnage (garabateo) ‖ gesticulation ‖ FAM ennui, préoccupation *f*, tracas, souci.

escarabajo *m* ZOOL scarabée, escarbot (coleóptero); *escarabajo dorado* scarabée doré ‖ FIG & FAM avorton, nabot (persona de mal aspecto) ‖ TECN défaut (en un tejido) ‖ défaut de l'âme (en un cañón) ‖ — *escarabajo bolero* ou *pelotero* bousier ‖ ZOOL *escarabajo de la patata* doryphore.
◆ *pl* FIG griffonnages, gribouillages, gribouillis (garrapatos).

escaramucear *v intr* escarmoucher.

escaramujo *m* BOT églantier, rosier sauvage (rosal silvestre) ‖ ZOOL anatife (crustáceo).

escaramuza *f* escarmouche, échauffourée, accrochage *m*.

escaramuzar *v intr* escarmoucher.

escarapela *f* cocarde (insignia) ‖ FIG & FAM chamaillerie (disputa), crêpage *m* de chignon (de mujeres) ‖ (*amer*) rose trémière (malvarrosa).

escarapelar *v intr y pr* (*amer*) donner la chair de poule.

escarbar *v tr* gratter; *la gallina escarba la tierra* la poule gratte la terre ‖ fouiller (hozar) ‖ curer (dientes, oídos) ‖ tisonner (la lumbre) ‖ FIG fouiller (registrar) | faire des recherches (averiguar).

escarcela *f* escarcelle (bolsa) ‖ carnassière (de cazador) ‖ résille (cofia) ‖ tassette (de armadura).

escarceo *m* MAR clapotement, clapotis.
◆ *pl* EQUIT courbettes *f*, caracoles *f*, virevoltes *f* ‖ FIG tergiversations *f* (rodeos) | premières armes *f* (primeros pasos) ‖ — FIG *los primeros escarceos amorosos* les premières aventures amoureuses ‖ EQUIT *hacer escarceos* virevolter.

escarcha *f* gelée blanche (rocío congelado) ‖ givre *m* (niebla condensada).

escarchado, da *adj* givré, e; couvert de gelée blanche ‖ candi (sin femenino); *fruta escarchada* fruit candi ‖ glacé, e (dulces).
◆ *m* lamé d'or ou d'argent (telas) ‖ candisation *f* (de las frutas).

escarchar *v impers* geler blanc (cubrirse de escarcha).
➤ *v tr* givrer ‖ givrer (cubrir la fruta de azúcar) ‖ glacer (los dulces) ‖ mettre du sucre cristallisé dans l'eau-de-vie.

escarda *f* AGRIC échardonnoir *m*, échardonnet *m*, sarcloir *m* (instrumento) | échardonnage *m*, sarclage *m* (acción) | essanvage *m* (de la mostaza silvestre).

escardadera; escardilla *f* sarcloir *m*.

escardador, ra *m y f* sarcleur, euse.

escardadura *f* AGRIC échardonnage *m*, sarclage *m*.

escardar *v tr* AGRIC échardonner, sarcler ‖ FIG trier (escoger) ‖ FIG & FAM *mandar a uno a escardar* envoyer quelqu'un promener.

escardillo *m* sarcloir (herramienta) ‖ tête *f* de chardon (flor del cardo) ‖ reflet (brillo).

escariado *m* TECN alésage (de un agujero).

escariador *m* TECN alésoir (taladro).

escariar *v tr* TECN aléser (un agujero).

escarificación *f* scarification.

escarificador *m* AGRIC scarificateur.

escarificar *v tr* AGRIC & MED scarifier.

escarizar *v tr* MED enlever les croûtes [d'une plaie].

escarlata *f* écarlate (color) ‖ écarlate (tela) ‖ MED scarlatine.
➤ *adj* écarlate.

escarlatina *f* MED scarlatine.

escarmentado, da *adj* instruit par l'expérience, échaudé, e; *estar escarmentado* avoir été échaudé ‖ *de los escarmentados salen los avisados* chat échaudé craint l'eau froide.

escarmentar* *v tr* corriger, donner une leçon à; *escarmentar a un niño* corriger un enfant ‖ *hacer escarmentar* échauder.
➤ *v intr* apprendre à ses dépens, profiter d'une leçon ‖ se corriger (enmendarse) ‖ — *escarmentar en cabeza ajena* profiter de l'expérience d'autrui ‖ *nadie escarmienta en cabeza ajena* on apprend toujours à ses dépens ‖ *no escarmienta nunca* il est incorrigible ‖ *te lo digo para que escarmientes en cabeza ajena* je te le dis pour que cela te serve de leçon.

escarmiento *m* leçon *f*, exemple (lección) ‖ punition *f* (castigo) ‖ *servir de escarmiento* servir de leçon.

escarnecer* *v tr* bafouer, railler.

escarnecimiento; escarnio *m* moquerie *f*, dérision *f* (burla) ‖ outrage (ultraje).

escarola *f* scarole, escarole, chicorée frisée (verdura) ‖ (*ant*) fraise (cuello alechugado).

escarótico, ca *adj y s m* MED escarotique.

escarpa *f* escarpement *m* (cuesta empinada) ‖ escarpe (fortificación) ‖ *en escarpa* en dos d'âne (carretera).

escarpado, da *adj* escarpé, e; *orillas escarpadas* des rives escarpées.

escarpadura *f* escarpement *m*.

escarpar *v tr* couper en pente raide (cortar a pico) ‖ gratter (raspar).

escarpia *f* piton *m* (alcayata).

escarpín *m* escarpin (calzado); *escarpines de charol* escarpins vernis ‖ chausson (calzado interior) ‖ (*amer*) chausson de laine (patín).

escasamente *adv* petitement, chichement; *vive escasamente* il vit chichement ‖ tout au plus, à peine; *trabajó escasamente una hora* il a travaillé à peine une heure ‖ faiblement, légèrement; *tiempo escasamente nublado* temps légèrement nuageux ‖ de justesse; *los liberales ganaron escasamente* les libéraux gagnèrent de justesse.

escasear *v tr* lésiner sur (escatimar) ‖ épargner, économiser (ahorrar) ‖ TECN couper en biais.
➤ *v intr* manquer, se faire rare (faltar); *escasea el arroz* le riz manque, on manque de riz.

escasez *f* manque *m*; *escasez de agua, de mano de obra* manque d'eau, de main-d'œuvre ‖ pénurie (penuria); *escasez de alimentos* pénurie de produits alimentaires ‖ disette; *año de escasez* année de disette ‖ exigüité, petitesse; *la escasez de mis recursos* l'exigüité de mes ressources ‖ ladrerie (tacañería) ‖ *con escasez* à peine (apenas), chichement (con mezquindad), pauvrement (con pobreza).

escaso, sa *adj* peu abondant, e; court, e; *la comida va a resultar escasa* le repas va être court ‖ très peu de; *escaso tiempo* très peu de temps ‖ maigre, mince; *escasa recompensa* maigre récompense; *escaso salario* mince salaire ‖ à peine, tout juste; *dos días escasos* deux jours à peine ‖ petit, e; *una hora escasa* une petite heure ‖ rare; *los víveres son escasos* les vivres sont rares ‖ faible, maigre, rare; *escasas lluvias* de faibles pluies; *escasa vegetación* maigre végétation ‖ limité, e; faible; *tener escasos recursos* avoir des ressources limitées ‖ malheureux, euse; *me dio cinco pesetas escasas* il m'a donné cinq malheureuses pesetas ‖ quelque; *desplazamiento de escasos milímetros* déplacement de quelques millimètres ‖ avare, chiche, mesquin, e (tacaño) ‖ *andar escaso de* être à court de; *ando escaso de dinero* je suis à court d'argent.

escatimar *v tr* lésiner sur (ser poco generoso) ‖ réduire, diminuer (reducir) ‖ FIG ménager, épargner; *escatimar sus energías* épargner ses forces; *no escatimar sus esfuerzos* ne pas ménager ses efforts ‖ marchander; *escatimar los elogios* marchander les éloges ‖ *no escatimar los gastos* ne pas lésiner sur les frais, ne pas regarder à la dépense.

escatología *f* scatologie ‖ FILOS eschatologie (tratado).

escatológico, ca *adj* scatologique (sucio, excrementicio) ‖ FILOS eschatologique.

escay; scai *m* (nom déposé) Skaï.

escayola *f* plâtre *m* (yeso) ‖ stuc *m* (estuco).

escayolado, da *adj* plâtré, e ‖ dans le plâtre, plâtré, e (cirugía).
➤ *m* plâtrage.

escayolar *v tr* MED plâtrer, mettre dans le plâtre; *brazo escayolado* bras dans le plâtre, plâtré.

escena *f* TEATR scène; *poner ou llevar a la escena* mettre en scène, porter à la scène | scène (subdivisión de un acto) ‖ FIG scène; *una escena conmovedora* une scène attendrissante ‖ — *director de escena* metteur en scène ‖ — FIG *hacer una escena* faire une scène ‖ *salir a escena* entrer en scène ‖ *volver a la escena* faire sa rentrée.

escenario *m* TEATR scène *f*; *estar en el escenario* être sur scène ‖ CINEM plateau (plató) ‖ FIG cadre, décor; cadre; *España es el escenario de esta película* l'Espagne sert de cadre à ce film | théâtre; *esta ciudad fue escenario de un gran suceso* cette ville fut le théâtre d'un grand événement ‖ — *el escenario del*

crimen le lieu du crime ‖ — *pisar el escenario* monter sur scène.
escénico, ca *adj* scénique.
escenificación *f* mise en scène.
escenificar *v tr* mettre en scène.
escenografía *f* mise en scène.
escenográfico, ca *adj* de la mise en scène, scénographique.
escenógrafo, fa *m y f* metteur en scène *m*.
escepticismo *m* scepticisme.
escéptico, ca *adj y s* sceptique.
escindir *v tr* scinder.
escisión *f* scission, scindement *m* (separación) ‖ FÍS fission (del átomo).
escisionista *adj y s* scissionniste.
◆ *adj* scissionnaire.
escita *adj y s* scythe.
esclarecedor, ra *adj* éclairant, e; qui éclaire ‖ FIG éclairant, e; qui éclaircit, qui apporte un éclaircissement.
esclarecer* *v tr* éclairer (iluminar) ‖ FIG éclaircir, tirer au clair (una cosa dudosa) | éclairer (el entendimiento) | rendre illustre, illustrer.
◆ *v intr* se lever, paraître [le jour]; *ya esclarece* le jour se lève.
esclarecidamente *adv* brillamment.
esclarecido, da *adj* illustre.
esclarecimiento *m* éclaircissement, mise *f* en lumière (acción de esclarecer) ‖ FIG illustration *f* (celebridad).
esclavina *f* pèlerine (vestido) ‖ collet *m* (de capa).
esclavismo *m* esclavagisme.
esclavista *adj y s* esclavagiste.
esclavitud *f* esclavage *m*; *caer, vivir en la esclavitud* tomber en, vivre en esclavage.
esclavizar *v tr* réduire en esclavage ‖ FIG réduire en esclavage, tyranniser (oprimir).
esclavo, va *adj y s* esclave ‖ FIG *ser esclavo de su deber* être esclave de son devoir.
◆ *f* chaînette, gourmette (pulsera).
esclerosis *f* MED sclérose (endurecimiento) ‖ FIG scléroser (de una industria, etc.) ‖ *padecer esclerosis* se scléroser.
esclerótica *f* ANAT sclérotique.
esclusa *f* écluse (de un canal); *esclusa de limpia* écluse de nettoyage ‖ — *cierre de esclusa* éclusage ‖ *esclusa de aire* sas.
escoba *f* balai *m* ‖ BOT genêt *m* à balais (retama) ‖ *coche escoba* voiture-balai.
escobajo *m* vieux balai ‖ AGRIC rafle *f* (del racimo de uvas).
escobazo *m* coup de balai ‖ FIG & FAM *echar a uno a escobazos* flanquer quelqu'un à la porte.
escobilla *f* brosse (cepillo) ‖ balayette (escoba pequeña) ‖ balai *m* (de dinamo) ‖ BOT bruyère (brezo).
escobillón *m* MIL écouvillon ‖ *limpiar con escobillón* écouvillonner.
escobón *m* grand balai ‖ tête-de-loup *f* (deshollinador) ‖ petit balai, balayette *f* (de mango corto).
escocedura *f* MED inflammation, rougeur (inflamación) ‖ brûlure, cuisson (quemadura) ‖ FIG douleur cuisante.
escocer* *v intr* brûler, cuire (causar una sensación de quemadura) ‖ FIG chagriner, affliger, faire mal; *me escuece su modo de proceder* sa façon d'agir me fait mal | blesser, faire mal (herir); *la reflexión que le he hecho le ha escocido* la réflexion que je lui ai faite l'a blessé ‖ *tener la piel escocida* avoir la peau enflammée.
◆ *v pr* s'enflammer (la piel) ‖ FIG se froisser, se vexer (picarse).
escocés, esa *adj y s* écossais, e ‖ *tela escocesa* tissu écossais.
Escocia *n pr f* GEOGR Écosse.
escocimiento *m* douleur *f* cuisante.
escoda *f* TECN smille, laie (martillo con dos puntas).
escodar *v tr* TECN smiller (picar con la escoda) ‖ frayer (el ciervo).
escofina *f* TECN râpe; *escofina de mediacaña, plana, redonda* râpe demi-ronde, plate, ronde.
escofinar *v tr* TECN râper.
escoger *v tr* choisir; *escoger una fruta de ou en una cesta* choisir un fruit dans un panier ‖ trier (seleccionar) ‖ — *a escoger* au choix ‖ FAM *escoger a bulto* ou *al buen tuntún* taper dans le tas, prendre au hasard ‖ *escoger como* ou *por* ou *para mujer* choisir pour femme, prendre pour femme ‖ *muchos son llamados y pocos escogidos* il y a beaucoup d'appelés mais peu d'élus ‖ *tener de sobra donde escoger* n'avoir que l'embarras du choix ‖ *tener donde escoger* avoir le choix.
escogidamente *adv* bien, avec discernement (con acierto) ‖ parfaitement (perfectamente).
escogido, da *adj* choisi, e; *obras escogidas* œuvres choisies ‖ choisi, e (selecto) ‖ de choix; *un artículo escogido* un article de choix ‖ MIL *tropa escogida* troupe d'élite.
escogimiento *m* choix.
escolanía *f* manécanterie.
escolapio *m* frère des écoles pies (religioso) ‖ élève des écoles pies (alumno).
escolar *adj* scolaire; *edad escolar* âge scolaire ‖ *libro escolar* livre *o* ouvrage scolaire, livre de classe (para estudiar), livret scolaire (para las certificaciones).
escolaridad *f* scolarité; *escolaridad obligatoria* scolarité obligatoire.
escolarización *f* scolarisation.
escolarizar *v tr* scolariser.
escolástica *f* scolastique (filosofía).
escolasticismo *m* scolastique *f* (filosofía) ‖ parti pris, esprit de chapelle (en ciencias, etc.).
escolástico, ca *adj* scolastique; *doctrina escolástica* doctrine scolastique.
◆ *m y f* scolastique (escritor).
escoliar *v tr* annoter (escribir escolios).
escolio *m* scolie *f* (nota) ‖ MAT scolie.
escoliosis *f* MED scoliose.
escolopendra *f* ZOOL scolopendre (ciempiés) ‖ BOT scolopendre (lengua de ciervo).
escolta *f* escorte ‖ MAR escorteur *m* (barco).
escoltar *v tr* escorter ‖ convoyer (convoyar) ‖ encadrer; *dos policías escoltaban al ladrón* deux policiers encadraient le voleur.
escollera *f* brise-lames *m inv*.
escollo *m* écueil (arrecife) ‖ FIG écueil; *tropezar en un escollo* tomber *o* buter sur un écueil ‖ MAR échouage.

escombrar *v tr* déblayer (quitar los escombros) ‖ FIG déblayer, débarrasser (despejar).

escombrera *f* dépotoir *m* ‖ terril *m* (de mina).

escombro *m* ZOOL maquereau.

escombros *m pl* décombres (residuos) ‖ déblais (de mina) ‖ éboulis (de rocas).

esconder *m* cache-cache *inv* (escondite).

esconder *v tr* cacher ‖ FIG *esconder las uñas* rentrer ses griffes, faire patte de velours.
▸ *v pr* se cacher; *esconderse de uno* se cacher de quelqu'un ‖ se dérober; *esconderse de las miradas* se dérober aux regards.

escondidamente *adv* en cachette.

escondidas *f pl* (*amer*) cache-cache *m inv*.
▸ *adv a escondidas* en cachette ‖ *hacer algo a escondidas de alguien* faire quelque chose à l'insu de quelqu'un.

escondido *m* (*amer*) danse *f* populaire d'Argentine et d'Uruguay (baile).

escondite *m* cachette *f*, cache *f* (escondrijo) ‖ cache-cache *inv*; *jugar al escondite* jouer à cache-cache.

escondrijo *m* cachette *f*, cache *f*.

escoñado, da *adj* POP amoché, e; bousillé, e; pété, e ‖ POP *escoñado de risa* plié en deux.

escoñar *v tr* POP amocher, bousiller.
▸ *v pr* POP s'esquinter, péter.

escopeta *f* fusil *m* de chasse ‖ escopette (arma antigua de fuego) ‖ *escopeta de aire comprimido* fusil à air comprimé ‖ *escopeta de dos cañones* fusil à deux coups o à deux canons ‖ *escopeta de cañones recortados* fusil à canon court ‖ *escopeta de caza* fusil de chasse ‖ *escopeta de chispa* fusil à pierre ‖ *escopeta de pistón* fusil à pompe ‖ — FIG & FAM *aquí te quiero ver, escopeta* montre-nous ce que tu sais faire.
— OBSERV *Escopeta* désigne un fusil de chasse, *fusil*, un fusil de guerre.

escopetazo *m* coup de fusil ‖ FIG sale coup, surprise *f* désagréable.

escopetear *v intr* tirailler, tirer des coups de fusil (tirotear).
▸ *v pr* FIG se renvoyer la balle.

escopeteo *m* fusillade *f* ‖ FIG & FAM escarmouche *f* (disputa) ‖ *un escopeteo de cortesías* un assaut de politesse.

escopladura; escopleadura *f* TECN mortaisage *m* (acción) | mortaise (muesca).

escoplear *v tr* mortaiser (hacer muesca).

escoplo *m* TECN bédane, ciseau à bois ‖ *escoplo de cantería* ciseau à pierre.

escora *f* MAR accore (puntal) | gîte *f* (inclinación del barco).

escorar *v tr* MAR accorer (apuntalar).
▸ *v intr* MAR gîter, s'incliner (el barco).

escorbútico, ca *adj y s* scorbutique.

escorbuto *m* MED scorbut.

escoria *f* scorie (residuos) ‖ laitier *m* (de alto horno) ‖ FIG déchet *m*, lie (cosa vil) | racaille (de la sociedad).

escoriación *f* excoriation (en la piel).

Escorial (el) *n pr m* l'Escurial.

escoriar *v tr* excorier (la piel).

escorificación *f* scorification.

Escorpio *n pr* ASTR Scorpion (signo del zodíaco).

escorpión *m* scorpion ‖ scorpène *f* (pez) ‖ MIL scorpion (ballesta) ‖ FIG *boca* ou *lengua de escorpión* langue de vipère.

escorzado *m* raccourci (escorzo).

escorzar *v tr* ARTES tracer en raccourci.

escorzo *m* raccourci (en perspectiva).

escota *f* MAR écoute (cable).

escotado, da *adj* échancré, e (vestido, hoja) ‖ décolleté, e (persona).
▸ *m* décolleté (escotadura).

escotadura *f* décolletage *m*, échancrure (corte) ‖ décolleté *m*, échancrure (del cuello) ‖ entournure (de una manga) ‖ TEATR trappe ‖ MÚS échancrure (de un instrumento).

escotar *v tr* échancrer, décolleter (un vestido) ‖ pratiquer une saignée [à un cours d'eau].
▸ *v intr* payer son écot, se cotiser (pagar la cuota).

escote *m* décolleté (parte escotada) ‖ échancrure *f*, décolletage (corte) ‖ volant de dentelle (adorno) ‖ écot (gasto); *pagar el escote* payer son écot ‖ *pagar a escote* payer son écot, partager les frais.

escotilla *f* MAR écoutille.

escotillón *m* MAR trappe *f* (trampa) ‖ TEATR trappe *f*, trapillon.

escotismo *m* scotisme (doctrina de Escoto).

escozor *m* cuisson *f*, brûlure *f* (dolor) ‖ FIG douleur *f* cuisante | pincement (de celos) | remords cuisant (remordimiento).

escriba *m* scribe.

escribanía *f* greffe *m* (profesión de escribano) ‖ greffe *m* (despacho) ‖ bureau *m*, secrétaire *m* (mueble) ‖ garniture de bureau, écritoire (recado de escribir) ‖ (*amer*) étude, cabinet *m* de notaire.

escribanillo *m* FAM tabellion.

escribano *m* greffier ‖ secrétaire (escribiente); *escribano del Ayuntamiento* secrétaire de mairie ‖ (*amer*) notaire.

escribido, da *adj* FAM *ser muy leído y escribido* être extrêmement pédant (presumir de sabio).

escribiente *m y f* employé, e de bureau; employé, e aux écritures.

escribir *v tr* écrire; *máquina de escribir* machine à écrire; *escribir de su puño y letra* écrire de sa main ‖ — *escribir a máquina* taper o écrire à la machine ‖ FIG & FAM *escribir como una cocinera* écrire comme un chat ‖ *estaba escrito* c'était écrit ‖ *lo escrito escrito está* ce qui est écrit est écrit.

escrito, ta *adj* écrit, e; *examen escrito* examen écrit; *la ignominia escrita en su cara* l'ignominie écrite sur son visage ‖ — *escrito a máquina* tapé à la machine ‖ *está escrito en el agua* autant en emporte le vent.
▸ *m* écrit; *los escritos de Ortega* les écrits d'Ortega ‖ DR pourvoi, requête *f* ‖ *poner por escrito* mettre par écrit.

escritor, ra *m y f* écrivain (sin femenino); *Santa Teresa fue una gran escritora* sainte Thérèse fut un grand écrivain.
▸ *f* femme de lettres (profesión); *es escritora* elle est femme de lettres.
— OBSERV A veces, se puede decir en femenino *femme écrivain*.

escritorio *m* bureau (mesa) ‖ bureau (despacho) ‖ secrétaire (armario de papeles) ‖ *gastos de escritorio* frais de bureau.

escritorzuelo, la *m* y *f* écrivain (sin femenino), de troisième ordre, écrivaillon *m*.

escritura *f* écriture; *la escritura de una carta* l'écriture d'une lettre; *la escritura griega* l'écriture grecque ‖ écrit *m* (obra escrita) ‖ DR acte *m*; *escritura pública* acte authentique; *escritura privada* acte sous-seing privé; *escritura notarial* acte notarié; *escritura de venta* acte de vente ‖ — *escritura de propiedad* titre de propriété ‖ *escritura iconográfica* écriture pictographique ‖ *escritura ideográfica* écriture idéographique ‖ — *la Sagrada Escritura* l'Écriture sainte.

escriturar *v tr* passer un contrat par-devant notaire ‖ engager (un artiste).

escriturario, ria *adj* authentique (acte).
◆ *m* exégète (de la Biblia).

escrófula *f* MED scrofule.

escrofularia *f* BOT scrofulaire.

escrofulismo *m* MED scrofulisme.

escrofuloso, sa *adj* y *s* MED scrofuleux, euse; strumeux, euse.

escroto *m* ANAT scrotum.

escrúpulo *m* scrupule; *tener escrúpulos* avoir des scrupules ‖ minutie *f*, soin scrupuleux (escrupulosidad); *hacer algo con escrúpulo* faire quelque chose avec un soin scrupuleux ‖ petit caillou dans la chaussure (china) ‖ FIG *tener muchos escrúpulos* être très délicat.

escrupulosidad *f* minutie, soin *m* scrupuleux.

escrupuloso, sa *adj* scrupuleux, euse; pointilleux, euse (concienzudo) ‖ FIG scrupuleux, euse; *cuentas escrupulosas* comptes scrupuleux ‖ délicat, e; *no me gusta invitar a esta gente porque es demasiado escrupulosa* je n'aime pas inviter ces gens-là parce qu'ils sont trop délicats.

escrutador, ra *adj* y *s m* scrutateur, trice.

escrutar *v tr* scruter ‖ dépouiller un scrutin (votos).

escrutinio *m* scrutin; *efectuar* ou *hacer el escrutinio* dépouiller le scrutin ‖ examen (averiguación); *hacer el escrutinio de una cosa* soumettre quelque chose à l'examen.

escuadra *f* équerre; *escuadra de agrimensor* équerre d'arpenteur; *escuadra de corredera* équerre à coulisse ‖ équerre (pieza para sujetar) ‖ MIL escouade | caporal *m* (jefe de escuadra) ‖ FIG escouade, équipe (de obreros) ‖ MAR escadre ‖ DEP lucarne (fútbol) ‖ BLAS escarre, esquarre ‖ — *a escuadra* d'équerre, à angle droit ‖ *corte a escuadra* équarrissage, équarrissement ‖ *falsa escuadra, escuadra móvil* fausse équerre ‖ *fuera de escuadra* à fausse équerre, en biais, obliquement ‖ — *labrar a escuadra* équarrir.

escuadrar *v tr* équarrir (labrar a escuadra) ‖ équerrer.

escuadrilla *f* escadrille (de aviones).

escuadrón *m* MIL escadron ‖ MIL *evolucionar en escuadrón* escadronner, faire des évolutions par escadron.

escualidez *f* maigreur (delgadez) ‖ saleté, malpropreté (suciedad).

escuálido, da *adj* maigre, émacié, e (delgado) ‖ sale, malpropre (sucio).

escualo *m* ZOOL squale.

escucha *f* écoute; *ponerse a la escucha* se mettre à l'écoute ‖ sœur écoute (monja) ‖ MIL écoute (sistema) | sentinelle avancée (centinela) ‖ — *estación de escucha* table d'écoute ‖ *estar a la escucha* être aux écoutes.

escuchar *v tr* écouter; *escuchar música* écouter de la musique; *escuchar tras la puerta* écouter aux portes ‖ *estar escuchando* être à l'écoute (radio, teléfono, etc.).
◆ *v pr* s'écouter; *escucharse hablando* s'écouter parler.

escuchimizado, da *adj* chétif, ive.

escudar *v tr* couvrir d'un bouclier ‖ FIG protéger (resguardar).
◆ *v pr* se couvrir d'un bouclier ‖ FIG s'abriter o se retrancher derrière; *escudarse con el ejemplo de sus antepasados* s'abriter derrière l'exemple de ses ancêtres | se draper; *escudarse en la dignidad, la virtud* se draper dans sa dignité, sa vertu.

escudería *f* fonction de l'écuyer ‖ écurie (de automóviles de carrera).

escudero *m* écuyer (paje) ‖ noble (hidalgo) ‖ laquais (lacayo).

escudete *m* écusson (escudo pequeño) ‖ écusson (de una cerradura) ‖ AGRIC écusson; *injerto de escudete* greffe en écusson ‖ BOT nénuphar ‖ AGRIC *injertar de escudete* écussonner, greffer en écusson.

escudilla *f* écuette (recipiente) ‖ écuellée (contenido) ‖ *(amer.)* bol *m* (tazón).

escudo *m* bouclier, écu (arma defensiva) ‖ écu (moneda) ‖ BLAS écu, écusson | armes *f pl*, armoiries *f pl*, blason (de una ciudad, de un país) ‖ écusson (de la cerradura) ‖ bouclier (del cañón) ‖ MAR écusson, tableau (espejo de popa) ‖ AGRIC écusson ‖ FIG bouclier (defensa, protección) ‖ épaule *f* de sanglier (del jabalí) ‖ escudo (moneda portuguesa) ‖ — *escudo de armas* armes, armoiries, blason ‖ FIG *redorar su escudo* redorer son blason.

escudriñamiento *m* examen minutieux (investigación) ‖ furetage (indiscreción).

escudriñar *v tr* fouiller du regard, observer (mirar de lejos) ‖ examiner en détail, passer au crible, éplucher *(fam)* ‖ scruter; *escudriñar el horizonte* scruter l'horizon.

escuela *f* école; *escuela profesional de agricultura, de Bellas Artes* école professionnelle agricole, des beaux-arts ‖ enseignement (instrucción) ‖ FIG école; *la escuela racionalista, holandesa, etc.* l'école rationaliste, hollandaise, etc.; *la escuela de la desgracia* l'école du malheur ‖ — *escuela de artes y oficios* école d'arts et métiers ‖ *escuela de baile* école de danse ‖ *escuela de enfermería* école d'infirmières ‖ *escuela de formación profesional* école de formation professionnelle ‖ *escuela de ingenieros agrónomos* école nationale d'agriculture ‖ *escuela de párvulos* école maternelle ‖ *escuela de primera enseñanza* école primaire ‖ *escuela laica* école laïque ‖ *escuela municipal* école communale ‖ *escuela normal* école normale ‖ *escuela particular* ou *privada* école privée ‖ *escuelas Pías* écoles pies ‖ *escuela universitaria* école rattachée à une université ‖ — EQUIT *alta escuela* haute école ‖ — *formar escuela* faire école; *Picasso ha formado escuela* Picasso a fait école ‖ *ser de la vieja escuela* être de la vieille école ‖ *tener buena escuela* être à bonne école.

escuerzo *m* crapaud (sapo) ‖ FAM échalas (delgado).

escueto, ta *adj* concis, e; succinct, e; sommaire (conciso); *un informe muy escueto* un rapport très

escuincle

succinct ǁ sobre, dépouillé, e (sobrio); *estilo escueto* style dépouillé ǁ *la verdad escueta* la vérité toute nue.

escuincle, cla *m y f (amer)* gamin, e.

esculpir *v tr* sculpter; *artista que esculpe en piedra* artiste qui sculpte la pierre o sur pierre; *efigie esculpida en mármol* effigie sculptée sur marbre.

escultor, ra *m y f* sculpteur (sin femenino); *escultor en madera* sculpteur sur bois ǁ *es escultora* elle est sculpteur.

escultórico, ca *adj* sculptural, e.

escultura *f* sculpture; *escultura en mármol* sculpture sur marbre (acción); *escultura de madera* sculpture en bois (obra).

escultural *adj* sculptural, e.

escupidera *f* crachoir *m* (para escupir) ǁ vase *m* de nuit (orinal).

escupido, da *adj* FIG tout craché, e (parecido) ǁ *es su padre escupido* c'est son père tout craché, il est tout le portrait de son père.

escupir *v intr* cracher; *se prohíbe escupir al* ou *en el suelo* il est interdit de cracher par terre.

◆ *v tr* cracher; *escupir sangre* cracher du sang ǁ FIG cracher (los cañones) ǀ rejeter, cracher (despedir); *escupir metralla* cracher de la mitraille ǁ — *escupir a uno* cracher au visage de quelqu'un ǁ FAM *si escupes al cielo, en la cara te caerá* si tu craches en l'air, ça te retombera sur le nez.

escupitajo *m;* **escupitina** *f;* **escupitinajo** *m;* **escupo** *m* crachat *m*.

escurrebotellas *m* if (de botellas).

escurreplatos *m* égouttoir [à vaisselle].

escurribanda *f* FAM échappatoire ǀ diarrhée (diarrea) ǀ volée (paliza).

escurridero *m* égouttoir.

escurridizo, za *adj* glissant, e (resbaladizo) ǁ fuyant, e (que elude) ǁ qui se faufile facilement, leste (en colarse) ǁ FAM *hacerse el escurridizo* s'éclipser, se défiler.

escurrido, da *adj* serrée dans sa jupe (una mujer) ǁ aux hanches effacées, mince (de caderas) ǁ FAM déluré, e (desvergonzado) ǁ *(amer)* penaud, e; confus, e (confuso).

escurridor *m* égouttoir ǁ essoreuse *f* (de una lavadora).

escurriduras *f pl* égouttures, fond *m sing* (de un vaso o botella) ǁ coulures, coulées; *escurriduras de pintura* coulures de peinture.

escurrimiento *m* égouttage, égouttement ǁ écoulement; *escurrimiento libre* écoulement libre ǁ FIG faux pas (desliz).

escurrir *v tr* égoutter ǁ POP *escurrir el bulto* se défiler, tirer au flanc, se dérober.

◆ *v intr* s'égoutter (líquidos) ǁ glisser, être glissant, e; *este suelo escurre* ce sol est glissant.

◆ *v pr* glisser (deslizar); *escurrirse en el hielo* glisser sur la glace; *escurrirse de* ou *entre las manos* glisser des mains ǁ FIG & FAM se faufiler, s'échapper, s'éclipser (escaparse) ǀ se couper (en la conversación) ǀ se gourer (equivocarse) ǀ se tromper (en la cuenta).

escúter; scooter *m* scooter.

escutismo *m* scoutisme.

esdrújulo, la *adj y s* accentué sur l'antépénultième syllabe.

ese *f s m* [nom de la lettre «s»] ǁ zigzag *m; carretera con eses* route en zigzag ǁ esse (gancho) ǁ ouïe (de violín, etc.). ǁ — *andar haciendo eses* zigzaguer, tituber ǁ *hundir el puñal hasta la ese* enfoncer le poignard jusqu'à la garde.

ese, esa, esos, esas *adj dem* ce, cette, ces, ce... -là, cette... -là, ces... -là; *esa mujer* cette femme-là; *esos libros son tuyos* ces livres sont à toi.

— OBSERV *Ese* comporte une nuance d'éloignement et désigne ce qui est rapproché de la personne à qui l'on s'adresse (voir AQUEL et ESTE). *Ese* a souvent un sens péjoratif; dans ce cas il se trouve généralement placé après le nom: *ese niño* ce gamin; *esa gente* ces gens-là; *¡qué pesado es el niño ese!* qu'il est ennuyeux ce gosse!

— OBSERV Ce se cambia en *cet* delante de una vocal o de una *h* muda: *ese pájaro* cet oiseau; *ese hombre* cet homme. Por otra parte se puede añadir en francés la partícula invariable *là* para designar algo de un modo más concreto: *esos hombres* ces hommes-là.

ése, ésa, ésos, ésas *pron dem m y f* celui-là, celle-là, ceux-là, celles-là; *me gusta más esta casa que ésa* cette maison me plaît davantage que celle-là ǁ lui, elle, eux, elles; *ése lo sabe* lui le sait; *ésa se quedó* elle, elle est restée ǁ — *ése del que* ou *de quien* celui dont ǁ *ése que* celui qui, celui que; *ése que vino y que viste* celui qui est venu et que tu as vu ǁ — *en una de ésas* un de ces quatre matins ǁ *ni por ésas* à aucun prix, jamais de la vie *(fam)* ǁ — *choque usted ésa* topez là ǁ *llegaré a ésa mañana* j'arriverai demain dans votre ville ǁ *¡no me vengas con ésas!* ne me raconte pas d'histoires!

— OBSERV Les pronoms *ése, ésa, ésos, ésas* portent un accent écrit pour les distinguer des adjectifs correspondants. Voir également l'observation faite à la fin de l'adjectif ESE.

esencia *f* essence; *esencia divina* essence divine; *esencia de rosas* essence de roses ǁ parfum *m; un frasco de esencia* un flacon de parfum ǁ — FIG *en* ou *por esencia* par essence ǁ *quinta esencia* quintessence.

esencial *adj* esentiel, elle ǁ — *aceite esencial* huile essentielle ǁ — *en lo esencial* pour l'essentiel ǁ *lo esencial* l'essentiel; *lo esencial es ser honrado* l'essentiel est d'être honnête.

esenciero *m* flacon à parfum.

esfenoides *adj y s m* ANAT sphénoïde.

esfera *f* sphère; *esfera armilar* sphère armillaire ǁ cadran *m* (de un reloj) ǁ sphère, milieu *m* (ambiente); *salirse de su esfera* sortir de sa sphère ǁ — *esfera de acción* ou *de actividad* champ d'action, sphère d'activité ǁ *esfera de influencias* sphère d'influence ǁ ASTR *esfera celeste, terrestre* sphère céleste, terrestre ǁ — *las altas esferas* les hautes sphères, haut lieu; *dicen en las altas esferas que* on dit en haut lieu o dans les hautes sphères que.

esfericidad *f* sphéricité.

esférico, ca *adj* GEOM sphérique.

◆ *m* FAM balle *f*, ballon.

esferoidal *adj* sphéroïdal, e.

esferoide *m* GEOM sphéroïde.

esfigmomanómetro *m* sphygmomanomètre, sphygmotensiomètre.

esfinge *m y f* sphinx *m*, sphinge *f* ǁ FIG *ser* ou *parecer una esfinge* être un sphinx [être énigmatique].

esfínter *m* ANAT sphincter.

esforzadamente *adv* vaillamment.

esforzado, da *adj* vaillant, e; courageux, euse; ardent, e.
esforzar* *v tr* *(p us)* encourager.
◆ *v pr* s'efforcer de, faire un effort pour; *esforzarse en* ou *por salir* s'efforcer de sortir ‖ s'employer à, s'efforcer de; *me esforzaré en darle satisfacción* je m'emploierai à vous donner satisfaction.
esfuerzo *m* effort; *redoblar los esfuerzos* redoubler d'efforts ‖ *— hacer esfuerzos para* faire des efforts pour ‖ *la ley del mínimo esfuerzo* la loi du moindre effort.
esfumación *f* estompage *m*, estompement *m* (difuminación).
esfumar *v tr* estomper.
◆ *v pr* disparaître, se volatiliser.
esfuminar *v tr* estomper.
esfumino *m* estompe *f*.
esgrafiado; esgrafito *m* sgraffite (fresco).
esgrafiar *v tr* égratigner (pintura).
esgrima *f* escrime; *practicar la esgrima* faire de l'escrime ‖ *maestro de esgrima* maître d'armes.
esgrimir *v tr* escrimer *(p us)* ‖ FIG manier, se servir de (un arma) ǀ présenter, faire valoir; *esgrimir un argumento* présenter un argument ǀ brandir; *esgrimía un palo* il brandissait un bâton ǀ agiter; *esgrimir el peligro de una revolución* agiter le danger d'une révolution.
— OBSERV *Esgrimir* ne s'emploie pas à la forme pronominale.
esguazar *v tr* guéer, passer à gué (vadear).
esguince *m* MED foulure *f*, entorse *f* (torcedura) ‖ écart (del cuerpo) ‖ *(p us)* grimace *f* (gesto) ‖ *producir un esguince en el tobillo* se fouler la cheville.
eslabón *m* chaînon, maillon (de cadena) ‖ briquet (para sacar chispas) ‖ fusil (para afilar) ‖ scorpion (alacrán) ‖ FIG chaînon, maillon ‖ TECN patin ‖ VETER suros (tumor) ‖ MAR *eslabón giratorio* émerillon.
eslabonamiento *m* enchaînement.
eslabonar *v tr* enchaîner.
eslavo, va *adj* slave.
◆ *m y f* Slave.
eslinga *f* MAR élingue (cabo).
eslip *m inv*; **slip** *m* slip.
eslora *f* MAR longueur (de un barco); *eslora total, entre perpendiculares* longueur hors tout, entre perpendiculaires.
◆ *pl* MAR hiloires (brazolas).
eslovaco, ca *adj* slovaque.
◆ *m y f* Slovaque.
◆ *m* slovaque (lengua).
Eslovaquia *n pr f* GEOGR Slovaquie.
Eslovenia *n pr f* GEOGR Slovénie.
esloveno, na *adj* slovène.
◆ *m y f* Slovène.
◆ *m* slovène (lengua).
esmaltado *m* émaillage (acción) ‖ émaillerie *f* (carte del esmaltador) ‖ émaillure *f* (acción y resultado).
esmaltar *v tr* émailler ‖ FIG émailler; *esmaltar una conversación con* ou *de citas latinas* émailler une conversation de citations latines.
esmalte *m* émail; *esmalte alveolado* ou *tabicado, campeado* émail cloisonné, champlevé ‖ émail (de los dientes) ‖ smalt (color) ‖ BLAS émail ‖ FIG lustre, parure *f* (lustre) ‖ TECN émaillure *f* (acción y resultado del esmaltado) ‖ *esmalte para uñas* vernis à ongles.
esmeradamente *adv* soigneusement.
esmerado, da *adj* soigné, e (bien hecho) ‖ soigneux, euse (que se esmera) ‖ soigné, e; élégant, e (aseado).
esmeralda *f* émeraude.
esmerarse *v pr* s'appliquer, mettre du soin, faire de son mieux; *esmerarse en su trabajo* s'appliquer au travail; *¡esmérate!* fais de ton mieux! ‖ soigner; *esmerarse al hablar* soigner sa façon de parler.
esmeril *m* émeri (piedra) ‖ *papel de esmeril* papier émeri o d'émeri.
esmerilado *m* TECN émerissage, durcissage ǀ rodage (de las válvulas).
esmerilar *v tr* durcir, polir à l'émeri, émeriser (pulir con esmeril) ‖ TECN roder (las válvulas) ‖ *papel esmerilado* papier émeri o d'émeri.
esmero *m* soin; *trabajar, escribir con esmero* travailler, écrire avec soin ‖ élégance *f*, netteté *f* (aseo) ‖ *— estar vestido con esmero* avoir une tenue soignée ‖ *poner esmero en* mettre o apporter du soin à, s'appliquer à; *puso mucho esmero en esta carta* il s'est beaucoup appliqué à écrire cette lettre.
Esmirna *n pr* GEOGR Smyrne.
esmirriado, da *adj* chétif, ive; malingre (escuchimizado) ‖ FIG maigre (reducido).
esmoquin *m* smoking.
esnac; snack *m* snack-bar, snack.
esnifada *f* POP snif *m*, sniffe *f* (droga).
esnifar *v tr* POP sniffer (droga).
esnob *adj y s* snob.
esnobismo *m* snobisme.
eso *pron dem neutro* cela, ça *(fam)*; *eso no me gusta* cela ne me plaît pas; *¿vienes? — ¡eso no!* viens-tu? — ça non! ‖ *— a eso de* vers; *a eso de las ocho, de las doce de la mañana* vers 8 heures, vers midi ‖ *en eso* sur ce ‖ *eso mismo* tout juste, c'est cela même ‖ *eso que* ce que; *eso que ves* ce que tu vois ‖ *¡eso sí!* ça oui! ‖ *¡eso sí que no!* ah ça non! ‖ *nada de eso* pas question, pas du tout ‖ *no es eso* ce n'est pas cela ‖ *por eso* c'est pourquoi, c'est pour cela que; *por eso lo hice* c'est pour cela que je l'ai fait ‖ *y eso que* et pourtant; *habla mal el francés, y eso que ha vivido en París* il parle mal le français et pourtant il a vécu à Paris ‖ *— ¡eso!, ¡eso es!* c'est ça!, tout juste! ‖ *eso es lo que quiero* c'est o voilà ce que je veux ‖ *¡eso sí que es...!* voilà, ça c'est; *¡eso sí que es una buena acción!* voilà une bonne action!, ça c'est une bonne action! ‖ *¿qué es eso?* qu'est-ce que c'est que ça?
esofágico, ca *adj* ANAT œsophagique.
esofagitis *f* MED œsophagite.
esófago *m* ANAT œsophage.
esos, esas *adj dem pl* → **ese**.
ésos, ésas *pr dem pl* → **ése**.
esotérico, ca *adj* ésotérique (secreto).
esoterismo *m* ésotérisme.
esotro, tra, esotros, tras *adj dem* [composé de «ese» et de «otro»]cet autre, cette autre, ces autres; *esotro sombrero no me gusta tanto como éste* cet autre chapeau ne me plaît pas autant que celui-ci.
◆ *pron* celui-là, celle-là, ceux-là, celles-là.
— OBSERV *Esotro*, comme *ese*, comporte souvent une nuance péjorative.
espabilar *v tr* → **despabilar**.

espaciado, da *adj* espacé, e (en el espacio) ‖ moins fréquent, e (en el tiempo).

espaciador *m* barre *f* o touche *f* d'espacement (en una máquina de escribir).

espacial *adj* spatial, e ‖ — *encuentro espacial* rendez-vous spatial ‖ *nave espacial* vaisseau spatial ‖ *programa espacial* programme spatial ‖ *vehículos espaciales* engins spatiaux.

espaciamiento *m* échelonnement (escalonamiento) ‖ espacement.

espaciar *v tr* espacer (poner espacio entre) ‖ répandre (divulgar) ‖ échelonner; *espaciar los pagos* échelonner les paiements ‖ IMPR espacer, blanchir.
◆ *v pr* se répandre, se divulguer (divulgarse) ‖ FIG s'étendre (dilatarse); *espaciarse en una carta* s'étendre dans une lettre | se distraire (esparcirse).

espacio *m* espace; *espacio vital* espace vital ‖ place *f*; *ocupar mucho espacio* prendre o occuper beaucoup de place; *no hay espacio* il n'y a pas de place ‖ laps (de tiempo) ‖ interligne (dactilografía); *a un espacio* à simple interligne; *a dos espacios* à double interligne ‖ MÚS interligne, espace ‖ IMPR espace ‖ espacement (hueco) ‖ FIG lenteur *f* (tardanza) ‖ émission *f*, programme (en televisión) ‖ — *espacio aéreo* espace aérien ‖ *espacio extraterrestre* espace extra-atmosphérique ‖ TECN *espacio de dilatación* joint de dilatation (entre rieles) ‖ *espacio publicitario* espace publicitaire ‖ *espacios verdes* espaces verts ‖ *espacio tiempo* espace-temps ‖ — *barra de espacios* ou *espaciadora* barre d'espacement ‖ *exploración del espacio* exploration spatiale ‖ — *por espacio de* pendant.

espacioso, sa *adj* spacieux, euse; vaste (ancho); *un local espacioso* un local spacieux ‖ lent, e; posé, e (flegmático).

espachurrar *v tr* FAM écrabouiller.

espada *f* épée ‖ FIG lame, épée (persona); *ser buena espada* être une fine lame ‖ figure, autorité; *es una de las primeras espadas en su profesión* c'est une des plus grandes autorités dans sa profession ‖ GEOM flèche (sagita) ‖ — *de capa y espada* de cape et d'épée ‖ *espada de dos filos* épée à deux tranchants ‖ *espada negra* épée mouchetée ‖ *pez espada* espadon, poisson épée ‖ *cruzar la espada con alguien* croiser le fer avec quelqu'un ‖ *desenvainar* ou *desnudar la espada* tirer l'épée, dégainer ‖ *echar su cuarto a espadas* intervenir dans une conversation, mettre son grain de sel ‖ *envainar la espada* remettre l'épée au fourreau ‖ *estar entre la espada y la pared* être entre l'enclume et le marteau, avoir le couteau sur la gorge, être au pied du mur, être pris entre deux feux ‖ *meter la espada hasta la guarnición* enfoncer l'épée jusqu'à la garde ‖ *quienes matan con la espada por la espada morirán* quiconque se sert de l'épée périra par l'épée ‖ *traer la espada al cinto* avoir l'épée au côté.
◆ *pl* «espadas» [couleur au jeu de cartes espagnol].

espada *m* TAUROM matador.

espadachín *m* spadassin, ferrailleur, bretteur ‖ fine lame *f* (buen esgrimidor).

espadaña *f* BOT massette, masse, quenouille ‖ ARQ campanile *m*, clocher à jour.

espadón *m* rapière *f*, espadon *(p us)*.

espaguetis *m pl* spaghetti.

espalda *f* dos *m* (del cuerpo, de un vestido) ‖ derrière *m* (parte de atrás) ‖ DEP dos crawlé *m* ‖ — *a espalda suya* dans son dos ‖ *en la espalda* dans le dos ‖ *por la espalda* par derrière, en traître ‖ — *dar ou volver la espalda a uno* tourner le dos à quelqu'un ‖ FAM *echarse entre pecho y espalda* s'envoyer (comida), se taper (un trabajo) ‖ *herir por la espalda* tirer dans le dos ‖ *tener algo entre pecho y espalda* avoir quelque chose sur le cœur ‖ *tener muchos años a la espalda* avoir de nombreuses années derrière soi ‖ FIG *volver la espalda* tourner le dos o les talons.
◆ *pl* dos *m sing* (personas o cosas) ‖ MIL arrière-garde *sing* ‖ — *(amer) espaldas vueltas*, memorias vueltas loin des yeux, loin du cœur ‖ — *a espaldas de* par-derrière, à l'insu de, dans le dos de ‖ *de espaldas* de dos ‖ — *anchura de espaldas* carrure ‖ — *caer* ou *caerse de espaldas* tomber sur le dos o à la renverse ‖ *cargado de espaldas* voûté, le dos voûté (persona); *este joven es cargado de espaldas* ce jeune homme est voûté o a le dos voûté ‖ *echarse una cosa sobre las espaldas* se charger d'une chose ‖ FAM *esta noticia me tira de espaldas* cette nouvelle est renversante o me renverse ‖ *estar tendido de espaldas* être sur le dos ‖ *guardar las espaldas* garder ses arrières ‖ *hablar por las espaldas* dire du mal de quelqu'un dans son dos ‖ *medirle a uno las espaldas* caresser les côtes à quelqu'un, rosser quelqu'un ‖ *nadar de espaldas* nager sur le dos ‖ *poner de espaldas* faire toucher les épaules (lucha) ‖ *ser ancho de espaldas* avoir les épaules carrées, être large d'épaules ‖ *tener el santo* ou *el ángel de espaldas* avoir les dieux contre soi ‖ *tener espaldas de molinero* être bâti comme une armoire à glace ‖ *tener buenas espaldas*, *tener anchas las espaldas* avoir bon dos o le dos large ‖ FIG *tener guardadas* ou *cubiertas las espaldas* être couvert, être bien protégé.

espaldar *m* dos (de coraza) ‖ dossier (respaldo de un asiento) ‖ AGRIC treillage, espalier ‖ ZOOL carapace *f* (de tortuga).

espaldarazo *m* accolade *f*, coup donné avec le plat de l'épée [lors de l'adoubement]; *dar el espaldarazo* donner l'accolade ‖ consécration *f* (consagración).

espaldarse *v pr* s'adosser (respaldarse).

espaldera *f* AGRIC espalier *m*; *en espaldera* en espalier ‖ DEP espalier (de gimnasia).

espaldilla *f* omoplate (omóplato) ‖ épaule (de caballo) ‖ palette, épaule, épaulée (del cerdo, carnero) ‖ macreuse (de la vaca).

espantada *f* fuite (huida) ‖ écart, dérobade (del caballo) ‖ *dar una espantada* détaler, prendre ses jambes à son cou (huir), tout lâcher (desistirse), se dérober (el caballo).

espantadizo, za *adj* peureux, euse; craintif ive.

espantajo *m* épouvantail ‖ FIG épouvantail (espantapájaros).

espantapájaros *m* épouvantail.

espantar *v tr* effrayer, épouvanter, faire peur (asustar) ‖ chasser; *espantar las moscas* chasser les mouches ‖ mettre en fuite (un adversario).
◆ *v pr* s'effrayer, épouvanter, avoir peur (tener miedo); *espantarse con el temporal* s'effrayer de o être épouvanté par la tempête; *espantarse de* ou *por algo* s'effrayer de o être épouvanté par quelque chose ‖ s'étonner (admirarse).

espanto *m* frayeur *f*, épouvante *f*; *causar espanto* inspirer l'épouvante; *llenar de espanto* jeter dans l'épouvante, remplir d'épouvante ‖ fantôme (fantasma) ‖ FAM *estar curado de espanto* en avoir vu bien d'autres.

espantoso, sa *adj* effrayant, e; épouvantable.

España *n pr f* GEOGR Espagne ‖ *la España de pandereta* l'Espagne d'opérette.

español, la *adj* espagnol, e ‖ *a la española* à l'espagnole, à la mode espagnole.
◆ *m y f* Espagnol, e.
◆ *m* espagnol (langue).

españolado, da *adj* espagnolisé, e.
◆ *f* espagnolade.

españolar *v tr* espagnoliser.

españolismo *m* hispanisme ‖ caractère espagnol (carácter español).

españolito *m* FIG *españolito de a pie* espagnol moyen.

españolizar *v tr* espagnoliser.
◆ *v pr* prendre le caractère espagnol.

esparadrapo *m* MED sparadrap.

esparaván *m* ZOOL épervier ‖ VETER éparvin, épervin.

esparceta *f* BOT esparcette, sainfoin *m* (pipirigallo).

esparcido, da *adj* répandu, e; parsemé, e (diseminado) ‖ semé, e; éparpillé, e (sembrado) ‖ FIG détendu, e; gai, e (alegre).

esparcidora *f* AGRIC épandeur *m* (abonadora).

esparcimiento *m* épanchement (de líquido) ‖ éparpillement, dissémination *f* (dispersión) ‖ AGRIC épandage (de abonos) ‖ FIG distraction *f* (recreo) ‖ détente *f*, délassement; *tomarse unas horas de esparcimiento* prendre quelques heures de détente.

esparcir *v tr* répandre (derramar) ‖ éparpiller (desparramar) ‖ joncher, parsemer (sembrar); *esparcir flores por el camino* joncher le chemin de fleurs ‖ FIG répandre (una noticia).
◆ *v pr* se répandre ‖ FIG se délasser, se détendre (descansar) | se distraire (recrearse) ‖ FIG *esparcirse como una llama* se répandre comme une traînée de poudre.

espárrago *m* BOT asperge *f*; *puntas de espárragos* pointes d'asperges ‖ perche *f*, piquet (palo) ‖ rancher, échelier (escalera) ‖ TECN goujon ‖ FAM asperge *f*, grande perche *f* (flacucho) ‖ — *espárrago triguero* asperge sauvage [qui pousse dans les blés] ‖ — FAM *mandar a freír espárragos* envoyer promener *o* bouler *o* sur les roses.

esparraguera *f* asperge (espárrago) ‖ aspergerie, carré *f* d'asperges (plantación) ‖ plat *m* à asperges (plato).

esparrancado, da *adj* qui marche les jambes écartées (persona) ‖ trop écarté, e (una cosa).

esparrancarse *v pr* FAM écarter les jambes.

Esparta *n pr* GEOGR e HIST Sparte.

espartal *m* champ d'alfa.

espartanamente *adv* à la spartiate.

espartano, na *adj y s* spartiate (de Esparta).

esparteña *f* espadrille.

espartizal *m* champ d'alfa.

esparto *m* BOT alfa, spart, sparte (planta).

espasmo *m* spasme.

espasmódico, ca *adj* spasmodique; *tos espasmódica* toux spasmodique.

espatarrarse *v pr* écarter les jambes.

espato *m* MIN spath ‖ — *espato calizo* spath calcaire ‖ *espato de Islandia* spath d'Islande ‖ *espato flúor* spath fluor ‖ *espato pesado* spath pesant *o* lourd.

espátula *f* spatule (paleta) ‖ ZOOL spatule (ave) ‖ *espátula de modelar* spatule à modeler, ébauchoir.

especería *f* → **especiería**.

especia *f* épice ‖ *sazonar* ou *condimentar con especias* épicer.

especial *adj* spécial, e; *programas especiales* programmes spéciaux ‖ — *caso especial* cas d'espèce ‖ *en especial* spécialement.

especialidad *f* spécialité; *especialidad de la casa* spécialité de la maison ‖ *especialidad farmacéutica* spécialité pharmaceutique.

especialista *adj y s* spécialiste; *un especialista en neurología* un spécialiste en neurologie ‖ expert (perito) ‖ *médico especialista* spécialiste.

especialización *f* spécialisation.

especializado, da *adj* spécialisé, e ‖ qualifié, e; spécialisé, e; *mano de obra especializada* main-d'œuvre spécialisée; *obrero especializado* ouvrier qualifié.

especializar *v tr* spécialiser.
◆ *v pr* se spécialiser; *especializarse en historia romana* se spécialiser dans l'histoire romaine.

especie *f* espèce; *especie humana* espèce humaine ‖ espèce, essence (árboles) ‖ sorte, espèce (género, clase) ‖ affaire (asunto) ‖ bruit *m*, nouvelle (noticia); *una especie inverosímil* une nouvelle invraisemblable ‖ — *en especies* en nature; *pagar en especie* payer en nature ‖ *especie sacramentales* espèces sacramentelles, saintes espèces.

especiería; especería *f* boutique où l'on vend des épices ‖ épicerie (conjunto de especias).
— OBSERV La palabra francesa *épicerie* corresponde generalmente hoy día a *tienda de comestibles*.

especificación *f* spécification.

especificar *v tr* spécifier, préciser.

especificativo, va *adj* GRAM déterminatif, ive; *oración especificativa* proposition déterminative.

especificidad *f* spécificité (carácter específico).

específico, ca *adj* spécifique; *peso específico* poids spécifique.
◆ *m* MED spécifique (medicamento para tratar una enfermedad determinada) | spécialité *f*.

espécimen *m* spécimen.
— OBSERV pl *especímenes*.

especioso, sa *adj* (*p us*) parfait, e ‖ FIG spécieux, euse (engañoso).

espectacular *adj* spectaculaire (aparatoso).

espectacularidad *f* caractère *m* spectaculaire.

espectáculo *m* spectacle ‖ — *espectáculo de variedades* spectacle de variétés ‖ — *dar el espectáculo en la calle* faire scandale *o* se donner en spectacle dans la rue ‖ *ser el espectáculo* se donner en spectacle, servir de spectacle.

espectador, ra *m y f* spectateur, trice; *miraba como espectador* il regardait en spectateur.

espectral *adj* spectral, e ‖ FÍS spectral, e; *análisis espectral* analyse spectrale.

espectro *m* spectre ‖ FÍS spectre ‖ MED spectre ‖ spectre (lingüística) ‖ — *espectro de absorción* spectre d'absorption ‖ *espectro de emisión* spectre d'émission ‖ *espectro de masas* spectre de masse ‖ *espectro infrarrojo* spectre infrarouge ‖ *espectro lu-*

espectrógrafo

minoso ou *visible* spectre lumineux || *espectro solar* spectre solaire || *espectro ultravioleta* spectre ultraviolet.

espectrógrafo *m* FÍS spectrographe.

espectrograma *m* spectrogramme.

espectrómetro *m* FÍS spectromètre.

espectroscopio *m* FÍS spectroscope.

especulación *f* spéculation; *especulación bursátil* spéculation boursière.

especulador, ra *adj* y *s* spéculateur, trice.

especular *v tr* e *intr* spéculer; *especular con* ou *en la metafísica* spéculer sur la métaphysique; *especular en Bolsa* spéculer à la Bourse || FIG miser; *especular en algo* miser sur quelque chose.

especulativo, va *adj* spéculatif, ive.
◆ *f* intellect *m* (facultad de espíritu).

espéculo *m* MED spéculum.

espejado, da *adj* miroitant, e || clair, e; brillant, e (claro).

espejear *v intr* miroiter || reluire.

espejeo *m* mirage (espejismo) || miroitement (brillo intermitente) || reflet (reflejo).

espejismo *m* mirage (fenómeno de óptica) || FIG mirage (ilusión engañosa).

espejo *m* miroir, glace *f*; *mirarse en el espejo* se regarder dans la glace || miroir; *el espejo de las aguas* le miroir des eaux || FIG miroir, reflet; *el teatro es el espejo de la vida* le théâtre est le miroir de la vie | modèle, exemple || ARQ miroir || — MAR *espejo de popa* tableau arrière || *espejo de cuerpo entero* grand miroir || *espejo retrovisor* miroir rétroviseur || FIG *espejo ustorio* miroir ardent || — *como un espejo* brillant comme un miroir || *los ojos son el espejo del alma* les yeux sont le miroir de l'âme || *mirarse en uno como en un espejo* prendre quelqu'un comme modèle || *mírate en este espejo* que cela te serve d'exemple.

espejuelo *m* MIN gypse (yeso) || lamelle *f* de talc (hoja de talco) || miroir à alouette (para cazar) || FIG miroitement (atractivo) || reflet (en la madera) || cédrat glacé (confitura) || VETER châtaigne *f* (de los caballos).
◆ *pl* verres de lunettes (cristales) || lunettes (anteojos) || MIN *espejuelo de asno* miroir d'âne.

espeleología *f* spéléologie.

espeleológico, ca *adj* spéléologique.

espeleólogo, ga *m* y *f* spéléologue, spéléologiste.

espeluznante *adj* FAM effrayant, e; à faire dresser les cheveux sur la tête.

espeluznar *v tr* effrayer, faire dresser les cheveux sur la tête (de miedo).

espera *f* attente; *en espera de un acontecimiento* dans l'attente d'un événement; *sala de espera* salle d'attente || DR délai *m* (plazo) || calme *m* (flema) || affût *m*; *cazar a espera* chasser à l'affût || — *compás de espera* temps o mesure d'arrêt (música), période d'attente (pausa) || — *en espera de* dans l'espoir de || *en espera de su respuesta* dans l'attente de votre réponse || *en la espera de que* en attendant que || — *estar en espera* ou *a la espera de* attendre, être dans l'attente de || *quedarse en espera* rester à attendre.

esperantista *adj* y *s* espérantiste.

esperanto *m* espéranto (lengua).

esperanza *f* espérance (sentimiento, virtud); *la esperanza consuela a los infelices* l'espérance console les malheureux; *esperanza matemática, de vida* espérance mathématique, de vie || espoir *m* (de una cosa precisa); *la esperanza en el éxito* l'espoir du succès || espoir *m* (confianza); *esperanza en Dios, en uno* espoir en Dieu, en quelqu'un || — *como última esperanza* en désespoir de cause, en dernier recours || *con la esperanza de* ou *de que* dans l'espoir de *o* que || — *alimentarse de esperanzas* se bercer d'illusions, se nourrir d'espoir || *dar esperanzas* laisser espérer quelque chose, donner des espérances || *de esperanza vive el hombre* l'espoir fait vivre || *la esperanza es lo último que se pierde* et quand on désespère, on espère toujours || *llenar la esperanza* combler les vœux || *mientras hay vida hay esperanza* tant qu'il y a de la vie, il y a de l'espoir || *tener esperanza de* espérer, avoir l'espoir que || *tener muchas esperanzas* avoir bon espoir.

esperanzador, ra *adj* encourageant, e; *resultados esperanzadores* résultats encourageants.

esperanzar *v tr* donner de l'espoir, faire espérer || *estar esperanzado* être plein d'espoir o confiant.

esperar *v tr* attendre (aguardar); *te esperaré a las ocho* je t'attendrai à 8 heures; *espero a que escampe para salir* j'attends qu'il cesse de pleuvoir pour sortir; *mal día nos espera* une mauvaise journée nous attend; *se hace siempre esperar* il se fait toujours attendre || espérer (desear); *espero que vendrás* j'espère que tu viendras; *espero sacar un premio en la lotería* j'espère gagner un lot à la loterie || FIG & FAM *¡te espero en la esquina! ¡te espero en la esquina!* je t'attends au tournant! || — *ahí lo espero* c'est là que je l'attends || *cuando menos se lo esperaban* quand ils s'y attendaient le moins || *esperar a alguien como el agua de mayo* attendre quelqu'un comme le Messie || *esperar en Dios, en uno* espérer en Dieu, en quelqu'un || *estar esperando familia* être dans un état intéressant || *nada se pierde con esperar* il n'y a pas péril en la demeure || *quien espera desespera* il n'y a rien de pire que l'attente.
◆ *v pr* s'attendre à; *no (me) esperaba esta gratificación* je ne m'attendais pas à cette gratification || — FAM *¡ésa, no (me) la esperaba!* celle-là, je ne m'y attendais pas! || *¡espéreme sentado!* attendez-moi sous l'orme! || *¡espérate sentado!* tu peux toujours attendre!, tu peux toujours courir!
— OBSERV Véase ESPÉRER, 1.ª parte.

esperma *m* y *f* sperme *m* || *(amer.)* bougie || *esperma de ballena* blanc de baleine, spermacéti.

espermaceti *m* spermacéti, blanc de baleine.

espermaticida *adj* y *s m* spermicide.

espermático, ca *adj* spermatique.

espermatozoide; espermatozoo *m* spermatozoaire, spermatozoïde.

esperpéntico, ca *adj* qui relève de l'«esperpento» [genre littéraire créé par Valle-Inclán] || FIG grotesque, ridicule, absurde.

esperpento *m* FAM épouvantail, horreur *f* | ânerie *f* (desatino).

espesar *m* fourré (espesura).

espesar *v tr* épaissir, faire épaissir, lier; *espesar una salsa* épaissir une sauce || donner du corps (un tejido) || presser, rendre dense (apretar).
◆ *v pr* s'épaissir, épaissir (líquido, bosque, hierba) || devenir touffu, e (un árbol) || prendre, épaissir (el chocolate).

espeso, sa *adj* épais, aisse; *caldo espeso* bouillon épais ‖ dense, épais, aisse; *bosque espeso* forêt dense ‖ touffu, e; *árboles espesos* arbres touffus ‖ dru, e (trigo) ‖ FAM *estar espeso* être craspec (una persona).

espesor *m* épaisseur f; *de mucho espesor* d'une grande épaisseur.

espesura *f* épaisseur; *la espesura de un bosque* l'épaisseur d'un bois ‖ fourré *m* (matorral); *entrar en la espesura* s'enfoncer dans un fourré.

espetar *v tr* embrocher (poner en el asador) ‖ FIG embrocher (traspasar) ‖ FIG & FAM sortir, débiter; *me espetó un sermón* il m'a sorti un de ces sermons | décocher; *espetar una pregunta* décocher une question.

espetera *f* planche de cuisine où l'on accroche les casseroles ‖ batterie de cuisine (utensilios de cocina).

espeto *m* broche f.

espetón *m* broche f (asador) ‖ longue épingle f (alfiler) ‖ tisonnier (hurgón) ‖ aiguille f (pez).

espía *m y f* espion, onne ‖ *espía doble* agent double.
◆ *f* MAR touée | remorque (cuerda).

espiar *v tr* épier (observar, acechar); *espiar las acciones de los demás* épier les actions des autres ‖ espionner; *espiar a una persona para saber si es culpable* espionner quelqu'un pour savoir s'il est coupable ‖ MAR touer (remolcar).

espichar *v tr* piquer.
◆ *v intr* FAM claquer, casser sa pipe (morir).
◆ *v pr (amer)* avoir honte (avergonzarse) | maigrir (enflaquecer).

espiche *m* cheville f (estaquilla) ‖ MAR épite f (clavija) | nable (tapón) ‖ pique f (arma puntiaguda).

espiga *f* BOT épi *m* ‖ chevron *m* (tela) ‖ TECN soie, fusée (de la espada) | tenon *m* (de una herramienta) | cheville (clavija) ‖ MAR flèche ‖ BOT *echar espigas* épier.

espigadera *f* glaneuse.

espigado, da *adj* monté en graine (plantas) ‖ FIG grand, e; élancé, e (personas); *muchacha muy espigada* fillette très élancée.

espigar *v tr* AGRIC glaner ‖ FIG glaner (en libros) ‖ TECN faire un tenon [à une pièce de bois].
◆ *v intr* épier, monter en épi (plantas) ‖ FIG glaner.
◆ *v pr* grandir beaucoup, pousser, allonger (personas); *esta muchacha se ha espigado mucho este año* cette fille a beaucoup grandi o poussé cette année ‖ monter en graine (las hortalizas).

espigón *m* jetée f, brise-lame (malecón) ‖ CONSTR épi (dique) ‖ aiguillon (aguijón) ‖ pointe f (punta) ‖ épi de maïs (mazorca) ‖ pic (de montaña).

espigueo *m* glanage.

espiguilla *f* chevron *m*; *tela de espiguillas* tissu à chevrons ‖ galon *m* (cinta) ‖ BOT épillet.

espín *m* porc-épic (puerco espín) ‖ FÍS spin (momento cinético del electrón).

espina *f* épine (de vegetal); *clavarse una espina* s'enfoncer une épine ‖ écharde (astilla) ‖ arête f (de los peces) ‖ ANAT colonne vertébrale, épine dorsale (espinazo) ‖ FIG épine (dificultad) ‖ — BOT *espina blanca* chardon ‖ ANAT *espina dorsal* épine dorsale (espinazo) ‖ *espina Santa* épine du Christ (arbusto) ‖ — FIG & FAM *eso me da mala espina* cela ne me dit rien qui vaille (parece raro), cela me tracasse (me preocupa) ‖ *no hay rosa sin espina* il n'y a pas de rose sans épines ‖ *sacarse la espina* se tirer d'un mauvais pas (salir de apuro), prendre sa revanche (desquitarse).

espinaca *f* BOT épinard *m*; *tortilla de espinacas* omelette aux épinards.

espinal *adj* ANAT spinal, e ‖ *médula espinal* moelle épinière.

espinar *v tr* piquer (herir) ‖ AGRIC armer, épiner (los árboles) ‖ FIG piquer, blesser (herir, zaherir).

espinazo *m* ANAT épine f dorsale, échine f ‖ échine f (carne) ‖ ARQ clef f de voûte (clave) ‖ — FIG *doblar el espinazo* courber l'échine | *romperse el espinazo* se casser les reins | *tener el estómago pegado al espinazo* avoir l'estomac dans les talons.

espinela *f* espinela [strophe de dix vers de huit syllabes mise à la mode par le poète espagnol Espinel] ‖ dizain *m* (décima).

espinilla *f* ANAT tibia *m* (tibia) ‖ bouton *m* (en la piel).

espinillera *f* jambière (de la armadura) ‖ DEP protège-jambe *m*.

espino *m* BOT aubépine f, épine f ‖ — *espino albar* ou *blanco* aubépine, épine blanche ‖ *espino artificial* fil de fer barbelé ‖ *espino cerval* nerprun (arbusto) ‖ *espino majoleto* aubépine ‖ *espino negro* épine noire, prunellier (arbusto).

espinoso, sa *adj* épineux, euse ‖ FIG épineux, euse (difícil).

espionaje *m* espionnage.

espira *f* ARQ & GEOM spire.

espiración *f* expiration (del aire).

espiral *adj* spiral, e *(p us)*; en spirale; *escalera espiral* escalier en spirale ‖ — *de forma espiral* en colimaçon ‖ *en espiral* en tire-bouchon ‖ *muelle en espiral* ressort à boudin.
◆ *f* spiral *m* (de reloj) ‖ GEOM spirale ‖ torsade (adorno) ‖ volute f (de humo) ‖ *la espiral inflacionista* la spirale inflationniste.

espirar *v tr* exhaler (un olor) ‖ expirer (el aire).
◆ *v intr* expirer ‖ souffler, reprendre haleine (alentar) ‖ POÉT souffler doucement (el viento).
— OBSERV *Expirer* dans le sens de *mourir* se dit en espagnol *expirar* et non pas *espirar*.

espirilo *m* ZOOL spirille (bacteria).

espiritado, da *adj* possédé, e (del demonio) ‖ FIG & FAM maigre (muy flaco).

espiritismo *m* spiritisme.

espiritista *adj y s* spirite.

espiritoso, sa *adj* vif, vive; spirituel, elle (vivo) ‖ spiritueux, euse (licores) ‖ capiteux, euse (vino).

espíritu *m* esprit (alma o ser); *los ángeles son espíritus* les anges sont des esprits ‖ esprit (aparecido); *creer en los espíritus* croire aux esprits ‖ esprit (vivacidad del ingenio) ‖ esprit (genio); *espíritu de contradicción* esprit de contradiction ‖ esprit (sentido); *espíritu de una ley, de un siglo* esprit d'une loi, d'un siècle ‖ âme f; *firmeza, grandeza de espíritu* force, grandeur d'âme.
◆ *pl* démons (demonios) ‖ — GRAM *espíritu áspero* ou *rudo, suave* esprit rude, doux (en griego) ‖ *espíritu de equipo* esprit d'équipe ‖ *espíritu de lucha* esprit combatif ‖ QUÍM *espíritu de sal* esprit-de-sel ‖ *espíritu de vino* esprit-de-vin ‖ *espíritu maligno* esprit malin (el diablo) ‖ RELIG *Espíritu Santo* Saint-Esprit, Esprit saint ‖ — *pobre de espíritu* pauvre d'esprit ‖ *dar* ou *exhalar* ou *rendir el espíritu*

rendre l'esprit o l'âme ‖ *levantar el espíritu* donner du courage.
espiritual *adj* spirituel, elle; *pasto, vida espiritual* nourriture, vie spirituelle ‖ spirituel, elle; drôle (ingenioso) ‖ *director espiritual* directeur de conscience.
◆ *m lo espiritual* le spirituel.
espiritualidad *f* spiritualité.
espiritualismo *m* spiritualisme.
espiritualizar *v tr* spiritualiser.
espiritualmente *adv* spirituellement.
espirituoso, sa *adj* spirituel, elle (ingenioso) ‖ spiritueux, euse (licor).
espiroidal; espiroideo, a *adj* spiroïdal, e.
espita *f* cannette, cannelle (de tonel) ‖ FIG & FAM pochard *m* (borracho).
espitar *v tr* mettre une cannette [à un tonneau].
esplanada *f* esplanade.
esplender *v intr* resplendir.
esplendidez *f* splendeur, beauté (belleza) ‖ largesse, libéralité (generosidad).
espléndido, da *adj* splendide ‖ magnifique (muy bien) ‖ libéral, e; large, généreux, euse (generoso) ‖ resplendissant, e (resplandeciente).
esplendor *m* splendeur *f* ‖ éclat (resplandor).
esplendorosamente *adv* splendidement.
esplendoroso, sa *adj* resplendissant, e; splendide.
espliego *m* BOT lavande *f*.
esplín *m* spleen (tedio).
espolada *f*; **espolazo** *m* coup *m* d'éperon.
espolear *v tr* éperonner (al caballo) ‖ FIG aiguillonner, stimuler (una cosa a uno) ‖ pousser à, inciter à (una persona a otra); *me espolea para que salga* il m'incite à sortir.
espoleta *f* fusée (de proyectil); *espoleta de percusión* fusée percutante ‖ fourchette (clavícula del ave) ‖ *quitar la espoleta* désamorcer (una bomba).
espoliar *v tr* spolier, dépouiller (despojar).
espolio *m* défroque *f*, biens *pl* que laisse un ecclésiastique à sa mort ‖ *(ant)* enterrement (entierro).
espolón *m* ergot (de ave) ‖ éperon (de barco) ‖ éperon (de montaña) ‖ môle, jetée *f* (malecón) ‖ terrasse *f*, rempart (de ciudad) ‖ BOT & ARQ éperon ‖ FAM engelure *f* au talon (sabañón) ‖ — MAR *embestir con el espolón* éperonner ‖ FIG & FAM *tener muchos espolones* avoir beaucoup d'expérience.
espolonazo *m* coup d'ergot (un gallo) ‖ coup d'éperon (una nave).
espolvoreadora *f* AGRIC poudreuse, saupoudreur *m*.
espolvorear *v tr* épousseter (quitar el polvo) ‖ saupoudrer (esparcir polvo) ‖ AGRIC poudrer, saupoudrer.
espondeo *m* POÉT spondée.
espongicultura *f* spongiculture.
esponja *f* éponge ‖ FIG sangsue, profiteur, euse ‖ — *esponja de baño* éponge de toilette ‖ QUÍM *esponja de platino* mousse de platine ‖ — FAM *beber como una esponja* boire comme un trou ‖ FIG *pasar la esponja por* passer l'éponge sur ‖ *pasar una esponja* éponger ‖ FAM *ser una esponja* tenir le vin (aguantar).
esponjado *m* sirop de sucre (azucarillo).

esponjadura *f* spongiosité.
esponjar *v tr* rendre spongieux, euse ‖ gongler, enfler (hinchar) ‖ *pelo esponjado* cheveux bouffants.
◆ *v pr* FIG se rengorger (enorgullecerse) ‖ FIG & FAM prendre des couleurs (ponerse buena cara).
esponjera *f* porte-éponge *m*.
esponjosidad *f* spongiosité.
esponjoso, sa *adj* spongieux, euse.
esponsales *m pl* fiançailles *f*, accordailles *f (ant)* ‖ *contraer esponsales* se fiancer.
esponsalicio, cia *adj* des fiançailles.
espontanearse *v tr* s'ouvrir, parler à cœur ouvert; *espontanearse con alguno* s'ouvrir à quelqu'un.
espontaneidad *f* spontanéité.
espontáneo, a *adj* spontané, e; *generación espontánea* génération spontanée.
◆ *m* TAUROM amateur qui saute dans l'arène au cours d'une corrida.
espora *f* BOT spore.
esporádico, ca *adj* sporadique.
esporangio *m* BOT sporange.
esportear *v tr* transporter dans des paniers.
esportilla *f* couffe, couffin *m*.
esportillo *m* cabas (espuerta de esparto).
esposa *f* épouse ‖ *(amer)* anneau *m* épiscopal.
◆ *pl* menottes (de los presos).
esposado, da *adj y s* jeune marié, e (desposado).
esposar *v tr* mettre les menottes (a un preso) ‖ *me llevaron esposado a la comisaría* on m'a emmené menottes aux mains au commissariat.
esposo, sa *m y f* époux, euse.
esprint *m* sprint.
esprintar *v intr* sprinter.
esprínter; sprinter *m y f* DEP sprinter (velocista).
espuela *f* éperon *m* (del jinete) ‖ FIG aiguillon *m*, stimulant *m*; *la espuela del deseo* l'aiguillon du désir ‖ FAM coup *m* de l'étrier (última copa) ‖ *(amer)* ergot *m* (del gallo) ‖ — BOT *espuela de caballero* pied-d'alouette ‖ — *echar* ou *tomar la espuela* boire le coup de l'étrier ‖ *el miedo pone espuelas* la peur donne des ailes ‖ *picar con las dos espuelas* piquer des deux ‖ *picar* ou *dar espuelas* donner de l'éperon ‖ *poner espuelas* aiguillonner, stimuler.
espuerta *f* couffe, cabas *m* (cesta de esparto o junco) ‖ FIG & FAM *a espuertas* à profusion, à la pelle.
espulgar *v tr* épouiller (quitar las pulgas o piojos) ‖ FIG éplucher (examinar).
espulgo *m* épouillage ‖ FIG épluchage (examen).
espuma *f* écume (del agua) ‖ mousse (de jabón, del champán, etc.) ‖ mousse (de Nylon, etc.); *goma espuma* caoutchouc mousse ‖ FIG & FAM crème, fleur (lo mejor) ‖ — *espuma de foie gras* mousse de foie gras ‖ *espuma de mar* écume de mer ‖ — *crecer como la espuma* pousser comme des champignons ‖ *hacer espuma* mousser (el jabón, la cerveza, etc.), écumer, faire de l'écume (las olas).
espumadera *f* écumoire.
espumado *m* écumage.
espumajear; espumajar *v intr* écumer; *espumajear de ira* écumer de colère.

espumajo *m* écume *f* (saliva).

espumar *v tr* écumer (quitar la espuma) || dégraisser, écumer (olla).
◆ *v intr* écumer (el mar), mousser (el jabón, etc.).

espumarajo *m* écume *f* (de salive) || FIG & FAM *echar espumarajos por la boca* ou *de cólera* écumer de rage o de colère.

espumilla *f* crêpe *m* mince (tela) || *(amer)* meringue (merengue).

espumillón *m* crêpe de soie.

espumosidad *f* spumosité.

espumoso, sa *adj* écumeux, euse; *ola espumosa* vague écumeuse || mousseux, euse; spumeux, euse (vino, jabón) || *ser espumoso* pétiller.

espúreo, a; espurio, ria *adj* bâtard, e (bastardo); *hijo espurio* enfant bâtard || FIG bâtard, e.
— OBSERV L'adjectif *espúreo* est un barbarisme très employé. La forme correcte est *espurio*.

espurrear; espurriar *v tr* arroser avec la bouche, asperger || mouiller (humedecer).

esputar *v tr* cracher, expectorer (escupir).

esputo *m* crachat; *esputo de sangre* crachat de sang.

esqueje *m* AGRIC bouture *f*; *esqueje terminal* bouture de tête.

esquela *f* billet *m*; *esquela amorosa* billet doux || carte (para invitar) || lettre de faire part (carta para avisar) || faire-part *m inv*; *esquela de defunción* ou *mortuoria* faire-part de décès.

esquelético, ca *adj* squelettique.

esqueleto *m* squelette || *(amer)* formulaire (papel impreso) | canevas, squelette (plan) || *estar hecho un esqueleto* n'avoir que les os et la peau.

esquema *m* schéma (dibujo, plano, plan) || FILOS schème.

esquemático, ca *adj* schématique.

esquematismo *m* schématisme.

esquematizar *v tr* schématiser.

esquí *m* ski; *los esquíes metálicos son mejores que los esquíes de madera* les skis métalliques sont meilleurs que les skis de bois || — *esquí alpino* ski alpin | *esquí náutico* ou *acuático* ski nautique || *esquí nórdico, de fondo* ski nordique, de fond.
— OBSERV pl *esquíes* o *esquís*.

esquiador, ra *m y f* skieur, euse.

esquiar *v intr* skier, faire du ski.

esquifada *adj* ARQ en berceau (bóveda).

esquife *m* skiff (barco de remos) || ARQ berceau.

esquila *f* sonnaille (cencerro) || clochette (campanilla) || tonte, tondaison (esquileo) || BOT scille (cebolla albarrana) || ZOOL crevette, squille (camarón) | gyrin *m* (insecto acuático).

esquilador, ra *m y f* tondeur, euse.

esquilar *v tr* tondre.

esquileo *m* tonte *f*, tondaison; *esquileo mecánico* tonte mécanique.

esquilmar *v tr* récolter (cosechar) || AGRIC épuiser (el suelo) || FIG appauvrir (empobrecer) || FAM tondre || FAM *esquilmarle a uno* saigner quelqu'un à blanc (despojar).

esquilmo *m* récolte *f* (cosecha).

Esquilo *n pr m* Eschyle.

esquilón *m* grande clarine *f*.

esquimal *adj y s* esquimau, aude || *una esquimal* une femme esquimaude, une Esquimaude.

esquina *f* coin *m*; *doblar la esquina* tourner au coin || angle *m*, coin *m*; *calle Velázquez, esquina Goya* au coin o à l'angle de la rue Vélazquez et de la rue Goya || — *a la vuelta de la esquina* au coin de la rue, tout près (muy cerca), à tous les coins de rues (por todos los lados) || *a las cuatro esquinas* les quatre coins (juego) || — *(amer) doblar la esquina* passer l'arme à gauche (morir) || *encontrarse a la vuelta de la esquina* courir les rues || FAM ¡*te espero en la esquina!* je t'attends au tournant!
— OBSERV La palabra francesa *coin* significa a la vez *esquina* (saliente) y *rincón* (entrante).

esquinado, da *adj* anguleux, euse || en angle || anguleux, euse (rostro) || FIG rébarbatif, ive; acariâtre (carácter).

esquinar *v tr* e *intr* former un coin (formar una esquina) || placer en coin (poner en la esquina) || FIG fâcher, indisposer (enfadar).

esquinazo *m* FAM coin || — FAM *dar el esquinazo a alguien* fausser compagnie à quelqu'un | *dar esquinazo* semer (una persona).

esquirla *f* esquille, éclat *m* (fragmento de hueso).

esquirol *m* FAM jaune, briseur de grèves.

esquisto *m* MIN schiste.

esquistoso, sa *adj* MIN schisteux, euse.

esquite *m* *(amer)* pop-corn (rosetas).

esquivar *v tr* esquiver (evitar).
◆ *v pr* se dérober, s'esquiver.

esquivez *f* froideur, réserve, distance.

esquivo, va *adj* revêche.

esquizofrenia *f* MED schizophrénie.

esquizofrénico, ca *m y f* schizophrène.

esquizoide *adj y s* schizoïde.

esquizomanía *f* MED schizomanie.

esta *adj dem* → **este**.

ésta *pron dem* → **éste**.

estabilidad *f* stabilité || équilibre *m* (equilibrio); *recuperó la estabilidad* il reprit son équilibre.

estabilización *f* stabilisation || — ECON *estabilización económica* stabilisation de l'économie || AVIAC *planos de estabilización* empennage.

estabilizador, ra *adj* stabilisateur, trice; stabilisant, e.
◆ *m* AVIAC stabilisateur, empennage || *estabilizador giroscópico* gyrostabilisateur.

estabilizar *v tr* stabiliser.

estable *adj* stable (permanente).

establecer* *v tr* établir || dresser (planos) || MAR établir (izar una vela).
◆ *v pr* s'établir; *establecerse en Auxerre, en Bélgica* s'établir à Auxerre, en Belgique.

establecido, da *adj* établi, e || *conforme con lo establecido en el artículo* vu les dispositions de l'article, conformément à ce qui est stipulé à l'article.

establecimiento *m* établissement || *establecimiento comercial* ou *mercantil* établissement commercial.

establo *m* étable *f* || FIG *establos de Augias* écuries d'Augias.

estabulación *f* stabulation.

estabular *v tr* établer.

estaca *f* pieu *m* (palo) ‖ AGRIC bouture ‖ cheville (clavo) ‖ *(amer)* concession minière (mina) | ergot *m* (espolón).

estacada *f* palissade (cercado) ‖ estacade (dique) ‖ champ *m* clos (de un desafío) ‖ — FIG & FAM *dejar a uno en la estacada* laisser quelqu'un en plan *o* en rade | *quedarse en la estacada* rester sur le carreau (morir), rester le bec dans l'eau (fracasar).

estacazo *m* coup de bâton ‖ FIG échec (fracaso).

estación *f* saison (del año); *las cuatro estaciones* les quatre saisons ‖ saison; *la estación de las lluvias* la saison des pluies ‖ époque (temporada); *en la estación presente* à l'époque actuelle ‖ gare (de ferrocarril); *estación de apartado* ou *de clasificación* gare de triage ‖ station (de metro) ‖ station (agronómica, meteorológica, geodésica) ‖ station (estado); *estación vertical* station verticale *o* debout ‖ ASTR station ‖ RELIG station; *rezar las estaciones* faire ses stations | reposoir *m* (del santo sacramento) ‖ — *estación balnearia* ville d'eau ‖ *estación clarificadora* établissement filtrant ‖ *estación climática, termal* station climatique, thermale ‖ *estación de esquí* station de ski ‖ *estación de seguimiento* station de poursuite (de cohetes) ‖ *estación de servicio* station-service ‖ RAD *estación emisora* station émettrice, poste émetteur ‖ *estación espacial* station spatiale ‖ *estación terminal* terminus (autobuses), aérogare (aviones) ‖ ELÉCTR *estación transformadora* poste de transformation.

estacional *adj* saisonnier, ère ‖ ASTR stationnaire.

estacionamiento *m* stationnement (aparcamiento) ‖ parc, parcage, parking (lugar) ‖ — *estacionamiento en la vía pública* stationnement sur la voie publique ‖ *estacionamiento en línea* stationnement en file ‖ *prohibido el estacionamiento, estacionamiento indebido* stationnement interdit.

estacionar *v tr* garer, parquer; *estacionar un coche* garer une voiture ‖ *estar estacionado en* être stationné à.

◆ *v pr* ne pas avancer, être stationnaire.

estacionario, ria *adj* stationnaire ‖ saisonnier, ère; *paro estacionario* chômage saisonnier ‖ étale; *mar estacionaria* mer étale.

◆ *m (ant)* libraire (librero) | bibliothécaire (bibliotecario).

estadio *m* stade; *estadio olímpico* stade olympique ‖ stade (medida antigua y período).

estadista *m* homme d'État ‖ statisticien (estadístico) ‖ FAM *los estadistas de café* les stratèges en chambre.

estadística *f* statistique; *red de estadísticas* grille de statistiques.

estadístico, ca *adj* statistique.

◆ *m* statisticien.

estado *m* état (modo de ser, condición); *estado de salud* état de santé; *en buen, mal estado* en bon, mauvais état; *en estado de funcionamiento* en état de marche ‖ état (condición social); *estado eclesiástico, militar* état ecclésiastique, militaire ‖ État (gobierno, nación); *el Estado francés* l'État français; *asunto, golpe, razón de Estado* affaire, coup, raison d'État; *el Estado soy yo* l'État c'est moi ‖ état (documento); *estado de los gastos* état des dépenses; *estado del personal* état du personnel ‖ administration *f*; *viaje pagado por el Estado* voyage aux frais de l'administration ‖ — QUÍM *estado alotrópico* état allotropique ‖ *estado civil* situation de famille (en un documento, etc.), état civil ‖ *estado de alarma* ou *de sitio* état d'alerte *o* de siège ‖ *estado de alma* ou *de ánimo* état d'âme ‖ *estado de caja* bordereau de caisse ‖ *estado de cosas* état de choses ‖ *estado de emergencia* état d'urgence ‖ *estado de excepción* régime d'exception ‖ RELIG *estado de gracia* état de grâce ‖ *estado de guerra* état de guerre ‖ *estado de la nieve* bulletin d'enneigement ‖ *estado de soltero, de viudo* célibat, veuvage ‖ *estado en fideicomiso* état placé sous tutelle ‖ *estado gaseoso* état gazeux ‖ *estado interesante* état intéressant (mujer embarazada) ‖ *estado líquido* état liquide ‖ *estado llano* ou *común* tiers état ‖ MIL *estado mayor* état-major ‖ *estado salvaje* état de nature ‖ *estado sólido* état solide ‖ *Estado tapón* État tampon ‖ — *en estado de buena esperanza, en estado* enceinte ‖ *jefe de Estado* chef d'État ‖ *(ant) Ministerio de Estado* ministère des Affaires étrangères ‖ *papel del estado* titre d'état ‖ *Patrimonio del Estado* domaine de l'État ‖ — *estar en buen estado* être en bon état ‖ *estar en estado de* être en état de ‖ *estar en estado de merecer* être bonne à marier ‖ *estar en mal estado* être mal en point ‖ *tomar estado* se marier (casarse), entrer en religion (profesar).

Estados Unidos *n pr m pl* GEOGR États-Unis.

estadounidense *adj y s* américain, e; états-unien, enne, des États-Unis d'Amérique du Nord.

estaf *m* CONSTR staff.

estafa *f* escroquerie (timo).

estafador, ra *m y f* escroc.

— OBSERV La palabra *escroc* no tiene forma femenina: *esta mujer es una estafadora* cette femme est *un* escroc.

estafar *v tr* escroquer.

estafeta *f* estafette (correo) ‖ bureau *m* de poste (oficina) ‖ valise diplomatique (correo diplomático) ‖ *estafeta móvil* bureau ambulant (de correos).

estafilococo *m* MED staphylocoque.

estalactita *f* stalactite.

estalagmita *f* stalagmite.

estalagmometría *f* stalagmométrie.

estalagmómetro *m* stalagmomètre.

estalinismo *m* stalinisme.

estalinista *adj y s* stalinien, ienne.

estallar *v intr* éclater, exploser; *la bomba estalló* la bombe explosa ‖ sauter; *el polvorín ha estallado* la poudrière a sauté ‖ éclater; *estalló un neumático* un pneu a éclaté ‖ FIG éclater; *un motín va a estallar* une émeute va éclater ‖ *estalló un incendio* un incendie a éclaté | éclater; *ha estallado un escándalo* un scandale a éclaté | éclater; *aquellas palabras le hicieron estallar* ces mots l'ont fait éclater | bondir, sauter (de alegría) | éclater; *estallar de risa* éclater de rire; *estallar en sollozos* éclater en sanglots | éclater (en aplausos) | craquer (vestido) ‖ FIG *estallar como una bomba* faire l'effet d'une bombe.

estallido *m* éclatement (de una bomba, de un neumático, etc.) ‖ explosion *f* (de un polvorín, etc.) ‖ éclat (de ira, de risa, etc.) ‖ éclat (del trueno) ‖ claquement (de látigo) ‖ craquement, déchirement (de un vestido) ‖ *dar un estallido* éclater.

estambrar *v tr* tordre [la laine].

estambre *m* brin de laine (hebra) ‖ laine *f* de qualité inférieure (lana) ‖ chaîne *f* d'une étoffe (urdimbre) ‖ BOT étamine *f* (de una flor).

Estambul *n pr* GEOGR Istambul, Stamboul.

estamento *m* chacun des quatre états [clergé, noblesse, bourgeoisie et université]; des Cortès d'Aragon ‖ classe *f* (clase) ‖ phase *f*, stade (grado).

estameña *f* étamine, escot *m* (tela).

estampa *f* image (imagen cualquiera) ‖ estampe, enluminure (imagen de cierto valor artístico) ‖ impression (imprenta); *dar a la estampa* donner à l'impression ‖ FIG marque (huella); *la estampa del genio* la marque du génie | image (símbolo) ‖ apparence, allure, aspect *m* (figura); *tener buena, mala estampa* avoir belle, vilaine apparence ‖ — *¡maldita sea su estampa!* maudit soit sa personne!, maudit soit-il, soit-elle! ‖ *sección de estampas* cabinet des estampes ‖ *ser la propia estampa de uno* être tout le portrait de quelqu'un ‖ FAM *tener mala estampa* avoir l'air antipathique (ser antipático), ne pas avoir de chance (tener mala suerte).

estampación *f* estampage *m* (acción de estampar) ‖ impression (acción de imprimir) ‖ impression (textil) ‖ gaufrage *m* (papel).

estampado, da *adj* estampé, e ‖ imprimé, e (telas) ‖ gaufré, e (papel).
▸ *m* imprimé (tela) ‖ gaufrage (papel) ‖ estampage (estampación) ‖ étampage (de los metales).

estampador *m* estampeur ‖ TECN étampeur | gaufreur (del papel).

estampar *v tr* estamper (sacar relieve) ‖ imprimer (imprimir) ‖ imprimer (las telas) ‖ gaufrer (el papel) ‖ FIG imprimer; *estampar el pie en la arena* imprimer son pied dans le sable | projeter, lancer (arrojar); *estampó una botella contra la pared* il lança une bouteille contre le mur ‖ FAM flanquer, coller; *le estampó una bofetada* il lui a flanqué une gifle ‖ TECN étamper (los metales) ‖ apposer *o* mettre le cachet (con un sello).

estampía (de) *loc adv salir de estampía* partir en quatrième vitesse, filer.

estampida *f* détonation ‖ explosion ‖ éclatement *m* ‖ *(amer)* fuite précipitée, cavalcade ‖ *— (amer) de estampida* comme une flèche.

estampido *m* détonation *f* ‖ explosion *f* ‖ éclatement ‖ *dar un estampido* éclater.

estampilla *f* estampille (sello, letrero) ‖ griffe (sello con firma) ‖ vignette (impuesto) ‖ *(amer)* timbre *m* (sello de correos o fiscal).

estampillado *m* estampillage ‖ cachet de la poste.

estampillar *v tr* estampiller.

estancación *f*; **estancamiento** *m* étanchement *m* (de la sangre) ‖ retenue *f* (embalse) ‖ stagnation *f* (agua) ‖ FIG impasse *f*; *el estancamiento de la conferencia* l'impasse dans laquelle se trouve la conférence | enlisement *m*, piétinement *m*; *estancamiento de las negociaciones* enlisement des négociations | stagnation (de un negocio) ‖ monopolisation (de mercancías) ‖ ECON *estancamiento económico* stagnation économique.

estancado, da *adj* dormant, e; stagnant, e; *agua estancada* eau dormante ‖ FIG stagnant, e (negocio).

estancar *v tr* étancher (detener); *estancar la sangre* étancher le sang ‖ retenir (embalsar); *estancar las aguas* retenir les eaux ‖ monopoliser, mettre en régie (monopolizar) ‖ FIG laisser en suspens (un negocio).
▸ *v pr* stagner (líquidos) ‖ FIG rester en suspens, stagner (un asunto) | s'enliser, piétiner (negociaciones) | être dans une impasse (conferencias) | se scléroser (instituciones).

estancia *f* séjour *m* (permanencia); *después de diez días de estancia en Madrid, se marchó* après un séjour de dix jours à Madrid, il s'en alla; *la estancia le costó mil pesetas* le séjour lui a coûté mille pesetas ‖ demeure (morada) ‖ pièce (habitación) ‖ journée (en un hospital) ‖ nuit, nuitée (noche pasada en un hotel) ‖ stance (estrofa) ‖ *(amer)* ferme (hacienda rural).

estanciera *f (amer)* fourgonnette.

estanciero *m (amer)* fermier.

estanco, ca *adj* étanche; *compartimientos estancos* compartiments étanches.
▸ *m* bureau de tabac (tienda donde se vende tabaco) ‖ monopole, régie *f*; *el estanco del tabaco* la Régie des tabacs ‖ bistrot (taberna) ‖ FIG dépôt, archives *f pl*.

estandard *m* → **standard**.

estandardización *f* → **standardización**.

estandardizar; **estandarizar** *v tr* standardiser.

estandarte *m* étendard.

estanflación *f* ECON stagflation.

estánnico, ca *adj* stannique (de estaño).

estannífero, ra *adj* stannifère.

estanque *m* étang ‖ bassin (en un jardín); *el estanque del Retiro* le bassin du Retiro ‖ NUCL *estanque de sedimentación* bassin de sédimentation.

estanquero, ra *m y f* buraliste (comerciante).

estanquidad *f* étanchéité.

estante *adj (p us)* fixe.
▸ *m* bibliothèque *f* (mueble) ‖ rayon, étagère *f* (anaquel) ‖ bâti (de máquina de coser) ‖ *(amer)* étai (puntal).

estantería *f* rayonnage *m*, étagères *pl*.

estantigua *f* fantôme *m* (fantasma) ‖ FIG & FAM grand escogriffe *m* (persona alta y flaca) | épouvantail *m* (persona fea).

estañado *m* étamage (de metales) ‖ étamure *f* (aleación para estañar).

estañador *m* étameur.

estañadura *f* étamage *m*, rétamage *m* (acción de estañar) ‖ étamure *f* (aleación para estañar).

estañar *v tr* étamer, rétamer.

estañero *m* étameur, rétameur.

estaño *m* étain (metal).

estaquilla *f* chevillette (clavijo).

estaquillar *v tr* cheviller.

estar* *v intr*

> 1. ÊTRE — 2. ALLER — 3. SEGUIDO DE UNA PREPOSICIÓN — 4. FORMA REFLEXIVA — 5. CON GERUNDIO — 6. LOCUCIONES DIVERSAS

1. ÊTRE indique une position dans l'espace ou dans le temps; *está en Sevilla* il est à Séville; *estoy en casa* je suis chez moi *o* à la maison; *no estoy para nadie* je n'y suis pour personne; *el señor no está* monsieur n'est pas là (sin indicación de lugar hay que añadir un adverbio); *estamos en verano* nous sommes en été ‖ rester, séjourner; *estuve seis días en Córdoba* je suis resté six jours à Cordoue ‖ indique un état ou une qualité momentanée; *el suelo está húmedo* le sol est humide; *mi tío está enfermo* mon oncle est malade; *estoy solo y satisfecho* je suis seul et satisfait ‖ au passif, marque l'état résultant d'une action passée; *la puerta está cerrada* la porte est fermée.

2. ALLER *¿cómo estás?* comment vas-tu?; *estar bien, malo, mejor* aller bien, mal, mieux (de salud);

este vestido te está muy bien cette robe te va très bien.

3. SEGUIDO DE UNA PREPOSICIÓN *estar a* être le (fecha); *¿a cuánto estamos? estamos a 3 (tres) de mayo* nous sommes le 3 [trois]; mai || être à (precio); *las patatas están a cinco pesetas* les pommes de terre sont à cinq pesetas || — *estar de* être en; *estar de viaje, de paseo, de mudanza* être en voyage, en promenade, en déménagement; *estar de vacaciones* être en vacances || être comme, être en qualité de; *está aquí de embajador* il est ici comme ambassadeur || être (habillé), en; *estar de paisano, de militar* être en civil, en uniforme || *estar de rodillas* être à genoux || — *estar en* être à; *estar en Madrid* être à Madrid; *estar en ayunas* être à jeun || être en; *estar en España* être en Espagne || être; *lo malo está en que no viene* l'ennui, c'est qu'il ne vient pas; *en esto está la dificultad* voilà où est la difficulté || être au courant (saber); *estoy en lo que me dices* je suis au courant de ce que tu me dis || y être (entendre); *¿estás en ello?* tu y es? || — *estar para* être sur le point de, aller; *estaba para salir* j'allais sortir || avoir envie de, être disposé à, être d'humeur à; *no estoy para bromas* je n'ai pas envie de plaisanter || être en état de; *no estoy para emprender un nuevo viaje* je ne suis pas en état d'entreprendre un nouveau voyage || — *estar por* être à, rester à; *todo esto está por hacer* tout ceci est à faire; *este cuarto está por barrer* il reste cette pièce à balayer || être pour (partidario) || être tenté de; *estoy por decir que esto es falso* je suis tenté de dire que cela est faux || — *estar sin* ne pas être; *la casa está sin vender* la maison n'est pas vendue.
4. FORMA REFLEXIVA rester; *estarse quieto* rester tranquille; *se estuvo en la cama tres días* il est resté trois jours au lit.
5. CON GERUNDIO suivis d'un gérondif, *estar o estarse* expriment la durée de l'action; ils se traduisent, soit par *être en train de o rester à* (et l'infinitif), soit par le verbe principal conjugué au temps de l'auxiliaire; *estaba durmiendo* il était en train de dormir, il dormait; *le estuve esperando dos horas* je suis resté deux heures à vous attendre, je vous ai attendu deux heures || *¡ya te estás yendo!* tu peux te préparer à partir.
6. LOCUCIONES DIVERSAS *aquí estoy y aquí me quedo* j'y suis, j'y reste || *así estamos* nous en sommes là || *¿dónde estamos?* où en sommes-nous? || — *está bien* c'est bien (perfectamente), c'est bon, c'est d'accord (de acuerdo) || FAM *está hasta en la sopa* on ne voit que lui || *¿estamos?* nous y sommes? || *estamos todavía a tiempo de* il est encore temps de || FIG & FAM *está que bota* il est furieux o à cran o en rogne || — FIG & FAM *estar a dos velas* être sans le sou, tirer le diable par la queue || *estar a la mira* avoir l'œil sur || *estar a la que salta* être à l'affût de toutes les occasions, ne rien laisser passer || *estar al caer* aller sonner (las horas), s'annoncer, être imminent (suceso); *la guerra está al caer* la guerre est imminente || *estar al tanto* être au courant || *estar a matar* être à couteaux tirés, s'en vouloir à mort || *estar a oscuras* être dans le noir o dans l'obscurité (sin luz), être obscur (poco claro), ne pas être au courant (desconocer) || *estar a pan y agua* être au pain et à l'eau, être au pain sec || *estar a punto de* ou *a pique de* être sur le point de || *estar bien, mal con uno* être bien, ne pas être bien o être mal avec quelqu'un || *estar bueno* être bon (calidad), être en bonne santé, aller bien (de salud) ||

estar con uno être avec quelqu'un (encontrarse), être d'accord avec quelqu'un (coincidir) || *estar de guardia* être de garde, monter la garde || *estar de juerga* faire la bringue || *estar de más* ou *de sobra* être de trop o en trop || *estar en ánimo* ou *con ánimo de hacer una cosa* être d'humeur à o avoir envie de faire quelque chose || FIG & FAM *estar en ascuas* être sur des charbons ardents || *estar en lo cierto* être dans le vrai || *estar en sí* savoir ce que l'on fait || *estar en todo* se multiplier, avoir l'œil à tout (ocuparse), penser à tout || *estar fuera* être sorti || *estar hecho* être (devenu); *estás hecho un sabio* tu es devenu un vrai savant || *estar para todo* s'occuper de tout || *estar sobre uno* être toujours derrière quelqu'un || *estar una cosa por ver* être à voir o à vérifier [une chose] || — *estoy que ni puedo moverme* je suis dans un tel état que je ne peux même plus bouger || *estoy en que va a llover* je crois o je pense qu'il va pleuvoir || *si estuviese en su lugar* si j'étais à votre place, si j'étais vous || *ya está* ça y est || *¡ya está bien!* ça suffit!, assez! || *ya que estamos* puisque nous y sommes, tant qu'à faire.

— OBSERV Reportez-vous à l'article *être* (première partie).

estarcido *m* poncif (dibujo).
estarcir *v tr* poncer (un dibujo).
éstasis *f* MED stase.
estatal *adj* de l'État, étatique.
estatalizar *v tr* étatiser.
estático, ca *adj* statique || FIG figé, e (parado).
▸ *f* MECÁN statique.
estatificar *v tr* étatiser (nacionalizar).
estatismo *m* étatisme (político) || immobilité *f.*
estator *m* MECÁN stator.
estatua *f* statue; *levantar una estatua* élever une statue || *quedarse hecho una estatua* rester figé comme une statue, être pétrifié o médusé.
estatuario, ria *adj* statuaire || TAUROM *pase estatuario* passe par le haut, effectuée sans bouger le corps.
▸ *m* statuaire (escultor).
▸ *f* statuaire (arte).
estatuir* *v tr* e *intr* statuer.
estatura *f* taille, stature (de una persona) || *por orden de estatura* par rang de taille.
estatus; status *m inv* statut *m*, position *f* sociale.
estatutario, ria *adj* statutaire.
estatuto *m* statut || *estatuto de autonomía* statut d'autonomie || DR *estatuto formal* protocole || — *según los estatutos* statutairement, d'après les statuts.
estay *m* MAR étai.
— OBSERV pl *estayes.*
este *m* est, orient || *viento del Este* vent d'est.
este, esta, estos, estas *adj dem m y f* ce, cette, ces, ce... -ci, cette... -ci, ces... -ci; *no conozco a esta mujer* je ne connais pas cette femme; *estas casas* ces maisons-ci.

— OBSERV L'adjectif démonstratif *este, esta* s'emploie en espagnol pour désigner une personne ou un objet plus proche de la personne qui parle que de celle à qui l'on parle, s'opposant ainsi à *ese* et *aquel*: *este sombrero me gusta más que aquél* ce chapeau-ci me plaît davantage que celui-là.

— OBSERV Se cambia *ce* en *cet* delante de una vocal o h muda: *este hombre*, cet homme. Por otra parte, se puede añadir en francés la partícula invariable *ci* para designar algo más concretamente: *esta casa es más bonita que aquélla* cette maison-ci est plus jolie que celle-là.

éste, ésta, éstos, éstas *pron dem m y f* celui-ci, celle-ci, ceux-ci, celles-ci; *me gusta más esa casa que ésta* j'aime mieux cette maison que celle-ci ‖ lui, elle, eux, elles; *nadie me lo dijo, aunque ésta lo supiera* personne ne me l'a dit, et pourtant, elle, elle le savait ‖ *ésta* la ville de celui qui parle ou écrit; *hecho en ésta (Madrid), a 10 de octubre* fait à Madrid le 10 octobre ‖ FAM *ésta y nunca* ou *no más* on ne m'y reprendra plus, c'est bien la dernière fois.
— OBSERV À la différence des adjectifs, les pronoms *éste, ésta, éstos, éstas* sont toujours accentués.

esteárico, ca *adj* stéarique.
estearina *f* QUÍM stéarine ‖ *fábrica de estearina* stéarinerie.
estegomia *f* ZOOL stégomye.
estela *f* sillage *m* (de un barco) ‖ stèle (monumento) ‖ FIG trace, vestige *m* ‖ BOT stellaire ‖ *estela de humo* panache de fumée.
estelar *adj* ASTR stellaire (de las estrellas) ‖ FIG vedette; *combate estelar* combat vedette (boxeo) ‖ — FIG *figura estelar* figure de proue, étoile [vedette] ‖ *papel estelar* premier rôle.
estelaria *f* BOT stellaire (pie de león).
estenografía *f* sténographie.
estenografiar *v tr* sténographier.
estenográfico, ca *adj* sténographique.
estenógrafo, fa *m y f* sténographe.
— OBSERV On dit plus couramment *taquígrafo, taquígrafa*.
estenordeste *m* est-nord-est.
estenosis *f* MED sténose.
estenotipia *f* sténotypie.
estenotipista *m y f* sténotypiste.
estenotipo *m* sténotype *f*.
esténtor *m* stentor.
estentóreo, a *adj* de stentor; *voz estentórea* voix de stentor.
estepa *f* steppe (llanura) ‖ BOT ciste *m* (jara).
estepario, ria *adj* steppique, de steppe.
éster *m* QUÍM ester.
estera *f* natte [de jonc, etc.] ‖ passage *m* (alfombra estrecha) ‖ tapis-brosse *m* (felpudo).
esterar *v tr* recouvrir de tapis (alfombrar).
estercoladura *f*; **estercolamiento** *m* AGRIC fumure *f*, fumage *m*.
estercolar *v tr* fumer (la tierra).
◆ *v intr* fienter (los animales).
estercolero *m* tas de fumier, fumier ‖ FIG porcherie *f* (sitio muy sucio).
estéreo *m* stère (medida para madera) ‖ — *medición por estéreos* stérage ‖ *medir por estéreos* stérer.
estereofonía *f* stéréophonie.
estereofónico, ca *adj* stéréophonique.
estereometría *f* stéréométrie.
estereoscopia *f* FÍS stéréoscopie.
estereoscópico, ca *f* FÍS stéréoscopique.
estereoscopio *m* stéréoscope.
estereotipado, a *adj* stéréotypage.
estereotipador *m* IMPR clicheur.

estereotipar *v tr* stéréotyper ‖ — FIG *una expresión estereotipada* une expression toute faite ‖ *una sonrisa estereotipada* un sourire stéréotypé.
estereotipo *m* stéréotype (cliché).
estereotomía *f* stéréotomie.
esterería *f* atelier *m o* boutique du nattier.
esterero, ra *m y f* nattier, ère.
estéril *adj* stérile.
esterilete *m* stérilet.
esterilidad *f* stérilité.
esterilización *f* stérilisation.
esterilizador, ra *adj* stérilisant, e; *producto esterilizador* produit stérilisant ‖ stérilisateur, trice; *aparato esterilizador* appareil stérilisateur.
◆ *m* stérilisateur.
esterilizar *v tr* stériliser.
esterilla *f* petite natte [de jonc] ‖ galon *m* de fil d'or ou d'argent (trencilla) ‖ *esterilla de baño* tapis de bain.
esterlina *adj inv* sterling; *libra esterlina* livre sterling.
esternocleidomastoideo *adj m y s m* ANAT sterno-cléido-mastoïdien.
esternón *m* ANAT sternum ‖ *del esternón* sternal, e.
estero *m* pose *f* de tapis ‖ estuaire (de un río) ‖ (*amer.*) marais (pantano).
esteroide *m* stéroïde; *esteroide anabolizante* stéroïde anabolisant.
estertor *m* râle, râlement (respiración angustiosa) ‖ *estar en los últimos estertores* être à l'article de la mort.
estesudeste *m* est-sud-est.
esteta *m y f* esthète.
esteticista *m y f* esthéticien, enne.
— OBSERV Le mot *esteticista* désigne à la fois la personne qui travaille dans un institut de beauté et l'écrivain spécialiste de l'esthétique.
estético, ca *adj y s f* esthétique; *estética trascendental* esthétique transcendantale.
◆ *m* esthéticien.
estetismo *m* esthétisme.
estetista *m y f* esthéticien, enne.
— OBSERV Le mot *estetista*, peu usité en espagnol, ne s'emploie que pour désigner la personne dont le métier consiste à donner des soins de beauté.
estetoscopia *f* MED stéthoscopie.
estetoscopio *m* MED stéthoscope.
esteva *f* mancheron *m* (del arado).
estevado, da *adj* aux jambes arquées.
◆ *m y f* personne aux jambes arquées.
estiaje *m* étiage (de las aguas).
estiba *f* MAR chargement *m*, estive (lastre), arrimage *m* (colocación de la carga) ‖ AGRIC empilage *m* (apilado); *altura de estiba* hauteur d'empilage ‖ (*amer.*) tas *m* (rimero).
estibador *m* arrimeur.
estibar *v tr* tasser (lo embalado) ‖ MAR arrimer, estiver (la carga).
estibina *f* MIN stibine.
estiércol *m* fumier ‖ *jugo de estiércol* purin.
estigma *m* BOT & MED stigmate ‖ FIG stigmate; *los estigmas del vicio* les stigmates du vice.
◆ *pl* stigmates (de Jesús, de algunos santos).
estigmatismo *m* stigmatisme (óptica).

estigmatización f stigmatisation.
estigmatizar v tr stigmatiser.
estilar v tr *(p us)* DR dresser (un acte), en bonne et due forme.
◆ v intr y pr s'employer, être en usage; *esta palabra no se estila aquí* ce mot ne s'emploie pas ici ‖ se porter, être à la mode; *los jubones ya no se estilan* les pourpoints ne se porten plus ‖ se pratiquer (practicarse) ‖ avoir l'habitude de, se faire; *no se estila llevar sombrero de paja en invierno* on n'a pas l'habitude de porter un chapeau de paille en hiver ‖ *es lo que se estila* c'est ce qui se fait.
estilete m stylet ‖ TECN style (de aparato grabador).
estilismo m stylisme.
estilista m y f styliste (escritor).
estilística f stylistique ‖ *especialista en estilística* stylisticien, enne.
estilístico, ca adj stylistique, de style.
estilización m stylisation.
estilizado, da adj stylisé, e ‖ profilé, e (avión, coche).
estilizar v tr styliser.
estilo m style (punzón y varilla del reloj) ‖ style; *estilo sobrio* style sobre; *estilo románico* style roman ‖ style (moda) ‖ langage; *es un estilo muy suyo* c'est un langage bien à lui ‖ style, classe (categoría); *tener mucho estilo* avoir beaucoup de style ‖ BOT style ‖ DEP nage f; *estilo mariposa* nage papillon; *estilo libre* nage libre; *400 metros estilos* 400 mètres quatre nages ‖ façon f; *vino espumoso estilo champán* vin mousseux façon champagne ‖ *(amer)* danse f folklorique uruguayenne ‖ — GRAM *estilo directo, indirecto* style direct, indirect ‖ — *a estilo de* dans le goût de ‖ *al estilo de* à la manière, à la mode, à la; *a estilo de Francia* à la manière française, à la française ‖ *de buen, mal estilo de* bon, de mauvais ton ‖ *por el estilo* du même genre (parecido), à peu près la même chose (casi lo mismo) ‖ — *todo está por el estilo* tout est à l'avenant ‖ *una criada que tiene mucho estilo* une bonne très stylée.
estilóbato m ARQ stylobate.
estilográfico, ca adj stylographique ‖ *pluma estilográfica* stylographe.
◆ f stylographe m *(ant)*, stylo m.
estima f estime; *le tengo poca estima* j'ai pour lui peu d'estime; *le tengo gran estima* je l'ai en grande estime ‖ MAR estime ‖ MAR *navegación de estima* navigation estimée o observée.
estimabilidad f appréciabilité.
estimable adj estimable.
estimación f estimation (evaluación comercial) ‖ évaluation; *estimación presupuestaria* évaluation budgétaire ‖ appréciation (aprecio) ‖ estime (estima) ‖ — DR *estimación de una demanda* prise en considération d'une demande ‖ *estimación propia* amour-propre ‖ *según estimación común* de l'avis général.
estimado, da adj estimé, e ‖ cher, chère; *estimado señor* cher monsieur (carta).
estimar v tr estimer, apprécier, avoir de l'estime pour, priser (apreciar); *estimar mucho* ou *en mucho a uno* estimer beaucoup quelqu'un ‖ estimer (valorar); *estimar una sortija en su justo valor* estimer une bague à sa juste valeur ‖ estimer, penser, considérer (juzgar); *estimo que no merecía este castigo* j'estime qu'il ne méritait pas cette punition ‖ DR *estimar una demanda* faire droit à une requête.
◆ v pr s'estimer ‖ évaluer; *se estima que la temperatura es hoy de cinco grados* on évalue à 5 degrés la température aujourd'hui ‖ *ninguna persona que se estime* nulle personne qui se respecte.
estimativa f jugement m (facultad intelectual) ‖ instinct m (instinto).
estimativo, va adj de référence.
estimulación f stimulation.
estimulador, ra adj stimulant, e.
estimulante adj y s m stimulant, e; remontant, e *(fam)*.
◆ m FIG stimulant.
estimular v tr stimuler (aguijonear) ‖ FIG inciter, pousser; *le estimuló a que se presentara* il l'incita à se présenter ‖ encourager (animar).
estímulo m stimulation f (incitación) ‖ encouragement; *sus palabras fueron un estímulo para mí* ses paroles ont été un encouragement pour moi ‖ stimulant (estimulante) ‖ encouragement (fiscal) ‖ ZOOL stimulus.
estío m été (verano).
— OBSERV *Estío* est un mot plus recherché que *verano*.
estipendiar v tr rémunérer (asalariar).
— OBSERV La palabra francesa *stipendier* sólo se emplea con un sentido despectivo: *stipendier des assassins* asalariar asesinos.
estipendiario m salarié (asalariado) ‖ taillable (pechero).
estipendio m rémunération f, rétribution f (salario) ‖ honoraires pl de messe (para una misa encomendada).
estíptico, ca adj y s m MED styptique, astringent, e.
◆ adj constipé, e (estreñido).
estípula f BOT stipule.
estipulación f stipulation.
estipular v tr stipuler.
estiradamente adv à peine, tout juste; *tener estiradamente para vivir* avoir à peine o tout juste de quoi vivre.
estirado, da adj FIG tiré, tirée à quatre épingles (esmerado) ‖ poseur, euse; guindé, e; prétentieux, euse (presumido) ‖ compassé, e; raide (tieso) ‖ FAM radin, e; pingre (avaro) ‖ *andar estirado* avoir une démarche compassée.
◆ f plongeon m (en fútbol); *hacer una estirada* faire un plongeon.
◆ m défrisement (del pelo) ‖ TECN étirage.
estirador, ra m y f TECN étireur, euse ‖ *máquina estiradora* étireuse.
estiraje m TECN étirage.
estiramiento m étirage.
estirar v tr étirer (medias, falda) ‖ FIG allonger (alargar), étendre (extender) ‖ faire durer (el dinero) ‖ MAR élonger ‖ FAM *(amer)* descendre (matar) ‖ — FIG & FAM *estirar la pata* casser sa pipe, claquer (morir) ‖ *estirar las piernas* se dégourdir o se dérouiller les jambes ‖ TECN *hilera de estirar* banc d'étirage.
◆ v pr s'étirer.
estirón m secousse f, saccade f (tirón) ‖ poussée f [de croissance] ‖ FIG & FAM *dar un estirón* grandir tout d'un coup, pousser comme une asperge (crecer rápidamente).

estirpe *f* souche (origen de una familia); *de buena estirpe* de bonne souche ‖ lignée, lignage *m* famille (descendencia) ‖ *de real estirpe* de sang royal ‖ FIG *no niega su estirpe* il a de qui tenir.

estival *adj* estival, e; *calor, moda estival* chaleur, mode estivale ‖ d'été; *solsticio estival* solstice d'été.

esto *pr dem neutro* ceci, cela, ça *(fam)*, c' (con algunos tiempos de los verbos «être» y «avoir»); *yo quiero esto* je veux cela; *esto no me gusta* ça ne me plaît pas; *esto es verdad* c'est vrai ‖ *— esto heu...*, voyons (cuando se duda) ‖ *esto es* c'est-à-dire (es decir), c'est ça (de acuerdo) ‖ *¡esto tenemos!* nous en sommes là! ‖ *con esto* avec ça, malgré cela ‖ *en esto* sur ce, sur ces entrefaites, là-dessus ‖ *no por esto* cela n'empêche pas que, ce n'est pas pour cela que ‖ *— esto es lo que quiero decir* c'est ce que je veux dire, voilà ce que je veux dire ‖ *no hay como esto para darle ánimo* il n'y a rien de tel pour vous redonner du courage.

— OBSERV *Esto* désigne ce qui est proche de la personne qui parle, et se différencie donc de *eso* et *aquello*.

— OBSERV Aunque el francés *ceci* corresponda exactamente al español *esto*, se emplea mucho más *cela* o *ça* (fam), salvo en los casos en que *esto* se contrapone a *eso* o *aquello*: *¿esto o aquello?* ceci ou cela?

estocada *f* estocade ‖ botte (esgrima) ‖ *— dar estocadas* porter des estocades ‖ TAUROM *estocada en lo alto* estocade bien portée ‖ *tirar tajos y estocadas* frapper d'estoc et de taille.

Estocolmo *n pr* GEOGR Stockholm.

estofa *f* étoffe brochée ‖ qualité, aloi *m*; *de baja estofa* de mauvais aloi ‖ *pícaro de baja estofa* voyou de la pire espèce.

— OBSERV La palabra francesa *étoffe* es un término general que corresponde a *tela*.

estofado, da *adj* *(p us)* arrangé, e; orné, e (adornado) ‖ CULIN à l'étuvée, à l'étouffée ‖ *en estofado* à l'étuvée, à l'étouffée.
◆ *m* CULIN plat cuit à l'étouffée (guisado) ‖ daube *f* (adobado) ‖ *estofado de vaca* bœuf mode.

estofar *v tr* broder en application (bordar) ‖ CULIN étuver, faire cuire à l'étuvée o à l'étouffée.

estoicismo *m* stoïcisme ‖ FIG stoïcisme.

estoico, ca *adj y s* stoïcien, enne; stoïque; *la escuela estoica* l'école stoïcienne; *la doctrina estoica* la doctrine stoïque; *Séneca fue un estoico* Sénèque fut un stoïcien.
◆ *adj* FIG stoïque; *un hombre estoico* un homme stoïque.

estola *f* étole.

estolidez *f* stupidité (estupidez).

estolón *m* BOT stolon ‖ grande étole *f* (de sacerdote).

estomacal *adj y s m* stomachique.
◆ *adj* stomacal, e.

estomagante *adj* dégoûtant, e; écœurant, e.

estomagar *v tr* dégoûter, écœurer (dar asco) ‖ rester sur l'estomac (empachar).

estómago *m* estomac ‖ *— boca del estómago* creux de l'estomac ‖ *dolor de estómago* mal à l'estomac ‖ FIG *hacerle el estómago a* se faire à ‖ *revolver el estómago* soulever le cœur ‖ *se me revuelve el estómago* j'ai mal au cœur ‖ *tener a uno sentado en el estómago* ou *en la boca del estómago* ne pas pouvoir digérer quelqu'un ‖ *tener el estómago en los pies, ladrarle a uno el estómago, tener el estómago pegado al espinazo* avoir l'estomac dans les talons ‖ *tener estómago* ou *buen* ou *mucho estómago* ne pas être dégoûté (no hacer el remilgado), encaisser sans broncher (aguantar) ‖ *tener los ojos más grandes que el estómago* avoir les yeux plus grands que le ventre ‖ *tener un estómago de piedra* avoir un estomac d'autruche ‖ *tener un vacío en el estómago* avoir un creux dans l'estomac, avoir le ventre creux.

estomático, ca *adj* MED stomatique (de la boca).

estomatitis *f* MED stomatite.

estomatología *f* MED stomatologie.

estomatólogo, ga *m y f* MED stomatologiste.

estomatoscopio *m* stomatoscope.

Estonia *n pr* GEOGR Estonie.

estonio, nia *adj* estonien, enne; este.
◆ *m y f* Estonien, enne.
◆ *m* estonien, este (lengua).

estopa *f* étoupe ‖ *llenar con estopas* étouper.

estoque *m* estoc (espada estrecha) ‖ TAUROM épée *f*, estoc ‖ BOT glaïeul ‖ *bastón de estoque* canne-épée.

estoqueador *m* matador (torero).

estoquear *v tr* porter une estocade, estocader.

estoqueo *m* série *f* d'estocades.

estoraque *m* styrax (árbol) ‖ storax (resina).

estorbar *v tr* gêner, embarrasser; *este paquete me estorba* ce paquet m'embarrasse ‖ gêner, encombrer; *estorbar el paso* gêner le passage ‖ gêner; *estorbar el tráfico, a un rival* gêner la circulation, un concurrent ‖ FIG entraver, mettre obstacle à; *estorbar las negociaciones* entraver les négociations.

estorbo *m* gêne *f*, embarras (molestia) ‖ obstacle, entrave *f* (obstáculo).

estornino *m* étourneau, sansonnet (ave).

estornudar *v intr* éternuer.

estornudo *m* éternuement, sternutation *f (p us)* ‖ ébrouement (de los animales).

estos, estas *adj dem m y f pl* ces → **este**.

éstos, éstas *pron dem m y f pl* ceux-ci, celles-ci → **éste**.

estrabismo *m* MED strabisme.

estradivario *m* stradivarius (violín).

estrado *m* estrade *f* (tarima) ‖ *(ant)* salon, boudoir (sala) ‖ mobilier du salon [siège et tapis].
◆ *pl* DR salle *f sing* d'audience, tribunal *sing*, parquet *sing*.

estrafalariamente *adv* bizarrement, ridiculement, d'une façon extravagante o extravagante.

estrafalario, ria *adj* bizarre, extravagant, e (persona) ‖ biscornu, e; saugrenu, e (idea, razonamiento).
◆ *m y f* extravagant, e.

estragar *v tr* gâter, corrompre (corromper) ‖ abîmer, gâter (deteriorar) ‖ ravager (causar estrago) ‖ FAM *tener el gusto estragado* n'avoir absolument aucun goût.

estrago *m* ruine *f*, destruction *f* (destrucción) ‖ ravage, dégât; *el terremoto ha causado muchos estragos* le tremblement de terre a causé de grands ravages ‖ FIG ravage; *los estragos de los años* les ravages des ans; *los estragos del miedo* les ravages de la peur ‖ *— causar estragos* ravager, faire des ravages o des dégâts; *el terremoto ha causado estragos en todo el país* le tremblement de terre a ravagé tout le pays ‖ *hacer estragos* sévir, faire des ravages (calamidad, epidemia).

estragón *m* BOT estragon.
estrambote *m* groupe de vers ajoutés à un sonnet.
estrambóticamente *adv* avec extravagance, d'une façon extravagante.
estrambótico, ca *adj* extravagant, e.
estramonio *m* BOT stramoine.
estrangulación *f* étranglement *m*, strangulation.
estrangulado, da *adj* MED étranglé, e (hernia).
estrangulador, ra *adj* y *s* étrangleur, euse.
— *m* AUTOM starter, étrangleur (vx).
estrangulamiento *m* étranglement || FIG goulot d'étranglement.
estrangular *v tr* étrangler || comprimer (una vena, etc.).
— *v pr* s'étrangler.
— OBSERV *S'étrangler* au sens figuré se dit *ahogarse* (de rage, etc.) ou *atragantarse* (en mangeant).
estraperlear *v intr* FAM faire du marché noir.
estraperlista *m* y *f* FAM trafiquant, e au marché noir.
estraperlo *m* FAM marché noir; *vender de estraperlo* vendre au marché noir.
estrás *m* strass (cristal).
Estrasburgo *n pr* GEOGR Strasbourg.
estratagema *f* stratagème *m*; *emplear estratagemas* user de stratagèmes.
estratega *m* MIL stratège, stratégiste || FAM *los estrategas de café* les stratèges en chambre.
estrategia *f* stratégie.
estratégico, ca *adj* stratégique.
— *m* stratège, stratégiste *(p us)*.
estratificación *f* stratification.
estratificar *v tr* stratifier.
estratigrafía *f* GEOL stratigraphie.
estratigráfico, ca *adj* stratigraphique.
estrato *m* GEOL strate *f* || stratus (nube) || FIG couche *f* (social).
estratocúmulo *m* strato-cumulus (nube).
estratosfera *f* stratosphère.
estratosférico, ca *adj* stratosphérique; *globo estratosférico* ballon stratosphérique.
estraza *f* chiffon *m* de grosse toile || *papel de estraza* papier gris.
estrechamente *adv* étroitement || FIG strictement, exactement (puntualmente) | petitement (con poco dinero) | à l'étroit (en poco espacio); *vivir estrechamente* vivre à l'étroit.
estrechamiento *m* rétrécissement (de una calle) || rétrécissement (de un vestido) || FIG resserrement; *estrechamiento de los lazos económicos entre ambos países* resserrement des liens économiques entre les deux pays || serrement; *estrechamiento de manos* serrement de mains || *estrechamiento de carretera* chaussée rétrécie.
estrechar *v tr* rétrécir (un vestido) || FIG resserrer; *estrechar los lazos de amistad* resserrer les liens d'amitié | serrer; *estrechar la mano* serrer la main | serrer, presser, étreindre; *estrechar a uno entre los brazos* serrer quelqu'un dans ses bras || réduire (reducir) || talonner, acculer (arrinconar) || MIL *estrechar las filas* serrer les rangs.
— *v pr* se serrer (apretarse) || s'étrangler, se resserrer; *un valle que se estrecha* une vallée qui s'étrangle || se rétrécir; *aquí la carretera se estrecha* ici la route se rétrécit || FIG se restreindre (reducir los gastos) | se rapprocher, devenir intime (trabar amistad).
estrechez *f* étroitesse (angostura) || FIG étroitesse; *estrechez de miras* étroitesse de vues | situation critique (apuro); *hallarse en gran estrechez* se trouver dans une situation extrêmement critique | intimité || MED rétrécissement *m* || — FIG *pasar estrecheces* avoir des ennuis d'argent, être dans la gêne o dans l'embarras | *vivir con estrechez* vivre petitement (modestamente), vivre à l'étroit (en poco sitio).
estrecho, cha *adj* étroit, e; *calle estrecha* rue étroite; *zapato estrecho* soulier étroit || juste, serré, e (demasiado pequeño) || FIG étroit, e; *espíritu estrecho* esprit étroit; *amistad estrecha* amitié étroite | radin, e (avaro) || strict, e; étroit, e; *moral estrecha* morale stricte || *este vestido me está* ou *me viene estrecho* cette robe me serre o est trop étroite pour moi.
— *m* période *f* critique (apuro); *pasar un grave estrecho* traverser une période très critique || GEOGR détroit; *el estrecho de Gibraltar* le détroit de Gibraltar.
estregadera *f* brosse dure (cepillo) || décrottoir *m* (para los zapatos).
estregar* *v tr* frotter.
— *v pr* se frotter.
estrella *f* ASTR étoile || étoile (en la frente de los caballos) || IMPR étoile || FIG étoile (destino) | étoile, vedette, star (artista) || — *estrella de mar* étoile de mer (estrellamar) || *estrella errante* étoile errante, planète || *estrella fija* étoile fixe || *estrella fugaz* étoile filante || *estrella matutina* ou *del alba* étoile du matin o du berger || *estrella polar* étoile polaire || *estrella vespertina* étoile du soir || — *con estrellas* sous les étoiles, la nuit || — FAM *estar de mala estrella* avoir la guigne | *haber nacido con buena estrella, tener estrella* être né sous une bonne étoile | *ver las estrellas* voir trente-six chandelles.
estrellado, da *adj* étoilé, e (cielo) || sur le plat (huevos) || qui a une étoile (caballo).
estrellamar *f* étoile de mer || BOT plantain *m*.
estrellar *adj* stellaire.
estrellar *v tr* briser, mettre en pièces (romper) || écraser (aplastar) || cuire sur le plat (huevos) || étoiler (constelar).
— *v pr* se briser (romperse) || se briser (olas) || s'écraser; *estrellarse contra* ou *en la pared* s'écraser contre le mur || FIG échouer (fracasar) || — FIG *estrellarse con uno* se heurter à quelqu'un | *estrellarse en se casser les dents sur.
estrellato *m* rang de vedette; *lanzar al estrellato* promouvoir au rang de vedette.
estrellón *m* étoile *f* (pirotecnia) || étoile *f* (ornamento).
estremecedor, ra *adj* violent, e; brutal, e (choque, conmoción).
estremecer* *v tr* ébranler (sacudir) || FIG faire tressaillir o frémir o trembler (sobresaltar) | donner un choc, bouleverser (impresionar).
— *v pr* sursauter; *se estremeció al oír ese ruido* il sursauta en entendant ce bruit || tressaillir, frémir, trembler (temblar) || tressaillir (de alegría) || frémir, frissonner, trembler (de miedo).
estremecimiento *m* ébranlement (sacudida) || sursaut (sobresalto) || FIG tressaillement, frémisse-

estrenar *v tr* étrenner; *he estrenado un traje* j'ai étrenné un costume ‖ TEATR donner la première [d'une pièce]; représenter pour la première fois | créer; *este actor estrenó muchas comedias* cet acteur a créé beaucoup de pièces ‖ CINEM passer en exclusivité (una película) ‖ *estrenar una casa* essuyer les plâtres.
◆ *v pr* débuter (en un empleo) ‖ faire sa sortie, sortir (película) ‖ être représenté pour la première fois (comedia) ‖ *todavía no me he estrenado* jusqu'à présent je n'ai rien fait, ça n'a encore rien donné [un vendeur].

estreno *m* étrenne *f* (primer uso) ‖ débuts *pl* (en un empleo) ‖ TEATR première *f* (primera representación) | nouveauté *f*; *este año hay muchas reposiciones y pocos estrenos* cette année il y beaucoup de reprises et peu de nouveautés ‖ *cine de estreno* cinéma *o* salle d'exclusivité ‖ *estreno mundial* première mondiale.

estreñido, da *adj* MED constipé, e.
estreñimiento *m* MED constipation *f*.
estreñir* *v tr* MED constiper.
estrépito *m* fracas (estruendo, fragor) ‖ FIG pompe *f*, éclat (ostentación).
estrepitosamente *adv* avec fracas, bruyamment.
estrepitoso, sa *adj* bruyant, e ‖ FIG retentissant, e; *fracaso estrepitoso* échec retentissant | fracassant, e; *derrota estrepitosa* défaite fracassante.
estreptococo *m* MED streptocoque.
estreptomicina *f* streptomicine (antibiótico).
estrés; stress *m inv* stress.
estresado, da *adj* stressé, e.
estresante *adj* stressant, e.
estresar *v tr* stresser.
estría *f* strie ‖ ARQ cannelure ‖ rayure (de arma de fuego).
◆ *pl* vergetures (en la piel).
estriado *m* rayage, rayement (de un cañón) ‖ striure *f*.
estriar *v tr* strier, canneler ‖ rayer (un cañón).
estribación *f* GEOGR contrefort *m*, chaînon *m*.
estribar *v intr* s'appuyer; *estribar en el suelo, en buenas razones* s'appuyer sur le sol, sur de bonnes raisons ‖ FIG résider.
estribillo *m* refrain (de canción) ‖ FIG refrain, ritournelle *f* (repetición) | rengaine *f*; *el eterno estribillo* la même rengaine.
estribo *m* étrier (de jinete) ‖ marchepied (de coche) ‖ FIG base *f*, appui, fondement (fundamento) ‖ ANAT étrier (del oído) ‖ ARQ culée *f*, butée *f* (de un puente) ‖ GEOGR contrefort (ramal de montañas) | chaînon (ramal corto de montañas) ‖ — *estar con el pie en el estribo* avoir le pied à l'étrier ‖ *hacer estribo con las manos* faire la courte échelle ‖ *perder los estribos* vider *o* perdre les étriers (el jinete), perdre les pédales *o* la tête (desbarrar).
estribor *m* MAR tribord; *a estribor* à tribord.
estricción *f* MED striction.striction, constriction.
estricnina *f* strychnine.
estricto, ta *adj* strict, e.
estridencia *f* bruit *m* strident, stridence *(p us)* ‖ FIG singularité, bizarrerie, extravagance (extravagancia).

estridente *adj* strident, e (chillón).
estro *m* souffle, inspiration *f*; *estro poético* souffle poétique ‖ VETER rut (celo) ‖ ZOOL œstre (insecto).
estroboscopio *m* stroboscope.
estrofa *f* strophe.
estrógeno, na *adj y s m* œstrogène.
estroncio *m* QUÍM strontium (metal).
estropajo *m* lavette *f* (de esparto) ‖ FIG rebut (desecho) ‖ *(amer)* luffa (planta cucurbitácea) | luffa, éponge *f* végétale (esponja vegetal) ‖ *estropajo metálico* éponge métallique.
estropajoso, sa *adj* qui bafouille (que pronuncia mal) ‖ pâteux, euse (acorchado) ‖ *tener la lengua estropajosa* avoir la langue *o* la bouche pâteuse ‖ déguenillé, e (andrajoso) ‖ filandreux, euse (carne).
estropear *v tr* abîmer; *he estropeado mi traje* j'ai abîmé mon costume ‖ FIG gâcher, gâter; *has estropeado el negocio* tu as gâché cette affaire ‖ estropier (un miembro) ‖ gâcher du plâtre (el albañil) ‖ — *estar estropeado* ne pas fonctionner, ne pas marcher (no funcionar), être abîmé (deteriorado) ‖ *tener el hígado estropeado* avoir le foie détraqué.
estropeo *m* estropiement (de un miembro) ‖ détérioration *f*, endommagement (estrago).
estropicio *m* FAM bruit de casse (rotura estrepitosa); *se armó un estropicio en la cocina* il y eut un grand bruit de casse dans la cuisine ‖ fracas (ruido) ‖ FIG éclat (trastorno ruidoso) | dégât; *este niño ha hecho muchos estropicios* cet enfant a fait beaucoup de dégâts.
estructura *f* structure; *estructura atómica, celular* structure atomique, cellulaire ‖ INFORM *estructura de los datos* structure des données ‖ *estructura social* structure sociale.
estructuración *f* structuration.
estructural *adj* structural, e.
estructuralismo *m* structuralisme.
estructurar *v tr* structurer.
estruendo *m* fracas, grand bruit (estrépito) ‖ *(p us)* FIG tumulte (alboroto) | grondement (tormenta) | éclat, pompe *f* (fausto) ‖ *despertar con gran estruendo* réveiller en fanfare.
estruendosamente *adv* bruyamment, avec fracas.
estruendoso, sa *adj* bruyant, e; fracassant, e; *aplausos estruendosos* applaudissements fracassants ‖ tonitruant, e (voz).
estrujadora *f* presse-citron *m inv* (de limones), presse-fruits *m inv*.
estrujadura *f* ; **estrujamiento** *m* pressage *m* ‖ foulage *m* (uva).
estrujar *v tr* presser; *estrujar un limón* presser un citron | fouler (uva) ‖ tordre (la ropa) ‖ FIG serrer; *le estrujó el cuello* il lui serra le cou | presser comme un citron (explotar a una persona) | accabler, pressurer; *estrujar a un pueblo* accabler un pays (con los impuestos) | épuiser (agotar).
◆ *v pr* FIG se presser; *la multitud se estrujaba para entrar* la foule se pressait pour entrer ‖ FAM *estrujarse los sesos* se creuser la cervelle.
estrujón *m* action *f* de presser ‖ *dar un estrujón* presser.
estuario *m* estuaire (del mar).
estucado *m* stucage.
estucador *m* stucateur (estuquista) ‖ staffeur (con adornos).

estucar *v tr* stuquer (cubrir de estuco).
estuco *m* stuc ‖ staff (para adornar).
estuche *m* étui; *estuche de* ou *para gafas* étui à lunettes ‖ coffret, écrin (para joyas) ‖ trousse *f* (de médico) ‖ pochette *f* (de compás) ‖ — *estuche de pronto uso* sac toujours prêt (de máquina fotográfica) ‖ *estuche de tocador* nécessaire de toilette ‖ *estuche de violín* boîte à violon ‖ — FIG & FAM *ser un estuche* savoir tout faire.
estudiado, da *adj* étudié, e; *vehículo bien estudiado* véhicule bien étudié; *precio estudiado* prix étudié.
estudiante *m* y *f* étudiant, e; *estudiante de Derecho* étudiant en droit.
estudiantil *adj* d'étudiant, estudiantin, e.
estudiantina *f* orchestre *m* d'étudiants.
estudiar *v tr* étudier; *estudiar francés, un problema* étudier le français, un problème ‖ faire des études; *estudiar medicina* faire des études de médecine ‖ travailler; *no estudia en el colegio* il ne travaille pas à l'école ‖ se pencher sur, étudier (problema) ‖ — *estudiar de memoria* apprendre par cœur ‖ *estudiar Derecho* faire son droit | *estudiar para cura, maestro, etc.* étudier pour être prêtre, maître d'école, etc. ‖ *estudiar para médico* ou *Medicina* faire sa médecine o ses études de médecine.
◆ *v pr* s'étudier (observarse).
estudio *m* étude *f*; *aplicarse al estudio* s'appliquer à l'étude; *estudio del mercado* étude du marché ‖ étude *f* [salle de travail] ‖ studio; *estudio cinematográfico, radiofónico* studio cinématographique, radiophonique ‖ atelier; *un estudio de escultor* un atelier de sculpteur ‖ étude *f* (proyecto); *en estudio* à l'étude.
◆ *pl* études; *cursar estudios, hacer estudios* faire des études ‖ — *dar estudios a* payer les études à, faire faire des études à ‖ *tener estudios* avoir fait des études ‖ *estudios mayores* hautes études.
estudioso, sa *adj* studieux, euse; appliqué, e.
◆ *m* spécialiste; *los estudiosos de Cervantes* les spécialistes de Cervantès ‖ chercheur (investigador).
estufa *f* poêle *m* (para la calefacción) ‖ serre (invernadero de plantas) ‖ étuve (para baños de vapor, para secar) ‖ FIG étuve; *esta habitación es una estufa* cette chambre est une étuve ‖ chaufferette (estufilla) ‖ étuveur *m*, étuveuse (para determinados productos) ‖ cuisinière (fogón) ‖ radiateur *m* (calentador) ‖ FIG & FAM *criar en estufa* élever dans du coton.
estufilla *f* manchon *m* (manguito de pieles) ‖ chaufferette (para los pies).
estulticia *f* niaiserie, sottise (necedad).
estulto, ta *adj* (*p us*) niais, e; sot, sotte.
estupa *m* FAM agent de la brigade des stups.
estupefacción *f* stupéfaction ‖ stupeur, ébahissement *m* ‖ *causar estupefacción* stupéfier.
estupefaciente *adj* stupéfiant, e.
◆ *m* MED stupéfiant.
estupefacto, ta *adj* stupéfait, e; *estupefacto con la noticia* stupéfait de o par la nouvelle ‖ — *dejar estupefacto* stupéfier ‖ *quedarse estupefacto* demeurer o être stupéfait, être frappé de stupéfaction.
estupendamente *adv* très bien, merveilleusement; *el coche funciona estupendamente* la voiture marche très bien.

estupendo, da *adj* excellent, e; épatant, e (*fam*), extraordinaire, formidable (maravilloso) ‖ FAM *un tío estupendo* un chic type (bueno), un type formidable (magnífico).
estupidez *f* stupidité.
estúpido, da *adj* stupide.
◆ *m* y *f* imbécile (idiota).
estupor *m* stupeur *f*.
estuprar *v tr* commettre le stupre.
estupro *m* stupre (violación).
estuque *m* stuc (estuco).
esturión *m* esturgeon (pez).
esvástica *f* svastika *m*, croix gammée.
eta *f* êta *m* (letra griega).
ETA abrev de *Euskadi ta Askatasuna* E.T.A., Pays basque et liberté (País Vasco y Libertad).
etano *m* QUÍM éthane.
etapa *f* étape (lugar y distancia) ‖ *por etapas* par étapes ‖ *quemar etapas* brûler les étapes.
etarra *adj* de l'E.T.A.
◆ *m* y *f* membre de l'E.T.A.
etc. abrev de *etcétera* etc., et cetera, et cætera.
etcétera *loc adv* etcaetera, etc. ‖ FAM *y un largo etcétera* et j'en passe.
éter *m* FÍS & QUÍM & POÉT éther ‖ *éter etílico* éther sulfurique.
etéreo, a *adj* éthéré, e ‖ POÉT *la bóveda etérea* la voûte éthérée.
eterificación *f* QUÍM éthérification, estérification.
eterificar *v tr* QUÍM éthérifier, estérifier.
eternidad *f* éternité; *por* ou *para toda la eternidad* pour l'éternité.
eternizar *v tr* éterniser.
◆ *v pr* s'éterniser; *mis amigos se han eternizado* mes amis se sont éternisés.
eterno, na *adj* éternel, elle ‖ — *lo eterno* l'éternel ‖ *Padre Eterno* Père éternel.
eterómano, na *adj* y *s* éthéromane.
ético, ca *adj* éthique (moral) ‖ FIG étique (muy flaco).
◆ *m* moralista.
◆ *f* éthique (moral); *ética profesional* déontologie.
etilénico, ca *adj* éthylénique.
etileno *m* QUÍM éthylène.
etílico, ca *adj* éthylique.
etilismo *m* MED éthylisme.
etilo *m* QUÍM éthyle.
étimo *m* GRAM étymon.
etimología *f* étymologie; *etimología popular* étymologie populaire.
etimológico, ca *adj* étymologique.
etimologista *f* étymologiste.
etimologizar *v intr* faire de l'étymologie.
etimólogo *m* étymologiste.
etiología *f* étiologie.
etíope; etiope *adj* y *s* éthiopien, enne.
Etiopía *n pr f* GEOGR Éthiopie.
etiqueta *f* étiquette (ceremonia) ‖ étiquette (de botella, de fardo, etc.) ‖ étiquette, griffe (en un traje) ‖ cérémonie; *recibir a uno con mucha etiqueta* recevoir quelqu'un en grande cérémonie ‖ — *cena de etiqueta* dîner d'apparat ‖ *fiesta de etiqueta* soirée de gala ‖ *traje de etiqueta* tenue de soirée ‖ —

ir, vestir de etiqueta être en tenue de soirée ‖ *recibir sin etiqueta* recevoir sans façon ‖ *se ruega* ou *se suplica etiqueta* tenue de soirée de rigueur.
etiquetado *m* étiquetage.
etiquetadora *f* étiqueteuse (máquina).
etiquetar *v tr* étiqueter.
etiquetero, ra *adj* cérémonieux, euse.
etites *f* aétite, pierre d'aigle.
etmoidal *adj* ethmoïdal, e.
etmoides *adj y s m* ANAT ethmoïde (hueso del cráneo).
Etna *n pr* GEOGR Etna.
etnarca *m* ethnarque.
etnarquía *f* ethnarchie.
etnia *f* ethnie (raza).
étnico, ca *adj* ethnique.
etnocidio *m* ethnocide.
etnografía *f* ethnographie.
etnográfico, ca *adj* ethnographique.
etnógrafo *m* ethnographe.
etnolingüística *f* ethnolinguistique.
etnología *f* ethnologie.
etnólogo, ga *m y f* ethnologue, ethnologiste.
etnomusicología *f* ethnomusicologie.
etnónimo *m* ethnonyme.
etnos *m* ethnos.
Etolia *n pr f* GEOGR Étolie.
etolio, lia *adj y s* étolien, enne (de Etolia).
etología *f* éthologie.
etológico, ca *adj y s* éthologique.
Etruria *n pr f* GEOGR Étrurie.
etrusco, ca *adj y s* étrusque.
etusa *f* BOT aethuse, éthuse, petite ciguë.
EUA abrev de *Estados Unidos de América* É.-U.A., États-Unis d'Amérique.
Eubea *n pr* GEOGR Eubée.
eubolia *f* circonspection.
eucalipto *m* eucalyptus (árbol).
eucaliptol *m* eucalyptol.
eucariota *adj y s* BIOL eucaryote.
eucaristía *f* eucharistie.
eucarístico, ca *adj* eucharistique; *congreso eucarístico* congrès eucharistique.
Euclides *n pr m* Euclide; *postulado de Euclides* postulat d'Euclide.
euclidiano, na *adj* euclidien, enne (de Euclides).
eucologio *m* eucologe.
eucrasia *f* MED eucrasie.
eucrático, ca *adj* MED eucrasique.
eudiometría *f* FÍS eudiométrie.
eudiométrico, ca *adj* eudiométrique.
eudiómetro *m* FÍS eudiomètre.
eufemismo *m* euphémisme.
eufemístico, ca *adj* euphémique.
eufonía *f* euphonie.
eufónico, ca *adj* euphonique.
euforbiáceas *f pl* BOT euphorbiacées.
euforbio *m* BOT euphorbe *f*.
euforia *f* euphorie.
eufórico, ca *adj* euphorique.
eufrasia *f* euphraise (planta).
Éufrates *n pr m* GEOGR Euphrate.

eufuismo *m* euphuisme.
eugenesia *f* BIOL eugénisme *m*, eugénique.
eugenésico, ca *adj* eugénique.
Euménides (las) *n pr* les Euménides.
eunecte *m* eunecte (anaconda).
eunuco *m* eunuque.
eupatorio *m* BOT eupatoire *f*.
eupepsia *f* MED eupepsie.
eupéptico, ca *adj* eupeptique.
Eurasia *n pr f* GEOGR Eurasie.
eurasiático, ca *adj y s* eurasien, enne.
EURATOM abrev de *Comunidad Europea de la Energía Atómica* Euratom, Communauté européenne de l'énergie atomique.
¡eureka! *interj* eurêka!
euritmia *f* eurythmie.
eurítmico, ca *adj* eurythmique.
euro *m* POÉT vent du Levant.
euroafricano, na *adj* eurafricain, e.
euroasiático, ca *adj* eurasiatique.
eurobono *m* euro-obligation *f*.
eurocentrismo *m* européocentrisme.
eurocomunismo *m* eurocommunisme.
eurocomunista *adj y s* eurocommuniste.
euroconector *m* prise *f* Péritel.
eurócrata *m y f* FAM eurocrate.
eurocheque *m* eurochèque.
euroderecha *f* eurodroite.
eurodiputado, da *m y f* député européen.
eurodivisa *f* eurodevise.
eurodólar *m* eurodollar.
euroizquierda *f* eurogauche.
euromercado *m* euromarché.
euromisil *m* euromissile.
Europa *n pr f* GEOGR Europe.
europarlamentario, ria *adj* du Parlement européen.
↠ *m y f* député du Parlement européen.
europarlamento *m* Parlement européen.
europeidad *f* européanité.
europeísmo *m* européisme.
europeísta *adj* européisant, e.
↠ *adj y s* européen, enne; *política europeísta* politique européenne.
↠ *m y f* partisan de l'Europe unie.
europeización *f* européisation.
europeizar *v tr* européaniser.
europeo, a *adj y s* européen, enne.
europio *m* QUÍM europium.
euroterrorismo *m* euroterrorisme.
Eurovisión *n pr* Eurovision.
euscalduna *adj y s* euscara, eskuara, basque [langue].
éuscaro, ra *adj y s* euskarien, enne.
↠ *m* basque (idioma).
Euskadi *n pr* GEOGR Euskadi [nom que donnent les Basques au Pays Basque].
euskera; eusquera *m* langue *f* euskarienne [basque].
eusquera *adj* euskarien, enne.
↠ *m* → **euskera**.
eutanasia *f* euthanasie.
eutéctico, ca *adj* eutectique.

eutrapelia *f (p us)* enjouement *m*.
evacuación *f* évacuation.
evacuar *v tr* évacuer ‖ exécuter, effectuer; *evacuar un traslado* effectuer un transfert ‖ *evacuar el vientre* aller à la selle.
evadido, da *adj y s* évadé, e.
evadir *v tr* fuir; *evadir el peligro* fuir le danger ‖ éviter, éluder (una dificultad).
◆ *v pr* s'évader; *el preso se evadió* le prisonnier s'est évadé.
evaginación *f* évagination.
evaluable *adj* évaluable, estimable.
evaluación *f* évaluation.
evaluador, ra *adj* estimatif, ive.
evaluar *v tr* évaluer; *evaluar en cien pesetas* évaluer à cent pesetas.
evanescencia *f* évanescence.
evanescente *adj* évanescent, e.
evangeliario *m* évangéliaire (libro).
evangélico, ca *adj* évangélique.
Evangelio *m* évangile ‖ FIG évangile; *sus palabras son el Evangelio* ce qu'il dit est parole d'évangile ‖ *esto es el Evangelio* c'est la loi et les prophètes.
evangelismo *m* évangélisme.
evangelista *m* évangéliste ‖ *(amer)* écrivain public (memorialista).
evangelistero *m* diacre chargé de chanter l'évangile.
evangelización *f* évangélisation.
evangelizador, ra *adj y s* évangélisateur, trice.
evangelizar *v tr* évangéliser.
evaporación *f* évaporation.
evaporar *v tr* évaporer.
◆ *v pr* s'évaporer.
evaporatorio, ria *adj* MED évaporatoire.
evaporización *f* évaporation.
evaporizar *v tr e intr* vaporiser.
evasión *f* évasion (huida) ‖ échappatoire (para eludir) ‖ — *evasión de capitales* évasion des capitaux, fuite des capitaux ‖ *evasión fiscal* ou *tributaria* évasion fiscale, fuite devant l'impôt.
evasiva *f* faux-fuyant *m*, échappatoire; *andarse con evasivas* employer des faux-fuyants.
evasivo, va *adj* évasif, ive.
evasor, ra *adj* évadé, e.
◆ *m y f* évadé, e; fuyard, e.
evección *f* ASTR évection.
evento *m* évènement (acontecimiento) ‖ *a todo evento* à tout hasard.
eventración *f* MED éventration.
eventual *adj* éventuel, elle ‖ *trabajador eventual* travailleur temporaire.
eventualidad *f* éventualité.
Everest (monte) *n pr m* GEOGR mont Everest.
evicción *f* DR éviction.
evidencia *f* évidence; *con toda evidencia* de toute évidence ‖ *ponerse en evidencia* se mettre en évidence, se faire remarquer (personas), se dégager; *dos hechos se ponen en evidencia* deux faits se dégagent.
evidenciar *v tr* mettre en évidence, rendre évident, faire ressortir.
◆ *v pr* être manifeste o évident, sauter aux yeux; *se evidencia la necesidad de ensanchar esta calle* il est manifeste que cette rue a besoin d'être élargie ‖ s'affirmer; *su talento se evidencia en sus obras* son talent s'affirme dans ses œuvres.
evidente *adj* évident, e ‖ — *es completamente evidente* c'est l'évidence même ‖ *ser evidente* être évident, tomber sous le sens.
evidentemente *adv* évidemment.
— OBSERV *Evidentemente* s'emploie moins en espagnol qu'*évidemment* en français, au sens de *c'est évident*, qu'on rend plutôt par *está claro*.
evitable *adj* évitable.
evitar *v tr* éviter; *evitar un peligro, una discusión, a un amigo* éviter un danger, une discussion, un ami.
evocable *adj* évocable.
evocación *f* évocation.
evocador, ra *adj* évocateur, trice.
evocar *v tr* évoquer.
evocativo, va *adj* évocateur, trice.
evocatorio, ria *adj* évocatoire.
evohé *interj* évohé, évoé (grito de las bacantes).
evolución *f* évolution ‖ — *evolución del pensamiento* déroulement de la pensée ‖ *evolución demográfica* mouvement de la population.
evolucionar *v intr* évoluer ‖ FIG évoluer; *enfermedad que evoluciona* maladie qui évolue | évoluer; *un pueblo evolucionado* un peuple évolué ‖ MAR évoluer (una escuadra).
evolucionismo *m* évolutionnisme.
evolucionista *adj y s* évolutionniste.
evoluta *f* développée (curva).
evolutivo, va *adj* évolutif, ive.
evolvente *f* GEOM développante.
evónimo *m* BOT fusain (bonetero).
evzono *m* evzone (soldado en Grecia).
ex *pref* ex, ancien, enne; *ex ministro* ancien ministre, ex-ministre ‖ — *el Congo ex-belga* l'ex-Congo belge, l'ancien Congo belge ‖ *los ex-combatientes* les anciens combattants.
ex abrupto *loc adv* ex abrupto.
exabrupto *m* FAM sortie *f* intempestive.
exacción *f* exaction (abuso) ‖ taxe (tasa); *exacción de exportación* taxe à l'exportation.
exacerbación *f*; **exacerbamiento** *m* exacerbation *f*.
exacerbar *v tr* exacerber.
exactitud *f* exactitude, précision.
exacto, ta *adj* exact, e (justo, puntual).
◆ *adv* exactement.
ex aequo *loc adv y s m* ex aequo.
exageración *f* exagération.
exageradamente *adv* exagérément.
exagerado, da *adj* exagéré, e; *relato exagerado* récit exagéré ‖ excessif, ive; *severidad exagerada* sévérité excessive ‖ *eres muy exagerado* tu exagères tout.
exagerar *v tr e intr* exagérer.
exágono *m* GEOM hexagone.
exaltación *f*; **exaltamiento** *m* exaltation; *la exaltación de la virtud* l'exaltation de la vertu ‖ élévation; *la exaltación de la Jefatura del Estado* l'élévation à la plus haute magistrature ‖ *exaltación de la Santa Cruz* exaltation de la Sainte Croix.
exaltado, da *adj y s* exalté, e.
exaltador, ra; exaltante *adj* exaltant, e.

exaltar *v tr* exalter.
♦ *v pr* s'exalter (enaltecerse, elevarse al más alto grado) ‖ FIG s'exciter.

examen *m* examen; *pasar un examen* passer un examen ‖ — *examen de conciencia* examen de conscience ‖ *examen de conducir* examen de conduite ‖ *examen de Estado* baccalauréat ‖ *examen de fin de curso* examen de fin d'année ‖ *examen de ingreso* examen d'entrée ‖ DR *examen de testigos* interrogatoire des témoins ‖ *examen eliminatorio* épreuve éliminatoire ‖ *examen final* examen final ‖ *examen médico* visite médicale ‖ *examen oral* épreuve orale, oral ‖ *examen parcial* examen partiel, partiel ‖ *libre examen* libre examen ‖ — *presentarse a un examen* se présenter à un examen ‖ *someter a examen* soumettre à examen ‖ *sufrir un examen* passer un examen.

examinador, ra *m y f* examinateur, trice.

examinando, da *m y f* candidat, candidate à un examen.

examinante *adj* examinateur, trice.

examinar *v tr* examiner (observar atentamente) ‖ faire passer un examen (a un candidato) ‖ envisager; *examinar el porvenir* envisager l'avenir ‖ MED examiner (a un enfermo).
♦ *v pr* passer un examen; *se ha examinado de Historia en Salamanca* il a passé son examen d'histoire à Salamanque.

exangüe *adj* exangue ‖ FIG épuisé, e (sin fuerzas) ‖ sans vie (muerto).

exánime *adj* inanimé, e (inanimado) ‖ épuisé, e (agotado).

exantema *m* MED exanthème (erupción).

exarca *m* exarque.

exarcado *m* exarchat (dignidad de exarca).

exasperación *f* exaspération.

exasperador, ra; exasperante *adj* exaspérant, e (irritante).

exasperar *v tr* exaspérer ‖ énerver, exaspérer (poner nervioso) ‖ irriter (irritar).
♦ *v pr* s'exaspérer ‖ s'énerver ‖ s'irriter.

excarcelación *f* élargissement *m* (liberación de un prisionero).

excarcelar *v tr* élargir, relâcher (un prisionero).
♦ *v pr* sortir de prison.

excava *f* déchaussement *m*, déchaussage *m*.

excavación *f* excavation, creusement *m*; *excavación de zanjas* creusement de fossés ‖ fouille; *hacer excavaciones en Egipto* faire des fouilles en Égypte.

excavador, ra *adj y s* excavateur, trice.
♦ *f* excavateur *m*, excavatrice (para cavar) ‖ pelleteuse (para evacuar materiales) ‖ — *excavadora de mandíbulas* benne preneuse ‖ *excavadora mecánica* pelle mécanique.

excavar *v tr* excaver (*p us*), creuser (cavar) ‖ faire des fouilles (en arqueología) ‖ AGRIC déchausser (las plantas).

excedencia *f* congé *m* pour convenance personnelle; *pedir la excedencia por un año* demander un congé d'un an pour convenance personnelle ‖ disponibilité (de un funcionario) ‖ — *excedencia por maternidad* congé de maternité ‖ *excedencia voluntaria* mise en disponibilité pour convenance personnelle ‖ *situación de excedencia* congé sans solde, mise en disponibilité.

excedente *adj* excédant, e; excédentaire; *sumas excedentes* sommes excédentaires ‖ en non-activité (funcionario) ‖ *estar declarado excedente* être mis en disponibilité.
♦ *m* excédent; *excedentes agrícolas* excédents agricoles.

exceder *v tr e intr* excéder, dépasser; *los ingresos exceden a los gastos en cien pesetas* les revenus excèdent les dépenses de cent pesetas ‖ surpasser (personas).
♦ *v intr y pr* dépasser les bornes (propasarse) ‖ — *excederse a sí mismo* se surpasser ‖ *excederse en sus funciones* outrepasser ses pouvoirs.

excelencia *f* excellence ‖ *por excelencia* par excellence.

excelente *adj* excellent, e.

excelentemente *adv* excellemment.

excelentísimo, ma *adj* excellentissime.

excelsamente *adv* éminemment.

excelsitud *f* grandeur; *la excelsitud de este rey* la grandeur de ce roi ‖ éminence, excellence (de cualidades).

excelso, sa *adj* éminent, e.
♦ *m el Excelso* le Très-Haut.

excentración *f* MECÁN excentration.

excentricidad *f* excentricité; *la excentricidad de una elipse* l'excentricité d'une ellipse ‖ FIG excentricité (extravagancia).

excéntrico, ca *adj* excentrique.
♦ *m y f* excentrique (extravagante).
♦ *f* MECÁN excentrique *m*.

excepción *f* exception; *ser una excepción a la regla* faire exception à la règle ‖ — *a* ou *con excepción de* à l'exception de ‖ *de excepción* d'exception, exceptionnel ‖ *estado de excepción* état d'exception *o* de siège *o* d'alerte ‖ *la excepción confirma la regla, no hay regla sin excepción* l'exception confirme la règle.

excepcional *adj* exceptionnel, elle ‖ *un ser excepcional* un être exceptionnel *o* d'exception.

excepto *adv* excepté, à part, sauf, hormis; *excepto eso, todo va bien* à part cela, tout va bien ‖ *excepto los niños* excepté les enfants, les enfants exceptés *o* à l'exception des enfants.

exceptuar *v tr* excepter, faire exception ‖ faire une exception (hacer salvedad) ‖ *exceptuando a los niños* les enfants exceptés.
♦ *v pr* être excepté, e ‖ *se vacunarán a todos los niños, pero se exceptúan a los de menos de un año* tous les enfants seront vaccinés à l'exception de *o* sauf ceux de moins d'un an.

excesivo, va *adj* excessif, ive.

exceso *m* excès; *exceso de velocidad* excès de vitesse (abuso) ‖ excédent; *exceso de equipaje* excédent de bagages ‖ *exceso de natalidad sobre la mortalidad* excédent des naissances sur les décès ‖ abus; *exceso de poder* abus de pouvoir ‖ — *exceso de peso* excès de poids ‖ — *con exceso* trop; *fuma con exceso* il fume trop ‖ *en exceso* à l'excès ‖ *por exceso* par excès.

excipiente *m* excipient.

excisión *f* excision.

excitabilidad *f* excitabilité.

excitable *adj* excitable.

excitación *f* excitation.

excitador, ra *adj* y *s* excitateur, trice.
- *m* FÍS excitateur.
- *f* ELECTR excitatrice.

excitante *adj* y *s m* excitant, e.

excitar *v tr* exciter.

exclamación *f* exclamation ‖ point *m* d'exclamation (signo de admiración).

exclamar *v intr* s'exclamer, s'écrier.

exclamativo, va; exclamatorio, ria *adj* exclamatif, ive.

exclaustración *f* sécularisation.

exclaustrado, da *m* y *f* sécularisé, e.

exclaustrar *v tr* séculariser (un religioso).

excluible *adj* qui peut être exclu, e.

excluir* *v tr* exclure.

exclusión *f* exclusion ‖ *con exclusión de* à l'exclusion de.

exclusiva *f* exclusion (repulsa) ‖ exclusivité, exclusive (privilegio); *dar la exclusiva a un editor* donner l'exclusivité à un éditeur ‖ *— en exclusiva* exclusivement ‖ *venta en exclusiva* vente en exclusivité ‖ *— tener la exclusiva* avoir l'exclusivité.

exclusive *adv* exclusivement (únicamente) ‖ non compris; *hasta el 2 (dos) de abril exclusive* jusqu'au 2 [deux]; avril non compris.

exclusividad *f* exclusivité (privilegio).

exclusivismo *m* exclusivisme.

exclusivista *adj* y *s* exclusiviste.

exclusivo, va *adj* exclusif, ive.

excluyente *adj* sectaire.

Excmo. abrev de *Excelentísimo* excellentissime.

excombatiente *adj* y *s* ancien combattant.

excomulgado, da *m* y *f* excommunié, e.

excomulgar *v tr* excommunier; *excomulgar a un hereje* excommunier un hérétique.

excomunión *f* excommunication; *fulminar una excomunión* fulminer une excommunication.

excoriación *f* excoriation, écorchure.

excoriar *v tr* excorier, écorcher.

excrecencia *f* excroissance (tumor).

excreción *f* excrétion.

excrementar *v intr* déféquer.

excremento *m* excrément.

excrescencia *f* excroissance.

excretar *v tr* excréter.

excretor, ra; excretorio, ria *adj* ANAT excrétoire, excréteur, trice; *alteraciones excretorias* troubles excrétoires; *conductos excretorios* conduits excréteurs.

exculpación *f* disculpation.

exculpar *v tr* disculper.

excursión *f* excursion ‖ *ir de excursión, hacer una excursión* aller en excursion, faire une excursion, excursionner *(p us)*.

excursionismo *m* excursionnisme.

excursionista *m* y *f* excursionniste.

excusa *f* excuse; *¡nada de excusas!* pas d'excuse ‖ *— buscar excusa* chercher une excuse ‖ *dar excusas* fournir o donner des excuses ‖ *deshacerse en excusas* se confondre en excuses ‖ *presentar sus excusas* présenter ses excuses.

excusable *adj* excusable.

excusado, da *adj* excusé, e (perdonado) ‖ inutile, superflu, e (innecesario); *excusado es decirlo* inutile de le dire ‖ exempt, e; exempté, e (exento) ‖ dérobé, e; *puerta excusada* porte dérobée.
- *m* cabinets *pl*, water-closet (retrete).

excusar *v tr* excuser (disculpar) ‖ éviter (impedir); *excusar disturbios* éviter des désordres ‖ ne pas avoir besoin de; *excusas venir* tu n'as pas besoin de venir ‖ exempter (eximir) ‖ esquiver, refuser; *excusar responsabilidades* esquiver des responsabilités.
- *v pr* s'excuser, faire o présenter des excuses; *excusarse con uno* s'excuser auprès de quelqu'un, faire o présenter ses excuses à quelqu'un ‖ *el que se excusa, se acusa* qui s'excuse s'accuse.
— OBSERV Las expresiones *faire o présenter ses excuses* son más correctas que *s'excuser*.

excusión *f* DR discussion.

exeat *m inv* exeat (permiso de salida).

execrable *adj* exécrable (abominable).

execración *f* exécration (maldición).

execrar *v tr* exécrer.

execrativo, va *adj* qui exècre.

exedra *f* ARQ exèdre.

exégesis *f* exégèse.

exegeta *m* exégète.

exegético, ca *adj* exégétique.

exención *f* exemption (acción de eximir) ‖ exonération; *exención fiscal* exonération fiscale.

exentar *v tr (p us)* exempter.

exento, ta *adj* exempt, e ‖ libre; *exento de toda obligación* libre de toute obligation ‖ net, nette; exempt, e; exonéré, e; *exento de impuestos* exempt o exonéré d'impôts ‖ *exento de aduanas* en franchise douanière; *producto que entra exento de aduanas* produit qui entre en franchise douanière.

exequátur *m inv* exequatur (autorización).

exequias *f pl* funérailles.

exéresis *f* MED exérèse (cirugía).

exergo *m* exergue (medalla).

exfoliación *f* exfoliation.

exfoliante *adj* exfoliant, e.
- *m* produit exfoliant.

exfoliar *v tr* exfolier.

exhalación *f* exhalation (acción de exhalar) ‖ exhalaison (emanación) ‖ étoile filante (estrella fugaz) ‖ étincelle (centella) ‖ foudre (rayo) ‖ *pasar, irse como una exhalación* passer, partir comme un éclair.

exhalar *v tr* exhaler; *exhalar un olor* exhaler une odeur ‖ *exhalar el último suspiro* rendre o exhaler le dernier soupir.

exhaustivo, va *adj* exhaustif, ive (completo) ‖ *tratar un tema de modo exhaustivo* épuiser un sujet.

exhausto, ta *adj* épuisé, e.

exheredación *f* exhérédation.

exheredar *v tr* exhéréder (desheredar).

exhibición *f* exhibition ‖ exposition (de cuadros, etc.) ‖ présentation (de modelos de alta costura) ‖ projection (en un cine) ‖ *— exhibición de fieras* ménagerie.

exhibicionismo *m* exhibitionnisme.

exhibicionista *m* y *f* exhibitionniste.

exhibidor *m* CINEM exploitant (de una sala).

exhibir *v tr* exhiber (mostrar) ‖ exposer (cuadros, etc.) ‖ présenter (modelos de alta costura) ‖ projeter (en un cine) ‖ *(amer)* payer (pagar).

◆ *v pr* s'exhiber (mostrarse en público).
exhortación *f* exhortation.
exhortador, ra *adj* qui exhorte.
exhortar *v tr* exhorter (aconsejar).
exhortativo, va *adj* exhortatif, ive ‖ GRAM *oración exhortativa* proposition impérative.
exhorto *m* DR commission *f* rogatoire.
exhumación *f* exhumation.
exhumar *v tr* exhumer ‖ FIG exhumer; *exhumar el pasado* exhumer le passé.
exigencia *f* exigence ‖ *según las exigencias* selon les exigences *o* les besoins ‖ *tener muchas exigencias* être très exigeant.
exigente *adj* exigeant, e.
exigibilidad *f* exigibilité.
exigible *adj* exigible.
exigir *v tr* exiger ‖ crier; *crimen que exige venganza* crime qui crie vengeance.
exigüidad *f* exiguïté.
exiguo, gua *adj* exigu, ë.
exiliado, da; exilado, da *adj y s* exilé, e.
exiliar; exilar *v tr* exiler.
exilio *m* exil (destierro); *enviar al exilio* envoyer en exil.
eximente *adj* DR absolutoire, atténuant, e.
eximio, mia *adj* insigne, illustre; *el eximio poeta* l'illustre poète.
eximir *v tr* exempter, libérer [d'une charge, etc.].
◆ *v pr* se libérer; *eximirse de una obligación* se libérer d'une obligation.
exinscrito, ta *adj* GEOM exinscrit, e.
existencia *f* existence.
◆ *pl* COM stock *m sing*, stocks *m*; *liquidación de existencias* liquidation du stock; *unas existencias enormes* des stocks énormes.
existencial *adj* existentiel, elle; *filosofía existencial* philosophie existentielle.
existencialismo *m* FILOS existentialisme.
existencialista *adj y s* existentialiste.
existente *adj* existant, e.
existimativo, va *adj* putatif, ive.
existir *v intr* exister (ser).
exit *m* TEATR exit, il sort (indicación escénica).
éxito *m* succès; *tener éxito con uno* avoir du succès auprès de quelqu'un; *ser coronado por el éxito* être couronné de succès *f*; *el éxito de una empresa* la réussite d'une entreprise ‖ résultat (resultado) ‖ — *éxito de prestigio* succès d'estime ‖ *mal éxito* échec ‖ *no tener éxito* ne pas réussir (uno), échouer, rater (fallar) ‖ *salió con mal éxito* il s'en est mal tiré ‖ *tener éxito* réussir; *tener éxito en la vida* réussir dans la vie; avoir du succès; *este actor tien mucho éxito* cet acteur a beaucoup de succès; marcher (una empresa).
exitoso, sa *adj (amer)* qui a du succès.
ex libris *m* ex-libris.
exobiología *f* exobiologie.
exocardia *f* MED exocardie.
exocéntrico, ca *adj* exocentrique.
exoceto *m* exocet (pez).
exocrina *adj f* ANAT exocrine (glándula).
exodermis *f* ectoblaste *m*, exoderme *m*.
éxodo *m* exode (emigración); *éxodo rural* exode rural.

exoftalmía *f* MED exophtalmie.
exoftálmico, ca *adj* MED exophtalmique.
exogamia *f* exogamie.
exogámico, ca *adj* exogamique.
exógamo, ma *adj* exogame.
exógeno, na *adj* exogène.
exoneración *f* exonération ‖ *exoneración de base* abattement à la base.
exonerar *v tr* exonérer (carga u obligación) ‖ *exonerar el vientre* aller à la selle.
exónfalo *m* MED exomphale *f*.
exorable *adj* complaisant, e; docile, qui cède facilement.
exorar *v tr* prier, demander instamment.
exorbitancia *f* excès *m*, énormité.
exorbitante *adj* exorbitant, e.
exorbitantemente *adv* excessivement.
exorbitar *v tr* exagérer, grossir.
exorcismo *m* exorcisme.
exorcista *m* exorciste.
exorcizar *v tr* exorciser.
exordio *m* exorde (preámbulo).
exornación *f* ornement *m*, embellisement *m*.
exornar *v tr* orner, embellir (adornar).
exorreico, ca *adj* GEOGR exoréique.
exorreísmo *m* GEOGR exoréisme.
exosfera *f* ASTR exosphère.
exósmosis; exosmosis *f* FÍS exosmose.
exóstosis *f* MED exostose (tumor).
exotérico, ca *adj* exotérique (común, vulgar).
exotérmico, ca *adj* FÍS exothermique.
exótico, ca *adj* exotique.
exotismo *m* exotisme.
exotoxina *f* BIOL & MED exotoxine.
expandirse *v pr* s'étendre, se dilater.
expansibilidad *f* FÍS expansibilité.
expansible *adj* expansible.
expansión *f* expansion (dilatación) ‖ FIG expansion, épanchement *m*, effusion (de afecto) ‖ délassement *m* (recreo) ‖ épanouissement *m* (del espíritu) ‖ développement *m*, expansion; *expansión de la producción* développement de la production ‖ expansion; *expansión colonial, industrial* expansion coloniale, industrielle ‖ *la expansión económica* l'expansion économique.
expansionarse *v pr* s'épancher, s'ouvrir, ouvrir son cœur ‖ se délasser (recrearse).
expansionismo *m* expansionnisme.
expansionista *adj y s* expansionniste.
expansivo, va *adj* expansif, ive.
expatriación *f* expatriation.
expatriado, da *adj y s* expatrié, e.
expatriar *v tr* expatrier.
◆ *v pr* s'expatrier.
expectación *f* expectation *(p us)*, attente (espera) ‖ MED expectation ‖ — *comenzó la corrida en medio de una gran expectación* la corrida commença dans une atmosphère fiévreuse *o* au milieu de l'impatience générale ‖ *había gran expectación en la ciudad ante la llegada de la reina* toute la ville brûlait d'impatience dans l'attente de la reine.
expectante *adj* expectant, e (que espera); *actitud, medicina expectante* attitude, médecine expectante.

expectativa *f* expectative; *estar* ou *mantenerse a la expectativa de un suceso* être o se tenir dans l'expectative d'un évènement ‖ perspective ‖ — *expectativa de vida* espérance de vie ‖ *contra toda expectativa* contre toute attente.

expectoración *f* expectoration.

expectorante *adj y s m* MED expectorant, e.

expectorar *v tr* expectorer (escupir).

expedición *f* expédition (excursión) ‖ expédition, envoi *m* (envío) ‖ expédition, exécution rapide (de un asunto) ‖ — *expedición de salvamento* expédition de sauvetage ‖ *expedición de testimonio de sentencia* levée de jugement ‖ *expedición militar* expédition militaire ‖ — *gastos de expedición* frais d'expédition.

expedicionario, ria *adj y s* expéditionnaire.

◆ *adj* MIL expéditionnaire; *cuerpo expedicionario* corps expéditionnaire.

expedicionero *m* expéditionnaire (de la curia romana).

expedidor, ra *adj y s* expéditeur, trice.

expedientado, da *adj* qui est l'objet d'une instruction judiciaire.

expedientar *v tr* instruire (un proceso).

expediente *adj* expédient, e (conveniente).

◆ *m* expédient (medio); *un hábil expediente* un habile expédient ‖ DR affaire *f* (negocio) ‖ dossier; *tiene un expediente cargado en la policía* il a un dossier chargé à la police ‖ dossier (académico) ‖ enquête *f*; *expediente administrativo* enquête administrative ‖ — ECON *expediente de regulación de empleo* plan pour la restructuration de l'emploi ‖ FIG *cubrir el expediente* sauver les apparences ‖ *dar expediente* expédier une affaire ‖ *instruir un expediente* instruire une affaire ‖ *instruir un expediente a un funcionario* faire un procès à un fonctionnaire.

◆ *pl* démarches *f* (trámites).

expedienteo *m* lenteur *f* de la procédure.

expedir* *v tr* expédier (enviar) ‖ DR expédier; *expedir un contrato* expédier un contrat ‖ délivrer; *pasaporte expedido en París* passeport délivré à Paris ‖ FIG expédier (hacer rápidamente).

expeditamente *adv* facilement, aisément ‖ promptement, d'une façon expéditive (rápidamente).

expeditar *v tr* (*amer*) régler (un asunto).

expeditivo, va *adj* expéditif, ive.

expedito, ta *adj* dégagé, e; libre; *la vía quedó expedita* la voie fut dégagée ‖ prompt, e; à l'aise; *expedito para obrar* prompt à agir ‖ FIG *el camino está expedito* la voie est tracée o ouverte.

expelente *adj* qui chasse, qui repousse ‖ *bomba expelente* pompe refoulante.

expeler *v tr* expulser (a uno) ‖ rejeter; *el volcán expele rocas* le volcan rejette des roches ‖ MED expulser (mucosidades) ‖ éliminer (cálculo).

expendedor, ra *adj y s* dépensier, ère.

◆ *m y f* débitant, e (vendedor al detalle) ‖ caissier, ère (en un teatro, etc.) ‖ buraliste (de tabaco) ‖ personne qui écoule de la fausse monnaie (de moneda falsa).

expendeduría *f* débit *m* ‖ guichet *m* (taquilla) ‖ *expendeduría de tabaco* bureau de tabac.

expender *v tr* dépenser (gastar) ‖ débiter (vender al por menor) ‖ écouler [de la fausse monnaie].

expendio *m* (*amer*) débit (venta de efectos estancados) ‖ débit (expendeduría).

expensar *v tr* (*amer*) payer les dépens.

expensas *f pl* dépens *m pl* (gastos) ‖ — *a expensas de* aux dépens de ‖ *vivir a expensas de uno* être à la charge de quelqu'un.

experiencia *f* expérience; *tener experiencia* avoir de l'expérience ‖ — *por experiencia* par expérience ‖ *saber por propia experiencia* savoir par expérience, apprendre à ses dépens.

experimentación *f* expérimentation; *la experimentación de un nuevo procedimiento de televisión* l'expérimentation d'un nouveau procédé de télévision.

experimentado, da *adj* expérimenté, e.

experimentador, ra *adj y s* expérimentateur, trice.

experimental *adj* expérimental, e; *procedimientos experimentales* procédés expérimentaux.

experimentar *v tr* expérimenter (científicamente) ‖ faire l'expérience de (probar) ‖ éprouver, ressentir (sentir); *experimentar una sensación desagradable* éprouver une sensation désagréable; *experimentar amistad* ressentir de l'amitié ‖ souffrir (sufrir) ‖ essuyer, subir; *experimentar una derrota* essuyer une défaite ‖ subir; *experimentar una renovación completa* subir une rénovation complète ‖ roder; *método muy experimentado* méthode bien rodée.

experimento *m* expérience *f* (ensayo); *un experimento de química* une expérience de chimie ‖ expérimentation *f* (acción de experimentar).

expertamente *adv* expertement, avec habileté.

experto, ta *adj y s m* expert, e; *experto en la materia* expert en la matière.

expiable *adj* expiable.

expiación *f* expiation.

expiar *v tr* expier ‖ purger; *expiar una pena* purger une peine.

expiativo, va *adj* expiateur, trice.

expiatorio, ria *adj* expiatoire.

expiración *f* expiration; *la expiración de una pena* l'expiration d'une peine.

expirante *adj* expirant, e.

expirar *v intr* expirer (morir) ‖ FIG expirer; *expiró el plazo* le délai a expiré.

explanación *f* nivellement *m*, aplanissement *m* (allanamiento) ‖ terrassement *m* (de un terreno) ‖ FIG explication, éclaircissement *m* (aclaración).

explanada *f* esplanade ‖ glacis *m* (fortificación) ‖ terre-plein *m* (terreno allanado).

explanar *v tr* aplanir (allanar) ‖ niveler (un terreno) ‖ FIG expliquer, éclaircir (aclarar).

explayada *adj f y s f* BLAS éployée (águila).

explayar *v tr* étendre, déployer.

◆ *v pr* s'étendre; *explayarse en un discurso* s'étendre dans un discours ‖ se confier, s'ouvrir à, s'épancher auprès de (confiarse); *se explayaba en sus cartas a sus amigos* il se confiait à ses amis dans ses lettres.

expletivo, va *adj* explétif, ive.

explicable *adj* explicable.

explicación *f* explication; *tener una explicación con alguien* avoir une explication avec quelqu'un.

explicaderas *f pl* FAM facilité *sing* d'élocution ‖ *tener muy buenas explicaderas* avoir la parole facile.
explicador, ra *adj y s* explicateur, trice.
explicar *v tr* expliquer ‖ *explicar con pelos y señales* expliquer avec force détails.
◆ *v pr* s'expliquer.
explicativo, va *adj* explicatif, ive ‖ IMPR *folio explicativo* titre courant.
explicitar *v tr* expliciter.
explícito, ta *adj* explicite ‖ *hacer explícito* expliciter, rendre explicite.
explicitud *f* explicité [qualité de ce qui est explicite].
explicotear *v intr* FAM s'expliquer.
explorable *adj* explorable.
exploración *f* exploration ‖ prospection (de minas) ‖ balayage *m* (televisión); *línea de exploración* ligne de balayage ‖ reconnaissance; *hacer una exploración en África* faire une reconnaissance en Afrique.
explorador, ra *adj y s* explorateur, trice ‖ MAR *barco explorador* éclaireur.
◆ *m* MIL éclaireur ‖ boy-scout, scout, éclaireur.
explorar *v tr* explorer ‖ prospecter (minas) ‖ balayer (con un haz eléctrico) ‖ *explorar con la vista* explorer du regard.
exploratorio, ria *adj* exploratoire; *conversaciones exploratorias* conversations exploratoires ‖ MED explorateur, trice (instrumento).
explosión *f* explosion; *motor de explosión* moteur à explosion ‖ — *cráter de explosión* cratère d'explosion o éguelé ‖ *explosión de grisú* coup de grisou ‖ *explosión demográfica* explosion démographique ‖ — *hacer explosión* exploser.
explosionar *v tr* faire éclater (hacer estallar).
◆ *v intr* exploser (explotar).
explosivo, va *adj y s m* explosif, ive.
explosor *m* exploseur.
explotable *adj* exploitable.
explotación *f* exploitation; *explotación agrícola, forestal, minera* exploitation agricole, forestière, minière.
explotador, ra *adj y s* exploitant, e (el que explota) ‖ exploiteur, euse (en mala parte).
explotar *v tr* exploiter; *explotar una mina, a uno* exploiter une mine, quelqu'un.
◆ *v intr* exploser (una bomba, etc.).
expoliación *f*; **expolio** *m* spoliation *f*.
expoliador, ra *adj y s* spoliateur, trice.
expoliar *v tr* spolier (despojar).
expolición *f* commoration (retórica).
expolio *m* → **expoliación**.
exponencial *adj* MAT exponentiel, elle.
exponente *adj* exposant, e.
◆ *m* MAT exposant ‖ représentant (representante); *Cervantes es el máximo exponente de la literatura española* Cervantes est le plus grand représentant de la littérature espagnole ‖ exemple, preuve *f* (prueba); *nuestras exportaciones son un magnífico exponente de la vitalidad de la industria nacional* nos exportations sont un magnifique exemple de la vitalité de l'industrie nationale.
exponer* *v tr* exposer; *exponer un cuadro, una teoría* exposer un tableau, une théorie ‖ avancer; *exponer una proposición* avancer une proposition ‖ expliquer, exposer; *exponer su pensamiento* expliquer sa pensée ‖ FOT exposer ‖ *exponer mucho* prendre beaucoup de risques.
◆ *v pr* s'exposer; *exponerse a una desgracia* s'exposer à un malheur.
exportable *adj* exportable.
exportación *f* exportation; *géneros de exportación* articles d'exportation.
exportador, ra *adj y s* exportateur, trice.
exportar *v tr* exporter; *exportar a Alemania* exporter en Allemagne.
exposición *f* exposition (de cuadros, etc.) ‖ salon *m*; *exposición del automóvil* salon de l'automobile ‖ exposé *m* (narración) ‖ pétition, requête (instancia) ‖ — FOT exposition ‖ — DR *exposición de motivos* exposé des motifs ‖ FOT *tiempo de exposición* temps de pose.
exposímetro *m* FOT exposemètre, posemètre.
expositivo, va *adj* expositif, ive.
expósito, ta *adj* trouvé, e (niño abandonado).
◆ *m y f* enfant *m* trouvé ‖ *casa de expósitos* hospice d'enfants trouvés.
expositor, ra *adj y s* qui est chargé de faire un exposé.
◆ *m y f* exposant, e (en una exposición).
expremijo *m* égouttoir à fromages.
exprés *m* express (tren, café) ‖ *(amer)* messageries *f pl.*
expresable *adj* exprimable.
expresado, da *adj* exprimé, e (expreso) ‖ mentionné, e; déjà cité, e (mencionado).
expresamente *adv* expressément, exprès.
expresar *v tr* exprimer; *expresar una idea* exprimer une idée.
◆ *v pr* s'exprimer.
— OBSERV *Expresar* a deux participes passés: l'un, régulier (*expresado*), s'emploie avec *haber* et *tener*; l'autre, irrégulier (*expreso*), s'emploie comme adjectif.
expresión *f* expression ‖ — *expresión familiar* expression familière ‖ MAT *expresión impropia* expression fractionnaire ‖ — *perdone la expresión* passez-moi l'expression ‖ *reducir a la más mínima expresión* réduire à sa plus simple expression.
◆ *pl* salutations, amitiés (recuerdos); *dale expresiones de mi parte* fais-lui mes amitiés.
expresionismo *m* expressionnisme.
expresionista *m* expressionniste.
expresividad *f* expressivité.
expresivo, va *adj* expressif, ive (que expresa) ‖ chaleureux, euse; sincère; *expresivos agradecimientos* de sincères remerciements ‖ affectueux, euse (cariñoso).
expreso, sa *adj* exprimé, e ‖ exprès, esse (especificado); *por orden expresa* sur ordre exprès.
◆ *adj y s m* express ‖ *tren expreso* train express.
◆ *m* exprès (mensajero).
— OBSERV La *correspondance exprès* o *par exprès* se traduit en espagnol par *correo urgente*.
exprimelimones *m* presse-citron *inv*.
exprimidor *m*; **exprimidera** *f*; **exprimidero** *m* presse-citron *m inv* (para limones), presse-fruits *m inv*.
exprimir *v tr* exprimer, presser (extraer el jugo) ‖ FIG pressurer (estrujar).
ex profeso *loc adv* ex professo.

expromisión *f* expromission.
expropiación *f* expropriation; *expropiación forzosa* expropriation forcée.
expropiador, ra *adj* expropriateur, trice.
expropiar *v tr* exproprier.
expuesto, ta *adj* exposé, e ‖ ouvert, e; *casa expuesta a todos los vientos* maison ouverte à tous les vents ‖ *lo expuesto* ce qui a été exposé (en un escrito).
expugnable *adj* expugnable.
expugnación *f* prise d'assaut.
expugnar *v tr* prendre d'assaut.
expulsar *v tr* expulser ‖ MED expulser (mucosidades).
expulsión *f* expulsion.
expulsivo, va *adj* expulsif, ive.
expulsor *m* éjecteur (armas).
expurgación *f* expurgation.
expurgar *v tr* expurger.
expurgatorio, ria *adj* qui expurge, expurgatoire (que expurga) ‖ *índice expurgatorio* index expurgatoire.
expurgo *m* expurgation *f*.
exquisitamente *adv* d'une manière exquise, exquisément *(p us)*.
exquisitez *f* exquisité *(p us)*, délicatesse.
exquisito, ta *adj* exquis, e.
exsudar *v tr* e *intr* exsuder.
extasiarse *v pr* s'extasier; *extasiarse con algo* s'extasier sur quelque chose.
éxtasis *f* extase; *sumido en éxtasis* plongé dans l'extase.
extático, ca *adj* extatique.
extemporal; extemporáneo, a *adj* hors de propos, intempestif, ive.
extender* *v tr* étendre; *extender las alas* étendre ses ailes ‖ dérouler, développer; *extender un mapa* dérouler une carte ‖ dresser, rédiger (un acta) ‖ délivrer (un certificado) ‖ étendre; *extender su influencia* étendre son influence ‖ COM libeller; *cheque mal extendido* chèque mal libellé ‖ INFORM *memoria extendida* mémoire d'extension.
◆ *v pr* s'étendre; *la ola de frío se extiende por todo el país* la vague de froid s'étend sur tout le pays ‖ gagner, se propager; *el fuego se extiende al tejado* le feu gagne le toit.
extendidamente; extensamente *adv* longuement; *trató el tema extensamente* il a longuement traité le sujet ‖ largement, amplement (ampliamente).
extensibilidad *f* extensibilité.
extensible *adj* extensible ‖ *mesa extensible* table à rallonges.
extensión *f* étendue; *la extensión de un país, de un discurso* l'étendue d'un pays, d'un discours ‖ extension (acción) ‖ longueur; *la extensión de una carta* la longueur d'une lettre ‖ GRAM extension; *por extensión* par extension ‖ acception; *en toda la extensión de la palabra* dans toute l'acception du terme ‖ poste *m* (teléfono).
extensivamente *adv* par extension.
extensivo, va *adj* extensif, ive ‖ AGRIC *cultivo extensivo* culture extensive.
extenso, sa *adj* étendu, e; *con el brazo extenso* le bras étendu ‖ long, longue (largo); *viaje, discurso extenso* long voyage, long discours ‖ étendu, e; vaste (amplio); *un extenso país* un pays étendu ‖ *por extenso* in extenso, en détail.
extensómetro *m* TECN extensomètre.
extensor *adj m* y *s m* extenseur; *músculo extensor* muscle extenseur.
◆ *m* DEP extenseur, sandow, exerciseur *(p us)*.
extenuación *f* exténuation, épuisement *m* (debilitación) ‖ maigreur (flaqueza).
extenuado, da *adj* exténué, e (agotado).
extenuante *adj* exténuant, e.
extenuar *v tr* exténuer (agotar).
exterior *adj* y *s m* extérieur, e; *ventana exterior* fenêtre extérieure; *comercio exterior* commerce extérieur ‖ *— dimensiones exteriores* dimensions hors tout ‖ *Ministerio de Asuntos Exteriores* ministère des Affaires étrangères.
◆ *m pl* CINEM extérieurs.
exterioridad *f* extériorité.
◆ *pl* dehors *m*, apparences.
exteriorización *f* extériorisation.
exteriorizar *v tr* extérioriser.
exterminación *f* extermination.
exterminador, ra *adj* y *s* exterminateur, trice.
exterminar *v tr* exterminer.
exterminio *m* extermination *f*.
externado *m* externat.
externamente *adv* extérieurement.
externo, na *adj* externe; *medicamento de uso externo* médicament à usage externe ‖ extérieur; *signos externos de riqueza* signes extérieurs de richesse ‖ *ángulo externo* angle extérieur.
◆ *adj* y *s* externe (alumno).
extinción *f* extinction.
extinguir *v tr* éteindre (apagar) ‖ FIG éteindre (acabar).
◆ *v pr* s'éteindre (morirse).
extinto, ta *adj* éteint, e ‖ défunt, e; mort, e (difunto).
extintor, ra *adj* y *s m* extincteur, trice ‖ *extintor de espuma* extincteur à mousse ‖ *extintor de incendios* extincteur d'incendie.
extirpable *adj* extirpable.
extirpación *f* extirpation.
extirpador, ra *adj* y *s m* extirpateur, trice.
extirpar *v tr* extirper ‖ MED abaisser (catarata).
extornar *v tr* COM extourner.
extorno *m* ristourne *f* de prime (seguros) ‖ extourne (contabilidad).
extorsión *f* extorsion (despojo) ‖ FIG dommage *m*, préjudice *m*; *causar mucha extorsión* porter un grand préjudice.
extorsionador, ra *adj* usurpateur, trice.
extorsionar *v tr* extorquer (usurpar) ‖ porter préjudice (causar daño).
extorsionista *m* y *f* extorqueur, euse; usurpateur, trice.
extra *adj* FAM extra *inv* ‖ *las horas extras* les heures supplémentaires.
◆ *m* FAM gratification *f*, à-côté (beneficio accesorio) ‖ extra (gasto o comida extraordinaria) ‖ CINEM & TEATR figurant (comparsa).
◆ *pl* figuration *f sing* (teatro).
extracción *f* extraction; *la extracción de una muela* l'extraction d'une dent; *la extracción de una*

raíz cuadrada l'extraction d'une racine carrée || FIG extraction (origen); *de humilde extracción* d'humble extraction || fonçage *m* (de la pizarra) || TECN *extracción de los perfumes* enfleurage.

extracorpóreo, a *adj* extracorporel, elle.

extracorriente *f* ELECTR extra-courant *m*.

extractar *v tr* résumer (compendiar).

extractivo, va *adj* extractif, ive.

extracto *m* extrait (de una obra) || extrait (de una sustancia) || *extracto de cuentas* relevé de comptes.

extractor *m* extracteur.

extracurricular *adj* parascolaire, extrascolaire.

extradición *f* extradition || *aplicar la extradición* extrader || *sujeto a extradición* passible d'extradition.

extradir *v tr* extrader.

extraditar *v tr* extrader.

extradós *m* ARQ extrados.

extraeconómico, ca *adj* extra-économique.

extraembrionario, ria *adj* extraembryonnaire.

extraente *adj* extractif, ive.

◆ *m* extracteur.

extraer* *v tr* extraire (sacar); *extraer una muela* extraire une dent || MAT extraire (una raíz) || TECN *extraer perfumes* enfleurer.

extraescolar *adj* extrascolaire; *actividad extraescolar* activité extrascolaire.

extrafino, na *adj* extra-fin, e.

extrahumano, na *adj* extra-humain.

extraíble *adj* extractible.

extrajudicial *adj* extrajudiciaire.

extralegal *adj* extra-légal, e; *procedimientos extralegales* procédés extra-légaux.

extralimitación *f* abus *m*, fait *m* de dépasser les limites.

extralimitarse *v pr* dépasser les bornes, outrepasser ses droits.

extramuros *loc adv* extra-muros.

extranjería *f* extranéité (calidad de extranjero).

extranjerismo *m* manie *f* d'imiter ce qui est étranger || GRAM mot étranger (voz), tournure *f* étrangère (giro).

extranjerizar *v tr* donner un caractère étranger.

extranjero, ra *adj y s* étranger, ère (de otro país); *viajar por el extranjero* voyager à l'étranger.

— OBSERV *Extranjero* se dit de l'étranger au pays. Étranger à une région, à une ville, se dit *forastero*.

extranjis (de) *loc adv* FAM en cachette (de tapadillo) | en douce (callandito).

extrañación *f* bannissement *m*.

extrañamente *adv* étrangement.

extrañamiento *m* bannissement (destierro) || étonnement (asombro).

extrañar *v tr* étonner; *eso me extraña mucho* cela m'étonne beaucoup || être étonné, e; *me extraña verte aquí* je suis étonné de te voir ici || n'être pas habitué (sentir la novedad de algo); *extraño este traje nuevo* je ne suis pas habitué à ce costume neuf || être sauvage (con los desconocidos); *este niño extraña mucho* cet enfant est très sauvage || bannir, exiler (desterrar) || *(amer)* regretter (echar de menos), avoir la nostalgie de (tener nostalgia) || — *extraña oírle cantar* il est étonnant *o* on est étonné de *o* cela fait drôle de l'entendre chanter || *me extraña verte con este peinado* ça me fait drôle de te voir avec cette coiffure || *no es de extrañar* cela n'a rien d'étonnant || *no es de extrañar que* rien d'étonnant à ce que.

◆ *v pr* s'étonner (maravillarse); *extrañarse de algo* s'étonner de quelque chose || s'exiler, s'expatrier (exilarse) || se refuser (negarse).

extrañeza *f* étrangeté (cualidad de extraño) || étonnement *m* (asombro) || désaccord *m*, brouille (desavenencia).

extraño, ña *adj* étranger, ère; *persona extraña* personne étrangère || étrange, bizarre (raro) || étranger, ère; *cuerpo extraño* corps étranger || — *extraño a* étranger à || — *hace extraño oírle cantar* il est étonnant *o* cela fait drôle de l'entendre chanter || *no es extraño que* il n'est pas étonnant que, rien d'étonnant à ce que || *serle a uno extraña una cosa* ne pas être habitué à une chose.

◆ *m* écart (del caballo) || *hacer un extraño* s'affoler (el caballo).

◆ *m y f* étranger, ère; *es un extraño en su familia* c'est un étranger dans sa famille.

extraoficial *adj* officieux, euse (oficioso).

extraoficialmente *adv* officieusement.

extraordinario, ria *adj* extraordinaire || *horas extraordinarias* heures supplémentaires || *no tiene nada de extraordinario* cela n'a rien d'extraordinaire.

◆ *m* courrier extraordinaire (correo especial) || extra (plato suplementario) || numéro spécial (de periódico).

extraparlamentario, ria *adj* extra-parlementaire.

extraplano, na *adj* extra-plat, e; extraplat, e.

extrapolación *f* MAT extrapolation.

extrapolar *v tr* extrapoler.

extrarradio *m* zone *f* suburbaine, petite banlieue *f*, banlieue *f* proche.

extrasensible *adj* extrasensible.

extrasensorial *adj* extrasensoriel, elle.

extrasístole *f* MED extrasystole.

extraterrenal; extraterreno, na *adj* RELIG relatif, ive à la vie future ou éternelle.

extraterrestre *adj* extraterrestre.

extraterritorial *adj* extraterritorial, e.

extrauterino, na *adj* extra-utérin, e.

extravagancia *f* extravagance || *decir extravagancias* dire des choses extravagantes.

extravagante *adj y s* extravagant, e; excentrique.

extravasación *f* extravasation.

extravasarse *v pr* s'extravaser (líquidos).

extravenarse *v pr* s'extravaser (la sangre).

extraversión *f* extraversion.

extravertido, da *adj* extraverti, e; extroverti, e.

extraviado, da *adj* perdu, e; égaré, e (perdido) || FIG débauché, e (de mala vida) | isolé, e; perdu, e (lugar) | hagard, e; égaré, e; *ojos extraviados* yeux hagards.

extraviar *v tr* égarer (desorientar) || égarer, perdre; *he extraviado las tijeras* j'ai perdu les ciseaux.

◆ *v pr* s'égarer, se perdre; *me extravié en el camino* je me suis égaré en chemin || FIG se perdre (la mirada) | sortir du droit chemin (llevar mala vida) || se fourvoyer (equivocarse) | s'égarer (la razón) ||

se me han extraviado dos libros j'ai égaré o perdu deux livres.

extravío *m* égarement ‖ FIG égarement, fourvoiement (error) | écart (de conducta); *los extravíos de la juventud* les écarts de la jeunesse | dérèglement (de las costumbres).

extremadamente *adv* extrêmement.

extremado, da *adj* extrêmement bon, bonne; mauvais, e (sumamente bueno o malo) ‖ excessif, ive; extrême (exagerado).

Extremadura *n pr f* GEOGR Estrémadure.

extremar *v tr* pousser à l'extrême; *extremar la severidad, las precauciones* pousser la sévérité, les précautions à l'extrême ‖ renforcer; *extremar la vigilancia* renforcer la vigilance.

◆ *v pr* se surpasser, faire tout son possible.

extremaunción *f* RELIG extrême-onction.

extremeño, ña *adj y s* d'Estrémadure ‖ *El celoso extremeño* Le Jaloux d'Estrémadure (de Cervantes).

extremidad *f* extrémité, bout *m*.

extremismo *m* extrémisme.

extremista *m* extrémiste.

extremo, ma *adj* extrême; *frío extremo* froid extrême; *el punto extremo* le point extrême.

◆ *m* extrémité *f*, bout; *el extremo de un palo* l'extrémité d'un bâton ‖ extrême; *los extremos se tocan* les extrêmes se touchent ‖ extrémité *f* (situación extremada); *llegó al extremo que quiso matarse* il fut réduit à une telle extrémité qu'il voulut se tuer ‖ MAT extrême ‖ point, sujet, matière *f*; *se han tocado varios extremos* on a traité différents points ‖ aile *f* (de un equipo de fútbol) ‖ — DEP *extremo derecha, izquierda* ailier o extrême droit, gauche ‖ *Extremo Oriente* Extrême-Orient ‖ — *al extremo* à l'extrême ‖ *de extremo a extremo* d'un bout à l'autre ‖ *en* ou *por extremo* à l'extrême ‖ *en último extremo* en désespoir de cause, en dernier recours ‖ — *pasar de un extremo a otro* passer d'un extrême à l'autre, tomber d'un extrême dans l'autre.

Extremo Oriente; Lejano Oriente *n pr* GEOGR Extrême-Orient.

extremosidad *f* excès *m*, caractère *m* extrême.

extremoso, sa *adj* excessif, ive [dans ses actions].

extrínseco, ca *adj* extrinsèque.

extrofia *f* MED exstrophie.

extrorso, sa *adj* BOT extrorse.

extroversión *f* MED extroversion.

extrovertido, da *adj* extraverti, e.

extrudir *v tr* TECN extruder.

extrusión *f* TECN & GEOL extrusion.

extrusor, ra *adj* GEOL extrusif, ive.

◆ *f* TECN extrudeuse.

exuberancia *f* exubérance.

exuberante *adj* exubérant, e.

exudación *f* exsudation.

exudado *m* exsudat.

exudar *v tr e intr* exsuder (transpirar).

exulceración *f* MED exulcération.

exulcerar *v tr* MED exulcérer.

exultación *f* exultation.

exultante *adj* débordant, e.

exultar *v intr* exulter (alegrarse).

exutorio *m* MED exutoire.

exvoto *m* RELIG ex-voto *inv*.

eyaculación *f* éjaculation; *eyaculación precoz* éjaculation précoce; *eyaculación retardada* éjaculation retardée.

eyaculador, ra *adj* éjaculatoire.

eyacular *v tr* éjaculer.

eyección *f* éjection.

eyectable *adj* éjectable; *asiento eyectable* siège éjectable ‖ largable (avión).

eyectar *v tr* éjecter, évacuer.

eyector *m* éjecteur.

eyrá *m* ZOOL eyra (puma).

f f f *m*.
fa *m* MÚS fa.
fabada *f* haricots *m pl* au lard, sorte de cassoulet [plat régional asturien].
fábrica *f* fabrication (acción de fabricar) ‖ fabrique; *marca, precio de fábrica* marque, prix de fabrique ‖ usine; *fábrica siderúrgica* usine sidérurgique ‖ fabrique; *fábrica de muebles* fabrique de meubles ‖ manufacture; *fábrica de tabacos* manufacture de tabacs ‖ bâtiment *m* (edificio) ‖ fabrique (bienes de una iglesia) ‖ — *fábrica de aceite* huilerie ‖ *fábrica de azúcar* sucrerie ‖ *fábrica de cerveza* brasserie ‖ *fábrica de harina* minoterie ‖ *fábrica de hilados* filature ‖ *fábrica de jabón* savonnerie ‖ *fábrica de papel* papeterie ‖ — *de fábrica* en maçonnerie, en dur; *construcción de fábrica* construction en dur.
— OBSERV La palabra *usine* designa cualquier establecimiento industrial importante. *Fabrique* se refiere al establecimiento donde se transforman materias primas ya elaboradas en productos inmediatamente aprovechables.
fabricación *f* fabrication; *fabricación defectuosa* fabrication défectueuse.
fabricado *m* produit fini (producto final).
fabricante *m* fabricant.
◆ *adj* qui fabrique.
fabricar *v tr* fabriquer; *fabricar automóviles* fabriquer des automobiles ‖ construire, bâtir (edificar) ‖ FIG forger, inventer; *fabricar una mentira* inventer un mensonge ‖ faire (hacer); *fabricar uno su fortuna* faire sa fortune ‖ *fabricar cerveza* brasser.
fabril *adj* manufacturier, ère; *industria fabril* industrie manufacturière.
fábula *f* fable; *las fábulas de La Fontaine* les fables de La Fontaine ‖ fable, mensonge *m* (mentira); *esta historia es una fábula* cette histoire est une fable ‖ *colección de fábulas* fablier.
fabulación *f* fabulation.
fabular *v intr* raconter des fables (contar fábulas) ‖ fabuler (imaginar).
fabulario *m* fablier.
fabulista *m* fabuliste.
fabuloso, sa *adj* fabuleux, euse; *una fortuna fabulosa* une fortune fabuleuse.
faca *f* couteau *m* recourbé ‖ coutelas *m* (cuchillo grande).
facción *f* faction; *una facción autonomista* une faction autonomiste ‖ MIL *estar de facción* être de faction.
◆ *pl* traits *m* (rasgos del rostro); *tenía facciones cansadas* il avait les traits tirés o fatigués.
faccioso, sa *adj* y *s* factieux, euse; séditieux, euse (rebelde).

faceta *f* facette; *diamante con facetas* diamant à facettes ‖ FIG facette, aspect *m*; *una faceta desconocida de España* un aspect inconnu de l'Espagne ‖ *tallar* ou *labrar en facetas* tailler à facettes, facetter.
faceto, ta *adj* (amer) facétieux, euse.
facial *adj* facial, e; *nervio, ángulo facial* nerf, angle facial ‖ — *cirugía facial* chirurgie de la face ‖ — *técnica facial* visagisme ‖ *técnico facial* visagiste.
facies *f* MED faciès *m* ‖ *facies hipocrática* masque de la mort.
— OBSERV pl *facies*.
fácil *adj* facile, aisé, e; *problema fácil* problème facile; *la crítica es fácil* la critique est aisée ‖ facile, aisé, e (estilo) ‖ facile; *este niño tiene un carácter muy fácil* cet enfant a un caractère très facile ‖ facile (liviano); *una mujer fácil* une femme facile ‖ probable; *es fácil que venga hoy* il est probable qu'il viendra aujourd'hui ‖ — *de puro fácil* tellement facile; *de puro fácil que es, no hace falta explicarlo* c'est tellement facile qu'il n'y a pas à l'expliquer ‖ *fácil de creer* facile à croire ‖ *fácil de digerir* facile à digérer ‖ — *ser fácil de hacer reír, de hacer llorar* avoir le rire facile, les larmes faciles.
◆ *adv* facilement.
facilidad *f* facilité; *tener facilidad para el estudio* avoir de la facilité pour les études; *no dar muchas facilidades* ne pas accorder beaucoup de facilités ‖ — *facilidades de pago* facilités de paiement ‖ *facilidad para hablar* facilité à parler, aisance ‖ *facilidad para olvidar* puissance d'oubli.
facilillo, lla *adj* FAM simple comme bonjour, archi-simple.
facilísimo, ma *adj* très facile.
facilitación *f* facilitation (p us) ‖ fourniture.
facilitar *v tr* faciliter ‖ fournir, procurer (proporcionar); *facilitar datos* fournir des renseignements ‖ ménager; *facilitar una entrevista* ménager une entrevue.
facilón, ona *adj* FAM tout ce qu'il y a de plus facile, archisimple, simple comme bonjour; *un problema facilón* un problème archi-simple.
facineroso, sa *adj* y *s* scélérat, e; *una banda de facinerosos* une bande de scélérats.
facsímil; facsímile *m* fac-similé.
factible *adj* faisable.
factitivo, va *adj* GRAM factitif, ive; causatif, ive.
factor *m* facteur (de comercio, de ferrocarriles) ‖ facteur (elemento); *el factor humano* le facteur humain ‖ BIOL facteur; *factor Rhesus* facteur Rhésus ‖ MAT facteur.
— OBSERV Le *facteur* des postes, chargé de la distribution des lettres, s'appelle *cartero*.

factoría *f* factorerie (de una compañía), comptoir *m* (de una nación) ‖ factorat *m* (cargo de factor) ‖ usine (fábrica).
factorial *f* MAT factorielle.
factótum *m* factotum.
factual *adj* factuel, elle.
factura *f* facture (hechura) ‖ COM facture; *factura pro forma* facture pro forma ‖ *(amer)* biscuit *m*, brioche ‖ — *extender una factura* facturer ‖ *libro de facturas* facturier.
facturación *f* facturation; *una facturación por cien mil pesetas* une facturation de cent mille pesetas ‖ chiffre *m* d'affaires (volumen de negocios) ‖ enregistrement *m* (en ferrocarril).
facturar *v tr* facturer (extender una factura) ‖ enregistrer (en ferrocarril).
facultad *f* faculté (poder) ‖ faculté (en las universidades) ‖ MED force, résistance ‖ FIG faculté (derecho); *tener facultad para* avoir la faculté de ‖ moyen *m*, faculté (aptitud); *esto me resta facultades* cela m'enlève mes moyens; *con pleno dominio de sus facultades* en pleine possession de ses moyens.
◆ *pl* facultés, aptitudes, dispositions (aptitudes).
facultar *v tr* autoriser, habiliter; *facultar a una persona para que* autoriser quelqu'un à.
facultativo, va *adj* facultatif, ive (no obligatorio) ‖ facultatif, ive; à option (asignatura) ‖ médical, e; *cuadro facultativo* personnel médical ‖ scientifique, technique (relativo a una facultad o ciencia) ‖ — MED *el cuerpo facultativo* la Faculté ‖ *parte facultativo* bulletin de santé.
◆ *m* médecin (médico) ‖ chirurgien (cirujano).
facundia *f* faconde, verve, bagou *m* (verbosidad); *tener facundia* avoir du bagou, être en verve.
facundo, da *adj* éloquent, e ‖ loquace.
facha *f* FAM allure (aspecto); *tener mala facha* avoir une drôle d'allure ‖ — MAR *en facha* en panne ‖ — FAM *estar hecho una facha* être fichu comme l'as de pique ‖ *tener buena facha* avoir de l'allure, être bien.
◆ *m* FAM polichinelle (adefesio).
◆ *adj y s* FAM facho (fascista).
fachada *f* façade ‖ façade; *la prosperidad del país era pura fachada* la prospérité du pays n'était que façade ‖ frontispice *m* (de un libro) ‖ *hacer fachada* faire face.
fachenda *f* FAM jactance, épate.
◆ *m* FAM crâneur, poseur (fachendoso).
fachendear *v intr* FAM faire de l'épate, crâner.
fachendista; fachendón, ona; fachendoso, sa *adj y s* FAM poseur, euse; crâneur, euse (presumido) ‖ vantard, e (jactancioso).
fachoso, sa; fachudo, da *adj (amer)* poseur, euse (presumido) ‖ vantard, e (vanidoso) ‖ FAM qui a une drôle d'allure.
FAD abrev de *Fondo de Ayuda al Desarrollo* Fonds d'aide au développement [en Espagne].
fading *m* RAD fading (de las ondas).
fado *m* fado [chant populaire portugais].
faena *f* travail *m*; *las faenas del campo, del ingenio* les travaux des champs, de l'esprit ‖ occupation, besogne, tâche (quehacer); *las faenas diarias* les occupations quotidiennes ‖ TAUROM travail *m*, «faena»; *una faena lucida* un beau travail ‖ MAR pêche ‖ — FAM *hacer una faena* jouer un mauvais tour, faire une crasse ‖ *las faenas de la casa* le travail de maison, le ménage ‖ MIL *uniforme de faena* tenue de corvée ‖ FAM *¡vaya qué faena!* quelle sale blague!, quel sale tour!
faenar *v intr* MAR pêcher.
fagocito *m* ANAT phagocyte.
fagocitosis *f* MED phagocytose.
fagot *m* MÚS basson.
fagotista *m* basson, bassoniste, joueur de basson.
faisán *m* ZOOL faisan (ave) ‖ *pollo de faisán* faisandeau.
faja *f* bande; *faja de terreno* bande de terrain ‖ bande (de periódico); *poner faja* mettre sous bande ‖ ceinture; *faja abdominal, de embarazo* ceinture abdominale, de grossesse ‖ gaine (de mujer); *faja-braga* gaine-culotte ‖ ceinture de flanelle (de franela) ‖ bande (para los niños) ‖ écharpe (insignia) ‖ bague (de puro) ‖ ARQ bandeau *m* (moldura) ‖ BLAS fasce ‖ — *faja intermedia* bande médiane (en la carretera).
fajado, da *adj* bandé, e (con venda) ‖ emmaillotté, e (un niño) ‖ ZOOL fascié, e ‖ BLAS fascé, e ‖ TAUROM qui a une bande claire sur le dos et sous le ventre [taureau].
◆ *m* MIN boisage, étai (madero).
fajar *v tr* mettre une ceinture (ceñir con una faja) ‖ bander (poner una venda) ‖ emmailloter (un niño) ‖ mettre sous bande (un periódico) ‖ *(amer)* donner, flanquer; *fajar una bofetada, un latigazo* donner une gifle, un coup de fouet ‖ frapper, battre (golpear) ‖ FAM *(amer) fajar con uno* attaquer quelqu'un, voler dans les plumes de quelqu'un.
◆ *v pr* mettre sa ceinture (ceñirse el abdomen).
fajín *m* ceinture *f* (de militar).
fajina *f* AGRIC tas *m* de gerbes ‖ petit bois *m*, fagotin *m* (hacecillo) ‖ MIL fascine (haz de ramas) ‖ la soupe (toque) ‖ *(amer)* travail *m*, corvée ‖ — MIL *cubrir con fajinas* fasciner ‖ FAM *meter fajina* jacasser, parler à tort et à travers.
fajo *m* liasse *f*; *fajo de billetes de banco* liasse de billets de banque ‖ *(amer)* coup (trago).
◆ *pl* maillot *sing* (mantillas).
falacia *f* tromperie (engaño).
falange *f* ANAT phalange ‖ HIST Phalange.
falangeta *f* ANAT phalangette (de los dedos).
falangina *f* ANAT phalangine (de los dedos).
falangismo *m* idéologie *f* phalangiste.
falangista *m y f* phalangiste.
falansterio *m* phalanstère, familistère.
falaz *adj* fallacieux, euse (engañoso).
falda *f* jupe; *falda acampanada, tubo* jupe cloche, fourreau ‖ flanc *m* (de una montaña) ‖ tassette; épaulière (de armadura) ‖ bord *m* (de un sombrero) ‖ flanchet *m* (de una res) ‖ giron *m*, genoux *m pl* (regazo); *tener a un niño en la falda* tenir un enfant sur ses genoux ‖ plat *m* de côtes (carne) ‖ — *falda pantalón* jupe-culotte.
◆ *pl* basques (faldillas) ‖ — *aficionado a* ou *amigo de las faldas* coureur de jupons ‖ — *andar entre faldas* être toujours avec les femmes ‖ FIG & FAM *es un asunto de faldas* cherchez la femme ‖ *gustarle a uno las faldas* être un coureur de jupons.
faldear *v tr* contourner [une montagne] ‖ longer, suivre (ir a lo largo de).

faldellín *m* jupon (falda corta) ‖ *(amer)* robe *f* de baptême.

faldero, ra *adj* de la jupe ‖ — FIG *hombre faldero* coureur de jupons (mujeriego) ‖ *niño faldero* enfant qui est toujours dans les jupes de sa mère ‖ *perro faldero* chien de manchon.

faldillas *f pl* basques [d'un habit].

faldón *m* basque *f*; *los faldones de un frac* les basques d'un habit ‖ pan, queue *f* (de una chaqueta o camisa) ‖ ARQ pente *f* (de un tejado) | chambranle (de chimenea) ‖ TECN jupe *f* (pistón) ‖ — *estar colgado de* ou *agarrado a los faldones de uno* être pendu aux basques de quelqu'un ‖ *faldón de cristianar* robe *f* de baptême.

falena *f* ZOOL phalène.

falerno *m* falerne (vino).

falibilidad *f* faillibilité.

falible *adj* faillible.

fálico, ca *adj* phallique.

falo *m* phallus.

falocracia *f* phallocratie.

falócrata *adj y s* phallocrate.

faloide *adj* phalloïde.

Falopio (trompa de) *f* ANAT trompe de Fallope.

falsamente *adv* faussement.

falsario, ria *adj y s* faussaire (falsificador) ‖ menteur, euse (embustero).

falseador, ra *adj* falsificateur, trice.

falseamiento *m* contrefaçon *f*, falsification *f*.

falsear *v tr* fausser; *falsear la verdad* fausser la vérité ‖ dénaturer, fausser; *falsear el pensamiento de Montaigne* dénaturer la pensée de Montaigne ‖ ARQ faire perdre l'aplomb ‖ *falsear una declaración* falsifier une déclaration, faire une fausse déclaration.

◆ *v intr* perdre l'aplomb (desviar) ‖ fléchir, flancher (flaquear) ‖ faucher (cojear el caballo) ‖ MÚS sonner faux, dissoner.

falsedad *f* fausseté (hipocresía) ‖ fausseté (carácter de falso) ‖ fausseté, mensonge *m* (mentira) ‖ faux *m* ‖ *atacar de falsedad* s'inscrire en faux.

falseo *m* ARQ déviation *f*.

falsete *m* bonde *f* (de tonel) ‖ petite porte *f* de communication (puerta) ‖ fausset; *voz de falsete* voix de fausset.

falsía *f* FAM fausseté (falsedad).

falsificación *f* falsification, contrefaçon ‖ DR faux *m*; *falsificación de escritura pública* faux en écriture publique.

falsificador, ra *adj y s* falsificateur, trice (de un documento).

falsificar *v tr* falsifier (moneda, documento) ‖ contrefaire (una firma) ‖ frelater (un líquido) ‖ truquer, contrefaire (objetos antiguos).

falsilla *f* guide-âne *m*, transparent *m* (para escribir).

falso, sa *adj* faux, fausse; *noticia falsa* fausse nouvelle ‖ vicieux, euse (caballo) ‖ — *falsa puerta* porte dérobée ‖ *más falso que Judas* faux comme un jeton ‖ *monedero falso* faux-monnayeur ‖ *salida falsa* faux-fuyant.

◆ *m* le faux, ce qui est faux; *distinguir lo falso de lo verdadero* distinguer le faux du vrai ‖ renfort (de tela) ‖ doublure *f* (de un vestido) ‖ — *en falso* à faux ‖ — *dar un paso en falso* faire un faux pas ‖ *enviar en falso* renvier sans avoir du jeu, bluffer ‖ *estar en falso* porter à faux ‖ *jurar en falso* faire un faux serment, porter un faux témoignage ‖ *tachar de falso* inscrire en faux.

— OBSERV Se puede decir *un faux* de una obra de arte falsa: *este Renoir es falso* ce Renoir est un faux.

falta *f* manque *m* (privación); *falta de dinero* manque d'argent ‖ faute; *falta grave* faute grave; *falta de ortografía* faute d'orthographe ‖ défaut *m* (defecto) ‖ absence (ausencia) ‖ faiblage *m* (de la moneda) ‖ — *falta de pago* non-paiement ‖ *falta de sentido* non-sens ‖ DEP *falta máxima* pénalty ‖ — *a falta de, por falta de* faute de, à défaut de ‖ *a falta de otra cosa* faute de mieux ‖ *sin falta* sans faute ‖ — *a falta de pan, buenas son tortas* faute de grives on mange des merles ‖ — *caer en falta* commettre une faute, être en défaut, manquer à son devoir (no cumplir) ‖ *coger en falta* prendre en faute ‖ *cometer una falta* commettre *o* faire une faute ‖ *echar en falta* remarquer l'absence de (notar la ausencia), manquer, regretter l'absence de, regretter, s'ennuyer de (echar de menos); *echo en falta a mis hijos* mes enfants me manquent ‖ *hacer caer en falta a alguien* mettre quelqu'un dans son tort *o* en défaut ‖ *hacer falta* falloir; *hace falta tener mucha paciencia* il faut avoir beaucoup de patience; avoir besoin de, falloir; *me hacen falta diez pesetas inmediatamente* j'ai besoin de *o* il me faut dix pesetas tout de suite; faire défaut, manquer; *me hace falta tu presencia* ta présence me manque ‖ *incurrir en falta* commettre une faute, faillir ‖ DEP *sacar una falta* tirer un coup de pied de pénalité ‖ *si hace falta* s'il le faut, au besoin ‖ *toda falta merece perdón* à tout péché miséricorde.

faltar *v intr* manquer; *faltan dos libros en la biblioteca* il manque deux livres dans la bibliothèque ‖ manquer (carecer); *me falta tiempo* je manque de temps, le temps me manque; *nos falta dinero* nous manquons d'argent ‖ faire défaut, manquer; *esta cualidad le faltaba del todo* cette qualité lui faisait complètement défaut ‖ rater (un arma) ‖ céder (una cuerda) ‖ manquer, être absent, e; *faltar de la oficina* être absent du bureau; *faltar a una cita* manquer à un rendez-vous ‖ rester (quedar); *faltan tres días para la fiesta* il reste trois jours avant la fête; *falta por hacer la cena* il reste à faire le dîner ‖ manquer, faillir (no cumplir); *faltar a un deber* faillir à un devoir ‖ manquer, manquer de respect (desmandarse); *le faltó a su padre* il a manqué à son père ‖ *faltar al honor* forfaire à l'honneur ‖ FAM fauter (una mujer) ‖ falloir; *me faltan diez pesetas más* il me faut encore dix pesetas ‖ falloir, faillir; *poco faltó para que le matase* peu s'en fallut qu'il ne le tuât, il a failli le tuer ‖ — *faltar a su palabra* manquer à sa parole ‖ *faltar a sus compromisos* forfaire à ses engagements ‖ *faltar el respeto a* manquer de respect à ‖ FAM *faltarle a uno un tornillo* travailler du chapeau, avoir la tête fêlée ‖ — *falta mucho para ello* il s'en faut de beaucoup ‖ *falta que lo pruebes* encore faut-il que tu le prouves ‖ *falta y pasa* manque et passe ‖ *mucho falta* il s'en faut de beaucoup ‖ *nada faltó para que* il s'en est fallu de peu pour que ‖ *¡no faltaba más!, ¡lo que faltaba!, ¡sólo faltaba eso!* il ne manquait plus que ça!, c'est complet!

falto, ta *adj* dépourvu, e; *falto de dinero* dépourvu d'argent ‖ privé, e; vide; *un espíritu falto de ideas* un esprit vide d'idées ‖ (*p us*) juste (escaso); *una libra falta* une livre juste ‖ *estar falto de* être à court de, manquer de.

faltón, ona *adj (amer)* irrespectueux, euse (irrespetuoso) | FAM peu sûr, e.

faltoso, sa *adj* incomplet, ète || querelleur, euse (pendenciero).

faltriquera *f* poche (bolsillo) || gousset *m* (bolsillo pequeño del chaleco) || loge *f* (palco) || FAM *rascarse la faltriquera* mettre la main à la poche, payer.

falla *f* faille (tela) || GEOL faille (grieta) || *(amer)* faute (falta) | béguin *m* (gorrito).
- *pl* «fallas» [fêtes de la Saint-Joseph à Valence].

fallar *v tr* couper (naipes) || DR prononcer; *fallar una sentencia* prononcer un jugement || rater, manquer (un golpe) || *fallar un premio literario* décerner un prix littéraire.
- *v intr* manquer, faillir; *le ha fallado el corazón* le cœur lui a manqué || manquer; *fallar a sus amigos* manquer à ses amis || échouer, rater; *ha fallado su proyecto* son projet a échoué || lâcher, céder; *falló el muro* le mur a cédé || rater (un golpe, la puntería) || avoir des ratés (un motor) || lâcher, céder (frenos) || *si la memoria no me falla* si j'ai bonne mémoire.

falleba *f* espagnolette (varilla para cerrar ventanas y puertas) || crémone (con puño).

fallecer* *v intr* décéder, mourir; *ha fallecido a los 80 años* il est décédé à quatre-vingts ans.

fallecido, da *adj* décédé, e; mort, e.

fallecimiento *m* décès, mort *f*.

fallero, ra *adj* qui concerne les «fallas» de Valence.
- *f fallera mayor* reine des «fallas».
- *m fallero mayor* roi des «fallas».

fallido, da *adj* manqué, e; échoué, e; *resultó fallido su proyecto* son projet a échoué || déçu, e; frustré, e; *esperanza fallida* espoir déçu || failli, e (que ha quebrado) || irrécouvrable (incobrable).
- *m* failli (comerciante).

fallo, lla *adj* qui renonce à une couleur (naipes); *estar fallo en corazón* avoir renoncé à cœur || qui coupe (con triunfos).
- *m* renonce *f* (renuncio en los naipes) || coupe *f* (con un triunfo) || DR arrêt, sentence *f*, jugement; *emitir un fallo* prononcer une sentence; *fallo en primera instancia* jugement en première instance || FIG décision *f* (decisión) | faute *f*, erreur *f* (falta); *es un fallo de la naturaleza* c'est une erreur de la nature | faille *f*; *los fallos de un sistema* les failles d'un système || MECÁN raté (en un motor) || *tener fallos de memoria* avoir des absences, avoir des trous de mémoire.

fallutería *f (amer)* FAM hypocrisie.

falluto, ta *adj y s (amer)* POP raté, e (fracasado) || dégonflé, e (cobarde).

fama *f* renommée, réputation || — *de fama* renommé, e (afamado) || *de mala fama* de mauvaise réputation (una persona), de mauvaise réputation, mal famé, e (lugar) || — *cobra buena fama y échate a dormir* acquiers bonne renommée et fais la grasse matinée, repose-toi sur tes lauriers || *conquistar fama* se rendre célèbre || *dar fama* faire connaître, rendre célèbre || *echar fama* ébruiter, divulguer || *es fama* on dit || *tener fama de* avoir la réputation de || *tener mucha fama* être très renommé *o* très célèbre.

famélico, ca *adj* famélique (hambriento).

familia *f* famille; *en familia* en famille; *de buena familia* de bonne famille || BOT & ZOOL famille || domesticité (servidumbre) || — GRAM *familia de palabras* famille de mots || *familia numerosa* famille nombreuse || — *la familia política* la belle famille || RELIG *la Sagrada Familia* la Sainte Famille || *parecido de familia* air de famille || — *acordarse uno de la familia (de alguien)* traiter quelqu'un de tous les noms (insultar).

familiar *adj* familial, e (relativo a la familia); *lazos familiares* liens familiaux || familier, ère (natural, sencillo); *estilo familiar* style familier || familier, ère; *sus respuestas son a veces demasiado familiares* ses réponses sont parfois trop familières || — *furgoneta familiar* familiale (coche) || *vida familiar* vie de famille || — *este giro me es familiar* cette tournure m'est familière.
- *m* familier (íntimo) || parent, membre de la famille; *visitar a unos familiares* rendre visite à des parents || *(p us)* domestique (criado) || ECLES religieux du tiers ordre || *familiar del Santo Oficio* familier du Saint-Office.
- *pl* entourage *sing*; *los familiares del rey* l'entourage du roi.

familiaridad *f* familiarité.

familiarizar *v tr* familiariser.
- *v pr* se familiariser.

familión *m* FAM grande famille *f*.

famoso, sa *adj* fameux, euse; renommé, e; célèbre; *un artista famoso* un artiste célèbre || FAM fameux, euse.

fámula *f* FAM soubrette, servante.

fámulo *m* FAM domestique, serviteur.

fan *m y f* fan.
— OBSERV Ce mot est un anglicisme. Il est préférable d'employer les termes espagnols *admirador*, *seguidor*, *aficionado* ou, pour le sport, *hincha*.

fanal *m* MAR fanal (farol) || globe, cloche *f* de verre (para proteger del polvo) || aquarium (pecera).
- *pl* yeux immenses, grands yeux (ojos).

fanático, ca *adj y s* fanatique.

fanatismo *m* fanatisme.

fanatizar *v tr* fanatiser.

fandango *m* fandango (baile) || FAM micmac, imbroglio, fatras (lío) | chambard (jaleo).

fandanguero, ra *adj y s* noceur, euse (juerguista).

fandanguillo *m* danse *f* populaire andalouse.

fané *adj (amer)* épuisé, e.

fanega; hanega *f* fanègue (medida de capacidad de 55,5 litros) || *fanega de tierra* fanègue (medida agraria de 64,6 áreas).

fanegada *f* fanègue (fanega).

fanfarrear *v intr* fanfaronner.

fanfarria *f* jactance, fanfaronnade (baladronada, bravata) || fanfare (charanga).

fanfarrón, ona *adj y s* fanfaron, onne; crâneur, euse.

fanfarronada *f* fanfaronnade.

fanfarronear *v intr* fanfaronner, faire le fanfaron, crâner, se vanter.

fanfarronería *f* fanfaronnerie.

fangal; fangar *m* bourbier (lodazal).

fango *m* boue *f*, fange *f* (lodo) || vase *f* (en un río).

fangoso, sa *adj* boueux, euse; fangeux, euse; *el terreno está fangoso* le terrain est boueux ‖ vaseux, euse (río).

fantasear *v intr* rêvasser.

fantasía *f* imagination, fantaisie; *la fantasía de un relato* l'imagination d'un récit ‖ fiction (ficción) ‖ fantaisie (capricho) ‖ FAM prétention (presunción) ‖ MÚS fantaisie ‖ *de fantasía* de fantaisie; *traje, artículo de fantasía* costume, article de fantaisie.

fantaseo *m* rêverie *f*, rêvasserie *f*.

fantasioso, sa *adj y s* présomptueux, euse; prétentieux, euse (presuntuoso) ‖ qui a beaucoup d'imagination.

fantasista *m* fantaisiste (artista de variedades).

fantasma *m* fantôme (espectro) ‖ fantasme (alucinación) ‖ chimère *f* (quimera) ‖ FIG & FAM bêcheur, crâneur (vanidoso).
◆ *f* épouvantail *m* (cosa que espanta).
◆ *adj* fantôme; *el buque fantasma* le vaisseau fantôme.

fantasmada *f* FAM frime, coup *m* d'épate (fanfarronada) ‖ bobard *m* (mentira).

fantasmagórico, ca *adj* fantasmagorique.

fantasmal *adj* fantomatique.

fantasmón, ona *adj y s* FAM bêcheur, euse; crâneur, euse.

fantástico, ca *adj* fantastique (quimérico); *un relato fantástico* un récit fantastique ‖ sensationnel, elle; fantastique; *un futbolista fantástico* un footballeur sensationnel ‖ fantomatique (fantasmal) ‖ *lo fantástico* le fantastique.

fantochada *f* FIG loufoquerie, invention; *esto es otra fantochada del alcalde* ça, c'est une autre loufoquerie du maire.

fantoche *m* fantoche (títere) ‖ bêcheur (presumido) | fantaisiste (cuentista) ‖ FIG pantin (persona manejable).

FAO abrev de *Food and Agriculture Organization of the United Nations* FAO, Organisation des Nations unies pour l'alimentation et l'agriculture.

faquir; fakir *m* fakir.

farad; faradio *m* ELECTR farad.

faradización *f* FÍS faradisation.

faralá *m* falbala, volant (de un vestido) ‖ FAM falbalas *pl* (adorno de mal gusto).
— OBSERV pl *faralaes*.

farallón; farellón *m* rocher escarpé.

faramalla *f* FAM boniment *m*, baratin *m* (charla) ‖ camelote, vétille (hojarasca) ‖ *(amer)* bluff *m*, fanfaronnade.
◆ *adj y s* bonimenteur, euse; baratineur, euse.

farándula *f* profession de bateleur, les planches *pl* ‖ troupe (compañía) ‖ farandole (baile) ‖ FIG & FAM boniment *m*, baratin *m* (faramalla).

farandulero, ra *m y f* comédien, enne; cabotin, e; bateleur *m* (farsante) ‖ FAM bonimenteur, euse; baratineur, euse (faramallero).

faraón *m* pharaon.

faraónico, ca *adj* pharaonique, pharaonien, enne.

faraute *m* messager, héraut (heraldo) ‖ prologue (actor) ‖ FIG touche-à-tout *inv* (entremetido).

fardada *f* FAM frime, esbroufe.

fardar *v tr* équiper, habiller.
◆ *v intr* FAM poser, classer, faire bien; *tener un coche deportivo farda mucho* ça pose terriblement d'avoir une voiture de sport | crâner (presumir).

fardo *m* ballot ‖ FAM *un fardo de vanidad* une bonne dose de vanité.

fardón *m* FAM petit bêcheur, poseur, crâneur.

farero, ra *m y f* gardien, enne de phare.

farfolla *f* spathe (del maíz) ‖ FIG clinquant *m*, tape-à-l'œil *m inv* (bambolla).

farfulla *f* FAM bredouillage *m*, bafouillage *m*.
◆ *adj y s* bredouilleur, euse; bafouilleur, euse; baragouineur, euse (persona).

farfullar *v tr* FAM bredouiller, bafouiller, baragouiner (hablar mal) ‖ FIG & FAM bâcler (un trabajo).

farfullero, ra *adj y s* FAM bredouilleur, euse; bafouilleur, euse; baragouineur, euse (que habla de prisa) | bâcleur, euse (de un trabajo).

farináceo, a *adj* farinacé, e; farineux, euse.
◆ *f* farineuse (legumbre).

faringe *f* ANAT pharynx *m*.

faríngeo, a *adj* ANAT pharyngien, enne.

faringitis *f* MED pharyngite.

faringolaringitis *f* MED pharyngolaryngite.

fario *m* FAM *tener mal fario* avoir la poisse *o* la guigne | *traer mal fario* porter la poisse.

farisaico, ca *adj* pharisaïque ‖ FIG pharisaïque.

farisaísmo; fariseísmo *m* pharisaïsme.

fariseo *m* pharisien ‖ FIG pharisien (hipócrita).

farmacéutico, ca *adj* pharmaceutique.
◆ *m y f* pharmacien, enne (boticario).

farmacia *f* pharmacie (botica) ‖ *capitán de farmacia* pharmacien capitaine.

fármaco *m* médicament.

farmacología *f* pharmacologie.

farmacológico, ca *adj* pharmacologique.

farmacólogo, ga *m y f* pharmacologiste, pharmacologue.

farmacopea *f* pharmacopée.

faro *m* phare ‖ AUTOM phare ‖ FIG phare.

farol *m* lanterne *f* (luz) ‖ falot (luz grande) ‖ fanal (de locomotora) ‖ FIG & FAM bluff, esbroufe *f*, chiqué (exageración) | bluff (en el póker) | bluffeur, esbroufeur (fachendoso) ‖ TAUROM passe *f* de cape [qui vole au-dessus de la tête du torero] ‖ *(amer)* véranda *f* ‖ — *farol a la veneciana* lanterne vénitienne, lampion ‖ MAR *farol de popa, de proa* feu de route avant, arrière ‖ — FAM *¡adelante con los faroles!* allons-y!, en avant la musique! | *es un farol* c'est du bluff *o* du chiqué | *tirarse ou echarse un farol* ou *faroles* bluffer, faire de l'esbroufe, esbroufer.

farola *f* réverbère *m*, lampadaire *m* (del alumbrado público) ‖ bec *m* de gaz (cuando es de gas) ‖ fanal *m* (fanal) ‖ FAM phare *m* (de la costa).

farolear *v intr* FAM bluffer, faire de l'esbroufe *o* de l'épate, esbroufer, se donner des airs | bluffer (en el juego).

faroleo *m* FAM épate *f*, esbroufe *f*.

farolero, ra *adj y s* FIG & FAM fanfaron, onne; bluffeur, euse; esbroufeur, euse | bluffeur, euse (en el juego).
◆ *m* lanternier (el que hace faroles) ‖ allumeur de réverbères (el que enciende los faroles).

farolillo; farolito *m* lampion, lanterne *f* vénitienne (de papel) ‖ BOT campanule *f* ‖ FIG *el farolillo rojo* la lanterne rouge (carreras).

farra *f* corégone *m* (pez) ‖ FAM *(amer)* bombe, noce, bringue, ribouldingue (juerga) ‖ FAM *ir de farra* faire la bombe *o* la noce *o* la bringue.

fárrago *m* fatras.

farragoso, sa *adj* confus, e; décousu, e; touffu, e (discurso).

farro *m* orge mondé, gruau (cebada) ‖ faro (cerveza belga).

farruco, ca *adj y s* FAM galicien, enne; asturien, enne.
◆ *adj* FAM culotté, e (valiente) ‖ *ponerse farruco* se buter (testarudo), se rebiffer (rebelarse), faire le flambard (engreírse).

farsa *f* farce (teatro) ‖ troupe de comiques ‖ FIG tromperie (engaño) ‖ comédie, plaisanterie; *este sistema parlamentario es una farsa* ce système parlementaire est une comédie.

farsante *m* acteur qui joue des farces, farceur *(ant)*.
◆ *adj m y s* FIG & FAM comédien (tramposo).
— OBSERV La palabra francesa *farceur* significa hoy solamente *bromista, guasón.*

fas o por nefas (por) *loc adv* FAM à tort ou à raison.

fasciculado, da *adj* BOT fasciculé, e.

fascículo *m* fascicule ‖ IMPR *conjunto de fascículos* fascinage.

fascinación *f* fascination.

fascinador, ra *adj y s* fascinateur, trice.

fascinante *adj* fascinant, e.

fascinar *v tr* fasciner, charmer; *fascinar con la mirada* fasciner du regard.

fascismo *m* fascisme.

fascista *adj y s* fasciste.

fase *f* phase (cambio, evolución); *las fases de una enfermedad* les phases d'une maladie ‖ ASTR phase; *las fases de la luna* les phases de la lune ‖ tranche (de una obra); *entrega de la primera fase en 1970* livraison de la première tranche en 1970.

fast food *m* fast-food.

fastidiado, da *adj* dérangé, e (molesto) ‖ esquinté, e (dañado).

fastidiar *v tr* dégoûter (causar asco o hastío) ‖ ennuyer (enfadar, aburrir) ‖ fatiguer (molestar); *me fastidia este niño con sus gritos* cet enfant me fatigue avec ses cris ‖ embêter, enquiquiner *(fam)*, assommer *(fam)*, barber *(pop)*; *me fastidias, hombre* tu m'assommes, mon vieux ‖ *me fastidia el esperarle* j'en ai assez de l'attendre.
◆ *v pr* se lasser; *fastidiarse con la charla de uno* se lasser du bavardage de quelqu'un ‖ *¡fastídiate!* bien fait!, tant pis pour toi!

fastidio *m* dégoût (asco), nausée *f* (náusea) ‖ FIG ennui, corvée *f* (enfado); *es un fastidio leer este libro* c'est une corvée de lire ce livre ‖ — *este olor me causa fastidio* cette odeur m'incommode *o* me donne la nausée ‖ *es un fastidio que llueva ahora* c'est ennuyeux qu'il pleuve maintenant ‖ *¡qué fastidio!* quel ennui!, quelle barbe! *(fam)*.

fastidioso, sa *adj* fastidieux, euse; *trabajo fastidioso* travail fastidieux ‖ fâcheur, euse; *acontecimiento fastidioso* évènement fâcheux ‖ ennuyeux, euse; assommant, e *(fam)*, enquiquinant, e *(fam)*, barbant, e *(pop)* ‖ *hombre fastidioso a más no poder* homme ennuyeux comme la pluie.

fasto, ta *adj* faste, heureux, euse; *día fasto* jour faste.
◆ *m* faste, pompe *f* (fausto).
◆ *pl* fastes (cronología).

fastuosidad *f* faste *m*, somptuosité.

fastuoso, sa *adj* fastueux, euse; splendide, somptueux, euse.

fatal *adj* fatal, e ‖ FIG très mauvais, e; lamentable (pésimo); *una película fatal* un film lamentable ‖ — FAM *estoy fatal* ça ne va pas du tout ‖ *mujer fatal* femme fatale ‖ *tener una suerte fatal* ne pas avoir de chance du tout.
◆ *adv* très mal, affreusement mal; *esquía fatal* il skie affreusement mal.

fatalidad *f* fatalité; *un accidente debido a la fatalidad* un accident dû à la fatalité.

fatalismo *m* fatalisme.

fatalista *adj y s* fataliste.

fatalmente *adv* fatalement; *había de suceder aquello fatalmente* cela devait arriver fatalement ‖ affreusement mal, horriblement mal; *este libro está escrito fatalmente* ce livre est affreusement mal écrit.

fatídico, ca *adj* fatidique.

fatiga *f* fatigue (cansancio) ‖ essoufflement *m*, suffocation (en la respiración) ‖ MECÁN fatigue ‖ FAM *dar fatiga* ennuyer (molestar), gêner; *me da fatiga pedirle dinero prestado* ça me gêne de lui emprunter de l'argent.
◆ *pl* ennuis *m*, tracas *m* (molestias) ‖ peines, chagrins *m* (penas) ‖ nausées (náuseas).

fatigado, da *adj* fatigué, e.

fatigar *v tr* fatiguer; *este trabajo le fatiga mucho* ce travail le fatigue beaucoup; *fatigar a uno con sus gritos* fatiguer quelqu'un avec ses cris ‖ *fatigar un caballo* forcer *o* fouler un cheval.
◆ *v pr* se fatiguer; *fatigarse en correr* se fatiguer à courir.

fatigosamente *adv* péniblement (con fatiga).

fatigoso, sa *adj* fatigué, e (cansado) ‖ fatigant, e; pénible (que cansa, que es cargante) ‖ *respiración fatigosa* respiration oppressée.

fatuidad *f* fatuité.

fatuo, tua *adj y s* fat, e (femenino poco usado), présompteux, euse ‖ *fuego fatuo* feu follet.

fauces *f pl* gosier *m sing* (gaznate) ‖ gueule *sing* (de un animal).

fauna *f* faune; *la fauna canadiense* la faune canadienne.

fauno *m* MIT faune.

fausto, ta *adj* heureux, euse (venturoso).
◆ *m* faste (pompa, magnificencia).

fauvismo *m* ARTES fauvisme (pintura).

favela *f* favela.

favor *m* faveur *f*; *buscar el favor de los grandes* rechercher la faveur des grands ‖ faveur *f*, grâce *f*; *solicitar un favor* demander une faveur, une grâce ‖ service; *prestar* ou *hacer un favor* rendre service ‖ passe-droit (favor especial) ‖ faveur *f* (cinta) ‖ — *a favor de* à la faveur de (gracias a), à l'actif de; *hay un saldo de diez mil pesetas a su favor* il y a un solde de dix mille pesetas à son actif ‖ *de favor* de faveur (billete) ‖ *en favor de* en faveur de, à l'actif de (en beneficio de) ‖ *por favor* s'il te *o* vous plaît, je te *o* vous prie; *¿qué hora es?, por favor* quelle heure est-il, s'il vous plaît? ‖ — *estar en favor con alguno, gozar del favor de alguien* être en faveur auprès de quelqu'un, jouir de la faveur de quelqu'un ‖ *hacer el favor de* faire le plaisir de *o* la faveur de *o* l'amitié de; *haga el favor de venir a casa* faites-moi le plaisir de venir chez moi; faire le plaisir de, avoir l'obligeance de (tener a bien) ‖ *hágame el favor de decirme dónde está la calle Murillo* pourriez-vous me dire où se trouve la rue Murillo, s'il vous plaît; ayez l'obligeance de me dire où se trouve la rue Murillo ‖ *pedir algo por favor* demander quelque chose poliment (cortésmente), demander quelque chose en grâce (suplicando) ‖ *tome asiento por favor* asseyez-vous, je vous prie; veuillez vous asseoir.

favorable *adj* favorable; *favorable para* favorable à.

favorecedor, ra *adj* qui favorise ‖ flatteur, euse (un retrato, etc.).
◆ *m* y *f* protecteur, trice.

favorecer* *v tr* favoriser ‖ servir, favoriser, jouer en la faveur de; *las circunstancias me han favorecido* les circonstances ont joué en ma faveur ‖ avantager, flatter; *esta foto te favorece* cette photo t'avantage ‖ être seyant, avantager (peinado, etc.) ‖ *(amer)* protéger, abriter ‖ — DR *ha sido favorecido por circunstancias atenuantes* il a bénéficié des circonstances atténuantes ‖ *ser favorecido con* gagner, remporter; *ha sido favorecido con el premio gordo* il a gagné le gros lot.
◆ *v pr favorecerse de* recourir à (valerse de).

favorecido, da *adj* y *s* favorisé, e; *cláusula del país más favorecido* clause de la nation la plus favorisée ‖ *comarcas favorecidas* régions favorisées.
◆ *f (amer)* honorée (carta).

favoritismo *m* favoritisme.

favorito, ta *adj* favori, ite; *mi deporte favorito* mon sport favori.
◆ *m* favori (privado) | favori, crack (carrera de caballos).
◆ *f* favorite (del rey).
◆ *m* y *f* favori, ite; préféré, e (preferido) ‖ DEP favori, ite.

fax *m* fax (telefax).

fayuquero *m (amer)* trafiquant.

faz *f* face ‖ — *a la faz de* à la face de ‖ *faz a faz* face à face ‖ *la Sacra* ou *Santa Faz* la Sainte Face.

FBI abrev de *Federal Bureau of Investigation* FBI, service chargé de la police fédérale aux États-Unis.

fe *f* foi; *la fe cristiana* la foi chrétienne ‖ foi, confiance (confianza); *tener fe en el porvenir* avoir foi en l'avenir ‖ acte *m*, certificat *m*, extrait *m* (documento); *fe de matrimonio* acte de mariage; *fe de bautismo* acte *o* extrait de baptême ‖ foi, fidélité; *fe conyugal* foi conjugale ‖ — *fe de erratas* errata ‖ *fe de vida* certificat de vie; fiche d'état civil ‖ — FIG *artículo de fe* parole d'Évangile ‖ *buena, mala fe* bonne, mauvaise foi ‖ *profesión de fe* profession de foi ‖ — *a fe de foi* de; *a fe de caballero* foi d'honnête homme ‖ *a fe mía, por mi fe* par ma foi, ma foi, sur ma foi ‖ *de* ou *a la buena fe* de bonne foi, de toute bonne foi ‖ — *dar fe de* rendre compte de, faire foi de ‖ *hacer fe* faire foi ‖ *prestar fe* ajouter foi ‖ *tener una fe ciega en* avoir une confiance aveugle en ‖ — *la fe mueve montañas* la foi soulève des montagnes.

FE abrev de *Falange Española* Phalange espagnole [groupement politique paramilitaire d'inspiration fasciste].

fealdad *f* laideur ‖ FIG indignité; *la fealdad de su conducta* l'indignité de sa conduite.

feamente *adv* laidement ‖ FIG honteusement, indignement ‖ *mató al toro feamente* il tua très mal le taureau.

feb.; febr. abrev de *febrero* fév., février.

febr. → **feb.**

febrero *m* février; *el 15 de febrero* le 15 février.

febrífugo, ga *adj* y *s m* fébrifuge; *la quinina es un febrífugo* la quinine est un fébrifuge.

febril *adj* fébrile, fiévreux, euse.

febrilmente *adv* fiévreusement.

fecal *adj* MED fécal, e; *materia fecal* matière fécale.

FECOM abrev de *Fondo Europeo de Cooperación Monetaria* F.E.C.O.M., Fonds européen de coopération monétaire.

fécula *f* fécule ‖ — *fábrica de fécula* féculerie ‖ *fabricante de fécula* féculier.

fecundación *f* fécondation; *fecundación artificial* fécondation artificielle; *fecundación in vitro* fécondation in vitro.

fecundador, ra *adj* y *s* fécondateur, trice.

fecundar *v tr* féconder.

fecundidad *f* fécondité.

fecundizar *v tr* féconder.

fecundo, da *adj* fécond, e ‖ FIG fécond, e; fertile; *imaginación fecunda* imagination fertile.

fecha *f* date; *¿cuál es la fecha de hoy?* quelle est la date d'aujourd'hui? ‖ jour *m*; *mi carta ha tardado tres fechas* ma lettre a mis trois jours ‖ — DR *fecha cierta* date certaine ‖ *fecha de caducidad* date limite de consommation *o* de vente (alimentos) ‖ *fecha tope* date limite ‖ *una carta de fecha 2 de junio* une lettre datée du 2 juin ‖ — *a fecha fija* à date fixe ‖ *con fecha de* en date de ‖ *de fecha reciente* de fraîche date ‖ *de larga fecha* de longue date ‖ *en fecha próxima* un jour prochain, prochainement ‖ *hasta la fecha* jusqu'à présent, jusqu'à maintenant ‖ — *a estas fechas ya habrá llegado* il doit être arrivé à présent ‖ *poner la fecha* mettre la date, dater ‖ *señalar la fecha* prendre date.

fechador *m* timbre dateur (matasellos) ‖ composteur (para los billetes).

fechar *v tr* dater ‖ composter (billetes).

fecho, cha *adj (ant)* fait, e (hecho).

fechoría *f* forfait *m*, mauvaise action, mauvais tour *m*.

FED abrev de *Fondo Europeo de Desarrollo* F.E.D., Fonds européen de développement.

FEDER abrev de *Fondo Europeo de Desarrollo Regional* F.E.D.E.R., Fonds européen de développement régional.

federación *f* fédération.

federado, da *adj* y *s* fédéré, e.

federal *adj* y *s m* fédéral, e; *los federales* les fédéraux.

federalismo *m* fédéralisme.

federalista *adj* y *s* fédéraliste.

federalizar *v tr* fédéraliser.

federar *v tr* fédérer.
◆ *v pr* se fédérer.

federativo, va *adj* fédératif, ive.

feedback *m inv* ELECTR & INFORM feed-back, rétroaction *f.*

fehaciente *adj* qui fait foi, digne de foi ‖ aveuglant, e; *una prueba fehaciente* une preuve aveuglante.

feísmo *m* tendance *f* artistique ou littéraire valorisant le laid.

felación; felatio *f* fellation.

feldespato *m* MIN feldspath.

felicidad *f* bonheur *m*, félicité ‖ *— FAM deseos de felicidad* vœux de bonheur ‖ *la curva de la felicidad* la brioche (tripa) ‖ *felicidades, muchas felicidades* mes félicitations, mes compliments, tous mes compliments (acontecimiento feliz), mes meilleurs vœux (año nuevo, cumpleaños), bonne fête (santo) ‖ FIG *salir con felicidad de* se tirer heureusement de.

felicitación *f* félicitation; *recibir felicitaciones* recevoir des félicitations ‖ *mis mejores felicitaciones por* toutes mes félicitations pour.
◆ *pl* souhaits *m*, vœux *m*; *felicitaciones por Año Nuevo* vœux de nouvel an.

felicitar *v tr* féliciter; *le felicito por su éxito* je vous félicite de *o* pour votre succès ‖ souhaiter; *felicitarle el santo* ou *los días a uno* souhaiter sa fête à quelqu'un; *felicitar el día de Año Nuevo* souhaiter la bonne année ‖ *— felicitar a uno* présenter *o* offrir ses vœux de nouvel an à quelqu'un (año nuevo) ‖ *felicitar las Navidades* ou *las Pascuas, el Año Nuevo* souhaiter un joyeux Noël, la bonne année.
◆ *v pr* se féliciter.

félidos *m pl* ZOOL félidés.

feligrés, esa *m y f* paroissien, enne.

feligresía *f* paroisse.

felino, na *adj y s m* ZOOL félin, e.

feliz *adj* heureux, euse; *feliz con su suerte* heureux de son sort; *existencia feliz* existence heureuse ‖ FIG heureux, euse; *ocurrencia feliz* plaisanterie heureuse ‖ *— ¡feliz Año Nuevo!, ¡felices Pascuas!* bonne année!, joyeux Noël! ‖ *¡feliz viaje!* bon voyage! ‖ *más feliz que nadie* heureux comme un roi ‖ *— desearle a uno un feliz Año Nuevo* souhaiter à quelqu'un une bonne et heureuse année ‖ *feliz con saber algo* heureux d'apprendre quelque chose ‖ *hacer a alguien feliz* rendre quelqu'un heureux.

felizmente *adv* heureusement (por fortuna); *la tempestad felizmente fue de poca duración* heureusement, la tempête fut de courte durée ‖ heureux, euse (con toda felicidad); *vivieron muchos años felizmente* ils vécurent heureux pendant de longues années.

felón, ona *adj y s* félon, onne (traidor).

felonía *f* félonie (traición).

felpa *f* peluche; *oso de felpa* ours en peluche ‖ tissu-éponge *m* (para toallas, manoplas, etc.) ‖ FIG & FAM volée de coups, raclée (paliza) | savon *m* (reprensión severa); *dar* ou *echar una felpa* passer un savon.

felpado, da *adj* pelucheux, euse (afelpado).

felpar *v tr* couvrir de peluche.
◆ *v pr* FIG & FAM se couvrir d'un tapis.

felpilla *f* chenille (cordón felpudo).

felpudo, da *adj* pelucheux, euse.
◆ *m* paillasson (esterilla).

femenil *adj* féminin, e; *ademán femenil* geste féminin.

femenino, na *adj y s m* féminin, e; *gracia femenina* grâce féminine; *terminación femenina* terminaison féminine.

fémina *f* femme [personne du sexe féminin].

feminidad *f* féminité.

feminismo *m* féminisme.

feminista *adj y s* féministe.

feminización *f* féminisation.

feminizar *v tr* féminiser.

femoral *adj y s f* fémoral, e.

fémur *m* ANAT fémur.

fenecer* *v intr* mourir (morir) ‖ périr; *el barco feneció en la tempestad* le bateau a péri dans la tempête ‖ finir (terminarse).

fenecimiento *m* trépas, mort *f* (muerte).

fenicado, da *adj* phéniqué, e.

Fenicia *n pr f* GEOGR Phénicie.

fenicio, cia *adj* phénicien, enne.
◆ *m y f* Phénicien, enne.
◆ *m* phénicien (lengua).

fénico, ca *adj* QUÍM phénique.

fénix *m* phénix (ave fabulosa) ‖ FIG phénix ‖ BOT phénix, phœnix (palmera).
— OBSERV pl fénix.

fenol *m* QUÍM phénol.

fenomenal *adj* phénoménal, e; *seres fenomenales* êtres phénoménaux ‖ FIG monumental, e; *es de una estupidez fenomenal* il est d'une bêtise monumentale | sensationnel, elle; formidable (magnífico).

fenómeno *m* phénomène.
◆ *adj inv* FAM sensationnel, elle; formidable; *este chico es fenómeno* ce garçon est formidable.
◆ *interj* FAM formidable!, du tonnerre!, sensationnel!

fenomenología *f* phénoménologie.

fenomenólogo, ga *m y f* phénoménologue.

Fenosa abrev de *Fuerzas Eléctricas del Noroeste, Sociedad Anónima* Forces électriques du Nord-ouest, société anonyme [Espagne].

fenotipo *m* phénotype.

feo, a *adj* laid, e; vilain, e; *es feo mentir* il est laid de mentir ‖ FIG vilain, e; *acción fea* vilaine action ‖ *— ¡feo asunto es ese!* sale affaire! ‖ *feo como un susto, más feo que Picio* ou *que un coco, de un feo que asusta* laid comme les sept péchés capitaux, laid comme un pou, laid à faire peur, d'une laideur effroyable ‖ *— la cosa se está poniendo fea* ça tourne mal, ça sent le brûlé, ça prend mauvaise tournure ‖ *mi dibujo ha quedado feo* mon dessin est raté o n'est pas beau.
◆ *m* affront; *hacer un feo* faire un affront ‖ grossiereté *f* (grosería) ‖ camouflet; *aguantar feos* essuyer des camouflets ‖ refus, rebuffade *f* (negativa) ‖ laideur *f* (fealdad).
◆ *adv* (amer) mauvais, e; *oler feo* sentir mauvais; *saber feo* avoir mauvais goût.

feracidad *f* fertilité.

feraz *adj* fertile, fécond, e (fértil) ‖ *pastos feraces* gras pâturages.

féretro *m* cercueil, bière *f* (ataúd).

feria *f* foire; *feria del campo, de ganado* foire agricole, aux bestiaux ‖ fête foraine (verbena) ‖ férie (día de la semana) ‖ (amer) gratification, pourboire *m* (propina) ‖ *— feria de muestras* foire-exposition ‖ *real de la feria* champ de foire ‖ *— cada uno habla*

de la feria como le va en ella chacun voit midi à sa porte.
- *pl* étrennes (agasajos o regalos).

feriado, da *adj* férié, e; *el 1.º de mayo es día feriado* le 1ᵉʳ mai est un jour férié.

ferial *adj* de (la), foire; *el recinto ferial* l'emplacement de la foire, le champ de foire ‖ ECLES férial, e.
- *m* champ de foire, foirail *(p us)*, foiral *(p us)*.

feriante *adj y s* forain, e ‖ exposant, e; participant, e (en una feria de muestras).

feriar *v tr* acheter à la foire (comprar) ‖ commercer (comprar o vender).
- *v intr* chômer (no trabajar).

ferino, na *adj* féroce (animal) ‖ MED *tos ferina* coqueluche.

fermata *f* MÚS point *m* d'orgue (calderón).

fermentación *f* fermentation.

fermentar *v intr* fermenter.
- *v tr* faire fermenter.

fermento *m* ferment.

fermio *m* QUÍM fermium.

ferocidad *f* férocité.

feroz *adj* féroce; *resistencia feroz* résistance féroce ‖ farouche (salvaje) ‖ — *el lobo feroz* le grand méchant loup ‖ *hambre feroz* faim de loup.

ferrado, da *adj* ferré, e.
- *m* mesure *f* agraire galicienne [4,28 ares à 6,40 ares] ‖ mesure *f* de capacité [13,13 litres à 16,15 litres].

férreo, a *adj* de fer; *voluntad férrea* volonté de fer ‖ *vía férrea* voie ferrée.

ferrería *f* forge.

ferretería *f* quincaillerie (quincallería) ‖ forge (ferrería) ‖ ferronnerie (taller).

ferretero, ra *adj y s* quincailler, ère (quincallero) ‖ ferronier, ère (fabricante).

férrico, ca *adj* QUÍM ferrique.

ferrífero, ra *adj* ferrifère.

ferrobús *m* autorail, micheline *f*.

ferrocarril *m* chemin de fer; *ferrocarril de cremallera* chemin de fer à crémaillère.

ferrolano, na *adj* de El Ferrol [ville d'Espagne].

ferromagnetismo *m* ferromagnétisme.

ferroníquel *m* ferronickel.

ferroso, sa *adj* QUÍM ferreux, euse.

ferroviario, ria *adj* ferroviaire.
- *m* cheminot (empleado de ferrocarriles).

ferry-boat *m* ferry-boat.
- OBSERV Ce mot est un anglicisme pour *transbordador*.

fértil *adj* fertile ‖ FIG fertile; *año fértil en* ou *de acontecimientos* année fertile en évènements.

fertilidad *f* fertilité.

fertilización *f* fertilisation.

fertilizante *adj* fertilisant, e.
- *m* engrais (abono); *los fertilizantes nitrogenados* les engrais azotés.

fertilizar *v tr* fertiliser.

férula *f* BOT férule ‖ férule (del maestro) ‖ *estar bajo la férula de uno* être sous la férule *o* sous la coupe de quelqu'un.

férvido, da *adj* bouillant, e ‖ fervent, e; *un férvido defensor* un fervent défenseur.

ferviente *adj* fervent, e (fervoroso).

fervientemente *adv* fervemment.

fervor *m* ferveur *f*.

fervorín *m* prière *f* jaculatoire ‖ brève allocution (plática breve).

fervorizar *v tr* encourager (enfervorizar).

fervorosamente *adv* fervemment, avec ferveur.

fervoroso, sa *adj* fervent, e.

festejada *f* FAM *(amer)* raclée, volée.

festejar *v tr* fêter, faire fête à (obsequiar); *festejar a un huésped* faire fête à un hôte ‖ courtiser (galantear) ‖ *(amer)* fouetter (azotar).
- *v pr* faire la fête, s'amuser (divertirse) ‖ festoyer.

festejo *m* bon accueil (acción de festejar) ‖ galanterie *f* (galanteo) ‖ festoiement (fiesta).
- *pl* fêtes *f*, réjouissances *f*, festivités *f* (regocijo, fiesta).

festín *m* festin.

festival *adj* de fête (festivo).
- *m* festival; *festivales de cine* des festivals de cinéma.

festivamente *adv* joyeusement, gaiement.

festividad *f* fête, festivité ‖ FIG joie (alegría) ‖ esprit *m* (agudeza).

festivo, va *adj* de fête; *traje, aspecto festivo* costume, air de fête ‖ FIG spirituel, elle; enjoué, e (chistoso) ‖ joyeux, euse; gai, e (alegre) ‖ *día festivo* jour de fête, jour férié *o* chômé.

festón *m* feston (adorno, bordado) ‖ ARQ feston.

festoneado, da *adj* festonné, e.

festonear *v tr* festonner.

fetal *adj* fœtal, e; *vida fetal* vie fœtale.

FETE abrev de *Federación Española de Trabajadores de la Enseñanza* Fédération espagnole des salariés de l'enseignement.

fetén *adj* au poil, comme ça, formidable (formidable) | vrai, e; cent pour cent; *un madrileño fetén* un Madrilène cent pour cent.

fetiche *m* fétiche.

fetichismo *m* fétichisme.

fetichista *adj y s* fétichiste.

fetidez *f* fétidité (hedor).

fétido, da *adj* fétide ‖ *bomba fétida* boule puante.

feto *m* fœtus ‖ FIG & FAM avorton.

feúco, ca; feúcho, cha *adj* FAM pas très joli, e; pas très beau, belle; *esta chica es más bien feúcha* cette fille n'est vraiment pas très jolie.

feudal *adj* féodal, e; *derechos feudales* droits féodaux.

feudalismo *m* féodalisme.

feudatario, ria *adj m y f* feudataire.

feudo *m* fief (dominio noble); *feudo alodial, ligio* franc-fief, fief lige ‖ hommage, vasselage (homenaje) ‖ *dar en feudo* fieffer, donner en fief.

fez *m* fez.

Fez *n pr* GEOGR Fès.

FF AA abrev de *Fuerzas Armadas* Forces Armées [en Espagne].

FF NN abrev de *Fuerzas Navales* Forces Navales [en Espagne].

fiabilidad *f* fiabilité.

fiable *adj* de confiance (seguro) ‖ solvable (solvente) ‖ fiable (máquina, dispositivo).

fiado, da *adj* confié, e ‖ à crédit; *comprar fiado* acheter à crédit ‖ *al fiado* à crédit.

fiador, ra *m y f* répondant, e; garant, e; caution *f* (garantía); *salir ou ser fiador de* se porter *o* être garant *o* caution de.
➤ *m* caution *f* (fianza) ‖ agrafe *f* (presilla de capa) ‖ dragonne *f* (del sable) ‖ TECN cliquet d'arrêt (de un arma) | verrou de sûreté (cerrojo) | crochet (garfio) ‖ *(amer)* mentonnière *f*, jugulaire *f* (barboquejo).

fiambre *adj* froid, e (alimentos) ‖ FIG & FAM passé, e; éventé, e; réchauffé, e; *una noticia fiambre* une nouvelle éventée, réchauffée.
➤ *m* plat froid (alimento frío) ‖ POP macchabée (cadáver) ‖ *(amer)* enterrement, réunion *f* ennuyeuse (reunión desanimada) ‖ — *fiambres variados* assiette anglaise ‖ — POP *dejar fiambre* refroidir (matar) ‖ *está hecho fiambre* il a cassé sa pipe (ha muerto).

fiambrera *f* gamelle (para llevar alimentos) ‖ *(amer)* garde-manger *m*.

fianza *f* caution, garantie (garantía); *dejar como fianza* laisser en garantie ‖ caution, cautionnement *m* (prenda); *dar ou prestar fianza* déposer une caution ‖ caution, garant *m* (fiador) ‖ — DR *contrato de fianza* fidéjussion, contrat de garantie ‖ *fianza de arraigo* hypothèque, engagement ‖ *libertad bajo fianza* liberté sous caution.

fiar *v tr* se porter caution, cautionner (salir garante de otro) ‖ vendre à crédit (vender).
➤ *v intr* avoir confiance (confiar); *fiar en sí* avoir confiance en soi ‖ *no es persona de fiar* on ne peut pas lui faire confiance, on ne peut pas se fier à lui, ce n'est pas une personne sûre.
➤ *v pr* se fier, avoir confiance; *fiarse de ou en uno* se fier à quelqu'un, avoir confiance en quelqu'un ‖ — *fiarse de las apariencias* se fier aux apparences ‖ *no se fía* la maison ne fait pas de crédit (en una tienda).

fiasco *m* fiasco; *hacer fiasco* faire fiasco.

fíat *m* consentement, bénédiction *f*; *dar el fíat* donner sa bénédiction.

FIBA abrev de *Federación Internacional de Baloncesto* F.I.B.A., Fédération internationale de basket-ball.
— OBSERV Anciennement, *Federación Internacional de Baloncesto Amateur*.

fibra *f* fibre ‖ FIG nerf *m* (vigor) ‖ — *fibra dura* filandre (de la carne) ‖ *fibra óptica* fibre optique.

fibrina *f* QUÍM fibrine.

fibrocemento *m* CONST Fibrociment.

fibroma *m* MED fibrome.

fibromatoide *adk* MED fibromateux, euse.

fibrosis *f* MED fibrose.

fibroso, sa *adj* fibreux, euse.

fíbula *f* fibule (broche).

ficción *f* fiction.

ficticio, cia *adj* fictif, ive ‖ d'emprunt; *nombre ficticio* nom d'emprunt.

ficus *m inv* ficus.

ficha *f* fiche (cédula) ‖ fiche (en los juegos) ‖ domino *m* (pieza de este juego) ‖ jeton *m* (de teléfono) ‖ FAM *(amer)* coquin *m* (pillo) ‖ — *ficha antropométrica* fiche anthropométrique ‖ *ficha de asistencia* jeton de présence ‖ INFORM *ficha perforada* carte perforée ‖ CINEM *ficha técnica* générique ‖ — *sacar fichas* faire des fiches.

fichaje *m* inscription *f* [d'un joueur dans une équipe].

fichar *v tr* mettre sur fiche (apuntar en una ficha ‖ dresser la fiche anthropométrique de (ficha antropométrica) ‖ engager (un jugador de fútbol) ‖ FI classer (juzgar mal).
➤ *v intr* signer un contrat; *fichar por un club deportivo* signer un contrat avec un club sportif pointer (controlar las horas de entrada y salida) *estar fichado por la policía* figurer sur les registres de la police.

fichero *m* fichier ‖ INFORM fichier.

fidedigno, na *adj* digne de foi (verídico); *de fuentes fidedignas* de sources dignes de foi.

fideicomisario, ria *adj* DR de fidéicommis.
➤ *m y f* fidéicommis.

fideicomiso *m* DR fidéicommis ‖ *estado en ou bajo fideicomiso* territoire sous mandat *o* sous tutelle.

fidelidad *f* fidélité ‖ RAD *alta fidelidad* haute fidélité.

fideo *m* vermicelle ‖ FAM échalas (persona delgada) ‖ *estar como un fideo* être maigre comme un clou.

fiducia *f* DR fiducie.

fiduciario, ria *adj* fiduciaire.

fiebre *f* MED fièvre; *fiebre amarilla, intermitente, tifoidea* fièvre jaune, intermittente, typhoïde ‖ FIG fièvre; *fiebre electoral* fièvre électorale ‖ — VETER *fiebre aftosa* fièvre aphteuse ‖ MED *fiebre álgida* fièvre algide | *fiebre de Malta* ou *mediterránea* fièvre de Malte *o* méditerranéenne | *fiebre láctea* fièvre de lait | *fiebre recurrente* fièvre récurrente | *fiebre tifoidea* fièvre typhoïde ‖ — *tener fiebre* avoir de la fièvre ‖ *tener mucha fiebre* avoir beaucoup de fièvre, avoir une fièvre de cheval *(fam)*.

fiel *adj* fidèle; *fiel a su juramento* fidèle à ses promesses ‖ fidèle (constante); *fiel a su creencia* fidèle à sa croyance; *fiel a* ou *para* ou *con sus amigos* fidèle à ses amis ‖ juste, exact, e (exacto); *reloj fiel* horloge juste ‖ *memoria fiel* mémoire fidèle.
➤ *m* fidèle (cristiano practicante) ‖ contrôleur (verificador) ‖ fléau, aiguille *f* (de la balanza) ‖ vis *f* (de las tijeras) ‖ *inclinar el fiel de la balanza* faire pencher la balance.

fielato *m* octroi.

fieltro *m* feutre (tejido y sombrero) ‖ — *obrero que trabaja en fieltros* feutrier ‖ *poner* ou *cubrir con fieltro* feutrer ‖ *ponerse como el fieltro* feutrer (una prenda de lana).

fiera *f* fauve *m*, bête féroce ‖ FIG brute ‖ — *casa de fieras* ménagerie ‖ FIG & FAM *estar hecho una fiera* être en rage ‖ *sección de fieras* fauverie (en un zoo) ‖ — *luchar como una fiera* se battre comme un forcené *o* comme un lion.

fierabrás *m* fier-à-bras, matamore (matasiete).

fierecilla *f La fierecilla domada* La Mégère apprivoisée (obra de Shakespeare).

fiereza *f* cruauté ‖ férocité.

fiero, ra *adj* cruel, elle ‖ féroce ‖ FIG affreux, euse; épouvantable, horrible (espantoso) | dur, e (duro) ‖ *no es tan fiero el león como lo pintan* il n'est pas si méchant que ça (persona), ce n'est pas si difficile que ça (una cosa).
➤ *m pl* bravades *f*, menaces *f* ‖ — *echar fieros* faire le bravache.

fierro *m* fer (hierro) ‖ *(amer)* sou (dinero).

fiesta *f* fête; *fiesta nacional* fête nationale; *fiesta de guardar* ou *de precepto* fête d'obligation ‖ ECLES férie ‖ fête (feria) ‖ FAM plaisanterie (broma, chanza)

‖ — *fiesta solemne* fête carillonnée ‖ *la fiesta brava* ou *nacional* la course de taureaux ‖ — *aguar la fiesta* troubler la fête ‖ *estar de fiesta* faire la fête ‖ *guardar las fiestas* sanctifier les jours de fête ‖ *no estar para fiestas* n'être pas d'humeur à rire, ne pas avoir envie de rire *o* de plaisanter ‖ FAM *tengamos la fiesta en paz* tâchez de vous tenir tranquille ‖ *y como fin de fiesta* et pour clôturer (espectáculo).
◆ *pl* caresses, cajoleries (carantoñas) ‖ *hacerle fiestas a uno* faire fête à quelqu'un.

fiestero, ra *adj* FAM noceur, euse; bambocheur, euse.

FIFA abrev de *Federación Internacional de Fútbol Asociación* F.I.F.A., Fédération internationale de football association.

fifí; fifiriche *m* (*amer*) gommeux, gringalet.

fígaro *m* figaro (barbero) ‖ boléro (prenda de vestir).

figle *m* MÚS ophicléide (instrumento).

figón *m* gargote *f* (tasca).

figonero, ra *m y f* gargotier, ère.

figulino, na *adj* en terre cuite (de arcilla) ‖ — *arcilla figulina* terre à potier ‖ *estatua* ou *vasija figulina* figuline.

figura *f* forme; *¿qué figura tiene?* quelle forme a-t-il? ‖ figure (naipe) ‖ santon *m* (de un nacimiento) ‖ figure (en una danza) ‖ MAT figure ‖ (*ant*) visage *m*, figure (rostro) ‖ GRAM figure; *figura de construcción* figure de construction ‖ FIG aspect *m*, figure; *tener mala figura* avoir mauvaise figure | silhouette, allure (silueta) | vedette; *la gran figura será él* c'est lui qui sera la grande vedette | figure, personnage *m* ‖ — *figura de bulto* figure en relief ‖ GRAM *figuras de dicción* figures de diction ‖ *figuras retóricas* ou *de pensamiento* figures de rhétorique *o* de pensées ‖ — *el Caballero de la Triste Figura* le Chevalier à la triste figure ‖ *genio y figura hasta la sepultura* on est comme on est, le loup mourra dans sa peau; chassez le naturel, il revient au galop ‖ — *hacer figuras* faire des grimaces.

figuración *f* figuration ‖ idée; *lo que tú te imaginas son figuraciones* tu te fais des idées.

figuradamente *adv* au sens figuré, figurément (*p us*).

figurado, da *adj* figuré, e ‖ *en sentido figurado* au sens figuré, au figuré.

figurante *m y f* TEATR figurant, e ‖ *los figurantes* les figurants, la figuration.

figurar *v tr* figurer ‖ représenter; *esta esfera figura la Tierra* cette sphère représente la Terre ‖ feindre, simuler (fingir).
◆ *v intr* figurer.
◆ *v pr* se figurer, s'imaginer; *se figuraba que era el único en su caso* il s'imaginait qu'il était le seul dans son cas ‖ s'imaginer, croire; *¿qué te has figurado?* qu'est-ce que tu crois?, qu'est-ce que tu t'imagines? ‖ se douter; *ya me lo figuraba* je m'en doutais bien.

figurativo, va *adj* figuratif, ive; *arte figurativo* art figuratif.

figurilla; figurita *m y f* santon *m* (del nacimiento) ‖ figurine *f* (estatuita) ‖ FAM nabot, e (chisgarabís).

figurín *m* dessin *o* figurine *f* de mode ‖ journal de mode (revista) ‖ costume (cine, teatro) ‖ FAM gommeux (currutaco).

figurismo *m* ECLES figurisme.

figurita *f* → **figurilla**.

figurón *m* grande figure *f* ‖ FIG & FAM olibrius, excentrique ‖ poseur (presumido) ‖ — MAR *figurón de proa* figure de proue ‖ *comedia de figurón* comédie de caractère ‖ FAM *hacer de figurón* être figurant.

fija *f* gond *m* (gozne) ‖ TECN fiche (de albañil) ‖ (*amer*) *a la fija* sûrement ‖ *¡es (una) fija!* c'est sûr!

fijación *f* fixation; *la fijación del impuesto* la fixation de l'impôt ‖ BIOL & QUÍM fixation ‖ FOT fixage *m* ‖ *fijación de salarios máximos* blocage des salaires.

fijado *m* FOT fixage.

fijador, ra *adj* fixateur, trice.
◆ *m* fixateur (cosmético) ‖ ARTES fixatif (para fijar dibujos) ‖ FOT fixateur ‖ DR fidéjusseur.

fijapelo *m* fixateur.

fijar *v tr* fixer (sujetar) ‖ FIG fixer, arrêter; *fijar un precio, un sueldo, una fecha* fixer un prix, un salaire, une date; *fijar un plan* arrêter un plan | fixer; *fijar los ojos* ou *la mirada en* fixer les yeux sur ‖ FOT fixer ‖ — *fijar carteles* afficher, coller des affiches ‖ *fijar domicilio en* élire domicile à ‖ *prohibido fijar carteles* ou *anuncios* défense d'afficher.
◆ *v pr* se fixer ‖ être affiché (carteles, etc.) ‖ FIG regarder, voir, remarquer, observer; *¿te has fijado en el aspecto que tiene?* as-tu remarqué l'air qu'il a? | regarder; *fíjate cómo ha crecido el niño* regarde comme cet enfant a grandi | regarder, observer; *fíjate en todo lo que vas a ver para contármelo luego* observe tout ce que tu vas voir pour me le raconter après | faire attention; *no me fijé en ese párrafo de su carta* je n'ai pas fait attention à ce paragraphe de sa lettre | faire attention, prendre garde; *fíjate en lo que dices* fais attention à ce que tu dis ‖ *¡fíjate!* tu te rends compte!

fijativo, va *adj* fixatif, ive.
◆ *m* ARTES fixatif ‖ FOT fixateur.

fijeza *f* fixité ‖ *mirar con fijeza* regarder fixement.

Fiji; Fiyi (islas) *n pr f pl* GEOGR îles Fidji.

fijo, ja *adj* fixe ‖ — TECN *bastidor, puente fijo* châssis, pont dormant ‖ *de fijo* sûrement, sans faute ‖ *un sueldo fijo* un fixe.
◆ *adv* fixement; *mirar fijo* regarder fixement.
◆ *m* fixe (sueldo).

fila *f* file; *jefe de fila* chef de file ‖ rang *m* (teatro, cine, etc.); *en primera fila* au premier rang ‖ haie; *había una fila de espectadores para ver al rey* il y avait une haie de spectateurs pour voir le roi ‖ MIL rang *m*, ligne; *en fila* en ligne, en rang, sur un rang ‖ — *en fila* à la file ‖ *en fila india* en *o* à la file indienne, à la queue leu leu (*fam*) ‖ MIL *en filas* sous les drapeaux (servicio activo) ‖ — *alistarse en las filas de* se ranger sous la bannière de ‖ MIL *cerrar* ou *estrechar las filas* serrer les rangs | *llamar a filas* rappeler sous les drapeaux | *¡rompan filas!* rompez (les rangs)! ‖ FAM *tenerle fila a uno* avoir quelqu'un dans le nez, avoir pris quelqu'un en grippe.

filacteria *f* phylactère *m* (amuleto judío).

filamento *m* filament, fil ‖ BOT filet (parte del estambre).

filamentoso, sa *adj* filamenteux, euse.

filantropía *f* philanthropie.

filantrópico, ca *adj* philanthropique.

filantropismo *m* philanthropisme.

filántropo, pa *adj y s* philanthrope.

filarmonía *f* philharmonie.

filarmónico, ca *adj* MÚS philharmonique.
filástica *f* MAR fil m de caret.
filatelia *f* philatélie.
filatélico, ca *adj* de philatélie.
filatelista *m y f* philatéliste.
filete *m* filet (solomillo) || bifteck (de vaca) || escalope *f* (de ternera) || filet (de pescado) || filet (moldura) || cordonnet (ribete de la ropa) || ANAT filet (de nervio) || TECN filet (de una tuerca) || EQUIT filet (del bocado) || IMPR filet (adorno).
 ◆ — OBSERV *Filet* (de pêche, etc.) se dit *red*.
fileteado, da *adj* fileté, e.
 ◆ *m* filetage (de un tornillo).
filetear *v tr* orner de filets (adornar) || TECN fileter (un tornillo, etc.).
filfa *f* FAM blague (mentira) || FAM *¡eso es pura filfa!* ça c'est de la blague.
filiación *f* filiation || signalement *m* (señas personales) || FIG filiation || MIL enrôlement *m*.
filial *adj y s f* filial, e; *amor filial* amour filial; *establecer una filial en Madrid* installer une filiale à Madrid.
filiar *v tr* prendre le signalement.
 ◆ *v pr* MIL s'enrôler (engancharse) || s'affilier (afiliarse).
filibusterismo *m* flibusterie *f*, flibuste *f*.
filibustero *m* flibustier (pirata).
filiforme *adj* filiforme.
filigrana *f* filigrane *m* || *hacer filigranas* filigraner.
filípica *f* philippique (discurso) || FAM semonce (represión); *echar una filípica* faire une semonce.
filipino, na *adj* philippin, e || FAM *es un punto filipino* c'est un drôle de lascar.
 ◆ *m y f* Philippin, e.
Filipinas *n pr f pl* GEOGR Philippines.
filisteo *m* philistin (pueblo) || FIG & FAM colosse (hombrón) || philistin (inculto).
film; filme *m* film (película, cinta).
filmación *f* filmage *m* (rodaje).
filmador, ra *adj* qui filme *o* tourne.
 ◆ *f* caméra.
filmar *v tr* filmer (rodar).
fílmico, ca *adj* filmique.
filmina *f* diapositive.
filmografía *f* filmographie.
filmología *f* filmologie.
filmoteca *f* cinémathèque.
filo *m* fil, tranchant (corte); *el filo de la navaja* le fil du rasoir || BIOL phylum || *(amer)* bord || — MAR *filo del viento* ligne du vent || — *al filo del mediodía* sur le coup de midi, peu avant midi, en fin de matinée || FIG *arma de dos filos* ou *de doble filo* arme à double tranchant || *dar filo* aiguiser, repasser, affiler, affûter || *dormir hasta en el filo de una navaja* dormir n'importe où *o* dans n'importe quelle posición.
filoamericano, na *adj* proaméricain, aine.
filocomunista *adj* procommuniste, sympathisant, e communiste.
filofascista *adj* profasciste, sympathisant, e fasciste.
filogenia *f* BIOL phylogénie.
filología *f* philologie.
filológico, ca *adj* philologique.
filólogo, ga *m y f* philologue.

filomela; filomena *f* POÉT philomène (ruiseñor).
filón *m* MIN filon || FAM filon (ganga).
filoso, sa *adj* *(amer)* affilé, e; aiguisé, e.
filosofador, ra *adj y s* raisonneur, euse.
filosofal *adj* philosophal, e; *piedra filosofal* pierre philosophale.
filosofar *v intr* philosopher.
filosofía *f* philosophie.
filosófico, ca *adj* philosophique.
filósofo, fa *adj y s* philosophe; *vivir como un filósofo* vivre en philosophe.
filosoviético, ca *adj* prosoviétique.
filotecnia *f* philotechnie (amor a las artes).
filoxera *f* phylloxéra *m*, phylloxera *m*.
filtración *f* filtration, filtrage *m* || FAM détournement *m* (malversación) || FIG fuite; *las conversaciones diplomáticas se conocieron a consecuencia de una filtración* on a connu les conversations diplomatiques par suite d'une fuite.
filtrado, da *adj* filtré, e || *líquido filtrado* filtrat.
filtrante *adj* filtrant, e.
filtrar *v tr e intr* filtrer.
 ◆ *v pr* s'infiltrer, filtrer; *el agua se filtra a través de la tierra* l'eau filtre à travers la terre || FIG s'évanouir (el dinero) || *estas noticias se han filtrado* il y a eu des fuites.
filtro *m* filtre (aparato) || philtre (bebida mágica) || FOT filtre || — *cigarrillo con filtro* cigarette filtre *o* à bout filtre *o* à bout filtrant || *filtro prensa* filtre-presse (aparato).
fimbria *f* frange (de falda).
fimosis *f* MED phimosis.
fin *m* fin *f*; *el fin del mundo* la fin du monde || fin *f*, but (objeto); *acercarse* ou *tocar a su fin* toucher à sa fin || finition *f* (acabado) || — *fin de semana* week-end || — *a fin de* afin de || *a fin de que* afin que || *a fines de* à la fin de; *a fines del mes* à la fin du mois; fin; *a fines de mayo* fin mai; *a fines del corriente* fin courant || *al fin* à la fin, enfin || *al fin del mundo* au bout du monde (muy lejos) || *al fin y al cabo, al fin y a la postre, en fin de cuentas* en fin de compte, en définitive, après tout, finalement || *cadena sin fin* chaîne sans fin || *con buen fin* avec les meilleures intentions || *con el solo* ou *el único fin de* à seule fin de || *con este fin, para este fin* à cette fin, à cet effet || *en fin* enfin, bref || *noche de fin de año* nuit de la Saint-Sylvestre || *por fin* enfin, en conclusion || — *conseguir sus fines* arriver à ses fins || *dar* ou *poner fin a* mettre fin à, terminer, finir || *el fin justifica los medios* la fin justifie les moyens || *llegar a su fin* arriver à son terme || *tener fin* se terminer.
finado, da *m y f* défunt, e.
final *adj* final, e || *el Juicio Final* le Jugement dernier.
 ◆ *m* fin *f*; *hasta el final* jusqu'à la fin || fin *f* (muerte) || bout; *al final de la calle* au bout de la rue || issue *f*; *el final del combate* l'issue du combat || MÚS final || — *a finales de* à la fin de || *final de línea* terminus (transporte).
 ◆ *f* finale; *la final de copa* la finale de la coupe.
finalidad *f* FIG but *m* (propósito) || FILOS finalité.
finalista *adj y s* finaliste; *el equipo finalista* l'équipe finaliste.
finalización *f* fin, terme *m*.
finalizar *v tr* finir, mettre fin à.
 ◆ *v intr* prendre fin, cesser, finir, se terminer.

finamente *adv* finement, fin; *escribir finamente* écrire fin.
finamiento *m* décès (fallecimiento).
financiación *f*; **financiamiento** *m* financement *m*.
financiar *v tr* financer (costear) || *(amer)* acheter à crédit (comprar a plazos).
financiero, ra *adj y s* financier, ère || CULIN *a la financiera* financière [garniture, sauce].
financista *m y f (amer)* financier, ère.
finanzas *f pl* finances (hacienda).
finar *v intr* décéder.
  ◆ *v pr* désirer ardemment, brûler d'envie de.
finca *f* propriété; *finca de campo* propriété à la campagne || ferme (granja) || — *finca rústica* propriété rurale || *finca urbana* immeuble; *administrador de fincas urbanas* gérant d'immeubles.
fincar *v intr* acheter des propriétés || *(amer)* reposer, s'appuyer (estribar).
finés, esa *adj* finnois, e.
  ◆ *m y f* Finnois, e.
fineza *f* finesse (calidad de lo fino) || délicatesse, amabilité, gentillesse, attention délicate (amabilidad) || cadeau *m*, présent *m* (regalo).
fingido, da *adj* feint, e || FIG trompeur, euse (engañoso); *paz fingida* paix trompeuse | d'emprunt; *nombre fingido* nom d'emprunt.
fingidor, ra *adj y s* trompeur, euse; fourbe.
fingimiento *m* feinte *f*.
fingir *v tr e intr* feindre, simuler; *fingir una enfermedad* feindre une maladie || feindre de, faire semblant de (aparentar); *finge que duerme* il feint de dormir, il fait semblant de dormir; *fingir creer una cosa* feindre de croire une chose | jouer, simuler; *fingir perfectamente el asombro* simuler l'étonnement à la perfection.
  ◆ *v pr* feindre d'être, faire semblant d'être; *fingirse amigos* faire semblant d'être amis || faire, se faire passer pour; *fingirse enfermo, muerto* faire le malade, le mort.
finiquitar *v tr* solder, liquider (una cuenta) || FIG liquider (acabar, matar).
finiquito *m* COM solde (de una cuenta) || quitus; *dar finiquito* donner quitus.
finisecular *adj* de la fin du siècle.
finito, ta *adj* fini, e; *magnitud finita* grandeur finie || *lo finito y lo infinito* le fini et l'infini.
finitud *f* FILOS finitude.
finlandés, esa *adj* finlandais, e.
  ◆ *m y f* Finlandais, e.
Finlandia *n pr f* GEOGR Finlande.
fino, na *adj* fin, e; *vino fino, piedra fina* vin fin, pierre fine || FIG poli, e (bien educado) || — *bailar por lo fino* danser [des danses de salon] || *hierbas finas* fines herbes || *por lo fino* élégamment.
finolis *adj y s* snobinard, e.
FINUL abrev de *Fuerza Interina de las Naciones Unidas en el Líbano* F.I.N.U.L., Finul, Force intérimaire des Nations unies au Liban.
finura *f* finesse (calidad de lo fino) || politesse (cortesía) || délicatesse (delicadeza).
fiord; fiordo *m* fjord, fiord.
firma *f* signature || firme (razón social) || DR seing *m* || — *firma en blanco* blanc-seing || *media firma* paraphe || — *estampar su firma en* apposer sa signature sur.

firmamento *m* firmament.
firmante *adj y s* signataire (el que firma) || *el abajo firmante* le soussigné.
firmar *v tr* signer; *firmar con un seudónimo* signer d'un pseudonyme || *firmar en blanco* donner un blanc-seing.
firme *adj* ferme || solide (sólido) || sûr, e; *tener el pie firme* avoir le pied sûr; *el tiempo no parece firme* le temps ne semble pas sûr || ferme (valor en Bolsa) || FIG ferme, constant, e; *firme en sus ideas* ferme dans ses idées | arrêté, e; *tener ideas firmes* avoir des idées arrêtées | ferme, décidé, e; *con paso firme de un pas décidé* || — *a pie firme* de pied ferme || DR *sentencia firme* jugement sans appel || *tierra firme* terre ferme || — MIL *ponerse firmes* se mettre au garde-à-vous.
  ◆ *m* terrain ferme; *edificar en firme* bâtir sur un terrain ferme || chaussée *f* (de la carretera); *firme deslizante* chaussée glissante || empierrement (macadam).
  ◆ *adv* fermement (con firmeza) || — *de firme* ferme (mucho), dur (reciamente); *trabajar de firme* travailler ferme, dur || COM *en firme* ferme; *vender en firme* vendre ferme || — *beber de firme* boire sec || *llueve de firme* il pleut pour de bon.
  ◆ *interj pl* MIL garde-à-vous! (para que los soldados se cuadren), fixe! (para que se inmovilicen).
firmemente *adv* fermement.
firmeza *f* fermeté; *hablar con firmeza* parler avec fermeté; *firmeza de carácter* fermeté de caractère || solidité; *la firmeza de un muro* la solidité d'un mur || *(amer)* ancienne danse populaire d'Argentine (baile).
FIS abrev de *Frente Islámico de Salvación* F.I.S., Front Islamique de Salut.
FISA abrev de *Federación Internacional del Deporte del Automóvil* F.I.S.A., Fédération internationale du sport automobile.
fiscal *adj* fiscal, e || *ministerio fiscal* ministère public.
  ◆ *m* procureur [de la République]; accusateur public (ministerio público) || employé du fisc (agente del fisco) || FIG & FAM fouineur (curioso) || *(amer)* sorte de bedeau [dans les églises rurales] || *fiscal del Tribunal supremo* avocat général.
  ◆ *pl* magistrature *f sing* debout.
fiscalía *f* ministère *m* public || *fiscalía de tasas* service de rationnement.
fiscalidad *f* fiscalité.
fiscalización *f* contrôle *m*, surveillance (examen) || critique.
fiscalizador, ra *adj y s* contrôleur, euse || FIG critiqueur, euse.
fiscalizar *v tr* contrôler (examinar) || surveiller (vigilar).
fisco *m* fisc.
fisgar *v tr* épier, guetter (atisbar); *esa mujer se pasa la vida fisgando detrás de su ventana* cette femme passe sa vie à épier derrière sa fenêtre || fouiner, fureter (curiosear) || flairer (husmear) || pêcher à la foëne (pescar).
  ◆ *v intr* railler, se moquer.
fisgón, ona *adj y s* moqueur, euse (burlón) || curieux, euse; fouinard, e *(fam)*, fouineur, euse *(fam)*.
fisgonear *v tr* FAM épier (atisbar) | fouiner, fureter (curiosear).

fisgoneo *m* indiscrétion *f*.
fisible *adj* FÍS fissile, fissible.
física *f* physique; *física experimental, nuclear, recreativa* physique expérimentale, nucléaire, amusante.
físicamente *adv* physiquement; *físicamente no me gusta* physiquement il ne me plaît pas.
físico, ca *adj* physique ǁ physique, matériel, elle; *imposibilidad física* impossibilité physique, matérielle ǁ *(amer)* maniéré, e; minaudier, ère.
▶ *m* physique (aspecto); *un físico agradable* un physique agréable ǁ *(ant)* médecin (médico).
▶ *m y f* physicien, enne (el que estudia la física).
fisicomatemático, ca *adj* physico-mathématique.
fisicoquímico, ca *adj* physico-chimique.
▶ *f* physico-chimie.
físil *adj* fissile.
fisiócrata *adj y s* physiocrate.
fisiología *f* physiologie.
fisiológico, ca *adj* physiologique.
fisiólogo, ga *m y f* physiologiste.
fisión *f* FÍS fission (escisión).
fisionar *v tr y pr* NUCL fissionner.
fisionomía *f* physionomie.
fisionomista *adj y s* → **fisonomista**.
fisiopatología *f* physiopathologie, phisiologie pathologique.
fisioterapia *f* physiothérapie.
fisonomía *f* physionomie; *fisonomía poco agraciada* physionomie ingrate.
fisonómico, ca *adj* physionomique.
fisonomista; fisionomista; fisónomo, ma *adj y s* physionomiste.
fisónomo, ma *adj y s* → **fisonomista**.
fistol *m* *(p us)* fin matois, rusé compère.
fístula *f* MED fistule; *fístula lacrimal* fistule lacrymale.
fisura *f* MED & MIN fissure ǁ fêlure (grieta).
fitófago, ga *adj* phytophage.
fitofarmacia *f* phytopharmacie.
fitógeno, na *adj* phytogène.
fitología *f* BOT phytologie.
fitopatología *f* phytopathologie.
fitozoario *m* phytozoaire.
FITUR abrev de *Feria Internacional del Turismo* Salon international du tourisme [en Espagne].
Fiyi (islas) *n pr f pl* GEOGR → **Fiji**.
flacidez; flaccidez *f* flaccidité.
flácido, da *adj* faible (débil) ǁ flasque, mou, molle (flojo).
flaco, ca *adj* maigre (muy delgado); *flaco que da lástima* maigre à faire peur ǁ faible (débil) ǁ FIG faible; *la carne es flaca* la chair est faible ǁ faible, peu résolu, e ǁ — *argumento flaco* argument faible o sans poids ǁ *memoria flaca* mauvaise mémoire ǁ *punto flaco* point faible, faiblesse; *la ortografía es su punto flaco* l'orthographe est son point faible; *conclusión que ofrece puntos flacos* conclusion qui présente des faiblesses ǁ *ser flaco de memoria* avoir mauvaise mémoire.
▶ *m* point faible (punto flaco); *conozco su flaco* je connais son point faible ǁ faible; *tiene un flaco por su hija menor* il a un faible pour sa cadette.

flacucho, cha *adj* FAM maigrelet, ette; maigrichon, onne.
flacura *f* maigreur (calidad de flaco) ǁ FIG faiblesse (debilidad).
flagelación *f* flagellation.
flagelado, da *adj* flagellé, e.
▶ *m pl* ZOOL flagellés.
flagelador, ra *m y f* flagellateur, trice (el que flagela).
flagelar *v tr* flageller ǁ FIG fustiger (censurar).
flagelo *m* fouet (azote) ǁ flagelle, flagellum (filamento móvil) ǁ FIG fléau (calamidad).
flagrancia *f* flagrance.
flagrante *adj* flagrant, e ǁ *en flagrante delito* en flagrant délit (in fraganti).
flamante *adj* *(ant)* flambant, e (que arde) ǁ FIG brillant, e; resplendissant, e; flamboyant, e (brillante) ǁ flambant *inv* neuf; *coche flamante* voiture flambant neuve ǁ BLAS flambant, e ǁ *una comedia flamante* une pièce toute récente.
flambear *vtr* CULIN flamber.
flameado *m* flambage.
flamear *v intr* flamber (llamear); *plátanos flameados* bananes flambées ǁ battre, ondoyer, flotter; *la bandera flameaba al viento* le drapeau flottait au vent ǁ MAR faseyer, faseiller, fasier.
▶ *v tr* flamber (para esterilizar).
flamenco, ca *adj y s* flamand, e (de Flandes) ǁ flamingant, e (de los dialectos flamencos) ǁ flamenco *inv*; *cante flamenco* chant flamenco; *guitarra flamenca* guitare flamenco ǁ *(amer)* maigre ǁ — *nacionalista flamenco* flamingant ǁ FIG & FAM *ponerse flamenco* faire le flambard.
▶ *m* ZOOL flamant (ave) ǁ *(amer)* couteau, poignard (facón).
flamencología *f* ensemble *m* des connaissances et des techniques propres au flamenco.
flamencólogo, ga *adj y s* expert, e en flamenco.
flamenquismo *m* goût pour les coutumes gitanes.
flamígero, ra *adj* POÉT flammigère ǁ flamboyant, e; *gótico flamígero* gothique flamboyant.
flámula *f* flamme (gallardete).
flan *m* CULIN crème *f* caramel (dulce) ǁ flan (pastel) ǁ *flan de arena* pâte de sable (en la playa).
flanco *m* BLAS & MIL flanc ǁ MIL *guardia de los flancos* flanc-garde ǁ DEP ligne *f* de touche.
Flandes *n pr m* GEOGR Flandre *f*, Flandres *f pl* ǁ FAM *es de mantequilla de Flandes* c'est une petite nature (persona) ǁ *no ha puesto una pica en Flandes* il n'a rien fait d'extraordinaire.
flanera *f* moule *m* à flan.
flanero *m* moule à flan.
flanqueado, da *adj* flanqué, e.
flanquear *v tr* flanquer.
flanqueo *m* MIL flanquement.
flaquear *v intr* faiblir (vacilar); *memoria que flaquea* mémoire qui faiblit ǁ menacer ruine (edificio, columna) ǁ être sur le point de céder (una viga) ǁ FIG faiblir (decaer) ǁ fléchir, mollir, flancher [familier] (ceder) ǁ *flaquearle a uno las piernas* avoir les jambes en coton, avoir les jambes qui flageolent.

flaqueza *f* maigreur (delgadez) ‖ FIG faiblesse (debilidad) ‖ *sacar fuerzas de flaqueza* faire un ultime effort, prendre son courage à deux mains.
flash *m* FOT & CINEM flash ‖ flash (información).
flash back *m inv* flash-back.
flato *m* flatuosité *f* (gases intestinales), point de côté (dolor de costado) ‖ *(amer)* mélancolie *f*, tristesse *f* ‖ *echar flatos* faire des rots, roter (un bebé).
flatulencia *f* flatulence.
flatulento, ta *adj* flatulent, e.
flauta *f* MÚS flûte; *flauta recta* ou *dulce* flûte à bec o douce ‖ — *flauta de Pan* flûte de Pan ‖ *flauta travesera* flûte traversière ‖ — FAM *cuando pitos, flautas, cuando flautas, pitos* lorsqu'on veut blanc c'est noir, lorsqu'on veut noir c'est blanc ‖ *entre pitos y flautas* l'un dans l'autre, pour une raison ou pour une autre ‖ *(amer)* ¡*la gran flauta!* flûte!, sapristi! ‖ — *tocar la flauta* jouer de la flûte, flûter ‖ FAM *y sonó la flauta por casualidad* et ce fût un coup de chance o de pot *(pop)*.
flautado, da *adj* flûté, e.
 ◆ *m* jeu de flûtes (del órgano).
flautín *m* MÚS piccolo, flageolet.
flautista *m y f* flûtiste, flûte *f*.
flébil *adj* POÉT lamentable, triste.
flebitis *f* MÉD phlébite.
fleco *m* frange *f* (tela y pelo).
flecha *f* flèche ‖ *correr, salir como una flecha* courir, filer comme une flèche.
flechar *v tr* bander [l'arc] ‖ percer de flèches (asaetear) ‖ FIG & FAM séduire ‖ *(amer)* brûler (el sol) ‖ — FAM *ir flechado* aller en courant, faire un saut; *voy flechado a por tabaco* je vais en courant chercher des cigarettes.
 ◆ *v pr* s'enticher.
flechazo *m* coup de flèche ‖ FIG & FAM coup de foudre (amor repentino); *le he dado el flechazo* il a eu le coup de foudre pour moi.
fleje *m* TECN feuillard (tira de chapa de hierro) ‖ cercle métallique (para toneles) ‖ lame *f* d'acier (de sommier).
flema *f* MED & QUÍM flegme *m* ‖ FIG flegme *m* (impasibilidad) ‖ *tener flema* être flegmatique.
 — OBSERV No confundir con *flemme* (POP), *galbana*.
flemático, ca *adj* flegmatique.
flemón *m* MED phlegmon, flegmon.
flequillo *m* petite frange *f* ‖ frange *f* (de cabellos).
fletamento; fletamiento *m* MAR affrètement *m*.
fletar *v tr* MAR fréter (alquilar a otro un barco) ‖ affréter (tomar alquilado un barco) ‖ *(amer)* louer (alquilar).
 ◆ *v pr* FAM *(amer)* s'en aller, se barrer (largarse).
flete *m* MAR fret (alquiler de un navío) ‖ *(amer)* charge [qu'on transporte] ‖ cheval de selle (caballo) ‖ *contrato de flete* charte-partie.
flexibilidad *f* flexibilité ‖ assouplissement *m*; *ejercicio de flexibilidad* exercice d'assouplissement ‖ FIG souplesse; *flexibilidad de carácter* souplesse de caractère.
flexibilización *f* assouplissement *m*.
flexibilizar *v tr* assouplir.
flexible *adj* flexible ‖ FIG souple; *carácter flexible* caractère souple.
 ◆ *m* fil électrique ‖ chapeau mou (sombrero).
flexión *f* flexion ‖ fléchissement *m*.

flexional *adj* GRAM flexionnel, elle (palabra, idioma).
flexionar *v tr* fléchir.
flexivo, va *adj* GRAM flexionnel, elle.
flexo *m* lampe *f* d'architecte.
flexor, ra *adj y s m* ANAT fléchisseur [muscle] (sin femenino).
flexuoso, sa *adj* BOT flexueux, euse.
flipado, da *adj* POP stone.
flipar *v tr* POP botter, brancher (gustar).
 ◆ *v intr* POP flipper (por efecto de una droga).
 ◆ *v pr* POP se défoncer (drogarse).
flirt; flirteo *m* flirt.
flirtear *v intr* flirter.
flit *m* POP liquide insecticide.
floculación *f* QUÍM floculation.
flojear *v intr* se relâcher ‖ faiblir, fléchir (flaquear).
flojedad *f* faiblesse, débilité ‖ FIG mollesse, nonchalance, paresse.
flojel *m* duvet (de las aves) ‖ duvet (del paño) ‖ *pato de flojel* eider.
flojera *f* FAM flemme (pereza).
flojo, ja *adj* lâche; *nudo flojo* nœud lâche ‖ mou, molle, flasque (no firme); *carne floja* chair molle ‖ faible (sin fuerza); *vino flojo* vin faible [en alcool] ‖ FIG mou, molle (sin vigor); *estilo flojo* style mou ‖ faible; *excusa floja* faible excuse; *flojo en matemáticas* faible en mathématiques ‖ mou, molle, négligent, e (perezoso), nonchalant, e (desidioso) ‖ CULIN doux (horno) ‖ *(amer)* lâche (cobarde) ‖ *cuerda floja* corde raide ‖ *seda floja* soie floche.
flor *f* BOT fleur; *flor de azahar* fleur d'oranger ‖ fleur (de harina, del vino, azufre) ‖ FIG fleur; *la flor de la juventud, de la edad* la fleur de la jeunesse, de l'âge ‖ FAM compliment *m*; *decirle* ou *echarle flores a una joven* faire des compliments à une jeune fille ‖ *(amer)* lunule (mentira de las uñas) ‖ — *flor artificial* ou *de mano* fleur artificielle ‖ BOT *flor de la maravilla* tigridie ‖ *flor de la Pasión* passiflore ‖ *flor de la Trinidad* fleur de la Trinité, pensée ‖ *flor del Espíritu Santo* orchidée d'Amérique centrale ‖ *flor de lis* fleur de lis (emblema heráldico), amaryllis (planta) ‖ *flores cordiales* les quatre fleurs (pectorales) ‖ *harina de flor* fleur de farine ‖ *la flor, la flor y nata* la fleur, la fine fleur, le dessus du panier, le gratin ‖ *pan de flor* pain anglais, pain de gruau ‖ — *a flor de* à fleur de; *a flor de agua, de piel* à fleur d'eau, de peau ‖ TECN *ajustado a flor* affleuré (a nivel) ‖ FAM *como mil flores* à merveille ‖ *en flor* en fleurs, en fleur ‖ *en la flor de la edad* à la fleur de l'âge ‖ — *adornarse con flores* se fleurir ‖ *no se admiten flores ni coronas* ni fleurs ni couronnes.
flora *f* flore; *flora bacteriana* flore bactérienne.
floración *f* fleuraison.
floral *adj* floral, e; *juegos florales* jeux floraux.
florar *v intr* fleurir (florecer).
floreado, da *adj* fleuri, e (cubierto de flores) ‖ de gruau, de fleur de farine (pan) ‖ FIG fleuri, e; *discurso muy floreado* discours très fleuri.
floreal *m* HIST floréal.
florear *v tr* fleurir (ornar con flores) ‖ tamiser (la farine), pour en retirer la fleur (con el cedazo).
 ◆ *v intr* vibrer (vibrar) ‖ MÚS exécuter des arpèges sur la guitare ‖ FAM faire des compliments

florecer

(decir cumplidos) || FIG broder; *florear sobre un tema* broder sur un thème.

florecer* *v intr* fleurir (una planta) || FIG fleurir, être florissant (prosperar); *florece el comercio* le commerce fleurit o est florissant.
◆ *v pr* moisir (cubrirse de moho).

florecido, da *adj* fleuri, e (con flores) || moisi, e (mohoso).

floreciente *adj* fleurissant, e (que florece) || FIG florissant, e (próspero).

florecimiento *m* floraison *f*, fleuraison *f* (acción de florecer) || FIG floraison *f* (acción de prosperar) || moisissure *f* (moho).

florencia *f* florence (tafetán).

Florencia *n pr* GEOGR Florence.

florentino, na *adj* florentin, e.
◆ *m y f* Florentine, e.

floreo *m* marivaudage (conversación) || baliverne *f*, faribole *f* (dicho vano) || fioriture *f* (adorno) || sorte d'entrechat (danza) || MÚS arpège [sur la guitare]; fioriture *f* || *andarse con floreos* marivauder.

florero, ra *m y f* fleuriste (vendedor de flores).
◆ *m* vase [à fleurs].

florescencia *f* floraison || QUÍM efflorescence.

floresta *f* bocage *m*, bosquet *m* || FIG site *m* champêtre || anthologie (florilegio).

florete *adj* raffiné (azúcar).
◆ *m* fleuret (arma); *florete sin botón* fleuret démoucheté.

floretear *v tr* fleurir (adornar con flores).
◆ *v intr* manier le fleuret || (amer) flirter.

floricultor, ra *m y f* fleuriste, horticulteur, trice.

floricultura *f* floriculture.

florido, da *adj* fleuri, e (en flor) || FIG fleuri, e (conversación, estilo) || — ARQ *gótico florido* gothique flamboyant || — *lo más florido* la fine fleur, l'élite || *Pascua Florida* pâques fleuries.

florífero, ra *adj* florifère.

florilegio *m* florilège (antología).

florín *m* florin (moneda).

floripondio *m* BOT datura *f* || falbalas *pl*, accessoire tape-à-l'œil (adorno).

florista *com* fleuriste (que tiene una tienda de flores) || *florista callejera* marchande de fleurs.

floristería; florería *f* magasin *m* de fleurs.

florituera *f* fioriture.

florón *m* fleuron (adorno) || FIG fleuron || *adornar con florones* fleuronner.

flósculo *m* BOT fleuron.

flota *f* flotte; *flota mercante, aérea* flotte marchande, aérienne.
— OBSERV Pour désigner la *flotte de guerre* on emploie de préférence *armada*.

flotabilidad *f* flottabilité.

flotación *f* flottement (acción de flotar) || MAR flottaison; *línea de flotación* ligne de flottaison || MIN flottation.

flotador, ra *adj* flottant, e.
◆ *m* flotteur || bouée *f* (para nadar) || AVIAC flotteur, nageoire *f* (de un hidroavión) || *flotador de alarma* flotteur d'alarme.

flotante *adj* flottant, e || INFORM *coma flotante* virgule flottante || *deuda, moneda, población flotante* dette, monnaie, population flottante.

flotar *v intr* flotter (en el agua o en el aire, fluctuar); *el corcho flota bien* le liège flotte bien.

flote *m* flottage (flotación) || — *a flote* à flot; *poner a flote* mettre à flot || FIG *poner ou sacar a flote un negocio* remettre une affaire à flot, renflouer une affaire | *ponerse a flote* se remettre à flot | *salir a flote* se tirer d'affaire, s'en tirer, s'en sortir.

flotilla *f* flottille.

fluctuación *f* fluctuation (de la renta, de los precios) || FIG flottement *m*, hésitation.

fluctuante *adj* fluctuant, e (que fluctúa).

fluctuar *v intr* fluctuer, flotter, se balancer (flotar) || FIG fluctuer, hésiter (vacilar); *fluctuar entre dos partidos* hésiter entre deux partis | varier, changer (oscilar).

fluencia *f* écoulement *m*, jaillissement *m* || FÍS fluence.

fluente *adj* fluent, e (fluido) || filant, e (líquido que sale lentamente).

fluidez *f* fluidité || *dar fluidez a* rendre fluide.

fluidificar *v tr* fluidifier || FIG rendre plus fluide (el tráfico).

fluido, da *adj* fluide || FIG fluide, coulant (un estilo).
◆ *m* fluide; *fluido eléctrico, magnético* fluide électrique, magnétique.

fluir* *v intr* couler, s'écouler || filer (líquido); *el vino fluye* le vin file.

flujo *m* flux; *flujo de sangre, de palabras* flux de sang, de paroles || flux, flot (ascenso de la marea) || — MED *flujo blanco* fleurs o pertes blanches || ECON *flujo de caja* flux de liquidités o de l'encaisse, cashflow | *flujo de vientre* diarrhée || *flujo magnético* flux magnétique.

flúor *m* QUÍM fluor || *espato flúor* spath fluor.

fluorescencia *f* fluorescence.

fluorescente *adj* fluroescent, e.

fluorhidrato *m* QUÍM fluorhydrate.

fluorhídrico *adj* QUÍM fluorhydrique.

fluoruro *m* QUÍM fluorure.

fluvial *adj* fluvial, e; *navegación fluvial* navigation fluviale || fluviatile || *residuos fluviales* dépôts fluviatiles.

fluviómetro *m* fluviomètre.

flux *m* flush (en el juego) || (amer) complet (traje) || *hacer flux* manger toute sa fortune.

fluyente *adj* fluent, e (fluido).

FM abrev de *frecuencia modulada* FM, modulation de fréquence.

FMI abrev de *Fondo Monetario Internacional* F.M.I., Fonds monétaire international.

FMLN abrev de *Movimiento Farabundo Martí de Liberación Nacional* Mouvement de libération nationale Farabundo Martí [Salvador].

FN abrev de *Fuerza Nueva* F.N., mouvement espagnol de droite.

FNMT abrev de *Fábrica Nacional de Moneda y Timbre* équivalent espagnol de l'hôtel des Monnaies.

fobia *f* phobie.

foca *f* ZOOL phoque *m* (anfibio).

focal *adj* FÍS & GEOM focal, e; *distancia focal* distance focale.

focalización *f* FÍS focalisation.

focalizar *v tr* FÍS focaliser || FIG focaliser.

foco *m* FÍS & GEOM foyer ‖ projecteur (reflector) ‖ FIG centre, foyer; *el foco de la rebelión* le foyer de la rébellion | foyer; *foco de infección* foyer d'infection ‖ MED siège (de una enfermedad) ‖ *(amer)* lampe *f* (bombilla) ‖ — FOT *fuera de foco* hors du champ | *profundidad de foco* profondeur de champ.

fofo, fa *adj* flasque, mou, molle.

fogarada *f* flambée (llamarada).

fogata *f* flambée, feu *m* (hoguera) ‖ feu *m* de joie ‖ TECN fougasse (barreno, mina) ‖ MAR fougue (ráfaga) ‖ *fogata de San Juan* feu de la Saint-Jean.

fogón *m* fourneau (de cocina) ‖ foyer (hogar); *apagar un fogón* éteindre un foyer ‖ lumière *f* (de un arma de fuego) ‖ *(amer)* feu, flambée *f* (fogata).

fogonadura *f* MAR étambrai *m* ‖ *(amer)* foyer *m* (hogar).

fogonazo *m* éclair (de un disparo) ‖ FOT flash (relámpago) ‖ *(amer)* café arrosé (café con aguardiente) | tord-boyau (bebida con licor fuerte) ‖ FIG flash; *los fogonazos de la actualidad* les flashes de l'actualité.

fogonero *m* chauffeur (de máquina de vapor).

fogosidad *f* fougue; *atacar con fogosidad* attaquer avec fougue.

fogoso, sa *adj* fougueux, euse; *temperamento, caballo fogoso* tempérament, cheval fougueux.

foguear *v tr* nettoyer [une arme à feu] ‖ FIG aguerrir, habituer au feu (un ejército) | former; *foguear a un principiante* former un débutant ‖ TAUROM mettre des banderilles de feu [au taureau] ‖ VETER cautériser.

◆ *v pr* FIG se faire, se roder *(fam)*.

fogueo *m* nettoyage au feu ‖ — *cartucho de fogueo* cartouche à blanc ‖ *municiones de fogueo* munitions à blanc ‖ *tiro de fogueo* tir à blanc ‖ — *disparar con munición de fogueo* tirer à blanc.

foie-gras *m* CULIN pâté.

folclor; folclore; folklore *m* → **folklore**.

folclórico, ca; folklórico, ca *adj* folklorique; *baile floclórico* danse folklorique.

folclorista; folklorista *m* folkloriste.

foliáceo, a *adj* BOT foliacé, e; foliaire.

foliación *f* foliotage *m* (acción de foliar) ‖ BOT feuillaison (acción de echar hojas).

foliado, da *adj* folioté, e ‖ BOT folié, e.

foliar *adj* foliaire.

foliar *v tr* folioter (paginar).

folicular *adj* des follicules.

folículo *m* BOT & ZOOL follicule.

folio *m* feuillet (de un libro) ‖ folio (de un registro numerado) ‖ — *folio atlántico* format atlantique *o* in-plano ‖ *folio explicativo* titre courant ‖ *folio vuelto* folio verso ‖ — *de a folio* énorme, gigantesque ‖ *en folio* in-folio ‖ *en folio mayor* grand in-folio ‖ *en folio menor* petit in-folio.

folíolo *m* foliole *f*.

folklore *m* folclor.

folklórico, ca *adj* → **folclórico**.

folklorista *m* → **folclorista**.

follaje *m* feuillage ‖ *el follaje de un árbol* le feuillage d'un arbre ‖ ARQ rinceau ‖ FIG falbala (adorno) | digression *f*, verbiage (palabrería).

follar* *v tr* souffler (con un fuelle).

◆ *v intr y tr* POP baiser.

◆ *v pr* POP vesser *(ant)*.

folletín *m* feuilleton.

folletinesco, ca *adj* de feuilleton.

folletinista *m* feuilletoniste.

folleto *m* brochure *f*, notice *f*; *folleto turístico* brochure touristique; *folleto explicativo* notice explicative.

follón, ona *adj y s* *(p us)* fainéant, e (vago) ‖ bravache (arrogante) ‖ poltron, onne (cobarde).

◆ *m* fusée *f* qui fait long feu (cohete) ‖ FAM micmac, salade *f* (lío); ¡*menudo follón*! quelle salade! | pagaille *f*, pagaïe *f*, micmac (desorden) | histoire *f*; *estar metido en un follón* être mêlé à une histoire; *se ha formado un follón* ça a fait toute une histoire | chahut, remue-ménage, potin (alboroto); *armar un follón* faire du chahut ‖ POP vesse *f* (ventosidad) ‖ FAM *ser un follón* être barbant *o* rasoir (pesado).

fomentar *v tr* chauffer doucement (calentar suavemente) ‖ FIG fomenter (excitar); *fomentar rebeliones* fomenter des séditions | encourager, favoriser; *fomentar el comercio* encourager le commerce ‖ MED fomenter.

fomento *m* chaleur *f* (calor) ‖ FIG aide *f*, encouragement; *sociedades de fomento* sociétés d'encouragement; *fomento de la producción* encouragement à la production | promotion *f*; *el fomento de las ventas* la promotion des ventes | développement (desarrollo) ‖ MED enveloppement, fomentation *f* ‖ — *banco de Fomento* banque de développement ‖ *Ministerio de Fomento (ant)* ministère des Travaux publics ‖ — *el Gobierno lucha para el fomento de las exportaciones* le gouvernement lutte pour encourager *o* favoriser les exportations.

fon *m* phone (unidad de potencia sonora).

fonación *f* phonation.

fonda *f* pension, hôtel *m* modeste ‖ buffet *m* (en las estaciones) ‖ *(amer)* gargote (tasca).

fondeadero *m* MAR mouillage.

fondear *v tr* sonder (el fondo del agua) ‖ visiter, fouiller (registrar una embarcación) ‖ FIG examiner, sonder (personas) | examiner, approfondir (cosas).

◆ *v intr* MAR mouiller, mouiller l'ancre, donner fond *(p us)*.

◆ *v pr* *(amer)* s'enrichir.

fondista *m* restaurateur (dueño de fonda) ‖ hôtelier (de hotel) ‖ nageur *o* coureur de fond.

fondo *m* fond; *el fondo del mar, de un vaso, de una habitación, de un cuadro* le fond de la mer, d'un verre, d'une pièce, d'un tableau ‖ fonds (catálogo de una biblioteca o editorial) ‖ profondeur *f* (hondura) ‖ fonds; *Fondo Monetario Internacional* Fonds monétaire international ‖ FIG fonds (de erudición, virtud, etc.) | fond (lo principal, lo último); *la forma y el fondo* la forme et le fond; *el fondo de un problema* le fond d'un problème | résistance *f*, endurance *f*; *este niño no tiene fondo alguno* cet enfant n'a aucune résistance ‖ fente *f* (en esgrima) ‖ fonçailles *f pl* (de un tonel) ‖ — *fondo de comercio* fonds de commerce ‖ *fondo de operaciones* ou *de rotación* fonds de roulement ‖ *fondo de pensiones* caisse de retraite ‖ *fondo de previsión* caisse *o* fonds de prévoyance ‖ *fondo perdido* fonds perdus ‖ *fondos mutuos* ou *de inversión* fonds de placement [F.C.P., SICAV] ‖ — *artículo de fondo* article de fond, édi-

fondón

torial || *bajos fondos* bas-fonds || *corredor de fondo* coureur de fond || *cheque sin fondos* chèque sans provision || MAR *doble fondo* ballast || *el fondo* le fin fond (de un asunto) || *limpieza a fondo* nettoyage en grand o à fond || *maquillaje de fondo* fond de teint || *mar de fondo* lame de fond || — *a fondo* à fond || *de cuatro en fondo* en colonne par quatre || *en el fondo* au fond, dans le fond || — MAR *dar fondo* donner fond (p us), mouiller || *echar a fondo* couler || *estar en fondos* être en fonds || *irse a fondo* couler, sombrer (barco) || *tener buen fondo* avoir un bon fonds || *tirarse a fondo* se fendre (esgrimidor) || *tocar fondo* toucher le fond.
- pl COM fonds; *fondos públicos* fonds publics || *fondos disponibles* disponibilités || *cheque sin fondos* chèque sans provision.
— OBSERV *Fond* no lleva s cuando significa lo más profundo y, en sentido figurado, lo principal y esencial; *fonds* con s designa el conjunto de bienes físicos o intelectuales y morales de una persona.

fondón, ona *adj* FAM bien assis, e.
fonema *m* phonème.
fonendoscopio *m* phonendoscope.
fonético, ca *adj* y *s f* phonétique.
fonetista *m* y *f* phonéticien, enne.
fonía *f* phonie.
fónico, ca *adj* phonique.
fonio; fono *m* phone (unidad de sonoridad).
fonocardiografía *f* MED phonocardiographie.
fonografía *f* phonographie.
fonográfico, ca *adj* phonographique.
fonógrafo *m* phonographe.
fonograma *m* phonogramme.
fonolocalización *f* repérage *m* par le son.
fonología *f* phonologie.
fonológico, ca *adj* phonologique.
fonólogo, ga *m* y *f* phonologue.
fonometría *f* phonométrie.
fonoteca *f* phonotèque.
fontana *f* POÉT source, fontaine.
fontanal *adj* relatif aux fontaines.
fontanal; fontanar *m* source *f* (manantial).
fontanela *f* ANAT fontanelle.
fontanería *f* plomberie.
fontanero *m* plombier (obrero) || fontainier (empleado municipal).
footing *m* DEP → **fúting**.
FOP abrev de *Fuerzas de Orden Público* Forces de l'Ordre Public [en Espagne].
foque *m* MAR foc.
forajido, da *adj* y *s* hors-la-loi *inv*.
foral *adj* relatif aux «fueros» [privilèges].
foralmente *adv* conformément aux «fueros» [privilèges].
foramen *m* (ant) trou.
foráneo, a *adj* forain, e (ant); forain, e (forastero).
forastero, ra *adj* y *s* étranger, ère.
— OBSERV *Forastero* s'applique à la personne étrangère à la ville ou à la région dont il est question. *Étranger à un pays* se dit *extranjero*.
forcejar; forcejear *v intr* faire de grands efforts (esforzarse), se démener (afanarse) || résister || lutter.
forcejeo *m* effort (esfuerzo) || lutte *f*.

fórceps *m* MED forceps.
forense *adj* relatif au tribunal || légiste; *médico forense* médecin légiste.
- *m* médecin légiste.
forestal *adj* forestier, ère; *guarda forestal* garde forestier || — *patrimonio forestal del Estado* fôret domaniale || *repoblación forestal* reboisement.
forestar *v tr* reboiser.
forfait *m* DEP forfait (de esquí).
forillo *m* TEATR fond de décor.
forja *f* forge [d'orfèvre] || forgeage (acción de forjar) || mortier *m* (argamasa).
forjado, da *adj* forgé, e; *hierro forjado* fer forgé.
forjador *m* forgeur.
forjar *v tr* forger.
- *v pr* se forger, se faire; *se ha forjado una buena reputación* il s'est forgé une bonne réputation || *forjarse ilusiones* se forger o se faire des illusions.
forma *f* forme || forme (modo de proceder); *obrar con buenas formas* agir dans les formes || moyen *m*; *no hay forma de hacerle entrar en razón* il n'y a pas moyen de lui faire entendre raison || DR forme; *vicio de forma* vice de forme || IMPR forme (molde) | format (formato) || RELIG forme | hostie (hostia) || — *de forma que* de telle sorte que, de sorte que || *de ninguna forma* en aucune façon || *de todas formas* de toute façon || *de una forma u otra* d'une façon ou d'une autre || *en debida forma* en bonne forme, en bonne et due forme, en règle || *en forma* en forme || *en forma de* sous forme de || — *dar forma* donner une forme, façonner || *estar en gran forma* être en pleine forme || *guardar las formas* y mettre les formes, garder les formes.
formación *f* formation; *formación profesional* formation professionnelle || MIL formation; *en formación de a tres* en formation par trois | rassemblement *m* || TECN formage *m* || MIL *formación abierta* ordre dispersé.
formador, ra *adj* y *s* formateur, trice.
formal *adj* formel, elle; *lógica formal* logique formelle; *orden formal* ordre formel || FIG sérieux, euse; bien, comme il faut; *persona formal*, *chica formal* personne sérieuse, fille bien | dans les règles (con todos los requisitos).
formalidad *f* formalité (requisito) || FIG sérieux *m* (seriedad); *chica de mucha formalidad* fille très sérieuse.
formalismo *m* formalisme.
formalista *adj* y *s* formaliste.
formalización *f* régularisation, légalisation.
formalizar *v tr* achever, terminer (acabar) || légaliser; *formalizar un expediente* légaliser un dossier || régulariser; *formalizar una situación* régulariser une situation || concrétiser (concretar) || signer (firmar).
- *v pr* (p us) se formaliser (incomodarse).
formalote *adj* tout à fait sérieux, euse; très comme il faut.
formar *v tr* former || FIG former, façonner (educar); *formar a los jóvenes* former les jeunes || composer, constituer; *las ocho provincias que forman Andalucía* les huit provinces qui constituent l'Andalousie || faire; *el río forma un recodo* la rivière fait un coude; *formar un escándalo* faire un scandale || MIL rassembler || — *formar filas* former les rangs (los militares), se mettre en rang (personas) || *formar parte de* faire partie de.

◆ *v intr* MIL se ranger, former les rangs; *el escuadrón formó en el patio del cuartel* l'escadron forma les rangs dans la cour de la caserne ‖ MIL *¡a formar!* rassemblement! ‖ *una mujer bien formada* une femme bien faite.

◆ *v pr* se former, se faire; *su estilo se está formando* son style se forme ‖ se faire; *formarse una idea* se faire une idée ‖ *¡menudo lío se formó!* ç'a été la pagaille!

formatear *v tr* INFORM formater.
formateo *m* INFORM formatage.
formativo, va *adj* formatif, ive.
formato *m* format (tamaño); *formato apaisado, vertical* format en largeur, en hauteur ‖ INFORM format.
fórmica *f* Formica [nom déposé].
fórmico *adj m* QUÍM formique; *aldehído fórmico* aldéhyde formique.
formidable *adj* formidable.
formol *m* QUÍM formol.
formón *m* TECN ciseau à bois (herramienta).
Formosa *n pr f* GEOGR Formose.
fórmula *f* formule; *fórmula de cortesía* formule de politesse ‖ ordonnance, formule (receta) ‖ MAT & QUÍM formule ‖ — *fórmula dentaria* formule dentaire ‖ *por fórmula* pour la forme.
formulación *f* formulation.
formular *v tr* formuler; *las críticas formuladas contra él* les critiques formulées contre lui ‖ former; *formular votos por* former des vœux pour.

◆ *v pr* QUÍM mettre un corps en formule.
formulario *m* formulaire.
formulismo *m* formalisme.
formulista *adj y s* formaliste.
fornicación *f* fornication.
fornicador, ra *m y f* fornicateur, trice.
fornicar *v intr* forniquer.
fornido, da *adj* robuste, costaud (*fam*).
fornitura *f* IMPR fourniture ‖ MIL fourniment *m* (correaje del soldado).
foro *m* forum ‖ barreau (abogacía); *elocuencia del foro* éloquence du barreau ‖ tribunal ‖ TEATR fond; *telón de fondo* toile de fond ‖ *hablar al foro* parler à la cantonnade.
forofo, fa *m y f* FAM supporter *m*, fan.
forrado, da *adj* doublé, e (un abrigo) ‖ couvert, e (un libro) ‖ FIG & FAM *estar forrado* être plein aux as.
forraje *m* fourrage; *forraje verde, mixto* fourrage vert, mixte ‖ FIG & FAM fatras (fárrago) ‖ — *campo de forraje* fourragère (prado) ‖ *carro de forraje* fourragère (para transportar).
forrajeador *m* MIL fourrageur.
forrajear *v tr* fourrager ‖ MIL aller au fourrage.
forrajera *adj f* fourragère (planta).

◆ *f* MIL fourragère.
forrar *v tr* doubler (poner un forro); *forrar de* ou *con seda* doubler de soie ‖ TECN gainer (un cable) ‖ fourrer (con pieles) ‖ recouvrir (un sillón, etc.) ‖ couvrir (un libro) ‖ border, doubler (un barco) *estar forrado de oro, estar bien forrado* ◆ *v pr* FAM (*amer*) s'empiffrer, se gaver (comer mucho) ‖ mettre du foin dans ses bottes (enriquecerse).
forro *m* doublure *f* (de un vestido) ‖ garniture *f*; *forros de freno* garnitures de frein ‖ housse *f*; *el forro de una butaca* la housse d'un fauteuil ‖ couverture *f* (de un libro) ‖ MAR bordé; *forro de cubierta, exterior* bordé de pont, de carène ‖ (*amer*) POP capote *f* (condón) ‖ — MAR *forro de bodega* vaigrage ‖ *forro de cuaderno* protège-cahier ‖ FAM *ni por el forro* pas le moins du monde ‖ FAM *no conocer latín ni por el forro* ne pas connaître un traître mot de latin.
fortachón, ona *adj* FAM costaud, fortiche.
fortalecedor, ra *adj* fortifiant, e.
fortalecer* *v tr* fortifier (robustecer).
fortalecimiento *m* fortification *f* (refuerzo) ‖ FIG affermissement, renforcement, raffermissement; *el fortalecimiento de la economía* le renforcement de l'économie.
fortaleza *f* force (vigor, energía) ‖ forteresse (plaza fuerte) ‖ AVIAC *fortaleza volante* forteresse volante.
forte *adv* MÚS forte ‖ MAR stop.
fortificación *f* fortification.
fortificante *adj y s m* fortifiant, e.
fortificar *v tr* fortifier (ciudad, salud) ‖ *plaza fortificada* place forte.

◆ *v pr* se fortifier.
fortín *m* MIL fortin.
fortiori (a) *loc adv* a fortiori.
fortísimo, ma *adj* très fort, e; très robuste.

◆ *adv y s m* MÚS fortissimo.
fortran *m* INFORM fortran, FORTRAN.
fortuito, ta *adj* fortuit, e.
fortuna *f* fortune ‖ chance (buena suerte); *tener fortuna en una empresa* avoir de la chance dans une entreprise ‖ *la rueda de la fortuna* la roue de la fortune ‖ *por fortuna* heureusement (por suerte) ‖ — MAR *correr fortuna* essuyer une bourrasque ‖ *hacer fortuna* faire fortune ‖ *probar fortuna* tenter fortune, tenter sa chance.
fortunón *m* FAM grosse fortune *f*.
forúnculo *m* MED furoncle.
forzadamente *adv* forcément.
forzado, da *adj* forcé, e; contraint, e; *sonrisa forzada* sourire forcé ‖ tiré par les cheveux; *un chiste forzado* une plaisanterie tirée par les cheveux ‖ — *a marcha forzada* à marche forcée ‖ *trabajos forzados* travaux forcés.

◆ *m* forçat (galeote).
forzamiento *m* forcement (acción de forzar) ‖ crochetage (de una cerradura).
forzar* *v tr* forcer; *forzar una puerta, un castillo, una caja de caudales* forcer une porte, un château, un coffre-fort ‖ crocheter (una cerradura) ‖ forcer, obliger; *le forzó a que saliera* il le força à sortir ‖ violer (a una mujer) ‖ — *forzar el paso* forcer le pas ‖ *forzar la mano* forcer la main.

◆ *v pr* se forcer.
forzosamente *adv* forcément.
forzoso, sa *adj* forcé, e, inévitable; *consecuencia forzosa* conséquence inévitable ‖ — *heredero forzoso* héritier réservataire ‖ *trabajos forzosos* travaux forcés ‖ — *forzoso es reconocer* force est de reconnaître, il faut bien reconnaître.
forzudamente *adv* fortement.
forzudo, da *adj* fort, e; vigoureux, euse; costaud (*pop*) (fuerte).

◆ *m* costaud.
fosa *f* fosse; *fosa común* fosse commune ‖ ANAT fosse; *fosas nasales* fosses nasales ‖ — GEOL *fosa*

fosco

abisal fosse océanique || *fosa séptica* fosse septique || *fosa submarina* fosse || EQUIT *fosas supraorbitarias* salières (del caballo).
fosco, ca *adj* rébarbatif, ive (hosco).
fosfatado, da *adj* QUÍM phosphaté, e.
◆ *m* phosphatage.
fosfatar *v tr* QUÍM phosphater.
fosfato *m* QUÍM phosphate.
fosfaturia *f* MED phosphaturie.
fosforado, da *adj* phosphoré, e.
fosforecer*; fosforescer* *v intr* être phosphorescent, e.
fosforera *f* boîte d'allumettes || fabrique d'allumettes || poche pour les allumettes (cerillera).
fosforero, ra *adj* y *s* allumettier, ère; *industria fosforera* industrie allumettière.
fosforescencia *f* phosphorescence.
fosforescente *adj* phosphorescent, e.
fosfórico, ca *adj* QUÍM phosphorique.
fósforo *m* QUÍM phosphore; *proyectil de fósforo* projectile au phosphore || allumette *f* (cerilla) || *(amer)* amorce *f* (pistón).
fósil *adj* y *s m* fossile || FIG & FAM *es un viejo fósil* c'est un vieux fossile.
fosilización *f* fossilisation.
fosilizarse *v pr* se fossiliser.
foso *m* fosse *f* (hoyo) || fossé (de fortaleza) || fosse *f* (en los garajes, en los depósitos de locomotoras) || DEP fosse *f* (salto) || TEATR dessous (del escenario) || AGRIC fossé, tranchée *f* (zanja) || TECN *foso de colada* fosse de coulée.
foto *f* photo; *sacar fotos* faire *o* prendre des photos || FÍS phot *m* (unidad de luminancia) || *foto robot* photo-robot.
fotoactivo, va *adj* FÍS photosensible.
fotocélula *f* cellule photoélectrique.
fotocomponedora *f* IMPR photocomposeuse.
fotocomponer* *v tr* IMPR photocomposer.
fotocomposición *f* IMPR photocomposition.
fotocopia *f* photocopie.
fotocopiadora *f* machine à photocopier.
fotocopiar *v tr* photocopier.
fotocorriente *f* courant *m* photoélectrique.
fotodegradable *adj* photodégradable.
fotoeléctrico, ca *adj* photoélectrique; *célula fotoeléctrica* cellule photoélectrique.
fotofiltro *m* FOT filtre photographique.
fotofobia *f* MED photophobie.
fotóforo *m* photophore.
fotogenia *f* photogénie.
fotogénico, ca *adj* photogénique.
fotograbado *m* photogravure *f*.
fotograbar *v tr* photograver.
fotografía *f* photographie || — *sacar una fotografía* prendre *o* faire une photographie || *sacarse una fotografía* se faire photographier.
fotografiar *v tr* photographier || *máquina de fotografiar* appareil photographique.
fotográfico, ca *adj* photographique; *máquina fotográfica* appareil photographique.
fotógrafo, fa *m* y *f* photographe.
fotograma *m* photogramme.
fotólisis *f* QUÍM photolyse.
fotolito *m* IMPR typon.

422

fotolitografía *f* photolithographie.
fotolitografiar *v tr* photolithographier.
fotolitográfico, ca *adj* photolithographique.
fotomatón *m* Photomaton.
fotometría *f* photométrie.
fotómetro *m* photomètre.
fotomodelo *m* mannequin [photos].
fotomontaje *m* photomontage.
fotón *m* FÍS photon.
fotonovela *f* roman-photo *m*, photo-roman *m*.
fotoplano *m* GEOGR orthophotocarte *f*.
fotoquímica *f* photochimie.
fotoquímico, ca *adj* photochimique.
fotorrobot *f* photo-robot *m*.
fotosensible *adj* photosensible.
fotosfera *f* ASTR photosphère.
fotosíntesis *f* photosynthèse.
fototeca *f* photothèque.
fototopografía *f* GEOGR phototopographie.
fotuto *m* *(amer)* AUTOM klaxon.
fox-terrier *m* fox-terrier (perro raposero).
fox trot *m* fox-trot (danza).
FP abrev de *formación profesional* F.P., baccalauréat technique.
fra. abrev de *factura* facture.
frac *m* frac, habit (prenda de vestir) || *ponerse de frac* se mettre en habit.
— OBSERV pl *fraques* ou *fracs*.
fracasado, da *m* y *f* raté, e || *candidato fracasado* candidat malheureux (en unas elecciones).
fracasar *v intr* échouer (no conseguir lo intentado) || manquer, rater; *un asunto fracasado* une affaire manquée.
fracaso *m* échec; *sufrir un fracaso* essuyer un échec || FIG & FAM four (fiasco) || *ir a un fracaso* courir à un échec.
fracción *f* fraction; *la fracción del pan* la fraction du pain || fraction, partie (parte) || MAT fraction; *fracción decimal* fraction décimale.
fraccionadora *f* *(amer)* agence immobilière.
fraccionamiento *m* fractionnement.
fraccionar *v tr* fractionner.
fraccionario, ria *adj* MAT fractionnaire || *se ruega moneda fraccionaria* on est prié de faire l'appoint.
fractura *f* fracture (rotura) || — MED *fractura abierta, en tallo verde* fracture ouverte, en bois vert || *robo con fractura* vol avec effraction.
fracturar *v tr* fracturer; *fracturar el cráneo* fracturer le crâne.
◆ *v pr* se fracturer.
fraga *f* terrain *m* rocailleux et embroussaillé, hallier *m* (breñal) || BOT framboisier *m* (frambueso).
fragancia *f* parfum *m*, bonne odeur, fragrance *(p us)* || *el aire está lleno de fragancias* l'air embaume.
fragante *adj* parfumé, e (que huele bien) || *en fragante* en flagrant délit (en flagrante).
fraganti (in) *adv* en flagrant délit.
fragata *f* MAR frégate (buque); *capitán de fragata* capitaine de frégate || frégate (ave) || *fragata ligera* corvette.
frágil *adj* fragile || FIG fragile, faible (débil); *el hombre es frágil ante la tentación* l'homme est faible devant la tentation.
fragilidad *f* fragilité.

fragmentación f fragmentation ‖ morcellement; *la fragmentación de la propiedad* le morcellement de la propriété.
fragmentar v tr fragmenter ‖ morceler (la propiedad).
fragmentario, ria adj fragmentaire.
fragmento m fragment (trozo) ‖ fragment, passage; *fragmento de un discurso* passage d'un discours.
➧ pl FIG bribes f (de una conversación).
fragón m BOT fragon, petit houx.
fragor m fracas, grondement, roulement (ruido); *el fragor del trueno* le fracas du tonnerre.
fragoroso, sa adj bruyant, e (ruidoso).
fragosidad f épaisseur; *la fragosidad de una selva* l'épaisseur d'une fôret ‖ hallier m, fourré m (bosque espeso).
fragoso, sa adj accidenté, e (quebrado) ‖ bruyant, e (ruidoso).
fragua f forge.
fraguado m prise f (del cemento).
fraguar v tr forger (el hierro) ‖ FIG forger, fabriquer; *fraguar mentiras* fabriquer des mensonges | se forger; *fraguar quimeras* se forger des chimères.
➧ v intr prendre (el cemento).
fraile m moine, religieux, frère ‖ IMPR moine, feinte f (parte mal impresa) ‖ — FAM *fraile de misa y olla* moine ignorant ‖ *meterse a fraile* prendre le froc.
frailecico; frailecillo m macareux (ave) ‖ FAM moinillon (fraile).
frailero, ra; frailesco, ca adj FAM monacal, e.
frambuesa f BOT framboise.
frambueso m BOT framboisier.
francachela f FAM noce, bombance, bringue ‖ *estar de francachela* faire bombance, faire la noce, se taper la cloche, faire ripaille.
francés, esa adj français, e ‖ — *a la francesa* à la française ‖ *de habla francesa* francophone ‖ FAM *despedirse a la francesa* filer à l'anglaise ‖ *tortilla a la francesa* omelette nature.
➧ m y f Français, e.
➧ m français; *hablar francés* parler français.
francesada f HIST l'invasion napoléonienne en Espagne ‖ FAM chose propre aux Français.
francesilla f BOT renoncule, bouton d'or m (planta) ‖ *damas* m *de Tours* (variedad de ciruela) ‖ baguette (de pan).
Francia n pr f GEOGR France.
franciscano, na; francisco, ca adj y s franciscain, e.
francmasón m franc-maçon (masón).
francmasonería f franc-maçonnerie (masonería).
francmasónico, ca adj franc-maçonnique (masónico).
franco, ca adj franc, franche; *mirada franca* regard franc; *franco con* ou *para todos* franc avec tout le monde ‖ ouvert, e; franc, che; *cara franca* visage ouvert ‖ franc, che (puerto) ‖ exempt, e (exento); *franco de todo gasto* exempt de tout frais ‖ — *franco de servicio* libre de service ‖ *tener mesa franca* tenir table ouverte ‖ *juez franco* franc-juge (en Alemania).
➧ adj HIST franc, franque ‖ franco (prefijo que significa «francés»); *franco-belga* franco-belge.
➧ m franc (unidad monetaria) ‖ francien (lengua romance de la Isla de Francia).
➧ m pl HIST Francs.
➧ adv franco (sin gastos) ‖ — *franco a bordo* franco de bord ‖ *franco de porte y embalaje* franco de port et d'emballage.
francoespañol, la adj y s franco-espagnol, e.
francófilo, la adj y s francophile.
francófobo, ba adj y s francophobe.
francofonía f francophonie.
francófono, na adj y s francophone.
francote, ta adj FAM très franc, très franche; qui va droit au fait.
francotirador m franc-tireur.
franchute m FAM français, e (despectivo).
franela f flanelle.
frangollar v tr FIG & FAM bâcler (hacer de prisa); *frangollar su trabajo* bâcler son travail.
frangollo m blé cuit (trigo cocido) ‖ FIG & FAM bâclage ‖ (*amer*) ratatouille f (guiso mal hecho) | maïs concassé (maíz).
franja f frange ‖ *franja de cadeneta* torsade (para un tapiz).
franjar; franjear v tr franger.
franqueable adj franchissable.
franqueado, da adj affranchi, e; *una carta franqueada* une lettre affranchie.
franqueadora adj f *máquina franqueadora* machine à affranchir.
franqueamiento m affranchissement (franqueo) ‖ franchissement (paso).
franquear v tr affranchir, exempter (eximir) ‖ accorder (conceder) ‖ dégager (desembarazar); *franquear el paso* dégager le passage ‖ ouvrir; *franquearle la puerta a uno* ouvrir la porte à quelqu'un ‖ franchir (salvar); *franquear un obstáculo* franchir un obstacle ‖ affranchir (una carta) ‖ affranchir (un esclavo) ‖ *máquina de franquear* machine à affranchir.
➧ v pr s'ouvrir, parler à cœur ouvert, parler franchement; *franquearse con alguien* s'ouvrir à quelqu'un, parler à cœur ouvert avec quelqu'un.
franqueo m affranchissement ‖ *franqueo concertado* dispensé du timbrage.
franqueza f franchise, sincérité; *dispense mi franqueza* pardonnez ma franchise ‖ franc-parler m (al hablar) ‖ *con toda franqueza* en toute franchise.
franquicia f franchise (exención); *franquicia postal, aduanera* franchise postale, douanière ‖ *franquicia de derechos arancelarios* exemption de droits de douane.
franquismo m franquisme.
franquista adj y s franquiste.
frasco m flacon (botellita); *frasco de perfume* flacon de parfum ‖ poire f à poudre (para la pólvora) ‖ FAM *¡toma del frasco!* ça c'est envoyé!
frase f phrase ‖ — *frase hecha* ou *acuñada* ou *estereotipada* phrase o expression toute faite o consacrée ‖ *frase lapidaria* formule lapidaire ‖ *frase musical* phrase musicale ‖ *frase proverbial* locution proverbiale ‖ *frase sacramental* formule sacramentelle ‖ — FAM *gastar frases* faire des phrases.
frasear v tr phraser.
fraseología f phraséologie.
fraseológico, ca adj phraséologique.

fratás *m* truelle *f* brettée (palustre).
fraternal *adj* fraternel, elle.
fraternidad *f* fraternité (hermandad).
fraternización *f* fraternisation.
fraternizar *v intr* fraterniser.
fraterno, na *adj* fraternel, elle.
fratricida *adj y s* fratricide (persona).
fratricidio *m* fratricide (acto).
fraude *m*; **fraudulencia** *f* fraude *f*; *ha habido un fraude en los exámenes* il y a eu fraude aux examens ‖ — DR *fraude fiscal* fraude fiscale ‖ — *en fraude de acreedores* en fraude des créanciers ‖ — *cometer fraude* frauder, commettre des fraudes.
fraudulentamente *adv* frauduleusement, en fraude.
fraudulento, ta *adj* frauduleux, euse; *quiebra fraudulenta* faillite frauduleuse.
fray *m* frère.
— OBSERV S'emploie seulement devant le nom des religieux: *fray Luis* frère Louis.
frazada *f* couverture de lit.
freático, ca *adj* phréatique; *capa freática* nappe phréatique.
frecuencia *f* fréquence; *frecuencia de pulsación, transmisora* fréquence du pouls, porteuse ‖ — *alta, baja frecuencia* haute, basse fréquence ‖ *con frecuencia* fréquemment ‖ RAD *frecuencia modulada* modulation de fréquence.
frecuencímetro *m* ELECTR fréquencemètre.
frecuentación *f* fréquentation.
frecuentado, da *adj* fréquenté, e.
frecuentar *v tr* fréquenter.
frecuentativo, va *adj* GRAM fréquentatif, ive.
frecuente *adj* fréquent, e.
frecuentemente *adv* fréquemment.
frecuentímetro; frecuencímetro *m* FÍS fréquencemètre.
freelance *adj* indépendant, e; free-lance.
fregadero *m* évier.
fregado *m* récurage (de las cacerolas) ‖ lavage (de los platos, del pavimento) ‖ plonge *f* (en un restaurante) ‖ FAM grabuge (pelea) ‖ FIG & FAM histoire *f*, affaire *f* embrouillée; *meterse en un fregado* se fourrer dans une histoire | histoire *f* (lío); *se ha armado un fregado* ça a fait toute une histoire ‖ *lo mismo sirve para un fregado que para un barrido* il est bon à tout, on le met à toutes les sauces.
▸ *adj* (amer) obstiné, e; têtu, e (terco) | canaille, voyou (bellaco).
fregar* *v tr* frotter (frotar, restregar) ‖ récurer, écurer (lavar las cacerolas) ‖ laver (los platos) ‖ (amer) ennuyer, embêter (fastidiar) ‖ — *agua de fregar* eau de vaisselle ‖ *fregar la loza* ou *los platos* faire *o* laver la vaisselle (en casa), faire la plonge (en un restaurante).
fregasuelos *m inv* produit ménager pour les sols.
fregona *f* laveuse de vaisselle ‖ plongeuse (en un restaurante) ‖ balai-serpillière *m* (utensilio) ‖ FIG & FAM souillon.
fregotear *v tr* FAM frotter, laver, passer à l'eau vite et mal.
fregoteo *m* FAM lavage sommaire.
freidor, ra *m y f* personne qui fait des fritures.
▸ *f* friteuse.
freiduría *f* friterie.

freír* *v tr* frire, faire frire; *he frito patatas* j'ai fait frire des pommes de terre ‖ — *al freír será el reír* rira bien qui rira le dernier ‖ FAM *freír a preguntas* bombarder *o* accabler de questions | *mandar a freír espárragos* envoyer bouler *o* paître *o* planter ses choux.
— OBSERV Le verbe espagnol *freír* a deux participes passés, l'un régulier, *freído*, l'autre irrégulier, d'un emploi plus courant, *frito* (voir FRITO).
— OBSERV Véase la observación hecha en la 1.ª parte, al final del artículo FRIRE.
fréjol *m* haricot (judía).
frenado; frenaje *m* freinage.
frenar *v tr* freiner ‖ FIG freiner.
frenazo *m* coup de frein.
frenesí *m* frénésie *f*.
frenético, ca *adj* frénétique ‖ — FAM *esta historia me pone frenético* cette histoire m'exaspère | *si le hablas de esto se pone frenética* si tu lui en parles elle se met en boule *o* elle devient folle.
frenillo *m* ANAT filet, frein ‖ *no tener frenillo en la lengua* parler à tort et à travers.
freno *m* frein, mors (bocado) ‖ MECÁN frein; *freno de mano, de tambor, asistido, de disco, delantero, trasero* frein à main, à tambour, assisté, à disque, avant, arrière ‖ FIG frein; *poner freno a sus ambiciones* mettre un frein à ses ambitions; *sin freno* sans frein ‖ (amer) faim *f* (hambre) ‖ — *potencia al freno* puissance au frein ‖ FAM *tascar el freno* ronger son frein.
▸ *pl* freinage *sing* (sistema de frenos).
frenología *f* phrénologie.
frenológico, ca *adj* phrénologique.
frenólogo *m* phrénologue.
frenópata *m* phrénopathe.
frenopatía *f* phrénopathie.
frente *f* front *m*; *frente deprimida* front fuyant ‖ FIG front *m* (cabeza); *alzar, bajar la frente* relever, baisser le front ‖ — MIL front; *frente de batalla* front de bataille ‖ face *f* (de un objeto) ‖ front (agrupación política); *el Frente Popular* le Front populaire ‖ — *de frente* de front, avec fougue (con entusiasmo), de plein fouet (en un choque); *los coches chocaron de frente* les voitures se sont heurtées de plein fouet ‖ MIL *¡de frente!, ¡ar!* en avant, marche! | *de frente en columna de a tres* en avant par trois ‖ *en frente* en face, devant ‖ *frente a, frente de* en face de (enfrente de), face à, par rapport à (con relación a) ‖ *frente a frente* face à face, en tête à tête ‖ *frente de corte* front de taille (minas) ‖ *frente frío* front froid (meteorología) ‖ *frente por frente* en face, juste en face ‖ — FIG *arrugar uno la frente* froncer les sourcils ‖ *estar al frente de* être à la tête de ‖ *hacer frente* tenir tête, faire face *o* front ‖ *mirar frente a frente* regarder en face ‖ FIG *no tener dos dedos de frente* ne pas avoir deux sous de jugeotte ‖ *poner frente a frente* opposer (adversarios) ‖ *ponerse al frente de* se mettre à la tête de.
— OBSERV Le mot *frente* désignant la partie supérieure du visage ou le visage lui même est au féminin. Dans les autres acceptions, il est au masculin.
fresa *f* fraisier *m* (planta) ‖ fraise (fruto); *fresa silvestre* fraise des bois ‖ TECN fraise (avellanador) ‖ roulette, fraise (del dentista) ‖ TECN *berbiquí de fresa* fraisoir.
fresado *m* TECN fraisage (avellanado).

fresador, ra *m* y *f* fraiseur, euse.
  ◆ *f* TECN fraiseuse (avellanador).
fresal *m* fraisière *f*.
fresca *f* frais *m* (aire fresco) ‖ fraîche; *pasear con la fresca* se promener à la fraîche ‖ drôlesse, fille *o* femme légère (mujer liviana) ‖ FAM impertinence; *soltar frescas* dire des impertinences ‖ FIG *contarle cuatro frescas a uno* dire ses quatre vérités à quelqu'un.
frescachón, ona *adj* FAM frais, fraîche; vigoureux, euse (robusto) | culotté, e (descarado) ‖ MAR *viento frescachón* grand frais.
frescales *m* y *f* FAM dévergondé, e (desvergonzado) ‖ personne sans-gêne *o* qui a du toupet *o* qui a du culot (descarado).
frescamente *adv* fraîchement, récemment (recientemente) ‖ FIG avec sans-gêne, avec impertinence (con frescura).
fresco, ca *adj* frais, fraîche; *viento fresco* vent frais; *huevos frescos* œufs frais ‖ FIG frais, fraîche; reposé, e; *tez fresca* teint frais | frais, fraîche (reciente); *noticias frescas* nouvelles fraîches | potelé, e; rondelet, ette (rollizo) ‖ FIG & FAM calme, impassible (sereno); *se quedó tan fresco con la noticia* il resta impassible en apprenant la nouvelle | FAM culotté, e; qui a du toupet, sans-gêne (persona descarada) ‖ léger, ère (telas) ‖ — FIG & FAM ¡*está fresco si cree que se lo voy a hacer!* il se fait des illusions s'il croit que je vais le lui faire! | ¡*estamos frescos!* nous voilà frais!, nous voilà bien!, nous voilà dans de beaux draps! | *estar o quedar fresco* faire chou blanc (fracasar) ‖ *ponerse fresco* s'habiller légèrement.
  ◆ *m* frais; *tomar el fresco* prendre le frais ‖ fraîcheur *f*; *el fresco de la tarde* la fraîcheur du soir ‖ fresque *f*; *pintura al fresco* peinture à la fresque ‖ FIG fresque *f*; *un vasto fresco histórico* une vaste fresque historique ‖ *(amer)* rafraîchissement (refresco) ‖ — *al fresco* au frais; *poner las bebidas al fresco* mettre les boissons au frais; à la belle étoile (al sereno) ‖ FIG & FAM *mandar a tomar el fresco* envoyer paître *o* balader *o* promener.
  ◆ *m* y *f* FIG & FAM dévergondé, e.
  ◆ *f* garce (mujer ligera).
  ◆ *adv* frais; *hace fresco* il fait frais.
frescor *m* fraîcheur *f*.
frescote, ta *adj* très frais, très fraîche ‖ au teint frais ‖ FIG & FAM potelé, e; bien en chair, grassouillet, ette (gordito) | sans gêne, culotté, e (caradura).
frescura *f* fraîcheur; *la frescura del agua* la fraîcheur de l'eau; *la frescura del rostro* la fraîcheur du visage ‖ FAM toupet *m*, sans-gêne *m*, culot *m* (descaro); *con mucha frescura me pedía dinero* il me réclamait de l'argent avec un sacré toupet; ¡*vaya una frescura que tiene usted!* vous avez un sacré culot! | impertinence, insolence (impertinencia) | laisser-aller *m*, négligence (descuido) | calme *m*, impassibilité (calma) ‖ FAM *tomar las cosas con frescura* ne pas se faire de bile, prendre les choses comme elles viennent.
fresera *f* fraisier *m* (planta).
fresneda *f* frênaie (plantío de fresnos).
fresno *m* BOT frêne.
fresón *m* fraise *f*.
fresquera *f* garde-manger *m inv*.
fresquete; fresquito *adj* frisquet (viento).
  ◆ *m* vent frais, vent frisquet.

freudiano, na *adj* freudien, enne.
freza *f* fiente (excremento) ‖ fumier *m* (estiércol) ‖ frai *m* (huevos y cría de los peces) ‖ frai *m* (desove de los peces) ‖ frèze (del gusano de seda) ‖ boutis *m* (hozadero del jabalí).
friabilidad *f* friabilité; *la friabilidad de una roca* la friabilité d'une roche.
frialdad *f* froideur (cualidad de lo frío) ‖ froidure (de la atmósfera) ‖ frigidité; *la frialdad del mármol* la frigidité du marbre ‖ MED frigidité ‖ FIG niaiserie (necedad) | froideur, indifférence; *el presidente fue acogido con frialdad* le président fut accueilli avec froideur (indiferencia) | froideur (del estilo) ‖ *recibir a uno con frialdad* recevoir quelqu'un froidement.
fríamente *adv* froidement, avec froideur; *ser recibido fríamente* être reçu froidement.
fricación *f* frottement *m*, friction ‖ GRAM spirantisation.
fricandó *m* CULIN fricandeau (carne mechada).
fricasé *m* CULIN fricassée *f* (carne salteada).
fricativo, va *adj* e *s f* GRAM fricatif, ive.
fricción *f* friction (friega) ‖ TECN friction (roce) ‖ FIG friction (pequeña disputa) ‖ — *dar fricciones en la rodilla* frictionner le genou ‖ *dar una fricción* faire une friction.
friccionar *v tr* frictionner, frotter.
friega *f* friction (de una parte del cuerpo) ‖ volée, fouettée, raclée (zurra) ‖ *dar friegas* frictionner.
friegaplatos *m* lave-vaisselle (lavaplatos).
frigidez *f* frigidité; *la frigidez del mármol* la frigidité du marbre ‖ MED frigidité (de la mujer).
frígido, da *adj* froid, e ‖ MED frigide (mujer).
frigio, gia *adj* y *s* phrygien, enne; *gorro frigio* bonnet phrygien.
frigorífico, ca *adj* y *s m* frigorifique; *vagón, depósito frigorífico* wagon, entrepôt frigorifique ‖ — *armario frigorífico* réfrigérateur, frigo *(fam)* ‖ *cámara frigorífica* chambre froide.
frigorista *adj* y *s m* frigoriste.
frigorizar *v tr* frigorifier (congelar).
fríjol; frijol *m* haricot (fréjol).
frijón *m* haricot.
frío, a *adj* froid, e; *una comida fría* un repas froid ‖ FIG froid, e ‖ — *bala fría* balle morte (tenis) ‖ FIG *dejar frío* ahurir (sorprender), ne faire ni froid ni chaud, ne faire aucune impression (dejar indiferente) | *echar un jarro de agua fría* faire l'effet d'une douche froide (decepcionar) | *quedarse frío como el mármol* rester de marbre.
  ◆ *m* froid; *un frío de perros* un froid de loup ‖ *boisson f glacée* (bebida) ‖ — *en frío* à froid; *operar en frío* opérer à froid ‖ — *coger frío* prendre froid ‖ *eso no le da frío ni calor* cela ne lui fait ni chaud ni froid ‖ *hace mucho frío* il fait très froid ‖ *hace un frío que pela* il fait un froid de canard.
friolento, ta *adj (amer)* frileux, euse.
friolera *f* bagatelle (nadería) ‖ FIG bagatelle; *tiene la friolera de diez millones de pesos* il a la bagatelle de dix millions de pesos.
friolero, ra *adj* y *s* frileux, euse.
frisado *m* ratinage (de las telas).
frisar *v tr* friser, ratiner (los tejidos).
  ◆ *v intr* friser (acercarse); *frisar en los cuarenta años* friser la quarantaine.

friso *m* ARQ frise *f*; *friso de follajes* frise de rinceaux.
frisol; frísol *m* haricot (judía).
frisón, na *adj* frison, onne.
◆ *m y f* Frison, onne.
fritada; fritanga *f* friture.
frito, ta *adj* frit, e || — *patatas fritas* pommes de terre frites, frites || *un par de huevos fritos* deux œufs frits || — FAM *estar frito* être grillé, être frit, être fichu (perdido), être endormi (estar dormido), en avoir assez (estar harto) | *estar frito de calor* crever de chaleur | *estar frito por hacer algo* brûler o mourir d'envie de faire quelque chose | *tener* ou *traer frito* enquiquiner, casser les pieds, ennuyer (fastidiar).
◆ *m hacer un frito con ajos, cebollas, etc.* faire revenir de l'ail, des oignons, etc.
— OBSERV Véase FREÍR.
fritura *f* friture || RAD friture.
frivolidad *f* frivolité.
frívolo, la *adj* frivole.
frondosidad *f* frondaison.
frondoso, sa *adj* touffu, e (un bosque), luxuriant, e (la vegetación), feuillu, e (un árbol).
frontal *adj* frontal, e; *hueso frontal* os frontal.
◆ *m* parement d'autel (del altar) || fronteau (de las monjas) || frontal (hueso) || *(amer)* frontail (frontalera).
frontera *f* frontière (de un Estado) || *(p us)* façade (fachada) || limite; *esta acción está en la frontera de lo ridículo* cette action est à la limite du ridicule.
fronterizo, za *adj* frontalier, ère (que vive cerca de la frontera) || en face (colocado enfrente); *casa fronteriza de otra* maison en face d'une autre || frontière; *país fronterizo* pays frontière; *ciudad fronteriza* ville frontière.
frontis *m* fronton (frontón) || frontispice (fachada principal).
frontispicio *m* frontispice (de un libro) || ARQ frontispice (fachada principal) | fronton (frontón) || *(p us)* figure *f*, portrait (rostro, cara).
frontón *m* ARQ fronton; *frontón quebrado* fronton brisé || fronton (juego de pelota y sitio) || MAR fronteau.
frotación *f* frottement *m*.
frotamiento *m* frottement.
frotar *v tr* frotter, frictionner || frotter, craquer (una cerilla).
◆ *v pr* se frotter.
frote *m* frottement || *darse un frote* se frictionner, se faire une friction; *darse un frote con linimento* se frictionner avec du liniment.
fructífero, ra *adj* fructifère *(p us)*, fructueux, euse.
fructificación *f* fructification.
fructificar *v intr* fructifier.
fructosa *f* QUÍM fructose (azúcar de fruta).
fructuoso, sa *adj* fructueux, euse.
frufrú *m* frou-frou, froufrou.
frugal *adj* frugal, e; *comidas frugales* repas frugaux.
frugalidad *f* frugalité.
frugífero, ra *adj* POÉT frugifère (que lleva fruto).
frugívoro, ra *adj y s* frugivore; *animales frugívoros* animaux frugivores.

fruición *f* délectation, plaisir *m* intense || *hacer algo con fruición* se délecter en faisant quelque chose.
frunce *m* fronce *f* (pliegue en la tela).
fruncido, da *adj* froncé, e; *una falda fruncida* une jupe froncée.
◆ *m* fronce *f* (de una tela), froncement (de la frente).
fruncimiento *m* froncement.
fruncir *v tr* froncer; *fruncir una tela, el ceño* ou *el entrecejo, las cejas* froncer un tissu, les sourcils.
fruslería *f* bagatelle, vétille, futilité, broutille.
frustación *f* frustration.
frustrado, da *adj* frustré, e; *frustradas sus esperanzas, frustrado en sus esperanzas* frustré dans o de ses espérances || manqué, e; *una conspiración frustrada* un complot manqué || raté, e; *escritor, actor frustrado* écrivain, acteur raté.
frustrante *adj* frustrant, e.
frustrar *v tr* frustrer || décevoir (defraudar); *quedar frustrado* être déçu || manquer; *atentado frustrado* attentat manqué.
◆ *v pr* échouer; *su intento se ha frustrado* sa tentative a échoué.
fruta *f* fruit *m*; *la pera es una fruta agradable* la poire est un fruit agréable || FIG fruit *m* (producto o consecuencia) || *(amer)* abricot *m* (albaricoque) || — *fruta bomba* papaye || *fruta de la pasión* fruit de la passion || *fruta del tiempo* fruits de saison || *fruta de sartén* beignets [ou tout autre mets en pâte à frire] (buñuelos) || *fruta escarchada* fruits confits || *fruta seca* fruits secs || *fruta temprana* primeurs.
— OBSERV Le mot *fruta* désigne les fruits comestibles d'une saveur agréable tels que la poire, la cerise, la fraise, etc. Il peut être employé au singulier dans le sens général de *fruits* (au pluriel): *a mí me gusta la fruta* j'aime les fruits.
frutal *adj* fruitier, ère; *árboles frutales* arbres fruitiers.
frutería *f* fruiterie.
frutero, ra *adj* fruitier, ère; *industria frutera* industrie fruitière || *plato frutero* coupe à fruits.
◆ *m y f* fruitier, ère (vendedor de frutas).
◆ *m* coupe *f* à fruits, compotier (vasija para colocar frutas en la mesa).
fruticultura *f* culture fruitière.
frutilla *f* *(amer)* fraise (fresa).
fruto *m* fruit; *frutos carnosos, secos, de hueso* fruits charnus, secs, à noyau || FIG fruit (producto); *los frutos de la tierra, del trabajo, de una mala educación* les fruits de la terre, du travail, d'une mauvaise éducation | fruit (el hijo con relación a su madre); «*el fruto de tu vientre*» «le fruit de vos entrailles» || — *fruto prohibido* fruit défendu || FIG *fruto seco* fruit sec || — *dar fruto* fructifier, donner des fruits || *por el fruto se conoce el árbol* on connaît l'arbre à son fruit || FIG *sacar fruto* tirer profit | *trabajar con fruto* travailler avec fruit.
◆ *pl* DR fruits (ingresos); *frutos civiles, industriales* fruits civils, industriels.
— OBSERV *Fruto* désigne tout produit du sol; *fruta* désigne les fruits comestibles d'une saveur agréable.
FSLN abrev de *Frente Sandinista de Liberación Nacional* F.S.L.N., Front sandiniste de libération nationale [Nicaragua].
fu *m* grondement du chat en colère || — *¡fu!* pfut! [dédain, indifférence] || *ni fu ni fa* couci-couça, comme ci comme ça.

fúcar *m* FIG richard, crésus (hombre rico).
fucsia *adj* fuchsia *inv.*
◆ *f* BOT fuchsia *m* (arbusto).
fuego *m* feu; *fuego de campamento* feu de camp || feu (incendio); *hay fuego en el pueblo* il y a le feu au village || feu, foyer (hogar); *una aldea de diez fuegos* un hameau de dix feux || feu (lumbre); *¿tiene usted fuego?* avez-vous du feu? || FIG feu (ardor); *en el fuego de la disputa* dans le feu de la discussion || — MIL *fuego a discreción* feu o tir à volonté || *fuego de San Telmo* feu Saint-Elme || *fuego fatuo* feu follet || *fuego griego* feu grégois || MIL *fuego graneado* feu roulant || *fuego lento* ou *moderado* feu doux || MIL *fuego por descarga* feu de salve || *fuegos artificiales* feu d'artifice; *quemar una colección de fuegos artificiales* tirer un feu d'artifice || *— a fuego lento* à petit feu, à feu doux; *cocer a fuego lento* cuire à petit feu || *a fuego vivo* à feu vif, à grand feu || *a fuego y a sangre* à feu et à sang || *alto el fuego* cessez-le-feu || *arma de fuego* arme à feu || *atizar el fuego de la discordia* allumer le brandon de la discorde || *echaba fuego por los ojos* ses yeux lançaient des éclairs, il jetait feu et flammes || *echar leña al fuego* jeter de l'huile sur le feu || *estar entre dos fuegos* être (pris), entre deux feux || *hacer fuego* faire feu || *jugar con fuego* jouer avec le feu || *marcar a fuego* marquer au fer rouge (reses) || *matar a fuego lento* faire mourir à petit feu || FIG *meter fuego* animer, stimuler || *pegar* ou *meter fuego* mettre le feu (incendiar) || *poner las manos en el fuego* en mettre sa main au feu || *prender fuego* allumer (incendiar) || MIL *romper el fuego* ouvrir le feu || *si el fuego está cerca de la estopa, llega el diablo y sopla* il ne faut pas tenter le diable || *tocar a fuego* sonner le tocsin [pour un incendie].
◆ *interj* MIL feu! || *¡fuego!* au feu! (incendio).
fuel; fuel-oil *m* mazout, fuel-oil; *calefacción por fuel-oil* chauffage au mazout; *caldera de fuel-oil* chaudière à mazout || fuel-oil, fuel (para motores).
fuelle *m* soufflet (para soplar) || pli (arruga en la ropa) || soufflet (para ampliar un vestido) || capote *f*, soufflet (de un coche) || soufflet (de un acordeón) || soufflet (de cartera, de máquina de retratar, de bolsillo, de tren) || outre *f* (de la gaita) || FIG & FAM cafard, mouchard || FAM *tener mucho fuelle* avoir du coffre o du souffle.
fuente *f* fontaine; *una fuente monumental* une fontaine monumentale || source (manantial); *una fuente cristalina* une source cristalline || plat *m* (plato grande y su contenido); *una fuente de verduras* un plat de légumes || INFORM source || FIG source; *fuente de suministro, de infección* source d'approvisionnement, d'infection; *fuente de divisas* source de devises | origine || MED fontaine (exutorio) || *— fuente bautismal* fonts baptismaux || *fuente de horno* plat allant au four || *— de fuentes fidedignas* de sources dignes de foi || *en fuentes bien informadas* dans les milieux bien informés, de bonne source || *— beber en buenas fuentes* tenir ses renseignements de bonne source.
Fuenterrabía *n pr* GEOGR Fontarabie.
fuer *m* abrev de *fuero* fuero || *— a fuer de* en qualité de, à titre de || *a fuer de hombre honrado* foi d'honnête homme.
fuera *adv* dehors; *echar fuera a alguien* mettre quelqu'un dehors || au-dehors; *la calma reina en el país, pero no fuera* le calme règne dans le pays mais pas au-dehors || — FAM *fuera aparte* à part; *esto fuera aparte* ça, c'est à part || *fuera de* en dehors de, hors de; *vivo fuera de la ciudad* j'habite en dehors o hors de la ville; *quedar fuera del asunto* rester en dehors du sujet; hors de; *¡fuera de aquí!* hors d'ici!; hors, hormis, à part (exceptuando); *fuera de ti no conozco a nadie aquí* à part toi je ne connais personne ici; en plus de, en dehors de (además de) || *fuera de alcance* hors de portée || *fuera de casa* absent; *está fuera de casa desde hace un mes* il est absent de chez lui depuis un mois || DR *fuera de causa* hors de cause || *fuera de combate* hors de combat || *fuera de concurso* hors-concours || *fuera de duda* hors de doute || *fuera de esto* en dehors de cela, cela mis à part || DEP *fuera de juego* hors-jeu || *fuera de lo normal* pas courant || *fuera de lugar* hors de propos, déplacé; *su observación está fuera de lugar* votre observation est hors de propos; déplacé; *se encontraba fuera de lugar en la reunión* elle se trouvait déplacée dans la réunion || *fuera de peligro* hors de danger || *fuera de plazo* hors délai || *fuera de propósito* hors de propos || *fuera de que* outre le fait que, en dehors du fait que || *fuera de serie* hors série || *fuera de texto* hors-texte || *— de fuera de temporada* hors saison (precios, tarifas) || *desde fuera* du dehors, de l'extérieur || *hacia fuera* en dehors; *tener los pies hacia fuera* avoir les pieds en dehors || *lámina fuera de texto* hors-texte || *persona fuera de la ley* hors-la-loi || *por fuera* du dehors, en apparence (en apariencia), à l'extérieur (exteriormente) || *— cenar fuera* dîner en ville || *estar fuera* être dehors o sorti (fuera de casa), ne pas être là, être en voyage (en otra ciudad) || *estar fuera de sí* être hors de soi || *esto es fuera de lo común* ou *de lo corriente* ça sort de l'ordinaire || *esto está fuera de la cuestión* là n'est pas la question || *esto está fuera de su competencia* cela dépasse sa compétence || *poner fuera de sí* mettre hors de soi (irritar), transporter; *la música de Bach le ponía fuera de sí* la musique de Bach le transportait.
◆ *interj* dehors!, hors d'ici!, ouste!
fuera borda *m* MAR hors-bord *inv.*
fuereño, ña *adj* (*amer*) sot, sotte; nigaud, e (tonto) | étranger, ère (forastero).
fuero *m* coutume *f* [loi particulière à une province, à une ville] || DR «fuero» (compilación de leyes) | privilège (privilegio) | juridiction *f*, for (*p us*) || *— fuero eclesiástico* for ecclésiastique || *fueros municipales* libertés municipales || *— a fuero* selon la coutume || *de fuero* de droit || *en mi, tu, su fuero interno* ou *interior* dans mon, ton, son for intérieur || *no es tanto por el huevo como por el fuero* c'est une question de principe, c'est pour le principe.
◆ *pl* FAM arrogance *f sing* || *no tenga usted tantos fueros* ne soyez donc pas si arrogant.
fuerte *adj* fort, e; *un hombre fuerte* un homme fort (robusto) || fort, e (olor, bebida) || solide, résistant, e; *una tela muy fuerte* un tissu très solide || dur, e (duro) || FIG fort, e; *una fuerte cantidad de dinero* une forte somme | fort, e (moneda) | fort, e; *estar fuerte en latín* être fort en latin | accidenté, e (terreno) || *— fuerte como un roble* ou *como un toro* fort comme un chêne o comme un Turc o comme un bœuf (fuerte), solide comme un roc (resistente) || *plato fuerte* plat o pièce de résistance || *plaza fuerte* place forte || *precio fuerte* prix fort.
◆ *m* fort; *proteger al débil contra el fuerte* protéger le faible contre le fort || MAR & MIL fort || FIG fort, partie *f*; *la música es su fuerte* la musique est son fort o sa partie.

fuertemente

➧ *adv* fort; *hablar, pegar fuerte* parler, taper fort; *apretar fuerte* serrer fort ‖ beaucoup; *comer fuerte* manger beaucoup ‖ — *jugar fuerte* jouer gros ‖ *trabajar fuerte* travailler ferme.
— OBSERV Le mot espagnol *fuerte* n'a pas le sens de gros, que le mot *fort* a parfois en français. *Una mujer fuerte* est une femme robuste, athlétique.

fuertemente *adv* fortement, avec force ‖ fort; *hablar fuertemente* parler fort.

fuerza *f* force; *la fuerza de un atleta* la force d'un athlète ‖ FIG force; *fuerza de ánimo* force de caractère ‖ solidité (solidez) ‖ FÍS force; *fuerza centrífuga, centrípeta, de inercia* force centrifuge, centripète, d'inertie ‖ — *fuerza de disuasión* ou *disuasoria* force de frappe ‖ *fuerza electromotriz (f.e.m.)* force électromotrice (f.é.m) ‖ DR *fuerza mayor* force majeure ‖ *fuerza pública* force publique ‖ *fuerzas vivas* forces vives ‖ *la fuerza de la edad* la force de l'âge ‖ *la fuerza de la sangre* la force du sang ‖ — *a fuerza de* à force de; *ha llegado a fuerza de trabajo* il est arrivé à force de travail; à coups de; *hace sus traducciones a fuerza de diccionarios* il fait ses traductions à coups de dictionnaire ‖ *a fuerza de manos* de haute lutte ‖ POP *a fuerza de puño* à base d'huile de coude ‖ *a la fuerza* de force (por fuerza), forcément; *tiene que pasar por aquí a la fuerza* il doit forcément passer par ici ‖ *a viva fuerza* de vive force ‖ *con más fuerza* de plus belle (cada vez más) ‖ *con todas sus fuerzas* de toutes ses forces ‖ *de fuerza* par force ‖ *por fuerza* par force (forzosamente), de force; *de grado o por fuerza* de gré ou de force; à toute force (a todo trance) ‖ FAM *a éste se le va la fuerza por la boca* il est surtout fort en paroles ‖ *a la fuerza ahorcan* on ne fait pas toujours ce qu'on veut ‖ *cobrar fuerzas* se remettre, reprendre des forces ‖ *es fuerza confesarlo* il faut le reconnaître, il faut l'avouer ‖ *hacer fuerza* faire pression ‖ *más vale maña que fuerza* plus fait douceur que violence ‖ *quitar las fuerzas* ôter toute force, couper bras et jambes ‖ *sacar fuerzas de flaqueza* prendre son courage à deux mains, faire un ultime effort ‖ *sacar fuerzas para* trouver la force de ‖ *ser fuerza* être néccessaire.
➧ *pl* MIL forces; *las fuerzas españolas* les forces espagnoles; *las fuerzas aéreas* les forces aériennes.

fuga *f* fuite; *poner en fuga* mettre en fuite; *delito de fuga* délit de fuite ‖ fugue (escapatoria) ‖ fuite (de gas, etc.) ‖ MÚS fugue ‖ FIG évasion; *fuga de capitales* évasion de capitaux ‖ fougue (ardor); *la fuga de la juventud* la fougue de la jeunesse.

fugacidad *f* fugacité.

fugarse *v pr* s'enfuir; *fugarse de la cárcel* s'enfuir de prison.

fugaz *adj* fugace ‖ *estrella fugaz* étoile filante.

fugitivo, va *adj y s* fugitif, ive.

fuguillas *m y f inv* FAM personne qui ne tient pas en place o qui a la bougeotte.

Fuji Yama *n pr* GEOGR Fuji-Yama.

ful *adj* FAM faux, fausse; en toc (falso) | raté, e (fallido) | mauvais, e (malo).

fulano, na *m y f* Untel, Unetelle; *vinieron Fulano, Mengano y Zutano* Untel, Untel et Untel sont venus ‖ Untel, Unetelle; Machin, Machine; *he visto a Fulano* j'ai vu Machin ‖ — *don Fulano de Tal* monsieur Untel ‖ *ese fulano* ce type-là ‖ *una fulana* une grue (prostituta) ‖ *un fulano* un individu.

fular *m* foulard (tela y pañuelo para la cabeza).

fulastre; fulastrón, ona *adj* FAM pourrie, e (malo) | bâclé, e (mal hecho) | à la gomme (de poco valor).
➧ *m y f* fumiste.

fulcro *m* TECN point d'appui (de la palanca).

fulero, ra *adj y s* fumiste (farsante).
➧ *adj (amer)* POP dégueulasse, dégueu (feo, malo).

fulgente; fúlgido, da *adj* brillant, e.

fulgir *v intr* briller, étinceler.

fulgor *m* éclat, lueur *f*, fulguration *f* (luz viva).

fulguración *f* fulguration.

fulgurante *adj* fulgurant, e.

fulgurar *v intr* fulgurer (brillar).

fulminación *f* fulmination ‖ foudroiement *m* (por el rayo).

fulminante *adj* foudroyant, e; *apoplejía fulminante* apoplexie foudroyante; *un disparo fulminante* un tir foudroyant ‖ FIG fulminant, e; *mirada fulminante* regard fulminant.
➧ *m* amorce *f* (de la bala) ‖ détonateur (detonador).

fulminar *v tr* foudroyer (matar con el rayo) ‖ FIG foudroyer, fusiller; *fulminar con la mirada* foudroyer du regard | lancer (bombas) | fulminer, lancer (excomuniones, amenazas) | terrasser, foudroyer; *fulminado por la enfermedad* terrassé par la maladie.
➧ *v intr* fulminer.

fulminato *m* QUÍM fulminate.

full *m* full (en el póker).

fullear *v intr* tricher.

fullería *f* tricherie (trampa) ‖ astuce (maña) ‖ *hacer fullerías* tricher.

fullero, ra *adj y s* tricheur, euse.

fumable *adj* fumable ‖ FIG potable (aceptable).

fumada *f* bouffée (de humo).

fumadero *m* fumoir ‖ fumerie *f* (de opio, etc.).

fumador, ra *adj y s* fumeur, euse.

fumante *adj* QUÍM fumant, e (ácido).

fumar *v tr e intr* fumer; *fumar en pipa* fumer la pipe ‖ *fumar como una chimenea* fumer comme un sapeur o comme une cheminée o comme un pompier ‖ *papel de fumar* papier à cigarettes.
➧ *v tr* fumer; *fumar tabaco rubio* fumer du tabac blond.
➧ *v pr* fumer; *fumarse un pitillo* fumer une cigarette ‖ FAM manger, griller (gastar); *fumarse la paga del mes* manger le salaire du mois | sécher; *fumarse la clase* sécher le cours.

fumarada *f* bouffée de fumée ‖ charge d'une pipe (de tabaco).

fumaria *f* BOT fumeterre (planta).

fumarola *f* fumerolle (de volcán).

fumeta *m y f* FAM shitman, fumeur, euse de haschish.

fumigación *f* fumigation.

fumigador *m* fumigateur.

fumigar *v tr* désinfecter [par fumigation].

fumista *m* fumiste (reparador de chimeneas y estufas).
— OBSERV *Fumista* n'a pas le sens familier du mot français *fumiste* camelista [mystificateur].

funambulesco, ca *adj* funambulesque.

funámbulo, la *m* y *f* funambule, danseur, danseuse de corde (volatinero).

función *f* fonction; *entrar en funciones* entrer en fonctions; *desempeñar las funciones de secretario* remplir les fonctions de secrétaire ‖ ANAT fonction; *funciones de nutrición* fonctions de nutrition‖ TEATR représentation (espectáculo) ‖ fête, solennité religieuse ‖ réunion (fiesta privada) ‖ MAT & QUÍM fonction; *ser función de* être fonction de ‖ FAM scène; *armar una función* faire une scène ‖ *— función benéfica* gala de bienfaisance, spectacle au profit d'une œuvre humanitaire ‖ *función de gala ou de etiqueta* soirée de gala ‖ *función de tarde* matinée ‖ *función de noche* soirée ‖ *— en función de* en fonction de ‖ *en funciones* en fonction ‖ *— TEATR no hay función* relâche; *en este teatro no hay función hoy* ce théâtre fait relâche aujourd'hui.

funcional *adj* fonctionnel, elle; *arquitectura funcional* architecture fonctionnelle.

funcionalidad *f* fonctionnalité, utilité.

funcionalismo *m* ARQ & ARTES fonctionnalisme.

funcionamiento *m* fonctionnement; *mal funcionamiento* mauvais fonctionnement ‖ marche *f* (de un motor); *poner en funcionamiento* mettre en marche.

funcionar *v intr* fonctionner, marcher; *esta máquina funciona bien* cette machine fonctionne bien ‖ *no funciona* en dérangement (teléfono, ascensor).

funcionariado *m* Fonction *f* publique.

funcionario, ria *m* y *f* fonctionnaire.

funcionarismo *m* fonctionnarisme.

funda *f* housse (de tela, de plástico) ‖ taie (de almohada) ‖ étui *m* (de violín, gafas, fusil) ‖ gaine (vaina de puñal, de pistola) ‖ fourreau *m* (de espada, de un paraguas) ‖ pochette (de disco) ‖ *— funda de arzón* fonte (pistolera) ‖ *poner una funda* fourrer, gainer (un cable).

fundación *f* fondation.

fundacional *adj* constitutif, ive; *acta fundacional* acte constitutif (de una organización).

fundadamente *adv* avec fondement.

fundado, da *adj* fondé, e ‖ *lo bien fundado* le bien-fondé; *lo bien fundado de una reclamación* le bien-fondé d'une réclamation.

fundador, ra *adj* y *s* fondateur, trice.

fundamentación *f* fondements *m pl*.

fundamental *adj* fondamental, e; *problemas fundamentales* problèmes fondamentaux.

fundamentalismo *m* fondamentalisme.

fundamentalista *adj* y *s* fondamentaliste.

fundamentalmente *adv* fondamentalement ‖ foncièrement; *es fundamentalmente bueno* il est foncièrement bon.

fundamentar *v tr* jeter les fondements *o* les fondations de (cimientos) ‖ FIG fonder (tomar como base) ‖ jeter les fondements de (sentar las bases).
◆ *v pr* reposer; *esto se fundamenta en principios sólidos* cela repose sur des principes solides.

fundamento *m* fondement, fondation *f* (de un edificio) ‖ FIG fondement; *sin fundamento* sans fondement ‖ *no tener fundamento* ne pas tenir debout ‖ *tener fundamentos para* avoir de bonnes raisons pour *o* de.

fundar *v tr* fonder (edificar o crear) ‖ FIG fonder; *fundar sus sospechas en* fonder ses soupçons sur.
◆ *v pr* s'appuyer, reposer (estribar); *el arco se funda en el pilar* l'arc repose sur le pilier ‖ FIG s'appuyer; *¿en qué te fundas para decir esto?* sur quoi t'appuies-tu pour dire cela? | se fonder; *fundarse en una opinión* se fonder sur une opinion.

fundición *f* fonte (acción de fundir) ‖ fonte (hierro colado); *fundición refinada* fonte d'affinage ‖ fonderie (lugar donde se funde) ‖ IMPR fonte (de letras) ‖ *— TECN fundición de acero* aciérie ‖ *fundición de sebo* fondoir (grasería).

fundido *m* CINEM fondu; *fundido encadenado* fondu enchaîné.

fundidor *m* fondeur (obrero).

fundillo *m* (*amer*) fond de culotte (fondillos) | derrière (trasero).

fundir *v tr* fondre; *fundir el hierro* fondre le fer ‖ couler (vaciar una estatua).
◆ *v pr* fondre (volverse líquido) ‖ FIG se fondre (unirse) ‖ couler (una biela) ‖ griller (una bombilla) ‖ FAM (*amer*) faire la culbute, faire faillite (arruinarse).

fundo *m* DR fonds, propriété *f* foncière (finca rústica).

fúnebre *adj* funèbre; *canto fúnebre* chant funèbre ‖ *— coche fúnebre* corbillard ‖ *pompas fúnebres* pompes funèbres (funeraria).

funeral *adj* funéraire.
◆ *m* obsèques *f pl* (después de muerto), messe *f* d'anniversaire (en el aniversario) ‖ funérailles *f pl*, enterrement (entierro).
◆ *pl* funérailles *f*, obsèques *f* (exequias a un personaje).

funerala (a la) *loc adv* renversés (fusiles), traînantes (picas) [en signe de deuil] ‖ FAM *ojo a la funerala* œil au beurre noir.

funerario, ria *adj* funéraire.
◆ *f* entreprise de pompes funèbres (empresa), pompes *pl* funèbres (tienda).
◆ *m* employé des pompes funèbres.

funesto, ta *adj* funeste.

fungible *adj* DR fongible.

fungicida *adj* y *s m* fongicide.

fungiforme *adj* fongiforme (en forma de hongo).

fungir *v intr* (*amer*) avoir une charge de.

fungo *m* MED fongus (tumor).

fungosidad *f* fongosité.

fungoso, sa *adj* fongueux, euse (esponjoso).

funicular *adj* y *s m* funiculaire.

furcia *f* FAM grue, garce (ramera).

furgón *m* fourgon.

furgoneta *f* fourgonnette commerciale ‖ *furgoneta familiar* familiale.

furia *f* furie; *hablar con furia* parler avec furie ‖ hâte, impétuosité, fougue (velocidad) ‖ FIG furie (persona mala) ‖ *— (amer) a toda furia* en toute hâte, impétueusement ‖ *— estar hecho una furia* être furieux, être hors de soi, être fou de colère ‖ *poner hecho una furia* mettre en rage ‖ *ponerse hecho una furia* entrer dans une colère noire, se mettre dans tous ses états, entrer en furie.

furibundo, da *adj* furibond, e; furibard, e (*fam*); *miradas furibundas* regards furibonds ‖ *batalla furibunda* bataille furieuse.

furierismo *m* fouriérisme (sistema de Fourier).

furiosamente *adv* furieusement.

furioso *adv* MÚS furioso.

furioso, sa *adj* furieux, euse ‖ FIG très grand, e; énorme, furieux, euse *(p us)*; *un gasto furioso* une dépense énorme | furieux, euse; *viento furioso* vent furieux ‖ *— estaba furioso con* ou *por esta noticia* il était furieux d'apprendre cette nouvelle, cette nouvelle l'avait rendu furieux ‖ *ponerse furioso* se fâcher tout rouge, se mettre en colère, entrer en fureur.

furor *m* fureur *f*; *gritar con furor* crier avec fureur ‖ FIG fougue *f*; *el furor de la juventud* la fougue de la jeunesse | fureur *f*; *el furor del juego* la fureur du jeu; *el furor de los elementos* la fureur des éléments ‖ *— con furor* à la folie ‖ *hacer furor* faire fureur *o* rage.

furriel *m* fourrier.

furtivo, va *adj* furtif, ive ‖ *— caza* ou *pesca furtiva* braconnage ‖ *cazador* ou *pescador furtivo* braconnier.

furúnculo *m* MED furoncle.

fusa *f* MÚS triple croche.

fuseaux *m inv* (pantalon) fuseau.

fuselaje *m* AVIAC fuselage.

fusibilidad *f* fusibilité.

fusible *adj y s m* fusible.

fusiforme *adj* fusiforme.

fusil *m* fusil (arma) ‖ *— fusil ametrallador* fusil mitrailleur ‖ *fusil con alza automática* fusil à lunette ‖ *fusil de aguja, de chispa* fusil à aiguille, à pierre ‖ *fusil de repetición, semiautomático* fusil à répétition, semi-automatique ‖ *— echarse el fusil a la cara, encararse el fusil* épauler son fusil.

— OBSERV Le mot espagnol *fusil* désigne essentiellement le *fusil de guerre*. Le *fusil de chasse* se dit *escopeta*.

fusilamiento *m* exécution *f*; *fusilamientos en masa* exécutions en masse ‖ FIG plagiat (plagio).

fusilar *v tr* fusiller ‖ FAM plagier, piller (plagiar).

fusilería *f* ensemble *m* de fusils ‖ troupe armée de fusils ‖ *descarga* ou *fuego de fusilería* fusillade.

fusilero *m* fusilier (soldado).

fusión *f* fusion (de los metales) ‖ fonte (de la nieve) ‖ fusion, fusionnement *m* (de sociedades) ‖ *— fusión nuclear* fusion nucléaire ‖ ECON *fusión por absorción* fusion par absorption.

fusionar *v tr* fusionner.
◆ *v pr* fusionner; *los dos bancos se han fusionado* les deux banques ont fusionné.

fusta *f* tige, rameau *m* (vara) ‖ cravache (látigo) ‖ MAR fuste (embarcación).

fustán *m* futaine *f* (tela) ‖ *(amer)* jupon (enaguas blancas).

fuste *m* fût, hampe *f* (de lanza) ‖ arçon (de la silla de montar) ‖ POÉT selle *f* (silla de montar) ‖ ARQ fût (caña de columna) ‖ *(p us)* bois (madera) | bâton (vara) ‖ FIG poids, importance *f*, envergure *f*; *negocio de poco fuste* affaire de peu d'importance | fond (fundamento) ‖ *— gente de fuste* gens bien ‖ *hombre de fuste* homme de poids ‖ *hombre de poco fuste* homme sans envergure ‖ ARQ *único de fuste, de fuste único* monostyle.

fustigación *f* fustigation.

fustigador, ra *adj* critique.
◆ *m y f* détracteur, trice.

fustigar *v tr* fustiger.

fútbol *m* football ‖ *fútbol americano* football américain.

futbolero, ra *adj y s* amateur, trice de football.

futbolín *m* baby-foot, football de table.

futbolista *m* footballeur, joueur de football.

futbolístico, ca *adj* de football; *un torneo futbolístico* un tournoi de football.

futesa *f* POP bagatelle, foutaise.

fútil *adj* futile.

futileza; futilidad *f* futilité.

fúting; footing *m* footing.
— OBSERV L'anglicisme *hacer fúting* peut être remplacé en espagnol par *correr* ou *hacer ejercicio*.

futurible *adj* potentiel, elle; jouable ‖ présidentiable, ministrable (política).
◆ *adj y s m* futurible *(p us)*.

futurismo *m* futurisme.

futurista *adj y s* futuriste.

futuro, ra *adj y s m* futur ‖ *— GRAM futuro imperfecto* futur simple | *futuro perfecto* ou *anterior* futur antérieur.
◆ *m lo futuro* l'avenir ‖ ECON *futuros* opérations à terme.

futurología *f* futurologie.

futurólogo, ga *m y f* futurologue.

G

g *f* g *m*; una «g» minúscula un «g» minuscule.
gabacho, cha *adj y s* gavache (montañés de los Pirineos franceses) ‖ FAM français, e.
◆ *adj* pattu, e (paloma).
◆ *m* FAM espagnol francisé [langue].
gabán *m* pardessus (abrigo).
gabardina *f* gabardine (impermeable).
gabarra *f* gabare *(p us)*, péniche (embarcación).
gabarro *m* pépie *f* (pepita de las gallinas) ‖ forlançure *f* (defecto en un tejido) ‖ rognon (nódulo) ‖ sorte de mortier, coulis (albañilería) ‖ VETER javart (tumor).
gabela *f* gabelle (tributo) ‖ FIG charge, obligation ‖ *(amer)* avantage *m*.
gabinete *m* cabinet (de ministros, de física, de lectura) ‖ boudoir (de una señora) ‖ — *gabinete de consulta* cabinet de consultation ‖ *estrategias de gabinete* stratèges en chambre.
gablete *m* ARQ gable, gâble.
Gabón *n pr m* GEOGR Gabon.
gabonés, esa *adj* gabonais, e.
◆ *m y f* Gabonais, e.
gacela *f* ZOOL gazelle.
gaceta *f* gazette (periódico) ‖ *(ant)* journal *m* officiel [en Espagne] ‖ FIG gazette (correveidile) ‖ TECN casette ‖ *mentir más que la gaceta* mentir comme un arracheur de dents.
gacetilla *f* nouvelles *pl* brèves, échos *m pl* (de un periódico) ‖ FIG gazette (correveidile).
gacetillero *m* journaliste (periodista) ‖ échotier.
gaché; gachó *m* nom que les Gitans donnent aux Andalous ‖ POP type; *un gachó poco recomendable* un type peu recommandable.
gachí *f* POP gonzesse, fille.
gacho, cha *adj* courbé, e (doblado) ‖ penché, e (inclinado) ‖ bas, basse (orejas) ‖ tombant, e (orejas de un animal); *el cócker tiene las orejas gachas* le cocker a les oreilles tombantes ‖ bas encorné, e (buey o vaca) ‖ qui s'enterre (caballo) ‖ — *a gachas* à quatre pattes ‖ FIG & FAM *volver con las orejas gachas* revenir l'oreille basse *o* bredouille.
gachó *m* → gaché.
gachón, ona *adj* FAM charmant, e (atractivo) ‖ gâté, e (mimado, consentido).
◆ *f* POP gonzesse.
◆ *m pl* types (gachós).
gachonada; gachonería *f* FAM grâce, charme *m* (atractivo).
gaditano, na *adj* gaditain, e (de Cádiz).
◆ *m y f* Gaditain, e.
gadolinio *m* gadolinium (metal).
gaélico, ca *adj y s* gaélique (céltico).

gafa *f* pied-de-biche (de ballesta) ‖ MAR gaffe (garfio).
◆ *pl* lunettes (anteojos) ‖ — *gafas bifocales* lunettes à double foyer ‖ *gafas submarinas* masque de plongée ‖ *gafas de sol* lunettes de soleil ‖ *calarse las gafas* mettre ses lunettes ‖ — *llevar gafas de oro* porter des lunettes en or.
gafar *v tr* accrocher (con un gancho), agripper (con las uñas) ‖ MAR gaffer ‖ POP porter la poisse à (traer mala suerte).
◆ *v pr* FIG tomber à l'eau.
gafe *m* FAM oiseau de malheur ‖ POP *ser gafe* avoir le mauvais œil, porter malheur *o* la guigne *o* la poisse.
gag *m* gag (episodio cómico).
gaita *f* MÚS cornemuse (gallega), musette (con fuelle), biniou *m* (en Bretaña) | vielle (zanfonía); *gaita zamorana* vielle à roue, chifonie ‖ FIG & FAM cou *m* (pescuezo); *estirar la gaita* allonger le cou | corvée; *es una gaita escribir la carta esa* quelle corvée d'écrire cette lettre | comédie, histoire, travail *m*; *aparcar allí es una gaita* c'est toute une histoire de se garer à cet endroit-là ‖ *(amer)* FAM espagnol, e ‖ — *alegre como una gaita* gai comme un pinson ‖ FAM *no me vengas con gaitas* ne m'ennuie pas ‖ *templar gaitas* arrondir les angles.
gaitero, ra *adj y s* FAM extravagant, e; excentrique (vestido) ‖ guilleret, ette; fringant, e (alegre).
◆ *m* joueur de cornemuse, cornemuseur.
gaje *m* *(ant)* gage (cosa entregada en prenda).
◆ *pl* gages (salario) ‖ FAM *los gajes del oficio* les inconvénients *o* les aléas du métier.
gajo *m* branche *f* d'arbre (rama) ‖ grappillon (de uvas) ‖ bouquet (de cerezas, etc.) ‖ quartier (de naranja, limón) ‖ dent *f* (de horca) ‖ chaînon (de montañas) ‖ BOT lobule (lóbulo) ‖ *(amer)* bouture *f* (esqueje).
GAL abrev de *Grupos Antiterroristas de Liberación* Groupes antiterroristes de Libération [en Espagne].
gala *f* habit *m* de fête (vestido) ‖ grâce, élégance; *hablar con gala* parler avec grâce ‖ fine fleur, le plus beau fleuron (lo más selecto) ‖ gala *m* (espectáculo) ‖ — MIL *con traje* ou *uniforme de gala* en grande tenue, en grand uniforme, en costume de cérémonie, en tenue de parade ‖ *de gala* de gala ‖ *de media gala* de petit gala (uniforme) ‖ *función* ou *baile de gala* gala, soirée de gala ‖ — *estar en traje de gala* être en tenue de gala *o* en tenue de soirée ‖ *hacer gala de* se vanter de, être fier de (presumir), faire montre de (demostrar) ‖ *hacer gala de sus riquezas* faire étalage de ses richesses, étaler *o* afficher ses richesses ‖ *tener a gala* mettre un point d'honneur à; *tiene a gala hacerlo todo por sí mismo* il met un point d'honneur à faire tout lui-même.

galáctico 432

◆ *pl* atours *m* (vestido), bijoux *m* (joyas).
galáctico, ca *adj* ASTR galactique.
galactosa *f* galactose.
galaico, ca *adj* galicien, enne; de Galice (gallego).
galaicoportugués, esa *adj y s m* → **gallegoportugués**.
galán *m* galant (ant), chevalier servant (galante, enamorado) ‖ bel homme, beau garçon (apuesto, bien parecido) ‖ — BOT *galán de día, de noche* arbustes tropicaux ‖ *galán de noche* valet de nuit (mueble) ‖ TEATR *galán joven* jeune premier | *segundo galán* second rôle.
galanía *f* élégance (galanura).
galano, na *adj* élégant, e (bien vestido) ‖ FIG élégant, e; brillant, e (estilo, frase) ‖ (amer) tacheté, e (res) ‖ — FIG *cuentas galanas* châteaux en Espagne (ilusiones), comptes d'apothicaire (cuentas del Gran Capitán) ‖ FIG *guerra galana* guerre en dentelles.
— OBSERV Les mots *galán, galano, galante* ont des sens quelque peu différents de ceux du français *galant*. *Galán* indique surtout une beauté physique, *galano* suggère l'idée d'élégance, *galante* s'applique surtout aux rapports de courtoisie avec les dames.
— OBSERV En francés *galant* evoca sobre todo la cortesía, la caballerosidad. Un *galant homme* es un caballero.
galante *adj* galant, e [qui aime à courtiser les dames] ‖ *mujer galante* femme galante.
galanteador *adj y s m* galant.
galantear *v tr* courtiser, faire sa cour à (requebrar), conter fleurette à ‖ faire le joli cœur.
galantemente *adv* galamment.
galanteo *m* cour *f* (requiebro) ‖ *es demasiado viejo para galanteos* il est trop vieux pour faire le joli cœur.
galantería *f* galanterie (caballerosidad).
— OBSERV Véase GALANO.
galanura *f* élégance; *vestir con galanura* s'habiller avec élégance ‖ grâce; *andar con galanura* marcher avec grâce.
galapagar *m* lieu où les tortues abondent.
galápago *m* tortue *f* (tortuga) ‖ sep (del arado) ‖ TECN saumon (lingote) | moule à briques (para ladrillos) ‖ ARQ cintre ‖ MED fronde *f* (vendaje) ‖ EQUIT selle *f* anglaise ‖ MIL tortue *f* (testudo) ‖ VETER crapaud (úlcera del caballo) ‖ MAR taquet.
Galápagos (islas de los); Colón (archipiélago de) *n pr* GEOGR îles Galapagos.
galardón *m* récompense *f*, prix.
galardonado, da *adj y s* lauréat, e.
galardonar *v tr* récompenser (recompensar) ‖ couronner; *los propios académicos han galardonado su obra* les académiciens eux-mêmes ont couronné son œuvre ‖ *galardonar con una medalla* donner une médaille à, médailler.
galaxia *f* ASTR galaxie.
galbana *f* FAM flemme, paresse.
galdosiano, na *adj* de l'écrivain Pérez Galdós.
galena *f* MIN galène.
galénico, ca *adj* MED galénique.
galeno, na *adj* MAR doux, douce (viento).
◆ *m* FAM toubib, médecin (médico).
galeón *m* MAR galion (barco).
galeote *m* galérien (forzado).

galera *f* MAR galère ‖ chariot *m* à quatre roues (carro) ‖ rangée de lits [dans une salle d'hôpital] ‖ prison pour femmes (cárcel) ‖ galère, varlope (garlopa) ‖ MAT ligne de séparation entre les facteurs d'une division ‖ IMPR galée ‖ placard *m* (prueba) ‖ MIN galère (horno) ‖ ZOOL squille, sorte de crevette ‖ (amer) haut-de-forme *m* (sombrero) | hangar *m* (cobertizo).
◆ *pl* galères (condena); *condenar a galeras* condamner aux galères.
galerada *f* charge d'une galère (carga) ‖ IMPR galée (composición) | placard *m* (prueba).
galerero *m* charretier.
galería *f* galerie (en una casa, de pinturas, de mina) ‖ MAR galerie ‖ TEATR galerie, poulailler *m* ‖ cantonnière *f* (de cortinas) ‖ FIG galerie; *para la galería* pour la galerie ‖ *galería comercial* galerie marchande.
galerín *m* petite galère *f* ‖ IMPR galée *f*.
galerna *f* MAR galerne (viento).
Gales *n pr* GEOGR Galles; *el País de Gales* le pays de Galles.
galés, esa *adj* gallois, e.
◆ *m y f* Gallois, e.
galgo, ga *m y f* lévrier, levrette (perro) ‖ — *correr como un galgo* courir comme un lapin ‖ *de casta le viene al galgo el ser rabilargo* bon chien chasse de race ‖ FAM *¡échele un galgo!* vous pouvez toujours courir!
◆ *adj* (amer) goulu, e.
Galia *n pr f* GEOGR Gaule.
gálibo *m* TECN gabarit.
galicanismo *m* gallicanisme.
galicano, na *adj* gallican, e.
Galicia *n pr f* GEOGR Galice [Espagne].
— OBSERV No confundir *Galice* con *Galicie*, que corresponde a la *Galitzia* eslava.
galicismo *m* gallicisme.
galicista *adj y s* qui emploie beaucoup de gallicismes.
gálico, ca *adj* gallique (de los galos) ‖ QUÍM gallique; *ácido gálico* acide gallique.
◆ *m* syphilis *f*.
galicoso, sa *adj y s* syphilitique.
galimatías *m* FAM galimatias, charabia.
galio *m* gallium (metal).
galo, la *adj* HIST gaulois, e.
◆ *m y f* Gaulois, e.
galomanía *f* gallomanie (afrancesamiento).
galón *m* galon (cinta) ‖ MIL galon ‖ gallon (medida inglesa y norteamericana).
galonear *v tr* galonner.
galopada *f* galopade.
galopante *adj* galopant, e ‖ *tisis galopante* phtisie galopante.
galopar *v intr* galoper.
galope *m* galop; *ir a* ou *al galope* aller au galop ‖ — FIG *a* ou *de galope* à toute vitesse | *a galope tendido* au triple *o* au grand galop ‖ *galope sostenido* ou *medio galop* de manège, galopade.
galpón *m* (amer) hangar (cobertizo) | (ant) pièce *f* réservée aux esclaves dans les «estancias».
galvanización *f* galvanisation.
galvanizar *v tr* galvaniser ‖ FIG galvaniser (inflamar).

galvano *m* IMPR galvanotype.
galvanómetro *m* FÍS galvanomètre.
galvanoplastia *f* galvanoplastie.
galladura *f* cicatricule (germen del huevo).
gallardamente *adv* avec prestance (airosamente) ‖ hardiment, gaillardement (con valentía).
gallardear *v intr* se vanter, en étaler (vanagloriarse).
gallardete *m* flamme *f* (banderola), drapeau (bandera).
gallardía *f* allure, élégance, prestance (bizarría) ‖ hardiesse, cran *m* (valor).
gallardo, da *adj* qui a de l'allure o de la prestance o une belle tournure (airoso) ‖ hardi, e; vaillant, e; gaillard, e (valeroso) ‖ FIG excellent, e (excelente).
gallear *v tr* cocher (el gallo).
  ◆ *v intr* FIG & FAM se dresser sur ses ergots, monter sur ses grands chevaux (alzar la voz) ‖ se distinguer, briller (sobresalir) ‖ en étaler, crâner (pavonearse) ‖ TECN rocher (la plata en fusión).
  ◆ *v pr* élever la voix, hausser le ton.
gallegada *f* mot *m* o action propre aux Galiciens ‖ danse populaire galicienne (baile).
gallego, ga *adj* galicien, enne (de Galicia).
  ◆ *m y f* Galicien, enne.
  ◆ *m* galicien (lengua) ‖ *(amer)* espagnol, e [péjoratif].
gallegoportugués, esa; galaicoportugués, esa *adj y s m* gallego-portugais, e; galicien-portugais, e.
galleguismo *m* tournure *m* propre à l'espagnol de Galice.
galleta *f* CULIN gâteau *m* sec, petit gâteau *m*, biscuit *m* sec (bizcocho) ‖ petit-beurre *m* (de forma rectangular y borde lobulado), galette (de marinero) ‖ FAM tarte (bofetada) ‖ gailleterie, gailletin *m* (carbón) ‖ *(amer)* récipient *m* pour boire le maté ‖ pain *m* bis (pan) ‖ *(amer)* FAM *colgar la galleta* mettre à la porte.
  — OBSERV *Galette*, sous sa forme la plus courante, se traduit par *torta*.
gallina *f* poule (ave) ‖ — *gallina ciega* colin-maillard (juego) ‖ *gallina de agua* poule d'eau ‖ *gallina de Guinea* pintade, poule de Barbarie ‖ *gallina de río* foulque ‖ *gallina ponedora* poule pondeuse, pondeuse ‖ *gallina sorda* bécasse ‖ *gallina vieja da buen caldo* c'est dans les vieilles marmites qu'on fait la bonne soupe ‖ — FIG *acostarse con las gallinas* se coucher avec les poules ‖ *dar con la gallina que pone los huevos de oro* trouver la poule aux œufs d'or ‖ *en casa de Gonzalo más puede la gallina que el gallo* dans cette maison, c'est elle qui porte la culotte ‖ *estar como gallina en corral ajeno* être dans ses petits souliers ‖ *matar la gallina de los huevos de oro* tuer la poule aux œufs d'or ‖ *tener carne de gallina* avoir la chair de poule.
  ◆ *m* FIG & FAM poule *f* mouillée, mauviette *f*; *es un gallina* c'est une poule mouillée.
gallináceo, a *adj y s* ZOOL gallinacé, e.
gallinaza *f* urubu *m* (gallinazo) ‖ fumier *m* de poule (estiércol) ‖ fiente (excremento de gallina).
gallinazo *m* urubu *m* (buitre de América).
gallinería *f* volaille (conjunto de gallinas) ‖ magasin *m* de volailles (tienda) ‖ FIG pusillanimité (cobardía).
gallinero *m* volailler (vendedor de aves de corral) ‖ poulailler (refugio para las aves de corral) ‖ cage *f* à poules (cesto para transportar) ‖ TEATR poulailler, paradis ‖ volière *f* ‖ — FIG & FAM *dejar a uno como palo de gallinero* dire pis que pendre de quelqu'un ‖ *es más sucio que palo de gallinero* il est sale comme un peigne.
gallineta *f* foulque (fúlica) ‖ bécasse (chocha) ‖ *(amer)* pintade (pintada).
gallito *m* cochet, jeune coq ‖ *(amer)* coq de roche (gallito de roca) ‖ fléchette (flechilla) ‖ — FIG *gallito del pueblo* coq du village ‖ *gallito del rey* labre, vieille de mer (budión).
gallo *m* coq (ave) ‖ limande *f* (pez) ‖ FIG & FAM couac, canard (nota falsa); *soltar un gallo* faire un canard ‖ despote (el que manda) ‖ POP crachat (esputo) ‖ — *gallo de monte, gallo silvestre* coq de bruyère (urogallo) ‖ FIG *gallo de pueblo* coq de clocher ‖ *gallo de riña* ou *de pelea* coq de combat ‖ *gallo de roca* rupicole, coq de roche ‖ — *entre gallos y media noche* à une heure indue ‖ *misa del gallo* messe de minuit ‖ DEP *peso gallo* poids coq (boxeo) ‖ — FAM *alzar el gallo* monter sur ses ergots ‖ *en menos que canta un gallo* en un clin d'œil, en moins de deux, en moins de rien ‖ *ser engreído como gallo de cortijo* se croire le premier moutardier du pape, se croire sorti de la cuisse de Jupiter ‖ *(amer) ser muy gallo* être très courageux ‖ FAM *tener arroz y gallo muerto* mettre les petits plats dans les grands ‖ *(amer) vestirse de gallo* s'habiller avec des fripes.
gallup *m* gallup (sondeo de la opinión pública).
gama *f* ZOOL daine (hembra del gamo) ‖ MÚS gamme (escala); *hacer gamas en el piano* faire des gammes au piano ‖ gamme (serie); *gama de artículos* gamme de produits.
gamado, da *adj* gammé, e; *cruz gamada* croix gammée.
gamba *f* crevette rose, bouquet *m* ‖ FAM guibolle (pierna).
gamberrada *f* FAM tour *m* pendable, acte *m* de vandalisme.
gamberrismo *m* dévergondage ‖ vandalisme; *ola de gamberrismo* recrudescence du vandalisme.
gamberro, rra *adj y s* dévoyé, e.
  ◆ *m* voyou, blouson-noir (golfo).
  ◆ *f* grue (ramera).
gambeta *f* entrechat *m* (danza) ‖ EQUIT courbette ‖ *(amer)* écart *m* (esguince) ‖ échappatoire ‖ DEP feinte, dribble.
Gambia *n pr f* GEOGR Gambie.
gambiano, na *adj* gambien, enne.
  ◆ *m y f* Gambien, enne.
gambito *m* gambit (en el ajedrez).
gamella *f* écuelle (del yugo) ‖ auge, baquet *m* (artesa).
gameto *m* BIOL gamète.
gamezno *m* faon (cría del gamo).
gamín *m* *(amer)* gosse.
gamma *m* gamma (letra griega) ‖ FÍS *rayos gamma* rayons gamma.
gammaglobulina *f* BIOL gammaglobuline.
gamo *m* daim ‖ *correr como un gamo* courir comme un zèbre.
gamonal *m* endroit où abondent les asphodèles ‖ *(amer)* cacique.
gamuza *f* chamois *m*, isard *m* (animal) ‖ peau de chamois (piel).

gana *f* envie; *tener gana(s) de, darle ganas a uno de* avoir envie de ‖ *— de buena gana* de bon gré, de bon cœur, avec plaisir ‖ *de buena o mala gana* bon gré mal gré ‖ *de mala gana* de mauvais gré, à contrecœur ‖ *— (amer) es gana* c'est impossible, inutile d'insister ‖ FAM *hace lo que le da la gana* il fait ce qui lui chante, il n'en fait qu'à sa tête ‖ *hacer algo con poca gana* faire quelque chose de mauvaise grâce ‖ *le dieron unas ganas de correr* il a été pris d'une de ces envies de courir ‖ FAM *lo haré cuando me dé la real gana* je le ferai quand ça me chantera ‖ *me dejaron* ou *me quedé con las ganas* je suis resté sur ma faim ‖ *morirse de ganas* mourir d'envie, brûler d'envie ‖ *no me da la gana* je n'en ai pas envie, je ne veux pas ‖ *quitar las ganas* ne plus avoir envie de, faire passer l'envie de; *este accidente me ha quitado las ganas de comprar un coche* après cet accident, je n'ai plus envie d'acheter une voiture, cet accident m'a fait passer l'envie d'acheter une voiture; couper l'appétit ‖ *recuperar las ganas de* reprendre goût à ‖ *tenerle ganas a uno* avoir une dent contre quelqu'un ‖ *tener muchas ganas* ou *unas ganas locas de* avoir très envie de *o* grande envie de *o* une envie folle de ‖ *venir en gana* avoir envie de.

◆ *pl* appétit *m sing*; *abrir las ganas* ouvrir l'appétit ‖ *— comer sin ganas* manger sans appétit, manger du bout des dents.

ganadería *f* troupeau *m* (reunión de reses) ‖ élevage *m* (cría de ganado); *una ganadería de toros de lidia* un élevage de taureaux de combat ‖ bétail *m* (ganado).

ganadero, ra *adj* du bétail, d'élevage; *provincia ganadera* province d'élevage.

◆ *m y f* éleveur, euse (de ganado).

ganado *m* bétail; *ganado en pie* bétail sur pied; *cabeza de ganado* tête de bétail ‖ ruchée *f* (de abejas) ‖ FIG & FAM gens *m pl* (gente) ‖ *ganado caballar* espèce chevaline ‖ *ganado cabrío* chèvres ‖ *ganado de cerda* ou *moreno* ou *porcino* porcins, porcs, espèce porcine ‖ *ganado de engorde* animaux à l'engrais, bétail d'embouche ‖ FIG *ganado humano* bétail humain (esclavos) ‖ *ganado lanar* bêtes à laine, ovins ‖ *ganado mayor* gros bétail ‖ *ganado menor* petit bétail ‖ *ganado ovino* ovins, moutons ‖ *ganado vacuno* bovins, bêtes à cornes.

ganador, ra *adj y s* gagnant, e; *jugar a ganador* jouer gagnant.

ganancia *f* gain *m* (acción de ganar) ‖ bénéfice *m*, profit *m*, revenu *m* (lo que se gana) ‖ *(amer)* gratification (adehala) ‖ *—* FAM *no le arriendo la ganancia* je ne voudrais pas être à sa place ‖ COM *pérdidas y ganancias* profits et pertes.

ganancial *adj* bénéficiaire ‖ DR *bienes gananciales* acquêts; *comunidad de bienes gananciales* communauté réduite aux acquêts.

ganapán *m* portefaix ‖ gagne-denier (buscavidas) ‖ FIG & FAM malotru (grosero).

ganar *v tr* gagner; *ganar dinero, una batalla, un pleito* gagner de l'argent, une bataille, un procès; *ganar con que vivir* gagner de quoi vivre ‖ gagner (alcanzar) ‖ FIG surpasser, dépasser (superar) ‖ *— ganar el premio gordo* gagner le gros lot ‖ *ganar la partida a uno, ganarle a uno por la mano* damer le pion à quelqu'un, prendre le pas sur quelqu'un ‖ *ganar terreno* gagner du terrain ‖ *ganar tiempo* gagner du temps ‖ *—* FIG & FAM *¡a idiota no hay quien te gane!* comme idiot, tu te poses un peu là! ‖ *no hay quien le gane a Pedro al ajedrez* Pierre n'a pas son pareil aux échecs ‖ *no hay quien le gane en idiotez* il n'y a pas plus crétin que lui ‖ *no se ganó Zamora en una hora* Paris ne s'est pas fait en un jour.

◆ *v intr* gagner; *ganar con el trato* gagner à être connu ‖ gagner (vencer) ‖ DEP *ir ganando* mener; *ir ganando por tres tantos a uno* mener pas trois buts à un ‖ *— llevar las de ganar* avoir la partie belle, avoir tous les atouts dans son jeu ‖ *salir ganando* trouver son compte.

◆ *v pr* gagner; *ganarse la vida, el pan* gagner sa vie, son pain; *ganarse la vida cantando* gagner sa vie à chanter ‖ gagner, mériter; *se lo ha ganado* il l'a bien mérité ‖ *— ganarse el desprecio general* encourir le mépris général ‖ *ganarse la enemistad de alguien* s'attirer la haine de quelqu'un ‖ FIG & FAM *ganarse una bofetada* ou *una torta* récolter *o* recevoir une gifle ‖ *ganarse un castigo* récolter une punition ‖ *— con paciencia se gana el cielo* la patience vient à bout de tout, patience et longueur de temps font plus que force ni que rage ‖ FAM *hay que ganarse el puchero* il faut gagner sa croûte ‖ *¡la que se va a ganar!* qu'est-ce qu'il va prendre! ‖ *¡se lo ha ganado a pulso!* il l'a bien gagné *o* mérité!

ganchillo *m* crochet (aguja de gancho) ‖ épingle *f* à cheveux (horquilla) ‖ TECN guipoir ‖ *labor de ganchillo* crochet.

gancho *m* crochet (para colgar) ‖ crochet; *aguja de gancho* aiguille à crochet ‖ houlette *f* (cayado) ‖ tronçon de branche (de rama) ‖ crochet (boxeo) ‖ FIG & FAM intrigant (el que solicita) ‖ rufian, souteneur (rufián) ‖ rabatteur, racoleur (que atrae a los clientes) ‖ chic, chien; *mujer que tiene gancho* femme qui a du chien ‖ *(amer)* épingle *f* à cheveux (horquilla) ‖ aide *f*, appui (auxilio) ‖ selle *f* d'amazone (silla de montar) ‖ *—* POP *echar el gancho* racoler ‖ *mujer de gancho* entraîneuse ‖ FAM *tener gancho* être sexy, avoir du chien (las mujeres).

ganchoso, sa; ganchudo, da *adj* crochu, e.

gandul, la *adj y s* FAM fainéant, e; feignant, e; cossard, e.

gandulear *v intr* paresser, fainéanter, flâner.

gandulería *f* paresse, fainéantise.

gandumbas *m* FAM feignant, cossard.

gang *m* gang (banda).

ganga *f* ZOOL gélinotte, poule des bois ‖ FIG & FAM aubaine, occasion, bonne affaire (cosa buena y barata) ‖ filon *m* (buena situación) ‖ MIN gangue (del mineral) ‖ *— andar a caza de gangas* chercher les bonnes occasions ‖ *aprovechar una ganga* profiter d'une aubaine ‖ *¡menuda ganga!, ¡vaya una ganga!* bonne aubaine!, quel filon! ‖ *precio de ganga* prix défiant toute concurrence.

Ganges *n pr m* GEOGR Gange.

ganglio *m* ANAT ganglion.

ganglionar *adj* ANAT ganglionnaire.

gangoso, sa *adj y s* nasillard, e; qui parle du nez, qui nasille ‖ *hablar gangoso* parler du nez.

gangrena *f* MED gangrène.

gangrenado, da *adj* gangrené, e.

gangrenarse *v pr* se gangrener.

gangrenoso, sa *adj* gangreneux, euse.

gángster *m* gangster (atracador).

gangsterismo *m* gangstérisme.

ganguear *v intr* nasiller, parler du nez.

gangueo *m* nasillement.

gánguil *m* marie-salope *f* (barco).
gansada *f* FAM bêtise, sottise.
gansear *v intr* FAM faire *o* dire des sottises, bêtiser.
ganso, sa *m y f* oie (hembra), jars (macho) ‖ FIG & FAM oie *f* (persona poco inteligente) ‖ — *a pata de ganso* en patte d'oie ‖ MIL *paso de ganso* pas de l'oie ‖ *los gansos del Capitolio* les oies du Capitole ‖ — *hablar por boca de ganso* répéter comme un perroquet ‖ *hacer el ganso* faire l'imbécile *o* l'âne ‖ *ser muy ganso* être bête comme une oie *o* comme ses pieds.
ganzúa *f* rossignol *m*, crochet *m*, pince-monseigneur (garfio) ‖ FIG & FAM filou *m* (ladrón) | fin renard *m* (persona hábil) ‖ — *abrir con ganzúa* crocheter ‖ *ladrón de ganzúa* crocheteur de portes *o* de serrures.
gañán *m* valet de ferme ‖ FIG & FAM rustre (hombre grosero).
gañido *m* glapissement (aullido).
gañir* *v intr* glapir (aullar) ‖ croasser (las aves) ‖ FIG & FAM crier (chillar) | parler *o* crier d'une voix rauque (con voz ronca).
gañote *m* FAM avaloir, gosier (garganta) ‖ POP *de gañote* à l'œil.
garabatear *v tr e intr* saisir avec un croc *o* un crochet ‖ griffonner (garrapatear) ‖ FIG & FAM tourner autour du pot, tergiverser.
garabateo *m* griffonnage, gribouillage (escritura) ‖ FIG détours *pl.*
garabato *m* croc (garfio), crochet (gancho) ‖ allonge *f* (de carnicero) ‖ griffonnage, gribouillage (mala escritura) ‖ FIG & FAM charme, chien (en la mujer).
◆ *pl* gestes exagérés (gesticulaciones) ‖ pattes *f* de mouche (mala letra).
garaje *m* garage.
garajista *m* garagiste.
garambaina *f* franfreluche (adorno).
◆ *pl* FAM grimaces, mines, simagrées (muecas) | pattes de mouche, gribouillis *m*, griffonnages *m* (garabateo).
garante *adj y s* garant, e; *ser garante de* se porter garant de.
garantía *f* garantie; *con garantía* sous garantie; *dejar como garantía* laisser en garantie ‖ — ECON *garantía bancaria* garantie bancaire ‖ *garantías constitucionales* garanties constitutionnelles ‖ — *sin garantía del Gobierno* sans garantie du gouvernement.
garantir* *v tr* garantir (garantizar).
garantizado, da *adj* garanti, e; *aparato garantizado por un año* appareil garanti un an ‖ sous garantie (con garantía).
garantizar *v tr* garantir; *se lo garantizo* je vous le garantis.
garañón *m* baudet (asno) ‖ *(amer)* étalon (semental).
garapiña *f* liquide *m* congelé ‖ sorte de galon *m* (galón) ‖ *(amer)* boisson d'écorce d'ananas (bebida).
garapiñado, da *adj* praliné, e ‖ *almendra garapiñada* praline, amande pralinée.
garapiñar *v tr* congeler (helar) ‖ praliner (las almendras).

garapiñera *f* bassine dans laquelle on fait des pralines (para las almendras) ‖ sorbetière (heladera).
garbancero, ra *adj* du pois chiche (relativo al garbanzo).
◆ *m* mangeur de pois chiches (aficionado a los garbanzos) ‖ FIG rustre (grosero).
◆ *m y f (amer)* FAM boniche *f*, larbin *m* (sirviente).
garbanzal *m* champ de pois chiches.
garbanzo *m* pois chiche ‖ VETER éparvin sec ‖ FIG *garbanzo negro* brebis galeuse.
◆ *pl* FAM croûte *f sing*, pitance *f sing*, pot-au-feu *sing* ‖ — FIG & FAM *contar los garbanzos* faire des économies de bouts de chandelle | *en toda tierra de garbanzos* partout | *ganarse los garbanzos* gagner sa croûte.
garbear *v intr* se rengorger (fanfarronear).
◆ *v pr* FAM faire un tour *o* une virée | se débrouiller (componérselas).
garbeo *m* FAM tour, ballade *f* (vuelta); *darse un garbeo* faire un tour | virée *f*; *me voy a dar un garbeo por España* je vais faire une virée en Espagne.
garbera *f* gerbier *m*, meule (hacina).
garbillar *v tr* cribler.
garbillo *m* crible (criba).
garbo *m* prestance *f*, allure *f*; *tener garbo* avoir de l'allure ‖ élégance *f*; *vestirse con garbo* s'habiller avec élégance ‖ grâce *f*; *andar con garbo* marcher avec grâce ‖ FIG générosité *f*.
garbosamente *adv* élégamment, avec grâce ‖ généreusement (con generosidad).
garboso, sa *adj* élégant, e; qui a de l'allure (elegante) ‖ gracieux, euse ‖ FIG généreux, euse.
garceta *f* garzette (ave) ‖ garcette (peinado) ‖ dague (mogote del venado).
Garda (lago de) *n pr* GEOGR lac de Garde.
gardenia *f* BOT gardénia.
garduña *f* ZOOL fouine.
garete (irse al) *loc* MAR aller à la dérive ‖ FIG & FAM aller au diable.
garfio *m* croc, crochet (gancho).
gargajear *v intr* cracher, graillonner (*pop*).
gargajeo *m* crachement.
gargajo *m* FAM crachat, graillon (*pop*).
garganta *f* ANAT gorge; *dolerle a uno la garganta* avoir mal à la gorge ‖ FIG cou-de-pied *m* (del pie) ‖ ARQ *y* GEOGR gorge ‖ gorge (de polea) ‖ — *agarrar por la garganta* saisir à la gorge ‖ FIG & FAM *lo tengo atravesado en la garganta* je l'ai en travers du gosier | *tener* ou *atravesársele a uno un nudo en la garganta* avoir la gorge serrée, avoir un nœud dans la gorge.
gargantilla *f* collier *m* (collar).
gárgara *f* gargarisme *m*; *hacer gárgaras* faire des gargarismes ‖ FIG & FAM *mandar a uno a hacer gárgaras* envoyer paître quelqu'un.
gargarismo *m* gargarisme.
gargarizar *v intr* se gargariser.
gárgola *f* ARQ gargouille ‖ capsule du lin (baga).
garguero; gargüero *m* arrière-gorge *f*.
garita *f* guérite.
garitero *m* tenancier de tripot (amo) ‖ *(amer)* employé de l'octroi.

garito *m* tripot (casa de juego) ‖ gain (ganancia sacada del juego).
garitón *m* (*amer*) porte *f* d'octroi.
garlito *m* nasse *f* (red de pescar) ‖ FIG & FAM piège (trampa) ‖ *caer en el garlito* tomber dans le piège, donner dans le panneau.
garlopa *f* TECN varlope.
garnacha *f* hermine (de magistrado) ‖ grenache *m* (uva y vino) ‖ (*amer*) omelette à la viande et au piment (torta) ‖ *gente de garnacha* gens de robe.
Garona *n pr m* GEOGR Garonne *f*.
garra *f* griffe (de gato, león, tigre, etc.) ‖ serre (de las aves de rapiña) ‖ FIG & FAM main | nerf *m*, ressort *m* (vigor) ‖ MAR crochet *m*, grappin *m* ‖ (*amer*) morceau *m* de cuir racorni (pedazo de cuero) ‖ — FIG & FAM *caer en las garras de uno* tomber entre les griffes de quelqu'un | *echar la garra a uno* mettre la main *o* le grappin sur quelqu'un ‖ *garras de astracán* pattes d'astrakan.
◆ *pl* haillons *m* (harapos).
garrafa *f* carafe ‖ dame-jeanne (damajuana).
garrafal *adj* à gros fruits (dicho de ciertos cerezos) ‖ FIG & FAM monumental, e; énorme; grossier, ère; *mentira, error garrafal* énorme mensonge, erreur monumentale ‖ *cereza garrafal* bigarreau.
garrafón *m* grande carafe *f* ‖ dame-jeanne *f* (damajuana).
garrapata *f* tique (insecto) ‖ FAM rosse (mal caballo).
garrapatear *v intr* griffonner, gribouiller (escribir mal).
garrapato *m* griffonnage, gribouillage.
◆ *pl* pattes *f* de mouche, gribouillis (escarabajos).
garrapiña *f* → **garapiña**.
garrapiñar *v tr* → **garapiñar**.
garrido, da *adj* élégant, e; qui a belle allure (apuesto).
garroba *f* caroube, carouge (algarroba).
garrocha *f* croc *m* (palo con gancho) ‖ aiguillon *m* (aguijada) ‖ TAUROM «garrocha», lance, pique (en las tientas) ‖ (*amer*) perche (pértiga).
garrochador *m* TAUROM picador.
garrochazo *m* coup de pique.
garrón *m* ergot (espolón de ave) ‖ extrémité *f* de la patte de certains animaux (de ciertos animales) ‖ talon (calcañar) ‖ tronçon de branche (gancho de rama) ‖ picot (de madera) ‖ (*amer*) FAM *vivir de garrón* vivre aux crochets de quelqu'un (vivir de gorra).
garrotazo *m* coup de bâton.
garrote *m* gourdin, bâton (palo) ‖ MED garrot ‖ garrote *f* (suplicio) ‖ AGRIC bouture *f*, plant (estaca) ‖ bombement (pandeo de una pared) ‖ (*amer*) frein (freno) ‖ *dar garrote* garrotter (a un condenado).
garrotero *m* (*amer*) serre-freins *inv* (de ferrocarril).
garrucha *f* poulie (polea).
garrucho *m* MAR bague *f*.
garrulería *f* bavardage *m*, papotage *m*.
gárrulo, la *adj* gazouillant, e (aves) ‖ FIG bavard, e (charlatán) ‖ POET gazouillant, e; murmurant, e (agua), murmurant, e (viento); *un arroyo gárrulo* un ruisseau gazouillant.
garúa; garuja *f* (*amer*) bruine (llovizna).

— OBSERV Le phénomène de la *garúa* est particulier aux côtes du Pérou et de l'Équateur.
garza *f* héron *m* (ave) ‖ *garza real* héron cendré.
garzo, za *adj* pers, e; *ojos garzos* yeux pers.
◆ *m* agaric (hongo).
garzón *m* (*ant*) jeune garçon ‖ (*amer*) sorte de héron (ave).
garzota *f* aigrette (ave y adorno).
gas *m* FÍS & QUÍM gaz; *gas ciudad* gaz de ville; *gas hilarante, lacrimógeno* gaz hilarant, lacrymogène ‖ — *gas de combate* ou *asfixiante* gaz de combat *o* asphyxiant ‖ *gas de los pantanos, raro* gaz des marais, rare ‖ *gas pobre* ou *de agua* gaz pauvre *o* à l'eau ‖ — *mechero de gas* briquet à gaz (encendedor), bec de gaz (farola) ‖ FIG *pérdida de gas* perte de vitesse ‖ — *a todo gas* à plein gaz, à toute allure; *andar a todo gas* marcher à plein gaz.
gasa *f* gaze ‖ crêpe *m* (de luto).
gascón, ona *adj* gascon, onne.
◆ *m* y *f* Gascon, onne.
Gascuña *n pr f* GEOGR Gascogne.
gaseado, da *adj* y *s* gazé, e.
gasear *v tr* gazéifier (un líquido) ‖ gazer (a una persona).
gaseoducto *m* gazoduc.
gaseoso, sa *adj* gazeux, euse; *agua gaseosa* eau gazeuse.
◆ *f* limonade (bebida).
gasfitería *f* (*amer*) plomberie.
gasfitero *m* (*amer*) gazier (gasista).
gasificación *f* gazéification.
gasificar *v tr* gazéifier.
gasoducto *m* gazoduc.
gasógeno *m* TECN gazogène.
gas-oil; gasóleo *m* gas-oil.
gasolina *f* essence (para automóviles) ‖ QUÍM gazoline ‖ — *gasolina-plomo* supercarburant ‖ *surtidor de gasolina* poste d'essence, pompe à essence.
gasolinera *f* canot *m o* vedette à moteur (lancha) ‖ poste *m* d'essence, pompe à essence (surtidor).
gasómetro *m* TECN gazomètre.
gastado, da *adj* usé, e; *medalla gastada* médaille usée; *hombre gastado* homme usé ‖ dépensé, e; *dinero gastado* argent dépensé ‖ FIG usé, e; ruiné, e; *gastado por los placeres* usé par les plaisirs.
gastador, ra *adj* y *s* dépensier, ère (que gasta mucho).
◆ *m* forçat (en los presidios) ‖ MIL sapeur (zapador).
gastar *v tr* dépenser (dinero) ‖ user, consommer; *gastar gasolina* consommer de l'essence ‖ dépenser; *gastar el tiempo, las fuerzas* dépenser son temps, ses forces ‖ abîmer, détériorer, user (echar a perder) ‖ ruiner (arruinar) ‖ mettre; *gastar un millón en un automóvil* mettre un million dans une voiture ‖ porter; *gastar bigote, gafas, sombrero* porter une moustache, des lunettes, un chapeau ‖ avoir; *¿has visto el coche que gasta?* tu as vu la voiture qu'il a? ‖ — *gastar bromas* plaisanter ‖ FAM *gastarlas* agir, se conduire; *así las gastas tú* c'est comme ça que tu agis ‖ *gastar mal humor* être de mauvaise humeur ‖ *gastar saliva* dépenser sa salive ‖ *gastar una broma* faire une farce ‖ — *esto hizo gastar mucha tinta* cela a fait couler beaucoup d'encre ‖ *no gastar ni medio* ne pas dépenser un sou ‖ FIG & FAM *ya sé cómo las gasta usted* je sais bien

comment vous vous y prenez | *ya verá cómo las gasto* vous verrez de quel bois je me chauffe.
- *v pr* s'user (deteriorarse) || FAM se porter, se faire; *esta clase de peinado ya no se gasta* ce genre de coiffure ne se porte plus.

gasterópodos *m pl* ZOOL gastéropodes.

gasto *m* dépense *f*; *el gasto diario* la dépense journalière || FIG dépense *f*; *gasto de energía* dépense d'énergie || FÍS débit (de agua, electricidad, gas, etc.) | — *gasto público* dépenses publiques *o* de l'État | — *con poco gasto* à peu de frais || — *hacer el gasto de* faire les frais de; *hacer el gasto de la conversación* faire les frais de la conversation.
- *pl* frais; *gastos de escritorio, de representación, de mantenimiento* frais de bureau, de représentation, d'entretien || — *gastos accesorios* faux frais || *gastos deducibles* frais déductibles || *gastos e ingresos* entrées et sorties || *gastos fijos* frais fixes || *gastos generales* frais généraux || *dinero para gastos menudos* argent de poche || — *cubrir gastos* rentrer dans ses frais || *meterse en gastos* se mettre en frais.

gastoso, sa *adj* dépensier, ère.

gastralgia *f* MED gastralgie.

gástrico, ca *adj* MED gastrique; *jugo gástrico* suc gastrique.

gastritis *f* MED gastrite.

gastroenteritis *f* MED gastro-entérite.

gastroenterología *f* MED gastro-entérologie.

gastroenterólogo, ga *m y f* gastro-entérologue.

gastrointestinal *adj* gastro-intestinal, e.

gastronomía *f* gastronomie.

gastronómico, ca *adj* gastronomique.

gastrónomo *m* gastronome, gourmet.

gata *f* chatte (animal) || BOT bugrane, arrête-bœuf *m* (gatuña) || FIG nuage *m* qui s'accroche à une montagne (nubecilla) || FAM Madrilène (madrileña) || manivelle (manubrio) || MAR gatte || (*amer*) domestique, servante (sirvienta).

gatas (a) *loc adv* à quatre pattes; *andar a gatas* marcher à quatre pattes || (*amer*) à peine (apenas) || — FAM *salir a gatas de un apuro* se tirer péniblement d'un mauvais pas | *ser más viejo que andar a gatas* être vieux comme Hérode *o* comme le monde | *¡y lo que anduvo a gatas!* et les mois de nourrice! [à une personne qui se dit plus jeune qu'elle n'est].

gateado, da *adj* qui ressemble au chat, de chat; *ojos gateados* yeux de chat || à la robe claire rayée de noir (caballo).

gatear *v intr* grimper (trepar) || FAM marcher à quatre pattes (andar a gatas) || (*amer*) faire la cour (requebrar).
- *v tr* griffer (arañar) || FAM voler, chaparder, chiper (robar).

gatera *f* chatière (en una puerta) || MAR écubier *m* (escobén) || POP voyou *m* (bribón) || (*amer*) marchande des quatre-saisons (verdulera).

gatería *f* bande de chats (de gatos) || FAM bande de galopins (de muchachos) | chatterie (carantoña).

gatillero *m* (*amer*) tueur à gages.

gatillo *m* détente *f* (de un arma de fuego); *con el dedo en el gatillo* le doigt sur la détente || davier (de dentista) || collier (parte del cuello de ciertos animales).

gatito *m* petit chat, chaton, minet.

gato *m* ZOOL chat; *gato callejero* chat de gouttière || FIG magot (dinero guardado) || TECN cric [manuel]; vérin [hydraulique] (para levantar cargas) || FAM Madrilène (natural de Madrid) | filou (ratero) | matois (hombre astuto) || (*amer*) partie *f* la plus charnue du bras (del brazo) | domestique (sirviente) | danse *f* populaire (baile) | pourboire (propina) || — ZOOL *gato cerval* chat-cervier || *gato de algalia* chat musqué, civette || *gato de angora* chat angora || *gato montés* chat sauvage || *gato romano* chat tigré || — *El gato con botas* le Chat botté || *hasta el gato* et toute la clique | *lengua de gato* langue-de-chat (pastel) || — FIG & FAM *buscarle tres pies al gato* chercher midi à quatorze heures | *caer de pie como los gatos* retomber sur ses pieds | *cuando el gato no está los ratones bailan* quand le chat n'est pas là les souris dansent | *dar gato por liebre* rouler (engañar) | *defenderse como gato panza arriba* se défendre comme un lion | *de noche todos los gatos son pardos* la nuit tous les chats sont gris | *¿el gato te comió la lengua?* tu as avalé ta langue? | *esto lo sabe hasta el gato* tout le monde le sait | *gato escaldado del agua fría huye* chat échaudé craint l'eau froide | *había cuatro gatos* il y avait quatre pelés et un tondu | *hay gato encerrado* il y a anguille sous roche | *llevarse el gato al agua* emporter le morceau | *no hay ni un gato* il n'y a pas un chat | *no hay perro ni gato que no lo sepa* cela court les rues | *poner el cascabel al gato* attacher le grelot | *tener siete vidas como los gatos* avoir l'âme chevillée au corps | *vivir como perros y gatos* vivre comme chien et chat.

GATT abrev de *General Agreement on Tariffs and Trade* GATT, Accord général sur les tarifs douaniers et le commerce.

gatuno, na *adj* du chat, félin, e.

gatuperio *m* mélange incohérent, méli-mélo, salmigondis || imbroglio (embrollo), intrigue *f* (intriga), tromperie *f* (engaño).

gauchada *f* action propre aux gauchos || (*amer*) service *m*; *hacer una gauchada* rendre un service.

gauchaje *m* troupe *f* de gauchos.

gauchear *v intr* agir à la façon des gauchos.

gauchesco, ca *adj* du gaucho || *poema gauchesco* poème qui traite de la pampa et des gauchos.

gaucho, cha *adj* gaucho; *un payador gaucho* un poète gaucho || du gaucho (relativo al gaucho) || (*amer*) sympathique, agréable (simpático) | rustre (grosero) | rusé, e (astuto) | bon cavalier, bonne cavalière (buen jinete).
- *m* gaucho || (*amer*) chapeau à larges bords (sombrero).

gaudeamus *m* FAM gaudeamus (*p us*), festin (festín).

gaveta *f* tiroir *m* (cajón).

gavia *f* fossé *m* (zanja) || (*p us*) cabanon *m* (para locos furiosos) || MAR hunier *m* (vela) | hune, gabie (cofa) || ZOOL mouette (ave).

gavilán *m* épervier (ave) || crochet tracé à la fin d'une lettre | bec (de una pluma de escribir) | branche *f* quillon (de la espada) || BOT fleur *f* du chardon (vilano) || MAR crochet (garfio de abordaje) || (*amer*) ongle incarné (uñero) | fourchette *f* (del casco).

gavilla *f* gerbe (de cereales) || fagot *m* (de sarmientos, etc.) || FIG bande (ladrones); *gavilla de ladrones* bande de voleurs || *gente de gavilla* pègre.

gaviota *f* ZOOL mouette.
gay *m* *el gay saber* le gai savoir.
gaya *f* raie, bande (lista) ‖ insigne *m* (insignia) ‖ *(p us)* pie (urraca).
gayo, ya *adj* gai, e ‖ *gaya ciencia* gai savoir.
gayumbos *m pl* POP calcif *sing*.
Gaza (franja de) *n pr* GEOGR bande de Gaza.
gazapatón *m* FAM sottise *f*, bourde *f* (disparate) ‖ lapsus (lapso), pataquès (gazapo).
gazapera *f* terrier *m* (conejera) ‖ bande de gens peu recommandables (junta de mala gente) ‖ FIG & FAM dispute, chamaillerie (riña).
gazapo *m* lapereau (conejillo) ‖ FIG & FAM renard, fin matois (hombre astuto) | lapsus (lapso), pataquès (enlace vicioso en la pronunciación de dos letras) | sottise *f*, bourde *f* (disparate) | IMPR coquille *f* (error en un impreso).
gazmoñada; gazmoñería *f* pruderie (modestia afectada) ‖ tartuferie (devoción fingida) ‖ bigoterie (beatería).
gazmoño, ña *adj y s* tartufe, faux dévot, fausse dévote (devoto fingido) ‖ prude (de fingida virtud) ‖ bigot, e (santurrón).
gaznápiro, ra *adj y s* balourd, e; naïf, ïve; niais, e (palurdo).
gaznate *m* gorge *f*, gosier (garguero) ‖ *(amer)* confiserie *f* à la noix de coco et à l'ananas.
gazpacho *m* CULIN soupe *f* froide faite avec du pain, de la tomate, du vinaigre, du sel et de l'ail.
gazpachuelo *m* CULIN soupe *f* faite avec des œufs, de l'huile et du vinaigre.
gazuza *f* FAM fringale, faim de loup (hambre); *tener gazuza* avoir la fringale.
GB abrev de *Gran Bretaña* G.B., Grande-Bretagne.
Gdansk *n pr* GEOGR Gdansk.
ge *f g m*, nom de la lettre «g».
gea *f* géologie et minéralogie d'une contrée.
géiser *m* geyser.
geisha *f* geisha [hôtesse japonaise].
gel *m* QUÍM gel.
gelatina *f* QUÍM gélatine ‖ gelée (de carne).
gélido, da *adj* POÉT glacé, e; gelé, e.
gelificar *v tr* QUÍM gélifier.
gema *f* MIN & BOT gemme ‖ *sal gema* sel gemme.
gemela *f* BOT jasmin m d'Arabie.
gemelo, la *adj y s* jumeau, elle ‖ — *alma gemela* âme sœur ‖ *apuesta triple gemela* tiercé ‖ ANAT *músculos gemelos* muscles jumeaux.
◆ *m pl* jumelles *f* (anteojos); *gemelos de teatro* jumelles de théâtre ‖ boutons de manchettes (de camisa) ‖ ASTR Gémeaux (Géminis).
gemido *m* gémissement.
Géminis *n pr* ASTR Gémeaux (signo del zodíaco).
gemir* *v intr* gémir, geindre.
gen; gene *m* BIOL gène.
genciana *f* BOT gentiane.
gendarme *m* gendarme (en Francia).
gendarmería *f* gendarmerie.
gene; gen *m* BIOL gène.
genealogía *f* généalogie.
genealógico, ca *adj* généalogique; *árbol genealógico* arbre généalogique.
genealogista *m y f* généalogiste.

generación *f* génération ‖ *generación espontánea* génération spontanée.
generacional *adj* de génération.
generador, ra *adj* générateur, trice.
◆ *m* TECN générateur.
general *adj* général, e ‖ *en general, por lo general* en général.
◆ *m* MIL général; *general en jefe* général en chef ‖ MIL *general de división* général de division, divisionnaire.
generala *f* générale (mujer del general) ‖ MIL générale; *tocar generala* battre la générale.
generalato *m* généralat.
generalidad *f* généralité; *limitarse a generalidades* s'en tenir à des généralités ‖ généralité, «Generalitat» [gouvernement autonome de Catalogne] ‖ *con generalidad* dans les grandes lignes; *tratar una cosa con generalidad* traiter quelque chose dans les grandes lignes.
generalísimo *m* généralissime.
generalista *adj* généralisateur, trice; généralisant, e.
Generalitat *f* Generalitat [gouvernement de Catalogne ou gouvernement de la Communauté de Valence].
generalizable *adj* généralisable.
generalización *f* généralisation.
generalizado, da *adj* généralisé, e ‖ répandu, e; *la opinión más generalizada* l'opinion la plus répandue.
generalizador, ra *adj* généralisateur, trice.
generalizar *v tr* généraliser.
◆ *v pr* se généraliser.
generar *v tr* (ant) engendrer ‖ FIG entraîner, engendrer (tener como resultado).
generatriz *f* GEOM génératrice.
genérico, ca *adj* générique.
género *m* genre; *el género humano* la genre humain ‖ genre (manera) ‖ sorte *f* (clase) ‖ marchandise *f*, article (mercancía) ‖ tissu; *géneros de algodón, de seda* tissus de coton, de soie ‖ genre; *pintor de género* peintre de genre ‖ GRAM genre (masculino, femenino, neutro) | — *género de punto* tricot ‖ *género chico* comédies de mœurs [de la fin du XIXe siècle] ‖ *tienda de géneros de punto* bonneterie ‖ *vendedor* ou *fabricante de géneros de punto* bonnetier.
generosidad *f* générosité ‖ *no peca de generosidad* ce n'est pas la générosité qui l'étouffe.
generoso, sa *adj* généreux, euse (liberal, noble, fértil) ‖ *vino generoso* vin généreux.
genesiaco, ca *adj* génésiaque (de la génesis).
genésico, ca *adj* génésique (de la generación).
génesis *f* genèse (origen).
Génesis *m* Genèse *f* (libro de la Biblia).
genética *f* génétique.
genético, ca *adj* BIOL génétique.
genetista; geneticista *m y f* généticien, enne.
Gengis Jan; Gengis Khan *n pr* Gengis Khan.
genial *adj* génial, e (propio del genio) ‖ FAM agréable, plaisant, e (agradable) | génial, e (sobresaliente).
genialidad *f* originalité, excentricité (rareza) ‖ génie *m* (genio) ‖ coup *m* de génie, idée géniale; *esto*

fue una genialidad ce fut un coup de génie ‖ œuvre géniale (obra).
geniazo *m* FAM sale caractère ‖ *tener un geniazo horrible* avoir un caractère épouvantable *o* impossible.
genio *m* caractère; *tiene mal genio* il a mauvais caractère ‖ humeur *f*; *estar de mal genio* être de mauvaise humeur ‖ génie (facultad creadora) ‖ génie (persona dotada de dicha facultad); *Calderón fue un genio* Calderón fut un génie ‖ génie (ser sobrenatural) ‖ — *genio y figura hasta la sepultura* chassez le naturel il revient au galop, le loup mourra dans sa peau, on est comme on est ‖ *tener el genio atravesado* avoir un sale caractère ‖ *tener un genio vivo* être irritable *o* soupe-au-lait (*fam*).
genioso, sa *adj* (*amer*) qui a mauvais caractère.
genital *adj* génital, e.
genitivo *m* GRAM génitif.
genitor *adj m y s* géniteur.
genocidio *m* génocide.
genoma *m* BIOL génome.
genotípico, ca *adj* BIOL génotypique.
genotipo *m* BIOL génotype.
Génova *n pr* GEOGR Gênes.
— OBSERV Ne pas confondre *Genève* Ginebra, avec *Gênes* Génova.
genovés, esa *adj* génois, e (de Génova).
◆ *m y f* Génois, e.
gente *f* monde *m*; *hay mucha gente en la calle* il y a beaucoup de monde dans la rue; *¡había una de gente!* il y avait un monde *o* un monde fou *o* un de ces mondes! ‖ gens *m o f pl*; *buena, mala gente* de braves, de mauvaises gens; *la gente del pueblo* les gens du peuple; *la gente rica* les gens riches; *aquí mucha gente lo cree* ici beaucoup de gens le croient ‖ FAM monde *m*; *¿cómo está su gente?* comment va votre monde?; *burlarse de la gente* se moquer du monde ‖ gent; *la gente alada* la gent ailée ‖ gens (familia romana) ‖ (*amer*) personne convenable *o* comme il faut; *Fulano no es gente* Untel n'est pas une personne comme il faut ‖ — *gente bien* les gens bien, les gens comme il faut ‖ *gente copetuda* les gens huppés, le haut du pavé ‖ *gente de armas* gens d'armes ‖ *gente de baja estofa* gens de bas étage ‖ *gente de Iglesia* gens d'Église ‖ *gente del campo* population rurale, classe paysanne, paysans ‖ *gente de mar* gens de mer ‖ *gente de medio pelo* la petite bourgeoisie ‖ *gente de negocios* gens d'affaires ‖ *gente humilde* ou *modesta* petites gens, gens humbles ‖ *gente maleante* mauvais sujets, filous ‖ *gente menuda* les enfants, les petits, le petit monde (niños), les petites gens, les gens de peu (la plebe) ‖ — DR *derecho de gentes* droit des gens ‖ *don de gentes* don de plaire ‖ *hacer gente* faire nombre ‖ *¡qué gente!* quelles drôles de gens!
◆ *pl* gentils; *el apóstol de las gentes* l'apôtre des gentils.
— OBSERV La palabra francesa *gens*, siempre en plural, es masculina cuando el adjetivo que la acompaña está colocado después de ella y femenina en el caso contrario: *des gens vertueux* gente virtuosa; *de petites gens* gente humilde.
gentecilla; gentezuela *f* petites gens *pl*.
gentil *adj* gentil, ille; gracieux, euse (agradable); *una gentil doncella* une gracieuse jeune fille ‖ FAM gentil, ille; joli, e ‖ — *énorme*; *gentil disparate* bêtise énorme ‖ (*amer*) gentil, ille (simpático) ‖ *en cuerpo gentil* en taille (sin abrigo).
◆ *m* gentil (pagano); *predicar el Evangelio a los gentiles* prêcher l'Évangile aux gentils.
— OBSERV El adjetivo *gentil* en francés significa sobre todo *simpático, amable*, sentido que tiene también en América.
gentileza *f* grâce, élégance, gentillesse (garbo) ‖ gentillesse (amabilidad) ‖ politesse (cortesía).
gentilhombre *m* gentilhomme; *gentilhombre de boca, de manga* gentilhomme de bouche, de manche ‖ (*p us*) beau garçon (buen mozo) ‖ *gentilhombre de cámara* gentilhomme de la chambre du roi.
— OBSERV *pl gentileshombres*.
gentilicio, cia *adj* d'une famille *o* lignée (perteneciente al linaje) ‖ d'une nation (a una nación).
◆ *m* nom des habitants d'une ville.
gentilidad *f*; **gentilismo** *m* gentilité *f* (conjunto de gentiles) ‖ gentilisme *m* (religión de los gentiles).
gentilmente *adv* avec grâce (con gracia); *bailar gentilmente* danser avec grâce ‖ (*amer*) gentiment.
gentío *m* foule *f*, monde (multitud); *¡qué gentío!* que de monde!
gentleman *m* gentleman.
— OBSERV *pl gentlemen*.
gentualla; gentuza *f* racaille, populace (populacho).
genuflexión *f* génuflexion.
genuino, na *adj* authentique, vrai, e (legítimo); *un genuino representante del pueblo* un représentant authentique du peuple.
GEO abrev de *Grupo Especial de Operaciones* brigade espagnole d'intervention spéciale.
geoda *f* GEOL géode.
geodesia *f* géodésie.
geodésico, ca *adj y s f* géodésique.
geodinámica *f* géodynamique.
geoestacionario, ria *adj* ASTR géostationnaire; *satélite geostacionario* satellite géostationnaire.
geofísica *f* géophysique.
geofísico, ca *m y f* géophysicien, enne.
geografía *f* géographie.
geográfico, ca *adj* géographique.
geógrafo, fa *m y f* géographe.
geología *f* géologie.
geológico, ca *adj* géologique.
geólogo, ga *m y f* géologue.
geomagnetismo *m* géomagnétisme.
geómetra *m* géomètre.
— OBSERV La palabra francesa *géomètre* tiene también el sentido de *agrimensor, perito topógrafo*.
geometría *f* géométrie; *geometría del espacio, descriptiva, plana, por planos acotados* géométrie dans l'espace, descriptive, plane, cotée.
geométrico, ca *adj* géométrique.
geomorfía; geomorfología *f* géomorphie, géomorphologie.
geopolítico, ca *adj y s f* géopolitique.
Georgia *n pr f* GEOGR Géorgie.
georgiano, na *adj y s* géorgien, enne.
◆ *m y f* Géorgien, enne.
geotermia *f* FÍS géothermie.
geotérmico, ca *adj* géothermique.

geotropismo *m* BOT géotropisme.
geranio *m* BOT géranium || — *geranio de hierro* pélargonium, géranium-lierre || *geranio de rosa* géranium rosat.
gerencia *f* gérance.
gerente *m* gérant || *director gerente* président-directeur général.
geriatría *f* MED gériatrie.
gerifalte *m* gerfaut (ave de rapiña) || FIG & FAM huile *f* (pez gordo).
germanía *f* argot *m*, jar *m* (jerga de ladrones) || (*p us*) concubinage *m* (amancebamiento) || HIST «Germanía» [mouvement social né à Valence et aux Baléares vers 1520].
germánico, ca *adj* germanique.
germanismo *m* germanisme.
germanista *adj y s* germanisant, e.
◆ *m y f* germaniste.
germanizar *v tr* germaniser.
germano, na *adj y s* germain, e.
germanófilo, la *adj* germanophile.
germanófobo, ba *adj y s* germanophobe.
germen *m* BIOL & BOT germe; *en germen* en germe || FIG germe.
germicida *adj y s m* germicide.
germinación *f* germination.
germinar *v intr* germer.
Gerona *n pr* GEOGR Gérone.
gerontocracia *f* gérontocratie.
gerontología *f* MED gérontologie.
gerontólogo, ga *m y f* gérontologue.
gerundense *adj y s* de Gérone.
gerundio *m* GRAM participe présent, gérondif (tiempo de verbo).
gerundio *m* FIG & FAM pédant, cuistre.
gesta *f* geste [ne s'emploie que dans la locution: *cantar de gesta* chanson de geste].
gestación *f* BIOL gestation.
gestar *v tr* concevoir.
gesticulación *f* grimace (gesto) || gesticulation (ademán).
gesticulador, ra *adj* grimacier, ère; grimaçant, e.
gesticular *v intr* grimacer, faire des grimaces (hacer gestos) || gesticuler (hacer ademanes).
— OBSERV Ce verbe est un néologisme dans sa seconde acception.
gestión *f* gestion (administración) || démarche (diligencia); *hacer una gestión cerca del ministro* faire une démarche auprès du ministre.
gestionar *v tr e intr* faire des démarches (hacer gestiones) || traiter, négocier; *gestionar un negocio* traiter une affaire || essayer de procurer *o* d'obtenir, essayer de se procurer; *le estoy gestionando los documentos en cuestión* je suis en train d'essayer de vous procurer les documents en question.
gesto *m* grimace (mueca); *hacer gestos* faire des grimaces; *torcer el gesto de dolor* faire une grimace de douleur || visage, mine *f*, air (semblante); *un gesto desagradable* une mine refrognée || geste (ademán) || — *estar de buen gesto* être de bonne humeur || *fruncir el gesto* froncer les sourcils || *poner mal gesto* faire la grimace, faire grise mine || *poner un gesto de enfado* prendre un air furieux.
gestor, ra *m y f* gérant, e (administrador) || *gestor administrativo* démarcheur.

◆ *adj y s m* gestionnaire.
gestoría *f* agence (administrativa) || cabinet *m* (de negocio).
gestual *adj* gestuel, elle.
géyser *m* geyser.
Ghana *n pr f* GEOGR Ghana *m*.
ghetto *m* ghetto.
giba *f* bosse *f* || FIG & FAM ennui *m*, embêtement *m*, empoisonnement *m* (lata).
gibado, da *adj* bossu, e (corcovado).
gibar *v tr* rendre bossu (jorobar) || FIG & FAM assommer, ennuyer, empoisonner (fastidiar).
gibón *m* ZOOL gibbon (mono).
gibosidad *f* gibbosité, bosse.
giboso, sa *adj* bossu, e (corcovado).
Gibraltar *n pr* GEOGR Gibraltar; *peñón, estrecho de Gibraltar* rocher, détroit de Gibraltar.
gibraltareño, ña *adj y s* de Gibraltar.
giennense *adj y s* de Jaén (jaenés).
gigabyte *m* INFORM gigaoctet.
gigante *m* géant.
gigantesco, ca *adj* gigantesque.
gigantismo *m* gigantisme.
gigantón, ona *m y f* géant, e [dans une mascarade].
◆ *m* (*amer*) tournesol (girasol).
gigolo *m* gigolo.
gijonense; gijonés, esa *adj y s* de Gijón [Espagne].
gil *adj* (*amer*) FAM godiche; empoté, e (papanatas, incauto).
gilí *adj y s* POP crétin, e; idiot, e; imbécile.
— OBSERV pl *gilís*.
gimnasia *f* gymnastique || — *gimnasia correctiva, médica* ou *terapéutica* gymnastique corrective, médicale || *gimnasia deportiva* gymnastique sportive || *gimnasia rítmica* gymnastique rythmique || *gimnasia sueca* gymnastique suédoise || — FAM *confundir la gimnasia con la magnesia* prendre des vessies pour des lanternes.
gimnasio *m* gymnase (para los deportes) || gymnase (colegio en Alemania).
gimnasta *m y f* gymnaste.
gimnástico, ca *adj y s f* gymnastique || *paso gimnástico* pas gymnastique, pas de gymnastique.
gimnoto *m* ZOOL gymnote (pez).
gimoteador, ra *adj y s* pleurnicheur, euse.
gimotear *v intr* FAM pleurnicher, geindre.
gimoteo *m* pleurnichement.
gincana *f* → **gymkhana**.
ginebra *f* gin *m*, genièvre *m* (licor) || MÚS échelettes *pl* (xilófono) || FIG confusion, désordre *m*, tohu-bohu (confusión) | brouhaha *m* (ruido de voces).
Ginebra *n pr* GEOGR Genève.
gineceo *m* gynécée || BOT gynécée, pistil.
ginecocracia *f* gynécocratie.
ginecología *f* MED gynécologie.
ginecológico, ca *adj* MED gynécologique.
ginecólogo, ga *m y f* gynécologue.
ginesta *f* genêt *m* (retama).
gineta *f* ZOOL genette (jineta).
gingival *adj* ANAT gingival, e.
gingivitis *f* MED gingivite.

giobertita *f* giobertite [magnésite].
Gioconda (La) *n pr f* la Joconde.
gira *f* excursion (excursión) ‖ tournée (de un artista) ‖ *gira campestre* partie de campagne.
girado *m* COM tiré.
girador *m* COM tireur (de una letra de cambio).
giralda *f* girouette (veleta).
girándula *f* soleil *m* (fuegos artificiales) ‖ girandole (de un surtidor de agua) ‖ girandole (candelabro).
girar *v intr* tourner; *la Tierra gira alrededor del Sol* la Terre tourne autour du Soleil; *el camino gira a la izquierda* le chemin tourne à gauche ‖ FIG tourner, être axé, rouler; *la conversación giraba en torno a la política* la conversation tournait autour de la politique, la conversation était axée *o* roulait sur la politique ‖ COM tirer (letra de cambio) | virer (una suma) ‖ AUTOM braquer; *automóvil que gira bien* automobile qui braque bien ‖ — *girar alrededor de* tourner autour, être d'environ; *el número de las víctimas gira alrededor de cien mil* le nombre des victimes tourne autour de cent mille ‖ MECÁN *girar loco* tourner à vide | *girar sobre su eje* tourner sur son axe, pivoter.
↦ *v tr* tourner ‖ *girar una visita oficial* faire *o* rendre une visite officielle.
girasol *m* BOT tournesol, soleil ‖ MIN girasol ‖ FIG courtisan (cortesano).
giratorio, ria *adj* tournant, e (que gira) ‖ pivotant, e (alrededor de un eje) ‖ giratoire (movimiento de rotación).
giro *m* tour (movimiento circular) ‖ FIG tournure *f*, tour (de un negocio); *tomar mal giro* prendre une mauvaise tournure ‖ tournure *f* (de una frase); *un giro arcaico* une tournure archaïque ‖ COM virement ‖ FÍS giration *f* ‖ — AUTOM *ángulo de giro* angle de braquage ‖ COM *derechos especiales de giro* droits spéciaux de tirage ‖ *giro negociable* effet de commerce ‖ *giro postal* virement *o* mandat postal, mandat-poste ‖ *giro telegráfico* mandat télégraphique ‖ AUTOM *radio de giro* rayon de braquage.
girola *f* ARQ carole, nef contournant l'abside.
giroscópico, ca *adj* gyroscopique ‖ *estabilizador giroscópico* gyrostabilisateur.
giroscopio *m* gyroscope.
giróstato *m* gyrostat.
gis *m* (*amer*) craie *f*.
gitanada *f* action propre d'un Gitan ‖ FIG flagornerie, flatterie (halago).
gitanear *v intr* FIG fricoter, se livrer à de menus trafics.
gitanería *f* flagornerie, flatterie (halago) ‖ menus trafics *m pl* ‖ troupe de Gitans (tropa de gitanos) ‖ action propre d'un Gitan (hecho).
gitanismo *m* mœurs *f pl* des Gitans (costumbres de los gitanos) ‖ mot *o* tournure *f* propre aux Gitans.
gitano, na *adj y s* gitan, e.
↦ *adj* FIG enjôleur, euse (zalamero).
Gizeh *n pr* GEOGR Gizeh.
glaciación *f* glaciation.
glacial *adj* glacial.
glaciar *m* GEOL glacier.
↦ *adj* glaciaire; *período glaciar* période glaciaire.
glaciología *f*; **glaciarismo** *m* glaciologie *f*.

glacis *m* glacis (fortificación).
gladiador *m* gladiateur.
gladio; gladiolo; gladíolo *m* BOT glaïeul.
glande *m* ANAT gland.
glándula *f* ANAT glande; *glándula lacrimal* glande lacrymale ‖ — *glándula de secreción interna* glande à sécrétion interne ‖ *glándula endocrina* glande endocrine ‖ *glándula pituitaria* glande pituitaire ‖ *glándula prostática* prostate ‖ *glándula sebácea* glande sébacée ‖ *glándula tiroides* glande thyroïde.
glandular *adj* glandulaire.
glasé *m* taffetas glacé ‖ (*amer*) vernis (charol).
glaseado, da *adj* glacé, e.
↦ *m* glaçage (papel, repostería).
glasear *v tr* TECN glacer.
glauco, ca *adj* glauque.
glaucoma *m* MED glaucome.
gleba *f* glèbe; *siervo de la gleba* serf de la glèbe.
glicemia *f* MED → **glucemia**.
glicérido *m* QUÍM glycéride *f*.
glicerina *f* QUÍM glycérine, glycérol *m*.
glicina *f* BOT glycine.
glicógeno *m* QUÍM → **glucógeno**.
glioma *m* gliome (tumor).
glíptica *f* glyptique.
global *adj* global, e.
globalidad *f* globalité.
globalización *f* globalisation.
globalizante *adj* globalisant, e.
globalizar *v intr y tr* globaliser.
globo *m* globe (esfera) ‖ globe (de lámpara) ‖ ballon (aerostato) ‖ ballon (juguete) ‖ chandelle *f* (fútbol) ‖ FAM canard, fausse nouvelle *f* ‖ — *globo aerostático* aérostat ‖ *globo de ensayo* ballon d'essai ‖ *globo dirigible* ballon dirigeable ‖ ANAT *globo ocular ou del ojo* globe oculaire *o* de l'œil ‖ *globo sonda* ballon d'essai, ballon-sonde ‖ *globo terráqueo ou terrestre* globe terrestre ‖ — *deshincharse como un globo* se dégonfler comme une baudruche ‖ (*amer*) *echar globos* réfléchir ‖ *en globo* en bloc; *se fueron en globo* ils sont partis en bloc.
globular *adj* globulaire.
globulina *f* globuline.
glóbulo *m* globule ‖ *glóbulo blanco, rojo* globule blanc, rouge.
gloglo; glu glu *m* glouglou (de una botella) ‖ *hacer gloglo* glouglouter.
gloria *f* gloire (honor, fama) ‖ ciel *m*, paradis *m* (cielo); *ganar la gloria* gagner le ciel ‖ gloire (esplendor) ‖ joie, bonheur *m*; *es su gloria la lectura* la lecture fait son bonheur ‖ dariole (pastelería) ‖ ARTES gloire (representación pictórica del cielo) ‖ — FAM *dar gloria* faire plaisir ‖ *Dios le tenga en su gloria* Dieu ait son âme ‖ *estar en la gloria* être aux anges *o* au septième ciel ‖ *hacer gloria de una cosa* se glorifier de quelque chose ‖ *oler a gloria* sentir merveilleusement bon ‖ *¡que Santa Gloria goce!* Dieu ait son âme! ‖ *saber a gloria* être délicieux *o* exquis ‖ *vivir sin pena ni gloria* suivre *o* aller son petit bonhomme de chemin.
↦ *m* gloria (cántico o rezo).
gloriarse *v pr* se glorifier.
glorieta *f* tonnelle, cabinet *m* de verdure ‖ gloriette (cenador) ‖ rond-point *m* (encrucijada).
glorificación *f* glorification.

glorificador, ra *adj* glorificateur, trice.
glorificar *v tr* glorifier.
◆ *v pr* se vanter, se glorifier (gloriarse).
glorioso, sa *adj* glorieux, euse.
◆ *f* la bienheureuse Vierge Marie.
glosa *f* glose (comentario) ‖ FIG note, remarque (observación) ‖ glose (composición poética) ‖ MÚS variation ‖ FIG *hacer una glosa de* faire le panégyrique de.
glosador, ra *m y f* critiquer, euse (que critica).
◆ *m* glosateur, commentateur (que hace comentarios de textos).
glosar *v tr* gloser, annoter (comentar) ‖ FIG trouver à redire, critiquer, gloser *(p us)* ‖ commenter.
glosario *m* GRAM glossaire.
glose *m* glose *f*, annotation *f*.
glotis *f* ANAT glotte ‖ *de la glotis* de la glotte, glottal, e.
glotón, ona *adj* glouton, onne.
◆ *m* ZOOL glouton.
glotonear *v intr* manger gloutonnement, s'empiffrer.
glotonería *f* gloutonnerie.
glucemia *f* MED glycémie.
glúcido *m* QUÍM glucide.
glucinio *m* MIN glucinium.
glucogénesis; glucogenia *f* BIOL glycogenèse, glycogénie.
glucógeno *m* glycogène.
glucosa *f* QUÍM glucose *m o f*.
glucósido *m* QUÍM glucoside.
glucosuria *f* MED glycosurie.
glu glu *m* → **glogló**.
gluten *m* QUÍM gluten.
glúteo, a *adj y s m* ANAT fessier, ère.
glutinoso, sa *adj* glutineux, euse.
GMT abrev de *Greenwich mean time* GMT, temps moyen de Greenwich.
gneis *f* GEOL gneiss.
gnomo *m* gnome (duende).
gnomón *m* gnomon (reloj de sol).
gnosis *f* FILOS gnose.
gnosticismo *m* FILOS gnosticisme.
gnóstico, ca *adj y s m* gnostique.
gobernable *adj* gouvernable.
gobernacion *f* gouvernement *m* (gobierno) ‖ *Ministerio de la Gobernación* ministère de l'Intérieur (en España).
gobernador, ra *adj* gouvernant, e (que gobierna).
◆ *m* gouverneur; *gobernador militar, del Banco de España* gouverneur militaire, de la Banque d'Espagne ‖ *gobernador civil* préfet.
◆ *f* femme du gouverneur.
gobernalle *m* MAR gouvernail (timón).
gobernanta *f* gouvernante.
gobernante *adj y s* gouvernant, e.
◆ *m* FAM personne qui se mêle de commander.
◆ *pl* gouvernants, dirigeants (de un Estado).
gobernar* *v tr* gouverner (dirigir); *gobernar un barco, un Estado* gouverner en bateau, un État ‖ conduire (ir delante); *gobernar una procesión* conduire une procession.
◆ *v intr* MAR gouverner.
◆ *v pr* se gouverner.

Gobi (desierto de) *n pr* GEOGR désert de Gobi.
gobierno *m* gouvernement ‖ gouverne *f*; *se lo digo a usted para su gobierno* je vous le dis pour votre gouverne ‖ information *f*; *para su buen gobierno* à titre d'information ‖ MAR gouvernail (timón) ‖ — *gobierno absoluto* gouvernement absolu ‖ *gobierno autónomo* gouvernement autonome ‖ *gobierno central* gouvernement central ‖ *gobierno civil* préfecture ‖ *gobierno de transición* gouvernement de transition ‖ *gobierno militar* gouvernement militaire ‖ *gobierno parlamentario* gouvernement parlementaire ‖ *gobierno presidencialista* régime présidentiel.
gobio *m* gobie (pez de mar) ‖ goujon (pez de agua dulce).
goce *m* jouissance *f* (disfrute) ‖ plaisir; *los goces del alma* les plaisirs de l'âme.
godo, da *adj* gothique.
◆ *m* (ant) FIG noble, puissant; *hacerse de los godos* vouloir passer pour noble ‖ (amer) espagnol.
◆ *m pl* Goths.
GOE abrev de *Grupo de Operaciones Especiales* brigade espagnole d'intervention spéciale.
gofio *m* (amer) farine *f* de maïs grillé (harina) ‖ sorte de pain d'épice.
gofrado *m* TECN gaufrage (estampado).
gofradora *f* gaufrier *m* ‖ TECN gaufreuse.
gol *m* but, goal (tanto) ‖ — DEP *área de gol* terrain d'en-but (rugby) ‖ *gol averaje* goal-average (cociente) ‖ *gol cantado* occasion de but manquée ‖ *gol fantasma* but contesté ‖ *lateral de gol* touche de but (rugby) ‖ *tiro a gol* tir au but.
Golán (altos del) *n pr* GEOGR plateau du Golan.
goleada *f* DEP & FAM carton *m*.
goleador *m* DEP buteur.
golear *v tr* FAM faire un carton.
goleta *f* MAR goélette (embarcación).
golf *m* golf (juego) ‖ *palo de golf* club.
golfa *f* FAM dévergondée (sinvergüenza), dévoyée (perdida).
golfear *v intr* faire le polisson, se conduire en galopin.
golfería *f* FAM bande de gamins *o* de voyous (conjunto de pilluelos) ‖ friponnerie (acción de un golfo).
golfillo *m* petit voyou, petit vaurien.
golfista *m y f* joueur, euse de golf.
golfo *m* golfe; *el golfo de Vizcaya* le golfe de Gascogne ‖ FAM voyou ‖ dévergondé, effronté (sinvergüenza) ‖ dévoyé (perdido).
golilla *f* golille (cuello) ‖ rabat *m* (de magistrados) ‖ plumes *pl* du cou des volailles (plumas) ‖ TECN manchon *m* (tubo de empalme) ‖ (amer) foulard *m* [du paysan].
◆ *m* FIG & FAM basochien, magistrat.
◆ *pl* basoche *f sing*, gens de robe.
golondrina *f* ZOOL hirondelle (ave) ‖ MAR vedette, hirondelle (barco de paseo), mouche, bateau-mouche (en París) ‖ — *golondrina de mar* hirondelle de mer (ave y pez) ‖ *una golondrina no hace verano* une hirondelle ne fait pas le printemps ‖ FIG & FAM *voló la golondrina* l'oiseau s'est envolé.
golondrino *m* petit de l'hirondelle, hirondeau (pollo de la golondrina) ‖ hirondelle *f* de mer (pez)

‖ *(p us)* FIG soldat déserteur (desertor) | vagabond ‖ — MED abcès à l'aisselle.

golosamente *adv* avec gourmandise.

golosina *f* friandise, gourmandise (manjar delicado) ‖ sucrerie (dulce) ‖ gourmandise (gula) ‖ désir *m*, envie (deseo) ‖ FIG & FAM *amargar la golosina* gâcher un plaisir.

goloso, sa *adj y s* gourmand, e.
◆ *adj* appétissant, e (apetitoso) ‖ *tener muchos golosos* faire beaucoup d'envieux.

golpe *m* coup; *recibir un golpe* recevoir un coup ‖ heurt (encontronazo) ‖ foule *f*, affluence *f* (gran cantidad de gente) ‖ abondance *f* (abundancia) ‖ coup dur, choc (desgracia) ‖ battement (del corazón) ‖ AGRIC auget, pochet (hoyo para sembrar) ‖ TECN pène dormant (de cerradura) ‖ patte *f* d'une poche (cartera) ‖ coup d'État, putsch (alzamiento militar) ‖ FIG admiration *f*, étonnement | trait d'esprit (agudeza) | saillie *f*, boutade *f* (salida) | coup (en el juego) | *(amer)* revers (solapa) | masse *f* (mazo) ‖ — *golpe bajo* coup bas (en boxeo) ‖ *golpe de efecto* coup de théâtre ‖ *golpe de Estado* coup d'État ‖ *golpe de fortuna* coup de chance o de fortune ‖ *golpe de gracia* coup de grâce ‖ ARTES *golpe de luz* échappée de lumière ‖ *golpe de mano* coup de main ‖ *golpe de mar* coup o paquet de mer ‖ *golpe de pecho* mea-culpa ‖ *golpe de tos* quinte de toux ‖ *golpe de vista* coup d'œil ‖ *golpe doble* coup fourré (esgrima) ‖ DEP *golpe franco* coup franc ‖ *golpe maestro* coup de maître ‖ *golpe preparado* coup monté ‖ — *a golpe de* à coups de, à force de; *a golpe de diccionario* à coups de dictionnaire ‖ *a golpes* à force de frapper (a porrazos), par à-coups (con intermitencia) ‖ *a golpe seguro* à coup sûr ‖ *¡buen golpe!* bien parlé! ‖ *de golpe* soudain, tout à coup, tout d'un coup ‖ *de golpe y porrazo* sans crier gare, tout à coup, à l'improviste (sin haber avisado), de but en blanc; *decir algo de golpe y porrazo* dire quelque chose de but en blanc ‖ *de un golpe* d'un seul coup (en una sola vez), net; *romper de un golpe* casser net ‖ *un golpe magistral* un coup de maître ‖ — *acusar el golpe* accuser o marquer le coup ‖ FAM *dar el golpe* épater, étonner (asombrar), faire sensation (causar sensación) ‖ *dar golpes* frapper ‖ *dar un golpe* faire un coup ‖ *darse golpes de pecho* se frapper la poitrine ‖ *errar ou fallar el golpe* manquer son coup, taper à côté ‖ *más fue el susto que el golpe* il y a eu plus de peur que de mal ‖ FAM *no dar golpe* se la couler douce, ne rien faire de ses dix doigts ‖ *tener buenos golpes* avoir de l'esprit, avoir de bonnes reparties ‖ *tiene cada golpe* il vous en sort de belles.

golpeador, ra *adj y s* frappeur, euse; qui frappe.
◆ *m (amer)* marteau [de porte] (aldaba).

golpear *v tr e intr* frapper.

golpetazo *m* grand coup ‖ — *cerrar la puerta de un golpetazo* claquer la porte ‖ *darse un golpetazo en la frente* se cogner le front.

golpetear *v tr* frapper à coups répétés o redoublés ‖ tapoter (dar pequeños golpes) ‖ tambouriner (la lluvia).

golpeteo *m* coups *pl* répétés ‖ cognement (de un motor).

golpismo *m* putschisme.

golpista *adj y s* putschiste.

golpiza *f (amer)* volée de coups, raclée (paliza).

golletazo *m* coup frappé sur le goulot d'une bouteille qu'on ne peut déboucher ‖ FIG brusque point final (a un negocio) ‖ TAUROM estocade *f* portée dans le cou du taureau de telle sorte qu'elle traverse les poumons.

gollete *m* cou (cuello) ‖ goulot (de botella) ‖ *estar hasta el gollete* en avoir par-dessus la tête (estar harto), être repu (haber comido mucho).

goma *f* gomme ‖ caoutchouc *m* (caucho); *suelas de goma* semelles en caoutchouc ‖ élastique *m* (cinta) ‖ MED gomme (tumor) ‖ — *goma adragante*, *arábiga* gomme adragante, arabique ‖ *goma de borrar* gomme [à effacer] ‖ *goma de pegar* colle ‖ *goma elástica* gomme élastique, caoutchouc ‖ *goma guta*, *laca* gomme-gutte, gomme-laque ‖ — *borrar con goma* gommer ‖ FAM *(amer) estar de goma* avoir mal aux cheveux (el que ha bebido).

gomaespuma *f* Caoutchouc *m* Mousse [nom déposé].

gomero *m* gommier (árbol) ‖ *(amer)* récolteur de caoutchouc.
◆ *adj* gommeux, euse; caoutchoutier, ère.

gomina *f* gomina.

gomoso, sa *adj y s* gommeux, euse ‖ malade de la gomme (que padece goma) ‖ FAM *(amer)* ivre (borracho).
◆ *m* FAM gommeux (pisaverde).

gónada *f* gonade (glándula).

góndola *f* gondole (embarcación) ‖ *(ant)* omnibus *m* (ómnibus).

gondolero *m* gondolier.

gong *m* gong.

gongorismo *m* gongorisme, préciosité *f* (culteranismo).

gongorizar *v intr* parler, écrire avec recherche.

gonococia *f* MED gonococcie.

gonococo *m* MED gonocoque.

gonorrea *f* MED gonorrhée, blennorragie.

gordiflón, ona; gordinflón, ona *adj* FAM rondelet, ette; grassouillet, ette.
◆ *m* FAM gros père, patafouf.
◆ *f* FAM grosse mémère.

gordo, da *adj* gros, osse; *un hombre gordo* un homme gros; *hilo gordo* du gros fil ‖ gras, grasse; *tocino gordo* lard gras ‖ FIG & FAM important, e; de poids; *hemos tratado con gente gorda* nous avons fréquenté des gens importants ‖ énorme, considérable ‖ — *agua gorda* eau dure ‖ *lengua gorda* langue pâteuse ‖ FIG & FAM *peces gordos* grosses légumes, huiles | *premio gordo* gros lot (lotería) | *vacas gordas* vaches grasses ‖ — FAM *algo gordo ha ocurrido* il s'est passé quelque chose de sérieux | *de los gordos, de las gordas* beau, belle; fameux, euse; de taille; *es una tontería de las gordas* c'est une belle idiotie ‖ — POP *caer gordo* taper sur le système, casser les pieds ‖ FAM *hacer la vista gorda* faire semblant de ne pas voir, fermer les yeux | *reventar de gordo* crever dans sa peau.
◆ *m* gras (manteca); *no me gusta la carne con gordo* je n'aime pas la viande qui a du gras ‖ FAM gros lot; *le ha caído* ou *tocado el gordo* il a gagné le gros lot ‖ *esta carne tiene mucho gordo* cette viande a beaucoup de gras o est très grasse.
◆ *f* FAM pièce de 10 centimes ‖ — FAM *armar la gorda* faire les quatre cents coups | *estar sin una gorda* être sans le sou, ne pas avoir le sou | *se va*

a armar la gorda ça va barder, ça va chauffer, il va y avoir du grabuge.
gordura *f* graisse (grasa) ‖ dureté (agua) ‖ embonpoint *m* (corpulencia) ‖ *(amer)* crème (nata).
gorgojo *m* charançon (insecto) ‖ FIG & FAM nabot, bout d'homme (chisgarabís).
gorgonzola *m* gorgonzola (queso italiano).
gorgoritos *m pl* MÚS roulades *f (fam)*.
gorgoteo *v intr* gargouillement, gargouillis.
gorguz *m (amer)* pointe *f* de la pique des vachers.
gorigori *m* FAM chant funèbre.
gorila *m* ZOOL gorille.
gorjear *v intr* gazouiller (los pájaros) ‖ MÚS faire des roulades (hacer gorgoritos) ‖ *(amer)* se moquer.
◆ *v pr* gazouiller, babiller (los niños).
gorjeo *m* gazouillement (de los pájaros) ‖ roulade *f* (canto) ‖ gazouillement, babil, gazouillis (balbuceo del niño).
gorra *f* casquette (con visera) ‖ béguin *m*, bonnet *m* (de niño) ‖ toque (de jockey) ‖ MIL bonnet *m* à poil (de granaderos) ‖ *— gorra de cuartel* bonnet de police ‖ *gorra de plato* casquette.
◆ *m* FIG & FAM pique-assiette *inv* (gorrón) ‖ FAM *de gorra* à l'œil, gratis; *comer de gorra* manger à l'œil | *pasar la gorra* tendre la main | *vivir de gorra* vivre en parasite.
gorrear *v intr (amer)* vivre en parasite.
gorrinada; gorrinería *f* cochonnerie.
gorrino, na *m y f* goret *m*, cochonnet *m* (cerdo pequeño) ‖ cochon (cerdo) ‖ FAM cochon *m*, goret *m* (sucio).
gorrión *m* ZOOL moineau (pájaro) ‖ FAM moineau, loustic (zorrastrón); *¡menudo gorrión!* drôle de moineau *o* de loustic! | gosse (chiquillo) ‖ *(amer)* colibri (colibrí).
gorro *m* bonnet; *gorro catalán, de dormir, de goma, frigio* bonnet catalan, de nuit, de bain, phrygien ‖ bonnet, toque *f* (de cocinero) ‖ calot (de militar) ‖ — FAM *(amer) apretarse el gorro* prendre ses cliques et ses claques ‖ POP *estar hasta el gorro* en avoir ras la casquette (estar harto) ‖ FIG *poner el gorro* assommer, ennuyer.
gorrón *m* galet (guijarro) ‖ capelan (gusano de seda) ‖ *(p us)* rillons *pl* (chicharrón) ‖ MECÁN pivot, fusée *f* d'essieu, tourillon.
gorrón, ona *adj* de parasite ‖ *pasa gorrona* gros raisin sec.
◆ *adj y s (amer)* égoïste.
◆ *m y f* parasite *m*, pique-assiette *m*.
gorronear *v intr* FAM vivre en parasite.
gorronería *f* FAM parasitisme *m*.
gota *f* goutte (de líquido) ‖ ARQ & MED goutte ‖ goutte, soupçon *m*; *una gota de vino* une goutte de vin ‖ *— cuatro gotas* trois gouttes, quelques gouttes ‖ *gota a gota* goutte à goutte ‖ MED *gota coral* épilepsie | *gota militar* goutte militaire, blennorragie | *la última gota hace rebasar la copa* c'est la goutte d'eau qui fait déborder le vase ‖ *no ver ni gota* n'y voir goutte ‖ *parecerse como dos gotas de agua* se ressembler comme deux gouttes d'eau ‖ *sudar la gota gorda* suer à grosses gouttes, suer sang et eau ‖ MED *transfusión gota a gota* goutte-à-goutte.
goteador *m* goutte-à-goutte (para regar).

gotear *v intr* dégoutter, tomber goutte à goutte, goutter (caer gota a gota); *el agua gotea del tejado* l'eau tombe du toit goutte à goutte ‖ couler (un grifo) ‖ pleuviner (llover) ‖ FIG & FAM recevoir (recibir) *o* donner (dar) au compte-gouttes.
goteo *m* dégouttement ‖ *goteo de pintura* coulure de peinture.
gotera *f* gouttière (canalón) ‖ fuite d'eau (en un techo) ‖ pente (cenefa) ‖ gouttière (enfermedad de los árboles).
◆ *pl* FIG infirmités (achaques) ‖ *(amer)* faubourgs *m* (arrabales), environs *m* (afueras).
goterón *m* ARQ larmier (canalón) ‖ grosse goutte *f*.
gótico, ca *adj* gothique; *lengua, letra gótica* langue, lettre gothique ‖ FAM *niño gótico* bêcheur, petit gommeux.
◆ *m* gothique; *gótico flamígero* gothique flamboyant.
gourmet *m y f* → **gurmet**.
goyesco, ca *adj* caractéristique de Goya.
gozada *f* FAM vrai plaisir *m* ‖ FAM *es una gozada* c'est sympa, c'est chouette.
gozar *v intr* jouir ‖ se réjouir; *gozo con su visita* je me réjouis de sa visite ‖ *gozar del beneficio de duda* bénéficier d'un doute.
◆ *v tr* jouir de; *gozar buena salud* jouir d'une bonne santé.
◆ *v pr* se plaire, se complaire; *gozarse en hacer daño* se plaire à faire le mal ‖ FAM *gozarla* passer du bon temps, s'en payer (divertirse), se régaler; *la voy a gozar* je vais me régaler.
gozne *m* gond.
gozo *m* joie *f* (alegría); *saltar de gozo* sauter de joie ‖ FIG flambée *f* (llamarada) ‖ *— mi gozo en un pozo* c'est bien ma veine, tout est tombé à l'eau ‖ *no caber en sí de gozo* ne pas se sentir *o* se tenir de joie.
◆ *pl* cantique *sing* en l'honneur de la Vierge.
gozoso, sa *adj* joyeux, euse (alegre).
grabación *f* enregistrement *m* (discos, cinta magnetofónica).
grabado *m* gravure *f*; *grabado al agua fuerte, punteado, en hueco, a media tinta, en dulce, en cobre, en madera* gravure à l'eau-forte, au pointillé, en creux, en demi-teinte, en taille-douce, sur cuivre, sur bois ‖ gravure *f*, image *f* (estampa) ‖ enregistrement (discos, cinta magnetofónica, etc.).
grabador, ra *adj* d'enregistrement (de discos, etc.) ‖ *grabador de cinta* magnétophone.
◆ *m y f* graveur, euse.
grabadora *f* magnétophone *m*.
grabar *v tr* graver; *grabar al buril, en madera* graver au burin, sur bois ‖ enregistrer (discos, cintas magnetofónicas) ‖ FIG graver, enregistrer; *grabar en su memoria* graver dans sa mémoire.
gracejo *m* badinage (modo de decir festivo y elegante) ‖ esprit (chiste).
gracia *f* grâce (divina) ‖ grâce, faveur (favor); *conceder una gracia* accorder une grâce ‖ grâce (indulto) ‖ grâce (atractivo, donaire); *bailar con gracia* danser avec grâce ‖ charme *m* (atractivo); *no es guapa pero tiene cierta gracia* elle n'est pas belle, mais elle a un certain charme ‖ plaisanterie (broma), bon mot *m* (chiste); *siempre está diciendo gracias* il fait toujours des plaisanteries ‖ FAM drôle de tour *m* (mala pasada); *me hizo una gracia que me ha costado la broma de un millón de francos* il m'a

joué un drôle de tour qui m'a coûté la bagatelle d'un million de francs ‖ *a la gracia de Dios* à la grâce de Dieu ‖ *de gracia* gratis ‖ RELIG *en estado de gracia* en état de grâce ‖ *falta de gracia* fadeur (de una cara) ‖ *por obra y gracia del Espíritu Santo* par l'opération du Saint-Esprit ‖ *sin gracia* fade; *facciones sin gracia* traits fades ‖ — *ahí está la gracia* tout est là ‖ *caer en gracia* plaire ‖ *estar en gracia cerca de alguien* être en grâce auprès de quelqu'un, jouir des bonnes grâces de quelqu'un ‖ *hacer gracia* être sympathique, revenir (agradar); *este hombre no me hace gracia* cet homme ne me revient pas; amuser (un chiste, una broma) ‖ *hacer gracia de* faire grâce de ‖ *hacer la gracia de* s'amuser à, se mettre à ‖ *hacerle a uno poca gracia* ne pas plaire beaucoup, ne pas dire grand-chose ‖ FAM *más vale caer en gracia que ser gracioso* le savoir-faire vaut mieux que le savoir ‖ *no tener ni pizca de gracia* n'avoir rien de drôle ‖ *tener gracia* être amusant; *tiene mucha gracia* il est très amusant ‖ *tener toda la gracia* avoir de l'esprit à revendre, être drôle comme tout.

◆ *pl* remerciements *m*, mercis *m* (agradecimiento); *miles de gracias* mille mercis ‖ — RELIG *acción de gracias* action de grâces ‖ *gracias a* grâce à (por intervención, por causa de) ‖ *gracias por* merci de; *gracias por haber venido* merci d'être venu ‖ *y gracias si* on peut s'estimer heureux si ‖ *dándole las gracias* en vous remerciant ‖ *dar gracias al cielo* rendre grâce au ciel ‖ *dar las gracias* remercier, dire merci ‖ *no estar para gracias* ne pas avoir envie de plaisanter.

◆ *interj* merci! ‖ — *¡gracias a Dios!, ¡a Dios gracias!* grâce à Dieu ‖ *¡muchas gracias!* merci bien!, merci beaucoup!, je vous remercie! ‖ FAM *¡qué gracia tiene!* comme c'est drôle! ‖ *¡tiene muy poca gracia!, ¡maldita la gracia que tiene esto!, ¡menuda gracia tiene!* ce n'est pas drôle du tout!

Gracias (las) *n pr* MIT les Grâces.
grácil *adj* gracile.
graciosamente *adv* avec grâce (con gracia) ‖ gracieusement, à titre gracieux (de balde) ‖ galamment (galantemente).
gracioso, sa *adj* spirituel, elle; amusant, e; drôle (divertido) ‖ drôle, comique (cómico) ‖ gracieux, euse; charmant, e (encantador) ‖ gentil, ille (simpático) ‖ gracieux, euse; gratuit, e (gratuito) ‖ MÚS gracioso.

◆ *m* TEATR gracioso [bouffon de la comédie espagnole]; pitre ‖ — FAM *hacerse el gracioso* faire l'imbécile, faire le pitre ‖ *lo gracioso de la cosa* ce qu'il y a de drôle dans cette histoire.

◆ *f* TEATR soubrette.
grada *f* degré *m*, marche (peldaño) ‖ gradin *m* (de anfiteatro); *dispuesto en gradas* en gradins ‖ degré *m* (al pie del altar) ‖ grille (celosía, verja de locutorio) ‖ AGRIC herse ‖ MAR chantier *m*, cale; *grada de construcción* cale de construction; *buque en grada* navire sur chantier; *grúa de grada* grue de cale.
gradación *f* gradation.
gradería *f*; **graderío** *m* degrés *m pl* ‖ gradins *m pl* (del estadio) ‖ *gradería cubierta* tribune.
grado *m* degré *f*; *diez grados bajo cero* dix degrés au-dessous de zéro; *este vino tiene once grados* ce vin a onze degrés ‖ degré (de parentesco, de jerarquía); *primo en tercer grado* cousin au troisième degré ‖ degré (peldaño) ‖ teneur *f*, titre *m* (alcohol) ‖ grade (del aceite) ‖ taux; *grado de invalidez* taux d'invalidité ‖ stade (fase); *los diferentes grados de una evolución* les différents stades d'une évolution ‖ grade (título universitario, militar) ‖ année *f*; *alumno del segundo grado* élève de deuxième année ‖ GEOM grade ‖ — MAT *de segundo grado* du second degré, quadratique (ecuación) ‖ *en mayor o menor grado* sur une plus ou moins grande échelle ‖ *en sumo* ou *último* ou *alto grado, en grado superlativo* au dernier degré, au plus haut point.

grado *m* gré (voluntad); *de grado* de son gré ‖ grâce *f*; *hacer algo de mal grado* faire quelque chose de mauvaise grâce ‖ — *de buen grado* de bon gré; *de mal grado* de mauvais gré ‖ *de buen o mal grado* bon gré mal gré ‖ *de grado o por fuerza* de gré ou de force ‖ *mal de mi, de tu, de su grado* malgré moi, toi, lui, elle; contre mon, ton, son gré.
graduable *adj* réglable; *tirantes graduables* bretelles réglables.
graduación *f* graduation ‖ degré *m*, titre *m* (en alcohol) ‖ FÍS titrage *m* ‖ MIL grade *m* ‖ *determinar la graduación* titrer.
graduado, da *adj* gradué, e; *escala graduada* échelle graduée ‖ diplômé, e; *graduado en la Universidad* diplômé de l'Université.
graduador *m* graduateur ‖ vis *f* de réglage (tornillo).
gradual *adj y s m* graduel, elle.
graduar *v tr* graduer (un termómetro) ‖ échelonner (escalonar) ‖ MIL conférer un grade, élever au grade de, nommer; *graduar de capitán* nommer capitaine ‖ titrer (vino, alcohol, etc.).

◆ *v pr* MIL être élevé au grade de ‖ être reçu, e; recevoir le titre de; *graduarse de bachiller* être reçu au baccalauréat; *se graduó de lincenciado en letras* il a été reçu à la licence ès lettres.
graffiti *m pl* graffiti.
— OBSERV pl *graffiti* o *graffitis*.
grafía *f* graphie.
gráfico, ca *adj* graphique ‖ FIG imagé, e; *me hizo una descripción muy gráfica* il m'a fait une description très imagée ‖ photographique; *reportaje gráfico* reportage photographique ‖ *las artes gráficas* les arts graphiques.

◆ *m* graphique (dibujo) ‖ *gráfico de tartas* camembert (estadísticas).

◆ *f* graphique (técnica).
grafismo *m* graphisme.
grafista *m y f* graphiste.
grafito *m* MIN graphite.
grafología *f* graphologie.
grafológico, ca *adj* graphologique.
grafólogo, ga *m y f* graphologue.
grafómetro *m* TECN graphomètre.
grafoscopio *m* graphoscope.
gragea *f* dragée (medicamento).
grajo *m* crave (ave) ‖ *(amer) gousset (ant), odeur *f* nauséabonde (mal olor).
Gram (solución de) coloration de Gram.
grama *f* BOT chiendent *m* ‖ *grama de olor* flouve.
gramática *f* grammaire; *gramática comparada, descriptiva, estructural, generativa, histórica, normativa, transformacional* grammaire comparée, descriptive, structurale, générative, historique,

normative, transformationnelle ‖ FAM *gramática parda* débrouillardise, système D.
gramatical *adj* grammatical, e.
gramático, ca *adj* grammatical, e.
→ *m y f* grammairien, enne.
gramíneas *f pl* BOT graminées, graminacées.
gramo *m* gramme.
gramófono *m* gramophone.
gramola *f* phonographe *m*.
grampa *f (amer)* agrafe.
gran *adj* grand, e.
— OBSERV Apocope de *grande, gran* s'emploie devant un substantif singulier.
grana *f* grenaison (acción de granar) ‖ graine (semilla) ‖ ZOOL cochenille (cochinilla) ‖ kermès *m* (quermes) ‖ écarlate (color o tela) ‖ — *capa de grana* manteau écarlate ‖ *dar grana* monter en graine (las plantas) ‖ *enrojecer como la grana* devenir rouge comme une écrevisse.
→ *adj* écarlate (color).
granada *f* BOT grenade ‖ MIL grenade; *granada de mano, de profundidad* grenade à main, sous-marine | obus *m* (de cañón).
Granada *n pr* GEOGR Grenade.
granadino, na *adj* grenadin, e (de Granada).
→ *m y f* Granadin, e.
→ *f* grenadine (jarabe) ‖ chant *m* andalou (canto andaluz) ‖ grenadine (tejido).
granar *v tr* e *intr* BOT grener, monter en graine ‖ FIG s'épanouir (los jóvenes) ‖ *sin granar* en herbe.
granate *m* MIN grenat ‖ *granate almandino* almandin.
→ *adj* grenat (color).
Gran Bretaña *n pr f* GEOGR Grande-Bretagne.
Gran Canaria *n pr f* GEOGR Grande Canarie.
Gran Cañón (del Colorado) *n pr m* GEOGR Grand Canyon (du Colorado).
grande *adj* grand, e ‖ *(amer)* d'un certain âge (de cierta edad) ‖ — *a lo grande* en grand ‖ *en grande* en gros, en bloc (en conjunto) ‖ *le queda grande este vestido* ce vêtement est trop grand pour vous ‖ FIG & FAM *¡mira que esto es grande!* c'est un peu fort!, c'est un comble! ‖ *pasarlo en grande* s'amuser comme un fou, s'en donner à cœur-joie ‖ *ver en grande* voir grand ‖ *ver las cosas en grande* voir les choses en grand ‖ *vivir a lo grande* vivre sur un grand pied, mener grand train.
→ *m* *grande de España* grand d'Espagne ‖ grand (niño mayor).
→ *f (amer)* le gros lot.
— OBSERV Véase GRAND, en la primera parte.
grandeza *f* grandeur; *grandeza de carácter* grandeur de caractère ‖ grandesse (dignidad de grande de España).
grandilocuencia *f* grandiloquence.
grandilocuente; grandílocuo, cua *adj* grandiloquent, e; pompeux, euse.
grandiosidad *f* magnificence, grandeur; *la grandiosidad del espectáculo* la magnificence du spectacle.
grandioso, sa *adj* grandiose.
grandote, ta *adj* FAM trop grand, e ‖ FAM *una chica grandota* une perche.
grandullón, ona *adj* FAM trop grand ‖ *un chico grandullón* un échalas.

granel (a) *loc adv* en vrac; *trigo a granel* blé en vrac ‖ au détail; *colonia a granel* eau de Cologne au détail ‖ FIG à foison (en abundancia).
granero *m* grange *f*, grenier ‖ FIG *un grano no hace granero pero ayuda al compañero* les petits ruisseaux font les grandes rivières.
granítico, ca *adj* granitique, graniteux, euse.
granito *m* MIN granit, granite (roca) ‖ MED petit bouton (en la piel) ‖ petit grain (grano pequeño) ‖ FIG *echar su granito de sal* mettre son grain de sel.
granizada *f* grêle, chute de grêle (de granizo) ‖ FIG grêle; *una granizada de golpes* une grêle de coups ‖ boisson glacée, granité *m* (bebida).
granizado *m* boisson *f* glacée, granité.
granizar *v impers* grêler.
granizo *m* grêle *f*‖ grêlon (grano de la granizada).
granja *f* ferme; *granja colectiva* ferme collective; *granja modelo* ferme modèle ‖ exploitation [rurale]; *granja avícola* exploitation avicole.
granjear *v intr (p us)* commercer, trafiquer ‖ MAR gagner (avanzar).
→ *v tr (amer)* voler (robar).
→ *v pr* gagner (conquistar); *granjearse la confianza de* gagner la confiance de; *se granjeó su afecto* il gagna son affection ‖ acquérir; *granjearse una buena reputación* acquérir une bonne réputation ‖ *granjearse el desprecio general* encourir le mépris général.
granjero, ra *m y f* fermier, ère.
grano *m* grain (de los cereales, de uva) ‖ graine *f* (semilla) ‖ grain (partícula), *grano de arena* grain de sable ‖ MED bouton (tumorcillo) ‖ grain (medida de peso) ‖ grain (aspereza de la piedra, cueros, etc.) ‖ grumelure *f* (metal) ‖ FOT grain ‖ — *apartar el grano de la paja* séparer le bon grain de l'ivraie ‖ *ir al grano* aller au fait, aller droit au but, ne pas y aller par quatre chemins ‖ *no es grano de anís* ce n'est pas une petite affaire, ce n'est pas de la petite bière *(fam)*, ce n'est pas du gâteau *(fam)* ‖ *seis mil dólares no son ningún grano de anís* six mille dollars ne sont pas une bagatelle.
granoso, sa *adj* grenu, e; *cuero granoso* cuir grenu.
granuja *f* raisin *m* égrappé (uva) ‖ FAM marmaille (banda de granujas).
→ *m* FAM galopin, garnement (pilluelo), voyou, fripouille *f* (canalla).
granujada; granujería *f* friponnerie.
granujilla *m* FAM petit coquin.
granulado, da *adj y s m* granulé, e.
granular *adj* granulaire.
granular *v tr* granuler.
→ *v pr* se couvrir de boutons.
gránulo *m* granule.
granuloso, sa *adj* granuleux, euse.
grao *m* plage *f* ‖ *el Grao* le port de Valence (España).
grapa *f* crampon *m* (laña) ‖ agrafe (para el papel) ‖ ARQ & MED agrafe ‖ VETER malandre, grappe (en los pies del caballo) ‖ *(amer)* boisson alcoolique ‖ — *coser con grapas* agrafer ‖ *sujeción con grapas* agrafage.
grapadora *f* agrafeuse.
grapar *v tr* agrafer.

GRAPO abrev de *Grupos de Resistencia Antifascista Primero de Octubre* groupes de résistance antifasciste du premier octobre [Espagne].
— OBSERV GRAPO est un pluriel (*los GRAPO*). En revanche, *los grapos* désigne les membres de ces groupes.

grasa *f* graisse (cuerpo graso); *grasa vegetal* graisse végétale ‖ crasse (mugre, suciedad) ‖ gomme de genévrier (del enebro) ‖ sandaraque (grasilla).
◆ *pl* MIN scories, crasses ‖ — FAM *criar grasa* grossir ‖ *echar grasa en el abdomen* prendre du ventre.

grasiento, ta *adj* graisseux, euse.

graso, sa *adj* gras, grasse; *cuerpo graso* corps gras.

grasoso, sa *adj* graisseux, euse; gras, grasse.

gratén; gratín *m* CULIN gratin; *lenguado al gratén* sole au gratin ‖ CULIN *guisar al gratén* gratiner.

gratificación *f* gratification.

gratificante *adj* gratifiant, e.

gratificar *v tr* gratifier.

grátil; gratil *m* MAR têtière *f* (de la vela) ‖ envergure *f* (anchura de una verga).

gratín *m* → **gratén**.

gratinado, da *adj* CULIN gratiné, e.
◆ *m* CULIN gratin.

gratinar *v tr* CULIN gratiner.

gratis *adv* gratis (de balde).

gratitud *f* gratitude.

grato, ta *adj* agréable; *grato al paladar* agréable au palais; *grato de oír* agréable à entendre ‖ plaisant, e (placentero) ‖ cher, ère; *fórmula grata a* formule chère à ‖ — *en espera de sus gratas noticias* dans l'attente de vos bonnes nouvelles ‖ *me es muy grato decirle* je suis très heureux de vous dire ‖ *recuerdo grato* doux souvenir, souvenir agréable.

gratuito, ta *adj* gratuit, e.

grava *f* gravier *m*.

gravamen *m* charge *f*; *libre de gravamen* franc de charges.

gravar *v tr* grever (imponer gravamen); *gravar un país con impuestos* grever un pays d'impôts ‖ peser (cargar).

grave *adj* grave; *enfermedad, hombre, voz grave* maladie, homme, voix grave ‖ FIG grave (serio) ‖ MÚS grave ‖ FÍS grave, pesant, e (atraído por la tierra) ‖ — *accidente de consecuencias graves* accident lourd de conséquences ‖ GRAM *acento grave* accent grave ‖ *de lo grave a lo frívolo* du grave au frivole.
◆ *m* FÍS grave (ant), corps pesant ‖ MÚS grave.

gravedad *f* gravité (de una enfermedad) ‖ FIG gravité; *la gravedad de una falta* la gravité d'une faute ‖ gravité (de un personaje) ‖ pesanteur; *leyes de la gravedad* lois de la pesanteur ‖ — FÍS *centro de gravedad* centre de gravité ‖ *enfermo de gravedad* gravement malade ‖ *herido de gravedad* gravement blessé, grièvement blessé ‖ *un enfermo, un herido de gravedad* un malade, un blessé grave.

gravidez *f* gestation (de una hembra), grossesse (de una mujer).

grávido, da *adj* gravide ‖ enceinte (preñada).

gravilla *f* gravillon *m* ‖ *cubrir una carretera con gravilla* gravillonner une route.

gravimetría *f* FÍS gravimétrie.

gravitación *f* FÍS gravitation.

gravitar *v intr* FÍS graviter ‖ FIG reposer sur, s'appuyer sur (apoyarse) ‖ graviter; *gravita entre los allegados al ministro* il gravite dans l'entourage du ministre ‖ peser sur.

gravoso, sa *adj* lourd, e; pesant, e (pesado) ‖ onéreux, euse; coûteux, euse (costoso).

gray *m* FÍS gray ‖ INFORM *código de Gray* code Gray.

graznador, ra *adj* croassant, e.

graznar *v intr* croasser (cuervo) ‖ criailler (aves) ‖ huer (el búho) ‖ cacarder, jargonner (el ganso).

graznido *m* croassement (del cuervo) ‖ cacardement (del ganso).

Grecia *n pr f* GEOGR Grèce.

grecolatino, na *adj* gréco-latin, e.

grecorromano, na *adj* gréco-romain, e.

Greenwich *n pr* GEOGR Greenwich ‖ *meridiano de Greenwich* méridien de Greenwich.

gregario, ria *adj* grégaire; *instinto gregario* instinct grégaire.
◆ *m* FAM domestique (en ciclismo).

gregoriano, na *adj* grégorien, enne; *canto gregoriano* chant grégorien.

greguería *f* brouhaha *m* (algarabía) ‖ sorte d'aphorisme *m* dont l'écrivain Ramón Gómez de la Serna est le créateur.

gremial *adj* corporatif, ive; de la corporation.
◆ *m* membre d'une corporation ‖ ECLES grémial (ornamento).

gremialista *m y f* (*amer*) syndicaliste.

gremio *m* corporation *f* (individuos de igual oficio) ‖ corps de métier (de artesanos) ‖ *gremio de obreros* compagnonnage.

greña *f* tignasse (cabellera descuidada) ‖ enchevêtrement *m* (maraña) ‖ FAM *andar a la greña* se crêper le chignon (reñir).

greñudo, da *adj* ébouriffé, e (mal peinado).

gres *m* grès [cérame]; *vasija de gres* pot de grès; *gres cerámico, flameado* grès cérame, flammé.

gresca *f* vacarme *m* (ruido); *meter gresca* faire du vacarme ‖ bagarre, querelle, dispute (riña); *andar a la gresca* chercher querelle, chercher la bagarre ‖ *armar gresca con uno* se bagarrer avec quelqu'un.

grial *m* graal (vaso místico).

griego, ga *adj* grec, grecque (de Grecia) ‖ *fuego griego* feu grégeois.
◆ *m y f* Grec, Grecque.
◆ *m* grec (idioma); *griego antiguo* grec ancien ‖ — FAM *eso es griego para mí* c'est de l'hébreu pour moi ‖ *hablar en griego* parler hébreu.

grieta *f* crevasse (en el suelo, en el hielo de un glaciar) ‖ lézarde, crevasse (en una pared) ‖ MED crevasse, gerçure (manos, pies), gerçure (labios).

grifa *f* (*amer*) griffe (garra) ‖ marihuana (estupefaciente).

grifería *f* robinetterie.

grifero, ra *m y f* (*amer*) pompiste.

grifo, fa *adj* ébouriffé, e (desgreñado), crépu, e (crespo) ‖ IMPR *letra grifa* bâtarde ‖ (*amer*) de couleur (una persona) ‖ drogué, e (intoxicado) ‖ ivrogne, poivrot, e (borracho).
◆ *m* griffon (animal fabuloso) ‖ robinet (llave o caño) ‖ (*amer*) poste à essence (surtidor de gasolina) ‖ *fabricante de grifos* robinetier.

grill *m* gril.
grillado, da *adj* FIG & FAM dingue, cinglé, e; givré, e (alelado).
grillarse *v pr* BOT germer, faire des pousses.
grillete *m* MAR manille *f*.
➤ *pl* fers (cadena de los presos).
grillo *m* ZOOL grillon || BOT tige *f* (tallo).
➤ *pl* fers (grilletes) || FIG entraves *f*, obstacles || ZOOL *grillo cebollero* ou *real* courtilière, taupe-grillon.
grima *f* déplaisir *m*, dégoût *m*, horreur || *dar grima* avoir horreur; *me da grima verlo* j'ai horreur de le voir.
gringada *f* action propre d'un étranger.
gringo, ga *adj y s* étranger, ère || *hablar en gringo* parler hébreu.
➤ *m* (*amer*) Américain du Nord, Yankee.
— OBSERV Le mot *gringo* a toujours un sens péjoratif et s'applique principalement aux Anglo-Saxons.
gripa *f* (*amer*) MED grippe.
gripal *adj* MED grippal, e.
gripe *f* MED grippe || *estar con gripe* être grippé, avoir la grippe.
griposo, sa *adj* grippé, e.
gris *adj y s m* gris, e (color); *gris perla* gris perle.
➤ *m* petit-gris (ardilla) || FAM vent, bise *f* (cierzo).
grisáceo, a *adj* grisâtre.
grisalla *f* grisaille (pintura) || *pintar grisallas* peindre en grisaille, grisailler.
grisú *m* grisou; *explosión de grisú* coup de grisou.
gritar *v intr y tr* crier; *gritar desaforadamente* crier à tue-tête *o* comme un sourd *o* comme un putois; *gritar a alguien* crier après quelqu'un || siffler (silbar), huer; *gritar a un actor* siffler un acteur || — *gritar a los cuatro vientos* crier sur tous les toits || *gritar a voz en cuello* crier à tue-tête.
gritería *f*; **griterío** *m* cris *m pl*, criaillerie *f*.
grito *m* cri; *dar gritos* pousser des cris || appel; *grito de socorro* appel au secours || — *a grito herido* ou *pelado* ou *limpio, a voz en grito* à tue-tête, à grands cris (en muy alta voz), à cor et à cri (porfiadamente) || — *alzar el grito* hausser le ton (gritar) || *asparse a gritos* s'égosiller, pousser de grands cris (desgañitarse) || *cantar a voz en grito* chanter à tue-tête || FIG *el último grito* le dernier cri || *estar en un grito* n'en plus pouvoir [de douleur] || *pedir a gritos* réclamer à cor et à cri || FAM *pegarle a uno cuatro gritos* passer un savon à quelqu'un || *poner el grito en el cielo* pousser les hauts cris, crier au scandale || *pregonar a voz en grito* crier sur (tous) les toits.
gritón, ona *adj* FAM criard, e; braillard, e.
Groenlandia *n pr f* GEOGR Groenland *m*.
grog *m* grog (ponche).
groggy *adj* groggy (boxeo).
grosella *f* groseille (fruto) || *grosella espinosa* groseille à maquereau *o* épineuse.
grosería *f* grossièreté.
grosero, ra *adj* grossier, ère; *¡qué tipo más grosero!* quel grossier personnage!
gros-grain *m* gros-grain (costura).
grosor *m* grosseur *f*.
grosso modo *loc adv* grosso modo.
grotesco, ca *adj* grotesque || *lo grotesco* le grotesque.

grúa *f* grue; *grúa de caballete, de grada, de pórtico* grue à béquilles, de cale, à portique || dépanneuse, camion de la fourrière (vehículo remolque) || grue (máquina de guerra) || CINEM grue (de prise de vues) || — *grúa abatible* grue repliable || *grúa de aguilón* potence, treuil || *grúa de cubierta* grue de bord || *grúa de pescante* grue à potence || *grúa (de) puente* pont roulant || *grúa de torre* grue à pylône, à tour || *grúa flotante* grue flottante, ponton-grue || — *conductor* ou *operador de grúas* grutier.
grueso, sa *adj* gros, osse (gordo, abultado); *un pedazo grueso* un gros morceau; *hilo grueso* du gros fil || épais, aisse; *tela gruesa* toile épaisse; *cristales gruesos* verres épais || fort, e; *una mujer gruesa* une femme forte || gras, asse (dibujo, tipografía) || MAR gros, osse; *mar gruesa* mer grosse || FIG épais, aisse (obtuso).
➤ *m* grosseur *f* (volumen) || gros; *el grueso del ejército* le gros de l'armée || plein (de una letra) || épaisseur *f* (grosor); *el grueso del papel* l'épaisseur du papier || GEOM épaisseur *f* (dimensión) || *en grueso* en gros.
➤ *f* grosse (doce docenas) || MAR *préstamo a la gruesa* prêt à la grosse aventure.
➤ *adv* gros; *escribir grueso* écrire gros.
grulla *f* grue (ave).
grullo, lla *adj* (*amer*) à robe grise (caballo).
➤ *m* FAM rustre (palurdo).
grumete *m* mousse (marinero).
grumo *m* grumeau (líquido coagulado) || caillot (de sangre) || grappe *f* (de cosas apiñadas).
grumoso, sa *adj* grumeleux, euse.
gruñido *m* grognement.
gruñir* *v intr* grogner (dar gruñidos) || grogner, ronchonner (refunfuñar) || grincer; *la puerta gruñe* la porte grince || gronder (el perro, el gato).
gruñón, ona *adj* FAM grognon, onne; ronchon, onne; ronchonneur, euse; grincheux, euse; râleur, euse.
grupa *f* croupe (anca); *llevar la grupa* ou *a grupas* porter en croupe || FIG *volver grupas* tourner bride (volverse atrás).
grupada *f* averse, ondée (aguacero) || croupade (corcovo del caballo).
grupo *m* groupe || FAM (*amer*) blague *f*, bourde *f* (bola) || — ECON *Grupo de los Siete* Groupe des 7 [G7] (Estados Unidos, Japón, Canadá, el Reino Unido, Francia, Alemania e Italia) || *grupo de presión* groupe de pression || *grupo electrógeno* groupe électrogène || *grupo rockero* groupe de rock || *grupo sanguíneo* groupe sanguin.
grupúsculo *m* groupuscule.
gruta *f* grotte (cueva).
gruyere *m* gruyère (queso).
guaca *f* (*amer*) huaca, sépulture indigène (sepultura) | trésor *m* caché (tesoro) | tirelire (hucha) | trou *m* où l'on dépose des fruits verts pour hâter leur maturation.
guacal; huacal *m* (*amer*) cageot, caisse *f* | calebassier (árbol) | calebasse *f* (fruto y vasija).
guacamaya *f*; **guacamayo** *m* ara *m* (ave) || nom de diverses plantes américaines.
guacamol; guacamole *m* (*amer*) salade *f* d'avocats hachés.
guacamote *m* (*amer*) yucca (yuca).

guaco *m* BOT guaco ‖ ZOOL hocco ‖ *(amer)* poterie *f* précolombienne.
◆ *adj (amer)* qui a un bec-de-lièvre (labihendido) | jumeau, elle.
guachada *f (amer)* POP vacherie, crasse (putada).
guachafita *f (amer)* FAM raffut *m*.
guache *m* gouache *f* (técnica pictórica) ‖ *(amer)* rustre (villano) | POP salaud (cabrón) | MUS sorte *f* de maracas (alfandoque).
guachimán *m (amer)* gardien, veilleur.
guacho, cha *adj (amer)* orphelin, e (huérfano) | dépareillé, e (objeto).
◆ *m* oisillon (pollo) ‖ *(amer)* sillon (surco).
guadalajarense *adj y s* de Guadalajara (México).
guadalajareño *adj y s* de Guadalajara (España).
Guadalquivir *n pr m* GEOGR Guadalquivir.
Guadalupe *n pr f* GEOGR Guadeloupe (isla).
guadaña *f* faux.
Guadiana *n pr m* GEOGR Guadiana.
guagua *f* bagatelle (cosa baladí) ‖ *(amer)* bébé *m* | autobus *m* (autobús) ‖ — POP *de guagua* à l'œil, pour rien, gratis | *¡qué guagua!* quelle aubaine!, quelle affaire!
guajaca *f (amer)* plante grimpante, tillandsia *m*.
guajalote; guajolote *m (amer)* dindon | FAM âne, sot (bobo).
guajiro, ra *m y f (amer)* paysan, anne de Cuba.
◆ *f* air *m* populaire cubain.
guajolote *m (amer)* → **guajalote**.
gualdo, da *adj* jaune (amarillo); *la bandera roja y gualda* le drapeau rouge et jaune.
gualdrapa *f* housse (manta para el caballo) ‖ FAM loque, haillon *m* (harapo).
guamazo *m (amer)* gifle *f*.
guampa *f (amer)* corne.
guanajo *adj y s* FIG niais, e (tonto).
◆ *m (amer)* dindon (pavo).
guanche *adj y s* guanche (primeros pobladores de las islas Canarias).
guano *m* guano (abono) ‖ *(amer)* POP fric, argent (dinero) ‖ FAM *¡vete al guano!* va-t'en au diable!
guantada *f*; **guantazo** *m* FAM claque *f*, gifle *f*.
guante *m* gant; *guante de boxeo* gant de boxe ‖ FIG & FAM pot-de-vin, dessous-de-table (gratificación) ‖ — FAM *de guante blanco* parfaitement correct ‖ *mano de hierro en guante de seda* main de fer dans un gant de velours ‖ — FAM *dar un guante* graisser la patte (untar la mano); *dar un guante a una persona influyente* graisser la patte à une personne influente ‖ *echar el guante, arrojar el guante* jeter le gant (desafiar) ‖ FAM *echar el guante a alguien* mettre le grappin sur quelqu'un, harponner quelqu'un | *echar el guante a una cosa* mettre la main o le grappin sur une chose ‖ *ponerse más suave que un guante* filer doux ‖ *recoger el guante* relever le gant o le défi ‖ *ser más suave que un guante* être souple comme un gant ‖ *tratar con guante blanco* ou *con guante de seda* a prendre des gants avec.
guantero, ra *m y f* gantier, ère.
◆ *f* boîte à gants (en el coche).
guapamente *adv* courageusement ‖ très bien, parfaitement (muy bien).
guaperas *adj y s m* FAM bellâtre, beau gosse.

guapetón, ona *adj* FAM beau, belle; bien fait, bien faite.
◆ *m* FAM joli cœur.
guapo, pa *adj* FAM beau, belle; *una mujer guapa* une belle femme | bien mis, bien mise (elegante) | brave, vaillant, e (valiente).
◆ *m* bagarreur (pendenciero) ‖ FAM galant, godelureau (galán) | joli garçon ‖ — *echárselas de guapo* crâner (fanfarronear), jouer les jolis cœurs.
◆ *interj* mon petit! (a un niño), mon cher!
guapura *f* FAM beauté.
guarache *m (amer)* sandale *f*.
guarangada *f (amer)* grossièreté.
guarango, ga *adj (amer)* grossier, ère; vulgaire.
guaraní *adj y s* guarani.
guarapo *m* vesou (zumo de la caña de azúcar) ‖ boisson *f* fermentée à base de vesou (bebida).
guarda *m y f* garde ‖ gardien, enne (de un jardín, museo, etc.) ‖ surveillant, e (vigilante) ‖ *(amer)* receveur, euse (cobrador) ‖ — *guarda de caza* ou *de coto, de pesca* garde-chasse, garde-pêche ‖ *guarda de noche* ou *nocturno* veilleur de nuit ‖ *guarda de ribera* garde-rivière ‖ *guarda jurado* vigile ‖ *guarda rural* garde champêtre.
◆ *f* garde (custodia) ‖ observance (de una ley) ‖ garde (guarnición de la espada) ‖ page de garde (de libro) ‖ *Ángel de la Guarda* ange gardien.
◆ *pl* gardes (de cerradura) ‖ maîtres brins *m* (de abanico).
guardabarrera *m y f* garde-barrière.
guardabarros *m inv* garde-boue.
guardabosque *m* garde forestier.
guardabrisa *f* fanal *m*, globe *m* (fanal) ‖ pare-brise *m inv* (parabrisas) ‖ *(amer)* paravent *m*.
guardacabras *m y f inv* chevrier, ère.
guardacadena *m* garde-chaîne.
guardacantón *m* borne *f*, bouteroue *f*.
guardacoches *m inv* gardien de voitures.
guardacostas *m inv* MAR garde-côte.
guardador, ra *adj y s* gardeur, euse (que guarda) ‖ observateur, trice (que observa una ley, una orden) ‖ avare (tacaño).
guardaespaldas *m inv* garde du corps, gorille *(fam)*.
guardafrenos *m inv* garde-frein.
guardafuego *m* MAR garde-feu.
guardaguas *m* MAR sommier de sabord.
guardagujas *m inv* aiguilleur *m* (de ferrocarril).
guardajoyas *m y f* gardien, enne des joyaux de la couronne.
◆ *m* lieu où étaient gardés les joyaux de la couronne.
guardalodos *m inv* garde-boue.
guardameta *m* DEP gardien de but, goal.
guardamonte *m* pontet (de arma de fuego) ‖ garde-chasse (guarda de caza) ‖ *(amer)* sorte de protège-jambe en cuir du cavalier.
guardamuebles *m inv* garde-meuble.
guardapesca *m* garde-pêche (barco).
guardapolvo *m* cache-poussière (ant) ‖ tablier, blouse *f* (de los niños) ‖ blouse *f* (bata) ‖ housse *f* (funda contra el polvo) ‖ auvent (tejadillo de ventana) ‖ TECN calotte *f* (de un reloj).
guardar *v tr* garder; *guardar con* ou *bajo llave* garder sous clef; *guardar un secreto* garder un secret;

guardar *carneros* garder des moutons ‖ ranger, mettre à sa place (poner en su sitio) ‖ observer (una ley, etc.) ‖ — *fiesta de guardar* fête d'obligation ‖ — *¡guarda!* gare! ‖ *guardar cama* garder le lit ‖ *guardar como oro en paño* garder comme une relique ‖ *guardar con siete llaves* enfermer à double tour ‖ *guardar las distancias* garder les distances ‖ *guardar reserva* se tenir sur la réserve ‖ *guardar silencio* garder le silence ‖ *guardar su palabra* tenir sa parole ‖ *si Dios le guarda* si Dieu lui prête vie ‖ *si se guardan* ou *guardando las proporciones* toutes proportions gardées.

◆ *v pr* se garder (preservarse) ‖ se garder, éviter; *guárdate de hacer tal cosa* garde-toi de faire telle chose ‖ garder; *guardarse un libro prestado* garder un livre prêté ‖ FAM *guardársela a uno* garder à quelqu'un un chien de sa chienne.

guardarropa *m* garde-robe *f* (armario y conjunto de efectos de vestir) ‖ vestiaire (en los establecimientos públicos) ‖ TEATR costumier, accessoiriste.

guardarropía *f* TEATR magasin *m* d'accessoires ‖ FIG *de guardarropía* d'opérette.

guardarruedas *m inv* borne *f*, bouteroue (guardacantón).

guardavecinos *m* grillage de séparation [entre deux propriétés].

guardavela *m* MAR raban de ferlage.

guardería *f* garde, surveillance ‖ *guardería infantil* crèche, garderie d'enfants, pouponnière.

guardesa *f* gardienne.

guardia *f* garde (cuerpo de tropa) ‖ garde (custodia) ‖ MAR quart *m*; *estar de guardia* être de quart; *entrar de guardia* prendre le quart ‖ garde (boxeo, esgrima) ‖ — *guardia baja* garde basse (boxeo) ‖ *guardia cívica, móvil* garde civique, mobile ‖ *guardia civil* gendarmerie [espagnole] ‖ *guardia de asalto* garde d'assaut ‖ *guardia de honor* garde d'honneur ‖ *guardia entrante, saliente* garde montante, descendante ‖ *guardia pretoriana* garde prétorienne ‖ *guardia real* garde royale ‖ — *cuerpo de guardia* corps de garde ‖ DEP *aflojar* ou *bajar la guardia* baisser la garde ‖ *estar de guardia* être de garde ‖ *estar en guardia* être sur la défensive ‖ MIL *hacer guardia, montar la guardia* monter la garde ‖ *poner en guardia* donner l'éveil ‖ *ponerse en guardia* se mettre en garde ‖ *relevar la guardia* relever la garde.

◆ *m* garde; *guardia de corps* garde du corps ‖ agent [de police] (del tráfico) ‖ sergent de ville (ant), gardien de la paix (de orden público) ‖ — *guardia civil* gendarme [espagnol]; gendarme (mujer autoritaria) ‖ *guardia del orden público* ou *de seguridad* gardien de la paix ‖ *guardia marina* midship ‖ *guardia urbano* sergent de ville ‖ — *jugar a guardias y ladrones* jouer aux gendarmes et aux voleurs ‖ FAM *ser más vago que la chaqueta de un guardia* avoir un poil dans la main.

◆ *pl* gardes (cerradura).

guardiamarina *m* midship.

guardián, ana *m y f* gardien, enne.

◆ *m* MAR câble.

guarecer* *v tr* protéger (proteger) ‖ abriter, mettre à l'abri (abrigar).

◆ *v pr* se réfugier, s'abriter ‖ se protéger; *guarecerse de la lluvia* se protéger de la pluie.

guarida *f* repaire *m* (de los animales) ‖ FIG retraite (refugio).

guarismo *m* chiffre (cifra), nombre (número).

guarnecedor, ra *adj y s* garnisseur, euse.

guarnecer* *v tr* garnir ‖ crépir (revocar) ‖ CULIN garnir ‖ MIL être en garnison; *el regimiento de Covadonga guarnece Alcalá* le régiment de Covadonga est en garnison à Alcalá ‖ établir une garnison.

guarnición *f* garniture (que guarnece) ‖ chaton *m*, sertissure (para piedras preciosas) ‖ garde (de espada) ‖ CULIN garniture ‖ MIL garnison; *estar de guarnición* être en garnison ‖ TECN garniture (de una bomba) ‖ bague (de émbolo) ‖ harnais *m* (arreos) ‖ *carne con guarnición* viande garnie.

guarrada *f* FAM cochonnerie (marranada) ‖ tour *m* de cochon (mala pasada).

guarrazo *m* FAM pelle *f*, chute *f*; *darse un guarrazo* ramasser une pelle.

guarrería *f* FAM cochonnerie (porquería) ‖ tour *m* de cochon (mala pasada).

guarro, rra *m y f* cochon *m*, truie *f* (animal) ‖ FAM cochon, onne (sucio, indecente).

guarura *m* (amer) FAM gorille [garde du corps].

guasa *f* balourdise, sottise (pesadez) ‖ FAM blague (burla) ‖ plaisanterie (chanza) ‖ persiflage *m* (mofa) ‖ gouaille; *la guasa andaluza* la gouaille andalouse ‖ — *en* ou *de guasa* pour rire ‖ *sin guasa* sans plaisanter, blague à part ‖ *un tío guasa, un guasa* un empêcheur de tourner en rond, un empoisonneur ‖ — *estar siempre de guasa* être toujours en train de plaisanter ‖ *hablar en guasa* plaisanter ‖ *¡qué guasa hacer esto!* c'est amusant de faire cela (divertido), c'est empoisonnant, ce n'est pas drôle du tout (pesado) ‖ *tener mucha guasa* ne pas être drôle du tout, être ennuyeux *o* embêtant *o* empoisonnant ‖ *tomar a guasa* prendre à la rigolade.

guasca *f* (amer) courroie (correa) ‖ fouet *m* (látigo) ‖ (amer) *dar guasca* fouetter.

guasearse *v pr* FAM blaguer (bromear) ‖ se moquer; *se guasea de todo* il se moque de tout.

guaseo *m* FAM chahut (jaleo) ‖ moquerie *f* (mofa) ‖ FAM *traerse un guaseo con* se payer la tête de.

guasón, ona *adj y s* blagueur, euse; plaisantin, e; farceur, euse (bromista) ‖ moqueur, euse (burlón).

guata *f* ouate (algodón en rama) ‖ (amer) bedaine, panse (vientre) ‖ gauchissement *m* (pandeo).

guate *m* (amer) maïs fourrager (maíz) ‖ luxe (lujo).

guateado, da *adj* molletonné, e.

Guatemala *n pr m* GEOGR Guatemala.

guatemalteco, ca *adj* guatémaltèque.

◆ *m y f* Guatémaltèque.

Guatepeor *n pr* FAM *salir de Guatemala y meterse* ou *entrar en Guatepeor* tomber de Charybde en Scylla.

guateque *m* surprise-partie *f* (fiesta).

guatón, ona *adj* (amer) ventru, e; pansu, e.

guau *m* ouah [aboiement du chien].

guay *adj* FAM super, sympa, classe, cool (estupendo).

◆ *interj* hélas! ‖ *¡guay de los vencidos!* malheur aux vaincus!

guayaba *f* BOT goyave (fruto) ‖ (amer) mensonge *m*, blague (fam).

guayabo *m* BOT goyavier ‖ FAM belle gosse *f*, jolie poupée *f* (jovencita).

guayacán; guayaco *m* BOT gaïac.

Guayana *n pr f* GEOGR Guyane.
guayín *m (amer)* FAM camionnette *f*.
guayule *m (amer)* plante *f* à caoutchouc.
guazú *m* ZOOL cerf des pampas.
gubernamental *adj y s* gouvernemental, e.
gubernativo, va *adj* gouvernemental, e; du gouvernement ‖ préfectoral, e; *cerrado por orden gubernativa* fermé par arrêté préfectoral.
gudari *m* jeune soldat [en basque].
güegüecho, cha *adj y s (amer)* goitreux, euse | sot, sotte (tonto).
◆ *m (amer)* goitre (bocio).
güeldo *m* appât (cebo).
guepardo *m* guépard (onza).
güero, ra *adj (amer)* blond, e (rubio).
guerra *f* guerre; *guerra civil* guerre civile; *guerra fría, de nervios* guerre froide, des nerfs; *hacer la guerra* faire la guerre; *consejo de guerra* conseil de guerre ‖ poule, guerre (en el billar) ‖ — *guerra a muerte* guerre à outrance ‖ *guerra atómica, nuclear* guerre atomique, nucléaire ‖ *guerra bacteriológica, química* guerre bactériologique, chimique ‖ *guerra comercial, de precios* guerre commerciale, des prix ‖ *guerra de agotamiento* ou *de desgaste* guerre d'usure ‖ *guerra de guerrillas* guerre de guérillas *o* de partisans, guérilla ‖ *guerra de las galaxias (SDI)* guerre des étoiles (I.D.S) ‖ *guerra de ondas* guerre des ondes ‖ *guerra de trincheras* guerre de tranchées ‖ *guerra galana* guerre en dentelles ‖ *guerra mundial* guerre mondiale ‖ *guerra relámpago* guerre (-) éclair ‖ *guerra santa* guerre sainte ‖ *guerra sin cuartel* combat sans merci ‖ *guerra sucia* guerre sale ‖ *la guerra boba* la drôle de guerre ‖ — FAM *dar mucha guerra* donner beaucoup de mal, donner du fil à retordre ‖ *declarar la guerra* a déclarer la guerre à ‖ FAM *esta paella está pidiendo guerra* cette paella ne demande qu'à être mangée ‖ *estar en guerra* être en guerre.
guerrear *v intr* guerroyer, faire la guerre.
guerrero, ra *adj y s* guerrier, ère.
◆ *f* tunique (militar), vareuse (marina).
guerrilla *f* MIL ligne de tirailleurs | guérilla (tipo de guerra) | corps *m* franc, bande de partisans (partida) ‖ bataille (juego de naipes) ‖ *marchar en guerrilla* marcher en tirailleurs.
guerrillear *v intr* mener une action de guérilla, se livrer à la guérilla.
guerrillero, ra *m* guérillero, franc-tireur, partisan.
gueto *m* ghetto.
güevón *m (amer)* POP connard.
guía *m y f* guide (persona).
◆ *f* guide *m* (libro); *guía turística* guide touristique ‖ indicateur *m* (de ferrocarriles) ‖ annuaire *m* (de teléfono) ‖ BOT branche mère ‖ EQUIT cheval *m* de tête [dans un attelage] ‖ COM acquit-à-caution *m* (documento fiscal) ‖ MAR chaumard *m* ‖ MECÁN glissière ‖ TECN guide *m* | monture chemin de fer (para cortinas).
◆ *m* guidon (de bicicleta).
◆ *f pl* guides (riendas) ‖ pointes (del bigote) ‖ FAM *estar* ou *quedarse en las guías* ne plus avoir que la peau et les os.
guiahílos *m inv* guide-fil ‖ garde-fil (máquina de coser).
guiar *v tr* guider ‖ conduire (conducir) ‖ FIG mener (dirigir); *le guía el interés* l'intérêt le mène.

◆ *v pr* se laisser guider *o* conduire; *se guiaba por su instinto* il se laissait conduire par son instinct ‖ *me guiaré por sus consejos* je suivrai vos conseils.
guija *f* caillou *m* (china) ‖ BOT gesse.
guijarro *m* caillou (piedra) ‖ galet (canto rodado).
guijarroso, sa *adj* caillouteux, euse.
guijo *m* cailloutis, gravier ‖ *(amer)* axe (eje).
guillado, da *adj* FAM toqué, e; cinglé, e.
guilladura *f* FAM toquade.
guillame *m* guillaume (cepillo de carpintero).
guillotina *f* guillotine (instrumento) ‖ massicot *m* (de encuadernador) ‖ *ventana de guillotina* fenêtre à guillotine.
guillotinar *v tr* guillotiner ‖ couper au massicot (papel).
guimbarda *f* TECN guimbarde (herramienta).
guinda *f* guigne, griotte (cereza) ‖ MAR guindant *m* ‖ *(amer)* pente d'un toit ‖ FIG & FAM *poner la guinda* mettre la touche finale.
guindar *v tr* guinder, hisser (elevar) ‖ FAM souffler; *guindar un empleo* souffler un emploi | pendre (ahorcar).
guindilla *f* piment *m* rouge.
◆ *m* POP flic (guardia).
guindo *m* BOT guignier, griottier ‖ *guindo griego* griottier.
guinea *f* guinée (moneda inglesa) ‖ guinée (tejido).
Guinea *n pr f* GEOGR Guinea; *Guinea Ecuatorial* Guinée-Équatoriale.
Guinea-Bissau *n pr* GEOGR Guinée-Bissau.
guineano, na *adj* guinéen, enne.
◆ *m y f* Guinéen, enne.
guineo, a *adj* guinéen, enne.
◆ *m y f* Guinéen, enne.
guiñapo *m* haillon, loque *f*, guenille *f* (harapo) ‖ FIG guenille *f* ‖ *poner* ou *dejar a uno como un guiñapo* traiter quelqu'un de tous les noms.
guiñar *v tr e intr* cligner de l'œil ‖ MAR faire des embardées ‖ FAM *guiñar el ojo* faire un clin d'œil.
◆ *v pr* se faire des clins d'œil.
guiño *m* clin d'œil (guiñada); *hacer guiños* faire des clins d'œil.
guiñol *m* guignol.
guión *m* guidon (pendón) ‖ croix *f* de procession (cruz) ‖ conducteur d'un quadrille (danza) ‖ FIG guide (conductor) ‖ CINEM scénario (de una película) ‖ GRAM trait d'union (en las palabras compuestas) ‖ tiret (raya al principio de una frase).
guionista *m* CINEM scénariste.
guipar *v tr* POP reluquer (ver).
güipil *m (amer)* → **huipil**.
guipure *m* guipure *f* (encaje).
guipuzcoano, na *adj y s* de Guipúzcoa [province basque].
güiquilite *m (amer)* indigo.
guiri *m* libéral [pendant les guerres carlistes] ‖ POP flic, pandore (guardia civil).
◆ *m y f* POP étranger, ère; touriste.
guirigay *m* FAM baragouin, charabia (lenguaje ininteligible) | brouhaha (gritería).
— OBSERV pl *guirigays*.

guirlache *m* sorte de nougat.
guirlanda; guirnalda *f* guirlande ‖ BOT immortelle.
guisa *f* guise; *obrar a su guisa* agir à sa guise, n'en faire qu'à sa guise ‖ — *a guisa de* en guise de; *a guisa de desagravio* en guise de dédommagement ‖ *de tal guisa, en tal guisa* de telle manière.
guisado *m* ragoût; *guisado de carne* ragoût de mouton ‖ FAM histoire *f*, affaire *f* (asunto).
guisante *m* BOT pois (planta) ‖ petit pois (legumbre) ‖ — *guisante de olor* pois de senteur ‖ *guisante mollar* pois mange-tout.
guisar *v intr* cuisiner, faire la cuisine; *mi mujer guisa muy bien* ma femme fait très bien la cuisine.
◆ *v tr* cuisiner, préparer, accommoder (un guiso) ‖ FIG préparer, disposer (una cosa cualquiera) ‖ — *ellos se lo guisan y ellos se lo comen* comme on fait son lit on se couche ‖ *la comida está guisada* le repas est prêt.
guiso *m* ragoût; *un guiso de patatas* un ragoût de pommes de terre ‖ plat; *echar a perder un guiso* manquer un plat.
◆ *pl* cuisine *f sing*; *me gustan los guisos españoles* j'aime la cuisine espagnole.
guisote *m* FAM fricot.
güisqui *m* whisky.
guita *f* ficelle (cuerda delgada) ‖ FAM galette (dinero).
guitarra *f* MÚS guitare; *guitarra eléctrica* guitare électrique ‖ TECN batte (del yesero) ‖ — FIG & FAM *chafar la guitarra a alguien* casser la baraque à quelqu'un ‖ *tener bien, mal templada la guitarra* être de bonne, de mauvaise humeur.
guitarrear *v intr* jouer de la guitare.
guitarreo *m* jeu monotone [à la guitare].
guitarrero, ra *m y f* luthier, fabricant, e de guitares ‖ *(p us)* guitariste (guitarrista).
guitarrista *m y f* guitariste.
gula *f* gourmandise; *pecado de gula* péché de gourmandise.
gulag *m* goulag (campo de concentración soviético).
gulusmear *v intr* renifler tous les plats, soulever les couvercles ‖ fouiner (curiosear).
gulusmero, ra *adj* gourmand, e.
gurbia *f* (amer) gouge (gubia).
guripa *m* FAM gamin, vaurien (golfo) ‖ troufion (soldado).
gurmet; gourmet *m y f* gourmet *m*.
gurriato; gurripato *m* petit moineau ‖ FAM gosse, bambin (niño).
gurrumino, na *adj* FAM mesquin, e (ruin) ‖ chétif, ive (enclenque).
◆ *m* FAM ange [homme qui est en adoration devant sa femme].
◆ *m y f* FAM gosse.
◆ *f* adoration [du mari vis-à-vis de sa femme] ‖ (amer) tracas *m*, ennui *m*.
gurú *m* gourou, guru.
gusanear *v intr* fourmiller, grouiller.
gusanillo *m* petit ver ‖ FIG & FAM virus (afición) ‖ — FIG & FAM *gusanillo de la conciencia* ver rongeur ‖ *matar el gusanillo* tuer le ver (beber aguardiente por la mañana).
gusano *m* ver; *gusano de luz* ver luisant (luciérnaga) ‖ ver de terre (lombriz) ‖ asticot (larva de mosca doméstica) ‖ chenille *f* (oruga) ‖ FIG ver; *gusano de la conciencia* ver rongeur ‖ moins que rien ‖ — *gusano blanco* ver blanc (larva del abejorro) ‖ *gusano de seda* ver à soie ‖ — FIG & FAM *criar gusanos* manger les pissenlits par la racine.
gusarapo *m* vermisseau (gusanillo).
gusgo, ga; guzgo, ga *adj* (amer) gourmand, e.
gustar *v tr* goûter (probar).
◆ *v intr* FAM aimer, goûter *(p us)*, plaire; *me gusta mucho este escritor* j'aime beaucoup cet écrivain, cet écrivain me plaît beaucoup; *a Juan no le gustan las novelas policíacas* Jean n'aime pas les romans policiers ‖ plaire; *ahora gusta mucho la música clásica* la musique classique plaît beaucoup à l'heure actuelle ‖ *¡así me gusta!* à la bonne heure! ‖ *como le guste* comme vous voudrez, comme il vous plaira ‖ *cuando le guste* quand vous voudrez, quand il vous plaira ‖ *gustar de* aimer; *gusto de leer* j'aime lire; goûter (apreciar); *no gusto de su compañía* je ne goûte pas sa compagnie.
◆ *v pr* se plaire.
— OBSERV Le verbe intransitif *gustar* se construit comme le français *plaire* dont il a le sens, mais il est beaucoup plus courant de le traduire par *aimer* en prenant pour sujet le complément: *a María no le gustan los caramelos* les bonbons ne plaisent pas à Marie, Marie n'aime pas les bonbons.
gustativo, va *adj* gustatif, ive.
gustazo *m* FAM grand plaisir, plaisir immense; *me ha dado un gustazo ver lo que le ocurría* ça m'a fait un immense plaisir de voir ce qui lui arrivait ‖ — FAM *darse el gustazo de* s'offrir le luxe de; s'offrir la satisfaction de ‖ *un gustazo por un trancazo* le jeu en vaut bien la chandelle.
gustillo *m* arrière-goût; *un gustillo a metal* un arrière-goût de métal ‖ petit goût; *esta sopa tiene un gustillo extraño* cette soupe a un petit goût étrange.
gusto *m* goût (sentido, sabor); *tener gusto a* avoir le goût de ‖ goût; *hombre de gusto* homme de goût; *tener buen gusto* avoir bon goût ‖ plaisir; *tengo el gusto de* j'ai le plaisir de; *dar gusto* faire plaisir ‖ bon plaisir (voluntad) ‖ — *a gusto* à l'aise, bien; *estoy muy a gusto en este sillón* je suis très bien dans ce fauteuil; facilement; *pesa muy a gusto sus cien kilos* il pèse très facilement ses cent kilos ‖ *a gusto de* au gré de, au goût de ‖ *al gusto del consumidor* au goût du client, à chacun selon son goût ‖ *a su gusto* à son goût, selon son goût ‖ *con gusto* avec plaisir, volontiers; *con mucho gusto* très volontiers, avec beaucoup de plaisir; *con sumo gusto* avec le plus grand plaisir ‖ *mal a gusto* mal à l'aise ‖ *por gusto* par plaisir ‖ *por tu gusto* pour ton plaisir ‖ *darse el gusto de* s'offrir la satisfaction de ‖ *despacharse a su gusto* en faire à sa guise, en prendre à son aise ‖ *el gusto es mío* tout le plaisir est pour moi ‖ *en la variedad está el gusto* il faut varier les plaisirs ‖ *estar* ou *encontrarse a gusto* se plaire, se trouver bien ‖ *estar poco a gusto* ne pas être bien ‖ *hay gustos que merecen palos* il y a des gens qui n'ont vraiment pas de goût *o* qui ont des goûts bizarres ‖ *hay para todos los gustos* il y en a pour tous les goûts ‖ *lo haría con gusto, pero* je le ferais bien *o* avec plaisir, mais ‖ *mucho gusto* ou *tanto gusto en conocerle* enchanté de faire votre connaissance ‖ *no hay gusto sin disgusto* il n'y a pas de bonheur sans mélange ‖ *no tener gusto para nada* n'avoir envie de rien ‖ *que da gusto* à merveille; *canta que da gus-*

to il chante à merveille ‖ *relamerse de gusto* se lécher *o* se pourlécher les babines ‖ *se está más a gusto aquí* on est mieux ici ‖ *sobre gustos no hay nada escrito* des goûts et des couleurs il ne faut pas discuter, tous les goûts sont dans la nature ‖ *tener mucho gusto en* avoir beaucoup de plaisir à, se faire un plaisir de ‖ *tomar gusto a* prendre goût à ‖ *tonto que da gusto* bête à manger du foin.

gustosamente *adv* avec plaisir ‖ bien, avec plaisir; *lo harían gustosamente si* ils le feraient bien si.

gustoso, sa *adj* savoureux, euse (*sabroso*); *fruta gustosa* fruit savoureux ‖ plaisant, e (*agradable*) ‖ — *gustoso le escribo a usted* j'ai le plaisir de vous écrire ‖ *hacer una cosa muy gustoso* faire une chose avec grand plaisir ‖ *lo haré gustoso* je le ferai avec plaisir.

gutural *adj* y *s f* guttural, e.

Guyana francesa *n pr* GEOGR Guyane française.

guyanés, esa *adj* guyanais, e.

◆ *m* y *f* Guyanais, e.

gymkhana; gincana *f* gymkhana *m*.

h *f* h *m* ‖ — *la hora H* l'heure H ‖ *por H o por B* pour une raison ou pour une autre.

haba *f* BOT fève | graine (de cacao) | grain *m* (de café) ‖ boule (para votar) ‖ MED cloque (roncha) ‖ MIN rognon *m* (nódulo) ‖ VETER fève, lampas *m* (tumor) ‖ — *haba de las Indias* pois de senteur (guisante de olor) ‖ *haba panosa* ou *menor* féverole (planta) ‖ *haba toncá* fève de Tonka ‖ — *echar las habas* jeter un sort ‖ *en todas partes cuecen habas* c'est partout pareil, nous sommes tous logés à la même enseigne ‖ *esas son habas contadas* c'est une chose certaine, ça ne fait pas l'ombre d'un doute ‖ *ser más tonto que una mata de habas* être bête à pleurer *o* à manger du foin *o* comme ses pieds *o* comme une oie.

Habana (La) *n pr f* GEOGR La Havane.

habanera *f* habanera [danse populaire de souche afro-cubaine].

habanero, ra *adj* havanais, e (de La Habana).

◆ *m* y *f* Havanais, e.

habano, na *adj* havanais, e (de La Habana) ‖ havane *inv* (color).

◆ *m* havane (cigarro puro).

haber *m* COM avoir; *debe y haber* doit et avoir | crédit; *tengo miles de pesetas en mi haber* j'ai des milliers de pesetas à mon crédit ‖ FIG *tener en su haber* avoir à son actif.

◆ *pl* avoir *sing* (bienes) ‖ émoluments (retribución).

haber* *v tr* avoir, posséder (tener) [véase OBSERV] ‖ avoir (conseguir) ‖ arrêter (detener); *hubieron al ladrón* ils arrêtèrent le voleur.

◆ *v auxil* avoir; *he dicho* j'ai dit ‖ être (con verbo intransitivo de movimiento o de estación); *he salido* je suis sorti; *ha vuelto* il est revenu; *nos hemos quedado* nous sommes restés ‖ être (con verbo pronominal como levantarse, sentarse, pasearse, etc.); *me he levantado* je me suis levé; *usted se ha sentado* vous vous êtes assis.

◆ *v impers* y avoir (suceder); *ayer hubo fiesta en el pueblo* hier il y a eu fête au village; *las había muy hermosas antes* il y en avait de très belles aupara- vant ‖ y avoir (estar); *hay poca gente aquí* il y a peu de gens ici ‖ y avoir, être (ser); *los hay que* il y en a *o* il en est qui; *esto es lo que hay* voilà ce qu'il en est *o* ce qu'il y a; *no lo hay mejor* il n'y a pas *o* il n'en est pas de meilleur ‖ y avoir (hacer); *poco tiempo ha* il y a peu de temps; *habrá quince días* il doit y avoir quinze jours ‖ — *haber de* devoir; *han de salir mañana* ils doivent partir demain; *no sabía que habías de salir* je ne savais pas que tu devais sortir; *hubo de pensar que* il a dû penser que; falloir; *se han de pronunciar bien todas las letras* il faut bien prononcer toutes les lettres ‖ *haber que* falloir; *hay que comer para vivir* il faut manger pour vivre ‖ *habérselas con uno* avoir affaire à quelqu'un, avoir maille à partir avec quelqu'un ‖ *¡habráse visto!* a-t-on déjà vu ça!, vous vous rendez compte! ‖ — *¡allá se las haya!* qu'il s'arrange!, qu'il se débrouille! ‖ *¡allá te las hayas!* débrouille-toi! ‖ *¡bien haya quien...!* heureux celui qui...! ‖ *era el más valiente si los hay* il était le plus courageux s'il en fut ‖ *no haber más que pedir* n'y avoir rien à redire ‖ *no haber más que ver* n'y avoir rien d'autre à voir ‖ *no hay de qué* il n'y a pas de quoi, de rien ‖ *no hay más que decir* il n'y a rien à dire ‖ *no hay para morirse de risa* il n'y a pas de quoi mourir de rire ‖ *no hay tal cosa* ce n'est pas vrai ‖ *¿qué hay?* ça va?, comment ça va? ‖ *¿qué hay de nuevo?* quoi de neuf? ‖ *¿qué le he de hacer?* que voulez-vous que j'y fasse? ‖ *ya no hay más* il n'y en a plus.

— OBSERV *Haber* ne garde son ancien sens transitif que dans des expressions comme: *los hijos habidos de ese matrimonio* les enfants nés de ce mariage; *¡mal haya quien...!* malheur à qui...!; *haber menester de* avoir besoin de.

— OBSERV La forme *haber de* peut se traduire par *devoir*, mais la nuance d'obligation n'est jamais impérative. Cette forme équivaut souvent à un simple futur (notamment à la première personne du présent de l'indicatif) ou à un conditionnel (à l'imparfait): *¡quién había de decirme que iba a ser millonario!* qui m'aurait dit que j'allais être millionnaire! Dans les phrases interrogatives, toute nuance d'obligation disparaît: *¿ha de venir mañana?* viendra-t-il demain?, doit-il venir demain?

habichuela *f* haricot *m* (judía) ‖ *habichuelas verdes* haricots verts.

habiente *adj* ayant ‖ *habiente* ou *habientes derecho, derecho habiente* ou *habientes* ayant droit.

hábil *adj* habile, adroit, e (diestro); *hábil para negociar* habile à négocier ‖ DR habile, apte (apto); *hábil para testar* habile à tester ‖ *— días hábiles* jours ouvrables ‖ *en tiempo hábil* en temps utile ‖ *hábil para un empleo* apte à un emploi ‖ FAM *ser hábil en* s'y connaître en.

habilidad *f* habileté, adresse; *tener mucha habilidad* avoir une grande habileté ‖ DR habilité; *habilidad para suceder* habilité à succéder ‖ talent *m* (capacidad, disposición) ‖ *— FAM hacer sus habilidades* faire tout son possible ‖ *prueba de habilidad* slalom (esquí).

habilidoso, sa *adj* habile, adroit, e; *un hombre habilidoso* un homme habile, adroit.

habilitación *f* DR habilitation (acción de habilitar) ‖ comptabilité (cargo del habilitado).

habilitado *m* officier comptable, payeur.

habilitar *v tr* DR habiliter; *habilitar para suceder* habiliter à succéder ‖ pourvoir; *habilitar con fondos* pourvoir de fonds ‖ COM commanditer ‖ *habilitar una casa* mettre une maison en état [d'être habitée]; aménager une maison.

habiloso, sa *adj* (amer) habile, adroit, e.

habitabilidad *f* habitabilité.

habitable *adj* habitable.

habitación *f* habitation; *cambiar de habitación* changer d'habitation ‖ pièce; *piso con cinco habitaciones* appartement de cinq pièces ‖ chambre (cuarto de dormir) ‖ habitat *m* ‖ *— habitación de invitados* chambre d'amis ‖ *habitación de matrimonio* chambre conjugale ‖ *habitación doble* chambre double ‖ *habitación simple* chambre individuelle.

habitáculo *m* POÉT habitacle.

habitante *adj y s* habitant, e; *ciudad de un millón de habitantes* ville d'un million d'habitants.

habitar *v tr* habiter.

hábitat *m* habitat.

hábito *m* habit (vestido) ‖ habitude *f* (costumbre); *tener malos hábitos* avoir de mauvaises habitudes ‖ habit (eclesiástico); *hábitos corales* habits de chœur ‖ robe *f* (de los monjes) ‖ MED accoutumance *f* ‖ *— FIG & FAM ahorcar* ou *colgar los hábitos* jeter le froc aux orties ‖ *el hábito hace al monje* la belle plume fait le bel oiseau ‖ *el hábito no hace al monje* l'habit ne fait pas le moine ‖ *tomar el hábito* prendre l'habit, entrer en religion.

habituación *f* accoutumance (acción de habituarse) ‖ habitude (costumbre).

habituado, da *m y f* (*p us*) habitué, e.

habitual *adj* habituel, elle.

habitualmente *adv* d'habitude, habituellement.

habituar *v tr* habituer.

◆ *v pr* s'habituer.

habla *f* parole; *perder el habla* perdre la parole ‖ langue (lengua, idioma); *el habla española* la langue espagnole ‖ parler; *la gente de esta región tiene un habla especial* les gens de cette région ont un parler spécial ‖ langage; *el habla de los niños* le langage des enfants ‖ expression; *prensa de habla francesa* presse d'expression française ‖ discours *m* (discurso) ‖ *— MAR al habla* à portée de la voix ‖ *¡al habla Miguel!* Michel à l'appareil (al teléfono) ‖ *— estar al habla* ou *en habla con* être en pourparlers *o* en relation *o* en rapport avec ‖ *negarle el habla a uno* ne pas adresser la parole à quelqu'un ‖ *ponerse al habla telefónica con alguien* engager une conversation téléphonique avec quelqu'un.

— OBSERV Le mot *habla*, bien que féminin, est précédé de l'article *el* afin d'éviter un hiatus.

habladas *f pl* (amer) fanfaronnades.

hablado, da *adj* parlé, e; *una lengua mal hablada* une langue mal parlée ‖ parlant, e; *cine hablado* cinéma parlant ‖ *— bien hablado* poli ‖ *mal hablado* grossier.

hablador, ra *adj y s* bavard, e; *ser poco hablador* être peu bavard.

habladuría *f* cancan *m*, potin *m*, commérage *m*, racontar *m* (chisme) (fam).

hablante *adj* parlant, e (que habla).

hablar *v intr* parler; *hablar con el vecino, al vecino* parler avec le voisin, au voisin; *hablaré de este asunto con tu padre* je parlerai de cette affaire avec ton père ‖ FIG fréquenter; *habló dos años con Carmen* il fréquenta Carmen pendant deux ans ‖ *— hablar al alma* parler au cœur ‖ *hablar alguien consigo mismo* ou *entre sí* ou *para sí* penser à part soi *o* en son for intérieur ‖ *hablar alto, bajo* parler fort, bas ‖ *hablar a medias palabras* parler à mots couverts ‖ *hablar a solas* parler tout seul ‖ *hablar a tontas y a locas* parler à tort et à travers ‖ *hablar bien, mal de uno* dire du bien, du mal de quelqu'un ‖ *hablar clara y llanamente* parler clair et net ‖ *hablar claro* ou *a las claras* parler net, ne pas mâcher ses mots ‖ *hablar como los indios* parler petit-nègre ‖ *hablar como si lo hiciese a la pared* parler à un mur ‖ *hablar como una cotorra* ou *más que siete* ou *más que un papagayo* jaser *o* être bavard comme une pie, être un véritable moulin à paroles ‖ *hablar con el corazón en los labios* parler à cœur ouvert ‖ *hablar con la nariz* parler du nez ‖ *hablar con soltura* parler avec aisance ‖ *hablar de negocios* parler affaires ‖ *hablar de perlas* parler d'or, parler merveilleusement bien ‖ *hablar de política* parler politique ‖ *hablar de todo un poco* parler de choses et d'autres, parler de tout et de rien ‖ *hablar de trapos* parler chiffons ‖ *hablar de tú, de usted a alguien* dire tu à *o* tutoyer quelqu'un, dire vous à *o* vouvoyer quelqu'un ‖ *hablar en broma* plaisanter, parler pour rire ‖ *hablar en crudo* avoir son francparler ‖ *hablar en plata* parler clairement ‖ *hablar entre dientes* parler entre ses dents, marmotter ‖ *hablar en voz alta* parler à voix haute ‖ *hablar en voz baja* ou *queda* parler à voix basse ‖ *hablar gangoso* parler du nez ‖ *hablar largo y tendido* parler longuement ‖ *hablar para su coleto* ou *para el cuello de su camisa* ou *para sí* parler à son bonnet ‖ *hablar peor que una verdulera* parler comme une harengère ‖ *hablar peor que un carretero* jurer comme un charretier ‖ *hablar por boca de ganso* répéter comme un perroquet (repetir tontamente) ‖ *hablar por hablar* ou *porque sí* parler pour parler, parler pour ne rien dire ‖ *hablar por los codos* avoir la langue bien pendue, jaser comme une pie ‖ *hablar sin rodeos* parler sans détour, ne pas mâcher ses mots ‖ *hablar sin ton ni son* ou *sin orden ni concierto* parler à bâtons rompus ‖ *hablando del rey de Roma por la puerta asoma* quand on parle du loup on en voit la queue ‖ *hablemos poco y bien* parlons peu mais parlons bien ‖ *habló el buey y dijo mu* que pouvait-on attendre d'autre? ‖ *— dar mucho que hablar* faire parler de soi, faire du bruit (cosa o persona), faire couler beaucoup d'encre (asunto) ‖ *de-*

hacer

jar hablar a uno laisser parler o dire quelqu'un ‖ *el hablar bien no cuesta dinero* jamais beau parler n'écorche la langue ‖ *estar hablando* être parlant (una pintura, una estatua) ‖ *miente más que habla* il ment comme il respire, il ment comme un arracheur de dents ‖ FAM *¡ni hablar!* pas question!, rien à faire! ‖ *no hay más que hablar* c'est tout dit, il n'y a pas à y revenir ‖ *quien mucho habla, mucho yerra* trop parler nuit ‖ *retrato que está hablando* portrait auquel il ne manque que la parole, portrait vivant o parlant ‖ *sin hablar de* sans parler de ‖ *sin hablar palabra* sans dire un mot, sans mot dire ‖ *sólo le falta hablar* il ne lui manque que la parole.
- *v tr* parler; *hablar (el) francés* parler (le), français ‖ dire; *hablar disparates* dire des bêtises.
- *v pr* se parler ‖ FIG se fréquenter, se parler; *ya no se hablan* ils ne se parlent plus | parler; *Pedro ya no se habla con Juan* Pierre ne parle plus à Jean.

Habsburgo *n pr* Habsbourg.

hacedor, ra *adj y s* auteur *m*, créateur, trice ‖ *el Sumo* ou *el Supremo Hacedor* le Créateur, le Divin Artisan.
- *m* administrateur, régisseur d'une ferme.

hacendado, da *adj y s* fortuné, e; *un hombre hacendado* un homme fortuné.
- *m y f* propriétaire foncier ‖ *(amer.)* éleveur, euse (ganadero).

hacendar* *v tr* conférer la propriété d'une terre.
- *v pr* s'établir; *hacendarse en Argentina* s'établir en Argentine.

hacendista *m* financier ‖ *(amer.)* gros propriétaire.

hacendoso, sa *adj* actif, ive; travailleur, euse; laborieux, euse ‖ *hacendoso como una hormiga* laborieux comme une abeille o une fourmi.

hacer*

1. FABRICAR, EJECUTAR, COMPONER — 2. CAUSAR — 3. ACOSTUMBRAR — 4. FINGIR — 5. OTROS SENTIDOS — 6. LOCUCIONES DIVERSAS — 7. CONVENIR, CONCORDAR — 8. HACER DE — 9. HACER PARA, POR, COMO — 10. HACER, CON EL INFINITIVO — 11. IMPERSONAL — 12. VOLVERSE — 13. ACOSTUMBRARSE — 14. LOCUCIONES DIVERSAS

1. FABRICAR, EJECUTAR, COMPONER *v tr* faire; *hacer un mueble, un pastel* faire un meuble, un gâteau; *hacer un poema, un milagro* faire un poème, un miracle ‖ dresser; *hacer una lista, un contrato* dresser une liste, un contrat.
2. CAUSAR *v tr* faire; *hacer humo, sombra* faire de la fumée, de l'ombre; *hacer daño* faire mal.
3. ACOSTUMBRAR *v tr* faire, accoutumer; *hacer su cuerpo a la fatiga* accoutumer son corps à la fatigue.
4. FINGIR *v tr* faire; *hacer el bobo* faire l'idiot.
5. OTROS SENTIDOS *v tr* faire, contenir; *esta botella hace un litro* cette bouteille fait un litre ‖ croire (pensar); *yo te hacía en Montevideo* je te croyais à Montevideo; *le hacía estudiando* je le croyais en train d'étudier ‖ faire (cortar la barba, las uñas) ‖ faire (obligar); *hizo que la señora se sentara* il fit asseoir la dame ‖ TEATR faire, jouer le rôle de (representar un papel)
6. LOCUCIONES DIVERSAS *v tr* FAM *¿hace?* d'acc.? ‖ *hacer agua* faire eau (un buque) ‖ *hacer aguas* uriner ‖ *hacer alarde de* se vanter de ‖ *hacer bien en* bien de ‖ AUTOM & AVIAC *hacer cien (kilómetros) por hora* faire du cent (kilomètres), à l'heure ‖ FOT *ha-*

cer copia tirer une épreuve ‖ *hacer de su hijo un médico* faire de son fils un médecin ‖ *hacer el amor* faire l'amour ‖ *hacer el papel de* jouer le rôle de ‖ *hacer las veces de* faire office de, servir à (servir para), faire office de, jouer le rôle de (reemplazar) ‖ POP *hacerle la pascua* ou *un pie agua a uno* empoisonner quelqu'un ‖ *hacerle la vida imposible a uno* rendre la vie impossible à quelqu'un ‖ *hacer otro tanto* faire de même, en faire autant ‖ *hacer pedazos, trizas, polvo* mettre en morceaux, réduire en miettes, en poussière ‖ *hacer presente* faire connaître, informer (dar a conocer), signaler, faire remarquer (advertir) ‖ FAM *hacer sus necesidades* faire ses besoins ‖ *hacer tiempo* passer le temps ‖ *hacer todo lo posible para* faire tout son possible o de son mieux pour ‖ *hacer una cosa arrastrando* faire une chose de mauvais gré ‖ *hacer una cosa con los pies* faire quelque chose comme un pied ‖ *hacer una ou de las suyas* faire des siennes ‖ *hacer una pregunta* poser une question ‖ COM *hacer una rebaja* consentir un rabais, faire un prix ‖ *hacer uso de la palabra* prendre la parole ‖ *hacer vida ascética* mener une vie ascétique ‖ — *a lo hecho pecho* ce qui est fait est fait, quand le vin est tiré il faut le boire ‖ *¡buena la has hecho!* tu en as fait de belles!, c'est du propre! ‖ *dar que hacer* donner du fil à retordre o du mal ‖ *el que la hace la paga* qui casse les verres les paye ‖ *haz bien y no mires a quién* que ta main gauche ignore le bien que fait la main droite ‖ FAM *¡la hizo!* c'est du joli! (una tontería) ‖ *mandar hacer* faire faire ‖ *más hace el que quiere que no el que puede* il faut vouloir pour pouvoir ‖ *me hace falta* j'ai besoin de ‖ *no tener nada que hacer* n'avoir rien à faire ‖ *por más que haga* ou *haga lo que haga* quoi qu'il fasse, il a beau faire ‖ *¿qué hemos de hacer?* que faut-il faire?, que faire? ‖ *¿qué quiere que le haga?* que voulez-vous que j'y fasse? ‖ *¿qué le vamos a hacer?* on n'y peut rien ‖ *ser el que hace y deshace en* avoir la haute main sur o dans, faire la pluie et le beau temps o être le grand manitou dans *(fam)*.
7. CONVENIR, CONCORDAR *v intr* faire; *eso no le hace* ça ne fait rien (importar) ‖ convenir, aller (convenir) ‖ aller (ir); *esto hace con aquello* ceci va avec cela ‖ *mil francos más o menos no le hace* il n'est pas à mille francs près ‖ *no hace al caso* ça n'a rien à voir.
8. HACER DE faire fonction de; *hace de portero* il fait fonction de concierge ‖ servir; *hacer de madre para alguien* servir de mère à quelqu'un ‖ faire le, la; *hace de tonto* il fait l'idiot (fingir), faire le, la; jouer le, la; *hace de valiente* il joue les courageux (blasonar) ‖ TEATR faire, jouer le rôle de; *hace de Fedra en esta obra* elle joue le rôle de Phèdre dans cette pièce.
9. HACER PARA, POR, COMO faire tout son possible pour; *hizo para venir* il fit tout son possible pour venir ‖ — *hacer como* faire celui, celle qui; *hace como que no sabe nada* il fait celui qui ne sait rien ‖ *hacer como si* faire semblant de ‖ *hacer por la vida* manger.
10. HACER, CON EL INFINITIVO faire; *hacer reír, llorar* faire rire, pleurer; *hacer saber* faire savoir ‖ faire (obligar); *la hizo venir* il l'a fait venir ‖ — *hacer comparecer* faire comparaître, amener ‖ *hacer pasar las moradas* en faire voir de toutes les couleurs ‖ *hacer saltar las lágrimas* tirer les larmes des yeux, faire

couler les larmes ‖ FAM *hacer sudar a* donner du fil à retordre à (dificultad) ‖ *no hacer más que* ou *sino* ne faire que.
11. IMPERSONAL faire; *hace calor, frío, mucho calor, mucho frío* il fait chaud, froid, très chaud, très froid ‖ y avoir (tiempo); *hace tres días* il y a trois jours; *hace mucho tiempo* il y a longtemps ‖ *desde hace dos años* depuis deux ans.
12. VOLVERSE *v pr* se faire; *hacerse sacerdote* se faire prêtre; *el Verbo se hizo carne* le Verbe s'est fait chair ‖ se changer, se transformer; *el vino se hizo vinagre* le vin s'est changé en vinaigre ‖ devenir; *hacerse un atleta* devenir athlète ‖ se faire; *hacerse tarde* se faire tard; *hacerse viejo* se faire vieux; *el ruido se hacía demasiado fuerte* le bruit se faisait trop fort ‖ se faire; *el queso se hace* le fromage se fait.
13. ACOSTUMBRARSE *v pr* se faire, s'habituer; *hacerse al calor* se faire à la chaleur; *no me hago a vivir solo* je ne m'habitue pas à vivre seul.
14. LOCUCIONES DIVERSAS *hacerse a la mar* prendre la mer ‖ *hacerse a la vela* mettre à la voile ‖ *hacerse atrás* reculer ‖ *hacerse a un lado* s'écarter, se mettre de côté ‖ *hacerse de* ou *con* se procurer (procurarse), se pourvoir (proveerse), s'approprier (apropiarse); *hacerse de dinero* se procurer de l'argent; *hacerse con un libro* s'approprier un livre; s'emparer de, contrôler (en deporte); *hacerse con el balón* contrôler le ballon ‖ *hacerse de nuevo con* reprendre; *hacerse de nuevo con el poder* reprendre le pouvoir ‖ *hacerse de rogar* se faire prier ‖ *hacerse de una fortuna* faire fortune ‖ *hacerse el, la* faire le, la; jouer le, la (fingir o blasonar) ‖ POP *hacerse el remolón* tirer au flanc ‖ *hacerse fuerte* se retrancher (fortificarse), se buter (con una idea) ‖ *hacerse indispensable* se rendre indispensable ‖ *hacerse memorable* se rendre célèbre ‖ *hacerse el olvidadizo* faire celui qui a tout oublié ‖ *hacerse pasar por* se faire passer pour ‖ *hacerse presente* se mettre en vue, chercher à se faire voir ‖ *hacerse rico* s'enrichir ‖ *hacerse solo* être fils de ses œuvres ‖ *hacerse tres mil francos al día* se faire trois mille francs par jour ‖ *se me hace que va a llover* il me semble qu'il va pleuvoir.

hacia *prep* vers; *hacia la derecha* vers la droite; *hacia las dos* vers 2 heures ‖ — *ir hacia atrás* aller en arrière ‖ *mirar hacia arriba* regarder en l'air.

hacienda *f* ferme, propriété rurale (finca rural) ‖ hacienda (en América del Sur) ‖ fortune, biens *m pl* (fortuna); *disipar la hacienda* dissiper sa fortune ‖ — *hacienda pública* finances publiques, Trésor public ‖ *Ministerio de Hacienda* ministère des Finances.

hacinamiento *m* entassement.

hacinar *v tr* entasser (colocar en hacinas) ‖ FIG accumuler (amontonar); *hacinar las pruebas contra un culpable* accumuler les preuves contre un coupable.
◆ *v pr* s'entasser, se presser; *la muchedumbre se hacina en la acera* la foule se presse sur le trottoir.

hacha *f* hache (instrumento cortante); *un hacha de abordaje* une hache d'abordage ‖ FIG & FAM as *m*, crack *m*; *ser un hacha en matemáticas* être un crack en mathématiques; *es un hacha del volante* c'est un as du volant.

hachar *v tr* dégrossir à coups de hache.

hachazo *m* coup de hache ‖ coup de corne (de un toro).

hache *f* h *m* (nombre de la letra «h») ‖ — FIG & FAM *llámele usted hache* appelez ça comme vous voudrez, c'est la même chose.

hachís *m* hachisch, haschich.

hada *f* fée ‖ — *hada madrina* bonne fée ‖ *cuento de hadas* conte de fées.

hado *m* destin, destinée *f*, sort.

hagiografía *m* hagiographie (vida de los santos).

hagiógrafo, fa *m y f* hagiographe (escritor sagrado).

haiga *m* POP grosse bagnole *f*, voiture *f* américaine.

Haití *n pr m* GEOGR Haïti *f*.

haitiano, na *adj* haïtien, enne (de Haití).
◆ *m y f* Haïtien, enne.

¡hala! *interj* allons!, allez!

halagador, ra *adj* flatteur, euse.

halagar *v tr* flatter; *me halaga tu propuesta* ta proposition me flatte ‖ flatter, aduler (adular) ‖ plaire, agréer (agradar).

halago *m* flatterie *f* (lisonja) ‖ cajolerie *f* (mimo).

halagüeño, ña *adj* flatteur, euse (lisonjero) ‖ FIG prometteur, euse; encourageant, e (alentador).

halcón *m* faucon (ave) ‖ — *halcón campestre, garcero, grullero, montano, niego, soro* faucon domestique, héronnier, gruyer, hagard, niais, sors *o* sor ‖ *halcón letrado* faucon à plumage tacheté de noir ‖ *halcón roqués* milan noir.

halconería *f* fauconnerie (caza con halcón).

halconero *m* fauconnier ‖ *halconero mayor* grand fauconnier.

¡hale! *interj* allez!

hálito *m* haleine *f* (aliento) ‖ POÉT souffle, haleine *f*; *el hálito del céfiro* le souffle du zéphyr.

halo *m* halo.

halógeno, na *adj y s m* QUÍM halogène.
◆ *m* halogène (lámpara).

halterofilia *f* haltérophilie.

halterófilo, la *adj y s* haltérophile.

hall *m* entrée *f*, hall.

hallado, da *adj* trouvé, e ‖ — *bien hallado* à l'aise, dans son élément ‖ *mal hallado* mal à l'aise.

hallar *v tr* trouver; *quien busca halla* qui cherche trouve ‖ rencontrer (una persona).
◆ *v pr* se trouver (encontrarse); *hallarse en París* se trouver à Paris ‖ être; *hallarse muy enfermo* être très malade ‖ — *hallarse con una cosa* trouver une chose ‖ *hallarse en todo* se mêler de tout ‖ *no hallarse* ne pas être à son aise, ne pas être dans son élément, se sentir perdu, se sentir *o* se trouver déplacé.

hallazgo *m* découverte *f* (descubrimiento) ‖ trouvaille *f*; *esta expresión es un hallazgo* cette expression est une trouvaille.

hamaca *f* hamac *m* (cama) ‖ chaise longue (tumbona) ‖ sorte de palanquin (vehículo) ‖ *(amer)* balançoire (columpio).

hambre *f* faim; *tener hambre* avoir faim; *aplacar el hambre* assouvir sa faim ‖ famine (escasez); *salario de hambre* salaire de famine ‖ FIG & FAM soif, faim (deseo) ‖ — *hambre calagurritana* grande famine ‖ *hambre canina* boulimie (enfermedad), faim de loup, faim dévorante ‖ — *engañar el hambre* tromper sa faim ‖ *matar de hambre* affamer ‖ *matar el hambre* tuer la faim ‖ *morirse de hambre* mourir de faim ‖ — *a buen hambre no hay pan duro*

la faim n'a pas de goût ‖ *el hambre es mala consejera* ventre affamé n'a pas d'oreilles ‖ *el hambre aguza el ingenio* nécessité est mère d'industrie.
— OBSERV Le mot *hambre*, bien que féminin, est précédé de l'article *el* afin d'éviter un hiatus.

hambreado, da *adj* *(amer)* affamé, e.

hambreador, ra *adj* *(amer)* exploiteur, euse.

hambriento, ta *adj y s* affamé, e.

hambrina; hambruna *f* *(amer)* grande faim, fringale *(fam)*.

hambrón, ona *adj* FAM très affamé, e; mort, e de faim.
◆ *m y f* crève-la-faim *inv*.

Hamburgo *n pr* GEOGR Hambourg.

hamburguesa *f* hamburger *m* [bifteck haché].

hamburguesería *f* fast-food *m*.

hampa *f* pègre, milieu *m*; *el hampa de Chicago* la pègre de Chicago.

hampesco, ca *adj* de la pègre, du milieu.

hampón *adj y s* bravache.

hámster *m* ZOOL hamster (roedor).

handball *m* *(amer)* DEP handball.

handicap *m* DEP handicap; *sufrir un handicap* avoir un handicap.

hanega *f* → **fanega**.

hangar *m* hangar (cobertizo).

Hannóver *n pr* GEOGR Hanovre.

Hanoi *n pr* GEOGR Hanoi.

hansa *f* hanse.

hanseático, ca *adj* hanséatique.

haragán, ana *adj y s* fainéant, e.

haraganear *v intr* fainéanter, tirer sa flemme *(fam)*.

haraganería *f* fainéantise.

harakiri; haraquiri *m* hara-kiri.

harapiento, ta *adj* en haillons, en guenilles, déguenillé, e; loqueteux, euse (andrajoso).

harapo *m* haillon, guenille *f* (andrajo) ‖ eau-de-vie *f* de queue (aguardiente) ‖ *andar hecho un harapo* être en guenilles *o* en haillons, être dépenaillé *o* déguenillé.

hardware *m* (palabra inglesa) INFORM hardware, matériel *m* (soporte físico, equipo).

harem; harén *m* harem.

harina *f* farine ‖ poudre fine, poussière (polvo menudo) ‖ — *harina de avena* farine d'avoine ‖ *harina de flor* fleur de farine ‖ *harina de maíz* farine de maïs ‖ *harina de pescado* farine de poisson ‖ *harina integral* farine complète ‖ *harina lacteada* farine lactée ‖ — *almacén, fábrica* ou *comercio de harinas* minoterie ‖ — *donde no hay harina, todo es mohína* quand le foin manque au râtelier, les chevaux se battent ‖ FAM *eso es harina de otro costal* c'est une autre histoire, c'est une autre paire de manches ‖ *metido en harina* mal cuit, compact (pan), absorbé (en una empresa), plongé jusqu'au cou (en un asunto), bien en chair (gordo).

harinoso, sa *adj* farineux, euse; *pan harinoso* pain farineux ‖ farinacé, e (farináceo).

harmonía *f* et ses dérivés → **armonía**.

hartar *v tr* rassasier (calmar el hambre) ‖ FIG satisfaire (un deseo) | fatiguer, lasser (cansar) | ennuyer, assommer, fatiguer (fastidiar); *este discurso nos hartó* ce discours nous a assommés ‖ *hartar de palos* rouer de coups.

◆ *v pr* se rassasier ‖ se gaver (comer demasiado); *hartarse de frutas* se gaver de fruits ‖ FIG se lasser, en avoir assez *o* soupé *hartarse de esperar* en avoir assez d'attendre ‖ — FAM *hartarse de dormir* dormir tout son soûl | *hasta hartarse* jusqu'à plus soif, jusqu'à satiété.

hartazgo *m* indigestion *f*, rassasiement (acción de hartar) ‖ — *darse un hartazgo* se rassasier (saciarse), avoir une indigestion (estar harto) ‖ FIG & FAM *nos dimos un hartazgo de música anoche* hier nous avons passé toute la soirée à écouter de la musique.

harto, ta *adj* rassasié, e; repu, e (de comer) ‖ FIG fatigué, e; las, lasse (cansado) ‖ — FIG & FAM *estar harto de* en avoir assez, en avoir soupé *(fam)*, en avoir marre *(pop)*; *estoy harto de oír tus quejas* j'en ai assez de t'entendre te plaindre ‖ être dégoûté *o* en avoir assez; *está harto de la vida* il est dégoûté de la vie; être gavé, e; *estar harto de lecturas* être gavé de lectures ‖ *harto de lidiar* de guerre lasse.
◆ *adv* assez (bastante), trop (demasiado); *harto ha dicho* il a assez dit.

hartón *m* FAM indigestion *f* (hartazgo) ‖ *(amer)* glouton (glotón).

hartura *f* rassasiement *m* ‖ abondance ‖ FIG satisfaction (de un deseo) | indigestion; *tengo una hartura de cine* j'ai une indigestion de cinéma.

hasta *prep* jusque; *hasta allí* jusque-là; *hasta aquí* jusqu'ici ‖ jusqu'à, à; *desde París hasta Madrid* de Paris à Madrid, depuis Paris jusqu'à Madrid ‖ avant; *no habrá acabado hasta mañana* il n'aura pas fini avant demain; *no se levantó hasta terminar su lectura* il ne se leva pas avant d'avoir terminé sa lecture ‖ — *hasta ahora, hasta la fecha* jusqu'à maintenant, jusqu'à présent ‖ *¡hasta ahora!* à tout de suite!, à tout à l'heure! ‖ *¿hasta cuándo?* jusqu'à quand?, jusques à quand? (literario) ‖ *¿hasta dónde?* jusqu'où? ‖ *hasta el punto que* à un tel point que ‖ *hasta entonces* jusqu'alors ‖ *hasta la vista, hasta otra* au revoir ‖ *hasta luego, hasta después, hasta pronto* à tout à l'heure, à tout de suite, à bientôt ‖ *hasta mañana* à demain ‖ *hasta más no poder* on ne peut plus; *es malo hasta más no poder* il est on ne peut plus méchant; jusqu'à n'en plus pouvoir; *ha trabajado hasta más no poder* il a travaillé jusqu'à n'en plus pouvoir ‖ *hasta que* jusqu'à ce que ‖ *hasta tal punto que* à tel point que ‖ *hasta tanto que* tant que ‖ *hasta más ver* au revoir.
◆ *conj* même (incluso); *los mayores y hasta los niños saben esto* les adultes et même les enfants savent cela ‖ jusqu'à, même; *hasta dice que* il va jusqu'à dire que; *hasta se burla de nosotros* il va jusqu'à se moquer de nous.

hastiado, da *adj* dégoûté, e; écœuré, e.

hastiar *v tr* dégoûter, écœurer (asquear) ‖ ennuyer, excéder (fastidiar).

hastío *m* dégoût (asco) ‖ ennui, lassitude *f* (tedio) ‖ — *causar hastío* dégoûter ‖ *sentir hastío de un trabajo* en avoir assez *o* être dégoûté d'un travail.

hatajar *v tr* diviser en troupeaux.

hatajo *m* petit troupeau ‖ FIG & FAM tas; *un hatajo de disparates* un tas de bêtises.

hatería *f* provisions *pl* des bergers (víveres) ‖ équipement *m* des bergers (ropa).

hatillo *m* petit troupeau (rebaño) ‖ balluchon, baluchon (paquetito) ‖ FAM *tomar* ou *coger su hatillo* faire son balluchon, plier bagage.

hato *m* troupeau (rebaño) ‖ provisions *f pl* des bergers (hatería) ‖ FIG bande *f*, tas, ramassis; *hato de pícaros* bande de voyous ‖ *(amer)* ferme *f* d'élevage (hacienda) ‖ balluchon, baluchon (ropa y efectos de una persona) ‖ — FAM *andar con el hato a cuestas* rouler sa bosse | *liar uno el hato* faire son balluchon, plier bagage.

hawaiano, na *adj* hawaiien, enne; hawaïen, enne.
◆ *m y f* Hawaiien, enne; Hawaïen, enne.

Hawaii; Hawai *n pr* GEOGR Hawaii.

haya *f* BOT hêtre *m*.

Haya (La) *n pr* GEOGR La Haye.

hayal; hayedo *m* hêtraie *f*.

haz *m* faisceau (de cosas) ‖ FÍS faisceau (de rayos luminosos) ‖ MAT faisceau; *haz de rectas* faisceau de droites ‖ gerbe *f* (de cereales, de flores) ‖ fagot (de leña) ‖ botte *f* (gavilla) ‖ liasse *f* (fajo) ‖ — *haz de electrones* faisceau d'électrons *o* électronique ‖ *haz de luz* faisceau de lumière *o* lumineux ‖ *haz polarizado* faisceau polarisé.
◆ *pl* faisceaux (de los lictores).
◆ *f* face, visage *m*, figure (rostro) ‖ face (lado opuesto al envés) ‖ surface, face; *la ou el haz de la Tierra* la surface de la Terre ‖ surface; *el haz del agua* la surface de l'eau ‖ FIG *ser de dos haces* ne pas être franc.

haza *f* champ *m*, pièce *o* lopin *m* de terre de labour.

hazaña *f* exploit *m*, prouesse, haut fait *m* ‖ *las hazañas de Hércules* les travaux d'Hercule.

hazmerreír *m* risée *f*; *ser el hazmerreír del pueblo* être la risée du village.

HB abrev de *Herri Batasuna* union du peuple basque [parti nationaliste basque].

he *adv dem* S'emploie avec les adverbes *aquí o allí* et avec les pronoms *me, te, le, la, lo, etc.*; *he aquí* voici; *he allí* voilà; *heme aquí* me voici; *hete aquí* te voici; *hele aquí* le voici.

hebdomadario, ria *adj* hebdomadaire.
◆ *m y f* hebdomadier, ère (sacerdote).

hebilla *f* boucle; *hebilla de cinturón* boucle de ceinture.

hebra *f* brin *m* (de hilo) ‖ fil *m* (de verduras) ‖ fibre, filandre (de carne) ‖ filament *m* (filamento) ‖ FIG fil *m* (del discurso) ‖ MIN veine, filon *m* ‖ — *(amer) de una hebra* d'une haleine, d'une traite ‖ *tabaco de hebra* tabac à rouler ‖ — FIG *cortar la hebra de la vida* couper le fil de la vie ‖ FAM *pegar la hebra* discuter le coup, tailler une bavette.
◆ *pl* POÉT cheveux *m*.

hebraico, ca *adj* hébraïque.

hebraísta *adj y s* hébraïste, hébraïsant, e (que cultiva el hebreo).

hebreo, a *adj* hébreu ‖ POP *jurar en hebreo* piquer une crise (enojarse).
◆ *m y f* Israélite.
◆ *m* hébreu (lengua).
— OBSERV *Hébreu* como adjetivo tiene por femenino *hébraïque* y como sustantivo femenino *Israélite*.

hecatombe *f* hécatombe ‖ FIG hécatombe.

heces *f pl* fèces (excrementos).

hectárea *f* hectare *m* (medida).

héctico, ca *adj* MED hectique.

hectogramo *m* hectogramme.

hectolitro *m* hectolitre.

hectómetro *m* hectomètre.

hechicería *f* sorcellerie ‖ FIG ensorcellement *m*, envoûtement *m*, charme *m* (seducción).

hechicero, ra *adj y s* sorcier, ère (brujo) ‖ FIG ensorceleur, euse; ensorcelant, e; envoûtant, e; *mujer, mirada hechicera* femme ensorceleuse, regard envoûtant.

hechizar *v tr* ensorceler, jeter un sort *o* un charme sur ‖ FIG ensorceler, envoûter, charmer.

hechizo, za *adj* artificiel, elle; feint, e (fingido).
◆ *m* sortilège (sortilegio) ‖ ensorcellement, envoûtement, charme (encanto) ‖ FIG ensorceleur (persona que hechiza).

hecho, cha *p p de hacer* fait, e; *hemos hecho nous avons fait* ‖ — *dicho y hecho* sitôt dit sitôt fait ‖ — FIG *está hecho un demonio, un tigre, etc.* c'est un vrai démon, un vrai tigre, etc. ‖ *estar hecho* être devenu (haberse vuelto).
◆ *adj* fait, e; *hombre, vino hecho* homme, vin fait ‖ — *bien hecho, mal hecho* bien fait, mal fait; *un cuerpo bien hecho* un corps bien fait ‖ *frase hecha* phrase toute faite ‖ *hecho a la medida* fait sur mesure ‖ *hecho y derecho* accompli, parfait; *un hombre hecho y derecho* un homme accompli ‖ *ropa hecha* vêtement de confection.
◆ *m* fait; *hecho de armas* fait d'armes ‖ évènement (suceso) ‖ — *hecho consumado* fait accompli ‖ DR *hecho jurídico* fait juridique ‖ RELIG *Hechos de los Apóstoles* Actes des Apôtres ‖ *hechos y milagros* faits et gestes ‖ *vías de hecho* voies de fait ‖ — *a hecho* sans arrêt ‖ *de hecho* en fait ‖ *por el hecho de que* par le fait que, du fait que ‖ — *del dicho al hecho hay mucho ou un gran trecho* faire et dire sont deux, promettre et tenir sont deux ‖ *es un hecho que* le fait est que ‖ *no hay que tomar las palabras por hechos* il ne faut pas prendre ce qu'on dit pour de l'argent comptant.

hechura *f* façon (acción, forma, etc.); *pagar al sastre por la hechura de un traje* payer au tailleur la façon d'un costume ‖ créature (criatura); *somos hechuras de Dios* nous sommes les créatures de Dieu ‖ FIG œuvre, ouvrage *m* (obra) ‖ créature (el que todo lo debe a otro) ‖ FIG *entre sastres no se pagan hechuras* entre collègues on peut se rendre de petits services.

heder* *v intr* puer (oler mal) ‖ FIG empoisonner (fastidiar).

hediondez *f* puanteur (hedor).

hediondo, da *adj* puant, e; infect, e; fétide (pestilente) ‖ FIG répugnant, e (repugnante) | empoisonnant, e (molesto).
◆ *m* BOT bois puant (árbol).

hedonismo *m* hédonisme (epicureísmo).

hedonista *adj y s* FILOS hédoniste.

hedonístico, ca *adj* hédonistique, hédoniste.

hedor *m* puanteur *f*, fétidité *f*.

hegelianismo *m* FILOS hégélianisme (doctrina de Hegel).

hegeliano, na *adj* hégélien, enne.

hegemonía *f* hégémonie.

hegemónico, ca *adj* hégémonique.

hégira; héjira *f* hégire (era mahometana).

helada *f* gelée ‖ *helada blanca* gelée blanche, givre.

heladera *f* sorbetière (para hacer helados) | *(amer)* réfrigérateur *m*.

heladería *f* glacier *m* (fábrica y establecimiento).
heladero, ra *m y f* glacier *m* (vendedor de helados).
helado, da *adj* glacé, e; gelé, e (por el frío) ‖ FIG *quedarse helado* être abasourdi (ante una noticia).
◆ *m* glace *f*; *un helado de vainilla* une glace à la vanille.
helar* *v tr* geler, glacer; *el frío hiela el agua de los ríos* le froid gèle l'eau des rivières ‖ figer (aceite, grasa) ‖ frapper (champaña) ‖ FIG glacer, transir; *su aspecto me hiela* son aspect me glace; *helar de espanto* glacer de peur ‖ FIG *hace un frío que hiela las piedras* il gèle à pierre fendre.
◆ *v pr* geler, se glacer, se congeler (líquidos) ‖ figer (aceite, grasa) ‖ geler (plantas) ‖ FIG geler, mourir de froid; *en invierno se hiela uno* en hiver on gèle ‖ *se me heló la sangre* mon sang se glaça dans mes veines.
◆ *v impers* geler; *ayer heló* hier il a gelé.
helecho *m* BOT fougère *f* (planta).
helénico, ca *adj* hellénique (griego).
helenismo *m* hellénisme.
helenista *adj y s* hellénisant, e.
◆ *m y f* helléniste.
helenístico, ca *adj* hellénistique.
helenización *f* hellénisation.
helenizar *v tr* helléniser.
heleno, na *adj y s* hellène (griego).
helianto *m* BOT hélianthe, tournesol (girasol).
hélice *f* hélice ‖ ANAT hélix *m* (de la oreja) ‖ ZOOL hélice, hélix *m* (caracol).
helicoidal *adj* hélicoïdal, e; *engranajes helicoidales* engrenages hélicoïdaux.
helicón *m* MÚS hélicon.
helicóptero *m* AVIAC hélicoptère ‖ — *estación terminal de helicópteros* héligare ‖ *transportado por helicóptero* héliporté.
helio *m* hélium (gas).
heliocéntrico, ca *adj* ASTR héliocentrique.
heliografía *m* héliographie.
heliógrafo *m* héliographe.
Helios *n pr* MIT Hélios, Hêlios.
helioscopio *m* hélioscope.
helioterapia *f* MED héliothérapie.
helipuerto *m* héliport.
Helsinki *n pr* GEOGR Helsinki.
Helvecia *n pr f* GEOGR Helvétie (Suiza).
helvecio, cia *adj* helvéte.
◆ *m pl* Helvètes.
helvético, ca *adj* helvétique.
hematíe *m* ANAT hématie *f* (glóbulo rojo).
hematina *f* hématine.
hematites *f* MIN hématite.
hematología *f* MED hématologie.
hematológico, ca *adj* MED hématologique.
hematólogo, ga *m y f* MED hématologiste, hématologue.
hematoma *f* MED hématome.
hematosis *f* ANAT hématose.
hematuria *f* MED hématurie.
hembra *f* femelle; *la hembra del caballo* la femelle du cheval ‖ FAM fille; *tiene tres hijos, dos hembras y un varón* il a trois enfants, deux filles et un garçon | fille, femme; *una buena hembra* une belle fille ‖ TECN femelle (de broches, corchetes, enchufes, etc.).
hembrilla *f* femelle (de ciertas piezas) ‖ piton *m* (armella).
hembruno, na *adj* relatif aux femelles.
hemeroteca *f* département *m* des périodiques, hémérothèque *(p us)*.
hemiciclo *m* hémicycle.
hemiplejía *f* MED hémiplégie.
hemipléjico, ca *adj y s* hémiplégique.
hemisférico, ca *adj* hémisphérique.
hemisferio *m* hémisphère.
hemistiquio *m* hémistiche (en poesía).
hemofilia *f* MED hémophilie.
hemofílico, ca *adj y s* hémophile.
hemoglobina *f* BIOL hémoglobine.
hemograma *m* MED hémogramme.
hemolisis *f* MED hémolyse.
hemolítico, ca *adj* hémolytique.
hemopatía *f* hémopathie.
hemorragia *f* MED hémorragie | saignement *m*; *hemorragia nasal* saignement de nez.
hemorrágico, ca *adj* hémorragique.
hemorroidal *adj* MED hémorroïdal, e.
hemorroides *f pl* MED hémorroïdes (almorranas).
hemostasis *f* MED hémostase.
hemostático, ca *adj y s m* MED hémostatique; *pinza hemostática* pince hémostatique.
henchido, da *adj* gonflé, e; bouffi, e; *henchido de orgullo* bouffi o gonflé d'orgueil.
henchir* *v tr* emplir, remplir (llenar) ‖ gonfler (inflar).
◆ *v pr* se bourrer (de comida).
hendedura *f* ⟶ **hendidura**.
hender* *v tr* fendre ‖ FIG fendre (el aire, el agua).
hendido, da *adj* fourchu, e; *pie hendido* pied fourchu.
hendidura; hendedura *f* fente, crevasse (grieta) ‖ fêlure (en una vasija).
henequén *m (amer)* henequen, agave (pita).
heno *m* foin (hierba cortada y seca) ‖ — *segar el heno* faire les foins ‖ *siega del heno* fenaison.
heparina *f* héparine.
hepático, ca *adj y s* MED hépatique; *cólico hepático* colique hépatique.
◆ *f* BOT hépatique (flor).
hepatitis *f* MED hépatite.
hepatología *f* MED hépatologie.
hepatólogo, ga *m y f* MED hépatologue.
heptaedro *m* GEOM heptaèdre.
heptagonal *adj* GEOM heptagonal, e.
heptágono, na *adj y s m* GEOM heptagone.
heptasílabo, ba *adj y s m* heptasyllabe.
heráldico, ca *adj* héraldique (relativo al blasón).
◆ *m* héraldiste (heraldista).
◆ *f* héraldique (ciencia del blasón).
heraldista *m y f* héraldiste.
heraldo *m* héraut.
herbáceo, a *adj* BOT herbacé, e.
herbario, ria *adj* relatif aux herbes.
◆ *m* herbier (colección de plantas) ‖ botaniste (botánico) ‖ ZOOL panse *f* des ruminants.
herbicida *adj y s m* herbicide.

herbívoro, ra *adj* y *s m* herbivore.
herbolario, ria *m* y *f* herboriste.
◆ *m* herboristerie *f* (tienda).
herboristería *f* herboristerie.
herciniano, na *adj* GEOL hercynien, enne.
hercio *m* hertz.
hercúleo, a *adj* herculéen, enne.
hércules *m* FAM hercule (hombre fuerte).
Hércules *n pr m* Hercule.
heredad *f* propriété, domaine *m*, héritage *m*.
heredar *v intr* hériter, faire un héritage; *heredar a* ou *de un tío* hériter d'un oncle.
◆ *v tr* hériter; *heredar una fortuna* hériter d'une fortune; *heredar una casa de su padre* hériter une maison de son père ‖ FIG *heredar las virtudes de sus padres* hériter les vertus de ses parents.
— OBSERV *Hériter* con un solo complemento suele emplearse con la preposición *de*. Si tiene dos complementos, uno es directo (cosa heredada), otro indirecto (persona).
heredero, ra *adj* y *s* héritier, ère ‖ — *heredero forzoso* héritier réservataire ‖ *heredero presunto* héritier présomptif ‖ *heredero único* héritier unique ‖ *heredero universal* légataire universel ‖ — *príncipe heredero* prince héritier ‖ — *instituir heredero* ou *por heredero a uno* instituer quelqu'un son héritier.
hereditario, ria *adj* héréditaire; *enfermedad hereditaria* maladie héréditaire.
hereje *m* y *f* hérétique.
herejía *f* hérésie ‖ FIG hérésie; *herejía científica* hérésie scientifique ‖ injure, insulte (injuria) ‖ FAM *oler a herejía* sentir le fagot.
herencia *f* hérédité (derecho de heredero) ‖ héritage *m* (bienes heredados) ‖ BIOL hérédité ‖ — DR *adición a la herencia* addition d'hérédité ‖ *herencia yacente* hérédité jacente, hoirie vacante ‖ — FAM *lo trae* ou *lo tiene de herencia* c'est de famille.
herético, ca *adj* hérétique.
herida *f* blessure ‖ plaie (llaga) ‖ FIG offense, injure (ofensa) ‖ blessure (del alma, etc.) ‖ — *herida contusa* contusion ‖ — *abrir de nuevo una herida* rouvrir une blessure ‖ *acribillado de heridas* percé de coups ‖ FIG *hurgar en la herida* retourner le couteau dans la plaie ‖ *renovar la herida* rouvrir la blessure o la plaie ‖ *tocar en la herida* mettre le doigt sur la plaie, toucher au vif (herir en lo vivo).
herido, da *adj* y *s* blessé, e ‖ — *herido de gravedad, mal herido* grièvement blessé ‖ *herido de muerte* blessé à mort, mortellement blessé.
herir* *v tr* blesser; *herir a un contrario en el brazo* blesser un adversaire au bras ‖ frapper (los rayos de sol) ‖ MÚS jouer, pincer (pulsar, tocar) ‖ FIG blesser; *este sonido hiere el oído* ce son blesse l'oreille ‖ choquer; *esta palabra hiere mi oído* ce mot choque mon oreille ‖ blesser, offenser, froisser, heurter (ofender); *herir a alguien en su amor propio* blesser quelqu'un dans son amour-propre, heurter l'amour-propre de quelqu'un ‖ trouver (acertar); *herir la dificultad* trouver la difficulté ‖ — *herir de muerte* blesser à mort ‖ *herir el aire con sus gritos* déchirer l'air de ses cris ‖ FIG *herir en carne viva* retourner le couteau dans la plaie (volver a herir), piquer au vif (ofender) ‖ *herir en lo vivo* piquer au vif ‖ *herir por la espalda* tirer dans le dos.
◆ *v pr* se blesser.
hermafrodita *adj* y *s* hermaphrodite.
hermafroditismo *m* hermaphrodisme.

hermana *f* sœur; *hermana mayor* sœur aînée ‖ RELIG sœur ‖ POP liquette (camisa) ‖ — RELIG *hermana de la Caridad* sœur de Saint-Vincent-de-Paul, fille de la Charité ‖ *hermana política* belle-sœur.
hermanado, da *adj* FIG assorti, e (aparejado) ‖ conforme, identique ‖ jumelé, e (ciudad).
hermanamiento *m* fraternisation *f* ‖ conformité *f* (conformidad) ‖ assortiment (reunión de cosas que van bien juntas) ‖ jumelage (de ciudades).
hermanar *v tr* assortir (reunir dos cosas parecidas) ‖ réunir (unir) ‖ unir par les liens de la fraternité, rendre frères (personas) ‖ jumeler; *han hermanado a Manila con Burdeos* on a jumelé Manille et Bordeaux ‖ accorder (ideas).
◆ *v pr* s'assortir (dos o varias cosas) ‖ fraterniser (dos o varias personas).
hermanastro, tra *m* y *f* demi-frère, demi-sœur.
hermandad *f* fraternité ‖ confrérie (cofradía) ‖ amicale, association (asociación) ‖ FIG assortiment *m*, ressemblance (semejanza) ‖ — *convenio de hermandad* jumelage (de ciudades) ‖ *hermandad de ganaderos* association d'éleveurs ‖ *santa Hermandad* Sainte-Hermandad [milice formée en Espagne vers le XVIe siècle pour veiller à la sécurité publique].
hermano *m* frère; *hermano mayor* frère aîné; *hermano segundo* frère cadet ‖ RELIG frère; *hermano lego* frère lai ‖ — *hermano bastardo* frère bâtard ‖ *hermano carnal* frère germain, frère de père et de mère ‖ RELIG *hermano coadjutor* frère coadjuteur ‖ *hermano consanguíneo* frère consanguin ‖ *hermano de leche* frère de lait ‖ *hermano del trabajo* portefaix (ganapán) ‖ *hermano de madre* ou *uterino* frère utérin ‖ *hermano de padre* frère consanguin ‖ RELIG *hermano mayor* frère majeur ‖ *hermano político* beau-frère (cuñado) ‖ *hermanos siameses* frères siamois ‖ *medio hermano* demi-frère.
hermenéutico, ca *adj* y *s f* herméneutique (de textos).
Hermes *n pr m* Hermès (Mercurio).
hermético, ca *adj* hermétique, étanche ‖ FIG hermétique (impenetrable) ‖ TECN *segmento de cierre hermético* segment d'étanchéité.
hermetismo *m* hermétisme.
hermoso, sa *adj* beau, belle; *una mujer hermosa* une belle femme ‖ — *¡hermoso día!* belle journée! ‖ *más hermoso que el Sol* beau comme le jour.
— OBSERV El adjetivo masculino *beau* hace *bel* delante de una vocal (*un niño hermoso* un bel enfant) o delante de una *h* no aspirada (*un hombre hermoso* un bel homme).
hermosura *f* beauté; *la hermosura del paisaje* la beauté du paysage ‖ — *este coche es una hermosura* cette voiture est une merveille o est de toute beauté ‖ *¡qué hermosura!* que c'est beau!
hernia *f* MED hernie; *hernia estrangulada* hernie étranglée.
herniado, da *adj* y *s* MED hernieux, euse (persona).
◆ *adj* hernié, e; *intestino herniado* intestin hernié ‖ FAM *no se ha herniado* il ne s'est pas foulé.
herniarse *v pr* MED développer une hernie ‖ FIG & FAM *herniarse trabajando* se tuer au travail.
Herodes *n pr m* Hérode ‖ *andar* ou *ir de Herodes a Pilato* tomber de Charybde en Scylla.
héroe *m* héros.

heroicidad f héroïcité.
heroico, ca adj héroïque ‖ MED *medicamento heroico* remède héroïque.
heroína f héroïne; *Juana de Arco es una heroína* Jeanne d'Arc est une héroïne ‖ MED héroïne (alcaloïde).
heroinómano, na adj y s héroïnomane.
heroísmo m héroïsme.
herpe m y f MED herpès m.
— OBSERV S'emploie surtout au pluriel.
herpético, ca adj MED herpétique.
herradura f fer m à cheval ‖ — ARQ *arco de herradura* arc en fer à cheval ‖ *camino de herradura* chemin muletier ‖ *mostrar las herraduras* ruer (dar coces), détaler, prendre ses jambes à son cou (huir).
herraje m ferrure f ‖ *(amer)* fer à cheval (herradura).
herramienta f outil m; *bolsa de herramientas* trousse à outils ‖ outillage m (conjunto de herramientas) ‖ FIG & FAM cornes pl (de un toro) | arme (arma).
herrar* v tr ferrer (una caballería) ‖ marquer au fer (los prisioneros, el ganado) ‖ ferrer (un bastón) ‖ *agua herrada* eau ferrée.
herreño, ña adj y s relatif, ive à o originaire de l'île de Fer [Canaries].
herrería f forge (taller) ‖ FIG tapage m, vacarme m (ruido).
herrero m forgeron ‖ *(amer)* maréchal-ferrant ‖ FAM *en casa del herrero cuchillo de palo* les cordonniers sont toujours les plus mal chaussés.
herrín m rouille f (herrumbre).
herrumbrar v tr rouiller (aherrumbrar).
➤ v pr se rouiller.
herrumbre f rouille (orín) ‖ goût m de fer (sabor a hierro) ‖ BOT rouille (roya).
herrumbroso, sa adj rouillé, e.
hertz; hertzio m FÍS hertz.
hertziano, na adj FÍS hertzien, enne; *onda hertziana* onde hertzienne.
hervidero m bouillonnement (líquido) ‖ FIG source f bouillonnante (manantial) | grouillement, fourmilière f (de gente) | foyer; *un hervidero de odios* un foyer de haines.
hervido m *(amer)* pot-au-feu, bouilli.
hervir* v tr e intr bouillir; *el agua hierve a 100°* l'eau bout à 100° ‖ bouillonner (borbotear) ‖ bouillonner (el mar) ‖ FIG bouillonner, bouillir; *la sangre le hervía en las venas* son sang bouillait dans ses veines | grouiller, fourmiller; *la plaza hierve de gente* la place grouille de monde ‖ — FIG *hervir en* abonder en, foisonner en, être rempli de | *hervir en cólera* bouillir de colère | *hervir en deseos* mourir d'envie.
hervor m ébullition f (acción de hervir) ‖ bouillonnement (burbujeo) ‖ FIG ardeur f, vivacité f, fougue f (fogosidad) ‖ — *alzar* ou *levantar el hervor* commencer à bouillir ‖ *dar un hervor al agua* porter l'eau à ébullition ‖ MED *hervor de la sangre* éruption cutanée passagère.
heteróclito, ta adj hétéroclite (irregular).
heterodino, na adj y s m ELECTR hétérodyne.
heterodoxia f hétérodoxie.
heterodoxo, xa adj y s hétérodoxe (herético).
heterogamia f BIOL hétérogamie.

heterogeneidad f hétérogénéité.
heterogéneo, a adj hétérogène.
heteromorfo, fa adj hétéromorphe.
heterosexual adj y s hétérosexuel, elle.
heterosexualidad f hétérosexualité.
hético, ca adj MED phtisique (tísico) ‖ FIG étique, maigre (muy delgado).
heurístico, ca adj heuristique.
hevea m BOT hévéa.
hexadecimal adj hexadécimal, e.
hexaedro m GEOM hexaèdre.
hexagonal adj GEOM hexagonal, e.
hexágono m GEOM hexagone.
hexámetro adj m y s m hexamètre (verso).
hexápodo adj y s m ZOOL hexapode.
hez f lie.
➤ pl selles (excrementos) ‖ — *apurar el cáliz hasta las heces* boire le calice jusqu'à la lie ‖ *heces fecales* matières fécales, fèces.
HH MM abrev de *Hermanos Maristas* frères maristes.
hiato m GRAM hiatus.
hibernación f hibernation.
hibernal adj hivernal, e (relativo al invierno) ‖ *sueño hibernal* sommeil hibernal.
hibernar v intr hiberner.
hibridación f hybridation ‖ *proceder a una hibridación* hybrider.
híbrido, da adj y s m hybride ‖ FIG hybride.
hidalgo m hidalgo, gentilhomme [noble español] ‖ — *hidalgo de aldea* hobereau ‖ *hidalgo de bragueta* gentilhomme titré pour avoir eu consécutivement sept garçons ‖ *hidalgo de cuatro costados* noble de quatre lignes ‖ *hidalgo de ejecutoria* noble qui possède des parchemins authentiques ‖ *hidalgo de gotera* petit gentilhomme, nobliau, noblaillon ‖ *hidalgo de privilegio* personne anoblie par l'achat de lettres de noblesse, noble de finance.
➤ adj noble ‖ FIG noble, généreux, euse.
— OBSERV Au pluriel, le substantif *hidalgo* fait *hijosdalgo*, et l'adjectif fait *hidalgos*.
hidalguez; hidalguía f noblesse, qualité d'hidalgo ‖ FIG générosité, grandeur d'âme.
hidra f MITOL & ZOOL hydre ‖ FIG hydre.
hidrácido m QUÍM hydracide.
hidratación f QUÍM hydratation.
hidratado, da adj hydraté, e.
hidratante adj hydratant, e.
hidratar v tr hydrater.
hidrato m QUÍM hydrate; *hidrato de carbono* hydrate de carbone.
hidráulico, ca adj hydraulique; *prensa hidráulica* presse hydraulique.
➤ f hydraulique (ciencia).
➤ m hydraulicien (ingeniero).
hídrico, ca adj hydrique.
hidroavión m hydravion ‖ *base para hidroaviones* hydrobase.
hidrocarburo m QUÍM hydrocarbure.
hidrocefalia f MED hydrocéphalie.
hidrocéfalo, la adj y s MED hydrocéphale.
hidrodinámico, ca adj y s f FÍS hydrodynamique.
hidroelectricidad f hydroélectricité.

hidroeléctrico, ca *adj* ELECTR hydroélectrique.
hidrófilo, la *adj y s m* hydrophile; *algodón hidrófilo* coton hydrophile.
hidrofobia *f* MED hydrophobie.
hidrófobo, ba *adj y s* MED hydrophobe.
hidrófugo, ga *adj* hydrofuge.
hidrogenación *f* hydrogénation.
hidrogenado, da *adj* hydrogéné, e.
hidrogenar *v tr* hydrogéner.
hidrógeno *m* hydrogène; *hidrógeno pesado* hydrogène lourd.
hidrografía *f* hydrographie.
hidrográfico, ca *adj* hydrographique.
hidrógrafo, fa *adj m y s* hydrographe.
hidrólisis *f* QUÍM hydrolyse.
hidrolizable *adj* QUÍM hydrolysable.
hidrolizar *v tr* QUÍM hydrolyser.
hidrología *f* hydrologie.
hidrólogo, ga *adj y s* hydrologue, hydrologiste.
hidromasaje *m* massage par l'eau.
hidromecánico, ca *adj* hydromécanique.
hidrometría *f* hydrométrie.
hidropedal *m* pédalo.
hidropesía *f* MED hydropisie.
hidrópico, ca *adj y s* MED hydropique.
hidroplano *m* MAR hydroglisseur.
hidrosfera *f* GEOL hydrosphère.
hidrosoluble *adj* hydrosoluble.
hidrostático, ca *adj y s f* FÍS hydrostatique.
hidroterapia *f* MED hydrothérapie.
hidrotubo *m* tobogan couvert (en un parque acuático).
hidróxido *m* QUÍM hydroxyde.
hidroxilo *m* QUÍM hydroxyle, oxhydryle.
hidruro *m* QUÍM hydrure.
hiedra *f* BOT lierre *m*.
hiel *f* fiel ‖ FIG fiel *m*, amertume (amargura) ‖ — FIG & FAM *echar* ou *sudar uno la hiel* se tuer au travail, suer sang et eau | *no hay miel sin hiel* il n'y a pas de roses sans épines.
  ➙ *pl* peines, chagrins *m*, afflictions.
hielo *m* glace *f* ‖ *verglas* (en las carreteras) ‖ FIG froideur *f* (frialdad) ‖ — *hielo en barras* pains de glace ‖ — *estar cubierto de hielo* être verglacé (el camino) ‖ FIG & FAM *estar hecho un hielo* être glacé o frigorifié | *romper el hielo* rompre la glace | *ser más frío que el hielo* ou *como un pedazo de hielo* être comme un glaçon o froid comme marbre.
hiena *f* ZOOL hyène ‖ FIG hyène (persona feroz).
hierático, ca *adj* hiératique.
hierba *f* herbe ‖ paille (defecto en la esmeralda) ‖ — BOT *hierba buena* menthe (hierbabuena) | *hierba callera* herbe aux cors, joubarbe | *hierba cana* séneçon | *hierba carmín* herbe de la laque, raisin d'Amérique | *hierba de cuajo* caille-lait | *hierba del ala* aunée, inule | *hierba de las golondrinas* chélidoine | *hierba del maná* herbe à la manne | *hierba de los lazarosos* herbe aux ladres | *hierba de los pordioseros* herbe aux gueux | *hierba del Paraguay* herbe du Paraguay, maté | *hierba de San Juan* herbe de la Saint-Jean | *hierba de Santa Catalina* noli-me-tangere, balsamine | *hierba de Santa María* herbe de Sainte-Marie | *hierba doncella* pervenche | *hierba estrella* herbe de l'étoile | *hierba fina* agrostide | *hierba jabonera* herbe à foulon | *hierba lombriguera* herbe aux vers | *hierba luisa* citronnelle, verveine odorante | *hierba marina* herbe marine | *hierba mate* maté, thé des jésuites | *hierba medicinal* herbe médicinale | *hierba mora* morelle | *hierba piojera* herbe aux poux, staphisaigre | *hierba pulguera* herbe aux puces | *hierba sagrada* verveine | *hierba sarracena* herbe sarrasine | *hierba tora* orobanche ‖ *pañuelo de hierba* mouchoir à carreaux ‖ — *en hierba* en herbe (en cierne); *comer su trigo en hierba* manger son blé en herbe ‖ CULIN *finas hierbas* fines herbes ‖ *hockey sobre hierba* hockey sur gazon ‖ FIG & FAM *la mala hierba crece mucho* mauvaise herbe croît toujours | *mala hierba* mauvaise graine | *y otras hierbas* et j'en passe.
  ➙ *pl* poison *m sing* [d'herbes vénéneuses] ‖ ans *m* (de los animales); *este toro tiene tres hierbas* ce taureau a trois ans.
hierbabuena *f* BOT menthe.
hierbajo *m* mauvaise herbe *f*.
hierbecilla *f* FAM herbette.
hierofanta; hierofante *m* hiérophante.
hieroglífico, ca *adj* hiéroglyphique.
  ➙ *m* hiéroglyphe.
hierro *m* fer (metal); *hierro forjado, candente* fer forgé, rouge | *marque f (marca)* | fer (de una lanza, etc.) ‖ FIG & POÉT fer (arma) ‖ — *hierro albo* fer rouge ‖ *hierro arquero* ou *cellar* ou *cuchillero* fer plat ‖ *hierro batido* fer battu ‖ *hierro bruto* fer brut ‖ *hierro carretil* ou *de llantas* fer méplat ‖ *hierro colado* ou *fundido* fonte ‖ *hierro comercial* fer marchand ‖ *hierro cuadradillo* ou *cuadrado* fer carré de petite forge ‖ *hierro de doble T* fer à double T ‖ *hierro dulce* fer doux ‖ *hierro medio tocho* ou *tochuelo* fer carré moyen ‖ *hierro palanquilla* petit fer carré ‖ *hierro redondo* fer rond | *hierro tocho* fer carré ‖ — *a hierro y fuego* à feu et à sang ‖ *de hierro* de fer; *voluntad de hierro* volonté de fer ‖ — FIG & FAM *al hierro candente batir de repente* il faut battre le fer pendant qu'il est chaud o quand il est chaud | *comer* ou *mascar hierro* faire la cour à une jeune fille andalouse devant la grille de sa fenêtre | *machacar en hierro frío* donner des coups d'épée dans l'eau, aboyer à la lune ‖ *quien a hierro mata a hierro muere* qui tue par l'épée périra par l'épée.
  ➙ *pl* fers (grillos, esposas, etc.).
hi-fi abrev de *high fidelity* hi-fi, haute fidélité (alta fidelidad).
  — OBSERV S'écrit également Hi-Fi, HI-FI.
higadilla *f*; **higadillo** *m* foie *m* [des petits animaux, des oiseaux] ‖ — FIG & FAM *comerse los higadillos* se manger le nez (reñir) | *echar los higadillos* se tuer au travail | *sacar hasta los higadillos* sucer jusqu'à la moelle.
hígado *m* ANAT foie.
  ➙ *pl* FIG courage *sing* (valentía); *¡qué hígados tiene!* quel courage il a! ‖ — FIG & FAM *echar los hígados* se tuer au travail | *hay que tener muchos hígados para trabajar con él* il faut être courageux o avoir du cran o de l'estomac pour travailler avec lui.
higiene *f* hygiène.
higiénico, ca *adj* hygiénique.
higienista *m y f* hygiéniste.
higienización *f* soumission aux règles d'hygiène.
higienizar *v tr* soumettre aux règles d'hygiène.
  ➙ *v pr* (amer) se laver.

higo *m* BOT figue *f*; *un higo paso* une figue sèche ‖ — BOT *higo boñigar* figue blanche | *higo chumbo* ou *de pala* figue de Barbarie, figue d'Inde | *higo doñegal* figue à chair très rouge ‖ — FIG & FAM *de higos a brevas* tous les trente-six du mois | *más seco que un higo* sec comme un coup de trique | *no dársele a uno un higo de algo* se moquer de quelque chose comme de l'an quarante | *no valer una cosa un higo* ne pas valoir tripette.

higrometría *f* hygrométrie.

higrométrico, ca *adj* hygrométrique.

higrómetro *m* hygromètre.

higroscópico, ca *adj* hygroscopique.

higroscopio *m* hygroscope.

higuana *f* iguane (iguana).

higuera *f* BOT figuier *m* ‖ — BOT *higuera chumba* ou *de Indias* ou *de pala* ou *de tuna* figuier de Barbarie o d'Inde o nopal | *higuera de Egipto* caprifiguier (cabrahigo) | *higuera del infierno* ou *infernal* figuier infernal, ricin | *higuera religiosa* figuier religieux o des pagodes ‖ FAM *estar en la higuera* être dans la lune.

hija *f* fille; *¡hija mía!* ma fille! ‖ BOT cerisier *m* du Portugal ‖ — *hija política* belle-fille, bru ‖ RELIG *hija predilecta de la Iglesia* fille aînée de l'Église (Francia).

hijastro, tra *m* y *f* beau-fils, belle-fille [d'un premier mariage].

hijo *m* fils; *hijo mayor* fils aîné; *hijo menor* fils cadet ‖ enfant *m*; *tiene tres hijos* il a trois enfants; *hijos crecidos* grands enfants ‖ fils (nativo); *los hijos de España* les fils d'Espagne ‖ — *hijo adoptivo* fils adoptif | *hijo adulterino* enfant adultérin | *hijo bastardo* ou *espurio* bâtard | *hijo de algo* hidalgo, gentilhomme, noble | *hijo de bendición* ou *legítimo* enfant légitime | *hijo de familia* fils de famille ‖ *hijo de ganancia* ou *natural* fils naturel | *hijo de la cuna* ou *de la tierra* enfant trouvé | *hijo de la piedra* enfant abandonné ‖ *hijo del diablo* fils de Satan | *hijo de leche* nourrisson | *hijo de papá* fils à papa ‖ POP *hijo de puta* salaud | *hijo ilegítimo* enfant illégitime | *hijo incestuoso* enfant incestueux | *hijo legitimado* enfant légitimé | *hijo mío* mon fils, mon enfant, mon petit ‖ *hijo político* beau-fils, gendre ‖ *hijo predilecto* enfant préféré o chéri (de una familia), enfant chéri (de una comunidad) ‖ *hijo pródigo* fils prodigue ‖ *hijo reconocido* enfant reconnu ‖ — FAM *cualquier* ou *cada hijo de vecino* n'importe qui, tout un chacun (cualquiera) ‖ *el Hijo del Hombre* ou *de Dios* le Fils de l'Homme o de Dieu ‖ *es hijo de su padre* il est bien le fils de son père.

◆ *pl* fils, descendants (descendientes) ‖ *hijos de San Ignacio* Compagnie de Jésus.

hijuela *f* bande d'étoffe pour agrandir un vêtement, pièce (añadido) ‖ annexe (cosa aneja) ‖ petit matelas *m* (colchón) ‖ rigole, canal *m* secondaire d'irrigation (acequia) ‖ chemin *m* de traverse (camino) ‖ DR biens *m pl* formant une part d'héritage (bienes) | acte *m* o extrait *m* de partage (documento) ‖ BOT graine de palmier (semilla) ‖ ECLES pale ‖ (amer) propriété rurale [résultant d'un partage à la suite d'une succession].

hilacha *f*; **hilacho** *m* effilure *f*, effilochure *f*, effiloche *f* ‖ (amer) *mostrar (uno) la hilacha* montrer le bout de l'oreille.

◆ *pl* (amer) haillons *m* (andrajos).

hilada *f* file, rang *m*, rangée (hilera) ‖ ARQ assise (hilera horizontal de piedras) ‖ CONSTR tas *m* de charge.

hilado *m* filage (acción de hilar) ‖ filé (materia textil hilada) ‖ *fábrica de hilados* filature.

hilandería *f* filature.

hilandero, ra *m* y *f* fileur, euse (persona que hila).

◆ *m* filateur (que tiene hilandería) ‖ filature *f* (fábrica donde se hila).

◆ *f* filandière (poético).

hilar *v tr* filer (hilo) ‖ FIG réfléchir, raisonner (discurrir) | ourdir, tramer; *hilar una intriga* ourdir une intrigue ‖ — FIG & FAM *hilar delgado* ou *muy fino* couper o fendre les cheveux en quatre, chercher la petite bête ‖ *máquina de hilar* métier à filer ‖ *poco ou poquito a poco hila la vieja el copo* les petits ruisseaux font les grandes rivières, petit à petit l'oiseau fait son nid.

hilarante *adj* hilarant, e; *gaz hilarante* gaz hilarant.

hilaridad *f* hilarité; *excitar la hilaridad* déchaîner l'hilarité.

hilatura *f* filature.

hilaza *f* filé *m* (hilado) ‖ fil *m* grossier (hilo grueso) ‖ corde (de una tela) ‖ — FIG & FAM *descubrir la hilaza* montrer le bout de l'oreille | *se ve la hilaza* il montre le bout de l'oreille.

hilera *f* file, rangée, rang *m*, haie; *una hilera de árboles, de espectadores* une rangée d'arbres, une haie de spectateurs ‖ fil *m* fin ‖ TECN filière, banc *m* d'étirage ‖ ARQ faîtage *m* ‖ MIL file ‖ *en hilera* en file, en rang d'oignons.

hilo *m* fil; *hilo de coser* fil à coudre; *hilo de hilvanar* fil à bâtir ‖ fil (tejido); *sábanas de hilo* draps de fil ‖ fil; *telegrafía sin hilos* télégraphie sans fil ‖ filet; *hilo de voz, de luz, de sangre* un filet de voix, de lumière, de sang ‖ FIG fil; *el hilo de la vida* le fil de la vie; *el hilo de la narración* le fil du récit; *cortar el hilo del discurso* rompre le fil du discours ‖ — *hilo bramante* ficelle ‖ *hilo de la muerte* dernière heure, seuil de la mort ‖ *hilo de medianoche* minuit pile ‖ *hilo de mediodía* midi pile ‖ *hilo de perlas* rang de perles ‖ *hilo de uvas* grappes de raisin suspendues à un fil pour les conserver ‖ *hilo de zurcir* coton à repriser ‖ *hilo musical* fond musical, musique d'ambiance ‖ — *al hilo* en suivant le fil, selon le fil (madera, etc.) ‖ *coser al hilo* coudre en droit fil ‖ FIG *el hilo siempre se rompe por lo más delgado* on tombe toujours du côté où l'on penche | *estar con el alma en un hilo* être mort d'inquiétude (inquieto), être plus mort que vif (de miedo) | *estar cosido con hilo gordo* être cousu de fil blanc | *estar pendiente de un hilo* ne tenir qu'à un fil | *írsele a uno el hilo* perdre le fil | *mover los hilos* tirer o tenir les ficelles | *perder, seguir el hilo* perdre, suivre le fil | *por el hilo se saca el ovillo* de fil en aiguille on arrive à tout savoir.

hilván *m* bâti, faufilure *f*, surfilage ‖ (amer) ourlet (dobladillo).

hilvanado, da *adj* faufilé, e.

◆ *m* surfilage ‖ bâti (en costura).

hilvanar *v tr* bâtir, faufiler ‖ FIG tramer, bâtir (una historia) ‖ FIG & FAM bâcler, faire à la hâte, expédier (hacer muy de prisa).

Himalaya *n pr m* GEOGR Himalaya.

himen *m* ANAT hymen.

himeneo *m* hyménée, hymen ‖ épithalame (epitalamio).

himenóptero, ra *adj y s m* ZOOL hyménoptère.

himno *m* hymne; *el himno nacional* l'hymne national ‖ hymne *f* (cántico).

hincapié *m* effort que l'on fait en appuyant sur les pieds ‖ *hacer hincapié* tenir bon (mantenerse firme), souligner, mettre l'accent sur (insistir); *hacer hincapié en la necesidad de* souligner la nécessité de.

hincar *v tr* ficher, fixer (fijar), planter (clavar) ‖ enfoncer (una estaca) ‖ — FIG *hincar el diente en* s'attaquer à (acometer), donner un coup de dent à (maldecir), prendre sa part du gâteau (aprovecharse) ‖ POP *hincar el pico* casser sa pipe, passer l'arme à gauche (morir) ‖ FAM *hincar la uña* rouler, filouter ‖ *no hay quien le hinque el diente* personne n'en voudrait.
◆ *v pr* se fixer ‖ *hincarse de rodillas* se mettre à genoux, s'agenouiller.

hincha *f* FAM haine, antipathie (odio) ‖ FAM *tener hincha a alguien* avoir pris quelqu'un en grippe.
◆ *m* FAM supporter, fanatique, mordu, fana, fan (de un club deportivo); *los hinchas del fútbol* les fanas du football.

hinchada *f* FAM ensemble *m* des supporters.

hinchado, da *adj* gonflé, e; *globo hinchado de gas* ballon gonflé de gaz ‖ boursouflé, e (la piel), ballonné, e (el vientre), bouffi, e ; boursouflé, e (la cara) ‖ FIG arrogant, e ; orgueilleux, euse (orgulloso) | ampoulé, e; boursouflé, e; enflé, e (estilo) ‖ *hinchado de orgullo* bouffi d'orgueil.

hinchar *v tr* gonfler; *hinchar una pelota, un neumático* gonfler un ballon, un pneu ‖ enfler, gonfler (un río) ‖ ballonner (el vientre) ‖ boursoufler (la piel) ‖ bouffir, gonfler, enfler; *la hidropesía hincha el cuerpo* l'hydropisie bouffit o gonfle le corps ‖ FIG enfler, gonfler, exagérer (exagerar); *hinchar una narración* enfler un récit | enfler, rendre ampoulé (el estilo) ‖ FAM *hinchar la cabeza* bourrer le crâne, monter la tête.
◆ *v pr* s'enfler, se gonfler (el cuerpo), se boursoufler, se bouffir (la cara) ‖ MED enfler; *se hinchó su rodilla* son genou enfla | se ballonner (el vientre) ‖ FIG se gonfler, s'enorgueillir; *hincharse con unos éxitos* s'enorgueillir de quelques succès | ne pas arrêter; *hincharse de correr, de reír* ne pas arrêter de courir, de rire | se soûler, se rassasier (hartarse) ‖ — FIG & FAM *hincharse, hincharse de comer* s'empiffrer, se bourrer o se gaver de nourriture | *hincharse como un pavo* prendre de grands airs, faire la roue (enorgullecerse) | *se le hinchan las narices* la moutarde lui monte au nez.

hinchazón *f* enflure, boursouflure, gonflement *m*; *hinchazón de la cara* boursouflure du visage ‖ grosseur (protuberancia) ‖ ballonnement *m* (del vientre) | bouffissure (de las carnes, de carácter morboso) ‖ FIG arrogance, orgueil *m*, vanité (vanidad) | affectation, enflure, boursouflure (del estilo).

hindi *m* hindoustani, hindi (idioma).

hindú *adj* indien, enne (de la India) ‖ hindou, e (del hinduismo).
◆ *m y f* Indien, enne ‖ RELIG hindou, e.
— OBSERV Véase HINDOU, primera parte.

hinduismo *m* RELIG hindouisme, indouisme.

hinduista *adj y s* hindouiste, hindou, e.

hiniesta *f* BOT genêt *m* (retama).

hinojo *m* BOT fenouil ‖ — *hinojo marino* fenouil marin ‖ FAM *¡hinojos!* bigre!
◆ *pl* genoux (rodillas); *de hinojos* à genoux.

hioideo, a *adj* hyoïdien, enne.

hioides *adj y s m* ANAT hyoïde.

hipálage *f* POÉT hypallage.

hipar *v intr* hoqueter, avoir le hoquet (tener hipo) ‖ haleter (los perros que corren) ‖ pleurnicher, geindre (gimotear) ‖ FIG *hipar por* brûler de, désirer vivement; *está hipando por ir al teatro* il brûle d'aller au théâtre.
— OBSERV Le *h* initial de *hipar* est aspiré lorsque le verbe a le sens de *pleurnicher, geindre*.

hiper *m* FAM hypermarché.

hiperactivo, va *adj* hyperactif, ive.

hipérbaton *m* GRAM hyperbate *f*.
— OBSERV pl *hiperbatones* o *hipérbatos*.

hipérbola *f* GEOM hyperbole.

hipérbole *f* hyperbole (exageración).

hiperbólico, ca *adj* hyperbolique.

hiperbóreo, a; hiperboreal *adj* hyperboréen, enne (nórdico).

hipercalórico, ca *adj* hypercalorique.

hipercrisis *f* MED crise violente.

hiperglucemia *f* MED hyperglycémie.

hiperinflación *f* ECON hyperinflation.

hipermercado *m* hypermarché, grande surface *f*.

hipermétrope *adj y s* MED hypermétrope.

hipermetropía *f* MED hypermétropie.

hipernervioso, sa *adj y s* hypernerveux, euse.

hiperónimo *m* GRAM hyperonyme.

hiperrealismo *m* ARTES hyperréalisme.

hipersensibilidad *f* hypersensibilité.

hipersensible *adj y s* hypersensible.

hipersónico, ca *adj* AVIAC hypersonique.

hipertensión *f* MED hypertension.

hipertenso, sa *adj* hypertendu, e.

hipertermia *f* MED hyperthermie.

hipertrofia *f* MED hypertrophie.

hipertrofiar *v tr* MED hypertrophier.

hípico, ca *adj* hippique; *concurso hípico* concours hippique.

hipido *m* pleurnichement (gimoteo).
— OBSERV Le *h* initial de *hipido* est aspiré.

hipismo *m* hippisme, sport hippique.

hipnosis *f* MED hypnose [état].

hipnótico, ca *adj y s m* MED hypnotique.

hipnotismo *m* MED hypnotisme.

hipnotización *f* hypnotisation, hypnose [technique].

hipnotizador, ra *m y f* hypnotiseur, euse.

hipnotizar *v tr* hypnotiser.

hipo *m* hoquet; *tener hipo* avoir le hoquet ‖ FIG envie *f* (deseo muy vivo) ‖ — FAM *que quita el hipo* à vous couper le souffle | *quitar el hipo* laisser baba, suffoquer, couper le souffle.

hipoalergénico, ca *adj* hypoallergique, hypoallergénique.

hipoalimentación *f* sous-alimentation.

hipocalórico, ca *adj* hypocalorique.

hipocampo *m* hippocampe (caballo marino).

hipocentro *m* hypocentre.
hipocondría *f* MED hypocondrie.
hipocondríaco, ca *adj y s* MED hypocondriaque.
hipocondrio *m* ANAT hypocondre.
hipocrático, ca *adj* hippocratique.
hipocresía *f* hypocrisie.
hipócrita *adj y s* hypocrite.
hipodérmico, ca *adj* hypodermique; *inyección hipodérmica* injection hypodermique.
hipodermis *f* hypoderme *m*.
hipódromo *m* hippodrome.
hipofágico, ca *adj* hippophagique ‖ *carnicería hipofágica* boucherie hippophagique *o* chevaline.
hipófisis *f* ANAT hypophyse.
hipogénico, ca *adj* BOT hypogé, e.
hipogeo *m* hypogée (subterráneo).
hipogloso, sa *adj y s m* ANAT hypoglosse.
hipoglucemia *f* MED hypoglycémie.
hipogrifo *m* hippogriffe (animal fabuloso).
hipología *f* hippologie.
hipomóvil *adj* hippomobile.
hipopótamo *m* ZOOL hippopotame.
hiposo, sa *adj* qui a le hoquet, qui hoquette.
hipóstasis *f* ECLES hypostase.
hipotálamo *m* ANAT hypothalamus.
hipoteca *f* hypothèque ‖ FIG *levantar una hipoteca* lever une hypothèque.
hipotecable *adj* hypothécable.
hipotecar *v tr* hypothéquer.
hipotecario, ria *adj* hypothécaire.
hipotensión *f* hypotension.
hipotenso, sa *adj* MED hypotendu, e.
hipotensor *m* MED hypotenseur (medicamento).
hipotenusa *f* GEOM hypoténuse.
hipotermia *f* hypothermie.
hipotérmico, ca *adj* hypothermique.
hipótesis *f* hypothèse; *hipótesis de trabajo* hypothèse de travail.
hipotético, ca *adj* hypothétique.
hipotonía *f* MED hypotonie.
hipotónico, ca *adj* hypotonique.
hippie; hippy *adj y s* (palabra inglesa), hippie, hippy.
— OBSERV pl *hippies*.
hiriente *adj* blessant, e.
Hiroshima *n pr* GEOGR Hiroshima.
hirsutismo *m* MED hirsutisme.
hirsuto, ta *adj* hirsute (erizado).
hirviente *adj* bouillant, e.
hisopo *m* BOT hysope *f* ‖ goupillon, aspersoir (para el agua bendita) ‖ *(amer)* blaireau (brocha de afeitar) | brosse *f*, pinceau (pincel).
hispalense *adj* sévillan, e.
◆ *m y f* Sévillan, e.
Hispania *n pr f* GEOGR Hispanie (España).
hispánico, ca *adj* hispanique.
hispanidad *f* caractère *m* espagnol ‖ monde *m* hispanique (conjunto de los pueblos hispánicos).
Hispaniola *n pr* HIST & GEOGR Hispaniola.
hispanismo *m* hispanisme.
hispanista *m y f* hispanisant, e; hispaniste.
hispanización *f* hispanisation.

hispanizar *v tr* espagnoliser (españolizar).
hispano, na *adj* espagnol, e.
◆ *m y f* Espagnol, e.
Hispanoamérica *n pr f* GEOGR Amérique espagnole.
— OBSERV *Hispanoamérica* est le terme le plus employé en Espagne pour désigner l'ensemble des pays d'Amérique de langue espagnole. On peut traduire ce mot par *Amérique latine*, bien que le Brésil ne soit pas inclus dans le terme *Hispanoamérica*.
hispanoamericanismo *m* hispano-américanisme.
hispanoamericano, na *adj* hispano-américain, e.
◆ *m y f* Hispano-Américain, e.
— OBSERV Véase LATINO-AMÉRICAIN, primera parte.
hispanoárabe *adj* hispano-arabe, hispano-moresque.
hispanofilia *f* hispanophilie.
hispanófilo, la *adj y s* hispanophile.
hispanofobia *f* hispanophobie.
hispanófobo, ba *adj y s* hispanophobe.
hispanófono, na *adj y s* hispanophone (hispanohablante).
hispanohablante *adj y s* qui parle espagnol, hispanophone, de langue espagnole.
hispanojudío, a *adj y s* hispano-juif, hispano-juive.
histamina *f* BIOL histamine.
histerectomía; histerotomía *f* MED hystérectomie.
histeria *f* MED hystérie (histerismo).
histérico, ca *adj y s* MED hystérique.
histerismo *m* MED hystérie *f*.
histerotomía *f* MED → **histerectomía**.
histograma *m* histogramme.
histología *f* histologie.
historia *f* histoire; *las lecciones de la historia* les leçons de l'histoire ‖ histoire (relato); *contar una historia* raconter une histoire ‖ historique *m* (relación por orden cronológico) ‖ FIG histoire; *no me vengas con historias* ne me raconte pas d'histoires ‖ — *historia antigua* histoire ancienne ‖ *historia clínica* dossier médical ‖ *historia del arte* histoire de l'art ‖ *historia natural, Sacra* ou *Sagrada* histoire naturelle, sainte ‖ *historia universal* histoire universelle ‖ FAM *historias de cuartel* histoires de corps de garde ‖ *la pequeña historia* la petite histoire ‖ — *¡así se escribe la historia!* et voilà comment on écrit l'histoire! ‖ FIG & FAM *dejarse de historias* aller au fait ‖ *eso pica en historia* cela devient intéressant ‖ *pasar a la historia* passer à l'histoire (futuro), être du domaine de l'histoire, appartenir au passé (pasado).
historiado, da *adj* historié, e; *letra historiada, capitel historiado* lettre historiée, chapiteau historié ‖ surchargé, e (recargado de adornos).
historiador, ra *m y f* historien, enne.
historial *m* historique (reseña) ‖ curriculum vitae (profesional) ‖ dossier (médico) ‖ palmarès (deporte).
historiar *v tr* écrire l'histoire de, raconter l'histoire de, historier *(ant)* ‖ faire l'historique de (hacer una reseña), faire l'historique.
históricamente *adv* historiquement, en historien.

historicidad *f* historicité (autenticidad).
historicismo; historismo *m* historicisme.
historicista *adj* historiciste.
histórico, ca *adj* historique ‖ — GRAM *presente histórico* présent historique *o* de narration ‖ *reseña histórica* historique (historial).
historieta *f* historiette (cuentecillo) ‖ bande dessinée.
historietista *m y f* dessinateur, trice de bandes dessinées.
historiografía *f* historiographie.
historiógrafo, fa *m y f* historiographe *m*.
histrión *m* histrion (cómico, farsante).
histrionismo *m* comédie *f*, art dramatique (oficio) ‖ gens *m pl* de théâtre, monde du théâtre (actores) ‖ histrionisme, cabotinage (aparatosidad).
hitita *adj* HIST hittite.
◆ *m* hittite (lengua).
◆ *m pl* HIST Hittites.
hitleriano, na *adj y s* hitlérien, enne.
hito, ta *adj* noir, e (caballos) ‖ voisin, e; contigu, ë; attenant, e; *casa, calle hita* maison, rue voisine ‖ fixe, ferme (fijo).
◆ *m* borne *f* (mojón) ‖ sorte de jeu de palet (juego) ‖ FIG but (blanco de tiro) ‖ jalon; *hito final* dernier jalon ‖ — *a hito* fixement ‖ FIG *dar en el hito* deviner, donner dans le mille, toucher au but (acertar) ‖ *mirar de hito en hito* regarder fixement (una cosa, una persona), dévisager, regarder dans le blanc des yeux, regarder droit dans les yeux (a una persona) ‖ *ser un hito* marquer, faire date; *hecho que será un hito en la historia* fait qui marquera dans l'histoire.
hmnos. abrev de *hermanos* frères.
hoazín *m* ZOOL hoazin [faisan du Mexique].
hobby *m* hobby (entretenimiento).
hocico *m* museau (de los animales) ‖ groin (de puerco, de jabalí) ‖ boutoir (de jabalí) ‖ mufle (extremidad del hocico) ‖ lippe *f* (labios abultados) ‖ FIG & POP gueule *f*, museau, margoulette *f* (cara de una persona) ‖ moue *f*, lippe *f* (mueca de disgusto) ‖ — FAM *caer ou dar de hocicos* se casser la figure ‖ *dar con la puerta en los hocicos* fermer la porte au nez ‖ *estar de ou hacer ou poner hocico* bouder, faire la moue ‖ *meter el hocico en todo* fourrer son nez partout (meterse en todo) ‖ *romper a uno los hocicos* casser la gueule *o* la margoulette à quelqu'un (pegar).
hociquito *m* FAM *poner hociquito* faire la bouche en cœur.
hockey *m* hockey; *hockey sobre hielo, sobre hierba, sobre ruedas ou patines* hockey sur glace, sur gazon, sur patins ‖ *jugador de hockey* joueur de hockey, hockeyeur.
Ho Chi Minh Ciudad *n pr* GEOGR Hô Chi Minh-ville.
hogar *m* foyer (de chimenea, de cocina, de horno) ‖ âtre (de chimenea) ‖ FIG foyer (casa) ‖ — *hogar del soldado* foyer du soldat ‖ *sin casa ni hogar* sans feu ni lieu ‖ *sin hogar* sans abri.
◆ *pl* foyers; *volver a sus hogares* rentrer dans ses foyers.
hogareño, ña *adj* familial, e; *tradición hogareña* tradition familiale ‖ casanier, ère; pot-au-feu *inv* (fam), pantouflard, e (amante del hogar).
hogaza *f* miche, pain *m* de ménage.

hoguera *f* bûcher *m*, grand feu *m*; *encender una hoguera* allumer un bûcher ‖ bûcher *m* (suplicio); *morir en la hoguera* mourir sur le bûcher ‖ feu *m* de joie (en una fiesta) ‖ brasier *m*; *la casa era una verdadera hoguera* la maison était un véritable brasier ‖ *hogueras de San Juan* feux de la Saint-Jean.
hoja *f* BOT feuille; *hoja caduca* feuille caduque ‖ feuille, pétale *m* (pétalo) ‖ feuille (de papel, cartón, metal, oro, etc.) ‖ feuillet *m*, folio *m* (folio) ‖ page (página) ‖ volet *m* (de un tríptico) ‖ lame (de espada, cuchillo, etc.); *hoja de afeitar* lame de rasoir ‖ battant *m*, vantail *m*; *puerta de dos hojas* porte à deux battants ‖ feuille (biombo) ‖ flèche (del tocino) ‖ feuille (del vino) ‖ moitié (de un vestido) ‖ FIG épée, lame (espada) ‖ feuille (diario) ‖ AGRIC sole ‖ TECN paille (de las monedas) ‖ — BOT *hoja acicular* feuille aciculaire *o* linéaire ‖ *hoja aovada* feuille ovée *o* ovale ‖ *hoja aserrada* feuille sciée ‖ *hoja cambiable* feuille amovible ‖ BOT *hoja compuesta* feuille composée ‖ INFORM *hoja de cálculo* ou *electrónica* tableur, feuille de calcul électronique ‖ *hoja de lata* fer-blanc ‖ MIL *hoja de movilización* fascicule de mobilisation ‖ *hoja de paga* bulletin *o* feuille de paye ‖ *hoja de ruta* feuille de route *o* de déplacement ‖ *hoja de servicios* état de services, dossier (militar), palmarès (deportista) ‖ *hoja de vid* feuille de vigne ‖ *hoja seca* feuille morte ‖ *hoja suelta* ou *volante* feuille mobile *o* volante ‖ — *del color de hoja seca* feuille-morte ‖ *sin vuelta de hoja* sans aucun doute ‖ — FIG *desdoblar la hoja* revenir à ses moutons, reprendre le fil du discours ‖ *doblar la hoja* tourner la page ‖ *no tener vuelta de hoja* ne pas faire de doute ‖ *tener hoja* sonner faux ‖ *volver la hoja* changer d'avis (mudar de parecer), changer de conversation (de conversación).
hojalata *f* fer-blanc.
hojalatería *f* ferblanterie.
hojalatero *m* ferblantier.
hojalda; hojaldra *f (amer)* → **hojaldre**.
hojaldrado, da *adj* feuilleté, e.
◆ *m* feuilletage.
hojaldre *m* CULIN pâte *f* feuilletée, feuilleté ‖ *pastel de hojaldre* gâteau feuilleté.
hojarasca *f* feuilles *pl* mortes, fanes *pl* (hojas secas) ‖ feuillage *m* trop touffu, branches *pl* inutiles ‖ FIG verbiage *m*, paroles *pl* en l'air; *tus promesas son hojarasca* tes promesses sont des paroles en l'air.
hojear *v tr* feuilleter (pasar las hojas de un libro), parcourir (leer superficialmente).
◆ *v intr* être écaché (un metal).
hojuela *f* petite feuille (hoja pequeña) ‖ crêpe (tortita) ‖ tourteau *m* d'olive (de las aceitunas) ‖ TECN lamelle (de metal) ‖ fil *m* de métal écaché [pour passementerie] ‖ BOT foliole ‖ FAM *miel sobre hojuelas* encore mieux, tant mieux.
Hokkaido *n pr* GEOGR Hokkaido.
¡hola! *interj* hola! ‖ FAM bonjour, salut (saludo) ‖ *(amer)* allô! (teléfono).
holanda *f* hollande (tela) ‖ *papel de Holanda* hollande (papel).
Holanda *n pr f* GEOGR Pays-Bas, Hollande.
— OBSERV Véase PAYS-BAS, primera parte.
holandés, esa *adj* hollandais, e ‖ *a la holandesa* à la hollandaise, en demi-chagrin (encuadernación).
◆ *m y f* Hollandais, e.

◆ *f* papier commercial.
holding *m* holding (concierto de sociedades).
holgadamente *adv* à l'aise, largement; *caben cuatro personas holgadamente* quatre personnes tiennent largement.
holgado, da *adj* large, ample (ancho); *un vestido holgado* un vêtement ample ‖ FIG à l'aise, aisé, e (con medios de fortuna); *una vida holgada* une vie aisée | oisif, ive; désœuvré, e (desocupado) ‖ *zapatos holgados* chaussures trop grandes.
holganza *f* oisiveté, désœuvrement *m* (ociosidad) ‖ plaisir *m*, contentement *m*, amusement *m* (diversión) ‖ repos *m* (descanso).
holgar* *v intr* se reposer (descansar) ‖ souffler (tomar aliento) ‖ être de trop, être inutile (ser inútil); *tu visita huelga* ta visite est inutile; *huelgan esas personas* ces personnes sont de trop ‖ ne pas travailler, ne rien faire (no trabajar) ‖ s'amuser, se divertir (divertirse); *Don Quijote juró no holgar con mujer alguna* Don Quichotte fit serment de ne point se divertir avec aucune femme ‖ — *huelga añadir que* inutile d'ajouter que ‖ *¡huelgan los comentarios!* sans commentaire!
◆ *v pr* se réjouir, être content, e (alegrarse); *se holgó mucho con mi visita* il s'est beaucoup réjoui de ma visite, il a été très content de ma visite ‖ s'amuser, se divertir (divertirse).
holgazán, ana *adj y s* paresseux, euse; fainéant, e.
holgazanear *v intr* fainéanter, paresser.
holgazanería *f* fainéantise, paresse.
holgura *f* largeur, ampleur (anchura) ‖ aisance, bien-être *m* (comodidad) ‖ réjouissance (regocijo) ‖ MECÁN jeu *m* ‖ *vivir con holgura* vivre largement o avec aisance.
holmio *m* QUÍM holmium.
holocausto *m* holocauste.
holoceno, na *adj y s m* GEOL holocène.
holografía *f* holographie.
holográfico, ca *adj* holographique.
holograma *m* hologramme.
hollar* *v tr* fouler, marcher sur; *hollar una alfombra* marcher sur un tapis ‖ FIG fouler aux pieds, piétiner, marcher sur (tener en poco); *hollar a un bienhechor, los derechos de uno, la memoria de uno* fouler aux pieds un bienfaiteur, les droits de quelqu'un, la mémoire d'un disparu | mépriser (despreciar).
hollejo; hollejuelo *m* peau *f* [du raisin, de la fève, etc.].
hollín *m* suie *f* (del humo) ‖ FAM bagarre *f* (jollín, disputa).
hombre *m* homme; *el hombre y la mujer* l'homme et la femme ‖ monsieur (señor); *ahí hay un hombre* il y a là un monsieur ‖ MIL homme (soldado) ‖ POP homme (marido) ‖ — FAM *hombre anuncio* homme-sandwich ‖ *hombre blanco* Blanc ‖ *hombre bueno* membre du tiers état ‖ *hombre de agallas* homme qui a du cran o du courage ‖ *hombre de armas* homme d'armes ‖ *hombre de armas tomar* homme qui n'a pas froid aux yeux ‖ *hombre de bien* homme de bien ‖ *hombre de edad* ou *entrado en años* homme âgé o d'un âge avancé ‖ *hombre de Estado* homme d'État ‖ *hombre de las cavernas* homme des cavernes ‖ *hombre de letras* homme de lettres ‖ *hombre del saco* croque-mitaine ‖ *hombre de mar* homme de mer ‖ *hombre de mundo* homme du monde ‖ *hombre de negocios* homme d'affaires ‖ *hombre de paja* homme de paille (testaferro) ‖ *hombre de palabra* homme de parole ‖ FAM *hombre de pelo en pecho* dur à cuire, brave à trois poils ‖ *hombre de peso* homme de poids ‖ *hombre de pro* ou *de provecho* homme de bien ‖ *hombre de puños* homme à poigne ‖ *hombre honrado* honnête homme ‖ *hombre máquina* homme-robot ‖ *hombre masa* homme du peuple ‖ *hombre mujeriego* homme à femmes, coureur de jupons ‖ *hombre orquesta* homme-orchestre ‖ *hombre público* homme public, politicien ‖ *hombre rana* homme-grenouille ‖ *hombre serpiente* ou *de goma* homme-serpent (contorsionista) ‖ — *buen hombre* brave homme ‖ *como un solo hombre* comme un seul homme ‖ *de hombre a hombre* d'homme à homme ‖ *el hombre de la calle* ou *del montón* l'homme de la rue, monsieur Tout-le-Monde ‖ *el hombre del día* l'homme du jour ‖ *el hombre fuerte* l'homme fort ‖ *gran hombre* grand homme ‖ *nuestro hombre* notre homme ‖ *todo un hombre* un homme cent pour cent, un homme avec un grand H ‖ — *el hombre propone y Dios dispone* l'homme propose et Dieu dispose ‖ *es el hombre para el caso* c'est l'homme qu'il nous faut, c'est notre homme ‖ *Gabriel está ya hecho un hombre* Gabriel n'est plus un enfant ‖ *hombre prevenido vale por dos* un homme averti en vaut deux ‖ *portarse como un hombre* agir en homme ‖ *ser hombre capaz de, ser uno hombre para* être homme à ‖ *ser hombre de recursos* être un homme de ressources ‖ *ser muy hombre* être un homme cent pour cent.
◆ *interj* mon vieux! (cariño), quoi! (asombro), tiens! (sorpresa), allons donc! (incredulidad), eh bien! (admiración), vraiment! (ironía), bah! (duda), sans blague! (no me digas) ‖ *¡hombre al agua* ou *a la mar!* un homme à la mer!
— OBSERV L'exclamation *¡hombre!* est très employée dans le langage courant et sert à exprimer les nuances les plus diverses. On peut même l'employer pour s'adresser à la femme, concurrement avec *¡mujer!*
hombrear *v intr* se donner des airs d'homme (dárselas de hombre) ‖ (amer) porter sur ses épaules (cargar a hombros) | se comporter comme un homme (una mujer).
◆ *v tr* (amer) protéger (proteger).
hombrecillo *m* BOT houblon (lúpulo) ‖ petit homme, bout d'homme (hombre pequeño).
hombrera *f* épaulette (de un vestido) ‖ épaulière (de la armadura) ‖ rembourrage *m* (de una chaqueta).
hombretón *m* gaillard, costaud.
hombría *f* qualité d'homme ‖ *hombría de bien* honnêteté.
hombro *m* épaule *f*; *hombros caídos* épaules tombantes ‖ — *a* ou *en hombros* sur les épaules ‖ MIL *arma al hombro* arme sur l'épaule ‖ — FIG *arrimar* ou *meter el hombro* travailler dur, donner un coup de collier (trabajar fuerte), donner un coup d'épaule o de main (ayudar) | *echarse al hombro una cosa* prendre quelque chose sur son dos ‖ *encogerse de hombros* hausser les épaules ‖ FAM *estar hombro a hombro* être coude à coude o la main dans la main ‖ FIG *hurtar el hombro* éviter le travail, se défiler ‖ *llevar a hombros* porter sur les épaules (transportar), porter en triomphe ‖ FAM *mirar por encima del hombro* regarder par-dessus l'épaule o de haut ‖ *sacar a hombros a uno* porter en triomphe

hombrón

(un torero, etc.) ‖ *salir a hombros* être porté en triomphe.
hombrón; hombrote *m* gros homme.
hombruno, na *adj* FAM hommasse; *mujer hombruna* femme hommasse | viril, e; d'homme; *voz hombruna* voix d'homme.
homenaje *m* hommage; *rendir homenaje a* rendre hommage à ‖ *— banquete en homenaje al presidente* banquet en l'honneur du président ‖ *torre del homenaje* donjon.
homenajeado, da *m y f* personne à laquelle il est rendu hommage; invité, e d'honneur.
homenajear *v tr* rendre hommage à.
homeópata *adj y s* homéopathe.
homeopatía *f* MED homéopathie.
homeopático, ca *adj* homéopathique; *dosis homeopática* dose homéopathique.
homérico, ca *adj* homérique.
Homero *n pr m* Homère.
homicida *adj y s* homicide (asesino) ‖ *arma homicida* arme du crime.
homicidio *m* homicide (asesinato) ‖ *homicidio frustrado* tentative d'homicide.
homilía *f* homélie (sermón).
homínido *m* hominidé.
homocentro *m* GEOM homocentre.
homocigótico, ca *adj* BIOL homozygote.
homocigoto *m* BIOL homozygote.
homofonía *f* homophonie.
homófono, na *adj y s* homophone.
homogeneidad *f* homogénéité.
homogeneización *f* homogénéisation.
homogeneizar *v tr* homogénéiser.
homogéneo, a *adj* homogène.
homografía *f* homographie.
homógrafo, fa *adj* GRAM homographe.
homologable *adj* homologable.
homologación *f* homologation.
homologar *v tr* DR homologuer.
homólogo, ga *adj* QUÍM & GEOM homologue, semblable.
homonimia *f* homonymie.
homónimo, ma *adj y s* homonyme.
homosexual *adj y s* homosexuel, elle.
homosexualidad *f* homosexualité.
homotecia *f* GEOM homothétie.
honda *f* fronde (arma).
hondamente *adv* profondément.
hondo, da *adj* profond, e; *en lo más hondo de mi alma* au plus profond de mon âme ‖ bas, basse; encaissé, e (terreno) ‖ flamenco, gitan (cante).
◆ *m* fond.
hondonada *f* creux *m*, dépression, bas-fond *m* (terreno bajo) ‖ cuvette (depresión del terreno) ‖ enfoncement *m* (parte más atrás) ‖ ravin *m* (valle encajonado).
hondura *f* profondeur ‖ FIG *meterse en honduras* approfondir la question.
Honduras *n pr f* GEOGR Honduras *m*.
hondureñismo *m* locution *f* o idiotisme propre aux Honduriens.
hondureño, ña *adj* hondurien, enne.
◆ *m y f* Hondurien, enne.

honestamente *adv* honnêtement (decentemente) ‖ modestement (con modestia) ‖ pudiquement (con pudor).
honestidad *f* honnêteté *(p us)*, décence (decencia) ‖ modestie, pudeur (pudor) ‖ bienséance, savoir-vivre *m* (urbanidad) ‖ vertu (castidad).
honesto, ta *adj* décent, e; honnête (decente) ‖ pudique, modeste (púdico) ‖ raisonnable (razonable) ‖ *el estado honesto* le célibat (para una mujer).
Hong Kong *n pr* GEOGR Hongkong; Hong Kong.
hongo *m* BOT champignon ‖ melon (sombrero) ‖ — FIG *crecer como hongos* pousser comme des champignons ‖ *criadero de hongos* champignonnière ‖ *hongo atómico* champignon atomique ‖ *hongo yesero* amadouvier.
Honolulú *n pr* GEOGR Honolulu.
honor *m* honneur; *hombre de honor* homme d'honneur ‖ honneur (de una mujer) ‖ *— campo del honor* champ d'honneur ‖ *lance de honor* affaire d'honneur ‖ *legión de honor* légion d'honneur ‖ *palabra de honor* parole d'honneur ‖ *— en honor a la verdad* pour dire les choses comme elles sont ‖ *en honor de* en l'honneur de ‖ *por mi honor* sur mon honneur, sur l'honneur ‖ *— hacer honor a* faire honneur à, honorer ‖ *hacer honor a la firma* honorer sa signature ‖ *mi honor está en juego* il y va de mon honneur ‖ *todo está perdido menos el honor* tout est perdu fors l'honneur.
◆ *pl* honneurs; *aspirar a los honores* aspirer aux honneurs; *honores de guerra, militares* honneurs de la guerre, militaires ‖ *hacer los honores de la casa* faire les honneurs de la maison ‖ *rendir honores* rendre les honneurs ‖ *salir con todos los honores* obtenir les honneurs de la guerre ‖ *tener honores de bibliotecario* être bibliothécaire honoraire.
honorabilidad *f* honorabilité.
honorable *adj* honorable.
honorario, ria *adj y s* honoraire; *miembro honorario* membre honoraire ‖ *cargo honorario* poste honorifique, honorariat.
◆ *m pl* honoraires (emolumentos).
honorífico, ca *adj* honorifique.
honoris causa *loc lat* honoris causa.
honra *f* honneur *m*; *ser la honra del país* être l'honneur de son pays ‖ vertu, probité (probidad) ‖ bonne réputation, considération (fama, aprecio) ‖ honneur *m* (pudor) ‖ *— tener a mucha honra una cosa* être très fier d'une chose, se faire un point d'honneur d'une chose ‖ *¡y a mucha honra!* et j'en suis fier!
◆ *pl* obsèques, honneurs *m* funèbres.
honradamente *adv* honnêtement ‖ honorablement (con honra).
honradez *f* honnêteté (probidad).
honrado, da *adj* honnête; *un hombre honrado* un homme honnête ‖ honorable; *una conducta honrada* une conduite honorable ‖ honoré, e; *muy honrado con* ou *por* très honoré de ‖ *honrado a carta cabal* parfaitement o foncièrement honnête.
honrar *v tr* honorer; *honrar con su amistad* honorer de son amitié, de sa présence ‖ faire honneur, honorer; *honrar a su país* faire honneur à *o* honorer son pays ‖ *— esto le honra* c'est tout à son honneur ‖ *honrar padre y madre* honorer son père

et sa mère || *muy honrado con* ou *por su visita* très honoré de votre visite.
honrilla *f* question d'honneur || *por la negra honrilla* pour une question d'honneur.
honroso, sa *adj* honorable.
hooligan *m* hooligan, houligan.
hopa *f* sorte de tunique (túnica) || tunique des suppliciés (de los ajusticiados).
hopo *m* queue *f* touffue (rabo) || huppe *f*, toupet (mechón) || *¡hopo!* hors d'ici!, ouste!
— OBSERV Dans le premier sens, le *h* initial de *hopo* est aspiré.
hora *f* heure; *la hora de la cena* l'heure du dîner || RELIG *las horas* les heures; *horas canónicas* heures canoniales; *libro de horas* livre d'heures || — *hora de la verdad* minute de vérité || *hora de mayor afluencia* ou *de mayor aglomeración* (transporte), *o de mayor consumo* (electricidad, gas), *hora punta* heure de pointe || *hora de menor consumo* heure creuse (electricidad, gas) || *hora de poca actividad* heure creuse (autobús, fábrica) || *hora de verano* heure d'été || *hora H* heure H || *hora insular* heure des îles Canaries || *hora legal* heure légale || *hora libre* heure creuse (en un horario) || *hora oficial* heure légale || *hora peninsular* heure péninsulaire o de la Péninsule || — *horas de insolación* heures d'ensoleillement || *horas de oficina* heures de bureau || *horas de vuelo* heures de vol || *horas extraordinarias* heures supplémentaires || *horas menores* petites heures (liturgia) || *horas muertas* moments perdus || *hora suprema* heure suprême || — *consulta previa petición de hora* consultation sur rendez-vous || *media hora* demi-heure; *dentro de media hora* dans une demi-heure || *una hora escasa* une petite heure || *una hora larga* une bonne heure, une heure d'horloge || — *¡a buena hora!* ce n'est pas trop tôt!, à la bonne heure! || FAM *¡a buena hora mangas verdes!* trop tard! || *a cualquier hora* à n'importe quelle heure || *a la hora* à l'heure; *comer a la hora* manger à l'heure || *a la hora de ahora* à l'heure qu'il est, à cette heure || *a la hora en punto* à l'heure juste || *a sus horas* à ses heures || *a todas horas* à toute heure || *a última hora* en dernière heure, au dernier moment || *de hora en hora* d'heure en heure (cada vez más) || *de última hora* de dernière heure || *en buen* ou *buena hora* à la bonne heure (enhorabuena) || *en mala hora* au mauvais moment || *por hora* à l'heure; *cien kilómetros por hora* cent kilomètres à l'heure; horaire; *salario por hora* salaire horaire; de l'heure; *quinientos francos por hora* cinq cents francs de l'heure || *por horas* à l'heure; *trabajar por horas* travailler à l'heure; par moments (por instantes) || — *dar hora* fixer une heure *o* un rendez-vous || *dar la hora* sonner *o* donner l'heure (un reloj) || *haber nacido en buena, mala hora* être né sous une bonne, mauvaise étoile || *ganar horas, ganar las horas* gagner du temps || FAM *le llegó la hora* son heure est venue *o* a sonné | *no da ni la hora* il donne tout à regret, il couperait un liard en quatre || *no tener una hora libre* ne pas avoir une heure à soi || *no ver uno la hora de* ne pas voir le moment où || *pasar las horas en blanco* passer une nuit blanche (no dormir), passer son temps à ne rien faire (no hacer nada) || *pedir hora* demander un rendez-vous, prendre rendez-vous || *pidiendo hora* sur rendez-vous || *poner en hora* mettre à l'heure, régler (un reloj) || *¿qué hora es?, (amer) ¿qué horas son?* quelle heure est-il? || *¿qué horas son éstas para llegar?* est-ce que c'est une heure pour arriver?

|| FIG *tener muchas horas de vuelo* avoir de la pratique *o* du métier || *¡vaya unas horas para salir!* vous avez de drôles d'heures pour sortir! || *ya es hora de* il est (grand), temps de || *ya es hora de que* il est grand temps que.
◆ *adv* maintenant, à présent (ahora).
Horacio *n pr m* Horace.
horadador, ra *adj y s* perceur, euse || TECN foreur, euse.
horadar *v tr* percer; *horadar una pared* percer un mur || TECN forer.
horario, ria *adj* horaire; *círculos, husos horarios* cercles, fuseaux horaires.
◆ *m* horaire (de los trenes) || horaire (horas de trabajo) || emploi du temps (escolar) || aiguille *f* des heures, grande aiguille *f* (reloj) || — *horario comercial* heures d'ouverture [magasin]; heures de réception [entreprise] || *horario de verano* horaire d'été || *horario guía de ferrocarriles* indicateur de chemins de fer || *horario laboral* horaire de travail.
horca *f* fourche (instrumento) || potence, gibet *m* (instrumento de suplicio) || carcan *m* (para los condenados) || tribart *m* (para perros y cerdos) || chapelet *m*; *horca de ajos* chapelet d'ails (ristra) || *(amer)* cadeau *m* (regalo) || — FIG *carne de horca* gibier de potence || *horcas caudinas* fourches caudines; *pasar por las horcas caudinas* passer sous les fourches caudines || *merecer la horca* mériter la corde || *señor de horca y cuchillo* seigneur haut justicier.
horcajadas (a) *loc adv* à califourchon.
horcar *v tr (amer)* pendre (ahorcar).
horchata *f* orgeat *m* (bebida) || FIG & FAM *tener sangre de horchata* être flegmatique *o* impassible (tranquilo), avoir du sang de navet (sin energía).
horchatería *f* boutique du limonadier, buvette où l'on vend de l'orgeat.
horchatero, ra *m y f* limonadier, ère; marchand, e d'orgeat.
horda *f* horde.
horizontal *adj y s f* horizontal, e.
horizontalidad *f* horizontalité.
horizontalmente *adv* horizontalement, à l'horizontale.
horizonte *m* horizon; *en el horizonte* à l'horizon || FIG horizon || AVIAC *horizonte artificial* horizon artificiel.
horma *f* forme (zapatos, sombreros) || forme, embauchoir *m*, embouchoir *m* (para que no se deformen los zapatos) || mur *m* en pierres sèches (pared) || — *dar con* ou *hallar la horma de su zapato* trouver chaussure à son pied (encontrar lo deseado), trouver à qui parler, trouver son maître (encontrar resistencia).
hormiga *f* ZOOL fourmi || MED démangeaison, fourmillement *m* (enfermedad cutánea) || — *hormiga blanca* fourmi blanche, termite (comején) || *hormiga cortahojas* fourmi parasol || *hormiga legionaria* fourmi légionnaire || *hormiga león* fourmilion, fourmilière || *hormiga roja* fourmi rousse || FAM *por el pelo de una hormiga* à un poil près | *ser una hormiga* être économe, diligent, laborieux comme une fourmi (ser muy industrioso y trabajador).
hormigón *m* béton; *hormigón armado, entibado, pretensado* ou *precomprimido* béton armé, banché, précontraint || VETER maladie *f* des bovins || chlo-

hormigonado

rose *f* (enfermedad de los árboles) ‖ *hormigón hidráulico* liant *o* mortier hydraulique.
hormigonado *m* bétonnage.
hormigonar *v tr* CONSTR bétonner.
hormigonera *f* bétonnière.
hormiguear *v intr* fourmiller, grouiller (bullir) ‖ *me hormiguean las piernas* j'ai des fourmis dans les jambes.
hormigueo *m* fourmillement, grouillement; *el hormigueo de la muchedumbre* le grouillement de la foule ‖ FAM *sentir hormigueo en las piernas* avoir des fourmis dans les jambes.
hormiguero *m* fourmilière *f* ‖ ZOOL torcol, torcou, torcol fourmilier (torcecuello) ‖ FIG fourmilière *f* (sitio muy poblado) ‖ *oso hormiguero* tamanoir, fourmilier.
hormiguita *f* FIG & FAM fourmi, abeille (persona trabajadora y ahorrativa).
hormona *f* BIOL hormone.
hormonal *adj* hormonal, e; des hormones.
hornada *f* fournée ‖ FIG & FAM fournée; *hornada de senadores* fournée de sénateurs; *de la última hornada* de la dernière fournée.
hornaza *f* TECN four *m* à creuset, fourneau *m* d'affinage (horno) ‖ vernis *m* jaune pour les poteries (barniz).
hornear *v intr* exercer la profession de fournier.
hornero, ra *m y f* fournier, ère.
➤ *f* sole, aire (suelo del horno).
➤ *m* (*amer*) fournier (pájaro).
hornilla *f*; **hornillo** *m* fourneau *m*; *hornillo de gas* fourneau à gaz ‖ réchaud *m*; *hornillo eléctrico* réchaud électrique ‖ MIL fourneau *m* (de mina) ‖ *hornillo de atanor* athanor (horno de alquimista).
horno *m* four; *horno de panadero* four à pain *o* de boulanger ‖ trou [d']abeille] ‖ FIG fournaise *f*, étuve *f*; *esto es un horno* c'est une fournaise ‖ — *horno de arco* four à arc ‖ *horno castellano* four à cuve prismatique ‖ *horno crematorio* four crématoire ‖ *horno de copela* four à coupelle ‖ *horno de cuba* four à cuve ‖ *horno de microondas* four à micro-ondes ‖ *horno de reverbero* ou *de tostadillo* four à réverbère ‖ *horno eléctrico* four électrique ‖ — *alto horno* haut fourneau ‖ *fuente de horno* plat allant au four ‖ FIG & FAM *no está el horno para bollos* ou *tortas* ce n'est vraiment pas le moment, le moment est bien mal choisi.
Hornos (cabo de) *n pr m* GEOGR cap Horn.
horometría *f* horométrie.
horóscopo *m* horoscope (predicción) ‖ devin, voyant (adivino).
horquilla *f* fourche ‖ épingle *m* à cheveux (de los cabellos) ‖ fourche (de bicicleta) ‖ fourchette (de la pechuga de las aves) ‖ MED maladie des cheveux, cheveux *m pl* fourchus, trichoptilose ‖ FIG fourchette, grille (magnitudes); *horquilla de salarios* grille des salaires ‖ MECÁN *horquilla de desembrague* fourchette de débrayage (auto).
horrendo, da *adj* horrible, affreux, euse; *un crimen horrendo* un crime horrible.
hórreo *m* grenier (granero).
horrible *adj* horrible.
horriblemente *adv* horriblement.
horrificar *v tr* horrifier.
horripilación *f* horripilation ‖ FAM chair de poule, horripilation (repelo) ‖ MED hérissement *m*.

horripilante *adj* horripilant, e.
horripilar *v tr* horripiler, donner la chair de poule, faire frissonner; *el frío nos horripila* le froid nous donne la chair de poule ‖ faire dresser les cheveux sur la tête; *ese cuento horripila* ce récit fait dresser les cheveux sur la tête ‖ déplaire, répugner (repugnar).
— OBSERV Le verbe *horripilar* n'a pas l'idée de *mettre hors de soi, agacer* (irritar) qu'a le mot français *horripiler* qui est très employé dans le sens de *faire frissonner*.
horror *m* horreur *f* ‖ FIG & FAM horreur *f* (fealdad) ‖ — *da horror verle tan flaco* c'est horrible de le voir si maigre ‖ *¡qué horror!* quelle horreur! ‖ *tener horror a la mentira* avoir horreur du mensonge, avoir le mensonge en horreur.
➤ *pl* horreurs *f*; *los horrores de la guerra* les horreurs de la guerre ‖ FAM choses *f* incroyables ‖ *decir horrores* dire des horreurs ‖ FAM *horrores* terriblement, énormément; *Goya me gusta horrores* j'aime terriblement Goya.
horrorizado, da *adj* épouvanté, e; horrifié, e ‖ *estar horrorizado* être horrifié.
horrorizar *v tr* épouvanter, horrifier, faire horreur.
➤ *v pr* s'effrayer (tener miedo); *se horroriza por cualquier cosa* il s'effraie de n'importe quoi ‖ avoir horreur de, avoir en horreur (tener asco).
horrorosamente *adv* affreusement, horriblement.
horroroso, sa *adj* horrible, épouvantable ‖ FIG affreux, euse; horrible ‖ *lo horroroso* l'horrible, l'horreur, ce qu'il y a d'horrible; *lo horroroso de mi situación* l'horrible de ma situation.
hortaliza *f* légume *m*, légume *m* vert, plante potagère ‖ *cultivos de hortalizas* cultures maraîchères ‖ *hortalizas tempranas* primeurs *f*.
hortelano, na *adj* maraîcher, ère (hortícola).
➤ *m y f* maraîcher, ère (horticultor).
➤ *m* ZOOL ortolan.
hortense *adj* potager, ère; jardinier, ère (de la huerta); *cultivo hortense* culture potagère.
hortensia *f* BOT hortensia *m*.
hortera *adj inv* plouc, ringard, e (chabacano, vulgar, de mal gusto).
➤ *f* écuelle (escudilla o plato).
➤ *m* calicot (dependiente de comercio) ‖ FIG & FAM plouc (paludro).
horterada *f* FAM personne ou chose qui fait plouc, ringard, e (chabacanería) ‖ *¡qué horterada!* c'est d'un ringard!
hortícola *adj* horticole.
horticultor *m* horticulteur.
horticultura *f* horticulture.
hortofrutícola *adj* des fruits et légumes.
hortofruticultura *f* culture fruitière et maraîchère.
hosanna *m* hosanna (himno).
hosco, ca *adj* renfrogné, e; rébarbatif, ive (ceñudo) ‖ très brun, brune (tez morena).
hospedaje; hospedamiento *m* logement, pension *f* (alojamiento) ‖ pension *f*; *pagar poco hospedaje* payer une pension peu élevée *o* une petite pension ‖ *tomar hospedaje en un hotel* prendre pension *o* loger dans un hôtel.
hospedar *v tr* loger, héberger (albergar).
➤ *v pr* se loger, prendre pension, loger.

hospedería f hôtellerie (establecimiento hotelero) ‖ logement m pension (hospedaje).
hospiciano, na adj y s qui vit dans un hospice.
hospiciante m y f (amer) → **hospiciano**.
hospicio m hospice ‖ asile (asilo).
hospital m hôpital ‖ (ant) asile, hospice (hospicio) ‖ MIL *hospital de sangre* hôpital de campagne.
hospitalario, ria adj hospitalier, ère.
◆ m y f RELIG hospitalier, ère.
hospitalidad f hospitalité; *dar hospitalidad a* donner l'hospitalité à ‖ (p us) hospitalisation.
hospitalización f hospitalisation.
hospitalizar v tr hospitaliser.
hosquedad f rudesse, âpreté, attitude rébarbative ‖ hargne (mal humor).
hostal m hôtellerie f, auberge f, petit hôtel ‖ *hostal residencia* petit hôtel sans service de restauration.
hostelería; hotelería f hôtellerie (conjunto de hoteles) ‖ hôtellerie, auberge (hostal) ‖ *escuela de hostelería* école hôtelière.
hostelero, ra adj y s hôtelier, ère.
hostería f auberge.
hostia f hostie ‖ POP beigne, torgnole (golpe, tortazo) ǀ gadin (choque) ‖ — POP *¡hostia!, ¡hostias!* putain! (sorpresa, admiración, asombro) ǀ *ni hostia que dalle* ǀ *¡ni... ni qué hostias!* mon cul! ‖ — POP *estar de mala hostia* être de mauvais poil ǀ *pegarse una hostia* se planter, ramasser un gadin ǀ *ser la hostia* être super o le top, être incroyable o dingue ǀ *tener mala hostia* avoir un caractère de cochon.
hostiar v tr POP péter la gueule, castagner, tabasser.
hostigador, ra adj y s harceleur, euse; qui harcèle (que hostiga).
◆ adj harcelant, e.
hostigamiento m harcèlement (acción de hostigar); *tiro de hostigamiento* tir de harcèlement.
hostigar v tr fustiger, fouetter (azotar) ‖ FIG harceler (perseguir, atacar).
hostil adj hostile (enemigo).
hostilidad f hostilité.
◆ pl hostilités; *reanudar, romper las hostilidades* reprendre les hostilités, commencer o ouvrir les hostilités.
hostilizar v tr harceler (hostigar), attaquer ‖ (amer) s'opposer.
hostilmente adv d'une manière hostile, avec hostilité, hostilement (p us).
hot dog m (palabra inglesa), hot dog (perrito caliente).
hotel m hôtel; *alojarse en un hotel* descendre dans un hôtel ‖ pavillon, villa f (hotelito) ‖ *hotel residencia* hôtel sans service de restauration.
hotelería f → **hostelería**.
hotelero, ra adj y s hôtelier, ère ‖ *industria hotelera* hôtellerie, industrie hôtelière.
hotelito m pavillon, villa f (casa particular).
hovercraft m (palabra inglesa), hovercraft (aerodeslizador).
hoy adv aujourd'hui; *hoy estamos a miércoles* aujourd'hui nous sommes mercredi ‖ — *hoy día, hoy en día* de nos jours, à l'heure actuelle, aujourd'hui ‖ *hoy por hoy* actuellement, à présent, de nos jours ‖ *hoy por ti, mañana por mí* à charge de revanche ‖ — *de hoy a mañana* d'un moment à l'autre ‖ *de hoy en adelante* dorénavant, désormais ‖ *en el día de hoy* aujourd'hui même ‖ *no dejes para mañana lo que puedes hacer hoy* il ne faut pas remettre au lendemain ce que l'on peut faire le jour même.
hoyo m trou ‖ fosse f (fosa) ‖ marque f de la petite vérole, trou (de la viruela) ‖ fossette f (en las mejillas) ‖ FAM *el muerto al hoyo y el vivo al bollo* laissez les morts ensevelir les morts; le roi est mort, vive le roi.
hoyoso, sa adj troué, e; plein de trous (lleno de agujeros) ‖ grêlé, e (picado de viruela).
hoyuelo m fossette f (en la barba o en la mejilla) ‖ fossette f, bloquette f (juego de niños).
hoz f AGRIC faucille ‖ gorge (valle profundo y estrecho) ‖ — FIG *de hoz y de coz* par tous les moyens ǀ *meter la hoz en mies ajena* chasser sur les terres d'autrui.
huacal m (amer) → **guacal**.
huachafo, fa adj (amer) FAM cucul, kitsch.
huacho, cha m y f (amer) FAM bâtard, e.
huahua m y f (amer) → **guagua**.
Huang He n pr GEOGR Huang He, Huang Ho (río).
huarache m (amer) sandale f indienne.
huasca f (amer) courroie (correa) ǀ fouet m (látigo) ‖ (amer) *dar huasca* fouetter.
huaso, sa m y f «huaso», «huasa»; paysan, anne du Chili.
huata f (amer) → **guata**.
hucha f tirelire (alcancía) ‖ huche (arca) ‖ FIG économies pl, magot m, bas m de laine (fam) (ahorro).
hueco, ca adj creux, euse (cóncavo) ‖ vide, creux, euse (vacío); *cabeza hueca* tête vide ‖ creux, euse; *estilo hueco* style creux ‖ libre; *había un sitio hueco* il y avait une place libre ‖ creux, euse (retumbante); *voz hueca* voix creuse; *sonido hueco* son creux ‖ FIG vaniteux, euse; suffisant, e (orgulloso) ‖ spongieux, euse (esponjoso), moelleux, euse (mullido) ‖ meuble; *tierra hueca* terre meuble.
◆ m creux (cavidad); *el hueco de la mano* le creux de la main ‖ vide (intervalo) ‖ espace vide (sitio libre) ‖ ARQ ouverture f, vide (abertura en un muro) ǀ enfoncement (parte entrante); *el hueco de una puerta* l'enfoncement d'une porte ǀ embrasure f, baie f (vano) ‖ FIG & FAM vide, place f libre (empleo vacante) ǀ cage f; *el hueco de la escalera, del ascensor* la cage d'escalier, d'ascenseur ‖ — *grabado en hueco* héliogravure f, gravure en creux ‖ FIG *hacer su hueco, hacerse un hueco* faire son trou ǀ *sonar a hueco* sonner creux.
huecograbado m héliogravure f, gravure f en creux, tirage en creux o en hélio.
huelga f grève (cese del trabajo); *declararse en huelga, declarar la huelga* se mettre en grève, faire la grève; *estar en huelga* être en grève, faire grève ‖ partie de plaisir (recreación, juerga) ‖ — *huelga a la japonesa* grève à la japonaise ‖ *huelga de brazos caídos* ou *de brazos cruzados* grève des bras croisés o sur le tas ǀ *huelga de celo* grève du zèle ǀ *huelga del hambre* ou *de hambre* grève de la faim ǀ *huelga escalonada* ou *alternativa* ou *por turno* grève tournante ‖ *huelga general* grève générale ‖ *huelga indefinida* grève illimitée ‖ *huelga intermitente* grève perlée.
— OBSERV Ne pas confondre ce substantif avec la 3ᵉ personne du singulier du présent de l'indicatif du verbe *holgar* (voir ce verbe).

huelguista *m* y *f* gréviste.
huelguístico, ca *adj* de grève; *movimiento huelguístico* mouvement de grève.
huelveño, ña *adj* y *s* de Huelva [Espagne].
huella *f* trace, empreinte, marque (del pie de una persona); *se ven huellas en la nieve* on voit des traces dans la neige || empreinte; *huella digital* ou *dactilar* empreinte digitale || trace (señal) || trace, marque (de una herida) || foulée (del pie de un animal) || giron *m* (de un escalón) || IMPR empreinte (de una lámina de imprenta) || — *dejar huellas* marquer, laisser des traces; *hecho que dejará sus huellas en la historia* fait qui marquera dans l'histoire || *no encontrar huellas de* ne pas trouver trace de || FIG *seguir las huellas de* suivre les traces de, marcher sur les traces de.
huerfanato *m* orphelinat.
huérfano, na *adj* y *s* orphelin, e || FIG abandonné, e || — *asilo de huérfanos* orphelinat || *huérfano de guerra* orphelin de guerre.
huero, ra *adj* FIG vide, sans substance, creux, euse || *(amer)* pourri, e (podrido) || FIG & FAM *salir huero* tomber à l'eau (fracasar).
huerta *f* grand jardin *m* potager (cultivo de hortalizas) || «huerta», plaine irriguée et cultivée (tierra de regadío, especialmente en Valencia y Murcia) || verger *m* (de árboles frutales) || *productos de la huerta* production maraîchère.
huertano, na *adj* y *s* cultivateur, trice des «huertas» de Valence et de Murcie.
◆ *adj* maraîcher, ère (de la huerta).
huertero, ra *m* y *f (amer)* jardinier, ère; maraîcher, ère.
huerto *m* verger (de árboles frutales) || jardin potager (de hortalizas).
hueso *m* ANAT os; *hueso con tuétano* os à moelle || corne *f* (peine, botón, etc.) || noyau (de una fruta) || FIG & FAM bête *f* noire; *el latín es para mí un hueso* le latin est ma bête noire | personne pas commode (persona difícil de tratar) | vache *f*, rosse (persona mala); *este profesor es un hueso* ou *un rato hueso* ou *muy hueso* ce professeur est une rosse o est terriblement rosse | travail difficile || *(amer)* FIG emploi dans l'administration || — *hueso de la alegría* le petit juif (del codo) || CULIN *hueso de santo* massepain fourré à la crème pâtissière ou aux cheveux d'ange || ANAT *hueso innominado* ligne innominée | *hueso palomo* coccyx | *hueso sacro* sacrum || — *a otro perro con ese hueso* à d'autres!, cela ne prend pas avec moi! | *en carne y hueso* en chair et en os || FAM *la sin hueso* la menteuse, la langue || — *calado hasta los huesos* trempé jusqu'aux os || FAM ¡*choca esos huesos!* tope là! | *dar con los huesos en el suelo* se flanquer par terre, prendre un billet de parterre | *dar con sus huesos* échouer; *dio con sus huesos en Madrid* il a échoué à Madrid | *dar en (un) hueso*, *tropezar con un hueso* tomber sur un os | *dar un hueso que roer a uno* donner un os à ronger à quelqu'un | *estar* ou *quedarse en los huesos* n'avoir que la peau et les os ou sur les os, être maigre comme un clou | *estoy por sus huesos* j'en suis amoureux fou (enamorado) | *no dejar a uno hueso sano* rompre, casser o briser les os à quelqu'un, battre quelqu'un comme plâtre | *no llegar a hacer huesos viejos* ne pas faire de vieux os | *no poder uno con sus huesos* être éreinté, n'en plus pouvoir | ¡*róete ese hueso!* attrape! | *romperle a uno los huesos* ou *un hueso* casser o rompre o briser les os à quel-

qu'un, battre comme plâtre | *ser un hueso duro de roer* être un dur à cuire | *soltar la sin hueso* laisser aller sa langue (hablar mucho), vomir des injures (prorrumpir en dicterios) | *tener los huesos duros* avoir passé l'âge [de faire certains travaux] || FIG *tener los huesos molidos* avoir les reins moulus, être moulu.
◆ *pl* ossements (huesos descarnados).
huésped, da *m* y *f* hôte, esse (el que invita) || hôte, esse; invité, e (invitado) || aubergiste, hôtelier, ière (mesonero) || — *casa de huéspedes* pension de famille | *cuarto de huéspedes* chambre d'amis || *huésped de una pensión* pensionnaire || — *estar de huésped en casa de* être l'hôte o l'invité de || FIG & FAM *no contar con la huéspeda* compter sans son hôte | *hacérsele* ou *figurársele a uno huéspedes los dedos* prendre ses désirs pour des réalités.
hueste *f* armée, troupe, ost *m (ant)* || FIG partisans *m pl* (partidarios).
huesudo, da *adj* osseux, euse.
hueva *f* frai *m*, œufs *m pl* de poisson (de los peces).
huevada *f (amer)* POP connerie.
huevar *v intr* commencer à pondre (las aves).
huevear *v intr (amer)* FAM mettre en boîte, faire marcher.
huevera *f* marchande d'œufs || coquetier *m* (para comer los huevos) || œuflier *m* (para servir los huevos) || ANAT oviducte *m* (de las aves).
huevero *m* coquetier || œuflier || marchand d'œufs.
huevo *m* œuf (de ave, etc.) || œuf à repriser (para zurcir) || POP couille *f* (testículo) || — *huevo de Colón* œuf de Colomb | *huevo de Pascuas* œuf de Pâques || *huevo duro* œuf dur || *huevo en cáscara* ou *pasado por agua* œuf à la coque || *huevo escalfado* œuf poché || *huevo estrellado* ou *al plato* œuf sur le plat || *huevo huero* œuf clair, non fécondé || *(amer) huevo tibio* œuf à la coque || *huevos batidos a punto de nieve* œufs en neige || *huevos moles* jaunes d'œuf battus avec du sucre || *huevos revueltos* œufs brouillés || — FIG & FAM *andar* ou *ir pisando huevos* marcher sur des œufs | *buscarle pelos al huevo* chercher la petite bête | *no es tanto por el huevo, sino por el fuero* c'est une question de principe | *parecerse como un huevo a otro huevo* se ressembler comme deux gouttes d'eau | *parecerse como un huevo a una castaña* être le jour et la nuit, ne pas se ressembler du tout || POP *se lo puse a huevo* je le lui ai donné tout mâché.
huevón, ona *adj (amer)* POP connard, connasse.
hugonote, ta *adj* y *s* huguenot, e.
huida *f* fuite (acción de huir); *la huida a Egipto* la fuite en Égypte || FIG échappatoire || EQUIT dérobade (de un caballo) || ECON *huida de capitales* fuite des capitaux.
huidizo, za *adj* fuyant, e.
huipil; güipil *m (amer)* chemise *f* de femme.
huir* *v intr* fuir; *huir de alguno* fuir quelqu'un; *huir del vicio* fuir le vice || s'enfuir, prendre la fuite; *ha huido* il s'est enfui, il a pris la fuite || *huir de* (con el infinitivo), éviter de; *huir de ir a hacer visitas* éviter d'aller faire des visites.
huiro *m (amer)* algue *f*.
hule *m* toile *f* cirée || alaise *f* (para los nenes) || FAM billard (mesa de operaciones) || *(amer)* caoutchouc,

gomme f des Indes (caucho) ‖ FIG *hubo hule* le sang a coulé [dans une course de taureaux].

hulla f houille ‖ — *hulla blanca* houille blanche ‖ *mina de hulla* houillière.

hullero, ra adj houiller, ère.

humanidad f humanité ‖ FAM corpulence, embonpoint m ‖ FIG & FAM *este cuarto huele a humanidad* cette pièce sent le fauve.

◆ pl humanités; *estudiar humanidades* faire ses humanités.

humanismo m humanisme.

humanista adj y s humaniste.

humanístico, ca adj relatif à l'humanisme.

humanitario, ria adj humanitaire.

humanitarismo m humanitarisme.

humanización f humanisation.

humanizar v tr humaniser.

humano, na adj y s humain, e ‖ — *el género humano* le genre humain, les humains ‖ *todo cabe en lo humano* les hommes sont capables de tout, tout est possible.

humanoide m humanoïde.

humarada; humareda f grande fumée.

humarasca f (amer) grande fumée.

humarazo m fumée f épaisse.

humazo m fumée f épaisse.

humeante adj fumant, e.

humear v intr fumer; *carbón, chimenea que humea* charbon, cheminée qui fume ‖ FIG ne pas être encore éteint, être encore chaud (una riña) | être présomptueux, euse; se vanter (vanagloriarse).

◆ v tr (amer) fumiger (fumigar).

humectante adj humectant, e; humidifiant, e.

humectar v tr humecter, humidifier.

humedad f humidité; *humedad absoluta* humidité absolue.

humedecedor m humecteur.

humedecer* v tr humidifier, humecter.

◆ v pr s'humecter ‖ *se le humedecieron los ojos* les larmes lui montèrent aux yeux.

humedecimiento m humectation f, humidification f.

húmedo, da adj humide; *ropa húmeda* linge humide ‖ moite (de sudor).

humeral adj ANAT huméral, e.

◆ m RELIG voile huméral.

húmero m ANAT humérus (hueso).

humidificación f humidification.

humidificador, ra adj y s m humidificateur, trice.

humidificar v tr y pr (anglicismo), humidifier, humecter (humedecer).

humildad f humilité; *con toda humildad* en toute humilité.

humilde adj y f humble; *la gente humilde* les gens humbles; *favorecer a los humildes* favoriser les humbles ‖ FIG humble; *de humilde cuna* d'humble extraction ‖ *a mi humilde parecer* à mon humble avis.

humillación f humiliation.

humillado, da adj humilié, e.

humillante adj humiliant, e; qui humilie.

humillar v tr humilier; *humillar a un hombre* humilier un homme ‖ abaisser, rabattre (bajar); *humillar el orgullo* rabattre l'orgueil ‖ TAUROM *humillar la cabeza* baisser la tête (el toro).

◆ v pr s'humilier.

humo m fumée f ‖ vapeur f (vapor) ‖ — *cura al humo* saurissage ‖ — FIG & FAM *a humo de pajas* à la diable, à la légère | *echar algo a humo de pajas* prendre quelque chose à la légère ‖ *echar humo* fumer; *la chimenea echa humo* la cheminée fume ‖ FIG *hacer humo a uno* faire la tête à quelqu'un | *hacerse humo* s'éclipser (amer) | *irse todo en humo* s'en aller en fumée | *le sube el humo a la chimenea* le vin lui monte à la tête (el vino) | *le sube el humo a las narices* la moutarde lui monte au nez (ira) | *pesar el humo* couper o fendre les cheveux en quatre.

◆ pl feux, foyers (casas) ‖ FIG vanité f sing, prétention f sing, suffisance f sing ‖ FIG & FAM *bajarle a uno los humos* rabattre le caquet à quelqu'un, remettre quelqu'un à sa place | *¡cuántos humos tiene!* quelle prétention!, pour qui se prend-il? | *le suben los humos a la cabeza* la tête lui tourne | *se le bajaron los humos* il a mis de l'eau dans son vin | *se le subieron los humos a la cabeza* il est devenu prétentieux | *tener muchos humos* être orgueilleux, prendre de grands airs | *vender humos* faire l'important, jouer les grands seigneurs.

humor m humeur f; *buen, mal humor* bonne, mauvaise humeur ‖ caractère, naturel (índole) ‖ MED humeur f; *humores fríos* humeurs froides ‖ FIG esprit (agudeza); *hombre de humor* homme d'esprit | humour (gracia) ‖ — ANAT *humor ácueo, vítreo* humeur aqueuse, vitrée ‖ FAM *humor de todos los diablos* humeur massacrante o de chien ‖ *humor negro* humour noir ‖ *no estoy de* ou *no tengo humor para bromas* je ne suis pas d'humeur à plaisanter, je ne suis pas en humeur de plaisanter ‖ *remover los humores* agiter les esprits ‖ *seguirle el humor a uno* ne pas contrarier quelqu'un ‖ *si estás de humor* si le cœur t'en dit.

humorismo m humour (gracia).

humorista adj y s humoriste.

humorísticamente adv humoristiquement, spirituellement, avec humour o esprit.

humorístico, ca adj humoristique, spirituel, elle.

humoso, sa adj fumeux, euse.

humus m AGRIC humus (mantillo).

hundido, da adj enfoncé, e ‖ creux, euse; cave (las mejillas) ‖ cave, enfoncé, e; *ojos hundidos* yeux caves.

hundimiento m enfoncement (acción de hundir) ‖ affaissement, effondrement (del terreno) ‖ éboulement (de tierra) ‖ écroulement (de una casa) ‖ effondrement (de una casa, de la moral, de un imperio, de la Bolsa) ‖ naufrage (de un barco) ‖ fondis, fontis (socavón) ‖ engloutissement (de la fortuna).

hundir v tr enfoncer; *hundir una estaca* enfoncer un pieu ‖ affaisser; *la lluvia hunde el suelo* la pluie affaisse le sol ‖ plonger (un puñal) ‖ MAR couler (un barco) ‖ FIG confondre (confundir) | accabler (abrumar) | ruiner (arruinar) | engloutir (una fortuna) | couler (una persona, un negocio) ‖ creuser (enflaquecer).

◆ v pr s'écrouler, s'effondrer (un edificio) ‖ s'enfoncer (caer al fondo) ‖ s'affaisser, s'effondrer (el suelo) ‖ s'effondrer (un imperio, la moral, la Bolsa) ‖ s'ébouler (desprenderse la tierra) ‖ se creuser (las mejillas) ‖ rentrer, s'enfoncer (los ojos) ‖

MAR couler, sombrer, s'abîmer, être englouti (un barco) ‖ s'abîmer, s'enfoncer; *el avión se hundió en el mar* l'avion s'abîma dans la mer.

húngaro, ra *adj* hongrois, e.
◆ *m* y *f* Hongrois, e.

Hungría *n pr f* GEOGR Hongrie.

Hunos *m pl* HIST Huns.

Hunosa abrev de *Hulleras del Norte, Sociedad Anónima* Houillères du Nord, société anonyme [Espagne].

¡hupa! *interj* allons!

huracán *m* ouragan.

huracanado *adj* impétueux, euse; violent, e (violento); *viento huracanado* vent violent.

huraño, ña *adj* sauvage, insociable, bourru, e.

hurgar *v tr* remuer (mover) ‖ toucher (tocar) ‖ tisonner, fourgonner (el fuego) ‖ FIG exciter, taquiner (incitar) | — FIG *hurgar en la herida* retourner le couteau dans la plaie ‖ FAM *peor es hurgallo* il ne faut pas réveiller le chat qui dort, il vaut mieux ne pas revenir là-dessus.

hurgón *m* tisonnier (para atizar) ‖ TECN ringard, fourgon.

hurgonada *f* action de fourgonner.

hurgonear *v tr* tisonner, fourgonner.

hurón *m* ZOOL furet (animal) ‖ FIG & FAM furet, fureteur (hombre muy sagaz) | ours mal léché (persona huraña).

hurón, ona *adj* huron, onne (Indio de América del Norte).
◆ *m* y *f* Huron, onne.

huronera *f* terrier *m*, trou *m* du furet ‖ FIG & FAM tanière, gîte *m* (de una persona).

¡hurra! *interj* hourrah!

hurtadillas (a) *loc adv* en tapinois, à la dérobée, en catimini, en cachette.

hurtar *v tr* dérober, voler (robar) ‖ tricher [sur le poids] (engañar en el peso) ‖ FIG emporter (tierras) ‖ plagier (plagiar) ‖ *hurtar el cuerpo* faire un écart (hacerse a un lado), s'esquiver, se dérober (escurrir el bulto).
◆ *v pr* FIG se dérober; *hurtarse a los ojos* se dérober aux regards | se cacher (esconderse) | s'esquiver (zafarse).

hurto *m* larcin, vol (robo y cosa robada) ‖ MIN galerie *f* secondaire.

húsar *m* MIL hussard.

husillo *m* vis *f* de pression (de molino) ‖ égout (alcantarilla), déversoir, conduit (conducto) ‖ fuseau (huso) ‖ MECÁN broche *f*.

husmeador, ra *adj* y *s* FAM fureteur, euse; fouinard, e (que husmea).

husmear *v tr* flairer ‖ FIG & FAM fouiner, fureter (indagar) | flairer (presentir); *husmear el peligro* flairer le danger.
◆ *v intr* sentir, être faisandé, e (las carnes).

husmeo *m* flair (acción de husmear).

huso *m* fuseau (para hilar) ‖ dévidoir [pour la soie] ‖ fuselage (de los aviones) ‖ BLAS fuseau ‖ MIN arbre (cilindro de un torno); *huso guía* contre-arbre ‖ — GEOM *huso esférico* fuseau sphérique ‖ *huso horario* fuseau horaire ‖ FIG & FAM *más derecho que un huso, tieso como un huso* droit comme un i | *ser más tieso que un huso* être raide comme un piquet *o* comme un manche à balai.

¡huy! *interj* aïe!, oh!

I

i *f* i *m*; *una I mayúscula* un I majuscule ‖ *poner los puntos sobre las íes* mettre les points sur les *i*.

IAE abrev de *Impuesto sobre Actividades Económicas* impôt des travailleurs indépendants.

IB abrev de *Iberia* IB, Iberia [compagnie nationale espagnole des transports aériens] (Líneas Aéreas de España, S.A).

Iberia *n pr f* GEOGR Ibérie.

ibérico, ca; iberio, ria *adj* ibérique, ibère, ibérien, enne *(p us)* ‖ *la península ibérica* la péninsule Ibérique.

ibero, ra; íbero, ra *adj* ibère, ibérique, ibérien, enne *(p us)*.

Iberoamérica *n pr f* GEOGR Amérique latine.

iberoamericano, na *adj* latino-américain, e.
◆ *m* y *f* Latino-Américain, e.
— OBSERV Véase *Latino-américain*, primera parte.

ibicenco, ca *adj* y *s* d'Ibiza (Baleares).

Ibíd. abrev de *Ibídem* Ibid.

ibídem *adv lat* ibidem (en el mismo lugar).

ibseniano, na *adj* ibsénien, enne (de Ibsen).

icáreo, a; icario, ria *adj* icarien, enne; *juegos icarios* jeux icariens.

Ícaro *n pr m* Icare.

ICE abrev de *Instituto de Ciencias de la Educación* Institut des sciences de l'éducation [Espagne].

iceberg *m* iceberg.

ICI abrev de *Instituto de Cooperación Iberoamericana* Institut de coopération ibéroaméricaine.

ICO abrev de *Instituto de Crédito Oficial* Institut de crédit public [Espagne].

ICONA abrev de *Instituto para la Conservación de la Naturaleza* Institut pour la conservation de la nature [Espagne].

icono *m* icône *f*.

iconoclasia *f* iconoclasme *m*.

iconoclasta *adj y s* iconoclaste.
iconografía *f* iconographie.
iconográfico, ca *adj* iconographique.
iconolatría *f* iconolâtrie.
iconología *f* iconologie.
iconólogo, ga *m y f* iconologiste, iconologue.
iconoscopio *m* RAD iconoscope.
icosaedro *m* GEOM icosaèdre; *icosaedro regular* icosaèdre régulier.
ictericia *f* MED ictère *m*, jaunisse.
ictiol *m* QUÍM ichtyol.
ictiología *f* ichtyologie.
I&D abrev de *Investigación y Desarrollo* R&D, recherche et développement.
ida *f* aller *m* (acción de ir); *billete de ida y vuelta* billet d'aller et retour ‖ FIG impulsion, élan *m*, explosion (ímpetu) ‖ attaque (esgrima) ‖ piste (caza) ‖ — *(amer) billete de ida y llamada* billet d'aller et retour ‖ *idas y venidas* allées et venues.
idea *f* idée; *idea preconcebida* idée préconçue ‖ image, souvenir *m*; *tengo su idea grabada en la mente* j'ai son image gravée dans mon esprit ‖ intention, idée (intención); *llevar* ou *tener idea de* avoir l'intention de ‖ — *idea eje* idée-force ‖ *idea fija* idée fixe ‖ *idea general* ou *de conjunto* aperçu, idée générale ‖ *idea luminosa* idée lumineuse *o* de génie ‖ *idea vacía* idée creuse ‖ *¡ni idea!* aucune idée! ‖ *un hombre de idea* un homme à idées ‖ — *formarse una idea* se faire une idée ‖ *tener buena idea de uno* avoir une bonne opinion de quelqu'un ‖ *tener idea de* avoir de l'idée ‖ FAM *tener ideas de bombero* avoir de drôles d'idées ‖ *tener mala idea* avoir de mauvaises intentions ‖ *tener una idea en la cabeza* avoir une idée derrière la tête.
ideal *adj y s m* idéal, e.
   ■ *lo ideal* l'idéal.
   — OBSERV El plural de *ideal* es *ideaux* o *idéals*.
idealismo *m* idéalisme ‖ — *idealismo lógico* ou *objetivo* idéalisme objectif ‖ *idealismo platónico* idéalisme platonicien ‖ *idealismo psicológico* ou *subjetivo* idéalisme subjectif.
idealista *adj y s* idéaliste.
idealización *f* idéalisation.
idealizar *v tr* idéaliser.
idear *v tr* imaginer (imaginar) ‖ inventer, concevoir; *un aparato ideado por un ingeniero* un appareil conçu par un ingénieur ‖ projeter, envisager (planear).
ideario *m* idéologie *f*, ensemble des idées principales.
ídem *adv* idem.
idéntico, ca *adj* identique.
identidad *f* identité; *tarjeta* ou *documento* ou *carnet de identidad* carte *o* pièce d'identité ‖ FIG identité (semejanza); *identidad de pareceres* identité de vues.
identificable *adj* identifiable, qui peut être identifié, e.
identificación *f* identification.
identificar *v tr* identifier.
   ◆ *v pr* s'identifier; *identificarse con* s'identifier à ‖ *identificarse con su papel* se mettre *o* entrer dans la peau de son personnage.
ideográfico, ca *adj* idéographique.
ideograma *m* idéogramme.

ideología *f* idéologie.
ideológico, ca *adj* idéologique.
ideólogo, ga *m y f* idéologue ‖ théoricien, enne.
idiazábal *m* idiazabal [fromage du Pays basque].
idílico, ca *adj* idyllique.
idilio *m* idylle *f*.
idiocia *f* MED idiotie (trastorno mental).
idioma *m* langue *f*, idiome *(p us)*; *el idioma español* la langue espagnole ‖ langage; *en idioma de la Corte* en langage de Cour.
idiomático, ca *adj* idiomatique.
idiosincrasia *f* idiosyncrasie.
idiota *adj y s* idiot, e.
idiotez *f* idiotie, imbécillité.
idiotismo *m* GRAM idiotisme.
idiotizar *v tr* rendre idiot, idiotiser *(p us)*.
ido, da *adj* FAM dans la lune (distraído) ‖ toqué, e (chiflado) ‖ *(amer)* FAM parti, e (ebrio).
IDO abrev de *Instituto de Denominaciones de Origen* Institut des appellations d'origine contrôlée [des vins espagnols].
idólatra *adj y s* idolâtre.
idolatrar *v tr* idolâtrer; *idolatrar a sus padres* idolâtrer ses parents.
idolatría *f* idolâtrie.
ídolo *m* idole *f* ‖ FIG idole *f* ‖ *hacerse un ídolo de* faire son dieu de, se faire un dieu de, faire son idole de.
idoneidad *f* aptitude, idonéité *(ant)*.
idóneo, a *adj* idoine *(p us)*, propre, convenable (conveniente) ‖ apte (capaz) ‖ *idóneo para algo* propre à quelque chose.
íes *f pl* → **i**.
IFEMA abrev de *Instituto Ferial de Madrid* Institut des expositions de Madrid.
   — OBSERV También *parc des expositions de Madrid*.
Ifigenia *n pr f* Iphigénie.
iglesia *f* église (edificio) ‖ église; *iglesia militante, purgante* église militante, souffrante ‖ *(ant)* immunité dont jouissait celui qui se réfugiait dans l'église (inmunidad) ‖ — *iglesia colegial* église collégiale, collégiale (colegiata) ‖ — *el seno de la Iglesia* le giron de l'Église ‖ — *acogerse a la Iglesia, entrar en la Iglesia* entrer dans les ordres *o* en religion ‖ FIG & FAM *casarse detrás de la iglesia* se marier de la main gauche ‖ *casarse por la Iglesia* se marier à l'église ‖ FAM *¡con la iglesia hemos topado!* nous heurtons à un mur! ‖ *cumplir con la Iglesia* faire ses Pâques ‖ *llevar a la Iglesia a una mujer* conduire une femme à l'autel.
iglú *m* igloo.
ígneo, a *adj* igné, e.
ignición *f* ignition.
ignífugo, ga *adj y s m* ignifuge.
ignominia *f* ignominie (afrenta).
ignominioso, sa *adj* ignominieux, euse; *un suplicio ignominioso* un supplice ignominieux.
ignorancia *f* ignorance; *ignorancia crasa* ou *supina* ignorance crasse ‖ — *ignorancia de hecho* ignorance de fait ‖ *la ignorancia de la ley no excusa su cumplimiento* nul n'est censé ignorer la loi.
ignorante *adj y s* ignorant, e.
ignorantón, ona *adj y s* FAM ignare.
ignorar *v tr* ignorer ‖ ignorer, négliger (no tener en cuenta); *no se puede ignorar la fuerza material*

de ese país on ne peut pas ignorer la puissance matérielle de ce pays.
◆ *v pr* s'ignorer.

ignoto, ta *adj* inconnu, e; ignoré, e.

igual *adj* égal, e; *dos cantidades iguales* deux quantités égales ‖ égal, e; *temperatura igual* température égale; *camino igual* chemin égal ‖ semblable, pareil, eille; *nunca he visto cosa igual* je n'ai jamais vu chose semblable *o* pareille chose ‖ égal, e (indiferente); *todo le es igual* tout lui est égal.
◆ *m* égal; *es mi igual* il est mon égal ‖ MAT signe égal ‖ — *al igual que* à l'égal de ‖ *de igual a igual* d'égal à égal ‖ *el sin igual cantante X* l'incomparable chanteur X ‖ *igual que* comme; *igual que antes* comme avant; *igual que yo* comme moi ‖ *por igual* de la même façon, autant ‖ *sin igual* sans égal, sans pareil ‖ — *¿cómo está el enfermo? — igual* comment va le malade? — toujours pareil ‖ *es igual* ça ne fait rien, ça n'a pas d'importance ‖ *igual ocurre con* il en est de même avec ‖ *me da* ou *me es igual, igual me da* ça m'est égal, je m'en fiche (*fam*) ‖ *no tiene otro igual* il n'a pas son pareil, il n'y en a pas deux comme lui ‖ *quince iguales, iguales a quince* quinze partout, égalité à quinze (tenis).

igualación *f* égalisation (acción de igualar) ‖ FIG arrangement *m*, convention (convenio).

igualado, da *adj* bien emplumé, e (ave) ‖ tondu, e (un prado) ‖ (*amer*) qui veut traiter d'égal à égal avec une personne de condition supérieure ‖ astucieux, euse; rusé, e | impertinent, e; grossier, ière.

igualador, ra *adj* égalisateur, trice (que iguala).

igualar *v tr* égaler (convertir en igual); *nada iguala la belleza de este paisaje* rien n'égale la beauté de ce paysage ‖ FIG considérer comme égal, e; mettre sur le même pied (a dos o más personas) ‖ égaliser (las cosas) ‖ aplanir, niveler (el terreno) ‖ conclure (por un contrato); *igualar una venta* conclure une vente ‖ tondre (el césped) ‖ raccorder (la pintura) ‖ TECN émorfiler (cuero, metal).
◆ *v intr* égaler (ser igual) ‖ DEP égaliser.
◆ *v pr* être égal, e; se valoir; *se igualan en saber leurs* connaissances se valent ‖ s'égaliser (las cosas) ‖ *igualarse con* égaler quelqu'un.

igualdad *f* égalité; *en igualdad de* à égalité de ‖ MAT égalité ‖ uniformité (del terreno) ‖ similitude (semejanza) ‖ — *en igualdad de condiciones* dans les mêmes conditions ‖ *en un pie de igualdad* sur un pied d'égalité ‖ *igualdad de opiniones* identité de vues ‖ *igualdad de oportunidades* égalité des chances.

igualitarismo *m* égalitarisme.

igualmente *adv* également ‖ de la même manière que, comme; *se viste igualmente que yo* il s'habille de la même manière que moi ‖ de même, et moi de même, moi aussi (como contestación); *¡le felicito por su éxito! — igualmente* je vous félicite de votre succès! — et moi de même ‖ *¡que te diviertas mucho! — igualmente* amuse-toi bien! — toi aussi.

igualitario, ria *adj y s* égalitaire.

iguana *f* ZOOL iguane *m*.

IHS → **JHS**.

ijada *f* flanc *m* ‖ ventre *m* (de los peces) ‖ point *m* de côté (dolor de costado).

ijar *m* flanc.

ikastola *f* école basque où l'enseignement est donné en langue basque.

ikebana *m* (palabra japonesa) ART ikebana.

ikurriña *f* drapeau *m* officiel du Pays basque.

ilación *f* enchaînement *m*, cohésion (de un discurso) ‖ liaison, filiation (enlace) ‖ enchaînement *m* (de las ideas) ‖ RELIG illation.

ilativo, va *adj* conséquent, e; qui se déduit ‖ GRAM copulative (conjunción).

Ile. abrev de *Ilustre* Illustre [titre].

ilegal *adj* illégal, e.

ilegalidad *f* illégalité.

ilegibilidad *f* illisibilité.

ilegible *adj* illisible; *firma ilegible* signature illisible.

ilegislable *adj* sur quoi il est impossible de légiférer.

ilegitimar *v tr* rendre, déclarer illégitime.

ilegitimidad *f* illégitimité.

ilegítimo, ma *adj* illégitime.

íleon *m* ANAT iléon, iléum (intestino).

ileso, sa *adj* sauf, ve; sain et sauf, saine et sauve; indemne; *resultar* ou *salir ileso* être indemne, être sain et sauf.

iletrado, da *adj y s* illettré, e (analfabeto).

iliaco, ca; ilíaco, ca *adj* ANAT iliaque; *hueso iliaco* os iliaque.

Ilíada *n pr f* Iliade (poema).

ilicitano, na *adj y s* de Elche [autrefois «Ilici»].

ilícito, ta *adj* illicite (ilegal).

ilimitado, da *adj* illimité, e; sans limites.

Illinois *n pr* GEOGR Illinois.

ilógico, ca *adj* illogique.

ilogismo *m* illogisme.

iluminación *f* illumination ‖ éclairage *m* (alumbrado); *iluminación artificial, indirecta* éclairage artificiel, indirect ‖ enluminure (pintura).

iluminado, da *adj y s* illuminé, e (visionario).

iluminador, ra *m y f* enlumineur, euse; coloriste (de estampas).

iluminar *v tr* illuminer (alumbrar); *iluminar un monumento* illuminer un monument ‖ éclairer; *iluminar un cuarto* éclairer une pièce ‖ enluminer (estampas) ‖ FIG éclairer; *iluminar la conciencia de un juez* éclairer la conscience d'un juge.
◆ *v pr* FIG s'éclairer; *su cara se iluminó* son visage s'éclaira.

ilusamente *adv* d'une façon fausse *o* trompeuse (engañosamente) ‖ à tort; *creía ilusamente que lo iba a conseguir* il croyait à tort qu'il allait l'obtenir.

ilusión *f* illusion; *ilusión óptica* illusion d'optique ‖ FIG joie, plaisir *m*, bonheur *m*; *¡qué ilusión ir esta noche al teatro!* quelle joie d'aller ce soir au théâtre! | espoir *m* (esperanza); *esperar un resultado con cierta ilusión* attendre un résultat avec un certain espoir ‖ — *forjarse* ou *hacerse ilusiones* se faire des illusions, s'illusionner, se bercer d'illusions ‖ *hacer ilusión* faire illusion ‖ *le hace mucha ilusión ir a Acapulco* il rêve d'aller à Acapulco ‖ *vivir de ilusiones* se nourrir d'illusions.

ilusionar *v tr* illusionner ‖ FIG remplir de joie; *me ilusiona este viaje* ce voyage me remplit de joie ‖ *estar ilusionado con* être fou de.
◆ *v pr* s'illusionner, se faire des illusions; *sus padres se ilusionan con él* ses parents se font des illusions sur lui ‖ se réjouir, être enthousiaste; *se ilusionó mucho cuando le hablé de este viaje* il a été

très enthousiaste quand je lui ai parlé de ce voyage.

ilusionismo *m* illusionnisme.

ilusionista *m y f* illusionniste, prestidigitateur, trice (prestidigitador).

iluso, sa *adj y s* utopiste, rêveur, euse (soñador) ‖ dupe (engañado).

ilusorio, ria *adj* illusoire.

ilustración *f* illustration (nombradía) ‖ instruction, connaissance (saber) ‖ illustration (grabado) ‖ magazine *m* illustré (publicación) ‖ *la Ilustración* (en el siglo XVIII), l'esprit philosophique [du Siècle des lumières].

ilustrado, da *adj* cultivé, e; instruit, e (docto) ‖ éclairé, e; *el despotismo ilustrado* le despotisme éclairé ‖ illustré, e; *ilustrado con grabados* illustré de gravures.

ilustrador, ra *m y f* illustrateur, trice (dibujante).

ilustrar *v tr* illustrer; *ilustrar con dibujos* illustrer de dessins; *ilustrar con citas* illustrer de citations ‖ rendre célèbre (dar fama) ‖ éclairer (el entendimiento) ‖ instruire; *te digo esto para ilustrarte* je te dis cela pour t'instruire.
  ◆ *v pr* s'illustrer.

ilustrativo, va *adj* qui illustre, illustrant.

ilustre *adj* illustre (célebre, famoso); *un ilustre desconocido* un illustre inconnu.

ilustrísimo, ma *adj* illustrissime ‖ *su Ilustrísima* sa Grandeur (obispos).

imagen *f* image; *imagen religiosa* image religieuse ‖ statue, image *(ant)*; *una imagen de yeso* une statue en plâtre ‖ FIG image (símbolo, metáfora) ‖ FIG & FAM *quedarse para vestir imágenes* coiffer sainte Catherine, rester vieille fille.

imaginable *adj* imaginable.

imaginación *f* imagination ‖ idée; *esto no es verdad, son imaginaciones tuyas* ce n'est pas vrai, ce sont des idées que tu te fais ‖ — *dejarse llevar por la imaginación* s'abandonner à son imagination ‖ *pasar por la imaginación* venir à l'idée *o* à l'esprit.

imaginar *v tr* imaginer ‖ *imagínate que* figure-toi que.
  ◆ *v pr* s'imaginer.

imaginaria *f* MIL garde de renfort [destinée à remplacer en cas de besoin la garde montante].
  ◆ *m* sentinelle *f* qui monte la garde dans le dortoir d'une caserne.

imaginario, ria *adj* imaginaire.
  ◆ *m lo imaginario* l'imaginaire.

imaginativo, va *adj* imaginatif, ive; *potencia imaginativa* puissance imaginative.
  ◆ *f* imaginative *(p us)*, imagination [facultad de imaginar] ‖ sens *m* commun.

imaginería *f* broderie de fleurs et feuillages *o* d'oiseaux (bordado) ‖ imagerie (arte).

imán *m* imam, iman (sacerdote mahometano).

imán *m* aimant (hierro imantado); *imán artificial* aimant artificiel ‖ FIG aimant, attrait (atractivo).

imanación *f* aimantation.

imanar *v tr* aimanter.

imantación *f* aimantation.

imantar *v tr* aimanter.

imbatible *adj* imbattable.

imbatido, da *adj* qui n'a pas été battu, e ‖ DEP qui ne s'est encore jamais fait battre (un equipo), qui n'a encore encaissé aucun but (un portero).

imbebible *adj* imbuvable.

imbécil *adj y s* imbécile (idiota).

imbecilidad *f* imbécillité.

imberbe *adj* imberbe (lampiño).

imbíbito *adj (amer)* compris, e; inclus, e.

imbornal *m* MAR dalot ‖ trou d'écoulement des eaux de pluie sur une terrasse (en una terraza).

imborrable *adj* ineffaçable, indélébile.

imbricación *f* imbrication.

imbricado, da *adj* imbriqué, e.

imbricar *v tr* imbriquer.

imbuido, da *adj* imbu de; *imbuido de su importancia* imbu de son importance.

imbuir* *v tr* inculquer, inspirer (infundir); *imbuir a uno ideas falsas* inculquer à quelqu'un des idées fausses.

imitable *adj* imitable.

imitación *f* imitation ‖ pastiche *m* (en literatura) ‖ — *a imitación de* à l'imitation de, sur le modèle de ‖ *bolso imitación cocodrilo* sac façon *o* imitation crocodile ‖ *imitación fraudulenta* contrefaçon ‖ *joyas de imitación* bijoux en imitation *o* en toc *o* de fantaisie.

imitador, ra *adj y s* imitateur, trice.
  ◆ *m y f* pasticheur, euse (plagiario).

imitar *v tr* imiter (copiar) ‖ pasticher (remedar burlándose).

imitativo, va *adj* imitatif, ive; *armonía imitativa* harmonie imitative ‖ *artes imitativas* arts d'imitation.

impaciencia *f* impatience; *consumirse de impaciencia* brûler d'impatience.

impacientar *v tr* impatienter.
  ◆ *v pr* s'impatienter; *impacientarse con* ou *por no recibir noticias* s'impatienter de ne pas recevoir de nouvelles; *impacientarse con alguien* s'impatienter contre quelqu'un.

impaciente *adj* impatient, e; *impaciente por salir* impatient de sortir ‖ *impaciente con* ou *por la tardanza* impatient du retard, impatienté par le retard.

impacientemente *adv* impatiemment, avec impatience.

impactar *v tr* heurter, percuter (chocar contra algo) ‖ choquer, déconcerter (impresionar) ‖ influer, influencer, avoir de l'impact (sur), influer, influencer, avoir de l'impact (influir en alguien o algo).

impacto *m* impact, point d'impact ‖ FIG coup; *un impacto espectacular* un coup spectaculaire | répercussion *f*; *causar un impacto* avoir une répercussion | impact; *producir impacto* avoir de l'impact.

impagable *adj* impayable (inapreciable).

impagado, da *adj y s m* impayé, e.

impago, ga *adj (amer)* impayé, e.

impalpable *adj* impalpable.

impar *adj* impair, e.

imparable *adj* inéluctable.

imparcial *adj* impartial, e; *jueces imparciales* juges impartiaux.

imparcialidad *f* impartialité.

impartir *v tr* impartir, accorder (otorgar) ‖ DR demander, réclamer, solliciter (pedir); *impartir auxilio* demander secours ‖ *impartir su bendición* donner sa bénédiction.

impás; impasse *m* impasse *f* (bridge).

impase; impasse *m* impasse *f*.
— OBSERV Galicismo que se emplea con el sentido de *atolladero, estancamiento* o *crisis*.

impasibilidad *f* impassibilité.

impasible *adj* impassible (insensible).

impasse *m* → **impase**.

impavidez *f* intrépidité, courage *m* (arrojo, intrepidez) ‖ (*amer*) insolence, effronterie (descaro).

impávido, da *adj* impavide, intrépide (atrevido) ‖ (*amer*) insolent, e; effronté, e (descarado) ‖ *quedar impávido* garder son sang-froid.

impecable *adj* impeccable.

impedancia *f* ELECTR impédance.

impedido, da *adj* impotent, e; perclus, e; infirme (tullido).
◆ *m y f* impotent, e.

impedimento *m* empêchement; *en caso de impedimento* en cas d'empêchement ‖ obstacle (traba) ‖ DR *impedimento dirimente, impediente* empêchement dirimant, prohibitif.

impedir* *v tr* empêcher; *la lluvia le impidió que saliera* la pluie l'empêcha de sortir ‖ *esto no impide que* n'empêche que, il n'empêche que.

impelente *adj* qui pousse ‖ *bomba impelente* pompe foulante.

impeler *v tr* pousser (impulsar) ‖ FIG exciter, pousser ‖ *los Cruzados, impelidos por su fe* les croisés, poussés par leur foi.

impenetrabilidad *f* impénétrabilité.

impenetrable *adj* impénétrable.

impenitencia *f* impénitence ‖ *impenitencia final* impénitence finale.

impenitente *adj* impénitent, e.

impensable *adj* impensable (increíble, inimaginable) ‖ irréalisable, infaisable (irrealizable).

impensado, da *adj* inopiné, e; inattendu, e; imprévu, e (casual).

impepinable *adj* FAM sûr, e ‖ FAM *esto es impepinable* c'est sûr, ça ne fait pas l'ombre d'un doute.

imperante *adj* régnant, e.

imperar *v intr* régner, être empereur, impératrice (un emperador) ‖ FIG régner; *aquí impera una atmósfera de pesimismo* une atmosphère pessimiste règne ici ‖ dominer (tendencia).

imperativo, va *adj* impératif, ive.
◆ *m* GRAM impératif ‖ *por imperativo legal* en vertu de la loi.

imperceptibilidad *f* imperceptibilité.

imperceptible *adj* imperceptible ‖ FIG imperceptible, insaisissable; *diferencia imperceptible* différence imperceptible, insaisissable.

imperdible *adj* imperdable.
◆ *m* épingle *f* de nourrice *o* de sûreté *o* anglaise.

imperdonable *adj* impardonnable.

imperecedero, ra *adj* impérissable.

imperfección *f* imperfection.

imperfecto, ta *adj* imparfait, e ‖ GRAM *pretérito imperfecto* imparfait.

imperial *adj* impérial, e; *corona imperial* couronne impériale.
◆ *f* impériale (de un carruaje).

imperialismo *m* impérialisme; *imperialismo económico* impérialisme économique.

imperialista *adj y s* impérialiste.

impericia *f* impéritie (torpeza).

imperio *m* empire; *el Sacro Imperio* le Saint Empire ‖ DR pouvoir juridictionnel ‖ FIG domination *f*, pouvoir (poder) ‖ orgueil, hauteur *f*, fierté *f* (orgullo) ‖ MIL mess, popote *f* (pop) ‖ — *el imperio de la ley* l'autorité de loi ‖ *el imperio del derecho* la primauté du droit, la règle du droit, la légalité.
◆ *adj* empire; *estilo Imperio* style Empire.

imperioso, sa *adj* impérieux, euse; *necesidad imperiosa* besoin impérieux.

impermeabilidad *f* imperméabilité ‖ TECN étanchéité.

impermeabilización *f* imperméabilisation.

impermeabilizar *v tr* imperméabiliser.

impermeable *adj y s m* imperméable.

impermutable *adj* impermutable.

impersonal *adj* impersonnel, elle ‖ *verbo impersonal* verbe impersonnel.

impersonalizar *v tr* GRAM employer (un verbe), impersonnellement.

impertérrito, ta *adj* imperturbable, impassible.

impertinencia *f* impertinence.

impertinente *adj y s* impertinent, e ‖ *El curioso impertinente* le Curieux mal avisé (novela corta incluida en el Quijote).
◆ *m pl* face-à-main *sing*.

imperturbabilidad *f* imperturbabilité.

imperturbable *adj* imperturbable.

ímpetu *m* élan, impétuosité *f*.

impetuosidad *f* impétuosité; *la impetuosidad de un ataque* l'impétuosité d'une attaque.

impetuoso, sa *adj* impétueux, euse.

impíamente *adv* avec impiété (con impiedad) ‖ impitoyablement, sans pitié, cruellement (sin compasión).

impío, a *adj y s* impie.

implacable *adj* implacable.

implantación *f* implantation ‖ MED implant *m* dentaire [prothèse] ‖ implant *m* [substance] ‖ implantation [radiologie].

implantar *v tr* implanter ‖ introduire; *implantar mejoras* introduire des améliorations.
◆ *v pr* s'implanter.

implante *m* MED implant.

implemento *m* ustensile, instrument.

implementar *v tr* réaliser, appliquer, mettre en pratique.

implicación *f* implication.

implicar *v tr* impliquer (envolver) ‖ empêcher (impedir); *esto no implica que* cela n'empêche pas que ‖ *estar implicado en un asunto* être impliqué dans une affaire.

implicatorio, ria *adj* qui implique.

implícito, ta *adj* implicite.

imploración *f* imploration.

implorante *adj* implorant, e.

implorar *v tr* implorer.

implume *adj* déplumé, e; sans plume.

impoluto, ta *adj* impollu, e (*ant*); non souillé, e.

imponderabilidad f impondérabilité.

imponderable adj y s m impondérable.

imponente adj imposant, e || FAM sensationnel, elle; formidable, du tonnerre; *una mujer imponente* une femme sensationnelle.

◆ m y f déposant, e (el que impone dinero).

imponer* v tr imposer; *imponer las manos, su voluntad* imposer les mains, sa volonté || mettre au courant, renseigner (enseñar); *imponer en* mettre au courant de, renseigner sur || placer, déposer; *imponer dinero en el Banco* placer de l'argent à la banque || FIG imposer (el respeto, el temor) | imputer (atribuir falsamente) | remettre, conférer; *imponer una condecoración a un militar* remettre une décoration à un militaire || IMPR mettre en pages, imposer || *imponer una multa* mettre une amende.

◆ v intr FIG en imposer; *un hombre que impone* un homme qui en impose.

◆ v pr s'imposer || se mettre au courant (instruirse); *imponerse en un negocio* se mettre au courant d'une affaire || *imponerse a las circunstancias* dominer les circonstances.

imponible adj imposable; *líquido imponible* revenu imposable; *no imponible* non imposable || *base imponible* assiette de l'impôt.

impopular adj impopulaire.

impopularidad f impopularité.

importable adj importable.

importación f importation; *artículo de importación* article d'importation.

importador, ra adj y s importateur, trice.

importancia f importance; *conceder* ou *dar importancia a* attacher de l'importance à || — *de gran* ou *mucha importancia* de la plus haute importance, d'importance || *de importancia* important, e || *herido de importancia* gravement blessé || *sin importancia* sans importance || — *dar importancia* attacher o donner de l'importance || *darse uno importancia* faire l'important.

importante adj important, e; *modificaciones importantes* d'importantes modifications || — *dárselas de importante* se donner des airs importants, faire l'important || *es importante que* il importe que || *lo importante* l'important.

importar v tr importer (de un país extranjero); *importar trigo* importer du blé || valoir, coûter (valer); *este libro importa cien pesetas* ce livre vaut cent pesetas || monter à, s'élever à; *importa cien pesos la cuenta* la facture monte à cent pesos || FIG entraîner (acarrear), comporter (llevar consigo), impliquer (implicar).

◆ v intr e impers importer; *importa hacerlo* il importe de le faire; *poco me importa lo que dirás* peu m'importe ce que tu diras || avoir de l'importance; *no importa lo que dices* ce que tu dis n'a pas d'importance || intéresser; *lo que más me importaba de él era su cultura* ce qui m'intéressait le plus en lui, c'était sa culture || — *a Fulano nada le importa Untel* se moque de tout || *¿le importaría llevarme este libro?* ça ne vous ennuierait pas de m'apporter ce livre? || FIG & FAM *me importa un comino* ou *tres pepinos* ou *un bledo* ou *un pito* ou *un adarme* ça m'est égal, je m'en fiche, je m'en moque comme de l'an quarante || *no importa* ça ne fait rien, peu importe || *¿y a ti qué te importa?* qu'est-ce que ça peut te faire!, ça te regarde?

importe m montant, somme f (total) || prix, valeur f, coût (valor) || *importe total* coût o montant total || *por importe de* pour un montant de, pour la somme de.

importunación f importunité.

importunar v tr importuner.

importuno, na adj inopportun, e (que no es oportuno) || importun, e (molesto).

imposibilidad f impossibilité; *imposibilidad física, material, moral* impossibilité physique, matérielle, morale.

imposibilitado, da adj y s impotent, e (inválido) || perclus, e (tullido) || empêché, e (impedido; *estar imposibilitado de salir* être empêché de sortir.

imposibilitar v tr rendre impossible; *la lluvia imposibilitó la defensa* la pluie rendit la défense impossible || empêcher, mettre dans l'impossibilité; *la lluvia me imposibilitó el salir* la pluie m'empêcha de sortir.

◆ v pr devenir impotent, e.

imposible adj impossible; *un acuerdo imposible* un accord impossible || impossible (intratable); *ponerse imposible* devenir impossible || FIG dégoûtant, e; répugnant, e (sucio).

◆ m impossible; *pedir un imposible* demander l'impossible || — *dios no pide imposibles* à l'impossible nul n'est tenu || *hacer lo imposible* faire l'impossible.

imposición f imposition; *imposición de manos* imposition des mains || dépôt m (cantidad en depósito); *imposición a plazo* dépôt à terme [sur livret] || impôt m, contribution, imposition (impuesto); *imposición en el origen* imposition à la source || IMPR imposition || *imposición de condecoraciones* remise de décorations.

impositivo, va adj des impôts, fiscal, e || *sistema impositivo* système d'imposition.

impositor m IMPR imposeur.

impostergable adj qu'on ne peut pas ajourner o remettre à plus tard.

impostor, ra m y f imposteur; *esta mujer es una impostora* cette femme est un imposteur.

◆ adj trompeur, euse.

impostura f imposture.

impotencia f impuissance; *estar reducido a la impotencia* être réduit à l'impuissance.

impotente adj y s impuissant, e; *gobierno impotente contra la rebelión* gouvernement impuissant contre la rébellion || impotent, e (sin fuerza).

impracticable adj irréalisable (proyecto, etc.) || impraticable (camino).

imprecación f imprécation.

imprecar v tr proférer des imprécations.

imprecatorio, ria adj imprécatoire.

imprecisión f imprécision.

impreciso, sa adj imprécis, e.

impredecible adj qui ne peut être prédit.

impregnación f imprégnation.

impregnar v tr imprégner; *impregnar en* ou *de* imprégner de || FIG empreindre; *cara impregnada de tristeza* visage empreint de tristesse.

◆ v pr s'imprégner.

impremeditación f absence de préméditation.

impremeditado, da adj non prémédité, e; irréfléchi, e.

imprenta *f* imprimerie ‖ FIG la presse (lo impreso); *leyes de imprenta* lois sur la presse; *libertad de imprenta* liberté de presse ‖ *dar a la imprenta* faire imprimer.
imprescindible *adj* indispensable.
imprescriptibilidad *f* imprescriptibilité.
impresentable *adj* qui n'est pas présentable.
impresión *f* impression (de un libro) ‖ impression; *buena, mala impresión* bonne, mauvaise impression ‖ enregistrement *m* (en disco o en cintas magnetofónicas) ‖ — *cambio de impresiones* échange de vues ‖ *impresión dactilar* ou *digital* empreinte digitale ‖ — *cambiar impresiones con* échanger des impressions avec ‖ *causar impresión en* faire impression sur ‖ *la primera impresión es la que vale* la première impression est la bonne, c'est la première impression qui compte ‖ *tener la impresión de que* avoir l'impression que.
impresionable *adj* impressionnable.
impresionante *adj* impressionnant, e.
impresionar *v tr* impressionner ‖ enregistrer (los sonidos) ‖ frapper, faire impression (no dejar indiferente) ‖ toucher (conmover); *su desgracia me impresiona* son malheur me touche ‖ *quedarse bien, mal impresionado* avoir une bonne, mauvaise impression.
◆ *v pr* être impressionné, e.
impresionismo *m* impressionnisme.
impresionista *adj y s* impressionniste.
impreso, sa *adj y s m* imprimé, e.
impresor, ra *m y f* imprimeur *m*.
impresora *f* imprimante ‖ — *impresora de línea* imprimante par ligne o ligne à ligne ‖ *impresora de margarita* imprimante à marguerite ‖ *impresora láser* imprimante (à), laser ‖ *impresora matricial* imprimante matricielle ‖ *impresora por chorros de tinta* imprimante à jet d'encre.
imprevisible *adj* imprévisible.
imprevisión *f* imprévision (de algo) ‖ imprévoyance (en una persona).
imprevisto, ta *adj* imprévu, e (que no se ha previsto); *gastos imprevistos* frais imprévus ‖ — *lance imprevisto* coup de théâtre ‖ *lo imprevisto* l'imprévu ‖ *si ocurre algo imprevisto* en cas d'imprévu.
◆ *m pl* dépenses *f* imprévues.
imprimir *v tr* imprimer ‖ IMPR tirer (una estampa, un libro) ‖ FIG imprimer (comunicar) ‖ écrire; *la virtud estaba impresa en su rostro* la vertu était écrite sur son visage.
— OBSERV Le participe passé de *imprimir* est irrégulier et fait *impreso. Imprimido* est archaïque.
improbabilidad *f* improbabilité.
improbable *adj* improbable.
ímprobo, ba *adj* malhonnête, sans probité, improbe *(p us)* ‖ ingrat, e; pénible (penoso); *labor ímproba* travail ingrat.
improcedencia *f* manque *m* de fondement, manque *m* d'opportunité.
improcedente *adj* indu, e; inconvenant, e (inconveniente) ‖ non fondé, e; inadéquat, e (inadecuado) ‖ irrecevable; *propuesta improcedente* proposition irrecevable ‖ abusif, ive; *despido improcedente* licenciement abusif.
improductividad *f* improductivité.
improductivo, va *adj* improductif, ive.
impromptu *m* impromptu.

impronta *f* empreinte (reproducción) ‖ FIG marque, empreinte (huella).
impronunciable *adj* imprononçable.
improperio *m* injure *f*, insulte *f*; *llenar a uno de improperios* couvrir quelqu'un d'injures.
◆ *pl* RELIG impropères.
impropiedad *f* impropriété.
impropio, pia *adj* impropre; *impropio para el comercio* impropre au commerce ‖ peu conforme; *impropio de su edad* peu conforme à son âge ‖ MAT *expresión impropia* expression fractionnaire.
— OBSERV No omitir la segunda *r* en *impropre*.
improrrogable *adj* qui ne peut être prorogé.
improvisación *f* improvisation.
improvisado, da *adj* improvisé, e; *discurso improvisado* discours improvisé ‖ de fortune; *una reparación improvisada* une réparation de fortune.
improvisador, ra *adj y s* improvisateur, trice.
improvisar *v tr* improviser.
improviso, sa *adj* imprévu, e ‖ — *al* ou *de improviso* à l'improviste ‖ *reemplazar de improviso* remplacer à l'improviste, remplacer au pied levé.
imprudencia *f* imprudence ‖ DR *imprudencia temeraria* imprudence.
imprudente *adj y s* imprudent, e.
imprudentemente *adv* imprudemment.
impúber; impúbero, ra *adj y s* impubère.
impublicable *adj* impubliable.
impudicia; impudicicia *f* impudicité.
impúdico, ca *adj y s* impudique.
impudor *m* impudeur *f*.
impuesto, ta *adj* imposé, e ‖ — FAM *está muy impuesto* il s'y connaît ‖ *impuesto de* ou *en* au courant de.
◆ *m* impôt (tributo); *impuesto sobre la renta* impôt sur le revenu; *gravar con un impuesto* frapper d'un impôt ‖ — *impuesto concertado* forfait ‖ *impuesto de lujo* taxe de luxe ‖ *impuesto directo, indirecto* impôt direct, indirect ‖ *impuesto sobre el valor añadido (IVA)* taxe à la valeur ajoutée (T.V.A) ‖ *impuesto sobre sucesiones* droits de succession ‖ *impuestos municipales* impôts locaux.
impugnable *adj* attaquable, contestable, réfutable.
impugnación *f* attaque, contestation, réfutation.
impugnar *v tr* attaquer, combattre; *impugnar un argumento* combattre un argument ‖ contester, réfuter (refutar) ‖ contester; *impugnar una sucesión, un jurado* contester une succession, un juré.
impugnativo, va *adj* qui conteste, qui réfute.
impulsar *v tr* pousser (empujar) ‖ FIG pousser, inciter (incitar).
impuntualidad *f* inexactitude, manque de ponctualité.
impulsión *f* impulsion.
impulsividad *f* impulsivité, caractère *m* impulsif.
impulsivo, va *adj y s* impulsif, ive.
impulso *m* impulsion *f* ‖ élan; *tomar impulso para dar un salto* prendre son élan pour sauter ‖ FIG élan; *impulsos del corazón* élans du cœur ‖ — *hacer una cosa llevado por un impulso* faire quelque chose dans l'impulsion du moment ‖ *por propio impulso* de son propre mouvement ‖ *tomar impulso con el pie derecho* prendre son appel du pied droit (deportes).

impulsor, ra *adj* impulsif, ive ‖ stimulateur, trice.
♦ *m y f* promoteur, trice.
impune *adj* impuni, e.
impunemente *adv* impunément.
impunidad *f* impunité.
impureza *f* impureté ‖ FIG impureté, souillure (mancha).
impuro, ra *adj* impur, e.
imputabilidad *f* imputabilité.
imputable *adj* imputable.
imputación *f* imputation.
imputar *v tr* imputer.
imputrescibilidad *f* imputrescibilité.
inabarcable *adj* trop vaste; *un programa inabarcable* un programme trop vaste.
inabordable *adj* inabordable.
inabrogable *adj* inabrogeable.
inacabable *adj* interminable.
inacabado, da *adj* inachevé, e.
inaccesibilidad *f* inaccessibilité.
inaccesible *adj* inaccessible ‖ FIG inabordable; *precio inaccesible* prix inabordable.
inacción *f* inaction.
inacentuado, da *adj* inaccentué, e.
inaceptable *adj* inacceptable.
inactividad *f* inactivité.
inactivo, va *adj* inactif, ive.
inadaptable *adj* inadaptable.
inadaptación *f* inadaptation.
inadaptado, da *adj y s* inadapté, e.
inadecuación *f* inadéquation.
inadecuado, da *adj* inadéquat, e.
inadmisibilidad *f* inadmissibilité.
inadmisible *adj* inadmissible.
inadoptable *adj* qu'on ne peut pas adopter.
inadvertencia *f* inadvertance; *por inadvertencia* par inadvertance.
inadvertido, da *adj* inattentif, ive; distrait, e (distraído) ‖ inaperçu, e (no advertido).
inagotable *adj* inépuisable (tesoro, bondad, etc.) ‖ intarissable (fuente, conversación, etc.) ‖ infatigable; *un atleta inagotable* un athlète infatigable.
inaguantable *adj* insupportable, intolérable.
inalámbrico, ca *adj* sans fil (télégrafo).
in albis *loc adv* *estar* ou *quedarse in albis* être dans le noir *o* dans le brouillard (absolu *o* le plus complet), être dans le noir *o* dans le brouillard (quedarse sin entender nada).
inalcanzable *adj* inaccessible, qui ne peut être atteint.
inalienabilidad *f* inaliénabilité.
inalienable *adj* inaliénable.
inalterabilidad *f* inaltérabilité.
inalterable *adj* inaltérable.
inalterado, da *adj* inaltéré, e.
inamistoso, sa *adj* inamical, e.
inamovible *adj* inamovible.
inane *adj* vain, e; futile.
inanición *f* MED inanition (desfallecimiento).
inanidad *f* inanité.
inanimado, da *adj* inanimé, e.
inánime *adj* inanimé, e.

inapagable *adj* inextinguible, que l'on ne peut éteindre.
inapelable *adj* sans appel.
inapetencia *f* inappétence.
inapetente *adj* qui manque d'appétit, sans appétit.
inaplazable *adj* qu'on ne peut pas ajourner, inajournable ‖ urgent, e; *necesidad inaplazable* besoin urgent.
inaplicable *adj* inapplicable.
inaplicado, da *adj* inappliqué, e.
inapolillable *adj* antimite, antimites; *tejido inapolillable* tissu antimite.
inapreciable *adj* inappréciable; *una ayuda inapreciable* une aide inappréciable.
inapropiado, da *adj* inadéquat, e.
inaptitud *f* inaptitude.
inarmónico, ca *adj* inharmonieux, euse.
inarrugable *adj* infroissable.
inarticulado, da *adj* inarticulé, e.
in artículo mortis *adv* in articulo mortis.
inasequible *adj* inaccessible ‖ FIG inabordable; *precio inasequible* prix inabordable.
inasimilable *adj* inassimilable.
inasistencia *f* manque *m* d'assistance.
inastillable *adj* de sécurité (cristal).
inatención *f* inattention.
inaudible *adj* inaudible; *vibraciones inaudibles* vibrations inaudibles.
inaudito, ta *adj* inouï, e (increíble).
inauguración *f* inauguration ‖ — *inauguración de una casa particular* pendaison de crémaillère (fiesta) ‖ *inauguración de una exposición de arte* vernissage.
inaugural *adj* inaugural, e; *discursos inaugurales* discours inauguraux.
inaugurar *v tr* inaugurer (dar principio) ‖ augurer (conjeturar) ‖ *inaugurar un piso* pendre la crémaillère.
INB abrev de *Instituto Nacional de Bachillerato* Établissement national d'enseignement secondaire [Espagne].
inca *adj* inca.
♦ *m pl* Incas.
♦ *m* (ant) inca (moneda de oro del Perú).
incaico, ca; incásico, ca *adj* inca.
incalculable *adj* incalculable.
incalificable *adj* inqualifiable, sans nom; *un crimen incalificable* un crime sans nom.
incandescencia *f* incandescence ‖ *lámpara de incandescencia* lampe à incandescence.
incandescente *adj* incandescent, e.
incansable *adj* infatigable; *persona incansable* personne infatigable ‖ inlassable.
incansablemente *adv* inlassablement; *trabajar incansablemente* travailler inlassablement.
incapacidad *f* incapacité, inaptitude; *incapacidad laboral* incapacité de travail ‖ FIG stupidité, bêtise, inintelligence (*p us*) ‖ DR *incapacidad legal* inhabilité.
incapacitado, da *adj* DR incapable, que la loi prive de certains droits ‖ interdit, e (sujeto a interdicción).
incapacitar *v tr* inhabiliter, déclarer incapable ‖ rendre inapte à, interdire; *su pasado le incapacita*

para ocupar tal cargo son passé le rend inapte à occuper un tel poste ‖ DR interdire.

incapaz *adj* incapable; *incapaz para desempeñar un cargo* incapable de remplir une fonction ‖ FIG incapable (inepto) ‖ *(amer)* insupportable, intenable (fastidioso).
- *m* y *f* FIG incapable.

incasable *adj* impossible à marier ‖ hostile *o* réfractaire au mariage (enemigo del matrimonio).

incautación *f* saisie, confiscation ‖ DR *incautación preventiva* saisie conservatoire.

incautarse *v pr* saisir, s'emparer de, confisquer; *la policía se incautó de diez pistolas* la police a saisi dix pistolets ‖ *periódico incautado por la policía* journal saisi par la police.

incauto, ta *adj* imprudent, e (imprudente) ‖ naïf, ive; crédule (inocente).

incendiado, da *adj* incendié, e.

incendiar *v tr* incendier.
- *v pr* prendre feu, brûler.

incendiario, ria *adj* y *s* incendiaire (bomba, escrito).

incendio *m* incendie ‖ FIG feu (de las pasiones) ‖ *damnificado por un incendio* incendié ‖ FAM *echar* ou *hablar incendios de uno* casser du sucre sur le dos de quelqu'un.

incensario *m* encensoir ‖ FAM *romperle a uno el incensario en las narices* casser l'encensoir sur le nez de quelqu'un, encenser quelqu'un.

incentivar *v tr* stimuler, motiver.

incentivo *m* aiguillon, stimulant (estímulo); *el interés es un incentivo potente* l'intérêt est un puissant stimulant ‖ attrait (atractivo); *el incentivo de los placeres* l'attrait des plaisirs ‖ *el incentivo de la ganancia* l'appât du gain.

incertidumbre *f* incertitude.

incesable; incesante *adj* incessant, e.

incesantemente *adv* sans cesse, incessamment *(p us)*.

incesto *m* inceste.

incestuoso, sa *adj* y *s* incestueux, euse.

incidencia *f* incident *m* (hecho inesperado) ‖ FÍS incidence; *ángulo, punto de incidencia* angle, point d'incidence ‖ FIG incidence, conséquence ‖ *por incidencia* accidentellement.

incidental *adj* incident, e; *observación incidental* remarque incidente.
- *adj* y *s f* GRAM incident, e.

incidentalmente *adv* incidemment.

incidente *adj* y *s m* incident, e.

incidir *v intr* tomber [dans une faute, dans une erreur] ‖ MED faire une incision, inciser (cortar) ‖ GEOM tomber.

incienso *m* encens ‖ FIG flatterie *f*, encens (lisonja) ‖ FIG *dar incienso a* encenser.

inciertamente *adv* avec incertitude, d'une manière incertaine.

incierto, ta *adj* incertain, e.

incineración *f* incinération.

incinerador *m* incinérateur.

incinerar *v tr* incinérer.

incipiente *adj* qui commence, naissant, e; *el día incipiente* le jour naissant ‖ débutant, e ‖ en herbe; *un poeta incipiente* un poète en herbe.

incircunciso, sa *adj* y *s m* incirconcis, e.

incisión *f* incision ‖ césure (en un verso).

incisivo, va *adj* incisif, ive.
- *m* incisive *f* (diente).

inciso, sa *adj* hâché, e (estilo).
- *m* GRAMM incise *f* (frase corta); *a modo de inciso* en incise | virgule *f* (coma) | sous-alinéa.

incitación *f* incitation, encouragement *m*; *incitación al crimen* encouragement au crime.

incitador, ra *adj* y *s* incitateur, trice.

incitar *v tr* inciter, pousser (estimular) ‖ FIG pousser, inciter; *incitar al gasto* pousser à la dépense | encourager (animar).

incitativo, va *adj* stimulant, e; incitant, e; incitatif, ive.

incívico, ca *adj* incivique.

incivilidad *f* incivilité.

inclasificable *adj* inclassable.

inclaustración *f* entrée en religion.

inclemencia *f* inclémence ‖ — *a la inclemencia* à découvert (al descubierto), en plein air (al aire libre) ‖ *las inclemencias del tiempo* les intempéries.

inclemente *adj* inclément, e.

inclinación *f* inclination; *hacer una ligera inclinación con la cabeza* faire une légère inclination de la tête ‖ inclinaison (posición oblicua) ‖ FIG inclination, penchant *m* (propensión); *tener inclinación hacia la música* avoir un penchant pour la musique | tendance, inclination; *inclinación al bien* tendance au bien ‖ ASTR inclinaison.

inclinar *v tr* incliner, pencher; *inclinar la cabeza* pencher la tête ‖ FIG incliner; *inclinar a la clemencia* incliner à la clémence ‖ FIG *inclinar el fiel de la balanza* faire pencher la balance.
- *v intr* incliner, s'incliner; *inclinar a* ou *hacia la derecha* incliner à droite ‖ ressembler (parecerse).
- *v pr* s'incliner, incliner, se pencher; *inclinarse hacia adelante* se pencher en avant ‖ — *inclinarse a* tendre à, être porté *o* enclin à; *me inclino a creerle* je tends à le croire; *se inclina a la virtud* il est porté à la vertu.

incluido, da *adj* inclus, e ‖ ci-inclus (en una carta) ‖ — *precio todo incluido* prix forfaitaire ‖ *todo incluido* tout compris.

incluir* *v tr* inclure (en cartas, en precios) ‖ insérer (introducir) ‖ renfermer (contener) ‖ comprendre, faire entrer; *incluir las islas Baleares entre las provincias españolas* comprendre les îles Baléares dans les provinces espagnoles ‖ inscrire; *incluir un tema en el programa* inscrire une question au programme ‖ *sin incluir* non compris.

inclusa *f* hospice *m* des enfants trouvés ‖ *la Inclusa* les Enfants trouvés.

inclusión *f* inclusion.

inclusivamente; inclusive *adv* inclusivement, inclus, y compris; *hasta el sábado inclusive* jusqu'à samedi inclus; *los niños inclusive* y compris les enfants.

inclusivo, va *adj* inclusif, ive.

incluso, sa *adj* inclus, e; *la carta inclusa* la lettre incluse.
- *prep* même, y compris; *todos vinieron, incluso los niños* tous vinrent, même les enfants *o* les enfants y compris.
- *adv* même (hasta) ‖ ci-inclus (en una carta).

incoación *f* commencement *m* (principio).

incoagulable *adj* incoagulable.
incoar *v tr* entamer, commencer (empezar) || intenter (un pleito).
incoativo, va *adj* initial, e (que empieza) || GRAM inchoatif, ive.
incobrable *adj* irrécouvrable.
incoercible *adj* incoercible.
incógnita *f* MAT inconnue; *despejar la incógnita* dégager l'inconnue; *ecuación con dos incógnitas* équation à deux inconnues || FIG inconnue.
incógnito, ta *adj* inconnu, e; *regiones incógnitas* régions inconnues.
 ◆ *m* incognito; *guardar el incógnito* garder l'incognito || *de incógnito* incognito; *viajar de incógnito* voyager incognito.
incognoscible *adj* inconnaissable.
incoherencia *f* incohérence.
incoherente *adj* incohérent, e.
incoloro, ra *adj* incolore.
incólume *adj* sain et sauf, indemne; *salir incólume de un peligro* sortir indemne d'un danger.
incombustibilidad *f* incombustibilité.
incombustible *adj* non combustible, incombustible (que no puede quemarse); *el amianto es incombustible* l'amiante est incombustible || FIG blasé, e (desapasionado) | inamovible, irréductible.
incomestible *adj* incomestible.
incomible *adj* immangeable.
incómodamente *adv* inconfortablement, incommodément || mal à l'aise (a disgusto).
incomodar *v tr* incommoder, gêner (causar incomodidad) || fâcher (disgustar) || vexer (vejar) || ennuyer, agacer (fastidiar) || déranger; *su visita me incomoda* sa visite me dérange.
 ◆ *v pr* se fâcher, se vexer (enfadarse).
incomodidad *f* incommodité || gêne, dérangement *m* (molestia) || mécontentement *m* (disgusto) | malaise *m* (malestar) || manque *m* de confort.
incómodo, da *adj* incommode; *postura incómoda* position incommode || incommodant, e (molesto); *un calor incómodo* une chaleur incommodante || incommodé, e (que sufre incomodidad) || mal à l'aise *inv*; *encontrarse incómodo en una silla, en una reunión* se trouver mal à l'aise sur une chaise, dans une réunion || inconfortable; *cama incómoda* lit inconfortable.
incomparable *adj* incomparable.
incomparecencia *f* DR non-comparution, carence (ausencia) || DEP walk over *m*.
incompatibilidad *f* incompatibilité; *incompatibilidad de carácter* ou *de humor* incompatibilité d'humeur || MAT incompatibilité || DR *ley de incompatibilidades* loi sur le cumul de fonctions.
incompatible *adj* incompatible.
incompetencia *f* incompétence.
incompetente *adj* incompétent, e || DR *declarar incompetente* dessaisir (un tribunal).
incompleto, ta *adj* incomplet, ète || inachevé, e; *la Sinfonía incompleta de Schubert* la Symphonie inachevée de Schubert.
incomprendido, da *adj y s* incompris, e.
incomprensible *adj* incompréhensible, insaisissable; *ideas incomprensibles* idées insaisissables.
incomprensiblemente *adv* incompréhensiblement, de façon incompréhensible.

incomprensión *f* incompréhension.
incomprensivo, va *adj* incompréhensif, ive.
incompresibilidad *f* incompressibilité.
incompresible; incomprimible *adj* incompressible.
incomprobable *adj* incontrôlable, invérifiable.
incomunicación *f* DR mise au secret || manque *m* de communication || isolement *m* (aislamiento).
incomunicado, da *adj* mis, e au secret (preso) || privé, e de communications; isolé, e (aislado); *varios pueblos quedaron incomunicados después del terremoto* de nombreux villages restèrent isolés o privés de communications après le tremblement de terre.
incomunicar *v tr* mettre au secret (a un prisionero) || priver de communications, isoler (aislar).
 ◆ *v pr* s'isoler.
inconcebible *adj* inconcevable.
inconciliable *adj* inconciliable.
inconcluso, sa *adj* inachevé, e.
incondicional *adj y s* inconditionnel, elle.
inconexo, xa *adj* sans connexion, sans rapport; *asuntos inconexos entre sí* des affaires sans rapport entre elles.
inconfesable *adj* inavouable.
inconfeso, sa *adj* qui n'a pas avoué (un reo).
inconformidad *f* non-conformité.
inconformismo *m* non-conformisme.
inconformista *adj y s* non-conformiste.
inconfortable *adj* inconfortable.
inconfundible *adj* qui ne peut pas être confondu, caractéristique, particulier, ère; personnel, elle; *el estilo de este escritor es completamente inconfundible* le style de cet écrivain est tout à fait personnel || unique (único).
incongelable *adj* incongelable.
incongruencia *f* incongruité (inconveniencia) || MED incongruence.
incongruente *adj* incongru, e.
inconmensurable *adj* incommensurable || FAM *¡es inconmensurable!* il est impayable!
inconmovible *adj* inébranlable, inaltérable.
inconmutabilidad *f* incommutabilité.
inconquistable *adj* imprenable (plaza, pueblo, etc.) || incorruptible, inflexible (persona).
inconsciencia *f* inconscience.
inconsciente *adj y s* inconscient, e.
inconscientemente *adv* inconsciemment.
inconsecuencia *f* inconséquence.
inconsecuente *adj y s* inconséquent, e.
inconsiderado, da *adj y s* inconsidéré, e.
inconsistencia *f* inconsistance.
inconsistente *adj* inconsistant, e.
inconsolable *adj* inconsolable.
inconstancia *f* inconstance.
inconstante *adj* incertain (el tiempo).
 ◆ *adj y s* inconstant, e.
inconstitucional *adj* inconstitutionnel, elle.
inconstitucionalidad *f* inconstitutionnalité.
incontable *adj* inracontable (que no puede ser narrado) || incalculable, innombrable (difícil de contar).
incontaminado, da *adj* non contaminé, e.
incontenible *adj* irrépressible (irreprimible).

incontestable *adj* incontestable.
incontestado, da *adj* incontesté, e.
incontinencia *f* incontinence ‖ MED *incontinencia de orina* incontinence d'urine.
incontinente *adj* incontinent, e.
◆ *adv* incontinent.
incontrastable *adj* invincible (que no puede ser vencido) ‖ irréfutable, incontestable (irrefutable).
incontrolable *adj* incontrôlable (incomprobable).
incontrolado, da *adj* incontrôlé, e.
incontrovertible *adj* irréfutable, indiscutable, incontestable.
inconveniencia *f* inconvenance, malséance ‖ inconvénient *m*; *estas son las inconveniencias de tener tantos hijos* ce sont les inconvénients d'avoir tant d'enfants ‖ invraisemblance (inverosimilitud) ‖ grossièreté (grosería), impertinence, incongruité (insolencia).
inconveniente *adj* inconvenant, e; malséant, e; inconvenable *(p us)* ‖ impoli, e (desatento).
◆ *m* inconvénient; *no tengo inconveniente en que usted salga* je ne vois pas d'inconvénient à ce que vous sortiez ‖ raison *f* (motivo); *poner inconvenientes para* trouver des raisons pour; *encontrar inconvenientes a* trouver des raisons contre.
inconvertible *adv* inconvertible.
incordiar *v tr* FAM empoisonner, enquiquiner, assommer ‖ *¡no incordies!* ne sois pas si crampon! [à un enfant].
incordio *m* MED bubon ‖ FIG & FAM corvée *f*, enquiquinement, empoisonnement (molestia) ‖ enquiquineur, euse; casse-pieds *inv* (persona molesta).
incorporable *adj* incorporable.
incorporación *f* incorporation (acción de incorporar) ‖ redressement *m*, action de se mettre sur son séant après avoir été couché ‖ rattachement *m* (de un territorio) ‖ MIL *incorporación a filas* incorporation.
incorporado, da *adj* incorporé, e ‖ assis, e (en la cama).
incorporar *v tr* incorporer; *incorporar una materia a* ou *con otra* incorporer une matière à *o* avec une autre ‖ MIL incorporer ‖ rattacher; *incorporar Saboya a Francia* rattacher la Savoie à la France.
◆ *v pr* s'incorporer ‖ se redresser, s'asseoir dans son lit, se mettre sur son séant (cuando se está acostado) ‖ — MIL *incorporarse a filas* entrer sous les drapeaux ‖ *incorporarse a su cargo* rallier son poste.
incorpóreo, a *adj* incorporel, elle.
incorrección *f* incorrection.
incorrecto, ta *adj* incorrect, e.
incorregible *adj* incorrigible, indécrottable *(fam)*; *perezoso incorregible* paresseux indécrottable.
incorruptibilidad *f* incorruptibilité.
incorruptible *adj* incorruptible.
incorrupto, ta *adj* incorrompu, e; non corrompu, e ‖ FIG incorrompu, e; intact, e; entier, ère ‖ pur, e (mujer).
incredulidad *f* incrédulité.
incrédulo, la *adj y s* incrédule ‖ incroyant, e (en materia de religión).
increíble *adj* incroyable.

incrementar *v tr* augmenter, accroître, développer; *incrementar una renta, las exportaciones* augmenter un revenu, développer les exportations.
◆ *v pr* augmenter, se développer.
incremento *m* développement, accroissement; *el incremento de los intercambios comerciales* le développement des échanges commerciaux ‖ développement; *el incremento de un negocio* le développement d'un commerce ‖ accroissement, augmentation *f*; *el incremento de la renta* l'accroissement du revenu ‖ GRAM crément ‖ MAT accroissement ‖ *incremento térmico* élévation de la température.
increpador, ra *adj* qui réprimande.
increpar *v tr* réprimander sévèrement (reñir) ‖ apostropher (insultar).
incriminable *adj* incriminable.
incriminación *f* incrimination, accusation.
incriminar *v tr* incriminer, accuser.
incruento, ta *adj* non sanglant, e.
incrustación *f* incrustation.
incrustar *v tr* incruster; *incrustado con marfil, oro* incrusté d'ivoire, d'or.
◆ *v pr* s'incruster.
incubación *f* incubation.
incubador, ra *adj* incubateur, trice.
◆ *f* couveuse, incubateur *m*.
incubar *v intr* couver.
◆ *v tr* couver, incuber (empollar) ‖ MED couver; *incubar una enfermedad* couver une maladie.
incuestionable *adj* indubitable, incontestable.
inculcación *f* inculcation.
inculcador *adj y s* qui inculque.
inculcar *v tr* inculquer ‖ IMPR composer trop serré.
inculpabilidad *f* inculpabilité, absence de culpabilité ‖ DR *veredicto de inculpabilidad* verdict d'acquittement.
inculpación *f* inculpation.
inculpado, da *adj y s* inculpé, e.
inculpar *v tr* inculper, accuser.
incultivable *adj* incultivable.
inculto, ta *adj* inculte; *persona inculta* personne inculte ‖ incultivé, e; non cultivé, e (terreno).
◆ *m y f* ignorant, e.
incultura *f* manque *m* de culture, ignorance.
incumbencia *f* ressort *m*; *eso no es de mi incumbencia* cela n'est pas de mon ressort ‖ DR juridiction.
incumbir *v intr* incomber, être du ressort de; *eso te incumbe a ti* cela t'incombe.
incumplido, da *adj* inaccompli, e.
incumplimiento *m* inaccomplissement, non accomplissement ‖ manquement; *incumplimiento de la palabra dada* manquement à la parole donnée ‖ non-exécution *f*; *incumplimiento de una orden* non-exécution d'un ordre.
incumplir *v tr* ne pas accomplir, faillir à; manquer à; *incumplir una promesa* faillir à une promesse ‖ ne pas respecter, manquer à; *incumplir una regla* ne pas respecter une règle.
incunable *adj y s m* incunable (libro).
incurable *adj y s* incurable ‖ *hospital de incurables* les Incurables.

incurrir *v intr* encourir, attirer sur soi; *Fouquet incurrió en la desgracia de Luis XIV* Fouquet encourut la disgrâce de Louis XIV; *incurrir en castigo, en odio* encourir le châtiment, la haine || tomber; *incurrir en un error* tomber dans l'erreur || commettre; *incurrir en falta* commettre une erreur || — *incurrir en delito* se rendre coupable d'un délit || *incurrir en olvido* oublier.

— OBSERV Le verbe *incurrir* a un participe passé de forme irrégulière: *incurso*.

incursión *f* incursion || *incursiones aéreas* raids aériens.

incursionar *v intr* faire des incursions.

incurso, sa *adj* coupable; *incurso en falta* coupable d'une faute.

incuso, sa *adj y s* incuse (moneda, medalla).

indagación *f* investigation, recherche || DR enquête.

indagador, ra *adj y s* investigateur, trice; enquêteur, euse.

indagar *v tr* rechercher, faire des recherches sur, enquêter sur, s'enquérir de (investigar); *comisión para indagar las causas de la explosión* commission pour rechercher les causes de l'explosion.

indagatorio, ria *adj y s* DR relatif à l'enquête, d'enquête || *comisión indagatoria* commission d'enquête.

◆ *f* première déclaration de l'inculpé.

indebidamente *adv* indûment.

indebido, da *adj* indu, e (contra la razón o el uso) || illicite (ilícito) || *lo indebido* l'indu.

indecencia *f* indécence || obscénité.

indecente *adj* indécent, e || malhonnête (deshonesto) || grossier, ère; *palabras indecentes* paroles grossières || infâme; *comida indecente* repas infâme || incorrect, e; *actitud indecente* attitude incorrecte.

indecentemente *adv* indécemment || de façon incorrecte.

indecible *adj* indicible, inexprimable, ineffable || *lo indecible* au-delà de toute expression; *he sufrido lo indecible* j'ai souffert au-delà de toute expression.

indecisión *f* indécision.

indeciso, sa *adj* indécis, e.

indeclinable *adj* GRAM indéclinable || qu'on ne peut refuser (invitación).

indecoroso, sa *adj* irrévérencieux, euse || indécent, e.

indefectibilidad *f* indéfectibilité.

indefectible *adj* indéfectible.

indefendible; indefensable; indefensible *adj* indéfendable.

indefensión *f* manque *m* de défense.

indefenso, sa *adj* sans défense.

indefinible *adj* indéfinissable.

indefinido, da *adj y s m* indéfini, e || GRAM *artículo, pronombre indefinido* article, pronom indéfini | *pretérito indefinido* passé simple.

indeformable *adj* indéformable.

indeleble *adj* indélébile.

indemne *adj* indemne (ileso).

indemnidad *f* immunité (inmunidad) || indemnité (indemnización).

indemnizable *adj* indemnisable.

indemnización *f* indemnisation, dédommagement *m* (acción de indemnizar) || indemnité (compensación); *indemnización por despido* indemnité de licenciement.

indemnizado, da *adj* dédommagé, e; indemnisé, e.

indemnizar *v tr* indemniser, dédommager.

indemostrable *adj* indémontrable, improuvable.

independencia *f* indépendance || *con independencia de* indépendamment de, en marge de, en dehors de.

independentismo *m* indépendantisme.

independentista *adj y s* indépendantiste.

independiente *adj y s* indépendant, e.

independientemente *adv* indépendamment.

independizar *v tr* rendre indépendant, émanciper.

◆ *v pr* s'émanciper.

indescifrable *adj* indéchiffrable.

indescriptible *adj* indescriptible.

indeseable *adj y s* indésirable.

indestructibilidad *f* indestructibilité.

indestructible *adj* indestructible.

indeterminable *adj* indéterminable.

indeterminación *f* indétermination.

indeterminado, da *adj* indéterminé, e || GRAM indéfini, e (artículo, pronombre).

indeterminismo *m* indéterminisme.

indexación; indización *f* indexation, indexage *m*.

indexar; indizar *v tr* indexer.

India *n pr f* GEOGR Inde.

indiana *f* indienne (tela).

Indiana *n pr* GEOGR Indiana.

indianismo *m* indianisme.

indiano, na *adj* indien, enne (de América).

◆ *m y f* Indien, enne.

◆ *m* se dit de celui qui revient d'Amérique après avoir fait fortune, oncle d'Amérique (*fam*).

— OBSERV L'adjectif et le substantif *indien* (de l'Inde ou d'Amérique) se traduisent de préférence par *indio, a*.

Indias *n pr f pl* GEOGR Amérique *sing* || *tener un tío en Indias* avoir un oncle d'Amérique.

— OBSERV À l'époque de la colonisation, *las Indias* était le terme courant pour désigner *l'Amérique*. On retrouve cette dénomination dans des institutions telles que *los Archivos de Indias, el Consejo de Indias*, etc.

indicación *f* indication || repère *m* (señal).

indicado, da *adj* indiqué, e.

indicador, ra *adj* indicateur, trice || *lámpara indicadora* lampe témoin.

◆ *m* indicateur || — *indicador de carretera* panneau de signalisation || *indicador de dirección* clignotant (auto) || *indicador de encendido* voyant d'allumage || *indicador de escape de gas* indique-fuites || *indicador de fichero* cavalier (para clasificar) || *indicador de horarios* tableau horaire (de trenes) || *indicador de nivel* indicateur de niveau, jauge || AUTOM *indicador de velocidad* compteur de vitesse || *indicador económico* indicateur économique.

◆ *f* panneau *m* indicateur (señal).

indicar *v tr* indiquer; *indicar con el dedo* indiquer du doigt.

indicativo, va *adj y s m* indicatif, ive || GRAM *modo indicativo* mode indicatif.

índice *m* indice, signe (indicio) ‖ index, table *f* des matières (tabla) ‖ catalogue (de una biblioteca) ‖ index (dedo de la mano) ‖ aiguille *f*, index (aguja de un cuadrante) ‖ MAT indice (de una raíz) ‖ taux; *índice de alcohol* taux d'alcool (en la sangre) ‖ taux, indice (coeficiente); *índice de incremento* taux d'accroissement; *índice de mortalidad* taux de mortalité; *índice de natalidad* taux de natalité; *índice de siniestrabilidad* taux de fréquence des sinistres ‖ indice; *índice bursátil* indice boursier; *índice del coste de la vida* indice du coût de la vie; *índice de precios* indice des prix; *índice de precios al consumo (IPC)* indice des prix à la consommation (I.P.C.) ‖ RELIG index; *meter ou poner en el índice* mettre à l'index.

indiciario, ria *adj* DR indiciaire.

indicio *m* indice ‖ trace *f*; *descubrir indicios de albúmina* déceler des traces d'albumine.

índico, ca *adj* indien, enne; *océano Índico* océan Indien.

indiferencia *f* indifférence.

indiferenciado, da *adj* indifférencié, e.

indiferente *adj y s* indifférent, e; *dejar indiferente* laisser indifférent.

indiferentemente *adv* indifféremment.

indígena *adj y s* indigène.

indigencia *f* indigence, dénuement *m*; *estar en la indigencia más completa* être dans le plus complet dénuement.

indigenismo *m* indigénisme.
— OBSERV L'*indigénisme* est un mouvement politique et littéraire d'Amérique latine en faveur des indigènes.

indigenista *adj y s* indigéniste.

indigente *adj y s* indigent, e.

indigestarse *v pr* ne pas bien digérer; *se le indigestó la comida* il n'a pas bien digéré le repas ‖ FIG & FAM ne pas pouvoir digérer *o* sentir [une personne].

indigestión *f* indigestion; *padecer una indigestión* avoir une indigestion.

indigesto, ta *adj* indigeste ‖ FIG indigeste, confus, e (confuso).

indignación *f* indignation.

indignado, da *adj* indigné, e.

indignante *adj* révoltant, e (que indigna).

indignar *v tr* indigner.
◆ *v pr* s'indigner; *indignarse de ou por algo* s'indigner de quelque chose; *indignarse con ou contra alguno* s'indigner de *o* contre quelqu'un ‖ *¡es para indignarse!* c'est révoltant, c'est rageant! (fam).

indigno, na *adj* indigne.

índigo *m* indigo (color) ‖ indigotier (planta).

indilgar *v tr* → endilgar.

indio, dia *adj* indien, enne (de la India) ‖ indien, enne (de América) ‖ — FIG *en fila india* en file indienne.
◆ *m y f* Indien, enne ‖ — FAM *hablar como los indios* parler petit-nègre ‖ *hacer el indio* faire le zouave ‖ *(amer) salirle a uno el indio de adentro*, *subírsele a uno el indio* avoir la moutarde qui monte au nez.
◆ *m* indium (metal) ‖ *(amer)* CULIN *indio viejo* ragoût au maïs et aux herbes.

indirecta *f* allusion, insinuation; *echar indirectas* faire des allusions ‖ FAM pique, coup *m* de patte; *tirar indirectas* lancer *o* envoyer des piques ‖ FAM *indirecta del padre Cobos* allusion sans détours.

indirecto, ta *adj* indirect, e ‖ GRAM *complemento indirecto* complément indirect | *estilo indirecto* style indirect.

indiscernible *adj* indiscernable.

indisciplina *f* indiscipline.

indisciplinado, da *adj* indiscipliné, e.

indiscreción *f* indiscrétion.

indiscreto, ta *adj y s* indiscret, ète.

indiscriminadamente *adv* sans discrimination.

indiscriminado, da *adj* indistinct, e.

indiscutible *adj* indiscutable ‖ incontestable; *prueba indiscutible* preuve incontestable ‖ incontesté, e; *verdad indiscutible* vérité incontestée.

indiscutiblemente *adv* indiscutablement ‖ incontestablement, sans conteste.

indisociable *adj* indissociable.

indisolubilidad *f* indissolubilité.

indisoluble *adj* indissoluble.

indispensable *adj* indispensable.

indisponer* *v tr* indisposer, incommoder (hacer enfermar) ‖ FIG indisposer; *indisponer con* indisposer contre.
◆ *v pr* être indisposé, e ‖ FIG se fâcher; *indisponerse con uno* se fâcher avec quelqu'un ‖ *se ha indispuesto* il a été indisposé.

indisponibilidad *f* indisponibilité.

indisposición *f* indisposition.

indispuesto, ta *adj* indisposé, e ‖ *sentirse indispuesto* être pris de malaise, éprouver un malaise.

indistinguible *adj* qu'on ne peut distinguer.

indistinto, ta *adj* indistinct, e.

individual *adj* individuel, elle.
◆ *m* simple (tenis); *individual caballeros* simple messieurs.

individualidad *f* individualité, individuation.

individualismo *m* individualisme.

individualista *adj y s* individualiste.

individualización *f* individualisation.

individuar; individualizar *v tr* individualiser.

individuo, dua *adj* individuel, elle.
◆ *m* individu ‖ membre (de una corporación, de una academia) ‖ FAM individu (hombre indeterminado o la persona propia) ‖ personne *f*; *cuidar bien de su individuo* bien soigner sa personne.

indivisibilidad *f* indivisibilité.

indivisible *adj* indivisible.

indivisión *f* indivision.

indiviso, sa *adj* indivis, e ‖ DR *pro indiviso* par indivis, indivisement.

indización *f* → indexación.

indizar *v tr* → indexar.

indócil *adj* indocile.

indocumentado, da *adj* sans papiers *o* pièces d'identité, dépourvu de pièces d'identité, qui n'a pas de pièces d'identité.
◆ *m y f* personne dépourvue de pièces d'identité ‖ FAM *es un indocumentado* c'est un ignare, il ne sait rien du tout, il ne connaît rien à rien.

Indochina *n pr f* GEOGR Indochine.

indochino, na *adj* indochinois, e.
◆ *m y f* Indochinois, e.

indoeuropeo, a *adj* indo-européen, enne.
◆ *m* y *f* Indo-Européen.
indogermánico, ca *adj* y *s* indo-germanique.
índole *f* caractère *m*, naturel *m* (idiosincrasia); *ser de mala índole* avoir mauvais caractère, être d'un naturel méchant ‖ genre *m*, sorte; *regalos de toda índole* cadeaux de toutes sortes o en tous genres ‖ caractère *m*, nature; *dada la índole de nuestra revista* étant donné le caractère de notre revue ‖ *personas de la misma índole* personnes du même acabit o de la même espèce.
indolencia *f* indolence.
indolente *adj* y *s* indolent, e.
indolentemente *adv* indolemment, avec indolence.
indoloro, ra *adj* indolore.
indomable; indomeñable *adj* indomptable.
indomesticable *adj* inapprivoisable.
indómito, ta *adj* indompté, e (no domado) ‖ indomptable (indomable).
Indonesia *n pr f* GEOGR Indonésie.
indonesio, sia *adj* indonésien, enne.
◆ *m* y *f* Indonésien, enne.
indubitable *adj* indubitable.
inducción *f* induction ‖ — FÍS *inducción electrodinámica* induction dynamo-électrique ‖ *inducción electromagnética* induction électromagnétique.
inducido, da *adj* y *s m* ELECTR induit, e.
inducir* *v tr* induire; *inducir en error* induire en erreur ‖ pousser, conduire, amener (mover a); *indúzcalo a que lo haga* amenez-le à le faire ‖ induire *(p us)*, déduire, conclure (deducir) ‖ ELECTR induire.
inductividad *f* FÍS inductivité.
inductivo, va *adj* inductif, ive.
inductor, ra *adj* y *s m* inducteur, trice.
indudable *adj* indubitable.
indulgencia *f* indulgence; *conceder indulgencia plenaria* accorder une indulgence plénière.
indulgente *adj* indulgent, e; *indulgente con* ou *hacia* indulgent pour o envers o à.
indultar *v tr* gracier.
indulto *m* grâce *f*, remise *f* de peine; *petición de indulto* recours en grâce ‖ indult (del Papa).
indumentaria *f* vêtement *m*, costume *m*, habillement *m* (vestido) ‖ histoire du costume (estudio).
industria *f* industrie ‖ habileté, industrie (maña) ‖ — *industria clave* industrie clef ‖ *industria conservera* conserverie ‖ *industria molinera* minoterie, meunerie ‖ *industria pesada* industrie lourde ‖ *industria siderúrgica* industrie sidérurgique ‖ — *caballero de industria* chevalier d'industrie ‖ *de industria* exprès, à dessein.
industrial *adj* y *s m* industriel, elle.
industrialismo *m* industrialisme.
industrialización *f* industrialisation.
industrializar *v tr* industrialiser.
◆ *v pr* s'industrialiser.
industrioso, sa *adj* industrieux, euse.
INE abrev de `Instituto Nacional de Estadística` Institut national de la statistique [Espagne].
inecuación *f* MAT inéquation.
inédito, ta *adj* y *s m* inédit, e; *algo inédito* de l'inédit.
INEF abrev de *Instituto Nacional de Educación Física* Institut national d'éducation physique [Espagne].

inefabilidad *f* ineffabilité.
inefable *adj* ineffable.
ineficacia *f* inefficacité.
ineficaz *adj* inefficace.
ineficiencia *f* inefficacité (ineficacia).
ineficiente *adj* inefficace, non performant, e.
inejecución *f* inexécution.
inelegible *adj* inéligible.
ineluctable *adj* inéluctable.
ineludible *adj* inéluctable, inévitable.
Inem abrev de *Instituto Nacional de Empleo* Institut national de l'emploi [Espagne].
inembargabilidad *f* DR insaisissabilité.
inembargable *adj* DR insaisissable.
inenarrable *adj* inénarrable.
ineptitud *f* ineptie (necedad) ‖ inaptitude (falta de aptitud).
inepto, ta *adj* inepte.
◆ *m* FAM incapable, nullité *f*.
inequívoco, ca *adj* indubitable, évident, e; non équivoque; *inequívocas señales de ebriedad* des signes évidents d'ébriété.
inercia *f* inertie ‖ MECÁN *fuerza de inercia* force d'inertie.
inerme *adj* BOT & ZOOL inerme ‖ désarmé; e; sans armes (sin armas).
inerte *adj* inerte.
inescrutable; inescrudriñable *adj* insondable, impénétrable (insondable); *los caminos del Señor son inescrutables* les voies du Seigneur sont insondables.
inesperadamente *adv* de façon inespérée ‖ subitement; *murió inesperadamente* il mourut subitement.
inesperado, da *adj* inespéré, e; inattendu, e.
inestabilidad *f* instabilité.
inestable *adj* y *s* instable.
inestimable *adj* inestimable.
inestimado, da *adj* inestimé, e.
inevitable *adj* inévitable.
inexactitud *f* inexactitude.
inexacto, ta *adj* inexact, e.
inexcusable *adj* inexcusable.
inexigibilidad *f* inexigibilité.
inexigible *adj* inexigible.
inexistencia *f* inexistence.
inexistente *adj* inexistant, e.
inexorabilidad *f* inexorabilité.
inexorable *adj* inexorable.
inexperiencia *f* inexpérience.
inexperto, ta; inexperimentado, da *adj* inexpérimenté, e.
inexpiado, da *adj* inexpié, e.
inexplicable *adj* inexplicable.
inexplicado, da *adj* inexpliqué, e.
inexplorable *adj* inexplorable.
inexplorado, da *adj* inexploré, e.
inexplotable *adj* inexploitable.
inexplotado, da *adj* inexploité, e.
inexpresable *adj* inexprimable.
inexpresivo, va *adj* inexpressif, ive.
inexpugnable *adj* inexpugnable, imprenable.
in extenso *loc adv* in extenso.

inextinguible *adj* inextinguible, inapaisable; *sed inextinguible* soif inextinguible.
inextirpable *adj* inextirpable.
in extremis *loc adv* in extremis.
inextricable *adj* inextricable.
infalibilidad *f* infaillibilité; *infalibilidad pontificia* infaillibilité pontificale.
infalible *adj* infaillible.
infaliblemente *adv* infailliblement, immanquablement.
infalsificable *adj* infalsifiable.
infamador, ra *adj y s* diffamateur, trice.
infamar *v tr* rendre infâme.
◆ *v pr* se rendre infâme.
infamatorio, ria *adj* infamant, e.
infame *adj y s* infâme.
infamia *f* infamie.
infancia *f* enfance; *ha vuelto a la infancia* il est retombé en enfance ‖ FIG enfance (principio); *la infancia del mundo* l'enfance du monde ‖ — *en la primera infancia* en bas âge ‖ FIG *no estás en la primera infancia* tu n'es plus un gamin, tu n'es plus une gamine.
infanta *f* infante (hija del rey o esposa de un infante) ‖ fillette (niña).
infante *m* enfant (niño) ‖ infant (hijo de rey) ‖ fantassin (soldado de infantería).
infantería *f* MIL infanterie ‖ — *infantería de marina* infanterie de marine ‖ *infantería ligera* infanterie légère ‖ *infantería motorizada* infanterie portée.
infanticida *adj y s* infanticide.
infanticidio *m* infanticide (asesinato).
infantil *adj* infantile; *enfermedad infantil* maladie infantile ‖ enfantin, e; puéril, e (inocente); *comportamiento infantil* conduite enfantine ‖ — *literatura infantil* littérature pour enfants ‖ DEP *prueba para infantiles* épreuve catégorie enfants o minimes.
infantilismo *m* infantilisme.
infantiloide *adj* atteint, e d'infantilisme.
infarto *m* MED engorgement (aumento) | infarctus; *infarto del miocardio, mesentérico, pulmonar* infarctus du myocarde, mésentérique, pulmonaire.
infatigable *adj* infatigable; *infatigable en el trabajo* infatigable au travail.
infatuación *f* infatuation (engreimiento).
infatuar *v tr* rendre fat o arrogant, e; infatuer *(p us)*.
◆ *v pr* s'infatuer, s'engouer ‖ s'enorgueillir, se griser; *infatuarse con un éxito* s'enorgueillir d'un succès ‖ *infatuarse con los aplausos* être grisé par les applaudissements.
infausto, ta *adj* malheureux, euse.
infección *f* infection.
infeccioso, sa *adj* infectueux, euse; *enfermedad infecciosa* maladie infectieuse.
infectar *v tr* infecter; *llaga infectada* plaie infectée.
infecto, ta *adj* infect, e (pestilente) ‖ infecté, e (inficionado).
infecundo, da *adj* infécond, e.
infelicidad *f* malheur *m*, infortune.
infeliz *adj y s* malheureux, euse (desgraciado) ‖ FAM brave (bondadoso) ‖ *es un infeliz* c'est un pauvre type.

inferencia *f* conséquence (ilación) ‖ FILOS inférence (razonamiento).
inferior *adj y s* inférieur, e.
inferioridad *f* infériorité ‖ *complejo de inferioridad* complexe d'infériorité.
inferir* *v tr* inférer *(p us)*, déduire, induire (sacar una consecuencia); *de ello infiero que* j'en déduis que, de cela j'induis que ‖ causer, occasionner (llevar consigo) ‖ causer, faire (hacer); *inferir una herida, un agravio* faire une blessure, causer un tort.
infernal *adj* infernal, e ‖ FIG infernal, e; d'enfer; *ruido infernal* bruit infernal o d'enfer ‖ *fuego infernal* feu d'enfer.
infestar *v tr* infester (causar estragos) ‖ infecter (corromper).
◆ *v pr* être infesté, e.
infesto, ta *adj* nuisible.
infidelidad *f* infidélité ‖ manque *m* de loyauté ‖ les infidèles *m pl* (no católicos).
infiel *adj y s* infidèle ‖ *infiel con* ou *a* ou *para* ou *para con sus promesas* infidèle à ses promesses.
infierno *m* enfer; *ir al infierno* aller en enfer ‖ FIG & FAM enfer ‖ TECN enfer (en la extracción del aceite de oliva) ‖ — FAM *anda* ou *vete al infierno* va-t'en au diable ‖ *el camino del infierno está empedrado de buenas intenciones* l'enfer est pavé de bonnes intentions ‖ FAM *en el quinto infierno, en los quintos infiernos* aux cinq diables, au diable vauvert, au diable, à tous les diables.
◆ *pl* enfers (mitología).
infiltración *f* infiltration ‖ FIG noyautage *m* (entre los adversarios).
infiltrado *m* MED infiltrat.
infiltrar *v tr* faire s'infiltrer ‖ FIG insinuer, suggérer (infundir).
◆ *v pr* s'infiltrer.
— OBSERV El verbo francés *infiltrer* no puede ser más que pronominal.
ínfimo, ma *adj* infime.
infinidad *f* infinité ‖ FIG & FAM foule, infinité; *una infinidad de cosas* une foule de choses.
infinitamente *adv* infiniment.
infinitesimal; infinitésimo, ma *adj* infinitésimal, e.
infinitivo, va *adj y s m* infinitif, ive.
infinito, ta *adj y s m* infini, e.
◆ *adv* infiniment, beaucoup; *lo celebro infinito* je m'en réjouis infiniment ‖ *a lo infinito* à l'infini, infiniment.
inflación *f* inflation (monetaria) ‖ *(p us)* gonflement *m* (hinchamiento) ‖ FIG vanité, orgueil *m* (vanidad).
inflacionario, ria *adj* inflationniste.
inflacionismo *m* inflationnisme.
inflacionista *adj y s* inflationniste.
inflado *m* gonflage (de un neumático), gonflement (globo, etc.).
inflamable *adj* inflammable.
inflamación *f* inflammation.
inflamar *v tr* enflammer.
◆ *v pr* s'enflammer.
inflamatorio, ria *adj* MED inflammatoire.
inflar *v tr* enfler, gonfler; *el viento infla las velas* le vent gonfle les voiles; *inflar un neumático, un globo* gonfler un pneu, un ballon ‖ FIG enfler, gros-

sir, exagérer (exagerar) | remplir o gonfler d'orgueil (envanecer).
- *v pr* se gonfler, s'enfler (hincharse) || FIG se rengorger, se gonfler, être bouffi d'orgueil; *inflarse con un éxito* se rengorger à la suite d'un succès.

inflexibilidad *f* inflexibilité (firmeza).
inflexible *adj* inflexible.
inflexión *f* inflexion.
inflexivo, va; inflexo, xa *adj* infléchi, e.
infligir *v tr* infliger; *infligir una multa de* infliger une amende de.
influencia *f* influence || *ejercer influencia en* influencer, avoir une influence sur.
influenciar *v tr* influencer (influir).
influente *adj* influent, e.
influenza *f* MED influenza, grippe.
influir* *v intr* influer, avoir une influence; *el clima influye en* ou *sobre la vegetación* le climat a une influence sur la végétation || FIG influencer.
influjo *m* influence *f* (influencia) || flux (flujo de la marea) || influx, influxion *f*; *influjo nervioso, físico* influx nerveux, physique.
influyente *adj* influent, e.
infografía *f* infographie.
información *f* information (noticia) || renseignement *m* (teléfono, etc.) || DR enquête (judicial) | information, informé *m* (penal) || — DR *información de derecho* ou *en derecho* information authentique | *información sumaria* information sommaire, procès-verbal || *información deportiva* rubrique sportive || — *a título de información* à titre de renseignement o d'information || *de información* pour mémoire || *servicio de información* service de presse (prensa), service de renseignements (que informa).
- *pl* informations (radio, televisión) || références (de un criado) || renseignements *m* (teléfono).
informacional *adj* informationnel, elle; de l'information.
informado, da *adj* informé, e; *fuentes bien informadas* sources bien informées || renseigné, e || avec des références; *se necesita criada bien informada* on demande domestique avec de sérieuses références o ayant de bonnes références.
informador, ra *adj y s* informateur, trice || *informador de la policía* indicateur de police || *informador gráfico* reporter, journaliste.
- *m (amer)* rapporteur (ponente).
informal *adj* peu sérieux, euse || qui manque d'exactitude (no puntual).
- *m y f* fumiste (poco formal).
informalidad *f* manque *m* de sérieux, de tenue, de ponctualité; légèreté.
informante *adj* informant, e (que informa).
- *m* informateur (que da informaciones), rapporteur (de una comisión).
informar *v tr* informer, instruire || faire savoir; *los cosmonautas informaron que todo se hallaba bien* les cosmonautes firent savoir que tout allait bien || renseigner; *informar a un transeúnte* renseigner un passant || informer (filosofía) || *informar a la dirección* en référer à la direction.
- *v intr* DR informer de o sur (un crimen, etc.) | instruire (instruir) | plaider (un abogado) || rap-porter; *informar de las decisiones de una comisión* rapporter les décisions d'une commission.
- *v pr* s'informer, se renseigner; *infórmense en nuestras oficinas* renseignez-vous dans nos bureaux || aller aux renseignements (buscar informaciones) || prendre des renseignements; *informarse sobre una criada* prendre des renseignements sur une domestique.
informática *f* informatique.
informático, ca *adj* informatique.
- *m y f* informaticien, enne.
informativo, va *adj* qui informe o renseigne, d'information, de renseignements; *servicios informativos de la televisión* services d'information de la télévision.
informatización *f* informatisation.
informatizar *v tr y pr* informatiser.
informe *adj* informe.
- *m* information *f*, renseignement; *pedir informes de* ou *sobre* demander des renseignements sur; *tomar informes* prendre des renseignements || rapport (de policía, etc.); *el informe de la Comisión* le rapport de la Commission || MIL rapport || mémoire; *informe sobre la ley agraria* mémoire sur la loi agraire || DR plaidoyer, plaidoirie *f* (exposición); *informe forense, jurídico* plaidoirie, rapport judiciaire | dossier (expediente) | réquisition *f*, réquisitoire, acte d'accusation (del fiscal) || — *informe de peritos* rapport des experts, expertise || *hacer un informe* rapporter, faire un rapport.
- *pl* références *f* (de un empleado).
informulable *adj* informulable, indicible [littéraire].
infortunadamente *adv* malheureusement.
infortunado, da *adj y s* infortuné, e; malheureux, euse (desgraciado); *el infortunado dejó de existir en el hospital* le malheureux cessa de vivre à l'hôpital.
infortunio *m* infortune *f*.
infracción *f* infraction.
infractor *m* infracteur, transgresseur.
infracturable *adj* incrochetable (puerta, etc.).
infraespinoso, sa *adj y s m* MED infra-spinal, e.
infraestructura *f* infrastructure.
in fraganti *loc adv* en flagrant délit, sur le fait; *coger* ou *pillar a uno in fraganti* prendre quelqu'un en flagrant délit.
infrahumano, na *adj* infrahumain, e; inhumain, e || *condiciones infrahumanas de vida* conditions de vie inhumaines.
infranqueable *adj* infranchissable.
infrarrojo, ja *adj y s m* FÍS infrarouge.
infrasonido *m* FÍS infra-son.
infrasonoro, ra *adj* FÍS infrasonore.
infrautilizar *v tr* sous-utiliser.
infravalorar *v tr* sous-estimer, sous-évaluer, mésestimer.
infrecuente *adj* rare, inhabituel, elle; peu fréquent, e.
infringir *v tr* enfreindre, transgresser.
infructuoso, sa *adj* infructueux, euse; *esfuerzo infructuoso* effort infructueux.
ínfulas *f pl* infules (antiguo ornamento sacerdotal) || fanons *m* (de mitra episcopal) || FIG prétention *sing*, vanité *sing* || — FAM *darse ínfulas de gran señor*

infumable *adj* infumable ‖ FAM imbuvable (insoportable).

jouer les grands seigneurs | *se da* ou *tiene muchas ínfulas* il ne se prend pas pour n'importe qui.

infundado, da *adj* sans fondement, non fondé, e.

infundio *m* fausse nouvelle *f*, bobard (*fam*).

infundioso, sa *adj* mensonger, ère.

infundir *v tr* inspirer, communiquer, infuser (*p us*); *infundir terror, unas dudas, respeto* inspirer la terreur, des doutes, le respect ‖ donner; *infundir ánimo* donner du courage ‖ inculquer; *consiguió infundirme sus ideas* il a réussi à m'inculquer ses idées ‖ *infundir sospechas* éveiller des soupçons.

infusión *f* infusion.

infuso, sa *adj* infus, e; *ciencia infusa* science infuse.

ingeniar *v tr* inventer (imaginar).
◆ *v pr* s'ingénier; *ingeniarse para vivir decentemente* s'ingénier à vivre décemment ‖ *ingeniárselas* s'arranger; *siempre se las ingenia para no trabajar* il s'arrange toujours pour ne pas travailler.

ingeniería *f* génie *m* civil ‖ *ingeniería genética* ingénierie o génie génétique ‖ *obra de ingeniería* réalisation technique.

ingeniero, ra *m y f* ingénieur *m* ‖ — *ingeniero agrónomo* ingénieur agronome ‖ *ingeniero civil* ingénieur civil ‖ *ingeniero consultor* ingénieur-conseil ‖ *ingeniero de caminos, canales y puertos* ingénieur des ponts et chaussées ‖ *ingeniero de minas* ingénieur des mines ‖ *ingeniero de montes* ingénieur des eaux et forêts ‖ *ingeniero de sonido* ingénieur du son ‖ *ingeniero de telecomunicaciones* ingénieur des télécommunications ‖ *ingeniero industrial* ingénieur industriel o de fabrication ‖ *ingeniero naval* ou *de la armada* ingénieur du Génie maritime ‖ *ingeniero químico* ingénieur chimiste ‖ *ingeniero técnico* technicien supérieur ‖ — *cuerpo de ingenieros militares, navales* génie militaire, maritime.

ingenio *m* génie (habilidad, talento) ‖ génie, personne *f* de génie (persona) ‖ esprit (agudeza); *tener ingenio* avoir de l'esprit ‖ ingéniosité *f*, habileté *f*, adresse *f* (habilidad); *el ingenio de un inventor* l'ingéniosité d'un inventeur ‖ engin; *ingenio espacial* engin spatial ‖ TECN presse *f* à rogner (máquina de encuadernación) ‖ — *ingenio de azúcar* sucrerie, raffinerie de sucre ‖ — FIG *afilar* ou *aguzar el ingenio* se creuser la tête o la cervelle.

ingeniosidad *f* ingéniosité; *la ingeniosidad de un mecanismo* l'ingéniosité d'un mécanisme ‖ FIG subtilité *f* (sutileza).

ingenioso, sa *adj* ingénieux, euse (hábil) ‖ spirituel, elle (divertido) ‖ — *echárselas de ingenioso, mostrarse ingenioso* faire de l'esprit ‖ *salida ingeniosa* mot o trait d'esprit ‖ *ser ingenioso* avoir de l'esprit o de l'idée.

ingente *adj* très grand, e; énorme; *ingentes recursos mineros* d'énormes ressources minières.

ingenuidad *f* ingénuité, naïveté.

ingenuo, nua *adj y s* ingénu, e; naïf, ïve.
◆ *f* TEATR ingénue (dama joven).

ingerencia *f* ingérence.

ingerir* *v tr* ingérer, avaler.

ingestión *f* ingestion.

Inglaterra *n pr f* GEOGR Angleterre.

ingle *f* ANAT aine.

inglés, esa *adj* anglais, e ‖ *patatas fritas a la inglesa* chips.
◆ *m y f* Anglais, e.
◆ *m* anglais (lengua); *hablar inglés* parler anglais.
◆ *f* anglaise (letra).

ingobernable *adj* ingouvernable.

ingratitud *f* ingratitude; *mostrar ingratitud* payer d'ingratitude, faire preuve d'ingratitude.

ingrato, ta *adj y s* ingrat, e; *ingrato con* ou *para con* ingrat envers ‖ — *de ingratos está lleno el mundo* le monde est plein d'ingrats ‖ *hijo ingrato* fils ingrat.

ingravidez *f* impondérabilité (que no se puede pesar) ‖ apesanteur, absence de pesanteur, non-pesanteur (sin gravedad).

ingrávido, da *adj* sans poids, léger, ère ‖ sans pesanteur (hacia la Tierra).

ingrediente *m* ingrédient.
◆ *m pl* (*amer*) amuse-gueule *inv*.

ingresado, da *adj* encaissé, e (dinero) ‖ reçu, e; admis, e (a un examen) ‖ *candidato no ingresado* candidat non admis o malheureux.

ingresar *v intr* rentrer (dinero, fondos) ‖ entrer, être admis, e (en una academia, escuela, hospital); *falleció a poco de ingresar en el hospital* il mourut peu après avoir été admis à l'hôpital; *ingresar en la Universidad* entrer à l'université ‖ *este mes han ingresado en caja mil pesetas* ce mois-ci la recette a été de mille pesetas.
◆ *v tr* déposer, mettre, porter, verser; *ingresar dinero en el banco* déposer de l'argent à la banque; *ingresar una cantidad en cuenta* porter une somme en compte ‖ *ingresar en caja* encaisser.
◆ *v pr* (*amer*) s'engager (alistarse).

ingreso *m* entrée *f* (entrada) ‖ admission *f* (en una academia, escuela, hospital) ‖ COM recette *f*, encaissement, rentrée *f* (de dinero) ‖ encaisse *f* (caudal) | dépôt (depósito) | versement (en una cuenta corriente) ‖ — *examen de ingreso* examen d'entrée ‖ *examen de ingreso en el bachillerato* examen d'entrée en sixième ‖ — *estar en ingreso* être en septième (colegio).
◆ *pl* recettes *f*, revenus; *ingresos brutos* revenus bruts ‖ COM *gastos e ingresos* entrées et sorties.

inguinal; inguinario, ria *adj* inguinal, e.

ingurgitar *v tr* ingurgiter (engullir).

inhábil *adj* inhabile; *inhábil en* inhabile à ‖ DR incapable, inhabile ‖ — *día inhábil* jour férié o chômé ‖ *hora inhábil* heure de fermeture.

inhabilitación *f* DR déclaration d'incapacité o d'inhabilité, déchéance.

inhabilitar *v tr* DR déclarer incapable; *inhabilitar a uno para ejercer una función* déclarer quelqu'un incapable d'exercer une fonction ‖ interdire (prohibir); *inhabilitar a uno de ejercer un oficio* interdire à quelqu'un l'exercice d'un métier.
◆ *v pr* devenir inhabile.

inhabitable *adj* inhabitable.

inhabitado, da *adj* inhabité, e (deshabitado).

inhabitual *adj* inhabituel, elle.

inhalación *f* inhalation.

inhalador, ra *adj y s m* inhalateur, trice.

inhalar *v tr* inhaler.

inherente *adj* inhérent, e; *inherente al cargo que ocupa* inhérent au poste qu'il occupe.
inhibición *f* inhibition (fisiológica o psíquica) ‖ refoulement *m* (de las tendencias condenables).
inhibidor, ra *adj* inhibiteur, trice.
◆ *m* QUÍM inhibiteur.
inhibir *v tr* DR mettre opposition à ‖ MED inhiber (un proceso fisiológico o psicológico) ‖ refouler (las tendencias condenables).
◆ *v pr* s'abstenir de, se soustraire à.
inhibitorio, ria *adj* DR inhibitoire ‖ inhibiteur, inhibitif, ive; inhibiteur, trice.
inhóspito, ta *adj* inhospitalier, ère.
inhumación *f* inhumation.
inhumano, na *adj* inhumain, e.
inhumar *v tr* inhumer.
INI abrev de *Instituto Nacional de Industria* Institut national de l'industrie [Espagne].
iniciación *f* initiation; *iniciación a la filosofía, religiosa* initiation à la philosophie, religieuse ‖ commencement *m*, début *m* (principio) ‖ mise en train, mise en route (puesta en marcha); *negociaciones con vistas a la iniciación de intercambios comerciales* négociations en vue de la mise en route d'échanges commerciaux ‖ déclenchement *m* (brusco); *iniciación de un ataque* déclenchement d'une attaque.
iniciado, da *adj y s* initié, e; *los iniciados* les initiés.
iniciador, ra *adj y s* initiateur, trice.
inicial *adj* initial, e; *palabras iniciales* mots initiaux ‖ *desembolso inicial* premier versement.
◆ *f* initiale (letra).
inicialización *f* INFORM initialisation.
inicializar *v tr* INFORM initialiser.
iniciar *v tr* initier; *iniciar a uno en* initier quelqu'un à ‖ commencer, entamer, amorcer; *iniciar conversaciones* entamer des conversations ‖ déclencher (bruscamente).
◆ *v pr* s'initier; *iniciarse en grafología* s'initier à la graphologie ‖ commencer, être entamé *o* amorcé; *se inició el debate* le débat commença *o* fut entamé.
iniciativa *f* initiative; *iniciativa privada* initiative privée ‖ *obrar por propia iniciativa* agir de son propre chef *o* de son propre mouvement *o* de sa propre initiative.
inicio *m* commencement, début.
inicuo, cua *adj* inique.
inigualable *adj* inégalable.
inigualado, da *adj* inégalé, e.
inimaginable *adj* inimaginable.
inimitable *adj* inimitable.
ininflamable *adj* ininflammable.
ininteligencia *f* inintelligence.
ininteligente *adj* inintelligent, e.
ininteligibilidad *f* inintelligibilité.
ininteligible *adj* inintelligible.
ininterrupción *f* ininterruption.
ininterrumpido, da *adj* ininterrompu, e.
iniquidad *f* iniquité.
injerencia *f* ingérence ‖ *derecho de injerencia* droit d'ingérence.
injerir *v tr* insérer, introduire (injertar).
◆ *v pr* s'ingérer.

injertable *adj* qui peut être greffé, e.
injertado, da *adj* greffé, e.
injertar *v tr* greffer.
injerto *m* AGRIC greffe *f*; *injerto de corona, de escudete, de púa, de aproximación, por empalme* greffe en couronne, en écusson, en fente, par approche, en placage | greffon (yema implantada) | greffage (acción) ‖ MED greffe *f*; *injerto de la córnea* greffe de la cornée | greffon.
injuria *f* injure; *llenar de injurias* accabler d'injures ‖ — *delito de injurias al jefe de Estado* délit d'outrage au chef de l'État ‖ *injurias y actos de violencia* injures et voies de fait.
injuriar *v tr* injurier ‖ endommager (dañar).
injurioso, sa *adj* injurieux, euse.
injusticia *f* injustice.
injustificable *adj* injustifiable.
injustificadamente *adv* sans justification.
injustificado, da *adj* injustifié, e.
injusto, ta *adj y s* injuste.
inllevable *adj* insupportable, intolérable (sufrimiento) ‖ immettable (vestido).
INM abrev de *Instituto Nacional de Meteorología* Institut national de météorologie [Espagne].
inmaculadamente *adv* sans tache.
inmaculado, da *adj* immaculé, e.
◆ *f la Inmaculada* l'Immaculée Conception.
inmadurez *f* immaturité.
inmaduro, ra *adj y s* immature (sin madurez) ‖ inexpérimenté, e (inexperto).
inmanejable *adj* immaniable ‖ intraitable ‖ (*amer*) inconduisible (automóvil).
inmanente *adj* immanent, e.
inmarchitable *adj* inflétrissable, immarcescible.
inmaterial *adj* immatériel, elle.
inmaterializar *v tr* immatérialiser.
inmediación *f* contiguïté (carácter de lo inmediato) ‖ FILOS immédiateté.
◆ *pl* environs *m*, alentours *m*, abords *m* (los alrededores); *las inmediaciones de una población* les abords d'une ville.
inmediatamente *adv* immédiatement, aussitôt, illico (*fam*) ‖ *inmediatamente después que* ou *inmediatamente que cenemos* immédiatement après avoir dîné, dès que nous aurons dîné.
inmediato, ta *adj* immédiat, e ‖ contigu, ë (vecino) ‖ (*amer*) *de inmediato* immédiatement.
◆ *m lo inmediato* l'immédiat.
inmejorable *adj* parfait, e; excellent, e; incomparable.
inmemorial *adj* immémorial, e; *usos inmemoriales* usages immémoriaux ‖ *desde tiempo inmemorial* de toute éternité, depuis des temps immémoriaux.
inmensidad *f* immensité.
inmenso, sa *adj* immense ‖ FIG & FAM formidable, extraordinaire (magnífico) ‖ FIG & FAM *pasarlo inmenso* s'amuser comme un fou.
inmensurable *adj* immensurable, impossible à mesurer.
inmerecidamente *adv* d'une manière imméritée.
inmerecido, da *adj* immérité, e.
inmergir *v tr* immerger (sumergir).

inmersión *f* immersion || plongée (de un submarino).
inmerso, sa *adj* immergé, e (sumergido).
inmigración *f* immigration.
inmigrado, da *adj y s* immigré, e.
inmigrante *adj y s* immigrant, e.
inmigrar *v intr* immigrer.
inmigratorio, ria *adj* relatif, relative à l'immigration.
inminencia *f* imminence.
inminente *adj* imminent, e.
inmiscuir *v tr* *(p us)* mélanger, mêler.
◆ *v pr* FIG s'immiscer; *inmiscuirse en un asunto* s'immiscer dans une affaire.
inmobiliario, ria *adj* immobilier, ère.
◆ *f* société immobilière.
inmodestia *f* immodestie.
inmodesto, ta *adj* immodeste.
inmolación *f* immolation.
inmolar *v tr* immoler; *inmolar corderos* immoler des agneaux.
◆ *v pr* FIG s'immoler.
inmoral *adj* immoral, e.
inmoralidad *f* immoralité.
inmoralista *adj y s* immoraliste.
inmortal *adj* immortel, elle.
inmortalidad *f* immortalité.
inmortalizar *v tr* immortaliser.
inmotivado, da *adj* immotivé, e.
inmóvil *adj* immobile.
inmovilidad *f* immobilité.
inmovilismo *m* immobilisme.
inmovilista *adj y s* immobiliste.
inmovilización *f* immobilisation.
inmovilizado, da *adj* immobilisé, e.
inmovilizar *v tr* immobiliser.
inmueble *adj y s* immeuble || DR *bienes inmuebles* biens immeubles, immobilier.
inmundicia *f* immondice.
inmundo, da *adj* immonde || *el espíritu inmundo* l'esprit immonde (el demonio).
inmune *adj* exempt, e (exento) || immunisé, e (contra ciertas enfermedades).
inmunidad *f* immunité; *inmunidad diplomática, parlamentaria* immunité diplomatique, parlementaire.
inmunitario, ria *adj* MED immunitaire.
inmunización *f* immunisation.
inmunizador, ra *adj* immunisant, e.
inmunizar *v tr* immuniser.
inmunodeficiencia *f* MED immunodéficience.
imunodepresor *m* MED immunodépresseur, immunosuppresseur.
inmunodiagnosis *f inv* MED serodiagnostic.
inmunogenética *f* MED immunogénétique.
inmunología *f* MED immunologie.
inmunológico, ca *adj* MED immunologique.
inmunoterapia *f* MED immunothérapie.
inmunotoxina *f* MED immunotoxine.
inmutabilidad *f* immutabilité, immuabilité.
inmutable *adj* immuable.

inmutar *v tr* altérer, changer.
◆ *v pr* s'altérer (el semblante) || se troubler, perdre contenance, broncher *(fam)*; *no se inmutó* il n'a pas perdu contenance.
innato, ta *adj* inné, e.
innavegable *adj* innavigable.
innecesario, ria *adj* superflu, e; qui n'est pas nécessaire.
innegable *adj* indéniable, incontestable.
innegociable *adj* non négociable, innégociable [rare] (no negociable).
innoble *adj* ignoble || *de modo innoble* ignoblement.
innombrable *adj* inabordable, tabou.
innominado, da *adj* innominé, e; innomé, e || *hueso innominado* os innominé, os iliaque.
innovación *f* innovation.
innovador, ra *adj y s* innovateur, trice.
innovar *v tr y intr* innover.
innumerable *adj* innombrable.
inobjetable *adj* sans objection possible.
inobservable *adj* inobservable.
inobservado, da *adj* inobservé, e; non observé, e.
inobservancia *f* inobservance, inobservation.
inocencia *f* innocence.
inocentada *f* FAM niaiserie, bêtise (bobada) || plaisanterie, attrape (broma ridícula) || poisson *m* d'avril (el día de los inocentes) || *dar una inocentada* faire une farce (el día de los inocentes).
— OBSERV En Espagne, ces plaisanteries ont lieu le 28 décembre, jour des Saints-Innocents, et non le 1er avril comme en France.
inocente *adj y s* innocent, e; *inocente como una paloma* innocent comme l'agneau qui vient de naître || simple d'esprit, naïf, ïve (débil mental) || — *declarar inocente* innocenter || *hacerse el inocente* faire l'innocent || *los Santos Inocentes* les Saints-Innocents.
inocentemente *adv* innocemment (de modo inocente) || candidement, niaisement (cándidamente).
inocentón, ona *adj y s* niais, e; bébête.
◆ *m y f* grand dadais *m*, bécasse *f*, bêta, bêtasse.
inocuidad *f* innocuité.
inoculable *adj* inoculable.
inoculación *f* inoculation.
inoculador, ra *adj y s* inoculateur, trice.
inocular *v tr* inoculer.
◆ *v pr* s'inoculer.
inocultable *adj* qu'on ne peut pas cacher.
inocuo, cua *adj* inoffensif, ive; non nuisible.
inodoro, ra *adj* inodore.
◆ *m* water-closet (retrete).
inofensivo, va *adj* inoffensif, ive.
inoficioso, sa *adj* DR inofficieux, euse.
inolvidable *adj* inoubliable.
inoperable *adj* inopérable.
inoperante *adj* inopérant, e (sin efecto).
inopia *f* indigence, dénuement *m* || FIG *estar en la inopia* être dans les nuages.
inopinado, da *adj* inopiné, e.
inoportuno, na *adj* inopportun, e.
inorgánico, ca *adj* inorganique.

inoxidable *adj* inoxydable.
in pace *m inv* in-pace (calabozo).
in pártibus *loc adv* in partibus.
in péctore *loc adv lat* in petto.
in promptu *loc adv* impromptu.
in péribus *loc adv lat* FAM nu, e.
input *m* ECON input, intrant (insumo, factor de producción) ‖ INFORM entrée (entrada de datos).
inquebrantable *adj* que l'on ne peut briser, incassable (irrompible) ‖ FIG inébranlable.
inquietante *adj* inquiétant, e.
inquietar *v tr* inquiéter.
◆ *v pr* s'inquiéter; *inquietarse por algo* s'inquiéter de quelque chose.
inquieto, ta *adj* inquiet, ète; *inquieto por* ou *con* inquiet de o sur ‖ FIG agité, e; *mar, niño inquieto* mer agitée, enfant agité | en éveil (curiosidad) ‖ *(amer)* enclin, e (propenso).
inquietud *f* inquiétude (temor) ‖ FIG agitation (desasosiego).
inquilino, na *m y f* locataire (el que toma en alquiler).
◆ *m (amer)* locataire rural, sorte de métayer.
inquina *f* aversion, haine ‖ *tener, tomar inquina a uno* avoir, prendre quelqu'un en grippe.
inquirir* *v tr* s'enquérir de, enquêter sur, s'informer de.
inquisición *f* enquêter, recherche (averiguación) ‖ inquisition (antiguo tribunal eclesiástico) ‖ FIG *hacer inquisición* brûler des papiers inutiles.
inquisidor, ra *adj* inquisiteur, trice; *mirada inquisidora* regard inquisiteur.
◆ *m* inquisiteur (juez de la inquisición) ‖ *inquisidor apostólico de Estado, general, ordinario* inquisiteur apostolique, d'État, général, ordinaire.
inquisitivo, va *adj* inquisitif, ive.
inri *m* inri (en la cruz) ‖ FIG affront (afrenta); *poner el inri* faire un affront ‖ — FIG *para más inri* pour comble de ridicule | *hacer el inri* tourner quelqu'un en ridicule, se rendre ridicule.
insabible *adj* impossible à savoir.
insaciabilidad *f* insatiabilité (de una persona) ‖ inassouvissement *m* (de un deseo).
insaciable *adj* insatiable.
insalivar *v tr* imprégner de salive.
insalubre *adj* insalubre.
insalubridad *f* insalubrité.
Insalud abrev de *Instituto Nacional de la Salud* Institut national de la santé [Espagne].
insalvable *adj* insurmontable.
insanable *adj* incurable, inguérissable.
insano, na *adj* insane, dément, e (loco).
insatisfacción *f* insatisfaction.
insatisfactorio, ria *adj* insatisfaisant, e.
insatisfecho, cha *adj* insatisfait, e ‖ inexaucé, e; *una súplica insatisfecha* une prière inexaucée ‖ inassouvi, e; *venganza insatisfecha* vengeance inassouvie.
inscribir *v tr* inscrire ‖ GEOM inscrire.
◆ *v pr* s'inscrire ‖ s'engager; *inscribirse en un campeonato* s'engager dans un championnat.
inscripción *f* inscription ‖ engagement *m* (de un competidor).

inscrito, ta *adj* GEOM inscrit, e; *polígono inscrito* polygone inscrit ‖ inscrit, e; *inscrito en un registro* inscrit sur un registre.
insecable *adj* qui ne peut sécher, qui sèche difficilement (que no se puede secar).
insecticida *adj y s m* insecticide.
insectívoro, ra *adj y s m pl* insectivore.
insecto *m* insecte.
inseguridad *f* insécurité; *inseguridad ciudadana* insécurité urbaine o qui règne dans les grandes villes.
inseguro, ra *adj* incertain, e; qui n'est pas sûr ‖ chancelant, e; *una salud insegura* une santé chancelante.
inseminación *f* insémination; *inseminación artificial* insémination artificielle.
inseminar *v tr* inséminer.
insensatez *f* manque *m* de bon sens ‖ FIG bêtise (tontería).
insensato, ta *adj y s* insensé, e.
insensibilidad *f* insensibilité.
insensibilizar *v tr* insensibiliser.
insensible *adj* insensible ‖ inaccessible; *insensible a la piedad* inaccessible à la pitié.
inseparable *adj y s* inséparable.
insepulto, ta *adj* privé de sépulture, non enseveli, e.
inserción *f* insertion ‖ *ruego de inserción* prière d'insérer (en la prensa).
INSERSO abrev de *Instituto Nacional de Servicios Sociales* Institut du service militaire au titre d'auxiliaire sanitaire [en Espagne].
insertable *adj* insérable.
insertar *v tr* insérer; *insertar una cláusula en un tratado* insérer une clause dans un traité.
◆ *v pr* BOT & ZOOL s'insérer.
inserto, ta *adj* inséré, e.
inservible *adj* inutilisable, inemployable.
insidia *f* embûche, piège *m* (asechanza).
insidiar *v tr* dresser o tendre des embûches o des pièges.
insidioso, sa *adj* insidieux, euse.
insigne *adj* insigne.
insignemente *adv* remarquablement, d'une façon insigne.
insignia *f* insigne *m* ‖ enseigne (estandarte) ‖ bannière (pendón) ‖ décoration (condecoración) ‖ MAR *buque insignia* navire amiral.
insignificancia *f* insignifiance.
insignificante *adj* insignifiant, e.
insincero, ra *adj* insincère.
insinuación *f* insinuation (indirecta) ‖ observation (advertencia) ‖ suggestion.
insinuante *adj* insinuant, e ‖ provocant, e.
insinuar *v tr* insinuer; *¿qué es lo que insinúas?* qu'est-ce que tu insinues? ‖ suggérer; *insinué que nos fuéramos al campo* j'ai suggéré que nous allions à la campagne ‖ laisser entendre; *insinuó que era él el autor de los robos* il a laissé entendre que c'était lui l'auteur des vols.
◆ *v pr* s'insinuer ‖ faire des avances; *insinuarse a una mujer* faire des avances à une femme.
insípido, da *adj* insipide (soso).
insipiencia *f* ignorance.

insistencia *f* insistance ‖ *de insistencia* de relance (carta).

insistente *adj* insistant, e; qui insiste.

insistentemente *adv* instamment, avec insistance.

insistir *v intr* insister; *insistir en* ou *sobre un punto* insister sur un point; *insistir en hablar* insister pour parler; *insistir a* ou *con uno* insister auprès de quelqu'un ‖ — *insiste en que los inquilinos abandonen la casa* il insiste pour que les locataires abandonnent la maison ‖ *insisto en que tienes la culpa* j'insiste sur le fait que tu as tort.

insobornable *adj* incorruptible.

insociabilidad *f* insociabilité.

insociable *adj* insociable.

insocial *adj* peu sociable.

insolación *f* insolation, coup *m* de soleil.

insoldable *adj* qu'on ne peut pas souder.

insolencia *f* insolence.

insolentar *v tr* rendre insolent, e.
◆ *v pr* devenir *o* être insolent, e.

insolente *adj y s* insolent, e.

insolidaridad *f* absence de solidarité.

insolidario, ria *adj* non solidaire.

insólito, ta *adj* insolite.

insolubilidad *f* insolubilité.

insoluble *adj* insoluble.

insoluto, ta *adj* qui n'a pas été acquitté, e (no pagado).

insolvencia *f* insolvabilité ‖ DR *certificación de insolvencia* procès-verbal de carence.

insolvente *adj y s* insolvable.

insomne *adj* insomnieux, euse; insomniaque.

insomnio *m* insomnie *f.*

insondable *adj* insondable.

insonorización *f* insonorisation.

insonorizar *v tr* insonoriser.

insonoro, ra *adj* insonore.

insoportable *adj* insupportable; *carácter insoportable* caractère insupportable ‖ *humor insoportable* humeur massacrante.

insoslayable *adj* incontournable.

insospechable *adj* insoupçonnable.

insospechado, da *adj* insoupçonné, e.

insostenible *adj* insoutenable ‖ intenable.

inspección *f* inspection ‖ contrôle *m*; *inspección de la leche* contrôle du lait ‖ — DR *inspección ocular* transport sur les lieux ‖ *inspección sanitaria* contrôle sanitaire.

inspeccionar *v tr* inspecter.

inspector, ra *adj y s* inspecteur, trice; *Inspector de Hacienda* inspecteur des Finances ‖ surveillant, e (de estudios).

inspiración *f* inspiration.

inspirado, da *adj y s* inspiré, e.

inspirador, ra *adj y s* inspirateur, trice.

inspirar *v tr* inspirer.
◆ *v pr* s'inspirer; *inspirarse en la obra de Cervantes* s'inspirer de l'œuvre de Cervantes.

inspiratorio, ria *adj* MED inspiratoire.

instalación *f* installation; *instalación frigorífica* installation frigorifique ‖ pose; *instalación de la primera piedra* pose de la première pierre ‖ équipement *m*; *instalaciones deportivas* équipements sportifs.

instalador *m* installateur ‖ poseur (de carriles, etc.).

instalar *v tr* installer; *instalar a uno en su casa* installer quelqu'un chez soi ‖ poser (la electricidad, el gas).
◆ *v pr* s'installer.

instancia *f* instance (solicitud); *presentar una instancia* introduire une instance; *ceder a las instancias de uno* céder aux instances de quelqu'un ‖ pétition (petición) ‖ exigence (exigencia); *conciliar dos instancias* concilier deux exigences ‖ DR instance; *tribunal de primera instancia* tribunal de première instance ‖ — DR *a instancia de* à la demande, à la requête de, à la diligence de ‖ *de primera instancia* tout d'abord (en primer lugar) ‖ *en última instancia* en dernier ressort ‖ *fallo en primera instancia* jugement en premier ressort.

instantáneo, a *adj* instantané, e.
◆ *f* FOT instantané *m* ‖ *sacar instantáneas* faire de l'instantané.

instante *adj* instant, e.
◆ *m* instant, moment; *en el mismo instante* au même moment ‖ — *a cada instante* à chaque instant, à tout instant ‖ *al instante* à l'instant, sur l'heure ‖ *desde el instante en que* dès l'instant que ‖ *en* ou *dentro de un instante* dans un instant ‖ *por instantes* à tout instant (sin cesar), d'un instant à l'autre.

instar *v tr* insister; *instar a uno* insister auprès de quelqu'un; *le insté a que entrara* j'insistai pour qu'il entre ‖ prier instamment *o* avec instance; *le instamos para que pague la multa* vous êtes instamment prié de payer votre amende.
◆ *v intr* presser, être urgent (urgir); *insta que vengas* il est urgent que tu viennes.

instauración *f* instauration.

instaurador, ra *adj y s* instaurateur, trice.

instaurar *v tr* instaurer.

instigación *f* instigation ‖ *a instigacion de* sur *o* à l'instigation de.

instigador, ra *adj y s* instigateur, trice.

instigar *v tr* inciter.

instintivamente *adv* instinctivement, d'instinct.

instintivo, va *adj* instinctif, ive.

instinto *m* instinct; *malos instintos* mauvais instincts ‖ *instito sexual* instinct sexuel ‖ *por instinto* d'instinct.

institución *f* institution ‖ — *institución benéfica* société de bienfaisance ‖ DR *institución de heredero* institution d'héritier ‖ *institución pública* établissement public.

institucional *adj* institutionnel, elle ‖ ECON *inversor institucional* investisseur institutionnel.

institucionalidad *f* caractère de ce qui est institutionnel.

institucionalismo *m* institutionnalisme.

institucionalizar *v tr* institutionnaliser.

instituido, da *adj* institué, e.

instituir* *v tr* instituer.

instituto *m* institut; *instituto geográfico, de belleza* institut géographique, de beauté ‖ lycée (de segunda enseñanza) ‖ — *instituto armado* corps d'armée ‖ *Instituto de Bachillerato* ou *de Enseñanza Media* établissement d'enseignement secondaire

‖ *instituto de la Vivienda* office du logement ‖ *instituto de Moneda Extranjera* office des changes ‖ *instituto laboral* collège technique.
— OBSERV Le mot *instituto*, dans le sens de *lycée*, est d'un usage plus courant que *liceo*.
institutriz *f* préceptrice, institutrice.
instituyente *adj* qui institue.
instrucción *f* instruction; *instrucción primaria, pública* instruction primaire, publique ‖ MIL instruction; *instrucción de las tropas* instruction des troupes ‖ — *juez de instrucción* juge d'instruction *o* instructeur ‖ *tener instrucción* avoir de l'instruction.
◆ *pl* instructions.
instructivamente *adv* d'une manière instructive.
instructivo, va *adj* instructif, ive.
instructor, ra *adj* y *s* instructeur, trice ‖ DR *juez instructor* juge instructeur.
◆ *m* y *f* moniteur, trice (en un cuartel, de gimnasia).
instruido, da *adj* instruit, e; *instruido con el ejemplo* instruit par l'exemple.
instruir* *v tr* instruire ‖ former, dresser (a un niño, un criado) ‖ DR instruire.
◆ *v pr* s'instruire.
instrumental *adj* instrumental, e; *música instrumental* musique instrumentale ‖ DR instrumentaire; *prueba instrumental* preuve instrumentaire.
◆ *m* instruments *pl* [d'un orchestre, d'un médecin].
instrumentalismo *m* FILOS instrumentalisme.
instrumentalizar *v tr* instrumenter.
instrumentar *v tr* MÚS instrumenter, orchestrer ‖ MED passer les instruments (au chirurgien).
instrumentista *m* y *f* MÚS & MED instrumentiste ‖ TECN technicien de contrôle et de maintenance des instruments.
instrumento *m* instrument; *instrumento músico* instrument de musique ‖ instrument (herramienta, documento) ‖ acte (acta) ‖ FIG instrument; *servir de instrumento a la venganza de uno* servir d'instrument à la vengeance de quelqu'un ‖ — MÚS *instrumento de cuerda, de percusión, de viento* instrument à cordes, à percussion, à vent ‖ *instrumentos de madera* les bois ‖ *instrumentos de metal* les cuivres ‖ ECON *instrumento negociable* effet négociable ‖ — FIG *ser el instrumento ciego de uno* être l'âme damnée de quelqu'un ‖ *tocar un instrumento* jouer d'un instrument ‖ AVIAC *volar por instrumentos* naviguer aux instruments.
insubordinación *f* insubordination.
insubordinado, da *adj* y *s* insubordonné, e.
insubordinar *v tr* soulever, révolter.
◆ *v pr* se soulever, se révolter.
insubsanable *adj* irrécupérable, irrattrapable.
insubsistente *adj* sans subsistance (no subsistente) ‖ sans fondement (infundado).
insubstancial *adj* insubstantiel, elle.
insubstancialidad *f* inconsistence.
insubstituible *adj* irremplaçable.
insuficiencia *f* insuffisance ‖ MED *insuficiencia cardiaca, renal* insuffisance cardiaque, rénale.
insuficiente *adj* insuffisant, e.
insuficientemente *adv* insuffisamment.
insuflar *v tr* insuffler.
insufrible *adj* insupportable.

ínsula *f* île (isla).
insular *adj* y *s* insulaire.
insularidad *f* insularité.
insulina *f* MED insuline.
insulsamente *adv* fadement, sans grâce.
insulsez *f* fadeur, insipidité ‖ fadaise (dicho insulso).
insulso, sa *adj* fade, insipide, fadasse (*fam*) ‖ FIG plat, e; sans attrait.
insultante *adj* insultant, e.
insultar *v tr* insulter.
insulto *m* insulte *f*.
insumergible *adj* insubmersible.
insumisión *f* insoumission.
insumiso, sa *adj* y *s* insoumis, e.
insumo *m* facteur de production.
insuperable *adj* insurpassable, imbattable; *precios insuperables* prix imbattables ‖ insurmontable; *dificultad insuperable* difficulté insurmontable ‖ extrême, suprême; *un grado de perfección insuperable* un degré de perfection insuperable.
insupurable *adj* qui ne peut pas suppurer.
insurgente *adj* y *s* insurgé, e.
insurrección *f* insurrection.
insurreccional *adj* insurrectionnel, elle.
insurrecto, ta *adj* y *s* insurgé, e.
insustancial *adj* insubstantiel, elle.
insustancialidad *f* inconsistance.
insustituible *adj* irremplaçable.
intacto, ta *adj* intact, e.
intachable *adj* irréprochable.
intangibilidad *f* intangibilité.
intangible *adj* intangible.
integrable *adj* MAT intégrable.
integración *f* intégration ‖ rattachement *m* (de un territorio) ‖ *integraciones bancarias* fusions bancaires.
integracionista *adj* y *s* intégrationniste.
integrador *adj m* y *s m* intégrateur.
integral *adj* intégral, e ‖ intégrant, e (parte) ‖ — *cálculo integral* calcul intégral ‖ FAM *idiota integral* idiot fini ‖ *pan integral* pain complet.
◆ *f* MAT intégrale.
integrante *adj* intégrant, e.
integrar *v tr* composer, constituer, former (formar un todo); *asamblea integrada por* assemblée formée de *o* constituée par; *los edificios que integran este hotel* les bâtiments qui forment cet hôtel ‖ faire partie de (formar parte) ‖ compléter ‖ intégrer; *integrar en un conjunto* intégrer dans un ensemble ‖ réintégrer (reintegrar) ‖ MAT intégrer ‖ (*amer*) payer (pagar) ‖ remettre (entregar).
integridad *f* intégrité ‖ virginité (virginidad).
integrismo *m* intégrisme (doctrina política).
integrista *adj* y *s* intégriste.
íntegro, gra *adj* intégral, e; total, e (completo) ‖ FIG intègre (honrado).
intelecto *m* intellect, entendement *m*.
intelectual *adj* y *s* intellectuel, elle.
intelectualidad *f* intellectualité, les intellectuels *m pl*.
intelectualismo *m* intellectualisme.
intelectualista *adj* y *s* intellectualiste.
intelectualizar *v tr* intellectualiser.

inteligencia *f* intelligence; *dar pruebas de inteligencia* faire preuve d'intelligence ‖ — *inteligencia artificial* intelligence artificielle ‖ — *estar en inteligencia con alguien* être d'intelligence avec quelqu'un ‖ *tener inteligencia para los negocios* avoir l'intelligence des affaires ‖ *vivir en buena inteligencia* vivre en bonne intelligence.
inteligente *adj* intelligent, e.
◆ *m y f* personne *f* intelligente.
inteligentemente *adv* intelligemment.
inteligibilidad *f* intelligibilité.
inteligible *adj* intelligible.
intelligentsia *f* intelligentsia, intelligentzia.
intemperancia *f* intempérance.
intemperie *f* intempérie ‖ — *a la intemperie* en plein air ‖ *dormir a la intemperie* dormir à la belle étoile.
intempestivamente *adv* mal à propos, intempestivement.
intempestivo, va *adj* intempestif, ive.
intemporal *adj* intemporel, elle.
intención *f* intention; *con la intención basta* c'est l'intention qui compte; *tener intención de salir* avoir l'intention de sortir ‖ volonté, intention (voluntad); *las últimas intenciones de un moribundo* les dernières volontés d'un moribond ‖ — *buena intención* bienveillance ‖ *con intención* à dessein, exprès ‖ *con la intención de* dans l'intention de ‖ *con la mejor buena intención* avec la meilleure volonté du monde ‖ *de primera intención* tout d'abord ‖ *mala intención* malveillance, perversité ‖ *segunda intención* arrière-pensée ‖ *sin segunda intención* sans arrière-pensée ‖ *tener mala intención* être mal intentionné, être méchant ‖ *tener una segunda intención* avoir une idée derrière la tête.
intencionadamente *adv* intentionnellement.
intencionado, da *adj* intentionné, e; *bien, mal intencionado* bien, mal intentionné.
intencional *adj* intentionnel, elle.
intendencia *f* intendance ‖ MIL *cuerpo de intendencia* intendance.
intendenta *f* intendante.
intendente *m* intendant.
intensamente *adv* intensément, avec intensité.
intensidad *f* intensité.
intensificación *f* intensification.
intensificar *v tr* intensifier.
◆ *v pr* s'intensifier, se renforcer; *las relaciones se intensificaron* les relations se renforceront.
intensivo, va *adj* intensif, ive ‖ — *cursillo intensivo* cours intensif, formation accélérée ‖ AGRIC *cultivo intensivo* culture intensive ‖ *unidad de vigilancia intensiva* unité de soins intensifs (en un hospital).
intenso, sa *adj* intense.
intentar *v tr* tenter, essayer; *intentar salir de un mal paso* essayer de sortir d'un mauvais pas ‖ DR intenter ‖ *con intentarlo no se pierde nada* on peut toujours essayer.
intento *m* tentative *f*, essai (tentativa) ‖ intention *f*, dessein, projet (intención); *tener intento de salir* avoir l'intention de sortir ‖ *al primer intento* du premier coup ‖ *como de intento* comme par un fait exprès ‖ *de intento* exprès, à dessein.
intentona *f* FAM tentative téméraire.
interacción *f* interaction.

interactivo, va *adj* INFORM interactif, ive.
interaliado, da *adj* interallié, e.
interanual *adj* interannuel, elle [indice].
interbancario *adj* ECON interbancaire.
intercadencia *f* inégalité (en la conducta, en los afectos).
intercalar *adj* intercalaire.
intercalar *v tr* intercaler.
intercambiable *adj* interchangeable.
intercambiar *v tr* échanger.
intercambio *m* échange; *intercambio de opiniones* échange de vues ‖ COM échange.
interceder *v intr* intercéder; *interceder con* ou *cerca de alguno por otro* intercéder auprès de quelqu'un en faveur d'une autre personne.
intercepción *f* interception.
interceptar *v tr* intercepter ‖ barrer, couper (un camino); *calle interceptada* rue barrée ‖ interrompre (la circulación).
intercesión *f* intercession.
intercesor, ra *adj y s* qui intercède, intercesseur (sin femenino), médiateur, trice.
interconectar *v tr* interconnecter.
interconexión *f* interconnexion.
intercontinental *adj* intercontinental, e.
intercostal *adj* ANAT intercostal, e; *músculos intercostales* muscles intercostaux.
intercultural *adj* interculturel, elle.
interdepartamental *adj* interdépartemental, e.
interdependencia *f* interdépendance.
interdependiente *adj* interdépendant, e.
interdicción *f* interdiction ‖ — *interdicción civil* interdiction civile *o* judiciaire (por locura o imbecilidad), interdiction légale, destitution des droits civiques (pena accesoria) ‖ *interdicción de residencia* ou *de lugar* interdiction de séjour.
interdicto *m* interdit (entredicho).
interdisciplinar; interdisciplinario, ria *adj* interdisciplinaire.
interés *m* intérêt; *dejarse guiar por el interés* se laisser conduire par l'intérêt ‖ FIG intérêt (inclinación); *provocar el interés de* susciter l'intérêt de ‖ intérêt (rédito); *interés compuesto, simple* intérêt composé, simple; *colocar dinero a interés* placer de l'argent à l'intérêt; *un interés del 10 %* ou *de un 10 %* un intérêt à 10 % ‖ — *de interés* digne d'intérêt, intéressant, e ‖ *intereses adquiridos, creados* droits acquis, intérêts communs ‖ *matrimonio de interés* mariage d'intérêt *o* de raison ‖ *tipo de interés fijo* intérêt fixe ‖ — *merecer interés* être digne d'intérêt ‖ *prestar especial interés* attacher un intérêt tout particulier à ‖ *tener interés en* ou *por* tenir à ‖ *tomarse interés por algo, por uno* s'intéresser à quelque chose, s'intéresser à quelqu'un.
◆ *pl* biens (bienes de fortuna).
interesado, da *adj y s* intéressé, e; *interesado en el negocio* intéressé à l'affaire ‖ *de manera interesada* de manière intéressée.
interesante *adj* intéressant, e; *hacerse el interesante* faire l'intéressant.
interesar *v tr e intr* intéresser; *interesar a uno en una empresa* intéresser quelqu'un à une entreprise; *este libro me interesa mucho* ce livre m'intéresse beaucoup ‖ être intéressant, e; *interesa saber si* il est intéressant de savoir si ‖ avoir intérêt à; *me

interesa hacer esto y no otra cosa j'ai intérêt à faire cela et pas autre chose.
- *v pr* s'intéresser; *interesarse por* s'intéresser à.

interestatal *adj* entre États.
interestelar *adj* interstellaire.
interfase *f* BIOL interphase.
interfaz *f* INFORM interface || ELECTR interface, connexion.
interfecto, ta *adj* DR victime, se dit de la personne morte de mort violente.
- *m y f* DR victime || FAM individu o personne en question.

interferencia *f* FÍS interférence || FIG ingérence, intervention.
interferir* *v intr* interférer.
- *v tr* RAD brouiller; *interferir una emisión* brouiller une émission.

intergaláctico, ca *adj* ASTR intergalactique.
intergubernamental *adj* intergouvernemental, e.
ínterin *m* intérim.
- *adv* pendant que, en attendant que, tandis que (mientras) || *por ínterin* par intérim.

interinamente *adv* par intérim, provisoirement.
interino, na *adj y s* intérimaire.
- *adj* par intérim; *presidente interino* président par intérim || intérimaire, provisoire; *una solución interina* une solution provisoire.

interior *adj* intérieur, e; *patio interior* cour intérieure || intérieur, e; *política interior* politique intérieure || *ropa interior* sous-vêtements, dessous (de la mujer).
- *m* intérieur || intérieur, inter (football) || en ville (en una carta) || *Ministerio del Interior* ministère de l'Intérieur.
- *pl* entrailles *f* (entrañas).

interioridad *f* intériorité.
- *pl* vie *sing* privée, affaires personnelles; *meterse en las interioridades de los demás* se mêler de la vie privée d'autrui | FIG dessous *m*; *las interioridades de un asunto* les dessous d'une affaire.

interiorismo *m* architecture *f* d'intérieur.
interiorista *m y f* architecte d'intérieur.
interiorizar *v tr* intérioriser.
interjección *f* GRAM interjection.
interlínea *f* interligne *m*.
interlineación *f*; **interlineado** *m* interlignage *m*.
interlinear *v tr* interligner.
interlocutor, ra *m y f* interlocuteur, trice || *interlocutores sociales* partenaires sociaux.
interlocutorio, ria *adj y s m* DR interlocutoire || DR *formar auto interlocutorio* interloquer.
interlope *adj* interlope (fraudulento).
interludio *m* MÚS interlude (intermedio).
intermediar *v intr* intervenir.
intermediario, ria *adj y s* intermédiaire || *por un intermediario* par personne interposée.
intermedio, dia *adj* intermédiaire.
- *m* intermède, intervalle || TEATR intermède || entracte (entreacto) || — *en el intermedio llegó su amigo* dans l'intervalle o entre-temps son ami arriva || *por intermedio de* par l'intermédiaire de.

interminable *adj* interminable.
interministerial *adj* interministériel, elle.
intermitencia *f* intermittence; *con* ou *por intermitencia* par intermittence.
intermitente *adj* intermittent, e.
- *m* AUTOM clignotant.

internacional *adj y s* international, e; *organismos internacionales* organismes internationaux.
- *m y f* DEP international, e.
- *n pr f* HIST Internationale.

internado, da *adj y s* interné, e.
- *m* internat (colegio).

internamente *adv* intérieurement.
internar *vtr* interner (un loco, un adversario).
- *v pr* pénétrer; *los moros se internaron en España* les Maures pénétrèrent en Espagne || s'enfoncer; *internarse en la selva* s'enfoncer dans la forêt || FIG approfondir (profundizar) | s'insinuer (en la intimidad de uno) || DEP s'infiltrer; *el externo se internó por la izquierda* l'ailier s'infiltra par la gauche.

interno, na *adj* interne || intérieur, e; *fuero interno* for intérieur || général, e (medicina).
- *m y f* interne (de un hospital) || pensionnaire, interne (en un colegio) || — *colegio de internos* internat, pension, pensionnat || *poner a un niño interno* mettre un enfant en pension.

interparlamentario, ria *adj* interparlementaire.
interpelación *f* interpellation.
interpelar *v tr* interpeller.
interpenetración *f* interpénétration.
interplanetario, ria *adj* interplanétaire.
Interpol abrev de *Organización Internacional de Policía Criminal* Interpol, Organisation internationale de police criminelle.
interpolar *adj* ELECTR interpolaire.
- *v tr* interpoler, interposer (intercalar).

interponer* *v tr* interposer || DR interjeter [appel].
- *v pr* s'interposer.

interposición *f* interposition || DR interjection (recurso).
interpretable *adj* interprétable.
interpretación *f* interprétation.
interpretar *v tr* interpréter.
interpretariado *m* interprétariat.
interpretativo, va *adj* interprétatif, ive.
intérprete *m y f* interprète || *intérprete jurado* interprète juré.
interprofesional *adj* interprofessionnel, elle.
interpuesto, ta *adj* interposé, e || intercalaire; *cuartilla interpuesta* feuillet intercalaire.
interrelacionar *v tr* mettre en rapport.
interrogación *f* interrogation || *signo de interrogación* point d'interrogation.
interrogador, ra *adj y s* interrogateur, trice.
interrogante *adj* interrogateur, trice || *punto interrogante* point d'interrogation.
- *m* question *f* (pregunta).

interrogar *v tr* interroger, questionner; *interrogar acerca de* interroger sur.
interrogativo, va *adj* interrogatif, ive; *entonación interrogativa* ton interrogatif || GRAM *oración interrogativa* proposition interrogative.
interrogatorio *m* interrogatoire.
interrumpidamente *adv* d'une manière discontinue.

interrumpir *v tr* interrompre; *interrumpir a uno con una pregunta* interrompre quelqu'un par une question.
interrupción *f* interruption, arrêt *m*; *sin interrupción* sans interruption.
interruptor, ra *adj* interrupteur, trice.
◆ *m* ELECTR interrupteur ‖ *interruptor eléctrico automático* minuterie.
intersección *f* intersection.
intersideral *adj* ASTR intersidéral, e.
intersindical *adj* intersyndical, e.
intersticial *adj* interstitiel, elle; *tejido intersticial* tissu interstitiel.
intersticio *m* interstice (espacio) ‖ intervalle.
intertrigo *m* MED intertrigo.
intertropical *adj* intertropical, e.
interurbano, na *adj* interurbain, e; *conferencia interurbana* appel interurbain ‖ — *central interurbana, teléfono interurbano* interurbain ‖ *pedir una conferencia interurbana* demander l'inter.
intervalo *m* intervalle ‖ *a intervalos* par intervalles.
intervención *f* intervention ‖ contrôle *m* (oficio de interventor) ‖ MED intervention; *intervención quirúrgica* intervention chirurgicale ‖ — DR *intervención de interpósita persona* intervention de personne ‖ *política de no intervención* politique non-interventionniste.
intervencionismo *m* interventionnisme.
intervencionista *adj y s* interventionniste.
intervenir* *v intr* intervenir ‖ arriver, survenir (acontecer) ‖ participer (tomar parte); *¿en cuántas películas has intervenido?* à combien de films as-tu participé?
◆ *v tr* contrôler, vérifier (una cuenta) ‖ MED opérer, faire une intervention (cirugía) ‖ mettre l'embargo sur, saisir (embargar) ‖ *ser intervenido por un cirujano* être opéré par un chirurgien.
interventor, ra *adj y s* intervenant, e.
◆ *m* contrôleur, vérificateur (verificador) ‖ assesseur (en las elecciones) ‖ *interventor de cuentas* commissaire aux comptes.
interversión *f* interversion.
intervertebral *adj* MED intervertébral, e.
interviú *f* interview ‖ *hacer una interviú* interviewer, soumettre à une interview.
intestado, da *adj y s* DR intestat.
intestinal *adj* intestinal, e; *lombrices intestinales* vers intestinaux.
intestino, na *adj* intestin, e.
◆ *m* ANAT intestin ‖ — *intestino ciego* cæcum ‖ *intestino delgado* intestin grêle ‖ *intestino grueso* gros intestin.
intimación *f* intimation, sommation (mandato) ‖ mise en demeure (emplazamiento) ‖ DR *intimación judicial* sommation par huissier.
intimar *v tr* intimer; *intimar una orden* intimer un ordre ‖ sommer; *le intimamos a que pague la multa* nous vous sommons de payer votre amende.
◆ *v intr* nouer une amitié, se lier d'amitié, lier amitié; *intimar con uno* nouer une amitié avec quelqu'un.
intimidación *f* intimidation.
intimidad *f* intimité ‖ — *en la intimidad* dans l'intimité ‖ *gente de su intimidad* les personnes de son entourage proche.

intimidar *v tr* intimider; *intimidar con amenazas* intimider par des menaces.
intimismo *m* intimisme.
intimista *adj* intimiste (poesía).
íntimo, ma *adj* intime.
◆ *m* intime, familier; *un íntimo de la casa* un familier de la maison.
intitular *v tr* intituler.
intocable *adj y s* intouchable.
intolerable *adj* intolérable.
intolerancia *f* intolérance.
intolerante *adj y s* intolérant, e.
intoxicación *f* intoxication.
intoxicado, da *adj y s* intoxiqué, e.
intoxicar *v tr* intoxiquer ‖ FIG faire de l'intox (difundir informaciones falsas).
◆ *v pr* s'intoxiquer.
intracardiaco, ca *adj* intracardiaque.
intracelular *adj* intracellulaire.
intraducible *adj* intraduisible.
intramedular *adj* ANAT intramédullaire.
intramuros *adv* intra-muros.
intramuscular *adj* intramusculaire.
intranquilidad *f* inquiétude.
intranquilizador, ra *adj* inquiétant, e; alarmant, e.
intranquilizar *v tr* faire perdre la tranquillité, inquiéter, alarmer.
intranquilo, la *adj* qui n'est pas tranquille, inquiet, ète.
intranscendencia *f* peu d'importance.
intranscendental; intranscendente *adj* peu important, e.
intransferible *adj* intransférable.
intransigencia *f* intransigeance.
intransigente *adj y s* intransigeant, e; intraitable.
intransitable *adj* impraticable (camino).
intransitivo, va *adj y s m* GRAM intransitif, ive.
intransmisible; intrasmisible *adj* intransmissible.
intransportable *adj* intransportable.
intrasmisible *adj* → **intransmisible**.
intratable *adj* intraitable.
intrauterino, na *adj* intra-utérin, e.
intravenoso, sa *adj* intraveineux, euse ‖ *inyección intravenosa* piqûre intraveineuse, intraveineuse (*fam*).
intrepidez *f* intrépidité ‖ hardiesse, témérité (osadía).
intrépido, da *adj* intrépide ‖ FIG irréfléchi, e (sin reflexión).
intriga *f* intrigue; *intrigas palaciegas* intrigues de palais; *tramar intrigas* nouer des intrigues.
intrigante *adj y s* intrigant, e.
intrigar *v intr* intriguer.
◆ *v tr* intriguer; *su conducta me intriga* sa conduite m'intrigue.
intrincadamente *adv* d'une manière embrouillée, confusément.
intrincado, da *adj* embrouillé, e; confus, e (problema, asunto) ‖ touffu, e; inextricable (bosque).
intrincar *v tr* embrouiller, emmêler.

intríngulis *m inv* arrière-pensée *f*, intention *f* cachée, idée *f* derrière la tête | difficulté *f*, hic, nœud (dificultad); *ahí está el intríngulis* voilà le hic | dessous *pl* (lado secreto); *el intríngulis de un asunto* les dessous d'une affaire.
intrínseco, ca *adj* intrinsèque.
introducción *f* introduction.
introducir* *v tr* introduire || amener, occasionner (provocar); *introducir el desorden, la discordia* amener le désordre, la discorde.
◆ *v pr* s'introduire.
introductor, ra *adj y s* introducteur, trice; *introductor de embajadores* introducteur des ambassadeurs.
introductorio, ria *adj* d'introduction, introductif, ive (nota, palabra).
intromisión *f* intromission, immixtion.
introspección *f* introspection.
introspectivo, va *adj* introspectif, ive.
introversión *f* introversion.
introvertido, da *adj y s* introverti, e.
intrusión *f* intrusion.
intrusismo *m* intrusion *f*; *intrusismo laboral* intrusion professionnelle.
intruso, sa *adj y s* intrus, e.
intubación *f* MED intubation, tubage *m*.
intubar *v tr* MED intuber.
intuición *f* intuition.
intuir* *v tr* deviner, pressentir; *avanza hacia el pueblo que intuye cercano* il avance vers le village dont il devine la présence; *se intuye la palpitación del campo en su poesía* on devine la palpitation de la campagne dans sa poésie || avoir l'instinct de, avoir le sens de, sentir; *este niño intuye la música* cet enfant a le sens de la musique || avoir l'intuition de; *intuir el porvenir* avoir l'intuition de l'avenir.
intuitivo, va *adj y s* intuitif, ive.
intumescencia *f* intumescence.
inundación *f* inondation || FIG inondation, flot *m*.
inundar *v tr* inonder || FIG inonder.
inusitadamente *adv* contre l'usage, de façon inusitée.
inusitado, da *adj* inusité, e.
inusual *adj* inhabituel, elle.
inútil *adj y s* inutile || FAM *un inútil* un propre o un bon à rien.
inutilidad *f* inutilité.
inutilizar *v tr* inutiliser, rendre inutile || mettre hors d'état; *los aviones inutilizaron uno de los barcos* les avions mirent hors d'état un des bateaux.
invadeable *adj* qui n'est pas guéable (rivière).
invadir *v tr* envahir.
invaginación *f* MED invagination.
invalidación *f* invalidation || DR infirmation.
invalidable *adj* invalidable || DR infirmable (un testimonio).
invalidar *v tr* invalider || DR infirmer (anular).
invalidez *f* invalidité.
inválido, da *adj y s* invalide.
invariabilidad *f* invariabilité.
invariable *adj* invariable.
invariado, da *adj* qui n'a pas varié, inchangé, e.
invasión *f* invasion.

invasor, ra *adj* envahissant, e.
◆ *adj y s* envahisseur, euse.
invectiva *f* invective || *lanzar invectivas contra uno* invectiver quelqu'un, proférer des invectives contre quelqu'un.
invencibilidad *f* invincibilité.
invencible *adj* invincible || insurmontable || *la Armada Invencible* l'Invincible Armada.
invención *f* invention; *patente de invención* brevet d'invention || *— de su propia invención* de son cru, de son invention || *la Invención de la Santa Cruz* l'invention de la sainte Croix.
invendible *adj* invendable.
invendido, da *adj* invendu, e.
inventar *v tr* inventer || FIG & FAM *no haber inventado la pólvora* ne pas avoir inventé la poudre o le fil à couper le beurre.
inventariar *v tr* inventorier, faire l'inventaire de.
inventario *m* inventaire; *hacer el inventario* dresser o faire l'inventaire || *a beneficio de inventario* sous bénéfice d'inventaire.
inventiva *f* faculté inventive, esprit *m* inventif, imagination.
inventivo, va *adj* inventif, ive.
invento *m* invention *f*.
inventor, ra *m y f* inventeur, trice.
invernáculo *m* serre *f* (para las plantas).
invernadero *m* serre *f* (para las plantas) || hivernage (refugio de invierno) || pâturage d'hiver (pasto) || *efecto de invernadero* effet de serre.
invernal *adj* hivernal, e.
◆ *m* étable *f* d'hiver.
invernar* *v intr* hiverner (pasar el invierno) || être en hiver, faire un temps d'hiver.
inverosímil *adj* invraisemblable; *un relato, una noticia inverosímil* un récit, un nouvelle invraisemblable.
inverosimilitud *f* invraisemblance.
inversión *f* inversion || placement *m*, investissement *m* (de capitales) || *inversión de las alianzas* renversement des alliances.
inversionista *m y f* investisseur, euse, bailleur, eresse de fonds.
inverso, sa *adj* inversé, e; renversé, e; *la imagen inversa de un objeto* l'image renversée d'un objet || inverse; *en el orden inverso* dans l'ordre inverse || inverse, contraire, opposé, e; *venía en sentido inverso* il venait en sens inverse || *— a* ou *por la inversa* à l'inverse || *a la inversa de* à l'inverse de, contrairement à, inversement à.
inversor *m* ELECTR inverseur.
invertebrado, da *adj y s m* ZOOL invertébré, e.
invertido *m* inverti (homosexual).
invertir* *v tr* intervertir (cambiar); *invertir los papeles* intervertir les rôles || invertir (simétricamente) || inverser; *invertir el sentido de una corriente* inverser le sens d'un courant || renverser; *invertir la imagen de un objeto* renverser l'image d'un objet || mettre, passer (temps); *invirtieron 30 minutos en el recorrido* ils mirent 30 minutes à faire le parcours || investir (capitales) || MAT inverser || contrarier (haciendo tejido de punto).
investidura *f* investiture (toma de posesión).
investigación *f* investigation, enquête (policíaca, fiscal) || recherche; *investigación científica* recherche scientifique || recherche; *investigación de la*

investigador

paternidad recherche de paternité || *Consejo Superior de Investigaciones Científicas* Conseil national de la recherche scientifique || *investigación del mercado* étude de *o* du marché.
investigador, ra *adj* investigateur, trice; *mirada investigadora* regard investigateur.
◆ *m y f* enquêteur, euse (que hace una encuesta) || chercheur, euse (científico).
investigar *v intr* faire des recherches (científicas).
◆ *v tr* enquêter sur; *investigar los móviles de un crimen* enquêter sur les mobiles d'un crime.
investir* *v tr* investir (conferir una dignidad).
inveteradamente *adv* d'une manière invétérée.
inveterado, da *adj* invétéré, e.
inviabilidad *f* non-viabilité, impossibilité de mener (quelque chose) à bien.
inviable *adj* inviable, qui n'est pas viable.
invicto, ta *adj* invaincu, e.
invidente *adj* qui ne voit pas.
◆ *m y f* non-voyant, e.
invierno *m* hiver; *en lo más crudo del invierno* au cœur de l'hiver.
inviolabilidad *f* inviolabilité.
inviolable *adj* inviolable.
inviolado, da *adj* inviolé, e.
invisibilidad *f* invisibilité.
invisible *adj* invisible.
invitación *f* invitation.
invitado, da *adj y s* invité, e || *estrella invitada* invité vedette.
◆ *m y f* hôte, hôtesse; *este ministro es el invitado de Francia* ce ministre est l'hôte de la France.
invitar *v tr* inviter; *invitar a una cena* inviter à un dîner || engager (impulsar); *el tiempo invita a no hacer nada* le temps engage à ne rien faire || *invitar a una copa* inviter à prendre un verre.
in vitro *loc adv* in vitro.
invocación *f* invocation.
invocador, ra *adj y s* invocateur, trice.
invocar *v tr* invoquer.
involución *f* MED involution.
involucrado, da *adj* involucré, e.
involucrar *v tr* insérer (introducir) || mélanger (mezclar).
involuntario, ria *adj* involontaire.
invulnerabilidad *f* invulnérabilité.
invulnerable *adj* invulnérable.
inyección *f* piqûre, injection; *poner una inyección* faire une piqûre || injection; *motor de inyección* moteur à injection.
inyectable *adj* injectable.
◆ *m* substance *f* injectable.
inyectado, da *adj* injecté, e; *ojos inyectados en sangre* yeux injectés de sang.
inyectar *v tr* injecter; *inyectar agua* injecter de l'eau.
inyector, ra *adj y s* injecteur, trice.
◆ *m* MED & TECN injecteur || TECN *inyector de aire soufflante* (de alto horno).
ion *m* FÍS ion.
iónico, ca *adj* QUÍM ionique.
ionización *f* QUÍM ionisation; *ionización atmosférica* ionisation atmosphérique.
ionizar *v tr* ioniser.

ionosfera *f* ionosphère.
iota *f* iota *m* (letra griega).
Iowa *n pr* GEOGR Iowa.
IPC abrev de *índice de precios al consumo* I.P.C., indice des prix à la consommation.
ípsilon *f* upsilon *m* (letra griega).
ipso facto *loc lat* ipso facto (por el mismo hecho) || aussitôt, illico (en el acto).
ir*

> 1. SENTIDOS GENERALES — 2. IR, CON EL GERUNDIO — 3. IR, CON EL PARTICIPIO PASADO — 4. IR, SEGUIDO DE PREPOSICIONES — 5. LOCUCIONES — 6. VERBO PRONOMINAL

1. SENTIDOS GENERALES aller (moverse); *ir al campo* aller à la campagne || aller, marcher (personas), aller, rouler, marcher (vehículos); *ir despacio* aller doucement || aller, s'étendre; *esta calle va del bulevar a la avenida* cette rue va du boulevard à l'avenue || aller, seoir (*p us*); *no te va bien este sombrero* ce chapeau ne te va pas bien *o* ne te sied pas || aller, faire; *esta corbata va muy bien con tu nuevo traje* cette cravate fait très bien avec ton nouveau costume || être; *vas muy bien peinada* tu es très bien coiffée || en être; *no sabe por dónde va* il ne sait pas où il en est || y avoir une différence; *¡lo que va del padre al hijo!* quelle différence il y a entre le père et le fils! || parier, y aller de (apostar); *¿cuánto vas que yo llego primero?* combien paries-tu que j'arrive le premier?
2. IR, CON EL GERUNDIO indique que l'action est en train de se réaliser ou en est à son commencement; *vamos andando* nous marchons; *su salud iba empeorando* sa santé allait en empirant; *va haciendo calor* il fait de plus en plus chaud; *iba anocheciendo* il commençait à faire nuit.
3. IR, CON EL PARTICIPIO PASADO indique le résultat de l'action; *van escritas seis cartas* il y a six lettres d'écrites; *ya van vendidos diez cuadros* il y a déjà dix tableaux de vendus.
4. IR, SEGUIDO DE PREPOSICIONES *ir a* aller à *o* au; *voy a Madrid, a Chile* je vais à Madrid, au Chili; aller en; *ir a España* aller en Espagne; aller chez; *voy al médico* je vais chez le médecin; aller; *voy a salir* je vais sortir || *ir a dar a* aboutir à; *camino que va a dar a la carretera* chemin qui aboutit à la route || *ir a la ruina* courir à sa perte || *ir a parar* en venir; *¿a dónde quiere usted ir a parar?* où voulez-vous en venir?; se trouver; *¿a dónde ha ido a parar este libro?* où se trouve ce livre?; échouer (*fam*); *su reloj fue a parar al Monte de Piedad* sa montre a échoué au mont-de-piété; finir par être (acabar como) || — *ir con* aller avec; *ir con su madre al cine* aller au cinéma avec sa mère; *el azul va bien con el blanco* le bleu va bien avec le blanc; agir; *ir con cuidado* agir prudemment; être; *ir con tiento* être prudent; avoir; *ir con miedo* avoir peur || — *ir contra* aller contre; *esto va contra su dignidad* cela va contre sa dignité || — *ir de* aller en; *ir de paseo, de viaje* aller en promenade, en voyage; aller à; *ir de caza, de pesca* aller à la chasse, à la pêche; aller faire; *ir de compras, de juerga* aller faire des courses, faire la foire; être en; *ir de uniforme* être en uniforme || FIG *ir de boca en boca* passer de bouche en bouche || *ir del brazo* aller bras dessus, bras dessous, se donner le bras || — *ir en* aller en; *ir en coche, en avión* aller en voiture, en avion; aller à; *ir en bicicleta* aller à bicyclette; aller par; *ir en tren* aller par le train; y aller

de; *en eso le va la salud* il y va de sa santé; *te va en ello el honor* il y va de ton honneur ‖ — *ir para* aller sur, avoir près de, courir sur; *va para doce años* il va sur ses douze ans ‖ *ir para largo* traîner en longueur ‖ *ir para viejo* vieillir ‖ — *ir por* aller chercher; *ir por vino a la bodega* aller chercher du vin à la cave; avoir environ; *María iba por los quince años* Marie avait environ quinze ans ‖ — *ir tras* courir après (correr), poursuivre (perseguir), aller derrière (estar detrás), suivre (seguir)

5. LOCUCIONES *ir delante* aller de l'avant ‖ *ir bien* aller bien, bien marcher; *sus negocios van bien* ses affaires marchent bien ‖ *ir contra corriente* aller à contre-courant ‖ *ir de mal en peor* aller de mal en pis ‖ *ir de por sí, ir por sí solo* aller de soi ‖ *ir descalzo* aller pieds nus ‖ *ir descaminado* faire fausse route, se fourvoyer, avoir tort ‖ *ir lejos* aller loin ‖ *ir sin sombrero* aller nu-tête ‖ FIG & FAM *ir sobre ruedas* aller comme sur des roulettes ǀ *ir tirando* aller comme ci, comme ça; se maintenir ǀ *ir viviendo* vivoter ǀ *ir zumbando* aller à toute vitesse ‖ — FAM *a eso voy, vamos* c'est justement ce que je voulais, ce que nous voulions dire; c'est là que je veux, nous voulons en venir ‖ *ahí van cien francos* voilà cent francs ‖ ¡*allá va!* attention!, gare! ‖ ¿*cómo le va?, ¿cómo va eso?* comment ça va?, ça va? ‖ ¿*cuánto va?* combien pariez-vous? ‖ FAM *estar ido* être toqué o cinglé (chiflado), être dans les nuages (en las nubes) ǀ *esto no me va ni me viene* ça ne me concerne pas, ça ne me regarde pas (no importarle a uno), ça ne me fait ni chaud ni froid, ça m'est égal (dar igual) ǀ *esto no va contigo* tu n'as rien à voir avec cela ‖ ¡*lo que va de ayer a hoy!* les temps ont bien changé!, il s'en est passé des choses! ‖ FAM ¡*qué va!* allons donc!, tu parles!, vous parlez!; penses-tu!, pensez-vous! ‖ ¿*quién va?, ¿quién va allá?* qui va là? ‖ *ser el no va más* être le summum ‖ *sin ir más lejos* sans aller plus loin ǀ FAM *vamos a ver* voyons ǀ ¡*vamos despacio!* du calme! ǀ ¡*vaya!, ¡vamos!* allons! (impaciencia), allons donc! (incredulidad), quand même! (indignación, sorpresa), quoi!, eh quoi! (al final de la frase); *es buen chico, ¡vaya!* c'est un bon garçon, quoi! ǀ ¡*vamos, anda!* allons donc! ǀ ¡*vaya calor!* quelle chaleur! ǀ ¡*vaya susto que me has dado!* tu m'as fait une de ces peurs! ‖ ¡*vaya por Dios!* mon Dieu!, eh bien! ‖ *voy y vengo* je ne fais qu'aller et venir, je ne fais qu'un saut, je reviens tout de suite ‖ ¡*ya voy!* voilà, je viens!, j'arrive!

6. VERBO PRONOMINAL s'en aller, partir; *se fue ayer* il est parti hier; ¡*vámonos!* allons-nous-en!; ¡*idos! allez-vous-en!*; ¡*vete!* va-t'en! ‖ FIG s'en aller, passer (morirse) ‖ glisser; *se le fueron los pies* ses pieds ont glissé ‖ fuir (un recipiente) ‖ fuir, s'échapper (un líquido) ‖ filer (gastarse el dinero) ‖ s'épuiser (consumirse) ‖ s'échapper (un punto) ‖ passer, se faner (un color) ‖ se déchirer (desgarrarse) ‖ lâcher de partout (destrozarse) ‖ FAM s'oublier (ventosear) ‖ — FIG *irse abajo* s'écrouler, s'effondrer ǀ *irse al otro mundo* partir pour l'autre monde, faire le grand voyage ǀ MAR *irse a pique* couler, aller au fond ‖ *irse como se había venido* s'en retourner o s'en aller comme on était venu ‖ *irse de* s'en aller de, se défaire de (en el juego de naipes) ‖ *irse de la lengua, írsele a uno la lengua* parler trop, avoir la langue trop bien pendue, ne pas savoir tenir sa langue ‖ *irse de la memoria* sortir de la tête o de la mémoire, échapper; *este nombre se me ha ido de la memoria* ce nom m'est sorti de la mémoire o

m'échappe ‖ *irse de las manos* glisser des mains, échapper; *el plato se le fue de las manos* l'assiette lui a glissé des mains; échapper; *su autoridad se le va de las manos* son autorité lui échappe ‖ *írsele a uno de la mano* échapper, filer entre les mains; *este negocio se le ha ido de la mano* cette affaire lui a échappé ‖ *írsele a uno la mano* avoir la main leste (pegar), avoir la main lourde (echar más de la cuenta), forcer la note, ne pas y aller de main morte (exagerar) ‖ *irse por alto* compter largement (tirar por alto) ‖ FAM *irse uno que se las pela* filer ‖ — FAM ¡*allá se van los dos!* les deux font la paire!, l'un vaut l'autre! ǀ ¡*anda y vete por ahí!* va te faire fiche! ǀ *no irle a uno a la zaga* n'avoir rien à envier à quelqu'un ǀ ¡*váyase lo uno por lo otro!* l'un compense l'autre ǀ ¡*vete!, ¡iros a paseo!* va, allez au diable! ǀ *vete a saber!* allez savoir!, sait-on jamais!

— OBSERV La construction *ir y* suivie d'un verbe est très courante dans le langage parlé pour exprimer une nuance de détermination. Elle peut se rendre par *eh bien!* ou ne pas se traduire: *si continúas así, voy y me marcho* si tu continues comme ça, eh bien! je m'en vais; *cuando me insultó, fui y le di una torta* quand il m'a insulté, je lui ai flanqué une gifle.

IR abrev de *infrarrojo* IR, infrarouge.

ira *f* colère; *la ira es mala consejera* la colère est mauvaise conseillère ‖ FIG colère, fureur (de los elementos) ‖ — *descargar la ira en uno* décharger sa colère sur quelqu'un ‖ ¡*ira de Dios!* tonnerre de Dieu! ‖ *llenarse de ira* se mettre en colère.

IRA abrev de *Irish Republican Army* IRA, Armée républicaine irlandaise.

iracundo, da *adj y s* irascible, coléreux, euse; colérique ‖ FIG & POÉT irrité, e (los elementos).

Irak; Iraq *n pr m* GEOGR Irak, Iraq.

Irán *n pr m* GEOGR Iran.

iraní *adj* iranien, enne.

➤ *m y f* Iranien, enne.

iraqués, esa; iraquí *adj* de l'Irak, irakien, enne; iraquien, enne.

➤ *m y f* Irakien, enne; Iraquien, enne.

irascibilidad *f* irascibilité.

irascible *adj* irascible (iracundo).

iridio *m* iridium (metal).

iridiscente *adj* iridescent, e.

iridodiagnosis *f* MED iridologie, iridodiagnostic *m*.

iris *m* arc-en-ciel (meteoro) ‖ ANAT iris (del ojo) ‖ opale *f* (ópalo) ‖ FOT *diafragma de iris* diaphragme iris.

irisado, da *adj* irisé, e.

irisar *v tr e intr* iriser.

Irlanda *n pr f* GEOGR Irlande ‖ *Irlanda del Norte* Irlande du Nord.

irlandés, esa *adj* irlandais, e.

➤ *m y f* Irlandais, e.

ironía *f* ironie.

irónico, ca *adj* ironique.

ironista *m y f* ironiste (persona irónica).

ironizar *v tr* ironiser.

IRPF abrev de *impuesto sobre la renta de las personas físicas* impôt sur le revenu des personnes physiques [Espagne].

irracional *adj* irraisonnable (carente de razón) ‖ irrationnel, elle (contrario a la razón) ‖ MAT irrationnel, elle.

➤ *m* animal.

irracionalidad *f* irrationalité.
irracionalismo *m* irrationalisme.
irradiación *f* irradiation ‖ FIG rayonnement; *la irradiación de la cultura* le rayonnement de la culture.
irradiar *v intr y tr* irradier ‖ FÍS rayonner ‖ FIG rayonner (cultura).
irrazonable *adj* déraisonnable, irraisonnable; *niño irrazonable* enfant irraisonnable.
irreal *adj* irréel, elle.
irrealidad *f* irréalité.
irrealismo *m* irréalisme.
irrealizable *adj* irréalisable.
irrebatible *adj* irréfutable.
irreconciliable *adj* irréconciliable.
irreconocible *adj* méconnaissable, métamorphosé, e.
irrecuperable *adj* irrécupérable ‖ irrécouvrable (crédito, etc.).
irrecusable *adj* irrécusable.
irredento, ta *adj* irrédimé, e.
irredimible *adj* irrachetable.
irreductible *adj* irréductible; *fracción irreductible* fraction irréductible.
irreemplazable *adj* irremplaçable.
irreflexión *f* irréflexion.
irreflexivamente *adv* sans réfléchir.
irreflexivo, va *adj* irréfléchi, e.
irreformable *adj* irréformable.
irrefractable *adj* irréfrangible.
irrefutable *adj* irréfutable; *argumento irrefutable* argument irréfutable.
irregular *adj* irrégulier, ère.
irregularidad *f* irrégularité.
irrelevancia *f* incongruité, caractère *m* non pertinent.
irrelevante *adj* incongru, e; non pertinent, e.
irreligioso, sa *adj y s* irréligieux, euse.
irremediable *adj* irrémédiable.
irremisible *adj* irrémissible.
irremplazable *adj* irremplaçable.
irreparable *adj* irréparable.
irrepetible *adj* unique.
irreprensible *adj* irrépréhensible.
irrepresentable *adj* injouable.
irreprimible *adj* irréprimable, irrépressible.
irreprochable *adj* irréprochable.
irresistible *adj* irrésistible.
irresoluble *adj* insoluble (que no se puede resolver).
irresoluto, ta *adj y s* irrésolu, e.
irrespetuoso, sa *adj* irrespectueux, euse ‖ irrévérencieux, euse.
irrespirable *adj* irrespirable.
irresponsabilidad *f* irresponsabilité.
irresponsable *adj* irresponsable.
irresuelto, ta *adj* irrésolu, e (problema).
irretroactividad *f* non-rétroactivité; *la irretroactividad de las leyes* la non-rétroactivité des lois.
irreverente *adj* irrévérent, e; irrévérencieux, euse.
◆ *m y f* personne irrévérencieuse.
irreversible *adj* irréversible.

irrevocabilidad *f* irrévocabilité.
irrevocable *adj* irrévocable.
irrigable *adj* irrigable.
irrigación *f* irrigation.
irrigador *m* irrigateur.
irrigar *v tr* irriguer.
irrisión *f* dérision (mofa); *hacer irrisión de* tourner en dérision ‖ FAM risée (objeto de burla); *ser la irrisión del pueblo* être la risée du village.
irrisorio, ria *adj* dérisoire; *oferta irrisoria* offre dérisoire.
irritabilidad *f* irritabilité.
irritable *adj* irritable (persona) ‖ DR annulable, invalidable.
irritación *f* irritation ‖ FIG irritation, emportement *m*, colère ‖ DR annulation, invalidation ‖ FIG *coger una irritación* se mettre en colère.
irritado, da *adj* irrité, e ‖ POÉT *el mar irritado* la mer démontée *o* irritée.
irritante *adj* irritant, e.
irritar *v tr* irriter ‖ FIG exciter, exacerber, irriter (pasiones) ‖ DR annuler.
◆ *v pr* s'irriter, se mettre en colère ‖ — *irritarse con* ou *por algo* s'irriter de quelque chose, se mettre en colère pour quelque chose ‖ *irritarse con* ou *contra uno* s'irriter *o* se mettre en colère contre quelqu'un.
irrogación *f* action de causer un dommage.
irrogar *v tr* causer, occasionner [un dommage, un tort].
irrompible *adj* incassable.
irrumpir *v intr* faire irruption, entrer brusquement.
irrupción *f* irruption.
irunés, esa *adj y s* d'Irun.
IRYDA abrev de *Instituto para la Reforma y el Desarrollo Agrario* Institut pour la réforme et le développement agricoles [Espagne].
isabelino, na *adj* elisabéthain, e (relativo a Isabel I de Inglaterra) ‖ se dit de la monnaie à l'effigie d'Isabelle II (moneda).
◆ *adj y s* partisan d'Isabelle II contre don Carlos ‖ isabelle (color).
ISBN abrev de *international standard book number* ISBN.
iscatón *m* (*amer*) espèce de coton ‖ FAM *cabeza de iscatón* tête chenue.
isidro, dra *m y f* croquant, e; péquenot *m*.
— OBSERV Ce mot est employé exclusivement à Madrid pour désigner un provincial.
isla *f* île ‖ îlot *m*, pâté *m* de maisons (de casas) ‖ (*amer*) boqueteau *m* (bosquecillo) | terrain *m* inondable [près d'un cours d'eau].
Islam *m* islam.
islámico, ca *adj* islamique.
islamismo *m* islamisme.
islamita *adj y s* islamite.
islamización *f* islamisation.
islamizar *v tr* islamiser.
Islandia *n pr f* GEOGR Islande.
islandés, esa *adj* islandais, e.
◆ *m y f* Islandais, e.
isleño, ña *adj y s* insulaire.
isleta *f* îlot *m* ‖ refuge *m* (acera).
islote *m* îlot.

ismaelita *adj y s* ismaélite.
isobara *f* isobare (línea isobárica).
isobárico, ca *adj* isobare, isobarique ‖ *líneas isobáricas* lignes isobares, isobares.
isobato, ta *adj y s f* GEOL isobathe.
isócrono, na *adj* isochrone.
isoédrico, ca *adj* isoédrique.
isogamia *f* isogamie.
isoglosa *adj y s f* isoglosse.
isógono *adj* isogone, isogonique.
isohieta *adj* isohyète.
isómero, ra *adj y s m* isomère.
isométrico, ca *adj* isométrique.
isomorfo, fa *adj* QUÍM isomorphe.
isópodo *adj y s m* ZOOL isopode.
isósceles *adj* GEOM isocèle; *triángulo isósceles* triangle isocèle.
isotérmico, ca *adj* isotherme; *vagón isotérmico* wagon isotherme.
isotermo, ma *adj y s f* isotherme.
isótopo *m* QUÍM isotope; *isótopo radiactivo* isotope radioactif, radio-isotope.
isótropo, pa *adj y s m* isotrope.
isquion *m* ANAT ischion (hueso).
Israel *n pr m* GEOGR Israël.
israelí *adj* israélien, enne (del Estado de Israel).
◆ *m y f* Israélien, enne.
israelita *adj* israélite.
◆ *m y f* Israélite.
istmo *m* isthme.
Italia *n pr f* GEOGR Italie.
italianismo *m* italianisme.
italianizar *v tr* italianiser.
italiano, na *adj* italien, enne; *a la italiana* à l'italienne.
◆ *m y f* Italien, enne.
itálico, ca *adj* italique.
◆ *f* italique *m* (letra).
ítem *adv lat* item (además).
◆ *m* chapitre, article (artículo) ‖ INFORM article [élément d'information].
iterativo, va *adj* itératif, ive.
itinerante *adj* itinérant, e; *embajador itinerante* ambassadeur itinérant ‖ volant, e; *campamento itinerante* camp volant.
itinerario, ria *adj y s* itinéraire.
ITV abrev de *inspección técnica de vehículos* contrôle technique des véhicules [en Espagne].
IU abrev de *Izquierda Unida* Gauche Unie [Espagne].
IVA abrev de *impuesto sobre el valor añadido* T.V.A., taxe sur la valeur ajoutée.
izar *v tr* hisser.
izda abrev de *izquierda* gauche.
izote *m* BOT yucca glorieux.
izquierda *f* main gauche (mano) ‖ gauche (lado, dirección) ‖ gauche (política) ‖ — *a la izquierda* à gauche, sur la gauche ‖ MIL *¡izquierda, mar!* à gauche, gauche! ‖ FIG & FAM *ser un cero a la izquierda* être une nullité, être un zéro ‖ *un hombre de izquierdas* un homme de gauche.
izquierdismo *m* gauche *f* (partidos) ‖ tendance *f* gauchisante, gauchisme *m* (tendencia).
izquierdista *adj* de gauche, gauchiste, gauchisant, e ‖ *un izquierdista* un homme de gauche, un gauchiste, un gauchisant.
izquierdo, da *adj* gauche; *mano izquierda* main gauche ‖ EQUIT panard, e (caballo).
◆ *m y f* gaucher, ère (zurdo) ‖ → **izquierda**.
izquierdoso, sa *adj y s* FAM gaucho [gauchiste].

j *f* j *m*.
¡ja! *interj* ha!; *¡ja, ja!* ha! ha! (risa).
jabalí *m* ZOOL sanglier; *jabalí alunado* sanglier miré.
— OBSERV pl *jabalíes*.
jabalina *f* laie (hembra del jabalí) ‖ javelot *m* (en deportes) ‖ javelina (arma).
jabato *m* marcassin ‖ FIG & FAM *¡es un jabato!* c'est un lion (valiente).
jabón *m* savon; *pompa de jabón* bulle de savon; *jabón de afeitar, de tocador* ou *de olor, en escamas* savon à barbe, de toilette, en paillettes ‖ FIG & FAM savon (represión); *dar* ou *echar un jabón a alguien* passer un savon à quelqu'un ‖ *(amer)* FAM frousse *f* (miedo); *agarrarse un jabón* avoir la frousse ‖ — *jabón blando* savon noir *o* mou ‖ *jabón de Marsella* savon de Marseille ‖ *jabón de piedra* savon dur ‖ *jabón de sastre* craie de tailleur ‖ *jabón duro* savon dur ‖ *jabón en polvo* savon en poudre ‖ *jabón líquido* savon liquide ‖ *pastilla de jabón* savonnette *f* ‖ FAM *dar jabón a uno* passer la main dans le dos *o* faire du plat à quelqu'un.
jaboncillo *m* craie *f*; *jaboncillo de sastre* craie de tailleur ‖ savonnette *f*, savon de toilette (pastilla de jabón) ‖ BOT savonnier (árbol) ‖ *(amer)* savon à barbe.
jabonera *f* savonnière ‖ boîte à savon (caja) ‖ BOT saponaire, savonnière.

jabonero, ra *adj* savonnier, ère || blanc sale, blanc jaunâtre (los toros).
◆ *m* fabricant de savon, savonnier.

jabonoso, sa *adj* savonneux, euse.

jaca *f* bidet *m*, petit cheval *m* || cheval *m* (en general); *¡qué jaca más hermosa!* quel beau cheval! || *(amer)* coq *m* de combat.

jacal *m* *(amer)* hutte *f*, chaumière *f*.

jacalear *v intr* *(amer)* cancaner (cotillear).

jacalón *m* *(amer)* hangar (cobertizo).

jácara *f* romance *m* [de nature picaresque] (romance) || musique et danse espagnoles || bande de joyeux noctambules [donnant des sérénades] || FIG & FAM histoire (patraña); *contar jácaras* raconter des histoires || *no estar para jácaras* ne pas avoir envie de rire.

jacarandá *f* BOT jacaranda *m*.

jacarandoso, sa *adj* FAM guilleret, ette; joyeux, euse.

jácena *f* ARQ poutre maîtresse (viga).

jacinto *m* BOT jacinthe *f*, hyacinthe *f (ant)* || hyacinthe, jacinthe (piedra preciosa).

jaco *m* rosse *f*, haridelle *f*, bidet (caballo malo) || jaque *f* à armer (cota de malla) || jaque *f* (vestido).

jacobeo, a *adj* de saint Jacques [le majeur] || — *devoción jacobea* dévotion à saint Jacques || *peregrinación jacobea* pèlerinage à Saint-Jacques-de-Compostelle.

jacobino, na *adj y s* jacobin, e.

jactancia *f* vantardise, jactance *(p us)*.

jactancioso, sa *adj y s* vantard, e; fanfaron, onne; hâbleur, euse.

jactarse *v pr* se vanter, se targuer (vanagloriarse); *jactarse de noble* se vanter d'être noble.

jaculatorio, ria *adj* jaculatoire.
◆ *f* oraison jaculatoire (oración breve).

jade *m* jade (piedra).

jadeante *adj* haletant, e; essoufflé, e; pantelant, e.

jadear *v intr* haleter || *llegar jadeando* arriver hors d'haleine.

jadeo *m* halètement, essoufflement; *las carreras producen jadeo* les courses produisent l'essoufflement.

Jaén *n pr* GEOGR Jaen.

jaenés, esa *adj y s* de Jaen.

jaez *m* harnais || FIG caractère, nature *f* (carácter) | sorte *f*, genre (género) | espèce *f*, engeance *f*, acabit (despectivo); *gente de este jaez* des gens de cette espèce.
◆ *pl* harnais.

jaguar *m* ZOOL jaguar.

jai alai *m* jeu de paume, jai alai.

jaiba *f* *(amer)* crabe *m* (cangrejo).

jaibol *m* *(amer)* cocktail.

¡ja, ja, ja! *interj* ha, ha, ha!

jalar *v tr* FAM tirer, haler (tirar) || POP bouffer (comer) || *(amer)* tirer.
◆ *v pr* *(amer)* FAM se soûler (embriagarse) | se tirer (irse).

jalde; jaldo, da *adj* jaune vif.

jalea *f* gelée || — *jalea de cidra* cédrat confit || *jalea real* gelée royale || — FIG & FAM *hacerse* ou *volverse uno jalea* être tout sucre et tout miel.

jalear *v tr* exciter (les chiens), de la voix (caza) || acclamer, faire une ovation; *el público jaleó al bailarín* le public acclama le danseur || encourager, stimuler (animar) || *(amer)* ennuyer, agacer (fastidiar).

jaleo *m* cris *pl* pour exciter les chiens (caza) || cris *pl*, applaudissements *pl* || danse *f* populaire andalouse || FAM tapage, charivari, chahut, chambard, boucan (ruido); *armar jaleo* faire du chahut | foire *f*; *estar de jaleo* faire la foire | histoire *f*; *hay que ver el jaleo que se ha formado* il faut voir l'histoire que cela a fait || — *armarse uno un jaleo* s'embrouiller, s'emmêler les pinceaux || *armar un jaleo* faire du tapage || *hubo un jaleo enorme* il y a eu un chahut monstre (ruido), ça a fait toute une histoire (escándalo).

jaleoso, sa *adj y s* chahuteur, euse.
◆ *adj* bruyant, e.

jalifa *m* ancienne autorité *f* suprême représentant du sultan dans le protectorat espagnol au Maroc.

jalisco *adj m* *(amer)* ivre.

jalón *m* jalon (estaca) || FIG jalon, moment qui fait date (hito) || *(amer)* traction *f* (tirón) | traite *f* (distancia) | FAM coup (trago) || *jalón de mira* jalon-mire.

jalonar *v tr* jalonner.

jalonear *v tr* *(amer)* haler (dar tirones) || marchander (regatear).

Jamaica *n pr* f GEOGR Jamaïque.

jamaicano, na *adj* jamaïquain, e; jamaïcain, e.
◆ *m y f* Jamaïquain, e; Jamaïcain, e.

jamancia *f* POP becquetance, mangeaille.

jamar *v tr* POP bouffer, becqueter, boulotter (comer).

jamás *adv* jamais; *jamás lo he visto, no lo he visto jamás* je ne l'ai jamais vu || — *jamás de los jamases* au grand jamais || *nunca jamás* au grand jamais, jamais de la vie; *nunca jamás lo haré de nuevo* au grand jamais je ne le referai || *para siempre* ou *por siempre jamás* à tout jamais, à jamais.

jamba *f* ARQ jambe, jambage *m* (de chimenea) || TECN jambage *m*, pied-droit *m* (montante).

jambado, da *adj y s* *(amer)* glouton, onne; goinfre.

jambar *v tr* *(amer)* FAM bouffer.

jamboree *m* jamboree (reunión de exploradores).

jamelgo *m* rosse *f*, haridelle *f*, bidet, canasson (caballo malo).

jamón *m* jambon; *jamón ahumado* jambon fumé; *huevos con jamón* œufs au jambon || — *codillo de jamón* jambonneau || *jamón en dulce* jambon cuit au vin blanc || *jamón serrano* jambon de montagne || *manga de jamón* manche à gigot || FAM *¡y un jamón!, ¡y un jamón con chorreras!* rien à faire!, tu peux toujours courir!, et puis quoi encore!

jamona *adj* FAM replète, bien en chair (rechoncha).
◆ *f* FAM dondon, grosse dondon.

jansenismo *m* jansénisme.

jansenista *adj y s* janséniste.

Japón *n pr m* GEOGR Japon.
japonés, esa *adj* japonais, e.
➤ *m y f* Japonais, e.
jaque *m* échec (ajedrez) ‖ FAM matamore, fanfaron, vantard (valentón) ‖ — *jaque al rey* échec au roi ‖ *jaque mate* échec et mat ‖ *jaque perpetuo* échec perpétuel ‖ — *dar jaque* mettre en échec ‖ *dar jaque y mate* faire échec et mat ‖ *estar en jaque* être (en), échec ‖ FIG *tener en jaque* tenir en échec | *traer en jaque* faire tourner en bourrique (*fam*).
➤ *interj* ouste!
jaqué *m* jaquette *f*.
jaqueca *f* migraine (dolor de cabeza) ‖ FIG & FAM barbe; *¡qué jaqueca hacer esto!* quelle barbe de faire ça ‖ — FIG & FAM *dar jaqueca* assommer, casser la tête | *¡qué tío jaqueca!* quel type barbant!
jaquecoso, sa *adj* migraineux, euse (con jaqueca) ‖ FIG assommant, e; ennuyeux, euse (fastidioso).
jarabe *m* sirop ‖ danse *f* populaire mexicaine (baile) ‖ — *jarabe de arce* sirop d'érable ‖ FIG & FAM *jarabe de pico* eau bénite de cour, promesses en l'air; *esto es todo jarabe de pico* ce ne sont que des promesses en l'air; bagou (labia); *tener mucho jarabe de pico* avoir beaucoup de bagou ‖ — FIG & FAM *dar jarabe a uno* passer la main dans le dos à quelqu'un | *dar a uno jarabe de palo* administrer une volée de bois vert o caresser les côtes à quelqu'un.
jaramugo *m* petit poisson, fretin, alevin.
jarana *f* FAM noce, foire, ribouldingue; *andar de jarana* faire la noce | tapage *m*, chahut *m* (alboroto); *armar jarana* faire du chahut ‖ blague, tour *m* (engaño), tricherie (trampa) ‖ (*amer*) plaisanterie (chanza) | dette (deuda) | petite guitare (guitarra).
jaranero, ra *adj* chahuteur, euse (ruidoso) ‖ (*amer*) tricheur, euse (tramposo).
jaranista *adj* (*amer*) → **jaranero**.
jarca *f* → **harca**.
jarcia *f* MAR cordage *m*, agrès *m pl* | attirail *m* de pêche (para pescar) ‖ FIG attirail *m* ‖ MAR *jarcia muerta* manœuvre dormante.
➤ *pl* MAR gréement *m sing*.
jarcha *f* POET kharja [vers final dans les muwashshahs arabes et hébreux].
jardín *m* jardin; *jardín colgante* jardin suspendu ‖ MAR bouteille *f* (retrete de un navío) ‖ TECN jardinage, paillette *f* (mancha en una esmeralda) ‖ — *jardín botánico* jardin botanique o des plantes ‖ *jardín de la* ou *de infancia* jardin d'enfants.
jardinera *f* jardinière ‖ jardinière (mueble para poner tiestos) ‖ baladeuse (coche descubierto que llevan detrás los tranvías en verano).
jardinería *f* jardinage *m*.
jardinero, ra *m y f* jardinier, ère.
jarearse *v pr* (*amer*) mourir de faim | fuir, s'évader (huir).
jarocho, cha *adj y s* grossier, ère ‖ paysan, paysanne de la côte de Veracruz [Mexique].
jarra *f* jarre (con cuello y boca ancha) ‖ pot *m*; *jarra de agua* pot à eau ‖ chope (de cerveza) ‖ ordre *m* de la Jarre (orden antigua en Aragón) ‖ *de jarras, en jarra, en jarras* les poings sur les hanches.
jarrete *m* jarret (corvejón).

jarretera *f* jarretière (liga) ‖ ordre *m* de la Jarretière (orden).
jarro *m* pot ‖ pichet (para bebidas), chope *f* (para cerveza) ‖ broc (de metal) ‖ — FIG & FAM *a jarros* à seaux, à verse, à torrents | *esto fue echarle un jarro de agua fría* cela lui fit l'effet d'une douche froide.
jarrón *m* ARQ vase [d'ornement] ‖ potiche *f* (de porcelana).
jartar *v tr e intr* POP → **hartar**.
Jartum *n pr* GEOGR Khartoum.
Jasón *n pr* MIT Jason.
jaspe *m* jaspe (piedra) ‖ *jaspe sanguíneo* jaspe sanguin.
jaspeado, da *adj* jaspé, e; veiné, e; marbré, e.
➤ *m* jaspure *f*, jaspe ‖ jaspe (libro).
jaspear *v tr* jasper, veiner, marbrer.
Jauja *n pr* FIG pays de cocagne ‖ FIG *¡esto es Jauja!* c'est le Pérou! ‖ *tierra de Jauja* pays de cocagne.
— OBSERV *Jauja* est employé par allusion à la ville et à la province de *Jauja*, au Pérou, célèbres pour leur richesse et la douceur de leur climat.
jaula *f* cage (para animales) ‖ cabanon *m* (para locos) ‖ cageot *m* (embalaje) ‖ box *m* (en un garaje) ‖ parc *m* (para niños) ‖ MIN cage d'extraction ‖ cabine (de ascensor) ‖ — ELECTR *jaula de ardilla* cage d'écureuil ‖ FIG *jaula de grillos* panier de crabes.
jauría *f* meute; *una jauría de perros, de acreedores* une meute de chiens, de créanciers.
Java *n pr* GEOGR Java ‖ *hombre de Java* homme de Java.
javanés, esa *adj* javanais, e.
➤ *m y f* Javanais, e.
jazmín *m* BOT jasmin; *jazmín de España* ou *real* jasmin d'Espagne ‖ BOT *jazmín de la India* ou *del Cabo* gardénia.
jazz; jazz-band *m* jazz, jazz-band.
jazzman *m* jazzman.
— OBSERV *pl jazzmen*.
JC abrev de *Jesucristo* J.-C., Jésus-Christ.
jean; jeans *m* jean, jeans.
— OBSERV Les termes espagnols *vaqueros* ou *tejanos* sont davantage employés.
jeep *m* Jeep *f*, voiture *f* tout terrain (coche todo terreno).
jefa *f* chef *m* supérieure (superiora), présidente (presidenta) ‖ cheftaine (de exploradoras).
jefatura *f* dignité et fonctions de chef ‖ direction (dirección) ‖ *Jefatura de Policía* préfecture de police.
jefazo *m* FAM grand chef.
jefe *m* chef ‖ patron (de una empresa industrial o comercial) ‖ BLAS chef ‖ MIL officier supérieur ‖ FAM paternel (padre) ‖ — *jefe de cocina* chef de cuisine, chef ‖ *jefe de comedor* maître d'hôtel ‖ *jefe de cordada* premier de cordée (alpinismo) ‖ *jefe de escuadra* chef d'escadre ‖ *jefe de estación* chef de gare ‖ *jefe de estudios* conseiller d'éducation ‖ *jefe de familia* chef de famille ‖ *jefe de fila* chef de file ‖ *Jefe de Gobierno* chef de gouvernement ‖ *Jefe de Estado* chef d'État ‖ *jefe de negociado* chef de bureau ‖ *jefe de ventas* directeur commercial ‖ — *en jefe* en chef; *mandar en jefe* commander o avoir le commandement en chef ‖ *redactor jefe* rédacteur en chef.

jegüite *m* *(amer)* mauvaise herbe *f*.
Jehová *m* Jéhovah (Dios).
¡je, je, je! *interj* ah, ah, ah!; hi, hi, hi!
jengibre *m* BOT gingembre.
jeque *m* cheikh (jefe árabe).
jerarca *m* pontife, supérieur ‖ haut dignitaire.
jerarquía *f* hiérarchie ‖ dignitaire *m*, personnalité; *el arzobispo y otras jerarquías eclesiásticas* l'archevêque et d'autres dignitaires ecclésiastiques ‖ FIG échelle; *jerarquía social, de valores* échelle sociale, des valeurs ‖ *elevarse en la jerarquía* gravir les échelons de la hiérarchie.
jerárquico, ca *adj* hiérarchique; *superior jerárquico* supérieur hiérarchique.
jerarquización *f* hiérarchisation.
jerarquizar *v tr* hiérarchiser.
jeremías *m y f inv* geignard, e.
jerez *m* xérès (vin).
Jerez *n pr* GEOGR Xérès [Espagne].
jerezano, na *adj y s* de Xérès.
jerga *f* grosse toile (tela) ‖ paillasse (colchón) ‖ jargon *m*, argot *m* (lenguaje); *la jerga estudiantil* le jargon des étudiants ‖ charabia *m*, baragouin *m* (galimatías) ‖ MIN jargon *m* (diamante amarillo) ‖ *hablar en jerga* parler charabia, baragouiner.
jergafasia *f* MED jargonaphasie.
jergal *adj* argotique.
jergón *m* paillasse *f* (colchón de paja) ‖ FIG & FAM gros patapouf (persona gruesa) ‖ jargon (piedra fina).
Jericó *n pr* GEOGR Jéricho.
jerifato; jerifazgo *m* chérifat.
jerife *m* chérif (jefe árabe).
jerigonza *f* jargon *m*, argot *m* (jerga) ‖ charabia *m*, baragouin *m* (galimatías) ‖ FIG & FAM excentricité.
jeringa *f* seringue ‖ FIG & FAM ennui *m*, embêtement *m*, empoisonnement *m*.
jeringuilla *f* BOT seringat *m*, seringa *m* ‖ seringue (para inyecciones); *jeringuilla hipodérmica* seringue hypodermique.
jeroglífico, ca *adj* hiéroglyphique.
◆ *m* hiéroglyphe ‖ rébus (juego).
jerónimo, ma *adj y s* hiéronymite.
jersey *m* pull-over.
— OBSERV pl *jerseys* ou *jerseis*.
Jersey *n pr* GEOGR Jersey.
Jerusalén *n pr* GEOGR Jérusalem.
Jesucristo *m* Jésus-Christ.
jesuita *adj y s* jésuite.
jesuítico, ca *adj* jésuitique.
Jesús *m* jésus; *el Niño Jesús* l'Enfant Jésus, le petit Jésus ‖ —*Jesús Nazareno* Jésus de Nazareth ‖ — FIG & FAM *en un decir Jesús, en un Jesús* en un clin d'œil ‖ FIG *sin decir Jesús* subitement (morir).
◆ *interj* Jésus!, doux Jésus! ‖ *¡Jesús!; ¡Jesús, María y José!* à vos souhaits! (después de estornudar).
— OBSERV Le *petit Jésus* es la forma cariñosa e infantil de designar al *niño Jesús*.
jesusear *v intr* FAM répéter souvent le nom de Jésus.
jet *m* jet.

jeta *f* museau *m* ‖ POP tête, gueule, bouille (cara) ‖ groin (hocico del cerdo) ‖ — POP *poner jeta* faire la tête ‖ *tener jeta* être gonflé, avoir du culot.
jet-set *f* jet-set (sociedad del reactor).
JHS; IHS abrev de *Jesus hominum salvator* I.H.S., Jésus, sauveur des hommes.
jíbaro, ra *adj y s* *(amer)* campagnard, e; paysan, anne (campesino) ‖ jivaro (jívaro).
jibia *f* ZOOL seiche (molusco) ‖ os *m* de seiche (jibión).
jicote *m* *(amer)* bourdon (abejorro).
jiennense *adj y s* de Jaén.
¡ji, ji, ji! *interj* hi, hi, hi! (expresión de risa).
jijona *m* touron [fait à Jijona].
jilguero *m* chardonneret (ave).
jilí *m* POP con, crétin.
jilipolla *m* POP couillon, con.
jilipollada *f* POP couillonnade, connerie ‖ FAM ânerie.
jilote *m* *(amer)* épi de maïs (mazorca).
jilotear *v intr* *(amer)* grener, commencer à mûrir (el maíz).
jinda; jindama *f* POP trouille, frousse (miedo).
jineta *f* genette (lanza corta) ‖ écuyère (mujer que monta a caballo) ‖ épaulette de sergent (hombrera) ‖ ZOOL genette (animal) ‖ *a la jineta* à la genette.
jinete *m* cavalier, écuyer (caballista) ‖ cheval de selle (caballo) ‖ *jinete en un caballo negro* monté sur un cheval noir.
jiote *m* *(amer)* urticaire *f*.
jipar *v intr* hoqueter (hipar) ‖ haleter (jadear).
jipido *m* FAM hoquet (hipo) ‖ gémissement (hipido).
jipijapa *m* panama (sombrero).
— OBSERV *Jipijapa* est le nom d'une ville de l'Équateur, célèbre pour ses chapeaux auxquels on a donné à tort le nom de *panamas*.
jirafa *f* girafe ‖ girafe (cine).
jirón *m* lambeau (pedazo); *hacer jirones* mettre en lambeaux ‖ FIG brin (porción pequeña) ‖ bordure *f* (de una falda) ‖ BLAS giron ‖ — *hecho jirones* en loques, en lambeaux ‖ *un jirón de vida* une tranche de vie.
jironado, da *adj* déchiré, e; en lambeaux ‖ BLAS gironné, e.
jitomate *m* *(amer)* tomate *f*.
jiu-jitsu *m* → **yiu-yitsu**.
jívaro, ra *adj y s* jivaro (indio).
JJ OO abrev de *juegos olímpicos* J.O., jeux Olympiques.
¡jo! *interj* oh!, ho!
Job *n pr m* Job ‖ — *más pobre que Job* pauvre comme Job ‖ *tener más paciencia que el santo Job* avoir une patience d'ange.
jockey *m* jockey.
jocoque *m* *(amer)* lait aigre.
jocosamente *adv* drôlement (chistosamente).
jocosidad *f* drôlerie (gracia) ‖ plaisanterie, blague (chiste).
jocoso, sa *adj* amusant, e; drôle, comique.

jocundo, da *adj* joyeux, euse; jovial, e; gai, e.
joder *v tr e intr* POP baiser (copular) | emmerder (fastidiar) | foutre en l'air (estropear).
➤ *interj* POP merde!, putain!
jodido, da *adj* POP dégueulasse (despreciable) | chiant, e; emmerdant, e (fastidioso) | coton (difícil) | foutu, e (estropeado) | mal foutu, e (enfermo).
➤ *adj y s (amer)* POP salaud, salope; vache || *ser (un) jodido* être (un) salaud, être vache.
jofaina *f* cuvette.
joggin; jogging *m* DEP jogging.
Johannesburgo *n pr* GEOGR Johannesbourg.
jolgorio *m* FAM foire *f*, noce *f* (fiesta) || allégresse *f* (alegría).
¡jolín!; ¡jolines! *interj* FAM mince!, zut!, flûte!
jollín *m* FAM bagarre *f*, grabuge (disputa).
joma *f (amer)* bosse (joroba).
jomado, da *adj (amer)* bossu, e.
jomeinista *adj y s* partisan, e de Khomeyni.
jondo, da *adj cante jondo* chant populaire andalou.
Jonia *n pr f* GEOGR Ionie.
Jónicas (islas) *n pr f pl* GEOGR îles Ioniennes.
jónico, ca *adj* ionique; *orden jónico* ordre ionique.
➤ *adj y s* ionien, enne.
jonio, nia *adj* ionien, enne.
➤ *m y f* Ionien, enne.
JONS *abrev de Juntas de Ofensiva Nacional Sindicalista* Assemblées de l'offensive nationale syndicaliste [mouvement fasciste].
jonuco *m (amer)* grenier, soupente *f* (desván).
jopo *m* queue *f* (rabo) || *(amer)* toupet (mechón).
¡jopo! *interj* FAM hors d'ici!, ouste!
jordán *m* FIG fontaine *f* de Jouvence || FIG & FAM *ir al Jordán* rajeunir (remozarse), relever de maladie (convalecer).
Jordán *n pr m* GEOGR Jourdain.
Jordania *n pr f* GEOGR Jordanie.
jordano, na *adj* jordanien, enne.
➤ *m y f* Jordanien, enne.
jornada *f* journée (de viaje, de trabajo) || étape; *viajar por pequeñas jornadas* voyager par petites étapes || FIG vie, durée de la vie humaine || MIL journée (batalla) | expédition militaire (expedición) || TEATR journée [division usitée dans les pièces du théâtre classique espagnol] | épisode *m*; *película en varias jornadas* film à épisodes | *(amer)* salaire journalier (jornal) | — *jornada de ocho horas* journée de huit heures || *jornada de puertas abiertas* journée portes ouvertes || *jornada de reflexión* jour (s) de trêve précédant les élections || *jornada legal* journée légale | — *trabajo de media jornada, de jornada entera* travail à mi-temps, à plein temps.
— OBSERV Le mot *journée* (temps depuis le lever jusqu'au coucher du soleil) se traduit par *día*: *une belle journée d'été* un hermoso día de verano.
jornal *m* journée *f*, salaire [journalier]; *gana un buen jornal* il a un bon salaire || journée *f* de terre (medida agraria) || *a jornal* à la journée, à tant par jour; *trabajar a jornal* travailler à la journée || *jornal mínimo* salaire journalier minimum.
jornalero, ra *m y f* journalier, ère.

joroba *f* bosse (giba) || FIG & FAM corvée, embêtement *m* (molestia).
jorobado, da *adj y s* bossu, e.
➤ *adj* FIG & FAM embêté, e; empoisonné, e.
➤ *m* ZOOL poisson des Antilles.
jorobar *v tr* FIG & FAM casser les pieds, faire suer, raser, empoisonner, embêter.
jorobeta *m* FAM bossu.
jorongo *m* poncho mexicain.
jota *f* j *m* (nombre de la letra «j») || jota, danse et musique populaires aragonaises || valet *m* (en la baraja francesa) || FIG iota *m*, brin *m*, rien *m* (cosa mínima) || *(amer)* sandale (ojota) || — FIG & FAM *no decir ni jota* ne pas dire un mot | *no entiendo ni jota* je n'y comprends rien du tout | *no falta ni jota* il n'y manque pas un iota | *no sabe una jota de su lección* il ne sait pas un traître mot de sa leçon | *no se ve una jota* on n'y voit goutte *o* rien du tout | *sin faltar una jota* sans oublier une virgule.
joven *adj* jeune; *de muy joven se fue a Madrid* très jeune encore elle partit à Madrid || *galán joven* jeune premier.
➤ *m y f* jeune homme *m*, jeune fille *f*, jeune *m (fam)* || *los jóvenes* les jeunes gens, la jeunesse.
jovencito, ta *adj y s* jeunet, ette.
➤ *m* jeunot.
➤ *m y f* jouvenceau, celle.
jovenzuelo, la *adj* jeunet, ette.
➤ *m y f* petit jeune homme *m*, petite jeune fille *f*.
jovial *adj* jovial (alegre) || jovien, enne (relativo a Júpiter).
jovialidad *f* jovialité, enjouement *m*.
joviano, na *adj* jovien, enne (relativo a Júpiter).
joya *f* bijou *m* (alhaja) || joyau *m* (véase OBSERV) || cadeau *m* (regalo) || agrafe (brocamantón) || FIG bijou *m* (cosa o persona); *esta niña es una joya* cette fillette est un bijou | perle (persona valiosa); *este empleado es una joya* cet employé est une perle || ARQ astragale *m*.
➤ *pl* corbeille *sing* de mariage, trousseau *m sing* (equipo de novia).
joyería *f* bijouterie, joaillerie.
joyero *m* bijoutier, joaillier (fabricante o comerciante) || écrin *o* coffret à bijoux (caja).
Jr. *abrev de junior* Jr., junior.
Juan *n pr m* Jean || *San Juan Bautista* saint Jean-Baptiste.
➤ *m* FAM *(amer)* troufion || — *Juan Español* Espagnol type || FAM *Juan Lanas* bonne pâte (buen hombre), jean-foutre, gros-jean (incapaz) || *Juan pirulero* jeu avec gages || *Juan Soldado* soldat espagnol type || — *Buen Juan* jean-jean [nigaud] || FIG *ser (algo) Juan y Manuela* ne servir à rien || FAM *yo soy Juan Palomo, yo me lo guiso y yo me lo como* tout pour moi, rien pour les autres.
juanete *m* pommette *f* saillante (pómulo abultado) || os du gros orteil (del pie) || oignon (callo) || MAR perroquet; *juanete mayor* grand perroquet; *juanete de proa* petit perroquet || VETER oignon (del caballo).
juanramoniano, na *adj* de Juan Ramón Jiménez [écrivain espagnol].
juarista *adj y s* partisan de Juárez au Mexique.
jubilación *f* retraite (retiro, renta); *jubilación anticipada* retraite anticipée || jubilation (alegría).

jubilado, da *adj* retraité, e; en retraite.
◆ *m y f* retraité, e.
jubilar *adj* jubilaire (relativo al jubileo).
jubilar *v tr* mettre à la retraite ‖ FIG & FAM mettre au rancart (desechar por inútil).
◆ *v intr* jubiler (alegrarse).
◆ *v pr* prendre sa retraite ‖ se réjouir (regocijarse) ‖ *(amer)* s'instruire (instruirse) ‖ se laisser aller (abandonarse) ‖ faire l'école buissonnière (hacer novillos) ‖ FIG & FAM *ya se puede jubilar* il a fait son temps.
jubileo *m* jubilé ‖ FIG va-et-vient, remue-ménage ‖ — *ganar el jubileo* gagner le jubilé ‖ FAM *por jubileo* tous les trente-six du mois.
júbilo *m* allégresse *f*, jubilation *f (p us)* ‖ joie *f*; *no caber en sí de júbilo* ne pas se sentir de joie ‖ *mostrar júbilo* jubiler.
jubilosamente *adv* avec joie, joyeusement.
jubiloso, sa *adj* joyeux, euse; allègre.
judaico, ca *adj* judaïque.
judaísmo *m* judaïsme.
judas *m* FIG judas (traidor) ‖ mannequin de paille que l'on brûle publiquement lors de la semaine sainte dans certaines régions et particulièrement au Mexique (muñeco).
Judas *n pr m* Judas ‖ — FIG & FAM *estar hecho* ou *parecer uno un Judas* être dépenaillé ‖ *ser más falso que Judas* être faux comme un jeton.
Judea *n pr f* GEOGR Judée.
judeoalemán *m* yiddish (lengua).
judeocristianismo *m* judéo-christianisme.
judeocristiano, na *adj y s* judéo-chrétien, enne.
judeoespañol *adj y s* judéo-espagnol, e.
judería *f* juiverie, quartier *m* juif, ghetto *m* (barrio judío) ‖ tribut *m* que payaient les juifs.
judía *f* BOT haricot *m* ‖ — *judía blanca* haricot blanc ‖ *judía colorada* ou *escarlata* ou *de España* ou *negra* haricot noir ‖ *judía tierna* haricot mange-tout, mange-tout ‖ *judía verde* haricot vert.
judiada *f* FAM mauvais tour.
judicatura *f* judicature ‖ magistrature (cuerpo constituido).
judicial *adj* judiciaire ‖ — *mandato judicial* exploit ‖ *partido judicial* arrondissement (de una provincia).
judío, a *adj* juif, ive.
◆ *m y f* Juif, ive.
◆ *m* sorte de haricot (judión) ‖ *(amer)* ani (ave).
judo *m* judo (lucha).
judoka *m* judoka (luchador).
juego *m* jeu (recreo) ‖ jeu, assortiment; *juego de cepillos, de útiles* jeu de brosses, assortiment d'outils ‖ service; *juego de café, de té* service à café, à thé ‖ garniture *f* (de botones, de chimenea) ‖ parure *f*; *juego de cuna, de cama, de diamantes* parure de berceau, de lit, de diamants ‖ DEP jeu ‖ train (de neumáticos) ‖ jeu (holgura, movimiento); *tener juego* avoir du jeu ‖ train; *juego trasero* train arrière ‖ taille *f* (en el bacarrá) ‖ — *juego de azar* jeu de hasard ‖ *juego de Bolsa* jeu de Bourse ‖ *juego de cartas* ou *de naipes* jeu de cartes ‖ *juego de cubiletes* tour de passe-passe ‖ *juego de damas* jeu de dames ‖ *juego de desayuno* déjeuner ‖ *juego de ingenio* ou *de imaginación* jeu d'esprit ‖ *juego de la oca* jeu de l'oie ‖ *juego de luces* jeu de lumières ‖ *juego de mangas y cuello* parure ‖ *juego de manos* jeu de mains, tour de passe-passe ‖ *juego de manos, juego de villanos* jeu de mains, jeu de vilains ‖ FIG *juego de niños* jeu d'enfant ‖ *juego de palabras* ou *de vocablos* jeu de mots ‖ *juego de pelota* jeu de pelote *o* de paume ‖ *juego de prendas* gages ‖ AUTOM *juego delantero* train avant ‖ — *a juego* assorti, assortie; *corbata y pañuelo a juego* cravate et pochette assortie ‖ *fuera de juego* hors-jeu ‖ — *abrir el juego* ouvrir le jeu ‖ *cegarse en el juego* se piquer au jeu ‖ *conocer a uno el juego* connaître *o* voir le jeu de quelqu'un ‖ *desgraciado en el juego, afortunado en amores* malheureux au jeu, heureux en amour ‖ *entre bobos anda el juego* ils s'entendent comme larrons en foire ‖ *hacer el juego de alguien* jouer le jeu de quelqu'un ‖ *hacer juego* aller ensemble; *estos dos candelabros hacen juego* ces deux candélabres vont ensemble; faire pendant; *este candelabro hace juego con ése* ce candélabre fait pendant à celui-ci ‖ *(amer) hacer juego* avoir du jeu ‖ *hacer juego limpio* jouer franc jeu, être fair-play ‖ *hacer juegos de ojos* rouler les yeux ‖ *hacer juegos malabares* faire des tours de passe-passe, jongler ‖ *hacerle el juego a uno* faire le jeu de quelqu'un ‖ *¡hagan juego!* faites vos jeux! ‖ *poner en juego* jouer; *poner en juego su situación* jouer sa situation; faire jouer (influencias, relaciones) ‖ *queda poco tiempo de juego* il reste peu de temps à jouer ‖ *tener buen juego* avoir beau jeu (naipes).
◆ *pl* jeux ‖ — *juegos florales* jeux floraux ‖ *juegos malabares* jongleries, tours d'adresse ‖ *juegos olímpicos* jeux Olympiques.
juerga *f* FAM noce, bombe, foire, bringue; *estar de juerga, correrse una juerga* faire la noce; *irse de juerga* aller faire la foire ‖ *vida de juerga* vie de patachon.
juerguista *adj y s* FAM noceur, euse; fêtard, e.
jueves *m* jeudi; *el jueves que viene, el jueves pasado* jeudi prochain, jeudi dernier ‖ — *jueves santo* jeudi saint ‖ — FAM *no es cosa* ou *nada del otro jueves* ce n'est pas la mer à boire, il n'y a pas de quoi fouetter un chat (no ser difícil), ça ne casse rien, ça ne casse pas des briques (ser ordinario).
juez, za *m y f* juge; *juez municipal* ou *de paz, de instrucción* juge de paix, d'instruction ‖ — DEP *juez árbitro* juge-arbitre ‖ *juez de línea* ou *de banda* juge de touche ‖ *juez de menores* juge pour enfants ‖ FAM *juez de palo* ou *lego* juge botté, ignorant ‖ *juez de primera instancia* juge de première instance ‖ *(amer) juez de raya* juge à l'arrivée (en las carreras de caballos) ‖ *juez de salida* starter (carreras) ‖ *juez de silla* juge de ligne (tenis) ‖ — *el Juez Supremo* le Souverain Juge ‖ — *nadie puede ser juez en causa propia* on ne peut être juge et partie ‖ *ser juez y parte* être juge et partie.
◆ *pl* magistrature *f* assise.
jugada *f* coup *m* (lance de juego); *buena jugada* beau coup, coup heureux ‖ FIG mauvais tour *m*; *hizo una jugada* il m'a joué un mauvais tour ‖ — *jugada de Bolsa* coup de Bourse ‖ FIG *mala jugada* mauvais tour, sale tour; *hacer una mala jugada* jouer un mauvais tour.
jugador, ra *adj y s* joueur, euse ‖ — *jugador de fútbol* joueur de football ‖ *jugador de manos* prestidigitateur ‖ *jugador de ventaja* tricheur (fullero).
jugar* *v intr* jouer, s'amuser (divertirse) ‖ DEP jouer ‖ jouer (en la Bolsa); *jugar al alza, a la baja* jouer à la hausse, à la baisse ‖ MECÁN jouer, avoir

du jeu (moverse) ‖ — *jugar a cara o cruz* jouer à pile ou face ‖ *jugar a cartas vistas* jouer cartes sur table ‖ *jugar al caballo perdedor* miser sur le mauvais cheval ‖ *jugar a pares o nones* jouer à pair ou impair FIG *jugar con dos barajas* ou *a dos paños* jouer double jeu, miser sur deux tableaux | *jugar con los números* jongler avec les chiffres | *jugar con su salud* jouer avec sa santé | *jugar con uno* jouer avec quelqu'un, se jouer de quelqu'un | *jugar del vocablo* jouer sur les mots ‖ *jugar fuerte* ou *grueso* jouer gros jeu ‖ *jugar limpio* jouer franc jeu ‖ *jugar sucio* ne pas jouer franc jeu ‖ — *eso no es jugar limpio* ce n'est pas de jeu.

◆ *v tr* jouer ‖ jouer de (se dice de las armas); *jugar la espada* jouer de l'épée ‖ — *jugar doble contra sencillo* jouer à deux contre un ‖ *jugar una mala pasada* ou *partida* jouer un mauvais tour ‖ — *el que juega con fuego se quema* il ne faut pas jouer avec le feu, qui s'y frotte s'y pique.

◆ *v pr* jouer; *jugarse la cabeza, la vida, el honor* jouer sa tête, sa vie, son honneur ‖ être en jeu o en cause, se jouer; *lo que se juega es el porvenir del país* ce qui est en jeu, c'est l'avenir du pays ‖ — FIG *jugarse el pellejo* risquer sa peau | *jugarse hasta la camisa, el alma* jouer jusqu'à sa dernière chemise, vendre son âme | *jugársela a alguien* jouer un mauvais tour à quelqu'un | *jugárselo todo a una carta, jugarse el todo por el todo* jouer o risquer le tout pour le tout, jouer son va-tout | *me juego la cabeza que* je donnerais ma tête à couper que, je mettrais ma main au feu que | *se juega su felicidad en eso* il y va de son bonheur.

jugarreta *f* FAM coup *m* mal joué ‖ FIG & FAM mauvais tour *m*, sale tour *m*, tour *m* pendable; *le hizo una jugarreta* il lui a joué un tour pendable.

juglar *m* jongleur (trovador).

juglaresco, ca *adj* des jongleurs; *poesía juglaresca* poésie des jongleurs [poésie épique dont les jongleurs se font les interprètes].

juglaría; juglería *f* art *m* des jongleurs, jonglerie *f*.

jugo *m* jus; *jugo de limón* jus de citron; *jugo de carne* jus de viande ‖ suc; *jugo gástrico, pancreático* suc gastrique, pancréatique ‖ FIG suc, moelle *f*, substance *f*; *sacar el jugo de un libro* extraire la moelle d'un livre ‖ — FIG & FAM *sacarle el jugo a alguien* presser quelqu'un comme un citron | *sacarle jugo al dinero* tirer profit de son argent.

jugosidad *f* jus *m*, suc *m* abondant, qualité de ce qui est juteux ‖ substance (sustancia).

jugoso, sa *adj* juteux, euse ‖ FIG lucratif, ive (provechoso) | substantiel, elle (sustancioso) ‖ savoureux, euse; *prosa jugosa* prose savoureuse | riche (colores).

juguete *m* jouet ‖ TEATR divertissement ‖ FIG *ser el juguete de* être le jouet de.

juguetear *v intr* jouer, s'amuser (divertirse) ‖ folâtrer, s'ébattre (retozar).

jugueteo *m* amusement (diversión) ‖ ébat (retozo).

juguetería *f* magasin *m* de jouets (tienda).

juguetón, ona *adj* joueur, euse; *niño juguetón* enfant joueur ‖ folâtre (retozón).

juicio *m* jugement (discernimiento); *tener el juicio recto* avoir le jugement sain, avoir un jugement droit ‖ raison *f*, esprit; *perder el juicio* perdre la raison ‖ bon sens (sentido común) ‖ sagesse *f* (sensatez) ‖ jugement; *emitir un juicio sobre alguien* porter un jugement sur quelqu'un; *juicio de valor* jugement de valeur ‖ DR jugement; *juicio en rebeldía* jugement par défaut *o* par contumace; *juicio definitivo* ou *sin apelación* jugement sans appel ‖ procédure de jugement; *juicio escrito, oral* procédure écrite, orale; *juicio de mayor cuantía* procédure ordinaire de droit commun ‖ — FILOS *juicio apodíctico, asertorio, problemático* jugement apodictique, assertorique, problématique ‖ RELIG *juicio de Dios* jugement de Dieu | *juicio final* jugement dernier ‖ DR *juicio político* mise en accusation ‖ — *a juicio de* de l'avis de ‖ *a juicio de peritos* au dire des experts ‖ *a mi juicio* à mon avis, à mon sens ‖ *falto de juicio* fou, dément ‖ *la edad del juicio* l'âge de raison ‖ *muela del juicio* dent de sagesse ‖ — *asentar el juicio* devenir raisonnable, se poser ‖ *emitir un juicio sobre* porter o émettre un jugement sûr ‖ *estar en su juicio* ou *en su cabal juicio* avoir tous ses esprits *o* tout son bon sens ‖ *estar fuera* ou *falto de juicio* avoir perdu l'esprit, être fou ‖ *estar puesto en tela de juicio* ne pas avoir toute sa tête *o* tout son bon sens, avoir l'esprit dérangé ‖ *poner en tela de juicio* mettre en question ‖ *quitar el juicio* faire perdre la tête ‖ *sacar de juicio* mettre hors de soi ‖ *someter al juicio pericial* expertiser ‖ *volver en su juicio* retrouver *o* reprendre ses esprits.

juicioso, sa *adj* judicieux, euse; sensé, e; sage (sensato) ‖ FIG judicieux, euse (atinado) ‖ — *hacer juicioso* assagir ‖ *volverse más juicioso* s'assagir.

jul. abrev de *julio* juil., juillet.

julepe *m* MED julep (poción) ‖ jeu de cartes (juego de naipes) ‖ FIG & FAM savon, réprimande *f* (reprimenda) | travail, peine *f* (ajetreo) | *(amer)* peur *f* (miedo); *dar un julepe* faire peur ‖ *dar julepe a* laisser sans levée (juego de naipes).

juliana *f* BOT julienne ‖ CULIN *sopa juliana* julienne.

julio *m* juillet (mes); *el 29 de julio* le 29 juillet ‖ FÍS joule (unidad de trabajo eléctrico).

juma *f* FAM cuite (borrachera).

jumarse *v pr* FAM prendre une cuite, se cuiter.

jumbo *m* AVIAC jumbo-jet, gros-porteur (avión comercial gigante) ‖ Boeing 747.

jumento, ta *m y f* âne, ânesse ‖ FIG imbécile.

jumera *f* FAM cuite (borrachera).

jun. abrev de *junio* juin.

juncáceas *f pl* BOT joncacées.

juncal *adj* svelte, élancé, e (esbelto) ‖ cambré, e (talle).

juncal; juncar *m* jonchaie *f*, jonchère *f*, joncheraie *f*.

junco *m* BOT jonc ‖ baguette *f* (de un marco) ‖ MAR jonque *f* (embarcación china) ‖ — BOT *junco de Indias* jonc d'Inde, rotin | *junco florido* jonc fleuri, flûteau | *junco oloroso* jonc odorant.

jungla *f* jungle.

junio *m* juin (mes); *el 6 de junio* le 6 juin.

júnior *m* RELIG jeune profès, novice ‖ junior (el más joven, deportista).

junquera *f* BOT jonc *m* (junco) | jonchaie (juncal).

junquillo *m* BOT jonquille *f* | rotin (junco de Indias) ‖ jonc (bastón) ‖ baguette *f* (varilla) ‖ baguette *f* (de un marco) ‖ ARQ baguette *f* (moldura).

junta *f* assemblée; *junta general* assemblée générale ‖ réunion, séance (sesión) ‖ conseil *m*; *junta administrativa, municipal* conseil d'administration,

municipal ‖ comité *m*; *junta de empresa* comité d'entreprise ‖ bureau *m*; *junta de asistencia técnica* bureau d'assistance technique; *junta de beneficencia* bureau de charité ‖ junte (en los países ibéricos); *junta militar* junte militaire ‖ ARQ joint *m*, jointure ‖ MAR couture (entre tablones) ‖ TECN joint *m*; *junta estanca* joint étanche; *junta de culata* joint de culasse ‖ — ECON *junta de accionistas* assemblée des actionnaires ‖ *junta directiva* comité directeur ‖ TECN *junta universal* joint de cardan ‖ — TECN *retundir juntas* jointoyer.
- ◆ *pl* (*amer*) confluent *m sing* (de dos ríos).

juntamente *adv* ensemble, conjointement (conjuntamente) ‖ à la fois, ensemble (al mismo tiempo).

juntar *v tr* joindre, unir; *juntar dos tablas* joindre deux planches ‖ assembler (varias piezas) ‖ unir; *la amistad les junta* l'amitié les unit ‖ réunir, rassembler; *juntar amigos en su casa* réunir des amis chez soi ‖ amasser (acopiar); *juntar dinero* amasser de l'argent ‖ pousser (puerta, ventana).
- ◆ *v pr* se joindre ‖ se réunir, se rassembler (congregarse) ‖ se rapprocher, s'approcher (arrimarse) ‖ avoir une liaison (con una mujer) ‖ *Dios los cría y ellos se juntan* qui se ressemble s'assemble.

juntera *f* feuilleret *m* (cepillo de carpintero).
juntillas → **pie**.
junto, ta *adj* joint, e; *dos tablas juntas* deux planches jointes; *con las manos juntas* à mains jointes ‖ côte à côte ‖ ensemble; *vivían juntos* ils vivaient ensemble; *las niñas jugaban juntas* les petites filles jouaient ensemble; *todo junto* tout ensemble ‖ uni, e (unido) ‖ réuni, e; *un territorio tan extenso como seis provincias juntas* un territoire aussi vaste que six provinces réunies.
- ◆ *adv aquí junto* tout près ‖ *en junto, por junto* en tout, au total ‖ *junto a* près de, auprès de (cerca de), contre (contra).

juntura *f* jointure, joint *m* ‖ articulation ‖ ANAT *juntura serrátil* engrenure (articulación fija).

Júpiter *n pr m* MIT Jupiter.
jura *f* serment *m*, prestation de serment ‖ *jura de (la) bandera* serment au drapeau.
Jura *n pr* GEOGR Jura.
jurado, da *adj* juré, e ‖ assermenté, e; juré, e; *traductor jurado* traducteur assermenté ‖ *enemigo jurado* ennemi juré.
- ◆ *adj y s* juré, e.
- ◆ *m* jury (tribunal); *jurado mixto* jury mixte ‖ membre du jury (miembro de este tribunal) ‖ *jurado de cuentas* expert comptable ‖ *jurado de empresa* comité d'entreprise.

juramentado, da *adj y s* assermenté, e; *traductor juramentado* traducteur assermenté.
juramentar *v tr* recevoir le serment [d'une personne] ‖ assermenter (hacer prestar juramento).
- ◆ *v pr* prêter serment ‖ se jurer, se faire le serment de.

juramento *m* serment; *prestar juramento* faire o prêter serment ‖ jurement; *juramento asertorio, promisorio* jurement assertoire, promissoire ‖ juron (blasfemia); *soltar juramentos* lâcher des jurons ‖ — *juramento decisorio* ou *deferido* serment décisoire o déféré ‖ *juramento falso* faux serment ‖ *juramento judicial* serment judiciaire ‖ *juramento supletorio* serment supplétoire ‖ — *bajo juramento* sous la foi du serment ‖ — *quebrantar un juramento* violer un serment ‖ *tomar juramento a* recevoir le serment de.

jurar *v tr* jurer, prêter serment; *jurar sobre el Evangelio* jurer sur l'Évangile ‖ — *jurar el cargo* prêter serment avant de prendre possession de son poste ‖ *jurar en falso* faire o prêter un faux serment ‖ *jurar (la) bandera* prêter serment au drapeau ‖ *jurar por Dios que* jurer ses grands dieux que ‖ *jurar por la salud de uno* jurer sur la tête de quelqu'un ‖ *jurar por lo más sagrado* ou *por todos los dioses* jurer ses grands dieux ‖ FAM *jurársela a alguien* promettre de se venger de quelqu'un ‖ *lo juraría* j'en jurerais ‖ *no jurar el santo nombre de Dios en vano* Dieu en vain tu ne jureras (mandamiento) ‖ *te lo juro* je te le jure, je te le promets.
- ◆ *v intr* jurer (blasfemar).

jurásico, ca *adj y s m* GEOL jurassique ‖ jurassien, enne (del Jura).
jurel *m* ZOOL saurel (pez).
jurídico, ca *adj* juridique.
jurisconsulto *m* jurisconsulte.
jurisdicción *f* juridiction ‖ — *jurisdicción civil* juridiction civile ‖ *jurisdicción contenciosa* juridiction administrative ‖ *jurisdicción ordinaria* juridiction de droit commun ‖ *jurisdicción voluntaria* juridiction gracieuse ‖ — FIG *caer bajo la jurisdicción de uno* relever de la compétence de quelqu'un, incomber à quelqu'un, être de la juridiction de quelqu'un ‖ DR *declinar la jurisdicción* décliner la compétence d'un juge.

jurisdiccional *adj* juridictionnel, elle ‖ *aguas jurisdiccionales* eaux territoriales.
jurisprudencia *f* jurisprudence; *sentar jurisprudencia* faire jurisprudence.
jurista *m y f* juriste.
justa *f* joute (combate) ‖ FIG joute (certamen) ‖ — *justa acuática* joute sur l'eau, joute lyonnaise, joute aquatique ‖ *justa poética* joute poétique.
justamente *adv* justement; *es justamente lo que quería* c'est justement ce que je voulais ‖ juste; *tiene justamente para vivir* il a juste de quoi vivre.
justicia *f* justice; *justicia cumplida* justice est faite ‖ exécution (de un condenado a muerte) ‖ — *justicia de paz* justice de paix ‖ *justicia distributiva* justice distributive ‖ *justicia social* justice sociale ‖ — *de justicia* en bonne justice, à bon droit ‖ *ejecutor de la justicia* exécuteur des hautes œuvres ‖ *en justicia* en justice, de droit ‖ *Ministerio de Justicia* ministère de la Justice ‖ — *administrar (la) justicia* rendre o administrer la justice ‖ *es de justicia que* il est juste que ‖ *hacer justicia* faire o rendre justice ‖ *ir por justicia* aller en justice ‖ *oír en justicia* faire justice ‖ *pedir en justicia* demander justice ‖ *tomarse la justicia por su mano* se faire justice.
- ◆ *m justicia mayor* grand justicier, magistrat suprême [en Aragon].

justiciero, ra *adj y s* justicier, ère ‖ *espíritu justiciero* sens de la justice.
justificable *adj* justifiable.
justificación *f* justification ‖ IMPR justification ‖ INFORM *justificación automática* justification automatique.
justificadamente *adv* justement, d'une façon juste.
justificante *adj* justifiant, e.
- ◆ *m* pièce *f* justificative, justificatif.

justificar *v tr* justifier || IMPR justifier || — *el fin justifica los medios* la fin justifie les moyens || *sin razón que lo justifique* sans raison valable.
◆ *v pr* se justifier; *justificarse con alguien* se justifier auprès de quelqu'un.
justificativo, va *adj* justificatif, ive.
justiprecio *m* évaluation *f* (evaluación).
justo, ta *adj* juste || juste, étroit, e (apretado) || — *justo es que* il est juste que || — *en justa compensación* par un juste retour des choses || *más de lo justo* plus que de raison || *mil francos justos* mille francs juste.
◆ *m* juste || *pagan justos por pecadores* les innocents paient pour les coupables.
◆ *adv* juste, justement (justamente) || exactement (cabalmente) || — *llegar justo* arriver de justesse (a tiempo), arriver juste (en el momento oportuno) || *tener justo para vivir* avoir juste de quoi vivre || *vivir justo* vivre à l'étroit.
juvenil *adj* juvénile; *aspecto juvenil* aspect juvénile || jeune; *un traje juvenil* un costume jeune.
◆ *m y f* DEP junior.
juventud *f* jeunesse.
juzgado, da *adj* jugé, e.
juzgado *m* tribunal || judicature *m* (judicatura).
juzgar *v tr* juger; *juzgar a un reo* juger un accusé; *juzgar sin apelación* juger sans appel, juger en dernier ressort || juger, estimer; *yo no juzgo oportuno hacer esto* je ne juge pas opportun de faire cela || — *a juzgar por* à en juger d'après || *juzgar mal* méjuger, juger mal || *juzgar por las apariencias* ou *a la vista* juger sur les apparences.

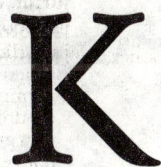

k *f* k *m*.
ka *f* k *m* (nom de la lettre «k»).
kabuki *m* kabuki (drama japonés).
Kabul *n pr* GEOGR Kaboul.
kafkiano, na *adj* kafkaïen, enne.
káiser *m* kaiser.
kaki; kaqui *adj y s m* kaki.
kamikase; kamikaze *m* kamikaze (avión suicida) || FIG kamikaze (persona temeraria).
kantiano, na *adj y s* kantien, enne.
kantismo *m* kantisme.
Kaposi (sarcoma de); Kaposi (enfermedad de) MED sarcome *o* syndrome de Kaposi.
kárate *m* DEP karaté.
karateka *m y f* DEP karatéka.
karma *m* RELIG karma, karman.
Karnak; Carnac *n pr* GEOGR Karnak, Carnac.
kart *m* kart (vehículo).
karting *m* karting (carrera de karts).
KAS abrev de *Koordinadora Abertzale Sozialista* rassemblement de groupes indépendantistes basques.
katiusca; katiuska *f* botte en caoutchouc.
Katmandú *n pr* GEOGR Katmandou.
kayac *m* kayac (embarcación).
Kazajstán *n pr* GEOGR Kazakhstan.
kéfir *m* kéfir (bebida).
kelvin *m* kelvin (unidad de temperatura).
Kenia *n pr* GEOGR Kenya.
keniano, na *adj* kenyan, e.
◆ *m y f* Kenyan, e.
keniata *adj* kenyan, e.
◆ *m y f* Kenyan, e.
— OBSERV Gentilicio erróneamente utilizado en vez de *keniano, na* por confusión con el apellido del presidente *Jomo Keniata*.
Kentucky *n pr* GEOGR Kentucky.
Keops *n pr* Khéops.
kepí; kepis *m* képi (quepis).
keratina *f* kératine.
kermes *m* ZOOL kermès (quermes).
kermesse *f* kermesse.
ketchup *m* ketchup.
— OBSERV Se pronuncia *cadchup* en español.
KGB
◆ *f* KGB *m* (Comité de Seguridad del Estado, URSS).
kibutz; quibutz *m* kibboutz.
Kiev *n pr* GEOGR Kiev.
kif *m* kif (polvo de cáñamo).
Kilimanjaro *n pr* GEOGR Kilimandjaro.
kilo *m* kilo (kilogramo).
kilocaloría *f* kilocalorie (caloría grande).
kilogramo *m* kilogramme.
kilolitro; quilolitro *m* mètre cube, m.
kilometraje *m* kilométrage.
kilometrar *v tr* kilométrer.
kilométrico, ca *adj* kilométrique; *mojón kilométrico* borne kilométrique || FIG & FAM qui fait des kilomètres, interminable; *un pasillo kilométrico* un couloir interminable.
kilómetro *m* kilomètre; *kilómetro cuadrado* kilomètre carré.
kilopondio *m* FÍS kilogramme-poids, kilogramme-force.
kilotón; kilotonelada *f* kilotonne *f*.
kilovatio *m* kilowatt.
kilovatio-hora *m* kilowattheure.

kilovoltio *m* kilovolt.
kilt *m* kilt (falda escocesa).
kimono *m* kimono.
kinesiterapeuta *m y f* kinésithérapeute (masajista).
kinesiterapia *f* kinésithérapie.
Kinshasa *n pr* GEOGR Kinshasa.
kiosco *m* kiosque; *kiosco de periódicos* kiosque à journaux.
— OBSERV L'orthographe *quiosco* est préférable.
Kioto; Kyoto *n pr* GEOGR Kyoto.
kirieleisón *m* kyrie eleison ‖ FAM chant funèbre ‖ FIG & FAM *cantar el kirieleisón* demander grâce.
kirsch *m* kirsch (aguardiente de cerezas).
kit *m* kit (piezas sueltas).
kitsch *adj y s* kitsch, kitch (cursi, de mal gusto).
kiwi *m* ZOOL kiwi ‖ kiwi (fruta).
klaxon *m* klaxon (bocina) ‖ *tocar el klaxon* klaxonner.
knock-out *m inv* knock-out.
KO abrev de *knock-out* K.-O., knock-out.
koala *m* ZOOL koala.

koljós *m* kolkhose (en Rusia).
koljosiano, na *adj y s* kolkhozien, enne.
kopek *m* kopeck (moneda rusa).
Kosovo *n pr* GEOGR Kosovo.
kraft *m* kraft (papel).
krausismo *m* système philosophique de Krause.
— OBSERV Le *krausismo*, qui se fonde sur les doctrines panthéistes, a eu un grand retentissement en Espagne au XIXe siècle.
krausista *adj* relatif au système de Krause.
◆ *m y f* partisan de la doctrine de Krause.
kremlin *m* kremlin.
kriptón *m* krypton (gas).
Kurdistán *n pr* GEOGR Kurdistan.
kurdo, da *adj* kurde (curdo).
◆ *m y f* Kurde.
Kuwait *n pr* GEOGR Koweït.
kuwaití *adj* koweïtien, enne'.
◆ *m y f* Koweïtien, enne.
Kyoto *n pr* GEOGR → **Kioto**.
Kyushu *n pr* GEOGR Kyushu.

L

l *f* l *m*.
la *m* MÚS la (nota); *la sostenido* «la» dièse ‖ *dar el la* donner le «la».
la *art f sing* la; *la cabeza* la tête.
— OBSERV Lorsque les substantifs féminins commencent par *a* tonique, on remplace, pour des raisons d'euphonie, *la* par *el* (*el agua, el alma, el hambre*).
— OBSERV El artículo *la* debe traducirse muy a menudo por el adjetivo posesivo en francés (*tenía la falda recogida* elle avait sa jupe relevée). Pero se dice: *alzar la mano* lever la main (parte del cuerpo). El uso popular de *la* delante del nombre existe en español y en francés (*la María me lo dijo* la Marie me l'a dit).
la *pron* la; *la saludo* je la salue ‖ celle; *la del tercer piso* celle du troisième [étage] ‖ — FAM *la de* la quantité de; *si vieras la de bollos que comimos* si tu voyais la quantité de brioches que nous avons mangées ‖ *la que* celle qui o que; *la que quiero* celle que je veux ‖ — *es... la que* c'est... qui; *fue María la que vino* c'est Marie qui est venue.
— OBSERV On ne doit pas employer *la* comme datif au lieu de *le*: *la hablé dos palabras, la di la mano*, au lieu de *le hablé dos palabras, le di la mano*. Cet emploi défectueux de *la* reçoit le nom de *laísmo* (voir ce mot).
lábaro *m* labarum.
label *m* label (etiqueta de garantía).
laberíntico, ca *adj* labyrinthique.
laberinto *m* labyrinthe.

labia *f* FAM bagout *m*; *tiene mucha labia* il a beaucoup de bagout ‖ *hombre de labia* beau parleur, homme qui a du bagout.
labiado, da *adj y s f* BOT labié, e.
labial *adj y s f* labial, e; *músculos labiales* muscles labiaux.
labio *m* lèvre *f*; *de labios abultados* à grosses lèvres ‖ FIG bouche *f*; *su labio enmudeció* sa bouche s'est tue ‖ BOT lèvre *f* (lóbulo) ‖ — *labio belfo* lippe ‖ *labio inferior* lèvre inférieure ‖ MED *labio leporino* bec-de-lièvre ‖ *labio superior* lèvre supérieure.
◆ *pl* FIG paroles *f*; *le ofendieron mis labios* mes paroles l'ont offensé ‖ lèvres *f* (de llaga) ‖ — FIG *cerrar* ou *sellar los labios* se taire ‖ *en cuanto mueve los labios* dès qu'il lève le petit doigt, dès qu'il ouvre la bouche ‖ *estar pendiente* ou *colgado de los labios de* être suspendu aux lèvres de, boire les paroles de ‖ *hablar con el corazón en los labios* parler à cœur ouvert ‖ *morderse los labios* se mordre les lèvres ‖ *no morderse los labios* ne pas se gêner pour dire ce que l'on pense ‖ *no despegar* ou *no descoser los labios* ne pas desserrer les dents.
labiodental *adj* labiodental, e.
◆ *f* labiodentale.
labor *f* travail *m*, labeur *m* (*p us*); *las labores de la casa* les travaux de la maison ‖ AGRIC labour *m*, labourage *m* (labranza); *dar dos labores* faire deux labours; *meter en labor* mettre en labour ‖ ouvrage *m* (de costura); *labores femeninas* ouvrages de

dame || école de couture pour petites filles (escuela) || travail m; *labores de aguja* travaux d'aiguille || millier m de tuiles o de briques (tejas o ladrillos) || tabac m manufacturé || MIN excavation || *(amer)* petite proprieté rurale (finca) || — *caballo de labor* cheval de labour || *cesta de labores* panier à ouvrage || *labor de benedictino* travail de bénédictin || *labor de equipo* travail d'équipe || *sus labores* sans profession (fórmula administrativa).
◆ *pl* travaux m de la terre.
— OBSERV La formule *sus labores*, abrégée en *S.L.*, représente l'expression complète *que hace sus labores de casa* et s'applique aux femmes qui ne travaillent pas en dehors de chez elles.

laborable *adj* ouvrable; *día laborable* jour ouvrable || AGRIC labourable.

laboral *adj* du travail; *accidente, medicina laboral* accident, médecine du travail; *agregado laboral* attaché du travail || — *enseñanza laboral* enseignement technique || *universidad laboral* école d'enseignement technique.

laboralista *m y f* spécialiste du droit du travail (abogado).

laborar *v intr* travailler; *labora por el bien de su país* il travaille pour le bien de son pays.

laboratorio *m* laboratoire; *laboratorio de idiomas* laboratoire de langues || *ayudante de laboratorio* laborantin, e; préparateur, préparatrice de laboratoire.

laborioso, sa *adj* laborieux, euse; *alumno laborioso* élève laborieux || difficile, laborieux, euse; *digestión laboriosa* digestion difficile.

laborismo *m* travaillisme (partido inglés).

laborista *adj y s* travailliste || *partido laborista* parti travailliste, labour party.

labrador, ra *adj y s* paysan, anne.
◆ *m y f* cultivateur, trice.
◆ *m* laboureur (que ara) || agriculteur; *sindicato de labradores* syndicat des agriculteurs || propriétaire terrien (propietario).

labrantío, a *adj* cultivable.
◆ *m* champ, terrain cultivable || *tierra de labrantío* terre cultivable o labourable.

labranza *f* culture, labourage *m*, labour *m* (de la tierra) || champs *m pl* cultivés, terres *pl* cultivées (campo) || ouvrage *m*, travail *m* (trabajo) || *aperos ou instrumentos de labranza* intruments de labour.

labrar *v tr* travailler; *labrar la madera, la piedra* travailler le bois, la pierre || façonner; *labrar un bloque de mármol* façonner un bloc de marbre || ouvrager, ouvrer (con minucia); *labrar la plata* ouvrager l'argent || labourer (arar) || cultiver (cultivar) || bâtir (edificar) || tailler (piedras preciosas) || *(ant)* faire des travaux d'aiguille (las mujeres) || FIG travailler à; *labrar la felicidad de uno* travailler au bonheur de quelqu'un | bâtir, forger (construir); *labraremos la grandeza del país* nous forgerons la grandeur du pays | faire, causer (provocar) || — *labrar chocolate* fabriquer du chocolat || *labrar moneda* battre monnaie || FIG *labrar su propia ruina* être l'artisan de sa propre ruine.
◆ *v intr* travailler; *labrar en madera, en mármol* travailler le bois, le marbre.

labriego, ga *m y f* paysan, anne (campesino) || laboureur *m* (que labra la tierra) || cultivateur, trice (que cultiva por su cuenta).

laca *f* laque (resina) || laque *m* (mueble, barniz) || laque (para el pelo) || — *barnizar con laca* laquer (un mueble) || *dar laca* laquer || *goma laca* gomme-laque || *laca para uñas* vernis à ongles || *poner laca en* laquer (el pelo).

lacado *m* laquage.

lacar *v tr* laquer.

lacayo *m* laquais, valet de pied; *servir a uno como lacayo* être laquais chez quelqu'un || FIG laquais (persona servil).

lacedemonio, nia *adj* lacédémonien, enne.
◆ *m y f* Lacédémonien, enne.

laceración *f* lacération.

lacerado, da *adj* malheureux, euse (infeliz) || lacéré, e (desgarrado) || FIG atteint, e (honra).
◆ *adj y s* lépreux, euse (leproso) || *(ant)* avare.

lacerante *adj* blessant, e (palabras) || aigu, ë (dolor físico) || poignant, e (dolor moral) || déchirant, e (grito).

lacerar *v tr* lacérer, déchirer (desgarrar) || FIG blesser (herir) | porter atteinte à; *lacerar la reputación* porter atteinte à la réputation || meurtrir (el corazón).

Lacetania *n pr f* GEOGR Lacétanie [ancien nom de la Catalogne].

lacio, cia *adj* fané, e; flétri, e (marchito) || raide; *con los cabellos lacios* les cheveux raides || FIG faible, abattu, e (flojo).

lacón *m* épaule *f* de porc, jambonneau.

lacónico, ca *adj* laconique (conciso).

laconismo *m* laconisme (concisión).

lacra *f* marque *o* trace laissée par une maladie || FIG tare; *las lacras de la sociedad* les tares de la société | défaut *m*, vice *m* (defecto) || cancer *m*, gangrène, fléau *m*; *la miseria es una lacra que traspasa las fronteras* la misère est un cancer qui dépasse les frontières || *(amer)* ulcère *m*, plaie (llaga) | croûte (postilla).

lacrado *m* cachetage (de una carta).

lacrar *v tr* cacheter à la cire (cerrar con lacre) || rendre malade, ébranler la santé de (poner enfermo) || contaminer (contagiar) || FIG nuire, faire du tort à (dañar).
◆ *v pr* FIG ruiner sa santé.

lacre *m* cire *f* à cacheter || — *barra de lacre* pain à cacheter || *cerrar con lacre* cacheter à la cire.
◆ *adj* rouge (rojo).

lacrimal *adj* lacrymal, e; *conductos lacrimales* conduits lacrymaux.

lacrimógeno, na *adj* lacrymogène; *gases lacrimógenos* gaz lacrymogènes.

lacrimosamente *adv* en larmoyant, en pleurnichant.

lacrimoso, sa *adj* larmoyant, e || pleurnichard, e; *una voz lacrimosa* une voix pleurnicharde.

lactancia *f* allaitement *m*, lactation *(p us)*; *lactancia materna* allaitement maternel.

lactante *adj* nourri, e au sein (niño) || qui allaite (madre).
◆ *m* nourrisson (niño).

lactar *v tr* allaiter (amamantar) || nourrir avec du lait || téter (mamar).
◆ *v intr* se nourrir de lait.

lácteo, a *adj* lacté, e; *dieta láctea* régime lacté || ANAT *venas lácteas* veines lactées || ASTR *Vía Láctea* Voie lactée.

láctico, ca *adj* QUÍM lactique; *ácido láctico* acide lactique.

lactoflavina *f* lactoflavine (vitamina B$_2$).
lactoplasma *m* lactoplasma.
lactosa *f* QUÍM lactose *m*.
lactumen *m* MED croûtes *f pl* de lait, maladie *f* laiteuse.
ládano *m* BOT ladanum (goma).
ladeado, da *adj* incliné, e (inclinado) || tordu, e (doblado).
ladear *v tr* pencher, incliner (inclinar) || tordre (doblar); *ladear un clavo* tordre un clou | FIG éviter (evitar) | éluder (una dificultad) || *ladear una montaña* contourner une montagne.
◆ *v intr* s'incliner, pencher || FIG s'écarter o dévier du droit chemin (salirse del camino recto).
◆ *v pr* se pencher (inclinarse) || se tordre (doblarse).
ladeo *m* inclinaison *f* (acción de inclinar) || écartement, déviation *f* (desviación) || gauchissement (torcimiento).
ladera *f* versant *m*, pente, flanc *m* (de una montaña) || coteau *m* (de una colina).
ladilla *f* morpion *m* (insecto) || paumelle (especie de cebada) || FIG & FAM *pegarse como una ladilla* se cramponner, s'accrocher (a una situación), être collant comme une sangsue, être crampon (a una persona).
ladino, na *adj* malin, e; rusé, e (astuto) || qui parle une ou plusieurs langues étrangères || rhétoroman, e (rético) || *(amer)* indien parlant espagnol | métis, isse || *lengua ladina* l'espagnol [par opposition à l'arabe].
◆ *m* ladin (retorromano) || judéo-espagnol.
lado *m* côté; *el lado izquierdo* le côté gauche || côté; *es pariente mío por el lado paterno* c'est un parent du côté paternel || place *f* (sitio); *déjame un lado* laisse-moi une place || GEOM côté || FIG côté; *por un lado me parece un negocio provechoso* d'un côté l'affaire me semble avantageuse || *el lado bueno* le bon côté || *lado flaco* point faible || *al lado* à côté; *al lado de la casa* à côté de la maison || *al lado de* à côté de (comparación) || *a mi lado, al lado mío* à côté de moi || *¡a un lado!* place!, rangez-vous! (orden) || *de lado* de côté; *volverse de lado* tourner de côté || *del lado de* du côté de (hacia) || *de un lado para otro* de long en large; *andar de un lado para otro de una habitación* marcher de long en large dans une pièce; un peu partout (por todas partes) || *de uno y otro lado* de tous côtés || *por el lado* du côté || *por el lado de* du côté de || *por mi lado* de mon côté || *por otro lado* d'un autre côté || *por todos los lados* de tous côtés (de todas partes) || *por un lado* d'un côté || *cada uno tira por su lado* chacun tire de son côté || *dar ou dejar de lado, dejar a un lado, hacer a un lado* laisser de côté || *dejar ou echar a un lado* laisser o mettre de côté o à l'écart || *hacer lado* faire o laisser de la place || *hacerse ou echarse a un lado* se pousser, s'écarter (una persona), se ranger (un vehículo) || *ir lado a lado* aller côte à côte (juntos), aller de pair (ser semejantes) || *irse ou echar por otro lado* partir de son côté (ir por otro camino), essayer autre chose (utilizar otro medio) || FIG *mirar de lado* ou *de medio lado* regarder de haut (con desprecio), regarder de côté o du coin de l'œil (con disimulo) || FIG *poner a un lado* mettre de côté || *ponerse de lado* se ranger du côté de || *ver el lado bueno* ou *lo bueno de las cosas* voir le bon côté des choses.

◆ *pl* FIG appuis (protectores), conseillers, entourage *sing* (íntimos).
ladrador, ra *adj* aboyeur, euse.
ladrar *v intr* aboyer; *ladrar a uno* aboyer après quelqu'un || japper (los perros pequeños) || FIG & FAM menacer, montrer les dents | hurler (colores) || — FIG & FAM *hoy está que ladra* aujourd'hui il est d'une humeur de chien | *ladrar a la luna* aboyer à la lune | *ladrarle a uno el estómago* avoir l'estomac qui crie famine.
ladrido *m* aboiement (del perro) || jappement (de los perros pequeños) || FIG & FAM médisance *f* (murmuración) | braillement (grito, respuesta áspera, etc.) || *dar ladridos* aboyer, japper (un perro), brailler (una persona).
ladrillazo *m* coup de brique || FAM *caer como un ladrillazo* tomber sur l'estomac (un alimento).
ladrillo *m* brique *f*; *ladrillo hueco, macizo* brique creuse, pleine || carreau (del suelo) || FIG carreau (en las telas) || FIG & FAM chose *f* barbante o ennuyeuse, truc rasoir || — *ladrillo azulejo* carreau de faïence, «azulejo» || *ladrillo de chocolate* plaque de chocolat || *ladrillo visto* brique apparente || — *color ladrillo* rouge brique || *fábrica de ladrillos* briqueterie || FAM *un tío ladrillo* un casse-pieds || — FAM *caer como un ladrillo* tomber sur l'estomac (la comida) || *este libro es un ladrillo* ce livre est barbant o rasoir.
ladrón, ona *adj y s* voleur, euse.
◆ *m* larron d'eau (portillo para el agua) || ELECTR douille *f* voleuse || larron (de una pavesa) || larron; *el buen y el mal ladrón* le bon et le mauvais larron (del Evangelio) || — *¡ladrón!, ¡ladrones!* au voleur! || *ladrón de capas* tireleine || *ladrón de corazones* bourreau des cœurs || — *la ocasión hace al ladrón* l'occasion fait le larron || *piensa el ladrón que todos son de su condición* chacun mesure les autres à son aune.
ladroncillo *m* petit voleur.
ladronera *f* repaire *m* de voleurs (guarida de ladrones) || vol *m* (robo) || tirelire (alcancía) || larron *m* d'eau (portillo para el agua) || machicoulis *m* (matacán).
ladronzuelo, la *m y f* petit voleur, petite voleuse; chapardeur, euse (ratero).
lady *f* lady.
lagar *m* pressoir.
lagarta *f* femelle du lézard || FIG & FAM vipère (mujer mala), femme rusée (astuta).
lagarterano, na *adj y s* de Lagartera (pueblo de Toledo) || *manteles lagarteranos* nappes brodées de Lagartera.
lagartija *f* petit lézard *m* || FIG *moverse más que el rabo de una lagartija* avoir la bougeotte o le tracassin.
lagartijero, ra *adj* qui chasse les lézards || TAUROM *media lagartijera* coup d'épée où celle-ci ne pénètre qu'à moitié mais a un effet fulgurant.
lagartijo *m* lézard des murailles || *(amer)* gommeux.
lagarto *m* lézard (reptil) || ANAT biceps (músculo) || FIG & FAM renard, malin, fin matois, fine mouche *f* (persona astuta) || épée *f* rouge de l'ordre de Saint-Jacques || *(amer)* caïman || *lagarto de Indias* caïman.
◆ *interj* touchons du bois! [exclamation superstitieuse].

lagartón, ona *adj* y *s* FIG & FAM malin, igne; matois, e.
lago *m* lac; *lago de agua salada* lac salé ‖ loch (en Escocia) ‖ FIG mare *f*; *un lago de sangre* une mare de sang.
lágrima *f* larme; *con las lágrimas en los ojos* les larmes aux yeux ‖ BOT larme (de la vid) ‖ FAM larme (pequeña cantidad) ‖ — *lágrima de Batavia* batavique *o* de verre ‖ FIG *lágrimas de cocodrilo* larmes de crocodile ‖ *vino de lágrima* vin de goutte ‖ — *bañado en lágrimas* baigné de larmes, en larmes ‖ *con la voz empapada en lágrimas* avec des larmes dans la voix ‖ — *derramar lágrimas* verser des larmes, répandre des pleurs ‖ *deshacerse en lágrimas* fondre en larmes ‖ *enjugarse las lágrimas* essuyer *o* sécher ses larmes ‖ *estar hecho un mar de lágrimas* être tout en larmes, pleurer toutes les larmes de son corps ‖ *hacer saltar las lágrimas* faire venir les larmes aux yeux ‖ *le corrían las lágrimas* ses larmes coulaient ‖ FIG *lo que no va en lágrimas va en suspiros* il passe sa vie à se plaindre ‖ *llorar a lágrima viva* pleurer à chaudes larmes ‖ FIG *llorar lágrimas de sangre* pleurer des larmes de sang ‖ *se me saltaron las lágrimas a los ojos* les larmes me vinrent *o* me montèrent aux yeux ‖ FIG *ser el paño de lágrimas de alguien* consoler quelqu'un, essuyer les pleurs *o* les larmes de quelqu'un, être le confident de quelqu'un.
lagrimal *adj* lacrymal, e; *conductos lagrimales* conduits lacrymaux ‖ *carúncula lagrimal* larmier (del ciervo).
↳ *m* larmier (ángulo del ojo) ‖ BOT ulcère *o* chancre à l'aisselle d'une branche.
lagrimear *v intr* larmoyer.
lagrimilla; **lagrimita** *f* petite larme ‖ *(amer)* moût *m* (mosto) ‖ *saltar una lagrimita* y aller de sa larme.
lagrimón, ona *adj* larmoyant, e.
↳ *m* grosse larme *f*.
lagrimoso, sa *adj* larmoyant, e.
laguna *f* GEOGR lagune | lagon *m* (de un atolón) ‖ FIG lacune; *llenar una laguna* combler une lacune; *las lagunas de una educación* les lacunes d'une éducation ‖ *laguna legal* vide juridique.
lagunero, ra *adj* y *s* de La Laguna (Canarias).
lagunoso, sa *adj* marécageux, euse (abundante en lagunas) ‖ lacuneux, euse (escrito).
laicidad *f* laïcité.
laicismo *m* laïcisme.
laico, ca *adj* y *s* laïque; *escuela laica* école laïque.
laísmo *m* emploi défectueux des formes *la, las* au lieu de *le, les* au datif du pronom personnel féminin *ella* comme dans; *la dijeran* ils lui dirent [au lieu de *le dijeron*]; *las sucedió* il leur arriva [au lieu de *les sucedió*].
laísta *adj* y *s* qui emploie *la* ou *las* au lieu de *le* ou *les* (voir LAÍSMO).
lama *f* vase, boue (cieno) ‖ BOT ulve (alga) ‖ lamé *m* (tejido) ‖ MIN sable fin (arena) ‖ *(amer)* vert-de-gris *m* ‖ tissu *m* de laine frangée | mousse lacustre.
↳ *m* lama (sacerdote) ‖ *dalai-lama* dalaï-lama, grand lama.
lamaísmo *m* RELIG lamaïsme.
lambada *f* lambada (baile).
lambda *f* lambda *m* (letra griega).
lamber *v tr (amer)* lécher (lamer).

lambido, da *adj (amer)* effronté, e.
lambiscón, ona *adj* y *s (amer)* FAM goinfre (lameplatos) ‖ lèche-bottes (adulador).
lambrequín *m* BLAS lambrequins *pl*.
lamé *m* lamé (tejido).
lameculos *m* POP lèche-cul *inv*, lèche-bottes *inv* (cobista).
lamentable *adj* lamentable ‖ regrettable; *pérdida lamentable* perte regrettable.
↳ OBSERV El adjetivo francés *lamentable* tiene un sentido mucho más fuerte que su equivalente español. Por eso, en la mayoría de los casos, el adjetivo español *lamentable* debe traducirse por *regrettable*.
lamentación *f* lamentation.
lamentar *v tr* e *intr* regretter, être désolé de (sentir); *lamento este accidente* je suis désolé de cet accident; *lamento que no hayas podido venir* je regrette *o* je suis désolé que tu n'aies pas pu venir ‖ déplorer; *tuvimos que lamentar muchas pérdidas* nous avons eu à déplorer de nombreuses pertes ‖ *es de lamentar que* il est à regretter que, il faut déplorer que.
↳ *v pr* se lamenter, se désoler; *lamentarse de* ou *por las desgracias de su familia* se lamenter sur les malheurs de sa famille ‖ se plaindre; *siempre te estás lamentando* tu es toujours en train de te plaindre.
lamento *m* lamentation *f*; *prorrumpir en lamentos* se répandre en lamentations.
lamentoso, sa *adj* gémissant, e; plaintif, ive; *una voz lamentosa* une voix plaintive ‖ lamentable; *situación lamentosa* situation lamentable.
lameplatos *m* y *f inv* gourmand, e (goloso) ‖ FIG & FAM avale-tout *inv*, lécheur, euse *(p us)*; personne qui se nourrit de restes.
lamer *v tr* lécher.
↳ *v pr* se lécher.
lametada *f*; **lametazo** *m*; **lametón** *m* lèchement *m*, coup *m* de langue.
lamido, da *adj* léché, e ‖ FIG émacié (flaco) | très soigné, e (cuidado), tiré à quatre épingles (aseado), recherché, e (estilo) ‖ léché, e (muy esmerado) | *(p us)* usé, e (gastado).
↳ *m* léchage (acción de lamer).
lámina *f* lame; *lámina de plomo* lame de plomb (de metal) ‖ plaque; *lámina de mármol* plaque de marbre ‖ planche (plancha grabada) ‖ planche (grabado) ‖ image, gravure, estampe (estampa) ‖ ANAT & BOT lame ‖ FIG aspect *m*, allure; *buena, mala lámina* bon, mauvais aspect (dicho de animales).
laminación *f* laminage *m* ‖ *tren de laminación* laminoir.
laminado, da *adj* lamé, e (guarnecido de láminas) ‖ laminé, e (en láminas).
↳ *m* laminage; *laminado en frío* laminage à froid ‖ produit laminé (producto).
laminador *m* laminoir (máquina); *pasar por el laminador* passer au laminoir ‖ lamineur (obrero).
↳ *adj m* lamineur; *cilindro laminador* cylindre lamineur.
laminadora *f* laminoir *m* (máquina).
laminar *adj* laminaire.
laminar *v tr* laminer; *laminar el hierro* laminer le fer ‖ lamer (cubrir con láminas).
laminaria *f* laminaire (alga).
laminilla *f* lamelle ‖ paillette (de mica).

laminoso, sa *adj* ANAT lamineux, euse; *tejido laminoso* tissu lamineux ‖ lamelleux, euse; lamellé, e.

lampante *adj* lampant, e; *petróleo lampante* pétrole lampant.

lámpara *f* lampe; *lámpara de aceite, eléctrica* lampe à huile, électrique ‖ lampe (de radio o de televisión) ‖ FAM tache d'huile (mancha) ‖ — *lámpara de arco* lampe à arc ‖ *lámpara de incandescencia* lampe à incandescence ‖ *lámpara de minero* ou *de seguridad* lampe de mineur o de sûreté ‖ *lámpara de pie* lampadaire ‖ *lámpara de rayos infrarrojos, ultravioleta* lampe à infrarouges, à ultraviolets ‖ *lámpara de techo* plafonnier (automóvil) ‖ *lámpara indicadora* lampe témoin ‖ *lámpara relámpago* flash, lampe-éclair (foto).

lamparilla *f* petite lampe ‖ veilleuse (mariposa) ‖ tremble *m* (árbol) ‖ POP petit verre *m* (copita).

lamparista; lampista *m y f* lampiste *m*.

lamparón *m* grande lampe *f* ‖ tache *f* d'huile (mancha) ‖ MED écrouelles *f pl* (escrófula) ‖ VETER lampas.

lampazo *m* bardane *f* (planta) ‖ MAR faubert ‖ FAM *(amer)* coup (golpe), coup de fouet (latigazo).

lampiño, ña *adj* imberbe, glabre (sin barba) ‖ BOT glabre, sans poil (tallo) ‖ *trigo lampiño* tousselle.

lamprea *f* lamproie (pez).

lana *f* laine ‖ toison, laine (del carnero vivo) ‖ lainage *m* (tejido de lana) ‖ *(amer)* argent (dinero) ‖ — *lana de esquileo* tonture ‖ *lana de vidrio* laine de verre ‖ — *batir la lana* tondre les moutons ‖ FIG & FAM *cardarle a uno la lana* passer un savon à quelqu'un (reñir) ‖ *fue por lana y volvió trasquilado* tel est pris qui croyait prendre.

lanar *adj* à laine; *ganado lanar* bêtes à laine.

lance *m* lancement, lancer, jet (lanzamiento) ‖ situation *f*, circonstance *f*, conjoncture *f* (situación) ‖ circonstance *f* critique (ocasión crítica) ‖ évènement, péripétie *f* (en un drama, etc.) ‖ incident (incidente) ‖ affaire *f*; *un lance de honor* une affaire d'honneur ‖ rencontre *f*, dispute *f* (riña) ‖ coup (en el juego) ‖ arme *f* de jet (arma) ‖ TAUROM passe *f* de cape ‖ *(amer)* suite *f* (serie) ‖ — *lance apretado* situation difficile o critique ‖ *lance de amor* aventure galante ‖ *lance de fortuna* hasard, coup de hasard ‖ — *de lance* d'occasion; *libros de lance* livres d'occasion ‖ — *(amer) tirarse un lance* tenter sa chance ‖ *¡vaya un lance!* quelle histoire!

lancero *m* lancier.
◆ *pl* lanciers, quadrille *sing* des lanciers (baile).

lanceta *f* MED lancette ‖ *(amer)* aiguillon *m* (aguijón).

lancinante *adj* lancinant, e; *dolor lancinante* douleur lancinante.

lancha *f* pierre plate (piedra) ‖ MAR barque, canot *m* (barca) ‖ chaloupe (embarcación mayor) ‖ trébuchet *m* (trampa) ‖ — MAR *lancha bombardera* ou *cañonera* ou *obusera* canonnière ‖ *lancha de desembarco* péniche de débarquement ‖ *lancha neumática* canot pneumatique ‖ *lancha patrullera* patrouilleur ‖ *lancha rápida* ou *motora* vedette ‖ *lancha salvavidas* vedette de sauvetage ‖ *lancha torpedera* vedette lance-torpilles.

landa *f* lande.

Landas *n pr f pl* GEOGR Landes.

landó *m* landau (coche).

landre *f* MED abcès *m*, bubon *m* (tumor).

landrecilla *f* noix; *landrecilla de ternera* noix de veau.

landrilla *f* petit ver *m*, larve (parásito).

lanero, ra *adj* lainier, ère; de la laine; *industria lanera* industrie lainière.
◆ *m* lainier (comerciante) ‖ entrepôt de laine (almacén).

langosta *f* sauterelle, locuste (insecto) ‖ langouste (crustáceo) ‖ FIG & FAM plaie, fléau *m* (plaga).

langostero *m* langoustier (barco).

langostino; langostín *m* gros bouquet, grosse crevette *f* (crustáceo).

Languedoc *n pr m* GEOGR Languedoc.

languidecer* *v intr* languir.

languidez *f* langueur ‖ indolence, apathie; *obrar con languidez* agir avec indolence.

lánguido, da *adj* languissant, e; *un enfermo lánguido* un malade languissant ‖ langoureux, euse; *miradas lánguidas* des regards langoureux.

lanilla *f* duvet *m*, poil *m* [d'un lainage] (pelillo) ‖ *traje de lanilla* costume en lainage fin.

lanolina *f* lanoline.

lanoso, sa *adj* laineux, euse (lanudo).

lanudo, da *adj* laineux, euse; *un cordero lanudo* un mouton laineux ‖ FAM *(amer)* grossier, ère (tosco).

lanza *f* lance ‖ timon *m* (del coche) ‖ lancier *m* (soldado) ‖ lance (de una manga de riego) ‖ — *correr lanzas* courir une lance ‖ FIG & FAM *echar lanzas en la mar* porter de l'eau à la mer, donner des coups d'épée dans l'eau ‖ *estar con la lanza en ristre* mettre sa lance en arrêt (en un combate), attendre de pied ferme (esperar) ‖ FIG *medir lanzas con alguien* se mesurer avec quelqu'un ‖ *no romper lanzas con nadie* ne se disputer avec personne ‖ *romper una lanza en defensa de* rompre une lance en faveur de.

lanzable *adj* éjectable; *asiento lanzable* siège éjectable.

lanzabombas *m inv* lance-bombes.

lanzacabos *adj inv* porte-amarre (cañón).

lanzacohetes *m inv* lance-fusées.

lanzadera *f* navette (para coser) ‖ marquise (anillo) ‖ *lanzadera (espacial)* navette (spatiale).

lanzado *m* lancer; *pesca al lanzado* pêche au lancer.

lanzador, ra *adj y s* lanceur, euse ‖ *lanzador de jabalina* lanceur de javelot.
◆ *m* lanceur (aeroespacial).

lanzafuego *m* boutefeu.

lanzagranadas *m inv* lance-grenades.

lanzallamas *m inv* lance-flammes.

lanzamiento *m* lancement, jet; *el lanzamiento de una piedra* le jet d'une pierre ‖ DEP lancer, lancement; *lanzamiento del disco* lancement du disque ‖ jet; *un lanzamiento de 55 metros* un jet de 55 mètres ‖ coup; *lanzamiento libre directo* coup franc (fútbol) ‖ lâchage, largage (de un paracaidista) ‖ DR dépossession *f*, dépouillement (acción de despojar) ‖ MAR lancement (botadura) ‖ élancement (inclinación de la roda) ‖ FIG lancement (periódico, producto).

lanzaminas *m inv* lance-mines.

lanzamisil; lanzamisiles *adj y s m* lance-missiles.

lanzaplatos *m inv* ball-trap (del tiro al plato).

lanzar *v tr* lancer; *lanzar una pelota* lancer une balle ‖ lancer, jeter (arrojar) ‖ lâcher (soltar en cetrería) ‖ lancer (deportes); *lanzar el disco* lancer le disque ‖ larguer, lâcher (paracaidistas) ‖ DR dépouiller, déposséder ‖ FIG lancer; *lanzar una moda* lancer une mode ‖ lancer (miradas) ‖ pousser (gritos, suspiros) ‖ rendre, vomir (vomitar).
◆ *v pr* se lancer, s'élancer; *lanzarse en persecución de una persona* se lancer à la poursuite d'une personne ‖ se jeter; *lanzarse al agua* se jeter à l'eau ‖ FIG se lancer; *lanzarse en el gran mundo, en los negocios* se lancer dans le monde, dans les affaires.

Lanzarote *n pr* GEOGR Lanzarote.

lanzatorpedos *adj y s m inv* lance-torpilles.

Laos *n pr m* GEOGR Laos.

laosiano, na *adj* laotien, enne.
◆ *m y f* Laotien, enne.

lapa *f* patelle, bernique (molusco) ‖ fleurs *pl*, moisissure (en algunos líquidos) ‖ BOT bardane (lampazo) ‖ FAM crampon *m*, pot-de-colle *m* ‖ FIG & FAM *pegarse uno como una lapa* être collant, se coller comme une sangsue.

laparotomía *f* MED laparotomie.

La Paz *n pr* GEOGR La Paz.

lapicera *f* (amer) porte-crayon *m inv* (portalápiz), porte-plume *m inv* (palillero).

lapicero *m* porte-crayon *inv* (para poner el lápiz) ‖ crayon (lápiz) ‖ (amer) porte-plume *inv* (palillero).

lápida *f* pierre qui porte une inscription ‖ plaque; *lápida conmemorativa* plaque commémorative ‖ *lápida sepulcral* ou *mortuoria* pierre tombale, dalle funéraire.

lapidación *f* lapidation.

lapidar *v tr* lapider ‖ (amer) tailler (piedras preciosas) ‖ FIG *lapidar a alguien con la mirada* foudroyer quelqu'un du regard.

lapidario, ria *adj* lapidaire; *estilo lapidario* style lapidaire.
◆ *m* lapidaire (de piedras preciosas) ‖ marbrier (de lápidas) ‖ lapidaire (piedra de afilar).

lapislázuli *m* lapis-lazuli, lapis *m*, lazulite *f* (mineral).

lápiz *m* crayon; *lápiz de color* crayon de couleur; *escribir a* ou *con lápiz* écrire au crayon ‖ — *lápiz de labios* crayon o bâton o tube de rouge à lèvres ‖ *lápiz de ojos* crayon pour les yeux ‖ *lápiz de plomo*, *lápiz plomo* graphite, plombagine ‖ INFORM *lápiz electrónico* crayon électronique o lumineux ‖ *lápiz óptico* crayon optique, photostyle.

La Plata *n pr* GEOGR La Plata.

lapo *m* FAM coup (con un palo, con la mano, etc.) ‖ crachat (escupitajo) ‖ (amer) gifle *f* (bofetada) ‖ poire *f* (tonto).

lapón, ona *adj* lapon, onne.
◆ *m y f* Lapon, onne.

Laponia *n pr f* GEOGR Laponie.

lapso *m* laps (de tiempo) ‖ lapsus (error).

lapso, sa *adj* RELIG laps, e.

lapsus *m inv* lapsus (error).

laquear *v tr* laquer ‖ (amer) lancer le lasso à boules sur (un animal).

lar *m* → **lares**.

lardero *adj m* *jueves lardero* jeudi gras.

lardo *m* lard (tocino) ‖ graisse *f* (grasa).

lares *adj y s m pl* lares (dioses); *los lares paternos* les lares paternels; *los dioses lares* les dieux lares ‖ foyer *sing* (hogar).
— OBSERV Ce mot s'emploie quelquefois au singulier (*lar*) dans le sens de *foyer*.

larga *f* morceau *m* de cuir ajouté à la forme d'une chaussure pour l'allonger ‖ la plus longue queue au billard (billar) ‖ TAUROM passe de cape ‖ — *a la larga* en long (en extensión), à la longue (después de mucho tiempo).
◆ *pl* retard *m sing* (dilación) ‖ *dar largas a un asunto* faire traîner les choses en longueur.

largamente *adv* longuement (por mucho tiempo); *hablar largamente de un asunto* parler longuement sur un sujet ‖ largement (generosamente); *dar largamente* donner largement.

largar *v tr* lâcher (soltar) ‖ chasser; *largar los demonios* chasser les démons ‖ FAM lâcher, dire; *largar una palabrota* lâcher un gros mot ‖ flanquer, administrer, allonger; *largar una bofetada* flanquer une gifle ‖ coller; *largar una multa* coller une amende ‖ faire avaler (una conferencia, un discurso, etc.) ‖ se débarrasser de (deshacerse); *largar un coche* se débarrasser d'une voiture ‖ jeter, lancer (arrojar), refiler, donner; *largar una buena propina* donner un bon pourboire ‖ MAR déployer (desplegar) ‖ larguer (un cable) ‖ — *largar lastre* jeter du lest ‖ *¡largue no más!* allez-y!
◆ *v pr* FAM prendre le large, filer (irse) ‖ MAR prendre le large ‖ (amer) se mettre à (comenzar a) ‖ — FAM *largarse con viento fresco* filer, prendre le large ‖ *¡lárgate con viento fresco!* va te faire voir ailleurs!

largavistas *m inv* (amer) jumelles *f pl*.

largo, ga *adj* long, longue; *una carretera muy larga* une route très longue; *un viaje largo* un long voyage; *el tiempo se me hace largo* je trouve le temps long ‖ grand, e (persona alta) ‖ FIG large (liberal) ‖ long, longue (extenso); *discurso largo* long discours ‖ astucieux, euse; rusé, e (astuto) ‖ long, longue; nombreux, euse; *largos años* de longues années ‖ bon, bonne; *dos leguas largas* deux bonnes lieues; *una hora larga* une bonne heure ‖ bien compté, au bas mot; *catorce millones largos de turistas* quatorze millions bien comptés de touristes ‖ GRAM long, longue; *vocal larga* voyelle longue ‖ MAR largue (suelto, arriado), largue (viento) ‖ (amer) en longueur; *salto largo* saut en longueur ‖ — *largo rato*, *largo tiempo* longtemps ‖ — *a largo plazo* à long terme ‖ *avión de larga distancia* long-courrier (avion) ‖ *largo de decir* long à dire ‖ *más largo que un día sin pan* long comme un jour sans pain ‖ — *caer cuan largo es uno* tomber de tout son long ‖ FIG & FAM *está con una cara muy larga* il fait la tête, il fait une tête longue comme ça, il fait une tête de six pieds de long ‖ *hacerse largo* traîner en longueur ‖ *poner cara larga* faire la tête (a uno), faire grise mine (a una cosa) ‖ *ser largo de manos*, *tener las manos largas* avoir la main leste o légère o prompte (para pegar), être entreprenant (con las mujeres).
◆ *m* longueur *f*; *el largo de un vestido* la longueur d'une robe ‖ long; *dos metros de largo* deux mètres de long ‖ longueur *f* (deportes) ‖ MÚS largo ‖ MAR largue.
◆ *adv* largement (abundantemente) ‖ — *a lo largo* en long (longitudinalmente), au large, au loin (a gran distancia) ‖ *a lo largo de* le long de, tout au long de (espacio); *a lo largo del día* tout au long

de la journée ‖ *a lo largo y a lo ancho* de long en large, en long et en large ‖ *a lo largo y a lo ancho de* sur toute l'étendue de; *a lo largo y a lo ancho del territorio* sur toute l'étendue du territoire ‖ *a lo más largo* tout au plus ‖ *de largo* long; *vestir de largo* habiller long ‖ *de largo a largo* d'un bout à l'autre ‖ *¡largo!, ¡largo de ahí* ou *de aquí!* hors d'ici!, allez-vous-en!, au large!, du vent! ‖ FAM *largo y tendido* abondamment, longuement; *hablar largo y tendido* parler longuement ‖ — *ir a lo largo de* longer, aller le long de ‖ *ir para largo* traîner en longueur ‖ *pasar de largo* passer sans s'arrêter (delante de algo), passer rapidement sur (un detalle) ‖ *ponerse de largo* faire son entrée dans le monde [jeune fille].

largometraje *m* CINEM long-métrage, long métrage.

larguero *m* TECN montant ‖ longrine *f* (viga) ‖ traversin (almohada) ‖ rallonge *f*; *mesa con largueros* table à rallonges ‖ AUTOM longeron ‖ barre *f* transversale (deportes).

larguirucho, cha *adj* FAM dégingandé, e (desgarbado), efflanqué, e (delgaducho).

largura *f* longueur (largo).

laringe *f* ANAT larynx *m*.

laríngeo, a *adj* laryngé, e; laryngien, enne.

laringitis *f* MED laryngite.

laringofaringitis *f inv* MED pharyngo-laryngite.

laringología *f* MED laryngologie.

laringólogo, ga *m y f* laryngologiste, laryngologue.

laringoscopio *m* MED laryngoscope.

laringotomía *f* MED laryngotomie.

larva *f* MIT & ZOOL larve.

larvado, da *adj* MED larvé, e.

larvícola *adj* larvicole.

larvíparo, a *adj* larvipare.

las *art def f pl* les; *las manos* les mains ‖ ses; *tiene las hijas muy cuidadas* elle s'occupe beaucoup de ses filles ‖ *a las* aux; *ir a las Antillas* aller aux Antilles.

◆ *pron pers f pl* les; *las vi* je les vis ‖ celles; *las de Madrid son las mejores* celles de Madrid sont les meilleures; *las que veo* celles que je vois ‖ — FAM *las de López, las López* les Lopez ‖ *las hay* il y en a; *¿hay cartas? — las hay* y a-t-il des lettres? — il y en a ‖ *las hay que* il y en a qui o que, il en est qui o que; *las hay que siempre hablan* il y en a qui parlent tout le temps ‖ *son... las que* ce sont... qui, c'est... qui; *son mis hermanas las que vienen* ce sont mes sœurs qui arrivent; *son ellas las que lo dijeron* ce sont o c'est elles qui l'ont dit.

— OBSERV Il ne faut pas employer *las* comme datif à la place de *les* (*les dije* je leur ai dit, et non *las dije*).

lasaña *f* CULIN lasagne.

lascar *v tr* MAR mollir, lâcher progressivement ‖ (*amer*) blesser, meurtrir (lastimar).

lascivia *f* lascivité (liviandad).

lascivo, va *adj* lascif, ive (libidinoso) ‖ FIG remuant, e (agitado) | gai, e (juguetón).

laser *m* TECN laser.

laserterapia *f* laserthérapie.

lasitud *f* (*p us*) lassitude (cansancio).

laso, sa *adj* las, lasse (fatigado) ‖ faible, mou, molle (flojo) ‖ TECN floche (seda).

Las Palmas *n pr* GEOGR Las Palmas.

lástex *m* lastex.

lástima *m* pitié (compasión); *tengo lástima de él* j'ai pitié de lui ‖ plainte, lamentation (queja); *déjeme usted de lástimas* cessez vos lamentations ‖ dommage *m*; *es lástima que no vengas* c'est dommage que tu ne viennes pas ‖ — *de lástima* à faire pitié, lamentable, navrant, e; désolant, e ‖ — *da lástima verle* il fait peine à voir ‖ *dar* ou *hacer lástima* faire pitié, faire de la peine; *me da lástima* il me fait pitié ‖ *estar hecho una lástima* être dans un état lamentable ‖ FAM *llorar lástimas* se répandre en jérémiades ‖ *¡qué lástima!* quel dommage!, c'est malheureux! ‖ *ser digno de lástima* être à plaindre ‖ *ser una lástima, ser lástima* être dommage; *es una lástima que tantas frutas se pierdan* c'est dommage que tant de fruits se perdent; être navrant, e; *era una lástima ver tantos heridos* c'était navrant de voir tant de blessés ‖ *tener lástima de* avoir pitié de, plaindre, prendre en pitié ‖ *tonto que da lástima* bête à pleurer.

lastimado, da *adj* blessé, e.

lastimadura *f* blessure légère.

lastimar *v tr* faire mal, blesser; *le lastimaron en el brazo* ils lui ont fait mal au bras; *estos zapatos me lastiman* ces souliers me font mal ‖ plaindre, avoir pitié (compadecer) ‖ FIG blesser, faire du mal, offenser (ofender) ‖ — FIG *estar lastimado* être blessé, se sentir blessé ‖ *lastimar los oídos* écorcher o déchirer les oreilles ‖ *un color que lastima* une couleur qui fait mal aux yeux.

◆ *v pr* se faire mal; *me he lastimado el pie* je me suis fait mal au pied.

lastimero, ra *adj* plaintif, ive; *un tono lastimero* un ton plaintif.

lastimoso, sa *adj* pitoyable (persona) ‖ navrant, e; déplorable (cosa, suceso) ‖ lamentable; *estar en un estado lastimoso* être dans un état lamentable.

lastrar *v tr* lester.

lastre *m* MAR lest; *en lastre* sur lest; *largar* ou *echar* ou *soltar lastre* jeter du lest ‖ ballast ‖ FIG bons sens, jugement (juicio).

Las Vegas *n pr* GEOGR Las Vegas.

lata *f* fer-blanc *m* (hoja de lata) ‖ boîte [de conserve]; boîte en fer-blanc (envase); *una lata de sardinas* une boîte de sardines ‖ bidon *m*; *una lata de aceite* un bidon d'huile ‖ latte (de madera) ‖ FIG & FAM embêtement *m*, ennui *m*, barbe (molestia) | raseur, euse; casse-pieds *inv* (pelmazo) ‖ *barrio de las latas* bidonville ‖ (*amer*) *¡qué lata!* quelle barbe! ‖ FIG & FAM *dar la lata* casser les pieds, assommer, faire suer, raser, embêter (fastidiar) ‖ (*amer*) *estar en la lata* être ruiné ‖ FIG & FAM *no tener ni una lata* être sans le sou | *ser una lata* être la barbe, être barbant o embêtant o ennuyeux o rasoir.

latazo *m* coup donné avec une boîte en fer-blanc ‖ FIG & FAM ennui, barbe, *f* (molestia).

latente *adj* latent, e; *calor latente* chaleur latente ‖ *estado latente* état latent, latence.

lateral *adj* latéral, e; *pasillos laterales* couloirs latéraux.

◆ *adj y f* GRAM latérale [phonétique].

◆ *m* flanc (costado) ‖ TEATR côté; *lateral izquierdo, derecho* côté cour, côté jardin ‖ contre-allée *f* (de una avenida) ‖ *lateral de gol* touche de but (rugby).

látex *m* BOT latex.

latido *m* battement (del corazón) ‖ élancement (dolor agudo) ‖ glapissement, jappement (ladrido).

latifundio *m* grande propriété *f* rurale, latifundium.
— OBSERV *Latifundio* peut avoir le pluriel latin *latifundia*, peu employé actuellement, ou le pluriel *latifundios*.
— OBSERV El plural francés es *latifundia* o *latifundi*.
latifundismo *m* latifundisme.
latifundista *m* grand propriétaire foncier.
latigazo *m* coup de fouet ‖ claquement de fouet (chasquido) ‖ FIG sermon, semonce *f* (reprimenda) ‖ FAM coup (trago); *darse un latigazo* boire un coup ‖ *dar latigazos* fouetter.
látigo *m* fouet; *hacer restallar un látigo* faire claquer son fouet ‖ cravache *f* (fusta) ‖ *(amer)* coup de fouet (latigazo).
latiguillo *m* petit fouet ‖ refrain (estribillo) ‖ FIG & FAM ficelle *f*, ruse *f* de métier | chiqué (de un actor) ‖ BOT stolon, coulant.
latín *m* latin; *aprender latín* apprendre le latin ‖ mot latin, citation *f* latine (voz latina) ‖ — *latín clásico* latin classique ‖ FAM *latín de cocina* ou *macarrónico* latin de cuisine ‖ *latín medieval* latin médiéval ‖ *latín moderno* latin moderne ‖ *latín rústico* ou *vulgar* latin vulgaire ‖ — *bajo latín* bas latin ‖ — FIG & FAM *echar latines* latiniser, faire des citations latines à tout bout de champ | *eso es latín* c'est de l'hébreu o du chinois ‖ *saber latín* ou *mucho latín* être malin comme un singe.
latinajo *m* FAM latin de cuisine | mot latin, citation *f* latine; *echar siempre latinajos* faire des citations latines à tout bout de champ ‖ FAM *saber algunos latinajos* savoir quelques bribes de latin.
latinear *v intr* parler latin (hablar) ‖ écrire en latin (escribir) ‖ FAM fourrer du latin partout, latiniser.
latiniparla *f* abus *m* de latinismes ‖ FAM *una culta latiniparla* un bas-bleu.
latinismo *m* latinisme.
latinista *m* y *f* latiniste, latinisant, e.
latinización *f* latinisation.
latinizar *v tr* latiniser.
◆ *v intr* FAM latiniser, fourrer du latin partout.
latino, na *adj* y *s* latin, e.
◆ *adj* qui sait le latin (que sabe latín) ‖ latin, e; *iglesia latina* église latine ‖ MAR latin, e; *vela latina* voile latine ‖ *(amer)* latino-américain, e (latinoamericano).
Latinoamérica *n pr f* GEOGR Amérique latine.
latinoamericano, na *adj* latino-américain, e.
◆ *m y f* Latino-Américain, e.
— OBSERV Ver LATINO-AMÉRICAIN en la parte francés-español.
latir *v intr* battre (el corazón, el pulso) ‖ élancer (herida, tumor) ‖ aboyer (ladrar) ‖ glapir, japper (los perros pequeños) ‖ *a Antonio le latía el corazón cuando entró en la cueva* Antoine avait le cœur qui battait lorsqu'il entra dans la grotte.
latitud *f* largeur (anchura) ‖ étendue (extensión) ‖ ASTR & GEOGR latitude; *en la latitud de 40°* à o sous la latitude de 40° ‖ FIG latitude; *dejar a uno latitud para obrar* laisser à quelqu'un toute latitude pour agir.
lato, ta *adj* large (ancho) ‖ étendu, e (extendido) ‖ grand, e; vaste (grande) ‖ FIG *en sentido lato* au sens large.
latón *m* laiton.
latoso, sa *adj* FAM ennuyeux, euse; assommant, e (fastidioso).

latrocinio *m* larcin, vol, chapardage (hurto).
LAU abrev de *Ley de Autonomía Universitaria* loi d'autonomie universitaire [Espagne] ‖ abrev de *Ley de Arrendamientos Urbanos* loi sur les baux urbains [Espagne].
laúd *m* luth (instrumento de música) ‖ sorte de felouque *f* (embarcación) ‖ ZOOL luth (especie de tortuga) ‖ *tañedor de laúd* luthiste, joueur de luth.
laudable *adj* louable.
láudano *m* laudanum (medicamento).
laudar *v intr* DR se prononcer (un árbitro).
laudatorio, ria *adj* laudatif, ive; élogieux, euse.
laudo *m* DR arbitrage, jugement arbitral, décision *f* de l'arbitre, sentence *f* arbitrale.
laureado, da *adj* couronné, e (recompensado) ‖ lauré, e (adornado con laureles).
◆ *m* lauréat, e (de un premio) ‖ décoré, e décorée de la «Laureada» (condecorado).
◆ *f* croix de l'ordre de Saint-Ferdinand [la plus haute décoration en Espagne].
laurear *v tr* couronner de lauriers ‖ FIG récompenser, couronner, honorer (premiar) ‖ décorer de la «Laureada».
laurel *m* BOT laurier ‖ — *laurel cerezo* ou *real* laurier-cerise ‖ *laurel común* laurier-sauce ‖ *laurel rosa* laurier-rose.
◆ *pl* FIG lauriers (recompensa) ‖ — FIG *cargarse de laureles* être chargé o se couvrir de lauriers | *cosechar* ou *conquistar laureles* cueillir des lauriers | *dormirse en los laureles* s'endormir sur ses lauriers | *mancillar sus laureles* flétrir ses lauriers.
lauréola; laureola *f* auréole (planta) ‖ couronne de laurier, auréole, nimbe *m* (auréola).
laurífero, ra *adj* POÉT chargé de lauriers.
Lausana *n pr* GEOGR Lausane.
laus deo *loc* gloire à Dieu.
lava *f* lave (del volcán) ‖ MIN lavage *m* (de los metales).
lavable *adj* lavable.
lavabo *m* lavabo (lavamanos) ‖ cabinet de toilette (cuarto de aseo) ‖ toilettes *f pl* (servicios) ‖ RELIG lavabo (lavatorio).
lavacoches *m inv* laveur de voitures.
lavacristales *m inv* laveur de vitres.
lavadero *m* lavoir (público) ‖ buanderie *f* (en una casa) ‖ MIN lavoir, laverie *f*.
lavado *m* lavage (de ropa, de un coche) ‖ toilette *f* (una persona) ‖ lavage (de los minerales) ‖ lavage (del estómago) ‖ lavis (dibujo) ‖ FIG & FAM savon, réprimande *f*; *dar un buen lavado a uno* passer un savon à quelqu'un ‖ — FAM *lavado de cerebro* lavage de cerveau ‖ *lavado en seco* nettoyage à sec ‖ *lavado y marcado* (un), shampooing et (une), mise en plis.
lavador, ra *adj* y *s* laveur, euse ‖ — *lavador de oro* orpailleur ‖ *oso lavador* raton laveur.
◆ *m* *(amer)* tamanoir (oso hormiguero).
◆ *f* machine à laver.
lavafrutas *m* rince-doigts *inv*.
lavamanos *m* lavabo, lave-mains *(p us)*.
lavanda *f* BOT lavande (espliego).
lavandería *f* blanchisserie ‖ laverie automatique.
lavandero, ra *m y f* blanchisseur, euse.
◆ *f* lavandière.
lavaojos *m* œillère *f*.

lavaparabrisas *m inv* AUTOM lave-glace.

lavaplatos *m y f* plongeur, euse ‖ *máquina lavaplatos, lavaplatos* machine à laver la vaisselle, lave-vaisselle.
◆ *m (amer)* évier (fregadero).

lavar *v tr* laver; *lavar a fondo* laver à grande eau ‖ faire un lavis (dibujo) ‖ — *lavar en seco* nettoyer à sec ‖ FIG *lavar la ofensa con sangre* laver l'offense dans le sang.
◆ *v pr* se laver; *lavarse la cabeza* se laver les cheveux ‖ FIG *¡de eso me lavo las manos!* je m'en lave les mains.

lavaseco *m (amer)* pressing, teinturerie *f*.

lavativa *f* MED lavement (ayuda) ‖ seringue, bac *m* à lavement ‖ FIG & FAM embêtement *m*, ennui *m* (molestia).

lavatorio *m* lavage (lavado) ‖ ECLES lavement des pieds (ceremonia religiosa) | lavabo (de la misa) ‖ *(amer)* lavabo (lavamanos).

lavavajillas *m inv* machine *f* à laver la vaisselle, lave-vaisselle.

lavoteo *m* lavage mal fait ‖ débarbouillage (de cara).

laxante *adj* laxatif, ive; relâchant, e.
◆ *m* laxatif (medicina).

laxar *v tr* relâcher, détendre ‖ prendre un laxatif, purger (vientre).

laxativo, va *adj y s m* laxatif, ive.

laxismo *m* laxisme.

laxitud *f* laxité.

laxo, xa *adj* lâche (no tenso) ‖ FIG relâché, e (la moral).

lay *m* lai (poema).

laya *f* nature, genre *m*, acabit *m*; *ser de la misma laya* être du même genre, du même acabit ‖ bêche, louchet (instrumento agrícola) ‖ *laya de dientes* fourche à bêcher.

lazada *f* nœud *m*, laçage *m*.

lazarillo *m* guide d'aveugle.
— OBSERV Ce mot vient du nom du héros d'un roman picaresque publié anonymement au XVIe siècle sous le titre de *Lazarillo de Tormes*.

lazarino, na *adj y s* lépreux, euse.

lázaro *m* va-nu-pieds ‖ *(amer)* lépreux.

Lázaro *n pr m* Lazare ‖ *estar hecho un lázaro* être couvert de plaies.

lazo *m* nœud (nudo); *atar un lazo* faire un nœud ‖ collet, lacet, lacs (para cazar); *coger con lazo* prendre au collet ‖ lasso (para sujetar caballos, etc.) ‖ lacet (de un camino) ‖ boucle *f* (en patinaje) ‖ corde *f* (cordel) ‖ FIG lien (vínculo); *los lazos de la amistad* les liens de l'amitié | trait d'union; *España sirve de lazo entre Europa y América del Sur* l'Espagne sert de trait d'union entre l'Europe et l'Amérique du Sud | piège, lacs *pl* (trampa) ‖ ARQ entrelacs (ornamento) ‖ figure *f* de danse (en el baile) ‖ — *lazo cerrado* boucle (en el ferrocarril) ‖ *lazo corredizo* nœud coulant ‖ — FIG & FAM *armar* ou *tender un lazo* tendre un piège, dresser une embûche ‖ *caer en el lazo* tomber dans le piège, être pris au piège.

l.c. → *loc. cit.*

LCD abrev de *Liquid Crystal Display* LCD, affichage à cristaux liquides.

LCR abrev de *Liga Comunista Revolucionaria* Ligue communiste révolutionnaire [Espagne].

Ldo. abrev de *licenciado* licencié, e.

le datif du pronom personnel de la 3e personne du singulier des 2 genres lui; *le dije, le doy* je lui dis, je lui donne ‖ accusatif du pronom personnel de la 3e personne du masculin singulier le; *le veo* je le vois ‖ accusatif du pronom personnel de la 2e personne du singulier traduite par *usted* vous; *le vi ayer pero no le pude hablar* je vous ai vu hier mais je n'ai pas pu vous parler ‖ emploi explétif; *le pregunté a mi hermano si* j'ai demandé à mon frère si (le pronom personnel ne se traduit pas).
— OBSERV Il est incorrect de dire *la di el libro a mi hermana* au lieu de dire *le di*. Il vaut mieux employer *le vi* que *lo vi acercarse*, en parlant d'une personne, car *lo* devrait être réservé aux choses.

leal *adj* loyal, e; *un corazón leal* un cœur loyal; *sentimientos leales* des sentiments loyaux ‖ fidèle (partidario del gobierno) ‖ fidèle (animal doméstico) ‖ fidèle, sûr, e (criado) ‖ franc, franche d'allures (caballo).
◆ *adj y s* loyaliste.

lealtad *f* loyauté ‖ fidélité (de un criado) ‖ fidélité (de los animales).

leasing *m* ECON leasing.
— OBSERV Cet anglicisme peut être remplacé par *arrendamiento con opción de compra*.
— OBSERV Anglicismo que puede sustituirse en francés por *crédit-bail*.

lebrada *f* ragoût *m* de lièvre.

lebrato *m* levraut.

lebrel *m* lévrier ‖ *perro lebrel* lévrier.

lebrero, ra *adj y s* chasseur de lièvres.
◆ *m* lévrier (lebrel).

lebrijano, na *adj y s* de Lebrija [ville d'Andalousie].

lebruno, na *adj* de lièvre, du lièvre.

lección *f* leçon ‖ lecture (lectura) ‖ leçon (interpretación de un texto) ‖ — *lección magistral* cours magistral ‖ — FIG *dar a uno una lección* donner une leçon à quelqu'un ‖ *dar la lección* réciter la leçon (discípulo) ‖ *dar una lección* faire une leçon (el profesor) ‖ *dar lecciones* donner des leçons ‖ *echar lección* donner une leçon à apprendre ‖ *servir de lección* servir de leçon ‖ *servir de lección por* apprendre à; *esto le servirá de lección por haberse fiado de la gente* cela vous apprendra à faire confiance aux gens ‖ *tomar la lección* faire réciter la leçon.

lecitina *f* QUÍM lécithine.

lectivo, va *adj* scolaire; *año lectivo* année scolaire ‖ de classe; *día lectivo* jour de classe.

lector, ra *m y f* lecteur, trice; liseur, euse (que lee) ‖ lecteur, trice (profesor).
◆ *m* ECLES & TECN lecteur.

lectorado *m* RELIG ordre de lecteur ‖ poste de lecteur dans une université.

lectura *f* lecture ‖ culture, connaissances *pl* (conocimientos) ‖ IMPR cícero *m* (carácter); *lectura chica* cícero petit œil; *lectura gorda* cícero gros œil ‖ INFORM lecture.

lechal *adj y s* jeune, qui tète, de lait (animal); *cordero lechal* agneau de lait ‖ BOT laiteux, euse (planta).
◆ *m* suc laiteux.

leche *f* lait *m*; *leche cuajada, entera, en polvo, concentrada, condensada, homogeneizada* lait caillé, entier, en poudre, concentré non sucré, concentré sucré, homogénéisé; *la leche se ha cortado* le lait a tourné ‖ BOT latex, suc laiteux (látex) ‖ FIG & POP marron *m* (puñetazo), beigne, gnon *m* (golpe) | pot *m*, coup *m* de bol (suerte) ‖ *— leche de almendras* lait d'amandes ‖ *leche de apoyo* lait maternisé ‖ *leche desmaquilladora* lait démaquillant ‖ *leche desnatada* lait écrémé ‖ CULIN *leche frita* dessert à base de flan | *leche merengada* boisson à base de lait, de blanc d'œuf et de sucre | *leche pasteurizada* lait pasteurisé ‖ *leche semidesnatada* lait demi-écrémé | *leche uperizada* ou UHT lait U.H.T ‖ *— ama de leche* nourrice ‖ POP *a toda leche* à toute berzingue ‖ *café con leche* café crème *o* au lait ‖ *cochinillo de leche* cochon de lait ‖ FIG *como una leche* très tendre | *de leche* à lait, laitière; *vaca de leche* vache à lait, vache laitière; qui tète encore, de lait, jeune (cría); *ternera de leche* jeune veau ‖ *dientes de leche* dents de lait | *(amer) dulce de leche* lait au caramel ‖ *gota de leche* lactarium ‖ *hermano, hermana de leche* frère, sœur de lait ‖ POP *¡una leche!, ¡y una leche! que dalle!*, mon cul! ‖ *—* POP *estar de mala leche* être de mauvail poil ‖ POP *pegarse una leche* se planter (en un accidente), ramasser *o* prendre un gadin (caerse) ‖ POP *ser la leche* être super, être dingue (ser el no va más), être chié, e *o* gonflé, e (ser un cara), être casse-pieds (ser cargante) ‖ POP *tener mala leche* être une (vraie), teigne (tener mala intención), avoir un caractère de cochon (tener mal genio) ‖ *—* FIG & FAM *está ou trae* ou *tiene la leche en los labios* si on lui tordait le nez il en sortirait du lait, il est encore dans les langes | *mamar una cosa en la leche* sucer quelque chose avec le lait.

lechera *f* laitière *(ant),* crémière (vendedora) ‖ bidon *m* de lait (recipiente grande) ‖ laitière (recipiente pequeño de metal) ‖ pot *m* à lait (jarro) ‖ *(amer)* vache laitière (vaca de leche) ‖ *— el cuento de la lechera* la fable de Perrette et du pot au lait ‖ FIG *eso es el cuento de la lechera* c'est l'histoire de Perrette et du pot au lait | *hacer las cuentas de la lechera* faire comme Perrette et le pot au lait, vendre la peau de l'ours avant de l'avoir tué.

lechería *f* débit *m* de lait, laiterie (tienda).

lechero, ra *adj* laitier, ère; *industria lechera* industrie laitière ‖ laitier, ère; à lait; *vaca lechera* vache laitière ‖ *central lechera* laiterie (cooperativa).

◆ *m y f* laitier, ère.

lecho *m* lit, couche *f*; *estar en un lecho de rosas* être sur un lit de roses ‖ lit (de un río) ‖ fondo (fond) ‖ ARQ lit (de una piedra) ‖ GEOL lit, strate *f* (estrato) ‖ *— abandonar el lecho* quitter le lit ‖ *en el lecho de muerte* sur son lit de mort ‖ TECN *lecho de colada* lit de coulée.

lechón *m* cochon de lait (cochinillo) ‖ porc, cochon (puerco).

lechona *f* truie.

◆ *adj y f* FIG & FAM cochonne (mujer sucia).

lechoso, sa *adj* laiteux, euse.

◆ *m* papayer (árbol).

lechuga *f* laitue (planta); *ensalada de lechuga* salade de laitue ‖ fraise, collerette (cuello) ‖ godron *m* (pliegue de una tela) ‖ *lechuga repollada* laitue pommée ‖ *lechuga romana* romaine, laitue romaine ‖ *—* FIG & FAM *como una lechuga* frais comme une rose *o* comme un gardon | *ser más fresco que una lechuga* avoir du toupet *o* du culot.

lechuguilla *f* fraise, collerette (cuello) ‖ laitue sauvage (lechuga silvestre).

lechuguina *f* FIG & FAM coquette, jeune femme élégante.

lechuguino *m* petite laitue *f* (lechuga) ‖ plant de laitues (plantío) ‖ FIG & FAM jeune gommeux, dandy (elegante) | petit-maître (petimetre).

lechuza *f* chouette (ave) ‖ FIG & FAM sorcière, vieille chouette (mujer fea y perversa) | oiseau *m* de nuit (trasnochador).

lechuzo *m* FIG & FAM rat de cave (recaudador de contribuciones).

◆ *adj m y s m* FIG & FAM hibou (hombre desagradable); *es muy lechuzo* c'est un vrai hibou.

leer *v tr* lire; *leer en voz alta* lire à haute voix *o* tout haut; *leer en voz baja* lire tout bas *o* à voix basse ‖ enseigner (un profesor) ‖ INFORM lire ‖ *—* MÚS *leer a primera vista* déchiffrer ‖ *leer con la vista* lire des yeux ‖ *leer de corrido* lire couramment ‖ *leer de un tirón* lire d'un trait ‖ FIG *leer el pensamiento* lire dans les pensées (de quelqu'un) | *leer en los ojos* ou *en la mirada de alguien* lire dans les yeux de quelqu'un | *leerle entre líneas* lire entre les lignes ‖ FAM *leer la cartilla a uno* faire la leçon *o* donner une bonne leçon à quelqu'un ‖ *leer música* lire la musique ‖ *leer por encima* parcourir.

legación *f* légation.

legado *m* legs (manda testamentaria) ‖ FIG héritage ‖ légat (entre los romanos) ‖ *legado a latere* légat a latere ‖ *legado pontificio* légat du pape.

legajo *m* liasse *f* de papiers ‖ dossier (carpeta).

legal *adj* légal, e (establecido por la ley); *procedimientos legales* procédés légaux ‖ loyal, e (en el ejercicio de sus poderes).

legalidad *f* légalité (conforme con la ley); *no salirse de la legalidad* rester dans la légalité.

legalismo *m* légalisme.

legalista *adj y s* légaliste.

legalizable *adj* légalisable.

legalización *f* légalisation.

legalizar *v tr* légaliser ‖ *copia legalizada* copie certifiée conforme.

legalmente *adv* légalement (conforme con la ley) ‖ loyalement (lealmente).

Leganés *n pr* GEOGR Leganés (village près de Madrid où il y a un hôpital psychiatrique) ‖ FAM *bueno para ir a Leganés* bon pour Charenton.

legaña *f* chassie.

legañoso, sa *adj y s* chassieux, euse ‖ FIG & FAM minable.

legar *v tr* léguer (hacer donación por testamento) ‖ déléguer (enviar en legación) ‖ FIG léguer, laisser en héritage (lengua, cultura).

legatario, ria *m y f* DR légataire; *legatario universal* légataire universel.

legendario, ria *adj* légendaire.

◆ *m* recueil de légendes (de cualquier clase).

legibilidad *f* lisibilité.

legible *adj* lisible.

legión *f* légion ‖ FIG légion (número indeterminado) ‖ *— Legión de Honor* Légion d'honneur ‖ *Legión Extranjera* Legion étrangère.

legionario, ria *adj* de la Légion; *las fuerzas legionarias* les forces de la Légion.

◆ *m* légionnaire.

legislación *f* législation.

legislador, ra *adj y s* législateur, trice.

legislar *v intr* légiférer.

legislativo, va *adj* législatif, ive; *Asamblea Legislativa* Assemblée législative.
legislatura *f* législature.
legista *m y f* légiste *m.*
legítima *f* DR réserve légale.
legitimación *f* légitimation.
legitimador, ra *adj* qui légitime.
legitimar *v tr* légitimer.
legitimidad *f* légitimité.
legitimista *adj y s* légitimiste ‖ loyaliste (en Inglaterra).
legítimo, ma *adj* légitime; *legítima defensa* légitime défense ‖ authentique, d'origine; *champán legítimo* champagne authentique ‖ véritable; *cuero legítimo* cuir véritable ‖ pur, e; *oro legítimo* or pur.
lego, ga *adj* laïque (seglar) ‖ lai, e; *hermano lego* frère lai ‖ FIG ignorant, e (sin instrucción) ‖ profane, non initié, e ‖ FIG & FAM *ser lego en la materia* être profane en la matière, n'y rien connaître.
◆ *m* frère convers.
legua *f* lieue (medida itineraria de 5 572 m) ‖ *legua cuadrada* lieue carrée [3 105,5 hectares] ‖ *legua de posta* lieue kilométrique *o* de poste (4 km) ‖ *legua marítima* lieue marine (5 555 m) ‖ — FIG *a la legua* à une lieue ‖ *cómico de la legua* comédien ambulant ‖ FIG *se ve a la legua* ça se voit de loin *o* d'une lieue.
leguleyo *m* avocaillon.
legumbre *f* légume *m*; *legumbres secas, verdes* légumes secs, verts ‖ *fuente para legumbres* légumier.
leguminoso, sa *adj y s f* BOT légumineux, euse.
leída *f* lecture.
leído, da *adj* très cultivé, e; qui a beaucoup lu (persona) ‖ lu, e (obra) ‖ — *leído y conforme* lu et approuvé ‖ — FAM *leído y escribido* qui croit tout savoir, pédant.
leísmo *m* emploi du pronom *le* comme seul accusatif masculin singulier, à l'exclusion de la forme *lo*; *este lápiz no te le doy* au lieu de *no te lo doy.*
leísta *adj y s* qui emploie *le* au lieu de *lo* (voir LEÍSMO).
leitmotiv *m* leitmotiv (tema).
lejanía *f* éloignement *m* (distancia); *sonido debilitado por la lejanía* son affaibli par l'éloignement ‖ lointain *m* (paraje lejano) ‖ — *en la lejanía, en las lejanías* au loin, dans le lointain.
lejano, na *adj* lointain, e; *el Japón es un país lejano* le Japon est un pays lointain ‖ éloigné, e; *un pariente lejano* un parent éloigné; *un lugar lejano de mi casa* un endroit éloigné de chez moi.
Lejano Oriente *n pr* GEOGR → **Extremo Oriente.**
lejía *f* lessive (agua alcalina) ‖ eau de Javel (hipoclorito de sosa) ‖ FIG & FAM savon *m* (reprimenda); *dar a uno una buena lejía* passer un bon savon à quelqu'un ‖ *lavar con lejía* lessiver, laver à la lessive.
lejísimos *adv* très loin.
— OBSERV Il faut éviter d'utiliser la forme incorrecte *lejísimo.*
lejos *adv* loin ‖ — *a lo lejos* au loin; *mirar a lo lejos* regarder au loin ‖ *de lejos* de loin; *es de lejos el mejor* il est de loin le meilleur ‖ *desde lejos* de loin ‖ *lejos de* loin de; *lejos de París* loin de Paris; *estoy lejos de pensar en* loin de moi l'idée de ‖ *ni de lejos* loin de là ‖ *por más lejos que* d'aussi loin que, du plus loin que; *por más lejos que pueda ver* du plus loin que je puisse voir ‖ — *ir ou llegar lejos* aller loin ‖ *llevar lejos* mener loin ‖ *ver muy lejos* voir loin.
◆ *m* lointain ‖ apparence *f*, aspect (aspecto); *tener buen lejos* avoir bon aspect ‖ arrière-plan (pintura).
lelo, la *adj y s* sot, sotte; niais, e (tonto) ‖ FAM *dejar, quedarse lelo* laisser, rester bouche bée.
lema *m* devise *f* (en un escudo, en un monumento) ‖ épigraphe *f* (en un libro) ‖ sommaire (argumento sucinto) ‖ thème, sujet (tema) ‖ nom d'emprunt (concurso) ‖ MAT lemme.
Lemán (lago) *n pr m* GEOGR lac Léman.
lempira *m* lempira (unidad monetaria de Honduras).
len *adj* boudiné, e (hilo laso).
lencería *f* lingerie (ropa blanca) ‖ blanc *m* (géneros de lienzo) ‖ lingerie (tienda de ropa blanca) ‖ magasin *m* de blanc (tienda de manteles, etc.) ‖ lingerie (en un hospital).
lendakari *m* lendakari [président du gouvernement autonome basque].
lendrera *f* peigne *m* fin.
lendroso, sa *adj* plein, e de lentes.
lengua *f* langue (órgano) ‖ langue (idioma); *lengua de oc, de oil* langue d'oc, d'oïl; *tener don de lenguas* avoir le don des langues ‖ nouvelle, renseignement *m* (noticia) ‖ battant *m* de cloche (badajo) ‖ langue [de balance] (lengüeta) ‖ langue (de tierra) ‖ CULIN langue ‖ — *lengua aglutinante* langue agglutinante ‖ BOT *lengua de buey* langue-de-bœuf ‖ FIG *lengua de escorpión* ou *de hacha* ou *de sierpe* ou *de víbora* ou *serpentina* ou *viperina* langue de vipère, mauvaise langue ‖ *lengua de estropajo* ou *de trapo* bafouillage, bredouillement (mala pronunciación), babil, gazouillement (de los niños), bafouilleur, euse (persona) ‖ *lengua de fuego* langue de feu ‖ *lengua de gato* langue-de-chat (bizcocho) ‖ *lengua de glaciar* langue de glacier ‖ *lengua de tierra* langue de terre ‖ *lengua madre* ou *matriz* langue mère ‖ *lengua materna* ou *nativa* langue maternelle ‖ *lengua muerta, sabia* langue morte, savante ‖ *lengua pastosa* ou *gorda* langue pâteuse ‖ *lengua viva* langue vivante ‖ *lenguas hermanas* langues sœurs ‖ — *con la lengua fuera* ou *de un palmo* hors d'haleine, la langue pendante ‖ FIG *de lengua en lengua* de bouche en bouche ‖ *largo de lengua* mauvaise langue (malo), qui a la langue trop longue (imprudente) ‖ *ligero de lengua* imprudent, irréfléchi ‖ *mala lengua* mauvaise langue ‖ FIG & FAM *media lengua* babil, gazouillement (de los niños), bredouillement, bafouillage (mala pronunciación) ‖ *segunda lengua* deuxième langue ‖ — FIG & FAM *andar en lenguas* voler de bouche en bouche, être sur toutes les lèvres ‖ *atar la lengua* lier la langue ‖ *buscar la lengua* provoquer, chercher noise (buscar pelea), délier la langue (incitar a hablar) ‖ *calentársele a uno la lengua* s'échauffer ‖ *darle a la lengua* avoir la langue bien pendue, être un moulin à paroles ‖ *destrabar la lengua* délier la langue ‖ *dominar una lengua* bien posséder une langue ‖ FIG *hablar con lengua de plata* donner des pots-de-vin ‖ *hacerse lenguas de* faire de grands éloges sur, ne pas tarir d'éloges sur, ne parler que de ‖ *hay que darle siete vueltas a la lengua antes de hablar* il faut tourner sept fois sa langue dans sa

bouche avant de parler | *írsele a uno la lengua, irse uno de la lengua* parler trop, ne pas savoir tenir sa langue, avoir la langue trop bien pendue | *morderse uno la lengua* se mordre la langue (callar) | *no tener pelos* ou *pelillos en la lengua* avoir la langue bien pendue, ne pas avoir la langue dans sa poche | *pegársele a uno la lengua al paladar* ne pas pouvoir parler, être muet | *sacar la lengua* tirer la langue (hacer burla) | *tener la lengua fuera* tirer la langue | *tener la lengua gorda* être rond, être ivre (borracho), avoir la langue pâteuse (tener mal sabor de boca) | *tener una cosa en la punta de la lengua* avoir quelque chose sur le bout de la langue | *tener uno mala lengua* être mauvaise langue | *tener uno mucha lengua, tener la lengua suelta* avoir la langue bien pendue | *tirarle a uno de la lengua* tirer les vers du nez à quelqu'un, faire parler quelqu'un | *tomar lengua* ou *lenguas* se renseigner | *trabarse la lengua* fourcher [la langue]; *se me ha trabado la lengua* la langue m'a fourché | *traer en lenguas a uno* critiquer quelqu'un | *tragarse la lengua* avaler sa langue | *venírsele a uno a la lengua una cosa* avoir l'idée de quelque chose.

lenguado *m* sole *f* (pez); *lenguado a la parrilla* sole grillée.

lenguaje *m* langage; *lenguaje coloquial, culto, grosero, cifrado* langage familier *o* courant, cultivé, grossier, chiffré || FIG langage; *lenguaje de las flores* langage des fleurs || langue *f*; *lenguaje literario, técnico, vulgar* langue littéraire, technique, usuelle || — INFORM *lenguaje BASIC, COBOL, FORTRAN* BASIC, COBOL, FORTRAN | *lenguaje de alto nivel* langage évolué | *lenguaje (de) máquina* ou *de ordenador* langage machine | *lenguaje de programación* langage de programmation.

lenguaraz *adj y s* polyglotte, qui parle plusieurs langues || FIG médisant, e; mauvaise langue (deslenguado) || bavard, e (hablador).

lengüeta *f* languette || langue, languette (de una balanza) || épiglotte (epiglotis) || languette (de zapato) || languette, tenon *m* (espiga de una tabla) || fer *m* d'une flèche (de saeta) || crochet *m* (de anzuelo, banderilla, etc.) || fraise à bois (herramienta) || MÚS languette || *poner lengüetas* langueyer (órgano).

lengüetada *f*; **lengüetazo** *m* coup *m* de langue.

lengüilargo, ga *adj* FAM bavard, e; qui a la langue bien pendue.

lenidad *f* indulgence.

lenificar *v tr* lénifier.

Leningrado *n pr* GEOGR Leningrad.

leninismo *m* léninisme.

leninista *adj y s* léniniste.

lenitivo, va *adj y s m* lénitif, ive.

lenocinio *m* entremise *f* || *casa de lenocinio* maison close.

lente *m y f* lentille *f* (óptica); *lente de aumento* lentille grossissante || loupe *f* (lupa); *mirar con lente* regarder à la loupe || verre *m* (de gafas) || monocle *m* (monóculo) || — *lente convergente* lentille convergente || *lente de contacto* lentille cornéenne, lentille *o* verre de contact || *lente de enfoque* lentille de mise au point || *lente divergente* lentille divergente.

◆ *pl* lunettes *f* (gafas) || lorgnon *m sing* (quevedos).

— OBSERV Le caractère ambigu du genre de ce mot crée parfois des difficultés, mais habituellement il est masculin lorsqu'il a le sens de lunettes (*los lentes*) et féminin lorsqu'il s'applique à des *verres réfringents*.

lenteja *m* lentille (planta) || lentille du balancier (de reloj) || BOT *lenteja acuática* ou *de agua* lentille d'eau.

lentejar *m* champ de lentilles.

lentejuela *f* paillette.

lenticular *adj* lenticulaire, lentiforme || *hueso lenticular* os lenticulaire.

lentilla *f* lentille cornéenne, lentille *o* verre *m* de contact.

lentisco *m* lentisque (arbusto).

lentitud *f* lenteur.

lento *adv* MÚS lento.

lento, ta *adj* lent, e; *lento en* ou *para trabajar* lent à travailler || MED visqueux, euse || — *a cámara lenta* au ralenti (cine) || *a fuego lento* à petit feu, à feu doux || *cámara lenta* ralenti.

leña *f* bois *m* de chauffage *o* à brûler || FIG & FAM volée, raclée (paliza), correction (castigo) || — *leña menuda* menu bois, petit bois || *leña muerta* ou *seca* bois mort || — FIG & FAM *añadir* ou *echar* ou *poner leña al fuego* jeter de l'huile sur le feu | *dar leña* jouer dur (deportes) | *dar* ou *repartir leña* administrer une volée || FIG *del árbol caído todos hacen leña* quand l'arbre est tombé chacun court aux branches || FIG & FAM *hubo leña* il y a eu de la bagarre *o* du grabuge || *ir por leña* aller chercher *o* ramasser du bois || FIG *llevar leña al monte* porter de l'eau à la rivière.

leñador, ra *m y f* bûcheron, onne (que corta leña) || marchand, e de bois (vendedor de leña).

leñazo *m* FAM coup de bâton (garrotazo) | coup (golpe).

¡leñe! *interj* FAM bon sang!, zut!

leñera *f* bûcher *m* (lugar para guardar leña).

leñero *m* marchand de bois || bûcher (leñera).

◆ *adj m* dur (un equipo).

leño *m* bûche *f* (trozo de árbol) || bois (madera) || FIG & POÉT esquif (embarcación) || FIG & FAM bûche *f*, souche *f*, cruche *f* (persona torpe) || FAM *dormir como un leño* dormir à poings fermés *o* comme une souche.

leñoso, sa *adj* ligneux, euse.

Leo *n pr* ASTR Lion (constelación).

león *m* lion || fourmi-lion (hormiga león) || FIG lion; *valiente como un león* brave comme un lion || ASTR & BLAS Lion || *(amer)* puma || — BLAS *león heráldico* léopard || *león marino* lion de mer *o* marin (foca) || ASTR *león menor* Petit Lion || *(amer) león miquero* eyra (puma) || — *cachorro de león* lionceau || *lago de leones* fosse aux lions || — FIG *desquijarar leones* faire le fanfaron | *no es tan fiero ou bravo el león como lo pintan* il n'est pas si méchant que cela (una persona), ce n'est pas si difficile que ça (una cosa).

León *n pr* GEOGR Léon (ciudad).

León (golfo de) *n pr m* GEOGR golfe du Lion.

leona *f* lionne || FIG lionne (mujer).

Leonardo da Vinci *n pr m* Léonard de Vinci.

leonera *f* cage (jaula) *o* fosse aux lions || FIG & FAM maison de jeu, tripot *m* (casa de juego) | chantier *m*, bazar *m*, capharnaüm *m* (cuarto desarreglado) || *(amer)* prison (cárcel).

leonés, esa *adj y s* de Léon (España).

leonino, na *adj* léonin, e; *facies leonina* faciès léonin; *contrato leonino* contrat léonin.
leopardo *m* ZOOL léopard.
leotardo *m* collant (medias).
Lepanto *n pr* GEOGR Lépante ‖ *el Manco de Lepanto* Cervantès.
Lepe *n pr* *saber más que Lepe; saber más que Lepe, Lepijo y su hijo* en savoir long.
leperada *f* *(amer)* canaillerie.
lépero, ra *adj y s* *(amer)* miséreux, euse; gueux, euse.
leperuza *f* *(amer)* prostituée.
lepidópteros *m pl* ZOOL lépidoptères.
leporino, na *adj* de lièvre ‖ *labio leporino* bec-de-lièvre.
lepra *f* MED lèpre.
leprosería *f* léproserie.
leproso, sa *adj y s* lépreux, euse.
lerdo, da *adj y s* gauche, lourd, e; maladroit, e (torpe).
leridano, na *adj y s* de Lérida.
les *pron pers m y f pl* leur; *les presto (a ellos) mis joyas* je leur prête mes bijoux (no se confunda con *leur y leurs*, adjetivo posesivo) ‖ vous; *les digo* je vous dis (a ustedes).
lesbianismo *m* lesbianisme, saphisme.
lesbiano, na; lesbio, bia *adj y s* lesbien, enne.
➤ *f* lesbienne (mujer homosexual).
leseras *f pl* *(amer)* bêtises.
lesión *f* lésion; *lesión interna* lésion interne ‖ blessure (herida); *lesión en la pierna* blessure à la jambe ‖ dommage *m* (daño) ‖ DR lésion (perjuicio); *lesión grave* lésion grave; *lesión leve* simple lésion.
➤ *pl* DR coups *m* et blessures.
lesionado, da *adj y s* blessé, e.
lesionar *v tr* léser, faire tort (causar un perjuicio) ‖ blesser, causer une lésion (herir) ‖ endommager (dañar).
lesivo, va *adj* nuisible, préjudiciable ‖ DR lésionnaire (perjudicial).
leso, sa *adj* lésé *adj m*, lèse *adj f*; *leso derecho natural* droit naturel lésé; *lesa humanidad* lèse-humanité; *lesa majestad* lèse-majesté ‖ FIG troublé, e (trastornado) ‖ *(amer)* bête, niais, e (tonto).
letal *adj (p us)* létal, e (mortífero).
letanía *f* litanie ‖ procession (procesión) ‖ FIG & FAM litanie (sarta) ‖ — *letanías mayores* litanies majeures ‖ *letanías menores* litanies mineures.
letárgico, ca *adj* MED léthargique.
letargo *m* MED léthargie *f* ‖ FIG léthargie *f*, torpeur *f* (modorra) ‖ *caer en estado de letargo* tomber en léthargie.
letón, ona *adj y s* letton, onne.
➤ *m y f* Letton, onne.
➤ *m* lette, letton (idioma).
Letonia *n pr f* GEOGR Lettonie.
letra *f* lettre; *la letra «a»* la lettre «a» ‖ caractère *m* (en imprenta) ‖ écriture; *tener buena letra* avoir une belle écriture ‖ paroles *pl* (de una canción) ‖ devise (lema) ‖ sorte de romance (poesía) ‖ traite, lettre de change (letra de cambio); *letra aceptada* traite acceptée; *letra bancaria* traite bancaire ‖ FIG & FAM astuce, ruse (astucia) ‖ — *letra abierta* lettre ouverte ‖ *letra aldina* ou *agrifada* ou *grifa* caractère aldin ‖ *letra bastardilla* italique, lettre bâtarde ‖ *letra blasonada* lettre armoriée ‖ *letra corrida* écriture courante ‖ *letra cursiva* ou *itálica* lettre italique ‖ *letra de caja baja* caractère de bas de casse ‖ *letra de imprenta* ou *de molde* caractère d'imprimerie, lettre moulée ‖ *letra de llamada* lettrine (para indicar una remisión) ‖ *letra de mano* écriture manuscrite ‖ *letra de tortis* gothique arrondie, lettre de somme ‖ *letra doble* digramme ‖ *letra dominical* lettre dominicale ‖ *letra florida* lettre ornée, lettrine (mayúscula decorativa) ‖ *letra gótica* lettre gothique ‖ *letra inglesa* écriture anglaise ‖ *letra inicial* ou *titular* lettrine ‖ *letra mayúscula* lettre majuscule ‖ *letra metida* écriture serrée ‖ *letra minúscula* lettre minuscule ‖ FIG *letra muerta* lettre morte ‖ *letra negrilla* ou *negrita* ou *egipcia* caractère gras ‖ *letra numeral* écriture en chiffres romains ‖ *letra redonda* ou *redondilla* lettre ronde ‖ *letra remisoria* lettre rémissoriale *o* de renvoi ‖ *letra romanilla* lettre romaine ‖ *letras a la vista* engagement à vue ‖ *letra versal* ou *capital* ou *de caja alta* grande capitale, caractère de haut de casse ‖ *letra versalita* petite capitale ‖ *letra volada* lettrine (en la parte superior de una línea) ‖ *primeras letras* instruction primaire ‖ — *a la letra* à la lettre ‖ *al pie de la letra* au pied de la lettre ‖ *con todas sus letras* en toutes lettres ‖ *de su puño y letra* de sa propre main ‖ *letra por letra* mot pour mot ‖ — *atarse a la letra, atenerse a la letra* s'en tenir *o* s'attacher à la lettre, coller au texte ‖ FIG & FAM *letra con sangre entra* on n'apprend rien sans mal, c'est en forgeant qu'on devient forgeron ‖ *la letra mata, mientras que el espíritu vivifica* la lettre tue mais l'esprit vivifie ‖ COM *protestar una letra* protester une lettre de change ‖ FIG *tener letra menuda* avoir de l'astuce, être astucieux, en savoir long.
➤ *pl* mots *m*, mot *m sing*; *te escribiré dos* ou *cuatro letras* je t'écrirai deux mots; *poner unas letras* écrire un mot ‖ lettres; *licenciado en Letras* licencié ès lettres; *facultad de Letras* faculté des lettres; *letras humanas, bellas* ou *buenas letras* belles-lettres; *hombre, mujer de letras* homme, femme de lettres ‖ — *letras divinas* ou *sagradas* écriture sainte ‖ FIG & FAM *letras gordas* instruction sommaire.
letrado, da *adj y s* lettré, e; instruit, e (instruido) ‖ FAM poseur, euse; pédant, e (presumido).
➤ *m y f* avocat, e; homme de loi (abogado) ‖ *letrado del Consejo de Estado* avocat au Conseil d'État.
letrero *m* écriteau, panonceau, enseigne *f* (cartel) ‖ étiquette *f* (etiqueta) ‖ *letrero luminoso* enseigne lumineuse.
letrilla *f* rondeau *m* (composición poética).
letrina *f* latrines *pl* ‖ FAM saleté (cosa sucia).
letrismo *m* lettrisme.
leucemia *f* MED leucémie.
leucémico, ca *adj y s* leucémique.
leucocito *m* BIOL leucocyte.
leucocitosis; leucocitemia *f* MED leucocytose, leucocythémie.
leucorrea *f* MED leucorrhée.
lev *m* lev (moneda búlgara).
— OBSERV *pl leva*.
leva *f* départ *m*, partance (de un barco) ‖ levée de soldats (reclutamiento) ‖ MECÁN came; *árbol de levas* arbre à cames ‖ aube (álabe) ‖ levier *m*, lève (palanca) ‖ *(amer)* ruse (engaño) ‖ redingote (levita).

levadizo *adj m* *puente levadizo* pont-levis.
levadura *f* levain *m* (para el pan) ‖ levure (de la cerveza, etc.) ‖ FIG levain *m*, germe *m* (germen).
levantado, da *adj* levé, e ‖ FIG élevé, e (sublime) ‖ soutenu, e (estilo) ‖ *votar por «levantados» y «sentados»* voter par assis et levés.
levantador, ra *adj y s* DEP haltérophile (levantador de pesos).
levantamiento *m* levée *f* (acción de levantar) ‖ érection *f* (de una estatua) ‖ construction *f* (de un edificio) ‖ haussement; *levantamiento de las cejas* haussement des sourcils ‖ levé, lever (de un mapa) ‖ élévation *f* ‖ soulèvement, rébellion *f* (sedición) ‖ TECN levage ‖ — *levantamiento de acta* verbalisation ‖ *levantamiento de la veda* ouverture de la chasse *o* de la pêche ‖ *levantamiento del cadáver* levée du corps ‖ DEP *levantamiento de pesos* haltérophilie.
levantar *v tr* lever; *levantar el brazo* lever le bras ‖ dresser; *levantar una escala* dresser une échelle ‖ soulever (mover hacia arriba); *levantar un poco la mesa* soulever légèrement la table; *levantar una polvareda* soulever un nuage de poussière ‖ élever, hisser (en el aire) ‖ lever (alzar); *levantar los ojos* lever les yeux ‖ élever, ériger, construire; *levantar un templo* élever un temple; *levantar una fábrica* construire une usine ‖ monter (en los naipes) ‖ enlever (quitar); *levantar el mantel* enlever la nappe ‖ faire (un chichón, una ampolla) ‖ dresser (un plano), lever (un dibujo) ‖ dresser; *levantar obstáculos* dresser des obstacles ‖ DR dresser (un acta); *levantar un atestado* dresser un constat ‖ lever (el ancla) ‖ lever (el telón) ‖ FIG soulever (trastornar); *levantar el estómago* soulever l'estomac ‖ soulever (sublevar un pueblo), dresser (a uno); *levantar al hijo contra el padre* dresser le fils contre son père | élever (el pensamiento, el corazón) | relever; *levantar al país, la economía nacional* relever le pays, l'économie nationale | relever (un error) | soulever, susciter, provoquer; *las dificultades que levantan los problemas políticos* les difficultés que suscitent les problèmes politiques | fonder, instituer, ériger (establecer) | porter, faire; *levantar falso testimonio* porter un faux témoignage | lever (una interdicción) | lever (una sesión) | lever (suprimir); *levantar la excomunión* lever l'excommunication | lever, hausser (la voz) ‖ MIL lever, recruter (tropas) | lever (un sitio) ‖ EQUIT enlever (hacer galoper el caballo) | cabrer (empinar al caballo) ‖ lever (en la caza) ‖ IMPR lever; *levantar letra* lever la lettre ‖ — FIG *levantar cabeza* se remettre (estar mejor), relever la tête (salir de apuro) ‖ *levantar del suelo* soulever ‖ *levantar el ánimo* remonter [le moral]; redonder du courage ‖ *levantar el cadáver* procéder à la levée du corps ‖ *levantar el campo, el sitio* lever le camp, le siège ‖ *levantar en alto* soulever ‖ *levantar la baza* faire une levée (en los naipes) ‖ *levantar la casa* déménager ‖ *levantar la mano a alguien* lever *o* porter la main sur quelqu'un ‖ *levantar la veda* ouvrir la chasse *o* la pêche ‖ FAM *levantarle a uno la tapa de los sesos* brûler la cervelle à quelqu'un ‖ *levantar polvo* faire de la poussière ‖ *levantar un proceso* intenter un procès ‖ *no levantar cabeza* ne pas lever les yeux ‖ *sin levantar la vista* sans lever les yeux.
◆ *v pr* se lever; *levantarse temprano* se lever de bonne heure ‖ s'élever (en el aire) ‖ s'élever, se dresser (sobresalir) ‖ FIG éclater (escándalo, riña) ‖ se soulever (un pueblo) | se dresser contre (una persona) ‖ — *al levantarse el telón* au lever du rideau ‖ *al levantarse la sesión* à la levée de la séance ‖ FAM *levantarse con el pie izquierdo* se lever du pied gauche *o* du mauvais pied ‖ *levantarse con una cosa* s'emparer d'une chose, s'approprier quelque chose ‖ *levantarse de la cama* se lever ‖ *levantarse de la mesa* se lever de table ‖ *levantarse de la silla, del suelo, etc.* se lever ‖ *levantarse en armas* se soulever, prendre les armes ‖ *levantarse la tapa de los sesos* se faire sauter la cervelle, se brûler la cervelle ‖ *levantarse pronto* se lever de bonne heure *o* de bon matin ‖ FIG *levantársele a uno el estómago* avoir mal au cœur.
levante *m* levant, orient ‖ vent de l'est (viento) ‖ Levant, région de Valence et de Murcie ‖ *(amer)* calomnie *f*.
levantino, na *adj* levantin, e; du Levant.
◆ *m y f* Levantin, e.
levar *v tr* MAR lever (el ancla).
◆ *v pr* MAR mettre à la voile.
leve *adj* léger, ère ‖ FIG léger, ère; peu grave, de peu d'importance; *una herida leve* une blessure légère.
levedad *f* légèreté.
levemente *adv* légèrement ‖ sans gravité.
levita *m* lévite (de la tribu de Leví) ‖ diacre (diácono).
◆ *f* redingote (vestidura).
levitación *f* lévitation.
levitar *v intr* léviter.
levítico, ca *adj* lévitique ‖ FIG clérical, e; *ambiente levítico* atmosphère cléricale.
◆ *m* lévitique (libro de Moisés) ‖ FIG & FAM protocole, cérémonial.
lexema *m* GRAM lexème.
lexía *f* GRAM lexie.
lexicalización *f* lexicalisation.
lexicalizar *v tr y pr* lexicaliser.
léxico, ca *adj* lexical, e; *problemas léxicos* problèmes lexicaux.
◆ *m* lexique ‖ dictionnaire grec.
lexicografía *f* lexicographie.
lexicográfico, ca *adj* lexicographique.
lexicógrafo, fa *m y f* lexicographe.
lexicología *f* lexicologie.
lexicólogo, ga *m y f* lexicologue.
lexicón *m* lexique, lexicon.
ley *f* DR loi; *someterse a una ley* se soumettre à une loi; *ley vigente* loi en vigueur; *dictar la ley* faire la loi; *la ley de la oferta y la demanda* la loi de l'offre et de la demande; *leyes de la física* lois de la physique; *ley de los grandes números* la loi des grands nombres ‖ affection [avec les verbes «cobrar», «tener» et «tomar»] (cariño); *tomar ley* prendre en affection; *tener ley* avoir en affection ‖ règle; *las leyes del juego* les règles du jeu ‖ religion; *la ley de los mahometanos* la religion des mahométans ‖ qualité (calidad), poids *m* (peso), dimension réglementaire (medida) ‖ titre *m*, aloi *m* (de un metal) ‖ statut *m* (de una asamblea) ‖ règlement *m* (de un concurso) ‖ — *ley agraria* loi agraire ‖ *ley antigua, de Moisés* loi ancienne, loi mosaïque ‖ *ley de bases* loi-cadre ‖ *ley de despido* loi de renvoi ‖ DR *ley de extranjería* loi s'appliquant aux ressortissants étrangers ‖ DEP *ley de la ventaja* règle de l'avantage ‖ FIG & FAM *ley del embudo* deux poids et deux mesures; *aplicar la ley del embudo* avoir deux poids et deux mesures | *ley del encaje* loi du

bon plaisir ‖ *ley de préstamos y arriendos* loi prêt-bail ‖ *ley escrita* loi écrite ‖ *ley marcial* loi martiale ‖ *ley natural* loi naturelle ‖ *ley nueva* loi nouvelle (de Cristo) ‖ *ley sálica* loi salique ‖ *ley seca* loi sèche, prohibition [aux États-Unis] ‖ — FAM *a la ley* propre, soigneusement ‖ *al margen de la ley* hors-la-loi, en dehors o en marge de la loi ‖ *a toda ley* selon les règles, comme il faut ‖ *bajo de ley* de bas aloi ‖ *con todas las de la ley* dans les règles, dans les règles de l'art (cabalmente), selon les règles, en bonne forme, légalement (reglamentariamente) ‖ *de buena ley* de bon aloi, frappé au bon coin ‖ *de ley* véritable, pur (metal) ‖ *en buena ley* à juste titre ‖ — *bajar de ley* baisser le titre (de un metal) ‖ *dictar la ley* faire la loi ‖ *hecha la ley, hecha la trampa* les lois sont faites pour être violées ‖ *la costumbre hace ley* ou *tiene fuerza de ley* la coutume fait loi ‖ *la ignorancia de la ley no excusa su cumplimiento* nul n'est censé ignorer la loi ‖ *la ley acabó por triunfar* force est restée à la loi ‖ *no ser ley* ne pas être orthodoxe o réglementaire ‖ *subir de ley* augmenter le titre (metal) ‖ *tener fuerza de ley* avoir force de loi, faire loi ‖ *venir contra la ley* enfreindre la loi.

◆ *pl* le droit *m sing*; *estudiar leyes* faire son droit ‖ *hombre de leyes* homme de loi ‖ — *allá van leyes do* ou *donde quieren reyes* la raison du plus fort est toujours la meilleure.

leyenda *f* légende (vida de santos) ‖ légende (cuento) ‖ légende (de una moneda) ‖ — *leyenda áurea* légende dorée ‖ *leyenda negra* récit de la conquête de l'Amérique hostile aux colonisateurs espagnols.

Lhasa *n pr* GEOGR Lhassa.

liana *f* BOT liane (bejuco).

liar *v tr* lier, attacher (atar) ‖ envelopper, rouler (enrollar); *liar en una manta* rouler dans une couverture ‖ rouler; *liar un cigarrillo* rouler une cigarette ‖ FIG & FAM embobiner (engatusar) ‖ rouler (engañar) | mêler; *no me líes en este asunto* ne me mêle pas à cette histoire ‖ — FAM *liar el petate* ou *el hato* faire son baluchon, plier bagage (largarse), claquer (morir) ‖ *liar los bártulos* plier bagage, faire ses malles, prendre ses cliques et ses claques (para una mudanza o un viaje).

◆ *v pr* s'envelopper, se rouler; *liarse en una manta* s'envelopper dans une couverture ‖ FIG s'embrouiller (trabucarse) ‖ FAM se mêler (intervenir) ‖ FIG & POP avoir una liaison (amancebarse) ‖ — FAM *liarse a palos* en venir aux coups ‖ FIG & FAM *liarse la manta a la cabeza* foncer, se jeter à l'eau ‖ FIG & FAM *liárselas, liarlas* plier bagage (escaparse o morir).

libación *f* libation.

libanés, esa *adj* libanais, e.
◆ *m y f* Libanais, e.

Líbano *n pr m* GEOGR Liban.

libar *v tr* sucer (chupar) ‖ butiner; *la abeja liba las flores* l'abeille butine les fleurs ‖ déguster, goûter (probar) ‖ faire des libations (para el sacrificio) ‖ sacrifier (sacrificar).

libelar *v tr* DR libeller ‖ présenter une requête (petición).

libelo *m* libelle, pamphlet; *libelo infamatorio* libelle infamant.

libélula *f* libellule (insecto).

liberación *f* délivrance, libération (de la servidumbre) ‖ libération (de un país) ‖ mise en liberté (de presos) ‖ quittance (recibo) ‖ *(amer)* délivrance,

accouchement *m* (parto) ‖ *acto de liberación* levée d'écrou.

liberado, da *adj* libéré, e; *país liberado* pays libéré; *acción liberada* action libérée.

liberador, ra *adj y s* libérateur, trice.

liberal *adj y s* libéral, e; *liberal con uno* libéral envers quelqu'un; *profesión liberal* profession libérale ‖ — *artes liberales* arts libéraux ‖ *partido liberal* parti libéral.

liberalidad *f* libéralité.

liberalismo *m* libéralisme.

liberalización *f* libéralisation ‖ COM libération (de cupos); *la liberalización del comercio* la libération des échanges.

liberalizar *v tr* libéraliser ‖ COM libérer (cupos).
◆ *v pr* devenir libéral, e.

liberar *v tr* libérer ‖ dégager; *liberar un dedo cogido en un engranaje* dégager un doigt pris dans un engrenage ‖ FIG dégager; *liberar a uno de su promesa* dégager quelqu'un de sa promesse.

liberatorio, ria *adj* libératoire.

Liberia *n pr f* GEOGR Liberia *m*.

liberiano, na *adj* libérien, enne (de Liberia).
◆ *m y f* Libérien, enne.

libérrimo, ma *adj* entièrement o parfaitement libre, très libre.

libertad *f* liberté; *hipotecar su libertad* engager sa liberté ‖ liberté, hardiesse (en el trato) ‖ aisance (desembarazo) ‖ — *libertad condicional* liberté sous conditions ‖ ECON *libertad de circulación de capitales* libre circulation des capitaux | *libertad de circulación de trabajadores* libre circulation des travailleurs ‖ *libertad de comercio* liberté du commerce ‖ *libertad de conciencia* liberté de conscience ‖ *libertad de cultos* liberté du culte ‖ *libertad de expresión* liberté d'expression ‖ *libertad de imprenta* ou *de prensa* liberté de la presse ‖ *libertad de opinión* ou *de pensamiento* liberté d'opinion ‖ *libertad de reunión y asociación* liberté de réunion et d'association ‖ *libertad individual* liberté individuelle ‖ *libertad provisional* liberté provisoire o sous caution ‖ *libertad vigilada* liberté surveillée ‖ — *con entera* ou *con toda libertad* en toute liberté ‖ *poner (a uno) en libertad* mettre (quelqu'un) en liberté ‖ *tener plena libertad de* ou *para* avoir toute liberté de ‖ *tomarse la libertad de* prendre la liberté de.

◆ *pl* libertés; *tomarse libertades* prendre des libertés ‖ libertés, privilèges *m* (prerrogativas).

libertador, ra *adj y s* libérateur, trice.

libertar *v tr* délivrer ‖ libérer (de una deuda, de una obligación) ‖ affranchir (de la esclavitud) ‖ sauver (preservar).

libertario, ria *adj y s* libertaire.

libertinaje *m* libertinage.

libertino, na *adj y s* libertin, e.
◆ *m y f* fils, fille d'affranchi (hijo de liberto).

liberto, ta *m y f* affranchi, e (esclavo).

Libia *n pr f* GEOGR Libye.

libidinosamente *adv* luxurieusement.

libidinoso, sa *adj y s* libidineux, euse.

libido *f* libido (deseo sexual).

libio, bia *adj* libyen, enne.
◆ *m y f* Libyen, enne.

libra *f* livre (peso, medida o moneda) ‖ *(amer)* feuille de tabac de première qualité ‖ — *libra carnicera* kilogramme ‖ *libra esterlina* livre sterling ‖

libra medicinal livre de pharmacien (12 onzas) ‖ FIG & FAM *entrar pocas* ou *pocos en libra* être rare, ne pas courir les rues.
Libra *n pr* ASTR Balance (signo del zodíaco).
libraco *m* FAM bouquin (libro).
librado *m* COM tiré (persona contra la que se gira una letra).
librador, ra *adj y s* libérateur, trice (que libra).
◆ *m* main *f*, cornet [des commerçants] (cogedor).
◆ *m y f* tireur, euse (de una letra de cambio).
libramiento *m* délivrance *f* (acción de libertar) ‖ exemption *f*, exonération *f* (de un cargo) ‖ exemption *f*, dispense *f* (de un trabajo) ‖ ordre de paiement (orden de pago).
libranza *f* ordre *m* de paiement (orden de pago) ‖ tirage *m* (emisión de una letra de cambio).
librar *v tr* sauver (de un peligro) ‖ affranchir, libérer; *librar de la tiranía* affranchir de la tyrannie ‖ délivrer; *librar de un cuidado* délivrer d'un souci ‖ dispenser (de un cargo o trabajo) ‖ libérer, dégager (de una obligación) ‖ placer (la confianza) ‖ livrer (una batalla); *librar combate por* livrer bataille pour ‖ tirer (letras de cambio); *librar un cheque contra X* tirer un chèque sur X ‖ prononcer (una sentencia) ‖ promulguer (un decreto) ‖ *¡Dios me libre!, ¡líbreme Dios!* Dieu m'en garde!, Dieu m'en préserve! ‖ *librar su esperanza en Dios* mettre son espérance en Dieu ‖ *salir bien librado* bien s'en tirer, en être quitte à bon marché.
◆ *v intr* se rendre au parloir (una monja) ‖ accoucher (parir) ‖ FAM avoir un jour de congé (los obreros) ‖ *librar bien* bien s'en sortir *o* s'en tirer ‖ *librar mal* mal s'en sortir, y laisser des plumes.
◆ *v pr* échapper à, éviter; *librarse de un golpe* éviter un coup ‖ éviter, s'éviter, se dispenser (una cosa molesta) ‖ se libérer, se dégager (de una obligación) ‖ se défaire; *librarse de un prejuicio* se défaire d'un préjugé ‖ — FAM *librarse de una buena* l'échapper belle ‖ *librarse por los pelos* échapper d'un cheveu *o* de justesse.
libre *adj* libre; *es usted muy libre de ir* libre à vous d'y aller ‖ libre (que no está preso) ‖ FIG dégagé, e; peu encombré, e (sitio desembarazado) ‖ libre, insolent, e (atrevido) ‖ libre, osé, e (licencioso) ‖ indépendant, e (independiente) ‖ affranchi, e; *libre de toda obligación* affranchi de toute obligation ‖ dégagé, e; *libre de toda responsabilidad* dégagé de toute responsabilité ‖ exempt, e; *libre de impuestos* exempt d'impôts ‖ quitte; *libre de una deuda* quitte d'une dette ‖ libre, libre (soltero) ‖ perdu, e; *en mis ratos libres* à mes moments perdus ‖ — *libre albedrío* ou *arbitrio* libre arbitre ‖ *libre bajo palabra* libre sur parole ‖ *libre de sans; libre de penas* sans soucis ‖ *libre de cuidado* hors de danger ‖ ECON *libre empresa* libre entreprise ‖ *libre en su lenguaje* qui tient des propos libres ‖ — *aire libre* grand air ‖ *estilo libre* nage libre ‖ *oyente libre* auditeur libre (en un curso) ‖ *traducción libre* traduction libre ‖ *verso libre* vers libre ‖ *zona de libre cambio* ou *de libre comercio* zone de libre-échange ‖ — *al aire libre* en plein air ‖ *con el espíritu libre* l'esprit libre, en toute liberté d'esprit ‖ *más libre que un pájaro* libre comme l'air ‖ *estudiar por libre* étudier tout seul ‖ *en vue d'un examen* ‖ *tener entrada libre en casa de alguien* avoir ses entrées libres chez quelqu'un.
◆ *m* DEP *libre directo* coup franc direct (fútbol); *libre indirecto* coup franc indirect (fútbol).

librea *f* livrée ‖ livrée, pelage *m* (de los venados).
librecambio *m* libre-échange.
librecambismo *m* libre-échangisme, doctrine *f* du libre-échange.
librecambista *adj y s* libre-échangiste; *política librecambista* politique libre-échangiste.
librepensador *m* libre penseur.
librepensamiento *m* libre-pensée *f*.
librería *f* librairie (tienda) ‖ bibliothèque (colección de libros y mueble) ‖ librairie (oficio) ‖ *librería de ocasión* ou *de viejo* bouquinerie, librairie de livres d'occasion.
librero, ra *m y f* libraire ‖ *librero de viejo* bouquiniste.
◆ *m* (amer) bibliothèque *f*.
libresco, ca *adj* livresque.
libreta *f* livret *m*, cahier *m* (cuaderno) ‖ carnet *m*, agenda *m* (agenda) ‖ pain *m* d'une livre ‖ *libreta* ou *cartilla de ahorros* livret de caisse d'épargne.
libretista *m y f* MÚS librettiste, parolier, ère.
libreto *m* MÚS livret, libretto.
Libreville *n pr* GEOGR Libreville.
librillo *m* terrine *f* (lebrillo) ‖ petit livre (libro) ‖ pain (de cera) ‖ ZOOL feuillet (de los rumiantes) ‖ *librillo de papel de fumar* cahier de papier à cigarette.
libro *m* livre (para leer) ‖ registre (para recoger) ‖ cahier (cuaderno) ‖ carnet; *libro de apuntes* carnet de notes ‖ livret (teatro) ‖ ZOOL feuillet (de los rumiantes) ‖ — *libro amarillo, azul, blanco, rojo, etc.* livre jaune, bleu, blanc, rouge, etc. (en diplomacia) ‖ *libro antifonario* antiphonaire ‖ *libro borrador* brouillon ‖ COM *libro copiador* copie de lettres, livre de copie de lettres ‖ MAR *libro de a bordo* livre de bord ‖ *libro de actas* registre des procès-verbaux ‖ *libro de asiento* cahier de notes, registre ‖ *libro de caballerías* roman de chevalerie ‖ *libro de cabecera* livre de chevet ‖ COM *libro de caja* livre de caisse ‖ *libro de consulta* ouvrage de référence, ouvrage à consulter sur place ‖ *libro* ou *manual de estilo* mémento typographique ‖ *libro de familia* livret de famille ‖ *libro de horas* livre d'heures ‖ COM *libro de inventario* livre d'inventaire ‖ *libro de mano* manuscrit ‖ *libro de memoria* carnet de notes, aide-mémoire ‖ *libro de música* livre de musique ‖ *libro de oro* livre d'or ‖ *libro de reclamaciones* cahier de doléances ‖ *libro de texto* livre au programme, manuel [scolaire] ‖ COM *libro diario* journal ‖ *libro empastado* ou *encuadernado, en rústica* livre relié, broché ‖ *libro escolar* livret scolaire ‖ *libro mayor* grand livre ‖ — *libros de cuentas* ou *de contabilidad* livres de comptes ‖ *libros sagrados* livres saints ‖ *libro talonario* carnet à souches ‖ — FIG *a libro abierto* à livre ouvert ‖ *gran libro* grand-livre de la Dette publique ‖ *teneduría de libros* tenue des livres ‖ — FIG & FAM *ahorcar uno los libros* jeter ses livres au feu (abandonar los estudios) ‖ *hablar como un libro* parler comme un livre ‖ *llevar los libros* tenir les livres (comercio) ‖ FIG *meterse en libros de caballerías* se mêler de ce qui ne nous regarde pas.
librote *m* FAM bouquin, pavé.
licantropía *f* MED lycanthropie.
licántropo *m* MED lycanthrope.
licencia *f* permission, licence; *con licencia de sus jefes* avec la permission de ses chefs ‖ licence; *licencia en Derecho, en Ciencias, en Filosofía y Letras* licence en droit, ès sciences, ès lettres ‖ ECON

licence; *licencia de exportación, de importación* licence d'exportation, d'importation ‖ licence (libertad abusiva) ‖ permis *m*; *licencia de caza, de pesca* permis de chasse, de pêche ‖ licence (en poesía) ‖ *(ant)* MIL congé *m*; *licencia absoluta* congé définitif ‖ libération, quille *(fam)*; *licencia de la quinta* libération du contingent ‖ congé *m*; *licencia por enfermedad* congé de maladie, de longue durée ‖ — *licencia de armas* permis de port d'arme ‖ *licencia de obras* permis de construire ‖ MIL *dar la licencia a la quinta* libérer le contingent ‖ *dar licencia de* ou *para* donner la permission de, autoriser à ‖ *tomarse la licencia* se permettre, prendre la liberté.

licenciado, da *adj* licencié, e (estudiante) ‖ licencié, e; congédié, e (despedido) ‖ MIL libéré, e ‖ pédant, e (presumido).
◆ *m* avocat (abogado) ‖ soldat libéré (soldado).
◆ *m y f* licencié, e; *licenciado en Derecho, en Ciencias, en Filosofía y Letras* licencié en droit, ès sciences, ès lettres ‖ — *El Licenciado Vidriera* Le Licencié de verre (de Cervantes) ‖ FAM *licenciado Vidriera* petit délicat, mauviette.

licenciamiento *m* licenciement (de empleados) ‖ examen de licence (de estudiantes) ‖ MIL libération *f*.

licenciar *v tr* licencier, congédier (echar) ‖ conférer le grade *o* donner le diplôme de licencié (a un estudiante) ‖ autoriser (dar permiso) ‖ libérer, licencier (un soldado); *licenciar la quinta* libérer le contingent.
◆ *v pr* passer sa licence, obtenir le grade *o* le diplôme de licencié; *licenciarse en Derecho, en Ciencias, en Filosofía y Letras* passer sa licence en droit, ès sciences, ès lettres ‖ devenir licencieux, euse (licencioso).

licenciatura *f* licence; *licenciatura de Derecho, de Ciencias, de Filosofía y Letras* licence en droit, ès sciences, ès lettres.

licencioso, sa *adj* licencieux, euse.

liceo *m* société *f* littéraire ‖ lycée (escuela) ‖ lycée (en Atenas) ‖ *el Liceo* théâtre de l'Opéra à Barcelone.
— OBSERV *Lycée* (établissement scolaire) se dit plutôt en espagnol *instituto* (de segunda enseñanza). Néanmoins, en Amérique on emploie aussi *liceo*.

licitación *f* DR licitation, vente aux enchères (subasta) ‖ COM appel *m* d'offres.

licitador, ra *m y f* enchérisseur, euse.

licitar *v tr* enchérir, acheter aux enchères (pujar).

lícito, ta *adj* licite, permis, e.

licor *m* liqueur *f* ‖ digestif, alcool *(fam)*; *beber un licor después de cenar* boire un digestif après le dîner.

licorera *f* coffret *m o* bouteille à liqueurs.

licorería *f* liquoristerie (fábrica) ‖ boutique de vins et spiritueux (tienda).

licuador *m*; **licuadora** *f* mixeur *m*.

licuar *v tr* liquéfier (volver líquido) ‖ TECN liquater.

licuefacción *f* liquéfaction.

licuefactor *m* TECN liquéfacteur.

lid *f* lutte, combat *m*, lice (pelea) ‖ FIG joute, discussion (disputa); *hombre avezado a estas lides* homme accoutumé à ces discussions ‖ *en buena lid* loyalement, de bonne guerre.

líder *m y f* leader *m* (jefe de un partido).
— OBSERV pl *líderes*.

liderato; liderazgo *m* leadership.

lidia *f* combat; *toros de lidia* taureaux de combat.

lidiador, ra *m y f* combattant, e ‖ FIG lutteur, euse.
◆ *m* TAUROM toréador, torero.

lidiar *v tr* TAUROM combattre [un taureau] ‖ FIG & FAM *harto de lidiar* de guerre lasse.
◆ *v intr* combattre, lutter ‖ FIG batailler; *he tenido que lidiar con* ou *contra él* il a fallu que je bataille avec lui ‖ avoir affaire à.

liebre *f* lièvre *m* (animal) ‖ FIG & FAM lièvre *m*; *cobarde como una liebre* poltron comme un lièvre ‖ ASTR Lièvre ‖ DEP lièvre *m* (atleta) ‖ — *(amer) liebre corrida* femme libre ‖ *liebre de mar* ou *marina* lièvre de mer (molusco) ‖ — FIG & FAM *agarrar* ou *coger una liebre* ramasser une pelle *o* une bûche ‖ *correr como una liebre* courir comme un lapin *o* comme un lièvre ‖ *donde menos se piensa, salta la liebre* ça arrive toujours au moment où l'on s'y attend le moins ‖ *levantar la liebre* lever le lièvre.

liendre *f* lente (huevo de piojo) ‖ — FIG & FAM *cascarle o machacarle a uno las liendres* flanquer une volée à quelqu'un (aporrear), secouer les puces à quelqu'un (reprender) ‖ *sacar hasta las liendres* presser comme un citron.

lienzo *m* tissu, étoffe *f* (tela en general) ‖ toile *f* (por oposición a la lana, etc.) ‖ morceau de tissu (porción de tela) ‖ mouchoir (pañuelo) ‖ toile *f* (cuadro) ‖ ARQ pan [de mur] ‖ courtine *f* (fortificación) ‖ *(amer)* morceau de clôture (cerca).

lifting *m* lifting.

liga *f* jarretelle, jarretière (de mujeres), fixe-chaussettes *m inv*, jarretelle (de hombres) ‖ bande, bandage *m* (venda) ‖ ligue (confederación) ‖ DEP championnat *m* (campeonato), poule (grupo) ‖ alliage *m* (aleación) ‖ mélange *m*, union (mezcla) ‖ BOT gui *m* (muérdago) ‖ glu (materia pegajosa) ‖ *hacer buena, mala liga con uno* s'entendre, ne pas s'entendre avec quelqu'un; faire, ne pas faire bon ménage avec quelqu'un.

ligadura *f* ligature ‖ mélange *m* (mezcla, liga) ‖ FIG lien *m*, attache (sujeción) ‖ MED ligature (de un vaso); *ligadura de trompas* ligature des trompes ‖ MED tenon *m* (para sujetar un diente) ‖ MÚS liaison ‖ *hacer una ligadura* ligaturer.

ligamen *m* lien antérieur empêchant un nouveau mariage.

ligamento *m* ANAT ligament ‖ liaison *f*, lien (ligación) ‖ tissage (textiles).

ligar *v tr* lier, attacher (atar) ‖ relier, rattacher; *ligar una cosa con otra* relier une chose à une autre ‖ allier (los metales) ‖ FIG lier, contracter; *ligar amistad* lier amitié ‖ unir, lier; *el interés nos liga* l'intérêt nous lie ‖ lier; *estoy ligado por esta promesa* je suis lié par cette promesse ‖ liguer (unir) ‖ MED ligaturer (una arteria) ‖ MÚS lourer *(p us)*, lier (notas) ‖ CULIN lier (una salsa) ‖ *(amer)* chaparder (sisar).
◆ *v intr* réunir deux *o* plusieurs cartes de même couleur ‖ correspondre (tocar) ‖ FAM draguer (galantear) ‖ s'entendre (entenderse) ‖ *ligar con una chica* faire la conquête d'une fille.
◆ *v pr* être lié, se lier; *ligarse con* ou *pour una promesa* être lié par une promesse ‖ s'allier, s'unir, se lier (unirse).

ligazón *f* liaison, union (enlace) ‖ MAR liaison.

ligereza *f* légèreté (de peso) ‖ FIG légèreté (de carácter).

ligero, ra *adj* léger, ère; *paso, sueño ligero* pas, sommeil léger; *comida ligera* repas léger; *metal ligero* métal léger ‖ leste (ágil) ‖ FIG léger, ère (de carácter); *mujer ligera* femme légère | léger, ère (sin importancia) ‖ — *ligero de manos* qui a la main leste ‖ *ligero de pies* au pied léger ‖ *ligero de ropa* légèrement vêtu ‖ *ligero de tono* léger (palabra) ‖ *ligero en su conducta* de vie légère ‖ *peso ligero* poids léger (boxeo) ‖ — FIG & FAM *ser ligero de cascos* ne pas avoir de plomb dans la cervelle, être écervelé o sans cervelle, avoir une cervelle d'oiseau.
◆ *adv* vite, rapidement (de prisa); *hazlo ligero* fais-le rapidement ‖ — *a la ligera* à la légère ‖ *de ligero* à la légère (sin reflexión).
ligio *adj m* lige (feudo).
lignificarse *v pr* se lignifier (convertirse en madera).
lignito *m* lignite (carbón).
ligón, ona *adj y s* verni, e; chanceux, euse [aux cartes] ‖ liant, e; qui se lie facilement, personne liante (sociable); *es una mujer muy ligona* c'est une femme très liante.
◆ *m* FAM dragueur (con las mujeres).
ligue *m* FAM liaison *f*, aventure *f*, flirt (relación amorosa) | petit copain, petite copine; flirt (persona con quien se liga).
liguero *m* porte-jarretelles.
◆ *adj* *campeonato liguero* championnat (fútbol).
liguilla *f* bande étroite ‖ championnat *m* avec peu de concurrents, poule (deportes).
lija *f* roussette (pez) ‖ papier *m* de verre (papel esmerilado) ‖ — *lija esmeril* papier (d'), émeri ‖ *papel de lija* papier de verre.
lijadora *f* polissoir *m* (pulidor).
lijar *v tr* polir au papier de verre (pulir).
lila *f* lilas *m* (arbusto y flor) ‖ lainage *m* (tela).
◆ *m* lilas (color).
◆ *adj y s* FAM gourde, sot, sotte; niais, e; jobard.
liliáceo, a *adj y s f* BOT liliacé, e.
liliputiense *adj y s* lilliputien, enne.
lima *f* BOT lime, limette (limón) | limettier *m* (limero) ‖ lime (herramienta) ‖ ARQ arêtier *m* (madero), arête (ángulo saliente) ‖ FIG polissage *m* (enmienda) ‖ ver *m*, chose qui ronge ‖ — *lima de uñas* lime à ongles ‖ ARQ *lima hoya* noue, cornière de toit de comble ‖ *lima tesa* croupe, arête ‖ *lima sorda* lime sourde ‖ — FIG *comer como una lima* manger comme quatre o comme un ogre.
Lima *n pr* GEOGR Lima.
limado, da *adj* limé, e.
◆ *m* limage (acción de limar).
limar *v tr* limer, passer la lime sur ‖ FIG limer, polir (retocar) ‖ réduire (debilitar) ‖ FIG *limar las asperezas* arrondir les angles.
limbo *m* limbe (de hoja, de astro) ‖ MAT limbe ‖ bord (de vestidura) ‖ limbes *pl* (de las almas) ‖ FIG & FAM *estar uno en el limbo* être dans les limbes, être dans les nuages (distraído).
limeño, ña *adj y s* de Lima.
limitación *f* limitation; *limitación de velocidad* limitation de vitesse ‖ limite (término).
limitado, da *adj* limité, e ‖ borné, e (poco inteligente).

limitar *v tr* limiter, borner ‖ FIG limiter; *hay que limitar sus prerrogativas* il faut limiter ses prérogatives.
◆ *v intr* limiter, confiner (lindar).
◆ *v pr* se limiter, se borner; *limitarse a copiar* se borner à copier.
limitativo, va *adj* limitatif, ive.
límite *m* limite *f* ‖ plafond (tope); *el límite presupuestario* le plafond budgétaire ‖ — *situación límite* état limite ‖ *todo tiene sus límites* il y a une limite à tout ‖ *velocidad límite* vitesse limite.
limítrofe *adj* limitrophe; *limítrofe con Francia* limitrophe de la France.
limnología *f* limnologie (estudio de los lagos).
limón *m* citron (fruto) ‖ citronnier (árbol) ‖ limon (de un coche) ‖ ARQ limon (de una escalera) ‖ — FIG *estrujar a uno como un limón* presser quelqu'un comme un citron ‖ *limón natural* citron pressé ‖ *refresco de limón* citronnade.
◆ *adj inv* *amarillo limón* jaune citron.
limonada *f* citronnade (bebida) ‖ FAM *ni chicha ni limonada* ni chair ni poisson.
limonado, da *adj* jaune citron.
limonar *m* endroit planté de citronniers ‖ (*amer*) citronnier (limonero).
limonero, ra *adj y s* limonier, ère (caballo).
◆ *m y s* marchand, e de citrons.
◆ *m* citronnier (árbol).
◆ *f* limonière (de un coche).
limosna *f* aumône; *pedir limosna* demander l'aumône ‖ *dar una limosna* faire l'aumône, faire la charité.
limosnear *v intr* mendier, demander l'aumône.
limosnero, ra *adj* charitable, aumônier, ère *(p us)* ‖ *(amer)* mendiant, e (pordiosero).
◆ *m* aumônier (recolector de limosna) ‖ *(amer)* mendiant (mendigo).
◆ *f* aumônière (bolso).
limousine *f* → *limusina*.
limpia *f* nettoyage *m* (limpieza).
◆ *m* POP cireur (limpiabotas).
limpiabarros *m* décrottoir.
limpiabotas *m inv* cireur [de chaussures].
limpiacristales *m inv* nettoyant *m* pour les vitres.
limpiachimeneas *m inv* ramoneur (deshollinador).
limpiadientes *m inv* cure-dents (mondadientes).
limpiador, ra *adj y s* nettoyeur, euse ‖ *limpiador de cristales* laveur de vitres.
limpiamanos *m inv* essuie-mains (toalla).
limpiamente *adv* proprement ‖ FIG adroitement, en beauté (con destreza) | sincèrement (con sinceridad) | honnêtement (honestamente).
limpiaparabrisas *m inv* AUTOM essuie-glace, essuie-glaces.
limpiapeines *m inv* curette *f*, brosse *f* à peigne.
limpiapipas *m inv* cure-pipe.
limpiaplumas *m inv* essuie-plume.
limpiar *v tr* nettoyer; *limpiar una habitación* nettoyer une chambre; *limpiar un vestido* nettoyer un vêtement ‖ essuyer; *limpiar el sudor, el polvo* essuyer la sueur, la poussière ‖ ramoner (la chimenea) ‖ trier; *limpiar las lentejas* trier les lentilles ‖ FIG débarrasser (desembarazar) | élaguer (podar) | laver, blanchir; *limpiado de culpas* lavé de ses

limpiaúñas

fautes ‖ FIG & FAM chiper, subtiliser, faucher (robar); *me limpiaron el reloj* on m'a chipé ma montre | lessive, ratiboiser (quitar todo el dinero) | gagner (en el juego) | panser (un caballo) ‖ *(amer)* punir, châtier (castigar) | tuer (matar) | battre (azotar) ‖ — FIG & FAM *limpiar el polvo* secouer les puces.
limpiaúñas *m inv* cure-ongles.
limpiavajillas *m inv* liquide *m* vaisselle.
límpido, da *adj* limpide.
limpieza *f* propreté, netteté; *la limpieza de un cuarto* la propreté d'une pièce ‖ nettoyage *m*; *limpieza en seco* nettoyage à sec ‖ nettoiement *m* (de la vía pública) ‖ ménage *m*; *la limpieza del comedor* le ménage de la salle à manger; *hacer la limpieza* faire le ménage ‖ FIG pureté (pureza) | désintéressement *m*, intégrité (honradez) | habileté, adresse (destreza) ‖ — FIG *limpieza de corazón* droiture, loyauté | *limpieza de manos* probité, intégrité ‖ *limpieza de sangre* pureté du sang ‖ — *artículos de limpieza* produits d'entretien ‖ MIL *operación de limpieza* ratissage ‖ — *ejecutar un trabajo con toda limpieza* exécuter un travail très proprement *o* très habilement *o* de main de maître ‖ FIG & FAM *hacer una limpieza general* donner un coup de balai ‖ MIL *hacer una operación de limpieza* ratisser.
limpio, pia *adj* propre; *platos limpios* des assiettes propres; *un niño muy limpio* un enfant très propre ‖ propre, net, nette (aseado) ‖ pur, e (puro); *limpio de cualquier delito* pur de tout crime ‖ net, nette (sin cargas); *beneficio limpio* bénéfice net ‖ libre, exempt de; *limpio de toda sospecha* exempt de tout soupçon ‖ net, nette (foto) ‖ FIG & FAM lessivé, e; sans un sou; *dejar limpio* laisser sans un sou; *quedarse limpio* être lessivé; rester sans un sou ‖ net, nette; clair, e; *motivos poco limpios* des motifs peu clairs ‖ — FIG *limpio como una patena* ou *como los chorros del oro* ou *del agua* propre comme un sou neuf | *limpio de polvo y paja* net.
◆ *adv* franc jeu; *jugar limpio* jouer franc jeu ‖ — *en limpio* en substance (en resumen), net; *ganar un millón en limpio* gagner un million net ‖ *poner en limpio* mettre au propre *o* au clair (un escrito) ‖ *sacar en limpio* tirer au clair.
limusina; limousine *f* limousine.
lináceo, a *adj y s f* BOT linacé, e.
linaje *m* lignée *f*, souche *f*, lignage (alcurnia) ‖ FIG genre, espèce *f*; *este libro y los de su linaje* ce livre et tous ceux de son genre; *el linaje humano* le genre humain.
◆ *pl* noblesse *f sing*.
linajudo, da *adj y s* de haute noblesse, de haute lignée, de haut rang, huppé, e *(fam)*.
linaza *f* linette (simiente) ‖ *aceite de linaza* huile de lin.
lince *m* ZOOL lynx, loup-cervier (animal) ‖ FIG & FAM lynx (persona muy perspicaz) ‖ *ojos de lince, ojos lince* yeux de lynx.
linchamiento *m* lynchage.
linchar *v tr* lyncher.
lindamente *adv* joliment.
lindante *adj* contigu, ë; attenant, e; *lindante con la casa* contigu à la maison ‖ limitrophe (propiedad, país).
lindar *v intr* toucher à, être contigu à, être attenant à, être limitrophe de (estar contiguo); *tu jardín linda con el mío* ton jardin touche au mien.

linde *f* limite, bornes *pl* ‖ lisière, orée (de un bosque, etc.); *la linde del bosque* l'orée du bois.
— OBSERV Bien que l'Académie espagnole considère que le genre de ce mot est soit masculin soit féminin, *linde* est aujourd'hui seulement employé au féminin.
lindera; lindería *f* limites *pl*, lisière.
lindero, ra *adj* contigu, ë; attenant, e; limitrophe (lindante); *lindero con* attenant à, contigu à, limitrophe de.
◆ *m* limite *f*, lisière *f*, orée *f* (de un bosque) ‖ bord, lisière *f* (de un campo o huerto).
lindeza *f* beauté (belleza) ‖ gentillesse (amabilidad).
◆ *pl* FIG & FAM gentillesses, amabilités (irónico).
lindo, da *adj* joli, e; beau, belle (hermoso); *linda casa* jolie maison ‖ mignon, onne; gentil, ille (bonito) ‖ parfait, e (primoroso) ‖ FIG beau, belle; charmant, e (irónico); *¡lindo amigo!* bel ami! ‖ — FAM *¡estamos lindos!* nous voilà bien! | *hacer algo por su linda cara* faire quelque chose pour ses beaux yeux | *juzgar a uno por su linda cara* juger quelqu'un sur sa mine | *¡lindas cosas me dicen de ti!* j'en apprends de belles sur ton compte! | *¡sería demasiado lindo!* ce serait trop beau!
◆ *m* FIG & FAM gommeux, dandy ‖ *lindo Don Diego* bellâtre.
◆ *adv* (amer) joliment ‖ *de lo lindo* terriblement, beaucoup, joliment; *nos aburrimos de lo lindo* nous sommes beaucoup ennuyés.
— OBSERV L'adjectif *lindo* est beaucoup plus employé en Amérique qu'en Espagne, où il est remplacé par *bonito, mono, precioso, hermoso*.
línea *f* ligne; *línea curva, recta, quebrada* ligne courbe, droite, brisée ‖ ligne (renglón) ‖ genre *m*, sorte (clase) ‖ ligne, lignée (parentesco) ‖ ligne (comunicaciones); *línea telegráfica, telefónica* ligne télégraphique, téléphonique ‖ MIL ligne (tropas) ‖ ligne (en esgrima) ‖ FIG ligne (esbeltez) ‖ — MAR *línea de agua* ligne d'eau ‖ *línea de autobús* ligne d'autobus ‖ *línea de banda* ligne de touche (fútbol) ‖ *línea de conducta* ligne de conduite ‖ INFORM *línea de estado* ligne d'état ‖ TECN *línea de exploración* ligne de balayage ‖ *línea de flotación* ligne de flottaison ‖ *línea de gol, de puerta* ligne de but (fútbol) ‖ *línea delantera* ou *de ataque* ligne d'avants (fútbol) ‖ MAR *línea del fuerte* ligne du fort ‖ *línea de la vida* ligne de vie ‖ ASTR *línea de los nodos* ligne des nœuds ‖ MAR *línea del viento* direction du vent ‖ DEP *línea de marca* ligne de but (rugby) ‖ *línea de máxima carga* ligne de charge ‖ DEP *línea de medio campo* ou *de centro* ligne de milieu ‖ *línea de meta* ligne de but (fútbol) ‖ *línea de mira* ligne de mire ‖ *línea de puntos* pointillé ‖ *línea derivada* ligne directe, ligne intérieure (teléfono) ‖ DEP *línea de saque* ligne d'envoi ‖ *línea de tiro* ligne de tir ‖ ELECTR *línea de transporte* ligne électrique ‖ GEOM *línea discreta* ligne discontinue ‖ *línea divisoria de las aguas* ou *de cresta* ligne de partage des eaux *o* de faîte ‖ *línea equinoccial* ligne équinoxiale ‖ *línea férrea* voie ferrée, ligne de chemin de fer ‖ ASTR *línea meridiana* méridien ‖ GEOM *línea mixta* ligne mixte ‖ *líneas aéreas* lignes aériennes ‖ *línea saliente* arête ‖ DEP *línea trasera* défense ‖ — *en líneas generales* en gros, dans les grandes lignes ‖ *en toda la línea* sur toute la ligne ‖ *final de línea* terminus ‖ DEP *juez de línea* juge de touche ‖ — *cruzar la línea* passer la ligne, traverser l'équateur ‖ *escribir unas líneas a*

uno écrire *o* envoyer un petit mot à quelqu'un ‖ FIG *leer entre líneas* lire entre les lignes.

lineal *adj* linéaire, linéal, e; *dibujo lineal* dessin linéaire.

lineamento; lineamiento *m* linéament ‖ *(amer)* ligne (política).

linear *v tr* tracer des lignes, ligner ‖ esquisser (bosquejar).

linfa *f* BIOL lymphe ‖ POÉT onde, eau (agua).

linfático, ca *adj y s* lymphatique.

linfocitario, ria *adj* MED lymphocytaire.

linfocito *m* MED lymphocyte (leucocito).

linfoide *adj* lymphoïde.

lingotazo *m* POP lampée (de alcohol).

lingote *m* lingot (barra de metal) ‖ gueuse *f* (fundición) ‖ IMPR lingot, ligne-bloc *f* ‖ — *hierro en lingote* fonte ‖ *lingote de primera fusión* ou *de arrabio* gueuse de fonte.

lingüista *m y f* linguiste.

lingüístico, ca *adj y s f* linguistique ‖ — *lingüística aplicada* linguistique appliquée ‖ *lingüística estructural, funcional* linguistique structurale, fonctionnelle ‖ *lingüística evolutiva* ou *histórica* linguistique historique.

linier *m* DEP juge de touche (juez de línea).

linimento *m* liniment.

lino *m* lin (planta y textil) ‖ toile *f* de lin (tela) ‖ FIG voile *f* (de barco) ‖ *(amer)* linette *f* (linaza) ‖ — BOT *lino silvestre* linaigrette.

linóleo; linóleum *m* linoléum.

linotipia *f* IMPR Linotype (máquina), linotypie (trabajo).

linotipista *m y f* linotypiste, lino *(fam)*.

linotipo *m* o *f* IMPR Linotype (máquina).
  ◆ *m* linotypie *f*.

linterna *f* lanterne; *linterna mágica, sorda* lanterne magique, sourde ‖ ARQ lanterne (torrecilla) ‖ TECN lanterne (piñón) ‖ lampe de poche (aparato manual con pila).

linternón *m* grosse lanterne *f* ‖ MAR fanal de poupe.

lío *m* paquet, ballot (paquete) ‖ FIG & FAM ‖ confusion *f*, embrouillement, imbroglio (embrollo) ‖ histoire *f*; *Pedro tiene líos con su familia* Pierre a des histoires avec sa famille; *andar metido en líos* avoir des histoires ‖ pagaille *f* (desorden) ‖ casse-tête; *el cálculo infinitesimal es un lío* le calcul infinitésimal est un casse-tête ‖ salade, *f* (mezcla) ‖ liaison *f* (amancebamiento) ‖ — FIG & FAM *armar un lío* embrouiller (embrollar), faire toute une histoire ‖ *estar hecho un lío* s'y perdre ‖ *hacer* ou *formar un lío* faire toute une histoire, faire un scandale ‖ *hacerse un lío* s'embrouiller.

liofilización *f* lyophilisation.

liofilizar *v tr* lyophiliser.

lioso, sa *adj* FAM qui aime faire des histoires (persona) ‖ embrouillé, e (cosa); *explicación muy liosa* explication très embrouillée.
  ◆ *m y f* personne qui aime faire des histoires ‖ *lo lioso* ce qui est ennuyeux, ce qui complique les choses.

lipidia *m y f (amer)* raseur, euse (pelma).
  ◆ *f (amer)* impertinence (impertinencia) ‖ misère (miseria).

lípido *m* QUÍM lipide (graso).

lipiria *f* MED fièvre intermittente.

lipoma *m* MED lipome.

liposoluble *adj* liposoluble.

liposoma *m* BIOL liposome.

liposucción *f* liposuccion.

lipotimia *f* lipothymie (síncope).

licuefacción *f* liquéfaction.
  — OBSERV Es barbarismo por *licuefacción*.

liquen *m* BOT & MED lichen.
  — OBSERV *Lichen* se pronuncia en francés como en español.

liquidable *adj* liquéfiable (que se puede licuar) ‖ liquidable (que puede ser liquidado).

liquidación *f* COM liquidation ‖ liquéfaction (acción de licuefacer) ‖ *liquidación judicial* liquidation judiciaire.

liquidado, da *adj* COM liquidé, e ‖ liquéfié, e (licuado).

liquidar *v tr* liquéfier (convertir en líquido) ‖ COM liquider, solder; *hay que liquidar todas las mercancías* il faut solder toutes les marchandises ‖ régler, payer, liquider (pagar) ‖ liquider, résoudre (poner fin); *liquidar una situación difícil* résoudre une situation difficile ‖ FAM liquider (quitarse de encima, matar).

liquidez *f* liquidité.

líquido, da *adj y s m* liquide; *dinero líquido* argent liquide; *el líquido elemento* l'élément liquide ‖ *líquido imponible* quantité *o* somme imposable.

lira *f* MÚS lyre ‖ lire (moneda italiana) ‖ strophe de cinq ou six vers (en poesía) ‖ oiseau-lyre *m*, lyre, ménure *m* (ave) ‖ ASTR Lyre ‖ FIG lyre (genio poético) ‖ FAM *(amer)* rosse (rocín).

lírica *f* poésie lyrique.

lírico, ca *adj y s m* lyrique.
  ◆ *adj (amer)* utopique, utopiste.

lirio *m* iris (planta) ‖ — BOT *lirio blanco* lis (azucena) ‖ *lirio cárdeno* iris ‖ *lirio de los valles* muguet ‖ *lirio hediondo* iris fétide *o* puant *o* sauvage.

lirismo *m* lyrisme.

lirón *m* ZOOL loir ‖ alisma, plantain d'eau (planta) ‖ FIG & FAM loir, marmotte *f* (dormilón); *dormir como un lirón* dormir comme un loir ‖ *lirón gris* lérot.

lirondo, da *adj* FIG & FAM *mondo y lirondo* clair et net, pur et simple, tout simplement; *es la verdad monda y lironda* c'est la vérité pure et simple.

lis *f* lis *m*, lys *m (ant)* ‖ BLAS fleur de lis.

lisamente *adv* franchement, nettement ‖ *lisa y llanamente* purement et simplement, tout bonnement.

Lisboa *n pr* GEOGR Lisbonne.

lisboeta *adj* lisbonnin, e; de Lisbonne.
  ◆ *m y f* Lisbonnais, e.

lisiado, da *adj y s* estropié, e; impotent, e (tullido) ‖ FAM moulu, e; rompu, e (cansado).

lisiar *v tr* blesser, estropier.

lisis *f* MED baisse de la fièvre.

liso, sa *adj* plat, e (llano); *cien metros lisos* cent mètres plat ‖ plat, e (senos) ‖ uni, e; lisse (sin aspereza) ‖ uni, e (tela); *camisa lisa* chemise unie ‖ *(amer)* effronté.
  ◆ *m* MIN face *f* d'une roche.

lisonja *f* flatterie (alabanza).

lisonjear *v tr* flatter (adular) ‖ FIG charmer (deleitar).

lisonjero, ra *adj* y *s* flatteur, euse; *un resultado lisonjero* un résultat flatteur ‖ agréable, charmant, e (agradable).

lista *f* rayure (raya); *una camisa con listas* une chemise à rayures ‖ carte (restaurante) ‖ liste (enumeración); *borrar de la lista* rayer de la liste ‖ catalogue *m* (catálogo) ‖ appel *m* (recuento); *pasar lista a los alumnos* faire l'appel des élèves ‖ feuille d'appel, liste (de los alumnos) ‖ — *lista de correos* poste restante; *escribir a la lista de correos* écrire poste restante ‖ *lista de espera* liste d'attente ‖ *lista de precios* tarif, liste de prix ‖ *lista de premios* palmarès (en el colegio) ‖ *lista electoral* liste électorale ‖ *lista negra* liste noire ‖ *segunda lista* contre-appel.

listado, da *adj* rayé, e.
◆ *m* INFORM listing, listage.

listar *v tr* enrôler, enregistrer (alistar) ‖ rayer (una tela).

listín *m* petite liste *f* ‖ répertoire téléphonique ‖ *(amer)* journal.

listo, ta *adj* vif, vive; *listo como una ardilla* vif comme un écureuil ‖ intelligent, e (inteligente) ‖ malin, igne (astuto); *es más listo que Cardona* il est malin comme un singe ‖ avisé, e; dégourdi, e (sagaz) ‖ prêt, e (preparado); *estoy lista* je suis prête; *¿listo?* prêt? ‖ — FIG & FAM *andar listo* faire attention, prendre garde, faire gaffe *(fam)* ‖ *echárselas ou dárselas de listo* faire le malin ‖ *¡estamos listos!* nous voilà bien!, nous voilà frais! ‖ *pasarse de listo* vouloir être trop malin *o* faire le malin ‖ *ser más listo que el hambre* avoir plus d'un tour dans son sac, être malin comme un singe ‖ *¿todo listo?* tout est prêt?

listón *m* baguette *f*, latte *f*, liteau (carpintería) ‖ DEP latte *f* ‖ ruban de soie étroit (cinta) ‖ listel, listeau, liston (moldura).
◆ *adj m* TAUROM qui a une longue rayure blanche sur le dos (toro).

lisura *f* égalité (del terreno) ‖ surface plane (superficie plana) ‖ poli *m* (tersura) ‖ FIG franchise, sincérité (sinceridad) ‖ *(amer)* effronterie (desvergüenza).

litera *f* litière (vehículo) ‖ couchette (en barco, en tren) ‖ lit *m* superposé (en un cuarto).

literal *adj* littéral, e; *traducción literal* traduction littérale ‖ *actas literales* procès-verbal in extenso (de una conferencia).
◆ *m (amer)* alinéa (de un párrafo).

literalidad *f* littéralité.

literalmente *adv* littéralement, à la lettre ‖ *traducir literalmente* traduire littéralement *o* mot à mot.

literario, ria *adj* littéraire ‖ *la república literaria* la république des lettres.

literato, ta *adj* cultivé, e.
◆ *m* littérateur, homme de lettres, écrivain.
◆ *f* femme de lettres, écrivaine.

literatura *f* littérature; *la literatura española* la littérature espagnole ‖ FIG culture (instrucción general) ‖ bla-bla *m* (charloteo).

litiasis *f* MED lithiase.

litigación *f* litige *m*, procès *m* (pleito) ‖ plaidoirie (alegato).

litigante *adj* plaidant; *las partes litigantes* les parties plaidantes.
◆ *m* y *f* plaideur, euse.

litigar; litigiar *v tr* plaider, être en procès.
◆ *v intr* être en litige ‖ se disputer, se battre (contender) ‖ *litigar por pobre* demander l'assistance judiciaire.

litigio *m* litige, procès (pleito) ‖ FIG litige, contestation *f*, différend (contienda).

litigioso, sa *adj* litigieux, euse.

litio *m* lithium (metal).

litisconsorte *m* y *f* DR coïntéressé, e (cointeresado).

litispendencia *f* DR litispendance.

litocálamo *m* calamite *f* (caña fósil).

litofotografía *f* photolithographie.

litofotografiar *v tr* photolithographier.

litogenesia *f* lithogenèse.

litografía *f* lithographie.

litografiar *v tr* lithographier.

litográfico, ca *adj* lithographique.

litógrafo, fa *m* y *f* lithographe.

litología *f* lithologie.

litoral *adj* y *s m* littoral, e; *cordones litorales* cordons littoraux.

litosfera *f* GEOL lithosphère.

lítote *f* litote (atenuación).

litro *m* litre (medida).

litrona *f* FAM litre *m* de bière.

Lituania *n pr f* GEOGR Lituanie.

lituano, na *adj* lituanien, enne.
◆ *m* y *f* Lituanien, enne.

liturgia *f* liturgie.

litúrgico, ca *adj* liturgique.

livianamente *adv* légèrement (sin fundamento) ‖ FIG superficiellement ‖ d'une façon frivole (lascivamente).

liviandad *f* légèreté ‖ irréflexion, frivolité.

liviano, na *adj* léger, ère (ligero) ‖ FIG léger, ère (superficial, inconstante) ‖ frivole, débauché, e (lascivo).
◆ *m* mou (bofe, pulmón) ‖ âne qui guide le troupeau.
◆ *f* chanson populaire andalouse.

lividez *f* lividité.

lívido, da *adj* livide.

living-room *m* living-room, salle *f* de séjour.

liza *f* lice (campo para la lid); *entrar en liza* entrer en lice ‖ combat *m*, lutte (lid) ‖ muge *m* (pez).

lizo *m* lisse *f*, lice *f* (de un telar); *bajo lizo* basse lice ‖ gros fil (de un tejido).

lo *pron pers neutro* le; *yo lo creo* je le crois; *no lo es tampoco* il ne l'est pas non plus.
◆ *pron pers* 3ª *pers masc* le; *lo miro* je le regarde [la forme «le» est préférable lorsqu'il s'agit de personnes; *le miro*].
◆ *art def neutro* (suivi d'un adjectif qualificatif), ce qui est, ce qu'il y a de; *lo bonito* ce qui est joli; *lo triste del caso* ce qui est *o* ce qu'il y a de triste dans cette affaire ‖ le, la, l' [suivi d'un substantif en français]; *lo contrario* le contraire; *lo útil y lo agradable* l'utile et l'agréable ‖ — (suivi d'un pronom possessif), ce qui est à (lo que pertenece); *esto es lo tuyo* voici ce qui est à toi ‖ ce qui concerne, les affaires de (lo que se refiere); *sólo me ocupo de lo mío* je ne m'occupe que de mes affaires *o* de ce qui me concerne ‖ — *lo cual* ce qui (sujeto), ce que (complemento) ‖ *lo de* (con sustantivo), les affaires

de (lo que pertenece), ce qui concerne, l'affaire qui concerne, les affaires qui concernent; *lo de mi padre* les affaires de mon père, l'affaire qui concerne mon père; a menudo no se traduce; *¿y lo de tu viaje a Francia?* et ton voyage en France? || *lo de* (con infinitivo), idée, projet, affaire, question; *lo de vender la casa resulta difícil* le projet de vendre la maison se révèle difficile; *lo de irse de viaje no le gusta nada* l'idée de partir en voyage ne lui plaît pas du tout || (amer) *lo de* chez (en casa de) || *lo mucho que* combien || *lo propio* la même chose || *lo que* ce qui (sujeto), ce que (complemento); *lo que ha de pasar* ce qui va arriver; *lo que pienso* ce que je pense; *si tuviera lo que usted* si j'avais ce que vous avez; combien (cuanto); *sabes lo que te aprecio* tu sais combien je t'estime; comme (lo mismo); *hago lo que todos* je fais comme tout le monde || *lo... que* comme, ce que; *no sabes lo cansada que estoy* tu ne sais pas comme je suis fatiguée || *lo sumo* le summum || — *a lo* comme, à la manière de; à la façon de, en, à la; *a lo torero* comme les toréadors; *vivir a lo artista* vivre en artiste; *vestirse a lo español* s'habiller à l'espagnole || *a lo sumo* tout au plus || *de lo más* des plus; *traje de lo más fino que hay* costume des plus élégant || *de lo mejor que hay* ce qu'il y a de mieux || *de lo que* ce dont; *de lo que se trata aquí es* ce dont il s'agit c'est || *en lo, por lo* (suivi d'un adjectif qui s'accorde), tant, à cause de; *por lo arrugada parecía muy vieja* on la croyait très vieille, tant elle était ridée; *por lo cerrado de su acento parecióme andaluz* à cause de son accent marqué, je l'ai pris pour un Andalou || *en lo alto* là-haut || *en lo alto de la casa, de la montaña* en haut de la maison, au sommet de la montagne || *más... de lo que* plus... que; *es más inteligente de lo que pensaba* il est plus intelligent que je ne pensais || *todo lo... que* aussi... que; *no ha sido todo lo agradable que hubiera creído* cela n'a pas été aussi agréable que je l'aurais cru || — *hacer todo lo posible* faire tout son possible || *lo que sea* n'importe quoi.

loa *f* louange; *cantar loa a, hacer loa de* chanter les louanges de || TEATR prologue *m* (prólogo) | pièce courte jouée au début d'une représentation || éloge *m*, poème *m* en l'honneur de quelqu'un (poema).

loable *adj* louable.

loar *v tr* louer, faire l'éloge de (alabar).

lob *m* lob (en tenis).

loba *f* louve (hembra del lobo) || AGRIC ados *m* (entre surco y surco) || soutane (sotana).

lobato *m* louveteau (cachorro de lobo).

lobby *m* lobby.
— OBSERV Anglicisme qui peut être remplacé par *grupo de presión* groupe de pression.

lobera *f* liteau *m* (guarida del lobo).

lobero, ra *adj* de loup.
◆ *m* louvetier, chasseur de loups || *jefe de loberos* lieutenant de louveterie, louvetier.

lobezno *m* louveteau (cachorro de lobo).

lobo *m* loup (animal) || loche *f*, loche *f* épineuse (pez) || lobe (lóbulo) || corbeau (garfio para la guerra) || FIG & FAM cuite *f* (borrachera) || ASTR Loup *m* || POP voleur || (amer) renard (zorro), coyote || — (amer) *lobo acuático* loutre || BLAS *lobo cebado* loup ravissant || *lobo cerval* ou *cervario* loup-cervier || FIG & FAM *lobo de mar* loup de mer || BLAS *lobo escorchado* loup écorché || *lobo marino* loup de mer, phoque (foca), loup de mer (marino experimentado) || — *a paso de lobo* à pas de loup || *caza de lobos* louveterie || *cazador de lobos* louvetier || *del lobo un pelo* c'est toujours cela de pris || *el lobo feroz* le grand méchant loup || — FIG *coger al lobo por las orejas* tenir le loup par les oreilles | *el hombre es un lobo para el hombre* l'homme est un loup pour l'homme | *está como boca de lobo* il y fait noir comme dans un four *o* comme dans un tunnel | *meter el lobo en el redil* enfermer le loup dans la bergerie | *meterse en la boca del lobo* se jeter dans la gueule du loup | *muda el lobo los dientes, y no las mientes* le loup mourra dans sa peau | *quien con lobos anda a aullar se enseña* on apprend à hurler avec les loups | *ser un lobo con piel de oveja* cacher sa méchanceté sous des dehors patelins | *son lobos de una misma camada* ils sont du même acabit, ils sont tous à mettre dans le même sac | *un lobo a otro no se muerden* les loups ne se mangent pas entre eux.

lobo, ba *adj* y *s* (amer) métis, isse (mestizo).

lobotomía *f* MED lobotomie.

lóbrego, ga *adj* obscur, e; ténébreux, euse; lugubre || FIG triste, lugubre.

lobreguez *f* obscurité, ténèbres *pl.*

lobulado, da; lobular *adj* BOT & ZOOL lobulé, e; lobulaire, lobaire.

lóbulo *m* lobe.

lobuloso, sa *adj* lobuleux, euse.

lobuno, na *adj* du loup || louvet, ette (caballo).

locación *f* DR location || *locación y conducción* location-bail (contrato de arrendamiento).

local *adj* local, e; *color local* couleur locale; *privilegios locales* privilèges locaux.
◆ *m* local || siège (domicilio); *el local de la Cámara de Comercio* le siège de la chambre de commerce.

localidad *f* localité (pueblo) || lieu *m* (lugar) || place (en un espectáculo) || local (local) || — *no hay más localidades* il n'y a plus de places, c'est complet (teatro) || *reserva de localidades* location || *venta de localidades* location (acción de vender billetes), guichet (taquilla).

localismo *m* régionalisme, localisme.

localista *adj* régional, e; d'intérêt local; *problemas localistas* problèmes d'intérêt local || qui a l'esprit de clocher (una persona) || de clocher; *asuntos localistas* affaires de clocher || limité, e; borné, e (visión).

localizable *adj* localisable.

localización *f* localisation || repérage *m*, localisation (encuentro).

localizar *v tr* trouver, savoir où se trouve; *localizar un libro* savoir où se trouve un livre || situer (un lugar) || joindre; *no pude localizarte en todo el día* je n'ai pas pu te joindre de la journée || repérer, localiser (encontrar) || localiser; *localizar una epidemia* localiser une épidémie || circonscrire (un incendio).

locatario, ria *m y f* (p us) locataire.
— OBSERV On dit plutôt *inquilino, vecino* ou *arrendatario.*

locatis *m y f* FAM piqué, e; cinglé, e; fou, folle.

locativo, va *adj* locatif, ive.
◆ *m* GRAM locatif.

loc. cit.; l.c. abrev de *loco citato* loc. cit, loco citato.

loción *f* lotion; *loción capilar* lotion capillaire || *dar una loción* lotionner.

lock-out *m* lock-out (cierre patronal).

loco, ca *adj y s* fou, folle; aliéné, e (alienado).
➙ *adj* fou, fol («fol» delante de una palabra en masculino singular que empieza por una vocal o *h* muda), folle; *amor loco* amour fou, fol amour; *avena loca* folle avoine || fou, folle (excesivo, extraordinario); *precio loco* prix fou || TECN fou, folle (brújula, polea, etc.) || — *loco de atar* ou *de remate* ou *rematado* ou *como una cabra* fou à lier || *loco perdido* fou furieux || *risa loca* fou rire || *suerte loca* veine de pendu, veine insensée || — FIG *a locas, a tontas y a locas* à tort et à travers, sans rime ni raison | *a lo loco* comme un fou; *se tiró al agua a lo loco* il se jeta à l'eau comme un fou; à la légère, sans réfléchir; *decisión tomada a lo loco* décision prise à la légère; à la va-comme-je-te-pousse; *hacer un trabajo a lo loco* faire un travail à la va-comme-je-te-pousse | *cada loco con su tema* à chaque fou o à chacun sa marotte || *casa de locos* maison de fous || FIG *cuanto más locos, más regocijo* plus on est de fous, plus on rit || FIG & FAM *la loca de la casa* la folle du logis || — FIG & FAM *andar* ou *estar como loco* être affolé o fou || *es para volverse loco* c'est à devenir fou || *estar loco de* ou *por* ou *con* être fou de, raffoler de || *estar loco de contento* ou *de alegría* être fou de joie || *hacer el loco* faire l'idiot (hacer tonterías) || *hacerse el loco* faire l'innocent || *traer* ou *volver loco* rendre fou || *volverse loco, estar loco* être fou, devenir fou.

locomoción *f* locomotion.
locomotor, ra *adj* locomoteur, trice.
➙ *f* locomotive (de un tren).
locomotriz *adj f* locomotrice; *ataxia locomotriz* ataxie locomotrice.
locuacidad *f* loquacité.
locuaz *adj* loquace.
locución *f* locution.
locuelo, la *adj y s* FAM foufou, fofolle.
locura *f* folie; *hacer* ou *cometer locuras* faire des folies || — *acceso* ou *ataque de locura* coup de folie || *con locura* à la folie || FIG *gastar una locura* dépenser un argent fou.
locutor, ra *m y f* speaker, speakerine; présentateur, trice; annonceur, euse.
locutorio *m* parloir (de un convento, etc.) || cabine *f* téléphonique.
lodachar; lodazal; lodazar *m* bourbier.
LODE abrev de *Ley Orgánica Reguladora del Derecho a la Educación* loi organique sur le droit à l'éducation [Espagne].
loden *m* loden (tejido).
lodo *m* boue *f* (fango) || *poner de lodo a uno* couvrir quelqu'un de boue.
lodoso, sa *adj* boueux, euse (cenagoso).
loess *m* GEOL lœss.
logarítmico, ca *adj* logarithmique.
logaritmo *m* MAT logarithme; *logaritmo neperiano* logarithme népérien o naturel; *logaritmo vulgar* logarithme décimal.
logia *f* loge (reunión de francmasones).
lógica *f* logique || FILOS *lógica matemática* logique mathématique.
logicial *m* logiciel (de computadora).
lógico, ca *adj* logique || — *como es lógico* comme de raison, comme de juste || *es lógico* il est normal, c'est normal, c'est logique; *es muy lógico que se haya ido* il est parfaitement normal qu'il soit parti.
➙ *m y f* logicien, enne.
logístico, ca *adj y s f* logistique.
logograma *m* logogramme.
logomaquia *f* logomachie.
logopedia *f* logopédie.
logos *m* FILOS logos.
logotipo *m* logotype, logo.
logrado, da *adj* réussi, e.
lograr *v tr* obtenir, remporter (alcanzar); *el mejor de los dos luchadores logró la victoria* le meilleur des deux lutteurs a obtenu la victoire || réussir à, parvenir à (con infinitivo); *logró escaparse* il réussit à s'enfuir; *ha logrado hacer lo que quería* il a réussi à faire ce qu'il voulait || réaliser (aspiración), combler, satisfaire (deseos) || — *dar por logrado* escompter || *lograr a la primera* réussir du premier coup.
➙ *v pr* réussir; *el plan de desarrollo se ha logrado* le plan de développement a réussi.
logro *m* obtention *f* (acción de lograr) || réussite *f*, succès; *los logros técnicos conseguidos* les réussites techniques obtenues || satisfaction *f* (de una aspiración) || usure *f* (usura) || lucre (lucro).
logroñés, esa *adj y s* de Logroño [Espagne].
Logroño *n pr* GEOGR Logroño.
LOGSE abrev de *Ley Orgánica de Ordenación General del Sistema Educativo* Loi organique de réforme du système éducatif [en Espagne].
Loira *n pr m* GEOGR Loire *f* (río).
loísmo *m* défaut qui consiste à employer «lo» au lieu de «le» au datif du pronom personnel «él»; *lo doy* au lieu de *le doy* je lui donne || tendance à employer «lo» au lieu de «le» à l'accusatif; *lo miro* au lieu de *le miro* je le regarde.
loísta *adj y s* GRAM qui emploie «lo» comme accusatif et datif masculins du pronom «él».
loma *f* coteau *m*, colline.
lomada *f* (*amer*) coteau *m*, colline.
lombarda *f* chou *m* rouge (berza) || bombarde (arma antigua).
Lombardía *n pr f* GEOGR Lombardie.
lombardo, da *adj* brun au dos clair (toro).
lombardo, da *adj* lombard, e (de Lombardía).
➙ *m y f* Lombard, e.
➙ *m* banque *f* pour le commerce.
lombriguera *f* trou *m* creusé par le ver de terre.
lombriz *f* ver *m* de terre, lombric *m* || ver *m*; *lombriz intestinal, solitaria* ver intestinal, solitaire.
Lomé *n pr* GEOGR Lomé.
lomera *f* croupière (de la guarnición del caballo) || dos *m* (de un libro) || faîte *m* (caballete de un tejado).
lomo *m* échine *f*, dos (espalda de un animal) || filet (carne de cerdo) || entrecôte *f* (carne de vaca) || dos (de libro, de cuchillo) || AGRIC ados, billon (caballón) || — *a lomo de* à dos de [mulet, âne, etc.] || *de tomo y lomo* de taille, extraordinaire (importante), de la pire espèce (muy malo) || — *arquear el lomo* faire le gros dos (el gato) || FIG & FAM *hinchar el lomo* se mettre en boule, être sur la défensive | *pasar la mano por el lomo, sobar el lomo* passer la main dans le dos | *sacudir el lomo a alguien* secouer les puces à quelqu'un, passer un savon à quelqu'un.

◆ *pl* côtes *f* (costillas) ‖ ANAT lombes *f* (espalda).

lona *f* MAR toile à voile (tela) | voile (vela) ‖ toile; *zapatos de lona* chaussures de toile ‖ bâche (para cubrir) ‖ chapiteau *m* (de circo) ‖ — *ciudad de lona* village de toile ‖ *hacer besar la lona* envoyer au tapis (boxeo).

loncha *f* tranche (lonja); *una loncha de jamón* une tranche de jambon ‖ pierre plate (lancha).

londinense *adj* londonien, enne.
◆ *m* y *f* Londonien, enne.

Londres *n pr* GEOGR Londres.

longaniza *f* saucisse ‖ — FIG & FAM *allí no atan los perros con longanizas* ce n'est pas un pays de cocagne, il ne faut pas croire que c'est le Pérou, on ne roule pas sur l'or | *hay más días que longanizas* rien ne presse, il y a plus de jours que de semaines.

longevidad *f* longévité.

longevo, va *adj* très âgé, e; très vieux, vieille.

longitud *f* longueur; *su longitud es de seis metros* sa longueur est de six mètres; *salto de longitud* saut en longueur ‖ long *m*; *tiene seis metro de longitud* il a six mètres de long ‖ ASTR & GEOGR longitude; *35° longitud Oeste* 35° de longitude ouest ‖ *longitud de onda* longueur d'onde.

longitudinal *adj* longitudinal, e; *planos longitudinales* plans longitudinaux.

long play *m* album (elepé).

longui *adj* y *s* FAM *hacerse el longui* faire la sourde oreille.

lonja *f* tranche; *una lonja de jamón* une tranche de jambon ‖ bourse de commerce (bolsa de comercio) ‖ entrepôt *m* de laine (almacén) ‖ épicerie (tienda) ‖ ARQ parvis *m* d'une église ‖ esplanade (de edificios públicos) ‖ halle des marées (de pescado).

lontananza *f* lointain *m* ‖ *en lontananza* au loin, dans le lointain.

looping *m* looping (rizo).

loor *m* louange *f* (alabanza); *en loor de* à la louange de ‖ *decir loores de* faire l'éloge de.

loquera *f* cabanon *m* (jaula de locos).

loquería *f* (*amer*) maison de fous, asile *m* d'aliénés.

loquero *m* gardien d'une maison de fous (persona que cuida locos) ‖ tapage, vacarme (alboroto).

lord *m* lord; *primer lord del Almirantazgo* premier lord de l'amirauté ‖ — *Cámara de los Lores* Chambre des lords ‖ *lord mayor* lord-maire (de Londres).

Lorena *n pr f* GEOGR Lorraine.

loro, ra *adj* brun foncé *inv* (color).
◆ *m* perroquet (papagayo) ‖ laurier-cerise (lauroceraso) ‖ FAM guenon *f* (mujer fea) ‖ — FAM *estar al loro* être au parfum (estar al tanto), être sur ses gardes (estar alerta) | *más viejo que un loro* vieux comme Hérode ‖ *son economías del chocolate del loro* ce sont des économies de bouts de chandelle.

lorquiano, na *adj* de García Lorca.

lorquino, na *adj* y *s* de Lorca [ville de la province de Murcie].

los *art déf m pl* les; *los hombres* les hommes.
◆ *pron pers* les; *los he visto* je les ai vus ‖ en (con «haber», impersonal); *¿hay libros? — los hay* y a-t-il des livres? — il y en a ‖ ceux, celles; *los que he comprado* ceux que j'ai achetés; *los de mi padre* ceux de mon père; *los de la primera dentición* celles de la première dentition (dientes) ‖ — *los hay que* il y en a qui, il y en a que; *los hay que no saben nada* il y en a qui ne savent rien ‖ *los que* ceux de nous, de vous, d'entre eux qui; *los que sois* ceux d'entre vous qui sont; *los que trabajamos* ceux de nous qui travaillent ‖ *son... los que* ce sont... qui, ce sont... que; *son mis libros los que has cogido* ce sont mes livres que tu as pris.

— OBSERV Ne pas employer *los* au datif, il faut dire *les hablo* je leur parle, et non *los hablo* (loísmo).

— OBSERV *Los* debe traducirse a menudo por el adjetivo posesivo: *tengo los libros rotos* mes livres sont déchirés. Pero se dice *tienes las manos sucias* tu as les mains sales (parte del cuerpo).

losa *f* dalle (grande), carreau *m* (pequeña) ‖ piège *m*, assommoir *m* (trampa) ‖ — *losa sepulcral* pierre tombale ‖ — FIG *echar* ou *poner una losa encima* mettre une pierre dessus | *yo soy una losa* je serai muet comme la tombe, je suis un tombeau.

losar *v tr* daller, paver, carreler (enlosar).

loseta *f* petite dalle, carreau *m* ‖ piège *m*, assommoir *m* (trampa).

lota *f* lotte, lote (pez).

lote *m* lot ‖ — FIG & FAM *darse un lote* s'en mettre jusque-là (comer mucho) | *todo el lote* et tout et tout.

lotería *f* loterie; *el sorteo de la lotería* le tirage de la loterie; *administración de loterías* bureau de loterie ‖ loto *m* (juego) ‖ — *lotería primitiva* sorte de loto primant des combinaisons de chiffres ‖ — *caerle* ou *tocarle a uno la lotería* gagner à la loterie.

lotero, ra *m* y *f* vendeur, euse de billets de loterie.

loto *m* lotus, lotos (planta acuática) ‖ jujubier, lotus (arbusto) ‖ fleur *f* de lotus ‖ lotier; *loto de los pantanos* lotier des marais.
◆ *f* FAM loterie.

loza *f* faïence ‖ vaisselle (del ajuar doméstico); *fregar la loza* faire la vaisselle.

lozanía *f* vigueur (vigor) ‖ jeunesse (juventud) ‖ fraîcheur; *la lozanía del rostro* la fraîcheur du visage ‖ exubérance, luxuriance (de las plantas) ‖ FIG fierté, orgueil *m* (altivez).

lozano, na *adj* luxuriant, e; exubérant, e (vegetación) ‖ frais, fraîche (tez); *lozana como una rosa* fraîche comme une rose ‖ FIG robuste, vigoureux, euse; plein, e de vie (persona).

LSD abrev de *lysergic diethylamide* L.S.D., lysergic acide diethylamide.

lubina *f* loubine, bar *m*, loup *m* de mer (róbalo).

lubricación *f* lubrification.

lubricante *adj* y *s m* lubrifiant, e.

lubricar *v tr* lubrifier.

lubricativo, va *adj* lubrifiant, e.

lúbrico, ca *adj* lubrique (lujurioso).

lubrificación *f* lubrification.

lubrificante *adj* y *s m* lubrifiant, e.

lubrificar *v tr* lubrifier.

lucense *adj* y *s* de Lugo [ville d'Espagne].

lucera *f* lucarne.

lucerna *f* lustre *m* (araña) ‖ lucarne (lumbrera) ‖ ver *m* luisant (luciérnaga).

lucero *m* étoile *f* brillante ‖ étoile *f* du berger, Vénus *f* (planeta) ‖ guichet (postigo) ‖ étoile *f* (lunar

lúcidamente

en la frente del caballo) || FIG lustre, éclat, splendeur f (esplendor) || *el lucero del alba* ou *de la mañana* ou *de la tarde* l'étoile du matin o du soir, l'étoile du berger (Vénus).
- ◆ *pl* FIG yeux, feu *sing* du regard (los ojos).

lúcidamente *adv* avec lucidité, lucidement.

lucidez *f* lucidité (clarividencia) || clarté (del estilo).

lucido, da *adj* brillant, e; *un hombre lucido* un homme brillant || élégant, e (elegante) || gracieux, euse (con gracia) || généreux, euse (liberal) || FIG brillant, e; reluisant, e; *una situación lucida* une situation brillante || FAM *¡estamos lucidos!* nous voilà propres!, nous voilà bien!, nous voilà frais!

lúcido, da *adj* lucide (clarividente) || clair, e (estilo) || POÉT brillant, e (luciente).

luciérnaga *f* ver *m* luisant, luciole (insecto).

lucifer *m* Vénus *f*, Lucifer (lucero) || FIG démon.

Lucifer *n pr m* Lucifer.

lucífero, ra *adj* POÉT brillant, e; resplendissant, e.
- ◆ *m* Vénus, Lucifer (lucero del alba).

lucimiento *m* éclat, lustre || — FIG *hacer algo con lucimiento* faire quelque chose brillamment | *quedar con lucimiento* se tirer brillamment [d'une entreprise]; réussir.

lucio *m* brochet (pez).

lucio, cia *adj* luisant, e; brillant, e; *el pelaje lucio del caballo* la robe brillante du cheval.

lucir* *v intr* briller, luire; *el sol luce con resplandor* le soleil brille avec éclat || briller (sobresalir) | profiter (ser de provecho); *le luce lo que come* ce qu'il mange lui profite | faire de l'effet (causar gran efecto).
- ◆ *v tr* éclairer, illuminer (iluminar) || FIG montrer, faire briller, faire valoir; *lucir su valor* montrer son courage | faire des effets de, exhiber; *lucir las piernas* faire des effets de jambes || arborer, porter; *luce una hermosa corbata* il arbore une belle cravate || crépir (enlucir).
- ◆ *v pr* se parer, se faire beau (engalanarse) || FIG se tirer avec honneur, réussir (quedar bien) | briller, se distinguer, se faire valoir (sobresalir); *Juan se ha lucido en una empresa tan difícil* Jean s'est distingué dans une entreprise aussi difficile || — *lucirse en una prueba* passer une épreuve brillamment || FAM *¡nos hemos lucido!* tu parles d'une réussite!, nous voilà frais!, on a gagné!

lucrar *v tr* gagner, obtenir (obtener).
- ◆ *v pr* profiter (aprovecharse) || s'enrichir; *lucrarse a costa ajena* s'enrichir aux dépens d'autrui.

lucrativo, va *adj* lucratif, ive.

lucro *m* lucre, gain (ganancia) || intérêt, profit (provecho) || — DR *lucro cesante* lucrum cessans, manque à gagner || *lucros y daños* profits et pertes.

lucroniense *adj y s* de Logroño [ville d'Espagne, autrefois «Lucronium»].

lucubración *f* lucubration, élucubration.

lucubrar *v tr* élucubrer.

lucha *f* lutte; *entablar lucha con alguien* entrer en lutte avec quelqu'un || — *en reñida lucha* de haute lutte || *lucha de clases* lutte de classes || DEP *lucha libre* lutte libre.

luchador, ra *m y f* lutteur, euse.

luchar *v intr* lutter; *luchar cuerpo a cuerpo* lutter corps à corps || se battre (pelear) || — *cansado de luchar* de guerre lasse || *luchar a brazo partido* ou *como fieras* se battre comme des lions.

lúdico, ca *adj* ludique, du jeu.

ludópata *m y f* ludopathe, dépendant, e aux jeux.

ludopatía *f* ludopathie, dépendance aux jeux.

ludoteca *f* ludothèque.

luego *adv* tout de suite (sin dilación); *vuelvo luego* je reviens tout de suite || ensuite, après (después); *iré luego al cine* j'irai ensuite au cinéma || plus tard (más tarde).
- ◆ *conj* donc; *pienso, luego existo* je pense, donc je suis || *(amer)* quelquefois (algunas veces) | près de, tout près (cerca) || — *desde luego* évidemment, bien entendu, naturellement, bien sûr || *hasta luego* à tout à l'heure, au revoir || *luego como* ou *que* dès que, aussitôt que; *luego que llegues, avísame* dès que tu arriveras préviens-moi.

luengo, ga *adj* long, longue (largo).

Lugano *n pr* GÉOGR Lugano.

lugar *m* lieu, endroit (paraje); *el lugar donde voy de vacaciones* l'endroit où je vais en vacances || place *f* (sitio de una persona o cosa); *no está en su lugar habitual* il n'est pas à sa place habituelle || place *f* (espacio); *hacer lugar* faire de la place || village, bourg, bourgade *f* (pueblo); *en un lugar de la Mancha de cuyo nombre no quiero acordarme* dans une bourgade de la Manche dont je ne veux pas me rappeler le nom || localité *f*, lieu-dit (localidad) || passage (de un libro); *lo encontrarás en un lugar de tu libro de texto* tu le trouveras dans un passage de ton manuel || position *f*, rang, place *f*, poste; *ocupa un buen lugar en la empresa* il occupe une bonne position dans l'entreprise || place *f*; *este libro no es en su lugar* ce livre n'est pas à sa place || moment (tiempo, oportunidad) || *no es el lugar de decirlo* ce n'est pas le moment de le dire || temps; *no hay lugar para hacer tantas cosas* le temps manque pour faire tant de choses || GÉOM lieu || — *lugar arqueológico* site archéologique || *lugar común* lieu commun (tópico) || *lugar de perdición* lieu de perdition, mauvais lieu || *lugar de recreo* lieu de plaisance || *lugar de señorío* ou *señorío* fief seigneurial || *lugar destacado* haut lieu; *es un lugar destacado de la historia* c'est un haut lieu de l'histoire || *lugar preferente* place de choix || *lugar religioso* tombe || *los Santos Lugares* les Lieux saints || *unidad de lugar* unité de lieu || — *en cualquier lugar* n'importe où (en cualquier sitio), en tous lieux (en todos los sitios) || *en el lugar llamado* au lieu dit || *en el mismo lugar* sur place || *en lugar de* au lieu de || *en lugar seguro* en lieu sûr || *en primer lugar* en premier lieu || *MIL es un lugar, ¡descanso!* repos! || *en tiempo y lugar oportunos* en temps et lieu || *en último lugar* en dernier lieu || *fuera de lugar* hors de propos (palabras) || *sin lugar a dudas* sans aucun doute || *yo en su lugar* moi, à sa, votre place || — *consérvese en lugar fresco* tenir au frais (conservas) || *dar lugar a* donner lieu à; *dio lugar a que le criticasen* il a donné lieu à des critiques || *dejar a uno en mal lugar* mettre quelqu'un en mauvaise posture || DR *ir al lugar del suceso* se rendre sur les lieux | *no ha lugar* il n'y a pas lieu || FIG *poner a alguien en su lugar* remettre quelqu'un à sa place | *ponerse uno en lugar de otro* se mettre à la place de quelqu'un || *tener lugar* avoir lieu (suceder), avoir de la place, tenir (tener cabida), avoir le temps (tener tiempo), servir de, tenir lieu de (reemplazar).

lugarejo *m* petit village, trou (poblacho).
lugareño, ña *adj y s* villageois, e ‖ campagnard, e; paysan, anne (campesino).
lugarteniente *m* lieutenant.
lúgubre *adj* lugubre; *quejas lúgubres* plaintes lugubres.
lugués, esa *adj y s* de Lugo.
Luisiana *n pr f* GEOGR Louisiane.
lujo *m* luxe ‖ *— de lujo* de luxe ‖ *lujo asiático* luxe oriental ‖ *permitirse el lujo de* s'offrir le luxe de.
lujoso, sa *adj* luxueux, euse.
lujuria *f* luxure ‖ FIG excès *m*, profusion (demasía).
lujuriante *adj* luxuriant, e (vegetación) ‖ luxurieux, euse (lascivo).
lujurioso, sa *adj* luxurieux, euse.
lulú *m* loulou (perro).
lumbago *m* MED lumbago, lombago.
lumbar *adj* ANAT lombaire; *región lumbar* région lombaire.
lumbre *f* feu *m* (de la chimenea, etc.) ‖ lumière, clarté (luz) ‖ jour *m* (en una ventana) ‖ flamme (luz del fuego) ‖ platine (de un arma de fuego) ‖ pinces *pl* (de la herradura) ‖ *— al amor de la lumbre* au coin du feu ‖ *dar lumbre* donner du feu (dar fuego) ‖ *encender la lumbre* allumer le feu ‖ *pedir lumbre* demander du feu.
  ➤ *pl* briquet *m sing* à amadou.
lumbrera *f* lucarne (abertura en un techo) ‖ claire-voie (en un buque) ‖ lumière (cuerpo luminoso) ‖ lumière [d'un rabot] (de cepillo) ‖ lumière (de una locomotora) ‖ FIG lumière (persona muy sabia); *no es ninguna lumbrera* ce n'est pas une lumière ‖ *(amer)* loge (en la plaza de toros).
  ➤ *pl* FIG yeux *m* (ojos).
lumen *m* FÍS lumen (unidad de flujo luminoso).
  — OBSERV Le pluriel doit être *lúmenes* bien que *lumen* soit également très employé.
luminar *m* luminaire, astre lumineux ‖ FIG lumière *f* (sabio).
luminaria *f* lumière, lanterne [pour des illuminations] ‖ luminaire *m* (en las iglesias).
  ➤ *pl* illuminations.
luminescencia; luminiscencia *f* luminescence.
luminescente; luminiscente *adj* luminescent, e.
luminosidad *f* luminosité.
luminoso, sa *adj* lumineux, euse; *fuente luminosa* fontaine lumineuse ‖ éclairant, e; *potencia luminosa* pouvoir éclairant ‖ FIG lumineux, euse; *idea luminosa* idée lumineuse.
luminotecnia *f* technique de l'éclairage.
luna *f* lune (astro) ‖ lune (tiempo); *dos lunas de lluvia* deux lunes de pluie ‖ miroir *m*, glace (espejo) ‖ vitre, glace (de un escaparate) ‖ verre *m* de lunette (cristal de gafas) ‖ FIG égarement *m* des lunatiques ‖ caprice *m*, extravagance (capricho) ‖ *— luna creciente* premier quartier, lune croissante ‖ *luna de abril* lune rousse ‖ *luna llena* pleine lune ‖ *luna menguante* dernier quartier, lune décroissante ‖ *luna nueva* nouvelle lune ‖ FIG *luna de miel* lune de miel ‖ *— armario de luna* armoire à glace ‖ *claro de luna* clair de lune ‖ *media luna* demi-lune (la mitad), croissant (del astro), le Croissant (el Imperio turco), demi-lune (fortificación) ‖ *pez luna* poisson-lune ‖ *—* FIG & FAM *(amer) a la luna de Paita* ou *Payta* le bec dans l'eau, déçu dans son attente ‖

estar de buena, mala luna être de bonne, mauvaise humeur ‖ FIG *estar en la luna* être dans la lune ‖ *ladrar a la luna* aboyer à la lune ‖ *pedir la luna* demander la lune ‖ *quedarse a la luna de Valencia* rester le bec dans l'eau, être déçu dans son attente ‖ *tener lunas* être lunatique.
lunar *adj* lunaire; *año lunar* année lunaire.
  ➤ *m* grain de beauté (en la piel) ‖ pois; *tejido de lunares* tissu à pois ‖ FIG tache *f*, souillure *f* (mancha) ‖ ombre *f*, léger défaut (defecto pequeño) ‖ *lunar postizo* mouche.
lunario, ria *adj* lunaire.
  ➤ *m* calendrier (calendario).
  ➤ *f* BOT lunaire.
lunático, ca *adj y s* lunatique.
lunes *m* lundi; *vendré el lunes por la mañana* je viendrai lundi matin; *viene los lunes* ou *cada lunes* il vient le lundi *o* tous les lundis ‖ *—* FIG *cada lunes y cada martes* tous les jours ‖ *el lunes pasado* lundi dernier; *el lunes que viene* lundi prochain ‖ *— (amer) hacer lunes* ou *lunes porteño* chômer le lundi.
luneta *f* lentille ‖ verre *m* de lunettes (de gafas) ‖ croissant *m* (adorno) ‖ TEATR fauteuil *m* d'orchestre (butaca) ‖ lunette (de un torno) ‖ lunette (fortificación) ‖ ARQ première tuile (bocateja) ‖ lunette.
lunfardo *m* argot, langue *f* verte de Buenos Aires.
  ➤ *adj* argotique [en Argentine].
lunisolar *adj* ASTR luni-solaire.
lupa *f* loupe; *mirar con lupa* regarder à la loupe.
lupanar *m* lupanar.
lúpulo *m* BOT houblon.
Lusitania *n pr f* GEOGR Lusitanie.
lusitanismo *m* mot portugais, tournure *f* portugaise.
lusitano, na; luso, sa *adj* lusitanien, enne; lusitain, e (portugués).
  ➤ *m y f* Lusitanien, enne; Lusitain, e.
lustrabotas *m inv (amer)* cireur (limpiabotas).
lustrado *m* lustrage.
lustrar *v tr* lustrer, astiquer (dar lustre) ‖ cirer (los zapatos) ‖ purifier par la lustration ‖ voyager (viajar).
lustre *m* lustre, brillant (brillo) ‖ luisant; *el lustre de una tela* le luisant d'une étoffe ‖ cirage (betún) ‖ FIG lustre, éclat (esplendor) ‖ *— dar* ou *sacar lustre a* faire briller ‖ *para mi mayor lustre* pour ma plus grande gloire.
lustro *m* lustre (espacio de cinco años).
lustroso, sa *adj* brillant, e; lustré, e; luisant, e.
Lutecia *n pr f* HIST Lutèce (París).
lutecio *m* QUIM lutécium (metal).
luteranismo *m* luthéranisme.
luterano, na *adj y s* luthérien, enne.
Lutero *n pr* Luther.
luto *m* deuil; *vestirse* ou *ponerse de luto* prendre le deuil; *vestir de luto* être en deuil ‖ *— de luto* en deuil ‖ *luto riguroso* grand deuil ‖ *medio luto, alivio de luto* demi-deuil ‖ *— aliviar el luto* prendre le demi-deuil ‖ *llevar luto por* porter le deuil de.
  ➤ *pl* tentures *f* de deuil.
lux *m* FÍS lux (unidad de luz).
luxación *f* MED luxation.
Luxemburgo *n pr m* GEOGR Luxembourg.

luxemburgués, esa *adj* luxembourgeois, e.
◆ *m* y *f* Luxembourgeois, e.
Luxor *n pr m* Louksor, Louqsor.
luz *f* lumière ‖ lumière, jour *m* (que se recibe en una casa) ‖ lampe; *tráeme una luz* apporte-moi une lampe ‖ éclairage *m* (iluminación) ‖ électricité; *pagar la luz* payer l'électricité; *en esta casa no hay luz* dans cette maison il n'y a pas l'électricité ‖ courant *m*; *corte de luz* coupure de courant ‖ ARQ jour *m* (ventana) ‖ FIG lumière (sabio) | nouvelle, avis *m* (noticia) ‖ feu *m* (destello de un diamante) ‖ portée (de un puente) ‖ — *luz cenicienta* lumière cendrée | *luz cenital* jour du haut (en una habitación), plafonnier (en un coche) ‖ AUTOM *luz corta* codes ‖ *luz de Bengala* feu de Bengale ‖ *luz de carretera, de cruce* feu de route, phare, feu de croisement, code (coche) ‖ *luz de freno* feux «stop» ‖ *luz de medianería* jour de souffrance ‖ FIG *luz de mis ojos* mon ange ‖ AUTOM *luz de población* lanterne, veilleuse; *poner luces de población* mettre les phares en veilleuse | *luz de posición* feu de position ‖ MAR *luz de situación* feu de position ‖ *luz eléctrica* électricité ‖ *luz intermitente* clignotant, clignoteur ‖ *(amer) luz mala* feu follet (fuego fatuo) ‖ *luz negra* lumière noire ‖ *luz oblicua* jour frisant ‖ *luz posterior* feu arrière (coche) ‖ *luz primaria* jour direct ‖ *luz refleja ou secundaria* reflet ‖ *luz roja* feu rouge ‖ *luz y sonido* son et lumière ‖ — *año luz* année-lumière, année de lumière ‖ *gusano de luz* ver luisant ‖ *la luz de sus ojos* la prunelle de ses yeux ‖ *media luz* demi-jour ‖ *pintor de la luz* luministe ‖ — FIG *a buena luz* en connaissance de cause | *a la luz de* à la lumière de ‖ *a la luz de las candilejas* sous les feux de la rampe ‖ *a la luz del día* en plein jour ‖ FIG *a primera luz* au point du jour | *en plena luz* au grand jour | — FIG *arrojar luz sobre* faire la lumière sur ‖ *dar a luz* donner le jour, donner naissance à (parir), publier, donner le jour à (publicar) ‖ *dar (a) la luz* allumer ‖ *dar luz* éclairer ‖ FIG *dar luz verde* donner le feu vert | *hacer la luz* faire la lumière ‖ *¡hágase la luz!* que la lumière soit! ‖ *sacar a la luz* publier, faire paraître (libro), mettre au grand jour (descubrir) ‖ *salir a la luz* paraître, voir le jour (un libro), se faire jour (manifestarse) ‖ *ver la luz del día* voir le jour (nacer)

◆ *pl* lumières, culture *sing* (cultura); *el Siglo de las Luces* le Siècle des lumières ‖ intelligence *sing* (inteligencia) ‖ éclairage *m sing* (de un coche) ‖ — *luces de tráfico* feux de signalisation ‖ *luces largas* feux de route ‖ — FIG *hombre de luces* homme éclairé *o* cultivé | *hombre de pocas luces* homme d'une intelligence limitée ‖ CINEM *ingeniero de luces* éclairagiste (luminotécnico) ‖ *traje de luces* habit de lumière (torero) ‖ — FIG *a dos luces* avec ambiguïté | *a todas luces* évident, de toute évidence, clair; *tu proyecto es a todas luces irrealizable* il est évident que ton projet est irréalisable, ton projet est de toute évidence irréalisable | *entre dos luces* au point du jour (al amanecer), entre chien et loup, à la brune (en el crepúsculo), éméché, à moitié ivre (medio borracho) | *sin servidumbre de luces* vue imprenable ‖ — *tener pocas luces* ne pas être très malin.

lycra *f* (nombre registrado) Lycra *m*.

LL

ll *f* l *m* mouillé.
llaga *f* plaie; *poner el dedo en la llaga* mettre le doigt sur la plaie ‖ joint *m* (entre dos ladrillos) ‖ — *renovar la llaga* rouvrir la plaie ‖ *sanan llagas y no malas palabras* la calomnie tue plus sûrement qu'une blessure.
llagar *v tr* causer *o* faire une plaie à.
llama *f* flamme ‖ FIG flamme (pasión vehemente) ‖ marécage *m* (pantano) ‖ ZOOL lama *m* (mamífero) ‖ — *arder en llamas* être en flammes, flamber ‖ *llama auxiliar* veilleuse ‖ *llamas eternas* flammes de l'enfer.
llamada *f* appel *m*; *dar una llamada telefónica* faire un appel téléphonique ‖ rappel *m*; *llamada al orden* rappel à l'ordre ‖ renvoi *m* (remisión en un libro) ‖ appel *m* (toque); *tocar ou batir llamada* sonner *o* battre l'appel ‖ FIG appel *m*; *la llamada de la selva* l'appel de la forêt ‖ *llamada a escena* rappel (teatro) ‖ *llamada al timbre* coup de sonnette ‖ INFORM *llamada a programa* appel de programme ‖ — *(amer) billete de ida y llamada* billet aller et retour ‖ *carta de llamada* lettres de rappel (embajador) ‖ *señal de llamada* tonalité (teléfono) ‖ *toque de llamada* rappel.

llamado, da *adj* appelé, e ‖ dénommé, e; *el llamado Pedro* le dénommé Pierre ‖ dit; *Enrique I llamado el Pajarero* Henri Ier dit l'Oiseleur ‖ soi-disant *inv* (supuesto); *los llamados jefes de la nación* les soi-disant chefs de la nation ‖ prétendu, e; *los llamados juegos de suerte* les prétendus jeux de hasard ‖ qu'on appelle (que se nombra); *las llamadas rías de Galicia* ce qu'on appelle les rias de Galice.
◆ *m (amer)* appel ‖ *muchos son los llamados, pocos los elegidos* il y a beaucoup d'appelés mais peu d'élus.

llamador, ra *m* y *f* personne *f* qui appelle.
◆ heurtoir *m*, marteau *m* de porte (aldaba) ‖ bouton de sonnette (timbre).
llamamiento *m* appel; *un llamamiento angustioso* un appel angoissé; *llamamiento a la sublevación* appel à la révolte ‖ appel (de Dios) ‖ convocation

f (convocatoria) || MIL appel || DR nomination *f* d'héritiers || *llamamiento al orden* rappel à l'ordre.

llamar *v tr* appeler; *llamar a voces* appeler à grands cris; *llamar con la mano* appeler de la main || appeler; *¿cómo le llamaremos?* comment l'appellerons-nous? || convoquer (convocar) || appeler, faire venir; *llamar al embajador* faire venir l'ambassadeur || avertir (avisar) || attirer (atraer) || appeler (con la voz), sonner (con el timbre); *llamar a la criada* sonner la bonne || FIG appeler; *estar llamado a desempeñar un papel* être appelé à jouer un rôle || *llamar al pan pan y al vino vino* appeler un chat un chat || *llamar de nuevo* appeler de nouveau, rappeler || *llamar la atención* attirer l'attention || *volver a llamar* appeler de nouveau, rappeler.

◆ *v intr* sonner (con el timbre), frapper à la porte (con el aldabón o la mano) || — *llamar a escena* rappeler (teatro) || *llamar a filas* appeler sous les drapeaux || *llamar a justicia* appeler en justice, faire appel || *llamar al orden* rappeler à l'ordre || *llamar por señas* faire des signes || *llamar por teléfono* téléphoner || *no meterse donde no le llaman* ne pas se mêler de ce qui ne vous regarde pas || *¿quién llama?* qui est-là?

◆ *v pr* s'appeler; *¿cómo te llamas?* comment t'appelles-tu?; *me llamo Pablo* je m'appelle Paul || MAR tourner (el viento) || — *llamarse a engaño* se faire des illusions || *llamarse de tú, de usted* se tutoyer, se vouvoyer.

llamarada *f* flambée (llama intensa y breve) || FIG flambée; *llamarada de pasión* flambée de passion | rougeur vive, bouffée de sang (del rostro) | feu *m* de paille (pasión pasajera) | emportement *m* (del ánimo).

llamativo, va *adj* criard, e; voyant, e; *colores llamativos* des couleurs criardes || voyant, e; *esta mujer lleva trajes llamativos* cette femme porte des toilettes voyantes || qui attire l'attention (persona) || frappant, e; *un título llamativo* un titre frappant.

llana *f* truelle (palustre) || taloche, bouclier *m* (para llevar mezcla) || page [d'écriture] (plana) || plaine (llanura).

llanamente *adv* FIG simplement (sin ostentación) | franchement (con ingenuidad) || *lisa y llanamente* tout simplement.

llanero, ra *m y f* (amer) habitant de la plaine | Indien, Indienne de la région de Vaupés (Colombia).

llaneza *f* FIG simplicité, franchise (sinceridad) | simplicité, laisser-aller *m* (del estilo) || — FIG & FAM *alabo la llaneza* ne vous gênez pas | *con toda llaneza* en toute simplicité (simplemente), en toute franchise (francamente).

llanito, ta *m y f* FAM habitant, e de Gibraltar (gibraltareño).

llano, na *adj* plat, e; *superficie llana* surface plate; *tierra llana* pays plat || FIG simple (sencillo, claro); *vestido, negocio llano* robe, affaire simple | simple, affable (persona, trato) | contribuable (pechero) || GRAM paroxyton (palabra, verso) || — FIG *a la llana* tout simplement (sencillamente), simplement, sans embarras (sin cumplidos) | *a la pata la llana* à la bonne franquette, sans façons || *canto llano* plain-chant || FIG *de llano* en toutes lettres, clairement | *estado llano* tiers état | *lenguaje llano* francparler | *número llano* chiffre romain | *pueblo llano* peuple, homme de la rue.

◆ *m* plaine *f* (llanura).

◆ *pl* partie *f sing* droite d'un tricot sans augmentation ni diminution.

llanta *f* sorte de chou *m* (col) || jante (de coche) || feuillard *m* (pieza de hierro) || (amer) bâche, banne (toldo) || *llanta de goma* pneu.

llantera *f* FAM crise de larmes.

llantina *f* FAM crise de larmes.

llanto *m* pleurs *pl* (acción) || larmes *f pl*; *enjugar el llanto de alguien* essuyer les larmes de quelqu'un; *crisis de llanto* crise de larmes || (amer) complainte *f* (canto) || — *anegarse en llanto* pleurer à chaudes larmes | *deshacerse en llanto* fondre en larmes | *estar deshecho en llanto* être tout en larmes || *prorrumpir ou romper en llanto* éclater en sanglots || *tener la voz ahogada en llanto* avoir des larmes o des sanglots dans la voix.

llanura *f* plaine; *la llanura de Flandes* la plaine de Flandre.

llar *m* fourneau (fogón).

◆ *f pl* crémaillère *sing* (cadena de una chimenea).

llave *f* clef, clé; *cerrar con llave* fermer à clef; *guardar bajo llave* mettre sous clef || clef (para las tuercas); *llave inglesa* clef anglaise *o* à molette || robinet *m* (grifo) || remontoir *m* (de un reloj) || MÚS clef; *corneta de llaves* trompette à clefs | piston *m*; *trombón de llaves* trombonne à pistons | clef (clave); *llave de fa, de sol* clef de fa, de sol || FIG clef (de un secreto) || platine (de arma de fuego) || coin *m* (cuña) || clef (de dentista) || interrupteur *m* (electricidad) || IMPR accolade (corchete) || clef *m*, prise (en lucha) || pas-de-porte *m* (traspaso) || — *llave de bola* ou *flotador* robinet à flotteur || *llave de contacto* clef de contact || *llave de paso* robinet d'arrêt || *llave de tubo* clé en tube || *llave doble* clé à double tour || *«llave en mano»* «clé (s), en main» || *llave falsa* fausse clef || *llave maestra* passe-partout || *llave universal* clef universelle || — *ama de llaves* gouvernante || FIG *bajo llave, debajo de llave* sous clef || *debajo de siete llaves* enfermé à double tour | *cerrar con siete llaves* fermer à double tour || *doblar ou torcer la llave* fausser la clef || *echar la llave* fermer à clef || FIG *guardar con siete llaves* enfermer à double tour.

llavero, ra *m y f* personne ayant la garde des clefs || geôlier, ère (de cárcel).

◆ *m* porte-clefs *inv*, anneau pour les clefs.

llavín *m* petite clef *f*, clef *f* [de verrou de sûreté, etc.].

llegada *f* arrivée; *a mi llegada* à mon arrivée.

llegado, da *adj* qui est arrivé, e; venu, e || *recién llegado* nouveau venu.

◆ *m y f* personne qui est arrivée *o* venue || *los recién llegados* les nouveaux venus.

llegar *v intr* arriver; *llegar a la meta* arriver au but || en arriver; *llegó a tanta exasperación que le pegó* il en arriva à un tel point d'exaspération qu'il le frappa; *no ha llegado a ese extremo* il n'en est pas arrivé là || arriver (ocurrir) || parvenir, atteindre (después de mucho tiempo, esfuerzos, etc.); *llegar a la vejez* atteindre la vieillesse; *llegó por fin a la ciudad* il parvint enfin à la ville || arriver (tocar); *llega su vez* son tour arrive || monter, atteindre (una cantidad); *el precio del viaje no llega a mil francos* le prix du voyage n'atteint pas mille francs || arriver; *el abrigo le llega a las rodillas* le manteau lui arrive aux genoux || — *llegar a* peut signifier: 1) l'action pure et simple; *llegó a oír* il entendit; 2) une action progressive; *llegar a ser* devenir; *lle-*

llenado 540

gar a tener acquérir, arriver à avoir; 3) finir par; *llegué a dudar si vendrías* j'ai fini par me demander si tu viendrais; *llegó a conocer todas las capitales del mundo* il finit par connaître les capitales du monde entier; 4) parvenir à, réussir à; *llegó a alcanzar este empleo* il est parvenu a obtenir ce poste || *llegar a conocer a uno* faire la connaissance de quelqu'un || *llegar a conocimiento de uno* arriver à la connaissance de quelqu'un || *llegar a las manos* parvenir (algo), en venir aux mains (reñir) || *llegar al corazón* aller droit au cœur, toucher profondément || *llegar al extremo de* aller jusqu'à, en arriver à, en venir à || *llegar tarde* être en retard (con retraso), arriver trop tard (fuera de tiempo) | — FIG *¿a dónde quiere llegar?* où veut-il en venir? | *esto fue llegar y besar el santo* cela a marché comme sur des roulettes | *no llegarle a uno a la suela del zapato* ou *a la punta de la bota* ne pas arriver à la cheville de quelqu'un | *no llegarle a uno el dinero* ne pas joindre les deux bouts | *no llegarle a uno la camisa al cuerpo* ne pas en mener large | *si llego a saberlo* si (jamais), je l'avais su.

◆ *v tr* réunir (juntar) || rapprocher (arrimar).

◆ *v pr* aller, se rendre; *llégate a casa de tu hermano* va chez ton frère || s'approcher (acercarse) || s'unir, se réunir (unirse).

llenado *m* remplissage; *el llenado de una zanja* le remplissage d'un fossé || embouteillage (en botellas).

llenar *v tr* remplir; *llenar de vino un tonel* remplir de vin un tonneau || FIG satisfaire; *la razón de Pedro me llena* le raisonnement de Pierre me satisfait | satisfaire entièrement; *esta persona no me llena* cette personne ne me satisfait pas entièrement | combler (de favores) | occuper; *leía para llenar sus horas de espera* il lisait pour occuper ses heures d'attente | remplir (de enojo, de amor) | couvrir (de injurias) | féconder (el macho a la hembra) | — FIG & FAM *llenar el ojo antes que la barriga* ou *tripa* avoir les yeux plus grands que le ventre || *llenar un claro* combler une lacune || *llenar un cometido* remplir une tâche || *llenar un hoyo de tierra* combler un fossé || *vuelva a llenar* (las copas), la même chose, remettez-nous ça (fam).

◆ *v intr* être pleine (la luna).

◆ *v pr* se remplir || se couvrir; *llenarse los dedos de tinta* se couvrir les doigts d'encre || FAM se rassasier (de comer) | éclater (de cólera) || *llenarse completamente* être comble; *el teatro se llena completamente en cada función* le théâtre est comble à chaque représentation.

llenazo *m* salle *f* comble.

lleno, na *adj* plein, e; rempli, e; *vaso lleno* verre plein; *lleno de enojo* rempli de colère || plein, e; comble; *sala llena* salle comble || rempli, e; pétri, e; *lleno de orgullo* pétri d'orgueil || BLAS rempli, e | — *a manos llenas* à pleines mains || *dar de lleno en la cara* frapper en plein dans la figure || *dar de sol de lleno* inonder, donner en plein dans; *el sol daba de lleno en el cuarto* le soleil inondait la pièce || *de lleno, de lleno en lleno* pleinement, tout à fait || *formas llenas* formes pleines || *luna llena* pleine lune || *lleno a reventar* plein à craquer || *voz llena* voix chaude.

◆ *m* pleine lune *m* (plenilunio) || FAM abondance *f* (abundancia) || FIG achèvement (perfección) || — *había un lleno en el estadio, en la plaza de toros* le stade était comble, les arènes étaient combles || *hay un lleno en el teatro* le théâtre fait salle comble.

◆ *pl* MAR coque *f sing* arrondie du navire.

llevadero, ra *adj* supportable, tolérable; *un dolor llevadero* une douleur supportable || portable (un traje).

llevar *v tr* porter; *llevar al hijo en brazos* porter son fils dans ses bras; *llevar en la cabeza* porter sur la tête; *llevar la cabeza alta* porter la tête haute; *el agua lleva los barcos* l'eau porte les bateaux || emporter (una cosa a lo lejos); *el viento lo llevó todo* le vent a tout emporté || emmener; *llévame a mi casa* emmène-moi chez moi || transporter; *el tren lleva carbón* le train transporte du charbon; *el coche llevaba cuatro personas* la voiture transportait quatre personnes || amener; *le llevé a mi opinión* je l'ai amené à mon opinion || porter, être plein o couvert de (la tierra); *el campo lleva muchos árboles* la campagne est pleine d'arbres || porter (plantas); *este árbol lleva pocas flores* cet arbre ne porte pas beaucoup de fleurs || supporter; *llevar una enfermedad con paciencia* supporter patiemment une maladie || aller, conduire, mener; *esta carretera lleva a la ciudad* cette route va à la ville; *todos los caminos llevan a Roma* tous les chemins mènent à Rome || porter; *lleva un vestido precioso* elle porte une robe ravissante; *ya no lleva luto* il ne porte plus le deuil || avoir [sur soi] (dinero); *llevo treinta pesetas* j'ai sur moi trente pesetas || avoir, remporter; *este número lleva premio* ce numéro remporte un prix || avoir; *llevar mala conducta* avoir une mauvaise conduite || avoir; *este vestido no lleva cinturón* cette robe n'a pas de ceinture || demander, prendre (durar); *me llevó un día este artículo* cet article m'a demandé une journée || être depuis; *lleva un mes en la cama* il est au lit depuis un mois; *llevamos aquí diez años* nous sommes ici depuis dix ans; *lleva cinco años de coronel* il est colonel depuis cinq ans; *el restaurante llevaba abierto diez años* le restaurant était ouvert depuis dix ans || contenir (contener); *este vino lleva muchas heces* ce vin contient beaucoup de lie || demander, faire payer, prendre; *no me ha llevado caro el sastre* le tailleur ne m'a pas pris cher || amener, présenter (una persona a otra) || être chargé de, s'occuper de (encargarse) || conduire, diriger, mener; *lleva bien su negocio* il mène bien ses affaires || tenir; *llevar las cuentas, los libros* tenir les comptes, les livres || présenter, renfermer; *este negocio lleva muchas dificultades* cette affaire présente de nombreuses difficultés || amener, causer (ocasionar); *eso te llevará muchos sinsabores* cela va t'amener bien des désagréments || conduire, mener, entraîner; *¿adónde nos lleva la guerra?* où la guerre nous mène-t-elle?; *dejarse llevar* se laisser entraîner || louer, prendre à bail (una finca) || mener, guider (un caballo) || MAT retenir (un número); *veintitrés, pongo tres y me llevo dos* vingt-trois, je pose trois et je retiens deux || avoir; *llevar estudiado* avoir étudié; *llevo el trabajo hecho* j'ai fait tout mon travail || avoir de plus (exceder en años, altura, puntos, etc.); *su hijo me lleva dos años* son fils a deux ans de plus que moi || avoir une avance de, devancer de; *su coche me lleva diez kilómetros* sa voiture a dix kilomètres d'avance sur la mienne || — *llevar a cabo* mener à bien o à bonne fin (ejecutar), réaliser (realizar), effectuer (efectuar), venir à bout de (concluir) || *llevar a cuestas* porter sur le dos (un bulto), porter sur les épaules (una responsabilidad) || *llevar adelante* pousser, mener, faire vivre; *llevar la familia adelante* faire vivre la famille; faire marcher; *llevar la casa adelante* faire marcher la maison; poursuivre, mener à bien (una tarea) || *llevar a los tribunales* mener devant les tribunaux, appeler en justice || *llevar a mal* être mécontent de || *llevar bien su barca* bien mener sa barque || *llevar consigo* emporter (una cosa), emmener (una persona), entraîner (acarrear) || *llevar de la mano a* donner la main à, tenir par la main || *llevar demasiado lejos* mener trop loin || *llevar el compás* battre la mesure (con la mano), suivre le rythme (bailando) || *llevar en peso* porter à bout de bras || *llevar haciendo algo una hora* faire quelque chose depuis une heure || *llevar idea de* avoir l'intention de || *llevar la batuta* diriger l'orchestre (una orquesta), avoir la haute main sur, faire la pluie et le beau temps, mener la danse (dirigir un asunto) || *llevar la contraria a uno* contrarier quelqu'un, faire obstacle à quelqu'un (poner obstáculo), contredire (contradecir) || *llevar la mejor parte* avoir le dessus || *llevar las de ganar* avoir tous les atouts dans son jeu, avoir la partie belle || *llevar las de perder* n'avoir aucune chance || FIG *llevar la voz cantante* tenir les rênes (gobernando), mener la danse (hablando) || *llevar lo mejor* l'emporter, avoir le dessus || *llevar lo peor* avoir le dessous || *llevar por delante* s'occuper de (ocuparse de) || *llevar siempre la contraria* avoir l'esprit de contradiction || *llevar su cruz* porter sa croix || *llevar su mal con paciencia* prendre son mal en patience || *llevar su merecido* avoir ce qu'on mérite o son dû || *llevar ventaja a* l'emporter sur || FAM *llevar y traer* cancaner, faire des commérages | *no llevarlas todas consigo* ne pas en mener large | *ser difícil de llevar* être difficile; *este niño es difícil de llevar* cet enfant est difficile; difficile à mener; difficile à tenir; difficile à porter; *traje difícil de llevar* toilette difficile à porter; difficile à suivre; *compás difícil de llevar* rythme difficile à suivre.

◆ v pr emporter; *se llevó mis libros* il a emporté mes livres; *una fiebre se lo llevó* une fièvre l'emporta || reporter; *llevarse un premio* remporter un prix || obtenir, gagner; *en esta operación se ha llevado un millón de pesetas* dans cette opération il a gagné un million de pesetas || se porter (estilarse); *esos sombreros ya no se llevan* ces chapeaux ne se portent plus || retenir (en aritmética) || FAM avoir; *llevarse un susto* avoir peur; *llevarse un disgusto* avoir une contrariété | recevoir; *llevarse un bastonazo* recevoir un coup de bâton || — *llevarse bien, mal* s'entendre bien, mal || *llevarse como perro y gato* s'entendre comme chien et chat || *llevarse el gato al agua* emporter le morceau || *llevarse la mejor parte* prendre la meilleure part || *llevarse la palma* remporter la palme || *llevarse un chasco* avoir une déception, être profondément déçu || FAM *no tener qué llevarse a la boca* ne rien avoir à se mettre sous la dent | *¡que se lo lleve el diablo!* que le diable vous emporte o l'emporte! || *se lleva todo por delante* rien ne l'arrête.

llorado, da *adj* regretté, e; *el llorado García Lorca* le regretté García Lorca.

llorar *v intr* pleurer; *no lloréis por mí* ne pleurez pas sur moi || — *tonto de llorar* bête à pleurer || — *allí será el llorar y el crujir de dientes* il y aura des pleurs et des grincements de dents || *el que no llora no mama* qui ne demande rien n'a rien || *llorar a lágrima viva* ou *a mares* ou *a moco tendido* pleurer à chaudes larmes || *llorar de risa* rire aux larmes || *romper a llorar* éclater en sanglots, fondre en larmes.

◆ v tr pleurer; *llorar la muerte de un amigo* pleurer la mort d'un ami || pleurer sur; *llorar sus desgracias* pleurer sur ses malheurs.

llorera *f* FAM pleurnichement *m*, pleurnicherie *f*.

llorica; lloricón, ona *adj y s* pleurnicheur, euse.

lloriquear *v intr* pleurnicher.

lloriqueo *m* pleurnichement, pleurnicherie *f*.

lloro *m* pleurs *pl*, larmes *f pl*.

llorón, ona *adj y s* pleurnicheur, euse; pleureur, euse | *sauce llorón* saule pleureur (árbol).

◆ *m* plumet (penacho).

◆ *f* pleureuse (plañidera) || *(amer)* éperon *m* (espuela).

lloroso, sa *adj* éploré, e; en pleurs (llorando) || larmoyant, e (ojos, voz) || rouge (ojos encendidos) || triste, affligeant, e (triste).

llover* *v impers* pleuvoir || *llover a cántaros* ou *a chorros* ou *a chuzos* ou *a mares* pleuvoir à verse o à seaux o à torrents, tomber des cordes o des hallebardes || FIG *llueve sobre mojado* ce n'est pas la première fois || — FIG *como quien oye llover* comme si je chantais | *como llovido ou llovido del cielo* tombé du ciel | *mucho ha llovido desde entonces* il a coulé de l'eau sous les ponts | *nunca llueve a gusto de todos* il est difficile de contenter tout le monde.

◆ v intr FIG pleuvoir (desgracias, etc.).

◆ v pr laisser passer l'eau (un techo).

llovizna *f* bruine, crachin *m*, pluie fine.

lloviznar *v impers* bruiner.

lluvia *f* pluie; *el barómetro indica lluvia* le baromètre est à la pluie; *agua de lluvia* eau de pluie || FIG pluie, grêle; *lluvia de pedradas* une grêle de pierres || *lluvia ácida* pluies acides || *lluvia artificial* pluie artificielle || *lluvia de estrellas* pluie d'étoiles || *lluvia de oro* cytise (árbol) || *lluvia de palos* volée de coups de bâton || *lluvia meona* bruine || *lluvia monzónica* pluie de mousson || *lluvia radiactiva* retombées radioactives.

lluvioso, sa *adj* pluvieux, euse.

m *f* m *m*.

Maastricht *n pr* GEOGR Maastricht, Maëstricht ‖ *tratado de Maastricht* traité de Maastricht.

mabinga *f (amer)* fumier *m* (estiércol) ‖ FAM mauvais tabac *m*.

maca *f* tache sur un fruit, tavelure (en una fruta) ‖ mâchure (de prendas de lana) ‖ FIG défaut *m* (defecto).

macabro, bra *adj* macabre; *danza macabra* danse macabre.

macaco, ca *adj (amer)* laid, e; difforme (feo) | bête, niais, e; idiot, e (necio).
- *m* ZOOL macaque (mono) ‖ FIG & FAM macaque, singe (hombre feo) ‖ *(amer)* croquemitaine (coco).
- *f* ZOOL macaque *m* femelle ‖ FAM *(amer)* cuite (borrachera).

macadam; macadán *m (p us)* macadam; *revestir de macadán* revêtir de macadam.

macana *f* massue des Indiens d'Amérique (arma) ‖ FIG & FAM vieux machin *m*, truc *m* (cosa deteriorada) | vieillerie, clou *m* (antigualla) | rossignol *m* (cosa invendible) ‖ *(amer)* gourdin *m* (garrote) | matraque, massue (porra) | bourde, blague (despropósito) | mensonge *m* (mentira).
- *interj* FAM *(amer)* ce sont des histoires! ‖ *(amer)* FAM ¡qué macana! quel dommage! ‖ ¡que se deje de macanas! pas d'histoires!, pas de blagues!

macanudo, da *adj* FAM formidable, épatant, e; extraordinaire, du tonnerre (extraordinario) ‖ *(amer)* ¡macanudo! d'accord, parfait!

Macao *n pr* GEOGR Macao.

macareno, na *adj y s* du quartier de la Macarena [à Séville].

macarra *adj* FAM craignos, vulgaire.
- *m* FAM maquereau (chulo) | loubard (pendenciero).

macarrón *m* macaron (pastel) ‖ MAR macaron.
- *pl* macaroni *inv*.

macarrónico, ca *adj* FAM macaronique ‖ *latín macarrónico* latin de cuisine.

macedonia *f* CULIN macédoine (de verduras, de frutas).

Macedonia *n pr f* GEOGR Macédoine.

macedónico, ca; macedonio, nia *adj* macédonien, enne.

macedonio, nia *m y f* Macédonien, enne.

macegual *m (amer)* paysan indien.

maceración *f* macération ‖ FIG macération (mortificación).

macerador *m* macérateur.

macerar *v tr* macérer, faire macérer; *macerar frutas* faire macérer des fruits.

- *v pr* FIG se mortifier.

maceta *f* pot *m* à fleurs (tiesto) ‖ pot *m* de fleurs (llena de flores) ‖ petit maillet *m* (mazo pequeño) ‖ manche *m* (mango) ‖ masse (martillo de escultor) ‖ BOT corymbe *m*.
- *adj (amer)* aux pattes noueuses (caballo).

macetero *m* jardinière *f*, meuble portant des pots de fleurs ‖ *(amer)* pot à fleurs (tiesto).

macetón *m* grand pot à fleurs (tiesto) ‖ caisse *f* à fleurs (caja).

macfarlán; macferlán *m* macfarlane (abrigo sin mangas).

macilento, ta *adj* émacié, e; hâve; *rostro macilento* visage émacié.

macillo *m* marteau (del piano).

macizar *v tr* combler, remplir (rellenar).

macizo, za *adj* massif, ive; *de oro macizo* en or massif ‖ FIG solide (sólido); *argumentos macizos* arguments solides.
- *m* massif (de montañas) ‖ bloc (de edificios) ‖ massif (de plantas) ‖ ARQ trumeau.

macramé *m* macramé.

macro *f* INFORM macro.

macrobiótico, ca *adj y s f* macrobiotique.

macrocardia *f* MED cardiomégalie.

macrocefalia *f* MED macrocéphalie.

macrocosmo *m* macrocosme (universo).

macroeconomía *f* ECON macroéconomie.

macrófago, ga *adj y s m* macrophage (destructor de células).

macrofotografía *f* macrophotographie.

macromolécula *f* macromolécule.

macromolecular *adj* macromoléculaire.

macroscópico, ca *adj* macroscopique.

macrosegmento *m* élément suprasegmental (fonética).

macuachi *m (amer)* indien misérable et sans instruction.

mácula *f* macule, tache (mancha) ‖ macula (del ojo) ‖ IMPR macule ‖ FIG tache, souillure.

macular *v tr* maculer, souiller.

macuto *m* sac à dos (mochila) ‖ MIL havresac.

machaca *f* pilon *m* (para machacar) ‖ broyeur *m* (para moler).
- *m y f* FIG & FAM raseur, euse (persona pesada).

machacador, ra *adj y s* pileur, euse (que machaca) ‖ broyeur, euse (que muele) ‖ batteur, euse (que bate).
- *f* broyeur *m*, concasseur *m*.

machacante *m* FAM pièce *f* de cinq pesetas (moneda) ‖ MIL ordonnance *f* (soldado).

machacar; machaquear *v tr* piler (en un mortero) ‖ broyer, écraser (moler) ‖ MIL pilonner (bombardear) ‖ FIG & FAM répéter, rabâcher, ressasser (repetir) ‖ — FIG *hay que machacar el hierro mientras está caliente* il faut battre le fer pendant qu'il est chaud | *machacando se aprende el oficio* c'est en forgeant qu'on devient forgeron | *machacar en hierro frío* donner des coups d'épée dans l'eau | *machacar los oídos* rebattre les oreilles.
◆ *v intr* FIG & FAM être assommant, e (aburrir) | rabâcher (repetir) | potasser, bûcher (estudiar con ahínco).

machacón, ona *adj y s* FAM rabâcheur, euse; ressasseur, euse (que repite) | raseur, euse (pesado) | bûcheur, euse (muy estudioso) ‖ *con machacona frecuencia* avec une fréquence obsédante.

machaconería; machaquería *f* FAM rabâchage *m*, ressassage *m* (insistencia).

machada *f* troupeau *m* de boucs ‖ FIG & FAM sottise, crétinerie (necedad) | action virile (hombrada).

machamartillo (a) *loc adv* solidement (con solidez) ‖ FIG obstinément ‖ — *creer a machamartillo* croire dur comme fer ‖ *cristianos a machamartillo* chrétiens convaincus ‖ *repetir a machamartillo* répéter sur tous les tons.

machaquear *v tr* → **machacar**.

machaqueo *m* pilage (trituración) ‖ broyage (molido) ‖ MIL pilonnage (bombardeo intenso) ‖ FIG & FAM rabâchage (insistencia).

machaquería *f* → **machaconería**.

machetazo *m* coup de coutelas.

machete *m* machette *f*, sabre d'abattis (espada corta) ‖ coutelas (cuchillo).

machetear *v tr* donner des coups de machette (sable) *o* de coutelas (cuchillo de monte).
◆ *v intr* planter des pieux (clavar estacas) ‖ *(amer)* insister (porfiar) | travailler (trabajar) | bûcher (empollar).

machetero *m* défricheur armé d'une machette (que desmonta) ‖ coupeur de canne à sucre (que corta la caña) ‖ *(amer)* manœuvre (peón) | bûcheur (empollón).

machiega *adj f* *abeja machiega* reine des abeilles.

machihembrar *v tr* assembler, emboîter (carpintería).

machicuepa *f* *(amer)* cabriole, culbute (voltereta) | FIG volte-face (en política).

machismo *m* machisme.

machista *adj y s* machiste.

macho *adj m* mâle; *flor macho* fleur mâle ‖ FIG fort (fuerte); *vino macho* vin fort | viril ‖ TECN mâle.
◆ *m* mâle ‖ mulet (mulo) ‖ crochet (de un corchete) ‖ gland (borla) ‖ FIG sot, âne (necio) | macho (hombre autoritario) ‖ ARQ pied-droit, piédroit, pilier (pilar) ‖ TECN pièce *f* mâle (pieza que penetra en otra) | tenon (espiga) | martinet (maza) | banc d'enclume (banco del yunque) | enclume *f* (yunque) ‖ — *macho cabrío* bouc ‖ TECN *macho de aterrajar* ou *de roscar* taraud.

machón *m* ARQ pied-droit, piédroit, pilier (macho).

machorra *f* femelle stérile *o* bréhaigne ‖ FAM virago, femme hommasse (marimacho).

machota *f* mailloche, maillet *m* (mazo) ‖ garçonne, femme *o* fille qui n'a pas froid aux yeux (valiente) ‖ FAM virago (marimacho).

machote *m* mailloche *f*, maillet (mazo) ‖ *(amer)* brouillon (borrador) | borne *f* (mojón) ‖ *dárselas de machote* jouer les durs.
◆ *adj* m viril ‖ courageux (valiente).

Machu Picchu *n pr* GEOGR Machu Picchu.

Madagascar *n pr* GEOGR Madagascar.

madama *f* madame ‖ *(amer)* balsamine (flor) ‖ POP mère maquerelle.
— OBSERV Cette forme espagnolisée du français *madame* s'emploie rarement pour *señora mía*.

Madeira *n pr* GEOGR Madère.

madeja *f* écheveau *m* ‖ FIG touffe (de pelo) ‖ FIG & FAM lavette, chiffe molle (hombre sin vigor) ‖ *enredarse la madeja* se compliquer, s'embrouiller [une affaire].

madera *f* bois *m*; *madera blanca, en rollo, seca* bois blanc, en grume, mort ‖ corne (del casco de las caballerías) ‖ FIG & FAM étoffe, aptitudes *pl*, dispositions *pl*; *tener madera* avoir de l'étoffe ‖ — *a media madera* à mi-bois ‖ — *madera alburente* aubier ‖ *madera anegadiza* bois canard ‖ *madera aserradiza* bois de sciage ‖ *madera de construcción* bois de charpente *o* de construction *o* d'œuvre ‖ *madera contrachapeada* contre-plaqué ‖ *madera de trepa* bois veiné ‖ *madera fósil* lignite ‖ — FIG *no ser de madera de palo* ne pas être de bois | *tener buena madera para pintor* avoir tout ce qu'il faut *o* de l'étoffe pour être un bon peintre *o* des aptitudes pour la peinture | *tocar madera* toucher du bois.
◆ *m* madère (vino).

Madera *n pr f* Madère (isla).

maderaje; maderamen *m* charpente *f* (armazón) ‖ boisage (enmaderamiento).

maderero *m* marchand de bois ‖ flotteur (conductor de la maderada) ‖ charpentier (carpintero).

maderero, ra *adj* du bois.

madero *m* madrier, pièce *f* de bois ‖ FIG navire, embarcation *f* (buque) ‖ FAM bûche *f*, souche *f*, soliveau (necio) ‖ POP flic (policía).

madona *f* madone (virgen).

madrás *m* madras (tejido).

madrastra *f* belle-mère, marâtre ‖ FIG marâtre (madre mala).
— OBSERV *Madrastra* désigne la seconde femme du père: *belle-mère* au sens de *mère du conjoint* se dit *suegra*.

madraza *f* FAM maman gâteau.

madrazo *m* *(amer)* grand *o* sacré coup.

madre *f* mère; *madre de familia* mère de famille ‖ mère (de los animales); *una leona madre* une mère lionne ‖ directrice (de un hospital) ‖ RELIG mère; *madre abadesa* mère abbesse ‖ FAM mère (mujer vieja); *la madre Juana* la mère Jeanne ‖ FIG mère (origen); *Grecia, madre de las artes* Grèce, mère des arts | mère; *la ociosidad es madre de todos los vicios* l'oisiveté est la mère de tous les vices ‖ matrice (matriz) ‖ FIG égout *m* collecteur (cloaca maestra) ‖ canal *m* d'irrigation principal (acequia) ‖ lie (del vino) ‖ mère (del vinagre) ‖ marc *m* (del café) ‖ TECN mèche (árbol del timón, del cabrestante) ‖ — FAM *ciento y la madre* une flopée de ‖ *día de la Madre* fête des mères ‖ *lengua madre* langue mère ‖ *madre adoptiva* mère adoptive ‖ *madre de alquiler* mère porteuse ‖ *madre de leche* nourrice ‖ ¡*madre mía!* mon Dieu! ‖ *madre Patria* mère patrie ‖ *madre política* belle-mère ‖ *madre soltera* fille-mère ‖ *la madre naturaleza* la nature ‖ *reina madre* reine mère || — FAM *ahí está la madre del cordero* voilà le nœud de l'affaire o la clef de l'énigme o le fin mot de l'histoire, tout est là | *como su madre le echó al mundo* ou *le parió* nu comme un ver, en costume d'Adam || FIG & FAM *sacar de madre a uno* impatienter quelqu'un, faire sortir quelqu'un de ses gonds || *salir de madre* sortir de son lit, déborder (río).

madreperla *f* huître perlière.

madrero, ra *adj* FAM *ser muy* ou *demasiado madrero* être toujours pendu aux jupes de sa mère.

madreselva *f* BOT chèvrefeuille *m*.

Madrid *n pr* GEOGR Madrid.

madrigado, da *adj* FIG & FAM expérimenté, e; habile.
- *adj f* remariée (mujer).
- *adj m* bon étalon (animal).

madrigal *m* POET madrigal.

madrigalesco, ca *adj* madrigalesque || FIG délicat, e; fin, e.

madriguera *f* terrier *m*, tanière || FIG repaire *m* (guarida).

madrileño, ña *adj* madrilène.
- *m y f* Madrilène.

Madriles (los) *n pr m pl* FAM Madrid.

madrina *f* marraine; *madrina de guerra* marraine de guerre || témoin *m* (de boda), témoin *m* (véase OBSERV) || FIG protectrice (protectora) || poteau *m*, pieu *m* (poste) || lanière qui unit le mors de deux chevaux (correa) || jument de tête [dans un troupeau] || MAR renfort *m* || (amer) animaux *m pl* domestiques dressés pour conduire un troupeau sauvage.
— OBSERV En Espagne, en plus de la *madrina* et du *padrino*, qui jouent le rôle de témoins le jour d'un mariage, il y a plusieurs *testigos*, parents ou amis des mariés, qui signent à la fin de la cérémonie et sont témoins devant la loi du mariage auquel ils ont assisté.

madrinazgo *m* parrainage.

madroncillo *m* fraise *f* (fruta).

madroñal *m*; **madroñera** *f* lieu *m* planté d'arbousiers.

madroño *m* BOT arbousier (árbol) | arbouse *f* (fruto del madroño) || pompon, gland (borlita) || *la villa del oso y del madroño* Madrid.

madrugada *f* aube, petit matin *m*, petit jour *m* (alba) || matin *m*; *a las dos de la madrugada* à deux heures du matin || lever *m* matinal (acción de madrugar) || *de madrugada* à l'aube, de bon o de grand matin, au petit jour, au petit matin.

madrugador, ra *adj* matinal, e; *ser madrugador* être matinal.
- *m y f* personne *f* matinale.

madrugar *v intr* se lever de bonne heure || — *a quien madruga Dios le ayuda* aide-toi, le ciel t'aidera || *no por mucho madrugar amanece más temprano* chaque chose en son temps, rien ne sert de courir il faut partir à point o à temps.

madrugón, ona *adj* matinal, e.
- *m* lever matinal || *darse un madrugón* se lever de très bonne heure o à l'aube o de bon matin.

maduración *f* maturation, mûrissage *m*, mûrissement *m*.

madurar *v tr* mûrir || FIG mûrir; *madurar un proyecto* mûrir un projet.
- *v intr* mûrir.

madurativo, va *adj* qui fait mûrir || MED qui hâte la formation du pus.
- *m* FIG & FAM moyen énergique (medio).

madurez *f* maturité || FIG maturité (juicio).

maduro, ra *adj* mûr, e; *juicio maduro* esprit mûr; *edad madura* âge mûr || *maduro en años* d'âge mûr.

maese *m* (ant) maître (maestro); *maese Pedro* maître Pierre || FAM *maese Zorro* maître Renart.

maestra *f* maîtresse d'école, institutrice || femme de l'instituteur (esposa del maestro) || professeur *m*; *maestra de piano* professeur de piano || école [de filles] || *ir a la maestra* aller à l'école || reine des abeilles (abeja maestra) || FIG apprentissage *m*; *la desgracia es la mejor maestra del hombre* le malheur est le meilleur apprentissage de l'homme || TECN maîtresse ligne (la que sirve de guía) || *maestra de escuela* ou *de primeras letras* maîtresse d'école, institutrice.

maestranza *f* société d'équitation (sociedad de equitación) || MAR maistrance || MIL ateliers *m pl* militaires (talleres) | corps *m* des ouvriers d'une armée (operarios).

maestrazgo *m* maîtrise *f*, dignité *f* de grand-maître || magistère (en la Orden de Malta).

maestre *m* maître [d'un ordre militaire]; *el maestre de Santiago* le maître de Santiago; *gran maestre* grand maître || — (ant) *maestre de campo* mestre de camp || MAR *maestre de jarcia* maître chargé.

maestresala *m* maître d'hôtel.

maestría *f* maîtrise || maestria; *pintar con maestría* peindre avec maestria.

maestrillo *m* maître d'école || — FIG *cada maestrillo tiene su librillo* à chaque fou sa marotte.

maestro, tra *adj* maître, esse || dressé, e (adiestrado); *perro maestro* chien dressé || — *clavija maestra* cheville ouvrière | *cuaderna maestra* maître couple || — *con* ou *de mano maestra* de main de maître || *golpe maestro* coup de maître || *llave maestra* passe-partout || *obra maestra* chef-d'œuvre || MAR *palo maestro* grand mât || *pared maestra* mur porteur || *viga maestra* poutre maîtresse.
- *m* maître (de un arte); *maestro de armas* ou *de esgrima* maître d'armes; *maestro armero* maître armurier || instituteur, maître d'école (profesor de primera enseñanza) || professeur (de una disciplina); *maestro de inglés* professeur d'anglais || maître (práctico); *maestro sastre* maître tailleur || maître; *inspirarse en los maestros* s'inspirer des maîtres || MAR maître || MÚS maestro || TAUROM matador || — *maestro de baile* maître à danser (ant), maître de ballet (en un teatro) || *maestro de capilla* maître de chapelle || *maestro de ceremonias* maître de cérémonies || *maestro de cocina* chef, maître queux (cocinero) || *maestro de escuela* maître d'école, instituteur || *maestro de obras* entrepreneur, chef de chantier, maître d'œuvre (ant) || *gran maestro* grand maître (de ceremonias) || *hablar como maestro* parler en maître || *ser maestro* ou *maestro consumado en el arte de* être passé maître en o dans l'art de.

maffia; **mafia** *f* maffia.

mafioso, sa *adj* mafieux, euse; maffieux, euse.
- *m y f* mafioso *m*, maffioso *m*.

Magallanes *n pr* HIST Magellan || GEOGR *estrecho de Magallanes* détroit de Magellan.

magallánico, ca *adj* magellanique.

magaña *f* ruse, astuce (ardid) ‖ piège *m* (trampa) ‖ défaut *m* dans l'âme d'un canon (cañón).

magazín; magazine *m* magazine (revista ilustrada) ‖ magazine (programa de radio o televisión).

magdalena *f* madeleine (pastel) ‖ FIG fille repentie (mujer arrepentida).

Magdalena *n pr f* Madeleine ‖ FIG & FAM *estar hecho una Magdalena, llorar como una Magdalena* pleurer comme une Madeleine.

magenta *adj inv y s m* magenta.

magia *f* magie; *magia blanca, negra* magie blanche, noire ‖ FIG magie, envoûtement *m*, charme *m* (encanto) ‖ *por arte de magia* comme par enchantement, par l'opération du Saint-Esprit.

magiar *adj* magyar, e.
◆ *m y f* Magyar.

mágico, ca *adj* magique; *poder mágico* pouvoir magique ‖ FIG magique, merveilleux, euse ‖ *varita mágica* baguette magique.
◆ *m y f* magicien, enne (mago).
◆ *f* magie (magia).

magisterial *adj* du magistère, de l'enseignement.

magisterio *m* magistère, enseignement (enseñanza) ‖ corps enseignant, enseignants *pl*, instituteurs *pl* (conjunto de maestros) ‖ profession *f* d'instituteur (empleo) ‖ FIG gravité *f* affectée.

magistrado, da *m y f* magistrat *m* ‖ *los jueces y magistrados* la magistrature assise *o* au siège.

magistral *adj* magistral, e; *en tono magistral* d'un ton magistral.
◆ *m* médicament magistral (medicamento).

magistratura *f* magistrature ‖ — *jueces de la Magistratura del Trabajo* juges prud'homaux ‖ *Magistratura del Trabajo* conseil des prud'hommes.

magma *m* magma.

magmático, ca *adj* magmatique.

magnanimidad *f* magnanimité.

magnánimo, ma *adj* magnanime.

magnate *m* magnat.

magnesia *f* QUÍM magnésie.

magnesio *m* magnésium (metal).

magnesita *f* magnésite, écume de mer.

magnético, ca *adj* magnétique.

magnetismo *m* magnétisme ‖ — *magnetismo animal* magnétisme animal (hipnotismo) ‖ *magnetismo terrestre* magnétisme terrestre.

magnetización *f* magnétisation.

magnetizador, ra *m y f* magnétiseur, euse.

magnetizar *v tr* magnétiser.

magnetodinámico, ca *adj* ELECTR magnétodynamique.

magnetófono *m* magnétophone.

magnetoscopio *m* magnétoscope.

magnetosfera *f* magnétosphère.

magnicida *m* magnicide (criminal).

magnicidio *m* magnicide (crimen).

magnificación *f* glorification, fait *m* de magnifier.

magnificar *v tr* magnifier.

magníficat *m* magnificat (himno).

magnificencia *f* magnificence.

magnificente *adj* magnifique.

magnífico, ca *adj* magnifique ‖ *el Rector Magnífico* monsieur le recteur.

magnitud *f* grandeur (tamaño) ‖ FIG importance, grandeur; *potencia nuclear de primera magnitud* puissance nucléaire de première grandeur | envergure; *proyecto de gran magnitud* projet de grande envergure ‖ ASTR magnitude.

magno, na *adj* grand, e; *Alejandro Magno* Alexandre le Grand; *Carta Magna* Grande Charte; *Magna Grecia* Grande-Grèce ‖ *aula magna* grand amphithéâtre.

magnolia *f* BOT magnolia *m* (flor) | magnolier *m* (árbol).

magnolio *m* magnolier (árbol).

mago, ga *adj y s m* mage; *los Reyes Magos* les Rois Mages ‖ magicien, enne (que ejerce la magia); *Simón el Mago* Simon le Magicien ‖ FIG *no ser un mago* ne pas être grand sorcier.

magostar *v tr* griller [des marrons].

magra *f* tranche de jambon.

magrear *v tr* POP peloter.

magreo *m* POP papouille *f*.

Magreb *n pr m* GEOGR Maghreb.

magro, gra *adj* maigre.
◆ *m* maigre (carne).

magulladura *f*; **magullamiento** *m* meurtrissure *f*.

magullar *v tr* meurtrir, contusionner (una persona) ‖ meurtrir, abîmer (una fruta).

maharajá *m* maharajah, maharadjah.
— OBSERV En francés y en español el femenino hace *maharani*.

mahatma *m* mahatma.

mah-jong *m* mah-jong (juego chino).

Mahoma *n pr m* Mahomet.

mahometano, na *adj y s* mahométan, e.

mahonés, esa *adj y s* mahonnais, e.
◆ *f* BOT giroflée de Mahon ‖ mayonnaise (salsa).

maicena *f* CULIN maïzena.

mailing *m* mailing, publipostage.

maillot *m* DEP maillot; *maillot amarillo* maillot jaune (ciclismo).

maimón *m* singe (mico).
◆ *pl* potage *sing* andalou à l'huile avec des morceaux de pain.

maitines *m pl* matines *f*; *cantar maitines* chanter matines; *llamar* ou *tocar a maitines* sonner les matines.

maître *m* CULIN chef.

maíz *m* maïs; *maíz tostado* maïs grillé ‖ — *maíz de Guinea* sorgho (zahína) ‖ *roseta de maíz* pop-corn, maïs éclaté.

maizal *m* champ de maïs.

maja *f* jeune élégante (mujer) ‖ pilon *m* (del mortero).

majadería *f* bourde, sottise, bêtise (necedad).

majadero, ra *adj y s* sot, sotte, imbécile (necio).
◆ *m* pilon (maza) ‖ fuseau (majaderillo).

majar *v tr* piler, broyer; *majar algo en el mortero* broyer quelque chose dans le mortier ‖ FIG & FAM embêter, assommer, casser les pieds (aburrir) | battre (pegar) | écraser; *majar un ejército* écraser une armée ‖ FIG *majar a palos* rouer de coups.

majareta *adj y s* FAM cinglé, e; maboule; toqué, e (loco).

majestad *f* majesté || — *su Divina Majestad* Dieu (Dios) || *su Graciosa Majestad* Sa Très Gracieuse Majesté || *su Majestad Católica* Sa Majesté catholique || *su Majestad Cristianísima* Sa Majesté très chrétienne.

majestuosidad *f* majesté; *la majestuosidad de su cara* la majesté de son visage.

majestuoso, sa *adj* majestueux, euse.

majo, ja *adj y s* élégant, e (dicho de gentes del pueblo) [voir OBSERV].
◆ *adj* FAM bien mis, e; chic *inv* (compuesto); *ir muy majo* être très chic | mignon, onne (mono) | joli, e; beau, belle (hermoso) | sympathique.
◆ *interj m* FAM mon vieux!
◆ *interj f* ma belle!
— OBSERV *Majo* s'est appliqué surtout, au XVIIIe siècle, aux jeunes gens du peuple qui adoptaient l'élégance et la liberté d'allures de la noblesse, tels que les a représentés Goya.

majorette *f* majorette.

majuelo *m* BOT aubépine *f*|| jeune plant de vigne (viña nueva).

mal *adj* mauvais, e; *mal humor* mauvaise humeur || *mal color* mauvaise mine (mala cara).
◆ *m* mal || malheur, mal (desgracia); *los males de la guerra* les malheurs *o* les maux de la guerre || — *mal caduco, mal de corazón* mal caduc, haut mal || *mal de la rosa* pellagre || *mal de la tierra* mal du pays || *mal de madre* hystérie || *mal de montaña* mal des montagnes || *mal de ojo* mauvais œil || *mal de orina* incontinence d'urine || *mal de piedra* maladie de la pierre, gravelle || *mal de San Lázaro* éléphantiasis || *mal de San Vito* danse de Saint-Gui || *mal francés* mal napolitain, syphilis || *mal menor* pis-aller || — *a grandes males grandes remedios* aux grands maux, les grands remèdes || *de mal en peor* de mal en pis || *del mal el menos* de deux maux il faut choisir le moindre || *mal de muchos, consuelo de tontos* on se console comme on peut || *por mal que venga* au pis aller || — *acogerse al mal menor* choisir le moindre mal || *hacer mucho mal* faire beaucoup de mal (hacer daño) || *llevar a mal una cosa* mal supporter quelque chose || *¡mal haya!* maudit soit! || *no hay mal que dure cien años* tout finit par s'arranger || *no hay mal que por bien no venga* à quelque chose malheur est bon || *ser un mal a medias* n'être qu'un demi-mal || *tomar a mal* prendre en mal, mal prendre, prendre en mauvaise part; *ha tomado a mal mi broma* il a mal pris ma plaisanterie.
◆ *adv* mal; *escribir mal* écrire mal || mauvais; *oler mal* sentir mauvais || difficilement; *mal puede ayudarme* il peut difficilement m'aider || — *mal de mi grado* malgré moi, contre mon gré || *mal que bien* tant bien que mal, vaille que vaille || *mal que le pese* ne vous en déplaise || *menos mal que* heureusement que, encore heureux que (fam); *menos mal que has venido* heureusement que tu es venu, encore heureux que tu sois venu || *¡menos mal!* heureusement! || — *caer* ou *venir mal* tomber mal || *decir* ou *hablar mal de uno* dire du mal de quelqu'un || *estar a mal con alguien* être mal avec quelqu'un || *hacer mal* faire mal, mal faire; *hacer mal su trabajo* mal faire son travail; avoir tort; *mal faire; hiciste mal obrando así* tu as mal fait *o* tu as eu tort d'agir ainsi; *hace mal en reír* il a tort de rire || *no está mal* ce n'est pas mal || *por mal que le vaya* au pis aller || *salir mal* échouer || *ser un mal pensado* avoir l'esprit mal tourné || *si mal no recuerdo* si j'ai bonne mémoire || *sin pensar mal* sans penser à mal || *va de mal en peor* ça va de mal en pis, ça va de plus en plus mal, ça ne fait que croître et embellir.
— OBSERV *Mal*, adjectif, est l'apocope de *malo* lorsque celui-ci est placé devant un substantif masculin.

malabar *adj y s* malabare, malabre *(p us)* || — *hacer juegos malabares* jongler, faire des tours d'adresse (en el circo), jongler; *hacer juegos malabares con las palabras* jongler avec les mots || *juegos malabares* jongleries, tours d'adresse.

malabárico, ca *adj y s* malabare.

malabarismo *m* jongleries *f pl*, tours *pl* d'adresse || FIG haute voltige *f* || *hacer malabarismos con* jongler avec; *hacer malabarismos con los números* jongler avec les chiffres.

malabarista *m y f* jongleur, euse || *(amer)* voleur adroit.

malacia *f* MED malacie, malacia.

malacitano, na *adj y s* (ant) de Malaga.

malaconsejado, da *adj* mal conseillé, e.

malacostumbrado, da *adj* qui a de mauvaises habitudes || mal élevé, e (mal criado) || gâté, e (mimado).

malacostumbrar *v tr* donner de mauvaises habitudes (viciar) || gâter (mimar).

malacrianza *f* mauvaise éducation.

málaga *m* malaga (vino).

Málaga *n pr* GEOGR Malaga || FIG & FAM *salir de Málaga para entrar en Malagón* tomber de Charybde en Scylla.

malage *m* fadeur *f*, manque de sel *o* de charme || — *cantó con malage* il a chanté sans grâce || *es un malage* c'est un empoisonneur.

malagueño, ña *adj y s* malaguène, habitant, e de Malaga.

Malaisia *n pr* GEOGR Malaysia.

malaleche *f* FIG & POP caractère *m* de cochon.

malamente *adv* POP mal || *quedar malamente* ne pas bien s'en tirer.

malandrín, ina *adj* coquin, e.
◆ *m* malandrin, coquin, mandrin.

malapata *m y f* FAM personne qui a la guigne *o* la poisse (gafe).
◆ *f* déveine, poisse, guigne (mala suerte).

malaquita *f* MIN malachite || *malaquita azul* azurite.

malaria *f* MED malaria, fièvre paludéenne, paludisme *m*.

malasangre *adj y s* malintentionné, e || FIG & FAM *hacerse (uno) malasangre* se faire du mauvais sang.

Malasia *n pr f* GEOGR Malaisie.

malasio, sia *adj* malais, e.
◆ *m y f* Malais, e.

malasombra *m y f* FAM empoisonneur, euse (guasa).
◆ *f* FAM poisse, guigne (mala suerte) || manque *m* de charme, fadeur (falta de gracia).

malatía *f* ladrerie, lèpre (lepra).

malaúva *f* malveillance.

malavenido, da *adj* en désaccord *o* en mauvais termes, qui s'entend mal.

malaventura; malaventuranza *f* malchance, malheur *m* (desventura).

malaventurado, da *adj y s* malchanceux, euse; malheureux, euse (desafortunado).
malaxación *f* malaxage *m*, malaxation.
malaxar *v tr* malaxer (amasar).
malayo, ya *adj y s* malais, e.
malcasado, da *adj* mauvais époux, mauvaise épouse ‖ mésallié, e (casado con una persona de clase o condición inferior) ‖ *estar malcasado* être mal marié.
malcasar *v tr* faire faire un mauvais mariage (con persona mal escogida) ‖ mésallier (con persona de condición inferior).
◆ *v pr* faire un mauvais mariage ‖ se mésallier.
malcomer *v intr* mal manger.
malcomido, da *adj* mal nourri, e (mal alimentado), sous-alimenté, e (poco alimentado).
malconsiderado, da *adj* méprisé, e; déconsidéré, e.
malcontento, ta *adj y s* mécontent, e; *malcontento con su suerte* mécontent de son sort.
◆ *m* sorte de jeu de l'écarté (naipes).
malcriado, da *adj y s* mal élevé, e; malappris, e.
malcriar *v tr* mal élever (educar mal) ‖ gâter (mimar).
maldad *f* méchanceté; *cometer maldades* faire des méchancetés.
maldecido, da *adj y s* méchant, e (malo) ‖ maudit, e (maldito).
maldecir* *v tr* maudire (echar maldiciones); *maldijo a su hijo* il maudit son fils.
◆ *v intr* médire, dire du mal (calumniar); *maldecir de alguien* médire de quelqu'un.
maldición *f* malédiction; *proferir una maldición* lancer une malédiction ‖ imprécation (imprecación) ‖ — *echar maldiciones contra uno* jeter sa malédiction sur quelqu'un, poursuivre quelqu'un de ses malédictions.
◆ *interj* malédiction!, malheur!
maldispuesto, ta *adj* indisposé, e (de salud) ‖ mal disposé, e (sin ganas).
maldita *f* FAM la langue, la bavarde.
maldito, ta *adj y s* maudit, e; damné, e (condenado); *¡id, malditos, al fuego eterno!* allez, maudits, au feu éternel!
◆ *adj* maudit, e; satané, e; sacré, e; *¡maldito tiempo!* maudit temps!; *¡maldito embustero!* sacré menteur! ‖ de malheur; *¡ese maldito individuo!* cet individu de malheur! ‖ malheureux, euse; *no tengo ni una maldita peseta* je n'ai même pas une malheureuse peseta ‖ — *maldita la gana que tengo* je n'en ai pas la moindre envie ‖ FAM *¡maldita sea!* merde alors! ‖ *no saber maldita la cosa* ne rien en savoir du tout.
Maldivas (islas) *n pr f pl* GEOGR îles Maldives.
maleabilizar *v tr* malléabiliser.
maleable *adj* malléable.
maleado, da *adj* corrompu, e; perverti, e.
maleante *adj* corrupteur, trice (que corrompe) ‖ pervers, e (perverso) ‖ malin, igne (maligno) ‖ *gente maleante* mauvais sujets.
◆ *m* mauvais sujet, malfaiteur (malhechor).
malear *v tr* corrompre ‖ FIG corrompre, pervertir.
◆ *v pr* se corrompre, se débaucher, se dévergonder.
malecón *m* jetée *f*, môle, digue *f* (dique).

maledicencia *f* médisance.
malediciente *adj y s* médisant, e.
maleducado, da *adj y s* mal élevé, e.
maleficencia *f* malfaisance.
maleficio *m* maléfice.
maléfico, ca *adj* malfaisant, e (dañino) ‖ maléfique (en astrología).
◆ *m y s* sorcier, ère (que hace maleficios).
malencarado, da *adj* mal élevé, e.
malentender* *v tr* mal interpréter, comprendre de travers.
malentendido, da *m* malentendu.
malestar *m* malaise; *sentir un malestar* éprouver un malaise ‖ FIG malaise (inquietud).
maleta *f* valise (ropa) ‖ coffre *m* à bagages (coche) ‖ — *hacer la maleta* faire ses valises (para un viaje), faire sa malle *o* ses malles *o* son paquet (irse).
◆ *m* empoté, mazette *f* (se dit surtout des mauvais toreros) ‖ (amer.) balluchon, baluchon (lío de ropa) | pauvre type (hombre despreciable).
maletera *f* (amer.) mallette, petite valise.
maletero *m* malletier (que hace maletas) ‖ coffre à bagages (coche) ‖ porteur (estaciones).
maletilla *m* FAM apprenti torero.
maletín *m* malette *f*, petite valise *f* ‖ trousse *f* (de médico, veterinario) ‖ — MIL *maletín de grupa* portemanteau ‖ *maletín de muestras* boîte à échantillons, marmotte (muestrario).
maletón *m* grande valise *f* (maleta grande).
malévolamente *adv* avec malveillance, malveillamment.
malevolencia *f* malveillance.
malévolo, la *adj* malveillant, e; malévole (*p us*).
maleza *f* mauvaises herbes *pl* (hierbas) ‖ broussailles *pl* (zarzas) ‖ fourré *m*, maquis *m* (arbustos) ‖ (amer.) pus *m*.
malformación *f* MED malformation.
malgache *adj* malgache (de Madagascar).
◆ *m y f* Malgache.
malgastador, ra *adj y s* gaspilleur, euse.
malgastar *v tr* gaspiller, dissiper (sus bienes) ‖ user (la salud).
malhablado, da *adj* grossier, ère; mal embouché, e (*fam*).
◆ *m y f* grossier personnage, personne grossière.
malhaya *adj* FAM maudit, e ‖ — *malhaya el que mal piense* honni soit qui mal y pense ‖ *malhaya sea* maudit soit.
malhecho, cha *adj* contrefait, e; difforme.
◆ *m* méfait.
malhechor, ra *adj* malfaisant, e.
◆ *m y f* malfaiteur, trice.
malherir* *v tr* blesser grièvement.
malhumor *m* mauvaise humeur *f*.
malhumorado, da *adj* de mauvaise humeur ‖ *responder con tono malhumorado* répondre avec mauvaise humeur *o* sur un ton desagréable *o* chagrin.
malhumorar *v tr* mettre de mauvaise humeur.
Malí *n pr* GEOGR Mali.
malicia *f* malignité, malice (perversidad) ‖ méchanceté (maldad) ‖ malice (astucia, sutileza) ‖ FIG & FAM *tener la malicia de que* avoir idée que, soupçonner que (tener recelo); *tengo la malicia de que*

malicioso

eso no es así j'ai idée qu'il pourrait bien ne pas en être ainsi.

malicioso, sa *adj* malicieux, euse || malicieux, euse; malin, igne (astuto).

malignidad *f* malignité.

maligno, na *adj* malin, igne (pernicioso); *fiebre maligna* fièvre maligne || pervers, e; *intención maligna* intention perverse || méchant, e (malo).

malilla *f* manille (juego) || *jugador de malilla* manilleur, joueur de manille.

Malinche *n pr f* (amer) Malinche [maîtresse indigène d'Hernán Cortés].

malinchismo *m* (amer) inclination *f* pour ce qui vient de l'étranger.

malintencionado, da *adj* malintentionné, e; malveillant, e.

malmirado, da *adj* mal vu, e || impoli, e; grossier, ère (descortés).

malnacido, da *adj y s* vil, e; mauvais, e.

malnutrición *f* malnutrition.

malnutrido, da *adj* sous-alimenté,e; malnutri, e.

malo, la *adj* mauvais, e (que no es bueno); *este vino está malo* ce vin est mauvais; *una acción mala* une mauvaise action; *las malas lecturas* les mauvaises lectures || méchant, e (inclinado al mal); *tu amigo es malo* ton ami est méchant; *malo con* ou *para* ou *para con sus hermanos* méchant envers o avec ses frères || malade, souffrant, e (enfermo); *estar malo* être malade || mauvais, e; désagréable; *vecinos muy malos* voisins très désagréables; *pasar un rato muy malo* passer un très mauvais moment || difficile (dificultoso); *este verso es malo de entender* ce vers est difficile à comprendre || FAM peu doué, e (sin habilidad); *soy malo para las matemáticas* je suis peu doué pour les mathématiques || vilain, e, espiègle (muchacho travieso) || — *mala cabeza* mauvaise tête || *mala estación* morte-saison || *mala jugada* sale tour || *¡mala suerte!* dommage!, pas de chance! || — *en mala hora* au mauvais moment (inoportunamente) || *los ángeles malos* les mauvais anges || *por las buenas o por las malas* de gré ou de force || *por las malas* de force || — FIG *andar a malas* être brouillé o à couteaux tirés || *dar mala vida* rendre o faire la vie dure || *eso es malo* c'est mal || FIG *estar de malas* ne pas avoir de chance, ne pas être en veine (en el juego), être de mauvaise humeur o de mauvais poil (fam) [de mal humor] | *estar de malas con la justicia* avoir maille à partir avec la justice || *más vale malo conocido que bueno por conocer* le mieux est l'ennemi du bien || *no hay oficio malo* il n'est pas de sot métier || FIG *poner mala cara* faire grise mine o une drôle de tête o de bouille (fam) | *ponerse de malas con alguien* se mettre mal avec quelqu'un || *tener mala cara* avoir mauvaise mine || *tener mala suerte* ne pas avoir de chance || FIG *venir de malas* être de mauvais humeur.

◆ *m* le Malin (el diablo) || le méchant (en una narración, película) || *lo malo es que* l'ennui c'est que.

◆ *interj* mauvais signe!

— OBSERV Il ne faut pas confondre *ser malo* être méchant, avec *estar malo* être malade, avoir mauvais goût.

malogrado, da *adj* malheureux, euse; infortuné, e [disparu avant d'avoir donné toute sa mesure]; *el malogrado poeta García Lorca* le malheureux poète García Lorca.

malograr *v tr* perdre, ne pas savoir profiter de, laisser passer; *malograr una ocasión* laisser passer une occasion || *malograr la vida* rater sa vie.

◆ *v pr* échouer, tourner court, tomber à l'eau (fracasar) || ne pas répondre aux espérances (autor, etc.) || être perdu, e (ocasión, tiempo) || avoir une mort prématurée (morir prematuramente) || AGRIC avorter.

malogro *m* échec, insuccès (fracaso) || perte *f* (pérdida) || AGRIC avortement.

maloliente *adj* malodorant, e; qui sent mauvais.

malora *adj* (amer) espiègle.

malorear *v intr* (amer) jouer de mauvais tours.

malparado, da *adj* maltraité, e; éprouvé, e || — *dejar malparado* mettre dans un piteux état; *Francisco dejó malparado a Juan* François a mis Jean dans un piteux état; éprouver sérieusement; *esta enfermedad le ha dejado malparado* cette maladie l'a sérieusement éprouvé || *salir malparado de un negocio* mal se tirer d'une affaire.

malparar *v tr* maltraiter, mettre mal en point.

malparida *f* femme qui fait une fausse couche.

malparir *v intr* faire une fausse couche (abortar).

malpasar *v intr* FAM avoir du mal à joindre les deux bouts.

malpensado, da *adj y s* qui a l'esprit mal tourné.

malquerencia *f* malveillance (malevolencia) || antipathie (antipatía).

malquerer *v tr* ne pas aimer.

malquerido, da *adj* mal aimé, e.

malsano, na *adj* malsain, e || maladif, ive.

malsonante *adj* malsonnant, e.

malsufrido, da *adj* peu endurant, e; malendurant, e.

malta *f* malt *m* (cebada) || (amer) bière brune (cerveza) || TECN *fábrica de malta* malterie.

Malta *n pr* GEOGR Malte; *caballero de Malta* chevalier de Malte.

maltear *v tr* TECN malter.

malteado *m* TECN maltage.

maltés, esa *adj* maltais, e.

◆ *m y f* Maltais, e.

maltosa *f* QUÍM maltose.

maltraer* *v tr* maltraiter, malmener || FIG *llevar* ou *traer a maltraer* en faire voir de toutes les couleurs.

maltratamiento; maltrato *m* mauvais traitement.

maltratar *v tr* maltraiter, malmener (tratar mal) || molester (importunar) || abîmer (echar a perder).

maltrecho, cha *adj* maltraité, e; en piteux état || *dejar maltrecho* malmener, maltraiter; *dejar maltrecho al enemigo* malmener l'ennemi.

maltusianismo *m* malthusianisme.

maltusiano, na *adj* malthusien, enne.

malucho, cha *adj* FAM patraque, mal fichu, e; pas très bien, pas dans son assiette; *hoy está malucho* aujourd'hui il est patraque.

malva *f* BOT mauve || — BOT *malva loca* ou *real* ou *rósea* rose trémière || — POP *criar malvas* manger les pissenlits par la racine || *ser como una malva* être doux comme un agneau.

◆ *adj inv y s m* mauve (color).

malvadamente *adv* méchamment (con maldad).

malvado, da *adj y s* méchant, e; scélérat, e.
malvaloca *f* BOT rose trémière (malvarrosa).
malvarrosa *f* BOT rose trémière.
malvasía *f* malvoisie (uva y vino).
malvavisco *m* BOT guimauve *f*.
malvender *v tr* mévendre.
malversación *f* malversation ‖ *malversación de fondos* détournement de fonds.
malversador, ra *adj y s* concussionnaire (concusionario).
malversar *v tr* détourner des fonds, malverser *(p us)*.
Malvinas (islas) *n pr f pl* GEOGR îles Malouines [Falkland].
malvivir *v intr* vivre mal.
malvón *m* (amer) géranium.
malla *f* maille (de una red) ‖ filet *m* (red) ‖ *(amer)* maillot *m* de bain (bañador) ‖ maillot *m* (de un deportista) ‖ sorte de capucine (capuchina) ‖ — *cota de malla* cote de mailles ‖ *malla pequeña* maillon.
mallar *v intr* mailler.
Mallorca *n pr* GEOGR Majorque.
mallorquín, ina *adj* majorquin, e.
◆ *m y f* Majorquin, e.
mama *f* mamelle (teta) ‖ sein *m* (pecho) ‖ FAM maman (madre).
mamá *f* FAM maman (madre) ‖ *(amer) mamá grande* grand-mère (señora).
mamada *f* tétée ‖ FAM *(amer)* aubaine (ganga) ‖ cuite (borrachera).
mamadera *f* tire-lait *m inv* ‖ *(amer)* tétine (del biberón) ‖ biberon *m* (biberón).
mamado, da *adj* POP rond, e; soûl, e (borracho) ‖ FIG & FAM fastoche (fácil) ‖ *(amer)* niais, e (tonto) ‖ FIG & FAM *está mamado* c'est du gâteau, c'est du tout-cuit.
mamagrande *f (amer)* grand-mère.
mamaíta; mamita *f* FAM *(amer)* petite maman, petite mère.
mamar *v tr* téter (el niño); *dar de mamar* donner à téter ‖ FIG & FAM sucer avec le lait; *mamar la honradez* sucer l'honnêteté avec le lait ‖ s'imprégner *o* acquérir dès l'enfance; *haber mamado un idioma* s'être imprégné d'une langue dès l'enfance ‖ décrocher, dénicher, dégoter; *mamar un buen empleo* décrocher une belle situation ‖ avaler, engloutir (engullir) ‖ *quien no llora no mama* qui ne demande rien n'a rien.
◆ *v pr* FAM se soûler (emborracharse) ‖ POP se taper; *mamarse dos años de mili* se taper deux ans de service militaire ‖ — *(amer) mamarse a uno* rouler, avoir, posséder quelqu'un (engañar), tuer, zigouiller (matar) ‖ FIG & FAM *no mamarse el dedo* ne pas être né de la dernière pluie.
mamario, ria *adj* ANAT mammaire, mamellaire.
mamarrachada *f* FAM croûte (cuadro malo) ‖ navet *m* (libro, película) ‖ ânerie, bourde.
mamarracho *m* FAM imbécile (imbécil) ‖ fantoche, polichinelle (fantoche) ‖ croûte *f* (cuadro malo) ‖ navet (libro, película).
mambí; mambís, isa *adj y s* rebelle, séparatiste [à Cuba, en 1868].
mambo *m* mambo (baile).
Mambrú *n pr m* Malbrough; *Mambrú se fue a la guerra* Malbrough s'en va-t-en-guerre.

mamela *f* POP pot-de-vin *m* (comisión extra).
mameluco *m* mameluk, mamelouk ‖ FIG & FAM nigaud, sot (necio) ‖ *(amer)* combinaison *f* de travail (prenda para obreros) ‖ esquimau (para niños).
mamella *f* fanon *m* [de la chèvre, etc.].
mamífero, ra *adj y s m* mammifère.
mamila *f* mamelle (de la hembra) ‖ téton *m* (del hombre).
mamitis *f* MED mammite.
mamografía *f* MED mammographie.
mamola *f* caresse sous le menton ‖ FIG & FAM *hacer a uno la mamola* se payer la tête de quelqu'un (burlarse).
mamón, ona *adj y s* qui tète encore, au sein (que mama todavía) ‖ goulu, e; qui tète beaucoup (que mama demasiado) ‖ *diente mamón* dent de lait.
◆ *m* nourrisson (nene) ‖ BOT branche *f* gourmande, gourmand (chupón) ‖ melicocea, arbre de l'Amérique tropicale (árbol) ‖ *(amer)* papayer (papayo), papaye *f* (papaya) ‖ anone *f* (chirimoya) ‖ gâteau spongieux (bizcocho).
mamotreto *m* carnet de notes ‖ FIG & FAM gros bouquin (libraco) ‖ paperasses *f pl* (papeluchos) ‖ chose *f* encombrante.
mampara *f* paravent *m* (biombo) ‖ porte capitonnée (puerta).
mamporro *m* FAM coup, gnon (golpe).
mampostear *v tr* ARQ maçonner.
mampostería *f* maçonnerie ‖ *revestir con mampostería* maçonner, revêtir d'une maçonnerie.
mampostero *m* maçon (albañil) ‖ collecteur de dîmes, etc. (recaudador).
mamullar *v tr* FIG & FAM marmotter (mascullar) ‖ mâchonner (mascar).
mamut *m* ZOOL mammouth.
— OBSERV *pl mamutes*.
maná *m* manne *f* (del cielo, de los árboles) ‖ FIG manne *f* ‖ QUÍM *azúcar de maná* mannite.
manada *f* troupeau *m* (rebaño) ‖ bande, meute (bandada); *manada de lobos* bande de loups ‖ FIG & FAM bande (de personas) ‖ poignée (de hierbas) ‖ — FAM *a manadas* en bandes (en tropa), à poignées (a puñados) ‖ *llegar a manadas* affluer.
management *m* (anglicismo) ECON management.
manager *m* manager (de un boxeador) ‖ ECON manager (gerente).
Managua *n pr* GEOGR Managua.
managüense *adj y s* de Managua (Nicaragua).
manante *adj* jaillissant, e.
manantial *m* source *f* ‖ FIG source *f* (origen y principio).
◆ *adj* de source; *agua manantial* eau de source.
manar *v intr* jaillir (brotar); *mana sangre de la herida* du sang jaillit de la blessure ‖ FIG abonder (abundar).
manaza *f* FAM grosse main, grosse patte, battoir *m*.
mancar *v tr* estropier.
manceba *f* maîtresse, concubine.
mancebo *m* jeune homme (joven) ‖ célibataire, garçon (fam) ‖ commis, garçon (dependiente) ‖ préparateur (de farmacia).
◆ *pl* jeunes gens (mozos).

mancilla f FIG souillure, flétrissure.
mancillar v tr souiller, flétrir.
mancipación f DR mancipation (transmisión de una propiedad) ‖ vente et achat (venta y compra).
mancipar v tr asservir, réduire en esclavage.
manco, ca adj y s manchot, e; *manco de la izquierda* manchot du bras gauche ‖ FIG boiteux, euse; *verso manco* vers boiteux ‖ mal; *estas fiestas tampoco son mancas* ces fêtes ne sont pas mal non plus ‖ — *el manco de Lepanto* Cervantès [qui perdit un bras à cette bataille] ‖ — FAM *no ser cojo ni manco* avoir la main leste o lourde (pegar) | *no ser manco* ne pas être manchot, ne pas être embarrassé de ses dix doigts (ser hábil).
mancomún (de) loc adv **; mancomunadamente** adv de concert, d'un commun accord.
mancomunar v tr réunir, associer (personas) ‖ réunir, mettre en commun (cosas) ‖ unir (intereses) ‖ DR rendre solidaires.
◆ v pr s'unir, s'associer; *mancomunarse con otro* s'associer à une autre personne.
mancomunidad f union, association ‖ fédération (de provincias, etc.) ‖ copropriété (de una casa) ‖ *la Mancomunidad británica* le Commonwealth.
mancornar* v tr terrasser un jeune taureau (derribar) ‖ entraver, lier (atar) ‖ attacher (deux bœufs), par les cornes ‖ FIG & FAM apparier (emparejar).
mancuerna f paire, couple m (pareja) ‖ corde, courroie (correa).
◆ pl (amer) boutons m de manchettes.
mancha f tache; *sacar una mancha* enlever une tache ‖ FIG souillure, tache (infamia) | accroc m; *hacer una mancha en su honra* faire un accroc à son honneur ‖ ANAT tache; *mancha amarilla* tache jaune ‖ ARTES ébauche, esquisse (boceto) ‖ ASTR tache; *mancha solar* tache solaire ‖ jardinage m (de los diamantes) ‖ (amer) charbon m (tumor) ‖ — FIG & FAM *extenderse como una mancha de aceite* faire tache d'huile ‖ *la mancha ha salido* la tache est partie o a disparu (ha desaparecido), la tache est ressortie o a reparu (ha vuelto a aparecer).
Mancha n pr f GEOGR Manche [région d'Espagne] | Manche (departamento francés) | Manche (canal de la Mancha).
manchar v tr tacher (hacer una mancha); *manchar con* ou *de tinta* tacher d'encre ‖ tacher, salir (ensuciar) ‖ FIG souiller, salir, noircir, tacher; *manchar la reputación de uno* salir la réputation de quelqu'un | éclabousser, salir; *el escándalo ha manchado a su familia* le scandale a éclaboussé sa famille ‖ poser des taches de couleur (en una pintura).
◆ v pr se tacher (hacerse una mancha) ‖ se tacher, se salir (ensuciarse).
manchego, ga adj y s de la Manche [région d'Espagne].
◆ m fromage de la Manche (queso).
manchú, a adj mandchou, e, manchou, e.
◆ m y f Mandchou, e, Manchou, e.
Manchuria n pr f GEOGR Mandchourie.
manda f offre, promesse (oferta) ‖ don m, legs m (legado testamentario).
mandado m commission f, course f (fam); *hacer los mandados* faire les commissions ‖ ordre m (orden) ‖ mandat (encargo, delegación) ‖ (amer) *a su mandado* à vos ordres.
mandamás m FAM grand manitou; *es el mandamás del pueblo* c'est le grand manitou du village ‖ ponte; *es uno de los mandamás de la Universidad* c'est un des pontes de l'université | chef de file; *ser el mandamás de una rebelión* être le chef de file d'une rébellion.
mandamiento m commandement, ordre (orden) ‖ RELIG commandement; *los mandamientos de la ley de Dios* les commandements de Dieu ‖ DR mandement | mandat; *mandamiento de arresto* ou *de detención* mandat d'arrêt; *mandamiento para comparecer* ou *judicial* mandat d'amener.
◆ pl FIG & FAM les cinq doigts.
mandanga f FAM flegme m, calme m (pachorra) | came, cocaïne.
mandar v tr ordonner, donner l'ordre de (ordenar); *me mandó que lo limpiase todo* il m'a ordonné de tout nettoyer ‖ commander; *mandar un ejército* commander une armée ‖ envoyer (enviar); *mandar una carta* envoyer une lettre; *mandar a uno a la farmacia, de emisario* envoyer quelqu'un à la pharmacie, en émissaire; *mandar buscar* envoyer chercher ‖ léguer (por testamento) ‖ vouloir; *como lo manda la historia* comme le veut l'histoire ‖ EQUIT gouverner [son cheval] ‖ — FAM *mandar al otro mundo* ou *al otro barrio* envoyer dans l'autre monde | *mandar a paseo* ou *a tomar aire fresco* ou *a hacer gárgaras* ou *con viento fresco* envoyer promener o paître o sur les roses ‖ *mandar hacer* faire faire ‖ FAM *mandarlo todo a paseo* envoyer tout promener o tout en l'air ‖ *mandar por* envoyer chercher; *mandar por el periódico* envoyer chercher le journal ‖ (amer) *mandar una bofetada* flanquer une gifle ‖ *bien, mal mandado* obéissant, désobéissant ‖ *lo que usted mande, ¡mande!* à vos ordres, à votre service (criados).
◆ v intr commander; *mandar en jefe* commander en chef; *aquí mando yo* c'est moi qui commande ici ‖ TECN commander (un mecanismo) ‖ — *como Dios manda* comme il faut, en règle ‖ (amer) *¡mande!* pardon!
◆ v pr se déplacer seul, ne plus avoir besoin d'aide (un enfermo) ‖ communiquer (dos habitaciones) ‖ (amer) vouloir (servirse); *mándese pasar* veuillez entrer | s'en aller (irse), s'esquiver (solapadamente) ‖ (amer) *mandarse cambiar* ou *mudar* s'en aller, ficher le camp (fam).
— OBSERV Existe en francés la palabra *mander* pero se utiliza sobre todo en el sentido de *convocar*; en el de *mandar* su empleo es anticuado.
mandarín m mandarin.
mandarina f mandarine (fruta).
mandarino; mandarinero m BOT mandarinier (árbol).
mandarino, na adj mandarin, e.
mandatario, ria m y f mandataire ‖ (amer) chef, président, dirigeant (gobernante).
mandato m ordre, commandement (orden) ‖ mandat (de un diputado) ‖ mandat (procuración, encargo, misión) ‖ mandat (soberanía) ‖ lavement des pieds le jeudi saint (ceremonia religiosa) ‖ — DR *mandato judicial* exploit | *territorio bajo mandato* territoire sous mandat.
mandíbula f ANAT mandibule | mâchoire; *con la mandíbula desencajada* la mâchoire décrochée ‖ maxille m (de insectos y crustáceos) ‖ FAM *reír a*

mandíbula batiente rire à gorge déployée *o* à s'en décrocher la mâchoire.

mandibular *adj* mandibulaire.

mandil *m* tablier (delantal) ‖ filet de pêche à mailles serrées (red) ‖ chiffon, époussette *f* (para limpiar el caballo).

mandinga *adj* *(amer)* noir, e; nègre, négresse (de raza negra).
◆ *adj* y *s* mandingue (raza africana).
◆ *m* *(amer)* le diable (el diablo) ‖ diablotin (duende) | petit diable (niño travieso) | enchantement, sorcellerie *f* (brujería).

mandioca *f* manioc *m* (planta) ‖ tapioca *m* (fécula).

mando *m* commandement; *el mando del ejército* le commandement de l'armée ‖ cadre; *los mandos de un regimiento* les cadres d'un régiment; *los mandos de un país* les cadres d'un pays ‖ MECÁN commande *f* (órgano de transmisión) ‖ — *mando a distancia* commande à distance, télécommande ‖ *mando selector* bouton de commande, bouton de réglage ‖ *mandos intermedios* maîtrise ‖ *mando supremo* commandant en chef ‖ — *alto mando* haut commandement ‖ *palanca de mando* levier de commande (de una máquina, coche), manche à balai (de un avión) ‖ — *estar bajo el mando de un superior* être sous les ordres d'un supérieur.
◆ *pl* timonerie *f sing* (de un barco) ‖ gouvernes *f* (de un avión) ‖ *tablero de mandos* tableau de bord ‖ *torre de mandos* tour de contrôle (aeropuerto).

mandolina *f* MÚS mandoline.

mandón, ona *adj* qui aime à commander, autoritaire.
◆ *m* y *f* personne *f* autoritaire.
◆ *m* grand manitou (mandamás) ‖ *(amer)* contremaître des mines | juge de départ (en las carreras de caballos).

mandrágora *f* mandragore (planta).

mandril *m* mandrill (mono) ‖ TECN mandrin (del torno); *mandril de ranuras* mandrin à coulisseau ‖ TECN *mandril del embrague* arbre cannelé.

mandriladora *f* TECN aléseuse (máquina de calibrar) | alésoir *m* (para regularizar un tubo, un cilindro).

manduca *f* FAM boustifaille, mangeaille (comida).

manducar *v tr* e *intr* FAM bouffer, becqueter, manger (comer).

manear *v tr* entraver (los animales) ‖ *(amer)* gêner (estorbar).
◆ *v pr* *(amer)* s'embrouiller (enredarse).

manecilla *f* aiguille (de un reloj) ‖ fermoir *m* (de un libro) ‖ manette, maneton *m* (palanca) ‖ IMPR main (signo tipográfico) ‖ BOT vrille.

manejabilidad *f* maniabilité.

manejable *adj* maniable.

manejar *v tr* e *intr* manier; *manejar la espada* manier l'épée ‖ utiliser (utilizar) ‖ manier, conduire (los caballos) ‖ FIG diriger, mener, manœuvrer (dirigir) | gérer (administrar) | brasser (dinero, negocios) ‖ *(amer)* conduire (un automóvil) ‖ — FIG *manejar a uno a su antojo* mener quelqu'un par le bout du nez | *manejar el tinglado* tirer *o* tenir les ficelles | *manejar la navaja* jouer du couteau | *manejar los cuartos* tenir les cordons de la bourse.

◆ *v pr* se déplacer tout seul (un enfermo); *ya se maneja un poco* il commence à se déplacer un peu tout seul ‖ se conduire (portarse) ‖ savoir se conduire (portarse bien) ‖ se débrouiller (arreglárselas).

manejo *m* maniement (de un arma, de un caballo, de fondos) ‖ FIG conduite *f* (de un negocio) | manigances *f pl*, manège, menées *f pl*, manœuvres *f pl* (intriga); *conozco su manejo* je connais ses manigances | brassage (de muchos negocios) ‖ *(amer)* conduite *f* (de un automóvil) ‖ *instrucciones de manejo* mode d'emploi.

manera *f* manière, façon; *no entiendo la manera como sucedió* je ne comprends pas la façon dont c'est arrivé; *manera de ser* manière d'être ‖ ARTES manière ‖ — *a la manera como* de la manière dont ‖ *a la manera de* à la manière de ‖ *a manera de* en guise de; *a manera de prólogo* en guise de prologue ‖ *a su manera* à sa manière, à sa façon ‖ *a su manera de ver* à son avis, d'après sa façon de voir, d'après lui ‖ *cada cual a su manera* chacun à sa façon *o* à sa guise ‖ *de cualquier manera* de n'importe quelle façon, n'importe comment ‖ *de mala manera* très mal; *conduce su coche de mala manera* il conduit très mal sa voiture; de belle manière, de belle façon; *me expulsó de mala manera* il m'expulsa de belle manière; grossièrement, très mal; *me contestó de mala manera* il m'a très mal répondu ‖ *de (tal) manera que* de (telle), manière *o* sorte *o* façon que (de suerte que) ‖ *de ninguna manera* en aucune façon, pas du tout ‖ *de otra manera* autrement ‖ *de todas maneras* de toute façon *o* manière ‖ *de una manera o de otra* d'une manière ou d'une autre, de manière ou d'autre ‖ *en gran manera* beaucoup, au plus haut point, dans une large mesure, largement; *contribuyó en gran manera al desarrollo* il a largement contribué au développement ‖ *la manera como* la manière dont ‖ *mal y de mala manera* à tort et à travers ‖ *manera de especie de*; *una manera de mulo* une espèce de mulet ‖ *no hay manera* il n'y a pas moyen ‖ *sobre manera* excessivement.
◆ *pl* manières (modales); *maneras distinguidas* manières distinguées.

manga *f* manche (del vestido); *manga de jamón* ou *afarolada* manche gigot ‖ tuyau *m* (de una bomba); *manga de riego* tuyau d'arrosage (para regar), lance d'incendie (de bombero) ‖ trombe (tromba) ‖ fusée *f* de l'essieu (de carruaje) ‖ sac *m* de voyage (bolso de viaje) ‖ bannière (estandarte) ‖ épervier *m* (esparavel) ‖ filet *m* (red); *manga de mariposas* filet à papillons ‖ chausse, filtre *m* (para filtrar) ‖ chinois *m* (colador) ‖ MAR manche à air (de ventilación) ‖ largeur (ancho del buque) ‖ MIL détachement *m* (destacamento) | rabatteurs *m pl* (caza) ‖ BOT mangue (fruto) | manguier *m* (árbol) ‖ *(amer)* passage *m*, goulet *m*, couloir *m* (paso) | foule (multitud) | manteau *m* (abrigo) ‖ — *manga acuchillada* manche à crevés ‖ *manga corta* manche courte ‖ *manga de agua* trombe d'eau (turbión) ‖ *manga de aire, manga veleta* manche à air ‖ *manga de ventilación* bouche d'air (en un edificio), gaine d'aération (en una mina) ‖ *manga de viento* tourbillon (torbellino) ‖ *manga montada* manche montée ‖ *manga raglán* manche raglan ‖ — FIG & FAM *¡a buena hora mangas verdes!* trop tard! | *andar manga por hombro* être sens dessus dessous | *esas son otras mangas* ça c'est une autre paire de manches, ça c'est une autre histoire ‖ *estar en mangas de camisa* être en manche *o* en bras de chemise ‖ FIG &

FAM *hacer mangas y capirotes de* faire bon marché de (no hacer caso) | *sacarse algo de la manga* présenter, apporter [une solution, etc.] | *ser de manga ancha, tener manga ancha* avoir les idées larges, avoir la conscience large, être coulant | *traer algo en la manga* avoir quelque chose en réserve.
- *pl* bénéfices *m*, profits *m* (utilidades).

manganeso *m* manganèse (metal).

mangante *adj y s* FAM voleur, euse (ladrón).

mangar *v tr* FAM chiper, chaparder (robar).

mangle *m* BOT manglier, palétuvier (árbol) | mangle *f* (fruto).

mango *m* manche (de un instrumento) || queue *f* (de la sartén) || manette *f*, poignée *f* (puño) || BOT manguier (árbol) | mangue *f* (fruto) || *(amer)* FAM peso, sou; *no tener un mango* être sans le sou || — *mango de cuchillo* couteau (molusco) || FIG & FAM *tener la sartén por el mango* tenir la queue de la poêle.

mangoneador, ra *m y f* personne *f* qui aime commander.

mangonear *v intr* FAM s'occuper de tout (dirigir) | commander (mandar) | se mêler de tout (entremeterse) || *(amer)* tirer la couverture à soi.

mangoneo *m* FAM intervention *f* indiscrète, ingérence *f* | direction *f*, commandement (mando).

mangosta *f* mangouste (animal).

mangote *m* FAM manche *f* longue et large || manchette *f*, fausse manche *f* (para proteger las mangas).

manguera *f* tuyau *m* d'arrosage (manga) || MAR manche de pompe (de bombe) || manche à air (ventilador) || trombe (tromba) || *(amer)* enclos *m* pour le bétail (corral).

manguero, ra *adj (amer)* POP tapeur, euse (sablista).
- *m* arroseur.

mangueta *f* MED injecteur *m*, bock *m* (para ayudas) || ARQ montant *m* (de una ventana) | jambe de force (jabalcón) || TECN levier *m* (palanca) | fusée [de l'essieu] | siphon *m* (de los retretes).

mangui *m* POP filou, voleur.

manguito *m* manchon (de piel) || gant (manopla) || manchette *f*, fausse manche *f* (para proteger las mangas) || MECÁN manchon, fourreau, frette *f* (anillo de acero) | douille *f*, manchon; *manguito de acoplamiento* douille d'accouplement || *manguito roscado* raccord fileté.

maní *m* BOT arachide *f* (planta) | cacahouète *f*, cacahuète *f* (fruto).

manía *f* manie; *tener manías* avoir des manies || FIG maladie, manie; *tener la manía de la velocidad* avoir la maladie de la vitesse || — *manía persecutoria* manie o folie o délire de la persécution || FIG & FAM *tenerle manía a uno* avoir pris quelqu'un en grippe.

maníaco, ca; maniaco, ca *adj y s* maniaque o maniaque, obsédé, e; *maníaco sexual* obsédé sexuel.

maníacodepresivo, va *adj y s* maniaco-dépressif, ive.

maniatar *v tr* emmenotter *(p us)*, lier les mains.

maniático, ca *adj y s* maniaque.

manicomio *m* asile d'aliénés.

manicuro, ra *m y f* manucure || — *hacer la manicura* faire les ongles, soigner les mains (una manicura) || *hacerse la manicura* se faire faire les ongles, se faire soigner les mains (por la manicura), se faire les ongles, se soigner les mains (uno mismo).

manido, da *adj* faisandé, e (carne) || FIG rebattu, e; banal, e (trillado, sobado); *un tema manido* un sujet rebattu.

manierismo *m* maniérisme (arte).

manierista *adj y s* maniériste (arte).

manifestación *f* manifestation || déclaration (declaración) || démonstration; *manifestaciones de amistad* démonstrations d'amitié || — *asistir a* ou *hacer una manifestación* manifester || *manifestación naval* démonstration navale.

manifestante *m y f* manifestant, e.

manifestar* *v tr* manifester; *manifestar su parecer* manifester son opinion || montrer, témoigner (demostrar); *manifestar interés por alguien* montrer de l'intérêt pour quelqu'un || faire savoir, déclarer; *el ministro manifestó que* le ministre a fait savoir que || ECLES exposer (el santísimo sacramento).
- *v intr* manifester.
- *v pr* se manifester, se montrer.

manifiesto, ta *adj* manifeste (patente).
- *m* manifeste || ECLES exposition *f* (del Santísimo Sacramento) || MAR manifeste || *poner de manifiesto* mettre en évidence, faire apparaître (subrayar); *el balance pone de manifiesto un beneficio* le bilan fait apparaître un bénéfice.

manija *f* poignée (de un instrumento) || entrave (maniota) || manette (palanca) || frette, bague (abrazadera de hierro) || AGRIC gant *m* de protection, manique, manicle || *(amer)* courroie reliant le manche du fouet au poignet.

manila *f* manille, cigare (puro).

Manila *n pr* GEOGR Manille.

manilargo, ga *adj* qui a de grandes mains || FIG généreux, euse; libéral, e | qui a la main leste.

manilense; manileño, ña *adj y s* de Manille.

manilla *f* bracelet *m* (pulsera) || manille (de los presos) || aiguille (de reloj) || poignée (de puerta o ventana).

manillar *m* guidon (de bicicleta).

maniobra *f* manœuvre || MIL manœuvre; *campo de maniobras* terrain de manœuvres.

maniobrabilidad *f* manœuvrabilité.

maniobrable *adj* manœuvrable.

maniobrar *v intr* manœuvrer.

maniobrero, ra *adj* MIL manœuvrier, ère.

maniota *f* entrave (de un animal).

manipulación *f* manipulation || manutention (de mercancías).

manipulado *m* manutention *f* (de mercancías).

manipulador, ra *adj y s* manipulateur, trice; manutentionnaire.
- *m* ELECTR manipulateur.

manipular *v tr* manipuler || manutentionner (mercancías).

manípulo *m* manipule.

maniqueísmo *m* manichéisme.

maniqueo, a *adj y s* manichéen, enne.

maniquí *m* mannequin || FIG pantin (hombre sin carácter).
— OBSERV pl *maniquíes*.

manir* *v tr* faisander || FIG tripoter (manosear).

manirroto, ta *adj* y *s* prodigue, gaspilleur, euse; panier percé (*fam*); *es una manirrota* c'est un panier percé.

manís *m* (*amer*) frère (amigo).

manita *f* petite main, menotte (diminutivo de mano) ‖ QUÍM mannite ‖ — CULIN *manitas de cerdo* pieds de porc ‖ *manitas de plata* mains d'artiste ‖ FAM *hacer manitas* se faire des mamours.
◆ *m pl* bricoleur *sing* ‖ *ser un manitas* avoir des doigts de fée.

manito *m* laxatif léger ‖ (*amer*) frère (diminutivo de hermanito).
◆ *f* (*amer*) petite main, menotte (diminutivo de mano); *echar una manito* donner un coup de main.

manivela *f* manivelle (manubrio).

manjar *m* mets, plat (comestible) ‖ FIG récréation *f*, délassement (deleite) ‖ — CULIN *manjar blanco* blanc-manger ‖ *manjar lento* crème renversée ‖ *manjar de los dioses* nourriture des dieux.

mano *f* main; *la mano derecha* la main droite ‖ patte [de devant]; *las manos del caballo, del perro* les pattes du cheval, du chien ‖ pied *m* (de los animales de carnicería); *mano de cerdo* pied de cochon *o* de porc ‖ trompe (del elefante) ‖ FIG patte (destreza); *tener buena mano* avoir de la patte | bras *m* (persona que ejecuta una cosa) | couche (capa de color); *dar una segunda mano de pintura* passer une deuxième couche de peinture ‖ pilon *m* (de mortero) ‖ meule, rouleau *m* (rodillo de piedra) ‖ main (de papel) ‖ aiguille (de un reloj) ‖ volée; *dar una mano de azotes* donner une volée de coups ‖ partie (partida de juego); *una mano de cartas* une partie de cartes ‖ manche (división de juego) ‖ priorité (en la carretera) ‖ (*amer*) ensemble de quatre objets semblables ‖ occasion (oportunidad) ‖ — *mano de hierro en guante de seda* main de fer dans un gant de velours ‖ *mano de obra* main-d'œuvre ‖ FAM *mano de santo* remède miraculeux ‖ *mano fuerte* main forte ‖ FIG *mano negra* pouvoir occulte ‖ DR *manos muertas* mainmorte ‖ FAM *manos puercas* pots-de-vin ‖ ¡*manos quietas!* bas les pattes ‖ — *a mano, a la mano* à portée de la main, sous la main; *tener a mano* avoir sous la main; sur le chemin; *esta tienda me coge a mano* cette boutique est sur mon chemin ‖ *a mano alzada* à main levée (dibujo) ‖ *a mano armada* à main armée ‖ *a mano derecha, izquierda* à droite, à main droite; à gauche, à main gauche ‖ FIG *a manos llenas*, à poignée ‖ ¡*arriba las manos!* haut les mains! ‖ FIG *bajo mano* en sous-main | *con el corazón en la mano* à cœur ouvert ‖ *con las dos manos, con ambas manos* à deux mains, des deux mains ‖ *con las manos en los bolsillos* les mains dans les poches ‖ *con las manos juntas* les mains jointes ‖ *con las manos vacías* les mains vides ‖ *con mano dura* durement ‖ *con* ou *de mano maestra* de main de maître ‖ *de mano a mano* de la main à la main ‖ *de mano en mano* de main en main ‖ FIG *de primera mano* de première main; *saber de primera mano* tenir de première main | *de segunda mano* d'occasion (ventas), de seconde main (informaciones) ‖ *de su propia mano* de sa main ‖ FIG *en buenas, malas manos* en bonnes, mauvaises mains | *en manos de* entre les mains de, aux mains de; *caer en manos de* tomber aux mains de ‖ *en propia mano* en mains propres ‖ *equipaje de mano* bagage à main ‖ MIL *golpe de mano* coup de main ‖ *juego de manos* tour de passe-passe ‖ *juegos de manos, juegos de villanos* jeux de mains, jeux de vilains ‖ *mano a mano* compétition [entre deux rivaux]; corrida à laquelle ne participent que deux matadors, tête-à-tête (entrevista) ‖ *manos a la obra* au travail, à l'œuvre; *estar manos a la obra* être à l'œuvre ‖ *por segunda* ou *tercera mano* par l'entremise d'une tierce personne ‖ *por su propia mano* de sa main ‖ — FIG *abrir la mano* se montrer plus coulant (conciliador), se montrer plus souple *o* tolérant (tolerante) | *alargar la mano* tendre la main | *alzarle la mano a uno* lever la main sur quelqu'un | *apretar la mano* serrer la main (para saludar), serrer la vis (apretar las clavijas), ‖ FIG *atar a uno de manos* ou *las manos* lier les mains de quelqu'un | *caerse de las manos* tomber des mains, être assommant (ser pesado) | *calentársele a uno las manos* avoir la main qui lui démange (tener ganas de pegar) | *cambiar de manos* changer de main | *cargar la mano* insister (insistir), y aller fort (abusar), ne pas y aller de main morte (tener rigor), saler la note (en los precios) | *coger con las manos en la masa* prendre la main dans le sac *o* sur le fait ‖ *cogidos de la mano* la main dans la main | *cosido a mano* cousu main ‖ FIG *dar de mano* laisser, abandonner (abandonar), s'arrêter (en un trabajo) ‖ *dar la mano* donner la main, serrer la main (saludo), donner la main; *dar la mano a un niño* donner la main à un enfant ‖ FIG *dar la última mano* mettre la dernière main | *darse buena mano en una cosa* faire une chose avec habileté | *darse las manos* se donner la main | *darse mano en* ou *para* s'ingénier à, se donner du mal pour | *dar su mano* accorder sa main (la novia) | *dar una mano de jabón* faire tremper, faire subir un premier savonnage | *dejado de la mano de Dios* abandonné des dieux, malheureux | *dejar de la mano una cosa* laisser de côté quelque chose ‖ FIG & FAM *de la mano a la boca se pierde la sopa* il y a loin de la coupe aux lèvres ‖ *echar mano a la espada* mettre la main à l'épée ‖ FIG *echar* ou *meter mano a una cosa* mettre la main sur quelque chose | *echar mano de* se servir de (una cosa), avoir recours à, recourir à, faire appel à (uno) | *echar una mano* donner un coup de main | *ensangrentarse las manos* tremper ses mains dans le sang | (*amer*) *estar a mano* être quitte | *estar con las manos atadas* ou *atado de manos* ou *de pies y manos* avoir les mains liées, être pieds et poings liés ‖ FIG & FAM *estar con una mano atrás y otra adelante* être dans la mouise *o* sans le sou ‖ FIG *estar de mano* avoir la main (en el juego) | *estar en la mano de todo el mundo* être à la portée de tout le monde (fácil) | *estar en mano de uno* dépendre de quelqu'un, ne tenir qu'à quelqu'un; *está en tu mano aceptarlo* il ne tient qu'à toi de l'accepter | *estar mano a mano* être de même force, se valoir (dos jugadores o luchadores) | *estar mano sobre mano* rester les bras croisés, se tourner les pouces ‖ *estrechar la mano* serrer la main ‖ FIG *forzar la mano* forcer la main | *ganar a uno por la mano* devancer *o* gagner de la main *o* prendre de vitesse quelqu'un, damer le pion à quelqu'un ‖ *hablar con* ou *por las manos* parler avec les mains ‖ RELIG *imponer las manos* imposer les mains ‖ FIG *irse de las manos* glisser des mains, échapper; *el plato se le fue de la mano* l'assiette lui a glissé des mains; échapper; *su autoridad se le va de las manos* son autorité lui échappe ‖ *írsele a uno de la mano* échapper, filer entre les mains; *este negocio se le ha ido de las manos* cette affaire lui a échappé ‖ *írsele a uno la mano*

mano avoir la main leste (pegar), avoir la main lourde (echar más de la cuenta), forcer la note, ne pas y aller de main morte (exagerar) | *lavarse las manos como Pilato* s'en laver les mains ‖ *llegar* ou *venir a las manos* parvenir (una carta), en venir aux mains (reñir) ‖ *llevar de la mano* a tenir par la main, donner la main à ‖ FIG & FAM *llevarse las manos a la cabeza* lever les bras au ciel ‖ FIG *meter las manos en* mettre la main à, participer à | *meter* ou *poner las manos en el fuego* en mettre sa main au feu | *meter mano a algo* faire main basse sur quelque chose | *morderse uno las manos* s'en mordre les doigts | *no dejar una cosa de la mano* ne pas oublier quelque chose | *no estar mano sobre mano* ou *con las manos cruzadas* faire œuvre de ses dix doigts | *no mover ni pie ni mano* ne remuer ni pied ni patte, être immobile | *no saber uno lo que se trae entre manos* ne pas savoir de quoi il retourne | *pedir la mano de* demander la main de | *poner en manos de* confier (personas), remettre, confier (cosas) ‖ *poner* ou *levantar las manos encima de uno* porter o lever la main sur quelqu'un ‖ FIG *ponerse en manos de uno* s'en remettre à quelqu'un ‖ *poniéndose la mano en el pecho* la main sur le cœur | *¡que Dios nos tenga en su Santa mano!* que Dieu nous protège! ‖ FAM *quitarse una cosa de las manos* s'arracher quelque chose [plusieurs personnes] | *sentar la mano a uno* frapper quelqu'un, porter la main sur quelqu'un | *ser mano* avoir la main (en el juego) | *ser uno la mano derecha de otro* être le bras droit de quelqu'un | *si a mano viene* si l'occasion se présente, le cas échéant (acaso) | *sin levantar la mano* sans repos, sans répit | *tender la mano* tendre la main (un mendigo) | *tener buena, mala mano* avoir la main heureuse, malheureuse | *tener en sus manos* avoir entre les mains, tenir en main | *tener entre manos* s'occuper de (asunto) | *tener las manos largas, ser largo de manos* avoir la main leste o prompte o légère (para pegar), être entreprenant (con las mujeres) | *tener las manos limpias en un asunto* ne pas avoir trempé dans une affaire | *tener mano con uno* avoir de l'influence sur quelqu'un | *tener mano en un asunto* intervenir dans une affaire | *tener mano izquierda* savoir s'y prendre | *tener manos de trapo* avoir les mains en beurre | *tiene mi felicidad en sus manos* mon bonheur est entre ses mains | *tocar con la mano* être près de, être sur le point d'atteindre o d'obtenir | *tomar en manos* prendre en main | *traer a la mano* rapporter (caza) ‖ *untar la mano a uno* graisser la patte à quelqu'un | *venir a las manos* en venir aux mains | *vivir de sus manos* vivre de son travail | *volver con las manos vacías* revenir les mains vides, revenir bredouille.

mano *m* FAM *(amer)* copain, ami (amigo) | *¡eh, mano!* eh, mon vieux!

manodescompresor *m* TECN manodétendeur.

manojo *m* botte *f* (haz); *manojo de espárragos* botte d'asperges ‖ faisceau; *un manojo de estacas* un faisceau de piquets ‖ FIG poignée *f* (puñado), tas (atajo) ‖ — *a manojos* à foison, en abondance ‖ FIG *estar hecho un manojo de nervios* avoir les nerfs à vif o en boule o en pelote | *manojo de nervios* paquet de nerfs.

manoletina *f* TAUROM passe de «muleta», inventée par Manolete.

manolo, la *m* y *f* homme, femme du bas peuple de Madrid.

manométrico, ca *adj* FÍS manométrique.

manómetro *m* FÍS manomètre.

manopla *f* gantelet *m* (de la armadura) ‖ fouet *m* court de postillon ‖ moufle (guante) ‖ gant *m* de toilette (para lavarse) ‖ manicle, manique (guante de los obreros) ‖ *(amer)* coup-de-poing *m* (arma).

manoseador, ra *m* y *f* tripoteur, euse.

manosear *v tr* tripoter (tocar) ‖ FIG *tema manoseado* sujet rebattu.

manoseo *m* tripotage.

manotada *f*; **manotazo** *m* tape *f* ‖ *quitar un libro de un manotazo* arracher un livre des mains.

manotear *v tr* frapper de la main, taper sur (golpear) ‖ *(amer)* voler.
◆ *v intr* gesticuler.

manoteo *m* gesticulation *f*.

manotón *m* FAM tape *f* (manotada).

manresano, na *adj* y *s* de Manresa [ville de Catalogne].

mansalva (a) *loc adv* sans danger, sans risque, en toute tranquillité.

mansarda *f* mansarde.
— OBSERV Es galicismo por *buhardilla*.

mansedumbre *f* douceur, mansuétude (de una persona) ‖ douceur, clémence (del clima).

mansión *f* demeure (morada) ‖ *(ant)* séjour *m* (estancia) ‖ *(ant)* mansion ‖ *(ant)* hacer *mansión* demeurer, séjourner ‖ *mansión señorial* manoir.

manso, sa *adj* doux, douce; *manso como un cordero* doux comme un agneau ‖ paisible (apacible) ‖ domestique, dressé, e (animal domesticado) ‖ calme, tranquille (cosas); *aguas mansas* eaux calmes.
◆ *m* sonnailler (de un rebaño) ‖ TAUROM bœuf conducteur ‖ métairie *f* (masada).

mansurrón, ona *adj* très doux, très douce; très calme en apparence.

manta *f* couverture (de cama, para las caballerías) ‖ couverture, plaid *m* (de viaje) ‖ cape, manteau *m* (abrigo) ‖ FIG & FAM volée de coups, correction (paliza) ‖ mantelet *m* (mantelete) ‖ ZOOL raie cornue (raya) ‖ *(amer)* sac *m* pour transporter les minerais (costal) ‖ danse populaire (baile) ‖ cotonnade (tela de algodón) ‖ — *a manta, a manta de Dios* tant et plus, énormément, en abondance; *ha llovido a manta* il a énormément plu ‖ *manta sudadera* tapis de selle ‖ *manta termógena* couverture chauffante ‖ FIG *liarse uno la manta a la cabeza* aller carrément, faire fi de tout, passer par-dessus tout | *tirar de la manta* éventer la mèche, découvrir le pot aux roses.

mantear *v tr* berner, faire sauter dans une couverture.

manteca *f* graisse (grasa) ‖ saindoux *m* (del cerdo) ‖ beurre *m* (mantequilla) ‖ crème du lait (de la leche) ‖ beurre *m* (de cacao) ‖ FAM graisse (gordura) ‖ — *manteca de vaca* beurre ‖ *manteca requemada* beurre noir ‖ — FIG *derretirse como manteca* fondre comme du beurre | *esto no se le ocurre ni al que asó la manteca* cela ne viendrait même pas à l'idée du dernier des imbéciles | *ser como manteca* être doux comme un agneau | *tener buenas mantecas* être gras (gordo) ‖ *untar manteca* beurrer.

mantecada *f* tartine de beurre, beurrée *(p us)* ‖ petit gâteau *m* au beurre (bollo).

mantecado *m* gâteau au saindoux (bollo) ‖ glace *f* à la vanille (helado).

mantecoso, sa *adj* gras, grasse; crémeux, euse (la leche) ‖ onctueux, euse (semejante a la manteca); *chocolate mantecoso* chocolat onctueux.

mantel *m* nappe *f* (de la mesa de comer o del altar) ‖ BLAS *en mantel* mantelé ‖ *mantel individual* napperon.

mantelería *f* service *m* de table, linge *m* de table, nappage *m* (*p us*).

mantelete *m* mantelet (fortification) ‖ BLAS mantelet.

mantelillo *m* napperon.

mantenedor *m* tenant, champion (en un torneo) ‖ mainteneur [des jeux floraux] ‖ animateur (en una fiesta) ‖ soutien; *mantenedor de familia* soutien de famille.

mantener* *v tr* nourrir (alimentar); *mantener a uno con pan y agua* nourrir quelqu'un de pain et d'eau ‖ entretenir; *mantener a su familia, a una mujer* entretenir sa famille, une femme ‖ maintenir (sostener) ‖ FIG maintenir; *mantengo mi opinión* je maintiens mon opinion; *mantener una ley, la paz, su candidatura* maintenir une loi, la paix, sa candidature ‖ entretenir (conservar en buen estado) ‖ garder; *mantener sus derechos, su rango* garder ses droits, son rang ‖ — *mantener a distancia* ou *a raya* tenir à distance ‖ *mantener caliente* tenir au chaud ‖ *mantener correspondencia con* être en correspondance avec, entretenir une correspondance avec ‖ *mantener despierto a uno* tenir quelqu'un éveillé ‖ *mantener la neutralidad* rester dans la neutralité, rester neutre ‖ *mantener los ojos cerrados* tenir *o* garder les yeux fermés ‖ FIG *mantener una conversación* tenir une conversation; *incapaz de mantener una conversación* incapable de tenir une conversation; avoir un entretien (celebrar una entrevista) ‖ *mantener un cambio de impresiones, una entrevista* procéder à un échange de vues, avoir une entrevue.

◆ *v pr* se nourrir (alimentarse) ‖ vivre; *se mantiene con su trabajo* il vit de son travail ‖ se maintenir (en una posición, opinión, etc.) ‖ se tenir; *mantenerse derecho* se tenir droit ‖ se tenir, rester; *mantenerse tranquilo* se tenir tranquille ‖ tenir; *nuestro trato se mantendrá* notre marché tiendra ‖ — *mantenerse en su puesto* rester à sa place, tenir son rang ‖ FIG & FAM *mantenerse en sus trece* ne pas en démordre ‖ *mantenerse firme* tenir bon ‖ FIG & FAM *manténérselas tiesas* ne pas en démordre ‖ *mantenerse serio* garder *o* tenir son sérieux.

mantenido, da *adj* entretenu, e (una persona).

mantenimiento *m* subsistance *f* (subsistencia) ‖ subsistance *f*, nourriture *f* (alimento) ‖ entretien; *el mantenimiento de una carretera, de una familia* l'entretien d'une route, d'une famille ‖ maintenance (de las máquinas) ‖ maintien (conservación); *el mantenimiento del orden* le maintien de l'ordre; *el mantenimiento de una opinión* le maintien d'une opinion ‖ soutien (de los precios).

mantequera *f* beurrière (la que hace manteca) ‖ marchande de beurre, crémière (vendedora) ‖ baratte (máquina) ‖ beurrier *m* (plato).

mantequería *f* crémerie (tienda) ‖ beurrerie (fabricación de la mantequilla).

mantequero, ra *adj* beurrier, ère.
◆ *m* marchand de beurre, crémier (vendedor) ‖ beurrier (el que hace la manteca) ‖ beurrier (plato) ‖ corozo (árbol).

mantequilla *f* beurre *m* (manteca de vaca); *mantequilla fresca, salada* beurre frais, salé ‖ *mantequilla derretida, requemada* beurre fondu, noir.

mantilla *f* mantille (de mujer) ‖ lange *m* (de un niño); housse (del caballo) ‖ IMPR blanchet *m*.
◆ *pl* langes *m*, maillot *m sing* ‖ *estar en mantillas* être au berceau *o* dans les langes, être encore au maillot (un niño), ne faire que commencer, en être à son tout début (empezar) ‖ FIG & FAM *haber salido uno de mantillas* être capable de se débrouiller tout seul, ne pas être né d'hier.

mantillo *m* terreau, humus (capa del suelo) ‖ fumier fermenté (estiércol).

mantis *f* ZOOL mante; *mantis religiosa* mante religieuse.

mantisa *f* MAT mantisse (de un logaritmo).

manto *m* mante *f*, cape *f* [de femme] ‖ châle (chal) ‖ manteau (capa de ceremonia) ‖ traîne *f* (cola) ‖ manteau (de chimenea) ‖ MIN filon de peu d'épaisseur (filón), couche *f* (capa) ‖ ZOOL manteau (de los moluscos) ‖ FIG manteau (lo que encubre); *el manto de la indiferencia* le manteau de l'indifférence ‖ — *manto capitular* manteau de cérémonie [des chevaliers des ordres militaires] ‖ *tapar con un manto* mettre *o* jeter un voile sur.

mantón *m* châle.

manual *adj* manuel, elle; *trabajo manual* travail manuel ‖ maniable (manejable) ‖ *habilidad manual* dextérité.
◆ *m* manuel (libro) ‖ COM brouillard (libro).

manubrio *m* manivelle *f* (manivela) ‖ manche (mango) ‖ poignée *f* (abrazadera) ‖ (*amer*) volant (volante de automóvil) ‖ *piano de manubrio* piano mécanique.

manufactura *f* manufacture (fábrica) ‖ fabrication ‖ produit *m* manufacturé (producto).

manufacturable *adj* manufacturable.

manufacturado, da *adj* manufacturé, e; *producto manufacturado* produit manufacturé.

manufacturar *v tr* manufacturer (fabricar).

manu militari *loc adv* manu militari.

manumisión *f* manumission (del esclavo).

manumiso, sa *adj* affranchi, e.

manumisor *m* DR affranchisseur.

manumitir *v tr* DR affranchir.

manuscrito, ta *adj y s m* manuscrit, e.

manutención *f* manutention (de mercancías) ‖ entretien *m* (mantenimiento); *la manutención de una familia* l'entretien d'une famille ‖ entretien *m* (conservación).

manzana *f* pomme (fruto) ‖ pâté *m* de maisons (grupo de casas) ‖ pommeau *m* (de la espada) ‖ pomme, boule (adorno) ‖ (*amer*) pomme d'Adam (nuez) ‖ moyeu *m* (cubo) ‖ — FIG *manzana de Adán* pomme d'Adam ‖ *manzana de la discordia* pomme de discorde ‖ *manzana podrida* brebis galeuse ‖ *manzana reineta* reinette, pomme de reinette ‖ FIG & FAM *estar sano como una manzana* ou *más sano que una manzana* se porter comme un charme *o* comme le Pont-Neuf.

manzanar *m* pommeraie *f*.

manzanilla *f* manzanilla *m* (vino) ‖ BOT mancenille (fruto) ‖ camomille (planta e infusión) ‖ petite olive (aceituna) ‖ ergot *m* (del pie de algunos mamíferos) ‖ pomme (adorno) ‖ menton *m* (barba)

manzano

|| — BOT *manzanilla hedionda* camomille puante | *manzanilla loca* camomille tinctoriale.

manzano *m* BOT pommier (árbol).

maña *f* adresse, habileté, savoir-faire *m inv* (habilidad) || astuce, ruse (astucia) || habitude (costumbre) || poignée, petite botte (manojo) || — *darse maña para* s'ingénier à, faire tout pour || *más vale maña que fuerza* plus fait douceur que violence || *tener maña para* ou *en* savoir s'y prendre pour, avoir le chic pour (fam).

mañana *f* matin *m*; *esta mañana* ce matin; *a las tres de la mañana* à trois heures du matin; *estudio por la mañana* j'étudie le matin || matinée; *hermosa mañana* belle matinée; *he trabajado toda la mañana* j'ai travaillé toute la matinée || — *ayer mañana, ayer por la mañana* hier matin || *de la mañana a la noche* du matin au soir || *de la noche a la mañana* du jour au lendemain; *de la noche a la mañana ha cambiado* il a changé du jour au lendemain; du soir au matin; *leer de la noche a la mañana* lire du soir au matin || *mañana por la mañana, por la noche* demain matin, demain soir || *tomar la mañana* tuer le ver (con aguardiente).

◆ *m* le lendemain, l'avenir (futuro); *no pensar en el mañana* ne pas penser au lendemain.

◆ *adv* demain; *mañana será domingo* demain ce sera dimanche; *saldrá esta mañana mismo* vous partirez dès demain || — *a partir de mañana* dès demain || *de mañana* de bonne heure (temprano), le matin (por la mañana) || *de mañana en ocho días* demain en huit || *el mundo de mañana* le monde de demain || *hasta mañana* à demain || *mañana será otro día* demain il fera jour || *mañana, tarde y noche* matin, midi et soir || *muy de mañana* de bon *o* grand matin, de très bonne heure || *no dejes para mañana lo que puedes hacer hoy* il ne faut pas remettre au lendemain ce que l'on peut faire le jour même || *pasado mañana* après-demain.

◆ *interj* jamais (de la vie!), rien à faire!, pas question!

mañanear *v intr* se lever de bonne heure *o* de bon matin.

mañanero, ra *adj* matinal, e (madrugador).

mañanica; mañanita *f* FAM point *m* du jour, petit matin *m* || *mañanica de San Juan* le matin de la Saint-Jean.

mañanita *f* liseuse (prenda de vestir).
◆ *pl* (amer) chants *m* populaires mexicains en l'honneur d'une personne ou d'un événement.

mañero, ra *adj* astucieux, euse; adroit, e (astuto) || facile (fácil) || (amer) vicieux, euse (animal).

maño, ña *adj* FAM aragonais, e.
◆ *m y f* FAM Aragonais, e | (amer) mon vieux, ma vieille (expresión de cariño) | frère, sœur (hermano).

mañosamente *adv* adroitement, habilement.

mañoso, sa *adj* adroit, e; habile; *ser muy mañoso* être très adroit || FAM bricoleur, euse (apañado) || malin, igne; astucieux, euse; rusé, e (astuto) || (amer) faux, fausse; fourbe (falso) | vicieux, euse (animal que tiene resabios).

maoísmo *m* maoïsme.

maoísta *adj y s* maoïste.

maorí *adj* maori, e.
◆ *m y f* Maori, e.

mapa *m* carte *f*; *el mapa de España* la carte d'Espagne; *mapa mudo* carte muette; *levantar un mapa* dresser une carte || — *mapa del tiempo* carte du temps || *mapa físico* carte physique || *mapa geológico* carte géologique || *mapa político* carte politique || — FIG & FAM *desaparecer del mapa* disparaître de la circulation | *esto no está en el mapa* on n'a jamais vu ça.
◆ *f* FAM fine fleur, nec plus ultra *m* (lo mejor) || *llevarse la mapa* remporter la palme.

mapache; mapachín *m* carcajou (mamífero).

mapamundi *m* mappemonde *f* || FAM derrière (nalgas).

maqueta *f* maquette (boceto) || IMPR maquette.

maquetista *m y f* maquettiste.

maquiavélico, ca *adj* machiavélique.

maquiavelismo *m* machiavélisme.

Maquiavelo *n pr* Machiavel.

maquillador, ra *m y f* maquilleur, euse.

maquillaje *m* maquillage || *maquillaje de fondo* fond de teint.

maquillar *v tr* maquiller || FIG maquiller (encubrir, falsificar).
◆ *v pr* se maquiller (pintarse).

máquina *f* machine; *máquina de escribir* machine à écrire; *máquina de vapor* machine à vapeur || appareil *m*; *máquina de fotografiar* ou *de retratar* ou *fotográfica* appareil photographique || machinerie de théâtre (tramoya) || machine, locomotive (locomotora) || machine (fam), bicyclette (bicicleta) || auto, voiture (coche) || FIG machine; *la máquina del Estado* la machine de l'État | idée, projet *m* (proyecto) || — *máquina compound* machine compound || *máquina contable* machine comptable || *máquina de afeitar* rasoir || *máquina de calcular, de coser* machine à calculer, à coudre || FIG *máquina del mundo* machine du monde *o* de l'univers || *máquina eléctrica* machine électrique || *máquina herramienta* machine-outil || *máquina hidráulica* machine hydraulique || *máquina infernal* machine infernale || *máquina neumática* machine pneumatique || FÍS *máquina simple* machine simple || *máquina síncrona* machine synchrone || *máquina tragaperras* machine à sous || — MAR *cuarto* ou *sala de máquinas* chambre des machines, machinerie || — *entrar en máquina* mettre sous presse [un journal]; *al entrar en máquina este número* au moment de mettre sous presse ce numéro || *escrito a máquina* tapé à la machine || *ir a máquina parada* faire du surplace (ciclismo).

maquinación *f* machination.

maquinador, ra *adj y s* machinateur, trice; qui ourdit des machinations.

maquinal *adj* machinal, e; *movimientos maquinales* des gestes machinaux.

maquinar *v tr* machiner, tramer.

maquinaria *f* machines *pl*, matériel *m*; *maquinaria agrícola* machines agricoles || machinerie (conjunto de máquinas) || mécanique; *conoce muy bien la maquinaria de este coche* il connaît très bien la mécanique de cette voiture || FIG appareil *m*; *la maquinaria burocrática, administrativa* l'appareil bureaucratique, administratif.

maquinilla *f* petite machine || MAR winch *m* (chigre) || — *café de maquinilla* café filtre || *maquinilla de afeitar* rasoir || *maquinilla eléctrica* rasoir électrique.

maquinismo *m* machinisme.

maquinista *m* machiniste ‖ mécanicien (del tren) ‖ TEATR machiniste (tramoyista).

maquinizar *v tr* mécaniser.

maquis *m y f* maquisard, e.

mar *m y f* mer *f*; *mar interior* mer intérieure; *brazo de mar* bras de mer; *mar Mediterráneo* mer Méditerranée ‖ — *mar agitado* mer agitée ‖ *mar ancha* haute mer ‖ *mar de arena* mer de sable ‖ *mar de fondo* ou *de leva* lame de fond (sentido propio), agitation latente o sourde, climat de tension (sentido figurado) ‖ FIG *mar de sangre* mer o flot de sang ‖ *mar en bonanza* ou *en calma* bonace ‖ *mar enfurecido* mer démontée ‖ *mar picado, rizado* mer houleuse, moutonneuse ‖ — *alta mar* haute mer, pleine mer, le large; *ganar alta mar* gagner o prendre le large ‖ *golpe de mar* coup de mer ‖ — FAM *a mares* abondamment, à flots; *correr a mares* couler à flots; à seaux, à verse, à torrents (llover) | *la mar* une foule, un tas, énormément; *había la mar de niños* il y avait une foule d'enfants; *tout ce qu'il y a de plus*; *es la mar de tonto* il est tout ce qu'il y a de plus idiot; énormément, terriblement; *me gusta la mar* il me plaît terriblement | *la mar de bien* drôlement o terriblement o tout à fait bien | *la mar de personas* une foule de gens, un monde fou | *la mar de trabajo* énormément de travail, un travail terrible o fou o monstre ‖ — FIG & FAM *arar en el mar* donner des coups d'épée dans l'eau, porter de l'eau à la rivière o de l'eau à la mer | *echemos pelillos a la mar* n'en parlons plus, passons l'éponge | *estar hecho un brazo de mar* être beau comme un astre, paré comme une châsse | *estar hecho un mar de lágrimas* être tout en larmes, pleurer toutes les larmes de son corps | *hablar de la mar* demander la lune ‖ MAR *hacerse a la mar* prendre la mer | *irse* ou *hacerse mar adentro* gagner o prendre le large ‖ FIG *quien no se arriesga no pasa la mar* qui ne risque rien n'a rien.

— OBSERV Véase MER, 1.ª parte.

marabú *m* marabout (ave, pluma).

marabunta *f* marabunta (plaga de hormigas) ‖ FIG foule (muchedumbre).

maraca; maracá *f* MÚS maracas *m*.

maraña *f* buisson *m*, broussaille (maleza) ‖ bourre [de soie] ‖ BOT yeuse (encina) ‖ FIG emmêlement *m*, enchevêtrement *m* (confusión) ‖ affaire embrouillée (asunto intrincado) ‖ — *¡qué maraña!* quelle pagaille! ‖ *una maraña de mentiras* un tissu de mensonges ‖ *una maraña de pelo* des cheveux hirsutes, une tignasse.

marasca *f* marasque (cereza amarga).

marasmo *m* marasme.

maratón *m* marathon (carrera) ‖ FIG marathon (negociación).

maratoniano, na *adj* marathonien, enne.

maravedí *m* maravédis (moneda).

— OBSERV Le mot *maravedí* a trois pluriels: *maravedís, maravedises* et *maravedíes*, ce dernier étant peu usité.

maravilla *f* merveille; *eso es una maravilla* c'est une merveille ‖ surprise, étonnement *m* (asombro); *causar maravilla* provoquer l'étonnement ‖ BOT souci *m* (flor anaranjada) | sorte de volubilis (flor azul) | belle-de-nuit, merveille du Pérou (dondiego) ‖ — *a las mil maravillas, de maravilla* à merveille; *hablar a las mil maravillas* parler à merveille; *ir de maravilla* aller à merveille; *venir de maravilla* tomber à merveille ‖ *contar* ou *decir maravillas* dire des merveilles ‖ FIG & FAM *hacer maravillas* faire des merveilles ‖ *las siete maravillas del mundo* les sept merveilles du monde.

maravillar *v tr* surprendre, étonner (sorprender); *me maravilla su fracaso* son échec me surprend ‖ émerveiller (una cosa admirable) ‖ *quedarse maravillado* être surpris o étonné o ébahi (sorprendido), être émerveillé (ante algo admirable).

◆ *v pr* s'étonner (asombrarse); *no maravillarse de* ou *por nada* ne s'étonner de rien ‖ s'émerveiller (ante algo magnífico).

maravilloso, sa *adj* merveilleux, euse (admirable) ‖ *lo maravilloso* le merveilleux.

marbete *m* étiquette *f* (etiqueta) ‖ bord, moulure *f* (orilla, filete).

marca *f* marque, repère *m* (señal) ‖ marque; *marca de fábrica, registrada* ou *patentada* marque de fabrique, déposée ‖ marque; *marca con hierro candente* marque au fer rouge ‖ trace, marque (cicatriz) ‖ marquage *m* (acción); *la marca del ganado* le marquage du bétail ‖ toise (para medir) ‖ DEP record *m*; *batir* ou *vencer una marca* battre un record ‖ performance (resultado) ‖ marche (provincia fronteriza) ‖ MAR amer *m* ‖ — *marca de agua* filigrane ‖ — *de marca* de marque; *género, personaje de marca* produit, personnage de marque ‖ FIG & FAM *de marca mayor* de premier ordre (excelente), respectable, de belles dimensions (muy grande o voluminoso), de première; *un imbécil de marca mayor* un imbécile de première; gratiné, e; énorme; *una tontería de marca mayor* une bêtise énorme; *una tontería de marca mayor* une bêtise énorme ‖ *papel de marca* papier écolier o couronne.

marcadamente *adv* nettement; *acento marcadamente español* accent nettement espagnol.

marcado *m* marquage ‖ mise *f* en plis (del cabello).

marcador, ra *adj y s* marqueur, euse ‖ IMPR margeur, euse.

◆ *m* contrôleur (contraste de pesos y medidas) ‖ DEP tableau d'affichage, marqueur; *marcador simultáneo* marqueur automatique ‖ marquoir (para la ropa) ‖ — *marcador de paso* régulateur cardiaque ‖ *marcador de votos* tableau des scrutins ‖ — DEP *abrir* ou *hacer funcionar el marcador* ouvrir le score | *ir por delante en el marcador* mener à la marque.

marcaje *m* marquage (deportes).

marcapasos *m inv* régulateur cardiaque.

marcar *v tr* marquer; *marcar la ropa, los gastos* marquer le linge, les dépenses; *marcar con hierro* marquer au fer ‖ marquer (deportes); *jugador que marca a otro* joueur qui en marque un autre; *marcar un gol, un tanto* marquer un but (fútbol); *marcar una cesta, un tanto* marquer un point (baloncesto) ‖ composer (un número de teléfono) ‖ FIG marquer; *marcar con el sello de su genio* marquer du sceau de son génie ‖ IMPR ajuster, marger ‖ MAR prendre des amers ‖ — *marcar el compás* battre la mesure (con la mano o la batuta), suivre le rythme (bailando, cantando) ‖ *marcar el paso* marquer le pas ‖ *marcar el pelo* ou *las ondas* faire une mise en plis ‖ *marcar las cartas* biseauter les cartes.

◆ *v intr* marquer ‖ marquer (deportes).

◆ *v pr* marquer; *marcarse un tanto* marquer un point ‖ *marcarse un detalle* avoir une attention délicate.

marcial *adj* martial, e; *ley marcial* loi martiale || martial, e; *porte marcial* air martial || martial, e (con hierro); *pirita marcial* pyrite martiale || *artes marciales* arts martiaux.

marcialidad *f* air *m* martial, martialité.

marciano, na *adj y s* martien, enne (de Marte).

marco *m* cadre (de un cuadro, etc.) || encadrement (de puerta o ventana) || FIG cadre; *dentro del marco de* dans le cadre de || étalon *m* (patrón) || mark (moneda alemana) || marc (moneda de oro) || dimensions *f pl* réglementaires (de un madero) || marc (medida antigua de peso) || DEP buts *pl* (portería).

marcha *f* marche; *abrir la marcha* ouvrir la marche || MÚS marche; *marcha fúnebre* marche funèbre || départ *m*; *¿a qué hora es la marcha?* à quelle heure est le départ? || marche (deportes) || fonctionnement *m* (de una máquina) || FIG marche; *la buena marcha de un negocio* la bonne marche d'une affaire || FIG & FAM capacité à faire la fête | ambiance, bonne o chaude ambiance || — *marcha atrás* marche arrière; *meter la marcha atrás* passer en marche arrière || *marcha forzada* marche forcée || *marcha lenta* ralenti (de un motor), marche lente (música) || *marcha militar* marche militaire || *marcha moderada* ralentir (señal de tráfico) || *marcha nupcial* marche nuptiale || *Marcha Real* hymne national espagnol || — *a toda marcha* à toute vitesse, à fond de train (*fam*) || MAR & MECÁN *la marcha de un motor* l'allure d'un moteur || *sobre la marcha* en même temps || — *avanzar a buena marcha* aller bon train || FIG *dar marcha atrás* faire marche arrière; *a última hora ha dado marcha atrás* au dernier moment il a fait marche arrière || *poner en marcha* mettre en marche (un motor), déclencher (un mecanismo), déclencher (provocar) || *ponerse en marcha* se mettre en marche || *realizar algo a marchas forzadas* mettre les bouchées doubles || FIG & FAM *tener marcha* avoir envie de sortir o de faire la fête (una persona), être animé (un lugar).

marchamar *v tr* plomber, marquer (en las aduanas).

marchamo *m* plomb (señal de las aduanas) || FIG marque *f*, cachet, empreinte *f* || *(amer)* impôt perçu pour chaque bête sacrifiée dans un abattoir public.

marchante, ta *adj y s* marchand, e.
◆ *m* client (parroquiano).

marchar *v intr* marcher || FIG marcher; *el reloj no marcha* la pendule ne marche pas; *un negocio que marcha* une affaire qui marche || — *marchar a tropezones* avancer par à-coups || FIG *marchar sobre rieles* aller comme sur des roulettes || MIL *¡marchen!* marche!
◆ *v pr* s'en aller, partir (irse) || *marcharse por las buenas* s'éclipser.

marchitamiento *m* flétrissure *f*, étiolement, marcescence *f (p us)*.

marchitar *v tr* faner, flétrir (las flores, la hermosura).
◆ *v pr* se faner, se flétrir, s'étioler, passer; *esta flor se marchitó* cette fleur s'est fanée.

marchito, ta *adj* fané, e; flétri, e.

marchoso, sa *adj* FAM qui a la pêche.
◆ *m y f* FAM fêtard, e.

marea *f* marée || brise marine (viento) || rosée (rocío) || bruine (llovizna) || FIG marée, flot *m* (gran cantidad); *marea humana* marée humaine || — *marea alta, baja* marée haute, basse || *marea entrante, saliente* ou *menguante* marée montante, descendante || *marea negra* marée noire || *marea viva* grande marée || — FIG *contra viento y marea* contre vent et marée || *está alta, baja la marea* la mer est haute, basse.

mareado, da *adj* qui a mal au coeur, qui a la tête qui tourne || FIG assommé, e; soûlé, e (fastidiado).

mareante *adj* navigant, e || FIG & FAM assommant, e (pesado).
◆ *m* navigateur.

marear *v tr* MAR diriger, gouverner [un navire] || écoeurer, faire mal au coeur, soulever le coeur (un perfume) || donner mal au coeur; *el movimiento de este barco me marea* le mouvement de ce bateau me donne mal au coeur || FIG & FAM assommer, ennuyer, embêter (molestar, fastidiar) | étourdir; *me mareas con todas tus preguntas* tu m'étourdis avec toutes tes questions || *(p us)* vendre au détail (vender) || CULIN faire revenir (rehogar) || *aguja de marear* boussole (brújula).
◆ *v pr* avoir mal au coeur *o* des nausées (tener náuseas) || avoir le mal de mer (en un barco) || être étourdi, e; *me mareo con tanto ruido* je suis étourdi par tout ce bruit || s'avarier (las mercancías).

marejada *f* houle, mer houleuse || FIG effervescence, agitation (agitación) | vague, remous *m pl* (oleada) | rumeur (rumor).

marejadilla *f* houle légère.

maremagno; mare mágnum *m* FIG & FAM nuée *f*, pullulement, foule *f* (de personas) | déluge, profusion *f* (de cosas).

maremoto *m* raz de marée.

marengo *adj y s m* marengo (color) || CULIN *a la marengo* à la marengo (en pepitoria).

mareo *m* mal au coeur (náusea) || mal de mer (en un barco) || étourdissement, vertige (vértigo) || FIG & FAM ennui (molestia).

mareógrafo; mareómetro *m* MAR marégraphe, maréomètre.

mareomotor, triz *adj* marémoteur, trice.

marfil *m* ivoire; *marfil cansado* vieil ivoire || — *marfil vegetal* ivoire végétal, corozo || *negro de marfil* noir d'ivoire || FIG *torre de marfil* tour d'ivoire.

marfileño, ña *adj* d'ivoire, ivoirin, e (poético).

marga *f* MIN marne || serge (tela).

margal *m* marnière *f*.

margarina *f* margarine.

margarita *f* marguerite (flor); *deshojar la margarita* effeuiller la marguerite || perle (perla) || ZOOL porcelaine (molusco) | petit coquillage *m* (concha cualquiera) || MAR marguerite || FIG *echar margaritas a puercos* jeter des perles aux pourceaux.

margen *m y f* marge *f*; *el margen de una página* la marge d'une page || rive *f*, bord *m* (de un río) || apostille *f* (apostilla) || FIG marge *f*, facilité *f* (facilidad) || COM marge *f*; *margen de ganancias* marge bénéficiaire *o* de bénéfices || — *margen de error* marge d'erreur || *margen de seguridad* marge de sécurité || — *al margen* en marge, à l'écart; *vivir al margen de la sociedad* vivre en marge de la société || FIG *dar margen* donner l'occasion | *dejar margen* laisser de la marge || *firmar al margen* émarger, signer en marge || FIG *por un escaso margen* de justesse.

— OBSERV Le genre du mot *margen* est ambigu; toutefois on peut dire que généralement il est masculin dans le sens d'*espace* et féminin dans celui de *rive*.
marginación *f* marginalisation; *marginación social* marginalisation sociale.
marginado, da *adj* y *s* marginal, e.
marginal *adj* marginal, e; *nota marginal* note marginale ‖ *tecla marginal* margeur (en una máquina de escribir).
marginalidad *f* marginalité.
marginalismo *m* marginalisme.
marginar *v tr* laisser une marge, marger ‖ émarger, marginer (anotar al margen) ‖ apostiller (apostillar).
maría *f* ancienne monnaie d'argent espagnole (moneda) ‖ FAM cierge *m* blanc.
María (Santa) *n pr f* sainte Marie.
mariache; mariachi *m (amer)* musique *f* populaire caractéristique de l'État de Jalisco (Mexique), et ensemble de musiciens qui l'interprète.
María Magdalena (Santa) *n pr* sainte Marie-Madeleine.
marianista *adj* y *s* marianiste (religioso).
mariano, na *adj* marial, e; *culto mariano* culte marial.
marica *f* pie (urraca).
◆ *m* FIG & FAM pédale *f*, tapette *f* (homosexual).
Maricastaña *n pr f en tiempos de Maricastaña* du temps que la reine Berthe filait, aux temps héroïques.
maricón *m* POP pédale *f*, pédé (sodomita).
maricona *f* POP pédale *f*.
mariconada *f* minauderie d'homosexuel ‖ FIG & FAM vacherie (jugarreta) | connerie (tontería).
mariconear *v intr* POP draguer (un homosexual).
mariconera *f* sac pour homme.
mariconería *f* POP pédérastie.
maridaje *m* ménage ‖ FIG union *f*, bonne entente *f* (entre personas) | harmonie *f*.
marido *m* mari.
mariguana; marihuana; marijuana *f* marijuana, marihuana.
marimacho *m* FAM femme *f* hommasse, virago *f*.
marimandona *f* femme autoritaire, gendarme *m (fam)*, madame o mademoiselle J'ordonne.
marimba *f* sorte de tam-tam *m* (tambor) ‖ *(amer)* sorte de xylophone *m* (tímpano) | raclée (paliza).
marimoña *f* BOT bouton-d'or *m* (francesilla).
marimorena *f* FAM dispute, bagarre ‖ FAM *armar la marimorena* faire un bruit de tous les diables.
marina *f* marine ‖ marine (cuadro) ‖ *— marina de guerra* marine de guerre ‖ *marina mercante* marine marchande.
marinar *v tr* mariner (escabechar) ‖ MAR amariner (un barco apresado) | former l'équipage.
marine *m* (palabra inglesa), marine (infante de marina del «Marine Corps» de Estados Unidos).
marinería *f* équipage *m* (tripulación de un barco) ‖ profession de marin.
marinero, ra *adj* marin, e; *barco marinero* navire marin ‖ marinier, ère.
◆ *m* marin, matelot ‖ argonaute (molusco) ‖ FIG *marinero de agua dulce* marin d'eau douce ‖ *traje de marinero* costume marin.

◆ *f* marinière (blusa de niño) ‖ *a la marinera* à la marinière (salsa), à la matelote (plato de pescado).
marino, na *adj* marin, e; *sal marina* sel marin ‖ *azul marino* bleu marine.
◆ *m* marin ‖ *marino mercante* marin du commerce.
marioneta *f* marionnette (títere).
mariposa *f* papillon *m* (insecto) ‖ pape *m* (ave) ‖ MECÁN écrou *m* à oreilles (tuerca) ‖ veilleuse (lamparilla de aceite) ‖ *(amer)* colin-maillard *m* (juego) ‖ *braza mariposa* brasse papillon (natación).
mariposeador, ra *adj* y *s* inconstant, e (voluble).
mariposear *v intr* FIG papillonner.
mariposón *m* FAM papillon (hombre veleta) ‖ *(amer)* homosexuel (maricón).
mariquita *f* coccinelle (coleóptero) ‖ punaise des bois (hemíptero) ‖ perruche (perico) ‖ *(amer)* danse populaire.
◆ *m* FAM pédale *f* ‖ *mariquita azúcar* pédale.
marisabidilla *f* FAM bas-bleu *m*, femme savante.
mariscada *f* repas *m* de fruits de mer.
mariscal *m* MIL maréchal ‖ *(ant) mariscal de campo* maréchal de camp.
mariscador *m* pêcheur de coquillages.
mariscar *v tr* pêcher des coquillages.
marisco *m* coquillage.
◆ *pl* fruits de mer (comestibles).
marisma *f* marais *m* au bord de la mer.
◆ *pl las Marismas* région marécageuse à l'embouchure du Guadalquivir.
marismeño, ña *adj* des marais.
marisqueo *m* ramassage, pêche *f* des coquillages.
marisquería *f* poissonnerie de fruits de mer.
marisquero, ra *m* y *f* pêcheur, euse de coquillages ‖ marchand, e de coquillages; mareyeur, euse.
marista *adj* y *s* mariste (religioso).
marital *adj* marital, e; *autorización marital* autorisation maritale.
marítimo, ma *adj* maritime ‖ *— arsenal marítimo* arsenal maritime ‖ *ruta marítima* route maritime.
marjoleto *m* aubépine *f*.
marketing *m* marketing.
Mármara *n pr* GEOGR Marmara.
marmita *f* marmite (olla).
marmitón *m* marmiton (pinche de cocina).
mármol *m* marbre; *esculpido en mármol* sculpté sur marbre o dans le marbre ‖ *— mármol brocatel* marbre brocatelle ‖ *mármol de Carrara* marbre de Carrare ‖ *— cantera de mármol* marbrière ‖ FIG *de mármol* de marbre.
marmolería *f* marbrerie.
marmolillo *m* borne *f*, bouteroue *f* (guardacantón) ‖ FIG niais, idiot (idiota) ‖ TAUROM taureau indolent.
marmolista *m* marbrier.
marmóreo, a *adj* marmoréen, enne.
marmosete *m* IMPR vignette *f*.
marmota *f* marmotte (mamífero); *dormir como una marmota* dormir comme une marmotte ‖ toque de fourrure (de los niños) ‖ FIG & FAM bonniche, bonne (criada).

maroma *f* grosse corde, câble *m* ‖ MAR cordage *m* ‖ *(amer)* voltige.
maromo *m* POP jules.
maronita *adj y s* maronite.
marota *f (amer)* femme homasse, virago.
marplatense *adj y s* de Mar del Plata [République Argentine].
marqués *m* marquis; *el señor marqués* monsieur le marquis ‖ FIG *los marqueses* le marquis et la marquise.
marquesa *f* marquise (título) ‖ marquise (sillón, cobertizo) ‖ FIG *dárselas de marquesa* faire la marquise.
marquesado *m* marquisat.
Marquesas (islas) *n pr f pl* GEOGR îles Marquises.
marquesina *f* marquise (cubierta volada).
marquetería *f* marqueterie ‖ *especialista en marquetería* marqueteur.
marrajo, ja *adj* rusé (toro) ‖ FIG malin, igne; roublard, e (malicioso) ‖ *(amer)* avare (tacaño).
◆ *m* requin (tiburón).
Marrakech; Marraquech *n pr* GEOGR Marrakech.
marrana *f* truie (hembra del cerdo) ‖ FIG & FAM cochonne (sucia, indecente) ‖ TECN arbre *m* (de una noria).
marranada; marranería *f* FIG & FAM cochonnerie, saleté (cochinada).
marrano *m* cochon (cerdo) ‖ FIG & FAM cochon ‖ tambour de la roue (de una noria) ‖ sommier (de una prensa) ‖ HIST marrane, juif baptisé mais demeuré fidèle au judaïsme.
marrar *v tr e intr* manquer, rater (errar) ‖ FIG s'égarer (desviarse) ‖ *marrar el tiro* manquer; *marrar el tiro a una liebre* manquer un lièvre.
marras *adv* FAM de jadis, d'autrefois (de antes) ‖ en question; *la aventura, el individuo de marras* l'aventure, l'individu en question ‖ *¿volvemos a lo de marras?* allons-nous recommencer?
marrasquino *m* marasquin (licor).
marro *m* palet (para jugar al marro).
marrón *adj* marron (color castaño) ‖ marron (deportista).
◆ *m* marron (color castaño).
marroquí *adj* marocain, e.
◆ *m y f* Marocain, e.
◆ *m* maroquin (tafilete).
— OBSERV *pl marroquíes*.
marroquinería *f* maroquinerie (preparación, taller, tienda) ‖ maroquinage *m* (acción).
marrubial *m* terrain couvert de marrubes.
Marruecos *n pr m* GEOGR Maroc.
marrulla; marrullería *f* roublardise, ruse.
marrullero, ra *adj y s* roublard, e; rusé, e.
Marsella *n pr* GEOGR Marseille.
marsellés, esa *adj* marseillais, e.
◆ *m y f* Marseillais, e.
◆ *m* veste *f* brodée (chaquetón).
◆ *f* Marseillaise (himno nacional francés).
marsopa; marsopla *f* marsouin *m* (cetáceo).
marsupial *adj y s m* ZOOL marsupial, e.
marta *f* marte, martre (mamífero) ‖ *marta cebellina* zibeline, marte zibeline.
Marte *n pr m* Mars (planeta) ‖ Mars (dios).

martes *m* mardi (día); *vendrá el martes* il viendra mardi; *viene el martes, cada martes* il vient le mardi, tous les mardis ‖ — *el martes pasado, que viene* mardi dernier, mardi prochain ‖ *en martes, ni te cases ni te embarques* il ne faut rien entreprendre un vendredi ‖ *martes de Carnaval* mardi gras.
martillada *f* coup *m* de marteau.
martillar *v tr* marteler ‖ FIG tourmenter ‖ FIG *martillar en hierro frío* donner des coups d'épée dans l'eau | *martillar los oídos* casser les oreilles.
martillazo *m* coup de marteau.
martillear *v tr* marteler.
martilleo *m* martelage, martèlement ‖ pilonnage (bombardeo intenso) ‖ FIG martèlement (ruido).
martillo *m* marteau (herramienta) ‖ marteau (templador) ‖ marteau (de reloj) ‖ ANAT marteau (del oído interno) ‖ DEP marteau ‖ ZOOL marteau (pez) ‖ marteau (de presidente de sesión) ‖ FIG croix *f* en tau (cruz) ‖ salle *f* de *o* des ventes (para subastas) ‖ — *martillo de empedrador* marteau d'assiette ‖ *martillo de fragua* marteau de forge ‖ *martillo de herrador* brochoir ‖ *martillo de orejas* marteau à dent ‖ *martillo de picapedrero* massette ‖ *martillo de remachar* matoir ‖ *martillo neumático* marteau piqueur, marteau pneumatique ‖ *martillo pilón* marteau-pilon ‖ *a martillo* à coups de marteau.
Martín (San) *n pr m* saint Martin ‖ — *a cada puerco le llega su San Martín* tel qui rit vendredi, dimanche pleurera ‖ *veranillo de San Martín* été de la Saint-Martin, été indien.
martín pescador *m* ZOOL martin-pêcheur.
martinete *m* héron bihoreau (ave) ‖ aigrette *f* (penacho) ‖ marteau (de piano) ‖ TECN martinet (martillo mecánico) | mouton (para clavar estacas) ‖ chant andalou (cante).
martingala *f* martingale (juegos) ‖ truc *m*, artifice *m* (artimaña) ‖ martingale (trabilla).
Martinica *n pr* GEOGR Martinique.
martiniqués, esa *adj* martiniquais, e.
◆ *m y f* Martiniquais, e.
mártir *m y f* martyr, e ‖ *capilla de mártires* martyrium.
martirio *m* martyre.
martirizador, ra *adj* qui martyrise.
◆ *m* bourreau, tourmenteur.
martirizar *v tr* martyriser.
marxismo *m* marxisme; *marxismo-leninismo* marxisme-léninisme.
marxista *adj y s* marxiste.
marzo *m* mars; *el 17 de marzo de 1915* le 17 mars 1915.
mas *m* mas (masada).
mas *conj* mais (pero).
— OBSERV *Mas*, conjonction, ne porte pas d'accent.
más *adv* plus; *trabajo más que tú* je travaille plus que toi; *mi casa es más bonita que la tuya* ma maison est plus jolie que la tienne; *dos más dos son cuatro* deux plus deux font quatre ‖ plus, davantage; *no te digo más* je ne t'en dis pas plus ‖ plus de, davantage de (delante de un sustantivo); *tengo más trabajo que usted* j'ai plus de travail que vous ‖ de plus (después de un sustantivo); *dos kilómetros más* deux kilomètres de plus ‖ plus de; *son más de las nueve* il est plus de 9 heures ‖ encore; *¿quiere usted más sopa?* voulez-vous encore de la soupe?;

quédate un poco más reste encore un peu ‖ encore, autre; *deme dos botellas más* donnez-moi encore deux bouteilles ‖ FAM vraiment, tellement, terriblement (muy); *¡eres más tonto!* tu es vraiment idiot!; *¡estaba más contento!* il était tellement content! ‖ — *más aún* bien plus ‖ *más bien* plutôt ‖ *más de la cuenta* trop ‖ *más de lo dicho* plus qu'il avait été dit ‖ *más de lo que* plus que... ne; *vendré más tarde de lo que había dicho* je viendrai plus tard que je ne l'avais dit ‖ *más de lo regular* plus qu'il n'est habituel ‖ *más de una vez* plus d'une fois ‖ *más o menos* plus ou moins ‖ *más que nunca* plus que jamais ‖ *más tarde o más temprano* tôt ou tard ‖ *más y más* de plus en plus ‖ — *a cual más* à qui mieux mieux ‖ *a lo más* tout au plus ‖ *a más en* plus, en outre ‖ *a más y mejor* à qui mieux mieux ‖ *cada día más* de plus en plus ‖ *como el que más* comme pas un, comme personne ‖ *cual más cual menos* tout un chacun ‖ *cuando más* (tout), au plus ‖ *cuanto más... más plus...* plus ‖ *cuanto más... menos* plus... moins ‖ *de más* en trop, de trop; *estar de más* être de trop ‖ *de más en más* de plus en plus ‖ *el... más* le plus; *es el libro más interesante de este escritor* c'est le livre le plus intéressant de cet écrivain ‖ *el que más y el que menos* tout un chacun ‖ *en más de* ou *que* plus que [estimer, apprécier, etc.] ‖ *la... más* la plus; *es la ciudad más triste que he visitado* c'est la ville la plus triste que j'aie visitée ‖ *las... más* les plus ‖ *las más de las veces* la plupart du temps ‖ *lo más* tout au plus (a lo más) ‖ *lo más mínimo* le moins du monde ‖ *lo más posible* le plus possible ‖ *lo más tarde* au plus tard ‖ *los... más* les plus ‖ *los más de, las más de la plupart de; las más de las mujeres son coquetas* la plupart des femmes sont coquettes ‖ *mientras más... más* plus... plus ‖ *mucho más* beaucoup plus, bien plus ‖ *nada más* rien de plus, rien d'autre, simplement; *bebió un poco de agua, nada más* il but simplement un peu d'eau; à peine (construido con el infinitivo); *nada más llegar* à peine arrivé; *nada más comer, se levantó* à peine le repas terminé, il se leva; à peine avait-il mangé qu'il se leva ‖ *nada más que eso* rien que cela ‖ *nada más y nada menos* un point, c'est tout ‖ *nada más y nada menos que* ni plus ni moins que ‖ *nadie más que* personne d'autre ‖ *ni más ni menos* ni plus ni moins, tout simplement ‖ *no más* pas davantage, pas plus, c'est tout (es todo), plus de; *¡no más tonterías!* plus d'idioties!; tout simplement, donc [explétif]; *acércate no más* approche-toi donc ‖ *no... más* ne... plus ‖ *no... más que* ne... que; *no pudo hacer más que esto* il n'a pu faire que cela ‖ *no... ya más que* ne (plus), que; *no me quedan ya más que mil francos* il ne me reste que mille francs ‖ *poco más o menos* plus ou moins, à peu près ‖ *por más que* avoir beau (con infinitivo), quelque... que, quoi que (con subjuntivo), malgré (con sustantivo); *por más que hace, fracasa siempre* il a beau faire, il échoue toujours; *por más que trabajase* il avait beau travailler; *por más esfuerzos que hagas* malgré tous tes efforts, tu auras beau faire des efforts; *por más robusto que sea* il a beau être robuste ‖ *¿qué más?* quoi d'autre?, quoi encore? ‖ *quien más quien menos* tout un chacun ‖ *sin más* sans plus ‖ *sin más ni más* tout simplement, sans autre forme de procès ‖ *tanto más d'autant plus* ‖ *tanto más cuanto que* d'autant plus que ‖ *tanto y más* tant et plus ‖ *todo lo más* tout au plus ‖ *una vez más* une fois de plus, une fois encore ‖ *y lo que es más* et qui plus est ‖ *y más* et, et encore; *flores y más flores* des fleurs et (encore), des fleurs ‖ *¿y qué más?* et après, et alors? ‖ — *a más correr* à toutes jambes, à toute vitesse, à toute allure ‖ *a más no poder* de toutes ses forces (esfuerzo físico), on ne peut plus, tout ce qu'il y a de plus, au possible; *es tonto a más no poder* il est on ne peut plus stupide ‖ *a más tardar* au plus tard ‖ FAM *¡más lo eres tú!* et toi donc! ‖ *poder más* prendre le dessus, être plus fort; *el amor pudo más que el odio* l'amour prit le dessus sur la haine o fut plus fort que la haine ‖ *querer más* aimer mieux, préférer ‖ *tiene más de brillante que de sólido* il est plus brillant que solide ‖ *valer más* valoir mieux; *más vale* il vaut mieux.

◆ *m* plus ‖ MAT plus (signo) ‖ *el más allá* l'au-delà ‖ *lo más* le plus; *el que puede lo más, puede lo menos* qui peut le plus peut le moins ‖ FIG *tener sus más y sus menos* avoir des hauts et des bas.

— OBSERV Debe observarse que el superlativo introduce una oración cuyo verbo se pone en indicativo en español y en subjuntivo en francés.

masa *f* masse (volumen) ‖ pâte (mezcla) ‖ pâte (del pan) ‖ FIG totalité, total *m* (conjunto); *masa de bienes* totalité des biens; *masa de la quiebra* total de la faillite ‖ masse; *las masas populares* les masses populaires | masse (abundancia) ‖ MECÁN masse ‖ ELECTR masse ‖ *(amer)* petit gâteau (pastelillo) ‖ — *masa coral* manécanterie ‖ *masa crítica* masse critique ‖ ANAT *masa encefálica* encéphale ‖ FÍS *masa inercial* ou *inerte* masse inerte ‖ — *coger con las manos en la masa* prendre la main dans le sac o sur le fait ‖ *en masa* en masse.

masacrar *v tr* massacrer (aniquilar).

masacre *f* massacre *m*, tuerie (matanza, hécatombe).

masada *f* mas *m*, métairie.

— OBSERV *Mas* se dice sobre todo en Provenza, sur de Francia.

masaje *m* massage ‖ *dar masajes* masser, faire des massages.

masajista *m y f* masseur, euse.

masato *m* *(amer)* boisson *f* sucrée à base de maïs et de riz.

mascada *f* *(amer)* chique (de tabaco) | bouchée (bocado) | foulard *m* (pañuelo).

mascadura *f* mastication.

mascar *v tr* mâcher (masticar) ‖ mâchonner (masticar mal) ‖ chiquer; *tabaco de mascar* tabac à chiquer ‖ FIG & FAM marmotter, mâchonner (mascullar) ‖ — FIG & FAM *dárselo todo mascado a uno* mâcher la besogne à quelqu'un | *estar mascando tierra* manger les pissenlits par la racine.

máscara *f* masque *m* (careta, accesorio de teatro) ‖ loup *m* (antifaz) ‖ — *máscara antigás* masque à gaz ‖ *quitar* ou *quitarse la máscara* ôter o lever le masque ‖ *traje de máscara* travesti.

◆ *pl* cavalcade *sing* de masques (mojiganga) ‖ mascarade (mascarada) ‖ — *máscaras, baile de máscaras* bal masqué.

mascarada *f* mascarade ‖ bal *m* masqué (baile).

mascarilla *f* masque *m* (de belleza, mortuoria) ‖ masque *m* opératoire (de cirujano).

mascarón *m* grand masque ‖ mascaron (adorno) ‖ MAR figure *f* de proue.

mascota *f* mascotte.

mascujar *v tr* mâchonner ‖ FIG mâchonner, marmotter (hablar entre dientes) | maugréer (refunfuñar).

masculinidad f masculinité.
masculinizar v tr masculiniser.
masculino, na adj y s m masculin, e ‖ GRAM *género masculino* genre masculin.
mascullamiento m mâchonnement.
mascullar v tr FAM marmotter, mâchonner (hablar entre dientes).
masetero adj m y s m masséter (músculo de la mandíbula inferior).
masía f ferme (en Cataluña).
masificación f massification.
masificar v tr massifier.
masilla f mastic m ‖ *fijar con masilla, poner masilla* mastiquer.
masivo, va adj massif, ive; *dosis masiva* dose massive; *manifestación masiva* manifestation massive ‖ *producción masiva* production en masse.
masoca m y f FAM maso.
masón m franc-maçon (francmasón).
masonería f franc-maçonnerie (francmasonería).
masónico, ca adj maçonnique; *logia masónica* loge maçonnique.
masoquismo m masochisme.
masoquista adj y s masochiste.
mass media m pl mass media.
mastectomía f MED mastectomie, mammectomie.
mastelerillo m MAR cacatois ‖ mâtereau (mástil pequeño) ‖ — *mastelerillo de juanete de popa* ou *mayor* mât de cacatois de hune ‖ *mastelerillo de juanete de proa* mât de cacatois de misaine.
mastelero m MAR perroquet ‖ — *mastelero de gavia* mât de perroquet de hune ‖ *mastelero de perico* mât de perruche ‖ *mastelero de sobremesana* mât de perroquet de fougue ‖ *mastelero mayor* ou *de gavia* grand mât de hune.
máster m mastère (curso de posgrado).
masticación f mastication.
masticar v tr mâcher, mastiquer (los alimentos) ‖ FIG ruminer, réfléchir (meditar).
mástil m MAR mât (palo) ‖ perroquet (mastelero) ‖ MÚS manche (de una guitarra) ‖ pied (sostén) ‖ tige f (de una planta) ‖ tuyau (de una pluma).
mastín m mâtin (perro).
mastitis f MED mastite.
mastodonte m mastodonte.
mastoideo, a adj ANAT mastoïdien, enne.
mastoiditis f MED mastoïdite.
mastozoología f ZOOL mammalogie.
mastuerzo m cresson alénois, nasitort, passerage (planta) ‖ *mastuerzo de los prados* cresson des prés, cressonnette.
◆ adj m y s m FIG & FAM imbécile, cornichon (necio).
masturbación f masturbation.
masturbar v tr masturber.
mata f pied m (de una planta) ‖ touffe [d'herbe] ‖ plantation; *una mata de olivos* une plantation d'oliviers ‖ BOT lentisque m (lentisco) ‖ MIN matte ‖ — *mata de la seda* gomphocarpe (arbusto) ‖ *mata de pelo* touffe de cheveux ‖ — FIG & FAM *andar a salto de mata* être sur le qui-vive ‖ *ser más tonto que una mata de habas* être bête à manger du foin o comme ses pieds o comme une oie ‖ *vivir a salto de mata* vivre au jour le jour.

matadero m abattoir ‖ FIG & FAM corvée f, travail éreintant; *esto es un matadero* c'est un travail éreintant ‖ FAM (amer) garçonnière f (piso).
matador, ra adj y s tueur, euse (que mata) ‖ meurtrier, ère (asesino) ‖ FIG & FAM tuant, e; claquant, e (cansado) ‖ tuant, e; assommant, e (pesado).
◆ m TAUROM matador (torero) ‖ matador (juegos).
matadura f plaie produite par le bât.
matahambre m (amer) massepain au manioc.
matalahúga; matalahúva f anis m.
mátalas callando m y f FAM personne qui cache son jeu ‖ roublard, e.
matalobos m BOT aconit.
matamoscas adj inv tue-mouches (papel).
◆ m inv chasse-mouches (con mango).
matanza f meurtre m (de una persona) ‖ massacre m, tuerie f (de muchas personas) ‖ abattage m (de los animales) ‖ époque où se fait l'abattage de porcs (época de la matanza) ‖ charcuterie (productos del cerdo) ‖ *hacer una matanza* massacrer; *hacer una matanza de mil personas* massacrer mille personnes.
matar v tr tuer; *matar a un hombre* tuer un homme ‖ éteindre (apagar); *matar el fuego, la cal* éteindre le feu, la chaux ‖ abattre (reses) ‖ monter (naipes) ‖ ternir (el brillo) ‖ éteindre (un color) ‖ adoucir (una arista) ‖ FIG tuer; *esa vida me mata* cette vie me tue ‖ faire mourir (de pesadumbre, de miedo); *le vas a matar a disgustos* tu vas le faire mourir de chagrin ‖ tuer, assommer; *matar a preguntas* tuer à force de questions ‖ couler, ruiner; *matar una empresa* couler une affaire ‖ — FIG *matar a fuego lento* faire mourir à petit feu ‖ *matar dos pájaros de un tiro* faire d'une pierre deux coups, faire coup double ‖ *matar el gusanillo* tuer le ver (beber) ‖ *matar el hambre* tromper la faim ‖ *matar el tiempo* tuer le temps ‖ *matarlas callando* agir en douce, faire ses coups en dessous ‖ — TAUROM *entrar a matar* se préparer à donner l'estocade (el torero) ‖ FIG *estar* ou *llevarse a matar con* être à couteaux tirés avec; en vouloir à mort à ‖ *¡que me maten si...!* que je meure si...!, je veux bien être pendu si...!
◆ v pr se tuer ‖ FIG se tuer (trabajar mucho); *matarse trabajando* se tuer au travail; *matarse por una cosa* se tuer pour obtenir une chose.
matarife m tueur o boucher d'abattoir (jifero).
matarratas m inv mort-aux-rats f (para las ratas) ‖ FAM tord-boyaux (aguardiente).
matasanos m inv FIG & FAM charlatan, mauvais médecin, médicastre.
matasellos m inv oblitérateur (instrumento de correos) ‖ oblitération f (acción) ‖ tampon (marca).
matasiete m FIG & FAM matamore, fanfaron, tranche-montagne.
matasuegras m inv langue f de belle-mère (juguete).
matatena f (amer) caillou m.
match m match (encuentro deportivo).
mate adj mat, e; *oro, sonido mate* or, bruit mat ‖ TECN *poner mate* matir, rendre mat, e.
◆ m mat, échec au roi (al ajedrez); *jaque y mate* échec et mat ‖ smash (en el tenis) ‖ — *dar jaque mate* faire échec et mat ‖ *dar mate* mater, faire mat.

mate *m (amer)* calebasse *f* (calabaza) | maté (planta y bebida) | calebasse *f* où l'on boit le maté (vasija) | infusion *f* | FAM coloquinte *f* (cabeza) || *— (amer) cebar el mate* faire infuser le maté || *hierba mate* maté | *mate amargo* ou *cimarrón* maté pur, maté sans sucre.

matemático, ca *adj y s f* mathématique; *las matemáticas puras, aplicadas* les mathématiques pures, appliquées.
◆ *m y f* mathématicien, enne.

Mateo *n pr m* Mathieu || Matthieu (evangelista); *evangelio según san Mateo* évangile selon saint Matthieu || FIG & FAM *estar como Mateo con la guitarra* être fou de joie.

materia *f* matière || modèle *m* (de escritura) || MED pus *m*, humeur, matière purulente (pus) || FIG sujet *m*, matière (tema) | affaire; *eso es otra materia* c'est une autre affaire || *— materia de Estado* affaire d'État || FÍS *materia escindible* ou *fisible* matière fissile || *materia gris* matière grise || *materia orgánica* matière organique || *materia prima* matière première || *materia vegetal* matière végétale || *— en materia de* en matière de || *entrar en materia* entrer en matière.

material *adj* matériel, elle || FIG matérialiste; *espíritu demasiado material* esprit trop matérialiste || FIG & FAM *el tiempo material para* le temps matériel de.
◆ *m* matériel (instrumentos); *material de una fábrica* matériel d'une usine || matériau (de construcción) || cuir (cuero) || *— material de oficina, escolar* fournitures de bureau, scolaires || *material refractario* matière réfractaire.
◆ *pl* matériaux.

materialidad *f* matérialité.
materialismo *m* matérialisme; *materialismo histórico* matérialisme historique.
materialista *adj y s* matérialiste.
materialización *f* matérialisation.
materializar *v tr* matérialiser.
maternal *adj* maternel, elle.
maternidad *f* maternité || *casa de maternidad, maternidad* maternité [clinique].
materno, na *adj* maternel, elle; *amor materno* amour maternel; *lengua materna* langue maternelle.
matinal *adj* matinal, e.
matinée *f* matinée (de teatro).
matiz *m* nuance *f*; *varios matices de azul* plusieurs nuances de bleu || FIG nuance *f*; *texto rico en matices* texte riche en nuances.
matización *f* nuancement *m* || nuances *pl*.
matizar *v tr* nuancer; *matizar con* ou *de amarillo* nuancer de jaune || harmoniser (armonizar) || moduler (sonidos).
matojo *m* buisson (zarzal).
matón *m* FAM dur; *el matón del pueblo* le dur du village.
matorral *m* buisson (zarzal) || maquis, garrigue *f* (monte bajo).
matraca *f* crécelle (instrumento) || *—* FIG & FAM *dar la matraca* assommer, casser les pieds (dar la lata) | *¡qué matraca!* quelle scie!
matraquear *v intr* faire du bruit avec la crécelle || FIG & FAM se moquer de (burlarse) | assommer (ser pesado).

matraqueo *m* bruit de crécelle (ruido) || FIG & FAM insistance *f* | ennui (molestia).
matraz *m* QUÍM matras, ballon (recipiente).
matriarca *f* matrone, femme chef de famille.
matriarcado *m* matriarcat.
matriarcal *adj* matriarcal, e.
matricida *adj y s* matricide (asesino).
matricidio *m* matricide (crimen).
matrícula *f* matricule (lista) || immatriculation (de un soldado, un coche, etc.) || inscription (en la universidad) || AUTOM plaque d'immatriculation (placa), numéro *m* minéralogique *o* d'immatriculation (número) || MAR équipage *m* (tripulación) || *— con matrícula de honor* avec les félicitations du jury | *matrícula de mar* inscription maritime || MAR *puerto de matrícula* port d'attache.
matriculación *f* inscription, immatriculation (matrícula).
matricular *v tr* immatriculer, matriculer || inscrire (en la universidad).
◆ *v pr* s'inscrire, se faire immatriculer || s'inscrire, prendre ses inscriptions (en la universidad).
matrimonial *adj* matrimonial, e || *capitulaciones matrimoniales* contrat de mariage.
matrimonio *m* mariage (unión y sacramento) || ménage (marido y mujer); *un matrimonio joven* un jeune ménage || *— matrimonio canónico* mariage catholique || *matrimonio civil* mariage civil || *matrimonio clandestino* ou *a yuras* mariage clandestin || *matrimonio de conveniencia* ou *de interés* mariage de raison || *matrimonio mixto* mariage mixte || *matrimonio morganático* ou *de la mano izquierda* mariage morganatique *o* de la main gauche || FAM *matrimonio por detrás de la iglesia* mariage de la main gauche *o* en détrempe || *matrimonio por poderes* mariage par procuration || *matrimonio rato* ou *no consumado* mariage blanc || *matrimonio secreto* ou *de conciencia* mariage secret || *— cama de matrimonio* lit à deux places, grand lit || *— contraer matrimonio con* se marier avec, épouser || *dar palabra de matrimonio* promettre le mariage.
matriz *f* ANAT matrice || matrice (molde) || écrou *m* (tuerca) || souche, talon *m* [d'un registre] || roi *m* des cailles (ave) || MAT e IMPR matrice || *— MAT matriz cuadrada* matrice carrée || *matriz de terraja* filière || MAT *matriz horizontal* matrice ligne | *matriz vertical* matrice colonne || *— dar forma con una matriz* matricer.
◆ *adj f* FIG mère; *casa matriz* maison mère.
matrona *f* matrone (persona de edad) || sage-femme (partera) || fouilleuse (en la aduana).
Matusalén *n pr m* Mathusalem || FIG *más viejo que Matusalén* vieux comme Mathusalem.
matute *m* contrebande *f* (contrabando); *entrar de matute* entrer en contrebande.
matutear *v intr* faire de la contrebande.
matutino, na *adj* matinal, e; du matin; *estrella matutina* étoile du matin.
maullar *v intr* miauler.
maullido *m* miaulement || *dar maullidos* pousser des miaulements, miauler.
Mauricio (isla) *n pr f* GEOGR île Maurice.
Mauritania *n pr f* GEOGR Mauritanie.
mauritano, na *adj* mauritanien, enne [de Mauritanie].
◆ *m y f* Mauritanien, enne.

mauseolo *m (p us)* mausolée.
máuser *m* mauser (fusil).
mausoleo *m* mausolée.
maxilar *adj y s m* ANAT maxillaire; *maxilar inferior* maxillaire inférieur; *maxilar superior* maxillaire supérieur.
máxima *f* maxime (sentencia) ‖ température maximale; *las máximas del año* les températures maximales de l'année.
maximalista *adj y s* maximaliste (bolchevique).
máxime *adv* principalement, surtout, à plus forte raison.
máximo, ma *adj* le plus grand, la plus grande; *máximo común divisor* le plus grand commun diviseur ‖ massif, ive; *dosis máxima* dose massive ‖ maximal, e ‖ *uno de sus pintores máximos* un de ses plus grands peintres.
◆ *m* maximum; *ley de los máximos* loi des maximums ‖ — *como máximo* au maximum, tout au plus ‖ *hacer el máximo* faire le maximum.
maxisingle; maxi single *m* MÚS maxi-single.
— OBSERV Cet anglicisme peut être remplacé en espagnol par *sencillo grande.*
maya *f* pâquerette (planta).
maya *adj* maya (del Yucatán).
◆ *m pl* Mayas.
◆ *m* maya (langue).
mayestático, ca *adj* majestueux, euse ‖ GRAM *plural mayestático* pluriel de majesté.
mayo *m* mai (mes del año) ‖ mai, arbre de mai (palo) ‖ — *hasta el cuarenta de mayo no te quites el sayo* en avril ne te découvre pas d'un fil ‖ *venir como el agua de mayo* arriver comme mars o marée en carême, tomber à pic.
mayonesa *f* mayonnaise (salsa).
mayor *adj* plus grand, e (comparativo); *mi casa es mayor que la suya* ma maison est plus grande que la sienne ‖ plus grand, e (superlativo seguido del subjuntivo en francés); *la falta mayor que ha cometido* la plus grande faute qu'il ait commise ‖ majeur, e; *caso de fuerza mayor* cas de force majeure ‖ âgé, e (de edad); *una señora mayor* une dame âgée ‖ majeur, e (llegado a la mayoría de edad); *hijo mayor* fils majeur ‖ aîné, e (de más edad); *hermano mayor* frère aîné; *rama mayor* branche aînée ‖ majeur, e (grados, dignidades) ‖ grand (dignidades); *caballerizo mayor* grand écuyer; *oficial mayor* grand officier ‖ — *mayor de edad* âgé (entrado en años), majeur (mayor de 21 años) ‖ *mayor edad* majorité (mayoría) ‖ MAT *mayor que* plus grand que ‖ — *al por mayor* en gros (comercio) ‖ *altar mayor* maître-autel ‖ *calle mayor* grand-rue ‖ *cazador mayor* maître d'équipage ‖ *caza mayor* gros gibier ‖ *en su mayor parte* en majeure partie ‖ *estado mayor* état-major ‖ GEOGR *lago Mayor* lac Majeur ‖ *las personas mayores* les grandes personnes ‖ *misa mayor* grand-messe ‖ MAR *palo mayor* grand mât ‖ *ser mayor que* être l'aîné, être plus âgé que; *es dos años mayor que yo* il est mon aîné de deux ans, il est plus âgé que moi de deux ans.
◆ *m* major (oficial superior).
◆ *f* majeure (de un silogismo).
◆ *m y f* aîné, e.
◆ *m pl* grands-parents (abuelos) ‖ ancêtres (antepasados) ‖ *los mayores* les grandes personnes.
Mayor (lago) *n pr* GEOGR lac Majeur.

mayoral *m* maître berger (pastor) ‖ postillon (de un carruaje) ‖ contremaître (de obreros) ‖ *(ant)* collecteur des impôts (mampostero) ‖ *(amer)* receveur (de tranvías) ‖ *mayoral de labranza* maître valet.
mayorazgo *m* majorat ‖ possesseur d'un majorat ‖ fils aîné, héritier d'un majorat (heredero) ‖ FAM fils aîné (primogénito) ‖ aînesse *f* (primogenitura).
mayordomo *m* majordome, maître d'hôtel (criado) ‖ marguillier (de parroquia) ‖ majordome (oficial); *mayordomo mayor* majordome major ‖ HIST *mayordomo de palacio* maire du palais (merovingio).
mayoreo *m (amer)* vente *f* en gros.
mayoría *f* majorité; *tres votos de mayoría* majorité de trois voix ‖ majorité (mayor edad) ‖ MIL bureau *m* du major ‖ — *la inmensa mayoría* la grande majorité ‖ *la mayoría de las veces* le plus souvent, la plupart du temps ‖ *mayoría absoluta, relativa* majorité absolue, relative; *elegir por mayoría absoluta* élire à la majorité absolue ‖ *mayoría silenciosa* majorité silencieuse ‖ — *cumplir la mayoría de edad* atteindre la majorité.
mayorista *m* marchand en gros, grossiste (comerciante).
◆ *adj* en gros (comercio).
mayoritario, ria *adj* majoritaire.
mayormente *adv* surtout.
Mayotte *n pr* GEOGR Mayotte.
mayúsculo, la *adj y s f* majuscule (letra) ‖ *amistad, camaradería con mayúscula* amitié avec un grand A, camaraderie avec un grand C.
◆ *adj* FAM monumental, e; énorme; *disparate mayúsculo* sottise monumentale.
maza *f* massue (arma) ‖ masse (insignia) ‖ fléau *m*, maillet *m* (para machacar el cáñamo) ‖ MÚS mailloche (del bombo) ‖ masse, talon *m* (del taco de billar) ‖ MECÁN mouton *m* (de un martinete) ‖ *(amer)* moyeu *m* (de rueda) ‖ FIG & FAM personne assommante, raseur, euse *(fam)* ‖ — *la maza y la mona* saint Roch et son chien ‖ DEP *maza de gimnasia* mil ‖ *maza de jifero* merlin (hacha).
mazacote *m* soude *f* (sosa) ‖ mortier (mortero) ‖ béton (hormigón) ‖ FIG & FAM chose *f* lourde, mastoc (obra artística); *es un mazacote* c'est du mastoc | colle *f* de pâte (plato mal guisado) ‖ raseur, euse (persona molesta) ‖ *(amer)* fouillis (mezcla).
mazapán *m* massepain.
mazazo *m* coup de massue o de maillet.
mazmorra *f* cachot *m* (calabozo), oubliette (prisión subterránea).
mazo *m* maillet, mail, mailloche *f* (martillo de madera) ‖ paquet (manojo) ‖ FIG & FAM raseur (pelma) ‖ MÚS mailloche *f* (del bombo) ‖ *mazo de naipes* jeu de cartes ‖ *a Dios rogando y con el mazo dando* aide-toi, le ciel t'aidera.
mazorca *f* AGRIC épi *m* (de maíz) | cabosse (panoja del cacao) ‖ fusée (de hilo) ‖ FIG *(amer)* clan *m*, camarilla d'un dictateur.
mazurca *f* mazurka (baile, música).
MCE abrev de *Movimiento Comunista de España* Mouvement communiste d'Espagne.
— OBSERV L'emploi de MCE pour *Movimiento Comunista de Euskadi (EMK-MCE)* ou pour *Mercado Común Europeo (CEE)* est incorrect.
me (dativo y acusativo del pron pers de la 1ª pers del sing), me, m'; *me dice* il me dit; *me dijeron* on m'a dit; *me lo dará* il me donnera; *no quiso dár-*

melo il n'a pas voulu me le donner; *¿me lo quieres traer?* veux-tu me l'apporter?; *me está usted fastidiando* vous m'ennuyez ‖ *moi* (con el imperativo); *dime* dis-moi; *démelo* donnez-le moi.
— OBSERV *M'* sustituye a *me* delante de una vocal.
mea culpa *m inv* mea-culpa; *decir su mea culpa* faire son mea-culpa.
meada *f* FAM pissée, pipi *m*.
meadero *m* FAM urinoir, pissotière *f*.
meados *m pl* POP urines *f*, pisse *f sing*.
meandro *m* méandre (de río) ‖ ARQ méandre.
mear *v intr y pr* POP uriner, pisser.
meato *m* ANAT & BOT méat.
MEC abrev de *Ministerio de Educación y Ciencia* ministère de l'Éducation et des Sciences [en Espagne].
meca *f* FIG rendez-vous *m*.
Meca (La) *n pr f* GEOGR la Mecque ‖ FAM *ir de la Ceca a la Meca* aller de droite et de gauche, de côtés et d'autres.
¡mecachis! *interj* FAM mince!, mince alors!
mecada *f (amer)* bêtise.
mecánica *f* mécanique; *mecánica cuántica* mécanique quantique; *mecánica ondulatoria* mécanique ondulatoire ‖ mécanisme *m*; *romper la mecánica de un aparato* casser le mécanisme d'un appareil ‖ MIL corvée de quartier.
mecánico, ca *adj* mécanique (de la mecánica).
◆ *m y f* mécanicien, enne; mécano *(fam)* ‖ *mecánico dentista* mécanicien-dentiste (ant), prothésiste dentaire.
◆ *m* chauffeur, mécanicien *(p us)*.
mecanismo *m* mécanisme *m*; — *mecanismo administrativo* appareil administratif ‖ *mecanismo de disparo, de expulsión* mécanisme de détente, éjecteur.
mecanización *f* mécanisation ‖ *mecanización contable* mécanographie.
mecanizado *m* TECN usinage; *mecanizado con abrasivos* usinage par abrasion.
mecanizado, da *adj* mécanographique; *servicios mecanizados* services mécanographiques ‖ MIL motorisé, e; mécanisé, e.
mecanizar *v tr* mécaniser ‖ MIL motoriser, mécaniser ‖ TECN usiner.
mecano *m* (nombre registrado) Meccano.
mecanografía *f* dactylographie.
mecanografiar *v tr* dactylographier, écrire *o* taper à la machine.
mecanógrafo, fa *m y f* dactylographe.
◆ *f* dactylo *(fam)*.
mecapal *m (amer)* sangle *f* de portefaix.
mecapalero *m (amer)* portefaix.
mecatazo *m (amer)* coup de fouet (latigazo) ‖ coup, lampée *f* (trago).
mecate *m (amer)* corde *f*.
◆ *m y f* FIG *(amer)* rustre (persona inculta y tosca).
mecatear *v tr (amer)* fouetter (zurrar).
mecedor, ra *adj* berceur, euse.
◆ *m* escarpolette *f*, balançoire *f* (columpio) ‖ palette *f* [pour remuer le vin, le savon, etc.], dans les cuves].
◆ *f* rocking-chair *m*, fauteuil *m* à bascule.
mecenas *m* mécène *m*.

mecenazgo *m* mécénat.
mecer *v tr* bercer (un niño), balancer (la cuna) ‖ balancer (en un columpio) ‖ remuer (un líquido).
◆ *v pr* se bercer ‖ se balancer.
meco, ca *adj (amer)* roux mêlé de noir (color) ‖ rústre (grosero).
◆ *m y f (amer)* Indien, enne sauvage.
meconio *m* MED méconium (alhorre).
mecha *f* mèche (de lámpara, de mina, quirúrgica) ‖ mèche (de cabellos) ‖ lardon *m* (tocino) ‖ mèche, tenon *m* (espiga) ‖ *(amer)* peur (miedo) ‖ — FIG & FAM *aguantar mecha* tenir bon, prendre son mal en patience ‖ *a toda mecha* à toute vitesse, à fond de train *(fam)* ‖ *mecha de seguridad* ou *lenta* mèche de sûreté *o* lente.
mechar *v tr* larder (la carne).
mechera *f* lardoire ‖ POP voleuse à l'étalage (ladrona) ‖ *aguja mechera* lardoire.
mechero *m* briquet (encendedor) ‖ bec (de una lámpara) ‖ brûleur (de gas) ‖ bassinet (del candelero) ‖ POP voleur à l'étalage (ladrón) ‖ *mechero Bunsen* bec Bunsen.
mechón *m* grosse mèche *f* (mecha) ‖ mèche *f* (de cabellos) ‖ touffe *f* (de lana).
medalla *f* médaille; *el reverso de la medalla* le revers de la médaille; *conceder* ou *premiar con una medalla* décerner une médaille.
medallero *m* DEP palmarès.
medallista *m* médailliste, médailleur.
medallón *m* médaillon ‖ ARQ médaille *f*, médaillon.
medano; médano *m* dune *f* (duna) ‖ banc de sable (banco de arena).
media *f* bas *m* (para las piernas); *ponerse las medias* mettre *o* enfiler ses bas ‖ moyenne; *hacer 60 km de media* faire 60 km de moyenne; *media horaria* moyenne horaire ‖ demie (media hora); *tocar la media* sonner la demie ‖ — *media aritmética* moyenne arithmétique ‖ *media cuadrática* moyenne quadratique ‖ *media proporcional* moyenne proportionnelle ‖ — *hacer media* tricoter.
◆ *m pl* media (medios de comunicación).
mediacaña *f* gorge (tipo de moldura) ‖ moulure (listón) ‖ membron *m* (de un tejado) ‖ TECN gouge (gubia) ‖ lime demi-ronde (lima) ‖ fer *m* à friser (tenacillas).
mediación *f* médiation ‖ *por mediación de* par l'intermédiaire de, par l'entremise de, par le truchement de.
mediado, da *adj* à moitié plein, e; à moitié vide; *está el jarro mediado* la cruche est à moitié pleine ‖ *a mediados de* vers le milieu de; *a mediados de abril* vers le milieu d'avril, à la mi-avril ‖ *mediada la noche* vers le milieu de la nuit.
mediador, ra *adj y s* médiateur, trice (que media) ‖ intermédiaire (intermediario).
mediagua *f* toit *m* à un seul versant.
medialuna *f* demi-lune, croissant *m* de lune.
mediana *f* GEOM médiane.
medianamente *adv* moyennement, médiocrement.
medianejo, ja *adj* très médiocre.
medianería *f* mur *m* mitoyen (pared) ‖ mitoyenneté (condición).
medianero, ra *adj* placé au milieu (en medio) ‖ mitoyen, enne (pared).

◆ *adj* y *s* médiateur, trice (mediador). ◆ *m* voisin, propriétaire d'une maison ou d'un champ mitoyen (vecino) ‖ métayer (aparcero).

medianía *f* médiocrité; *vivir en la medianía* vivre dans la médiocrité ‖ moyenne (término medio) ‖ FIG personne médiocre *o* quelconque.

mediano, na *adj* moyen, enne (regular); *inteligencia mediana* intelligence moyenne; *mediano de cuerpo* de taille moyenne ‖ médiocre (ni bueno ni malo) ‖ médian, e; *línea mediana* ligne médiane.

medianoche *f* minuit *m*; *a medianoche* à minuit ‖ FIG petit sandwich *m* au jambon.

mediante *f* MÚS médiante.

mediante *prep* moyennant; *mediante dinero* moyennant finances ‖ grâce à; *mediante esta ayuda* grâce à cette aide; *mediante él* grâce à lui ‖ — *Dios mediante* Dieu aidant, avec l'aide de Dieu ‖ *mediante presentación de la tarjeta* sur présentation de la carte.

mediar *v intr* arriver à la moitié; être à moitié écoulé; *mediaba el mes de junio cuando se marchó* le mois de juin était à moitié écoulé lorsqu'il partit ‖ être *o* se trouver au milieu de *o* entre [deux choses]; *entre las dos casas media un jardín* entre les deux maisons se trouve un jardin ‖ passer, s'écouler (transcurrir); *entre las dos guerras mediaron veinte años* vingt ans s'écoulèrent entre les deux guerres ‖ s'interposer, intervenir; *mediar entre dos enemigos* s'interposer entre deux ennemis; *mediar en un asunto* intervenir dans une affaire ‖ intercéder (rogar); *mediar por* ou *en favor de uno* intercéder auprès de quelqu'un ‖ — *mediado el mes* vers le milieu du mois ‖ *¿qué diferencia media entre tú y yo?* quelle différence y a-t-il entre toi et moi?

mediatinta *f* demi-teinte.

mediatizar *v tr* médiatiser.

mediato, ta *adj* médiat, e.

mediatriz *f* GEOM médiatrice.

médica *f* doctoresse (que ejerce la medicina) ‖ femme du médecin (mujer del médico).

medicación *f* médication.

medical *adj* médical, e.

medicamento *m* médicament.

medicar *v tr* donner des médicaments à.

medicastro *m* médicastre ‖ rebouteur, rebouteux (curandero).

medicina *f* médecine (arte); *estudiante de medicina* étudiant en médecine; *estudiar medicina* faire sa médecine ‖ médicament *m* ‖ — *medicina de equipo* médecine de groupe ‖ *medicina laboral* médecine du travail ‖ *medicina legal* ou *forense* médecine légale ‖ *medicina preventiva* médecine préventive.

medicinal *adj* médicinal, e ‖ DEP *balón medicinal* medicine-ball.

medicinar; **medicamentar** *v tr* administrer des remèdes [à un malade]; médicamenter (*p us*). ◆ *v pr* prendre des médicaments.

medición *f* mesure, mesurage *m* ‖ *medición por metros* métrage.

médico, ca *adj* médical, e; *reconocimiento* ou *examen médico* visite médicale ‖ HIST médique (de los medos) ‖ — *cuadro médico* personnel médical ‖ *receta médica* ordonnance médicale. ◆ *m* médecin ‖ — *médico consultor* ou *de apelación* ou *de consulta* médecin consultant ‖ *médico de cabecera, de familia* médecin traitant, de famille ‖ *médico dentista* chirurgien-dentiste ‖ *médico espiritual* médecin des âmes, directeur de conscience *o* spirituel ‖ *médico forense* médecin légiste ‖ *médico interno* interne ‖ MIL *médico militar* ou *castrense* médecin militaire, médecin-major ‖ *médico puericultor* ou *pediatra* pédiatre ‖ *médico rural* médecin de campagne ‖ — *consejero médico* médecin conseil ‖ *los Médicos* la Faculté. ◆ *f* doctoresse (que ejerce la medicina).

medicucho *m* médicastre, charlatan.

medida *f* mesure; *la medida del tiempo* la mesure du temps; *tres medidas de vino* trois mesures de vin ‖ mesure (en costura) ‖ taille (de un traje) ‖ FIG mesure, retenue (prudencia) ‖ mesure; *medidas enérgicas* mesures énergiques ‖ — *medida común* commune mesure ‖ *medida del cuello* encolure ‖ *medidas preventivas* mesures préventives ‖ *medidas represivas* mesures de répression ‖ *medida universal* nombre d'or ‖ — *a la medida* sur mesure (traje); *pantalón hecho a la medida* pantalon sur mesure ‖ *a medida de* selon, conformément à; *a medida de mis deseos* selon mes désirs ‖ *a medida que* à mesure que, au fur et à mesure que ‖ *en la medida de lo posible* dans la mesure du possible ‖ *en la medida en que* dans la mesure où ‖ *en menor medida* à une moindre échelle ‖ — *colmar* ou *llenar la medida* combler la mesure ‖ *esto pasa de la medida* cela passe toute mesure, cela dépasse les bornes.

medidor, ra *adj* qui mesure. ◆ *m* métreur, mesureur (que mide) ‖ *(amer)* compteur ‖ *fiel medidor* contrôleur des poids et mesures.

medieval *adj* médiéval, e.

medievalismo *m* médiévisme.

medievalista *m* y *f* médiéviste.

medievo *m* Moyen Âge.

medina *f* médina.

medio *m* milieu (centro) ‖ moyen (procedimiento); *el fin justifica los medios* la fin justifie les moyens ‖ moyen (posibilidad) ‖ demi (mitad) ‖ mesure *f* (medida); *tomar los medios necesarios* prendre les mesures nécessaires ‖ milieu (ambiente, círculo); *en los medios bien informados* dans les milieux bien informés ‖ médius (dedo) ‖ demi (deporte); *medio derecha, izquierda, de apertura, de melée* demi droit, gauche, d'ouverture, de mêlée ‖ médium (médium) ‖ BIOL milieu ‖ — *medio ambiente* environnement ‖ — *el justo medio* le juste milieu ‖ *de medio a medio* complètement (enteramente) ‖ *de por medio* au milieu ‖ *en los medios allegados a* dans l'entourage de ‖ *en medio de* au milieu de; *en medio de la calle* au milieu de la rue; malgré (a pesar de); *en medio de eso* malgré cela ‖ *justo en medio* juste au milieu, au beau milieu, en plein milieu ‖ *por medio de* au milieu de; *el río pasa por medio del pueblo* la rivière passe au milieu du village; au moyen de, grâce à (gracias a), par l'intermédiaire de (mediante) ‖ — *confundir el fin con el medio* prendre le moyen pour la fin ‖ *echar por la calle de en medio* ne pas y aller par quatre chemins, y aller carrément ‖ *estar de por medio* servir d'intermédiaire ‖ *meterse* ou *ponerse de por medio* s'interposer (pelea), s'entremettre (negocio) ‖ *no hay medio* il n'y a pas moyen ‖ *poner tierra de por medio* s'éloigner, prendre le large ‖ *quitar de en medio a uno* se débarrasser de quelqu'un ‖ *quitarse de en*

medio s'écarter, se pousser, s'ôter de là (cambiar de sitio); *quítate de en medio* ôte-toi de là; disparaître (irse) || *vivir pared por medio* être voisins.
◆ *pl* moyens (fortuna); *su padre es un hombre con pocos medios* son père est un homme qui n'a pas beaucoup de moyens || moyens; *medios de producción, de transporte* moyens de production, de transport || MAT moyens (de una proporción) || TAUROM centre *sing* de l'arène || — *los medios de comunicación (de masas)* les (mass), médias || *estar corto de medios* être à court d'argent, être désargenté.

medio, dia *adj* demi, e (después de un sustantivo); *dos horas y media* deux heures et demie || demi *inv* (delante del sustantivo); *saldré dentro de media hora* je sortirai dans une demi-heure (véase OBSERV) || moyen, enne; *temperatura media* température moyenne; *el español medio* l'Espagnol moyen || — *media lengua* langage enfantin || *media luna* demi-lune || *media luz* demi-jour || *media tinta* demi-teinte || FIG *medias tintas* demi-mesures (hechos), généralités (dichos) || *medio luto* demi-deuil || *medio pariente* cousin à la mode de Bretagne || *clase media* classe moyenne || *Edad Media* Moyen Âge || MAT *término medio* moyen terme || — *a media cuesta* à mi-côte || *a media pierna* à mi-jambe || *a media voz* à mi-voix || *a medio camino* à mi-chemin || *a medio cuerpo* à mi-corps || *de medio cuerpo* en buste (pintura) || *de medio pelo* quelconque (gente), tape-à-l'œil (cosa) || *no hay término medio* il n'y a pas de milieu.
◆ *adv* à demi, demi- *inv*; *medio muerta de frío* à demi morte *o* demi-morte de froid || à moitié, à demi; *medio tonto* à moitié idiot; *una botella medio llena* une bouteille à moitié pleine || — *a medias* à moitié; *dormido a medias* à moitié endormi; *satisfecho a medias* à moitié satisfait; de moitié; *ir a medias en un negocio* être *o* se mettre de moitié dans une affaire; demi- *inv*; *medidas a medias* demi-mesures; *verdad a medias* demi-vérité || *a medio* (con verbo al infinitivo), à moitié (con participio pasado); *a medio terminar* à moitié fini || *es un escritor a medias* il est vaguement écrivain || *solución a medias* solution partielle.
— OBSERV El francés antepone siempre el artículo indefinido al adjetivo *medio*: *esperó media hora* il a attendu une demi-heure; *compré medio kilo de garbanzos* j'ai acheté un demi-kilo de pois chiches.

medioambiental *adj* environnemental, e.
mediocampista *m* DEP demi (fútbol).
mediocre *f* médiocre.
mediocridad *f* médiocrité.
mediodía *m* midi; *llegó al mediodía* il arriva à midi || midi (sur); *se va al mediodía de Francia* il s'en va dans le midi de la France.
medioevo *m* Moyen Âge (Edad Media).
mediofondista *m y f* DEP coureur, euse de demi-fond.
mediofondo *m* DEP demi-fond.
mediometraje *m* moyen (-) métrage.
mediopensionista *m y f* demi-pensionnaire.
medir* *v tr* mesurer; *medir por litros, con metro* mesurer au litre, au mètre || scander (los versos) || FIG mesurer; *medir las fuerzas, las consecuencias* mesurer ses forces, les conséquences || *medir con la vista* mesurer du regard || FIG *medir de arriba abajo* toiser (con la mirada) | *medir el suelo* prendre un billet de parterre, ramasser une pelle (caerse) | *medir las costillas a uno* caresser *o* chatouiller les côtes à quelqu'un | *medir sus palabras* mesurer ses paroles, peser ses mots | *medir sus pasos* y aller prudemment.
◆ *v pr* FIG se mesurer; *medirse con uno* se mesurer avec quelqu'un | se contenir (moderarse) || FIG *medirse consigo mismo* mesurer ses propres forces.
meditabundo, da *adj* pensif, ive; méditatif, ive.
meditación *f* méditation.
meditar *v tr e intr* méditer; *meditar en* ou *sobre el pasado* méditer sur le passé || méditer (planear).
meditativo, va *adj* méditatif, ive.
mediterráneo, a *adj* méditerranéen, enne; *el clima mediterráneo* le climat méditerranéen || *el (mar) Mediterráneo* la (mer), Méditerranée.
médium *m* médium.
medrar *v intr* pousser (plantas) || se développer, grandir (animales) || FIG prospérer (fortuna, persona, etc.) | faire fortune (enriquecerse) || FAM ¡*medrados estamos!* nous voilà dans de beaux draps!, nous voilà bien!, nous voilà bien avancés!
medro *m* progrès, développement.
medrosamente *adv* craintivement, timidement.
medroso, sa *adj y s* peureux, euse; timide, craintif, ive (miedoso) || effrayant, e (espantoso).
médula; medula *f* moelle; *médula espinal* moelle épinière || FIG moelle || BOT moelle (pulpa); *médula de saúco* moelle de sureau || — *médula oblonga, ósea* moelle allongée, osseuse || FAM *me sacarán hasta la médula* ils me suceront jusqu'à la moelle, ils m'auront jusqu'au bout.
medular *adj* médullaire.
meduloso, sa *adj* médulleux, euse; qui est rempli de moelle.
medusa *f* ZOOL méduse.
mefistofélico, ca *adj* méphistophélique.
megabyte *m* INFORM mégaoctet, mégabyte.
megafonía *f* sonorisation.
megáfono *m* mégaphone, porte-voix.
megahercio *m* FÍS mégahertz.
megalítico, ca *adj* mégalithique.
megalito *m* mégalithe.
megalomanía *f* mégalomanie, folie des grandeurs.
megalómano, na *adj y s* mégalomane.
megalópolis *f* mégalopole, mégalopolis, mégapole.
megaterio *m* mégathérium (mamífero fósil).
megatón *m* FÍS mégatonne *f*.
mejicanismo *m* mot (vocablo) *o* tournure *f* (giro) mexicains.
mejicano, na *adj* mexicain, e.
◆ *m y f* Mexicain, e.
Méjico *n pr m* Mexique (país) || Mexico (la capital).
— OBSERV Voir MÉXICO.
mejilla *f* joue; *en la mejilla* sur la joue.
mejillón *m* moule *f* (molusco) || *criadero de mejillones* moulière.
mejor *adj* meilleur, e || — *a falta de otra cosa mejor* faute de mieux || *en las mejores condiciones* dans les meilleures conditions, au mieux || *lo mejor* le mieux; *lo mejor es enemigo de lo bueno* le mieux est l'ennemi du bien || *lo mejor del caso* le plus beau de

l'histoire ‖ *lo mejor del mundo* le mieux du monde ‖ *lo mejor de lo mejor* le fin du fin ‖ *lo mejor posible* le mieux possible, au mieux, pour le mieux (de la mejor manera posible), de mon, ton, son mieux (todo lo que se puede); *hice lo mejor posible* j'ai fait de mon mieux ‖ *nada mejor* rien de mieux ‖ — *encontrar algo mejor* trouver quelque chose de mieux, trouver mieux ‖ *es lo mejor que hay* c'est ce qu'il y a de mieux ‖ *hace mejor tiempo* il fait meilleur ‖ *nunca he visto cosa mejor* je n'ai jamais rien vu de mieux ‖ *obrar lo mejor posible* faire pour le mieux *o* de son mieux.

◆ *adv* mieux ‖ le mieux, la mieux (superlativo de bien); *es el libro mejor escrito de este autor* c'est le livre le mieux écrit de cet auteur ‖ plutôt; *escogería mejor este abrigo* je choisirais plutôt ce manteau ‖ tant mieux; *nos vamos en seguida — ¡mejor!* nous partons immédiatement — tant mieux! ‖ — *mejor dicho* ou plutôt, pour mieux dire ‖ *mejor que mejor* tant mieux ‖ — *a cual mejor* à qui mieux mieux, à l'envi ‖ *a lo mejor* peut-être, si cela se trouve; *a lo mejor no vendrá* peut-être ne viendra-t-il pas; *a lo mejor lo tienes tú* si cela se trouve, c'est toi qui l'as ‖ *cada vez mejor* de mieux en mieux ‖ *mucho mejor* bien mieux, beaucoup mieux ‖ *tanto mejor* tant mieux ‖ — *estar mejor* aller *o* être mieux (de salud), être meilleur (el tiempo), être mieux (estar más a gusto) ‖ *querer mejor* préférer, aimer mieux ‖ *ser mejor* être mieux, valoir mieux (ser de más valor), valoir mieux (ser preferible).

◆ *m y f* meilleur, e; *es la mejor de las mujeres* c'est la meilleure des femmes ‖ *en el mejor de los casos* dans le meilleur des cas, en mettant les choses au mieux, tout au mieux.

mejora *f* amélioration; *no hay mejora en su situación* il n'y a pas d'amélioration dans sa situation ‖ amélioration, progrès *m* (adelanto); *las mejoras derivadas de la civilización* les améliorations apportées par la civilisation ‖ augmentation (del sueldo) ‖ enchère (puja) ‖ DR préciput *m*, avantage ‖ AGRIC bonification (de las tierras).

mejorable *adj* améliorable.

mejoramiento *m* amélioration *f* ‖ adoucissement (de temperatura).

mejorana *f* BOT marjolaine.

mejorar *v tr* améliorer (volver mejor); *mejorar su situación* améliorer sa situation ‖ faire du bien à (un enfermo); *la cura le ha mejorado mucho* la cure lui a fait beaucoup de bien ‖ augmenter; *mejorar el sueldo* augmenter le salaire ‖ réformer (las costumbres) ‖ améliorer le sort de; *la nueva ley mejora a los funcionarios* la nouvelle loi améliore le sort des fonctionnaires ‖ enchérir (pujar) ‖ DR avantager (en un testamento); *mejorar a su hijo en el testamento* avantager son fils dans son testament ‖ AGRIC bonifier (el terreno) ‖ *mejorando lo presente* sauf votre respect.

◆ *v intr* aller mieux (estar mejor de salud) ‖ s'améliorer, se remettre (el tiempo) ‖ prospérer (prosperar) ‖ s'améliorer; *este niño que era tan malo ha mejorado mucho* cet enfant qui était si méchant s'est beaucoup amélioré ‖ se remettre (prosperar de nuevo) ‖ — *mejorar de salud* aller mieux ‖ *mejorar de situación* améliorer sa situation.

mejorcito, ta *adj* (diminutif de «mejor») FAM un peu mieux; *el niño se encuentra mejorcito* l'enfant va un peu mieux | meilleur, e; *esta alumna es la mejorcita de la clase* cette élève est la meilleure de la classe ‖ *lo mejorcito* ce qu'il y a de mieux.

mejoría *f* amélioration (mejora) ‖ amélioration, mieux *m* (en una enfermedad); *hay mejoría* il y a du mieux ‖ avantage *m*, supériorité (ventaja).

mejunje *m* mixture *f* ‖ FIG mixture *f*, breuvage (bebida).

Mekong *n pr* GEOGR Mékong (río).

melado, da *adj* miellé, e.

◆ *m* sirop (de la caña de azúcar) ‖ gâteau au miel (dulce).

melancolía *f* mélancolie; *caer en un estado de melancolía* sombrer dans la mélancolie.

melancólico, ca *adj y s* mélancolique.

melancolizar *v tr* attrister, chagriner.

melanesio, sia *adj* mélanésien, enne.

◆ *m y f* Mélanésien, enne.

melanina *f* mélanine (bioquímica).

melanita *f* MIN mélanite (variedad de granate).

melar *adj* miellé, e (con sabor a miel).

melaza *f* mélasse.

melcocha *f* pâte de guimauve.

melée *f* mêlée (rugby); *medio de melée* demi de mêlée.

melena *f* chevelure, cheveux *m pl* longs (cabellos) ‖ FAM crinière, toison; *largas melenas* longue crinière ‖ crinière (del león).

melena *f* MED méléna *m*.

melenudo, da *adj* chevelu, e.

melificar *v intr* fabriquer le miel (las abejas).

melifluo, flua *adj* melliflue; *un lenguaje melifluo* un langage melliflue.

melillense *adj y s* de Melilla.

melindre *m* beignet au miel (fruta de sartén) ‖ gâteau, calisson (dulce) ‖ FIG minauderies *f pl*, manières *f pl* ‖ *andarse con melindres, hacer melindres, gastar melindres* faire des mines, minauder (por coquetería), faire des manières *o* des façons *o* des chichis (hacerse rogar).

melindrosamente *adv* en minaudant.

melindroso, sa *adj y s* minaudier, ère; qui fait des chichis (mujer) ‖ capricieux, euse (niño).

melisa *f* BOT mélisse (toronjil) ‖ — *agua de melisa* eau de mélisse ‖ BOT *melisa silvestre* mélitte.

melocotón *m* BOT pêche *f* (fruto) | pêcher (árbol).

melocotonar *m* verger de pêchers.

melocotonero *m* BOT pêcher (árbol).

melodía *f* mélodie.

melódico, ca *adj* mélodique.

melodioso, sa *adj* mélodieux, euse.

melodrama *m* mélodrame.

melodramático, ca *adj* mélodramatique ‖ *ponerse melodramático* tomber dans le mélodrame.

melomanía *f* mélomanie.

melómano, na *adj y s* mélomane.

melón *m* melon (fruta) ‖ FIG & FAM cornichon (imbécil) ‖ ZOOL sorte de mangouste *f* d'Espagne, ichneumon ‖ *melón de agua* melon d'eau, pastèque.

melonada *f* FAM ânerie, niaiserie.

melonar *m* melonnière *f*.

meloncillo *m* petit melon (melón pequeño).

melonero, ra *m y f* maraîcher, ère qui cultive des melons (que siembra) ‖ marchand, e de melons (que vende).

melonzapote *m* (*amer*) papaye *f*.

melopea *f* mélopée ‖ FAM cuite (borrachera); *coger una melopea* prendre une cuite.
melosidad *f* douceur (suavidad).
meloso, sa *adj* mielleux, euse; doucereux, euse.
mella; melladura *f* brèche, ébréchure (rotura, hendedura) ‖ brèche, vide *m* (hueco) ‖ FIG dommage *m*, diminution (menoscabo) ‖ — FIG & FAM *hacer mella* faire impression *o* de l'effet (impresionar), entamer (menoscabar); *hacer mella a la reputación* entamer la réputation; faire une brèche; *hacer mella en su fortuna* faire une brèche à sa fortune; faire du tort à, porter atteinte à (perjudicar) ‖ *no hacer la menor mella* glisser, ne pas faire le moindre effet; *las críticas no hacen la menor mella en él* les critiques glissent sur lui ‖ *tener dos mellas en la dentadura* avoir deux dents en moins *o* qui manquent.
mellado, da *adj* ébréché, e.
◆ *adj* y *s* FIG brèche-dent, personne à qui il manque des dents (falto de algún diente).
melladura *f* → **mella**.
mellar *v tr* ébrécher ‖ FIG entamer, ternir (la honra, el crédito).
◆ *v pr* perdre ses dents.
mellizo, za *adj* y *s* jumeau, elle ‖ BOT semblable (hermanado).
◆ *m pl* FIG & FAM hirondelles *f* (policías).
membrana *f* membrane; *falsa membrana* fausse membrane ‖ — *membrana del tímpano* tympan ‖ *membrana fundamental* membrane cytoplasmique ‖ *membrana virginal* hymen.
membranoso, sa *adj* membraneux, euse.
membrete *m* en-tête (de cartas o documentos).
membrillero *m* BOT cognassier (membrillo).
membrillo *m* BOT cognassier (árbol) ‖ coing (fruto); *carne* ou *dulce de membrillo* pâte de coing ‖ *veranillo del membrillo* été de la Saint-Michel.
membrudo, da *adj* robuste, vigoureux, euse; membru, e *(p us)* ‖ BLAS membré, e.
memento *m* mémento.
memez *f* niaiserie, bêtise (simpleza).
memo, ma *adj* y *s* sot, sotte; idiot, e; niais, e (tonto).
memorable *adj* mémorable.
memorándum; memorando *m* mémorandum.
memorar *v tr (p us)* rappeler, remémorer.
memoria *f* mémoire *f* (facultad) ‖ souvenir *m* (recuerdo); *guardar memoria* de garder le souvenir de ‖ mémoire *m* (documento) ‖ rapport *m* (informe) ‖ bordereau *m* (factura) ‖ INFORM mémoire ‖ — INFORM *memoria auxiliar* mémoire auxiliaire *o* banale ‖ *memoria de acceso aleatorio* ou RAM mémoire vive ‖ *memoria explicativa* exposé des motifs ‖ INFORM *memoria intermedia* mémoire tampon (buffer) ‖ *memoria masiva* mémoire de masse ‖ *memoria muerta* ou *de sólo lectura* ou ROM mémoire morte ‖ *memoria programable* mémoire programmable ‖ *memoria virtual* mémoire virtuelle ‖ — *de memoria* par cœur; *aprender, saberse de memoria* apprendre, savoir par cœur ‖ *en memoria de* en mémoire, à la mémoire de ‖ *flaco de memoria* qui a mauvaise mémoire ‖ — FIG *borrar de la memoria* effacer de la mémoire ‖ *borrarse de la memoria* s'effacer de la mémoire, sortir de l'esprit (un recuerdo) ‖ *hacer memoria de* se souvenir de ‖ *irse de la memoria* échapper, sortir de la mémoire *o* de la tête; *este nombre se me ha ido de la memoria* ce nom m'échappe ‖ *refrescar la memoria* rafraîchir la mémoire ‖ *si la memoria no me falla* si j'ai bonne mémoire, pour autant que je me rappelle ‖ *traer a la memoria* rappeler ‖ *venir a la memoria* se souvenir de; *me vino a la memoria que* je me suis souvenu que.
◆ *pl* mémoires *m* (documento) ‖ compliments *m*, bon souvenir *m sing*; *dele memorias* présentez-lui mon bon souvenir.
memorial *m* mémorial (libro) ‖ requête *f*, placet (petición) ‖ bulletin (boletín).
memorión *m* bonne mémoire *f* (memoria grande) ‖ personne *f* qui apprend tout par cœur *o* qui ne se fie qu'à sa mémoire.
memorístico, ca *adj* de mémoire.
memorización *f* mémorisation.
memorizar *v tr* mémoriser.
mena *f* minerai *m* (mineral) ‖ MAR grosseur [d'un câble].
menaje *m* mobilier (de una casa) ‖ matériel (de escuela) ‖ ménage (ajuar) ‖ batterie *f* (de cocina).
mención *f* mention; *mención honorífica* mention honorable ‖ *hacer mención de* faire mention de, mentionner.
mencionado, da *adj* mentionné, e; nommé, e; cité, e (personas); *las personas anteriormente mencionadas* les personnes déjà nommées ‖ ce *m*, cette *f*, ces *pl*, en question (cosas); *la mencionada batalla* cette bataille, la bataille en question.
mencionar *v tr* mentionner, nommer ‖ signaler, faire remarquer (señalar) ‖ *sin mencionar a* sans parler de.
menda (mi) *loc* POP ma pomme, bibi.
mendacidad *f* propension au mensonge.
mendaz *adj* menteur, euse (persona) ‖ mensonger, ère (cosa).
mendicante *adj* y *s* mendiant, e; *las órdenes mendicantes* les ordres mendiants.
mendicidad *f* mendicité.
mendigante *adj* y *s* mendiant, e.
mendigar *v tr* e *intr* mendier ‖ FIG mendier; *mendigar aprobaciones* mendier des approbations.
mendigo, ga *m* y *f* mendiant, e.
mendrugo *m* croûton, morceau, quignon [de pain dur] ‖ FIG *por un mendrugo de pan* pour un morceau *o* une bouchée de pain.
menear *v tr* remuer; *menear la mano, el café* remuer la main, le café ‖ FIG diriger (un negocio) ‖ — FIG & FAM *de no te menees* pulguita gratiné ‖ *mejor es no meneallo, peor es meneallo* il vaut mieux ne pas revenir là-dessus *o* ne pas aborder ce sujet.
◆ *v pr* s'agiter, bouger, remuer; *este niño se menea mucho* cet enfant s'agite beaucoup ‖ bouger; *no te menees de aquí* ne bouge pas d'ici ‖ FAM se remuer.
meneo *m* remuement, mouvement (movimiento) ‖ dandinement (contoneo) ‖ agitation *f* (agitación) ‖ FIG & FAM cahot; *los meneos de la vida* les cahots de la vie ‖ volée *f* (vapuleo) ‖ — FAM *dar un meneo a uno* secouer les puces *o* donner une volée à quelqu'un (vapular), siffler, huer quelqu'un (en un teatro, etc.) ‖ — FIG & FAM *darle un meneo a* faire un sort à; *le dio un meneo a la botella que casi se la bebió* il a fait un sort à la bouteille, il a presque tout bu ‖ *ser objeto de un meneo* se faire siffler *o* huer.

menester *m* besoin, nécessité *f* (necesidad) || occupation *f* (ocupación) || — *haber menester una cosa* ou *de una cosa* avoir besoin d'une chose || *ser menester* falloir, être nécessaire; *es menester comer para vivir* il faut manger pour vivre; *no es menester que vayas ahí* il n'est pas nécessaire que tu y ailles
◆ *pl* besoins naturels, nécessités (necesidades corporales) || FAM outils, attirail *sing* (instrumentos de trabajo).

menesteroso, sa *adj y s* nécessiteux, euse.

menestra *f* sorte de ragoût (con carne) || macédoine de légumes, jardinière (de verduras).
◆ *pl* légumes *m* secs.

menestralía *f* artisanat *m*.

mengano, na *m y f* Untel, Unetelle; *Fulano y Mengano* Untel et Untel.
— OBSERV Le substantif *mengano* ne s'emploie qu'après le mot *fulano* pour désigner une personne dont on ignore le nom.

mengua *f* diminution (disminución) || manque *m* (falta) || pauvreté (pobreza) || FIG discrédit *m* (descrédito) || *en mengua de* au détriment de; *lo hizo en mengua de su honra* il l'a fait au détriment de son honneur.

menguado, da *adj y s* lâche, pusillanime (cobarde) || sot, sotte (tonto) || avare, radin, e (avaro).
◆ *adj* limité, e (reducido); *obtuvo tan menguados éxitos* il a remporté des succès si limités || *jersey menguado* pull-over diminué.
◆ *m* point de diminution (punto).

menguante *adj* décroissant, e (que mengua) || *cuarto menguante* dernier quartier (de la Luna).
◆ *f* baisse (de las aguas de un río) || marée descendante (del mar) || dernier quartier *m* (de la Luna) || FIG déclin *m*, décadence.

menguar *v intr* diminuer, tomber, décroître (calor) || décroître (la Luna) || FIG baisser, décliner (una persona) | diminuer (en las labores de punto).
◆ *v tr* diminuer || FIG diminuer (rebajar); *esto no mengua en nada su fama* cela ne diminue absolument pas sa réputation.

menhir *m* menhir.

menina *f* ménine, fille d'honneur.

meninge *f* ANAT méninge.

meníngeo, a *adj* méningé, e.

meningitis *f* MED méningite.

menisco *m* FÍS & ANAT ménisque; *menisco convergente, divergente* ménisque convergent, divergent || MED *rotura del menisco* déchirure du ménisque.

menjunje; menjurje *m* mixture *f*, mélange, breuvage.

menopausia *f* MED ménopause, retour *m* d'âge.

menopáusico, ca *adj* MED ménopausique.

menor *adj* plus petit, e (más pequeño) || moindre (más mínimo); *el menor ruido le asusta* le moindre bruit l'effraie || MÚS mineur, e; *en la menor* en «la» mineur || — *al por menor* au détail || MAT *menor que* plus petit que || *por menor* en détail (por extenso), au détail (venta) || — *el menor, la menor* le plus petit, la plus petite (superlativo de pequeño); *deme la menor que hay* donnez-moi la plus petite qu'il y ait (con subjuntivo en francés) || *es un mal menor* c'est un moindre mal || GEOGR *las Antillas Menores* les Petites Antilles || *no tengo la menor idea* je n'en ai pas la moindre idée.
◆ *adj y s* mineur, e (menor de edad) || — *menor de edad* mineur || *menor edad* minorité || — *hermana menor* cadette, jeune sœur || *hermano menor* cadet, jeune frère || *juez de menores* juge pour enfants || *no apta para menores* interdit aux moins de seize ans (película) || RELIC *órdenes menores* ordres mineurs || *rama menor* branche cadette || *tribunal de menores* tribunal pour enfants.
◆ *m* frère mineur, franciscain.
◆ *pl* les petits (en el colegio) || classe *f sing* élémentaire (clase).
◆ *f* mineure (segunda proposición del silogismo).

Menorca *n pr* GEOGR Minorque.

menorquín, ina *adj* minorquin, e (de Menorca).
◆ *m y f* Minorquin, e.

menorragia *f* MED ménorragie.

menorrea *f* MED ménorrhée.

menos *adv* moins (comparación); *menos generoso* moins généreux || moins de (delante de un sustantivo y con idea de cantidad); *menos soldados* moins de soldats; *menos viento* moins de vent || de moins (después de un sustantivo); *un litro menos* un litre de moins || moins (superlativo de poco); *es el alumno menos inteligente de la clase* c'est l'élève le moins intelligent de la classe; *es el hombre menos amable que conozco* c'est l'homme le moins aimable que je connaisse (subjuntivo en francés); *menos aun cuando* d'autant moins que || *menos... de lo que* moins que... ne; *es menos holgazán de lo que crees* il est moins paresseux que tu ne le crois || *menos mal que* heureusement que, encore heureux que (fam); *menos mal que has venido* heureusement que tu es venu, encore heureux que tu sois venu || *¡menos mal!* heureusement! || *menos que nada* moins que rien || *menos que nunca* moins que jamais || — *a menos de* à moins de || *al* ou *a lo menos*, *por lo menos* au moins, du moins, tout au moins || *a menos que* à moins que || *cada vez menos* de moins en moins || *cuando menos* (tout), au moins || *de menos* en moins || *dos de menos* deux de chute (bridge) || *en menos* moins; *lo estimo en menos que a ti* je l'estime moins que toi || *en menos de nada* en moins de rien || *lo de menos es el ruido* ce n'est pas tellement le bruit; le bruit, ce n'est rien || *lo menos* au moins; *lo menos había mil personas* il y avait au moins mille personnes || *mientras menos... menos* moins... moins || *nada menos que* rien (de), moins que || *ni mucho menos* loin de là, tant s'en faut || *no menos* non moins || *poco menos* un peu moins; *poco menos de un litro* un peu moins d'un litre; peu s'en faut; *es poco menos que tonto* il n'est pas idiot mais peu s'en faut || *por menos* à moins; *no trabajo por menos* je ne travaille pas à moins || *por menos de nada* pour un rien || *si al menos* ou *por lo menos* si seulement, si encore || *tanto menos* d'autant moins || — *echar de menos* s'ennuyer de, regretter, manquer; *echo de menos a mi país* je m'ennuie de mon pays; *echo de menos a mi madre* ma mère me manque || *es lo menos que puede hacerse* c'est bien le moins que l'on puisse faire || *no es la cosa para menos* il y a bien de quoi || *no puedo menos que saludarle* je ne peux pas faire moins que de le saluer || *ser lo de menos* être ce qui compte le moins (lo menos importante), ne pas avoir d'importance (no importar) || *ser menos* être en reste; *no quiero ser menos* je ne veux pas être en reste || *son menos de las diez* il est moins de 10 heures || *tener en menos* dédaigner, mépriser || *venir a menos* déchoir, tomber bien bas (fam); *una familia venida a menos* une famille déchue.

◆ *prep* sauf, excepté; *todo menos eso* tout sauf ça; *todos lo hicieron menos él* tous l'ont fait, sauf lui ‖ en moins, sauf; *todo incluido menos el transporte* tout compris, sauf le transport *o* le transport en moins ‖ fors *(ant)*; *todo está perdido menos el honor* tout est perdu fors l'honneur ‖ — MAT moins; *cuatro menos uno son tres* quatre moins un font trois ‖ *son las tres menos diez* il est 3 heures moins 10.

◆ *m* moins; *el más y el menos* le plus et le moins ‖ MAT moins (signo –).

menoscabar *v tr* amoindrir, diminuer (disminuir) ‖ entamer (mermar) ‖ FIG porter atteinte *o* un coup à, discréditer (desacreditar).

menoscabo *m* amoindrissement, diminution *f* (mengua) ‖ dommage, dégât (daño) ‖ FIG discrédit (descrédito) ‖ — *con menoscabo de* au préjudice de, au détriment de ‖ *sufrir menoscabo en su fortuna* subir de grosses pertes, voir sa fortune s'effriter.

menospreciar *v tr* mépriser (despreciar) ‖ dédaigner (desdeñar) ‖ minimiser, mésestimer, sous-estimer; *sin menospreciar la importancia de* sans minimiser l'importance de.

menospreciativo, va *adj* méprisant, e.

menosprecio *m* mépris; *con menosprecio de* au mépris de ‖ *hacer menosprecio de* faire peu de cas de.

mensaje *m* message ‖ *mensaje de la Corona* discours du trône.

mensajería *f* messageries *pl* (empresa).

mensajero, ra *adj y s* messager, ère ‖ *paloma mensajera* pigeon voyageur.

menso, sa *adj (amer)* FAM débile.

menstruación *f* menstruation ‖ menstrues *pl* (menstruo).

menstrual *adj* menstruel, elle.

menstruar *v intr* avoir ses règles.

menstruo *m* menstrues *f pl*.

mensual *adj* mensuel, elle.

mensualidad *f* mensualité, mois *m* (salario); *cobrar su mensualidad* toucher son mois ‖ mensualité (renta); *pagar en tres mensualidades* payer en trois mensualités.

mensualización *f* mensualisation.

mensualizar *v tr* mensualiser.

ménsula *f* ARQ console ‖ support *m* (soporte).

mensurable *adj* mesurable, mensurable.

menta *f* BOT menthe (hierbabuena).

mentado, da *adj* fameux, euse; célèbre ‖ mentionné, e; en question (mencionado).

mental *adj* mental, e; *cálculo mental* calcul mental ‖ *atrasado mental* arriéré.

mentalidad *f* mentalité ‖ esprit *m*; *tener mentalidad abierta* avoir l'esprit ouvert.

mentalización *f* sensibilisation, prise de conscience, préparation psychologique.

mentalizar *v tr* sensibiliser, faire prendre conscience (concienciar).

◆ *v pr* prendre conscience (concienciarse) ‖ se préparer psychologiquement, se faire à l'idée (hacerse a la idea).

mentalmente *adv* mentalement ‖ *hacer una multiplicación mentalmente* faire une multiplication de tête *o* mentalement.

mentar* *v tr* mentionner, nommer.

mente *f* esprit *m*; *tener en la mente* avoir dans l'esprit ‖ propos *m*, intention (propósito); *no estaba en mi mente hacer eso* je n'avais pas l'intention de faire cela, il n'était pas dans mon propos de faire cela ‖ — *tener en la mente* avoir en tête (pensar en), envisager, avoir en vue (proyectar); *tengo en la mente salir para los Estados Unidos* j'envisage de partir pour les États-Unis ‖ *traer a la mente* rappeler; *esto me trae a la mente tristes recuerdos* cela me rappelle de tristes souvenirs; appeler; *esto trae a la mente otros pensamientos* cela appelle d'autres réflexions ‖ *venir a la mente* traverser l'esprit, passer par la tête; *la sospecha no le vino a la mente* le soupçon ne lui a pas traversé l'esprit.

mentecatada; mentecatería; mentecatez *f* sottise, bêtise.

mentecato, ta *adj y s* sot, sotte; niais, e; pauvre d'esprit (necio).

mentidero *m* FAM potinière *f*, endroit à cancans.

mentido, da *adj* mensonger, ère; fallacieux, euse.

mentir* *v intr* mentir; *mentir como un sacamuelas* mentir comme un arracheur de dents ‖ induire en erreur, tromper (equivocar); *las apariencias le mienten* les apparences le trompent ‖ contredire, démentir (las cosas) ‖ — *mentir sin necesidad, por costumbre* mentir pour mentir ‖ *miente más que habla* ou *más que la gaceta* il ment comme il respire, il est menteur comme un arracheur de dents ‖ *¡miento!* que dis-je!, non! ‖ *no mentir* tu ne mentiras point (mandamiento divino).

mentira *f* mensonge *m* (embuste); *mentira piadosa* pieux mensonge ‖ mensonge *m*, histoire (fam); *siempre está contando mentiras* il raconte toujours des histoires ‖ FIG & FAM albugo *m* (en las uñas) ‖ — FAM *una mentira como una casa* un mensonge gros comme une maison ‖ — *decir mentira por* ou *para sacar la verdad* plaider *o* prêcher le faux pour savoir le vrai ‖ *de luengas tierras, luengas mentiras* a beau mentir qui vient de loin ‖ *¡eso es mentira!, ¡mentira!* c'est faux! ‖ *parece mentira* c'est incroyable, c'est invraisemblable, ce n'est pas croyable.

mentirijillas (de); mentirillas (de) *loc adv* FAM pour rire.

mentiroso, sa *adj y s* menteur, euse (que miente).

◆ *adj* FIG mensonger, ère; fallacieux, euse (engañoso); *proposiciones mentirosas* propositions fallacieuses.

mentís *m* démenti; *dar un mentís* donner un démenti.

mentol *m* menthol.

mentolado, da *adj* mentholé, e ‖ *cigarrillos mentolados* cigarettes à la menthe.

mentón *m* menton; *mentón salido* menton en galoche.

mentor *m* mentor.

menú *m* menu (minuta) ‖ INFORM menu.

— OBSERV pl *menús*.

menudear *v tr* répéter, recommencer ‖ raconter par le menu *o* minutieusement (contar) ‖ *(amer)* vendre au détail.

◆ *v intr* abonder, arriver souvent (ocurrir frecuentemente) ‖ se multiplier, pleuvoir (fig); *menudean las averías* les pannes se multiplient.

menudencia *f* minutie (esmero) ‖ petitesse (pequeñez) ‖ bagatelle, bricole (cosa baladí) ‖ détail *m* (detalle).

◆ *pl* abats *m* (de las reses), abattis *m* (de las aves).

menudeo *m* répétition *f* fréquente, fréquence *f* ‖ *venta al menudeo* vente au détail.

menudillo *m* boulet (del pie de los cuadrúpedos).
◆ *pl* abattis (de las aves).

menudo, da *adj* petit, e (pequeño) ‖ menu, e (delgado) ‖ minutieux, euse (exacto) ‖ placé devant le substantif qu'il accompagne il se traduit de diverses façons; ¡*menudo lío!* fichue *o* sacrée *o* drôle d'affaire; ¡*menudo cuento!* la belle histoire!; ¡*menudo porrazo!* un de ces coups de massue; ¡*menudo precio!* ce n'est pas donné!; ¡*menuda profesión!* quel métier!; *en menudo estado estaba* il était dans un joli état ‖ — *a menudo* souvent ‖ *la gente menuda* le petit monde (los niños) ‖ *por menudo* par le menu, en détail (con detalles).
◆ *m pl* abats (de las reses), abattis (de las aves) ‖ menue monnaie *f sing* (monedas).

meñique *adj* petit; *dedo meñique* petit doigt.
◆ *m* petit doigt (dedo auricular).

meollo *m* cervelle *f* (seso) ‖ moelle *f* (médula) ‖ FIG moelle *f*, substance *f* (lo más principal) | cervelle *f*, jugement (juicio) ‖ FIG *entrar en el meollo del tema* entrer dans le vif du sujet.

meón, ona *adj y s* pisseur, euse.
◆ *f* FAM mioche (niña).

mequetrefe *m* FAM freluquet, gringalet.

mequiote *m* (amer) tige *f* de l'agave.

meramente *adv* simplement, purement.

mercachifle *m* colporteur (buhonero) ‖ FAM mercanti, margoulin (comerciante).

mercadear *v intr* commercer.

mercadeo *m* commercialisation *f*, marketing.

mercader *m* marchand; *los mercaderes del templo* les marchands du temple; *el mercader de Venecia* le marchand de Venise ‖ mercanti (en Oriente) ‖ FIG *hacer oídos de mercader* faire la sourde oreille.

mercadera *f* marchande.

mercadería *f* marchandise (mercancía).

mercadillo *m* petit marché.

mercado *m* marché; *mercado de pescado* marché au poisson; *lanzar un producto al mercado* lancer un produit sur le marché; *el domingo hay mercado* le dimanche il y a marché ‖ — *mercado a tanto alzado* marché à forfait ‖ *mercado común* marché commun ‖ *mercado de valores* marché des valeurs ‖ *mercado interior* ou *nacional* marché intérieur *o* national ‖ *mercado libre, negro, paralelo* marché libre, noir, parallèle ‖ *mercado sostenido, encalmado, en retroceso* marché soutenu, calme, en retrait (Bolsa) ‖ — ECON *estudio de mercado* étude de marché ‖ — *ir al mercado* aller au marché, faire son marché.

mercadotecnia *f* marketing *m*, mercatique *f*.

mercancía *f* marchandise ‖ *mercancías perecederas* denrées périssables.

mercante *adj y s* marchand, e ‖ — *barco mercante* vaisseau, navire marchand ‖ *marina mercante* marine marchande.

mercantil *adj* mercantile (codicioso); *espíritu mercantil* esprit mercantile ‖ commercial, e; *operaciones mercantiles* opérations commerciales ‖ *derecho mercantil* droit commercial.

mercantilismo *m* mercantilisme.

mercantilista *adj y s* mercantiliste.

mercantilización *f* commercialisation.

mercantilizar *v tr* inculquer le mercantilisme ‖ commercialiser ‖ *mercantilizarlo todo* tout ramener à l'argent.

mercar *v tr* acheter (comprar).

merced *f* grâce, faveur (gracia) ‖ grâce, seigneurie [ancien traitement de politesse]; *vuestra merced* votre grâce (voir OBSERV) ‖ merci (orden religiosa y militar) ‖ — *merced a* grâce à ‖ *a (la) merced de* à la merci de.
— OBSERV *Vuestra merced* est aujourd'hui contracté en *usted*, qui s'écrit, en abrégé, *Ud.* ou *Vd.*

mercenario, ria *adj y s* mercenaire.

mercería *f* mercerie.

mercerizar *v tr* merceriser ‖ *máquina para mercerizar* merceriseuse.

mercero, ra *m y f* mercier, ère.

mercromina *f* (nombre registrado) Mercurochrome.

mercurial *adj* de Mercure (dios *o* planeta) ‖ mercuriel, elle (que contiene mercurio).
◆ *f* BOT mercuriale.

mercúrico, ca *adj* QUÍM mercurique.

mercurio *m* QUÍM mercure (metal).

mercurocromo *m* Mercurochrome [nom déposé].

merdellón *m* FAM calicot (hortera).

merecedor, ra *adj y s* méritant, e ‖ *hacerse* ou *ser merecedor de* être digne de, mériter.

merecer* *v tr e intr* mériter ‖ valoir, mériter; *el castillo merece una visita* le château vaut une visite ‖ mériter de (con infinitivo); *tu asunto merece ser contado* ton affaire mérite d'être racontée ‖ — *lo tiene bien merecido* il l'a bien mérité, il ne l'a pas volé ‖ *merecer la pena* valoir la peine; *merece la pena visitar este pueblo* cela vaut la peine de visiter ce village ‖ *no merece la pena* ça ne vaut pas la peine, ce n'est pas la peine.

merecidamente *adv* d'une manière méritée, à juste titre.

merecido *m* dû ‖ — *a cada uno su merecido* à chacun selon ses œuvres ‖ FIG *dar su merecido* régler son compte ‖ *llevar* ou *tener su merecido* avoir ce qu'on mérite *o* son dû.

merecimiento *m* mérite.

merendar* *v intr* goûter, prendre son goûter.
◆ *v tr* manger à son goûter; *merendar una manzana* manger une pomme à son goûter.
◆ *v pr* FIG & FAM *merendarse una cosa* ne faire qu'une bouchée d'une chose.

merendero *m* guinguette *f* (donde se puede bailar) ‖ buvette *f*.

merendona *f* FIG goûter *m* magnifique.

merengue *m* meringue *f* (dulce) ‖ FIG mauviette *f*, personne *f* très délicate (enclenque) ‖ FIG & FAM *durar menos que un merengue en la puerta de una escuela* durer moins de temps qu'il ne faut pour le dire ‖ (amer) FAM pagaille (desorden) | mérengué, méringue *f* (baile).

meretriz *f* prostituée.

merideño, ña *adj y s* de Mérida [ville d'Extrémadure (Espagne), du Mexique et du Venezuela].

meridiano, na *adj* méridien, enne; de midi ‖ éclatant, e (luz) ‖ FIG *con claridad meridiana* très

clairement | *ser de una claridad meridiana* être clair comme le jour || *plano meridiano* plan méridien.
- *m* ASTR méridien || GEOGR *primer meridiano* premier méridien, méridien origine.
- *f* ASTR & GEOM méridienne || méridienne (cama o siesta).

meridional *adj y s* méridional, e.

merienda *f* goûter *m* (comida) || repas *m* (en excursiones) || — FIG & FAM *juntar meriendas* unir des intérêts | *merienda de negros* foire, pagaille.

merino, na *adj y s* mérinos (carnero, lana).
- *m* bailli (magistrado antiguo).

mérito *m* mérite || — *de mérito* de mérite (persona), méritoire (cosa) || FIG *hacer méritos* faire du zèle (esmerarse), faire ses preuves (dar prueba de sus aptitudes).

meritorio, ria *adj* méritoire (cosa) || méritant, e; de mérite (persona).
- *m* stagiaire (empleado).

Merlín (el mago) *n pr* Merlin l'Enchanteur.

merlo *m* sorte de merlan (pez) || merle (ave) || *(amer)* idiot, e.

merluzo, za *adj y s* FAM crétin, e; abruti, e (bobalicón).
- *f* colin *m*, merluche, merlu *m* (pez) || FIG & FAM cuite (borrachera).

merma *f* diminution (disminución) || perte (pérdida).

mermar *v tr e intr* diminuer || amenuiser (reducir) || FIG entamer; *mermar la reputación* entamer la réputation | *mermar un capital* écorner un capital.

mermelada *f* confiture (frutas cortadas y cocidas con azúcar) || marmelade (de consistencia más blanda).

mero, ra *adj* simple, pur, e; seul, e; *por el mero hecho* par le simple fait; *una mera casualidad* un pur hasard | *(amer)* exact, e; pile; *llegó a la mera hora* il est arrivé à l'heure exacte o à l'heure pile | même (mismo); *eso mero* c'est cela même.
- *m* mérou (pez).

merodeador, ra *adj y s* maraudeur, euse.

merodear *v intr* marauder.

merodeo *m* maraude *f*, maraudage.

merovingio, gia *adj* HIST mérovingien, enne.
- *m pl* HIST Mérovingiens.

mes *m* mois; *en el mes de mayo* au mois de mai; *dentro de un mes* dans un mois; *el mes pasado, que viene* le mois dernier, le mois prochain || mois, mensualité *f* (salario); *cobrar el mes* toucher son mois || règles *f pl* (menstruo) || — *mes lunar* mois lunaire | *mes lunar periódico* mois lunaire périodique || *mes sinódico* mois synodique || — *alquilar una habitación al* ou *por mes* louer une chambre au mois || *pagar por meses* payer au mois.

mesa *f* table; *en la mesa* sur la table || bureau *m* (escritorio de oficina) || bureau *m* (de una asamblea) || GEOGR table (terreno elevado) || plateau *m* (meseta) || palier *m* (de escalera) || table (de una piedra preciosa) || face (de hoja) || mense (renta eclesiástica) || FIG table (comida); *una mesa abundante* une table abondante || — *mesa de alas abatibles* table à abattants || *mesa de altar* table d'autel || MÚS *mesa de armonía* table d'harmonie || *mesa de batalla* table de distribution (correos) || *mesa de billar* table de billard, billard || *mesa con largueros* table à rallonges || *mesa de juego* table de jeu || *mesa de mezclas* table de mixage || *mesas de nido* tables gigognes || *mesa de noche* table de nuit || *mesa de operaciones* table d'opération || *mesa de tijera* table pliante || INFORM *mesa digitalizadora* convertisseur numérique || *mesa electoral* bureau de vote || *mesa extensible* table à rallonges || *mesa redonda* table d'hôte (en una pensión), table ronde (reunión) || FIG *mesa revuelta* miscellanées || MIN *mesa rotatoria* table de rotation || — RELIG *sagrada mesa* sainte table || *vino de mesa* vin de table || — *¡a la mesa!* à table! || *alzar* ou *quitar* ou *levantar la mesa* desservir la table || *estar a mesa y mantel de uno* se faire nourrir par quelqu'un, vivre aux frais de quelqu'un || *levantarse de la mesa* sortir de table, se lever de table, quitter la table || *poner la mesa* mettre la table *o* le couvert, dresser la table || *sentarse en la mesa* se mettre à table, s'attabler || *tener a uno a mesa y mantel* nourrir quelqu'un || *tener mesa franca* tenir table ouverte (invitar a cenar) || *tener mesa franca en casa de uno* avoir son couvert mis chez quelqu'un.

mesana *f* MAR artimon *m* (mástil) | voile d'artimon (vela).

mescal *m* *(amer)* eau-de-vie *f* d'agave.

mescalina *f* mescaline.

mescolanza *f* FAM → **mezcolanza**.

mesenterio *m* ANAT mésentère.

mesero, ra *m y f* *(amer)* garçon de café, serveur, euse (camarero).
- *m* ouvrier payé au mois.

meseta *f* plateau *m* (llanura); *la meseta de Castilla* le plateau de Castille || palier *m* (de una escalera).

mesiánico, ca *adj* messianique.

mesianismo *m* messianisme.

mesías *m* messie.

mesilla *f* petite table (mesa pequeña) || palier *m* (de escalera) || appui *m* (de una ventana) || tablette (de balaustrada) || FIG réprimande (represión) || *mesilla de noche* table de nuit.

mesnada *f* compagnie de gens d'armes, suite || FIG groupe *m*, troupe.

mesnadero *m* homme d'armes.

mesoamericano, na *adj* méso-américain, e.

mesocracia *f* régime *m* bourgeois || FIG bourgeoisie.

mesocrático, ca *adj* relatif, ive à un régime bourgeois.

mesodermo *m* ANAT mésoderme.

mesolítico, ca *adj y s m* mésolithique.

mesolote *m* *(amer)* agave double.

mesón *m* auberge *f*, hôtellerie *f* (albergue) || FÍS méson.

mesonero, ra *m y f* hôtelier, ère; aubergiste.
- *adj* d'auberge.

Mesopotamia *n pr f* GEOGR Mésopotamie.

mesosfera *f* mésosphère.

mesoterapia *f* MED mésothérapie.

mesozoico, ca *adj* GEOL mésozoïque.

mester *m* *(ant)* métier (oficio) || poésie *f*; *mester de clerecía* poésie savante [cultivée par les clercs]; *mester de juglaría* poésie populaire [des troubadours, etc.].

mestizaje *m* métissage.

mestizar *v tr* métisser, croiser (cruzar razas).

mestizo, za *adj y s* métis, isse.

mesura *f* mesure, retenue, modération, circonspection (moderación) || respect *m*, politesse (respeto).

mesuradamente *adv* avec mesure, modérément.

mesurado, da *adj* mesuré, e; modéré, e; circonspect, e (moderado).

mesurar *v tr* modérer (moderar) || mesurer; *mesurar sus palabras* mesurer ses mots.
◆ *v pr* se modérer, se retenir, se contenir || *mesurarse en sus palabras* mesurer ses mots, parler avec retenue.

meta *f* but *m*, objectif *m*, fin (finalidad); *conseguir su meta* atteindre son but; *fijarse una meta* se fixer un but || réalisation; *llegar a la meta de sus deseos* parvenir à la réalisation de ses désirs || DEP buts *m pl* (portería) | ligne d'arrivée, arrivée (en una carrera).
◆ *m* gardien de but (fútbol).

metabólico, ca *adj* BIOL métabolique.

metabolismo *m* BIOL métabolisme; *metabolismo basal* métabolisme de base.

metacarpo *m* ANAT métacarpe.

metacrilato *m* méthacrylate.

metadona *f* méthadone.

metafase *f* BIOL métaphase.

metafísico, ca *adj y s f* métaphysique || *metafísica general* ou *ontológica* ontologie.
◆ *m y f* métaphisicien, enne.

metáfora *f* métaphore.

metafórico, ca *adj* métaphorique.

metal *m* métal || laiton (latón) || FIG timbre (de la voz) | genre (calidad) | BLAS métal (oro o plata) || — FAM *el vil metal* le vil métal || MÚS *instrumentos de metal* les cuivres || *metal blanco* métal blanc, maillechort || *metal precioso* métal précieux.

metalenguaje *m* métalangage, métalangue *f*.

metálico, ca *adj* métallique.
◆ *m* espèces *f pl* (dinero); *pagar en metálico* payer en espèces.

metalífero, ra *adj* métallifère.

metalingüístico, ca *adj* métalinguistique.

metalización *f* métallisation.

metalizar *v tr* métalliser.

metalografía *f* métallographie.

metaloide *m* QUÍM métalloïde.

metalurgia *f* métallurgie.

metalúrgico, ca *adj* métallurgique.
◆ *m* métallurgiste, métallo (*fam*).

metalurgista *m* métallurgiste.

metamórfico, ca *adj* GEOL métamorphique.

metamorfismo *m* GEOL métamorphisme.

metamorfosear *v tr* métamorphoser.

metamorfosis; **metamórfosis** *f* métamorphose; *sufrir una metamorfosis* subir une métamorphose.

metano *m* QUÍM méthane.

metanol *m* méthanol.

metaplasmo *m* GRAM métaplasme.

metapsíquico, ca *adj y s* métapsychique.

metástasis *f* ANAT métastase.

metatarsiano *adj y s m* métatarsien, enne.

metatarso *m* ANAT métatarse.

metátesis *f* GRAM métathèse.

meteco *m* métèque.

metedura *f* FAM action de mettre, pose, mise || FAM *metedura de pata* gaffe, impair.

metempsicosis *f* métempsycose, métempsychose.

meteórico, ca *adj* météorique.

meteorito *m* météorite *f*, aérolithe.

meteoro *m* météore.

meteorología *f* météorologie.

meteorológico, ca *adj* météorologique; *parte meteorológico* bulletin météorologique.

meteorologista *m y f* météorologiste, météorologue.

meteorólogo *m* météorologue, météorologiste.

metepatas *m y f inv* FAM gaffeur, euse.

meter *v tr*

1. INTRODUCIR — 2. CAUSAR — 3. OTROS SENTIDOS — 4. LOCUCIONES — 5. VERBO PRONOMINAL

1. INTRODUCIR mettre; *meter la mano en el bolsillo* mettre la main dans sa poche; *meter en la cama* mettre au lit; *meter en la cárcel* mettre en prison | passer en contrebande, introduire en fraude (en fraude); *meter tabaco* passer du tabac en contrebande || FIG enfoncer, faire entrer; *meterle una idea en la cabeza* lui enfoncer une idée dans la tête || introduire, faire entrer; *meter a uno en un negocio* introduire quelqu'un dans une affaire || FIG & FAM fourrer; *¡en menudo lío me has metido!* tu m'as fourré dans un drôle de pétrin! | plonger; *estar metido en un problema* être plongé dans un problème.
2. CAUSAR faire (causar); *meter miedo, ruido, jaleo, enredos* faire peur, du bruit, du chahut, des histoires.
3. OTROS SENTIDOS rentrer (una costura) || serrer (apretar); *meter los renglones* serrer les lignes || jouer, mettre (en el juego, en la lotería, etc.) || mettre, engager; *meter la llave en la cerradura* mettre la clef dans la serrure; *meter su capital en un negocio* engager son capital dans une affaire || — FAM flanquer, administrer (un golpe); *meter una torta* flanquer une gifle || MAR carguer [les voiles].
4. LOCUCIONES *meter baza en* fourrer son nez dans (un asunto), mettre son grain de sel, dire son mot, se mêler à (la conversación) || *no dejar meter baza* ne pas laisser placer un mot (en la conversación) || *meter en cintura* ou *en vereda* mettre au pas || *meter en razón* faire entendre raison || FIG & FAM *meter la nariz por todas partes* fourrer son nez partout | *meter la pata* faire une gaffe, mettre les pieds dans le plat, commettre un impair, commettre une bévue || *meter las velocidades* passer les vitesses || *meter prisa* presser, faire se dépêcher || — FAM *anda siempre metido con los golfillos de la calle* il est toujours fourré avec les petits voyous de la rue | *a todo meter* à toute vitesse, à toute allure || FIG *estar muy metido en una sociedad* être bien introduit dans une société | *tener metido en un puño* avoir (bien), en main.
5. VERBO PRONOMINAL se mettre; *meterse en la cama* se mettre au lit || FIG se fourrer; *¿dónde te has metido?* où t'es-tu fourré? | s'engager; *se metió en* ou *por una calle* il s'est engagé dans une rue | se faire, devenir; *meterse soldado* se faire soldat || — FIG *meterse a* se faire, devenir (con sustantivo); *meterse a fraile* se faire moine; se mettre à (con infinitivo); *meterse a escribir* se mettre à écrire |

meterse con embêter, taquiner; *siempre se mete conmigo* il m'embête tout le temps; *meterse con alguien en plan de broma* taquiner quelqu'un, histoire de rire; attaquer; *todos los críticos se meten con él* tous les critiques l'attaquent ‖ *(amer)* FIG *meterse con* flirter avec; *estar metido con alguien* sortir avec quelqu'un ‖ FIG *meterse en* se jeter dans, plonger dans; *meterse en aventuras, en vicios* se jeter dans les aventures, se plonger dans les vices; s'engager; *meterse en camisas de once varas* se mêler des affaires d'autrui, fourrer son nez partout; *meterse en un negocio* s'engager dans une affaire; se mêler; *siempre se mete donde no le llaman* il se mêle toujours de ce qui ne le regarde pas; *meterse en todo* se mêler de tout; entrer; *meterse en una discusión* entrer dans une discussion; *meterse en unas explicaciones inútiles* entrer dans des explications inutiles; *se metió en una tienda* il est entré dans une boutique; aller; *se metió en un cine, en un restaurante* il est allé au cinéma, au restaurant ‖ *meterse en gastos* se mettre en frais ‖ *meterse en la cabeza* se mettre dans la tête *o* en tête ‖ *meterse en sí mismo* se renfermer sur soi-même ‖ *métete en lo tuyo* ou *en tus cosas* ou *en lo que te importa* occupe-toi de ce qui te regarde *o* de tes affaires ‖ *¿por qué te metes?* de quoi te mêles-tu?
meterete *adj* *(amer)* indiscret, ète (entrometido).
metete; metiche *m* *(amer)* indiscret.
meticulosidad *f* méticulosité.
meticuloso, sa *adj* méticuleux, euse.
metido, da *adj* abondant, e ‖ plein, e ‖ *(amer)* indiscret, ète ‖ — *metido en carnes* bien en chair ‖ *pan metido en harina* pain riche en farine.
 ➤ *m* coup (golpe); *dar un metido* donner un coup ‖ rentré (en costura) ‖ lange (metedor) ‖ FIG & FAM sortie *f* (represión); *le dio un metido* il lui a fait une sortie.
 — OBSERV Voir METER.
metileno *m* QUÍM méthylène ‖ *azul de metileno* bleu de méthylène.
metílico, ca *adj* QUÍM méthylique.
metilo *m* QUÍM méthyle.
metódico, ca *adj* méthodique; *Enciclopedia Metódica* Encyclopédie méthodique.
metodismo *m* RELIG méthodisme.
metodista *adj y s* RELIG méthodiste.
metodizar *v tr* ordonner, organiser, appliquer une méthode à.
método *m* méthode *f*.
metodología *f* méthodologie.
metodológico, ca *adj* méthodologique.
metomentodo *m y f* FAM touche-à-tout, fureteur, euse.
metonimia *f* métonymie.
metonímico, ca *adj* métonymique.
metopa *f* ARQ métope.
metraje *m* CINEM métrage; *corto, largo metraje* court, long métrage [film].
metralla *f* mitraille; *granada de metralla* grenade à mitraille.
metralleta *f* mitraillette (pistola ametralladora).
métrica *m* POÉT métrique.
métrico, ca *adj* métrique; *sistema métrico* système métrique ‖ *cinta métrica* mètre à ruban.
metrificación *f* versification.
metrificar *v intr y tr* versifier (versificar).

metritis *f* MED métrite.
metro *m* mètre (medida); *metro cuadrado, cúbico* mètre carré, cube ‖ mètre (verso).
 ➤ *pl* métrage *sing* (de una tela); *¿cuántos metros le hacen falta?* quel métrage vous faut-il? ‖ *medir por metros, con metro* mesurer en mètres, au mètre.
metro *m* métro (transporte).
metrología *f* métrologie.
metrónomo *m* MÚS métronome.
metrópoli *f* métropole.
metropolitano, na *adj y s m* métropolitain, e.
mexicano, na *adj* mexicain, e.
 ➤ *m y f* Mexicain, e.
México *n pr m* GEOGR Mexique (país) ‖ México (ciudad).
 — OBSERV L'orthographe *México* (avec un *x*) est la seule admise au Mexique bien que la prononciation soit *Méjico* [mexiko].
mezcal *m* *(amer)* agave (pita) ‖ mescal, eau-de-vie *f* d'agave (aguardiente).
mezcalina *f* mescaline.
mezcla *f* mélange *m*; *una mezcla de buenas cualidades* un mélange de bonnes qualités; *una mezcla de varios ingredientes* un mélange de plusieurs ingrédients ‖ mortier *m* (argamasa) ‖ CINEM mixage *m* ‖ RAD mélange *m*.
mezclador, ra *m y f* mélangeur, euse ‖ *mezclador de imagen* table de mixage (máquina), monteur-images (profesional) ‖ *mezclador de sonido* table de mixage (máquina), monteur-son (profesional).
 ➤ *f* CULIN mixer, mixeur *m* (máquina) ‖ *mezcladora de hormigón* malaxeur à béton (hormigonera).
mezclar *v tr* mêler, mélanger; *mezclar colores* mélanger des couleurs; *mezclar una cosa con otra* mêler *o* mélanger une chose à *o* avec une autre; *mezclar agua con vino* mêler de l'eau à du vin *o* avec du vin ‖ FIG mêler; *mezclar la amabilidad con la brutalidad* mêler l'amabilité à la brutalité.
 ➤ *v pr* se mélanger, se mêler; *mezclarse con la multitud* se mêler à *o* avec la foule ‖ FIG se mêler; *se mezcló en mis asuntos* il s'est mêlé de mes affaires.
mezcolanza *f* mélange *m* (mezcla) ‖ FAM méli-mélo *m*, bric-à-brac *m* (batiburrillo) ‖ mixture (de líquidos).
mezote *m* *(amer)* agave sec.
mezquindad *f* mesquinerie.
mezquino, na *adj* mesquin, e.
mezquita *f* mosquée.
mezzo-soprano *m* MÚS mezzo-soprano.
mi *m* MÚS mi (nota).
mi, mis *adj* poses de la 1.ª pers mon *m*, ma *f*, mes *pl*; *mi libro* mon livre; *mi novia* ma fiancée; *mis zapatos* mes chaussures ‖ — *en mi casa* chez moi ‖ *para mis adentros* en moi-même, en mon for intérieur.
mí *pron pers de la 1.ª pers del sing* moi (employé avec une préposition); *a mí* à moi; *para mí* pour moi; *nos ha acompañado a mi hermano y a mí* il nous a accompagnés, mon frère et moi ‖ *¡a mí!* à moi (socorro) ‖ *a mí me toca* ou *me corresponde hacerlo* c'est à moi de le faire ‖ *en cuanto a*

miaja

mí quant à moi, pour ma part ∥ *por lo que a mí respecta* quant à moi, en ce qui me concerne ∥ *por mí mismo* par moi-même, de moi-même.
— OBSERV Ne se traduit pas dans les constructions : *a mí no me importa* ça m'est égal ; *a mí me gusta el chocolate* j'aime le chocolat, etc.

miaja *f* miette (migaja) ∥ FAM *una miaja de* un tout petit peu de, une miette de.

mialgia *f* MED myalgie.

miasma *f* miasme.
— OBSERV L'emploi de *miasma* au féminin est incorrect.

miasmático, ca *adj* miasmatique.

miastenia *f* MED myasthénie.

miau *m* miaou (maullido del gato).

mica *f* MIN mica *m*.

mica *f* guenon (mona) ∥ *(amer)* cuite (borrachera).

micción *f* miction.

micelio *m* BOT mycélium.

Micenas *n pr* GEOGR Mycènes.

micénico, ca *adj* mycénien, enne.

micer *m* messire (título antiguo) ∥ maître (dicho de los abogados).

micifuz *m* FAM minet, raminagrobis (gato).

mico *m* singe, sagouin (mono) ∥ FIG & FAM paillard, porc (lujurioso) | petit bonhomme (hombre pequeño) | petit jeunot (jovenzuelo) ∥ — FIG & FAM *dar* ou *hacer mico* poser un lapin (faltar a una cita) | *dejar a uno hecho un mico* couvrir quelqu'un de honte | *quedarse hecho un mico* être tout penaud | *ser el último mico* être la cinquième roue du carrosse.

micología *f* mycologie.

micológico, ca *adj* mycologique.

micólogo, ga *m y f* mycologue.

micosis *f* MED mycose.

micra *f* micron *m* (micrón).

micrero, ra *m y f (amer)* conducteur, trice de minibus.

micro *m* FAM micro, microphone.

microbiano, na *adj* microbien, enne.

microbicida *adj y s m* microbicide.

microbio *m* microbe.

microbiología *f* microbiologie.

microbiológico, ca *adj* microbiologique.

microbiólogo *m* microbiologiste.

microbús *m* minibus (pequeño autobús).

microcircuito *m* microcircuit.

microcirugía *f* microchirurgie.

microclima *m* microclimat.

microcomputador, ra *m y f* micro-ordinateur *m*.

microcosmo *m* microcosme.

microchip *m* INFORM puce *f*.

microeconomía *f* microéconomie.

microelectrónica *f* microélectronique.

microficha *f* INFORM microfiche.

microfilm ; microfilme *m* microfilm.
— OBSERV pl *microfilmes*.

microfilmar *v tr* microfilmer.

microfísica *f* microphysique.

microfónico, ca *adj* microphonique.

micrófono *m* microphone, micro *(fam)* ; *hablar por el micrófono* parler au micro.

microfotografía *f* microphotographie.

micrografía *f* micrographie.

microinformática *f* INFORM micro-informatique.

micrón *m* micron (micra).

microonda *f* micro-onde ∥ *horno microondas* ou *de microondas* four (à), micro-ondes.

microordenador ; micrordenador *m* micro-ordinateur.

microorganismo *m* micro-organisme.

micropartícula *f* particule microscopique.

microprocesador *m* microprocesseur.

microscópico, ca *adj* microscopique.

microscopio *m* microscope ; *microscopio electrónico* microscope électronique.

microsurco *adj m y s m* microsillon (disco).

micrótomo *m* microtome.

michelines *m pl* FAM poignées *f* d'amour [bourrelets].

MIE abrev de *Ministerio de Industria y Energía* ministère de l'Industrie et de l'Énergie [en Espagne].

miedica *adj y s* FAM froussard, e.

mieditis *f* FAM frousse, pétoche, trouille (miedo).

miedo *m* peur *f* ; *tener miedo a los duendes* avoir peur des fantômes ; *miedo cerval* peur bleue ∥ — FAM *de miedo* du tonnerre, sensationnel, formidable ∥ *película de miedo* film d'épouvante ∥ *por miedo a de peur de* ∥ *por miedo a ou de que de peur que... ne* ∥ *sin miedo y sin tacha* sans peur et sans reproche ∥ — *dar* ou *meter miedo* faire peur ∥ *fue mayor el miedo que el daño, tuvimos más miedo que otra cosa* il y a eu plus de peur que de mal ∥ *morirse de miedo* mourir de peur ∥ *pasar mucho miedo* avoir une de ces peurs, avoir terriblement peur ∥ *que da* ou *mete miedo* à faire peur ; *de un feo que mete miedo* laid à faire peur ∥ *temblar de miedo* trembler de peur ∥ *tener más miedo que vergüenza* avoir une peur bleue (pasar miedo), être froussard (ser miedoso) ∥ *tener miedo hasta de la sombra de sí mismo* avoir peur de son ombre ∥ *tener miedo que* avoir peur que... ne ; *tengo miedo que venga* j'ai peur qu'il ne vienne ∥ *tener mucho miedo* avoir grand peur, avoir très peur *o* une peur bleue.

miedoso, sa *adj y s* peureux, euse.

miel *f* miel *m* ; *dulce como la miel* doux comme le miel ∥ — *miel de caña* mélasse ∥ FAM *miel sobre hojuelas* encore mieux, tant mieux ∥ — *luna de miel* lune de miel ∥ *panal de miel* rayon de miel ∥ — FIG *dejar a uno con la miel en los labios* laisser quelqu'un sur sa faim *o* insatisfait | *no hay miel sin hiel* il n'y a pas de roses sans épines | *ser todo miel* être tout miel, être tout sucre et tout miel.

mielitis *f* MED myélite.

miembro *m* membre ∥ ANAT membre (órgano sexual) ∥ membre (de una ecuación) ∥ FIG membre (de una comunidad) ; *Estado miembro* État membre ∥ — *miembro por derecho propio* membre de droit ∥ *miembro vitalicio* membre à vie.
◆ *pl* membres, membrure *f sing* (cuerpo).

miente *f (ant)* esprit *m*, pensée ∥ — *caer en* ou *en las mientes* imaginer, avoir l'idée de ∥ *parar* ou *poner mientes en* considérer, réfléchir à, faire attention à ∥ *traer a las mientes* rappeler (recordar) ∥ *venirse a las mientes* avoir l'idée de.

mientras *adv y conj* pendant que, tandis que ; *mientras yo trabajo, él juega* pendant que je travaille, il joue ∥ tant que ; *mientras viva, pensaré en usted* tant que je vivrai, je penserai à vous ∥ —

mientras más plus; *mientras más tiene, más desea* plus il en a, plus il en veut ‖ *mientras que* tandis que (oposición); *él lo confesó, mientras que tú no dijiste nada* il l'a avoué, tandis que toi tu n'as rien dit ‖ *mientras no se pruebe lo contrario* jusqu'à preuve du contraire ‖ *mientras tanto* pendant ce temps, entre-temps.

miércoles *m* mercredi; *el miércoles pasado, que viene* mercredi dernier, prochain; *vendré el miércoles* je viendrai mercredi; *viene el miércoles, viene cada miércoles* il vient le mercredi, il vient tous les mercredis ‖ — *miércoles de ceniza* mercredi des cendres ‖ *miércoles santo* mercredi saint.

mierda *f* POP merde | FIG merde (porquería) | cuite (borrachera).

mierdecilla *m* FIG & FAM petite *f* nature.

mierdica *m* FAM poule *f* mouillée.

mierdoso, sa *adj* POP dégueulasse.

mies *f* moisson.

miga *f* miette (migaja) ‖ mie [de pain] ‖ école maternelle (amiga) ‖ FIG & FAM substance, moelle ‖ — *tierra de miga* terre grasse *o* forte ‖ — FIG & FAM *hacer buenas migas* faire bon ménage | *hacer malas migas* faire mauvais ménage, ne pas s'entendre ‖ *hacer migas* émietter (el pan), réduire en miettes (hacer trizas), lessiver (cansar), tout ficher par terre (fastidiar) ‖ FIG *tener mucha miga* être très riche *o* plein de moelle (tener sustancia), être plein d'intérêt (ser interesante), donner du fil à retordre, ne pas être commode (ser complicado).
- *pl* CULIN pain *m sing* réduit en miettes imbibé de lait et frit ‖ — *migas ilustradas* miettes de pain frites avec des lardons.

migaja *f* miette; *una migaja de pan* une miette de pain.

migajón *m* mie *f* de pain ‖ FIG & FAM moelle *f*, substance *f*.

migar *v tr* mettre des morceaux *o* des miettes de pain [dans un liquide]; *migar la leche* mettre des morceaux de pain dans du lait.

migración *f* migration.

migraña *f* migraine.

migrar *v intr* migrer.

migratorio, ria *adj* migrateur, trice (las aves) ‖ migratoire; *movimiento migratorio* mouvement migratoire ‖ *cultivo migratorio* divagation des cultures.

Miguel Ángel *n pr* Michel-Ange.

mihrab *m* mihrâb (de una mezquita).

mije *m* (*amer*) mauvais tabac.

mijo *m* BOT millet, mil.

mil *adj* mille; *mil hombres, mil años* mille hommes, mille ans; *el año mil* l'an mille ‖ mil (en las fechas); *el año mil novecientos setenta y cinco* l'an mil neuf cent soixante-quinze ‖ — *las Mil y Una Noches* les Mille et Une Nuits ‖ *mil millones* un milliard; *cinco mil millones de francos* cinq milliards de francs.
- *m* mille (signo).
- *pl* milliers; *muchos miles de pesos* des milliers de pesos ‖ — FIG *a las mil y quinientas* à une heure indue, à une heure impossible ‖ *miles de veces* mille fois ‖ *miles y miles, miles y millares* des mille et des cents, des milliers et des milliers.

milagrero, ra *adj* FAM qui voit partout des miracles (que imagina milagros) | faiseur, euse de miracles (que los finge) ‖ miraculeux, euse (milagroso).

milagro *m* miracle ‖ TEATR miracle (en la Edad Media) ‖ — *la vida y milagros de uno* les faits et gestes de quelqu'un ‖ *por milagro* par miracle ‖ — FIG *hacer milagros* faire des miracles | *vivir de milagro* vivre de l'air du temps (vivir mal), l'avoir échappé belle (escapar).

milagroso, sa *adj* miraculeux, euse; *imagen milagrosa* image miraculeuse ‖ *ser milagroso* être miraculeux, tenir du miracle.

milamores *f* BOT valériane sauvage, mâche.

Milán *n pr* GEOGR Milan.

milanés, esa *adj* milanais, e.
- *m y f* Milanais, e.
- *f* CULIN escalope milanaise.

milano *m* milan (ave) ‖ milan (pez) ‖ TECN *cola de milano* queue-d'aronde.

mildeu; mildiu *m* AGRIC mildiou.

milenario, ria *adj y s m* millénaire.

milenarismo *m* millénarisme.

milenio *m* millénaire, période *f* de mille ans.

milenrama *f* BOT mille-feuille.

milésimo, ma *adj* millième.
- *m* millième.
- *f* millième *m* (milésima parte).

milhojas *f* BOT mille-feuille.
- *m* mille-feuille (pastel).

mili *f* FAM service *m* militaire, régiment *m*; *hacer la mili* faire son service militaire.

mili *pref* milli; *milímetro* millimètre.

miliar *adj* milliaire (columna).
- *adj y s f* MED miliaire; *fiebre miliar* fièvre miliaire.

milicia *f* milice (tropa) ‖ service *m* militaire ‖ carrière militaire (profesión) ‖ *milicias concejiles* milices bourgeoises *o* communales.

miliciano, na *adj* de la milice.
- *m y f* milicien, enne.

miligramo *m* milligramme.

mililitro *m* millilitre.

milimetrado, da *adj* millimétré, e.

milimétrico, ca *adj* millimétrique.

milímetro *m* millimètre.

militancia *f* militantisme *m*.

militante *adj y s* militant, e.

militantismo *m* militantisme.

militar *adj y s m* militaire; *academia militar* école militaire ‖ — *cartilla militar* livret matricule *o* militaire ‖ *militar de infantería* fantassin ‖ *tribunal militar* cour martiale.

militar *v intr* servir dans l'armée ‖ militer.

militarismo *m* militarisme.

militarista *adj y s* militariste.

militarización *f* militarisation.

militarizar *v tr* militariser ‖ réquisitionner (huelguistas).

milmillonésimo, ma *adj y s* milliardième.

milonga *f* (*amer*) chanson et danse populaires | bal populaire | FAM embrouille (enredo).

milord *m* milord (título) ‖ milord (birlocho).
— OBSERV *pl milores*.

milpa *f* (*amer*) champ *m* de maïs.

milpear *v intr* (*amer*) labourer (arar).

milreis *m* milreis (moneda brasileña).

milla *f* mille *m* (medida itineraria); *milla marina ou náutica* mille marin *o* nautique ‖ mile (medida inglesa).

millar *m* millier; *un millar de francos* un millier de francs ‖ mille; *un millar de alfileres* un mille d'épingles.

◆ *pl* milliers (gran cantidad); *millares y millares* des milliers et des milliers ‖ *a millares* par milliers.

millón *m* million; *millones de muertos* des millions de morts ‖ *— a millones* par millions ‖ *mil millones* un milliard ‖ *se lo he dicho millones de veces* je le lui ai dit maintes et maintes fois.

millonada *f* quantité d'environ un million ‖ FIG petite fortune, les yeux de la tête *m pl*; *este traje cuesta una millonada* ce costume coûte les yeux de la tête.

millonario, ria *adj y s* millionnaire.

millonésimo, ma *adj y s* millionième.

mimado, da *adj* gâté, e; *niño mimado* enfant gâté.

mimar *v tr* dorloter, cajoler (regalar) ‖ gâter (a los niños) ‖ pourrir (mimar con exceso) ‖ mimer (teatro).

mimbre *m y f* osier *m* ‖ brin *m o* baguette *f* d'osier (varita).

mimbrear *v intr* osciller (moverse).

mimbrera *f* osier *m* (arbusto) ‖ oseraie (mimbreral) ‖ saule *m* (sauce).

mimbreral *m* oseraie *f*.

mimético, ca *adj* mimétique.

mimetismo *m* mimétisme.

mimetizar *v tr* agir par mimétisme.

mímico, ca *adj y s f* mimique.

mimo *m* mime (teatro, actor) ‖ câlinerie *f*, cajolerie *f*, caresse *f* (cariño) ‖ gâterie *f* (con los niños).

mimodrama *m* mimodrame.

mimosa *f* BOT mimosa *m* (flor) ‖ *mimosa púdica ou vergonzosa* sensitive.

mimoso, sa *adj* minaudier, ère (melindroso) ‖ câlin, e; caressant, e (afectuoso) ‖ gâté, e (mimado) ‖ délicat, e (delicado).

mina *f* mine ‖ *mina de carbón, de lápiz* mine de charbon, de crayon ‖ MIL mine; *mina anticarro, de acción retardada, contra personal, flotante* mine antichar, à retardement, antipersonnel, flottante ‖ FIG mine, filon *m*; *encontrar una mina* trouver un filon ‖ mine (moneda griega) ‖ *(amer)* POP gonzesse (tía) | pute (ramera) ‖ *— cámara, hornillo de mina* chambre, fourneau de mine ‖ *campo de minas* champ de mines ‖ *Escuela de Ingenieros de Minas* École des Mines ‖ *hoyo de mina* trou de mine ‖ FIG *mina de oro* mine d'or ‖ *mina hullera* houillère ‖ *— rastrear minas* draguer les mines.

minado *m* minage (colocación de minas).

minador, ra *adj* mineur, euse.

◆ *m* sapeur-mineur (soldado) ‖ ingénieur des Mines (ingeniero) ‖ MAR mouilleur *o* poseur de mines (buque).

minar *v tr* miner; *minar una montaña, un puerto* miner une montagne, un port ‖ FIG miner, ronger (consumir); *la enfermedad le mina* la maladie le ronge ‖ FIG *minarle a uno el terreno* couper à quelqu'un l'herbe sous le pied.

minarete *m* minaret.

— OBSERV *Minarete* est un gallicisme pour *alminar*.

mineral *adj y s m* minéral, e; *reino mineral* règne minéral.

◆ *m* minerai; *mineral de hierro* minerai de fer

mineralización *f* minéralisation.

mineralizar *v tr* minéraliser.

mineralogía *f* minéralogie.

mineralógico, ca *adj* minéralogique.

mineralogista *m* minéralogiste.

minería *f* travail *m* des mines (laboreo, trabajo) industrie minière (industria) ‖ mineurs *m pl*, main d'œuvre minière (los mineros) ‖ *Escuela de minería* l'École des Mines.

minero, ra *adj* minier, ère; *zona minera* zone minière.

◆ *m* mineur (obrero) ‖ TECN *lámpara de minero* lampe de mineur *o* de sûreté.

minerva *f* procession de la Fête-Dieu (procesión) ‖ IMPR minerve, presse à platine (máquina de imprimir).

minervista *adj y s* IMPR minerviste.

minestrón *m* CULIN minestrone.

miniar *v tr* peindre en miniature.

miniatura *f* miniature ‖ *pintar en miniatura* miniaturer.

miniaturista *m y f* miniaturiste.

miniaturización *f* miniaturisation.

miniaturizar *v tr* miniaturiser.

minibasket *m* minibasket.

minicadena *f* MÚS minichaîne.

minicomputador *m* mini-ordinateur.

minifalda *f* mini-jupe (falda muy corta).

minifundio *m* petite propriété *f*.

minigolf *m* mini-golf.

mínima *f* MÚS blanche (nota) ‖ FIG détail *m*, très petite chose.

minimizar *v tr* minimiser (quitar importancia a).

mínimo, ma *adj* minime, très petit, e ‖ minutieux, euse (minucioso) ‖ minimal, e; *temperatura mínima* température minimale ‖ *reducir a la mínima expresión* réduire à sa plus simple expression.

◆ *m* minime (religioso) ‖ minimum; *mínimo vital* minimum vital; *gana un mínimo de* il gagne un minimum de ‖ *— al mínimo, a lo más mínimo* au minimum ‖ *el más mínimo* le moindre ‖ *lo más mínimo* le moins du monde ‖ MAT *mínimo común múltiplo* le plus petit commun multiple ‖ *ni lo más mínimo* pas le moins du monde.

minino, na *m y f* FAM minet, ette (gato).

◆ *adj y s* FAM petit, e (pequeño).

minio *m* minium (óxido de plomo).

miniordenador *m* mini-ordinateur.

ministerial *adj* ministériel, elle.

ministerio *m* ministère ‖ *— Ministerio de Comunicaciones* ministère des P.T.T. *o* des P. et T ‖ *Ministerio de Educación Nacional* ministère de l'Éducation nationale ‖ *Ministerio de Estado* (ant) *o de Asuntos Exteriores o de Relaciones Exteriores* ministère des Affaires étrangères ‖ *(amer) Ministerio de Finanzas* ministère des Finances ‖ *Ministerio del Interior* ministère de l'Intérieur ‖ *Ministerio de Hacienda* ministère des Finances ‖ *Ministerio de Información* ministère de l'Information ‖ *Ministerio de la Vivienda* ministère de la Construction ‖ *Ministerio de Obras Públicas* ministère des Travaux

publics ‖ *ministerio público* ou *fiscal* ministère public, parquet.
ministrable *adj* FAM ministrable.
ministro, tra *m y f* ministre *m*; *ministro sin cartera* ministre sans portefeuille ‖ — *la Primera ministra* le Premier ministre ‖ *ministro de Dios* ministre de Dieu ‖ *ministro plenipotenciario* ministre plénipotentiaire ‖ *primer ministro* premier ministre.
minitransistor *m* transistor miniature.
Minnesota *n pr* GEOGR Minnesota.
minoico, ca *adj* minoen, enne.
minoración *f* diminution, amoindrissement *m*.
minorar *v tr* diminuer, amoindrir.
minoría *f* minorité ‖ *minoría de edad* minorité.
minoridad *f* (*p us*) minorité.
minorista *m* détaillant (comerciante al por menor) ‖ clerc qui a reçu les ordres mineurs (clérigo de menores).
◆ *adj* au détail (comercio).
minoritario, ria *adj* minoritaire.
Minotauro *n pr m* MIT Minotaure.
minucia *f* minutie.
◆ *pl* (*ant*) dîme *sing* sur les fruits ‖ petits détails *m*.
minuciosamente *adv* minutieusement.
minuciosidad *f* minutie.
minucioso, sa *adj* minutieux, euse ‖ *minucioso por demás* minutieux à l'excès.
minué *m* menuet (baile).
minuendo *m* MAT le plus grand des deux nombres, dans une soustraction.
minúsculo, la *adj y s f* minuscule.
minusvalía *f* moins-value.
minusvalidez *f* handicap *m*.
minusválido, da *adj y s* handicapé, e.
minusvalorar *v tr* sous-estimer, déprécier.
minuta *f* menu *m* (comida) ‖ minute (borrador) ‖ bordereau *m* (factura) ‖ note (apunte) ‖ note des honoraires (cuenta de un abogado) ‖ liste, catalogue *m* (lista).
minutar *v tr* faire la minute [d'un acte] ‖ minuter (tiempo).
minutario *m* minutier (de un notario).
minutero *m* aiguille *f* des minutes, minuterie *f* (de un reloj).
minuto *m* minute *f* (tiempo); *vuelvo dentro de un minuto* je reviens dans une minute ‖ minute *f* (de círculo) ‖ *minuto a minuto* minute par minute.
Miño *n pr m* GEOGR Minho.
mío, mía *pron poses de la 1.ª pers* mien, mienne (con artículo); *este libro es el mío* ce livre est le mien ‖ à moi (sin artículo); *esto es mío* ceci est à moi ‖ mon *m*, ma *f*, mes *pl* (después del sustantivo); *la casa mía* ma maison; *amigo mío* mon ami; *ese vestido mío* ma robe; *queridos hijos míos* mes chers enfants ‖ FIG mon cher, ma chère; mon petit, ma petite (cariño); *padre mío* mon cher père; *hermana mía* ma petite sœur ‖ — *¡Dios mío!* mon Dieu! ‖ *en derredor mío* autour de moi ‖ FIG & FAM *ésta es la mía* c'est à moi de jouer, c'est le moment que j'attendais ‖ FAM *¡hijo mío!* mon vieux! ‖ *lo mío* mes affaires, ce qui m'appartient *o* me concerne; *no se meta en lo mío* ne vous mêlez pas de mes affaires ‖ *lo mío, mío y lo tuyo de entrambos* ce qui

est à moi est à moi, ce qui est à toi est à nous deux ‖ *los míos* les miens (familia) ‖ *¡madre mía!* mon Dieu! ‖ *un amigo mío* un de mes amis, un ami à moi.
— OBSERV La construction du type *la casa mía* est fréquente en espagnol et renforce l'idée de possession.
miocardio *m* ANAT myocarde; *infarto del miocardio* infarctus du myocarde.
mioceno *adj m y s m* GEOL miocène.
miopatía *f* MED myopathie.
miope *adj y s* myope.
miopía *f* MED myopie.
miosota *f* BOT myosotis *m* (raspilla).
mir *m* mir (comunidad agrícola en la Rusia zarista).
MIR abrev de *médico interno y residente* internat [concours espagnol permettant d'obtenir le titre d'interne des hôpitaux].
mira *f* mire; *punto de mira* point de mire ‖ mire, viseur *m* (de escopeta); *muesca de mira* cran de mire ‖ beffroi *m* (torre) ‖ FIG intention, visée, dessein *m* (intención); *con miras poco honradas* avec des intentions peu honnêtes ‖ but *m* (objetivo); *tener por mira* avoir pour but; *tener miras altas* avoir des buts élevés ‖ — *con miras a* en vue de, ayant pour but de ‖ *estrechez de miras* étroitesse de vues ‖ *línea de mira* ligne de visée *o* de mire ‖ — FIG *poner la mira* ou *las miras en* jeter les yeux sur (mirar), viser, avoir des vues sur (desear), jeter son dévolu sur (echar el ojo a); *poner la mira en la popularidad* viser la popularité ‖ *tener sus miras en* avoir pour but, prétendre à, viser (codiciar).
◆ *pl* MAR canons *m* de proue.
mirabel *m* kochia [plante ornementale] ‖ tournesol (girasol) ‖ — *ciruela mirabel* mirabelle (fruto) ‖ *ciruelo mirabel* mirabellier (árbol).
mirada *f* regard *m*; *fulminar con la mirada* foudroyer du regard; *apartar la mirada de* détacher le regard de ‖ yeux *m pl*; *leer en la mirada* lire dans les yeux ‖ coup *m* d'œil (ojeada); *echar una mirada* jeter un coup d'œil; *abarcar con una sola mirada* embrasser d'un coup d'œil ‖ œillade (guiñada) ‖ — *mirada aguda* ou *penetrante* regard perçant ‖ FIG *miradas atrás* retours en arrière ‖ — *clavar* ou *fijar la mirada en* fixer son regard sur, regarder fixement ‖ *detener la mirada en* arrêter son regard sur ‖ *huir de las miradas de* fuir le regard de (no mirar en los ojos), se dérober aux regards de (evitar ser visto) ‖ *seguir con la mirada* suivre des yeux ‖ *ser el blanco de las miradas* être le point de mire ‖ *tener la mirada perdida* avoir les yeux dans le vague *o* le regard lointain ‖ *volver la mirada* tourner ses regards.
miradita *f* œillade (guiñada) ‖ petit coup *m* d'œil.
mirado, da *adj* circonspect, e; réservé, e (receloso) ‖ vu, e; *bien, mal mirado* bien, mal vu ‖ soigneux, euse (cuidadoso); *es muy mirado con sus cosas personales* il est très soigneux avec ses affaires personnelles ‖ *bien mirado, el asunto no tiene importancia* en y regardant de près, l'affaire n'a pas d'importance.
mirador *m* mirador.
miraguano *m* BOT petit palmier d'Amérique.
miramiento *m* regard (acción de mirar) ‖ prudence *f*, circonspection *f*; *proceder con miramiento* agir avec prudence.
◆ *pl* égards, ménagements; *tratar a uno sin miramientos* traiter quelqu'un sans ménagements;

mirar

tener miramientos con las personas de edad avoir des égards pour les personnes âgées ‖ — *andar con miramientos* agir avec ménagement, prendre des gants (*fam*) ‖ *sin más miramientos* sans aucun égard *o* ménagement, sans autre forme de procès.

mirar *v tr* e *intr* regarder; *mirar un espectáculo* regarder un spectacle ‖ FIG penser à, réfléchir à; *mira lo que haces* pense à ce que tu fais ‖ regarder, voir (informarse); *mire usted si ha llegado una carta* regardez *o* voyez si une lettre est arrivée ‖ voir, veiller; *mire a que no le falte nada* veillez à ce qu'il ne manque de rien ‖ *mirar a* regarder à, penser à; *sólo mira a su provecho* il ne pense qu'à son profit; regarder; *contentarse con mirar a la gente que pasa* se contenter de regarder les gens qui passent; *la casa mira al sur* la maison regarde le sud; donner sur; *la ventana mira a la calle* la fenêtre donne sur la rue ‖ *mirar a la cara* regarder en face ‖ *mirar a los ojos* regarder dans les yeux ‖ *mirar al trasluz* regarder par transparence (por transparencia), mirer (un huevo) ‖ FIG *mirar bien, mal a uno* apprécier, ne pas apprécier quelqu'un; avoir, ne pas avoir de sympathie pour quelqu'un ‖ *mirar con buenos, malos ojos* regarder d'un bon, d'un mauvais œil ‖ *mirar con los ojos abiertos como platos* regarder avec des yeux ronds, écarquiller les yeux ‖ *mirar con mala cara* regarder de travers ‖ *mirar de arriba abajo* regarder de haut en bas, toiser ‖ *mirar de hito en hito* regarder fixement (una cosa, una persona), regarder dans le blanc des yeux *o* droit dans les yeux, dévisager ‖ *mirar de reojo* ou *de soslayo* ou *con el rabillo del ojo* regarder à la dérobée *o* du coin de l'œil ‖ *mirar de través* regarder de travers ‖ *mirar frente a frente* ou *cara a cara* regarder en face ‖ FIG *mirarlo bien* y regarder à deux fois ‖ *mirar por* prendre soin de, penser à, veiller sur, ménager; *mirar por su salud* prendre soin de sa santé; *mira por tu reputación* pense à ta réputation; s'occuper de, veiller sur, prendre soin de; *mira por los niños* occupe-toi des enfants ‖ *mirar por encima* jeter un coup d'œil, regarder superficiellement ‖ FIG & FAM *mirar por encima del hombro* regarder par-dessus l'épaule, regarder de haut ‖ *mirar por los cuatro costados* regarder sur toutes les coutures (una persona), examiner à fond (un problema) ‖ *¡mira!* regarde!, tiens! (sorpresa), écoute! (¡oye!), attention! (cuidado) ‖ *mira que* remarque bien que ‖ *¡mira que no tiene suerte!* il n'a vraiment pas de chance! ‖ *¡mira quién habla!* il ferait mieux de se taire! ‖ *mire, mire* y veresez *o* regardez voir ‖ FIG *mire cómo habla* ou *lo que habla* mesurez vos paroles, faites attention à ce que vous dites ‖ *mire con quién habla* faites attention à qui vous parlez ‖ — *bien mirado todo, mirándolo bien* tout bien pesé *o* considéré, réflexion faite, à la réflexion, tout bien réfléchi, tout compte fait ‖ FAM *de mírame y no me toques* très fragile, à ne toucher qu'avec les yeux (cosa frágil), à ne pas prendre avec des pincettes (de carácter áspero) ‖ *no dignarse a mirar a* ne pas avoir un regard pour, ne pas daigner regarder ‖ *por donde le miren* de quelque côté qu'on le considère ‖ *sin mirar en gastos* sans regarder à la dépense.

◆ *v pr* se regarder; *mirarse al* ou *en el espejo* regarder dans la glace ‖ — FIG *mirarse en alguno* être aux petits soins *o* avoir beaucoup d'égards pour quelqu'un (querer mucho), prendre pour exemple (servir de ejemplo) ‖ *mirarse unos a otros* se regarder les uns les autres.

mirasol *m* BOT tournesol (girasol).

miríada *f* myriade; *a miríadas* par myriades.

miriagramo *m* myriagramme.

miriámetro *m* myriamètre.

miriápodo *adj* y *s m* ZOOL myriapode.

mirífico, ca *adj* mirifique, mirobolant, e.

mirilla *f* judas *m* (para observar) ‖ œilleton *m* (para dirigir visuales) ‖ MIL fente de visée (de carros de combate).

miriñaque *m* crinoline *f* (de falda) ‖ breloque *f*, babiole *f* (alhaja) ‖ chasse-pierres *inv* (de locomotora).

mirlo *m* merle (ave) ‖ FIG & FAM gravité *f* affectée, pose *f* ‖ — *buscar un mirlo blanco* chercher un mouton à cinq pattes *o* l'oiseau rare ‖ FIG *un mirlo blanco* un merle blanc, un oiseau rare.

mirobrigense *adj* y *s* de Ciudad Rodrigo [ville d'Espagne, autrefois «Miróbriga»].

mirón, ona *adj* y *s* badaud, e; curieux, euse.

mirra *f* BOT myrrhe.

mirtillo *m* BOT myrtille *f*.

mirto *m* BOT myrte (arrayán).

mirza *m* mirza (título persa).

misa *f* messe ‖ — *misa cantada* messe chantée ‖ *misa de campaña* messe en plein air ‖ *misa de cuerpo presente* messe des trépassés *o* de Requiem *o* de funérailles ‖ *misa de difuntos* ou *de réquiem* messe des morts *o* de Requiem ‖ *misa del alba* première messe ‖ *misa del gallo* messe de minuit (la víspera de Navidad) ‖ *misa gregoriana* messe grégorienne ‖ *misa mayor* grand-messe ‖ *misa negra* messe noire ‖ *misa pontifical* messe pontificale ‖ *misa privada* ou *rezada* messe basse ‖ *misa solemne* messe solennelle ‖ *misa votiva* messe votive ‖ — *ayudar a misa* servir la messe ‖ *cantar misa* dire sa première messe [un prêtre nouvellement ordonné] ‖ *decir misa* dire la messe ‖ FIG *estar como en misa* garder un profond silence *o* un silence religieux ‖ *ir a misa* aller à la messe ‖ FAM *no saber de la misa la media* savoir trois fois rien, ne pas savoir le premier mot, parler sans savoir [d'une affaire] ‖ *oír misa* entendre la messe ‖ FAM *ser de misa y olla* être ignorant ‖ *tocar a misa* sonner la messe.

misal *m* missel (libro).

misantropía *f* misanthropie.

misantrópico, ca *adj* misanthropique.

misántropo *adj m* y *s m* misanthrope.

miscelánea *f* miscellanées *pl* (*p us*), mélanges *m pl*, morceaux *m pl* choisis.

misceláneo, a *adj* mélangé, e.

miserable; mísero, ra *adj* y *s* misérable ‖ avare, mesquin, e (tacaño) ‖ *un sueldo miserable* un salaire de misère.

miserere *m* miserere ‖ MED *cólico miserere* colique de miserere, iléus.

miseria *f* misère; *vivir* ou *andar en la miseria* vivre *o* être dans la misère ‖ avarice, mesquinerie, lésinerie (avaricia) ‖ vermine (piojos) ‖ FIG & FAM misère; *trabajar por una miseria* travailler pour une misère ‖ *comérsele a uno la miseria* être dans une misère noire.

misericordia *f* miséricorde; *pedir misericordia* crier miséricorde ‖ miséricorde (en los coros de las iglesias).

misericordioso, sa *adj y s* miséricordieux, euse; *misericordioso con los desvalidos* miséricordieux envers les malheureux.

misero, ra *adj* FAM qui va souvent à la messe ‖ FAM *ser muy misera* être une grenouille de bénitier.

mísero, ra *adj y s* → **miserable**.

misérrimo, ma *adj* très misérable.

misil; mísil *m* missile (proyectil); *misiles estratégicos, tácticos* missiles stratégiques, tactiques ‖ — *misil autodirigido* missile autoguidé ‖ *misil balístico* missile balistique ‖ *misil de crucero* missile de croisière ‖ *misil superficie-aire* missile sol-air ‖ *misil teledirigido* missile téléguidé.

misión *f* mission; *cumplir una misión* remplir une mission ‖ RELIG mission.

misionero, ra *adj y s* missionnaire.

misionero, ra *adj y s* de Misiones (en Argentina y Paraguay).

Misisipí *n pr m* GEOGR Mississippi.

misiva *f* missive (carta).

mismamente *adv* FAM justement.

mismísimo, ma *adj* FAM même ‖ — *en el mismísimo centro* au beau milieu ‖ *es el mismísimo demonio* c'est le diable en personne.

mismo, ma *adj* même; *del mismo color* de la même couleur; *en la misma época* à la même époque ‖ même (después de pronombres personales); *yo mismo* moi-même; *él mismo* lui-même; *ellos mismos* eux-mêmes, etc. ‖ lui-même, elle-même, eux-mêmes (para corroborar la identidad de la persona); *el mismo presidente* ou *el presidente mismo se levantó* le président lui-même se leva ‖ même (hasta); *sus mismos hermanos le odiaban* même ses frères le haïssaient ‖ même (después de adverbios de lugar o tiempo); *aquí mismo* ici même; *hoy mismo* aujourd'hui même ‖ — *ahora mismo* à l'instant, tout de suite ‖ *al mismo tiempo, a un mismo tiempo* au même moment, en même temps ‖ *así mismo* de la même façon (de la misma manera), aussi (también) ‖ *del mismo modo* de la même façon (de la misma manera), également (también) ‖ *en el mismo suelo* à même le sol ‖ *en la misma ocasión* à la même occasion ‖ *en sí mismo* en soi-même ‖ *lo mismo* la même chose ‖ *lo mismo con* de même pour ‖ *lo mismo que* de même que ‖ *mañana mismo* dès demain; *saldré mañana mismo* je partirai dès demain ‖ *por lo mismo* pour la même raison, pour cela, pour cette raison ‖ *por lo mismo que* par le fait même que, du fait que ‖ *por sí mismo* de soi-même, de lui-même ‖ *es lo mismo* c'est la même chose, c'est pareil, c'est tout un, c'est tout comme ‖ *eso viene a ser lo mismo* cela revient au même ‖ *lo mismo da* cela revient au même, c'est la même chose, c'est du pareil au même (es igual), ça m'est égal (igual me da) ‖ *ver con los mismos ojos* voir du même œil ‖ *volver a las mismas* retomber dans les mêmes erreurs.

misoginia *f* misogynie.

misógino, na *adj y s* misogyne.

misoneísmo *m* misonéisme (odio a la novedad).

misoneísta *adj y s* misonéiste.

miss *f* miss (señorita).

míster *m* DEP entraîneur.

misterio *m* mystère; *hablar con misterio* parler avec mystère o en grand mystère ‖ TEATR mystère (auto) ‖ — *andar con misterios, hacer misterios* faire des mystères ‖ *hacer algo con misterio* faire quelque chose secrètement ‖ ‖ FIG & FAM *que tiembla el misterio* à tout casser.

misterioso, sa *adj* mystérieux, euse.

misticismo *m* mysticisme.

místico *m* mistique (embarcación de cabotaje).

místico, ca *adj y s* mystique.
◆ *f* mystique (parte de la teología) ‖ littérature mystique (género literario).

mistificación *f* mystification (engaño).

mistificar *v tr* mystifier (engañar).

mistral *m* mistral (viento).

Misuri *n pr m* GEOGR Missouri.

mitad *f* moitié; *a mitad de precio* à moitié prix ‖ milieu *m* (centro); *en la mitad de la novela* au milieu du roman ‖ FAM moitié (esposa); *mi cara mitad* ma chère moitié ‖ — *en mitad de* au milieu de ‖ *en ou a la mitad del camino* à moitié chemin, à mi-chemin ‖ *mitad y mitad* moitié moitié ‖ — *partir por la mitad* couper o partager en deux o par la moitié (cortar), empoisonner, enquiquiner (molestar).
◆ *adv* moitié, mi-; *mitad hombre, mitad animal* mi-homme, mi-animal.

mítico, ca *adj* mythique.

mitificación *f* mythification.

mitificar *v tr* mythifier.

mitigación *f* mitigation.

mitigador, ra; mitigante *adj* qui mitige, adoucissant, e; calmant, e.

mitigar *v tr* mitiger; *mitigar una ley, una pena* mitiger une loi, une peine ‖ calmer (un dolor) ‖ calmer, étancher (la sed) ‖ calmer, assouvir (el hambre) ‖ freiner, enrayer; *mitigar el paro* enrayer le chômage ‖ pallier (paliar).

mitilicultura *f* mytiliculture (cria de mejillones).

mitin *m* meeting ‖ FIG & FAM *dar el mitin* se faire remarquer.
— OBSERV pl *mítines*.

mito *m* mythe.

mitocondria *f* mitochondrie.

mitología *f* mythologie.

mitológico, ca *adj* mythologique.

mitólogo *m* mithologue.

mitomanía *f* mythomanie.

mitómano, na *adj y s* mythomane.

mitón *m* mitaine *f* (guante).

mitote *m* danse *f* des Aztèques (baile) ‖ *(amer)* fête de famille (fiesta) | minauderie *f* (melindre) | querelle *f* (pendencia).

mitra *f* mitre; *recibir la mitra* recevoir la mitre.

mitrado, da *adj* mitré, e; *abad mitrado* abbé mitré.
◆ *m* archevêque (arzobispo), évêque (obispo), prélat.

mitral *adj* ANAT mitral, e; *válvula mitral* valvule mitrale.

miura *m* taureau de l'élevage de Miura, en Andalousie (toro) ‖ FIG & FAM *más malo que un miura* mauvais comme une teigne.

mixtificación *f* mystification (embaucamiento).

mixtificar *v tr* mystifier (embaucar).
— OBSERV Ce verbe et son substantif, bien que d'usage courant, ne sont pas admis par l'Académie.

mixto, ta *adj* mixte; *escuela mixta* école mixte; *tren mixto* train mixte ‖ métis, isse (mestizo) ‖ —

número mixto nombre fractionnaire || *tren mixto* train mixte || *tribunal mixto* commission paritaire.
- *m* allumette *f* (fósforo) || amorce *f* (sustancia inflamable).

mixtura *f* mixture, mélange *m* || mixture (medicamento) || *(amer)* fleurs *pl* offertes en cadeau (flores).
— OBSERV La palabra *mixture* en francés es a menudo despectiva.

mixturar *v tr* mélanger || TECN mixtionner.

mízcalo *m* lactaire délicieux (hongo).

mnemónico, ca *adj y s* mnémonique.

mnemotecnia; mnemotécnica *f* mnémotechnie.

mnemotécnico, ca *adj* mnémotechnique.

moaré *m* moire *f* (tela).

mobiliario, ria *adj* mobilier, ère.
- *m* mobilier, meubles *pl*, ameublement || DR meubles *pl*, meublants.

moblaje *m* ameublement, mobilier, meubles *pl*.

moca *m* moka (café).

mocarrera *f* FAM morve, chandelle.

mocasín *m* mocassin (calzado).

mocear *v intr* FAM faire le jeune homme.

mocedad *f* jeunesse (juventud) || frasque, fredaine (travesura).
- *pl* jeunesse *sing*; *en mis mocedades* au temps de ma jeunesse || *las mocedades del Cid* la Jeunesse du Cid.

mocerío *m* groupe *o* bande *f* jeunes gens.

mocetón, ona *m y f* grand gaillard, belle fille.

moción *f* motion (proposición); *moción de censura* motion de censure || mouvement *m* (movimiento).

mocito, ta *adj* tout jeune, très jeune.
- *m y f* tout jeune homme, toute jeune fille; petit jeune homme, petite jeune fille (*fam*).

moco *m* morve *f* || mucus, mucosité *f* (término científico) || champignon (del pabilo) || écoulement (de una vela) || caroncule *f* (del pavo) || battiture *f* (del hierro) || MAR martingale *f* || — FIG & FAM *caérsele el moco* être niais, être né de la dernière pluie || *limpiar los mocos* moucher || FIG & FAM *llorar a moco tendido* pleurer à chaudes larmes | *no es moco de pavo* ce n'est pas de la petite bière, ce n'est pas piqué des vers, ce n'est pas du gâteau, ce n'est pas rien; *este trabajo no es moco de pavo* ce travail n'est pas piqué des vers; ce n'est pas de la blague *o* de la rigolade *o* de la bagatelle; *seis mil dólares no son moco de pavo* six mille dollars, ce n'est pas de la bagatelle | *tirarse el moco* rouler les mécaniques, frimer.

mocoso, sa *adj y s* morveux, euse || FIG insignifiant, e (de poco valor).

mochales *adj* POP *estar mochales* être toqué *o* dingue *o* siphonné (loco) | *estar mochales por* raffoler de, être éperdument amoureux de (enamorado).

moche *m* *a troche y moche* à tort et à travers.

mocheta *f* dos *m*, marteau *m* (de un hacha) || ARQ mouchette.

mochila *f* havresac *m* (del soldado) || sac *m* à dos (de excursionista, etc.) || vivres *m pl* (víveres).

mocho, cha *adj* émoussé, e (sin punta) || écorné, e (sin cuernos) || ébranché, e (mondado de ramas) || étêté, e (mondado de copa) || FIG & FAM tondu, e (pelado) || *(amer)* mutilé, e (mutilado) | conservateur, trice (conservador) | réactionnaire (reaccionario) || *escopeta mocha* fusil hammerless.
- *m* manche (de un instrumento) || culasse *f* (culata).

mochuelo *m* ZOOL hibou (ave) || FIG & FAM corvée *f* || IMPR bourdon (omisión) || — FIG *cada mochuelo a su olivo* chacun à ses affaires *o* chez soi *o* à sa place || FAM *cargar con el mochuelo* avoir tout sur le dos, endosser toute la responsabilité.

moda *f* mode; *tienda de modas* magasin de modes || — *de* ou *a la moda* à la mode || *está de moda* il est de mode de || *estar* ou *ser de moda* être à la mode | *fuera* ou *pasado de moda* démodé, passé de mode || *revista de modas* journal *o* revue *o* magazine de modes || *seguir la moda* suivre la mode.

modal *adj* modal, e.
- *m pl* manières *f*, formes *f*; *modales distinguidos* manières distinguées; *modales finos* belles manières || *— con buenos modales* en y mettant les formes (hablar, decir) || *tener malos modales* mal se conduire || FAM *¡vaya modales!* en voilà des manières, en voilà des façons!

modalidad *f* modalité; *modalidad de pago* modalité de paiement || catégorie (categoría) || INFORM *modalidad de texto* mode texte.

modelado *m* modelage; *el modelado de una escultura* le modelage d'une sculpture || modelé; *el modelado de un rostro* le modelé d'un visage.

modelador, ra *adj y s* modeleur, euse.

modelar *v tr* modeler || FIG modeler; *modelar su conducta a* modeler sa conduite sur.

modelismo *m* modélisme.

modelista *m y f* modeleur, euse (modelador) || modéliste (de costura).

modelo *adj y s* modèle; *tomar por modelo* prendre pour modèle || mannequin *m* (moda); *desfile de modelos* défilé de mannequins || *— modelo publicitario* cover-girl || *modelo reducido* modèle réduit || *un niño modelo* un enfant modèle.

modem *m* INFORM modem.

moderación *f* modération || retenue, modération, mesure; *obrar con moderación* agir avec retenue; *hablar con moderación* parler avec mesure || *moderación salarial* modération des salaires.

moderado, da *adj y s* modéré, e.
- *adv* MÚS mezzo forte.

moderador, ra *adj y s* modérateur, trice.
- *m* TECN ralentisseur || *moderador de grafito* modérateur de graphite.

moderantismo *m* modérantisme || *partidario del moderantismo* modérantiste.

moderar *v tr* modérer; *moderar sus deseos* modérer ses désirs.
- *v pr* se modérer || *moderarse en las palabras* mesurer *o* peser ses mots.

moderato *adv* MÚS moderato.

modernamente *adv* récemment || actuellement.

modernidad *f* modernité, modernisme *m*.

modernismo *m* modernisme.

modernista *adj y s* moderniste.

modernización *f* modernisation.

modernizar *v tr* moderniser.
- *v pr* se moderniser.

moderno, na *adj* moderne; *la edad moderna* l'époque moderne ‖ *a la moderna* d'une façon moderne.
◆ *m lo moderno* le moderne.
modestia *f* modestie ‖ *vestido con modestia* modestement vêtu.
modesto, ta *adj y s* modeste.
modicidad *f* modicité.
módico, ca *adj* modique; *pagar una suma módica* payer une somme modique.
modificación *f* modification.
modificar *v tr* modifier (transformar).
modificativo, va *adj* modificateur, trice.
modificatorio, ria *adj* qui modifie, modificateur, trice.
modismo *m* GRAM idiotisme.
modista *m y f* couturier, ère.
modistilla *f* cousette, midinette (aprendiza).
modisto *m* couturier.
— OBSERV Ce mot est un barbarisme très fréquent employé pour *modista*.
modo *m* manière *f*, façon *f* (manera); *a su modo* à sa manière; *modo de obrar* façon d'agir ‖ GRAM & MÚS mode ‖ — GRAM *adverbio de modo* adverbe de manière ‖ *modo adverbial* locution adverbiale ‖ *modo de empleo* mode d'emploi ‖ *modo de ser* manière d'être ‖ *modo de ver* façon de voir, point de vue ‖ GRAM *modo imperativo* (mode), impératif ‖ *modo indicativo* (mode), indicatif ‖ *modo infinitivo* (mode), infinitif ‖ MÚS *modo mayor* mode majeur ‖ *modo menor* mode mineur ‖ GRAM *modo subjuntivo* (mode), subjonctif ‖ — *a modo de* en guise de, en manière de ‖ *al* ou *a modo de* à la manière de ‖ *a mi modo* à ma façon, à ma manière ‖ *de cualquier modo* de toute façon ‖ *de modo que* de manière que, en sorte que ‖ *¿de modo que tú te marchas?* alors tu t'en vas?, c'est comme ça que tu nous quittes? ‖ *de ningún modo* en aucune façon, nullement, pas du tout ‖ *de tal modo que* de telle façon que ‖ *de todos modos* de toute façon, de toute manière ‖ *en cierto modo* d'une certaine manière ‖ (amer) *¡ni modo!* pas question! ‖ FAM *¡y de qué modo!* et comment!
◆ *pl* manières *f* (modales); *buenos, malos modos* bonnes, mauvaises manières ‖ *¡vaya modos!* quelles manières!
modorra *f* sommeil *m* profond *o* pesant (sueño pesado) ‖ engourdissement *m*, assoupissement *m* (sopor) ‖ VETER tournis *m* (del ganado lanar).
modorro, rra *adj* assoupi, e (adormecido) ‖ atteint du tournis (cordero) ‖ blet, blette (fruta).
◆ *adj y s* FIG ignorant, e (ignorante) ‖ intoxiqué par le mercure (minero).
modosidad *f* sagesse.
modoso, sa *adj* sage.
modulación *f* modulation ‖ *porcentaje de modulación* taux de modulation.
modulador, ra *adj y s m* modulateur, trice.
modular *v intr y tr* moduler ‖ RAD *frecuencia modulada* modulation de fréquence.
módulo *m* module ‖ mesure *f* anthropométrique ‖ MÚS modulation *f* ‖ module (lunar).
modus operandi *m* façon *f* d'agir.
modus vivendi *m* modus vivendi.
mofa *f* raillerie, moquerie ‖ *hacer mofa de* railler, se moquer de.

mofar *v intr* railler.
◆ *v pr* se moquer de.
mofeta *f* ZOOL mouffette, mofette (mamífero) ‖ mofette (gas irrespirable).
moflete *m* FAM grosse joue *f*.
mofletudo, da *adj* joufflu, e.
Mogadiscio; Mogadischo *n pr* GEOGR Mogadiscio, Mogadishu.
mogol, la *adj y s* mogol, e; moghol, e; *el Gran Mogol* le Grand Mogol.
mogollón *m* ingérence *f*, intervention *f* (entremetimiento) ‖ FAM pagaïe *f* (lío) ‖ FAM *de mogollón* à l'œil, gratuitement ‖ *un mogollón de* un tas de, un max de.
mohair *m* mohair.
mohicano, na *adj y s* mohican, e (indio).
mohín *m* grimace *f*, moue *f*.
mohíno, na *adj* boudeur, euse; triste (melancólico), fâché, e; marri, e (disgustado) ‖ more, maure (caballo negro) ‖ *mulo mohíno* bardot (burdégano) ‖ noir (buey).
◆ *f* bouderie (enojo).
moho *m* moisissure *f*, moisi (hongos) ‖ rouille *f* (del hierro) ‖ vert-de-gris (del cobre) ‖ monilie *f* (en peras y manzanas) ‖ — *criar moho* moisir ‖ *oler a moho* sentir le moisi ‖ *saber a moho* avoir le goût de moisi.
mohoso, sa *adj* moisi, e (cosa orgánica) ‖ rouillé, e (hierro) ‖ *ponerse mohoso* moisir.
moisés *m* moïse (cuna).
Moisés *n pr m* Moïse.
mojado, da *adj* mouillé, e ‖ FIG *papel mojado* lettre morte; *ser papel mojado* rester lettre morte.
◆ *f* mouillure.
mojama *f* thon *m* salé.
mojar *v tr* mouiller, tremper; *mojar la ropa* mouiller du linge; *mojar la pluma en el tintero* tremper la plume dans l'encrier ‖ humecter (rociar) ‖ FIG poignarder (herir) ‖ FIG & FAM arroser; *mojar una victoria* arroser une victoire ‖ *mojar el gaznate* se rincer la dalle *o* le bec.
◆ *v intr* FIG avoir son mot à dire (en un negocio).
◆ *v pr* se mouiller.
mojarra *f* sorte de petit poisson *m* de mer (pez) ‖ barque, chaloupe (lancha) ‖ (amer) couteau *m* large et court (cuchillo).
mojicón *m* FAM torgniole *f*, gnon, marron (golpe); *pegarle un mojicón a uno* flanquer un marron à quelqu'un ‖ sorte de biscuit (bizcocho) ‖ petit pain (bollo).
mojiganga *f* mascarade (fiesta de máscaras) ‖ farce (teatro) ‖ FIG farce, moquerie.
mojigatería *f* hypocrisie, tartuferie (hipocresía) ‖ bigoterie (beatería).
mojigato, ta *adj y s* hypocrite, tartufe (hipócrita) ‖ bigot, e (beato).
mojón *m* borne *f* (en un camino) ‖ tas (montón) ‖ crotte *f* (excremento).
moka *f* moka (café).
molar *adj* ANAT molaire ‖ meulier, ère (moleño).
◆ *m* molar, *diente molar* molaire.
molar *v intr* POP botter, brancher (gustar) ‖ crâner (chulear) ‖ — *eso mola cantidad* c'est vachement bien, c'est classe, c'est génial ‖ *¿mola?* OK?, ça marche?

molcajete

◆ *v tr* POP brancher (encantarle a uno); *¿te mola ir al cine?* ça te branche d'aller au cinéma?
molcajete *m* CONSTR mortier.
Moldavia *n pr f* GEOGR Moldavie.
moldavo, va *adj* moldave.
◆ *m y f* Moldave.
molde *m* moule ‖ aiguille *f* (en costura) ‖ CULIN moule ‖ FIG modèle (modelo) ‖ IMPR forme *f* ‖ *— de molde* à propos, à merveille, à pic (a propósito), bien, parfaitement (bien) ‖ *letras de molde* caractères d'imprimerie, lettres moulées ‖ *pan de molde* pain de mie.
moldeable *adj* qu'on peut mouler ‖ FIG maniable (persona).
moldeado *m* moulage.
moldeador, ra *adj y s m* TECN mouleur, euse.
moldear *v tr* mouler (vaciar) ‖ prendre un moulage (en un molde) ‖ moulurer (moldurar) ‖ FIG modeler; *la vida moldea a los hombres* la vie modèle les hommes.
moldura *f* moulure ‖ *— moldura cromada* baguette (embellecedor de coche) ‖ ARQ *moldura ovalada* godron ‖ *sacar una moldura* pousser une moulure.
mole *adj* mou, molle (muelle) ‖ *huevos moles* entremets fait avec des jaunes d'œufs (dulce).
◆ *m* (amer) plat de dinde relevé de piment (guisado).
◆ *f* masse (cosa voluminosa).
molécula *f* FÍS molécule ‖ *molécula gramo* molécule-gramme.
molecular *adj* FÍS moléculaire; *peso molecular* poids moléculaire.
moledor, ra *adj y s* broyeur, euse ‖ FIG & FAM raseur, euse (persona).
◆ *m* broyeur (de caña de azúcar).
moler* *v tr* moudre; *moler trigo* moudre du blé ‖ broyer (machacar) ‖ FIG éreinter, fatiguer [voir MOLIDO] (cansar) ‖ (amer) presser [la canne à sucre] ‖ *— FAM moler a golpes, a palos* rouer de coups, battre comme plâtre | *moler los hígados* casser les pieds.
molestar *v tr* gêner, déranger (incomodar); *¿le molesta el humo?* la fumée vous dérange-t-elle? ‖ ennuyer (fastidiar); *me molestan estas visitas* ces visites m'ennuient; *¡no me molestes!* ne m'ennuie pas! ‖ offenser, blesser (herir) ‖ gêner, faire mal (hacer daño); *me molestan estos zapatos* ces souliers me font mal.
◆ *v pr* se déranger, se gêner; *molestarse por alguien* se déranger pour quelqu'un ‖ prendre la peine; *no se ha molestado en ayudarme* il n'a pas pris la peine de m'aider ‖ se vexer, se formaliser (picarse); *molestarse por* se formaliser de ‖ *no se moleste* ne vous dérangez pas.
molestia *f* ennui *m*, tracas *m*, embêtement *m* (fam); *esto le acarreó muchas molestias* cela lui a attiré *o* a causé beaucoup d'ennuis ‖ dérangement *m* (fastidio); *dar ou causar molestia a uno* causer du dérangement à quelqu'un ‖ inconvénient *m* (inconveniente) ‖ gêne (incomodidad) ‖ FIG peine (trabajo); *tomarse la molestia de* prendre *o* se donner la peine de ‖ *¡qué molestia!* quel embêtement!, quelle barbe! (fam) ‖ *ser una molestia* être ennuyeux; *es una molestia ir a este sitio ahora* c'est ennuyeux d'aller maintenant à cet endroit ‖ *si no es molestia, si no le sirve de molestia* si ce n'est pas trop vous demander, si cela ne vous gêne pas.
◆ *pl* indispositions, troubles *m* légers (de la salud) ‖ *— acusar ou tener molestias en una pierna* avoir mal à la jambe, souffrir de la jambe.
molesto, ta *adj* ennuyeux, euse (fastidioso); *¡qué molesto es hacer cada día la misma cosa!* qu'il est donc ennuyeux de refaire tous les jours la même chose! ‖ désagréable (incómodo); *viaje molesto* voyage désagréable ‖ embarrassant, e; gênant, e (que estorba); *un paquete molesto* un paquet embarrassant; *una pregunta molesta* une question embarrassante ‖ agaçant, e (irritante) ‖ FIG ennuyé, e; fâché, e (enfadado) | gêné, e; mal à l'aise, embarrassé, e (incómodo); *estar molesto en un sillón* être mal à l'aise dans un fauteuil ‖ *lo molesto* l'ennui; *lo molesto es que no pueda venir* l'ennui c'est qu'il ne puisse pas venir.
molibdeno *m* molybdène (metal).
molicie *f* mollesse.
molido, da *adj* moulu, e; *trigo molido* blé moulu ‖ broyé, e (triturado) ‖ FIG & FAM moulu, e; rompu, e; vanné, e; mort, e de fatigue; éreinté, e; claqué, e (fam); *estar molido* être vanné en poudre; *azúcar molido* sucre en poudre.
◆ *f* (amer) → **molienda**.
molienda *f* broiement *m*, broyage *m* (trituración) ‖ mouture, moulage *m* (del trigo) ‖ pressage *m* (de las aceitunas) ‖ quantité moulue (cantidad) ‖ FIG & FAM harassement *m*, fatigue | corvée, chose assommante.
moliente *adj* qui moud, qui broie ‖ *corriente y moliente* courant, ordinaire.
molimiento *m* broiement, broyage (trituración) ‖ mouture *f* (del trigo) ‖ pressage (de las aceitunas) ‖ FIG harassement, éreintement, fatigue *f* (cansancio).
molinería *f* meunerie, minoterie (industria).
molinero, ra *adj* meunier, ère; de la meunerie.
◆ *m* meunier (que tiene un molino), minotier (que tiene una industria de harina).
molinete *m* moulinet ‖ ventilateur (de ventana) ‖ moulinet (movimiento) ‖ MAR guindeau ‖ tourniquet (puerta) ‖ (amer) girandole *f*.
molinillo *m* moulin; *molinillo de café, de pimienta* moulin à café, à poivre ‖ moulinet, moussoir (de chocolatera) ‖ moulinet (antiguo adorno del vestido).
molino *m* moulin; *molino de agua, de viento* moulin à eau, à vent; *molino de sangre* moulin à bras ‖ FIG personne agitée (persona bulliciosa) | mouche *f* du coche, personne *f* agaçante (persona molesta) ‖ *— molino hidráulico* moulin hydraulique ‖ FIG *molinos de viento* moulins à vent, ennemis imaginaires.
molón, ona *adj* FAM classe (bonito, vistoso) ‖ bêcheur, euse (fardón) ‖ (amer) rasoir, assommant, e.
molote *m* (amer) vacarme (alboroto) | chignon (moño) | pelote *f* (ovillo) | omelette *f* garnie d'un hachis (empanada).
molturación *f* mouture (del trigo) ‖ broyage *m* (trituración) ‖ pressage *m* (de las aceitunas).
molturado, da *adj* moulu, e; *trigo molturado* blé moulu ‖ broyé, e (triturado) ‖ pressé, e (las aceitunas).
molturar *v tr* moudre.
molusco *m* ZOOL mollusque.

molla *f* maigre *m* (de la carne) ∥ mie (miga).
➤ *pl* FAM bourrelets *m* (rollos de carne).

mollar *adj* tendre ∥ FIG lucratif, ive ∥ — *carne mollar* viande maigre et sans os ∥ *tierra mollar* terre meuble.

mollate *m* POP rouge, gros rouge, pinard (vino).

molleja *f* gésier *m* (de las aves) ∥ ris *m* (de ternera, de cordero) ∥ mulette (de las aves de rapiña) ∥ ANAT thymus *m* (timo).

mollera *f* ANAT sommet *m* de la tête ∣ fontanelle (fontanela) ∥ FIG cervelle, jugeote (seso) ∥ — FIG & FAM *cerrado de mollera* qui a la tête dure, bouché ∣ *ser duro de mollera* avoir la tête dure, être bouché à l'émeri ∣ *tener ya dura la mollera* être trop vieux pour apprendre.

mollete *m* gras, chair *f* (del brazo) ∥ joue *f* (moflete) ∥ pain mollet.

moma *f* (*amer*) colin-maillard *m* (gallina ciega).

momentáneamente *adv* momentanément, pour le moment.

momentáneo, a *adj* momentané, e (breve).

momento *m* moment (tiempo muy corto); *lo haré dentro de un momento* je le ferai dans un moment ∥ moment (ocasión); *escoger el momento favorable* saisir le moment favorable; *momento oportuno* bon moment ∥ instant (véase OBSERV) ∥ FÍS moment ∥ — *a cada momento* à tout moment, à chaque instant ∣ *a cualquier momento* à n'importe quel moment ∥ *al momento* à l'instant ∥ *a momentos, por momentos* par moments, parfois ∥ *del momento* actuel, elle; *la moda del momento* la mode actuelle ∣ *de momento, por el momento* pour le moment, pour l'instant ∥ *dentro de un momento* dans un moment, dans un instant ∥ *desde el momento en que* du moment où ∥ *desde el momento que* du moment que ∥ *de un momento a otro* d'un moment à l'autre, incessamment ∥ *en aquel momento* à ce moment-là ∥ *en el mejor momento* au bon moment, à point nommé ∥ *en el momento de* ou *en que* au moment de *o* où ∥ *en el momento que* dès lors que, dès l'instant où, du moment que ∥ *en todo momento* à chaque instant ∥ *últimos momentos* derniers moments *o* instants ∥ *¡un momento!* un instant!, un moment! ∥ FAM *¡un momento, rico!* minute, papillon! ∥ — *no tener un momento libre* ne pas avoir un moment à soi ∥ *tener buenos momentos* avoir de bons moments.
— OBSERV Existe en francés la misma diferencia de duración entre *moment* e *instant* que en español entre *momento* e *instante*. Pero el francés emplea más a menudo la palabra *instant* que el español *instante*.

momia *f* momie ∥ FIG *estar hecho una momia* avoir l'air d'une momie, n'avoir que la peau sur les os.

momificación *f* momification.

momificar *v tr* momifier.
➤ *v pr* se momifier.

momio, mia *adj* maigre (carne).
➤ *m* aubaine *f*, occasion *f* (ganga) ∥ surplus, supplément, rabiot (*fam*) ∥ FAM *de momio* à l'œil, gratis (de balde).

momo *m* grimace *f*.

mona *f* guenon (hembra del mono) ∥ macaque *m*, magot *m* (mono) ∥ FIG & FAM singe *m* (persona que imita) ∣ cuite (borrachera) ∣ ivrogne *m*, soulaud *m* (borracho) ∥ sorte de jeu de cartes (juego) ∥ TAUROM jambière métallique du picador ∥ (*amer*) mannequin *m* (maniquí) ∥ — (*amer*) FIG & FAM *andar ou estar como la mona* ne pas être dans son assiette ∥ FIG & FAM *aunque la mona se vista de seda, mona se queda* le singe est toujours singe, fût-il vêtu de pourpre ∣ *corrido como una mona, hecho una mona* honteux et penaud, honteux comme un renard qu'une poule aurait pris ∣ *dormir la mona* cuver son vin ∣ *mandar a freír monas* envoyer promener *o* paître ∣ *pillar una mona* prendre une cuite ∣ *pintar la mona* poser, faire l'important.

monacal *adj* monacal, e.

monacato *m* monachisme, état monastique.

Mónaco *n pr* GEOGR Monaco.

monada; monería *f* gentillesse (amabilidad) ∥ jolie chose; *en esta tienda hay verdaderas monadas* dans cette boutique il y a vraiment de jolies choses ∣ flatterie (halago) ∣ cajolerie (carantoña) ∥ — FIG & FAM *¡menuda monada me ha hecho dándome un plantón!* il m'a joué un drôle de tour en me posant un lapin! ∥ *¡qué monada!* comme c'est gentil!, comme c'est joli! ∥ *¡qué monada de pulsera!* quel joli bracelet! ∥ *ser una monada* être mignon, onne *o* joli, e; *esta niña es una verdadera monada* cette fillette est mignonne comme tout.
➤ *pl* minauderies (melindres) ∥ singeries, pitreries (gestos).

mónada *f* FILOS monade.

monago; monaguillo *m* enfant de chœur.

monarca *m* monarque.

monarquía *f* monarchie; *monarquía absoluta* monarchie absolue.

monárquico, ca *adj* monarchique.
➤ *m y f* monarchiste.

monarquismo *m* monarchisme.

monasterio *m* monastère.

monástico, ca *adj* monastique.

Moncloa (La) *n pr* la Moncloa [siège de la présidence du Gouvernement espagnol].

monda; mondadura *f* taille, émondage *m* (de los árboles) ∥ épluchage *m* (de frutas o legumbres) ∥ épluchure (desperdicios); *mondas de patatas* épluchures de pommes de terre ∥ nettoyage *m* (limpia) ∥ curage *m* (de los pozos) ∥ exhumation (de restos humanos) ∥ POP *esto es la monda* ça c'est le comble (es el colmo), c'est tordant (muy divertido).

mondadientes *m* cure-dent.

mondadura *f* → **monda**.

mondante *adj* FAM crevant, e; tordant, e; à mourir de rire.

mondar *v tr* nettoyer, débarrasser de (quitar lo inútil) ∥ monder; *cebada mondada* orge mondé ∥ tailler, émonder, élaguer (podar) ∥ éplucher, peler (las frutas o legumbres) ∥ curer (un río) ∥ tondre (pelar) ∥ FIG & FAM plumer (en el juego) ∥ *mondar a palos* rouer de coups.
➤ *v pr* FAM *mondarse de risa* se tordre de rire.

mondo, da *adj* pur, e; net, nette ∥ FIG & FAM *mondo y lirondo* clair et net, pur et simple, tout simplement; *es la verdad monda y lironda* c'est la vérité pure et simple.

mondonga *f* FAM souillon, maritorne.

mondongo *m* boyaux *pl*, tripes *f pl* (tripes) ∣ tripes *f pl* (guiso) ∥ FAM boyaux *pl* (intestinos) ∥ (*amer*) FIG accoutrement (adefesio).

monear *v intr* FAM faire des grimaces *o* des singeries (para divertir) ∥ minauder, faire des minau-

moneda

deries (con afectación) || *(amer)* se donner des airs, poser (presumir).

moneda *f* monnaie || pièce de monnaie (pieza) || *— moneda contante y sonante* espèces sonnantes et trébuchantes || *moneda de papel* monnaie de papier || *moneda extranjera* monnaie étrangère || *moneda falsa* fausse monnaie || *moneda fiduciaria* monnaie fiduciaire || *moneda fuerte* monnaie forte || *moneda imaginaria* monnaie de compte || *moneda menuda* ou *suelta* menue monnaie, petite monnaie || *moneda suelta* ou *fraccionaria* appoint; *se ruega moneda fraccionaria* on est prié de faire l'appoint || *— casa de la Moneda* hôtel de la Monnaie o des Monnaies, la Monnaie || *papel moneda* papier-monnaie || *— acuñar* ou *labrar* ou *batir moneda* battre monnaie || FIG *pagar a uno en* ou *con la misma moneda* rendre o payer à quelqu'un la monnaie de sa pièce, rendre la pareille à quelqu'un || *ser moneda común* ou *corriente* être monnaie courante.

monedero *m* monnayeur || porte-monnaie *inv* (portamonedas) || *monedero falso* faux-monnayeur.

monegasco, ca *adj* monégasque (de Mónaco).
→ *m y f* Monégasque.

monema *m* monème (lingüística).

monería *f* → **monada**.

monetario, ria *adj* monétaire.
→ *m* collection *f* de monnaies et de médailles.

monetarismo *m* ECON monétarisme.

monetarista *adj y s* ECON monétariste.

monetización *f* monétisation.

monetizar *v tr* monétiser || monnayer (convertir en moneda).

mongol *adj* mongol, e.
→ *m y f* Mongol, e.

Mongolia *n pr f* GEOGR Mongolie.

mongólico, ca *adj* mongolique.
→ *adj y s* MED mongolien, enne || mongol, e (de Mongolia).

mongolismo *m* MED mongolisme.

mongoloide *adj* MED mongoloïde.

moni *m* FAM fric, galette *f* (dinero).

monicaco *m* FAM gringalet (hombrecillo).

monición *f* DR admonition, monition.

monigote *m* frère lai, convers (de un convento) || polichinelle, pantin (muñeco ridículo) || bonhomme (dibujo mal hecho); *hacer monigotes* faire des bonshommes || magot (de porcelana) || FIG & FAM pantin (persona sin personalidad).

monín, ina; monino, na *adj* FAM mignon, onne; mignonnet, ette.

monipodio *m* complot (conciliábulo) || *el patio de Monipodio* la cour des Miracles.

monises *m pl* FAM fric *sing*, galette *f sing*, ronds, pépettes *f* (dinero); *tener monises* avoir du fric.

monísimo, ma *adj* très joli, e; très mignon, onne.

monitor, ra *m y f* moniteur, trice; *monitor de esquí* moniteur de ski.
→ *m* TECN moniteur || INFORM moniteur; *monitor en color* moniteur couleur || MAR moniteur || MED *monitor fisiológico* moniteur cardiaque.

monitorio, ria *adj y s m* monitoire.
→ *f* monitoire *m*.

monja *f* religieuse, bonne sœur *(fam)*, nonne || *meterse a monja* entrer au couvent, se faire religieuse.

monje *m* moine (fraile); *el hábito no hace al monje* l'habit ne fait pas le moine || mésange *f* charbonnière (ave) || *el hábito hace al monje* la belle plume fait le bel oiseau.

monjil *adj* monacal, e.
→ *m* habit [de religieuse] || robe *f* de deuil (traje de luto).

monjita *f* petite nonne, nonnette *(fam)* || *(amer)* veuve (ave).

mono, na *adj* FAM joli, e; mignon, onne (bonito); *¡qué chica más mona!* quelle jolie fille! | mignon, onne (gracioso); *un niño muy mono* un enfant très mignon.
→ *m* singe (animal) || jocker (en los naipes) || FIG singe (burlón) | silhouette *f* informe, gribouillage (de animal u hombre), bonhomme (monigote); *pintar monos en la pared* dessiner des bonshommes sur le mur | petit gommeux, godelureau (joven) | salopette *f*, bleu, combinaison *f* (traje) || FIG & FAM manque (síndrome de abstinencia) || *— mono aullador* singe hurleur || *mono capuchino* singe capucin || *mono sabio* singe savant (en el circo), «monosabio», valet d'arène (en la corrida) || — FIG *el último mono* le dernier des derniers, la cinquième roue du carrosse || FIG & FAM *¿tengo monos en la cara?* tu veux ma photo?

monoácido, da *adj* QUÍM monoacide.

monobloque *adj y s m* monobloc.

monocarril *adj y s* monorail.

monocasco *adj* monocoque (barco, avión).

monocolor *adj* unicolore.

monocorde *adj* monocorde (monótono).

monocromo, ma *adj y s m* monochrome (de un solo color).

monóculo, la *adj* qui n'a qu'un œil.
→ *m* monocle (lente) || bandeau sur un œil (vendaje).

monocultivo *m* monoculture *f*.

monoesquí *m* monoski.

monofásico, ca *adj* ELECTR monophasé, e.

monogamia *f* monogamie.

monógamo, ma *adj y s* monogame.
→ *adj* monogamique.

monografía *f* monographie.

monográfico, ca *adj* monographique.

monograma *m* monogramme.

monokini *m* monokini.

monolingüe *adj y s* monolingue.

monolítico, ca *adj* monolithique, monolithe.

monolito *m* monolithe.

monologar *v intr* monologuer.

monólogo *m* monologue.

monomanía *f* monomanie *(p us)*, idée fixe, marotte *(fam)*.

monomaniaco, ca *adj y s* monomane, monomaniaque.

monometalismo *m* monométallisme.

monometalista *adj y s* monométalliste.

monomio *m* MAT monôme.

monomotor *adj m y s m* AVIAC monomoteur.

mononuclear *adj y s m* mononucléaire.

mononucleosis *f* MED mononucléose.

monopatín *m* skate (-board), planche *f* à roulettes.

monoplano *adj m y s m* monoplan.

monoplaza *adj y s m* monoplace.
monopolio *m* monopole.
monopolización *f* monopolisation.
monopolizador, ra *adj y s* monopoleur, euse.
monopolizar *v tr* monopoliser.
monorraíl; monorriel *adj y s* monorail.
monosabio *m* TAUROM monosabio, valet d'arène.
monosilábico, ca *adj* GRAM monosyllabique || *lengua monosilábica* langue isolante.
monosílabo, ba *adj y s* GRAM monosyllabe.
monoteísmo *m* RELIG monothéisme.
monoteísta *adj y s* monothéiste.
monotipia *f* IMPR monotype *m* (procedimiento).
monotipo *m* IMPR monotype *f* (máquina).
monotonía *f* monotonie.
monótono, na *adj* monotone.
monovalente *adj y s m* QUÍM monovalent, e.
monóxido *m* QUÍM monoxyde.
monseñor *m* monseigneur || monsignore (prelado italiano).
monserga *f* FAM histoire, baliverne; *todo eso no son más que monsergas* ce ne sont là que des histoires | barbe (tostón) | sermon *m* (discurso pesado) || FAM *¡esas son monsergas!* chansons que tout cela!
monstruo *m* monstre.
  ◆ *adj inv* FAM monstre; *una cena monstruo* un dîner monstre.
monstruosidad *f* monstruosité.
monstruoso, sa *adj* monstrueux, euse.
monta *f* monte (acaballadero, madera de montar) || somme, montant *m*, total *m* (suma) || valeur, importance; *negocio de poca monta* affaire sans importance; *libro de poca monta* livre sans valeur || MIL boute-selle *m* (toque de clarín) || *persona de poca monta* personne sans envergure.
montacargas *m inv* monte-charge (ascensor).
montado, da *adj* monté, e (soldado, artillería) || sellé, e (caballo) || — *montado en automóvil* en automobile || *montado en bicicleta* à bicyclette || *montado en un asno* ou *en una mula* monté sur un âne o sur une mule || *un hombre montado a caballo* un homme à cheval.
  ◆ *m* soldat à cheval (soldado).
montador, ra *m y f* monteur, euse (el que monta) || monteur, euse (operario) || CINEM monteur, euse.
  ◆ *m* montoir (para montar a caballo) || *montador mecánico electricista* monteur-électricien.
montaje *m* montage (de una máquina) || montage (de cine) || organisation *f*, mise *f* sur pied (organización) || MIL affût d'artillerie || *montaje fotográfico* montage photographique.
montante *adj* BLAS montant, e.
  ◆ *m* montant (de una máquina o armazón) || montant (galicismo por «importe») || ARQ meneau (de ventana) || imposte *f* (carpintería) || espadón (arma).
  ◆ *f* marée montante, flux *m*.
montaña *f* montagne; *cadena de montañas* chaîne de montagnes || FIG montagne; *una montaña de libros* une montagne de livres || *(amer)* maquis *m* (monte bajo), bois *m* (monte) || — FIG *hacerse una montaña de algo* se faire un monde de o se faire une montagne de o faire tout un plat de quelque chose | *montaña rusa* montagne russe (de un parque de atracciones).

montañero, ra *m y f* alpiniste || *escuela de montañeros* école de haute montagne.
montanés, esa *adj y s* montagnard, e || de la région espagnole de Santander appelée «la Montaña».
montañismo *m* alpinisme || *escuela de montañismo* école de haute montagne.
montañoso, sa *adj* montagneux, euse.
montaplatos *m inv* monte-plats.
montar *v intr* monter (subir) || monter; *montar a caballo, en un burro, en bicicleta, en coche, en avión* monter à cheval, sur un âne, à bicyclette, en voiture, en avion || avoir de l'importance; *este negocio monta poco* cette affaire n'a pas grande importance || — EQUIT *montar a pelo* monter à poil o à cru || *montar en cólera* se mettre en colère, s'emporter | *montar en la grupa* monter en croupe || *silla de montar* selle || *tanto monta* c'est pareil, cela revient au même | *tanto monta, monta tanto Isabel como Fernando* devise des Rois Catholiques qui indique l'égalité des pouvoirs d'Isabelle et de Ferdinand.
  ◆ *v tr* monter (una máquina, etc.) || monter; *montar un caballo* monter un cheval || monter à, s'élever à; *la cuenta montó cien pesetas* la note s'est élevée à cent pesetas || FIG monter (un negocio, una organización, una casa) || installer (una fábrica, etc.) || monter (engastar) || monter, saillir (a la hembra) || armer (un arma) || TEATR & CINEM monter || — FAM *montar el número* faire tout un cinéma (armar un escándalo), faire son numéro (dar la nota) || *montar la guardia* monter la garde.
montaraz *adj* sauvage.
montazgo *m* droit payé pour le passage des troupeaux.
Mont Blanc *n pr* GEOGR massif du Mont Blanc.
monte *m* montagne *f* (montaña); *montes altos* de montagnes élevées || mont (aislado o con nombre propio); *monte Blanco* mont Blanc || bois (bosque); *monte espeso* bois épais o touffu || talon (naipes que quedan por robar) || banque *f*, baccara (juego) || *(amer)* campagne *f* (campo) || FIG & FAM tignasse *f* (cabellera) | mont-de-piété, ma tante (montepío) || — *monte alto* forêt, futaie || *monte bajo* taillis, maquis, garrigue || *monte de piedad* mont-de-piété || ANAT *monte de Venus* mont de Vénus || *monte pío* caisse de secours; mont-de-piété (en América) || *administración de montes* eaux et forêts || *conejo de monte* lapin de garenne || *echarse* ou *hacerse al monte* prendre le maquis || *escuela de montes* école forestière || — *creer que todo el monte es orégano* croire que la vie est un long fleuve tranquille.
montea *f* battue (cacería) || ARQ coupe, plan *m* (dibujo) | stéréotomie (estereotomía) | montée (de un arco o una bóveda).
montear *v intr* faire une battue, rabattre.
  ◆ *v tr* ARQ tracer un plan | voûter (former arcos).
montenegrino, na *adj* monténégrin, e.
  ◆ *m y f* Monténégrin, e.
Montenegro *n pr m* GEOGR Monténégro.
montepío *m* caisse *f* de secours || *(amer)* mont-de-piété.
montera *f* bonnet *m* (para la cabeza) || toque (de los toreros) || verrière, toiture vitrée (cubierta de cristales) || chapiteau *m* (de alambique) || MAR

montería

triangle *m* (vela) ‖ FAM *ponerse el mundo por montera* se moquer de tout comme de l'an quarante, prendre tout par-dessous la jambe.

montería *f* vénerie (arte de cazar) ‖ chasse à courre (caza mayor).

montero *m* veneur (cacería); *montero mayor* grand veneur ‖ rabatteur (ojeador) ‖ *montero de Espinosa* ou *de cámara* gentilhomme de la chambre du roi.

montés, esa *adj* sauvage; *gato montés* chat sauvage.

montevideano, na *adj y s* de Montevideo.

Montevideo *n pr* GEOGR Montevideo.

montgolfier *m*; **montgolfiera** *f* montgolfière *f*.

montículo *m* monticule.

montilla *m* vin de Montilla.

montillano, na *adj y s* de Montilla [ville d'Andalousie].

monto *m* montant, total (monta).

montón *m* tas ‖ FIG & FAM tas; *un montón de cosas* un tas de choses; *un montón de años* des tas d'années ‖ masse *f*; *tener montones de dinero* avoir des masses d'argent ‖ monceau, masse *f*, tas; *un montón de documentos* un monceau de documents ‖ FIG *a montones* à foison, en masse, des tas de; *pasteles a montones* des tas de gâteaux, des gâteaux à foison ‖ *de* ou *a* ou *en montón* en tas, en bloc ‖ *del montón* quelconque, ordinaire; *ser del montón* être quelconque ‖ *un montón de días, de gente* un temps, un monde fou.

montonero *m* bravache, poltron qui ne provoque qu'entouré de ses partisans ‖ *(amer)* guérillero, franc-tireur, rebelle (guerrillero).

Montreal *n pr* GEOGR Montréal.

montura *f* monture (cabalgadura) ‖ harnais *m* (arreos) ‖ monture (montaje delicado) ‖ support *m* (de telescopio) ‖ FOT *montura de enfoque* couronne de mise au point.

monumental *adj* monumental, e.

monumento *m* monument ‖ reposoir (el Jueves Santo) ‖ FIG monument; *un monumento de erudición* un monument d'érudition ‖ FIG & FAM *ser un monumento* être magnifique *o* splendide.

monzón *m y f* mousson *f* (viento).

moña *f* ruban *m* (lazo) ‖ chignon *m* (moño) ‖ TAUROM flot *m* de rubans aux couleurs de l'élevage [qu'on fixe sur l'échine des taureaux pour les distinguer] ‖ nœud *m* de rubans que les toréadors se fixent sur la nuque ‖ poupée (juguete) ‖ FAM cuite (borrachera).

moño *m* chignon (de pelo) ‖ nœud de rubans (lazo de cintas) ‖ huppe *f* (de algunos pájaros) ‖ — FIG & FAM *agarrarse del moño, tirarse de los moños* se crêper le chignon ‖ *estar hasta el moño* en avoir ras le bol ‖ *ponerse moños* se vanter, se donner des airs (presumir), s'envoyer des fleurs (atribuirse méritos).
▶ *pl* colifichets (adornos de mal gusto).

MOPU abrev de *Ministerio de Obras Públicas y Urbanismo* ministère des Travaux publics et de l'Urbanisme [Espagne].

moquear *v intr* couler [le nez].

moqueo *m* FAM mucosité *f* nasale, roupie *f*.

moqueta *f* moquette (alfombra).

moquillo *m* rhume des chiens (catarro) ‖ pépie *f* (de las aves) ‖ FAM *pasar el moquillo* en voir de toutes les couleurs.

mor de (por) *loc adv* à cause de (por culpa de).

mora *f* BOT mûre (fruto) ‖ DR retard *m* (demora).

morabito *m* marabout (ermitaño) ‖ ermitage d'un marabout (ermita).

morada *f* maison, demeure (casa) ‖ séjour *m* (estancia).

morado, da *adj y s m* violet, ette ‖ — FIG & FAM *estar morado* être noir (borracho) ‖ *pasarlas moradas* en voir des vertes et des pas mûres, en voir de toutes les couleurs *o* de dures ‖ *ponerse morado* s'empiffrer, se gaver.

morador, ra *adj y s* habitant, e ‖ locataire (vecino de una casa).

moral *adj* moral, e; *autoridad moral* autorité morale; *principios morales* principes moraux ‖ *en lo moral* au moral.
▶ *m* mûrier (árbol).
▶ *f* morale (ética) ‖ moral *m* (ánimo); *la moral de las tropas* le moral des troupes ‖ — *dar una lección de moral* faire la morale ‖ *levantar la moral* relever le moral ‖ *tener la moral baja* avoir mauvais moral.

moraleja *f* moralité, morale (de una fábula).

moralidad *f* moralité.
▶ *pl* (ant) TEATR moralités.

moralismo *m* moralisme.

moralista *adj y s* moraliste.

moralización *f* moralisation.

moralizador, ra *adj y s* moralisateur, trice; moraliseur, euse.

moralizar *v tr e intr* moraliser.

morapio *m* FAM rouge, gros rouge, pinard, rouquin (vino).

morar *v intr* habiter, demeurer.

moratoria *f* DR moratoire *m*, délai *m* (plazo).

moratorio, ria *adj* moratoire.

Moravia *n pr f* GEOGR Moravie.

moravo, va *adj* morave.
▶ *m y f* Morave.

morbidez *f* morbidesse.

mórbido, da *adj* morbide.

morbilidad; morbididad *f* MED morbidité (estadística).

morbo *m* maladie *f* (enfermedad) ‖ — *morbo comicial* haut mal, épilepsie (epilepsia) ‖ — *morbo gálico* syphilis ‖ *morbo regio* jaunisse (ictericia).

morbosidad *f* morbidité.

morboso, sa *adj* malade (enfermo) ‖ morbide (mórbido) ‖ morbifique (que causa enfermedad).

morcilla *f* boudin *m* (embutido) ‖ FIG & FAM tradition [mot ou phrase due à l'imagination d'un interprète] ‖ FAM *¡que te den morcilla!* va te faire pendre ailleurs!

morcillo, lla *adj* noir, e; truité, e; moreau, morelle (caballo).
▶ *m* biceps (músculo) ‖ macreuse *f* (espaldilla).

mordacidad *f* mordacité, mordant *m*.

mordaz *adj* mordant, e (corrosivo) ‖ piquant, e; aigre (al paladar) ‖ FIG mordant, e; vif, vive; cuisant, e (maligno); *reproches mordaces* des reproches mordants.

mordaza f bâillon m (en la boca) ǁ MAR étrangloir m (del ancla) ǁ VETER pince (para castrar) ǁ TECN mâchoire, mordache (de torno) | éclisse (de carriles).

mordazmente adv d'une façon mordante.

mordedura f morsure.

mordente m mordant (tinte) ǁ MÚS mordant.

morder* v tr mordre ǁ piquer, mordre; *una serpiente le ha mordido* un serpent l'a piqué ǁ FIG déchirer à belles dents, médire de (murmurar) ǁ IMPR mordre ǁ TECN mordre (lima) ǁ *— morder a dentelladas* mordre à belles dents ǁ FIG & FAM *morder el polvo* mordre la poussière.
- v pr se mordre; *morderse los labios* se mordre les lèvres ǁ *— morderse la lengua* se mordre la langue ǁ *morderse las uñas* se ronger les ongles ǁ FIG *morderse los dedos, los puños* s'en mordre les doigts | *no morderse la lengua* ne pas mâcher ses mots.

mordido, da adj mordu, e.
- f touche (en la pesca) ǁ *(amer)* bakchich m, pot-de-vin m (soborno).

mordiente adj mordant, e (que muerde).
- m mordant.

mordiscar; mordisquear v tr mordiller.

mordisco; mordiscón m morsure f, coup de dent (mordedura); *dar un mordisco* faire une morsure, donner un coup de dent ǁ morceau que l'on arrache d'un coup de dent.

mordisqueo m mordillage.

morena f murène (pez) ǁ pain noir m (pan) ǁ javelle (de trigo) ǁ moraine (de un glaciar).

moreno, na adj y s brun, e ǁ bronzé, e (por el sol) ǁ nègre, esse (de raza negra) ǁ *(amer)* mulâtre, esse ǁ *pan moreno* pain bis ǁ *ponerse moreno* brunir, bronzer.
- f jolie brune, belle brune (chica).

morera f BOT mûrier m blanc.

moreral m terrain planté de mûriers blancs.

morería f quartier m maure (barrio), médina ǁ pays m mauresque.

moretón m FAM bleu (equimosis).

morfema m morphème.

Morfeo n pr m MIT Morphée.

morfina f morphine.

morfinismo m morphinisme.

morfinómano, na adj y s morphinomane.

morfogénesis f inv morphogenèse.

morfología f morphologie.

morfológico, ca adj morphologique.

morganático, ca adj morganatique.

morgue f morgue.
— OBSERV Galicismo por *depósito de cadáveres*.

moribundo, da adj y s moribond, e.

morigeración f décence, vie honnête.

morigerado, da adj honnête, rangé, e; sage, de bonnes mœurs ǁ modéré, e (moderado).

morigerar v tr modérer, régler (templar).

moriles m inv vin espagnol de la région de Moriles.

morilla f BOT morille (cagarria).

morillo m chenet.

morir* v intr mourir ǁ FIG mourir; *morir de cansancio, de hambre* mourir de fatigue, de faim ǁ *— morir a fuego lento* ou *de consunción* mourir à petit feu ǁ *morir al pie del cañón* mourir à la tâche o à la peine ǁ *morir con las botas puestas* ou *vestido* mourir debout ǁ *morir de muerte natural* mourir de mort naturelle o de sa belle mort ǁ *morir de repente* mourir subitement ǁ *morir en el acto* mourir sur le coup ǁ *¡muera!* à mort! ǁ *— haber muerto* être mort ǁ *ser muerto* être tué (matado); *ha sido muerto por* il a été tué par.
- v pr mourir; *morirse de frío* mourir de froid ǁ se mourir *(p us)*; *¡me muero!* je me meurs! ǁ FIG & FAM *morirse de aburrimiento* mourir o crever d'ennui | *morirse de envidia* mourir de jalousie | *morirse de ganas de, de miedo, de risa* mourir d'envie de, de peur, de rire | *morirse de viejo* mourir de vieillesse | *morirse por* aimer à la folie, être fou de | *que me muera si* que je meure si, je veux mourir si.
— OBSERV *Se mourir* tiene el sentido de *estar a punto de morir*.

morisco, ca adj mauresque, maure (moruno) ǁ morisque (moro bautizado).
- m y f Mauresque, Maure.
— OBSERV Le terme de *morisco* s'est appliqué, spécialement au Moyen Âge, aux Maures d'Espagne qui pendant la Reconquête se convertissaient et acceptaient la domination chrétienne.

mormón, ona m y f mormon, e.

moro, ra adj maure, more, mauresque ǁ mahométan, e (mahometano) ǁ indigène de Mindanao, malais, e ǁ balzan, e (caballo) ǁ FIG & FAM pur, e; non baptisé, e (vino).
- m y f Maure, More ǁ *— moros y cristianos* fête espagnole au cours de laquelle une bataille entre chrétiens et maures est reconstituée ǁ *—* FIG *haber moros y cristianos* y avoir de la bagarre | *hay moros en la costa* c'est un terrain dangereux, ayons l'œil! | *prometer el oro y el moro* promettre monts et merveilles.

morocho, cha adj FIG & FAM *(amer)* robuste, costaud (sin femenino), bien portant, e (fuerte) ǁ brun, e; moricaud, e (moreno).
- m *(amer)* sorte de maïs (maíz).

morondanga f FAM méli-mélo m, fatras m.

morondo, da adj nu, e (árbol) ǁ tondu, e; chauve (persona).

morosamente adv lentement, pesamment (con lentitud) ǁ avec du retard, en retard (con dilación).

morosidad f retard m, lenteur (dilación) ǁ lenteur, paresse, nonchalance (pereza) ǁ manque m de ponctualité, inexactitude ǁ DR morosité.

moroso, sa adj en retard, retardataire; *deudor moroso* débiteur en retard ǁ lent, e; traînant, e (lento) ǁ paresseux, euse; nonchalant, e (perezoso) ǁ morose (que se detiene) ǁ *— delectación morosa* délectation morose ǁ *moroso en el pago* peu empressé à payer, mauvais payeur.

morrada f coup m donné avec la tête (golpe) ǁ gifle (guantada).

morral m musette f (de la tela), gibecière f (de cuero) ǁ MIL havresac ǁ FIG *volver con el morral vacío* revenir bredouille.

morralla f fretin m (pescadillos) ǁ FIG menu fretin m (gente) | fatras m (cosas).

morrear v tr POP bécoter.
- v pr POP se bécoter.

morrena f GEOGR moraine (de glaciar).

morrillo m cou, collier (de animal) ǁ TAUROM protubérance f musculeuse du cou du taureau ǁ FAM cou gros et court, cou de taureau ǁ galet, caillou rond (canto rodado) ǁ moellon (mampostería).

morriña *f* mal *m* du pays, nostalgie (nostalgia) ‖ abattement *m*, tristesse (tristeza) ‖ VETER sorte d'hydropisie des moutons.

morro *m* tête *f*, pomme *f* (la parte redonda) ‖ crosse *f* (de pistola) ‖ colline *f*, morne (monte) ‖ caillou rond (guijarro) ‖ museau, mufle (hocico de animal) ‖ FAM lippe *f* (de personas) ‖ FIG & FAM culot (descaro) ‖ capot (de un coche); *morro bajo* capot plongeant ‖ nez (de un avión) ‖ nez, tête *f* (de un cohete) ‖ — *morros de ternera* museau de veau ‖ — FAM *beber a morro* boire au goulot *o* à (même), la bouteille ‖ FIG & FAM *estar de morros* bouder, faire la tête (estar enfadado) ‖ FAM *poner morros* faire la lippe ‖ *romper los morros* casser le nez *o* la figure ‖ FIG & FAM *tener morro* ne pas manquer de culot, être gonflé.

morrocotudo, da *adj* FAM formidable (imponente) ‖ terrible, énorme (grande) ‖ magnifique (magnífico) ‖ — *me llevé un susto morrocotudo* j'ai eu une peur bleue, j'ai eu une de ces peurs ‖ *un batacazo morrocotudo* une de ces chutes.

morsa *f* ZOOL morse *m* (mamífero).

morse *m* morse (alfabeto).

mortadela *f* mortadelle.

mortaja *f* linceul *m* (sudario) ‖ TECN mortaise (muesca) ‖ *(amer)* papier *m* à cigarettes.

mortal *adj* mortel, elle; *herida mortal* blessure mortelle ‖ FIG mortel, elle; *pecado mortal* péché mortel ‖ certain, e; concluant, e (cierto) ‖ FAM ennuyeux à mourir, mortel, elle (aburrido) ‖ — *mortal de necesidad* fatal, e ‖ *restos mortales* restes mortels, dépouille mortelle ‖ *salto mortal* saut périlleux.

◆ *m y f* mortel, elle; *un mortal feliz* un heureux mortel.

mortalidad *f* mortalité; *tasa de mortalidad* taux de mortalité.

mortalmente *adv* mortellement, à mort; *mortalmente herido* blessé à mort, mortellement blessé.

mortandad *f* mortalité.

mortecino, na *adj* mort de mort naturelle (animal) ‖ FIG mourant, e (que se apaga); *luz mortecina* lumière mourante ‖ blafard, e (débil) ‖ éteint, e; *mirada mortecina* regard éteint ‖ moribond, e (moribundo).

morterete *m* petit mortier (artillería) ‖ lampion (de iluminación) ‖ brique *f* (ladrillo).

mortero *m* mortier (almirez, bonete) ‖ meule *f* fixe (de molino) ‖ mortier (argamasa) ‖ MIL mortier.

mortífero, ra *adj* meurtrier, ère; mortifère *(p us)*; *epidemia mortífera* épidémie meurtrière.

mortificación *f* mortification.

mortificante *adj* mortifiant, e ‖ blessant, e (hiriente).

mortificar *v tr* mortifier ‖ ennuyer, blesser (molestar).

mortuorio, ria *adj* mortuaire; *casa mortuoria* maison mortuaire ‖ — *lecho mortuorio* lit de parade *o* de mort ‖ *paño mortuorio* drap funéraire *o* mortuaire.

moruno, na *adj* maure, more, mauresque, moresque (moro).

mosaico *m* mosaïque *f*.

mosaico, ca *adj* mosaïque (de Moisés).

mosca *f* mouche (insecto) ‖ mouche, impériale (barba) ‖ mouche (para pescar); *caña de mosca* canne à mouche ‖ DEP poids mouche (peso mosca) ‖ FIG & FAM fric *m*, galette (dinero) ‖ poison *m*, mouche du coche (persona molesta) ‖ ennui *m*, empoisonnement *m* (desazón) ‖ — *mosca de la carne* mouche à viande ‖ FIG *mosca muerta* sainte nitouche ‖ *mosca tse-tsé* mouche tsé-tsé ‖ MED *moscas volantes* mouches volantes ‖ — *patas de mosca* pattes de mouche (garabato) ‖ *por si las moscas* au cas où, pour le cas où ‖ — FIG & FAM *aflojar o soltar la mosca* les lâcher, casquer, allonger le fric, lâcher de l'argent, abouler la galette (pagar) ‖ *caer como moscas* tomber comme des mouches ‖ *cazar moscas* gober les mouches ‖ *estar mosca* se méfier ‖ *más moscas se cogen con miel que con hiel* ou *se cazan con miel que con vinagre* on prend plus de mouches avec du miel qu'avec du vinaigre ‖ *no matar ni una mosca* ne pas faire de mal à une mouche ‖ *no se oye ni una mosca* on entendrait une mouche voler ‖ *papar moscas* gober les mouches, regarder les mouches voler, bayer aux corneilles ‖ *¿qué mosca le picó?* quelle mouche vous a piqué?, qu'est-ce qui vous prend? ‖ *tener la mosca* ou *estar con la mosca detrás de la oreja* avoir la puce à l'oreille.

◆ *pl* étincelles (chispas).

moscada *adj f* muscade; *nuez moscada* noix muscade.

moscarda *f* mouche à viande ‖ couvain *m* (de las abejas).

moscardón *m* ZOOL œstre du bœuf (parásito) ‖ mouche bleue *f* (moscón) ‖ frelon (abejón) ‖ FIG & FAM raseur, casse-pieds *inv* (persona pesada).

moscatel *adj* muscat (uva).

◆ *m* muscat (vino).

moscón *m* mouche *f* à viande, mouche *f* bleue (insecto) ‖ FIG & FAM raseur, casse-pieds *inv* (persona pesada).

moscona *f* traînée.

mosconear *v tr* assommer, ennuyer (molestar).

◆ *v intr* FIG être obstiné, e; insister (porfiar) ‖ bourdonner (zumbar).

mosconeo *m* bourdonnement (zumbido) ‖ FIG insistance *f* (insistencia).

Moscovia *n pr f* GEOGR Moscovie.

moscovita *adj* moscovite.

◆ *m y f* Moscovite.

Moscú *n pr* GEOGR Moscou.

mosén *m* mestre (título).

— OBSERV Ce titre est aujourd'hui réservé aux prêtres dans certaines régions d'Espagne (Catalogne, Aragon).

mosqueado, da *adj* FIG fâché, e; contrarié, e; piqué, e au vif.

mosquear *v tr* chasser les mouches, émoucher.

◆ *v pr* chasser les mouches [autour de soi] ‖ mailler (perdices) ‖ FIG se piquer, prendre la mouche, se formaliser (enfadarse) ‖ soupçonner (sospechar).

mosqueo *m* émouchement (acción de mosquear) ‖ FIG irritation *f*, dépit (pique).

mosquete *m* mousquet (arma).

mosquetero *m* mousquetaire (soldado) ‖ TEATR spectateur du parterre, spectateur debout.

mosquetón *m* mousqueton (arma *o* anilla).

mosquita *f* fauvette (ave) ‖ FIG & FAM *mosquita muerta* sainte nitouche (mosca muerta).

mosquitera *f*; **mosquitero** *m* moustiquaire *f*.

mosquito *m* moustique (insecto) ‖ moucheron (mosca pequeña).
mostacero *m* moutardier *m*.
mostacho *m* moustache *f* (bigote) ‖ FIG & FAM tache *f* sur la figure (mancha) ‖ MAR hauban de beaupré.
mostachón *m* macaron (bollo).
mostaza *f* moutarde ‖ cendrée, plomb *m* de chasse (perdigones) ‖ — *el grano de mostaza* le grain de sénevé (Biblia) ‖ FIG & FAM *se le subió la mostaza a las narices* la moutarde lui a monté au nez.
mosto *m* moût.
mostrador, ra *adj* y *s* montreur, euse.
◆ *m* comptoir (en un bar, en una tienda) ‖ cadran (de reloj).
mostrar* *v tr* montrer (enseñar) ‖ montrer, faire montre de (manifestar); *mostrar interés* montrer de l'intérêt; *mostrar gran paciencia* montrer une grande patience ‖ FIG *mostrar las uñas* sortir ses griffes.
◆ *v pr* se montrer ‖ paraître; *mostrarse en público* paraître en public.
mostrenco, ca *adj* DR *bienes mostrencos* biens vacants (sin propietario aparente) ‖ épaves (res derelicta) ‖ FAM lourdaud, e.
mota *f* nœud *m* (en el paño) ‖ petite tache (mancha) ‖ FIG léger défaut *m* (defecto) ‖ motte, monticule *m* (eminencia de terreno) ‖ *tener una mota en el ojo* avoir une poussière dans l'œil.
mote *m* sobriquet, surnom (apodo); *poner mote* donner un sobriquet ‖ devise *f* (sentencia).
moteado *m* moucheture *f* (de un tejido).
motear *v tr* moucheter, tacheter, marqueter (pintar manchas).
motejar *v tr* traiter de, qualifier de, taxer de; *le han motejado de avaro* ils l'ont traité d'avare, ils l'ont taxé d'avarice.
motel *m* motel (hotel).
motín *m* émeute *f* (del pueblo) ‖ mutinerie *f*, insurrection *f* (de tropas).
motivación *f* motivation.
motivar *v tr* donner lieu à, motiver.
motivo *m* motif; *motivo de disputa* motif de dispute ‖ raison *f*, cause *f*, motif (causa) ‖ motif (en música, en pintura, etc.) ‖ — *con este motivo* à cette occasion ‖ *con mayor* ou *con más motivo* à plus forte raison ‖ *con motivo de* à l'occasion de (durante), à cause de (a causa de) ‖ *de mi, tu, su motivo propio* de mon, ton, son propre mouvement *o* propre chef ‖ *exposición de motivos* exposé des motifs ‖ *sin motivo alguno* sans aucune raison, sans motif ‖ — *dar motivo a* donner lieu à ‖ *no es motivo para* ce n'est pas une raison pour.
moto *f* moto (motocicleta).
motocarro *m* triporteur à moteur.
motocicleta *f* motocyclette; *montar en motocicleta* monter à motocyclette ‖ *motocicleta con sidecar* side-car.
motociclismo *m* motocyclisme.
motociclista *m* y *f* motocycliste.
motocross *m* motocross.
motocultivadora *f*; **motocultor** *m* AGRIC motoculteur *m*.
motocultivo *m* motoculture *f*.

motonáutico, ca *adj* motonautique.
◆ *f* motonautisme *m*.
motonave *f* bateau *m* à moteur, motor-ship *m*.
motoneta *f* (amer) scooter *m*.
motor, ra *adj* moteur, trice; *músculos motores* muscles moteurs ‖ mouvant, e (moviente) ‖ *lancha motora* canot à moteur, vedette.
◆ *m* moteur; *motor de explosión, de reacción* moteur à explosion, à réaction ‖ — *motor de gasolina* moteur à essence ‖ *motor diesel* moteur diesel ‖ *motor eléctrico* moteur électrique ‖ *motor fuera (de) borda* ou *(de) bordo* moteur hors-bord ‖ *motor térmico* moteur thermique.
motora *f* canot *m* o vedette à moteur.
motorismo *m* motocyclisme.
motorista *m* y *f* motocycliste.
motorización *f* motorisation.
motorizado, da *adj* motorisé, e; *división motorizada* division motorisée.
motorizar *v tr* motoriser.
motricidad *f* motricité.
motrileño, ña *adj* y *s* de Motril [ville d'Andalousie].
motriz *adj f* motrice; *fuerza motriz* force motrice.
motu propio (de) *adv* motu propio, spontanément, de sa propre initiative.
mousse *m* o *f inv* CULIN mousse *f*; *un mousse de chocolate* une mousse au chocolat.
movedizo, za *adj* mouvant, e (no firme); *arenas movedizas* sables mouvants ‖ FIG inconstant, e; changeant, e (inconstante).
mover* *v tr* remuer, mouvoir ‖ remuer; *mover el brazo, la ensalada* remuer le bras, la salade ‖ FIG pousser (incitar); *mover a la rebelión* pousser à la révolte; *movido por la curiosidad* poussé par la curiosité ‖ provoquer, susciter (provocar); *mover discordia* susciter la discorde ‖ remuer (conmover) ‖ faire agir (las masas, el pueblo, etc.) ‖ déplacer (los peones en el ajedrez, etc.) ‖ — FIG *mover a* exciter, inciter à; *mover a compasión* inciter à la compassion, exciter la compassion ‖ *mover a risa, a piedad* faire rire, pitié; provoquer le rire, la pitié ‖ *mover la curiosidad* piquer la curiosité ‖ *mover los hilos* tenir *o* tirer les ficelles ‖ *ser movido por* être poussé *o* mû par; *ser movido por el interés* être mû par l'intérêt.
◆ *v intr* ARQ partir (un arco).
◆ *v pr* bouger; *¡no se mueva!* ne bougez pas! ‖ remuer, bouger; *este niño no deja de moverse* cet enfant n'arrête pas de remuer ‖ se mouvoir (*p us*), se déplacer; *se mueve con dificultad* il se meut avec difficulté ‖ FIG se remuer; *para conseguir una buena colocación hay que moverse* pour obtenir une bonne situation il faut se remuer ‖ FIG & FAM se remuer, se secouer; *¡muévete!* secoue-toi! ‖ *moverse más que el rabo de una lagartija* avoir le tracassin, avoir la bougeotte.
movible *adj* mobile.
movido, da *adj* mû, e; poussé, e; *movido de* ou *por la piedad* mû par la pitié ‖ flou, e (fotografía) ‖ (amer) maigrichon, onne; rachitique.
◆ *f* FAM ambiance, bonne ambiance (marcha) ‖ FIG mouvement collectif de création et de divertissement né à Madrid ‖ FAM *la movida madrileña* les endroits branchés de Madrid.
móvil *adj* mobile; *fiesta móvil* fête mobile ‖ FIG mouvant, e (inestable) ‖ — TECN *material móvil*

matériel roulant (ferrocarril) ‖ *timbre móvil* timbre-quittance (en una letra), timbre fiscal (en un documento).

☛ *m* mobile; *el móvil de un crimen* le mobile d'un crime ‖ FÍS mobile ‖ mobile (en arte).

movilidad *f* mobilité.
movilización *f* mobilisation.
movilizar *v tr* mobiliser.
movimiento *m* mouvement; *el movimiento del péndulo* le mouvement du pendule ‖ soulèvement, mouvement (revuelta) ‖ FIG accès, crise *f* (de celos, risa, etc.) ‖ coup (en los juegos) ‖ ASTR & COM mouvement ‖ MÚS mouvement ‖ — *el Movimiento* le mouvement phalangiste ‖ FÍS *movimiento acelerado* mouvement accéléré ‖ COM *movimiento de existencias* rotation des stocks ‖ *movimiento de las piezas* marche des pièces (juegos) ‖ TECN *movimiento de tierras* terrassement ‖ MIL *movimiento envolvente* mouvement enveloppant *o* tournant ‖ TEATR *movimiento escénico* jeu de scène ‖ FÍS *movimiento ondulatorio* mouvement ondulatoire ‖ *movimiento perpetuo* ou *continuo* mouvement perpétuel ‖ *movimiento retardado* mouvement retardé ‖ *movimiento sísmico* mouvement sismique ‖ FÍS *movimiento turbulento* mouvement turbulence ‖ *movimiento uniforme* mouvement uniforme ‖ *movimiento variado* mouvement varié ‖ — *dar movimiento a, poner en movimiento* mettre en mouvement ‖ *el movimiento se demuestra andando* il faut prêcher l'exemple ‖ *estar al corriente* ou *al tanto del movimiento* être dans le mouvement.
moviola *f* moviola (para montar películas).
moza *f* jeune fille (muchacha joven) ‖ domestique, servante (criada) ‖ amie, maîtresse (concubina) ‖ battoir *m* (de las lavanderas) ‖ crochet *m* de trépied (de las trébedes) ‖ belle (última mano en el juego) ‖ — *buena moza* belle femme (mujer), belle fille (muchacha) ‖ *es una real moza* c'est une belle fille, c'est un beau brin de fille ‖ *moza de fortuna* ou *del partido* fille de joie.
mozalbete *m* jeune garçon.
Mozambique *n pr m* GEOGR Mozambique.
mozárabe *adj y s* mozarabe.
— OBSERV Se dit des chrétiens d'Espagne soumis à la domination musulmane, de la littérature et de l'art auxquels ils ont donné naissance. L'art mozarabe, surtout répandu dans le royaume de León au Xe et au début du XIe siècle, est caractérisé par l'emploi de l'arc outrepassé puis de la voûte nervée.
mozarrón, ona *m y f* grand gaillard *m*, belle fille *f*.
mozo, za *adj* jeune (joven) ‖ *en sus años mozos* dans son jeune temps, dans sa jeunesse.

☛ *m y f* jeune homme *m*, jeune fille *f* ‖ célibataire, garçon *m*, jeune fille *f* (soltero).

☛ *m* garçon (camarero) ‖ domestique (criado) ‖ porteur (de estación) ‖ conscrit (soldado) ‖ portemanteau (percha) ‖ — *mozo de caballos* ou *de cuadra* garçon *o* valet d'écurie ‖ *mozo de café* garçon de café ‖ *mozo de carnicero* garçon boucher ‖ *mozo de comedor* serveur ‖ *mozo de cordel* ou *de cuerda* portefaix, commissionnaire ‖ *mozo de espuelas* valet de pied ‖ TAUROM *mozo de estoques* valet du matador ‖ *mozo de habitación* valet de chambre (en un hotel) ‖ *ser un buen mozo* être beau garçon.
mozuelo, la *m y f* garçonnet *m*, garçon *m*, fillette *f*, jeune fille *f*.
Mtro. abrev de *maestro* maître.

mu *m* mugissement, beuglement ‖ meuh (onomatopeya).
muaré *m* moire *f* (tela).
mucamo, ma *m y f (amer)* domestique, bonne *f*.
mucosidad *f* mucosité.
mucoso, sa *adj y s f* muqueux, euse.
mucus *m* mucus.
muchachada; muchachería *f* marmaille, bande d'enfants (chiquillería) ‖ bande de garçons (pandilla) ‖ gaminerie (acción).
muchacho, cha *m y f* enfant (niño), petit garçon *m*, petite fille *f*.

☛ *m* domestique, garçon (criado) ‖ jeune homme, garçon.

☛ *f* bonne, domestique (criada) ‖ jeune fille (joven).

muchachuelo, la *m y f* gamin, e.
muchedumbre *f* foule.
mucho, cha *adj* beaucoup de; *mucha agua* beaucoup d'eau; *muchos niños* beaucoup d'enfants ‖ nombreux, euse (con *los, sus*, etc.); *sus muchas tareas* ses nombreuses occupations ‖ — *muchas gracias* merci beaucoup ‖ *muchas veces* très souvent, bien des fois, maintes fois ‖ *mucho ruido y pocas nueces* beaucoup de bruit pour rien ‖ *muchos meses sin noticias* de longs mois sans nouvelles ‖ *muchos, muchas* beaucoup; *muchos piensan que* beaucoup pensent que ‖ *mucho tiempo* longtemps ‖ *con mucha frecuencia* très fréquemment ‖ *los muchos que* tous ceux qui *o* que ‖ *son muchos los, muchas las que* nombreux, nombreuses sont ceux, celles qui; il y en a beaucoup qui.

☛ *adv* beaucoup; *trabaja mucho* il travaille beaucoup; *¿te has divertido?* — *mucho!* tu t'es amusé? — beaucoup ‖ beaucoup de choses, bien des choses, beaucoup; *me queda mucho por hacer* il me reste beaucoup de choses à faire; *¿te queda mucho todavía?* il t'en reste encore beaucoup? ‖ longtemps; *hace mucho que ya no le veo* il y a longtemps que je ne le vois plus ‖ — *mucho antes, después* bien avant, bien plus tard ‖ *mucho más, mucho menos* beaucoup *o* bien plus, beaucoup *o* bien moins ‖ *mucho mejor, mucho peor* bien meilleur, bien pire; *el pastel está mucho mejor así* le gâteau est bien meilleur comme ça; bien *o* beaucoup mieux, bien pis; *está mucho mejor* il va beaucoup mieux ‖ — *con mucho* de beaucoup, de loin; *es con mucho el más simpático* il est de beaucoup le plus sympathique; *han ganado, y con mucho* ils ont gagné, et de loin ‖ FAM *muy mucho* un peu beaucoup ‖ *ni con mucho* tant s'en faut, loin de là, il s'en faut de beaucoup ‖ *ni mucho menos* loin de là; *no es tonto, ni mucho menos* il n'est pas sot, loin de là ‖ *por mucho que* avoir beau, quelque... que (con sustantivo), quoique (con verbo); *por mucho que trabaje no logra nada* il a beau travailler, il n'arrive à aucun résultat; *por mucho que digas, no lo haré* quoi que tu dises, je ne le ferai pas; *por mucho esfuerzo que haga no consigue nada* quelque effort qu'il fasse il n'arrive à rien ‖ — *hace mucho calor, frío* il fait très chaud, froid ‖ *pesar mucho* peser lourd ‖ *tener en mucho* tenir en grande estime ‖ *tener mucho que contar* en avoir long à raconter.

☛ *interj* très bien!, bien joué! (muy bien).

muda *f* linge *m* propre *o* de rechange (ropa) ‖ mue (de los animales, de la voz) ‖ déménagement *m* (mudanza).
mudable *adj* changeant, e.

mudanza *f* changement *m* (cambio) ‖ déménagement *m* (de domicilio); *carro de mudanza* voiture de déménagement ‖ emménagement (instalación de una casa) ‖ figure *f* (de baile) ‖ MÚS mutation *f* ‖ *estar de* ou *hacer la mudanza* déménager.

mudar *v tr e intr* changer (cambiar); *mudar el agua en vino* changer l'eau en vin ‖ changer (a un niño) ‖ muer (un animal, la voz) ‖ muter (cambiar de destino) ‖ emménager (instalarse) ‖ FIG changer (variar); *mudar de idea, de parecer* changer d'idée, d'avis ‖ POP *muda el lobo los dientes más no las mientes* le loup mourra dans sa peau ‖ *mudar de casa* déménager.
◆ *v pr* se changer, changer de linge (de ropa) ‖ déménager (de domicilio).

mudéjar *adj y s* mudéjar.
— OBSERV Se dit des musulmans restés en Castille après la Reconquête, et de l'art auquel ils ont donné naissance du XIIe au XVIe siècle, caractérisé par l'influence de l'art de l'islam (clochers-minarets, revêtements polychromes, etc.).

mudez *f* mutisme *m*.

mudo, da *adj y s* muet, ette; *mudo de nacimiento* muet de naissance ‖ *cine mudo, película muda* cinéma muet, film muet ‖ GRAM *consonante muda* consonne muette | *letra muda* lettre muette ‖ FIG & FAM *mudo como un muerto* ou *como una tumba* muet comme une carpe *o* comme la tombe ‖ — *quedarse mudo de asombro, de envidia* en crever d'envie, de jalousie.

mueble *m* meuble ‖ BLAS meuble ‖ — *mueble cama* meuble-lit ‖ *tienda de muebles* magasin d'ameublement *o* de meubles.
◆ *pl* mobilier *sing*.
◆ *adj* meuble; *bienes muebles* biens meubles.

mueblista *m* marchand (que vende), fabricant (que fabrica), de meubles.

mueca *f* grimace; *hacer muecas* faire des grimaces.

muela *f* meule (piedra) ‖ molaire (diente molar) ‖ dent (diente); *el niño está echando las muelas* l'enfant est en train de faire ses dents; *empastar una muela* plomber une dent ‖ butte, morne *m* (cerro) ‖ BOT gesse (almorta) ‖ — *dolor de muelas* mal aux dents, rage de dents ‖ *muela cordal* ou *del juicio* dent de sagesse ‖ *muela picada* dent gâtée ‖ *muela postiza* fausse dent ‖ FIG & FAM *no hay ni para una muela* il n'y en a pas pour la dent creuse.

muellaje *m* MAR droit de mouillage.

muelle *adj* doux, douce (suave) ‖ mou, molle (blando) ‖ moelleux, euse (cama, etc.) ‖ voluptueux, euse (voluptuoso).
◆ *m* MAR quai (andén, de un puerto); *atracar al muelle* se mettre à quai ‖ môle (malecón) ‖ ressort (de un mecanismo); *colchón de muelles* sommier à ressorts ‖ cran d'arrêt (de una navaja) ‖ — TECN *muelle antagonista* ou *de retorno* ressort de rappel ‖ *muelle en espiral* ressort à boudin ‖ *muelle helicoidal* ressort hélicoïdal.

muérdago *m* BOT gui.

muerdo *m* FAM morsure *f* (mordisco) | bouchée *f* (bocado).

muermo *m* VETER morve *f* (del caballo) ‖ FIG casse-pieds *inv* (pelma) | lassitude *f*, ennui (aburrimiento).

muerte *f* mort; *condenado a muerte* condamné à mort; *herido de muerte* blessé à mort ‖ meurtre *m*, homicide *m* (homicidio) ‖ FIG mort (desaparición) ‖ TAUROM mise à mort ‖ — *muerte cerebral* mort cérébrale ‖ DR *muerte civil* mort civile ‖ FIG & FAM *muerte chiquita* petite mort ‖ *muerte repentina* mort subite ‖ DEP *muerte súbita* tie-break, jeu décisif (juego decisivo) ‖ — *aleteo de la muerte* souffle de la mort ‖ *a muerte* à mort, à outrance; *guerra a muerte* guerre à mort; *combate a muerte* combat à outrance ‖ *a vida y a muerte* à la vie et à la mort ‖ *con la muerte en el alma* la mort dans l'âme ‖ FIG & FAM *de mala muerte* de rien du tout, minable ‖ *de muerte* à mort ‖ *en el artículo de la muerte* à l'article de la mort ‖ *entre la vida y la muerte* entre la vie et la mort ‖ *estar a dos pasos de la muerte* être à deux doigts de la mort ‖ *estar a la muerte* être à l'article de la mort ‖ *estar en su lecho de muerte* être à son lit de mort ‖ *morir de muerte natural* mourir de sa belle mort ‖ *pasar de vida a muerte* passer de vie à trépas ‖ FIG *sufrir mil muertes* souffrir mille morts.

muerto, ta *adj y s* mort, e; *muerto en acto de servicio* mort au service de la patrie ‖ FAM tué, e (matado); *muerto en la guerra* tué à la guerre ‖ FIG éteint, e; terne (colores) ‖ — *cal muerta* chaux éteinte ‖ *lengua muerta* langue morte ‖ *naturaleza muerta* nature morte (bodegón) ‖ MAR *obra muerta* œuvres mortes ‖ MECÁN *punto muerto* point mort ‖ *tiempo muerto* temps mort ‖ — *más muerto que vivo* plus mort que vif ‖ *más pálido que un muerto* pâle comme un mort, plus pâle que la mort ‖ *vivo o muerto* mort ou vif ‖ *caer como un muerto* tomber comme une masse *o* raide ‖ FIG & FAM *cargar con el muerto* avoir tout sur le dos, endosser toute responsabilité | *echarle a uno el muerto* laisser *o* mettre tout sur le dos de quelqu'un | *estar más que muerto* être mort et enterré | *estar muerto de cansancio* être mort de fatigue, être claqué *o* crevé | *estar muerto de miedo* être mort de peur ‖ FIG *hacer el muerto* faire la planche (natación) | *hacerse el muerto* faire le mort | *muerto el perro, se acabó la rabia* morte la bête, mort le venin | *no tener donde caerse muerto* être sur le pavé, n'avoir ni feu ni lieu | *ser letra muerta* rester lettre morte | *ser un muerto de hambre* être un meurt-de-faim *o* un crève-la-faim ‖ *tocar* ou *doblar a muerto* sonner le glas.
◆ *m* mort (naipes).
— OBSERV *Muerto* es participio pasado de *morir*.

Muerto (mar) *n pr* GEOGR mer Morte.

muesca *f* mortaise, encoche (entalladura) ‖ mortaisage *m* (acción) ‖ entaille, marque (en el ganado) ‖ TECN *hacer muesca en* mortaiser.

muestra *f* échantillon *m* (de una tela o mercancía); *muestra gratuita* échantillon gratuit ‖ montre (acción) ‖ prélèvement *m*; *sacar una muestra de la leche* faire un prélèvement sur le lait ‖ spécimen *m* (de un libro) ‖ enseigne (de una tienda) ‖ modèle *m* (modelo) ‖ cadran *m* (esfera de reloj) ‖ échantillonnage *m* (estadística) ‖ MIL revue; *pasar muestra* passer en revue ‖ retourne (naipe) ‖ IMPR marche ‖ FIG échantillon *m*; *nos dio una muestra de su saber* il nous a donné un échantillon de son savoir | preuve; *eso es muestra de que no me quiere* c'est la preuve qu'il ne m'aime pas; *ser buena muestra de algo* en être la meilleure preuve | signe *m*; *muestra de cansancio* signe de fatigue | témoignage *m*; *muestra de simpatía* témoignage de sympathie ‖ exposition ‖ *botón de muestra* échantillon ‖ *como botón de muestra* à titre d'exemple, en échantillon ‖ *feria de muestras* foire-exposition ‖ TECN *muestra de perforación* carotte (en un pozo de petróleo) ‖ *perro de muestra* chien d'arrêt ‖ *vivienda* ou *piso de*

muestra appartement témoin || — *dar muestras de* faire preuve de, donner des preuves de || *hacer muestra de* faire montre de || FIG *para muestra basta un botón* un exemple suffit, un simple échantillon suffit | *por la muestra se conoce el paño* à l'œuvre on reconnaît l'artisan.

muestrario *m* échantillonnage.

muestreo *m* échantillonnage (estadística).

muezín *m* muezzin (almuédano).

mufla *f* TECN moufle *m* (hornillo).

mugido *m* mugissement, beuglement.

mugir *v intr* mugir, beugler || FIG beugler (con ira) | *mugir (el viento)*.

mugre *f* crasse, saleté (suciedad).

mugriento, ta *adj* crasseux, euse; sale.

mugrón *m* AGRIC marcotte *f* | rejeton (vástago).

muguete *m* BOT muguet || MED muguet.

mujer *f* femme || — FAM *mujer de bandera, de tronío* femme du tonnerre || *mujer de gobierno* gouvernante, femme de charge || *mujer de la limpieza* femme de ménage || *mujer de la vida* ou *airada* ou *de mal vivir* ou *mundana* ou *perdida* femme de mauvaise vie, femme perdue || *mujer de su casa* bonne ménagère, femme d'intérieur || *mujer fatal* femme fatale, vamp || *mujer pública* femme publique || CULIN *pollo a la buena mujer* poulet bonne femme || *ser mujer* être femme || *tomar mujer* prendre femme.

mujeriego, ga *adj* féminin, e (mujeril) || — *a la mujeriega, a mujeriegas* en amazone, à l'écuyère || *ser mujeriego* courir les filles.
◆ *m* coureur de filles o de jupons (dado a mujeres).

mujeril *adj* féminin, e || efféminé, e (afeminado).

mujerío *m* femmes *pl*; *¡qué mujerío aquí!* que de femmes ici!

mujerona *f* matrone.

mujerzuela *f* petit bout de femme (mujer chiquita) || femme légère (mujercilla).

mula *f* mule (animal) || mule (calzado) || FIG mule; *testarudo como una mula* têtu comme une mule | brute, animal *m* sauvage *m* (bruto) | âne *m*, animal *m* (idiota) || *(amer)* coussin *m* (de los cargadores) || *(amer) hacer mula* tricher (en el juego).

muladar *m* dépotoir (vertedero de basuras) || fumier (estiércol) || tas d'ordures (basura) || FIG dépotoir.

muladí *adj y s* enfant de père musulman et de mère chrétienne || renégat, e [en Espagne].

mular *adj* mulassier, ère || — *ganado mular* espèce mulassière, les mules || *producción mular* production mulassière.

mulato, ta *adj y s* mulâtre, esse || FIG brun, e (moreno).
◆ *m (amer)* minerai d'argent noirâtre o verdâtre.

mulero, ra *adj* muletier, ère (mular) || mulassier, ère (relativo a la producción).
◆ *m* muletier (mozo).
◆ *m y f (amer)* tricheur, euse (tramposo).

muleta *f* béquille (para andar) || TAUROM muleta; *torear de muleta* faire des passes de muleta || FIG appui *m*, étai *m* (sostén).

muletada *f* troupeau *m* de mules.

muletero *m* muletier || TAUROM torero qui travaille avec la muleta.

muletilla *f* TAUROM muleta || bouton *m* (botón) || canne qui sert de béquille (bastón) || FIG refrain *m*, rengaine (estribillo) | mot *m* o formule de remplissage, cheville (palabra inútil) | tic *m* (de lenguaje).

muletón *m* molleton (tela) || molleton, sousnappe *f* (mantel bajero) || *forrar con muletón* molletonner (enguatar).

mulillas *f pl* TAUROM mules chargées de tirer le taureau mort hors de l'arène.

mulo *m* mulet || FIG & FAM âne, animal (idiota) | mule *f* (testarudo) | brute *f*, animal, sauvage (bruto) || — *hacer el mulo* se conduire comme une brute || *trabajar como un mulo* travailler comme un cheval.

multa *f* amende; *imponer* ou *poner una multa* mettre une amende | contravention (para un coche); *echar una multa* dresser une contravention.

multar *v tr* condamner à une amende; *multar en mil pesetas* condamner à mille pesetas d'amende.

multicelular *adj* multicellulaire.

multicines *m pl* CINEM complexe *sing* multisalles.

multicolor *adj* multicolore.

multicopia *f* reproduction des documents.

multicopista *f* machine à polycopier || *tirar* ou *hacer a multicopista* polycopier.

multiforme *adj* multiforme.

multigrado *adj* multigrade; *aceite multigrado* huile multigrade.

multilateral *adj* multilatéral, e.

multilingüe *adj* multilingue, plurilingue.

multimedia *m pl* multimédia *adj*.

multimillonario, ria *adj y s* multimillionnaire, milliardaire.

multinacional *adj* multinational, e.

multípara *adj y s f* multipare (mujer o animal).

múltiple *adj* multiple.

multiplicable *adj* multipliable.

multiplicación *f* multiplication.

multiplicado, da *adj* multiplié, e || TECN *directa multiplicada* vitesse surmultipliée.

multiplicador, ra *adj y s m* multiplicateur, trice.

multiplicando *m* MAT multiplicande.

multiplicar *v tr* multiplier || — *creced y multiplicaos* croissez et multipliez || *tabla de multiplicar* table de multiplication.
◆ *v pr* FIG se multiplier, se mettre en quatre.

multiplicidad *f* multiplicité.

múltiplo, pla *adj* MAT multiple.
◆ *m* MAT multiple; *el mínimo común múltiplo* le plus petit commun multiple.

multiprocesador *m* INFORM multiprocesseur.

multiprogramación *f* INFORM multiprogrammation.

multirracial *adj* multiracial, e.

multisala *adj* multisalles *inv*.

multitud *f* multitude; *una multitud de libros* une multitude de livres || multitude, foule (muchedumbre).

multitudinario, ria *adj* populaire, qui rassemble les foules.

multiuso *adj* multi-usage.

mullido, da *adj* moelleux, euse (blando) ‖ douillet, ette (blando y cómodo); *cama mullida* lit douillet.
◆ *m* bourre *f* (para rellenar).
mullir* *v tr* battre, ramollir (la lana) ‖ AGRIC ameublir (la tierra).
mundanal *adj* mondain, e ‖ *huir del mundanal ruido* fuir les rumeurs du monde.
mundanalidad *f* mondanité.
mundanear *v intr* être mondain.
mundanería *f* mondanité.
mundano, na *adj* mondain, e ‖ *— la vida mundana* la vie mondaine, les mondanités ‖ *mujer mundana* femme galante, demi-mondaine (prostituta).
mundial *adj* mondial, e.
◆ *m* championnat du monde.
mundialismo *m* mondialisme.
mundialista *adj y s* mondialiste ‖ DEP joueur sélectionné pour un championnat du monde.
mundillo *m* monde (sociedad); *el mundillo financiero* le monde des finances; *el mundillo literario* le monde des lettres ‖ séchoir (enjugador) ‖ coussin pour broder (para hacer encaje) ‖ moine (calentador para la cama) ‖ BOT boule *f* de neige.
mundo *m* monde; *dar la vuelta al mundo* faire le tour du monde ‖ FIG monde; *el mundo de los negocios* le monde des affaires | monde; *hay un mundo entre las dos versiones* il y a un monde entre les deux versions ‖ grande malle *f* (baúl) ‖ BOT boule *f* de neige ‖ *— el gran mundo* le grand monde ‖ *el mundo literario* le monde des lettres ‖ *el Nuevo, el Antiguo* ou *Viejo Mundo* le Nouveau, l'Ancien *o* le Vieux Monde ‖ *el Tercer Mundo* le tiers monde, le Tiers-Monde ‖ FIG *medio mundo* beaucoup de monde, un monde fou | *mujer de mundo* femme du monde ‖ — FIG *al fin del mundo* au bout du monde (espacio), à la fin du monde (tiempo) | *desde que el mundo es mundo* depuis que le monde est monde | *en este mundo de Dios, en este bajo mundo* dans ce bas monde, ici-bas | *por nada del mundo, por todo el oro del mundo* pour rien au monde, pour tout l'or du monde ‖ — FIG *anda ou está el mundo al revés* c'est le monde renversé *o* à l'envers | *conocido por* ou *en el mundo entero* mondialement connu | *correr mundo* courir le monde, rouler sa bosse (fam) | *dar un mundo por* donner tout pour | *echar al mundo* mettre au monde | *echarse al mundo* se débaucher, se prostituer (una mujer) | *el mundo es de los audaces* la fortune sourit aux audacieux, à cœur vaillant rien d'impossible | *entrar en el mundo* faire son entrée dans le monde | *hacerse un mundo de algo* se faire un monde de quelque chose | *irse al otro mundo* aller dans l'autre monde (morir) | *no es cosa* ou *nada del otro mundo* ce n'est pas la mer à boire, il n'y a pas de quoi fouetter un chat (no es difícil), ça ne casse rien, ça ne casse pas des briques (no es ninguna maravilla) | *no ser de este mundo* ne pas être de ce monde | *ponerse el mundo por montera* se moquer de tout comme de l'an quarante, prendre tout par-dessus la jambe | *prometer este mundo y el otro* promettre monts et merveilles (prometer mucho) | *recorrer* ou *rodar mundo* courir le monde, rouler sa bosse (fam) | *salir de este mundo* passer dans l'autre monde (morir) | *se le hundió el mundo* il lui est arrivé une catastrophe | *tener mundo* avoir du monde, de l'aisance | *traer al mundo* mettre au monde | *valer un mundo* coûter les yeux de la tête | *venir al mundo* venir au monde | *ver mundo* voir du pays | *vivir en el otro mundo* habiter au bout du monde.
mundología *f* connaissance du monde, expérience ‖ savoir-vivre *m inv*, les bons usages *m pl* (reglas mundanas).
Munich; Múnich *n pr* GEOGR Munich.
munición *f* MIL munition ‖ plomb *m* de chasse (perdigones); *munición menuda* petit plomb ‖ charge d'une arme à feu (carga) ‖ *— disparar con munición de fogueo* tirer à blanc ‖ *municiones de boca* vivres | *pan de munición* pain de munition.
municipal *adj* municipal, e.
◆ *m* sergent de ville, agent.
municipalidad *f* municipalité.
municipalizar *v tr* municipaliser.
municipio *m* municipalité *f* (término municipal) ‖ commune *f* (conjunto de vecinos) ‖ conseil municipal, municipalité *f* (concejo) ‖ hôtel de ville, mairie *f* (alcaldía) ‖ municipe (en Roma).
munificencia *f* munificence.
munífico, ca *adj* munificent, e.
muniqués, esa *adj* munichois, e (de Munich).
◆ *m y f* Munichois, e.
munster *m* munster (queso).
muñeca *f* poignet *m* (del brazo) ‖ poupée (juguete); *muñeca de trapo, de serrín* poupée de chiffon, de son ‖ mannequin *m* (maniquí) ‖ tampon *m* (para barnizar o estarcir) ‖ nouet *m* (utilizado en farmacia) ‖ FIG & FAM poupée (muchacha hermosa) ‖ *(amer)* maquette.
muñeco *m* baigneur, poupée *f* (juguete) ‖ marionnette *f*, pantin (títere) ‖ bonhomme (figura tosca, dibujo, etc.) ‖ FIG & FAM gommeux, petit, prétentieux (jovenzuelo presumido) ‖ *muñeco de nieve* bonhomme de neige.
muñeira *f* danse populaire de Galice.
muñequera *f* poignet *m* de force (de los gimnastas) ‖ *(p us)* bracelet *m* (de reloj).
muñón *m* moignon (en una amputación) ‖ MIL tourillon (del cañón) ‖ *muñón giratorio* tourillon.
mural *adj* mural, e; *mapa nural* carte murale.
◆ *m* fresque *f*, peinture *f* murale (fresco).
muralla *f* muraille (muro muy fuerte).
◆ *pl* remparts *m*; *las murallas de Ávila* les remparts d'Ávila.
Muralla (la Gran) *n pr f* GEOGR la grande Muraille.
Murcia *n pr* GEOGR Murcie.
murciano, na *adj* murcien, enne.
◆ *m y f* Murcien, enne.
murciélago *m* ZOOL chauve-souris *f*.
murete *m* petit mur, muret, muretin, murette *f*.
murga *f* amurgue (alpechín) ‖ troupe de musiciens ambulants (compañía de músicos) ‖ *—* FIG & FAM *dar la murga* raser, barber, embêter, casser les pieds | *¡qué murga!* quelle barbe! | *ser una murga* être barbant *o* rasoir *o* rasant.
◆ *m* FAM casse pieds *inv*, personne *f* barbante *o* rasoir *o* embêtante.
murguista *m* musicien ambulant.
Murmansk *n pr* GEOGR Mourmansk.
murmullo *m* murmure (ruido sordo) ‖ bourdonnement (zumbido).
murmuración *f* médisance, critique.

murmurador, ra *adj* y *s* médisant, e (maldiciente).

murmurar *v tr* e *intr* murmurer; *el viento murmura* le vent murmure ‖ FIG marmotter; *¿qué está usted murmurando?* que marmottez-vous là? | marmonner (con hostilidad) ‖ médire (criticar); *murmurar de alguien* médire de quelqu'un ‖ murmurer; *murmurar un secreto* murmurer un secret.

muro *m* mur; *muro de contención* mur de soutènement ‖ muraille *f* (muralla) ‖ *muro del sonido* mur du son.
— OBSERV Le mot *mur* se traduit en espagnol beaucoup plus couramment par *pared* que par *muro*.

muro de las Lamentaciones (el) *n pr m* GEOGR le mur des Lamentations.

murria *f* FAM cafard *m*; *tener murria* avoir le cafard.

murrio, rria *adj* sombre, cafardeux, euse.

mus *m* jeu de cartes.

musa *f* muse.

musaraña *f* musaraigne (ratón de campo) ‖ FIG bestiole, petit animal *m* (animalejo) ‖ — FIG & FAM *mirar a las musarañas, pensar en las musarañas* bayer aux corneilles, regarder les mouches voler, être dans les nuages.

musculación *f* musculature.

muscular *adj* musculaire.

musculatura *f* musculature ‖ *tener musculatura* avoir du muscle.

músculo *m* muscle ‖ *tener músculos* avoir du muscle.

musculoso, sa *adj* musculeux, euse (que tiene músculos) ‖ musclé, e (robusto).

muselina *f* mousseline (tela).

museo *m* musée; *museo de cera* musée de cire ‖ muséum; *museo de historia natural* muséum d'histoire naturelle.

museografía; museología *f* muséographie, muséologie.

muserola *f* muserolle (correa).

musgo *m* BOT mousse *f* ‖ *cubierto de musgo* moussu, couvert de mousse.

música *f* musique; *música de cámara, instrumental, vocal* musique de chambre, instrumentale, vocale; *poner música a* mettre en musique ‖ — *música ambiental* musique d'ambiance ‖ FIG & FAM *música celestial* du vent, des paroles en l'air ‖ *música de fondo* musique de fond ‖ *música en directo* ou *en vivo* musique «live» o retransmise en direct ‖ *música ligera* variétés ‖ *música negra* musique noire ‖ FIG & FAM *música ratonera* musique de chiens et de chats ‖ *música y letra* paroles et musique ‖ — *caja de música* boîte à musique ‖ *escuela de música sacra* maîtrise ‖ FIG & FAM *irse con la música a otra parte* plier bagage | *mandar con la música a otra parte* envoyer au diable | *poner música a la letra* mettre les paroles en musique ‖ FIG & FAM *venir con músicas* raconter des histoires.

musical *adj* musical, e.

musicalidad *f* musicalité.

music-hall *m* music-hall.

músico, ca *adj* musical, e ‖ *instrumento músico* instrument de musique.
◆ *m* y *f* musicien, enne.

musicología *f* musicologie.

musicólogo, ga *m* y *f* musicologue.

musicomanía *f* musicomanie.

musicómano, na *m* y *f* mélomane.

musiquilla *f* FAM musiquette.

musitar *v tr* e *intr* marmotter, susurrer.

muslo *m* ANAT cuisse *f*.

mustela *f* ZOOL sorte de requin (tiburón) | belette (comadreja).

musteriense *adj* y *s m* moustérien, enne; moustiérien, enne (prehistoria).

mustiar *v tr* faner, flétrir.
◆ *v pr* se faner, se flétrir.

mustio, tia *adj* triste, abattu, e, morne ‖ fané, e; flétri, e (plantas).

musulmán, ana *adj* y *s* musulman, e.

mutabilidad *f* mutabilité.

mutable *adj* muable.

mutación *f* changement *m* (cambio) ‖ BIOL mutation ‖ TEATR changement *m* de décor.

mutante *adj* mutant, e.
◆ *m* BIOL mutant.

mutilación *f* mutilation.

mutilado, da *adj* y *s* mutilé, e.

mutilar *v tr* mutiler.

mutis *m* TEATR sortie *f* de la scène ‖ *hacer mutis* se taire (callarse), s'en aller (irse), sortir de scène (en teatro).

mutismo *m* mutisme, mutité *f*.

mutua *f* mutuelle.

mutualidad *f* mutualité ‖ mutuelle; *mutualidad agrícola* mutuelle agricole.

mutualismo *m* mutualisme.

mutualista *adj* y *s* mutualiste.

mutuamente *adv* mutuellement.

mútulo, a *m* y *f* ARQ mutule *f*.

mutuo, tua *adj* y *s* mutuel, elle; *por mutuo consentimiento* par consentement mutuel ‖ réciproque; *odio mutuo* haine réciproque ‖ — *ayuda mutua* entraide ‖ *seguro mutuo* secours mutuel.
◆ *f* mutuelle (mutualidad); *mutua de seguros* mutuelle d'assurances.

muy *adv* très; *muy inteligente* très intelligent ‖ fort (más ponderativo que *très*); *estoy muy satisfecha* je suis fort satisfaite ‖ bien, très; *muy lejos* très loin ‖ tout (con adverbio de manera); *iba muy despacio* il allait tout doucement; *se fueron muy contentos* ils sont partis tout contents ‖ — *la realidad es muy otra* la réalité est tout autre | *muy de nuestro tiempo* bien de notre époque ‖ FAM *muy mucho* un peu beaucoup ‖ *Muy Señor mío* Monsieur, Cher Monsieur [en tête de lettre] ‖ *por muy... que* avoir beau, tout... que, si... que; *por muy idiota que sea* tout idiot qu'il est; *por muy de prisa que vayas* si vite que tu ailles, tu as beau aller vite; *por muy valiente que sea* il a beau être courageux ‖ *ser muy de* être bien de; *eso es muy de él* c'est bien de lui.
◆ *f* POP gueule; *achantar la muy* fermer sa gueule.

N

n *f* n *m* ‖ MAT n (potencia) ‖ x (fulano).

nabo *m* BOT navet (planta) ‖ racine *f* (raíz cualquiera) ‖ FIG tronçon de queue (rabo) ‖ ARQ arbre, axe, noyau (parte central) ‖ *cada cosa en su tiempo, y los nabos en adviento* chaque chose en son temps.

nácar *m* nacre *f*.

nacarado, da *adj* nacré, e; *tez nacarada* teint nacré.
→ *adj y s m* nacarat.

nacatamal *m* (*amer*) pâté de maïs farci de viande de porc.

nacer* *v intr* naître (hombre o animal); *le nació un hijo* un fils lui est né ‖ naître, pousser (vegetal) ‖ se lever (los astros, el día) ‖ prendre naissance, prendre sa source (río) ‖ FIG naître, germer (originarse) ‖ — *al nacer* en naissant, à sa naissance ‖ *nacer con buena estrella* ou *con fortuna* naître sous une bonne étoile ‖ (*amer*) *nacer parado* naître sous une bonne étoile ‖ *nació para militar* il est né pour être militaire ‖ — FIG & FAM *haber nacido de pie* être né coiffé ‖ *haber nacido tarde* avoir un métro de retard (falto de noticias), avoir une case en moins (falto de inteligencia) ‖ *he vuelto a nacer hoy* je l'ai échappé belle, pour un peu j'y restais ‖ *no haber nacido ayer* ne pas être tombé de la dernière pluie, ne pas être né d'hier.
— OBSERV Le verbe *nacer* a deux participes passés, l'un régulier *nacido*, l'autre irrégulier *nato*.

nacido, da *adj* né, e; *haber nacido en Málaga* être né à Málaga ‖ — *bien, mal nacido* bien, mal né (linaje), bien, mal élevé (educación) ‖ *la señora de Boidin, nacida Leblanc* Madame Boidin, née Leblanc (de soltera) ‖ *recién nacido* nouveau-né.
→ *m y f pl los nacidos* les humains (seres humanos) ‖ *los nacidos en España* les personnes nées en Espagne.

naciente *adj* naissant, e; *día naciente* jour naissant ‖ FIG naissant, e ‖ BLAS naissant, e; issant, e.
→ *m* Levant (Oriente).

nacimiento *m* naissance *f*; *lugar de nacimiento* lieu de naissance; *regulación de nacimientos* contrôle des naissances ‖ source *f* (manantial de un río) ‖ crèche *f* [de Noël] ‖ FIG naissance *f* (origen) ‖ — *auto del Nacimiento* Mystère ‖ *de nacimiento*, né, e; *ciego de nacimiento* aveugle de naissance, aveugle-né ‖ *partida de nacimiento* acte de naissance.

nación *f* nation ‖ *de nación* natif de; *nicaragüense de nación* natif du Nicaragua.

nacional *adj* national, e; *carretera nacional* route nationale *f*; domanial, e (del estado) ‖ AVIAC *vuelos nacionales* vols nationaux *o* intérieurs.
→ *m* garde national (miliciano).
→ *pl* ressortissants, nationaux; *los nacionales de un país* les ressortissants d'un pays.

nacionalidad *f* nationalité; *doble nacionalidad* double nationalité.

nacionalismo *m* nationalisme.

nacionalista *adj y s* nationaliste.

nacionalización *f* nationalisation.

nacionalizar *v tr* nationaliser.

nacionalsindicalismo *m* national-syndicalisme.

nacionalsindicalista *adj y s* national-syndicaliste.

nacionalsocialismo *m* national-socialisme.

nacionalsocialista *adj y s* national-socialiste.

nada *f* néant *m* (el no ser); *sacar de la nada* tirer du néant ‖ rien *m*; *un nada le asusta* un rien lui fait peur ‖ *una persona salida de la nada* une personne sortie de rien.
→ *pron* rien; *no dice nada, nada dice* il ne dit rien; *hablar para no decir nada* parler pour ne rien dire; *no tengo nada que ver con eso* je n'y suis pour rien, je n'ai rien à voir là-dedans ‖ rien de (con adjetivo); *no ha hecho nada nuevo* il n'a rien fait de nouveau *o* de neuf ‖ — *nada bon*, passons; *nada hay que proseguir* bon, il faut continuer ‖ *nada de* rien de (con adjetivo); *nada de extraordinario* rien d'extraordinaire; du tout (con sustantivo); *no tiene nada de paciencia* il n'a pas de patience du tout; pas question de (con infinitivo o sustantivo); *nada de ir a jugar* ou *de juegos hoy* pas question d'aller jouer aujourd'hui ‖ *¡nada de eso!* pas question!, qu'il n'en soit pas question! (ni hablar), pas du tout!, ce n'est pas ça du tout (no se trata de eso) ‖ *nada de nada* rien de rien, rien du tout ‖ *nada más* rien de plus, rien d'autre, simplement; *bebió un poco de agua, nada más* il but simplement un peu d'eau; à peine (construido con el infinitivo); *nada más llegar* à peine arrivé; *nada más comer, se levantó* à peine le repas terminé, il se leva; à peine avait-il mangé qu'il se leva ‖ *nada más que eso* rien que cela ‖ *nada más y nada menos* un point, c'est tout ‖ *nada más y nada menos que* ni plus ni moins que ‖ *nada menos* rien de moins ‖ *nada menos que* rien (de), moins que, ni plus ni moins que ‖ — (*amer*) *a cada nada* à chaque instant ‖ *casi nada* presque pas; *no habla casi nada* il ne parle presque pas ‖ *como si nada* comme si de rien n'était ‖ *de nada* de rien, il n'y a pas de quoi ‖ FAM *ni nada* même pas; *no quiere estudiar ni nada* il ne veut même pas étudier ‖ *para nada* pour rien, en pure perte ‖ *por nada* pour rien, pour un rien ‖ *por nada del mundo* ou *en el mundo* pour rien au monde, pour tout l'or du monde, pour un empire; *no lo haría por nada del mundo* je ne le ferais pour rien au monde ‖ *pues nada* bon, bien, c'est bien ‖ *y nada más* un point c'est tout ‖ — *ahí es nada* vous

croyez que ça n'est rien? || *como quien no dice nada* sans en avoir l'air || *con intentarlo no se pierde nada* on peut toujours essayer || *en nada estuvo que cayera, nada faltó para que cayera* il s'en fallut de peu qu'il ne tombât, il a bien failli tomber || *estar para nada* ne servir à rien || *¡no es nada!* ce n'est rien! (no importa), rien que cela! (nada más), ce n'est pas sorcier! (no es difícil), ce n'est pas extraordinaire! (no es muy bueno) || *no hace nada* il y a un instant; *no hace nada que salió* il est sorti il y a un instant; *no hay nada de eso* il n'en est rien, ce n'est pas ça du tout || *no me dice nada* cela ne me dit rien || *no saber nada de nada* ne rien savoir du tout, ne savoir rien de rien || *no se hace nada con nada* on ne fait rien de rien || *no ser nada* être une nullité *o* un zéro || *no servir para nada* ne servir à rien || *no tocarle nada a uno* n'être rien à quelqu'un (parentesco) || *peor es nada* c'est mieux que rien || *reducir a nada* réduire à néant || *tener en nada* faire peu de cas de, ne faire aucun cas de.

◆ *adv* pas du tout; *no es nada tonto* il n'est pas sot du tout; *no se detuvo nada* il ne s'arrêta pas du tout.

◆ *interj* ce n'est rien!, je t'en *o* je vous en prie! (no es nada), non!, mais non! (¡no!) || FAM *¡de eso nada!* pas question! | *¡de eso nada, monada!* tu rêves, Herbert! || *¡nada, nada!* non, non et non! (negación reforzada).

nadador, ra *m y f* nageur, euse.
◆ *adj* nageur, euse (ave).
nadar *v intr* nager; *nadar de espalda* nager sur le dos || FIG nager; *nadar en la opulencia* nager dans l'opulence | nager (en un vestido demasiado amplio) || — FIG & FAM *nadar en sudor* être en sueur *o* en nage | *nadar entre dos aguas* nager entre deux eaux | *saber nadar y guardar la ropa* ménager la chèvre et le chou, savoir nager.
◆ *v tr* nager; *nadar el crawl* nager le crawl.
nadería *f* bagatelle, rien *m*, bricole.
nadie *pron indef* personne; *no había nadie* il n'y avait personne; *nadie lo sabe, no lo sabe nadie* personne ne le sait || — *a nadie se le ocurre hacer tal cosa* personne n'aurait l'idée de faire une chose pareille || *nadie es profeta en su tierra* nul n'est prophète en son pays || *nadie más* personne d'autre.
◆ *m* FIG personne *f* insignifiante, nullité *f* || — *no ser nadie* n'être rien, être une personne insignifiante *o* quelconque (no ser importante), ne pas être n'importe qui, être quelqu'un (ser alguien) || *un don nadie* une personne sans importance, un pas-grand-chose, un rien du tout.

— OBSERV Lorsque *nadie* précède le verbe, la particule négative *no* disparaît.

nado *m* nage *f*; *salvarse a nado* se sauver à la nage.
nafta *f* naphte *m* || *(amer)* essence (gasolina).
naftalina *f* naphtaline, naphtalène *m (p us)*.
Nagasaki *n pr* GEOGR Nagasaki.
nagual *m (amer)* sorcier (brujo).
◆ *f (amer)* mensonge *m* (mentira).
nagualear *v intr (amer)* mentir (decir mentiras) | voler (robar).
naïf *adj* ARTES naïf, ive; *arte naïf* art naïf.
nailon *m* Nylon [nom déposé].
naipe *m* carte *f* [à jouer]; *barajar los naipes* battre les cartes || — FIG *castillo de naipes* château de cartes || *tener buen, mal naipe* avoir, ne pas avoir de chance (en el juego).

Nairobi *n pr* GEOGR Nairobi.
najarse *v pr* POP ficher le camp, se tirer, se tailler, se barrer (irse).
nalga *f* fesse.
nambí *adj (amer)* qui a une oreille tombante.
Namibia *n pr* GEOGR Namibie.
nana *f* FAM mémé, grand-maman (abuela) | berceuse (canción de cuna) || *(amer)* bobo *m* (pupa) | nourrice, bonne d'enfants (niñera) || FAM *en el año de la nana* au temps jadis, au temps où la reine Berthe filait.
¡nanay! *interj* FAM des clous!, des nèfles! (¡ni hablar!).
nao *f* nef (nave).
napa *f* agneau *m* tanné (piel).
napalm *m* napalm.
napias *f pl* FAM pif *m sing*, blair *m sing*, truffe *sing* [narices].
napoleón *m* napoléon (moneda).
Napoleón *n pr m* Napoléon.
napoleónico, ca *adj y s* napoléonien, enne.
Nápoles *n pr* GEOGR Naples.
napolitano, na *adj* napolitain, e.
◆ *m y f* Napolitain, e.
naranja *f* orange (fruto); *un zumo de naranja* un jus d'orange || — *naranja agria* orange amère || *naranja dulce* orange douce || *naranja mandarina* ou *tangerina* mandarine || *naranja sanguina* orange sanguine || FAM *¡naranjas!, ¡naranjas de la China!* des nèfles!, des clous! (¡ni hablar!) || — FIG *media naranja* coupole (cúpula), moitié (esposa).
◆ *adj inv y s m* orange; *un vestido naranja* une robe orange; *un naranja claro* un orange clair.
naranjada *f* orangeade.
naranjado, da *adj* orange *inv* (naranja), orangé, e (anaranjado).
naranjal *m* orangeraie *f*.
naranjero, ra *adj* des oranges || de moyen calibre (cañón, tubo).
◆ *m y f* marchand, e d'oranges (vendedor).
◆ *m* tromblon (trabuco).
naranjo *m* oranger (árbol).
narcisismo *m* narcissisme.
narcisista *adj y s* narcissiste.
narciso *m* BOT narcisse (flor) || FIG narcisse.
narcolepsia *f* MED narcolepsie.
narcomanía *f* MED narcomanie.
narcosis *f* MED narcose.
narcoterrorismo *m* terrorisme lié au trafic des stupéfiants.
narcótico, ca *adj y s m* MED narcotique.
narcotina *f* QUÍM narcotine (alcaloide del opio).
narcotismo *m* MED narcotisme.
narcotizar *v tr* MED narcotiser.
narcotraficante *m y f* narcotrafiquant, e; trafiquant, e de drogue (traficante de narcóticos).
narcotráfico *m* trafic de stupéfiants *o* de drogue (tráfico de narcóticos).
nardo *m* BOT nard (planta y perfume) | tubéreuse *f* (tuberosa).
narguile *m* narghilé, narguilé (pipa turca).
narigón, ona *adj y s* qui a un grand nez, à long nez.
◆ *m* grand nez (nariz).

narigudo, da *adj* qui a un grand nez, à long nez (narigón).

nariz *f* nez *m*; *nariz aguileña* ou *aquilina, chata* nez aquilin, camus ‖ narine (orificio nasal) ‖ naseau *m* (de los animales) ‖ FIG odorat *m*, nez *m* (olfato) ‖ flair *m*, nez *m* (perspicacia) ‖ bouquet *m* (del vino) ‖ TECN mentonnet *m* (del picaporte) ‖ bec *m* (de un alambique) ‖ — *nariz aplastada* nez écrasé ‖ *nariz perfilada* nez bien dessiné, nez droit ‖ *nariz postiza* faux nez ‖ *nariz respingada* ou *respingona* ou *remangada* nez retroussé o en trompette (*fam*) ‖ — *palmo de nariz* pied de nez ‖ *ventana de la nariz* narine ‖ — FIG *darle a uno en la nariz* sentir, pressentir, avoir dans l'idée.

◆ *pl* nez *m sing* ‖ — *narices remachadas* nez écrasé ‖ — *en las mismas narices de* au nez de, au nez et à la barbe de ‖ *¡ni qué narices!* allons donc!, tu parles!, vous parlez!, mon œil! (*fam*) ‖ *¡qué poeta ni qué narices!* vous parlez d'un poète!, il n'a rien d'un poète! ‖ — FIG & FAM *caerse de narices* piquer du nez (un avión), se casser la figure (una persona) ‖ *comerse las narices* se manger le nez ‖ *dar con la puerta en las narices* fermer la porte au nez ‖ *dar en las narices* en mettre plein la vue, éclabousser; *el nuevo rico quiere dar en las narices con su lujo a todo el mundo* le nouveau riche veut éclabousser tout le monde de son luxe ‖ *estar hasta las narices* en avoir par-dessus la tête, en avoir plein le dos ‖ *hablar con las narices* parler du nez ‖ *hacer algo por narices* faire quelque chose parce qu'on en a envie o parce que ça nous chante ‖ *me está usted hinchando las narices* je sens la moutarde qui me monte au nez, vous commencez à me taper sur les nerfs ‖ *meter las narices en todo* mettre o fourrer son nez partout ‖ *no saber dónde tiene uno las narices* s'y entendre comme à ramer des choux ‖ *no ver más allá de sus narices* ne pas voir plus loin que le bout de son nez ‖ *pasar por debajo de las narices* passer sous le nez ‖ *quedarse con dos palmos de narices, romperse las narices* se casser le nez (fracasar al no encontrar a nadie), rester le bec dans l'eau (fracasar) ‖ *reírse en las narices de uno* rire au nez de quelqu'un ‖ *romper las narices* casser la figure ‖ *salirle a uno de las narices* chanter; *sólo hace lo que le sale de las narices* il ne fait que ce qui lui chante ‖ *sangrar* ou *echar sangre por las narices* saigner du nez ‖ *sonarse* ou *limpiarse las narices* se moucher ‖ *tener algo delante de sus narices* avoir quelque chose sous le nez ‖ FIG & FAM *¡tiene narices la cosa!* c'est un peu fort! ‖ *tocarse las narices* se la couler douce.

◆ *interj* FIG *¡narices!* des nèfles!, des figues!

narizón, ona *adj* FAM qui a un grand nez.

narizota *f* FAM grand nez *m*, grand blair *m* (*pop*).

◆ *m* FAM homme qui a un grand nez.

narración *f* narration, récit *m* (relato) ‖ narration (parte del discurso).

narrador, ra *adj* narratif, ive.

◆ *m* y *f* narrateur, trice.

narrar *v tr* raconter, narrer (*p us*).

narrativa *f* narration, récit *m* (relato) ‖ facilité o aisance pour raconter (facilidad).

narrativo, va *adj* narratif, ive.

narval *m* narval (cetáceo).

nasa *f* nasse (para el pescado) ‖ casier *m* (para los crustáceos) ‖ corbeille à pain (cesto).

N.ª S.ª abrev de *Nuestra Señora* N.-D., Notre-Dame.

NASA abrev de *National Aeronautics and Space Administration* Administration nationale pour l'aéronautique et l'espace [aux États-Unis].

nasal *adj* y *s f* nasal, e; *huesos nasales* os nasaux ‖ — GRAM *consonante nasal* consonne nasale ‖ ANAT *fosas nasales* fosses nasales.

nasalidad *f* nasalité.

nasalización *f* nasalisation; *nasalización de un sonido* nasalisation d'un son ‖ nasillement *m* (gangueo).

nasalizar *v tr* nasaliser.

◆ *v intr* parler du nez, nasiller (defecto).

nata *f* crème fraîche, crème (de la leche) ‖ FIG crème, fleur (lo mejor) ‖ MIN (*amer*) crasse, scorie (escoria) ‖ — FIG *la flor y nata* la fine fleur, le gratin ‖ *nata batida* crème fouettée.

◆ *pl* crème *sing* renversée (natillas).

natación *f* natation (deporte) ‖ nage (acción).

natal *adj* natal, e; *la ciudad natal de Cervantes* la ville natale de Cervantès.

◆ *m* naissance *f* (nacimiento) ‖ anniversaire (cumpleaños).

natalicio *m* naissance *f*, jour de la naissance (día de nacimiento) ‖ anniversaire (cumpleaños).

natalidad *f* natalité; *índice de natalidad* taux de natalité.

natatorio, ria *adj* natatoire.

natillas *f pl* crème *sing* renversée.

natividad *f* nativité.

nativo, va *adj* natif, ive (natural); *oro nativo* or natif; *virtud nativa* vertu native ‖ naturel, elle; inné, e (inato) ‖ maternel, elle; *lengua nativa* langue maternelle ‖ natal, e (natal); *suelo nativo* sol natal ‖ d'origine; *profesor nativo* professeur d'origine.

◆ *m* y *f* natif, ive.

nato, ta *adj* né, e; *enemigo nato* ennemi-né ‖ DR de droit.

natura *f* nature (naturaleza) ‖ *a* ou *de natura* naturellement.

natural *adj* naturel, elle; *gas natural* gaz naturel ‖ originaire, natif, ive; *natural de Sevilla* originaire de Séville ‖ nature, naturel, elle (sencillo); *persona muy natural* personne très naturelle ‖ *es muy natural que* il est très naturel que ‖ *hijo natural* enfant naturel ‖ MAT *logaritmo natural* logarithme naturel ‖ *muerte natural* mort naturelle ‖ *tamaño natural* grandeur nature; *retrato de tamaño natural* portrait grandeur nature.

◆ *adv* naturellement, bien sûr (por supuesto).

◆ *m* naturel, nature *f*; *de un natural celoso* d'une nature jalouse ‖ ressortissant, natif, naturel; *los naturales de un país* les ressortissants d'un pays ‖ TAUROM naturelle *f* [passe de muleta effectuée avec la main gauche] ‖ — *al natural* au naturel; *atún al natural* thon au naturel ‖ *parecerle a uno muy natural* trouver tout naturel ‖ *pintar del natural* peindre d'après nature ‖ *reproducir del natural* prendre sur le vif ‖ *ser lo más natural del mundo* être tout ce qu'il y a de plus naturel.

naturaleza *f* nature; *la costumbre es una segunda naturaleza* l'habitude est une seconde nature ‖ naturel *m*, nature (natural) ‖ nature (clase); *objetos de naturaleza diferente* objets de différente nature ‖ nationalité (nacionalidad) ‖ naturalisation; *cartas de naturaleza* lettres de naturalisation ‖ — *naturaleza divina* nature divine ‖ *naturaleza humana* nature humaine || *naturaleza muerta* nature morte (bodegón).

naturalidad *f* naturel *m* (sencillez); *habla falta de naturalidad* langage qui manque de naturel || simplicité; *hablar con naturalidad* parler avec simplicité; *se lo dije con toda naturalidad* je le lui ai dit en toute simplicité || vérité (de un retrato, de un personaje) || nationalité (pertenencia a un pueblo) || — *con toda* ou *mucha naturalidad* avec beaucoup de naturel || *no tener naturalidad* manquer de naturel.

naturalismo *m* naturalisme, naturisme (doctrina, literatura) || naturisme (desnudismo).

naturalista *adj y s* naturaliste.

naturalización *f* naturalisation.

naturalizado, da *adj y s* naturalisé, e.

naturalizar *v tr* naturaliser.
◆ *v pr* se faire naturaliser, se naturaliser.

naturismo *m* naturisme.

naturista *adj y s* naturiste || naturiste (nudista).

naufragar *v intr* naufrager, faire naufrage || FIG échouer (un negocio).

naufragio *m* naufrage || FIG naufrage (pérdida).

náufrago, ga *adj y s* naufragé, e.
◆ *m* requin (tiburón) || *sociedad de salvamento de náufragos* société de sauvetage.

náusea *f* nausée | *tener* ou *sentir náuseas* avoir des nausées (ganas de vomitar), avoir la nausée (asco).

nauseabundo, da *adj* nauséabond, e.

nauta *m* POÉT nautonnier, marin (marinero).

náutica *f* science nautique, navigation || *escuela de náutica* école de navigation.

náutico, ca *adj* nautique || *rosa náutica* rose des vents.

nava *f* GEOGR cuvette, dépression (llanura).

navaja *f* couteau *m* [à lame pliante]; navaja || canif *m* (cortaplumas) || ZOOL couteau *m* (molusco) || défense [de sanglier] (colmillo) || aiguillon *m* (de insecto) || — *navaja barbera* ou *de afeitar* rasoir [de barbier] || *navaja de injertar* greffoir || *navaja de muelle* couteau à cran d'arrêt.

navajada *f*; **navajazo** *m* coup *m* de couteau; *a navajazos* à coups de couteau || *andar a navajazos* jouer du couteau.

navajero *m* étui à rasoirs (estuche) || frottoir, linge où l'on essuie le rasoir (paño).

naval *adj* naval, e; *combates navales* combats navals.

Navarra *n pr f* GEOGR Navarre.

navarro, rra *adj* navarrais, e (de Navarra) || navarrin, e (caballo).
◆ *m y f* Navarrais, e.

nave *f* vaisseau *m*, nef (barco) || ARQ nef; *nave principal* nef centrale || corps *m* de bâtiment (cuerpo de edificio) || hall *m* (en una fábrica) || hangar *m* (cobertizo) || — FIG *nave de San Pedro* l'Église catholique || *nave espacial* vaisseau spatial || *nave lateral* bas-côté, collatéral || FIG *quemar las naves* brûler ses vaisseaux, couper les ponts.

navegabilidad *f* navigabilité.

navegable *adj* navigable.

navegación *f* navigation; *navegación submarina* navigation sous-marine || — *certificado de navegación* certificat de navigabilité || *navegación aérea* navigation aérienne || *navegación a vela* ou *de recreo* yachting || *navegación costera* ou *de cabotaje* navigation côtière o de cabotage || *navegación de altura* navigation au long cours o hauturière || *navegación de estima* navigation estimée o observée || *navegación fluvial* navigation fluviale o intérieure.

navegante *adj* navigant, e (que navega).
◆ *m* navigateur.

navegar *v intr* naviguer || FIG trafiquer (comerciar) || naviguer (trajinar) || *(amer)* tolérer, supporter (soportar) || — *navegar en conserva* naviguer de conserve (juntos) || FIG *saber navegar* savoir naviguer, bien conduire sa barque.
◆ *v tr* MAR filer; *el barco navega cinco millas* le bateau file cinq milles.

naveta *f* petite nef (barco) || navette (para el incienso) || tiroir *m* (gaveta) || ARQ sorte de dolmen des îles Baléares.

navicert *m* navicert (licencia de navegación en tiempo de guerra).

navidad *f* nativité (natividad del señor) || Noël *m*, fête de Noël (fiesta cristiana) || — *árbol de Navidad* arbre de Noël || *canción de Navidad* Noël, chant de Noël (villancico) || *pascua de Navidad* Noël (fiesta cristiana) || *por Navidad* à (la), Noël || *tarjeta de felicitación de Navidad* carte de Noël.
◆ *pl* Noël *m sing*; *felices Navidades* joyeux Noël; *felicitar las Navidades* présenter ses vœux à Noël || Noël *m sing*, fêtes de Noël (fiestas); *se acercan las Navidades* les fêtes de Noël approchent.

navideño, ña *adj* de Noël; *fiestas navideñas* fêtes de Noël.

naviero, ra *adj* naval, e.
◆ *m* armateur (dueño de barcos).
◆ *f* compagnie de navigation.

navío *m* navire, vaisseau (barco) || — *capitán de navío* capitaine de vaisseau || ASTR *Navío Argos* le Navire (constelación) || *navío de línea* bâtiment de ligne.

náyade *f* MIT naïade || BOT naïade.

nazareno, na *adj* nazaréen, enne.
◆ *m y f* Nazaréen, enne.
◆ *m* pénitent [dans les processions de la semaine sainte] || BOT sorte de nerprun d'Amérique || *el Nazareno* Jésus-Christ.
◆ *f pl* éperons *m* de grande taille (espuelas).

Nazaret *n pr* GEOGR Nazareth.

nazi *adj y s* nazi.

nazismo *m* nazisme.

NB abrev de *nota bene* N.B., nota bene, nota.

N'Djamena; Yamena *n pr* GEOGR N'Djamena.

Neanderthal *n pr* Neandertal, Neanderthal.

neblina *f* brouillard *m*.

Nebraska *n pr* GEOGR Nebraska.

nebrisense *adj y s* de Lebrija (lebrijano).

nebulosa *f* nébuleuse.

nebulosidad *f* nébulosité.

nebuloso, sa *adj* nébuleux, euse; nuageux, euse; *un cielo nebuloso* un ciel nébuleux || FIG nébuleux, euse; nuageux, euse; *un pensamiento nebuloso* une pensée nébuleuse.

necedad *f* sottise, niaiserie, bêtise; *soltar una necedad* dire une niaiserie.

necesariamente *adv* nécessairement, de toute nécessité || absolument; *tengo que ir necesariamente* il faut absolument que j'y aille.

necesario, ria *adj* nécessaire || — *el Ser Necesario* le grand Être (Dios) || *es necesario* il faut, il est nécessaire; *es necesario abonar este terreno* il est

nécessaire de *o il faut fumer ce terrain; il le faut, c'est nécessaire; *¿tienes que irte ahora? — es necesario* dois-tu partir maintenant? — il le faut ‖ *no es necesario* ce n'est pas nécessaire, ce n'est pas la peine ‖ *si es necesario* si besoin est, s'il le faut, en cas de besoin; *si es necesario me iré esta noche* s'il le faut je partirai ce soir; au besoin (si no hay más remedio); *si es necesario te declaras enfermo* au besoin tu te fais porter malade.
- ◆ *m lo necesario* le nécessaire; *carecer de lo necesario* manquer du nécessaire ‖ *lo estrictamente necesario* le strict nécessaire.

neceser *m* nécessaire (estuche); *neceser de aseo* nécessaire de toilette.

necesidad *f* nécessité ‖ besoin *m*; *necesidades de mano de obra* besoins en main-d'œuvre ‖ besoin *m*, dénuement *m* (falta de lo necesario); *estar en la necesidad* être dans le besoin ‖ faim, inanition (hambre); *caerse de necesidad* tomber d'inanition ‖ — *artículos de primera necesidad* articles de première nécessité ‖ *en caso de necesidad* en cas de besoin, au besoin ‖ *herida mortal de necesidad* coup fatal ‖ *por necesidad* par nécessité ‖ — *hacer de la necesidad virtud* faire de la nécessité une vertu ‖ *la necesidad carece de ley* nécessité fait loi ‖ *tener necesidad de* avoir besoin de ‖ *verse en la necesidad de* se voir dans l'obligation de.
- ◆ *pl* nécessités, besoins *m*, besoins *m* naturels; *hacer sus necesidades* faire ses besoins ‖ FIG *pasar necesidades* manger de la vache enragée.
- — OBSERV *Nécessité* indica una necesidad más grave y más apremiante que *besoin*.

necesitado, da *adj* y *s* nécessiteux, euse.
- ◆ *adj* dans le besoin, nécessitant, e (pobre); *estar necesitado* être dans le besoin ‖ — *andar necesitado de dinero* être à court d'argent, avoir besoin d'argent ‖ *verse necesitado a* se voir obligé à, se voir dans l'obligation de ‖ *verse necesitado de* avoir besoin de.

necesitar *v tr* nécessiter, requérir (exigir) ‖ avoir besoin de; *necesita dinero* il a besoin d'argent; *necesito tu ayuda* j'ai besoin de ton aide ‖ demander; *se necesitan dos mecanógrafas* on demande deux dactylographes ‖ falloir (ser necesario); *necesito hablarte mañana* il faut que je te parle demain; *necesito diez mil francos antes de mañana* il me faut dix mille francs avant demain.
- ◆ *v intr* avoir besoin de; *necesito de usted* j'ai besoin de vous.

necio, cia *adj* y *s* sot, sotte; niais, e; bête ‖ *a pregunta necia, oídos sordos* ou *de mercader* à folle demande point de réponse.

nécora *f* ZOOL étrille (cangrejo).
necrófago, ga *adj* nécrophage.
necrofilia *f* nécrophilie.
necrología *f* nécrologie ‖ nécrologe *m* (lista).
necrológico, ca *adj* nécrologique; *nota necrológica* notice nécrologique.
necromancia *f* nécromancie (nigromancia).
necrópolis *f* nécropole.
necrosis *f* MED nécrose.
néctar *m* nectar.
nectarina *f* nectarine, brugnon *m* (fruta).
neerlandés, esa *adj* néerlandais, e.
- ◆ *m* y *f* Néerlandais, e.

nefando, da *adj* abominable, infâme, odieux, euse; *un crimen nefando* un crime odieux.

nefasto, ta *adj* néfaste.
Nefertiti *n pr* Néfertiti.
nefrítico, ca *adj* MED néphrétique ‖ *cólico nefrítico* coliques néphrétiques.
nefritis *f* MED néphrite.
nefrología *f* néphrologie.
nefrólogo, ga *m* y *f* MED néphrologue.
negación *f* négation ‖ refus *m* (negativa) ‖ GRAM négation ‖ FIG opposé *m*, négation; *es la negación de la belleza* c'est l'opposé de la beauté.
negado, da *adj* FIG incapable (incapaz) | bouché, e (estúpido).
- ◆ *m* FIG & FAM nullité *f*.

negar* *v tr* nier; *negar un hecho* nier un fait; *no niego que eso sea cierto* je ne nie pas que cela soit vrai ‖ démentir (desmentir) ‖ refuser (rehusar); *negar un permiso* refuser une permission ‖ renier (abandonar); *San Pedro negó a Jesús* saint Pierre renia Jésus ‖ FIG refuser, ne pas accorder; *la naturaleza le ha negado la belleza* la nature ne lui a pas accordé la beauté ‖ *¿a qué negarlo?* pourquoi le cacher?, pourquoi ne pas le dire? ‖ *negar la entrada a* refuser o interdire sa porte à ‖ *no me negará que esto es verdad* vous ne nierez pas que cela est vrai.
- ◆ *v pr* refuser de, se refuser à; *se niega a pagar* il refuse de payer; *se niega a salir* il se refuse à sortir ‖ *negarse a la razón* ou *a la evidencia* nier l'évidence ‖ *negarse a sí mismo* renoncer à soi-même, se renoncer.

negativa *f* refus *m*, négative (repulsa); *recibir una negativa* essuyer un refus ‖ négation (negación) ‖ DR *negativa categórica* fin de non-recevoir.
negativamente *adj* négativement ‖ *responder negativamente* répondre par la négative.
negativismo *m* FILOS négativisme.
negativo, va *adj* négatif, ive; *crítica negativa* critique défavorable.
- ◆ *m* FOT négatif.

negligé *m* négligé (bata).
negligencia *f* négligence (dejadez) ‖ laisser-aller *m* (conducta, indumentaria).
negligente *adj* y *s* négligent, e (descuidado) ‖ *negligente en* ou *para sus negocios* négligent dans ses affaires.
negociable *adj* négociable ‖ commerciable; *giro negociable* effet commerciable.
negociación *f* négociation; *entablar negociaciones* engager des négociations.
negociado *m* bureau, service (despacho); *jefe de negociado* chef de bureau.
negociador, ra *adj* qui négocie.
- ◆ *m* y *f* négociateur, trice.

negociante *m* y *f* négociant, e; *negociante al por mayor* négociant en gros.
- ◆ *m* homme d'affaires (hombre de negocios).

negociar *v tr* e *intr* négocier (tratar) ‖ négocier, commercer, faire du commerce; *negociar con Italia* négocier avec l'Italie ‖ faire le commerce de (comerciar); *negociar en granos* faire le commerce des grains ‖ — *negociar al por mayor, al por menor* faire le commerce en gros, au détail ‖ *negociar un tratado* négocier un traité.

negocio *m* affaire *f*; *hombre de negocios* homme d'affaires; *dedicarse a los negocios* être dans les affaires ‖ négoce (comercio); *el negocio de los vinos al por mayor* le négoce des vins en gros ‖ fonds de

negra

commerce, affaire f (casa comercial) ‖ *(amer)* boutique f, commerce ‖ — *encargado de negocios* chargé d'affaires (diplomático) ‖ *negocio redondo* affaire en or ‖ *negocio sucio* affaire louche ‖ *volumen de negocio* chiffre d'affaires ‖ — *evacuar un negocio* expédier o régler une affaire ‖ *hablar de negocios* parler affaires ‖ *hacer negocio* faire affaire ‖ *hacer un buen, mal negocio* faire une bonne, mauvaise affaire ‖ FIG & FAM *¡menudo negocio has hecho!* tu as fait une belle affaire! ‖ *poner un negocio* monter une affaire ‖ *traspasar un negocio* céder un fonds de commerce o un commerce.

negra f MÚS noire; *negra con puntillo* noire pointée ‖ fleuret m moucheté (espada) ‖ — FIG & FAM *hacérselas pasar negras a alguien* en faire voir de toutes les couleurs à quelqu'un | *tener* ou *venir la negra* avoir la guigne, la poisse.

negrear v intr tirer sur le noir.

negrero, ra adj y s négrier m.
→ m y f FIG despote m, tyran m | négrier m (que explota a otro).

negrilla f IMPR caractère m gras (letra) ‖ sorte de congre (pez) ‖ BOT parasite m de l'olivier (hongo).

negrita f IMPR caractère m gras (negrilla).

negro, gra adj noir, e; *cabellos negros* cheveux noirs; *manos negras* mains noires (sucias) ‖ noir, e; *raza negra* race noire ‖ nègre, noir, e (de raza negra); *tribu negra* tribu nègre ‖ FIG triste, sombre (triste); *¡qué porvenir más negro!* quel sombre avenir!; *la vida es negra* la vie est triste ‖ — *lista negra* liste noire ‖ *mercado negro* marché noir ‖ *¡qué suerte más negra!* quelle manque de chance!, quelle déveine! ‖ *tan negro como el carbón* ou *negro como un tizón* noir comme le charbon o comme l'encre ‖ — FIG & FAM *estar negro con* être furieux après (con una persona) o à cause de (con una cosa) | *estar negro de envidia* mourir d'envie | *pasarlas negras* en voir des vertes et des pas mûres, en voir de toutes les couleurs, en voir de dures (pasarlo muy mal una persona) | *poner negro* agacer, rendre fou (poner nervioso), agonir d'injures (insultar), couvrir de bleus (de golpes) ‖ *ponerse negro* brunir (broncearse), enrager, devenir fou (ponerse furioso) | *tener ideas negras* avoir des idées noires, broyer du noir | *verlo todo negro* voir tout en noir | *vérselas negras, verse negro* en voir de toutes les couleurs.
→ m y f noir, e; nègre, esse ‖ — *negro cimarrón* nègre marron ‖ FIG *trabajar como un negro* travailler comme un nègre.
→ m noir (color) ‖ FIG nègre (colaborador) ‖ bronzage (bronceado) ‖ — QUÍM *negro animal* noir animal ‖ *negro de humo, de marfil* noir de fumée, d'ivoire ‖ — FIG *pintar en* ou *de negro* peindre en noir
— OBSERV *Nègre* (substantivo) tiene en francés un sentido despectivo, por lo cual es preferible emplear su sinónimo *Noir*.

Negro (mar) n pr GEOGR mer Noire.

Negro (río) n pr GEOGR río Negro.

negroide adj negroïde.

negror m; **negrura** f noirceur f, couleur f noire ‖ obscurité f, épaisseur f (de la noche).

negruzco, ca adj noirâtre.

neja f *(amer)* galette de maïs (tortilla).

nemoroso, sa adj POÉT némoral, e (relativo al bosque) | boisé, e; couvert de forêts (cubierto de bosques).

nemotecnia f mnémotechnie.

nemotécnico, ca adj mnémotechnique.

nene, na m y f bébé m (niño pequeño) ‖ petit, e; mon petit (expresión cariñosa); *nena, ven aquí* viens ici, mon petit.

nenúfar m BOT nénuphar (flor).

neobarroco m ARTES néo-baroque.

neobarroquismo m résurgence f du baroque.

neocaledonio, nia adj néo-calédonien, enne.
→ m y f Néo-Calédonien, enne.

neocapitalismo m ECON néocapitalisme.

neocelandés, esa adj néo-zélandais, e.
→ m y f Neo-Zélandais, e.

neoclasicismo m néoclassicisme.

neoclásico, ca adj y s néoclassique.

neocolonialismo m néocolonialisme.

neocolonialista adj y s néocolonialiste.

neofascismo m néofascisme.

neofascista adj y s néofasciste.

neófito, ta m y f néophyte.

neogótico, ca adj y s néogothique.

neolatino, na adj néolatin, e; *lengua neolatina* langue néolatine.

neoliberalismo m néolibéralisme.

neolítico, ca adj y s m néolithique.

neologismo m néologisme.

neón m néon (gas); *alumbrado de neón* éclairage au néon.

neonatal adj néonatal, e.

neonato, ta adj nouveau-né m.

neonazi adj y s néonazi, e.

neoplasma m MED néoplasme.

neoplatonismo m néoplatonisme.

neoplatónico, ca adj y s néoplatonicien, enne.

neopreno m néoprène (caucho).

neorrealismo m néoréalisme.

neorrealista adj y s néoréaliste.

neoyorquino, na adj new-yorkais, e.
→ m y f New-Yorkais, e.

neozelandés, sa adj néo-zélandais, e.

neozoico, ca adj GEOL néozoïque.

Nepal n pr GEOGR Népal.

nepalés, esa; nepalí adj népalais, e.
→ m népalais (lengua).
→ m y f Népalais, e.

nepotismo m népotisme.

Neptuno n pr m Neptune.

nereida f MIT & ZOOL néréide.

nervado, da adj innervé, e ‖ ARQ nervé, e; *bóveda nervada* voûte nervée.

nervadura f ARQ nervure, nerf m ‖ BOT nervation.

nervio m ANAT nerf ‖ FIG nerf; *el dinero es el nervio de la guerra* l'argent est le nerf de la guerre | nerf, ressort (energía) ‖ ARQ nerf, nervure f ‖ BOT nervure f ‖ MÚS corde f [d'instrument] ‖ TECN nerf [d'une reliure] (de libro) ‖ MAR filière f d'envergure ‖ — ANAT *nervio acústico* nerf acoustique | *nervio auditivo* nerf auditif | *nervio óptico* nerf optique | *nervio vestibular* nerf vestibulaire | *nervio de buey* nerf de bœuf ‖ — FIG & FAM *estar hecho un manojo de nervios* avoir les nerfs en boule o en pelote | *poner los nervios de punta, atacar los nervios* taper o porter sur les nerfs, mettre les nerfs à vif | *ser un manojo de nervios* être un paquet de nerfs | *tener los nervios* *de punta* avoir les nerfs en boule *o* en pelote *o* à fleur de peau | *tener los nervios bien templados* avoir les nerfs solides | *tener nervio* avoir du nerf | *tener nervios de acero* avoir des nerfs d'acier ‖ *tener un ataque de nervios* avoir une crise de nerfs.

nerviosamente *adv* nerveusement.

nerviosidad *f* nervosité ‖ énervement *m* (irritación) ‖ souplesse (de un metal) ‖ FIG force, vigueur (fuerza).

nerviosismo *m* nervosité *f*, nervosisme ‖ *quitar el nerviosismo* décontracter, détendre.

nervioso, sa *adj* nerveux, euse; *sistema nervioso* système nerveux ‖ nerveux, euse (de nervios irritables) ‖ énervé, e (irritado) ‖ BOT nervé, e ‖ — *poner nervioso* énerver, porter *o* taper sur les nerfs (*fam*) ‖ *ponerse nervioso* s'énerver.

nervudo, da *adj* nerveux, euse.

nesga *f* biais *m*, lé *m* (dans un vêtement) ‖ pointe (pieza triangular).

nesgado, da *adj* coupé en biais.

nesgar *v tr* couper en biais.

neto, ta *adj* net, nette; *peso neto* poids net; *precio neto* prix net ‖ *en neto* net (en limpio).
◆ *m* ARQ piédestal.

neumático, ca *adj y s f* FÍS pneumatique.
◆ *m* pneu, pneumatique (de rueda) ‖ *juego de neumáticos* train de pneus ‖ *neumático contra pinchazos* pneu increvable ‖ *neumático de clavos* pneu clouté.

neumococo *m* MED pneumocoque.

neumología *f* pneumologie.

neumonía *f* MED pneumonie.

neumotórax *m* MED pneumothorax.

neuralgia *f* MED névralgie.

neurálgico, ca *adj* MED névralgique.

neurastenia *f* MED neurasthénie.

neurasténico, ca *adj y s* MED neurasthénique.

neuritis *f* MED névrite.

neurobiología *f* neurobiologie.

neurobiólogo, ga *m y f* neurobiologiste.

neurocirugía *f* MED neurochirurgie.

neurocirujano, na *m y f* MED neurochirurgien, enne.

neurofisiología *f* neurophysiologie.

neurología *f* MED neurologie.

neurológico, ca *adj* neurologique.

neurólogo, ga *m y f* MED neurologue, neurologiste.

neuroma *m* MED névrome (tumor).

neurona *f* ANAT neurone *m*.

neurópata *adj y s* MED névropathe.

neuropatía *f* MED névropathie.

neuropatología *f* MED neuropathologie.

neuropsiquiatría *f* MED neuropsychiatrie.

neurosis *f* MED névrose.

neurótico, ca *adj* MED névrosique.
◆ *adj y s* MED névrosé, e (persona).

neurotransmisor *m* neurotransmetteur, neuromédiateur.

neurovegetativo, va *adj* neuro-végétatif, ive.

neutral *adj* neutre (nación) ‖ *permanecer neutral* rester dans la neutralité, rester neutre.

neutralidad *f* neutralité; *mantener la neutralidad* rester dans la neutralité.

neutralismo *m* neutralisme.

neutralización *f* neutralisation.

neutralizador, ra; neutralizante *adj y s m* neutralisant, e.

neutralizar *v tr* neutraliser.

neutro, tra *adj* neutre ‖ GRAM *género neutro* genre neutre.

neutrón *m* FÍS neutron; *bomba de neutrones* bombe à neutrons.

nevada *f* chute de neige.

Nevada *n pr* GEOGR Nevada.

nevado, da *adj* enneigé, e; couvert de neige; *la carretera está nevada* la route est enneigée ‖ neigeux, euse; *las pendientes nevadas* les pentes neigeuses.
◆ *m* (*amer*) mont, montagne *f* ‖ *el nevado de Sajama* le mont Sajama.

nevar* *v impers* neiger.
◆ *v tr* FIG couvrir de neige, blanchir (poner blanco).

nevasca *f* chute de neige (nevada) ‖ tempête de neige (ventisca).

nevera *f* glacière, réfrigérateur *m*, frigidaire *m* (refrigerador) ‖ FIG glacière (sitio muy frío); *esta habitación es una nevera* cette chambre est une glacière.

nevero *m* GEOL glacier (ventisquero) ‖ glacier (vendedor de hielo).

nevisca *f* légère chute de neige.

neviscar *v impers* neiger légèrement.

new age *adj y s m* new-age.

newton *m* FÍS newton.

nexo *m* lien, trait d'union (vínculo) ‖ rapport, liaison *f* (relación) ‖ *palabras sin nexo* mots sans suite, propos décousus.

ni *conj* ni; *ni pobre ni rico* ni pauvre ni riche; *ni uno, ni otro* ni l'un ni l'autre ‖ même pas, pas même, ne... pas même (ni siquiera); *ni lo dijo a sus amigos* il ne l'a même pas dit à ses amis; *no lo conseguirás ni obrando así* tu n'y arriveras pas, même en agissant ainsi ‖ — *ni nada* même pas; *no saber leer ni nada* il ne sait même pas lire; rien; *no le gusta ni el arroz, ni la carne, ni el pescado, ni nada* il n'aime rien, ni le riz, ni la viande, ni le poisson ‖ *ni, ni... ni... ne*; *ni unos ni otros quisieron decirlo* ni les uns ni les autres ne voulurent le dire; *ne... ni ne* (con dos verbos consecutivos); *ni come ni duerme* il ne mange ni ne dort ‖ *ni* même si, quand bien même (aun si); *¡ni que fuesen niños!* même si c'étaient des enfants!, quand bien même ce serait des enfants!; comme si (como si); *¡ni que fuera tonto!* comme si j'étais idiot! ‖ *ni se sabe* Dieu seul le sait ‖ *ni siquiera* ne... même pas; *ni siquiera me lo dijo* il ne me l'a même pas dit ‖ *ni un..., ni una* pas un, pas une; *no me quedaré ni un minuto más aquí* je ne resterai pas une minute de plus ici ‖ *ni uno, ni una* pas un, pas une; *ni uno se quedó* pas un n'est resté ‖ *no... ni* ne (ni), ni; *no podré ir a Toledo ni a Ávila* je ne pourrai pas aller à Tolède ni à Avila, je ne pourrai aller ni à Tolède ni à Avila; ne... et ne pas (para enlazar dos oraciones negativas con verbos distintos); *no vengas ni me escribas* ne viens pas et ne m'écris pas; ne... ni ne; *no come ni duerme* il ne mange ni ne dort ‖ *no... ni tampoco* ne... pas plus que, ne... non plus que (ant).

Niágara *n pr m* Niagara ‖ *cataratas del Niágara* chutes du Niagara.

Niamey *n pr* GEOGR Niamey.
nibelungos *m pl* MIT nibelungen (enanos de la mitología germánica).
nicaragua *f* BOT balsamine.
Nicaragua *n pr f* GEOGR Nicaragua *m.*
nicaragüense *adj* nicaraguayen, enne.
◆ *m y f* Nicaraguayen, enne.
Nicosia *n pr* GEOGR Nicosie.
nicotina *f* QUÍM nicotine.
nicotinismo; nicotismo *m* MED nicotinisme.
nicho *m* niche *f* (hornacina).
nidada *f* nichée.
nidal *m* pondoir, nichoir (ponedero de las gallinas) ‖ nichet (huevo dejado en el ponedero).
nidificar *v intr* nidifier.
nido *m* nid ‖ FIG nid; *nido de bandidos* nid de brigands ‖ — *nido de abejas* nid d'abeilles (en costura) ‖ *nido de ametralladoras* nid de mitrailleuses ‖ *nido de urraca* nid de pie (trinchera) ‖ FIG *nido de víboras* panier de crabes ‖ — *camas, mesas de nido* lits, tables gigognes ‖ FIG *encontrar el pájaro en el nido* trouver la pie au nid ‖ *en los nidos de antaño, no hay pájaros hogaño* mais où sont les neiges d'antan! ‖ *haberse caído del nido* être tombé de la dernière pluie (atontado).
niebla *f* brouillard *m* ‖ BOT nielle ‖ MED néphélion *m* (en el ojo) ‖ nuage *m* (en la orina) ‖ FIG brouillard *m* (confusion) ‖ FAM *niebla meona* brume, crachin.
niel *m* TECN nielle *f* (del metal).
nielado *m* TECN niellure *f.*
nielar *v tr* TECN nieller (un metal).
nieto, ta *m y f* petit-fils, petite-fille.
◆ *m pl* petits-enfants.
nieve *f* neige; *blanco como la nieve* blanc comme (la), neige ‖ *(amer)* glace (helado) ‖ — CULIN *a punto de nieve* en neige; *batir los huevos a punto de nieve* battre les œufs en neige ‖ *copo de nieve* flocon de neige ‖ *(información sobre el) estado de la nieve* bulletin d'enneigement.
NIF abrev de *número de identificación fiscal* numéro d'identification fiscale [en Espagne].
nife *m* GEOL nifé.
Níger *n pr m* GEOGR Niger.
Nigeria *n pr n* GEOGR Nigeria.
nigeriano, na *adj* nigérian, e (de Nigeria).
◆ *m y f* Nigérian, e.
nigerio, ria; nigerino, na *adj y s* nigérien, enne (de Níger).
nigromancia *f* nécromancie.
nigromante; nigromántico, ca *m y f* nécromant, e; nécromancien, enne.
nihilismo *m* nihilisme.
nihilista *adj y s* nihiliste.
níkel *m* nickel (metal).
Nilo *n pr m* GEOGR Nil (río).
nilón *m* nylon (textil).
nimbar *v tr* nimber (aureolar).
nimbo *m* nimbe (aureola) ‖ nimbus (nube).
nimiedad *f* petitesse, mesquinerie (pequeñez) ‖ bagatelle (fruslería) ‖ *(ant)* excès *m* (demasía) | prolixité (prolijidad).
nimio, mia *adj* insignifiant, e; dérisoire, minime (pequeño); *de nimia importancia* d'une importance minime ‖ *(ant)* excessif, ive | prolixe ‖ *son cosas nimias* ce sont des bagatelles.

ninfa *f* MIT nymphe ‖ ANAT & ZOOL nymphe ‖ FIG *Ninfa Egeria* Nymphe Égérie.
ninfómana; ninfomaniaca *f* nymphomane.
ninfomanía *f* MED nymphomanie.
ningún *adj indef* aucun; *ningún hombre* aucun homme ‖ *de ningún modo* pas du tout, en aucune façon, nullement.
— OBSERV *Ningún* est l'apocope de *ninguno.* Elle est obligatoire devant un substantif masculin singulier.
ninguno, na *adj indef* aucun, e (siempre con una negación en francés); *ninguna casa me conviene* aucune maison ne me convient; *no voy a ninguna escuela* je ne vais à aucune école; *no tiene valor ninguno* il n'a aucune valeur ‖ nul, nulle; aucun, e; *ninguna esperanza* nul espoir ‖ — *de ninguna manera* en aucune façon, pas du tout ‖ *en ninguna parte* nulle part ‖ *no es ningún tonto* il est loin d'être idiot, il n'a rien d'un idiot, il n'est pas idiot du tout.
◆ *pron indef* aucun, e; *no tomo ninguno* je n'en prends aucun; *ninguno entre ellos* aucun d'entre eux ‖ personne, nul (nadie); *ninguno lo sabrá* personne ne le saura ‖ — *como ninguno* comme personne ‖ *señales particulares, ninguna* signes particuliers, néant.
— OBSERV Lorsque *ninguno* précède le verbe, la particule *no* disparaît.
niña *f* petit fille, enfant (en la niñez); *una niña encantadora* une charmante enfant ‖ jeune fille (en la adolescencia) ‖ ANAT pupille (del ojo) ‖ FAM ma petite (término de cariño) ‖ — *niña bonita* numéro quinze à la loterie ‖ — FIG *querer a alguien como a la niña de sus ojos* tenir à quelqu'un comme à la prunelle de ses yeux.
niñada *f* enfantillage *m*, gaminerie.
niñato, ta *adj y s* blanc-bec, jeune sans expérience.
◆ *m y f* insolent, e; effronté, e.
niñería *f* enfantillage *m*, gaminerie.
niñero, ra *adj* qui aime les enfants (aficionado a los niños) ‖ enfant (que niñea).
◆ *f* bonne d'enfant.
niñez *f* enfance; *volver a la niñez* retomber en enfance.
◆ *pl* enfantillages *m* (niñerías).
niño, a *adj* jeune, petit, e; *es aún muy niña para ir de compras* elle est encore très jeune pour aller faire les courses ‖ enfant (que hace niñerías).
◆ *m* petit garçon, enfant; *un niño muy simpático* un enfant très sympathique ‖ enfant; *tengo dos niños* j'ai deux enfants ‖ FAM mon petit (voz de cariño) ‖ — *niño bitongo* ou *zangolotino* gros garçon ‖ *niño bonito* enfant gâté, chouchou *(fam)*, enfant chéri ‖ *Niño de la bola* l'Enfant Jésus ‖ *niño de pecho* ou *de teta* nourrisson ‖ *niño expósito* ou *de la piedra* enfant trouvé ‖ *niño gótico* petit gommeux, bêcheur ‖ *Niño Jesús* Enfant Jésus, Petit Jésus ‖ *niño mimado* enfant gâté ‖ *niño probeta* bébé-éprouvette ‖ *niño prodigio* enfant prodige ‖ — *desde niño* dès l'enfance ‖ — FIG & FAM *estar como niño con zapatos nuevos* être heureux comme un roi ‖ *¡qué licenciado ni qué niño muerto!* il n'y a pas de licencié qui tienne!
◆ *f* (voir NIÑA).
niobio *m* niobium (metal).
nipón, ona *adj* nippon, onne.
◆ *m y f* Nippon, onne.

níquel *m* nickel (metal).
niquelar *v tr* nickeler.
niqui *m* tee-shirt, T-shirt (camiseta).
nirvana *m* RELIG nirvâna.
níspero *m* BOT néflier (arbusto) | nèfle *f* (fruto) || *(amer)* sapotier (árbol).
nitidez *f* éclat *m* (brillo) || pureté; *la nitidez del agua* la pureté de l'eau || netteté; *una foto de gran nitidez* une photo d'une grande netteté.
nítido, da *adj* net, nette; clair, e.
nitrato *m* QUÍM nitrate; *nitrato sódico* nitrate de sodium *o* de soude || *nitrato de Chile* salpêtre du Chili, nitrate de sodium naturel.
nítrico, ca *adj* QUÍM nitrique.
nitrificar *v tr* nitrifier.
nitrito *m* QUÍM nitrite.
nitro *m* QUÍM nitre, salpêtre.
nitrogenado, da *adj* azoté, e.
nitrógeno *m* azote, nitrogène (gas).
— OBSERV En francés se emplea más frecuentemente *azote* que *nitrogène*.
nitroglicerina *f* QUÍM nitroglycérine.
nitroso, sa *adj* QUÍM nitreux, euse; azoteux, euse.
nivel *m* niveau || FIG échelon; *al nivel nacional, ministerial* à l'échelon national, ministériel || TECN étage (de compresión) || — *nivel de agua* niveau d'eau || *nivel de aire* niveau à bulle d'air, nivelle || *nivel de albañil* niveau de maçon || *nivel de una carretera, de una vía férrea* palier d'une route, d'une voie ferrée || *nivel de vida* niveau de vie || FIG *nivel mental* niveau mental || — *al mismo nivel* au même niveau || *ángulo de nivel* angle à niveau || *conferencia de alto nivel* conférence au sommet || *paso a nivel* passage à niveau || *sobre el nivel del mar* au-dessus du niveau de la mer.
nivelación *f* nivellement *m*.
nivelador, ra *adj y s* niveleur, euse; nivélateur, trice.
◆ *f* niveleuse (máquina).
nivelamiento *m* FIG nivellement.
nivelar *v tr* niveler || niveler, terrasser, égaliser (el terreno) || FIG mettre sur un même pied, niveler (igualar) | corriger; *nivelar el desequilibrio de la balanza comercial* corriger le déséquilibre de la balance commerciale.
◆ *v pr* FIG *nivelarse con los humildes* se mettre au même niveau que les humbles.
níveo, a *adj* POÉT nivéen, enne; neigeux, euse.
nivoso, sa *adj* neigeux, euse.
◆ *m* nivôse (cuarto mes del año republicano francés).
no *m* nô (drama lírico japonés).
no *adv* non (en respuestas); *no, señor* non, monsieur || *ne... pas* (delante de un verbo); *no vinieron* ils ne sont pas venus; *no lo hagas* ne le fais pas; *no comer* ne pas manger; *no tiene dinero* il n'a pas d'argent || ne (con nada, nadie, nunca, etc.); *no vino nadie* il n'est venu personne; *no habla nunca* il ne parle jamais || pas (en frases sin verbo); *todavía no* pas encore; *¿por qué no?* pourquoi pas? || — *pacto de no agresión* firmaron un pacto de no agresión ils signèrent un pacte de non-agression || *no alineación* non-alignement || *no alineado* non-aligné || *no beligerancia* non-belligérance || *no beligerante* non-belligérant || *no bien* à peine... que, à peine; *no bien llegué, me llamaron* à peine fus-je arrivé qu'on m'appela; à peine arrivé, on m'appela || *no... casi* ne... guère, à peine, ne... presque pas; *no habla casi* il ne parle guère, il parle à peine || *no combatiente* non-combattant || DR *no compareciente* non-comparant || *no comprometido* non-engagé || *no conformidad* non-conformité || *no conformismo* non-conformisme || *no conformista* non-conformiste || *no más* ne... que, seulement (solamente); *me dio dos pesetas no más* il ne m'a donné que deux pesetas, il m'a seulement donné deux pesetas; assez (basta de); *no más gritos* assez de cris; c'est tout; *quiero esto, no más* je veux ça, c'est tout; dès que (en seguida) || *no más de* pas plus de || *no... más que* ne... que; *no quiero más que tu dinero* je ne veux que ton argent || *no menos de* pas moins de || *no mucho* pas beaucoup || *no... nada* ne... pas du tout; *no te entiendo nada* je ne te comprends pas du tout || *no obstante* malgré, nonobstant (a pesar de), cependant (sin embargo) || *no por cierto* non certes || *no porque* non que || *no... sino* ne pas... mais; *no es militar sino abogado* il n'est pas militaire mais avocat; ne... que; *no hace sino tonterías* il ne fait que des sottises || *no sólo... sino también* ou *sino que* non seulement... mais encore || *no violencia* non-violence || FILOS *no yo* non-moi || — *¡a que no!* chiche! || *¡cómo no!* bien sûr! || *pero no* mais pas; *acepto esto pero no otra cosa* j'accepte cela mais pas autre chose || *¡pues no!* eh bien, non! || *¡que no!* bien sûr que non (claro que no) || *ya no* ne plus; *ya no leo* je ne lis plus || — *contestar sí o no* répondre par oui ou non || *cuidado no se escape* attention qu'il ne s'échappe pas || *decir que no* dire non || FAM *¡eso sí que no!* ça alors non! || *no digo que no* je ne dis pas non || *no es que* non pas que, ce n'est pas que || *no hay para qué* ou *por qué* il n'y a pas de raison pour, il n'y a pas de quoi.
◆ *m* non; *contestar con un no* répondre par un non.
— OBSERV En Amérique latine, *no más* figure dans de nombreux idiotismes comme: *aquí no más* ici même; *así no más* comme ci, comme ça; *ayer no más* pas plus tard qu'hier; *diga no más* dites-le; *tome no más* prenez donc.
— OBSERV Placé au début de la phrase avec un adjectif ou un adverbe, *no* sert à souligner l'aspect négatif de cet adjectif ou de cet adverbe: *no todos pueden hacer esto* ce n'est pas tout le monde qui peut faire ça; *no siempre es posible* ce n'est pas toujours possible.
nobiliario, ria *adj y s m* nobiliaire.
nobilísimo, ma *adj* très noble.
noble *adj y s* noble || *noble en su porte* noble d'allure, distingué.
nobleza *f* noblesse; *hombre de una gran nobleza* homme d'une grande noblesse || — *nobleza de toga* noblesse de robe || *nobleza obliga* noblesse oblige || *tener sus títulos de nobleza* avoir ses quartiers de noblesse.
noblote *adj* FAM noble.
nobuck *m* nubuck.
noción *f* notion; *no tiene noción de francés* il n'a aucune notion de français || idée (idea) || concept *m*.
nocividad *f* nocivité.
nocivo, va *adj* nocif, ive; *gas nocivo* gaz nocif || nuisible; *nocivo a* ou *para la salud* nuisible à la santé || *ser nocivo* nuire (perjudicar).
noctambulismo *m* noctambulisme.
noctámbulo, la *adj y s* noctambule.
nocturnidad *f* DR caractère *m* nocturne [d'un délit].

nocturno, na *adj* nocturne; *aparición nocturna* apparition nocturne ‖ de nuit; *avión, tren, vuelo nocturno* avion, train, vol de nuit ‖ BOT & ZOOL nocturne, de nuit; *aves nocturnas* oiseaux nocturnes *o* de nuit.
◆ *m* MÚS nocturne.

noche *f* nuit; *es de noche* il fait nuit; *la noche anterior* la nuit dernière ‖ soirée (primeras horas después del atardecer); *por la noche vino mi amigo* mon ami est venu dans la soirée ‖ FIG nuit; *su origen se pierde en la noche de los tiempos* son origine se perd dans la nuit des temps ‖ — *Noche Buena* nuit de Noël ‖ *noche cerrada* nuit noire ‖ *noche de bodas* nuit de noces ‖ *noche de perros* nuit terrible ‖ *noche en claro* ou *en blanco* ou *en vela* ou *toledana* nuit blanche ‖ *noche Vieja* nuit de la Saint-Sylvestre ‖ *noche y día* nuit et jour ‖ — *a boca de noche* à la tombée de la nuit, entre chien et loup ‖ *ayer noche* hier soir ‖ *buenas noches* bonsoir (durante la noche), bonne nuit (al irse a acostar); *dar las buenas noches* dire bonsoir *o* bonne nuit ‖ *de la noche a la mañana* du jour au lendemain; *de la noche a la mañana ha cambiado* il a changé du jour au lendemain; du soir au matin; *leer de la noche a la mañana* lire du soir au matin ‖ *de noche* la nuit, de nuit (por la noche), en soirée (un espectáculo) ‖ *en las altas* ou *a altas horas de la noche* à une heure avancée de la nuit ‖ *hasta la noche* à ce soir ‖ *media noche* minuit ‖ *traje de noche* robe du soir ‖ — *al caer la noche* à la tombée de la nuit ‖ *cerrada la noche, ya entrada la noche* une fois la nuit tombée ‖ FIG *de noche todos los gatos son pardos* la nuit tous les chats sont gris | *es la noche y el día* c'est le jour et la nuit ‖ *hacer noche* faire nuit ‖ *hacer noche en Burgos* passer la nuit à Burgos ‖ *hacerse de noche* faire nuit (anochecer) ‖ *se está haciendo de noche* il commence à faire nuit, la nuit tombe ‖ *trabajar de noche* ou *por la noche* travailler la nuit.

nochebuena *f* nuit de Noël.

nochero, ra *m y f* (amer) gardien, enne de nuit.
◆ *m* (amer) table *f* de nuit.

nochevieja *f* nuit de la Saint-Sylvestre ‖ — *cena de nochevieja* dîner de la Saint-Sylvestre ‖ *día de nochevieja* la Saint-Sylvestre.

nodal *adj* nodal, e.

nodo *m* ANAT & ASTR & FÍS nœud ‖ MED nodus, tophus (en la gota).

nodriza *f* nourrice, nounou (fam) ‖ TECN nourrice ‖ — *avión nodriza* avion de ravitaillement ‖ *nave nodriza* cabine mère (astronáutica).

nódulo *m* nodule ‖ nœud (nodo).

Noé *n pr* Noé.

nogal *m* BOT noyer (árbol).

nogalina *f* brou *m* de noix (color).

noguera *f* BOT noyer *m* (nogal).

nogueral *m* noiseraie *f*, endroit planté de noyers.

nómada *adj y s* nomade.

nomadismo *m* nomadisme.

nombradía *f* renom *m*, réputation, renommée (fama); *de gran nombradía* d'un grand renom.

nombrado, da *adj* nommé, e (llamado, mencionado) ‖ fameux, euse; renommé, e; connu, e (célebre).

nombramiento *m* nomination *f*.

nombrar *v tr* nommer; *nombrar para un cargo* nommer à un poste; *nombrar alcalde* nommer maire ‖ DR instituer, nommer (un heredero).

nombre *m* GRAM nom (sustantivo); *nombre común, propio* nom commun, propre ‖ prénom, petit nom (fam), prénom, petit nom (nombre de pila) ‖ nom (fama); *hacerse un nombre* se faire un nom ‖ — *nombre artístico* nom de scène, nom d'artiste ‖ *nombre de pila* prénom, nom de baptême ‖ *nombre postizo* faux nom ‖ — *de este nombre* du nom; *Felipe, cuarto de este nombre* Philippe, quatrième du nom ‖ *en nombre de* nom; prénommé, e; *un chico, Pedro de nombre* un garçon prénommé Pierre ‖ *en nombre de* au nom de ‖ *en nombre del Rey* au nom du roi, de par le roi ‖ *en nombre mío, tuyo, etc.* en mon nom, en ton nom, etc. ‖ *mal nombre* surnom, sobriquet ‖ *sin nombre* sans nom (incalificable) ‖ — *caer en el nombre de una persona* mettre un nom sur un visage ‖ *dar un nombre a* donner un nom à, nommer ‖ *decir el nombre de nommer*, dire le nom de; *decir el nombre de sus cómplices* nommer ses complices ‖ *llamar las cosas por su nombre* appeler les choses par leur nom ‖ FIG *no tener nombre* ne pas avoir de nom, être innommable ‖ *poner de nombre* nommer; *mis padres me pusieron de nombre Úrsula* mes parents m'ont appelé Ursule.

nomenclador; nomenclátor *m* nomenclateur, catalogue ‖ *nomenclátor de calles* liste des rues.

nomenclatura *f* nomenclature.

nomeolvides *m* BOT ne-m'oubliez-pas *inv*, myosotis (planta).

nómina *f* liste (lista) ‖ état *m* du personnel, feuille *o* état *m* d'émargement (lista del personal) ‖ feuille de paie (hoja de paga) ‖ paie, paye (sueldo); *cobrar la nómina* toucher la paie ‖ — *estar en nómina* faire partie du personnel ‖ *nómina de salarios* bordereau des salaires.

nominación *f* nomination.

nominado, da *adj* sélectionné, e; désigné, e.

nominal *adj* nominal, e; *valor nominal* valeur nominale.

nominar *v tr* dénommer (nombrar).

nominativo, va *adj y s m* nominatif, ive.

nomo *m* nome (división administrativa griega).

non *adj* (p us) impair, e.
◆ *m pl* impair *sing*; *jugar a pares o nones* jouer à pair ou impair ‖ — FIG & FAM *andar de nones* être sans occupation (estar ocioso), être unique en son genre | *decir nones* refuser catégoriquement *o* formellement | *quedar* ou *estar de non* être de trop.

nonada *f* bagatelle, vétille (fruslería).

nonagenario, ria *adj y s* nonagénaire.

nonagésimo, ma *adj y s* quatre-vingt-dixième ‖ *nonagésimo uno, segundo, etc.* quatre-vingt-onzième, douzième, etc.
— OBSERV En Bélgica, Suiza y Canadá se dice *nonantième* en vez de *quatre-vingt-dixième.*

nonato, ta *adj* né grâce à une opération césarienne [enfant] ‖ FIG qui n'existe pas encore.

noningentésimo, ma *adj y s* neuf-centième.

nonio *m* TECN vernier, nonius.

nono, na *adj* neuvième ‖ neuf; *Pío IX (nono)* Pie IX [neuf] ‖ *décimo nono* dix-neuvième.

non plus ultra *loc lat* nec plus ultra.

noquear *v tr* mettre K.-O., mettre knockout, mettre hors de combat (boxeo).

noray; norai *m* MAR bitte *f* d'amarrage, aurai.

Nordeste *m* nord-est.

nórdico, ca *adj* y *s* nordique.
Noreste *m* nord-est.
noria *f* noria (para sacar agua); *noria de cangilones* noria à godets ‖ grande roue (en una feria).
norma *f* règle, norme; *normas de competencia* règles de la concurrence; *ejecutar una obra según las normas* exécuter une œuvre suivant les normes ‖ règle; *norma de conducta* règle de conduite ‖ principe *m*, règle; *norma esencial* principe essentiel; *tengo por norma levantarme temprano* j'ai pour principe de me lever de bonne heure.
normal *adj* normal, e; *es normal* c'est normal; *estado normal* état normal ‖ — *Escuela Normal* École normale ‖ *la situación ha vuelto a lo normal* la situation est redevenue normale ‖ *superior a lo normal* supérieur à la normale.
◆ *f* MAT normale (perpendicular).
normalidad *f* normalité ‖ — *con normalidad* normalement ‖ *con toda normalidad* très normalement ‖ *vuelta a la normalidad en el país* retour à une situation normale dans le pays, la situation est redevenue normale dans le pays.
normalización *f* retour *m* à une situation normale ‖ standardisation, normalisation (en la industria).
normalizar *v tr* régulariser ‖ rétablir [une situation] ‖ normaliser, standardiser (en la industria).
Normandía *n pr f* GEOGR Normandie.
normando, da *adj* normand, e.
◆ *m* y *f* Normand, e.
normativo, va *adj* normatif, ive.
◆ *f* réglementation.
Nornoroeste; Nornorueste *m* nord-nord-ouest.
Noroeste *m* nord-ouest ‖ *viento noroeste* noroît, norois.
Norte *adj* y *s m* nord.
◆ *m* FIG guide ‖ vent du nord (viento) ‖ — *del Norte* du Nord ‖ MAR *norte de brújula* nord du compas o de la boussole ‖ — FIG *perder el norte* perdre le nord.
Norte (cabo) *n pr* GEOGR cap Nord.
Norte (mar del) *n pr* GEOGR mer du Nord.
norteafricano, na *adj* nord-africain, e.
◆ *m* y *f* Nord-Africain, e.
Norteamérica *n pr f* GEOGR Amérique du Nord.
norteamericano, na *adj* des États-Unis, américain, e; nord-américain, e (estadounidense).
◆ *m* y *f* Américain, e.
norteño, ña *adj* du Nord.
Noruega *n pr f* GEOGR Norvège.
noruego, ga *adj* norvégien, enne.
◆ *m* y *f* Norvégien, enne.
◆ *m* norvégien (langue).
nos *pron pers de 1.ª pers del pl m* y *f* nous (complemento directo o indirecto); *nos llama* il nous appelle; *nos dio caramelos* il nous a donné des bonbons; *sentémonos* asseyons-nous ‖ nous (forma mayestática); *nos, arzobispo de Toledo* nous, archevêque de Tolède ‖ — *ruega por nos* priez pour nous ‖ *venga a nos el tu reino* que votre règne arrive (en el Padrenuestro).
nosocomio *m* hôpital.
nosografía *f* MED nosographie.
nosología *f* MED nosologie.

nosotros, tras *pron pers de 1.ª pers del pl m* y *f* nous; *para, entre nosotros* pour, entre nous; *nosotros somos buenos* nous, nous sommes bons; *nosotras somos hermosas* nous, nous sommes belles ‖ nous autres (para insistir) ‖ — *somos nosotros, nosotras* c'est nous ‖ *somos nosotros, nosotras quienes* ou *los que, las que* c'est nous qui.
— OBSERV Le verbe en espagnol pouvant être employé sans sujet (*iremos* nous irons), l'emploi de *nosotros* au nominatif suppose une certaine insistance (*nosotros iremos* nous, nous irons).
nostalgia *f* nostalgie.
nostálgico, ca *adj* nostalgique.
nóstico, ca *adj* y *s m* gnostique.
nota *f* note, annotation (anotación) ‖ note; *tomar nota de un pedido* prendre note d'une commande ‖ note; *dar, sacar una mala nota* donner, avoir une mauvaise note (un alumno) ‖ mention (de aprobado, notable o sobresaliente) ‖ remarque (observación) ‖ notice (reseña); *nota necrológica* notice nécrologique ‖ MÚS note; *nota falsa* fausse note ‖ — *nota de color* note de couleur ‖ *nota de gastos* note de frais ‖ *nota de prensa* communiqué de presse ‖ *nota diplomática* mémorandum, note diplomatique ‖ MÚS *nota sensible* note sensible ‖ *notas de sociedad* carnet mondain ‖ — FIG *de nota* de marque (célebre) ‖ *de mala nota* mal famé, de mauvaise réputation ‖ — FIG *caer en nota* faire un scandale ‖ FIG & FAM *dar la nota* se faire remarquer, se singulariser (singularizarse), donner le ton (dar el tono) ‖ *forzar la nota* forcer la note ‖ *poner una nota infamante* noter o marquer d'infamie.
nota bene *f* nota *m*, nota bene *m inv*.
notabilidad *f* notabilité.
notabilísimo, ma *adj* très remarquable.
notable *adj* remarquable (admirable); *una obra notable* une œuvre remarquable ‖ notable (digno de atención); *causar un perjuicio notable* causer un préjudice notable.
◆ *m* notable; *asamblea de notables* assemblée de notables ‖ mention *f* assez bien *o* bien (en exámenes); *sacó un notable* il a eu une mention assez bien.
notación *f* annotation (nota) ‖ MAT & MÚS notation (signos).
notar *v tr* remarquer (observar); *notar algo a primera vista* remarquer quelque chose au premier coup d'œil; *notar la diferencia* remarquer la différence ‖ relever (una falta) ‖ noter (un escrito); *notar al margen* noter en marge ‖ noter (*p us*); *¿cuándo notaste los primeros síntomas?* quand as-tu noté les premiers symptômes? ‖ trouver; *te noto muy cambiado* je te trouve bien changé ‖ sentir; *noto que hay algo que no funciona bien* je sens qu'il y a quelque chose qui ne marche pas bien ‖ critiquer.
◆ *v pr* se voir; *no se nota* ça ne se voit pas ‖ se sentir; *me noto muy extraño* je me sens tout drôle.
notaría *f* notariat *m* (profesión) ‖ étude, cabinet *m* de notaire (oficina).
notariado, da *adj* notarié, e.
◆ *m* notariat (corporación).
notarial *adj* notarial, e; *actas notariales* actes notariaux.
notario *m* notaire; *ante notario* par-devant notaire ‖ — *notario de diligencias* huissier ‖ *pasante de notario* clerc de notaire.
noticia *f* nouvelle; *trae noticias* apporter des nouvelles ‖ — FAM *noticia bomba* nouvelle sensation-

nelle, bombe ‖ *noticia remota* souvenir vague ‖ *últimas noticias* dernières nouvelles ‖ — *circula la noticia de que* le bruit court que ‖ *enviar a alguien a buscar noticias* envoyer quelqu'un aux nouvelles ‖ *es la primera noticia que tengo* première nouvelle!, c'est la première fois que j'entends cela | *estar atrasado de noticias* retarder, être en retard ‖ *¡esto es noticia!* en voilà une nouvelle!, quelle nouvelle! ‖ *las malas noticias llegan las primeras* pas de nouvelles, bonnes nouvelles ‖ FIG *no tener noticia de* ne jamais avoir entendu parler de, ne pas être au courant de | *no tengo noticia* jamais entendu parler, aucune idée.

noticiar *v tr* informer de, faire savoir.

noticiario *m* journal parlé, informations *f pl* (radio) ‖ actualités *f pl* (cine).

noticiero, ra *adj* d'information (periódico).
— *m y f* journaliste (reportero).
— *m* journal (periódico).

notición *m* FAM nouvelle *f* sensationnelle.

noticioso, sa *adj* informé, e; renseigné, e | savant, e (erudito) ‖ *noticioso de ello, corrió a contárselo a su padre* ayant appris cela, il courut le raconter à son père.

notificación *f* notification ‖ — *notificación de liquidación de impuestos* rappel d'impôt ‖ *notificación de multa* procès-verbal.

notificar *v tr* notifier ‖ faire savoir, informer.

notita *f* notule (apostilla).

noto, ta *adj* connu, e; notoire (sabido) ‖ naturel, elle; illégitime; *hijo noto* fils naturel.
— *m* autan, notus (viento del Sur).

notoriamente *adv* notoirement.

notoriedad *f* notoriété.

notorio, ria *adj* notoire, connu, e (conocido) ‖ — *notorio a todos* connu de tout le monde ‖ *ser público y notorio* être de notoriété publique.

nov.; novbre. abrev de *noviembre* nov., novembre.

novatada *f* brimade (en los cuarteles) ‖ bizutage *m* (en los colegios) ‖ pas *m* de clerc (acción de un novato) ‖ — *dar una novatada* faire subir une brimade, brimer, bizuter ‖ *pagar la novatada* essuyer les plâtres.

novato, ta *adj y s* nouveau, elle; novice ‖ *novato en los negocios* nouveau dans les affaires.
— *m* FAM bleu (bisoño) | bizut, bizuth, nouveau (en el colegio).

novbre. → nov.

novecentismo *m* ARQ style 1900, art nouveau.

novecientos, tas *adj y s* neuf cents; *tres mil novecientos* trois mille neuf cents ‖ neuf cent; *novecientos cuarenta* neuf cent quarante (seguido de otra cifra); *el año novecientos* l'an neuf cent (cuando equivale a un ordinal) ‖ *mil novecientos* mille neuf cents, dix-neuf cents.

novedad *f* nouveauté; *almacén de novedades* magasin de nouveautés ‖ nouveau *m*, neuf *m*; *¿hay novedad?* quoi de nouveau? ‖ nouvelle (noticia); *trae novedades* il apporte des nouvelles ‖ changement *m* (alteración); *sigo sin novedad* il n'y a pas de changement [dans ma santé] ‖ — *no es ninguna novedad* cela n'a rien de nouveau ‖ *sin novedad* rien de nouveau (siempre igual), sans encombre; *aterrizó sin novedad* il a atterri sans encombre; rien à signaler (militar); *sin novedad en el frente* rien à signaler sur le front ‖ *tener novedad* attendre un heureux évènement (una mujer) ‖ *tengo novedad* il y a du nouveau.

novedoso, sa *adj* (amer) nouveau, elle.

novel *adj y s* nouveau, débutant, novice (nuevo) ‖ débutant (principiante).

novela *f* roman *m*; *novela por entregas* roman-feuilleton ‖ FIG roman *m*, histoire (mentira) ‖ DR novelle ‖ — *novela corta* nouvelle ‖ *novela de capa y espada* roman de cape et d'épée ‖ *novela de tesis* roman à thèse ‖ *novela histórica* roman historique ‖ *novela policíaca* roman policier ‖ *novela río* roman-fleuve ‖ *novela rosa* roman à l'eau de rose ‖ *novelas ejemplares* nouvelles exemplaires (de Cervantes).

novelar *v tr* romancer.
— *v intr* écrire des romans ‖ FIG raconter des histoires o des mensonges.

novelería *f* goût *m* de la nouveauté (afición a novedades) ‖ goût *m* pour les romans (afición a las novelas) ‖ idées *pl* romanesques.

novelero, ra *adj y s* curieux, curieuse de tout (amigo de novedades) ‖ inconstant, e (inconstante) ‖ fantaisiste (cuentista).

novelesco, ca *adj* romanesque ‖ du roman, romanesque (referente a la novela) ‖ *lo novelesco* le romanesque.

novelista *m y f* romancier, ère.

novelística *f* art *m* du roman *o* du romancier ‖ les romans *m pl* (literatura novelesca) ‖ étude du roman.

novelístico, ca *adj y s* du roman.

novelón *m* roman-fleuve.

novena *f* neuvaine.

noveno, na *adj y s* neuvième ‖ *la novena parte* le neuvième.

noventa *adj y s m* quatre-vingt-dix; *a noventa días* à quatre-vingt-dix jours.
— OBSERV En Bélgica, Suiza y Canadá esta palabra se traduce por *nonante* en vez de *quatre-vingt-dix*.

noventavo, va *adj* quatre-vingt-dixième (nonagésimo).

noventayochista *adj y s m* relatif à la génération de 1898 (generación del 98).
— OBSERV La *generación del 98* représente un groupe d'écrivains espagnols qui s'est formé à la suite de la perte de Cuba, de Porto Rico et des Philippines. L'année 1898 marquant la fin de la puissance coloniale espagnole, ces écrivains prennent conscience de l'isolement de leur pays, de l'échec de sa politique et, en même temps, de ses problèmes sociaux, économiques et artistiques. Les précurseurs de ce mouvement littéraire furent Larra, Ganivet, Joaquín Costa et Macías Picavea, suivis par les écrivains de la *génération de 98* proprement dite dont les principaux sont Unamuno, Azorín, Valle Inclán, Baroja, Antonio Machado, Ramiro de Maeztu et Benavente.

noventón, ona *adj y s* nonagénaire (nonagenario).

noviar *v intr* (amer) *noviar con* faire la cour à (galantear), sortir avec (actuar como novio).

noviazgo *m* fiançailles *f pl*.

noviciado *m* noviciat.

novicio, cia *adj y s* novice ‖ FIG nouveau, elle; *novicio en los negocios* nouveau dans les affaires.

noviembre *m* novembre; *el 11 de noviembre de 1918* le 11 novembre 1918.

noviero, ra *adj* *(amer)* qui a un cœur d'artichaut (enamoradizo).

novilunio *m* nouvelle lune *f*.

novillada *f* TAUROM course de jeunes taureaux ∥ troupeau *m* de jeunes taureaux (rebaño).
— OBSERV La *novillada* est une course de taureaux dans laquelle on ne combat que de jeunes taureaux ou des taureaux de rebut.

novillero *m* bouvier qui a la garde des jeunes taureaux (vaquero) ∥ FAM enfant qui fait l'école buissonnière (muchacho) ∥ TAUROM toréro combattant de jeunes taureaux et n'ayant pas reçu l'«alternative».

novillo *m* jeune taureau ∥ FAM *hacer novillos* faire l'école buissonnière.

novio, via *m y f* fiancé, e (prometido) ∥ petit ami, petite amie; petit copain, petite copine (amigo) ∥ jeune marié, jeune mariée (recién casado) ∥ — *el traje de novia* la robe de mariée ∥ *los novios* les mariés ∥ *viaje de novios* voyage de noce ∥ — FAM *echarse una novia* se trouver une petite copine ∥ *pedir la novia* faire sa demande [en mariage] ∥ FIG *quedarse compuesta y sin novio* rester le bec dans l'eau.
— OBSERV La palabra *fiancé* es solamente aplicable cuando existe un compromiso matrimonial.

novísimo, ma *adj* tout nouveau, toute nouvelle ∥ dernier, ère (último) ∥ *Novísima Recopilación* nouveau recueil de lois.
◆ *m pl* RELIG fins *f* dernières de l'homme.

novocaína *f* novocaïne.

NP abrev de *no presentado* absent [à un examen].

n/ref.ª; n/ref. abrev de *nuestra referencia* N/Réf., Notre référence.

NS abrev de *Nuestro Señor* N.-S., Notre-Seigneur.

NSJC abrev de *Nuestro Señor Jesucristo* N.-S. J.-C., Notre-Seigneur Jésus-Christ.

ntro. abrev de *nuestro* notre.

nubarrón *m* gros nuage, nuée *f* ∥ FIG nuage.

nube *f* nuage *m* ∥ nuage *m* (de polvo, de humo, etc.) ∥ FIG nuée; *nube de langostas* nuée de sauterelles; *una nube de chiquillos* une nuée d'enfants ∥ nuage *m*; *no hay una nube en mi felicidad* il n'y a pas un nuage dans mon bonheur ∥ nuée (en una piedra preciosa) ∥ MED taie, albugo *m*, néphélion *m* (en la córnea de los ojos) ∥ — *nube ardiente* ou *peleana* nuée ardente ∥ *nube de verano* nuage d'orage (tiempo), nuage (disgusto) ∥ — FIG *caer de las nubes* tomber des nues ∥ *como caído de las nubes* tombé du ciel ∥ *descargar la nube* pleuvoir, grêler (llover, granizar), décharger sa colère, éclater (desahogar la cólera) ∥ *estar en las nubes* être dans les nuages ∥ *estar por las nubes* être hors de prix ∥ *pasar como una nube de verano* ne pas durer ∥ *poner en* ou *por las nubes* porter aux nues.

Nubia *n pr* GEOGR Nubie.

núbil *adj* nubile (en edad de casarse).

nubilidad *f* nubilité.

nublado, da *adj* nuageux, euse; *un cielo nublado* un ciel nuageux ∥ FIG troublé, e.
◆ *m* nuage, nuée *f* ∥ FIG menace *f*, nuage (riesgo) ∥ nuée *f* (multitud).

nublar *v tr* assombrir (oscurecer) ∥ cacher (ocultar).
◆ *v pr* s'assombrir, se couvrir de nuages, s'obscurcir (el cielo) ∥ se brouiller (la vista).

nublazón *m* *(amer)* nuage noir (nublado).

nublo, bla *adj* nuageux, euse.
◆ *m* AGRIC nielle *f* (tizón).

nubloso, sa *adj* nuageux, euse; *un día nubloso* une journée nuageuse ∥ FIG sombre (triste).

nubosidad *f* nébulosité.

nuboso, sa *adj* nuageux, euse; nébuleux, euse.

nuca *f* ANAT nuque.

nuclear *adj* nucléaire.

nuclearización *f* nucléarisation.

nuclearizar *v tr* nucléariser.

núcleo *m* noyau (hueso de una fruta) ∥ FÍS noyau; *núcleo atómico* noyau atomique ∥ ASTR & BIOL & QUÍM noyau ∥ ELECTR noyau (de una bobina) ∥ FIG noyau (de una asociación) ∥ centre ∥ — *núcleo rural* noyau de population rurale ∥ *núcleo residencial* grand ensemble.

nucléolo *m* BIOL nucléole.

nucleón *m* FÍS nucléon.

nudapropiedad *f* DR nue-propriété.

nudillo *m* nœud, jointure *f* (articulación de los dedos) ∥ maille *f* (du tricot) ∥ TECN cheville *f* de bois ∥ FIG *comerse* ou *morderse los nudillos* se mordre les doigts.

nudismo *m* nudisme.

nudista *adj y s* nudiste.

nudo, da *adj* DR *nuda propiedad* nue-propriété ∥ *nudo propietario* nu-propriétaire.

nudo *m* nœud (de cuerda, de corbata, de árbol) ∥ nœud (de una novela, de una obra teatral) ∥ point noué (costura) ∥ nœud; *nudo de carreteras* nœud routier; *nudo de comunicación, ferroviario* nœud de communications, ferroviaire ∥ FIG nœud; *el nudo de la cuestión* le nœud de la question ∥ ANAT nœud ∥ GEOGR seuil ∥ MAR nœud (unidad de velocidad); *navegar a quince nudos* filer quinze nœuds ∥ — *nudo corredizo* nœud coulant ∥ *nudo de envergue* ou *de mizo* nœud plat ∥ *nudo gordiano* nœud gordien ∥ *nudo marinero* nœud marin ∥ — *tener* ou *atravesársele* ou *hacérsele a uno un nudo en la garganta* avoir la gorge serrée, avoir un nœud dans la gorge.

nudosidad *f* MED nodosité.

nudoso, sa *adj* noueux, euse.

nuera *f* bru, belle-fille.

nuestro, tra *adj pos m y f* notre; *nuestro país* notre pays; *nuestra casa* notre maison; *nuestros amigos* nos amis ∥ — *en nuestro país, en nuestra casa* chez nous, dans notre pays, dans notre maison ∥ *Nuestra Señora* Notre-Dame ∥ *Padre nuestro que estás en los cielos* Notre Père qui êtes aux cieux (en el Padrenuestro) ∥ *una prima nuestra* une de nos cousines, une cousine à nous.
◆ *pron pos* nôtre, nôtres; *vuestra casa es mayor que la nuestra* votre maison est plus grande que la nôtre ∥ à nous; *esta casa es nuestra* cette maison est à nous.
◆ *m lo nuestro* ce qui est à nous ∥ — *pondremos de lo nuestro* nous y mettrons du nôtre ∥ *¡vayamos a lo nuestro!* revenons à ce qui nous occupe *o* à nos moutons.
◆ *pl los nuestros* les nôtres; *¿es usted de los nuestros?* êtes-vous des nôtres?
— OBSERV El plural de *notre* es *nos*.

nueva *f* nouvelle ∥ — FIG *hacerse de nuevas* feindre la surprise ∥ *la Buena Nueva* la Bonne Nouvelle.

Nueva Caledonia *n pr f* GEOGR Nouvelle-Calédonie.

Nueva Delhi *n pr* GEOGR New Delhi.
Nueva Guinea *n pr f* GEOGR Nouvelle-Guinée.
Nueva Inglaterra *n pr* GEOGR Nouvelle-Angleterre.
Nueva Jersey *n pr* GEOGR New Jersey.
nuevamente *adv* nouvellement (recientemente) ‖ à nouveau, de nouveau (de nuevo).
Nueva Orleans *n pr* GEOGR La Nouvelle-Orléans.
Nuevas Hébridas *n pr* GEOGR Nouvelles-Hébrides.
Nueva York *n pr* GEOGR New York.
Nueva Zelanda *n pr f* GEOGR Nouvelle-Zélande.
nueve *adj y s m* neuf; *el nueve de agosto* le 9 août ‖ *son las nueve de la noche* il est 9 heures du soir.
nuevo, va *adj* nouveau, nouvelle (reciente); *nada nuevo bajo el sol* rien de nouveau sous le Soleil ‖ neuf, neuve (poco o nada usado); *casa nueva* maison neuve; *completamente nuevo* tout neuf ‖ FIG nouveau, nouvelle; novice (novicio) ‖ — *año nuevo* nouvel an, nouvelle année ‖ *de nuevo* à nouveau, de nouveau (otra vez), de neuf; *estar vestido de nuevo* être habillé de neuf; *¿qué hay de nuevo?* quoi de neuf?
◆ *m* *lo nuevo* la nouveauté *f,* le nouveau; *lo nuevo gusta siempre* la nouveauté plaît toujours; le neuf; *tirar lo viejo y quedarse con lo nuevo* jeter le vieux et garder le neuf.
— OBSERV Véase NOUVEAU, 1.ª parte.
Nuevo México *n pr* GEOGR Nouveau-Mexique.
nuez *f* noix (fruto); *cascar nueces* casser des noix ‖ ANAT pomme d'Adam (en el cuello) ‖ noix (de ballesta, de fusil) ‖ — FAM *apretar a uno la nuez* tordre le cou à quelqu'un | *mucho ruido y pocas nueces* beaucoup de bruit pour rien ‖ *nuez moscada, vómica* noix muscade, vomique.
nulidad *f* nullité ‖ FAM *ser una nulidad* être une nullité, être nul.
nulo, la *adj* nul, nulle; *hombre nulo* homme nul; *combate nulo* match nul (boxeo, lucha) ‖ DR *nulo y sin valor* nul et non avenu.
núm. abrev de *número* n.°, numéro.
numen *m* divinité *f* (dios) ‖ inspiration *f; numen poético* inspiration poétique.
numeración *f* numération (cuenta); *numeración decimal* numération décimale ‖ numérotage *m,* numérotation (acción de poner un número) ‖ IMPR foliotage *m* ‖ chiffres *m pl* (sistema); *numeración arábiga* chiffres arabes.
numerador *m* MAT numérateur ‖ TECN numéroteur (aparato).
numeral *adj* numéral, e.
numerar *v tr* dénombrer, nombrer (contar) | numéroter (poner un número) ‖ IMPR folioter.
numerario, ria *adj y s m* numéraire (dinero) ‖ titulaire (profesor, etc.).
numérico, ca *adj* numérique.
número *m* nombre (cantidad); *un número crecido de asistentes* un grand nombre d'assistants ‖ chiffre (cifra); *número romano* chiffre romain ‖ numéro (en una serie); *número premiado* numéro gagnant (lotería) ‖ numéro (publicación, espectáculo) ‖ pointure *f* (de zapatos, cuellos, guantes) ‖ taille *f* (de un traje) ‖ nombre; *número singular, plural* nombre singulier, pluriel ‖ — *número abstracto, concreto* nombre abstrait, concret ‖ FÍS *número atómico* nombre atomique ‖ *número cardinal, ordinal* nombre cardinal, ordinal ‖ *número complementario* numéro complémentaire ‖ *número complejo* nombre complexe ‖ *número cuántico* nombre quantique ‖ *número decimal* nombre décimal ‖ *número de matrícula* numéro minéralogique (de un coche) ‖ *número de serie* numéro de série ‖ GRAM *número dual* duel ‖ *número entero* nombre entier ‖ *número imaginario* nombre imaginaire ‖ *número mixto* nombre fractionnaire ‖ *número natural* nombre naturel ‖ *número primo* nombre premier ‖ *número quebrado* ou *fraccionario* nombre fractionnaire ‖ *número racional, irracional* nombre rationnel, irrationnel ‖ *número real* nombre réel ‖ *número redondo* chiffre rond ‖ *número suelto* numéro (periódico) ‖ *número uno* le premier (el mejor); — *académico de número* membre de l'Académie, académicien ‖ *áureo número* nombre d'or ‖ *cuenta en números rojos* compte en rouge ‖ *libro de los Números* livre des Nombres (del Pentateuco) ‖ — *de número* en titre, titulaire ‖ *el mayor número de* le plus grand nombre de ‖ *en gran número* en grand nombre ‖ *ley de los grandes números* loi des grands nombres ‖ *sin número* sans nombre ‖ — *hacer número* faire nombre ‖ FAM *hacer números* faire des comptes (calcular) ‖ FIG & FAM *montar el número* faire tout un cinéma (armar un escándalo), faire son numéro (dar la nota) ‖ *ser el número uno* être le premier; être un as; *es el número uno del volante* c'est un as du volant.
numerología *f* numérologie.
numeroso, sa *adj* nombreux, euse; *familia numerosa* famille nombreuse ‖ nombreux, euse; beaucoup; *numerosos son los que hablan así* nombreux sont ceux qui parlent ainsi; *hay numerosos pueblos por el estilo* il y a beaucoup de villages o de nombreux villages dans ce genre ‖ harmonieux, euse (armonioso).
numerus clausus *m* numerus clausus.
numismático, ca *adj y s f* numismatique.
◆ *m y f* numismate (perito en numismática).
nunca *adv* jamais; *no volveré nunca, nunca volveré* je ne reviendrai jamais, jamais je ne reviendrai ‖ — *más que nunca* plus que jamais ‖ *nunca jamás* au grand jamais ‖ *nunca más* jamais plus, plus jamais.
— OBSERV *Jamais* va siempre acompañado en francés de la negación *ne* en las frases negativas.
nunciatura *f* nonciature.
nuncio *m* nonce; *nuncio apostólico* nonce apostolique ‖ FIG présage, signe précurseur, annonce *f* (presagio); *un viento nuncio de lluvia* un vent présage de pluie | messager, porteur; *ha sido el nuncio de la buena nueva* il a été le porteur de la bonne nouvelle ‖ FAM *¡que te lo diga el nuncio!* va demander au pape!
nuncupativo, va *adj* DR nuncupatif, ive; *testamento nuncupativo* testament nuncupatif.
nupcial *adj* nuptial, e ‖ — *banquete nupcial* banquet de mariage ‖ *galas nupciales* vêtements nuptiaux, robe de mariée.
nupcialidad *f* nuptialité.
nupcias *f pl* noces, mariage *m sing; contraer segundas nupcias* se marier en secondes noces, faire un second mariage ‖ *hijos de segundas nupcias* enfants du second lit.

Nuremberg; Núremberg *n pr* GEOGR Nuremberg.
nurse *f* nurse (niñera).
nutria; nutra *f* ZOOL loutre (mamífero).
nutricio, cia *adj* nourricier, ère; nutricier, ère.
nutrición *f* nutrition.
nutrido, da *adj* nourri, e (alimentado) || FIG nourri, e; *aplausos nutridos* applaudissements nourris | dense, épais, aisse; *una muchedumbre nutrida* une foule dense || MIL *fuego nutrido* feu nourri (graneado).
nutrir *v tr* nourrir; *la sangre nutre el cuerpo* le sang nourrit le corps || FIG nourrir.
◆ *v pr* se nourrir; *nutrirse con* se nourrir de.
nutritivo, va *adj* nourrissant, e; nutritif, ive || *valor nutritivo* valeur nutritive (de un alimento).
ny *f* nu *m* (letra griega).

ñ *f* ñ *m* (esta letra no existe en el alfabeto francés).
ñame *m* BOT igname *f* (planta).
ñato, ta *adj (amer)* camus, e (chato) || FIG *(amer)* laid, e (feo).
◆ *m (amer)* efféminé (afeminado).
ñeque *adj (amer)* vigoureux, euse || courageux, euse (valiente).
◆ *m (amer)* vigueur *f* || coup (golpe), gifle (bofetada) || *hombre de ñeque* brave à trois poils.
◆ *m pl (amer)* poings (puños).
ñoñería; ñoñez *f* niaiserie.
ñoño, ña *adj y s* FAM niais, e; imbécile, sot, sotte (tonto) || douillet, ette; délicat, e (delicado).
ñoqui *m* CULIN gnocchi *inv*.
ñora *f* piment *m* fort de Murcie.
ñu *m* ZOOL gnou (antílope).
ñudo *m (ant)* nœud (nudo).

o *f* o *m* (letra) || *nuestra Señora de la O* la Sainte Vierge.
o *conj* ou.
— OBSERV 1) *O* porte un accent écrit entre deux nombres exprimés en chiffres, afin d'éviter la confusion possible avec un zéro (*10 ó 12* dix ou douze). 2) Au lieu de *o* on emploie la forme *u* devant tout mot commençant par *o* ou *ho* pour éviter l'hiatus (*uno u otro* l'un ou l'autre; *siete u ocho* sept ou huit; *ayer u hoy* hier ou aujourd'hui;
OACI abrev de *Organización de la Aviación Civil Internacional* O.A.C.I., Organisation de l'aviation civile internationale.
oasis *m* oasis *f*.
obcecación *f* aveuglement *m*, éblouissement *m*.
obcecado, da *adj* aveuglé, e; obnubilé, e; *obcecado por la pasión* aveuglé par la passion || obstiné, e.
obcecar *v tr* aveugler || éblouir (ofuscar).
◆ *v pr* être aveuglé, e || être ébloui, e.
obedecer* *v tr* obéir à; *obedecer las órdenes* obéir aux ordres; *obedecer al superior* obéir à son supérieur.
◆ *v intr* obéir.
obediencia *f* obéissance || obédience [ordres religieux] || — *obediencia ciega* obéissance *o* soumission aveugle || DR *obediencia debida* obéissance due.
obediencial *adj* obédientiel, elle || *letras obedienciales* lettres d'obédience.
obediente *adj* obéissant, e.
obelisco *m* ARQ obélisque.
obencadura *f* MAR haubans *m pl.*
obenque *m* MAR hauban.
obertura *f* MÚS ouverture.
obesidad *f* obésité.
obeso, sa *adj y s* obèse.
óbice *m* obstacle, empêchement || *eso no fue óbice para que siguiese mi camino* cela ne m'a pas empêché de poursuivre ma route.

obispado *m* évêché.
obispo *m* évêque || — *obispo in partibus* évêque in partibus || *obispo sufragáneo* suffragant || — *(amer)* FAM *a cada muerte de obispo* tous les trente-six du mois || FAM *trabajar para el obispo* travailler pour le roi de Prusse.
óbito *m* décès.
obituario *m* obituaire (libro).
objeción *f* objection; *levantar* ou *poner objeciones* soulever des objections || *objeción de conciencia* objection de conscience.
objetar *v tr* objecter.
objetivar *v tr* objectiver.
objetividad *f* objectivité; *con toda objetividad* en toute objectivité.
objetivismo *m* objectivisme.
objetivo, va *adj* objectif, ive.
◆ *m* FIG but, objectif (finalidad); *perseguir un objetivo* poursuivre un objectif || FÍS & FOT & MIL objectif || *objetivo de inmersión* objectif à immersion.
objeto *m* objet; *un objeto voluminoso* un objet encombrant || but, fin *f*, objet (intención) || — *carecer de objeto* être sans objet || *con objeto de* dans le but de, afin de, pour || *¿con qué objeto?* dans quel but?, à quelle fin? || *con tal objeto* dans ce but || *depósito de objetos perdidos* bureau des objets trouvés || *objeto de primera necesidad* article de première nécessité || GRAM *objeto directo, indirecto* objet direct, indirect || *objetos de escritorio* fournitures de bureau || *ser objeto de* être *o* faire l'objet de || *tener por objeto* avoir pour objet.
objetor *m* objecteur; *objetor de conciencia* objecteur de conscience.
oblación *f* oblation.
oblato, ta *adj y s* oblat, e (religioso).
◆ *f* offrande pour payer le vin, les hosties et la cire || oblation (hostia).
oblea *f* pain *m* à cacheter || cachet *m* (sello).
oblicuidad *f* obliquité.
oblicuo, cua *adj* oblique.
◆ *m* ANAT oblique (músculo).
◆ *f* MAT oblique (línea).
obligación *f* obligation (deber) || devoir *m*; *conocer sus obligaciones* connaître ses devoirs; *obligaciones matrimoniales* devoirs conjugaux || ECON obligation (valor comercial); *obligación beneficiaria, con primas, de renta fija, pignorada* obligation participante, à primes, à revenu fixe, gagée || contrainte; *obligaciones sociales* contraintes sociales || — *cumplir con sus obligaciones* remplir ses devoirs, faire honneur à ses obligations, s'acquitter de ses devoirs || *faltar a sus obligaciones* manquer à ses devoirs || *tener obligación de* être obligé de, devoir || *tenerle obligación a uno* être redevable à quelqu'un.
obligacionista *m y f* obligataire (tenedor de obligaciones).
obligado, da *adj* obligé, e; *estar* ou *verse obligado a trabajar* être obligé de travailler || *es obligado decir* il faut dire.
◆ *m* fournisseur (abastecedor) || MÚS récitatif obligé.
obligar *v tr* obliger; *obligar a* obliger à *o* de || être tenu *o* obligé; *el médico está obligado a guardar el secreto profesional* le médecin est tenu de garder le secret professionnel.
◆ *v pr* s'obliger, s'engager.

— OBSERV En la forma transitiva se emplea preferentemente *à* con la forma activa y *de* con la pasiva.
obligatoriedad *f* caractère *m* obligatoire.
obligatorio, ria *adj* obligatoire.
obliteración *f* MED oblitération.
obliterador, ra *adj* MED oblitérateur, trice.
obliterar *v tr* MED oblitérer (obstruir).
oblongo, ga *adj* oblong, gue.
obnubilación *f* obnubilation.
obnubilar *v tr* *(p us)* obnubiler (obsesionar).
oboe *m* MÚS hautbois (instrumento).
óbolo *m* obole *f*; *dar su óbolo* verser son obole.
obra *f* œuvre, ouvrage *m*; *poner manos a la obra* se mettre à l'œuvre *o* à l'ouvrage || œuvre, travail *m*; *obra meritoria* travail méritoire || œuvre (poder); *por obra de la Divina Providencia* par l'œuvre de la Divine Providence || œuvre (producción literaria o artística); *las obras de Calderón* les œuvres de Calderón; *la obra musical de Wagner* l'œuvre musicale de Wagner || ouvrage *m* (libro); *obra de consulta* ouvrage de référence || œuvre (buena acción); *las obras de beneficencia* les œuvres de bienfaisance; *las obras de misericordia* les œuvres de miséricorde || travail *m*; *obras públicas* travaux publics; *atención, obras* attention, travaux; *estar en obras* y avoir des travaux; *la calle Luchana está en obras* il y a des travaux dans la rue Luchana || construction (edificio) || chantier *m*; *trabajar en la obra* travailler sur le chantier || TECN ouvrages *m pl* [du haut fourneau] || CONSTR œuvre *m* || MÚS œuvre *m* || — *obra accesoria* ouvrage détaché (fortificación) || *obra de caridad* œuvre de charité || *obra de construcción* chantier || *obra de encargo* travail sur commande || *obra de fábrica* ouvrage d'art || FIG *obra del Escorial* ou *de romanos* travail de Romains || *obra de mampostería* travail de maçonnerie || *obra de teatro* pièce de théâtre || *obra exterior* ouvrage avancé (fortificación) || *obra maestra* chef-d'œuvre || *obras pías, buenas obras* œuvres pies *o* de bienfaisance, bonnes œuvres || MAR *obras vivas, muertas* œuvres vives, mortes || — *a pie de obra* à pied d'œuvre || *«cerrado por obras»* «fermé pour cause de travaux» || *contratista de obras* entrepreneur en bâtiment || *maestro de obras* maître d'œuvre || *¡manos a la obra!* à l'œuvre!, au travail! || *por obra de* par l'action de || *por obra y gracia del Espíritu Santo* par l'opération du Saint-Esprit || — *es obra de* c'est l'affaire de; *es obra de dos días* c'est l'affaire de deux jours || *estar manos a la obra* être à l'œuvre || *maltratar de palabra y de obra* maltraiter en paroles et en actions || *obras son amores, que no buenas razones* il n'y a que les faits qui comptent || *poner en obra* mettre en chantier (empezar) || *ponerse manos a la obra* se mettre à l'œuvre *o* à l'ouvrage.
obrador, ra *adj* agissant, e (que obra).
◆ *m* atelier (taller) || ouvroir (para la ropa).
obrar *v tr* faire (hacer); *obrar el bien* faire le bien || bâtir, construire (construir).
◆ *v intr* agir; *obrar libremente* agir librement; *obrar bien, mal* bien, mal agir; *obrar como una persona honrada* agir en honnête homme || opérer, agir; *el remedio comienza a obrar* le remède commence à opérer || œuvrer *(p us)*, travailler (trabajar) || aller à la selle (exonerar el vientre) || se trouver, être; *el papel obra entre sus manos* le papier se trouve entre ses mains || *obra en mi poder su atenta carta del 19* j'ai en ma possession *o* entre les mains *o* j'ai bien reçu votre honorée du 19.

obrerada *f* FAM masse ouvrière, les ouvriers *m pl* (conjunto de obreros).

obrerismo *m* ouvriérisme ‖ main-d'œuvre *f* (conjunto de los obreros).

obrerista *adj* ouvriériste.

obrero, ra *adj y s* ouvrier, ère; *clase obrera* classe ouvrière; *movimiento obrero* mouvement ouvrier ‖ — *obrero especializado* ouvrier spécialisé ‖ *obrero estacional* ou *temporero* ouvrier saisonnier.
◆ *m* marguillier (de iglesia).
◆ *f* ZOOL ouvrière (abeja, etc.).

obrizo *adj m* *oro obrizo* or très pur.

obscenidad *f* obscénité.

obsceno, na *adj* obscène.

obscurantismo *m* → oscurantismo.

obscurecer* *v tr* → oscurecer.

obscurecimiento *m* → oscurecimiento.

obscuridad *f* → oscuridad.

obscuro, ra *adj* → oscuro.

obsequiado, da *adj y s* personne qui reçoit un cadeau *o* en l'honneur de qui on donne une réception, etc.

obsequiador, ra; obsequiante *adj* prévenant, e; obligeant, e; attentionné, e (obsequioso) ‖ qui offre (que regala).

obsequiar *v tr* faire cadeau, offrir; *obsequiar a un amigo con libros* offrir des livres à un ami; faire cadeau de livres à un ami ‖ offrir; *obsequiar con un vino de honor* offrir un vin d'honneur; *cada visitante fue obsequiado con un recuerdo* on a offert un souvenir à chaque visiteur ‖ combler de prévenances, traiter avec empressement (agasajar) ‖ courtiser (galantear).

obsequio *m* cadeau (regalo) ‖ hommage; *obsequio del autor* hommage de l'auteur ‖ prévenance *f*, attention *f* (agasajo) ‖ *deshacerse en obsequios* se répandre en politesses.

obsequiosamente *adv* obligeamment ‖ obséquieusement (con exceso).

obsequiosidad *f* obligeance ‖ obséquiosité (cumplidos excesivos).

obsequioso, sa *adj* obligeant, e; empressé, e; obséquioso *con las damas* empressé auprès des dames ‖ obséquieux, euse (excesivamente atento).

observación *f* observation (de un fenómeno) ‖ observation, remarque ‖ *enfermo en observación* malade en observation.

observador, ra *adj y s* observateur, trice.

observancia *f* observance, observancia (de las reglas) ‖ *regular observancia* stricte observance.

observante *adj y s* observant, e (que observa).
◆ *m* observantin (de la orden de San Francisco).

observar *v tr* observer ‖ observer (cumplir) ‖ remarquer; *he observado que ha cambiado mucho últimamente* j'ai remarqué qu'il a beaucoup changé dernièrement ‖ constater (comprobar).
◆ *v pr* se surveiller.

observatorio *m* observatoire.

obsesión *f* obsession ‖ hantise; *tener la obsesión de la muerte* avoir la hantise de la mort.

obsesionar *v tr* obséder; *obsesionado con recuerdos* obsédé par des souvenirs.

obsesivo, va *adj* obsédant, e (que obsesiona) ‖ obsessionnel, elle; *psicosis obsesiva* psychose obsessionnelle.

obseso, sa *adj y s* obsédé, e.

obsidiana *f* MIN obsidienne.

obsoleto, ta *adj (p us)* obsolète (anticuado).

obstaculizar *v tr* mettre un obstacle à, entraver (poner trabas) ‖ faire obstacle à (oponerse).

obstáculo *m* obstacle; *vencer un obstáculo* surmonter un obstacle ‖ — DEP *carrera de obstáculos* course d'obstacles | *carrera sin obstáculos* course plate ‖ *poner obstáculos a* faire obstacle à, mettre un obstacle *o* des obstacles à.

obstante *adj* *no obstante* cependant, néanmoins, nonobstant (sin embargo), malgré (a pesar); *no obstante mis consejos hace lo que le da la gana* malgré mes conseils il fait ce qui lui chante.

obstar *v intr* empêcher (estorbar); *eso no obsta para que continúe* cela ne m'empêche pas de continuer.
◆ *v impers* s'opposer à (ser contrario).

obstetricia *f* MED obstétrique ‖ *procedimiento de obstetricia* procédé obstétrical.

obstinación *f* obstination (terquedad), opiniâtreté (empeño).

obstinado, da *adj* obstiné, e (terco), opiniâtre (empeñado).

obstinarse *v pr* s'obstiner, s'entêter; *obstinarse en una decisión* s'obstiner dans une décision; *se obstina en negarlo* il s'obstine à le nier.

obstrucción *f* obstruction.

obstruccionismo *m* obstructionnisme.

obstruccionista *adj y s* obstructionniste.

obstructor, ra *adj* MED obstructif, ive.

obstruir* *v tr* obstruer (cerrar) ‖ FIG entraver (estorbar).
◆ *v pr* s'obstruer, se boucher; *se obstruyó el lavabo* le lavabo s'est bouché.

obtención *f* obtention.

obtener* *v tr* obtenir; *obtener buenos resultados* obtenir de bons résultats.

obturación *f* obturation.

obturador, ra *adj* obturateur, trice.
◆ *m* FOT & TECN obturateur ‖ *obturador iris, de cortina* obturateur à iris, à rideau.

obturar *v tr* obturer ‖ MED obturer (empastar).

obtusángulo *adj m* GEOM obtusangle; *triángulo obtusángulo* triangle obtusangle.

obtuso, sa *adj* MAT obtus, e ‖ FIG obtus, e; *obtuso de entendimiento* à l'esprit obtus.

obús *m* obus (proyectil) ‖ obusier (cañón corto).

obviar *v tr* obvier à, pallier; *obviar un inconveniente* pallier un inconvénient ‖ empêcher, s'opposer à (impedir).

obviedad *f* évidence.

obvio, via *adj* FIG évident, e; clair, e (evidente) ‖ *obvio es decir* inutile de dire.

oc *m* oc; *lengua de oc* langue d'oc.

OC abrev de *Onda Corta* O.C., ondes courtes.

oca *f* oie (ánsar) ‖ BOT oxalide tubéreuse ‖ *juego de la oca* jeu de l'oie.

ocarina *f* MUS ocarina *m*.

ocasión *f* occasion; *aprovechar la ocasión* profiter de l'occasion ‖ occasion (mercancía de lance) ‖ *(ant)* situation périlleuse, péril *m* ‖ — *de ocasión* d'occasion (de segunda mano) ‖ *en cierta ocasión* un jour, une fois ‖ *en la primera ocasión* à la première occasion ‖ *en ocasiones* parfois, à l'occasion

|| *en varias ocasiones* à plusieurs reprises, en diverses occasions || — *la ocasión la pintan calva* il faut saisir l'occasion par les cheveux || *asir* ou *coger* ou *agarrar la ocasión por los pelos* saisir l'occasion par les cheveux || *dar ocasión a* occasionner, donner lieu à (dar lugar a), être la cause, provoquer (causar) || *dar ocasión de* donner l'occasion de || *la ocasión hace al ladrón* l'occasion fait le larron.

ocasional *adj* occasionnel, elle.

ocasionalista *adj y s* occasionnaliste.

ocasionar *v tr* occasionner, donner lieu à (dar lugar a) || causer, être la cause de, provoquer (causar) || exposer (poner en peligro).

ocaso *m* coucher (de un astro); *el ocaso del Sol* le coucher du Soleil || couchant (occidente) || FIG déclin (decadencia); *el ocaso de Occidente* le déclin de l'Occident | fin *f*; *su ocaso se acerca* sa fin approche | crépuscule; *el ocaso de los dioses* le crépuscule des dieux || FIG *en el ocaso de la vida* au déclin de sa vie, sur ses vieux jours.

occidental *adj y s* occidental, e.

occidentalismo *m* occidentalisme.

occidentalista *adj y s* occidentaliste.

occidentalización *f* occidentalisation.

occidentalizar *v tr* occidentaliser.

occidente *m* occident; *al occidente* à l'occident.

occipital *adj y s m* ANAT occipital, e.

occipucio *m* ANAT occiput.

Occitania *n pr* GEOGR Occitanie.

OCDE abrev de *Organización para la Cooperación y el Desarrollo Económico* O.C.D.E., Organisation de coopération et de développement économiques.

Oceanía *n pr f* GEOGR Océanie.

oceánico, ca *adj* océanique (del océano) || océanien, enne (de Oceanía).

oceanicultura *f* aquaculture océanique.

océano *m* océan; *el océano Índico* l'océan Indien || FIG océan; *un océano de amargura* un océan d'amertume.
◆ *adj m (ant) el mar océano* la mer océane.

oceanografía *f* océanographie.

oceanográfico, ca *adj* océanographique.

oceanógrafo, fa *m y f* océanographe.

ocelado, da *adj* ocellé, e.

ocelo *m* ocelle (mancha) || ocelle (ojo).

ocelote *m* ZOOL ocelot (mamífero).

ocio *m* oisiveté *f*, repos (inacción) || loisir (tiempo libre); *ratos de ocio* moments de loisir || délassement, distraction *f* (entretenimiento).

ociosamente *adv* oisivement (sin ocupación) || inutilement (sin utilidad).

ociosidad *f* oisiveté || *la ociosidad es madre de todos los vicios* l'oisiveté est la mère de tous les vices.

ocioso, sa *adj y s* oisif, ive; *vida ociosa* vie oisive.
◆ *adj* oiseux, euse (inútil); *palabras ociosas* des propos oiseux.

ocluido, da *adj* occlus, e.

ocluir *v tr* MED occlure.
◆ *v pr* se fermer.

oclusión *f* MED occlusion || *oclusión coronaria* oblitération des coronaires.

oclusivo, va *adj y s f* occlusif, ive; *consonante oclusiva* consonne occlusive.

ocozoal *m* serpent à sonnettes, crotale (serpiente).

ocozol *m* (amer) liquidambar (árbol).

ocre *m* MIN ocre *f*; *ocre amarillo* ocre jaune; *ocre rojo* ocre rouge (almagre).
◆ *adj inv* ocre.

octaedro *m* GEOM octaèdre; *octaedro regular* octaèdre régulier.

octogonal *adj* GEOM octogonal, e.

octágono, na *adj y s m* GEOM octogone.

octanaje *m* QUÍM indice d'octane.

octano *m* QUÍM octane || *índice de octano* indice d'octane.

octava *f* ECLES & MÚS octave || huitain *m* (estrofa) || — *octava real* huitain dont les six premiers vers sont à rimes croisées et les deux derniers à rimes plates || *octava rima* «octava real» dans la poésie du Siècle d'or espagnol.

octavilla *f* feuille de papier de petit format || tract *m* (hoja de propaganda) || huitain *m* (estrofa).

octavo, va *adj y s* huitième || — *en octavo* in-octavo (libro) || *en octavo lugar* huitièmement || *la octava parte* le huitième || DEP *octavos de final* huitièmes de finale.

octeto *m* MÚS octuor || INFORM octet.

octingentésimo, ma *adj y s* huit centième.

octogenario, ria *adj y s* octogénaire.

octogésimo, ma *adj y s* quatre-vingtième.
— OBSERV *Octogésimo uno, segundo, etc.* se dice en francés *quatre-vingt-unième, quatre-vingt-deuxième, etc.*

octogonal *adj* GEOM octogonal, e.

octógono, na *adj y s m* GEOM octogone.

octópodo, da *adj y s m* ZOOL octopode.

octosilábico, ca *adj* octosyllabique, octosyllabe.

octosílabo, ba *adj y s* octosyllabe.

octubre *m* octobre; *Madrid, 6* ou *a 6 de octubre de 1968* Madrid, le 6 octobre 1968.

OCU abrev de *Organización de Consumidores y Usuarios* Organisation de consommateurs et d'usagers [Espagne].

ocular *adj y s m* oculaire; *testigo ocular* témoin oculaire.

oculista *adj y s* oculiste.

ocultación *f* dissimulation || ASTR occultation || recel *m* (encubrimiento) || DR *ocultación de parto* suppression de part *o* d'enfant.

ocultador, ra *adj* qui cache.
◆ *m y f* receleur, euse.
◆ *m* FOT cache.

ocultamente *adv* occultement || secrètement.

ocultar *v tr* cacher; *ocultar su juego, un objeto* cacher son jeu, un objet || ASTR occulter || receler (encubrir) || *ocultar a* ou *de la vista de alguien* dérober *o* cacher à la vue de quelqu'un.
◆ *v pr* se cacher; *ocultarse de sus padres, de las miradas* se cacher de ses parents, aux regards.

ocultismo *m* occultisme.

ocultista *adj y s* occultiste.

oculto, ta *adj* occulte (secreto); *influencia oculta* influence occulte || caché, e (escondido) || *ciencias ocultas* sciences occultes.

ocupación *f* occupation; *tener muchas ocupaciones* avoir beaucoup d'occupations || affaire, occupation; *dedicarse a sus ocupaciones* se consacrer à

ses affaires || profession, métier *m* (empleo) || occupation (de ciudad, de un país).
ocupacional *adj* professionnel, elle.
ocupante *adj y s* occupant, e.
ocupar *v tr* occuper; *ocupar sus horas libres en* occuper ses heures creuses à || occuper (un puesto, un país, un piso) || occuper (emplear obreros) || *ocupar espacio* prendre o occuper de la place.
◆ *v pr* s'occuper; *ocuparse de un niño* s'occuper d'un enfant; *ocuparse en obras útiles* s'occuper à des travaux utiles.
ocurrencia *f* circonstance, occasion, occurrence *(p us)* || FIG mot *m* d'esprit, boutade, bon mot *m* (chiste) || idée; *¡tienes cada ocurrencia!* tu as de ces idées!; *¡vaya ocurrencia!* quelle drôle d'idée! || *tener ocurrencia* avoir de l'à-propos.
ocurrente *adj* qui arrive, qui a lieu (que sucede) || FIG spirituel, elle (chistoso, gracioso) || ECLES occurent, e [fête].
ocurrir *v intr* arriver, se passer, avoir lieu, advenir (acontecer); *eso ocurre todos los años* cela arrive tous les ans || arriver; *¿qué te ocurre?* qu'est-ce qui t'arrive? || — *ocurra lo que ocurra* quoi qu'il advienne, advienne que pourra || *¿qué ocurre?* que se passe-t-il?, qu'y a-t-il?
◆ *v pr* venir à l'esprit o à l'idée, passer par la tête; *esta idea se me ocurrió ayer* cette idée m'est venue hier à l'esprit; *es lo único que se me ocurre* c'est la seule chose qui me vienne à l'idée; *cuenta todo lo que se le ocurre* il raconte tout ce qui lui passe par la tête || avoir l'idée de; *de repente se le ocurrió irse* il a eu toutà-coup l'idée de partir || s'aviser; *que no se te ocurra repetirlo* ne t'avise pas de le répéter || — *a nadie se le ocurre hacer esto* on n'a pas idée de faire ça || *¡se le ocurre cada cosa!* il a de ces idées! || *se me ocurre que* je pense que.
ochavado, da *adj* octogonal, e.
ochavo *m* liard (moneda); *no tener ni un ochavo* ne pas avoir un liard.
ochenta *adj y s* quatre-vingts.
— OBSERV *Quatre-vingts* se escribe sin *s* delante de otro número (*ochenta y dos* quatre-vingt-deux) o cuando significa *octogésimo*. En Suiza se emplea *huitante* y a veces *octante* en lugar de *quatre-vingts*.
ochentavo, va *adj y s* quatre-vingtième.
ochentón, ona *adj y s* FAM octogénaire.
ocho *adj y s m* huit; *ocho niños* huit enfants; *el año ocho* l'an huit || huitième; *en el año ocho de su reinado* dans la huitième année de son règne || huitièmement (en octavo lugar) || — *aplazar para dentro de ocho días* remettre à huitaine || *las ocho* huit heures || *unos ocho* une huitaine; *unos ocho niños* une huitaine d'enfants; *dentro de unos ocho días* dans une huitaine de jours.
ochocientos, tas *adj y s m* huit cents; *quatro mil ochocientos* quatre mille huit cents || huit cent; *ochocientos diez* huit cent dix (seguido de otra cifra); *el año ochocientos* l'an huit cent (cuando equivale a un ordinal) || *mil ochocientos* mille huit cents, dix-huit cents.
oda *f* ode || *oda corta* odelette.
odalisca *f* odalisque.
ODECA abrev de *Organización de Estados Centroamericanos* O.D.E.C.A., Organisation des États centraméricains.
odeón *m* odéon (teatro).
Odesa *n pr* GEOGR Odessa.

odiar *v tr* détester, haïr; *odiar a* ou *de muerte* haïr à mort; *te odio* je te déteste.
odio *m* haine *f* || — *mirada de odio* regard haineux || *por odio a* par haine de, en haine de || *tener odio a uno* détester o haïr quelqu'un, avoir quelqu'un en haine || *tomar* ou *cobrar odio a* prendre en haine.
odiosidad *f* caractère *m* odieux, ignominie || haine (aversión).
odioso, sa *adj* odieux, euse; détestable || — *hacerse odioso* se rendre odieux.
odisea *f* odyssée.
odómetro *m* odomètre.
odontalgia *f* MED odontalgie (dolor de muelas).
odontología *f* MED odontologie || *escuela de odontología* école dentaire.
odontólogo, ga *m y f* odontologiste *(p us)*, chirurgien-dentiste.
odorífero, ra *adj* odorant, e; odoriférant, e.
odre *m* outre *f* (pellejo) || FIG & FAM sac à vin (borracho).
OEA abrev de *Organización de Estados Americanos* O.E.A., Organisation des États américains.
Oesnorueste *m* ouest-nord-ouest.
Oessudueste *m* ouest-sud-ouest.
Oeste *adj y s* ouest || *una película del Oeste* un western.
ofender *v tr* offenser, outrager || *ofender a la vista* offenser la vue.
◆ *v pr* s'offenser, s'offusquer; *ofenderse por todo* s'offenser de tout || se fâcher (reñir); *ofenderse con su amigo* se fâcher avec son ami.
ofendido, da *adj y s* offensé, e.
ofensa *f* offense, outrage *m* (injuria).
ofensivo, va *adj* offensant, e; outrageant, e (palabra o hecho) || offensif, ive (arma, guerra).
◆ *f* offensive; *pasar a la ofensiva* passer à l'offensive.
ofensor, ra *adj* qui offense.
◆ *m* offenseur.
oferta *f* offre (propuesta); *oferta en firme* offre ferme || don *m* (regalo) || — ECON *oferta pública de adquisición (OPA)* offre publique d'achat (O.P.A) | *oferta pública de adquisición hostil (OPAH)* offre publique d'achat hostile (O.P.A. hostile) || — *ley de la oferta y la demanda* loi de l'offre et de la demande.
ofertar *v tr* offrir (en venta).
ofertorio *m* offertoire (parte de la misa) || huméral (humeral).
off *adj* off the record à titre confidentiel (extraoficialmente, confidencialmente) || CINEM *voz en off* voix hors champ o off.
office *m* office (antecocina).
offset *m* IMPR offset.
offshore *adj* offshore (prospección petrolífera).
offside *m* (anglicismo) DEP hors-jeu (orsay).
oficial *adj* officiel, elle || légal, e; *hora oficial* heure légale.
◆ *m* ouvrier (obrero) || employé (oficinista) || *(p us)* boucher (carnicero) || officier municipal (municipal) || official (juez eclesiástico) || MIL officier; *oficial de complemento, de la escala activa, de semana, general, subalterno* officier de réserve, d'active, de semaine, général, subalterne || MAR *oficial de guardia* officier de quart || *oficial de peluquería* garçon coiffeur || *oficial de la sala* greffier

‖ *oficial de sanidad* officier de santé ‖ *primer oficial* maître clerc (de un notario).

oficiala f ouvrière ‖ employée (oficinas) ‖ officière (del Ejército de Salvación) ‖ — *oficiala de costura* première main ‖ *oficiala de modista* petite main.

oficialía f emploi m de bureau.

oficialidad f MIL cadres m pl, officiers m pl ‖ caractère m officiel (de una noticia, etc.).

oficialismo m *(amer)* parti au pouvoir ‖ forces qui soutiennent le gouvernement.

oficializar v tr officialiser.

oficiante m officiant.

oficiar v tr célébrer (la misa) ‖ communiquer officiellement (una noticia).

◆ v intr officier (el sacerdote).

oficina f bureau m (despacho); *oficina de Correos* bureau de poste ‖ office m; *oficina de colocación* office de la main-d'œuvre ‖ officine (de farmacia) ‖ FIG officine, laboratoire m ‖ — *oficina central* siège [d'une administration] ‖ *oficina de objetos perdidos* bureau des objets trouvés ‖ *oficina de Turismo* syndicat d'initiative, office de tourisme ‖ *Oficina Internacional del Trabajo (OIT)* Bureau international du travail (B.I.T.).

oficinista m y f employé, employée de bureau.

oficio m métier (profesión); *oficio manual* métier manuel ‖ office, fonctions f pl (función); *desempeñar su oficio* remplir ses fonctions o son office ‖ office, charge f (de escribano) ‖ communication f, rapport (comunicación) ‖ office (antecocina) ‖ ECLES office; *oficio de difuntos* office des morts ‖ *oficio divino* ou *mayor* office divin ‖ *oficio parvo* petit office ‖ DR *abogado de oficio* avocat commis d'office ‖ *artes y oficios* arts et métiers ‖ *buenos oficios* bons offices ‖ *de oficio* d'office ‖ *los gajes del oficio* les inconvénients du métier ‖ *Santo Oficio* Saint-Office ‖ — *hacer su oficio* faire son métier ‖ *no hay oficio malo* il n'y a point de sot métier ‖ *no tener oficio ni beneficio* ne rien avoir du tout ‖ *quien ha oficio, ha beneficio* il n'est de si petit métier qui ne nourrisse son maître ‖ *ser albañil de oficio* être maçon de son métier o de son état ‖ *ser del oficio* être du métier ‖ *tener mucho oficio* avoir du métier.

oficiosamente adv diligemment (con diligencia) ‖ obligeamment (con complacencia) ‖ officieusement (no oficialmente).

oficiosidad f diligence, activité (laboriosidad) ‖ obligeance, empressement m (complacencia) ‖ zèle m déplacé, indiscrétion (importunidad).

oficioso, sa adj actif, ive; diligent, e (diligente) ‖ obligeant, e; empressé, e (solícito) ‖ indiscret, ète (importuno) ‖ officieux, euse (no oficial).

ofidio, dia adj y s m ZOOL ophidien, enne.

ofimática f bureautique.

ofrecer* v tr offrir; *ofrecer un vino de honor* offrir un vin d'honneur; *ofrecer un sacrificio* offrir un sacrifice ‖ FIG offrir, présenter; *esto ofrece muchas ventajas* ceci offre bien des avantages ‖ offrir; *ofrecer su ayuda* offrir son aide ‖ offrir; *ofrecer poca resistencia* offrir peu de résistance ‖ — *ofrecer el brazo* offrir son bras ‖ *ofrecer una copa* offrir un verre.

◆ v pr s'offrir; *ofrecerse en sacrificio* s'offrir en sacrifice ‖ se proposer, s'offrir; *ofrecerse de acompañante* se proposer comme accompagnateur; *ofrecerse para hacer un trabajo* s'offrir à faire un travail ‖ FIG venir à l'esprit (ocurrir) ‖ — *ofrecerse a la vista de* s'offrir à la vue de ‖ *¿qué se le ofrece a usted?* que désirez-vous?, qu'y a-t-il pour votre service?

ofrecimiento m offre f.

ofrenda f offrande ‖ *ofrenda floral* dépôt m de gerbe.

ofrendar v tr offrir, donner une offrande; *ofrendar su alma a Dios* offrir son âme à Dieu.

oftalmía f MED ophtalmie.

oftálmico, ca adj MED ophtalmique.

oftalmología f MED ophtalmologie.

oftalmológico, ca adj ophtalmologique.

oftalmólogo m ophtalmologiste, ophtalmologue.

oftalmoscopia f MED ophtalmoscopie.

oftalmoscopio m MED ophtalmoscope.

ofuscación f; **ofuscamiento** m aveuglement m (ceguera).

ofuscar v tr offusquer *(p us)*, aveugler, éblouir; *el sol me ofusca* le soleil m'éblouit ‖ FIG troubler, égarer, aveugler (conturbar); *ofuscado por la pasión* aveuglé par la passion.

◆ v pr être ébloui, e ‖ FIG être troublé, e.

ogro, ogresa m y f ogre, esse.

¡oh! interj oh!; *¡oh qué horror!* oh! quelle horreur! ‖ ô (usado como vocativo); *¡oh, Júpiter!* ô Jupiter!

Ohio n pr GEOGR Ohio.

ohm; ohmio m ELECTR ohm.

oída f audition ‖ *de* ou *por oídas* par ouï-dire.

oído m oreille f (órgano); *me duelen los oídos* j'ai mal aux oreilles; *taparse los oídos* se boucher les oreilles ‖ ouïe f, oreille f (sentido); *tener el oído fino* avoir l'ouïe fine ‖ lumière f [d'une arme à feu] ‖ — ANAT *oído interno* oreille interne ‖ — *al oído* à l'oreille ‖ MÚS *de oído* d'oreille ‖ *duro de oído* dur d'oreille ‖ — *a preguntas necias, oídos sordos* à folle demande, point de réponse ‖ FIG & FAM *¡oído al parche!* attention! ‖ — FIG *abrir los oídos* ouvrir les oreilles ‖ *aguzar el oído* dresser o tendre l'oreille ‖ *dar oídos a* prêter l'oreille à, écouter (prestar atención), ajouter foi à (creer) ‖ *entrar por un oído y salir por el otro* entrer par une oreille et sortir par l'autre ‖ FIG *estar mal del oído* être dur d'oreille ‖ *hacer oídos de mercader* ou *oídos sordos* faire la sourde oreille ‖ *ha llegado a mis oídos* j'ai appris, j'ai eu vent de ‖ *lastimar el oído* écorcher les oreilles o l'oreille ‖ *machacar los oídos* rebattre les oreilles ‖ *no dar crédito a sus oídos* ne pas en croire ses oreilles ‖ *no dar oídos a* refuser d'écouter, fermer l'oreille à ‖ *prestar oído* prêter l'oreille ‖ *prestar oídos* tendre l'oreille ‖ *regalar el oído a uno* chanter les louanges de quelqu'un ‖ *ser fino de oídos* avoir l'ouïe fine ‖ *ser todo oídos* être tout ouïe, écouter de toutes ses oreilles ‖ *tener oído* avoir de l'oreille.

OIEA abrev de *Organismo Internacional para la Energía Atómica* A.I.E.A., Agence internationale de l'énergie atomique.

oír* v tr entendre; *oír un ruido* entendre un bruit; *no se oye nada* on n'entend rien ‖ écouter (atender, escuchar); *oír un ruego* écouter une demande ‖ — *oír al revés* entendre de travers ‖ *oír misa* entendre la messe ‖ *(ant) oír teología* suivre un cours de théologie ‖ — *¡oiga!* écoutez! (para llamar la atención), allô! (teléfono) ‖ FAM *¡oye!* dis donc!; *pero, oye, ¿qué te has creído?* mais, dis donc, qu'est-ce que tu t'es imaginé?; écoute! (para llamar la atención) ‖ — *al oírle hablar así* à l'entendre ‖ *aquí donde usted me oye* moi qui vous parle ‖ *dejar oír* faire entendre ‖ *¡Dios le oiga!* Dieu vous entende! ‖ FAM *es como quien oye llover* c'est comme si je chantais ǀ *estar harto de oír* avoir les oreilles rebattues de ‖ FIG *las paredes oyen* les murs ont des oreilles ǀ *ni visto ni oído* ni vu ni connu ǀ *no hay peor sordo que el que no quiere oír* il n'est pire sourd que celui qui ne veut pas entendre ǀ *se oyó una voz plañidera* une voix plaintive se fit entendre ‖ FIG *usted ha oído campanas (y no sabe dónde)* vous en avez vaguement entendu parler, vous ne comprenez qu'à moitié.

OIT abrev de *Oficina Internacional del Trabajo* B.I.T., Bureau international du travail ‖ abrev de *Organización Internacional del Trabajo* O.I.T., Organisation internationale du travail.

ojal *m* boutonnière *f* (para abrochar un botón); *con una flor en el ojal* une fleur à la boutonnière ‖ œil, orifice (agujero) ‖ POP boutonnière (herida); *abrirle a uno un ojal* faire une boutonnière à quelqu'un.

¡ojalá! *interj* je l'espère!, que Dieu vous entende!, plaise à Dieu! ‖ Dieu veuille que, pourvu que; *¡ojalá apruebe!* Dieu veuille qu'il réussisse! ‖ pourvu que; *¡ojalá se escape!* pourvu qu'il s'échappe! ‖ *¡ojalá viviera aún!* si seulement il vivait encore!

OJD abrev de *Oficina de Justificación de la Difusión* O.J.D., Office de justification de la diffusion des supports de publicité.

ojeada *f* coup *m* d'œil; *echar* ou *dar una ojeada* jeter un coup d'œil ‖ FIG tour *m* d'horizon; *dieron una ojeada a la situación actual* ils ont fait un tour d'horizon de la situation actuelle.

ojear *v tr* regarder, examiner (mirar) ‖ rabattre, faire lever (en la caza) ‖ FIG effaroucher, faire fuir (espantar) ǀ jeter le mauvais œil (aojar).

ojeo *m* battue *f* (en la caza).

ojera *f* cerne *m* (de los ojos) ‖ *tener ojeras* avoir les yeux cernés.

ojeriza *f* rancune, haine ‖ — *tener ojeriza a uno* avoir une dent contre quelqu'un, avoir pris quelqu'un en grippe, en vouloir à quelqu'un ‖ *tomar ojeriza a uno* prendre quelqu'un en grippe.

ojeroso, sa *adj* battu, e; cerné, e (los ojos) ‖ *estar ojeroso* avoir les yeux cernés o battus.

ojete *m* œillet (para pasar un cordón) ‖ POP trou de balle (ano).

ojímetro (a) *loc adv* FAM au pifomètre.

ojiva *f* ARQ ogive ‖ MIL ogive (de proyectil).

ojival *adj* ogival, e; en ogive ‖ *estilo ojival* style ogival.

ojo *m* œil; *tener ante los ojos* avoir sous o devant les yeux; *saltar un ojo* crever un œil ǀ œil (en el caldo, pan, queso) ‖ chas (de aguja) ‖ anneau (de llave) ‖ trou (de cerradura) ‖ arche *f* (de puente) ‖ source *f* (de manantial) ‖ œille, œil (de la cola del pavo) ǀ savonnage (jabonadura) ‖ maille *f* (de red) ‖ jour (de escalera) ‖ IMPR œil (de una letra) ‖ TECN œil (de la herramienta) ‖ — *¡ojo!, ¡mucho ojo!* attention!, gare!, ouvrez l'œil! ‖ *ojo con* attention à ‖ FIG & FAM *ojo a la funerala, ojo en compota* œil au beurre noir, œil poché, coquard ǀ *ojo de besugo* œil globuleux ǀ *ojo de buey* œil-de-bœuf (ventana) ‖ *ojo de cristal* œil de verre ‖ *ojo de gallo* œil-de-perdrix (callo) ǀ *ojo de gato* œil-de-chat (ágata) ‖ *ojo de la tempestad* œil du cyclone ǀ *ojo de muela* œillard ǀ *ojo de perdiz* œil-de-perdrix (en bordados y árboles) ‖ FOT *ojo de pez* fish-eye ‖ *(amer)* FIG & FAM *ojo en compota* œil au beurre noir ‖ RAD *ojo mágico* œil magique ‖ *ojos hundidos* yeux creux ‖ *ojos oblicuos* yeux obliques o bridés ‖ *ojos pícaros* yeux fripons ‖ FIG *ojo por ojo, diente por diente* œil pour œil, dent pour dent ‖ *ojos rasgados* yeux en amande o de biche o fendus ‖ *ojos saltones* yeux saillants o à fleur de tête ‖ *ojos tiernos* yeux fragiles, yeux humides o qui pleurent — *a (los) ojos de* aux yeux de (según) ǀ *a ojo* au jugé, à l'œil ǀ *a ojo de buen cubero* à vue de nez, au pifomètre *(fam)* ǀ *a ojos cerrados* les yeux fermés ǀ *a ojos vistas* à vue d'œil (progresivamente); *crecer a ojos vistas* grandir à vue d'œil ‖ FIG *como los ojos de la cara* comme la prunelle de ses yeux ǀ *con los ojos cerrados* les yeux fermés ǀ *dar un ojo* savonner (la ropa) ǀ *delante de los ojos* sous les yeux ǀ *en un abrir y cerrar de ojos* en un clin d'œil ǀ *hacer ojo* mousser (el jabón) ǀ *hasta los ojos* jusqu'au cou ǀ *mal de ojo* mauvais œil; *hacer mal de ojo* avoir le mauvais œil ‖ — FIG *abrir el ojo* ouvrir l'œil ǀ *abrir los ojos (a uno)* ouvrir o dessiller les yeux (à o de quelqu'un) ǀ *alegrársele a uno los ojos* briller de joie [les yeux]; *se le alegraron los ojos* ses yeux brillèrent de joie ǀ *alzar los ojos al cielo* lever les yeux au ciel ‖ FIG *andar con cien ojos* être sur ses gardes ǀ *andar ojo alerta* ouvrir l'œil ǀ *bailarle a uno los ojos de alegría* être tout guilleret (estar sumamente contento) ‖ *cerrarle a uno los ojos* fermer les yeux de quelqu'un [qui vient de mourir] ǀ FIG *cerrar los ojos a* fermer les yeux sur ǀ *clavar los ojos en* fixer les yeux sur ǀ *comerse con los ojos* couver o dévorer o manger des yeux ǀ *costar* ou *valer un ojo de la cara* coûter les yeux de la tête ǀ *cuatro ojos ven más que dos* deux avis valent mieux qu'un ǀ *daría un ojo de la cara por* je donnerais tout au monde pour, je donnerais gros pour ǀ *¡dichosos los ojos que te ven!* comme je suis content de te voir!, quel bon vent t'amène? ‖ FIG *donde pone el ojo pone la bala* ou *la piedra* il ne rate jamais son coup ǀ *dormir con un ojo abierto* ou *con los ojos abiertos* ne dormir que d'un œil, dormir en gendarme ǀ *echar el ojo a* jeter son dévolu sur, avoir des vues sur ǀ *el ojo del amo engorda al caballo* rien ne vaut l'œil du maître ǀ *entrar por los ojos* taper dans l'œil ǀ *estar ojo avizor* avoir l'œil au guet ǀ *hacer caer la venda de los ojos* dessiller les yeux, faire tomber le bandeau des yeux ǀ *írsele a uno los ojos por* ou *tras una cosa* mourir d'envie de quelque chose (desear), loucher sur quelque chose (mirar) ǀ *llenar antes el ojo que la barriga* ou *la tripa* avoir les yeux plus grands o gros que le ventre ǀ *llorar con un ojo* verser des larmes de crocodile ǀ *me ha metido esto por los ojos* il me l'a vanté, il m'en a fait l'article ǀ *meterse por el ojo de una aguja* se faufiler partout ǀ *mirar a* ou *en los ojos* regarder dans les yeux o en face ‖ FIG *mirar con buenos ojos* regarder d'un bon œil ǀ *mirar con el rabillo del ojo* regarder du coin de l'œil ǀ *mirar con ojos de carnero* regarder avec des yeux de merlan frit ǀ *mirar con ojos terribles* faire les gros yeux ǀ *no dar crédito a sus ojos* ne pas en croire ses yeux ǀ *no pegar el ojo* ou *ojo en toda la noche* ne pas fermer l'œil (no poder dormir bien o nunca) ǀ *no quitar los ojos de encima* ne pas quitter des yeux, couver du regard (mirar mucho), avoir o tenir à l'œil (vigilar) ǀ *no quitar ojo a alguien* avoir l'œil sur quelqu'un, avoir o tenir quelqu'un à l'œil ǀ *no tener dónde volver los ojos* ne pas savoir vers qui se tourner ǀ *no tener ojos más que para* n'avoir d'yeux que pour ǀ *no tener telarañas en los ojos* ne pas avoir les yeux dans sa poche ǀ *ofender los ojos* offenser la vue | *ojos que no ven, corazón que no siente* loin des yeux, loin du cœur ‖ *pasar a los ojos de uno como un tonto* passer aux yeux de quelqu'un pour un sot ‖ *pasar los ojos por* parcourir des yeux o du regard ‖ FAM *ponerle a uno un ojo a la funerala* pocher l'œil à quelqu'un | FIG *poner los ojos ou el ojo en* jeter les yeux sur ‖ *poner los ojos en blanco* se pâmer (de gusto), avoir les yeux révulsés (por un mareo) ‖ FIG *quebrarse los ojos* se crever les yeux (de cansancio) | *revolver los ojos* rouler des yeux | *sacar los ojos a uno* saigner quelqu'un (pedir mucho dinero) | *saltar a los ojos* sauter aux yeux ‖ *se le arrasaron los ojos de lágrimas* ses yeux se remplirent de larmes ‖ *se le humedecieron los ojos* les larmes lui montèrent aux yeux ‖ FIG *ser el ojo* ou *el ojito derecho* être le chouchou o le préféré | *ser todo ojos* être tout yeux | *tener buen ojo* ou *ojo clínico* avoir l'œil américain o le compas dans l'œil ‖ FIG & FAM *tener cuatro ojos* être un binoclard (llevar gafas) | *tener entre ojos a uno* avoir quelqu'un dans le nez, ne pas pouvoir sentir quelqu'un ‖ FIG *tener los ojos vendados, tener una venda en los ojos* avoir un bandeau sur les yeux, être aveugle | *tener muy buen ojo* avoir du flair (ser perspicaz) | *tener ojo de buen cubero* avoir le compas dans l'œil o l'œil américain ‖ POP *tener un ojo aquí y el otro en Pekín* avoir un œil qui dit zut à l'autre, avoir un œil à Paris et l'autre à Pontoise (ser bizco) ‖ FIG *traer entre ojos* avoir à l'œil, surveiller | *ver con buenos, malos ojos* voir d'un bon, mauvais œil | *ven con los mismos ojos* voir du même œil.

◆ *pl* anneaux (de tijeras).

OK *interj* FAM O.-K (bien, de acuerdo).

Oklahoma *n pr* GEOGR Oklahoma.

okupa *m y f* FAM squatter.

ola *f* MAR vague ‖ FIG poussée; *ola inflacionista* poussée inflationniste | vague; *ola de protestas* vague de protestations ‖ — *la nueva ola* la nouvelle vague ‖ *ola de calor, de frío* vague de chaleur, de froid.

¡ole!; ¡olé! *interj* bravo!, olé!

oleáceas *f pl* BOT oléacées.

oleada *f* grande vague, lame (ola) ‖ paquet *m* de mer ‖ FIG remous *m* [de la foule] | vague; *oleada de suicidios* vague de suicides ‖ bonne récolte d'huile (cosecha).

oleaginoso, sa *adj y s m* oléagineux, euse.

oleaje *m* houle *f* (marejada).

olear *v tr* ECLES administrer l'extrême-onction.

oleícola *adj* oléicole.

oleicultor, ra *m y f* oléiculteur, trice.

oleicultura *f* oléiculture.

oleífero, ra *adj* oléifère, oléifiant, e; *planta oleífera* plante oléifère.

óleo *m* huile *f* (aceite) ‖ — *los Santos Óleos* les saintes huiles ‖ *pintura al óleo* peinture à l'huile.

oleoducto *m* pipe-line, oléoduc (*p us*).

oleómetro *m* oléomètre.

oleoso, sa *adj* huileux, euse.

oler* *v tr* sentir [une odeur] ‖ FIG flairer, renifler (husmear).

◆ *v intr* sentir; *oler a tabaco* sentir le tabac; *oler bien, mal* sentir bon, mauvais ‖ FIG sentir; *esto huele a mentira* cela sent le mensonge ‖ FIG & FAM *oler a chamusquina* sentir le roussi | *oler a difunto* sentir le cadavre o le sapin | *este asunto no me huele bien* cette affaire me paraît louche o ne me semble pas très catholique | *este hombre me huele a bellaco* cet homme m'a tout l'air d'un fripon.

◆ *v pr* FIG sentir; *me huelo que va a llover* je sens qu'il va pleuvoir | pressentir, flairer (*fam*); *olerse un peligro* flairer un danger | soupçonner, subodorer; *me huelo una intriga* je soupçonne une intrigue | se douter; *me lo olía* je m'en doutais.

olfatear *v tr* flairer.

olfateo *m* olfaction *f* (*p us*), action *f* de flairer.

olfativo, va *adj* ANAT olfactif, ive; *nervio olfativo* nerf olfactif.

olfato *m* odorat ‖ flair (perros, etc.) ‖ FIG flair, nez (perspicacia); *tener olfato* avoir du flair.

oliente *adj* qui sent, odorant, e ‖ — *bien oliente* qui sent bon ‖ *mal oliente* malodorant, e; qui sent mauvais.

oligarca *m* oligarque.

oligarquía *f* oligarchie; *la oligarquía financiera* l'oligarchie financière.

oligárquico, ca *adj* oligarchique.

oligisto *adj m y s m* MIN oligiste (mineral de hierro) ‖ *oligisto rojo* hématite.

oligoceno, na *adj y s m* GEOL oligocène.

oligoelemento *m* BIOL oligo-élément.

oligofrenia *f* oligophrénie.

oligopolio *m* ECON oligopole.

oligopsonio *m* ECON oligopsone.

olimpiada *f* jeux *m pl* Olympiques (juegos) ‖ olympiade (período de cuatro años).

olímpicamente *adv* despreciar *olímpicamente* avoir un mépris olympien ‖ *mirar olímpicamente a uno* regarder quelqu'un de toute sa hauteur.

olímpico, ca *adj* olympien, enne (del Olimpo); *Júpiter olímpico* Jupiter Olympien ‖ olympique (de olimpia); *juegos olímpicos* jeux Olympiques ‖ — *ciudad olímpica* ville olympique ‖ FIG *desdén olímpico* mépris olympien.

olimpismo *m* olympisme.

Olimpo *n pr m* MITH Olympe.

Olimpo (monte) *n pr* Olympe, mont Olympe.

oliscar *v tr* flairer, sentir (oler) ‖ FIG flairer, renifler.

◆ *v intr* sentir [mauvais]; *esta carne empieza a oliscar* cette viande commence à sentir.

olisquear *v tr* FAM renifler.

oliva *f* olive (aceituna); *aceite de oliva* huile d'olive ‖ chouette, chevêche (lechuza) ‖ ARQ olive (motivo) ‖ *color verde oliva* olive [couleur].

oliváceo, a *adj* olivacé, e.

olivar *m* oliveraie *f*, olivaie *f*, bois d'oliviers, olivette *f* (campo de olivos).

olivar *v tr* AGRIC couper les basses branches.

olivarero, ra *adj* de l'olivier, de l'olive; *región olivarera* région de l'olivier; *industria olivarera* industrie de l'olive ‖ relatif aux olives; *política olivarera* politique relative aux olives.

olivera *f* olivier *m* (árbol).

olivícola *adj* de la culture des olives.

olivicultor *m* oléiculteur, personne *f* qui fait la culture des olives.

olivicultura *f* oléiculture, culture des olives.

olivo *m* olivier (árbol) ‖ — *olivo arbequín* olivier de Catalogne ‖ *olivo silvestre* ou *acebucheno* olivier sauvage (acebuche) ‖ — *huerto de los Olivos* jardin des Oliviers ‖ *monte de los Olivos* mont des Oliviers ‖ FIG *olivo y aceituno todo es uno* c'est bonnet blanc et blanc bonnet ‖ *rama de olivo* rameau d'olivier ‖ FIG *tomar el olivo* sauter la barrière (el torero), prendre la clef des champs (marcharse).

olmeda *f*; **olmedo** *m* ormaie *f*, ormoie *f*.

olmo *m* BOT orme ‖ *olmo pequeño* ormeau, ormille.

ológrafo, fa *adj* olographe (testamento).

olor *m* odeur *f*; *un olor a rosa* une odeur de rose ‖ fumet (de un manjar, de la caza) ‖ senteur *f*, parfum (buen olor) ‖ FIG odeur ‖ *(amer)* CULIN condiment, épice *f* (condimento, especia) ‖ — *agua de olor* eau de toilette ‖ *morir en olor a santidad* mourir en odeur de sainteté.

oloroso, sa *adj* parfumé, e; odorant, e.
◆ *m* variété *f* aromatique du Xérès (vino).

olote *m* *(amer)* rafle *f* de maïs.

OLP abrev de *Organización para la Liberación de Palestina* O.L.P., Organisation de libération de la Palestine.

olvidadizo, za *adj* oublieux, euse ‖ FIG ingrat, e; qui a la mémoire courte (desagradecido) ‖ — *hacerse el olvidadizo* feindre d'oublier o de ne pas se souvenir ‖ *ser olvidadizo* avoir la mémoire courte.

olvidado, da *adj y s* oublié, e ‖ oublieux, euse (olvidadizo) ‖ FIG ingrat, e.

olvidar *v tr* oublier; *olvidar un objeto, una fecha, a una persona* oublier un objet, une date, une personne ‖ FAM *¡olvídame!* lâche-moi les baskets!
◆ *v pr* s'oublier (estar olvidado); *todo se olvida* tout s'oublie ‖ oublier; *se me olvidó decírtelo, me olvidé de decírtelo* j'ai oublié de te le dire; *se le olvidaron todos los favores* a oublié tous les bienfaits ‖ FIG *olvidarse de sí mismo* ne pas penser à soi.

olvido *m* oubli ‖ — *caer en el olvido* tomber dans l'oubli ‖ *dar* ou *echar al* ou *en el olvido* oublier ‖ *dejar en el olvido* laisser dans l'oubli ‖ *enterrar en el olvido* enterrer ‖ *entregar al olvido* livrer à l'oubli ‖ *estar en el olvido* être dans l'oubli ‖ *sacar del olvido* tirer de l'oubli.

olla *f* marmite (vasija) ‖ pot-au-feu *m inv* (guisado) ‖ bouillonnement *m*, tourbillon *m* (remolino) ‖ — *olla ciega* tirelire (alcancía) ‖ MIL *olla de fuego* grenade, obus ‖ FIG *olla de grillos* cour du roi Pétaud, pétaudière ‖ *olla de presión* autocuiseur ‖ *olla podrida* pot-pourri.

Omán *n pr* GEOGR Oman.

ombligo *m* ANAT nombril, ombilic ‖ FIG nombril, centre, ombilic ‖ — FIG & FAM *encogérsele a uno el ombligo* trembler de peur ‖ BOT *ombligo de Venus* nombril-de-Vénus, ombilic (planta) ‖ *ombligo marino* nombril marin.

ombudsman *m* ombudsman, médiateur (defensor del pueblo).

omega *f* oméga *m* (letra griega) ‖ *alfa y omega* l'alpha et l'oméga (principio y fin).

Omeyas *m pl* HIST Omeyyades (dinastía).

OMI abrev de *Organización Marítima Internacional* O.M.I., Organisation maritime internationale.

ominoso, sa *adj* abominable.

omisión *f* omission (abstención); *pecado de omisión* péché par omission ‖ négligence (descuido).

omiso, sa *adj* omis, e (no hecho o dicho) ‖ négligent, e (descuidado) ‖ *hacer caso omiso de* passer outre à, faire peu de cas de, faire abstraction de, ne pas faire attention à, passer par-dessus; *hizo caso omiso de mis observaciones* il a fait peu de cas de mes observations; ignorer; *hace caso omiso de las leyes, del peligro* il ignore les lois, le danger.

omitir *v tr* omettre; *omitió decírmelo* il a omis de me le dire ‖ passer sous silence (silenciar).

OMM abrev de *Organización Meteorológica Mundial* O.M.M., Organisation météorologique mondiale.

ómnibus *m* omnibus (carruaje público) ‖ *tren ómnibus* train omnibus.

omnímodo, da *adj* universel, elle; général, e.

omnipotencia *f* toute-puissance, omnipotence.

omnipotente *adj* omnipotent, e; tout-puissant, toute-puissante.

omnipresencia *f* omniprésence.

omnipresente *adj* omniprésent, e.

omnisciencia *f* omniscience.

omnisciente *adj* omniscient, e.

omnívoro, ra *adj y s* ZOOL omnivore.

omóplato; omoplato *m* ANAT omoplate *f*.

OMS abrev de *Organización Mundial de la Salud* O.M.S., Organisation mondiale de la santé.

OMT abrev de *Organización Mundial de Turismo* O.M.T., Organisation mondiale du tourisme.

onagra *f* BOT onagre *m*, herbe aux ânes, œnothère *m*, onagraire.

onanismo *m* onanisme.

once *adj num y s m* onze ‖ *son las once de la noche* il est 11 heures du soir.
◆ *m* onze (equipo de fútbol).
— OBSERV El artículo que precede a *onze* no se elide: *le 11* [*le onze*] *février*.

ONCE abrev de *Organización Nacional de Ciegos Españoles* Organisation nationale des aveugles d'Espagne.
— OBSERV La *Once* a créé une loterie au profit des aveugles dont les gagnants sont désignés par tirage au sort d'un billet appelé *el cupón de los ciegos*.

oncogénico, ca *adj* MED oncogène.

oncología *f* MED oncologie.

oncólogo, ga *m y f* MED oncologue, oncologiste.

onda *f* onde, vague (en el agua) ‖ FÍS onde; *ondas acústicas, hertzianas, amortiguadas, portadoras* ondes sonores, hertziennes, amorties, porteuses ‖ cran *m*, ondulation (en el pelo) ‖ — RAD *longitud de onda* longueur d'onde ‖ *onda corta* ondes courtes ‖ *onda de choque, onda expansiva* souffle, onde de choc (explosión) ‖ RAD *ondas largas* grandes ondes ‖ *onda media* petites ondes, ondes moyennes ‖ — *(amer)* FIG & FAM *lugar con buena, mala onda* endroit avec une bonne, mauvaise ambiance ‖ *persona de* ou *con buena, mala onda* personne sympathique, antipathique ‖ — FIG & FAM *estar en la misma onda* être sur la même longueur d'onde ‖ *estar en la onda* être dans le vent.

ondeado, da *adj* qui ondoie, ondé, e ‖ ondulé, e (el pelo).

ondeante *adj* ondoyant, e.

ondear *v intr y pr* ondoyer; *ondear al viento* ondoyer au vent ‖ flotter (la ropa, el pelo).

ondulación *f* ondulation ‖ cran *m*, ondulation (pelo) ‖ *ondulación permanente* ondulation permanente.

ondulado, da *adj* ondulé, e.

ondulante *adj* ondulant, e (pelo), ondoyant, e (trigo).
ondular *v tr* e *intr* onduler (pelo), ondoyer (trigo).
ondulatorio, ria *adj* ondulatoire.
oneroso, sa *adj* onéreux, euse.
ónice *m* onyx (ágata).
onírico, ca *adj* onirique (de los sueños).
onirismo *m* onirisme.
ónix *m* onyx (ágata).
onomástico, ca *adj* y *s* onomastique ‖ *— el día onomástico, el onomástico, la onomástica* le jour de la fête [d'une personne] ‖ *índice onomástico* index des noms.
onomatopeya *f* onomatopée.
onomatopéyico, ca *adj* onomatopéique.
ontogenia *f* ontogénie, ontogenèse.
ontogénico, ca *adj* de l'ontogenèse.
ontología *f* FILOS ontologie.
ontológico, ca *adj* FILOS ontologique; *argumento ontológico* preuve ontologique.
ontólogo, ga *m* et *f* FILOS ontologiste.
ONU abrev de *Organización de las Naciones Unidas* O.N.U., Organisation des Nations unies.
onubense *adj* y *s* de Huelva [ville d'Espagne, autrefois «Ónuba»].
ONUDI abrev de *Organización de las Naciones Unidas para el Desarrollo Industrial* O.N.U.D.I., Onudi, Organisation des Nations unies pour le développement industriel.
onza *f* once (medida de peso) ‖ ZOOL once (mamífero).
op. abrev de *opus* op., opus.
opa *adj* (amer) bête, idiot, e (tonto).
OPA abrev de *oferta pública de adquisición* O.P.A., offre publique d'achat.
opacidad *f* opacité.
opaco, ca *adj* opaque ‖ sourd, e (ruido) ‖ FIG mélancolique (triste).
opalescencia *f* opalescence.
opalescente *adj* opalescent, e.
opalino, na *adj* opalin, e; opale.
◆ *f* opaline.
ópalo *m* MIN opale *f* ‖ *color de ópalo* opale.
opción *f* option ‖ — COM *opción de compra* option d'achat | *opción de venta* option de vente.
opcional *adj* optionnel, elle; en option, facultatif, ive.
open *adj* y *s m* DEP open (abierto, torneo o campeonato abierto).
OPEP abrev de *Organización de Países Exportadores de Petróleo* O.P.E.P., Organisation des pays exportateurs de pétrole.
ópera *f* opéra *m* (obra y edificio) ‖ *— ópera bufa* opéra bouffe ‖ *ópera cómica* opéra-comique ‖ MÚS *ópera rock* opéra rock.
operable *adj* opérable.
operación *f* opération; *operación aritmética, quirúrgica, de Bolsa* opération arithmétique, chirurgicale, de Bourse ‖ — COM *fondo de operaciones* fonds de roulement ‖ *operación cesárea* césarienne ‖ MIL *operación de limpieza* ratissage ‖ *operación en firme* marché ferme (Bolsa) ‖ MIL *teatro de operaciones* théâtre d'opérations.
operacional *adj* MIL opérationnel, elle.

operado, da *adj* y *s* opéré, e.
operador, ra *m* y *f* opérateur, trice (de cine, radio).
◆ *m* MAT opérateur ‖ *operador turístico* tour-opérateur.
operante *adj* FIG agissant, e; opérant, e.
operar *v tr* opérer ‖ FIG opérer, faire de l'effet.
operario, ria *m* y *f* ouvrier, ère; *operario electricista* ouvrier électricien.
◆ *m* religieux qui assiste les malades (religioso).
operativo, va *adj* opérant, e (operante) ‖ MIL opérationnel, elle.
operatorio, ria *adj* opératoire; *choque operatorio* choc opératoire.
opérculo *m* opercule.
opereta *f* opérette.
operístico, ca *adj* relatif, ive à l'opéra.
opiáceo, a *adj* opiacé, e ‖ FIG lénifiant, e; calmant, e.
opimo, ma *adj* riche (rico) ‖ abondant, e.
opinable *adj* discutable.
opinar *v tr* e *intr* penser; *¿qué opinas de esto?* qu'en penses-tu? ‖ donner son opinion, opiner *(p us)*; *opinar de* ou *sobre política* donner son opinion en matière de politique ‖ avoir une opinion; *opinar bien de uno* avoir une bonne opinion de quelqu'un.
opinión *f* opinion; *la opinión pública* l'opinion publique ‖ avis *m*; *dar su opinión* donner son avis ‖ *(ant)* renommée, réputation (fama) ‖ *— división de opiniones* partage d'opinions ‖ *en mi opinión* à mon avis ‖ *salvo mejor opinión* sauf meilleur avis ‖ *según opinión de* selon l'avis de, au dire de ‖ *sondeo de la opinión pública* sondage d'opinion ‖ *— andar en opiniones* se discréditer, faire jaser ‖ FAM *casarse uno con su opinión* ne pas en démordre, s'entêter ‖ *compartir la opinión de* partager l'opinion de, abonder dans le sens de ‖ *esta persona no me merece buena opinión* je n'ai pas une bonne opinion de cette personne ‖ *formarse una opinión* se forger une opinion.
opio *m* opium.
opiómano, na *adj* y *s* opiomane.
opíparamente *adv* splendidement.
opíparo, ra *adj* splendide, somptueux, euse; *banquete opíparo* banquet somptueux ‖ plantureux, euse (copioso).
oponente *m* y *f* adversaire, rival, e.
oponer* *v tr* opposer.
◆ *v pr* s'opposer; *oponerse a un proyecto* s'opposer à un projet ‖ s'opposer, refuser; *oponerse a negociar* s'opposer à toute négociation, refuser de négocier ‖ être vis-à-vis (estar enfrente).
Oporto *n pr* GEOGR Porto.
oportunamente *adv* opportunément, au bon moment.
oportunidad *f* occasion; *tener la oportunidad de* avoir l'occasion de ‖ opportunité; *la oportunidad de una gestión* l'opportunité d'une démarche ‖ opportunité, à-propos *m*; *palabras faltas de oportunidad* paroles manquant d'opportunité ‖ chance (posibilidad); *tener las mismas oportunidades* avoir des chances égales ‖ *— aprovechar la oportunidad* profiter de l'occasion ‖ *no aprovechar la oportuni-*

dad perdre l'occasion ‖ *no dejar escapar la oportunidad* ne pas laisser passer l'occasion.

oportunismo *m* opportunisme.

oportunista *adj y s* opportuniste.

oportuno, na *adj* opportun, e; bon, bonne (conveniente); *momento oportuno* moment opportun; *juzgar oportuno* juger bon ‖ opportun, e; adéquat, e; *tomar las medidas oportunas* prendre les mesures adéquates ‖ opportun, e; *una persona oportuna* une personne opportune ‖ *oportuno en las réplicas* prompt à la répartie.

oposición *f* opposition ‖ concours *m* (examen); *hacer una oposición al Cuerpo Administrativo de Aduanas* passer le concours de recrutement de l'administration des douanes ‖ ASTR opposition ‖ — *catedrático por oposición* professeur nommé par voie de concours ‖ *en oposición con* en opposition avec, à l'opposé de ‖ *ganar las oposiciones a una cátedra* obtenir une chaire par voie de concours ‖ *oposición a cátedra* concours en vue d'obtenir une chaire.

opositar *v intr* passer un concours.

opositor, ra *m y f* adversaire, opposant, e (que se opone) ‖ candidat, e (candidato) ‖ concurrent, e; candidat, e (en oposiciones, para un empleo).

opresión *f* oppression ‖ FIG oppression (de un pueblo) ‖ étreinte (de una emoción).

opresivo, va *adj* oppressif, ive; *ley opresiva* loi oppressive ‖ FIG opprimant, e (clima, etc.).

opresor, ra *adj y s m* oppresseur (sin femenino), qui opprime ‖ *tiranía opresora* tyrannie écrasante.

oprimente *adj* oppressant, e; opprimant, e.

oprimido, da *adj y s* opprimé, e; *los pueblos oprimidos* les peuples opprimés.

◆ *adj* oppressé, e; serré, e; *tener el corazón oprimido* avoir le cœur serré.

oprimir *v tr* presser, appuyer sur; *oprimir un botón* presser un bouton ‖ oppresser (la respiración) ‖ FIG opprimer (vejar, tiranizar) | serrer; *oprimir el corazón* serrer le cœur | opprimer, étreindre (afligir); *la emoción oprimía a los espectadores* l'émotion étreignait les spectateurs.

oprobio *m* opprobre; *ser el oprobio de su familia* être l'opprobre de sa famille; *cubrir de oprobio* couvrir d'opprobre.

oprobioso, sa *adj* déshonorant, e; ignominieux, euse; honteux, euse.

optar *v intr* opter; *optar a* ou *por* opter pour ‖ choisir (escoger); *optar entre dos candidatos* choisir entre deux candidats.

optativo, va *adj y s m* GRAM optatif, ive.

óptico, ca *adj* optique; *telégrafo óptico* télégraphe optique ‖ *ilusión óptica* illusion d'optique.

◆ *f* FÍS optique ‖ stéréoscope *m* (aparato) ‖ FIG optique (enfoque) ‖ *óptica electrónica* optoélectronique.

◆ *m y f* opticien, enne (comerciante).

óptimamente *adv* excellemment, parfaitement.

optimar; optimalizar; optimizar *v tr* optimiser, optimaliser.

optimismo *m* optimisme.

optimista *adj y s* optimiste.

optimización *f* optimisation, optimalisation.

optimizar *v tr* ⟶ **optimar**.

óptimo, ma *adj* excellent, e; parfait, e; optimal, e.

◆ *adj y s m* optimum ‖ *óptimo porvenir* brillant avenir.

◆ *interj* parfait!, très bien!

opuestamente *adv* à l'opposé.

opuesto, ta *adj* opposé, e ‖ BOT & GEOM opposé, e ‖ *en sentido opuesto* en sens opposé *o* inverse.

opulencia *f* opulence.

opulentamente *adv* opulemment.

opulento, ta *adj* opulent, e (rico, poderoso).

opúsculo *m* opuscule.

oquedad *f* creux *m*, cavité.

ora *conj* tantôt, soit; *ora de día, ora de noche* tantôt le jour, tantôt la nuit.

oración *f* prière, oraison *(p us)*; *rezar sus oraciones* faire *o* dire ses prières ‖ discours *m* (discurso) ‖ phrase, proposition (frase); *oración compuesta, simple* phrase complexe, simple; *oración principal, subordinada* proposition principale, subordonnée ‖ GRAM discours *m*; *parte de la oración* partie du discours ‖ — FIG *oración de ciego* litanie, psalmodie ‖ *oración dominical* oraison dominicale ‖ *oración fúnebre* oraison funèbre ‖ *oración mental, vocal* oraison mentale, vocale.

◆ *pl* prières ‖ angélus *m sing* (toque de campana).

oracional *adj* GRAM de la phrase.

◆ *m* livre de prières.

oráculo *m* oracle.

orador, ra *m y f* orateur *m* (que habla en público); *orador sagrado* orateur sacré.

◆ *m* prédicateur (predicador) ‖ personne *f* qui prie.

oral *adj* oral, e; *aprobar los exámenes orales* être reçu aux examens oraux.

◆ *m* oral (examen).

¡órale! *interj (amer)* allez! (¡anímate!).

Orán *n pr* GEOGR Oran.

orangután *m* ZOOL orang-outan.

orante *adj* qui prie ‖ *estatua orante* orant, e.

orar *v intr* prier (hacer oración); *orar por los difuntos* prier pour les morts ‖ parler en public (hablar).

orate *m y f* fou, folle; *casa de orates* maison de fous.

oratorio, ria *adj* oratoire; *gesto oratorio* geste oratoire.

◆ *m* oratoire (capilla) ‖ MÚS oratorio.

◆ *f* art *m* oratoire, éloquence.

orbe *m* orbe (círculo) ‖ sphère *f* (esfera) ‖ monde (mundo) ‖ ASTR orbe.

órbita *f* ASTR & ANAT orbite ‖ FIG orbite (esfera, ámbito, límite, área de influencia) ‖ — ASTR *órbita estacionaria* ou *geostacionaria* orbite stationnaire *o* géostationnaire ‖ *puesta en órbita* mise sur orbite ‖ — *poner en órbita* placer *o* mettre sur orbite.

orbital *adj* orbital, e; *vuelo orbital* vol orbital.

orca *f* ZOOL orque, épaulard *m* (cetáceo).

órdago *m* renvi (en juegos) ‖ FAM *de órdago* épatant, e; du tonnerre (magnífico); *una película de órdago* un film épatant; gratiné, e; *una tontería de órdago* une idiotie gratinée; fini, e; *un tonto de órdago* un idiot fini.

orden *m y f* ordre *m*; *obedecer una orden* obéir à un ordre ‖ rangement, ordre; *tener la manía del or-*

ordenación

den avoir la manie du rangement || domaine (sector); *en el orden económico se plantean unos problemas* des problèmes se posent dans le domaine économique || ordre *m* (categoría); *son problemas de orden financiero* ce sont des problèmes d'ordre financier || ARQ & BOT & ZOOL ordre *m*; *orden dórico, corintio, jónico* ordre dorique, corinthien, ionique; *orden de los coleópteros* ordre des coléoptères || ordre *m*; *orden de caballería* ordre de chevalerie || DR mandat *m*; *orden de detención* ou *de arresto, de comparecer, de registro* mandat d'arrêt, d'amener, de perquisition | arrêté *m* (decisión); *por orden gubernativa* par arrêté préfectoral || MIL ordre *m*; *orden abierto, cerrado, de batalla, de marcha* ordre dispersé, serré, de bataille, de marche || ECLES ordre *m* || COM ordre *m* (pedido) || — *orden cronológico* ordre chronologique || MIL. *orden de antigüedad* rang d'ancienneté | *orden de combate* formation de combat || COM *orden de compra* ordre d'achat | DR *orden de embargo* ordre de saisie || *orden de expedición* bon de livraison || *orden del día* ordre du jour || *orden de sucesión* ordre de succession || COM *orden de pago* ordonnance de payement, ordonnancement (libramiento) || *orden formal* ou *terminante* injonction || *¡orden y compostura!* un peu de tenue! || ECLES *órdenes mayores, menores, mendicantes* ordres majeurs, mineurs, mendiants || — *a la orden de* à l'ordre de || MIL *¡a sus órdenes!, ¡a la orden!* à vos ordres! || *de* ou *por orden de* par ordre de, sur l'ordre de || *de primer orden* de premier ordre || *en el orden natural de las cosas* dans l'ordre des choses || *en orden a* quant à (en cuanto a) || *hasta nueva orden* jusqu'à nouvel ordre || *las fuerzas del orden* les forces de l'ordre || *llamada al orden* rappel à l'ordre || *por orden de aparición* ou *de entrada en escena* par ordre d'entrée en scène || *por su orden* à sa place || *real orden* ordonnance royale || *sin orden ni concierto* à tort et à travers; *hablar sin orden ni concierto* parler à tort et à travers; sans aucun ordre (desordenado) || — *alterar el orden* troubler l'ordre | *citar en la orden del día* citer à l'ordre du jour | *estar a la orden del día* être à l'ordre du jour || *llamar al orden* rappeler à l'ordre || *marchar en orden disperso* marcher en tirailleur || COM *páguese a la orden de* payer à l'ordre de || *poner en orden* mettre en ordre || *restablecer el orden* rétablir l'ordre.

ordenación *f* ordre *m*, ordonnance (disposición) || rangée (haciendo punto) || ARQ ordonnance || ECLES ordination (de un sacerdote) || aménagement *m*; *ordenación rural, de los recursos de un país* aménagement rural, du territoire || *ordenación de pagos* ordonnancement.

ordenada *f* GEOM ordonnée.

ordenadamente *adv* avec ordre.

ordenado, da *adj* ordonné, e || rangé, e || — *ser ordenado* avoir de l'ordre, être ordonné || *todo bien ordenado* en bon ordre.

ordenador, ra *adj y s* ordonnateur, trice; *ordenador de pagos* ordonnateur des paiements.
◆ *m* INFORM ordinateur; *ordenador central* ordinateur central; *ordenador personal* ordinateur personnel, PC.

ordenamiento *m* ordonnance *f* (ordenanza) || mise *f* en ordre || rangement; *el ordenamiento de una biblioteca* le rangement d'une bibliothèque.

ordenancista *adj* rigoureux, euse; strict, e.

ordenando *m* ECLES ordinand (religioso).

ordenanza *f* ordonnance (reglamento) || ordre *m*, disposition (mandato) || *ordenanzas municipales* arrêtés municipaux.
◆ *m* MIL ordonnance (asistente) || garçon de bureau (en oficinas) || *(ant)* appariteur.

ordenar *v tr* ordonner (mandar) || ordonner, mettre de l'ordre dans, mettre en ordre; *ordenar unos papeles* ordonner des papiers || ranger; *ordenar un armario* ranger une armoire || ECLES ordonner; *ordenar de diácono* ordonner diacre || *ordenar en filas* mettre en rangs.
◆ *v pr* se faire ordonner; *ordenarse de sacerdote* se faire ordonner prêtre.

ordeñador, ra *m y f* personne qui trait, trayeur, euse.
◆ *f* trayeuse, machine à traire.

ordeñar *v tr* traire; *ordeñar una vaca* traire une vache || cueillir à la main (las aceitunas).

ordeño *m* traite *f* [des vaches] || cueillette *f* à la main [des olives].

¡órdiga! *interj* ¡*anda la órdiga!* oh là là !

ordinal *adj* ordinal, e; *adjetivos numerales ordinales* adjectifs numéraux ordinaux.

ordinariamente *adv* ordinairement (regularmente) || grossièrement (groseramente).

ordinariez *f* vulgarité (vulgaridad), grossièreté (grosería).

ordinario, ria *adj* ordinaire (corriente) || vulgaire (plebeyo); *una mujer ordinaria* une femme vulgaire || ordinaire, quelconque (mediocre) || grossier, ère (grosero).
◆ *m* ordinaire (gastos de casa) || ordinaire (correo, obispo) || messager (recadero) || FIG personne *f* vulgaire o grossière || — *de ordinario* d'ordinaire, à l'ordinaire, d'habitude || *ordinario de la misa* ordinaire de la messe.

orear *v tr* aérer, rafraîchir (refrescar) || mettre à l'air, aérer, faire sécher (exponer al aire).
◆ *v pr* sécher (secarse) || FIG prendre l'air (salir).

orégano *m* origan, marjolaine *f* (planta) || FIG *no todo el monte es orégano* tout n'est pas rose, ce n'est pas toujours facile.

Oregón *n pr* GEOGR Oregon.

oreja *f* ANAT oreille; *tener grandes orejas* avoir de grandes oreilles; *orejas tiesas, gachas* oreilles dressées, tombantes || languette, oreille (de zapato) || oreille (de vasija, de ancla, de gorra) || — *oreja de abad* sorte de crêpe (fruta de sartén), nombril-de-Vénus, omphalode (planta) || BOT *oreja de fraile* oreille-d'homme, asaret | *oreja de oso* oreille-d'ours | *oreja de ratón* oreille-de-souris || ZOOL *oreja marina* ou *de mar* oreille-de-mer || — *con las orejas gachas* l'oreille basse || — *aguzar las orejas* dresser les oreilles (animal), dresser o tendre l'oreille (prestar atención) || FIG *apearse por las orejas* vider les arçons o les étriers | *calentar las orejas a* échauffer les oreilles à (calentar los cascos), frotter o tirer les oreilles à quelqu'un (pegar) | *descubrir* ou *enseñar la oreja* montrer le bout de l'oreille | *haberle visto las orejas al lobo* l'avoir échappé belle | *hacer orejas de mercader* faire la sourde oreille | *mojar la oreja* provoquer, chercher querelle | *tirar de la oreja a Jorge* taquiner la dame de pique | *tirar de las orejas* tirer les oreilles || FIG & FAM *untar la oreja con saliva a uno* chercher noise à quelqu'un | *verle a uno la oreja* voir venir quelqu'un.
— OBSERV *Oreja* désigne le pavillon de l'oreille et *oído* le sens de l'«ouïe».

orejar; orejear *v intr* remuer les oreilles (un animal) ‖ FIG renâcler (obrar de mala gana).
   ◆ *v tr (amer)* prêter l'oreille à.
orejera *f* oreillette [d'un bonnet] ‖ oreillon *m* [d'un casque] ‖ oreille (de arado) ‖ appui-tête *m*, appuie-tête *m*, oreille (de sillón) ‖ pendant *m* d'oreilles [que portaient certains Indiens] ‖ *sillón de orejeras* fauteuil à oreilles.
orejón, ona *adj (amer)* fruste, rustre (zafio, tosco).
   ◆ *m* oreille *f* d'abricot (de melocotón) ‖ orillon (fortification) ‖ HIST haut dignitaire péruvien ‖ FAM personne *f* qui a de grandes oreilles ‖ *(amer)* mari complaisant.
orejudo, da *adj y s* oreillard, e.
   ◆ *m* ZOOL oreillard (murciélago).
orensano, na *adj y s* d'Orense [Galice].
oreo *m* brise *f*, air ‖ aération *f* (ventilación).
orfanato *m* orphelinat (asilo de huérfanos).
orfandad *f* orphelinage *m* (estado de huérfano) ‖ pension accordée à un orphelin (pensión) ‖ FIG abandon *m*, isolement *m*.
orfebre *m* orfèvre.
orfebrería *f* orfèvrerie.
orfelinato *m* orphelinat (orfanato).
   — OBSERV Ce mot est un gallicisme.
Orfeo *n pr m* Orphée.
orfeón *m* MÚS orphéon.
orfeonista *m* orphéoniste.
organdí *m* organdi (tela).
orgánico, ca *adj y s* organique.
organigrama *m* organigramme (gráfico).
organillero *m* joueur d'orgue de Barbarie.
organillo *m* orgue de Barbarie, piano mécanique.
organismo *m* organisme ‖ institution *f*; *los organismos especializados de la ONU* les institutions spécialisées de l'O.N.U.
organista *m y f* MÚS organiste.
organización *f* organisation ‖ *Organización de las Naciones Unidas (ONU)* Organisation des Nations unies (O.N.U).
organizativo, va *adj* organisationnel, elle; d'organisation.
organizado, da *adj* organisé, e.
organizador, ra *adj y s* organisateur, trice.
   ◆ *adj* organisant, e.
organizar *v tr* organiser.
   ◆ *v pr* s'organiser.
órgano *m* organe; *los órganos de la digestión* les organes de la digestion ‖ MÚS orgue (instrumento); *entonar el órgano* souffler l'orgue ‖ FIG organe (medio o agente) ‖ — *caja de órgano* buffet d'orgue ‖ *órgano de manubrio* orgue de Barbarie.
organología *f* organologie.
orgasmo *m* orgasme.
orgía *f* orgie.
orgiaco, ca; orgiástico, ca *adj* orgiaque.
orgullo *m* orgueil (arrogancia) ‖ fierté *f* (sentimiento legítimo) ‖ FIG orgueil; *es el orgullo de la familia* il est l'orgueil de la famille ‖ *no caber en sí de orgullo, reventar de orgullo* crever d'orgueil.
orgulloso, sa *adj y s* orgueilleux, euse; *orgulloso de* ou *por su riqueza* orgueilleux de sa richesse ‖ fier, ère (legítimamente satisfecho); *estar orgullo-*

so de su padre être fier de son père ‖ FIG *más orgulloso que don Rodrigo en la horca* fier comme Artaban.
orientable *adj* orientable.
orientación *f* orientation ‖ position (de un objeto) ‖ *orientación profesional* orientation professionnelle.
orientador, ra *m y f* conseiller, ère; orienteur, trice (*p us*).
oriental *adj y s* oriental, e; *países orientales* pays orientaux.
orientalismo *m* orientalisme.
orientalista *adj y s* orientaliste.
orientar *v tr* orienter ‖ exposer; *casa orientada al Sur* maison exposée au sud.
   ◆ *v pr* s'orienter ‖ FIG se repérer (en su trabajo).
oriente *m* orient (punto cardinal) ‖ orient (de una perla) ‖ — *Cercano* ou *Próximo Oriente* Proche-Orient ‖ *Extremo* ou *Lejano Oriente* Extrême-Orient ‖ *Gran Oriente* Grand Orient (de la masonería).
Oriente Medio *n pr* GEOGR Moyen-Orient.
orificación *f* MED aurification.
orificar *v tr* MED aurifier.
orífice *m* orfèvre.
orificio *m* orifice ‖ — TECN *orificio de mira del alza* œilleton de hausse ‖ *orificio de vaciado* ou *de colada* trou de coulée.
origen *m* origine *f*; *de origen español* d'origine espagnole ‖ — GEOM *origen de las coordenadas* origine des coordonnées ‖ *país de origen* pays d'origine ‖ — *desde su origen* dès l'origine ‖ *en su origen* à l'origine ‖ *tener su origen en* tirer sa source *o* son origine de.
original *adj* original, e; *textos originales* textes originaux ‖ originel, elle (relativo al origen); *pecado original* péché originel.
   ◆ *m y f* original, e; *es un original* c'est un original.
   ◆ *m* original (texto, modelo, cuadro) ‖ manuscrit (manuscrito) ‖ IMPR copie *f*.
originalidad *f* originalité.
originalmente *adv* originellement, à l'origine (desde el origen) ‖ originalement (de un modo original).
originar *v tr* causer, provoquer, être à l'origine de (causar).
   ◆ *v pr* avoir *o* tirer son origine *o* sa source (proceder) ‖ prendre naissance (nacer).
originariamente *adv* originairement, à l'origine.
originario, ria *adj* originaire.
orilla *f* bord *m* (del mar); *a orillas del mar* au bord de la mer ‖ bord *m*, rive, berge (de un río); *en las orillas del Sena* sur les rives de la Seine ‖ lisière (de un bosque, un campo) ‖ lisière (de una tela) ‖ trottoir *m* (de una calle) ‖ brise, vent *m* léger (vientecillo).
orín *m* rouille *f*.
   ◆ *pl* urine *f sing*.
orina *f* urine.
orinal *m* vase de nuit, pot de chambre ‖ urinal (para enfermos).
orinar *v tr e intr* uriner.
Orinoco *n pr m* GEOGR Orénoque.
oriol *m* ZOOL loriot (oropéndola).

oriundo, da *adj* originaire; *una planta oriunda de México* une plante originaire du Mexique.

orla *f* bordure (de una tela) ‖ encadrement *m* (de un retrato, etc.) ‖ ARQ & BLAS orle *m*.

orlar *v tr* border ‖ encadrer; *orlar un artículo en un periódico* encadrer un article dans un journal ‖ BLAS mettre un orle ‖ *orlar con* ou *de árboles* border d'arbres.

Orleáns *n pr* GEOGR Orléans.

ornamentación *f* ornementation.

ornamental *adj* ornemental, e.

ornamentar *v tr* ornementer.

ornamento *m* ornement.

ornar *v tr* orner ‖ parer; *ornada de sus más bellas galas* parée de ses plus beaux atours.

ornato *m* ARQ ornement ‖ ornementation *f* (arte o manera de adornar) ‖ parure *f* (adorno).

ornitología *f* ornithologie.

ornitológico, ca *adj* ornithologique.

ornitólogo, ga *m y f* ornithologiste, ornithologue.

ornitorrinco *m* ZOOL ornithorynque.

oro *m* or; *un reloj de oro* une montre en or; *dólar, franco oro* dollar, franc-or ‖ — *oro alemán* or en feuilles ‖ *oro batido* or battu ‖ *oro blanco* or blanc ‖ *oro de ley* or véritable ‖ *oro en hojas* ou *en panes* or en feuilles ‖ *oro en polvo* poudre d'or ‖ *oro mate* or mat ‖ *oro molido* or moulu ‖ FIG *oro negro* or noir ‖ — *corazón de oro* cœur d'or ‖ *la Edad de Oro* l'Âge d'or ‖ *lavado del oro* orpaillage ‖ *libro, regla de oro* livre, règle d'or ‖ *pico de oro* beau parleur ‖ *por todo el oro del mundo* pour tout l'or du monde ‖ — FIG *apalear oro* rouler sur l'or, être cousu d'or, remuer de l'argent à la pelle ‖ *comprar a peso de oro* acheter à prix d'or ‖ *chapado de oro* plaqué or ‖ FIG *es oro molido* c'est de l'or en barre ‖ *guardar como oro en paño* garder précieusement o comme une relique ‖ *hacerse de oro* faire fortune ‖ *ir de oro y azul* être tiré à quatre épingles ‖ *no es oro todo lo que reluce* tout ce qui brille n'est pas or ‖ *pagar a peso de oro* payer au poids de l'or ‖ *pedir el oro y el moro* demander la Lune ‖ *prometer el oro y el moro* promettre monts et merveilles ‖ *ser oro en barras* être de l'or en barre ‖ *ser como un oro* ou *como los chorros de oro* être propre comme un sou neuf ‖ *ser como un ascua de oro* être beau comme un astre (muy bello), être sur son trente-et-un (elegante) ‖ *ser una mina de oro* être une mine d'or ‖ *valer su peso en oro* ou *tanto oro como pesa* valoir son pesant d'or.

◆ *pl* «oro», couleur *f sing* des cartes espagnoles correspondant au carreau ‖ FIG *oros son triunfos* l'argent est roi.

orogénesis *f* GEOL orogenèse.

orogenia *f* GEOL orogénie.

orogénico, ca *adj* GEOL orogénique.

orografía *f* orographie.

orográfico, ca *adj* orographique.

orondo, da *adj* ventru, e; renflé, e (vasija) ‖ FAM fier, ère; orgueilleux, euse (orgulloso).

oropel *m* oripeau ‖ FIG clinquant, faux brillant (falsa apariencia); *esto es todo oropel* ce n'est que du clinquant.

oropéndola *f* loriot *m* (ave).

oropimente *m* MIN orpiment.

orozuz *m* réglisse *f*.

orquesta *f* MÚS orchestre *m*; *orquesta de cámara, sinfónica* orchestre de chambre, symphonique; *director de orquesta* chef d'orchestre.

— OBSERV Le mot espagnol *orquesta* ne désigne jamais des places de théâtre comme le mot français *orchestre*.

orquestación *f* MÚS orchestration.

orquestal *adj* MÚS orchestral, e.

orquestar *v tr* MÚS orchestrer.

orquestina *f* orchestre musette *m*, petit orchestre *m* de bal.

orquídea *f* BOT orchidée.

orsay *m* DEP hors-jeu (fuera de juego).

ortiga *f* BOT ortie (planta) ‖ — ZOOL *ortiga de mar* ortie de mer ‖ *ortiga muerta* ortie blanche, lamier (planta).

ortigal *m* endroit plein d'orties.

orto *m* lever [d'un astre].

ortocentro *m* GEOM orthocentre.

ortodoncia *f* orthodontie.

ortodoxia *f* orthodoxie.

ortodoxo, xa *adj y s* orthodoxe.

ortoedro *m* GEOM orthoèdre.

ortofonía *f* orthophonie.

ortogonal *adj* GEOM orthogonal, e.

ortografía *f* GRAM orthographe; *cometer una falta de ortografía* faire une faute d'orthographe ‖ ARQ orthographie.

ortografiar *v tr* orthographier.

ortográfico, ca *adj* orthographique.

ortopedia *f* MED orthopédie.

ortopédico, ca *adj* orthopédique, orthopédiste.

◆ *m y f* orthopédiste.

ortopedista *m y f* orthopédiste (que ejerce o profesa la ortopedia).

oruga *f* ZOOL chenille ‖ BOT roquette (jaramago) ‖ MECÁN chenille (de vehículo) ‖ *auto oruga* autochenille (vehículo).

orujo *m* marc [du raisin ou des olives].

orza *f* pot *m* (vasija) ‖ MAR lof *m*, auloffée (movimiento) ‖ dérive (especie de quilla).

orzar *v intr* MAR lofer, aller au lof.

orzuelo *m* piège (trampa) ‖ MED orgelet, compère-loriot.

os *pron pers* 2.ª pers pl dativo y acusativo vous; *os digo* je vous dis; *deteneos* arrêtez-vous.

— OBSERV L'usage enclitique de ce pronom à l'impératif entraîne la chute du *d* final (*amaos* aimez-vous) sauf avec le verbe *ir* (*idos* partez).

osa *f* ourse ‖ ASTR *Osa Mayor, Osa Menor* Grande Ourse, Petite Ourse.

osadía *f* hardiesse, audace (audacia).

osado, da *adj* hardi, e; audacieux, euse; osé, e.

Osaka *n pr* Osaka.

osamenta *f* squelette *m*, carcasse (esqueleto) ‖ ossements *m pl* (conjunto de huesos).

osar *v intr* oser (atreverse).

— OBSERV Le verbe espagnol *osar* est beaucoup moins employé que son équivalent français *oser*; on emploie plus couramment son synonyme *atreverse*.

osario *m* ossuaire.

oscar *m* oscar (premio).

oscense *adj y s* de Huesca [ville d'Espagne, autrefois «Osca»].

oscilación *f* oscillation.

oscilador *m* FÍS oscillateur.

oscilante *adj* oscillant, e.
oscilar *v intr* osciller; *péndulo que oscila* pendule qui oscille ‖ FIG varier, osciller; *los precios oscilan* les prix varient.
oscilatorio, ria *adj* oscillatoire.
oscilógrafo *m* FÍS oscillographe.
ósculo *m* baiser; *ósculo de paz* baiser de paix.
oscuramente; obscuramente *adv* obscurément.
oscurantismo; obscurantismo *m* obscurantisme.
oscurantista; obscurantista *adj y s* obscurantiste.
oscurecer*; obscurecer* *v tr* obscurcir, assombrir ‖ foncer (un color) ‖ FIG obscurcir (volver poco inteligible).
◆ *v intr* commencer à faire sombre.
◆ *v pr* s'obscurcir, s'assombrir (el cielo) ‖ FIG s'assombrir.
oscurecimiento; obscurecimiento *m* obscurcissement, assombrissement (del cielo) ‖ occultation *f* (de una luz) ‖ fonçage (de un color).
oscuridad; obscuridad *f* obscurité; *tener miedo a la oscuridad* avoir peur de l'obscurité ‖ ombre (tinieblas) ‖ FIG obscurité, manque de clarté (del estilo).
oscuro, ra; obscuro, ra *adj* obscur, e ‖ foncé, e; sombre (color); *llevar un traje oscuro* porter un costume foncé ‖ FIG sombre, obscur, e; *el porvenir es muy oscuro* l'avenir est très sombre | obscur, e (estilo) ‖ — *a oscuras* dans l'obscurité ‖ *está oscuro* il fait sombre [le temps] ‖ FIG *llevar una vida oscura* vivre dans l'ombre | *oscuro como boca de lobo* noir comme dans un four *o* comme dans un tunnel | *quedarse a oscuras* n'y rien comprendre.
óseo, a *adj* osseux, euse; *tejido óseo* tissu osseux.
osezno *m* ZOOL ourson (cachorro del oso).
osificación *f* ossification.
osificar *v tr* ossifier.
◆ *v pr* s'ossifier.
Oslo *n pr* GEOGR Oslo.
ósmico, ca *adj* QUÍM osmique.
osmio *m* osmium (metal).
ósmosis; osmosis *f* FÍS osmose.
osmótico, ca *adj* osmotique; *presión osmótica* pression osmotique.
oso *m* ZOOL ours; *oso blanco, negro, pardo* ours blanc, noir, brun ‖ FIG ours (persona insociable) ‖ — *oso colmenero* ratel ‖ *oso de felpa* ou *de peluche* ours en peluche ‖ *oso hormiguero* fourmilier, tamanoir ‖ *oso lavador* raton laveur ‖ *oso marino* ours marin ‖ *oso panda* panda ‖ *oso polar* ours polaire ‖ — FAM *hacer el oso* faire l'imbécile, le zouave (hacer reír), faire la cour, faire le joli cœur (cortejar).
ossobuco *m* CULIN osso buco.
osteítis *f* MED ostéite.
Ostende *n pr* GEOGR Ostende.
ostensible *adj* ostensible.
ostensivo, va *adj* qui montre, qui manifeste.
ostentación *f* ostentation; *hablar con ostentación* parler avec ostentation ‖ ostentation, étalage *m* (gala) ‖ — *hacer ostentación de antimilitarismo* afficher son antimilitarisme ‖ *hacer ostentación de sus riquezas* faire ostentation *o* étalage de ses richesses, étaler ses richesses.

ostentador, ra *adj* ostentateur, trice *(p us);* qui étale; *ostentador de sus riquezas* qui étale ses richesses.
◆ *m y f* poseur, euse (presumido).
ostentar *v tr* montrer (mostrar) ‖ étaler; *ostentar sus joyas* étaler ses bijoux ‖ arborer; *ostentar un sombrero nuevo* arborer un chapeau neuf ‖ faire ostentation *o* étalage de, étaler; *ostentar sus riquezas* faire étalage de ses richesses ‖ exhiber (exhibir) ‖ afficher; *ostentar ideas revolucionarias* afficher des idées révolutionnaires.
ostentosidad *f* magnificence, pompe.
ostentoso, sa *adj* magnifique.
osteología *f* ostéologie.
osteológico, ca *adj* ostéologique.
osteomielitis *f* MED ostéomyélite.
osteopatía *f* MED ostéopathie.
osteoplastia *f* MED ostéoplastie.
ostión *m* grande huître *f* (ostrón) ‖ coquille *f* Saint-Jacques (en Chile).
ostra *f* huître (molusco) ‖ FIG & FAM *aburrirse como una ostra* s'ennuyer comme un rat mort, s'ennuyer à mourir *o* mortellement *o* à cent sous de l'heure.
ostracismo *m* ostracisme; *condenar al ostracismo* frapper d'ostracisme.
ostrero, ra *adj* huîtrier, ère.
◆ *m y f* marchand, e d'huîtres; écailler, ère (vendedor).
◆ *m* parc à huîtres (ostral) ‖ ZOOL huîtrier (ave).
ostrícola *adj* ostréicole.
ostricultura *f* ostréiculture.
ostro *m* grande huître *f* (ostra) ‖ pourpre *f*.
ostrogodo, da *adj y s* ostrogoth, e; ostrogot, e.
ostrón *m* grande huître *f* (ostra).
otalgia *f* MED otalgie.
OTAN abrev de *Organización del Tratado del Atlántico Norte* O.T.A.N., Organisation du traité de l'Atlantique Nord.
otear *v tr* guetter, observer ‖ scruter; *otear el horizonte* scruter l'horizon ‖ FIG fureter (escudriñar).
otero *m* tertre, butte *f* (collado).
OTI abrev de *Organización de Televisiones Iberoamericanas* Organisation des télévisions ibéro-américaines.
otitis *f* MED otite.
otología *f* MED otologie.
otomano, na *adj y s* ottoman, e.
◆ *f* ottomane (sofá).
otoñada *f* saison d'automne.
otoñal *adj* automnal, e; d'automne; *la temporada otoñal* la saison d'automne.
◆ *adj y s* d'âge mûr, d'un certain âge (persona).
otoño *m* automne; *en el otoño* en automne ‖ regain d'automne (hierba).
otorgamiento *m* concession *f*, octroi; *el otorgamiento de un privilegio* l'octroi d'un privilège ‖ consentement, permission *f* (permiso) ‖ DR contrat par-devant notaire, passation *f* (de una escritura).
otorgante *adj* qui accorde, qui octroie.
otorgar *v tr* octroyer, concéder, consentir; *otorgar un indulto* octroyer une grâce ‖ accorder; *otorgar la mano de su hija* accorder la main de sa fille ‖ décerner, attribuer; *otorgar un premio* décerner

un prix ‖ conférer, donner (poderes) ‖ DR prometttre o passer (un acte), par-devant notaire ‖ *quien calla otorga* qui ne dit mot consent.

otorrino *m y f* FAM oto-rhino (otorrinolaringólogo).

otorrinolaringología *f* MED oto-rhino-laryngologie.

otorrinolaringólogo, ga *m y f* MED oto-rhino-laryngologiste.

otoscopia *f* MED otoscopie.

otoscopio *m* otoscope.

otro, tra *adj* autre; *tengo otra hermana* j'ai une autre sœur ‖ — *¡otra!, ¡otra vez!* bis!, une autre! (espectáculos), encore! (fastidio) ‖ *otra vez* encore; *vendrá otra vez* il viendra encore; *¡otra vez usted!* encore vous! ‖ — *al otro día* le lendemain ‖ *con otras palabras* autrement dit, en d'autres termes ‖ *de otro modo, de otra manera* autrement ‖ *en otra época* dans le temps ‖ *en otra ocasión* à une autre occasion ‖ *en otra parte* autre part, ailleurs ‖ *en otro tiempo* autrefois ‖ *entre otras cosas* entre autres, notamment ‖ *por otra parte, por otro lado* d'autre part, par ailleurs ‖ — *es otro yo* c'est un autre moi-même ‖ — FIG *esto es otro cantar* c'est une autre histoire, c'est une autre paire de manches.

◆ *pron* autre; *unos no sabían, otros no querían* les uns ne savaient pas, les autres ne voulaient pas ‖ — *otros dos, tres, etc.* deux autres, trois autres, etc. ‖ *otros muchos* beaucoup d'autres ‖ *otros pocos* quelques autres ‖ *otros tantos* autant d'autres, tout autant; *llegaron otros tantos* il en arriva tout autant; autant de; *son otros tantos imbéciles* ce sont autant d'imbéciles ‖ *otro tanto* autant; *quiero otro tanto* j'en veux autant ‖ — *cualquier otro que* tout autre que ‖ *entre otras* entre autres ‖ *¡hasta otra!* à bientôt!, à la prochaine ‖ *uno a otro* l'un l'autre ‖ *mirarse uno a otro* se regarder l'un l'autre ‖ *uno con otro* l'un dans l'autre ‖ *¡cuéntaselo a otro!* à d'autres! ‖ *ésa es otra que tal* les deux font la paire ‖ *¡ésta es otra!* en voilà une autre!, voilà la dernière!, il ne manquait plus que ça!, c'est le pompon! ‖ *hablar de esto y de lo otro* parler de choses et d'autres ‖ — OBSERV El francés antepone siempre a *autre* el artículo indeterminado ante un sustantivo: *vendré otro día* je viendrai un autre jour.

otrora *adv* autrefois.

otrosí *adv* en outre.

◆ *m* DR clause *f*, demande *f*.

Ottawa *n pr* GEOGR Ottawa.

OUA abrev de *Organización de la Unidad Africana* O.U.A., Organisation de l'unité africaine.

Ouagadougou; Uagadugu *n pr* GEOGR Ouagadougou.

outsider *m* ['autsider]DEP outsider.

ovación *f* ovation.

ovacionar *v tr* ovationner, faire une ovation à.

ovado, da *adj* ovale (ovalado) ‖ ové, e (en forma de huevo) ‖ fécondé, e (ave fecundada).

oval; ovalado, da *adj* ovale ‖ ANAT *ventana oval* fenêtre ovale (de la oreja).

óvalo *m* GEOM ovale.

ovar *v intr* pondre (las aves).

ovárico, ca *adj* ovarien, enne; ovarique (*p us*).

ovario *m* ANAT & BOT ovaire ‖ ARQ ovale.

ovaritis *f* MED ovarite.

oveja *f* brebis (hembra del carnero) ‖ mouton *m* (carnero) ‖ FIG ouaille, brebis ‖ *(amer)* lama *m* (llama) ‖ — FIG *oveja descarriada* brebis égarée ‖ *oveja negra* brebis galeuse ‖ — FIG *cada oveja con su pareja* chacun avec sa chacune, qui se ressemble s'assemble ‖ *encomendar las ovejas al lobo* enfermer le loup dans la bergerie ‖ *quedarse contando ovejas* passer une nuit blanche, compter les moutons.

— OBSERV L'espagnol emploie couramment le mot *oveja* pour désigner le *mouton* en général: *un rebaño de ovejas* un troupeau de moutons.

ovejuno, na *adj* de brebis, ovin, e ‖ *ganado ovejuno* bétail ovin, bêtes à laine, ovins.

overa *f* ovaire *m* d'oiseau.

overbooking [oberbukin] *m* ECON surbooking, surréservation (exceso de reservas en hoteles, aviones, etc.).

— OBSERV Ce mot peut être remplacé par les équivalents espagnols *sobreventa, sobrerreserva, sobrecontratación* ou *saturación*.

ovetense *adj y s* d'Oviedo [ville des Asturies].

Ovidio *n pr m* Ovide.

óvidos *m pl* ZOOL ovidés.

oviducto *m* ZOOL oviducte.

Oviedo *n pr* GEOGR Oviedo.

ovillar *v tr* mettre en pelote.

◆ *v pr* se pelotonner.

ovillo *m* pelote *f* (de hilo, de lana) ‖ FIG tas (montón) ‖ — *hacerse un ovillo* se pelotonner, se rouler en boule (acurrucarse), s'embrouiller (confundirse) ‖ *por el hilo se saca el ovillo* de fil en aiguille on arrive au bout.

ovino, na *adj y s m* ovin, e.

ovíparo, ra *adj y s* ZOOL ovipare.

ovni *m* ovni (objeto volante no identificado).

ovo *m* ARQ ove.

ovogénesis *f* BIOL ovogenèse.

ovoide *adj* ovoïde.

ovulación *f* ovulation.

ovular *adj* ovulaire.

óvulo *m* BOT & BIOL ovule.

oxalato *m* QUÍM oxalate.

oxálico, ca *adj* QUÍM oxalique.

oxford *m* oxford (tejido).

oxhídrico, ca *adj* QUÍM oxhydrique; *soplete oxhídrico* chalumeau oxhydrique.

oxidación *f* oxydation.

oxidante *adj y s m* oxydant, e.

oxidar *v tr* QUÍM oxyder.

◆ *v pr* s'oxyder ‖ se rouiller, s'oxyder; *el cerrojo se ha oxidado* le verrou s'est rouillé.

óxido *m* QUÍM oxyde ‖ rouille *f* (orín).

oxigenación *f* oxygénation.

oxigenado, da *adj* oxygéné, e; *agua oxigenada* eau oxygénée.

oxigenar *v tr* QUÍM oxygéner.

◆ *v pr* FAM s'oxygéner (tomar el aire).

oxígeno *m* oxygène.

oyente *adj y s* auditeur, trice ‖ auditeur, auditrice libre (estudiante).

ozonización; ozonificación *f* ozonisation.

ozonizar; ozonificar *v tr* ozoniser, ozoner.

ozono *m* QUÍM ozone; *capa de ozono* couche d'ozone.

ozonosfera *f* ozonosphère.

P

p *f m.*
p. → **pág.**
PAA abrev de *plan de ahorro en acciones* P.E.A., plan d'épargne en actions.
pabellón *m* pavillon (edificio); *el pabellón español en la feria de X* le pavillon espagnol à la foire de X ‖ immeuble (vivienda) ‖ tente *f* de campagne (tienda de campaña) ‖ drapeau (bandera); *izar el pabellón nacional* hisser le drapeau national ‖ MAR pavillon ‖ baldaquin, rideaux *pl* (cortina de cama) ‖ tentures *f pl* (de trono, de altar, etc.) ‖ MÚS pavillon (de un instrumento) ‖ BLAS pavillon ‖ MIL faisceau (de fusiles) ‖ ANAT pavillon (de la oreja) ‖ — *pabellón de caza* pavillon de chasse ‖ — *arriar pabellón* baisser pavillon.
pabilo *m* mèche *f*, moucheron (de vela).
pábulo *m* aliment ‖ FIG *dar pábulo a las críticas* donner prise à la critique.
PAC abrev de *política agrícola común* PAC, politique agricole commune.
paca *f* ZOOL paca *m* (roedor) ‖ balle, ballot *m* (fardo); *una paca de algodón* une balle de coton.
pacato, ta *adj* paisible, calme.
pacense *adj y s* de Béja [Portugal] ‖ de Badajoz [Espagne].
paceño, ña *adj y s* de La Paz [Bolivie, Honduras et Salvador].
pacer* *v tr* e *intr* paître.
◆ *v tr* manger (comer) ‖ ronger (roer) ‖ faire paître, nourrir (apacentar).
paciencia *f* patience; *armarse de paciencia* s'armer de patience; *todo se alcanza con paciencia* on arrive à tout avec de la patience ‖ lenteur, mollesse (lentitud) ‖ gâteau *m* aux amandes (bollo) ‖ — *acabarle* ou *consumirle a uno la paciencia* faire perdre patience à quelqu'un ‖ *acabársele a uno la paciencia* perdre patience, être à bout ‖ *con paciencia se gana el cielo* patience et longueur de temps font plus que force ni que rage, la patience vient à bout de tout ‖ *esperar con paciencia* attendre patiemment ‖ *llevar* ou *tomar con paciencia* prendre calmement ‖ *perder la paciencia* perdre patience ‖ *probar la paciencia* mettre la patience à rude épreuve ‖ *tener paciencia* avoir de la patience (ser paciente), patienter, prendre patience (esperar) ‖ *tener perdida la paciencia, habérsele agotado a uno la paciencia* être à bout.
paciente *adj* patient, e.
◆ *m* patient, e (enfermo).
pacientemente *adv* patiemment.
pacienzudo, da *adj* très patient, e.
pacificación *f* pacification ‖ FIG apaisement *m* (apaciguamiento).
pacificador, ra *adj y s* pacificateur, trice.
pacificar *v tr* pacifier (un país) ‖ FIG pacifier, apaiser (los ánimos) ‖ réconcilier (las personas).
◆ *v pr* FIG s'apaiser (calmarse).
pacífico, ca *adj* pacifique.
Pacífico (océano) *n pr m* océan Pacifique.
pacifismo *m* pacifisme.
pacifista *adj y s* pacifiste.
pack *m* pack (banco de hielo) ‖ pack (rugby).
paco *m* ZOOL alpaga ‖ franc-tireur (en Marruecos) ‖ (amer) minerai d'argent (mineral) ‖ gendarme (policía) ‖ aphte (afta) ‖ veilleur de nuit (sereno).
Paco *n pr m* diminutif de «Francisco».
paco, ca *adj* (amer) roux, rousse.
pacotilla *f* pacotille ‖ MAR pacotille (ancheta) ‖ *de pacotilla* de pacotille.
pactar *v intr* faire un pacte, convenir de, pactiser ‖ FIG *pactar con el diablo* vendre son âme au diable, faire un pacte avec le diable.
pacto *m* pacte, accord ‖ — *pacto colectivo* contrat collectif, convention collective ‖ *pacto de no agresión* pacte de non-agression ‖ *pacto de Varsovia* pacte de Varsovie ‖ *pacto entre caballeros* accord sur l'honneur.
pachá *m* pacha (bajá); *vivir como un pachá* vivre comme un pacha.
— OBSERV Ce mot est un gallicisme très employé.
pachanga *f* foire, java.
pachanguero, ra *adj* de bastringue ‖ *orquesta pachanguera* bastringue.
pacharán *m* prunelle *f* (licor).
pacholí *m* patchouli (planta y perfume).
pachón, ona *adj y s* basset (perro) ‖ (amer) poilu, e; velu, e (peludo), laineux, euse (lanudo).
◆ *m* FAM père tranquille.
pachorra *f* FAM mollesse, lenteur, indolence (indolencia) ‖ flegme *m* (tranquilidad).
pachucho, cha *adj* blet, ette (fruta) ‖ FIG faible, abattu, e (débil), patraque ‖ FIG *estar pachucho* ne pas être dans son assiette, être patraque.
pachulí *m* patchouli (planta y perfume).
padecer* *v tr* e *intr* souffrir de, souffrir; *padecer dolores de estómago* souffrir de douleurs à l'estomac; *padecer hambre, frío* souffrir de la faim, du froid; *los males que padecen* les maux dont ils souffrent ‖ endurer (aguantar); *padecer privaciones* endurer des privations ‖ être atteint de (dolencia); *padecer sordera* être atteint de surdité ‖ avoir, être atteint de (enfermedades); *padece viruela* il a la petite vérole ‖ FIG souffrir; *padecer en la honra* souffrir dans son honneur ‖ subir (soportar); *padecer castigo, prisión* subir un châtiment, l'emprisonnement ‖ supporter (aguantar); *padecer las impertinencias de uno* supporter les impertinences

de quelqu'un | connaître, éprouver (pasar); *padecer grandes desgracias* connaître de grands malheurs | subir, recevoir (agravios o insultos) ‖ — *padecer de* manquer de (carecer), souffrir de; *padecer de los nervios* souffrir des nerfs ‖ *padecer error ou engaño* être dans l'erreur.

padecido, da *adj* qui a souffert.

padecimiento *m* épreuve *f*, souffrance *f*.

padrastro *m* beau-père (marido de la madre) ‖ FIG & FAM père dénaturé (mal padre) ‖ FIG obstacle, empêchement (estorbo) ‖ MED envie *f* (en las uñas).

padrazo *m* FAM papa gâteau.

padre *m* père ‖ prêtre, curé (sacerdote) ‖ abbé, père; *el padre X* l'abbé X ‖ père (anacoreta o santo) ‖ mon père (dirigiéndose a un religioso); *sí, Padre* oui mon père ‖ reproducteur (macho) ‖ mère *f*, origine *f*; *el ocio es padre de todos los vicios* l'oisiveté est la mère de tous les vices ‖ FIG père (creador, inventor); *Esquilo es el padre de la tragedia* Eschyle est le père de la tragédie ‖ — *padre conscripto* père conscrit (senador de Roma) ‖ *padre de almas* curé ‖ *padre de familia* père de famille ‖ FIG *padre de la patria* père de la patrie ‖ *padre espiritual* père spirituel ‖ *Padre Eterno* Père éternel ‖ *Padre Nuestro* notre-père, pater (oración) ‖ *padre nutricio* père nourricier ‖ *padre político* beau-père ‖ — *a padre ganador, hijo gastador* à père avare, fils prodigue ‖ FIG & FAM *de padre y muy señor mío* gratiné, de première classe ‖ *Dios Padre* Dieu le Père ‖ *el Padre Santo, el Santo Padre* le Saint-Père ‖ FIG & FAM *llevarse una vida padre* mener la bonne vie ‖ *llevarse un susto padre* avoir une peur bleue ‖ *no lo entiende ni su padre* c'est absolument incompréhensible ‖ *¡que lo haga su padre!* à d'autres!, comptez là-dessus! ‖ (amer) *¡qué padre!* super! ‖ FIG & FAM *saberlo como el Padre Nuestro* connaître sur le bout du doigt ‖ *tener un éxito padre* avoir un succès bœuf.
◆ *pl* parents (padre y madre) ‖ pères, ancêtres (antepasados) ‖ — *padres mínimos* petits pères ‖ — *de padres a hijos* de père en fils ‖ FIG *entre padres y hermanos no metas las manos* entre l'arbre et l'écorce, il ne faut pas mettre le doigt ‖ *los Santos Padres, los Padres de la Iglesia* les Pères de l'Église ‖ *nuestros primeros padres* nos premiers parents (Adán y Eva).

Padrenuestro *m* notre-père, pater (oración) ‖ FIG & FAM *en un padrenuestro* en un clin d'œil, en un rien de temps, en un tour de main.

padrinazgo *m* parrainage ‖ FIG protection *f*.

padrino *m* parrain ‖ témoin (boda, desafío) ‖ FIG protecteur, appui; *tener buenos padrinos* avoir de bons appuis.
◆ *pl* le parrain et la marraine, les parents spirituels.
— OBSERV Véase MADRINA.

padrísimo, ma *adj* (amer) FAM génial,e; super.

padrón *m* cens, recensement, rôle (censo); *hacer el padrón* faire le recensement ‖ modèle (dechado) ‖ colonne *f*, monument commémoratif ‖ FIG injure *f*, déshonneur (desdoro) ‖ FAM papa gâteau (padrazo).

padrote *m* (amer) FAM étalon (semental) | souteneur (rufián).

Padua *n pr* GEOGR Padoue.

paduano, na *adj* padouan, e ‖ *llanura paduana* plaine du Pô.
◆ *m y f* Padouan, e.

paella *f* paella, riz *m* à la valencienne.

paellera *f* poêle à paella.

pág.; p. abrev de *página* p., page.

paga *f* paye, paie (sueldo); *cobrar la paga* toucher sa paye; *hoja de paga* feuille de paie ‖ solde (de militar) ‖ paiement *m* (pago) ‖ FIG châtiment *m* (de una culpa) | réciprocité (de un sentimiento) ‖ — *buena, mala paga* bon, mauvais payeur ‖ MIL *media paga* demi-solde ‖ — *paga extraordinaria* double paye ‖ *paga extraordinaria de Navidad* prime de fin d'année, treizième mois ‖ DR *paga indebida* ou *de lo indebido* paiement indu *o* de l'indu.

pagadero, ra *adj* payable; *pagadero a la vista, a plazos* payable à vue, à crédit.
◆ *m* échéance *f* (plazo).

pagado, da *adj* payé, e; *pagado por adelantado* payé d'avance ‖ payé de retour, partagé, e (sentimiento) ‖ — *asesino pagado* tueur à gages ‖ FIG *estamos pagados* nous sommes quittes | *pagado de sí mismo* content de soi, imbu de sa personne, suffisant.

pagador, ra *adj y s* payeur, euse ‖ *al buen pagador no le duelen prendas* le bon payeur laisse volontiers des gages.

pagaduría *f* trésorerie, paierie ‖ *depositaría-pagaduría* recette et perception.

pagamento; pagamiento *m* paiement, payement.

paganismo *m* paganisme.

pagano, na *adj y s* païen, enne.
◆ *m* FAM dindon de la farce, victime *f*, lampiste | celui qui paie.

pagar *v tr* payer; *pagar al contado, por meses, a plazos* payer au comptant *o* comptant, au mois *o* par mensualités, à tempérament *o* à terme ‖ FIG rendre (una visita) | payer (expiar); *pagar cara una victoria* payer cher une victoire; *pagar un crimen* payer un crime | rendre, payer en retour (el afecto); *pagar a uno su cariño* rendre son affection à quelqu'un; *un amor mal pagado* un amour mal payé en retour | payer; *pagar con ingratitud* payer d'ingratitude ‖ — *pagar a escote* payer son écot, partager les frais ‖ *pagar a toca teja* payer cash *o* rubis sur l'ongle ‖ *pagar con su vida* payer de sa vie ‖ FIG *pagar el daño* ou *el pato* ou *los vidrios rotos* payer les pots cassés, écoper, trinquer | *pagar en* ou *con la misma moneda* rendre à quelqu'un la monnaie de sa pièce ‖ *pagar en metálico* ou *en efectivo* payer en espèces ‖ *pagar las culpas ajenas* payer pour les autres ‖ — *a pagar a la recepción* payable à la livraison ‖ *¡Dios se lo pague!* Dieu vous le rende! ‖ FIG & FAM *el que hace la paga* qui casse les verres les paye ‖ *pagan justos por pecadores* les innocents paient pour les coupables ‖ *¡ya me la pagarás!, ¡me las has de pagar!* tu me le paieras!, je te revaudrai ça!
◆ *v pr* se payer ‖ FIG se payer; *pagarse con razones* se payer de raisons ‖ FIG *pagarse de sí mismo* être imbu de soi-même.

pagaré *m* billet à ordre ‖ — *pagaré a la vista* bon, effet à vue ‖ *pagaré del Tesoro* bon du Trésor.

pagel *m* pagel (pez).

página *f* page; *en la página anterior* à la page précédente ‖ FIG page (episodio) ‖ *páginas amarillas* pages jaunes (de la guía telefónica).

paginación *f* pagination.

paginar *v tr* paginer, folioter.

pago *m* paiement, payement; *pago al contado* paiement au comptant *o* comptant ‖ paiement, versement; *hacer un pago* effectuer un paiement ‖ domaine, terres *f pl* (heredad) ‖ FIG prix; *recibir el pago de sus malas acciones* recevoir le prix de ses mauvaises actions | rançon *f*; *el pago de la gloria* la rançon de la gloire ‖ *(amer)* pays (país), village (pueblo) ‖ — *en pago* en paiement (para pagar), pour prix, en récompense (como recompensa) ‖ — *pago a cuenta* arrhes, paiement en acompte ‖ *pago a plazos* paiement à tempérament ‖ *pago adelantado* ou *anticipado* paiement à l'avance, paiement anticipé ‖ *pago contra entrega* paiement à la livraison ‖ *pago de viñas* clos, vignoble ‖ *(amer) pago en cuotas* paiement à tempérament ‖ *pago en metálico* paiement en espèces ‖ — *colegio de pago* école payante *o* privée ‖ ECON *suspensión de pagos* cessation de paiements.
pago, ga *adj* FAM payé, e.
pagoda *f* pagode.
paila *f* poêle.
paipai *m* éventail (abanico).
país *m* pays (nación) ‖ feuille *f* (del abanico) ‖ — *país en vías de desarrollo* pays en voie de développement ‖ *país natal* pays natal ‖ *país satélite* pays satellite ‖ *países desarrollados* pays développés ‖ — CULIN *jamón del país* jambon de pays ‖ — *en el país de los ciegos, el tuerto es rey* au royaume des aveugles les borgnes sont rois.
paisaje *m* paysage.
paisajista *adj y s* paysagiste.
paisajismo *m* ARTES paysagisme.
paisajístico, ca *adj* paysager, ère.
paisanaje *m* population *f* civile ‖ qualité *f* de pays *o* de compatriote.
paisano, na *adj y s* FAM pays, e [de la même région]; *es un paisano mío* c'est mon pays | compatriote [du même pays]; *un paisano mío* un de mes compatriotes.
◆ *m y f (amer)* paysan, anne (campesino).
◆ *m* civil (por oposición a «militar»); *ir de paisano* être en civil; *traje de paisano* costume civil.
Países Bajos *n pr m pl* Pays-Bas (Holanda).
— OBSERV Véase PAYS-BAS, 1.ª parte.
paja *f* paille; *paja centenaza* paille de seigle ‖ FIG paille, vétille (nadería) | remplissage *m* (en un artículo); *meter paja* faire du remplissage ‖ POP branlette (masturbación) ‖ *(amer)* robinet *m* (grifo) ‖ — AGRIC *capa de paja* paillis ‖ *choza de paja* paillote ‖ *funda de paja* paillon (para botellas) ‖ FIG *hombre de paja* homme de paille (testaferro) ‖ *(amer) paja brava* gynérion argenté, herbe des pampas ‖ *patatas paja* pommes paille ‖ *vino de paja* vin de paille ‖ — FIG *a humo de pajas* à la légère ‖ *echar pajas* tirer à la courte paille (juego) ‖ FIG *en un quítame allá esas pajas* en un clin d'œil, en moins de deux | *por un quítame allá esas pajas* pour un oui, pour un non; pour un rien *o* une vétille | *ver la paja en el ojo ajeno y no la viga en el nuestro* voir la paille dans l'œil du prochain *o* de son voisin et ne pas voir la poutre que l'on a dans le sien.
pajar *m* pailler, grenier à foin.
pájara *f (p us)* oiseau *m* (pájaro) ‖ cerf-volant *m* (cometa) ‖ cocotte (de papel) ‖ FAM fine mouche (mujer astuta) | sale bête (mujer mala) ‖ FAM *pájara nocturna* belle-de-nuit (ramera).
pajarera *f* volière (jaula).

pajarería *f* oisellerie (tienda) ‖ bande d'oiseaux.
pajarero, ra *adj* des oiseaux ‖ FAM gai, e; joyeux, euse (alegre) | bariolé, e (telas) | criard, e (colores) ‖ *(amer)* ombrageux, euse (caballo).
◆ *m* oiselier (vendedor de pájaros) ‖ oiseleur (cazador) ‖ *Enrique I el Pajarero* Henri Ier l'Oiseleur.
pajarita *f* cocotte (de papel) ‖ cerf-volant *m* (cometa) ‖ — *corbata de pajarita* nœud papillon ‖ *cuello de pajarita* col cassé ‖ *pajarita de las nieves* bergeronnette (aguzanieves).
pajarito *m* petit oiseau, oisillon, oiselet (ave) ‖ — FIG & FAM *comer como un pajarito* avoir un appétit d'oiseau | *me lo ha dicho un pajarito (verde)* mon petit doigt me l'a dit | *quedarse muerto como un pajarito* s'éteindre doucement.
pájaro *m* oiseau; *coger pájaros* attraper les oiseaux; *coger los pájaros del nido* dénicher les oiseaux ‖ ZOOL passereau (orden) ‖ FIG vieux renard, homme rusé (astuto) ‖ — *pájaro bobo* guillemot (pingüino) ‖ *pájaro carpintero* pivert ‖ FIG & FAM *pájaro de cuenta* ou *de cuidado* drôle d'oiseau *o* de loustic ‖ *pájaro de mal agüero* oiseau de malheur *o* de mauvais augure ‖ FAM *pájaro gordo* gros bonnet, grosse légume ‖ *pájaro mosca* oiseau-mouche ‖ *pájaro niño* manchot ‖ — FIG *a vista de pájaro* à vol d'oiseau | *el pájaro voló* l'oiseau s'est envolé | *más vale pájaro en mano que ciento volando* un tiens vaut mieux que deux tu l'auras | *matar dos pájaros de un tiro* faire d'une pierre deux coups | *pájaro viejo no entra en jaula* ce n'est pas aux vieux singes qu'on apprend à faire la grimace | *tener pájaros en la cabeza, tener la cabeza llena de pájaros, tener la cabeza a pájaros* avoir la tête fêlée (tonto), être une tête sans cervelle (distraído).
— OBSERV *Pájaro* désigne un oiseau de petite taille, comme en français le terme savant *passereau*; pour les autres oiseaux on emploie le mot *ave*.
pajarraco *m* FAM vilain oiseau (pájaro grande y feo) ‖ FIG & FAM drôle d'oiseau.
paje *m* page ‖ MAR mousse (grumete).
pajera *f* petit pailler *m*.
pajero, ra *m y f* pailleur, euse (vendedor de paja).
pajilla *f* cigarette roulée dans une feuille de maïs ‖ paille [pour boire].
pajizo, za *adj* jaune paille, paillé, e (color de paja) ‖ de paille (de paja).
pajolero, ra *adj* FAM fichu, e; sacré, e; *estoy harto de esta pajolera casa* j'en ai assez de cette fichue maison | chinois, e; pointilleux, euse.
pajón *m* chaume (rastrojo) ‖ *(ant)* chaumes *pl*.
Pakistán *n pr m* GEOGR Pakistan.
pala *f* pelle (instrumento) ‖ pelletée (contenido de la pala) ‖ raquette (del juego de ping-pong) ‖ pala (de pelota vasca) ‖ batte (de béisbol) ‖ pale (de remo, de hélice) ‖ lame (de la azada, etc.) ‖ aube (de noria) ‖ battoir *m* (para lavar) ‖ chaton *m* (de una sortija) ‖ écharnoir *m* (de curtidores) ‖ empeigne (del calzado) ‖ pointe (del cuello de una camisa) ‖ BOT feuille (de chumbera) ‖ palette (de un diente) ‖ pince (incisivo del caballo) ‖ lame (de bisagra) ‖ corps *m* d'épaulette (de charretera) ‖ lame (de bisagra) ‖ FAM *a punta de pala* à la pelle ‖ *pala cargadora* pelle mécanique, pelleteuse ‖ *pala de zapador* pelle-bêche ‖ *pala estrecha* palot (laya).
palabra *f* parole (habla); *pedir, conceder la palabra* demander, donner la parole; *me repitieron sus pa-*

labras on m'a répété ses paroles; *el delegado español tiene la palabra* le délégué espagnol a la parole, la parole est au délégué espagnol ‖ mot *m* (vocablo); *una palabra española* un mot espagnol; *no decir palabra* ne pas dire un mot; *¡ni una palabra!* pas un mot! ‖ parole (promesa); *hombre de palabra* homme de parole; *cumplir su palabra* tenir parole ‖ propos *m*; *pronunciar palabras subversivas* tenir des propos subversifs ‖ verbe (teología) ‖ — *palabra clave* mot clef ‖ *palabra compuesta, simple* mot composé, simple ‖ *palabra de Dios* ou *divina parole de Dieu*, bonne parole ‖ *palabra de doble sentido* mot à double sens ‖ *palabra de honor* parole d'honneur (promesa verbal) ‖ *palabra de matrimonio* promesse de mariage ‖ *palabra picante* mot blessant ‖ *palabras al aire* ou *al viento* mots en l'air, paroles en l'air, du vent ‖ *palabras altisonantes* ou rimbombantes grands mots ‖ *palabras cruzadas* mots croisés (crucigrama) ‖ FIG *palabras encubiertas* mots couverts (medias palabras) | *palabras mayores* injures, grossièretés ‖ — FIG *a la primera palabra* au quart de tour ‖ *a palabras necias, oídos sordos* à folle demande, point de réponse ‖ *bajo palabra* sur parole ‖ FIG *con medias palabras* à mots couverts; *decir con medias palabras* dire à mots couverts; à demi-mot; *comprender con medias palabras* comprendre à demi-mot ‖ *de palabra* de vive voix ‖ *en cuatro palabras* en deux mots ‖ *en pocas palabras* bref, en peu de mots (en un discurso) ‖ *en toda la acepción* ou *extensión de la palabra* dans toute l'acception du terme ‖ *en una palabra* bref, en un mot ‖ *juego de palabras* jeu de mots ‖ *ni una palabra* pas un mot, pas un traître mot ‖ *ni una palabra más* pas un mot de plus, plus un mot ‖ *palabra por palabra* mot à mot ‖ *pocas palabras por buenas* parlons peu mais parlons bien ‖ *última palabra* dernier mot (para acabar), dernier cri (moda) ‖ — *ahorrar palabras* économiser ses paroles o sa salive ‖ *a buen entendedor, pocas palabras bastan* à bon entendeur, salut ‖ *al decir su al oír estas palabras* à ces mots (para ligar), sur ces mots (para concluir) ‖ *cogerle a uno la palabra* prendre quelqu'un au mot ‖ *comerse las palabras* avaler ses paroles (al hablar), sauter des mots (al escribir) ‖ *contentarse con palabras* se payer de mots ‖ *cortar la palabra* couper la parole ‖ *cumplir con su palabra* tenir parole ‖ *dar palabra* donner sa parole ‖ *decir la última palabra* avoir le dernier mot ‖ *decirle a uno cuatro palabras bien dichas* dire à quelqu'un ses quatre vérités ‖ *decir una palabra al oído* glisser un mot à l'oreille ‖ *dejar a uno con la palabra en la boca* ne pas laisser placer un mot à quelqu'un ‖ *dichas estas palabras, con estas palabras* à ces mots, cela dit ‖ *dirigir la palabra* adresser la parole ‖ *empeñar la palabra* donner sa parole ‖ *entretener con buenas palabras* bercer de belles paroles ‖ *escapársele* ou *írsele a uno la palabra* échapper à quelqu'un [une parole malheureuse] ‖ *estar colgado de las palabras de uno* être suspendu aux lèvres de quelqu'un, boire les paroles de quelqu'un ‖ *faltar a su palabra* manquer à sa parole ‖ *gastar palabras* parler en vain o dans le vide ‖ *gastar pocas palabras* être peu loquace, parler peu ‖ *hablar a medias palabras* parler à mots couverts ‖ *hacer uso de la palabra* prendre la parole ‖ *las palabras se las lleva el viento* les paroles s'envolent, les écrits restent ‖ *llevar la palabra* porter la parole ‖ *mantener su palabra* tenir (sa) parole ‖ *me basta con su palabra* je vous crois sur parole ‖ *medir* ou *sopesar las palabras* peser ses mots ‖ *no decir palabra* ne pas dire o ne pas souffler mot ‖ *no entender palabra* ne pas comprendre un traître mot ‖ *no son más que palabras* ce ne sont que des mots ‖ *no tener palabra* ne pas avoir de parole ‖ *no tener más que una palabra* n'avoir qu'une parole ‖ *quitarle a uno las palabras de la boca* couper la parole à quelqu'un ‖ *ser de pocas palabras* être peu bavard ‖ *sin decir* ou *hablar palabra* sans mot dire ‖ *tener la última palabra* avoir le dernier mot ‖ FIG *tener unas palabras con alguien* avoir des mots avec quelqu'un ‖ *tomar la palabra* prendre la parole ‖ *tomarle a uno la palabra* prendre quelqu'un au mot ‖ *tratar mal de palabra a uno* injurier quelqu'un.

◆ *interj* parole (d'honneur), !, ma parole! (por Dios).

palabrear *v intr* FAM bavarder, palabrer.

palabreja *f* mot *m* oiseux o obscur.

palabreo *m* bavardage, palabre *m y f*.

palabrería *f*; **palabrerío** *m* FAM verbiage *m*, bavardage *m*.

palabrita *f* petit mot *m* ‖ mot *m*; *le dije cuatro palabritas* je lui ai dit deux mots.

palabrota *f* FAM gros mot *m* (palabra grosera) | mot à coucher dehors (palabra complicada).

palacete *m* hôtel particulier ‖ petit palais.

palaciego, ga *adj* du palais, de cour; *vida palaciega* vie de cour.

◆ *adj y s* courtisan, e (persona).

palacio *m* palais; *Palacio Real* Palais-Royal; *palacio episcopal* palais épiscopal ‖ palais, château; *el palacio de Versalles* le château de Versailles ‖ palais (casa suntuosa) ‖ — *el Palacio de Justicia* le palais de justice ‖ *palacio de congresos* palais des congrès ‖ FIG *palacio encantado* château de la Belle au bois dormant ‖ — *las cosas de palacio van despacio* tout vient à point à qui sait attendre.

palada *f* pelletée ‖ coup *m* de rame (golpe de remo).

paladar *m* ANAT palais ‖ goût, saveur *f* (sabor) ‖ FIG goût (gusto) ‖ *tener el paladar delicado* avoir le palais fin, être une fine bouche.

paladear *v tr* savourer, déguster (saborear) ‖ FIG faire prendre goût à, donner le goût de (aficionar).

◆ *v intr* remuer les lèvres (un recién nacido).

paladeo *m* dégustation *f* (saboreo).

paladín *m* paladin ‖ FIG champion (defensor); *hacerse el paladín de la libertad* se faire le champion de la liberté.

paladinamente *adv* ouvertement, manifestement, clairement.

paladino, na *adj* clair, e; manifeste.

◆ *m* paladin.

paladio *m* palladium (metal).

palafito *m* palafitte (choza lacustre).

palafrén *m* palefroi.

palafrenero *m* palefrenier.

palanca *f* levier *m* ‖ manette (manecilla) ‖ poignée (del freno) ‖ palanque (fortificación) ‖ tremplin *m* de haut vol (para zambullirse) ‖ FIG piston *m* (influencia) ‖ — FOT *palanca de arrastre* levier d'armement ‖ AUTOM *palanca de cambio* levier de vitesse ‖ AVIAC *palanca de dirección* dérive | *palanca de mando* manche à balai | *palanca de mando del timón* palonnier ‖ *salto de palanca* plongeon de haut vol ‖ — *(amer)* FAM *tener palanca* avoir du piston.

palangana *f* cuvette (jofaina).
◆ *m* FAM *(amer)* fanfaron, vantard | effronté, e (descaraodo).

palangre *m* MAR palangre *f*, palancre *f*.

palangrero *m* pêcheur à la palangre (pescador) ‖ bateau de pêche (barco).

palanqueta *f* petit levier *m*, pied-de-biche *m* (palanca) ‖ pince-monseigneur (para forzar las puertas) ‖ MAR boulets *m pl* ramés.

palastro *m* tôle *f* (chapa de hierro) ‖ palastre, palâtre (de cerradura).

palatal *adj y s f* GRAM palatal, e; *sonidos palatales* sons palataux.

palatalizar *v tr* GRAM palataliser.

palatino, na *adj y s* palatin, e (de palacio) ‖ ANAT du palais, palatin, e; *bóveda palatina* voûte de palais.
◆ *f* palatine (piel).

Palatino (monte) *n pr* GEOGR mont Palatin.

palco *m* tribune *f* (tabladillo) ‖ loge *f* (espectáculo); *palco principal* loge de première ‖ — TEATR *palco de platea* baignoire | *palco de proscenio* loge d'avant-scène.

palear *v tr* pelleter.

palenque *m* enceinte *f* (recinto) ‖ palissade *f* (empalizada) ‖ *(amer)* poteau (para atar animales) ‖ — FIG *palenque político* arène politique | *salir al palenque* entrer en lice.

palentino, na *adj y s* de Palencia [Castille].

paleocristiano, na *adj* ARTES paléochrétien, enne.

paleofitología *f* BOT paléophytologie.

paleografía *f* paléographie.

paleográfico, ca *adj* paléographique.

paleógrafo, fa *m y f* paléographe.

paleolítico, ca *adj* paléolithique.

paleontología *f* paléontologie.

paleontólogo, ga *m y f* paléontologue, paléontologiste.

paleozoico, ca *adj y s m* paléozoïque.

Palermo *n pr* GEOGR Palerme.

Palestina *n pr f* GEOGR Palestine.

palestino, na *adj* palestinien, enne.
◆ *m y f* Palestinien, enne.

palestra *f* palestre ‖ FIG échiquier *m*; *la palestra parlamentaria* l'échiquier parlementaire ‖ FIG *salir ou saltar a la palestra* descendre dans l'arène, entrer en lice.

paleta *f* petite pelle ‖ pelle à gâteaux (de dulces) ‖ palette (de pintor) ‖ pelle (de cocina) ‖ truelle (llana) ‖ palette (de un diente) ‖ palette (de raqueta) ‖ bat *m* (de criquet) ‖ palette (de reloj) ‖ palette (de noria) ‖ pale (de ventilador) ‖ pelle à feu (badila) ‖ ANAT omoplate ‖ MAR pale ‖ TECN palette ‖ *(amer)* sucette (dulce).

paletada *f* pelletée ‖ truellée ‖ FAM balourdise ‖ — FIG & FAM *a paletadas* à la pelle (en gran cantidad) | *en dos paletadas* en un tour de main, en deux coups de cuiller à pot.

paletilla *f* ANAT omoplate ‖ palette, épaule (en carnicería); *paletilla de cordero* épaule de mouton ‖ paleron *m* (del ganado) ‖ appendice *m* xiphoïde (del esternón) ‖ bougeoir *m* (palmatoria).

paleto, ta *adj* FAM paysan, anne | rustre, grossier, ère.
◆ *m y f* FAM croquant, e; pedzouille.

paletón *m* panneton (de llave) ‖ palette *f* (diente).

paliación *f* palliation.

paliar *v tr* pallier.

paliativo, va *adj y s m* palliatif, ive.

palidecer* *v intr* pâlir.

palidez *f* pâleur.

pálido, da *adj* pâle; *ponerse muy pálido* devenir très *o* tout pâle ‖ — *estilo pálido* style terne *o* sans éclat ‖ *ponerse pálido* pâlir | *rostro pálido* visage-pâle [chez les Indiens].

paliducho, cha *adj* FAM pâlot, otte; pâlichon, onne.

palier *m* MECÁN palier.

palillero *m* porte-plume (portaplumas) ‖ porte-cure-dents *inv*, étui à cure-dents (de mondadientes) ‖ vendeur de cure-dents.

palillo *m* petit bâton, bâtonnet ‖ cure-dents *inv* (mondadientes) ‖ fuseau (de encajera) ‖ porte-aiguille ‖ baguette *f* (de tambor) ‖ longuet (de pan) ‖ côte *f* (de tabaco) ‖ rafle *f* (de uva).
◆ *pl* baguettes *f*; *los chinos comen con palillos* les Chinois mangent avec des baguettes ‖ quilles *f* (del billar) ‖ spatules *f* (de los escultores) ‖ FAM banderilles *f* ‖ castagnettes *f* (castañuelas).

palimpsesto *m* palimpseste.

palíndromo, ma *adj y s m* palindrome.

palingenésico, ca *adj* palingénésique.

palinodia *f* palinodie ‖ FIG & FAM *cantar la palinodia* chanter la palinodie, se rétracter, faire amende honorable.

palio *m* pallium (manto griego) ‖ pallium (pontifical) ‖ dais (dosel) ‖ BLAS pairle (perla) ‖ — *bajo palio* sous dais ‖ FIG *recibir con palio* ou *bajo palio* recevoir en grande pompe.

palique *m* FAM causerie *f*, conversation *f* ‖ — FAM *dar palique a* parler à | *estar de palique* tailler une bavette, faire un brin de causette.

paliquear *v intr* FAM bavarder, causer.

palisandro *m* palissandre (árbol, madera).

palito *m* bâtonnet ‖ CULIN *palitos de pescado* bâtonnets de poisson ‖ FAM *(amer) pisar el palito* tomber dans le piège.

palitoque; palitroque *m* bout de bois (palo) ‖ banderille *f* (de toros) ‖ bâton (escritura).

paliza *f* raclée, volée [de coups]; *dar una paliza* donner une raclée.

palizada *f* palissade (valla) ‖ enceinte (sitio cercado) ‖ bâtardeau *m* (para atajar los ríos).

palma *f* palmier *m* (árbol) ‖ palme (hoja) ‖ dattier *m* (datilera) ‖ paume (de la mano) ‖ sole (de la pata del caballo) ‖ empaumure (de un guante) ‖ FIG palme; *la palma del martirio* la palme du martyre ‖ — *palma datilera* palmier-dattier ‖ *palma indiana* cocotier | *conocer como la palma de la mano* connaître comme sa poche ‖ FIG & FAM *llevarse la palma* remporter la palme | *ser liso como la palma de la mano* être plat comme une galette | *traer en palmas a uno* choyer quelqu'un, faire tous les caprices de quelqu'un.
◆ *pl* applaudissements *m*, battements *m* de mains ‖ *palmas de tango* applaudissements scandés ‖ — *batir* ou *dar palmas* battre des mains, applaudir.

palmada *f* claque, tape (golpe con la palma de la mano) ‖ *darse una palmada en la frente* se frapper le front.
→ *pl* battements *m* de mains, applaudissements *m* ‖ — *dar palmadas* battre des mains.
Palma de Mallorca *n pr* GEOGR Palma de Majorque, Palma.
palmadita *f* tape; *dar una palmadita en el hombro* donner une tape sur l'épaule.
palmar *adj* ANAT palmaire; *músculo palmar* muscle palmaire ‖ FIG évident, e; clair, e ‖ long d'un empan (longitud).
→ *m* palmeraie *f* (sitio) ‖ TECN carde *f* (cardencha) ‖ FAM *más viejo que un palmar* vieux comme Hérode.
palmar *v intr* FAM passer l'arme à gauche, casser sa pipe, mourir.
→ *v tr* POP allonger.
palmarés *m* états *pl* de service (historial).
palmario, ria *adj* évident, e; manifeste; *error palmario* erreur manifeste.
palmatoria *f* férule (de maestro) ‖ bougeoir *m*.
palmeado, da *adj* palmé, e.
→ *m* palmature *f* (de objetos).
palmear *v intr* battre des mains, applaudir (dar palmas) ‖ MAR déhaler ‖ *(amer)* donner des claques o des tapes.
palmeño, ña *adj y s* de La Palma [Panama].
palmera *f* palmier *m* (árbol) ‖ palme (hoja) ‖ dattier *m* (datilera) ‖ palmier *m* (galleta) ‖ *palmera datilera* palmier dattier.
palmeral *m* palmeraie *f*.
palmero, ra *adj y s* de La Palma [île des Canaries].
→ *m* pèlerin de Terre sainte ‖ *(amer)* palmier (árbol).
palmesano, na *adj y s* de Palma de Majorque.
palmeta *f* férule (palmatoria) ‖ coup *m* de férule (palmetazo) ‖ AGRIC palmette (forma dada a los árboles frutales).
palmetazo *m* coup de férule (con la palmatoria) ‖ claque *f*, tape *f* (palmada).
palmípedo, da *adj y s m* ZOOL palmipède.
Palmira *n pr* GEOGR Palmyre [Syrie] ‖ Palmira [Colombie].
palmireño, ña *adj y s* de Palmira [Colombie].
palmita *f* moelle du palmier, palmite, *m* (médula) ‖ *llevar* ou *traer* ou *tener en palmitas a alguien* choyer quelqu'un, faire les caprices de quelqu'un, être aux petits soins pour quelqu'un.
palmito *m* BOT palmiste, palmier nain ‖ chamérops (palmera) ‖ cœur de palmier (tallo comestible) ‖ FIG & FAM minois, frimousse *f* (cara); *buen palmito* joli minois ‖ allure *f* (aspecto); *tener un buen palmito* avoir belle allure.
palmo *m* empan, pan, paume *f* (medida) ‖ — FIG *palmo de narices* pied de nez; *hacer un palmo de narices* faire un pied de nez ‖ *palmo de tierra* lopin de terre (espacio pequeño) ‖ — FIG & FAM *con un palmo de lengua* la langue pendante, en tirant une langue d'un pied de long ‖ *palmo a palmo* pas à pas (paso a paso), d'un bout à l'autre; *este hombre conoce África palmo a palmo* cet homme connaît l'Afrique d'un bout à l'autre ‖ — FIG *crecer a palmos* pousser o grandir à vue d'œil ‖ *dejar con un palmo de narices* laisser pantois ‖ *quedarse con dos palmos de narices* se casser le nez (al no encontrar a una persona), rester le bec dans l'eau (al no conseguir una cosa).
palmotear *v intr* battre des mains (palmear).
palmoteo *m* applaudissement (aplauso) ‖ claque *f*, tape *f* (palmada).
palo *m* bâton; *esgrimía un palo* il brandissait un bâton ‖ bout de bois (trozo de madera) ‖ bois (madera); *pierna de palo* jambe de bois; *cuchara de palo* cuiller en bois ‖ coup de bâton (golpe); *dar palos, dar de palos* donner des coups de bâton ‖ manche (mango) ‖ FAM banderille *f* (toros) ‖ mât (mástil); *palo mayor* grand mât ‖ barre *f*, perche *f* (vara) ‖ quille *f* (para jugar al billar) ‖ coup (jugada en el billar) ‖ gibet, bois de justice (suplicio) ‖ couleur *f* (des cartes); *jugar del mismo palo* jouer de la même couleur ‖ jambage (de una letra) ‖ BLAS pal ‖ queue *f* (del fruto) ‖ perchoir, juchoir (en un gallinero) ‖ DEP but (portería) ‖ club (para jugar al golf) ‖ pal (estaca) ‖ *(amer)* arbre (árbol) ‖ gorgée *f* (trago) ‖ — *palo brasil* bois du Brésil ‖ *palo campeche* bois de Campêche ‖ *(amer) palo de agua* averse (chaparrón) ‖ FIG *palo de ciego* coup donné à l'aveuglette, coup involontaire ‖ *palo de escoba* manche à balai (espingarda) ‖ *palo de jabón* savonnier ‖ *palo de Pernambuco* bois de Pernambouc ‖ *palo de rosa* bois de rose ‖ *palo dulce* bois de réglisse ‖ *(amer) palo ensebado* mât de cocagne (cucaña) ‖ *palo santo* gaïac («palo santo» es barbarismo en el sentido de «palisandro») ‖ — *(amer) a medio palo* à moitié fait ‖ *a palos* à coups de bâton ‖ FIG *a palo seco* sans rien ‖ *de tal palo tal astilla* tel père tel fils ‖ — FIG *caérsele a uno los palos del sombrajo* être découragé ‖ *dar palos de ciego* taper dans le tas (golpear sin cuidado), aller à l'aveuglette, tâtonner (tantear) ‖ FIG & FAM *dar un palo* esquinter, démolir (criticar), être le coup de fusil; *en este restaurante te dan un palo* dans ce restaurant c'est le coup de fusil ‖ *moler a palos* rouer de coups, battre comme plâtre ‖ *ser más tieso que el palo de una escoba* être raide comme un piquet ‖ FIG *(amer) ser un palo* être remarquable.
paloduz *m* réglisse *f*, bâton de réglisse.
paloma *f* pigeon *m* ‖ colombe; *la paloma de la paz* la colombe de la paix ‖ FIG agneau *m* (persona bondadosa) ‖ colombe (mujer pura) ‖ FAM anisette à l'eau (aguardiente) ‖ MAR milieu *m* d'une vergue ‖ — *paloma buchona* pigeon boulant ‖ *paloma casera* pigeon domestique ‖ *paloma de moño* pigeon huppé ‖ *paloma mensajera* pigeon voyageur ‖ *paloma silvestre* pigeon sauvage ‖ *paloma torcaz* palombe, pigeon ramier, ramier ‖ *paloma zurita* biset ‖ FIG *ser una paloma sin hiel* être doux comme un agneau.
→ *pl* moutons *m* (olas pequeñas) ‖ ZOOL colombins *m* (pájaros).
palomar *adj* MAR *hilo palomar* merlin fin.
→ *m* pigeonnier, colombier.
palometa *f* écrou *m* papillon, papillon *m* (tuerca) ‖ perche (pescado).
palomilla *f* teigne, mite (polilla) ‖ petit papillon *m* (mariposa) ‖ console (soporte) ‖ crapaudine (chumacera) ‖ pommeau *m* (de una albarda) ‖ hanche (del caballo) ‖ BOT fumeterre *m* (fumaria) ‖ orcanette (onoquiles) ‖ ZOOL nymphe (ninfa) ‖ FAM *(amer)* populace (plebe).
→ *pl* moutons *m*, moutonnement *m sing* (del mar).

palomina *f* colombine (excremento de palomas) ‖ BOT fumeterre *m* (fumaria).

palomino *m* pigeonneau ‖ FIG *un palomino atontado* un grand dadais.

palomita *f* pop-corn *m*, maïs *m* grillé (roseta) ‖ anisette à l'eau ‖ *cuello de palomita* col cassé.

palomo *m* pigeon ‖ FAM niais, dindon (necio) ‖ *(amer)* garrot (palomilla del caballo) ‖ — ANAT *hueso palomo* coccyx.

palotada *f* coup *m* de baguette ‖ FAM *no dar palotada* n'être bon à rien (no acertar), n'avoir même pas commencé (no haber empezado).

palote *m* baguette *f* ‖ bâton, bâtonnet (escritura) ‖ *(amer)* rouleau (de cocina).

palpable *adj* palpable.

palpablemente *adv* sensiblement, d'une façon tangible; *la producción ha aumentado palpablemente* la production a augmenté sensiblement.

palpación *f*; **palpadura** *f*; **palpamiento** *m* palpation *f*.

palpar *v tr* palper, tâter.
◆ *v intr* tâtonner (a oscuras).

palpitación *f* palpitation.

palpitante *adj* palpitant, e; *con el corazón palpitante* le cœur palpitant ‖ frémissant, e; *palpitante de júbilo* frémissant de joie.

palpitar *v intr* palpiter ‖ battre (latir).

palpo *m* ZOOL palpe.

palta *f (amer)* poire d'avocat (aguacate).

palúdico, ca *adj* paludéen, enne; palustre; *fiebre palúdica* fièvre paludéenne.
◆ *m y f* personne *f* atteinte de paludisme.

paludismo *m* MED paludisme.

palurdo, da *adj* FAM paysan, anne | rustre, grossier, ère.
◆ *m y f* croquant, e; pedzouille.

palustre *m* truelle *f* (llana de albañil).
◆ *adj* paludéen, enne; palustre, des marais.

pamela *f* capeline (sombrero de mujer).

pamema *f* FAM histoire; *déjate de pamemas* cesse de faire des histoires.

pampa *f* pampa, plaine (llanura).
◆ *adj (amer)* de la pampa; *indio pampa* Indien de la pampa | à la tête blanche (animal) | de mauvaise foi ‖ — *(amer) a la pampa* à la belle étoile ‖ — *(amer) estar en sus pampas* être à l'aise | *quedar en pampa* être déçu.

Pampa *n pr* GEOGR Pampa.

pámpano *m* pampre ‖ feuille *f* de vigne (pámpana) ‖ saupe *f* (pez).

pampero, ra *adj* de la pampa.
◆ *m y f* habitant, e de la pampa.
◆ *m* vent d'ouest de la pampa, pampéro.

pamplina *f* mouron *m*, alsine (planta) ‖ FIG & FAM bêtise, fadaise, niaiserie, sornette (necedad); *déjeme de pamplinas* cessez de me raconter des bêtises; *¡basta de pamplinas!* laissez-là toutes ces sornettes! | vétille (cosa sin importancia) ‖ *pamplina de agua* mouron d'eau, samole.

pamplinada; pamplinería *f* FAM niaiserie, bêtise, sottise.

pamplinero, ra; pamplinoso, sa *adj* niais, e; bête, sot, sotte.

Pamplona *n pr* GEOGR Pampelune (Navarra).

pamplonés, esa; pamplonica *adj y s* de Pampelune.

pamporcino *m* cyclamen, pain de pourceau.

pan *m* pain; *pedazo de pan* morceau de pain ‖ FIG blé (trigo) ‖ pâte *f* (masa); *pan de higo* pâte de figues ‖ FIG feuille *f* [d'or ou d'argent battu]; *oro en panes* or en feuilles | pain; *ganarse el pan* gagner son pain ‖ — *pan ácimo* pain azyme ‖ *pan bazo* ou *moreno* pain bis ‖ *pan bendito* pain bénit ‖ *pan blanco* ou *candeal* pain blanc ‖ *pan casero* pain de ménage ‖ *pan cateto* miche, pain de campagne ‖ *pan de azúcar* pain de sucre ‖ *pan de centeno* pain de seigle o noir ‖ *pan de flor* pain de gruau o anglais ‖ *pan de lujo* pain de fantaisie ‖ *pan de molde* ou *francés* pain de mie ‖ *pan de munición* pain de munition, boule de son ‖ *pan de Viena* pain viennois ‖ *pan duro* pain rassis ‖ FIG *(amer) pan francés* manifestation bruyante (espectáculo) ‖ *pan genovés* pain de Gênes ‖ *pan integral* pain complet ‖ *pan rallado* chapelure, panure ‖ *pan tierno* pain frais ‖ *«pan toast»* biscotte ‖ *pan tostado* pain grillé ‖ — *árbol del pan* arbre à pain ‖ FIG *cara de pan mascado* figure de papier mâché ‖ *cesta para el pan* panière ‖ *el pan nuestro de cada día* notre pain quotidien ‖ FIG *pedazo de pan* personne en or o qui est la bonté même | *por mucho pan nunca mal año* abondance de biens ne nuit pas | *por un mendrugo de pan* pour une bouchée de pain ‖ *sopa de pan* panade ‖ *tierra de pan llevar* terre à blé ‖ — *a falta de pan buenas son tortas* faute de grives on mange des merles ‖ FAM *con su pan se lo coma* grand bien lui fasse, c'est son affaire | *dame pan y llámame tonto* j'y trouve mon profit ‖ *(amer) echar panes* se vanter ‖ FAM *es pan comido* c'est du gâteau, c'est du tout-cuit, c'est simple comme bonjour (es muy fácil) ‖ *estar a pan y agua* être au pain et à l'eau, être au pain sec ‖ *estar a pan y cuchillo* recevoir le vivre et le couvert, vivre à pot et à rôt ‖ *llamar al pan pan y al vino vino* appeler un chat un chat ‖ *no sólo de pan vive el hombre* l'homme ne vit pas seulement de pain ‖ FIG *repartirse como un pan bendito* s'enlever comme des petits pains | *ser un pan, ser bueno como un pedazo de pan, ser más bueno que el pan* être bon comme le pain, être la bonté même | *vivir con pan y cebolla* vivre d'amour et d'eau fraîche.

pana *f* velours *m* à côtes o côtelé ‖ *pana de canutillo* velours à côtes o côtelé.

pánace *f* opopanax *m*, panax *m* (planta).

panacea *f* panacée (remedio).

panadería *f* boulangerie (tahona) ‖ boulange, boulangerie (oficio del panadero).

panadero, ra *m y f* boulanger, ère.

panadizo *m* MED panaris, mal blanc.

panafricanismo *m* panafricanisme.

panafricano, na *adj* panafricain, e.

panal *m* rayon (de colmena) ‖ pâte *f* sucrée et parfumée (dulce) ‖ *en forma de panal* en nid d'abeilles.

panamá *m* panama (jipijapa).

Panamá *n pr* GEOGR Panama.

panameño, ña *adj* panaméen, enne [de Panama].
◆ *m y f* Panaméen, enne.

panamericanismo *m* panaméricanisme.

panamericano, na *adj* panaméricain, e.

panarabismo *m* panarabisme.

panavisión *f* Panavision [nom déposé].

pancarta *f* pancarte.

panceta *f* CULIN poitrine fumée.
páncreas *m* ANAT pancréas.
pancreático, ca *adj* pancréatique; *jugo pancreático* suc pancréatique.
pancho, cha *adj* FAM *quedarse tan pancho* ne pas s'émouvoir.
panda *f* panda *m* (mamífero del Himalaya) ‖ galerie de cloître ‖ FAM bande (pandilla).
pandear *v intr y pr* fléchir, s'incurver (viga), se bomber (pared, tabla).
pandectas *f pl* DR pandectes ‖ répertoire *m sing* (cuaderno).
pandemia *f* MED pandémie.
pandemonio; pandemónium *m* pandémonium.
pandeo *m* courbure *f* (de viga), bombement (de pared).
pandereta *f* tambourin *m*, tambour *m* de basque ‖ — *la España de pandereta* l'Espagne d'opérette ‖ FIG & FAM *zumbar la pandereta* flanquer une raclée.
panderete *m* *tabique de panderete* galandage.
panderetear *v intr* jouer du tambourin (tocar).
pandereteo *m* tambourinage.
pandero *m* tambourin, tambour de basque ‖ FIG & FAM derrière, popotin.
pandilla *f* bande; *una pandilla de niños* une bande d'enfants ‖ équipe; *¡vaya pandilla!* quelle équipe! ‖ clique (camarilla).
pandillero; pandillista *m* intrigant.
pando, da *adj* bombé, e (combado) ‖ lent, e (lento) ‖ FIG calme, grave (pausado).
◆ *m* plateau (entre montañas).
Pandora *n pr f* MIT Pandore; *caja de Pandora* boîte de Pandore.
pandorga *f* cerf-volant *m* (cometa) ‖ quintaine (estafermo) ‖ FIG & FAM grosse mère (mujer) ‖ *(amer)* plaisanterie.
panecillo *m* petit pain ‖ FIG *venderse como panecillos* se vendre comme des petits pains.
panegírico *m* panégyrique.
panegirista *m y f* panégyriste.
panel *m* panneau.
panera *f* corbeille à pain (cesta del pan) ‖ panier *m* à défourner (para sacar el pan) ‖ grenier *m* (granero) ‖ nasse (nasa).
panero *m* panier à pain ‖ petite natte *f* ronde (estera).
paneslavismo *m* panslavisme.
paneslavista *adj y s* panslaviste.
paneuropeo, a *adj y s* paneuropéen, enne.
pánfilo, la *adj* FAM mou, molle; indolent, e (desidioso) | flemmard, e (remolón) ‖ benêt *m*, sot, sotte (tonto).
panfletario, ria *adj y s* pamphlétaire.
panfletista *m* pamphlétaire.
panfleto *m* pamphlet.
— OBSERV *Panfleto* et *panfletista* sont des anglicismes qu'il vaut mieux remplacer par leurs équivalents *libelo, libelista.*
pangermanismo *m* pangermanisme.
pangermanista *adj y s* pangermaniste.
paniaguado *m* *(p us)* serviteur, domestique ‖ FAM protégé (protegido); *los paniaguados del ministro* les protégés du ministre.

pánico, ca *adj* panique.
◆ *m* panique *f*; *sembrar el pánico* jeter *o* semer la panique.
panículo *m* ANAT panicule.
paniego, ga *adj* à blé, qui donne beaucoup de blé; *tierra paniega* terre à blé ‖ qui mange beaucoup de pain (persona).
panificadora *f* fabrique de pain (fábrica) ‖ pétrin (máquina).
panislamismo *m* panislamisme.
panizo *m* panic (planta) ‖ maïs (maíz).
panjí *m* arbre du Paradis.
panocha; panoja *f* épi *m* (de maíz) ‖ friture de petits poissons réunis par la queue.
panoli *adj y s* POP sot, sotte; idiot, e.
panoplia *f* panoplie.
panorama *m* panorama ‖ tour d'horizon (estudio); *el panorama de la situación económica* le tour d'horizon de la situation économique ‖ FIG *cambio de panorama* changement de décor.
panorámico, ca *adj* panoramique; *pantalla panorámica* écran panoramique.
◆ *f* panoramique *m* (toma de vistas).
pantagruélico, ca *adj* pantagruélique.
pantaletas *f pl* *(amer)* dessous *m* féminins.
pantalón; pantalones *m pl* pantalon *sing* (de hombre) ‖ culotte *f sing* (de mujer) ‖ culottes *f pl* (de niños); *aún lleva pantalones cortos* il porte encore des culottes courtes ‖ — *pantalón abotinado* pantalon fuseau ‖ *pantalón bombacho* pantalon de golf (de deporte), pantalon bouffant (de gaucho, etc.) ‖ *pantalón corto* short (de deporte) ‖ *pantalón tubo* pantalon fuseau ‖ *pantalón vaquero* blue-jean ‖ — *falda pantalón* jupe-culotte ‖ — FAM *bajarse los pantalones* baisser (sa), culotte *o* son pantalon ‖ FAM *llevar o ponerse los pantalones* porter la culotte.
pantalla *f* abat-jour *m inv* (de lámpara) ‖ écran *m* (cine); *en la pantalla* sur l'écran ‖ écran *m*, gardefeu *m* (de chimenea) ‖ AVIAC panneau *m* ‖ FIG paravent *m*; *servir de pantalla* servir de paravent (una persona) ‖ *(amer)* éventail *m* ‖ — *pantalla acústica* enceinte, baffle ‖ *pantalla de cristal líquido* écran à cristaux liquides ‖ *pantalla de plasma* écran à plasma ‖ *pantalla de radar* écran radar ‖ *la pantalla pequeña* le petit écran (televisión) ‖ — *hacer pantalla con la mano* mettre la main en visière *o* en abat-jour ‖ *llevar a la pantalla* porter à l'écran.
pantanal *m* marais, marécage.
pantano *m* marais, marécage ‖ lac de barrage (embalse) ‖ barrage (presa).
pantanoso, sa *adj* marécageux, euse ‖ FIG difficile, épineux, euse (negocio).
panteísmo *m* panthéisme.
panteísta *adj y s* panthéiste.
panteístico, ca *adj y s* panthéistique.
panteón *m* panthéon ‖ caveau de famille (sepultura) ‖ *(amer)* cimetière (cementerio).
pantera *f* ZOOL panthère ‖ *pantera negra* panthère noire.
pantimedias *f pl* *(amer)* collants *m*.
pantocrátor *m* représentation *f* du Dieu pantocrator.
pantógrafo *m* pantographe.
pantómetra *f* pantomètre *m*.
pantomima *f* pantomime.

pantomimo *m* *(ant)* pantomime, mime.
pantorrilla *f* mollet *m*.
pantorrillera *f* molletière.
pantufla *f*; **pantuflo** *m* pantoufle *f*.
panty *m* collants *pl*.
panucho *m* *(amer)* galette *f* de maïs aux haricots secs.
panza *f* FAM panse, bedaine, ventre *m* (barriga) ‖ panse (de rumiante, de vasija) ‖ FIG *panza de burra* ciel couvert.
panzada *f* coup *m* sur la panse ‖ FAM ventrée (hartazgo) ‖ — FAM *darse una panzada* se rassasier (saciarse), avoir une indigestion (estar harto) | *darse una panzada de reír* se tordre de rire.
panzazo *m* FAM *darse un panzazo* faire un plat (en el agua).
pañal *m* lange, couche *f* (de recién nacido) ‖ pan (de camisa).
◆ *pl* couches *f* (pedazo de lienzo), maillot *sing*; *niño en pañales* enfant au maillot ‖ FIG enfance *f sing* (niñez) ‖ — FIG *criarse en buenos pañales* recevoir une éducation choisie | *dejar en pañales a uno* laisser quelqu'un loin derrière | *estar en pañales* être au maillot (un niño), être novice, être encore au berceau (ser novato), être à ses débuts, être naissant o embryonnaire; *la aviación estaba entonces en pañales* l'aviation était alors à ses débuts; *una industria en pañales* une industrie naissante | *poner pañales* langer, emmailloter.
pañería *f* draperie.
pañero, ra *adj* du drap; *industria pañera* industrie du drap.
◆ *m* y *f* drapier, ère (persona).
pañete *m* toile *f* de mauvaise qualité.
◆ *pl* linge *sing* (en las imágenes de Cristo).
paño *m* drap (tela de lana); *traje de paño negro* costume de drap noir ‖ tissu, étoffe *f* (tela) ‖ torchon (trapo de cocina) ‖ lé (ancho de una tela) ‖ tenture *f* (colgadura) ‖ tableau (en la ruleta) ‖ MED serviette *f* (paño higiénico serviette hygiénique) ‖ ternissure *f* (falta de brillo) ‖ glace *f* (de un diamante) ‖ crépi (enlucido) ‖ pan de mur (pared) ‖ envie *f* (mancha en la piel) ‖ MAR toile *f* (vela) ‖ FIG tapis ‖ — MED *paño caliente* enveloppement | *paño de altar* nappe d'autel | *paño de billar* tapis de billard, tapis vert ‖ *paño de manos* essuie-mains (toalla) ‖ *paño de paracaídas* fuseau de parachute ‖ *paño fúnebre* ou *mortuorio* poêle, drap mortuaire ‖ FIG *paños calientes* palliatifs, remèdes inefficaces | *paños menores* sous-vêtements ‖ — *al paño* à la cantonnade ‖ FIG & FAM *conocer el paño* connaître la musique ‖ *el buen paño en el arca se vende* à bon vin point d'enseigne ‖ FIG & FAM *estar en paños menores* être en petite tenue o en tenue légère | *jugar a dos paños* jouer double jeu, miser sur deux tableaux | *no andarse con paños tibios* ou *templados* ou *calientes* ne pas prendre de gants, ne pas y aller de main morte | *por la muestra se conoce el paño* à l'œuvre on reconnaît l'artisan | *ser del mismo paño* être du même gabarit, être bâti sur le même modèle, être taillé sur le même patron | *ser el paño de lágrimas de alguien* consoler quelqu'un, essuyer les pleurs o les larmes de quelqu'un, être le confident de quelqu'un.
◆ *pl* draperies *f*.
pañol *m* MAR soute *f* ‖ *pañol de municiones* dépôt de munitions.

pañoleta *f* fichu ‖ cravate étroite (del torero).
pañolón *m* châle ‖ grand mouchoir (pañuelo grande).
pañosa *f* TAUROM muleta.
pañuelo *m* mouchoir (para las narices) ‖ foulard (en la cabeza), fichu (en los hombros) ‖ — *pañuelo de bolsillo* pochette, mouchoir de poche ‖ *pañuelo de papel* mouchoir en papier ‖ — FIG *el mundo es un pañuelo* le monde est petit ‖ *ser grande como un pañuelo* être grand comme un mouchoir de poche.
papa *m* pape (sumo pontífice) ‖ *ser más papista que el papa* être plus royaliste que le roi.
papa *f* pomme de terre, patate *(pop)* (patata) ‖ FAM canard *m*, bateau *m* (noticia falsa) ‖ — *papa de caña* ou *real* topinambour ‖ *(amer) papa del aire* igname | *papa dulce* patate douce (batata) ‖ — *(amer) cuando las papas queman* quand la maison brûle | FIG *no saber ni papa de* ne pas savoir un traître mot de, ne rien savoir de, ne pas avoir la moindre idée de; *de esto no sé ni papa* je n'en sais pas un traître mot.
◆ *pl* FIG & FAM pitance *sing*, nourriture *sing* (comida).
papá *m* FAM papa ‖ *Papá Noel* le Père Noël.
papable *adj* papable (un cardenal).
papacia *f* *(amer)* feuille de bananier.
papachador, ra *adj* *(amer)* réconfortant, e.
papachar *v tr* *(amer)* faire des caresses o des câlins.
papada *f* double menton *m* (de una persona) ‖ pli *m* du cou, fanon *m* (del buey) ‖ joue (trozo de carne) ‖ VETER jabot *m* œsophagien (enfermedad).
papado *m* papauté *f* (dignidad) ‖ pontificat (duración).
papagayo *m* perroquet (ave) ‖ scare, poisson-perroquet (pez) ‖ *(amer)* cerf-volant (cometa) ‖ FIG & FAM *hablar como un papagayo* parler comme un perroquet.
papaíto *m* FAM papa, petit papa.
papal *adj* papal, e; *decretos papales* décrets papaux.
◆ *m* *(amer)* champ de pommes de terre.
papalina *f* bonnet *m* à oreilles (gorra) ‖ capeline (de mujer) ‖ FAM cuite (borrachera).
papalón, ona *adj* *(amer)* paresseux, euse (holgazán).
papalote *m* cerf-volant (cometa).
papamoscas *m inv* gobe-mouches (ave) ‖ FIG gobe-mouches, nigaud (bobo).
papanatas *m inv* FAM gobe-mouches, nigaud, serin (tonto) | badaud (mirón).
papanatismo *m* FAM badaudage.
papar *v tr* avaler ‖ FIG & FAM *papar moscas* bayer aux corneilles, gober les mouches, regarder les mouches voler.
paparrucha; **paparruchada** *f* FAM blague, bateau *m* (mentira) | ouvrage *m* sans valeur, navet *m*.
papaverina *f* QUÍM papavérine.
papaya *f* papaye (fruto) ‖ *(amer)* POP chatte (sexo de la mujer).
papayo *m* papayer (árbol).
papear *v intr* balbutier, bégayer (balbucir) ‖ FIG & POP grailler, bouffer (comer).
Papeete *n pr* GEOGR Papeete.

papel *m* papier; *papel corriente* papier ordinaire ‖ papier (escrito) ‖ morceau de papier (pedazo); *dame un papel para apuntar esto* donne-moi un morceau de papier pour noter cela ‖ TEATR rôle; *primeros, segundos papeles* premiers, seconds rôles ‖ FIG rôle; *tu papel es obedecer* ton rôle c'est d'obéir ‖ COM papier-monnaie, billets *pl* de banque ‖ — *papel autográfico* papier autographique ‖ *papel carbón* papier carbone ‖ *papel cebolla, biblia* papier pelure, bible ‖ *papel comercial* papier de format commercial ‖ *papel cuadriculado* papier quadrillé ‖ *papel cuché* papier couché ‖ *papel de aluminio* papier d'aluminium ‖ *papel de Armenia* papier d'Arménie ‖ *papel de arroz* papier de riz ‖ *papel de barba* papier non rogné ‖ *papel de calcar* papier calque ‖ *papel de dibujo* papier à dessin ‖ *papel de envolver* papier d'emballage ‖ *papel de escribir* ou *de cartas* papier à lettres ‖ *papel de estaño* papier d'étain ‖ *papel de estraza* ou *de añafea* papier d'emballage, papier gris ‖ *papel de filtro* papier-filtre ‖ *papel de fumar* papier à cigarettes ‖ *papel de lija* ou *de vidrio* papier de verre ‖ *papel de marca* papier écolier o couronne ‖ *papel de música* ou *pautado* papier à musique o réglé o rayé ‖ *papel de pagos* papier timbré ‖ *papel de pegar* papier collant ‖ *papel de periódico* papier journal ‖ *papel de plata* papier d'argent ‖ *papel de pruebas* papier bulle ‖ *papel de seda* ou *de culebrilla* papier de soie ‖ *papel de tornasol* papier de tournesol ‖ *papel en blanco* papier blanc ‖ *papel engomado* papier collant o gommé ‖ *papel esmerilado* papier-émeri, papier d'émeri ‖ *papel glaseado* ou *de brillo* papier glacé ‖ *papel higiénico* ou *sánico* papier hygiénique ‖ *papel kraft* papier kraft ‖ FIG & FAM *papel mojado* paperasse (papel), lettre morte; *ser papel mojado* rester lettre morte ‖ *papel moneda* papier-monnaie ‖ *papel offset* papier offset ‖ *papel pintado* papier peint ‖ *papel reciclado* papier recyclé ‖ *papel secante* buvard, papier buvard ‖ *papel sin sellar* papier libre ‖ *papel tela* papier toile o joseph ‖ *papel timbrado* ou *sellado* papier timbré ‖ *papel vegetal* papier sulfurisé ‖ *papel vergé* ou *verjurado* papier vergé ‖ *papel vitela* vélin, papier vélin ‖ *papel volante* imprimé ‖ — *blanco como el papel* blanc o pâle comme un linge ‖ *fábrica de papel* papeterie ‖ FIG *sobre el papel* sur le papier (teóricamente) ‖ *desempeñar* ou *representar un papel* jouer un rôle ‖ *emborronar papel* noircir du papier ‖ FIG *encajar muy bien en un papel* avoir le physique de l'emploi ‖ *hacer buen, mal papel* faire bonne, mauvaise figure ‖ *hacer el papel* faire semblant ‖ *hacer papel de* faire figure de ‖ *hacer un pobre papel* faire piètre figure ‖ *se cambiaron los papeles* les rôles sont renversés.

◆ *pl* papiers (documentación) ‖ journaux (periódicos) ‖ MAR papiers; *papeles de a bordo* papiers de bord ‖ FAM *cajolerías* (carantoñas) ‖ — *arreglar los papeles* mettre les papiers en règle ‖ FIG *venir a uno con papeles* faire des cajoleries à quelqu'un, entortiller quelqu'un.

papelear *v intr* paperasser ‖ FIG & FAM faire l'important (querer aparentar).

papeleo *m* maniement de paperasses ‖ paperasserie *f*; *el papeleo administrativo* la paperasserie administrative ‖ *amigo de papeleo* paperassier.

papelera *f* cartonnier *m*, classeur *m* (mueble) ‖ papeterie (fábrica) ‖ corbeille à papier (cesto).

papelería *f* papeterie (tienda) ‖ paperasse (papeles en desorden).

papelerío *m* (*amer*) paperasse *f* (papeles en desorden).

papelero, ra *adj y s* papetier, ère ‖ FIG poseur, euse; prétentieux, euse (ostentoso) ‖ comédien, enne (disimulador).

◆ *m* (*amer*) vendeur de journaux.

papeleta *f* billet *m*; *papeleta de rifa* billet de tombola ‖ fiche (ficha) ‖ bulletin *m* [de vote]; *papeleta en blanco* bulletin en blanc ‖ petit papier *m* (papel en el cual va inscrita una pregunta en un examen) ‖ question d'examen [tirée au sort] (pregunta) ‖ attestation (calificación de un examen) ‖ FIG affaire difficile (asunto difícil) ‖ corvée (incordio); *¡menuda papeleta!* quelle corvée! ‖ — *papeleta de empeño* reconnaissance du mont-de-piété ‖ — FIG *le ha tocado una mala papeleta* vous êtes tombé sur une drôle d'affaire ‖ *plantear una papeleta difícil* poser un problème.

papeletear *v intr* faire des fiches.

papelillo; papelito *m* sachet (de medicina) ‖ confetti ‖ cigarette *f* (cigarro).

papelina *f* coupe évasée (vaso) ‖ popeline (tela) ‖ FAM dose d'héroïne (drogas).

papelón, ona *adj y s* FAM poseur, euse; prétentieux, euse (presumido).

◆ *m* paperasse *f* (papelucho) ‖ carton mince (cartulina) ‖ cornet (cucurucho) ‖ (*amer*) sucre brun (meladura) ‖ FAM (*amer*) rôle ridicule ‖ gaffe *f* (plancha).

papelote; papelucho *m* FAM paperasse *f* (escrito) ‖ bout de papier, morceau de papier.

papeo *m* POP bouffe *f*.

papera *f* MED goitre *m* (bocio).

◆ *pl* oreillons *m* (enfermedad) ‖ écrouelles (lamparones).

papi *m* FAM papa.

papila *f* ANAT papille.

papilar *adj* ANAT papillaire.

papiloma *m* MED papillome.

papilla *f* bouillie ‖ FIG adresse, finesse (cautela) ‖ — FIG & FAM *echar la primera papilla* vomir tripes et boyaux ‖ *hacer papilla a uno* réduire quelqu'un en bouillie, mettre quelqu'un en capilotade ‖ *hecho papilla* à ramasser à la petite cuillère (muy cansado), réduit en bouillie, en compote, en purée (destrozado).

papillote *m* papillote *f* ‖ *poner papillotes* papilloter.

papiro *m* papyrus.

papiroflexia *f* pliage *m*.

papirología *f* papyrologie.

papirotada *f*; **papirotazo** *m* chiquenaude *f*, pichenette *f* (capirote) ‖ (*amer*) sottise *f* (sandez).

papirote *m* chiquenaude *f*, pichenette *f* ‖ FIG & FAM sot, nigaud (tonto).

papisa *f* papesse.

papismo *m* papisme.

papista *adj y s* papiste ‖ FIG *ser más papista que el papa* être plus royaliste que le roi.

papo *m* fanon (de los animales) ‖ double menton (sotabarba) ‖ jabot (buche de las aves) ‖ POP con, chatte *f* (sexo de la mujer) ‖ MED goitre (bocio).

◆ *pl* ancienne coiffure *f sing* de femme.

paprika *f* paprika *m*.

papú *adj* papou, e.

◆ *m pl* Papous.

Papuasia *n pr f* GEOGR Papouasie.
papudo, da *adj* qui a un gros jabot (las aves).
paquebote *m* MAR paquebot.
paquete *m* paquet (caja); *un paquete de cigarrillos* un paquet de cigarettes ‖ paquet (lío), colis (de mayor bulto); *paquete postal* colis postal ‖ paquebot (buque) ‖ équipier (moto) ‖ FAM snob ‖ blague *f* (embuste); *dar un paquete* faire une blague ‖ POP empoisonnement, corvée *f* (cosa pesada); *¡vaya un paquete!* quelle corvée! ‖ parties *f pl* (genitales masculinos) ‖ — *paquete bomba* colis piégé ‖ ECON *paquete de acciones* paquet d'actions ‖ INFORM *paquete integrado* progiciel intégré ‖ — MIL & FAM *meter un paquete* passer un savon, engueuler (*pop*) ‖ FIG & FAM *ser un paquete* en tenir une couche.
paquidermo *adj y s m* ZOOL pachyderme.
paquistaní *adj* pakistanais, e.
◆ *m y f* Pakistanais, e.
par *adj* pair; *número par* nombre pair ‖ pareil, eille (semejante).
◆ *m* paire *f* (dos unidades); *un par de zapatos* une paire de chaussures ‖ pair (dignidad) ‖ couple *f*, deux; *un par de huevos* une couple d'œufs ‖ deux; *voy a decirle un par de palabras* je vais lui dire deux mots ‖ ARQ chevron ‖ FÍS couple (electricidad) ‖ MECÁN couple (de fuerzas) ‖ — *a la par, al par* au pair (monedas); *cambio a la par* change au pair ‖ *a la par* ensemble (conjuntamente), également (igualmente), au pair (acciones) ‖ *a la par que* en même temps que, tout en (con el gerundio); *cantaba a la par que bailaba* il chantait tout en dansant; doublé de; *es un sabio a la par que un artista* c'est un savant doublé d'un artiste; tout en étant; *es un vestido moderno a la par que elegante* cette robe est moderne tout en étant élégante ‖ *a pares* par paires ‖ *sin par* sans égal ‖ — *abierto de par en par* grand ouvert ‖ *abrir de par en par* ouvrir à deux battants, ouvrir tout grand ‖ *ir a la par de* aller de pair avec ‖ *jugar a pares y nones* jouer à pair ou impair.
◆ *f pl* MED placenta *m sing*.
para *prep*

1. DESTINO — 2. SITIO, DIRECCIÓN — 3. TIEMPO — 4. RELACIÓN, COMPARACIÓN — 5. LOCUCIONES

1. DESTINO pour; *este libro es para ti* ce livre est pour toi; *para cantar bien* pour bien chanter; *no veo su utilidad para el comercio* je ne vois pas son utilité pour le commerce ‖ à; *servir para* servir à; *cepillo para el pelo* brosse à cheveux; *pinzas para depilar* pince à épiler; *medidas necesarias para la producción* mesures nécessaires à la production; *ser capaz para los negocios* être apte aux affaires; *nombrar para un cargo* nommer à un poste ‖ de; *no tengo tiempo para comer* je n'ai pas le temps de manger; *no tengo permiso para salir* je n'ai pas le droit de sortir ‖ comme; *le han contratado para secretario* on l'a engagé comme secrétaire.
2. SITIO, DIRECCIÓN vers (hacia); *caminó para el árbol, para el coche* il marcha vers l'arbre, vers la voiture ‖ à (a, hacia); *voy para casa, para el pueblo* je vais à la maison, au village ‖ auprès de (a una persona); *mandaron un embajador para el rey* ils envoyèrent un ambassadeur auprès du roi.
3. TIEMPO pour; *tiene pan para dos días* il a du pain pour deux jours; *me voy para una semana* je pars pour une semaine ‖ pour, à; *volverá para Navidad* il reviendra pour Noël *o* à Noël ‖ *va para dos años que* il y a près de deux ans que.
4. RELACIÓN, COMPARACIÓN pour, en ce qui concerne (por lo que toca) ‖ pour (comparación); *hace buen tiempo para la estación* il fait beau temps pour la saison; *para un hombre normalmente tan antipático se ha portado muy amablemente* pour un homme d'ordinaire si antipathique il a été très aimable.
5. LOCUCIONES *para abajo* vers le bas ‖ *para arriba* vers le haut ‖ *para atrás* en arrière ‖ *para con* envers, à l'égard de, à l'endroit de; *ingrato para con sus padres* ingrat envers ses parents ‖ *para eso* pour cela ‖ *para mí* à mon avis, pour moi (a mi parecer) ‖ *para que* pour que; *para que venga* pour qu'il vienne; que, pour que; *ven para que te felicite* viens que je te félicite ‖ *¿para qué?* pourquoi?; *¿para qué vienes?* pourquoi viens-tu?; à quoi?; *¿para qué sirve esto?* à quoi cela sert-il?, à quoi bon? (*¿de qué me serviría?*) ‖ — *dar para* donner de quoi, donner de l'argent pour [acheter]; *dar para pan* donner de quoi acheter du pain; *dar para vestirse* donner de quoi s'habiller ‖ *decir para sí* dire à part soi, se dire, dire en soi-même ‖ *estar para* (voir ESTAR) ‖ *haber nacido para pintor* être né peintre, être fait pour la peinture ‖ *ir para los cuarenta años* aller sur ses quarante ans ‖ *ir para viejo* vieillir, se faire vieux ‖ *no es para tanto* il n'y a pas de quoi fouetter un chat ‖ *para concluir* en conclusion, pour conclure ‖ *ser para bien* être bon à; *ser para todo* être bon à tout faire; *ser para nada* n'être bon à rien, être à, être digne de; *este hombre es para matarle* cet homme est à tuer; être à; *es para volverse loco* c'est à devenir fou ‖ *tener para sí que* avoir dans l'idée que, penser que, croire que.
para *m* para (moneda turca).
parabellum *m* parabellum (pistola).
parabién *m* félicitation ‖ *dar el parabién* féliciter.
parábola *f* parabole; *la parábola del rico avariento* la parabole du mauvais riche.
parabólico, ca *adj y s f* parabolique ‖ *antena parabólica* antenne parabolique.
parabolizar *v tr* présenter sous forme de parabole, symboliser.
paraboloidal *adj* paraboloïdal, e.
paraboloide *m* GEOM paraboloïde; *paraboloide de revolución, elíptico, hiperbólico* paraboloïde de révolution, elliptique, hyperbolique.
parabrisas *m inv* pare-brise.
paracaídas *m inv* parachute; *tirarse ou lanzarse en paracaídas* sauter en parachute ‖ — *lanzamiento en paracaídas* parachutage ‖ *lanzar en paracaídas* parachuter.
paracaidismo *m* parachutisme ‖ DEP *paracaidismo de estilo* voltige *o* acrobatie aérienne.
paracaidista *adj y s* parachutiste.
parachispas *m inv* pare-étincelles.
parachoques *m inv* pare-chocs.
parada *f* arrêt *m* (acción y sitio); *en la parada del tren* à l'arrêt du train; *la parada del autobús* l'arrêt de l'autobus (station de taxis) ‖ arrêt *m*, parade (fútbol) ‖ barrage *m* (presa de un río) ‖ pause (detención) ‖ parc *m* (para rebaños) ‖ haras *m* (acaballadero) ‖ relais *m* (para caballos de reemplazo) ‖ parade (del caballo) ‖ parade (teatro) ‖ mise (en el juego) ‖ parade (esgrima) ‖ MIL parade ‖ MÚS pause, silence *m* ‖ (*amer*) fanfaronnade ‖ — *parada*

de sementales monte ‖ *parada discrecional* arrêt facultatif (de autobús) ‖ AUTOM *parada en seco* arrêt brusque ‖ *parada y fonda* arrêt buffet (en una estación) ‖ — *hacer parada* s'arrêter, faire halte.

paradero *m* endroit (sitio) ‖ destination *f*; *un paradero extraño* une destination étrange ‖ demeure *f*, maison *f* (morada) ‖ FIG fin *f*, terme (término) ‖ *(amer)* gare *f* (apeadero) ‖ *no conozco su paradero* je ne sais pas où il se trouve *o* où il habite.

paradigma *m* GRAM paradigme (ejemplo).

paradigmático, ca *adj* GRAM paradigmatique.

paradisiaco, ca; paradisíaco, ca *adj* paradisiaque.

parado, da *adj* arrêté, e; *estaba parado en medio de la calle* il était arrêté au milieu de la rue ‖ immobile (quieto) ‖ arrêté, e (cosa, máquina) ‖ en chômage (sin trabajo) ‖ FIG lent, e; indolent, e (poco activo) ‖ oisif, ive; désœuvré, e (desocupado) ‖ *(amer)* debout (de pie) ‖ — FIG *bien, mal parado* en bon, en mauvais état (una persona), en bonne, en mauvaise voie (asunto pendiente) | *dejar mal parado* esquinter, abîmer | *quedarse parado* rester interdit | *salir bien, mal parado* s'en tirer bien, mal.
◆ *m* chômeur (obrero sin trabajo).

paradoja *f* paradoxe *m*.

paradójico, ca *adj* paradoxal, e.

parador, ra *adj* qui s'arrête.
◆ *adj y s* audacieux, euse; qui mise beaucoup (en los juegos).
◆ *m* auberge *f*, relais (mesón) ‖ parador [hostellerie *f* ou hôtel en général luxueux, administrés par l'État].

paraestatal *adj* paraétatique, de l'État.

parafernal *adj* DR paraphernal, e; *bienes parafernales* biens paraphernaux.

parafernalia *f* attirail *m* (conjunto de utensilios) ‖ FAM esbroufe (ostentación).

parafina *f* QUÍM paraffine.

parafinar *v tr* paraffiner.

parafiscal *adj* parafiscal, e; *organismos parafiscales* organismes parafiscaux.

parafiscalidad *f* parafiscalité.

parafraseador, ra *m y f* paraphraseur, euse.

parafrasear *v tr* paraphraser.

paráfrasis *f* paraphrase.

paragoge *f* GRAM paragoge.

paragógico, ca *adj* paragogique.

paragolpes *m inv* pare-chocs (parachoques).

parágrafo *m* paragraphe (párrafo).

paraguas *m inv* parapluie ‖ FIG *paraguas atómico* parapluie atomique.

paraguay *m (amer)* perroquet du Paraguay (ave) | barbe *f* de maïs.

Paraguay *n pr m* GEOGR Paraguay (país y río).

paraguaya *f* pêche, brugnon *m* (pérsico).

paraguayo, ya *adj* paraguayen, enne.
◆ *m y f* Paraguayen, enne.

paragüero, ra *m y f* marchand, e de parapluies.
◆ *m* porte-parapluie *inv*.
◆ *f (amer)* porte-parapluie *inv*.

paraíso *m* paradis ‖ TEATR paradis, poulailler ‖ — *ave del paraíso* oiseau de paradis ‖ ECON *paraíso fiscal* paradis fiscal ‖ *paraíso terrenal* paradis terrestre.

paraje *m* endroit; *un paraje desconocido* un endroit inconnu ‖ endroit, site; *un paraje salvaje* un site sauvage ‖ état, situation *f* (estado) ‖ MAR parage.
◆ *pl* parages.

paralaje *f* ASTR parallaxe.

paralelas *f pl* barres parallèles.

paralelepípedo *m* GEOM parallélépipède, parallélipipède.

paralelismo *m* GEOM parallélisme.

paralelo, la *adj* parallèle; *paralelo a* ou *con* parallèle à; *correr paralelo a* être parallèle à ‖ — DEP *barras paralelas* barres parallèles ‖ *las «Vidas paralelas» de Plutarco* les «Vies parallèles» de Plutarque ‖ *mercado paralelo* marché parallèle.
◆ *f* parallèle (línea) ‖ tranchée (foso).
◆ *m* parallèle; *el paralelo treinta y ocho* le trente-huitième parallèle ‖ ELECTR *estar en paralelo* être en parallèle.

paralelogramo *m* GEOM parallélogramme.

parálisis *f* MED paralysie; *parálisis infantil* paralysie infantile ‖ FIG paralysie, arrêt *m*.

paralítico, ca *adj y s* paralytique.

paralización *f* MED paralysie ‖ FIG paralysie; *la paralización del tráfico* la paralysie de la circulation.

paralizador, ra; paralizante *adj* paralysant, e.

paralizar *v tr* paralyser.

paramento *m* ornement, parement ‖ caparaçon (de caballo) ‖ ARQ parement.
◆ *pl* ornements, parement *sing* (altar).

paramera *f* région désertique.

parámetro *m* GEOM paramètre.

paramilitar *adj* paramilitaire.

páramo *m* étendue *f* désertique ‖ FIG endroit glacial, pôle Nord.

paranaense *adj y s* du Parana [fleuve d'Amérique du Sud et État du Brésil].

parangón *m* modèle, parangon (dechado) ‖ comparaison *f*, rapprochement, parangon (comparación).

parangonar *v tr* comparer ‖ IMPR parangonner.

paraninfo *m* grand amphitéâtre (en una universidad) ‖ témoin (en una boda).

paranoia *f* MED paranoïa.

paranoico, ca *adj y s* paranoïaque.

paranomasia; paronomasia *f* paronomase.

paranormal *adj* paranormal, e.

parapente *m* DEP parapente.

parapetarse *v pr* s'abriter, se protéger (protegerse) ‖ se barricader; *se ha parapetado en su habitación* il s'est barricadé dans sa chambre ‖ FIG se retrancher; *parapetarse tras el secreto profesional* se retrancher derrière le secret professionnel.

parapeto *m* parapet (baranda) ‖ enceinte *f*, clôture *f* (cerca) ‖ MIL pare-éclats *inv* (contra la metralla).

paraplejía *f* paraplégie.

parapléjico, ca *adj y s* MED paraplégique.

parapsicología *f* → **parasicología**.

parapsicológico, ca *adj* → **parasicológico**.

parapsicólogo, ga *adj y s* → **parasicólogo**.

parar *v intr* s'arrêter, arrêter (detenerse); *el autobús para aquí cerca* l'autobus s'arrête près d'ici ‖ cesser, arrêter; *no paraba de decir bobadas* il ne ces-

sait pas de dire des âneries || aboutir; *el camino va a parar en un bosque* le chemin aboutit à un bois || FIG tomber *o* arriver entre les mains de (llegar a poder de) || loger, habiter; *pararé en casa de mi tío* je logerai chez mon oncle || descendre, être descendu; *paro en el hotel* je descends à l'hôtel; *paro en el hotel X* je suis descendu à l'hôtel X || chômer (no trabajar) || FIG s'en tenir, s'arrêter; *no paró en esto* il ne s'en est pas tenu là | décider de *o* que, se mettre d'accord pour; *pararon en que se marcharían al día siguiente* il décidèrent de partir le lendemain || — *¿a dónde vamos a parar?* où allons-nous? || FIG *ir a parar* en arriver; *de haber actuado de otra manera no hubiera ido a parar allí* s'il avait agi autrement il n'en serait pas arrivé là | *ir a parar en* aboutir à; *¿en qué va a parar todo esto?* à quoi tout cela va-t-il aboutir?; échouer; *su reloj ha ido a parar al Monte de Piedad* sa montre a échoué au mont-de-piété || *no paró hasta que lo consiguió* il n'eut de cesse qu'il ne l'ait obtenu || *parar a alguien* clouer quelqu'un sur place (el miedo, la sorpresa, etc.), remettre à sa place (poner en su sitio) || *sin parar* sans arrêt (sin descanso) || *venir a parar en* finir par, aboutir, se solder par; *la inflación vino a parar en una catástrofe* l'inflation s'est soldée par une catastrophe; en venir; *¿a dónde quieres venir a parar?* où veux-tu en venir? || *y pare usted de contar* cela ne va pas plus loin, un point c'est tout.
- *v tr* arrêter; *para el coche aquí* arrête la voiture ici || tomber en arrêt devant (perro de caza) || parer (precaver) || parer (esgrima) || arrêter (balón) || (amer) dresser, mettre debout [quelque chose] || — FIG *parar los pies* ou *el carro a uno* remettre quelqu'un à sa place | *parar mientes en* considérer.
- *v pr* s'arrêter; *en esta calle uno no se puede parar* on ne peut pas s'arrêter dans cette rue || s'arrêter; *pararse en tonterías* s'arrêter à des bêtises || (amer) se lever (ponerse de pie) || — *pararse a pensar* réfléchir || *pararse en pelillos* s'attacher à des vétilles, faire des histoires pour des riens || *pararse en seco* s'arrêter net *o* pile || — *no pararse en barras* ne pas se laisser arrêter par quoi que ce soit, ne faire ni une ni deux || *sin pararse en barras* sans aucun égard (sin miramientos), sans s'arrêter à quoi que ce soit, en allant droit au but.

pararrayo *m*; **pararrayos** *m inv* paratonnerre (edificios), parafoudre (aparatos eléctricos).

parasicología; parapsicología *f* parapsychologie.

parasicológico, ca; parapsicológico, ca *adj* parapsychologique.

parasicólogo, ga; parapsicólogo, ga *adj y s* parapsychologue.

parasimpático, ca *adj y s m* parasympathique.

parasintético, ca *adj* GRAM parasynthétique.

parasitario, ria *adj* parasitaire.

parasitismo *m* parasitisme.

parásito, ta *adj y s m* parasite || FIG parasite (gorrón).
- *pl* parasites (en la radio).

parasitología *f* MED parasitologie.

parasol *m* parasol (quitasol) || FOT pare-soleil.

paratífico, ca *adj y s* MED paratyphique.

paratifoideo, a *adj y s f* MED paratyphoïde.

Parcas *n pr f pl* MIT Parques.

parcela *f* parcelle || particule (átomo) || *división en parcelas* parcellement, division en lots, lotissement.

parcelable *adj* morcelable.

parcelación *f* parcellement *m*, morcellement *m* || lotissage *m*, lotissement *m* (de un terreno).

parcelar *v tr* parceller || aménager (un bosque).

parcelario, ria *adj* parcellaire || *concentración parcelaria* remembrement.

parcial *adj* partiel, elle (incompleto); *vista parcial* vue partielle || partial, e (injusto); *juicios parciales* jugements partiaux.
- *adj y s* partisan, e (partidario).

parcialidad *f* partialité (preferencia) || parti *m*, clan *m*, faction (grupo).

parcialmente *adv* partiellement (en parte) || partialement (injustamente).

parco, ca *adj* sobre (sobrio) || modéré, e (moderado) || chiche, mesquin, e (mezquino) || faible, modéré (escaso) || avare; *parco en confidencias* avare de confidences; *parco en el hablar* ou *en palabras* avare de paroles || — *parco en cumplidos* chiche de compliments || *parco en el comer* sobre, frugal || *parco en gastar* chiche, regardant, pingre (fam).

parchar *v tr* (amer) raccommoder.

parche *m* emplâtre (emplasto) || pièce *f* (para remendar) || rustine *f* (en un neumático) || plaque *f* (colorete) || raccord, retouche *f* mal faite (pintura) || FIG chose *f o* personne *f* qui détonne || TAUROM cocarde *f*, flot de rubans qu'on colle au front du taureau || peau *f* de tambour (piel del tambor) || FIG tambour (tambor) | emplâtre (añadido desacertado) || MED timbre (para la tuberculosis) || — *bolsillo de parche* poche plaquée || FIG & FAM *¡oído al parche!* attention!, prenez garde! | *pegar un parche a uno* refaire *o* tromper *o* avoir quelqu'un (engañar sacando dinero).

parchís; parchesi *m* sorte de jeu des petits chevaux.

pardal *m* (ant) léopard (leopardo) || moineau (gorrión) || bouvreuil (pardillo) || BOT aconit (anapelo) || FIG & FAM renard (hombre astuto).
- *adj* paysan, anne; campagnard, e (campesino).

¡pardiez! *interj* FAM pardi!

pardillo, lla *adj y s* campagnard, e; paysan, anne.
- *m* bouvreuil (ave).

pardo, da *adj* brun, e; *oso pardo* ours brun || gris, e; sombre (cielo, tiempo, etc.) || sourd, e (voz) || (amer) mulâtre, esse || — *de noche todos los gatos son pardos* la nuit tous les chats sont gris || *gramática parda* débrouillardise, système D.

pardusco, ca *adj* brunâtre.

pareado, da *adj* appareillé, e; assorti, e (emparejado) || *versos pareados* rimes plates.
- *m pl* vers rimant ensemble.

parear *v tr* apparier, assortir, appareiller (formar pares) || appareiller (los animales) || TAUROM poser les banderilles.

parecer *m* avis, opinion *f*; *a mi parecer* à mon avis; *mudar de parecer* changer d'avis; *tomar parecer de uno* prendre l'avis de quelqu'un || physique, air (aspecto); *buen parecer* physique agréable || DR parère (dictamen) || — *arrimarse al parecer de uno* suivre l'avis de quelqu'un || *parecer* *de peritos* dire d'experts ‖ *según el parecer de* au dire de, de l'avis de, d'après ‖ *ser del parecer que* être d'avis que.

parecer* *v intr* e *impers* avoir l'air, paraître, sembler; *parece cansado* il semble o il a l'air fatigué ‖ sembler; *parece que vienen* il semble qu'ils viennent; *parece increíble a su edad* cela semble incroyable à son âge ‖ paraître, apparaître (aparecer) ‖ trouver, penser (juzgar); *¿qué te parece?* qu'en penses-tu?, comment trouves-tu cela? ‖ être d'accord, vouloir bien (consentir); *allá iremos si le parece* nous irons là-bas si vous le voulez bien ‖ convenir, aller (ser conveniente) ‖ vouloir, juger bon de (querer) ‖ — *parecer bien, mal a uno* sembler bien, mal à quelqu'un (satisfacer o no), paraître bien, mal; trouver bien, mal; *¿le parece bien proceder así?* cela vous paraît bien de procéder ainsi?, vous trouvez cela bien d'agir ainsi? ‖ *parecer tener* paraître; *no parece tener la edad que tiene* il ne paraît pas son âge ‖ — *a lo que parece, al parecer* à ce qu'il semble, apparemment, paraît-il ‖ *como le parezca* comme vous voudrez ‖ *esto parece seda* on dirait de la soie ‖ *me ha parecido verle* j'ai cru le voir, il m'a semblé le voir ‖ *parece mentira que* c'est incroyable que..., qui aurait cru que...? ‖ *parece que* on dirait que; *parece que va a llover* on dirait qu'il va pleuvoir ‖ *parece ser* il paraît ‖ *parece ser que* il semble que, on dirait que ‖ *según lo que parece* à ce qu'il semble, apparemment ‖ *si le parece bien* si bon vous semble, si cela vous va, si vous êtes d'accord.

◆ *v pr* ressembler; *se parece mucho a su padre* il ressemble beaucoup à son père ‖ se ressembler; *estos dos hermanos no se parecen nada* ces deux frères ne se ressemblent pas du tout; *se parecen en el carácter, en las facciones, en lo físico* ils se ressemblent de caractère, de traits, physiquement.

— OBSERV Si la locución francesa *avoir l'air* tiene un sujeto femenino, el adjetivo: 1) queda invariable, si se aplica a la expresión del rostro: *parece tonta* elle a l'air idiot (*idiot* concuerda con *air*), 2) concuerda con el sujeto si se aplica a la apariencia general (personas y cosas): *parece cansada* elle a l'air fatiguée.

— OBSERV No traduzca *parece que* por *il paraît que* (locución que significa en francés *dicen que*) sino por *il semble que.*

parecido, da *adj* pareil, eille; semblable (semejante); *éste o uno parecido* celui-ci ou un semblable ‖ ressemblant, e; *un retrato muy parecido* un portrait très ressemblant ‖ — *algo parecido* quelque chose d'approchant o de semblable ‖ FAM *bien parecido* pas mal (una persona) ‖ *ser parecido a* ressembler à.

◆ *m* ressemblance *f* ‖ — *parecido de familia* air de famille ‖ *tener parecido con uno* ressembler à quelqu'un.

pared *f* mur *m* (de casa, etc.); *pared de ladrillos* mur de brique ‖ paroi *f* (de vaso, de órgano) ‖ FIG face (cara) ‖ — ARQ *pared divisoria* ou *intermedia* mur de refend ‖ *pared maestra* gros mur ‖ *pared medianera* mur mitoyen ‖ *pared por medio* séparé par un mur; *nuestros pisos están pared por medio* nos appartements sont séparés par un mur ‖ — *entre cuatro paredes* entre quatre murs ‖ FIG *estar entre la espada y la pared* être entre l'enclume et le marteau, avoir le couteau sur la gorge, être au pied du mur, être pris entre deux feux ‖ *lienzo de pared* pan de mur ‖ — FIG & FAM *como si hablara a la pared* comme si je parlais à un mur ‖ *darse contra las paredes* se taper la tête contre les murs ‖ *estar pegado a la pared* être fauché (sin un cuarto) ‖ *las paredes oyen* les murs ont des oreilles ‖ *subirse por las paredes* sortir de ses gonds (estar furioso) ‖ *vivir pared por medio* être voisins.

paredón *m* gros mur ‖ pan de mur (en ruinas) ‖ poteau d'exécution ‖ *¡al paredón!* au poteau!

paregórico, ca *adj* MED parégorique; *elixir paregórico* élixir parégorique.

pareja *f* paire (par) ‖ couple *m* (hombre y mujer o macho y hembra); *ser una buena pareja* former un beau couple ‖ paire (personas o animales); *una pareja de amigos* une paire d'amis; *una pareja de palomas* une paire de pigeons ‖ deux gendarmes (guardias) ‖ cavalier, ère; danseur, euse (en el baile) ‖ partenaire *m* (en el juego) ‖ doublé *m* (caza) ‖ pendant *m* (objeto semejante) ‖ paire (naipes) ‖ — *cada oveja con su pareja* chacun avec sa chacune, qui se ressemble s'assemble ‖ *doble pareja* deux paires (póker) ‖ *por parejas* deux par deux ‖ — FIG *hacer pareja con* faire la paire avec, faire pendant avec.

◆ *pl* doublet *m sing* (en los dados).

parejo, ja *adj* pareil, eille (semejante) ‖ régulier, ère (regular); *costura pareja* couture régulière ‖ plat, e (llano) ‖ — *correr parejo* aller de pair ‖ *por parejo* pareillement, à égalité.

paremiología *f* parémiologie (tratado de proverbios).

parencéfalo *m* ANAT parencéphale, cervelet.

parénquima *m* ANAT & BOT parenchyme.

parenquimatoso, sa *adj* ANAT & BOT parenchymateux, euse ‖ BOT palissadique, parenchymateux, euse.

parentales; parentalies *f pl* parentales, parentalies (fiestas en honor de los muertos).

parentela *f* parentèle *(ant),* parenté (conjunto de parientes).

parentesco *m* parenté *f* (lazo de familia) ‖ — FIG *parentesco espiritual* parenté spirituelle ‖ *parentesco político* belle famille.

paréntesis *m inv* parenthèse *f* ‖ — *entre paréntesis* entre parenthèses ‖ — *abrir* ou *cerrar el paréntesis* ouvrir o fermer la parenthèse ‖ FIG *hacer un paréntesis* faire une parenthèse.

pareo *m* assortiment, union *f* ‖ pareo (taparrabos) ‖ pariade *f* (de las aves).

pargo *m* ZOOL pagre.

parhilera *f* ARQ faîtage *m*.

paria *m* paria.

parida *adj f y s f recién parida* nouvelle accouchée (mujer), qui vient de mettre bas (animal).

◆ *f* POP connerie (tontería).

paridad *f* parité (igualdad).

paridera *adj f* féconde (hembra).

◆ *f* lieu *m* où le bétail met bas (sitio).

pariente, ta *m y f* parent, e (miembro de la familia); *pariente cercano* proche parent; *pariente lejano, político* parent éloigné, par alliance ‖ — *medio pariente* cousin à la mode de Bretagne o éloigné ‖ *parientes políticos* belle-famille.

◆ *m* FAM mari (marido).

◆ *f* POP bourgeoise (mujer).

parietal *adj* pariétal, e; *órganos parietales* organes pariétaux; *arte parietal* art pariétal.

◆ *m* ANAT pariétal.

parietaria *f* BOT pariétaire, perce-muraille.
parihuelas *f pl* civière *sing*, brancard *m sing*.
paripé *m* FAM *dar el paripé* donner le change (engañar) | *hacer el paripé* se donner de grands airs, la faire à la pose (presumir), jouer la comédie; *se detestan, pero en público hacen el paripé* ils se détestent, mais en public ils jouent la comédie; faire semblant; *no entiende una palabra de inglés, pero hace el paripé* il ne comprend pas un mot d'anglais, mais il fait semblant.
parir *v intr y tr* mettre bas (los animales) || vêler (la vaca) || pouliner (la yegua) || enfanter, accoucher (la mujer); *parirás con dolor* tu enfanteras dans la douleur | — FIG *¡éramos pocos y parió la abuela!, ¡por si fuera poco, parió la abuela!* c'est le bouquet, il ne manquait plus que ça, c'est le comble! | FAM *poner a uno a parir* casser quelqu'un.
◆ *v pr* FIG sortir (producir).
París *n pr* GEOGR Paris.
parisién; parisino, na; parisiense *adj* parisien, enne.
◆ *m y f* Parisien, enne.
— OBSERV *Parisién y parisino*, a pesar de su empleo corriente, son galicismos.
parisilábico, ca; parisílabo, ba *adj* parasyllabique, parisyllabe.
paritario, ria *adj* paritaire; *comité paritario* commission paritaire.
paritorio *m* salle *f* d'accouchement.
parka *f* parka *m o f*.
parking *m* parking, parc de stationnement, parcage (de vehículos).
parlamentar *v intr* parlementer || FAM bavarder (charlar).
parlamentario, ria *adj y s m* parlementaire; *régimen parlamentario* régime parlementaire.
parlamentarismo *m* parlementarisme.
parlamento *m* parlement (asamblea) || pourparlers *pl*, négociation *f* (ajuste) || discours (discurso) || TEATR tirade *f* || FAM bavardage (charla).
parlanchín, ina *adj y s* FAM bavard, e.
parlante *adj* BLAS parlant, e; *armas parlantes* armes parlantes.
parlar *v intr* bavarder (charlar).
parlero, ra *adj* bavard, e || cancanier, ère (chismoso) || chanteur, euse (pájaros) || FIG expressif, ive (expresivo); *ojos parleros* yeux expressifs.
parlotear *v intr* FAM papoter, bavarder.
parloteo *m* FAM papotage, bavardage.
parmesano, na *adj y s* parmesan, e || *queso parmesano* parmesan.
parnasiano, na *adj y s* parnassien, enne.
Parnaso *n pr m* Parnasse (montaña) || FIG Parnasse (poesía, poetas).
parné; parnés *m* POP fric, galette *f*, pognon, grisbi (dinero).
paro *m* mésange *f* (ave) || arrêt, débrayage (suspensión en el trabajo) || chômage (paro forzoso); *paro estacional* chômage saisonnier || — ZOOL *paro carbonero* mésange charbonnière || *paro encubierto* sous-emploi || *paro técnico* chômage technique || *tasa de paro* taux de chômage || — *estar en paro forzoso* être au chômage.
parodia *f* parodie.
parodiar *v tr* parodier.
paródico, ca *adj* parodique.

parodista *m y f* parodiste.
parón *m* EQUIT refus.
paronomasia *f* paronomase (en retórica).
parótida *f* ANAT parotide.
paroxismo *m* paroxysme.
paroxístico, ca *adj* paroxystique.
paroxítono, na *adj y s m* GRAM paroxyton.
parpadeante *adj* vacillant, e; tremblotant, e.
parpadear *v intr* ciller, papilloter (los ojos) || vaciller, trembloter (la luz).
parpadeo *m* cillement, clignement d'yeux, papillotage || tremblotement (de la luz).
párpado *m* ANAT paupière *f*.
parpar *v intr* nasiller, cancanner (el pato).
parque *m* parc; *parque zoológico* parc zoologique || parc (de niño) || — *parque automovilístico* ou *móvil* parc automobile (de un país, de una empresa, etc.) || *parque de artillería* parc d'artillerie || *parque de atracciones* parc d'attractions || *parque de bomberos* caserne de pompiers || *parque de coches* parc de stationnement, parking || *parque de incendios* poste d'incendie || *parque nacional* parc national || *parque tecnológico* parc industriel.
parqué; parquet *m* parquet.
— OBSERV Le premier mot est admis par l'Académie.
parqueadero *m* (amer) parking.
parquear *v tr* (amer) garer, ranger (aparcar).
parquedad *f* parcimonie (ahorro) || mesure, modération (templanza) || petitesse; *la parquedad de las raciones* la petitesse des portions.
parquímetro *m* parcmètre, parcomètre.
parra *f* treille (vid) || — *parra virgen* vigne vierge || — *hoja de parra* feuille de vigne || FIG & FAM *subirse a la parra* se fâcher [tout rouge]; monter sus ses grands chevaux (enfadarse), demander trop cher (ser exigente).
parrafada *f*; **parrafeo** *m* FAM causerie *f*, bavardage *m* (charla) | laïus *m* (perorata) || FAM *echar una parrafada* tailler une bavette.
párrafo *m* paragraphe || — FAM *echar un párrafo* bavarder, tailler une bavette || *hacer párrafo aparte* aller à la ligne (escribiendo) || *párrafo aparte* alinéa, à la ligne (punto y aparte), pour changer de sujet, parlons d'autre chose (cambio de conversación).
parral *m* treille *f* (vid).
parrampán *m* (amer) FAM snob.
parranda *f* FAM noce, fête, foire (juerga); *andar* ou *estar de parranda* faire la noce; *irse de parranda* aller faire la foire || troupe de musiciens o de chanteurs (cuadrilla).
parrandear *v intr* FAM faire la noce *o* la foire.
parrandeo *m* FAM noce *f*, fête *f*, foire *f* (juerga).
parrandista *m* FAM noceur, fêtard (juerguista) || musicien ambulant (de cuadrilla).
parricida *m y f* parricide (criminal).
parricidio *m* parricide (crimen).
parrilla *f* gril (asador), *m* || foyer *m* (de locomotora, de horno) || grill-room *m*, grill *m* (en un restaurante) || grille (armas) || petite cruche (recipiente) || clayette (de refrigerador) || (amer) grill-room *m*, grill *m* (restaurante) || — *bistec a la parrilla* bifteck grillé *o* sur le gril || *carne asada en la parrilla* grillade || DEP *parrilla de salida* grille de départ (automóvil).
◆ *pl* gril *m sing*.

parrillada *f* CULIN grillade (de pescado o de carne) ‖ *(amer)* plat *m* composé de viande, triperie et charcuterie grillées.

párroco *m* curé (cura) ‖ *cura párroco* curé.

parroquia *f* REL paroisse ‖ clientèle (de comerciante, de médico).

parroquial *adj* paroissial, e; *iglesia parroquial* église paroissiale; *servicios parroquiales* services paroissiaux.

parroquiano, na *m y f* client, e; habitué, e (de un comerciante, de un bar).

parsi *adj y s* parsi, e; parse.

parsimonia *f* parcimonie (parquedad) ‖ mesure, modération (templanza).

parsimonioso, sa *adj* parcimonieux, euse.

parsismo *m* parsisme (religión de Zoroastro).

parte *f* partie; *parte de la oración* partie de la phrase *o* du discours; *parte del ejército quedó allí* une partie de l'armée est restée là-bas ‖ part (en un reparto) ‖ participation (comercio) ‖ MAT partie (voir OBSERV) ‖ endroit *m*, partie; *parte sensible* endroit sensible ‖ endroit *m* (sitio); *en aquella parte* à cet endroit ‖ côté *m*; *por la parte de Toledo* du côté de Tolède; *echar por otra parte* partir d'un autre côté ‖ parti *m*, faction (parcialidad, bando) ‖ partage *m* (porción) ‖ TEATR rôle *m* (papel); *hacer su parte* jouer son rôle ‖ acteur *m*, actrice (actor) ‖ parti *m*, côté *m* (en una contienda); *¿por qué parte estás?* de quel côté es-tu? ‖ DR partie (litigante, contratante) ‖ MÚS partie ‖ — *parte alicuanta* partie aliquante ‖ *parte alícuota* partie aliquote ‖ DR *parte civil* partie civile ‖ *parte contraria* partie adverse ‖ *(la) parte esencial* (l') essentiel ‖ *parte integral* ou *integrante* partie intégrante ‖ — *a* ou *en otra parte* ailleurs ‖ *a partes iguales* à parts égales ‖ *a una y otra parte* des deux côtés ‖ *de algún, poco, mucho tiempo a esta parte* depuis quelque temps, peu de temps, longtemps ‖ *de mi parte* de ma part (en nombre mío) ‖ *de parte a parte* de part en part (de un lado a otro), de bout en bout, complètement (sin omitir nada) ‖ *de parte de* de la part de (en nombre de), du côté de (a favor de) ‖ *de una y otra parte* de part et d'autre (cada uno), des deux côtés (por ambos lados) ‖ *en alguna* ou *en cierta parte de quelque part* en ‖ *en cualquier otra parte* partout ailleurs ‖ *en cualquier parte donde* partout où ‖ *en esta parte* ici, par ici ‖ *en mala parte* en mauvaise part ‖ *en ninguna parte, en parte alguna* nulle part ‖ *en parte* en partie ‖ *en todas partes* partout ‖ *la mayor parte* la plupart (con el verbo en el plural) ‖ *la mayor parte de* la plupart de, la majeure partie de, la plus grande partie de ‖ *la parte del león* la part du lion ‖ *parte por parte* en détail ‖ *por mi parte* quant à moi, pour ma part, en ce qui me concerne (en cuanto a mí), de mon côté (por mi lado) ‖ *por otra parte* par ailleurs, d'autre part (además) ‖ *por partes* séparément, point par point ‖ *por partes iguales* en parties égales ‖ *por* ou *de todas partes* de toutes parts, partout ‖ *por una y otra parte, por ambas partes* des deux côtés, de part et d'autre ‖ — DR *constituirse parte* se porter *o* se constituer partie civile ‖ *dar parte* avertir ‖ *dar parte de* faire part de, rendre compte de ‖ *dar parte en* admettre à *o* dans (un negocio) ‖ FAM *en salva sea la parte* quelque part ‖ *en todas partes cuecen habas* c'est partout pareil, nous sommes tous logés à la même enseigne ‖ *ir a la parte* en prendre part, participer à ‖ DR *llamarse a la parte* se constituer partie civile ‖ *llevar la mejor, la peor parte* avoir le dessus, le dessous ‖ *no ser* ou *no tener parte en* n'avoir rien à voir dans ‖ *poner* ou *hacer de su parte* y mettre du sien ‖ *por todas partes se va a Roma* tous les chemins mènent à Rome ‖ *saber de buena parte* savoir de bonne source *o* de bonne part *(p us)* ‖ *ser juez y parte* être juge et partie ‖ *ser parte en* prendre part à, participer à (participar), être partie (en un juicio) ‖ *tener de su parte* avoir en sa faveur *o* pour soi ‖ *tener* ou *tomar parte en* avoir part à, prendre part à (colaborar), partager (compartir) ‖ *tomar en mala parte* prendre en mauvaise part, prendre mal ‖ FAM *vete con la música a otra parte* va voir ailleurs si j'y suis.

◆ *m* rapport (informe) ‖ dépêche *f* (telegrama) ‖ bulletin; *parte de guerra, facultativo* ou *médico, meteorológico* bulletin de guerre, de santé, météorologique ‖ communiqué (comunicado) ‖ *parte de boda* faire-part de mariage.

◆ *f pl* parties génitales (órganos de la generación) ‖ — COM *partes contratantes* parties contractantes ‖ *partes pudendas* ou *vergonzosas* parties honteuses.

— OBSERV *Parte* s'emploie également pour exprimer les fractions: *las dos terceras partes* les deux tiers; *las tres cuartas partes* les trois quarts; *las cinco sextas partes* les cinq sixièmes; *las seis séptimas partes* les six septièmes. (Después del número *cinq* se añade simplemente el sufijo *-ième* a cualquier número.) De même: *la tercera, la cuarta parte* le tiers, le quart; *la quinta, la décima parte* le cinquième, le dixième.

parteluz *m* meneau (de ventana).

partenogénesis *f* BIOL parthénogenèse.

Partenón *n pr m* Parthénon.

partera *f* sage-femme, accoucheuse.

partero *m* accoucheur.

parterre *m* parterre (de jardín, de teatro o cine).

partesana *f* pertuisane (arma).

partición *f* partage *m* (reparto) ‖ partition, partage *m*, division (de un territorio) ‖ partage *m* (de una herencia) ‖ DR divis *m* (divisa) ‖ MAT division, partage *m* (división) ‖ BLAS partition.

participación *f* participation; *participación en un crimen* participation à un crime ‖ communication (aviso) ‖ faire-part *m*, lettre *o* billet *m* de faire-part (de boda).

participante *adj* participant, e (que toma parte).
◆ *m y f* informateur, trice (que comunica) ‖ participant, e; *los participantes en un concurso* les participants à un concours.

participar *v tr* annoncer, communiquer; *participar una buena noticia* annoncer une bonne nouvelle.
◆ *v intr* participer à, prendre part à; *participar en un trabajo* participer à un travail ‖ participer, tenir; *el mulo participa del burro y del caballo* le mulet participe de l'âne et du cheval ‖ avoir part à; *participar de una herencia* avoir part à un héritage ‖ partager (compartir); *participar de la misma opinión* partager la même opinion.

partícipe *adj y s* participant à (que colabora) ‖ intéressé dans (que tiene interés) ‖ bénéficiaire de (beneficiario) ‖ — *hacer partícipe de* faire partager (hacer compartir), faire part (informar) ‖ *nos hace partícipes de* il nous fait participer à, il nous rend témoins de ‖ *ser partícipe con uno* collaborer avec quelqu'un (en un negocio), partager avec quelqu'un (en un logro) ‖ *ser partícipe en* prendre part à, participer à.

participial *adj* GRAM participial, e; *empleos participiales* emplois participiaux.

participio *m* GRAM participe ‖ — *participio activo* ou *de presente* participe présent ‖ *participio pasivo* ou *de pretérito* participe passé.

partícula *f* particule ‖ parcelle (parcela) ‖ — FÍS *partícula alfa* particule alpha | *partícula beta* particule bêta ‖ GRAM *partículas prepositivas* particules (prefijos).

particular *adj* particulier, ère; *particular a* ou *de un país* particulier à un pays; *en ciertos casos particulares* dans certains cas particuliers; *el interés particular debe desaparecer ante el interés general* l'intérêt particulier doit s'effacer devant l'intérêt général | personnel, elle; *asuntos particulares* affaires personnelles ‖ privé, e; *correspondencia particular* correspondance privée ‖ — *alojarse en una casa particular* habiter chez quelqu'un o chez l'habitant ‖ *casa particular* maison particulière ‖ *clase particular* cours particulier ‖ *en particular* en particulier ‖ *no venga a mi despacho sino a mi casa particular* ne venez pas à mon bureau mais chez moi o à mon domicile.
   ◆ *m* sujet, question *f*, matière *f* (asunto); *no sé nada de este particular* je ne sais rien à ce sujet ‖ particulier (persona) ‖ civil; *vestido de particular* habillé en civil ‖ *sin otro particular* ne voyant rien d'autre à ajouter (en la correspondencia).

particularidad *f* particularité.
particularismo *m* particularisme.
particularización *f* particularisation.
particularizar *v tr* particulariser (detallar) ‖ préférer, favoriser (preferir).
   ◆ *v pr* se particulariser; *particularizarse en* se particulariser sur *o* par.
particularmente *adv* particulièrement, en particulier.

partida *f* départ *m* (salida) ‖ bande (cuadrilla); *partida de ladrones* bande de voleurs ‖ acte *m* (de nacimiento, de matrimonio, de defunción) ‖ extrait *m* (copia); *partida de nacimiento* extrait de naissance ‖ COM position, poste *m* (de un presupuesto); *partida arancelaria* poste tarifaire; *el comercio de exportación tiene como principales partidas* le commerce d'exportation a comme postes principaux | partie (en contabilidad); *contabilidad por partida simple* comptabilité en partie simple; *contabilidad por partida doble* comptabilité en partie double | lot *m* (cantidad); *una partida de muebles* un lot de meubles ‖ MIL parti *m*, troupe ‖ partie (juego); *echar una partida de naipes* faire une partie de cartes ‖ manche (manos de juego) ‖ MAR partance ‖ FAM tour *m*; *jugar una mala partida* jouer un mauvais tour ‖ — *partida de campo* partie de campagne ‖ *partida de caza* partie de chasse ‖ *partida de gente, de niños* foule de gens, ribambelle *o* tas d'enfants ‖ FAM *partida serrana* tour de cochon, sale tour ‖ — *dar la partida por ganada* crier victoire, avoir partie gagnée ‖ *las Siete Partidas* recueil des lois d'Alphonse X le Sage (XIIIe s).

partidario, ria *adj y s* partisan, e.
   ◆ *m* guérillero, partisan ‖ *(amer)* métayer (aparcero).

partidismo *m* esprit de parti, partialité *f* (en opiniones), favoritisme (por uno).

partidista *adj* partisan, e; *querellas partidistas* querelles partisanes.

partido, da *adj* divisé, e; partagé, e ‖ BLAS parti, e.
   ◆ *m* parti (parcialidad) ‖ camp (lado); *abandonar el partido de la oposición* quitter le camp de l'opposition ‖ parti, profit (provecho); *sacar partido* tirer parti *o* profit ‖ appui (amparo) ‖ moyen, procédé (proceder) ‖ équipe *f* (de jugadores); *el partido contrario* l'équipe adverse ‖ partie *f*; *partido de pelota* partie de pelote ‖ match (de fútbol); *partido de desempate* match d'appui; *partido de vuelta* match retour ‖ district (distrito) ‖ parti (político, etc.) ‖ parti (de matrimonio); *un buen partido* un beau parti ‖ *(amer)* métairie *f* (aparcería) | raie *f* (crencha) ‖ — DEP *partido amistoso* match amical | *partido de exhibición* match d'exhibition | *partido de homenaje* match de gala *o* de jubilé | *partido internacional* match international | *partido oficial* match officiel ‖ *partido judicial* arrondissement (de una provincia) ‖ — *darse a partido* céder ‖ *tomar el partido de* prendre le parti de (decidir); *tomar partido por* prendre parti pour, prendre la défense de.

partidor *m* répartiteur (repartidor) ‖ fendeur; *partidor de leña* fendeur de bois ‖ instrument pour fendre (para romper) ‖ MAT diviseur (divisor) ‖ TECN partiteur.

partir *v tr* diviser (dividir); *partir en dos* diviser en deux ‖ partager (repartir); *partir entre cuatro* partager entre quatre personnes; *partir como hermanos* partager en frères ‖ casser (romper); *partir nueces* casser des noix ‖ fendre, casser; *partir leña* fendre du bois ‖ couper (con un cuchillo); *partir una manzana por la mitad* couper une pomme en deux ‖ rompre (con las manos); *partir el pan* rompre le pain ‖ MAT diviser (dividir) ‖ — FIG *partir a uno por el eje* ou *por en medio* ou *por la mitad* empoisonner, enquiquiner (fastidiar) | *partir el corazón* fendre *o* briser le cœur ‖ FAM *partir la cara* casser la figure ‖ *partir la diferencia* partager la différence (dividir), couper la poire en deux (transigir) ‖ — FIG *estar a partir un piñón* s'entendre comme larrons en foire, être comme les deux doigts de la main ‖ *¡que le parta un rayo!* qu'il aille se faire pendre ailleurs!, que le diable l'emporte!
   ◆ *v intr* partir (marcharse); *partir para Laponia* partir pour la Laponie ‖ FIG partir; *partir de un supuesto falso* partir d'une supposition fausse ‖ — *a partir de* à partir de ‖ *a partir de hoy* à dater de ce jour, à partir d'aujourd'hui.
   ◆ *v pr* partir (irse) ‖ se casser (romperse) ‖ se diviser (dividirse) ‖ — FIG *partirse de risa* se tordre de rire | *partirse el pecho* se donner beaucoup de mal, se décarcasser (fam) | *partirse el pecho por uno* se mettre en quatre pour quelqu'un ‖ *quien parte y reparte se lleva la mejor parte* on n'est jamais si bien servi que par soi-même.

partisano, na *adj y s* partisan, e [guérillero].
partitivo, va *adj y s m* GRAM partitif, ive.
partitura *f* MÚS partition.
parto *m* accouchement (de una mujer); *el parto sin dolor* l'accouchement sans douleur; *parto prematuro* accouchement avant terme *o* prématuré ‖ mise bas *f*, parturition *f* (de un animal) ‖ FIG enfantement (producción) ‖ fruit (obra del ingenio, resultado) ‖ — *parto de la oveja* agnelage, agnèlement ‖ *parto de la yegua* poulinement ‖ — *asistir en un parto* faire un accouchement ‖ FIG *es el parto de los montes* c'est la montagne qui accouche d'une souris ‖ *estar de parto* être en couches ‖ *morir de parto* mourir en couches.

parto, ta *adj* y *s* parthe; *la flecha del parto* la flèche du Parthe.

parturienta *adj f* qui a accouché.
◆ *f* parturiente, accouchée.

parva *f* AGRIC airée (mies tendida en la era) ‖ FIG tas *m*, monceau *m* (montón) ‖ ribambelle (de niños) ‖ casse-croûte *m*, collation (comida ligera).

parvedad *f* petitesse (pequeñez) ‖ collation (comida ligera) ‖ *hacer algo con parvedad de medios* faire quelque chose avec des moyens réduits o avec peu de moyens.

parvo, va *adj* petit, e ‖ *oficio parvo de la Virgen* petit office de la Vierge.

parvulario *m* crèche *f*.

párvulo, la *adj* y *s* petit, e (niño pequeño) ‖ FIG innocent, e; naïf, ive (ingenuo).
◆ *m* enfant (niño) ‖ *escuela de párvulos* école maternelle.

pasa *f* raisin *m* sec ‖ MAR passe (canal estrecho) ‖ passe (en los juegos) ‖ — FIG & FAM *estar hecho una pasa* être ratatiné o desséché (el cuerpo), être parcheminé (el rostro) ‖ *pasas de Corinto* raisins de Corinthe.

pasable *adj* passable.

pasacalle *m* MÚS passacaille *f*.

pasada *f* passage *m* ‖ passée (de las aves de paso) ‖ petit revenu *m*, revenu *m* suffisant pour vivre ‖ TECN passe, chariotage *m* (en el torno) ‖ EQUIT passade ‖ — *dar una pasada* donner un coup ‖ *de pasada* en passant; *dicho sea de pasada* soit dit en passant ‖ FAM *hacer una mala pasada* jouer un mauvais tour o un tour pendable.

pasadizo *m* corridor (pasillo) ‖ passage (en las calles, etc.).

pasado, da *adj* passé, e; vieilli, e (anticuado) ‖ passé, e (descolorido) ‖ passé, e (fruta), faisandé, e (carne) ‖ — *el pasado día 3* le 3 du mois écoulé ‖ *huevo pasado por agua* œuf à la coque ‖ *mes pasado* mois dernier ‖ *pasado de moda* démodé ‖ *pasado mañana* après-demain.
◆ *m* passé; *olvidar lo pasado* ou *el pasado* oublier le passé ‖ *lo pasado pasado está* ce qui est fait est fait; le passé est le passé, n'en parlons plus.

pasador, ra *m* y *f* passeur, euse; contrebandier, ère (contrabandista).
◆ *m* passoire *f* (colador) ‖ espagnolette *f* (de ventana) ‖ targette *f*, verrou (pestillo) ‖ passe-lacet (pasacintas) ‖ barrette *f* (para el pelo) ‖ épingle *f* (de corbata) ‖ brochette *f* (para las condecoraciones) ‖ agrafe *f* (broche) ‖ coulant (de bolsa) ‖ TECN goujon, goupille *f* (varilla de bisagra) ‖ MAR épissoir (especie de punzón) ‖ *pasador de seguridad* verrou de sûreté.
◆ *pl* boutons de manchette (gemelos).

pasaje *m* passage (paso) ‖ passage (de un libro) ‖ passage (precio, derecho) ‖ billet, passage (billete en un barco o avión) ‖ passagers *pl* d'un navire (pasajeros) ‖ passage (calle) ‖ MAR chenal, passe *f* (estrecho) ‖ MÚS changement de ton ‖ *(amer)* billet (de transporte).

pasajero, ra *adj* passager, ère (que dura poco) ‖ passant, e (sitio frecuentado).
◆ *adj* y *s* passager, ère (viajero) ‖ — *ave pasajera* oiseau de passage o migrateur ‖ *capricho pasajero* passade.

pasamanería *f* passementerie.

pasamanero, ra *m* y *f* passementier, ère.

pasamano *m* passement (galón) ‖ rampe *f*, main *f* courante (barandal) ‖ MAR passavant.

pasamontañas *m inv* passe-montagne.

pasante *adj* passant, e.
◆ *m* stagiaire (de abogado, de médico) ‖ clerc (de notario); *primer pasante* maître clerc ‖ répétiteur, maître répétiteur (de colegio).

pasantía *f* place de répétiteur (en facultades) o de stagiaire (en profesiones) ‖ stage *m* (tiempo que dura).

pasapasa *m* tour de passe-passe (prestidigitación).

pasaportar *v tr* délivrer un passeport ‖ FAM tuer (matar) ‖ expédier (despachar); *pasaportar un trabajo* expédier un travail; *pasaportó a su hijo al extranjero* il a expédié son fils à l'étranger.

pasaporte *m* passeport; *expedir un pasaporte* délivrer un passeport ‖ MIL feuille *f* de route ‖ FIG carte *f* blanche (licencia); *dar pasaporte para* donner o laisser carte blanche pour ‖ FIG *dar pasaporte a uno* expédier o se débarrasser de quelqu'un.

pasapuré *m inv* passe-purée, presse-purée.

pasar *v tr* passer (llevar, trasladar) ‖ passer, transmettre (un mensaje) ‖ transmettre, remettre, passer; *pasar los poderes a* transmettre ses pouvoirs à ‖ passer (transmitir); *le he pasado mi constipado* je lui ai passé mon rhume ‖ passer avec succès, être reçu à (examen, concurso) ‖ passer, traverser (sierra, río) ‖ passer (introducir) ‖ passer (de contrabando) ‖ passer, faire circuler (moneda falsa) ‖ passer (colar un líquido) ‖ doubler, dépasser (un coche) ‖ FIG dépasser, franchir (los límites) ‖ dépasser, surpasser (superar) ‖ endurer, souffrir (desgracias, dolor físico); *¡lo que he pasado!* ce que j'ai enduré! ‖ avoir (miedo) ‖ avoir, souffrir de (frío, hambre); *pasar hambre* souffrir de la faim ‖ laisser passer; *no hay que pasarle todas sus faltas* il ne faut pas laisser passer toutes ses erreurs ‖ passer (el tiempo); *pasé la noche desvelado* j'ai passé la nuit sans dormir; *pasar el tiempo divirtiéndose* passer son temps à s'amuser ‖ passer, sauter (omitir); *pasar las páginas de un libro* tourner les pages d'un livre ‖ dessécher (un fruto) ‖ COM passer (en cuenta) ‖ — *pasar a alguien a cuchillo* passer quelqu'un au fil de l'épée ‖ *pasar al toro con la muleta* faire une passe avec la muleta ‖ *pasar el balón a* faire une passe à, passer le ballon à ‖ FAM *pasar las de Caín* ou *la de Dios es Cristo* ou *las negras* en voir de dures o de toutes les couleurs ‖ *pasar lista* faire l'appel ‖ *pasarlo bien* s'amuser ‖ FAM *pasarlo bomba* s'amuser comme un fou ‖ *pasarlo mal* s'ennuyer (aburrirse), vivre mal, avoir des difficultés (tener dificultades) ‖ FIG *pasar por la piedra a uno* laisser quelqu'un loin derrière (en deportes) ‖ *pasar por las armas a uno* passer quelqu'un par les armes ‖ *pasar revista a* passer en revue ‖ *pasar un mal rato* passer un mauvais quart d'heure o un mauvais moment ‖ — *aquí no pasó nada* n'en parlons plus, ce n'est rien ‖ *¿cómo lo pasas?* comment ça va? ‖ *¿cómo lo pasas en Francia?* et ton séjour en France, comment se passe-t-il? ‖ *¡que lo pase bien!* amusez-vous bien! ‖ *¿qué tal lo pasó en la fiesta?* et cette fête, comment s'est-elle passée? ‖ *ya te he pasado muchas* je t'ai déjà passé beaucoup de choses.
◆ *v intr* passer; *pasar de un sitio a otro* passer d'un endroit dans un autre; *pasaré por tu casa* je passerai chez toi; *pasar con el disco cerrado, abierto* passer au rouge, au vert (un vehículo) ‖ entrer;

¡pase! entrez!; dígale que pase dites-lui d'entrer || devenir (volverse); de joven pasó a hombre sin cambiar en nada de jeune homme il est devenu un homme sans changer le moins du monde || passer, circuler (noticia, especie) || passer, avoir cours (moneda) || se passer (transcurrir); ¿cómo pasó la sesión? comment s'est passée la séance? || se passer, arriver; y el accidente, ¿cómo pasó? cet accident, comment est-il arrivé? || passer, se passer (acabarse); todo pasa tout passe || prendre; esto conmigo no pasa avec moi, cela ne prend pas || être reçu à un examen (ser aprobado) || pasárselo son tour (en juegos)] — pasar a passer à, en venir à; paso ahora a su pregunta j'en viens à votre question; se mettre à (empezar); pasó a recitar otra poesía il s'est mis à réciter un autre poème; aller (estar a punto); paso ahora a hablarles de mi viaje je vais vous parler maintenant de mon voyage || pasar a mejor vida partir pour un monde meilleur || pasar a ser devenir || pasar con s'arranger de o avec, s'accommoder de (arreglarse), faire un stage chez (abogado, médico) || pasar de (cierto número), dépasser, être plus de, avoir plus de; pasan de veinte ils sont plus de vingt, il y en a plus de vingt, ils dépassent la vingtaine; avoir plus, dépasser; no pasa de los cuarenta il n'a pas plus de quarante ans || pasar de largo passer sans s'arrêter (delante de algo), passer rapidement sur (un detalle) || pasar (de las palabras) a las manos en venir aux mains, se livrer à des voies de fait || pasar de moda passer de mode (quedarse anticuado) || pasar de vida a muerte passer de vie à trépas || pasar en blanco ou en silencio passer sous silence || pasar por passer pour; pasar por sabio, por tonto passer pour savant, pour un idiot; endurer, en passer par, supporter (sufrir), admettre, tolérer (tolerar) || FIG pasar por alto passer sur, passer sous silence, omettre, laisser de côté (omitir), oublier, passer par-dessus (olvidar) || pasar por casa de uno passer chez quelqu'un || FIG & FAM pasar por el aro ou por el tubo s'incliner, capituler || pasar por ello y passer || pasar por encima parcourir, jeter un coup d'œil sur (un escrito), passer par-dessus, fermer les yeux sur (hacer la vista gorda) || pasar por la imaginación ou por la cabeza venir à l'esprit, passer par la tête, traverser l'esprit || pasar por un puente passer sur un pont || pasar sin se passer de; pasar sin carne se passer de viande; s'empêcher de; no puede pasar sin hablar il ne peut s'empêcher de parler || pase (por una vez) une fois n'est pas coutume, passe pour cette fois || paso je passe, parole (naipes) || — de ahí no pasa ça ne va pas plus loin || FIG esto pasa de la raya ça dépasse les bornes | esto pasa de castaño oscuro c'est trop fort, c'est le comble, c'est un peu raide || ir pasando vivoter || lo mismo pasa con él in en est de même pour lui o avec lui, c'est la même chose.

◆ v impers arriver, se passer; ¿qué pasa? que se passe-t-il? || arriver; ¿qué te pasó? que t'est-il arrivé? || — pasa a veces que il arrive que || pasa que, lo que pasa es que ce qui se passe o ce qui arrive, c'est que, il se trouve que || pase lo que pase quoi qu'il advienne.

◆ v pr passer; pasarse al enemigo passer à l'ennemi || passer les bornes (excederse) || passer, se passer (acabarse) || oublier; se me ha pasado lo que me dijiste j'ai oublié ce que tu m'as dit || se gâter (frutas, legumbres) || être trop cuit, e (guisado) || se faner, passer (flores) || fuir, être poreux, euse (recipiente) || jouer, avoir du jeu, ne pas bien aller (estar holgado) || — pasarse de être trop; pasarse de bueno être trop bon (no se confunda con el francés se passer de, que significa pasar sin) || FIG pasarse de la raya dépasser les bornes, exagérer | pasarse de listo ou de vivo vouloir faire le malin, vouloir être trop malin | pasarse de rosca dépasser les bornes (pasarse de los límites), forcer son talent (exagerar), se surentraîner (deportes), foirer (tornillo) || pasarse el peine se donner un coup de peigne || pasarse el tiempo cantando passer son temps à chanter || pasárselo en grande s'amuser comme un fou, s'en donner à cœur joie || pasarse por se rendre, passer; pasarse por la oficina se rendre au bureau.

pasarela f passerelle (puentecillo) || MAR passerelle || partie de l'avant-scène (en los teatros) || AVIAC pasarela de acceso passerelle télescopique.

pasatiempo m passe-temps inv.

pascal m pascal (unidad de presión).

pascua f Pâque (fiesta judía); celebrar la Pascua fêter la Pâque || Noël, la Noël (Navidad); ¡felices Pascuas y próspero Año Nuevo! joyeux Noël et heureuse année! || Pâques (Pascua de Resurrección); vendrá por Pascua il viendra à Pâques || l'Épiphanie, les Rois (los Reyes) || Pentecôte (Pentecostés) || — Pascua del Espíritu Santo Pentecôte || Pascua de Navidad Noël || Pascua de Resurrección Pâques || Pascua florida dimanche de Pâques || — FIG & FAM cara de pascua mine réjouie || comulgar por Pascua florida faire ses Pâques || dar las pascuas souhaiter la bonne année || FIG estar como unas pascuas être gai comme un pinson || FAM hacer la pascua enquiquiner, empoisonner, casser les pieds (fastidiar) || FIG ocurrir de Pascuas a Ramos arriver de loin en loin o de temps en temps || pasar las Pascuas en familia passer les fêtes de Noël et du Jour de l'An en famille || FAM y Santas Pascuas un point c'est tout.

Pascua (isla de) n pr f GEOGR île de Pâques.

pascual adj pascal, e.

pase m permis (permiso) || laissez-passer inv, permis de libre circulation (autorización) || carte f d'invitation || DEP & TAUROM passe f || feinte f (en esgrima) || COM passavant || passage (de una película) || (amer) passeport || — DEP pase adelantado, pase adelante passe en profondeur o en avant || pase de favor billet de faveur || TAUROM pase de muleta passe de muleta || DEP pase hacia atrás passe en retrait.

paseante adj y s promeneur, euse || FAM paseante en corte flâneur, euse; désœuvré, e; oisif, ive (ocioso).

pasear v tr promener.

◆ v intr y pr se promener; pasearse por el campo se promener dans la campagne.

paseíllo m défilé (de toreros).

paseo m promenade f, tour (fam), balade f (fam); dar un paseo faire une promenade, faire un tour || promenade f (sitio) || défilé (de toreros) || — FIG dar el paseo fusiller, liquider | mandar ou enviar a paseo envoyer promener o paître || paseo marítimo bord de mer || FIG ¡váyase a paseo! allez au diable!, allez vous coucher!, allez vous faire pendre!

pasible adj passible, sensible.

pasiego, ga adj y s de la vallée de Pas [dans la province espagnole de Santander].

◆ f nourrice (ama).

pasiflora *f* BOT passiflore.
pasillo *m* couloir, corridor (corredor) ‖ TEATR promenoir ‖ point de boutonnière (en costura) ‖ RELIG cantique de la semaine sainte ‖ TEATR saynète *f* (sainete) ‖ *(amer.)* natte *f* (estera) ‖ — *pasillo aéreo* couloir aérien ‖ *pasillo rodante* tapis roulant ‖ — FIG *hacer pasillos* frapper à toutes les portes.
pasión *f* passion; *dejarse llevar por la pasión* se laisser emporter par la passion; *tener pasión por la música* avoir la passion de la musique ‖ RELIG Passion; *la Pasión según San Mateo* la Passion selon saint Matthieu.
pasional *adj* passionnel, elle.
pasionaria *f* BOT passiflore, fleur de la Passion.
pasividad *f* passivité.
pasivo, va *adj* passif, ive ‖ — *clases pasivas* les retraités et pensionnés de l'État ‖ *pensión pasiva* pension, retraite de l'État ‖ GRAM *voz pasiva* voix passive, passif.
◆ *m* COM passif ‖ *en el pasivo* au passif.
pasma *f* POP flicaille (la policía).
pasmado, da *adj* stupéfait, e; ébahi, e; médusé, e (de asombro) ‖ gelé, e; glacé, e; transi, e (de frío) ‖ gelé, e (plantas) ‖ BLAS pâmé, e ‖ — *cara de pasmado* mine ébahie ‖ FIG *me dejó pasmado* les bras m'en sont tombés, cela m'a stupéfié *o* ébahi ‖ *pasmado de admiración* béat d'admiration.
pasmar *v tr* ébahir, stupéfier (asombrar); *su respuesta me ha pasmado* sa réponse m'a stupéfié ‖ geler, glacer, transir (enfriar mucho) ‖ geler (helar las plantas) ‖ faire défaillir (desmayar).
◆ *v pr* être ébahi *o* stupéfait de *o* par (quedarse asombrado) ‖ geler, être transi *o* glacé (tener frío) ‖ geler (las plantas) ‖ s'évanouir, défaillir, se pâmer (desmayarse) ‖ MED contracter le tétanos ‖ se ternir (los colores).
pasmarote *m* FAM cloche *f*, niais (bobo).
pasmo *m* refroidissement (enfriamiento) ‖ pâmoison *f*, évanouissement (desmayo) ‖ MED tétanos ‖ FIG étonnement, stupéfaction *f*, saisissement, ébahissement (asombro) ‖ sujet d'étonnement (lo que ocasiona el asombro).
pasmoso, sa *adj* étonnant, e; stupéfiant, e; saisissant, e; ahurissant, e.
paso *m* pas (movimiento); *dar un paso* faire un pas; *aminorar el paso* ralentir le pas ‖ pas (distancia); *a tres pasos* à trois pas ‖ passage (acción); *al paso del tren* au passage du train ‖ allure *f* (movimiento de un ser animado) ‖ passage (sitio); *el paso está libre* le passage est libre; *paso protegido* passage protégé ‖ passage (derecho) ‖ franchissement (de un obstáculo) ‖ degré, marche *f* (peldaño) ‖ pas (huella) ‖ piste *f* (rastro de la caza) ‖ parole *f* (naipes) ‖ pas (compás de baile) ‖ fait (lance) ‖ progrès (adelanto) ‖ démarche *f* (gestiones); *dar pasos* faire des démarches ‖ moment critique (conflicto) ‖ point (en costura) ‖ GEOGR pas (estrecho); *paso de Calais* pas de Calais ‖ «paso» [char portant des statues figurant des scènes de la Passion] ‖ TEATR «paso», intermède (pieza) ‖ MECÁN pas (de hélice ou de tornillo) ‖ *(amer.)* gué (vado) ‖ — *paso a nivel* passage à niveau ‖ EQUIT *paso castellano* pas allongé ‖ *paso de ambladura* ou *de andadura* amble ‖ MIL *paso de ataque* ou *de carga*, *acompasado, ligero, de maniobra* pas de charge, cadencé, sans cadence, de route ‖ *paso de costado* passage (del caballo) ‖ *paso de cuatro* pas de quatre

(danza) ‖ MIL *paso de la oca* pas de l'oie ‖ *paso del Ecuador* passage *o* baptême de la ligne (línea ecuatorial), milieu de la durée des études (mitad de la carrera) ‖ *paso de peatones* ou *de cebra* passage (pour), piétons, bandes blanches ‖ MAR *paso de popa a proa* passavant ‖ MÚS *paso doble* paso doble ‖ *paso gimnástico* ou *ligero* pas de gymnastique, pas gymnastique ‖ *paso firme* pas décidé ‖ ¡*paso!*, ¡*paso libre!* place! ‖ *paso subterráneo* passage souterrain ‖ *paso a paso, paso por paso* pas à pas, peu à peu ‖ — *a buen paso* d'un bon pas, bon train ‖ FIG *a cada paso* à chaque pas, à chaque instant, à tout bout de champ ‖ *a dos pasos* à deux pas (a poca distancia) ‖ *a ese paso* à ce train-là, à cette allure ‖ *al paso* au passage (al pasar), au pas; *ir al paso* marcher au pas ‖ *al paso que* tandis que, alors que (al mismo tiempo), comme, de même que (como) ‖ *al paso que va* au train *o* au rythme où il va ‖ *a paso largo, lento* à grands pas, à pas lent ‖ *a pocos pasos* à quelques pas ‖ *ave de paso* oiseau de passage ‖ *con paso alegre* d'un pas joyeux ‖ *con pasos contados* à pas comptés ‖ *con pasos de gigante, a pasos agigantados* à pas de géant ‖ *de paso* au passage, en passant; *de paso, iré a ver a mi tía* au passage, j'irai voir ma tante; *de paso*; *estando de paso en Madrid, caí enfermo* de passage à Madrid, je suis tombé malade; en passant; *dicho sea de paso* soit dit en passant; *de paso nos habló de los Reyes Católicos* il nous a parlé en passant des Rois catholiques; par la même occasion; *le fui a ver y de paso le dije que me devolviera mi libro* je suis allé le voir et par la même occasion je lui ai dit de me rendre mon livre ‖ *mal paso* mauvais pas; *sacar de un mal paso* tirer d'un mauvais pas; mauvaise passe ‖ FIG *por sus pasos contados* en suivant son petit bonhomme de chemin ‖ *primeros pasos* premiers pas (de un niño, de una ciencia), débuts; *dar sus primeros pasos en la diplomacia* faire ses débuts dans la diplomatie ‖ *prohibido el paso* passage interdit ‖ *servidumbre de paso* passage ‖ — *abrir paso* ouvrir un passage, laisser passer (dejar el paso) ‖ *abrirse* ou *hacerse paso* s'ouvrir *o* se frayer un passage (en una muchedumbre), faire une percée (las tropas) ‖ *abrirse paso a codazos* jouer des coudes ‖ *abrirse paso en la vida* faire son chemin, percer ‖ *adelantar cuatro pasos* avancer de quatre pas, faire quatre pas en avant ‖ *alargar el paso* allonger le pas ‖ FIG *andar a paso de buey* ou *de carreta* ou *de tortuga* marcher comme une tortue ‖ *andar en malos pasos* être sorti du droit chemin, filer un mauvais coton ‖ *apretar* ou *acelerar el paso* presser le pas ‖ *ceda el paso* vous n'avez pas la priorité (señal de tráfico) ‖ *ceder el paso* céder le passage ‖ *cerrar el paso* boucher le passage, barrer la route ‖ *coger al paso* prendre au passage: prendre (juego de damas) ‖ *cortar el paso a uno* barrer le chemin à quelqu'un ‖ *dar (el) paso a uno* laisser passer quelqu'un ‖ *dar los primeros pasos* faire les premiers pas ‖ *dar paso a, dejar paso a* ouvrir la voie à ‖ DEP *dar pasos* marcher (baloncesto) ‖ *dar un buen paso* faire un grand pas ‖ *dar un paso adelante* faire un pas en avant (al andar), faire un pas en avant; *ha dado un paso adelante en su vida* il a fait un pas en avant dans sa vie; avancer d'un pas, progresser; *las negociaciones han dado un paso adelante* les négociations ont avancé d'un pas ‖ *dar un paso atrás* faire un pas en arrière (al andar), reculer (retroceder) ‖ *dar un paso en falso* faire un faux-pas (andando), faire un faux-pas *o* une fausse manœuvre, prendre

un faux départ || *dejar paso libre* laisser passer, laisser le passage libre || FIG *estar a dos pasos de la muerte* être à deux doigts de la mort (en peligro) || MIL *ir al paso* marcher au pas || *ir a pasos contados* marcher à pas comptés || *lo difícil es el primer paso* il n'y a que le premier pas qui coûte || FIG *llevar a buen paso* mener bon train o tambour battant || MIL *llevar el paso* marcher au pas | *marcar el paso* marquer le pas || FIG *medir sus pasos* y aller prudemment || *prohibido el paso* passage interdit || FIG *salir al paso de* aller au-devant de, couper court à; *salir al paso de las críticas* couper court aux critiques; tomber dessus; *hoy Pablo me salió al paso* aujourd'hui Paul m'est tombé dessus; aller à la rencontre de (salir al encuentro) | *salir del paso* se tirer d'affaire || *seguir los pasos a uno* suivre tous les pas de quelqu'un (observar) || *seguir los pasos de uno* suivre o filer quelqu'un (seguir), marcher sur les pas o sur les traces de quelqu'un (imitar) || *volver sobre sus pasos* revenir sur ses pas, rebrousser chemin (desandar lo andado), faire marche arrière, se rétracter (desdecirse).
- *adv* doucement, lentement; *hable paso* parlez doucement.

paso, sa *adj* sec, sèche (fruta) || — *ciruela pasa* pruneau || *uvas pasas* raisins secs.

pasodoble *m* paso doble.

pasota *m* y *f* je-m'en-foutiste.

pasotismo *m* FAM je-m'en-foutisme, je-m'en-fichisme.

pasquín *m* (ant) pasquin, pasquinade *f* (epigrama) || affiche *f* (cartel) || tract (octavilla).

pasta *f* pâte (masa); *pasta de hojaldre* pâte feuilletée || reliure, couverture cartonnée (de un libro) || empâtement *m* (empaste) || CULIN beurre *m*; *pasta de anchoas, de cangrejos* beurre d'anchois, d'écrevisses || POP galette, fric *m* (dinero) | indolence, mollesse (pachorra) || — *libro en pasta* livre relié || *media pasta* demi-reliure || — *pasta de dientes* ou *dentífrica* dentifrice, pâte dentifrice || *pasta de hígado* pâté de foie || *pasta española* reliure en basane || FAM *pasta gansa* pactole || — FIG & FAM *ser de buena pasta* être une bonne pâte | *tiene muy buena pasta* il a de l'étoffe.
- *pl* pâtes (tallarines); *pastas alimenticias* pâtes alimentaires || petits gâteaux *m*.

pastaflora *f* pâte fine || FIG & FAM *ser de pastaflora* être une bonne pâte (persona).

pastar *v tr* e *intr* paître.

pasteca *f* MAR poulie, galoche (polea).

pastel *m* gâteau; *pastel de crema, de almendras* gâteau à la crème, aux amandes || pâté; *pastel de carne* pâté de viande || pastel (color, lápiz o dibujo) || tricherie *f* (trampa) || FIG & FAM salade *f* (lío) || IMPR pâté (letras confundidas) || — *azul pastel* bleu pastel || *dibujo al pastel* pastel || *hierba pastel* pastel (planta) || *lápiz de pastel* pastel || — FIG & FAM *descubrir el pastel* découvrir le pot aux roses (adivinar), vendre la mèche, casser le morceau (chivarse) || *pintar* ou *dibujar al pastel* dessiner au pastel, pasteller || FIG *repartirse el pastel* avoir sa part du gâteau.

pastelear *v intr* FIG & FAM temporiser, gagner du temps (temporizar) | faire de la lèche (dar coba).

pasteleo *m* FIG & FAM temporisation *f* | lèche *f*, léchage de bottes (coba).

pastelería *f* pâtisserie.

pastelero, ra *m* y *f* pâtissier, ère || FIG & FAM temporisateur, trice | lécheur, euse; lèche-bottes *inv* (cobista).

pastelillo *m* petit gâteau (de dulce o fruta) || petit pâté (de carne).

pasterización; pasteurización *f* pasteurisation.

pasterizado, da; pasteurizado, da *adj* pasteurisé, e (leche).

pasterizar; pasteurizar *v tr* pasteuriser, pastoriser.

pastiche *m* pastiche, pastichage.
— OBSERV Ce mot est un gallicisme employé pour *imitación, remedo*.

pastilla *f* morceau *m* (trozo) || morceau *m* carré *m* (de chocolate) || pastille (de menta, etc.) || cachet *m* (tableta) || pilule (anticonceptivo) || TECN pastille [plaquette de frein] || — *pastilla de café con leche* caramel || *pastilla de jabón* savonnette || INFORM *pastilla electrónica* puce || — FIG & FAM *a toda pastilla* à toute blinde.

pastizal *m* pâturage, herbage, pacage.

pasto *m* pâturage, pacage (sitio) || pâture *f* (acción) || fourrage, pâture *f* (hierba) || FIG pâture *f* (alimento); *su pasto son las novelas* les romans sont sa pâture; *este incidente ha servido de pasto a los periódicos* cet incident a servi de pâture aux journaux || — *pasto comunal* vaine pâture, pâturage communal || FIG *pasto espiritual* nourriture spirituelle || *pasto seco, verde* fourrage sec, vert || — FIG & FAM *a pasto* à foison | *a todo pasto* à discrétion, en grande quantité | *de pasto* ordinaire (vino) || *derecho de pasto* droit de pacage || — *dar de pasto* donner en pâture || FIG *dar pasto a* alimenter (calumnia, etc.) | *ser pasto de* être la proie de; *la casa ha sido pasto del fuego* ou *de las llamas* ou *del incendio* la maison fut la proie des flammes | *ser pasto de la actualidad* défrayer la chronique.

pastón *m* FAM pactole || *un pastón* un fric fou.

pastor, ra *m* y *f* berger, ère; pâtre *m* (que cuida del ganado).
- *m* pasteur (sacerdote) || *el Buen Pastor* le Bon Pasteur.

pastoral *adj* pastoral, e; *cantos pastorales* chants pastoraux.
- *f* pastorale.

pastorear *v tr* mener paître (apacentar) || FIG guider, diriger (el sacerdote).
- *v intr* paître, pâturer.

pastorela *f* pastourelle (música y poesía).

pastoreo *m* garde *f* des troupeaux, pâturage, pacage.

pastoril *adj* pastoral, e; *novelas pastoriles* romans pastoraux.

pastosidad *f* état *m* pâteux || empâtement *m* (de la lengua) | épaisseur *f* (de una pintura).

pastoso, sa *adj* pâteux, euse (blando y suave) || empâté, e (cuadro) | riche, épais, aisse (pintura) || — *boca, lengua pastosa* bouche, langue pâteuse || *ponerse pastosa* s'épaissir, devenir pâteuse (la lengua) || *voz pastosa* voix chaude o bien timbrée (armoniosa).

pasturaje *m* pâturage, pacage (sitio) || droits *pl* de pâture (derechos).

pata *f* patte (pierna de animal) || pied *m* (pie de animal); *de pata hendida* à pied fourchu || FAM patte, jambe (pierna del hombre) || pied *m* (de mueble; *una mesa de cuatro patas* une table à

patada

quatre pieds ‖ patte (de vestidos) ‖ égalité (empate) ‖ cane (hembra del pato) ‖ — MECÁN *pata de araña* patte d'araignée ‖ FIG & FAM *pata de banco* bêtise, bourde; *salir con una pata de banco* dire une bourde ‖ *pata de cabra* guinche (herramienta de zapatero) ‖ *pata de gallina* cadranure (enfermedad de los árboles) ‖ *pata de gallo* pied de coq (planta), pied de poule (tela), patte d'oie (arruga), bêtise, ânerie, bourde (despropósito) ‖ MAR *pata de ganso* patte-d'oie; *a pata de ganso* en patte-d'oie ‖ *pata de mosca* patte de mouche (garabato) ‖ *pata de palo* jambe de bois ‖ CULIN *pata negra* jambon de montagne (jamón ibérico) ‖ FAM *patas arriba* les quatre fers en l'air (caído), sens dessus dessous (desordenado) ‖ — FAM ¡*abajo las patas!* bas les pattes! ‖ *a cuatro patas* à quatre pattes (a gatas) ‖ *a la pata coja* à cloche-pied ‖ FIG *a la pata la llana* à la bonne franquette, sans façons ‖ FAM *a pata* à pattes (andando), pieds nus (descalzo) ‖ ¡*en cada pata!* et les mois de nourrice! [à une personne qui se dit plus jeune qu'elle n'est] ‖ *mala pata* guigne, poisse, déveine ‖ *meterdura de pata* gaffe, impair ‖ *echar las patas por alto* faire fi de toutes les convenances ‖ — FIG & FAM *creerse descendiente de la pata del Cid* se croire sorti de la cuisse de Jupiter ‖ *echar la pata* être supérieur, dépasser, faire la pige (superar) ‖ *enseñar la pata* montrer le bout de l'oreille ‖ *estirar la pata* casser sa pipe, claquer (morir) ‖ *meter la pata* faire une gaffe, mettre les pieds dans le plat, commettre un impair *o* une bévue ‖ *poner a uno de patas en la calle* flanquer quelqu'un à la porte ‖ *tener mala pata* ne pas avoir de veine *o* de chance, avoir la poisse *o* la guigne.

patada *f* coup *m* de pied (puntapié) ‖ FAM pas *m* (paso) ‖ — FIG & FAM *a patadas* abondamment, à la pelle ‖ *dar patadas en el suelo* taper des pieds par terre ‖ *darse (de) patadas* jurer; *el verde se da de patadas con el azul* le vert jure avec le bleu ‖ *echar a alguien a patadas* flanquer quelqu'un dehors à coups de pied dans le derrière ‖ *hacer algo a patadas* bâcler quelque chose ‖ *hacer algo en dos patadas* faire une chose en moins de deux *o* en deux temps trois mouvements ‖ *largar una patada en el trasero* donner des coups de pieds dans le derrière, envoyer son pied quelque part ‖ *sentar algo como una patada en el estómago* rester en travers de la gorge ‖ *tratar a uno a patadas* traiter quelqu'un à coups de pied dans le derrière.

patagón, ona *adj y s* patagon, onne.
Patagonia *n pr f* GEOGR Patagonie.
patagónico, ca *adj* patagonique.
patalear *v intr* trépigner (en el suelo) ‖ gigoter (el niño en la cuna).
pataleo *m* trépignement ‖ FIG & FAM *el derecho de pataleo* le droit de rouspéter.
pataleta *f* FAM crise de nerfs [simulée].
patán *m* FAM paysan, rustre (rústico) ‖ rustaud, balourd (palurdo).
patanería *f* FAM balourdise.
¡pataplún! *interj* patatras!
patata *f* pomme de terre; *patata temprana* pomme de terre nouvelle ‖ patate (batata); *patata dulce* patate douce ‖ — FIG *patata caliente* dossier urgent ‖ *patata de caña* topinambour (pataca) ‖ *patatas al vapor* pommes vapeur ‖ *patatas fritas* frites, pommes frites, pommes de terre frites ‖ *patatas fritas a la inglesa* chips ‖ *patatas nuevas*

648

pommes de terre nouvelles ‖ *patatas paja* pommes paille.
— OBSERV El uso en francés de la palabra *patate* por *pomme de terre* es familiar.

patatal; patatar *m* champ de pommes de terre.
patatero, ra *adj* de la pomme de terre.
◆ *m y f* marchand, e de pommes de terre (vendedor).
◆ *m* FAM officier sorti du rang.
patatín patatán (que) FAM et patati et patata.
patatús *m* FAM évanouissement, malaise ‖ FAM *darle a uno un patatús* tomber dans les pommes, tourner de l'œil.
paté *adj* BLAS patté, e (cruz).
◆ *m* CULIN pâté.
patear *v tr* FAM donner des coups de pied ‖ mépriser (despreciar) ‖ piétiner (pisotear) ‖ siffler, huer (abuchear); *patear una obra de teatro* siffler une pièce ‖ laver la tête, passer un savon (reprender) ‖ *(amer)* donner une indigestion (causar indigestión).
◆ *v intr* FAM trépigner, taper des pieds (impacientarse, irritarse) ‖ FIG & FAM se démener ‖ *(amer)* ruer (caballo) ‖ avoir du recul (arma de fuego).
◆ *v intr y pr* FAM claquer (despilfarrar); *patearse el dinero* claquer tout son argent.
patena *f* patène ‖ *limpio* ou *blanco como una patena* propre comme un sou neuf.
patentado, da *adj y s* patenté, e.
patentar *v tr* breveter, patenter (invento) ‖ déposer; *marca patentada* marque déposée.
patente *adj* évident, e; patent, e ‖ criant, e; éclatant, e; *verdad patente* vérité éclatante ‖ *letras patentes* lettres patentes.
◆ *f* patente ‖ brevet, *m*; *patente de invención* brevet d'invention ‖ MAR patente ‖ *caducidad de la patente* déchéance du brevet ‖ *derechos de patente* droits de propriété industrielle ‖ *patente de corso* lettre de marque ‖ MAR *patente de sanidad, limpia, sucia* patente de santé, nette, suspecte ‖ — *presentar una solicitud de patente* présenter une demande de brevet ‖ *solicitar una patente* déposer un brevet.
patentemente *adv* manifestement.
patentizar *v tr* mettre en évidence, manifester, montrer.
pateo *m* FAM trépignement (de impaciencia, rabia) ‖ piétinement (pisoteo).
pátera *f* patère (vaso).
paternal *adj* paternel, elle; *autoridad paternal* autorité paternelle.
paternalismo *m* paternalisme.
paternalista *adj* paternaliste.
paternidad *f* paternité; *investigación de la paternidad* recherche de paternité.
paterno, na *adj* paternel, elle; *abuelo paterno* grand-père paternel.
paternóster *m* pater, notre-père (oración) ‖ FIG & FAM nœud compliqué (nudo).
patético, ca *adj* pathétique (conmovedor).
◆ *adj y s m* ANAT pathétique (músculo).
patetismo *m* pathétisme.
patibulario, ria *adj* patibulaire; *rostro patibulario* mine patibulaire.
patíbulo *m* échafaud (cadalso) ‖ FIG *carne de patíbulo* gibier de potence.

patidifuso, sa *adj* FAM épaté, e; bouche bée, baba (sorprendido); *quedarse patidifuso* rester baba o bouche bée, être épaté.

patilla *f* patte (pelo en las sienes) ‖ favori *m* (favorito) ‖ gachette (disparador) ‖ branche (de gafas) ‖ MÚS position de la main gauche sur la «vihuela».
◆ *pl* guiches (peinado femenino) ‖ *patillas cortas* pattes de lapin (peinado).

patilludo, da *adj* aux longs favoris.

patín *m* patin (para patinar) ‖ chausson (calzado de niños pequeños) ‖ AVIAC béquille *f* (de aterrizaje) ‖ patin ‖ MECÁN patin ‖ pétrel (ave) ‖ — *patín de cuchilla* patin à glace ‖ *patín de ruedas* patin à roulettes.

pátina *f* patine ‖ *dar pátina* patiner.

patinador, ra *m y f* patineur, euse.

patinaje *m* patinage ‖ — DEP *patinaje artístico* patinage artistique | *patinaje de velocidad* patinage de vitesse | *patinaje sobre hielo* patinage sur glace ‖ *patinaje sobre ruedas* patinage à roulettes.

patinar *v intr* patiner (patinador) ‖ patiner, déraper (vehículo) ‖ riper (desplazarse) ‖ *pista de patinar* patinoire.
◆ *v tr* patiner (dar pátina).

patinazo *m* dérapage, patinage (de un vehículo) ‖ FIG & FAM bourde *f*, bévue *f* (planchazo) ‖ — FIG & FAM *dar un patinazo* se gourer, se mettre le doigt dans l'œil ‖ *dio un patinazo y se salió de la carretera* il dérapa et quitta la route.

patineta *f* patinette, trottinette.

patinete *m* trottinette *f*.

patinillo *m* courette *f* (de una casa).

patio *m* cour *f*; *patio de escuela* cour d'école ‖ patio (en una casa española) ‖ — TEATR *butaca de patio* fauteuil d'orchestre | *patio de butacas* orchestre ‖ *patio de Monipodio* cour des Miracles ‖ — FAM *¡cómo está el patio!* quelle histoire!, quel bin's!

patita *f* FIG & FAM *poner a uno de patitas en la calle* flanquer o mettre quelqu'un à la porte.

patitieso, sa *adj* paralysé des jambes, qui a la jambe raide o les jambes raides ‖ FIG & FAM raide (tieso) ‖ — FIG & FAM *dejar patitieso* renverser, ahurir, stupéfier | *quedarse patitieso* être ahuri o stupéfait.

patito *m* caneton.

patituerto, ta *adj* qui a les jambes torses, bancal, e ‖ FIG & FAM tordu, e (torcido).

patizambo, ba *adj* cagneux, euse; aux genoux cagneux ‖ panard, e (caballo).
◆ *m* pied-bot.

pato *m* canard; *pato salvaje* ou *silvestre* canard sauvage ‖ — FIG & FAM *estar hecho un pato* être trempé comme une soupe | *pagar el pato* payer les pots cassés, écoper, trinquer | — *la edad del pato* l'âge ingrat | *pato de flojel* eider (ave).

patochada *f* sottise, ânerie, coq-à-l'âne *m inv* (disparate).

patogenia *f* MED pathogénie.

patogénico, ca *adj* pathogénique.

patógeno, na *adj* pathogène.

patología *f* pathologie.

patológico, ca *adj* pathologique.

patólogo, ga *adj y s* pathologiste.

patoso, sa *adj* FAM assommant, e (cargante) | pataud, e; maladroit, e (torpe).

patraña *f* FAM bateau *m*, bobard *m* (mentira).

patria *f* patrie; *volver a la patria* retourner dans sa patrie; *la madre patria* la mère patrie ‖ — *patria adoptiva* pays d'adoption ‖ *patria celestial* patrie céleste (el cielo) ‖ *patria chica* ville natale ‖ — *merecer bien de la patria* bien mériter de la patrie.

patriarca *m* patriarche ‖ *llevar una vida de patriarca* mener une vie de patriarche.

patriarcado *m* patriarcat.

patriarcal *adj* patriarcal, e; *regímenes patriarcales* régimes patriarcaux.
◆ *f* église patriarcale ‖ patriarcat *m* (patriarcado).

patriciado *m* patriciat.

patricio, cia *adj y s* patricien, enne ‖ patricial, e (de los patricios) ‖ noble (aristócrata).
◆ *m* patrice (dignatario).

patrimonial *adj* patrimonial, e; *bienes patrimoniales* biens patrimoniaux.

patrimonio *m* patrimoine ‖ FIG apanage; *la vitalidad es el patrimonio de la juventud* la vitalité est l'apanage de la jeunesse | lot; *glorias que son el patrimonio de las naciones antiguas* gloires qui sont le lot des vieilles nations ‖ — *patrimonio forestal del Estado* forêt domaniale ‖ *patrimonio nacional* patrimoine national ‖ *patrimonio real* domaine de la couronne o royal.

patrio, tria *adj* de la patrie ‖ paternel, elle (del padre); *patria potestad* puissance paternelle ‖ (amer) sans propriétaire (caballo).

patriota *adj y s* patriote.

patriotería *f* chauvinisme *m*.

patriotero, ra *adj y s* FAM chauvin, e; cocardier, ère; patriotard, e.

patriótico, ca *adj* patriotique.

patriotismo *m* patriotisme.

patrocinador, ra *adj y s* protecteur, trice; personne qui patronne.
◆ *f* dame patronnesse (de obras pías, etc.).

patrocinar *v tr* patronner (una cosa) ‖ protéger, appuyer (a uno) ‖ *fiesta patrocinada por* fête sous le patronage de.

patrocinio *m* patronage, appui, protection *f* (amparo) ‖ *patrocinio de Nuestra Señora, de San José* fête du patronage de la Sainte Vierge, de saint Joseph.

patrología *f* patrologie.

patrón *m* patron (de un barco) ‖ patron (modelo) ‖ BOT sujet (planta que se injerta) ‖ étalon (monedas); *patrón oro* étalon-or ‖ — BOT *patrón de injerto* porte-greffe ‖ — FIG *cortado por el mismo patrón* fait o taillé sur le même modèle, sorti du même moule | *donde hay patrón, no manda marinero* c'est toujours le patron qui commande.

patrona *f* hôtesse, patronne (de casa de huéspedes) ‖ *vivir de patrona* vivre dans une pension de famille.

patronal *adj* patronal, e; *sindicatos patronales* syndicats patronaux ‖ *cierre patronal* lock-out.

patronato *m* patronat (conjunto de los patronos) ‖ patronage (asociación benévola) ‖ fondation *f* (fundación) ‖ institut (instituto) ‖ centre; *Patronato Nacional de Protección a la Mujer* Centre national de protection de la femme ‖ société *f*; *patronato de Amigos de* société des Amis de ‖ office; *patronato de casas militares* office de logement pour militaires ‖ *Patronato de Apuestas Mutuas* pari mutuel.

patronazgo *m* patronage; *bajo el patronazgo de* sous le patronage de ‖ *a Santa Bárbara corresponde el patronazgo de la Artillería* sainte Barbe est la patronne des artilleurs.

patronear *v tr* MAR commander (un barco).

patronímico, ca *adj* patronymique.
◆ *m* patronyme, nom patronymique (nombre patronímico).

patrono, na *m y f* patron, onne (jefe) ‖ patron, onne; protecteur, trice (santo).

patrulla *f* patrouille ‖ FIG bande, groupe *m* (cuadrilla).

patrullar *v intr* patrouiller, aller en patrouille.

patrullero, ra *adj* patrouilleur (sin femenino), de reconnaissance (avión, buque).
◆ *m* patrouilleur (barco).

patuco *m* chausson [de bébé].

patulea *f* FAM marmaille (chiquillos) ‖ soldatesque (soldadesca) ‖ cohue (muchedumbre).

paúl *m* marécage (terreno pantanoso).

paular *m* marécage (pantano) ‖ bourbier (atolladero).

paular *v intr* FAM parler ‖ — FAM *ni paula ni maula* il n'ouvre pas la bouche ‖ *sin paular ni maular* sans mot dire.

paulatinamente *adv* lentement, en douceur, peu à peu.

paulatino, na *adj* lent, e ‖ *de un modo paulatino* doucement.

pauperismo *m* paupérisme.

pauperización *f* paupérisation (empobrecimiento).

paupérrimo, ma *adj* très pauvre.

pausa *f* pause (interrupción) ‖ lenteur (lentitud) ‖ MÚS pause, silence *m* ‖ *a pausas* par intervalles.

pausado, da *adj* lent, e; calme, posé, e ‖ *pausado en el hablar* qui parle lentement.
◆ *adv* lentement, calmement.

pauta *f* règle (regla) ‖ ligne, lignes *pl* (rayas) ‖ FIG modèle *m*, règle (dechado) ‖ MÚS patte (del papel) ‖ *(amer)* transparent *m* (falsilla) ‖ FIG *dar ou marcar la pauta* donner le ton.

pautar *v tr* régler, rayer ‖ FIG régler; *vida pautada* vie réglée ‖ MÚS tracer des portées sur (pentagrama) ‖ *papel pautado* papier rayé (para escribir), papier à musique.

pava *f* dinde (ave) ‖ FIG dinde (mujer sosa) ‖ — *pava real* paonne ‖ FIG & FAM *pelar la pava* faire la cour.

pava *f* soufflet *m* de forge (fuelle) ‖ FAM mégot *m* (colilla) ‖ *(amer)* bouilloire (para el mate).

pavada *f* troupeau *m* de dindons ‖ FIG & FAM sottise, bêtise, niaiserie.

pavero, ra *adj* vaniteux, euse (presumido).
◆ *m y f* éleveur, euse de dindons.
◆ *m* chapeau andalou (sombrero).

pavesa *f* flammèche, brandon *m* ‖ — FIG & FAM *estar hecho una pavesa* être exténué ‖ *pavesa humana* torche vivante.

pavezno *m* dindonneau (pavipollo).

pavía *f* pavie (fruto).

pavimentación *f* revêtement *m* du sol *o* de la route (revestimiento en general), pavage *m*, pavement *m* (con adoquines), dallage *m* (con losas), carrelage *m* (con ladrillos).

pavimentar *v tr* poser un revêtement.

pavimento *m* pavé, pavage, pavement (de adoquines) ‖ carrelage (de ladrillos) ‖ dallage de losas).

pavisoso, sa; pavitonto, ta *adj* FAM cloche, sot, sotte; gourde, cruche (mentecato).
◆ *m y f* cruche *f*, cloche *f*, gourde *f*; *este chico es un pavitonto* ce garçon est une cloche.

pavo *m* dindon ‖ FIG & FAM âne, cloche *f* (necio) ‖ *(amer)* passager clandestin (polizón) ‖ — *pavo real* paon ‖ — FAM *edad del pavo* âge ingrat ‖ — FAM *comer pavo* faire tapisserie (en un baile), avoir une déception [en Amérique] ‖ *encendido como un pavo* rouge comme un coq ‖ *esto no es moco de pavo* ce n'est pas de la petite bière, ce n'est pas piqué des vers, ce n'est pas du gâteau, ce n'est pas rien; *este trabajo no es moco de pavo* ce travail n'est pas piqué des vers; ce n'est pas de la blague *o* de la rigolade *o* de la bagatelle; *seis mil dólares no son moco de pavo* six mille dollars, ce n'est pas de la bagatelle ‖ *hincharse como un pavo real* prendre des grands airs, faire la roue ‖ *subírsele a uno el pavo* piquer un fard, rougir jusqu'à la racine des cheveux ‖ *tener pavo* être sot *o* bête.

pavón *m* paon (pavo real) ‖ paon (mariposa) ‖ TECN brunissage, bleuissage (del acero).

pavonar *v tr* brunir, bleuir (acero).

pavonazo *m* pourpre (color).

pavonear *v tr* leurrer, endormir, amuser (engañar).
◆ *v intr y pr* se pavaner (ostentar).

pavoneo *m* fatuité *f*, prétention *f*, grands airs *pl*.

pavor *m* frayeur *f*, épouvante *f*, peur *f*, panique *f*.

pavorido, da *adj* effrayé, e; épouvanté, e (despavorido).

pavorosamente *adv* épouvantablement, d'une façon épouvantable (de una manera espantosa) ‖ en tremblant de peur (con pavor).

pavoroso, sa *adj* effrayant, e; épouvantable (espantoso).

paya *f* *(amer)* chant *m* dialogué.

payasada *f* clownerie, pitrerie.

payaso *m* clown, paillasse *(p us)*, pitre ‖ *hacer el payaso, dárselas de payaso* faire le clown *o* le pitre.

payés, esa *m y f* paysan, anne [en Catalogne et aux Baléares] ‖ *payeses de remensa* serfs de la glèbe (en la Cataluña medieval).

payo, ya *adj y s* paysan, anne ‖ qui n'est pas gitan (en el lenguaje de los gitanos) ‖ POP andouille (mentecato) ‖ *(amer)* albinos (albino).

paz *f* paix ‖ RELIG instruments *m pl* de paix (imagen que besaban los fieles) ‖ — *paz fingida* paix fourrée ‖ *paz octaviana* paix romaine ‖ — *a la paz de Dios* au revoir (hasta la vista) ‖ FIG *aquí paz y después gloria* n'en parlons plus, l'affaire est close ‖ *con paz sea dicho* soit dit sans offense ‖ RELIG *daos fraternalmente la paz* donnez-vous la paix ‖ *dejar en paz* laisser tranquille *o* en paix, ficher la paix (fam); *déjame en paz* fiche-moi la paix ‖ *descansar en paz* reposer en paix ‖ *estar en paz* être en état de paix (no estar en guerra), être quitte (no deberse nada) ‖ *firmar la paz* signer la paix (Estados) ‖ *no dejar en paz* ôter tout repos (una preocupación) ‖ *poner paz entre varias personas* réconcilier plusieurs personnes, faire la paix entre plusieurs personnes ‖ *poner paz* rétablir *o* faire la paix ‖ *quedar en paz* être en paix (no estar en guerra), être

quitte (no deberse nada) || *que en paz descanse (q.e.p.d.)* qu'il repose en paix, paix à son âme, Dieu ait son âme (en esquelas se emplea en francés la frase *priez pour lui* o la locución latina *requiescat in pace*), feu, e (difunto); *mi marido, que en paz descanse, era militar* feu mon mari était militaire || *tener la conciencia en paz* avoir la conscience en paix.

◆ *pl* paix *sing*; *firmar las paces* faire la paix (individuos); *hacer las paces* faire la paix, se réconcilier.

◆ *interj* paix! || *¡vaya en paz!* allez en paix!

pazguatería *f* niaiserie, sottise.

pazguato, ta *adj y s* nigaud, e; niais, e.

pazo *m* château, manoir (en Galicia).

PCE abrev de *Partido Comunista Español* Parti communiste espagnol.

PCUS abrev de *Partido Comunista de la Unión Soviética* P.C.U.S., Parti communiste de l'Union Soviétique.

¡pche!; ¡pchs! *interj* peuh!, bah!

P.D.; PS abrev de *postdata* P.-S., post-scriptum.

pe *f* p *m* [nom de la lettre «p»] || *de pe a pa* d'un bout à l'autre, de A jusqu'à Z.

pea *f* POP cuite (borrachera).

peaje *m* péage.

peana *f* socle *m* (zócalo) || marches *pl* (del altar) || FIG *adorar al santo por la peana* courtiser la mère pour avoir la fille.

peatón *m* piéton (transeúnte) || facteur rural (correo) || *paso de peatones* passage pour piétons, passage clouté.

peatonal *adj* piétonnier, ère || *calle peatonal* rue piétonnière o piétonne.

pebete *m* parfum à brûler (perfume) || FIG & FAM puanteur *f* (mal olor) || mèche *f*, amorce *f* (de cohete) || *(amer)* gosse (niño).

pebetero *m* brûle-parfum *inv*, cassolette *f*.

peca *f* tache de rousseur o de son (en la cara).

pecado *m* péché; *pecado mortal, venial, original* péché mortel, véniel, originel || défaut (defecto en una cosa) || — *pecado confesado es medio perdonado* faute avouée est à moitié pardonnée || *pecado nefando* ou *contra natura* sodomie, péché contre nature || — *de mis pecados* que j'adore, de mon cœur; *esta niña de mis pecados* cette enfant que j'adore || *feo como un pecado* laid comme les sept péchés capitaux || *por mis pecados* pour mon malheur || — *en el pecado va la penitencia* on est toujours puni par où l'on a péché || *no hay pecado sin remisión* à tout péché miséricorde.

pecador, ra *adj y s* pécheur, eresse || *¡pecador de mí!* pauvre de moi!

◆ *f* prostituée.

pecaminoso, sa *adj* coupable, pécamineux, euse *(p us)*; *intención pecaminosa* intention coupable.

pecar *v intr* pécher || — *no peca de generoso* ce n'est pas la générosité qui l'étouffe || *pecar con pécher par; pecar con la intención* pécher par intention || *pecar de* pécher par; *pecar de severo* pécher par sévérité; *pecar de goloso, de necio* pécher par gourmandise, par bêtise || *pecar de confiado* être beaucoup trop confiant || *pecar de palabra* pécher en paroles || *pecar por* pécher par; *pecar por ignorancia* pécher par ignorance.

pecarí; pécari *m* pécari (mamífero).

pecblenda *f* MIN pechblende.

peccata minuta *loc lat* FAM faute *f* légère, peccadille *f*.

pecera *f* aquarium *m* (acuario en general), bocal *m* (si es redondo).

pecíolo; peciolo *m* BOT pétiole.

pécora *f* bête à laine (res) || FIG & FAM *mala pécora* chipie, sale bête (mujer).

pecoso, sa *adj* criblé de taches de rousseur (rostro) || *niña pecosa* petite fille au visage criblé de taches de rousseur.

pectina *f* QUÍM pectine.

pectiniforme *adj* en forme de peigne.

pectoral *adj* pectoral, e; *músculos pectorales* muscles pectoraux; *pasta pectoral* pâte pectorale.

◆ *m* croix *f* pectorale (de obispos) || pectoral (de sacerdote judío) || pectoral (adorno).

pecuario, ria *adj* de l'élevage || *industria pecuaria* élevage.

peculiar *adj* propre, particulier, ère; caractéristique; *traje peculiar de una región* costume particulier à une région o caractéristique d'une région.

peculiaridad *f* particularité.

peculio *m* pécule.

pecunia *f* FAM galette, fric *m*, pécune (dinero).

pecuniariamente *adv* pécuniairement, du point de vue financier (económicamente) || en espèces (en metálico).

pecuniario, ria *adj* pécuniaire; *pena pecuniaria* peine pécuniaire.

pechar *v tr* payer un impôt (pagar) || FAM *(amer)* taper (pedir dinero) | bousculer (empujar), renverser (atropellar).

◆ *v intr* FAM se charger, se coltiner; *pechar con un trabajo* se charger d'un travail, se coltiner un travail.

pechera *f* plastron *m* (de camisa de hombre) || devant *m* (de otras prendas de vestir) || jabot *m* (chorrera) || poitrail *m* (arnés del caballo) || FAM poitrine (de la mujer) || *(amer)* tablier *m* (mandil).

pechero, ra *adj y s* taillable (que paga un tributo) || roturier, ère (plebeyo).

◆ *m* bavoir.

pecherón, ona *adj* FAM *(amer)* trop bon, trop bonne; bonasse.

pechina *f* coquille, pétoncle *m* (venera) || ARQ pendentif *m* (de bóveda).

pechirrojo *m* bouvreuil (pardillo).

pecho *m* ANAT poitrine *f*; *en el pecho* sur la poitrine; *angina de pecho* angine de poitrine | poitrine *f* (de la mujer) | sein; *dar el pecho a un nene* donner le sein à un nourrisson || poitrail (de animal) || côte *f*, raidillon (repecho) || FIG cœur (corazón). *hombre de pecho* homme de cœur | courage, force *f* d'âme (valor, esfuerzo) | voix *f* (calidad de la voz) | coffre (fuerza de la voz) || — *pecho arriba* en haut de la côte || *a lo hecho pecho* ce qui est fait est fait || *a pecho descubierto* à découvert (sin protección), à cœur ouvert (con franqueza) || *niño de pecho* nourrisson || — FIG *abrir su pecho* ouvrir son cœur (confiarse) || *apretar contra su pecho* presser contre son sein o contre son cœur || *dar el do de pecho* faire le maximum, se surpasser || *dar el pecho* donner le sein, faire téter (la madre), faire face (a un peligro) || FIG *descubrir el pecho* découvrir son cœur | *echarse*

ou *tomarse a pecho una cosa* prendre une chose à cœur ‖ FIG & FAM *echarse entre pecho y espalda* s'envoyer (tragar), se taper (un trabajo) ‖ FIG *no caberle a uno en el pecho de alegría* ne pas pouvoir contenir sa joie | *partirse el pecho* se donner beaucoup de mal, se décarcasser | *partirse el pecho por uno* se mettre en quatre pour quelqu'un ‖ *sacar el pecho* bomber le torse *o* la poitrine ‖ *ser hombre de pelo en pecho* être un homme, un vrai! ‖ *tomar el pecho* prendre le sein, téter (un niño).
- *pl* poitrine *f sing*, gorge *f sing* (de mujer) ‖ FIG *criar a sus pechos* protéger, prendre sous son aile.

pecho *m* redevance *f*, taille *f* (tributo) ‖ FIG tribut, redevance *f* (contribución).

pechuga *f* blanc *m* [de volaille] (pecho de ave); *una pechuga de pollo* un blanc de poulet ‖ FIG & FAM poitrine (pecho) ‖ FIG côte raide, raidillon *m* (cuesta) ‖ *(amer)* sans-gêne *m* (descarado).

pechugón, ona *adj* FAM aux pectoraux développés (un hombre) ‖ à la poitrine abondante (una mujer).
- *m darse el pechugón* donner un coup de collier.

pechugona *adj f* qui a beaucoup de poitrine.

pedagogía *f* pédagogie.

pedagógico, ca *adj* pédagogique.

pedagogo, ga *m y f* pédagogue ‖ précepteur, trice (ayo) ‖ maître, maîtresse d'école (maestro de escuela) ‖ FAM pédant, e, cuistre.

pedal *m* pédale *f*; *los pedales de una bicicleta* les pédales d'une bicyclette ‖ MÚS pédalier (teclado del órgano) ‖ *dar a los pedales* pédaler.

pedalada *f* coup *m* de pédale.

pedalear *v intr* pédaler.

pedaleo *m* action *f* de pédaler, pédalage *(p us)*.

pedáneo *adj m* DR *juez pedáneo* juge de paix.

pedante *adj y s* pédant, e.

pedantear *v intr* faire le pédant, pédantiser *(p us)*.

pedantería *f* pédanterie, pédantisme *m*.

pedazo *m* morceau; *un pedazo de pan* un morceau de pain ‖ — FIG & FAM *pedazo de alcornoque, de animal, de bruto* espèce *o* bougre d'animal, d'imbécile, de sauvage ‖ FIG *pedazo del alma* ou *del corazón* rayon de soleil, cœur ‖ — *a pedazos* en morceaux, en pièces ‖ FIG *por un pedazo de pan* pour une bouchée de pain ‖ — FIG & FAM *caerse a pedazos* tomber en morceaux *o* en pièces | *caerse uno a pedazos, estar hecho pedazos* tomber de fatigue, être éreinté *o* vanné (estar agotado) ‖ FIG *ganarse un pedazo de pan* gagner son pain ‖ *hacer pedazos* mettre en morceaux *o* en pièces ‖ *hacerse pedazos* se déchirer (rasgarse), tomber en miettes *o* en morceaux (romperse) ‖ FIG & FAM *morirse por los pedazos de uno* raffoler de quelqu'un, avoir quelqu'un dans la peau ‖ *romperse en mil pedazos* se casser en mille morceaux ‖ FIG & FAM *ser un pedazo de pan* être bon comme le pain, être la bonté même.

pederasta *m* pédéraste.

pederastia *f* pédérastie.

pedernal *m* silex ‖ pierre *f* à fusil *o* à feu (piedra de chispa) ‖ FIG *duro como un pedernal* dur comme la pierre.

pedestal *m* piédestal (de estatua); *pedestales de mármol* piédestaux de marbre ‖ socle (peana) ‖ FIG appui (base).

pedestre *adj* pédestre ‖ FIG plat, e (llano) | vulgaire (vulgar) ‖ *carrera pedestre* course à pied.

pedestrismo *m* course *f* à pied (deportes).

pedíatra; pediatra *m y f* MED pédiatre.

pediatría *f* MED pédiatrie.

pedicuro, ra *m y f* pédicure (callista).

pedida *f* *sortija, pulsera de pedida* bague, bracelet de fiançailles.

pedido *m* COM commande *f*; *entregar un pedido* livrer une commande; *los pedidos pendientes* les commandes en attente; *hacer un pedido* passer une commande ‖ demande *f* (petición); *hacer, cumplir un pedido* faire, accorder une demande ‖ *— a pedido de* à *o* sur la demande de ‖ *hoja de pedido* bulletin de commande.

pedigree; pedigrí *m* pedigree.

pedigüeño, ña *adj y s* FAM quémandeur, euse.

pedimento *m* demande *f* ‖ DR requête *f* ‖ pétitoire *f* (en derecho inmobiliario) ‖ DR *pedimento del fiscal* acte d'accusation, réquisitoire.

pedir* *v tr* demander (voir OBSERV); *pedir informes, la palabra* demander des renseignements, la parole; *pedir de comer* demander à manger ‖ demander, commander (encargar); *pedir un café* commander un café ‖ mendier (pedir limosna) ‖ demander (requerir); *tal oficio pide paciencia* ce métier demande de la patience ‖ demander (poner precio); *pedir muy caro* demander très cher ‖ demander en mariage (a una mujer) ‖ *— a pedir de boca* au bon moment, à pic (en el momento oportuno), à souhait (a medida de sus deseos) ‖ *no hay más que pedir* il n'y a rien à dire, on ne peut pas demander mieux ‖ *pedir disculpas* présenter des excuses ‖ DR *pedir en justicia* ester en justice ‖ *pedir limosna* demander l'aumône ‖ FIG *pedir peras al olmo, pedir la luna* demander la Lune, demander l'impossible ‖ *pedir prestado* emprunter (una cosa) ‖ *pedir socorro* ou *auxilio* appeler au secours.
— OBSERV *Pedir* signifie uniquement *faire une demande, solliciter*, et non *poser une question*, qui se dit *preguntar*.
— OBSERV En français *pedir que* se traduce por *demander de* si el sujeto del verbo de la oración subordinada es al mismo tiempo complemento de pedir (*me pide que retrase mi viaje* il me demande de retarder mon voyage) y por *demander que* si el sujeto del segundo verbo no es complemento de pedir (*ella pide que se retrase el viaje* elle demande qu'on retarde le voyage).
— OBSERV *Pedir* con el infinitivo se traduce por *demander de*: *pido ser admitido* je demande à être admis.

pedo *m* FAM pet (ventosidad) | cuite *f* (borrachera); *estar pedo* avoir une cuite ‖ *— pedo de lobo* vesse-de-loup (hongo) ‖ CULIN *pedo de monja* pet-de-nonne ‖ *— (amer)* POP *al pedo* pour des prunes (inútilmente).

pedofilia *f* pédophilie.

pedología *f* pédologie (paidología) ‖ pédologie (ciencia del suelo).

pedólogo, ga *m y f* pédologue (paidólogo).

pedorrera *f* FAM pétarade, suite de pets.
- *pl* chausses collantes.

pedorreta *f* claquement *m* sec des lèvres.

pedrada *f* coup *m* de pierre; *a pedradas* à coups de pierre ‖ FIG & FAM *llegar* ou *caer como pedrada en ojo de boticario* arriver comme marée *o* mars en carême, arriver *o* tomber à merveille, tomber à pic.

pedrea *f* jet *m* de pierre ‖ combat *m* à coups de pierre (combate) ‖ grêle (granizo) ‖ FIG & FAM petits *m pl* lots, lots *m pl* de consolation (premios menores).
pedregal *m* terrain pierreux o rocailleux.
pedregoso, sa *adj* rocailleux, euse; pierreux, euse.
pedregullo *m* (amer) gravier.
pedrera *f* carrière (cantera).
pedrería *f* pierreries *pl*, pierres *pl* précieuses.
pedrero *m* carrier, tailleur de pierres (cantero) ‖ (ant) pierrier (pieza de artillería) ‖ frondeur (hondero).
pedrisco *m* grêle *f* (granizo) ‖ grêle *f* de pierres (pedrea) ‖ rocaille *f* (pedregal).
pedriza *f* terrain *m* pierreux o rocailleux (pedregal) ‖ mur *m* de pierres (valla).
Pedro *n pr m* Pierre ‖ *entrar como Pedro por su casa* entrer comme dans un moulin o comme chez soi o sans se gêner.
pedrojiménez *m* raisin et vin de Xérès.
pedrusco *m* grosse pierre *f*.
pedunculado, da *adj* BOT pédonculé, e.
pedúnculo *m* BOT & ANAT pédoncule, pédicule.
peeling *m* peeling, gommage.
peer *v intr* y *pr* POP péter.
pega *f* pie (urraca) ‖ collage *m* (pegadura) ‖ enduit *m* de poix (baño de pez) ‖ ZOOL rémora *m* (pez) ‖ FAM blague, attrape (chasco) ‖ colle (pregunta difícil); *poner una pega a un alumno* poser une colle à un élève ‖ os *m*; *hay una pega* il y a un os (hay un pero) ‖ anicroche (engorro); *asunto lleno de pegas* affaire pleine d'anicroches ‖ difficulté; *hoy no hay ninguna pega para conseguir un pasaporte* aujourd'hui on n'a aucune difficulté à obtenir un passeport ‖ inconvénient *m* (inconveniente) ‖ volée, raclée (zurra) ‖ MIN mise à feu (de barreno) ‖ POP *de pega* à la gomme, en toc ‖ FAM *esto es la pega* c'est ça le hic ‖ *poner pegas a* trouver à redire (criticar), faire obstacle à (impedir).
pegada *f* frappe (deportes) ‖ (amer) FAM coup de chance.
pegadizo, za *adj* collant, e (pegajoso) ‖ FIG collant, e (pesado) ‖ contagieux, euse; *tener una risa pegadiza* avoir un rire contagieux ‖ qui accroche (música, etc.) ‖ faux, fausse; postiche.
pegado *m* emplâtre (parche) ‖ aliment qui reste collé à la casserole ‖ — FIG & FAM *estar pegado* être nul o ignare, nager complètement; *estar pegado en matemáticas* nager complètement en mathématiques ‖ *oler a pegado* sentir le brûlé.
pegador *m* MIN ouvrier qui met le feu aux explosifs de mine ‖ puncheur (boxeador).
pegadura *f* collage *m* (acción de pegar) ‖ adhérence, contact *m* (unión).
pegajoso, sa *adj* collant, e (que se pega) ‖ gluant, e (viscoso) ‖ poisseux, euse; collant, e; *tener las manos pegajosas* avoir les mains poisseuses ‖ contagieux, euse (contagioso) ‖ FIG & FAM mielleux, euse (meloso) ‖ collant, e; assommant, e (cargante).
pegamento *m* colle *f*.
pegar *v tr* coller; *pegar un sello en un sobre* coller un timbre sur une enveloppe ‖ poser, fixer (fijar) ‖ coudre (coser) ‖ pousser, *pegar gritos, voces* pousser des cris, des hurlements ‖ tirer, *pegar un tiro* tirer un coup de feu ‖ battre, frapper (golpear); *pegar a un niño* battre un enfant ‖ donner, assener, envoyer, flanquer (golpes); *pegar un palo* donner un coup de bâton ‖ coller, flanquer, donner; *pegar un tortazo* coller une gifle ‖ coller, passer, donner; *le he pegado mi enfermedad* je lui ai collé ma maladie ‖ — *pegar cuatro gritos a alguien* passer un savon à quelqu'un ‖ *pegar duro* ou *fuerte* frapper dur (golpear), en mettre un coup (a un trabajo), taper dur (el sol) ‖ *pegar fuego* mettre le feu ‖ (amer) FAM *pegarla* réussir son coup ‖ *pegar la hebra* tailler une bavette, discuter le coup ‖ *pegar saltos* faire des bonds ‖ *pegar saltos de alegría* sauter de joie ‖ — MIL *codos pegados al cuerpo* coudes collés au corps, coudes au corps ‖ *goma de pegar* colle ‖ *no pegar ojo* ne pas fermer l'œil ‖ *papel de pegar* papier collant ‖ *pelo pegado* des cheveux plaqués ‖ *sin pegar un tiro* sans coup férir.
◆ *v intr* prendre (fuego, planta) ‖ aller (sentar bien o mal); *dos colores que no pegan uno con otro* deux couleurs qui ne vont pas ensemble ‖ tomber bien (venir a propósito) ‖ toucher (estar contiguo) ‖ heurter (tropezar) ‖ — *no pega* ça ne va pas, ça ne colle pas (no conviene), ça ne prend pas (no venga con cuentos) ‖ *quien pega primero pega dos veces* le premier coup en vaut deux.
◆ *v pr* se coller ‖ se coller; *pegarse a la pared* se coller au mur ‖ serrer (un vehículo); *pegarse a la acera* serrer le trottoir ‖ attacher (un guiso); *el arroz se ha pegado* le riz a attaché ‖ se plaquer; *pegarse al suelo* se plaquer par terre ‖ FIG coller (molestar) ‖ s'attraper; *el acento del Sur se pega fácilmente* l'accent du Sud s'attrape facilement ‖ se transmettre (una costumbre) ‖ mener (llevar); *¡hay que ver la vida que se pega!* il faut voir la vie qu'il mène! ‖ s'introduire dans, se joindre à, s'infiltrer (introducirse) ‖ se passionner pour, s'enticher de (aficionarse) ‖ — FIG & FAM *pegarse como una lapa* être collant, se coller comme une sangsue ‖ *pegársela a uno* rouler o posséder quelqu'un, la faire à quelqu'un, monter un coup à quelqu'un (engañar) ‖ *pegársele a uno las sábanas* faire la grasse matinée; *a Pedro se le han pegado las sábanas* Pierre a fait la grasse matinée; rester trop longtemps au lit, se lever trop tard, ne pas pouvoir se tirer du lit; *siempre llega tarde porque se le pegan las sábanas* il arrive toujours tard parce qu'il ne peut pas se tirer du lit ‖ *pegarse una buena vida* mener la belle vie, se donner du bon temps ‖ *pegarse un tiro* tirer un coup de pistolet, se suicider ‖ — FIG *coche que se pega muy bien a la carretera* voiture qui tient bien la route o qui a une bonne tenue de route ‖ *¡es para pegarse un tiro!* il y a de quoi se taper la tête contre les murs ‖ *esta canción se me ha pegado al oído* je ne peux pas me défaire de cette chanson.
pegaso *m* pégase (pez).
Pegaso *n pr m* MIT Pégase.
pegatina *f* autocollant *m*.
pegmatita *f* MIN pegmatite.
pego (dar el) *loc* FAM rouler, mettre dedans, donner le change (engañar).
pegote *m* emplâtre (de pez) ‖ FIG & FAM pâtée *f*, cataplasme (cosa espesa) ‖ pique-assiette (gorrón) ‖ ornement ridicule, emplâtre (parche) ‖ FAM *¡qué pegote!* quel crampon! (persona), quelle horreur! (cosas) ‖ FIG & FAM *tirarse el pegote* se faire mousser.
pegujal; pegujar *m* petit champ, lopin de terre (porción de tierra).

pegujalero *m* petit cultivateur (labrador) ‖ petit éleveur (ganadero).
peina *f* grand peigne *m* (peineta).
peinado, da *adj* peigné, e; coiffé, e.
◆ *m* coiffure *f* ‖ peignage (de textiles).
peinador, ra *m y f* coiffeur, euse.
◆ *m* peignoir (bata) ‖ *(amer)* coiffeuse *f* (tocador).
◆ *f* peigneuse, cardeuse (para la lana).
peinar *v tr* peigner (limpiar el pelo) ‖ coiffer, peigner (componer el pelo) ‖ démêler (desenredar) ‖ effleurer (rozar) ‖ peigner (la lana) ‖ DEP faire une tête (fútbol) ‖ FIG & FAM *peinar canas* avoir des cheveux blancs, ne plus être tout jeune | *peinar los naipes* truquer un jeu de cartes.
◆ *v pr* se coiffer, se peigner.
peinazo *m* linteau (de puerta o ventana).
peine *m* peigne ‖ peigne, carde *f* (de tejer) ‖ FIG & FAM roublard, vieux singe (hombre astuto), fine mouche *f* (mujer) ‖ TEATR gril (enrejado) ‖ — *pasarse el peine* se donner un coup de peigne ‖ *peine espeso* décrassoir, peigne fin ‖ *pelar a sobre peine* rafraîchir (el pelo) ‖ FAM *te vas a enterar de lo que vale un peine* je te souhaite bien du plaisir!, tu vas voir ce que tu vas voir!
peineta *f* grand peigne *m*, peigne *m* de mantille ‖ *(amer)* peigne *m* fin (lendrera).
— OBSERV La *peineta* est un grand peigne, légèrement cintré, généralement en écaille et décoré, qui, planté droit dans le chignon, sert à maintenir la mantille.
pejiguera *f* FAM corvée, embêtement *m* (molestia, fastidio).
Pekín *n pr* GEOGR Pékin.
pekinés, esa *adj* pékinois, e.
◆ *m y f* Pekinois, e.
◆ *m* pékinois (perro).
pela *f* épluchage *m* (de frutas o legumbres) ‖ épluchures *pl*, pelures *pl* (mondaduras) ‖ FAM peseta ‖ *(amer)* raclée, dégelée (paliza).
pelada *f* peau délainée ‖ FAM *(amer) la Pelada* la Camarde (muerte).
peladilla *f* dragée (almendra confitada) ‖ FIG caillou *m* (guijarro) ‖ FAM pruneau *m* (proyectil).
pelado, da *adj* tondu, e; rasé, e (cabeza) ‖ pelé, e (la piel) ‖ dénudé, e; pelé, e (terreno) ‖ pelé, e (mondado) ‖ décharné, e (hueso) ‖ dépouillé, e (estilo) ‖ rond (número); *un número pelado* un chiffre rond ‖ poli, e (guijarro) ‖ FAM tout juste; *tengo veinte pesetas peladas* j'ai tout juste vingt pesetas ‖ *(amer)* insolent, e ‖ FAM *estar pelado* être fauché, être sans le sou, être à sec, être raide.
◆ *m* coupe *f* (de pelo) ‖ FAM sans-le-sou.
pelador *m* écorceur (que descorteza) ‖ éplucheur (que pela).
peladura *f* écorçage *m* (de árboles) ‖ épluchage *m* (de frutas) ‖ épluchure (mondadura).
pelafustán *m* FAM pauvre type.
pelagatos *m inv* FAM pauvre diable, pauvre hère, va-nu-pieds ‖ FAM *había cuatro pelagatos* il y avait quatre pelés et un tondu.
pelágico, ca *adj* pélagique (de alta mar); *fauna pelágica* faune pélagique.
pelagra *f* MED pellagre.
pelaje *m* pelage, robe *f* (de un animal) ‖ FIG & FAM allure *f* (apariencia).

pelambre *m* poil, pelage (pelo) ‖ peaux *f pl* soumises au pelanage (que se apelambran) ‖ pelain (baño de cal) ‖ pelade *f* (alopecia).
◆ *f* FAM tignasse (cabellera).
— OBSERV Ce mot s'emploie très souvent au féminin.
pelambrera *f* plamerie (sitio) ‖ pelade (alopecia) ‖ poil *m* épais (pelo) ‖ FAM tignasse, tifs *m pl* (cabellera).
pelamen *m* FAM poil, pelage (pelambre).
pelanas *m inv* FAM pauvre diable (pelagatos).
pelandusca *f* POP prostituée, poule, grue (ramera).
pelantrín *m* petit fermier (labrantín) ‖ *(amer)* miséreux.
pelapatatas *m inv* éplucheur de pommes de terre.
pelar *v tr* couper (el pelo) ‖ éplucher, peler; *pelar patatas* éplucher des pommes de terre; *pelar un melocotón* peler une pêche ‖ décortiquer (mariscos) ‖ plumer (ave) ‖ dénuder, mettre à nu (desnudar) ‖ FIG & FAM plumer (sacar dinero a uno) ‖ dépouiller, faucher (despojar) | éreinter (criticar) ‖ — *pelar la pava* faire la cour ‖ *(amer) pelar los ojos* écarquiller les yeux ‖ — FIG & FAM *duro de pelar* dur, difficile (cosas), dur-à-cuire (persona) | *hace un frío que pela* il fait un froid de canard.
◆ *v pr* FAM se faire couper les cheveux ‖ *(amer)* se tromper (confundirse) ‖ — FAM *correr uno que se las pela* courir comme un dératé | *irse uno que se las pela* tricoter des jambes, prendre ses jambes à son cou | *pelárselas* se dépêcher, se grouiller | *pelárselas por una cosa* mourir d'envie de quelque chose (desear), se décarcasser pour quelque chose (hacer todo lo posible).
peldaño *m* marche *f*, degré (de escalera) ‖ échelon (de escalera de mano).
pelea *f* bataille, lutte, bagarre (contienda) ‖ combat *m* (animales); *una pelea de gallos* un combat de coqs; *gallo de pelea* coq de combat ‖ FIG lutte ‖ FAM *buscar pelea* chercher la bagarre.
peleado, da *adj* fâché, e (reñido).
peleador, ra *adj* combattant, e (peleante) ‖ batailleur, euse; bagarreur, euse (aficionado a pelear).
pelear *v intr* combattre, lutter (luchar) ‖ se battre (batallar) ‖ se disputer (con palabras) ‖ combattre, batailler; *el Cid peleó contra los moros* le Cid a combattu contre les Maures ‖ FIG lutter (elementos, cosas) | lutter (contra las pasiones) ‖ FIG *pelear por* se battre pour, lutter pour (afanarse por algo).
◆ *v pr* se battre, se bagarrer (fam); *pelearse a puñetazos* se battre à coups de poing ‖ FAM se disputer, se fâcher, se quereller (enemistarse).
pelechar *v intr* se couvrir de poils (de pelo), de plumes (de plumas) ‖ muer (mudar el pelo o la pluma) ‖ FIG & FAM se remplumer (mejorar de fortuna o salud), reprendre du poil de la bête (salud).
pelele *m* pantin, mannequin (muñeco) ‖ barboteuse *f* (de un niño) ‖ FIG & FAM pantin; *era un pelele en sus manos* il était un pantin entre ses mains | fantoche (persona inútil).
pelendengue *m* colifichet (perendengue).
peleón, ona *adj y s* bagarreur, euse; batailleur, euse (amigo de pelea) ‖ *vino peleón* vinasse, pinard (pirriaque).
peletería *f* pelleterie (oficio y comercio) ‖ magasin *m* de fourrures (tienda) ‖ fourrures *pl*, pelleterie (pieles).

peletero, ra *adj y s* pelletier, ère.
◆ *m* fourreur.

peliagudo, da *adj* à poils longs et fins (animal) ‖ FIG & FAM ardu, e; *un trabajo peliagudo* un travail ardu | épineux, euse; *un asunto peliagudo* une affaire épineuse | astucieux, euse (astuto).

peliblanco, ca; pelicano, na *adj* aux cheveux blancs (persona) ‖ à poil blanc (animal).

pelícano; pelicano *m* pélican (ave) ‖ pélican, davier (de dentista).
◆ *pl* BOT ancolie *f sing* (aguileña).

pelicorto, ta *adj* à poil court (animal) ‖ aux cheveux courts (persona).

película *f* pellicule (piel) ‖ TECN pellicule (hoja de gelatina sensible) ‖ film *m* (cine) ‖ — *película de dibujos animados* dessin animé ‖ *película de terror* film d'épouvante; *película en jornadas* ou *de episodios* film à épisodes ‖ *película muda* film muet; *película sonora* film parlant ‖ — FAM *de película* du tonnerre, formidable ‖ *echar una película* passer un film.

peliculero *m* FAM amateur, passionné de cinéma (aficionado) ‖ cinéaste ‖ FIG comédien (cuentista, mentiroso).

peligrar *v intr* être en danger, courir un danger; *usted peligra en una región tan apartada* vous êtes en danger dans une région aussi isolée ‖ être en danger, être menacé; *actualmente peligran gravemente los valores eternos de la persona humana* actuellement les valeurs éternelles de la personne humaine sont gravement menacées ‖ *hacer peligrar* mettre en danger, menacer; *estas tensiones internas hacen peligrar el equilibrio del país* ces tensions internes mettent en danger l'équilibre du pays.

peligro *m* danger, péril (riesgo); *huir del peligro* fuir le danger; *arrostrar el peligro* braver le péril ‖ — *con peligro de muerte* au péril de sa vie ‖ *en peligro* en danger ‖ MAR *en peligro de naufragio* en perdition ‖ *fuera de peligro* hors de danger ‖ — *correr el peligro de* courir le risque de, risquer de; *corremos el peligro de perder el tren* nous risquons de rater le train ‖ *correr peligro, estar en peligro* être en danger ‖ *correr un peligro* courir un danger ‖ *quien busca el peligro, en él perece* il ne faut pas jouer avec le feu ‖ *vivir entre peligros* vivre parmi les dangers.

peligrosidad *f* danger *m*, caractère *m* dangereux.

peligroso, sa *adj* dangereux, euse; *peligroso de manejar* dangereux à manier; *es peligroso asomarse al exterior* il est dangereux de se pencher au-dehors ‖ périlleux, euse; *empresa peligrosa* entreprise périlleuse ‖ FIG aventureux, euse; intrépide (arriesgado).

pelillo *m* petit poil, poil follet (pelo) ‖ FIG & FAM vétille *f*, rien, bêtise *f* (nadería) ‖ — FIG & FAM *echar pelillos a la mar* passer l'éponge (olvidar) ‖ *no repara en pelillos* rien ne l'arrête, il ne s'arrête pas à des vétilles ‖ *no tener pelillos en la lengua* ne pas avoir la langue dans sa poche, ne pas mâcher ses mots ‖ *pararse en pelillos* faire des histoires pour des riens, s'attacher à des vétilles.

pelín *m* FAM chouïa; *un pelín* un poil, un chouïa.

pelinegro, gra *adj* aux cheveux noirs (persona), au pelage noir (animal).

pelirrojo, ja *adj y s* roux, rousse; rouquin, e (fam).

pelirrubio, bia *adj y s* blond, e.

pelma; pelmazo *adj y s m* FAM enquiquineur, casse-pieds *inv* (persona pesada).

pelo *m* poil (de hombre o animal) ‖ cheveu (un cabello) ‖ cheveux *m pl* (cabellos); *cortar el pelo* couper les cheveux; *cortarse el pelo* se faire couper les cheveux ‖ poil, pelage, robe *f* (pelos o color de un animal) ‖ duvet (de ave, de planta) ‖ brin, poil (hebra) ‖ poil (de una tela) ‖ gendarme, défaut (en un diamante) ‖ TECN paille *f* (defecto) ‖ — *pelo a pelo* troc pour troc ‖ *pelo de camello* poil de chameau (tela) ‖ FIG & FAM *pelo de Judas* poil de carotte, rouquin (persona), cheveux roux (cabellos) | *pelo de la dehesa* air campagnard, air paysan, rusticité ‖ — *a contra pelo* à rebrousse-poil ‖ *al pelo* au quart de poil (con gran precisión), dans le sens du poil (en las telas) ‖ FIG & FAM *a medios pelos* à moitié ivre ‖ FIG *a pelo* nu-tête, tête nue (sin sombrero), à poil, à cru (equitación) | *con pelos y señales* avec force détails; en long, en large et en travers; noir sur blanc ‖ FIG & FAM *de medio pelo* quelconque, très ordinaire; *gente de medio pelo* des gens quelconques; à la gomme, bon marché, à la noix; *un cartesianismo de medio pelo no sirve para nada* un cartésianisme bon marché ne sert à rien | *por el pelo de una hormiga* à un poil près | *por los pelos, por un pelo* de justesse; *la victoria fue obtenida por los pelos* la victoire a été remportée de justesse; d'un cheveu; *escapó por los pelos de caer en la trampa* il s'en est fallu d'un cheveu qu'il ne tombât dans le piège ‖ FIG *agarrarse* ou *asirse de un pelo* saisir le moindre prétexte | *buscar pelos en la sopa* trouver à redire à tout, chercher la petite bête | *coger la ocasión por los pelos* saisir l'occasion au vol o aux cheveux | *cortar un pelo en el aire* couper o fendre un cheveu en quatre | *cuando las ranas críen pelos* quand les poules auront des dents, à Pâques ou à la Trinité | *dar para el pelo* administrer une raclée | *depender de un pelo* ne tenir qu'à un cheveu | *echar buen pelo* se remplumer | *echar pelos a la mar* passer l'éponge | *estar en un pelo de* être à un doigt de | *estar hasta los pelos* ou *hasta la punta de los pelos* en avoir plein le dos, en avoir sa claque, en avoir par-dessus la tête | *librarse por los pelos* échapper d'un cheveu o de justesse | *lucirle a uno el pelo* avoir une mine resplendissante (bien de salud), ne pas s'en porter plus mal (irle bien a uno) | *no tener pelo de tonto* n'avoir rien d'un imbécile, ne pas être idiot, être futé | *no tener pelos en la lengua* ne pas avoir la langue dans sa poche, ne pas mâcher ses mots | *no ver el pelo a uno* ne pas voir quelqu'un | *quitar el pelo de la dehesa* dégrossir | *relucirle a uno el pelo* être gros et gras | *se le pusieron los pelos de punta* ses cheveux se dressèrent sur sa tête | *soltarse el pelo* se décoiffer (despeinarse), montrer ce dont on est capable (demostrar su valor), jeter sa gourme, se dégourdir, se dessaler (hacer su santa voluntad), se déchaîner, se lancer (animarse) | *tirarse de los pelos* s'arracher les cheveux (de desesperación), se manger le nez (pelearse) | *tomarle el pelo a uno* se payer la tête de quelqu'un, mettre quelqu'un en boîte, faire marcher quelqu'un (burlarse) | *traído por los pelos* tiré par les cheveux | *venir al pelo* tomber bien o à pic, arriver au bon moment.

pelón, ona *adj y s* tondu, e (esquilado) ‖ chauve (calvo) ‖ FIG & FAM peu intelligent, e (de escaso entendimiento) | fauché, e (sin dinero).

◆ *f* MED pelade (alopecia) || FAM *la Pelona* la Camarde (la muerte).

Peloponeso *n pr m* GEOGR Péloponnèse, Péloponèse.

pelota *f* balle; *jugar a la pelota* jouer à la balle || boule (de manteca, etc.) || pelote basque (juego vasco) || FAM ballon *m* (de fútbol, etc.) || paume; *juego de pelota* jeu de paume | FIG & FAM bille (cabeza) || *(amer)* radeau *m* en cuir durci | passion, envie folle (deseo vehemente) || — *pelota bombeada* chandelle (fútbol) || *pelota corta* amorti (tenis) || *pelota rasante* drive (tenis) || — FIG & FAM *hacer la pelota* passer de la pommade, faire du lèche-bottes (dar coba) | *dejar a uno en pelota* plumer quelqu'un (quitar todo el dinero), laisser nu comme un ver, mettre tout nu (desnudar) | *estar en pelota* être à poil o tout nu o nu comme un ver | *jugar a la pelota con uno* faire tourner quelqu'un en bourrique, se moquer de quelqu'un | *la pelota está aún en el tejado* la partie n'est pas encore jouée, il n'y a encore rien de décidé | *rechazar* ou *devolver la pelota* renvoyer la balle.

◆ *m y f* FAM lèche-bottes.

pelotari *m* joueur de pelote basque, pelotari.

pelotazo *m* coup donné dans o avec une balle.

pelote *m* bourre *f*, crin (para rellenar) || poil de chèvre (pelo de cabra).

pelotear *v tr* vérifier (una cuenta).

◆ *v intr* faire des balles (tenis) || FIG se disputer (reñir) || *(amer)* traverser un cours d'eau en bac.

peloteo *m* échange de balles (tenis) || FIG échange; *peloteo de notas diplomáticas* échange de notes diplomatiques | lèche-bottes (adulación servil) || COM *letra de peloteo* effet de cavalerie.

pelotera *f* FAM dispute, chamaillerie || FAM *armar una pelotera* se disputer.

pelotilla *f* petite balle || FIG & FAM lèche, léchage *m* de bottes (adulación) || FIG & FAM *hacer la pelotilla* faire de la lèche, lécher les bottes (adular).

pelotilleo *m* FAM lèche *f*, léchage de bottes.

pelotillero *m* FAM lécheur, lèche-bottes *inv*.

pelotón *m* peloton || MIL peloton, piquet; *pelotón de ejecución* peloton d'exécution.

pelotudo, da *m y f (amer)* POP con, conne.

peltre *m* étain (estaño); *cuchara de peltre* cuiller d'étain.

peluca *f* perruque (cabellera postiza); *llevar (una) peluca* porter une perruque || FIG & FAM savon *m* (represión).

pelucona *f* FAM once d'or (moneda).

peluche *m* peluche.

— OBSERV Ce mot est un gallicisme employé pour *felpa*.

peludo, da *adj* velu, e; poilu, e (de mucho pelo) || chevelu, e (de cabello abundante).

◆ *m (amer)* tatou (armadillo) | FAM cuite *f* (borrachera).

peluquería *f* salon *m* de coiffure || *ir a la peluquería* aller chez le coiffeur.

peluquero, ra *m y f* coiffeur, euse.

peluquín *m* petite perruque *f* || — FIG & FAM *ni hablar del peluquín* il n'en est pas question | *tomarle el peluquín a uno* se payer la figure o la bille de quelqu'un.

pelusa *f* duvet *m* (de planta), foin *m* (de alcachofa) || peluche (de telas) || FAM jalousie (entre niños) || — *soltar pelusa* pelucher (una tela) || *tener pelusa* être jaloux, ouse; *Vicente no tiene pelusa de su hermanita* Vincent n'est pas jaloux de sa petite sœur.

pelusilla *f* piloselle (planta) || FAM jalousie (envidia).

pelviano, na *adj* ANAT pelvien, enne; *cavidad pelviana* cavité pelvienne.

pélvico, ca *adj* ANAT pelvien, enne.

pelvis *f* ANAT bassin *m*, pelvis *m* | bassinet *m* (del riñón) || *pelvis menor* petit bassin.

— OBSERV *Pelvis*, en francés, es sinónimo poco usado de *bassin*. Corresponde, en su sentido más estricto, a la *pelvis menor*.

pella *f* motte; *pella de mantequilla* motte de beurre || panne, graisse (manteca de animal) || pomme (de coliflor) || — FIG & FAM *hacer pellas* sécher (no asistir a clase) | *tener una pella de dinero* avoir une petite fortune.

pellada *f* truellée (de argamasa).

pelleja *f* peau (pellejo) || FAM grue, peau (ramera) || — FIG & FAM *jugarse la pelleja* risquer sa peau | *salvar la pelleja* sauver sa peau.

pellejo *m* peau *f* || peau *f*, cuir (de animal) || peau *f*, pelure *f* (de fruta) || outre *f* (odre) || FIG & FAM pochard (borracho) || — FIG & FAM *dar* ou *dejar* ou *perder el pellejo* laisser sa peau (morir) | *defender el pellejo* défendre sa peau | *jugarse* ou *arriesgar el pellejo* risquer sa peau, faire bon marché de sa peau | *no caber en el pellejo* crever dans sa peau (ser muy gordo) | *no caber en el pellejo de gozo, de orgullo* ne pas se tenir de joie, crever d'orgueil | *no tener más que el pellejo* n'avoir que la peau et o sur les os | *no quisiera estar* ou *hallarme en su pellejo* ne voudrais pas être dans sa peau, je n'aimerais pas être à sa place | *quitar a uno el pellejo* descendre o tuer quelqu'un (matar), déchirer quelqu'un à belles dents, éreinter quelqu'un (murmurar), plumer quelqu'un (dejar sin dinero) | *salvar el pellejo* sauver sa peau.

pellejudo, da *adj* à peau flasque.

pelliza *f* pelisse (de pieles) || MIL pelisse (dormán).

pellizcar *v tr* pincer; *pellizcar hasta hacer sangre* pincer jusqu'au sang || prendre un peu [d'une chose]; *pellizcar un pastel* prendre un peu de gâteau.

pellizco *m* pincement (acción de pellizcar) || pinçon (hematoma) || pincée *f*, petite quantité *f* (pequeña porción) || FIG pincement; *pellizco en el corazón* pincement au cœur || — *dar* ou *tirar un pellizco* pincer || *darse* ou *cogerse un pellizco* se pincer || *pellizco de monja* pinçon (con las uñas), macaron (dulce).

pena *f* peine; *como un alma en pena* comme une âme en peine || peine, chagrin *m* (pesadumbre) || mal *m*, difficulté; *lo he hecho con mucha pena* j'ai eu beaucoup de mal à le faire || penne (pluma de ave) || MAR penne *f* | *(amer)* timidité (vergüenza) || *(ant)* ruban *m* (cinta) || — DR *pena accesoria* peine accessoire | *pena aflictiva* peine afflictive | *pena capital* ou *de muerte* peine capitale o de mort | *pena correccional* peine correctionnelle | *pena infamante* peine infamante | *pena leve* peine de police | *pena pecuniaria* peine pécuniaire || — *bajo* ou *so pena de* sous peine de || *con pena* avec peine || *¡qué pena!* quel dommage! || *causar* ou *dar pena* faire peine o de la peine | *da pena verlo* ça fait de la peine de le voir, il fait pitié à voir || *¡es una pena!* c'est dommage!, c'est malheureux! || *merecer la pena* valoir

la peine ‖ *no merece la pena molestarse tanto* ça n'est pas o ça ne vaut pas la peine de se donner tant de mal ‖ *pasar la pena negra* faire son purgatoire, en voir de dures ‖ *ser de pena* être lamentable ‖ *valer la pena* valoir la peine o le coup (*fam*) ‖ *vivir sin pena ni gloria* aller son petit bonhomme de chemin, vivre comme tout le monde, mener une existence sans heurts et sans éclat.
◆ *pl* mal *m sing*; *he pasado muchas penas para terminar este trabajo* j'ai eu beaucoup de mal à terminer ce travail; *me ha costado muchas penas* il m'a donné beaucoup de mal ‖ *penas eternas* peines éternelles ‖ *a duras penas* à grand-peine ‖ *a penas* à peine.

penacho *m* huppe *f*, aigrette *f* (de aves) ‖ panache (de un morrión) ‖ FIG panache (de vapor, humo, etc.) | panache (soberbia) ‖ MIL *penacho de plumas* plumet.

penado, da *adj* pénible (penoso o trabajoso) ‖ à goulot étroit (vasija).
◆ *m y f* condamné, e (delincuente).

penal *adj* pénal, e; *edictos penales* édits pénaux ‖ *certificado de penales* extrait de casier judiciaire.
◆ *m* prison *f* (cárcel), pénitencier (penitenciaría) ‖ (*amer*) DEP penalty.

penalidad *f* peine, souffrance (trabajos) ‖ DEP pénalisation, pénalité ‖ DR pénalité ‖ FIG *pasar muchas penalidades* en voir de dures.

penalista *m* spécialiste du droit pénal.

penalización *f* sanction (castigo) ‖ pénalisation (deporte).

penalizar *v tr* pénaliser.

penalti *m* FIG & FAM *casarse de penalti* faire Pâques avant les Rameaux.

penalty; penalti *m* DEP penalty | coup de pied de réparation (rugby) ‖ *punto de penalty* point de penalty.

penar *v tr* condamner à une peine, punir.
◆ *v intr* souffrir, peiner (padecer) ‖ FIG *penar por una cosa* désirer ardemment o soupirer après une chose.

penates *m pl* pénates (dieux) ‖ FAM pénates (domicilio); *volver a los penates* rentrer dans ses pénates.

penca *f* BOT feuille charnue | raquette (hoja del nopal) ‖ fouet *m* (azote) ‖ (*amer*) régime *m* de bananes (plátanos) | figuier *m* de Barbarie (chumbera) | agave *m* (pita).

penco *m* FAM rosse *f*, canasson (jamelgo) ‖ (*amer*) agave (pita).

pendejo *m* poil du pubis ‖ FIG & FAM lâche, froussard, lavette *f* (cobarde) ‖ FAM (*amer*) crétin (imbécil), dépravé, pervers (de vida licenciosa).
◆ *m y f* (*amer*) POP morveux, euse (adolescente).

pendencia *f* dispute, querelle, bagarre (contienda); *armar una pendencia* provoquer une bagarre; *se armó una pendencia* une bagarre éclata.

pendenciar *v intr* se disputer, se quereller.

pendenciero, ra *adj* querelleur, euse; batailleur, euse; bagarreur, euse (*fam*).

pender *v intr* pendre; *los frutos penden de las ramas* les fruits pendent aux branches ‖ dépendre, *esto pende de su decisión* cela dépend de sa décision ‖ FIG être en suspens (pleito, negocio) ‖ *pender de un hilo* ou *de un pelo* ne tenir qu'à un cheveu.

pendiente *adj* pendant, e; suspendu, e; *pendiente de una rama* pendant à une branche ‖ FIG en suspens; *problemas pendientes* problèmes en suspens | courant, e; en cours; *asuntos pendientes* affaires courantes | en attente; *los pedidos pendientes* les commandes en attente | en instance; *expediente pendiente* dossier en instance ‖ — FIG *dejar pendiente* recaler (en un examen) | *estar pendiente* être en suspens (no resuelto), dépendre, être à la merci de; *estoy pendiente de un capricho suyo* je suis à la merci d'un de ses caprices; attendre, être dans l'attente; *estoy pendiente de sus decisiones* je suis dans l'attente de vos décisions; être suspendu o collé o pendu; *estar pendiente de la radio* être suspendu à la radio; épier; *estar pendiente de los defectos de uno* épier les défauts de quelqu'un | *estar pendiente de los labios de alguien* être suspendu o pendu aux lèvres de quelqu'un, boire les paroles de quelqu'un.
◆ *f* pente, côte (cuesta); *pendiente suave, pronunciada* ou *empinada* pente douce, raide ‖ versant *m* (de un monte o tejado) ‖ FIG pente; *estar en la pendiente del vicio* être sur la pente du vice ‖ — *en pendiente* en pente ‖ FIG & FAM *remontar la pendiente* remonter la pente, reprendre du poil de la bête.
◆ *m* boucle *f* d'oreille (zarcillo) ‖ BLAS pendant ‖ MIN toit.

péndola *f* balancier *m*, pendule *m* (del reloj) ‖ pendule *m*; *péndola compensadora* pendule compensateur ‖ ARQ poinçon *m* (de tejado) | tirant *m*, tige de suspension (de puente colgante) ‖ POÉT & FAM plume; *escribir con ágil péndola* écrire d'une plume alerte.

pendolario; pendolista *m* copiste, scribe ‖ FIG rond-de-cuir (chupatintas).

pendón *m* bannière *f* (insignia militar) ‖ pennon (insignia feudal), bannière *f* (de cofradía) ‖ rejeton (de un árbol) ‖ FIG & FAM échalas, grande perche *f* (mujer sin garbo) | gourgandine *f*, grue *f* (mujer de mala vida).

pendonear *v intr* FAM battre le pavé, vadrouiller.

pendular *adj* pendulaire.

péndulo, la *adj* pendant, e (colgante).
◆ *m* pendule (cuerpo oscilante) ‖ balancier (de reloj) ‖ — MECÁN *péndulo de compensación* pendule compensateur ‖ *péndulo eléctrico* pendule électrique ‖ *péndulo sidéreo* horloge astronomique ‖ *péndulo simple* pendule simple.

pene *m* ANAT pénis.

penedés *m inv* vin du Penedès [région de Catalogne].

penene *m y f* professeur non titulaire.

penetrabilidad *f* pénétrabilité.

penetrable *adj* pénétrable ‖ FIG accessible (fácil de entender).

penetración *f* pénétration ‖ *penetración pacífica* ingérence ‖ MIL percée.

penetrante *adj* pénétrant, e ‖ FIG perçant, e (voz).

penetrar *v tr* pénétrer ‖ percer; *penetrar un secreto* percer un secret.
◆ *v intr* pénétrer.
◆ *v pr* se pénétrer; *penetrarse de la realidad de un hecho* se pénétrer de la réalité d'un fait.

penicilina *f* MED pénicilline.

peniforme *adj* penniforme.

península *f* GEOGR péninsule (porción grande de tierra); *península ibérica* péninsule ibérique ‖ presqu'île (porción pequeña de tierra).

peninsular *adj y s* péninsulaire.

penique *m* penny (moneda inglesa).

penitencia *f* pénitence ‖ FIG & FAM pénitence (fatiga, penalidad) ‖ — *como penitencia* en *o* pour pénitence ‖ *cumplir la penitencia* accomplir *o* faire sa pénitence ‖ *hacer penitencia* faire pénitence (un pecador), partager un modeste repas; *venga a casa a hacer penitencia* venez donc chez moi partager mon modeste repas.

penitencial *m* pénitentiel.

penitenciales *adj pl* pénitentiaux, pénitentiels, elles; *salmos penitenciales* psaumes pénitentiaux.

penitenciar *v tr* imposer une pénitence.

penitenciaría *f* pénitencerie ‖ la Sacrée Pénitencerie (tribunal eclesiástico en Roma) ‖ pénitencier *m* (cárcel).

penitenciario, ria *adj* pénitentiaire; *régimen penitenciario* régime pénitentiaire.

◆ *m* pénitencier (presbítero *o* cardenal).

penitente *adj y s* pénitent, e.

penol *m* MAR bout de vergue | penne (de antena).

penoso, sa *adj* pénible (trabajoso) ‖ pénible, douloureux, euse; *eso ha causado penosa impresión* ceci a causé une impression pénible ‖ pesant, e (duro); *una penosa esclavitud* un esclavage pesant ‖ peiné, e; attristé, e (afligido).

pensado, da *adj* pensé, e ‖ pesé, e; réfléchi, e (proyecto, decisión) ‖ prévu, e; *¿qué tiene previsto para mañana?* qu'avez-vous prévu pour demain? ‖ — *bien pensado, no vale la pena* tout bien pesé, cela ne vaut pas la peine ‖ *de pensado* de propos délibéré (de intento), après mûre réflexion (con previa meditación) ‖ *el día menos pensado* le jour où l'on s'y attend le moins ‖ *no sea mal pensado* n'ayez pas l'esprit mal tourné ‖ *ser un mal pensado* avoir l'esprit mal tourné ‖ *una cosa mal pensada* une chose faite *o* dite à la légère.

pensador, ra *adj* pensif, ive (meditabundo).

◆ *m y f* penseur, euse; *libre pensador* libre penseur.

pensamiento *m* pensée *f* ‖ sentence *f*, pensée ‖ FIG soupçon (sospecha) ‖ POÉT penser ‖ BOT pensée *f* (flor) ‖ — *libertad de pensamiento* liberté de penser ‖ *libre pensamiento* libre pensée ‖ — *con el pensamiento puesto en* en pensant à ‖ *ni por pensamiento* nullement, en aucune façon, pas question ‖ *no pasarle a uno por el pensamiento* ne pas venir à l'idée *o* à l'esprit de quelqu'un ‖ *venir al pensamiento* venir à l'idée, passer par la tête (*fam*).

pensante *adj* pensant, e.

pensar* *v tr e intr* penser à, réfléchir à; *piensa bien este problema* réfléchis bien à ce problème; *piénsalo* penses-y ‖ penser; *¿en qué piensas?* à quoi penses-tu? ‖ penser (tener intención); *pienso salir mañana* je pense partir demain ‖ prévoir, concevoir (concebir); *pensado para durar mucho* conçu pour durer longtemps ‖ — *pensar con los pies* raisonner comme une pantoufle ‖ *pensar en lo peor* envisager le pire ‖ *pensarlo mucho* y regarder à deux fois, y réfléchir mûrement ‖ *pensar mal de uno* penser du mal de quelqu'un ‖ *pensar que* penser *o* se dire que ‖ *pensándolo mejor* au bien réflexion faite, à la réflexion, en y réfléchissant bien, tout compte fait, tout bien considéré ‖ *piense lo que piense* quoi que vous en pensiez, ne vous en déplaise ‖ *pienso, luego existo* je pense, donc je suis ‖ — *dar que pensar* donner à penser *o* à réfléchir ‖ *llegó cuando menos se pensaba* il est arrivé au moment le plus inattendu *o* au moment où l'on y pensait le moins ‖ *¡ni lo piense!* n'y songez pas! ‖ *¡ni pensarlo!* pas question! ‖ *sin pensar, sin pensarlo* sans y penser, sans réfléchir ‖ *sólo con pensarlo* rien que d'y penser.

pensativo, va *adj* pensif, ive.

pensil *adj* suspendu, e; *jardín pensil* jardin suspendu.

◆ *m* FIG jardin délicieux, paradis, éden.

Pensilvania *n pr f* GEOGR Pennsylvanie.

pensión *f* pension; *pensión alimenticia, de retiro, pasiva* pension alimentaire, de retraite, de l'État ‖ pension (casa de huéspedes) ‖ FIG & FAM charge (gravamen) ‖ — *pensión completa* pension complète ‖ *pensión de viudedad* pension de réversion *o* réversible ‖ *pensión vitalicia* pension viagère ‖ *media pensión* demi-pension ‖ — *cobrar la pensión* toucher sa retraite (persona jubilada).

pensionado, da *adj y s* pensionné, e; pensionnaire.

◆ *m* pensionnat, pension *f* (colegio).

pensionar *v tr* pensionner.

pensionario *m* pensionnaire (que paga una pensión).

pensionista *m y f* pensionnaire (de colegio) ‖ pensionné, e; pensionnaire (del Estado) ‖ *medio pensionista* demi-pensionnaire (en un colegio).

pentaedro *m* GEOM pentaèdre.

pentagonal *adj* pentagonal, e; pentagone; *prismas pentagonales* prismes pentagonaux.

pentágono, na *adj y s m* GEOM pentagone.

pentagrama; pentágrama *m* MÚS portée *f*.

pentasílabo, ba *adj y s m* pentasyllabe.

pentateuco *m* pentateuque (libro sagrado).

pentatlón *m* pentathlon (atletismo).

Pentecostés *n pr m* Pentecôte *f*; *en* ou *por Pentecostés* à la Pentecôte.

pentotal *m* MED pentothal, penthiobarbital.

penúltimo, ma *adj y s m* avant-dernier, ère; pénultième (*p us*).

penumbra *f* pénombre.

penuria *f* pénurie (escasez) ‖ *estar en la penuria* se trouver dans l'embarras, être dans la gêne (sin dinero).

peña *f* rocher *m* ‖ cercle *m* (de amigos) ‖ FIG *ser una peña* avoir un cœur de pierre.

peñaranda (en) *loc* POP au clou, chez ma tante (empeñado).

peñascal *m* rochers *pl*, terrain couvert de rochers.

peñasco *m* rocher (peña) ‖ ANAT rocher (del oído) ‖ ZOOL rocher (molusco).

peñascoso, sa *adj* rocheux, euse.

peñazo *adj y s m* FAM emmerdeur, empêcheur de danser en rond.

péñola *f* plume [pour écrire].

peñón *m* rocher; *el Peñón de Gibraltar* le rocher de Gibraltar.

peo *m* FAM pet (pedo) | cuite *f* (borrachera).

peón *m* (*p us*) piéton (que camina a pie) ‖ manœuvre (obrero), homme de peine (azacán) ‖ ouvrier agricole, péon (en una granja o hacienda)

‖ toupie *f* (juguete) ‖ pion (damas, ajedrez) ‖ ruche *f* (colmena) ‖ péon (en poesía) ‖ MECÁN arbre (árbol) ‖ MIL fantassin (infante) ‖ TAUROM écarteur, péon [auxiliaire du matador] ‖ — *péon caminero* cantonnier ‖ *peón de albañil* aide-maçon.

peonada *f* journée d'un manœuvre (trabajo) ‖ *(amer)* équipe d'ouvriers (obreros), équipe de péons *o* d'ouvriers agricoles (en una hacienda).

peonaje *m* MIL infanterie *f* ‖ équipe *f* de manœuvres (obreros).

peonza *f* toupie (trompo) ‖ — FIG & FAM *bailar como una peonza* tourner comme une toupie | *ser una peonza* ne pas tenir en place, avoir la bougeotte.

peor *adj* pire, moins bien; *tu ejercicio es peor que el suyo* ton devoir est pire que le sien ‖ plus mauvais, e; *llevarse la peor parte* avoir la plus mauvaise part.
◆ *adv* pis; *peor que nunca* pis que jamais ‖ — *peor para ti, para él* tant pis pour toi, pour lui | *peor que peor, tanto peor* tant pis ‖ — *cada vez peor* de pire en pire | *en el peor de los casos, poniéndose en el peor de los casos* en mettant les choses au pire, au pis aller ‖ *lo peor* le pire ‖ *y lo que es peor* qui pis est.

Pepa *n pr f* diminutif de «Josefa» Josianne ‖ *¡viva la Pepa!* vive la joie!

pepe *m* POP mauvais melon (melón) ‖ FAM *(amer)* gommeux (petimetre).

Pepe *n pr m* diminutif de «José» José ‖ FAM *como un Pepe* comme tout le monde.

pepenado, da *adj y s (amer)* orphelin, e; enfant trouvé.

pepenar *v tr (amer)* ramasser (recoger) | trier [le minerai].

pepinar *m* champ de concombres.

pepinazo *m* FIG & FAM explosion *f*, pétard | shoot, boulet de canon (en fútbol).

pepinillo *m* cornichon (planta).

pepino *m* concombre (planta); *poner a macerar pepinos* faire dégorger des concombres ‖ FAM marmite *f* (obús) ‖ — FIG & FAM *me importa un pepino* je m'en moque comme de l'an quarante, ça m'est égal, je m'en fiche | *no importar un pepino* n'avoir aucune importance ‖ *pepino del diablo* concombre d'âne (cohombrillo).

pepita *f* pépin *m* (de fruto) ‖ pépite (de oro) ‖ pépie (enfermedad de las gallinas) ‖ *(amer)* grain *m* (de cacao) ‖ *pepita de San Ignacio* fève de Saint-Ignace.

Pepita *n pr f* diminutif du diminutif «Pepa».

pepito *m* petit sandwich de viande, sorte d'hamburger (bocadillo) ‖ *(amer)* gommeux, godelureau (lechuguino).

Pepito *n pr m* diminutif du diminutif «Pepe».

pepitoria *f* fricassée de poule *o* de poulet (guisado) ‖ FIG méli-mélo *m*, brouillamini *m* (confusión).

pepla; plepla *f* FAM barbe; *¡qué pepla ir allí ahora!* quelle barbe d'aller là-bas maintenant!

pepona *f* poupard *m*, poupée de carton (muñeca).

pepsina *f* QUÍM pepsine.

péptico, ca *adj* peptique.

péptido, da *adj* peptidique.
◆ *m* peptide.

peptona *f* QUÍM peptone.

pequeñajo, ja *m y f* FAM nabot *m*; *esta chica es una pequeñaja* cette fille est un nabot.
— OBSERV Existe la forma femenina *nabote* pero es poco empleada.

Pequeñas Antillas *n pr f pl* GEOGR Petites Antilles.

pequeñez *f* petitesse (tamaño) ‖ enfance (infancia) ‖ jeune âge *m* (corta edad) ‖ FIG petitesse (mezquindad) | bagatelle, vétille, rien *m* (cosa insignificante); *una pequeñez le asusta* un rien lui fait peur; *no pararse* ou *no reparar en pequeñeces* ne pas s'arrêter à des vétilles ‖ *pequeñez de miras* étroitesse de vue.

pequeñín, ina; pequeñuelo, la *adj* tout petit, toute petite.

pequeño, ña *adj y s* petit, e ‖ — *de pequeño* étant petit, encore enfant ‖ FIG *dejar pequeño* laisser loin derrière, éclipser ‖ *el hijo más pequeño* le plus jeune fils, le fils cadet ‖ *en pequeño* en petit, en très petit ‖ *los infinitamente pequeños* les infiniment petits ‖ *pequeño burgués* petit bourgeois.
— OBSERV *Pequeño* se place généralement après le nom: *un libro pequeño* un petit livre.

pequeñoburgués, esa *adj y s* (despectivo) petit-bourgeois, petite-bourgeoise.

Pekín *n pr* GEOGR Pékin.

pequinés, esa *adj* pékinois, e.
◆ *m y f* Pékinois, e.
◆ *m* pékinois (perro).

pera *f* poire (fruto); *pera de agua* poire fondante ‖ barbiche (barba) ‖ poire (interruptor eléctrico) ‖ FIG sinécure, fromage *m* (empleo) ‖ — *sidra de peras* poiré (perada) ‖ — FIG & FAM *estar como pera o perita en dulce* être comme un coq en pâte | *no partir peras con nadie* faire cavalier seul | *partir peras con uno* être à tu et à toi avec quelqu'un | *pedir peras al olmo* demander la Lune, demander l'impossible ‖ FAM *ponerle a uno las peras a cuarto* serrer la vis à quelqu'un, apprendre à vivre à quelqu'un.
◆ *adj* pimpant, e; toujours bien mis, e (elegante) ‖ *pollo pera* gommeux, snobinard.

peral *m* poirier (árbol).

peraleda *f* verger *m* planté de poiriers.

peraltar *v tr* ARQ surhausser (un arco) ‖ TECN relever (carreteras); *curva peraltada* virage relevé.

peralte *m* ARQ surhaussement ‖ virage relevé, dévers (en las carreteras).

perborato *m* QUÍM perborate.

perca *f* perche (pez).

percal *m* percale *f* ‖ FIG *conocer bien el percal* connaître la musique, s'y connaître.

percalina *f* percaline (tela).

percance *m* contretemps (contratiempo) ‖ profit, bénéfice (provecho) ‖ *los percances del oficio* les inconvénients du métier.

percatarse *v pr* s'apercevoir, se rendre compte (reparar); *me he percatado del peligro* je me suis rendu compte du danger ‖ se renseigner, s'informer (enterarse); *tiene que percatarse de todo ello* il faut vous informer de tout cela *o* vous renseigner sur tout cela.

percebe *m* pouce-pied, pousse-pied, anatife (crustáceo) ‖ FIG & FAM moule *f*, cloche *f* (necio).

percepción *f* perception (sensación); *percepción extrasensoria* ou *extrasensorial* perception extrasensorielle ‖ idée (idea) ‖ perception (de dinero).
percepcionismo *m* perceptionnisme, perceptionisme.
perceptibilidad *f* perceptibilité (sensación).
perceptible *adj* perceptible (que se siente) ‖ percevable (visible) ‖ percevable, recouvrable (que se cobra).
perceptivo, va *adj* FILOS perceptif, ive.
percibible *adj* percevable (cobrable).
percibir *v tr* percevoir (sentir); *percibió un ruido leve* il perçut un léger bruit ‖ percevoir, toucher (cobrar dinero).
percibo *m* perception *f* ‖ recouvrement, perception *f* (acción de cobrar).
percudir *v tr* salir (ensuciar), tacher (manchar).
percusión *f* percussion; *instrumentos de percusión* instruments à percussion; *arma de percusión* arme à percussion ‖ MED percussion.
percusionista *m y f* percussionniste.
percusor *m* percuteur (de un arma).
percutir *v tr* percuter.
percutor *m* percuteur (de un arma).
percha *f* cintre *m* (para colgar ropa, etc.) ‖ portemanteau, patère *f* (colgador fijo en la pared) ‖ perche (pértiga) ‖ cardage *m* (del paño) ‖ lacet *m* (lazo de carga) ‖ perchoir *m* (de las aves) ‖ râtelier *m* (para utensilios) ‖ ZOOL perche (perca, pez) ‖ MAR varangue (varenga) ‖ FIG & FAM *tener buena percha* être bien fait, être bien de sa personne.
perchar *v tr* carder [le drap].
perchero *m* portemanteau (percha).
percherón, ona *adj y s* percheron, onne (caballo para el tiro).
perchista *m y f* équilibriste, funambule.
perdedor, ra *adj y s* perdant, e ‖ *buen, mal perdedor* beau, mauvais joueur.
perder* *v tr* e *intr* perdre (un libro, una fortuna, la vida); *perder mucho dinero en el juego* perdre beaucoup d'argent au jeu ‖ FIG perdre; *perder el tiempo en tonterías* perdre son temps à des bêtises; *perder la razón* ou *el juicio* perdre l'esprit o la raison ‖ rater, manquer; *perder el tren, la ocasión* rater le train, l'occasion ‖ manquer de, perdre (cortesía); *perderle el respeto a uno* manquer de respect envers quelqu'un ‖ abîmer, endommager (echar a perder) ‖ ruiner (arruinar) ‖ perdre, baisser (decaer) ‖ fuir, perdre (desinflarse) ‖ — FIG *perder el color* changer de couleur ‖ *perder el tino* ou *los estribos* ou *el dominio de sí mismo* perdre la tête o les pédales (fam), perdre contenance o le contrôle de soi-même ‖ *perder en el cambio* perdre au change ‖ FIG & FAM *perder la cabeza* perdre la tête ‖ *perder los colores* perdre ses couleurs o sa belle mine ‖ *perder pie* perdre pied ‖ *perder sus facultades* perdre ses moyens ‖ — FIG & FAM *andar* ou *estar perdido por uno* être fou de quelqu'un ‖ *dar algo por perdido* faire son deuil de quelque chose ‖ *echar a perder* abîmer, endommager (estropear), manquer, rater (fam); *echar a perder un guiso* manquer un plat ‖ *el que todo lo quiere, todo lo pierde* qui trop embrasse mal étreint ‖ *hasta perder la respiración* à perdre haleine ‖ *no hay tiempo que perder* il n'y a pas de temps à perdre ‖ *no perder de vista a alguien* ne pas perdre quelqu'un de vue ‖ *pierda cuidado* ne vous en faites pas, n'ayez crainte ‖ FIG *ponerse perdido* se cochonner, se salir ‖ *quien fue a Sevilla perdió su silla* qui va à la chasse perd sa place.
◆ *v pr* perdre; *se le pierde todo* il perd tout ‖ se perdre (extraviarse o desaparecer) ‖ FIG se perdre (corromperse) ‖ perdre la tête (conturbarse) ‖ être fou; *perderse por alguien* être fou de quelqu'un ‖ se perdre (una mujer) ‖ — *hasta perderse de vista* à perte de vue ‖ *nada se pierde por esperar* on ne perd rien à attendre ‖ *¡no te lo pierdas!* surtout, ne rate pas cela! ‖ *¡tú te lo pierdes!* tant pis pour toi!
perdición *f* perte ‖ FIG perte, ruine (ruina) ‖ perte (por el amor) ‖ dérèglement *m* (desarreglo) ‖ perdition, perte (condenación eterna).
pérdida *f* perte (privación); *sentir la pérdida de alguien* regretter la perte de quelqu'un ‖ — *pérdida del sentido* ou *del conocimiento* perte de connaissance ‖ COM *pérdida total* perte sèche ‖ — *no tiene pérdida* on trouve facilement ‖ *vender con pérdida* vendre à perte.
◆ *pl* MIL pertes ‖ COM *pérdidas y ganancias* profits et pertes.
perdidamente *adv* éperdument (con exceso); *perdidamente enamorado* éperdument amoureux ‖ inutilement.
perdido, da *adj* perdu, e ‖ FAM très sale ‖ couvert, e; *estar perdido de barro* être couvert de boue ‖ invétéré, e; *un borracho perdido* un ivrogne invétéré ‖ — FIG *perdido por una cosa, persona* fou de quelque chose, d'une personne ‖ *mujer perdida* femme de mauvaise vie ‖ — *a fondo perdido* à fonds perdus ‖ *a ratos perdidos* à mes (tes, ses, etc.), moments perdus ‖ *de perdidos al río* en désespoir de cause ‖ *depósitos* ou *oficina de objetos perdidos* bureau des objets trouvés ‖ FIG & FAM *estar más perdido que Carracuca* être cuit, être complètement perdu ‖ *loco perdido* fou à lier ‖ *trabajo perdido* peine perdue.
◆ *m* FAM vaurien (golfo) ‖ IMPR passe *f* ‖ *hacerse el perdido* se cacher.
perdigón *m* perdreau (pollo de perdiz) ‖ chanterelle *f* (perdiz que sirve de reclamo) ‖ plomb de chasse, chevrotine *f* (munición) ‖ FAM gaspilleur (derrochador) ‖ malchanceux (en juegos) ‖ postillon (de saliva); *echar perdigones* envoyer des postillons ‖ crotte *f* de nez (moco) ‖ recalé, redoublant (suspendido).
perdigonada *f* décharge o volée de plombs o de chevrotines (tiro de perdigones) ‖ blessure faite par une décharge de plombs (herida).
perdiguero, ra *adj* qui chasse la perdrix ‖ *perro perdiguero* chien de chasse, braque.
◆ *m* vendeur de gibier (el que vende caza).
perdiz *f* perdrix ‖ — *ojo de perdiz* œil-de-perdrix (tela) ‖ *perdiz blanca, pardilla* perdrix blanche, grise ‖ *perdiz de mar* perdrix de mer (glaréola) ‖ *y vivieron felices, comieron perdices y a mí no me dieron* ils se marièrent, ils furent heureux et ils eurent beaucoup d'enfants (al final de un cuento).
perdón *m* pardon ‖ — *con perdón* avec votre permission, sauf votre respect ‖ *con perdón sea dicho* soit dit sans vouloir vous offenser.
perdonable *adj* pardonnable.
perdonar *v tr* pardonner (una ofensa) ‖ FIG pardonner; *una enfermedad que no perdona* une maladie qui ne pardonne pas ‖ excuser de (dispensar); *perdone la molestia* excusez-moi de vous déranger ‖ manquer, rater (perder, dejar); *no perdonar un baile* ne pas manquer un bal ‖ faire grâce de (omi-

tir); *no perdonar un detalle* ne pas faire grâce d'un détail ‖ reculer devant, laisser passer (no aprovechar); *no perdonar medio de enriquecerse* ne reculer devant aucun moyen de s'enrichir ‖ renoncer à (renunciar) ‖ exempter (exceptuar) ‖ passer (un capricho, una falta) ‖ — *perdonar la vida* faire grâce de la vie, gracier ‖ *¡perdone usted!* pardon!, je vous demande pardon, excusez-moi.

perdonavidas *m inv* FIG & FAM matamore, fanfaron (valentón).

perdulario, ria *adj y s* négligent, e (descuidado).
◆ *m y f* vaurien, enne (pillo).

perdurabilidad *f* éternité (de lo eterno) ‖ durabilité (de lo duradero).

perdurable *adj* éternel, elle; perpétuel, elle; impérissable (eterno) ‖ durable (duradero).

perdurablemente *adv* éternellement.

perdurar *v intr* durer longtemps (durar) ‖ subsister (subsistir).

perecedero, ra *adj* périssable; *productos perecederos* denrées périssables ‖ qui a une fin (que ha de acabarse).

perecer* *v intr* périr ‖ mourir.
◆ *v pr perecerse por* mourir d'envie de.

perecuación *f* péréquation (reparto por igual).

peregrinación *f* pérégrination (viaje) ‖ pèlerinage *m* (a un santuario); *peregrinación a Santiago de Compostela* pèlerinage à Saint-Jacques-de-Compostelle.

peregrinaje *m (p us)* pèlerinage.

peregrinamente *adv* étrangement (de un modo raro) ‖ merveilleusement (con primor).

peregrinar *v intr* aller en pèlerinage (a un santuario) ‖ voyager (por tierras extrañas).

peregrino, na *adj* voyageur, euse (que viaja) ‖ de passage, migrateur, trice (aves) ‖ exotique (de otros países) ‖ FIG étrange, bizarre, singulier, ère; drôle (raro); *una idea peregrina* une drôle d'idée, une idée étrange.
◆ *m y f* pèlerin, e (que va a un santuario).
◆ *f* coquille Saint-Jacques (vieira).
— OBSERV El sustantivo *pèlerine* se emplea poco en este sentido.

perejil *m* BOT persil.

perendengue *m* colifichet, fanfreluche *f* (adorno) ‖ pendant d'oreille (arete).

Perengano, na *m y f* Untel, Unetelle ‖ *Mengano o Perengano* Untel ou Untel.
— OBSERV Le mot *Perengano* ne s'emploie qu'après les substantifs *Fulano, Mengano* et *Zutano*, pour indiquer une personne dont on ignore le nom.

perennal; perenne *adj* permanent, e; perpétuel, elle; perenne *(p us)* ‖ BOT vivace (planta) | persistant, e (hojas) ‖ éternel, elle; *tu recuerdo será perenne* ton souvenir sera éternel.

perennemente *adv* perpétuellement.

perennidad *f* perpétuité, pérennité.

perentoriamente *adv* péremptoirement (terminantemente) ‖ de façon urgente *o* pressante.

perentoriedad *f* caractère *m* péremptoire ‖ urgence.

perentorio, ria *adj* péremptoire (terminante); *con tono perentorio* sur un ton péremptoire ‖ urgent, e; pressant, e (apremiante).

pereza *f* paresse ‖ ZOOL paresseux *m* (perezoso) ‖ — *pereza mental* paresse d'esprit ‖ *sacudir la pereza* secouer sa paresse.

perezosamente *adv* paresseusement ‖ lentement, sans se presser.

perezoso, sa *adj y s* paresseux, euse.
◆ *m* ZOOL paresseux (desdentado) ‖ FIG *ni corto ni perezoso* de but en blanc, sans crier gare.

perfección *f* perfection; *canta a la perfección* elle chante à la perfection.

perfeccionamiento *m* perfectionnement ‖ TECN parachèvement.

perfeccionar *v tr* perfectionner; *perfeccionar una máquina* perfectionner une machine ‖ parfaire; *perfeccionar una obra de arte* parfaire une œuvre d'art.

perfeccionismo *m* perfectionnisme.

perfeccionista *adj* perfectionniste.

perfectamente *adv* parfaitement.

perfectivo, va *adj* GRAM perfectif, ive.

perfecto, ta *adj* parfait, e (excelente) ‖ FIG parfait, e (absoluto); *un perfecto imbécil* un parfait imbécile ‖ — GRAM *futuro perfecto* futur antérieur | *pretérito perfecto* passé composé, passé indéfini, parfait.

perfidia *f* perfidie.

pérfido, da *adj y s* perfide.

perfil *m* profil (parte lateral); *perfil izquierdo* profil gauche; *ver a uno de perfil* voir quelqu'un de profil ‖ contour, silhouette *f* (contorno); *el perfil de un caballo* la silhouette d'un cheval ‖ profil (de montaña) ‖ délié (de las letras) ‖ FIG esquisse *f*, portrait (retrato moral) ‖ GEOM profil ‖ coupe *f* (en geología) ‖ TECN profilé, profil ‖ — *de perfil* de profil ‖ *medio perfil* trois-quarts; *un retrato de medio perfil* un portrait de trois quarts ‖ *perfil del puesto* profil de poste.
◆ *pl* silhouette *f sing*; *los perfiles de un niño* la silhouette d'un enfant ‖ égards (miramientos) ‖ *tomar perfiles* décalquer.

perfilado, da *adj* profilé, e (de perfil) ‖ effilé, e; long et étroit (rostro) ‖ bien fait, e; bien dessiné, e; régulier, ère (nariz, boca, etc.).

perfilar *v tr* profiler ‖ FIG parfaire, mettre la dernière main à, fignoler (rematar).
◆ *v pr* se profiler ‖ FIG se dessiner; *ya se perfila el resultado final* le résultat final se dessine | se dessiner, se découper; *el campanario se perfila en el cielo* le clocher se découpe sur le ciel | se pomponner (aderezarse).

perforación *f* perforation ‖ percement *m*; *la perforación de un túnel, de un monte* le percement d'un tunnel, d'une montagne ‖ TECN poinçonnement *m*, poinçonnage *m* (taladro) | forage *m* (sondeo) ‖ MED perforation.

perforado *m* perforage, perforation *f*.

perforador, ra *adj* perforateur, trice.
◆ *f* TECN perforatrice, perforeuse, perceuse (taladradora), poinçonneuse (con punzón).

perforar *v tr* perforer ‖ percer (un túnel) ‖ TECN poinçonner (taladrar con punzón) ‖ MED *úlcera perforada* ulcère perforant ‖ DEP *perforar la meta* ou *la portería* ou *la red* mettre la balle au fond des filets.

performance *f* performance (resultado notable).

perfumador *m* brûle-parfum *inv* (pebetero) ‖ vaporisateur (pulverizador).

perfumar *v tr* parfumer.
  ◆ *v intr* embaumer (exhalar perfume).
  ◆ *v pr* se parfumer.
perfume *m* parfum.
perfumería *f* parfumerie.
perfumero, ra; perfumista *m y f* parfumeur, euse.
perfusión *f* MED perfusion.
pergamino *m* parchemin ‖ — *pergamino vegetal* papier-parchemin.
  ◆ *pl* FIG & FAM peau *f sing* d'âne, parchemins (títulos) ‖ FIG *tener pergaminos* avoir ses quartiers de noblesse.
pergeñar *v tr* FAM ébaucher.
pergeño *m* allure *f* (apariencia).
pérgola *f* pergola (emparrado) ‖ terrasse (en la techumbre).
pericardio *m* ANAT péricarde.
pericarditis *f* MED péricardite.
pericarpio *m* BOT péricarpe.
pericia *f* compétence (saber) ‖ habileté, adresse, expérience (práctica).
pericial *adj* d'expert ‖ — *dictamen* ou *examen* ou *prueba pericial* expertise ‖ *someter al juicio pericial* expertiser.
periclitar *v intr* péricliter.
perico *m* perruche *f* (ave) ‖ grand éventail (abanico) ‖ toupet (pelo) ‖ pot de chambre (orinal) ‖ MAR perruche *f* ‖ — *huevos pericos* œufs brouillés (huevos revueltos) ‖ *perico ligero* aï, paresseux (mamífero).
Perico *n pr m* (diminutif de «Pedro») ‖ FAM *Perico el de los palotes* Untel, n'importe qui.
pericón *m* grand éventail (abanico) ‖ danse *f* populaire (baile argentino).
peridoto *m* MIN péridot.
periecos *m pl* périœciens.
periferia *f* périphérie.
periférico, ca *adj* périphérique.
perifollo *m* BOT cerfeuil.
  ◆ *pl* FIG & FAM fanfreluches *f*, colifichets (adorno).
perífrasis *f* périphrase (circunloquio).
perifrástico, ca *adj* périphrastique; *conjugación perifrástica* tournure verbale périphrastique.
perigallo *m* pli, fanon (del cuello) ‖ ruban (cinta) ‖ TECN moufle *f* (de poleas).
perigeo *m* ASTR périgée.
perihelio *m* ASTR périhélie.
perilla *f* barbiche (barba) ‖ poire (interruptor eléctrico) ‖ pomme (adorno) ‖ pommeau *m* (de silla de montar) ‖ bout *m* de cigare (del puro) ‖ lobe *m* (de oreja) ‖ MAR pomme de mât ‖ — FIG & FAM *de perilla, de perillas* à point, à propos ‖ — MAR *perilla de mesana* pic ‖ FIG & FAM *venir de perilla* ou *de perillas* tomber à pic o à merveille, bien tomber.
perillán *m* FAM coquin, fripon.
perímetro *m* GEOM périmètre ‖ *perímetro de caderas* tour de hanches.
perinatal *adj* périnatal, e.
perineal *adj* ANAT périnéal, e.
perineo *m* ANAT périnée.
perinola *f* toton *m* (juguete) ‖ cochonnet *m* (dado) ‖ pomme (adorno).
periodicidad *f* périodicité.

periódico, ca *adj* périodique ‖ *publicación periódica* périodique (diario).
  ◆ *m* journal (diario); *puesto de periódicos* kiosque à journaux.
periodicucho *m* FAM feuille *f* de chou, canard (periódico).
periodismo *m* journalisme.
periodista *m* journaliste.
periodístico, ca *adj* journalistique ‖ *artículo periodístico* article de journal.
período; periodo *m* période *f* ‖ règles *f pl* (menstruación) ‖ MAT période *f* ‖ — *período de arrendamiento* durée du bail ‖ GRAM *período de frase* membre de phrase ‖ *período de prácticas* stage ‖ *período de sesiones* session (de una asamblea).
periostio *m* ANAT périoste.
periostitis *f* MED périostite.
peripatético, ca *adj y s* péripatéticien, enne ‖ FIG & FAM extravagant, e (ridículo).
peripatetismo; peripato *m* péripatétisme.
peripecia *f* péripétie.
periplo *m* périple.
períptero, ra *adj y s m* ARQ périptère.
peripuesto, ta *adj* FAM pomponné, e; attifé, e (ataviado) ‖ FIG *estar muy peripuesto* être tiré à quatre épingles.
periquete *m* FAM instant ‖ *en un periquete* en un clin d'œil, en un tour de main, en moins de deux.
Periquillo *n pr m* diminutif de «Pedro».
periquito *m* perruche *f* (ave).
periscios *m pl* périsciens.
periscopio *m* MAR périscope.
perista *m y f* receleur, euse.
peristáltico, ca *adj* ANAT péristaltique.
peristilo *m* ARQ péristyle.
perístole *f* BIOL mouvement *m* péristaltique.
peritación *f*; **peritaje** *m* expertise *f*.
perito, ta *adj* compétent, e (sabio) ‖ expert, e (práctico) ‖ *perito en la materia* expert en la matière.
  ◆ *m* expert ‖ sous-ingénieur (agrícola, aeronáutico, industrial, etc.) ‖ — *perito en contabilidad, perito mercantil* expert comptable ‖ *perito tasador* commissaire priseur ‖ — *a juicio de peritos* au dire des experts.
peritoneal *adj* ANAT péritonéal, e.
peritoneo *m* ANAT péritoine.
peritonitis *f* MED péritonite.
perjudicado, da *adj y s* lésé, e.
perjudicar *v tr* nuire à, porter atteinte à, porter préjudice à, léser; *perjudicar los intereses de uno* nuire aux intérêts de quelqu'un ‖ nuire à, faire du tort à (en lo moral).
perjudicial *adj* préjudiciable, nuisible.
perjuicio *m* dommage, préjudice (daño) ‖ tort (daño moral); *reparar el perjuicio que se ha hecho* réparer le tort qu'on a fait ‖ — *causar perjuicio* nuire, porter préjudice (en lo físico o lo moral), causer du tort (en lo moral) ‖ *con* ou *en perjuicio mío, suyo* à mes, à ses dépens, à mon, à son désavantage ‖ *sin perjuicio de* sans préjudice de ‖ *sin perjuicio de que* quitte à; *un sistema hoy llamado liberalismo sin perjuicio de que tome mañana otro nombre* un système nommé libéralisme quitte à prendre demain un autre nom.

perjurar *v intr* y *pr* se parjurer.
◆ *v intr* jurer souvent.
perjurio *m* parjure (juramento en falso).
perjuro, ra *adj* y *s* parjure (persona).
perla *f* perle; *perla cultivada* perle de culture ‖ IMPR perle (carácter) ‖ BLAS pairle *m* (palio) ‖ FIG perle (persona o cosa excelente) ‖ — *de perlas* parfaitement, on ne peut mieux ‖ FIG *ensartar perlas* enfiler des perles (perder el tiempo) | *hablar de perlas* parler d'or | *venir de perlas* tomber à point *o* à pic, tomber à merveille.
◆ *adj inv* perle; *gris perla* gris perle.
perlado, da *adj* perlé, e (en forma de perla) ‖ *cebada perlada* orge perlé.
perlé *adj m* *algodón perlé* coton perlé.
perlesía *f* MED paralysie | atonie musculaire des vieillards.
perlicultura *f* culture perlière.
permanecer* *v intr* rester; *permanecer inmóvil* rester immobile ‖ rester, demeurer, séjourner (residir); *Juan permaneció dos años en Londres* Jean est resté deux ans à Londres.
permanencia *f* permanence (duración constante); *la permanencia de las leyes* la permanence des lois ‖ séjour (estancia); *durante mi permanencia en el extranjero* pendant mon séjour à l'étranger ‖ durée; *los cosmonautas batieron el récord de permanencia en el espacio* les cosmonautes ont battu le record de durée dans l'espace ‖ constance (perseverancia).
permanentado, da *adj* permanenté, e.
permanente *adj* permanent, e ‖ *servicio permanente* permanence.
◆ *f* permanente (de los cabellos).
permanentemente *adv* d'une manière permanente, en permanence.
permanganato *m* QUÍM permanganate.
permeabilidad *f* perméabilité.
permeable *adj* perméable ‖ FIG perméable (influenciable).
pérmico, ca; permiano, na *adj* y *s m* GEOL permien, enne.
permisible *adj* autorisable, qu'on peut permettre.
permisividad *f* permissivité.
permiso *m* permission *f*; *dar, pedir permiso para salir* donner, demander permission de sortir ‖ permis (de residencia, de caza, etc.); *permiso para ou de construir* permis de construire ‖ licence *f*; *permiso de camping* licence de camping ‖ permission *f* (del soldado); *de ou con permiso* en permission; *permiso limitado* permission libérable ‖ tolérance *f* (moneda) ‖ — *permiso al país de origen* congé dans les foyers (diplomático) ‖ *permiso de conducir ou de conducción* permis de conduire ‖ *permiso de salida* exeat ‖ *permiso de trabajo* permis de travail ‖ — (amer) ¡(con) permiso! pardon! ‖ *con permiso, con su permiso, con permiso de usted* avec votre permission ‖ *licencia por permiso ilimitado* congé de longue durée ‖ *militar con permiso* permissionnaire.
permitido, da *adj* permis, e.
permitir *v tr* permettre; *me permite que vuelva tarde* il me permet de rentrer tard ‖ — *permítame que le diga* permettez-moi de vous dire ‖ *¿permite usted?* vous permettez?

◆ *v pr* se permettre; *me permito dirigirme a usted* je me permets de m'adresser à vous ‖ *permitirse el lujo de* se payer le luxe de.
permuta *f* permutation, échange *m*.
permutabilidad *f* permutabilité.
permutable *adj* permutable.
permutación *f* permutation.
permutar *v tr* permuter (cambiar); *permutar empleos* permuter des emplois.
pernada *f* coup *m* donné avec la jambe ‖ DR cuissage *m* ‖ *dar pernadas* gigoter.
pernera *f* jambe de pantalon (pernil).
pernicioso, sa *adj* pernicieux, euse; dangereux, euse ‖ *fiebre perniciosa* fièvre maligne.
pernil *m* hanche et cuisse *f* (de un animal) ‖ jambon (de cerdo) ‖ jambe *f* (de pantalón) ‖ cuissot (de caza mayor).
pernio *m* penture *f* (de gozne).
perno *m* boulon (tornillo).
pernoctar *v intr* découcher (pasar la noche fuera de su propio domicilio) ‖ passer la nuit, coucher; *pernoctaremos en Burgos* nous passerons la nuit à Burgos.
pero *m* pommier à fruits allongés (árbol) ‖ pomme *f* de forme allongée (fruto) ‖ *(amer)* poirier (peral).
pero *conj* mais; *es bonito, pero caro* c'est joli mais cher ‖ FAM *¡pero bueno!* non mais!
◆ *m* FAM défaut (defecto); *sin pero* sans défaut | inconvénient (dificultad); *tener muchos peros* présenter beaucoup d'inconvénients | objection *f* (reparo); *sin poner peros* sans soulever d'objection ‖ — *no hay pero que valga* il n'y a pas de mais qui tienne, pas d'excuse ‖ *poner ou encontrar peros* trouver à redire.
perogrullada *f* FAM lapalissade, vérité de La Palice.
perogrullesco, ca *adj* digne de La Palice.
Perogrullo *n pr m* monsieur de La Palice ‖ *verdad de Perogrullo* vérité de La Palice, lapalissade.
perol *m* bassine *f* (vasija de metal) ‖ casserole *f* (cacerola).
peroné *m* ANAT péroné (hueso).
peronismo *m* péronisme.
peronista *adj* y *s* péroniste.
peroración *f* péroraison.
perorar *v intr* parler, prononcer un discours ‖ FAM pérorer (hablar vanamente).
perorata *f* discours *m*, tirade, laïus *m* (discurso molesto); *echar una perorata* faire un laïus, débiter une tirade.
peróxido *m* QUÍM péroxyde.
perpendicular *adj* y *s f* GEOM perpendiculaire.
perpendicularidad *f* perpendicularité.
perpetración *f* perpétration.
perpetrador, ra *adj* y *s* qui perpètre.
perpetrar *v tr* perpétrer, commettre (un delito).
perpetua *f* BOT immortelle (siempreviva) ‖ BOT *perpetua de las nieves* edelweiss.
perpetuación *f* perpétuation.
perpetuar *v tr* perpétuer; *perpetuar el recuerdo de los caídos* perpétuer le souvenir des morts.
perpetuidad *f* perpétuité; *a perpetuidad* à perpétuité.

perpetuo, tua *adj* perpétuel, elle || — *cadena perpetua* travaux forcés à perpétuité, emprisonnement à vie, détention perpétuelle || *nieves perpetuas* neiges éternelles.

perplejidad *f* perplexité.

perplejo, ja *adj* perplexe.

perquirir* *v tr* rechercher || perquisitionner (hacer pesquisas).

perquisición *f* perquisition (pesquisa).

perra *f* chienne (animal) || FAM cuite (borrachera) | sou *m* (dinero); *no tengo ni* ou *estoy sin una perra* je n'ai pas un sou | colère (rabieta); *coger una perra* piquer une colère | entêtement *m* (obstinación) || — *perra chica, gorda* monnaie de 5 centimes, de 10 centimes [en Espagne].

← *pl* FAM argent *m sing* (dinero); *tiene muchas perras* il a beaucoup d'argent.

perramente *adv* FIG & FAM salement, très mal || *vivir perramente* mener une vie de chien.

perrera *f* chenil *m* || fourrière (de perros sin dueño) || fourgon *m* qui ramasse les chiens errants (camión) || corvée (trabajo) || FAM mauvais payeur *m* (mal pagador) | colère (rabieta).

perrería *f* meute (jauría) || bande [de coquins] || FIG & FAM tour *m* pendable *o* de cochon, saleté, vacherie (mala acción); *hacer una perrería* jouer un tour pendable, faire une vacherie | saleté, grossièreté (insulto).

perrero *m* gardien de chenil || bedeau (de iglesia).

perro *m* chien (animal) || FAM sou (moneda) || — *perro afgano* lévrier afghan || *perro alano* dogue || *perro basset* basset || *perro bóxer* boxer || *perro buldog* bouledogue || *perro caliente* hot-dog || *perro callejero* chien errant || *perro cobrador* chien qui rapporte || *perro corredor* chien courant || *perro chihuahua* chihuahua || *perro chow-chow* chow-chow || *perro dálmata* dalmatien || *perro danés* danois || (amer) *perro de agua* coypou, myopotame || *perro de aguas* ou *de lanas* caniche || *perro de casta* chien de race || *perro de muestra* chien d'arrêt || *perro de Pomerania* loulou de Poméranie || *perro de presa, perro dogo* bouledogue || *perro doberman* doberman || *perro esquimal* chien esquimau || *perro faldero* chien de manchon, petit chien d'agrément *o* d'appartement || *perro foxterrier* fox-terrier || *perro galgo* ou *lebrel* lévrier || *perro ganadero* chien de berger || *perro gozque* roquet || *perro guardián* chien de garde || *perro lobo* chien-loup || *perro marino* chien de mer (cazón) || *perro mastín* mâtin || *perro pachón, perro tranvía* (fam), basset || *perro pastor* chien de berger || *perro pekinés* chien pékinois || *perro perdiguero* braque || *perro podenco* épagneul || *perro pointer* pointer, pointeur || *perro policía* chien policier || *perro raposero* terrier || *perro rastrero* limier || *perro San Bernardo* saint-bernard || FIG *perro sarnoso* brebis galeuse || *perro setter* setter || *perro sin dueño* chien perdu *o* errant || *perro sabueso* sorte de griffon || *perro terrier* terrier || FIG & FAM *perro viejo* vieux renard (hombre astuto) || — FAM *¡a otro perro con ese hueso!* à d'autres!, cela ne prend pas avec moi! (no me lo creo) || FIG *como un perro apaleado* comme un chien battu || *cuidado con el perro* attention, chien méchant || FAM *de perros* de chien, de cochon; *tiempo de perros* temps de chien *o* de cochon || *el perro del hortelano* (que no come las berzas ni las deja comer), le chien du jardinier [qui ne mange pas les choux et ne permet pas qu'on les mange] || *perro ladrador poco mordedor* chien qui aboie ne mord pas || — FIG *allí no atan los perros con longanizas* ce n'est pas un pays de cocagne, il ne faut pas croire que c'est le Pérou, on ne roule pas sur l'or (no ser la vida fácil) | *andar como perros y gatos* s'entendre comme chien et chat || *a perro flaco todas son pulgas* c'est sur les plus infortunés que s'abattent toutes les souffrances, aux chevaux maigres vont les mouches || *a perro viejo no hay tus tus* ce n'est pas à un vieux singe que l'on apprend à faire la grimace | *dar perro a uno* poser un lapin à quelqu'un (dar un plantón) | *darse a perros* enrager, fulminer, être furieux (irritarse) | *echar a perros* jeter par la fenêtre, gaspiller || *echar perros a uno* lâcher les chiens sur quelqu'un || *estar más malo que los perros* être malade comme un chien || *estar de un humor de perros* être d'une humeur de chien || *llevar una vida de perros* mener une vie de chien || *marcharse como un perro con cencerro, salir a espeta perros* partir la tête basse || *morir como un perro* mourir comme un chien || *muerto el perro se acabó la rabia* morte la bête, mort le venin || FIG & FAM *por el dinero baila el perro* point d'argent, point de Suisse | *recibir a alguien como los perros en misa* recevoir quelqu'un comme un chien dans un jeu de quilles || FIG *ser el perro faldero de alguien* être le petit chien de quelqu'un || *tratar a uno como a un perro* traiter quelqu'un comme un chien.

perro, rra *adj* FAM épouvantable, affreux, euse; horrible; *pasé una noche perra* j'ai passé une nuit épouvantable || *vida perra* chienne de vie || FAM *¡qué suerte más perra!* quelle poisse!, quelle déveine!

perruno, na *adj* canin, e.

persa *adj y s* persan, e (de la Persia moderna) || perse (de la Persia antigua).

persecución *f* persécution (tormento) || poursuite (acosamiento); *ir en persecución de uno* se lancer à la poursuite de quelqu'un || *carrera de persecución* poursuite (en ciclismo).

persecutorio, ria *adj* poursuivant, e (que acosa) || persécuteur, trice (que atormenta) || *manía persecutoria* folie *o* manie de la persécution.

perseguimiento *m* persécution *f* (tormento) || poursuite *f* (acosamiento); *en perseguimiento de* à la poursuite de.

perseguir* *v tr* poursuivre (acosar *o* seguir) || persécuter; *Diocleciano persiguió a los cristianos* Dioclétien persécuta les chrétiens || DR poursuivre (judicialmente) || FIG rechercher, poursuivre (procurar); *perseguir el bienestar del pueblo* rechercher le bien-être du peuple | briguer (pretender); *Juan persigue un puesto en el ministerio* Jean brigue un poste au ministère.

perseverancia *f* persévérance; *perseverancia en el trabajo, en luchar* persévérance dans le travail, à lutter.

perseverante *adj y s* persévérant, e.

perseverar *v intr* persévérer; *perseverar en una empresa* persévérer dans une entreprise || persister, continuer à (con infinitivo); *persevera en callarse* il persiste à se taire.

Persia *n pr f* GEOGR Perse.

persiana *f* persienne (postigo), store *m* (enrollable) || perse (tela) || *persiana veneciana* store vénitien.

Pérsico (golfo) *n pr m* GEOGR golfe Persique.

persignar *v tr* faire le signe de la croix sur, bénir.

← *v pr* se signer.

persistencia *f* persistance; *persistencia en el error* persistance dans l'erreur ‖ obstination; *su persistencia en rehusar* son obstination à refuser.
persistente *adj* persistant, e.
persistir *v intr* persister; *persistir en creer* persister à croire; *persistir en el vicio* persister dans le vice.
persona *f* personne (hombre o mujer) ‖ personnalité (hombre importante) ‖ personnage *m* (en una obra literaria) ‖ GRAM personne; *la tercera persona* la troisième personne | — GRAM *persona agente* agent | *persona paciente* objet ‖ DR *persona física* personne physique | *persona jurídica* ou *social* ou *civil* personne morale *o* civile ‖ *persona mayor* grande personne ‖ DR *persona natural* personne physique ‖ FIG & FAM *de persona a persona* entre nous | *enciclopedia en persona* encyclopédie vivante ‖ *en la persona de* dans la personne de ‖ *en persona* en personne, personnifié, e; *es el diablo en persona* c'est le diable en personne ‖ *sin acepción de personas* sans acception de personne ‖ *tercera persona* tierce personne, tiers ‖ *dárselas de persona importante* prendre de grands airs, faire l'important ‖ *ser una buena persona* être très gentil.
— OBSERV Le mot espagnol *persona* ne correspond pas au pronom indéfini français *personne*, qui se dit *nadie*, sauf dans les phrases du type: *no lo dije a persona alguna* je ne l'ai dit à personne.
personaje *m* personnage.
personal *adj* personnel, elle; *un asunto personal* une affaire personnelle ‖ particulier, ère; *el interés personal debe desaparecer ante el interés general* l'intérêt particulier doit s'effacer devant l'intérêt général.
◆ *m* personnel (empleados) ‖ FAM monde, gens *pl* (gente) ‖ ancien impôt (tributo) ‖ — *el personal dirigente* les cadres ‖ AVIAC *personal de tierra* personnel au sol ‖ *personal docente* enseignants.
◆ *f* DEP faute personnelle [sanction].
personalidad *f* personnalité.
personalismo *m* personnalisme (doctrina).
personalización *f* personnalisation.
personalizar *v tr* personnaliser.
personarse *v pr* se présenter (presentarse); *se personó en mi casa* il se présenta chez moi ‖ se rendre sur les lieux; *la policía se personó rápidamente* la police se rendit rapidement sur les lieux ‖ se rencontrer (reunirse) ‖ DR comparaître (comparecer).
personero, ra *m y f (amer)* porte-parole.
personificación *f* personnification.
personificar *v tr* personnifier (simbolizar); *este hombre personifica la República* cet homme personnifie la République ‖ personnaliser; *personificar el vicio* personnaliser le vice ‖ *es la avaricia personificada* c'est l'avarice personnifiée *o* en personne.
perspectiva *f* perspective ‖ point *m* de vue (punto de vista) ‖ — *en perspectiva* en perspective ‖ *perspectiva aérea, caballera, lineal* perspective aérienne, cavalière, linéaire.
perspectivo, va *adj* perspectif, ive.
perspicacia; perspicacidad *f* excellente vue, vue pénétrante (mirada) ‖ FIG perspicacité (penetración).
perspicaz *adj* pénétrant, e (mirada) ‖ perspicace (que tiene perspicacia).

perspicuo, cua *adj* clair, e ‖ FIG clair, e (estilo, orador).
persuadir *v tr* persuader; *le persuadí de mi sinceridad, de que no mentía* je l'ai persuadé de ma sincérité, que je ne mentais pas.
◆ *v pr* se persuader, croire.
persuasión *f* persuasion.
persuasivo, va *adj* persuasif, ive.
persuasor, ra *adj* persuasif, ive.
◆ *m y f* personne *f* persuasive.
pertenecer* *v intr* être, appartenir; *eso no me pertenece* ce n'est pas à moi; *te pertenece avisarle de ello* il t'appartient *o* c'est à toi de l'en avertir ‖ appartenir; *el pino pertenece a la familia de las coníferas* le pin appartient à la famille des conifères ‖ *esto pertenece al pasado* cela appartient au passé, c'est du passé.
— OBSERV Se usa menos en francés el verbo *appartenir* que la locución *être à*.
perteneciente *adj* appartenant *inv*; *las casas pertenecientes a mi padre* les maisons appartenant à mon père ‖ DR appartenant, e.
pertenencia *f* possession, propriété (propiedad); *reivindicar la pertenencia de una cosa* revendiquer la propriété de quelque chose ‖ possession (territorio) ‖ appartenance (adhesión); *pertenencia a un partido* appartenance à un parti ‖ dépendance; *una finca con todas sus pertenencias* une propriété avec toutes ses dépendances.
pértica *f (ant)* mesure de longueur (2,70 m).
pértiga *f* perche (vara) ‖ *salto de pértiga* saut à la perche.
pertinaz *adj* tenace, obstiné, e ‖ persistant, e.
pertinencia *f* pertinence.
pertinente *adj* pertinent, e; *una demanda pertinente* une requête pertinente.
pertrechar *v tr* munir, équiper, approvisionner (proveer) ‖ FIG préparer (disponer).
◆ *v pr* se munir; *pertrecharse de* ou *con lo necesario* se munir du nécessaire.
pertrechos *m pl* munitions *f* ‖ équipement *sing*, matériel *sing* (de guerra) ‖ équipement *sing*, attirail *sing*; *pertrechos de pescar* attirail de pêche ‖ outils (instrumentos).
perturbación *f* perturbation (desorden); *sembrar la perturbación* jeter la perturbation ‖ trouble *m* (disturbio); *perturbaciones sociales* troubles sociaux ‖ trouble *m* (emoción) ‖ MED trouble *m* ‖ ASTR perturbation *m*.
perturbado, da *adj y s* déséquilibré, e.
perturbador, ra *adj* perturbateur, trice (que trastorna) ‖ émouvant, e (conmovedor) ‖ embarrassant, e; déconcertant, e (que desasosiega).
◆ *m y f* perturbateur, trice.
perturbar *v tr* perturber, troubler (trastornar) ‖ troubler (desasosegar a uno) ‖ émouvoir, toucher (conmover) ‖ déranger (el tiempo, un proyecto).
Perú *n pr m* GEOGR Pérou ‖ — FIG *no vale un Perú* ce n'est pas le Pérou | *valer un Perú* valoir une fortune (cosa), être en or (persona).
peruanismo *m* mot (vocablo), tournure *f* (giro), propre aux Péruviens.
peruano, na *adj* péruvien, enne.
◆ *m y f* Péruvien, enne.
perversidad *f* perversité.
perversión *f* perversion, pervertissement *m*.

perverso, sa *adj* y *s* pervers, e; *un alma perversa* une âme perverse.
pervertido, da *m* y *f* pervers, e.
pervertidor, ra *adj* y *s* corrupteur, trice; pervertisseur, euse (*p us*).
pervertir* *v tr* pervertir (corromper) ‖ dénaturer (un texto).
◆ *v pr* se pervertir, se corrompre.
pervivir *v intr* survivre (supervivir).
pesa *f* poids *m*; *una balanza y sus pesas* une balance et ses poids ‖ poids *m* (de un reloj, para gimnasia) ‖ combiné *m* (microteléfono).
◆ *pl* haltères (gimnasia) ‖ *pesas y medidas* poids et mesures.
pesabebés *m inv* pèse-bébé.
pesacartas *m inv* pèse-lettre.
pesadez *f* lourdeur, poids *m*; *la pesadez de un bulto* le poids d'un paquet ‖ lourdeur, pesanteur (del estómago) ‖ (*p us*) FÍS pesanteur (gravedad) ‖ lenteur; *la pesadez de sus movimientos* la lenteur de ses mouvements ‖ FIG obstination, entêtement *m* (terquedad) ‖ ennui *m* (molestia) ‖ — FIG & FAM *este hombre, ¡qué pesadez!* que cet homme est assommant! ‖ *¡qué pesadez!* que c'est assommant!, que c'est ennuyeux! ‖ *sentir pesadez de cabeza* avoir la tête lourde.
pesadilla *f* cauchemar *m* ‖ *es mi pesadilla* c'est mon cauchemar *o* ma bête noire.
pesado, da *adj* lourd, e; pesant, e; *un paquete pesado* un paquet lourd ‖ FIG lourd, e; profond, e (sueño) ‖ lourd, e (tiempo, cabeza, broma) ‖ gras, grasse; lourd, e (un terreno) ‖ lourd, e (tardo) ‖ pesant, e; lourd, e; pénible (penoso) ‖ ennuyeux, euse; assommant, e; embêtant, e (molesto) ‖ — *broma pesada* plaisanterie lourde, grosse plaisanterie ‖ *camión de carga pesada* poids lourd ‖ *día pesado* temps lourd ‖ DEP *peso pesado* poids lourd ‖ — FIG & FAM *más pesado que un saco de plomo* ennuyeux comme la pluie ‖ *¡qué tío más pesado!* quel enquiquineur!, quel raseur! ‖ *ser un pesado* ne pas être marrant *o* drôle, être assommant.
pesadumbre *f* lourdeur (pesadez) ‖ FIG ennui *m*, tracas *m* (molestia) ‖ chagrin *m* (sentimiento); *tener mucha pesadumbre* avoir beaucoup de chagrin.
pésame *m* condoléances *f pl*; *dar el pésame* présenter ses condoléances ‖ *mi más sentido pésame* toutes mes condoléances, sincères condoléances.
pesar *m* chagrin, peine *f* (pena); *cuéntame tus pesares* raconte-moi tes peines ‖ regret (arrepentimiento); *a pesar* à regret ‖ — *a pesar mío* malgré; *a pesar de su padre* malgré son père; bien que; *a pesar de que hayas venido* bien que tu sois venu; *a pesar de estar malo* bien qu'il soit malade; en dépit de, malgré; *se irá a pesar de mi negativa* elle partira en dépit de mon refus ‖ *a pesar de los pesares* malgré tout, en dépit de tout ‖ *a pesar de todo* malgré tout, tout de même, quand même (*fam*); *me lo han prohibido, pero lo haré a pesar de todo* on me l'a défendu, mais je le ferai quand même ‖ *a pesar de todos* en dépit de tout le monde, envers et contre tous ‖ *a pesar mío, suyo, etc.* contre mon, son gré, etc.; malgré moi, lui, etc. ‖ *sentir pesar por* regretter.
pesar *v tr* peser ‖ FIG peser (examinar); *pesar el pro y el contra* peser le pour et le contre ‖ FIG *pesarle algo a uno en el alma* regretter quelque chose de tout son cœur ‖ *pesar sus palabras* peser ses mots.

◆ *v intr* peser ‖ FIG peser, être d'un grand poids (tener eficacia) ‖ peser (en la conciencia) ‖ regretter; *me pesa que no haya venido* je regrette qu'il ne soit pas venu ‖ — *pesar corrido* faire bon poids ‖ *pesar menos que* être plus léger que ‖ *pesar poco* être léger ‖ — *mal que le pese* ne lui, vous en déplaise ‖ *pese a* malgré, en dépit de; *pese a sus tareas vino* il est venu malgré ses occupations ‖ FIG *pese a quien pese* envers et contre tous.
pesaroso, sa *adj* peiné, e; chagriné, e; désolé, e.
pesca *f* pêche; *ir, estar de pesca* aller, être à la pêche ‖ poisson *m* (lo que se pesca); *aquí hay mucha pesca* ici il y a beaucoup de poisson ‖ pêche (lo pescado); *buena pesca* bonne pêche ‖ — *pesca con caña, con red* pêche à la ligne, au filet ‖ *pesca de altura* pêche en haute mer ‖ *pesca de arrastre* pêche à la traîne *o* au chalut ‖ *pesca de bajura* *o* *de litoral* *o* *costera* pêche côtière *o* littorale ‖ *pesca de gran altura* pêche hauturière ‖ *pesca submarina* pêche sous-marine ‖ — FIG & FAM *y toda la pesca* et toute la bande (personas), et tout et tout, et tout ce qui s'ensuit (y todo lo demás).
pescadería *f* poissonnerie.
pescadero, ra *m* y *f* poissonnier, ère.
pescadilla *f* merlan *m* ‖ POP *es la pescadilla mordiéndose la cola* c'est l'histoire du poisson qui se mord la queue.
pescado *m* poisson ‖ — *día de pescado* jour maigre ‖ FIG *ni carne ni pescado* ni chair ni poisson. — OBSERV *Pescado* désigne le poisson une fois pêché, et *pez* le poisson encore dans l'eau.
pescador, ra *adj* y *s* pêcheur, euse.
◆ *m* ZOOL baudroie *f*.
◆ *f* marinière (camisa).
pescante *m* siège du cocher ‖ support (consola) ‖ TEATR machine *f* (tramoya) ‖ MAR bossoir, portemanteau ‖ CONSTR potence *f*.
pescar *v tr* pêcher; *pescar con caña* pêcher à la ligne ‖ FIG & FAM pêcher; *¿dónde has pescado esta noticia?* où as-tu pêché cette nouvelle? ‖ attraper (coger); *pescar un resfriado* attraper un rhume ‖ pincer, coincer (a uno desprevenido) ‖ pincer, épingler (hacer prisionero) ‖ coller; *difícil de pescar en geografía* difficile à coller en géographie ‖ accrocher, décrocher (lograr); *pescar un marido, una colocación* accrocher un mari, une place ‖ racoler, rabattre (clientes) ‖ — FIG *pescar a* *o* *en río revuelto* pêcher en eau trouble ‖ *no sabe lo que se pesca* il ne sait pas ce qui l'attend.
pescozada *f*; **pescozón** *m* calotte *f*, coup *m* sur la nuque.
pescuezo *m* cou ‖ FIG orgueil, arrogance *f* (soberbia) ‖ FIG & FAM *apretar* *o* *estirar* *o* *torcer a uno el pescuezo* tordre le cou à quelqu'un ‖ *ser más malo que la carne de pescuezo* être méchant comme une teigne (una persona), être très mauvais *o* dégoûtant (comida) ‖ *torcer uno el pescuezo* casser sa pipe (morir).
pesebre *m* râtelier, mangeoire *f*, crèche *f*.
pesero *m* (*amer*) taxi que l'on prend en commun.
peseta *f* peseta (moneda española) ‖ FIG & FAM *cambiar la peseta* rendre, dégobiller (vomitar).
peseteja *f* FAM peseta.
pesetero, ra *adj* FAM près de ses sous (tacaño), qui aime l'argent (aficionado al dinero) ‖ qui coûte une peseta (*vx*).
pésimamente *adv* très mal.

pesimismo *m* pessimisme.
pesimista *adj y s* pessimiste; *espíritu pesimista* esprit pessimiste.
pésimo, ma *adj* très mauvais, e; désastreux, euse (cosa).
peso *m* poids; *el peso del aire* le poids de l'air ‖ *peso (moneda)* ‖ balance *f* (balanza) ‖ pesage (de los jockeys, de los boxeadores) ‖ FIG poids (importancia o eficacia); *argumento de peso* argument de poids ‖ charge *f*, poids (gravamen) ‖ TECN peson ‖ — *peso atómico, molecular, específico* poids atomique, moléculaire, spécifique ‖ *peso bruto* poids brut ‖ *peso de baño* pèse-personnes, balance ‖ *peso duro* ou *fuerte* peso (moneda) ‖ *peso en vivo* poids vif (carnicería) ‖ *peso gallo, ligero, mosca, pesado, pluma, semi-pesado* poids coq, léger, mouche, lourd, plume, mi-lourd (boxeo) ‖ *peso muerto* port en lourd (carga máxima), poids mort (lastre) ‖ *peso neto* poids net ‖ — *al peso* au poids ‖ *a peso de oro* au poids de l'or; à prix d'or (a precio muy subido); *comprar a peso de oro* acheter à prix d'or ‖ *en peso* en l'air ‖ — FIG *caerse de* ou *por su peso* tomber sous le sens, aller de soi, couler de source ‖ *dar buen peso* faire bon poids ‖ FIG *no tener mucho peso, ser cosa de poco peso* ne pas peser lourd ‖ *quitar un peso de encima* enlever un poids ‖ *valer su peso en oro* valoir son pesant d'or.
pespuntar *v tr* piquer, coudre.
pespunte *m* point arrière ‖ *medio pespunte* point devant.
pespuntear *v tr* piquer, coudre.
pesquero, ra *adj* de pêche; *buque pesquero* bateau de pêche; *puerto pesquero* port de pêche.
◆ *m* bateau de pêche.
pesquisa *f* recherche, enquête; *pesquisas sobre la producción del carbón* recherches sur la production du charbon ‖ perquisition (en casa de uno).
◆ *m (amer)* détective.
pestaña *f* cil *m* (del ojo); *pestaña vibrátil* cil vibratile ‖ galon *m* (adorno de una tela) ‖ bord *m*, rentré *m* (en una costura) ‖ rebord *m* (borde saliente) ‖ TECN joue ‖ languette (de una lata de sardinas) ‖ boudin *m* (en las ruedas de ferrocarriles) ‖ — FIG *no mover pestaña* ne pas sourciller ‖ *no pegar pestaña* ne pas fermer l'œil.
◆ *pl* BOT cils *m* ‖ — FIG *quemarse las pestañas trabajando* travailler d'arrache-pied, se tuer au travail.
pestañear *v intr* cligner des yeux, ciller ‖ FIG *sin pestañear* sans sourciller.
pestazo *m* FAM puanteur *f* (hedor).
peste *f* peste; *peste aviar, bubónica, porcina* peste aviaire, bubonique, porcine ‖ FIG & FAM puanteur, infection (mal olor) ‖ peste, fléau *m* (cosa mala) ‖ pourriture, corruption (depravación) ‖ peste, poison *m*, fléau *m* (persona malvada) ‖ invasion (exceso) ‖ — FIG & FAM *huir de uno como de la peste* fuir quelqu'un comme la peste ‖ *¡mala peste se lo lleve!* la peste soit de lui!
◆ *pl* jurons *m* ‖ FIG & FAM *decir* ou *hablar pestes de uno* dire pis que pendre de quelqu'un ‖ *echar pestes* pester.
pesticida *adj y s m* pesticide.
pestífero, ra *adj* pestiféré, e; pesteux, euse ‖ pestilentiel, elle (que tiene mal olor).
◆ *adj y s* pestiféré, e (enfermo de la peste).
pestilencia *f* pestilence.

pestilente *adj* pestilentiel, elle.
pestillo *m* targette *f*, verrou (cerrojo) ‖ pêne (de la cerradura); *pestillo de golpe* pêne dormant.
pestiño *m* sorte de beignet.
petaca *f* blague à tabac ‖ porte-cigares *m inv* (para cigarrillos puros) ‖ porte-cigarettes *m inv*, étui *m* à cigarettes (para pitillos) ‖ FIG lit *m* en portefeuille; *hacer la petaca* faire le lit en portefeuille ‖ *(amer)* malle (baúl).
petacona; petacuda *f* FAM *(amer)* dondon (mujer muy gruesa).
pétalo *m* BOT pétale.
petanca *f* pétanque (juego de bolas).
petardear *v tr* MIL pétarder (derribar con petardos) ‖ FIG taper (pedir prestado).
petardero *m* MIL qui pose des pétards ‖ FIG & FAM tapeur (sablista) ‖ escroc (estafador).
petardo *m* pétard (explosivo) ‖ FIG & FAM escroquerie *f* (estafa) ‖ épouvantail, laideron, repoussoir (mujer fea) ‖ — FIG & FAM *¡vaya petardo!* quelle horreur! ‖ *pegar un petardo* taper, emprunter (pedir prestado), escroquer (estafar).
petate *m* natte *f* (estera) ‖ sac de marin, barda *(fam)* ‖ FAM balluchon, bagages *pl* (de pasajero) ‖ vieux renard, coquin (embustero) ‖ pauvre diable ‖ FIG & FAM *liar el petate* plier bagage, faire son paquet.
petenera *f* chanson populaire espagnole ‖ FIG *salirse* ou *responder por peteneras* s'en tirer par une pirouette.
petición *f* demande (acción de pedir) ‖ demande, requête, pétition (administrativa u oficial) ‖ — *petición de indulto* pourvoi *o* recours en grâce ‖ *petición de mano* demande en mariage ‖ *petición de más* plus-pétition ‖ *petición de principio* pétition de principe ‖ — *a petición de* à la demande de ‖ *consulta previa petición de hora* consultation sur rendez-vous.
petimetre, tra *m y f* petit-maître *m*, gandin *m*, précieuse *f* (currutaco).
petirrojo *m* rouge-gorge (ave).
petiso, sa; petizo, za *adj (amer)* petit, e [personne].
◆ *m (amer)* bidet (caballejo).
petitorio, ria *adj* pétitoire (suplicante).
◆ *m* FAM réclamations *f pl* ‖ liste *f* des médicaments (en una farmacia) ‖ *medicamento incluido en el petitorio del Seguro de Enfermedad* médicament remboursé par la Sécurité sociale.
peto *m* plastron (de armadura o vestido) ‖ TAUROM caparaçon ‖ bavette *f* (de un delantal) ‖ ZOOL plastron (de tortuga) ‖ *peto de trabajo* salopette *o* bleu de travail.
petrarquismo *m* pétrarquisme.
pétreo, a *adj* pierreux, euse ‖ de pierre, dur, e ‖ *Arabia Pétrea* Arabie Pétrée.
petrificación *f* pétrification.
petrificante *adj* pétrifiant, e.
petrificar *v tr* pétrifier ‖ FIG figer, pétrifier.
petrodólar *m* pétrodollar.
petróleo *m* pétrole; *petróleo crudo* ou *en bruto* pétrole brut ‖ *petróleo lampante* pétrole lampant, huile lampante.
petrolero, ra *adj* pétrolier, ère ‖ *(amer)* pétrolifère.
◆ *m* pétrolier (buque).

petrolífero

◆ *m* y *f* pétroleur, euse (incendiario) || personne *f* qui vend du pétrole au détail.
petrolífero, ra *adj* pétrolifère.
petroquímico, ca *adj* pétrochimique.
◆ *f* pétrochimie.
petulancia *f* arrogance, fierté (presunción).
petulante *adj* y *s* fier, ère; arrogant, e.
petunia *f* BOT pétunia *m*.
peyorativo, va *adj* péjoratif, ive (despectivo).
pez *m* poisson || FIG tas (montón) || FIG *pez de cuidado* drôle de loustic o d'oiseau || *pez de san Pedro* saint-pierre, poisson de saint Pierre || *pez espada* espadon, poisson-épée || FIG & FAM *pez gordo* gros bonnet, grosse légume, gros bras, huile (persona importante) || *pez luna* poisson-lune || *pez martillo* marteau [requin] || *pez mujer* lamentin (manatí) || *pez piloto* pilote || *pez sierra* poisson-scie (priste) || — FIG & FAM *cayó el pez* l'affaire est dans le sac | *el pez grande se come al pequeño* le gros poisson mange le petit | *estar como el pez en el agua* être comme un poisson dans l'eau | *estar pez* être ignare o nul, nager complètement | *por la boca muere el pez* trop parler nuit.
◆ *pl* ASTR poissons || — *peces de colores* poissons rouges.
— OBSERV *Pez* désigne le poisson vivant, et *pescado* uniquement le poisson pêché.
pez *f* poix || MED méconium *m* (alhorre) || *pegarse como la pez* coller comme poix || *pez griega* colophane (colofonia).
pezón *m* BOT queue *f* (de hoja, fruto) || mamelon, bout de sein (de la teta) || bout, tête *f* (extremo).
pezuña *f* sabot *m* (de animal).
pfennig *m* pfennig (moneda alemana).
pH abrev de *potencial hidrógeno* ph, potentiel hydrogène.
Phnom Penh *n pr* GEOGR Phnom Penh.
pi *f* pi *m* (letra griega) || MAT pi *m* (número).
piadosamente *adv* pieusement (con devoción) || avec piété, avec compassion (con lástima).
piadoso, sa *adj* pieux, euse; *alma piadosa* âme pieuse || miséricordieux, euse || *mentira piadosa* pieux mensonge.
píamente *adv* pieusement (con devoción).
Piamonte *n pr m* GEOGR Piémont.
pian, pian; pian, piano *loc adv* FAM piano, piano; lentement.
pianista *m* y *f* pianiste (músico).
◆ *m* facteur de pianos (fabricante).
pianístico, ca *adj* pianistique.
piano *m* MÚS piano || — *piano de cola* piano à queue || *piano de manubrio* orgue de Barbarie, piano mécanique || *piano de media cola* crapaud, piano demi-queue || *piano diagonal* piano oblique || *piano recto* ou *vertical* piano droit.
◆ *adv* MÚS piano.
pianola *f* pianola *m*, piano *m* mécanique.
piar *m* pépiement.
piar *v intr* piailler, piauler (el pollo) || pépier (las aves) || FIG & FAM râler (protestar) || *piar por* réclamer.
piara *f* troupeau *m* [surtout de porcs].
piastra *f* piastre (moneda).
PIB abrev de *Producto Interior Bruto* P.I.B., produit intérieur brut.
pibe, ba *m* y *f* FAM (*amer*) gosse, gamin, e.

PIC abrev de *punto de información cultural* i, point d'information.
pica *f* pique (arma) || pic *m* (herramienta) || piquier *m* (soldado) || TAUROM pique || MED pica *m* || marteau *m* brettelé (martillo) || — FIG & FAM *no ha puesto una pica en Flandes* il n'a rien fait d'extraordinaire.
picacho *m* pic, piton (montaña).
picada *f* coup *m* de bec (picotazo) || piqûre (picadura) || touche (en la pesca) || (*amer*) piste, sentier *m* (sendero) || gué *m* (vado) || charbon *m* (carbunclo).
picadero *m* manège (de caballos) || MAR tin (madero) || FAM garçonnière *f* (cuarto) || abattoir (matadero).
picadillo *m* hachis (cocina) || FIG *hacer picadillo* mettre en pièces (un ejército), hacher menu comme chair à pâté (una persona), mettre en charpie o en pièces (algo).
picado *m* piqûre *f* || piqué (de avión); *descender en picado* descendre en piqué || cognement (de un motor) || poinçonnage, poinçonnement (de un billete) || piquage (de las piedras) || MÚS stacatto || hachis (picadillo).
picado, da *adj* piqué, e (bebida, fruta) || gâté, e; *tener un diente picado* avoir une dent gâtée || pique, e; mordu, e (por una serpiente, etc.) || piqué, e (por un insecto) || CULIN haché, e || FAM piqué, e; froissé, e; vexé, e (ofendido) || (*amer*) pompette (achispado) || — *mar picado* mer houleuse || MÚS *nota picada* note piquée || *picado de viruelas* marqué de petite vérole, grêlé.
picador *m* TAUROM picador || dresseur de chevaux (adiestrador) || mineur (minero) || hachoir (de cocina).
picadura *f* piqûre, morsure, piqûre (de serpientes) || piqûre (de insectos) || coup *m* de bec (de aves) || tache (en las frutas) || tabac *m* à fumer (tabaco) || trou *m*, marque (de viruela) || *tener una picadura en un diente* avoir une dent gâtée o abîmée.
picajón, ona; picajoso, sa *adj* FAM chatouilleux, euse; susceptible.
picante *adj* piquant, e; *salsa picante* sauce piquante || relevé, e; épicé, e (comida) || FIG acerbe, piquant, e; *palabras picantes* mots acerbes | piquant, e; *un chiste picante* une histoire piquante.
◆ *m* saveur *f* piquante (de un manjar) || FIG piquant (de las palabras) || (*amer*) plat très épicé.
picantería *f* (*amer*) petit restaurant *m*.
picapedrero *m* tailleur de pierre.
picapica *f* (*amer*) poil *m* à gratter (planta) || *polvillos de picapica* poudre à éternuer.
picapleitos *m* y *f inv* FAM chicaneur, euse (pleitista) || avocat, e sans cause, avocaillon *m*.
picaporte *m* loquet (barrita) || clef *f* (llave) || bouton o poignée *f* de porte (tirador) || marteau de porte (aldaba).
picar *v tr* piquer (herir) || poinçonner (los billetes) || TAUROM piquer [le taureau] || mordre, piquer (serpientes) || piquer (insectos) || donner des coups de bec à (aves) || picorer (comer las aves) || mordre à (el pez); *picar el anzuelo* mordre à l'hameçon || grappiller (comer un poco) || piquer (sal, pimienta, etc.) || piquer; *los ojos me pican cuando hay humo* les yeux me piquent lorsqu'il y a de la fumée || gratter, démanger (escocer); *esta herida me pica* cette blessure me démange || hacher; *picar la carne* hacher la viande || tailler (piedras) || trancher (con

hacha) ‖ piquer, éperonner (espolear) ‖ dresser (adiestrar) ‖ piquer (en el billar) ‖ MIL harceler (acosar) ‖ MÚS piquer ‖ FIG provoquer, exciter (estimular) | froisser, vexer (enojar) ‖ piquer (el amor propio, la curiosidad) ‖ piquer; *el viento frío pica la piel* le vent froid pique la peau ‖ — FIG & FAM *picar el anzuelo* mordre à l'hameçon ‖ *picarle a uno en el amor propio* piquer quelqu'un d'honneur ‖ *picarle a uno mucho la boca* avoir la bouche emportée ‖ — FIG & FAM *a quien le pique que se rasque* qui se sent galeux se gratte | *¿qué mosca le pica?* quelle mouche le pique?, qu'est-ce qui lui prend?

◆ *v intr* piquer (sal, pimienta, etc.) ‖ piquer (un avión) ‖ taper (el sol) ‖ taper, piquer (tomar); *picar en una fuente* taper dans un plat ‖ pointer (en una fábrica) ‖ ouvrir (un livre), au hasard ‖ cogner (un motor) ‖ piquer, pincer (el frío) ‖ FIG mordre (dejarse engañar) | se laisser tenter (los compradores) ‖ *(amer)* rebondir (una pelota, una piedra) ‖ — *picar en* avoir des dons de; *picar en poeta* avoir des dons de poète; être assez; *picar en valiente* être assez courageux; avoir une teinture de (saber superficialmente) ‖ FIG & FAM *picar más* ou *muy alto* viser trop haut, avoir de hautes visées.

◆ *v pr* se piquer ‖ se miter (la ropa) ‖ se piquer (el vino, la madera) ‖ se gâter, s'abîmer (dientes, frutas) ‖ s'agiter, moutonner (el mar) ‖ être en chaleur (los animales) ‖ FIG se froisser, se formaliser, se vexer, prendre la mouche, se piquer; *se pica por cualquier cosa* il se froisse pour n'importe quoi ‖ *(amer)* s'enivrer ‖ — FIG *el que se pica, ajos come* il n'y a que la vérité qui blesse; qui se sent morveux se mouche; qui se sent galeux se gratte ‖ *picarse con* vouloir rivaliser avec, s'attaquer à (rivalizar) ‖ *picarse de* se piquer d'être; *picarse de valiente* se piquer d'être courageux; se piquer de (calidades intelectuales); *picarse de gracioso, de poeta* se piquer d'esprit, de poésie ‖ *(amer)* FIG & FAM *picárselas* se tirer (irse).

pícaramente *adv* astucieusement, malignement (con astucia) ‖ bassement (con vileza) ‖ *mirar pícaramente a uno* regarder quelqu'un avec des yeux pleins de malice o mutins.

picardía *f* bassesse (vileza) ‖ ruse, fourberie, friponnerie (bellaquería) ‖ sottise, espièglerie (travesura) | malice (astucia) ‖ grivoiserie; *contar picardías* raconter des grivoiseries ‖ canaille (pícaros) ‖ FIG *tener mucha picardía* avoir plus d'un tour dans son sac.

Picardía *n pr f* GEOGR Picardie.

picaresca *f* bande de coquins o de voyous (pandilla) ‖ vie de coquin, vie louche (vida) ‖ picaresque *m*, roman *m* picaresque; *la picaresca es una creación literaria española* le roman picaresque est une création littéraire espagnole.

picaresco, ca *adj* picaresque ‖ espiègle, mutin, e; *una mirada picaresca* un regard mutin.

pícaro, ra *adj* y *s* vaurien, enne; voyou, fripon, onne (bribón) ‖ malin, igne; débrouillard, e (astuto) ‖ FIG coquin, e (tómase un buen sentido); *ese chico es un pícaro* cet enfant est un coquin.

◆ *m* pícaro, filou (tipo de la literatura española) ‖ — *a pícaro, pícaro y medio* à malin, malin et demi ‖ *pícaro de cocina* marmiton (pinche).

picarón, ona *adj* FAM coquin, e.

picatoste *m* rôtie *f*, croûton.

picazón *f* picotement *m* (leve), démangeaison (escozor fuerte) ‖ FIG & FAM mécontentement *m* (disgusto) ‖ *causar picazón* picoter, démanger.

Picio *n pr* *más feo que Picio* laid comme un pou o à faire peur.

pickpocket *m* pickpocket (ratero).

pick-up *m* pick-up (tocadiscos) ‖ TECN pick-up (fonocaptor).

picnic *m* pique-nique (comida campestre).

pico *m* bec (de ave) ‖ pointe *f*, saillie *f* (parte saliente) ‖ angle, coin (de un mueble); *golpearse contra el pico de la mesa* se cogner contre o heurter le coin de la table ‖ pointe *f* (de un cuello, de un pañuelo) ‖ pic (herramienta) ‖ bec (de vasija) ‖ pic (montaña) ‖ pointe *f* (para un niño) ‖ corne *f* (de un sombrero) ‖ picot (de madera, de un martillo) ‖ FIG croûton (extremo del pan) | gressin, longuet (panecillo de forma alargada) | appoint (de una suma) ‖ FIG & FAM caquet (habladuría) | bec, bouche *f* (boca) ‖ MAR corne *f* ‖ *(amer)* pousse-pied (percebe) ‖ — *pico de cigüeña* géranium ‖ *pico de cisne* bec-de-cygne (cirugía) ‖ TECN *pico de colada* bec de coulée ‖ *pico de cuervo* bec de corbin (instrumento) ‖ *pico verde* pivert (ave) ‖ *sombrero de dos picos* bicorne ‖ *sombrero de tres picos* tricorne ‖ FIG & FAM *de pico* en paroles ‖ *y pico* et quelques; *cien pesetas y pico* cent pesetas et quelques; *dos años y pico* deux ans et quelques; et quelques, environ, passé; *son las tres y pico* il est trois heures passées o environ trois heures ‖ — FIG & FAM *andar de* ou *a picos pardos* faire la noce (estar de juerga), courir la pretantaine o le guilledou (ser amigo de juergas) | *callar* ou *cerrar el pico* se taire, fermer son bec, la fermer, la boucler (callarse), faire taire, clouer le bec, rabattre le caquet (hacer callar) | *costar un pico* coûter une petite fortune | *darse el pico* se bécoter | *hincar el pico* casser sa pipe, passer l'arme à gauche | *irse del pico, tener mucho pico* être trop bavard ‖ *tener un pico de oro* être un beau parleur.

◆ *pl* piques (en los naipes).

piconero *m* charbonnier, marchand de menu charbon.

picor *m* démangeaison *f* (escozor), picotement (en los ojos) ‖ *dar picor* gratter, démanger.

picoso, sa *adj* grêlé, e (de viruelas).

picota *f* pilori *m* (suplicio); *poner en la picota* mettre o clouer au pilori ‖ FAM aiguille (de campanario, de montaña) ‖ TECN verge (de la bomba) ‖ bigarreau *m* (cereza).

picotada *f*; **picotazo** *m* coup *m* de bec.

picotear *v tr* picoter, picorer (las aves) ‖ becqueter (mordisquear) ‖ FIG grignoter (comer un poco).

◆ *v intr* hocher la tête (el caballo) ‖ FIG & FAM baratiner (charlar).

◆ *v pr* FIG se chamailler (reñir).

pictografía *f* pictographie.

pictograma *m* pictogramme.

pictórico, ca *adj* pictural, e; *ornamentos pictóricos* ornements picturaux.

picudo, da *adj* pointu, e ‖ à grand bec (ave) ‖ à museau pointu (hocicudo) ‖ FIG & FAM bavard, e (parlanchín).

◆ *m* broche *f* (espetón).

picha *f* POP bite.

piche *m* FAM *(amer)* peur *f*, frousse *f*.

pichel *m* pichet d'étain (vasija).

pichichi *m* DEP meilleur buteur d'un championnat (fútbol).
pichincha *f (amer)* aubaine (ganga).
pichinglis *m* pidgin.
pichón *m* pigeonneau (pollo de paloma) || pigeon; *tiro de pichón* tir au pigeon || FIG & FAM poulet (término cariñoso); *ven acá pichón* viens, mon poulet.
pichula *f (amer)* POP bite.
pídola *f* saute-mouton *m* (juego).
pie *m* pied (de hombre o planta); *tener los pies planos* avoir les pieds plats || patte *f* (de un animal) || pied (de mueble, escalera, montaña) || pied (planta entera) || lie *f* (poso) || bas (de un escrito); *al pie de la página* au bas *o* dans le bas de la page || légende *f* (de foto o dibujo) || nom du signataire (membrete) || pied (de las medias) || pied (medida) || pied (de verso) || FIG base *f* (fundamento) || MAT pied (de una recta) || pressée *f* (de uvas) || fonds (de comercio) || — MIL *pie a tierra* à pied || *pie de altar* casuel (emolumentos) || *pie de atleta* pied d'athlète (dolencia) || *pie de amigo* appui (estaca) || FIG & FAM *pie de banco* ânerie, bourde (necedad) || BOT *pie de becerro* pied-de-veau, gouet, arum (aro) || *pie de burro* gland de mer || *pie de cabalgar* pied de montoir || *pie de cabra* pied-de-chèvre (palanca), anatife (crustáceo) || *pie de la imprenta* nom de l'imprimeur || *pie de liebre* trèfle, pied-de-lièvre (trébol) || ARQ *pie derecho* pied-droit || TECN *pie de rey* palpeur (barra calibradora), pied à coulise (compás de corredera) || POÉT *pie forzado* rime imposée || *pie plano* pied plat || *pie prensatelas* pied-de-biche (costura) || POÉT *pie quebrado* vers court alternant avec d'autres plus longs || *pie zambo* pied bot || — *al pie de* à côté de (junto), près de (casi) || *al pie de fábrica* à la sortie de l'usine (precio) || *al pie de la escalera* au bas de l'escalier || *al pie de la letra* au pied de la lettre || *al pie de la obra* à pied d'œuvre (materias) || FIG *al pie del cañón* à pied d'œuvre (una persona) || *a pie* à pied (andando) || *a pie enjuto* à pied sec || *a pie firme* de pied ferme || *a pie juntillas* ou *juntillo*, *con los pies juntos* à pieds joints; *saltar a pie juntillas* sauter à pieds joints; mordicus, dur comme fer; *creer a pie juntillas* croire mordicus || FIG *con el pie en el estribo* le pied à l'étrier || *con pies de plomo* avec prudence || *de pie, en pie* debout || *estar de pie* être debout || *en pie* sur pied (curado), sur pied (las cosechas) || *en pie de guerra* sur le pied de guerre || FIG *en un pie de igualdad* sur un pied d'égalité, sur le même pied || *gente de a pie* infanterie (soldados), gens de pied (criados) || *pie a pie* petit à petit || — FIG & FAM *caer de pie como los gatos* retomber sur ses pieds || *dar con el pie* (en el suelo), taper du pied [par tierra]; faire du pied (a alguien) || FIG *dar pie* donner l'occasion de, donner sujet de, prêter le flanc à || *echar pie a tierra* mettre pied à terre || FIG *entrar con buen pie* partir du bon pied (negocio) || *esperar a pie firme* attendre de pied ferme || FAM *estar con un pie en el aire* être comme l'oiseau sur la branche || FIG *estar en pie* se poser (problema) || *golpear el suelo con el pie* taper du pied || *hacer pie* avoir pied (en el agua) || FIG *levantarse con el pie izquierdo* se lever du pied gauche *o* du mauvais pied | *meter un pie en algún sitio* avoir le pied quelque part || *morir al pie del cañón* mourir à la tâche *o* à la peine || *nacer de pie* ou *de pies* naître coiffé || FIG & FAM *no dar pie con bola* faire tout de travers || *no tenerse en pie* ne pas tenir debout; *desde su enfermedad no se tiene en pie* depuis sa maladie il ne tient pas debout; *tu historia no se tiene en pie* ton histoire ne tient pas debout || *perder pie* perdre pied (en el agua), perdre o lâcher pied (confundirse) || FIG *poner en pie* mettre sur pied *o* debout, échafauder | *poner pie* prendre pied || *poner pie en tierra* mettre pied à terre || FIG *quedar en pie* subsister (una dificultad) | *saber de qué pie cojea uno* connaître le défaut de la cuirasse *o* le point faible de quelqu'un, savoir où le bât le blesse | *ser más viejo que el andar a pie* être vieux comme le monde || FIG *tener un pie en el sepulcro* avoir un pied dans la tombe | *tomar pie* prendre racine | *tratar a alguien con la punta del pie* traiter quelqu'un par-dessus la jambe, ne pas ménager quelqu'un || *volver pie atrás* retourner sur ses pas *o* en arrière (desandar lo andado), reculer, faire marche arrière (desdecirse).

➤ *pl* los pies le pied *sing* (de cama); *a los pies de la cama* au pied du lit || entrée *f sing* (de iglesia) || jambes *f*; *tener buenos* ou *muchos pies* avoir de bonnes jambes || — *a cuatro pies* à quatre pattes || FIG *a los pies de alguien* aux pieds de quelqu'un || *de pies a cabeza* de la tête aux pieds (enteramente), de pied en cap, de toutes pièces (armado) || *pies contra cabeza* tête-bêche || — *atado de pies y manos* pieds et poings liés || FIG *besar los pies, las manos* baiser les pieds, les mains (en una carta) || FIG & FAM *buscar cinco* ou *tres pies al gato* chercher midi à quatorze heures, chicaner || FIG *faltarle a uno los pies* perdre l'équilibre || *hacer una cosa con los pies* faire une chose par-dessus la jambe, bâcler quelque chose (hacerla muy mal) | *írsele los pies a uno* glisser; *se le fueron los pies* il a glissé || FIG & FAM *no levanta dos pies del suelo* il est haut comme trois pommes | *no poner más los pies en un sitio* ne plus mettre les pieds dans un endroit | *no tener ni pies ni cabeza* n'avoir ni queue ni tête, ne pas tenir debout || FIG *pararle a uno los pies* remettre quelqu'un à sa place (poner a alguien en su sitio) | *pensar con los pies* raisonner comme une pantoufle | *poner pies en pared* s'entêter, ne pas vouloir en démordre | *poner pies en polvorosa* prendre la poudre d'escampette, prendre la clé des champs, décamper | *sacar los pies del plato* ou *de las alforjas* se dévergonder (una persona) || *ser pies y manos de uno* être le bras droit de quelqu'un | *tener el estómago en los pies* avoir l'estomac dans les talons (tener hambre) || *tener los pies hacia fuera* avoir les pieds en dehors || FIG *trabajar con los pies* travailler comme un pied.

piedad *f* pitié (compasión); *hombre sin piedad* homme sans pitié; *dar piedad* faire pitié || piété (religiosa o filial) || ARTES pietà, Mater Dolorosa (la Virgen) || — *con piedad* avec pitié (sentimiento); *mirar a alguien con piedad* regarder quelqu'un avec pitié, avec bonté, charitablement (en acción); *acudir a un herido con piedad* secourir un blessé charitablement || *por piedad* par pitié.

piedra *f* pierre || grêle (granizo) || MED calcul *m*, pierre (en el riñón) || tour *m* (de inclusa) || FIG pierre; *corazón de piedra* cœur de pierre || — *piedra alumbre* alun || *piedra amoladera* ou *de amolar* ou *de afilar* pierre à aiguiser || *piedra angular* ou *fundamental* pierre angulaire || *piedra arenisca* grès || *piedra berroqueña* granit, granite || *piedra de cal* pierre à chaux || *piedra de campana* phonolite || *piedra de construcción* pierre à bâtir || *piedra de chispa* pierre à feu *o* à fusil || *piedra de encendedor* ou *de mechero* pierre à briquet || FIG *piedra de* ou *del escándalo* objet de scandale ‖ *piedra de Huamanga* albâtre ‖ *piedra del altar* pierre d'autel ‖ *piedra de pipas* écume de mer ‖ *(amer) piedra de sapo* mica ‖ *piedra de sillería* ou *sillar* pierre de taille ‖ *piedra de toque* pierre de touche ‖ *piedra falsa* pierre fausse ‖ *piedra filosofal* pierre philosophale ‖ *piedra imán* pierre d'aimant, magnétite ‖ *piedra infernal* pierre infernale ‖ *piedra litográfica* pierre lithographique ‖ *piedra meteórica* pierre météorique ‖ *piedra molar* pierre meulière ‖ *piedra ollar* pierre ollaire ‖ *piedra oscilante* pierre branlante ‖ *piedra plana* pierre plate ‖ *piedra pómez* pierre ponce ‖ *piedra preciosa* pierre précieuse ‖ — FIG *ablandar las piedras* attendrir les pierres | *cerrar a piedra y lodo* boucher o fermer hermétiquement | *es un día señalado con piedra blanca* ce jour est marqué d'une pierre blanche | *hasta las piedras lo saben* tout le monde le sait | *menos da una piedra* c'est mieux que rien | *no dejar piedra por mover* remuer ciel et terre, se démener | *no dejar piedra sobre piedra* ne pas laisser pierre sur pierre | *pasar a uno por la piedra* soumettre quelqu'un à rude épreuve, en faire voir de toutes les couleurs à quelqu'un ‖ FIG & POP *pasár(se)la por la piedra* se la faire (poseer a una mujer) ‖ FIG *piedra movediza, nunca moho la cobija* pierre qui roule n'amasse pas mousse ‖ *poner la primera piedra* poser la première pierre ‖ FIG & POP *quedarse de piedra* en rester coi ‖ *(amer)* FIG *tener piedra libre* avoir carte blanche ‖ FIG *tirar la piedra y esconder la mano* faire ses coups en dessous, jeter la pierre et cacher le bras | *tirar piedras al tejado ajeno* jeter des pierres dans le jardin de quelqu'un ‖ *tirar piedras contra uno* jeter des pierres à quelqu'un (apedrear), jeter la pierre à quelqu'un (censurar).

piedrecita *f* caillou *m*.

piel *f* peau; *de piel blanca* à peau blanche ‖ cuir *m* (cuero); *piel de Rusia* cuir de Russie ‖ fourrure (de animal con pelo largo) ‖ fourrure (para prenda de vestir) ‖ peau, pelure (de las frutas) ‖ — FIG *la piel de toro* l'Espagne | *piel de gallina* chair de poule | *piel de olor* peau d'Espagne ‖ *piel de zapa* peau de chagrin ‖ *un piel roja* un Peau-Rouge ‖ — FIG & FAM *cambiar de piel* faire peau neuve | *dar la piel para obtener algo* faire n'importe quoi pour, vendre son âme au diable pour obtenir quelque chose | *ser de la piel del diablo* avoir le diable au corps o dans la peau.
◆ *pl* fourrure *sing*; *un abrigo de pieles* manteau de fourrure ‖ *suavizar las pieles* palissonner les peaux.

pienso *m* aliment (del ganado); *piensos compuestos* aliments composés ‖ picotin (del caballo).

pierna *f* jambe (del hombre) ‖ patte (de animal) ‖ cuisse (de ave) ‖ cuissot *m* (de caza mayor) ‖ gigot *m* (de carnero para guisar) ‖ branche (de compás) ‖ jambage *m* (de letra), loge, lobe *m* de noix (de nuez) ‖ — *pierna de madera* jambe de bois, pilon ‖ — FIG & FAM *a pierna suelta* ou *tendida* à son aise, tranquillement | *cortarle a uno las piernas* mettre à quelqu'un des bâtons dans les roues | *dormir a pierna suelta* dormir à poings fermés | *estirar las piernas* se dégourdir les jambes.

pierrot *m* pierrot (payaso).

pietismo *m* RELIG piétisme (doctrina).

pieza *f* pièce; *las piezas de un motor* les pièces d'un moteur ‖ pièce (de música, de teatro) ‖ pièce (remiendo) ‖ pièce (caza, tejido) ‖ pièce (moneda) ‖ pièce (ajedrez, heráldica) ‖ pièce (habitación) ‖ pièce (unidad de presión) ‖ — *pieza de artillería* pièce d'artillerie ‖ *pieza de autos* dossier d'un procès ‖ *pieza de convicción* pièce à o de conviction ‖ *pieza de museo* pièce de musée ‖ *pieza de recambio* ou *de repuesto* pièce de rechange o détachée ‖ — FIG & FAM *dejar de una pieza* scier, ahurir; *esta noticia me ha dejado de una pieza* cette nouvelle m'a scié ‖ *de una pieza* tout d'une pièce, d'un seul morceau ‖ *dos piezas* deux-pièces (traje) ‖ FIG *¡es una buena* ou *linda pieza!* c'est un drôle de numéro! | *hacer piezas* mettre en pièces [quelque chose] (una cosa) | *me he quedado de una pieza* les bras m'en tombent o m'en sont tombés, j'en suis resté bouche bée | *pieza por pieza* point par point (detalladamente).

piezoélectrico, ca *adj* FÍS piézo-électrique.

pifia *f* fausse-queue (en el billar) ‖ FIG & FAM gaffe, boulette (descuido); *cometer una pifia* faire une gaffe ‖ *(amer)* raillerie (burla).

pifiar *v tr* faire fausse queue (en el billar) ‖ FAM faire une gaffe ‖ *(amer)* se moquer (burlarse).
◆ *v intr* canarder (flauta).

Pigmalión *n pr* MIT Pygmalion.

pigmentación *f* pigmentation.

pigmentar *v tr* pigmenter.

pigmento *m* pigment.

pigmeo, a *m y f* pygmée.

pignorar *v tr* engager (en el monte de piedad).

pignoraticio, cia *adj* DR pignoratif, ive; *contrato pignoraticio* contrat pignoratif.

pijada *f* FAM chichi *m* (propio de un pijo) | connerie, bêtise (tontería).

pijama *m* pyjama ‖ CULIN FAM coupe glacée.

pijería *f* FAM bêtise (chorrada).

pijo, ja *adj y s* FAM (jeune), B.C.B.G (de extracción burguesa) | minet, ette; snobinard, e (esnob, cursi).
◆ *m* POP bite.

pijota *f* petit merlan *m* (pescadilla) ‖ *hacer pijotas* faire des ricochets.

pijotero, ra *adj y s* FAM assommant, e (pesado) | sacré, e; *este pijotero niño* ce sacré gosse ‖ FAM *(amer)* chiche, radin, e (cicatero).

pila *f* pile (rimero), tas *m* (montón); *una pila de leña* un tas de bois ‖ FIG tas *m* (serie); *tiene una pila de niños* il a un tas d'enfants ‖ bassin *m*, vasque (de fuente) | évier *m* (de cocina) ‖ bénitier *m* (de agua bendita) ‖ fonts *m pl* baptismaux (para bautizar); *sacar de pila* tenir sur les fonts baptismaux ‖ auge (bebedero) ‖ ARQ pile (machón de un puente) ‖ FÍS pile (eléctrica, etc.); *pila atómica, seca, termo-eléctrica* pile atomique, sèche, thermoélectrique ‖ BLAS pile ‖ MIN cuve [pour le métal fondu] ‖ *nombre de pila* nom de baptême, prénom.

pilar *m* borne *f* (mojón) ‖ ARQ pilier (columna) | pile *f* (de un puente) ‖ bassin, vasque *f* (de fuente) ‖ FIG pilier (apoyo) ‖ pilier (rugby) ‖ ANAT *pilar del velo del paladar* pilier du voile du palais.

pilar *v tr* broyer, piler.

Pilar *n pr* Pilar (de María del Pilar) ‖ *Virgen del Pilar* Vierge del Pilar [à Saragosse].

pilastra *f* ARQ pilastre *m*.

Pilato (Poncio) *n pr* Ponce Pilate.

píldora *f* pilule ‖ FIG & FAM mauvaise nouvelle ‖ FIG & FAM *dorar la píldora* dorer la pilule | *tragarse la píldora* avaler la pilule.

pileta *f* petit bénitier *m* (de agua bendita) ‖ petit bassin *m* (fuente) ‖ *(amer)* piscine (piscina) | évier (de cocina).

pilguanejo *m (amer)* galopin.

pililo, la *adj (amer)* déguenillé, e; loqueteux, euse (haraposo).
◆ *f* FAM zizi *m*, quéquette.

pilmama *f (amer)* nourrice, bonne d'enfant.

pilón *m* bassin, vasque *f* (de fuente) ‖ auge *f* (bebedero) ‖ mortier (mortero) ‖ pain de sucre (catite) ‖ poids mobile de la romaine (de la balanza) ‖ ARQ pylône (puerta monumental) ‖ *martillo pilón* marteau-pilon.

pilongo, ga *adj* maigre (flaco) ‖ *castaña pilonga* châtaigne séchée au four.

píloro *m* ANAT pylore.

pilosidad *f* pilosité.

piloso, sa *adj* pileux, euse; pilaire; *sistema piloso* système pileux.

pilotaje *m* MAR & AVIAC pilotage; *pilotaje sin visibilidad* pilotage sans visibilité ‖ CONSTR pilotis, pilotage (conjunto de pilotes).

pilotar; pilotear *v tr* piloter.

pilote *m* pilot, pieu (estaca).
◆ *pl* pilotis *sing*; *construido sobre pilotes* bâti sur pilotis.

piloto *m* pilote; *piloto práctico* pilote côtier ‖ second (de un buque) ‖ pilote (de un avión); *piloto automático* pilote automatique ‖ AUTOM feu arrière, stop (luz posterior), feu de position (luz de posición) ‖ lampe *f* témoin (para indicar el funcionamiento de un aparato) ‖ veilleuse *f* (en los aparatos de gas) ‖ — *piloto de altura* pilote hauturier ‖ *piloto de línea* ou *civil* pilote de ligne ‖ *piloto de pruebas* pilote d'essai.
◆ *adj* pilote (que sirve de modelo); *pescadería, fábrica piloto* poissonnerie, usine pilote.

pilpil *m* CULIN ragoût de poisson [plat basque].

piltra *m* POP pieu *m*, plumard *m*, pageot *m* (cama) ‖ POP *meterse en la piltra* se pieuter.

piltrafa *f* FAM carne (carne mala) ‖ *(amer)* aubaine (ganga).
◆ *pl* restes *m*, déchets *m* (residuos) ‖ FIG & FAM *hacer piltrafas* mettre en charpie.

pillada *f* FAM filouterie, friponnerie (bribonada) | polissonnerie (de los niños) ‖ *(amer)* pillage.

pillaje *m* pillage (saqueo).

pillar *v tr* piller (saquear) ‖ FAM attraper, coincer; *pillar a un ladrón* attraper un voleur ‖ attraper; *pillar el tren* attraper le train; *pillar un resfriado* attraper un rhume ‖ — FAM *me pilla bastante lejos* c'est assez loin | *me pilla de camino* c'est sur mon chemin.
◆ *v pr* se prendre, se coincer (los dedos).

pillastre; pillastrón *m* FAM coquin, vaurien (bribón) | polisson, coquin, garnement (niño).

pillería *f* FAM bande de coquins, canaille | friponnerie (bribonada) | polissonnerie (de niño).

pillete; pillín *m* FAM galopin, polisson, coquin, garnement (pilluelo).

pillo, lla *m y f* FAM coquin, e; scélérat, e (bribón) | canaille (tunante) ‖ — *a pillo, pillo y medio* à malin, malin et demi ‖ *dárselas de pillo* faire son malin.

pilluelo, la *m y f* FAM garnement *m*, galopin *m*, polisson, onne; coquin, e (chico malo) ‖ gamin, e (niño); *el pilluelo de París* le gamin de Paris.

◆ *m* voyou (chico malcriado).

¡pim! *interj* pan!, paf! ‖ *pim pam pum* jeu de massacre (pimpampum).

pimentón *m* gros poivron, poivron ‖ paprika doux ‖ piment rouge [moulu].

pimienta *f* poivre *m*; *pimienta blanca, negra* poivre blanc, noir; *echar pimienta* mettre du poivre ‖ FIG & FAM sel *m*, piquant *m* ‖ — FIG & FAM *sal y pimienta* piment, piquant ‖ — *ser como una pimienta* être vif comme la poudre, être du vif-argent | *tener mucha pimienta* coûter les yeux de la tête.

pimiento *m* piment (planta) ‖ poivron, piment (fruto) ‖ piment rouge [moulu] ‖ poivrier (pimentero) ‖ — *pimiento chile* piment (guindilla) ‖ *pimiento de cornetilla* poivre long ‖ *pimiento morrón* piment carré, poivron ‖ — FIG & FAM *me importa un pimiento* je m'en moque comme de l'an quarante.

pimpampum *m* jeu de massacre (en las ferias).

pimpante *adj* pimpant, e (peripuesto).

pimpinela *f* BOT pimprenelle (planta).

pimplar *v tr* FAM siffler (beber).
◆ *v intr* FAM picoler.

pimpollo *m* rejeton, rejet (vástago) ‖ arbrisseau, petit arbre (árbol nuevo) ‖ bouton de rose (capullo) ‖ FIG & FAM chérubin, petit ange (niño) | beau garçon (joven), jolie fille (chica).

pimpolludo, da *adj* aux rejets abondants (planta).

pin *m* pin's.

pinacate *m (amer)* sorte de scarabée (escarabajo) | FIG quidam (despectivo).

pinacoteca *f* pinacothèque.

pináculo *f* pinacle ‖ pinacle (juego de naipes) ‖ FIG *en el pináculo* au pinacle; *poner a alguien en el pináculo* porter quelqu'un au pinacle.

pinar *m* pinède *f*, pineraie *f*, pinière *f*, pignade *f*.

pinaza *f* pinasse (embarcación).

pincel *m* pinceau ‖ FIG pinceau (pintor o modo de pintar) | œuvre *f*, tableau (obra) ‖ MAR brosse *f* à goudronner ‖ *pincel plano* queue-de-morue.

pincelada *f* coup *m* de pinceau, touche ‖ MED badigeonnage *m* (de la garganta) ‖ FIG touche, trait *m* (rasgo); *pincelada fuerte* trait vigoureux ‖ FIG *dar la última pincelada* mettre la dernière main.

pincelazo *m* coup de pinceau (pincelada).

pinchadiscos *m inv* disc-jockey.

pinchar *v tr* piquer; *las espinas pinchan* les épines piquent ‖ FIG énerver, taquiner, agacer, asticoter (irritar) ‖ fâcher (enojar).
◆ *v intr* crever (neumático) ‖ FIG & FAM *ni pincha ni corta* il n'a pas son mot à dire, il n'a pas voix au chapitre, il n'a que le droit de se taire.
◆ *v pr* se piquer (con un alfiler) ‖ crever (neumático) ‖ FIG & FAM se taquiner, s'asticoter (meterse uno con otro).

pinchazo *m* piqûre *f* ‖ crevaison *f* (de neumático) ‖ FIG coup d'épingle, pique *f* (dicho malicioso).
— OBSERV *Piqûre*, terme médical, se dit *inyección*.

pinche *m y f* marmiton *m* (de cocina) ‖ FIG & FAM *haber sido pinche antes de cocinero* avoir fait ses preuves, avoir mis la main à la pâte, avoir été à bonne école.
◆ *adj (amer)* méprisable (despreciable) ‖ laid, e (feo).

pinchito *m* CULIN amuse-gueule (tapas).

pincho *m* pointe *f* ‖ piquant (de planta o animal) ‖ CULIN brochette *f* ‖ *(amer)* épingle *f* à chapeau ǀ *pincho moruno* chiche kebab (de carne).

pindonga *f* FAM vadrouilleuse, femme qui traîne dans la rue.

pindonguear *v intr* FAM vadrouiller.

pinga *f (amer)* FAM quéquette.

pingajo *m* FAM lambeau, loque *f*.

pinganilla *f (amer)* gommeux *m* (currutaco) ‖ *(amer) en pinganillas* accroupi (en cuclillas), dans l'incertitude (en situación incierta).

pingo *m* FAM loque *f* (pingajo) ‖ dévergondée *f* (mujer) ‖ *(amer)* cheval (caballo) ǀ diable (diablo) ‖ FIG & FAM *andar de pingo* vadrouiller (callejear).
◆ *pl* FAM frusques *f*, nippes *f* (trapos, vestidos).

pingorotudo, da *adj* FAM haut perché, e (alto) ‖ haut placé, e (bien situado).

ping pong *m* ping-pong (tenis de mesa).

pingue *m* pinque *f* (embarcación).

pingüe *adj* gras, grasse (graso) ‖ gros, grosse; *obtener pingües beneficios* faire de gros bénéfices ‖ rentable (negocio) ‖ abondant, e; copieux, euse (abundante).

pingüino *m* ZOOL pingouin.

pinitos *m pl* FAM premiers pas [d'un enfant, etc.]; *hacer pinitos* faire ses premiers pas.

pino, na *adj* raide (pendiente).
◆ *m* pin (árbol) ‖ FIG & POÉT nef *f*, navire (embarcación grande), esquif (pequeño) ‖ — *pino albar* ou *royo* ou *silvestre* pin sylvestre ‖ *pino alerce* mélèze ‖ *pino carrasco* pin d'Alep ‖ *pino de Virginia* pitchpin ‖ *pino negral* ou *negro* pin Laricio ‖ *pino piñonero* ou *real* pin parasol, pin pignon ‖ *pino rodeno* ou *marítimo* pin maritime, pinastre ‖ — *a pino* à toute volée (las campanas) ‖ FIG & FAM *en el quinto pino* au diable, au diable vauvert (muy lejos) ‖ *hacer el pino* faire le poirier o l'arbre droit.
◆ *pl* FAM premiers pas; *hacer pinos* faire ses premiers pas.

Pinocho Pinocchio.

pinol; pinole; pínole *m (amer)* farine *f* de maïs grillé.

pinoso, sa *adj* qui abonde en pins.

pinrel *m* POP panard, ripaton (pie).

pinta *f* tache, moucheture (mancha) ‖ goutte (gota) ‖ marque [sur les cartes à jouer] ‖ pinte (medida) ‖ atout *m* (triunfo) ‖ FIG allure, air *m*, aspect *m* (aspecto); *tiene pinta de pícaro* il a l'air d'un coquin; *tener buena pinta* avoir belle allure ‖ *(amer)* couleur d'un animal (color) ǀ race (casta) ǀ *hacer* ou *irse de pinta* faire l'école buissonnière.
◆ *m* vaurien, voyou (golfo).
◆ *pl* fièvre *sing* typhoïde (tabardillo).

pintada *f* pintade (ave) ‖ graffiti *m* (inscripción) ‖ *pollo de pintada* pintadeau *m*.

pintado, da *adj* peint, e; *papel pintado* papier peint; *pintado de azul* peint en bleu ‖ fardé, e (rostro) ‖ tacheté, e; moucheté, e (la piel de los animales) ‖ FIG pareil, eille; semblable (parecido) ‖ FIG & FAM *el más pintado* le plus malin ǀ *es su padre pintado* c'est son père tout craché ǀ *no puedo verle ni pintado* je ne peux pas le voir en peinture ǀ *venir como pintado* tomber à pic, aller à merveille.
◆ *m* peinture *f* (acción de pintar).

pintalabios *m inv* rouge à lèvres.

pintamonas *m* FAM barbouilleur (mal pintor).

pintar *v tr* peindre (con pintura); *pintar un retrato* peindre un portrait; *pintar de rojo una habitación* peindre une pièce en rouge ‖ dessiner, faire (dibujar); *píntame un caballo* dessine-moi un cheval ‖ tracer (escribir) ‖ FIG peindre, dépeindre (describir) ǀ jouer un rôle, avoir de l'importance (importar) ‖ — *pintar al fresco* peindre à fresque ‖ *pintar al óleo* peindre à l'huile ‖ *pintar al temple* peindre en détrempe ‖ *pintar con brocha* peindre à la brosse ‖ FIG & FAM *pintarla* poser, se donner des airs ‖ — *a la ocasión la pintan calva* il faut saisir l'occasion par les cheveux ‖ FIG & FAM *no pintar nada* être déplacé, ne pas être à sa place; *no pintar nada en una reunión* être déplacé dans une réunion; ne pas avoir son mot à dire (no tener influencia).
◆ *v intr* se colorer, mûrir (las frutas) ‖ FIG percer, se découvrir (mostrarse).
◆ *v pr* se farder, se maquiller (el rostro) ‖ FIG se peindre, se refléter; *la felicidad se pintaba en su rostro* le bonheur se peignait sur son visage ‖ FIG & FAM *se las pinta solo* il n'a pas son pareil, il n'y en a pas deux comme lui.

pintarrajar; pintarrajear *v tr* FAM barbouiller, peinturlurer.

pintarrajo *m* FAM barbouillage, peinturlurage.

pintiparado, da *adj* tout pareil, toute pareille (semejante) ‖ à propos; *llegar pintiparado* arriver à propos ǀ juste, parfaitement bien; *esta corbata viene pintiparada con este traje* cette cravate va parfaitement bien avec ce costume ‖ *es pintiparado a su hermano* il est tout le portrait de son frère.

Pinto *n pr* FAM *estar entre Pinto y Valdemoro* être éméché, e; être entre deux vins (medio borracho).

pinto, ta *adj* peint, e (pintado).

pintor *m* peintre; *pintor de cuadros* artiste peintre ‖ *(amer)* vaniteux (fachendoso) ‖ — *pintor de brocha gorda* peintre en bâtiment; barbouilleur, mauvais peintre ‖ TEATR *pintor escenógrafo* peintre décorateur.

pintora *f* femme peintre.

pintoresco, ca *adj* pittoresque.

pintura *f* peinture ‖ FIG peinture (descripción) ‖ — *pintura a dos visos* tableau magique ‖ *pintura a la aguada* gouache ‖ *pintura al fresco, al óleo* peinture à fresque, à l'huile ‖ *pintura al pastel* pastel ‖ *pintura al temple* peinture à la détrempe ‖ *pintura mural* peinture murale ‖ *pintura rupestre* peinture rupestre ‖ — FIG & FAM *no poder ver a uno ni en pintura* ne pas pouvoir voir quelqu'un en peinture.

pin up *f* pin-up.

pinza *f* pince (de animal) ‖ pince (costura); *pinzas sueltas* pinces lâchées ‖ TECN pince ‖ *pinza sujetapapeles* pince à dessin.
◆ *pl* pince *sing* (instrumento); *pinzas para* ou *de depilar* pince à épiler ‖ pince *sing* o épingle *sing* à linge (para colgar la ropa) ‖ — *pinzas de dentista* davier ‖ FIG & FAM *sacárselo a uno con pinzas* tirer les vers du nez à quelqu'un.

pinzón *m* pinson (ave).

piña *f* pomme de pin, pigne (del pino) ‖ pomme, cône *m*, fruit *m* (de otros árboles) ‖ ananas *m* (ananás) ‖ FAM coup *m* de poing ‖ FIG groupe *m* uni ‖ MAR nœud *m* (nudo).

piñata *f (p us)* marmite (olla) ‖ panier *m* de friandises ‖ *domingo de piñata* premier dimanche de carême.

piñón

— OBSERV La *piñata* est un récipient rempli de friandises que l'on brise à coups de bâton le premier dimanche de carême au cours d'un bal masqué.

piñón *m* pignon (simiente del pino) ‖ pignon (rueda); *piñón de cambio* pignon de renvoi ‖ BOT médicinier, pignon d'Inde ‖ dernier âne d'un troupeau (burro) ‖ noix *f* (del fusil) ‖ — TECN *piñón mayor* pédalier (de bicicleta) ‖ *piñón planetario* planétaire de différentiel ‖ FIG & FAM *estar a partir un piñón* s'entendre comme larrons en foire, être comme les deux doigts de la main.

pío *m* pépiement (de las aves) ‖ piaillement, piaulement, piaillerie *f* (del pollo) ‖ FAM envie *f* (deseo) ‖ FIG & FAM *no decir ni pío* ne pas piper, ne pas souffler mot, ne pas dire un mot.

Pío *n pr m* Pie; *Pío IX (nono)* Pie IX [neuf].

pío, a *adj* pie; *obra pía* œuvre pie ‖ pieux, euse (devoto) ‖ charitable (compasivo) ‖ pie (caballo).

piocha *f* pioche (zapapico) ‖ aigrette (joya o adorno) ‖ *(amer)* barbiche (perilla).

piojillo *m* pou des oiseaux ‖ FIG & FAM *matar uno el piojillo* faire son trou.

piojo *m* pou ‖ — *como piojos en costura* serré comme des sardines ‖ *piojo de mar* pou de mer (crustáceo) ‖ FIG & FAM *piojo pegadizo* crampon (persona molesta) ‖ *piojo resucitado* parvenu.

piojoso, sa *adj* pouilleux, euse ‖ FIG chiche, radin, e (mezquino).

piola *f* MAR lusin *m* ‖ saute-mouton; *jugar a la piola* jouer à saute-mouton ‖ *(amer)* ficelle (bramante).

piolet *m* piolet (alpinismo).

piolín *m* *(amer)* cordelette *f*.

pionero, ra *m y f* pionnier, ère (precursor adelantado).

piorrea *f* MED pyorrhée.

pipa *f* pipe; *fumar en pipa* ou *la pipa* fumer la pipe ‖ barrique, tonneau *m* (tonel) ‖ pépin *m* (pepita) ‖ graine (de girasol) ‖ pipeau *m* (flautilla) ‖ MÚS anche (lengüeta) ‖ détonateur *m* (de una bomba) ‖ — TECN *pipa del distribuidor* doigt du distributeur (automóvil) ‖ *piedra de pipas* écume de mer ‖ — FIG & FAM *eso es el cuento de la buena pipa* ça n'en finit pas.

pipe-line *m* pipe-line (oleoducto).

piperina *f* pipérine (farmacia).

pipermín *m* peppermint, liqueur *f* de menthe.

pipero, ra *adj y s* pipier, ère (que hace pipas) ‖ tonnelier (que hace toneles) ‖ vendeur, euse de graines de tournesol.

pipeta *f* pipette.

pipí *m* FAM pipi; *hacer pipí* faire pipi.

pipián *m* *(amer)* ragoût de viande avec une sauce aux amandes pilées (guiso).

pipiar *v intr* pépier (piar).

pípila *f* *(amer)* dinde.

pipilo *m* *(amer)* dindonneau.

pipiolo *m* FAM bleu, novice, blanc-bec, béjaune (inexperto), bizut on bizuth (de una escuela).

piñón, ona *adj* *(amer)* repu, e (harto) ‖ ventru, e (barrigón).

◆ *m* *(amer)* grosse *f* barrique (tonel).

pipote *m* tonnelet, baril.

pique *m* brouille *f* (resentimiento) ‖ point d'honneur (amor propio) ‖ MAR fourcat, varangue *f* ‖ *(amer)* chique *f* (nigua) ‖ piment (ají) ‖ sentier (senda) ‖ — *a pique* opportunément, sur le point de (a punto de), à pic, perpendiculairement (a plomo) ‖ — MAR *echar a pique* couler, envoyer par le fond (un barco), anéantir, couler (una empresa) ‖ *estar a pique de* être sur le point de, manquer de, faillir (sólo en el pasado); *he estado a pique de caerme* j'ai failli tomber ‖ *irse a pique* couler à pic, couler, sombrer (buque) ‖ *(amer) salir a los piques* démarrer en trombe.

piqué *m* piqué (tela).

piquera *f* trou *m* de vol (de colmenas) ‖ bonde (de tonel) ‖ TECN trou *m* de coulée (altos hornos) ‖ bec *m* (de lámpara).

piqueta *f* pic *m*, pioche *f* ‖ *(amer)* piquette (aguapié) ‖ piolet *m* (bastón de montañero).

piquete *m* piqûre *f* (pinchazo) ‖ petit trou (agujero) ‖ piquet (jalón) ‖ piquet; *piquete de huelga* piquet de grève ‖ peloton, piquet; *piquete de ejecución* peloton d'exécution ‖ *(amer)* cour *f* (corral).

pira *f* bûcher *m* (hoguera) ‖ FIG & FAM *ir de pira* sécher les cours (no asistir a clase).

pirado, da *adj* FAM cinglé, e.

piragua *f* pirogue (embarcación) ‖ canoë *m* (de madera); *carrera de piraguas* course de canoës ‖ kayac *m* (de tela).

piragüero *m* piroguier.

piragüismo *m* canoéisme.

piramidal *adj* pyramidal, e.

pirámide *f* pyramide; *pirámide cuadrangular, regular, pentagonal, truncada* pyramide quadrangulaire, régulière, pentagonale, tronquée ‖ *pirámide de las edades* pyramide des âges ‖ *tronco de pirámide* tronc de pyramide.

piraña; piraya *f* *(amer)* piranha *m*, piraya *m* (pez).

pirarse *v pr* FAM se tirer, se tailler (largarse) ‖ *estoy deseando pirármelas* j'ai bien envie de me tailler.

pirata *m* pirate ‖ FIG cœur de pierre (hombre despiadado) ‖ *pirata del aire* pirate de l'air.

◆ *adj* FIG pirate (clandestino); *edición, emisión pirata* édition, émission pirate.

piratear *v intr* pirater ‖ FIG voler (robar).

piratería *f* piraterie ‖ *piratería aérea* piraterie aérienne.

piraya *f* *(amer)* → **piraña**.

pirenaico, ca *adj y s* pyrénéen, enne.

Pireo (El) *n pr m* GEOGR Le Pirée.

pirético, ca *adj* MED pyrétique.

pirex *m* pyrex (vidrio que resiste al fuego).

piri *m* POP *darse el piri* se tirer, se tailler (irse).

pírico, ca *adj* relatif au feu.

pirindola *f* toton *m* (perinola).

pirindolo *m* FAM truc (chisme).

pirineo, a *adj* pyrénéen, enne (pirenaico).

Pirineos *n pr m pl* GEOGR Pyrénées *f*.

piripi *adj* *ponerse piripi* être gai, e; émêché, e (un poco ebrio).

pirita *f* MIN pyrite.

pirógeno, na *adj* pyrogène.

pirograbado *m* pyrogravure *f*.

pirograbar *v tr* pyrograver.

piromanía *f* pyromanie.

pirómano, na *adj y s* pyromane.

pirometría *f* pyrométrie.

piropear *v tr* FAM lancer des compliments, dire des galanteries.

piropo *m* FAM compliment, galanterie *f* [surtout dans la rue]; *decir* ou *echar piropos* dire des galanteries, lancer des compliments || MIN escarboucle *f* (carbúnculo).

pirosis *f* MED pyrosis *m*.

pirotecnia *f* pyrotechnie.

pirotécnico, ca *adj* pyrotechnique.
◆ *m* pyrotechnicien, poudrier (obrero).

pirrarse *v pr* FAM raffoler; *pirrarse por la música* raffoler de musique.

pírrico, ca *adj y s* pyrrhique (danza) || *victoria pírrica* victoire à la Pyrrhus.

pirueta *f* pirouette.

piruleta *f* sucette ronde.

pirulí *m* sucre d'orge, sucette *f*.

pirulo *m* gargoulette *f* (botijo).

pis *m* FAM pipi (orina).

Pisa *n pr* GEOGR Pise.

pisada *f* pas *m*, trace [de pas] || pas; *se oían sus pisadas* on entendait ses pas || trace, foulée, passée (d'un animal) || pressurage *m* (de la fruta) || écrasement *m* (aplastamiento) || foulage *m* (de paños) || *seguir las pisadas de uno* suivre les traces de quelqu'un.

pisadura *f* trace, pas *m* (pisada).

pisapapeles *m inv* presse-papier.

pisar *v tr* marcher sur; *pisarle el pie a uno* marcher sur le pied de quelqu'un || fouler; *pisar la tierra, uvas, paños* fouler le sol, le raisin, le drap || MÚS pincer (las cuerdas) | frapper (las teclas) || couvrir, féconder (el macho) || FIG humilier, rabaisser (a uno) | piétiner, fouler aux pieds (pisotear) || souffler, enlever (quitar); *pisarle el puesto a uno* enlever à quelqu'un son poste || — *pisar el acelerador* appuyer sur l'accélérateur || *pisar el escenario* monter sur scène || FIG *pisar fuerte* frapper un grand coup || *pisar las huellas de alguien* marcher sur les traces de quelqu'un || *pisar las tablas* monter sur les planches || FIG *pisarle a uno el terreno* aller sur les brisées de quelqu'un, couper l'herbe sous les pieds à quelqu'un | *pisar los talones* marcher sur les talons, suivre de près, talonner || — FIG *ir ou andar pisando huevos* marcher sur des œufs | *no dejarse pisar* ne pas se laisser marcher sur les pieds || *no vuelvo a pisar más esa casa* je ne remettrai plus les pieds dans cette maison.
◆ *v intr* être l'un sur l'autre [deux étages d'un édifice].

pisaúvas *m y f inv* fouleur, euse [de raisin].

piscícola *adj* piscicole.

piscicultura *f* pisciculture.

piscifactoría *f* établissement *m* piscicole.

piscina *f* piscine (para bañarse) || bassin *m* (estanque) || piscine sacrée (de iglesia).

Piscis *n pr* ASTR Poissons (signo del zodíaco).

piscolabis *m* FAM collation *f* || *(amer)* apéritif || *tomar un piscolabis* manger une bouchée.

piso *m* étage (de una casa); *casa de seis pisos* maison de six étages || appartement (vivienda); *piso de tres habitaciones* appartement de trois pièces || sol (suelo) || plancher (de madera) || chaussée *f* (de la calle) || étage (capa geológica) || — *piso bajo* rez-de-chaussée | *piso de muestra* ou *piloto* appartement témoin || *piso de soltero* garçonnière || *piso principal* premier étage (de una casa), corbeille (en el teatro) || — *casa de pisos* immeuble à usage d'habitation.

pisotear *v tr* piétiner, fouler aux pieds.

pisotón *m* FAM action *f* de marcher sur le pied || *darle a uno un pisotón* marcher sur le pied de quelqu'un.

pista *f* piste (huella) || piste (de carreras, de aviones, etc.) || — AVIAC *pista de aterrizaje* piste o aire d'atterrissage | *pista de rodaje* chemin de roulement || DEP *pista de esquí* piste de ski | *pista de tenis* court de tennis | *pista para ciclistas* piste o trottoir cyclable || CINEM *pista sonora* piste sonore || — DEP *atletismo en pista* athlétisme sur piste | *atletismo en pista cubierta* athlétisme en salle | *corredor en pista* pistard (en ciclismo) || — FAM *ponerse a la pista* se mettre en chasse || *seguir la pista* suivre à la piste (perseguir), filer (un policía a un ladrón), ne pas perdre de vue.

pistacho *m* pistache *f* (fruto).

pistilo *m* BOT pistil.

pisto *m* jus de viande (jugo) || ratatouille *f* niçoise (fritada) || *(amer)* argent (dinero) || FIG & FAM *darse pisto* faire de l'épate o de l'esbroufe, la ramener *(pop)*.

pistola *f* pistolet *m* (arma); *pistola ametralladora* pistolet (-) mitrailleur; *tiro de pistola* coup de pistolet || pistolet *m*; *pintura a la pistola* peinture au pistolet || *pistola de agua* pistolet à eau.

pistolera *f* étui *m* à pistolet.

pistolero *m* bandit, gangster (bandolero) || tueur [à gages].

pistoletazo *m* coup de revolver o de pistolet.

pistón *m* piston (émbolo); *el recorrido del pistón* la course du piston || capsule *f*, amorce *f* (de arma de fuego) || MÚS clef *f*, piston (de instrumento) | cornet à piston (corneta de llaves).

pistonudo, da *adj* POP formidable, épatant, e; au poil, du tonnerre.

pita *f* BOT agave *m* (planta) || fibre d'agave (hilo) || sifflets *m pl*, huées *pl* (en el teatro) || bille (canica) || *recibir una pita* se faire siffler.

pitada *f* coup *m* de sifflet || FIG & FAM impair *m*, gaffe; *dar una pitada* faire un impair o une gaffe || *(amer)* bouffée (de cigarro).

Pitágoras *n pr m* Pythagore; *tabla de Pitágoras* table de Pythagore.

pitagórico, ca *adj y s* pythagoricien, enne.
◆ *adj* pythagorique.

pitanza *f* pitance, ration (ración de comida) || FAM pitance (alimento cotidiano) | prix *m* (precio), salaire *m* (sueldo) || FAM *(amer)* aubaine (ganga).

pitar *v intr* siffler [dans un sifflet] || DEP arbitrer || FIG & FAM marcher, gazer (marchar) || FIG & FAM *salir pitando* filer, partir en quatrième vitesse.
◆ *v tr* siffler; *pitar una obra de teatro* siffler une pièce de théâtre || *(p us)* payer (pagar) || *(amer)* fumer (fumar).

pitido *m* sifflement (ruido producido por el aire, etc.) || coup de sifflet (con el pito); *le llamó con un pitido* il l'a appelé d'un coup de sifflet.

pitillera *f* porte-cigarettes *m inv*, étui *m* à cigarettes (petaca) || cigarière (mujer).

pitillo *m* cigarette *f*; *liar un pitillo* rouler une cigarette; *echar un pitillo* griller une cigarette.

pitiminí *m* rosier pimprenelle (rosal) || *rosa de pitiminí* rose pompon.

pitiriasis *f* MED pityriasis *m*.
pitirrojo *m* ZOOL rouge-gorge.
pito *m* sifflet (instrumento) ‖ bec (de vasija) ‖ FAM sèche *f*, cigarette *f* (cigarrillo) ‖ osselet (taba) ‖ ZOOL tique (insecto) ‖ pic (pájaro) ‖ FAM quéquette *f*, zizi (pene) ‖ *(amer)* pipe *f* ‖ — FAM *pito catalán* pied de nez ‖ *pitos flautos* balivernes ‖ — FAM *cuando pitos, flautas, cuando flautas, pitos* lorsqu'on veut blanc c'est noir, lorsqu'on veut noir *c*'est blanc ‖ *entre pitos y flautas* pour une raison ou pour une autre ‖ *me oyes como quien oye el pito del sereno* c'est comme si je chantais ‖ *no me importa un pito, no se me da un pito* je m'en moque comme de l'an quarante ‖ *no toco pito en eso* je n'ai pas voix au chapitre, cela ne me regarde pas (no tengo nada que decir), je n'ai rien à voir là-dedans (no tengo nada que ver) ‖ *no valer un pito* ou *tres pitos* ne rien valoir, ne pas valoir tripette *o* un radis ‖ *ser el pito del sereno* être la cinquième roue du carrosse ‖ *tener voz de pito* avoir une voix de crécelle.
pitón *m* python (serpiente) ‖ corne *f* (de los toros, etc.) ‖ bec (de botijos y porrones) ‖ bourgeon (de un árbol) ‖ *(amer)* tuyau d'arrosage (manga de riego) ‖ *pitón de escalada* piton (alpinismo).
pitonazo *m* coup de corne.
pitonisa *f* pythonisse ‖ FIG voyante.
pitorrearse *v pr* FAM se payer la tête, se moquer [de quelqu'un] ‖ se moquer [de quelque chose].
pitorreo *m* FAM rigolade *f*, plaisanterie *f* ‖ — FAM *tomarlo todo a pitorreo* prendre tout à la rigolade ‖ *traerse un pitorreo con* se payer la tête de.
pitorro *m* bec (de vasija).
pituitario, ria *adj* ANAT pituitaire; *membrana pituitaria* membrane pituitaire.
pituso, sa *adj* mignon, onne (niños).
◆ *m y f* FAM gosse, enfant.
piular *v intr* pépier (las aves) ‖ piailler, piauler (el pollo) ‖ FIG & FAM râler (protestar).
pívot *m y f* DEP pivot *m* (baloncesto).
pivotante *adj* BOT pivotant, e (raíz).
pivotar *v intr* DEP pivoter.
pivote *m* TECN pivot (gorrón) ‖ pivot (baloncesto) ‖ plaque *f* tournante (ferrocarriles).
piyama *m* pijama (pijama).
pizarra *f* ardoise (piedra y tablilla para escribir) ‖ tableau *m*, tableau *m* noir (encerado); *salir a la pizarra* aller au tableau.
pizarroso, sa *adj* ardoiseux, euse; ardoisé, e.
pizca *f* FAM petit morceau *m*, miette; *yo sólo como una pizca de pan* je ne mange qu'un petit morceau de pain ‖ pincée, soupçon *m* (de sal, etc.) ‖ goutte (cosa líquida) ‖ un tout petit peu; *con una pizca de suerte hubiera ganado* yo avec un tout petit peu de chance, c'est moi qui aurais gagné; *se parece una pizca a su padre* il ressemble un tout petit peu à son père ‖ — FAM *ni pizca* pas du tout; *eso no me gusta ni pizca* je n'aime pas ça du tout; *no tiene ni pizca de autoridad* il n'a pas d'autorité du tout ‖ *no haber pizca de* ne pas y avoir de... du tout; *no hay pizca de vino* il n'y a pas de vin du tout.
pizcar *v tr* FAM pincer (pellizcar).
pizote *m* ZOOL *(amer)* blaireau (tejón).
pizpereta; pizpireta *adj f* FAM guillerette (alegre).
pizza *f* CULIN pizza.
pizzería *f* pizzeria.

placa *f* plaque ‖ plaque (lámina) ‖ FOT plaque ‖ plaquette (medalla conmemorativa) ‖ panneau *m* indicateur (para señalar) ‖ panonceau *m* (rótulo) ‖ plaque d'immatriculation (de un vehículo) ‖ — *placa giratoria* plaque tournante ‖ *placa solar* panneau solaire.
placaje *m* placage (rugby) ‖ *hacer un placaje* plaquer (rugby).
placar *v tr* DEP plaquer.
placebo *m* placebo.
pláceme *m* félicitation *f* ‖ *dar el pláceme* féliciter.
placenta *f* ANAT & BOT placenta *m*.
placentario *adj* BIOL placentaire.
◆ *m pl* placentaires (mamíferos).
placentero, ra *adj* joyeux, euse (alegre) ‖ agréable, charmant, e; délicieux, euse; *es un jardín placentero* c'est un jardin délicieux (agradable) ‖ amusant, e; attrayant, e (entretenido).
placer *m* plaisir (diversión, gusto); *los placeres de la vida* les plaisirs de la vie ‖ bon plaisir (voluntad); *tal es mi placer* tel est mon bon plaisir ‖ MAR banc de sable (arena) ‖ MIN placer, gisement aurifère ‖ *(amer)* pêcherie *f* de perles ‖ — *a placer* à plaisir (con gusto), à loisir (lentamente) ‖ *un viaje de placer* un voyage d'agrément.
placer* *v intr* plaire; *me place estudiar* il me plaît d'étudier ‖ *si me place* si cela me plaît.
— OBSERV *Placer*, d'ailleurs peu usité, s'emploie surtout comme verbe impersonnel; au sens personnel on dit plutôt *gustar* (*me gusta este libro* ce livre me plaît).
plácet *m* placet (diplomático).
placidez *f* placidité.
plácido, da *adj* placide (quieto) ‖ tranquille (tranquilo) ‖ agréable (grato).
plafón *m* ARQ soffite (sofito).
plaga *f* plaie, fléau *m* (de un pueblo) ‖ calamité, catastrophe (infortunio) ‖ mal *m*, maux *m pl* (daño o enfermedad) ‖ FIG fléau *m* (de la agricultura); *las langostas son a veces una plaga* les sauterelles sont parfois un fléau ‖ grêle, invasion, épidémie (abundancia de cosas malas) ‖ foison (de cosas buenas); *hay plaga de frutas* il y a des fruits à foison ‖ *las diez plagas de Egipto* les dix plaies d'Égypte.
plagar *v tr* couvrir (cubrir); *plagar de heridas* couvrir de blessures ‖ remplir, bourrer *(fam)*; *carta plagada de faltas* lettre bourrée de fautes ‖ *estar plagado de* être surchargée de; *plagado de hijos* surchargé d'enfants; être couvert *o* criblé *o* cousu de; *plagado de deudas* criblé de dettes.
◆ se couvrir, être couvert; *plagarse de granos* être couvert de boutons.
plagiar *v tr* plagier (copiar) ‖ *(amer)* kidnapper (raptar).
plagiario, ria *adj y s* plagiaire.
◆ *m y f* pasticheur, euse (imitador).
plagio *m* plagiat ‖ pastiche (imitación).
plaguicida *adj y s m* pesticide.
plan *m* plan; *hacer planes* faire des plans; *el plan de la obra* le plan de l'ouvrage ‖ plan; *plan quinquenal* plan quinquennal; *plan de ordenación* plan d'aménagement ‖ projet (intención); *no tengo ningún plan para esta tarde* je n'ai aucun projet pour cet après-midi ‖ plan, niveau (altura) ‖ FIG & FAM petit ami, petite amie ‖ MAR fond de cale ‖ MED régime; *estar a plan* être au régime ‖ MIN étage (piso) ‖ *(amer)* plaine *f* (planicie) ‖ — *plan contable* plan comptable ‖ *plan de ataque* plan d'attaque ‖ *plan*

de estudios cursus ‖ *plan de financiación* plan de financement ‖ *plan de inversión* plan d'investissement ‖ *plan de paz* plan de paix ‖ *plan de pensiones* régime de retraite ‖ *plan de trabajo* plan de travail ‖ *— en plan de* comme, en; *en plan de vencedor* en vainqueur; à titre de (a título de) ‖ *en plan de broma* pour rire, pour plaisanter; *meterse con alguien en plan de broma* taquiner quelqu'un pour rire ‖ *en plan grande* sur un grand pied ‖ *en un plan de intimidad* sur un pied d'intimité.

— OBSERV Il ne faut pas confondre *plan,* qui signifie surtout *projet* ou *structure,* et *plano,* qui correspond à *surface, dessin.*

plana *f* page (página) ‖ page d'écriture (en la escuela) ‖ plaine (llanura) ‖ TECN plane ‖ — MIL *plana mayor* état-major ‖ — *a plana y renglón* copie conforme (imprenta), parfaitement, exactement (perfectamente) ‖ *a toda plana* sur toute la page, sur toute la largeur (titular), pleine page (página entera) ‖ *en primera plana* en première page, à la une (en los periódicos) ‖ — FIG *corregir* ou *enmendar la plana* trouver à redire, critiquer ‖ *estar en la primera plana de la actualidad* tenir o avoir la vedette.

plancton *m* BIOL plancton.

plancha *f* plaque (de metal) ‖ fer *m* à repasser (utensilio) ‖ repassage *m* (ropa planchada) ‖ IMPR planche, forme ‖ FIG & FAM gaffe, impair *m*; *tirarse una plancha* faire une gaffe, commettre un impair ‖ planche (nadando); *hacer la plancha* faire la planche ‖ pied *m* en avant (fútbol) ‖ MAR passerelle ‖ — *plancha a vela* planche à voile ‖ MAR *plancha de agua* radeau ‖ *plancha de blindaje* plaque blindée ‖ — CULIN *a la plancha* grillé, au gril.

planchado *m* repassage.

planchado, da *adj* FAM sans le rond (sin dinero).

planchador, ra *m y f* repasseur, euse ‖ *máquina planchadora* machine à repasser.

planchar *v tr* repasser [le linge] ‖ *(amer)* flatter (adular) ‖ *mesa de planchar* planche o table à repasser.

planchazo *m* FAM gaffe *f,* impair (metedura de pata); *tirarse un planchazo* faire une gaffe, commettre un impair ‖ pied en avant (en fútbol).

planchista *m y f* tôlier *m.*

planeador *m* planeur (avión).

planear *v tr* faire le plan [d'un ouvrage] ‖ planifier (planificar) ‖ projeter, avoir en projet; *planear un viaje* projeter un voyage ‖ envisager; *planear una reforma* envisager une réforme ‖ préparer, organiser; *planear una conspiración* préparer une conspiration.

◆ *v intr* planer (avión); *vuelo planeado* vol plané ‖ faire des plans (hacer planes).

planeo *m* vol plané (aviación).

planeta *m* ASTR planète *f* ‖ — *planeta artificial* satellite artificiel ‖ *planeta inferior* ou *interior* planète inférieure ‖ *planeta menor* petite planète.

planetario, ria *adj* planétaire ‖ TECN *piñón planetario* planétaire de différentiel.

◆ *m* planétarium ‖ planétaire (de automóvil).

planetarium *m* planétarium.

planicie *f* plaine (llanura) ‖ plateau *m* (meseta).

planificación *f* planification, planning *m* ‖ — *planificación del trabajo* planification du travail ‖ *planificación económica* planification économique ‖ *planificación familiar* planning familial.

planificar *v tr* planifier.

planilla *f (amer)* liste, tableau *m.*

planimetría *f* planimétrie.

planisferio *m* planisphère.

planning *m* planning (plan).

plano, na *adj* plat, e; plan, e; *terreno plano* terrain plat; *superficie plana* surface plane ‖ plat, e; *zapatos planos* chaussures plates; *pies planos* pieds plats ‖ MAT plan, e; *geometría plana* géométrie plane ‖ plat, e; *ángulo plano* angle plat.

◆ *m* plan; *el plano de la ciudad* le plan de la ville; *el primer plano de un cuadro* le premier plan d'un tableau ‖ ARQ plan ‖ GEOM plan ‖ — *plano americano* plan américain (cine) ‖ *plano de fondo* arrière-plan (en pintura) ‖ *plano de tiro* plan de tir ‖ *plano general* ou *largo* ou *de conjunto* plan général o d'ensemble ‖ *plano inclinado* plan incliné ‖ — *de plano* clairement, carrément ‖ *de primer plano* de premier plan ‖ *en el primer, segundo plano* au premier, au second plan ‖ *primer plano* gros plan (cine) ‖ — *caer de plano* tomber de tout son long ‖ *dar de plano* frapper du plat de l'épée (con el sable), tomber perpendiculairement (el sol) ‖ *hacer* ou *alzar* ou *levantar un plano* lever un plan (topografía) ‖ FIG *poner en primer plano* mettre en vedette.

planocóncavo, va *adj* plan-concave.

planoconvexo, xa *adj* plan-convexe.

planta *f* plante (vegetal); *planta de adorno, forrajera, carnosa, trepadora* plante d'agrément, fourragère, grasse, grimpante ‖ plan *m* (plano); *planta de la casa* plan de la maison ‖ étage *m*; *vivo en la primera planta* j'habite au premier étage ‖ plante (del pie) ‖ usine (fábrica); *planta siderúrgica* usine sidérurgique ‖ centrale; *planta eléctrica* centrale électrique ‖ plant *m* (plantío) ‖ MAT pied *m* (de una perpendicular) ‖ FIG plan *m,* projet *m* (plan) ‖ position des pieds (danza, esgrima) ‖ — FIG & FAM *buena planta* belle prestance ‖ FIG *hacer de nueva planta* refaire entièrement ‖ *planta baja* rez-de-chaussée ‖ *tener buena planta* être bien planté, avoir une belle prestance o allure (apuesto).

plantación *f* plantation ‖ plantage *m* (acción).

plantado, da *adj* planté, e ‖ — FIG & FAM *bien plantado* de belle prestance | *dejar a uno plantado* laisser quelqu'un en plan, poser un lapin à quelqu'un (no ir a una cita), plaquer quelqu'un, laisser tomber quelqu'un (abandonar) | *dejarlo todo plantado* tout planter là | *quedarse plantado* rester en carafe (sin poder hacer nada).

plantador, ra *adj* qui plante.

◆ *m* planteur (el que planta) ‖ plantoir (instrumento agrícola).

◆ *f* planteuse (máquina).

plantar *adj* ANAT plantaire.

plantar *v tr* planter ‖ FIG implanter (establecer) ‖ FIG & FAM envoyer (un golpe), flanquer (una bofetada) | mettre; *plantar en la calle* mettre dehors; *plantar en la cárcel* mettre en prison ‖ laisser en plan, laisser tomber, plaquer (abandonar) | clouer le bec, laisser sans voix (dejar callado).

◆ *v pr* FIG & FAM se planter; *plantarse en la puerta, en la calle* se planter à la porte, dans la rue | arriver, débarquer; *en dos horas me plantaré en su casa* dans deux heures je débarquerai chez lui | s'arrêter (pararse) ‖ s'arrêter (un animal) ‖ s'installer; *plantarse en Cádiz* s'installer à Cadix | *(amer)* se parer (ataviarse) ‖ *me planto* servi (cartas).

plante *m* revendications *f pl* présentées en commun ‖ débrayage (huelga) ‖ FIG *dar un plante a alguien* remettre quelqu'un à sa place.

planteamiento *m* façon *f* de poser [un problème] ‖ mise *f* en œuvre, travaux *pl* préliminaires ‖ exposé, énoncé; *planteamiento de un problema* exposé d'un problème.

plantear *v tr* projeter, organiser (organizar) ‖ poser (una cuestión); *plantear la cuestión de confianza* poser la question de confiance ‖ FIG instaurer, établir, implanter; *plantear un sistema* instaurer un système.
◆ *v pr* se poser (una cuestión); *se nos plantea el problema de saber* le problème se pose de savoir.

plantel *m* pépinière *f* (criadero) ‖ plant (terreno) ‖ FIG pépinière *f* (cantera) | groupe (conjunto).

plantificar *v tr* établir (plantear) ‖ FIG & FAM lâcher, laisser en plan (dejar plantado) | fourrer, mettre (meter).
◆ *v pr* FAM débarquer; *se plantificó en casa sin avisar* il a débarqué à la maison sans prévenir.

plantígrado, da *adj y s* ZOOL plantigrade.

plantilla *f* semelle (suela interior) ‖ personnel *m*, effectif *m* (de una administración); *estar en plantilla en una empresa* faire partie du personnel d'une entreprise ‖ tableau *m o* liste des effectifs (lista) ‖ patron *m*, modèle *m* (modelo) ‖ plan *m* (plano) ‖ peigne *m* (de los decoradores) ‖ pistolet *m* (de los dibujantes) ‖ platine (de arma de fuego) ‖ gabarit *m* (gálibo) ‖ — *plantilla de estarcir* pochoir ‖ *puesto de plantilla* poste permanent.

plantío, a *adj* cultivable (labrantío), cultivé, e (labrado).
◆ *m* plantation *f*, plant (lugar) ‖ plantation *f* (acción) ‖ *tierra de plantío* terrain cultivable.

plantón *m* AGRIC plant (vegetal) | plançon (estaca) ‖ planton (portero) ‖ huissier (comisionado) ‖ — FIG & FAM *dar un plantón* poser un lapin ‖ *estar de plantón* ou *tener plantón* monter la garde (un centinela), faire le pied de grue (esperar).

plañidero, ra *adj* plaintif, ive; *una voz plañidera* une voix plaintive.
◆ *f* pleureuse.

plañido; plañimiento *m* plainte *f*, gémissement.

plañir* *v intr* (*p us*) gémir, se plaindre, pleurer (lamentarse).

plaqueado, da *adj y s m* plaqué, e (chapeado).

plaqueta *f* plaquette (placa pequeña) ‖ BIOL plaquette (de sangre).

plasma *m* BIOL plasma (sangre).

plasmar *v tr* former, façonner.
◆ *v pr* FIG se concrétiser, prendre forme.

plasmático, ca *adj* BIOL plasmatique.

plasta *f* pâte molle ‖ bouillie (cosa aplastada) | FIG & FAM bousillage *m*, chose mal faite.
◆ *m y f* FAM raseur, euse; casse-pieds *inv* (pelma).

plasticidad *f* plasticité.

plástico, ca *adj* plastique; *materias plásticas* matières plastiques.
◆ *m* plastique (industrial) ‖ plastic, plastique (explosivo) ‖ — *voladura con plástico* plastiquage, plasticage ‖ *volar* ou *agredir con plástico* plastiquer.
◆ *f* plastique, sculpture.

plastificado, da *adj* plastifié, e.
◆ *m* plastification *f*.

plastificador, ra *adj* à plastifier.
◆ *f* machine à plastifier.

plastificar *v tr* plastifier.

plastilina *f* pâte à modeler.

plata *f* argent *m* (metal); *estatua de plata* statue d'argent ‖ FIG argent *m* (dinero); *tener mucha plata* avoir beaucoup d'argent ‖ argenterie (vajilla u objetos de plata); *limpiar la plata* nettoyer l'argenterie ‖ — *plata alemana* maillechort ‖ *plata labrada* argenterie (vajilla) ‖ *plata sobredorada* vermeil ‖ — FAM *limpio como la plata* propre comme un sou neuf ‖ *(amer) sin plata* désargenté ‖ — FIG *hablar en plata* parler clair, parler d'or | *hacer plata* gagner beaucoup d'argent, gagner gros | *tender* ou *hacer un puente de plata* faire un pont d'or | *traer algo en bandeja de plata* apporter quelque chose sur un plateau *o* tout cuit.
— OBSERV *Plata* désigne surtout le métal; *argent* au sens de *monnaie, richesse*, se dit plutôt *dinero*, sauf en Amérique.

plataforma *f* plate-forme ‖ FIG prétexte *m*, paravent *m* (pretexto) | tremplin *m*; *esto te va a servir de plataforma para alcanzar los máximos honores* cela va lui servir de tremplin pour atteindre les plus hauts honneurs ‖ — GEOL *plataforma continental* plate-forme continentale ‖ *plataforma de lanzamiento* plate-forme de lancement ‖ *plataforma de perforación* plate-forme de forage ‖ *plataforma de salida* plot (natación) ‖ *plataforma giratoria* plaque tournante (ferrocarril) ‖ *plataforma móvil* trottoir roulant ‖ *plataforma rodante* chariot (cine).

platal *m* FAM *(amer)* grosse somme *f*, fortune *f* (dineral).

platanal; platanar *m* bananeraie *f* [plantation de bananes]; platanaie *f* [plantation de platanes].

platanero *m* bananier (plátano).

plátano *m* bananier (árbol frutal) ‖ banane *f* (fruto) ‖ platane (árbol).

platea *f* TEATR orchestre *m*, parterre *m* (patio) ‖ *(amer)* fauteuil *m* (butaca) ‖ *palco de platea* baignoire.

plateado, da *adj* argenté, e; *bronce plateado* bronze argenté ‖ *(amer)* fortuné, e (adinerado).
◆ *m* argenture *f*, argentage (plateadura).

platense *adj* du Río de la Plata [fleuve]; *o* de La Plata [ville d'Argentine].

plateresco, ca *adj* ARQ platersque (estilo).

platería *f* orfèvrerie ‖ bijouterie (joyería).

platero *m* orfèvre (artista) ‖ bijoutier (joyero) ‖ *platero de oro* orfèvre.

plática *f* conversation, entretien *m* (charla); *estar de plática* être en conversation, avoir un entretien ‖ causerie (religiosa) ‖ MAR pratique; *a libre plática* en libre pratique.

platicar *v intr* parler, converser, s'entretenir (conversar) ‖ *(amer)* parler (hablar) | dire (decir).

platillo *m* soucoupe *f* (de una taza) ‖ petite assiette *f* (plato) ‖ disque (pieza) ‖ plateau (de balanza) ‖ sébile *f* (de ciego) ‖ MÚS cymbale *f* (instrumento) ‖ *platillo volante* soucoupe volante.

platina *f* TECN platine (de un reloj, de una máquina neumática, de un microscopio) ‖ IMPR marbre *m*; *quedarse en la platina* rester sur le marbre.

platinado *m* TECN platinage *f*.

platino *m* platine (metal); *esponja de platino* mousse de platine ‖ *rubia platino* blonde platinée ‖ *teñir de rubio platino* platiner.

◆ *pl* vis *f* platinées (motor).

plato *m* assiette *f* (vasija); *plato llano, hondo* ou *sopero* assiette plate, creuse o à soupe o à potage ‖ plat (manjar); *almuerzo compuesto de tres platos* déjeuner composé de trois plats; *plato del día* plat du jour ‖ plateau (de balanza, de bicicleta, de embrague) ‖ platine *f* (de tocadiscos) ‖ FIG cible *f* (objeto de críticas) | sujet de conversation (tema de hablillas) ‖ ARQ métope *f* (metopa) ‖ — *plato combinado* assiette variée ‖ *plato de guarnición* plat garni ‖ FIG *plato de segunda mesa* plat réchauffé (manjar), du réchauffé (lo ya conocido), d'occasion, de seconde main (lo ya usado) ‖ *plato fuerte* ou *de resistencia* plat de résistance ‖ *plato giratorio* plateau (de un tocadiscos) ‖ *plato montado* pièce montée ‖ *plato precocinado* plat cuisiné ‖ *plato preparado* plat préparé ‖ — *primer plato* entrée ‖ *tiro al plato* tir au pigeon d'argile ‖ — CULIN *al plato* sur le plat ‖ — FIG *comer en el mismo plato* manger à la même écuelle | *¿en qué plato hemos comido juntos?* quand avons-nous gardé les cochons ensemble? | *pagar los platos rotos* payer les pots cassés | *parece que no ha roto un plato en su vida* on lui donnerait le bon Dieu sans confession | *ser plato del gusto de uno* être du goût de quelqu'un | *(amer) ser un plato* être très drôle.

plató *m* CINEM plateau (escenario).

platón *m* (*amer*) cuvette *f* (palangana) ‖ plat (fuente).

platónico, ca *adj y s* platonicien, enne (de Platón).
◆ *adj* platonique (puro, inmaterial).

platonismo *m* platonisme.

platudo, da *adj* FAM (*amer*) riche, fortuné, e; qui a de l'argent.

plausibilidad *f* plausibilité.

plausible *adj* plausible.

playa *f* plage; *en la playa* sur la plage ‖ (*amer*) *playa de estacionamiento* parking.

play back *m* CINEM play back.

play-boy; playboy *m* play-boy.
— OBSERV Anglicisme qui peut être remplacé par les mots espagnols *donjuán* et *conquistador*.

playera *f* chemise-veste ‖ (*amer*) tee-shirt *m* (niqui).
◆ *pl* chanson *sing* populaire d'Andalousie ‖ sandales de plage (sandalias).

plaza *f* place; *en la plaza* sur la place ‖ marché *m* (mercado); *ir a la plaza* aller au marché ‖ place (asiento, sitio) ‖ place, emploi *m* (empleo) ‖ MIL engagement *m* [dans l'armée] ‖ ville (población) ‖ place, place forte (ciudad fortificada) ‖ TECN sole (de un horno) ‖ parvis *m* (de una iglesia) ‖ — *plaza de abastos* marché, halle ‖ *plaza de armas* place forte (fortificada), place d'armes (campo de ejercicio) ‖ *plaza fuerte* place forte ‖ *plaza mayor* grand-place ‖ *plaza de toros* arènes *f* ‖ — MIL *asentar* ou *sentar plaza* s'enrôler, s'engager dans l'armée ‖ FIG *correr la plaza* démarcher, faire du porte à porte ‖ *hacer plaza* faire les marchés (vender en el mercado) ‖ TAUROM *romper plaza* ouvrir la corrida ‖ FIG *sacar a la plaza pública* crier sur tous les toits, proclamer ‖ *sentar plaza de* passer pour ‖ FIG *ser nuevo en esta plaza* être nouveau dans la place | *socorrer la plaza* venir en aide aux nécessiteux.

plazo *m* délai (espacio de tiempo); *concluido dicho plazo* à l'expiration de ce délai; *un plazo de tres días* un délai de trois jours; *en breve plazo* à bref délai; *en el plazo de un año* dans un délai d'un an ‖ échéance *f* (vencimiento del término), échéance *f* (cantidad) ‖ terme; *a plazo vencido* à terme échu; *plazo perentorio* terme de rigueur ‖ — *plazo de despedida* délai de congé o de préavis ‖ COM *plazo de entrega* délai de livraison ‖ *plazo de respiro* délai de grâce ‖ *plazo mayor* délai supplémentaire ‖ — *a corto, a largo plazo* à courte, à longue échéance (pronto, tarde), à court, à long terme (capitales) ‖ *operación a plazo* marché à terme (en la Bolsa) ‖ — *comprar, vender a plazos* acheter à crédit o à tempérament o à terme.

plazoleta; plazuela *f* petite place (de calle) ‖ rond-point *m* (de jardín o alameda) ‖ square *m*; *los niños juegan en la plazoleta* les enfants jouent dans le square.

pleamar *f* MAR marée haute, pleine mer.

plebe *f* plèbe.

plebeyo, ya *adj y s* de la plèbe, plébéien, enne.

plebiscitar *v tr* plébisciter.

plebiscito *m* plébiscite.

plegable *adj* pliant, e; pliable ‖ pliant, e; *cama plegable* lit pliant ‖ ployable (flexible).

plegado *m*; **plegadura** *f* pliage *m*, pliure *f* (acto de plegar) ‖ plissé *m* (tableado de una tela, etc.) ‖ plissage *m* (acción de tablear) ‖ plissure *f* (conjunto de pliegues) ‖ ployage *m* (encorvamiento).

plegador, ra *adj y s* plieur, euse.
◆ *m* plioir (para plegar).
◆ *f* IMPR machine à plier; *plegadora de bolsas, de cuchillas* machine à plier à poches, à couteaux.

plegar* *v tr* plier (hacer un doblez) ‖ plisser (tablear una tela, etc.) ‖ GEOL plisser.
◆ *v pr* se plier (someterse).

plegaria *f* prière ‖ angelus *m* (toque de campanas) ‖ *hacer plegarias* prier instamment.

pleistoceno, na *adj y s m* GEOL pleistocène.

pleita *f* tresse de sparte.

pleiteador, ra; pleiteante *adj* plaidant, e; *las partes pleiteantes* les parties plaidantes.
◆ *m y f* plaideur, euse.

pleitear *v intr* DR plaider ‖ FIG discuter.

pleitesía *f* hommage *m* (homenaje) ‖ *rendir pleitesía a* s'incliner devant.

pleito *m* DR procès; *ganar, perder un pleito* gagner, perdre un procès ‖ affaire *f* (caso); *el pleito de X contra Y* l'affaire X contre Y ‖ querelle *f* dispute *f* (pendencia) ‖ — DR *pleito civil* procès civil | *pleito criminal* procès criminel ‖ — *abogado sin pleitos* avocat sans cause ‖ — *armar pleito* intenter un procès, aller en justice ‖ FIG *poner a pleito* faire le procès de ‖ *poner un pleito a* faire o intenter un procès contre ‖ *tener un pleito con alguien* être en procès avec quelqu'un.
◆ *pl* FAM chicane *f sing*; *ser aficionado a pleitos* aimer la chicane.

plenamar *f* marée haute, pleine mer (pleamar).

plenario, ria *adj* plénier, ère; *indulgencia, asamblea, sesión plenaria* indulgence, assemblée, séance plénière.

plenilunio *m* pleine lune *f* (luna llena).

plenipotenciario, ria *adj y s m* plénipotentiaire.

plenitud *f* plénitude ‖ FIG épanouissement *m* (de una persona) ‖ MED pléthore ‖ FIG *alcanzar la plenitud* s'épanouir.

pleno, na *adj* plein, e; *en plena actividad* en pleine activité ‖ plein, e; *en pleno invierno* en plein hiver; *en plena posesión de* en pleine possession de; *con pleno derecho* de plein droit ‖ — *pleno empleo* plein emploi ‖ *plenos poderes* pleins pouvoirs ‖ — *a plena luz* en pleine lumière, au grand soleil ‖ *la asamblea en pleno* toute l'assemblée, l'assemblée tout entière *o* au grand complet.

◆ *m* plénière *f*, séance *f* plénière (reunión) ‖ plein (en el juego).

— OBSERV *Pleno* s'emploie surtout au sens abstrait; au sens concret, *plein* se dit plutôt *lleno*.

pleonasmo *m* GRAM pléonasme (repetición).

pletina *f* fer *m* plat, plat *m* (metalurgia).

pletórico, ca *adj* pléthorique.

pleura *f* ANAT plèvre.

pleural *adj* ANAT pleural, e; *derrames pleurales* épanchements pleuraux.

pleuresía *f* MED pleurésie.

pleurítico, ca *adj y s* MED pleurétique.

◆ *adj* ANAT pleural, e; *derrames pleuríticos* épanchements pleuraux.

plexiglás *m* plexiglas (materia plástica).

plexo *m* ANAT plexus; *plexo sacro, solar* plexus sacré, solaire.

pléyade *f* FIG pléiade.

plica *f* pli *m* cacheté (sobre).

pliego *m* pli (pliegue) ‖ papier, feuille *f* de papier (hoja de papel) ‖ pli (documento cerrado) ‖ IMPR cahier, signature *f* ‖ cahier, mémoire (resumen) ‖ — *pliego de cargos* liste des fautes relevées contre un fonctionnaire ‖ *pliego de condiciones* cahier des charges ‖ DR *pliego de descargo* mémoire en défense.

pliegue *m* pli (doblez) ‖ pli (tabla); *los pliegues de una falda* les plis d'une jupe ‖ GEOL plissement, pli (ondulación del terreno) ‖ *máquina de hacer pliegues* plisseuse.

plin FAM *¡a mí, plin!* je m'en fiche!, je m'en moque!

plinto *m* ARQ plinthe *f*, socle (de columna) ‖ cheval-arçons (en gimnasia).

plioceno *m* GEOL pliocène.

plisado *m* plissage (acción y efecto de plisar) ‖ plissé (tablas, tableado) ‖ *taller de plisado* pliure.

plisar *v tr* plisser; *plisar una falda* plisser une jupe.

— OBSERV Ce mot, quoique très employé, est un gallicisme de même que le substantif *plisado*.

plomada *f* fil *m* à plomb (de albañil) ‖ plombée (red, ropa) ‖ mine de plomb, crayon *m* (lápiz) ‖ MAR sonde (sonda) ‖ plombs *m pl* (de red de pesca).

plomear *v intr* faire mouche.

plomería *f* plomberie (taller) ‖ couverture en plomb (tejado).

plomero *m* plombier ‖ couvreur de toits (de tejados).

plomífero, ra *adj* MIN plombifère ‖ FIG & FAM assommant, e (pesado).

plomizo, za *adj* plombé, e.

plomo *m* plomb (metal) ‖ fil à plomb (plomada) ‖ plomb (de fusil, de red) ‖ fusible, plomb (electricidad) ‖ FAM super (gasolina) ‖ — *plomo blanco* cérusite, carbonate de plomb ‖ *plomo corto* plomb à balles ‖ *plomo de obra, dulce* plomb argentifère, affiné ‖ — FIG & FAM *andar con pies de plomo* regarder où on met les pieds, agir avec prudence (actuar con suma prudencia) ‖ *a plomo* à plomb (verticalmente), à pic (con oportunidad) ‖ FIG & FAM *caer a plomo* s'étaler, s'aplatir ‖ *ser un plomo* être assommant, e (ser cargante) ‖ *tener un sueño de plomo* avoir un sommeil de plomb.

plotter *m* INFORM traceur, table *f* traçante.

¡pluf! *interj* plouf!

pluma *f* plume; *pluma de ganso* plume d'oie; *colchón de plumas* lit de plume ‖ MAR mât *m* de charge ‖ plume (para escribir); *dibujo con pluma* dessin à la plume; *tomar la pluma* prendre la plume ‖ FIG plume (letra o talento) ‖ fléau *m*, flèche (de grúa) ‖ *(amer)* robinet *m* (grifo) ‖ — *estuche de plumas* plumier ‖ *peso pluma* poids plume (boxeador) ‖ *pluma estilográfica* plume stylographique, stylo ‖ *pluma luminosa* ou *óptica* crayon optique ‖ — *al correr de la pluma* ou *a vuela pluma* au courant de la plume ‖ FIG & FAM *vestirse* ou *adornarse* ou *engalanarse con plumas ajenas* se parer des plumes du paon.

◆ *f pl* empennage *m sing*, empenne *m sing* (de una flecha).

plumado, da *adj* emplumé, e.

plumaje *m* plumage ‖ pennage (de las aves de rapiña) ‖ plumet (penacho).

plumazo *m* trait de plume; *lo tachó de un plumazo* il l'a barré d'un trait de plume ‖ matelas de plume (colchón) ‖ coussin de plume (almohada).

plúmbeo, a *adj* de plomb ‖ FIG de plomb (sueño) ‖ rasoir, ennuyeux, euse (pesado).

plumeado *m* hachures *f pl* (en pintura).

plumero *m* plumeau (para quitar el polvo) ‖ plumier (estuche) ‖ MIL plumet (penacho) ‖ *(amer)* porte-plume *inv*, porteplume *f* ‖ — FIG & FAM *se ve el plumero* on voit la ficelle ‖ *vérsele a uno el plumero* montrer le bout de l'oreille.

plumier *m* plumier (estuche).

plumífero, ra *adj* POÉT orné de plumes.

◆ *m* FAM plumitif, rond-de-cuir (empleado).

plumilla *f* petite plume ‖ plume (de estilográfica) ‖ BOT plumule.

plumín *m* plume *f* [de stylo].

plumón *m* plumule *f (p us)*, duvet (de las aves) ‖ édredon (colcha).

plural *adj y s m* pluriel, elle; *poner una palabra en plural* mettre un mot au pluriel.

◆ *adj* plural, e; *votaciones plurales* votes pluraux.

pluralidad *f* pluralité ‖ *a pluralidad de votos* à la majorité des voix.

pluralismo *m* pluralisme.

pluralista *m* pluraliste.

pluralizar *v tr* mettre au pluriel, pluraliser.

pluricelular *adj* BIOL pluricellulaire.

pluridisciplinar *adj* pluridisciplinaire.

pluriempleado *m* cumulard.

pluriempleo *m* cumul d'emplois, emplois multiples.

plurilingüe *adj y s* polyglotte.

pluripartidismo *m* multiplicité *f* des partis.

pluripartidista *adj* à partis multiples.

plurivalente *adj y s m* QUÍM polyvalent.

plus *m* MIL supplément de solde ‖ gratification *f* ‖ prime *f* (prima); *plus de peligrosidad* prime de

risque || — *plus de carestía de vida* indemnité de cherté de vie || *plus petición* plus-pétition (reclamación excesiva).
pluscuamperfecto *m* GRAM plus-que-parfait.
plusmarca *f* record *m* (récord).
plusmarquista *m y f* recordman *m*, recordwoman *f*.
plus ultra *loc ant* nec plus ultra || *ser el plus ultra* être le nec plus ultra, être le summum.
plusvalía *f* plus-value.
plutocracia *f* ploutocratie.
Plutón *n pr m* Pluton.
plutonio *m* MIN plutonium (metal).
pluvial *adj* pluvial, e; *regímenes pluviales* régimes pluviaux || ECLES *capa pluvial* chape pluviale.
pluviometría *f* pluviométrie.
pluviómetro *m* pluviomètre.
pluviométrico, ca *adj* pluviométrique.
pluviosidad *f* pluviosité.
pluvioso, sa *adj* pluvieux, euse.
◆ *m* pluviôse (mes del calendario revolucionario francés).
p.m. abrev de *post meridiem* après-midi || *a las tres p.m* à trois heures de l'après-midi.
PM abrev de *policía militar* P.M., police militaire.
PMA abrev de *Procreación Médicamente Asistida* P.M.A., procréation médicalement assistée.
p.n. abrev de *peso neto* poids net.
PNB abrev de *Producto Nacional Bruto* P.N.B., produit national brut.
pneumococo *m* MED pneumocoque.
PNN abrev de *Producto Nacional Neto* produit national net || abrev de *Profesor No Numerario* professeur non titulaire [Espagne].
PNUD abrev de *Programa de las Naciones Unidas para el Desarrollo* P.N.U.D., Programme des Nations unies pour le développement.
PNV abrev de *Partido Nacionalista Vasco* Parti nationaliste basque [Espagne].
p.o.; p/o abrev de *por orden* par ordre.
Po *n pr m* GEOGR Pô (río).
población *f* ville; *en la población* en ville || localité, agglomération || population (habitantes) || peuplement *m* (acción de poblar) || boisement *m* (forestal) || empoissonnement *m* (de un río) || — *población activa* population active || *población de derecho, de hecho* population de droit, de fait.
poblacho *m* trou, bled (pueblo).
poblado, da *adj* peuplé, e (con gente o animales) || garni, e (con cosas) || boisé, e; *monte muy poblado* montagne très boisée || planté, e; *poblado de álamos* planté de peupliers || fourni, e (la barba).
◆ *m* localité *f*, agglomération *f* (lugar); *atravesar un poblado* traverser une agglomération.
poblador, ra *adj y s* qui peuple || habitant, e || colonisateur, trice.
poblar* *v tr* peupler (con gente o animales) || planter (con plantas) || boiser (con árboles) || fonder (fundar) || garnir (con cosas) || *poblar de peces* empoissonner (un río).
◆ *v pr* se peupler || croître, se développer (crecer) || se couvrir de feuilles (un árbol).
pobre *adj* pauvre; *las clases pobres* les classes pauvres; *pobre de trigo* pauvre en blé | FIG pauvre; *el pobre de tu padre* ton pauvre père | pauvre,

piètre, mince (escaso); *pobre consuelo* mince consolation | malheureux, euse; pauvre; *ese pobre diputado* ce malheureux député || — FIG *hacer un pobre papel* faire piètre figure | *ser más pobre que Carracuca* ou *que una rata* ou *que las ratas* être pauvre comme Job.
◆ *m y f* pauvre, esse || — ¡*pobre de él!* le pauvre! || ¡*pobre de mí!* hélas!, malheureux que je suis! || FAM ¡*pobre desgraciado!* pauvre type! || *pobre de solemnidad* sans le sou, indigent || ¡*pobre de ti!* mon pauvre [ami, vieux, garçon, etc.] || ¡*pobre de ti si...!* gare à toi si..., malheur à toi si || *pobre limosnero* mendiant || — DR *abogacía de pobres* assistance judiciaire.
pobrecito, ta *adj y s* pauvre, malheureux, euse; ¡*pobrecito!* le pauvre!
pobrete, ta *adj y s* pauvret, ette; malheureux, euse.
◆ *m* FIG & FAM bonne bête *f*, brave garçon, brave homme.
pobretón, ona *adj* très pauvre, misérable.
◆ *m y f* malheureux, euse.
pobreza *f* pauvreté (falta de dinero) || pauvreté; *pobreza de metales* pauvreté en métaux || FIG mesquinerie (falta de magnanimidad) | manque *m* (falta); *pobreza de recursos* manque de ressources || — DR *beneficio de pobreza* assistance judiciaire || *pobreza no es vileza* pauvreté n'est pas vice.
pocero *m* puisatier (el que hace pozos) || cureur, vidangeur (el que los limpia) || égoutier (alcantarillero).
pocilga *f* porcherie || FIG & FAM porcherie, écurie (lugar sucio).
pocillo *m* cuve *f* de pressoir, fosse *f* || tasse *f* (jícara).
pócima *f* potion.
poción *f* potion.
poco, ca *adj* peu *inv* de; *poca agua* peu d'eau; *pocos árboles* peu d'arbres (véase OBSERV) || (con ser, parecer, etc.), rare, peu abondant, e (con sustantivo singular), rares, peu nombreux, euses (con sustantivo plural); *aquí son pocas las casas antiguas* les maisons anciennes sont rares ici || — *pocas palabras pero buenas* parlons peu mais parlons bien || *pocas veces* peu souvent, rarement || *poco tiempo* pas (très), longtemps, peu de temps; *salió hace poco tiempo* il est sorti il n'y a pas longtemps || *ser poca cosa* être peu de chose, n'être pas grand-chose.
◆ *adv* peu; *bebo poco* je bois peu || bien peu (muy poco); *trabaja poco* il travaille bien peu || peu de temps; *se quedó poco aquí* il est resté peu de temps ici || pas grand-chose (con ciertos verbos); *poco entiendo en todo ello* je n'y comprends pas grand-chose || — *poco antes, después* peu avant, peu après || *poco a poco* petit à petit, peu à peu || ¡*poco a poco!* doucement! || *poco más, poco menos* un peu plus, un peu moins; *poco más viejo que yo* un peu plus âgé que moi; guère plus, guère moins, environ (con cifra); *tiene poco más de treinta años* il n'a guère plus de trente ans || *poco más o menos* à peu près, à peu de chose près, plus ou moins || *poco o nada* peu ou point || — *a poco* de peu après que || *a poco que* peu ou peu que (con el subjuntivo en francés) || *dentro de poco* dans peu de temps, sous peu, avant peu || FAM *de poco más o menos* quelconque || *muy poco* très peu, bien peu (no bastante) | *no poco* beaucoup (con verbo), beaucoup

de (con sustantivo), très (con adjetivo) || *o poco menos* ou peu s'en faut || *por poco* un peu plus, il s'en est fallu de peu, pour un peu, faillir; *por poco me caigo* j'ai failli tomber, un peu plus je tombais || *por poco que* pour peu que || *un poco* un peu; *un poco de pan* un peu de pain || *un poco más* encore un peu; *un poco más de vino* encore un peu de vin || *unos pocos, unas pocas* quelques (adjetivo); *unas pocas casas* quelques maisons; quelques-uns, quelques-unes (pronombre); *unas pocas de las que me quedan* quelques-unes de celles qui me restent || — *desde hace poco* depuis peu || *equivocarse por muy poco* se tromper de peu || *estar en poco* s'en falloir de peu, pour un peu; *estuvo en poco que le pegase* il s'en fallut de peu qu'il ne le frappât, pour un peu il l'aurait frappé || *hace poco* il n'y a pas longtemps || *hay pocos que* il y en a peu qui || FIG *muchos pocos hacen un mucho* les petits ruisseaux font les grandes rivières | *poco a poco hila la vieja el copo* petit à petit, l'oiseau fait son nid || *no es poco* c'est déjà beaucoup, c'est déjà bien || *poco falta para* peu s'en faut que || *poco ha faltado* ou *poco faltó para que* pour un peu, il s'en est fallu de peu que, peu s'en fallut que || *por muy poco que sea* si peu que ce soit || *por poco que sea* tant soit peu, un tant soit peu || *tener en poco* estimer peu, ne pas avoir une grande estime pour (una persona), faire bon marché de (un consejo, etc.) || *vivir con poco* vivre de peu || *y por si fuera poco* et pour couronner le tout.
— OBSERV En francés se sustituye muy a menudo *peu* por el giro *pas beaucoup* (con verbo o sustantivo) o *pas très* (con adjetivo): *tiene poco dinero* il n'a pas beaucoup d'argent; *es poco listo* il n'est pas très intelligent.

pochismo *m* (amer) FAM spanglish.

pocho, cha *adj* pâle, terne (descolorido) || blet, ette (fruta) || FIG abîmé, e (estropeado) | patraque (pachucho) || (amer) boulot, otte (rechoncho) | maladroit, e (torpe).
◆ *adj y s* (amer) américanisé, e (agringado), chicano (norteamericano de sangre mexicana).
◆ *f* FAM (amer) blague (mentira).

pocholada *f* FAM bijou *m*, merveille.

pocholo, la *adj* FAM mignon, onne; chou *inv* (lindo, bonito).

poda *f* AGRIC taille, élagage *m*, ébranchage *m*, émondage *m* (de los árboles).

podadera *f* AGRIC serpe, sécateur *m*.

podador, ra *m y f* élagueur, euse, émondeur, euse.

podar *v tr* tailler (árboles frutales) || élaguer, ébrancher, émonder, tailler (árboles ordinarios) || FIG élaguer (quitar lo inútil) | tondre (cortar al rape).

podenco, ca *adj y s m* épagneul, e (perro).

poder *m* pouvoir (dominio, autoridad) || possession *f* (posesión) || puissance *f* (militar) || puissance *f* (fuerza, capacidad); *tiene un gran poder de trabajo* il a une grande puissance de travail || — *poder absoluto, ejecutivo, judicial, legislativo* pouvoir absolu, exécutif, judiciaire, législatif || *poder adquisitivo* pouvoir d'achat || *poder ante notario* pouvoir par-devant notaire || *poder de recuperación* capacité de récupération || MIL *poder disuasivo* force de frappe o de dissuasion || *poder espiritual* pouvoir spirituel || *poder temporal* pouvoir temporel || — *a su poder, a todo poder* de toutes ses forces || *bajo el poder de* au pouvoir de (caer, estar, etc.) || *de poder a poder* à égalité || — *dar poder para* autoriser à, habiliter à, charger de || *estar en poder de* être au pouvoir de (uno), être en possession de (una cosa) || FIG *hacer un poder* faire un effort || *llegar a poder de* parvenir à quelqu'un o entre les mains de quelqu'un || *obrar en poder* être entre les mains; *su carta obra en mi poder* votre lettre est entre mes mains || *obrar por poder* agir par procuration || *tener en su poder* avoir entre les mains, avoir reçu (un documento), avoir en sa possession (una cosa), avoir en son pouvoir (poder hacer).
◆ *pl* pouvoirs; *transmitir los poderes* transmettre o passer ses pouvoirs || — *entrega* ou *transmisión de poderes* passation des pouvoirs || *plenos poderes* pleins pouvoirs || *poderes fácticos* pouvoir de fait || *poderes públicos* pouvoirs publics || — *casarse por poderes* se marier par procuration || *dar poderes* donner procuration.

poder* *v tr* pouvoir; *puedo hacerlo* je peux le faire.
◆ *v impers* se pouvoir, être possible; *puede que llueva* il se peut qu'il pleuve || — *a más no poder* tout ce qu'il y a de plus, on ne peut plus, extrêmement, au possible; *ser avaro a más no poder* être avare au possible; de toutes ses forces (con mucho esfuerzo) || *a poder ser* si possible || *el que puede lo más puede lo menos* qui peut le plus peut le moins || *hasta no poder más* ou *hasta más no poder* jusqu'à n'en plus pouvoir, à satiété (hasta la saciedad), tant et plus, extrêmement, au possible (mucho), de toutes mes (tes, ses, etc.), forces || *no poder con uno* ne pouvoir venir à bout de; *no puedo con este niño* je ne peux pas venir à bout de cet enfant; ne pas pouvoir supporter (no aguantar) || *no poder más* n'en pas pouvoir s'empêcher de; *no puede menos de hablar* il ne peut s'empêcher de parler; ne pas pouvoir faire autrement que, devoir; *no puedo menos que invitarle a cenar* je ne peux pas faire autrement que de l'inviter à dîner || *no puede ser* c'est impossible || *puede ser que* il est possible que, il se peut que || *¿se puede?* puis-je o peut-on entrer?

poderdante *m y f* commettant *m*.

poderhabiente *m y f* fondé, e de pouvoirs.

poderío *m* puissance *f*.

poderosamente *adv* puissamment.

poderoso, sa *adj y s* puissant, e || *poderoso caballero es Don Dinero* le veau d'or est toujours debout, l'argent ouvre toutes les portes.

podio *m* podium.

podología *f* MED podologie.

podólogo, ga *m y f* MED podologue.

podredumbre *f* pourriture, putréfaction || pus *m* (humor) || FIG inquiétude, souci *m* || AGRIC pourriture.

podridero *m* pourrissoir.

podrido, da *adj* pourri, e || — *lo podrido* le pourri || *oler a podrido* sentir le pourri.
◆ *f* (amer) POP bagarre; *armar la podrida* chercher la bagarre.

podrir* *v tr* → **pudrir**.

poema *m* poème || MÚS poème; *poema sinfónico* poème symphonique || FIG *¡es un poema!* c'est tout un poème!

poemario *m* recueil de poèmes.

poesía *f* poésie.

poeta *m* poète.

poetastro *m* FAM rimailleur, poétereau.

poético, ca *adj* y *s f* poétique.
poetisa *f* poétesse, femme poète.
poetizar *v tr* poétiser.
pogrom; pogromo *m* pogrom, pogrome.
póker; póquer *m* poker; *póker de ases* poker d'as || carré, poker (naipes); *póker de ases* carré d'as.
polaco, ca *adj* polonais, e.
◆ *m* y *f* Polonais, e.
◆ *m* polonais (lengua).
◆ *f* redingote militaire (prenda de vestir) || polonaise (danza).
polaina *f* guêtre || *(amer)* contrariété.
polar *adj* polaire; *círculo, estrella polar* cercle, étoile polaire.
polaridad *f* polarité.
polarización *f* polarisation.
polarizador, ra *adj* polarisateur, trice.
◆ *m* polariseur.
polarizar *v tr* FÍS polariser || FIG polariser (concentrar).
◆ *v pr* se polariser.
polaroid *f* FOT Polaroid *m* (cámara).
— OBSERV En francés se pronuncia [-rɔid].
polca *f* polka (música y baile).
pólder *m* polder.
polea *f* poulie || *polea combinada* moufle.
polémico, ca *adj* y *s f* polémique.
polemista *m* y *f* polémiste.
polemizar *v intr* entamer o soutenir une polémique, polémiquer, polémiser.
polen *m* BOT pollen.
polenta *f* polenta [bouillie de maïs].
poleo *m* BOT pouliot || FIG vent froid.
polera *f* *(amer)* T-shirt *m*.
poli *m* FAM flic (policía).
◆ *f* police (cuerpo de policía).
poliácido, da *adj* y *s m* QUÍM polyacide.
poliamida *f* QUÍM polyamide *m*.
poliandria *f* polyandrie.
poliartritis *f* MED polyarthrite.
policía *f* police; *policía judicial, militar, secreta, urbana* police judiciaire, militaire, secrète, municipale || politesse (cortesía) || netteté, propreté (aseo) || — *policía antidisturbios* police antiémeutes || *policía de tráfico* police de la circulation o de roulage o de la route || — MIL *revista de policía* revue de détail || *servicio urgente de policía* police secours.
◆ *m* y *f* policier *m* (agente).
policiaco, ca; policíaco, ca *adj* policier, ère; *película, novela policiaca* film, roman policier.
policial *adj* policier.
◆ *m* *(amer)* policier, agent de police.
policíclico, ca *adj* polycyclique.
policlínica *f* MED polyclinique (consultorio de varias especialidades) | policlinique (consultorio municipal).
policromía *f* polychromie.
policromo, ma *adj* polychrome.
policultivo *m* AGRIC polyculture *f*.
polichinela *m* polichinelle.
polideportivo *m* salle *f* omnisports (sala para varios deportes).
poliédrico, ca *adj* polyédrique.
poliedro *adj* y *s m* GEOM polyèdre.

poliéster *m* polyester.
poliestireno *m* QUÍM polystyrène.
polietileno *m* QUÍM polyéthylène.
polifacético, ca *adj* à facettes; polyvalent, e; éclectique, touche-à-tout.
polifásico, ca *adj* FÍS polyphasé, e; *corriente polifásica* courant polyphasé.
polifonía *f* MÚS polyphonie.
polifónico, ca *adj* polyphonique.
poliforme *adj* multiforme.
poligamia *f* polygamie.
polígamo, ma *adj* y *s m* polygame.
poliglotía *f* connaissance de plusieurs langues, multilinguisme.
políglota, ta; polígloto, ta *adj* y *s* polyglotte.
poligonal *adj* GEOM polygonal, e.
polígono *m* GEOM & MIL polygone; *polígono de tiro* polygone de tir || *polígono industrial* zone industrielle.
poligrafía *f* polygraphie.
polilla *f* mite (insecto).
polimerización *f* QUÍM polymérisation.
polimerizar *v tr* QUÍM polymériser.
polímero, ra *adj* y *s m* QUÍM polymère.
polimorfismo *m* polymorphisme.
polimorfo, fa *adj* polymorphe.
Polinesia *n pr f* GEOGR Polynésie.
polinesio, sia *adj* polynésien, enne.
◆ *m* y *f* Polynésien, enne.
polinización *f* BOT pollinisation.
polinomio *m* MAT polynôme.
polinuclear *adj* polynucléaire.
poliomielitis *f* MED poliomyélite.
poliomielítico, ca *adj* y *s* poliomyélitique.
polipasto *m* moufle *f*, palan (poleas).
polipiel *f* cuir *m* synthétique.
pólipo *m* ZOOL & MED polype.
políptico *m* polyptique.
polisemia *f* GRAM polysémie.
polisílabo, ba; polisilábico, ca *adj* GRAM polysillabique, polysyllabe.
◆ *m* polysillabe.
polisón *m* pouf, crinoline *f* (de faldas).
polista *m* y *f* joueur, euse de polo.
◆ *f* poliste (avispa).
politburó *m* politburo.
politécnico, ca *adj* polytechnique || *Escuela Politécnica* École polytechnique.
◆ *m* polytechnicien.
politeísmo *m* polythéisme.
politeísta *adj* y *s* polythéiste.
política *f* politique (arte de gobernar) || politesse (cortesía) || FIG politique (plan) || — *política de buena vecindad* politique de bon voisinage || ECON *política económica* politique économique | *política monetaria* politique monétaire | *política restrictiva* politique de rigueur.
politicastro, tra *m* y *f* politicien, enne; politicard, e.
político, ca *adj* politique; *economía política* économie politique || courtois, e (cortés) || beau-, belle- (pariente); *padre político* beau-père; *hermana, hija política* belle-sœur, belle-fille || par alliance

(para los tíos, primos y sobrinos) ‖ *por parte política* par alliance.
◆ *m* homme d'État, politicien.
— OBSERV *Politicien* es a menudo despectivo en francés.

politiquear *v intr* FAM faire de la politique, politiquer.

politiqueo *m*; **politiquería** *f* FAM politicaillerie.

politización *f* politisation.

politizar *v tr* politiser.

politólogo, ga *m y f* politologue, politocologue.

poliuretano *m* polyuréthanne, polyuréthane.

polivacuna *f* MED polyvaccin *m*.

polivalencia *f* polyvalence.

polivalente *adj* QUÍM polyvalent, e ‖ FIG polyvalent, e.

polivinilo *m* QUÍM polyvinyle.

póliza *f* police (de seguros); *suscribir, rescindir una póliza* souscrire, résilier une police ‖ timbre *m*, quittance (sello del impuesto) ‖ titre *m* de mouvement (de mercancías) ‖ — *póliza adicional* avenant (seguro) ‖ *póliza de seguros* police d'assurance.

polizón *m y f* passager, ère clandestin, e (en un buque) ‖ badaud, e (ocioso).

polizonte *m* FAM flic (policía).

polo *m* pôle; *polo Norte, Sur* pôle Nord, Sud ‖ ELECTR pôle; *polo negativo, positivo* pôle négatif, positif ‖ air populaire andalou (canto) ‖ esquimau (helado) ‖ polo (camisa) ‖ polo (juego) ‖ FIG pôle (termino opuesto) ‖ pôle, zone *f*; *polo de desarrollo* zone de développement ‖ — *polo acuático* waterpolo ‖ FIG *polo de la atención* pôle d'attraction, centre d'intérêt ‖ *polo magnético* pôle magnétique ‖ — FIG *ser el polo opuesto de* être tout le contraire de.

pololear *v tr (amer)* ennuyer, embêter (molestar) ‖ faire la cour à (requebrar).

pololeo *m (amer)* FAM petit boulot.

pololo, la *m y f (amer)* FAM petit copain, petite copine.

Polonia *n pr f* GEOGR Pologne.

poltrón, ona *adj* paresseux, euse; indolent, e.
◆ *f* bergère (silla poltrona).

poltronería *f* paresse, fainéantise.

polución *f* pollution (eyaculación) ‖ pollution (contaminación) ‖ FIG souillure (corrupción).

polucionar *v tr e intr* polluer *v tr* (contaminar).

poluto, ta *adj* POÉT souillé, e (manchado).

polvareda *f* nuage *m* o tourbillon *m* de poussière; *levantar una polvareda* soulever un nuage de poussière ‖ FIG traînée de poudre (perturbación) ‖ *armar* ou *levantar* ou *mover polvareda* faire beaucoup de bruit.

polvera *f* poudrier *m*.

polvero *m (amer)* nuage de poudre (polvareda) ‖ mouchoir (pañuelo).

polvo *m* poussière *f* (de la tierra) ‖ poussière *f* (suciedad); *hacer* ou *levantar polvo* faire de la poussière ‖ poudre *f* (materia pulverizada); *café, leche en polvo* café, lait en poudre ‖ pincée *f* (porción pequeña); *un polvillo de sal* une pincée de sel ‖ — *polvo cósmico* poussière cosmique ‖ *polvo de carbón* poussier ‖ — FIG & FAM *limpio de polvo y paja* net (precio, sueldo) ‖ *nieve en polvo* neige poudreuse ‖ *oro en polvo* poudre d'or ‖ *tabaco en polvo* tabac à priser ‖ — *convertirse en polvo* tomber en poussière ‖ FIG *escribir en el polvo* écrire sur le sable ‖ *estar hecho polvo* être épuisé o crevé *(fam)*, être lessivé *(fam)* ‖ *hacer polvo* défaire, battre à plate couture (vencer), rouer de coups, battre comme plâtre (pegar), réduire en miettes (romper), couper bras et jambes (dejar sin fuerzas), ficher par terre; *tu decisión ha hecho polvo todos mis proyectos* ta décision a fiché par terre tous mes projets ‖ *hacerse polvo* tomber en poussière ‖ FIG *hacerse polvo la vista* se crever les yeux; *con tanto trabajo la vista se le ha hecho polvo* il s'est crevé les yeux à travailler autant ‖ *levantar* ou *sacar del polvo a uno* tirer quelqu'un de la poussière ‖ *morder el polvo* mordre la poussière ‖ *reducir a polvo* réduire o mettre en poudre ‖ *sacudir el polvo a uno* secouer les puces à quelqu'un (reprender), tabasser quelqu'un (pegar).
◆ *pl* poudre *f sing* (cosmético) ‖ *polvos de arroz* poudre de riz ‖ FIG & FAM *polvos de la Madre Celestina* poudre de perlimpinpin.

pólvora *f* poudre (explosivo); *pólvora de cañón* poudre à canon ‖ feux *m pl* d'artifice (pirotecnia) ‖ FIG mauvais caractère *m* (mal genio) ‖ ardeur, vivacité ‖ — *algodón pólvora* coton-poudre ‖ *fábrica de pólvora y explosivos* poudrerie ‖ *pólvora detonante* ou *fulminante* poudre détonante o fulminante ‖ *pólvora lenta* ou *progresiva* poudre lente o progressive ‖ FIG *pólvora sorda* personne dissimulée, faux jeton *(fam)* ‖ — *correr la pólvora* exécuter une fantasia ‖ FIG & FAM *descubrir la pólvora* enforcer une porte ouverte ‖ *gastar la pólvora en salvas* faire beaucoup de bruit pour rien, tirer sa poudre aux moineaux ‖ *no ha inventado la pólvora* il n'a pas inventé la poudre ‖ *propagarse como un reguero de pólvora* se répandre comme une traînée de poudre ‖ FIG & FAM *se le ha mojado la pólvora* il s'est calmé ‖ *ser una pólvora* ou *un polvorilla* être vif comme la poudre (muy vivo).

polvoriento, ta *adj* poussiéreux, euse (sucio); *vestido, cuarto polvoriento* robe, pièce poussiéreuse ‖ poudreux, euse (empolvado o que lo parece); *carretera polvorienta* route poudreuse.

polvorín *m* poudre *f* très fine (explosivo) ‖ poire *f* à poudre (frasco) ‖ poudrière *f* (almacén de pólvora) ‖ FIG poudrière; *este país es un polvorín* ce pays est une poudrière ‖ personne *f* très vive ‖ *(amer)* petite teigne *f* (garrapata) ‖ *hacer saltar el polvorín* mettre le feu aux poudres.

polvorón *m* sorte de sablé (pastelillo).

polvoroso, sa *adj* poussiéreux, euse (sucio); poudreux, euse (empolvado o que lo parece) ‖ pulvérulent, e (hecho polvo) ‖ FIG *poner pies en polvorosa* prendre la poudre d'escampette.

polla *f* poulette (gallina joven) ‖ poule (juegos) ‖ pari *m* (en las carreras) ‖ FIG & FAM jouvencelle, jeune fille (muchacha) ‖ *(amer)* course (de caballos) ‖ — ZOOL *polla cebada* poularde ‖ *polla de agua* poule d'eau.

pollastre *m* poulet ‖ FIG & FAM jeune garçon, jouvenceau.

pollear *v intr* FAM sortir; *mis hijos empiezan ya a pollear* mes enfants commencent déjà à sortir ‖ jouer au jeune homme (una persona mayor).

pollera *f* youpala *m*, chariot *m* d'enfant ‖ jupon *m* (falda interior) ‖ *(amer)* jupe (falda).

pollería *f* marchand de volailles (tienda).
pollero, ra *m y f* marchand, e de volailles; volailler, ère.
◆ *f* poulailler *m* (gallinero) || poussinière, cage à poulets (caja de los polluelos).
pollino, na *m y f* ânon *m*, petite ânesse *f* (asno pequeño) || FIG & FAM âne *m* (ignorante).
pollito, ta *m y f* FIG & FAM petit, e; bambin, e (niño, niña) | jeune garçon, jeune fille (jovencito).
◆ *m* poussin (pollo chico).
pollo *m* poussin (cría de la gallina al nacer) || poulet (ya más crecido) || petit (de las aves) || couvain (de las abejas) || POP crachat (gargajo) || chat [dans la gorge] || FIG & FAM jeune garçon (hasta los 15 años), garçon, jeune homme (después) || — FAM *pollo pera* gandin (lechuguino) || *pollo tomatero* poulet de grain.
◆ *pl* FIG & FAM jeunes gens, garçons; *chicas y pollos* filles et garçons.
polluelo *m* poussin.
pomada *f* pommade || — *(amer)* FAM *hacer (algo) pomada* réduire en miettes || *untar de pomada* pommader.
pomar *m* verger (de árboles frutales) || pommeraie *f* (manzanar).
pomelo *m* BOT pamplemousse (toronja) | pamplemoussier (árbol).
pómez *adj f piedra pómez* pierre ponce.
pomo *m* pommeau (de espada, de bastón) || bouton (de puerta) || *(p us)* fruit à pépins || flacon à liqueurs (licores) || flacon de parfum.
pomol *m* *(amer)* galette *f* de maïs.
pompa *f* pompe [apparat]; *con gran pompa* en grande pompe || bulle; *pompa de jabón* bulle de savon || bouffant *m* (de una ropa) || roue (del pavo real) || MAR pompe à eau (bomba) || — FIG *hacer pompa* faire étalage (ostentar).
◆ *pl* pompes (placeres) || *pompas fúnebres* pompes funèbres.
Pompeya *n pr* GEOGR Pompéi.
pompeyano, na *adj* pompéien, enne.
◆ *m y f* Pompéien, enne.
pompis *m inv* FAM popotin, derrière.
pompón *m* pompon (bola).
pomponearse *v pr* FAM se pavaner, parader.
pomposidad *f* pompe, apparat *m*.
pomposo, sa *adj* pompeux, euse.
ponchada *f* *(amer)* tas *m*, grande quantité (abundancia).
ponchar *v tr (amer)* crever.
◆ *v pr* y *v intr (amer)* crever (un neumático).
ponche *m* punch.
ponchera *f* bol *m* à punch.
poncho *m* *(amer)* poncho || capote *f* militaire || FIG & FAM *(amer) estar a poncho* nager (estar pez).
ponderable *adj* digne d'éloge (elogiable) || pondérable (que se puede pesar).
ponderación *f* mesure, pondération; *esto sobrepasa toda ponderación* cela dépasse toute mesure || éloge *m* exagéré (encarecimiento) || pondération (equilibrio) || *estar por encima de toda ponderación* être au-dessus de tout éloge.
ponderadamente *adv* avec pondération, avec mesure.
ponderado, da *adj* pondéré, e; mesuré, e.

ponderar *v tr* peser, examiner (examinar) || pondérer (equilibrar) || vanter (celebrar mucho); *ponderar un libro* vanter un livre.
ponderativo, va *adj* excessif, ive (que encarece) || pondéré, e (reflexivo) || qui équilibre, pondérateur, trice.
ponedero, ra *adj* mettable (ropa).
◆ *adj f* pondeuse (aves).
◆ *m* pondoir (nidal).
ponedor, ra *adj* metteur, euse (que pone).
◆ *adj f* pondeuse, couveuse (gallina).
◆ *m* enchérisseur (postor).
ponencia *f* DR charge de rapporteur (cargo) || rapport *m*, exposé *m* (informe).
ponente *adj y s m* DR rapporteur.
poner* *v tr* mettre, poser (colocar); *pon este libro en la mesa* pose ce livre sur la table || mettre, placer; *estaría mejor poner este cuadro aquí* il vaudrait mieux mettre ce tableau ici || mettre; *poner a un niño interno* mettre un enfant en pension || mettre; *poner un abrigo a un niño* mettre un manteau à un enfant || mettre (disponer); *poner la mesa* mettre la table || mettre (escribir); *poner por escrito* mettre par écrit || miser (en el juego) || MAT poser; *pongo 6 y llevo 3* je pose 6 et je retiens 3 || planter; *poner un clavo* planter un clou || poser (enunciar); *poner sus condiciones* poser ses conditions || rendre (con adjetivo); *poner triste* rendre triste (voir OBSERV) || porter, mettre; *poner un nombre en una lista* mettre un nom sur une liste; *poner una cantidad en cuenta* porter une somme en compte || jeter, mettre; *poner en un apuro* jeter dans l'embarras || mettre, supposer (suponer); *pongamos que no dije nada* mettons que je n'aie rien dit || parier (apostar); *pongo diez pesetas a que lo hago* je parie dix pesetas que je le fais || mettre (tardar); *puso dos horas en venir* il a mis deux heures pour venir || placer; *a Juan lo han puesto de secretario* Jean a été placé comme secrétaire || donner (un nombre, un mote) || traiter de; *poner a alguien de embustero* traiter quelqu'un de menteur || exposer; *poner en un peligro* exposer à un danger || amener, mettre; *el avión te pone en Madrid en una hora* l'avion te met à Madrid en une heure || poser (instalar); *poner el gas* poser le gaz || passer (una película); *ponen esta película en el cine Médicis* ce film passe au Médicis || jouer, donner (en el teatro) || pondre (las gallinas) || — *poner a* mettre à; *poner a asar* mettre à rôtir || *poner a buen recaudo* mettre en sûreté, mettre en lieu sûr (a salvo) || *poner a fuego y a sangre* mettre à feu et à sang || *poner al día* mettre à jour || *poner a mal tiempo buena cara* faire contre mauvaise fortune bon cœur || *poner a prueba* mettre à l'épreuve || *poner a punto* mettre au point || *poner a ou de un lado* mettre de côté || FIG *poner a uno de vuelta y media* ou *por los suelos* ou *como un trapo* traiter quelqu'un de tous les noms, traîner quelqu'un dans la boue || *poner a votación* mettre aux voix || *poner bien a uno* faire l'éloge de quelqu'un || FIG *poner buena cara a* faire bonne figure à || *poner cara de* faire une tête de || *poner casa* s'installer, emménager (para uno mismo), installer (para otra persona) || *poner ceño* froncer les sourcils || FIG & FAM *poner como nuevo* bien arranger, remettre à neuf (una cosa), remettre, retaper (una persona) || *poner cuidado en* faire attention à || *poner de comer* donner à manger || *poner de mal humor* mettre de mauvaise humeur || *poner de nombre* nommer, donner le nom de; *mis padres me pusieron de nombre Miguel* mes parents

m'ont nommé Michel ‖ *poner de su bolsillo* mettre de sa poche ‖ *poner de su lado a uno* mettre quelqu'un de son côté ‖ *poner de su parte* ou *de su lado* y mettre du sien ‖ *poner en claro* tirer au clair, éclaircir; *poner en claro un asunto* tirer une affaire au clair ‖ *poner en condiciones de* mettre à même de ‖ *poner en duda* mettre en doute ‖ *poner en ejecución* ou *en práctica* mettre en œuvre ‖ *poner en la calle* mettre dehors o à la porte ‖ *poner en limpio* mettre au propre o au clair (escrito), tirer au clair (un asunto) ‖ *poner en pie* mettre sur pied, échafauder ‖ *poner en tela de juicio* mettre en question ‖ *poner entre la espada y la pared* mettre au pied du mur ‖ *poner los ojos en* jeter ses regards sur ‖ *poner los pelos de punto* faire dresser les cheveux sur la tête ‖ *poner mal a uno* maltraiter quelqu'un (maltratar), dire du mal de quelqu'un (hablar mal) ‖ *poner mala cara* faire la tête (a uno), faire grise mine (a una cosa) ‖ *poner malo a uno* rendre quelqu'un malade ‖ *poner manos a la obra* se mettre au travail, mettre la main à la pâte ‖ *poner música a* mettre en musique ‖ FIG *poner por las nubes* porter aux nues ‖ *poner por testigo a* prendre à témoin ‖ *poner término* mettre fin ‖ *poner tienda* ouvrir boutique ‖ *poner tierra de por medio* prendre le large, s'éloigner ‖ *ir muy bien puesto* être très bien mis o habillé (vestido) ‖ *¿me puede usted poner con X?* puis-je parler à X? (al teléfono).

◆ *v pr* se mettre (colocarse); *ponerse de pie* se mettre debout ‖ *ponerse colorado* devenir tout rouge; *ponerse furioso* devenir furieux ‖ s'habiller (vestirse); *ponerse de azul* s'habiller en bleu ‖ mettre, passer (para abrigarse); *¡ponte una chaqueta!* passe une veste! ‖ se coucher (los astros) ‖ se tacher, se salir (mancharse); *se ha puesto de grasa hasta los pelos* il s'est taché de graisse jusqu'aux cheveux ‖ tomber; *ponerse enfermo* tomber malade ‖ répondre; *ponerse al teléfono* répondre au téléphone ‖ s'y mettre; *no es que sea un trabajo difícil, pero hay que ponerse* ce n'est pas que ce soit un travail difficile mais il faut s'y mettre ‖ parier; *me pongo contigo que termino este trabajo* je te parie que je le termine ce travail ‖ arriver, être; *en media hora nos ponemos en tu casa* en une demi-heure nous sommes chez toi ‖ se placer; *ponerse de chófer* se placer comme chauffeur ‖ tomber en arrêt (un perro) ‖ se poser (las aves, los aviones) ‖ — *ponerse a* se mettre à; *se puso a llorar* il s'est mis à pleurer ‖ *ponerse al corriente* ou *al tanto* se mettre au courant ‖ *ponerse a cubierto, a régimen* se mettre à couvert, au régime ‖ *ponerse bueno* se rétablir, se remettre ‖ *ponerse a servir* se placer [comme domestique] ‖ *ponerse cómodo* ou *a sus anchas* se mettre à l'aise, faire comme chez soi ‖ FAM *ponerse como el quico* s'en mettre jusque-là, se taper la cloche ‖ *ponerse de acuerdo* se mettre o tomber d'accord ‖ *ponerse de largo* débuter dans le monde (una chica) ‖ *ponerse de luto* prendre le deuil ‖ *ponerse de mal en peor* empirer, aller de mal en pis, s'aggraver ‖ FAM *ponerse de tiros largos* se mettre sur son trente et un ‖ *ponerse en camino* se mettre en route ‖ *ponerse en contacto* ou *en relación* se mettre en rapport ‖ *ponerse en contra de* s'opposer à ‖ *ponerse en lugar de uno* se mettre à la place de quelqu'un ‖ *ponerse guapo* se faire beau ‖ FAM *(amer) ponérsela* prendre une cuite (emborracharse) ‖ FIG & FAM *ponerse las botas* se taper la cloche (comer mucho), faire son beurre, mettre du foin dans ses bottes, se sucrer (ganar dinero) ‖ *ponérselo todo a uno como a Felipe II* avoir la partie belle ‖ *ponerse malo* tomber malade (por accidente), se rendre malade (por imprudencia) ‖ *ponerse trágico* tourner au tragique (una cosa), prendre un air tragique (una persona).

— OBSERV Il est souvent préférable de traduire en français le verbe *poner* suivi d'un adjectif par le verbe qui correspond à cet adjectif: *poner triste a uno* attrister quelqu'un; *poner roja el agua* rougir l'eau.

poney *m* poney.

pongotodo *m* fourre-tout.

poniente *m* couchant, ouest, ponant (occidente) ‖ vent d'ouest (viento).

ponteduro *m* (*amer*) nougat de maïs (turrón).

pontevedrés, esa *adj y s* de Pontévédra (Galice).

pontificado *m* pontificat (del papa) ‖ épiscopat (de un obispo).

pontifical *adj* pontifical, e (del papa); *ornamentos pontificales* ornements pontificaux ‖ épiscopal, e (del obispo).
◆ *m* pontifical (ritual) ‖ FIG & FAM *de pontifical* en habit de cérémonie, en grande tenue.

pontificar *v intr* RELIG pontifier (*p us*) ‖ être élevé à la dignité de pontife ‖ FIG & FAM pontifier (dárselas de enterado).

pontífice *m* RELIG pontife; *sumo pontífice* souverain pontife ‖ FIG pontife.

pontificio, cia *adj* pontifical, e.

pontón *m* MAR ponton.

ponzoña *f* venin *m* (de los animales) ‖ poison *m* (de los vegetales o minerales) ‖ FIG caractère *m* nuisible, danger *m* (de una cosa nociva) | poison *m*; *la ponzoña de una doctrina mala* le poison d'une mauvaise doctrine | venin *m*, fiel *m* (malevolencia).

ponzoñoso, sa *adj* empoisonné, e (cosas o plantas) ‖ venimeux, euse (animales) ‖ FIG venimeux, euse; fielleux, euse (malevolente) | empoisonné, e; dangereux, euse (dañoso).

pop *adj y s* MÚS pop ‖ *pop art* pop art.

popa *f* MAR poupe ‖ — FIG *de popa a proa* d'un bout à l'autre | *ir viento en popa* avoir le vent en poupe.

pope *m* pope (sacerdote ruso).

popelín *m*; **popelina** *f* popeline *f* (tela).

popote *m* (*amer*) paille *f* (paja) | BOT arundinaria (especie de bambú) ‖ FIG *estar hecho un popote* être maigre comme un clou.

populachero, ra *adj* populacier, ère (del pueblo) ‖ au goût du peuple; *drama populachero* drame au goût du peuple.

populacho *m* bas peuple, populace *f*, populo.

popular *adj* populaire; *un artista popular* un artiste populaire ‖ du peuple; *la educación popular* l'éducation du peuple.

popularidad *f* popularité.

popularizar *v tr* populariser.

populismo *m* populisme.

populista; **popularista** *adj y s* populiste.

populoso, sa *adj* populeux, euse.

popurrí *m* MÚS pot-pourri.

póquer *m* → **póker**.

poquitín *m* FAM un tout petit peu.

poquito, ta *adj* un petit peu.
◆ *adj pl* quelques.

◆ *m* peu, petit peu; *un poquito* un petit peu || *— a poquito(s)* petit à petit || *poquito a poco* peu à peu, petit à petit.

por *prep*

1. CAUSA, MEDIO, AGENTE — 2. DESTINO, DESIGNIO — 3. SITIO — 4. TIEMPO — 5. CON UN INFINITIVO — 6. MODO — 7. DISTRIBUTIVA — 8. SENTIDOS DIVERSOS — 9. LOCUCIONES

1. CAUSA, MEDIO, AGENTE par (agente); *la carta fue escrita por él* la lettre a été écrite par lui || par (causa); *por tu culpa he perdido el tren* j'ai manqué le train par ta faute || à cause de (motivo); *por su mucha edad no trabaja* il ne travaille pas à cause de son grand âge || pour, à cause de; *le han despedido por perezoso* on l'a renvoyé pour sa paresse || de; *inquieto por* inquiet de || parce que (seguido de un participio pasado) || *por causa tuya* à cause de toi.
2. DESTINO, DESIGNIO pour; *lo hice por ti* je l'ai fait pour toi; *lo hice por ayudarte* je l'ai fait pour t'aider; *tomar por jefe, por esposa* prendre pour chef, pour femme || à; *interesarse por alguien* s'intéresser à quelqu'un.
3. SITIO par; *ir a Madrid por Burgos* aller à Madrid par Burgos; *por aquí* par ici || à, par (en); *al pasar por Madrid* en passant à Madrid || vers; *eso está por Pamplona* c'est vers Pampelune || dans, par; *por toda la ciudad* par o dans toute la ville; dans; *pasearse por la calle* se promener dans la rue.
4. TIEMPO vers (fecha aproximada); *vendré por el 15 de marzo* je viendrai vers le 15 mars || à (fecha); *llegó por Navidad, por San Juan* il est arrivé à Noël, à la Saint-Jean || en (época); *por el verano* en été || pour (plazo); *vendré por tres días* je viendrai pour trois jours || à; *cien kilómetros por hora* cent kilomètres à l'heure || par; *por la mañana, por la noche* le matin, le soir o la nuit.
5. CON UN INFINITIVO pour (para); *por no equivocarse* pour ne pas se tromper || pour (a causa de); *le han castigado por haber mentido* on l'a puni pour avoir menti || parce que, comme (porque); *no vine por tener mucho trabajo* je ne suis pas venu parce que j'avais beaucoup de travail; *por no saber qué hacer, me fui* comme je ne savais que faire, je suis parti || à (sin); *todo está aún por hacer* tout est encore à faire.
6. MODO par; *por señas* par signes; *por fuerza* par la force || par; *viajar por el tren* voyager par le train || à; *la conocí por el sombrero* je l'ai reconnue à son chapeau || selon (conforme); *juzgar por* juger selon || par, de; *amable por naturaleza* aimable de nature || *por escrito* par écrit.
7. DISTRIBUTIVA par; *a diez pesetas por persona* à dix pesetas par personne || à; *comprar por metros, por docenas, por cientos* acheter au mètre, à la douzaine, au cent || de; *quinientos francos por hora* cinq cents francs de l'heure.
8. SENTIDOS DIVERSOS pour, contre; *trocar una cosa por otra* échanger une chose pour une autre || pour, à la place de (en vez de); *pagar por otro* payer pour un autre || pour, comme; *tener un tugurio por casa* avoir un taudis pour o comme maison || pour (a favor de) || pour (precio); *por cien pesetas* pour cent pesetas || chercher (con ir, mandar, etc.); *vino por fósforos* il est venu chercher des allumettes; *lo mandé por vino* je l'ai envoyé chercher du vin || pour, au sujet de, quant à, en ce qui concerne (por lo que toca); *por lo que dijiste ya veremos* pour o au sujet de ce que tu m'as dit, nous verrons plus tard

|| pour, quant à, en ce qui concerne; *por mí* pour moi, en ce qui me concerne || fois (multiplicación); *tres por cuatro, doce* trois fois quatre, douze || sur (superficie); *dos metros por cuatro* deux mètres sur quatre || pour, contre; *diez ciudadanos por cada labrador* dix citadins pour un cultivateur.
9. LOCUCIONES *por ciento* pour cent; *interés del tres por ciento* intérêt à trois pour cent || *por cierto* à propos || *por cuanto* parce que, du fait que || *por delante* par-devant || *por dentro* à l'intérieur, en dedans, au-dedans || *¡por Dios!* je t'en prie!, je vous en prie! (por favor), mon Dieu! || *por donde* par où; d'où (de lo cual) || *por ejemplo* par exemple (verbigracia), en o pour exemple; *tomar a uno por ejemplo* prendre quelqu'un pour exemple || *por el honor* sur l'honneur || *por el mundo* de par le monde || *por entre* à travers, entre || *por eso, por eso mismo* c'est pour cela que, c'est pourquoi; *por eso lo hago, lo hago por eso* c'est pour cela que je le fais; justement, précisément; *pero él no viene — ¡por eso!* mais il ne vient pas — justement! || *por esta vez* pour cette fois || *por favor* s'il te plaît, s'il vous plaît || *por fuera* du dehors, en apparence (en apariencia), à l'extérieur (exteriormente) || *por lo cual* ce qui fait que, si bien que, c'est pourquoi, par conséquent, donc || *por lo largo y por lo ancho* de long en large || *por lo menos* pour le moins, au moins || *por lo... que* tellement, tant; *no pude moverlo por lo pesado que era* je n'ai pas pu le remuer, tellement il était lourd; *por lo mucho que le quiere* tellement il l'aime || *por mandato de* sur l'ordre de || *por más, por mucho, por muy que* avoir beau (voir OBSERV) || *por medio de* au milieu de; *el río pasa por medio del pueblo* la rivière passe au milieu du village; au moyen de, grâce à (gracias a), par l'intermédiaire de (mediante) || *por menos que* si peu que || *por... que* si (que); *por buena que sea* si bonne qu'elle soit, si bonne soit-elle || *por mucha prisa que tenga* si pressé qu'il soit, si pressé soit-il || *por poco que sea* si peu que ce soit || *por que* parce que [«que» dans ce sens ne porte pas d'accent écrit] || *por qué* pourquoi; *no sé por qué viene tan a menudo* je ne sais pas pourquoi il vient si souvent || *por si acaso* pour le cas où, au cas où; *por si acaso vienes* pour le cas où tu viendrais || *por sí mismo* par lui-même || *por sí solo* tout seul || *por tanto* par conséquent, donc || *por uno que calla, diez gritan* pour un qui se tait, dix crient || *por un sí o por un no* pour un oui, pour un non || *— agradecer por* remercier de || *empezar por* commencer par; *empezó por reírse* il commença par rire || *estar por* être à, rester à; *todo esto está por hacer* tout ceci est à faire; *este cuarto está por barrer* il reste cette pièce à balayer || être pour (partidario) || être tenté de; *estoy por decir que esto es falso* je suis tenté de dire que cela est faux || *juzgar a uno por las apariencias* juger quelqu'un sur les apparences || *por eso es por lo que* c'est pourquoi || *preguntar por* demander; *han preguntado por ti* ils t'ont demandé; demander des nouvelles de.
— OBSERV Hay que distinguir tres casos en la traducción de *por más, por mucho, por muy que:* **1.** — Con un adjetivo: *por más* ou *por muy guapa que es* ou *sea* elle a beau être jolie, si jolie qu'elle soit, si jolie soit-elle (con el subjuntivo en francés). **2.** — Con un verbo: *por más* ou *por mucho que trabaje* il a beau travailler. **3.** — Con un sustantivo: *por más libros que tiene, no sabe nada* malgré o avec tous les livres qu'il a (siempre el indicativo en francés), il ne sait rien.

porcelana *f* porcelaine.

porcentaje *m* pourcentage; *le dan cierto porcentaje sobre las ventas* on lui donne un certain pourcentage sur les ventes ‖ pourcentage, taux; *porcentaje de modulación* taux de modulation.

porcentual *adj* en pourcentage.

porcino, na *adj* porcin, e ‖ *pan porcino* pain de pourceau (planta).
- *m* pourceau (cochinillo).
- *pl* porcins.

porción *f* part; *la porción de cada uno* la part de chacun ‖ partie, portion *(p us)*; *le dio una porción de lo que tenía* il lui donna une partie de ce qu'il avait ‖ part; *dame una porción de este pastel* donne-moi une part de ce gâteau ‖ ration (en una comunidad) ‖ somme (de dinero) ‖ FIG quantité; *una porción reducida de frutas* une petite quantité de fruits ‖ foule, grand nombre *m*; *llegó una porción de gente* une foule de gens est arrivée.

porcuno, na *adj* porcin, e (del puerco).
- *m pl* porcins.

porche *m* porche ‖ atrium, portique (atrio) ‖ arcade *f* (soportal).

pordiosero, ra *adj y s* mendiant, e.

porfía *f* obstination, entêtement *m* ‖ *a porfía* à l'envi, à qui mieux mieux (a cual más).

porfiadamente *adv* obstinément, avec entêtement.

porfiado, da; porfiador, ra *adj y s* obstiné, e; *un representante porfiado* un représentant obstiné.
- *adj* acharné, e; serré, e; *una discusión porfiada* une discussion acharnée.

porfiar *v intr* s'entêter (continuar); *porfiar en negar* s'entêter à nier ‖ s'acharner à, s'obstiner à (intentar porfiadamente) ‖ se disputer (disputarse) ‖ lutter, rivaliser (rivalizar) ‖ insister, s'entêter (importunar) ‖ — *porfiar en que* s'entêter à vouloir (querer), maintenir que, soutenir que (afirmar) ‖ *porfiar sobre* ou *acerca de* se disputer au sujet de *o* pour savoir si.

porfírico, ca; porfídico, ca *adj* MIN porphyrique (de pórfido) ‖ porphyroïde (parecido al pórfido).

pormenor *m* détail; *los pormenores de un asunto* les détails d'une affaire ‖ à-côté; *los pormenores de la historia* les à-côtés de l'histoire.
- *pl* tenants et aboutissants; *conocer bien los pormenores de un proceso* bien connaître les tenants et les aboutissants d'un procès.
— OBSERV Ne pas confondre *pormenor* (détail) avec *por menor* (au détail).

pormenorizar *v tr* raconter en détail, détailler, entrer dans les détails de.

porno *adj* FAM porno.

pornografía *f* pornographie.

pornográfico, ca *adj* pornographique.

poro *m* pore (agujero) ‖ *(amer)* calebasse *f* pour le maté.

porosidad *f* porosité.

poroso, sa *adj* poreux, euse.

poroto *m* *(amer)* haricot.

porque *conj* parce que (motivo); *no vino porque no quiso* il n'est pas venu parce qu'il n'a pas voulu ‖ pour que (para que) ‖ *porque no, porque sí* parce que, parce que c'est comme ça (para negar o afirmar tajantemente).

porqué *m* FAM pourquoi *inv*, cause *f*, motif (motivo); *saber el porqué de cada cosa* savoir le pourquoi de chaque chose.

porquería *f* FAM cochonnerie, saleté (basura, grosería, cosa de poco valor); *quítame esta porquería* enlève-moi cette saleté; *siempre cuenta porquerías* il raconte toujours des cochonneries; *este reloj es una porquería* cette montre, c'est de la saleté ‖ — *esta calle es una porquería* cette rue est dégoûtante (muy sucia) ‖ *esta película es una porquería* ce film ne vaut rien (muy mala).

porqueriza *f* porcherie (pocilga).

porquerizo, za; porquero, ra *m y f* porcher, ère.

porra *f* massue (arma) ‖ bâton *m* blanc (de guardia de la circulación) ‖ matraque (arma de caucho) ‖ TECN marteau *m* de forge (de fragua) ‖ caisse commune (en los juegos de naipes) ‖ le dernier *m* à jouer (en los juegos de muchachos) ‖ beignet *m* (churro de Madrid) ‖ FIG & FAM poison *m* (persona pesada), vanité (presunción) ‖ — FAM *guardia de la porra* agent de la circulation ‖ — FIG & FAM *irse a la porra* tomber à l'eau (un proyecto), être fichu (estropearse) ‖ *mandar a la porra* envoyer promener *o* au diable *o* sur les roses *o* paître ‖ *¡qué porra! quelle barbe! ‖ ¡vete a la porra!* va te faire voir ailleurs!, va-t'en au diable!
- *interj* zut!

porrada *f* coup *m* (golpe) ‖ coup *m* de massue (con la porra) ‖ FIG & FAM sottise, ânerie (necedad) ‖ tas *m*, floppée, quantité (montón); *una porrada de cosas* un tas de choses ‖ FAM *una porrada de dinero* un argent fou, beaucoup d'argent.

porrazo *m* coup ‖ *(amer)* quantité *f* (montón) ‖ — *de golpe y porrazo* sans crier gare, tout à coup, à l'improviste (sin haber avisado), de but en blanc; *decir algo de golpe y porrazo* dire quelque chose de but en blanc ‖ *pegarse un porrazo contra* rentrer dans; *se pegó un porrazo contra un árbol* il est rentré dans un arbre.

porrero, ra *m y f* FAM fumeur, euse de hasch; rouleur, euse.

porreta *f* feuille *f* [de poireau, d'oignon, etc.] ‖ FAM *en porreta* à poil.
- *m y f* FAM shitman (aficionado a fumar porros).

porrillo *m* marteau de carrier (maza de cantero).

porrillo (a) *loc* FAM à foison, à la pelle.

porro, rra *adj* FIG & FAM gourde (torpe).
- *m* POP joint (cigarillo de marihuana).

porrón, ona *adj* FAM gourde (torpe).
- *m* cruche *f* [à long bec] ‖ gargoulette *f* (botijo) ‖ sauce *f* à l'ail (salsa).

portaaviones; portaviones *m inv* porte-avions.

portabicicletas *adj y s m inv* porte-vélo, porte-vélos.

portabombas *adj* bombardier.

portabotellas *m inv* porte-bouteilles.

portacarnés *adj* *y s m inv* porte-carte, porte-cartes.

portacassette *adj* de rangement pour cassettes.
- *m* coffret de rangement pour cassettes.

portada *f* portail *m* (de casa, iglesia) ‖ IMPR couverture (de una revista) ‖ page de titre (de un libro) ‖ FIG façade (fachada).

portadocumentos *m inv* porte-documents (cartera) ‖ porte-cartes (para la documentación).

portador, ra *adj y s* porteur, euse.
- *m* COM porteur; *pagar al portador* payer au porteur.

portaequipajes *s m inv* porte-bagages, galerie *f* (en un coche) ‖ porte-bagages (de bicicleta).
portaespada *m* porte-épée *inv*.
portaesquís *adj* équipé, e pour les skis.
◆ *m inv* porte-tout équipé *o* galerie équipée pour les skis.
portaestandarte *m* porte-étendard *inv* (oficial).
portafirmas *m* parapheur, parafeur.
portafolio *m* chemise *f* (carpeta).
◆ *pl* porte-documents, attaché-case (maletín).
portafusil *m* bretelle *f* de fusil.
portal *m* vestibule (zaguán) ‖ porche (de edificio) ‖ arcades *f pl*, galerie *f* couverte (soportal) ‖ portique (pórtico) ‖ crèche *f* (de navidad).
portalámparas *m* douille *f* [d'une ampoule].
portalibros *m* courroie *f* pour porter des livres.
portaligas *m (amer)* porte-jaretelles.
portalón *m* portail (puerta) ‖ MAR coupée *f*.
portamaletas *m inv* coffre (de un coche).
portamantas *m inv* courroie *f* de cuir ‖ porte-manteau (de viaje).
portamonedas *m inv* porte-monnaie.
portaminas *m inv* porte-mine.
portante *m* amble (del caballo) ‖ FIG & FAM *tomar el portante* filer, prendre la porte.
portantillo *m* trottinement.
portañica; portañuela *f* patte de la braguette.
portaplumas *m inv* porte-plume.
portar *v intr* MAR porter.
◆ *v pr* se conduire, se comporter; *portarse bien* bien se conduire.
portarretrato *m* porte-photo.
portatarjetas *adj y s m inv* porte-carte, porte-cartes.
portátil *adj* portatif, ive.
portaviandas *m inv* porte-plat.
portaviones *m inv* → **portaaviones**.
portavoz *m* porte-voix *inv* (bocina) ‖ porte-parole *inv* (persona autorizada).
portazgo *m* péage.
portazo *m* claquement de porte ‖ *dar a uno un portazo* fermer la porte au nez de quelqu'un.
porte *m* port, transport (transporte) ‖ conduite *f* (comportamiento) ‖ allure *f*, port (compostura) ‖ — COM *franco de porte* franco de port | *porte debido* port dû | *porte pagado* port payé.
porteador, ra *adj y s* porteur, euse.
portear *v tr* porter (llevar); *portear en hombros* porter sur ses épaules ‖ claquer (la puerta).
◆ *v intr* claquer (una puerta) ‖ *(amer)* s'en aller (marcharse).
portento *m* prodige, merveille *f* (cosa extraordinaria).
portentoso, sa *adj* prodigieux, euse; merveilleux, euse.
porteño, ña *adj y s* de Puerto de Santa María [Espagne]; de Buenos Aires [Argentine]; de Cortés [Honduras]; de Valparaíso [Chili]; de Puerto Barrios [Guatemala].
porteo *m* port, transport.
portería *f* loge de concierge (habitación) ‖ emploi *m* de concierge (empleo) ‖ RELIG porterie (conventos) ‖ DEP but *m*, cage (fútbol); *portería defendida por un guardameta excelente* cage gardée par un goal excellent.

portero, ra *m y f* concierge ‖ portier, ère (de edificio importante, de convento).
◆ *m* gardien de but, portier (guardameta) ‖ — *portero de estrados* huissier (de tribunal) ‖ *portero eléctrico* portier robot.
◆ *adj* RELIG *hermano portero* frère portier.
portezuela *f* petite porte ‖ portière (de coche).
pórtico *m* portique; *un pórtico griego* un portique grec ‖ porche (cubierto); *el pórtico de la Gloria en Santiago de Compostela* le porche de la Gloire à Saint-Jacques-de-Compostelle ‖ portail; *los pórticos laterales de la catedral de Chartres* les portails latéraux de la cathédrale de Chartres ‖ parvis (atrio).
portilla *f* MAR hublot *m* ‖ barrière, porte d'un champ.
portillo *m* brèche *f* (de muro, plato, etc.) ‖ portillon (puerta pequeña) ‖ poterne *f* (poterna) ‖ guichet (postigo) ‖ col (entre montañas).
portland *m* portland (cemento).
portón *m* grande porte *f* ‖ porte *f* de vestibule.
portorriqueño, ña *adj* portoricain, e; de Puerto Rico.
◆ *m y f* Portoricain, e.
portuario, ria *adj* portuaire.
Portugal *n pr m* GEOGR Portugal.
portugués, esa *adj* portugais, e.
◆ *m y f* Portugais, e.
◆ *m* portugais (lengua).
porvenir *m* avenir ‖ *en el* ou *en lo porvenir* à l'avenir (de hoy en adelante), dans l'avenir (en el futuro).
pos (en) *adv* derrière (detrás) ‖ *ir en pos de* courir après, être en quête de, être à la recherche de.
posada *f* auberge (mesón) ‖ petit hôtel *m*, pension de famille (casa de huéspedes) ‖ demeure, domicile *m* (morada) ‖ hospitalité; *dar posada* offrir l'hospitalité.
posaderas *f pl* FAM derrière *m sing*, postérieur *m sing*, fesses.
posadero, ra *m y f* hôtelier, ère (de hotel) ‖ patron, onne (de casa de huéspedes) ‖ aubergiste (de mesón).
posar *v intr* se poser, se percher (un pájaro) ‖ poser (para foto o pintura) ‖ poser (darse importancia) ‖ loger (alojarse) ‖ reposer (descansar).
◆ *v pr* déposer (un líquido), retomber (partículas) ‖ s'arrêter, se reposer ‖ se poser (un pájaro), se percher.
— OBSERV *Posar* est un gallicisme dans le sens de *servir de* ou *como modelo a un pintor* et de *darse tono* ou *importancia*.
posavasos *m inv* dessous de verre.
posdata *f* post-scriptum *m inv*.
posdiluviano, na; postdiluviano, na *adj* postdiluvien, enne.
pose *f* FOT pose (exposición) ‖ pose (afectación) ‖ pose (sesión de un modelo).
— OBSERV *Pose* est un gallicisme.
poseedor, ra *adj y s* possesseur *m*; *ella es la poseedora* elle est le possesseur ‖ détenteur, trice; *el poseedor de un récord* le détenteur d'un record.
poseer* *v tr* posséder ‖ détenir (un récord).
◆ *v pr* se dominer, se posséder (este verbo sólo se usa en la forma negativa).

poseído, da *adj y s* possédé, e.
◆ *adj* dominé, e (por un afecto, etc.) ‖ imbu, e de sa personne (engreído).

Poseidón *n pr m* MIT Poséidon.

posesión *f* possession (propiedad) ‖ possession (colonia de un estado) ‖ possession (del demonio) ‖ *(amer)* propriété (finca rústica) ‖ *— toma de posesión* installation (en un cargo), investiture (investidura) ‖ *— dar posesión de un cargo a uno* installer quelqu'un dans un poste, mettre quelqu'un en possession d'un poste ‖ *estar en posesión de* détenir ; *está en posesión del récord de los 110 metros vallas* il détient le record du 110 mètres haies ‖ *tomar posesión* prendre possession, entrer en possession ‖ *tomar posesión de un empleo* ou *cargo* entrer en fonction.
◆ *pl* propriété *sing*; *ha muerto en sus posesiones* il est mort dans sa propriété.

posesivo, va *adj* possessif, ive; *adjetivo, pronombre posesivo* adjectif, pronom possessif.

poseso, sa *adj y s* possédé, e; *poseso del demonio* possédé du démon.

posesorio, ria *adj* DR possessoire ‖ DR *ejecución del acto posesorio* mise en possession.

posfranquismo *f* après-franquisme *m*.

posfranquista *adj* post-franquiste.

posglacial; postglacial *adj* postglaciaire.

posgraduado, da; postgraduado, da *adj* de troisième cycle à l'université.
◆ *m y f* étudiant, e de troisième cycle à l'université.

posguerra *f* après-guerre *m o f*.

posibilidad *f* possibilité ‖ occasion (oportunidad).
◆ *pl* chances; *calcular las posibilidades de éxito* calculer les chances de réussite.

posibilitar *v tr* faciliter (facilitar) ‖ permettre (permitir) ‖ rendre possible (hacer posible).

posible *adj* possible; *hacer posible* rendre possible ‖ éventuel, elle; *posibles clientes* clients éventuels ‖ *— en* ou *dentro de lo posible* autant que possible ‖ *en la medida de lo posible* dans la mesure du possible ‖ *— ¡no es posible!* pas possible!, par exemple! ‖ *si es posible* si possible ‖ *tan pronto como sea posible* dès que possible.
◆ *m pl* moyens (fortuna).

posición *f* position (postura) ‖ situation; *posición social* situation sociale ‖ rang *m*; *ocupar una posición honorable* tenir un rang honorable ‖ mise, pose (acción de poner) ‖ MIL position ‖ *— entrar en posición* mettre en batterie (cañón) ‖ FIG *hallarse en una mala posición* être en mauvaise posture.

posicionarse *v pr* prendre position.

positivar *v tr* développer, tirer.

positivismo *m* FILOS positivisme.

positivista *adj y s* FILOS positiviste.

positivo, va *adj y s* positif, ive ‖ *de positivo* à coup sûr, sans doute.
◆ *f* FOT positif *m*, épreuve positive.

posmodernidad *f* post-modernité.

posmoderno, na *adj y s* postmoderne.

poso *m* lie *f* (de vino u otro líquido) ‖ marc (del café) ‖ FIG fond (sedimento) ‖ *formar poso* déposer (líquido).

posología *f* MED posologie.

posponer* *v tr* subordonner; *posponer el interés personal al general* subordonner l'intérêt personnel à l'intérêt général ‖ mettre en second lieu, faire passer après (estimar menos).
— OBSERV Existe en francés el verbo *postposer*, pero se emplea poco.

posposición *f* second rang *m*, seconde place.

posromántico, ca *adj* postromantique.

posta *f* poste, relais *m* (de caballos) ‖ morceau *m* (pedazo) ‖ chevrotine, petite balle de plomb ‖ mise (envite) ‖ ARQ volute ‖ *— a posta* exprès (adrede) ‖ *caballo de posta* postier, cheval de poste ‖ *correr la posta* courir la poste.
◆ *pl* ARQ postes (adorno).

postal *adj* postal, e; *paquete postal* colis postal; *tarjeta postal* carte postale; *giros postales* mandats postaux.
◆ *f* carte postale (tarjeta).

postbalance *m* venta *postbalance* vente après inventaire.

postdata *f* post-scriptum *m inv*.

postdiluviano, na *adj* → **posdiluviano**.

poste *m* poteau; *poste telegráfico, indicador* poteau télégraphique, indicateur ‖ poteau, pilier ‖ piquet (estaca) ‖ TECN pylône ‖ DEP poteau (de una portería) ‖ FIG piquet (castigo) ‖ FAM *más tieso que un poste* droit comme un piquet | *quedarse parado como un poste* être planté comme un piquet.

póster *m* poster (cartel).

postergación *f* ajournement *m* (retraso) ‖ mise à l'écart (relegación) ‖ oubli *m* (olvido).

postergar *v tr* ajourner (aplazar) ‖ laisser en arrière (dejar atrás) ‖ léser (a un empleado) ‖ mettre à l'écart, négliger (descuidar) ‖ laisser de côté (dejar de lado).

posteridad *f* postérité (descendencia).

posterior *adj* postérieur, e.

posteriori (a) *loc adv* a posteriori.

posterioridad *f* postériorité.

posteriormente *adv* par la suite, postérieurement (más tarde).

postglacial *adj* → **posglacial**.

postgraduado, da *adj y s* → **posgraduado**.

postguerra *f* après-guerre *m o f*.

postigo *m* volet (de ventana) ‖ porte *f* dérobée (puerta falsa) ‖ porte *f* à un battant ‖ guichet (puerta abierta en otra mayor) ‖ poterne *f* (de ciudad).

postín *m* FAM pose *f*, grands airs *pl* (presunción) | chic ‖ *un traje de mucho postín* un costume qui a beaucoup de chic ‖ *darse postín* crâner, se donner de grands airs, poser.

post-it *m inv* (nombre registrado) post-it.

postizo, za *adj* postiche; *cabellos postizos* cheveux postiches ‖ faux, fausse; *diente postizo* fausse dent; *cuello postizo* faux col; *nombre postizo* faux nom ‖ artificiel, elle; *pierna postiza* jambe artificielle.
◆ *m* postiche (de pelo).

postmeridiano, na *adj* postméridien, enne; de l'après-midi.

postmodernismo *m* ARTES postmodernisme.

postoperatorio, ria *adj* postopératoire.

postor *m* enchérisseur, offrant (en una subasta) ‖ *— al mayor* ou *mejor postor* au plus offrant ‖ *mayor postor* dernier enchérisseur, plus offrant ‖ —

venderse al mejor postor se vendre au plus offrant, être à l'enchère.

postración *f* postration (abatimiento) ‖ accablement *m* (desánimo) ‖ abaissement *m* (humillación) ‖ prosternation, postration (arrodillamiento) ‖ *enfermedad de postración* maladie de langueur.

postrar *v tr* abattre (derribar) ‖ FIG abaisser (humillar) | affaiblir, abattre, accabler, postrer; *postrado por la calentura* abattu par la fièvre | abattre, accabler; *postrado por la desgracia* abattu par le malheur.
◆ *v pr* s'agenouiller, se prosterner (arrodillarse) ‖ s'affaiblir (debilitarse) ‖ être accablé, e (por las desgracias).

postre *adj* dernier, ère (postrero).
◆ *m* dessert; *tomar de postre fruta* prendre des fruits comme dessert *o* pour le dessert ‖ — *a la postre* à la fin, finalement, en fin de compte ‖ *a los postres* au dessert.

postrer *adj m* dernier (postrero); *el postrer suspiro* le dernier soupir.
— OBSERV Ce mot est l'apocope de l'adjectif *postrero*.

postrero, ra *adj y s* dernier, ère; *el día postrero* le dernier jour.

postrimería *f* fin [de la vie, etc.] ‖ RELIG fin dernière (novísimo) ‖ *en las postrimerías del siglo* à la fin du siècle.

post scriptum *m inv* post-scriptum (posdata).

postsincronización *f* CINEM postsynchronisation (doblaje).

postulación *f* postulation ‖ quête (colecta).

postulado *m* postulat.

postulante, ta *adj y s* postulant, e ‖ quêteur, euse (que hace una colecta).

postular *v tr* postuler ‖ préconiser; *postular medidas* préconiser des mesures.
◆ *v intr* quêter (hacer una colecta).

póstumo, ma *adj* posthume.

postura *f* posture, position (situación) ‖ pose (posición); *tomar una postura indolente* prendre une pose indolente ‖ FIG attitude; *no saber qué postura tomar* ne pas savoir quelle attitude prendre | position; *su postura no es muy clara* sa position n'est pas très claire ‖ ponte, pondaison (de los huevos) ‖ œuf *m* (huevo) ‖ plant *m* (arbolillo) ‖ taxe (de mercancías) ‖ enchère (en una almoneda) ‖ pacte *m*, convention (convenio) ‖ pari *m* (apuesta) ‖ mise (en juegos).

postventa; posventa *adj* après-vente; *servicio postventa* service après-vente.

potable *adj* potable ‖ FIG potable (aceptable).

potaje *m* plat de légumes secs ‖ FIG bazar (mezcla confusa).

potasa *f* QUÍM potasse.

potásico, ca *adj* QUÍM potassique.

potasio *m* QUÍM potassium (metal).

pote *m* pot (tarro) ‖ marmite *f* (para cocer) ‖ ragoût (cocido en galicia) ‖ FIG & FAM moue *f* (gesto) ‖ — FIG & FAM *a pote* énormément (mucho) | *darse pote* crâner, bêcher, poser, se donner de grands airs.

potencia *f* FÍS & MAT & FILOS puissance; *la potencia de un motor* la puissance d'un moteur; *potencia al freno* ou *efectiva* puissance au frein ‖ puissance (estado); *potencia mundial* puissance mondiale ‖ virilité ‖ — MAT *elevar un número a la cuarta potencia* élever un nombre à la quatrième puissance *o* à la puissance quatre ‖ *en potencia* en puissance ‖ MAT *tres elevado a la cuarta potencia* trois puissance quatre.
◆ *pl* puissances ‖ facultés.

potenciación *f* MAT élévation.

potencial *adj y s m* potentiel, elle ‖ GRAM *modo potencial* conditionnel | *potencial simple* conditionnel présent ‖ FÍS *energía potencial* énergie potentielle | *potencial eléctrico* potentiel électrique.

potenciar *v tr* donner de la puissance à ‖ renforcer la puissance ‖ permettre, rendre possible (facultar) ‖ accroître les possibilités de.

potentado *m* potentat.

potente *adj* puissant, e; *una máquina potente* une machine puissante ‖ viril, e (capaz de engendrar).

potestad *f* puissance, pouvoir *m*; *patria potestad, potestad paternal* puissance paternelle ‖ podestat *m* (gobernador en Italia).

potestativo, va *adj* DR potestatif, ive.

potingue *m* FAM médicament (medicina) | breuvage (brebaje) | cosmétique.

potito *m* petit-pot [nourriture pour bébés].

potosí *m* FIG *no vale un Potosí* ce n'est pas le Pérou | *ser un Potosí* être une mine d'or | *valer un Potosí* valoir son pesant d'or *o* un empire.
— OBSERV Les expressions ont pour origine le nom de la ville de Potosí, en Bolivie, célèbre pour ses mines d'argent.

potra *f* pouliche ‖ FAM hernie (hernia) ‖ FIG & FAM veine, pot *m* (suerte); *tener potra* avoir de la veine *o* du pot.

potranca *f* jeune pouliche.

potranco *m* poulain (potro).

potrero, ra *adj* relatif, ive au poulain.
◆ *m* gardien de poulains ‖ pâturage (dehesa) ‖ FAM chirurgien qui opère les hernies (cirujano) ‖ *(amer)* enclos (lugar de cría y pasto) | terrain vague (terreno sin edificar) | plaine *f* (llanura).

potrillo *m* jeune poulain.

potro *m* poulain ‖ chevalet (de tormento) ‖ travail (para veterinarios o herradores) ‖ cheval de bois (gimnasia) ‖ *potro con arzón* cheval-arçons (gimnasia).

potroso, sa *adj y s* MED hernieux, euse ‖ FAM veinard, e; chançard, e (afortunado).

poyete *m* petit banc de pierre ‖ FIG & FAM *quedarse en el poyete* rester vieille fille (solterona), faire tapisserie (en un baile).

poyo *m* banc de pierre (banco).

pozal *m* seau de puits (cubo) ‖ margelle *f* (brocal) ‖ cuve *f* de pressoir (pocillo) ‖ jarre *f* (tinaja).

Poznán *n pr* GEOGR Poznan.

pozo *m* puits (de agua, de mina) ‖ trou (en un río) ‖ fosse *f* (hoyo seco) ‖ cagnotte *f* (en los naipes) ‖ MAR cale *f* (bodega) ‖ sentine *f* (sentina) | vivier (de peces) ‖ *(amer)* source *f* (manantial) | mare *f* (charca) ‖ — *pozo airón* puits sans fond ‖ *pozo artesiano* puits artésien ‖ FIG *pozo de ciencia* puits de science ‖ *pozo negro* fosse d'aisances; puisard, puits perdu (de aguas residuales) ‖ MAR *pozo perdido* sentine ‖ — FAM *mi gozo en un pozo* c'est fichu, tout est tombé à l'eau.

p.p. abrev de *por poder* par procuration ‖ abrev de *porte pagado* port payé.

PP abrev de *Partido Popular* Parti populaire [parti espagnol de droite].
PPA abrev de *Partido Peronista Auténtico* Parti péroniste authentique [Argentine].
práctica *f* pratique ‖ expérience ‖ méthode ‖ — *en la práctica* dans la pratique, en pratique ‖ *es práctica establecida* c'est l'usage [établi] ‖ *la práctica hace maestro* c'est en forgeant qu'on devient forgeron ‖ *período de prácticas* stage ‖ *poner en práctica* mettre en œuvre o en pratique.
◆ *pl* travaux *m* pratiques (clases) ‖ pratiques (devociones).
practicable *adj* praticable ‖ praticable, carrossable (transitable).
◆ *m* praticable (teatro).
practicante *adj y s* infirmier, ère (auxiliar de medicina) ‖ préparateur, trice (de botica) ‖ pratiquant, e (en religión).
practicar *v tr* pratiquer; *practicar la virtud* pratiquer la vertu ‖ pratiquer, faire; *practicar los deportes* pratiquer le sport, faire du sport ‖ faire; *practicar la esgrima* faire de l'escrime.
◆ *v intr* RELIG pratiquer, être pratiquant.
práctico, ca *adj* pratique (cómodo) ‖ expérimenté, e; exercé, e (ejercitado) ‖ *clases prácticas* travaux pratiques.
◆ *m* pilote [côtier]; pratique *f* (piloto) ‖ — *barco de práctico* bateau pilote ‖ MED *práctico facultativo* praticien.
pradera *f* prairie.
prado *m* pré ‖ promenade *f* (paseo público).
Praga *n pr* GEOGR Prague.
pragmático, ca *adj y s f* DR pragmatique.
pragmatismo *m* pragmatisme.
praxis *f* FILOS praxis ‖ pratique (práctica).
preacuerdo *m* accord de principe.
Prealpes *n pr m pl* GEOGR Préalpes *f*.
preámbulo *m* préambule, *sin más preámbulos* sans préambule ‖ FIG détour (rodeo).
preamplificador *m* RAD préamplificateur.
prebélico, ca *adj* d'avant-guerre.
prebenda *f* prébende (de canónigo) ‖ FIG & FAM prébende, sinécure (oficio lucrativo).
preboste *m* prévôt.
precalentamiento *m* TECN préchauffage.
precalentar *v tr* préchauffer (con calor) ‖ DEP s'échauffer *v pr*.
precampaña *f* précampagne.
precandidato, ta *m y f* futur, e candidat.
precariedad *f* précarité.
precario, ria *adj* précaire.
precarización *f* précarisation.
precaución *f* précaution.
precaver *v tr* prévenir, prévoir (prever).
◆ *v pr* parer, se parer, se prémunir; *precaverse de un peligro, contra la miseria* parer à un danger, à la misère.
precavido, da *adj* prévoyant, e; *toda persona precavida coge el paraguas al salir* toute personne prévoyante prend son parapluie en sortant ‖ avisé, e (astuto).
precedente *adj* précédent, e (sin complemento) ‖ précédant *inv* (con complemento); *los años precedentes a éste* les années précédant celle-ci.
◆ *m* précédent (antecedente).

preceder *v tr* précéder.
precéltico, ca *adj* préceltique.
preceptivo, va *adj* obligatoire.
◆ *f* préceptes *m pl*, règles *pl* (literaria).
precepto *m* précepte (de un arte, etc.) ‖ instructions *f pl*, ordre (orden) ‖ — *cumplir con el precepto* remplir ses devoirs ‖ *fiestas de precepto* fêtes d'obligation.
preceptor, ra *m y f* précepteur, trice.
preceptuar *v tr* établir, donner, dicter des préceptes.
preces *f pl* prières (oraciones).
precesión *f* ASTR précession; *precesión de los equinoccios* précession des équinoxes ‖ réticence (reticencia).
preciado, da *adj* estimé, e; apprécié, e (estimado); *una obra muy preciada* une œuvre très appréciée ‖ *(ant)* FIG prétentieux, euse; vaniteux, euse (jactancioso).
preciar *v tr* apprécier (estimar, tasar).
◆ *v pr* être content de soi, être vaniteux, euse (estar engreído) ‖ se piquer de, se flatter de, se vanter de (jactarse); *preciarse de orador* se piquer d'être un orateur ‖ se respecter; *como cualquier español que se precie* comme tout Espagnol qui se respecte.
precinta *f* cachet *m* (en las aduanas) ‖ bordure de cuir aux coins d'une malle.
precintado *m* plombage (de un paquete).
precintador *m* plombeur (marchamador).
precintadora *f* dévidoir *m* (de scotch).
precintar *v tr* sceller, mettre les plombs à, plomber (un paquete) ‖ DR apposer les scellés à, sceller ‖ border de cuir les coins d'une malle ‖ AUTOM *circuito precintado* circuit scellé.
precinto *m* pose *f* des scellés ‖ plomb (marchamo) ‖ DR scellés *pl*, bande *f* de sûreté, lien scellé ‖ vignette *f* (derecho para un coche) ‖ cachet (de una botella) ‖ — DR *colocación de precinto* apposition des scellés ‖ *violación* ou *quebrantamiento de precinto* bris de scellés.
precio *m* prix; *precio de coste* prix de revient ‖ — *precio alambicado* ou *estudiado* prix étudié ‖ *precio al por mayor* prix de gros ‖ *precio al por menor* prix de détail ‖ *precio barato* ou *bajo* bas prix ‖ *precio corriente* prix marchand ‖ *precio de fábrica* prix de fabrique, prix coûtant ‖ *precio de lanzamiento* prix de lancement ‖ *precio del mercado* prix du marché ‖ *precio de tasa* prix taxé ‖ *precio de venta* prix de vente ‖ *precio fuerte* prix fort ‖ *precio neto* prix net o T.T.C ‖ *precio por unidad* prix unitaire ‖ *precio tope* prix plafond, prix maximal ‖ — *a cualquier precio* à n'importe quel prix, à quelque prix que ce soit ‖ FIG *al precio de* au prix de ‖ *a precio de coste* à prix coûtant ‖ *a precio de oro* à prix d'or ‖ *de gran* ou *de mucho precio* de grand prix (cosa), de grande valeur (persona) ‖ *fuera de precio* hors de prix ‖ *no tener precio* ne pas avoir de prix ‖ *poner a precio* mettre à prix ‖ *poner precio a* fixer le prix de ‖ *tener en precio* apprécier.
preciosidad *f* grand prix *m*, grande valeur (valor) ‖ charme *m*, beauté (encanto) ‖ personne o chose ravissante ‖ préciosité (culteranismo) ‖ ¡*qué preciosidad de niña!* quelle petite fille ravissante o adorable!
preciosismo *m* préciosité *f* (afectación).

precioso, sa *adj* précieux, euse (de gran precio); *piedra preciosa* pierre précieuse ‖ FIG ravissant, e; très joli, e (hermoso); *esta mujer es preciosa* cette femme est ravissante | magnifique, splendide, très joli, e; *un coche precioso* une voiture magnifique | fin, e; spirituel, elle (chistoso, festivo).
◆ *f* précieuse (marisabidilla).
precipicio *m* précipice; *caer al precipicio* tomber dans le précipice.
precipitación *f* précipitation.
precipitadamente *adv* précipitamment.
precipitado, da *adj* précipité, e.
◆ *m* QUÍM précipité (sedimento) ‖ QUÍM *precipitado en forma de copos* floculation.
precipitar *v tr* précipiter.
◆ *v pr* se précipiter; *precipitarse contra el enemigo* se précipiter sur l'ennemi ‖ *no precipitarse* prendre son temps, ne pas se précipiter.
precisamente *adv* précisément, justement (justamente) ‖ nécessairement (por fuerza).
precisar *v tr* indiquer, déterminer (indicar) ‖ avoir besoin de (necesitar); *preciso datos* j'ai besoin de renseignements ‖ demander, rechercher; *se precisa un director adjunto* on demande un directeur adjoint ‖ préciser (poner más claro); *precisa tu idea* précise ta pensée ‖ obliger à (forzar) ‖ *verse precisado a* être forcé de *o* obligé à.
◆ *v impers* falloir; *me precisa trabajar* il me faut travailler.
precisión *f* précision; *instrumento de precisión* instrument de précision ‖ précision, justesse (exactitud) ‖ besoin *m* (necesidad); *tengo precisión de tu ayuda* j'ai besoin de ton aide ‖ *tirar con precisión* tirer juste.
preciso, sa *adj* précis, e; net, nette (claro); *respuesta precisa* réponse nette ‖ nécessaire (necesario) ‖ exact, e; précis, e (exacto) ‖ — *el día preciso de nuestra marcha* le jour même de notre départ ‖ *ser preciso* falloir; *es preciso que vengas* il faut que tu viennes.
precitado, da *adj* précité, e; précédemment mentionné, e.
precocidad *f* précocité.
precocinado, da *adj* précuit, e; cuisiné, e.
◆ *m* plat cuisiné.
precolombino, na *adj* précolombien, enne (anterior a Colón).
precombustión *f* précombustion (de motor diesel).
preconcebido, da *adj* préconçu, e (proyecto, plan, idea).
preconcebir* *v tr* former à l'avance [un plan]; préconcevoir.
preconización *f* préconisation.
preconizar *v tr* préconiser, prôner (recomendar).
precoz *adj* précoce (fruta, persona).
precursor, ra *adj* précurseur ‖ avant-coureur, précurseur; *signos precursores de la desgracia* signes avant-coureurs du malheur.
◆ *m* précurseur.
— OBSERV Esta palabra no tiene forma femenina en francés.
predador, ra *adj y s* prédateur, trice.
predatorio, ria *adj* prédatoire.

predecesor, ra *m y f* prédécesseur (sin femenino); *fue su predecesora* elle fut son prédécesseur.
predecible *adj* prédictible, que l'on peut prédire.
predecir* *v tr* prédire.
predestinación *f* prédestination.
predestinado, da *adj y s* prédestiné, e.
predestinar *v tr* prédestiner.
predeterminación *f* prédétermination.
predeterminar *v tr* prédéterminer.
prédica *f* prêche *m* (sermón protestante).
predicación *f* prédication.
predicado *m* GRAM prédicat, attribut | syntagme; *predicado nominal* syntagme nominal; *predicado verbal* syntagme verbal.
— OBSERV La palabra *attribut* es mucho más empleada que el término *prédicat*.
predicador, ra *m y f* prédicateur, trice; prêcheur, euse.
◆ *m* ZOOL mante *f* religieuse (insecto).
predicar *v tr e intr* prêcher; *predicar con el ejemplo* prêcher d'exemple; *predicar en el desierto* prêcher dans le désert ‖ FIG sermonner (amonestar o reprender) ‖ *una cosa es predicar y otra dar trigo* les conseilleurs ne sont pas les payeurs.
predicativo, va *adj* GRAM prédicatif, ive.
predicción *f* prédiction.
predicho, cha *adj* prédit, e.
predilección *f* prédilection.
predilecto, ta *adj* préféré, e; favori, ite; *mi hijo predilecto* mon fils préféré ‖ de prédilection; *ciudad predilecta de los pintores* ville de prédilection des peintres ‖ — *hijo predilecto de la patria* enfant chéri de la patrie ‖ *la hija predilecta de la Iglesia* la fille aînée de l'Église.
predio *m* propriété *f*, fonds (heredad) ‖ — *predio rústico* propriété à la campagne, domaine ‖ *predio urbano* immeuble (casa).
predisponer* *v tr* prédisposer.
predisposición *f* prédisposition.
predispuesto, ta *adj* prédisposé, e ‖ — *estar predispuesto contra alguien* être dans de mauvaises dispositions à l'égard de quelqu'un ‖ *predispuesto a* dans de bonnes dispositions pour.
predominación; predominancia *f* prédominance.
predominante *adj* prédominant, e.
predominar *v tr e intr* prédominer ‖ FIG dominer (una casa, etc.).
predominio *m* prédominance *f*.
preelectoral *adj* préélectoral, e.
preelegir *v tr* élire *o* choisir d'avance.
preeminencia *f* prééminence, primauté.
preeminente *adj* prééminent, e.
preescolar *adj* préscolaire.
preestablecido, da *adj* préétabli, e.
preestreno *m* avant-première *f*.
preeuropeo, a *adj y s* DEP phase *f* éliminatoire, éliminatoires *f pl* [d'un championnat ou d'une coupe d'Europe].
preexistencia *f* préexistence.
preexistente *adj* préexistant, e.
preexistir *v intr* préexister.
prefabricación *f* préfabrication.
prefabricado, da *adj* préfabriqué, e.

prefabricar *v tr* préfabriquer.
prefacio *m* préface *f* ‖ *hacer un prefacio a un libro* faire une préface, préfacer un livre.
prefecto *m* préfet.
prefectoral *adj* préfectoral, e.
prefectura *f* préfecture.
preferencia *f* préférence ‖ prédilection ‖ tribunes *pl* (localidad en un campo de fútbol) ‖ — *con preferencia a* de préférence à ‖ *de preferencia* de préférence ‖ *preferencia de paso* priorité (en una carretera).
preferente *adj* qui préfère ‖ préférentiel, elle; *trato preferente* traitement préférentiel ‖ préférable (que se prefiere) ‖ de choix (excelente); *ocupar un lugar preferente* occuper une place de choix ‖ — AVIAC *clase preferente* classe affaire ‖ *turno preferente* tour de faveur.
preferentemente; preferiblemente *adv* préférablement, de préférence.
preferible *adj* préférable.
preferir* *v tr* préférer, aimer mieux; *preferir con mucho* ou *mucho más* préférer de beaucoup ‖ aimer; *el que menos prefiero* celui que j'aime le moins.
— OBSERV No se diga en francés *préférer le cinéma que le théâtre*, sino *au théâtre*. Con infinitivos, dígase: *prefiero quedarme aquí a salir* je préfère rester ici *plutôt que sortir*, o mejor, j'aime mieux rester ici *que sortir*.
prefiguración *f* préfiguration.
prefigurar *v tr* préfigurer.
prefijación *f* GRAM préfixation.
prefijado, da *adj* préfixé, e.
prefijar *v tr* préfixer, fixer d'avance.
prefijo, ja *adj* préfixé, e.
◆ *adj y s m* GRAM préfixe.
◆ *m* indicatif (teléfono).
preglaciar *adj* GEOL préglaciaire.
pregón *m* annonce *f* publique (noticia) ‖ cri [des marchands] ‖ ban (para un matrimonio).
pregonar *v tr* crier, annoncer publiquement (publicar en voz alta) ‖ crier, annoncer [des marchandises] (un vendedor) ‖ FIG publier, crier sur tous les toits, claironner, carillonner (revelar); *pregonar una noticia* claironner une nouvelle ‖ prôner, vanter (alabar) ‖ *(p us)* bannir (proscribir) ‖ *pregonar a bombo y platillos* ou *a voz en grito* crier sur tous les toits.
pregonero, ra *adj y s* divulgateur, trice.
◆ *m* crieur public ‖ *dar un cuarto al pregonero* crier quelque chose sur tous les toits.
preguerra *f* avant-guerre.
pregunta *f* demande, question (interrogación); *pregunta indiscreta* demande indiscrète; *hacer preguntas* poser des questions ‖ — *a pregunta necia, oídos sordos* ou *oídos de mercader* à folle demande, point de réponse ‖ FIG & FAM *andar* ou *estar ou quedar a la cuarta pregunta* être fauché, tirer le diable par la queue, être dans la mouise ‖ *estrechar a preguntas* accabler de questions, mettre o tenir sur la sellette.
preguntar *v tr* demander; *te pregunto cuándo te marchas* je te demande quand tu pars ‖ interroger, questionner; *preguntar a un candidato* interroger un candidat ‖ *preguntar por* prendre des nouvelles de; *preguntar por alguien* prendre des nouvelles de quelqu'un; demander (querer ver), demander; *preguntan por usted en el teléfono* on vous demande au téléphone.
◆ *v pr* se demander; *me pregunto qué hora es* je me demande quelle heure il est.
preguntón, ona *adj y s* FAM questionneur, euse; *un niño preguntón* un enfant questionneur.
prehistoria *f* préhistoire.
prehistórico, ca *adj* préhistorique.
preincaico, ca *adj* HIST antérieur aux Incas.
preindustrial *adj* préindustriel, elle.
prejuicio *m* préjugé; *tener prejuicios sociales* avoir des préjugés sociaux ‖ parti pris; *no lo encuentras inteligente porque tienes prejuicio* tu ne le trouves pas intelligent parce que tu es de parti pris.
prejuzgar *v tr* préjuger.
prelación *f* préséance ‖ — *orden de prelación* ordre de préférence ‖ *tener prelación* primer; *haría falta que la generosidad tuviese prelación sobre el egoísmo* la générosité devrait primer sur l'égoïsme.
prelado *m* prélat ‖ supérieur (de convento).
prelatura *f* prélature.
preliminar *adj y s m pl* préliminaire.
preludiar *v intr y tr* MÚS préluder à ‖ FIG préluder (iniciar).
preludio *m* prélude.
prematrimonial *adj* avant le mariage ‖ *cursillo prematrimonial* séminaire de préparation au mariage.
prematuramente *adv* prématurément ‖ *dar a luz prematuramente* accoucher avant terme.
prematuro, ra *adj y s* prématuré, e.
premeditación *f* préméditation ‖ DR *con premeditación y alevosía* avec préméditation.
premeditadamente *adv* avec préméditation.
premeditado, da *adj* prémédité, e.
premeditar *v tr* préméditer.
premiado, da *adj y s* lauréat, e; *premiado en un concurso literario* lauréat d'un concours littéraire ‖ gagnant, e; *número premiado* numéro gagnant ‖ récompensé, e; primé, e; *premiado por sus buenas acciones* récompensé de ses bonnes actions.
premiar *v tr* récompenser; *premiar a uno por su heroísmo con una condecoración* récompenser quelqu'un de son héroïsme par une décoration ‖ décerner un prix (en un certamen).
premio *m* récompense *f* (recompensa) ‖ prix; *distribución* ou *reparto de premios* distribution o remise des prix; *llevarse el premio* remporter le prix; *premio de estímulo* prix d'encouragement ‖ lot (lotería) ‖ COM prime *f* ‖ — *como premio de* pour prix de, en récompense de ‖ *lista de premios* palmarès (escuela) ‖ *premio de consolación* lot de consolation ‖ *premio gordo* gros lot (en lotería).
premioso, sa *adj* étroit, e; serré, e (ajustado) ‖ pressant, e; urgent, e (urgente) ‖ lourd, e; *carga premiosa* lourde charge ‖ FIG rigide, strict, e (rígido) ‖ emprunté, e (tieso) ‖ lourdaud, e (tardo) ‖ qui écrit o parle péniblement ‖ lourd, e; embarrassé, e (estilo, lenguaje).
premisa *f* prémisse (en lógica).
premolar *m* prémolaire *f* (diente).
premonición *f* prémonition.
premonitorio, ria *adj* prémonitoire ‖ MED *estado premonitorio* état symptomatique.

premura f instance; *pedir algo con premura* demander quelque chose avec instance ‖ urgence (apremio) ‖ hâte (prisa).

prenatal adj prénatal, e.

prenda f gage m (garantía) ‖ arrhes m pl (señal) ‖ objet m de valeur (alhaja) ‖ vêtement m (ropa) ‖ FIG bijou m, perle; *este niño es una prenda* cet enfant est un bijou ‖ personne aimée ‖ qualité (cualidad) ‖ COM nantissement m ‖ — FIG & FAM *buena prenda* drôle d'oiseau ‖ — *dar en prenda* donner un gage ‖ *no dolerle prendas a uno* remplir scrupuleusement ses obligations ‖ FIG & FAM *no soltar prenda* ne rien dire ‖ DR *sacar prendas* saisir (embargar) ‖ FIG & FAM *soltar prenda* lâcher prise.
- *pl* gages m (juego).

prendar v tr mettre en gage ‖ — *dejar prendado a alguien* fasciner quelqu'un ‖ *quedar prendado de alguien, de algo* être sous le charme de quelqu'un, de quelque chose; être subjugué par quelqu'un, par quelque chose .
- v pr s'éprendre (enamorarse).

prendedor m personne f chargée d'arrêter quelqu'un ‖ broche f, agrafe f (broche) ‖ agrafe f (de una estilográfica).

prender v tr saisir (asir) ‖ arrêter, prendre (detener a alguien) ‖ faire prisonnier (encarcelar) ‖ attacher, fixer (sujetar); *prender un vestido con alfileres* attacher une robe avec des épingles ‖ accrocher (enganchar); *las malezas prendieron su falda* les broussailles accrochèrent sa jupe ‖ mettre (fuego); *han prendido fuego a todo el barrio* ils ont mis le feu à tout le quartier ‖ *(amer)* allumer (encender).
- v intr s'enraciner, prendre racine (arraigar) ‖ prendre (un injerto, una vacuna) ‖ prendre (el fuego); *el fuego no prende* le feu ne prend pas.
- v pr se parer, s'orner (engalanarse, una mujer) ‖ s'accoupler (los animales) ‖ *(amer)* s'enivrer (embriagarse).
- OBSERV Le verbe *prender* a deux participes passés: *prendido* et *preso*. On réserve plutôt la forme *prendido* pour exprimer le sens de *attaché, fixé* et *preso* pour le sens de *arrêté, emprisonné*.

prendido, da adj *(amer)* pomponné, e (acicalado).
- m ajustement (de mujer) ‖ patron (para encaje) ‖ dentelle f faite sur un patron.

prendimiento m capture f, arrestation f (de un malhechor) ‖ arrestation f (de Cristo).

prensa f presse (máquina para imprimir); *libro en prensa* ouvrage sous presse ‖ TECN presse; *prensa hidráulica* presse hydraulique ‖ pressoir m (de uva) ‖ presse (publicaciones, periódicos); *libertad de prensa* liberté de la presse ‖ — *prensa amarilla* presse à scandale o à sensation ‖ *prensa del corazón* presse du cœur ‖ — *dar a la prensa* faire imprimer ‖ *entrar* ou *poner en prensa* être mis sous presse; *este libro va a entrar en prensa* ce livre va être mis sous presse ‖ *meter en prensa* mettre sous presse (un libro) ‖ FIG *tener buena* ou *mala prensa* avoir bonne o mauvaise presse.

prensado m calandrage (de los tejidos) ‖ pressurage, pressage (acción de prensar).

prensador, ra adj y s presseur, euse.

prensar v tr presser (con una prensa) ‖ pressurer (estrujar la uva, etc.).

prensor adj m ANAT préhenseur.

prenupcial adj prénuptial, e.

preñado, da adj enceinte, grosse (mujer) ‖ pleine (animal) ‖ FIG bombé, e (pared) ‖ plein, e; chargé, e (cargado); *ojos preñados de amenazas* yeux chargés de menaces ‖ gonflé, e; *nube preñada de agua* nuage gonflé d'eau.
- m grossesse f (embarazo) ‖ fœtus (feto).

preñar v tr féconder (a una mujer) ‖ couvrir (a un animal) ‖ FIG remplir (llenar).

preñez f gestation (de un animal hembra) ‖ grossesse (de mujer) ‖ FIG perspective, attente (espera de un suceso).

preocupación f préoccupation, souci m.

preocupado, da adj préoccupé, e; soucieux, euse.

preocupante adj préoccupant, e.

preocupar v tr préoccuper ‖ *es lo que menos me preocupa* c'est le moindre o le cadet de mes soucis.
- v pr se préoccuper, se soucier; *preocuparse por su salud* se préoccuper de sa santé ‖ s'en faire; *no se preocupe* ne vous en faites pas ‖ *no preocuparse por nada* ne se soucier de rien, être insouciant, e.

preolímpico, ca adj DEP préolympique.

preparación f préparation ‖ MED *preparación anatómica* préparation anatomique.

preparado m préparation f (medicina).

preparador, ra m y f préparateur, trice.
- m entraîneur (caballos, deportes).

preparar v tr préparer; *está bien preparado para la vida* il est bien préparé pour la vie ‖ monter (un complot).
- v pr se préparer; *prepararse para salir* se préparer à sortir.

preparativo, va adj préparatoire.
- m préparatif (preparación).

preparatorio, ria adj préparatoire.
- m année f préparatoire.

preponderancia f prépondérance.

preponderante adj prépondérant, e.

preponderar v intr peser davantage, avoir la prépondérance (tener un crédito superior) ‖ prévaloir (prevalecer una opinión).

preposición f GRAM préposition ‖ *preposición inseparable* préfixe.

preposicional adj prépositionnel, elle.

prepotencia f prépotence, puissance supérieure.

prepotente adj tout-puissant, toute-puissante (muy poderoso).

prepucio m ANAT prépuce.

prerrafaelista; prerrafaelita adj y s préraphaélite.

prerrogativa f prérogative (privilegio).

presa f prise (acción de prender, cosa apresada); *una buena presa* une bonne prise ‖ prise (lucha, alpinismo) ‖ prise (agarradero) ‖ proie (de un animal); *el zorro y su presa* le renard et sa proie ‖ barrage m (embalse); *presa arqueada* barrage-voûte ‖ prise d'eau, digue (de molino) ‖ bâtardeau m (presa de embalse provisional) ‖ canal m (acequia) ‖ MAR prise ‖ *(amer)* tranche (tajada), morceau m (pedazo) ‖ — *ave de presa* oiseau de proie ‖ *presa de* en proie à; *ser presa del remordimiento* être en proie au remords; la proie de; *la casa fue presa de las llamas* la maison fut la proie des flammes ‖ *presa de contención* barrage de retenue ‖ — FIG *hacer presa* saisir, attraper ‖ *soltar la presa* lâcher prise.

◆ *pl* crocs *m* (colmillo) ‖ serres (de ave de rapiña).
presagiar *v tr* présager (augurar).
presagio *m* présage, augure (augurio).
presagioso, sa *adj* qui présage, annonciateur, trice.
presbicia *f* MED presbytie.
présbita; présbite *adj y s* presbyte.
presbiterado; presbiterato *m* sacerdoce, prêtrise *f* (sacerdocio).
presbiterianismo *m* presbytérianisme.
presbiteriano, na *adj y s* presbytérien, enne.
presbiterio *m* presbytérium (de iglesia).
— OBSERV Le mot français *presbytère* se traduit par *casa del cura* ou *casa parroquial*.
presbítero *m* prêtre (clérigo).
presciencia *f* prescience.
prescindible *adj* dont on peut se passer.
prescindir *v intr* faire abstraction de, ne pas tenir compte de ‖ se passer de; *ya no puedo prescindir de su ayuda* je ne peux plus me passer de son aide ‖ *prescindiendo de* abstraction faite de, indépendamment de.
prescribir *v tr* prescrire (ordenar) ‖ MED prescrire (recetar) ‖ DR prescrire.
◆ *v intr* FIG devenir caduc, être périmé, e.
prescripción *f* DR prescription, forclusion ‖ MED *prescripción, prescripción facultativa* ordonnance.
prescripto, ta; prescrito, ta *adj* prescrit, e; fixé, e (señalado) ‖ DR périmé, e (juicio).
preselección *f* présélection.
preseleccionar *v tr* DEP présélectionner.
presencia *f* présence ‖ aspect *m*, allure, prestance (figura); *mujer de buena presencia* femme de belle prestance ‖ — *en presencia* en présence ‖ *hacer acto de presencia* faire acte de présence ‖ *presencia de ánimo* présence d'esprit, sang-froid.
presencial *adj* relatif à la présence ‖ *testigo presencial* témoin oculaire.
presenciar *v tr* être témoin de (testigo); *presenciar un accidente* être témoin d'un accident ‖ assister à; *el jefe de Estado presenció una corrida* le chef de l'État assita à une course de taureaux ‖ être présent à, assister à; *es la primera vez que presencio esta asamblea* c'est la première fois que je suis présent à cette assemblée.
presenil *adj* MED présénile.
presentable *adj* présentable.
presentación *f* présentation ‖ tenue (aspecto); *su presentación es siempre impecable* sa tenue est toujours impeccable ‖ DR production (de un documento) ‖ INFORM affichage *m* (visualización) ‖ (amer) demande, requête (súplica) ‖ — *carta de presentación* lettre d'introduction ‖ *presentación de la Virgen* présentation de la Vierge (fiesta) ‖ *presentación en sociedad* entrée dans le monde ‖ — *pagar a presentación* payer à vue *o* sur présentation.
presentador, ra *m y f* présentateur, trice.
◆ *adj* qui présente.
presentar *v tr* présenter ‖ présenter, poser; *presentar su candidatura* poser sa candidature ‖ déposer (una queja, un proyecto, una propuesta, etc.); *presentar una denuncia* déposer une plainte ‖ FIG présenter, offrir; *esta situación presenta ventajas* cette situation offre des avantages ‖ proposer; *presentar a alguien para un puesto* proposer quelqu'un pour un poste ‖ DR produire (testigos) ‖ — *le presento el testimonio de mi consideración* recevez l'assurance de ma considération distinguée, je vous présente mes sincères salutations ‖ *presentar armas* présenter les armes ‖ *presentar una cuestión de confianza* poser la question de confiance ‖ DR *presentar una demanda* intenter une action ‖ *presentar una instancia* introduire une instance ‖ *ser presentado en la sociedad* faire ses débuts *o* son entrée dans le monde.
◆ *v pr* se présenter; *presentarse a su debido tiempo* se présenter en temps utile; *presentarse a senador* se présenter comme sénateur ‖ DR comparaître en justice.
presente *adj* présent, e ‖ GRAM *participio presente* participe présent.
◆ *m* présent (regalo) ‖ GRAM présent ‖ — *¡presente!* présent! ‖ — *al presente, de presente* à présent, présentement ‖ *en el presente* à présent, en ce moment ‖ *lo presente* le présent ‖ — *hacer presente* porter à la connaissance ‖ *mejorando lo presente* sauf votre respect ‖ *tener presente* se souvenir, se rappeler (recordar), ne pas perdre de vue, ne pas oublier; *hay que tener presente esta posibilidad* il ne faut pas oublier cette possibilité.
presentimiento *m* pressentiment.
presentir* *v tr* pressentir.
preservación *f* préservation.
preservador, ra *adj* préservateur, trice.
preservar *v tr* préserver; *la vacuna nos preserva contra la viruela* le vaccin nous préserve de la variole.
preservativo, va *adj y s m* préservatif, ive.
presidencia *f* présidence; *asumir la presidencia* assumer la présidence.
presidencial *adj* présidentiel, elle; *silla presidencial* fauteuil présidentiel.
presidencialismo *m* présidentialisme.
presidencialista *adj* en faveur du président.
◆ *m y f* partisan *m* du présidentialisme.
presidenta *f* présidente.
presidente *m* président ‖ *presidente de la mesa electoral* président du bureau de vote.
presidiario *m* forçat, bagnard (prisionero).
presidio *m* bagne (prisión) ‖ forçats *pl*, bagnards *pl* (conjunto de presidiarios) ‖ travaux *pl* forcés; *diez años de presidio* dix ans de travaux forcés ‖ place *f* forte (fortaleza) ‖ garnison *f* (guarnición).
presidir *v tr* présider; *presidir una sesión* présider une session ‖ FIG présider à; *la caridad preside todos sus actos* la charité préside à tous ses actes ‖ *presidir el duelo* conduire *o* mener le deuil.
presidium *m* présidium, praesidium (presidencia del consejo supremo de los Soviets).
presilla *f* ganse, cordonnet *m* (cordoncillo) ‖ patte (de tela) ‖ point *m* de boutonnière (costurilla) ‖ tirette (para colgar los vestidos) ‖ passant *m* (del cinturón).
presintonizador *m* présélecteur.
presión *f* pression; *ejercer presión* faire pression ‖ — MED *presión arterial* ou *sanguínea* pression artérielle ‖ *presión atmosférica* pression atmosphérique ‖ *presión fiscal* pression fiscale, poids de l'impôt ‖ FÍS *presión osmótica* pression osmotique.
presionar *v tr* appuyer, presser (apretar) ‖ FIG faire pression sur.

preso, sa *adj* pris, e (cogido) ∥ emprisonné, e (detenido).
◆ *m* y *f* prisonnier, ère; détenu, e.
prestación *f* prestation; *prestaciones sociales* prestations sociales ∥ allocation; *prestación por maternidad* allocation de maternité ∥ performance (de un vehículo, etc.) ∥ — *prestación de juramento* prestation de serment.
prestado, da *adj* prêté, e (a alguien) ∥ emprunté, e (de alguien) ∥ d'emprunt; *nombre prestado* nom d'emprunt ∥ — *dar prestado* prêter ∥ *de prestado* d'emprunt; *vivir de prestado* vivre d'emprunt ∥ *tomar* ou *pedir prestado* emprunter.
prestamista *m* y *f* prêteur, prêteuse [sur gages]; bailleur *m* de fonds.
préstamo *m* prêt; *casa de préstamos* maison de prêt ∥ emprunt; *pedir un préstamo a un amigo* faire un emprunt à un ami ∥ — COM *ley de préstamo y arriendo* loi prêt-bail ∥ MAR *préstamo a la gruesa* prêt à la grosse o à la grosse aventure ∥ *préstamo sobre prendas* prêt sur gages.
prestancia *f* prestance.
prestar *v tr* prêter; *prestar dinero sobre prenda* prêter de l'argent sur gage; *prestar con interés* prêter à intérêt ∥ — *prestar atención, oídos* prêter attention, l'oreille ∥ *prestar auxilio* ou *socorro* ou *ayuda* prêter secours o main forte ∥ *prestar juramento* prêter serment ∥ *prestar servicio* rendre service ∥ *prestar testimonio* rendre témoignage ∥ *prestar una declaración jurada* faire une déclaration sous la foi du serment ∥ *tomar prestado* emprunter.
◆ *v intr* être utile, servir ∥ prêter, s'étirer (dar de sí una tela, etc.).
◆ *v pr* se prêter (consentir).
prestatario, ria *m* y *f* emprunteur, euse.
presteza *f* agilité, promptitude, prestesse *(p us)*.
prestidigitación *f* prestidigitation.
prestidigitador, ra *m* y *f* prestidigitateur, trice.
prestigiar *v tr* donner de l'éclat à, rehausser le prestige de.
prestigio *m* prestige ∥ tour de passe-passe, mystification *f* (engaño) ∥ *éxito de prestigio* succès d'estime.
prestigioso, sa *adj* prestigieux, euse.
presto, ta *adj* preste (diligente) ∥ prêt, e; préparé, e (dispuesto).
◆ *adv* rapidement, prestement ∥ *de presto* prestement.
presumible *adj* présumable.
presumido, da *adj* y *s* prétentieux, euse; présomptueux, euse ∥ coquet, ette ∥ prétentieux, euse; poseur, euse *(fam)*, crâneur, euse *(fam)*, bêcheur, euse *(fam)*.
presumir *v tr* présumer (conjeturar) ∥ *(amer)* faire la cour (cortejar).
◆ *v intr* se donner de grands airs, poser, crâner *(fam)* ∥ se vanter (jactarse); *presume de lo que carece* il se vante de ce qu'il n'a pas ∥ se croire; *presume de listo* il se croit intelligent ∥ être prétentieux o crâneur *(fam)*; *Rafael presume muchísimo* Raphaël est extrêmement prétentieux o crâneur ∥ — *presumir de sabio* se croire très savant, se prendre pour un savant ∥ *presumir de valiente* faire le brave.
presunción *f* prétention, présomption, fatuité (orgullo) ∥ DR présomption (suposición); *presunción de ley* ou *de solo derecho* présomption légale;
presunción de hecho y derecho présomption de fait et de droit.
presuntamente *adv* par présomption.
presunto, ta *adj* présumé, e (supuesto); *es el presunto autor del crimen* c'est l'auteur présumé du crime ∥ présomptif, ive; *heredero presunto* héritier présomptif ∥ prétendu, e; *un presunto hidalgo* un prétendu gentilhomme.
presuntuoso, sa *adj* y *s* présomptueux, euse; prétentieux, euse (orgulloso).
presuponer* *v tr* présupposer ∥ établir un budget.
presuposición *f* présupposition ∥ motif *m*, cause.
presupuestar *v intr* établir un budget.
presupuestario, ria *adj* budgétaire.
presupuesto, ta *adj* y *s* présupposé, e ∥ *presupuesto que* supposé que.
◆ *m* budget (de ingresos y gastos); *equilibrar el presupuesto* équilibrer le budget ∥ motif, cause *f*, prétexte ∥ devis (de una obra); *hacer un presupuesto aproximado* établir un devis approximatif ∥ *ley de presupuesto* loi de finances.
◆ *f* supposition (supuesto).
presurización *f* pressurisation.
presurosamente *adv* à la hâte (prontamente) ∥ avec empressement (con diligencia).
presuroso, sa *adj* pressé, e (que tiene prisa); *presuroso de marcharse* pressé de partir ∥ empressé, e.
prêt-à-porter *m* prêt-à-porter.
pretencioso, sa *adj* → **pretensioso**.
pretender *v tr* prétendre à, briguer (solicitar); *pretender honores* prétendre aux honneurs, briguer les honneurs ∥ essayer, chercher à, prétendre (procurar); *Antonio pretende convencerme* Antoine essaie de me convaincre; *no pretendas que vaya a hacerlo yo* ne cherche pas à me le faire faire.
pretendido, da *adj* prétendu, e; soi-disant.
— OBSERV Ce mot est un gallicisme pour *presunto, supuesto*.
pretendiente *adj* y *s* prétendant, e (a una mujer, al trono) ∥ aspirant, e; candidat, e; *pretendiente a una función* candidat à une fonction.
pretensado, da *adj* TECN précontraint, e; *hormigón pretensado* béton precontraint.
◆ *m* TECN précontrainte *f*.
pretensión *f* prétention.
pretensioso, sa; pretencioso, sa *adj* y *s* prétencieux, euse.
— OBSERV Ce mot est un gallicisme employé pour *presumido*.
preterición *f* omission ∥ prétérition (en retórica).
pretérito, ta *adj* passé, e.
◆ *m* GRAM passé; *pretérito anterior* passé antérieur; *pretérito indefinido* passé simple ∥ — GRAM *pretérito imperfecto* imparfait ∥ *pretérito perfecto* passé composé, passé défini ∥ *pretérito pluscuamperfecto* plus-que-parfait.
pretextar *v tr* prétexter.
pretexto *m* prétexte ∥ — *con el* ou *so pretexto de* sous prétexte de ∥ *con el pretexto de que* sous prétexte que ∥ *¡no quiero pretextos!* il n'y a pas de mais qui tienne.
pretil *m* garde-fou, parapet.
pretor *m* préteur (magistrado romano).
Pretoria *n pr* GEOGR Prétoria.

pretoriano, na *adj* prétorial, e.
◆ *adj* y s m prétorien, enne.
preuniversitario *m* propédeutique *f* (curso y examen).
prevalecer* *v intr* prévaloir; *su opinión prevaleció* son opinion a prévalu ‖ l'emporter sur (sobresalir) ‖ AGRIC prendre racine (arraigar) | pousser (crecer) ‖ FIG prospérer (prosperar).
◆ *v pr* se prévaloir.
prevaleciente *adj* qui prévaut.
prevaler* *v intr* prévaloir.
◆ *v pr* se prévaloir, tirer avantage; *prevalerse de su alcurnia* se prévaloir de sa naissance.
prevaricación *f* DR prévarication.
prevaricador, ra *adj* y *s* prévaricateur, trice.
prevaricar *v intr* prévariquer, forfaire (magistrado) ‖ FAM dérailler, délirer.
prevención *f* disposition, précaution (precaución) ‖ prémunition (protección) ‖ prévention (contra accidentes) ‖ prévention, méfiance (desconfianza) ‖ préjugé *m*, parti *m* pris (prejuicio); *tener prevención contra uno* avoir du parti pris contre quelqu'un ‖ poste *m* (de policía); *llevar a alguien a la prevención* conduire quelqu'un au poste ‖ MIL poste *m* (guardia de cuartel) ‖ DR prévention; *cumplir seis meses de prevención* faire six mois de prévention ‖ *con prevención* à l'avance (de antemano).
prevenido, da *adj* préparé, e; disposé, e (dispuesto) ‖ averti, e; prudent, e; *hombre prevenido vale por dos* un homme averti en vaut deux ‖ *estar prevenido contra alguien* avoir du parti pris o être prévenu contre quelqu'un.
prevenir* *v tr* préparer, disposer (preparar) ‖ prévenir; *prevenir un peligro* prévenir un danger ‖ prévoir (prever) ‖ devancer (anticipar) ‖ empêcher, éviter (evitar) ‖ prévenir, avertir (avisar) ‖ prémunir (proteger) ‖ influencer ‖ *más vale prevenir que curar* mieux vaut prévenir que guérir.
◆ *v pr* se préparer (prepararse) ‖ se prémunir (protegerse) ‖ parer; *prevenirse contra toda eventualidad* parer à toute éventualité.
preventivo, va *adj* préventif, ive ‖ — *clínica de medicina preventiva* centre de médecine préventive o de dépistage ‖ DR *prisión* ou *detención preventiva* détention préventive.
prever* *v tr* prévoir.
previamente *adv* au préalable, préalablement.
previo, via *adj* préalable; *autorización previa* autorisation préalable; *cuestión previa* question préalable ‖ — *previa enmienda al texto* après avoir fait un amendement au texte ‖ *previo aviso* préavis, avis préalable; *previo aviso de un mes* préavis d'un mois.
previsible *adj* prévisible.
previsión *f* prévision (lo que se prevé) ‖ estimation (evaluación); *previsión de cosechas* estimation des récoltes ‖ prévoyance (calidad de previsor) ‖ *caja de previsión* caisse de prévoyance.
previsionista *adj* y *s* prévisionniste.
previsor, ra *adj* prévoyant, e.
previsto, ta *adj* prévu, e; *tenía previsto su fracaso* j'avais prévu son échec.
PRI *abrev de Partido Revolucionario Institucional* Parti révolutionnaire institutionnel [Mexique].
priapismo *m* MED priapisme.

prieto, ta *adj* ferme (carne) ‖ serré, e (apretado) ‖ très foncé, e (color) ‖ MED *vómito prieto* ou *negro* fièvre jaune.
prima *f* prime (hora canónica, parte del día) ‖ MÚS chanterelle (cuerda) ‖ cousine; *prima carnal* cousine germaine ‖ COM prime (premio); *prima a la exportación, de seguro* prime à l'exportation, d'assurance ‖ MIL première partie de la nuit ‖ MAR *prima de flete* primage.
primacía *f* primauté (superioridad) ‖ primatie (dignidad de primado) ‖ FILOS primat *m*.
primada *f* FAM bêtise; *es una primada pagar diez francos por lo que vale cinco* c'est une bêtise de payer dix francs ce qui en vaut cinq.
primado *m* primat; *el primado de España* le primat d'Espagne.
prima donna *f* prima donna.
primar *v tr* primer, récompenser.
◆ *v intr* primer ‖ *primar sobre* primer sur.
primario, ria *adj* primaire ‖ — *escuela primaria* école primaire ‖ GEOL *terrenos primarios* terrains primaires.
◆ *m* ELECTR primaire.
◆ *f* école primaire.
primate *m* haut personnage (prócer).
◆ *pl* ZOOL primates.
primavera *f* printemps *m* (estación) ‖ BOT primevère (planta) ‖ étoffe de soie imprimée de fleurs (tela).
◆ *m* y *f* FIG & FAM ‖ idiot, e; poire *f* (pasmado).
primaveral *adj* printanier, ère.
primer *adj* premier (primero); *primer ministro* Premier ministre; *primer piso* premier étage.
— OBSERV *Primer* est l'apocope de *primero*. *Primero* perd le *o* final devant un substantif masculin singulier.
primera *f* prime (juego) ‖ première (velocidad) ‖ première (clase); *viajar en primera* voyager en première ‖ premier *m* (charada) ‖ — *a la primera* du premier coup; *conseguirlo a la primera* réussir du premier coup.
primeramente *adv* premièrement, primo (en primer lugar).
primerizo, za *adj* novice, débutant, e (principiante).
◆ *adj* y *s f* primipare (primípara).
primero, ra *adj* y *s* premier, ère; *el primer hombre, la primera empleada* le premier homme, la première employée; *artículos de primera necesidad* articles de première nécessité ‖ — *primera actriz* jeune première ‖ *primera enseñanza* enseignement primaire ‖ *primera Sección de Estado Mayor* premier bureau d'état-major ‖ *primeras materias* matières premières ‖ *primero de cordada* premier de cordée (alpinismo) ‖ *primero entre sus pares* le premier entre ses pairs ‖ — *a primeros de mes* au début du mois ‖ *página primera* page une. .
◆ *adv* d'abord; *haz esto primero* fais ça d'abord ‖ premièrement (en una enumeración) ‖ plus tôt, avant; *llegaré primero que tú* j'arriverai avant toi o plus tôt que toi ‖ plutôt (más bien); *primero morir que vivir en la esclavitud* plutôt mourir que vivre dans l'esclavage ‖ *de primera* de première, de premier ordre [extra].
primicias *f pl* prémices; *las primicias del campo* les prémices des champs ‖ FIG primeur *sing*; *tener las primicias de una noticia* avoir la primeur d'une nouvelle.

primigenio, nia *adj* primitif, ive.
primitivismo *m* primitivisme.
primitivo, va *adj* primitif, ive.
◆ *m* primitif (pintor).
◆ *f* MAT primitive.
primo, ma *adj* premier, ère; *materia prima, número primo* matière première, nombre premier.
◆ *m y f* cousin, e; *primo hermano* ou *carnal* cousin germain; *primo segundo* cousin issu de germain ‖ FIG & FAM idiot, e; poire *f*; dupe *f*; *este pobre chico es un primo* ce pauvre garçon est une poire ‖ — FIG & FAM *hacer el primo* se faire avoir (dejarse engañar) | *tiene cara de primo* c'est une bonne poire.
primogénito, ta *adj y s* aîné, e; premier-né, première-née *o* premier-née.
primogenitura *f* primogéniture, aînesse; *derecho de primogenitura* droit d'aînesse ‖ *vender su primogenitura por un plato de lentejas* vendre son droit d'aînesse pour un plat de lentilles.
primor *m* délicatesse *f* (finura) ‖ habileté *f* (destreza) ‖ merveille *f*, splendeur *f*, chef-d'œuvre; *ese bordado es un primor* cette broderie est une merveille ‖ — *esta chica es un primor* cette fille est ravissante *o* jolie comme un cœur ‖ *que es un primor* à merveille, à ravir, à la perfection; *canta que es un primor* il chante à ravir.
primordial *adj* primordial, e.
primorosamente *adv* avec soin, à merveille.
primoroso, sa *adj* exquis, e; charmant, e; ravissant, e (encantador) ‖ habile, expert, e (diestro) ‖ délicat, e; soigné, e; *labor primorosa* ouvrage délicat.
princesa *f* princesse ‖ FIG & FAM *dárselas de princesa* faire la princesse.
principado *m* principauté *f* (territorio) ‖ principat (título) ‖ primauté *f* (primacía).
◆ *pl* principautés (séptimo coro de los ángeles).
principal *adj* principal, e; *los papeles principales* les rôles principaux ‖ noble, illustre; *un caballero muy principal* un chevalier très illustre *o* noble ‖ essentiel, elle; de première importance; *un asunto principal* une affaire de première importance ‖ premier, ère; *piso principal* premier étage.
◆ *m* principal (capital) ‖ patron (jefe de una casa de comercio, fábrica, etc.) ‖ premier étage (de una casa) ‖ *lo principal* l'essentiel.
príncipe *adj* princeps; *edición príncipe* édition princeps.
◆ *m* prince; *príncipe de sangre* prince du sang ‖ — *el Príncipe Azul* le Prince Charmant ‖ *príncipe consorte* prince consort ‖ *príncipe heredero* prince héritier ‖ — *vivir a lo príncipe* vivre en prince.
principesco, ca *adj* princier, ère.
principianta *f* débutante, apprentie.
principiante *adj y s* débutant, e.
principio *m* commencement, début; *al principio no sabía nada* au commencement, il ne savait rien; *el principio de las negociaciones* le début des négociations ‖ principe (máxima, fundamento); *los principios de la moral* les principes de la morale ‖ entrée *f* (comidas) ‖ rudiment; *principios de metafísica* rudiments de métaphysique ‖ — FILOS *principio de contradicción* principe de contradiction ‖ — *al principio* au commencement, au début ‖ *a principios de* ou *del mes* au début du mois, dans les premiers jours du mois ‖ *del principio al fin* du commencement à la fin ‖ *de principios* à principes ‖ *el principio de conservación* l'instinct de conservation ‖ *en principio* en principe ‖ *en un principio* au début, au commencement ‖ *es el principio del fin* c'est le commencement de la fin ‖ *principio quieren las cosas* il y a un commencement à tout ‖ *tener principio* commencer.
pringada *f* viande, lard et chorizo du «cocido».
pringar *v tr* graisser ‖ saucer, tremper dans la sauce (con pan) ‖ tacher, faire des taches de graisse ‖ FAM blesser (herir) | faire tremper [dans une affaire] | noircir, salir (la fama) ‖ FAM *¡ya la has pringado!* tout est fichu!
◆ *v intr* FAM bosser, trimer (trabajar) | faire son beurre (sacar tajada) | *(amer)* bruiner (lloviznar).
◆ *v pr* tacher, faire des taches de graisse sur; *me he pringado el vestido* j'ai taché ma robe ‖ FIG tremper (en un asunto feo) | se salir (denigrarse).
pringoso, sa *adj* graisseux, euse; gras, asse; *papeles pringosos* papiers gras.
pringue *m y f* graisse *f* ‖ crasse *f*, saleté *f* (suciedad).
prior, ra *m y f* prieur, e; *gran prior* grand prieur.
priorato *m* prieuré (comunidad) ‖ priorat (cargo).
priorato *m* vin rouge de Priorato [région de Tarragone].
priori (a) *loc lat* a priori.
prioridad *f* priorité; *con prioridad* en *o* par priorité.
prioritario, ria *adj* prioritaire.
prisa *f* hâte (prontitud); *tuvimos que hacerlo con mucha prisa* nous avons dû le faire en toute hâte ‖ rapidité *f* (escaramouche, lutte (escaramuza) ‖ — *a prisa, de prisa* en hâte, vite ‖ *a toda prisa* en toute hâte, à toute vitesse ‖ *andar* ou *estar con prisas* être très pressé ‖ *¡de prisa!* pressons!, vite! ‖ *correr prisa* presser, être urgent *o* pressé ‖ *darse prisa* se presser, se hâter, se dépêcher ‖ *de prisa y corriendo* en vitesse, à toute vitesse ‖ *hay prisas* on est pressé ‖ *meter* ou *dar prisa a uno* presser quelqu'un, dire à quelqu'un de se dépêcher ‖ *sin prisa pero sin pausa* lentement mais sûrement ‖ *tener prisa* être pressé ‖ *tener prisa por* ou *en* avoir hâte de, être pressé de.
prisión *f* prison (cárcel); *prisión del Estado* prison d'État ‖ emprisonnement *m*, détention (encarcelamiento) ‖ prise (acción de prender) ‖ lien *m* (atadura moral) ‖ — DR *prisión mayor* emprisonnement correctionnel majeur ‖ *prisión menor* emprisonnement correctionnel mineur | *prisión por deudas* contrainte par corps | *prisión preventiva* détention préventive ‖ — DR *reducir a uno a prisión* emprisonner *o* incarcérer quelqu'un.
◆ *pl* fers *m* (grillos).
prisionero, ra *adj y s* prisonnier, ère.
prisma *m* GEOM prisme; *prisma oblicuo* prisme oblique; *prisma triangular, pentagonal* prisme triangulaire, pentagonal.
prismático, ca *adj* GEOM prismatique.
◆ *m pl* jumelles *f* [à prismes].
privación *f* privation; *pasar privaciones* endurer des privations.
privado, da *adj* privé, e; *vida privada* vie privée ‖ particulier, ère; *clase privada* leçon particulière.
◆ *m* familier, favori (del rey) ‖ privé; *en público y en privado* en public et dans le privé.

privar *v tr* priver ‖ interdire (prohibir); *el médico le privó de tabaco* le médecin lui a interdit le tabac.
   ◆ *v intr* être en faveur (tener privanza); *privar con uno* être en faveur auprès de quelqu'un ‖ avoir du succès, être à la mode *o* en vogue (tener aceptación) ‖ avoir la haute main (tener mucha influencia).
   ◆ *v pr* se priver; *privarse de fumar* se priver de fumer ‖ *no se priva de nada* il ne se refuse rien.

privativo, va *adj* GRAM privatif, ive ‖ propre (propio) ‖ *ser privativo de* être l'apanage de; *las grandes ideas son privativas del genio* les grandes idées sont l'apanage du génie.

privatizar *v tr* ECON privatiser.

privilegiado, da *adj y s* privilégié, e.

privilegiar *v tr* accorder un privilège, privilégier *(p us)*.

privilegio *m* privilège (ventaja) ‖ — *privilegio de invención* brevet d'invention ‖ *privilegio del canon* privilège ecclésiastique.

pro *m y f* profit *m* ‖ *el pro y el contra* le pour et le contre ‖ *en pro de* en faveur de, au profit de; *campaña en pro de damnificados* campagne en faveur des sinistrés ‖ *hombre de pro* homme de bien, honnête homme ‖ *no estar ni en pro ni en contra* n'être ni pour ni contre.
   ◆ *prep* en faveur de, au profit de ‖ DR *pro indiviso* par indivis.

proa *f* MAR proue; *mascarón de proa* figure de proue ‖ — FIG *poner la proa a* viser à | *poner la proa a uno* être contre quelqu'un.

probabilidad *f* probabilité; *cálculo de probabilidades* calcul des probabilités ‖ chance; *calcular las probabilidades de éxito* calculer les chances de réussite.

probable *adj* probable (casi cierto) ‖ prouvable (que puede probarse).

probado, da *adj* prouvé, e (demostrado) ‖ éprouvé, e (acreditado); *es remedio probado* c'est un remède éprouvé ‖ éprouvé, e (por adversidades o desgracias).

probador, ra *adj* qui prouve, probant, e ‖ qui essaie.
   ◆ *m y f* essayeur, euse (sastre).
   ◆ *m* cabine *f* d'essayage, salon d'essayage.

probar* *v tr* éprouver, mettre à l'épreuve (experimentar); *probar su valor* éprouver son courage ‖ prouver (demostrar) ‖ essayer; *probar un vestido* essayer une robe ‖ goûter; *probar el vino* goûter le vin ‖ essayer, tenter; *probó levantarse* il a essayé de se lever ‖ — *probar de todo* goûter à tout ‖ *probar ventura* ou *fortuna* tenter sa chance, tenter fortune ‖ *no probar ni bocado* ne rien prendre, ne rien se mettre sous la dent *(fam)*.
   ◆ *v intr* convenir (sentar) ‖ — *probar a* essayer de ‖ *probar bien* réussir, convenir; *este régimen me prueba bien* ce régime me réussit ‖ *probar no cuesta nada* ça ne coûte rien d'essayer, on peut toujours essayer.
   ◆ *v pr* essayer; *me he probado un abrigo* j'ai essayé un manteau.

probatorio, ria *adj* probatoire.

probatura *f* FAM essai *m* (prueba).

probeta *f* QUÍM éprouvette ‖ MIL mortier-éprouvette.

probidad *f* probité (honradez).

problema *m* problème; *plantear, resolver* ou *solucionar un problema* poser, résoudre un problème ‖ question *f*; *eso es un problema económico* c'est là une question économique; *problemas sociales* questions sociales.

problemático, ca *adj* problématique.
   ◆ *f* les problèmes *m pl*.

probo, ba *adj* probe (honrado).

procacidad *f* effronterie, insolence.

procaz *adj* effronté, e; insolent, e.

procedencia *f* origine ‖ provenance (de un tren, barco, etc.) ‖ DR bien-fondé *m*, recevabilité (de una petición, de una demanda, etc.) ‖ bien-fondé *m* (de una idea).

procedente *adj* originaire ‖ en provenance; *el tren procedente de Madrid* le train en provenance de Madrid ‖ DR recevable, pertinent, e (petición) ‖ pertinent, e; sensé, e (sensato); *una demanda procedente* une requête pertinente.

proceder *m* conduite *f*, procédé (conducta).

proceder *v intr* procéder, provenir, venir; *esta palabra procede del latín* ce mot vient du latin ‖ agir, se comporter (portarse) ‖ procéder (ejecutar); *proceder a una elección* procéder à une élection ‖ convenir (ser conveniente); *procede ir con método* il convient d'agir méthodiquement ‖ être pertinent *o* sensé (ser sensato) ‖ DR être pertinent *o* recevable ‖ — DR *proceder contra uno* entamer des poursuites contre quelqu'un ‖ *proceder de consuno* agir de concert ‖ DR *según proceda* ainsi qu'il appartiendra ‖ *si procede* s'il y a lieu.

procedimiento *m* procédé, méthode *f* ‖ DR procédure *f*.

proceloso, sa *adj* orageux, euse (borrascoso).

prócer *adj* grand, e; éminent, e.
   ◆ *m* membre de la Haute Chambre (en el parlamento) ‖ haut personnage (persona importante) ‖ homme illustre; *los próceres de la patria* les hommes illustres de la patrie.

procesado, da *adj* du procès.
   ◆ *adj y s* accusé, e; inculpé, e; prévenu, e.

procesador *m* INFORM processeur; *procesador vectorial* processeur vectoriel.

procesal *adj* du procès ‖ *el derecho procesal* la procédure.

procesamiento *m* accusation *f*; *auto de procesamiento* arrêt d'accusation ‖ INFORM traitement; *procesamiento de textos* traitement de texte(s).

procesar *v tr* instruire un procès (contra alguno) ‖ inculper, accuser (a una persona); *procesar por robo* inculper de vol ‖ TECN traiter (datos en informática).

procesión *f* procession ‖ — FIG & FAM *no se puede repicar y andar en la procesión* on ne peut être à la fois au four et au moulin | *la procesión va por dentro* je garde ça pour moi.

procesionaria *adj f y s f* ZOOL processionnaire.

procesionario *m* processionnal (libro).

proceso *m* procès (pleito) ‖ DR procédure *f* ‖ cours (transcurso); *en el proceso de una vida* au cours d'une vie ‖ processus (evolución) ‖ ANAT procès; *proceso ciliar* procès ciliaire ‖ *proceso de datos* traitement de l'information.

proclama *f* proclamation.
   ◆ *pl* bans *m* (amonestaciones); *correr las proclamas* publier les bans.

proclamación *f* proclamation (notificación pública) ‖ acclamation (alabanza pública).
proclamar *v tr* proclamer (anunciar) ‖ acclamer.
◆ *v pr* se proclamer.
proclive *adj* enclin, e (inclinado).
procónsul *m* proconsul.
procreación *f* procréation.
procreador, ra *adj y s* procréateur, trice.
procrear *v tr* procréer.
procuración *f* procuration ‖ charge de procureur o d'avoué.
procurador, ra *adj* qui s'efforce, qui essaie.
◆ *m* procureur (fiscal) ‖ avoué (abogado) ‖ procureur (en las comunidades religiosas) ‖ procurateur (magistrado romano) ‖ — *procurador a* ou *de* ou *en Cortes* membre du Parlement ‖ FIG & FAM *procurador de pobres* personne qui se mêle de ce qui ne la regarde pas.
procuradora *f* procuratrice.
procurar *v tr* essayer de, tâcher de; *procura venir temprano* essaie d'arriver de bonne heure ‖ procurer, fournir (facilitar); *le ha procurado un piso muy bueno* il lui a procuré un appartement très bien ‖ procurer, donner (ocasionar); *ese niño sólo me procura satisfacciones* cet enfant ne me donne que des satisfactions ‖ *procurar que* veiller à ce que, faire en sorte que.
◆ *v pr* se procurer (conseguir).
prodigalidad *f* prodigalité (gasto excesivo) ‖ abondance, profusion.
prodigar *v tr* prodiguer ‖ FIG prodiguer; *prodigar cuidados* prodiguer des soins ‖ *no prodigar* être économe de.
◆ *v pr* s'exhiber, parader ‖ payer de sa personne, se prodiguer.
prodigio *m* prodige.
prodigioso, sa *adj* prodigieux, euse (maravilloso) ‖ *parecer prodigioso* tenir du prodige.
pródigo, ga *adj* prodigue; *pródigo de* ou *en alabanzas* prodigue de o en louanges; *pródigo con todos* prodigue envers tous ‖ *el Hijo pródigo* l'enfant prodigue.
producción *f* production ‖ ECON *producción en serie* production en série ‖ *producción limitada* production limitée.
producir* *v tr* produire ‖ COM produire, donner; *producir beneficios* donner des bénéfices.
◆ *v pr* se produire (hablar); *producirse en los congresos* se produire dans les congrès.
productividad *f* productivité.
productivo, va *adj* productif, ive ‖ rentable (negocio).
producto *adj (p us)* produit, e.
◆ *m* produit; *productos agrícolas, manufacturados* produits agricoles, manufacturés ‖ produit, denrée *f* (alimento); *productos alimenticios* produits alimentaires; *productos coloniales* ou *ultramarinos* denrées coloniales ‖ produit; *producto nacional bruto* produit national brut ‖ MAT produit.
productor, ra *adj y s* producteur, trice.
◆ *m* CINEM producteur.
◆ *m y f* travailleur, euse.
proeza *f* prouesse (hazaña).
prof. abrev de *profesor* professeur.
profanación *f* profanation.
profanador, ra *adj y s* profanateur, trice.

profanar *v tr* profaner.
profano, na *adj y s* profane.
profecía *f* prophétie.
proferir* *v tr* proférer, prononcer.
profesar *v tr* professer; *profesar la medicina* professer la médecine ‖ professer, déclarer (una opinión) ‖ vouer; *profesar un amor profundo a* vouer un amour profond à ‖ prononcer [ses vœux].
profesión *f* profession; *profesión liberal* profession libérale ‖ *hacer profesión de* faire profession de.
profesional *adj y s* professionnel, elle ‖ MIL *ejército profesional* armée de métier.
profesionalidad *f* compétence professionnelle, professionnalisme *m*.
profesionalismo *m* professionnalisme.
profesionalizar *v tr* professionnaliser.
profesionista *m y f (amer)* professionnel, elle.
profeso, sa *adj y s* profès, esse (religioso).
profesor, ra *m y f* professeur *m*; *ser profesora de español* être professeur d'espagnol ‖ *profesor auxiliar* professeur suppléant ‖ *profesor titular* professeur titulaire.
profesorado *m* professorat, professeurs *pl*, corps enseignant, enseignants *pl*.
profeta *m* prophète ‖ *nadie es profeta en su tierra* nul n'est prophète en son pays.
profético, ca *adj* prophétique.
profetisa *f* prophétesse.
profetizador, ra *adj* qui prophétise.
◆ *m y f* pronostiqueur, euse.
profetizar *v tr* prophétiser.
profiláctico, ca *adj* MED prophylactique.
◆ *f* MED prophylaxie.
profilaxis; profilaxia *f* MED prophylaxie.
prófugo, ga *adj y s* fugitif, ive (fugitivo).
◆ *m* insoumis, déserteur (del servicio militar) ‖ DR réfractaire.
profundamente *adv* profondément.
profundidad *f* profondeur.
profundizar *v tr e intr* approfondir ‖ FIG approfondir, creuser (una idea, cosa, etc.) ‖ *profundizar las cosas* aller au fond des choses.
profundo, da *adj* profond, e; *miseria profunda* misère profonde.
profusamente *adv* profusément, à profusion.
profusión *f* profusion ‖ prodigalité, libéralité ‖ *con profusión* à foison, avec profusion.
profuso, sa *adj* abondant, e ‖ MED profus, e; *sudores profusos* sueurs profuses.
progenie *f* race, descendance, progéniture (generación).
progenitor *m* progéniteur.
◆ *pl* ancêtres.
progesterona *f* progestérone.
programa *m* programme ‖ INFORM programme; *programa aplicativo* programme d'application.
programación *f* programmation.
programador, ra *adj y s* programmateur, trice.
◆ *m* programmeur (electrónica).
programar *v tr* programmer ‖ envisager; *programar una reforma* envisager une réforme.
progre *adj y s* FAM progressiste, soixante-huitard attardé, soixante-huitarde attardée.
progresar *v intr* progresser, faire des progrès.

progresión f progression (adelanto) ‖ — MAT *progresión aritmética, geométrica* progression arithmétique, géométrique | *progresión ascendente* ou *creciente* progression croissante | *progresión descendente* ou *decreciente* progression décroissante.
progresismo m progressisme (doctrina política).
progresista adj y s progressiste; *periódico progresista* journal progressiste.
progresividad f progressivité.
progresivo, va adj progressif, ive.
progreso m progrès.
prohibición f défense, interdiction, prohibition ‖ prohibition (de bebidas alcohólicas en los Estados Unidos).
prohibido, da adj défendu, e; prohibé, e ‖ — *dirección prohibida* sens interdit (calle) ‖ *prohibido aparcar* défense de stationner ‖ *prohibido el paso* passage interdit ‖ *prohibido fijar carteles* défense d'afficher ‖ *prohibido fumar* défense de fumer.
prohibir v tr défendre, interdire, prohiber (vedar); *te prohíbo que salgas* je t'interdis de sortir ‖ *se prohíbe la entrada* défense d'entrer, entrée interdite.
 — OBSERV El francés *prohiber* es más bien voz de vocabulario administrativo (*armas prohibidas* armes prohibées); *défendre* es el verbo más corriente; *interdire* es más fuerte y supone un castigo o una sanción.
prohibitivo, va; prohibitorio, ria adj prohibitif, ive ‖ *ley prohibitiva* loi prohibitive.
prohijar v tr adopter (a un niño, opiniones).
prohombre m autorité f (persona notable) ‖ dirigeant (dirigente).
pro indiviso loc lat DR par indivis.
prójimo m prochain; *amar al prójimo como a sí mismo* aimer son prochain comme soi-même ‖ FAM individu (sujeto).
pról. abrev de *prólogo* prologue.
prole f progéniture.
prolegómenos m pl prolégomènes (introducción).
proletariado m prolétariat.
proletario, ria adj y s prolétaire.
proliferación f prolifération.
proliferar v intr proliférer.
prolífero, ra adj prolifère.
prolífico, ca adj prolifique.
prolijo, ja adj prolixe; *estilo prolijo* style prolixe ‖ exhaustif, ive; approfondi, e (exhaustivo).
PROLOG m INFORM PROLOG.
prologar v tr préfacer, faire la préface de.
prólogo m préface f, avant-propos, prologue.
 — OBSERV El francés *prologue* es sobre todo un discurso preliminar a una obra y *préface* una presentación de ella que puede ser de cualquier persona y no forzosamente del mismo autor. *Avant-propos* suele ser un texto de presentación muy breve.
prolongación f prolongation.
prolongadamente adv longuement; *hablar prolongadamente* parler longuement.
prolongado, da adj prolongé, e ‖ oblong, gue (apaisado).
prolongador, ra adj y s qui prolonge.
prolongamiento m prolongement.
prolongar v tr prolonger.
 ◆ v pr se prolonger.

promediar v tr partager en deux.
 ◆ v intr intervenir, servir de médiateur [dans une affaire] ‖ arriver à la moitié ‖ *al promediar el mes de junio* à la mi-juin.
promedio m milieu (punto de división en dos) ‖ moyenne f (término medio); *el promedio de las exportaciones* la moyenne des exportations.
promesa f promesse; *cumplir su* ou *con su promesa* tenir sa promesse ‖ vœu m (religioso) ‖ FIG espoir m; *este joven bailarín es la promesa del cuerpo de baile* ce jeune danseur est l'espoir du corps de ballet ‖ — FIG *promesa de borracho* serment d'ivrogne | *promesas de cortesano* bonnes paroles, boniments.
prometedor, ra adj y s prometteur, euse.
prometer v tr promettre; *prometer hacer algo* promettre de faire quelque chose ‖ assurer, affirmer ‖ FIG *prometer el oro y el moro* promettre monts et merveilles.
 ◆ v intr promettre; *este niño promete* cet enfant promet.
 ◆ v pr se promettre ‖ se fiancer (desposarse) ‖ FAM *prometérselas felices* s'en promettre de belles.
prometido, da adj y s promis, e (futuro) ‖ — *cumplir con lo prometido* tenir sa promesse ‖ *lo prometido es deuda* chose promise, chose due.
prominencia f proéminence.
prominente adj proéminent, e.
promiscuidad f promiscuité.
promiscuo, cua adj léger, ère; aux mœurs faciles.
promisión f promission ‖ *tierra de Promisión* Terre promise o de promission.
promisorio, ria adj DR promissoire; *juramento promisorio* serment promissoire ‖ prometteur, euse (alentador).
promoción f promotion ‖ *partido de promoción* match de barrage (deportes).
promocionar v tr promouvoir, faire la promotion de (hacer publicidad de) ‖ promouvoir, donner une promotion (promover).
 ◆ v pr se mettre en valeur, se faire valoir.
promontorio m promontoire.
promotor, ra; promovedor, ra adj y s promoteur, trice ‖ — *promotor fiscal* ministère public, procureur ‖ *promotor inmobiliario* promoteur immobilier.
promover* v tr promouvoir (elevar); *promover a uno a capitán* promouvoir quelqu'un au grade de capitaine ‖ favoriser (hacer progresar) ‖ provoquer, occasionner (hacer surgir).
promovido, da adj promu, e.
promulgación f promulgation.
promulgador, ra adj y s promulgateur, trice.
promulgar v tr promulguer (una ley, etc.) ‖ FIG publier, divulguer (divulgar una cosa).
prono, na adj enclin à ‖ sur le ventre (echado sobre el vientre) ‖ *decúbito prono* décubitus ventral.
pronombre m GRAM pronom.
pronominado, da; pronominal adj GRAM pronominal, e; *verbos pronominados* verbes pronominaux.
pronosticador, ra m y f pronostiqueur, euse.
pronosticar v tr pronostiquer.

pronóstico *m* pronostic || prévisions météorologiques || MED *pronóstico reservado* diagnostic réservé.

prontamente *adv* rapidement, promptement.

prontitud *f* promptitude.

pronto, ta *adj* prompt, e (rápido); *pronto a enfadarse* prompt à se fâcher || rapide; *una pronta curación* une guérison rapide || prêt, e (dispuesto); *pronto para salir* prêt à sortir || *ser pronto de genio* avoir un caractère irritable, être soupe au lait (*fam*).
- *m* mouvement d'humeur; *le dio un pronto* il eut un mouvement d'humeur || FAM *el primer pronto* le premier mouvement.
- *adv* vite, rapidement (de prisa) || tôt (temprano); *llegó muy pronto* il est arrivé très tôt || (*amer*) soudain (de pronto) || — *al pronto* tout d'abord, au début || *cuanto más pronto mejor* le plus tôt sera le mieux || *de pronto* brusquement, soudain, tout à coup (de repente), vite (apresuradamente) || *hasta pronto* à bientôt || *lo más pronto* au plus tôt, au plus vite || *por de* ou *lo pronto* pour le moment (por ahora), entre-temps (mientras tanto) || *tan pronto si* vite || *tan pronto... como* dès que, aussitôt que (en cuanto), tantôt... tantôt; *tan pronto ríe como llora* tantôt il rit, tantôt il pleure.

prontuario *m* résumé || abrégé, manuel (compendio) || agenda (libro de apuntes).

pronunciación *f* prononciation.

pronunciado, da *adj* prononcé, e || FIG accusé, e (marcado).
— OBSERV Au sens d'*accusé*, *pronunciado* est un gallicisme.

pronunciamiento *m* «Pronunciamiento», soulèvement, putsch (alzamiento) || DR prononcé [d'un jugement] || (*amer*) déclaration *f*.
— OBSERV Al referirse a la historia de los países de lengua española se utiliza en francés la palabra castellana *pronunciamiento*.

pronunciar *v tr* prononcer; *pronunciar un discurso* prononcer un discours || DR prononcer, rendre; *pronunciar un fallo* rendre un arrêt.
- *v intr* DR prononcer (fallar).
- *v pr* se soulever, s'insurger (sublevarse) || se prononcer.
— OBSERV *Pronunciarse* es galicismo cuando se emplea como sinónimo de *declararse, manifestarse*.

pronuncio *m* RELIG prononce.

propagación *f* propagation.

propagador, ra *adj y s* propagateur, trice; *propagador de noticias falsas* propagateur de fausses nouvelles.

propaganda *f* propagande (a favor de una idea, opinión, etc.) || propagande, publicité (comercial).

propagandista *adj y s* propagandiste.

propagandístico, ca *adj* de propagande || publicitaire.

propagar *v tr* propager || FIG répandre, diffuser; *propagar una noticia* répandre une nouvelle | divulguer (algo secreto).
- *v pr* se propager, se répandre.

propalar *v tr* divulguer, propager, répandre, ébruiter; *propalar una noticia* divulguer une nouvelle.

propano *m* QUÍM propane (gas).

propasar *v tr* outrepasser.
- *v pr* dépasser les bornes (excederse).

propensión *f* penchant *m*, propension || MED prédisposition.

propenso, sa *adj* enclin, e; porté, e; sujet, ette; *ser propenso a la ira* être porté à la colère.

propergol *m* propergol.

propiamente *adv* proprement; *propiamente dicho* proprement dit.

propiciar *v tr* apaiser (aplacar); *propiciar la ira divina* apaiser la colère divine || rendre propice (hacer propicio) || (*amer*) patronner (patrocinar).

propiciatorio, ria *adj* propitiatoire.
- *m* prie-Dieu (reclinatorio) || propitiatoire.

propicio, cia *adj* propice; *ocasión propicia* occasion propice || adéquat, e; qui convient le mieux; *es la persona más propicia para este trabajo* c'est la personne qui convient vraiment le mieux pour faire ce travail || *ser propicio a* être enclin *o* porté à.

propiedad *f* propriété (posesión) || propriété (característica) || ressemblance (semejanza) || — DR *nuda propiedad* nue-propriété || *propiedad horizontal* ou *de casa por pisos* copropriété || *propiedad industrial* propriété industrielle || *propiedad privada* propriété privée || — *dicho con propiedad* proprement dit || *emplear una palabra con propiedad* employer le mot juste || *hablando con propiedad* à proprement parler || *pertenecer en propiedad* appartenir en propre.
— OBSERV Le mot espagnol *propiedad* n'a pas le sens de *domaine* (finca).

propietario, ria *adj y s* propriétaire || — DR *nudo propietario* nu-propriétaire | *propietario de bienes inmuebles* propriétaire foncier.

propina *f* pourboire *m*; *dar una propina a un camarero* donner un pourboire à un garçon de café || récompense || FAM *dar propina* par-dessus le marché.

propinar *v tr* donner à boire || administrer (una medicina) || FIG flanquer, administrer (dar); *propinar una paliza* flanquer une raclée | distribuer (a varios); *propinar golpes* distribuer des coups.

propio, pia *adj* propre (que pertenece); *su propio hijo* son propre fils || propre (característico); *carácter propio* caractère propre; *en su propio interés* dans votre propre intérêt || GRAM propre; *sentido, nombre propio* sens, nom propre || propre (conveniente) || naturel, elle; véritable; *pelo propio* cheveux naturels || lui-même, elle-même, etc.; *el propio interesado debe firmar* l'intéressé lui-même doit signer || — (*amer*) *al propio* à dessein (expresamente) || *al propio tiempo* en même temps || *con su propia mano* de sa propre main || *en propias manos* en main propre || FAM *es muy propio de él* c'est bien de lui || *lo propio* comme, la même chose (lo mismo); *haré lo propio que tú* je ferai comme *o* la même chose que toi || *lo propio sucede con* il en est de même avec || *ser propio de* appartenir à, être le propre de; *la irreflexión es propia de los jóvenes* l'irréflexion appartient aux jeunes; être caractéristique; *la llovizna es propia de esa región* la bruine est caractéristique de cette région || *ser propio para* être ce qui convient le mieux pour.
- *m* messager, courrier (mensajero); *despachar un propio* envoyer un messager.
- *pl* communaux, biens communaux.

proponer* *v tr* proposer; *proponer un parecer* proposer un avis.

proporción 704

◆ *v pr* se proposer; *se propone salir mañana para Madrid* il se propose de partir demain pour Madrid.
proporción *f* proportion; *guardar las proporciones* observer les proportions; *las proporciones del cuerpo humano* les proportions du corps humain ‖ taille (tamaño) ‖ possibilité (oportunidad) ‖ occasion (coyuntura); *esperar una buena proporción* attendre une bonne occasion ‖ — *a proporción de* conformément à (según) ‖ *guardando las proporciones* toute proportion gardée ‖ *no hay ninguna proporción* il n'y a pas de commune mesure, il n'y a aucun rapport ‖ MAT *proporción aritmética, geométrica* proportion arithmétique, géométrique.
proporcionado, da *adj* proportionné, e.
proporcional *adj* proportionnel, elle.
proporcionalmente *adv* proportionnellement.
proporcionar *v tr* proportionner; *proporcionar sus gastos a sus recursos* proportionner ses dépenses à ses moyens ‖ fournir, procurer (facilitar); *proporcionar trabajo a alguien* fournir du travail à quelqu'un ‖ procurer, rapporter (procurar); *proporcionar provecho* rapporter du profit ‖ adapter; *proporcionar los medios al objeto* adapter les moyens à la fin ‖ *proporcionar una entrevista* ménager une entrevue.
◆ *v pr* se procurer; *proporcionarse dinero* se procurer de l'argent.
proposición *f* proposition ‖ proposition, offre (oferta).
propósito *m* intention *f* (intención); *tengo propósito* ou *el propósito de salir* j'ai l'intention de sortir ‖ dessein (proyecto) ‖ but, propos (objeto) ‖ sujet (materia) ‖ — *a propósito* à propos (con relación a), à propos, à point, à point nommé (oportunamente), exprès (a posta) ‖ *a propósito de* à propos de ‖ *con el propósito de* dans le but de, pour ‖ *de propósito* de propos délibéré, à dessein, exprès ‖ *fuera de propósito* hors de propos ‖ *poco a propósito* mal à propos ‖ *venga o no venga a propósito* à tort ou à raison.
propuesta *f* proposition; *a propuesta de* sur proposition de.
propugnar *v tr* défendre, protéger.
propulsar *v tr* rejeter, repousser (rechazar) ‖ propulser (impeler).
propulsión *f* propulsion; *propulsión a chorro* ou *por reacción* propulsion à réaction.
propulsor, ra *adj* propulsif, ive; *un cohete propulsor* une fusée propulsive.
◆ *m* propulseur.
prorrata *f* prorata *m inv* ‖ *a prorrata* au prorata.
prorrateo *m* partage au prorata.
prórroga *f* prorogation ‖ MIL prorogation, sursis *m* ‖ prolongation (de un partido) ‖ *prórroga tácita* tacite reconduction (de un acuerdo, etc.).
prorrogable *adj* qui peut être prorogé.
prorrogar *v tr* proroger.
prorrogativo, va *adj* prorogatif, ive.
prorrumpir *v intr* jaillir (brotar) ‖ FIG éclater; *prorrumpir en risa, en llanto* ou *en sollozos* éclater de rire, en sanglots ‖ fuser; *críticas prorrumpían por todos lados* des critiques fusaient de tous côtés ‖ — *prorrumpir en gritos* pousser des cris ‖ *prorrumpir en insultos* vomir des injures ‖ *prorrumpir en lágrimas* fondre en larmes ‖ *prorrumpir en suspiros* exhaler des soupirs.

prosa *f* prose ‖ verbiage (demasía de palabras) ‖ FIG prosaïsme *m* ‖ FIG & FAM *gastar mucha prosa* avoir beaucoup de bagout.
prosado, da *adj* en prose.
prosaico, ca *adj* prosaïque ‖ terre à terre, prosaïque; *espíritu prosaico* esprit terre à terre.
prosapia *f* lignée, lignage *m* (alcurnia).
proscenio *m* TEATR proscenium (teatro antiguo) ‖ avant-scène *f* (teatro moderno).
proscribir *v tr* proscrire, bannir (echar) ‖ FIG proscrire, interdire (prohibir).
proscripción *f* proscription, bannissement *m* (destierro) ‖ FIG proscription, interdiction (prohibición).
proscrito, ta *adj y s* proscrit, e.
prosecución *f* poursuite; *la prosecución de un negocio, de un ideal* la poursuite d'une affaire, d'un idéal.
proseguir* *v tr* poursuivre, continuer; *proseguir su camino* poursuivre son chemin ‖ continuer; *prosiguió hablando* il continua à parler ‖ *proseguir con* ou *en su tarea* poursuivre sa tâche.
proselitismo *m* prosélytisme.
prosélito *m* prosélyte.
prosista *m y f* prosateur *m*.
prosodia *f* GRAM prosodie.
prosódico, ca *adj* GRAM prosodique ‖ *acento prosódico* accent tonique.
prospección *f* prospection.
prospectar *v tr* prospecter.
prospectiva *f* prospective.
prospecto *m* prospectus.
prosperar *v tr* (*p us*) rendre prospère, donner la prospérité à.
◆ *v intr* prospérer.
prosperidad *f* prospérité.
próspero, ra *adj* prospère; *comercio próspero* commerce prospère ‖ *¡feliz y próspero Año Nuevo!* bonne et heureuse année!
próstata *f* MED prostate.
prostático, ca *adj* MÉD prostatique.
prosternación *f* prosternation, prosternement *m*.
prosternarse *v pr* se prosterner.
prostíbulo *m* maison *f* de tolérance.
prostitución *f* prostitution.
prostituir* *v tr* prostituer ‖ FIG *prostituir su talento* prostituer son talent.
◆ *v pr* se prostituer.
prostituta *f* prostituée.
protagonismo *m* rôle principal, premier rôle ‖ FIG *tener afán de protagonismo* vouloir tenir la vedette.
protagonista *m y f* protagoniste *m* ‖ héros, héroïne (de una novela, un poema) ‖ acteur principal, actrice principale (teatro, cine).
protagonizar *v tr* jouer (espectáculo).
prótasis *f* protase.
protección *f* protection; *protección oficial* protection officielle.
proteccionismo *m* protectionnisme.
proteccionista *adj y s m* protectionniste.
protector, ra; protectriz *adj y s* protecteur, trice.
◆ *m* protège-dents *inv* (boxeo) ‖ protège-bas *inv* (de las medias) ‖ protecteur (de Inglaterra) ‖

protector labial baume protecteur pour les lèvres, écran labial.
protectorado *m* protectorat.
proteger *v tr* protéger; *¡que Dios le proteja!* que Dieu vous protège!
protegido, da *m y f* protégé, e; favori, ite ‖ *paso protegido* passage protégé.
proteico, ca *adj* protéique.
proteiforme *adj* protéiforme.
proteína *f* QUÍM protéine.
proteínico, ca *adj* QUÍM protéique.
prótesis *f* GRAM prosthèse, prothèse ‖ MED prothèse; *prótesis dental* prothèse dentaire.
protesta; protestación *f* protestation ‖ DR *bajo protesta* à son corps défendant.
protestante *adj y s* protestataire (que protesta) ‖ RELIG protestant, e.
protestantismo *m* protestantisme.
protestar *v intr* protester (reclamar) ‖ FAM râler, rouspéter (refunfuñar); *esta persona siempre está protestando* cette personne est toujours en train de rouspéter ‖ *protestar de su inocencia* protester de son innocence.
→ *v tr* protester (una letra).
protesto *m* protestation *f* (protesta) ‖ COM protêt.
protestón, ona *m y f* FAM râleur, euse; rouspéteur, euse.
prótidos *m pl* QUÍM protides.
protocolar; protocolario, ria *adj* protocolaire.
protocolo *m* protocole ‖ dossier médical.
protohistoria *f* protohistoire.
protón *m* FÍS proton.
prototipo *m* prototype.
protóxido *m* QUÍM protoxyde.
protozoarios; protozoos *m pl* ZOOL protozoaires.
protuberancia *f* protubérance.
protuberante *adj* protubérant, e.
provecto, ta *adj* ancien, enne (antiguo) ‖ avancé, e; mûr, e (maduro); *hombre de edad provecta* homme d'un âge avancé.
provecho *m* profit; *sin provecho alguno* sans aucun profit ‖ progrès (adelantamiento) ‖ — FAM *¡buen provecho!* bon appétit! ‖ *buen provecho le haga!* grand bien vous fasse! ‖ *de provecho* utile (útil), profitable (provechoso) ‖ *en provecho de* au profit de ‖ FAM *hombre de provecho* homme de bien ‖ *para su provecho* pour son bien ‖ FAM *persona de provecho* personne de bien ‖ *sacar provecho de* tirer profit de, profiter de.
provechosamente *adv* avec profit.
provechoso, sa *adj* profitable; *provechoso a* ou *para la salud* profitable à la santé.
proveedor, ra *adj y s* fournisseur, euse; pourvoyeur, euse (abastecedor).
→ *m* MIL pourvoyeur ‖ *proveedor de fondos* bailleur de fonds.
proveer *v tr* pourvoir; *proveer una plaza de víveres* pourvoir de vivres une place forte ‖ approvisionner; *este carbonero me provee de carbón* ce charbonnier m'approvisionne en charbon ‖ fournir (proporcionar) ‖ préparer (disponer) ‖ DR prononcer [une sentence] ‖ DR *para mejor proveer* jusqu'à plus ample informé.
→ *v pr* se pourvoir ‖ FAM aller à la selle.

proveniente *adj* provenant, en provenance (procedente).
provenir* *v intr* provenir, venir (proceder).
Provenza *n pr f* GEOGR Provence (Francia).
provenzal *adj* provençal, e.
→ *m y f* Provençal, e.
→ *m* provençal (lengua) ‖ *a lo provenzal* à la provençale.
provenzalismo *m* provençalisme.
proverbial *adj* proverbial, e; *dichos proverbiales* des dictons proverbiaux.
proverbio *m* proverbe (refrán).
→ *pl* proverbes (libro de la Biblia).
providencia *f* providence; *la Divina Providencia* la Divine Providence ‖ mesure (disposición); *tomar las providencias necesarias para* prendre les mesures nécessaires pour ‖ FIG providence ‖ DR arrêt *m* (resolución) ‖ — *a la Providencia* à la grâce de Dieu ‖ *tomar una providencia* prendre une détermination.
providencial *adj* providentiel, elle.
providencialmente *adv* providentiellement ‖ provisoirement (interinamente).
providente *adj* avisé, e (próvido) ‖ prudent, e.
provincia *f* province ‖ département *m*; *capital de provincia* chef-lieu de département ‖ *vivir en provincias* vivre en province.
provincial *adj* provincial, e ‖ *diputación provincial* conseil général.
→ *m* RELIG provincial.
provincialismo *m* provincialisme.
provinciano, na *adj y s* provincial, e.
provisión *f* provision; *hacer provisión de azúcar* faire provision de sucre; *provisiones de boca* provisions de bouche ‖ mesure (medida) ‖ — COM *hacer una provisión de fondos* verser une provision ‖ *provisión a una vacante* pourvoi à une vacance.
provisional *adj* provisoire; *libertad provisional* liberté provisoire ‖ *lo provisional* le provisoire.
— OBSERV *Provisional* es más correcto que *provisorio*, usado en Hispanoamérica.
provisionalmente *adv* provisoirement.
provisto, ta *adj* pourvu, e.
provocación *f* provocation.
provocador, ra *adj y s* provocateur, trice.
provocar *v tr* provoquer ‖ provoquer, susciter; *provocar la risa* ou *a risa* provoquer le rire ‖ *(amer.)* faire envie, plaire (apetecer).
provocativo, va *adj* provocant, e; *un escote provocativo* un décolleté provocant ‖ agressif, ive ‖ provocateur, trice.
proxeneta *m y f* proxénète.
proxenetismo *m* proxénétisme.
próximamente *adv* prochainement, sous peu, bientôt (en breve) ‖ environ, à peu près (aproximadamente).
proximidad *f* proximité, voisinage *m* (cercanía).
próximo, ma *adj* proche (cercano) ‖ prochain, e; *el año próximo* l'année prochaine; *la próxima vez* la prochaine fois ‖ — *estar próximo a* être près de *o* à proximité de (al lado), être sur le point de (a punto de) ‖ *mes próximo pasado* mois dernier.
Próximo Oriente *n pr* GÉOGR → **Cercano Oriente.**
proyección *f* projection ‖ DEP projection (judo) ‖ FIG rayonnement *m*; *la proyección de la cultura* le

rayonnement de la culture | influence || — *proyección cónica* projection conique || FIG *tener proyección* rayonner (la cultura).

proyectar *v tr* projeter || projeter, envisager; *proyecto salir para los Estados Unidos* j'envisage de partir pour les États-Unis || *sombra proyectada* ombre portée.

proyectil *m* projectile || projectile, engin; *proyectil teledirigido* ou *teleguiado* projectile téléguidé; *proyectil balístico* engin balistique.

proyectista *m y f* projeteur, euse.

proyecto, ta *adj* projeté, e.
↠ *m* projet; *no es más que un proyecto* ce n'est encore qu'un projet.

proyector, ra *adj* qui permet de projeter.
↠ *m* projecteur (para proyectar imágenes) || condenseur (óptico) || réflecteur (reflector).

prudencia *f* prudence || modération (templanza) || sagesse (cordura).

prudencial *adj* prudent, e || FAM approximatif, ive; *cálculo prudencial* calcul approximatif.

prudente *adj* prudent, e; sage; *un consejero prudente* un sage conseiller || raisonnable; *acostarse a una hora prudente* se coucher à une heure raisonnable.

prudentemente *adv* prudemment.

prueba *f* preuve (razón); *dar una prueba de lo que se afirma* donner une preuve de ce qu'on affirme; *salvo prueba en contrario* ou *en contra* sauf preuve du contraire; *con las pruebas en la mano* preuves en main || épreuve (en un examen) || examen *m*; *prueba de acceso* examen d'entrée || composition (en clase); *mañana tenemos prueba de inglés* demain nous avons une composition d'anglais || essai *m* (ensayo); *pruebas nucleares* essais nucléaires; *piloto de prueba* pilote d'essai || épreuve; *la prueba del fuego* l'épreuve du feu || MAT preuve; *prueba del nueve* preuve par neuf || DR preuve || FOT e IMPR épreuve || dégustation (de bebidas) || FIG épreuve; *la vida está llena de pruebas* la vie est remplie d'épreuves | preuve, témoignage *m*, marque; *prueba de amistad* témoignage d'amitié || — *prueba de indicios* ou *indiciaria* preuve par indices o indiciaire || *prueba mixta* combiné (esquí) || FOT *prueba negativa* négatif | *prueba positiva* épreuve positive || FAM *pruebas al canto* preuves à l'appui || — *a prueba* à l'essai || *a prueba de agua, de bomba, etc.* à l'épreuve de l'eau, des bombes, etc. || *a toda prueba* à toute épreuve || *banco de pruebas* banc d'essai || *salón de pruebas* salon d'essayage || IMPR *última prueba* tierce || — *dar prueba de* faire preuve de || *dar pruebas de atrevimiento* payer d'audace || *dar pruebas de sus aptitudes* faire ses preuves || *hacer una prueba* tourner un bout d'essai (cine) || *poner* ou *someter a prueba* mettre à l'épreuve (la amistad, etc.), mettre à l'essai (un empleado, un avión, etc.) || *prueba de ello es que* la preuve en est que.
↠ *pl* acrobaties (ejercicios acrobáticos).

prurito *m* prurit, démangeaison *f* (comezón) || FIG démangeaison *f*, envie *f* (deseo excesivo).

Prusia *n pr f* GEOGR Prusse.

prusiano, na *adj* prussien, enne.
↠ *m y f* Prussien, enne.

PS → **p.d.**

pseudo; seudo *adj* prétendu, e; supposé, e.

pseudomorfo, fa *adj* pseudomorphe.

pseudónimo, ma *adj y s m* → **seudónimo.**

psicastenia; sicastenia *f* MED psychasthénie.

psicasténico, ca; sicasténico, ca *adj* psychasténique.

psicoanálisis; sicoanálisis *m* psychanalyse *f*.
— OBSERV L'orthographe sans *p* des mots qui commencent par *psic* ou *psico*, récemment admise par l'Académie espagnole, est celle qui s'impose maintenant.

psicoanalista; sicoanalista *adj y s* psychanalyste.

psicoanalítico, ca; sicoanalítico, ca *adj* psychanalytique.

psicoanalizar; sicoanalizar *v tr* psychanalyser.

psicodélico, ca; sicodélico, ca *adj* psychédélique.

psicodrama; sicodrama *m* psychodrame.

psicofármaco; sicofármaco *m* psychotrope.

psicofisiología; sicofisiología *f* psychophysiologie.

psicolingüística; sicolingüística *f* psycholinguistique.

psicología; sicología *f* psychologie; *psicología empírica* ou *experimental* psychologie empirique *o* expérimentale; *psicología racional* ou *filosófica* psychologie rationnelle.

psicológico, ca; sicológico, ca *adj* psychologique; *guerra psicológica* guerre psychologique || *momento psicológico* moment *o* instant psychologique.

psicólogo, ga; sicólogo, ga *adj y s* psychologue.

psicometría; sicometría *f* psychométrie.

psicomotor, ra; sicomotor, ra *adj* psychomoteur, trice.

psiconeurosis; siconeurosis *f* MED psychonévrose.

psicópata; sicópata *m y f* MED psychopathe.

psicopatía; sicopatía *f* MED psychopathie.

psicopático, ca; sicopático, ca *adj* MED psychopathe.

psicopatología; sicopatología *f* MED psychopathologie.

psicopedagogía; sicopedagogía *f* psychopédagogie.

psicosis; sicosis *f* MED psychose.

psicosociología; sicosociología *f* psychosociologie.

psicosomático, ca; sicosomático, ca *adj* psychosomatique.

psicotecnia; sicotecnia *f* psychotechnique.

psicoterapeuta; sicoterapeuta *m y f* psychothérapeute.

psicoterapia; sicoterapia *f* MED psychothérapie.

psicótropo, pa; sicótropo, pa *adj* psychotrope.

psique; psiquis *f* âme (alma).

psiquiatra *m y f* MED psychiatre.

psiquiatría *f* MED psychiatrie.

psiquiátrico, ca *adj* MED psychiatrique.

psíquico, ca *adj* psychique.

psiquis; siquis *f inv* psyché *f* (psique).

psiquismo *m* psychisme.

PSOE abrev de *Partido Socialista Obrero Español* Parti socialiste ouvrier espagnol.

psoriasis *f* MED psoriasis.
PSUC abrev de *Partido Socialista Unificado de Cataluña* Parti socialiste unifié de Catalogne.
Pta. abrev de *peseta* Pta, peseta.
pterodáctilo *m* ZOOL ptérodactyle (fósil).
púa *f* pointe ‖ piquant *m* (de erizo o puerco espín) ‖ dent (de peine) ‖ AGRIC greffon *m*, greffe (de injerto) ‖ MÚS médiator *m*, plectre (plectro) ‖ *(amer)* ergot *m* (espolón de ave).
pub *m* bar.
púber, ra *adj* y *s* pubère; *joven púbera* jeune fille pubère.
pubertad *f* puberté.
pubiano, na *adj* ANAT pubien, enne.
pubis *m* ANAT pubis.
publicable *adj* publiable.
publicación *f* publication (obra publicada) ‖ publication, parution (de un libro) ‖ *se ruega la publicación* prière d'insérer.
publicador, ra *adj* qui publie.
◆ *m* y *f* éditeur, trice.
publicar *v tr* publier.
◆ *v pr* paraître, être publié, e (libro); *acaba de publicarse* vient de paraître.
publicidad *f* publicité ‖ — *dar publicidad a* rendre public ‖ *publicidad a bombos y platillos* publicité tapageuse o à grand renfort de trompettes.
publicista *m* y *f* publiciste ‖ publicitaire (que se ocupa de publicidad).
publicitario, ria *adj* publicitaire.
◆ *m* y *f (amer)* publicitaire.
público, ca *adj* public, ique ‖ notoire; *ladrón público* voleur notoire ‖ — *es público que* il est bien connu que, tout le mond sait que ‖ *público y notorio* de notoriété publique ‖ *ser del dominio público* être tombé dans le domaine public.
◆ *m* public; *aviso al público* avis au public ‖ FIG monde; *la sala estaba llena de público* la salle était pleine de monde ‖ audience *f*; *los críticos de más público* les critiques qui ont la plus grande audience ‖ — FIG *dar al público* publier ‖ *público en general* grand public ‖ *sacar al público* ou *hacer pública una cosa* rendre public quelque chose, étaler quelque chose au grand jour.
publirreportaje *m* publi-reportage.
¡pucha! *interj (amer)* FAM punaise!
pucherazo *m* coup de marmite ‖ FIG & FAM truquage électoral ‖ FIG & FAM *dar pucherazos* truquer les élections.
puchero *m* marmite *f*, pot-au-feu (vasija) ‖ pot-au-feu (guisado) ‖ FIG & FAM pitance *f*, croûte *f* (alimento diario) ‖ — FIG & FAM *calentar* ou *hacer cocer el puchero* faire bouillir la marmite ‖ *hacer pucheros* faire la lippe ‖ *¡hay que ganarse el puchero!* il faut gagner sa croûte! ‖ *oler a puchero de enfermo* sentir le roussi.
pucho *m* mégot (colilla) ‖ *(amer)* reste ‖ FAM clope *m* ou *f*.
pudding *m* pudding.
pudendo, da *adj* honteux, euse (vergonzoso) ‖ *partes pudendas* parties naturelles o honteuses.
pudibundez *f* pudibonderie.
pudibundo, da *adj* pudibond, e (pudoroso).
púdico, ca *adj* pudique.
pudiente *adj* y *s* riche, puissant, e (rico).

pudín *m* pudding, pouding.
pudor *m* pudeur *f*.
pudoroso, sa *adj* pudique ‖ pudibond, e (pudibundo).
pudrición *f* putréfaction.
pudridero *m* pourrissoir.
pudrimiento *m* putréfaction *f*.
pudrir* *v tr* pourrir, putréfier.
◆ *v pr* pourrir, se pourrir ‖ — FIG & FAM *por ahí te pudras* va te faire voir ailleurs ‖ *pudrirse de aburrimiento* mourir d'ennui, se morfondre ‖ *pudrírsele la sangre a uno* se faire du mauvais sang ‖ *un por ahí te pudras* un spider (de coche).
pueblacho *m* FAM patelin, trou, bled; *pueblacho perdido* trou perdu.
pueblerino, na *adj* villageois, e (lugareño) ‖ FIG provincial, e; *gustos pueblerinos* goûts provinciaux.
pueblo *m* ville *f* (población) ‖ village (población muy pequeña) ‖ peuple; *el pueblo español* le peuple espagnol ‖ peuple (gente común) ‖ — *pueblo bajo* bas peuple ‖ *pueblo humilde* menu o petit peuple.
puente *m* pont (en un río) ‖ pont (entre dos fiestas); *hacer puente* faire le pont ‖ ELECTR pont; *puente de Wheatstone* pont de Wheatstone ‖ MÚS chevalet (de violín) ‖ MAR passerelle *f* (plataforma sobre la cubierta) ‖ MED bridge (en las muelas) ‖ — *puente aéreo* pont aérien ‖ *puente atirantado* pont à haubans ‖ *puente basculante* pont à bascule ‖ *puente colgante* pont suspendu ‖ *puente de aterrizaje* ou *de despegue* pont d'envol (en los portaviones) ‖ *puente de barcas* ou *de pontones* pont de bateaux ‖ FIG *puente de los asnos* pont aux ânes ‖ *puente de mando* passerelle de manœuvre ‖ *puente de esviaje* pont biais ‖ *puente ferroviario* pont rail ‖ *puente giratorio* pont tournant ‖ *puente grúa de corredera* pont roulant ‖ *puente levadizo* pont-levis (en los castillos), pont levant ‖ *puente transbordador* pont transbordeur ‖ *puente trasero* pont arrière (coche) ‖ *puente vial* ou *de carretera* pont-route, pont routier ‖ *puente volante* échafaudage mobile ‖ — *cabeza de puente* tête de pont ‖ — FIG *hacer* ou *tender un puente de plata a uno* faire un pont d'or à quelqu'un ‖ *tender un puente sobre* jeter un pont sur.
— OBSERV Le *pont* d'un navire se traduit par *cubierta*, *puente* désignant la *passerelle* de commandement.
puenting *m* DEP saut à l'élastique.
puerca *f* truie (hembra del cerdo) ‖ cloporte *m* (cochinilla) ‖ penture (pernio de puerta) ‖ FIG & FAM souillon, cochonne (sucia) ‖ salope (mujer venal).
puerco, ca *adj* sale, cochon, onne (sucio).
◆ *m* porc (cerdo) ‖ FIG & FAM cochon (sucio) ‖ cochon, salaud, saligaud (sinvergüenza) ‖ — *puerco espín* porc-épic ‖ *puerco jabalí* ou *montés* ou *salvaje* sanglier, porc sauvage ‖ *puerco marino* cochon de mer (cetáceo) ‖ — FIG & FAM *a cada puerco le llega su San Martín* chacun son tour ‖ *echar lirios* ou *margaritas a los puercos* jeter des perles aux pourceaux.
puercoespín *m* ZOOL porc-épic.
puericultor, ra *m* y *f* puériculteur, trice.
puericultura *f* puériculture.
pueril *adj* puéril, e.
puerilidad *f* puérilité.
puerperio *m* suites *f pl* de couche.
puerro *m* BOT poireau (planta).
puerta *f* porte; *abrir una puerta* ouvrir une porte; *escuchar detrás de las puertas* écouter aux portes ‖

portière (de coche, vagón, etc.) ‖ buts *m pl* (deportes), cage (en fútbol), porte (esquí) ‖ — *puerta accesoria* porte secondaire ‖ *puerta automática* portillon automatique (en el metro) ‖ *puerta cochera* porte cochère ‖ *puerta corredora* porte à glissière ‖ *puerta excusada* ou *falsa* fausse porte ‖ *puerta secreta* porte secrète o dérobée ‖ *puerta trasera* porte de derrière ‖ *puerta vidriera* porte vitrée (interior), porte-fenêtre (dando al balcón) ‖ — FIG *a las puertas de* au seuil de; *estar a las puertas de un conflicto* être au seuil d'un conflit; aux portes de; *a las puertas de la muerte* aux portes de la mort ‖ *a puerta cerrada* à huit clos ‖ FIG *de puerta en puerta* de porte en porte ‖ *puerta a puerta* porte-à-porte ‖ — FIG *abrir la puerta a* ouvrir la porte à | *coger* ou *tomar la puerta* prendre la porte (marcharse) | *cuando una puerta se cierra, cien se abren* une de perdue, dix de retrouvées | *dar a uno con* ou *cerrar la puerta en las narices* fermer la porte au nez de quelqu'un | *dejar* ou *reservarse una puerta abierta* ou *una puerta de escape* se ménager une porte de sortie | *tener puerta abierta* avoir ses entrées.

puerto *m* port (abrigo para la navegación) ‖ défilé, col (desfiladero) ‖ FIG port, refuge (amparo) ‖ — *puerto comercial* port de commerce ‖ *puerto de amarre* ou *de matrícula* port d'attache ‖ FIG & FAM *puerto de arrebatacapas* foire d'empoigne ‖ *puerto de arribada* escale ‖ *puerto de carga* port marchand ‖ *puerto de mar* port maritime ‖ *puerto deportivo* port de plaisance ‖ *puerto de salvación* port de salut ‖ *puerto fluvial* port fluvial ‖ *puerto franco* ou *libre* port franc ‖ *puerto seco* poste-frontière ‖ — *de puertos allende, aquende* outre-monts, au-delà des monts, en deçà des monts ‖ — FIG *llegar a buen puerto* arriver à bon port ‖ *tomar puerto* relâcher, arriver au port.

Puerto Príncipe *n pr* GEOGR Port-au-Prince (Haití).

Puerto Rico *n pr* GEOGR Porto-Rico.

puertorriqueño, ña *adj* portoricain, e.
— *m y f* Portoricain, e.

pues *conj* puisque (ya que); *págalo, pues lo compraste* paie-le puisque tu l'as acheté ‖ parce que, car; *no pude salir, pues vino mi abuela* je n'ai pas pu sortir car ma grande-mère est venue ‖ donc (conclusión); *¡pues ven!* viens donc! ‖ eh bien! (consecuencia); *pues te arrepentirás* eh bien, tu le regretteras! ‖ oui (afirmación) ‖ pardi! (interjección familiar) ‖ heu! (duda) ‖ comment? (interrogación) ‖ — *así, pues* donc, ainsi donc, de cette façon ‖ *pues bien* donc, de cette façon (por lo tanto), bon (bueno) ‖ *¡pues claro!* bien sûr!, parbleu! ‖ *pues que* étant donné que, puisque (puesto que) ‖ *¿pues qué?* alors? ‖ *¿y pues?* et alors? (*fam*).
— OBSERV Employée au début d'une phrase, la particule *pues* renforce l'idée que l'on veut exprimer (*¡pues!; ¡no faltaba más!* il ne manquait plus que ça!). Selon l'intonation et l'usage, cette particule peut avoir des sens très variés: *pues peor tant pis; pues mejor tant mieux; ¡pues no!* sûrement pas!, il n'en est pas question!

puesta *f* coucher *m*; *puesta del sol* coucher du soleil ‖ mise (cantidad que se apuesta) ‖ ponte, pondaison (de huevos) ‖ mise; *puesta en cultivo, en órbita, en servicio* mise en culture, en orbite, en service ‖ (*amer*) ex; aequo (empate en las carreras de caballos) ‖ — *puesta al día* mise à jour ‖ *puesta a punto* mise au point ‖ *puesta de espaldas* tomber (en la lucha) ‖ *puesta de largo* débuts o entrée dans le monde ‖ *puesta en marcha* mise en marche (de una máquina), mise en œuvre (de un proyecto) ‖ — MIL *primera puesta* paquetage.

puesto, ta *adj* mis, e; habillé, e (vestido); *bien, mal puesto* bien, mal habillé.
— *m* petite boutique *f*, marchand, marchande *f* (tiendecita); *puesto de periódicos* marchand de journaux; *puesto de flores* marchand de fleurs ‖ étal (en el mercado) ‖ poste, situation *f* (empleo); *tener un buen puesto* avoir une bonne situation ‖ poste (sitio); *el puesto del piloto* le poste du pilote ‖ place *f* (lugar); *déjame tu puesto* laisse-moi ta place ‖ affût (en la caza) ‖ MIL poste; *puesto avanzado* poste avancé o de combat; *puesto de mando* poste de commandement ‖ — *puesto de abastecimiento* poste de ravitaillement ‖ *puesto de escucha* poste d'écoute ‖ *puesto de socorro* poste de secours ‖ — *copar los dos primeros puestos* faire un doublé (deportes) ‖ *tener el primer puesto en la clase* être le premier en classe, avoir la première place en classe ‖ *tener su puesto* tenir sa place.
— *conj puesto que* puisque (pues que), du moment que, étant donné que.

puf *m* pouf (taburete bajo).
— OBSERV Ce mot est un gallicisme.

¡puf! *interj* pouah!

púgil; pugilista *m* pugiliste (gladiador que combatía a puñadas) ‖ boxeur (boxeador).

pugilato *m* pugilat (pelea).

pugna *f* lutte (lucha) ‖ opposition ‖ *pugna de intereses* épreuve de force.

pugnar *v intr* lutter, combattre (luchar) ‖ FIG insister (porfiar) ‖ *pugnar por entrar* s'efforcer d'entrer.

puja *f* enchère (en una subasta).

pujador, ra *m y f* enchérisseur, euse.

pujante *adj* fort, e; vigoureux, euse; robuste (robusto).

pujanza *f* force (fuerza), vigueur (robustez).

pujar *v tr* enchérir (en una subasta) ‖ lutter (pugnar).
— *v intr* surenchérir, monter (en una subasta) ‖ FAM pousser (en las deposiciones) ‖ s'exprimer avec difficulté, hésiter (vacilar) ‖ FIG faire la moue (hacer pucheros).

pulcritud *f* soin *m* (esmero); *trabajar con pulcritud* travailler avec soin ‖ propreté.

pulcro, cra *adj* propre, soigné, e.

pulga *f* ZOOL puce ‖ puce (peón para jugar) ‖ — *pulga de mar* puce de mer ‖ — FAM *a perro flaco todo son pulgas* c'est sur les plus infortunés que s'abattent toutes les souffrances, aux chevaux maigres vont toutes les mouches | *no aguantar pulgas* ne pas supporter la plaisanterie, être très chatouilleux | *tener malas pulgas* avoir mauvais caractère, être un mauvais coucheur | *sacudirle las pulgas a uno* secouer les puces à quelqu'un | *sacudirse uno las pulgas* ne pas se laisser marcher sur les pieds.

pulgada *f* pouce *m* (medida).

pulgar *m* pouce (dedo) ‖ tirant (viña) ‖ *dedo pulgar* pouce.

pulgarada *f* pichenette (papirote) ‖ pincée (polvo); *una pulgarada de tabaco* une pincée de tabac ‖ pouce *m* (pulgada).

pulgón *m* ZOOL puceron.

pulgoso, sa *adj* couvert o plein de puces.

pulguillas *m* y *f inv* FAM personne *f* qui a la bougeotte.
pulido, da *adj* poli, e; *metal pulido* métal poli ‖ beau, belle (de buen parecer) ‖ soigné, e; raffiné, e (pulcro).
◆ *m* polissage (pulimento).
pulidor, ra *adj* polisseur, euse (que pule).
◆ *m* polissoir (instrumento) ‖ TECN polisseuse *f*, ponceuse *f* (máquina) | paumelle *f* (de devanador).
pulimentar *v tr* polir (pulir).
pulimento *m* polissage (acción) ‖ poli (aspecto).
pulir *v tr* polir (alisar) ‖ mettre la dernière touche à, fignoler (perfeccionar una cosa) ‖ orner, parer (adornar) ‖ FIG travailler, polir; *pulir su estilo* travailler son style | dégrossir (civilizar) ‖ POP faucher (hurtar) | vendre, bazarder (vender).
◆ *v pr* se polir, s'affiner.
pulmón *m* poumon; *gritar con todas las fuerzas de los pulmones* crier à pleins poumons ‖ — *pulmón artificial* poumon artificiel ‖ *pulmón de acero* poumon d'acier.
pulmonar *adj* pulmonaire.
pulmonía *f* MED pneumonie.
pulmoniaco, ca; pulmoníaco, ca *adj* pneumonique (relativo a la pulmonía) ‖ qui souffre de pneumonie.
pulpa *f* pulpe (tejidos animales o vegetales); *pulpa dental* pulpe dentaire; *pulpa de un fruto* pulpe d'un fruit ‖ *pulpa de madera* pâte à papier.
púlpito *m* chaire *f* (de un predicador).
pulpo *m* poulpe, pieuvre *f* (cefalópodo) ‖ pieuvre *f*, araignée *f* (para fijar) ‖ FIG & FAM *es un pulpo* il est collant.
pulposo, sa *adj* pulpeux, euse.
pulque *m* (amer) pulque [boisson mexicaine].
pulquería *f* (amer) débit *m* de pulque.
pulquero, ra *m* y *f* (amer) tenancier, ère d'une «pulquería».
pulsación *f* pulsation ‖ frappe (mecanografía).
pulsador, ra *adj* pulsateur, trice.
◆ *m* bouton, poussoir (de timbre eléctrico); *pulsador del timbre* bouton de sonnette.
pulsar *v tr* jouer de (tocar); *pulsar un instrumento músico* jouer d'un instrument de musique ‖ appuyer sur; *pulsar el botón* appuyer sur le bouton ‖ prendre le pouls (tomar el pulso) ‖ FIG sonder [le terrain]; *pulsar la opinión pública* sonder l'opinion publique.
◆ *v intr* battre (latir el pulso).
pulsera *f* bracelet *m* (joya) ‖ — *pulsera de pedida* bracelet de fiançailles ‖ *reloj de pulsera* montre-bracelet.
pulso *m* ANAT pouls ‖ poignet (muñeca) ‖ (amer) bracelet (pulsera) ‖ force *f* dans les poignets (fuerza) ‖ FIG prudence *f*; *obrar con pulso* agir avec prudence ‖ — *pulso arrítmico* pouls irrégulier ‖ *pulso sentado* pouls régulier ‖ — *a pulso* à bout de bras, à la force du poignet ‖ *tomar el pulso* tâter le pouls, prendre le pouls (pulsar).
pulular *v intr* pulluler.
pulverización *f* pulvérisation.
pulverizador *m* pulvérisateur ‖ gicleur (del carburador) ‖ pistolet (para pintar) ‖ pulvérisateur, vaporisateur (de perfume).

pulverizar *v tr* pulvériser ‖ FAM claquer (su fortuna).
pulverulento, ta *adj* pulvérulent, e.
pulla *f* grossièreté (palabra grosera) ‖ trait *m* d'esprit, mot *m* piquant (expresión aguda y picante) ‖ quolibet *m* boutade (chirigota) ‖ FAM pique, vanne; *tirar pullas a uno* lancer des vannes à quelqu'un ‖ (amer) machette.
pull-over *m* pull-over.
¡pum! *interj* pan!, poum!
puma *m* ZOOL puma.
¡pumba! *interj* boum!
punción *f* MED ponction; *punción lumbar* ponction lombaire ‖ douleur (punzada).
pundonor *m* point d'honneur.
pungir *v tr* élancer, lanciner (punzar).
punible *adj* punissable (castigable).
punición *f* punition (castigo).
púnico, ca *adj* punique (cartaginés) ‖ FIG *fe púnica* foi punique, mauvaise foi.
punitivo, va *adj* punitif, ive; *expedición punitiva* expédition punitive.
punk *adj* y *s* punk.
punta *f* pointe (extremo agudo) ‖ bout *m* (extremo); *punta del pie* bout du pied ‖ corne (asta del toro) ‖ pointe (lengua de tierra) ‖ aigreur (sabor agrio del vino) ‖ arrêt *m* (del perro de caza) ‖ mégot *m* (colilla) ‖ clou *m* (clavo) ‖ FIG grain *m*, brin *m*; *tener una punta de loco* avoir un grain de folie ‖ MIL pointe ‖ troupeau *m* (de ganado) ‖ (amer) groupe *m* (de personas) | ensemble *m* (de cosas) | source (cabecera de río) ‖ — TECN *punta de diamante* pointe de diamant ‖ *punta de París* petit clou ‖ *punta seca* pointe sèche ‖ — (amer) *a punta de* à force de ‖ FIG *a punta de lanza* avec la plus grande rigueur ‖ FAM *a punta de pala* à la pelle ‖ FIG *con la punta de la lengua* du bout des lèvres; *beber con la punta de la lengua* boire du bout des lèvres ‖ *de punta a cabo* ou *a punta* d'un bout à l'autre, de A jusqu'à Z ‖ *en puntas* sur la pointe des pieds (de puntillas) ‖ *horas de punta, horas punta* heures de pointe ‖ — *bailar de puntas* faire des pointes ‖ FIG & FAM *estar hasta (la punta de) los pelos* en avoir par-dessus la tête, en avoir plein le dos, en avoir sa claque | *estar vestido de punta en blanco* être tiré à quatre épingles | *esto me pone los nervios de punta* ça me porte les nerfs à vif | *poner los pelos de punta* faire dresser les cheveux sur la tête | *ponerse de punta* se hérisser, se dresser sur la tête (el pelo) | *ponerse de punta con uno* se fâcher avec quelqu'un ‖ *sacar punta a* aiguiser (afilar), tailler (un lápiz), trouver à redire (criticar), mal interpréter; *saca punta a todo lo que digo* il interprète mal tout ce que je dis (fam) ‖ FIG *tener algo en la punta de la lengua* avoir quelque chose sur le bout de la langue | *tener los nervios de punta* avoir les nerfs en pelote o en boule o à fleur de peau | *vestirse de punta en blanco* s'habiller de pied en cap (de pies a cabeza), se mettre sur son trente et un (de tiros largos).
◆ *pl* dentelle *sing* (encaje).
puntada *f* point *m*; *coser a puntadas largas* coudre à grands points ‖ FIG note (apunte) | douleur lancinante (punzada) | point *m* de côté (dolor de costado) | pique (indirecta) ‖ FAM *no dar puntada* se la couler douce, ne pas en ficher une rame.
puntal *m* étai (madero) ‖ FIG appui (sostén) | fondement, base *f* (elemento principal) | pilier; *este*

chico es el puntal del equipo ce garçon est le pilier de l'équipe ‖ MAR épontille *f* ǀ creux; *puntal a la cubierta superior* creux au pont supérieur ‖ *(amer)* FIG encas (merienda ligera).

puntapié *m* coup de pied ‖ *puntapié de castigo, de botepronto* coup de pied de pénalité, tombé (en el rugby).

puntazo *m* blessure *f* légère, entaille *f* (herida) ‖ FIG pique *f* (indirecta).

punteado *m* MÚS pincement, pincé (de la guitarra) ‖ pointillé (serie de puntos) ‖ pointillage (acción) ‖ FAM *(amer) estar punteado* être un peu ivre o rond (borracho).

puntear *v tr* MÚS pincer (las cuerdas) ǀ pointer (una nota) ‖ pointer, cocher (en una lista) ‖ pointiller (trazar puntos) ‖ pointer (una cuenta) ‖ pointer (hacer puntos) ‖ *(amer)* marcher en tête.

punteo *m* MÚS pincement (de guitarra) ‖ COM pointage.

puntera *f* bout *m* (de media, de calzado) ‖ FAM coup *m* de pied ‖ *de puntera* avec la pointe du pied (fútbol).

puntería *f* pointage *m* visée (de un arma) ‖ tir *m*; *enmendar la puntería* rectifier le tir ‖ adresse, précision (destreza) ‖ — *dirigir la puntería* viser ‖ *puntería en alcance* pointage en hauteur ‖ *tener buena, mala puntería* être bon, mauvais tireur, bien, mal viser.

puntero, ra *adj y s* bon tireur, bonne tireuse ‖ FIG *alumno puntero* le meilleur de la classe.

◆ *m* baguette *f* (para señalar) ‖ TECN poinçon, étampe *f* (de herrero) ǀ laie *f*, marteau bretté (de cantero).

puntiagudo, da *adj* pointu, e.

puntilla *f* engrêlure, picot *m*, dentelle fine (encaje) ‖ petite pointe (tachuela) ‖ poignard *m* [pour achever les taureaux] ‖ FIG coup *m* de grâce ‖ TECN pointe à tracer ǀ *(amer)* canif *m* (cortaplumas) ‖ — *dar la puntilla a* achever (un toro), achever, donner le coup de grâce à (una persona) ‖ *de puntillas* sur la pointe des pieds; *andar de puntillas* marcher sur la pointe des pieds; a pas de loup, sur la pointe des pieds (sin meter ruido); *marcharse de puntillas* s'en aller à pas de loup.

puntillismo *m* pointillisme (pintura).

puntilloso, sa *adj* pointilleux, euse (quisquilloso) ‖ tatillon, onne (reparón).

punto *m* point (señal) ‖ mire *f* (del fusil) ‖ point (costura); *punto por encima, de Venecia, de cadeneta, de cruz, de dobladillo* point de surjet, de Venise, de chaînette, de croix, d'ourlet ‖ tricot; *vestido de punto* robe en tricot ‖ point (medida tipográfica) ‖ endroit (lugar) ‖ maille *f*; *escapársele a uno un punto, coger un punto* laisser tomber une maille, rattraper une maille; *punto de elástico, crecido* maille à côte, ajoutée ‖ station *f* de voitures ‖ point (naipes, dados, exámenes, juegos, etc.) ‖ FIG un peu, légèrement; *tienen un punto de acidez* elles sont légèrement acides *o* un peu acides ‖ point (de una discusión) ‖ thème (asunto) ‖ point (en física); *punto de fusión* point de fusion ‖ point d'honneur (pundonor); *hacer punto de una cosa* se faire un point d'honneur, mettre son *o* un point d'honneur à ‖ ponte *f* (en los juegos de azar) ‖ MAR point; *señalar, hacer el punto* faire le point ‖ point (coeficiente) ‖ MÚS point ‖ — *(amer) punto acápite* point à la ligne ‖ *punto accidental* point de fuite ‖ *punto céntrico* centre ‖ *punto de admiración* point d'exclamation ‖ *punto de apoyo* point d'appui ‖ FIG *punto débil, punto flaco* faible, point faible, faiblesse; *conclusión que ofrece puntos flacos* conclusion qui présente des faiblesses ‖ CULIN *punto de caramelo* point de caramélisation (du sucre) ‖ MED *punto de costado* point de côté ‖ *punto de estima* ou *de fantasía* point estimé ‖ *punto de honor* ou *de honra* point d'honneur ‖ *punto de inflamación, de flujo, de rocío* point d'éclair, d'écoulement, de rosée (petróleo) ‖ ASTR *punto de observación* point observé ‖ *punto de partida* point de départ ‖ *punto de penalty* point de réparation (fútbol) ‖ *punto de referencia* point de repère ‖ COM *punto de venta* point de vente ‖ *punto de vista* point de vue; *desde este punto de vista* à ce point de vue ‖ FIG *¡punto en boca!* motus!, silence!, chut!, bouche cousue! ‖ *punto equinoccial* point équinoxial ‖ *punto interrogante* point d'interrogation ‖ *punto menos que* quasiment, presque ‖ *punto muerto* point mort (mecánica), point mort, impasse; *las negociaciones están en punto muerto* les négociations sont au point mort ‖ *punto neurálgico* point névralgique ‖ *punto por punto* point par point, en détail ‖ ASTR *punto radiante* radiant ‖ FÍS *punto remoto* punctum remotum ‖ *punto ruso* point d'épine o de Paris *o* russe ‖ *puntos cardinales* points cardinaux ‖ *puntos de sutura* points de suture ‖ *puntos suspensivos* points de suspension ‖ *punto y aparte* point à la ligne (escritura), une autre histoire; *eso ya es punto y aparte* ça c'est une autre histoire ‖ *punto y coma* point virgule ‖ — *al punto* sur-le-champ, immédiatement, aussitôt ‖ *al punto que* au moment où ‖ *a punto* à point, à temps, à point nommé ‖ *a punto fijo* exactement, sûrement ‖ ARQ *arco de medio punto* arc en plein cintre ‖ FIG & FAM *¡buen punto!* joli garçon! ‖ *coche de punto* voiture de place ‖ *dos puntos* deux-points ‖ FIG & FAM *después de él, punto redondo* après lui, il faut tirer l'échelle ‖ *de todo punto* absolument; *es de todo punto imposible* c'est absolument impossible ‖ *en punto juste, tapante (fam); son las dos en punto* il est deux heures juste *o* tapantes; juste; *llegó a la hora en punto* il est arrivé à l'heure juste ‖ CULIN *en su punto* cuit à point ‖ *hasta cierto punto* jusqu'à un certain point, dans une certaine mesure ‖ *hasta tal punto* à tel point ‖ *labores de punto* travaux d'aiguille ‖ *línea de puntos* pointillé ‖ *por puntos* aux points; *victoria por puntos* victoire aux points (en boxeo) ‖ *tejido de punto* jersey ‖ — FIG *bajar el punto a una cosa* adoucir *o* modérer quelque chose ‖ *coger los puntos* remmailler (media) ‖ FIG *conocer los puntos que calza uno* bien connaître quelqu'un, connaître quelqu'un comme sa poche ǀ *dar en el punto* toucher du doigt la difficulté ǀ *dar punto a una cosa* mettre fin à quelque chose, terminer quelque chose ‖ *dar puntos de ventaja* donner des points ‖ FIG *encontrar el punto débil en la coraza* trouver le défaut de la cuirasse ‖ *encontrar el punto de estación* faire le point (topografía) ‖ *estar a punto de* être sur le point de; *estoy a punto de salir* je suis sur le point de sortir; faillir, être sur le point de; *estuvo a punto de caerse* il a failli tomber ‖ *hacer punto* tricoter ‖ FIG *no perder punto* ne rien laisser échapper ‖ *poner a punto* mettre au point (un proyecto) ‖ FIG & FAM *poner en su punto* mettre au point ǀ *poner los puntos sobre las íes* mettre les points sur les i ǀ *poner punto en boca* rester bouche cousue ‖ *poner punto final a* mettre un terme à, mettre le point final à ‖ *poner punto y aparte* aller à la ligne ‖ FIG *ser el punto de mira* être le point de mire | *ser un punto filipino* être un drôle de lascar | *subir de punto una cosa* grossir quelque chose, exagérer quelque chose.

puntuación *f* ponctuation ‖ nombre *m* de points.

puntual *adj* ponctuel, elle (exacto en hacer las cosas) ‖ ponctuel, elle; à l'heure, exact, e; *es muy puntual* il est toujours à l'heure ‖ précis, e; exact, e (preciso), détaillé, e; *un puntual relato* un récit détaillé.
◆ *adv* à l'heure; *llegó puntual a la cita* il arriva à l'heure au rendez-vous.

puntualidad *f* ponctualité ‖ exactitude, précision ‖ *falta de puntualidad* retard.

puntualizar *v tr* préciser (concretar); *puntualicemos el lugar de la cita* précisons l'endroit du rendez-vous ‖ fixer, graver dans la mémoire (grabar en la memoria) ‖ raconter en détail (referir detalladamente) ‖ perfectionner, donner la dernière touche à, mettre la dernière main à, mettre au point (perfeccionar).

puntualmente *adv* ponctuellement (con puntualidad) ‖ à l'heure; *llegar puntualmente* arriver à l'heure ‖ avec certitude.

puntuar *v tr* ponctuer ‖ DEP marquer des points (sacar puntos).

punzada *f* piqûre (herida) ‖ FIG élancement *m* (dolor intermitente) ‖ FIG souffrance morale ‖ — *dar punzadas* élancer; *el dedo me da punzadas* le doigt m'élance ‖ *punzada en el costado* point de côté.

punzante *adj* piquant, e (que punza) ‖ lancinant, e; *dolor punzante* douleur lancinante (en lo físico) ‖ FIG poignant, e (en lo moral) | piquant, e (satírico) | mordant, e (sarcástico) | cuisant, e (mortificante).

punzar *v tr* piquer ‖ FIG lanciner, élancer (un dolor) ‖ tourmenter.

punzón *m* TECN pointeau; *punzón del carburador* pointeau du carburateur | burin (buril) | poinçon (para marcar monedas) | piquoir (dibujo) | corne *f* d'un jeune animal (pitón).

puñado *m* poignée *f* (porción); *un puñado de arena* une poignée de sable ‖ FIG poignée; *un puñado de gente* une poignée de gens ‖ FIG *a puñados* abondamment, à poignée, à foison.

puñal *m* poignard ‖ *poner el puñal en el pecho* mettre le couteau *o* le poignard sous la gorge.

puñalada *f* coup *m* de poignard ‖ FIG peine, affliction soudaine ‖ FIG & FAM *coser a puñaladas* larder *o* transpercer quelqu'un de coups de poignard | *dar una puñalada trapera* porter un coup en traître *o* un coup de Jarnac | *¡no es puñalada de pícaro!* il n'y a pas le feu, ça ne presse pas! | *puñalada de misericordia* coup de grâce.

puñeta *f* POP *hacer la puñeta* empoisonner, enquiquiner, embêter (molestar) | *ser la puñeta* être la barbe *o* barbant *o* embêtant *o* empoisonnant.

puñetazo *m* coup de poing (puñada).

puñetero, ra *adj y s* POP empoisonneur, euse; enquiquineur, euse.
◆ *adj* POP empoisonnant, e; enquiquinant, e; *un trabajo puñetero* un travail enquiquinant | de chien; *una vida puñetera* une vie de chien.

puño *m* poing (mano cerrada) ‖ poignée *f* (puñado) ‖ poignet, manchette *f* (de una camisa) ‖ poignée *f* (mango) ‖ MAR point (de una vela); *puño de la amura* point d'amure ‖ *(ant) (amer)* coup de poing (puñetazo) ‖ — MAR *puño de boca* empointure ‖ — *a fuerza de puño* à la force du poignet ‖ FIG & FAM *como un puño* gros comme le poing; *un huevo como un puño* un œuf comme le poing; énorme; *una mentira como un puño* un mensonge énorme ‖ *de su puño y letra* de sa (propre), main ‖ FIG & FAM *hombre de puños* homme à poigne | — *amenazar a alguien con el puño* montrer le poing à quelqu'un ‖ *caber en un puño* tenir dans le creux de la main (ser pequeño) ‖ FIG & FAM *creer a puño cerrado* croire fermement *o* dur comme fer | *estar con el corazón metido en un puño* avoir le cœur gros | *meter a uno en un puño* tenir quelqu'un à sa merci ‖ *roerse* ou *comerse* ou *morderse los puños* se ronger les poings, se mordre les doigts.

pupa *f* éruption sur les lèvres ‖ bouton *m* de fièvre (en los labios) ‖ croûte (postilla) ‖ bobo *m* (en lenguaje infantil) ‖ FIG & FAM *hacer pupa a uno* faire du mal à quelqu'un (causar daño a alguien).

pupila *f* pupille (del ojo) ‖ pupille (huérfana menor de edad) ‖ FAM *tener pupila* avoir du flair.

pupilaje *m* DR pupillarité *f*, tutelle *f* (condición de pupilo) ‖ tutelle *f* (tutela) ‖ pension *f* (casa de huéspedes) ‖ pension *f* (precio).

pupilo, la *m y f* pupille (huérfano) ‖ pensionnaire (huésped) ‖ FIG poulain *m* (protegido) ‖ — *casa de pupilos* pension de famille (casa de huéspedes) ‖ *medio pupilo* demi-pensionnaire (de una casa de huéspedes o de un colegio).

pupitre *m* pupitre (mueble de madera).

puramente *adv* purement.

purasangre *m inv* ZOOL pur-sang.

puré *m* purée *f* ‖ soupe *f* passée ‖ FIG & FAM *hacerse puré* être réduit en bouillie.

pureta *adj* FAM vieux-jeu, coincé, e.

pureza *f* pureté (calidad de puro) ‖ FIG virginité (doncellez).

purga *f* purge (medicina) ‖ FIG purge (eliminación).

purgación *f* MED purgation (acción de purgarse) | règles *pl* (menstruación).
◆ *pl* MED blennorragie *sing*.

purgante *adj y s* qui purge ‖ *iglesia purgante* église souffrante, les âmes du Purgatoire.
◆ *m* purge *f*, purgatif.

purgar *v tr* purger (a un enfermo) ‖ nettoyer (limpiar) ‖ FIG purifier (purificar) | purger, expier; *purgar una pena* ou *una condena* purger une peine ‖ TECN purger ‖ *purgar los caracoles* faire dégorger les escargots.
◆ *v pr* se purger.

purgatorio *m* purgatoire; *ánima* ou *alma del Purgatorio* âme du Purgatoire ‖ FIG purgatoire.

puridad *f* pureté (pureza) ‖ *(ant)* secret *m* (secreto) ‖ *hablar en puridad* parler clairement.

purificación *f* purification (acción y efecto de purificar) ‖ *la fiesta de la Purificación* la Chandeleur.

purificador, ra *adj y s* purificateur, trice.
◆ *m* ECLES purificatoire (para el cáliz) | manuterge (para los dedos).

purificar *v tr* purifier.
◆ *v pr* se purifier.

Purísima *n pr f* RELIG l'Immaculée Conception.

purismo *m* purisme.

purista *adj y s* puriste.

puritanismo *m* puritanisme.

puritano

puritano, na *adj* y *s* puritain, e.
puro, ra *adj* y *s* pur, e (sin mezcla); *oro puro* or pur ‖ pur, e; chaste (casto) ‖ — *a puro, de puro* à force de; *de puro gritar se puso afónico* à force de crier il devint aphone ‖ *de puro cansado se desmayó* il s'évanouit tant il était fatigué ‖ *una corona de pura plata, un castillo de pura piedra* une couronne tout en argent, un château tout en pierres ‖ *un pura sangre* un pur-sang.
◆ *m* cigare.
púrpura *f* pourpre *m* (molusco) ‖ pourpre (colorante, tela) ‖ pourpre *m* (color) ‖ POÉT sang *m* (sangre) ‖ FIG pourpre (dignidad) ‖ MED purpura *m*, pourpre ‖ BLAS pourpre *m* l'un des émaux du blason ‖ *púrpura de Casio* pourpre de Cassius, pourpre minéral.
purpúreo, a *adj* pourpre, pourpré, e.
purpurina *f* purpurine (sustancia colorante roja).
purria *f* FAM racaille.
purulencia *f* MED purulence.
purulento, ta *adj* MED purulent, e.
pus *m* MED pus.
pus *adj* *(amer)* puce, marron (color chocolate claro).
pusilánime *adj* y *s* pusillanime (tímido).
pústula *f* MED pustule.
pustuloso, sa *adj* MED pustuleux, euse; *erupción pustulosa* éruption pustuleuse ‖ pustulé, e; couvert de pustules; *cara pustulosa* visage pustulé.
puta *f* POP putain.
putada *f* POP vacherie (mala jugada).

putativo, va *adj* putatif, ive.
puteado, da *adj* POP emmerdé, e.
putear *v tr* POP faire chier, faire une vacherie ‖ *(amer)* traiter quelqu'un de putain o de fils de putain.
puteo *m* POP emmerdement.
putero *adj* POP putassier (hombre).
puto, ta *adj* POP putain de, foutu, e.
◆ *m* y *f* POP tapineur *m*, putain *f*, pute *f*.
putrefacción *f* putréfaction.
putrefacto, ta *adj* putréfié, e; pourri, e.
putrescente *adj* putrescent, e.
putrescible *adj* putrescible, pourrissable.
putridez *f* putridité, putrescibilité ‖ putréfaction.
pútrido, da *adj* pourri, e (podrido) ‖ putride; *miasmas pútridos* miasmes putrides.
putsch *m* putsch (alzamiento).
puya *f* TAUROM fer *m* [de la pique] | coup *m* de pique ‖ FIG pique (pulla).
puyazo *m* TAUROM coup de pique ‖ FIG pique *f* (pulla).
puzle; puzzle *m* puzzle (rompecabezas).
puzolana *f* pouzzolane (roca volcánica).
PVC abrev de *PolyVinylChloride* PVC [cloruro de polivinilo].
PVP abrev de *precio de venta al público* prix de vente au public.
PYME abrev de *Pequeña y Mediana Empresa* P.M.E., petite et moyenne entreprise.
Pza. abrev de *plaza* place.

q *f* q *m*.
Qatar *n pr* GEOGR Qatar.
quantum *m* FÍS quantum.
— OBSERV pl *quanta*.
Quattrocento *n pr m* quattrocento (el siglo XV).
que *pron rel* qui (sujeto); *el hombre que vive aquí* l'homme qui habite ici ‖ que (complemento); *el libro que estoy leyendo* le livre que je suis en train de lire ‖ lequel, laquelle, lesquels, lesquelles [peut être précédé de l'article défini en espagnol]; *el cuchillo con (el) que corto el pan* le couteau avec lequel je coupe le pain; *la silla en (la) que estoy sentado* la chaise sur laquelle je suis assis ‖ quoi; *no hay de qué estar orgulloso* il n'y a pas de quoi se vanter; *es en lo que pensaba* c'est ce à quoi je pensais ‖ — *al que, a la que* à qui (personas); *la mujer a la que me dirijo* la femme à qui je m'adresse; à *o* vers lequel, laquelle, où; *la ciudad a la que me dirijo* la ville où je me rends ‖ *de que, del que, de la que, de los que, de las que* dont; *el libro del que hablo* le livre dont je parle; *las revistas de las que varias son nuestras* les revues dont plusieurs sont à nous ‖ *el de que* celui dont ‖ *en el momento en que* au moment où ‖ *la de que* celle dont ‖ *lo que* ce qui; *lo que es verdad* ce qui est vrai; ce que; *lo que digo* ce que je dis; comme; *hace lo que todos* il fait comme tout le monde; *no pienso lo que usted* je ne pense pas comme vous; combien, à quel point; *no puedes imaginarte lo perezoso que es* tu ne peux t'imaginer à quel point il est paresseux ‖ — *dar que pensar* donner à penser ‖ *de que se trata* en question, dont il s'agit; *el asunto de que se trata* l'affaire en question ‖ *el día que llegaste* le jour où tu es arrivé o le jour de ton arrivée ‖ *es por lo que* c'est pourquoi ‖ *es su padre el que manda* c'est son père qui commande ‖ *lo que es peor* ce qui est pire, qui pis est ‖ FAM *¡lo que faltaba!* c'est complet! il ne manquait plus que ça! (no faltaba más) ‖ *por más que digan* quoi qu'on dise, on a beau dire, on peut dire tout ce qu'on veut ‖ *por más que quieran* quoi

qu'on veuille || *sea lo que sea* ou *lo que fuere* quoi qu'il en soit || *yo que tú* à ta place, si j'étais toi; *yo que Vicente* à la place de Vincent, si j'étais Vincent.

→ *conj* que; *quiero que vengas* je veux que tu viennes || de (con verbos que encierran la idea de orden o ruego, seguido de infinitivo en francés); *te dije que volvieras más tarde* je t'ai dit de revenir plus tard; *le ruego que venga* je vous prie de venir || que ne (con verbos como temer, impedir, dudar); *me temo que haya caído en el barranco* je crains qu'il ne soit tombé dans le ravin; *temo que no venga* je crains qu'il ne vienne pas || car, parce que; *hable más fuerte que oigo mal* parlez plus fort car j'entends mal || ou; *¡cállate que te mato!* tais-toi ou je te tue! || — *que no* non; *¿qué dices? — que no* que dis-tu? — non; mais non (claro que no), non, non et non (enérgicamente), et non pas, mais pas; *era su tía que no su madre* c'était sa tante et non pas sa mère; sans que, que; *no hay día que su novia no le escriba* il ne passe pas de jour que sa fiancée ne lui écrive || *que sí* oui, si (sí), mais oui, mais si (claro que sí), si (enérgicamente) || — *antes que* que, avant que; *no iré antes que todo esté listo* je n'irai pas avant que tout ne soit prêt || *a que* je parie que, gageons que; *a que llego primero* je parie que j'arrive le premier; à ce que; *no me resigno a que mi criada me responda* je ne me résigne pas à ce que ma bonne me réponde || *¡claro que no!* mais non!, bien sûr que non! || *¡claro que sí!* mais oui!, bien sûr que oui! || *el que* le fait que, que; *me extraña el que no me hayan dicho nada* cela m'étonne qu'on ne m'ait rien dit, le fait qu'on ne m'ait rien dit me surprend || *más, menos... que* plus, moins... que || *por más que* avoir beau (con infinitivo), quelque... que, quoi que (con subjuntivo), malgré (con sustantivo); *por más que hace fracasa siempre* il a beau faire, il échoue toujours; *por más que trabajase* il avait beau travailler; *por más esfuerzos que hagas* malgré tous tes efforts, tu auras beau faire des efforts; *por más robusto que sea* il a beau être robuste || *tan... que* si... que || *tanto más cuanto que* d'autant plus que || *ya que* puisque || — *corre que corre* et je te cours, te voilà qui court || *cualquier otro que no fuese* tout autre que || *¡dale que dale!* allez, du nerf! (ánimo!), c'est toujours la même chanson, encore! || *decir que no, que sí* dire non, oui || *estar que* être dans un tel état que || *no hay más que* il suffit de || *que da gloria* ou *gusto* à merveille, à ravir; *canta que da gusto* il chante à ravir || *que da gloria verlo* c'est un plaisir à voir || *que da miedo* à faire peur || *que da rabia* rageant || *¡que lo echen!* sortez-le! || *¡que me dejen en paz!* qu'on me laisse en paix o tranquille!, qu'on me fiche la paix! (fam) || *¡que no se vuelva a hablar más de esto!* qu'il n'en soit plus question! || *¡que se divierta!* amusez-vous bien! || *¡que se vaya!* qu'il s'en aille!, sortez-le!, à la porte! || *que tengan ustedes mucha suerte* je vous souhaite beaucoup de chance || *¡que te vayas!* va-t'en!, fiche le camp! (fam).

qué *adj interr y exclamat* quel, quelle, quels, quelles; *¿qué edad tiene usted?* quel âge avez-vous?; *¡qué suerte!* quelle chance!; *¡qué chico más simpático!* quel garçon sympathique!; *¡qué idea tan rara!* quelle drôle d'idée! || comme, que; *¡qué calor hace!* comme il fait chaud!; *¡qué guapa estás!* que tu es jolie!; *¡qué despacio va este tren!* comme ce train va lentement! || — *¡qué bien!* chic!, chic alors! || *¡qué de!* que de; *¡qué de gente!* que de monde! || *¡qué divertido!* comme c'est drôle!

→ *pron interr* que, qu'est-ce que (fam); *¿qué pasa?* que se passe-t-il?; *¿qué dices?* que dis-tu, qu'est-ce que tu dis?; *¿qué es esto?* qu'est-ce que c'est ça? || quoi; *¿de qué se trata?* de quoi s'agit-il?; *¿en qué piensa usted?* à quoi pensez-vous?; *¿para qué sirve esto* à quoi ça sert? || — *¿qué?* quoi?, hein (fam) || *¿qué más?* quoi d'autre?, quoi encore? || *¿qué tal?* comment; *¿qué tal le pareció la película?* comment avez-vous trouvé le film?; *¿qué tal el viaje?* comment s'est passé le voyage? || FAM *¿qué tal?* comment ça va?, ça va? || — *¿de qué?* à quoi, que?; *¿de qué le sirve tener un coche si no sabe conducir?* que lui sert o à quoi lui sert d'avoir une voiture s'il ne sait pas conduire? || *¿para qué?* pourquoi?; *¿para qué vienes?* pourquoi viens-tu?; à quoi; *¿para qué sirve eso?* à quoi cela sert-il?, à quoi bon? (*¿de qué me serviría?*) || *¿por qué?* pourquoi?, que?; *¿por qué no lo decía?* que ne le disiez-vous? || *¿pues qué?* et alors?, eh quoi? || *¿y a mí qué?* qu'est-ce que ça peut bien me faire? || *¿y qué?* et alors? || — *el qué dirán* le qu'en-dira-t-on || *¿qué dice?* que dites-vous? || *¿qué es de Pedro?* que devient Pierre? || *¿qué es de su vida?* que devenez-vous? || *¿qué es lo que?* qu'est-ce que? || *¿qué hay?* comment ça va?, ça va? || *¿qué hay de nuevo?* quoi de neuf? || *¿qué le parece?* qu'en pensez-vous? || *¿qué más da?* qu'importe?, qu'est-ce que ça peut faire?, peu importe || *¿qué sé yo?* que sais-je? || *tener con qué vivir* avoir de quoi vivre || *un no sé qué* un je ne-sais-quoi.

Quebec *n pr* GEOGR Québec.

quebrada *f* ravin *m*, vallée encaissée (hondonada) || (amer) torrent.

quebradero *m* FIG & FAM *quebradero de cabeza* casse-tête, cassement de tête.

quebradizo, za *adj* cassant, e; fragile; *el cristal es quebradizo* le verre est fragile || FIG fragile, délicat, e; *salud quebradiza* santé fragile | faible (voz).

quebrado, da *adj* cassé, e; brisé, e (roto) || accidenté, e (terreno) || FIG éteint, e (color) || brisé, e; *voz quebrada* voix brisée || — *comerciante quebrado* failli || *línea quebrada* ligne brisée || *número quebrado* nombre fractionnaire.

→ *adj y s* failli, e (comerciante) || MED hernieux, euse.

→ *m* MAT fraction *f*; *quebrado decimal* fraction décimale || vers de quatre syllabes alternant avec d'autres plus longs (verso).

quebrantable *adj* qu'on peut violer (ley) || ébranlable (que puede estremecerse).

quebrantador, ra *adj y s* contrevenant, e.

quebrantahuesos *m inv* ZOOL gypaète, vautour barbu (ave que vive en regiones montañosas) | pygargue, orfraie *f* (ave acuática) || FIG & FAM casse-pieds (pesado).

quebrantamiento *m* cassement || FIG violation *f*, infraction *f*; *quebrantamiento de la ley* violation de la loi, infraction à la loi || violation *f* (de un compromiso) | rupture *f* (del ayuno) | affaiblissement (de la salud) || — *quebrantamiento de destierro* rupture de ban || *quebrantamiento de forma* vice de forme || DR *quebrantamiento de sellos* bris de scellés.

quebrantar *v tr* casser, briser; *quebrantar una tinaja* casser une jarre || concasser (machacar); *quebrantar habas* concasser des fèves || fendre (hender) || FIG violer, enfreindre, transgresser; *quebrantar la ley* transgresser la loi | rompre (el ayuno)

| briser, abattre; *quebrantar el valor, la moral* briser le courage, abattre le moral | ébranler; *quebrantar una convicción* ébranler une conviction | ébranler, affaiblir (salud) | tiédir, dégourdir (templar un líquido) | adoucir (color) || — *quebrantar el destierro* être en rupture de ban, rompre son ban || FIG *quebrantarse la cabeza* ou *los sesos* se casser la tête.

quebranto *m* affaiblissement, délabrement (de la salud) || abattement (del ánimo) || affliction *f*, brisement de cœur (dolor profundo) || perte *f*, dommage (pérdida) || *quebranto de fortuna* ruine.

quebrar* *v tr* casser, briser, rompre; *quebrar un vaso* casser un verre || plier (doblar); *quebrar el cuerpo* plier le corps || FIG briser, casser; *voz quebrada por la emoción* voix brisée par l'émotion | interrompre subitement, mettre brusquement fin, briser; *la muerte del líder quebró la racha de triunfos de su partido* la mort du leader mit brusquement fin à la vague de triomphes de son parti | adoucir, tempérer (templar).

◆ *v intr* rompre, céder || COM faire faillite || *antes quebrar que doblar* plutôt rompre que plier.

◆ *v pr* se briser, se rompre, se casser || MED contracter une hernie || FIG se briser; *se le quebró la voz con la emoción* sa voix se brisa sous le coup de l'émotion || — FAM *no quebrarse* ne pas se casser la tête | *quebrarse la cabeza* se casser la tête, se creuser la tête o la cervelle.

quechua *adj y s* quechua, quichua.

queda *f* couvre-feu *m*; *tocar a queda* sonner le couvre-feu | *toque de queda* couvre-feu.

quedar *v intr* rester, demeurer (permanecer) || rester; *me quedan cien pesetas* il me reste cent pesetas; *¿queda pan?* reste-t-il du pain? || devenir; *quedó muy pálido* il est devenu tout pâle; *quedaron amigos* ils sont devenus amis; *su pantalón le quedó corto* son pantalon est devenu trop court || être; *queda lejos* c'est loin; *la junta quedó constituida al día siguiente* l'assemblée fut constituée le lendemain; *su segunda novela queda muy por debajo de la primera* son second roman est très inférieur au premier || en rester; *ahí quedó la conversación* la conversation en resta là || — FIG & FAM *quedar algo como pintado* aller comme un gant || *quedar bien* faire bien; *el cuarto queda muy bien con su nuevo empapelado* la pièce fait très bien avec son nouveau papier peint; aller bien, faire bien; *quedan bien tus nuevos zapatos con tu traje gris* tes nouvelles chaussures vont bien avec ton costume gris; s'en tirer brillamment o avec honneur; *el torero ha quedado bien* le toréro s'en est tiré brillamment; s'en tirer à son avantage; *no sólo fue absuelto sino que encima quedó bien* non seulement il fut acquitté mais, en plus, il s'en tira à son avantage; bien se conduire, bien se comporter (portarse bien) || *quedar con vida* se tirer sain et sauf || *quedar de acuerdo* demeurer o être o tomber d'accord || *quedar en* convenir de, convenir que, décider que; *quedamos en salir mañana* nous avons convenu de sortir demain; dire que; *quedó en venir esta noche* il a dit qu'il viendrait ce soir; promettre (prometer) || *quedar mal* ne pas faire bien (no sentar bien), ne rien donner; *la foto quedaba muy mal después del retoque* la photo ne donnait absolument rien après la retouche; s'en tirer mal, s'en tirer sans gloire; *el cantor quedó tan mal que le pitaron* le chanteur s'en tira si mal qu'il fut sifflé; mal se conduire, mal se comporter; *he quedado muy mal con mi hermano* je me suis très mal conduit envers mon frère || *quedar para* prendre rendez-vous pour; *hemos quedado para mañana* nous avons pris rendez-vous pour demain || *quedar por* rester à; *queda mucho por hacer* il reste beaucoup à faire; passer pour; *queda por valiente* il passe pour courageux || — *¿dónde habíamos quedado?* où en étions-nous? || *¿en qué quedamos?* que décidons-nous? (decisión), en fin de compte; *¿en qué quedamos?, ¿es verdad o es mentira?* en fin de compte, c'est vrai ou ce n'est pas vrai? || *esto queda a mi cuidado* je m'en charge || *esto queda entre nosotros* ceci reste entre nous || *he quedado con Conchita a las ocho* j'ai rendez-vous avec Conchita à huit heures || *la carta quedó sin contestar* la lettre resta sans réponse || *por mí que no quede* je n'y vois pas d'inconvénient, je suis d'accord || *queda de usted atentamente* veuillez agréer o recevez l'assurance de mes meilleurs sentiments (en una carta) || *queda de usted su affmo. y s.s* je vous prie d'agréer, Monsieur, mes salutations distinguées (en una carta) || *queda entendido que* il est entendu que || *queda por pagar* reste à payer || *queda por saber si* (il) reste à savoir si || *queda que quizá se haya usted equivocado* il n'en reste pas moins que vous vous êtes peut-être trompé || *que no quede por eso* qu'à cela ne tienne || FAM *ya le queda poco* il n'en a plus pour longtemps.

◆ *v pr* rester, demeurer; *se quedó un año en Lima* il resta un an à Lima; *quedarse en cama, en casa* rester au lit, chez soi; *quedarse silencioso* demeurer silencieux || séjourner, rester, passer; *se quedó una semana en Capri* il séjourna une semaine à Capri || devenir; *quedarse ciego, sordo* devenir aveugle, sourd || rester; *quedarse soltero* rester célibataire || être, devenir; *quedarse huérfano* être orphelin || — FIG *quedarse ahí* y rester (morir) | *quedarse a la cuarta pregunta* être sur la paille o sans le sou || *quedarse anticuado* passer de mode || *quedarse así* en rester o en demeurer là || *quedarse atrás* rester en arrière || *quedarse boquiabierto* ou *con la boca abierta* rester bouche bée || *quedarse como quien ve visiones* être abasourdi || *quedarse con* garder; *se quedó con mi libro* il a gardé mon livre; *quédate con tu abrigo* garde ton manteau; *me lo quedo* je le garde [pour moi]; prendre; *¿se queda usted con este bolso?* prenez-vous ce sac?; rester; *después de efectuar esta compra me quedé con diez francos* après avoir fait cet achat il me resta dix francs || FIG *quedarse con dos palmos de narices* rester le bec dans l'eau (al no conseguir una cosa), se casser le nez (al no encontrar a una persona) || *quedarse con el gusto de* rester sur le goût de (un alimento), ne pas avoir eu le plaisir de (no haber podido) || *quedarse con hambre* rester sur sa faim, avoir encore faim || FIG *quedarse con las ganas* rester sur sa faim || *quedarse con la última palabra* avoir le dernier mot || *quedarse con una impresión* rester sur une impression || FIG *quedarse con uno* avoir o rouler quelqu'un (engañar) | *quedarse con vida* s'en tirer sain et sauf | *quedarse cortado* rester o demeurer court | *quedarse corto* rester au-dessous de la vérité (al referir un suceso), rester au-dessous du compte, avoir calculé trop juste (en un cálculo) | *quedarse en agua de borrajas* finir en eau de boudin o en queue de poisson | *quedarse en el poyete* faire tapisserie (en un baile), rester vieille fille (quedar solterona) | *quedarse en la calle* rester le carreau (fracaso), se trouver o être à la rue, rester sur le pavé (arruinado o sin empleo) | *quedarse en el sitio* rester sur le carreau, tomber raide mort (muerto) | *quedarse helado* rester saisi o abasourdi | *quedarse in albis* ou *a oscuras* ne rien comprendre o piger *(fam)* | *quedarse limpio* être plumé o lessivé ∥ *quedarse parado* s'arrêter | *quedarse para vestir imágenes* rester vieille fille, coiffer sainte Catherine ∥ FIG & FAM *quedarse plantado* rester en carafe ∥ ¡*quédate quieto!* reste tranquille!, tiens-toi tranquille! ∥ — FAM *me he quedado de una pieza* les bras m'en sont tombés ∥ *no saber con qué quedarse* n'avoir que l'embarras du choix ∥ FIG *y me quedo corto* j'en passe, et des meilleurs.

quedo, da *adj* calme, tranquille ∥ bas, basse (voz); *en voz queda* à voix basse.
◆ *adv* doucement, bas; *hablar muy quedo* parler tout bas.

quehacer *m* travail, besogne *f*, labeur; *nuestro quehacer cotidiano* notre labeur quotidien.
◆ *pl* affaires *f*, occupations *f*; *ir a sus quehaceres* aller à ses affaires ∥ travaux, besognes *f*; *los quehaceres domésticos* les travaux ménagers.

queimada *f* boisson chaude à base d'eau de vie originaire de Galice.

queja *f* plainte; *las quejas de un enfermo* les plaintes d'un malade ∥ reproche *m*, grief *m*; *las quejas de una persona perjudicada* les reproches d'une personne lésée ∥ doléance; *las quejas de un acreedor* les doléances d'un créancier ∥ DR plainte; *presentar una queja* déposer une plainte ∥ — *dar quejas* se plaindre, exhaler des plaintes, gémir ∥ *tener queja de* avoir à se plaindre de.

quejarse *v pr* se plaindre, gémir, geindre (gemir); *quejarse lastimosamente* geindre pitoyablement ∥ se plaindre; *quejarse de uno* se plaindre de quelqu'un ∥ — *no tener por qué quejarse* ne pas être à plaindre, ne pas avoir à se plaindre ∥ *quejarse de algo a uno* faire grief de quelque chose à quelqu'un ∥ *quejarse de hambre* crier famine ∥ *quejarse de vicio* crier famine sur un tas de blé, se plaindre o trouver que la mariée est trop belle.

quejica; quejicoso, sa *adj y s* geignard, e; râleur, euse.

quejido *m* gémissement, plainte *f*; *los quejidos de un herido* les gémissements d'un blessé ∥ *dar quejidos* pousser des gémissements o des plaintes.

quejoso, sa *adj* mécontent, e; *estoy quejoso de tu comportamiento* je suis mécontent de ton comportement.

quejumbroso, sa *adj* plaintif, ive; geignard, e; ronchonneur, euse *(fam)*.

queli *f* POP baraque.

quema *f* brûlage *m*, brûlement *m* (acción de quemar) ∥ feu *m*; *condenado a la quema* condamné au feu ∥ incendie *m* (incendio); *la quema de los conventos* l'incendie des couvents ∥ vente au rabais, liquidation, soldes *m pl* (liquidación de géneros) *(amer)* écobuage *m* ∥ FIG *huir de la quema* fuir le danger, ne pas attendre son reste.

quemado *m* brûlé; *oler a quemado* sentir le brûlé ∥ brûlis (chamicera).

quemador, ra *adj y s m* brûleur, euse; *quemador de gas* brûleur à gaz.

quemadura *f* brûlure ∥ brunissure (de las plantas heladas) ∥ *quemadura de sol* coup de soleil.

quemar *v tr* brûler; *quemar papeles* brûler des papiers; *alcohol de quemar* alcool à brûler ∥ FAM griller, brûler; *el sol nos quema* le soleil nous grille | flamber (tirar el dinero) | cuire (tostar la piel) ∥ vendre au rabais, liquider (malbaratar) ∥ AGRIC griller (el sol o las heladas) | brouir (desecar las plantas heladas) ∥ FIG surentraîner, pomper *(fam)*; *un entrenador que quema a sus jugadores* un entraîneur qui surentraîne ses joueurs; perdre, user; *la actuación reiterada quema a los actores* jouer trop fréquemment perd les acteurs ∥ — *a quema ropa* à brûle-pourpoint ∥ FIG *quemar etapas* brûler les étapes | *quemar la sangre* faire bouillir, exaspérer, taper sur le système *(fam)*; *su cachaza me quema la sangre* son calme me fait bouillir | *quemar las naves* brûler ses vaisseaux, couper les ponts ∥ *quemar una colección de fuegos artificiales* tirer un feu d'artifice.
◆ *v intr* brûler ∥ FAM *estar quemado* avoir le coup de pompe (de cansancio), être fini; *para mí es un político quemado* pour moi c'est un homme politique fini.
◆ *v pr* se brûler; *quemarse con una cerilla* se brûler avec une allumette ∥ brûler (un asado) ∥ FIG brûler (juegos); *¡que te quemas!* tu brûles! (en el escondite) | se galvauder, galvauder sa réputation; *esta actriz actúa poco para no quemarse* cette actrice joue peu pour ne pas galvauder sa réputation ∥ — FIG *quemarse la sangre* se faire du mauvais sang o de la bile | *quemarse las cejas* se crever les yeux | *quemarse las pestañas estudiando* pâlir sur ses livres.

quemarropa (a) *loc* à brûle-pourpoint (contestación) ∥ à bout portant (disparo).

quemazón *f* brûlure ∥ FIG démangeaison (comezón) ∥ vente au rabais, soldes *m pl*, liquidation (liquidación de géneros) ∥ *(amer)* mirage *m* (espejismo) ∥ FIG *sentía una gran quemazón por no haber cumplido lo prometido* il se reprochait vivement o il était rongé par le regret de n'avoir pas tenu sa promesse.

quena *f (amer)* flûte indienne.
— OBSERV La *quena* est une petite flûte droite à cinq trous utilisée surtout par les Indiens du Pérou et de Bolivie.

quepis *m* képi.

queratina *f* kératine.

queratitis *f* MED kératite.

queratosis *f* MED kératose.

querella *f* plainte (queja) ∥ DR plainte.

querellante *adj y s* DR plaignant, e.

querellarse *v pr* DR porter plainte.

querencia *f* instinct *m* qui ramène les animaux vers un endroit favori (instinto) ∥ attachement *m* de l'animal pour certains endroits (cariño) ∥ lieu *m* favori de l'animal (sitio) ∥ FAM gîte *m* (del hombre) ∥ *(p us)* affection, attachement *m* ∥ TAUROM «querencia», refuge *m*.
— OBSERV Dans cette dernière acception, le mot *querencia* désigne un lieu de l'arène vers lequel le taureau a toujours tendance à aller et où il est plus dangereux qu'ailleurs.

querer* *v tr* vouloir; *¿quiere darme su dirección?* voulez-vous me donner votre adresse?; *haga lo que quiera* faites ce que vous voudrez; *¿quieren callarse?* voulez-vous vous taire? ∥ aimer (tiernamente); *querer a sus hijos* aimer ses enfants | affectionner (tener afecto a) ∥ — *querer con locura* aimer à la folie ∥ *querer decir* vouloir dire, revenir à dire | *querer es poder* vouloir c'est pouvoir ∥ *querer mal a uno* en vouloir à quelqu'un | — *como quien no quiere la cosa* sans avoir l'air d'y toucher,

mine de rien, comme si de rien n'était || *como quiera* comme vous voudrez || *como quiera que* puisque, comme || *cuando quiera* n'importe quand · || *¡Dios lo quiera!* Dieu le veuille! || *donde quiera* n'importe où || FAM *gente de quiero y no puedo* des gens qui vivent au-dessus de leurs moyens || *¡no lo quiera Dios!* à Dieu ne plaise! || *no quiero sus excusas* je ne veux pas de vos excuses || *¿qué más quieres?* que veux-tu de plus? || FAM *¡qué más quisieras tú!* tu voudrais bien!, si c'était vrai! || *que quiera que no quiera, quiera o no quiera* bon gré mal gré, de gré ou de force || *¿qué quiere decir esto?* qu'est-ce que ça veut dire? || *¿qué quieres?* que veux-tu? || *quien bien te quiere te hará llorar* qui aime bien châtie bien || *quiérase o no* qu'on le veuille ou non || *quiere llover* on dirait qu'il va pleuvoir || *sin querer* sans le vouloir, sans le faire exprès || *si quieres ser servido, sírvete a ti mismo* on n'est jamais si bien servi que par soi-même.
◆ *v pr* s'aimer || FAM *quererse como tórtolos* filer le parfait amour, s'aimer d'amour tendre.
querer *m* affection *f*, amour.
querido, da *adj* aimé, e; *querido por sus hijos* aimé de ses enfants || cher, ère; *querido tío* cher oncle; *mi querida prima* ma chère cousine || chéri, e; *Conchita querida* Conchita chérie || — *fórmula tan querida por* formule chère à || *mi querido amigo* mon cher ami, mon cher (*fam*).
◆ *adj y s* chéri, e; *querido mío* mon chéri.
◆ *m* ami, petit ami (amante).
◆ *f* maîtresse, amante, petite amie (amante).
— OBSERV La palabra francesa *chéri* se utiliza sólo entre personas unidas por el amor.
quermes *m* ZOOL kermès (insecto).
quermese *f* kermesse.
queroseno *m* kérosène.
querubín *m* chérubin.
quesadilla *f* talmouse (pastel).
quesera *f* fromagère (que hace o vende queso) || fromagerie (donde se fabrica el queso) || assiette à fromage (plato) || cloche à fromage.
quesería *f* fromagerie.
quesero, ra *adj y s* fromager, ère; *industria quesera* industrie fromagère.
◆ *m y f* amateur (sin femenino), de fromage.
queso *m* fromage || FAM nougat, arpion (pie) || — *queso de bola* fromage de Hollande || *queso de cabra* fromage de chèvre, chabichou || *queso de cerdo* fromage de tête || *queso de Chester* chester || *queso de hierba* fromage aux herbes || *queso de pasta blanda* fromage mou o à pâte molle || *queso helado* glace moulée || *queso manchego* manchego [fromage de brebis de la Manche] || — *medio queso* passe-carreau (de sastre) || — FIG & FAM *darla con queso a uno* avoir o rouler quelqu'un (engañar), tromper, cocufier (al marido, a la mujer).
quetzal *m* quetzal (ave) || quetzal (moneda de Guatemala).
quevedesco, ca *adj* de Quevedo.
quevedos *m pl* pince-nez *sing*, lorgnon *sing*, binocle *sing*.
¡quiá! *interj* FAM allons donc! (¡vaya!), pas question! (¡ca!).
quibutz *m* → kibutz.
quicio *m* TECN gond (gozne), jambage (marco de puerta o ventana) || — FIG *fuera de quicio* détraqué (persona), fou, folle (cosa) | *sacar de quicio a uno* mettre o pousser quelqu'un à bout, mettre quelqu'un hors de soi, faire sortir quelqu'un de ses gonds | *sacar de quicio una cosa* fausser o dénaturer une chose | *salir de quicio* sortir de ses gonds.
quico *m* FAM *ponerse como el quico* se taper la cloche, s'en mettre jusque-là.
quichua *adj y s* quechua, quichua.
quid *m* hic; *¡ahí está el quid!* voilà le hic! || — *dar en el quid* mettre dans le mille, frapper juste || *quid pro quo* quiproquo.
quiebra *f* cassure, brisure (rotura) || crevasse (grieta) || COM faillite; *estar en quiebra* être en faillite | krach (crac) || FIG faillite; *la quiebra de los valores humanos* la faillite des valeurs humaines || COM *declararse en quiebra* faire faillite, déposer son bilan.
quiebro *m* inflexion *f* du corps, écart (ademán) || dribble, dribbling (fútbol) || MÚS roulade *f* || TAUROM écart || *dar un quiebro* dribbler (fútbol), faire un écart (el torero).
quien *pron rel* qui; *quien va a Sevilla pierde su silla* qui va à la chasse perd sa place; *aquellos para quienes hablo* ceux pour qui je parle || celui qui, celle qui; *quien te ha dicho esto es un ignorante* celui qui t'a dit cela est un ignorant || quelqu'un; *ya encontraré quien me haga este trabajo* je trouverai bien quelqu'un qui me fera ce travail || — *a quien que* (complemento directo); *la persona a quien quiero* la personne que j'aime; à qui, auquel, à laquelle (complemento indirecto); *las personas a quienes* ou *a quien hablo* les personnes auxquelles je parle || *como quien* comme quelqu'un qui, comme si; *callaba como quien no oye* il se taisait comme s'il n'entendait pas || *de quien* dont; *las mujeres de quienes hablo* les femmes dont je parle || — *como quien dice* comme qui dirait, pour ainsi dire || *como quien no quiere la cosa* sans avoir l'air d'y toucher, mine de rien, comme si de rien n'était || *en casa de quien* chez qui || *es... quien* c'est... qui; *es su madre quien manda* c'est sa mère qui commande || *habrá quien lo sepa* il y en a sûrement qui le savent || *hay quien dice* il y a des gens qui disent, il y en a qui disent || *no es quien para hacer esto* il n'est pas qualifié pour faire cela, ce n'est pas à lui de faire cela || *no hay quien se ocupe de él* personne ne s'occupe de lui, il n'y a personne pour s'occuper de lui || *quien mucho abarca poco aprieta* qui trop embrasse mal étreint.
quién *pron interr o exclam* qui; *¿quiénes son estos dos chicos?* qui sont ces deux garçons?; *dime quién es* dis-moi qui c'est; *¿a quién has encontrado?* qui as-tu rencontré?; *¿de quién es esto?* à qui est-ce? || — *¡quién pudiera!* si seulement je pouvais! || *quién... quién* qui..., qui, l'un... l'autre || *¿quién sabe?* qui sait?, sait-on jamais? || *¿quién vive?* qui vive?
quienquiera *pron indet* quiconque; *quienquiera que le vea* quiconque le verra || *quienquiera que sea* qui que ce soit.
— OBSERV Le pluriel *quienesquiera* est rare.
quietismo *m* FILOS quiétisme (doctrina) || FIG immobilisme.
quietista *adj y s* FILOS quiétiste.
quieto, ta *adj* tranquille; *niño que se está quieto* enfant qui reste tranquille; *¡quédate quieto!* tiens-toi tranquille! || immobile (sin moverse) || — *no poder estarse quieto* ne pas tenir o rester en place.
◆ *interj* du calme!
quietud *f* quiétude, tranquillité.

quijada *f* ANAT mâchoire.
quijotada *f* folie.
quijote *m* cuissart (de la armadura) ‖ croupe *f* (del caballo).
Quijote (Don) *n pr m* Don Quichotte ‖ *el Quijote* le Don Quichotte (obra de Cervantes) ‖ FIG & FAM *un Quijote* un don Quichotte.
quijotesco, ca *adj* digne de Don Quichotte.
quijotismo *m* don-quichottisme.
quilate *m* carat; *oro de 18 quilates* or à 18 carats ‖ ancienne monnaie *f* valant un demi-denier ‖ FIG & FAM *de muchos quilates* d'une grande valeur, précieux, euse | *no tiene dos quilates de juicio* il n'a pas deux sous de jugeotte.
quilo *m* BIOL chyle ‖ FIG & FAM *sudar el quilo* suer sang et eau.
quilo *m* kilo (kilogramo).
quilolitro *m* → **kilolitro**.
quilla *f* MAR quille; *quilla de balance* quille de roulis ‖ bréchet *m* (de las aves) ‖ *dar de quilla a un barco* coucher un bateau.
quimbambas (irse a las) *loc* aller au diable *o* au diable vauvert.
quimera *f* chimère ‖ FIG querelle (contienda); *buscar quimera* chercher querelle ‖ chimère (imaginación); *vivir de quimeras* se nourrir *o* se repaître de chimères.
quimérico, ca *adj* chimérique.
química *f* chimie; *química general, biológica, mineral* ou *inorgánica, orgánica* chimie générale, biologique, minérale *o* inorganique, organique.
químico, ca *adj* chimique; *productos químicos* produits chimiques ‖ chimiste; *ingeniero químico* ingénieur chimiste.
◆ *m y f* chimiste.
quimil *m* (*amer.*) ballot de linge.
quimioterapia *f* MED chimiothérapie.
quimono *m* kimono.
quina *f* quinquina *m* (árbol) ‖ MED quinquina *m* ‖ — *quina de Loja* quinquina gris ‖ — FIG & FAM *más malo que la quina* dégoûtant (una cosa), méchant comme la gale (una persona) | *tragar quina* avaler des couleuvres.
quincalla *f* quincaillerie (objetos).
quincallería *f* quincaillerie (tienda).
quincallero, ra *m y f* quincaillier, ère.
quince *adj num y ord* quinze; *Luis XV* (quince), Louis XV [quinze] ‖ — *el día quince* le 15 ‖ *el siglo XV* (quince), le XVe [quinzième] ; siècle ‖ *unos quince libros* une quinzaine de livres.
◆ *m* quinze (equipo de rugby) ‖ — FIG & FAM *dar quince y raya a* faire la pige à, damer le pion à, être très supérieur à, être cent fois *o* nettement mieux que.
quinceañero, ra *adj y s* adolescent, e.
quincena *f* quinzaine ‖ MÚS double octave *m* ‖ *pagar cada quincena* payer tous les quinze jours.
quincenal *adj* bimensuel, elle.
quincuagenario, ria *adj* qui comprend cinquante unités.
◆ *adj y s* quinquagénaire (cincuentón).
quincuagésimo, ma *adj y s m* cinquantième ‖ *quincuagésimo uno* cinquante et unième; *quincuagésimo dos* cinquante-deuxième, etc.

quinielas *f pl* concours *m sing* de pronostics, paris *m* mutuels (fútbol).
quinielista *m y f* parieur, euse (fútbol).
quinientos, tas *adj* cinq cents; *quinientos hombres* cinq cents hommes ‖ cinq cent; *quinientos veinte* cinq cent vingt (seguido de otra cifra); *el año quinientos* l'an cinq cent (cuando equivale a un ordinal) ‖ *mil quinientos* mille cinq cents, quinze cents.
quinina *f* quinine.
quinqué *m* quinquet (lámpara) ‖ POP *tener mucho quinqué* avoir du nez.
quinquenal *adj* quinquennal, e; *planes quinquenales* plans quinquennaux.
quinquenio *m* espace de cinq ans, quinquennalité *f*, quinquennat.
quinqui *m* FAM quincaillier (vendedor de quincalla) ‖ POP malfaiteur.
quinta *f* villa, maison de campagne (casa) ‖ MIL conscription (reclutamiento) | contingent *m*, classe (reemplazo); *es de la misma quinta que yo* il est de la même classe que moi ‖ quinte (esgrima) ‖ MÚS quinte ‖ — MIL *entrar en quintas* arriver à l'âge du service militaire | *librarse de quintas* être exempté du service militaire | *quinta de efectivos reducidos* classe creuse.
quintaesencia *f* quintessence.
quintal *m* quintal (peso) ‖ *quintal métrico* quintal métrique (peso de cien kilos).
quintería *f* propriété, ferme (finca).
quintero *m* fermier (arrendatario) ‖ valet de ferme (mozo de labranza).
quinteto *m* MÚS quintette.
quintillizos, zas *m y f pl* quintuplets, ettes.
quinto, ta *adj* cinquième; *quinta columna* cinquième colonne ‖ cinq; *Felipe V* (quinto) Philippe V [cinq] ‖ — *Carlos V* (quinto), Charles Quint ‖ — *en quinto lugar* cinquièmement ‖ *la quinta columna* la cinquième colonne ‖ *la quinta parte* le cinquième, la cinquième partie ‖ *quinto* cinquièmement (en una enumeración).
◆ *m* cinquième ‖ MIL conscrit, recrue *f*, bleu (*fam*).
— OBSERV El emperador *Carlos V*, que en España fue Carlos I, es tradicionalmente conocido en Francia como *Charles Quint*.
quintuplicar *v tr* quintupler.
quíntuplo, pla *adj y s m* quintuple.
quiosco *m* kiosque; *quiosco de música, de periódicos* kioske à musique, à journaux.
quiosquero, ra *m y f* kiosquier, ère; kiosquiste.
quiquiriquí *m* cocorico (canto del gallo).
Quirinal (monte) *n pr* GEOGR mont Quirinal.
quirófano *m* salle *f* d'opération.
quiromancia *f* chiromancie.
quiromántico, ca *adj* de la chiromancie.
◆ *m y f* chiromancien, enne.
quiromasaje *m* chiropraxie *f*, chiropractie *f*.
quiromasajista *m y f* chiropracteur, chiropraticien, enne.
quirúrgico, ca *adj* chirurgical, e.
quisque *pron* FAM *cada quisque* chacun, e; *tout un chacun* (cada cual).

quisquilla *f* vétille, bagatelle (*pequeñez*) ‖ crevette (*camarón*) ‖ *color quisquilla* rose pâle, saumon clair.
◆ *adj y s* → **quisquilloso**.

quisquilloso, sa *adj* pointilleux, euse; *jefe quisquilloso* chef pointilleux ‖ chatouilleux, euse (susceptible).
◆ *m y f* personne pointilleuse *o* chatouilleuse.

quiste *m* MED kyste.

quita *f* remise d'une dette (*de una deuda*) ‖ *de quita y pon* amovible; *impermeable con capucha de quita y pon* imperméable avec capuche amovible.

quitaesmalte *m* dissolvant (*para las uñas*).

quitagrasas *m inv* dégraissant.

quitaipón *m* pompon (*quitapón*).

quitamanchas *adj y s m inv* détachant, e.

quitanieves *m inv* chasse-neige.

quitapesares *m inv* FAM consolation *f*.

quitar *v tr* enlever, ôter; *quitar una mancha* enlever une tache; *quitar la tapa* ôter le couvercle ‖ retirer; *quitar lo que se acaba de ofrecer* retirer ce qu'on vient d'offrir; *me quitaron el pasaporte* on m'a retiré mon passeport ‖ ôter (*restar*); *quitar uno de tres* ôter un de trois ‖ débarrasser; *quitar la ganga a un mineral* débarrasser un minerai de sa gangue; *quitar a uno la preocupación* débarrasser quelqu'un d'un souci ‖ arracher (*con violencia*); *le quitó el bolso de las manos* il lui arracha le sac des mains ‖ dérober (*robar*) ‖ empêcher; *esto no quita que sea un holgazán* cela n'empêche pas que ce soit un fainéant *o* il n'empêche que c'est un fainéant ‖ FIG ôter, retirer, enlever; *su fracaso no le quita nada de sus cualidades* son échec ne lui retire rien de ses qualités ‖ — *de encima* ou *de en medio* débarrasser; *me lo ha quitado de en medio* il m'en a débarrassé; supprimer (*matar*) ‖ FIG & FAM *quitar el hipo* laisser baba, couper le sifflet, suffoquer ‖ *quitar la idea de* décourager de, enlever l'idée de; *le ha quitado la idea de irse* je l'ai découragé de partir ‖ *quitar la mesa* débarrasser la table, ôter le couvert, débarrasser (*fam*) ‖ FIG & FAM *quitar la vida* tuer; *este niño me quita la vida* cet enfant me tue ‖ *quitarle la razón a alguien* donner tort à quelqu'un ‖ *no quitar ojo* ou *no quitar los ojos de encima* ne pas quitter des yeux, couver du regard (*mirar mucho*), avoir *o* tenir à l'œil ‖ *quitar un peso de encima* enlever un poids ‖ — *de quita y pon* amovible; *impermeable con capucha de quita y pon* imperméable avec capuche amovible ‖ FIG & FAM *en un quítame allá esas pajas* en moins de deux, en un clin d'œil | *ni quito ni pongo rey* ça ne me regarde pas | *por un quítame allá esas pajas* pour un oui pour un non, pour un rien *o* une vétille | *¡que me quiten lo bailado!* c'est toujours ça de pris *o* de gagné, c'est autant de pris *o* de gagné! | *¡quita, hombre!* allons donc!, tais-toi!
◆ *v pr* s'enlever, s'ôter; *mancha que se quita fácilmente* tache qui s'enlève facilement ‖ ôter, enlever, retirer; *quitarse la boina* ôter son béret; *quitarse los zapatos* retirer ses chaussures; *quítese de ahí* ôtez-vous de là ‖ — *quitarse años* se rajeunir ‖ FAM *quitarse de encima* éluder (*problema, dificultades*), ne pas s'embarrasser de (*escrúpulos*), se débarrasser de (*una persona*); *creía que no podría nunca quitármelo de encima* je croyais que je ne pourrais jamais m'en débarrasser | *quitarse de en medio* s'écarter, se pousser, s'ôter de là (*cambiar de sitio*); *quítate de en medio* ôte-toi de là; disparaître (*irse*) ‖ *quitarse el sombrero* se découvrir (*para saludar*), tirer son chapeau (*de admiración*) ‖ *quitarse la chaqueta* enlever la veste, tomber la veste (*fam*) ‖ — *eso, quíteselo usted de la cabeza* rayez cela de vos tablettes *o* de vos papiers ‖ FAM *¡quítate de en medio!* ôte-toi de là! ‖ *¡quítate de mi vista!* vas te cacher!, disparais *o* ôte-toi de ma vue! ‖ *¡quítese de ahí!* ôtez-vous de là!

quitasol *m* parasol.

quitasueño *m* FAM cauchemar (*preocupación*).

quite *m* parade *f* (*esgrima*) ‖ TAUROM «quite», action *f* ayant pour objet de détourner l'attention du taureau ‖ — TAUROM *dar el quite* exécuter un «quite», écarter le taureau de son adversaire ‖ *estar al quite* être prêt à exécuter un «quite» (*tauromaquia*), se tenir prêt à donner un coup de main (*en defensa de uno*).

quiteño, ña *adj y s* de Quito [Équateur].

Quito *n pr* GEOGR Quito.

quizá; quizás *adv* peut-être; *quizá venga* peut-être viendra-t-il.

quórum *m* quorum (*de una asamblea*).

R

r *f* r *m.*
rabadilla *f* croupion *m* (de las aves) ‖ râble *m* (de conejo, de liebre) ‖ FIG & FAM *romperse la rabadilla* casser son verre de montre.
rabanillo *m* radis (rábano).
rábano *m* radis (planta) ‖ — *rábano blanco* raifort ‖ *rábano silvestre* raifort sauvage ‖ FAM *tomar el rábano por las hojas* interpréter tout de travers.
Rabat *n pr* GEOGR Rabat.
rabel *m* rebec (instrumento de música).
rabí *m* rabbi (título) ‖ rabbin (rabino).
rabia *f* rage (enfermedad) ‖ FIG rage, colère; *reventar de rabia* écumer de rage ‖ — FIG *dar rabia* enrager (invirtiendo la frase), mettre en colère, faire rager, mettre en rogne *(fam)*; *me da rabia leer tales mentiras* j'enrage de lire de tels mensonges, ça me fait rager de lire de tels mensonges | *muerto el perro se acabó la rabia* morte la bête, mort le venin | *que da rabia* rageant, e | *rabia, rabieta* ou *rabia, rabiña* bisque rage | *tener rabia a uno* ne pas pouvoir voir quelqu'un, avoir quelqu'un dans le nez | *tomarle rabia a uno* prendre quelqu'un en grippe.
rabiar *v intr* avoir la rage (padecer de rabia) ‖ FIG enrager, rager, bisquer *(fam)*, se mettre en rogne *(fam)* ‖ — FIG *rabiar de hambre, de sed* mourir de faim, de soif | *rabiar por* mourir d'envie de; *está rabiando por irse* il meurt d'envie de sortir ‖ — FIG *a rabiar* enragé, à tous crins; *republicano a rabiar* républicain enragé; à tout rompre; *aplaudieron a rabiar* ils ont applaudi à tout rompre | *está que rabia* il est furieux | *estar a rabiar con uno* être à couteaux tirés o fâché à mort avec quelqu'un | *hacer rabiar a uno* faire enrager quelqu'un | *me gusta a rabiar* j'adore, je suis fou de | *pica que rabia* ça pique en diable | *soy más alto que tú, ¡rabia!* je suis plus grand que toi, tralala!
rábico, ca *adj* MED rabique, de la rage.
rabicorto, ta *adj* à queue courte ‖ FIG & FAM court-vêtu, e; *una chiquilla rabicorta* une gamine court-vêtue.
rabieta *f* FAM colère, rogne (de un niño).
rabilargo, ga *adj* à longue queue ‖ FIG & FAM à robe traînante, habillé trop long.
◆ *m* rollier (ave).
rabillo *m* petite queue *f* ‖ queue *f* (de una hoja o fruto) ‖ patte *f* (de pantalón o de chaleco) ‖ ivraie *f* (cizaña) ‖ tache *f* (mancha en los cereales) ‖ coin (del ojo) ‖ FAM *mirar con el rabillo del ojo* regarder du coin de l'œil.
rabínico, ca *adj* rabbinique.
rabinismo *m* rabbinisme.
rabino *m* rabbin.
rabino, na *adj y s* bêcheur, euse.

rabiosamente *adv* rageusement.
rabioso, sa *adj* enragé, e; *perro rabioso* chien enragé ‖ FIG furieux, euse; en colère (enojado); *estar rabioso con alguien* être furieux après quelqu'un | rageur, euse; *tono rabioso* ton rageur ‖ enragé, e (fanático) ‖ éclatant, e; criard, e (color) ‖ *rabioso de ira* écumant de colère.
rabo *m* queue *f*; *el rabo de un perro* la queue d'un chien ‖ queue *f* (de una hoja o fruto) ‖ coin (del ojo) ‖ queue *f* (de una letra) ‖ FIG queue *f* (cosa que cuelga) ‖ — *rabo de gallo* cirrus (nube) ‖ *rabo de junco* paille-en-queue (ave) ‖ *rabo de zorra* érianthus (planta) ‖ — FIG & FAM *aún está el rabo por desollar* il y a encore fort à faire, le plus dur reste à faire | *irse con el rabo entre las piernas* s'en aller la queue entre les jambes, s'en aller bredouille ‖ *mirar (a uno) con el rabo del ojo* ou *de rabo de ojo* regarder (quelqu'un), du coin de l'œil o de travers ‖ FIG & FAM *volver con el rabo entre las piernas* revenir bredouille.
rabotada *f*; **rabotazo** *m* FIG & FAM grossièreté *f*, muflerie *f*.
racanear *v intr* FAM tirer au flanc (ser vago) | être radin (ser avaro).
rácano, na *adj* FAM flemmard, e (vago) | radin, e (avaro).
RACE abrev de *Real Automóvil Club de España* Automobile-club royal d'Espagne.
racial *adj* racial, e; *problemas raciales* problèmes raciaux.
racimo *m* grappe *f*; *racimo de uvas* grappe de raisin ‖ régime (de dátiles, de plátanos) ‖ FIG grappe *f* (conjunto).
raciocinio *m* raisonnement; *carecer de raciocinio* manquer de raisonnement.
ración *f* ration ‖ portion (en una fonda, en un bar); *una ración de gambas* une portion de crevettes ‖ — FIG *a ración* parcimonieusement | *poner a media ración* mettre à la portion congrue ‖ FIG *tener su ración de* avoir son content de.
racional *adj* rationnel, elle; *método racional* méthode rationnelle ‖ raisonnable (dotado de razón); *ser racional* être raisonnable.
◆ *m* être doué de raison ‖ rational (ornamento del sumo sacerdote hebreo).
racionalidad *f* rationalité.
racionalismo *m* rationalisme.
racionalista *adj y s* rationaliste.
racionalización *f* rationalisation.
racionalizar *v tr* rationaliser.
racionamiento *m* rationnement; *cartilla de racionamiento* carte de rationnement ‖ MIL distribution *f* de vivres.

racionar *v tr* rationner; *racionar el pan* rationner le pain ‖ MIL distribuer leur ration [aux soldats].
◆ *v pr* être rationné, e.
racionista *m y f* personne qui jouit d'un traitement ‖ rationnaire (racionado).
◆ *m* gagiste (en el teatro).
racismo *m* racisme.
racista *adj y s* raciste.
racha *f* rafale (ráfaga de viento) ‖ FIG série | vague; *una racha de triunfos* une vague de triomphes ‖ FIG & FAM·courte période de chance (en el juego) | — FIG & FAM *estar de racha, tener una buena racha* avoir de la veine, être en veine | *tener una mala racha* être dans une mauvaise passe.
rada *f* rade.
radar *m* radar.
radiación *f* FÍS radiation ‖ *poder de radiación* pouvoir de rayonnement.
radiactinio; radioactinio *m* QUÍM radio-actinium.
radiactividad; radioactividad *f* radioactivité.
radiactivo, va; radioactivo, va *adj* radioactif, ive.
radiado, da *adj y s m* BOT radié, e ‖ ZOOL radiaire (animal).
◆ *adj* diffusé, e; retransmis, e; radiodiffusé, e.
radiador *m* radiateur; *radiador de gas* radiateur à gaz.
radial *adj* radial, e.
radián *m* radian (unidad angular).
radiante *adj* radiant, e; rayonnant, e; *calor radiante* chaleur rayonnante ‖ FIG rayonnant, e; radieux, euse; *rostro radiante* visage radieux ‖ — *radiante de alegría* radieux, rayonnant de joie ‖ *superficie radiante* surface de rayonnement.
radiar *v intr* irradier, émettre des radiations *o un* rayonnement.
◆ *v tr* irradier, soumettre à des radiations ‖ RAD retransmettre, radiodiffuser, diffuser ‖ MED traiter par des rayons.
radicación *f* enracinement *m*, radication (arraigamiento) ‖ FIG établissement *m*.
radical *adj y s m* radical, e; *medios radicales* moyens radicaux.
radicalismo *m* radicalisme (política radical).
radicalista *adj y s* radical, e; radicaliste.
radicalización *f* radicalisation.
radicalizar *v tr* radicaliser.
◆ *v pr* se radicaliser.
radicalsocialismo *m* radical-socialisme.
radicalsocialista *adj y s* radical-socialiste.
radicando *m* MAT radicande.
radicante *adj* enraciné, e ‖ FIG issu, e; émanant, e ‖ radicant, e (de muchas raíces).
radicar *v intr* résider; *radicado en Madrid* résidant à Madrid ‖ se trouver, être situé, e; *una finca que radica en la provincia de Guadalajara* une propriété qui se trouve dans la province de Guadalajara ‖ FIG *radicar en* résider dans, être dû à, tenir à.
◆ *v pr* s'établir, se domicilier (domiciliarse) ‖ s'enraciner (arraigarse).
radícula *f* BOT radicule.
radicular *adj* radiculaire.
radiestesia *f* radiesthésie.

radiestesista *m y f* radiesthésiste.
radio *m* rayon; *radio de curvatura* rayon de courbure ‖ rayon (de una rueda) ‖ FIG rayon; *radio de acción* rayon d'action; *en un radio de cien kilómetros* dans un rayon de cent kilomètres ‖ ANAT radius (hueso) ‖ QUÍM radium (metal) ‖ — *radio de giro* rayon de braquage (de un vehículo) ‖ BOT *radio medular* rayon médullaire ‖ *radio vector* rayon vecteur.
◆ *f* radio, poste *m* de radio (aparato) ‖ — *dirección por radio* radiocommande ‖ *radio galena* poste à galène ‖ *señalar por radio* radiobaliser ‖ *técnico de radio* radio-électricien, radioélectricien.
radioactinio *m* QUÍM → **radiactinio**.
radioactividad *f* → **radiactividad**.
radioactivo, va *adj* → **radiactivo**.
radioaficionado, da *m y f* radio-amateur, radio amateur (sin femenino) ‖ cibiste.
radioalineación *f* AVIAC & MAR radioalignement *m*.
radioastronomía *f* radioastronomie.
radiobaliza *f* radiobalisage *m*.
radiocanal *m* radiocanal, canal radioélectrique.
radiocasete *m* radiocassette *f*.
radiocirugía *f* radiochirurgie.
radiocobalto *m* radiocobalt.
radiocomunicación; radiotelecomunicación *f* radiocommunication.
radioconductor *m* radioconducteur.
radiocontrol *m* radiocommande *f*.
radiodespertador *m* radioréveil, radio-réveil.
radiodifusión *f* radiodiffusion; *estación de radiodifusión* station de radiodiffusion.
radiodifusor, ra *adj* de radiodiffusion; *estación radiodifusora* station de radiodiffusion.
radiodirector *m* radiocommande *f*, système de radioguidage (radiomando, radioguía).
radioelectricidad *f* radioélectricité.
radioeléctrico, ca *adj* radioélectrique.
radioelemento *m* radioélément.
radioemisión *f* radiodiffusion.
radioemisora *f* station de radiodiffusion, poste *m* émetteur.
radioenlace *m* faisceau hertzien.
radioescucha *m y f* auditeur, trice (de la radio).
radioespectro *m* spectre des fréquences radioélectriques.
radiofaro *m* radiophare.
radiofonía *f* radiophonie.
radiofónico, ca *adj* radiophonique ‖ *crónica radiofónica, reportaje radiofónico* radioreportage.
radiofrecuencia *f* radiofréquence.
radiogoniometría *f* radiogoniométrie.
radiogoniómetro *m* radiogoniomètre, radiocompas.
radiografía *f* radiographie, radio (*fam*) ‖ *hacerse una radiografía* se faire faire une radio, passer à la radio.
radiografiar *v tr* radiographier.
radiográfico, ca *adj* radiographique.
radiograma *m* radiogramme, radiotélégramme.
radiolocalización *f* radiodétection, radiolocation, radiolocalisation.
radiología *f* MED radiologie.

radiológico, ca *adj* radiologique.
radiólogo, ga *m y f* MED radiologiste, radiologue.
radiomensaje *m* message radio.
radionavegación *f* radionavigation.
radionavegante *m* radionavigant.
radionovela *f* feuilleton *m* radiodiffusé.
radioonda *f* onde radio *o* radioélectrique.
radiooperador, ra *m y f* opérateur, trice radio.
radioprograma *m* programme radio *o* radiophonique.
radioquímica *f* radiochimie.
radioreloj *m* radioréveil, radio-réveil.
radiorreceptor *m* radiorécepteur.
radiorreportaje *m* radioreportage.
radioscopia *f* radioscopie.
radioseñal *f* signal *m* radio.
radioso, sa *adj* radieux, euse; rayonnant, e.
radiotaxi *m* radio-taxi.
radiotécnica *f* radiotechnique.
radiotelecomunicación *f* → **radiocomunicación**.
radioteledifusión *f* radiodiffusion (sonore et visuelle).
radiotelefonía *f* radiotéléphonie.
radiotelefónico, ca *adj* radiotéléphonique.
radioteléfono *m* radiotéléphone.
radiotelegrafía *f* radiotélégraphie.
radiotelegrafista *m y f* radiotélégraphiste.
radiotelevisado, da *adj* radiotélévisé, e.
radiotelevisión *f* radiotélévision.
radioterapeuta *m y f* radiothérapeute.
radioterapia *f* MED radiothérapie (rayos X) ‖ radiumthérapie (radium).
radiotransmisión *f* émission de radio.
radiotransmisor *m* poste émetteur, émetteur.
radiotransmitir *v tr* transmettre par radio, radiodiffuser.
radioyente *m y f* auditeur, trice (de la radio).
radón *m* QUÍM radon (gas).
RAE abrev de *Real Academia Española* Académie royale espagnole.
raer* *v tr* racler ‖ FAM râper, élimer (traje) ‖ FIG rayer (de una lista).
ráfaga *f* rafale (de viento) ‖ jet *m* [de lumière]; éclair *m* (golpe de luz) ‖ rafale (de ametralladora).
rafia *f* BOT raphia *m*.
rafting *m* DEP rafting.
raglán *m* raglan.
 ◆ *adj* raglan; *mangas raglán* manches raglan.
ragtime *f* MÚS ragtime.
raid *m* raid (incursión).
raído, da *adj* râpé, e; *traje raído* costume râpé.
raigambre *f* racines *pl* (de una planta) ‖ FIG racines *pl*, fondements *m pl* ‖ *costumbre de honda raigambre en Castilla* coutume profondément enracinée en Castille.
raíl; rail *m* rail (riel) ‖ *raíl guía* rail à gorge.
raimiento *m* raclage (acción) ‖ raclure *f* (resultado).
raíz *f* BOT racine ‖ ANAT racine (de un diente) ‖ GRAM racine ‖ MAT racine; *raíz cuadrada, cúbica, irracional* ou *sorda* racine carrée, cubique, irrationnelle ‖ — BOT *raíz adventicia, pivotante* ou *columnar* ou *nabiforme* racine adventive, pivotante ‖ — *a raíz de* à la suite de, aussitôt après, tout de suite après ‖ *bienes raíces* biens-fonds ‖ — FIG *arrancar* ou *cortar de raíz* déraciner (árbol), extirper (abuso), couper à la racine *o* dans sa racine (mal) ‖ *echar raíces* prendre racine, jeter des racines (una planta), s'ancrer (instalarse) ‖ FIG *sacar de raíz* extirper | *tener raíces* être enraciné; *la virtud tiene raíces profundas en su corazón* la vertu est profondément enracinée dans son cœur.
raja *f* tranche (de melón, sandía, salchichón, etc.); *hacer rajas* couper des tranches ‖ coupure (cortadura) ‖ fente (hendidura) ‖ fente (de chaqueta) ‖ fêlure (en un plato) ‖ fissure (grieta) ‖ bois *m* sur quartier, rondin *m* fendu (leño).
rajá *m* rajah, radjah (soberano de la India).
rajada *f* *(amer)* poltronnerie, lâcheté.
rajado, da *adj y s* FIG & FAM dégonflé, e.
rajamiento *m* FAM dégonflage, reculade *f*.
rajar *v tr* couper en tranches; *rajar un melón* couper un melon en tranches ‖ fendre (hender) ‖ POP piquer, planter (herir con arma blanca) ‖ *(amer)* POP virer (despedir).
 ◆ *v intr* FAM se vanter, en étaler (jactarse) | jacasser (parlotear) | rouspéter (refunfuñar) ‖ *(amer)* FAM foncer (correr) | *salir rajando* filer (salir a toda velocidad).
 ◆ *v pr* se fendre ‖ FAM se dégonfler (acobardarse).
rajatabla (a) *adv* point par point, rigoureusement.
ralea *f* espèce, race (raza) ‖ engeance; *mala ralea* mauvaise engeance ‖ proie spécifique (de aves de cetrería) ‖ — *de baja ralea* de bas étage ‖ *gente de la misma ralea* gens du même acabit *o* à mettre dans le même sac.
ralear *v intr* s'éclaircir; *esta tela ya ralea* ce tissu s'éclaircit déjà ‖ ne pas être bien venu (racimo de uva).
ralentí *m* CINEM ralenti (cámara lenta) ‖ ralenti (motor); *funcionar al ralentí* marcher au ralenti.
ralo, la *adj* rare, clairsemé, e (pelo, árboles) ‖ espacé, e (dientes) ‖ mince (tela) ‖ espacé, e; disséminé, e (diseminado).
rallado, da *adj* râpé, e; *queso rallado* fromage râpé.
 ◆ *m* râpage.
rallador *m* râpe *f* (rallo).
ralladura *f* râpure.
rallar *v tr* râper; *rallar queso* râper du fromage ‖ FIG & FAM raser (molestar).
rallo *m* râpe *f* (rallador) ‖ alcarazas, gargoulette *f* (vasija).
rallye *m* rallye.
RAM abrev de *Random access memory* RAM, mémoire vive.
rama *f* branche ‖ FIG branche; *las diferentes ramas del saber* les différentes branches du savoir | branche (de una familia) ‖ IMPR ramette ‖ MAT branche (de una curva) ‖ — *en rama* brut (no manufacturado); *algodón en rama* coton brut ‖ — FIG & FAM *andarse por las ramas* tourner autour du pot | *no andarse por las ramas* ne pas y aller par quatre chemins.
ramada *f* branchage *m*, ramure, ramée (ramaje).

ramadán *m* ramadan (noveno mes musulmán).
ramaje *m* branchage, ramure *f*, ramée *f* ‖ ramage (de una tela).
ramal *m* embranchement (de vía) ‖ branchement (derivación) ‖ ramification *f* (de una cordillera) ‖ tronçon (tramo) ‖ volée *f* (de escalera) ‖ brin (de cuerda) ‖ licou (ronzal) ‖ rameau (de mina) ‖ RAD brin ‖ — *ramal de conexión* bretelle (autopista) ‖ *ramal de trinchera* boyau.
ramalazo *m* coup de licou o de corde ‖ rafale *f*, coup de vent (racha de viento) ‖ FIG marque *f* sur la peau ‖ — *tener un ramalazo de* avoir quelque chose de ‖ *tener un ramalazo de loco* avoir un grain de folie.
rambla *f* ravin *m* ‖ cours *m*, promenade, avenue (paseo) ‖ TECN perche (para los paños) ‖ *(amer)* quai *m* (muelle) ‖ *las Ramblas* les Rambles [avenue de Barcelone].
rameado, da *adj* à ramages; *tejido rameado* tissu à ramages.
ramera *f* prostituée.
ramificación *f* ramification (de un camino) ‖ FIG conséquence, suite, effet *m* (consecuencia) ‖ ramification, prolongement *m* (consecuencia más lejana) ‖ subdivision (subdivisión).
ramificado, da *adj* ramifié, e; rameux, euse.
ramificarse *v pr* se ramifier ‖ FIG se ramifier, se subdiviser (subdividirse).
ramilla *f* ramille ‖ FIG broutille.
ramillete *m* bouquet; *ramillete de flores* bouquet de fleurs ‖ FIG pièce *f* montée (pastel) ‖ surtout (de mesa) ‖ FIG recueil, collection *f*; *ramillete de máximas* recueil de maximes ‖ grappe *f*; *ramilletes de muchachas* des grappes de jeunes filles.
ramiza *f* branchages *m pl*; *cabaña de ramiza* hutte de branchages ‖ ramilles *pl* (támaras).
ramo *m* rameau (rama pequeña) ‖ bouquet; *ramo de flores* bouquet de fleurs ‖ gerbe *f* (ramillete grande); *ramo de gladíolos* gerbe de glaïeuls ‖ botte *f* (manojo de hierbas) ‖ FIG branche *f* (subdivisión) ‖ grain; *ramo de locura* grain de folie ‖ *domingo de Ramos* dimanche des Rameaux.
rampa *f* MED crampe (calambre) ‖ rampe (plano inclinado) ‖ *rampa de lanzamiento* rampe de lancement.
rampante *adj* BLAS rampant, e; *león rampante* lion rampant.
rampla *f* *(amer)* remorque.
ramplón, ona *adj* FIG vulgaire, quelconque, de mauvais goût; *artículo ramplón* article de mauvais goût; *tío ramplón* type quelconque ‖ pompier (sin femenino); *versos ramplones* des vers pompiers.
ramplonería *f* vulgarité, mauvais goût, grossièreté (vulgaridad).
Ramsés *n pr* Ramsès.
rana *f* grenouille; *ancas de rana* cuisses de grenouille ‖ tonneau *m* (juego) ‖ — *rana de zarzal* rainette ‖ *rana marina* ou *pescadora* baudroie, crapaud de mer (pejesapo) ‖ — FIG & FAM *cuando las ranas críen* ou *tengan pelos* quand les poules auront des dents, à Pâques ou à la Trinité ‖ *no ser una rana* ne pas être un imbécile ‖ *salir rana* rater; *mi proyecto ha salido rana* mon projet a raté; ne pas être ce qu'on espérait, ne pas être réussi.
rancio, cia *adj* rance ‖ FIG rance, vieux jeu *inv*; *una solterona un poco rancia* une vieille fille un peu rance ‖ ancien, enne; vieux, vieille; *rancia nobleza* ancienne noblesse; *de rancio abolengo* de vieille souche ‖ *ponerse rancio* rancir, devenir rance.
 ◆ *m* rance; *oler a rancio* sentir le rance ‖ rancio (vino) ‖ graisse *f* (del paño).
ranchera *f* *(amer)* chanson populaire.
ranchero *m* cuisinier (el que guisa el rancho) ‖ chef d'un campement ‖ *(amer)* fermier (dueño de un rancho).
rancho *m* soupe *f*, rata (comida de los soldados) ‖ FAM petit comité (grupo de personas) ‖ MAR carré d'équipage, poste (alojamiento) ‖ quart (marinos de servicio) ‖ rancho, ranch (finca en Norteamérica) ‖ *(amer)* chaumière, *f* (bohío) ‖ — *hacer rancho aparte* faire bande à part ‖ *rancho de carboneros* charbonnière ‖ *rebajar de rancho* donner un prêt franc.
rango *m* rang (categoría); *de alto* ou *mucho rango* de haut rang ‖ *(amer)* générosité *f*, libéralité *f* (generosidad) ‖ haridelle *f* (rocín) ‖ — *conservar* ou *mantener su rango* tenir son rang ‖ *tener rango de* avoir rang de.
Rangún *n pr* GEOGR Rangoon.
ranking *m* hit-parade, palmarès.
— OBSERV Cet anglicisme correspond aux termes espagnols *clasificación* ou *lista*.
ranúnculo *m* BOT renoncule *f*.
ranura *f* rainure ‖ fente (de un teléfono público, de una máquina tragaperras) ‖ — *hacer una ranura en* faire une rainure dans, rainer ‖ MECÁN *ranura de engrase* patte-d'araignée ‖ INFORM *ranura de expansión* slot d'extension.
rapacidad *f* rapacité.
rapador, ra *m y f* tondeur, euse.
 ◆ *m* FAM barbier, figaro (barbero).
rapapolvo *m* FAM savon (represión); *dar un rapapolvo a alguien* passer un savon à quelqu'un.
rapar *v tr* raser (afeitar) ‖ tondre, couper les cheveux ras (cortar el pelo al rape) ‖ FIG & FAM faucher, chiper (hurtar) ‖ TECN raser.
 ◆ *v pr* se raser (afeitarse) ‖ se faire tondre.
rapaz *adj y s* rapace.
 ◆ *m pl* ZOOL rapaces.
rapaz, za; rapazuelo, la *m y f* gamin, e; petit garçon, petite fille, gosse.
rape *m* ZOOL baudroie *f* (pez) ‖ rasage rapide (afeitado) ‖ — *al rape* ras; *pelo cortado al rape* cheveux coupés ras ‖ FIG & FAM *dar un rape* passer un savon (reprender).
rapé *m* rapé (tabaco en polvo).
rapidez *f* rapidité.
rápido, da *adj* rapide.
 ◆ *m* rapide (tren, río).
rapiña *f* rapine (hurto) ‖ *ave de rapiña* oiseau de proie.
rapiñar *v tr e intr* FAM rapiner (hurtar).
raposa *f* renard *m* (zorro) ‖ renarde (zorra) ‖ FIG & FAM renard *m*, vieux renard *m*.
raposo *m* renard (zorro) ‖ FIG renard, vieux renard (astuto).
rappel *m* COM rabais ‖ DEP rappel.
rapsodia *f* rhapsodie, rapsodie.
raptar *v tr* enlever (una persona).
rapto *m* enlèvement, rapt; *rapto de menores* enlèvement d'enfants ‖ extase *f*, ravissement (éxtasis) ‖ impulsion *f* (impulso) ‖ transport, élan

(transporte) ‖ accès (de cólera) ‖ MED syncope f‖ *el rapto de las Sabinas* l'enlèvement des Sabines.

raptor, ra *adj y s* ravisseur, euse.

raqueta *f* raquette (de tenis, etc.) ‖ râteau *m* (de croupier) ‖ raquette (para andar por la nieve) ‖ sisymbre *m* (jaramago).

raquídeo, a *adj* rachidien, enne; *bulbo raquídeo* bulbe rachidien.

raquis *m* ANAT & BOT rachis.

raquítico, ca *adj y s* rachitique.

raquitismo *m* rachitisme.

raramente *adv* rarement (rara vez) ‖ étrangement (extrañamente) ‖ bizarrement (ridículamente).

rarefacción *f* raréfaction ‖ rareté (del aire).

rarefacto, ta *adj* raréfié, e.

rareza *f* rareté ‖ bizarrerie, extravagance (acción extravagante) ‖ *tener rarezas* avoir des drôles d'idées, être un peu bizarre.

rarísimo, ma *adj* rarissime.

raro, ra *adj* rare (poco frecuente) ‖ FIG bizarre, drôle, étrange (extraño); *una manera muy rara de expresarse* une façon bizarre *o* une drôle de façon de s'exprimer ‖ FIG rare (gas) ‖ — FIG *mirar como un bicho raro* regarder comme une bête curieuse | *¡qué cosa más rara!* c'est vraiment curieux! | *rara vez* rarement ‖ FIG *sentirse raro* se sentir tout drôle, ne pas être dans son assiette.

ras *m* *a ras de* au ras de ‖ *a ras de tierra* à ras de terre; en rase-mottes (avión) ‖ *ras con ras* au même niveau (al mismo nivel), ras à ras (tocando ligeramente).

rasante *adj* rasant, e; *tiro rasante* tir rasant ‖ en rase-mottes (vuelo).
◆ *f* pente, inclinaison (de un camino) ‖ *cambio de rasante* haut d'une côte.

rasar *v tr* raser; *rasar el suelo* raser le sol ‖ rader, racler (pasar el rasero) ‖ AVIAC *rasando el suelo* en rase-mottes.

rasca *f* (amer) ivresse, cuite (borrachera).
◆ *adj y s* (amer) misérable, démuni, e (sin recursos).

rascacielos *m inv* gratte-ciel (edificio).

rascada *f* (amer) grattement *m*.

rascado, da *adj* gratté, e ‖ irritable, impatient, e ‖ FAM effronté, e (atrevido).

rascador *m* grattoir, raclette *f* (raedera) ‖ épingle *f* à cheveux ornée de pierreries ‖ frottoir (para las cerillas) ‖ AGRIC égreneuse *f* (para desgranar) ‖ MIL rugueux (de una granada) ‖ AUTOM *rascador de aceite* racleur d'huile.

rascar *v tr* gratter (con la uña) ‖ racler (raspar) ‖ FAM gratter, racler (la guitarra) ‖ FIG *el comer y el rascar, todo es empezar* l'appétit vient en mangeant.
◆ *v pr* se gratter ‖ (amer) s'enivrer (emborracharse) ‖ — FIG *a quien le pique que se rasque* qui se sent morveux se mouche, qui se sent galeux se gratte | *rascarse los bolsillos* racler les fonds de tiroirs *o* ses fonds de poche.

rasera *f* écumoire.

rasero *m* radoire *f*, racloire *f*‖ FIG *medir por el mismo rasero* mettre sur le même pied *o* sur un pied d'égalité.

rasgado, da *adj* déchiré, e ‖ FIG fendu, e (boca) | en amande, de biche, fendu, e (ojos).
◆ *m* déchirure *f* (rasgón).

rasgar *v tr* déchirer (romper).
◆ *v pr* (amer) mourir.

rasgo *m* trait ‖ *rasgo de ingenio* trait de génie.
◆ *pl* traits (du visage) ‖ — *explicar a grandes rasgos* expliquer dans les grandes lignes *o* à grands traits.

rasgón *m* déchirure *f*.

rasgueado *m* arpège sur une guitare.

rasguear *v tr* plaquer des accords *o* des arpèges sur [un instrument à cordes].
◆ *v intr* faire des traits de plume.

rasguñar *v tr* égratigner (arañar) ‖ esquisser, croquer (un boceto).

rasguño *m* égratignure *f* (arañazo); *salir sin un rasguño* s'en tirer sans une égratignure ‖ éraflure *f* (superficial) ‖ esquisse *f*, croquis (boceto).

rasilla *f* mousseline de laine (tela) ‖ brique creuse (ladrillo).

raso, sa *adj* ras, e ‖ plat, e (llano) ‖ découvert, e; dégagé, e; *cielo raso* ciel découvert ‖ simple; *soldado raso* simple soldat ‖ sans dossier (sin respaldo) ‖ — *al raso* à la belle étoile (al aire libre), ras (muy corto) ‖ *cielo raso* faux plafond (techo) ‖ *en campo raso* en rase campagne ‖ *hacer tabla rasa* faire table rase.
◆ *m* satin (tela).

raspa *f* arête (de un pescado) ‖ BOT axe *m* (eje) ‖ rafle (escobajo) ‖ (amer) réprimande, savon *m* (reprimenda) | voleur *m*, filou *m* (ratero).

raspado *m* MED curetage ‖ raclage (raedura) ‖ raturage (para borrar).

raspador *m* grattoir (para raspar lo escrito) ‖ TECN racloir, raclette *f*, curette *f* ‖ rabot (de mina).

raspadura *f* grattage *m* ‖ raclage *m* (raspado) ‖ râpage *m* (rallado) ‖ raturage *m* (para borrar) ‖ raclure, râpure, gratture (residuo del raspado) ‖ (amer) cassonade.

raspar *v tr* gratter ‖ racler (para quitar una parte superficial) ‖ racler le gosier (un vino, licor, etc.) ‖ voler, chiper (hurtar) ‖ raturer ‖ TECN râper ‖ (amer) réprimander, gronder (reprender) ‖ *raspando* de justesse; *aprobar raspando* être reçu de justesse.

rasposo, sa *adj* râpeux, euse (áspero) ‖ (amer) misérable (pobre).

rastra *f* trace, traînée (huella) ‖ fardier *m* (carro) ‖ herse (grada) ‖ chapelet *m* (de fruta seca) ‖ (amer) boucle de ceinture ronde des gauchos ‖ — *a la rastra, a rastras* en traînant, en faisant glisser (arrastrando), à contrecœur (de mal grado) ‖ FAM *andar a rastras* se traîner ‖ *ir a rastras de uno* être à la remorque de quelqu'un | *llevar a rastras* traîner; *llevar a alguien a rastras al médico* traîner quelqu'un chez le médecin; avoir à la traîne; *llevo dos asignaturas a rastras* j'ai deux matières à la traîne.

rastreador, ra *adj* qui suit la trace.

rastrear *v tr* suivre la piste de, suivre à la trace ‖ traîner au fond de l'eau (en la pesca) ‖ vendre (la viande), au marché.
◆ *v intr* raser le sol (un avión) ‖ AGRIC râteler ‖ FIG s'informer, enquêter.

rastreo *m* traînement ‖ AGRIC râtissage, râtelage (con el rastrillo), hersage (con la grada).

rastreramente *adv* bassement.

rastrero, ra *adj* rampant, e; *animal rastrero* animal rampant ‖ FIG rampant, e; vil, e; *carácter ras-*

rastrillado

trero caractère rampant | vil, e (conducta) | terre à terre; *ambiciones rastreras* ambitions terre à terre ‖ BOT rampant, e (tallo) ‖ *perro rastrero* limier.
◆ *m* employé des abattoirs ‖ marchand de bestiaux.

rastrillado *m* râtelage (en el campo) ‖ ratissage (en jardines) ‖ peignage (de textiles).

rastrillador, ra *m y f* râteleur, euse ‖ peigneur, euse (de textiles).
◆ *f* AGRIC herse.

rastrillar *v tr* ratisser; *rastrillar las avenidas de un jardín* ratisser les allées d'un jardin ‖ AGRIC râteler, racler (con el rastro) | herser (con la grada) ‖ TECN peigner (cáñamo, lino) ‖ *(amer)* tirer (disparar) | gratter (un fósforo).

rastrillo *m* peigne (para el cáñamo, el lino) ‖ râteau (rastro) ‖ petit marché aux puces (mercadillo) ‖ MIL herse *f* (de fortificación) ‖ TEATR herse *f* ‖ TECN râteau (de cerradura).

rastro *m* AGRIC râteau (para recoger hierba, paja, etc.) | herse *f* (grada) | marcotte *f* (mugrón) ‖ abattoir (matadero) ‖ FIG trace *f*; *ni rastro de* pas trace de; *no encontrar rastro de* ne pas trouver trace de | piste; *seguir el rastro* suivre à la piste ‖ *el Rastro* le marché aux puces (en Madrid).

rastrojar *v tr* AGRIC chaumer, déchaumer.

rastrojo *m* chaume (paja) ‖ chaumes *pl* (campo segado) ‖ *(amer)* buisson.

rasurador *m* rasoir électrique.

rasurar *v tr* (*p us*) raser (afeitar).

rata *f* rat *m* (mamífero roedor); *rata de alcantarilla* rat d'égout | rate, femelle du rat (hembra) ‖ — *rata almizclada* rat musqué, ondatra ‖ *rata blanca* souris blanche ‖ *rata de agua* rat d'eau ‖ *rata de campo* rat des champs ‖ FIG & FAM *rata de hotel* rat d'hôtel (hombre), souris d'hôtel (mujer) ‖ *rata de sacristía* grenouille de bénitier ‖ — *(amer) hacerse la rata* faire l'école buissonnière ‖ FIG & FAM *más pobre que las ratas* ou *que una rata* pauvre comme Job | *no había ni una rata* il n'y avait pas un chat | *no mataría ni a una rata* il ne ferait pas de mal à une mouche | *no se salvó ni una rata* ils y sont tous passés, aucun n'en a réchappé.

ratafía *f* ratafia *m* (licor).

rataplán *m* rataplan (del tambor).

ratear *v intr* se traîner ‖ AUT avoir des ratés.
◆ *v tr* chaparder, voler (robar) ‖ distribuer au prorata.

ratería *f* filouterie, filoutage *m*, vol *m*.

ratero, ra *adj* bas, basse; vil, e; rampant, e (despreciable) ‖ voleur, euse (ladrón) ‖ — *perro ratero* ratier ‖ *un tío ratero* un filou.
◆ *m y f* voleur, euse; filou (sin femenino) ‖ pickpocket *m* (carterista) ‖ *ratero de hotel* rat d'hôtel.

raticida *m* raticide.

ratificación *f* ratification ‖ DR récolement (de testigos).

ratificar *v tr* ratifier ‖ DR récoler.
◆ *v pr* être ratifié, e.

rating *m* audimat.

ratio *m* ratio (en contabilidad).

rato *adj m* non encore consommé (matrimonio).

rato *m* moment, instant; *salió hace un rato* il est sorti il y a un moment ‖ — *a cada rato* à chaque *o* à tout instant ‖ *al poco rato* peu de temps après ‖

a ratos par moments ‖ *a ratos perdidos, en los ratos perdidos* à ses moments perdus ‖ *a ratos... y a ratos* tour à tour; *a ratos está sonriente y a ratos serio* il est tour à tour souriant et sérieux ‖ *de rato en rato* de temps en temps ‖ *(amer) hasta cada rato* à bientôt, à tout à l'heure (hasta luego) ‖ FAM *¡hasta otro rato!* à la prochaine!, à bientôt! (hasta luego) ‖ *un buen rato* un bon moment ‖ FIG & FAM *un rato* rudement, drôlement, bigrement, terriblement; *esta película es un rato buena* ce film est drôlement bien ‖ — *dar un mal rato* faire passer un mauvais quart d'heure ‖ *hace mucho rato que* il y a longtemps que ‖ FAM *hay para rato* il y en a pour un bon moment ‖ *para pasar el rato* pour passer le temps ‖ *pasar un mal rato* passer un mauvais quart d'heure *o* un mauvais moment ‖ FAM *saber un rato de* être drôlement fort en | *tener ratos* avoir de bons moments (persona).

ratón *m* souris *f* (animal) ‖ — *ratón almizclero* rat musqué ‖ *ratón campesino* mulot ‖ — FAM *es un ratón de biblioteca* c'est un rat de bibliothèque ‖ *más vale ser cabeza de ratón que cola de león* il vaut mieux être le premier dans son village que le second à Rome.

ratoncillo *m* raton, petite souris *f*.

ratoncito *m* (*amer*) colin-maillard (juego) ‖ FAM *el ratoncito Pérez* le petite souris (personaje infantil).

ratonera *f* souricière (trampa para ratones) ‖ ratière, piège *m* à rats (trampa para ratas) ‖ trou *m* de souris (madriguera del ratón) ‖ *(amer)* masure (casucha) ‖ FIG & FAM *caer en la ratonera* tomber dans le piège, se jeter dans une souricière.

ratonero, ra; ratonesco, ca; ratonil *adj* souriquois, e; trotte-menu *inv*; *la raza ratonil* la gent trotte-menu ‖ *música ratonera* musique de chiens et de chats, cacophonie.

RAU abrev de *República Árabe Unida* R.A.U., République arabe unie.

rauco, ca *adj* POÉT rauque (ronco).

raudal *m* torrent (corriente de agua) ‖ FIG torrent; *un raudal de lágrimas* un torrent de larmes | flot; *raudales de luz* des flots de lumière ‖ *a raudales* à flots.

raudo, da *adj* rapide, violent, e.

ravioles; raviolis *m pl* ravioli.

raya *f* raie (señal) ‖ raie (del peinado) ‖ rayure (lista); *camisa a rayas* chemise à rayures ‖ pli *m* (del pantalón) ‖ rayure (de un arma de fuego) ‖ tiret *m* (en un escrito) ‖ limite (límite) ‖ trait *m* (alfabeto Morse) ‖ ZOOL raie (pez) ‖ ligne (de cocaína) ‖ *(amer)* paie, salaire *m* (sueldo) | palet *m* (juego) ‖ — FIG & FAM *cruz y raya* c'est fini, qu'il n'en soit plus question, l'affaire est close ‖ *tres en raya* marelle (juego de niños) ‖ — FIG & FAM *dar ciento y raya* ou *quince y raya* a damer le pion à, être très supérieur à, être cent fois *o* nettement mieux que, faire la pige à | *mantener a raya* tenir à distance (un inferior), tenir en respect | *pasar la raya* mordre la ligne (atletismo) ‖ FIG *pasarse de la raya* dépasser les bornes | *poner raya a* mettre un frein à.

rayado, da *adj* rayé, e (cañón, papel).
◆ *m* rayure *f* (rayadura) ‖ réglure *f* (pauta) ‖ rayage (de un cañón).
◆ *adj y s (amer)* FAM fêlé, e; cinglé, e (loco).

rayano, na *adj* limitrophe ‖ *rayano en* proche de, près de.

rayar *v tr* rayer (tirar rayas, tachar) ‖ souligner (subrayar).

◆ *v intr* confiner, toucher, être limitrophe; *esta casa raya con la mía* cette maison confine à la mienne *o* est limitrophe de la mienne *o* touche à la mienne ‖ FIG confiner, toucher, friser; *este acto raya en la locura* cet acte confine à la folie *o* frise la folie | friser; *rayar en los cuarenta años* friser la quarantaine | côtoyer, friser; *rayar en lo ridículo* côtoyer le ridicule ‖ poindre (el día, el alba) ‖ — *al rayar el alba* au point du jour, à l'aube, au chant du coq ‖ FIG *rayar a gran altura* briller, se distinguer.
◆ *v pr* (amer) FAM tourner en bourrique (volverse loco).

rayo *m* rayon; *los rayos del sol* les rayons du Soleil ‖ rayon, rai; *un rayo de luz* un rai de lumière ‖ foudre *f* (meteoro); *ser alcanzado por el rayo* être frappé par la foudre | rayon (de la rueda) ‖ foudre, carreau; *los rayos de Júpiter* les carreaux de Jupiter ‖ FIG vif-argent; *esta niña es un rayo* cette enfant est du vif-argent ‖ — *rayo incidente* rayon incident ‖ *rayo láser* rayon laser ‖ *rayo reflejo* rayon réfléchi ‖ *rayo textorio* navette de tisserand ‖ *rayo verde* rayon vert ‖ — *rayos catódicos* rayons cathodiques ‖ *rayos cósmicos* rayons cosmiques ‖ *rayos gamma* rayons gamma ‖ *rayos infrarrojos* rayons infrarouges ‖ *rayos ultravioleta* rayons ultraviolets ‖ *rayos X* rayons X ‖ — FIG *con la velocidad del rayo* comme la foudre, comme un éclair | *más vivo que un rayo* vif comme l'éclair ‖ — *arrojar rayos* darder ses rayons ‖ *caer fulminado por un rayo* tomber foudroyé, être foudroyé ‖ FIG *echaba rayos por los ojos* ses yeux lançaient des éclairs | *echar rayos y centellas* être furibond *o* furieux | *mal rayo me parta si* que le diable m'emporte si...! | *¡que le parta un rayo!* que le diable l'emporte!, qu'il aille se faire pendre ailleurs! | *salir como un rayo* partir comme un trait | *temer a uno como al rayo* craindre quelqu'un comme la foudre | *¡y a mí que me parta un rayo!* et moi alors!

rayón *m*; **rayona** *f* rayonne *f* (tejido).

rayuela *f* petite raie | palet *m* (juego).

raza *f* race; *raza negra* race noire ‖ FAM gent; *la raza ratonil* la gent trotte-menu ‖ VETER seime ‖ *de raza* racé, e (animal).

razón *f* raison ‖ raison, cause, motif *m* (motivo) ‖ commission (recado); *llevar una razón* faire une commission ‖ MAT rapport *m*, relation (proporción), raison (de una progresión) ‖ — MAT *razón aritmética* ou *por diferencia* raison d'une suite arithmétique, raison par différence ‖ FIG *razón de cartapacio* mauvaise raison ‖ *razón de Estado* raison d'État ‖ *razón de más para* raison de plus pour ‖ FAM *razón de pie de banco* raisonnement boiteux *o* tordu ‖ *razón de ser* raison d'être ‖ MAT *razón directa, inversa* raison directe, inverse | *razón geométrica* ou *por cociente* raison d'une suite géométrique, raison par quotient ‖ *razón natural* raison naturelle ‖ *razón social* raison sociale ‖ — *a razón de* à raison de ‖ *cerrado por vacaciones — razón: café La Perla* fermé pour cause de vacances — s'adresser au café La Perla ‖ *con mayor razón* à plus forte raison ‖ *con razón* à juste titre, avec raison; *se ha quejado con razón* il s'est plaint à juste titre; et pour cause (claro) ‖ *con razón o sin ella* à tort ou à raison ‖ *en razón a* ou *de* en raison de ‖ *por una razón o por otra* pour une raison ou pour une autre ‖ *sin razón* sans raison, à tort ‖ *uso de razón* usage de la raison ‖ — *asistirle a uno la razón* avoir la raison pour soi ‖ *atenerse* ou *avenirse a razones* entendre raison, se rendre à la raison ‖ *con razón que le sobra, con toda la razón, con mucha razón* à (très), juste titre ‖ *dar la razón a uno* donner raison à quelqu'un ‖ *dar razón de* renseigner sur ‖ *entrar en razón* entendre raison ‖ *estar cargado de razón* avoir entièrement raison (persona), être fondé (argumento) ‖ *lo hizo con mucha razón* il a très bien fait, il a eu entièrement raison de le faire ‖ *meter* ou *poner* ou *hacer entrar en razón a* faire entendre raison à, mettre à la raison ‖ *no hay razón que valga* il n'y a pas de raison qui tienne ‖ *no tener razón* avoir tort, ne pas avoir raison ‖ *obras son amores, que no buenas razones* il n'y a que les faits qui comptent ‖ *perder la razón* perdre la raison ‖ *ponerse en razón* se montrer raisonnable ‖ *quitar la razón a alguien* donner tort à quelqu'un ‖ *reducirse a la razón* se rendre à la raison ‖ *tener razón* avoir raison; *usted tiene toda la razón* vous avez tout à fait raison.

razonable *adj* raisonnable; *pretensión razonable* prétention raisonnable ‖ raisonnable, honnête; *precio razonable* prix honnête.

razonadamente *adv* d'une manière raisonnée, raisonnablement.

razonado, da *adj* raisonné, e.

razonamiento *m* raisonnement; *razonamiento fundado* raisonnement fondé.

razonar *v intr* raisonner; *razonar bien* raisonner bien *o* juste ‖ parler (hablar).
◆ *v tr* justifier; *razonar un informe* justifier un rapport.

RDA abrev de *República Democrática Alemana* R.D.A., République démocratique allemande.

re *m* MÚS ré.

reabrir *v tr* rouvrir.

reabsorbente *adj* résorbant, e.

reabsorber *v tr* réabsorber ‖ résorber.
◆ *v pr* se résorber.

reabsorción *f* réabsorption ‖ résorption.

reacción *f* réaction; *reacción en cadena* réaction en chaîne ‖ *avión de reacción* avion à réaction.

reaccionar *v intr* réagir ‖ QUÍM réagir.

reaccionario, ria *adj y s* réactionnaire.

reacio, cia *adj* rétif, ive; récalcitrant, e ‖ réticent, e; *se mostró reacio a su propuesta* il se montra réticent à sa proposition ‖ *reacio en* rétif à, peu enclin à.

reactivación *f* réactivation (de un suero) ‖ recrudescence (recrudescencia) ‖ reprise (de la Bolsa) ‖ relance (de la economía).

reactivar *v tr* relancer (la economía).

reactivo, va *adj y s m* réactif, ive.

reactor *m* FÍS & MECÁN réacteur ‖ avion à réaction (avión).

reacuñación *f* nouvelle frappe, nouvelle émission (de moneda).

reacuñar *v tr* refrapper (la moneda).

readaptación *f* réadaptation ‖ réadaptation, reconversion, reclassement *m*; *readaptación profesional* réadaptation professionnelle.

readaptar *v tr* réadapter ‖ reconvertir, reclasser (obreros).

readmisión *f* réadmission.

readmitir *v tr* réadmettre ‖ reprendre (a un empleado).

reafirmar *v tr* réaffirmer.

reagravación *f* nouvelle aggravation.
reagravar *v tr* aggraver de nouveau.
◆ *v pr* s'aggraver, empirer de nouveau.
reagrupación *f* regroupement *m*.
reagrupar *v tr* regrouper.
reajustar *v tr* rajuster, réajuster (los precios) ‖ remanier (las leyes, etc.).
reajuste *m* rajustement, réajustement; *reajuste de los salarios* le rajustement des salaires ‖ remaniement; *reajuste de un gobierno* remaniement d'un gouvernement.
real *adj* réel, elle (efectivo); *necesidades reales* besoins réels ‖ royal, e (del rey); *palacio real* palais royal; *estandartes reales* étendards royaux ‖ royal, e; *águila, tigre, pino real* aigle, tigre, pin royal ‖ FIG royal, e (regio) | beau, belle (hermoso); *un real mozo* un beau garçon | — *camino real* chemin royal *(ant)* grande route, grand-route (carretera), le plus court chemin (lo más corto) ‖ FAM *no me da la real gana de* je n'ai pas la moindre envie de ‖ *una real moza* une belle fille, un beau brin de fille.
◆ *m* réal (moneda de 25 céntimos); *dos reales* deux réaux ‖ champ de foire (ferial) ‖ MIL camp [dans ce sens, s'emploie aussi au pluriel] ‖ — *alzar* ou *levantar el real* ou *los reales* lever le camp ‖ *lo real* le réel ‖ FAM *no tener ni un real* ne pas avoir un sou | *no valer un real* ne pas valoir un sou | *sentar sus reales* dresser sa tente, établir son camp, s'installer, s'établir.
realce *m* relief; *bordar de realce* broder en relief ‖ FIG relief; *dar realce a su estilo* donner du relief à son style | éclat (esplendor); *dar realce a una fiesta* donner de l'éclat à une fête ‖ *poner de realce* mettre en relief.
realengo, ga *adj* du domaine royal ‖ *bienes de realengo* biens de la couronne o de l'État.
◆ *m (amer)* charge *f*, obligation *f* (carga).
realeza *f* royauté.
realidad *f* réalité ‖ *en realidad* en réalité.
realismo *m* réalisme (doctrina filosófica y artística) ‖ royalisme (fidelidad a la monarquía) ‖ — FILOS *realismo ingenuo, natural, volitivo* réalisme naïf, naturel, volitif ‖ POÉT *realismo mágico* réalisme magique ‖ *realismo socialista* réalisme socialiste.
realista *adj y s* réaliste (en arte, filosofía) ‖ royaliste (partidario de la monarquía).
realizable *adj* réalisable.
realización *f* réalisation ‖ réalisation (cine, televisión) ‖ mise en ondes (radio).
realizador, ra *adj y s* réalisateur, trice.
◆ *m* réalisateur, metteur en scène (cine) ‖ réalisateur (televisión) ‖ metteur en ondes (radio).
realizar *v tr* réaliser; *realizar un proyecto* réaliser un projet ‖ effectuer, faire; *realizar un viaje* effectuer un voyage; *realizar gestiones* faire des démarches ‖ DR réaliser; *realizar sus bienes* réaliser ses biens.
◆ *v pr* se réaliser; *sus esperanzas se realizaron* ses espoirs se sont réalisés ‖ avoir lieu, se réaliser (tener lugar).
realmente *adv* réellement, vraiment.
realquilado, da *adj* sous-loué, e.
realquilar *v tr* sous-louer (subarrendar).
realzado, da *adj* rehaussé, e.
realzar *v tr* surélever, relever, rehausser ‖ FIG rehausser, donner du relief à (una fiesta) | rehausser, mettre en valeur o en relief (belleza).

reanimación *f* réanimation, ranimation.
reanimar *v tr* ranimer, réanimer ‖ rallumer, ranimer (la llama olímpica) ‖ FIG remonter (vigorizar); *eso reanima* cela remonte ‖ *reanimar la conversación* relancer la conversation.
reanudación *f*; **reanudamiento** *m* reprise *f*; *reanudación de las relaciones diplomáticas* reprise des relations diplomatiques ‖ rentrée *f* (de las clases, del Parlamento).
reanudar *v tr* renouer; *reanudar una amistad* renouer une amitié ‖ reprendre; *reanudar una conversación* reprendre une conversation ‖ rétablir; *reanudar un servicio de autobuses* rétablir un service d'autobus ‖ — *reanudar el paso* se remettre en route, repartir ‖ *reanudar las clases* rentrer (los alumnos).
◆ *v pr* reprendre; *se reanudaron las conversaciones* les pourparlers ont repris.
reaparecer* *v intr* réapparaître ‖ faire sa rentrée (un artista, un político).
reaparición *f* réapparition ‖ rentrée (actor, político).
reapertura *f* réouverture ‖ rentrée (de cursos, etc.).
reargüir* *v tr* rétorquer.
rearmar *v tr* réarmer.
rearme *m* réarmement.
reasegurar *v tr* réassurer.
reaseguro *m* réassurance *f*.
reasentamiento *m* réinstallation *f*, transfert (colonos, refugiados).
reasumir *v tr* reprendre, réassumer, rentrer en possession de [une charge] ‖ RELIG réassumer.
reata *f* trait *m*, harnais *m* (correa) ‖ file, attelage *m* en file [de caballos ou de mulets] (hilera) ‖ mule attelée en flèche ‖ — *de reata* en file ‖ *enganche de reata* attelage en flèche.
reavivar *v tr* raviver.
rebaja *f* réduction, remise, ristourne (descuento) ‖ rabais *m*; *vender con rebaja* vendre au rabais.
rebajado, da *adj* rabaissé, e ‖ FIG rabaissé, e; humilié, e ‖ ARQ surbaissé, e ‖ assourdi, e (color).
◆ *m* réformé, exempté de service, conscrit dispensé du service militaire.
rebajador *m* FOT bain de virage, réducteur.
rebajamiento *m* rabaissement ‖ FIG abaissement, humiliation *f* ‖ ARQ surbaissement ‖ assourdissement (de los colores) ‖ FOT virage ‖ TECN ravalement (de la madera).
rebajar *v tr* baisser (bajar) ‖ rabattre, faire une réduction o un rabais de; *rebajar mil pesetas* rabattre mille pesetas ‖ mettre au rabais (mercancías, etc.) ‖ FIG rabaisser, abaisser, humilier (humillar) ‖ diminuer, réduire; *rebajarle el sueldo a uno* diminuer le traitement de quelqu'un ‖ ARQ surbaisser ‖ assourdir, rabattre (colores) ‖ FOT virer ‖ — *estar rebajado de gimnasia* être dispensé de gymnastique ‖ MIL *rebajar de rancho* donner un prêt franc.
◆ *v pr* s'abaisser, se rabaisser ‖ se porter malade (un empleado) ‖ MIL être exempté o dispensé; *Pérez se rebajó de la faena de cocina* Pérez a été dispensé de la corvée de cuisine.
rebalsar *v tr e intr* retenir les eaux, faire un barrage.
◆ *v pr* former une nappe d'eau stagnante, stagner.

rebalse *m* barrage (presa) ‖ mare *f*, eau *f* stagnante.

rebanada *f* tranche; *rebanada de pan* tranche de pain ‖ *(amer)* toast *m*, rôtie (picatoste) ‖ *rebanada de pan con mantequilla, mermelada, etc.* tartine de beurre, de confiture, etc.

rebanar; rebanear *v tr* couper en tranches ‖ couper, trancher (cortar).

rebañadura *f* reste *m*, fond *m* du plat *o* de la casserole.

rebañar *v tr* manger *o* ramasser les restes de, gratter les fonds de [casserole] ‖ *rebañar con pan* saucer son pain.

rebaño *m* troupeau (ganado) ‖ FIG ouailles *f pl*, troupeau (congregación de fieles).

rebasar *v tr* dépasser, aller au-delà de; *el éxito rebasó nuestros pronósticos* le succès a dépassé nos prévisions ‖ MAR doubler (cabo) ‖ *(amer)* dépasser, doubler (automóvil) ‖ *rebasar los límites* dépasser les bornes *o* les limites.

rebatible *adj* réfutable.

rebatimiento *m* réfutation *f*.

rebatir *v tr* réfuter (un argumento, etc.); *rebatir un error* réfuter une erreur ‖ repousser (rechazar) ‖ parer (un golpe) ‖ baisser (rebajar).

rebato *m* tocsin, alarme *f*; *tocar a rebato* sonner le tocsin *o* l'alarme ‖ MIL attaque *f* par surprise (ataque repentino).

rebautizar *v tr* rebaptiser.

rebeca *f* cardigan *m* (jersey).

rebeco *m* chamois, isard (gamuza).

rebelarse *v pr* se rebeller, se révolter; *rebelarse contra el gobierno* se rebeller contre le gouvernement ‖ se rebeller, se rebiffer *(fam)*; *este chico acabó rebelándose contra su padre* ce garçon a fini par se rebeller contre son père.

rebelde *adj y s* rebelle ‖ DR contumace, contumax.

rebeldía *f* rébellion, révolte ‖ DR contumace ‖ — DR *condenado en rebeldía* condamné par défaut *o* par contumace ‖ *declararse en rebeldía* être en rébellion (sublevarse), faire défaut, ne pas comparaître (en un juicio) ‖ *sentencia en rebeldía* jugement par défaut.

rebelión *f* rébellion ‖ révolte; *La rebelión de las masas* La Révolte des masses (obra de Ortega y Gasset).

rebenque *m* fouet (látigo) ‖ MAR raban (cuerda) ‖ *(amer)* fouet [à large lanière de cuir et manche court] ‖ MAR *sujetar con rebenques* rabanter.

rebién *adv* fort bien.

reblandecer* *v tr* ramollir (ablandar).

◆ *v pr* se ramollir.

reblandecimiento *m* ramollissement ‖ MED ramollissement; *reblandecimiento cerebral* ramollissement cérébral.

rebobinado *m* réenroulement, rebobinage.

rebobinar *v tr* rebobiner.

rebollar; rebolledo *m* rouvraie *f*.

rebonito, ta *adj* FAM très joli, e; ravissant, e.

reborde *m* rebord; *en el reborde* sur le rebord.

rebosante *adj* débordant, e; *estar rebosante de vitalidad* être débordant de vitalité ‖ resplendissant, e; *rebosante de salud* resplendissant de santé.

rebosar *v intr* déborder (un recipiente) ‖ FIG déborder; *rebosar de entusiasmo* déborder d'enthousiasme | regorger; *rebosar de riquezas* regorger de richesses ‖ — FIG *rebosar de alegría* être rayonnant de bonheur, déborder de joie | *rebosar de salud* être resplendissant de santé.

rebotar *v intr* rebondir; *la pelota rebotó en el suelo* la balle a rebondi par terre.

◆ *v tr* river (un clavo) ‖ rebrousser (los paños) ‖ repousser (rechazar) ‖ FAM irriter, mettre hors de soi.

◆ *v pr* se troubler (turbarse) ‖ se fâcher (irritarse).

rebote *m* rebond, rebondissement (de la pelota) ‖ ricochet (balas *o* piedras) ‖ *de rebote* par ricochet.

rebotica *f* arrière-boutique (de una farmacia).

rebozado, da *adj* CULIN pané, e.

rebozar *v tr* couvrir le visage (de quelqu'un), avec son manteau *o* sa cape ‖ CULIN paner, enrober (pescado, frituras).

◆ *v pr* se couvrir le visage avec son manteau.

rebozo *m* façon *f* de porter son manteau en se couvrant le visage ‖ mantille *f* (mantilla) ‖ FIG prétexte ‖ — *de rebozo* en cachette ‖ *sin rebozo* ouvertement, franchement.

rebramo *m* bramement (del ciervo).

rebrotar *v intr* repousser (retoñar).

rebrote *m* pousse *f*, rejeton ‖ FIG renouveau.

rebueno, na *adj* FAM très bon, très bonne.

rebufar *v intr* gronder de nouveau (un animal).

rebufo *m* explosion *f* (de un arma de fuego).

rebujar *v tr* → **arrebujar**.

rebullicio *m* tumulte, remue-ménage.

rebuscado, da *adj* recherché, e ‖ FIG précieux, euse; recherché, e (estilo).

rebuscador, ra *adj y s* chercheur, euse ‖ grappilleur, euse (de uvas) ‖ glaneur, euse (espigador).

rebuscamiento *m* recherche *f* (afectación).

rebuscar *v tr* rechercher ‖ glaner (espigar) ‖ grappiller (en las viñas).

rebuznar *v intr* braire.

rebuzno *m* braiment.

recabar *v tr* obtenir; *recabar fondos para* obtenir des fonds pour ‖ demander, solliciter (solicitar) ‖ *recabar toda la atención* retenir toute l'attention.

recadero, ra *m y f* commissionnaire.

◆ *m* garçon de courses.

recado *m* commission *f*; *enviar un recado* faire une commission; *le daré el recado* je lui ferai la commission ‖ message (mensaje) ‖ accessoires *pl*; *recado de pesca* accessoires de pêche ‖ *(amer)* selle *f* ‖ — FAM *llevar recado* avoir reçu une semonce ‖ *recado de escribir* écritoire.

recaer* *v intr* retomber ‖ rechuter (un enfermo) ‖ FIG retomber, rejaillir; *la culpa recae sobre él* la faute retombe sur lui | retomber; *la conversación recae siempre sobre el mismo tema* la conversation retombe toujours sur le même sujet | échoir; *el premio recayó en el más digno* le prix échut au plus digne.

recaída *f* rechute ‖ *tener una recaída* faire une rechute, rechuter.

recalada *f* MAR atterrissage *m*.

recalar *v tr* pénétrer dans.

◆ *v intr* nager sous l'eau (bucear) ‖ MAR atterrir, arriver en vue d'un point de la côte ‖ *(amer)* arriver (llegar).

recalcar *v tr* serrer, presser (apretar) ‖ bourrer (rellenar) ‖ FIG souligner; *recalcar la importancia* souligner l'importance ǀ appuyer, mettre l'accent sur; *recalcar una frase, una sílaba* appuyer sur une phrase, sur une syllabe ǀ appuyer; *siempre he pensado lo mismo, recalcó su primo* j'ai toujours pensé la même chose, appuya son cousin ǀ ressasser, rabâcher, répéter; *siempre está recalcando lo mismo* il est toujours en train de rabâcher la même chose.
◆ *v intr* MAR donner de la bande.
◆ *v pr* s'asseoir commodément, s'acagnarder (arrellanarse).
recalcificación *f* recalcification.
recalcitrante *adj* récalcitrant, e (reacio).
recalcitrar *v intr* reculer (retroceder) ‖ FIG regimber, se montrer récalcitrant, e (resentir).
recalentador *m* réchauffeur (calentador de agua) ‖ TECN surchauffeur, resurchauffeur.
recalentamiento *m* réchauffement, réchauffage ‖ surchauffe *f* (calentamiento excesivo) ‖ recuit (recocido).
recalentar* *v tr* réchauffer ‖ surchauffer (calentar demasiado) ‖ mettre en chaleur (poner en celo) ‖ FIG échauffer, exciter (a las personas).
◆ *v pr* se réchauffer ǀ être en chaleur (estar en celo) ǀ s'échauffer, se gâter (ciertas sustancias) ‖ pourrir (maderas) ‖ FIG s'échauffer (excitarse).
recalzar *v tr* AGRIC butter, rechausser (plantas) ‖ ARQ reprendre en sous-œuvre, rechausser.
recámara *f* garde-robe (vestuario) ‖ chambre, magasin *m* (de armas de fuego) ‖ fourneau *m* (de mina) ‖ réserve, arrière-pensée, dissimulation *f* (amer) chambre (alcoba) ‖ FIG *Antonio tiene mucha recámara* Antoine est très sournois.
recamarera *f* (amer) employée de maison.
recambiable *adj* rechangeable.
recambiar *v tr* rechanger (cambiar de nuevo) ‖ faire changer (una pieza) ‖ COM retourner [une lettre de change].
recambio *m* rechange ‖ recharge *f*, cartouche *f* (de una estilográfica) ǀ pièce *f* de rechange (pieza) ‖ — *de recambio* de rechange ‖ *rueda de recambio* roue de secours *o* de rechange.
recapacitar *v tr* e *intr* remémorer (recordar) ‖ réfléchir à *o* sur (pensar) ‖ *recapacitar sobre una cosa* repasser une chose dans sa mémoire.
recapitalización *f* ECON dotation en capital.
recapitulación *f* récapitulation.
recapitular *v tr* récapituler.
recapitulativo, va *adj* récapitulatif, ive.
recarga *f* recharge.
recargable *adj* rechargeable.
recargado, da *adj* surchargé, e; *recargado de adornos* surchargé d'ornements ‖ FIG alambiqué, e; tarabiscoté, e (estilo) .
recargar *v tr* recharger (cargar de nuevo) ‖ surcharger ‖ alourdir; *recargar los impuestos* alourdir les impôts ‖ grever; *esto recarga mi presupuesto* cela grève mon budget ‖ majorer (un precio); *recargar del diez por ciento* majorer de dix pour cent ‖ aggraver (una condena) ‖ FIG encombrer, charger; *recargar su memoria* encombrer sa mémoire ‖ MIL faire faire du rabiot ‖ FIG *recargar el cuadro* ou *las tintas* en rajouter, forcer la note.
recargo *m* surcharge *f* (de impuestos) ‖ majoration *f* (de los precios); *un recargo del diez por ciento*

une majoration de dix pour cent ‖ recharge *f* (recarga) ‖ surtaxe *f* (sobretasa) ‖ DR aggravation *f* (de pena) ‖ MED poussée *f* de fièvre ‖ MIL rabiot (tiempo suplementario).
recatadamente *adv* prudemment (con prudencia) ‖ honnêtement (decentemente) ‖ modestement (humildemente).
recatado, da *adj* prudent, e; circonspect, e ‖ réservé, e ‖ honnête.
recatar *v tr* cacher (encubrir).
◆ *v pr* se défier ‖ *recatarse de la gente* éviter les gens, fuir le monde.
recato *m* réserve *f*, circonspection *f*, prudence *f* ‖ pudeur *f* (pudor) ‖ honnêteté *f* (en las mujeres).
recauchutado *m* rechapage, recaoutchoutage (de un neumático).
recauchutar *v tr* rechaper, recaoutchouter (un neumático).
recaudación *f*; **recaudamiento** *m* recette *f* (en una sala de espectáculo) ‖ recette *f* (cobro); *la recaudación ascendió a 2 000 pesetas* la recette s'est élevée à 2 000 pesetas; *hacer una buena recaudación* faire une bonne recette ‖ perception *f*, recouvrement *m* (contribuciones, tasas, impuestos) ‖ perception *f*, recette (sitio); *ir a la Recaudación* aller à la perception.
recaudador *m* percepteur, receveur ‖ garçon de recettes (cobrador en un banco) ‖ — *oficina del recaudador* perception, recette ‖ *recaudador de contribuciones* percepteur.
recaudamiento *m* → **recaudación**.
recaudar *v tr* recueillir (recibir) ‖ recouvrer, percevoir (contribuciones) ‖ mettre en sûreté (asegurar).
recaudo *m* précaution *f* (precaución) ‖ DR caution *f* (fianza) ‖ *a buen recaudo* en lieu sûr, en sûreté (cosa).
recelar *v tr* soupçonner, pressentir (barruntar); *recelo que va a venir hoy* je soupçonne qu'il viendra aujourd'hui ‖ craindre, avoir peur (temer); *recelo que me suceda alguna desgracia* je crains qu'il ne m'arrive un malheur ‖ se méfier; *recelar de todo* se méfier de tout ‖ mettre en chaleur (a una yegua).
recelo *m* méfiance *f* (desconfianza); *acoger con cierto recelo* accueillir avec une certaine méfiance ‖ soupçon, suspicion *f* (suspicacia) ‖ crainte *f* (temor) ‖ — *mirar con recelo* regarder d'un air méfiant ‖ *tener recelo de* se méfier de.
receloso, sa *adj* méfiant, e; soupçonneux, euse; *receloso con sus amigos* méfiant envers ses amis ‖ craintif, ive (temeroso).
recensión *f* notice, compte rendu *m*, recension (de una obra).
recepción *f* réception ‖ réception (en un hotel) ‖ réception (fiesta) ‖ DR audition des témoins.
recepcionista *m y f* réceptionniste.
receptáculo *m* réceptacle.
receptividad *f* réceptivité.
receptivo, va *adj* réceptif, ive.
receptor, ra *adj* receveur, euse ‖ récepteur, trice; *aparato receptor* poste récepteur ‖ réceptionnaire (que recibe).
◆ *m* récepteur (radio, televisión) ‖ *receptor universal* receveur *o* récepteur universel (de sangre).
◆ *f* réceptrice (máquina).

◆ *m* y *f* MED receveur, euse; *receptor de órgano* receveur d'organe.

recesión *f* récession (en economía).

recesivo, va *adj* récessif, ive.

receta *f* recette (de cocina) ‖ ordonnance (del médico) ‖ FIG recette (fórmula) ‖ *tener una receta para hacer fortuna* avoir une recette pour faire fortune ‖ FIG & FAM *receta de vieja* remède de bonne femme.

recetar *v tr* MED ordonner, prescrire.

recetario *m* ordonnance *f* (del médico) ‖ livre d'ordonnances (en un hospital) ‖ pharmacopée *f*.

reciamente *adv* fortement, fort, violemment, vigoureusement.

recibí *m* *poner el recibí a* ou *en* acquitter.

recibidor, ra *adj* qui reçoit.
◆ *m* receveur ‖ salon ‖ entrée *f* (entrada) ‖ antichambre *f* (antesala).

recibimiento *m* réception *f* ‖ accueil (acogida); *tuvo muy mal recibimiento* on lui a fait un très mauvais accueil ‖ réception *f* (fiesta) ‖ entrée *f* ‖ salon ‖ antichambre *f* (antesala).

recibir *v tr e intr* recevoir ‖ recevoir, accueillir; *el ministro fue recibido con gran pompa* le ministre fut reçu en grande pompe; *no recibieron muy bien su propuesta* ils n'ont pas très bien accueilli sa proposition ‖ recevoir, agréer; *reciba mi sincera enhorabuena* agréez mes sincères félicitations ‖ prendre (tomar) ‖ TAUROM (voir OBSERV) — COM *recibí, recibimos* pour acquit (en un cheque) ‖ *recibir con los brazos abiertos* recevoir à bras ouverts ‖ *recibir una negativa* essuyer un refus ‖ *ser recibido como los perros en misa* être reçu comme un chien dans un jeu de quilles.
◆ *v pr* obtenir un grade *o* un diplôme; *recibirse de doctor* obtenir le grade de docteur.
— OBSERV Dans le langage tauromachique, on emploie surtout ce verbe dans l'expression *matar recibiendo*; dans ce cas, le matador donne l'estocade en attendant la charge du taureau. L'expression contraire est *matar a volapié*, qui signifie donner l'estocade en s'élançant vers la bête.

recibo *m* reçu (término general), récépissé (resguardo), quittance *f* (en que se declara haber sido pagado) ‖ réception *f* (recibimiento) ‖ petit salon ‖ antichambre *f* (antesala) ‖ — *acusar recibo* accuser réception ‖ *indicación de recibo* acquittement ‖ FAM *no estar de recibo* ne pas être présentable ‖ *ser de recibo* être recevable.

reciclado; reciclaje *m* recyclage.

reciclar *v tr* recycler.

recidiva *f* MED récidive, rechute.

reciedumbre *f* force, vigueur.

recién *adv* récemment, nouvellement; *casa recién construida* maison récemment construite; *una flor recién abierta* une fleur nouvellement éclose ‖ nouveau, elle; *recién nacido* nouveau-né; *recién llegado* nouveau venu ‖ *recién afeitado* rasé de frais ‖ *recién salido* frais paru (periódico) ‖ *recién salido del colegio* frais émoulu du lycée ‖ *estar recién venir* de; *está recién llegado* il vient d'arriver; *está recién hecho* cela vient d'être fait; *estaba recién comido* il venait de manger.
— OBSERV En Espagne, *recién*, qui est l'apocope de *recientemente*, ne s'emploie que devant les participes passés. En Amérique, il est très employé avec les verbes actifs dans le sens de «il y a peu de temps»: *recién llegamos* nous venions d'arriver, à peine arrivés; *recién en 1886* dès 1886.

reciente *adj* récent, e; *una noticia reciente* une nouvelle récente ‖ frais, fraîche; *de fecha reciente* de fraîche date.

recientemente *adv* récemment.

recinto *m* enceinte *f*.

recio, cia *adj* robuste, vigoureux, euse (vigoroso) ‖ fort, e; corpulent, e (grueso) ‖ rigoureux, euse; rude (frío, temperatura) ‖ impétueux, euse (tempestad, corriente de agua) ‖ dru, e; *chaparrón recio* averse drue ‖ *en lo más recio del combate* au plus fort du combat.
◆ *adv* fort, haut; *hablar recio* parler haut ‖ dru; *llover recio* pleuvoir dru ‖ *de recio* fortement, violemment, impétueusement.

recio, cia *adj y s* rhétique, de la Rhétie.
◆ *adj y s m* GEOL rhétien, enne.

recipiente *adj* qui reçoit.
◆ *m* récipient ‖ cloche *f* à air comprimé.

reciprocidad *f* réciprocité ‖ — *medidas de reciprocidad* mesures de rétorsion ‖ *proceder en justa reciprocidad* rendre la réciproque *o* la pareille.

recíproco, ca *adj y s f* réciproque.

recitación *f* récitation.

recitador, ra *adj* récitateur, trice.
◆ *m y f* récitant, e.

recital *m* récital; *músico que ha dado recitales por todo el mundo* musicien qui a donné des récitals dans le monde entier.

recitar *v tr* réciter; *recita como un papagayo* il récite comme un perroquet ‖ réciter, dire (un poema).

reclamación *f* réclamation.

reclamador, ra; reclamante *adj y s* DR réclamant, e.

reclamar *v tr* réclamer; *reclamar lo que se le debe a uno* réclamer son dû ‖ appeler (las aves).
◆ *v intr* réclamer (protestar); *reclamar contra un fallo* réclamer contre une sentence ‖ MAR *izar a reclamar* étarquer ‖ *reclamar en juicio* réclamer en justice.

reclamo *m* appeau (pito) ‖ appelant (ave amaestrada) ‖ chanterelle *f* (perdiz hembra) ‖ réclame *f* (publicidad) ‖ *artículo de reclamo* article en réclame ‖ appel (llamada) ‖ IMPR réclame *f* ‖ FIG attrait, appât, leurre ‖ — *acudir al reclamo* répondre à l'appel.

reclinable *adj* inclinable ‖ *asiento reclinable* siège à dossier inclinable.

reclinación *f* action de s'appuyer *o* de s'incliner.

reclinar *v tr* incliner, pencher (el cuerpo).
◆ *v pr* s'appuyer; *reclinarse en* ou *sobre la mesa* s'appuyer sur la table ‖ incliner [une chose sur une autre].

reclinatorio *m* prie-Dieu *inv* (para arrodillarse).

recluido, da *adj y s* reclus, e (encerrado).

recluir* *v tr* incarcérer (encarcelar) ‖ reclure (encerrar).
◆ *v pr* se reclure.
— OBSERV *Reclure* sólo se conjuga en los tiempos compuestos.

reclusión *f* réclusion; *reclusión perpetua* réclusion à perpétuité ‖ maison de réclusion (prisión) ‖ retraite (refugio).

recluso, sa *adj y s* reclus, e.

recluta m MIL recrue f | conscrit (quinto).
◆ f recrutement m, conscription (reclutamiento).

reclutador m MIL recruteur.

reclutamiento m MIL recrutement, conscription f (alistamiento) | recrues f pl (conjunto de reclutas).

reclutar v tr MIL recruter || *(amer)* rassembler (reunir el ganado).

recobrar v tr recouvrer, retrouver; *recobrar la salud, la vista* recouvrer la santé, la vue; *recobrar el apetito* retrouver l'appétit || retrouver; *recobrar el buen humor* retrouver sa bonne humeur || reprendre; *recobrar aliento* reprendre haleine; *recobrar ánimo* reprendre courage || regagner; *recobrar la confianza* regagner la confiance || — *recobrar el espíritu* ou *el sentido* reprendre ses esprits || *recobrar la esperanza* se reprendre o se remettre à espérer || *recobrar las fuerzas* reprendre des forces || *recobrar su dinero* retrouver son argent (encontrar), rentrer dans ses fonds (cubrir gastos) || *recobrar sus derechos* rentrer dans ses droits.
◆ v pr se dédommager (desquitarse) || revenir à soi (volver en sí) || se remettre, récupérer (recuperarse).

recocer* v tr recuire (volver a cocer) || cuire longtemps, mijoter (cocer mucho tiempo) || TECN recuire (metales).
◆ v pr cuire longtemps, mijoter (cocer mucho) || FIG se consumer.

recocido, da adj recuit, e.
◆ m recuit (metales) || recuisson f (vidrio).

recochinearse v pr FAM se payer la tête de, tourner en ridicule (burlarse) | se rincer l'œil (viendo un espectáculo licencioso) | se délecter.

recochineo m FAM moquerie f, raillerie f (burla) | délectation f || *y encima con recochineo* et par-dessus le marché en se payant ma (ta, sa), tête.

recodo m coude (de río) || tournant (de carretera) || détour (de un camino) || angle (ángulo) || recoin; *casa con muchos recodos* maison pleine de recoins.

recogecables m inv enrouleur m de fil.

recogedor, ra adj qui recueille.
◆ m y f ramasseur, euse.
◆ m AGRIC ramasseuse f (instrumento) || pelle f (de basuras).

recogemigas m inv ramasse-miettes.

recogepelotas m y f inv ramasseur, euse de balles.

recoger v tr reprendre (coger de nuevo) || recueillir; *recoger datos* recueillir des renseignements || ramasser; *recoger leña* ramasser du bois; *recoge el libro que se ha caído* ramasse le livre qui est tombé || retirer (sacar); *recoger dos entradas de teatro* retirer deux billets de théâtre || prendre, passer prendre, aller chercher (a uno); *le recogeré a las ocho* je passerai vous prendre à 8 [huit]; heures || rentrer (poner al abrigo); *recoger las mieses* rentrer la moisson || accueillir, recueillir (dar asilo) || saisir, retirer de la circulation; *recoger un periódico* saisir un journal || retrousser, trousser (la falda) || — *quien siembra vientos recoge tempestades* qui sème le vent récolte la tempête || EQUIT *recoger el caballo* rassembler || FIG *recoger el guante* relever le gant o le défi | *recoger laureles* cueillir des lauriers || *recoger firmas* faire une pétition || *recoger fondos* collecter des fonds.
◆ v pr se recueillir (ensimismarse) || se retirer, rentrer chez soi; *se recoge temprano* il rentre chez

lui de bonne heure || retrousser (la falda) || — *recogerse el pelo* relever ses cheveux || *recogerse en sí mismo* se replier sur soi-même, rentrer en soi-même.

recogida f levée (del correo) || ramassage m; *la recogida de la basura, de los papeles* le ramassage des ordures, des papiers || récolte (cosecha) || saisie (de un periódico) || *recogida de firmas* collecte de signatures.

recogido, da adj trapu, e; court, e; ramassé, e (animal) || FIG retiré, e; reclus, e (apartado del mundo).

recogimiento m recueillement (del espíritu) || AGRIC rentrée f (del ganado) || *vivir con gran recogimiento* vivre dans le plus grand recueillement.

recolección f récolte (cosecha) || collecte; *recolección de informaciones estadísticas* collecte d'informations statistiques || stricte observance (de la regla en los conventos).

recolectar v tr récolter (cosechar) || collecter (colectar).

recolector, ra m y f collecteur, trice, percepteur m.

recoleto, ta adj tranquille, paisible, peu fréquenté, e (calle, plaza) || retiré, e (persona).
◆ m y f récollet, ette (religioso).

recomendable adj recommandable || — *no recomendable* peu recommandable (persona) || *no ser recomendable* être à déconseiller (cosa).

recomendación f recommandation || — *carta de recomendación* lettre de recommandation || *valerse de la recomendación de alguien* se recommander de quelqu'un.

recomendado, da adj recommandé, e || FAM pistonné, e.
◆ m y f protégé, e.

recomendador, ra adj qui recommande.
◆ m y f auteur (sin femenino), d'une recommandation.

recomendar* v tr recommander (aconsejar) || recommander (confiar).

recomenzar* v tr recommencer.

recompensa f récompense; *como recompensa* en récompense.

recompensable adj digne de récompense.

recompensar v tr récompenser; *recompensar por un trabajo* récompenser d'un travail.

recomponer v tr recomposer || réparer (arreglar).

recomposición f recomposition.

recompresión f TECN recompression.

recompuesto, ta adj recomposé, e.

reconcentrar v tr concentrer.
◆ v pr se concentrer (abstraerse) || rentrer en soi-même.

reconciliación f réconciliation.

reconciliador, ra adj y s réconciliateur, trice.

reconciliar v tr réconcilier.
◆ v pr se réconcilier.

reconcomerse v pr FIG se ronger les sangs, se consumer (de impaciencia).

reconcomio m FIG démangeaison f intérieure (deseo) | rancune f (rencor) | remords (remordimiento) | doute, soupçon (sospecha).

recondenado, da adj FAM sacré, e; ¡*recondenada vida!* sacrée vie!

recóndito, ta *adj* secret, ète; caché, e ‖ *lo más recóndito de un asunto* le fonds et le tréfonds d'une affaire.
reconducción *f* DR reconduction (prórroga).
reconducir* *v tr* DR prolonger par reconduction, reconduire (prorrogar).
reconfirmar *v tr* reconfirmer.
reconfortante *adj y s m* réconfortant, e.
reconfortar *v tr* réconforter.
reconocer* *v tr* reconnaître (examinar) ‖ reconnaître, convenir de; *reconocer sus faltas* reconnaître ses torts; *lo reconozco* je le reconnais, j'en conviens ‖ reconnaître (un gobierno) ‖ reconnaître; *reconocer por hijo* reconnaître pour fils ‖ MED examiner, faire subir un examen médical ‖ MIL reconnaître, faire une reconnaissance ‖ fouiller (registrar) ‖ — FIG *reconocer el terreno* reconnaître o tâter le terrain ‖ *reconocer la evidencia* se rendre à l'évidence.
◆ *v pr* se reconnaître ‖ se reconnaître; *reconocerse culpable* se reconnaître coupable.
reconocidamente *adv* avec reconnaissance (con gratitud) ‖ évidemment, clairement.
reconocido, da *adj* reconnaissant, e (agradecido).
reconocimiento *m* reconnaissance *f*; *el reconocimiento de un error* la reconnaissance d'une erreur; *el reconocimiento de un niño* la reconnaissance d'un enfant ‖ aveu (confesión) ‖ fouille *f* (registro) ‖ reconnaissance *f*; *avión de reconocimiento* avion de reconnaissance ‖ — *reconocimiento de deuda* reconnaissance de dette ‖ MED *reconocimiento médico* examen médical, visite médicale ‖ — *en reconocimiento a los servicios prestados* en reconnaissance des services rendus.
reconquista *f* reconquête.
— OBSERV On donne particulièrement le nom de *Reconquista* à la période qui s'étend de 718 (bataille de Covadonga) à 1492 (prise de Grenade par les Rois Catholiques) pendant laquelle les Espagnols luttèrent contre les envahisseurs musulmans qui avaient occupé une grande partie de la péninsule.
reconquistar *v tr* reconquérir.
reconsiderar *v tr* reconsidérer.
reconstitución *f* reconstitution.
reconstituir* *v tr* reconstituer.
reconstituyente *adj y s m* reconstituant, e.
reconstrucción *f* reconstruction.
reconstruir* *v tr* reconstruire.
recontar* *v tr* recompter (contar de nuevo) ‖ recenser (votos).
recontento, ta *adj* enchanté, e; ravi, e.
◆ *m* grande joie *f*, ravissement.
¡recontra! *interj* zut!
reconvención *f* reproche *m* (censura) ‖ DR reconvention.
reconvenir* *v tr* reprocher, faire des reproches; *reconvenir a uno por alguna cosa* reprocher quelque chose à quelqu'un, faire des reproches à quelqu'un au sujet de quelque chose.
reconversión *f* reconversion (a otra actividad) ‖ recyclage *m* (nueva formación).
reconvertir* *v tr* reconvertir, recycler.
◆ *v pr* se reconvertir.
recopilación *f* résumé *m*, abrégé *m* (compendio) ‖ recueil *m*, compilation; *recopilación de las leyes* recueil de lois.

recopilador, ra *m y f* compilateur, trice.
recopilar *v tr* compiler.
récord *m* record (marca); *batir, tener, establecer un récord* battre, détenir, établir un record ‖ FAM *en un tiempo récord* en un temps record.
recordar* *v tr* rappeler (traer a la memoria); *recordar un hecho a uno* rappeler un fait à quelqu'un ‖ se rappeler, se souvenir de (acordarse de); *recuerdo tu visita* je me rappelle ta visite; *ese acontecimiento sucedió y recuerdo todas sus circunstancias* cet évènement est arrivé et je m'en rappelle toutes les circonstances (*en* es complemento de nombre); *recuerdo que llegó muy tarde* je me souviens qu'il est venu très tard ‖ rappeler (parecerse a); *esta muchacha me recuerda a su madre* cette fillette me rappelle sa mère ‖ *(ant) (amer)* réveiller (despertar) ‖ — *hacer algo para recordar un acontecimiento* faire quelque chose en souvenir d'un évènement ‖ *le cordaré en mis oraciones* je ne vous oublierai pas dans mes prières ‖ *si bien recuerdo* si j'ai bonne mémoire ‖ *si mal no recuerdo* si je me souviens bien, pour autant que je me souvienne, si j'ai bonne mémoire.
◆ *v intr y pr* s'éveiller (despertarse).
— OBSERV No es correcto emplear la preposición *de* con *se rappeler*.
recordatorio *m* souvenir mortuaire (estampa en recuerdo de los difuntos) ‖ pense-bête (medio para hacer recordar) ‖ rappel (advertencia) ‖ leçon *f*; *para que te sirva de recordatorio* pour que cela te serve de leçon.
recordman, recordwoman *m y f* recordman, recordwoman.
recorrer *v tr* parcourir; *recorrer una ciudad* parcourir une ville ‖ parcourir, courir; *este corredor ha recorrido una gran distancia* ce coureur a parcouru une grande distance ‖ parcourir (un escrito) ‖ fouiller (registrar) ‖ IMPR habiller, remanier ‖ *recorrer mundo* courir le monde, voir du pays.
recorrida *f (amer)* → **recorrido**.
recorrido *m* parcours (trayecto) ‖ FAM volée *f* (paliza) ‖ IMPR habillage, remaniement [texte sur une demi-colonne] ‖ MECÁN course *f*; *el recorrido del émbolo* la course du piston ‖ IMPR *hacer un recorrido* habiller, faire un habillage.
recortable *m* découpage (juego).
recortado, da *adj* découpé, e.
◆ *m* découpage.
recortar *v tr* découper (imágenes, etc.) ‖ recouper (volver a cortar) ‖ rogner (el borde de una pieza) ‖ FIG couper; *recortar las alas* couper les ailes ‖ profiler, silhouetter (pintura).
◆ *v pr* se découper, se profiler; *la torre se recortaba en el cielo* la tour se découpait sur le ciel.
recorte *m* découpage (acción) ‖ découpure *f* (fragmento cortado) ‖ coupure *f*; *recorte de prensa* coupure de presse ‖ recoupe *f* (metales, telas) ‖ TAUROM écart (del torero) ‖ ECON *recorte de presupuesto* compression budgétaire.
◆ *pl* rognures *f*, chutes *f* (de metal, cuero, papel).
recoser *v tr* recoudre ‖ raccommoder (zurcir).
recosido *m* raccommodage (acción de recoser) ‖ reprise *f* (zurcido).
recostadero *m* accoudoir (reclinatorio).
recostar* *v tr* appuyer (apoyar) ‖ pencher (inclinar).

recoveco

◆ *v pr* s'appuyer; *recostarse en* ou *sobre* s'appuyer sur ‖ se pencher ‖ se renverser sur le dos.
recoveco *m* détour (vuelta) ‖ FIG détour (artificio) | détour, repli, recoin; *los recovecos del alma, del corazón* les replis de l'âme, du cœur.
recreación *f* récréation.
recrear *v tr* récréer, distraire (entretener) ‖ recréer (crear de nuevo) ‖ *recrear la vista* réjouir la vue.
◆ *v pr* se distraire, se récréer (entretenerse) ‖ se délasser (solazarse); *recrearse en leer* se délasser en lisant ‖ FAM passer de très bons moments (disfrutar); *recrearse con un hermoso espectáculo* passer de très bons moments en voyant un beau spectacle ‖ se réjouir; *recrearse con el mal ajeno* se réjouir des malheurs des autres.
recreativo, va *adj* récréatif, ive; *velada recreativa* soirée récréative ‖ *sociedad recreativa* cercle.
recreo *m* récréation *f* (colegio); *estar en el recreo* être en récréation ‖ agrément; *viaje de recreo* voyage d'agrément ‖ FIG plaisir, régal; *esto es un recreo para la vista* c'est un plaisir pour les yeux, c'est un régal pour la vue ‖ *(amer)* guinguette *f* (merendero) ‖ — *de recreo* de plaisance; *barco de recreo* bateau de plaisance; *casa de recreo* maison de plaisance ‖ *tren de recreo* train de plaisir.
recriminación *f* récrimination, reproche *m*.
recriminador, ra *adj* récriminateur, trice.
recriminar *v tr* récriminer; *recriminar a uno* récriminer contre quelqu'un ‖ reprocher; *recriminar a uno su conducta* reprocher à quelqu'un sa conduite.
◆ *v pr* s'incriminer, s'accuser; *recriminarse unos a otros* s'incriminer réciproquement.
recriminatorio, ria *adj* récriminatoire.
recrudecer* *v intr* être en recrudescence; *recrudece la criminalidad* la criminalité est en recrudescence ‖ redoubler; *el frío recrudece* le froid redouble ‖ empirer (empeorar).
recrudecimiento *m*; **recrudescencia** *f* recrudescence *f*; *recrudecimiento del frío, de una enfermedad, de la criminalidad* recrudescence du froid, d'une maladie, de la criminalité.
recrudescente *adj* recrudescent, e.
recta *f* GEOM droite.
rectal *adj* ANAT rectal, e.
rectamente *adv* en ligne droite, tout droit ‖ FIG avec droiture, droitement (con justicia) | avec justesse o bon sens (con juicio) | avec exactitude.
rectangular *adj* GEOM rectangulaire.
rectángulo *adj m y s m* GEOM rectangle.
rectificación *f* rectification ‖ rectification (de un pistón, etc.) ‖ ELECTR redressement *m* (de corriente) ‖ redressement *m* (de una cuenta).
rectificador, ra *adj* qui rectifie, rectificateur, trice.
◆ *m* ELECTR redresseur (de corriente) ‖ QUÍM rectificateur.
◆ *f* rectifieuse (máquina).
rectificar *v tr* rectifier ‖ ELECTR redresser (corriente) ‖ MECÁN rectifier (un cilindro).
rectificativo, va *adj y s m* rectificatif, ive.
rectilineal *adj* rectilinéaire.
rectilíneo, a *adj* rectiligne.
rectitud *f* rectitude ‖ FIG rectitude, droiture (justicia).

recto, ta *adj* droit, e; *ángulo recto* angle droit; *línea recta* ligne droite ‖ FIG droit, e; *corazón recto* cœur droit; *conciencia recta* esprit droit ‖ GRAM propre (sentido).
◆ *adv* tout droit; *siga recto* allez tout droit.
◆ *m* ANAT rectum (del intestino) | droit (músculo); *recto anterior* droit antérieur; *recto del abdomen* grand droit ‖ recto (de una página).
rector, ra *adj* recteur, trice ‖ directeur, trice; *principio rector* principe directeur; *fuerza rectora* force directrice ‖ *país rector del mundo occidental* pays à la tête du monde occidental.
◆ *m y f* recteur *m* (de universidad) ‖ recteur *m*, supérieur, e (de colegios religiosos) ‖ FIG dirigeant, e (dirigente) | ligne *f* directrice; *rector del pensamiento* ligne directrice de la pensée.
rectorado *m* rectorat (cargo).
rectoral *adj* rectoral, e.
◆ *f* presbytère.
rectoría *f* rectorat *m* ‖ rectorat *m*, bureau *m* du recteur ‖ cure (casa del cura) ‖ FIG direction.
rectoscopia *f* MED rectoscopie.
recuadrar *v tr* quadriller (cuadricular) ‖ encadrer; *recuadrar un artículo en un periódico* encadrer un article dans un journal.
recuadro *m* entrefilet (en un periódico) ‖ cadre (marco).
recubrimiento *m* recouvrement.
recubrir *v tr* recouvrir ‖ couvrir.
recuento *m* vérification *f* d'un compte ‖ dépouillement, recensement (de votos) ‖ dénombrement (enumeración) ‖ *hacer el recuento de votos* dépouiller le scrutin ‖ *recuento de glóbulos* numération globulaire.
recuerdo *m* souvenir; *un recuerdo confuso* un souvenir confus ‖ souvenir, mémoire *f*; *en recuerdo de* en mémoire de ‖ mémoire *f*; *de triste recuerdo* de triste mémoire ‖ rappel (evocación); *el recuerdo del pasado* le rappel du passé ‖ rappel (vacuna) ‖ souvenir; *tienda de recuerdos* boutique de souvenirs ‖ — *dele recuerdos a* veuillez me rappeler au bon souvenir de, présentez mes salutations à, dites bien des choses de ma part à, faites mes amitiés à ‖ *dosis de recuerdo* rappel d'un vaccin ‖ *muchos recuerdos* bons o meilleurs souvenirs.
reculada *f* recul *m* (retroceso) ‖ FIG reculade.
recular *v intr* reculer; *recular un paso* reculer d'un pas.
reculones (a) *loc* FAM à reculons.
recuperable *adj* récupérable ‖ récupérable, de récupération (material) ‖ recouvrable (recobrable).
recuperación *f* récupération ‖ recouvrement *m* (recobro) ‖ rattrapage *m*, récupération (de un retraso) ‖ recouvrement *m* (de la salud) ‖ repêchage *m* (de un astronauta) ‖ redressement *m* (de un país) ‖ ECON *recuperación económica* reprise économique.
recuperador *adj m y s m* récupérateur; *muelle recuperador* ressort récupérateur.
recuperar *v tr* récupérer (un objeto) ‖ retrouver, recouvrer (salud, vista, etc.) ‖ reprendre (un puesto) ‖ reprendre; *recuperar el conocimiento* reprendre connaissance ‖ regagner; *recuperar la confianza, el cariño de uno* regagner la confiance, l'affection de quelqu'un ‖ rattraper, regagner; *recuperar el tiempo perdido* rattraper le temps perdu ‖ récupérer; *recuperar una hora de trabajo* récupérer une heure de travail ‖ — *hallarse totalmente recuperado* être tout

à fait remis (un enfermo) ‖ *recuperar el sentido* reprendre ses esprits, revenir à soi, reprendre connaissance.
◆ *v pr* se remettre, se relever; *recuperarse de una enfermedad* se remettre d'une maladie ‖ récupérer; *después de haber dormido tanto me he recuperado* après avoir tant dormi, j'ai récupéré ‖ se remettre (de una emoción) ‖ reprendre (los negocios).

recurrente *adj* MED récurrent, e.
◆ *adj y s* DR appelant, e.

recurrir *v intr* recourir, avoir recours, faire appel; *recurrir a alguien, a la astucia* recourir à quelqu'un, à la ruse ‖ appeler, faire appel; *recurro a su competencia* j'en appelle à votre compétence ‖ DR faire appel, se pourvoir.

recurso *m* recours (acción de recurrir) ‖ ressource *f*, moyen (medio) ‖ ressource *f*; *hombre de recursos* homme de ressources ‖ ressource *f*; *recursos económicos, naturales* ressources économiques, naturelles ‖ DR recours, pourvoi; *recurso de casación* recours o pourvoi en cassation ǀ appel, interjection *f*; *recurso de queja* appel comme d'abus ǀ — DR *recurso contencioso, administrativo* recours contentieux, administratif ǀ *recurso de amparo* recours en amparo o d'amparo ǀ *recurso de apelación* appel, recours en appel ǀ *recurso de fuerza* recours à l'autorité temporelle [contre un abus de pouvoir commis par l'autorité ecclésiastique] ǀ *recurso de urgencia* référé ‖ — *carecer de recursos económicos* ne pas avoir beaucoup de moyens, ne pas être en fonds ‖ *como* ou *en último recurso* en dernier recours, en dernier ressort ‖ *haber agotado todos los recursos* être à bout de ressources ‖ *no hay otro recurso* il n'y a pas d'autre solution.

recusable *adj* récusable.

recusación *f* récusation, rejet *m*.

recusar *v tr* récuser, rejeter.

rechazar *v tr* repousser; *rechazar una oferta, la tentación, un ataque* repousser une offre, la tentation, une attaque ‖ repousser, refouler; *rechazar al enemigo* repousser l'ennemi ‖ rejeter; *rechazar una petición* rejeter une demande ‖ réfuter (refutar) ‖ nier (negar) ‖ refuser (rehusar); *rechazar un regalo* refuser un cadeau ‖ éconduire (a un pretendiente).

rechazo *m* contrecoup, ricochet (rebote) ‖ refoulement (retroceso) ‖ FIG refus, rejet (negación) ‖ MED rejet ‖ — *choque de rechazo* choc en retour ‖ *de rechazo* par contrecoup.

rechifla *f* sifflement *m* prolongé ‖ FIG moquerie, persiflage *m* (burla) ǀ huées *pl* (abucheo); *se retiró en medio de una rechifla* il se retira au milieu des huées.

rechinamiento *m* grincement ‖ FIG rechignement.

rechinante *adj* grinçant, e.

rechinar *v intr* grincer (chirriar) ‖ crisser (la arena) ‖ FIG rechigner (gruñir) ‖ — *el rechinar de dientes* le grincement des dents ‖ *rechinar los dientes* grincer des dents.

rechistar *v intr* chuchoter (chistar) ‖ *sin rechistar* sans répliquer, sans mot dire (sin contestar), sans broncher, sans tiquer (sin protestar).

rechoncho, cha *adj* FAM trapu, e; ramassé, e (persona).

rechupado, da *adj* FAM très maigre, émacié, e; maigrichon, onne.

rechupete (de) *loc* FAM délicieux, euse; à s'en lécher les babines o les doigts.

red *f* filet *m* (para pescar, cazar) ‖ filet *m*; *red de tenis* filet de tennis ‖ réseau *m* (ferroviario, de carreteras, de teléfono, de distribución) ‖ lacis *m* (de hilos entrelazados) ǀ filet *m*, résille (redecilla) ‖ grille; *red de estadísticas* grille de statistiques ‖ FIG piège *m*, rets *m* (trampa) ǀ réseau *m*; *red de espionaje* réseau d'espionnage ‖ — *red barredera* drague, traîne ‖ *red de carreteras* réseau routier ‖ COM *red de ventas* réseau de distribution ‖ *red vascular* réseau vasculaire ‖ — FIG *caer en la red* tomber dans le piège o dans le panneau ǀ *caer en las propias redes* se laisser prendre à son propre piège ‖ *echar* ou *tender las redes* tendre ses filets.

redacción *f* rédaction.

redactar *v tr* rédiger; *redactar un artículo* rédiger un article ‖ dresser, établir, rédiger (estatutos).

redactor, ra *m y f* rédacteur, trice ‖ *redactor jefe* rédacteur en chef.

redada *f* MAR coup *m* de filet ‖ FIG rafle, coup *m* de filet (de la policía) ǀ bande (de ladrones).

redecilla *f* filet *m* (tejido) ǀ filet *m*, résille (para el pelo) ‖ filet *m* à provisions (para la compra) ‖ filet *m* (para el equipaje) ‖ ZOOL bonnet *m*, réseau *m* (de rumiantes).

rededor *m* alentours *pl* (contorno) ‖ *al* ou *en rededor* autour, tout autour.

redención *f* rédemption ‖ rachat *m* (rescate); *la redención de los cautivos* le rachat des captifs ‖ salut *m* ‖ FIG remède *m*.

redentor, ra *adj y s* rédempteur, trice.

redescuento *m* COM réescompte.

redhibición *f* DR rédhibition.

redhibitorio, ria *adj* DR rédhibitoire.

redicho, cha *adj* redit, e; *está dicho y redicho* ça a été dit et redit ‖ rebattu, e (trillado) ‖ FAM poseur, euse; crâneur, euse; prétentieux, euse (postinero).
◆ *adj f* pimbêche, prétentieuse.

¡rediez! *interj* parbleu!

redil *m* bercail ‖ FIG bercail; *hacer volver al redil a una oveja descarriada* ramener au bercail une brebis égarée.

redimidor, ra *m y f* racheteur, euse (de cautivos).

redimir *v tr* racheter, rédimer *(p us)*; *redimir cautivos* racheter des captifs ‖ éteindre une dette (una deuda) ‖ DR lever une hypothèque.
◆ *v pr* se racheter.

redingote *m* redingote *f*.

redistribuir *v tr* redistribuer.

rédito *m* intérêt; *colocar dinero a rédito* placer de l'argent à intérêt ‖ *(amer)* *impuesto a los réditos* impôt sur le revenu.

redivivo, va *adj* ressuscité, e; revenu à la vie.

redoblado, da *adj* redoublé, e ‖ MIL *paso redoblado* pas redoublé.

redoblar *v tr* redoubler (reiterar); *redoblar sus esfuerzos* redoubler d'efforts ‖ river (un clavo) ‖ redoubler; *redoblar una consonante* redoubler une consonne ‖ surcontrer (bridge) ‖ *redoblar sus gritos* crier de plus belle.
◆ *v intr* battre le tambour.

redoble *m* redoublement (redoblamiento) ‖ roulement (de tambor) ‖ surcontre (bridge) ‖ — *al*

redoble del tambor tambour battant ‖ *hacer redoble* surcontrer (bridge).
redomado, da *adj* fieffé, e; *pícaro redomado* fieffé fripon.
redonda *f* (*p us*) region (comarca) ‖ pâturage *m* (dehesa) ‖ MAR fortune (vela) ‖ MÚS ronde ‖ *a la redonda* à la ronde; *diez leguas a la redonda* dix lieues à la ronde.
redondeado, da *adj* arrondi, e.
redondear *v tr* arrondir ‖ FIG arrondir; *redondear una cantidad* arrondir une somme ‖ *redondear los bajos* arrondir (un traje).
◆ *v pr* FIG s'arrondir (engordar, enriquecerse).
redondel *m* rond, cercle (círculo) ‖ manteau sans collet (capa) ‖ arène *f* (en la plaza de toros).
redondete, ta *adj* rondelet, ette.
redondez *f* rondeur ‖ rotondité; *la redondez de la Tierra* la rotondité de la Terre.
redondilla *f* quatrain *m* (poesía) ‖ ronde (letra).
— OBSERV La *redondilla* se compose de quatre octosyllabes à rimes embrassées.
redondo, da *adj* rond, e; *redondo como una bola* rond comme une bille ‖ FIG noble à quatre quartiers (noble) | clair, e (sin rodeos) | total, e; *triunfo redondo* succès total ‖ — *cuenta redonda* compte rond ‖ *en redondo* à la ronde (a la redonda), catégoriquement, tout net; *negarse en redondo* refuser catégoriquement ‖ *negocio redondo* affaire en or, excellente affaire ‖ *número redondo* chiffre rond ‖ — FIG & FAM *caerse redondo* ou *en redondo* tomber raide ‖ *dar una vuelta en redondo* faire un tour complet ‖ FIG *virar en redondo* se retourner (volverse), virer de bord (cambiar completamente).
◆ *m* rond.
◆ *f* ronde (letra) ‖ MÚS ronde (nota).
redorar *v tr* redorer ‖ FAM *redorar su escudo* ou *su blasón* redorer son blason.
reducción *f* réduction (aminoración) ‖ MED remboîtage *m*, remboîtement *m* (de un hueso) ‖ (*amer*) réduction, village *m* d'Indiens baptisés.
— OBSERV Les *reducciones* étaient les villages d'Indiens créés par les missionnaires espagnols pendant la colonisation. Les plus célèbres ont été celles des *misiones jesuíticas del Paraguay*.
reducido, da *adj* réduit, e ‖ petit, e (pequeño) ‖ faible; *un rendimiento muy reducido* un rendement très faible ‖ étroit, e (estrecho) ‖ MIL *quinta de efectivos reducidos* classe creuse.
reducir* *v tr* réduire; *reducir en una cuarta parte* réduire d'un quart; *reducir a polvo* réduire en poussière; *reducir al silencio* réduire au silence; *reducir a la razón* réduire à la raison ‖ ramener; *la tasa ha sido reducida del 10 % al 5 %* la taxe a été ramenée de 10 % à 5 % ‖ QUÍM réduire ‖ MED remboîter (un hueso) ‖ MAT réduire (un quebrado) | abaisser (una ecuación) ‖ *reducir a su más mínima expresión* réduire à sa plus simple expression.
◆ *v pr* se réduire; *reducirse a lo más preciso* se réduire au strict nécessaire ‖ se ramener, se résoudre, revenir; *todo esto se reduce a nada* tout cela se résout à rien ‖ revenir; *esto se reduce a decir* cela revient à dire ‖ FIG se limiter, se borner; *tú te reduces a cumplir tu obligación* tu te bornes à remplir tes devoirs.
reductible *adj* réductible.
reducto *m* réduit (fortificación).
reductor, ra *adj* TECN réducteur, trice.
◆ *adj m y s m* QUÍM réducteur.

◆ *m* réducteur (de velocidad) ‖ *reductor de presión* détendeur.
redundancia *f* redondance.
redundante *adj* redondant, e.
redundar *v intr* (*p us*) déborder (rebosar) ‖ redonder (*p us*); *redundar en citas* redonder de citations ‖ — *esto redundará en perjuicio de usted* cela tournera à votre désavantage, cela retombera sur vous ‖ *esto redundará en provecho de usted* cela tournera à votre avantage *o* profit ‖ *redundar en* aboutir à.
reduplicar *v tr* redoubler (redoblar).
reedición *f* réédition.
reedificación *f* réédification, reconstruction.
reedificar *v tr* réédifier, rebâtir, reconstruire.
reeditar *v tr* rééditer.
reeducación *f* rééducation ‖ *reeducación profesional* recyclage.
reeducar *v tr* rééduquer.
reelección *f* réélection.
reelecto, ta *adj y s* réélu, e.
reelegible *adj* rééligible.
reelegido, da *adj y s* réélu, e; renommé, e.
reelegir* *v tr* réélire, renommer.
reembarcar *v tr* rembarquer, réembarquer.
◆ *v pr* se réembarquer, se rembarquer.
reembarque *m* rembarquement (de cosas).
reembolsable *adj* remboursable.
reembolsar *v tr* rembourser.
reembolso *m* remboursement; *contra reembolso* contre remboursement.
reemplazable *adj* remplaçable.
reemplazar *v tr* remplacer; *reemplazar de improviso* ou *en el último momento* remplacer au pied levé.
reemplazo; **remplazo** *m* remplacement ‖ classe *f* (quinta) ‖ remplaçant (en la milicia) ‖ MIL *de reemplazo* en disponibilité, en non-activité.
reemprender *v tr* reprendre (reanudar).
reencarnación *f* réincarnation.
reencarnar *v tr* incarner à nouveau, reprendre le rôle de.
◆ *v pr* se réincarner.
reencuadernación *f* remboîtage *m*, remboîtement *m*, nouvelle reliure.
reencuadernar *v tr* remboîter, relier de nouveau (un libro).
reencuentro *m* rencontre *f*, retrouvailles *f pl* (*fam*) ‖ MIL engagement, rencontre *f*.
reenganchar *v tr* MIL rengager, réengager.
◆ *v pr* MIL se rengager, se réengager, rempiler (*pop*).
reensayo *m* nouvel essai (de máquina) ‖ TEATR nouvelle répétition *f*.
reenvidar *v tr* relancer, renvier (juegos).
reenvío *m* renvoi (reexpedición).
reestrenar *v tr* reprendre (teatro, cine).
reestreno *m* reprise *f* (teatro, cine).
reestructuración *f* refonte; *la reestructuración de las instituciones* la refonte des institutions ‖ réorganisation.
reestructurar *v tr* refondre (las instituciones) ‖ réorganiser.
reexaminar *v tr* réexaminer, revoir (repasar).

reexpedición f réexpédition, renvoi m (de una carta) ‖ *se ruega la reexpedición* prière de faire suivre (una carta).

reexpedir* v tr réexpédier, renvoyer, retourner ‖ *se ruega reexpedir al destinatario* prière de faire suivre (una carta).

reexportación f réexportation.

reexportar v tr réexporter.

refacción f collation (alimento) ‖ réfection (de un edificio) ‖ COM réfaction (descuento) | prime (que se da por añadidura).

refaccionar v tr *(amer)* rafistoler.

refaccionario, ria adj de réfection, pour la réfection.

refajo m jupon (enagua) ‖ jupe f (falda).

refección f réfection (alimento) ‖ réfection, réparation (compostura) ‖ relèvement m, réfection (reedificación).

refectorio m réfectoire.

referencia f référence ‖ renvoi m (remisión) ‖ — *con referencia a* en ce qui concerne ‖ *punto de referencia* point de repère ‖ *hacer referencia a* faire allusion à.
◆ *pl* références (informes) ‖ *por referencias* par ouï-dire.

referendario m → **refrendario**.

referéndum m référendum.

referente adj se référant à, relatif à, qui se rapporte à, concernant *inv*.

referir* v tr rapporter, raconter, référer *(p us)*; *referir hechos interesantes* rapporter des faits intéressants.
◆ v pr se rapporter, avoir trait, se référer (remitirse); *esto se refiere a lo que te dije ayer* cela a trait à ce que je t'ai dit hier ‖ faire allusion, parler de (aludir); *no me refiero a usted* je ne parle pas de vous ‖ GRAM se rapporter.

refilón (de) loc en passant (de pasada); *ver algo de refilón* voir quelque chose en passant ‖ de travers (de soslayo) ‖ en écharpe (vehículo); *chocar de refilón contra un coche* prendre une voiture en écharpe.

refinado, da adj raffiné, e; *azúcar refinado* sucre raffiné ‖ affiné, e; raffiné, e (metal) ‖ FIG raffiné, e (distinguido).
◆ m TECN raffinage; *el refinado del petróleo* le raffinage du pétrole | raffinage, affinage (metales).

refinador, ra adj y s raffineur, euse.

refinamiento m raffinement, recherche f (esmero); *vestido con refinamiento* vêtu avec recherche.

refinanciación f refinancement m.

refinar v tr TECN raffiner (azúcar, petróleo) ‖ affiner, raffiner (metal) ‖ FIG polir (el estilo).
◆ v pr apprendre les bonnes manières, se dégrossir *(fam)*.

refinería f raffinerie; *refinería petrolífera* raffinerie de pétrole.

refino, na adj surfin, e (muy fino).
◆ m raffinage (refinado) ‖ épicerie f (tienda de comestibles).

reflectante adj réfléchissant, e; *superficie reflectante* surface réfléchissante.

reflector, ra adj FÍS réfléchissant, e; réflecteur, trice.
◆ m réflecteur ‖ projecteur.

reflector, ra adj y s m FÍS réflecteur, trice.

reflejado, da adj réfléchi, e; *rayo reflejado* rayon réfléchi.

reflejar v tr réfléchir, refléter, renvoyer; *el espejo refleja los rayos luminosos* le miroir réfléchit les rayons lumineux ‖ FIG traduire, refléter; *nuestros ojos reflejan nuestros sentimientos* nos yeux traduisent nos sentiments | refléter, respirer; *una cara que refleja la bondad* un visage qui respire la bonté.
◆ v pr se réfléchir, se refléter ‖ FIG se refléter; *la felicidad se reflejaba en su rostro* le bonheur se reflétait sur son visage | se répercuter, répercuter; *la baja de las tarifas ferroviarias se refleja en los precios* la diminution des tarifs ferroviaires se répercute sur les prix.

reflejo, ja adj réfléchi, e; *rayo reflejo* rayon réfléchi; *verbo reflejo* verbe réfléchi ‖ réflexe; *movimiento reflejo* mouvement réflexe.
◆ m reflet; *reflejos en el agua* reflets dans l'eau ‖ réflexe; *reflejo condicionado* réflexe conditionné ‖ FIG reflet (imagen).

réflex m inv FOT système reflex.
◆ f inv FOT reflex m (cámara).

reflexibilidad f réflexibilité.

reflexible adj réflexible.

reflexión f FÍS réflexion ‖ réflexion (acción de reflexionar) ‖ — *con reflexión* en y réfléchissant bien, à la réflexion ‖ *sin reflexión* sans réfléchir.

reflexionar v intr réfléchir; *reflexionar sobre un asunto* réfléchir à une question.

reflexivamente adv à la forme réfléchie *o* pronominale.

reflexivo, va adj réfléchissant, e (que refleja) ‖ réfléchi, e; *un niño reflexivo* un enfant réfléchi ‖ GRAM réfléchi, e; pronominal, e (verbo, forma) ‖ réfléxif, ive (psicología).

reflorecer* v intr refleurir.

refluir* v intr refluer (un líquido).

reflujo m reflux (marea).

refocilación f; **refocilo** m réjouissance f, joie f.

refocilar v tr réjouir, combler d'aise.
◆ v pr se réjouir (alegrarse); *refocilarse con* se réjouir de ‖ se délecter.

refocilo m → **refocilación**.

reforma f réforme; *reforma agraria* réforme agraire ‖ RELIG Réforme ‖ modification, transformation.

reformado, da adj réformé, e.

reformador, ra adj y s réformateur, trice.

reformar v tr réformer ‖ transformer; *reformar una cocina* transformer une cuisine ‖ transformer, modifier, apporter des modifications à (modificar).
◆ v pr se réformer.

reformatorio, ria adj réformateur, trice.
◆ v pr maison f de correction *o* de redressement.

reformismo m réformisme.

reformista adj y s réformiste.

reforzado, da adj renforcé, e.
◆ m extra-fort, galon.

reforzador, ra adj qui renforce.
◆ m renforçateur (fotografía).

reforzar* v tr renforcer; *reforzar un tubo, una pared* renforcer un tube, un mur ‖ *reforzar el ánimo a*

alguien réconforter quelqu'un, rendre courage à quelqu'un.
◆ *v pr* se renforcer.
refracción *f* FÍS réfraction; *índice, ángulo de refracción* indice, angle de réfraction.
refractar *v tr* FÍS réfracter.
refractario, ria *adj* réfractaire.
refractivo, va *adj* réfractif, ive.
refractor *m* réfracteur.
refrán *m* proverbe || — FIG *según reza el refrán* comme dit le proverbe | *tener refranes para todo* avoir réponse à tout.
refranero *m* recueil de proverbes.
refranesco, ca *adj* proverbial, e.
refranista *m y f* amateur (sin femenino), de proverbes.
refregar* *v tr* frotter || FIG & FAM jeter à la figure, ressortir (un reproche).
refregón *m* FAM frottement | marque *f*, trace *f* (señal).
refreír* *v tr* refrire (freír de nuevo) || trop faire frire (patatas, etc.), trop faire cuire (carne).
refrenado, da *adj* contenu, e (el caballo) || FIG refréné, e (las pasiones).
refrenar *v tr* serrer la bride (a un caballo) || FIG refréner, mettre un frein à (las pasiones).
refrendador, ra *adj* qui ratifie *o* contresigne.
refrendar *v tr* viser (un pasaporte) || contresigner, légaliser (legalizar) || ratifier, approuver (una ley) || FIG cautionner (afianzar).
refrendario; referendario *m* référendaire, contresignataire.
refrendo *m* visa || contreseing || approbation *f*; *ley sometida al refrendo popular* loi soumise à l'approbation du peuple.
refrescante *adj* rafraîchissant, e.
refrescar *v tr* rafraîchir (líquidos, etc.) || FIG raviver (recuerdos) || FIG *refrescar la memoria* rafraîchir la mémoire.
◆ *v intr* se rafraîchir; *el tiempo refresca* le temps se rafraîchit || fraîchir (el viento) || rafraîchir (un líquido) || *esta tarde ha refrescado un poco* cet après-midi le temps s'est rafraîchi un peu *o* ça s'est un peu rafraîchi.
◆ *v pr* se rafraîchir (beber fresco) || prendre le frais (tomar el fresco).
refresco *m* rafraîchissement || *de refresco* de renfort | *refresco de limón* citronnade.
refriega *f* rencontre, engagement *m* (combate).
refrigeración *f* réfrigération || collation (comida) || refroidissement *m* (de un motor).
refrigerado, da *adj* réfrigéré, e; frigorifié, e.
refrigerador, ra *adj y s m* réfrigérateur, trice.
refrigerante *adj y s m* réfrigérant, e.
◆ *adj* rafraîchissant, e (refrescante).
refrigerar *v tr* réfrigérer (enfriar) || frigorifier (congelar) || FIG réconforter (reparar las fuerzas) || TECN refroidir (motor), réfrigérer.
refrigerio *m* rafraîchissement (refresco) || collation *f* (comida) || FIG rafraîchissement; *lugar de refrigerio* lieu de rafraîchissement | paix *f*; *refrigerio eterno* paix éternelle.
refringencia *f* FÍS réfringence.
refringente *adj* FÍS réfringent, e.

refrito, ta *adj* refrit, e.
◆ *m* FIG & FAM réchauffé; *esta obra de teatro es un refrito* cette pièce de théâtre est du réchauffé.
refucilo; refusilo *m* (*amer*) éclair.
refuerzo *m* renfort || FOT renforçage, renforcement || MIL renfort; *enviar nuevos refuerzos* envoyer de nouveaux renforts; *llegar de refuerzo* arriver en renfort.
refugiado, da *adj y s* réfugié, e.
refugiar *v tr* réfugier.
◆ *v pr* se réfugier.
refugio *m* refuge || — *refugio alpino* refuge alpin *o* de haute montagne || *refugio antiaéreo* abri antiaérien || *refugio atómico* abri antiatomique || MIL *refugio de invierno* quartier d'hiver | *refugio subterráneo* abri souterrain.
refulgencia *f* resplendissement *m* (*p us*), éclat *m*.
refulgente *adj* resplendissant, e.
refulgir *v intr* resplendir, briller.
refundición *f* refonte.
refundidor, ra *m y f* celui, celle qui refond (libro, ley).
refundir *v tr* refondre, recouler; *refundir un cañón* refondre un canon || FIG refondre; *refundir una obra* refondre un ouvrage.
refunfuñar *v intr* FIG & FAM grogner, bougonner, grommeler, ronchonner.
refunfuño *m* bougonnement, ronchonnement (*fam*).
refunfuñón, ona *adj* FAM grognon, onne; ronchon, onne.
refusilo *m* (*amer*) → **refucilo**.
refutable *adj* réfutable.
refutación *f* réfutation.
refutar *v tr* réfuter; *refutar un argumento* réfuter un argument.
regadera *f* arrosoir *m* (para regar); *alcachofa de regadera* pomme d'arrosoir || rigole (reguera) || FAM *está como una regadera* il est cinglé *o* toqué.
regadío, a *adj* irrigable, arrosable; *tierras regadías* terres irrigables.
◆ *m* terrain d'irrigation (campo) || arrosage, irrigation *f* (de un terreno) || *de regadío* irrigable.
regaladamente *adv* confortablement; *estar instalado regaladamente en un sillón* être installé confortablement dans un fauteuil || délicieusement (muy bien); *comer regaladamente* manger délicieusement.
regalado, da *adj* donné en cadeau, offert, e || doux, douce, délicat, e (suave) || FIG & FAM délicieux, euse (delicioso) | donné, e (muy barato); *estos zapatos están regalados* ces chaussures sont données || — FIG *no la quieren ni regalada* ils n'en veulent à aucun prix | *tener* ou *llevar vida regalada* mener une vie agréable.
regalar *v tr* offrir, faire cadeau de; *regalar un reloj* offrir une montre || flatter (halagar) || — FIG *regalar el oído* flatter l'oreille || *cumplidos que regalan el oído* compliments qui flattent l'oreille || être un régal pour l'oreille (música) | *regalar la vista* être un plaisir pour les yeux.
◆ *v pr* se régaler; *regalarse con pasteles* se régaler de gâteaux.
regalía *f* régale (prerrogativa real) || regalia (en Gran Bretaña) || FIG privilège *m*, prérogative | prime (sueldo) || (*amer*) cadeau *m*, présent *m* (regalo).

regalismo *m* système des théoriciens de la régale.
regalista *m* partisan des régales.
regaliz *m*; **regaliza** *f* réglisse *f*; *barra de regaliz* bâton de réglisse ‖ réglisse *f*, jus *m* de réglisse.
regalo *m* cadeau, présent (obsequio); *dar de regalo* donner en cadeau ‖ régal (placer); *esta música es un regalo para el oído* cette musique est un régal pour l'oreille ‖ régal (festín) ‖ aisance *f*, confort (comodidad) ‖ *vivir con gran regalo* vivre dans l'aisance.
regalón, ona *adj* FAM douillet, ette; qui aime ses aises (cómodo) | délicat, e (delicado) | — *vida regalona* vie aisée o de coq en pâte ‖ *tener una vida regalona* mener une vie agréable.
regalonear *v tr (amer)* FAM gâter.
regañadientes (a) *loc* à contrecœur, en rechignant, en maugréant; *obedecer a regañadientes* obéir en rechignant.
regañar *v intr* se fâcher, se disputer (enfadarse) ‖ se fendre, s'entrouvir (frutas).
◆ *v tr* gronder, disputer; *regañar a un niño* gronder un enfant.
regañina *f* gronderie.
regaño *m* gronderie *f*, semonce *f*.
regañón, ona *adj y s* FAM ronchonneur, euse; bougon, onne.
regar* *v tr* arroser; *regar las flores* arroser les fleurs ‖ arroser (un río) ‖ FIG répandre, semer (desparramar) ‖ FIG *regar con lágrimas* arroser de larmes.
regata *f* MAR régate ‖ DEP voile; *aficionado a la regata* amateur de voile ‖ rigole (reguera).
regate *m* dérobade *f*, feinte *f* (del cuerpo) ‖ DEP dribbling (con el balón), feinte *f* (del cuerpo) ‖ FIG & FAM échappatoire *f*.
regateador, ra *adj y s* marchandeur, euse.
regatear *v tr* marchander (el comprador y el vendedor) ‖ détailler (vender al por menor) ‖ marchander, donner à regret (dar con parsimonia).
◆ *v intr* chipoter (poner dificultades) ‖ DEP dribbler (con el balón), feinter, faire une feinte (con el cuerpo) ‖ MAR courir une régate.
regateo *m* marchandage (entre comprador y vendedor) ‖ vente *f* au détail (venta al por menor) ‖ DEP dribbling (balón), feinte *f* (del cuerpo) ‖ FIG & FAM chipotage (dificultades) | dérobade *f* (escapatoria).
regazo *m* giron; *el regazo materno* le giron maternel ‖ FIG giron, sein.
regencia *f* régence.
◆ *adj inv* régence; *estilo Regencia* style Régence.
regeneración *f* régénération (renovación) ‖ régénérescence (transformación).
regenerador, ra *adj y s* régénérateur, trice.
regenerar *v tr* régénérer ‖ TECN régénérer (caucho).
regenta *f (ant)* femme du prote (en una imprenta) ‖ femme du président d'un tribunal ‖ *«La Regenta»* La Présidente [roman de Clarín].
— OBSERV *Regenta* ne désigne pas la *régente* d'un royaume, qui se dit *reina regente*.
regentar *v tr* diriger (dirigir) ‖ tenir, gérer (un estanco) ‖ FIG régenter (dirigir ostentando superioridad).

regente *adj y s* régent, e ‖ *reina regente* régente.
◆ *m* IMPR prote.
reggae *m* MÚS reggae.
regiamente *adv* royalement.
regicida *adj y s* régicide (asesino).
regicidio *m* régicide (crimen).
regidor, ra *adj y s* qui gouverne, dirigeant, e.
◆ *m (ant)* conseiller municipal, échevin (concejal) ‖ régisseur (administrador) ‖ régisseur (cine).
◆ *f (ant)* femme d'un conseiller municipal.
régimen *m* régime ‖ MECÁN régime ‖ MED régime (plan); *ponerse a régimen* se mettre au régime ‖ régime (derecho, geografía, gramática).
— OBSERV Au pluriel, l'accent de *régimen* se déplace pour donner *regímenes*.
regimiento *m* MIL régiment ‖ conseil municipal (concejo) ‖ charge *f* de conseiller municipal o d'échevin (oficio).
regio, gia *adj* royal, e ‖ *agua regia* eau régale.
región *f* région.
regional *adj* régional, e.
regionalismo *m* régionalisme.
regionalista *adj y s* régionaliste.
regionalizar *v tr* régionaliser.
regir* *v tr* régir ‖ GRAM régir, gouverner.
◆ *v intr* être en vigueur; *aún rige este decreto* ce décret est toujours en vigueur ‖ MAR gouverner, obéir au gouvernail ‖ FIG & FAM *no regir* dérailler, battre la breloque; *este tipo no rige* ce type-là déraille.
◆ *v pr* se guider ‖ FIG se fier; *se rige por su buen sentido* il se fie à son bon sens.
registrado, da *adj* déposé, e; *marca registrada* marque déposée.
registrador, ra *adj y s* enregistreur, euse; *caja registradora* caisse enregistreuse ‖ contrôleur, euse (que inspecciona).
◆ *m* employé d'octroi (fielato) ‖ *registrador de la propiedad* conservateur des hypothèques.
registrar *v tr* fouiller; *registrar a un ladrón* fouiller un voleur ‖ fouiller (cajón, bolsillos) ‖ contrôler (inspeccionar) ‖ enregistrer (anotar en un registro) ‖ inscrire (inscribir) ‖ immatriculer (matricular) ‖ déposer (una patente) ‖ écrouer (inscribir en el registro de la cárcel) ‖ enregistrer, constater; *hemos registrado un aumento de la criminalidad* nous avons enregistré un accroissement de la criminalité ‖ *la policía registró el barrio a fondo* la police a passé le quartier au peigne fin.
◆ *v intr* fouiller; *registró en el armario* il fouilla dans l'armoire.
◆ *v pr* fouiller; *registrarse los bolsillos* fouiller ses poches ‖ s'inscrire (matricularse) ‖ se produire, avoir lieu (ocurrir).
registro *m* enregistrement (transcripción) ‖ registre (libro) ‖ rôle (estado) ‖ contrôle (inspección) ‖ fouille *f* (en la aduana) ‖ signet (para señalar las páginas) ‖ MÚS registre (extensión de la voz o de un instrumento) | registre (de órgano, clave, piano) | jeu (del órgano); *registros de lengüeta* jeux d'anches ‖ TECN regard (trampilla) ‖ INFORM enregistrement (grabación) ‖ registre (almacenamiento) ‖ — *ponerse central* fichier central ‖ *registro central de penados y rebeldes* casier judiciaire (servicio) ‖ *registro civil* état civil ‖ *registro de antecedentes penales* casier judiciaire (boletín) ‖ *registro de defunciones* registre des décès ‖ *registro de hotel*

registre d'un hôtel || *registro de la propiedad* enregistrement, conservation o bureau des hypothèques (oficina), registre foncier || *registro de la propiedad industrial* registre de la propriété industrielle || *registro de la propiedad intelectual* registre de la propriété littéraire et artistique || *registro de sonido* prise de son || *registro electoral* liste électorale || *registro genealógico* pedigree (animales) || *registro mercantil* registre du commerce || *registro parroquial* registre paroissial || FIG *tocar todos los registros* miser sur tous les tableaux, frapper à toutes les portes (intentarlo todo), essayer de faire vibrer la corde sensible (llamar a la sensibilidad).

regla *f* règle; *trazar una línea con (la) regla* tirer un trait à la règle || règle (reglamento, norma) || règles *m pl* (menstruo); *tener la regla* avoir ses règles || MAT règle; *regla de tres* règle de trois || — MAT *regla de aligación* règle de mélange || *regla de cálculo* règle à calcul || MAT *regla de compañía* règle de société | *regla de falsa posición* règle de la fausse position | *regla de oro* ou *de proporción* ou *de tres* règle de proportion o de trois || — *con todas las reglas del arte* dans les règles de l'art, dans les règles || *en regla* en règle; *batalla en regla* bataille en règle || MAT (ant) *las cuatro reglas* les quatre règles || *por regla general* en règle générale || — *estar en regla* être en règle || *obrar según las reglas* agir dans les règles || FIG *salir de regla* dépasser la mesure, y aller un peu fort.

reglado, da *adj* réglé, e || — *papel reglado* papier réglé o rayé.

reglaje *m* réglage (ajuste).

reglamentación *f* réglementation.

reglamentar *v tr* réglementer (sujetar a reglamento) || régler (decidir).

reglamentario, ria *adj* réglementaire.

reglamento *m* règlement || MIL règlement (ordenanzas).

reglar *adj* régulier, ère (religioso).

reglar *v tr* régler (pautar).

regleta *f* IMPR réglette, interligne || réglet *m* (regla pequeña).

regocijado, da *adj* joyeux, euse (que causa alegría) || joyeux, euse; réjoui, e (alegre).

regocijar *v tr* réjouir.
◆ *v pr* se réjouir, s'en donner à cœur joie.

regocijo *m* joie *f*, allégresse *f*, réjouissance *f* || *con gran regocijo de* à la grande satisfaction de, à la grande joie de.

regodearse *v pr* se délecter; *regodearse con una lectura* se délecter à lire || se régaler; *regodearse con buena música* se régaler de bonne musique || POP se rincer l'œil (con un espectáculo licencioso) || se réjouir; *regodearse en* ou *con la desgracia ajena* se réjouir du malheur d'autrui.

regodeo *m* délectation *f*; *comerse una perdiz con regodeo* manger une perdrix avec délectation || satisfaction *f*, plaisir, joie *f*, réjouissance *f*.

regordete, ta *adj* FAM grassouillet, ette; rondelet, ette.

regresar *v intr* revenir, rentrer; *regresar a casa* rentrer chez soi.

regresión *f* régression; *epidemia en regresión* épidémie en régression || recul *m* (retroceso); *regresión de las exportaciones* recul des exportations || retour *m*; *regresión a procedimientos antiguos* retour à de vieux procédés || BIOL & GEOL régression.

regresivo, va *adj* régressif, ive.

regreso *m* retour; *un regreso fácil* un retour facile || *de regreso* de retour, au retour de.

regruñir* *v intr* grogner avec force.

reguera *f* rigole.

reguero *m* traînée *f* (señal); *la noticia se propagó como un reguero de pólvora* la nouvelle se répandit comme une traînée de poudre; *reguero de sangre* traînée de sang || rigole *f* (reguera).

regulación *f* régulation || contrôle *m* (de precios, cambios) || régularisation; *regulación de un curso de agua* régularisation d'un cours d'eau || réglementation; *regulación del mercado* réglementation du marché || réglage *m* (graduación) || *la regulación de los nacimientos* le contrôle o la régulation des naissances.

regulado, da *adj* réglé, e (ordenado) || régulier, ère (regular) || réglé, e (un aparato).

regulador, ra *adj y s m* régulateur, trice.

regular *adj* régulier, ère; *movimiento regular* mouvement régulier || FAM comme ci, comme ça; ni bien ni mal; *una película regular* un film comme ci, comme ça | entre les deux; ¿*le gusta el chocolate muy espeso o líquido?* — *regular* préférez-vous le chocolat très épais ou liquide? — entre les deux | moyennement; *el agua estaba regular de fría* l'eau était moyennement froide | médiocre, moyen; *un alumno regular* un élève médiocre || *por lo regular* en général.
◆ *m* MIL régulier.

regular *v tr* régler (poner en orden); *regular la circulación* régler la circulation || régler (un mecanismo) || contrôler (precios, cambios) || réglementer (el mercado) || régulariser (un curso de agua).

regularidad *f* régularité.

regularización *f* régularisation.

regularizar *v tr* régulariser.

regularmente *adv* régulièrement || moyennement (medianamente) || généralement, normalement; *regularmente voy al cine dos veces por semana* normalement, je vais au cinéma deux fois par semaine.

regurgitación *f* régurgitation.

regurgitar *v intr* régurgiter.

regusto *m* arrière-goût.

rehabilitación *f* réhabilitation || MED rééducation; *tratamiento de rehabilitación para paralíticos* traitement de rééducation pour paralytiques.

rehabilitado, da *adj y s* réhabilité, e.

rehabilitador, ra *adj* réhabilitant, e.

rehabilitar *v tr* réhabiliter || réintégrer (un funcionario) || MED rééduquer || DR restituer.

rehacer* *v tr* refaire.
◆ *v pr* se refaire, reprendre du poil de la bête (fortalecerse) || FIG se remettre (serenarse); *no se reliará* il ne s'en remettra pas | se ressaisir, reprendre le dessus (dominarse).

rehecho, cha *adj* refait, e || FIG reposé, e (descansado) | remis, e (de una enfermedad o desgracia).

rehén *m* otage.

rehilar *v tr* retordre [le fil].

rehogar *v tr* faire mijoter (cocer a fuego lento) || faire revenir (freír o calentar).

rehuir* *v tr* fuir, refuser; *rehuir un compromiso* fuir un engagement || refuser; *rehúyo hacer este trabajo* je refuse de faire ce travail || éviter; *rehuía*

pasar por esos barrios il évitait de passer dans ces quartiers ‖ éviter, fuir; *rehuían su mirada* ils évitaient son regard ‖ esquiver (esquivar).
◆ *v pr* fuir, s'esquiver.
— OBSERV Lorsque le *u* de *rehuir* est tonique, il doit porter un accent écrit (*rehúyo, rehúyes, rehúye, rehúyen*).
rehusar *v tr* refuser; *rehusar la comida* refuser de manger; *rehusar trabajar* refuser de travailler ‖ décliner, ne pas accepter, refuser; *rehusar una invitación* décliner une invitation.
Reikiavik *n pr* GEOGR Reykjavík.
reimplantar *v tr* réimplanter.
reimportación *f* réimportation.
reimportar *v tr* réimporter.
reimposición *f* COM réimposition.
reimpresión *f* réimpression.
reimpreso, sa *adj* réimprimé, e.
reimprimir *v tr* réimprimer.
reina *f* reine; *la reina viuda* la reine douairière; *reina madre* reine mère ‖ reine (abeja maestra) ‖ reine (dama en el ajedrez) ‖ — *reina claudia* reine-claude (ciruela) ‖ *reina de belleza* reine de beauté ‖ *reina de los bosques* reine-des-bois (planta) ‖ *reina de los prados* reine-des-prés (flor) ‖ *reina mora* sorte de marelle (juego).
reinado *m* règne; *durante el reinado de Luis XIV* sous le règne de Louis XIV ‖ FIG règne.
reinante *adj* régnant, e.
reinar *v intr* régner; *reinar en* ou *sobre España* régner sur l'Espagne ‖ FIG régner; *la camaradería reinaba en la escuela* la camaraderie régnait à l'école ‖ — *dividir para reinar* diviser pour régner ‖ *el rey reina pero no gobierna* le roi règne et ne gouverne pas.
reincidencia *f* DR récidive, récidivité.
reincidente *adj y s* récidiviste.
reincidir *v intr* récidiver ‖ redonner, retomber (recaer); *reincidir en el mismo vicio* retomber dans le même vice.
reincorporación *f* réincorporation.
reincorporar *v tr* réincorporer.
◆ *v pr* MIL rejoindre son corps.
reineta *f* reinette (manzana).
reingresar *v intr* rentrer.
reingreso *m* réintégration *f*, retour.
reinicializar *v tr* INFORM réinitialiser.
reino *m* royaume (de un rey) ‖ règne; *reino animal, vegetal* règne animal, végétal ‖ — *el reino de los cielos* le royaume des cieux ‖ GEOGR *Reino Unido* Royaume-Uni.
reinscripción *f* réinscription.
reinscribir *v tr* réinscrire.
reinserción *f* réinsertion; *reinserción social* réinsertion sociale.
reinsertar *v tr* réinsérer.
◆ *v pr* se réinsérer.
reinstalación *f* réinstallation.
reinstalar *v tr* réinstaller.
reinstaurar *v tr* réinstaurer.
reintegrable *adj* réintégrable ‖ remboursable (billete de lotería).
reintegración *f* réintégration.
reintegrar *v tr* réintégrer ‖ rendre, restituer; *reintegrar una suma a uno* rendre une somme à quelqu'un ‖ rembourser (lotería) ‖ rallier, rejoindre

(volver a), reprendre (volver a ocupar); *reintegrar su cargo* rallier son poste ‖ revêtir d'un timbre fiscal; *documento debidamente reintegrado* document dûment revêtu de timbres fiscaux.
◆ *v pr* être réintégré à ‖ reprendre; *reintegrarse a sus actividades* reprendre ses activités.
reintegro *m* paiement (pago) ‖ remboursement (lotería) ‖ apposition *f* du timbre fiscal ‖ réintégration *f* ‖ DR rapport, retour (en una sucesión) ‖ *cobrar el reintegro* être remboursé à la loterie.
reír* *v intr* rire; *echarse a reír* se mettre à rire ‖ — *reír a carcajadas* rire aux éclats, s'esclaffer ‖ *reír a mandíbula batiente* rire à gorge déployée *o* à s'en décrocher la mâchoire ‖ *reír como un bendito* rire aux anges ‖ *reír como un descosido* rire à gorge déployée *o* comme un bossu *o* comme un fou *o* à ventre déboutonné ‖ *reír con ganas* rire de bon cœur ‖ *reír con risa de conejo* rire jaune ‖ *reír de dientes afuera* rire du bout des lèvres *o* du bout des dents *o* jaune ‖ *reír para su capote* ou *para su sayo* ou *para su coleto* ou *para sus adentros* ou *a solas* rire sous cape *o* dans sa barbe ‖ — *al freír será el reír, quien ríe el último ríe mejor* rira bien qui rira le dernier ‖ *dar que reír* prêter à rire.
◆ *v tr* rire de, trouver drôle; *reír una gracia* rire d'un bon mot.
◆ *v pr* rire; *no hay de qué reírse* il n'y a pas de quoi rire ‖ rire, se moquer, se rire (burlarse); *reírse de uno* rire de quelqu'un ‖ se mettre à rire (echarse a reír) ‖ FIG bâiller, rire (abrirse) ‖ — FIG *me río yo de los peces de colores* je m'en moque comme de l'an quarante *o* comme de ma première chemise ‖ *reírse de uno en su cara* ou *en sus barbas* rire au nez *o* à la barbe de quelqu'un.
— OBSERV L'emploi de *reírse* (forme pronominale) est très courant en espagnol dans le sens de *rire* (forme intransitive).
reiteración *f* réitération, récidive ‖ DR récidive.
reiteradamente *adv* réitérativement (*p us*), à plusieurs reprises.
reiterar *v tr* réitérer ‖ *reiteradas veces* à plusieurs reprises.
reiterativo, va *adj* réitératif, ive.
reivindicación *f* revendication.
reivindicador, ra *adj* revendicateur, trice; qui revendique.
reivindicar *v tr* revendiquer.
reivindicatorio, ria; reivindicativo, va *adj* revendicatif, ive; qui sert à revendiquer.
reja *f* grille (de la ventana) ‖ grillage *m* (alambrera) ‖ AGRIC soc *m* (del arado) ‖ labour *m*; *dar una reja* donner un labour ‖ FAM *entre rejas* sous les verrous (cárcel).
rejego, ga *adj* (*amer*) irritable (enojadizo) ‖ indomptable (indomable).
rejilla *f* grillage *m* (de ventana) ‖ guichet *m* (de una abertura) ‖ cannage *m* (de una silla) ‖ chaufferette (calientapiés) ‖ guichet *m* (de confesionario) ‖ bouche de chaleur, bouche d'air ‖ filet *m* (en el ferrocarril) ‖ grille (de un horno, de una alcantarilla, de una chimenea) ‖ grille (de una lámpara de radio) ‖ résille (de una vidriera) ‖ — *de rejilla* canné, e; *silla de rejilla* chaise cannée ‖ *radiador de rejilla* radiateur en nid d'abeilles ‖ *rejilla del radiador* calandre (de un coche).
rejón *m* TAUROM «rejón», javelot ‖ pique *f* (garrocha) ‖ poignard (puñal) ‖ pointe *f* (del trompo).

rejonazo *m* coup de javelot.
rejoneador *m* toréador à cheval.
rejonear *v tr* e *intr* toréer à cheval.
rejoneo *m* TAUROM combat à cheval.
rejuntar *v tr* FAM rapprocher, resserrer (cosas).
◆ *v pr* FAM se mettre à la colle (amantes).
rejuvenecedor, ra *adj* rajeunissant, e.
rejuvenecer* *v tr* e *intr* rajeunir.
◆ *v pr* rajeunir || se rajeunir (quitarse años).
rejuvenecimiento *m* rajeunissement.
relación *f* relation; *relaciones comerciales* relations commerciales || rapport *m*, relation; *mantener relaciones amistosas* entretenir *o* avoir des relations amicales || liste (lista); *relación de víctimas* liste des victimes || relevé *m*, état *m*; *relación de gastos* relevé de dépenses || rapport *m*, relation, récit *m* (relato) || DR rapport *m* (de un juez) || MAT rapport *m*, relation; *relación geométrica* rapport géométrique; *relación de las masas* rapport des masses || FIG rapport *m*, relation; *relación entre la causa y el efecto* relation entre la cause et l'effet || GRAM relation || — MECAN *relación de compresión* taux de compression || *relación de interesados* intitulé d'inventaire || *relaciones de parentesco* rapports de parenté || *relaciones públicas* relations publiques || — *con relación a* par rapport à || *en relación con* en rapport avec || *ponerse en relación* se mettre en rapport, entrer en relation || *sacar a relación* rapporter || *tener relación con* avoir rapport à (referirse a).
◆ *pl* relations (personas conocidas) || *tener relaciones con* fréquenter (ser novios).
relacionado, da *adj* relatif à, concernant *inv* (que se refiere) || se rattachant à, lié à (que está ligado) || — *bien, mal relacionado* qui a de bonnes, de mauvaises relations || *todo lo relacionado es* tout ce qui se rattache à *o* qui concerne *o* qui est relatif à.
relacionar *v tr* rattacher, relier; *relacionar un hecho con otro* rattacher un fait à un autre || mettre en rapport; *relacionar una persona con otra* mettre une personne en rapport avec une autre || rapporter (hacer relación de un hecho).
◆ *v pr* se rattacher, être lié, e (tener conexión) || se rapporter (referirse) || se mettre en rapport (personas).
relajación *f*; **relajamiento** *m* relâchement *m* (de las costumbres, del ardor) || relaxation *f* (músculo, ánimo) || MED décontraction *f* (músculo), relâchement *m* (del útero, etc.) | relâchement *m* (soltura de vientre) || FIG relâchement *m*, diminution *f*; *relajación de la tensión internacional* relâchement de la tension internationale.
relajamiento *m* → **relajación**.
relajante *adj* relâchant, e.
relajar *v tr* relâcher; *relajar la disciplina* relâcher la discipline || décontracter (músculo) || relever (de una obligación) || remettre au pouvoir (a un reo) || détendre; *este espectáculo relaja* ce spectacle détend.
◆ *v pr* se relâcher; *la moralidad se ha relajado* la morale s'est relâchée || se relaxer, se détendre, se décontracter (músculo, ánimo).
relajo *m* (*amer*) dépravation *f*, débauche *f* (depravación) | scandale | moquerie *f* (burla).
relamer *v tr* pourlécher.
◆ *v pr* se pourlécher || FIG & FAM se farder, se pomponner (afeitarse, componerse) || FIG & FAM *relamerse de gusto* s'en lécher *o* s'en pourlécher les babines (comiendo algo suculento), s'en frotter les mains (de júbilo).
relamido, da *adj* affecté, e; recherché, e (demasiado pulcro).
relámpago *m* éclair || VETER taie *f* (en el ojo) || — FOT *luz relámpago* flash || *viaje relámpago* voyage éclair || — FIG *pasar como un relámpago* passer comme un éclair.
◆ *adj* éclair; *visita relámpago* visite éclair; *guerra relámpago* guerre éclair.
relampagueante *adj* étincelant, e.
relampaguear *v intr* faire des éclairs || FIG étinceler (centellear) | lancer des éclairs (los ojos iracundos).
◆ *v impers* y avoir des éclairs.
relampagueo *m* éclairs *pl* (relámpagos) || éclair (centelleo).
relance *m* hasard (suceso casual) || nouveau coup de sort (en los juegos de envite) || *de relance* par hasard.
relanzar *v tr* repousser (rechazar).
relatar *v tr* raconter, narrer, relater; *relatar una historia* raconter une histoire || rapporter (referir); *relatar hechos interesantes* rapporter des faits intéressants.
relatividad *f* relativité; *teoría de la relatividad* théorie de la relativité.
relativismo *m* FILOS relativisme.
relativista *adj* y *s* FILOS relativiste.
relativizar *v tr* relativiser.
relativo, va *adj* relatif, ive || — *en lo relativo a* relativement à, en ce qui concerne || *lo relativo* le relatif.
relato *m* récit (narración) || compte rendu, rapport (informe).
relator, ra *m* y *f* narrateur, trice; conteur, euse.
◆ *m* rapporteur (en los tribunales superiores y reuniones) || *relator del Consejo de Estado* maître des requêtes.
relax *m inv* relaxation *f* (ablandamiento) || détente *f*, repos *m* (bienestar).
— OBSERV Anglicismo que se emplea con el sentido de *relajación, descanso, relajamiento*.
relectura *f* seconde lecture.
releer *v tr* relire.
relegación *f* relégation (confinamiento).
relegar *v tr* reléguer; *relegar al olvido una cosa* reléguer une chose dans l'oubli.
relente *m* fraîcheur *f* nocturne, serein (*p us*).
relevancia *f* importance.
relevante *adj* éminent, e; remarquable, hors ligne || brillant, e; *prestar relevantes servicios* rendre de brillants services.
relevar *v tr* relayer, prendre la relève de (sustituir) || remplacer (reemplazar) || relever; *relevar a uno de una obligación* relever quelqu'un d'une obligation || relayer (deportes) || donner du relief à (en pintura) || relever (revocar) || MIL relever (una centinela).
◆ *v pr* se relayer (turnarse).
relevo *m* MIL relève *f* || DEP relais; *carrera de relevos* course de relais || relais (posta) || — *caballos de relevo* relais || *relevo estilos* relais quatre nages || *tomar el relevo* prendre la relève *o* le relais.
relicario *m* reliquaire.

relieve *m* relief; *mapa en relieve* carte en relief ‖ — *alto relieve* haut-relief ‖ *bajo relieve* bas-relief ‖ FIG *de relieve* important ‖ *medio relieve* demi-relief ‖ — *formar relieve* faire saillie ‖ *poner de relieve* mettre en relief.
- *pl* reliefs (de comida).

religión *f* religion ‖ — *religión católica* religion catholique ‖ *religión inferior* religion dite «primitive» ‖ *religión monoteísta* religion monothéiste ‖ *religión natural* religion naturelle ‖ *religión politeísta* religion polythéiste ‖ *religión reformada* religion réformée ‖ *religión revelada* religion révélée ‖ — *entrar en religión* entrer en religion.

religiosamente *adv* religieusement ‖ FIG religieusement, scrupuleusement.

religiosidad *f* religiosité ‖ FIG scrupule *m*, exactitude.

religioso, sa *adj* religieux, euse ‖ pieux, euse; religieux, euse; *hombre muy religioso* homme très pieux ‖ FIG scrupuleux, euse; ponctuel, elle (exacto); *pagador religioso* payeur scrupuleux | scrupuleux, euse; consciencieux, euse (concienzudo) ‖ — *cumplir con sus deberes religiosos* faire ses dévotions ‖ *hacerse religioso* entrer en religion.
- *m* y *f* religieux, euse.

relimpio, pia *adj* FAM très propre, propre comme un sou neuf, archipropre.

relinchar *v intr* hennir.

relincho *m* hennissement; *dar relinchos* pousser des hennissements.

relindo, da *adj* très joli, e; ravissant, e.

reliquia *f* relique ‖ FIG vestige *m*; *las reliquias del pasado* les vestiges du passé | séquelle, trace (de una enfermedad).

reloj *m* horloge *f*; *el reloj de la torre, de la estación* l'horloge du clocher, de la gare; *dar cuerda a un reloj* remonter une horloge ‖ montre *f*; *reloj de pulsera* montre-bracelet; *reloj de repetición* montre à répétition ‖ pendule *f* (de sobremesa, de pared, etc.); *poner en hora un reloj* mettre une pendule à l'heure ‖ — *reloj analógico* montre analogique ‖ *reloj atómico* horloge atomique ‖ *reloj de agua* clepsydre ‖ *reloj de arena* sablier ‖ *reloj de campana* pendule à sonnerie ‖ *reloj de cuarzo* horloge, montre à quartz ‖ *reloj de cuco* coucou ‖ BOT *reloj de Flora* horloge de Flore ‖ *reloj de longitudes* ou *marino* chronomètre de marine ‖ *reloj de música* pendule à musique ‖ *reloj de péndulo* horloge à balancier ‖ *reloj de pesas* horloge à poids ‖ *reloj de sol* ou *solar* cadran solaire ‖ *reloj despertador* réveille-matin ‖ *reloj digital* montre numérique ‖ *reloj eléctrico* horloge o pendule électrique ‖ *reloj magistral* régulateur [dont se servent les horlogers] ‖ *reloj parlante* horloge parlante ‖ — DEP *carrera contra reloj* course contre la montre ‖ — FIG *marchar como un reloj* fonctionner comme un chronomètre (cosa), être réglé comme une horloge o du papier à musique (persona) ‖ *ser puntual como un reloj* être réglé comme une horloge o comme du papier à musique.

relojería *f* horlogerie ‖ — *bomba con mecanismo de relojería* bombe à retardement ‖ *mecanismo de relojería* mécanisme d'horlogerie.

relojero, ra *m* y *f* horloger, ère.

reluciente *adj* reluisant, e; brillant, e; *una perla reluciente* une perle brillante.

relucir* *v intr* briller, luire; *el sol reluce* le soleil brille ‖ reluire, briller, étinceler; *un cubilete de plata que reluce* un gobelet d'argent qui étincelle ‖ miroiter; *la laguna relucía a lo lejos* la lagune miroitait au loin ‖ FIG briller (destacarse) ‖ — *hacer relucir* faire briller ‖ FIG *no es oro todo lo que reluce* tout ce qui brille n'est pas or ‖ *sacar a relucir* faire ressortir (poner de relieve), ressortir; *siempre saca a relucir todos los favores que me hizo* il ressort toujours tous les services qu'il m'a rendus ‖ *salir a relucir* apparaître.

reluctancia *f* ELECTR réluctance.

reluctante *adj* réticent, e.

relumbrante *adj* brillant, e; étincelant, e ‖ éblouissant, e (resplandeciente).

relumbrar *v intr* briller, étinceler (resplandecer).

rellano *m* palier (de escalera) ‖ replat (en una vertiente).

rellena *f* (amer) boudin *m* (morcilla).

rellenar *v tr* remplir; *rellenar un formulario* remplir un formulaire ‖ farcir; *rellenar un pollo* farcir un poulet ‖ rembourrer, bourrer; *rellenar un sillón* rembourrer un fauteuil ‖ combler, boucher (un hueco) ‖ colmater (una brecha) ‖ ouiller (los toneles) ‖ remblayer (terraplenar) ‖ *rellenar las juntas* rejointoyer.
- *v pr* se remplir ‖ se bourrer, se gaver (atascarse).

relleno, na *adj* rempli, e ‖ plein, e; *cara rellena* visage plein ‖ farci, e; *aceitunas rellenas* olives farcies ‖ fourré, e (caramelo, pastel).
- *m* farce *f* (cocina) ‖ remplissage (acción de llenar) ‖ rembourrage, garnissage (de un asiento) ‖ rembourrure *f* (borra) ‖ remplissage, remplage; *material de relleno* matériau de remplissage ‖ colmatage (de una brecha) ‖ ouillage (de los toneles) ‖ FIG remplissage (parte superflua).

remachadora *f* riveteuse, riveuse, rivoir *m* (máquina).

remachar *v tr* river, riveter ‖ rabattre (un clavo) ‖ FIG mettre dans la tête, ancrer; *remachen bien esta teoría* mettez-vous bien cette théorie dans la tête | marteler, appuyer sur; *remachar sus palabras* marteler ses mots | couronner; *remachar su victoria* couronner sa victoire.

remache *m* rivetage, rivure *f* (acción de remachar) ‖ rivet, rivure *f* (roblón) ‖ FIG couronnement, fin *f*.

remador, ra *m* y *f* rameur, euse.

remake *m* remake, nouvelle version *f*.

remanencia *f* FÍS rémanence.

remanente *adj* rémanent, e.
- *m* reste ‖ *remanente de beneficios* bénéfices rapportés.

remangar *v tr* relever, retrousser, trousser (la ropa o las mangas) ‖ *con la camisa remangada* en bras o en manches de chemise.
- *v pr* se trousser ‖ trousser, retrousser, relever; *se remangó las faldas* elle releva ses jupes.

remansarse *v pr* former une nappe, stagner (río).

remanso *m* nappe *f* d'eau dormante ‖ FIG refuge, havre; *remanso de paz* havre de paix.

remar *v intr* ramer; *remar contra corriente* ramer contre le courant ‖ FIG *remar en la misma galera* être logé à la même enseigne.

remarcable *adj* remarquable.
— OBSERV *Remarcable* est un gallicisme pour *muy notable*.

remarcar *v tr* remarquer (marcar de nuevo).
rematadamente *adv* complètement.
rematado, da *adj* fini, e; achevé, e; *es un pillo rematado* c'est un coquin fini ‖ DR condamné sans appel ‖ *loco rematado* fou à lier.
rematar *v tr* achever; *rematar a un herido* achever un blessé ‖ DR adjuger (subasta) ‖ arrêter (costura) ‖ FIG parachever; *rematar una labor* parachever un travail ‖ terminer, mettre fin à; *remató su conferencia con una alusión al ministro* il termina sa conférence par une allusion au ministre ‖ couronner; *el éxito remató sus esfuerzos* le succès couronna ses efforts ‖ donner le coup de grâce (a alguien) ‖ (*amer*) arrêter net (el caballo) ‖ vendre aux enchères (subastar).
◆ *v intr* se terminer; *el campanario remataba en punta* le clocher se terminait en pointe ‖ tirer au but (fútbol).
remate *m* fin *f*, terme (término) ‖ achèvement (última mano) ‖ ARQ couronnement (de un edificio) ‖ pointe *f*; *remate de un campanario* pointe d'un clocher ‖ DR adjudication *f* (en una subasta) ‖ tir au but (fútbol) ‖ arrêt (costura) ‖ FIG couronnement; *el remate de su carrera política* le couronnement de sa carrière politique ‖ (*amer*) vente *f* aux enchères (subasta) ‖ — *como remate* pour finir ‖ *de remate* complètement ‖ *loco de remate* fou à lier ‖ *por remate* à la fin, en dernier lieu ‖ FIG & FAM *tonto de remate* bête à manger du foin, bête comme ses pieds, idiot fini ‖ — FIG *dar remate a* couronner; *dio remate a su viaje con la visita al centro de investigaciones nucleares* il couronna son voyage par la visite au centre de recherches nucléaires.
rembolsar *v tr* rembourser.
rembolso *m* remboursement.
remecer *v tr* secouer, agiter.
remedador, ra *adj y s* imitateur, trice.
remedar *v tr* contrefaire, imiter (imitar); *remedar la voz de otro* contrefaire la voix de quelqu'un ‖ singer, imiter (para burlarse).
remediador, ra *adj y s* qui remédie.
remediar *v tr* remédier à, porter remède à; *remediar un daño* remédier à un mal ‖ FIG éviter, empêcher (evitar) ‖ arranger; *tu venida no remediará nada* ta venue n'arrangera rien du tout ‖ *no poder remediarlo* n'y rien pouvoir.
remedio *m* remède; *remedio contra la tos* remède contre la toux; *remedio casero* remède de bonne femme ‖ FIG remède, arrangement (arreglo) ‖ DR recours (recurso) ‖ — *a grandes males, grandes remedios* aux grands maux les grands remèdes ‖ *el remedio es peor que la enfermedad* le remède est pire que le mal ‖ *la Virgen de los Remedios* Notre-Dame de Recouvrance ‖ *no hay más remedio que* il n'y a rien d'autre à faire que, il n'y a pas d'autre solution o d'autre choix que de, il ne nous reste qu'à ‖ *no hay remedio* on n'y peut rien, c'est sans remède ‖ *no tener más remedio* ne pas pouvoir faire autrement, ne pas avoir d'autre solution ‖ *no tener para un remedio* ne pas avoir un sou vaillant ‖ *poner remedio a* remédier à ‖ *por no haber otro remedio* par la force des choses ‖ *¿qué remedio me queda? que faire alors?* ‖ *sin remedio* sans remède, sans rémission.
remedo *m* imitation *f*, copie *f* ‖ contrefaçon *f* ‖ pastiche, pastichage (de una obra).
rememoración *f* remémoration, souvenir *m*.

rememorar *v tr* remémorer.
rememorativo, va *adj* remémoratif, ive.
remendado, da *adj* raccommodé, e; rapiécé, e (zurcido) ‖ moucheté, e; tacheté, e (animales).
remendar* *v tr* raccommoder, rafistoler (lo roto) ‖ rapiécer (echando remiendos) ‖ ramender, raccommoder, remmailler (una red) ‖ rapetasser, ravauder (lo viejo y de manera tosca) ‖ FIG corriger.
remendón, ona *adj y s* ravaudeur, euse; rapetasseur, euse (*p us*) ‖ FAM rafistoleur, euse ‖ *zapatero remendón* savetier.
remera *f* rémige (pluma).
remero, ra *m y f* rameur, euse.
◆ *f* (*amer*) T-shirt, tee-shirt *m* (camiseta).
remesa *f* COM remise, envoi *m*, expédition.
remeter *v tr* remettre, réintroduire ‖ border; *remeter las sábanas* border le lit.
remezón *m* (*amer*) tremblement de terre.
remiendo *m* raccommodage, rapiéçage, rapiècement ‖ ramendage, remmaillage, raccommodage (de una red) ‖ rafistolage (chapucería) ‖ pièce *f*; *echar un remiendo a un pantalón* mettre une pièce à un pantalon ‖ IMPR bilboquet ‖ — *a remiendos* par morceaux ‖ FAM *echar un remiendo a una cosa* rafistoler o raccommoder quelque chose ‖ *no hay mejor remiendo que el del mismo paño* on n'est jamais si bien servi que par soi-même.
rémige *f* rémige (pluma).
remigio *m* crapette *f* (juego de naipes).
remilgado, da *adj* minaudier, ère; maniéré, e ‖ *hacer el remilgado* faire la petite o la fine bouche (ser exigente), faire des manières (ser melindroso).
remilgarse *v pr* minauder, faire des manières.
remilgo *m* minauderie *f* ‖ *andar con remilgos, hacer remilgos* faire des manières o des simagrées o des façons (ser melindroso), faire la petite o la fine bouche (ser exigente).
remilgoso, sa *adj* (*amer*) minaudier, ère; maniéré, e.
reminiscencia *f* réminiscence.
remirado, da *adj* scrupuleux, euse.
remirar *v tr* regarder à plusieurs reprises ‖ examiner attentivement.
remisión *f* remise (entrega); *la remisión de un paquete* la remise d'un colis ‖ rémission, pardon *m*; *la remisión de los pecados* la rémission des péchés ‖ DR renvoi *m* (de la instancia) ‖ remise (de una pena) ‖ renvoi *m*; *texto lleno de remisiones* texte plein de renvois ‖ — *no hay pecado sin remisión* à tout péché miséricorde ‖ *sin remisión* sans rémission (sin remedio).
remisivo, va *adj* qui renvoie, de référence.
remiso, sa *adj* peu enthousiaste, réticent, e; *muchedumbre remisa a la hora de aplaudir* foule peu enthousiaste à l'heure d'applaudir ‖ indécis, e (flojo) ‖ — *no ser remiso en* être tout prêt à ‖ *ser remiso a* ou *en* être peu chaud pour, n'avoir guère envie de.
remisorias *f pl* DR renvoi *m sing* d'une affaire à une autre juridiction.
remisorio, ria *adj* absolutoire.
remite *m* nom et adresse de l'expéditeur.
remitente *adj* qui remet, qui pardonne ‖ MED rémittent, e.
◆ *m y f* expéditeur, trice; *el remitente de una carta* l'expéditeur d'une lettre ‖ expéditeur, trice;

envoyeur (sin femenino); *devolución al remitente* retour à l'expéditeur; *devuélvase al remitente* faire retour à l'envoyeur.

remitido *m* communiqué.

remitir *v tr* remettre, envoyer (enviar) ∥ remettre (condonar) ∥ remettre (aplazar) ∥ délivrer; *remitir un pedido* délivrer une commande ∥ remettre; *remitir los pecados* remettre les péchés ∥ renvoyer; *el autor nos remite a la primera parte* l'auteur nous renvoie à la première partie ∥ DR renvoyer.
◆ *v intr* faiblir, s'apaiser, se calmer; *ha remitido el temporal* l'orage s'est apaisé ∥ renvoyer; *remitir a la página diez* renvoyer page 10.
◆ *v pr* s'en remettre; *remitirse a la Providencia* s'en remettre à la Providence ∥ s'en remettre, s'en rapporter; *remitirse a la decisión de alguien* s'en rapporter à la décision de quelqu'un ∥ se rapporter (referirse) ∥ se reporter; *remítanse a la primera parte de esta obra* reportez-vous à la première partie de cet ouvrage.

remo *m* rame *f*, aviron ∥ DEP aviron, canotage ∥ *(ant)* galères *f pl* ∥ *— a remo* à la rame ∥ FIG *a remo y sin sueldo* (travailler) pour le roi de Prusse, pour rien | *a remo y vela* à toute vitesse ∥ *barca de remo* bateau à rames ∥ *forzar de remos* faire force de rames.
◆ *pl* membres, abattis (del hombre) ∥ ailes *f* (alas).

remoción *f* remuement *m* ∥ changement *m*, remaniement *m* (cambio) ∥ *remoción de tierras* terrassement.

remodelación *f* CONSTR rénovation ∥ FIG remaniement *m*.

remodelar *v tr* rénover, remodeler (un edificio, un barrio) ∥ remanier (un gabinete, una ley).

remojar *v tr* tremper; *remojar pan en la sopa* tremper du pain dans la soupe ∥ faire tremper (la ropa, legumbres, etc.) ∥ remouiller (telas) ∥ retremper (volver a mojar) ∥ FIG & FAM arroser; *remojar un éxito* arroser un succès; *hay que remojarlo* il faut arroser ça ∥ *(amer)* donner un pourboire.
◆ *v pr* tremper; *pan que se remoja en el agua* pain qui trempe dans l'eau ∥ se tremper.

remojo *m* trempage ∥ remouillage (de las telas) ∥ *(amer)* pourboire (propina) ∥ — FIG *darse un remojo* se baigner ∥ *echar ou poner a ou en remojo* faire tremper (garbanzos, ropa, etc.), laisser mûrir (un asunto).

remojón *m* FAM douche *f* (lluvia); *¡qué remojón!* quelle douche!

remolacha *f* betterave; *remolacha azucarera, forrajera* betterave à sucre *o* sucrière, fourragère ∥ betterave rouge (encarnada o comestible).

remolachero, ra *adj y s m* betteravier, ère.

remolcador, ra *adj y s m* remorqueur, euse ∥ *— remolcador de altura* remorqueur de haute mer ∥ *remolcador de puerto* remorqueur de port.

remolcar *v tr* remorquer ∥ FIG remorquer ∥ MAR *remolcar abarloado* remorquer à couple.

remoler* *v tr* moudre très finement.

remolido *m* minéral non lavé (mineral).

remolinear *v tr* faire tournoyer.
◆ *v intr* tourbillonner.

remolino *m* remous (del agua) ∥ tourbillon (aire, polvo, agua, etc.) ∥ tourbillonnement, tournoiement (movimiento) ∥ épi (del cabello) ∥ FIG remous (de la muchedumbre) ∥ MAR révolin ∥ *formar remolinos* tourbillonner, tournoyer.

remolón, ona *adj y s* lambin, e (perezoso).
◆ *m* broche *f*, dague *f* (del jabalí) ∥ *— hacerse el remolón* tirer au flanc ∥ *ser remolón para* se faire tirer l'oreille pour.

remolonear *v intr* lambiner.

remoloneo *m* lambinage.

remolque *m* remorque *f*; *remolque volquete* remorque basculante ∥ remorquage (acción de remolcar) ∥ *— a remolque* à la remorque, à la traîne ∥ *ir a remolque de alguien* être à la remorque de quelqu'un ∥ *grúa remolque* dépanneuse ∥ *remolque habitable* ou *de turismo* caravane.

remono, na; requetemono, na *adj* FAM très joli, e; ravissant, e.

remontar *v tr* ressemeler complètement, remonter (zapatos) ∥ MIL remonter, pourchasser (la caza).
◆ *v intr* MAR remonter au vent.
◆ *v pr* remonter; *remontarse hasta la época prehistórica* remonter jusqu'à l'époque préhistorique ∥ s'enfuir dans la montagne (esclavos).

remonte *m* remontée *f* mécanique.

rémora *f* rémora *m* (pez) ∥ FIG rémora *m* (*p us*), obstacle *m*; *las viejas estructuras constituyen una rémora para el progreso* les vieilles structures constituent un obstacle au progrès.

remorder* *v tr* remordre (volver a morder) ∥ FIG causer du remords, ronger ∥ *el recuerdo de su crimen le remuerde la conciencia* il est rongé par le remords en pensant à son crime.

remordimiento *m* remords; *estar torturado por el remordimiento* être rongé par le remords.

remotamente *adv* d'une manière éloignée ∥ FIG confusément, vaguement; *lo recuerdo remotamente* je m'en souviens vaguement.

remoto, ta *adj* lointain, e; éloigné, e; *países remotos* pays lointains; *causas remotas* des causes éloignées ∥ reculé, e; *en tiempos remotos* en des temps reculés ∥ *— la remota Antigüedad* la haute Antiquité ∥ *ni la más remota probabilidad* pas la moindre probabilité.

remover* *v tr* déplacer (una cosa) ∥ remuer (el café) ∥ FIG remuer, agiter; *remover recuerdos* remuer des souvenirs ∥ déplacer (a uno de su empleo) ∥ — FIG *remover las cenizas* remuer les cendres ∥ *remover la tierra* remuer *o* retourner la terre.
◆ *v pr* s'agiter, remuer.

remozamiento *m* regain de jeunesse, rajeunissement ∥ FIG rajeunissement; *el remozamiento de las instituciones* le rajeunissement des institutions | rafraîchissement (de un vestido).

remozar *v tr* rajeunir ∥ FIG rafraîchir; *remozar un vestido* rafraîchir un vêtement ∥ FAM ragaillardir.
◆ *v pr* rajeunir, se rajeunir.

remplazar *v tr* remplacer (reemplazar).

remplazo *m* → **reemplazo**.

rempujar *v tr* FAM pousser.

rempujón *m* FAM poussée *f*.

remunerable *adj* rémunérable.

remuneración *f* rémunération; *remuneración en especie* rémunération en nature.

remunerador, ra *adj y s* rémunérateur, trice.

remunerar *v tr* rémunérer.

remunerativo, va *adj* rémunérateur, trice.

renacentista *adj inv* Renaissance, de la Renaissance, renaissant, e; *estilo renacentista* style Renaissance.
renacer* *v intr* renaître.
renaciente *adj* renaissant, e.
renacimiento *m* renaissance *f* ‖ FIG relèvement, redressement (de un pueblo) | renouveau.
◆ *adj inv* Renaissance (renacentista).
renacuajo *m* ZOOL têtard ‖ FIG & FAM avorton.
renal *adj* rénal, e ‖ MED *cólico renal* colique néphrétique.
rencilla *f* querelle (riña) ‖ ressentiment *m*, rancune, rancœur (rencor).
rencilloso, sa *adj* querelleur, euse ‖ rancunier, ère (rencoroso).
renco, ca *adj* boiteux, euse.
rencor *m* rancune *f* (resentimiento) ‖ rancœur *f* (amargura) ‖ *guardar rencor a alguien por algo* garder rancune à quelqu'un de quelque chose, tenir rigueur à quelqu'un de quelque chose, en vouloir à quelqu'un de quelque chose.
rencoroso, sa *adj* rancunier, ère.
rendición *f* reddition; *la rendición de Breda* la reddition de Breda.
rendido, da *adj* rendu, e; soumis, e (sumiso) ‖ épuisé, e; rendu, e; rompu, e (cansado) ‖ *rendido de amor por* follement épris de.
rendija *f* fente; *mirar por la rendija de la puerta* regarder par la fente de la porte.
rendimiento *m* soumission *f* (sumisión) ‖ respect, déférence *f* ‖ grande fatigue *f*, épuisement (fatiga) ‖ rendement; *el rendimiento de una fábrica* le rendement d'une usine.
rendir* *v tr* vaincre, soumettre (al enemigo) ‖ rendre; *rendir una plaza, las armas* ou *el arma* rendre une place, les armes ‖ rendre (producir) ‖ épuiser (agotar); *este paseo me ha rendido* cette promenade m'a épuisé ‖ rendre (vomitar) ‖ — *rendir cuentas* rendre des comptes / *rendir culto a* rendre un culte à ‖ *rendir el alma* rendre l'âme / *rendir gracias* rendre grâces ‖ *rendir homenaje* rendre hommage ‖ *rendir pleitesía a* rendre hommage à, s'incliner devant.
◆ *v pr* se rendre, mettre bas les armes (un vencido) ‖ se soumettre (someterse) ‖ s'épuiser, se fatiguer (cansarse) ‖ donner sa langue au chat (en el juego) ‖ MAR se briser, éclater (una verga).
renegado, da *adj y s* rénégat, e.
renegar* *v intr* renier; *renegar de su fe, de su familia* renier sa foi, sa famille; *todos sus amigos renegarían de usted* tous vos amis vous renieraient ‖ blasphémer, renier (blasfemar) ‖ FAM jurer (decir injurias).
renegrido, da *adj* noirâtre (negruzco).
Renfe abrev de *Red Nacional de los Ferrocarriles Españoles* Réseau national des chemins de fer espagnols.
renglón *m* ligne *f* (escrito) ‖ FIG article (de una cuenta) | chapitre; *el renglón de las importaciones* le chapitre des importations ‖ — *a renglón seguido* tout de suite après, là-dessus, immédiatement après ‖ FIG *dejar, quedarse entre renglones* laisser, rester dans l'encrier.
renitente *adj y s* rénitent, e.
reno *m* ZOOL renne.
renombrado, da *adj* renommé, e et (famoso).

renombrar *v tr* INFORM renommer.
renombre *m* renom; *hombre de renombre* homme de renom ‖ renommée *f* (fama) ‖ surnom (sobrenombre).
renovable *adj* renouvelable.
renovación *f* renouvellement *m* (de un pasaporte, del personal de una casa) ‖ rénovation (de votos religiosos) ‖ renouveau *m* (renacimiento) ‖ remise à neuf ‖ DR reconduction.
renovador, ra *adj y s* rénovateur, trice.
renovar* *v tr* renouveler; *renovar un pasaporte, votos, el personal de una casa* renouveler un passeport, des vœux, le personnel d'une maison ‖ rénover, remettre à neuf; *renovar tapices* rénover les tapisseries ‖ rénover; *renovar las instituciones* rénover les institutions ‖ renouer; *renovar una alianza* renouer une alliance ‖ FIG *renovar la herida* rouvrir la blessure o la plaie, tourner le couteau dans la plaie.
◆ *v pr* se renouveler.
renqueante *adj* clopin-clopant.
renquear *v intr* clopiner, tirer la jambe.
renta *f* rente; *renta de bienes raíces* ou *de la tierra* ou *del suelo* rente foncière ‖ revenu *m*; *impuesto sobre la renta* impôt sur le revenu; *renta per cápita* revenu par habitant ‖ rapport *m*; *inmueble de renta* immeuble de rapport ‖ fermage *m* (de un arrendatario) ‖ — *renta bruta* revenu brut ‖ *renta de una finca urbana* valeur locative ‖ *renta nacional* revenu national ‖ *renta pagada por el Estado* rente de l'État ‖ *renta pública* dette publique ‖ *renta vitalicia* rente viagère, viager ‖ — *administración de rentas* régie ‖ *a renta* à bail, à ferme ‖ *viviendas de renta limitada* habitations à loyer modéré, H.L.M. ‖ *tener buenas, malas rentas* être bien, mal renté ‖ *vivir de sus rentas* vivre de ses rentes.
rentabilidad *f* rentabilité.
rentabilizar *v tr* rentabiliser.
rentable *adj* rentable (productivo).
rentar *v tr* rapporter (producir) ‖ renter (conceder una renta) ‖ *(amer)* louer (alquilar).
rentista *m y f* rentier, ère.
rentístico, ca *adj* financier, ère; *reforma rentística* réforme financière.
renuncia *f* renonciation, abandon *m* (de un derecho) ‖ DR résignation ‖ renoncement *m*; *la renuncia a los honores* le renoncement aux honneurs ‖ *hacer renuncia de* renoncer à.
renunciación *f* renoncement *m*.
renunciar *v intr* renoncer; *renunciar a un proyecto* renoncer à un projet ‖ abandonner; *renunciar a la lucha* abandonner la lutte ‖ renoncer, abdiquer; *renunciar a sus derechos* abdiquer de ses droits, renoncer à ses droits ‖ renoncer, ne pas fournir la couleur (en los naipes) ‖ déclarer forfait (en una competición) ‖ se démettre; *renunciar a su mando* se démettre de son commandement ‖ DR délaisser (una herencia).
◆ *v pr* renoncer; *renunciarse a sí mismo* renoncer à soi-même.
reñidamente *adv* obstinément, opiniâtrement, avec acharnement.
reñido, da *adj* brouillé, e; fâché, e; *estar reñido con un amigo* être brouillé avec un ami ‖ disputé, e; acharné, e; *un partido muy reñido* un match très disputé ‖ serré, e; *la lucha va a ser muy reñida* la lutte va être très serrée ‖ incompatible; *lo útil no*

está reñido con lo bello l'utile n'est pas incompatible avec le beau ‖ *en reñida lucha* de haute lutte.

reñidor, ra *adj* y *s* querelleur, euse ‖ grognon, onne (regañón).

reñir* *v intr* se disputer, se quereller, se chamailler *(fam)*; *Pablo siempre está riñendo con su hermana* Paul passe son temps à se disputer avec sa sœur ‖ se brouiller, se fâcher; *riñó con su novia* il se brouilla avec sa fiancée ‖ *reñir por* livrer bataille pour, se battre pour.
◆ *v tr* gronder, réprimander; *reñir a un niño mentiroso* gronder un enfant menteur ‖ disputer (combatir).

reo *m* y *f* inculpé, e ‖ accusé, e (reconocido culpable); *absolver a un reo* acquitter un accusé ‖ — *reo de Estado* criminel d'État *o* politique ‖ *reo de muerte* condamné à mort.
◆ *m* truite *f* de mer (pez).
— OBSERV Le féminin de ce mot étant identique au masculin, on dira *la reo* et non *la rea*.

reoca; repanocha *f* FAM *es la reoca* c'est le comble, il ne manquait plus que ça (es el colmo), c'est impayable (es muy gracioso).

reojo (mirar de) *loc* regarder du coin de l'œil ‖ FIG regarder de travers (con enfado).

reordenación *f* réaménagement *m* ‖ RELIG réordination.

reorganización *f* réorganisation ‖ remaniement *m* (de un gobierno, etc.).

reorganizador, ra *adj* y *s* réorganisateur, trice.

reorganizar *v tr* réorganiser ‖ remanier (el gobierno).

reorientación *f* réorientation.

reorientar *v tr* réorienter.

reostático, ca *adj* FÍS rhéostatique.

reóstato; reostato *m* FÍS rhéostat.

repacer* *v tr* repaître, brouter toute l'herbe d'un pré.

repanchingarse; repantigarse *v pr* s'enfoncer, se vautrer; *repantigarse en un sillón* se vautrer dans un fauteuil.

repanocha *f* FAM → **reoca**.

repantigarse *v pr* → **repanchingarse**.

reparable *adj* réparable; *daño reparable* mal réparable ‖ remarquable (digno de atención).

reparación *f* réparation; *taller de reparaciones* atelier de réparations ‖ réfection (refección) ‖ FIG réparation (de una ofensa) ‖ *reparación de encajes* remplissage.

reparado, da *adj* réparé, e (arreglado) ‖ renforcé, e (reforzado) ‖ bigleux, euse (bizco), qui a un défaut aux yeux (que tiene un defecto en los ojos).

reparador, ra *adj* réparateur, trice ‖ FIG réparateur, trice; *un sueño reparador* un repos réparateur.
◆ *m* y *f* réparateur, trice.

reparar *v tr* réparer, mettre en état; *reparar un reloj* réparer une horloge ‖ FIG réparer (ofensa) ‖ rattraper (una falta) ‖ remplir (encaje).
◆ *v intr* remarquer, faire attention à; *nadie reparó en él* personne ne fit attention à lui ‖ s'apercevoir de, remarquer; *reparar en un error* s'apercevoir d'une erreur ‖ s'arrêter à, s'attacher à; *reparar en un detalle* s'attacher à un détail ‖ — *reparar en pelillos* ou *en pormenores* s'arrêter à des riens *o* à des vétilles *o* à des détails ‖ — *no repara en nada* rien ne l'arrête, il ne recule devant rien ‖

no reparar en gastos ne rien épargner, ne pas regarder à la dépense (no vacilar en los gastos).

reparo *m* réparation *f* ‖ objection *f*; *siempre pone reparos a todo* il fait toujours des objections à tout ‖ remarque *f*, observation *f* (advertencia) ‖ réticence *f*, réserve *f*; *aprobar algo con cierto reparo* approuver quelque chose avec une certaine réticence ‖ reproche; *estás siempre poniendo reparos a la cocina de este país* tu ne cesses de faire des reproches à la cuisine de ce pays ‖ — *no andar con reparos* ne pas hésiter, ne pas faire d'histoires ‖ *no tener reparo en* être capable de; *no tiene reparo en hacer cualquier cosa* il est capable de faire n'importe quoi ‖ *sin reparo* sans ménagement.

repartición *f* partage *m*, répartition ‖ livraison (distribución) ‖ *(amer)* service de l'administration (rama de la administración pública) ‖ *repartición por lotes* ou *parcelas* lotissement.

repartidor, ra *m* y *f* livreur, euse (que entrega) ‖ distributeur, trice (que distribuye).
◆ *m* livreur, garçon livreur (de compras) ‖ DR répartiteur (en los tribunales).

repartir *v tr* répartir, partager; *repartir una suma entre varias personas* répartir une somme entre plusieurs personnes ‖ distribuer; *repartir los premios, el correo* distribuer les prix, le courrier ‖ livrer; *repartir la leche* livrer le lait ‖ distribuer; *repartir tortazos* distribuer des gifles ‖ lotir (distribuir en lotes) ‖ — *repartir el roscón de reyes* tirer les rois ‖ FIG & FAM *repartir leña* administrer une volée [de bois vert].

reparto *m* répartition *f*; *el reparto de las tierras de labor* la répartition des terres arables ‖ répartition *f*, partage; *el reparto de una suma entre varios herederos* la répartition d'une somme entre plusieurs héritiers ‖ partage; *el reparto de Polonia* le partage de la Pologne ‖ distribución *f*; *reparto de premios* distribution des prix; *reparto del correo* distribution du courrier ‖ livraison *f*; *reparto a domicilio* livraison à domicile ‖ distribution *f* (teatro, cine) ‖ — *coche de reparto* voiture de livraison ‖ error en el reparto de las cartas* fausse donne, maldonne (en el juego) ‖ *tocarle a uno en un reparto, tocarle o caerle a uno en suerte en un reparto* échoir, avoir en partage; *le ha tocado esta finca en el reparto* cette ferme lui est échue en partage, il a eu cette ferme en partage.

repasador *m* *(amer)* torchon (paño de cocina).

repasar *v tr* repasser; *repasar por una calle* repasser par une rue ‖ repasser, revoir, examiner de nouveau (examinar de nuevo) ‖ repasser, réviser, revoir (lección, papel); *repasar una lección, un programa de ciencias* réviser une leçon, un programme de sciences ‖ revoir (para corregir) ‖ raccommoder, repriser (la ropa).

repaso *m* repassage, révision *f* (de una lección) ‖ raccommodage, reprisage (de la ropa) ‖ FAM savon (repasata) ‖ *dar un repaso a* jeter un coup d'œil sur, revoir *o* réviser rapidement; *el actor dio un repaso a su papel* l'acteur jeta un coup d'œil sur son rôle.

repatear *v tr* FAM dégoûter, sortir par les trous de nez.

repatriación *f* rapatriement *m*.

repatriar *v tr* rapatrier.
◆ *v pr* être rapatrié.

repecho *m* côte *f*, raidillon, grimpette *f* (cuesta) ‖ *a repecho* en remontant.

repeinar *v tr* recoiffer.

repelar *v tr* tirer *o* arracher les cheveux ‖ faire faire (au cheval), un temps de galop ‖ tondre (l'herbe), légèrement (la hierba) ‖ FIG rogner (cercenar) ‖ *(amer)* grogner (refunfuñar), gronder (regañar).

repelencia *f* répulsion.

repelente *adj* qui repousse, rebutant, e (que disgusta) ‖ FIG repoussant, e; répugnant, e; dégoûtant, e (asqueroso) | hideux, euse (muy feo).

repeler *v tr* repousser, rejeter (rechazar) ‖ chasser; *repeler a intrusos de su domicilio* chasser des intrus de son domicile ‖ FIG rebuter (disgustar) | répugner, dégoûter (asquear); *las arañas me repelen* les araignées me répugnent.

repelón *m* action *f* de tirer les cheveux ‖ galop (del caballo) ‖ *(amer)* réprimande *f* (regaño) ‖ *a repelones* à contrecœur.

repeluco; repeluzno *m* frisson.

repente *m* FAM sursaut, mouvement subit (movimiento) | accès; *un repente de ira* un accès de colère | brusque pressentiment; *me dio el repente que iba a suicidarse* j'ai eu le brusque pressentiment qu'il allait se suicider | idée *f* soudaine ‖ — *de repente* soudain, tout à coup ‖ *muerto de repente* mort subitement.

repentinamente *adv* subitement.

repentino, na *adj* subit, e; soudain, e; *muerte repentina* mort subite.

repera *f* FAM *¡es la repera!* c'est trop!, ce n'est pas du gâteau!

repercusión *f* répercussion ‖ FIG répercussion, contrecoup *m* | bruit *m*, retentissement *m*; *un discurso que ha tenido mucha repercusión* un discours qui a fait beaucoup de bruit *o* qui a eu un grand retentissement.

repercutir *v intr* se répercuter.
- *v tr* répercuter.
- *v pr* retentir (sonido).

repertorio *m* répertoire ‖ TEATR répertoire; *poner en el repertorio* mettre au répertoire.

repesca *f* repêchage *m*.

repescar *v tr* repêcher.

repetición *f* répétition ‖ redoublement *m* (del año escolar) ‖ MÚS reprise ‖ — *reloj, fusil de repetición* montre, fusil à répétition.

repetidamente *adv* maintes fois, à plusieurs reprises.

repetido, da *adj* répété, e ‖ nombreux, euse (numeroso) ‖ *en repetidas ocasiones, repetidas veces* à plusieurs reprises, maintes fois.

repetidor, ra *adj y s* répétiteur, trice ‖ redoublant, e (alumno) ‖ *poste repetidor* relais (televisión).
- *m* répéteur (teléfono) ‖ relais; *repetidor de televisión* relais de télévision.

repetir* *v tr* répéter; *repetir una frase* répéter une phrase ‖ recommencer, refaire; *repetir un experimento* recommencer une expérience ‖ redoubler; *repetir curso* redoubler une classe ‖ reprendre (un plato) ‖ doubler; *repetir una consonante* redoubler une consonne ‖ reprendre (comenzar de nuevo) ‖ TEATR reprendre (reestrenar) ‖ DR répéter ‖ *repetir en todos los tonos* répéter sur tous les tons, ressasser.
- *v intr* revenir; *la sardina repite* le goût de la sardine revient ‖ *estar repetido* faire double emploi (ser inútil), être en double; *estos sellos están repetidos* ces timbres sont en double.
- *v pr* se répéter ‖ revenir; *fiesta que se repite siempre en la misma fecha* fête qui revient toujours à la même date ‖ revenir (sabor) ‖ — *no ha habido que repetírselo dos veces* il ne se l'est pas fait dire deux fois ‖ *¡que se repita!* bis!

repetitivo, va *adj* répétitif, ive.

repicar *v tr* sonner (las campanas) ‖ repiquer (picar de nuevo) ‖ faire repic (en el juego de los cientos) ‖ hacher menu (cortar muy fino).
- *v intr* carillonner (las campanas) ‖ battre (el tambor) ‖ FIG *no se puede repicar y andar en la procesión* on ne peut être à la fois au four et au moulin.

repintar *v tr* repeindre.
- *v pr* se farder, se maquiller soigneusement (el rostro) ‖ IMPR maculer.

repipi *adj y s* bêcheur, euse.

repique *m* carillonnement, volée *f* (de campanas) ‖ repic (naipes).

repiquetear *v intr* carillonner (campanas) ‖ battre (tambor) ‖ FIG tambouriner; *la lluvia repiqueteaba en el tejado* la pluie tambourinait sur le toit.

repiqueteo *m* carillonnement (campanas) ‖ tambourinage (tambor, etc.) ‖ crachement (de una ametralladora).

repisa *f* ARQ console ‖ étagère (estante).

replantar *v tr* AGRIC replanter, repiquer ‖ transplanter (trasplantar).

replanteamiento *m* reconsidération *f*.

replantear *v tr* reconsidérer.

replegar* *v tr* replier (doblegar) ‖ AVIAC escamoter (el tren de aterrizaje).
- *v pr* MIL se replier (las tropas).

repleto, ta *adj* plein, e; rempli, e; *calle repleta de gente* rue pleine de monde ‖ replet, ète (rechoncho) ‖ plein, e; bien garni, e; *bolsa repleta* bourse bien garnie ‖ repu, e (ahíto).

réplica *f* réplique ‖ repartie, riposte; *tener la réplica viva* avoir la repartie facile ‖ *sin réplica* sans conteste (indiscutiblemente), muet (cortado); *se quedó sin réplica* il est resté muet.

replicar *v tr* répliquer, repartir, riposter.

replicón, ona *adj y s* FAM raisonneur, euse.

repliegue *m* repli ‖ MIL repli, repliement (de las tropas) ‖ FIG détour, recoin; *los repliegues del alma humana* les détours de l'âme humaine.

repoblación *f* repeuplement *m*, repopulation (de un país) ‖ repeuplement *m*, rempoissonnement *m*, alevinage *m* (de un río, un estanque) ‖ — *repoblación forestal* reboisement *m*.

repoblar* *v tr* repeupler ‖ reboiser (de árboles) ‖ *repoblar con peces* rempoissonner.

repodar *v tr* retailler (las ramas).

repollo *m* chou pommé ‖ pomme *f* (de lechuga).

reponer* *v tr* remettre, replacer (poner de nuevo) ‖ rependre, remonter (obra de teatro) ‖ réparer (restablecer) ‖ remettre (salud) ‖ répondre, répliquer (replicar).
- *v pr* se remettre, se rétablir (salud) ‖ se remettre, se ressaisir (de una emoción).

reportaje *m* reportage ‖ *reportaje radiofónico* radioreportage.

reportar *v tr* faire un report, reporter (en litografía).
◆ *v pr* se calmer, s'apaiser (serenarse) ∥ se contenir, se modérer (moderarse).
reporte *m* IMPR report (litografía) ∥ *(amer)* rapport, compte rendu (informe).
repórter *m* reporter.
reportero, ra *adj* qui concerne le reporter.
◆ *m y f* reporter *m* (periodista) ∥ *reportero de la radio* radioreporter.
reposacabezas; apoyacabezas *m inv* appuitête, appuie-tête.
reposado, da *adj* reposé, e (descansado) ∥ calme, posé, e; tranquille.
reposapiés *m inv* repose-pied (de moto, etc.).
reposar *v intr y pr* reposer; *aquí reposa el cuerpo de* ici repose le corps de ∥ se reposer, reposer; *suele reposar un rato* il a l'habitude de se reposer un instant ∥ se délasser (solazándose) ∥ reposer (un líquido).
reposera *f (amer)* chaise longue.
reposición *f* reposition, remise en place, replacement *m* ∥ reprise (teatro, cine) ∥ renouvellement *m*; *reposición de existencias* renouvellement des stocks.
reposo *m* repos; *gozar de un bien merecido reposo* jouir d'un repos bien gagné ∥ — *dejar en reposo* laisser reposer ∥ *tierra en reposo* terre au repos.
repostar *v intr y pr* s'approvisionner (un barco), faire une escale technique (un avión) ∥ se ravitailler (de gasolina) ∥ *repostar a tope* faire le plein (de gasolina).
repostería *f* pâtisserie (pastelería) ∥ office *m* (antecocina).
repostero, ra *m y f* pâtissier, ère (pastelero) ∥ officier *m* de la maison du roi (cargo palaciego).
◆ *m* draperie *f* aux armes d'un seigneur (paño).
reprender *v tr* reprendre, réprimander; *reprender a un alumno* réprimander un élève ∥ blâmer; *le reprendió su mala conducta* il le blâma de sa mauvaise conduite.
reprensible *adj* répréhensible, réprimandable.
reprensión *f* réprimande, répréhension *(p us)*.
reprensivo, va *adj* de blâme, répréhensif, ive *(p us)*; *en tono reprensivo* sur un ton de blâme.
represa *f* barrage *m*, retenue d'eau (embalse) ∥ TECN retenue (en un saetín).
represalia *f* représaille; *tomar* ou *ejercer represalias* user de représailles.
represar *v tr* barrer (un río), endiguer, retenir (las aguas) ∥ FIG réprimer, contenir.
representación *f* représentation ∥ DR représentation ∥ — *representación proporcional* représentation proportionnelle ∥ — *gastos de representación* frais de représentation ∥ DR *heredero por representación* représentant ∥ *hombre de representación* homme qui jouit d'une certaine autorité.
representante *adj y s* représentant, e; *representante comercial* représentant de commerce ∥ comédien, enne (comediante).
representar *v tr* représenter (volver a presentar) ∥ représenter; *este dibujo representa una casa* ce dessin représente une maison; *representar a un ministro* représenter un ministre ∥ paraître, faire; *no representa la edad que tiene* il ne fait pas son âge ∥ jouer, représenter (teatro) ∥ représenter (equivaler); *obra que representa diez años de trabajo* œuvre qui représente dix ans de travail.
◆ *v pr* se représenter.
representatividad *f* représentativité.
representativo, va *adj* représentatif, ive.
represión *f* répression ∥ refoulement *m* (de un sentimiento, de un deseo).
represivo, va *adj* répressif, ive.
reprimenda *f* réprimande, remontrance.
reprimido, da *adj y s* refoulé, e.
reprimir *v tr* réprimer; *reprimir un levantamiento* réprimer un soulèvement ∥ FIG refouler, rentrer; *reprimir el llanto* refouler ses larmes ∥ retenir; *reprimir las ganas de reír* retenir l'envie de rire.
reprise *f* AUTOM reprise (poder de aceleración).
reprobable *adj* réprouvable, blâmable.
reprobación *f* réprobation.
reprobado, da *adj* réprouvé, e.
reprobar* *v tr* réprouver, blâmer (condenar); *repruebo su comportamiento* je réprouve sa conduite ∥ reprocher (recriminar); *reprobar a alguien su comportamiento* reprocher à quelqu'un sa conduite.
reprobatorio, ria *adj* réprobateur, trice.
réprobo, ba *m y f* réprouvé, e.
reprochable *adj* reprochable.
reprochar *v tr* reprocher.
reproche *m* reproche.
reproducción *f* reproduction ∥ MED récidivité (de una enfermedad).
reproducible *adj* reproductible.
reproducir* *v tr* reproduire; *reproducir un cuadro* reproduire un tableau.
◆ *v pr* se reproduire ∥ MED récidiver, se reproduire (una enfermedad).
reproductor, ra *adj y s* reproducteur, trice.
reprueba *f* nouvelle épreuve, contre-épreuve.
reptante *adj* rampant, e; reptatoire.
reptar *v intr* ramper.
reptil *adj y s m* reptile.
república *f* république.
republicanismo *m* républicanisme.
republicanizar *v tr* républicaniser.
◆ *v pr* se républicaniser.
republicano, na *adj y s* républicain, e.
repudiable *adj* répudiable.
repudiación *f* répudiation ∥ FIG désaveu *m* (de una doctrina) ∥ DR *repudiación de la herencia* répudiation de succession.
repudiar *v tr* répudier (a la mujer propia) ∥ FIG désavouer, renier; *repudiar una doctrina* désavouer une doctrine ∥ DR répudier.
repudio *m* répudiation *f*.
repudrir* *v tr* pourrir complètement.
◆ *v pr* se pourrir complètement ∥ FIG & FAM se consumer, se ronger.
repuesto, ta *adj* replacé, e (puesto de nuevo) ∥ rétabli, e (en un cargo) ∥ rétabli, e (de salud).
◆ *m* provisions *f pl* (comestibles) ∥ pièce *f* de rechange (pieza) ∥ dressoir (mueble) ∥ — *de repuesto* en réserve (de reserva), de rechange (de recambio) ∥ *rueda de repuesto* roue de secours *o* de rechange.
repugnancia *f* répugnance; *sentir repugnancia a* ou *hacia* avoir de la répugnance pour ∥ incompatibilité; *repugnancia entre dos teorías* incompatibi-

repugnante

lité entre deux théories ‖ *dar repugnancia* répugner, dégoûter, écœurer.

repugnante *adj* répugnant, e.

repugnar *v intr* répugner, dégoûter; *los sapos me repugnan* les crapauds me répugnent.

repujado *m* TECN repoussé, repoussage.

repujar *v tr* TECN repousser (labrar a martillo).

repulido, da *adj* mis avec recherche, tiré à quatre épingles (acicalado).
◆ *m* repolissage.

repulir *v tr* repolir (volver a pulir) ‖ FIG parer (acicalar).

repulsa *f* rejet *m*, refus *m* (negativa).

repulsión *f* répulsion ‖ rejet *m* (repulsa).

repulsivo, va *adj* répulsif, ive (repelente).

repuntar *v intr* commencer à monter, à descendre (la marea).
◆ *v tr* (amer) rassembler [les bêtes d'un troupeau].
◆ *v pr* se piquer, aigrir (el vino) ‖ FIG & FAM se brouiller.

repurgar *v tr* nettoyer o purifier de nouveau.

reputación *f* réputation; *manchar la reputación de uno* salir la réputation de quelqu'un.

reputado, da *adj* réputé, e.

reputar *v tr* réputer.

requemado, da *adj* brûlé, e (color) ‖ hâlé, e (la tez).

requemar *v tr* brûler (quemar) ‖ brûler, griller (las plantas) ‖ hâler (la tez) ‖ échauffer (la sangre).
◆ *v pr* brûler, griller ‖ FIG se consumer, souffrir en silence.

requerido, da *adj* requis, e.

requerimiento *m* DR assignation *f*, sommation *f*, mise *f* en demeure, commandement (intimación) ‖ requête *f* (demanda).

requerir* *v tr* requérir, prier (rogar) ‖ requérir, réclamer, avoir besoin de (necesitar); *este enfermo requiere muchos cuidados* ce malade requiert beaucoup de soins ‖ exiger, requérir; *las circunstancias lo requieren* les circonstances l'exigent ‖ requérir, appeler; *esta conducta requiere un castigo* cette conduite appelle un châtiment ‖ DR intimer ‖ *requerir de amores* parler d'amour, faire la cour.

requesón *m* fromage blanc (queso) ‖ lait caillé (cuajada).

requete *pref* (indiquant l'intensité), *requetebueno* excellent.

requetebién *adv* FAM très bien, parfaitement bien.

requetelleno, na *adj* FAM archicomble, plein à craquer.

requiebro *m* propos galant, galanterie *f* ‖ MIN minerai bocardé ‖ *decir requiebros* conter fleurette, tenir des propos galants.

réquiem *m* requiem.

requintar *v tr* surenchérir ‖ surpasser (exceder) ‖ MÚS quinter.

requisa *f* réquisition (requisición) ‖ revue, inspection.

requisar *v tr* réquisitionner.

requisito, ta *adj* requis, e ‖ intimé, e ‖ examiné, e.
◆ *m* condition *f* requise; *este documento llena todos los requisitos* ce document remplit toutes les conditions requises ‖ formalité *f*; *cumplir con todos los requisitos* remplir toutes les formalités ‖ — *con todos los requisitos* en bonne et due forme ‖ *ser requisito indispensable* être de règle.

requisitoria *f* DR réquisitoire *m*.

res *f* bête, animal *m*; *reses de matadero* bêtes de boucherie ‖ bête, tête de bétail; *rebaño de veinte reses* troupeau de vingt bêtes ‖ (amer) bœuf; *carne de res* viande de bœuf ‖ *res vacuna* bête à cornes.
— OBSERV Le mot *res* ne s'applique qu'à des animaux, domestiques ou sauvages, d'assez grande taille.

resabiado, da *adj* vicieux, euse (animal).

resabiar *v tr* rendre vicieux, communiquer un vice o une mauvaise habitude.
◆ *v pr* contracter un vice (animal o persona), prendre de mauvaises habitudes (persona).

resabido, da *adj* parfaitement su, e ‖ pédant, e (que se precia de sabio).

resaca *f* MAR ressac *m* ‖ COM retraite (letra de cambio) ‖ FAM gueule de bois; *tener resaca* avoir la gueule de bois.

resalado, da *adj* FIG & FAM qui a beaucoup de charme o d'esprit; plein d'esprit.

resaltar *v intr* ressortir, se détacher; *las flores rojas resaltaban sobre el césped* les fleurs rouges ressortaient sur le gazon ‖ saillir, faire saillie (un balcón) ‖ rebondir (rebotar) ‖ FIG se distinguer (sobresalir) ‖ *hacer resaltar* mettre en relief o en valeur, faire ressortir.

resalto *m* rebond (rebote) ‖ ARQ redan, redent ‖ saillie *f*, ressaut (parte que sobresale) ‖ rehaut (pintura).

resarcimiento *m* dédommagement, indemnisation *f*.

resarcir *v tr* dédommager, indemniser.
◆ *v pr* se dédommager; *resarcirse de una pérdida* se dédommager d'une perte.

resbalada *f* (amer) glissade (resbalón).

resbaladizo, za *adj* glissant, e ‖ *suelo resbaladizo* chaussée glissante.

resbalamiento *m* → **resbalón**.

resbalar *v intr* y *pr* glisser; *resbalar en el hielo* glisser sur la glace ‖ déraper (un coche) ‖ FIG faire un faux pas (incurrir en un desliz).

resbalón; resbalamiento *m* glissade *f* (acción de resbalar); *dar un resbalón* faire une glissade ‖ dérapage, dérapement (de un coche) ‖ FIG faux pas (desliz).

resbaloso, sa *adj* glissant, e (resbaladizo).

rescatable *adj* rachetable.

rescatador, ra *m* y *f* racheteur, euse.

rescatar *v tr* racheter; *rescatar un cautivo* racheter un captif ‖ délivrer (libertar) ‖ repêcher, recueillir (náufragos, astronautas) ‖ sauver ‖ FIG arracher; *rescatar al olvido* arracher à l'oubli.
◆ *v pr* se racheter.

rescate *m* rachat (acción de rescatar) ‖ repêchage (de un astronauta) ‖ sauvetage (de gente en peligro) ‖ rançon *f* (dinero) ‖ *exigir* ou *imponer rescate* mettre à rançon, rançonner.

rescindible *adj* résiliable, rescindable (contrato).

rescindir *v tr* DR résilier, résoudre, rescinder (anular un contrato).

rescisión *f* DR résiliation, résolution, rescision (de un contrato).

rescisorio, ria *adj* DR rescisoire (que rescinde).

rescoldo *m* braises *f pl*, cendre *f* chaude ‖ FIG lueur *f*, reste; *rescoldo de esperanza* lueur d'espoir.
resecación *f* dessèchement *m*.
resecar *v tr* réséquer (un órgano) ‖ dessécher (secar mucho).
◆ *v pr* se dessécher.
reseco, ca *adj* desséché, e ‖ FIG sec, sèche (muy flaco).
resentido, da *adj y s* qui est plein de ressentiment, fâché, e ‖ — *estar resentido contra uno* en vouloir à quelqu'un, être fâché contre quelqu'un ‖ *estar resentido por* être fâché de, avoir sur le cœur (llevar a mal).
resentimiento *m* ressentiment, rancœur *f*.
resentirse* *v pr* se ressentir; *resentirse de una herida* se ressentir d'une blessure ‖ — *resentirse con* ou *contra uno* en vouloir à quelqu'un, être fâché contre quelqu'un ‖ *resentirse de* ou *por algo* se ressentir de quelque chose, s'offenser *o* être fâché de quelque chose ‖ *resentirse de la pierna* avoir encore mal à la jambe, garder une faiblesse à la jambe.
reseña *f* signalement *m* (descripción de un individuo) ‖ notice; *reseña biográfica* notice biographique ‖ compte rendu *m* (de una obra literaria) ‖ *reseña histórica* historique (exposición).
reseñar *v tr* rédiger le signalement de ‖ faire le compte rendu de (obra literaria).
reserva *f* réserve (cosa reservada) ‖ réserve (discreción) ‖ réserve, quant-à-moi, quant-à-soi; *él guarda reserva* il reste sur son quant-à-soi ‖ réserve (de pesca) ‖ réservation (en un hotel, avión, etc.) ‖ MIL réserve; *escala de reserva* cadre de réserve ‖ DR réserve; *reserva legal* ou *legítima* réserve légale ‖ réserve (de indígenas) ‖ RELIG réserve ‖ — *reserva de costas* distraction des dépenses ‖ *reserva mental* arrière-pensée ‖ *reserva natural* réserve naturelle ‖ — *a reserva de* sous réserve de ‖ *de reserva* en réserve ‖ *en reserva* de réserve; *general en reserva* général de réserve ‖ *sin reserva* sans réserve ‖ MIL *situación de reserva* mise en disponibilité.
◆ *pl* réserves ‖ *con muchas reservas* sous toutes réserves.
◆ *m y f* DEP remplaçant, e.
reservadamente *adv* avec réserve, en secret.
reservado, da *adj* réservé, e ‖ réservé, e; retenu, e (habitación de hotel) ‖ réservé, e ‖ renfermé, e (poco comunicativo) ‖ réservé, e (discreto).
◆ *m* cabinet particulier (en un restaurante) ‖ petite salle *f* (en una taberna) ‖ ECLES réserve *f* ‖ réserve *f* (espacio reservado).
reservar *v tr* réserver ‖ réserver, retenir (una habitación en un hotel, un asiento en un avión) ‖ FIG ménager; *reservar una salida* ménager une sortie ‖ RELIG remettre (le saint sacrement), dans son tabernacle.
◆ *v pr* se réserver; *me reservo para mañana* je me réserve pour demain ‖ se ménager (cuidarse) ‖ *reservarse el juicio acerca de algo* faire des réserves sur quelque chose.
reservista *m* MIL réserviste.
resfriado, da *adj* refroidi, e ‖ enrhumé, e (acatarrado).
◆ *m* MED rhume (catarro); *coger un resfriado* attraper un rhume | refroidissement (enfriamiento).
resfriar *v tr* refroidir (enfriar) ‖ FIG refroidir (templar el ardor).
◆ *v intr* refroidir.

◆ *v pr* s'enrhumer (acatarrarse) | se refroidir, prendre le froid (enfriarse).
resfrío *m* → **resfriado**.
resguardar *v tr* défendre, garantir, protéger; *mampara que resguarda del viento* écran qui protège du vent ‖ FIG défendre, abriter, protéger.
◆ *v pr* se défendre, se prémunir, prendre des précautions, s'abriter, se protéger.
resguardo *m* défense *f* ‖ garantie *f* (bancario) ‖ reçu, récépissé (recibo) ‖ reconnaissance *f* (vale) ‖ talon (de un recibo) ‖ douane *f*, octroi (aduana).
residencia *f* résidence ‖ foyer *m*; *residencia de estudiantes* foyer d'étudiants ‖ siège *m* (de una administración) ‖ *interdicción de residencia* interdiction de séjour.
residencial *adj* résidentiel, elle; *barrio residencial* quartier résidentiel; *unidad residencial* unité résidentielle.
residente *adj y s* résidant, e; *residente en París* résident à Paris ‖ *ministro residente* résident.
◆ *m* résident (que vive en el extranjero).
residir *v intr* résider, demeurer, habiter; *residir en Bogotá, en el campo* résider à Bogota, habiter à la campagne ‖ FIG résider (radicar); *ahí es donde reside la dificultad* c'est là que réside la difficulté.
residual *adj* résiduel, elle; *materias residuales* matières résiduelles ‖ résiduaire; *aguas residuales* eaux résiduaires ‖ *aire residual* air résiduel.
residuo *m* résidu (desecho); *residuo de la combustión* résidu de la combustion ‖ MAT résidu ‖ reste (sobra).
◆ *pl* déchets.
resiembra *f* réensemencement *m*.
resignación *f* résignation.
resignado, da *adj y s* résigné, e.
resignar *v tr* résigner.
◆ *v pr* se résigner, prendre son parti; *resignarse a* ou *con* se résigner à, prendre son parti de; *hay que resignarse* il faut se résigner, il faut en prendre son parti.
resina *f* résine.
resinoso, sa *adj* BOT résineux, euse.
resistencia *f* résistance; *resistencia pasiva* résistance passive ‖ résistance (eléctrica) ‖ résistance, endurance; *resistencia física* résistance physique ‖ *resistencia de materiales* résistance des matériaux.
resistente *adj* résistant, e (que resiste) ‖ solide, résistant, e (material) ‖ endurant, e; *dur, e; resistente al trabajo* dur au travail.
◆ *m* résistant (miembro de la Resistencia).
resistir *v intr* résister; *resistir al enemigo* résister à l'ennemi ‖ avoir de la résistance, résister; *ya estás cansado, tú no resistes nada* tu es déjà fatigué, tu n'as aucune résistance.
◆ *v tr* résister à; *resistir la tentación* résister à la tentation ‖ résister à; *este producto no resiste el calor* ce produit ne résiste pas à la chaleur ‖ supporter, endurer; *no resisto el calor* je ne supporte pas la chaleur ‖ résister à, supporter; *este libro no resiste la crítica* ce livre ne résiste pas à la critique ‖ supporter (aguantar); *no resisto esta persona* je ne supporte pas cette personne ‖ défier; *precio que resiste toda competencia* prix qui défie toute concurrence.
◆ *v pr* se débattre (forcejear) ‖ se refuser à; *se resiste a morir* il se refuse à mourir.
resistividad *f* ELECTR résistivité.
resma *f* rame (de papel).

resobado, da *adj* rebattu, e (trillado).
resol *m* réverbération *f* du soleil.
resolano, na *adj* ensoleillé, e.
◆ *f* endroit *m* ensoleillé et à l'abri du vent.
resolución *f* résolution (de un problema) ‖ résolution (texto) ‖ décision, détermination (decisión) ‖ — *en resolución* en résumé ‖ *hombre de resolución* homme résolu o décidé.
resolutivo, va *adj* y *s m* résolutif, ive ‖ *parte resolutiva* dispositif (de una resolución, de una ley).
resoluto, ta *adj* résolu, e; décidé, e (resuelto).
resolutorio, ria *adj* DR résolutoire.
resolver* *v tr* résoudre; *resolver un problema* résoudre un problème ‖ régler (diferencia, dificultad) ‖ résoudre de, décider de; *resolvió marcharse* il résolut de partir ‖ résoudre (descomponer) ‖ MED résoudre ‖ — *han resuelto que* il a été résolu o décidé que ‖ *resolver por unanimidad* statuer à l'unanimité (una asamblea).
◆ *v pr* se résoudre; *el agua se resuelve en vapor* l'eau se résout en vapeur ‖ se résoudre, se décider; *resolverse a salir* se résoudre à partir ‖ MED se résoudre, fondre.
resollar* *v intr* respirer bruyamment (respirar) ‖ FIG donner signe de vie; *hace tiempo que no resuella* il y a longtemps qu'il ne donne pas signe de vie.
resonador, ra *adj* y *s m* résonateur, trice.
resonancia *f* résonance ‖ MÚS harmonique ‖ FIG retentissement *m*, bruit *m; discurso que ha tenido gran resonancia* discours qui a eu un grand retentissement o qui a fait beaucoup de bruit ‖ MED *resonancia magnética nuclear* résonance magnétique nucléaire.
resonante *adj* résonnant, e (sonoro) ‖ FIG retentissant, e; *una victoria resonante* une victoire retentissante.
resonar* *v intr* résonner ‖ FIG retentir.
resoplar *v intr* souffler; *resoplar como un buey* souffler comme un bœuf ‖ s'ébrouer, souffler (caballo).
resoplido; resoplo *m* souffle (resuello fuerte) ‖ ébrouement (del caballo) ‖ *dar un resoplido* souffler avec force.
resorber *v tr* résorber.
◆ *v pr* se résorber.
resorte *m* ressort; *resorte de láminas* ressort à lames ‖ FIG ressort, corde *f; tocar todos los resortes* faire jouer tous les ressorts ‖ DEP détente *f* ‖ *conocer todos los resortes de algo* connaître toutes les ficelles de quelque chose.
respaldar *m* dossier (respaldo).
respaldar *v tr* écrire au verso ‖ FIG appuyer (una demanda) | garantir, cautionner; *depósitos respaldados por el oro* dépôts garantis par l'or.
◆ *v pr* s'adosser; *respaldarse contra un árbol* s'adosser à un arbre.
respaldo *m* dossier (de una silla) ‖ dos, verso (de un escrito) ‖ FIG appui (apoyo) | garantie *f*, caution *f*.
respectar *v intr* concerner, se rapporter à; *por lo que respecta a tu hermano, nos arreglaremos* en ce qui concerne ton frère, nous nous arrangerons.
respectivamente; respective *adv* respectivement.
respectivo, va *adj* respectif, ive.

respecto *m* rapport ‖ — *al respecto, a este respecto* à ce sujet, là-dessus, à cet égard, à ce propos; *me pidieron aclaraciones al respecto* on m'a demandé des éclaircissements à ce sujet ‖ *con respecto a, respecto a, respecto de* quant à, en ce qui concerne, à l'égard de (en cuanto a), par rapport à (con relación a) ‖ *respecto a mí* en ce qui me concerne, à mon égard, quant à moi.
respetabilidad *f* respectabilité.
respetable *adj* respectable.
◆ *m* FAM le public.
respetar *v tr* respecter; *respetar la vejez* respecter la vieillesse ‖ AUTOM *no respetar la prioridad* refuser la priorité.
◆ *v pr* se respecter.
respeto *m* respect; *infundir respeto* inspirer du respect; *respeto humano* respect humain ‖ — MIL rechange; *caja de respeto* boîte de rechange ‖ respect (de la ley) ‖ — *de respeto* respectable (respetable) ‖ *faltarle el respeto a uno* manquer de respect à quelqu'un.
◆ *pl* respects, hommages ‖ — *campar por sus respetos* n'en faire qu'à sa tête, agir à sa guise, faire ce qu'on veut (independizarse), faire bande à part (hacer rancho aparte).
respetuoso, sa *adj* respectueux, euse ‖ *dirigir sus saludos respetuosos* présenter ses respects.
respingado, da *adj* retroussé, e; *nariz respingada* nez retroussé.
respingar *v intr* regimber ‖ remonter (la falda) ‖ FIG & FAM regimber (resistir).
respingo *m* regimbement *(p us)*, résistance *f* ‖ FIG sursaut (salto) ‖ *pegar* ou *dar un respingo* sursauter.
respingón, ona *adj* regimbeur, euse (indócil) ‖ FAM *nariz respingona* nez retroussé.
respirable *adj* respirable.
respiración *f* respiration; *respiración artificial* respiration artificielle ‖ haleine (aliento) ‖ *hasta perder la respiración* à perdre haleine.
respiradero *m* soupirail; *los respiraderos del sótano* les soupiraux du sous-sol ‖ évent, trou d'aération (orificio de aireación) ‖ tube, tuba (pesca submarina) ‖ TECN écluse *f* d'aérage (en una mina) | ventose *f* (ventosa) ‖ FIG répit, repos, pause *f* (descanso).
respirar *v intr* respirer; *respirar a todo pulmón* respirer à pleins poumons ‖ souffler, reprendre haleine; *dejar respirar a los caballos* laisser souffler les chevaux ‖ — FIG & FAM *no respirar* ne pas souffler mot ‖ FIG *sin respirar* sans répit.
respiratorio, ria *adj* respiratoire; *aparato respiratorio* appareil respiratoire.
respiro *m* respiration *f* (respiración) ‖ FIG repos, pause *f* (descanso) ‖ relâche *f*, répit (tregua) ‖ répit, repos; *no dar respiro* ne pas laisser de répit ‖ — *plazo de respiro* délai de grâce ‖ *respiro de alivio* soupir de soulagement.
resplandecer* *v intr* resplendir; *el sol resplandece* le soleil resplendit ‖ rayonner; *su rostro resplandece de felicidad* son visage rayonne de bonheur ‖ FIG briller (sobresalir).
resplandeciente *adj* resplendissant, e ‖ FIG brillant, e (sobresaliente) | éclatant, e; *resplandeciente de salud, de belleza* éclatant de santé, de beauté.
resplandor *m* éclat; *el resplandor del sol* l'éclat du soleil ‖ flamboiement (llamas, vidrieras, etc.) ‖ FIG éclat, resplendissement.

responder *v tr* répondre.
- *v intr* répondre; *responder a un llamamiento, a una carta, a un favor* répondre à un appel, à une lettre, à un bienfait ‖ répondre (salir fiador); *respondo de ello* j'en réponds ‖ répondre (motor).

respondón, ona *adj* raisonneur, euse; discutailleur, euse; répondeur, euse *(p us)* ‖ *esta persona es muy respondona* cette personne veut toujours avoir le dernier mot.

responsabilidad *f* responsabilité; *cargar con una responsabilidad* assumer une responsabilité ‖ DR *responsabilidad civil* responsabilité civile.

responsabilizar *v tr* confier la responsabilité de quelque chose (à quelqu'un) (dar una responsabilidad) ‖ faire porter la responsabilité (culpabilizar).
- *v pr* assumer la responsabilité, prendre sur soi la responsabilité.

responsable *adj* responsable; *hacer responsable a uno de* rendre responsable quelqu'un de ‖ — *no me hago responsable de nada* je ne réponds de rien ‖ *responsable civilmente* civilement responsable.

responso *m* répons (para los difuntos); *rezar un responso* dire un répons.

respuesta *f* réponse ‖ réplique (réplica) ‖ — *dar la callada por respuesta* ne pas daigner répondre, répondre par le silence ‖ *tener siempre respuesta* avoir réponse à tout.

resquebradura *f*; **resquebrajadura** *f*; **resquebrajamiento** *m* fissure *f*, fente *f*, fendillement *m* (grieta) ‖ fêlure *f* (cascadura) ‖ craquelure *f* (del barniz, de la pintura).

resquebrajadizo, za *adj* fragile, qui se fend ou se fêle facilement.

resquebrajadura *f*; **resquebrajamiento** *m* → **resquebradura**.

resquebrajar; resquebrar* *v tr* fendiller ‖ craqueler (la pintura, el barniz).
- *v pr* se fendiller ‖ craquer (techo) ‖ se craqueler (pintura, barniz).

resquebrar* *v tr* → **resquebrajar**.

resquemor *m* tourment (inquietud) ‖ remords cuisant (remordimiento).

resquicio *m* jour, fente *f* (de la puerta) ‖ fente *f* (hendidura) ‖ entrebâillement (de una puerta entreabierta) ‖ FIG occasion *f*, moment libre (ocasión) ‖ FIG *un resquicio de esperanza* un lueur d'espoir.

resta *f* soustraction (operación aritmética) ‖ reste *m* (residuo).

restablecer* *v tr* rétablir.
- *v pr* être rétabli (una institución) ‖ se rétablir, se remettre (de salud).

restablecimiento *m* rétablissement.

restallar *v intr* claquer (el látigo) ‖ craquer (crujir).

restante *adj* restant, e.

restañar *v tr* rétamer (volver a estañar) ‖ étancher (la sangre).
- *v intr* claquer (restallar).
- *v intr y pr* s'étancher.

restar *v tr* soustraire, ôter, retrancher; *restar dos de cinco* soustraire deux de cinq; *restar una cantidad de otra* retrancher une quantité d'une o à une autre ‖ FIG occasion *f*, retirer (quitar) ‖ ôter; *restar importancia* ôter de l'importance ‖ renvoyer (la pelota en el tenis).

- *v intr* faire une soustraction ‖ rester; *esto es lo que resta de su capital* c'est tout ce qui reste de son capital; *no nos resta más que marcharnos* il ne nous reste plus qu'à partir ‖ *en lo que resta de año* dans le restant de l'année, d'ici la fin de l'année.

restauración *f* restauration.

restaurador, ra *adj* qui restaure.
- *m y f* restaurateur, trice.

restaurante; restaurante *m* restaurant.

restaurar *v tr* restaurer.

restitución *f* restitution.

restituidor, ra *adj* qui restitue.
- *m y f* restituteur (sin femenino).

restituir* *v tr* restituer, rendre.

restitutorio, ria *adj* DR restitutoire.

resto *m* reste, restant; *el resto de su fortuna* le reste de sa fortune ‖ reliquat (saldo de una cuenta) ‖ va-tout (juego de cartas) ‖ relanceur (en tenis) ‖ MAT reste ‖ FIG *echar* ou *envidar el resto* jouer son reste o son va-tout o le tout pour le tout.
- *pl* ruines *f* (de un monumento) ‖ restes, dépouille *f sing*; *restos mortales* dépouille mortelle.

restorán *m* restaurant.

restregar* *v tr* frotter énergiquement.

restregón *m* frottement énergique.

restricción *f* restriction; *restricciones a las importaciones* restrictions à l'importation.

restrictivamente *adv* avec restriction.

restrictivo, va *adj* restrictif, ive.

restricto, ta *adj* restreint, e (limitado).

restringible *adj* qui peut être restreint.

restringir *v tr* restreindre ‖ MED resserrer.
- *v pr* se restreindre.

restriñir* *v tr* resserrer (astringir).

resucitado, da *adj y s* ressuscité, e.
- *m y f* FIG revenant, e (persona perdida de vista).

resucitar *v tr e intr* ressusciter.

resudar *v intr* suer légèrement ‖ exsuder (los árboles).

resudor *m* sueur *f* légère.

resueltamente *adv* résolument ‖ carrément; *lanzarse resueltamente y* aller carrément.

resuelto, ta *adj* résolu, e; décidé, e ‖ assuré, e; *tono resuelto* ton assuré.

resuello *m* souffle; *dejar sin resuello* couper le souffle ‖ — *hasta perder el resuello* à perdre haleine ‖ *quedarse sin resuello* être à bout de souffle *o* hors d'haleine ‖ FIG *quitarle a uno el resuello* effrayer quelqu'un.

resulta *f* suite, conséquence, effet *m* (efecto) ‖ décision (de una deliberación) ‖ *de resultas* à la suite de; *se metió en la cama de resultas de una enfermedad* il s'est mis au lit à la suite d'une maladie; du coup; *de resultas, me he ido al campo* du coup je suis parti à la campagne.

resultado *m* résultat; *el resultado del examen* le résultat de l'examen; *el resultado de una multiplicación* le résultat d'une multiplication ‖ résultat, aboutissement, issue *f*; *el resultado de un pleito* l'issue d'un procès ‖ — *tener por resultado* avoir pour effet ‖ *tener resultado satisfactorio* réussir; *esta operación quirúrgica ha tenido resultado satisfactorio* cette opération chirurgicale a réussi.

resultante *adj y s f* résultant, e.

resultar *v intr* résulter; *de tantas medidas discriminatorias resultó un descontento general* un mécontentement général résulta de toutes ces mesures discriminatoires ‖ être; *aquí la vida resulta muy barata* ici la vie est très bon marché; *resultó herido en el accidente* il fut blessé dans l'accident; *esta persona me resulta muy simpática* cette personne m'est très sympathique ‖ rester, demeurer; *sus esfuerzos resultaron vanos* ses efforts demeurèrent vains ‖ ressortir, s'ensuivre; *de eso resulta que* il ressort de cela que ‖ aller; *este collar resulta muy bien con este vestido* ce collier va très bien avec cette robe ‖ aller, satisfaire, donner un résultat satisfaisant; *eso no resulta* ça ne va pas ‖ — *estar resultando a uno* commencer à trouver; *esta novela me está resultando muy pesada* je commence à trouver ce roman bien ennuyeux ‖ *resulta que* il se trouve que, il apparaît que; *resulta que cuando llegué a la estación el tren había salido* il se trouve que le train était parti lorsque j'arrivai à la gare; finalement; *parecía que iba a quedarse soltero, pero resulta que se casó* on aurait cru qu'il allait rester célibataire mais finalement il s'est marié ‖ *resultar un fracaso* échouer, se solder par un échec; *las negociaciones resultaron un fracaso* les négociations ont échoué ‖ *tres personas resultaron muertas en el accidente* trois personnes trouvèrent la mort dans l'accident ‖ *viene a resultar lo mismo* ça revient au même.

resumen *m* résumé; *en resumen* en résumé ‖ exposé, sommaire ‖ *hacer un resumen de* faire un résumé de, résumer.

resumido, da *adj* résumé, e ‖ *en resumidas cuentas* en résumé, bref, en un mot.

resumir *v tr* résumer.
◆ *v pr* se résumer.

resurgencia *f* résurgence (de un curso de agua).

resurgimiento *m* renaissance *f* (renacimiento) ‖ résurgence *f* (de un curso de agua) ‖ FIG redressement; *el resurgimiento de Italia* le redressement de l'Italie ‖ relance *f*; *el resurgimiento de la economía* la relance de l'économie.

resurgir *v intr* resurgir, réapparaître.

resurrección *f* résurrection ‖ — *domingo de Resurrección* dimanche de Pâques ‖ *Pascua de Resurrección* Pâques.

retablo *m* retable ‖ *El retablo de maese Pedro* Les Tréteaux de maître Pierre.

retaco *m* fusil court ‖ FIG & FAM pot à tabac, nabot, e (enano).

retador, ra *adj y s* provocateur, trice.

retaguardia *f* arrière-garde ‖ *quedarse a retaguardia* rester en arrière.

retahíla *f* ribambelle, kyrielle; *una retahíla de niños* une rimbambelle d'enfants ‖ chapelet *m*; *una retahíla de injurias* un chapelet d'injures ‖ litanie (enumeración).

retal *m* coupon (de una tela) ‖ rognure *f*, morceau (de pieles, metales, etc.).

retama *f* genêt *m* (planta) ‖ — *retama de escobas* genêt à balais ‖ *retama de olor* genêt d'Espagne.

retamilla *f* (*amer*) épine-vinette (agracejo).

retar *v tr* provoquer, défier, lancer un défi ‖ FAM reprocher, accuser.

retardado, da *adj* retardé, e; *movimiento retardado* mouvement retardé ‖ *bomba de efecto retardado* bombe à retardement.

retardar *v tr* retarder.

retardo *m* retard ‖ *bomba de retardo* bombe à retardement.

retasar *v tr* réévaluer.

retazo *m* morceau, coupon (tela) ‖ FIG fragment, morceau.

retejido *m* retissage.

retemblar* *v intr* trembler fortement.

retén *m* piquet (de bomberos, de soldados en el cuartel) ‖ renfort (refuerzo) ‖ réserve *f*; *de retén* en réserve ‖ TECN *retén de grasa* bague d'étanchéité.

retención *f*; **retenimiento** *m* rétention *f* (acción de retener) ‖ retenue *f*; *la retención de las mercancías en la aduana* la retenue des marchandises à la douane ‖ MED rétention *f*; *retención de orina* rétention d'urine.

retenedor, ra *adj* qui retient.
◆ *m* entrebâilleur, chaîne *f* d'entrebâillement *o* de sûreté (de puerta).

retener* *v tr* retenir; *retener una cantidad de dinero* retenir une somme d'argent ‖ retenir, garder; *retener a alguien a almorzar* garder quelqu'un à déjeuner ‖ — *retener el aliento* retenir son souffle ‖ *retener en la memoria* conserver *o* garder dans la mémoire ‖ *retener la lengua* tenir sa langue.
◆ *v pr* se retenir (moderarse).

retenimiento *m* → **retención**.

retentiva *f* mémoire (memoria).

retentivo, va *adj* qui retient.

reticencia *f* réticence.

reticente *adj* réticent, e.

reticulado, da *adj* réticulé, e.

retícula *f* réticule *m* (de óptica) ‖ ARTES grisé *m*.

reticular *adj* réticulaire.

retículo *m* réticule ‖ ZOOL bonnet (de los rumiantes).

retina *f* ANAT rétine.

retiniano, na *adj* ANAT rétinien, enne.

retintín *m* tintement (en los oídos) ‖ FIG & FAM ton moqueur, persiflage; *preguntar con retintín* demander sur un ton moqueur *o* avec persiflage.

retirada *f* MIL retraite; *la retirada del ejército de ocupación* la retraite de l'armée d'occupation ‖ retraite; *tocar retirada* battre la retraite ‖ retrait *m*; *retirada del permiso de conducir* retrait du permis de conduire; *la retirada del mar* le retrait de la mer; *la retirada de un proyecto de ley* le retrait d'un projet de loi ‖ enlèvement *m*; *retirada de la nieve* enlèvement de la neige ‖ rappel *m* (de un embajador) ‖ — *batirse en retirada* battre en retraite ‖ MIL *cubrir la retirada* couvrir la retraite.

retirado, da *adj* retiré, e; écarté, e (apartado).
◆ *adj m* MIL en retraite.
◆ *adj y s* retraité, e (militar, comerciante).

retirar *v tr* retirer, enlever; *retira la mano* retire ta main ‖ mettre à la retraite (jubilar) ‖ FIG retirer; *retirar la confianza a uno* retirer sa confiance à quelqu'un; *retiro lo dicho* je retire ce que j'ai dit ‖ reprendre; *retirar su palabra* reprendre sa parole ‖ rappeler; *retirar un embajador* rappeler un ambassadeur ‖ IMPR retirer.
◆ *v pr* se retirer, prendre sa retraite (jubilarse) ‖ se retirer; *retirarse a su cuarto, al campo* se retirer dans sa chambre, à la campagne ‖ se retirer (el mar) ‖ — *no se retire* ne quittez pas, ne raccrochez pas (al teléfono) ‖ *puede usted retirarse* vous pou-

vez disposer ‖ *retirarse a dormir* aller se coucher, se retirer [dans ses appartements].

retiro *m* retraite *f*; *un retiro campestre* une retraite champêtre; *hacer un retiro* faire une retraite ‖ retraite *f* (pensión); *cobrar el retiro* toucher sa retraite; *edad de retiro* âge de la retraite ‖ RELIG retraite *f*, récollection *f* (de corta duración) ‖ MIL retraite *f*; *dar el retiro a un militar* mettre un militaire à la retraite.

reto *m* défi, provocation *f* (desafío) ‖ menace *f* (amenaza); *echar retos* proférer des menaces ‖ — *aceptar un reto* relever le défi ‖ *echar un reto* lancer un défi ‖ *reto en duelo* provocation en duel.

retocador, ra *m y f* FOT retoucheur, euse.

retocar *v tr* retoucher ‖ raccorder (maquillaje, pintura) ‖ *retocar el peinado* donner un coup de peigne.

retomar *v tr* reprendre.

retoño *m* BOT rejeton, pousse *f*, rejet ‖ FIG & FAM rejeton (hijo).

retoque *m* retouche *f* ‖ raccord (al maquillaje, de pintura).

retorcedura *f* → **retorcimiento**.

retorcer* *v tr* retordre ‖ tordre (estrujar) ‖ tortiller (torcer mucho) ‖ tordre; *retorcer el pescuezo* tordre le cou ‖ retrousser (el bigote) ‖ FIG retourner; *retorcer un argumento* retourner un argument | altérer (un sentido).

◆ *v pr* se tordre; *retorcerse de dolor* se tordre de douleur ‖ se tortiller.

retorcido, da *adj* tordu, e; retors, e ‖ FIG mal tourné, e; *tener el espíritu retorcido* avoir l'esprit mal tourné ‖ FIG *tener el colmillo retorcido* être un vieux renard, avoir beaucoup d'expérience.

◆ *m* retordage.

retorcimiento *m*; **retorcedura** *f* retordage *m* (del hilo) ‖ torsión *f* ‖ FIG entortillement *m* (del estilo).

retórica *f* rhétorique.

◆ *pl* FAM balivernes, histoires; *no me venga con retóricas* ne me racontez pas d'histoires.

retórico, ca *adj* rhétorique.

◆ *adj y s* rhétoricien, enne (versado en retórica).

◆ *m* rhéteur (en la Antigüedad).

retornar *v tr* retourner, renvoyer (devolver).

◆ *v intr y pr* retourner, revenir (volver atrás) ‖ retordre (torcer) ‖ FIG revenir; *retornar uno en sí* revenir à soi.

retorno *m* retour; *retorno al campo* retour à la terre ‖ échange (cambio) ‖ — *retorno de llama* retour de flamme ‖ INFORM *retorno de carro* retour de chariot.

retortijón *m* entortillement ‖ *retortijón de tripas* tiraillement d'estomac (hambre), mal au ventre (dolor).

retostar* *v tr* griller de nouveau (volver a tostar) ‖ griller longuement ‖ bronzer (broncear).

retozador, ra *adj* folâtre (juguetón) ‖ bondissant, e (que salta).

retozar *v intr* folâtrer, batifoler, s'ébattre (juguetear) ‖ bondir (saltar) ‖ gambader (brincar).

retozo *m* bond, saut, gambade *f* (brinco) ‖ folâtrerie *f*.

◆ *pl* ébats.

retozón, ona *adj* folâtre.

retracción *f* rétraction.

retractación *f* rétractation, dédit *m* ‖ retrait *m* (en la Bolsa) ‖ *retractación pública* amende honorable.

retractar *v tr* rétracter; *retractar una opinión* rétracter une opinion.

◆ *v pr* se rétracter, se dédire, se reprendre ‖ rétracter; *retractarse de sus errores* rétracter ses erreurs.

retráctil *adj* rétractile ‖ escamotable (tren de aterrizaje).

retractivo, va *adj* rétractif, ive.

retracto *m* retrait; *retracto de autorización* retrait d'autorisation ‖ DR préemption *f*.

retraer* *v tr* détourner de, dissuader de (disuadir) ‖ DR retraire.

◆ *v pr* se retirer (retirarse) ‖ s'abstenir (abstenerse).

retraído, da *adj* retiré, e ‖ FIG renfermé, e (poco comunicativo).

retraimiento *m* retraite *f*, vie *f* retirée ‖ FIG réserve *f*, timidité *f*, caractère renfermé.

retransmisión *f* retransmission.

retransmitir *v tr* retransmettre (radiar).

retransmisor *m* TECN retransmetteur.

retrasado, da *adj y s* retardataire ‖ — *estar retrasado* retarder (un reloj) ‖ *niño retrasado* enfant retardé.

retrasar *v tr* retarder; *la lluvia nos ha retrasado* la pluie nous a retardés; *he retrasado mi viaje* j'ai retardé mon voyage ‖ ralentir; *la nieve retrasa los coches* la neige ralentit les voitures.

◆ *v intr* retarder de; *mi reloj retrasa diez minutos* ma montre retarde de dix minutes.

◆ *v pr* se retarder, s'attarder; *me he retrasado en casa de Pedro* je me suis attardé chez Pierre ‖ prendre du retard; *el avión se ha retrasado mucho* l'avion a pris beaucoup de retard ‖ se mettre en retard; *me he retrasado mirando los escaparates* je me suis mis en retard en regardant les vitrines ‖ être o arriver en retard; *yo nunca me retraso* je n'arrive jamais en retard.

retraso *m* retard; *tener retraso en su trabajo* avoir du retard dans son travail; *llevar un retraso de cinco minutos* avoir cinq minutes de retard, être cinq minutes en retard; *llegar con retraso* arriver en retard.

retratar *v tr* faire le portrait de, portraiturer (un pintor) ‖ photographier (fotografiar) ‖ FIG peindre, dépeindre; *retratar las costumbres* dépeindre les coutumes.

◆ *v pr* se refléter; *la imagen de Narciso se retrataba en el agua* l'image de Narcisse se reflétait dans l'eau ‖ se faire photographier (fotografía) ‖ FAM passer à la caisse, les lâcher (pagar).

retratista *m y f* portraitiste.

retrato *m* portrait; *hacer un retrato de cuerpo entero, de medio cuerpo* faire un portrait en pied, en buste; *retrato de tamaño natural* portrait grandeur nature ‖ photographie *f* ‖ FIG portrait (descripción) ‖ — FIG *es el retrato de* c'est le portrait de ‖ *es el vivo retrato de su padre* c'est tout le portrait de son père, c'est le portrait vivant de son père.

retrechar *v intr* reculer (el caballo).

retrepado, da *adj* renversé, e [en arrière]; *cómodamente retrepado en su mecedora* commodément renversé sur son rocking-chair.

retreta *f* MIL retraite; *tocar retreta* battre o sonner la retraite ‖ (amer) série (retahíla).

retrete *m* cabinets *pl*, toilettes *f pl*.
retribución *f* rétribution ‖ cachet *m* (de un artista).
retribuir* *v tr* rétribuer (pagar) ‖ *(amer)* payer de retour (corresponder a un favor).
retro *pref* rétro ‖ DR *venta con pacto de retro* vente à réméré.
retroacción *f* rétroaction.
retroactividad *f* rétroactivité.
retroactivo, va *adj* rétroactif, ive; *ley de efecto retroactivo* loi à effet rétroactif.
retrocarga (de) *adv* qui se charge par la culasse (arma).
retroceder *v intr* reculer; *retroceder un paso* reculer d'un pas ‖ refluer; *la muchedumbre retrocedió hacia la salida* la foule reflua vers la sortie ‖ FIG revenir, se reporter; *para comprender los acontecimientos de hoy, hay que retroceder al siglo pasado* pour comprendre les évènements d'aujourd'hui, il faut se reporter au siècle dernier ‖ se replier (valores en la Bolsa) ‖ régresser (disminuir) ‖ AUTOM rétrograder (velocidades) ‖ MIL se replier ‖ avoir du recul (arma de fuego) ‖ *no retroceder una pulgada* ne pas reculer d'un pouce.
retrocesión *f* DR rétrocession ‖ DR *hacer la retrocesión de* rétrocéder.
retroceso *m* recul ‖ recul, repoussement *(p us)*; *el retroceso de un cañón* le recul d'un canon ‖ marche *f* arrière (de una máquina de escribir) ‖ FIG recul, retour en arrière ‖ régression *f* (regresión) ‖ MED aggravation *f* (de una enfermedad) ‖ TECN refoulement (de un pistón) ‖ rappel ‖ rétro, effet rétrograde (en el billar) ‖ TECN *retroceso de manivela* retour de manivelle.
retrocohete *m* rétrofusée *f*.
retroflexión *f* MED rétroflexion.
retrógrado, da *adj y s* rétrograde.
retrogresión *f* rétrogression.
retronar* *v intr* retentir avec fracas, se répercuter.
retropropulsión *f* rétropropulsion.
retroproyector *m* rétroprojecteur.
retrospección *f* rétrospection.
retrospectivo, va *adj y s f* rétrospectif, ive.
retrotracción *f* MED rétrotraction.
retrotraer* *v tr* antidater ‖ ramener (hacer volver); *recuerdo que nos retrotrae a nuestra infancia* souvenir qui nous ramène à notre enfance.
retroventa *f* DR vente à réméré.
retrovisor *m* rétroviseur.
retruécano *m* calembour, jeu de mots (juego de palabras) ‖ *andar en retruécanos* faire des calembours, jouer sur les mots.
retruque *m* contre (billar) ‖ renvi fait sur la première mise (juego del truque) ‖ *(amer)* réplique *f* pertinente.
retumbante *adj* retentissant, e; résonnant, e ‖ FIG ronflant, e (estilo).
retumbar *v intr* retentir, résonner; *la sala retumbaba con los aplausos* la salle retentissait d'applaudissements *o* résonnait sous les applaudissements ‖ tonner (el cañón).
reúma; reuma *m* MED rhumatisme.
reumático, ca *adj y s* rhumatisant, e; *anciano reumático* vieillard rhumatisant.

◆ *adj* rhumatismal, e; *dolor reumático* douleur rhumatismale.
reumatismo *m* MED rhumatisme.
reumatología *f* MED rhumatologie.
reumatológico, ca *adj* MED rhumatologique.
reumatólogo, ga *m y f* MED rhumatologue, rhumatologiste.
reunificación *f* réunification.
reunificar *v tr y pr* réunifier.
— OBSERV En francés, *réunifier* sólo es transitivo.
reunión *f* réunion ‖ rassemblement *m* (de mucha gente) ‖ rencontre (encuentro) ‖ entretien *m* (conversación); *el director tuvo una reunión con sus empleados* le directeur a eu un entretien avec ses employés ‖ ralliement *m*; *lugar, señal de reunión* point, signe de ralliement ‖ session (período de sesiones de una asamblea).
reunir *v tr* réunir, rassembler; *reunir las tropas* réunir les troupes ‖ recueillir; *reunir datos* recueillir des renseignements ‖ collectionner (coleccionar sellos, etc.) ‖ *reunir sus fuerzas* rassembler ses forces.
◆ *v pr* se réunir, se rassembler ‖ rejoindre, retrouver; *me reuniré con vosotros a las 8* je vous rejoindrai à 8 heures ‖ siéger (una asamblea).
reutilizar *v tr* réutiliser.
revacunar *v tr* revacciner.
reválida *f* examen *m* de fin d'études ‖ DR revalidation ‖ *reválida (de bachillerato)* baccalauréat.
revalidación *f* DR revalidation.
revalidar *v tr* revalider.
◆ *v pr* passer l'examen de fin d'études.
revalorar *v tr* → **revalorizar**.
revalorización *f* revalorisation.
revalorizar; revalorar *v tr* revaloriser.
◆ *v pr* reprendre de la valeur (aumentarse el valor) ‖ être revalorisé, e (restituirse el valor).
revaluación *f* réévaluation.
revaluar *v tr* réévaluer.
revancha *f* revanche; *tomar la revancha* prendre sa revanche; *como revancha* à charge de revanche.
— OBSERV *Revancha* est un gallicisme très employé pour *desquite*.
revanchismo *m* revanchisme.
revanchista *adj y s* revanchard, e.
reveillón *m* réveillon (de nochevieja).
revelación *f* révélation.
revelado *m* FOT développement.
revelador, ra *adj y s* révélateur, trice ‖ dénonciateur, trice; *carta reveladora* lettre dénonciatrice.
◆ *m* FOT révélateur.
revelar *v tr* révéler (decir) ‖ FOT développer.
◆ *v pr* se révéler.
revendedor, ra *adj y s* revendeur, euse.
revender *v tr* revendre.
revenir* *v intr* retourner à son état primitif (algo).
◆ *v pr* se rétrécir, se racornir, jouer (encogerse) ‖ se piquer, s'aigrir (avinagrarse las bebidas) ‖ suinter (escupir humedad) ‖ se ramollir (algo, por humedad *o* calor) ‖ FIG se rétracter, céder (ceder).
reventa *f* revente.
reventado, da *adj* FAM crevé, e; claqué, e; *reventado de cansancio* mort de fatigue, crevé ‖ *reventado de trabajo* abruti de travail.

reventar* *v intr* crever; *las burbujas reventaban en la superficie del agua* les bulles crevaient à la surface de l'eau ‖ éclater; *el neumático reventó* le pneu a éclaté ‖ céder; *la presa ha reventado* la barrage a cédé ‖ FIG & FAM mourir d'envie; *está que revienta por ir al cine* il meurt d'envie d'aller au cinéma | crever (morir) | éclater (de cólera) ‖ — FIG & FAM *comer hasta reventar* manger à en crever | *reventar de gordo* crever dans sa peau | *reventar de rabia* être fou de colère, enrager | *reventar de risa* mourir o crever o pouffer o se tordre de rire | *reventar de vergüenza* crever de honte.
◆ *v tr* crever, faire éclater ‖ écraser (aplastar) ‖ FIG & FAM crever, claquer (fatigar) | assommer, casser les pieds (fastidiar).
◆ *v pr* crever ‖ percer (abceso) ‖ s'écraser (aplastarse) ‖ éclater (un neumático) ‖ craquer (calzado) ‖ FIG se crever (de cansancio).
reventón *adj m clavel reventón* œillet double.
◆ *m* éclatement (de neumático) ‖ FAM *darse un reventón de trabajar* se tuer o se crever au travail.
reverberación *f* réverbération.
reverberante *adj* réverbérant, e.
reverberar *v tr* e *intr* réverbérer.
reverdecer* *v intr* reverdir ‖ FIG reverdir (remozarse).
reverdeciente *adj* reverdissant, e.
reverencia *f* révérence.
reverencial *adj* révérenciel, elle.
reverenciar *v tr* révérer, honorer (honrar).
reverendo, da *adj* y *s* révérend, e.
◆ *adj* FAM énorme, de taille, de première grandeur; *una reverenda porquería* une cochonnerie de taille.
reverente *adj* révérencieux, euse.
reversibilidad *f* réversibilité.
reversible *adj* réversible.
reverso *m* revers, envers ‖ FIG *el reverso de la medalla* l'opposé.
revertir* *v intr* DR retourner, revenir.
revés *m* revers, envers ‖ FIG revers (desgracia, derrota) | revers de main, mornifle *f* (bofetada) ‖ revers (tenis) ‖ — *al revés* à l'envers, devant derrière; *ponerse el jersey al revés* mettre son pull-over à l'envers; à l'envers, à rebours (invertido el orden), de travers (mal); *comprender, oír, ir al revés* comprendre, entendre, aller de travers ‖ — *de revés, por el revés* à l'envers, à revers; *tomar de revés* prendre à l'envers ‖ *es el mundo al revés* c'est le monde renversé ‖ *reveses de fortuna* revers de fortune.
revestido; revestimiento *m* revêtement ‖ revêtement, lambris (de pared) ‖ TECN armature *f* (de un cable).
revestir* *v tr* revêtir (un traje) ‖ revêtir, recouvrir (cubrir con un revestimiento) ‖ revêtir, lambrisser (pared) ‖ recouvrir; *revestir con metal* recouvrir de métal ‖ TECN chemiser (tubería) ‖ FIG revêtir; *revestir importancia* revêtir de l'importance.
◆ *v pr* se revêtir ‖ FIG s'armer; *revestirse de paciencia* s'armer de patience.
revigorizar *v tr* revigorer, ragaillardir (*fam*).
revisar *v tr* réviser, reviser (examinar de nuevo) ‖ revoir (volver a ver) ‖ contrôler (billetes).
revisión *f* révision, revision ‖ contrôle *m* (de billetes) ‖ MIL conseil *m* de révision (junta de clasificación) ‖ *revisión de cuentas* vérification des comptes.
revisionismo *m* révisionnisme.
revisionista *adj* y *s* révisionniste.
revisor *m* réviseur, reviseur ‖ contrôleur (de billetes).
revista *f* revue, magazine *m*; *revista científica* revue scientifique ‖ inspection (inspección) ‖ revue (espectáculo) ‖ — *revista de destape* magazine de charme ‖ *revista del corazón* magazine sentimental ‖ *revista para mujeres* magazine féminin ‖ *revista de modas* journal de mode ‖ *revista de prensa* revue de presse ‖ — *pasar revista a* passer en revue; *pasar revista a un regimiento* passer un régiment en revue.
revistero, ra *m* y *f* chroniqueur, euse (de un periódico).
◆ *m* porte-revues (para poner revistas).
revisto, ta *adj* revu, e.
revitalizar *v tr* revitaliser.
revivificar *v tr* revivifier.
revivir *v intr* revivre ‖ FIG se rallumer; *la discordia revivió* la discorde se ralluma.
revocable *adj* révocable.
revocación *f* révocation ‖ rappel, *m* (de un embajador).
revocar *v tr* révoquer (anular); *revocar una orden, una ley, un decreto* révoquer un ordre, une loi, un décret ‖ dissuader (disuadir) ‖ révoquer, relever de ses fonctions (destituir a un funcionario) ‖ repousser, refouler; *el viento revoca el humo* le vent repousse la fumée ‖ ravaler, crépir (las paredes).
revocatorio, ria *adj* révocatoire.
◆ *f (amer)* révocation (anulación de un contrato, edicto, fallo, etc.).
revolcar* *v tr* renverser, terrasser ‖ FAM recaler (en un examen).
◆ *v pr* se rouler, se vautrer; *revolcarse sobre el césped, en el suelo* se rouler sur le gazon, par terre; *revolcarse en el fango* se vautrer dans la fange ‖ FAM *revolcarse de risa* se rouler par terre de rire.
revolcón *m* chute *f*; *sufrir un revolcón sin consecuencias* faire une chute sans conséquences ‖ TAUROM bousculade *f* (del torero) ‖ FIG & FAM *dar un revolcón a uno* donner une leçon o flanquer une piquette à quelqu'un.
revolotear *v intr* voltiger.
revoloteo *m* voltigement.
revoltillo; revoltijo *m* fouillis; *un revoltijo de papeles* un fouillis de papiers ‖ méli-mélo, salmigondis (*fam*), salade *f* (mezcolanza) ‖ ramassis (montón) ‖ œufs *pl* brouillés (huevos).
revoltoso, sa *adj* turbulent, e; remuant, e (travieso) ‖ séditieux, euse; rebelle (sedicioso).
revolución *f* révolution ‖ *revolución industrial* révolution industrielle.
revolucionar *v tr* révolutionner.
revolucionario, ria *adj* y *s* révolutionnaire.
revolver* *v tr* remuer; *revolver papeles, la ensalada* remuer des papiers, la salade ‖ fouiller dans; *revolver un cajón* fouiller dans un tiroir ‖ mettre sens dessus dessous, bouleverser; *revolver la casa* mettre la maison sens dessus dessous ‖ soulever, barbouiller (*fam*); *revolver el estómago* soulever le cœur ‖ FIG troubler; *esto ha revuelto los ánimos* cela

a troublé les esprits | brouiller (malquistar) || — FIG *revolver Roma con Santiago* remuer ciel et terre.
◆ *v pr* remuer, s'agiter (moverse) || se retourner, faire volte-face; *el toro se revolvió con bravura* le taureau se retourna prêt à l'attaque || se rouler (revolcarse); *revolverse en la hierba* se rouler dans l'herbe || FIG se gâter, se mettre à la pluie (el tiempo).

revólver *m* revolver (arma).

revuelco *m* renversement, piétinement (del lidiador por el toro).

revuelo *m* second vol || FIG trouble, confusion *f* (turbación); *la noticia produjo gran revuelo en los ánimos* la nouvelle jeta un grand trouble dans les esprits || — FIG *de revuelo* en passant | *levantar revuelo* faire du bruit.

revuelta *f* révolte, sédition (motín) || tournant *m*, détour *m* (vuelta) || coin *m* (esquina).

revuelto, ta *adj* facile à manier, agile, docile (caballo) || brouillé, e (tiempo) || turbulent, e (revoltoso) || embrouillé, e; confus, e (enredado) || — *huevos revueltos* œufs brouillés || *mar revuelto* mer démontée || *pelo revuelto* cheveux ébouriffés *o* en bataille.

revulsión *f* MED révulsion.

revulsivo, va *adj y s m* MED révulsif, ive.

rey *m* roi || roi (juego) || FIG roi; *el rey de la selva, del acero* le roi de la jungle, de l'acier || — *rey de arenques* roi des harengs (pez) || *rey de armas* roi d'armes || *rey de banda* ou *de bando* guide d'une volée de perdreaux || *rey de codornices* roi des cailles, râle des genêts || *rey de gallos* roi burlesque pendant le carnaval || *rey de romanos* roi des Romains (sentido propio), successeur (sentido figurado) || *rey Sol* Roi-Soleil || *Reyes magos* Rois mages || — *a rey muerto, rey puesto* le roi est mort, vive le roi || FIG *del tiempo del rey que rabió* du temps de ma mère l'Oie, au temps que la reine Berthe filait || *el día de Reyes* le jour *o* la fête des Rois || *en nombre del Rey* de par le roi || *un festín de rey* un festin de roi || — FIG *atendido a cuerpo de rey* servi comme un roi | *cada uno es rey en su casa* charbonnier est maître chez lui *o* chez soi | *ni quito ni pongo rey* ça ne me regarde pas | *no temer rey ni roque* ne craindre ni Dieu ni diable | *ser tratado a cuerpo de rey* être comme un coq en pâte, être traité comme un prince || *servir al Rey* faire son service militaire || FIG *vivir a cuerpo de rey* vivre comme un prince.

reyerta *f* dispute, querelle, rixe (disputa).

reyezuelo *m* roitelet (rey de poca monta) || roitelet (ave).

rezado, da *adj* prié, e || *misa rezada* messe basse.

rezagado, da *m y f* retardataire, traînard, e || *ir rezagado* être à la traîne.

rezagar *v tr* laisser en arrière (dejar atrás) || retarder (retrasar).
◆ *v pr* rester en arrière, traîner.

rezar *v tr* réciter, dire (una oración) || dire (una misa) || dire (un escrito) || — *rezar el rosario, un responso* dire son chapelet, un répons || FIG & FAM *ser más fácil que rezar un credo* être simple comme bonjour *o* bête comme chou.
◆ *v intr* prier, dire sa prière || prier; *rezar a Dios* prier Dieu || dire; *según reza el refrán* comme dit le proverbe || s'appliquer à, être valable pour; *esta ley no reza para los ex combatientes* cette loi ne s'applique pas aux anciens combattants || *esto no reza conmigo* cela ne me regarde pas *o* ne me concerne pas.

rezo *m* prière *f* (oración) || office (oficio litúrgico).

rezongar *v intr* FIG & FAM grogner, ronchonner, rouspéter.

rezonglón, ona; rezongón, ona; rezonguero, ra *adj y s* FAM grognon, onne; ronchonneur, euse, rouspéteur, euse.

rezumadero *m* endroit humide.

rezumar *v tr* laisser passer *o* s'écouler; *la pared rezuma humedad* le mur laisse passer l'humidité || FIG dégager, distiller; *canción que rezuma tristeza* chanson qui dégage de la tristesse.
◆ *v intr* suinter; *el aceite rezuma a través de la loza* l'huile suinte à travers la faïence || perler; *el sudor le rezuma por la frente* la sueur perle [sur son front] || ressuer (pared).
◆ *v pr* suinter; *el botijo se rezuma* la gargoulette suinte.

RFA abrev de *República Federal de Alemania* R.F.A., République fédérale d'Allemagne.

rhesus *m* MED *factor Rhesus* facteur Rhésus.

ría *f* «ria», estuaire *m*, golfe *m* (golfo profundo en Galicia) || EQUIT rivière (obstáculo).

riacho; riachuelo *m* ruisseau, petite rivière *f*.

Riad *n pr* GEOGR → **Riyad**.

riada *f* crue (crecida) || inondation (inundación) || FIG flot *m*, ruée; *riada de visitantes* flot de visiteurs.

ribazo *m* berge *f*, talus.

ribeiro *m* vin de la région d'El Ribeiro.

ribera *f* rive, rivage *m*, berge (de un río); *en la ribera* sur le rivage || rivage *m* (del mar).

ribereño, ña *adj y s* riverain, e; *los países ribereños del Danubio* les pays riverains du Danube.

ribete *m* liséré, passepoil (orla) || bordure *f* (para reforzar).
◆ *pl* FIG traces *f* (índices) || — *tener ribetes cómicos* avoir des côtés comiques || *tiene ribetes de poeta* il est un peu poète sur les bords (fam), il est poète par certains côtés.

ribeteado, da *adj* bordé, e || BLAS resarcelé, e || *tener los ojos ribeteados de rojo* avoir le bord des yeux rouge.

ribetear *v tr* border, passepoiler, mettre un liséré à (una tela) || FIG border.

ricacho, cha; ricachón, ona *m y f* FAM richard, e; rupin, e.

ricamente *adv* richement (con opulencia) || merveilleusement, très bien (muy a gusto); *he descansado ricamente* je me suis très bien reposé.

ricino *m* BOT ricin (planta); *aceite de ricino* huile de ricin.

rico, ca *adj* riche; *un rico propietario* un riche propriétaire || FIG riche (abundante) | exquis, e; délicieux, euse; *una comida muy rica* un repas exquis | mignon, onne; adorable; *¡qué niño más rico!* quel enfant adorable!, qu'il est mignon ce petit! || FAM mignon, onne; petit, e; *come, rico* mange mon petit || — *hacerse rico* s'enrichir, faire fortune || POP *oye rico, ¿qué te has creído?* dis-donc, mon vieux, qu'est-ce que tu t'imagines? | *¡rica!* ma belle!, ma mignonne! | *¡un momento, rico!* minute, papillon!
◆ *m y f* riche || — RELIG *la parábola del rico avariento* la parabole du nouveau riche || *nuevo rico* nouveau riche, parvenu.

rictus *m* rictus.

ricura *f* délice *m* ǁ *¡qué ricura de niño!* comme il est mignon ce petit!, quel enfant adorable!

Richter (escala de) échelle de Richter.

ridiculez *f* extravagance, chose ridicule, ridicule *m* ǁ *es una ridiculez hacer esto* il est ridicule de faire cela.

ridiculizar *v tr* ridiculiser, couvrir de ridicule.

ridículo *m* réticule (bolso de señora).

ridículo, la *adj y s m* ridicule; *ser ridículo* être ridicule ǁ — *hacer el ridículo, quedar en ridículo* se rendre ridicule, se ridiculiser ǁ *importarle a uno poco quedar en ridículo* braver le ridicule ǁ *poner en ridículo* tourner en ridicule, ridiculiser.

riego *m* arrosage; *riego por aspersión* arrosage en pluie ǁ irrigation *f* (regadío); *canal de riego* canal d'irrigation ǁ — *boca de riego* prise d'eau, bouche d'arrosage *o* d'eau ǁ *riego asfáltico* cut-back ǁ ANAT *riego sanguíneo* irrigation sanguine.

riel *m* rail; *los rieles del tranvía* les rails du tramway ǁ lingot (de metal) ǁ tringle *f*, chemin de fer (para las cortinas).

rienda *f* rêne, guide (correa) ǁ FIG rêne; *las riendas del Estado* les rênes de l'État; *llevar las riendas* tenir les rênes | bride; *soltar la rienda a sus pasiones* lâcher la bride à ses passions ǁ — *a rienda suelta* à bride abattue, à toute bride, à fond de train ǁ *falsa rienda* fausse rêne ǁ — FIG *aflojar la rienda* lâcher la bride | *coger de nuevo las riendas* de reprendre en main | *dar rienda suelta a* lâcher la bride à, donner libre cours à | *llevar de las riendas* tenir en bride.

riesgo *m* risque ǁ — *a riesgo de* au risque de ǁ *con riesgo de* quitte à, au risque de; *con riesgo de perder su colocación* quitte à perdre sa situation ǁ *con riesgo de su vida* au péril de sa vie ǁ *correr riesgo de* courir le risque de | *por su cuenta y riesgo* à ses risques et périls ǁ *seguro a todo riesgo* assurance tous risques.

rifa *f* tombola, loterie.

rifado, da *adj* tiré au sort.

rifador *m* celui qui met un objet en loterie ou en tombola.

rifar *v tr* procéder au tirage [d'une tombola ou d'une loterie] ǁ tirer au sort (sortear).

◆ *v pr* MAR se déchirer (una vela) ǁ FIG & FAM *esta joven se rifa entre los hombres* tous les hommes s'arrachent *o* se disputent cette jeune fille.

rifirrafe *m* FAM bagarre *f* (riña).

rifle *m* rifle; *rifle de seis tiros* rifle à six coups.

rigidez *f* rigidité, raideur.

rígido, da *adj* rigide; *una barra de acero rígida* une barre d'acier rigide ǁ raide; *pierna rígida* jambe raide ǁ FIG rigide; *hombre rígido* homme rigide; *moral rígida* morale rigide | sévère, de fer; *disciplina rígida* discipline sévère ǁ FIG *rígido como un cadáver* raide comme un mort.

rigor *m* rigueur *f* (severidad); *el rigor de un padre* la rigueur d'un père ǁ rigueur *f*, inclémence *f*, rudesse *f*; *el rigor del invierno* la rigueur de l'hiver ǁ rigueur *f*; *el rigor de un razonamiento* la rigueur d'un raisonnement ǁ — *de rigor* de rigueur ǁ *en rigor* en réalité, à proprement parler ǁ FIG & FAM *ser el rigor de las desdichas* être malheureux comme les pierres.

rigurosidad *f* rigueur *f*.

riguroso, sa *adj* rigoureux, euse.

rijoso, sa *adj* chamailleur, euse; querelleur, euse (camorrista) ǁ sensuel, elle; lascif, ive (sensual) ǁ en rut; *caballo rijoso* cheval en rut.

rima *f* rime ǁ — *rima imperfecta, media rima* rime pauvre, assonance ǁ *rima leonina* rime léonine ǁ *rima perfecta* rime riche ǁ *tercia rima* terza rima.

rima *f* tas *m* (rimero).

rimador, ra *m y f* rimailleur, euse, rimeur, euse (poetastro).

rimar *v intr y tr* rimer.

rimbombancia *f* aspect *m* tapageur.

rimbombante *adj* retentissant, e; ronflant, e; *discurso rimbombante* discours retentissant ǁ ronflant, e; *estilo rimbombante* style ronflant ǁ tapageur, euse; voyant, e; *vestido rimbombante* robe tapageuse.

rimel *m* rimmel (para los ojos).

Rin *n pr m* GEOGR Rhin.

rincón *m* coin, encoignure *f*, angle; *en el rincón de la habitación* dans le coin de la pièce ǁ coin, recoin (lugar apartado) ǁ — *poner ou castigar en el rincón* mettre au coin (a un niño castigado) ǁ *por todos los rincones* dans tous les coins.

— OBSERV Le mot *rincón* s'applique exclusivement à un *angle rentrant* par opposition au mot *esquina*, qui correspond à un *angle saillant*.

rinconera *f* encoignure, coin *m*, éconçon *m* (de mueble) ǁ encoignure (mueble).

ring *m* ring (de boxeo y lucha).

ringorrango *m* fioriture *f*.

rinitis *f* MED rhinite ǁ *rinitis alérgica* rhume des foins.

rinoceronte *m* ZOOL rhinocéros.

rinofaringitis *f* MED rhino-pharyngite.

rinolaringitis *f* MED rhino-laryngite.

rinología *f* MED rhinologie.

riña *f* rixe, bagarre (pelea); *una riña sangrienta* une rixe sanglante ǁ dispute, chamaillerie (agarrada); *riña de niños* chamaillerie d'enfants ǁ crêpage *m* de chignon (de mujeres) ǁ *riña de gallos* combat de coqs.

riñón *m* ANAT rein; *tener dolor de riñones* avoir mal aux reins ǁ CULIN rognon; *riñones al jerez* rognons au xérès | FIG cœur, centre; *vivo en el mismo riñón de Madrid* j'habite au cœur même de Madrid | fond; *el riñón del asunto* le fond de l'affaire | ARQ rein | MIN rognon ǁ — FIG *costar un riñón* coûter les yeux de la tête | *cubrirse el riñón* mettre du foin dans ses bottes | *tener el riñón bien cubierto* avoir les reins solides, avoir du foin dans ses bottes | *tener riñones* avoir de l'estomac *o* du sang dans les veines, ne pas avoir froid aux yeux.

◆ *pl* reins (lomos).

riñonada *f* ANAT reins *m pl*, région lombaire ǁ rognonnade (guiso) ǁ — FIG & FAM *costar una riñonada* coûter les yeux de la tête ǁ *chuleta de riñonada* côtelette de gigot.

riñonera *f* banane (pequeño bolso).

río *m* rivière *f* (corriente de agua que desemboca en otro río) ǁ fleuve (corriente de agua que desemboca en el mar); *río costanero* fleuve côtier ǁ FIG ruisseau (de lágrimas, sangre) ǁ — *río abajo* en aval ǁ *río arriba* en amont ǁ *río de lava* coulée de lave ǁ — FIG *cuando el río suena agua lleva* il n'y a pas de fumée sans feu | *pescar en río revuelto* pêcher en eau trouble | *todavía ha de correr mucha agua*

por el río d'ici là, il passera beaucoup d'eau sous les ponts.
— OBSERV La palabra *río*, antepuesta a un nombre de río, no se traduce generalmente: *el río Amazonas* l'Amazone.

Río de Janeiro *n pr* GEOGR Rio de Janeiro.
Río de la Plata *n pr* GEOGR Río de la Plata.
Río Grande *n pr* GEOGR Rio Grande, Río Bravo.
Rioja (La) *n pr* GEOGR La Rioja.
riojano, na *adj y s* de La Rioja (Argentina y España).
rioplatense *adj y s* du Río de la Plata.
RIP abrev de *requiescat in pace* R.I.P., qu'il repose en paix.
ripio *m* résidu (residuo) ‖ gravats *pl*, décombres *pl* (escombros) ‖ remplage (relleno en albañilería) ‖ FIG remplissage (palabras inútiles) | cheville *f* (palabra superflua del verso) ‖ FIG *meter ripio* faire du remplissage (en un escrito) | *no perder ripio* ne pas perdre une miette de ce que l'on dit, avoir l'oreille à tout | *poeta de ripio y cascote* barbouilleur de papier, rimailleur.
ripioso, sa *adj* plein de chevilles, de mirliton; *versos ripiosos* vers pleins de chevilles, vers de mirliton.
Riquete *n pr m* Riquet; *Riquete el del Copete* Riquet à la houppe.
riqueza *f* richesse.
riquísimo, ma *adj* richissime ‖ FIG délicieux, euse (comida).
risa *f* rire *m* ‖ risée; *ser la risa de todo el mundo* être la risée de tout le monde ‖ *— risa burlona* ou *socarrona* rire moqueur, ricanement ‖ *risa de conejo* rire jaune ‖ *risa nerviosa* ou *loca* fou rire ‖ *— ¡qué risa!* que c'est drôle! ‖ *— caerse* ou *morirse de risa* mourir de rire ‖ *dar risa* faire rire ‖ *desternillarse de risa* se tordre de rire, se tenir les côtes de rire (*fam*) ‖ *es cosa de risa, es de risa* c'est à mourir de rire, c'est absolument écroulant ‖ *llorar de risa* rire aux larmes ‖ *me entró la risa* j'ai eu terriblement envie de rire, j'ai été pris d'une envie de rire terrible ‖ *reír con risa de conejo* rire jaune ‖ *reventar de risa* mourir o crever o se tordre de rire ‖ *ser motivo de risa* prêter à rire | *tener un ataque de risa* avoir le fou rire.
riscal *m* terrain accidenté parsemé de rochers.
risco *m* roc, rocher escarpé.
risible *adj* risible.
risilla; risita *f* petit rire *m*, risette (sonrisa) ‖ rire *m* jaune (risa falsa).
— OBSERV *Risette* se emplea sólo hablando de niños pequeños.
risotada *f* éclat *m* de rire ‖ *— dar risotadas* rire aux éclats ‖ *saltar una risotada* éclater de rire.
ristra *f* chapelet *m*; *una ristra de ajos, de cebollas* un chapelet d'aulx, d'oignons ‖ FIG & FAM file, série | chapelet *m* (de mentiras) ‖ *en ristra* en rang d'oignons.
ristre *m* arrêt; *lanza en ristre* lance en arrêt.
risueño, ña *adj* souriant, e; *cara risueña* visage souriant ‖ gai, e; joyeux, euse (contento) ‖ FIG riant, e; *pradera risueña* prairie riante | favorable; *suerte risueña* destin favorable.
Rita *n pr f* Rita ‖ *—* FIG & FAM *¡cuéntaselo a Rita!* à d'autres | *¡que lo haga Rita!* ce n'est pas moi qui vais le faire!

rítmico, ca *adj y s f* rythmique.
◆ *adj* rythmé, e (cadencioso).
ritmo *m* rythme ‖ *dar ritmo* rythmer.
rito *m* rite.
ritual *adj* rituel, elle ‖ *— libro ritual* rituel.
◆ *m* rituel (libro ritual) ‖ FIG *ser de ritual* être de tradition.
rival *adj y s* rival, e; *vencer a sus rivales* vaincre ses rivaux.
rivalidad *f* rivalité.
rivalizar *v intr* rivaliser, faire assaut de; *rivalizar en ardor, en cortesía* rivaliser d'ardeur, de politesse.
rivera *f* ruisseau *m* (riachuelo).
Riyad; Riad *n pr* GEOGR Riyad, Riad.
rizado, da *adj* frisé, e; *tener el pelo rizado* avoir les cheveux frisés ‖ ridé, e (la superficie del agua) ‖ *mar rizado* mer moutonnée.
◆ *m* frisure *f* (del pelo).
rizador *m* fer à friser.
rizar *v tr* friser (el pelo) ‖ rider (la superficie del agua) ‖ plisser (tela, papeles).
◆ *v pr* friser (la cabellera) ‖ se rider (el agua del mar).
rizo, za *adj* bouclé, e.
◆ *m* boucle *f*, frisette *f* (de cabellos) ‖ velours bouclé (terciopelo) ‖ AVIAC looping, boucle *f*; *rizar el rizo* faire un looping, boucler la boucle ‖ MAR ris; *tomar rizos* prendre des ris ‖ *nudo de rizo* nœud plat.
Rmo. abrev de *Reverendísimo* révérendissime.
RNE abrev de *Radio Nacional de España* Radio nationale d'Espagne.
ro *interj* dodo.
róbalo; robalo *m* bar (pez).
robar *v tr* voler; *robar mil pesetas* voler mille pesetas ‖ dérober (hurtar) ‖ enlever (raptar) ‖ FIG conquérir, ravir (el corazón, el alma) ‖ piocher (juego de cartas) ‖ *— robar con fractura* ou *efracción* cambrioler (una casa).
robín *m* rouille *f* (orín).
roble *m* chêne, chêne rouvre, rouvre (árbol) ‖ FIG & FAM chêne (persona fuerte) ‖ *— roble albar* chêne rouvre ‖ *roble borne* ou *negral* ou *negro* ou *vilano* chêne des Pyrénées ‖ *roble carrasqueño* chêne de Mirbeck ‖ *— más fuerte que un roble* fort comme un chêne *o* comme un Turc (fuerte), solide comme un roc (resistente).
robledal *m*; **robleda** *f*; **robledo** *m* chênaie *f*, rouvraie *f*.
roblón *m* rivet; *roblón de cabeza plana, fresada, redonda* rivet à tête plate, fraisée, ronde.
robo *m* vol; *cometer un robo* commettre un vol; *robo a mano armada* vol à main armée ‖ rentrée *f* (en los juegos de cartas) ‖ (*ant*) enlèvement (rapto) ‖ *— robo con agravantes* vol qualifié ‖ *robo con fractura* ou *efracción* vol avec effraction, cambriolage.
robot *m* robot; *robot de cocina* robot ménager.
— OBSERV pl *robots*.
robótica *f* robotique.
robotizar *v tr* robotiser.
robustecer* *v tr* fortifier, rendre robuste.
◆ *v pr* se fortifier, prendre des forces.
robustez *f* robustesse.
robusto, ta *adj* robuste.
roca *f* roche; *roca sedimentaria* roche sédimentaire ‖ roc *m*; *escalar una roca* escalader un roc ‖ FIG *firme como una roca* ferme *o* solide comme un roc.

rocalla *f* rocaille ‖ verroterie grossière (abalorio grueso).
rocalloso, sa *adj* rocailleux, euse.
rocambolesco, ca *adj* rocambolesque.
roce *m* frôlement, effleurement; *el leve roce de su mano le causaba escalofríos* le léger frôlement de sa main lui donnait des frissons ‖ frottement (rozamiento) ‖ FIG contact; *hay que evitar el roce con la mala gente* il faut éviter le contact des mauvaises gens ‖ frottement, friction *f*; *hubo roces entre las dos naciones vecinas* il y eut des frictions entre les deux nations voisines.
rociada *f* aspersion ‖ rosée (rocío) ‖ FIG grêle; *rociada de golpes* grêle de coups | pluie; *rociada de perdigones* pluie de plombs de chasse | semonce, savon *m* (reprensión); *echar una rociada a* faire une semonce à, passer un savon à ‖ — FIG *rociada de injurias* pluie o bordée d'injures | *rociada de palos* dégelée, volée de coups.
rociar *v tr* asperger; *rociar con agua* asperger d'eau ‖ arroser; *rociar una maceta de flores* arroser un pot de fleurs ‖ arroser; *una comida rociada con una botella de champán* un repas arrosé d'une bouteille de champagne ‖ mouiller (humedecer).
◆ *v intr* se déposer, tomber [la rosée]; *ha rociado durante la noche* la rosée s'est déposée pendant la nuit.
rocín *m* rosse *f*, roussin (caballo) ‖ FIG rustre (hombre tosco).
rocinante *m* rossinante *f*.
rocío *m* rosée *f* ‖ bruine *f* (llovizna) ‖ *rocío del mar* embruns.
rock; rock and roll *m inv* rock, rock and roll.
rockero, ra; roquero, ra *adj* rock, rock and roll.
◆ *m y f* rocker, rockeur, euse.
rococó *m* rococo (estilo).
Rocosas (montañas) *n pr f pl* GEOGR montagnes Rocheuses.
rocoso, sa *adj* rocheux, euse.
roda *f* MAR étrave.
rodaballo *m* turbot (pez) ‖ FIG & FAM vieux renard, malin.
rodado, da *adj* roulé, e ‖ rodé, e (automóvil) ‖ tisonné, e (caballo) ‖ FIG rodé, e (experimentado) ‖ — *canto rodado* galet | *tránsito rodado, circulación rodada* circulation [routière]; trafic automobile.
◆ *f* ornière, trace des roues.
rodaja *f* rondelle (de cuero) ‖ rondelle, tranche (de limón, salchichón) ‖ darne (de pescado) ‖ rouelle (de vaca) ‖ molette, rosette (de espuelas) ‖ roulette (ruedecilla) ‖ bourrelet *m* (de grasa) ‖ TECN galet *m*.
rodaje *m* rouages *pl*; *el rodaje de un reloj* les rouages d'une montre ‖ rodage (de un motor, un automóvil); *en rodaje* en rodage ‖ tournage (de una película) ‖ roulage (rodadura) ‖ *secretaría de rodaje* scripte (cine).
rodal *m* coin de terre (terreno pequeño).
Ródano *n pr m* GEOGR Rhône.
rodante *adj* roulant, e.
rodapié *m* soubassement (de cama, de mesa) ‖ garniture *f* de balcon ‖ frise *f* (friso).

rodar* *v intr* rouler; *la canica rueda* la bille roule; *este coche rueda bien* cette voiture roule bien ‖ dégringoler, dévaler; *rodar por las escaleras* o *las escaleras abajo* dégringoler un escalier ‖ FIG traîner, errer; *se pasa el tiempo rodando por las calles* il passe son temps à traîner dans les rues ‖ — FIG *andar rodando* traîner; *libros que andan rodando por encima de la mesa* livres qui traînent sur la table | *caerse rodando* rouler, dégringoler; *el niño se ha caído rodando desde lo alto de la escalera* l'enfant a dégringolé du haut de l'escalier ‖ FAM *echarlo todo a rodar* envoyer tout promener, ficher tout en l'air | FIG *rodar por el mundo* rouler sa bosse | ¡*ruede la bola!* vogue la galère!, advienne que pourra!
◆ *v tr* rouler; *rodar un tonel* rouler un tonneau ‖ roder (un motor, un automóvil) ‖ tourner (una película).
Rodas *n pr* GEOGR Rhodes.
rodear *v tr* entourer, enclore; *rodear un huerto con* o *de tapias* entourer un jardin de murs ‖ ceinturer, enceindre, entourer; *rodear una ciudad con murallas* ceinturer une ville de murailles ‖ ceindre, entourer; *rodear la cabeza con una venda* entourer la tête d'un bandeau ‖ contourner; *la carretera rodea la montaña* la route contourne la montagne ‖ (*amer*) rassembler (el ganado).
◆ *v pr* s'entourer ‖ *rodearse de precauciones* s'entourer de précautions.
rodeno, na *adj* rouge (rojo, rojizo) ‖ *pino rodeno* pin maritime.
rodeo *m* détour, crochet; *dar un rodeo* faire un détour ‖ tour (vuelta) ‖ FIG détour; *hablar sin rodeos* parler sans détours ‖ rodéo (reunión del ganado y espectáculo en América) ‖ — FIG *andar* o *andarse con rodeos* user de détours, tergiverser, tourner autour du pot (*fam*) | *dejémonos de rodeos* parlons peu mais parlons bien, parlons net, assez tergiversé | *no andarse con rodeos* ne pas y aller par quatre chemins.
rodete *m* chignon (de caballos) ‖ bourrelet, coussinet, torche *f*, tortillon (para cargar algo sobre la cabeza) ‖ rouet (de cerradura).
rodilla *f* ANAT genou *m* ‖ — *de rodillas* à genoux (de hinojos), à deux genoux (humildemente); *pedir algo de rodillas* demander quelque chose à deux genoux ‖ — FIG *doblar la rodilla* fléchir o plier le genou | *hincar la rodilla* mettre un genou en terre | *hincarse de rodillas* se mettre à genoux, s'agenouiller.
rodillada *f*; **rodillazo** *m* coup *m* de genou.
rodillera *f* genouillère (protección o adorno).
◆ *pl* genoux *m* d'un pantalon, poches aux genoux.
rodillo *m* rouleau ‖ roule (de cantero) ‖ — *rodillo apisonador* rouleau compresseur ‖ IMPR *rodillos entintadores* rouleaux encreurs ‖ *rodillo trazador* roulette (del sastre).
rodio *m* QUÍM rhodium.
rododendro *m* BOT rhododendron.
rodomontada *f* rodomontade.
rodrigar *v tr* échalasser, ramer, tuteurer (encañar una planta).
Rodrigo *n pr m* Rodrigue.
rodrigón *m* échalas, tuteur, rame *f* (para las plantas) ‖ FIG & FAM chaperon, porte-respect [vieux domestique qui accompagnait les dames].

rodríguez *m* FIG & FAM célibataire du mois d'août (hombre que envía la familia a veranear mientras se queda en la ciudad).

roedor, ra *adj y s* rongeur, euse.

roedura *f* rongement *m*, grignotage *m*, grignotement *m* (acción) ‖ mangeure (parte roída).

roer* *v tr* ronger; *el perro roe un hueso* le chien ronge un os ‖ grignoter; *roer una galleta* grignoter un biscuit ‖ FIG ronger; — FIG & FAM *dar que roer* donner du fil à retordre | *duro de roer* dur à avaler; *una asignatura dura de roer* une matière dure à avaler.
➤ *v pr* se ronger; *roerse las uñas* se ronger les ongles ‖ FIG *roerse los puños* se mordre les doigts, se ronger les poings (de rabia).

rogar* *v tr* prier; *le ruego que venga* je vous prie de venir ‖ supplier, prier (con súplicas); *se lo ruego* je vous en supplie ‖ — *hacerse (de) rogar* se faire prier ‖ *ruega por nos* priez pour nous ‖ *se ruega no fumar* prière de ne pas fumer ‖ *se ruega publicación* prière d'insérer.

rogativa *f* prière publique ‖ prière; *hacer rogativas para pedir algo* faire des prières pour demander quelque chose.
➤ *pl* rogations.

rogatorio, ria *adj* DR rogatoire; *comisión rogatoria* commission rogatoire.

roído, da *adj* rongé, e.

rojez *f* rougeur.

rojizo, za *adj* rougeâtre ‖ roux, rousse (pelo).

rojo, ja *adj* rouge ‖ roux, rousse (el pelo) ‖ — FAM *estar más rojo que un cangrejo* être rouge comme une écrevisse ‖ VETER *mal rojo* rouget du porc ‖ *ponerse rojo* rougir ‖ *ponerse rojo de ira* devenir rouge de colère, se fâcher tout rouge.
➤ *adj y s m* ROJO rouge (comunista).
➤ *m* rouge ‖ — *rojo blanco* rouge blanc ‖ *rojo candente* rouge feu ‖ *rojo cereza* rouge cerise ‖ *rojo de labios* rouge à lèvres ‖ *rojo vivo* rouge vif ‖ — *el disco está en rojo* le feu est au rouge ‖ FIG *la discusión llegó al rojo vivo* la discussion arriva à son paroxysme *o* devint passionnée | *la situación está al rojo vivo* la situation est explosive *o* à son paroxysme ‖ *poner al rojo* chauffer au rouge.

rol *m* rôle (lista) ‖ MAR rôle d'équipage.

rollizo, za *adj* potelé, e; dodu, e; rondelet, ette; *niño rollizo* enfant potelé ‖ *brazo rollizo* bras dodu.
➤ *m* rondin (madero).

rollo *m* rouleau (de papel, etc.) ‖ rouleau à pâtisserie (de pastelero) ‖ bille *f*, bois en grume (de madera) ‖ FAM empoisonneur, casse-pieds *inv*; *este tío es un rollo* ce type est un empoisonneur ‖ (ant) colonne *f* de pierre ‖ — FIG & POP *cortar el rollo a alguien* couper le sifflet à quelqu'un ‖ FAM *esta película es un rollo* ce film est barbant *o* rasoir *o* assommant | *¡largue el rollo!* vas-y!, accouche! (pop) | *¡qué mal rollo!* quelle galère!, quelle poisse! | *soltó su rollo clásico* il ressortit son bla-bla habituel | *¡vaya rollo!* quelle barbe!

ROM *abrev de read-only memory* ROM, mémoire morte.

Roma *n pr* GEOGR Rome ‖ — FIG & FAM *a Roma por todo* hardiment | *cuando a Roma fueres, haz como vieres* il faut vivre à Rome comme à Rome | *hablando del rey de Roma por la puerta asoma* quand on parle du diable *o* du loup on en voit la queue | *por todas partes se va a Roma* tous les chemins mènent à Rome | *remover Roma con Santiago* remuer ciel et terre.

romana *f* romaine (balanza).

romance *adj y s m* roman, e; *las lenguas romances* les langues romanes.
➤ *m* espagnol, castillan, langue *f* espagnole; *para saber callar en romance y hablar en latín, discreción es menester* pour savoir se taire en castillan et parler en latin il faut être un grand sage ‖ langue *f* vulgaire [par opposition au latin] ‖ «romance» (composición poética de versos octosílabos) ‖ — FIG *en buen romance* en bon français, clairement ‖ *romance de ciego* complainte ‖ *romance de gesta* chanson de geste ‖ *romance corto* «romance» (versos de menos de ocho sílabas) ‖ *romance real* «romance» (endecasílabos).
— OBSERV Le *romance* est une composition poétique formée d'octosyllabes dont les vers pairs sont assonancés et les impairs libres.

romancero, ra *m y f* auteur *o* chanteur de «romances».
➤ *m* «romancero» [recueil de «romances» espagnols].

romanesco, ca *adj* romain, e (de los romanos).

románico, ca *adj* ARTES roman, e ‖ *lengua románica* langue romane.

romanilla *adj f y s f* ronde (letra).

romanista *m y f* romaniste.

romanización *f* romanisation.

romanizar *v tr* romaniser.

romano, na *adj* romain, e ‖ — *lechuga romana* romaine ‖ *números romanos* chiffres romains.
➤ *m y f* Romain, e ‖ FIG *una obra de romanos* un travail de Romain.

romanticismo *m* romantisme.

romántico, ca *adj y s* romantique ‖ FIG romantique (sentimental) | romanesque (novelesco).

romanticón, ona *adj* romanesque; *espíritu romanticón* esprit romanesque.

romanza *f* MÚS romance.

rómbico, ca *adj* rhombique.

rombo *m* GEOM losange, rhombe *(ant)* ‖ turbot (rodaballo).

romboidal *adj* GEOM rhomboïdal, e; en forme de losange, en losange.

romboide *m* rhomboïde.

romería *f* pèlerinage *m* (peregrinación); *ir en romería* aller en pèlerinage ‖ fête patronale (fiesta) ‖ pardon *m* (en Bretaña).

romero, ra *adj* qui va en pèlerinage.
➤ *m y f* pèlerin, e (peregrino).
➤ *m* BOT romarin (arbusto) ‖ capelan (pez).

romo, ma *adj* émoussé, e; *punta roma* pointe émoussée ‖ camus, e; camard, e (nariz) ‖ *macho romo* bardot (híbrido de caballo y asna).

rompecabezas *m inv* casse-tête (arma) ‖ FIG casse-tête (acertijo) | puzzle (juego).

rompedor, ra *adj y s* brise-tout (rompelotodo).

rompehielos *m inv* brise-glace (barco).

rompelotodo *m inv* brise-tout.

rompeolas *m inv* brise-lames.

romper *v tr* casser, briser; *romper una silla, un espejo* casser une chaise, briser un miroir ‖ rompre; *romper las amarras, un palo* rompre les amarres, un bâton; *romper el pan* rompre le pain ‖ déchirer (tela, papel) ‖ abîmer (zapatos, trajes) ‖ fendre; *el* *barco rompe las aguas* le bateau fend l'onde ‖ FIG casser, rompre; *romper la cabeza a uno* casser la tête à quelqu'un; *romper un contrato* rompre un contrat ‖ rompre; *romper el silencio* rompre le silence ‖ ouvrir; *romper las hostilidades* ouvrir les hostilités; *romper el fuego* ouvrir le feu ‖ enfreindre, violer (una ley) ‖ AGRIC rompre (roturar) ‖ MIL rompre; *¡rompan filas!* rompez les rangs! ‖ — *parece que en su vida no ha roto un plato* on lui donnerait le Bon Dieu sans confession ‖ *romper el ayuno* rompre le jeûne ‖ FIG *romper el hielo* briser la glace ‖ FIG & FAM *romper la cara* ou *las narices* casser la figure o la gueule (*pop*) ‖ *romper la crisma* rompre le cou ‖ FIG *romper una lanza con alguien* rompre une lance avec quelqu'un ‖ *romper una lanza por alguien* rompre une lance en faveur de quelqu'un.

◆ *v intr* déferler, briser (las olas) ‖ FIG rompre, briser, casser; *romper con uno* briser avec quelqu'un; *estos novios han roto* ces fiancés ont rompu ‖ rompre; *romper con el pasado* rompre avec le passé ‖ — FIG *romper a* se mettre à; *romper a hablar* se mettre à parler ‖ *romper a llorar* ou *en llanto* éclater en sanglots, se mettre à pleurer ‖ *romper la marcha* ouvrir la marche ‖ — FIG *al romper el alba* au point du jour ‖ *al romper el día* au lever du jour ‖ FIG & FAM *mujer de rompe y rasga* femme qui n'a pas froid aux yeux ‖ *quien rompe paga* qui casse les verres le paye.

◆ *v pr* casser, rompre; *la cuerda se rompió* la corde a cassé ‖ se casser, se briser, se rompre; *romperse una pierna* se casser une jambe ‖ ne pas marcher, être en panne; *se rompió el ascensor, mi coche* l'ascenseur ne marche pas, ma voiture est en panne ‖ — FIG *romperse la cara, la crisma* se rompre le cou, se casser la figure ‖ *romperse las narices* se casser le nez (fracasar), se casser les dents (encontrar mucha dificultad) ‖ *romperse los cascos* ou *la cabeza* se casser la tête, se creuser la tête o l'esprit o le cerveau o la cervelle.

— OBSERV El verbo francés *casser* es el verbo más corriente; *rompre* se emplea sobre todo cuando se trata de un objeto alargado o en sentido abstracto; *briser* implica cierta violencia y significa hacer algo añicos.

rompiente *m* brisant (escollo).
ron *m* rhum ‖ *destilería de ron* rhumerie.
roncador, ra *adj* ronflant, e (que ronca).
◆ *m y f* ronfleur, euse.
roncar *v intr* ronfler (durmiendo) ‖ raire (el gamo) ‖ FIG mugir (mar, viento).
ronco, ca *adj* rauque (áspero); *voz ronca* voix rauque ‖ enroué, e (que tiene ronquera); *estar ronco* être enroué ‖ *ponerse ronco* s'enrouer.
roncha *f* éruption cutanée.
ronda *f* ronde (inspección) ‖ ronde, guet *m* (patrulla) ‖ tournée (del cartero) ‖ groupe *m* de jeunes gens donnant des sérénades ‖ orchestre *m* de jeunes gens (tuna) ‖ FAM tournée (convidada); *pagar una ronda* payer une tournée ‖ boulevard *m* périphérique o extérieur (camino de circunvalación) ‖ DEP tour *m* (carrera ciclista por etapas) ‖ (*amer*) ronde (corro) ‖ *camino de ronda* chemin de ronde.
rondador, ra *adj y s* qui fait une ronde.
◆ *m y f* rôdeur, euse (que vagabundea).
◆ *m* (*amer*) sorte de syrinx o de flûte *f* de Pan (en Ecuador).
rondalla *f* petite société philarmonique, troupe de musiciens [jouant des instruments à cordes] ‖ conte *m* (cuento).

rondar *v intr* faire une ronde (para vigilar) ‖ rôder (merodear).
◆ *v tr* tourner autour (dar vueltas) ‖ FIG guetter; *el sueño me está rondando* le sommeil me guette; *la gripe le está rondando* la grippe le guette ‖ rôder autour, planer sur, guetter; *la muerte estaba rondando la casa* la mort planait sur la maison ‖ friser; *rondar la cuarentena* friser la quarantaine ‖ tourner autour de (a una persona) ‖ faire la cour (a una mujer) ‖ *rondar la calle* faire les cent pas.
rondín *m* (*amer*) gardien (vigilante) ‖ harmonica (armónica).
rondó *m* MÚS rondo, rondeau.
rondón (de) *loc* sans crier gare; *entrar de rondón* entrer sans crier gare.
ronquear *v intr* être enroué.
ronquera *f* enrouement *m* ‖ *tener* ou *padecer ronquera* être enroué.
ronquido *m* ronflement.
ronroneante *adj* qui ronronne, qui fait des ronrons (un gato).
ronronear *v intr* ronronner.
ronroneo *m* ronronnement, ronron (*fam*).
roña *f* crasse (mugre) ‖ gale (del carnero) ‖ rouille (moho) ‖ FIG & FAM radinerie, pingrerie (roñería).
◆ *m* → **roñica**.
roñería *f* FAM radinerie, pingrerie.
roñica *adj y s* FAM radin, e; pingre; rapiat, e; *mi tío es un roñica* mon oncle est un radin.
roñoso, sa *adj* crasseux, euse (mugriento) ‖ galeux, euse (carnero) ‖ rouillé, e (mohoso).
◆ *adj y s* FAM radin, e; pingre, rapiat, e (avaro).
ropa *f* vêtement *m*; *el abrigo es ropa de invierno* le manteau est un vêtement d'hiver ‖ vêtements *m pl*, habits *m pl*; *quitarse la ropa* ôter ses vêtements ‖ — *ropa blanca* linge de maison, blanc (para uso doméstico), lingerie (de una persona) ‖ *ropa de cama* literie ‖ *ropa hecha* confection ‖ *ropa interior* linge, linge de corps; *mudarse de ropa interior* changer de linge; dessous (de una mujer); *ropa interior bordada* des dessous brodés ‖ *ropa vieja* vieux vêtements, nippes (pingos), salmigondis, miroton (guisado) ‖ — *andar* ou *ir ligero de ropa* être légèrement vêtu ‖ *a quema ropa* à brûle-pourpoint (de improviso), à bout portant (desde muy cerca) ‖ *con la ropa hecha jirones* en haillons, en guenilles ‖ FIG *hay ropa tendida* il y a des oreilles indiscrètes ‖ *lavar la ropa sucia en casa* laver son linge sale en famille ‖ *quitarse la ropa* se déshabiller, enlever ses vêtements, ôter ses habits ‖ FIG *saber nadar y guardar la ropa* avoir l'œil à tout, ménager la chèvre et le chou ‖ *tentarse la ropa* se tâter (*pop*), réfléchir mûrement, hésiter (vacilar).
ropaje *m* draperie *f* (artes) ‖ vêtements *pl* (ropa) ‖ FIG couverture *f*, manteau, voile; *la virtud sirve de ropaje a muchas hipocresías* la vertu sert de manteau à bien des hypocrisies ‖ couverture *f*; *traicionar a uno bajo el ropaje de la amistad* trahir quelqu'un sous couverture d'amitié.
ropería *f* magasin *m* de confection ‖ vestiaire *m* (vestuario) ‖ *ropería de viejo* friperie (ropavejería).
ropero *m* armoire *f* à linge (para ropa blanca) ‖ penderie *f*, garde-robe *f* (guardarropa) ‖ ouvroir (vestuario de una parroquia) ‖ bonnetière *f* (armario pequeño).
◆ *m y f* linger, ère [d'une communauté].

roque *m* tour *f* (ajedrez) || FIG & FAM *estar roque* être endormi | *quedarse roque* s'endormir.

roquefort *m* roquefort (queso).

roqueño, ña *adj* rocheux, euse || dur comme la pierre (duro).

roquero, ra *adj* y *s* → **rockero**.

roqueta *f* roquette (fortificación).

rorro *m* bébé (niño pequeñito) || *(amer)* poupée *f* (muñeca).

rosa *f* rose; *un ramo de rosas* un bouquet de roses || rosace (rosetón) || — *rosa de Jericó* rose de Jéricho || *rosa de los vientos* ou *náutica* rose des vents || *rosa de pitiminí* rose pompon || *rosa de té* rose thé || *rosa silvestre* églantine || — *agua de rosa* eau de rose || FIG *color de rosa* rose, couleur rose || *palo de rosa* bois de rose || — FIG & FAM *estar como las propias rosas* être parfaitement bien o comme un coq en pâte || FIG *la vida no es senda de rosas* tout n'est pas rose dans la vie | *no hay rosa sin espinas* il n'y a pas de roses sans épines | *pintar las cosas color de rosa* peindre les choses en rose | *verlo todo de color rosa* voir tout en rose | *vivir en un lecho de rosas* être sur un lit de roses |
  ◆ *adj inv* y *s m* rose (color); *tejidos rosa* des étoffes roses; *un rosa claro* un rose clair || *novela rosa* roman à l'eau de rose.
  — OBSERV El adjetivo francés *rose* concuerda siempre en género y número con el sustantivo.

rosáceo, a *adj* rosacé, e || MED *acné rosácea* rosacée, acné rosacée, couperose.
  ◆ *f pl* BOT rosacées.

rosado, da *adj* rose (color de rosa) || rosé, e; rose pâle; *tez rosada* teint rosé || rosat *inv*; *miel rosada* miel rosat || *(amer)* rubican (caballo) || *color rosado* rose.
  ◆ *adj m* y *s m* rosé (vino).

rosal *m* rosier; *rosal trepador* rosier grimpant || *rosal silvestre* églantier, rosier sauvage.

rosaleda; rosalera *f* roseraie.

rosario *m* chapelet; *rosario de marfil* chapelet d'ivoire; *rezar el rosario* dire son chapelet; *las cuentas del rosario* les grains du chapelet | rosaire; *mes del rosario* mois du rosaire || FIG chapelet, série *f*; *rosario de desdichas* série de malheurs || FIG & FAM colonne *f* vertébrale || — FIG & FAM *acabar como el rosario de la aurora* tourner court, finir en eau de boudin (una reunión) || *rosario hidráulico* chapelet hydraulique.

rosbif *m* rosbif.

rosca *f* filet *m* (de un tornillo) || couronne (pan) || bourrelet *m* de graisse (carnosidad) || rond *m* (de humo) || *(amer)* tortillon (rodete) || — *paso de rosca* pas de vis || *rosca de Arquímedes* vis d'Archimède || — FIG & FAM *hacer la rosca a uno* passer la main dans le dos de quelqu'un, lécher les bottes à quelqu'un || FIG *hacerse una rosca* se rouler en boule || *pasarse de rosca* dépasser les bornes (pasarse de los límites), forcer son talent (exagerar), se surentraîner (deportes), foirer (tornillo).

roscado, da *adj* en forme de pas de vis.
  ◆ *m* TECN filetage.

roscar *v tr* fileter.

rosco *m* couronne *f* de pain [pan] || gimblette *f* (bollo) || bouée, *f* (para nadar).

roscón *m* couronne *f* (rosca) || — *repartir el roscón de Reyes* tirer les Rois || *roscón de Reyes* galette des Rois.

Rosellón *n pr m* GEOGR Roussillon.

roseta *f* rosette (rosa pequeña) || rougeur [au visage].
  ◆ *pl* pop-corn *m sing*, grains *m* de maïs éclatés.

Roseta (Piedra de) *n pr* pierre de Rosette.

rosetón *m* ARQ rosace *f* || rougeur *f* (en la cara).

rosquilla *f* gimblette (bollo) || chenille qui se roule sur elle-même (larva) || — *rosquilla tonta* gimblette à l'anis || FIG & FAM *venderse como rosquillas* se vendre comme des petits pains.

rostro *m* visage, figure *f*; *un rostro sonriente* un visage souriant; *rostro afilado* visage en lame de couteau || MAR rostre, éperon || — FIG *a rostro descubierto* à visage découvert | *hacer rostro* faire face | *salvar el rostro* sauver la face | *taparse el rostro* se voiler la face || FIG & FAM *tener mucho rostro* avoir un toupet o un culot monstre || FIG *torcer el rostro* faire la grimace | *volver el rostro* détourner les yeux o la tête (desdén, asco), tourner les talons (huir).

rota *f* déroute (derrota) || BOT rotang *m* (planta) | rotin *m* (caña) || rote (tribunal romano).

rotación *f* rotation || — AGRIC *por rotación* par roulement | *rotación de cultivos* rotation des cultures, assolement.

rotador, ra; rotatorio, ria *adj* rotateur, trice; rotatoire.

rotativo, va *adj* rotatif, ive.
  ◆ *f* IMPR rotative *(fam)*.
  ◆ *m* journal (periódico); *rotativo matutino* journal du matin.

rotatorio, ria *adj* rotatoire.

roto, ta *adj* cassé, e; brisé, e; *reloj roto* montre brisée || rompu, e; *cuerda rota* corde rompue || déchiré, e (tela, papel) || abîmé, e; percé, e (zapatos) || FIG *nunca falta un roto para un descosido* on trouve toujours plus malheureux que soi.
  ◆ *m (amer)* homme du peuple.

rotonda *f* rotonde.

rotor *m* MECÁN rotor; *rotor conductor* rotor entraîneur || AVIAC rotor (de helicóptero).

rotoso, sa *adj (amer)* déguenillé, e.

Rotterdam *n pr* GEOGR Rotterdam.

rótula *f* ANAT & MECÁN rotule.

rotulación *f* composition du texte [d'une enseigne, d'un écriteau, d'une nomenclature, etc.].

rotulador, ra *m* y *f* dessinateur, trice de lettres (pintor).
  ◆ *m* marqueur, crayon feutre (lápiz).

rotular *v tr* dessiner des lettres || mettre la légende à (un plano, etc.).

rótulo *m* enseigne *f*; *rótulo luminoso* enseigne lumineuse || écriteau (letrero) || panonceau (placa) || nomenclature *f* (de un mapa).

rotundamente *adv* catégoriquement, net; *negarse rotundamente* refuser net.

rotundidad *f* rotondité; *la rotundidad de la Tierra* la rotondité de la Terre || FIG sonorité (del lenguaje).

rotundo, da *adj* sonore, bien frappé, e; *frase rotunda* phrase sonore || à l'emporte-pièce; *fórmula rotunda* formule à l'emporte-pièce || retentissant, e; éclatant, e; *éxito rotundo* succès retentissant || catégorique; *una negativa rotunda* un refus catégorique.

rotura *f* rupture (de un cable, eje, viga) ‖ cassure, brisure (quiebra) ‖ fracture (de un hueso) ‖ déchirure (de un tejido).

roturar *v tr* AGRIC défricher, défoncer.

roulotte *f* AUTOM caravane.

round *m* round (asalto de boxeo).

royalty *f* royalty (derechos de autor o de inventor).

rozadura *f* MIN haveuse (máquina).

rozadura *f* éraflure; *la bala le produjo una rozadura en el casco* la balle fit une éraflure sur son casque ‖ écorchure (desolladura) ‖ entretaillure (caballos).

rozamiento *m* frôlement, effleurement (roce) ‖ MECÁN friction *f*, frottement ‖ AGRIC essartage, essartement (desbroce).

rozar *v tr* frôler, effleurer; *la rueda rozó con el bordillo de la acera* la roue frôla la bordure du trottoir ‖ érafler (causando un arañazo) ‖ raser; *rozar las paredes* raser les murs ‖ accrocher légèrement, érafler; *rozar un coche* accrocher légèrement une voiture ‖ AGRIC essarter (un terreno) | receper, recéper (talar un árbol) ‖ FIG frôler; *rozar un accidente* frôler un accident | friser; *rozar la cuarentena* friser la quarantaine | côtoyer, friser; *rozar el ridículo* côtoyer le ridicule.

◆ *v pr* se frôler, s'effleurer ‖ s'entretailler (los caballos) ‖ FIG se frotter; *rozarse con artistas* se frotter aux artistes ‖ MAR raguer (desgastarse).

r.p.m. abrev de *revoluciones por minuto* tr/min, tour (s), par minute.

Rte. abrev de *remitente* exp., expéditeur.

RTVE abrev de *Radiotelevisión Española* Radiotélévision espagnole.

rúa *f* rue (calle).

Ruán *n pr* GEOGR Rouen.

ruana *f* étoffe de laine ‖ manteau *m* (poncho).

Ruanda *n pr* GEOGR Ruanda, Rwanda.

rubéola *f* MED rubéole.

rubí *m* rubis ‖ — *rubí balaje* rubis balais ‖ *rubí claro* rubicelle.

— OBSERV pl *rubíes*.

rubia *f* BOT garance (granza) ‖ sorte de goujon (pez) ‖ rubi *m* (moneda árabe) ‖ FAM femme blonde, blonde (mujer de pelo rubio) | peseta (moneda) | canadienne, commerciale (coche).

rubiales *m y f inv* FAM blondinet, ette (rubio).

Rubicón *n pr m* GEOGR Rubicon ‖ *atravesar* ou *pasar el Rubicón* franchir le Rubicon.

rubicundo, da *adj* rubicond, e ‖ roux, rousse (el pelo) ‖ éclatant de santé (rebosante de salud).

rubidio *m* rubidium (metal).

rubio, bia *adj y s* blond, e; *tiene el pelo rubio* il a les cheveux blonds.

◆ *m* blond (color) ‖ grondin, rouget grondin (pez) ‖ — *rubio ceniza* blond cendré ‖ *rubio desteñido* blond filasse.

rublo *m* rouble (moneda rusa).

rubor *m* rougeur *f* (color) ‖ FIG honte *f*; *producir, sentir rubor* faire, avoir honte.

ruborizado, da *adj* rougissant, e (de emoción).

ruborizar *v tr* faire rougir.

◆ *v pr* rougir, devenir rouge ‖ FIG rougir; *no ruborizarse por nada* ne rougir de rien.

ruboroso, sa *adj* rougissant, e.

rúbrica *f* rubrique (título o sección de periódico) ‖ paraphe *m*, parafe (rasgos de la firma) ‖ — *rúbrica musical* indicatif musical ‖ *ser de rúbrica* être de rigueur.

rubricar *v tr* parapher, parafer ‖ FIG signer; *Manolete hubiera podido rubricar esta magnífica verónica* Manolete aurait pu signer cette magnifique véronique | terminer, couronner (concluir); *este acontecimiento rubricó su carrera* cet évènement a couronné sa carrière.

rucio, cia *adj* gris, e (animal).

◆ *m* grison, baudet (asno).

rudeza *f* rudesse.

rudimentario, ria *adj* rudimentaire.

rudimento *m* rudiment.

rudo, da *adj* rude; *una ruda prueba* une rude épreuve ‖ grossier, ère (basto).

rueca *f* quenouille (para hilar).

rueda *f* roue; *vehículo de dos ruedas* véhicule à deux roues ‖ roue (suplicio) ‖ darne (rodaja de pescado) ‖ meule (de molino) ‖ rouet *m* (de arcabuz) ‖ ronde (corro); *formar la rueda* faire la ronde ‖ rouelle (rodaja) ‖ TECN roue; *rueda hidráulica* roue hydraulique ‖ — *rueda delantera, trasera* roue avant, arrière ‖ *rueda dentada* roue dentée ‖ *rueda de paletas* ou *de álabes* roue à aubes ‖ *rueda de prensa* conférence de presse ‖ *rueda de queso* roue o meule de fromage ‖ *rueda de recambio* ou *de repuesto* roue de secours *o* de rechange ‖ *rueda de trinquete* ou *dentada* roue à rochet ‖ *rueda libre* roue libre ‖ *ruedas gemelas* roues jumelées ‖ — *barco de ruedas* bateau à aubes ‖ *juego de ruedas* rouages ‖ FIG *la rueda de la fortuna* ou *del destino* la roue de la fortune ‖ *patinaje sobre ruedas* patinage à roulettes ‖ *sillón de ruedas* fauteuil roulant ‖ — FIG & FAM *comulgar con ruedas de molino* prendre des vessies pour des lanternes, tout gober ‖ *hacer la rueda* faire la roue (pavo) ‖ FIG *ir como sobre ruedas* aller comme sur des roulettes.

ruedo *m* paillasson (esterilla) ‖ TAUROM arène *f* (redondel) ‖ FIG *echarse al ruedo* entrer en lice, descendre dans l'arène.

ruego *m* prière *f* ‖ — *a ruego mío* à ma prière ‖ *le envío estos datos con el ruego de que los publique* je vous envoie ces renseignements en vous priant de les publier.

rufián *m* ruffian, rufian ‖ souteneur, maquereau (chulo) ‖ *El rufián dichoso* Le Mauvais Garçon bienheureux *o* Le Souteneur devenu saint (de Cervantes).

rufianesco, ca *adj* de ruffian, de souteneur.

◆ *f* pègre, canaille.

rugby *m* rugby (deporte).

rugido *m* rugissement ‖ FIG hurlement.

rugir *v intr* rugir ‖ hurler (el viento).

rugosidad *f* rugosité.

rugoso, sa *adj* rugueux, euse.

ruibarbo *m* BOT rhubarbe *f*.

ruido *m* bruit; *los ruidos de la calle* les bruits de la rue ‖ FIG & FAM bruit; *esta noticia va a armar mucho ruido* cette nouvelle va faire beaucoup de bruit ‖ chambard, bruit (escándalo); *aquí va a haber ruido* il va y avoir du chambard ‖ — *hacer* ou *meter mucho ruido* faire beaucoup de bruit ‖ *mucho ruido y pocas nueces, mucho ruido por nada* beaucoup de bruit pour rien ‖ *ruido ambiental* nuisance.

ruidosamente *adv* bruyamment, à grand bruit ‖ *aplaudir ruidosamente* applaudir à tout rompre.

ruidoso, sa *adj* bruyant, e ‖ retentissant, e (estrepitoso) ‖ FIG tapageur, euse; *publicidad ruidosa* publicité tapageuse.

ruin *adj* misérable, minable (*fam*), piètre; *persona de ruin aspecto* personne d'aspect misérable *o* d'un piètre aspect ‖ vil, e; bas, basse; *una ruin traición* une vile trahison ‖ mesquin, e; pingre (mezquino) ‖ vicieux, euse (caballo) ‖ *a ruin, ruin y medio* à malin, malin et demi.

ruina *f* ruine; *las ruinas de un castillo* les ruines d'un château ‖ délabrement *m*; *la ruina de un edificio* le délabrement d'un édifice ‖ FIG ruine (pérdida de fortuna); *ir a la ruina* courir à la ruine | perte; *labrar su ruina* travailler à sa perte | délabrement *m*, décadence (moral) | ruine (persona) | effondrement *m*; *la ruina del Imperio Romano* l'effondrement de l'empire romain ‖ *caerse en ruinas* tomber en ruine.

ruinoso, sa *adj* ruineux, euse; *gastos ruinosos* des dépenses ruineuses ‖ qui menace ruine, en ruine, délabré, e; *castillo ruinoso* château délabré ‖ *en estado ruinoso* délabré, e, en ruine.

ruiponce *m* BOT raiponce *f*.

ruiseñor *m* rossignol (pájaro).

ruleta *f* roulette (juego de azar) ‖ TECN roulette.

ruletero *m* (*amer*) chauffeur de taxi.

rulo *m* rouleau ‖ (*amer*) boucle [de cheveux].

ruma *f* (*amer*) tas *m*, pile (montón).

Rumania *n pr f* GEOGR Roumanie.

rumano, na *adj* roumain, e.

◆ *m y f* Roumain, e.

rumba *f* rumba (baile).

rumbero, ra *adj y s* amateur, trice de rumba; danseur, euse de rumba.

rumbo *m* MAR & AVIAC cap, route *f*; *hacer rumbo a* mettre *o* avoir le cap sur, faire route vers ‖ MAR rumb, rhumb (ángulo de dirección) ‖ FIG direction *f*; *tomar otro rumbo* prendre une autre direction | faste, apparat, pompe *f*; *celebrar una boda con mucho rumbo* célébrer un mariage avec beaucoup de faste *o* en grande pompe | générosité *f*, largesse *f*, magnificence *f* (generosidad) ‖ — *rumbo a* en direction de, vers (hacia), le cap sur (un barco) ‖ *sin rumbo fijo* sans but, selon l'inspiration du moment, au hasard ‖ — MAR *abatir* ou *corregir el rumbo de un barco* corriger la route d'un bateau | *cambiar de rumbo* se dérouter | *el Jefe del Estado marca el rumbo de la política del país* le chef de l'État décide de l'orientation que doit prendre la politique du pays ‖ MAR *navegar rumbo a* faire voile sur ‖ FIG *perder el rumbo* perdre le nord | *tomar buen rumbo* bien tourner (un asunto).

rumboso, sa *adj* FAM pompeux, euse; fastueux, euse (magnífico) | large, généreux, euse; magnificent, e (dadivoso).

rumí *m* roumi.

— OBSERV Los árabes dan este nombre a los cristianos.

rumiante *adj y s m* ruminant, e.

rumiar *v tr* ruminer (un animal) ‖ FIG & FAM ruminer, remâcher; *rumiar un proyecto* ruminer un projet | grommeler (rezongar).

rumor *m* rumeur *f* ‖ FIG bruit; *corre* ou *cunde el rumor* le bruit court ‖ — *el rumor general* ou *público* la rumeur publique ‖ *rumores de pasillo* bruits de couloir ‖ — *según los rumores* d'après les rumeurs, d'après les bruits qui courent.

rumorear *v tr e intr* murmurer.

◆ *v pr* courir [le bruit]; *se rumorea que va a haber una revolución* le bruit court qu'il va y avoir une révolution.

rumoroso, sa *adj* murmurant, e; gazouillant, e; *arroyo rumoroso* ruisseau gazouillant.

runrún *m* FAM rumeur *f*, bruit (ruido) ‖ FIG & FAM rumeur *f*, bruit (hablilla); *corre el runrún* le bruit court ‖ ronron (del gato).

runrunearse *v pr* courir (le bruit), murmurer; *se runrunea que es muy grave* le bruit court *o* on murmure que c'est très grave.

runruneo *m* bourdonnement (ruido).

rupestre *adj* rupestre; *pintura rupestre* peinture rupestre.

rupia *f* roupie (moneda).

ruptor *m* ELECTR rupteur.

ruptura *f* rupture (de un contrato, de las hostilidades, de las relaciones diplomáticas) ‖ fracture (fractura) ‖ MIL rupture, percée ‖ ELECTR *corriente de ruptura* courant de rupture.

rural *adj* rural, e; *los problemas rurales* les problèmes ruraux ‖ de campagne; *cura, médico rural* curé, médecin de campagne ‖ terrien, enne; *propietario rural* propriétaire terrien ‖ *guarda rural* garde champêtre.

Rusia *n pr f* GEOGR Russie.

rusificación *f* russification.

rusificar *v tr* russifier.

ruso, sa *adj* russe.

◆ *m y f* Russe.

◆ *m* russe (idioma).

rusticidad *f* rusticité ‖ rustauderie (patanería).

rústico, ca *adj* rustique ‖ *en rústica* broché; *edición en rústica* édition brochée.

◆ *m* campagnard, paysan ‖ rustaud (palurdo).

ruta *f* route, itinéraire *m*, parcours *m* (itinerario); *seguir la ruta de Don Quijote* suivre l'itinéraire de Don Quichotte ‖ FIG voie, chemin *m* (derrotero); *señalar la ruta de la victoria* montrer la voie de la victoire ‖ *hoja de ruta* feuille de route *o* de déplacement.

— OBSERV L'emploi du mot *ruta* pour désigner une voie de communication terrestre est un gallicisme.

rutenio *m* ruthénium (metal).

rutilante *adj* rutilant, e.

rutilar *v intr* rutiler.

rutina *f* routine; *apartarse de la rutina diaria* s'écarter de la routine journalière; *por mera rutina* par pure *o* simple routine.

rutinario, ria *adj* routinier, ère; *procedimiento rutinario* procédé routinier.

ruzafa *f* jardin *m* (jardín de recreo).

Rvdo. abrev de *Reverendo* révérend.

S

s *f s m.*

S abrev de *san* St, saint.

SA abrev de *Sociedad Anónima* S.A., société anonyme.

sábado *m* samedi; *vendré el sábado* je viendrai samedi; *el sábado pasado, que viene* samedi dernier, samedi prochain ‖ RELIG sabbat (de los judíos) ‖ — *Sábado de Gloria* ou *Santo* samedi saint ‖ *tener sábado inglés* faire la semaine anglaise, ne pas travailler le samedi après-midi.

sabana *f* savane (llanura).

sábana *f* drap *m*, drap *m* de lit (de cama); *sábana bajera, encimera* drap de dessous, de dessus ‖ nappe d'autel (de altar) ‖ — *la Sábana Santa* le saint suaire ‖ FIG & FAM *pegársele a uno las sábanas* faire la grasse matinée; *a Pedro se le han pegado las sábanas* Pierre a fait la grasse matinée; rester trop longtemps au lit, se lever trop tard, ne pas pouvoir se tirer du lit; *siempre llega tarde porque se le pegan las sábanas* il arrive toujours en retard parce qu'il ne peut pas se tirer du lit.

sabandija *f* bestiole (animal) ‖ FIG sale bête, vermine (persona despreciable).

sabañón *m* engelure *f* ‖ FIG & FAM *comer como un sabañón* manger comme quatre *o* comme un ogre.

sabático, ca *adj* sabbatique, du sabbat.

sabbat *m* RELIG sabbat (aquelarre y sabado judío).

sabedor, ra *adj* informé, e; au courant; *ser sabedor de* être informé de.

sabelotodo *m y f* FAM «je-sais-tout», savantasse.

saber *m* savoir; *persona de gran saber* personne d'un grand savoir ‖ *el saber no ocupa lugar* les études n'ont jamais fait de mal à personne, on n'en sait jamais trop.

saber* *v tr* savoir; *saber leer, su lección* savoir lire, sa leçon; *saber griego* savoir le grec; *no querer saber nada* ne rien vouloir savoir ‖ être fort; *sabe muchas matemáticas* il est très fort en mathématiques ‖ apprendre (enterarse); *supe que habías venido* j'ai appris que tu étais venu ‖ connaître (conocer); *yo sé muy bien la historia de Francia* je connais très bien mon histoire de France ‖ (amer) avoir l'habitude *o* coutume de (soler) ‖ — *sabe Dios* Dieu seul le sait ‖ *sabe Dios si* Dieu sait si ‖ FIG *saber al dedillo* ou *de corrido* ou *de carretilla* savoir sur le bout des doigts ‖ *saber algo como el Padre Nuestro* savoir *o* connaître quelque chose sur le bout des doigts ‖ *saber algo de buena tinta* savoir quelque chose de source sûre *o* de bonne source ‖ FAM *saber arreglárselas* savoir comment s'y prendre, savoir y faire ‖ *saber cuántas son cinco* en savoir long, en connaître un rayon (fam) ‖ *saber más de la cuenta* en savoir long ‖ *saber de fijo* ou *a punto fijo* savoir avec certitude, être parfaitement sûr de ‖ *saber de memoria* savoir par cœur (algo aprendido), connaître par cœur (una máquina) ‖ FIG *saber latín* être malin comme un singe ‖ *saber mucho de un asunto* en savoir long sur une affaire ‖ *saber un rato de en savoir long sur* ‖ *(amer) sabe venir* il vient souvent ‖ — *cada uno sabe dónde le aprieta el zapato* chacun sait où le bât le blesse ‖ *¡conque ya lo sabes!* tiens-toi-le pour dit ‖ *¡lo sabré yo!* je ne le sais que trop!, je le sais mieux que personne! ‖ *no saber dónde meterse* ne pas savoir où se mettre ‖ *no saber nada de nada* ne rien savoir du tout, savoir trois fois rien ‖ FAM *no saber ni jota* ou *ni papa de ello* ne pas en avoir la moindre idée ‖ *no saber uno a qué atenerse* ne pas savoir à quoi s'en tenir ‖ *no saber uno a qué carta quedarse* ne pas savoir sur quel pied danser ‖ *no saber uno a qué santo encomendarse* ne pas savoir à quel saint se vouer ‖ FAM *no saber uno dónde tiene las narices* s'y entendre comme à ramer des choux ‖ *no saber por dónde se anda* ne pas savoir ce qu'on fait ‖ *¿qué sé yo?* que sais-je? ‖ *que yo sepa* (pour autant) que je sache, à ma connaissance ‖ *se las sabe todas* il est au courant de tout (estar al tanto), il a plus d'un tour dans son sac (tener experiencia) ‖ *¡si lo sabré!* je suis bien placé pour le savoir, je suis payé pour le savoir ‖ *sin saberlo (yo, tú, etc.)* à (mon, ton, etc.) insu ‖ *¡tú qué sabes!* qu'est-ce que tu en sais! ‖ *un no sé qué* un je-ne-sais-quoi ‖ FAM *van a saber quién soy yo* ils vont avoir de mes nouvelles, je leur ferai voir de quel bois je me chauffe ‖ *¡vete a saber!* va donc savoir!, sait-on jamais! ‖ *¡y qué sé yo!* et que sais-je encore! ‖ *¿yo qué sé?* comment voulez-vous que je le sache?, qu'est-ce que j'en sais? (fam).

◆ *v intr* savoir ‖ — *saber a* avoir le goût de, sentir; *esto sabe a miel* cela a un goût de miel; donner l'impression de, faire l'effet de; *los consuelos le saben a injurias* les consolations lui font l'effet d'injures ‖ *sabe a gloria* c'est divin, c'est exquis, c'est délicieux ‖ *saber de* avoir des nouvelles; *hace un mes que no sé de mis padres* je n'ai pas eu de nouvelles de mes parents depuis un mois; s'y connaître en; *sabe de mecánica* il s'y connaît en mécanique; connaître; *sé de sitios que son muy tranquilos* je connais des endroits qui sont très tranquilles ‖ *saber mal* avoir mauvais goût; *esta sopa sabe mal* cette soupe a mauvais goût; déplaire, gêner; *me sabe muy mal ir a verle después de lo que ha pasado* ça me gêne beaucoup d'aller le voir après ce qui s'est passé; ne pas être apprécié; *lo que has hecho me sabe muy mal* je n'ai pas du tout apprécié ce que tu as fait ‖ — *a saber* à savoir, savoir, c'est-à-dire ‖ *queda por saber* reste à savoir; *queda por saber si vendrá* reste à savoir s'il viendra.

♦ *v pr* se savoir; *todo llega a saberse* tout arrive à se savoir ‖ savoir, avoir appris; *yo me sé la lección* je sais ma leçon ‖ *se lo sabe todo* il sait tout.
sabiamente *adv* savamment (con ciencia) ‖ sagement (con prudencia).
sabidillo, lla *adj y s* FAM pédant, e; savantasse.
♦ *m* «je-sais-tout».
♦ *f* bas-bleu *m* (mujer).
sabido, da *adj* connu, e; *sabido es que* il est bien connu que ‖ qui prétend tout savoir, qui sait tout; *es un tío muy sabido* c'est un type qui prétend tout savoir ‖ — *como es sabido* comme chacun sait (como todos lo saben), cela va sans dire (no hace falta decirlo) ‖ *es cosa sabida que* il est bien connu que.
sabiduría *f* sagesse (prudencia) ‖ savoir *m*, science (instrucción) ‖ RELIG sagesse ‖ — *la sabiduría eterna* ou *increada* la Sagesse éternelle ‖ *Libro de la Sabiduría* Livre de la Sagesse.
sabiendas (a) *loc adv* sciemment (a propósito), en connaissance de cause (a ciencia cierta).
sabihondo, da *adj y s* FAM pédant, e; savantasse ‖ FAM *es muy sabihondo* c'est une grosse tête.
sabina *f* BOT sabine.
sabio, bia *adj y s* savant, e (que posee sabiduría) ‖ sage (prudente); *los Siete Sabios de Grecia* les Sept Sages de la Grèce ‖ — *de sabios es mudar de opinión* il n'y a que les sots pour ne jamais changer d'avis ‖ *perro sabio* chien savant.
sabiondo, da *adj* → **sabihondo**.
sablazo *m* coup de sabre (golpe) ‖ FIG & FAM emprunt, tapage (*p us*) ‖ FIG & FAM *dar un sablazo a uno* taper quelqu'un (pedir dinero prestado).
sable *m* sabre (arma); *desenvainar el sable* dégainer le sabre ‖ BLAS sable (negro) ‖ FIG art de taper les gens ‖ *tirar el sable* faire du sabre (esgrima).
sableador, ra *m y f* FAM tapeur, euse; emprunteur, euse.
sablear *v intr* FAM taper (pedir dinero prestado).
sablista *adj y s* FAM tapeur, euse; emprunteur, euse (sableador).
sabor *m* goût, saveur *f*; *un sabor a naranja* un goût d'orange ‖ FIG saveur *f*; *un poema de sabor clásico* un poème de saveur classique ‖ — *mal sabor de boca* mauvais goût (alimento), impression désagréable ‖ FIG *sabor local* couleur locale ‖ *sin sabor* plat, sans attrait, fade.
♦ *pl* olives *f* (del bocado del caballo).
saborear *v tr* savourer (percibir el sabor) ‖ FIG savourer, goûter (apreciar) ‖ assaisonner, parfumer (dar sabor).
♦ *v pr* se délecter, se régaler (deleitarse); *saborearse con* se délecter de.
sabotaje *m* sabotage (deterioración).
saboteador, ra *m y f* saboteur, euse.
sabotear *v tr* saboter; *sabotear una empresa* saboter une entreprise.
Saboya *n pr f* GEOGR Savoie.
sabroso, sa *adj* délicieux, euse; savoureux, euse (de buen sabor) ‖ FIG délicieux, euse; exquis, e ‖ savoureux, euse; *una broma sabrosa* une plaisanterie savoureuse.
sabuco *m* BOT sureau (saúco).
sabueso, sa *adj y s* *perro sabueso* sorte de griffon.
♦ *m* FIG limier, fin limier (pesquisidor).

saca *f* extraction (efecto de sacar) ‖ sac *m* (costal) ‖ sac *m* postal (del correo) ‖ COM exportation (exportación) ‖ approvisionnement *m* (de efectos estancados) ‖ copie, duplicata *m* (de un documento) ‖ fournée de prisonniers qui sont exécutés à titre de représailles.
sacabala *f* tire-balle *m*.
sacabotas *m inv* tire-botte.
sacabrocas *m inv* pince (de zapatero).
sacaclavos *m inv* arrache-clou.
sacacorchos *m inv* tire-bouchon.
sacacuartos *m inv* → **sacadinero**.
sacadinero; sacadineros *m* babiole *f* (alhajuela).
♦ *m y f* quémandeur, euse; tapeur, euse (sablista).
sacamuelas *m y f inv* FAM arracheur, euse de dents (mal dentista).
♦ *m inv* charlatan (vendedor) ‖ moulin à paroles (hablador) ‖ *mentir más que un sacamuelas* mentir comme un arracheur de dents.
sacaperras *adj y s m inv* → **sacadineros**.
sacapuntas *m inv* taille-crayon.
sacar *v tr* tirer (la lengua, un buen número) ‖ sortir; *sacar un pañuelo del bolsillo* sortir son mouchoir de sa poche; *sacó la pistola* il sortit son pistolet ‖ enlever, ôter; *sacar un armario de un cuarto* enlever une armoire d'une pièce; *sacar una mancha* enlever *o* ôter une tache ‖ arracher (diente, ojo) ‖ puiser, tirer (agua) ‖ prendre (billete) ‖ faire faire; *he sacado el pasaporte en París* j'ai fait faire mon passeport à Paris ‖ retirer; *fue mi hermano quien sacó mi pasaporte* c'est mon frère qui a retiré mon passeport ‖ retirer; *le han sacado del colegio* ils l'ont retiré du collège ‖ sortir (nuevo modelo) ‖ lancer, créer (una moda) ‖ prélever; *sacar muestras* prélever des échantillons ‖ FIG puiser, tirer (fuerzas) ‖ remporter, obtenir; *sacar la mayoría en las elecciones* remporter la majorité aux élections ‖ relever (un error, una falta) ‖ déduire, conclure (deducir); tirer; *sacar una película de una novela* tirer un film d'un roman ‖ tirer (extraer); *el azúcar se extrae de la remolacha* on tire le sucre de la betterave ‖ tirer (fichas, papeletas) ‖ montrer, faire voir (enseñar); *sacar los dientes* montrer les dents; *¿me puede sacar ese nuevo modelo?* pouvez-vous me faire voir ce nouveau modèle? ‖ donner (un apodo, un mote) ‖ trouver (encontrar) ‖ gagner (un premio) ‖ sortir, retirer; tirer; *sacar dinero del banco* sortir de l'argent de la banque ‖ tirer; *ha sacado mucho dinero de sus cuadros* il a tiré beaucoup d'argent de ses tableaux ‖ faire sortir, tirer; *sacar de prisión* faire sortir de prison ‖ faire sortir; *tienes que sacar a tu hermana más, la pobrecita se aburre* tu devrais faire sortir ta sœur davantage, la pauvre petite s'ennuie ‖ obtenir, décrocher; *sacar un diploma* décrocher un diplôme ‖ FIG tirer, arracher; *no se le puede sacar una palabra* on ne peut pas en tirer un mot ‖ sortir, ressortir; *siempre nos saca la historia de su vida* il nous ressort toujours l'histoire de sa vie ‖ dégager; *podemos sacar tres grupos* nous pouvons dégager trois groupes ‖ DEP servir, faire le service (tenis) ‖ faire la touche, jouer la rentrée de touche, remettre en touche (desde la banda), donner le coup d'envoi (desde el centro), dégager (de la portería), botter (un córner), botter (football) ‖ MAT extraire (una raíz cuadrada) ‖ faire, prendre; *sacar fotos* faire des photos; *sacar una foto*

a uno prendre une photo de quelqu'un, prendre quelqu'un en photo ‖ — *sacar a bailar* inviter à danser ‖ *sacar a colación* faire mention de, ressortir ‖ *sacar adelante* élever dignement (su familia), faire prospérer, mener à bien (un negocio) ‖ *sacar a flote* renflouer, remettre à flot (un barco, un negocio) ‖ *sacar a la vergüenza pública* mettre au pilori ‖ *sacar a* ou *por suerte* tirer au sort ‖ *sacar a la venta* mettre en vente ‖ *sacar a luz* publier, faire paraître (publicar), étaler o mettre au grand jour (descubrir), faire la lumière sur (dar aclaraciones sobre); *sacar a pasear a uno* emmener quelqu'un en promenade ‖ *sacar apuntes* ou *datos* prendre des notes ‖ *sacar a relucir* faire ressortir (poner de relieve), ressortir; *siempre saca a relucir todos los favores que me hizo* il ressort toujours tous les services qu'il m'a rendus ‖ *sacar a subasta* mettre o vendre aux enchères ‖ *sacar a uno de sus costumbres* déranger quelqu'un dans ses habitudes, faire sortir quelqu'un de ses habitudes ‖ *sacar brillo a los zapatos* cirer les chaussures ‖ *sacar copia de* tirer copie de, faire une copie de ‖ *sacar cuartos* gagner de l'argent; *sólo le interesa sacar cuartos* il ne pense qu'à gagner de l'argent; soutirer de l'argent (pedir dinero) ‖ *sacar de apuro* tirer d'embarras o d'affaire ‖ *sacar de banda* faire la touche (fútbol) ‖ *sacar defectos a todos* trouver des défauts à tout le monde ‖ FIG *sacar de la cabeza* ou *del magín* ôter de la tête | *sacar del arroyo* tirer de la boue o du ruisseau ‖ *sacar del olvido* tirer de l'oubli ‖ *sacar de mentira verdad* plaider le faux pour savoir le vrai ‖ *sacar de pila* tenir sur les fonts baptismaux, être parrain o marraine ‖ *sacar de pobre* tirer de la pauvreté, sauver de la misère ‖ *sacar de puerta* faire le dégagement (fútbol) ‖ FIG *sacar de quicio* ou *de sus casillas* faire sortir de ses gonds, mettre hors de soi, pousser à bout | *sacar de raíz* extirper ‖ *sacar de sí a uno* mettre quelqu'un hors de soi, faire perdre la tête à quelqu'un ‖ *sacar de un mal paso* tirer d'un mauvais pas ‖ *sacar el cuello* tendre le cou ‖ *sacar el dobladillo* donner l'ourlet ‖ FIG *sacar el jugo a uno* presser quelqu'un comme un citron ‖ *sacar el pecho* bomber le torse o la poitrine ‖ *sacar en claro* ou *en limpio* tirer au clair ‖ *sacar en* ou *a hombros* porter en triomphe (un torero) ‖ *sacar fuerzas de flaqueza* prendre son courage à deux mains, faire un ultime effort ‖ *sacar la casa adelante* faire marcher la maison ‖ *sacar la espada* tirer l'épée ‖ *sacar la verdad a uno* arracher o faire dire la vérité à quelqu'un ‖ *sacar las cuentas* faire les comptes ‖ FIG *sacar los pies del plato* se dévergonder ‖ *sacar pajas* tirer à la courte paille ‖ *sacar partido* ou *provecho* ou *un beneficio* tirer profit, profiter, tirer parti ‖ *sacar puntos* a rendre des points à ‖ MED *sacar sangre* faire une prise de sang ‖ *sacar una buena media* tenir une bonne moyenne ‖ *sacar una buena, mala nota* avoir une bonne, une mauvaise note ‖ *sacar una conclusión* tirer une conclusion ‖ *sacar un problema* résoudre un problème ‖ *sacar veinte metros de ventaja* prendre vingt mètres d'avance (un corredor).

◆ *v pr* enlever; *sácate los zapatos* enlève tes chaussures ‖ se faire faire; *me he sacado una foto en casa del fotógrafo* je me suis fait faire une photo chez le photographe.

sacárido *m* QUÍM saccharide.
sacarina *f* QUÍM saccharine.
sacarino, na *adj* saccharin, e.
sacarosa *f* QUÍM saccharose *m*.

sacerdocio *m* sacerdoce.
sacerdotal *adj* sacerdotal, e.
sacerdote *m* prêtre.
sacerdotisa *f* prêtresse.
saciar *v tr* rassasier (hartar) ‖ FIG assouvir; *saciar su venganza* assouvir sa vengeance.
◆ *v pr* se rassasier (hartarse) ‖ FIG se satisfaire; *saciarse con poco* se satisfaire de peu ‖ *saciarse de sangre* s'abreuver de sang.
saciedad *f* satiété; *hasta la saciedad* jusqu'à satiété.
saco *m* sac (costal y su contenido) ‖ blouse *f*, sarrau (vestidura) ‖ sac, pillage (saqueo) ‖ ANAT sac ‖ MAR anse *f*, sac (ensenada) ‖ *(amer)* veste *f* (chaqueta) ‖ sac à main (bolso) ‖ — FIG *saco de malicias* ou *de prestidigitador* sac à malice | *saco de mentiras* tissu de mensonges ‖ *saco de dormir* sac de couchage ‖ *saco de noche* ou *de viaje* sac de voyage ‖ *saco lagrimal* sac lacrymal ‖ *saco polínico* sac pollinique ‖ FIG *saco roto* panier percé (manirroto) ‖ MIL *saco terrero* sac à terre ‖ — *carrera de sacos* course en sac ‖ *tela de saco* toile à sac o de jute ‖ *traje saco* robe sac ‖ — *entrar* ou *meter a saco* mettre à sac, saccager, piller ‖ *la avaricia rompe el saco* l'avarice perd tout en voulant tout gagner ‖ FIG *no caer en saco roto* ne pas tomber dans l'oreille d'un sourd | *no echar una cosa en saco roto* prendre bonne note de quelque chose ‖ FAM *vaciar el saco* vider son sac.
sacralizar *v tr* sacraliser.
sacramentado, da *adj* administré, e (con el viático) ‖ consacré, e (hostia) ‖ — *Jesús sacramentado* le pain eucharistique, l'hostie ‖ *ser sacramentado* recevoir les derniers sacrements.
sacramental *adj* sacramentel, elle ‖ — *auto sacramental* auto, drame sur l'Eucharistie ‖ *especies sacramentales* espèces sacramentelles, saintes espèces ‖ *palabras sacramentales* paroles sacramentelles.
◆ *m* sacramental.
◆ *f* confrérie qui se voue au culte du saint sacrement (cofradía) ‖ *la Sacramental de San Isidro* le cimetière de la confrérie de Saint-Isidore [à Madrid].
sacramentar *v tr* administrer les derniers sacrements [à un malade] ‖ consacrer (la hostia).
sacramento *m* RELIG sacrement; *los últimos sacramentos* les derniers sacrements ‖ — *el sacramento del altar* le saint sacrement de l'autel ‖ *el Santísimo Sacramento* le saint sacrement ‖ *recibir los sacramentos* recevoir les derniers sacrements.
sacrificado, da *adj* dévoué, e; *es una persona muy sacrificada* c'est une personne très dévouée.
sacrificar *v tr* sacrifier ‖ abattre (una res para el consumo).
◆ *v pr* se sacrifier, se dévouer; *sacrificarse por uno* se sacrifier pour quelqu'un.
sacrificio *m* sacrifice ‖ — *ofrecer un sacrificio* faire un sacrifice, sacrifier; *ofrecer un sacrificio a los dioses* sacrifier aux dieux ‖ *sacrificio de reses* abattage.
sacrilegio *m* sacrilège, profanation *f*.
sacrílego, ga *adj y s* sacrilège.
sacristán *m* sacristain.
sacristana *f* femme du sacristain (mujer del sacristán) ‖ sacristine (religiosa).
sacristía *f* sacristie (en las iglesias) ‖ charge de sacristain (sacristanía).

sacro, cra *adj* sacré, e; *vía sacra* voie sacrée ‖ ANAT sacré, e (del sacro) ‖ saint, e; *Sacra Familia* Sainte Famille ‖ — RELIG *el Sacro Colegio* le Sacré Collège ‖ *el Sacro Imperio Romano Germánico* le Saint Empire romain germanique ‖ *fuego sacro* feu sacré ‖ *historia sacra* histoire sainte ‖ *hueso sacro* sacrum ‖ *Sacra Faz* Sainte Face.
◆ *m* ANAT sacrum.

sacrosantamente *adv* d'une manière sacro-sainte.

sacrosanto, ta *adj* sacro-saint, e.

sacudida *f* secousse.

sacudido, da *adj* secoué, e (movido) ‖ FIG sauvage, farouche (arisco); *un muchacho muy sacudido* un garçon très sauvage | déluré, e; dessalé, e (desenfadado) ‖ FIG *está más sacudido que una estera* il est très déluré.

sacudidor, ra *adj* qui secoue.
◆ *m* époussette *f*.

sacudir *v tr* secouer ‖ battre; *sacudir una alfombra* battre un tapis (dando golpes) ‖ FIG & FAM flanquer; *sacudir una bofetada, una paliza* flanquer une gifle, une volée | battre, flanquer une volée (pegar) | secouer (reñir) ‖ — *sacudir el polvo* secouer la poussière (traje), épousseter (mueble), secouer les puces, administrer une volée, tabasser (paliza) ‖ FIG *sacudir el yugo* secouer le joug ‖ FAM *sacudir la mosca* les lâcher, abouler le fric (pagar).
◆ *v pr* se secouer ‖ FIG se libérer de, se débarrasser de; *intentaba sacudirse una persona tan pesada* il essayait de se libérer d'une personne si ennuyeuse ‖ POP les lâcher, cracher (dinero); *¡sacúdase!* vous allez les lâcher!

sádico, ca *adj* y *s* sadique.

sadismo *m* sadisme.

sadomasoquismo *m* sadomasochisme.

sadomasoquista *adj* y *s* sadomasochiste.

saeta *f* flèche (arma) ‖ aiguille de montre (manecilla) ‖ boussole (brújula) ‖ chant *m* religieux, «saeta» (copla).
— OBSERV La *saeta* est une prière courte, fervente et d'inspiration populaire qui est chantée principalement lors des processions de la semaine sainte en Andalousie.

saetada *f*; **saetazo** *m* coup *m* de flèche (golpe) ‖ blessure *f* (herida).

saetear *v tr* percer de flèches (asaetear).

safari *m* safari (cacería).

safismo *m* saphisme (lesbianismo).

saga *f* sorcière (bruja) ‖ saga (leyenda escandinava).

sagacidad *f* sagacité.

sagaz *adj* sagace ‖ astucieux, euse.

sagitaria *f* BOT sagittaire.

Sagitario *n pr* ASTR Sagittaire (constelación y signo del zodíaco).

sagrado, da *adj* sacré, e (dedicado a Dios) ‖ saint, e; *Sagrada Familia* Sainte Famille ‖ — *fuego sagrado* feu sacré ‖ *historia sagrada* histoire sainte ‖ — *Sagrada Escritura* Écriture sainte ‖ *Sagrado Corazón* Sacré-Cœur.
◆ *m* asile, lieu de refuge (asilo) ‖ — *acogerse a sagrado* demander asile ‖ *estar acogido a sagrado* bénéficier du droit d'asile.

sagrario *m* tabernacle (para el Santísimo) ‖ sanctuaire (parte del templo) ‖ paroisse *f* ayant pour siège la cathédrale.

Sáhara; Sahara *n pr m* GEOGR Sahara ‖ *Sahara Occidental* Sahara occidental.

sahariana *f* saharienne (prenda de vestir).

sahariano, na; sahárico, ca *adj* saharien, enne.
◆ *m* y *f* Saharien, enne.

Sahel *n pr* GEOGR le Sahel.

sainete *m* TEATR saynète *f* (pieza jocosa y corta), lever de rideau (que se representa al principio de las funciones teatrales).

sainetesco, ca *adj* comique, vaudevillesque.

saja; sajadura *f* incision, coupure.

sajar *v tr* inciser, couper.

sajón, ona *adj* saxon, onne; *lengua sajona* langue saxonne.
◆ *m* y *f* Saxon, onne.

Sajonia *n pr f* GEOGR Saxe ‖ *Baja Sajonia* basse Saxe.

sakí *m* ZOOL saki (mono) ‖ saké, saki (bebida).

sal *f* sel *m*; *sal marina* sel marin; *sal gema* ou *pedrés* sel gemme ‖ FIG sel, piquant (gracia); *tener sal* avoir du piquant ‖ — *sal ática* sel attique ‖ QUÍM *sal amoniaco* ou *amoniaca* sel ammoniac ‖ *sal común* sel ordinaire ‖ *sal de acederas* sel d'oseille ‖ *sal de frutas* sel de fruit ‖ *sal de la Higuera* sel d'Angleterre o d'Epsom o de magnésie o de Sedlitz ‖ *sal de plomo* ou *de Saturno* sel de Saturne ‖ *sal infernal* nitrate d'argent ‖ *sal morena* ou *de cocina* sel gris, gros sel, sel de cuisine ‖ — FIG *con su sal y pimienta* avec tout son piquant ‖ FAM *echar en sal una cosa* mettre une chose au frigidaire ‖ *echar sal* mettre du sel, saler ‖ FAM *poner sal en la mollera* mettre du plomb dans la cervelle.
◆ *pl* sels *m* (para reanimar) ‖ sels; *sales de baño* sels de bain.

sala *f* salle (cuarto grande) ‖ salle de séjour (sala de estar) ‖ salon *m* (salón) ‖ chambre, cour (tribunal); *sala de lo criminal* chambre criminelle, cour d'assises ‖ — *sala capitular* salle capitulaire ‖ *sala de alumbramiento* salle d'accouchement ‖ DR *sala de apelación, de justicia* cour d'appel, de justice ‖ *sala de batalla* tri, bureau de tri (en correos) ‖ *sala de esgrima* salle d'armes ‖ *sala de espera* salle d'attente ‖ *sala de estar* salle de séjour ‖ *sala de estreno* salle d'exclusivité (cine) ‖ *sala de fiestas* salle de bal (de baile), salle des fêtes (en el ayuntamiento), cabaret (pública) ‖ *sala de máquinas* salle des machines ‖ *sala de prevención* salle de police ‖ *sala de recibir* salon.

saladar *m* marais salant (marismas) ‖ terrain imprégné de sel, pré salé (terreno).

saladero *m* saloir (lugar para salar) ‖ fabrique *f* de salaisons (casa para salar) ‖ «Saloir», ancienne prison *f* de Madrid (cárcel) ‖ *(amer)* abattoir où l'on sale ensuite la viande, «saladero».

saladillo *adj m* *tocino saladillo* petit salé.

salado, da *adj* salé, e ‖ FIG gracieux, euse (gracioso) ‖ spirituel, elle; drôle, amusant, e (ingenioso) ‖ drôle; *¡qué salado es este niño!* que cet enfant est drôle! | mignon, onne; *tiene tres niños muy salados* il a trois enfants très mignons ‖ *(amer)* malchanceux, euse (desgraciado).
◆ *m* BOT arroche *f* de mer (caramillo).

salador, ra *m* y *f* saleur, euse.
◆ *m* saloir (saladero).

salamanca *f* ZOOL *(amer)* salamandre (salamandra) | petit lézard *m* (lagartija) ‖ sorcellerie (brujería).

Salamanca *n pr* GEOGR Salamanque.
salamandra *f* ZOOL salamandre ‖ Salamandre (calorífero) ‖ *salamandra acuática* triton.
salamanqués, esa *adj y s* de Salamanque.
salamanquesa *f* gecko *m*, gekko *m* (lagarto) ‖ *salamanquesa de agua* triton.
salamanquino, na *adj y s* de Salamanque.
◆ *f (amer)* lézard *m* (lagartija).
salami; salame *m* CULIN salami.
salar *m (amer)* saline *f*.
salar *v tr* saler ‖ *(amer)* déshonorer.
salarial *adj* des salaires, salarial, e; *incremento salarial* augmentation des salaires.
salario *m* salaire; *salario base* ou *básico* salaire de base; *deducir del salario* retenir sur le salaire ‖ gages *pl* (de los criados) ‖ — *fijación de salarios máximos* blocage des salaires ‖ *salario a destajo, colectivo* salaire aux pièces, collectif ‖ *salario de pacto colectivo* salaire conventionnel *o* contractuel — *salario mínimo* salaire minimum ‖ *salario por hora* salaire à l'heure *o* horaire ‖ *salario por unidad de tiempo* salaire au temps ‖ *salario tope* ou *máximo* salaire maximum, plafond de rémunération.
salaz *adj* salace.
salazón *f* salaison.
salcochar *v tr* cuire à l'eau salée.
salchicha *f* saucisse ‖ MIL saucisson *m* (con pólvora).
salchichero, ra *m y f* charcutier, ère.
salchichón *m* saucisson (embutido).
saldar *v tr* solder (una cuenta, mercancías) ‖ FIG *saldar una cuenta* s'acquitter d'une obligation, régler une affaire.
saldo *m* COM solde; *saldo acreedor, deudor* solde créditeur, débiteur ‖ solde (liquidación de mercancías) ‖ — *saldo a favor* ou *acreedor* solde positif *o* créditeur ‖ *saldo de cuenta* solde de compte ‖ *saldo en contra* ou *deudor* solde négatif *o* débiteur.
saledizo, za *adj* en saillie, saillant, e.
◆ *m* ARQ avant-corps *inv* ‖ encorbellement, saillie *f* (balcón, etc.).
salero *m* salière *f* (para echar sal) ‖ grenier à sel (almacén) ‖ TECN salinage ‖ FIG & FAM charme, piquant, chien (en una mujer); *esta chica tiene mucho salero* cette fille a beaucoup de charme ‖ élégance *f*, chic (elegancia) ‖ *un actor con mucho salero* un acteur très drôle *o* plein d'esprit.
saleroso, sa *adj* FIG & FAM qui a du charme *o* du piquant; *chica muy salerosa* jeune fille qui a beaucoup de charme ‖ drôle, plein d'esprit (divertido).
salesa *f* visitandine, religieuse de la Visitation ‖ *las Salesas* le Palais de justice [à Madrid].
salicilato *m* QUÍM salicylate.
salicílico, ca *adj* QUÍM salicylique.
sálico, ca *adj* salique; *ley sálica* loi salique.
salida *f* sortie; *a la salida del cine* à la sortie du cinéma ‖ départ *m* (partida en general); *a su salida de Madrid* à son départ de Madrid; *la salida del tren, de la carrera* le départ du train, de la course ‖ sortie; *salida de emergencia* ou *de incendio* sortie de secours ‖ issue; *calle sin salida* voie sans issue ‖ fuite (de un líquido) ‖ saillie (parte saliente) ‖ lever *m* (de un astro) ‖ publication, parution, mise en vente (de un libro, revista) ‖ tirage *m* (de un periódico) ‖ FIG issue, moyen *m* (medio) ‖ issue (fin) ‖ débouché *m*; *los licenciados en Ciencias tienen muchas salidas* les licenciés ès sciences ont beaucoup de débouchés ‖ solution (solución); *no veo la salida que se va a encontrar para este problema económico* je ne vois pas quelle solution on va trouver à ce problème économique ‖ FAM mot *m* d'esprit, boutade (ocurrencia), repartie (réplica) ‖ AVIAC redressement *m* (después de un picado) ‖ COM écoulement *m*, vente (venta); *salida difícil* vente difficile ‖ débouché *m* (posibilidad de venta) ‖ sortie (transporte de mercancías) ‖ débit *m*, retrait *m* (de una cuenta) ‖ MIL sortie ‖ TEATR entrée [d'un acteur]; *salida a escena* entrée en scène ‖ ouverture (naipes) ‖ — *salida de artistas* entrée des artistes ‖ *salida de baño* sortie de bain (albornoz) ‖ *salida de caja* débit ‖ *salida del cascarón* ou *del huevo* éclosion ‖ FAM *salida de pie* ou *de pata de banco* bourde, ânerie ‖ *salida de tono* sortie, éclat ‖ *salida libre del agua* écoulement libre ‖ DEP *salida nula* faux départ ‖ — *de salida* de prime abord, dès le début ‖ *línea de salida* ligne de départ ‖ — *dar la salida* donner le signal du départ ‖ COM *dar salida* écouler; *damos salida a todas nuestras existencias* nous écoulons tous nos stocks ‖ FIG *encontrar salida a sus productos* trouver un débouché pour ses produits ‖ *prepararse una salida* se ménager une porte de sortie ‖ *tener salida* aboutir; *una calle que tiene salida en una rue qui aboutit sur *o* dans ‖ FIG *tener salida para todo* avoir réponse à tout.
salido, da *adj* saillant, e (saliente) ‖ en chaleur (animales).
saliente *adj* saillant, e; *ángulo saliente* angle saillant ‖ MIL *guardia saliente* garde descendante.
◆ *m (p us)* orient, levant (oriente) ‖ saillie *f* (relieve) ‖ angle (pico).
salífero, ra *adj* salin, e.
salina *f* saline, marais *m* salant (en el mar) ‖ saline (mina).
salinero, ra *adj* salicole; *industria salinera* industrie salicole.
salinidad *f* salinité.
salino, na *adj* salin, e.
salir* *v intr* sortir; *el tren salió de la estación* le train sortit de la gare; *salir de casa* sortir de chez soi ‖ partir (marcharse); *el rápido sale a las dos* le rapide part à 2 heures; *salir de viaje* partir en voyage ‖ sortir; *sale mucho con sus amigos* il sort beaucoup avec ses amis ‖ paraître; *le gusta mucho salir en los periódicos* il aime beaucoup paraître dans les journaux ‖ passer; *este artista sale mucho en la televisión* cet artiste passe souvent à la télévision ‖ se lever (un astro) ‖ lever, pousser (vegetales) ‖ pousser (pelos) ‖ faire saillie, dépasser (relieve) ‖ sortir, paraître (publicarse) ‖ s'élever; *una voz salió en su defensa* une voix s'éleva pour prendre sa défense ‖ avoir la main (juegos) ‖ sortir (en la lotería) ‖ être élu, e (ser elegido) ‖ partir, s'en aller (una mancha) ‖ DEP prendre le départ (corredores) ‖ TEATR entrer en scène ‖ FIG se sortir, se tirer; *por fin hemos salido de ésta* nous nous en sommes enfin tirés ‖ se révéler, être; *salió muy inteligente* il se révéla très intelligent; *el melón salió muy sabroso* le melon fut excellent ‖ marcher; *¿cómo le salió el examen?* comment votre examen a-t-il marché? ‖ revenir [à l'esprit]; *no me sale su apellido* son nom ne me revient pas ‖ se présenter, s'offrir (una oportunidad) ‖ trouver; *me ha salido una colocación muy buena* j'ai trouvé une très bonne situation ‖ — *salir a* ressembler; *el niño ha*

salido a su madre l'enfant resemble à sa mère; revenir à, coûter; *la comida me salió a cuarenta pesetas* le repas m'est revenu à quarante pesetas; aboutir à, donner sur; *la calle sale a la plaza* la rue aboutit à la place ‖ — FIG *salir adelante* s'en tirer, réussir ‖ *salir a flote* s'en tirer, s'en sortir ‖ *salir al encuentro de* aller à la rencontre de o au-devant de ‖ FIG *salir a la calle* paraître (publicarse) | *salir a la palestra* entrer en lice ‖ *salir a la pizarra* passer au tableau ‖ *salir a la superficie* faire surface (submarino) ‖ *salir al escenario* entrer en scène ‖ *salir al paso de* aller au devant de, couper court à; *salir al paso de las críticas* couper court aux critiques; tomber dessus; *hoy Pablo me salió al paso* aujourd'hui Paul m'est tombé dessus; aller à la rencontre de (salir al encuentro) ‖ *salir a pasear* ou *de paseo* aller o sortir se promener ‖ *salir barato, caro* revenir bon marché, coûter cher ‖ *salir bien, mal* réussir, bien marcher; échouer, rater, mal marcher; *la estratagema le salió bien, mal* son stratagème a réussi, a échoué; *este dibujo me ha salido bien, mal* j'ai réussi, raté mon dessin; bien, mal s'en tirer; *la operación era grave, pero el enfermo ha salido bien* l'opération était grave mais le malade s'en est bien tiré ‖ *salir bien librado* ou *parado* bien s'en tirer, s'en tirer avec honneur ‖ *salir con* obtenir; *no salió con su pretensión* il n'a pas obtenu ce qu'il désirait; sortir (fam); *ahora sales tú con eso* c'est maintenant que tu nous sors ça ‖ *salir de* cesser d'être, ne plus être (dejar de ser); *salió de ministro* il a cessé d'être ministre, il n'est plus ministre; venir d'être nommé; *sale de teniente* il vient d'être nommé lieutenant; se défaire, écouler, vendre (vender) ‖ *salir de apuros* se tirer d'affaire ‖ *salir de cuidado* être délivrée (en un parto), être hors de danger (en una enfermedad) ‖ *salir de dudas* être fixé ‖ *salir de la habitación* quitter la chambre (un enfermo) ‖ *salir del cascarón* ou *del huevo* éclore, sortir de l'œuf ‖ *salir del paso* se tirer d'affaire ‖ *salir de madre* sortir de son lit, déborder (un río) ‖ *salir de sus casillas* sortir de ses gonds ‖ *salir de una enfermedad* sortir o relever de maladie ‖ *salir de un compromiso* se dégager d'un engagement ‖ FIG *salir disparado* partir comme un trait o comme une flèche ‖ *salir empatados* se partager les voix (votación) ‖ *salir en defensa de* prendre la défense de ‖ *salir fiador de* se porter garant de ‖ FIG *salir mal parado* mal finir, mal s'en tirer ‖ FAM *salir pitando* ou *de estampía* filer, partir en quatrième vitesse ‖ FAM *salir por* prendre la défense de (en una contienda), se porter garant de (salir fiador de) ‖ *salir por peteneras* s'en tirer par une pirouette ‖ — *a lo que salga, a lo que saliere, salga lo que salga* au petit bonheur la chance, à l'aveuglette (al buen tuntún) ‖ *Pedro salió airoso de la prueba* Pierre s'est bien tiré de l'épreuve ‖ *recién salido* frais émoulu (de una escuela) ‖ *salga lo que salga* quoi qu'il advienne, advienne que pourra ‖ *¡tiene a quien salir!* il a de qui tenir!

◆ *v pr* sortir; *el agua se sale por el agujero* l'eau sort par le trou ‖ fuir; *el depósito se sale* le réservoir fuit ‖ s'échapper; *el gas se sale* le gaz s'échappe ‖ quitter; *río que se ha salido de su cauce* fleuve qui a quitté son lit; *salirse de la carretera* quitter la route (un coche) ‖ déborder (rebosar) ‖ — FIG *salirse con la suya* arriver à ses fins, avoir o obtenir gain de cause (quedar vencedor), s'en tirer à bon compte (con suerte), n'en faire qu'à sa tête (obrar a su antojo); *Tomás siempre se sale con la suya*

Thomas n'en fait jamais qu'à sa tête ‖ *salirse de las reglas* s'écarter des règles, manquer aux règles ‖ *salirse de lo corriente* sortir de l'ordinaire ‖ *salirse del tema* sortir o s'écarter du sujet ‖ *salirse de madre* déborder, sortir de son lit (río) ‖ FIG *salirse de tono* dire des inconvenances ‖ *salirse por la tangente* prendre la tangente ‖ — *no salirse de la legalidad* rester dans la légalité ‖ *no se sale de pobre* il est toujours aussi pauvre, il n'arrive pas à s'en tirer ‖ *se le salieron los colores a la cara* le rouge lui monta au front, il rougit.

salitrado, da *adj* salpêtreux, euse.

salitre *m* salpêtre.

saliva *f* salive ‖ — FIG *estoy gastando saliva en balde* j'use ma salive pour rien, je dépense beaucoup de salive pour rien | *tragar saliva* avaler o ravaler sa salive, se mordre les lèvres.

salivación *f* salivation.

salivadera *f (amer)* crachoir *m*.

salivajo *m* crachat.

salival; salivar *adj* salivaire; *glándulas salivales* glandes salivaires.

salivar *v intr* saliver ‖ *(amer)* cracher (escupir).

salivazo *m* crachat.

salmanticense; salmantino, na *adj y s* de Salamanque.

salmo *m* psaume.

salmodia *f* psalmodie.

salmodiar *v tr e intr* psalmodier.

salmón *m* saumon (pez) ‖ *cría de salmones* salmoniculture.

salmonado, da *adj* saumoné, e; *trucha salmonada* truite saumonée.

salmonelosis *f* VETER & MED salmonellose.

salmoncillo *m* saumoneau (pez).

salmonete *m* rouget, barbet (pez).

salmuera *f* saumure ‖ *salazón en salmuera* saumurage.

salobre *adj* saumâtre.

salobreño, ña *adj* salin, e (tierra).

salobridad *f* goût *m* saumâtre.

Salomón *n pr* Salomon.

salomónico, ca *adj* salomonien, enne (de Salomón) ‖ — ARQ *columna salomónica* colonne torse ‖ *hacer un juicio salomónico* rendre un jugement de Salomon (fallo), couper la poire en deux.

salón *m* salon (sala) ‖ salle *f*; *salón de actos* salle des fêtes ‖ salon (exposición); *salón del automóvil* salon de l'automobile ‖ salon (literario, etc.) ‖ — *salón de espera* salle des pas perdus (de un tribunal) ‖ *salón de peluquería, de té* salon de coiffure, de thé.

saloncillo *m* foyer (de teatro) ‖ cabinet particulier (de un café).

salpicadera *f (amer)* garde-boue *m*.

salpicadero *m* tableau de bord (de un coche).

salpicadura *f* éclaboussement *m* (acción) ‖ éclaboussure (efecto).

salpicar *v tr* éclabousser (de un líquido) ‖ tacheter, moucheter (de manchitas) ‖ FIG parsemer, émailler; *salpicado de estrellas* parsemé d'étoiles; *salpicar de chistes la conversación* parsemer la conversation de bons mots; *texto salpicado de citas* texte émaillé de citations.

salpicón *m* CULIN salpicon ‖ *(ant)* miroton ‖ bœuf en salade ‖ éclaboussure *f* (salpicadura) ‖ *(amer)* jus de fruit (bebida) ‖ *salpicón de mariscos* cocktail de fruits de mer.

salpimentar* *v tr* saupoudrer de sel et de poivre, assaisonner ‖ FIG assaisonner, agrémenter, pimenter, épicer (sazonar).

salpimienta *f* mélange *m* de sel et de poivre.

salpullido *m* éruption *f* cutanée (erupción).

salsa *f* sauce; *salsa blanca* sauce blanche; *salsa de tomate* sauce tomate ‖ FIG assaisonnement *m*, sauce; *no hay mejor salsa que el apetito* il n'est sauce que d'appétit ‖ FAM charme *m*, piquant *m* (salero) ‖ — FIG *en su propia salsa* dans son élément ‖ *media salsa* court-bouillon ‖ — *salsa mahonesa* ou *mayonesa* mayonnaise ‖ *salsa mayordoma* sauce maître d'hôtel ‖ *salsa rubia* roux ‖ — *trabar una salsa* lier une sauce.

salsera *f* saucière (para salsa) ‖ godet *m* (salserilla).

saltador, ra *adj y s* sauteur, euse ‖ plongeur, euse (de trampolín) ‖ *saltador de pértiga* perchiste, sauteur à la perche.
◆ *m* corde *f* à sauter (comba).

saltamontes *m* sauterelle *f* verte.

saltar *v intr* sauter; *saltó desde la azotea* il a sauté de la terrasse ‖ bondir (brincar); *saltaba de impaciencia* il bondissait d'impatience ‖ rebondir (pelota) ‖ éclater (estallar) ‖ sauter (desprenderse) ‖ s'élancer dans (salir con ímpetu) ‖ jaillir (brotar) ‖ partir, sauter; *el tapón ha saltado* le bouchon est parti ‖ FIG sauter; *saltar de un tema a otro* sauter d'un sujet à l'autre; *alumno que salta de cuarto a sexto* élève qui saute de troisième en première ‖ sauter, bondir (enfadarse); *saltó al oír tales insultos* il a sauté en entendant de telles injures ‖ sauter, exploser, voler en éclats (explotar) ‖ — *saltar a la comba* sauter à la corde ‖ FIG *saltar a la palestra* descendre dans l'arène, entrer en lice ‖ *saltar a la vista* ou *a los ojos* sauter aux yeux ‖ *saltar a tierra* sauter à terre ‖ *saltar con pértiga* sauter à la perche ‖ FIG *saltar con una impertinencia* sortir o lâcher une impertinence ‖ *saltar de alegría* sauter de joie ‖ — FIG *cuando* ou *donde menos se piensa salta la liebre* ça arrive toujours au moment où on s'y attend le moins ‖ *estar a la que salta* être prêt à profiter de la première occasion qui se présente ‖ *saltó y dijo* il se mit à dire, il lança [idée de commencement d'action] ‖ FAM *y ahora saltas tú con eso* c'est maintenant que tu sors o dis ça.
◆ *v tr* sauter; *saltar un arroyo, una tapia* sauter un ruisseau, un mur ‖ faire sauter o exploser (con un explosivo) ‖ couvrir, saillir (el macho a la hembra) ‖ FIG sauter (omitir) ‖ crever (un ojo) ‖ — *hacer saltar las lágrimas a uno* faire venir o jaillir les larmes aux yeux de quelqu'un ‖ FAM *saltar la tapia* sauter o faire le mur ‖ *saltarle la tapa de los sesos a uno* brûler o faire sauter la cervelle de quelqu'un.
◆ *v pr* sauter (en un escrito, en un escalafón, una comida); *me he saltado una página* j'ai sauté une page ‖ — FAM *saltarse algo a la torera* faire fi de quelque chose, prendre quelque chose par-dessous la jambe ‖ *saltarse la tapa de los sesos* se faire sauter la cervelle, se brûler la cervelle ‖ *saltarse un semáforo* brûler un feu rouge ‖ *se le saltaron las lágrimas* ses yeux se remplirent de larmes, les larmes lui vinrent o lui montèrent aux yeux, il fondit en larmes.

saltarín, ina *adj* sautillant, e.
◆ *adj y s* danseur, euse (que baila) ‖ FIG écervelé, e; hurluberlu (sin femenino).

salteado *m* CULIN sauté.

salteador *m* brigand, voleur de grand chemin.

saltear *v tr* brigander *(p us)*, voler à main armée ‖ espacer; *saltear las visitas* espacer les visites ‖ CULIN faire sauter, sauter (sofreír) ‖ FIG prendre par surprise ‖ assaillir (asaltar); *salteado por la duda* assailli par le doute ‖ *hilera de chopos y sauces salteados* rangée d'arbres où les peupliers alternent avec les saules.

saltimbanqui *m y f* saltimbanque *m*, baladin *m*.

saltito; saltillo *m* petit saut ‖ *dar saltitos, andar a saltitos* sautiller.

salto *m* saut, bond (brinco); *de un salto* d'un bond; *dar* ou *pegar un salto* faire un bond ‖ chute *f* (de agua), saut, chute *f* (en un río) ‖ précipice (despeñadero) ‖ dénivellation *f* (desnivel) ‖ omission *f* (omisión) ‖ saut; *salto de altura, de longitud, con pértiga* saut en hauteur, en longueur, à la perche (atletismo); *salto del ángel, de la carpa* saut de l'ange, de carpe (natación) ‖ plongeon, saut; *salto de trampolín* plongeon du tremplin ‖ saute-mouton (juego de niños) ‖ FIG tremplin; *la televisión ha sido para él un salto a la fama* la télévision a été pour lui un tremplin vers la célébrité ‖ — *salto de cama* saut-de-lit ‖ EQUIT *salto de carnero* saut-de-mouton ‖ *salto de lobo* saut-de-loup ‖ MAR *salto de viento* saute de vent ‖ *salto mortal* saut périlleux ‖ — *a salto de mata* à la diable (de cualquier manera), au jour le jour (vivir), au déboulé (liebre) ‖ *a saltos* par bonds ‖ *en un salto* d'un bond; *en un salto se puso en la silla* d'un bond il est monté sur la chaise; en un tour de main, en moins de deux (rápidamente) ‖ — *dar saltos de alegría* sauter de joie ‖ *dar* ou *pegar un salto a casa de alguien* faire un saut chez quelqu'un ‖ *dar un salto atrás* faire un bond en arrière ‖ FIG *el corazón me dio un salto* mon cœur n'a fait qu'un bond ‖ *ir en un salto a, plantarse* ou *ponerse en un salto en* faire un saut à o jusqu'à, ne faire qu'un saut jusqu'à.

saltón, ona *adj* sauteur, euse (que anda a saltos) ‖ globuleux, euse; à fleur de tête, saillant, e; protubérant, e (ojos).
◆ *m* sauterelle *f* verte (saltamontes).

salubre *adj* salubre.

salubridad *f* salubrité.

salud *f* santé (del cuerpo); *gozar de buena salud* être en bonne santé; *salud delicada, poca salud* santé délicate, petite santé; *salud de hierro* santé de fer ‖ salut *m*; *la salud eterna* le salut éternel ‖ — *Comité de Salud Pública* comité de salut public ‖ — *beber a la salud de uno* boire à la santé de quelqu'un ‖ FIG *curarse en salud* se ménager une porte de sortie, ménager ses arrières (precaverse) ‖ *estar rebosante de salud, vender salud* être resplendissant de santé, respirer la santé, avoir de la santé à revendre ‖ *gastar salud* jouir d'une bonne santé ‖ *jurar por la salud de alguien* jurer sur la tête de quelqu'un ‖ *mirar por su salud* ménager sa santé ‖ *recobrar la salud* recouvrer la santé.
◆ *interj* FAM salut! ‖ *¡a su salud!, ¡salud y pesetas!, ¡salud!* à votre santé!, à la vôtre!

saludable *adj* salutaire ‖ salubre (salubre).

saludar *v tr* saluer; *saludar con la mano* saluer de la main; *saludar el advenimiento de la libertad* saluer l'avènement de la liberté ‖ FAM regarder; *este* *alumno no ha saludado siquiera la lección* cet élève n'a même pas regardé la leçon ‖ FIG guérir par magie (curar por ensalmo) ‖ — *le saluda atentamente* veuillez agréer mes salutations distinguées (cartas) ‖ *le saluda atentamente su seguro servidor* veuillez agréer l'expression de mes sentiments dévoués (cartas) ‖ *salude de mi parte a* transmettez mon meilleur souvenir à.

saludo *m* salut ‖ salutation *f*; *atentos saludos, saludos cordiales de* sincères salutations de ‖ — *reciba un atento saludo de* agréez mes sincères salutations (cartas) ‖ *reciba un saludo de X* bien à vous (cartas) ‖ *saludos respetuosos* mes respects ‖ *¡un saludo a X!* mon meilleur souvenir à X!

salutación *f* salutation ‖ RELIG *salutación angélica* salutation angélique.

salva *f* salve; *tirar una salva* tirer une salve ‖ tonnerre *m*, salve; *salva de aplausos* tonnerre d'applaudissements ‖ essai *m* des mets (prueba de la comida) ‖ jugement *m* de Dieu, ordalie (de un acusado) ‖ plateau *m* (bandeja) ‖ — *cartucho para salvas* cartouche à blanc ‖ FIG *gastar pólvora en salvas* faire beaucoup de bruit pour rien, tirer sa poudre aux moineaux.

salvable *adj* sauvable.

salvación *f* salut *m*; *la salvación eterna* le salut éternel ‖ — *Ejército de Salvación* Armée du Salut ‖ *este enfermo no tiene salvación* ce malade est incurable *o* ne s'en relèvera pas *o* n'en réchappera pas ‖ *tabla de salvación* planche de salut.

salvado *m* son (afrecho).

Salvador (El) *n pr m* le Salvador; *viene de El Salvador* il vient du Salvador.

salvador, ra *adj y s* qui sauve, sauveur (sin femenino), salvateur, salvatrice ‖ sauveteur (naufragio, accidente) ‖ *el Salvador (del mundo)* le Sauveur (du monde), Jésus-Christ.

salvadoreño, ña *adj* salvadorien, enne, du Salvador.
▸ *m y f* Salvadorien, enne.

salvaguarda *f* sauvegarde.

salvaguardar *v tr* sauvegarder.

salvaguardia *f* sauvegarde ‖ FIG gardien, enne; *la ONU es la salvaguardia de la paz* l'O.N.U. est la gardienne de la paix ‖ DR *cláusula de salvaguardia* clause de sauvegarde.

salvajada; salvajería *f* action propre des sauvages ‖ acte *m* de sauvagerie (crueldad) ‖ horreur, atrocité; *las salvajadas de la guerra* les horreurs de la guerre.

salvaje *adj y s* sauvage; *animal salvaje* bête sauvage.
▸ *m y f* sauvageon, onne.

salvajismo *m* sauvagerie *f*; *acto de salvajismo* acte de sauvagerie.

salvamanteles *m* dessous de plat *o* de bouteille ‖ garde-nappe.

salvamento *m* sauvetage (acción de salvar) ‖ salut (salvación) ‖ — *bote de salvamento* canot de sauvetage ‖ *Sociedad de Salvamento de Náufragos* société de sauvetage.

salvar *v tr* sauver (de un peligro); *salvar a un náufrago* sauver un naufragé; *salvar su honor* sauver son honneur ‖ franchir, sauter; *salvar un arroyo, un obstáculo* franchir un ruisseau, un obstacle ‖ enjamber, franchir; *el puente salva el río* le pont enjambe la rivière ‖ éviter, contourner; *salvar una dificultad* contourner une difficulté ‖ exclure, écarter (excluir); *salvando la posibilidad de* en écartant la possibilité de ‖ authentifier une correction faite dans un acte notarié (autorizar un documento) ‖ FIG racheter; *su simpatía lo salva todo* sa gentillesse rachète tout ‖ *el honor está salvado* l'honneur est sauf.
▸ *v pr* se sauver ‖ réchapper; *salvarse de un accidente* réchapper à un accident ‖ — FAM *salvarse por los pelos* échapper de justesse *o* d'un cheveu ‖ *¡sálvese quien pueda!* sauve qui peut!

salvaslip *m* protège-slip.

salvavidas *m* bouée *f* de sauvetage (boya) ‖ ceinture *f* de sauvetage (cinturón) ‖ canot de sauvetage (bote, lancha) ‖ chasse-pierres *inv* (en tranvías) ‖ *chaleco salvavidas* gilet de sauvetage.

salve *f* RELIG salvé *m* (oración).
▸ *interj* salut!

salvedad *f* réserve, exception (en lo que se dice); *con la salvedad de* sous réserve de, à l'exception de; *un reglamento sin salvedad* un règlement sans réserve ‖ certification (de un documento).

salvia *f* BOT sauge, salvia *m*.

salvo, va *adj* sauf, sauve ‖ — *sano y salvo* sain et sauf ‖ FAM *se dio un golpe en salva sea la parte* il a reçu un coup sur le derrière.
▸ *adv* sauf, excepté, hormis; *todos vinieron, salvo él* ils vinrent tous, sauf lui ‖ — *salvo casos en que* sauf dans les cas où ‖ *salvo el parecer de usted* sauf avis contraire de votre part, sauf contre-ordre de votre part ‖ *salvo error u omisión* sauf erreur ou omission ‖ *salvo que* sauf que, si ce n'est que ‖ *salvo unas pocas excepciones* à quelques exceptions près ‖ — *a salvo* sain et sauf (ileso), sauf, sauve; *el honor está a salvo* l'honneur est sauf ‖ *dejar a salvo* sauvegarder, préserver (salvaguardar), épargner; *la revolución no dejó a salvo ningún convento* la révolution n'a épargné aucun couvent ‖ *poner a salvo* mettre en lieu sûr ‖ *ponerse a salvo* se mettre à l'abri.

salvoconducto *m* sauf-conduit.

Salzburgo *n pr* GEOGR Salzbourg.

Samaria *n pr f* GEOGR Samarie.

samario *m* samarium (metal).

samaritano, na *adj* samaritain, e.
▸ *m y f* Samaritain, e.

samba *f* samba (baile).

sambenito *m* san-benito, sanbenito, casaque *f* [des condamnés de l'Inquisition] ‖ écriteau portant l'accusation (letrero) ‖ FIG discrédit, mauvaise réputation *f* (mala fama) | tabou (tabú) ‖ — FIG *a mí me han colgado ese sambenito* on m'a fait cette mauvaise réputation | *le han colgado el sambenito de embustero* on lui a fait une réputation de menteur.

sambumbia *f* (*amer*) boisson rafraîchissante.

samovar *m* samovar (tetera rusa).

samurai *m* samouraï (guerrero japonés).

san *adj* apócope de *santo* saint; *por San Juán* à la Saint-Jean.
▸ — OBSERV *Santo* s'apocope en *san* lorsqu'il est placé devant un nom propre, sauf quand il s'agit de Tomás, Tomé, Toribio et Domingo.

sanar *v tr e intr* guérir.

sanatorio *m* sanatorium (para tuberculosos) ‖ clinique *f*; *mi mujer ha dado a luz en el sanatorio* ma femme a accouché à la clinique ‖ hôpital *m* (hospital) ‖ *sanatorio psiquiátrico* maison de santé, clinique psychiatrique.

sanción *f* sanction.

sancionable *adj* digne de sanction.

sancionador, ra *adj* y *s* qui sanctionne.

sancionar *v tr* sanctionner; *sancionar una ley* sanctionner une loi ‖ sanctionner, infliger une sanction à, prendre une sanction contre; *este comerciante ha sido sancionado por venta ilícita de mercancías* on a infligé une sanction à ce commerçant pour vente illicite de marchandises.

sanctasanctórum *m* saint des saints ‖ FIG fin du fin (cosa de gran precio) | saint des saints (lo muy secreto).

Sancho *n pr m* Sancho (Panza) ‖ — *al buen callar llaman Sancho* le silence est d'or [la parole est d'argent]; il faut savoir parler avec modération ‖ *allá va Sancho con su rocín* c'est saint Roch et son chien.

sanchopancesco, ca *adj* digne de Sancho Panza, terre-à-terre.

sandalia *f* sandale.

sándalo *m* BOT santal (planta) ‖ bois de santal (leña).

sandez *f* sottise, bêtise.

sandía *f* pastèque, melon *m* d'eau.

sandial; sandiar *m* carré *o* champ de pastèques.

sandunga *f* FAM charme *m* (encanto) ‖ allure (donaire) ‖ *(amer)* bombe, foire (parranda) | danse typique du Mexique (baile).

sandunguero, ra *adj* FAM charmant, e (encantador) ‖ qui a de l'allure.

sandwich *m* sandwich (emparedado).
— OBSERV pl *sandwiches o sandwichs.*

saneado, da *adj* assaini, e (terreno, moneda) ‖ à l'aise (una persona) ‖ sain, e; *tiene una situación muy saneada* il a une situation très saine.

saneamiento *m* assainissement (de un terreno, de la moneda) ‖ DR garantie *f* ‖ *artículos de saneamiento* appareils sanitaires.

sanear *v tr* assainir (un terreno, la moneda) ‖ DR garantir.

sanedrín *m* sanhédrin (tribunal judío).

sanfermines *m pl* fêtes *f* populaires qui se déroulent à Pampelune du 6 au 14 juillet.

San Gotardo *n pr m* GEOGR Saint-Gothard ‖ *paso de San Gotardo* col du Saint-Gothard.

sangrador *m* saigneur ‖ chirurgien, barbier (antiguo cirujano) ‖ FIG vanne *f* (compuerta) ‖ *sangrador de pinos* résinier, gemmeur.

sangradura *f* saignée (del brazo) ‖ FIG saignée (en un canal).

sangrante *adj* saignant, e.

sangrar *v tr* saigner; *sangrar a un enfermo* saigner un malade ‖ saigner (un canal) ‖ gemmer (un pino) ‖ IMPR composer en alinéa ‖ FIG & FAM saigner (sacar todo el dinero).
◆ *v intr* saigner; *sangrar por la nariz* saigner du nez ‖ — FIG *estar sangrando* être tout frais *o* tout récent (ser reciente) ‖ FAM *sangrar como un cochino* ou *un toro* saigner comme un bœuf.
◆ *v pr* se faire saigner.

sangre *f* sang *m* ‖ FIG sang *m* (linaje, parentesco) ‖ — *sangre arterial* ou *roja* sang artériel *o* rouge ‖ *sangre azul* sang bleu ‖ *sangre fría* sang-froid; *perder la sangre fría* perdre son sang-froid; *a sangre fría* de sang-froid ‖ *(amer) sangre ligera, pesada* sympathique, antipathique ‖ *sangre venosa* ou *negra* sang veineux *o* noir ‖ *sangre y leche* marbre rouge veiné de blanc ‖ — *a sangre y fuego* à feu et à sang ‖ ZOOL *de sangre caliente* à sang chaud ‖ *donante de sangre* donneur de sang ‖ *la voz de la sangre* la voix du sang ‖ *naranja de sangre* orange sanguine ‖ *pura sangre* pur-sang (caballo) ‖ *tracción de* ou *a sangre* traction animale ‖ — *azotar a alguien hasta hacerle sangre* fouetter quelqu'un jusqu'au sang ‖ FIG *chupar la sangre a uno* saigner quelqu'un à blanc | *dejar helada la sangre* tourner le sang *o* les sangs ‖ *derramar sangre* faire couler le sang ‖ *echar sangre como un toro* ou *un cochino* saigner comme un bœuf ‖ *echar sangre por las narices* saigner du nez ‖ FIG *estar bañado en sangre* être tout en sang ‖ *estar chorreando sangre* perdre beaucoup de sang, être tout en sang ‖ *hacer sangre* faire saigner ‖ FIG *la letra con sangre entra* on n'apprend rien sans mal, c'est en forgeant qu'on devient forgeron | *lavar con sangre* laver dans le sang (un agravio, una afrenta) | *le bulle* ou *hierve la sangre* le sang bout dans ses veines, il a le sang chaud | *llevar* ou *tener en la sangre, llevar* ou *tener en la masa de la sangre* avoir dans le sang (algo), avoir dans la peau (alguien) | *no llegó la sangre al río* il n'y a pas eu de mal, ce n'est pas allé plus loin | *quemarle* ou *freírle a uno la sangre* faire bouillir *o* exaspérer quelqu'un, taper sur le système à quelqu'un (fam) | *quemarse uno la sangre* se faire du mauvais sang, se faire de la bile | *sudar sangre* suer sang et eau | *tener la sangre gorda* être lymphatique | *tener las manos manchadas de sangre* avoir du sang sur les mains | *tener mala sangre* être méchant | *tener sangre de chinches* être assommant | *tener sangre de horchata* être flegmatique *o* impassible (tranquilo), avoir du sang de navet (sin energía) | *tener sangre en las venas* avoir du sang dans les veines.

sangregorda *m* y *f* FAM chiffe *f*.

sangría *f* ANAT & MED saignée ‖ saignée (en un canal, un árbol) ‖ «sangria» [boisson sucrée rafraîchissante, à base de vin rouge et de jus de citron] ‖ FIG saignée; *hacer una sangría en el capital* pratiquer une saignée dans le capital ‖ IMPR alinéa *m* ‖ TECN coulée *f* (de fundición) ‖ FIG *sangría monetaria* hémorragie monétaire.

sangrientamente *adv* d'une manière sanglante.

sangriento, ta *adj* sanglant, e ‖ FIG sanglant, e; *batalla, injuria sangrienta, reproches sangrientos* bataille, injure sanglante, reproches sanglants ‖ sanguinaire; *el león sangriento* le lion sanguinaire.

sanguijuela *f* ZOOL sangsue ‖ FIG sangsue.

sanguinario, ria *adj* sanguinaire.

sanguíneo, a *adj* sanguin, e; *grupo sanguíneo* groupe sanguin; *vasos sanguíneos* vaisseaux sanguins.

sanguino, na *adj* sanguin, e ‖ *naranja sanguina* orange sanguine.
◆ *m* BOT alaterne (aladierna) | cornouiller (cornejo).
◆ *f* sanguine (naranja).

sanguinolencia *f* caractère *m o* état *m* sanguinolent.

sanguinolento, ta *adj* sanguinolent, e.

sanidad *f* service *m* sanitaire (servicio gubernativo) ‖ *(p us)* santé (salud) ‖ hygiène; *medidas de sanidad* mesures d'hygiène ‖ MIL *cuerpo de sanidad militar* service de santé.

sanitario, ria *adj* sanitaire; *cordón sanitario, medidas sanitarias* cordon sanitaire, mesures sanitaires.

◆ *m* MIL officier du service de santé.

San José *n pr* GEOGR San José.

San Lorenzo *n pr m* GEOGR Saint-Laurent (río).

sanluisero, ra *adj y s* de San Luis [Argentine].

sanluqueño, ña *adj y s* de Sanlúcar de Barrameda [Andalousie].

San Marino *n pr* GEOGR Saint-Marin.

sano, na *adj* sain, e ‖ en bon état, intact, e; potable (*fam*); *no queda un plato sano en toda la casa* il ne reste pas une assiette potable dans toute la maison ‖ FIG sain, e; *una filosofía sana* une philosophie saine ‖ — *sano de cuerpo y alma* sain de corps et d'esprit ‖ *sano y salvo* sain et sauf ‖ — FIG *cortar por lo sano* trancher dans le vif, crever l'abcès, employer les grands moyens ‖ *estar en su sano juicio* être sain d'esprit, avoir tous ses esprits o tout son bon sens ‖ *estar más sano que una manzana* se porter comme un charme o comme le Pont Neuf ‖ *no estar en su sano juicio* ne pas avoir toute sa tête o tout son bon sens, avoir l'esprit dérangé.

San Pedro *n pr* Saint Pierre (basílica).

San Petersburgo *n pr* GEOGR Saint-Pétersbourg.

San Quintín *n pr* GEOGR e HIST Saint-Quentin ‖ FIG & FAM *se armó la de San Quintín* il y a eu du grabuge.

San Salvador *n pr* GEOGR San Salvador.

sanscritista *m y f* sanskritiste.

sánscrito, ta *adj y s* sanscrit, e; sanskrit, e.

sanseacabó *loc* FAM un point c'est tout (nada más) ‖ ça suffit ‖ la fin de tout ‖ *eso fue el sanseacabó* cela a été la fin de tout ‖ c'est une affaire réglée (es cosa hecha).

San Sebastián *n pr* GEOGR Saint-Sébastien.

sansimoniano, na *adj y s* FILOS saint-simonien, enne.

sansimonismo *m* FILOS saint-simonisme.

Sansón *n pr m* Samson.

Santa Cruz *n pr* GEOGR Santa Cruz.

Santa Fe *n pr* GEOGR Santa Fe.

Santander *n pr* GEOGR Santander.

santanderino, na; santanderiense *adj y s* de Santander [Espagne].

santateresa *f* ZOOL mante religieuse.

santero, ra *adj* cagot, e; bigot, e (beato).

◆ *m y f* gardien, enne d'un sanctuaire (que cuida un santuario) ‖ quêteur, euse (que pide limosna).

Santiago *n pr* GEOGR Santiago [ville du Chili, de Cuba, etc.].

Santiago *n pr m* Jacques (persona) ‖ Saint-Jacques (orden) ‖ — FIG *remover Roma con Santiago* remuer ciel et terre ‖ *¡Santiago!, ¡Santiago y cierra España!, ¡Santiago y a ellos!* ancien cri de guerre des Espagnols ‖ *Santiago de Compostela* Saint-Jacques-de-Compostelle ‖ *camino de Santiago* voie lactée (vía láctea), chemin de Saint-Jacques.

santiagués, esa *adj y s* de Saint-Jacques-de-Compostelle.

santiaguino, na *adj y s* de Santiago du Chili.

santiamén *m* instant ‖ FAM *en un santiamén* en un clin d'œil, en moins de rien, en un tour de main; *hizo su trabajo en un santiamén* il a fait son travail en un tour de main; en moins de rien, en un clin d'œil; *llegué a Madrid en un santiamén* je suis arrivé à Madrid en moins de rien.

santidad *f* sainteté; *olor de santidad* odeur de sainteté ‖ *Su Santidad* Sa Sainteté.

santificación *f* sanctification.

santificar *v tr* sanctifier.

santiguar *v tr* faire le signe de la croix sur ‖ faire des signes de croix sur [quelqu'un] (los curanderos) ‖ FIG gifler (abofetear).

◆ *v pr* faire le signe de la croix, se signer (persignarse).

santísimo, ma *adj* très saint, e ‖ — FAM *hacerle a uno la santísima pascua* enquiquiner o empoisonner quelqu'un, casser les pieds à quelqu'un (fastidiar) ‖ *la Virgen Santísima* la (très), Sainte Vierge ‖ FAM *todo el santísimo día* toute la sainte journée, à longueur de journée.

◆ *m* le saint sacrement.

santo, ta *adj* saint, e; *Semana Santa* semaine sainte ‖ — *Espíritu Santo* Saint-Esprit ‖ FAM *hacer su santa voluntad* ou *su santo gusto* faire ses quatre volontés, n'en faire qu'à sa tête ‖ *la Tierra santa* la Terre sainte ‖ *Padre Santo, Santo Padre* Saint-Père ‖ *Santo Oficio* Saint-Office ‖ *santo varón* saint (santo), excellent homme, saint homme (buena persona) ‖ — FAM *¡qué santa paciencia!* quelle patience! ‖ *sentado en el santo suelo* assis à même le sol o par terre ‖ *todo el santo día* toute la sainte journée, à longueur de journée ‖ *¡y santas Pascuas!* un point c'est tout.

◆ *m y f* saint, e.

◆ *m* fête *f*; *hoy es mi santo* c'est aujourd'hui ma fête; *felicitar a uno (por) su santo* souhaiter à quelqu'un sa fête ‖ statue *f* (imagen) ‖ — *¿a santo de qué...?* en quel honneur...?, pourquoi diable...? ‖ *el día* ou *la fiesta de Todos los Santos* la Toussaint ‖ *por todos los santos (del cielo)* par tous les Saints ‖ *santo de pajares* saint de bois ‖ *santo y seña* mot de passe, consigne, mot d'ordre ‖ — FAM *adorar el santo por la peana* courtiser la mère pour avoir la fille ‖ *alabar a su santo* prêcher pour son saint ‖ *alzarse* ou *cargar con el santo y la limosna* tout embarquer, tout rafler ‖ *aquello fue llegar y besar el santo* ça a marché comme sur des roulettes ‖ *desnudar a un santo para vestir a otro* découvrir saint Pierre pour habiller saint Paul ‖ *hacerse el santo* faire le petit saint (hipócrita), faire le bon apôtre ‖ *írsele a uno el santo al cielo* perdre le fil de ses pensées (en una conversación), sortir complètement de la tête o de l'esprit; *ayer era tu cumpleaños y se me ha ido el santo al cielo* c'était hier ton anniversaire et cela m'est complètement sorti de la tête ‖ *no es santo de mi devoción* je ne le porte pas dans mon cœur, je n'ai aucune sympathie pour lui ‖ *no saber a qué santo encomendarse* ne pas savoir à quel saint se vouer ‖ *quedarse para vestir santos* rester vieille fille, coiffer sainte Catherine (quedarse soltera) ‖ *ser bueno como un santo* être sage comme une image ‖ *tener el santo de espaldas* ne pas avoir de chance o de veine, avoir les dieux contre soi ‖ *todos los santos tienen novena* mieux vaut tard que jamais.

Santo Domingo *n pr* GEOGR Saint-Domingue.

santón *m* santon (mahometano) ‖ FIG & FAM pharisien, tartufe (hipócrita) ‖ pontife, grand manitou, grand patron (persona influyente).

santoral *m* vie *f* des saints, recueil de vies de saints (vidas de santos) ‖ office des saints (libro de coro) ‖ commun des saints, martyrologe (lista) ‖ *santoral del día* fête à souhaiter.

Santorín *n pr* GEOGR Santorin.

Santo Tomé y Príncipe *n pr* GEOGR São Tomé et Príncipe.

santuario *m* sanctuaire ‖ *(amer)* trésor (tesoro).

santurrón, ona *adj y s* bigot, e; bondieusard, e (beato) ‖ tartufe, faux dévot, fausse dévote (hipócrita).

santurronería *f* bigoterie, tartuferie, bondieuserie *(fam)*.

saña *f* fureur, rage (furor) ‖ acharnement *m* (porfía); *perseguirle a uno con saña* poursuivre quelqu'un avec acharnement.

sañoso, sa; sañudo, da *adj* furieux, euse (enfurecido) ‖ acharné, e; furieux, euse (encarnizado).

Saona *n pr m* GEOGR Saône *f* (río de Francia).

São Paulo *n pr* GEOGR São Paulo.

sapajú *m* ZOOL sapajou (mono).

sapidez *f* sapidité.

sápido, da *adj* sapide.

sapiencia *f* sagesse (sabiduría) ‖ livre *m* de la Sagesse (Biblia) ‖ connaissances *pl*, savoir *m*; *la sapiencia de este chico me admira* je suis émerveillé par les connaissances de ce garçon ‖ *(ant)* sapience.

sapiencial *adj* de la sagesse ‖ *libros sapienciales* livres sapientiaux.

sapiente *adj* sage, savant, e (sabio).

sapo *m* crapaud (batracio) ‖ *(amer)* tonneau (juego de la rana) ‖ ZOOL *sapo marino* baudroie, lotte de mer ‖ FIG & FAM *echar sapos y culebras* ou *gusarapos* tempêter, pester.

saponáceo, a *adj* saponacé, e (jabonoso).

saponaria *f* BOT saponaire (jabonera).

saponificación *f* QUÍM saponification.

saponificar *v tr* QUÍM saponifier.

saprófito, ta *adj y s m* BOT saprophyte.

saque *m* service (tenis) ‖ coup d'envoi (fútbol); *hacer el saque* donner le coup d'envoi ‖ servant, serveur (jugador) ‖ *(amer)* distillerie *f* (de aguardiente) ‖ — *saque de banda* touche, dégagement en touche (fútbol) ‖ *saque de centro* coup d'envoi ‖ *saque de esquina* corner ‖ *saque de puerta* remise en jeu, dégagement en sortie (fútbol) ‖ — *línea de saque* ligne d'envoi ‖ *ventaja al saque* avantage au service o dehors (tenis) ‖ — *hacer* ou *tener el saque* servir, être au service (tenis) ‖ *hacer el saque de puerta* dégager (fútbol) ‖ *romper el saque* enlever le service (tenis) ‖ FIG & FAM *tener un buen saque* avoir une bonne descente (beber), avoir un bon coup de fourchette (comer).

saqueador, ra *adj y s* pillard, e; pilleur, euse; saccageur, euse.

saqueamiento *m* pillage (saqueo).

saquear *v tr* piller, mettre à sac, saccager.

saqueo *m* pillage, sac; *el saqueo de Roma* le sac de Rome.

saquera *adj f* *aguja saquera* grosse aiguille, carrelet.

saquete *m* sachet ‖ gargousse *f*, sachet (del cañón).

saquito *m* sachet.

SAR abrev de *Su Alteza Real* S.A.R., son altesse royale.

saraguate; saraguato *m* *(amer)* singe hurleur.

Sarajevo *n pr* GEOGR Sarajevo.

sarampión *m* MED rougeole *f* ‖ FIG maladie *f*; *el amor es un sarampión de todas las edades* l'amour est une maladie qui arrive à tout âge.

sarao *m* soirée *f* (reunión).

sarape *m* *(amer)* sorte de poncho (capote de monte).

sarasa *m* FAM tapette *f* (marica).

sarazo *adj m* *(amer)* mûrissant (maíz) | FIG éméché (achispado).

sarcasmo *m* sarcasme.

sarcástico, ca *adj* sarcastique.

sarcófago *m* sarcophage.

sarcoma *m* MED sarcome (tumor) ‖ MED *sarcoma benigno* sarcoïde.

sarcomatoso, sa *adj* MED sarcomateux, euse.

sardana *f* sardane (danza catalana).

sardanapalesco, ca *adj* sardanapalesque ‖ *llevar una vida sardanapalesca* mener une vie de débauche o de Sardanapale.

sardanés, esa *adj* cerdan, e; de la Cerdagne.
◆ *m y f* Cerdan, e.

sardina *f* ZOOL sardine; *sardinas en espetones* brochettes de sardines ‖ FIG *estar como sardinas en banasta* ou *en lata* être serré comme des sardines o des harengs en caque.

sardinel *m* ARQ galandage (obra de ladrillos).

sardinero, ra *adj y s* sardinier, ère ‖ *barco sardinero* sardinier.

sardo, da *adj* tacheté, e (el ganado).
◆ *adj* sarde, de Sardaigne (de Cerdeña).
◆ *m y f* Sarde.
◆ *m* sarde (lengua).

sardónice *f* MIN sardoine (piedra).

sardónico, ca *adj* sardonique; *risa sardónica* rire sardonique.

sarga *f* serge (tela) ‖ patte-mouille (para planchar) ‖ toile peinte pour tentures (tela pintada) ‖ BOT osier *m* blanc.

sargazo *m* BOT sargasse *f*.

Sargazos (mar de los) *n pr m* GEOGR mer *f* des Sargasses.

sargentía *f* grade *m* de sergent.

sargento *m* sergent ‖ FIG & FAM gendarme, dragon; *su director es un sargento* son directeur est un gendarme ‖ *sargento mayor* sergent-major, sergent-chef.

sargo *m* ZOOL sargue (pez).

sari *m* sari (traje femenino en la India).

sarmentoso, sa *adj* sarmenteux, euse ‖ rabougri, e (árbol, planta) ‖ FIG décharné, e; racorni, e; *viejo de miembros sarmentosos* vieillard aux membres décharnés.

sarmiento *m* sarment ‖ FIG *el pobre está ya hecho un sarmiento* le pauvre, le voilà tout décharné o sec comme un fagot | *ponerse como un sarmiento* se racornir.

sarna *f* MED gale ‖ FIG & FAM *más viejo que la sarna* vieux comme le monde o les rues.

sarnoso, sa *adj y s* galeux, euse ‖ FIG *perro sarnoso* brebis galeuse.

sarong *m* sarong.

sarpullido *m* éruption *f* cutanée.
sarraceno, na *adj y s* sarrasin, e ‖ *trigo sarraceno* sarrasin, blé noir.
Sarre *n pr m* GEOGR Sarre *f*.
sarro *m* dépôt (sedimento en una vasija) ‖ tartre (en una caldera) ‖ tartre (de los dientes) ‖ BOT rouille *f* (roya) ‖ saburre *f* (de la lengua).
sarroso, sa *adj* couvert d'un dépôt (vasija) ‖ tartreux, euse (dientes) ‖ saburral, e (lengua) ‖ attaqué de rouille, rouillé, e (planta).
sarta *f* chapelet *m*; *sarta de cebollas* chapelet d'oignons ‖ FIG file (de personas) ‖ ribambelle; *una sarta de niños* une ribambelle d'enfants ‖ kyrielle; *en medio de su discurso soltó toda una sarta de citas* au milieu de son discours, il débita toute une kyrielle de citations ‖ chapelet *m*; *soltó una sarta de mentiras* il a débité un chapelet de mensonges ‖ *esta carta es una sarta de embustes* cette lettre est un tissu de mensonges.
sartén *f* poêle (à frire) ‖ FIG fournaise; *esta región es una sartén* cette région est une fournaise ‖ FIG & FAM *tener la sartén por el mango* tenir la queue de la poêle.
sartenada *f* poêlée.
sartenejal *m* (*amer*) sol crevassé.
sartorio *adj m y s m* ANAT couturier (músculo).
SAS abrev de *Su Alteza Serenísima* S.A.S., son altesse sérénissime.
sastra *f* couturière (modista) ‖ ravaudeuse (que arregla los trajes), lingère (en una casa).
sastre *m* tailleur ‖ — *sastre, traje sastre* tailleur, costume tailleur ‖ *sastre de señoras* couturier ‖ *sastre de viejo* ravaudeur ‖ FIG & FAM *cajón de sastre* fouillis, capharnaüm ‖ *entre sastres no se paga la hechura* entre collègues on peut se rendre de petits services ‖ *ver algo desde el tendido de los sastres* être aux premières loges.
sastrería *f* métier *m* de tailleur (oficio) ‖ atelier *m* o boutique du tailleur ‖ *ir a la sastrería* aller chez le tailleur.
Satán; Satanás *n pr m* Satan.
satánico, ca *adj* satanique, démoniaque, diabolique.
satanismo *m* satanisme.
satélite *m* ASTR satellite; *satélite artificial* satellite artificiel; *satélite de comunicaciones* satellite de télécommunication ‖ MECÁN satellite (piñón).
 ◆ *adj y s* satellite; *país satélite* pays satellite ‖ *ciudad satélite* ville satellite ‖ *satélite de Satán* suppôt de Satan.
satelización *f* satellisation.
satelizar *v tr* satelliser.
satén *m* satin (raso).
satinado, da *adj* satiné, e; *papel satinado* papier satiné.
 ◆ *m* satinage.
satinar *v tr* satiner.
sátira *f* satire (crítica).
satírico, ca *adj* satirique (de la sátira) ‖ satyrique (del sátiro).
 ◆ *m* auteur satirique, satiriste.
satirizar *v tr e intr* satiriser.
sátiro *m* MIT satyre ‖ ZOOL satyre ‖ FIG satyre.
satisfacción *f* satisfaction; *dar plena satisfacción* donner toute satisfaction ‖ satisfaction, assouvissement *m* (de un deseo, de un apetito) ‖ — *a satisfacción* à volonté ‖ *pedir satisfacción de una ofensa* exiger satisfaction o réparation d'une offense ‖ *tener mucha satisfacción de sí mismo* être très satisfait de sa personne, être très content de soi.
satisfacer* *v tr e intr* satisfaire ‖ réparer (una afrenta) ‖ subvenir; *satisfacer sus necesidades* subvenir à ses besoins ‖ assouvir (las pasiones) ‖ — *satisfacer (a) la demanda* répondre à la demande ‖ *satisfacer todos los requisitos* remplir toutes les conditions requises ‖ DR *satisfacer una demanda* faire droit à une requête, satisfaire une demande ‖ *satisfacer una deuda* acquitter une dette.
 ◆ *v pr* se venger ‖ *satisfacerse con razones* se payer de raisons.
satisfactoriamente *adv* d'une manière satisfaisante.
satisfactorio, ria *adj* satisfaisant, e; *contestación satisfactoria* réponse satisfaisante ‖ RELIG satisfactoire.
satisfecho, cha *adj* satisfait, e; content, e ‖ suffisant, e; satisfait, e de sa personne; content, e de soi (vanidoso) ‖ — *darse por satisfecho* con se contenter de ‖ FAM *me he quedado satisfecho* c'était très bien o parfait.
saturable *adj* QUÍM saturable.
saturación *f* saturation.
saturado, da *adj* saturé, e ‖ FIG saturé, e (harto).
saturante *adj* QUÍM saturant, e.
saturar *v tr* saturer.
Saturno *n pr m* ASTR & MIT Saturne.
sauce *m* BOT saule (árbol) ‖ — *sauce cabruno* marsault ‖ *sauce llorón* saule pleureur.
saúco *m* BOT sureau (arbusto).
saudí; saudita *adj* saoudite, saoudien, enne.
 ◆ *m y f* Saoudien, enne.
sauna *f* sauna *m*.
saurios *m pl* ZOOL sauriens.
savia *f* BOT sève ‖ FIG sève.
savoir-faire *m* savoir-faire.
 — OBSERV Galicismo que se emplea con el sentido *habilidad, destreza*.
saxofón; saxófono *m* MÚS saxophone.
saxofonista *m y f* MÚS saxophoniste.
saya *f* jupe (falda) ‖ jupon *m* (enaguas).
sayal *m* bure *f* (tela).
sayo *m* casaque *f* ‖ saie *f*, sayon (abrigo de los soldados romanos) ‖ — FIG & FAM *cortar a uno un sayo* casser du sucre sur le dos de quelqu'un (murmurar) ‖ *decir para su sayo* dire à part soi o à son bonnet ‖ *hacer de su capa un sayo* n'en faire qu'à sa tête ‖ *hasta el cuarenta de mayo no te quites el sayo* en avril ne te découvre pas d'un fil.
sazón *f* maturité (madurez) ‖ goût *m*, saveur (sabor) ‖ assaisonnement *m* (aderezo) ‖ FIG occasion (oportunidad) ‖ — *a la sazón* à ce moment-là, alors ‖ *en sazón* à point, mûr, e (fruta), à propos, au bon moment (oportunamente) ‖ *fuera de sazón* hors de propos, hors de saison.
 ◆ *adj* (*amer*) mûr, e; *plátano sazón* banane mûre.
sazonado, da *adj* assaisonné, e (bien aderezado) ‖ FIG plein d'esprit, piquant, e (humorístico).
sazonar *v tr* assaisonner (manjares) ‖ FIG mettre au point (madurar) ‖ agrémenter, pimenter (amenizar); *sazonar un relato con salidas ingeniosas* pimenter un récit de traits d'esprit.

◆ *v pr* arriver à maturité, mûrir (madurar).
scai *m* (nombre registrado) → **escay**.
scooter *m* → **escúter**.
scout *m* scout (explorador).
scherzo *m* MÚS scherzo.
SDN abrev de *Sociedad de Naciones* S.D.N., Société des Nations.
se *pron pers* **1.** — se (acusativo con acción reflexiva); *mi padre se pasea* mon père se promène; *paseándose* en se promenant ‖ vous (con usted *ou* ustedes); *cállese, cállense* taisez-vous **2.** — on (acusativo con acción no reflexiva); *se siega el trigo en agosto* on moissonne le blé au mois d'août; *se piden voluntarios* on demande des volontaires; *se me entregaron dos cartas* on m'a remis deux lettres [Dans ce cas, la construction espagnole est pronominale, quoique son sens ne soit pas réfléchi.] **3.** — on (indefinido); *aquí se habla demasiado* on parle trop ici; *se dice que* on dit que; *se felicitó a los vencedores* on félicita les vainqueurs; *Señor, se le llama* Monsieur, on vous appelle [Dans ce cas le pronom espagnol «se» joue le rôle d'un véritable sujet.] **4.** — lui *m* y *f sing*, leur *m* y *f pl* (dativo); *se lo diré* je lui, leur dirai; *a ellos, se las mandaré* à eux, je les leur enverrai ‖ vous (con usted *ou* ustedes); *se lo diremos* nous vous le dirons [l'ordre des pronoms en espagnol est inverse de l'ordre français: le complément indirect est placé le premier].
— OBSERV Le pronom *se* est enclitique lorsqu'il est complément d'un verbe à l'infinitif (*callarse*), au gérondif (*quejándose*), ou à l'impératif (*siéntese*). Il ne faut pas oublier que la forme pronominale remplace souvent en espagnol la voix passive (*se resolvió el problema* le problème fut résolu).
SE abrev de *Su Excelencia* S.E., son excellence.
sebáceo, a *adj* sébacé, e ‖ *glándulas sebáceas* glandes sébacées ‖ suiffeux, euse (que tiene sebo).
sebo *m* suif, graisse *m* (de animal) ‖ graisse *f* (gordura cualquiera) ‖ ANAT sébum ‖ POP cuite *f* (borrachera) ‖ FAM *(amer) hacer sebo* faire du lard, fainéanter.
seborrea *f* MED séborrhée.
seboso, sa *adj* gras, grasse; suiffé, e (untado con sebo) ‖ graisseux, euse (grasiento).
secadero, ra *adj* qui peut se conserver sec (frutas).
◆ *m* séchoir (aparato, lugar) ‖ sécherie *f* (de pescado).
secado *m* séchage ‖ dessiccation *f*, séchage (de las maderas) ‖ essorage (de la ropa).
secador *m* séchoir ‖ sèche-cheveux *inv*, séchoir (de pelo) ‖ *(amer)* serviette *f* (toalla).
secadora *f* sécheuse (aparato) ‖ essoreuse (para la ropa).
secamente *adj* sèchement.
secano *m* terrain non irrigué ‖ banc de sable (banco de arena) ‖ *campo de secano* champ de culture sèche.
secante *adj* y *s m* buvard (papel) ‖ siccatif, ive (sustancia) ‖ *pintura secante* peinture siccative.
◆ *adj* y *s f* MAT sécant, e.
◆ *m* DEP joueur qui marque son adversaire.
secar *v tr* sécher (la ropa, etc.) ‖ essorer (secar la ropa con una máquina) ‖ essuyer (enjugar); *secar los platos* essuyer la vaisselle ‖ dessécher; *el sol seca la tierra, las frutas* le soleil dessèche la terre, les fruits ‖ tarir (fuente, pozo) ‖ FIG ennuyer, assommer (aburrir) ‖ sécher (las lágrimas) ‖ DEP marquer.
◆ *v pr* sécher ‖ se faire sécher; *secarse al sol después de un baño* se faire sécher au soleil après un bain ‖ se dessécher (río, suelo) ‖ tarir (fuente, pozo) ‖ sécher (planta) ‖ FIG dépérir (persona o animal) ‖ se dessécher (el alma) ‖ tarir (las lágrimas).
sección *f* section (cortadura); *la sección de un hueso* la section d'un os ‖ section (parte o grupo) ‖ coupe (dibujo) ‖ partie (de un capítulo) ‖ rayon *m* (en un almacén); *sección caballeros* rayon hommes ‖ MAT & MIL section ‖ IMPR page, chronique (en un periódico); *la sección deportiva* la page des sports, la chronique sportive.
seccionar *v tr* sectionner.
secesión *f* sécession (de un Estado).
secesionista *adj* y *s* sécessioniste.
seco, ca *adj* sec, sèche (sin humedad); *la ropa está seca* le linge est sec; *terreno, tiempo seco* terrain, temps sec ‖ à sec (sin agua); *río seco* rivière à sec ‖ sec, sèche; sans jus (guisado) ‖ desséché, e (plantas sin vigor) ‖ séché, e (flores de herbario) ‖ sec, sèche (fruta, leña, pan) ‖ FIG sec, sèche; décharné, e (flaco) ‖ sec, sèche (sin azúcar); *champaña seco* champagne sec ‖ sec, sèche (sonido, golpe); *un ruido seco* un bruit sec ‖ sec, sèche (genio, corazón, estilo, etc.) ‖ — *ama seca* nourrice sèche ‖ *a palo seco* à sec de voile (barco) ‖ *a secas* tout court; *llamarse Pedro a secas* s'appeler Pierre tout court ‖ *en seco* à sec; *limpieza en seco* nettoyage à sec; net, pile; *parar en seco* s'arrêter net; au sec (fuera del agua) ‖ *hojas secas* feuilles mortes ‖ — FIG *dejar seco* laisser sur le carreau ‖ *estar seco* avoir la pépie (tener sed) ‖ *guardarse en sitio seco* tenir au sec (una medicina) ‖ FIG *parar a uno en seco* clouer le bec à quelqu'un ‖ *quedar seco* tomber raide mort ‖ *ser más seco que una pasa* ou *un higo* ou *una avellana* être sec comme un coup de trique.
secoya *f* BOT séquoia *m* (árbol).
secreción *f* ANAT sécrétion.
secretar *v tr* sécréter.
secretaría *f* secrétariat *m* (cargo y oficina de un secretario) ‖ secrétairerie; *secretaría de Estado* secrétairerie d'État (en el Vaticano y en los Estados Unidos) ‖ *(amer)* ministère *m*.
secretariado *m* secrétariat (secretaría).
secretario, ria *m* y *f* secrétaire; *secretario general* secrétaire général; *secretario municipal* secrétaire de mairie ‖ *(ant)* confident, e; secrétaire ‖ *(amer)* ministre *m* ‖ — *secretaria de rodaje* script-girl ‖ *secretario de Estado* secrétaire d'État.
◆ *m* ZOOL secrétaire (ave).
secretear *v intr* FAM faire des messes basses.
secreteo *m* FAM chuchotement, mystères *pl* ‖ *andar con secreteos* faire des messes basses.
secreter *m* secrétaire (mueble).
secreto, ta *adj* secret, ète.
◆ *m* secret; *estar en el secreto* être dans le secret ‖ MÚS table *f* d'harmonie, sommier ‖ — *bajo secreto de confesión* sous le sceau de la confession ‖ *cerradura de secreto* serrure à secret ‖ *de ou en secreto* en secret, secrètement ‖ *guardar un secreto* garder un secret, observer le secret ‖ FAM *secreto a voces* secret de polichinelle ‖ *secreto profesional, de Estado* secret professionnel, d'État.

secretor, ra; secretorio, ria *adj* ANAT sécréteur; sécréteur, trice; sécrétoire.
secta *f* secte.
sectario, ria *adj y s* sectateur, trice (partidario) ‖ sectaire (fanático).
sectarismo *m* sectarisme.
sector *m* secteur; *sector circular, esférico* secteur circulaire, sphérique; *sector económico* secteur économique ‖ MIL secteur ‖ — ECON *sector primario, secundario, terciario* secteur primaire, secondaire, tertiaire | *sector privado, público* secteur privé, public.
sectorial *adj* sectoriel, elle.
secuaz *adj y s* partisan (sin femenino), acolyte, séide; *Al Capone y sus secuaces* Al Capone et ses acolytes.
— OBSERV Ce mot a toujours une nuance péjorative.
secuela *f* séquelle, suite (consecuencia).
secuencia *f* RELIG séquence ‖ CINEM séquence.
secuestrador, ra *adj y s* qui séquestre.
◆ *m* pirate de l'air (de un avión).
secuestrar *v tr* séquestrer ‖ saisir (un periódico) ‖ détourner (un avión) ‖ FIG séquestrer (aislar).
secuestro *m* séquestration *f* (de una persona) ‖ séquestre (de bienes) ‖ saisie *f* (de un periódico, de un libro) ‖ détournement (de un avión).
secula seculorum *loc adv* ad vitam aeternam.
secular *adj* séculier, ère (seglar); *clero secular* clergé séculier ‖ séculaire (de cien años o más); *árbol secular* arbre séculaire ‖ FIG séculaire; *un prejuicio secular* un préjugé séculaire.
◆ *adj y s* séculier, ère (eclesiástico) ‖ *brazo secular* bras séculier.
secularización *f* sécularisation (de un religioso) ‖ désaffection (de una iglesia).
secularizar *v tr* séculariser (un religioso) ‖ désaffecter (una iglesia).
secundar *v tr* seconder ‖ assister; *secundar a un cirujano* assister un chirurgien.
secundario, ria *adj* secondaire.
◆ *m* secondaire.
sed *f* soif; *tener sed* avoir soif ‖ FIG soif; *la sed del oro* la soif de l'or ‖ — *apagar la sed* étancher la soif, désaltérer ‖ *quitar la sed* désaltérer; *bebida que quita la sed* boisson qui désaltère ‖ *rabiar de sed* mourir de soif.
seda *f* soie (textil); *seda artificial* soie artificielle; *seda cruda, floja* soie écrue o crue o grège, floche; *gusano de seda* ver à soie ‖ soie (cerda de puerco o de jabalí) ‖ — *seda cocida* soie cuite ‖ *seda de candongo* ou *de candongos* soie torse, organsin ‖ *seda ocal* ou *redonda* doupion, duppion ‖ — FIG *aunque la mona se vista de seda, mona se queda* le singe est toujours singe, fût-il vêtu de pourpre | *entrar como una seda* entrer comme dans du beurre | *hecho una seda* doux comme un agneau | *ir ou marchar como una seda* aller comme sur des roulettes, bien marcher, tourner rond | *ser como una seda* être doux comme de la soie (suave), être doux comme un agneau (dócil).
sedal *m* ligne *f* (para la pesca) ‖ MED séton.
sedán *m* AUTOM berline *f*.
sedante *adj y s m* calmant, e; sédatif, ive.
sedar *v tr* (*p us*) calmer.
sedativo, va *adj y s m* MED sédatif, ive.

sede *f* siège *m* (episcopal) ‖ siège *m*; *la sede de la ONU* le siège de l'O.N.U ‖ — *Santa Sede* Saint-Siège ‖ *sede social* siège social (sociedad).
sedentario, ria *adj y s* sédentaire.
sedentarismo *m* sédentarité *f*.
sedente *adj* (*p us*) assis, e (estatua).
sedería *f* soierie ‖ magasin *m* de soieries.
sedero, ra *adj* de la soie; *industria sedera* industrie de la soie.
◆ *m* soyeux (negociante de la seda).
sedicente *adj* soi-disant *inv*.
— OBSERV Este adjetivo, considerado anteriormente como un barbarismo en español, equivale a *supuesto*.
sedición *f* sédition (rebelión).
sedicioso, sa *adj y s* séditieux, euse; frondeur, euse (rebelde).
sediento, ta *adj* assoiffé, e ‖ FIG desséché, e; sec, sèche (campos) | avide, assoiffé, e; *sediento de riquezas* assoiffé de richesses.
sedimentación *f* sédimentation.
sedimentar *v tr* déposer (un sedimento).
◆ *v pr* se déposer.
sedimentario, ria *adj* sédimentaire.
sedimento *m* sédiment ‖ dépôt (en los líquidos).
sedoso, sa *adj* soyeux, euse.
seducción *f* séduction ‖ *mujer que tiene mucha seducción* femme très séduisante.
seducir* *v tr* séduire; *seducir con hermosas promesas* séduire par de belles promesses.
seductor, ra *adj y s* séducteur, trice.
◆ *adj* séduisant, e.
sefardí; sefardita *adj* séfarade.
◆ *m y f* Séfarade.
— OBSERV El plural de la palabra francesa es *sefardim*.
— OBSERV *Sefardí* est le nom donné aux juifs d'origine espagnole ou portugaise, qu'on trouve à l'heure actuelle dans les Balkans et en Afrique du Nord notamment, et qui ont conservé la façon de parler du XVe siècle, époque à laquelle ils furent expulsés de la Péninsule.
segadera *f* faucille (hoz), faux (guadaña).
segador *m* faucheur (trabajador) ‖ ZOOL faucheux, faucheur (araña).
segadora *adj y s f* moissonneuse; *segadora atadora* moissonneuse-lieuse ‖ faucheuse (guadañadora) ‖ *segadora trilladora* moissonneuse-batteuse.
segar* *v tr* faucher ‖ FIG faucher; *segados en plena juventud* fauchés en pleine jeunesse.
seglar *adj y s* laïque (laico); *el apostolado seglar* l'apostolat laïque.
◆ *m* séculier (lego).
segmentación *f* segmentation.
segmentar *v tr* segmenter.
segmentario, ria *adj* segmentaire.
segmento *m* GEOM & MECÁN segment; *segmento de cierre hermético* segment d'étanchéité.
Segovia *n pr* GEOGR Ségovie.
segoviano, na; segoviense *adj y s* de Ségovie.
segregación *f* ségrégation; *segregación racial* ségrégation raciale.
segregacionismo *m* ségrégationnisme.
segregacionista *adj y s* ségrégationniste.
segregar *v tr* séparer (apartar) ‖ sécréter (secretar).

segueta *f* scie à chantourner *o* à contourner *o* à découper.

seguida *f* (*p us*) suite ‖ *— de seguida* tout de suite ‖ *en seguida* aussitôt, tout de suite (sin esperar); *lo llamé y vino en seguida* je l'appelai et il vint aussitôt; *voy en seguida* j'y vais tout de suite; aussitôt après (acto continuo); *lo haré en seguida* je le ferai aussitôt après.

seguidamente *adv* de suite (de seguida) ‖ aussitôt (en seguida) ‖ aussitôt après (acto continuo).

seguidilla *f* MÚS séguedille.

seguido, da *adj* suivi, e ‖ de suite; *dos días seguidos* deux jours de suite ‖ rapproché, e; *ha tenido tres niños muy seguidos* elle a eu trois enfants très rapprochés ‖ en ligne droite (camino, carretera) ‖ *— acto seguido* sur-le-champ, tout de suite après, immédiatement après ‖ *iban tres camiones seguidos* il y avait trois camions l'un derrière l'autre, trois camions se suivaient.

◆ *adv* tout droit; *vaya seguido* allez tout droit ‖ (*amer*) souvent (a menudo) ‖ *todo seguido* tout droit; *siga usted, es todo seguido* continuez, c'est tout droit.

seguidor, ra *adj* qui suit.

◆ *m* partisan, adepte (partidario), supporter (en deportes) ‖ suiveur (ciclismo).

seguimiento *m* suite *f*, succession *f* ‖ FIG suivi (de un negocio).

seguir* *v tr* suivre (ir detrás o después) ‖ suivre (un discurso, una opinión, etc.) ‖ continuer; *seguir su camino* continuer son chemin ‖ continuer, poursuivre; *seguimos nuestras investigaciones* poursuivons nos recherches ‖ *— FIG el que la sigue la mata* on arrive toujours à ses fins ‖ *seguir con los ojos a uno* suivre quelqu'un des yeux ‖ *seguir de cerca a uno* suivre quelqu'un de près ‖ *seguir las zancadas de* rester dans la foulée de ‖ *seguir su curso* suivre son cours.

◆ *v intr* suivre (venir después) ‖ être toujours; *sigue en París* il est toujours à Paris; *mi tío sigue enfermo* mon oncle est toujours malade ‖ continuer à *o* de; *sigue trabajando* il continue à travailler ‖ *—¡que siga bien!* bonne continuation! ‖ *seguir con su trabajo* poursuivre son travail ‖ FIG & FAM *seguir en sus trece* ne pas vouloir en démordre, rester sur ses positions ‖ *seguir en su trabajo* faire toujours le même travail ‖ *seguir siendo* être toujours, continuer à être, rester; *a pesar de su edad sigue siendo guapa* elle reste belle malgré son âge ‖ *¡sigamos!* enchaînons! (teatro) ‖ *sigue* à suivre (folletín), T.S.V.P (carta, documento).

◆ *v pr* se suivre ‖ s'ensuivre, découler (inferirse).

según *prep* selon, suivant; *según los casos* selon les cas; *te pagaré según tu trabajo* je te paierai selon ton travail; *según te encuentres mañana* selon l'état dans lequel tu seras demain ‖ selon, d'après (con pronombres o nombres de persona); *según ellos* selon eux; *según eso* d'après cela; *Evangelio según San Lucas* Évangile selon saint Luc ‖ comme (como); *sigue todo según estaba* tout est comme avant ‖ à mesure que, au fur et à mesure que (conforme); *según nos acercábamos, el ruido aumentaba* à mesure que nous approchions, le bruit s'amplifiait ‖ à ce que; *según dicen* à ce qu'on dit; *según veo* à ce que je vois ‖ *— según el artículo 5 de la ley* aux termes de l'article 5 de la loi ‖ *según están las cosas* dans l'état actuel des choses ‖ *según que* selon que.

◆ *adv* tellement, tant; *no podía moverse, según estaba de cansado* il ne pouvait bouger, tellement il était fatigué ‖ ça dépend, c'est selon (*fam*); *vendrá o no, según* il viendra ou non, cela dépend ‖ *— es según* c'est selon, ça dépend ‖ *según y conforme* ou *según y como* tel, telle que; *te lo entrego según y como me lo dieron* je te le remets tel qu'on me l'a donné; c'est selon, ça dépend (depende).

segunda *f* double-tour *m* (cerraduras) ‖ seconde; *viajar en segunda* voyager en seconde ‖ seconde (velocidad) ‖ seconde (de esgrima) ‖ FIG arrière-pensée (reserva mental) ‖ sous-entendu *m*; *hablar con segundas* parler par sous-entendus.

segundar *v tr* recommencer, renouveler (repetir) ‖ seconder, aider (auxiliar).

◆ *v intr* venir en second lieu.

segundario, ria *adj* secondaire.

segundero, ra *adj* de la seconde récolte.

◆ *m* trotteuse *f* (en un reloj).

segundo, da *adj* deuxième, second, e ‖ *— de segunda mano* de seconde main, d'occasion ‖ *en segundo lugar* deuxièmement ‖ *segunda enseñanza* enseignement secondaire ‖ *segunda intención* sous-entendu; *hablar con segundas intenciones* parler par sous-entendus; arrière-pensée; *sin segunda intención* sans arrière-pensée ‖ *segundo jefe* commandant en second ‖ *segundo piso* second, deuxième étage ‖ *sobrino segundo* neveu au deuxième degré *o* à la mode de Bretagne (*fam*).

◆ *adv* deuxièmement (en segundo lugar).

◆ *m* seconde *f* (del reloj) ‖ second (en una jerarquía) ‖ second (piso) ‖ GEOM seconde *f* ‖ soigneur (en boxeo) ‖ MAR *el segundo de a bordo* le commandant en second, le second.

— OBSERV *Deuxième* y *second* son sinónimos, pero *deuxième* se emplea más bien en una enumeración de más de dos y *second* cuando la enumeración no pasa de dos.

segundón *m* cadet, puîné.

segur *f* hache (hacha) ‖ faucille (hoz).

segura *m* y *f* POP vigile *m* (de empresa) ‖ videur *m* (de discoteca).

seguramente *adv* sûrement.

seguridad *f* sécurité, sûreté ‖ assurance, certitude (certidumbre) ‖ caution, garantie (fianza) ‖ sûreté (destreza, firmeza) ‖ *— con toda seguridad* en toute sécurité (sin riesgo), avec certitude (decir) ‖ *de seguridad* de sûreté (mecanismo); *cerradura de seguridad* serrure de sûreté ‖ *Dirección General de Seguridad* Sûreté nationale ‖ *en la seguridad de que* avec l'assurance que ‖ *en seguridad* en sûreté, en sécurité ‖ *seguridad en sí mismo* assurance ‖ *Seguridad Social* Sécurité sociale ‖ *tener la seguridad de* être sûr de, avoir la certitude que.

seguro, ra *adj* sûr, e; certain, e (cierto); *estoy seguro de que ha venido* je suis sûr qu'il est venu ‖ en sécurité, à l'abri (libre de peligro) ‖ sûr, e (firme) ‖ confiant, e; tranquille (sin recelo) ‖ *dar por seguro* assurer, affirmer.

◆ *m* assurance *f*; *seguro a todo riesgo* assurance tous risques; *seguro contra accidentes* assurance accidents; *seguro contra robo* assurance vol; *seguro contra tercera persona* assurance au tiers; *seguro de incendios* assurance contre l'incendie; *seguro de vida* assurance sur la vie, assurance vie; *compañía de seguros* compagnie d'assurances ‖ cran d'arrêt, sécurité *f*, sûreté *f* (de armas) ‖ *— a buen seguro* sûrement, sans aucun doute ‖ *de seguro* à coup sûr ‖ *en seguro* en sûreté (a salvo) ‖ *seguros sociales* assurances sociales, sécurité sociale || *sobre seguro* sans prendre de risque, à coup sûr; *apostar sobre seguro* parier à coup sûr.

seis *adj* y *s m* six || — *dan las seis* 6 [six] heures sonnent || *el seis de enero* le 6 [six] janvier.

seiscientos, tas *adj* y *s m* six cents; *dos mil seiscientos* deux mille six cents || six cent; *seiscientos veinte* six cent vingt (seguido de otra cifra); *el año seiscientos* l'an six cent (cuando equivale a un ordinal) || *mil seiscientos* mille six cents, seize cents.

seísmo *m* séisme (terremoto).

selección *f* sélection; *selección natural* sélection naturelle || choix *m*; *una selección de libros* un choix de livres || — FOT *selección de color* séparation des couleurs || *selección por méritos* recrutement sur titres.

seleccionado, da *adj* y *s* DEP sélectionné, e.

seleccionador, ra *adj* y *s* DEP sélectionneur, euse.

seleccionar *v tr* sélectionner || choisir (elegir).

selectividad *f* RAD sélectivité.

selectivo, va *adj* sélectif, ive || *curso selectivo, selectivo* année préparatoire (en las escuelas técnicas superiores).

selecto, ta *adj* choisi, e; *poesías selectas* poésies choisies || FIG choisi, e (superior); *sociedad, vinos selectos* société choisie, vins choisis || *ser de lo más selecto* être ce qu'il y a de mieux.

selector *m* sélecteur.

selenio *m* QUÍM sélénium.

selenita *f* sélénite.

selenografía *f* ASTR sélénographie.

selfservice *m* self-service, libre-service.

— OBSERV Anglicisme qui correspond à l'espagnol *autoservicio*.

selva *f* forêt; *selva virgen* forêt vierge || — *la ley de la selva* la loi de la jungle.

Selva Negra *n pr* GEOGR Forêt-Noire.

selvático, ca *adj* forestier, ère; sylvestre (de las selvas) || sauvage (inculto).

sellado, da *adj* scellé, e (documento oficial) || cacheté, e; *carta sellada* lettre cachetée || timbré, e; *papel sellado* papier timbré || AUTOM *circuito sellado* circuit scellé.

◆ *m* scellage.

selladura *f* scellage *m* (de un documento oficial) || cachetage *m* (de una carta) || timbrage *m* (con timbre).

sellar *v tr* sceller (un documento oficial) || mettre un cachet sur; *me sellaron este papel en el consulado* on m'a mis un cachet sur ce papier au consulat || cacheter (una carta) || *sellar con lacre* cacheter à la cire || timbrer (timbrar) || DR mettre les scellés sur || contrôler, poinçonner (monedas y joyas) || FIG empreindre de, marquer de, marquer du sceau de (marcar) | sceller (la amistad) | terminer (concluir) || — *papel sin sellar* papier libre || FIG *sellar su suerte* sceller son destin.

sello *m* timbre (viñeta de papel); *sello fiscal* timbre fiscal || sceau (de documento oficial) || cachet (de metal o caucho y su marca) || tampon (de caucho) || cachet (medicina) || poinçon, contrôle (de monedas y joyas) || FIG cachet, marque *f*, griffe *f*; *sus obras llevan su sello* ses œuvres portent sa marque | marque *f*, empreinte *f*; *el sello del genio* l'empreinte du génie | cachet; *un sello de elegancia* un cachet d'élégance || — *sello de correo* timbre-poste || BOT *sello de Salomón* sceau-de-Salomon || *sello discográfico* label || — *echar el sello a una cosa* mettre la dernière main à une chose || *estampar* ou *poner su sello* apposer son sceau *o* son cachet || FIG *marcar con el sello de* marquer du sceau de *o* au coin de.

◆ *pl* DR scellés; *quebrantamiento* ou *violación de sellos* bris de scellés.

sema *m* GRAM sème.

semáforo *m* sémaphore (ferrocarril, marítimo) || feux *pl* de signalisation (de tráfico urbano).

semana *f* semaine; *semana inglesa* semaine anglaise; *semana grande* ou *mayor* ou *santa* semaine sainte || semaine (salario semanal) || — *durante la semana* en semaine, pendant la semaine || *entre semana* dans la semaine, dans le courant de la semaine || *fin de semana* week-end (sábado y domingo), nécessaire de toilette (maletín) || *la semana pasada, que viene* la semaine dernière, prochaine || FAM *la semana que no tenga viernes* la semaine des quatre jeudis.

— OBSERV En espagnol on utilise l'expression *Semana Santa* pour désigner l'époque de *Pâques*: *iré a Francia en Semana Santa* j'irai en France pour Pâques.

semanal *adj* hebdomadaire || — *descanso semanal* jour de fermeture (en una tienda) || *salario semanal* semaine.

semanalmente *adv* chaque semaine.

semanario, ria *adj* hebdomadaire (semanal).

◆ *m* hebdomadaire (periódico) || semainier (navajas de afeitar) || semainier (pulseras).

semántico, ca *adj* y *s f* sémantique.

semblante *m* visage, mine *f*, figure *f*; *semblante risueño* mine réjouie; *buen semblante* bonne mine || FIG aspect (apariencia) || — *en su semblante* sur son visage || *mal semblante* mauvaise mine (salud), mine *o* air désagréable (humor) || *mudar de semblante* changer de visage (persona), changer d'aspect (cosas).

semblantear *v tr (amer)* dévisager.

semblanza *f* notice biographique, portrait *m*.

sembrado *m* terre *f* cultivée, champ ensemencé, semis || *bosques y sembrados* les bois et les champs.

sembrador, ra *adj* qui sème.

◆ *m* y *f* semeur, euse.

◆ *f* semoir *m* (sembradera).

sembrar* *v tr* AGRIC semer; *sembrar a chorrillo* semer en ligne; *sembrar a golpe* semer au plantoir; *sembrar a voleo* ou *al voleo* semer à la volée || FIG semer; *sembrar el pánico, la discordia, a los cuatro vientos* semer la panique, la discorde, à tous vents | répandre, diffuser (una doctrina) || parsemer, joncher (un camino con flores, palmas) || — *quien siembra recoge* il faut semer pour récolter || *quien siembra vientos recoge tempestades* qui sème le vent récolte la tempête.

semejante *adj* semblable; *dos objetos semejantes* deux objets semblables || semblable, pareil, eille; *en semejante caso* dans un cas semblable; *con semejante frescura* avec un toupet pareil || ce, cette; en question; *nunca vi a semejante tipo* je n'ai jamais vu ce type-là || GEOM semblable.

◆ *m* semblable.

semejanza *f* ressemblance (parecido) || similitude; *la semejanza de los métodos* la similitude des méthodes || comparaison (símil) || GEOM similitude;

relación de semejanza rapport de similitude || *a semejanza de* comme, à l'instar de, à l'imitation de.
semejar *v intr* ressembler.
→ *v pr* se ressembler.
semen *m* BIOL semence *f*, sperme || BOT semence *f*.
semental *adj m y s m* étalon (animal macho).
sementera *f* semailles *pl* (acción y tiempo) || terrain *m* ensemencé, semis *m* (tierra) || FIG source, origine, germe *m*.
semestral *adj* semestriel, elle.
semestre *m* semestre.
semiárido, da *adj* semi-aride.
semiautomático, ca *adj* MIL semi-automatique.
semibreve *f* MÚS demi-temps *m*.
semicilíndrico, ca *adj* hémicylindrique, demi-cylindrique.
semicilindro *m* demi-cylindre.
semicircular *adj* semi-circulaire, demi-circulaire.
semicírculo *m* GEOM demi-cercle.
semicircunferencia *f* GEOM demi-circonférence.
semiconductor *m* ELECTR semi-conducteur.
semiconserva *f* semi-conserve.
semiconsonante *adj y s f* GRAM semi-consonne.
semicorchea *f* MÚS double croche || *silencio de semicorchea* quart de soupir.
semiculto, ta *adj* moyennement cultivé, e.
semidesnatado, da *adj* demi-écrémé, e (leche) || 50% de matières grasses (queso, yogurt) .
semidiós, osa *m y f* demi-dieu *m*.
semidirecto, ta *adj* semi-direct, e.
semidormido, da *adj* à moitié endormi, e; assoupi, e.
semidulce *adj* douceâtre (vino).
semieje *m* demi-axe.
semiesfera *f* hémisphère *m*.
semiesférico, ca *adj* hémisphérique.
semifinal *f* demi-finale.
semifinalista *adj y s* demi-finaliste.
semifusa *f* MÚS quadruple croche.
semihilo *m* tissu de fil et fibre mélangés.
semilla *f* graine, semence (menos usado) || FIG semence; *la sangre de los mártires fue semilla de los cristianos* le sang des martyrs a été la semence des chrétiens | source (origen) || FIG *echar la semilla de la discordia* semer la discorde.
semillero *m* pépinière *f* || FIG pépinière *f* (cantera); *esta escuela es un semillero de estadistas* cette école est une pépinière d'hommes d'État | foyer, source *f*; *esto ha sido un semillero de disturbios* ceci a été un foyer de troubles.
seminal *adj* BIOL séminal, e.
seminario *m* séminaire (colegio eclesiástico) || pépinière *f* (semillero) || séminaire (de investigaciones) || *— seminario de teología* scolasticat || *seminario mayor, menor* grand, petit séminaire.
seminarista *m* séminariste.
semínima *f* MÚS noire, semi-minime (nota).
seminómada *adj y s* semi-nomade.
seminomadismo *m* semi-nomadisme.
semioculto, ta *adj* à demi caché, e.
semiología *f* MED sémiologie.
semiológico, ca *adj* MED sémiologique.

semiólogo, ga *m y f* MED sémiologue.
semiótica *f* sémiotique.
semipesado *adj m y s m* mi-lourd (boxeo).
semiprecioso, sa *adj* semi-précieux, euse; fin, e (piedra).
Semíramis *n pr* MIT Sémiramis.
semirrecto *adj m* à 45° (ángulo).
semirrefinado, da *adj* à demi raffiné, e.
semirremolque *m* semi-remorque *f*.
semiseco, ca *adj* demi-sec.
semita *adj* sémite.
→ *m y f* Sémite.
semítico, ca *adj* sémitique.
semitismo *m* sémitisme.
semitono *m* MÚS demi-ton, semi-ton.
semitransparente *adj* à demi transparent, e.
semivocal *f* GRAM semi-voyelle.
sémola *f* semoule.
semoviente *adj* DR *bienes semovientes* cheptel vif (ganado).
sempiterno, na *adj* éternel, elle (eterno) || FIG sempiternel, elle (fastidioso).
→ *f* BOT immortelle.
sen *m* séné (planta) || sen (unidad monetaria).
sena *f* séné *m* (planta) || six *m* (dados o dominó).
Sena *n pr m* GEOGR Seine *f*.
senado *m* sénat.
senador *m* sénateur.
senatorio, ria; senatorial *adj* sénatorial, e.
sencillamente *adv* simplement.
sencillez *f* simplicité (naturaleza) || simplicité; *un mecanismo de una gran sencillez* un mécanisme d'une grande simplicité.
sencillo, lla *adj* simple; *no hay cosa más sencilla* il n'y a rien de plus simple || FIG simple, naïf, ive (crédulo) || *sencillo a la par que elegante* simple et de bon goût.
senda *f* sentier *m*, sente *(p us)* || FIG chemin *m*; *tomar la mala senda* prendre le mauvais chemin.
senderear *v tr* conduire par un sentier || tracer un sentier (abrir un camino).
→ *v intr* FIG prendre des moyens *o* des chemins détournés.
senderismo *m* randonnée *f* pédestre.
sendero *m* sentier, sente *f (p us)*.
sendos, das *adj pl* chacun un, chacun une; chacune un, chacune une; *los tres hombres llevaban sendos sombreros* les trois hommes portaient chacun un chapeau.
Séneca *n pr m* Sénèque || FIG puits de science, homme très savant.
senectud *f* sénilité, vieillesse.
Senegal *n pr m* GEOGR Sénégal.
senegalés, esa *adj* sénégalais, e.
→ *m y f* Sénégalais, e.
senescal *m* sénéchal.
senescencia *f* BIOL sénescence.
senil *adj* sénile (de la vejez).
senilidad *f* sénilité.
senior *m* senior.
seno *m* sein (pecho) || FIG sein; *en el seno del mar* dans le sein de la mer | giron, sein (de la Iglesia) || MAR anse *f* (bahía pequeña) | sein (de una vela) || ANAT & MAT sinus || *— seno de un ángulo* sinus d'un

sensación

angle ‖ *seno de un arco* sinus d'un arc ‖ *seno esfenoidal* sinus sphénoïdal ‖ *seno etmoidal* sinus ethmoïdal ‖ *seno frontal* sinus frontal ‖ — *el seno de Abrahán* le sein d'Abraham.
sensación *f* sensation; *causar sensación* faire sensation ‖ clou *m*; *este número ha sido la sensación de la noche* ce numéro a été le clou de la soirée.
sensacional *adj* sensationnel, elle.
sensacionalismo *m* sensationnalisme.
sensacionalista *adj* à sensation.
sensatez *f* bon sens *m* (buen sentido) ‖ sagesse; *la sensatez de una contestación* la sagesse d'une réponse.
sensato, ta *adj* sensé, e.
sensibilidad *f* sensibilité.
sensibilización *f* FOT sensibilisation.
sensibilizar *v tr* FOT sensibiliser.
sensible *adj* sensible (perceptible) ‖ sensible (impresionable).
sensiblería *f* sensiblerie.
sensiblero, ra *adj* d'une sensibilité extrême *o* outrée, exagérément sensible.
sensitiva *f* BOT sensitive.
sensitivo, va *adj* sensitif, ive.
sensor *m* capteur.
sensorial; sensorio, ria *adj* sensoriel, elle.
sensual *adj* sensuel, elle.
sensualidad *f* sensualité.
sentada *f* séance *(p us)* ‖ sit-in *m* [manifestation non violente] ‖ *(amer)* court galop *m* (remesón) ‖ *de una sentada* en une seule fois, d'un trait, tout d'une traite.
sentado, da *adj* assis, e ‖ FIG sensé, e (sesudo) ‖ sage (quieto) ‖ réfléchi, e; posé, e (reflexivo) ‖ BOT sessile ‖ — *cabeza sentada* esprit posé *o* rassis ‖ *pan sentado* pain rassis ‖ — FIG *dar por sentado* considérer comme bien établi *o* comme définitif *o* comme acquis ‖ *estar sentado* occuper une situation bien assise ‖ *haber sentado la cabeza* s'être assagi ‖ *quiero dejar bien sentado que* il doit être bien établi que ‖ *sentado esto* ceci posé ‖ FAM *¡ya puedes esperar sentado!* tu peux toujours courir *o* attendre!
sentar* *v tr* asseoir ‖ inscrire, consigner (inscribir) ‖ rabattre (las costuras) ‖ — FIG *sentar cabeza* s'assagir, se calmer (volverse razonable), se ranger (llevar una vida ordenada) ‖ *sentar las bases de* jeter les bases de ‖ *sentar la mano a uno* frapper quelqu'un, porter la main sur quelqu'un ‖ *sentar plaza* s'enrôler (un soldado) ‖ *sentar por escrito* coucher *o* mettre par écrit ‖ *sentar sus reales* établir son camp, dresser sa tente, s'installer, s'établir ‖ *sentar un precedente* établir un précédent.
◆ *v intr* FIG *sentar bien, mal* réussir, ne pas réussir (comida), aller bien, mal; seoir, ne pas seoir (vestido, color, forma); *le sienta bien este chaleco* ce gilet vous va bien; faire du bien, du mal (a la salud), convenir, ne pas convenir (convenir *o* no), plaire, ne pas plaire; *le ha sentado mal lo que le dije* ce que je lui ai dit ne lui a pas plu ‖ *sentar como anillo al dedo* aller comme un gant.
◆ *v pr* s'asseoir; *sentarse en una silla* s'asseoir sur une chaise ‖ laisser *o* faire une marque, marquer (hacer una huella) ‖ se déposer; *el poso del café se ha sentado en el fondo de la taza* le marc du café s'est déposé au fond de la tasse ‖ — *sentarse a la mesa* se mettre à table ‖ FIG *sentársele a uno el juicio* s'assagir, devenir raisonnable.
sentencia *f* sentence (máxima) ‖ DR sentence, jugement *m*, arrêt *m*; *pronunciar la sentencia* rendre la sentence ‖ — DR *con la sentencia en suspenso* avec sursis ‖ *sentencia en rebeldía* jugement par contumace *o* par défaut ‖ *sentencia firme* jugement sans appel ‖ *visto para sentencia* mis en délibéré.
sentenciar *v tr* juger (juzgar) ‖ condamner; *sentenciar a destierro* condamner à l'exil.
sentencioso, sa *adj* sentencieux, euse.
sentido *m* sens; *esta frase tiene varios sentidos* cette phrase a plusieurs sens; *sentido común* sens commun; *buen sentido* bon sens; *el sentido de la vista, del olfato* le sens de la vue, de l'odorat ‖ connaissance *f* (conocimiento) ‖ sens (dirección); *calle en sentido único* rue à sens unique ‖ — *de doble sentido* à double sens ‖ *en contra del sentido común* en dépit du bon sens ‖ *en el sentido de que* en ce sens que ‖ *en todos los sentidos* dans tous les sens (una palabra), de long en large, dans tous les sens ‖ — FIG *aguzar el sentido* prêter toute son attention, faire grande attention ‖ FAM *costar un sentido* coûter les yeux de la tête *o* un prix fou ‖ *dar mal sentido a algo* prendre quelque chose dans son mauvais sens *o* en mal ‖ *dar sentido torcido a* entendre malice à ‖ *esto no tiene sentido* cela n'a aucun sens, ça ne rime à rien ‖ FAM *llevar* ou *pedir un sentido* demander un prix fou ‖ *perder el sentido* se trouver mal, perdre connaissance (desmayarse), perdre le souffle (de admiración), perdre la tête (volverse loco) ‖ FAM *poner sus cinco* ou *todos sus sentidos en una cosa* apporter tous ses soins *o* toute son attention à une chose ‖ *recuperar el sentido* reprendre connaissance *o* ses esprits, revenir à soi ‖ *tomar una cosa en buen, en mal sentido* prendre quelque chose dans le bon sens *o* en bien *o* en bonne part; dans le mauvais sens *o* en mal *o* en mauvaise part.
sentido, da *adj* bien senti, e; *elogios sentidos* des éloges bien sentis ‖ émouvant, e; *una sentida manifestación de duelo* une manifestation émouvante de douleur ‖ sincère (sincero); *sentida emoción* émotion sincère ‖ ému, e; *un sentido recuerdo* un souvenir ému ‖ FIG susceptible ‖ *sentido pésame* sincères condoléances.
sentimental *adj* sentimental, e.
sentimentalismo *m* sentimentalité *f*, sentimentalisme.
sentimiento *m* sentiment; *tener buenos sentimientos* avoir de bons sentiments ‖ peine *f*, tristesse *f* (aflicción) ‖ regret (pesar); *tengo el sentimiento de decírselo* j'ai le regret de vous le dire ‖ — *con mi mayor sentimiento* avec tous mes regrets ‖ *le acompaño en el sentimiento* je partage votre douleur.
sentina *f* MAR sentine.
sentir *m* sentiment; *el sentir de la nación* le sentiment de la nation ‖ avis (parecer); *en mi sentir* à mon avis.
sentir* *v tr* sentir; *sentir frío, hambre* sentir le froid, la faim ‖ entendre (oír); *se sintió una fuerte explosión* on entendit une forte explosion ‖ sentir (apreciar); *sentir la poesía* sentir la poésie ‖ éprouver, ressentir, avoir (en lo moral); *sintió mucha pena* il a eu beaucoup de peine ‖ regretter, être désolé, être peiné (afligirse); *siento que se vaya* je regrette que vous partiez; *siento no haberlo visto* je

suis désolé de ne pas l'avoir vu ‖ penser, juger (opinar) ‖ sentir, pressentir (barruntar) ‖ — *sentir en el alma* regretter vivement *o* du fond du cœur, être désolé *o* navré ‖ *sin sentir* sans s'en rendre compte.

◆ *v pr* se sentir; *sentirse enfermo, obligado a* se sentir malade, obligé de ‖ souffrir; *sentirse de la cabeza* souffrir de la tête ‖ se plaindre (quejarse) ‖ se fendiller (rajarse) ‖ se faire sentir; *comienza a sentirse el frío* le froid commence à se faire sentir ‖ se gâter (pudrirse) ‖ — *no se siente una mosca* on entendrait une mouche voler ‖ *sentirse como un pez en el agua* être comme un poisson dans l'eau ‖ *sentirse con ánimos para* se sentir le courage de.

seña *f* signe *m*; *hablar por señas* parler par signes; *hacer señas* faire des signes ‖ MIL contre-mot *m* ‖ *santo y seña* mot de passe ‖ *seña de reunión* signe de ralliement ‖ *seña mortal* signe certain.

◆ *pl* adresse *sing*; *le di mis señas* je lui ai donné mon adresse ‖ signalement *m* (filiación) ‖ — *dar señas de contento* donner des signes de contentement ‖ *por más señas* pour être plus précis, pour plus de détails.

señal *f* marque (marca) ‖ signal *m*; *señal de alarma* signal d'alarme; *dar la señal* donner le signal ‖ signe *m* (signo, indicio); *buena, mala señal* bon, mauvais signe ‖ signe *m*, geste *m*; *hacer una señal con la mano* faire un geste de la main ‖ marque, trace (cicatriz) ‖ preuve, témoignage *m* (prueba) ‖ signe *m* distinctif (en un pasaporte) ‖ signe *m* (prodigio) ‖ marque; *poner una señal en un libro* mettre une marque dans un livre ‖ repère *m* ‖ acompte *m*, arrhes *pl* (dinero); *dejar una señal* laisser des arrhes ‖ tonalité (teléfono) ‖ FIG échantillon *m*; *dar una señal de su talento* donner un échantillon de son talent ‖ — *señal accionadora* signal de commande ‖ RELIG *señal de la Cruz* signe de croix ‖ *señal del casco* consigne (de las botellas) ‖ *señal de prohibido estacionar* panneau d'interdiction de stationner ‖ *señal de tráfico* panneau indicateur *o* de signalisation (placa) ‖ *señales de socorro* signaux de détresse ‖ *señales de tráfico* signaux de la circulation, signalisation routière ‖ — *en señal de* en signe de, comme preuve de ‖ *explicar con pelos y señales* expliquer avec force détails *o* en long, en large et en travers ‖ *ni señal* pas la moindre trace ‖ *no dar señales de vida* ne pas donner signe de vie.

señaladamente *adv* particulièrement; *muy señaladamente* et tout particulièrement.

señalado, da *adj* FIG remarquable, fameux, euse; insigne (insigne) ‖ *de manera muy señalada* d'une façon très remarquable ‖ fixé, e; *el día señalado* le jour fixé ‖ remarqué, e; *una ausencia señalada* une absence remarquée ‖ FIG *un día señalado* un grand jour.

señalamiento *m* DR assignation *f* ‖ signalisation *f* (uso de las señales).

— OBSERV El francés *signalement* corresponde en español a *filiación*.

señalar *v tr* marquer (poner una señal); *señalar con lápiz* marquer au crayon ‖ montrer (indicar); *señalar con el dedo* montrer du doigt ‖ faire remarquer (hacer observar) ‖ signaler; *señalar algo a la atención del público* signaler quelque chose à l'attention du public ‖ remarquer; *el periodista señala en el artículo la importancia del problema* le journaliste remarque dans l'article l'importance de la question ‖ fixer, marquer (una cita) ‖ fixer (fecha) ‖ indiquer; *el reloj señala la hora* l'horloge indique l'heure ‖ marquer (dejar cicatriz) ‖ parapher (rubricar) ‖ marquer (cartas) ‖ désigner; *señalar a alguien para hacer algo* désigner quelqu'un pour faire quelque chose ‖ DR assigner.

◆ *v pr* FIG se signaler, se distinguer (distinguirse) ‖ se dessiner (perfilarse).

señalización *f* signalisation (tráfico).

señalizar *v tr* signaliser.

señero, ra *adj* seul, e (solo) ‖ sans égal (sin par) ‖ FIG *figura señera* héros, figure de proue.

señor, ra *adj* distingué, e; noble (distinguido) ‖ FAM beau, belle; drôle de, de taille; *una señora herida* une belle blessure, une blessure de taille, une drôle de blessure.

◆ *m y f* maître, maîtresse (dueño, amo) ‖ *dárselas o echárselas de señor, de señora* faire le seigneur, jouer à la grande dame.

◆ *m* monsieur; *un señor mayor* un monsieur d'un certain âge; *el señor Pérez* Monsieur Pérez ‖ seigneur (feudal) ‖ sire (título real) ‖ DR sieur ‖ — *a lo gran señor* en grand seigneur, sur un grand pied ‖ *a tal señor, tal honor* à tout seigneur, tout honneur ‖ FAM *de padre y muy señor mío* de taille, gratiné, e; de première classe, énorme (descomunal) ‖ *el Señor, Nuestro Señor* le Seigneur, Notre-Seigneur ‖ *el señor conde, marqués* Monsieur le comte, le marquis ‖ *el señor obispo* monseigneur l'évêque ‖ *estimado señor* cher Monsieur ‖ *muy señor mío* cher Monsieur ‖ *señor de horca y cuchillo* seigneur haut justicier ‖ *¡sí señor!* mais si!, comme je vous le dis! (es así); bravo! (en el cante flamenco) ‖ *su señor padre* monsieur votre père ‖ — *el señor no está* Monsieur n'est pas là (criados) ‖ *es mi dueño y señor* c'est mon seigneur et maître ‖ *ser siempre señor de sus actos* être toujours maître de ses actes ‖ *ser todo un señor* être un gentleman.

◆ *f* dame; *una señora mayor* une dame d'un certain âge; *señora de compañía* dame de compagnie; *peluquería de señoras* coiffeur pour dames ‖ madame (tratamiento de cortesía); *la Señora de Pérez* Madame Pérez [«de» signifie «épouse de» M. Pérez]; *sí, señora* oui, madame; *señora Doña Isabel Martín de Ibarra* madame Isabelle Ibarra (née Martin) ‖ FAM femme (esposa); *recuerdos a su señora* mon bon souvenir à votre femme (la forma «à votre dame» es vulgar) ‖ — *la señora condesa, la señora marquesa* Madame la comtesse, Madame la marquise ‖ *la señora de Tal* Madame Unetelle ‖ *la Señora madre* Madame mère ‖ *la señora no está* madame n'est pas là (criados) ‖ *Nuestra Señora* Notre-Dame ‖ *señoras y señores* mesdames, messieurs ‖ *su señora madre* madame votre mère.

◆ *interj* Seigneur!, Seigneur Dieu!

señorear *v tr* dominer, commander (mandar) ‖ FIG dominer (desde lo alto) ‖ dominer, maîtriser (las pasiones) ‖ FAM donner du Monsieur à tout bout de champ.

◆ *v pr* s'emparer (apoderarse).

señoría *f* seigneurie (título, territorio, gobierno); *Su Señoría* Votre Seigneurie.

señorial *adj* seigneurial, e ‖ FIG imposant, e (imponente) ‖ aristocratique (aristocrático) ‖ élégant, e; *un barrio señorial* un quartier élégant ‖ de grand seigneur (comportamiento) ‖ — FIG *un coche señorial* une voiture de grande classe ‖ *un piso señorial* un appartement cossu.

señoril *adj* de grand seigneur, de grande dame; seigneurial, e.

señorío *m* pouvoir, autorité *f* (mando) ‖ seigneuriage (derecho del señor) ‖ domaine (territorio) ‖ seigneurie *f* (dignidad señorial) ‖ FIG dignité *f* (dignidad) | gravité *f* (seriedad) ‖ maîtrise *f* de soi (voluntad) ‖ le beau monde (gente distinguida) ‖ *señorío feudal* suzeraineté.

señorita *f* jeune fille, demoiselle *(p us)* ‖ mademoiselle (tratamiento de cortesía); *señorita Pelayo* Mademoiselle Pelayo ‖ FAM madame, mademoiselle (nombre que dan los criados a sus amas); *señorita, le llaman* mademoiselle, on vous demande [style direct]; *¿está la señorita en casa?* Mademoiselle est-elle là? [style indirect]; *la señorita Isabel me lo dijo* Mademoiselle Isabelle me l'a dit ‖ *señorita de compañía* demoiselle de compagnie.

señoritingo, ga *m y f* FAM petit monsieur, petite péronelle; fils, fille à papa.

señoritismo *m* règne des fils à papa, les fils à papa; *hay que acabar con el señoritismo* il faut en finir avec les fils à papa.

señorito *m* FAM monsieur (nombre que dan los criados a sus amos); *el señorito ha salido* monsieur est sorti; *el señorito me lo ha dado* monsieur me l'a donné | patron (hablando entre criados); *el señorito se ha comprado un nuevo coche* le patron a acheté une nouvelle voiture ‖ fils de famille, fils à papa (hijo de un padre influyente y rico); *es un barrio lleno de señoritos* c'est un quartier plein de fils à papa.

señorón, ona *adj* distingué, e (muy señor) ‖ FAM qui prend des airs de grand seigneur *o* de grande dame ‖ *tú, como eres muy señorón, no harás un trabajo tan humilde* grand seigneur comme tu l'es, tu ne feras pas un travail si humble.

señuelo *m* leurre ‖ appeau (cimbel), miroir à alouettes (para alondras) ‖ FIG piège (trampa); *caer en el señuelo* tomber dans le piège | mirage; *la juventud se marcha a otros países tras el señuelo de los salarios altos* les jeunes gens partent pour d'autres pays attirés par le mirage des salaires élevés ‖ *(amer)* groupe de bêtes domestiquées conduisant un troupeau sauvage (mansos).

seo *f* cathédrale (en Aragón).

sep.; sept. abrev de *septiembre* septembre.

sépalo *m* BOT sépale.

separación *f* séparation ‖ écartement *m* (distancia) ‖ DR *separación matrimonial* séparation de corps.

separado, da *adj* séparé, e ‖ écarté, e; *tiene los dientes muy separados* il a les dents très écartées ‖ *por separado* séparément.

separador, ra *adj y s m* séparateur, trice.

separar *v tr* séparer (apartar) ‖ écarter; *bajo las piernas separadas de Gulliver pasaba todo el pueblo* sous les jambes écartées de Gulliver passait le peuple tout entier ‖ mettre à part (poner de lado) ‖ détacher; *separar el brazo del cuerpo* détacher le bras du corps ‖ suspendre; *separar a un funcionario de su puesto* suspendre un fonctionnaire [de ses fonctions].
◆ *v pr* se séparer (los esposos) ‖ se défaire; *nunca me separaré de esta joya* je ne me déferai jamais de ce bijou ‖ s'éloigner, s'écarter; *el barco se separaba cada vez más de la costa* le bateau s'éloignait de plus en plus de la côte ‖ abandonner; *se ha separado de su negocio* il a abandonné son affaire ‖ DR se désister de, renoncer à.

separata *f* IMPR tirage *m* à part.

separatismo *m* séparatisme.

separatista *adj y s* séparatiste.

separo *m (amer)* cellule *f*, cachot.

sepelio *m* inhumation *f*, enterrement; *el sepelio fue presidido por el primer ministro* l'inhumation a eu lieu sous la présidence du Premier ministre.

sepia *f* sépia.

sept. → **sep**.

septenado; septenato *m* septennat.

septenal *adj* septennal, e.

septenio *m* septennat.

septentrional *adj* septentrional, e.

septeto *m* MÚS septuor.

septicemia *f* MED septicémie.

septicémico, ca *adj y s* septicémique.

séptico, ca *adj* septique.

septiembre; setiembre *m* septembre.
— OBSERV Le dictionnaire de l'Académie espagnole de la langue admet l'orthographe *setiembre* qui est celle qui a été adoptée par la plupart des écrivains américains de langue espagnole, et même par certains écrivains espagnols (Unamuno, Cela), qui la font alterner avec l'orthographe *septiembre*. Il faut remarquer en outre que, dans la prononciation de ce mot, le *p* n'est pour ainsi dire pas audible.

séptima *f* septième (juegos) ‖ MÚS septième ‖ septime (esgrima).

séptimo, ma; sétimo, ma *adj y s* septième; *el séptimo cielo* le septième ciel ‖ sept; *Carlos VII (séptimo)* Charles VII [sept] ‖ — *en séptimo lugar* septièmement, septimo *(p us)* ‖ *la séptima parte* le septième.
◆ *f* MÚS septième; *séptima aumentada, diminuta* septième augmentée, diminuée; *séptima mayor, menor* septième majeure, mineure.

septuagenario, ria *adj y s* septuagénaire.

septuplicar *v tr* septupler.
◆ *v pr* septupler.

séptuplo, pla *adj y s m* septuple.

sepulcral *adj* sépulcral, e ‖ — *lápida sepulcral* pierre tombale ‖ FIG *silencio sepulcral* silence de mort ‖ *voz sepulcral* voix sépulcrale.

sepulcro *m* sépulcre, tombeau ‖ — *el Santo Sepulcro* le Saint-Sépulcre ‖ *sepulcro blanqueado* sépulcre blanchi ‖ FIG *ser un sepulcro* être muet comme une tombe | *tener un pie en el sepulcro* avoir un pied dans la tombe.

sepultar *v tr* ensevelir, enterrer ‖ emmurer; *mineros sepultados* des mineurs emmurés ‖ FIG ensevelir (ocultar, olvidar); *recuerdos sepultados en la noche de los tiempos* des souvenirs ensevelis dans la nuit des temps; *una caja sepultada entre otros objetos* une boîte ensevelie parmi d'autres objets | plonger, abîmer (absorber); *sepultado en sus pensamientos* plongé dans ses pensées.

sepulto, ta *adj* enseveli, e.
— OBSERV Ce mot est le participe passé irrégulier de *sepultar*.

sepultura *f* sépulture ‖ tombe, tombeau *m* (tumba) ‖ — *dar sepultura* ensevelir, enterrer ‖ FAM *estar con un pie aquí y otro en la sepultura* avoir un pied dans la tombe | *genio y figura hasta la sepultura* chassez le naturel, il revient au galop; on est comme on est; le loup mourra dans sa peau.

sepulturero *m* fossoyeur.

sequedad *f* sécheresse.
sequía *f* sécheresse.
séquito *m* suite *f*, cortège (de personas) ‖ FIG cortège; *la guerra y su séquito de horrores* la guerre et son cortège d'horreurs.
ser *m* être; *los seres humanos* les êtres humains ‖ existence *f*, vie *f* ‖ essence *f* (esencia).
ser* *v intr*

> 1. SENTIDOS GENERALES — 2. SER DE — 3. SER PARA — 4. LOCUCIONES DIVERSAS

1. SENTIDOS GENERALES être; *soy español* je suis Espagnol (voir OBSERV 1); *somos dos* nous sommes deux ‖ arriver (suceder); *¿cómo fue eso?* comment cela est-il arrivé? ‖ avoir lieu (tener lugar); *la toma de Granada fue en 1492* la prise de Grenade eut lieu en 1492 ‖ être, coûter (costar); *¿a cuánto es la carne?* à combien est la viande?, combien coûte la viande? ‖ être à (pertenecer); *este libro es mío* ce livre est à moi ‖ faire; *dos y dos son cuatro* deux et deux font quatre ‖ être qui, que, etc.; *soy yo el que lo hice* ou *quien lo hizo* c'est moi qui l'ai fait (véase OBSERV 3)
2. SER DE être en (materia); *la mesa es de madera* la table est en bois ‖ être à (pertenecer); *es de Juan* c'est à Jean ‖ être de, être du parti de (ser del partido de uno); *soy de Don Juan* je suis avec Don Juan ‖ être; *¡hay que ver cómo es de goloso!* il faut voir comme il est gourmand! ‖ falloir, être à (deber); *es de ver* il faut voir, c'est à voir ‖ advenir de, devenir; *¿qué habría sido de mí?* que serait-il advenu de moi?; *¿qué ha sido de tu novia?* qu'est devenue ta fiancée?
3. SER PARA être pour; *es para escribir* c'est pour écrire ‖ être à; *es para morirse de risa* c'est à mourir de rire ‖ être doué pour *o* apte à (apto para); *ser para poco* ne pas être bon *o* ne pas servir à grand-chose.
4. LOCUCIONES DIVERSAS *a no ser* si ce n'est ‖ *a no ser que* à moins que ‖ *¡así sea!* ainsi soit-il! ‖ *aun cuando fuera* fût-il ‖ *aunque fuese* fût-ce ‖ *¿cómo es eso!* eh bien!, voyons! ‖ *¿cómo es que...?* comment se fait-il que...? ‖ *de no ser* si ce n'était ‖ *de no ser así* sinon, autrement ‖ *érase que se era, érase una vez* il était une fois (en cuentos) ‖ *eso es* c'est cela, c'est ça (fam) ‖ *esto es* c'est-à-dire ‖ *lo que sea* n'importe quoi, ce que vous voudrez ‖ FAM *¡más eres tú!* tu ne t'es pas regardé!, tu peux parler! ‖ *¡no es para menos!* il y a de quoi! ‖ *no puede ser* ce n'est pas possible ‖ *¡no somos nada!* nous ne sommes pas grand-chose! ‖ *o sea en otros términos* autrement dit ‖ *o sea que* c'est-à-dire que (esto es), autrement dit, si bien que (en conclusión) ‖ *por un sí es no es* pour un rien ‖ *sea soit* ‖ *sea lo que Dios quiera* que la volonté de Dieu soit faite ‖ *sea lo que fuere* ou *lo que sea* quoi qu'il en soit ‖ *sea o no sea* de toute façon, quoi qu'il en soit ‖ *ser de lo que no hay* être unique en son genre, ne pas avoir son pareil ‖ *si yo fuera usted* si j'étais vous, à votre place ‖ FAM *un si es no es* un tant soit peu, un tantinet ‖ *ya sea... ya sea* soit... soit.
— OBSERV 1. — *Ser*, à la différence de *estar*, indique une qualité essentielle ou permanente du sujet: *es una mujer* c'est une femme; *es joven, española, simpática, secretaria, etc.* elle est jeune, espagnole, sympathique, secrétaire, etc. D'autre part, c'est *ser* que l'on emploie comme auxiliaire pour la voix passive, lorsque le complément d'agent est exprimé: *el carbón es extraído por los mineros* le charbon est extrait par les mineurs.

— OBSERV 2. — Al principio de la oración, *es se* traduce por *c'est* o *il est*, según los casos: *a)* Seguido de un sustantivo o si el sujeto está sobrentendido, se dice *c'est* (plural *ce sont*): *es mi madre* c'est ma mère; *son mis hermanas* ce sont mes sœurs; *fue una empresa difícil de realizar* ce fut une entreprise difficile à réaliser. *b)* Seguido de un pronombre personal: *soy yo, son ellos* c'est moi, ce sont eux. *c)* Seguido de un adjetivo y si el sujeto va después de éste, se emplea *il est... de: es agradable pasearse por la noche* il est agréable de se promener le soir. *d)* Con un adverbio solo (sin correlativo) se dice *il est: es tarde* il est tard.
— OBSERV 3. — En francés, las expresiones correlativas *c'est... qui, c'est... que* son invariables: *fue al director a quien me dirigí* c'est au directeur à qui je me suis adressé; *aquí es donde paso mis vacaciones* c'est ici que je passe mes vacances; *así es como se debe hacer* c'est ainsi qu'il faut faire. En el plural se dice *c'est* en la 1.ª y 2.ª persona (*somos nosotros los que c'est nous qui*), y *ce sont* en la 3.ª.
SER *abrev de Sociedad Española de Radiodifusión* Société espagnole de radiodiffusion (la cadena SER).
sérac *m* GEOL sérac (en un glaciar).
seráfico, ca *adj* séraphique ‖ *doctor Seráfico* docteur Séraphique [saint Bonaventure].
serafín *m* séraphin ‖ FIG chérubin.
Serbia *n pr f* GEOGR Serbie.
serbio, bia *adj* serbe.
➤ *m y f* Serbe.
serbocroata *adj* serbo-croate.
➤ *m y f* serbo-croate (lengua).
serenar *v tr* calmer (el mar, etc.) ‖ FIG rasséréner, calmer (a uno) ‖ calmer, apaiser (los espíritus, las pasiones) ‖ clarifier (un líquido).
➤ *v pr* se calmer.
serenata *f* sérénade ‖ FIG & FAM *dar la serenata* casser les pieds.
serenidad *f* sérénité *(p us)*, calme *m* (calma, sosiego) ‖ sérénité (del cielo) ‖ sérénité (título).
serenísimo, ma *adj* sérénissime (título).
sereno, na *adj* serein, e (claro); *tiempo sereno* temps serein ‖ FIG calme, serein, e (apacible); *no sé como puede permanecer tan sereno* je ne sais pas comment il peut rester si calme | calme, paisible; *ahora el país está muy sereno* maintenant le pays est très calme | sobre; *para conducir hay que estar sereno* pour conduire il faut être sobre ‖ FIG *ponerse sereno* se dessoûler.
➤ *m* (ant) veilleur de nuit, «sereno» (vigilante) ‖ serein (humedad nocturna) ‖ *al sereno* à la belle étoile.
serial *m* feuilleton (en la radio o televisión).
seriamente *adv* sérieusement.
sericicultor, ra; sericultor, ra *m y f* séricicul-teur, trice.
sericicultura; sericultura *f* sériciculture.
serie *f* série; *en serie* en série ‖ tranche (de un empréstito) ‖ série (en el billar) ‖ DEP série (atletismo) ‖ FIG série, suite; *toda una serie de acontecimientos* toute une suite d'événements ‖ *fuera de serie* hors série (cosa), hors série, hors pair, hors concours (persona) ‖ *novela por series* roman-feuilleton.
seriedad *f* sérieux *m*; *me lo dijo con toda seriedad* il me l'a dit avec le plus grand sérieux ‖ *falta de seriedad* manque de sérieux ‖ *¡qué poca seriedad tienes* tu n'es pas très sérieux ‖ *un hombre de gran seriedad* un homme très sérieux ‖ *¡un poco de*

seriedad! trêve de plaisanteries!, un peu de sérieux!

serigrafía *f* sérigraphie.

serio, ria *adj* sérieux, euse ‖ — *mantenerse serio* garder son sérieux ‖ *ponerse serio* prendre un air sérieux.
- *adv* *en serio* sérieusement; *hablar en serio* parler sérieusement ‖ *no hablar en serio* plaisanter ‖ *tomar en serio* prendre au sérieux ‖ *va en serio* c'est sérieux, c'est pour de bon.

sermón *m* RELIG sermon; *Sermón de la Montaña* Sermon sur la montagne ‖ FAM sermon (represión); *echar un sermón* faire un sermon.

sermoneador, ra *m y f* sermonneur, euse.

sermonear *v tr e intr* faire un sermon, prêcher (predicar) ‖ FAM sermonner.

sermoneo *m* FAM sermon, semonce *f*.

serodiagnóstico *m* MED sérodiagnostic.

serología *f* sérologie.

serón *m* couffe *f*, couffin.

seronegativo, va *adj y s* MED séronégatif, ive.

seropositivo, va *adj y s* MED séropositif, ive.

serosidad *f* sérosité.

seroso, sa *adj* séreux, euse; sérique.
- *f* ANAT membrane séreuse.

seroterapia *f* MED sérothérapie.

serpenteado, da *adj* qui serpente.

serpentear *v tr* serpenter (culebrear).

serpenteo *m* serpentement, mouvement sinueux.

serpentín *m* serpentin (de alambique) ‖ MIL serpentin (pieza de artillería).

serpentina *f* serpentin *m* (de papel) ‖ MIN & MIL serpentine.

serpiente *f* ZOOL serpent *m* ‖ FIG & FAM serpent *m* (persona pérfida) ‖ — *serpiente de anteojo* serpent à lunettes, naja ‖ *serpiente de cascabel* serpent à sonnettes, crotale ‖ FIG *serpiente de verano* serpent de mer (en los periódicos).

serpol *m* BOT serpolet (tomillo).

serrado, da *adj* dentelé, e; en dents de scie.

serraduras *f pl* sciure *sing* (serrín).

serrallo *m* sérail (harén); *el rapto del serrallo* l'Enlèvement au sérail ‖ FIG mauvais lieu, lupanar.

serranía *f* montagne, région montagneuse.

serranilla *f* sorte de pastourelle.

serrano, na *adj y s* montagnard, e ‖ FAM mon beau, ma belle (término cariñoso) ‖ — *jamón serrano* jambon de montagne ‖ FAM *mi cuerpo serrano* ma pomme, bibi ‖ *partida serrana* mauvais tour.
- *f* bergerie, pastourelle (en poesía).

serrar* *v tr* scier (aserrar).

serrería *f* scierie.

serrín *m* sciure *f* (aserrín).

serrucho *m* égoïne *f*, scie *f* égoïne *o* à main.

servible *adj* utile, utilisable, qui peut servir.

servicial *adj* serviable.

servicialmente *adv* obligeamment.

servicio *m* service; *estar al servicio de uno* être au service de quelqu'un ‖ domestiques *pl*, gens *pl o* employés *pl* de maison; *es cada día más difícil encontrar servicio* il est de plus en plus difficile de trouver des domestiques ‖ service (favor); *prestar un servicio* rendre un service ‖ service (juego); *servicio de café, de té, de mesa* service à café, à thé, de table ‖ service (en un restaurante) ‖ chambre *f* de bonne; *un piso de cuatro habitaciones y servicio* un appartement de quatre pièces avec chambre de bonne ‖ service (en el tenis) ‖ vase de nuit (orinal) ‖ lavement (lavativa) ‖ — MAR *barco de servicio* bâtiment de servitude (en un puerto) ‖ *en acto de servicio* au service de la patrie, en service commandé, sur le champ d'honneur (morir) ‖ *galería de servicio* galerie souterraine (obras públicas) ‖ *hoja de servicio* état de service (de los militares), palmarès (de los deportistas) ‖ — *servicio a domicilio* livraison à domicile ‖ *servicio de comunicación* desserte ‖ *servicio discrecional* service spécial (de autobuses) ‖ *servicio militar* service militaire ‖ *Servicio Nacional del Trigo* office du blé ‖ *servicio permanente* permanence ‖ *servicio público* service public ‖ — *el lunes será puesto en servicio* ou *entrará en servicio el nuevo teleférico* le nouveau téléphérique sera mis en service lundi ‖ *estar de servicio* être de service ‖ *hacer un flaco servicio* rendre un drôle de service ‖ *prestar servicio* servir (criado, funcionario) ‖ *prestar un servicio* rendre un service.
- *pl* toilettes *f* (cuarto de aseo).

servidor, ra *m y f* domestique *m y f*, serviteur *m*, servante *f*.
- *m* servant (de una máquina) ‖ — *servidor de usted* à votre service, à votre disposition, je suis votre serviteur ‖ *su seguro servidor* votre tout dévoué (en una carta), votre très humble serviteur ‖ *un servidor* votre serviteur (en un relato).
- *interj* présent! (cuando se pasa lista).

servidumbre *f* servitude ‖ domesticité (conjunto de criados) ‖ domestiques *m pl*, employés *m pl* de maison, gens *m pl* de maison; *tomar una nueva servidumbre* prendre de nouveaux domestiques ‖ DR servitude; *servidumbre de paso* servitude de passage; *servidumbre de andén* servitude de marchepied ‖ *sin servidumbre de vistas* ou *de luces* vue imprenable.

servil *adj* servile.
- *adj m y s m* HIST absolutiste, conservateur [surnom donné par les libéraux aux conservateurs en Espagne au début du XIXe siècle].

servilismo *m* servilité *f*, servilisme *(p us)* ‖ HIST absolutisme, conservatisme.

servilleta *f* serviette (de table) ‖ FAM *doblar la servilleta* casser sa pipe (morir).

servilletero *m* rond de serviette.

servir* *v tr e intr* servir; *servir a su amo, a la patria* servir son maître, la patrie ‖ rendre service, être utile; *¿en qué puedo servirle?* puis-je vous rendre service?, en quoi puis-je vous être utile? ‖ être utile, servir; *consejos que sirven para toda la vida* des conseils qui sont utiles toute la vie ‖ servir (hacer el servicio militar) ‖ service (en el tenis) ‖ servir (en los naipes) ‖ marcher (funcionar) ‖ — *no se puede servir a Dios y al diablo* on ne peut servir à la fois Dieu et le diable ‖ *para servirle* à votre service ‖ FAM *¡pues sí que le sirve de mucho!* cela lui fait une belle jambe! ‖ *servir de estorbo* gêner, embarrasser, ne faire qu'embarrasser ‖ *servir en la mesa* servir à table ‖ *servir para* servir à; *¿para qué puede servir esto?* à quoi cela peut-il servir?; *no me sirve para nada* cela ne me sert à rien ‖ *un whisky bien servido* un whisky bien tassé.
- *v pr* servir; *sírvase usted mismo* servez-vous vous-mêmes ‖ vouloir; *sírvase usted decirme su apellido* veuillez me dire votre nom; *sírvase sentarse* veuillez vous asseoir.

servoasistido, da *adj* à direction assistée, servoassisté, e.

servodirección *f* MECÁN direction assistée, servodirection.

servofreno *m* MECÁN servofrein.

servomotor *m* MECÁN servomoteur.

servomecanismo *m* servomécanisme.

sesada *f* cervelle (sesos del animal y fritada).

sésamo *m* BOT sésame (alegría) ‖ *¡Sésamo, ábrete!* Sésame, ouvre-toi!

sesear *v intr* prononcer en espagnol les «c» et les «z» comme des «s».

sesenta *adj y s m inv* soixante *inv* ‖ — *sesenta y uno, y dos, etc.* soixante et un, soixante-deux, etc. ‖ *unos sesenta* une soixantaine ‖ *unos sesenta años* une soixantaine d'années, la soixantaine (edad).

sesentavo, va *adj y s* soixantième.

sesentón, ona *adj y s* FAM sexagénaire.

seseo *m* défaut qui consiste à prononcer en espagnol les «c» et les «z» comme des «s».
— OBSERV Le *seseo* est propre à l'Andalousie, aux îles Canaries et aux pays d'Amérique de langue espagnole.

sesera *f* crâne *m* (de un animal) ‖ FAM cervelle, jugeote; *este chico no tiene mucha sesera* ce garçon n'a pas beaucoup de cervelle | cervelle (cerebro).

sesgado, da *adj* en biais *inv*.

sesgadura *f* biaisement *m*.

sesgar *v tr* couper en biais.

sesgo, ga *adj* en biais *inv*.
◆ *m* biais ‖ FIG biais (medio) | tournure *f* (rumbo); *tomar un mal sesgo* prendre une mauvaise tournure ‖ *al sesgo* en biais (oblicuamente), de travers (no en la dirección debida).

sesión *f* séance; *sesión de cine* séance de cinéma ‖ séance (réunion); *sesión a puerta cerrada* séance à huis clos; *sesión de apertura, plenaria* séance d'ouverture, plénière; *en sesión pública* en séance publique ‖ session (de un concilio) ‖ pose (pintor o escultor) ‖ *— cine de sesión continua* cinéma permanent ‖ *período de sesiones* session (de una asamblea) ‖ *sesión de Bolsa* séance boursière ‖ *— abrir, levantar la sesión* ouvrir, lever la séance ‖ *celebrar sesión* siéger, tenir une séance (una asamblea).

seso *m* ANAT cervelle *f* ‖ FIG cervelle *f*, jugeote *f*, bon sens (juicio); *tienes muy poco seso* tu n'as vraiment pas beaucoup de cervelle ‖ — FIG & FAM *perder el seso* perdre la tête | *sorber el seso a uno* tourner la tête à quelqu'un; *le tiene sorbido el seso* il lui a tourné la tête.
◆ *pl* CULIN cervelle *f sing*; *sesos de carnero* cervelle de mouton ‖ FIG & FAM *calentarse* ou *devanarse los sesos* se creuser la cervelle *o* la tête *o* les méninges | *estrujarse los sesos* se creuser la cervelle, se presser le citron (*pop*) | *levantarse* ou *saltarse la tapa de los sesos* se brûler la cervelle, se faire sauter la cervelle | *romper los sesos a uno* casser la tête à quelqu'un | *romperse los sesos haciendo algo* se casser la tête à faire quelque chose | *ser un sin seso* être écervelé.

sesteadero *m* endroit où le bétail se couche pour la sieste.

sestear *v intr* faire la sieste ‖ FIG dormir.

sesteo *m* sieste *f*.

sestercio *m* sesterce (moneda romana).

sestero; sestil *m* endroit où le bétail se couche pour la sieste.

sesudamente *adv* sensément, sagement.

sesudo, da *adj* sensé, e; sage (prudente) ‖ réfléchi, e (reflexivo, sentado).

set *m* set (juego en tenis) ‖ set, plateau (cine).

seta *f* champignon *m* (hongo); *seta mortal* champignon mortel ‖ — *seta de cardo* pleurote du panicaut ‖ *seta de cura* russule palombette ‖ *seta de París* champignon de Paris (champiñón).
— OBSERV *Seta* désigne essentiellement les champignons possédant un chapeau.

setecientos, tas *adj y s m* sept cents; *dos mil setecientos* deux mille sept cents ‖ sept cent; *setecientos veinte* sept cent vingt (seguido de otra cifra); *el año setecientos* l'an sept cent (cuando equivale a un ordinal) ‖ *mil setecientos* mille sept cents, dix-sept cents.

setenta *adj y s m* soixante-dix ‖ *setenta y uno, setenta y dos, etc.* soixante et onze, soixante-douze, etc.
— OBSERV En Bélgica y Suiza *soixante-dix* se dice *septante*.

setentavo, va *adj y s* soixante-dixième.

setentón, ona *adj y s* FAM septuagénaire.

setiembre *m* → **septiembre.**

sétimo, ma *adj y s* → **séptimo.**

seto *m* haie *f*; *seto vivo* haie vive.

setter *m* setter (perro).

seudo *adj* → **pseudo.**

seudónimo, ma; pseudónimo, ma *adj y s m* pseudonyme; *escribir con un seudónimo* écrire sous un pseudonyme.

seudópodo *m* pseudopode.

Seúl *n pr* GEOGR Séoul.

s.e.u.o. abrev de *salvo error u omisión* sauf erreur ou omission.

severidad *f* sévérité ‖ *obrar con severidad* sévir, agir avec rigueur *o* sévérité.

severo, ra *adj* sévère; *mirada severa* regard sévère ‖ FIG sévère; *la severa fachada del monasterio* la façade sévère du monastère.

sevicia *f* sévices *m pl* (malos tratos).

Sevilla *n pr* GEOGR Séville ‖ *quien fue* ou *va a Sevilla perdió* ou *pierde su silla* qui va à la chasse perd sa place.

sevillano, na *adj* sévillan, e.
◆ *m y f* Sévillan, e.
◆ *f pl* airs *m* et danses de Séville.

sexagenario, ria *adj y s* sexagénaire.

sexagesimal *adj* sexagésimal, e.

sexagésimo, ma *adj y s* soixantième ‖ *sexagésimo primero, segundo, etc.* soixante et unième, soixante-deuxième, etc.

sex-appeal *m* sex-appeal.

sexi; sexy *adj* sexy.

sexismo *m* sexisme.

sexista *adj y s* sexiste.

sexo *m* sexe ‖ — *bello sexo* beau sexe ‖ *sexo débil, fuerte* sexe faible, fort.

sexología *f* sexologie.

sexólogo, ga *m y f* sexologue.

sex-shop *m* sex-shop.

sextante *m* MAR sextant.

sexteto *m* MÚS sextuor.

sextilla *f* sixain *m*, sizain *m*.

sextina *f* POÉT sextine.

sexto, ta *adj* y *s* sixième ‖ six; *Alfonso VI (sexto)* Alphonse VI [six] ‖ *en sexto lugar* sixièmement, sexto.
◆ *m* sixième ‖ FAM le sixième commandement (del decálogo).
sextuplicar *v tr* sextupler.
séxtuplo, pla *adj* y *s m* sextuple.
sexuado, da *adj* y *s m* sexué, e.
sexual *adj* sexuel, elle.
sexualidad *f* sexualité.
sexy *adj* → **sexi**.
Seychelles (las islas) *n pr f pl* GEOGR les Seychelles.
shah *m* chah, shah (soberano persa).
shakespeariano, na *adj* shakespearien, enne.
shakó *m* shako (chacó).
Shanghai *n pr* GEOGR Shanghai.
sheriff *m* shérif.
sherry *m* sherry, xérès (vino de Jerez).
Shetland (islas) *n pr f pl* GEOGR îles Shetland.
shock *m* MED choc.
short *m* short (pantalón corto).
show *m* show ‖ — *show business* show-business ‖ FIG *es un show* c'est tout un poème, c'est quelque chose.
— OBSERV Anglicismo que se emplea con el sentido de *espectáculo, exhibición* o *exposición*.
showman *m* présentateur-vedette.
si *conj* si («s'» delante de «il», «ils»); *si vienes mañana, avísame* si tu viens demain, préviens-moi; *si no lloviera saldríamos a pasear* s'il ne pleuvait pas nous sortirions nous promener (véase OBSERV) ‖ alors que; *¿por qué lo aceptas si ayer lo rechazaste?* pourquoi l'acceptes-tu alors qu'hier tu l'as refusé? ‖ valeur de renforcement au début d'une proposition indépendante; *¿si me habrá mentido?* est-ce qu'il m'aurait menti?; *¡si será posible!* est-ce possible!; *¡si en esta habitación no hay nadie!* vous voyez bien que dans cette pièce il n'y a personne!; *¡si repito que no quiero!* puisque je vous répète que je ne veux pas! ‖ combien; *¡sabes si lo estimo!* tu sais combien je l'estime! ‖ — *como si* comme si (véase OBSERV); *quiero a este niño como si fuera mi hijo* j'aime cet enfant comme si c'était mon fils; *como si nada* comme si de rien n'était ‖ *incluso si* même si, quand bien même; *incluso si me amenazaran, no lo haría* même si on me menaçait, je ne le ferais pas ‖ *si bien* bien que (con el subjuntivo); *si bien no sabía nada* bien qu'il ne sache o ne sût rien ‖ *si no* sinon, sans cela, sans quoi ‖ *si... si* si... ou (alternativa); *no supo decir si ocurrió de noche si de día* il n'a pas su dire si cela eut lieu la nuit ou le jour; *no sé qué prefiero, si ir al teatro, si al cine* je ne sais ce que je préfère, si c'est d'aller au théâtre ou au cinéma.
— OBSERV Después de *si* condicional o de *como si* el subjuntivo imperfecto español se traduce en francés por el imperfecto del indicativo: *si fuera rico compraría una casa* si j'étais riche j'achèterais une maison.
sí *pron pers refl 3.ª persona* lui, elle; *sólo piensa en sí* il ne pense qu'à lui ‖ soi (en frases impersonales); *hablar de sí* parler de soi ‖ — *cada uno para sí* chacun pour soi ‖ *de por sí* de lui-même, etc. ‖ *de por sí, en sí* en soi; *una cosa buena en sí* une chose bonne en soi ‖ *entre sí, para sí* en lui-même, etc., à part soi *inv*; *dijo entre sí* il a dit à part soi ‖ — *dar de sí* s'allonger, prêter (una tela), se faire (zapatos) ‖ *decir para sí* se dire ‖ *metido entre sí* renfermé ‖ *mirar para sí mismo* s'occuper de soi ‖ *poner fuera de sí* mettre hors de soi ‖ *volver en sí* revenir à soi.
— OBSERV El plural de *il, elle* es *eux, elles*.
sí *adv* oui; *¿vienes conmigo?* — *sí* viens-tu avec moi? — oui ‖ si (después de una frase negativa); *¿no hiciste nada?* — *sí* tu n'as rien fait? — si ‖ *claro que sí, sí por cierto* mais oui, mais si, bien sûr que oui, bien sûr que si ‖ FAM *¡eso sí que no!* ça non!, jamais de la vie! ‖ *pero sí* (después de una frase negativa), mais par contre, mais en revanche; *no tiene hermano, pero sí cuatro hermanas* il n'a pas de frère mais par contre il a quatre sœurs ‖ *porque sí* parce que, parce que ça me (te, lui, etc.), plaît, parce que c'est comme ça ‖ *por sí o por no* en tout cas, à tout hasard ‖ *¡pues sí!* comment donc! ‖ *sí que* (delante de un verbo), c'est... que, voilà [formule de renforcement]; *ahora sí que nos vamos a reír* c'est maintenant que nous allons rire; *ésta sí que sabe lo que quiere* en voilà une qui sait ce qu'elle veut ‖ — *contestar sí o no* répondre par oui ou par non ‖ *decir que sí* dire oui; *no decir ni que sí ni que no* ne dire ni oui ni non ‖ *hablar porque sí* parler pour ne rien dire.
◆ *m* oui (consentimiento) ‖ — *dar el sí* donner son approbation (aceptar), prononcer le grand oui (para casarse) ‖ *sin que falte ni un sí ni un no* sans qu'il y manque un iota.
sial *m* GEOL sial.
sialismo *m* MED sialisme.
Siam *n pr m* GEOGR Siam.
siamés, esa *adj* siamois, e ‖ — *gato siamés* chat siamois ‖ *hermanos siameses* frères siamois.
◆ *m* y *f* Siamois, e.
◆ *m* siamois (idioma).
sibarita *adj* y *s* sybarite.
sibaritismo *m* sybaritisme.
Siberia *n pr f* GEOGR Sibérie.
siberiano, na *adj* sibérien, enne.
◆ *m* y *f* Sibérien, enne.
sibil *m* grotte *f*.
sibila *f* sybille.
sibilante *adj* sifflant, e (letra, sonido).
sibilino, na *adj* sibyllin, e.
sic *adv* sic.
sicario *m* sicaire.
sicastenia *f* psychasthénie.
Sicilia *n pr f* GEOGR Sicile.
siciliano, na *adj* sicilien, enne.
◆ *m* y *f* Sicilien, enne.
siclo *m* sicle (peso y moneda).
sicoanálisis *m* psychanalyse *m*.
— OBSERV Voir PSICOANÁLISIS.
sicoanalista *m* y *f* psychanalyste.
sicoanalítico, ca *adj* psychanalytique.
sicoanalizar *v tr* psicoanalizar.
sicodélico, ca *adj* psychédélique.
sicodrama *m* MED psychodrame.
sicofármaco *m* psychotrope.
sicofisiología *f* psychophysiologie.
sicología *f* psychologie.
sicológico, ca *adj* psychologique.
sicólogo, ga *m* y *f* psychologue.
sicometría *f* psychométrie.

sicómoro; sicomoro *m* sycomore.
sicomotor, ra *adj* psychomoteur, trice.
sicópata *m y f* MED psychopathe.
sicopatía *f* MED psychopathie.
sicopático, ca *adj* MED psychopathe.
sicopatología *f* MED psychopathologie.
sicopedagogía *f* psychopédagogie.
sicosis *f* psychose.
sicosociología *f* psychosociologie.
sicosomático, ca *adj* psychosomatique.
sicotecnia *f* psychotechnique.
sicotécnico, ca *adj* psychotechnique || psychotechnicien, enne.
sicoterapeuta *m y f* psychothérapeute.
sicoterapia *f* MED psychothérapie.
SIDA abrev de *síndrome de inmunodeficiencia adquirida* SIDA, syndrome immuno-déficitaire acquis.
sidecar *m* side-car.
— OBSERV pl *sidecares*.
sideral; sidéreo, a *adj* ASTR sidéral, e.
siderita *f* MIN sidérite || BOT sidéritis, crapaudine.
siderurgia *f* sidérurgie.
siderúrgico, ca *adj* sidérurgique.
Sidney; Sydney *n pr* GEOGR Sydney.
sidoso, sa *adj y s* sidéen, enne.
sidra *f* cidre *m* (bebida).
sidrería *f* cidrerie.
siega *f* moisson.
siembra *f* semailles *pl* (acción y tiempo de sembrar) || champ *m* ensemencé (sembrado).
siempre *adv* toujours; *siempre tendrá dinero* il aura toujours de l'argent || tout le temps (sin descanso); *siempre habla* il parle tout le temps || — *de siempre* habituel, elle; *es el cliente de siempre* c'est le client habituel; de toujours; *un amigo de siempre* un ami de toujours || *estar siempre con* être toujours avec (ir con), avoir toujours; *está siempre con la misma palabra en la boca* il a toujours le même mot à la bouche || *lo de siempre* comme toujours, comme d'habitude, toujours pareil || *para* ou *por siempre* pour toujours || *para* ou *por siempre jamás* à tout jamais || *siempre pasa lo mismo* c'est toujours pareil || *siempre que, siempre y cuando que* pourvu que, du moment que, si toutefois (con que), chaque fois que (cada vez).
siempreviva *f* immortelle (planta) || *siempreviva de telarañas* joubarbe toile d'araignée.
sien *f* tempe; *con las sienes entrecanas* les tempes grisonnantes.
Siena *n pr* GEOGR Sienne || *tierra de Siena, siena* terre de Sienne (ocre).
sierpe *f* POÉT serpent *m* (serpiente) || BOT rejeton *m*.
sierra *f* TECN scie; *sierra abrazadera, circular, de arco, de ballesta* ou *de bastidor, de cinta, de contornar, para metales* scie de long, circulaire, en archet, sur bâti, à ruban, à chantourner, à métaux || chaîne de montagnes, «sierra» (cordillera) || montagne; *pasar las vacaciones en la sierra* passer ses vacances à la montagne || ZOOL scie, poisson-scie *m* (pez) || *en forma de sierra* en dents de scie.
Sierra Leona *n pr f* GEOGR Sierra Leone.
siervo, va *m y f* serf, serve (esclavo); *siervo de la gleba* serf attaché à la glèbe || serviteur *m*, servante *f*; *siervo de Dios* serviteur de Dieu.

siesta *f* sieste; *dormir* ou *echar la siesta* faire la sieste.
siete *adj* sept.
◆ *m* sept *inv*; *el siete de corazones* le sept de cœur || FAM accroc (rasgón) || TECN varlet, valet (barrilete) || *(amer)* anus (ano) || — FIG & FAM *comer más que siete* manger comme quatre | *hablar más que siete* être bavard comme une pie || *saber más que siete* en savoir long | *ser más ladrón que siete* être voleur comme une pie || *son las siete* il est sept heures.
sieteenrama *m* BOT tormentille *f* (tormentila).
sietemesino, na *adj* prématuré de sept mois.
◆ *m* FAM avorton, fausse couche *f*.
sífilis *f* MED syphilis.
sifilítico, ca *adj y s* MED syphilitique.
sifón *m* siphon || siphon (de agua gaseosa) || FAM eau *f* de Seltz; *échame un poco de sifón en el vaso* mets un peu d'eau de Seltz dans mon verre.
— OBSERV L'emploi du mot *sifón* dans le sens d'*eau de Seltz* est un barbarisme très employé.
sigilar *v tr* sceller (sellar) || taire, cacher (ocultar).
sigilo *m* sceau (sello) || FIG secret || — *con gran sigilo* en grand secret, très discrètement || *sigilo sacramental* sceau de la confession.
sigilografía *f* sigillographie.
sigiloso, sa *adj* secret, ète || discret, ète (persona).
sigla *f* sigle *m* (inicial); *ONU es la sigla de la Organización de las Naciones Unidas* O.N.U. est le sigle de l'Organisation des Nations unies.
siglo *m* siècle; *ser del siglo XX* (veinte) être du XXe [vingtième]; *el Siglo de las Luces* le siècle des Lumières | siècle; *al correr de los siglos* au cours des siècles || FIG siècle; *fuera del siglo* hors du siècle | éternité *f*, siècle; *hace un siglo que no le he visto* il y a une éternité que je ne l'ai vu | monde; *retirarse del siglo* se retirer du monde | siècle, temps; *hay que ser de su siglo* il faut être de son temps || — *dentro de un siglo* dans cent sept ans || *en el siglo* dans le monde; *santa Teresa de Jesús, en el siglo Teresa de Cepeda y Ahumada* sainte Thérèse d'Avila, dans le monde Thérèse de Cepeda y Ahumada || *por los siglos de los siglos* dans tous les siècles des siècles, à tout jamais || *Siglo de Oro* Siècle d'or.
signar *v tr* signer (firmar).
◆ *v pr* se signer (persignarse).
— OBSERV En espagnol, le mot courant traduisant *signer* est *firmar*.
signatario, ria *m y f* signataire (firmante).
signatura *f* signe *m*, marque (señal) || signature (firma) || IMPR signature || cote (para clasificar un libro).
significación *f* signification, sens *m* || FIG importance; *un hecho de gran significación* un fait de grande importance.
significado, da *adj* signifié, e; indiqué, e (señalado) || FIG important, e; connu, e; réputé, e (conocido).
◆ *m* sens, signification *f* (sentido).
significante *adj* significatif, ive; *una demostración significante* une démonstration significative.
◆ *m* signifiant.
significar *v tr* signifier, avoir le sens de || désigner, signifier; *en latín «magister» significa maestro* en latin «magister» désigne le maître || FIG re-

présenter; *esto significa mucho para mí* cela représente beaucoup pour moi ‖ signifier, notifier.
➔ *v pr* se distinguer (distinguirse).
significativo, va *adj* significatif, ive ‖ FIG important, e.
signo *m* signe; *la llegada de las golondrinas es el signo precursor de la primavera* l'arrivée des hirondelles est le signe précurseur du printemps ‖ signe; *signo de puntuación* signe de ponctuation ‖ point; *signo de admiración, de interrogación* point d'exclamation, d'interrogation ‖ ASTR signe (del zodíaco) ‖ MAT & MÚS signe ‖ signal; *signos Morse* signaux en morse ‖ tendance *f* (tendencia); *signo político* tendance politique ‖ *signo monetario* unité monétaire ‖ — *bajo el signo de* sous le signe de.
siguiente *adj y s* suivant, e ‖ — *el año siguiente* l'année suivante ‖ *el día siguiente* le lendemain.
sij *adj y s* sikh.
— OBSERV pl *sijs*.
sil *m* sil (ocre).
sílaba *f* syllabe ‖ — *sílaba abierta* ou *libre* syllabe ouverte ‖ *sílaba aguda* syllabe accentuée ‖ *sílaba átona* syllabe atone ‖ *sílaba breve* syllabé brève o entravée ‖ *sílaba cerrada* ou *trabada* syllabe fermée ‖ *sílaba larga* syllabe longue ‖ *sílaba postónica* syllabe post-tonique ‖ *sílaba protónica* ou *pretónica* syllabe prétonique ‖ *sílaba tónica* syllabe tonique.
silabar; silabear *v intr* parler en détachant les syllabes.
silábico, ca *adj* syllabique.
silba *f* sifflets *m pl*, huées *pl* (rechifla).
silbante *adj* sifflant, e ‖ MED sibilant, e.
silbar *v intr y tr* siffler; *silbar al perro* siffler son chien ‖ FIG siffler; *silbar a un actor* siffler un acteur.
silbato *m* sifflet (pito).
silbido *m* sifflement (silbo) ‖ coup de sifflet; *dar un silbido* donner un coup de sifflet ‖ *silbido de oídos* sifflement d'oreilles.
➔ *pl* sifflets.
silbo *m* sifflement.
silenciador *m* TECN silencieux (de coche, de arma de fuego).
silenciar *v tr* étouffer (ahogar un ruido) ‖ taire, passer sous silence (callar).
silencio *m* silence; *silencio sepulcral* silence de mort; *sufrir en silencio* souffrir en silence ‖ MÚS silence (pausa) ‖ — *en silencio* en silence ‖ *entregar al silencio* livrer à l'oubli ‖ *guardar silencio* garder le silence, faire silence ‖ *imponer silencio* imposer (le), silence ‖ *pasar en silencio* passer sous silence (callar) ‖ MÚS *silencio de corchea* demi-soupir.
silencioso, sa *adj* silencieux, euse.
➔ *m* silencieux, pot d'échappement silencieux (en un automóvil).
sílex *m* silex (pedernal).
sílfide *f* sylphide.
silicato *m* QUÍM silicate.
sílice *f* QUÍM silice (roca).
silíceo, a *adj* siliceux, euse.
silícico, ca *adj* QUÍM silicique.
silicio *m* QUÍM silicium.
silicona *f* QUÍM silicone.
silicosis *f* MED silicose.
silo *m* silo (almacén de grano).
silogismo *m* syllogisme.

silueta *f* silhouette ‖ profil *m* (perfil).
silva *f* mélange *m*, recueil *m* (colección) ‖ silves *pl* (combinación métrica).
silvestre *adj* sauvage; *fruta silvestre* fruit sauvage ‖ sylvestre, forestier, ère (de la selva) ‖ FIG rustique (rústico).
silvícola *adj* sylvicole.
silvicultor, ra *m y f* sylviculteur, trice.
silvicultura *f* sylviculture.
silla *f* chaise (asiento); *sentarse en una silla* s'asseoir sur une chaise ‖ selle (de jinete) ‖ FIG siège (sede y dignidad) ‖ — *caballo de silla* cheval de selle ‖ *juez de silla* juge de ligne (tenis) ‖ *llevar a un niño en la silla de la reina* faire la chaise à un enfant ‖ *silla arzobispal* archevêché ‖ *silla curul* chaise curule ‖ *silla de coro* stalle ‖ *silla de manos* chaise à porteurs ‖ *silla de montar* selle ‖ *silla de posta* chaise de poste ‖ *silla de rejilla* chaise cannée ‖ *silla de ring* fauteuil de ring ‖ *silla de tijera* ou *plegable* chaise pliante ‖ *silla eléctrica* chaise électrique ‖ *silla episcopal* ou *obispal* siège épiscopal ‖ *silla gestatoria* chaise gestatoire, sedia gestatoria (del papa) ‖ *silla inglesa* selle anglaise ‖ *silla poltrona* bergère ‖ ANAT *silla turca* selle turcique.
sillar *m* pierre *f* de taille (piedra) ‖ dos du cheval (lomo).
sillería *f* sièges *m pl* (asientos) ‖ stalles *pl* (del coro) ‖ fabrique de chaises (taller) ‖ sellerie (de sillas de montar) ‖ ARQ ouvrage *m* en pierres de taille.
sillero, ra *m y f* chaisier, ère (fabricante de sillas) ‖ rempailleur, euse; empailleur, euse (reparador de sillas).
➔ *m* sellier (que hace sillas de montar).
sillín *m* selle *f* (de bicicleta o motocicleta) ‖ selle *f* anglaise (silla de montar) ‖ sellette *f* (correa).
sillón *m* fauteuil; *sillón de ruedas, de orejeras, giratorio* fauteuil roulant, à oreilles, pivotant ‖ fauteuil; *sillón de ring* fauteuil de ring ‖ selle *f* à dossier (de montar).
sima *f* précipice *m*, gouffre *m* ‖ FIG abîme *m*, gouffre *m* (abismo).
simbiosis *f* BIOL symbiose.
simbólico, ca *adj* symbolique.
simbolismo *m* symbolisme.
simbolista *adj y s* symboliste.
simbolización *f* symbolisation.
simbolizar *v tr* symboliser.
símbolo *m* symbole; *símbolo de los apóstoles* symbole des Apôtres; *símbolo del hierro* symbole du fer.
simbología *f* symbolique.
simetría *f* symétrie.
simétrico, ca *adj* symétrique.
simiente *f* AGRIC semence (semilla) ‖ FIG semence (germen).
simiesco, ca *adj* simiesque.
símil *adj* similaire.
➔ *m* similitude *f* ‖ comparaison *f*; *hacer un símil entre dos países* faire une comparaison entre deux pays.
similar *adj* similaire.
similigrabado *m* similigravure *f*.
similitud *f* similitude, similarité.
simio *m* singe (mono).
➔ *pl* simiens.

SIMO abrev de *Salón Informativo de Material de Oficina* Salon de l'informatique et du matériel de bureau [Espagne].
— OBSERV Salon appelé aujourd'hui *Feria de Muestras Monográfica Internacional del Equipo de Oficina y de la Informática*.
simonía *f* simonie.
simpatía *f* sympathie (inclinación); *inspirar simpatía* inspirer de la sympathie ‖ gentillesse (amabilidad) ‖ MED sympathie ‖ TECN *explotar por simpatía* exploser par sympathie.
simpático, ca *adj* sympathique (agradable); *me cae* ou *me es muy simpático* il m'est *o* je le trouve très sympathique ‖ gentil, ille (solícito) ‖ *tinta simpática* encre sympathique.
◆ *m* ANAT sympathique; *gran simpático* grand sympathique.
simpatizante *adj y s* sympathisant, e.
simpatizar *v intr* sympathiser.
simple *adj* simple (puro) ‖ fade (soso) ‖ seul, e; *una página a simple columna* une page d'une seule colonne ‖ simple; *un simple gesto* un simple geste ‖ BOT simple ‖ FIG simple, naïf, ive (sencillo) ‖ QUÍM *cuerpo simple* corps simple.
◆ *m* simple d'esprit (bobo) ‖ simple (tenis).
◆ *pl* MED simples (plantas medicinales).
simplemente *adv* simplement ‖ *pura y simplemente* purement et simplement.
simpleza *f* naïveté (ingenuidad) ‖ sottise, simplicité, niaiserie (necedad).
simplicidad *f* simplicité (de una cosa) ‖ simplicité, naïveté (candor).
simplificable *adj* simplifiable.
simplificación *f* simplification.
simplificador, ra *adj y s* simplificateur, trice.
simplificar *v tr* simplifier.
simplismo *m* simplisme.
simplista *adj y s* simpliste.
simplón, ona *adj y s* simplet, ette.
simposio; **simpósium**; **symposium** *m* symposium, symposion.
simulación *f* simulation.
simulacro *m* simulacre ‖ *hacer el simulacro de* faire semblant de.
simuladamente *adv* avec simulation.
simulado, da *adj* simulé, e.
simulador, ra *adj y s* simulateur, trice; *es un hábil simulador* c'est un habile simulateur.
simular *v tr e intr* simuler; *simula un sentimiento que no tiene* il simule un sentiment qu'il n'a pas ‖ feindre; *se pasa la vida simulando* il passe sa vie à feindre ‖ faire semblant; *simula que trabaja* il fait semblant de travailler.
simultanear *v tr* faire coïncider, mener de front, faire en même temps; *simultanea la carrera de derecho y la de ciencias* il mène de front son droit et ses études scientifiques ‖ faire alterner; *simultanea el trabajo con el descanso* il fait alterner le travail et le repos ‖ *simultanear la risa con el llanto* passer du rire aux larmes.
◆ *v pr* coïncider.
simultaneidad *f* simultanéité.
simultáneo, a *adj* simultané, e.
simún *m* simoun (viento).
sin *prep* sans; *sin él no podría hacer nada* sans lui je ne pourrais rien faire ‖ — *estar sin* (con un infi-

nitivo), ne pas être; *el cuarto está sin hacer* la chambre n'est pas faite ‖ *hijas sin casar* filles non mariées ‖ *sin cesar* sans cesse ‖ *sin Dios* athée ‖ *sin duda* sans doute ‖ *sin embargo* cependant, néanmoins ‖ *sin eso, sin lo cual* sans quoi, autrement ‖ *sin hogar* sans abri ‖ *sin inconvenientes* sans inconvénient ‖ *sin querer* sans le vouloir.
sinagoga *f* synagogue.
Sinaí *n pr m* GEOGR Sinaï.
sinalefa *f* GRAM synalèphe.
sinapismo *m* MED sinapisme ‖ FIG & FAM empoisonneur, euse; raseur, euse; casse-pieds *inv* (persona pesada).
sinarquía *f* synarchie (gobierno).
sincerar *v tr* justifier, disculper.
◆ *v pr* se justifier ‖ s'ouvrir, ouvrir son cœur; *sincerarse con sus amigos* s'ouvrir à ses amis.
sinceridad *f* sincérité.
sincero, ra *adj* sincère.
sinclinal *m* GEOL synclinal.
síncopa *f* GRAM & MÚS syncope.
sincopadamente *adv* d'une manière syncopée.
sincopado, da *adj* GRAM & MÚS syncopé, e.
sincopar *v tr* GRAM & MÚS syncoper ‖ FIG abréger (abreviar).
síncope *m* MED syncope *f*.
sincrético, ca *adj* syncrétique.
sincretismo *m* syncrétisme.
sincretista *adj y s* syncrétiste.
sincronía *f* GRAM synchronie.
sincrónico, ca *adj* synchronique, synchrone.
sincronismo *m* synchronisme.
sincronización *f* synchronisation.
sincronizador *m* CINEM synchroniseuse *f*.
sincronizar *v tr* synchroniser.
síncrono, na *adj* synchrone; *motor síncrono* moteur synchrone.
sindéresis *f* jugement *m*.
sindicación *f* syndicalisation.
sindicado, da *adj y s* syndiqué, e.
◆ *m* syndicat, syndicataire (junta de síndicos).
sindical *adj* syndical, e; *delegado sindical* délégué syndical.
sindicalismo *m* syndicalisme.
sindicalista *adj y s* syndicaliste.
sindicar *v tr* syndiquer.
◆ *v pr* se syndiquer (afiliarse a un sindicato).
sindicato *m* syndicat; *sindicato obrero* syndicat ouvrier.
síndico *m* syndic.
síndrome *m* MED syndrome ‖ *síndrome de abstinencia* syndrome de sevrage (drogas).
sinécdoque *f* synecdoque.
sinecura *f* sinécure.
sine die *loc adv* sine die (sin fijar fecha ni día).
sine qua non *loc adv* sine qua non (indispensable).
sinergia *f* synergie.
sinestesia *f* synesthésie.
sinfín *m* infinité *f*, grand nombre *m* ‖ *decía un sinfín de tonterías* il disait des bêtises à n'en plus finir.
sinfonía *f* symphonie; *sinfonía incompleta* symphonie inachevée.

sinfónico, ca *adj* symphonique.
◆ *f* orchestre *m* symphonique.
sinfonista *m y f* symphoniste.
Singapur *n pr* GEOGR Singapour.
singladura *f* MAR cinglage *m* ‖ FIG voie (rumbo, camino).
singlar *v intr* MAR cingler.
single *m* simple (tenis) ‖ single (coche cama).
singracia *f* manque *m* de grâce (en lo físico), manque *m* d'esprit (en lo moral).
◆ *adj* fade, quelconque; *una mujer singracia* une femme quelconque.
singular *adj* singulier, ère ‖ drôle, singulier, ère; *una idea singular* une drôle d'idée ‖ *singular combate* combat singulier.
◆ *m* GRAM singulier.
singularidad *f* singularité ‖ caractère *m* particulier, particularité.
singularizar *v tr* singulariser ‖ GRAM employer au singulier.
◆ *v pr* se singulariser (distinguirse).
sinhueso *f* FAM bavarde, langue (lengua) ‖ FAM *darle a la sinhueso* blablater.
siniestra *f* gauche, main gauche (zurda).
siniestrado, da *adj y s* sinistré, e.
siniestralidad *f* taux *m* d'accidents.
siniestramente *adv* sinistrement.
siniestro, tra *adj* gauche (izquierdo) ‖ FIG sinistre (funesto); *espectáculo siniestro* spectacle sinistre ‖ — *a diestro y siniestro* à tort et à travers ‖ *golpear a diestro y siniestro* frapper à droite et à gauche.
◆ *m* sinistre (catástrofe).
sinnúmero *m* infinité *f*, grand nombre, nombre incalculable; *hubo un sinnúmero de víctimas* il y eut un grand nombre de victimes.
sino *conj* mais (para contraponer un concepto afirmativo a uno negativo); *no era él sino su hermano* ce n'était pas lui mais son frère ‖ que; *nadie ha venido sino tu hermano* il n'y a que ton frère qui soit venu, personne d'autre que ton frère n'est venu ‖ — *no parece sino que* on dirait (vraiment), que ‖ *no... sino* ne... que; *no haces sino molestarnos* tu ne fais que nous ennuyer ‖ *no sólo... sino que* ou *sino que también* non seulement... mais encore; *no sólo pide, sino que exige* non seulement il demande mais encore il exige ‖ *sino que* mais (pero); *no basta que usted lo diga, sino que quiero verlo* il ne suffit pas que vous le disiez, mais je veux le voir; sauf que, ce n'est que (salvo); *iba todo muy bien, sinó que llovió un poco* tout allait très bien, sauf qu'il a plu un peu.
sinodal *adj* synodal, e.
sínodo *m* synode (junta) ‖ *el Santo Sínodo* le saint-synode (en Rusia).
sinología *f* sinologie.
sinólogo, ga *m y f* sinologue.
sinonimia *f* synonymie.
sinonímico, ca *adj* synonymique.
sinónimo, ma *adj y s m* synonyme.
sinople *m* BLAS sinople.
sinopsis *f* synopsis.
sinóptico, ca *adj* synoptique; *cuadro sinóptico* tableau synoptique.
sinovia *f* ANAT synovie.

sinovial *adj* ANAT synovial, e ‖ — *cápsula sinovial* bourse synoviale ‖ *derrame sinovial* épanchement de synovie *o* synovial.
sinovitis *f* MED synovite.
sinrazón *f* injustice ‖ égarement *m*, aberration; *las sinrazones de la política* les aberrations de la politique ‖ non-sens *m* (disparate).
sinsabor *m* fadeur *f* (desabor) ‖ FIG ennui (molestia) ‖ peine *f* (pena) ‖ déboire, désagrément; *este trabajo me ha causado muchos sinsabores* ce travail m'a causé bien des déboires.
sinsustancia *m y f* FAM minus, zéro *m* (persona insustancial).
sintáctico, ca *adj* GRAM syntaxique, syntactique.
sintagma *m* syntagme.
sintaxis *f* GRAM syntaxe.
síntesis *f* synthèse.
sintético, ca *adj* synthétique; *caucho sintético* caoutchouc synthétique.
sintetizador, ra *adj* synthétique, schématisant, e.
◆ *m* synthétiseur.
sintetizar *v tr* synthétiser.
sintoísmo *m* shintoïsme, shinto (religión).
sintoísta *adj y s* shintoïste.
síntoma *m* symptôme (señal).
sintomático, ca *adj* symptomatique.
sintomatología *f* symptomatologie.
sintonía *f* ELECTR syntonie ‖ indicatif *m* (de una emisión) ‖ FIG harmonie; *sintonía espiritual* harmonie spirituelle ‖ RAD *bobina de sintonía* bobine d'accord.
sintonización *f* syntonisation ‖ RAD *botón de sintonización* bouton de recherche de station.
sintonizar *v tr* syntoniser ‖ RAD accorder ‖ *sintonizan ustedes con Radio San Sebastián* vous êtes à l'écoute de Radio Saint-Sébastien.
sinuosidad *f* sinuosité ‖ FIG méandre, détour *m*; *las sinuosidades de la diplomacia* les méandres de la diplomatie.
sinuoso, sa *adj* sinueux, euse.
sinusitis *f* MED sinusite.
sinvergonzón, ona *adj y s* → **sinvergüenza**.
sinvergüencería *f* FAM culot *m*, toupet *m*, effronterie.
sinvergüenza; sinvergonzón, ona *adj y s* petit voyou, fripon, onne; canaille (granuja) ‖ crapule (canalla) ‖ — *¡qué sinvergüenza eres!* tu ne manques pas de culot! ‖ *un tío sinvergüenza* un type sans scrupule.
sinvivir *m* souci de tous les instants.
sionismo *m* sionisme.
sionista *adj y s* sioniste.
siquíatra; siquiatra *m y f* MED psychiatre.
siquiatría *f* MED psychiatrie.
síquico, ca *adj* psychique.
siquiera *conj* même si (aunque); *préstame el coche, siquiera sea por unos días* prête-moi ta voiture même si c'est pour quelques jours.
◆ *adv* au moins (por lo menos); *dame siquiera las gracias* dis-moi au moins merci; *¡si ganáramos siquiera para comer!* si nous gagnions au moins de quoi manger! ‖ ne serait-ce que; *si pudiera irme siquiera una semana* si je pouvais partir ne serait-ce qu'une semaine ‖ même; *sin enterarse siquiera de*

lo que pasaba sans même se rendre compte de ce qui se passait ‖ soit (bien, ya); *siquiera venga, siquiera no venga* soit qu'il vienne, soit qu'il ne vienne pas ‖ *ni siquiera, no... siquiera* ne... même pas; *no tiene siquiera zapatos* il n'a même pas de souliers; *ni siquiera me lo dijo* il ne me l'a même pas dit.

siquis *f inv* → **psiquis.**
Siracusa *n pr* GEOGR Syracuse.
sirena *f* sirène (ninfa) ‖ sirène (señal acústica).
sirga *f* MAR corde (cuerda para halar) | halage *m* (acción) ‖ — MAR *a la sirga* halé ‖ *camino de sirga* chemin de halage.
sirgar *v tr* MAR haler.
Siria *n pr f* GEOGR Syrie.
siriaco, ca *adj* syrien, enne (de Siria).
◆ *m y f* Syrien, enne.
◆ *m* syriaque (idioma antiguo).
sirimiri *m* crachin, bruine *f* (llovizna).
sirio, ria *adj y s* syrien, enne.
Sirio *n pr* ASTR Sirius.
siroco *m* sirocco (viento).
sirte *f* banc *m* de sable.
sirvienta *f* domestique, servante.
sirviente *m* domestique, serviteur ‖ MIL servant (del cañón).
◆ *adj m* de service, serviteur, servant ‖ *—personal sirviente* domestiques ‖ DR *predio sirviente* fonds servant *o* assujetti.
sisa *f* FAM chapardage *m*, carottage *m*, gratte [profits illicites] ‖ échancrure (de un vestido), emmanchure, entournure (de las mangas) ‖ impôt *m* (impuesto) ‖ assiette (para dorar).
sisador, ra *adj y s* qui fait danser l'anse du panier, rabioteur, euse; carotteur, euse.
sisal *m* BOT sisal, agave (pita).
sisar *v tr* carotter, chaparder, rabioter (en las compras) ‖ échancrer (un vestido) ‖ diminuer la mesure *o* le poids des denrées, carotter.
◆ *v intr* faire danser l'anse du panier.
sisear *v tr e intr* siffler, huer; *sisear a un actor* siffler un acteur ‖ faire psitt ‖ *sisear a una mujer en la calle* faire psitt à une femme dans la rue.
siseo *m* sifflet, huées *f pl* ‖ psitt.
Sísifo *n pr m* MIT Sisyphe ‖ *mito de Sísifo* mythe de Sisyphe.
sísmico, ca *adj* sismique, séismique.
sismo *m* séisme (seísmo).
sismógrafo *m* sismographe, séismographe.
sismología *f* sismologie, séismologie.
sisón *m* ZOOL canepetière *f* (ave).
sisón, ona *adj y s* FAM → **sisador.**
sistema *m* système; *sistema nervioso, métrico* système nerveux, métrique ‖ *— sistema acoplador* système de couplage (de radio) ‖ *sistema cegesimal* système cégésimal *o* C.G.S ‖ *sistema montañoso* système montagneux ‖ INFORM *sistema operativo* système d'exploitation ‖ *sistema periódico* classification périodique ‖ *sistema planetario* système planétaire ‖ *sistema tributario* régime fiscal (de los impuestos) ‖ *por sistema* systématiquement, par principe.
Sistema Ibérico *n pr* GEOGR chaînes Ibériques.
sistemático, ca *adj y s f* systématique.
sistematización *f* systématisation.
sistematizar *v tr* systématiser.
sístilo *adj y s m* ARQ systyle.
sístole *f* ANAT systole.
sitiado, da *adj y s* assiégé, e.
sitiador, ra *adj y s* assiégeant, e.
sitial *m* fauteuil de cérémonie.
sitiar *v tr* assiéger.
sitio *m* place *f*; *vete a tu sitio* va à ta place; *ponga la silla en este sitio* mettez la chaise à cette place ‖ endroit, lieu (lugar); *un sitio agradable* un endroit agréable ‖ place *f* (espacio); *ocupar mucho sitio* prendre *o* tenir beaucoup de place; *dejar sitio a* faire de la place à ‖ MIL siège (cerco); *estado de sitio* état de siège ‖ *(amer)* terrain (solar) ‖ ̶ a ou en *algún sitio* quelque part ‖ *cada uno en su sitio* chacun à sa place ‖ *cualquier sitio* n'importe où, partout ‖ *en el mismo sitio* sur le terrain ‖ *en ou a ningún sitio* nulle part ‖ *otro sitio* ailleurs, autre part ‖ *real sitio* résidence royale ‖ *— cambiar de sitio* changer de place, déplacer (algo), changer de place, se déplacer (alguien) ‖ *ceder el sitio* céder la place ‖ FIG *dejar a uno en el sitio* tuer quelqu'un net, laisser quelqu'un sur le carreau ‖ MIL *levantar el sitio* lever le siège ‖ FIG *poner a uno en su sitio* remettre quelqu'un à sa place ‖ *poner sitio a* mettre le siège devant, assiéger ‖ FIG *quedar en el sitio* tomber raide mort, être tué sur le coup, rester sur le carreau.
sito, ta *adj* situé, e (colocado) ‖ DR sis, sise; *una casa sita en Madrid* une maison sise à Madrid ‖ DR *bienes sitos* biens fonds.
situación *f* situation ‖ situation, emplacement *m* (sitio) ‖ *— (amer) precio de situación* prix réduit ‖ *— situación activa* position d'un fonctionnaire en activité ‖ *situación pasiva* position d'un fonctionnaire en disponibilité *o* en retraite.
situado, da *adj* situé, e ‖ DR sis, sise ‖ FIG *estar bien situado* avoir une bonne situation (en la vida).
situar *v tr* situer, placer (colocar) ‖ affecter, assigner (dinero).
◆ *v pr* MAR relever sa position (en el mapa).
siútico, ca *adj* FAM *(amer)* → **cursi.**
siux *m* sioux (Indio norteamericano).
sketch *m* sketch (en cine y teatro).
skin head *m y f* skinhead, skin [cabeza rapada].
SL abrev de *sociedad Limitada* S.A.R.L., société à responsabilité limitée.
s.l. abrev de *Sus labores* sans profession.
slalom *m* slalom (prueba de habilidad).
slip *m* → **eslip.**
slogan *m* slogan (lema publicitario).
SM abrev de *Su Majestad* S.M., sa majesté.
smash *m* smash (mate).
SME abrev de *Sistema Monetario Europeo* S.M.E., Système monétaire européen.
SMI abrev de *Sistema Monetario Internacional* S.M.I., Système monétaire international ‖ abrev de *salario mínimo interprofesional* équivalent espagnol du S.M.I.C., salaire minimum de croissance.
Smo. abrev de *santísimo* très saint.
smoking *m* smoking.
— OBSERV L'Académie espagnole propose maintenant la forme *esmoquin.*
s/n abrev de *sin número* sans numéro [de rue].
snob *adj y s* snob.

snobismo *m* snobisme.

so *m* FAM espèce de; *so tonto* espèce d'idiot.

so *prep* sous; *so pretexto* sous prétexte; *so pena* sous peine; *so capa* sous cape; *so color* sous couleur, sous prétexte.

¡so! *interj* ho! [pour arrêter un cheval].

soba *f*; **sobajeo** *m* pétrissage *m* ‖ foulage *m* (pieles) ‖ FAM volée, tripotée (paliza); *dar una soba* flanquer une volée | tripotage *m* (manoseo).

sobaco *m* ANAT aisselle *f*.

sobado, da *adj* FAM tripoté, e (manido); *una sobada caja de madera* une boîte en bois qui a été tripotée | rebattu, e; *un tema sobado* un sujet rebattu | foulé, e (pieles) ‖ pétri, e (amasado) ‖ rossé, e (a golpes).

sobador *m* fouloir.

sobaquera *f* dessous-de-bras *m*.

sobaquillo (de) *adv* TAUROM *poner las banderillas de sobaquillo* planter les banderilles de côté, alors que la tête du taureau est déjà passée.

sobaquina *f* sueur, gousset *m* (ant).

sobar *v tr* pétrir ‖ fouler (las pieles) ‖ FIG rosser (zurrar) ‖ FAM peloter, tripoter (tocar) ‖ *(amer)* flatter (adular) | frotter (friccionar).

sobeo *m* FAM tripotage (de una cosa), pelotage (de una persona) ‖ courroie *f* (de un carro).

soberanía *f* souveraineté ‖ — *plaza de soberanía* ville sous la souveraineté de l'Espagne (Ceuta, Melilla) ‖ *soberanía feudal* suzeraineté.

soberano, na *adj y s* souverain, e; *potencia soberana* puissance souveraine; *remedio soberano* remède souverain.

   → *adj* FIG magistral, e; *dar una paliza soberana* donner une râclée magistrale.

soberbia *f* orgueil *m*, superbe ‖ *la soberbia de un monarca* la superbe d'un monarque ‖ magnificence (magnificencia) ‖ FIG colère, emportement *m* (ira).

soberbiamente *adv* orgueilleusement ‖ FIG superbement, magnifiquement.

soberbio, bia; soberbioso, sa *adj* coléreux, euse (colérico) ‖ hautain, e; arrogant, e ‖ FIG superbe, magnifique (magnífico) ‖ fougueux, euse (caballo).

sobón, ona *adj y s* FAM peloteur, euse (acariciador) | flemmard, e (remolón).

sobornar *v tr* suborner, soudoyer.

soborno *m* subornation *f*, corruption *f*; *soborno de testigos* subornation de témoins ‖ pot-de-vin (gratificación) ‖ *(amer)* surcharge *f* (sobrecarga).

sobra *f* reste *m*, excédent *m*, surplus *m* (exceso) ‖ — *de sobra* de trop, en trop, plus qu'il n'en faut, à revendre; *tiene dinero de sobra* il a de l'argent de trop ‖ *sé de sobra que* je sais parfaitement que, je ne sais que trop que ‖ *tener de sobra dónde escoger* n'avoir que l'embarras du choix ‖ *tener tiempo de sobra* avoir du temps de reste, avoir tout son temps *o* du temps devant soi, avoir largement le temps.

   → *pl* résidus *m*, déchets *m* (desechos) ‖ reliefs *m*, restes *m* (de una comida) ‖ rabiot *m sing* (de rancho).

sobradamente *adv* extrêmement, de trop (mucho) ‖ *le conozco sobradamente* je le connais on ne peut mieux, je ne le connais que trop.

sobradillo *m* auvent (tejadillo) ‖ soupente *f* (de una escalera).

sobrado, da *adj* de trop, en trop, de reste, à revendre (de sobra); *tiene sobrada paciencia* il a de la patience de reste ‖ — *con sobrada razón* à très juste titre ‖ *estar sobrado de dinero* avoir de l'argent de reste *o* de plus qu'il n'en faut *o* à ne savoir qu'en faire ‖ *estar sobrado de luz* être inondé de lumière ‖ *tener sobrada razón* n'avoir que trop raison ‖ *tener sobrados motivos para* avoir toutes les raisons de.

   → *m* ARQ comble (desván) ‖ *(amer)* étagère *f* (vasar).

   → *pl (amer)* restes (sobras).

   → *adv* largement, de trop.

sobrante *adj* restant, en trop (que sobra).

   → *m* reste, restant, excédent.

sobrar *v intr* rester (quedar); *me sobran tres pesetas* il me reste trois pesetas; *sobró vino* il en est resté du vin ‖ être de trop (estar de más) ‖ avoir en trop; *en esta pared sobran dos cuadros* sur ce mur il a deux tableaux en trop ‖ avoir trop de; *en esta pared sobran cuadros* sur ce mur il y a trop de tableaux ‖ avoir plus qu'il n'en faut ‖ *me sobra el dinero para hacerlo* j'ai plus d'argent qu'il n'en faut pour le faire ‖ — *basta y sobra* en voilà assez, ça suffit comme ça ‖ *me sobra tiempo* j'ai tout le temps *o* tout mon temps *o* largement le temps ‖ *no estar sobrado de* ne pas avoir trop de ‖ *sobrarle a uno la gracia* avoir de l'esprit à revendre.

sobrasada *f* sorte de saucisson (embutido).

sobre *m* enveloppe *f* (de carta); *poner en un sobre* mettre sous l'enveloppe ‖ sachet; *un sobre de sopa* un sachet de soupe.

sobre *prep* sur; *sobre la mesa* sur la table; *discutir sobre un tema* discuter sur un sujet ‖ environ, à peu près; *tengo sobre mil pesetas* j'ai environ mille pesetas ‖ vers; *vendré sobre las ocho* je viendrai vers 8 heures ‖ sur (repetición); *dice tonterías sobre tonterías* il dit bêtise sur bêtise ‖ après (después); *sobre comida* après le repas ‖ en plus de, non seulement; *sobre ser caro, es feo* non seulement c'est cher, mais c'est laid ‖ au-dessus de; *tres grados sobre cero* trois degrés au-dessus de zéro ‖ — *sobre modo* à l'excès, excessivement (en demasía), extrêmement (mucho) ‖ *sobre seguro* à coup sûr, sans prendre de risque; *jugar sobre seguro* jouer à coup sûr ‖ *sobre todo* surtout.

sobreabundancia *f* surabondance.

sobreabundante *adj* surabondant, e.

sobreabundar *v intr* surabonder.

sobrealimentación *f* suralimentation.

sobrealimentar *v tr* suralimenter.

sobreañadir *v tr* surajouter.

sobreático *m* logement situé au-dessus du dernier étage.

sobrecalentar *v tr* TECN surchauffer (el vapor).

sobrecarga *f* surcharge (de peso, en un sello) ‖ surfaix *m* (correa).

sobrecargar *v tr* surcharger ‖ rabattre (una costura).

sobrecargo *m* MAR commis, subrécargue *f*.

sobrecejo; sobreceño *m* froncement de sourcils (ceño) ‖ *poner sobreceño* froncer les sourcils.

sobrecito *m* sachet; *un sobrecito de azafrán* un sachet de safran.

sobrecogedor, ra *adj* saisissant, e.

sobrecoger *v tr* saisir (de miedo, de frío) ‖ surprendre, prendre au dépourvu (de improviso).

   → *v pr* être *o* rester saisi.

sobrecogimiento *m* saisissement (de frío, de temor) ‖ FIG saisissement (pasmo).
sobrecomprimir *v tr* pressuriser (un avión).
sobrecosido *m*; **sobrecostura** *f* couture *f* rabattue.
sobrecubierta *f* seconde enveloppe [de protection] ‖ jaquette (de un libro) ‖ MAR passerelle.
sobrecuello *m* collet, faux col (segundo cuello) ‖ rabat [d'ecclésiastique] (collarín).
sobredicho, cha *adj* susdit, e (susodicho).
sobredorar *v tr* surdorer, dorer.
sobredosificación *f* MED surdosage *m*.
sobredosis *f* surdose, overdose.
sobreedificar *v tr* surélever; *casa sobreedificada de un piso* maison surélevée d'un étage.
sobreentender* *v tr* sous-entendre (sobreentender).
◆ *v pr* être sous-entendu.
sobreentendido, da *adj* sous-entendu, e.
sobreentrenar *v tr* DEP surentraîner.
sobreestadía *f* MAR surestarie.
sobreestimación *f* surestimation.
sobreestimar *v tr* surestimer.
sobreexcitación *f* surexcitation.
sobreexcitar *v tr* surexciter.
sobreexponer *v tr* FOT → **sobrexponer**.
sobreexposición *f* FOT → **sobrexposición**.
sobrefalda *f* jupe.
sobrefusión *f* FÍS surfusion.
sobregirar *v intr* mettre (un compte), à découvert, tirer à découvert, dépasser le plafond d'un crédit.
sobregiro *m* découvert.
sobrehilado *m* surfilage, surfil.
sobrehilar *v tr* surfiler.
sobrehumano, na *adj* surhumain, e.
sobreimpresión *f* surimpression.
sobreimprimir *v tr* surimprimer.
sobrellevar *v tr* supporter, endurer (aguantar).
sobremanera; sobremodo *adv* à l'excès, excessivement (en demasía) ‖ extrêmement (mucho).
sobremesa *f* tapis *m* de table (tapete) ‖ dessert *m* (postre) ‖ *— de sobremesa* après le repas ‖ *dichos de sobremesa* propos de table ‖ *programa de sobremesa* programme de début d'après-midi (radio, televisión) ‖ *reloj de sobremesa* pendule ‖ *— quedarse un rato de sobremesa* rester un moment à table après le repas.
sobrenadar *v intr* surnager.
sobrenatural *adj* surnaturel, elle.
sobrenombre *m* surnom (mote) ‖ *dar el sobrenombre de* surnommer, donner le surnom de.
sobrentender* *v tr* sous-entendre; *una frase sobrentendida* une phrase sous-entendue.
◆ *v pr* être sous-entendu.
sobrepaga *f* gratification, prime, surpaye.
sobreparto *m* suites *f pl* de couches.
sobrepasar *v tr* dépasser; *sobrepasar los límites en un 10 %* dépasser les limites de 10 % ‖ surpasser (superar).
◆ *v pr* *sobrepasarse a sí mismo* se surpasser.
sobrepelliz *f* surplis *m*.
sobrepeso *m* surcharge *f* ‖ *sobrepeso de equipaje* excédent de bagages.

sobreponer* *v tr* superposer (poner encima) ‖ rajouter (añadir).
◆ *v pr* surmonter (dificultades); *sobreponerse a su dolor* surmonter sa douleur ‖ l'emporter sur (un enemigo).
sobreporte *m* surcharge *f* de port (correos).
sobreprecio *m* augmentation *f* [de prix] ‖ *pagar con sobreprecio* surpayer.
sobreprima *f* surprime (seguros).
sobreproducción *f* surproduction.
sobreproteger *v tr* surprotéger, couver.
sobrepuesto, ta *adj* superposé, e.
◆ *m* application *f* (ornamentación) ‖ chapeau de ruche (de colmenas) ‖ *(amer)* pièce *f* de cuir qui recouvre la selle.
sobrepuja *f* surenchère, surenchérissement *m*.
sobrepujar *v tr* surpasser (aventajar) ‖ dépasser (dejar atrás) ‖ surenchérir, enchérir sur (en una subasta).
sobrero, ra *adj* restant, e (sobrante).
◆ *adj m y s m* TAUROM de réserve (toro).
sobresaliente *adj* qui dépasse, en saillie ‖ supérieur; excellent, e (insigne) ‖ qui se distingue (destacado) ‖ remarquable, hors ligne, hors pair (notable).
◆ *adj y s* reçu avec mention très bien (exámenes).
◆ *m* mention *f* très bien (exámenes) ‖ TAUROM remplaçant (torero).
◆ *m y f* doublure *f* (actor que reemplaza a otro).
sobresalir* *v intr* dépasser (exceder) ‖ ressortir (resaltar) ‖ s'avancer; *una roca sobresalía por encima del abismo* un rocher s'avançait au-dessus de l'abîme ‖ ARQ saillir (un balcón) ‖ FIG se distinguer (distinguirse) | être de premier ordre (una cosa).
sobresaltado, da *adj* en sursaut; *despertarse sobresaltado* se réveiller en sursaut ‖ effrayé, e (asustado) ‖ en émoi (excitado).
sobresaltar *v tr* effrayer (asustar) ‖ faire sursauter (sobrecoger) ‖ surprendre (acometer de repente).
◆ *v intr* se détacher (destacarse).
◆ *v pr* s'effrayer (asustarse) ‖ sursauter (sobrecogerse) ‖ se troubler, perdre contenance (turbarse).
sobresalto *m* sursaut (movimiento brusco) ‖ FIG soubresaut (susto) | émotion *f*, trouble (turbación) ‖ *de sobresalto* soudain (de repente), à l'improviste (de improviso).
sobresanar *v intr* mal cicatriser (una herida o llaga) ‖ FIG cacher, masquer (un defecto o una acción).
sobresaturación *f* sursaturation.
sobresaturar *v tr* sursaturer.
sobrescribir *v tr* surcharger.
sobrescrito *m* suscription *f* (dirección).
sobresdrújulo, la *adj y s* GRAM accentué sur la syllabe précédant l'antépénultième [comme dans *devuélvemelo* rends-le-moi].
sobreseer *v intr* surseoir à.
sobreseimiento *m* interruption *f*, suspension *f* ‖ DR non-lieu; *auto de sobreseimiento* ordonnance de non-lieu.
sobresello *m* contreseing, second sceau *o* cachet.

sobrestante *m* contremaître, conducteur de travaux ‖ *sobrestante de obras públicas* piqueur, agent voyer [ponts et chaussées].
sobrestimación *f* surestimation.
sobrestimar *v tr* surestimer (persona), surévaluer (cosa) ‖ surfaire; *reputación sobrestimada* réputation surfaite.
sobresueldo *m* gratification *f*, prime *f*, surpaye *f*.
sobretasa *f* surtaxe; *sobretasa postal* surtaxe postale.
sobretensión *f* ELECTR survoltage *m*, surtension.
sobretiro *m* IMPR tirage à part.
sobretodo *m* pardessus (abrigo) ‖ cache-misère (para ocultar un traje raído).
sobrevaluar *v tr* surévaluer.
sobrevenir* *v intr* survenir.
sobreventa *f* surréservation, surbooking *m*.
sobrevidriera *f* grillage *m* (de ventana) ‖ double vitrage *m*.
sobrevienta *f* coup de vent ‖ FIG fougue, impétuosité (furia, ímpetu) ‖ soubresaut, sursaut (sorpresa, susto).
sobreviviente *adj y s* survivant, e (superviviente).
sobrevivir *v intr* survivre.
sobrevolar* *v tr* survoler (aviones).
sobrevoltaje *m* ELECTR survoltage.
sobrexceder *v tr* surpasser.
sobrexcitar *v tr* surexciter.
sobrexponer; sobreexponer *v tr* FOT surexposer.
sobrexposición; sobreexposición *f* FOT surexposition.
sobriedad *f* sobriété.
sobrino, na *m y f* neveu *m*, nièce *f* ‖ — *sobrino carnal* neveu ‖ *sobrino político* neveu par alliance ‖ *sobrino segundo* petit-neveu ‖ *sobrino tercero* arrière-petit-neveu.
sobrio, bria *adj* sobre; *sobrio en el comer, en el hablar* sobre dans sa nourriture, sobre en paroles ‖ dépouillé, e; sobre (estilo) ‖ sévère; *la arquitectura sobria del Escorial* l'architecture sévère de l'Escurial.
SOC abrev de *Sindicato de Obreros del Campo* Syndicat des ouvriers agricoles [Espagne].
socaire *m* MAR côté sous le vent ‖ *al socaire* à l'abri [du vent].
socaliña *f* astuce, ruse (ardid).
socarrar *v tr* brûler légèrement, roussir (tostar).
socarrón, ona *adj* narquois, e (malicioso); *sonrisa socarrona* sourire narquois ‖ moqueur, euse (guasón) ‖ sournois, e (taimado).
socarronamente *adv* narquoisement (maliciosamente) ‖ d'un air goguenard (burlonamente) ‖ sournoisement (disimuladamente).
socarronería *f* sournoiserie.
socavar *v tr* creuser ‖ FIG saper, miner.
socavón *m* galerie *f* (galería) ‖ excavation *f* (hoyo) ‖ affaissement de la chaussée, effondrement (hundimiento) ‖ *la calle tiene numerosos socavones* la rue est défoncée en de nombreux endroits.
sociabilidad *f* sociabilité.
sociable *adj* sociable.
social *adj* social, e ‖ ECON *capital social* capital social ‖ *razón social* raison sociale.

socialdemocracia *f* social-démocratie.
socialdemócrata *adj y s* social-démocrate.
socialismo *m* socialisme.
socialista *adj y s* socialiste.
socialización *f* socialisation.
socializar *v tr* socialiser.
sociata *m y f* FAM socialo.
sociedad *f* société; *alta, buena sociedad* haute, bonne société ‖ société, compagnie (comercial) ‖ — *sociedad accidental* ou *en participación* société en participation ‖ *sociedad anónima, comanditaria* ou *en comandita* société anonyme, en commandite ‖ *sociedad benéfica* société de bienfaisance ‖ *sociedad civil* société civile ‖ *sociedad conyugal* union conjugale, régime *m* matrimonial ‖ *sociedad cooperativa* coopérative ‖ *sociedad de consumo* société de consommation ‖ *sociedad de responsabilidad limitada* société à responsabilité limitée ‖ *sociedad industrial* société industrielle ‖ *sociedad matriz* société mère ‖ *sociedad regular colectiva* société en nom collectif ‖ — *nota* ou *ecos de sociedad* carnet mondain (en un periódico) ‖ *ser presentada en sociedad* faire son entrée dans le monde.
socio, cia *m y f* sociétaire, membre (de una sociedad, de un club); *socio fundador* membre fondateur ‖ COM associé, e ‖ FAM type, individu ‖ — *hacerse socio* s'inscrire, devenir membre ‖ *socio de número* membre titulaire.
sociocultural *adj* socioculturel, elle.
socioeconomía *f* ECON sciences économiques et sociales.
socioeconómico, ca *adj* ECON socio-économique.
sociolingüístico, ca *adj y s f* sociolinguistique.
sociología *f* sociologie.
sociológico, ca *adj* sociologique.
sociólogo, ga *m y f* sociologue.
sociopolítico, ca *adj* politique et social, e.
socorrer *v tr* secourir; *socorrer a los pobres* secourir les pauvres.
socorrido, da *adj* secourable (que socorre) ‖ bien approvisionné, e (abastecido) ‖ FAM commode, pratique (cómodo); *un traje muy socorrido* une robe très pratique ‖ *passe-partout inv* (trillado); *un tema muy socorrido* un sujet passe-partout.
socorrismo *m* secourisme.
socorrista *m y f* secouriste.
socorro *m* secours; *prestar socorro* porter secours ‖ MIL renfort, secours (tropa) ‖ — *agua de socorro* ondoiement (bautismo) ‖ *casa de socorro* poste de secours (clínica de urgencia) ‖ *señales de socorro* signaux de détresse ‖ — *dar socorro* porter secours ‖ *ir en socorro de* aller au secours de ‖ *pedir socorro* appeler au secours (en caso de peligro), demander du secours (pedir auxilio).
◆ *interj* au secours!
Sócrates *n pr m* Socrate.
socrático, ca *adj* socratique.
soda *f* QUÍM soude (sosa) ‖ soda *m* (bebida).
sódico, ca *adj* QUÍM sodique, sodé, e.
sodio *m* QUÍM sodium.
sodomía *f* sodomie.
sodomita *adj y s* sodomite.
sodomizar *v tr* sodomiser.

soez *adj* grossier, ère.
sofá *m* sofa, canapé ‖ *sofá cama* canapé-lit.
Sofía *n pr f* GEOGR Sofia.
sofión *m* rebuffade *f*; *le echaron un sofión* il a essuyé une rebuffade ‖ tromblon (trabuco).
sofisma *m* sophisme.
sofista *adj y s* sophiste.
sofisticación *f* sophistication.
sofisticado, da *adj* sophistiqué, e.
sofisticar *v tr* sophistiquer.
soflama *f* réverbération (del fuego) ‖ rougeur (en el rostro) ‖ FIG effronterie, insolence (descaro) | tromperie (engaño).
soflamar *v tr* duper (engañar) ‖ FIG faire rougir (avergonzar) | humilier, confondre (humillar).
◆ *v pr* brûler, griller (tostarse).
sofocación *f* suffocation (pérdida del aliento) ‖ étouffement *m* (ahogo) ‖ FIG étouffement (de una revolución, de un escándalo) ‖ FIG & FAM gros ennui *m* (disgusto).
sofocador, ra; sofocante *adj* suffoquant, e (humo, gas) ‖ étouffant, e (calor, clima) ‖ ennuyeux, euse (molesto).
sofocar *v tr* suffoquer (hacer perder la respiración) ‖ FAM suffoquer (causar emoción violenta), faire rougir, faire honte (avergonzar) | étouffer (apagar); *sofocar una revolución* étouffer une révolution | ennuyer, embêter (molestar) ‖ *sofocar un incendio* éteindre o maîtriser un incendie.
◆ *v pr* étouffer (de calor) ‖ FIG rougir (ruborizarse) ‖ s'étouffer (atragantarse).
Sófocles *n pr m* Sophocle.
sofoco *m* étouffement, suffocation *f* (sofocación) ‖ FIG gros ennui (disgusto), contrariété *f*, chagrin (pena).
sofocón *m*; **sofoquina** *f* FAM coup *m* au cœur (emoción) ‖ très gros ennui *m* (gran disgusto), grosse contrariété *f*, gros chagrin *m* (gran pena).
sofreír* *v tr* faire revenir, passer légèrement à la poêle, faire sauter.
sofrenar *v tr* saccader (al caballo) ‖ FIG tancer, réprimander (reprender) | réprimer, mettre un frein à, refréner (las pasiones).
sofrito *m* CULIN mélange de tomates et d'oignons frits.
sofrología *f* sophrologie.
software *m* INFORM logiciel, software.
soga *f* corde (cuerda) ‖ arpent *m* (medida agraria) ‖ (*amer*) lanière de cuir (tira de cuero) ‖ — FIG *dar soga a uno* faire parler quelqu'un (darle cuerda), se moquer de quelqu'un (burlarse) | *echar la soga tras el caldero* jeter le manche après la cognée | *estar con la soga al cuello* être dans le pétrin | *no hay que mentar la soga en casa del ahorcado* il ne faut pas parler de corde dans la maison d'un pendu.
soja *f* BOT soja *m*, soya *m*.
sojuzgador, ra *adj y s* subjugueur, euse.
sojuzgar *v tr* subjuguer, dominer.
sol *m* soleil; *sol poniente, naciente, de medianoche* soleil couchant, levant, de minuit ‖ sol (unidad monetaria del Perú) ‖ FIG amour; *¡qué sol de niño!* quel amour d'enfant! ‖ TAUROM place *f* au soleil, soleil (en las plazas de toros); *tendido de sol* gradins au soleil ‖ — *al sol* au soleil ‖ *bajo el sol* au soleil; *estoy a gusto bajo el sol* je me trouve bien au soleil; sous le soleil; *nada nuevo bajo el sol* rien de nouveau sous le soleil ‖ *de sol a sol* du lever au coucher du soleil, du matin au soir ‖ *el Rey Sol* le Roi-Soleil ‖ FIG *más hermoso que un sol* beau comme le jour, beau comme un astre ‖ *quemadura de sol* coup de soleil ‖ *reloj de sol* cadran solaire ‖ FAM *sol de justicia* soleil de plomb ‖ BOT *sol de las Indias* soleil, tournesol ‖ TAUROM *sol y sombra* place qui n'est à l'ombre que pendant une partie de la corrida ‖ — *al ponerse el sol* au coucher du soleil, au soleil couchant ‖ *al salir el sol* au lever du soleil ‖ FIG & FAM *arrimarse al sol que más calienta* se mettre du côté du plus fort, se tenir près du soleil ‖ *da el sol de pleno* le soleil donne en plein ‖ *el sol aprieta* le soleil tape dur ‖ FIG & FAM *no dejar a uno ni a sol ni a sombra* être toujours sur le dos de quelqu'un, ne pas quitter quelqu'un d'une semelle, suivre quelqu'un comme un petit chien ‖ *tomar el sol* se chauffer au soleil (para calentarse), s'exposer au soleil (tomar baños de sol), se faire brunir (broncearse).
sol *m* QUÍM sol (coloide) ‖ MÚS sol (nota).
solado, da *adj* parqueté, e (de madera) ‖ carrelé, e (con ladrillos).
◆ *m* plancher, parquet (de madera) ‖ carrelage (enladrillado), dallage (enlosado).
soladura *f* parquetage *m* (de madera) ‖ carrelage *m* (de ladrillo) ‖ dallage *m* (con losas).
solamente *adv* seulement; *no solamente* non seulement ‖ *solamente que* à la seule condition que, seulement si.
solana *f* endroit *m* ensoleillé ‖ soleil *m*; *ahora hay mucha solana* maintenant il y a beaucoup de soleil ‖ véranda (en una casa).
solanera *f* coup *m* de soleil.
solano *m* vent d'est (viento) ‖ BOT morelle *f* noire.
solapa *f* revers *m* (de una chaqueta) ‖ rabat *m* (de libro, de sobre) ‖ FIG prétexte *m*, apparence.
solapadamente *adv* sournoisement, en cachette, en tapinois.
solapado, da *adj* sournois, e; dissimulé, e.
solapar *v tr* mettre des revers à (un traje) ‖ FIG cacher, dissimuler (ocultar) | recouvrir (cubrir).
solar *adj* solaire; *rayos solares* rayons solaires ‖ ANAT *plexo solar* plexus solaire.
◆ *m* terrain vague (terreno inutilizado) ‖ terrain à bâtir (para la construcción) ‖ manoir (casa solar) ‖ maison *f*, lignée *f* (linaje).
solar* *v tr* ressemeler (calzado) ‖ carreler (enladrillar) ‖ parqueter, planchéier (con madera) ‖ daller (con losas).
solariego, ga *adj* familial, e (del patrimonio) ‖ ancien, enne; noble (noble) ‖ *casa solariega* manoir, gentilhommière.
solario *m* solarium.
solaz *m* distraction *f*, loisir (esparcimiento) ‖ consolation *f*, soulagement (alivio) ‖ *a solaz* avec plaisir.
solazar *v tr* récréer, distraire (divertir) ‖ soulager (aliviar).
◆ *v pr* se distraire.
solazo *m* FAM soleil qui tape dur.
soldada *f* salaire *m* (sueldo) ‖ solde (del soldado).
soldadesco, ca *adj* soldatesque ‖ *a la soldadesca* à la soldate.
soldadito *m* soldat; *soldadito de plomo* soldat de plomb.

soldado *m* soldat ‖ — *soldado bisoño* conscrit, jeune recrue, bleu *(fam)* ‖ *soldado cumplido* soldat qui a fini son temps de service ‖ *soldado de primera, de segunda clase* soldat de première, de deuxième classe ‖ *soldado desconocido* soldat inconnu ‖ *soldado raso* simple soldat, soldat de deuxième classe ‖ *soldado voluntario* engagé volontaire.

soldador *m* soudeur (obrero) ‖ fer à souder (instrumento).

soldadura *f* soudure; *soldadura autógena* soudure autogène ‖ soudure, soudage *m* (acción) ‖ FIG remède *m* (reparación) ‖ — *soldadura a tope* soudure en about ‖ *soldadura en frío* soudure à froid ‖ *soldadura fuerte* soudure forte, brasure.

soldar* *v tr* TECN souder ‖ FIG réparer (una falta).
◆ *v pr* se souder.

soleá *f* chant et danse populaires andalous de caractère mélancolique.
— OBSERV pl *soleares*.

soleado, da *adj* exposé au soleil; ensoleillé, e.

soleamiento *m* exposition *f* au soleil.

solear *v tr* mettre *o* exposer au soleil.

solecismo *m* GRAM solécisme.

soledad *f* solitude ‖ regret *m*, nostalgie (melancolía) ‖ chant et danse populaires andalous de caractère mélancolique.

solemne *adj* solennel, elle ‖ FIG suprême, de taille; *es una solemne tontería* c'est une bêtise suprême.

solemnemente *adv* solennellement.

solemnidad *f* solennité ‖ FAM *pobre de solemnidad* sans le sou.

solemnizar *v tr* solenniser, célébrer.

sóleo *adj m y s m* ANAT soléaire (músculo).

soler* *v tr* avoir l'habitude de *o* coutume de (acostumbrar); *suele venir el lunes* il a l'habitude de venir le lundi ‖ être *o* arriver *o* faire en général *o* généralement *o* souvent *o* d'ordinaire (ser frecuente); *los españoles suelen ser morenos* les Espagnols sont en général bruns; *suele equivocarse* il lui arrive souvent de se tromper; *aquí suele hacer mucho frío* ici il fait généralement très froid.

solera *f* solive (viga) ‖ meule gisante (de molino) ‖ fond *m* de canal ‖ TECN sole (de horno) ‖ radier *m* (encachado en un puente *o* alcantarilla) ‖ CONSTR sablière ‖ lie (del vino) ‖ réserve (reserva de vino) ‖ FIG tradition, ancienneté (tradición) ‖ — *casa con solera* maison qui a des années d'expérience ‖ *marca de solera* grande marque, marque prestigieuse ‖ *vino de solera* vin vieux.

solería *f* cuir *m* pour semelles ‖ carrelage *m*, dallage *m* (suelo).

soleta *f* semelle (de la media) ‖ pièce (remiendo) ‖ FIG & FAM *picar* ou *tomar soleta* filer, prendre la poudre d'escampette (irse).

solfa *f* solfège *m* (solfeo) ‖ FAM volée, raclée (paliza) ‖ — FIG & FAM *echar una solfa* passer un savon ‖ *poner en solfa* ridiculiser, tourner en ridicule ‖ *tomar a solfa* prendre à la rigolade.

solfatara *f* solfatare.

solfear *v tr* MÚS solfier ‖ FIG & FAM battre, rosser (zurrar).

solfeo *m* MÚS solfège (arte) ‖ FIG & FAM volée *f*, raclée *f* (paliza).

solicitación *f* sollicitation ‖ *solicitación de fondos* appel de fonds.

solicitador, ra *adj* solliciteur, euse.
◆ *m* agent (agente).

solícitamente *adv* diligemment, avec empressement.

solicitante *adj y s* solliciteur, euse.
◆ *m* pétitionnaire.

solicitar *v tr* solliciter; *solicitar un empleo* solliciter un emploi ‖ demander (rogar) ‖ FIG rechercher; *una persona muy solicitada* une personne très recherchée.

solícito, ta *adj* empressé, e ‖ attentionné, e; plein d'attentions; *es muy solícito conmigo* il est plein d'attentions envers moi ‖ — *el camarero se acercó, solícito* le garçon s'approcha avec empressement ‖ *mostrarse solícito con* se montrer empressé envers, s'empresser auprès de.

solicitud *f* sollicitude, empressement *m* (cuidado) ‖ demande, requête (petición); *dirigir una solicitud* adresser une demande ‖ pétition (instancia).

solidaridad *f* solidarité.

solidario, ria *adj* solidaire ‖ MECÁN solidaire (piezas).

solidarizar *v tr* solidariser.
◆ *v pr* se solidariser; *solidarizarse con los huelguistas* se solidariser avec les grévistes.

solidez *f* solidité; *la solidez de un muro, de un argumento* la solidité d'un mur, d'un argument.

solidificación *f* solidification.

solidificar *v tr* solidifier.
◆ *v pr* se solidifier.

sólido, da *adj* solide.
◆ *m* MAT & FÍS solide.

soliloquio *m* soliloque, monologue.

solista *adj y s* MÚS soliste.

solitaria *f* ver *m* solitaire (tenia); *tener la solitaria* avoir le ver solitaire ‖ chaise de poste à une seule place (silla).

solitario, ria *adj y s* solitaire.
◆ *m* solitaire (diamante) ‖ solitaire (ermitaño) ‖ patience *f* (juego de naipes) ‖ solitaire (juego).

soliviantado, da *adj* agité, e; inquiet, ète.

soliviantar *v tr* exciter à la rébellion, monter contre.

solo, la *adj* seul, e (véase OBSERV) ‖ simple, seul, e; *zapatos con una sola suela* souliers à simple semelle *o* avec une seule semelle ‖ MÚS solo; *violín solo* violon solo ‖ — *a solas* seul, tout seul (uno), seul à seul, en tête à tête (dos personas) ‖ *café solo* café noir ‖ *como él solo* comme pas un ‖ *como un solo hombre* comme un seul homme ‖ *conversación a solas* tête-à-tête ‖ *de solo a solo* seul à seul ‖ *eso marcha solo* cela va tout seul.
◆ *m* MÚS solo ‖ cavalier seul (danza).
— OBSERV Se dice a menudo en francés *tout seul* o *toute seule* en vez de *seul*: *vive sola* elle vit toute seule; *lo hice solo* je l'ai fait tout seul.

sólo *adv* seulement; *sólo quiero que vengas* je veux seulement que tu viennes ‖ ne... que (más empleado que «seulement»); *sólo mañana podré hacerlo* je ne pourrai le faire que demain ‖ seul, e (con sustantivo o pronombre personal); *sólo él lo sabe* lui seul le sait ‖ — *con sólo* (con infinitivo), rien qu'en; *con sólo decir esto, le enojarás* rien qu'en disant cela tu le fâcheras; rien que de; *sólo con verlo, estoy harto* rien que de le regarder, j'en ai déjà assez (con sustantivo o pronombre personal), rien qu'avec; *con sólo esto, ya puedes arreglártelas* rien qu'avec cela, tu peux déjà te débrouiller ǁ *con sólo que* pourvu que ǁ *no sólo... sino que* non seulement... mais encore ǁ *sólo que* seulement, mais; *yo iré, sólo que no me divierte nada* j'irai, seulement ça ne m'amuse pas du tout ǁ *sólo un momento* rien qu'un moment ǁ *tan sólo* ne... que, seulement.

solomillo *m* aloyau ǁ chateaubriand, châteaubriant (de vaca asada) ǁ *solomillo bajo* faux filet.

solsticio *m* ASTR solstice; *solsticio de invierno, de verano* solstice d'hiver, d'été.

soltar* *v tr* lâcher; *suéltame* lâche-moi; *soltó a los perros* il a lâché les chiens ǁ relâcher, élargir (un preso) ǁ défaire, détacher; *soltar un nudo* défaire un nœud ǁ donner; *soltar un poco de cuerda* donner un peu de corde ǁ perdre (puntos) ǁ dégager; *esto suelta mucho humo* cela dégage beaucoup de fumée ǁ relâcher (el vientre) ǁ FIG résoudre; *soltar una dificultad* résoudre une difficulté ǁ AVIAC & MAR larguer ǁ FAM dire, raconter (contar) ǀ sortir; *me soltó una grosería* il m'a sorti une grossièreté ǀ débiter; *nos soltó un discurso pesadísimo* il nous a débité un discours très ennuyeux ǀ lâcher, laisser échapper, accoucher de; *soltar un disparate* lâcher une sottise ǀ décocher, flanquer, ficher (dar); *soltar un puñetazo* décocher un coup de poing ǀ se fendre de; *soltar quinientos francos* se fendre de cinq cents francs ǁ — *soltar coces* lancer des ruades, ruer ǁ *soltar injurias a uno* agonir quelqu'un d'injures ǁ POP *soltar la mosca* ou *la pasta* abouler le fric, casquer, les lâcher ǁ *soltar la lengua* délier la langue ǁ *soltar la risa* éclater de rire ǁ *soltar prenda* lâcher prise ǁ *soltar una andanada* lâcher une bordée ǁ *soltar una carcajada* ou *una risotada* partir d'un éclat de rire, éclater de rire ǁ FAM *soltar un gallo* faire un canard o un couac ǁ *soltar un grito* pousser un cri ǁ — FAM *sin soltar un cuarto* sans bourse délier, sans dépenser un centime ǀ *¡suelta!* accouche! (explícate).
◆ *v pr* se détacher; *el barco se soltó de las amarras* le bateau s'est détaché des amarres ǁ lâcher (cuerda, nudo, etc.); *el muelle se ha soltado* le ressort a lâché ǁ filer (puntos) ǁ se desserrer (un tornillo) ǁ s'échapper (un líquido) ǁ FIG se relâcher (el vientre) ǀ se faire; *soltarse en un trabajo* se faire à un travail ǀ se dégourdir (volverse desenvuelta una persona); *ya era hora de que se soltara este chico* il était temps que ce garçon se dégourdisse ǀ s'y mettre, se lancer; *hasta hace unos días no andaba, acaba de soltarse ahora* il ne marchait pas il y a quelques jours, il vient de s'y mettre ǀ se débrouiller; *ya empiezo a soltarme en inglés* je commence à me débrouiller en anglais ǁ — *soltarse de mano* lâcher les mains (de un manillar de bicicleta), lâcher prise (lo que se tiene agarrado) ǁ *soltarse el pelo* se décoiffer (despeinarse), montrer ce dont on est capable (demostrar su valor), jeter sa gourme, se dégourdir, se dessaler (hacer su santa voluntad), se déchaîner, se lancer (animarse) ǁ *soltársele a uno la lengua* avoir la langue bien pendue.
— OBSERV Le participe passé de *soltar* est irrégulier (*suelto, suelta*).

soltería *f* célibat *m*.

soltero, ra *adj* y *s* célibataire; *quedarse soltero* rester célibataire ǁ — *apellido de soltera* nom de jeune fille ǁ *despedirse de soltero* enterrer sa vie de garçon ǁ *la Señora López, de soltera Gómez* Mme [madame] López, née Gómez.

solterón, ona *adj* y *s* vieux garçon *m*, vieille fille *f*.

soltura *f* action de lâcher ǁ FIG aisance, facilité (facilidad y gracia); *hablar con mucha soltura* parler avec beaucoup d'aisance ǀ désinvolture (descaro) ǁ DR élargissement *m*, mise en liberté (de un preso) ǁ — FIG *con soltura* couramment; *hablar un idioma con soltura* parler couramment une langue ǀ *soltura de palabras* facilité de langage ǀ *soltura de vientre* relâchement.

solubilidad *f* solubilité.

solubilizar *v tr* solubiliser, rendre soluble.

soluble *adj* soluble.

solución *f* solution; *la solución de un problema* la solution d'un problème ǁ solution (en un líquido) ǁ soluté *m*, solution (farmacéutica) ǁ dénouement *m*; *la solución del drama* le dénouement du drame ǁ — *solución de continuidad* solution de continuité ǁ MAT *solución extraña* solution étrangère.

solucionar *v tr* résoudre, solutionner.

solvencia *f* solvabilité (calidad de buen pagador) ǁ payement *m* (pago).

solventar *v tr* acquitter, payer (une dette) ǁ résoudre (resolver).

solvente *adj* solvable (que puede pagar).
◆ *m* solvant.

solla *f* plie, limande (pez).

sollado *m* MAR entrepont, faux pont.

sollo *m* ZOOL esturgeon (pez) ǁ FIG & FAM *estar gordo como un sollo* être bien en chair.

sollozar *v intr* sangloter.

sollozo *m* sanglot; *estallar* ou *prorrumpir en sollozos* éclater en sanglots.

soma *m* BIOL soma.

soma *f* farine de seconde qualité (harina).

Somalia *n pr f* GEOGR Somalie.

somanta *f* FAM volée, raclée (tunda) ǀ fessée (a los niños) ǁ FAM *le dio una somanta de palos* il lui a donné une raclée.

somático, ca *adj* MED somatique.

somatizar *v tr* MED somatiser.

sombra *f* ombre; *la sombra de un árbol* l'ombre d'un arbre ǁ FIG ombre (fantasma); *las sombras de los muertos* les ombres des morts ǀ esprit *m* (agudeza); *decir algo con mucha sombra* dire quelque chose avec beaucoup d'esprit ǀ ombre (apariencia); *la sombra de una duda* l'ombre d'un doute ǁ RAD ombre ǁ TAUROM place à l'ombre, côté *m* à l'ombre [dans les arènes] ǁ *(amer.)* ombrelle (quitasol) ǀ bâche (toldo) ǀ transparent *m* (falsilla) ǁ — *sombra proyectada* ombre portée ǁ *sombras chinescas* ombres chinoises ǁ — POP *a la sombra* à l'ombre, sous les verrous (en chirona) ǀ *a la sombra de* à l'ombre de ǁ FIG *ni por sombra* pas le moins du monde ǀ *ni sombra de* pas l'ombre de ǁ — FIG *burlarse* ou *reírse de su sombra* se moquer de tout ǁ *dar sombra* donner de l'ombre (un árbol) ǁ *desconfiar hasta de su sombra* avoir peur de son ombre ǁ *hacer sombra* faire de l'ombre (dar sombra), faire ombre, porter *o* faire ombrage, faire du tort (perjudicar) ǁ FIG *no ser más que la sombra* ou *ni sombra de lo que era* n'être plus que l'ombre de soi-même ǀ *no tener ni sombra de* ne pas avoir une ombre de; *eso no tiene ni sombra de verdad* il n'y a pas ombre de vérité là-dedans ǁ *sentarse a la sombra* s'asseoir à l'ombre ǁ FAM *tener buena sombra* être sympathique (agradar), porter chance (traer suerte), être drôle, avoir de l'esprit (tener chiste) | *tener mala sombra* être antipathique (desagradar), porter malheur (traer mala suerte), ne pas avoir de chance (tener mala suerte) | *tener miedo hasta de su sombra* avoir peur de son ombre.

sombraje; sombrajo *m* abri de branchage (para resguardarse) || FAM ombre *f* (sombra) || FIG *caérsele a uno los palos del sombrajo* être découragé o anéanti.

sombreado *m* nuance *f*, ombre *f* (gradación de color).

sombreador *m* bâton de mascara (maquillaje).

sombrear *v tr* faire de l'ombre sur (dar sombra) || ombrager (árboles) || ombrer (dibujo) || foncer (un color).

sombrerera *f* modiste (la que hace sombreros de señora) || carton *m* à chapeaux (caja).

sombrerería *f* chapellerie, magasin *m* de chapeaux.

sombrerero, ra *m y f* chapelier, ère.

sombrero *m* chapeau; *ponerse el sombrero* mettre son chapeau || abat-voix *inv* (del púlpito) || *(ant)* privilège des grands d'Espagne [qui restaient couverts devant le roi] || BOT chapeau (de las setas) || MAR chapeau (del cabrestante) || MECÁN chapeau || — *sombrero calañés* chapeau à bords étroits || *sombrero cordobés* ou *de alas anchas* chapeau de feutre à larges bords || *sombrero chambergo* chapeau à la Schomberg || *sombrero de campana* chapeau cloche || *sombrero de canal* ou *de canoa* ou *de teja* chapeau de prêtre || *sombrero de copa* chapeau haut de forme, haut-de-forme || *sombrero de jipijapa* panama || *sombrero de muelles* claque || *sombrero de tres picos* ou *de tres candiles* tricorne || *sombrero flexible* chapeau mou || *sombrero hongo* chapeau melon (bombín) || *sombrero jíbaro* chapeau de paille || — *calarse el sombrero* enfoncer son chapeau || *quitarse el sombrero* ôter son chapeau, se découvrir (para saludar), tirer son chapeau (de admiración) || *sin sombrero* sans chapeau, nu-tête, tête nue.

sombrilla *f* ombrelle (quitasol).

sombrío, a *adj* sombre, obscur, e (oscuro) || ombragé, e (sombreado) || FIG sombre, morne (melancólico).

somero, ra *adj* sommaire.

someter *v tr* soumettre; *someter a los rebeldes* soumettre les rebelles; *someter un proyecto* soumettre un projet || soumettre, saisir; *someter un proyecto de ley a una comisión* saisir une commission d'un projet de loi, soumettre un projet de loi à une commission || soumettre, mettre; *someter a tortura* soumettre à torture; *someter a dura prueba* mettre à dure épreuve || *someter a tratamiento* soigner (a un enfermo) || *someter a votación* mettre aux voix.

sometimiento *m* soumission *f*.

somier *m* sommier (de cama).

somnífero, ra *adj y s m* somnifère.

somnolencia *f* somnolence || envie de dormir; *tengo mucha somnolencia* j'ai très envie de dormir.

somnolente; somnolento, ta *adj* somnolent, e (soñoliento).

somorgujo *m* plongeon, grèbe *f* (ave).

son *m* son (sonido); *al son del acordeón* au son de l'accordéon || FIG bruit (noticia) | manière *f*, façon *f* (modo); *en este son* de cette façon || MÚS nom f*d*'une danse afro-antillaise || — FIG *¿a qué son haría eso?* pourquoi donc o sous quel prétexte ferais-je cela? | *¿a qué son viene esa pregunta?* à quoi rime cette question? | *¿a son de qué?* pour quelle raison? | *bailar al son que tocan* hurler avec les loups, suivre le mouvement | *en este mismo son transcurrió la fiesta* toute la fête se déroula dans cette atmosphère | *en son de* sur le ton de, sur un ton de; *en son de burla* sur un ton de moquerie o sur le ton de la plaisanterie | *no saber a qué son bailar* ne pas savoir sur quel pied danser | *sin ton ni son* sans rime ni raison | *venir en son de paz* venir avec des intentions pacifiques.

sonado, da *adj* fameux, euse (famoso) || qui fait du bruit; *un escándalo muy sonado* un scandale qui fait beaucoup de bruit || — *fiesta muy sonada* fête carillonnée || FAM *hacer una que sea sonada* faire du joli o du propre || *los días sonados* les jours de fête.

sonaja *f* hochet *m* (de niño).

→ *pl* tambourin *m sing*, sorte de tambour de basque (pandereta).

sonajero *m* hochet (de niño).

sonambulismo *m* somnambulisme.

sonámbulo, la *adj y s* somnambule.

sonante *adj* sonnant, e; *dinero contante y sonante* espèces sonnantes et trébuchantes || sonore (sonoro).

sonar *m* MAR sonar (aparato de detección por el sonido).

sonar* *v intr* sonner; *sonar a hueco* sonner creux || tinter, sonner; *la campana suena* la cloche tinte || sonner (reloj, teléfono) || rendre o avoir un son; *esta trompeta no suena bien* cette trompette n'a pas un joli son || se prononcer (una letra); *en la palabra «que» la «u» no suena* dans le mot «que» le «u» ne se prononce pas || être cité o prononcé (mencionarse) || FAM dire quelque chose, être familier; *no me suena ese nombre* ce nom ne me dit rien; *esto me suena algo* cela me dit quelque chose; *esta palabra me suena* ce mot m'est familier || — *como suena* comme cela se prononce (como se pronuncia), comme je vous le dis (literalmente) || FIG *cuando el río suena agua lleva* il n'y a pas de fumée sans feu | *sonar a* sembler, avoir tout l'air de; *eso me suena a burla* ça m'a tout l'air d'une plaisanterie | *su conversación suena a filosofía barata* sa conversation sent la philosophie à bon marché.

→ *v tr* moucher (las narices) || MÚS jouer de (un instrumento).

→ *v pr* se moucher (las narices).

sonata *f* MÚS sonate.

sonatina *f* MÚS sonatine.

sonda *f* MAR sonde || MED & TECN sonde.

sondar; sondear *v tr* sonder || FIG sonder; *sondar la opinión pública* sonder l'opinion publique.

sondeo *m* sondage || forage (del petróleo) || TECN *muestra de sondeo* carotte (petróleo).

sonería *f* sonnerie (mecanismo).

sonetista *m* sonnettiste *(p us)*, auteur de sonnets.

soneto *m* sonnet; *soneto con estrambote* sonnet estrambot.

songa *f (amer)* raillerie (sorna) || *a la songa* avec dissimulation.

sonido *m* son; *sonido estereofónico* son stéréophonique || MED bruit || — *luz y sonido* son et lumière || *velocidad del sonido* vitesse du son o sonique.

soniquete *m* → **sonsonete**.

sonoramente *adv* de façon sonore, avec sonorité.
sonoridad *f* sonorité.
sonorización *f* sonorisation.
sonorizar *v tr* sonoriser.
sonoro, ra *adj* sonore; *una voz sonora* une voix sonore ‖ — *cabeza sonora* tête d'enregistrement (magnetófono) ‖ *cine sonoro* cinéma parlant ‖ *efectos sonoros* bruitage (cine, radio, teatro) ‖ FAM *le dio una sonora bofetada* il lui a donné une gifle retentissante.
sonreír* *v intr* sourire; *este niño sonríe siempre* cet enfant sourit toujours ‖ FIG sourire; *la vida le sonríe* la vie lui sourit.
♦ *v pr* sourire.
sonriente *adj* souriant, e.
sonrisa *f* sourire *m*; *estaba con la sonrisa en los labios* il avait le sourire aux lèvres.
sonrojado, da *adj* rouge [de honte] ‖ rougissant, e (de emoción).
sonrojar *v tr* faire rougir (avergonzar).
♦ *v pr* rougir (avergonzarse).
sonrojo *m* honte *f* (vergüenza) ‖ affront, outrage (afrenta).
sonrosado, da *adj* rose, rosé, e; *mejillas sonrosadas* joues roses; *tez sonrosada* teint rose.
sonrosar; sonrosear *v tr* colorer de rose.
♦ *v pr* rougir (de vergüenza).
sonsacamiento *m* enjôlement.
sonsacar *v tr* soutirer (sacar) ‖ FIG enjôler (engatusar) | tirer les vers du nez à (hacer hablar) | débaucher (atraer).
sonso, sa *adj* (*amer*) sot, sotte (zonzo).
sonsonete; soniquete *m* tambourinage, tambourinement (golpecitos) ‖ FIG rengaine *f*, ritournelle *f* (estribillo) | ton (ironique, railleur, etc.).
soñación *f* FAM *ni por soñación* jamais de la vie (ni por sueños).
soñador, ra *adj y s* rêveur, euse.
soñar* *v tr* rêver, songer (menos usado); *soñó que era rico* il rêva qu'il était riche.
♦ *v intr* rêver; *soñar despierto* rêver tout éveillé ‖ — *¡ni lo sueñe!* n'y songez pas! ‖ *ni soñarlo* pas question ‖ *soñando* en rêve ‖ *soñar con* rêver de; *soñar con fantasmas, con ir a Grecia* rêver de fantômes, d'aller en Grèce; rêver à (discurrir); *soñar con un proyecto* rêver à un projet ‖ FAM *soñar con los angelitos* faire de beaux rêves (tener sueños agradables), dormir ‖ *soñar con quimeras* se bercer d'illusions ‖ *soñar en un mundo mejor* rêver d'un monde meilleur.
soñarrera *f* sommeil *m* pesant, torpeur ‖ envie de dormir.
soñolencia *f* somnolence (somnolencia) ‖ envie de dormir.
soñolientamente *adv* d'un air somnolent, en dormant à moitié.
soñoliento, ta *adj* somnolent, e ‖ endormi, e; *una cara soñolienta* un visage endormi.
sopa *f* soupe, potage *m* (plato); *sopa de leche* soupe de lait; *sopa de fideos* potage au vermicelle ‖ trempette, morceau *m* de pain ‖ (*amer*) morceau *m* de tortilla [utilisé comme cuillère] ‖ — *sopa borracha* soupe au vin ‖ *sopa de ajo* soupe à l'ail ‖ *sopa de cangrejos* bisque d'écrevisses ‖ *sopa de cebolla* soupe à l'oignon ‖ *sopa de sobre* soupe o potage en sachet ‖ *sopa de tomate* soupe à la tomate ‖ *sopa de verduras* potage aux légumes ‖ *sopa juliana* julienne ‖ — FIG *comer la sopa boba* vivre en parasite | *dar sopas con honda a* être bien supérieur à | *de la mano a la boca se pierde la sopa* il y a loin de la coupe aux lèvres | *¡está hasta en la sopa!* on ne voit que lui! | *estar hecho una sopa* être trempé comme une soupe o jusqu'aux os ‖ *mojar la sopa* tremper la soupe ‖ FIG *venir como pelo en la sopa* venir comme un cheveu sur la soupe.
sopapina *f* volée (paliza).
sopapo *m* FAM gifle *f*, claque *f* (bofetada).
sopero, ra *adj* creux, euse; *plato sopero* assiette creuse ‖ FAM soupier, ère; *persona muy sopera* personne très soupière ‖ *cuchara sopera* cuillère à soupe.
♦ *f* soupière (fuente).
sopesar *v tr* soupeser ‖ FIG peser (examinar); *sopesar con atención las cosas* peser mûrement les choses.
sopetón *m* tranche *f* de pain grillé trempée dans l'huile (pan tostado) ‖ FAM taloche *f* (golpe) ‖ *de sopetón* à l'improviste, sans crier gare; *llegar de sopetón* arriver sans crier gare; à brûle-pourpoint, de but en blanc; *decir algo de sopetón* dire quelque chose à brûle-pourpoint.
sopista *m y f* (*ant*) mendiant, e.
♦ *m* étudiant vivant de la charité publique.
sopita *f* mouillette (de pan); *mojar sopitas en un huevo* tremper des mouillettes dans un œuf.
sopitipando *m* FAM évanouissement (desmayo) ‖ FAM *le dio un sopitipando* il est tombé dans les pommes.
soplado, da *adj* FIG & FAM rond, e (borracho) | pomponné, e (compuesto) | suffisant, e; bouffi, e d'orgueil (vanidoso).
♦ *m* soufflage (del vidrio) ‖ MIN crevasse *f*.
soplador, ra *m y f* souffleur, euse.
♦ *m* soufflet (aventador) ‖ soufflerie *f* (de gas carbónico) ‖ souffleur (de vidrio) ‖ (*amer*) souffleur (apuntador).
♦ *f* TECN souffleuse.
sopladura *f* soufflement *m* (acción) ‖ soufflage *m* (del vidrio) ‖ soufflure, bulle (venteadura).
soplagaitas *m y f inv* FAM imbécile, ballot.
soplamocos *m inv* FAM taloche *f*, mornifle *f*.
soplar *v intr* souffler; *soplar con la boca* souffler avec la bouche; *el viento sopla* le vent souffle.
♦ *v tr* souffler; *soplar el fuego, una vela* souffler le feu, une chandelle ‖ gonfler; *soplar de aire una vejiga* gonfler d'air une vessie ‖ FIG inspirer (la musa) | souffler; *soplar la lección a un alumno* souffler sa leçon à un élève | souffler (juego de damas) ‖ FAM dénoncer, moucharder (delatar) | cafarder, cafter (entre niños) | souffler, faucher (birlar) ‖ TECN souffler (el vidrio) ‖ — FIG & FAM *este negocio ya no sopla como antes* cette affaire ne marche plus comme avant | *saber de qué lado sopla el viento* savoir d'où vient le vent | *¡sopla!* oh là là!, sapristi!, fichtre! | *soplar una torta* flanquer une gifle.
♦ *v pr* FAM s'envoyer, se taper; *me soplé medio pollo* je me suis envoyé un demi-poulet.
soplete *m* chalumeau; *soplete oxhídrico* chalumeau oxhydrique.
soplido *m* soufflement.
soplillo *m* soufflet (aventador).

soplo *m* souffle ‖ MED souffle; *soplo cardiaco* souffle au cœur ‖ FIG souffle (inspiración) | seconde *f*, instant; *llego en un soplo* j'arrive dans une seconde ‖ FIG & FAM mouchardage, cafardage (delación) | mouchard, cafard (soplón) ‖ FIG & FAM *dar el soplo* moucharder, cafarder ‖ FIG *la vida es un soplo* la vie est brève.

soplón, ona *adj y s* FAM mouchard, e; cafard, e; rapporteur, euse (entre niños).
◆ *m y f* FAM mouchard, e (de la policía).

soponcio *m* FAM évanouissement ‖ FAM *me dio un soponcio* je suis tombé dans les pommes, j'ai tourné de l'œil.

sopor *m* MED sopor ‖ FIG assoupissement, somnolence *f*.

soporífero, ra *adj y s m* soporifique, somnifère.

soporífico, ca *adj y s m* soporifique.

soportable *adj* supportable.

soportal *m* porche (de una casa).
◆ *pl* arcades *f* (de una calle).

soportar *v tr* supporter; *soportar el frío* supporter le froid ‖ essuyer (una tormenta, un huracán) ‖ FIG souffrir, supporter; *no poder soportar a uno* ne pas pouvoir souffrir quelqu'un.
◆ *v pr* se supporter (tolerarse).

soporte *m* support ‖ BLAS support ‖ *— soporte de banco de carpintero* valet d'établi ‖ *soporte publicitario* support publicitaire.

soprano *m y f* MÚS soprano (tiple).

sor *f* sœur (religiosa); *sor María* sœur Marie.

sorber *v tr* gober; *sorber un huevo* gober un œuf ‖ FIG absorber, boire; *la esponja sorbe el agua* l'éponge boit l'eau | engloutir; *el mar sorbe las naves* la mer engloutit les navires ‖ FAM *sorber el seso a uno* tourner la tête à quelqu'un.

sorbete *m* sorbet; *sorbete de limón* sorbet au citron ‖ *(amer)* chapeau haut de forme (chistera).

sorbetera *f* sorbetière (heladora).

sorbetón *m* FAM lampée *f*, gorgée *f*.

sorbo *m* gorgée *f*; *tomar un sorbo de leche* prendre une gorgée de lait ‖ *— beber a sorbos* boire à petites gorgées ‖ *de un sorbo* d'un trait.

Sorbona (la) *n pr f* la Sorbonne (universidad de París).

sorda *f* ZOOL bécassine (agachadiza) ‖ MAR brague, cordage *m*.

sordamente *adv* sourdement ‖ secrètement, en secret; *actuar sordamente* agir en secret.

sordera *f* surdité; *padecer sordera* être atteint de surdité.

sórdidamente *adv* sordidement, de façon sordide.

sordidez *f* sordidité.

sórdido, da *adj* sordide.

sordina *f* sourdine ‖ *— a la sordina* en sourdine ‖ FIG *poner sordina a* mettre en sourdine.

sordo, da *adj y s* sourd, e; *sordo de nacimiento* sourd de naissance ‖ *— a la sorda, a lo sordo* en sourdine ‖ *hacerse el sordo, hacer oídos sordos* faire la sourde oreille ‖ FAM *más sordo que una tapia* sourd comme un pot ‖ *no hay peor sordo que el que no quiere oír* il n'est pire sourd que celui qui ne veut pas entendre ‖ *sordo a las súplicas* sourd aux prières.
◆ *adj* FIG sourd, e; *voz sorda, dolor sordo* voix, douleur sourde ‖ *a pregunta necia, oídos sordos* à folle demande point de réponse.

sordomudez *f* surdi-mutité.

sordomudo, da *adj y s* sourd-muet, sourde-muette.

sorgo *m* BOT sorgho.

Soria *n pr* GEOGR Soria.

soriano, na *adj y s* de Soria [Vieille Castille].

sorna *f* goguenardise (mofa) ‖ *— hablar con sorna* parler d'un ton goguenard ‖ *mirar con sorna* regarder d'un air goguenard.

sorprendente *adj* surprenant, e; étonnant, e.

sorprendentemente *adv* d'une façon surprenante, étonnamment.

sorprender *v tr* surprendre, étonner; *eso me sorprende* cela me surprend ‖ surprendre; *sorprender a un ladrón, un secreto* surprendre un voleur, un secret.
◆ *v pr* s'étonner, être surpris.

sorprendido, da *adj* surpris, e; étonné, e; *quedarse sorprendido* être étonné.

sorpresa *f* surprise; *dar una sorpresa* faire une surprise ‖ fève (del roscón de reyes) ‖ *coger de sorpresa* prendre au dépourvu.

sorpresivo, va *adj* (*amer*) surprenant, e; inattendu, e.

sorteado, da *adj* tiré au sort.

sortear *v tr* tirer au sort ‖ FIG éviter, esquiver; *sortear una dificultad, un adversario* esquiver une difficulté, un adversaire ‖ DEP esquiver, dribbler (regatear) ‖ TAUROM combattre [le taureau]; effectuer des passes ‖ négocier (una curva).

sorteo *m* tirage au sort; *elegido por sorteo* désigné par tirage au sort ‖ tirage (de la lotería) ‖ *sorteo extraordinario de Navidad* tranche spéciale de Noël.

sortija *f* bague (anillo) ‖ boucle (de pelo) ‖ furet *m* (juego) ‖ *sortija de sello* chevalière.

sortilegio *m* sortilège.

sos *m* S.O.S.

sosa *f* BOT & QUÍM soude ‖ *sosa cáustica* soude caustique.

sosaina *adj y s* FAM niais, e.

sosamente *adv* fadement ‖ sans esprit, sans humour; *cuenta los chistes muy sosamente* il raconte les histoires sans aucun humour ‖ bêtement; *contestar sosamente* répondre bêtement ‖ sans élégance; *ir sosamente vestido* être habillé sans élégance.

sosegado, da *adj* calme, paisible.

sosegar* *v tr* calmer, apaiser (aquietar) ‖ tranquilliser (tranquilizar); *esta buena noticia le sosegó* cette bonne nouvelle l'a tranquillisée.
◆ *v intr* reposer (descansar) ‖ tranquilliser (tranquilizar).
◆ *v pr* se calmer, s'apaiser.

sosera; sosería *f* niaiserie, bêtise.

soseras *adj y s inv* FAM cruche, tarte.

sosia *m* sosie.

sosiego *m* calme (calma) ‖ tranquillité *f*; *esta noticia le produjo cierto sosiego* cette nouvelle lui a amené une certaine tranquillité.

soslayar *v tr* mettre en travers ‖ FIG éviter, esquiver (eludir).

soslayo (al); soslayo (de) *loc* en travers, de travers (ladeado) ‖ FIG de côté, du coin de l'œil, à la dérobée; *mirar de soslayo* regarder de côté.

soso, sa *adj* fade (sin sal) ‖ FIG fade (sin gracia) | niais, e; bête (tonto) | sans esprit, sans humour; *un chiste muy soso* une histoire sans aucun humour | plat, e; fade; *un estilo muy soso* un style très plat.

sospecha *f* soupçon *m*; *despertar las sospechas* éveiller les soupçons ‖ DR suspicion; *tener en sospecha* tenir en suspicion ‖ *tener sospechas de* avoir des soupçons sur, douter de.

sospechar *v tr* e *intr* soupçonner; *sospecho que Pedro miente* je soupçonne Pierre de mentir ‖ se douter de (dudar); *lo sospechaba* je m'en doutais ‖ suspecter, avoir des doutes sur (recelar); *sospecho de su buena fe* je suspecte sa bonne foi ‖ *sospechar de uno* soupçonner quelqu'un; *sospechar un robo de uno* soupçonner quelqu'un d'un vol.
◆ *v pr* se douter de.

sospechosamente *adv* de manière suspecte.

sospechoso, sa *adj y s* suspect, e.

sostén *m* soutien, appui ‖ soutien-gorge (prenda de mujer) ‖ MAR assiette *f* ‖ — *sostén de* ou *con cuerpo, sostén largo* bustier (prenda de mujer) ‖ *sostén de familia* soutien de famille.

sostenedor, ra *adj* qui soutient.
◆ *m* soutien.

sostener* *v tr* soutenir; *sostener con una viga* soutenir par une poutre; *sostener un ataque* soutenir une attaque ‖ FIG soutenir, appuyer; *buscar un argumento para sostener una opinión* chercher un argument pour appuyer une opinion | supporter; *sostener una situación muy desagradable* supporter une situation très désagréable | entretenir; *sostener una correspondencia con alguien* entretenir une correspondance avec quelqu'un; *sostener buenas relaciones* entretenir de bonnes relations ‖ tenir; *sostener una conversación* tenir une conversation ‖ porter; *el agua del mar sostiene más que el agua dulce* l'eau de mer porte mieux que l'eau douce ‖ ARQ supporter; *columnas que sostienen una bóveda* colonnes supportant une voûte ‖ *sostener una entrevista* avoir une entrevue.
◆ *v pr* se soutenir ‖ se nourrir (sustentarse) ‖ FIG se soutenir; *sostenerse mutuamente* se soutenir mutuellement.

sostenido, da *adj* MÚS dièse, diésé, e; *fa sostenido* «fa» dièse ‖ soutenu, e (en la Bolsa).
◆ *m* MÚS dièse; *doble sostenido* double dièse.

sostenimiento *m* soutien, soutènement (apoyo) ‖ entretien (mantenimiento) ‖ maintien (de relaciones) ‖ affirmation *f* (de una opinión) ‖ soutenance *f* (de tesis).

sota *f* «sota», valet *m* (naipe).

sotabanco *m* ARQ sommier (de bóveda) ‖ mansarde *f* (desván).

sotabarba *f* collier *m* (barba).

sotana *f* soutane (vestidura talar).

sótano *m* sous-sol (piso habitable) ‖ cave *f* (bodega).

sotavento *m* MAR côté sous le vent.

sotechado *m* endroit couvert.

soterrar* *v tr* enfouir.

soto *m* bois (bosque) ‖ buisson (matorral).

soufflé *m* CULIN soufflé.

soul *m* MÚS soul *f*.

souvenir *m* souvenir (objeto turístico).
— OBSERV Gallicisme qui peut être remplacé par *recuerdo*.

soviet *m* soviet.

soviético, ca *adj y s* soviétique.

sovietización *f* soviétisation.

sovietizar *v tr* soviétiser.

SP abrev de *servicio público* activité d'intérêt général [en Espagne].

spanglish *m* spanglish [mélange d'espagnol et d'anglais parlé par la population hispanique des États-Unis].

sparring *m* DEP sparring-partner.
— OBSERV Anglicisme qui peut être remplacé selon les cas par *entrenamiento, contrincante previo* ou *adversario de prueba*.

spin *m* QUÍM & FÍS spin.

sponsor *m* DEP sponsor (patrocinador).

sport *m* sport; *chaqueta de sport* veste sport; *coche de sport* voiture de sport.
— OBSERV En Espagne, *sport* s'emploie uniquement pour qualifier certains vêtements ou voitures. Le mot usuel est *deporte: j'aime le sport* me gusta el deporte.

spot *m* spot [publicitaire] (anuncio).

spray *m* spray (pulverizador).

sprint *m* DEP sprint.

sprinter *m y f* DEP esprínter.

sputnik *m* spoutnik (satélite artificial).

squash *m* DEP squash.

squatter *m* squatter.
— OBSERV Anglicismo que se emplea con el sentido de *okupa*.

Sr. abrev de *Señor* M., Monsieur.

Sra. abrev de *Señora* Mme, Madame.

s/ref.a abrev de *su referencia* V/Réf, Votre référence.

Sres. abrev de *Señores* MM., Messieurs.

Sri Lanka *n pr* GEOGR Sri Lanka.

Srta. abrev de *Señorita* Mlle, Mademoiselle.

SS abrev de *Su Santidad* S.S., Sa Sainteté.

SSmo. P. abrev de *Santísimo Padre* Très Saint-Père.

s.s.s. abrev de *su seguro servidor* votre très humble serviteur, votre dévoué serviteur.

Sta. abrev de *Santa* Ste, Sainte.

staff *m* staff.
— OBSERV Anglicisme qui peut être remplacé selon les cas par *equipo directivo, plana mayor* ou *estado mayor*.

stajanovismo *m* stakhanovisme.

stajanovista *m y f* stakhanoviste.

Stalin *n pr* Staline.

staliniano, na; stalinista *adj* stalinien, enne.

stalinismo *m* stalinisme.

stand *m* stand (caseta).

standard; estándar *m* standard; *modelo standard* modèle standard.

standardización; estandardización *m* standardisation.

standardizar *v tr* standardiser.

standing *m* sur place (ciclismo).

starter *m* AUTOM starter (estrangulador).

statu quo *m* statu quo.

status *m inv* status.

steeple-chase *m* steeple-chase (carrera de obstáculos).

stick *m* stick (hockey).
Sto. abrev de *Santo* St, Saint.
stock *m* stock (existencias).
stop *m* stop (señal de tráfico) ‖ stop (en un telegrama).
stradivarius *m* MÚS stradivarius.
stress *m inv* → **estrés**.
strip-tease *m* strip-tease ‖ *mujer que hace strip-tease* stripteaseuse.
Stuttgart *n pr* GEOGR Stuttgart.
su *adj pos de la 3.ª persona* son *m*, sa *f*; *su padre* son père; *su madre* sa mère; *sus hermanas* ses sœurs ‖ leur ‖ votre; *su hermano (de usted)* votre frère; *sus hermanas (de usted, de ustedes)* vos sœurs.
  — OBSERV Le pluriel de *su* est *sus*.
  — OBSERV *Ses* es la forma plural de *son* y *sa*. *Leurs* y *vos* son los plurales respectivos de *leur* y *votre*.
  — OBSERV Se emplea *son* en vez de *sa* delante de una palabra femenina empezando por una vocal o una *h* muda: *su historia* son histoire.
suajili *adj y s m* swahili, e; souahéli, e (lengua).
suave *adj* doux, douce; suave *(p us)*; *cutis suave* peau douce; *cuesta suave* pente douce; *viento suave* vent doux ‖ souple (guantes) ‖ FIG doux, douce ‖ GRAM doux, douce (consonante) ‖ — FIG *más suave que un guante* souple comme un gant ‖ *suave como un erizo* gracieux comme un chardon, aimable comme une porte de prison, comme un fagot d'épines.
suavidad *f* douceur, suavité *(p us)* ‖ souplesse (de los guantes).
suavización *f* adoucissement *m* ‖ relâchement *m* (de una tensión).
suavizador, ra *adj* adoucissant, e.
  ➤ *m* cuir à rasoir (para afeitar).
suavizante *adj y s m* adoucissant, e ‖ *crema suavizante* après-shampoing.
  ➤ *m* démêlant (para el pelo) ‖ assouplissant (para la ropa).
suavizar *v tr* adoucir ‖ FIG *suavizar asperezas* arrondir les angles.
subacuático, ca *adj* sous-marin, e.
subafluente *m* sous-affluent.
subalimentar *v tr* sous-alimenter.
subalquilar *v tr* sous-louer.
subalterno, na *adj y s m* subalterne.
  ➤ *m* FAM sous-fifre.
subarrendador, ra *m y f* personne qui sous-loue.
subarrendamiento *m* sous-location *f* ‖ COM sous-bail.
subarrendar* *v tr* sous-louer ‖ COM sous-bailler.
subarrendatario, ria *m y f* sous-locataire.
subarriendo *m* sous-location *f*.
subasta *f* DR vente aux enchères, adjudication ‖ — *sacar a subasta* mettre aux enchères ‖ *salir a subasta* être mis aux enchères ‖ *vender en pública subasta* vendre aux enchères.
subastador, ra *adj* de vente aux enchères.
  ➤ *m* commissaire-priseur.
subastar *v tr* DR mettre o vendre aux enchères, adjuger.
subcampeón *m* deuxième au classement.
subcampeonato *m* DEP deuxième place *f* (en una competición).

subcarpeta *f* chemise (para documentos).
subclase *f* BOT & ZOOL sous-classe.
subcomisión *f* sous-commission.
subconjunto *m* MAT sous-ensemble.
subconsciencia *f* subconscience.
subconsciente *adj y s m* subconscient, e.
subcontinente *m* sous-continent.
subcontratación *f* sous-traitance.
subcontratar *v tr e intr* sous-traiter *v tr*.
subcontratista *m* sous-traitant.
subcontrato *m* sous-traité ‖ *ceder ou tomar en subcontrato* sous-traiter.
subcultura *f* sous-culture, subculture.
subcutáneo, a *adj* sous-cutané, e.
subdelegación *f* subdélégation.
subdelegado, da *m y f* subdélégué, e.
subdelegar *v tr* subdéléguer.
subdesarrollado, da *adj* sous-développé, e.
subdesarrollo *m* sous-développement.
subdiácono *m* sous-diacre.
subdirección *f* sous-direction.
subdirector, ra *adj y s* sous-directeur, sous-directrice ‖ *subdirector de museo* conservateur de musée.
subdirectorio *m* INFORM sous-répertoire.
súbdito, ta *adj y s* sujet, ette (de un monarca).
  ➤ *m y f* ressortissant, e (de un país).
subdividir *v tr* subdiviser ‖ *subdividir en dos secciones* dédoubler.
subdivisión *f* subdivision.
subemplear *v tr* sous-employer.
subempleo *m* sous-emploi.
subespecie *f* BIOL sous-espèce.
subestimar *v tr* sous-estimer, sous-évaluer.
subexponer *v tr* FOT sous-exposer.
subgénero *m* sous-genre.
subgrupo *m* sous-groupe.
subibaja *m* bascule *f* (columpio).
subida *f* montée (acción) ‖ ascension (de una montaña) ‖ côte, montée (cuesta) ‖ FIG montée; *subida de los precios* montée des prix.
subido, da *adj* FIG vif, vive; *rojo subido* rouge vif ‖ fort, e (olor) ‖ élevé, e (precio) ‖ surfin, e (acendrado, puro) ‖ — FIG *subido de color, de color subido* corsé, vert, épicé, fort (licencioso), haut en couleur (un cuadro) ‖ *subido de tono* osé, fort, salé, corsé (atrevido).
subíndice *m* MAT indice.
subinquilino, na *m y f* sous-locataire.
subinspector *m* sous-inspecteur.
subintendente *m* sous-intendant.
subir *v tr* monter; *subir el equipaje* monter les bagages; *subir una cuesta* monter une côte ‖ augmenter, hausser (el precio) ‖ augmenter (un sueldo) ‖ élever (una pared) ‖ lever, relever; *subir la cabeza* lever la tête ‖ MÚS hausser (tono) ‖ FIG gravir; *subir los escalones* gravir les échelons ‖ *subir la cuesta* remonter la pente o le courant.
  ➤ *v intr* monter; *subir a un árbol* monter sur un arbre; *subir al tercer piso* monter au troisième étage; *subir en ascensor* monter en ascenseur; *subir al coche* monter en o dans la voiture ‖ monter (un río, una marea, una pared) ‖ FIG monter (precio, fiebre) ‖ COM se monter, s'élever, monter; *la cuenta*

sube a 1 000 pesetas l'addition s'élève à 1 000 pesetas ‖ MÚS monter (tono) ‖ — FIG *subir a las tablas* monter sur les planches ‖ *subir al trono* monter sur le trône ‖ *subir de categoría* monter; *un barrio que sube de categoría* un quartier qui monte ‖ *subir de tono* s'échauffer; *la discusión sube de tono* la discussion s'échauffe.
◆ *v pr* monter; *subirse la cuesta* monter la côte ‖ se hisser sur, grimper sur (con esfuerzo); *se subió al tejado* il se hissa sur le toit ‖ remonter; *súbete los calcetines* remonte tes chaussettes ‖ — FIG *se le subió el humo a las narices* la moutarde lui est montée au nez | *se le subió el pavo* ou *se le subieron los colores a la cara* le rouge lui monta au visage, il a rougi jusqu'à la racine des cheveux, il a piqué un fard (*fam*) | *se le subió la sangre a la cabeza, se subió a la parra* il est monté sur ses grands chevaux | *se le subieron los humos a la cabeza* il est devenu prétentieux | *subirse a la cabeza* monter à la tête (vino), tourner la tête (honores, etc.) | *subirse de tono* hausser le ton.
súbitamente *adv* subitement.
súbito *adv* soudain.
súbito, ta *adj* subit, e; soudain, e (repentino) ‖ violent, e (impetuoso) ‖ *de súbito* soudain.
subjefe *m* sous-chef.
subjetividad *f* subjectivité.
subjetivismo *m* subjectivisme.
subjetivista *adj y s* subjectiviste.
subjetivo, va *adj* subjectif, ive.
sub júdice *adj* DR en attente d'une décision de justice.
subjuntivo *adj m y s m* GRAM subjonctif.
sublevación *f* soulèvement *m* (alzamiento).
sublevar *v tr* soulever (excitar) ‖ révolter; *esta injusticia me subleva* cette injustice me révolte.
◆ *v pr* se soulever (rebelarse) ‖ s'élever, se dresser, s'insurger, se révolter; *sublevarse contra las injusticias* s'élever contre les injustices.
sublimación *f* sublimation.
sublimado *m* QUÍM sublimé.
sublimar *v tr* sublimer.
sublime *adj* sublime ‖ *lo sublime* le sublime.
sublimidad *f* sublimité.
subliminal *adj* subliminal, e; subliminaire.
sublingual *adj* ANAT sublingual, e.
submarinismo *m* plongée *f* sous-marine.
submarinista *m* MAR sous-marinier.
◆ *m y f* DEP plongeur, euse.
submarino, na *adj* sous-marin, e.
◆ *m* MAR sous-marin (buque).
submúltiplo, pla *adj y s m* MAT sous-multiple.
subnormal *adj y s* MED anormal, e; retardé, e (anormal); *niños subnormales* enfants anormaux.
◆ *f* MAT sous-normale.
subnormalidad *f* débilité mentale.
suboficial *m* sous-officier.
suborden *m* BOT & ZOOL sous-ordre.
subordinación *f* subordination.
subordinado, da *adj y s* subordonné, e ‖ GRAM *oración subordinada* proposition subordonnée.
subordinante *adj* GRAM de subordination; *conjunción subordinante* conjonction de subordination.

subordinar *v tr* subordonner ‖ soumettre; *subordinar la razón a la fe* soumettre la raison à la foi.
subpoblado, da *adj* sous-peuplé, e.
subpolar *adj* circumpolaire.
subproducción *f* sous-production.
subproducto *m* sous-produit.
subrayable *adj* remarquable.
subrayado, da *adj* souligné, e.
◆ *m* soulignement ‖ *lo subrayado* ce qui est souligné.
subrayar *v tr* souligner ‖ FIG souligner, ponctuer (insistir); *subrayar cada palabra con un ademán* ponctuer chaque mot d'un geste.
subreino *m* embranchement (en zoología).
subrepticiamente *adv* subrepticement.
subrepticio, cia *adj* subreptice.
subrogación *f* DR subrogation.
subrogado, da *adj* DR subrogé, e.
subrogar *v tr* subroger; *subrogar una cosa con* ou *por otra* subroger une chose à une autre.
subrutina *f* INFORM sous-programme *m*.
subsanable *adj* excusable, réparable.
subsanación *f* résolution (de una dificultad) ‖ pardon *m*, excuse (de un desacierto o delito).
subsanar *v tr* excuser (disculpar) ‖ réparer (remediar); *subsanar un olvido* réparer un oubli ‖ corriger (una falta).
subscribir *v tr* → **suscribir**.
— OBSERV L'usage tend à faire prévaloir la forme sans *b* de ce verbe et de ces dérivés: *suscribir, suscripción*, etc.
subscripción *f* souscription ‖ abonnement *m* (abono).
subscripto, ta *adj* souscrit, e.
subscriptor, ra *m y f* souscripteur (sin femenino) ‖ abonné, e; *subscriptor de un diario* abonné à un journal.
subscrito, ta *adj* souscrit, e.
subsecretaría *f* sous-secrétariat *m*.
subsecretario, ria *m y f* sous-secrétaire *m* ‖ *subsecretario de Estado* sous-secrétaire d'État.
subsecuente *adj* subséquent, e (subsiguiente).
subseguir* *v intr y pr* se succéder, suivre immédiatement, s'ensuivre.
subsidiar *v tr* subventionner.
subsidiario, ria *adj* subsidiaire.
subsidio *m* subside, subvention *f* ‖ allocation *f*; *subsidio de paro* allocation de chômage; *subsidios familiares* allocations familiales ‖ indemnité *f*; *subsidio de vivienda* indemnité de logement.
subsiguiente *adj* subséquent, e.
subsiguientemente *adv* subséquemment.
subsistencia *f* subsistance.
subsistente *adj y s m* subsistant, e.
subsistir *v intr* subsister.
substancia *f* substance (materia) ‖ FIG substance (lo esencial) ‖ — *en substancia* en substance ‖ FIG *hombre sin substancia* ou *de poca substancia* homme quelconque, homme sans intérêt ‖ *sin substancia* quelconque, fade (insulso) ‖ *substancia gris* matière grise.
substanciación *f* DR instruction.
substancial *adj* substantiel, elle.
substancialmente *adv* substantiellement, en substance.

substanciar *v tr* abréger, résumer (compendiar) || DR instruire [un procès].
substancioso, sa *adj* substanciel, elle.
substantivación *f* GRAM substantivation.
substantivar *v tr* GRAM substantiver.
substantivo, va *adj* y *s m* GRAM substantif, ive.
substitución *f* substitution.
substituible *adj* remplaçable, substituable.
substituir* *v tr* substituer, remplacer; *substituyeron a Gómez por Salinas* on a substitué Salinas à Gómez, on a remplacé Gómez par Salinas || se substituer, remplacer; *la República substituyó a la Monarquía* la république s'est substituée à la monarchie || mettre à la place de; *substituir un olmo por un álamo* mettre un peuplier à la place d'un orme || doubler, remplacer (teatro); *substituir a un actor* doubler un acteur.
substitutivo, va *adj* substitutif, ive.
  ◆ *m* substitut (sucedáneo).
substituto, ta *m* y *f* substitut (sin femenino), remplaçant, e || suppléant, e; *el substituto de un diputado* le suppléant d'un député || *substituto general* substitut général.
substracción *f* subtilisation, soustraction (robo) || MAT soustraction (resta).
substraendo *m* MAT plus petit terme (en una sustracción).
substraer* *v tr* soustraire, subtiliser (robar) || MAT soustraire.
  ◆ *v pr* se soustraire; *substraerse a* ou *de* se soustraire à.
  — OBSERV La forme *sustraer*, sans *b*, est de plus en plus courante.
substrato *m* FILOS & GEOL substrat, substratum.
subsuelo *m* sous-sol (del terreno).
subtender* *v tr* GEOM sous-tendre.
subteniente *m* MIL sous-lieutenant.
subterfugio *m* subterfuge.
subterráneo, a *adj* y *s m* souterrain, e.
  ◆ *m* (*amer*) métropolitain (*ant*), métro.
subtipo *m* BIOL sous-genre.
subtitular *v tr* sous-titrer.
subtítulo *m* sous-titre.
subtropical *adj* subtropical, e.
suburbano, na *adj* suburbain, e.
  ◆ *m* habitant des faubourgs *o* de la banlieue, banlieusard, e (vecino) || train de banlieue (tren).
suburbial *adj* suburbain, e (suburbano).
suburbio *m* faubourg (arrabal).
subvalorar *v tr* sous-évaluer.
  ◆ *v pr* se sous-évaluer.
subvención *f* subvention.
subvencionar *v tr* subventionner.
subvenir* *v intr* subvenir, pourvoir; *subvenir a los gastos* subvenir aux dépenses.
subversión *f* subversion.
subversivo, va *adj* subversif, ive.
subvertir* *v tr* bouleverser, perturber (trastornar).
subyacente *adj* sous-jacent, e; subjacent, e.
subyacer* *v intr* être sous-jacent, e.
subyugador, ra *adj* oppressif, ive.
  ◆ *m* y *f* oppresseur *m*.
subyugar *v tr* subjuguer.
succión *f* succion.

succionar *v tr* aspirer, absorber, sucer.
sucedáneo, a *adj* y *s m* succédané, e.
suceder *v intr* succéder; *la noche sucede al día* la nuit succède au jour || succéder (heredar) || arriver (ocurrir); *eso sucede a menudo* cela arrive souvent; *sucedió que* il arriva que || — *suceda lo que suceda* quoi qu'il arrive, advienne que pourra || *sucede con los técnicos lo que con los ingenieros* il en est des techniciens comme des ingénieurs.
  ◆ *v pr* se succéder, se suivre; *los días se suceden* les jours se suivent || se succéder; *el padre y el hijo se sucedieron en esta empresa* le père et le fils se sont succédé dans cette entreprise.
  — OBSERV En los tiempos compuestos del verbo francés *se succéder* el participio pasado queda invariable, a pesar de emplearse con *être*: *se sucedieron* ils se sont succédé.
sucedido *m* FAM évènement (suceso).
sucesión *f* succession, suite (serie); *una sucesión de desgracias* une succession de malheurs || DR succession; *sucesión intestada, testada* succession légale *o* ab intestat, testamentaire || MAT suite; *sucesión convergente* suite convergente || *derechos de sucesión* droits de succession, successibilité, droits successifs.
sucesivamente *adv* successivement || *y así sucesivamente* et ainsi de suite.
sucesivo, va *adj* successif, ive || — *en días sucesivos* dans les jours qui viennent, prochainement || *en lo sucesivo* à l'avenir, désormais, dorénavant (de aquí adelante), par la suite (después).
suceso *m* événement (acontecimiento) || fait divers (en los periódicos) || succès (éxito) || *en el lugar del suceso* sur le lieu de l'accident (accidente), sur le lieu du sinistre (siniestro).
  — OBSERV *Suceso* est un gallicisme dans le sens de *succès*.
sucesor, ra *adj* qui succède.
  ◆ *m* y *f* successeur (sin femenino).
sucesorio, ria *adj* DR successoral, e || *comunidad sucesoria* communauté d'héritiers.
suciedad *f* saleté.
sucintamente *adv* succinctement.
sucinto, ta *adj* succinct, e (breve); *relato sucinto, respuesta sucinta* récit succinct, réponse succincte.
sucio, cia *adj* sale; *un trapo sucio* un chiffon sale; *un blanco sucio* un blanc sale || FIG sale || salissant, e; *un trabajo sucio* un travail salissant || — FIG & FAM *estar más sucio que el palo de un gallinero* être sale comme un peigne || *lengua sucia* langue sale *o* chargée.
  ◆ *adv* malhonnêtement || *jugar sucio* ne pas être fair-play.
sucre *m* sucre [unité monétaire de l'Équateur].
súcubo *m* succube (demonio).
suculencia *f* succulence.
suculentamente *adv* de façon succulente, merveilleusement bien; *hemos comido suculentamente* nous avons merveilleusement bien mangé.
suculento, ta *adj* succulent, e.
sucumbir *v intr* succomber || FIG succomber; *sucumbir a la tentación* succomber à la tentation || DR perdre son procès, être condamné.
sucursal *adj* y *s f* succursale.
sudaca *m* y *f* FAM latino (sudamericano).
sudación *f* sudation.

sudadera *f* suée (sudor abundante) ‖ sweat-shirt *m* (prenda de vestir).

sudadero *m* étuve *f* sudatoire (para baños de vapor) ‖ tapis de selle (debajo de la silla de montar).

sudado, da *adj* trempé de sueur; *camisa sudada* chemise trempée de sueur.

Sudáfrica *n pr f* GEOGR Afrique du Sud.

sudafricano, na *adj* sud-africain, e.
◆ *m y f* Sud-Africain, e.

Sudafricana (República) *n pr* GEOGR République d'Afrique du Sud.

Sudamérica *n pr f* GEOGR Amérique du Sud.

sudamericano, na *adj* sud-américain, e.
◆ *m y f* Sud-Américain, e.

Sudán *n pr m* GEOGR Soudan.

sudanés, esa *adj* soudanais, e; soudanien, enne (del Sudán).
◆ *m y f* Soudanais, e.

sudar *v intr* transpirer, suer ‖ FIG suer, suinter (una cosa) | suer (trabajar); *sudar a todo sudar* suer sang et eau ‖ — *estar sudando* être en sueur ‖ FAM *sudar a chorros* ou *a mares* être en nage, suer à grosses gouttes.
◆ *v tr* suer ‖ FAM *sudar la gota gorda* ou *el quilo* ou *tinta* suer à grosses gouttes (transpirar mucho), suer sang et eau (para hacer un trabajo).
— OBSERV La palabra francesa *suer* es mucho más familiar que su sinónimo *transpirer*.

sudario *m* suaire, linceul ‖ *el Santo Sudario* le saint suaire.

sudeste *m* sud-est ‖ MAR suroît (viento que sopla del sudeste).

sudista *adj y s* HIST sudiste.

sudoeste *m* sud-ouest.

sudor *m* sueur *f*, transpiration *f* ‖ FIG suintement (rezumadura) ‖ — FAM *costarle a uno muchos sudores* demander bien des efforts | *chorrear sudor* ruisseler de sueur | *estar bañado de* ou *empapado en sudor* être tout en sueur *o* ruisselant de sueur *o* en nage *o* en eau *o* trempé | *tener la frente cubierta* ou *perlada de sudor* ou *de gotas de sudor* avoir le front perlé de sueur ‖ *y ganarás el pan con el sudor de tu frente* tu gagneras ton pain à la sueur de ton front.

sudoriento, ta *adj* qui sue beaucoup (propenso a sudar) ‖ en sueur, trempé, e de sueur (sudado).

sudorífico, ca *adj y s m* MED sudorifique.

sudoríparo, ra *adj* ANAT sudoripare.

sudoroso, sa *adj* qui sue beaucoup ‖ en sueur, trempé de sueur (bañado en sudor).

Suecia *n pr f* GEOGR Suède.

sueco, ca *adj* suédois, e ‖ FIG & FAM *hacerse el sueco* faire le sourd, faire la sourde oreille.
◆ *m y f* Suédois, e.
◆ *m* suédois (idioma).

suegra *f* belle-mère.
— OBSERV Le mot espagnol *suegra* signifie *mère du conjoint*; au sens de *femme du père*, *belle-mère* se dit en espagnol *madrastra*.

suegro *m* beau-père.
◆ *pl* beaux-parents (suegro y suegra).
— OBSERV Le mot espagnol *suegro* signifie *père du conjoint*; au sens de *mari de la mère*, *beau-père* se dit en espagnol *padrastro*.

suela *f* semelle ‖ cuir *m* à semelles (cuero) ‖ procédé *m* (del taco de billar) ‖ FAM semelle, carne, corne (carne) ‖ — *de siete suelas* fieffé (una persona), sacré (una cosa o una persona); *un pícaro de siete suelas* un fieffé coquin ‖ — *echar medias suelas* ressemeler ‖ FIG *no llegarle a uno a la suela del zapato* ne pas arriver à la cheville de quelqu'un.

sueldo *m* salaire (salario mensual); *sueldo a convenir* salaire à débattre ‖ traitement (de un funcionario) ‖ appointements *pl* (de un empleado) ‖ gages *pl* (de un criado) ‖ *(ant)* sou, sol (moneda) ‖ — *a sueldo* moyennant salaire; *hacer algo a sueldo* faire quelque chose moyennant salaire; appointé (empleado), à gages (asesino) ‖ *estar a sueldo* être salarié | *estar a sueldo de* être à la solde de ‖ *sueldo base* salaire de base ‖ *sueldo de hambre* salaire de misère.

suelo *m* sol; *suelo fértil* sol fertile ‖ terre *f*; *los niños estaban jugando en el suelo* les enfants jouaient par terre; *caerse al suelo* tomber par terre ‖ sol, plancher (piso de una casa), parquet (de madera) ‖ fond (de un recipiente) ‖ plancher (de un automóvil) ‖ FIG sol; *suelo natal* sol natal ‖ — FIG *arrastrar a uno por los suelos* traîner quelqu'un dans la boue | *arrastrarse por el suelo* se traîner par terre (ir por el suelo), ramper (humillarse) ‖ FIG *besar el suelo* s'étaler, se casser la figure | *echarse por los suelos* se traîner dans la boue | *dar con los huesos en el suelo* se flanquer par terre, prendre un billet de parterre | *¡del suelo no pasa!* ça ne tombera pas plus bas (algo caído) | *en el santo suelo* à même le sol, par terre | *estar por los suelos* être tombé bien bas (persona), être très bas (precio), être très bon marché (cosa) | *medir el suelo, dar consigo en el suelo* tomber de tout son long, s'étaler, prendre un billet de parterre, ramasser une pelle | *poner por los suelos* traîner dans la boue | *venirse al suelo* s'effondrer, s'écrouler.

suelta *f* lâchage *m* ‖ lâcher *m* (de palomas, globos, etc.) ‖ élargissement *m*, mise en liberté, libération (de un preso) ‖ entrave (traba del caballo) ‖ attelage *m* de réserve (bueyes) ‖ halte, repos *m* (descanso) ‖ *dar suelta* mettre en liberté, relâcher, libérer (dar libertad).

suelto, ta *adj* libre, en liberté (libre) ‖ FIG souple; *movimientos sueltos* mouvements souples | agile, leste (ágil) | décontracté, e; désinvolte, très à l'aise (desembarazado) | déluré, e; hardi, e (atrevido) | coulant, e; aisé, e (conversación, estilo) | dépareillé, e (solo); *muebles sueltos* meubles dépareillés | isolé, e (aislado); *esos son hechos sueltos* ce sont des faits isolés; *frases, palabras sueltas* phrases isolées, mots isolés | sans consistance, qui n'a pas pris (poco compacto); *la mayonesa está suelta* la mayonnaise est sans consistance *o* n'a pas pris | qui n'est pas ajusté, e; *un traje suelto en la cintura* une robe qui n'est pas ajustée à la taille | en monnaie; *un duro suelto* un douro en monnaie | à l'unité; *vender cigarrillos sueltos* vendre des cigarettes à l'unité ‖ relâché, e (vientre) ‖ blanc (verso) ‖ — *cabo suelto* question en suspens, affaire non réglée | *dinero suelto* petite monnaie ‖ *hojas sueltas* feuilles mobiles *o* volantes | *pelo suelto* cheveux flottants *o* défaits *o* épars *o* tombant sur le dos ‖ *piezas sueltas* pièces détachées ‖ — FIG *estar muy suelto* se débrouiller; *ya está muy suelto en inglés* il se débrouille déjà bien en anglais | *ser suelto de manos* avoir la main leste | *tener la lengua muy suelta* avoir la langue bien pendue.
◆ *m* monnaie *f*; *no tengo suelto* je n'ai pas de monnaie ‖ entrefilet (de periódico).

sueño *m* sommeil; *sueño pesado, de plomo* sommeil lourd, de plomb; *tener mucho sueño* avoir très *o* grand sommeil || somme (de corta duración); *echar* ou *echarse un sueño* faire un somme || rêve, songe *(p us)*; *anoche tuve un sueño horrible* cette nuit j'ai fait un rêve affreux || FIG rêve, songe (ilusión) || *— el sueño de una noche de verano* le songe d'une nuit d'été || MED *enfermedad del sueño* maladie du sommeil || *en sueños* en rêve, en songe *(p us)*; *está entre sueños* à moitié endormi; *está entre sueños* il est à moitié endormi || *la clave de los sueños* la clef des songes || *mi sueño dorado* le rêve de ma vie, mon rêve || *ni por sueños* jamais de la vie, il n'en est pas question || *sueño eterno* sommeil o repos éternel || *— caerse de sueño* tomber de sommeil || *coger el sueño* s'endormir || *conciliar el sueño* trouver le sommeil || *dar sueño* endormir; *este discurso da sueño* ce discours endort || FAM *descabezar un sueño* faire *o* piquer un somme || *dormir el sueño de los justos* dormir le sommeil du juste || *¡es un sueño!* c'est un rêve! || *la vida es sueño* la vie est un songe || *quitar el sueño* empêcher de dormir, faire perdre le sommeil.

suero *m* petit-lait (de la leche) || BIOL & MED sérum; *suero fisiológico* sérum physiologique || *— suero lácteo* sérum de lait || *vacuna con suero* sérovaccination.

sueroterapia *f* MED sérothérapie.

suerte *f* sort *m*, destin *m*; *así lo ha querido la suerte* le sort en a décidé ainsi || chance (buena o mala fortuna); *tener suerte* avoir de la chance; *tener mala suerte* ne pas avoir de chance; *¡qué suerte la mía!* quelle chance j'ai! || sort *m* (futuro, condición); *mejorar su suerte* améliorer son sort || tirage *m* au sort (elección); *elegir por suerte* désigner par tirage au sort || sorte, genre *m*; *de toda suerte* de toutes sortes || qualité (calidad); *primera suerte* première qualité || tour *m* (de prestidigitador) || champ *m*, parcelle (terreno) || TAUROM «suerte» (tercio); *suerte de banderillas* «suerte» de banderilles || (amer) billet *m* de loterie (billete de lotería) || *¡buena suerte!, ¡suerte! bonne chance!* || *con* ou *de (buena) suerte* chanceux, euse; verni, e *(fam)* || *de suerte que* en sorte que (objeto); *haz de suerte que venga* fais en sorte qu'il vienne || *de tal suerte que* de telle sorte que (consecuencia); *cayó de tal suerte que se hirió* il tomba de telle sorte qu'il se blessa || *golpe de suerte* coup de chance || *mala suerte* malchance || *¡mala suerte!* manque de chance! || *por suerte* heureusement, par bonheur (felizmente) || FAM *¡qué suerte negra!, ¡suerte perra!* quelle poisse!, quelle déveine!, quelle guigne! || *— caerle* ou *tocarle a uno en suerte* échoir à quelqu'un (tocarle a uno), avoir la chance de; *me ha caído en suerte nacer rico* j'ai eu la chance de naître riche || *cambia la suerte* la chance tourne, le sort change || *dar (buena) suerte* porter chance, porter bonheur || *dar* ou *traer mala suerte* porter malheur || *echar suertes* tirer au sort || *entrar en suerte* participer à un tirage au sort || *la suerte es ciega* la fortune est aveugle || *la suerte está echada* le sort en est jeté || *poner en suerte (el toro)* placer (le taureau) || *tener una suerte loca* ou *de mil demonios* avoir une veine de pendu *o* de tous les diables || *tentar la suerte* tenter *o* courir sa chance || *tocarle a uno la suerte* être désigné par le sort; *le tocó la suerte* il a été désigné par le sort.

suertudo, da *adj* POP veinard, e; verni, e [chance].

suéter *m* sweater, chandail.

Suez (canal de) *n pr m* GEOGR canal de Suez.

suficiencia *f* capacité, aptitude (capacidad) || FIG suffisance (presunción) || *aire de suficiencia* air suffisant.

suficiente *adj* suffisant, e (bastante) || FIG suffisant, e (engreído) | capable (capaz); *Juan es suficiente para hacer esto* Jean est capable de faire cela || *— lo suficiente* ce qu'il faut, suffisamment; *gana lo suficiente para vivir* il gagne suffisamment pour vivre || *ser suficiente* suffire.

suficientemente *adv* suffisamment.

sufijo, ja *adj y s m* GRAM suffixe.

sufragáneo, a *adj y s m* suffragant, e; *obispo sufragáneo* évêque suffragant.

sufragar *v tr* aider (ayudar) || payer, supporter (pagar); *sufragar los gastos de un pleito* supporter les frais d'un procès || financer; *sufragar un proyecto* financer un projet.
◆ *v intr* (amer) voter; *sufragar por uno* voter pour quelqu'un.

sufragio *m* suffrage; *elección por sufragio universal, restringido* élection au suffrage universel, restreint || RELIG repos; *misa en sufragio del alma de* messe pour le repos de l'âme de.

sufragismo *m* droit de vote pour la femme.

sufragista *f* suffragette.

sufrelotodo *m* souffre-douleur.

sufrido, da *adj* patient, e; endurant, e (paciente) || non salissant, e (color) || résigné, e (que se conforma con todo) || FIG & FAM complaisant (marido) || FIG *un color poco sufrido* une couleur salissante.

sufridor, ra *adj* patient, e.

sufrimiento *m* souffrance *f* (dolor) || patience *f*, résignation *f* (conformidad).

sufrir *v tr* souffrir de (padecer); *sufrir hambre* souffrir de la faim || subir, passer; *sufrir un examen* subir un examen || avoir; *ha sufrido un grave accidente* il a eu un grave accident; *sufrir una multa* avoir une amende || subir, essuyer; *sufrir una derrota, un tiroteo* essuyer une défaite, des coups de feux; *sufrir reveses de fortuna, un fracaso* subir des revers de fortune, essuyer un échec || supporter; *sufrir las consecuencias de* supporter les conséquences de || éprouver; *sufrir una decepción* éprouver une déception || souffrir, tolérer, permettre (permitir); *no sufriré insolencias tuyas* je ne tolérerai pas des insolences de ta part || *— he tenido que sufrir una verdadera pesadilla* cela a été pour moi un véritable cauchemar || FAM *no poder sufrir a uno* ne pas pouvoir sentir *o* souffrir quelqu'un || FIG *sufrir su calvario* porter sa croix.
◆ *v intr* souffrir; *sufrir del estómago* souffrir de l'estomac; *en esta vida hay que sufrir mucho* on doit souffrir beaucoup ici-bas || FAM *sufrir como un condenado* souffrir le martyre.

sugerencia *f* suggestion || proposition; *hacer una sugerencia a la asamblea* faire une proposition à l'assemblée.

sugerente; sugeridor, ra *adj* suggestif, ive.

sugerir* *v tr* suggérer; *le sugerí que hablara* je lui ai suggéré de parler.

sugestión *f* suggestion; *sugestión hipnótica* suggestion hypnotique.

sugestionable *adj* influençable.

sugestionar *v tr* suggestionner.

sugestivo, va *adj* suggestif, ive ‖ *lo sugestivo* ce qui est suggestif, la suggestivité.
suicida *m y f* suicidé, e ‖ FAM casse-cou (persona que arrostra grandes peligros).
— *adj* suicidaire, suicide.
suicidarse *v pr* se suicider.
suicidio *m* suicide.
suich *m* (amer) interrupteur.
suite *f* suite, appartement *m* (en un hotel) ‖ MÚS suite.
Suiza *n pr f* GEOGR Suisse.
suizo, za *adj* suisse, de la Suisse.
— *m y f* Suisse, Suissesse.
— *m* petit pain au lait, petite brioche *f* (bollo).
— OBSERV El femenino es *suisse* cuando se trata de cosas y *Suissesse* si son personas.
sujeción *f* assujettissement *m* (acción de sujetar) ‖ sujétion, contrainte (dependencia, obligación) ‖ obligation; *odia las sujeciones* il déteste les obligations ‖ lien *m*, attache, fixation (ligadura) ‖ — TECN *elementos de sujeción de una armazón* éléments de fixation d'une charpente ‖ *sujeción con grapas* agrafage.
sujetador, ra *adj* assujettissant, e.
— *m* soutien-gorge (prenda femenina) ‖ attache *f* (de papeles).
sujetapapeles *m inv* presse-papier (pisapapeles) ‖ pince *f* à dessin (pinzas para sujetar papeles), attache *f* (clip).
sujetar *v tr* fixer (fijar); *el cuadro está sujeto por un clavo* le tableau est fixé par un clou ‖ attacher; *sujeta su corbata con un alfiler* il attache sa cravate avec une épingle ‖ tenir; *sujétame este libro un momento* tiens-moi ce livre un instant ‖ tenir, retenir; *dos guardias le sujetaban y le impedían seguir la lucha* deux agents le retenaient et l'empêchaient de continuer à se battre ‖ retenir; *unos tirantes muy bonitos le sujetan la falda* de très jolies bretelles retiennent sa jupe ‖ FIG assujettir, soumettre (someter) ‖ maîtriser (dominar) ‖ astreindre (obligar) ‖ plaquer (rugby) ‖ *sujetar con grapas* agrafer (papeles).
— *v pr* s'assujettir ‖ se tenir, s'accrocher; *para no caer me sujeté a las ramas de un árbol* pour ne pas tomber, je me suis tenu aux branches d'un arbre ‖ tenir; *sin tirantes este pantalón no se sujeta* sans bretelles ce pantalon ne tient pas.
sujeto, ta *adj* sujet, ette (propenso) ‖ exposé, e à; soumis, e à (expuesto); *país sujeto a epidemias* pays exposé aux épidémies ‖ soumis, e; assujetti, e; passible; *sujeto a derechos arancelarios* soumis aux o passible de droits de douane ‖ — *estar sujeto a ciertas condiciones* requérir certaines conditions ‖ *estar sujeto por muchas obligaciones* être lié par de nombreuses obligations ‖ *tener a alguien muy sujeto* ne laisser aucune liberté à quelqu'un.
— *m* sujet (tema) ‖ sujet; *sujeto de derecho* sujet de droit ‖ sujet, individu (persona); *un mal sujeto* un mauvais sujet; *un sujeto peligroso* un individu dangereux ‖ GRAM & FILOS sujet ‖ ZOOL & BOT sujet.
sulfamida *f* MED sulfamide *m*.
sulfatación *f* sulfatation.
sulfatado, da *adj* QUÍM sulfaté, e.
— *m* sulfatage.
sulfatador, ra *adj* qui sulfate.
— *m y f* pulvérisateur *m* (máquina).
sulfatar *v tr* sulfater.

sulfato *m* QUÍM sulfate.
sulfito *m* QUÍM sulfite.
sulfuración *f* sulfuration ‖ FIG *¡qué sulfuración!* quelle contrariété!
sulfurado, da *adj* sulfuré, e.
— *m* AGRIC sulfurage.
sulfurar *v tr* QUÍM sulfurer ‖ FIG fâcher, mettre en colère *o* hors de soi (irritar).
— *v pr* FIG se fâcher, s'emballer, monter sur ses grands chevaux, se monter; *no se sulfure* ne vous emballez pas.
sulfúreo, a *adj* QUÍM sulfureux, euse (sulfuroso).
sulfúrico, ca *adj* QUÍM sulfurique ‖ *ácido sulfúrico* acide sulfurique, hydrogène sulfuré.
sulfurizar *v tr* sulfuriser.
sulfuro *m* QUÍM sulfure.
sulfuroso, sa *adj* QUÍM sulfureux, euse.
sultán *m* sultan.
sultana *f* sultane.
sultanato *m*; **sultanía** *f* sultanat *m*.
sulla *f* BOT sainfoin *m*.
suma *f* somme; *la suma de 3 y 4 es 7* la somme de 3 plus 4 égale 7 ‖ addition; *hacer una suma* faire une addition ‖ somme (recopilación) ‖ — *en suma* en somme, somme toute ‖ *suma anterior* report ‖ *suma teológica* somme théologique ‖ COM *suma y sigue* à reporter.
sumamente *adv* extrêmement, au plus haut point.
sumando *m* MAT terme d'une addition.
sumar *v tr* MAT additionner ‖ abréger, résumer (abreviar) ‖ ajouter (añadir) ‖ totaliser, réunir; *tres países que suman cien millones de habitantes* trois pays qui réunissent cent millions d'habitants ‖ *máquina de sumar* additionneuse.
— *v intr* monter à, s'élever à, faire au total (ascender a); *suma cien pesetas* cela fait au total cent pesetas ‖ *suma y sigue* à reporter (en una cuenta), j'en passe et des meilleures (en una conversación).
— *v pr* se joindre; *sumarse a una conversación, a una manifestación* se joindre à une conversation, à une manifestation ‖ se rallier à (adherirse) ‖ s'ajouter (añadirse).
sumarial *adj* DR procédurier, ère ‖ de l'instruction.
sumariamente *adv* sommairement.
sumariar *v tr* DR citer en justice, intenter un procès à ‖ instruire un procès.
sumario, ria *adj* sommaire; *justicia sumaria* justice sommaire.
— *m* sommaire ‖ DR instruction *f* judiciaire ‖ — *el secreto del sumario* le secret de l'instruction ‖ DR *nuevas diligencias en el sumario* supplément d'enquête.
sumarísimo, ma *adj* DR très sommaire.
Sumatra *n pr* GEOGR Sumatra.
sumergible *adj* submersible.
— *m* submersible, sous-marin.
sumergir *v tr* submerger ‖ FIG plonger (hundir) ‖ — FIG *estar sumergido entre la muchedumbre* être noyé dans la multitude ‖ *un submarino sumergido* un sous-marin en plongée.
— *v pr* plonger.
sumersión *f* submersion.
sumidero *m* bouche *f* d'égout (alcantarilla) ‖ puisard (pozo negro).

sumiller *m (ant)* sommelier ‖ sommelier (botillero).
suministrador, ra *adj* qui fournit.
◆ *m y f* fournisseur (sin femenino), pourvoyeur, euse (proveedor).
suministrar *v tr* fournir (proveer); *suministrar una información* fournir un renseignement.
suministro *m* fourniture *f* ‖ livraison *f*; *suministro a domicilio* livraison à domicile ‖ distribution *f* (de agua, aire, etc.) ‖ approvisionnement; *servicio de suministro* service d'approvisionnement.
◆ *pl* MIL vivres (víveres).
sumir *v tr* enfoncer (hundir) ‖ plonger (en el agua) ‖ ECLES consommer (consumir) ‖ FIG plonger; *sumido en sus pensamientos* plongé dans ses pensées.
◆ *v pr* s'enfoncer ‖ se creuser (las mejillas, el pecho) ‖ FIG se plonger, s'abîmer (en los pensamientos) | se plonger (en el sueño).
sumisamente *adv* avec soumission, humblement.
sumisión *f* soumission.
sumiso, sa *adj* soumis, e; *sumiso a las leyes* soumis aux lois.
súmmum *m* summum ‖ *ser el súmmum* être ce qu'il y a de mieux.
sumo, ma *adj* suprême, extrême; *hombre de suma bondad* homme d'une extrême bonté ‖ FIG suprême, énorme; *suma necedad* sottise énorme ‖ — *a lo sumo* tout au plus, au maximum ‖ *de sumo* pleinement, entièrement ‖ *en sumo grado* au plus haut degré, à l'extrême ‖ — *Sumo Pontífice* souverain pontife ‖ *sumo sacerdote* grand-prêtre.
suní *adj y s* sunnite (musulmán ortodoxo).
— OBSERV *pl* suníes.
sunnita *adj y s* → **suní**.
suntuario, ria *adj* somptuaire.
suntuosidad *f* somptuosité.
suntuoso, sa *adj* somptueux, euse.
supeditación *f* subordination (dependencia).
supeditar *v tr* opprimer, assujettir (sujetar) ‖ FIG subordonner (subordinar); *mi viaje está supeditado a la decisión de mis padres* mon voyage est subordonné à la décision de mes parents ‖ soumettre, faire dépendre de (someter) ‖ *estar supeditado a* dépendre de; *no estoy supeditado a nadie* je ne dépends de personne.
◆ *v pr* se soumettre.
súper *f* super *m* (gasolina).
superable *adj* surmontable (fácil de vencer) ‖ surpassable (fácil de superar).
superabundancia *f* surabondance.
superabundante *adj* surabondant, e.
superabundar *v intr* surabonder.
superación *f* dépassement *m* ‖ franchissement *m* (de un obstáculo) ‖ FIG résolution; *superación de una dificultad* résolution d'une difficulté.
superactividad *f* suractivité.
superalimentación *f* suralimentation.
superalimentar *v tr* suralimenter.
superar *v tr* surpasser, dépasser (exceder) ‖ dépasser; *la época del colonialismo está superada* l'époque du colonialisme est dépassée ‖ FIG surmonter, résoudre (una dificultad).

◆ *v pr* se dépasser, se surpasser; *en la vida hay que intentar siempre superarse* dans la vie il faut toujours essayer de se surpasser.
superávit *m inv* COM excédent.
supercarburante *m* supercarburant.
supercompresión *f* surcompression ‖ *motor con supercompresión* moteur surcomprimé.
supercomprimir *v tr* surcomprimer.
superconducción *f* ELECTR supraconduction.
superconductividad *f* ELECTR supraconductivité.
superconductor, ra *adj y s m* FÍS supraconducteur, trice.
superchería *f* supercherie.
superdirecta *f* surmultipliée (caja de cambios).
superdotado, da *adj* surdoué, e.
super ego *m* FILOS sur-moi.
superestructura *f* ARQ & MAR superstructure.
superficial *adj* superficiel, elle.
superficialidad *f* manque *m* de profondeur ‖ *¡es de una superficialidad!* il est d'un superficiel!
superficie *f* surface; *la superficie del agua* la surface de l'eau ‖ superficie (extensión); *la superficie de una ciudad, de un piso* la superficie d'une ville, d'un appartement ‖ GEOM surface (área) ‖ — TECN *pulido de una superficie* surfaçage ‖ *salir a la superficie* faire surface (un submarino) ‖ AGRIC *superficie aprovechable* surface exploitable | *superficie arrendada* terrain affermé o cédé à bail ‖ *superficie de rodadura* surface de roulement (carretera) ‖ *superficie de rozamiento* surface de friction ‖ *superficie de trabajo* plan de travail (en una cocina) ‖ *superficie sustentadora* surface portante (en los aviones).
superfino, na *adj* surfin, e.
superfluamente *adv* de manière superflue.
superfluo, a *adj* superflu, e ‖ *lo superfluo* le superflu.
superfosfato *m* QUÍM superphosphate.
superhombre *m* surhomme.
superintendencia *f* surintendance.
superintendente, ta *m y f* surintendant, e.
superior *adj* supérieur, e; *calidad superior* qualité supérieure ‖ *la magistratura superior* la haute magistrature.
superior, ra *m y f* supérieur, e; *obedecer a un superior* obéir à un supérieur; *la superiora del convento* la supérieure du couvent.
Superior (lago) *n pr* GEOGR lac Supérieur.
superioridad *f* supériorité ‖ *la superioridad* l'autorité supérieure.
superlativamente *adv* superlativement *(ant)*, au plus haut point.
superlativo, va *adj y s m* superlatif, ive; *terminación superlativa* terminaison superlative ‖ *en grado superlativo* au superlatif, au plus haut degré.
superligero *adj y s m* DEP superléger.
supermercado *m* supermarché.
supermillonario, ria *adj* multimillionnaire.
supernova *f* ASTR supernova.
supernumerario, ria *adj y s* surnuméraire ‖ en disponibilité ‖ MIL *situación de supernumerario sin sueldo* congé sans solde, mise en disponibilité sans traitement.
superpoblación *f* surpeuplement *m*, surpopulation.
superpoblado, da *adj* surpeuplé, e.

superponer* *v tr* superposer ‖ FIG faire passer avant; *superpone su interés personal a todo* il fait passer avant tout son intérêt personnel.
◆ *v pr* se superposer.
superponible *adj* superposable.
superposición *f* superposition.
superpotencia *f* superpuissance, supergrand *m*.
superpresión *f* TECN surpression.
superproducción *f* surproduction ‖ CINEM superproduction (película).
superpuesto, ta *adj* superposé, e.
superrealismo *m* surréalisme (surrealismo).
superrealista *adj y s* surréaliste.
supersaturar *v tr* QUÍM sursaturer.
supersónico, ca *adj* supersonique; *avión supersónico* avion supersonique; *onda supersónica* onde supersonique.
superstición *f* superstition.
supersticioso, sa *adj y s* supersticieux, euse.
supérstite *m* DR survivant, e.
supervalorar *v tr* surestimer, surévaluer.
supervisar *v tr* superviser.
supervisión *f* supervision.
supervisor, ra *adj y s* réviseur, euse; contrôleur, euse; inspecteur, trice.
supervivencia *f* survie (de seres vivos) ‖ survivance (de pueblos, usos, etc.) ‖ maintien *m*; *la supervivencia del régimen* le maintien du régime.
superviviente *adj y s* survivant, e.
supervoltaje *m* ELECTR survoltage.
supino, na *adj* couché sur le dos (boca arriba) ‖ *ignorancia supina* ignorance crasse.
◆ *m* GRAM supin.
súpito, ta *adj* *(amer)* pantois, e (perplejo).
suplantación *f* supplantation.
suplantador, ra *m y f* personne qui usurpe l'identité de.
suplantar *v tr* supplanter.
suplefaltas *m y f* suppléant, e.
suplementario, ria *adj* supplémentaire.
suplemento *m* supplément ‖ *suplemento dominical* supplément du dimanche (periódico).
suplencia *f* suppléance.
suplente *adj y s* suppléant, e; *juez suplente* juge suppléant ‖ remplaçant, e (deportes).
◆ *m* TEATR doublure *f*.
supletorio, ria *adj* supplémentaire; *camas supletorias* lits supplémentaires ‖ DR supplétoire.
súplica *f* supplication (acción) ‖ supplique (petición escrita) ‖ requête; *que el presidente escuche mi humilde súplica* que le président écoute mon humble requête ‖ prière; *elevar a Dios una ferviente súplica* élever vers Dieu une fervente prière ‖ — *a súplica de* sur la demande de ‖ DR *recurso de súplica* appel.
suplicación *f* supplication ‖ plaisir *m*, oublie (pastel) ‖ DR appel *m* ‖ *a suplicación de* sur la demande de.
suplicante *adj y s* suppliant, e.
suplicar *v tr* supplier; *le suplico que venga* je vous supplie de venir; *se lo suplico* je vous en supplie ‖ prier (rogar) ‖ solliciter (en una solicitud) ‖ DR faire appel ‖ — *carta suplicada a* lettre aux bons soins de ‖ *suplicada* aux bons soins de M. X [lettre].

suplicatoria *f*; **suplicatorio** *m* DR commission *f* rogatoire.
suplicio *m* supplice ‖ FIG supplice, tourment (vivo dolor) ‖ *último suplicio* dernier supplice, peine capitale.
suplir *v tr* suppléer (completar) ‖ suppléer (reemplazar); *suplir a un profesor* suppléer un professeur ‖ suppléer à (remediar); *suplir la falta de instrucción* suppléer au manque d'instruction ‖ remplacer; *súplanse los puntos suspensivos por los sufijos correspondientes* remplacez les points de suspension par les suffixes correspondants ‖ rattraper, excuser; *su buena voluntad suple sus fallos* sa bonne volonté excuse ses erreurs.
suponer* *v tr* supposer ‖ supposer, impliquer; *esta obra supone muchísimo trabajo* cet ouvrage implique un travail considérable ‖ *suponiendo que* en supposant que, si tant est que, supposé que.
suposición *f* supposition ‖ DR *suposición de parto, de infante* supposition de part, d'enfant.
supositorio *m* MED suppositoire.
supraconductividad *f* supraconduction, supraconductivité.
supranacional *adj* supranational, e.
supranacionalidad *f* supranationalité.
suprarrealismo *m* surréalisme.
suprarrenal *adj* ANAT surrénal, e.
supraterrestre *adj* supraterrestre.
supremacía *f* suprématie.
supremo, ma *adj* suprême; *Tribunal Supremo* cour suprême ‖ *el Ser Supremo* l'Être Suprême.
supresión *f* suppression.
suprimir *v tr* supprimer.
supuesto, ta *adj* supposé, e (hipotético) ‖ imaginaire (fingido); *una supuesta enfermedad* une maladie imaginaire ‖ soi-disant, e; prétendu, e; *un supuesto pintor* un soi-disant peintre ‖ — *dar algo por supuesto* donner quelque chose pour acquis ‖ *por supuesto* naturellement, évidemment, certainement, bien entendu, bien sûr ‖ *supuesto que* vu que, étant donné que, puisque (ya que) ‖ *un nombre supuesto* un faux nom, un nom d'emprunt.
◆ *m* hypothèse *f*, supposition *f* (hipótesis); *en este supuesto* dans cette hypothèse ‖ sous-entendu (segunda intención) ‖ donnée *f* (dato); *carecemos de los más elementales supuestos* nous manquons des données les plus élémentaires ‖ — *en el supuesto de que* en supposant que, si tant est que, dans l'hypothèse que ‖ MIL *supuesto táctico* grandes manœuvres.
supuración *f* MED suppuration.
supurante *adj* suppurant, e.
supurar *v intr* MED suppurer.
sur *m* sud.
sura *f* surate (del Alcorán).
surafricano, na *adj* sud-africain, e.
◆ *m y f* Sud-Africain, e.
suramericano, na *adj* sud-américain, e.
◆ *m y f* Sud-Américain, e.
surcar *v tr* sillonner (*p us*), tracer un sillon *o* des sillons dans (con el arado) ‖ FIG sillonner (los mares); fendre (hender el agua, el aire) ‖ sillonner; *frente surcada de arrugas* front sillonné de rides.
surco *m* AGRIC sillon; *hacer surcos en* tracer des sillons dans ‖ ride *f* (arruga) ‖ sillon (de un disco).

surcoreano, na *adj* sud-coréen, enne.
◆ *m y f* Sud-Coréen, enne.
sureño, ña; surero, ra *adj y s* du sud, méridional, e.
◆ *m* vent du sud (viento).
sureste *m* sud-est.
surf; surfing *m* surf.
surgidero *m* MAR mouillage (fondeadero).
surgir *v intr* surgir ‖ jaillir (agua) ‖ MAR mouiller (fondear) ‖ FIG apparaître, faire son apparition; *hace diez años que surgió este artista* il y a dix ans que cet artiste a fait son apparition | apparaître, naître, surgir; *una polémica surgió a propósito de mi artículo* une polémique est apparue o est née o a surgi à propos de mon article.
suriano *adj y s* (*amer*) originaire du Sud.
Surinam *n pr m* GEOGR Surinam.
surmenaje *m* surmenage (cansancio).
suroeste *m* sud-ouest.
surrealismo *m* surréalisme.
surrealista *adj y s* surréaliste.
sursuncorda *m* FAM le pape, le roi, etc [autorité imaginaire]; *esto lo ha hecho el sursuncorda* c'est le pape qui l'a fait.
surtidero *m* bonde *f* (de un estanque) ‖ jet d'eau (chorro).
surtido, da *adj* COM assorti, e; *caramelos surtidos* bonbons assortis ‖ approvisionné, e; fourni, e; achalandé, e (*fam*); *una tienda bien surtida* une boutique bien approvisionnée.
◆ *m* assortiment (de objetos); *surtido de galletas* assortiment de gâteaux secs | choix; *en esta tienda hay un gran surtido de corbatas* dans cette boutique, il y a un grand choix de cravates.
surtidor, ra *adj y s* qui fournit, fournisseur (sin femenino).
◆ *m* pompe *f* à essence, distributeur d'essence (de gasolina) ‖ gicleur (del carburador de un automóvil) ‖ jet d'eau (chorro).
◆ *pl* grandes eaux *f*; *los surtidores de Versalles* les grandes eaux de Versailles.
surtir *v tr* fournir, pourvoir (proveer) ‖ assortir (colores) ‖ COM assortir ‖ *surtir efecto* avoir o faire de l'effet (medicamento), prendre effet (entrar en vigor).
◆ *v intr* jaillir (brotar) ‖ MAR mouiller.
◆ *v pr* se pourvoir, se fournir, s'approvisionner (abastecerse).
surto, ta *adj* MAR mouillé, e (fondeado).
susceptibilidad *f* susceptibilité.
susceptible *adj* susceptible; *producto susceptible de mejora* produit susceptible d'amélioration ‖ susceptible (irritable).
suscitar *v tr* susciter.
suscribir; subscribir *v tr* souscrire (firmar); *suscribir un contrato* souscrire un contrat ‖ FIG approuver (asentir); *suscribo su conducta* j'approuve votre conduite ‖ abonner (abonar).
◆ *v pr* s'abonner (abonarse); *suscribirse a una revista* s'abonner à une revue ‖ souscrire (obligarse a contribuir) ‖ se rallier (a una opinión) ‖ — *el que suscribe* je soussigné ‖ *me suscribo su atento y seguro servidor* veuillez accepter l'assurance de mes meilleurs sentiments.
suscripción; subscripción *f* souscription ‖ abonnement *m* (abono).

suscripto, ta; subscripto, ta *adj* souscrit, e.
suscriptor, ra; subscriptor, ra *m y f* souscripteur (sin femenino) ‖ abonné, e; *suscriptor de un diario* abonné à un journal.
suscrito, ta; subscrito, ta *adj* souscrit, e.
suso *adv* dessus, en haut.
susodicho, cha *adj y s* susdit, e; susnommé, e; nommé, e plus haut; précité, e.
suspender *v tr* suspendre (colgar); *suspender del techo* suspendre au plafond ‖ FIG suspendre (interrumpir); *suspender una sesión* suspendre une séance | arrêter, suspendre, cesser; *suspender un trabajo* cesser un travail | étonner, ébahir (admirar); *esto me tiene suspendido* j'en suis tout ébahi | suspendre (a un empleado) | recaler (*fam*), refuser, ajourner (exámenes); *el profesor de matemáticas me ha suspendido* le professeur de mathématiques m'a recalé ‖ *ser suspendido en un examen* échouer à un examen, être refusé o recalé (*fam*) à un examen.
◆ *v pr* se suspendre (colgarse) ‖ se cabrer (caballo) ‖ FIG être suspendu, e.
suspense *m* suspense (de una película, etc.).
suspensión *f* suspension ‖ suspension, retrait *m* (de un permiso) ‖ arrêt *m*, suspension; *suspensión de las pruebas nucleares* arrêt des essais nucléaires ‖ levée; *suspensión de la inmunidad parlamentaria* levée de l'immunité parlementaire ‖ cessation; *suspensión de pagos* cessation de paiements ‖ suspense (eclesiástica) ‖ MECÁN suspension; *suspensión (de) Cardán* suspension cardan, à la Cardan ‖ QUÍM suspension.
suspensivo, va *adj* suspensif, ive ‖ *puntos suspensivos* points de suspension.
suspenso, sa *adj* suspendu, e (colgado, diferido) ‖ FIG étonné, e; ébahi, e (admirado) | refusé, e; ajourné, e; recalé, e (*fam*), collé, e (*fam*) (exámenes) ‖ — *con el corazón en suspenso* le cœur serré ‖ *en suspenso* en suspens.
◆ *m* ajournement ‖ note *f* éliminatoire (nota en un examen); *me he llevado un suspenso en historia* j'ai eu une note éliminatoire en histoire ‖ suspense (de una película, etc.) ‖ — *dar un suspenso* donner une note éliminatoire, refuser, recaler (*fam*) ‖ *tener un suspenso* être refusé o recalé (*fam*).
suspensores *m pl* (*amer*) bretelles *f* (tirantes).
suspensorio *adj m y s m* ANAT & BOT suspenseur.
◆ *m* suspensoir (vendaje).
suspicacia *f* méfiance, défiance (desconfianza).
suspicaz *adj* méfiant, e.
suspicazmente *adv* avec méfiance.
suspirado, da *adj* FIG désiré ardemment.
suspirar *v intr* soupirer; *suspirar por una cosa, por una persona* soupirer après o pour une chose, pour une personne.
suspiro *m* soupir; *dar un suspiro* pousser un soupir; *dar* ou *exhalar el último suspiro* rendre le dernier soupir ‖ MÚS soupir ‖ sifflet de verre (pito) ‖ BOT pensée *f* (trinitaria) ‖ *suspiro de monja* pet-de-nonne (dulce).
sustancia *f* substance (materia) ‖ FIG substance (lo esencial) ‖ — *en sustancia* en substance ‖ FIG *hombre sin sustancia* ou *de poca sustancia* homme quelconque, homme sans intérêt ‖ *sin sustancia* quelconque, fade (insulso) ‖ *sustancia gris* matière grise.

sustanciación *f* DR instruction.
sustancial *adj* substantiel, elle.
sustanciar *v tr* abréger, résumer (compendiar) ‖ DR instruire [un procès].
sustancioso, sa *adj* substantiel, elle.
sustantivación *f* GRAM substantivation.
sustantivar *v tr* GRAM substantiver.
sustantivo, va *adj y s m* GRAM substantif, ive.
sustentación *f*; **sustentamiento** *m* sustentation ‖ entretien *m* (de una familia) ‖ support *m*, soutien *m* (base) ‖ suspension (en retórica) ‖ *plano de sustentación* plan de sustentation (de un avión).
sustentador, ra *adj* qui soutient ‖ nourrissant, e (alimenticio) ‖ *superficie sustentadora* surface portante (avión).
◆ *m* soutien.
sustentamiento *m* → **sustentación**.
sustentante *adj* qui soutient.
◆ *m* soutenant (de una tesis) ‖ soutien, appui (apoyo) ‖ MAR crochet.
sustentar *v tr* soutenir (sostener) ‖ nourrir, sustenter (alimentar) ‖ entretenir (mantener); *sustentar una familia* entretenir une famille ‖ soutenir (una teoría) ‖ AVIAC sustenter.
◆ *v pr* se nourrir, se sustenter; *sustentarse con* se nourrir de.
sustento *m* subsistance *f*, nourriture *f* (alimento) ‖ soutien (apoyo) ‖ FAM *ganarse el sustento* gagner sa vie *o* sa croûte.
sustitución *f* substitution, remplacement *m*.
sustituible *adj* remplaçable, substituable.
sustituir* *v tr* substituer, remplacer; *sustituyeron a Gómez por Salinas* on a substitué Salinas à Gómez, on a remplacé Gómez par Salinas ‖ se substituer, remplacer; *la República sustituyó a la Monarquía* la république s'est substituée à la monarchie ‖ mettre à la place de; *sustituir un olmo por un álamo* mettre un peuplier à la place d'un orme ‖ doubler, remplacer (teatro); *sustituir a un actor* doubler un acteur.
sustitutivo, va *adj* substitutif, ive.
◆ *m* substitut (sucedáneo).
sustituto, ta *m y f* substitut (sin femenino), remplaçant, e ‖ suppléant, e; *el sustituto de un diputado* le suppléant d'un député ‖ *sustituto general* substitut général.
susto *m* peur *f*; *dar un susto* faire peur ‖ — *llevarse un susto* avoir peur; *llevarse un susto mayúsculo* avoir une peur bleue ‖ *no pasó del susto* il a eu plus de peur que de mal, il en a été quitte pour la peur ‖ FIG & FAM *que da un susto al miedo* à faire peur (muy feo) ‖ *¡qué susto me has dado!* tu m'as fait une des ces peurs! ‖ *¡vaya un susto que me llevé ayer!* j'ai eu une de ces peurs hier!, ce que j'ai pu avoir peur hier!

sustracción *f* subtilisation, soustraction (robo) ‖ MAT soustraction (resta).
sustraendo *m* MAT plus petite terme (en una resta).
sustraer* *v tr* soustraire, subtiliser (robar) ‖ MAT soustraire.
◆ *v pr* se soustraire; *sustraerse a* ou *de* se soustraire à.
susurrar *v intr* chuchoter, susurrer *(p us)* ‖ FIG murmurer, chuchoter (el agua, el viento, etc.) ‖ *se susurra que* on raconte que, on dit que, le bruit court que (dicen).
susurro *m* murmure, susurrement *(p us)*.
sutil *adj* subtil, e (ingenioso) ‖ fin, e; mince (tenue) ‖ MAR léger, ère.
sutileza; **sutilidad** *f* subtilité (del ingenio) ‖ subtilité (sofisma) ‖ finesse (finura) ‖ instinct *m*, flair *m* (de los animales).
sutilizar *v tr* amincir (adelgazar) ‖ FIG subtiliser, polir, raffiner (pulir).
◆ *v intr* subtiliser (discurrir).
sutra *m* soûtra.
sutura *f* suture ‖ *punto de sutura* point de suture.
suturar *v tr* suturer.
suyo, ya *adj pos* (colocado después del sustantivo), à lui, à elle, à un de ses (de él, de ella), à eux, à elles, à un de leurs (de ellos, de ellas), à vous, un de vos (de usted, de ustedes); *un hermano suyo* un de ses frères, un frère à lui; *otra tontería suya* encore une de ses bêtises ‖ de lui, d'elle, etc. (refiriéndose a un autor); *esta frase es suya* cette phrase est de lui ‖ à lui, à elle, etc. (característico); *tiene un estilo muy suyo* il a un style bien à lui ‖ *suyo afectísimo* votre tout dévoué, bien à vous (en las cartas).
◆ *m lo suyo* le sien; *a cada uno lo suyo* à chacun le sien ‖ — FIG *ir a lo suyo* ne s'intéresser *o* ne penser qu'à soi, ne s'occuper que de ses affaires ‖ *los suyos* les siens, les vôtres (parientes) ‖ FIG *llevarse* ou *recibir lo suyo* en prendre pour son compte.
◆ *f* FIG *hacer de las suyas* faire des siennes | *salirse con la suya* arriver à ses fins, avoir *o* obtenir gain de cause (quedar vencedor), s'en tirer à bon compte (con suerte), n'en faire qu'à sa tête (obrar a su antojo) | *ver la suya* trouver l'occasion favorable.
◆ *pron pos el suyo, la suya* le sien, la sienne (de él, de ella), le leur, la leur (de ellos, de ellas), le vôtre, la vôtre (de usted, de ustedes) ‖ — *de suyo* de lui-même, d'elle-même, etc., par nature ‖ FIG & FAM *¡ésta es la suya!* à vous de jouer!
svástica *f* svastika (cruz gamada).
swing *m* swing (boxeo y jazz).
Sydney *n pr* GEOGR → **Sidney**.

t *f* **t** *m*.

taba *f* astragale *m* (hueso).
→ *pl* osselets *m* (juego) ‖ FIG & FAM *menear las tabas* tricoter des jambes, marcher vite.

tabacal *m* plantation *f* de tabac.

tabacalero, ra *adj* du tabac.
→ *m y f* planteur, euse de tabac (persona que cultiva tabaco) ‖ marchand, e de tabac (vendedor de tabaco) ‖ *la Tabacalera* la Régie espagnole des tabacs.

tabaco *m* tabac ‖ cigare (puro) ‖ cigarettes *f pl* (cigarrillos); *compra tabaco* achète des cigarettes ‖ carie *f* (enfermedad del árbol) ‖ — *de color tabaco* couleur tabac ‖ *expendeduría de tabaco* bureau de tabac ‖ — *tabaco canario* tabac des îles Canaries o canarien ‖ *tabaco de mascar* tabac à chiquer ‖ *tabaco de pipa* tabac à pipe ‖ *tabaco en polvo* ou *rapé* tabac à priser ‖ *tabaco holandés* tabac hollandais ‖ *tabaco negro* tabac brun ‖ *tabaco rubio* tabac blond ‖ — *tomar tabaco* priser.

tabalear *v tr* balancer.
→ *v intr* tambouriner (con los dedos).

tábano *m* taon (insecto).

tabaquera *f* tabatière (caja) ‖ fourneau *m* (de pipa) ‖ *(amer)* blague à tabac (petaca).

tabaquería *f* bureau *m* de tabac (estanco) ‖ *(amer)* manufacture de tabacs.

tabaquero, ra *adj* du tabac.
→ *m y f* ouvrier, ère des manufactures de tabac (obrero) ‖ buraliste, marchand, e de tabac (estanquero).

tabaquismo *m* tabagisme.

tabardillo *m* MED fièvre *f* typhoïde (enfermedad) ‖ insolation *f* (insolación) ‖ FIG & FAM casse-pieds *inv*, crampon, plaie *f*; *es un tabardillo* quel casse-pieds!

tabardo *m* tabard, tabar (abrigo).

tabarra *f* FAM ennui *m*, chose assommante, scie ‖ FAM *dar la tabarra* casser les pieds, raser.

tabasco *m* CULIN tabasco.

taberna *f* taverne, cabaret *m* (antiguamente), café *m*, bistrot *m* (hoy).

tabernáculo *m* tabernacle.

tabernario, ria *adj* de café ‖ FIG vulgaire, grossier, ère (grosero).

tabernero, ra *m y f* cabaretier, ère; tavernier, ère (antiguamente), patron, patronne de café (hoy).

tabicar *v tr* cloisonner (cerrar con tabique) ‖ murer (tapiar una puerta, etc.) ‖ FIG boucher (tapar) ‖ *esmalte tabicado* émail cloisonné.
→ *v pr* se boucher; *tabicarse las narices* se boucher le nez.

tabique *m* cloison *f* (pared delgada) ‖ ANAT cloison *f*; *tabique nasal* cloison nasale ‖ — *tabique de carga* mur de refend ‖ *tabique de panderete* galandage ‖ *tabique sordo* double cloison.

tabla *f* planche (de madera) ‖ plaque (de otra materia) ‖ tablette (anaquel) ‖ table (de un diamante) ‖ pli *m* plat (de un vestido); *falda con tablas* jupe à plis plats ‖ bande (billar) ‖ table (índice de un libro) ‖ table, tableau *m* (lista, catálogo) ‖ panneau *m* d'affichage (para anuncios) ‖ plan *m* d'eau (en un río) ‖ étal *m* (mostrador de carnicería) ‖ plan *m* (de un cuadro) ‖ peinture sur bois, panneau *m* de bois peint (pintura) ‖ AGRIC planche, carré *m* ‖ MAT table; *tabla de logaritmos* table de logarithmes; *tabla de multiplicar* table de multiplication ‖ — DEP *tabla a vela* planche à voile ‖ MÚS *tabla de armonía* table d'harmonie ‖ *tabla de cocina* ou *de cortar* planche à découper ‖ *tabla de chilla* volige ‖ MAR *tabla de escantillones* gabarit ‖ *tabla de guindola* barre du triangle ‖ *tabla de jarcia* haubans ‖ *tabla de lavar* planche à laver ‖ *tabla de planchar* planche à repasser ‖ *tabla de salarios* barème des salaires ‖ FIG *tabla de salvación* planche de salut ‖ DEP *tabla deslizadora* (planche de), surf ‖ DEP *tabla finlandesa* table finlandaise ‖ MAT *tabla pitagórica* table de Pythagore ‖ — *a raja tabla* point par point, rigoureusement, strictement ‖ *caballeros de la Tabla Redonda* chevaliers de la Table ronde ‖ — FIG *escaparse en una tabla* l'échapper belle *o* de justesse ‖ *hacer tabla rasa* faire table rase.
→ *pl* partie *f sing* de l'arène proche des barrières (parte del ruedo) ‖ partie *f sing* nulle, match *m sing* nul (en ajedrez); *hacer tablas* faire partie nulle ‖ planches (teatro); *pisar las tablas, subir a las tablas* monter sur les planches ‖ — *tablas de la ley* tables de la loi *o* de Moïse ‖ *tablas reales* trictrac (juego) ‖ — FIG *pisar bien las tablas, tener muchas tablas* avoir de l'aisance *o* de la présence (actor), connaître la partie, avoir du métier *o* de la pratique, en connaître un bout (*fig*).

tablado *m* plancher (suelo de tablas) ‖ tribune *f* (tribuna) ‖ scène *f*, planches *f pl* (escenario) ‖ estrade *f* (tarima) ‖ tréteaux *pl*; *la compañía ambulante ha dispuesto su tablado en la Plaza Mayor* la compagnie ambulante a monté ses tréteaux sur la grand-place ‖ plancher (de un carro) ‖ fond (de una cama) ‖ échafaud (patíbulo) ‖ — *sacar al tablado* inciter à monter sur les planches (a un actor), crier sur les toits, publier (pregonar algo) ‖ *salir al tablado* entrer en scène ‖ *subir al tablado* monter sur les planches.

tablao *m* cabaret andalou.
— OBSERV *Tablao* est une déformation andalouse du mot *tablado*.

tableado, da *adj y s m* plissé, e.

tablear *v tr* débiter en planches (un madero) ‖ AGRIC diviser en planches (un huerto) | herser (aplanar) ‖ laminer (el hierro) ‖ plisser (un vestido).
tablero *adj* de sciage (madero).
◆ *m* planche *f* (tabla) ‖ plaque *f* (placa) ‖ panneau; *tablero de fibra* panneau de fibre ‖ tableau noir (encerado) ‖ panneau *o* tableau d'affichage (para anuncios) ‖ tableau de bord (de coche, de avión) ‖ échiquier (de ajedrez) ‖ damier (de damas) ‖ tablier (de tablas reales) ‖ jacquet (caja de chaquete) ‖ arbrier (de ballesta) ‖ tablier (de puente) ‖ comptoir (mostrador) ‖ éventaire (de vendedor ambulante) ‖ établi (de sastre) ‖ tripot (garito) ‖ planche *f*, carré (de huerta) ‖ MAR cloison *f* (mamparo) ‖ — *tablero contador* boulier [pour compter] ‖ *tablero de dibujo* planche à dessin ‖ *tablero de mandos* tableau de bord ‖ *tablero equipolado* échiquier équipollé (blasón) ‖ FIG *tablero político* échiquier politique.
tableta *f* tablette ‖ tablette (de chocolate) ‖ comprimé *m* (de aspirina) ‖ *(amer)* macaron *m* (alfajor).
◆ *pl* claquettes *o* crécelle *sing* de lépreux (tablillas de San Lázaro).
tabletear *v intr* claquer ‖ crépiter, cracher (ametralladora).
tableteo *m* claquement *m* ‖ crépitement, crachement (de una ametralladora).
tablilla *f* planchette (tableta) ‖ panneau *m*, écriteau *m* (para anuncios) ‖ bande (billar) ‖ éclisse (para las fracturas) ‖ — *tablilla de anuncios* tableau d'affichage ‖ *tablillas de San Lázaro* claquettes *o* crécelle de lépreux.
tablón *m* grosse planche *f* ‖ plan d'eau (en un río) ‖ panneau *o* tableau d'affichage (de anuncios) ‖ plongeoir (trampolín) ‖ POP cuite *f* (borrachera) ‖ *tablón de anuncios* tableau d'affichage.
tabú *adj* y *s m* tabou.
tabuco *m* galetas (cuchitril).
tabulación *f* tabulation.
tabulador *m* tabulateur.
tabuladora *f* TECN tabulatrice.
tabular *adj* tabulaire.
tabular *v tr* présenter sous forme de tableaux.
taburete *m* tabouret.
tacada *f* coup *m* de queue (billar) ‖ série [de carambolages] ‖ MAR taquets *m pl*.
tacañería *f* lésinerie, ladrerie, pingrerie.
tacaño, ña *adj* y *s* ladre, avare, pingre.
tacatá; tacataca *m* youpala, chariot d'enfant.
tacita *f* petite tasse ‖ — POP *la Tacita de Plata* la ville de Cadix ‖ FIG *ser una tacita de plata* être propre comme un sou neuf.
tácito, ta *adj* tacite.
taciturno, na *adj* taciturne.
taco *m* cheville *f*, tampon (tarugo) ‖ taquet (cuña) ‖ crampon (del calzado) ‖ bourre *f* (cartucho, mina) ‖ baguette *f* de fusil (baqueta) ‖ queue *f* de billard (billar) ‖ baguette *f* (violín) ‖ canonnière *f* (juego de niños) ‖ bloc (de calendario, para escribir) ‖ carnet [de tickets]; *taco de billetes de metro* carnet de tickets de métro ‖ IMPR mentonnière *f* ‖ carré (trocito) ‖ *tacos de queso* carrés de fromage ‖ coup (de vino) ‖ gros mot (juramento); *soltar un taco* lâcher un gros mot ‖ FAM berge *f* (año); *tiene cuarenta tacos* il a quarante berges ‖ *(amer)* talon (tacón) | CULIN galette *f* de maïs ‖ — *calendario de taco* calendrier à effeuiller ‖ — *taco de billetes* liasse de billets (dinero) ‖ DEP *taco de salida* starting-block, bloc de départ ‖ *taco de suela* queue à procédé (billar) ‖ *taco limpio* ou *seco* queue sans procédé (billar) ‖ — FIG & FAM *armarse un taco* mettre la pagaille ‖ *(amer) darse taco* faire de l'épate, la ramener (darse pisto) ‖ FIG & FAM *estar hecho un taco* ne plus rien y comprendre | *hacerse un taco* s'embrouiller.
tacómetro *m* TECN tachymètre.
tacón *m* talon; *zapatos de tacones altos* chaussures à talons hauts; *tacón aguja* talon aiguille.
taconazo *m* coup de talon [du soulier].
taconear *v intr* faire claquer *o* sonner ses talons (al andar) ‖ faire des claquettes (el bailarín).
taconeo *m* bruit fait avec les talons en marchant (ruido al andar) ‖ claquettes *f pl* (de bailarín).
táctico, ca *adj* tactique; *el uso táctico de los aviones* l'emploi tactique des avions.
◆ *m* tacticien.
◆ *f* tactique.
táctil *adj* tactile; *sensación táctil* sensation tactile.
tacto *m* toucher, tact; *sentido del tacto* sens du toucher ‖ FIG tact (delicadeza); *falta de tacto* manque de tact; *tener tacto* avoir du tact ‖ *tacto de codos* coude à coude (en el ejército).
tacha *f* tache, défaut *m* (mancha); *vida sin tacha* vie sans tache ‖ tare (defecto moral o físico) ‖ TECN broquette, broche (especie de clavo) ‖ DR reproches *m pl* ‖ *el Caballero sin miedo y sin tacha* le Chevalier sans peur et sans reproche (Bayardo).
tachadura *f* biffage *m*, rature.
tachar *v tr* rayer, biffer, barrer (borrar); *tachar una palabra inútil* rayer un mot inutile ‖ DR récuser (a un testigo) ‖ FIG accuser, reprocher, blâmer (censurar); *tacharle a uno de cobarde, de trabajar poco* reprocher à quelqu'un d'être peureux, de peu travailler | taxer (calificar); *tachar a uno de avaricia* taxer quelqu'un d'avarice ‖ *tachar lo que no interesa* rayer les mentions inutiles (en un formulario).
tacho *m* *(amer)* chaudron (recipiente de latón o metal) | chaudière *f*, grand chaudron (paila grande) ‖ FIG *(amer) irse al tacho* échouer.
tachón *m* rature *f*, trait de plume ‖ galon, ruban (cinta) ‖ caboche *f*, clou à tête dorée (tachuela dorada).
tachonar *v tr* galonner, enrubanner (con cintas) ‖ clouter, garnir de clous dorés (con clavos) ‖ FIG orner, parsemer (adornar); *cielo tachonado de estrellas* ciel parsemé d'étoiles.
tachuela *f* semence, broquette (clavo) ‖ *(amer)* casserole (cacerola).
Tadjikistán *n pr m* GEOGR → **tayikistán**.
taekwondo *m* DEP taekwondo.
tafetán *m* taffetas (tela).
◆ *pl* FIG drapeaux (banderas) ‖ FIG atours, falbalas (galas de una mujer).
tafilete *m* maroquin ‖ *tafilete graneado* maroquin à gros grain.
tafiletear *v tr* garnir de maroquin.
tagalo, la *adj* y *s* tagal, e (indígena de las Filipinas).
◆ *m* tagal (lengua de los tagalos).
Tahiti *n pr* GEOGR Tahiti.
tahona *f* boulangerie (panadería) ‖ moulin *m* [mû par un cheval].

tahonero, ra *m* y *f* boulanger, ère (panadero).
tahúr *m* joueur invétéré (a las cartas) ‖ tricheur (fullero).
taifa *f* bande, faction, parti *m* (bandería) ‖ FIG & FAM bande de voyous, canaille (personas de mala vida).
— OBSERV L'expression *reyes de taifa* désigne les roitelets qui se partagèrent l'Espagne arabe après la désagrégation du califat de Cordoue en 1031.
taiga *f* taïga (selva).
Tailandia *n pr f* GEOGR Thaïlande.
tailandés, esa *adj* thaïlandais, e.
◆ *m* y *f* Thaïlandais, e.
taimado, da *adj* y *s* rusé, e; sournois, e.
Taiwan *n pr* GEOGR Taiwan.
taiwanés, esa *adj* taiwanais, e.
◆ *m* y *f* Taiwanais, e.
tajada *f* tranche (de carne, melón, sandía) ‖ FAM enrouement *m* (ronquera) | cuite (borrachera) ‖ FIG & FAM *hacer tajadas* couper en petits morceaux, mettre en pièces | *llevarse la tajada del león, llevarse la mejor tajada* se tailler la part du lion | *sacar tajada* emporter le morceau (conseguir algo), se sucrer, avoir part au gâteau (sacar provecho) | *sacar tajada de todas partes* manger à tous les râteliers.
tajamar *m* taille-mer *inv* (del barco) ‖ avant-bec (de puente) ‖ *(amer)* môle (malecón) ‖ barrage (presa).
tajante *adj* tranchant, e ‖ FIG tranchant, e; *respuesta tajante* réponse tranchante | catégorique; *es tajante* il est catégorique | cassant, e; tranchant, e; *hablar con tono tajante* parler sur un ton cassant.
◆ *m* boucher (cortador).
tajar *v tr* trancher, couper (cortar) ‖ tailler (pluma).
◆ *v pr* FAM se saouler (emborracharse).
Taj Mahal *n pr* Tadj Mahall, Taj Mahal.
tajo *m* entaille *f*, coupure *f* (corte) ‖ estafilade *f* (chirlo) ‖ taille *f* (mina) ‖ chantier (obra); *ir al tajo* aller sur le chantier ‖ tâche *f* (tarea) ‖ ravin taillé à pic (escarpa alta) ‖ brèche; *el tajo de Roncesvalles* la brèche de Roncevaux ‖ tranchant, fil (filo) ‖ billot (para picar la carne) ‖ billot (de suplicio) ‖ coup d'épée frappé de droite à gauche (en esgrima) ‖ *(amer)* chemin ‖ — *mina a tajo abierto* mine à ciel ouvert ‖ *tirar tajos y estocadas* frapper d'estoc et de taille.
Tajo *n pr m* Tage (río).
tal *adj* tel, telle; *tal es mi parecer* tel est mon avis; *vivo en la calle tal* j'habite dans telle rue ‖ tel, telle; pareil, eille (semejante); *nunca he visto tal espectáculo* je n'ai jamais vu un tel spectacle *o* un spectacle pareil *o* pareil spectacle (el artículo indefinido es obligatorio en francés delante de «tel»); *en tales circunstancias* dans de telles circonstances («de» en vez de «des» en el plural) ‖ tel, telle; si grand, e; *tal es su poderío que nadie le resiste* son pouvoir est tel que personne ne lui résiste ‖ ce, cette; le, la... en question; *no conozco a tal hombre* je ne connais pas cet homme *o* l'homme en question ‖ tel, telle; tant (cifra); *en la página tal* à telle page, à la page tant.
◆ *pron* ceci, cela (neutro); *tal no haré* je ne ferai pas cela; *¿quién dijo tal?* qui a dit cela? ‖ quelqu'un, une (alguno); *tales habrá que ya lo sepan* sans doute y en a-t-il quelques-uns qui le savent déjà ‖ — *el tal, la tal* il, elle; l'homme, la femme en question; *el tal me lo dijo* il me l'a dit ‖ FIG & FAM *una tal* une prostituée, une créature ‖ *un tal, una tal* un certain *o* dénommé, une certaine *o* dénommée; *habló un tal Rodríguez* un certain Rodriguez prit la parole ‖ — *como ou cual... tal* de même que... de même ‖ *con tal que* pourvu que, à condition que, si; *con tal que vengas, todo irá bien* pourvu que tu viennes, tout ira bien ‖ *de tal manera que* de telle sorte que ‖ *fulano, fulana de tal* un tel, une telle ‖ *otro tal* un autre, un pareil (semejante), autant (otro tanto) ‖ FAM *¿qué tal?* comment ça va?, comment allez-vous?, ça va? (¿cómo está?), comment cela a-t-il marché? (¿cómo fue la cosa?), qu'en pensez-vous?, qu'en dites-vous? (¿qué le parece?) ‖ *tal como, tal cual* tel, telle que; *tal como la veo a morir* telle que je la vois, elle va mourir ‖ *tal cual* quelques; *se veía tal cual casucha* on voyait çà et là quelques pauvres masures; médiocre, comme ci comme ça; *una solución tal cual* une solution comme ci comme ça; tel quel; *lo dejé todo tal cual* j'ai tout laissé tel quel (no se diga en este caso «tel que») ‖ *tal para cual* l'un vaut l'autre, les deux font la paire ‖ *tal... que* tellement *o* si... que; *tal estaba de mala que no pudo levantarse* elle était si malade qu'elle ne put se lever; de telle façon... que; *tal me habló que no supe qué decirle* il me parla de telle façon que je ne sus que lui dire ‖ *tal vez* peut-être; *tal vez venga* il viendra peut-être, peut-être viendra-t-il ‖ FAM *y tal y cual* et cetera et cetera; *me contó sus desgracias, sus enfermedades, sus esperanzas frustradas y tal y cual* il me raconta ses malheurs, ses maladies, ses espoirs déçus, et cetera et cetera ‖ — *no hay tal* ce n'est pas vrai, il n'en est rien (es falso) ‖ *no hay tal como* il n'y a rien de tel que; *no hay tal como viajar* il n'y a rien de tel que de voyager ‖ *si tal hubiera* si c'était vrai, s'il en était ainsi ‖ *tal y como están las cosas* dans l'état actuel des choses, de la façon dont les choses se présentent, étant donné l'état des choses, les choses étant ce qu'elles sont ‖ FAM *¡voto a tal!* sacrebleu!
tala *f* coupe, taille (de árboles) ‖ élagage *m* (poda) ‖ dévastation, destruction, ravage *m* (destrucción) ‖ bâtonnet *m* (juego de niños) ‖ abattis *m* (defensa) ‖ *(amer)* sorte de micocoulier (árbol).
talabarte *m* ceinturon.
talabartería *f* bourrellerie, sellerie.
talabartero *m* bourrelier, sellier.
talador, ra *adj* qui coupe (que tala) *o* qui émonde (que poda), les arbres.
◆ *m* y *f* bûcheron, onne (que corta), émondeur, euse (que poda).
taladrador, ra *adj* y *s* perceur, euse.
◆ *f* perceuse; *taladradora neumática* perceuse à air comprimé.
taladrar *v tr* percer (horadar) ‖ poinçonner (un billete) ‖ TECN forer, percer ‖ FIG percer (herir los oídos).
taladro *m* foret, tarière (barrena) ‖ tamponnoir (cortafrío) ‖ trou percé avec le foret (agujero) ‖ *taladro de mano* chignole.
tálamo *m* chambre *f* nuptiale (alcoba) ‖ lit nuptial (cama) ‖ BOT thalame, réceptacle ‖ ANAT thalamus ‖ ANAT *tálamos ópticos* couches optiques.
talante *m* humeur *f*; *estar de buen, de mal talante* être de bonne, de mauvaise humeur.

talar *adj* long, longue; *vestido talar* robe longue ‖ *(ant)* talaire; *toga talar* toge talaire.
- *m pl* talonnières *f* (alas de mercurio).

talar *v tr* couper, abattre (cortar) ‖ tailler, émonder (podar) ‖ FIG détruire, dévaster, ravager (destruir).

talasoterapia *f* MED thalassothérapie.

talayote *m* mégalithe des Baléares.

talco *m* talc (mineral).

talega *f* sac *m* (bolsa); *talega de pan, de ropa sucia* sac à pain, à linge ‖ résille (para el cabello) ‖ FIG & FAM bas *m* de laine, magot *m* (dinero) ‖ FAM péchés *m pl* (pecados).

talegada *f* sachée, sac *m* [contenu].

talego *m* sac (saco) ‖ POP cabane *f*, tôle *f* (cárcel) ‖ FIG & FAM bifton de mille pesetas ‖ FIG & FAM *estar hecho un talego* être trappu.

taleguilla *f* petit sac *m* (talego pequeño) ‖ TAUROM culotte de torero.

talento *m* talent (moneda, peso) ‖ talent; *hombre de mucho talento* homme d'un grand talent ‖ intelligence *f*, esprit (inteligencia).

talentoso, sa; talentudo, da *adj* FAM talentueux, euse; de talent; *escritor talentoso* écrivain de talent.

Talgo abrev de *Tren Articulado Ligero Goicoechea-Oriol* TALGO [train articulé d'invention espagnole].

talión *m* talion; *ley del talión* loi du talion.

talismán *m* talisman.

talmente *adv* tellement, si.

Talmud *n pr m* Talmud.

talmúdico, ca *adj* talmudique.

talón *m* talon (de pie, de calzado, de media) ‖ volant (de un talonario) ‖ chèque (cheque); *talón bancario* chèque bancaire ‖ talon (del arco de violín) ‖ talon (de la cubierta del neumático) ‖ ARQ talon (moldura) ‖ MAR talon (de la quilla) ‖ étalon (monedas) ‖ — *talón en blanco* chèque en blanc ‖ *talón de Aquiles* talon d'Achille ‖ *talón reforzado* talonnette, talon renforcé (de media, de calzado) ‖ *talón sin fondos* chèque sans provision *o* en bois ‖ — FIG & FAM *ir* ou *estar pegado a los talones de uno* être toujours sur les talons de quelqu'un ‖ *pisarle a uno los talones* marcher sur les talons de quelqu'un, suivre quelqu'un de près, talonner quelqu'un.

talonario, ria *adj* à souche; *libro talonario* registre à souche.
- *m* registre à souche ‖ *talonario de cheques* carnet de chèques, chéquier.

talonera *f* talonnette (en los pantalones, en el interior del calzado).

talud *m* talus.

talla *f* sculpture (en madera) ‖ taille; *hombre de poca talla* homme de petite taille ‖ taille (de traje) ‖ taille (tributo) ‖ taille, taillerie (de diamante) ‖ rançon (de un cautivo) ‖ taille (juego de la banca) ‖ toise (para medir) ‖ FIG taille, envergure; *la talla de este ministro* l'envergure de ce ministre ‖ MAR moufle, poulie ‖ MED taille (operación de la vejiga) ‖ — FIG *de talla* d'envergure ‖ *media talla* demi-bosse (escultura) ‖ — FIG *dar la talla* être à la hauteur ‖ *tener talla para, ser de talla para* être de taille à (capaz de), être taillé pour (propio para).

tallado, da *adj* taillé, e (cortado) ‖ BLAS tigé, e ‖ FIG *bien, mal tallado* qui a la taille bien, mal prise; bien, mal fait.

- *m* taille *f* (de piedras preciosas) ‖ sculpture *f* (escultura) ‖ gravure *f* (de metales).

tallador *m* graveur (grabador) ‖ MIL toiseur.

tallar *adj m y s m* taillis (bosque) ‖ *monte tallar* bois taillis.

tallar *v tr* tailler (cargar de impuestos) ‖ tailler (piedras finas) ‖ sculpter (maderas) ‖ graver (metales) ‖ FIG évaluer, apprécier (tasar, apreciar) ‖ toiser, passer à la toise (medir) ‖ tailler (juegos).
- *v intr (amer)* causer, bavarder (charlar).
- *v pr* passer à la toise.

tallarín *m* nouille *f*.

talle *m* taille *f* (cintura); *talle esbelto* taille fine *o* bien prise ‖ tour de taille; *tiene 60 centímetros de talle* elle a 60 centimètres de tour de taille ‖ silhouette *f*, allure *f*, tournure *f* (disposición del cuerpo) ‖ FIG forme *f*, aspect ‖ — *de buen talle* bien proportionné, bien fait ‖ *marcar el talle* marquer la taille ‖ FIG *talle de avispa* taille de guêpe.

taller *m* atelier (para trabajar); *taller de costura, de montaje, de reparaciones* atelier de couture, de montage, de dépannage *o* de réparations; *talleres gráficos* ateliers graphiques.

— OBSERV *Atelier d'artiste* se dit en espagnol *estudio*.

tallista *m y f* sculpteur *m* (sur bois).

tallo *m* tige *f* (de la planta); *tallo inclinado* tige tombante ‖ pousse *f*, rejeton (renuevo) ‖ thalle (de los líquenes) ‖ germe (germen) ‖ *(amer)* chou (col).

talludo, da *adj* à grosse tige ‖ FIG grand, e; élancé, e (alto) ‖ enraciné, e (vicio) ‖ mûr, e (maduro); *persona talluda* personne mûre.

tamalear *v tr* FAM *(amer)* tripoter, peloter (manosear).

tamaño, ña *adj* si gros, si grosse; si grand, e (tan grueso, grande) ‖ si petit, si petite (tan pequeño) ‖ très grand, e; comme ça *(fam)*; *abría tamaños ojos* il ouvrait des yeux comme ça ‖ *tamaño como* aussi grand que (tan grande), aussi petit que (tan pequeño).
- *m* taille *f*, grandeur *f*, dimensions *f pl* (dimensión), volume (volumen) ‖ importance *f*; *tamaño de la explotación* importance de l'exploitation ‖ format (de un libro, etc.) ‖ — FAM *del tamaño de un perro sentado* haut comme une botte, haut comme trois pommes ‖ *tamaño natural* grandeur nature (retrato).

támara *f* dattier *m* (palmera) ‖ palmeraie (terreno poblado de palmas).
- *pl* régime *m sing* de dattes (dátiles).

tamarindo *m* tamarinier, tamarin (árbol) ‖ tamarin (fruto).

tambaleante *adj* chancelant, e; titubant, e (al andar) ‖ FIG branlant, e; *un mueble tambaleante* un meuble branlant ‖ chancelant, e; *instituciones tambaleantes* institutions chancelantes.

tambalear *v intr y pr* chanceler ‖ tituber (al andar) ‖ FIG être ébranlé; *las estructuras de esta organización se han tambaleado* les structures de cette organisation ont été ébranlées ‖ être branlant; *este mueble se tambalea* ce meuble est branlant.

tambaleo *m* chancellement ‖ titubement (al andar).

también *adv* aussi; *yo también* moi aussi.

— OBSERV El español *también* precede a menudo al verbo, mientras que el francés *aussi* tiene que seguirle: *también vine* je suis venu aussi. *Aussi* puede, sin embargo,

tambor

preceder al verbo si va acompañado del pronombre personal: *(él) también lo hizo* lui aussi l'a fait.

tambor *m* tambour (instrumento, persona) ‖ tamis (para el azúcar) ‖ brûloir (para tostar café) ‖ tambour (para bordar) ‖ baril [de lessive] (para lejía) ‖ barillet; *revólver de tambor* revolver à barillet ‖ réduit (aposento en el interior de otro) ‖ ANAT tambour (del oído) ‖ ARQ tambour (de cúpula o columna) | abaque (de capitel) ‖ MAR tambour (de las ruedas) | tambour (del timón) ‖ MECÁN tambour (del freno, de máquina de lavar) ‖ — FIG *a tambor ou con tambor batiente* tambour battant | *con gaita y tambor* joyeusement ‖ — INFORM *tambor magnético* tambour magnétique ‖ *tambor mayor* tambour-major ‖ — *tocar el tambor* battre le o du tambour.

tamboril *m* tambourin.

tamborilear *v intr* tambouriner (con los dedos) ‖ jouer du tambourin (tocar el tamboril).
◆ *v tr* louer, vanter [quelqu'un] (celebrar) ‖ IMPR taquer.

tamborileo *m* tambourinement, tambourinage.

tamborilero *m* tambourineur, tambourinaire (en Provenza).

tameme *m* *(amer)* porteur (mozo de cuerda).

Támesis *n pr m* GEOGR Tamise *f.*

tamiz *m* tamis ‖ — FIG *pasar por el tamiz* passer au crible ‖ *tamiz vibratorio* tamis vibrant.

tamizar *v tr* tamiser; *luz tamizada* lumière tamisée.

tamo *m* duvet (pelusa) ‖ poussière *f* de paille (polvo de semillas trilladas) ‖ mouton (polvo bajo los muebles).

tampoco *adv* non plus; *él tampoco irá* il n'ira pas non plus; *ni yo tampoco* ni moi non plus.

tampón *m* tampon (sello).

tam-tam *m* MÚS tam-tam (tantán).

tamujo *m* BOT nerprun.

tan *m* ran (onomatopeya), roulement de tambour.

tan *adv* apócope de *tanto* si, tellement; *no seas tan necio* ne sois pas si bête ‖ — *tan... como* aussi... que; *tan blando como la cera* aussi mou que la cire; *no me curaré tan fácilmente como dices* je ne guérirai pas aussi facilement que tu le dis ‖ *tan es así que* tant il est vrai que, c'est tellement o si vrai que ‖ *tan pronto como* aussitôt que, sitôt, sitôt que; *tan pronto como llegues avísame* aussitôt que tu seras arrivé, préviens-moi; *tan pronto como acabe este trabajo, haré otro* sitôt ce travail fini, j'en ferai un autre ‖ *tan... que* si... que; *el viento es tan fuerte que rompe las ramas* le vent est si fort qu'il casse les branches ‖ *tan siquiera* au moins, seulement, ne serait-ce que; *si tuviera tan siquiera mil pesetas* si j'avais seulement mille pesetas ‖ *tan sólo tienes que decidirte* il suffit de te décider, tu n'as qu'à te décider ‖ — *cuan... tan* autant... autant; *cuan bueno era el padre, tan malo es el hijo* autant le père était bon, autant le fils est méchant ‖ *de tan... como* tant, tellement; *no podía dormir de tan preocupado como estaba* je ne pouvais dormir, tant j'étais soucieux.
— OBSERV La forme *tan* ne peut précéder que des adjectifs et des adverbes ou des noms pris adjectivement: *me encuentro tan a gusto aquí* je me trouve si bien ici; *soy tan poeta como tú* je suis aussi poète que toi. L'article indéfini n'est pas exprimé devant *tan: tan importante negocio* una affaire aussi importante.

Tananarivo *n pr* GEOGR Antananarivo, Tananarive.

tanate *m* *(amer)* sac, musette *f.*
◆ *m pl (amer)* vieilleries *f.*

tanda *f* tour *m* (turno) ‖ série (serie); *una tanda de naturales* une série de passes naturelles ‖ équipe (de obreros) ‖ partie (partida) ‖ couche (capa) ‖ tâche (tarea) ‖ quantité (cantidad) ‖ volée (de golpes, palos) ‖ *(amer)* séance (espectáculo) | manie, vice *m* (resabio).

tándem *m* tandem.

tandeo *m* répartition *f* des eaux des canaux d'irrigation.

tanga *m* string.

Tanganica (lago) *n pr* GEOGR lac Tanganyika.

tanganillas (en) *m adv* en équilibre instable.

tangencia *f* GEOM tangence.

tangencial *adj* tangentiel, elle.

tangente *adj y s f* GEOM tangent, e; *tangente de un ángulo, de un arco* tangente d'un angle, d'un arc ‖ FIG & FAM *escaparse ou salirse por la tangente* s'échapper par o prendre la tangente, s'en tirer par une pirouette.

Tánger *n pr* GEOGR Tanger.

tangerino, na *adj y s* de Tanger.

tangible *adj* tangible.

tango *m* tango (música y baile) ‖ bouchon (chito).

tanguista *f* chanteuse de cabaret, entraîneuse.

tánico, ca *adj* tannique.

tanino *m* tannin, tanin.

tano, na *adj y s (amer)* POP rital (italiano).

tanque *m* réservoir (depósito) ‖ citerne *f* (cisterna) ‖ tank, char d'assaut (carro de combate) ‖ propolis *f* (de las abejas).

tanqueta *f* MIL char *m* de combat rapide monté sur roues.

Tántalo *n pr m* MIT Tantale; *suplicio de Tántalo* supplice de Tantale.

tantarán; tantarantán *m* rataplan.

tanteador *m* pointeur, marqueur (en el juego) ‖ tableau d'affichage (marcador en deportes) ‖ buteur (fútbol).

tantear *v tr* mesurer (medir) ‖ compter les points au jeu (apuntar los tantos) ‖ FIG tâter, sonder, reconnaître (ensayar, probar); *tantear el terreno* tâter le terrain | tâter, sonder (las intenciones); *tantear al adversario* tâter l'adversaire | étudier, examiner (un proyecto) | tâtonner (titubear) ‖ ARTES ébaucher (un dibujo) ‖ DR retraire, exercer le droit de retrait ‖ *(amer)* évaluer (calcular aproximadamente).
◆ *v pr* DR retraire.

tanteo *m* mesure *f* (medida) ‖ essai (prueba) | examen, réflexion *f* (examen) ‖ FIG sondage (de las intenciones) | tâtonnement (titubeo) ‖ score (fútbol, rugby) | nombre de points, pointage (tenis, naipes, competiciones) ‖ ARTES ébauche *f* ‖ DR retrait ‖ *al tanteo* à vue d'œil.

tanto, ta

1. ADJETIVO — 2. ADVERBIO — 3. SUSTANTIVO — 4. PRONOMBRE

1. ADJETIVO tant de; *no bebas tanto vino* ne bois pas tant de vin; *¡tengo tantas amigas!* j'ai tant d'amies! ‖ autant de (comparación); *tengo tantos amigos como él* j'ai autant d'amis que lui (remarquer la traduction de «que» par «como») ‖ si grand, e; tel, telle; *¡llegó con tanto retraso!* il est arrivé avec un tel retard! ǁ tant, si nombreux, euses; *¡pero eran tantos!* mais il y en avait tant!, ils étaient si nombreux! ǁ tant de; *¡tanta fuente, tanto pájaro!* tant de sources, tant d'oiseaux! ǁ — *de tanto frío como hacía* il faisait tellement froid ǁ *no ser tanto como para* ne pas être assez grand pour; *la diferencia no fue tanta como para hacer variar el resultado* la différence ne fut pas assez grande pour faire changer le résultat ǁ *otros tantos, otras tantas* autant de; *las estrellas son otros tantos soles* les étoiles sont autant de soleils ǁ *tantos cuantos son* tous, au grand complet ǁ *tantos... tantos* autant de... autant de; *tantas cabezas, tantos pareceres* autant de têtes, autant d'avis ǁ *y tantas* et quelques; *mil pesetas y tantas* mille pesetas et quelques.

2. ADVERBIO tant, autant; *no hables tanto* ne parle pas tant; *no es preciso trabajar tanto* ce n'est pas la peine de travailler autant ǁ tant, tellement; *llovió tanto que la carretera quedó inundada* il a tellement plu que la route a été inondée ǁ tant, tellement; *¡trabajas tanto!* tu travailles tellement! ǁ tant; *su fortuna sube a tanto* sa fortune se monte à tant; *pagar tanto cada uno* payer tant par tête ǁ *si longtemps; para venir aquí no tardará tanto* il ne mettra pas si longtemps pour venir ici; *hace tanto que no te veo* il y a si longtemps que je ne t'ai vu ǁ *tanto... como* tant... que; *tanto aquí como en otra parte* tant ici qu'ailleurs; autant que; *de eso sé tanto como él* j'en sais autant que lui à ce sujet ǁ *tanto más... cuanto más* ou *cuanto que* d'autant plus... que; *los objetos parecen tanto más pequeños cuanto más lejos están* les objets semblent d'autant plus petits qu'ils sont éloignés ǁ *tanto más... porque* ou *puesto que, tanto más... que, tanto más... cuanto que* d'autant plus... que; *tiene tanto más mérito porque está muy enfermo* il a d'autant plus de mérite qu'il est très malade ǁ *tanto mejor* tant mieux ǁ *tanto peor* tant pis ǁ *tanto por ciento* tant pour cent ǁ *tanto que* tant et si bien que ǁ *tanto tiempo* si longtemps ǁ *tanto tienes, tanto vales* plus on est riche, mieux on est considéré ǁ *tanto y más* tant et plus ǁ *— a tanto* à un tel point; *a tanto había llegado la decadencia* la décadence était arrivée à un tel point ǁ *algún tanto* un peu, quelque peu ǁ *al tanto* au courant; *estar al tanto de lo que pasa* être au courant de ce qui se passe ǁ *de* ou *con tanto* avec, tant (con un nombre); *de tanto calor como hacía* avec la chaleur qu'il faisait, tant il faisait chaud; à force de (con verbo); *de tanto mirar* à force de regarder ǁ *en tanto, entretanto, mientras tanto* entre-temps, pendant ce temps ǁ *en tanto que* tant que ǁ *eso es tanto como* cela revient à, autant que; *eso es tanto como decir que* cela revient à dire que, autant dire que ǁ *ni tanto ni tan poco* ou *ni tan calvo* ni trop, ni trop peu ǁ *no tanto... como* non pas tant... que; *su fracaso se debe no tanto a su ignorancia como a su pereza* son échec est dû non pas tant à son ignorance qu'à sa paresse ǁ *no... tanto como para* ne... au point de; *no ha engordado tanto como para no caber más en su traje del año pasado* il n'a pas grossi au point de ne plus pouvoir entrer dans son costume de l'an dernier ǁ *otro tanto* autant ǁ *haz otro tanto* fais-en autant ǁ *otro tanto más* encore autant ǁ *por lo tanto* par conséquent, donc ǁ *por tanto* c'est pourquoi ǁ *un tanto* tant soit peu, un tant soit peu (algo), quelque peu, plutôt (bastante) ǁ FAM *¡y tanto!* je comprends (mucho).

3. SUSTANTIVO jeton, fiche *f* (ficha) ǁ point (juegos); *jugar una partida a cien tantos* jouer une partie en cent points; *apuntarse un tanto* marquer un point ǁ but (de fútbol) ǁ somme *f* (suma) ǁ part *f*, pourcentage; *me darás un tanto de la ganancia* tu me donneras une part du bénéfice ǁ *un tanto por ciento* un pourcentage, un tant pour cent.

4. PRONOMBRE cela, ça; *a tanto arrastra el vicio* c'est à cela que le vice entraîne; *no lo decía para tanto* je ne le disais pas pour ça ǁ *— las tantas* très tard; *son las tantas* il est très tard; *llegó a las tantas de la noche* il est arrivé très tard dans la nuit ǁ *no es para tanto* il n'y a pas de quoi fouetter un chat, ce n'est pas la peine d'en faire toute une histoire.

Tanzania *n pr f* GEOGR Tanzanie.

tañer* *v tr* jouer de; *tañer un instrumento* jouer d'un instrument.
  ◆ *v intr* sonner (las campanas); *tañer a muerto* sonner le glas ǁ tambouriner (tabalear).

tañido *m* son (sonido) ǁ son, sonnerie *f*, tintement [de cloches].

taoísmo *m* taoïsme.

taoísta *adj y s* taoïste.

tapa *f* couvercle *m*; *la tapa de un cofre* le couvercle d'un coffre ǁ couverture (de un libro); *tapa blanda, dura* couverture souple, rigide ǁ amuse-gueule *m* (aperitivo) ǁ corne (casco del caballo) ǁ talon *m* (del calzado) ǁ vanne (compuerta) ǁ abattant *m* (de pupitre) ǁ FIG & FAM *levantar(se)* ou *saltar(se) la tapa de los sesos* (se), faire sauter *o* (se), brûler la cervelle.
  — OBSERV Le mot *tapa* désigne un *hors-d'œuvre léger* (olives, amandes salées, petits cubes de fromage, etc.) servi généralement dans les bars espagnols pour accompagner un apéritif.

tapabalazo *m* MAR pelardeau, pellardeau, palardeau (en un barco).

tapabocas *m inv* cache-nez (bufanda) ǁ bouchon, tape *f* (del cañón).

tapacubos *m inv* enjoliveur (auto).

tapada *f* femme voilée ǁ (amer) démenti *m* (mentís).

tapadera *f* couvercle *m*; *la tapadera de un cazo* le couvercle d'une casserole ǁ tampon *m* (de una alcantarilla) ǁ FIG couverture, paravent *m* (encubridor).

tapadillo *m* action *f* de se voiler le visage ǁ MÚS flûte *f* (del órgano) ǁ *de tapadillo* en cachette, en tapinois (a escondidas), en douce (callandito).
  ◆ *pl* FIG cachotteries *f*, messes *f* basses (cosas ocultas); *andar con tapadillos* faire des cachotteries.

tapado, da *adj y s* (amer) à robe unie (caballo).
  ◆ *m* (amer) manteau (abrigo) | trésor enterré.

tapadura *f* bouchage *m* (de un agujero) ǁ fermeture (cierre).

tapagujeros *m inv* FIG & FAM mauvais maçon (albañil) | bouche-trou (sustituto).

tapajuntas *m inv* baguette *f*, couvre-joint (moldura).

tápalo *m* (amer) châle (mantón).

tapar *v tr* fermer (cerrar) ǁ boucher (una botella, un agujero, etc.); *tener la nariz tapada* avoir le nez bouché ǁ couvrir (una cacerola, una olla) ǁ couvrir (con la ropa) ǁ recouvrir (la cama) ǁ FIG cacher (encubrir, disimular) ǁ MIL colmater (una brecha) ǁ — FIG *tapar con un manto* jeter *o* mettre un voile sur ǁ FAM *tapar la boca a uno* faire taire quelqu'un, graisser la patte à quelqu'un (sobornar), faire taire,

taparrabo

clouer le bec, couper le sifflet à quelqu'un (hacer callar).
◆ *v pr* se couvrir ‖ se boucher; *taparse los oídos* se boucher les oreilles.

taparrabo *m* pagne (de salvaje) ‖ slip, cache-sexe *inv* (bañador).

tapete *m* tapis (alfombra pequeña) ‖ napperon (en una mesa) ‖ têtière (de butacas) ‖ tapis (de billar) ‖ — FIG *estar, poner sobre el tapete* être, mettre sur le tapis ‖ *tapete verde* tapis vert.

tapia *f* mur *m* en pisé (de adobe) ‖ mur *m* de clôture (muro de cerca) ‖ — FIG & FAM *más sordo que una tapia* sourd comme un pot ‖ *saltar la tapia* faire le mur.

tapial *m* banche *f*, grand côté d'une meule à pisé ‖ bloc de pisé ‖ mur de pisé (tapia).

tapiar *v tr* élever un mur de clôture autour de (cerrar con tapias) ‖ FIG murer; *tapiar una ventana* murer une fenêtre.

tapicería *f* tapisserie (arte u obra de tapicero) ‖ magasin *m* du tapissier (tienda) ‖ tissu *m* d'ameublement (de muebles) ‖ garniture (de un coche).

tapicero, ra *m y f* tapissier, ère ‖ tapissier décorateur, tapissière décoratrice; tapissier, ère (que pone tapices).

tapioca *f* tapioca *m*.

tapir *m* tapir (mamífero).

tapiz *m* tapisserie *f*; *tapices de alto lizo, de bajo lizo* tapisseries de haute lisse, de basse lisse ‖ DEP tapis ‖ DEP *tapiz acolchado* tatami (judo).

tapizado *m* revêtement.

tapizar *v tr* tapisser ‖ couvrir, recouvrir [un meuble, l'intérieur d'une voiture].

tapón *m* bouchon (de botellas) ‖ bonde *f* (de toneles) ‖ tampon (de tela o papel) ‖ MED tampon (venda) ‖ bouchon (de cerumen) ‖ FIG & FAM pot à tabac (persona baja y gruesa) ‖ goulot d'étranglement (obstrucción) ‖ — *al primer tapón zurrapas* tout ne va pas bien du premier coup ‖ *estado tapón* état tampon ‖ *tapón corona* bouchon capsule ‖ FIG & FAM *tapón de alberca* pot à tabac ‖ *tapón de paja* torche, bouchon de paille.

taponamiento *m* bouchage, obstruction *f* ‖ colmatage (de agujero, brechas, etc.) ‖ tamponnement (en cirugía) ‖ FIG encombrement, embouteillage, bouchon (de coches) ‖ affluence *f*, cohue *f* (de gente).

taponar *v tr* boucher (cerrar con tapón) ‖ obstruer, colmater (brechas) ‖ MED tamponner.

taponazo *m* choc (golpe) *o* bruit (ruido) d'un bouchon qui saute ‖ FAM shoot, boulet de canon (fútbol).

taponería *f* fabrique de bouchons (fábrica) ‖ magasin *m* de bouchons (tienda) ‖ industrie du bouchon (industria).

taponero, ra *adj* du bouchon; *industria taponera* industrie du bouchon.

tapujo *m* déguisement (embozo) ‖ FIG & FAM cachotterie *f*; *andar con tapujos* faire des cachotteries.

taquear *v tr* *(amer)* bourrer [une arme] ‖ FIG bourrer (llenar).
◆ *v intr* *(amer)* faire claquer ses talons (taconear).

taquicardia *f* MED tachycardie.

taquigrafía *f* sténographie, tachygraphie *(p us)*.
— OBSERV En francés, al contrario del español, casi sólo se emplea la palabra *sténographie* en lugar de *tachygraphie*.

taquigrafiar *v tr* sténographier.

taquigráfico, ca *adj* sténographique, tachygraphique *(p us)*.

taquígrafo, fa *m y f* sténographe, tachygraphe *(p us)*.

taquilla *f* casier *m* (casillero) ‖ armoire (armario) ‖ guichet *m* (para venta de billetes) ‖ recette (dinero cobrado) ‖ FIG *hacer taquilla, tener buena taquilla, ser un éxito de taquilla* faire recette (una película, un artista, etc.).

taquillaje *m* recette *f* (en espectáculos).

taquillero, ra *adj* qui fait recette (actor, espectáculo), à succès (autor).
◆ *m* guichetier.
◆ *f* employée d'un guichet.

taquimeca *f* FAM sténodactylo.

taquimecanógrafa *f* sténodactylo.

taquimecanografía *f* sténodactylographie.

taquímetro *m* tachéomètre (topografía).

tara *f* tare (peso) ‖ taille (tarja) ‖ tare (defecto).
— OBSERV Pris dans le sens de *défaut*, le mot *tara* est un gallicisme.

tarabilla *f* traquet *m* de moulin (cítola) ‖ bobinette (de puerta) ‖ garrot *m* (de sierra) ‖ FIG & FAM moulin *m* à paroles (persona que habla mucho) ‖ bavardage *m*, caquet *m* (tropel de palabras).

taracea *f* marqueterie.

taracear *v tr* marqueter; *taraceado con marfil* marqueté d'ivoire.

tarado, da *adj* taré, e; dégénéré, e.
— OBSERV Cet adjectif est un gallicisme.

tarambana *adj y s* FAM écervelé, e (alocado).

tarántula *f* tarantule (araña) ‖ FIG *picado de la tarántula* piqué *o* mordu de la tarentule.

tarar *v tr* indiquer la tare (de una vasija).

tarara *f* AGRIC tarare *m* (aventadora).

tarará *f* sonnerie de trompette.

tararear *v tr* fredonner.

tarareo *m* fredonnement.

tarasca *f* tarasque (monstruo) ‖ FIG & FAM mégère, chipie, harpie (mujer perversa).

tarascada *f* coup *m* de dent (mordedura) ‖ coup *m* de griffe (arañazo) ‖ FIG & FAM grossièreté (dicho injurioso).

tardanza *f* retard *m* (retraso, detención) ‖ lenteur (lentitud).

tardar *v intr* mettre longtemps, tarder; *el tren tarda en llegar* le train tarde *o* met longtemps à arriver ‖ mettre; *tardaré una hora en acabar este libro* je mettrai une heure à *o* pour finir ce livre; *¿cuánto tarda el tren de París a Madrid?* combien de temps met le train de Paris à Madrid? ‖ en avoir pour; *tardará 10 minutos* il en aura pour 10 minutes; *tardaré mucho* j'en ai pour longtemps; *no tardo ni un minuto* j'en ai pour un instant ‖ être long; *¡cuánto tardas en vestirte!* comme tu es long à t'habiller! ‖ prendre; *este trabajo tardará una hora* ce travail prendra une heure ‖ — *a más tardar* au plus tard ‖ *no tardar nada en* avoir tôt fait de, ne pas mettre longtemps à *o* pour.

tarde *f* après-midi *m o f inv* (desde mediodía hasta las 5 o las 6); *por la tarde* dans l'après-midi ‖

soirée, soir *m* (hasta el anochecer) ‖ — *a la caída de la tarde* à la tombée de la nuit *o* du jour ‖ *buenas tardes* bonjour (hasta las 6), bonsoir (hasta el anochecer) ‖ *dar las buenas tardes* souhaiter le bonjour, dire bonjour *o* bonsoir ‖ *función de la tarde* matinée ‖ *tarde de toros* corrida; *hoy es tarde de toros* aujourd'hui il y a corrida ‖ *vendré por la tarde* je viendrai cet après-midi *o* ce soir (hoy), je viendrai dans l'après-midi *o* dans la soirée (hoy u otro día).
- *adv* tard; *levantarse tarde* se lever tard ‖ en retard (con retraso); *llegar tarde a la oficina* arriver en retard au bureau ‖ trop tard (demasiado tarde); *ya es tarde para marcharse* il est trop tard pour partir ‖ — *tarde o temprano* tôt ou tard ‖ FAM *tarde piache* trop tard ‖ — *de tarde en tarde* de temps en temps, de loin en loin ‖ *hacérsele tarde a uno* se mettre en retard, laisser passer le temps; *se me hizo tarde y no pude ir al teatro* je me suis mis en retard et je n'ai pas pu aller au théâtre ‖ *lo más tarde* au plus tard ‖ *más vale tarde que nunca, nunca es tarde si la dicha es buena* mieux vaut tard que jamais.

tardíamente *adv* tardivement.

tardío, a *adj* tardif, ive (que tarda en venir) ‖ lent, e (pausado); *tardío en decidirse* lent à se décider.

tardísimo *adv* très tard.

tardo, da *adj* lent, e (lento) ‖ tardif, ive (con retraso) ‖ lent, e (torpe); *tardo en comprender* lent à comprendre ‖ long, longue; lent, e; *¡qué tardo es vistiéndose!* qu'il est long à s'habiller! ‖ *ser muy tardo* avoir l'esprit lent, ne pas être très éveillé.

tardón, ona *adj* FAM très lent; lambin, e (que tarda mucho) ‖ lent, e (torpe).

tarea *f* tâche, travail *m*; *señalar una tarea a un alumno* donner une tâche à un élève ‖ travail *m*, besogne; *agobiado de tarea* accablé de travail; *una tarea difícil* une besogne difficile ‖ devoir *m*; *tareas escolares* devoirs scolaires ‖ FIG travail *m*, peine (cuidado) ‖ — *coger en plena tarea* prendre en plein travail ‖ FIG *dar tarea* donner du mal ‖ *eso no es tarea de unos días* ce n'est pas l'affaire de quelques jours ‖ FIG & FAM *tarea te mando* je te souhaite bien du plaisir.

tarifa *f* tarif *m* ‖ — *tarifa aduanera* tarif douanier ‖ *tarifa completa* plein tarif ‖ *tarifa reducida* tarif réduit ‖ *tarifa de fuera de temporada* tarif hors saison (hotel) ‖ *tarifa de subscripción* tarif d'abonnement ‖ *tarifa de temporada baja* tarif hors saison (avión).

tarifar *v tr* tarifer (señalar una tarifa).

tarima *f* estrade (tablado) ‖ escabeau *m*, petit banc *m* (banquillo) ‖ tabouret *m* (para los pies) ‖ parquet *m* (entarimado).

tarja *f* tarje (escudo) ‖ entaille (muesca) ‖ ancienne monnaie (moneda) ‖ fiche, jeton *m* de service (ficha) ‖ taille (vara) ‖ FAM coup *m* (golpe).

tarjeta *f* carte; *tarjeta de visita, de invitación* carte de visite, d'invitation ‖ cartouche *m* (para mapas y cartas) ‖ ARQ cartouche *m* ‖ — DEP *tarjeta amarilla, roja* carton jaune, rouge ‖ INFORM *tarjeta con chip* carte à puce ‖ *tarjeta de crédito* carte de crédit ‖ *tarjeta de embarque* carte d'embarquement ‖ *tarjeta de felicitación* carte de vœux *o* d'anniversaire ‖ *tarjeta de identidad, de trabajo* carte d'identité, de travail ‖ *tarjeta de Navidad* carte de vœux *o* de Noël ‖ INFORM *tarjeta gráfica* carte graphique ‖ *tarjeta magnética* carte magnétique ‖ *tarjeta perforada* carte perforée ‖ *tarjeta postal* carte postale.

tarjetero *m* porte-cartes *inv*.

tarot *m* JUEGOS tarot.

tarquín *m* vase *f* (cieno).

tarraconense *adj* tarragonais, e [de Tarragone, autrefois «Tárraco»].
- *m y f* Tarragonais, e.
- *f* HIST tarraconaise.

Tarragona *n pr* GEOGR Tarragone.

tarrina *f* barquette.

tarro *m* pot; *un tarro de mermelada* un pot de confiture ‖ FIG & FAM ciboulot (cabeza) ‖ *(amer)* chapeau haut de forme ‖ FAM *comer el tarro a uno* prendre la tête à quelqu'un.

társidos *m pl* ZOOL tarsiens.

tarso *m* ANAT tarse.

tarta *f* tarte (pastel relleno) ‖ — *tarta de boda* gâteau de mariage ‖ *tarta de cumpleaños* gâteau d'anniversaire.

tartajear *v intr* bégayer.

tartajeo *m* bégaiement.

tartajoso, sa *adj y s* bégayeur, euse; bègue.

tartaleta *f* tartelette.

tartamudear *v intr* bégayer.

tartamudeo *m*; **tartamudez** *f* bégaiement *m*.

tartamudo, da *adj y s* bègue.

tartán *m* tartan (tela).

tartana *f* tartane (barco) ‖ carriole (carro de dos ruedas con toldo).

tártaro, ra *adj* tartare.
- *m* QUÍM tartre ‖ tartre des dents (sarro) ‖ POÉT tartare (infierno).
- *m pl* Tartares, Tatars.

tartera *f* gamelle (fiambrera) ‖ tourtière (tortera).

tartesio, sia *adj y s* de l'ancienne Tartesse [île de l'embouchure du Guadalquivir].

tartrato *m* QUÍM tartrate.

tártrico, ca *adj* QUÍM tartrique.

tarugo *m* morceau de bois ‖ cale *f* (calzo) ‖ gros morceau (pedazo) ‖ pavé de bois (para pavimentar calles) ‖ FIG & FAM bûche *f*, soliveau (zoquete) ‖ *tarugo de pan* gros quignon de pain.

tarumba *adj* FAM fou, folle; toqué, e; *tarumba por una mujer* toqué d'une femme ‖ — FAM *estar tarumba* être tout étourdi (atontado), marcher sur la tête, travailler du chapeau (chiflado) | *volver tarumba* étourdir, faire tourner la tête (aturdir), rendre dingue, faire tourner en bourrique (volver loco) | *volverse tarumba* être tout étourdi (aturdido), devenir dingue (loco).

tasa *f* taxe (impuesto); *tasa de compensación* taxe compensatoire; *tasa de exportación* taxe à l'exportation | taux *m* (índice); *tasa de natalidad* taux de natalité; *tasa de incremento* taux d'accroissement; *tasa de desarrollo* ou *de crecimiento* taux de croissance; *tasa de paro* taux de chômage ‖ mesure, règle (medida, regla) ‖ *sin tasa, sin tasa ni medida* sans compter (gastar), sans frein (obrar), sans bornes (sin límites).

tasación *f* taxation (justiprecio) ‖ évaluation (cálculo) ‖ mise à prix (fijación).

tasador, ra *adj* qui taxe.
- *adj m y s m* taxateur, estimateur.
- *m* commissaire priseur (en las subastas).

tasajo *m* viande *f* séchée *o* boucanée (carne seca o acecinada) ‖ morceau de viande (pedazo de cualquier carne).

tasar *v tr* taxer (fijar el precio) ‖ évaluer, estimer (valorar); *tasar un cuadro* évaluer un tableau ‖ FIG mesurer; *tasar la comida a un enfermo* mesurer la nourriture à un malade | limiter, restreindre (restringir) | rationner; *aquí nos tasan el papel* ici on nous rationne le papier.

tasca *f* bistrot *m*, gargote, taverne (taberna) ‖ tripot *m* (casa de juego) ‖ FAM *ir de tascas* aller prendre un verre.

tascar *v tr* espader (el cáñamo) ‖ FIG brouter avec bruit (la hierba) ‖ FAM *tascar el freno* ronger son frein.

Tasmania *n pr f* GEOGR Tasmanie.

tasquear *v intr* aller prendre un verre.

tasqueo *m* tournée *f* des bars.

tata *m* (amer) FAM papa (papá).
◆ *f* FAM nounou (niñera).

tatami *m* tatami.

tatarabuelo, la *m y f* trisaïeul, e; arrière-arrière-grand-père, arrière-arrière-grand-mère (*fam*).

tataranieto, ta *m y f* arrière-arrièrepetit-fils, arrière-arrière-petite-fille.

Táταros *n pr m pl* Tatares, Tartares.

tatas *f pl* *andar a tatas* commencer à marcher, faire ses premiers pas (un niño), marcher à quatre pattes (andar a gatas).

¡tate! *interj* attention! (¡cuidado!) ‖ doucement!, hé là! (para detener) ‖ tiens!, j'y suis (ya veo).

tato *m* FAM grand frère (hermano mayor).

tato, ta *adj* qui prononce le *c* et le *s* comme le *t*.

tatuaje *m* tatouage.

tatuar *v tr* tatouer.

taumaturgia *f* thaumaturgie.

taumaturgo *m* thaumaturge.

taurino, na *adj* taurin, e.

Tauro *n pr m* ASTR Taureau.

tauromaquia *f* tauromachie.

tauromáquico, ca *adj* tauromachique.

tautología *f* tautologie (pleonasmo).

tautológico, ca *adj* tautologique.

TAV abrev de *tren de alta velocidad* train à grande vitesse [équivalent espagnol du T.G.V.].

taxativo, va *adj* précis, e; *de un modo taxativo* de façon précise.

taxi *m* FAM taxi (coche de alquiler).

taxidermia *f* taxidermie.

taxidermista *m y f* taxidermiste.

taxímetro *m* taximètre (aparato) ‖ taxi (coche de alquiler).

taxista *m y f* chauffeur *m* de taxi.

taxonomía *f* taxonomie, taxinomie.

Tayikistán; Tadjikistán *n pr m* GEOGR Tadjikistan.

taylorismo *m* taylorisme.

taylorización *f* taylorisation (organización metódica del trabajo).

taza *f* tasse; *una taza de café* une tasse de café ‖ bassin *m*, vasque (de una fuente) ‖ cuvette (de retrete) ‖ coquille (de la espada).

tazón *m* bol (taza grande).

te *pron pers* te; *te veo* je te vois; *te hablo* je te parle ‖ t' (delante de una vocal); *te oigo* je t'entends ‖ toi (en imperativo); *¡cállate!* tais-toi! ‖ te (delante de un infinitivo); *quiero hablarte* je veux te parler.

te *f* té *m* (letra t) ‖ té *m* (escuadra).

té *m* thé (planta, bebida) ‖ théier (arbusto) ‖ thé (reunión); *té baile* thé dansant ‖ *té de los jesuitas* ou *del Paraguay* maté.

tea *f* torche (antorcha).

teatral *adj* théâtral, e; *grupos teatrales* groupes théâtraux ‖ — *obra teatral* pièce de théâtre ‖ *temporada teatral* saison théâtrale.

teatralidad *f* théâtralité.

teatro *m* théâtre; *el teatro de la Ópera, de Calderón* le théâtre de l'Opéra, de Calderon ‖ FIG théâtre; *esta ciudad fue el teatro de un gran suceso* cette ville fut le théâtre d'un grand événement ‖ — *obra de teatro* pièce de théâtre ‖ — *teatro de aficionados* théâtre amateur ‖ MIL *teatro de operaciones* théâtre des opérations ‖ *teatro de variedades* théâtre de variétés ‖ *teatro experimental* théâtre expérimental ‖ *teatro ligero* théâtre boulevardier ‖ *dedicarse al teatro, trabajar en el teatro* faire du théâtre ‖ *dejar el teatro* renoncer au théâtre, abandonner le théâtre ‖ FIG *echarle teatro* jouer la comédie, prendre de grands airs ‖ *hacer teatro* jouer la comédie (propio y figurado) ‖ FIG *tener mucho teatro* être très comédien.

Tebas *n pr* GEOGR Thèbes.

tebeo *m* illustré [pour enfants].

teca *f* teck *m*, tek *m* (árbol) ‖ BOT thèque (célula).

tecali *m* albâtre du Mexique.

tecla *f* touche (de piano, de máquina de escribir) ‖ — INFORM *tecla de anclaje* ou *de bloqueo* touche de verrouillage | *tecla de anulación* touche d'annulation | *tecla de control* touche de commande | *tecla de función* touche de fonction | *tecla de retorno* touche (de), retour ‖ — FIG & FAM *dar en la tecla* tomber juste, faire mouche (acertar) | *tocar la tecla sensible* faire vibrer la corde sensible | *tocar una tecla* lancer un ballon d'essai.

teclado *m* clavier ‖ — INFORM *teclado alfanumérico* clavier alphanumérique | *teclado expandido* clavier étendu | *teclado numérico* clavier, pavé numérique.

teclear *v intr* frapper (teclas) ‖ taper [à la machine] ‖ pianoter ‖ FIG & FAM tapoter (los dedos).
◆ *v tr* FIG & FAM sonder, étudier; *teclear un asunto* étudier une affaire.

tecleo *m* frappe *f* d'un clavier ‖ jeu (de un pianista), doigté (digitación) ‖ pianotage ‖ *se oía el tecleo de las máquinas de escribir* on entendait le bruit des machines à écrire.

teclista *m y f* claviste.

tecnecio *m* QUÍM technétium.

técnica *f* technique; *la técnica de un pintor* la technique d'un peintre.

tecnicismo *m* technicité *f* (carácter técnico) ‖ terme technique (palabra).

técnico, ca *adj* technique.
◆ *m y f* technicien, enne.

tecnicocomercial *adj* technico-commercial, e.

tecnicolor *m* technicolor.

tecnificación *f* technicisation, dotation en moyens techniques.

tecnificar *v tr* techniciser, techniser.

tecnocracia *f* technocratie.

tecnócrata *m y f* technocrate.
tecnocratización *f* technocratisation.
tecnología *f* technologie; *tecnología punta* technique de pointe.
tecnológico, ca *adj* technologique.
tecnólogo, ga *m y f* technologue, technologiste.
tecol *m* (*amer*) ver de l'agave.
tecolines *m pl* (*amer*) FAM sous, fric *sing* (dinero).
tecolote *m* (*amer*) sorte de hibou (búho).
tectónico, ca *adj y s* tectonique.
techado *m* toit, toiture *f* (tejado).
techar *v tr* couvrir, poser la toiture.
techo *m* plafond (parte interior); *techo artesonado* plafond à caissons *o* lambrissé ‖ toit (tejado); *techo de paja* toit de paille *o* de chaume ‖ FIG toit, foyer; *acoger a uno bajo su techo* accueillir quelqu'un sous son toit *o* dans son foyer ‖ — *techo corredizo* toit ouvrant (de coche) ‖ *vivir bajo el mismo techo* habiter sous le même toit.
techumbre *f* toiture.
tedéum; te deum *m* te Deum.
tedio *m* ennui (aburrimiento) ‖ répugnance *f*, aversion *f*.
tedioso, sa *adj* ennuyeux, euse (fastidioso) ‖ répugnant, e (que repugna).
teflón *m* (nombre registrado) Téflon.
Tegucigalpa *n pr* GEOGR Tegucigalpa.
tegumento *m* tégument.
Teherán *n pr* GEOGR Téhéran.
Teide *n pr* GEOGR pic de Teide.
teína *f* QUÍM théine (alcaloide).
teísmo *m* théisme (doctrina).
teísta *adj y s* théiste.
teja *f* tuile; *teja acanalada, canalón, cumbrera, de copete, plana* tuile cornière, canal *o* romaine, faîtière, de croupe, plate ‖ aile [d'un fer profilé] ‖ chapeau *m* d'ecclésiastique (sombrero de cura) ‖ MAR mortaise cylindrique du mât ‖ FIG & FAM *a toca teja* rubis sur l'ongle, comptant, cash ‖ *de tejas abajo* ici-bas, en ce bas monde (en la tierra) ‖ *de tejas arriba* au ciel (en el cielo).
tejadillo *m* petit toit ‖ auvent, marquise *f* (de puerta).
tejado *m* toit; *subir al tejado* monter sur le toit ‖ toiture *f* (techumbre) ‖ capote *f* (de un coche) ‖ — FIG *empezar la casa por el tejado* mettre la charrue avant *o* devant les bœufs ‖ *está aún la pelota en el tejado* la partie n'est pas encore jouée, il n'y a encore rien de décidé ‖ *hasta el tejado* jusqu'aux combles.
tejamaní; tejamanil *m* (*amer*) sorte de latte servant de tuile.
tejano, na *adj* du Texas, texan, e.
◆ *m y f* Texan, e.
tejar *m* tuilerie *f*.
tejar *v tr* couvrir de tuiles.
Tejas *n pr m* GEOGR Texas.
tejavana *f* hangar *m* (cobertizo).
tejedor, ra *adj y s* tisseur, euse (que teje) ‖ FIG & FAM (*amer*) intrigant, e (intrigante).
◆ *m y f* tisserand, e (obrero).
◆ *m* araignée *f* d'eau (insecto) ‖ tisserin (ave).
◆ *f* (*amer*) machine à tricoter.

tejeduría *f* tisseranderie, métier *m* du tisserand (arte de tejer) ‖ atelier *m* du tisserand (taller).
tejemaneje *m* FAM adresse *f*, habileté *f* (destreza) ‖ manigances *f pl*, micmac, intrigues *f pl*, manège (manejos enredosos) ‖ — FAM *¿qué tejemanejes te traes?* qu'est-ce que tu manigances? ‖ *traerse unos tejemanejes* manigancer quelque chose.
tejer *v tr* tisser (entrelazar hilos) ‖ tresser (trenzar) ‖ FIG disposer, ordonner, arranger (componer) ‖ ourdir, tramer, machiner (maquinar); *tejer una intriga* ourdir une intrigue ‖ (*amer*) intriguer (intrigar) ‖ tricoter (hacer punto) ‖ FIT *tejer y destejer* faire et défaire.
tejeringo *m* sorte de beignet (churro).
tejido *m* tissu (tela) ‖ textile; *tejido artificial* textile artificiel ‖ tissage (acción de tejer) ‖ FIG tissu; *tejido de embustes* tissu de mensonges ‖ ANAT tissu ‖ — BOT *tejido aerífero* tissu aérifère ‖ ANAT *tejido cartilaginoso* tissu cartilagineux ‖ *tejido conjuntivo* tissu conjonctif ‖ *tejido de punto* jersey ‖ ANAT *tejido epitelial* tissu épithélial ‖ *tejido muscular* tissu musculaire ‖ *tejido nervioso* tissu nerveux ‖ *tejido óseo* tissu osseux.
tejo *m* palet (para jugar) ‖ disque de métal (plancha metálica circular) ‖ lingot (pedazo de oro) ‖ flan (de moneda) ‖ MECÁN crapaudine *f* (tejuelo) ‖ BOT if (árbol) ‖ FIG & FAM *echar* ou *tirar los tejos a alguien* jeter son dévolu sur quelqu'un, faire des avances à quelqu'un.
tejocote *m* (*amer*) aubépine *f* (planta).
tejón *m* blaireau (mamífero).
tejuelo *m* palet (tejo) ‖ étiquette *f* [au dos d'un livre] ‖ MECÁN crapaudine *f*.
tel.; teléf. abrev de *teléfono* téléphone.
tela *f* tissu *m*, étoffe (tejido); *tela de mezclilla* étoffe chinée *o* mélangée ‖ toile; *tela de lino* toile de lin; *tela de colchón* toile à matelas ‖ membrane (membrana); *telas del cerebro* membranes du cerveau ‖ peau (en la superficie de un líquido) ‖ taie (nube en el ojo) ‖ enceinte (sitio cerrado) ‖ sorte d'alosière (red de pesca) ‖ FAM fric *m*, galette (dinero) ‖ — *tela de araña* toile d'araignée ‖ *tela de cebolla* pelure d'oignon ‖ *tela de rizo* tissu-éponge ‖ *tela de saco* toile à sacs *o* de jute ‖ *tela metálica* toile métallique (para tamices), grillage (alambrada) ‖ *papel tela* papier Joseph ‖ — *encuadernación en tela* reliure toile ‖ FIG *estar en tela de juicio* être sujet à caution ‖ *estar puesto en tela de juicio* être (mis), en question ‖ FIG & FAM *hay tela cortada* ou *para rato* ou *de que cortar* il y a du pain sur la planche ‖ FIG *poner en tela de juicio* mettre en question *o* en doute ‖ FIG & FAM *tener tela* être plein de substance.
telar *m* métier à tisser (máquina) ‖ cintre (del teatro) ‖ cousoir (de los encuadernadores) ‖ ARQ épaisseur *f* (de puerta o ventana) ‖ — FIG *poner de nuevo una obra en el telar* remettre un ouvrage sur le métier *o* en chantier ‖ *tener en el telar* avoir en train, avoir en chantier, avoir sur le métier [un travail].
telaraña *f* toile d'araignée ‖ FIG bagatelle, vétille (cosa de poca importancia) ‖ — FIG & FAM *mirar las telarañas* bayer aux corneilles ‖ *no tener telarañas en los ojos* ne pas avoir les yeux dans sa poche ‖ *tener telarañas en los ojos* avoir un bandeau sur les yeux, être aveugle, avoir la berlue.
Tel Aviv-Jaffa *n pr* GEOGR Tel-Aviv-Jaffa.
tele *f* FAM télé.

teleadicto, ta *adj* mordu, e de télé.
telearrastre *m* remonte-pente.
telecabina *f* télécabine, télébenne.
teleclub *m* salle *f* de télévision commune.
telecomedia *f* sitcom *m* ou *f*.
telecompra *f* téléachat *m*.
telecomunicación *f* télécommunication || *especialista en telecomunicaciones* télémécanicien.
telecontrol *m* télécommande *f*.
teledebate *m* débat télévisé.
teledetección *f* ASTR télédétection.
telediario *m* journal télévisé.
teledifusión *f* télédiffusion.
teledirigido, da *adj* téléguidé, e.
teledirigir *v tr* téléguider, télécommander.
teléf. → **tel.**
telefacsímil *m* télécopie *f*.
telefax *m inv* télécopie *f*, Téléfax.
teleférico, ca *adj y s m* téléphérique, téléférique || — TECN *teleférico industrial* aérocâble | *teleférico monocable* télécabine, télébenne.
telefilme *m* film télévisé, téléfilm.
telefonazo *m* FAM coup de téléphone, coup de fil (llamada telefónica).
telefonear *v tr e intr* téléphoner.
telefonema *m* télégramme téléphoné.
telefonía *f* téléphonie; *telefonía sin hilos* téléphonie sans fil.
telefónico, ca *adj* téléphonique || — *Compañía Telefónica*, *Telefónica* Compagnie des téléphones || *llamada telefónica* coup de téléphone.
telefonillo *m* interphone (interfono).
telefonista *m y f* standardiste (de centralita), téléphoniste (de la telefónica).
teléfono *m* téléphone || *llamar por teléfono* téléphoner.
telefotografía *f* téléphotographie.
telegénico, ca *adj* télégénique.
telegrafía *f* télégraphie; *telegrafía sin hilos* télégraphie sans fil.
telegrafiar *v tr e intr* télégraphier.
telegráfico, ca *adj* télégraphique; *giro telegráfico* mandat télégraphique.
telegrafista *m y f* télégraphiste.
telégrafo *m* télégraphe || *telégrafo marino* télégraphe sous-marin || *telégrafo óptico* télégraphe optique || *telégrafo sin hilos* télégraphe sans fil *o* de Morse.
telegrama *m* télégramme.
teleguiado, da *adj* téléguidé, e (teledirigido).
teleguiar *v tr* téléguider (teledirigir).
teleimpresor *m* téléimprimeur, téléscripteur.
teleinformática *f* INFORM téléinformatique.
telejuego *m* jeu vidéo.
telekinesia *f* → **telequinesia**.
telele *m* (*amer*) malaise.
telemando *m* télécommande *f*.
telemática *f* télématique.
telemecánico, ca *adj y s f* télémécanique.
telemetría *f* télémétrie.
telémetro *m* télémètre.
telenovela *f* feuilleton *m* télévisé.
telenque *adj* (*amer*) FAM niais, e (bobo).

teleobjetivo *m* téléobjectif.
teleología *f* téléologie.
teleósteos *m pl* ZOOL téléostéens.
telépata *adj y s* télépathe.
telepatía *f* télépathie, télesthésie.
telepático, ca *adj* télépathique.
teleprocesar *v tr* INFORM traiter, gérer à distance.
teleproyectil *m* MIL projectile téléguidé.
telequinesia; **telekinesia** *f* télékinésie.
telera *f* régulateur *m* (del arado) || armon *m* (del carro) || montant *m* (de prensa) || entretoise (de la cureña) || MAR hernier *m* (del palo).
telerradiodifusión *f* → **radioteledifusión**.
telescópico, ca *adj* télescopique.
telescopio *m* télescope.
telesilla *m* télésiège.
telespectador, ra *m y f* téléspectateur, trice.
telesquí *m* téléski.
telestudio *m* studio de radio *o* de télévision.
teleteatro *m* théâtre retransmis à la télévision.
teleteca *f* téléthèque.
teletex *m inv* Télétex.
teletexto *m* télétexte, vidéotex diffusé.
teletipia *f* télétypie.
teletipo *m* télétype.
televendedor, ra *m y f* vendeur, euse par téléphone.
televenta *f* télévente.
televidente *m y f* téléspectateur, trice.
televisado, da *adj* télévisé, e.
televisar *v tr* téléviser.
televisión *f* télévision; *ver en la televisión* voir à la télévision || — *televisión en blanco y negro* télévision en noir et blanc || *televisión en colores* télévision en couleurs || *televisión por cable* télévision par câble || *televisión vía satélite* télévision par satellite.
televisivo, va *adj* propre à la télévision.
televisor *m* téléviseur, poste de télévision.
televisual *adj* télévisuel, elle.
telex *m* télex.
telilla *f* sorte de camelot léger (tela) || pellicule (capa delgada en un líquido).
telina *f* clovisse (almeja).
telón *m* rideau (teatro) || — *telón corto* rideau d'avant-scène || FIG *telón de acero* rideau de fer || *telón de boca* rideau de scène || *telón de fondo* rideau de fond (teatro), toile de fond (sentido figurado) || *telón de foro* toile de fond, lointain || *telón metálico* rideau de fer (teatro, garaje).
telonero, ra *adj y s* artiste qui essuie les plâtres, artiste qui passe en lever de rideau || — *partido telonero* match d'ouverture, lever de rideau (en deportes) || *ser telonero* essuyer les plâtres, passer en lever de rideau (en el teatro).
telúrico, ca *adj* tellurique, tellurien, enne.
telurio *m* tellure (metal).
tema *m* sujet (asunto); *el tema de un libro* le sujet d'un livre || sujet, propos (de una conversación); *cambiemos de tema* changeons de sujet || thème (traducción inversa) || sujet, question *f* (en un programa de examen); *salir* ou *salirse del tema* sortir du sujet *o* de la question || question *f*, problème (problema) || marotte *f*, idée *f* fixe (locura); *cada*

loco con su tema à chacun sa marotte ‖ GRAM & MIL & MÚS thème ‖ *tema de actualidad* sujet d'actualité, thème d'actualité.
temario *m* programme ‖ programme, ordre du jour (de una conferencia).
temático, ca *adj* thématique.
◆ *f* thème *m*, sujet *m* (tema), doctrine (doctrina), idéologie (ideología), philosophie (filosofía).
tembladera *f* coupe à parois très mince (vasija) ‖ aigrette (tembleque) ‖ torpille (pez) ‖ amourette, tremblette, brize (planta) ‖ tremblement *m* (temblor) ‖ *(amer)* bourbier (tremedal).
temblar* *v intr* trembler; *temblar de frío, por su vida* trembler de froid, pour sa vie; *temblar como un azogado* trembler comme une feuille ‖ — FIG & FAM *dejó temblando la botella* il a fait un sort à la bouteille, il n'a laissé que le fond de la bouteille, il a sifflé presque toute la bouteille ‖ FIG *echarse a temblar* avoir des frissons dans le dos, en trembler.
tembleque *adj* tremblotant, e.
◆ *m* aigrette *f* (joya) ‖ trembleur (persona que tiembla).
temblequear *v intr* FAM trembloter.
temblón, ona *adj y s* FAM trembleur, euse; froussard, e (temblador) ‖ *álamo temblón* tremble, peuplier tremble.
temblor *m* tremblement ‖ frisson; *me dan temblores pensando en lo que va a pasar* j'ai des frissons en pensant à ce qui va se passer ‖ FIG tremblement ‖ — *temblor de la voz* chevrotement, tremblement de la voix ‖ *temblor de tierra* tremblement de terre (terremoto).
tembloroso, sa *adj* tremblant, e; *muy temblorosa* toute tremblante.
temer *v tr* craindre, avoir peur de; *teme mucho a su padre* il craint beaucoup son père, il a très peur de son père ‖ — *no temer ni a Dios ni al diablo, no temer ni rey ni roque* ne craindre ni Dieu ni diable, n'avoir ni foi ni loi ‖ *no vendrá, lo temo* il ne viendra pas, j'en ai peur *o* je le crains.
◆ *v intr y pr* craindre, avoir peur; *(me) temo que venga* je crains qu'il ne vienne; *(me) temo que no venga* je crains qu'il ne vienne pas ‖ — *me lo temo* je le crains, j'en ai bien peur ‖ *(me) temo mucho que* je crains fort que, j'ai bien peur que ‖ *ser de temer* être à craindre *o* à redouter.
— OBSERV Con los verbos *craindre que, avoir peur que*, el francés emplea siempre el *ne* expletivo que no se traduce en español.
temerario, ria *adj y s* téméraire.
temeridad *f* témérité (osadía).
temerosamente *adv* craintivement.
temeroso, sa *adj* peureux, euse; craintif, ive (medroso) ‖ redoutable (que causa temor) ‖ *temeroso de* craignant; *temerosos de sus superiores* craignant leurs supérieurs.
temible *adj* redoutable ‖ dangereux, euse (peligroso).
temor *m* crainte *f*, peur *f*; *el temor al castigo* la crainte du châtiment; *el temor de Dios* la crainte de Dieu ‖ *con el temor de ofenderle* dans la crainte *o* par crainte *o* craignant de l'offenser ‖ *con temor* avec crainte, craintivement ‖ *por temor de* ou *a la guerra* dans la crainte de la guerre, par peur de la guerre ‖ *por temor de no llegar a tiempo* de peur de ne pas arriver à temps ‖ *por temor de que no se avengan* de crainte *o* de peur qu'ils ne s'entendent pas ‖ *sin temor a equivocarse* sans crainte de se tromper ‖ *tener mucho temor a* avoir très peur de, craindre beaucoup.
témpano *m* glaçon (de hielo) ‖ cymbale *f* (timbal) ‖ peau *f* d'un tambour (piel de pandero) ‖ flèche *f* de lard (de tocino) ‖ tympan (tímpano) ‖ chapeau (de colmena) ‖ fond (de tonel) ‖ FIG glaçon; *esta mujer es un témpano* cette femme est un glaçon.
temperado, da *adj* tempéré, e.
temperamental *adj* du tempérament.
temperamento *m* tempérament ‖ MÚS temperamento ‖ *(amer)* climat, température *f*.
temperancia *f* tempérance.
temperante *adj* tempérant, e ‖ *(amer)* sobre, qui ne boit pas.
temperar *v tr* tempérer, adoucir ‖ MED calmer.
◆ *v intr (amer)* changer d'air.
◆ *v pr* s'adoucir (el tiempo).
temperatura *f* température; *temperatura máxima, mínima* température maximale, minimale ‖ MED température (fiebre, calentura).
temperie *f* température [de l'atmosphère].
tempero *m* état de la terre favorable aux semailles.
tempestad *f* tempête (temporal) ‖ orage *m* (tormenta) ‖ FIG tempête; *tempestad de aplausos* tempête d'applaudissements ‖ tempête, bordée, déluge *m*; *tempestad de injurias* bordée d'injures ‖ tourmente; *la tempestad revolucionaria* la tourmente révolutionnaire ‖ — FIG *después de la tempestad viene la calma* après la pluie le beau temps ‖ *levantar tempestades* soulever une tempête.
tempestuoso, sa *adj* tempétueux, euse.
templado, da *adj* tempérant, e (sobrio) ‖ tiède (tibio); *agua templada* eau tiède ‖ tempéré, e (clima, país); *zona templada* zone tempérée ‖ doux, douce (temperatura) ‖ accordé, e (instrumentos) ‖ FIG tempéré, e (estilo) ‖ modéré, e (moderado) ‖ TECN trempé, e (cristal, metal) ‖ — FIG & FAM *estar bien, mal templado* être de bonne, de mauvaise humeur ‖ *nervios bien templados* nerfs bien trempés *o* solides.
templanza *f* tempérance (virtud) ‖ modération (continencia) ‖ douceur (del clima) ‖ harmonie [des couleurs] (en pintura).
templar *v tr* tempérer, modérer (moderar) ‖ tiédir, attiédir (líquidos) ‖ adoucir (temperatura, luz, color) ‖ TECN tremper (un metal, cristal) ‖ FIG tempérer, adoucir (suavizar) ‖ calmer, apaiser (la cólera) ‖ tremper (dar temple) ‖ ARTES harmoniser (colores) ‖ MAR proportionner (la voilure), au vent ‖ MÚS accorder (instrumentos) ‖ FIG & FAM *templar gaitas* arrondir les angles.
◆ *v intr* s'adoucir; *el tiempo ha templado mucho* le temps s'est beaucoup adouci.
◆ *v pr* se tempérer, se modérer ‖ tiédir (líquidos) ‖ FIG être tempérant, être sobre (sobrio).
templario *m* templier.
temple *m* trempe *f* (del metal, del cristal) ‖ ordre des templiers, Temple (orden militar) ‖ température *f* (temperatura) ‖ FIG humeur *f*; *estar de buen temple* être de bonne humeur ‖ trempe *f* (energía); *tener temple* avoir de la trempe ‖ MÚS accord (de los instrumentos) ‖ — *dar temple* tremper ‖ FIG *de temple* calme, de sang-froid ‖ *pintura al temple* peinture en détrempe.

templete *m* pavillon, kiosque (pabellón, quiosco) ‖ petit temple (templo pequeño) ‖ niche *f* (nicho).

templo *m* temple ‖ église *f* (iglesia) ‖ — FIG & FAM *como un templo* énorme; *una mentira como un templo* un mensonge énorme; formidable, magnifique, du tonnerre; *una mujer como un templo* une femme du tonnerre | *es una verdad como un templo* c'est la pure vérité *o* la vérité vraie.

tempo *m* MÚS tempo (movimiento).

temporada *f* saison; *temporada de verano, teatral* saison d'été, théâtrale; *la buena temporada* la belle saison ‖ séjour *m*; *pasar una temporada en Málaga* faire un séjour à Malaga ‖ époque, période; *la mejor temporada de mi vida* la meilleure époque de ma vie ‖ villégiature; *estar de temporada en el campo* être en villégiature à la campagne ‖ — *temporada de calma* ou *de poca venta* ou *de venta reducida* morte-saison ‖ DEP *temporada de fútbol* saison de football ‖ *temporada de lluvias* saison des pluies ‖ *temporada de ópera* saison lyrique ‖ — *de fuera de temporada* hors saison; *tarifa de fuera de temporada* tarif hors saison (hoteles) ‖ *de temporada baja* hors saison (aviones) ‖ *hace una temporada que no trabaja* il y a un certain temps *o* un bon moment qu'il ne travaille pas ‖ *por temporadas* de temps à autre, par périodes ‖ *temporada baja* saison creuse.

temporal *adj* temporel, elle (contrapuesto a espiritual o eterno); *el poder temporal de los papas* le pouvoir temporel des papes; *la existencia temporal del hombre* l'existence temporelle de l'homme ‖ temporaire (de poca duración); *un poder temporal* un pouvoir temporaire ‖ ANAT temporal, e (de la sien); *músculos temporales* muscles temporaux.
➤ *m* tempête *f* (tempestad) ‖ mauvais temps, pluie *f* persistante (lluvia) ‖ journalier, saisonnier (obrero) ‖ ANAT temporal (hueso) ‖ — *capear el temporal* braver la tempête (un barco), laisser passer l'orage (con una persona enfadada) ‖ *correr un temporal* essuyer une tempête (en el mar).

temporalidad *f* temporalité.
➤ *pl* temporel *m sing* (de los beneficios eclesiásticos).

temporario, ria *adj* temporaire (temporal).

témporas *f pl* quatre-temps *m*.

temporero, ra *adj* saisonnier, ère; temporaire (temporario).
➤ *m* saisonnier (obrero).

temporizador *m* temporisateur.

temporizar *v intr* temporiser.

tempranamente *adv* de bonne heure (temprano) ‖ trop tôt (prematuramente).

tempranero, ra *adj* précoce, hâtif, ive.

temprano, na *adj* précoce (adelantado) ‖ hâtif, ive (plantas) ‖ — *frutas, verduras tempranas* primeurs ‖ *patata temprana* pomme de terre nouvelle.
➤ *m* primeur *f*; *ya es tiempo de recoger los tempranos* c'est le moment de récolter les primeurs.
➤ *adv* tôt, de bonne heure; *levantarse temprano* se lever de bonne heure ‖ *más temprano* plus tôt.

ten *m* FAM *ten con ten* modération, prudence, tact.

tenacidad *f* ténacité.

tenacillas *f pl* pincettes (tenazas pequeñas) ‖ pince *sing* à sucre ‖ fer *m sing* à friser (para rizar el pelo) ‖ pinces à épiler (pinzas de depilar) ‖ pince *sing* pour tenir la cigarrette (para tener cogido el cigarrillo) ‖ mouchettes (despabiladeras).

tenaz *adj* tenace; *ofrecer una tenaz resistencia* offrir une résistance tenace.

tenaza *f*; **tenazas** *f pl* tenailles *pl* (herramientas) ‖ pincettes *pl* (para el fuego) ‖ pinces *pl* (de los crustáceos, de los forjadores) ‖ tenailles *pl* (en una fortificación) ‖ TECN mors *m* (del torno) ‖ — FIG *hacer la tenaza* tenir fortement, serrer comme dans un étau (asir mordiendo), prendre en fourchette (las cartas) | *no se puede coger ni con tenazas* il n'est pas à prendre avec des pincettes.

tendal *m* bâche *f*, toile *f*, tendelet (toldo) ‖ séchoir (tendedero) ‖ limon (de carro) ‖ *(amer)* plaine *f* (llanura) ‖ traînée *f* (cosas en el aire o en el suelo) ‖ foule *f*, grande quantité *f*, tas; *un tendal de deudas* un tas de dettes.

tendedero *m* étendoir, tendoir (de cuerda), séchoir (con varillas).

tendencia *f* tendance; *tener tendencia a* ou *hacia* avoir tendance à ‖ ECON *tendencia del mercado* tendance du marché.

tendencioso, sa *adj* tendancieux, euse; *noticia tendenciosa* nouvelle tendancieuse.

tendente *adj* tendant, e.

ténder *m* tender (de la locomotora).

tender* *v tr* tendre, étendre (extender); *tender la ropa* étendre le linge ‖ tendre (alargar); *tender la mano* tendre la main ‖ tendre, dresser; *tender un lazo, una emboscada* tendre un piège, une embuscade ‖ tendre, jeter (redes) ‖ poser (una línea telegráfica, vía) ‖ jeter, lancer (un puente) ‖ mettre; *tender las velas* mettre les voiles ‖ plâtrer (revestir las paredes con una capa de cal).
➤ *v intr* tendre, viser; *no sé a qué fin tiende su proposición* je ne sais à quelle fin tend sa proposition; *tiende a superar a todos los demás* il vise à dépasser tous les autres; *tender a la perfección* tendre à la perfection.
➤ *v pr* s'étendre, s'allonger, se coucher; *tenderse en* ou *por el suelo* se coucher par terre ‖ abattre *o* étaler son jeu (el jugador) ‖ courir ventre à terre (caballo).

tenderete *m* éventaire, étalage (puesto de venta al aire libre) ‖ échoppe *f* (tenducha) ‖ sorte de réussite (juego).

tendero, ra *adj y s* commerçant, e.
➤ *m* fabricant de tentes de campagne.

tendido, da *adj* tendu, e ‖ étendu, e; allongé, e (una persona) ‖ — *a galope tendido* au triple galop, au grand galop ‖ FIG & FAM *dejar a uno tendido en el suelo* coucher quelqu'un par terre | *hablar largo y tendido* parler longuement *o* abondamment.
➤ *m* pose *f*; *el tendido de un cable en Madrid y Sevilla* la pose d'un câble entre Madrid et Séville ‖ ligne *f*; *tendido telefónico* ligne téléphonique ‖ lancement (de un puente) ‖ étendage; *el tendido de la ropa* l'étendage du linge ‖ levée *f* (encajes) ‖ égout, pente *f* (del tejado) ‖ couche *f* de plâtre (capa de yeso) ‖ gradins *pl* (gradería); *tendido del sol, de sombra* gradins exposés au soleil, à l'ombre ‖ — *hacer el tendido de* poser (vía, línea telegráfica) ‖ FIG *para el tendido* pour la galerie.

tendiente *adj* tendant, e (que tiende).

tendón *m* tendon; *tendón de Aquiles* tendon d'Achille.

tenducha *f*; **tenducho** *m* FAM échoppe *f*, petite boutique *f*.

tenebrosidad *f* caractère *m* ténébreux, mystère *m*.

tenebroso, sa *adj* ténébreux, euse.

tenedor *m* fourchette *f* (utensilio de mesa); *un tenedor de plata* une fourchette en argent ‖ possesseur, détenteur (que posee); porteur (de efectos comerciales); *tenedor de una letra de cambio* porteur d'une lettre de change ‖ *tenedor de libros* teneur de livres, comptable.

teneduría *f* tenue; *teneduría de libros* tenue des livres ‖ comptabilité (arte y oficina).

tenencia *f* possession (posesión) ‖ lieutenance (cargo de teniente) ‖ — *tenencia de alcaldía* mairie d'arrondissement ‖ *tendencia de armas* port *o* détention d'armes.

tener* *v tr* avoir; *tener dinero* avoir de l'argent; *tener gracia* avoir de l'esprit; *tener hambre, sed* avoir faim, soif; *tener mucho frío* avoir très froid; *tener cinco minutos de retraso* avoir cinq minutes de retard ‖ tenir (tener cogido); *tener un sombrero en la mano* tenir un chapeau à la main; *tener un niño en brazos* tenir un enfant dans les bras ‖ tenir; *el ruido me ha tenido despierto toda la noche* le bruit m'a tenu éveillé toute la nuit ‖ tenir; *tener consejo, una asamblea* tenir conseil, une assemblée ‖ tenir; *tener los libros, la caja* tenir les livres, la caisse ‖ avoir, faire; *el cuarto tiene ocho metros por diez* la pièce a huit mètres sur dix ‖ tenir, contenir (contener) ‖ peser, faire (pesar) ‖ tenir (mantener); *tener un buen estado* tenir en bon état ‖ *tener a bien* juger bon; *tuve a bien quedarme más tiempo* j'ai jugé bon de rester plus longtemps; vouloir, vouloir bien, avoir l'obligeance de; *tenga a bien enviarnos* veuillez nous envoyer ‖ *tener a honra* être fier de, se faire un point d'honneur *o* une gloire de ‖ *tener al corriente* tenir au courant ‖ *tener al día* tenir à jour ‖ *tener a la vista* ou *ante los ojos* avoir sous les yeux ‖ *tener algo de* avoir quelque chose de, tenir de; *este niño tiene algo de su padre* cet enfant a quelque chose de son père; *esto tiene algo de novela* cela tient du roman ‖ *tener a mano* avoir sous la main ‖ *tener a menos* trouver au-dessous de soi *o* indigne de soi; *tiene a menos trabajar* il trouve que travailler est indigne de lui ‖ *tener ante sí* être saisi; *el comité tiene ante sí un informe* le comité est saisi d'un rapport; avoir sous les yeux (ante los ojos) ‖ *tener a pecho* avoir à cœur de ‖ *tener a quien salir* avoir de qui tenir ‖ *tener capacidad para* être capable de ‖ *tener en qué* ou *para vivir* avoir de quoi vivre ‖ *tener cuidado con* faire attention à ‖ *tener de beber, de comer* avoir à boire, à manger ‖ *tener empeño en* tenir à; *tiene empeño en verte* il tient à te voir ‖ *tener en cuenta* tenir compte, considérer, prendre en considération, ne pas oublier ‖ *tener en mano* avoir en main, tenir; *tener en mano a sus alumnos* tenir ses élèves ‖ *tener en menos* dédaigner, mépriser ‖ *tener en mucho* avoir *o* tenir en grande estime, avoir beaucoup de respect pour ‖ *tener en vilo* tenir en haleine ‖ *tener hecho* avoir fait; *tiene hecho un estudio interesante sobre los mayas* il a fait une étude intéressante sur les Mayas; être devenu; *tenemos nuestro jardín hecho un barrizal* notre jardin est devenu un vrai bourbier ‖ *tener interés* tenir à; *tengo interés en llegar a tiempo* je tiens à arriver à temps; no tengo ningún interés en eso se n'y tiens pas ‖ *tener interés por* tenir à (desear); *no tengo ningún interés por ello* je n'y tiens pas du tout; s'intéresser à; *tener mucho interés por las ciencias* s'intéresser beaucoup aux sciences ‖ *tener lugar* avoir lieu ‖ *tener paciencia* avoir de la patience, être patient ‖ *tener para sí* croire, avoir dans l'idée; *tengo para mí que ya ha llegado* j'ai dans l'idée qu'il est déjà arrivé ‖ *tener por* avoir pour *o* comme; *tener por amigo* avoir comme ami; tenir pour, considérer comme; *tener a uno por tonto* tenir quelqu'un pour sot ‖ *tener presente* se rappeler, ne pas oublier; *hay que tener presente que* il ne faut pas oublier que ‖ *tener puesto* avoir mis, porter; *tengo puesta mi falda azul* j'ai mis ma jupe bleue ‖ *tener que* devoir, falloir; *tengo que irme* je dois m'en aller, il faut que je m'en aille ‖ *tener sobre sí* avoir la charge de (una cosa), avoir à sa charge (una persona) ‖ *tener una mala postura* ou *una mala posición* se tenir mal ‖ — *allí tiene* voilà ‖ *aquí tiene* voici ‖ *¡conque ésas tenemos!* ah, c'est comme ça!, c'est là où vous vouliez en venir! ‖ *esto no tiene ni pies ni cabeza* cela ne tient pas debout, cela n'a ni queue ni tête ‖ *no saber uno lo que tiene* ne pas connaître sa chance ‖ *no tendremos ni para empezar con esto* avec ça nous n'irons pas loin ‖ *no tener dónde caerse muerto* n'avoir ni feu ni lieu, être sur le pavé ‖ *no tenerlas todas consigo* ne pas en mener large, ne pas être très rassuré (tener miedo), ne pas avoir toutes les chances de son côté ‖ *no tener más que* n'avoir que; *no tiene más que hablar para que sea obedecido* il n'a qu'à parler pour être obéi ‖ *no tener más que lo puesto* n'avoir que sa chemise ‖ *no tengo nada que ver con esto* je n'ai rien à voir avec cela, cela ne me regarde pas ‖ *quien más tiene, más quiere* plus on en a, plus on en veut ‖ *quien tuvo retuvo* on garde toujours quelque chose de sa splendeur passée ‖ *téngase por dicho que* tenez-vous pour dit que ‖ *tengo sabido que* je crois savoir que ‖ *tiene la palabra el señor X* Monsieur X a la parole, la parole est à Monsieur X ‖ *tiene mucho de su padre* il a beaucoup de son père, il tient beaucoup de son père ‖ *ya te lo tengo dicho* je te l'ai déjà dit ‖ *ya tiene años* il n'est plus tout jeune.

◆ *v pr* se tenir; *tenerse tranquilo* se tenir tranquille ‖ — *tenerse de* ou *en pie* tenir debout ‖ FAM *tenérselas tiesas* tenir bon, ne pas se laisser faire ‖ *tenerse por* se croire; *se tiene por muy listo* il se croit très malin ‖ *¡tente!* arrête!, arrête-toi!

— OBSERV L'auxiliaire *tener* se traduit normalement par *haber*. On peut toutefois employer également *tener* si l'on veut insister sur le fait qu'il s'agit d'un résultat acquis, définitif: *tengo mi coche vendido* ma voiture est vendue (cf. *he vendido mi coche* j'ai vendu ma voiture). Dans ce cas, le participe passé en espagnol s'accorde avec son complément même s'il le précède: *tengo ahorradas grandes cantidades de dinero* j'ai de grosses sommes en réserve (cf. *he ahorrado grandes cantidades de dinero* j'ai économisé de grosses sommes).

tenería *f* tannerie (curtiduría).

Tenerife *n pr* GEOGR Ténériffe, Tenerife.

tenguerengue (en) *loc adv* en équilibre instable.

tenia *f* ténia, taenia (gusano) ‖ ARQ filet *m*, ténia (moldura).

tenida *f* réunion ‖ tenue (de masones).

tenienta *f* lieutenante.

teniente *adj* possesseur (que posee) ‖ vert, e (frutos) ‖ FIG & FAM dur d'oreille (algo sordo) | chiche, ladre (miserable, escaso).

◆ *m* lieutenant ‖ — *teniente coronel* lieutenant-colonel ‖ *teniente de alcalde* adjoint au maire, maire adjoint ‖ *teniente de navío* lieutenant de vaisseau ‖ *teniente general* lieutenant général, général de corps d'armée.

tenífugo, ga *adj y s m* MED ténifuge.

tenis *m* tennis; *campo de tenis* court de tennis ‖ *tenis de mesa* Ping-Pong, tennis de table.
tenista *m y f* joueur, euse de tennis.
tenístico, ca *adj* DEP tennistique, du tennis.
Tennessee *n pr* GEOGR Tennessee.
Tenochtitlán *n pr* GEOGR Tenochtitlán.
tenor *m* teneur *f*; *el tenor de una carta* la teneur d'une lettre ‖ ténor (en música) ‖ — *a este tenor* si c'est ainsi, de cette façon (en este caso), à ce sujet (a este respecto) ‖ *a tenor* à l'avenant (por el estilo); *todo está a tenor* tout est à l'avenant; de même; *comimos estupendamente y bebimos a tenor* nous avons merveilleusement bien mangé et nous avons bu de même ‖ *a tenor de* d'après.
tenorio *m* FIG don Juan; *¡es un tenorio!* c'est un don Juan!
tensado *m* tension *f* (de una cuerda).
tensar *v tr* tendre; *tensar un cable* tendre un câble.
tensiómetro; tensímetro *m* tensiomètre.
tensión *f* tension; *tensión arterial* tension artérielle; *tener la tensión alta* avoir de la tension ‖ ELECTR tension; *alta, baja tensión* haute, basse tension ‖ FÍS tension; *tensión disruptiva* tension de rupture *o* disruptive ‖ FIG tension; *tensión de espíritu* tension d'esprit; *tensión entre dos países* tension entre deux pays.
tenso, sa *adj* tendu, e (tirante); *cuerda tensa* corde tendue ‖ FIG tendu, e; *espíritu tenso* esprit tendu ‖ MIL tendu, e (tiro, trayectoria).
tensor, ra *adj* qui tend.
◆ *adj m y s m* ANAT tenseur.
◆ *m* TECN tendeur, raidisseur.
◆ *pl* DEP extenseur *sing*, sandow *sing*.
tentación *f* tentation; *caer en la tentación* tomber dans la tentation.
tentacular *adj* tentaculaire; *apéndices tentaculares* appendices tentaculaires.
tentáculo *m* tentacule.
tentadero *m* lieu clos où l'on éprouve les jeunes taureaux.
tentador, ra *adj* tentant, e; alléchant, e (cosa); *proposición tentadora* proposition alléchante ‖ qui tâte (que palpa).
◆ *adj y s* FIG tentateur, trice (persona) ‖ *el tentador* le tentateur (el diablo).
tentar* *v tr* tâter (examinar por medio del tacto) ‖ tenter (instigar, atraer); *la serpiente tentó a Eva* le serpent tenta Ève ‖ tentar (intentar); *tentar una empresa* tenter une entreprise ‖ sonder (una herida).
◆ *v pr* se tâter.
tentativa *f* tentative.
tentempié *m* collation *f*, en-cas *inv*, encas *inv* (refrigerio) ‖ ramponneau, poussah (juguete).
tentetieso *m* ramponneau, poussah (juguete).
tenue *adj* ténu, e; fin, e; *un hilo tenue* un fil ténu ‖ faible (luz) ‖ faible, ténu, e (voz, sonido) ‖ léger, ère; *el aire es más tenue que el agua* l'air est plus léger que l'eau ‖ futile (de poca sustancia) ‖ simple (estilo).
— OBSERV La palabra francesa *ténu* se emplea menos que su equivalente español *tenue*.
tenuemente *adv* faiblement, légèrement.
tenuidad *f* ténuité *(p us)*, finesse ‖ faiblesse (sonido, luz) ‖ légèreté (ligereza) ‖ futilité (poca importancia) ‖ simplicité (en el estilo).

teñido, da *adj* teint, e; *un abrigo teñido de azul* un manteau teint en bleu ‖ teinté, e (coloreado).
◆ *m* teinture *f* (acción) ‖ teinte *f*, coloris (color); couleur *f* (de la piel).
teñidura *f* teinture (tinte).
teñir* *v tr* teindre; *teñir de azul* teindre en bleu ‖ teinter, colorer (colorear) ‖ affaiblir (un color).
◆ *v pr* se teindre; *teñirse de rubio* se teindre en blond *o* en blonde ‖ FIG acquérir une teinture.
teocracia *f* théocratie.
teocrático, ca *adj* théocratique.
teodicea *f* théodicée.
teodolito *m* théodolite.
teogonía *f* théogonie.
teologal *adj* théologal, e; *virtudes teologales* vertus théologales.
teología *f* théologie ‖ — *teología de la liberación* théologie de la libération ‖ *teología dogmática* théologie dogmatique *o* morale ‖ *teología natural* ou *racional* théologie naturelle ‖ *teología positiva* ou *revelada* théologie positive ‖ — FIG & FAM *no meterse en teologías* ne pas se mêler de ce que l'on ne connaît pas.
teológico, ca *adj* théologique.
teólogo, ga *adj* théologal, e (teologal).
◆ *m y f* théologien, enne.
teorema *m* théorème.
teorético, ca *adj* théorétique.
teoría *f* théorie ‖ — *teoría cuántica* théorie quantique ‖ *teoría del conocimiento* théorie de la connaissance.
teórica *f* théorie, partie théorique.
teóricamente *adv* théoriquement.
teórico, ca *adj* théorique.
◆ *m y f* théoricien, enne.
teorizante *m* théoricien (teórico).
teorizar *v tr e intr* théoriser.
teosofía *f* théosophie.
teósofo, fa *m y f* théosophe.
tepe *m* motte *f* de terre couverte de gazon.
teponascle *m* (amer) arbre utilisé en construction ‖ instrument de percussion en bois.
tepozán *m* (amer) arbre de la famille des scrofulariacées.
tequila *m y f* (amer) tequila *f*, eau-de-vie *f* d'agave.
terapeuta *m y f* MED thérapeute.
terapéutica *f* MED thérapeutique, thérapie.
terapéutico, ca *adj* thérapeutique.
terapia *f* MED thérapie, thérapeutique ‖ *terapia de grupo* thérapie de groupe.
teratógeno, na *adj* tératogène.
teratología *f* tératologie.
teratológico, ca *adj* tératologique.
teratólogo, ga *m y f* tératologiste.
tercamente *adv* obstinément.
tercer *adj* (apócope de *tercero*), troisième; *vivo en el tercer piso* j'habite au troisième étage ‖ tiers; *el tercer mundo* le tiers monde.
— OBSERV *Tercero* est toujours apocopé devant un nom masculin singulier même si un autre adjectif se trouve interposé. Il peut l'être quelquefois devant un nom féminin: *la tercer noche* la troisième nuit.

tercera *f* tierce (juegos); *tercera mayor, real* tierce majeure, au roi ‖ tierce (esgrima) ‖ entremetteuse (alcahueta) ‖ MÚS tierce.
— OBSERV Voir tercero.

tercería *f* médiation, entremise (de un tercero) ‖ proxénétisme *m*; *hacer tercería* faire du proxénétisme ‖ DR tierce opposition.

tercerilla *f* POÉT tercet *m*.

tercermundista *adj* tiers-mondiste.

Tercer Mundo *m* tiers-monde.

tercero, ra *adj* troisième; *la tercera calle a la derecha* la troisième rue à droite ‖ trois; *Carlos III (tercero)* Charles III [trois] ‖ tiers, tierce (intermediario); *una tercera persona* une tierce personne ‖ — FAM *a la tercera va la vencida* la troisième fois c'est la bonne ‖ RELIG *orden tercera* tiers ordre ‖ *por tercera persona* par personne interposée ‖ *seguro contra tercera persona* assurance au tiers ‖ *ser tercero* être en tiers (en una reunión) ‖ *tercera parte* tiers (división); *cinco es la tercera parte de quince* cinq est le tiers de quinze.
◆ *m* tiers, tierce personne *f*; *causar daño a un tercero* porter tort à un tiers ‖ entremetteur (alcahuete) ‖ tierçaire (religioso) ‖ receveur des dîmes (encargado de recoger los diezmos) ‖ tierce *f* (60 parte del segundo) ‖ troisième (piso); *vivo en el tercero* j'habite au troisième ‖ quatrième *f* (de bachillerato); *mi hijo está en tercero* mon fils est en quatrième (voir OBSERV en BACHILLERATO) ‖ — *ser el tercero en discordia* être le troisième larron ‖ DR *tercero en discordia* tiers arbitre.
— OBSERV *Tercero*, devant un nom masculin singulier, est apocopé en *tercer*. (Voir ce mot.)

terceto *m* tercet (estrofa) ‖ MÚS trio.

tercia *f* tiers *m* (tercio) ‖ mesure de longueur de douze à trente pieds (medida de longitud) ‖ RELIG tierce ‖ tierce (juegos) ‖ dépôt *m* des dîmes (de los diezmos) ‖ BLAS tierce ‖ AGRIC tiercement *m*.

terciado, da *adj* en bandoulière (la escopeta, etc.) ‖ de taille moyenne (toro) ‖ BLAS tiercé, e; *terciado en faja* tiercé en fasce ‖ — *azúcar terciado* sucre roux, cassonade ‖ *madera terciada* bois déroulé.
◆ *m* épée *f* large et courte (espada) ‖ ruban large (cinta).

terciar *v tr* mettre en travers (ladear una cosa) ‖ jeter sur son épaule (la capa) ‖ porter en bandoulière (un arma); *terciar la escopeta* porter le fusil en bandoulière ‖ diviser en trois (dividir) ‖ équilibrer; *terciar la carga de un burro* équilibrer la charge d'un âne ‖ AGRIC tiercer, tercer, terser (dar la tercera labor) ‖ tailler (une plante), près de terre ‖ (*amer*) baptiser, couper, mettre de l'eau dans (aguar).
◆ *v intr* s'interposer, intervenir.
◆ *v pr* se présenter (una posibilidad) ‖ *si se tercia* si l'occasion se présente, à l'occasion, éventuellement, si ça se trouve.

terciario, ria *adj* tertiaire, troisième (tercero en orden) ‖ ARQ en tiers-point (arco).
◆ *adj y s m* tertiaire (geología).
◆ *m y f* tertiaire, tierciaire, tierçaire (religioso).

tercio, cia *adj* troisième (tercero).
◆ *m* tiers (tercera parte) ‖ charge *f*, ballot (sobre una acémila) ‖ chacune des trois parties du rosaire (del rosario) ‖ EQUIT chacune des trois phases de la course du cheval [départ, course et arrêt] ‖ MAR association *f* [d'armateurs et de pêcheurs] ‖ MIL régiment d'infanterie [aux XVIe et XVIIe siècles] ‖ légion *f* étrangère (legión) ‖ brigade *f* [de gendarmerie] (de la guardia civil) ‖ TAUROM chacune des trois phases d'une corrida; *tercio de varas, de banderillas, de muerte* phase des piques, des banderilles, de la mise à mort ‖ chacune des trois zones concentriques de l'arène, en particulier la deuxième, comprise entre la zone des barrières et le centre de l'arène ‖ DR *tercio de libre disposición* quotité disponible (en una herencia).
◆ *pl* membres (del cuerpo del hombre).

terciopelo *m* velours.
— OBSERV *Velours à côtes* se dit pana.

terco, ca *adj* têtu, e; entêté, e; buté, e; obstiné, e.

Teresa de Jesús (Santa) *n pr* sainte Thérèse d'Avila.

teresiano, na *adj* de sainte Thérèse d'Avila.

tergal *m* (nombre registrado) Tergal (tejido).

tergiversable *adj* qui peut être interprété faussement *o* tendancieusement.

tergiversación *f* interprétation fausse *o* tendancieuse; *la tergiversación del pensamiento de un filósofo* l'interprétation fausse de la pensée d'un philosophe.

tergiversador, ra *adj* qui interprète faussement *o* tendancieusement.

tergiversar *v tr* fausser, déformer, interpréter faussement *o* tendancieusement; *tergiversar los principios de una doctrina* fausser les principes d'une doctrine.

termal *adj* thermal, e; *agua, estación termal* eau, station thermale.

termalidad *f* thermalité.

termas *f pl* thermes *m*.

termes *m* ZOOL termite (comején).

termicidad *f* thermicité.

térmico, ca *adj* thermique ‖ *regulación térmica* thermorégulation (fisiológica).

termidor *m* thermidor (undécimo mes del calendario republicano francés).

terminación *f* terminaison (modo de acabarse una cosa) ‖ achèvement *m*, accomplissement *m*; *la terminación de una obra* l'achèvement d'un travail ‖ fin (final); *la terminación de una comedia* la fin d'une comédie ‖ finition (acabado) ‖ terminaison (de un vocablo) ‖ phase terminale (de una enfermedad).

terminal *adj* terminal, e ‖ *estación terminal* aérogare (aviones), terminus (trenes, autobuses).
◆ *m* ELECTR plot, borne *f*, cosse *f* ‖ terminal (en informática) ‖ *terminal aéreo* aérogare.

terminante *adj* final, e (que termina) ‖ formel, elle; *las prescripciones de esta ley son terminantes* les prescriptions de cette loi sont formelles ‖ catégorique; *negativa terminante* refus catégorique ‖ exprès, esse; formel, elle; péremptoire; *prohibición terminante* interdiction formelle ‖ concluant, e; *resultados terminantes* résultats concluants.

terminantemente *adv* formellement; *queda terminantemente prohibido* il est formellement interdit de.

terminar *v tr* terminer, finir; *terminar la carrera* terminer ses études ‖ *dar algo por terminado* mettre un terme à quelque chose (acabar), considérer quelque chose comme terminé.

terminativo

◆ *v intr* y *pr* se terminer, finir (acabarse); *¿cómo terminó la reunión?* comment la réunion s'est-elle terminée? ‖ arriver à son terme, se terminer (llegar a su fin); *la conferencia se está terminando* la conférence arrive à son terme ‖ terminer, finir; *el espectáculo termina a las 11* le spectacle termine à 11 heures ‖ finir; *no he terminado de comer* je n'ai pas fini de manger ‖ finir par (con el gerundio); *terminó yéndose a América* il a fini par s'en aller en Amérique ‖ en finir; *termina ya finis-en* ‖ finir; *este chico terminará mal* ce garçon va mal finir ‖ rompre (reñir); *estos novios han terminado* ces fiancés ont rompu; *he terminado con toda esta gente* j'ai rompu avec tous ces gens ‖ devenir; *voy a terminar loco* je vais devenir fou ‖ finir; *este cuadro no está bien terminado* ce tableau n'est pas bien fini ‖ — *éramos muy amigos, pero terminamos mal* nous étions très amis mais ça a mal fini o nous nous sommes quittés en mauvais termes ‖ *no termino de comprender* je n'arrive pas à comprendre ‖ *se ha terminado el carbón y no podemos encender la calefacción* il n'y a plus de charbon et nous ne pouvons pas allumer le chauffage ‖ *se nos ha terminado el carbón* nous n'avons plus de charbon.

terminativo, va *adj* terminatif, ive.

término, ma *adj* terme, fin *f*; *término de la vida* fin de la vie; *poner término a* mettre un terme à, mettre fin à ‖ terme (palabra); *con los términos adecuados* en termes propres ‖ terminus (de una línea de transporte) ‖ plan; *en el primer término* au premier plan ‖ limite *f* (frontera) ‖ territoire, région *f* (región) ‖ municipalité *f*, commune *f* (municipio) ‖ borne *f* (mojón) ‖ point de ralliement (lugar señalado) ‖ but, objet (objetivo) ‖ délai (plazo); *en el término de un año* dans un délai d'un an ‖ GRAM & MAT terme ‖ — *término medio* moyen terme ‖ *término municipal* territoire communal ‖ *término perentorio* terme de rigueur ‖ — *en primer término* en premier lieu, tout d'abord (en primer lugar) ‖ *en segundo término* à l'arrière-plan (en un cuadro) ‖ en second o en deuxième lieu (en segundo lugar) ‖ *en último término* finalement ‖ *llevar a buen término* mener à bien o à bonne fin o à bon terme ‖ *mantenerse en el término medio* se tenir dans un juste milieu ‖ *no hay término medio* il n'y a pas de milieu ‖ *por término medio* en moyenne.

◆ *pl* confins, frontières *f* (extremos) ‖ termes; *estar en buenos, en malos términos* être en bons, en mauvais termes ‖ *términos del intercambio* termes de l'échange ‖ *en términos de* sur le point de, à la veille de (en vísperas), en état de (capaz) ‖ *en términos de que* de telle sorte que ‖ *en términos generales* dans l'ensemble ‖ *en términos propios* en termes propres o clairs ‖ *medios términos* biais, échappatoires.

terminología *f* terminologie.
terminológico, ca *adj* terminologique.
términus *m* terminus (estación terminal).
termita *f* QUÍM thermite (soldadura).
termita; termite *m* ZOOL termite (comején).
— OBSERV *Termita* est un gallicisme.
termo; termos *m* thermos *f*, bouteille *f* isolante.
termoadhesivo, va *adj* thermocollant, e.
termoaislante *adj* y *s* isolant, e.
termobomba *f* thermopompe.
termocauterio *m* thermocautère.
termodinámico, ca *adj* y *s f* thermodynamique.

termoelectricidad *f* thermo-électricité.
termoeléctrico, ca *adj* thermo-électrique ‖ *par termoeléctrico* thermocouple, couple thermo-électrique.
termoestable *adj* QUÍM thermostabile, thermostable.
termógeno, na *adj* thermogène.
termógrafo *m* thermographe.
termoiónico, ca *adj* thermoïonique, thermo-ionique.
termometría *f* thermométrie.
termométrico, ca *adj* thermométrique.
termómetro *m* thermomètre; *termómetro de alcohol* thermomètre à alcool ‖ — *termómetro clínico* thermomètre médical ‖ *termómetro de máxima y mínima* thermomètre à maximum et minimum.
termonuclear *adj* thermonucléaire.
termopar *m* ELECTR thermocouple.
termoplástico, ca *adj* thermoplastique.
termopropulsión *f* thermopropulsion.
termoquímica *f* thermochimie.
termoquímico, ca *adj* thermochimique.
termorregulación *f* thermorégulation.
termorregulador *m* thermostat.
termosfera *f* thermosphère.
termostato *m* thermostat.
terna *f* trois personnes ‖ terne *m* (dados).
ternario, ria *adj* ternaire.
◆ *m* triduum (triduo).
ternasco *m* agneau de lait (cordero lechal) ‖ chevreau (cabrito).
ternera *f* génisse (animal) ‖ veau *m* (carne); *chuleta, asado de ternera* côte, rôti de veau ‖ *filete de ternera* escalope.
ternero *m* veau ‖ *ternero recental* veau de lait.
ternilla *f* cartilage *m* (de la nariz).
◆ *pl* tendron *m sing* (de la carne).
ternísimo, ma *adj* très tendre.
terno *m* trio (tres cosas) ‖ terne (lotería) ‖ complet (traje de hombre) ‖ FIG & FAM juron (voto) ‖ *echar ternos* lâcher des jurons, jurer.
ternura *f* tendresse ‖ tendreté (de la carne).
terquedad *f* obstination, entêtement *m*.
terracota *f* terre cuite.
terrado *m* terrasse *f* (azotea).
terral *adj m* y *s m* *viento terral* vent de terre, sorte de sirocco.
terranova *f* terre-neuve *inv* (perro).
Terranova *n pr* GEOGR Terre-Neuve.
terraplén *m* terre-plein ‖ remblai (de la vía del ferrocarril) ‖ MIN remblayage.
terráqueo, a *adj* terrestre, terraqué, e *(p us)*; *globo terráqueo* globe terrestre.
terrario *m* terrarium.
terrateniente *m* y *f* propriétaire foncier, propriétaire terrien, terrien, enne *(p us)*.
terraza *f* terrasse (azotea) ‖ terrasse; *sentarse en la terraza de un café* s'asseoir à la terrasse d'un café ‖ AGRIC terrasse (bancal) ‖ plate-bande (arriate) ‖ jarre (jarra).
terrazgo *m* champ (campo) ‖ fermage (arrendamiento) ‖ *(ant)* terrage, tènement (derecho feudal).
terrazo *m* sol (en pintura) ‖ granito (revestimiento del suelo).

terremoto *m* tremblement de terre.
terrenal *adj* terrestre; *vida terrenal* vie terrestre ‖ *paraíso terrenal* paradis terrestre.
terreno, na *adj* terrestre; *los intereses terrenos* les intérêts terrestres.
◆ *m* terrain ‖ FIG domaine (esfera); *en el terreno de la filosofía* dans le domaine de la philosophie ‖ *— terreno de acarreo* terrain d'alluvions ‖ *terreno de honor* pré, terrain [d'un duel] ‖ *terreno urbanizable* terrain à bâtir ‖ *— sobre el terreno* sur les lieux, sur place ‖ *vehículo todo terreno* véhicule tout terrain ‖ *— ceder terreno* perdre du terrain, reculer ‖ FIG *descubrir* ou *medir* ou *tantear* ou *reconocer el terreno* sonder o tâter o reconnaître le terrain ‖ *ganar, perder terreno* gagner, perdre du terrain ‖ *meterse en el terreno de uno* marcher sur les plates-bandes o sur les brisées de quelqu'un ‖ *minarle a uno el terreno* couper l'herbe sous le pied de quelqu'un ‖ *saber uno el terreno que pisa* connaître le terrain (conocer el asunto), savoir à qui on a affaire (conocer a uno).
terrero, ra *adj* terreux, euse (piso) ‖ de terre; *saco terrero* sac de terre ‖ bas, à ras de terre (vuelo) ‖ qui lève peu les sabots (caballo) ‖ FIG bas, basse (humilde).
◆ *m* terrasse *f* (terrado) ‖ tas de terre (montón de tierra) ‖ terril (de mina) ‖ alluvions *f pl* (tierra de aluvión) ‖ but (blanco).
terrestre *adj* terrestre; *el globo terrestre* le globe terrestre.
terrible *adj* terrible.
terrícola *m y f* Terrien, enne (habitante de la Tierra).
◆ *adj* terricole.
terrier *m* terrier (perro).
territorial *adj* territorial, e ‖ *— crédito territorial* crédit foncier ‖ *impuesto territorial* impôt foncier.
territorialidad *f* territorialité.
territorio *m* territoire.
terrizo, za *adj* de terre (hecho de tierra).
◆ *m y f* pot *m* de terre non vernissé.
terrón *m* motte *f* (de tierra) ‖ morceau; *terrón de azúcar* morceau de sucre ‖ marc (residuo de aceitunas) ‖ AGRIC *destripar terrones* émotter.
terror *m* terreur *f*; *terror pánico* terreur panique; *infundir terror* inspirer la terreur.
terrorífico, ca *adj* terrifiant, e; terrible.
terrorismo *m* terrorisme.
terrorista *adj y s* terroriste.
terroso, sa *adj* terreux, euse.
terruño *m* pays natal (país natal) ‖ terroir; *saber al terruño* sentir le terroir ‖ motte *f* de terre (terrón).
tersar *v tr* polir.
terso, sa *adj* clair, e (claro) ‖ poli, e (bruñido) ‖ resplendissant, e (resplandeciente) ‖ lisse (liso); *piel tersa* peau lisse ‖ FIG pur, e (estilo).
tersura; tersidad *f* éclat *m* (resplandor) ‖ poli *m*, brillant *m* (bruñido) ‖ douceur (cutis) ‖ pureté (del estilo).
tertulia *f* réunion entre amis (reunión) ‖ petite soirée (de noche) ‖ promenoir *m* (de teatro) ‖ arrière-salle (de café) ‖ *tener (una) tertulia* se réunir.
tertuliano, na; tertulio, lia *m y f* habitué, e [d'une réunion entre amis] ‖ invité, e (invitado).
tertuliante *adj* *(amer)* → **tertuliano**.
Tesalia *n pr f* GEOGR Thessalie.

tesaliense; tesalio, lia *adj* thessalien, enne.
◆ *m y f* Thessalien, enne.
Tesalónica *n pr f* GEOGR Thessalonique.
tesar *v tr* raidir, embraquer (una cuerda).
◆ *v intr* reculer (los bueyes).
tescal; texcal *m* *(amer)* terrain basaltique.
Teseo *n pr m* Thésée.
tesina *f* mémoire *m* (en la universidad).
Tesino *n pr* GEOGR Tessin (río).
tesis *f* thèse (de doctorado) ‖ thèse; *novela de tesis* roman à thèse ‖ FILOS thèse.
tesitura *f* MÚS tessiture ‖ FIG situation, circonstance; *en esta tesitura* dans cette situation ‖ état *m* d'âme (estado de ánimo).
tesón *m* fermeté *f*, opiniâtreté *f* ‖ ténacité *f* (tenacidad) ‖ *sostener con tesón una opinión* soutenir mordicus une opinion.
tesonero, ra *adj* obstiné, e ‖ opiniâtre; *labor tesonera* travail opiniâtre ‖ tenace (tenaz).
tesorería *f* charge du trésorier (cargo) ‖ trésorerie (oficina).
tesorero, ra *m y f* trésorier, ère.
tesoro *m* trésor ‖ *tesoro público* tresor public.
test *m* test (prueba); *sufrir un test* passer un test ‖ *someter a un test* faire passer un test, tester.
testa *f* front *m* (frente) ‖ tête (cabeza) ‖ FIG & FAM tête (entendimiento) ‖ *testa coronada* tête couronnée.
testado, da *adj* qui a laissé un testament (persona) ‖ réglée par testament (sucesión).
testador, ra *m y f* testateur, trice.
testaferro *m* homme de paille, prête-nom.
testamentaría *f* exécution testamentaire ‖ montant *m* de la succession (caudal) ‖ papiers *m pl* de la succession (documentos) ‖ réunion des exécuteurs testamentaires (junta).
testamentario, ria *adj* testamentaire.
◆ *m y f* exécuteur, exécutrice testamentaire (albacea).
testamento *m* testament ‖ *testamento abierto* testament authentique ‖ *testamento cerrado* ou *escrito* testament mystique o secret ‖ *testamento ológrafo* testament olographe ‖ *testamento político* testament politique ‖ *— Antiguo, Nuevo Testamento* Ancien, Nouveau Testament ‖ *— hacer (el) testamento* faire son testament ‖ *quebrantar el testamento* annuler son testament.
testar *v intr* tester (hacer testamento).
◆ *v tr* biffer (tachar).
testarazo *m* coup de tête (cabezazo).
testarudez *f* entêtement *m*.
testarudo, da *adj y s* têtu, e; entêté, e; cabochard, e *(fam)*.
testera *f* façade (de una casa) ‖ face (de una cosa) ‖ front *m* (de un animal) ‖ fond *m*, dossier *m* (de un coche) ‖ chanfrein *m* (de la armadura de un caballo) ‖ place d'honneur (en una mesa) ‖ paroi (de horno de fundición).
testicular *adj* ANAT testiculaire.
testículo *m* ANAT testicule.
testificación *f* attestation.
testifical *adj* testimonial, e; *prueba testifical* preuve testimoniale.
testificar *v tr* attester, témoigner de.
◆ *v intr* témoigner.

testigo *m* y *f* témoin *m; esta mujer es una testigo segura* cette femme est un témoin sûr.
◆ *m* témoin ‖ DEP témoin (en una carrera de relevos) ‖ TECN carotte *f* (de sondeo) ‖ — DR *testigo abonado* témoin irrécusable ∣ *testigo de cargo, de descargo* témoin à charge, à décharge ∣ *testigo de oídas* témoin auriculaire ∣ *testigo de vista* ou *ocular* ou *presencial* témoin oculaire ‖ RELIG *testigo de Jehová* témoin de Jéhovah ‖ — *Dios es testigo* Dieu m'est témoin ‖ *examinar testigos* entendre des témoins ‖ *lámpara testigo* lampe témoin ‖ *poner* ou *tomar por testigo* prendre à témoin ‖ *pongo por testigo al cielo* j'en atteste le ciel.

testimonial *adj* testimonial, e.
◆ *f pl* preuves testimoniales (instrumento auténtico) ‖ lettres testimoniales (de los obispos).

testimoniar *v tr* témoigner de; *ruinas que testimonian la presencia de una civilización* ruines qui témoignent de la présence d'une civilisation.
◆ *v intr* témoigner.

testimonio *m* témoignage ‖ attestation *f* légale (hecho por escribano) ‖ FIG témoignage, marque *f; testimonio de simpatía* témoignage de sympathie ∣ preuve *f* (prueba) ‖ — *falso testimonio* faux témoignage ‖ *levantar un falso testimonio* porter un faux témoignage, accuser à faux ‖ FIG *según el testimonio de de l'aveu de; según el testimonio de todos de* l'aveu de tous ‖ *testimonio de pésame* condoléances.

testosterona *f* testostérone (hormona).

testuz *m* front (animales), chanfrein (del caballo) ‖ nuque *f* (nuca) ‖ têt, test (del ciervo).

teta *f* mamelle, tétine (de los mamíferos) ‖ sein *m* (de mujer) ‖ mamelon *m* (pezón) ‖ FIG mamelon *m* (mogote) ‖ — *dar la teta* donner le sein ∣ *niño de teta* enfant à la mamelle ‖ *quitar la teta* sevrer ‖ *teta de vaca* grosse meringue (merengue), barbe-de-capucin (planta), raisin à grains allongés (uva).
◆ *adj* FAM super; *estar teta* être super (estupendo).

tetánico, ca *adj* tétanique.

tétanos *m* MED tétanos.

tetera *f* théière ‖ *(amer)* tétine (de biberón).

tetilla *f* mamelle (de los mamíferos machos) ‖ tétine (del biberón).

tetina *f* tétine (del biberón).

tetraciclina *f* MED tétracycline.

tetraédrico, ca *adj* GEOM tétraédrique.

tetraedro *m* GEOM tétraèdre.

tetragonal *adj* tétragone ‖ FÍS *sistema tetragonal* système quadratique.

tetrágono, na *adj* y *s* tétragone.
◆ *m (p us)* quadrilatère.

tetralogía *f* tétralogie.

tetraplejía *f* MED tétraplégie.

tetrapléjico, ca *adj* y *s* MED tétraplégique.

tetrarca *m* tétrarque.

tetrasilábico, ca *adj* tétrasyllabique.

tetrasílabo, ba *adj* tétrasyllabique, tétrasyllabe.
◆ *m* mot tétrasyllabique.

tetravalente *adj* QUÍM tétravalent, e.

tétrico, ca *adj* lugubre, triste (melancólico).

Tetuán *n pr* GEOGR Tétouan.

teutón, ona *adj* teuton, onne.
◆ *m pl* Teutons.

teutónico, ca *adj* teutonique.

Texas *n pr* GEOGR Texas.
— OBSERV En espagnol, *Texas,* bien qu'orthographié avec un *x,* se prononce *Tejas.*

texcal *m (amer)* → **tescal.**

textil *adj* y *s m* textile; *industria textil* industrie textile.

texto *m* texte; *restablecer un texto* restituer un texte ‖ *libro de texto* livre de classe.

textual *adj* textuel, elle.

textura *f* texture (trama de un tejido) ‖ tissage *m* (acción) ‖ FIG texture, structure (estructura).

tez *f* teint *m* (del rostro humano).

theta *f* thêta *m* (letra griega).

thriller *m* thriller.

ti *pron pers* toi; *a ti* à toi; *para ti, por ti* pour toi ‖ — FAM *¿a ti qué te importa?* qu'est-ce que cela peut bien te faire? ‖ *no quiero a nadie tanto como a ti* je n'aime personne autant que toi.

tía *f* tante ‖ FAM mère (calificativo); *la tía María* la mère Marie ∣ bonne femme (mujer cualquiera) ∣ poule, fille de joie (prostituta) ‖ — *tía abuela* grand-tante ‖ *tía carnal* tante ‖ *tía segunda, tercera* tante au deuxième, au troisième degré, tante à la mode de Bretagne ‖ — FAM *a tu tía, cuéntaselo a tu tía* à d'autres, mon œil, je t'en fiche ∣ *no hay tu tía* rien à faire, n'y compte pas, tu peux te brosser ‖ POP *¡tu tía!* et ta sœur!

tiamina *f* thiamine (vitamina B₁).

tiangue; tianguis *m (amer)* marché.

tiara *f* tiare.

Tíber *n pr m* GEOGR Tibre.

Tiberíades (lago) *n pr* GEOGR lac de Tibériade.

tiberio *m* FAM chahut, chambard; *armar un tiberio* faire du chahut; *se armó un tiberio* ça a fait du chambard.

Tíbet *n pr m* GEOGR Tibet.

tibetano, na *adj* tibétain, e.
◆ *m* y *f* Tibétain, e.

tibia *f* ANAT tibia *m* ‖ flûte (flauta).

tibial *adj* tibial, e (de la tibia).

tibiamente *adv* sans enthousiasme, mollement, tièdement; *una propuesta tibiamente acogida* une proposition mollement accueillie.

tibieza *f* tiédeur (calor templado) ‖ FIG tiédeur, manque *m* d'enthousiasme (en las opiniones).

tibio, bia *adj* tiède; *agua tibia* eau tiède ‖ FIG tiède (poco fervoroso) ∣ froid, e (trato, acogida).

tiburón *m* ZOOL requin ‖ FIG requin ‖ *(amer)* égoïste, profiteur ∣ don Juan, coureur.

tic *m* MED tic ‖ FIG tic (manía).

Ticiano *n pr m* Titien.

ticket; tique *m* ticket.

tictac *m* tic-tac (onomatopeya).

tiempo *m* temps (duración); *no tengo tiempo para hacerlo* je n'ai pas le temps de le faire ‖ temps; *hace mal tiempo* il fait mauvais temps ‖ temps, époque *f; en tiempo de César* au temps o à l'époque de César ‖ époque *f; ¡qué tiempos los actuales!* quelle époque que la nôtre!; *en nuestro tiempo* à notre époque ‖ saison *f* (estación) ‖ *fruta del tiempo* fruit de saison ‖ moment (momento); *no era tiempo de llorar* ce n'était pas le moment de pleurer ‖ âge; *¿qué tiempo tiene este niño?* quel âge a cet enfant? ‖ AUTOM & DEP & MÚS temps ‖ GRAM temps; *tiempo simple, compuesto* temps simple, composé ‖ — FOT *tiempo de exposición* temps de pose ‖ *tiempo de Pa-*

sión temps de la Passion || FAM *tiempo de perros* temps de chien || ASTR *tiempo medio* temps moyen || — *a largo tiempo* longtemps après || *al mismo tiempo* en même temps || *al tiempo* ou *a tiempo que* tandis que, en même temps que || *antes de tiempo* en avance, avant l'heure (en adelanto), avant terme (parto) || *a su (debido) tiempo* en son temps; *cada cosa a su tiempo* chaque chose en son temps; en temps voulu *o* utile; *pagaré a su debido tiempo* je paierai en temps voulu || *a tiempo* à temps || *a través de los tiempos* à travers les âges || *a un tiempo* en même temps, à la fois || *bastante, demasiado, más tiempo* assez, trop, plus longtemps; *hace bastante tiempo que nos conocemos* il y a assez longtemps que nous nous connaissons || *breve* ou *corto tiempo* peu de temps || *cierto tiempo* un certain temps || *con el tiempo* à la longue (a la larga), avec le temps || *con tiempo* en prenant son temps || *hacer un trabajo con tiempo* faire un travail en prenant son temps; à l'avance; *hay que sacar las entradas con tiempo* il faut prendre les billets à l'avance; à temps (a tiempo) || FIG *cual el tiempo tal el tiento* à la guerre comme à la guerre || *de tiempo inmemorial* de toute éternité, depuis des temps immémoriaux || *en el tiempo en que* à l'époque où || *en la noche de los tiempos* dans la nuit des temps || *en los buenos tiempos* au bon vieux temps || *en mis tiempos* de mon temps || *en otros tiempos, en tiempos, en un tiempo* autrefois, jadis || *en tiempo hábil* ou *oportuno* en temps utile || *en tiempos de* au temps de || *en tiempos remotos* dans le temps, à une époque lointaine, au temps jadis || *fuera de tiempo* hors de saison, hors de propos || *por aquel tiempo* en ce temps-là, à cette époque-là || DEP *primer, segundo tiempo* première, deuxième mi-temps || — *acomodarse al tiempo* suivre son temps, prendre le temps comme il vient, s'adapter aux circonstances || *ahora no es tiempo* il n'est plus temps || *andando el tiempo* avec le temps || *andar con el tiempo* vivre avec son temps || *darle a uno tiempo de* avoir le temps de; *no me da tiempo de ir allí* je n'ai pas le temps d'y aller || *dar tiempo al tiempo* laisser faire le temps, laisser venir || *desde hace tiempo* il y a longtemps || *echar* ou *emplear mucho tiempo en* mettre longtemps à || *el tiempo corre muy rápido* le temps passe très vite || *el tiempo es oro* le temps c'est de l'argent || *el tiempo se me hace largo* le temps me dure *o* me paraît long, je trouve le temps long || *engañar al tiempo* tromper le temps || *en los tiempos que corren, en estos tiempos* par le temps qui court, par les temps qui courent || FIG *en tiempos del rey que rabió, en tiempos de Maricastaña* au temps que la reine Berthe filait, au temps de ma mère l'Oye, aux temps héroïques, aux temps où les bêtes parlaient || *eran los tiempos de* c'était au temps de *o* à l'époque de || *estamos siempre a tiempo de* nous pouvons toujours, il est toujours temps de || *estar sin tiempo para nada* n'avoir le temps de rien faire || *ganar el tiempo perdido, ganar tiempo* rattraper le temps perdu || *ganar tiempo* gagner du temps || *gastar el tiempo* gaspiller son temps || *haber cumplido el tiempo de su servicio (militar)* avoir fait son temps || *hace buen, mal tiempo* il fait beau *o* beau temps, il fait mauvais [temps] || *hace muchísimo tiempo* il y a bien *o* très longtemps || *hace tiempo, hace mucho tiempo, tiempo ha* il y a longtemps || *hacer* ou *poner a mal tiempo buena cara* faire contre mauvaise fortune bon cœur || FIG *le faltó tiempo para decirlo* il n'eut rien de plus pressé que de le dire || *matar* ou *hacer tiempo* tuer *o* faire passer le temps || *mientras más tiempo dure* tant que durera || *no hay tiempo que perder* il n'y a pas de temps à perdre || *no tener tiempo suficiente para* ne pas avoir assez de temps pour || *pasarse el tiempo leyendo* passer son temps à lire || *perder el tiempo* perdre son temps (estar ocioso), perdre du temps (no aprovecharlo) || *ser de su tiempo* être de son temps, marcher avec son temps, être dans le vent (fam) || *tomar el tiempo como* ou *conforme viene* prendre le temps comme il vient || *tomarse tiempo, tomarlo con tiempo* prendre son temps || *tomar tiempo* prendre du temps || *ya es tiempo de* ou *para* il est temps de || *y si no, al tiempo* tu verras, vous verrez, l'avenir le dira.

tienda *f* boutique, magasin *m*; *tienda de modas* boutique de mode; *tienda de antigüedades* magasin d'antiquités; *abrir* ou *poner tienda* ouvrir (une), boutique || *épicerie* (de comestibles) || *tente* (de campaña); *dormir en la tienda* dormir sous la tente || — *tienda de campaña* tente; *dormir en tienda de campaña* dormir *o* coucher sous la tente; *armar una tienda de campaña* dresser une tente || *tienda de comestibles* ou *de ultramarinos* épicerie, magasin d'alimentation || MED *tienda de oxígeno* tente à oxygène || *tienda libre de impuestos* boutique hors taxes || — MIL *batir tiendas* lever le camp || FIG *cerrar la tienda* fermer boutique || *ir de tiendas* faire des courses, courir les magasins.

— OBSERV *Boutique* designa un establecimiento generalmente más pequeño que *magasin*.

tienta *f* sonde (de cirujano) || TAUROM essai *m o* épreuve à laquelle sont soumis les jeunes taureaux en vue de déterminer leur aptitude au combat || — *a tientas* à tâtons; *andar a tientas* marcher à tâtons *o* en tâtonnant.

tiento *m* toucher (sentido del tacto) || bâton d'aveugle (de los ciegos) || balancier (contrapeso) || appui-main, appuie-main (del pintor) || adresse *f*, sûreté *f* de main, coup de main (pulso) || FIG tact, prudence *f*, doigté (miramiento) || FAM coup (golpe) || MÚS *accords pl* que fait le musicien avant de jouer || ZOOL tentacule || *(amer)* lanière *f* de cuir (tira de cuero) || — FIG *andar con tiento* agir avec prudence, y aller doucement (fam) || *a tiento* à tâtons || FAM *coger el tiento* attraper le truc *o* le coup de main || FAM *dar un tiento a la bota* ou *a la botella* boire un coup.

tierno, na *adj* tendre || FIG tendre; *corazón tierno* cœur tendre || tendre (color) || *(amer)* vert, e (frutos) || *en la más tierna edad* depuis l'âge le plus tendre || *ojos tiernos* yeux fragiles, yeux humides *o* qui pleurent || *pan tierno* pain frais.

tierra *f* terre || pays *m* (patria); *Argentina es mi tierra* l'Argentine est mon pays || pays *m*, région (región); *¿cuál es su tierra?* de quelle région êtes-vous?; *es de mi tierra* il est de la même région que moi; *le ha probado mal la tierra* le pays ne lui a pas réussi || jeté *m* (halterofilia) || — *tierra adentro* à l'intérieur des terres (sin movimiento), dans *o* vers l'intérieur des terres (con movimiento) || MAR *tierra a tierra* en longeant la côte || *tierra de batán* terre à foulon || *tierra de cultivo* ou *de labranza* terrain de culture || *tierra de Jauja* pays de cocagne || *tierra de miga* terre forte *o* grasse || *tierra de nadie* no man's land || *tierra de pan llevar* ou *paniega* terre à blé || *Tierra de Promisión* ou *Prometida* Terre promise, Terre de promission (p us) || *tierra de Siena* terre de Sienne || *tierras adentro* arrière-pays || *tierras de acarreo* terres de remblai || QUÍM *tierras raras* terres rares ‖ *Tierra Santa* Terre sainte ‖ *— cuerpo a tierra* à plat ventre ‖ *de la tierra* du pays; *vino de la tierra* vin du pays ‖ — FAM *en toda tierra de garbanzos* partout ‖ *las tierras colindantes* les tenants et les aboutissants d'une terre ‖ *la tierra de María Santísima* l'Andalousie ‖ *movimiento de tierras* terrassement ‖ *por tierra* à terre, par terre ‖ ELECTR *toma de tierra* prise de terre ‖ — FAM *besar la tierra* s'étaler ‖ FIG *besar uno la tierra que otro pisa* baiser la trace des pas de quelqu'un ‖ *dar en tierra* tomber ‖ FIG *dar por tierra* réduire à néant ‖ *dar tierra con uno* ou *con una cosa* renverser quelqu'un *o* quelque chose, jeter à terre ‖ *echar por tierra* abattre, jeter à terre (derrumbar), ruiner, réduire à néant, mettre par terre; *objeción que echa por tierra un razonamiento* objection qui ruine un raisonnement ‖ FIG *echarse por tierra* ramper (humillarse) ‖ AGRIC *echar tierra* terrer ‖ FIG *echar tierra encima de* ou *a un asunto* étouffer *o* enterrer une affaire ‖ *en tierra de ciegos, el tuerto es rey* au royaume des aveugles, les borgnes sont rois ‖ FAM *estar comiendo* ou *mascando tierra* manger les pissenlits par la racine ‖ *pegarse a la tierra* s'aplatir face contre terre ‖ *poner pie en tierra* mettre pied à terre ‖ FIG & FAM *poner tierra (de) por medio* prendre le large ‖ *tirar por tierra* flanquer par terre ‖ FIG *tomar tierra* se poser, toucher terre, atterrir (avión) | *tragárselo a uno la tierra* disparaître de la circulation, s'envoler | *venir* ou *venirse a tierra* s'écrouler | *ver tierras* voir du pays.

Tierra del Fuego *n pr* GEOGR Terre de Feu.

tierruca *f* terroir *m* (terruño) ‖ FAM *la Tierruca* la province de Santander [Espagne].

tieso, sa *adj* raide; *pierna tiesa* jambe raide ‖ rigide; *vara tiesa* bâton rigide ‖ tendu, e (tenso) ‖ FIG raide, guindé, e (afectadamente grave) | ferme, inflexible (terco) ‖ — FIG & FAM *dejar tieso* mettre sur la paille (sin dinero) | *estar tieso* être raide *o* raide comme un passe-lacet, être fauché | *ser más tieso que un ajo* ou *que un huso* ou *que el palo de una escoba* être raide comme un piquet *o* comme un échalas *o* comme un manche à balai *o* comme la justice, être droit comme un I | *tenérselas tiesas* ne pas se laisser faire, tenir bon.

tiesto *m* pot à fleurs (maceta) ‖ tesson (pedazo de vasija) ‖ *tiesto de flores* pot de fleurs.

tifo *m* → **tifus**.

tifoideo, a *adj y s f* MED typhoïde; *fiebre tifoidea* fièvre typhoïde.

tifoídico, ca *adj* MED typhoïdique.

tifón *m* typhon.

tifus; tifo *m* MED typhus ‖ FAM claque *f* ‖ — *tifus asiático* choléra ‖ *tifus de América* fièvre jaune (fiebre amarilla).

tigre *m* tigre ‖ POP chiottes *f pl* (retrete) ‖ *(amer)* jaguar ‖ *tigre hembra* tigresse ‖ FIG & FAM *oler a tigre* sentir le fauve (un lugar).

Tigris *n pr m* GEOGR Tigre.

TIJ abrev de *Tribunal Internacional de Justicia* C.I.J., Cour internationale de justice [organe des Nations unies].

tija *f* tige (de la llave).

tijera *f* ciseaux *m pl* ‖ chevalet *m*, chèvre (para aserrar madera) ‖ fossé *m*, rigole (para desagüe) ‖ tondeur *m* (esquilador) ‖ ciseau *m* (en lucha libre) ‖ soupente (correa de coche) ‖ cerceau *m* (pluma) ‖ FIG mauvaise langue (murmurador) ‖ — *asiento de tijera* pliant, *catre, escalera de tijera* lit pliant, échelle pliante ‖ DEP *salto de tijera* saut en ciseaux, ciseau ‖ *silla de tijera* chaise pliante ‖ *tijeras para podar* ou *de jardinero* sécateur ‖ — FIG *cortado con la misma tijera* taillé sur le même modèle, à mettre dans le même panier ‖ *echar* ou *meter la tijera en* commencer à couper.

— OBSERV Dans le sens de *ciseaux*, l'espagnol emploie de préférence le pluriel: *unas tijeras* des ciseaux, une paire de ciseaux.

tijereta *f* petits ciseaux *m pl* ‖ vrille (de la viña) ‖ DEP ciseau *m* (salto) ‖ ZOOL perce-oreille *m*, forficule *m* ‖ *(amer)* sorte de cormoran (ave) ‖ — FIG & FAM *decir tijeretas* couper *o* fendre les cheveux en quatre ‖ DEP *salto de tijereta* saut en ciseaux, ciseau.

tijeretada *f*; **tijeretazo** *m* coup *m* de ciseaux.

tijeretear *v tr* taillader (cortar) ‖ FIG & FAM faire et défaire, disposer à sa guise (en negocios ajenos).

tila *f* tilleul *m* (árbol, flor e infusión).

tildado, da *adj* tildé, e (letra) ‖ FIG accusé, e; taxé, e (tasado).

tildar *v tr* mettre le tilde [sur une lettre] ‖ biffer, effacer (borrar) ‖ FIG accuser, taxer; *le tildan de avaro* on le taxe d'avare, on l'accuse d'être avare.

tilde *f* tilde *m* (de la ñ) ‖ accent *m*; *«fue» se escribe ahora sin tilde* «fue» s'écrit maintenant sans accent ‖ FIG marque (nota denigrativa) | vétille (cosa mínima) ‖ FIG *poner tilde a* faire des reproches à, critiquer.

tílico, ca *adj (amer)* FAM maigrichon, onne.

tiliche *m (amer)* pacotille, *f*.

tilín *m* drelin (de la campanilla) ‖ — FAM *(amer) en un tilín* en un clin d'œil (en un tris) ‖ FIG & FAM *hacer tilín* ravir, enchanter; *no me hace tilín hacer esto ahora* cela ne m'enchante pas de faire ça maintenant; plaire; *esta persona me hace tilín* cette personne me plaît.

tilinches *m pl (amer)* haillons, guenilles *f*.

tilingo, ga *adj y s (amer)* sot, sotte (lelo).

tilo *m* tilleul (árbol) ‖ *té de tilo* tilleul [infusion].

timador *m* FAM escroc, filou, estampeur.

timar *v tr* FAM carotter, escroquer, flouer *(p us)*; *le timaron 1 000 pesetas* on lui a carotté 1 000 pesetas, on l'a escroqué de 1 000 pesetas | rouler, refaire, empiler, estamper (engañar); *me han timado* on m'a roulé, je me suis fait rouler.

◆ *v pr* FAM se faire de l'œil (hacerse guiños) ‖ POP *timarse con una mujer* faire une touche.

timba *f* FAM partie (partida de juego) | tripot *m* (garito) ‖ *(amer)* gros *m* ventre, bedaine *(fam)* (barriga hinchada).

timbal *m* MÚS timbale *f* | petit tambour (atabal) ‖ vol-au-vent *inv*, timbale *f* (manjar).

timbalero *m* timbalier.

timbón, ona *adj (amer)* ventru, e; bedonnant, e *(fam)*.

timbrado, da *adj* timbré, e ‖ *papel timbrado* papier timbré (papel sellado), papier à en-tête (con membrete).

◆ *m* timbrage (sellado).

timbrar *v tr* timbrer ‖ *máquina de timbrar* timbreuse.

timbrazo *m* coup de sonnette.

timbre *m* sonnette *f* (de la puerta) ‖ timbre (campanilla) ‖ timbre (sonido); *timbre metálico, de* *voz* timbre métallique, de voix ‖ timbre (fiscal) ‖ BLAS timbre ‖ — *timbre concertado* abonnement au timbre ‖ *timbre de alarma* sonnette d'alarme ‖ FIG *timbre de gloria* titre de gloire ‖ *timbre móvil* timbre-quittance (en una letra de cambio), timbre fiscal (en un documento) ‖ — *tocar el timbre* sonner, appuyer sur la sonnette.

timidez *f* timidité.

tímido, da *adj y s* timide.

timo *m* ombre (pez) ‖ FAM carottage, estampage, escroquerie *f* (hurto); *un timo de 1 000 pesetas* une escroquerie de 1 000 pesetas | jeu de dupes, escroquerie *f* (engaño) ‖ ANAT thymus ‖ FIG & FAM *dar un timo* escroquer, rouler | *esta película es un timo* ce film est une escroquerie | *hacer el timo del sobre* ou *de la estampita* faire le coup de l'enveloppe.

timón *m* timon (del coche, del arado) ‖ gouvernail (de avión, barco); *timón de profundidad* gouvernail de profondeur ‖ barre *f* (caña); *golpe de timón* coup de barre ‖ baguette *f* (del cohete) ‖ FIG barre *f*, timon (dirección de un negocio) ‖ — MAR *caña del timón* barre, timon | *guardín del timón* tire-veilles, drosse ‖ — MAR *llevar el timón* tenir la barre.

timonear *v intr* diriger.

timonel *m* timonier.

timorato, ta *adj* timoré, e (tímido) ‖ *(p us)* craignant Dieu (pío).

timpánico, ca *adj* tympanique.

tímpano *m* ANAT tympan ‖ ARQ e IMPR tympan ‖ MÚS tympanon ‖ fond (de tonel).

tina *f* jarre (tinaja) ‖ cuve (de fotógrafo, de tintorero, etc.) ‖ baignoire *f* (baño).

tinaco *m* cuve *f* (tina pequeña).

tinaja *f* jarre (vasija de barro).

tinajero, ra *m y f* potier, ère qui fabrique des jarres.

tinerfeño, ña *adj y s* de Ténériffe.

tinglado *m* hangar (cobertizo) ‖ baraque *f* (casucha) ‖ FIG stratagème (artificio) ‖ — FIG *manejar el tinglado* tenir o tirer les ficelles | *¡menudo tinglado se ha formado para esta fiesta!* on en a fait des histoires pour cette fête!

tinieblas *f pl* ténèbres ‖ *ángel de tinieblas* ange des ténèbres.

tino *m* adresse *f* (acierto) ‖ FIG bon sens, jugement; *estar falto de tino* manquer de bon sens | sagesse *f* (cordura); *obrar con tino* agir avec sagesse ‖ cuve *f* (tina) ‖ pressoir (lagar) ‖ — FIG *hablar sin tino* déraisonner | *perder el tino* perdre la tête | *sacar de tino* étourdir (con un golpe), abasourdir (asombrar), mettre hors de soi (exasperar) | *sin tino* sans mesure.

tinta *f* encre ‖ *tinta china, simpática* encre de Chine, sympathique; *escribir con tinta* écrire à l'encre | teinte (color) ‖ *media tinta* demi-teinte ‖ — FIG *hacer gastar mucha tinta* faire couler beaucoup d'encre | *mis informes son de buena tinta* je tiens mes renseignements de bonne source o d'une source sûre | *sudar tinta* suer sang et eau.

◆ *pl* couleurs; *pintar con tintas negras* peindre sous de sombres couleurs ‖ — FIG *medias tintas* demi-mesures (hechos), généralités, paroles vagues (dichos vagos) ‖ FIG *recargar* ou *cargar las tintas* forcer la note, en rajouter (fam).

tintar *v tr* teindre (teñir).

tinte *m* teinture *f* (acción) ‖ teinturerie *f*, teinturier (tienda); *llevar un vestido al tinte* porter une robe chez le teinturier ‖ FIG teinture *f* (barniz) | tendance *f*; *tener un tinte político* avoir une tendance politique.

tintero *m* encrier ‖ FIG & FAM *dejarse algo en el tintero, quedárselo a uno algo en el tintero* laisser quelque chose dans l'encrier.

tintinear *v intr* tintinnabuler (cascabelear) ‖ tinter (una campana).

tintineo *m* tintement.

tinto, ta *adj* teint, e (teñido) ‖ rouge; *vino tinto* vin rouge.

◆ *m* vin rouge (vino).

tintorería *f* teinturerie, teinturier *m*; *lleva el vestido a la tintorería* porte la robe chez le teinturier o à la teinturerie.

tintorero, ra *m y f* teinturier, ère.

◆ *f* requin *m* (tiburón).

tintorro *m* FAM pinard.

tintura *f* teinture ‖ fard *m* (afeite) ‖ FIG teinture (noción superficial) ‖ *tintura de yodo* teinture d'iode.

tiña *f* teigne (insecto) ‖ MED teigne ‖ FIG & FAM radinerie, ladrerie (miseria).

tiñoso, sa *adj y s* teigneux, euse ‖ FIG & FAM radin, e; ladre (miserable).

tío *m* oncle ‖ père [titre donné à un homme âgé]; *el tío José* le père Joseph ‖ FAM type (individuo); *un tío estupendo* un chic type; *un tío raro* un drôle de type | espèce de (con adjetivo); *tío pillo* espèce de coquin | *(amer)* vieux Noir, vieux Nègre [terme d'amitié en Argentine] ‖ — *tío abuelo* grand-oncle ‖ *tío segundo, tercero* oncle au deuxième, au troisième degré, oncle à la mode de Bretagne ‖ *tío vivo* chevaux de bois, manège ‖ — *(amer)* FIG & FAM *cuento del tío* bobard ‖ FIG & FAM *el tío del saco* le croquemitaine | *el Tío Sam* l'Oncle Sam (Estados Unidos) ‖ FAM *¡vaya un tío!* ça, c'est quelqu'un!, quel type formidable! (admiración), quel sale type! (reprobación) ‖ — FIG & FAM *tener un tío en las Indias* avoir un oncle d'Amérique.

tiovivo *m* chevaux *pl* de bois, manège.

tipa *f* FAM fille (mujer despreciable).

tiparraca *f* POP garce, typesse.

tiparraco *m* FAM type, sale type, drôle d'individu.

tipazo *m* FAM canon ‖ FAM *tener un tipazo* être bien roulé o bien foutu.

tipejo, ja *m y f* FAM polichinelle *m*, fantoche *m* (persona ridícula) | type, sale type, drôle d'individu.

típico, ca *adj* typique ‖ *típico de* caractéristique de.

tipificación *f* classification (clasificación) ‖ standardisation, normalisation (uniformación).

tipificado, da *adj* typifié, e.

tipificar *v tr* standardiser, normaliser.

tiple *m* petite guitare *f* (guitarrita) ‖ MAR voile *f* ferlée (vela) ‖ mâtereau (palo).

◆ *m y f* MÚS soprano.

tipo *m* type (modelo) ‖ genre, sorte *f* (clase) ‖ taux; *tipo de cambio, de interés, de descuento* taux de change, d'intérêt, d'escompte; *tipo de interés preferencial* taux d'intérêt préférentiel; *tipo impositivo* taux d'imposition ‖ genre; *comedia musical de tipo*

tipografía

americano comédie musicale de genre américain ‖ variété *f*, sorte *f*; *existen numerosos tipos de árboles* il existe de nombreuses variétés d'arbres ‖ FAM type (persona); *un tipo raro* un drôle de type ‖ bonhomme; *un gran tipo* un grand bonhomme ‖ silhouette *f*, ligne *f* (figura) ‖ BOT & ZOOL embranchement; *el tipo de los vertebrados* l'embranchement des vertébrés ‖ IMPR caractère (letra) ‖ — FAM *aguantar el tipo* encaisser ‖ *jugarse el tipo* risquer sa peau ‖ FIG *persona con un tipo muy acusado* personne très typée ‖ *tener buen tipo* être bien fait; *esta mujer tiene muy buen tipo* cette femme est très bien faite.

tipografía *f* typographie.
tipográfico, ca *adj* typographique.
tipógrafo, fa *adj y s* typographe, typo (*fam*) ‖ *cajista tipógrafo* ouvrier typographe.
tipología *f* typologie.
tique *m* → **ticket**.
tiquismiquis *m pl* FAM scrupules ridicules (reparos vanos) ‖ chichis, manières *f* (remilgos); *¡déjate de tiquismiquis!* pas tant de chichis!; *tener tiquismiquis* faire des manières ‖ histoires *f* (enredos) ‖ FAM *no andarse con tiquismiquis* ne pas y aller par quatre chemins.
TIR abrev de *transportes internacionales por carretera* T.I.R., transports internationaux routiers.
tira *f* bande (de tela, papel, etc.) ‖ lanière; *las telas de cuero de un flagelo* les lanières de cuir d'un fouet ‖ bride; *zapatos con tiras* chaussures à brides ‖ MAR garant *m* [de poulie] ‖ — FAM *sacar las tiras del pellejo* écorcher vif (criticar) ‖ *tiras de periódico ilustrado* bandes dessinées.
➤ *m* (amer) POP flic (policía).
tirabuzón *m* tire-bouchon (rizo de cabello) ‖ tire-bouchon (sacacorchos) ‖ AVIAC vrille *f* ‖ DEP tire-bouchon (salto) ‖ FAM *sacar con tirabuzón* arracher; *sacar la verdad con tirabuzón* arracher la vérité.
➤ *pl* anglaises *f* (rizo de cabello).
tirachinas; tirachinos *m inv* lance-pierres.
tirada *f* IMPR tirage *m* (libro, periódico); *tirada aparte* tirage à part ‖ tirade (de versos) ‖ tir *m* (al pichón, al plato) ‖ FAM trotte (distancia) ‖ *de ou en una tirada* d'une seule traite, tout d'une traite.
tiradero *m* affût, tiré, poste de chasse.
tirado, da *adj* FAM courant, e; qui se trouve partout (que abunda) ‖ facile, pas difficile, simple comme bonjour; *este trabajo está tirado* ce travail n'est pas difficile ‖ donné, e; bon marché *inv* (barato); *este reloj está tirado* cette montre est donnée ‖ délié, e (letra) ‖ allongé, e (embarcación) ‖ TECN trait, e; *oro tirado* or trait.
➤ *m* TECN tirage (de los metales) ‖ IMPR tirage.
tirador, ra *m y f* tireur, euse; *tirador con arco* tireur à l'arc; *tirador de primera* tireur d'élite.
➤ *m* poignée *f*, bouton (de puerta, de cajón) ‖ cordon (de campanilla) ‖ lance-pierres *inv* (tiragomas) ‖ MIL tirailleur ‖ IMPR pressier (prensista) ‖ TECN filière *f* (de metales) ‖ tréfileur (trefilador) ‖ tireur de fil (de oro) ‖ (amer) ceinturon de gaucho (cinturón).
➤ *f* FOT tireuse.
➤ *m pl* (amer) bretelles *f* (de los pantalones).
tiralíneas *m inv* tire-ligne ‖ FIG *con tiralíneas* au compas.
tirana *f* chanson populaire espagnole.
Tirana *n pr* GEOGR Tirana.

tiranía *f* tyrannie.
tiranicidio *m* tyrannicide (crimen).
tiránico, ca *adj* tyrannique.
tiranizar *v tr* tyranniser.
tirano, na *adj* tyrannique.
➤ *m y f* tyran *m* (sin femenino).
tiranosaurio *m* tyrannosaure (reptil).
tirante *adj* tendu, e (tenso) ‖ FIG tendu, e; *relaciones tirantes* rapports tendus; *situación tirante* situation tendue ‖ *estar tirante con alguien* être en froid avec quelqu'un.
➤ *m* trait (de caballería) ‖ bretelle *f* (del pantalón) ‖ épaulette *f* (de combinación) ‖ tirant (de botas) ‖ ARQ tirant ‖ TECN entretoise *f* (riostra).
tirantez *f* tension, raideur ‖ FIG tension, tiraillements *m pl*; *tirantez entre el presidente y sus ministros* tension entre le président et ses ministres ‖ ARQ ligne de force.
tirar *v tr* jeter; *tirar un libro al suelo* jeter un livre par terre ‖ renverser; *tirar agua en el suelo* renverser de l'eau par terre ‖ lancer, jeter (arrojar); *tirar piedras a uno* lancer des pierres à quelqu'un ‖ jeter (deshacerse); *tirar viejos papeles* jeter de vieux papiers ‖ abattre; *tirar una casa* abattre une maison ‖ tirer; *tirar un cañonazo* tirer un coup de canon ‖ lancer (un cohete) ‖ larguer (paracaídista, bomba) ‖ tirer (una línea, un plano) ‖ tirer, étirer (estirar) ‖ gaspiller (malgastar); *tirar dinero* gaspiller de l'argent ‖ tirer (cerveza) ‖ MAT abaisser (perpendicular) ‖ IMPR & FOT tirer; *se han tirado cinco mil ejemplares de este libro* ce livre a été tiré à 5 000 exemplaires; *tirar una foto a partir de un negativo* tirer une épreuve à partir d'un négatif ‖ faire; *tírame una foto* fais-moi une photo ‖ FAM faire des allusions désobligeantes, dire du mal de; *me está siempre tirando* il ne cesse de faire des allusions désobligeantes à mon sujet ‖ vendre très bon marché (vender barato) ‖ DEP botter; *tirar un saque de esquina* botter un corner ‖ tirer (en fútbol); *tirar a gol* tirer au but ‖ (amer) transporter ‖ — *tirar abajo una puerta* enfoncer une porte ‖ FIG *tirar el dinero por la ventana* jeter l'argent par les fenêtres ‖ *tirar una estocada* pousser une estocade ‖ *tirar un mordisco* donner un coup de dent ‖ *tirar un pellizco* pincer.
➤ *v intr* tirer (una chimenea); *esta chimenea tira bien* cette cheminée tire bien ‖ tirer; *tirar con arco* tirer à l'arc; *tirar al aire* tirer en l'air ‖ tirer; *la piel me tira* la peau me tire ‖ tourner (torcer); *tire usted a la derecha* tournez à droite ‖ dévier, dériver (desviarse) ‖ FAM tirer (un motor) ‖ FIG attirer (atraer); *a Vicente siempre le tiró el mar* Vincent a toujours été attiré par la mer ‖ FAM se maintenir, tenir le coup, durer; *el enfermo tirará sin duda un año más* le malade se maintiendra sans doute encore un an ‖ tenir le coup, faire; *este traje tirará todavía un año más* ce costume tiendra bien le coup encore un an ‖ s'en tirer, tenir le coup; *tira con 3000 francos al mes* il s'en tire avec 3000 francs par mois ‖ — *tirar a* tirer sur; *tirar a azul* tirer sur le bleu; avoir tendance à (tener propensión) ‖ *tirar a bulto* tirer au jugé o au hasard ‖ FAM *tirar al monte* retourner à de vieilles habitudes ‖ FIG *tirar a matar a, tirar con bala a* tirer à boulets rouges sur ‖ *tirar de* tirer, traîner; *caballo que tira de un carro* cheval qui tire une charrette; tirer sur; *tirar de la brida, de la cuerda* tirer sur la bride, sur la corde; tirer; *tirar del pelo, de las orejas* tirer les cheveux, les oreilles; tirer par; *le*

hizo salir tirándole del pelo il le fit sortir en le tirant par les cheveux; attirer; *el imán tira del acero* l'aimant attire l'acier || FIG *tirar de espaldas* renverser (asombrar) | *tirar de la lengua* tirer les vers du nez, faire parler | *tirar largo* ou *de largo* ou *por largo* faire les choses en grand, voir grand (calcular), dépenser largement (gastar) | *tirar por* avoir un faible pour (sentirse inclinado), prendre, passer par; *si tiráramos por este camino llegaríamos antes* si nous prenions ce chemin nous arriverions plus tôt | *tirar por lo alto* avoir de grandes ambitions || — FIG *a más tirar, a todo tirar* tout au plus, à tout casser (fam) | *dejar tirado a uno* laisser tomber quelqu'un (abandonar), laisser quelqu'un loin en arrière, enfoncer quelqu'un (superar), laisser quelqu'un comme deux ronds de flan, en boucher un coin à quelqu'un (dejar asombrado) | *estar tirando* traîner en longueur, se traîner || FIG & FAM *ir tirando* aller comme ci, comme ça || FIG *la patria siempre tira* on se sent toujours attiré par sa patrie, on a toujours un penchant pour sa patrie || FAM *tirando* comme ci, comme ça; on fait aller || *tirando por alto* tout au plus || *tirando por bajo* au bas mot || FAM *tira y afloja* va-et-vient; *un tira y afloja de aseveraciones y negaciones* un va-et-vient d'affirmations et de refus; politique de bascule (en política), marchandage (trato), succession d'exigences et de concessions.

◆ *v pr* se jeter; *tirarse al agua* se jeter à l'eau; *tirarse de cabeza* se jeter la tête la première || s'étendre, s'allonger (tenderse); *tirarse en la cama* s'étendre sur le lit || DEP faire un plongeon (fútbol) || FIG & FAM tirer; *tirarse un año de cárcel* tirer un an de prison | s'envoyer, se farcir (pop); *voy a tirarme un año en provincias* je vais m'envoyer un an en province; *se ha tirado un viaje pesadísimo* il s'est envoyé un voyage assommant || *tirarse a fondo* plastronner, se fendre (esgrima) || FIG & FAM *tirarse al suelo de risa* se rouler par terre de rire | *tirarse a matar* être à couteaux tirés | *tirarse de cabeza en la piscina* plonger dans la piscine | *tirarse del moño* se crêper le chignon (pelearse las mujeres) | *tirarse un planchazo* ou *una plancha* faire une gaffe, commettre un impair, se mettre le doigt dans l'œil jusqu'au coude (pop) || IMPR *tírese* bon à tirer.

tiricia *f* FAM jaunisse (ictericia).

tirio, ria *adj* tyrien, enne.
◆ *m y f* Tyrien, enne || FIG *tirios y troyanos* guelfes et gibelins, partisans et adversaires.

tirita *f* pansement *m* adhésif.

tiritar *v intr* grelotter.

tiritera *f* grelottement *m*.

tiritón *m* tremblement, frisson (escalofrío) || *dar tiritones* faire trembler, donner des frissons.

tiritona *f* FAM tremblement *m* || — FAM *dar una tiritona* faire trembler | *tener una tiritona* trembler, avoir le tremblote.

tiro *m* coup; *tiro de pistola* coup de pistolet || coup de feu (disparo); *se oyen tiros* on entend des coups de feu || balle *f* (bala); *le mató de un tiro* il l'a tué d'une balle | trace *f* de balle (huella); *se veían en la pared muchos tiros* on voyait sur le mur de nombreuses traces de balles || tir; *tiro con bola, de enfilada, de fogueo, oblicuo, rasante* tir à boulet, d'enfilade, à blanc, d'écharpe o plongeant, rasant; *línea de tiro* ligne de tir || portée *f* (alcance); *a un tiro de bala* à une portée de fusil | trait; *a tiro de ballesta* à un trait d'arbalète || jet; *a un tiro de piedra* à un jet de pierre; *un tiro de 55 metros* un jet de 55 mètres (deporte) || pièce *f* d'artillerie (cañón) || attelage (de caballería); *tiro par* attelage à quatre chevaux || trait; *animales de tiro* bêtes de trait || corde *f*, câble (cuerda) || tirage (de una chimenea) || étage, volée *f* (de escalera) || longeur *f* (longitud) || carrure *f* (anchura del vestido) || ampleur *f* à l'entrejambe (de un pantalón) || shoot (fútbol) || MIN puits (pozo) | profondeur *f* (profundidad) || VETER tic || (amer) tirage (de imprenta) || — *tiro a discreción* feu à volonté || *tiro a gol* tir au but (remate) || *tiro al blanco* tir à la cible | *tiro al plato* tir au pigeon d'argile | *tiro de gracia* coup de grâce | *tiro de pichón* tir aux pigeons || *tiro de tres puntos* panier à trois points (baloncesto) || *tiro errado* coup manqué || *tiro escalonado* barrage roulant || — *a tiro* à portée || *a tiro hecho* à coup sûr (con seguridad), avec précision (apuntando bien), exprès (adrede) || FIG *de tiros largos* tiré à quatre épingles, en grand tralala, sur son trente-et-un | *de un tiro* d'un seul coup | *ni a tiros* quoi qu'on fasse, en aucune façon, pour rien au monde || — *dar* ou *pegar un tiro* a tirer sur || *darse* ou *pegarse un tiro en la cabeza* se tirer une balle dans la tête || *errar el tiro* manquer son coup || *la niña no quería comer sus gachas ni a tiros* il n'y avait pas moyen de faire prendre sa bouillie à la petite || FAM *le salió el tiro por la culata* ça lui est retombé sur le nez o sur la tête o sur le dos, ça a raté || *liarse a tiros* échanger des coups de feu || VETER *padecer tiro* tiquer || FIG *ponerse a tiro* se trouver sur le chemin de; *si se me pone a tiro se lo digo* s'il se trouve sur mon chemin, je le lui dis || *sin pegar un tiro* sans coup férir.
◆ *pl* bélière *f sing* (para colgar la espada) || (amer) bretelles *f pl*.

tiroideo, a *adj* ANAT thyroïdien, enne; thyroïde.

tiroides *m* ANAT glande *f* thyroïde, thyroïde *f*.

Tirol *n pr m* GEOGR Tyrol.

tirolés, esa *adj* tyrolien, enne.
◆ *m y f* Tyrolien, enne.

tirón *m* secousse *f* (sacudida); *dar un tirón* donner une secousse || tiraillement (de estómago) || contracture *f*, crampe *f* (de un músculo) || FAM trotte *f* (distancia); *hay un tirón de aquí a tu casa* il y a une trotte d'ici à chez toi || FIG nostalgie *f* (añoranza) | penchant (inclinación) || — *a tirones* par à-coups | *de un tirón* d'un seul coup (al primer intento), tout d'une traite, d'un trait (de una sola vez); *leer una novela de un tirón* lire un roman tout d'une traite; d'affilée, d'un trait, tout d'une traite; *hacer cincuenta kilómetros de un tirón* faire cinquante kilomètres d'affilée || *ni a dos tirones* en aucune façon, pour rien au monde || — *dar tirones* tirailler || *dar un tirón de orejas* tirer les oreilles || *sufrir un tirón en un músculo* se claquer un muscle.

tiroriro *m* FAM taratata (onomatopeya de los instrumentos de viento).
◆ *pl* cuivres (instrumentos de viento).

tirotear *v tr* tirer sur; *le tirotearon desde el tejado* du toit ils ont tiré sur lui || *fue tiroteado por los ladrones* les voleurs lui tirèrent dessus, il essuya des coups de feu tirés par les voleurs.
◆ *v intr* tirailler.
◆ *v pr* échanger des coups de feu.

tiroteo *m* fusillade *f*, coups *pl* de feu, échange de coups de feu || coups *pl* de fusil o de feu (ruido); *se oía un tiroteo a lo lejos* on entendait des coups de fusil au loin.

tiroxina *f* thyroxine (hormona).
tirreno, na *adj* tyrrhénien, enne.
◆ *m* y *f* Tyrrhénien, enne.
tirria *f* FAM hostilité, antipathie ‖ — FAM *tener tirria a uno* avoir une dent contre quelqu'un, en vouloir à quelqu'un, avoir quelqu'un en grippe ǀ *tomar tirria a uno* prendre quelqu'un en grippe.
tirso *m* thyrse ‖ BOT thyrse (panoja).
tisana *f* tisane.
tísico, ca *adj* y *s* phtisique.
tisis *f* MED phtisie.
tisú *m* drap d'or o d'argent (tela).
— OBSERV pl *tisúes* ou *tisús.*
tita *f* FAM tantine, tata.
titán *m* titan.
titánico, ca *adj* titanesque, titanique ‖ QUÍM titanique ‖ FIG *un trabajo titánico* un travail de titan.
titanio *m* titane (metal).
títere *m* marionnette *f* ‖ FIG polichinelle, pantin (persona que se deja dominar) ‖ — FIG *no queda títere con cabeza* il ne reste rien debout, tout est saccagé ‖ *teatro de títeres* théâtre de marionnettes, guignol.
tití *m* ZOOL ouistiti (mono).
Titicaca (lago) *n pr* GEOGR lac Titicaca.
titilador, ra; titilante *adj* titillant, e ‖ scintillant, e (astro).
titilar; titilear *v intr* titiller ‖ scintiller (astro).
titipuchal *m* (amer) FAM ribambelle *f*.
titiritaina *f* FAM charivari *m*, raffut *m*.
titiritar *v intr* grelotter.
titiritero, ra *m* y *f* montreur, euse de marionnettes ‖ danseur, euse de corde; équilibriste (volatinero), bateleur, euse (saltimbanqui).
tito *m* FAM tonton (tío).
titubeante *adj* titubant, e; chancelant, e; *con paso titubeante* d'un pas chancelant; *un andar titubeante* une démarche titubante ‖ bredouillant, e (que farfulla) ‖ FIG hésitant, e (que duda).
titubear *v intr* tituber, chanceler (oscilar) ‖ FIG hésiter; *titubea en venir* il hésite à venir; *titubeaba si lo haría* j'hésitais à le faire; *titubea en la elección de un oficio* il hésite dans le choix d'un métier o sur le métier qu'il va choisir.
titubeo *m* titubation *f*, chancellement (acción de oscilar) ‖ FIG hésitation *f*; *titubeo en hablar* hésitation à parler.
titulación *f* niveau *m* d'études ‖ titrage *m* (de un periódico, una película, etc.).
titulado, da *adj* y *s* diplômé, e [d'un titre universitaire] ‖ FIG *un titulado pintor* un soi-disant peintre.
titular *adj* titulaire, en titre; *juez titular* juge titulaire; *profesor titular* professeur en titre.
◆ *m* y *f* titulaire ‖ *hacer titular* titulariser.
◆ *m* gros titre; *anunciar con grandes titulares* annoncer avec de gros titres ‖ manchette *f* (encabezamiento en la primera plana) ‖ titulaire, intitulé (de una cuenta).
titular *v tr* intituler (llamar) ‖ QUÍM titrer.
◆ *v intr* obtenir un titre.
◆ *v pr* se qualifier, se donner le titre de.
titularizar *v tr* titulariser.
titulillo *m* IMPR titre courant (folio explicativo).

título *m* titre (inscripción, subdivisión, calidad, dignidad) ‖ titre; *título de propiedad* titre de propriété ‖ diplôme, titre; *título de bachiller, de licenciado* diplôme de bachelier, de licencié ‖ noble, personne *f* titrée (dignatario) ‖ — *a título de* à titre de ‖ *conceder un título* donner un titre ‖ *con el mismo título* qui a le même titre (igual), au même titre (por el mismo motivo) ‖ *¿con qué título?* à quel titre? ‖ CINEM e IMPR *máquina de componer títulos* titreuse ‖ *título al portador* titre au porteur ‖ *título cotizable* titre coté ‖ *título de pago* titre de paiement ‖ *título de piloto* brevet de pilote ‖ QUÍM *título de una solución* titre d'une solution.
tiza *f* craie; *escribir con tiza* écrire à la craie ‖ blanc *m*, craie (de billar).
tizate *m* (amer) craie *f* (tiza).
Tiziano *n pr m* Titien.
tizna *f* suie (tizne).
tiznado, da *adj* (amer) gris, e; ivre (ebrio).
tiznadura *f* noircissement *m* (acción) ‖ noircissure (tiznón).
tiznajo *m* tache *f* noire, noircissure *f*.
tiznar *v tr* tacher de noir (manchar de negro) ‖ salir (manchar, ensuciar) ‖ charbonner; *tiznar una pared* charbonner un mur ‖ FIG noircir, flétrir; *tiznar la reputación* noircir la réputation.
◆ *v pr* se tacher de noir, se salir (mancharse) ‖ (amer) s'enivrer (emborracharse).
tizne *m* y *f* suie *f*.
tizo *m* fumeron (carbón).
tizón *m* tison (palo a medio quemar) ‖ FIG tache *f*, souillure *f* (mancha en la fama) ‖ BOT nielle *f*, charbon (parásito) ‖ ARQ boutisse *f* (del sillar); *a tizón* en boutisse ‖ *negro como un tizón* noir comme un corbeau.
tizona *f* FAM rapière, flamberge.
— OBSERV *Tizona* était le nom de l'épée du Cid, comme *Durandal* le nom de celle de Roland.
tizonada *f*; **tizonazo** *m* coup *m* porté avec un tison (golpe).
◆ *pl* FIG & FAM feux *m* de l'enfer, chaudières *f* de l'enfer (infierno).
tizonear *v intr* tisonner (el fuego).
tlacuache *m* (amer) sarigue *f* (zarigüeya).
tlapalería *f* (amer) droguerie, droguiste *m*.
tlazol *m* (amer) bout de la tige du maïs.
TNT abrev de *trinitrotolueno* TNT, trinitrotoluène.
toalla *f* serviette, serviette de toilette (en el cuarto de baño) ‖ essuie-mains *m inv* (para las manos) ‖ *toalla de felpa* serviette-éponge.
toallero *m* porte-serviette *inv*.
toar *v tr* MAR touer (remolcar).
toast *m* toast (tostada).
tobera *f* tuyère; *tobera de escape, de aire comprimido* tuyère d'éjection, à air comprimé.
tobillera *adj f* FAM *niña tobillera* gamine.
tobillo *m* ANAT cheville *f* ‖ FIG *no llegarle a uno al tobillo* ne pas arriver à la cheville de quelqu'un.
tobogán *m* toboggan.
toca *f* coiffe ‖ coiffe, cornette (de religiosas) ‖ toque (casquete) ‖ batiste, linon *m* (tela).
tocadiscos *m inv* tourne-disque, tourne-disques.
tocado *adj* FIG & FAM toqué, e; timbré, e; loufoque (loco) ‖ FAM *tocado de la cabeza* cinglé, maboul, piqué, toqué.

◆ *m* coiffure *f* (sombrero) ‖ coiffure *f* (peinado) ‖ touche *f* (esgrima).

tocador, ra *adj* y *s* joueur, euse; *tocador de arpa* joueur de harpe ‖ *tocador de guitarra* guitariste.

◆ *m* table *f* de toilette (mueble para el aseo) ‖ coiffeuse *f* (mueble para una mujer) ‖ cabinet de toilette (cuarto) ‖ nécessaire de toilette (neceser) ‖ *artículos de tocador* objets de toilette.

tocamiento *m* action *f* de toucher.

tocante *adj* touchant *inv*, contigu, ë ‖ *tocante a* en ce qui concerne, quant à, en matière de; *no diré nada tocante a la economía* je ne dirai rien en ce qui concerne l'économie; concernant, relatif, ive; *asuntos tocantes a la economía* des affaires concernant l'économie.

tocar *v tr* toucher; *tocar algo con el dedo* toucher quelque chose du doigt ‖ jouer de; *tocar la guitarra, el piano, el violín* jouer de la guitare, du piano, du violon ‖ battre (tambor); *tocar llamada* battre l'appel ‖ sonner; *tocar la campana* sonner la cloche; *tocar diana* sonner la diane ‖ passer; *tocar discos* passer des disques ‖ toucher (esgrima) ‖ toucher (metal precioso) ‖ faire escale, toucher; *el barco tocará los siguientes puertos* le bateau fera escale dans les ports suivants *o* touchera aux ports suivants ‖ retoucher (una pintura) ‖ toucher à, aborder; *tocar un asunto arduo* aborder un sujet ardu ‖ — *tocar a muerto* sonner le glas ‖ *tocar a rebato* sonner le tocsin ‖ *tocar el timbre* sonner ‖ FIG *tocar en lo vivo* toucher au vif ‖ *tocar la bocina* klaxonner, corner ‖ FIG *tocar por encima* survoler (un asunto) ‖ *tocar todos los registros* miser sur tous les tableaux, frapper à toutes les portes (intentarlo todo), essayer de faire vibrer la corde sensible (llamar a la sensibilidad).

◆ *v intr* frapper; *tocar a la puerta* frapper à la porte ‖ être à, appartenir; *me toca decirlo* c'est à moi de le dire; *no le toca a usted hacer este trabajo* ce n'est pas à vous de faire ce travail, il ne vous appartient pas de faire ce travail ‖ gagner (en suerte); *le tocó el gordo* il a gagné le gros lot ‖ échoir, avoir; *tocar en un reparto* échoir en partage ‖ être le tour de; à moi, à toi, à lui, etc., de; être à moi, à toi, à lui, etc., de; *a usted le toca tomar la palabra* c'est votre tour de prendre la parole; *a ti te toca jugar* à toi de jouer, c'est à toi de jouer ‖ être parent avec, avoir un lien de parenté avec (ser pariente); *Antonio no me toca nada* Antoine n'est pas du tout parent avec moi; *¿qué te toca Antonio?* quel lien de parenté as-tu avec Antoine? ‖ faire escale, toucher (avión, barco); *el avión tocará en Palma* l'avion fera escale à Palma ‖ FIG toucher; *le tocó Dios en el corazón* Dieu lui a touché le cœur ‖ — *por lo que a mí me toca* en ce qui me concerne ‖ *tocar a misa* sonner la messe ‖ *tocar a su fin* toucher *o* tirer à sa fin ‖ *tocar con* toucher à; *mi casa toca con la suya* ma maison touche à la sienne.

◆ *v pr* se toucher ‖ se coiffer (peinarse).

tocata *f* MÚS toccata ‖ FAM raclée (paliza).

tocateja (a) *adv* rubis sur l'ongle, comptant, cash; *pagar a tocateja* payer rubis sur l'ongle.

tocayo, ya *m* y *f* homonyme.

tocinera *f* charcutière ‖ planche à saler le lard (tablón).

tocinería *f* charcuterie.

tocinero *m* charcutier.

tocineta *f* (*amer*) bacon *m*.

tocino *m* lard ‖ — *tocino de cielo* sorte de flan ‖ *tocino entreverado* petit lard, lard maigre ‖ *tocino gordo* gros lard, lard gras ‖ *tocino saladillo* petit salé.

◆ *interj* vinaigre! (en el juego de la comba).

tocología *f* MED obstétrique (obstetricia).

tocólogo, ga *m* y *f* obstétricien, enne, médecin *m* accoucheur, accoucheur, euse.

tocomocho *m* faux billet de loterie.

tocón *m* souche *f* (de un árbol) ‖ moignon (muñón).

tocho *m* brique *f* (ladrillo) ‖ FAM pavé (libro).

todavía *adv* encore; *duerme todavía, todavía duerme* il dort encore; *no ha venido todavía* il n'est pas encore venu ‖ toujours; *¿trabajas todavía en la misma oficina?* travailles-tu toujours dans le même bureau? ‖ — *si todavía* si encore ‖ *todavía más* encore plus, encore davantage; *el rico quiere enriquecerse todavía más* le riche veut s'enrichir encore plus ‖ *todavía no* pas encore.

todito, ta *adj* FAM tout, e; tout entier, toute entière; *ha llorado todita la noche* il a pleuré toute la nuit ‖ absolument tous, absolument toutes; *se ha comido toditos los pasteles* il a mangé absolument tous les gâteaux.

todo, da *adj* y *pron indef* tout, e; *todos los hombres* tous les hommes; *han venido todas* elles sont toutes venues; *todo buen cristiano* tout bon chrétien; *todo está preparado* tout est prêt ‖ tout, e; *mi falda está toda manchada* ma jupe est toute tachée ‖ tout *inv* en, ne... que, tout *inv*; *este pescado es todo raspas* ce poisson est tout en arêtes *o* n'est qu'arêtes; *la calle era toda baches* la rue n'était que nids de poule ‖ tout entier, tout entière; *España toda aprueba esta decisión* l'Espagne tout entière approuve cette décision ‖ vrai, e; accompli, e; *es todo un mozo* c'est un vrai jeune homme ‖ — *todo aquel que* quiconque ‖ *todo el mundo* tout le monde ‖ *todo el que* tous ceux qui; *todo el que quiera venir que me siga* que tous ceux qui veulent venir me suivent ‖ *todo incluido* tout compris ‖ *todo lo contrario* bien au contraire ‖ *todo lo más* tout au plus ‖ *todo lo... que* aussi... que; *no ha sido todo lo simpático que creía* il n'a pas été aussi sympathique que je croyais ‖ *todo lo que, todo cuanto* tout ce que *o* qui ‖ *todo o nada* quitte ou double (juego) ‖ *todo quisque* tout un chacun, tout le monde ‖ *todos* tout le monde; *lo dicen todos* tout le monde le dit ‖ *todos cuantos* tous ceux qui *o* que ‖ *todos los... que* tous les... qui ‖ *todos ustedes* tous autant que vous êtes, vous tous ‖ — *abajo del todo, arriba del todo* tout en bas, tout en haut ‖ *ante todo* avant tout ‖ *a pesar de todo* tout de même, malgré tout ‖ *así y todo* malgré tout ‖ *a toda velocidad, a toda marcha, a todo correr* à toute vitesse, à toute allure ‖ *a todo esto* pendant ce temps-là (mientras tanto), à propos (hablando de esto) ‖ *a todo riesgo* tous risques (seguro) ‖ *a todo vapor* à toute vapeur ‖ *con toda mi alma, de todo corazón* de tout mon cœur ‖ *con todas sus fuerzas* de toutes ses forces ‖ *con todo* malgré tout, néanmoins ‖ *con todo y con eso* ce n'est pas le tout mais ‖ *criada para todo* bonne à tout faire ‖ *del todo* tout à fait, absolument; *estamos decididos del todo* nous sommes tout à fait décidés; tout, e; *está triste del todo* il est tout triste ‖ *después de todo* après tout ‖ *de todas formas, en todo caso* de toute façon, en tout cas ‖ *en todo y por todo* en tout et pour tout ‖ *la fiesta de Todos los Santos* la Toussaint ‖ *lo... todo* tout; *lo sabe todo* il sait tout ‖ *lo he*

todo

dicho todo j'ai tout dit ‖ *o todo o nada* tout ou rien ‖ *sobre todo* surtout ‖ *y todo* quoique, même; *cansado y todo iré* même fatigué, j'irai; même, jusqu'à (incluso); *perdió su perro fiel y todo* il a perdu jusqu'à son chien fidèle ‖ — *considerándolo todo* tout bien considéré ‖ *de todo hay en la viña del Señor* il faut de tout pour faire un monde ‖ *eso es todo* c'est tout ‖ *fue todo uno* ce fut tout un ‖ *hacer todo lo posible* faire tout son possible ‖ *ser toda sonrisa* être tout sourire ‖ *ser todo ojos, todo oídos* être tout yeux, tout oreilles ‖ *ser todo un hombre* être un homme cent pour cent *o* un homme avec un grand H ‖ *todo eran quejas* ce n'étaient que plaintes, tout n'était que plaintes ‖ *y eso es todo* et voilà tout.
◆ *adv* tout, entièrement.

todo *m* tout; *jugarse el todo por el todo* risquer *o* jouer le tout pour le tout ‖ — *el todo* mon tout (en las charadas) ‖ *quien todo lo quiere todo lo pierde* qui trop embrasse mal étreint ‖ FIG *ser el todo* mener la danse, faire le jour et la nuit.

todopoderoso, sa *adj y s* tout-puissant, toute-puissante ‖ *el Todopoderoso* le Tout-Puissant (Dios).

toffee *m* caramel (pastilla de café con leche).

toga *f* toge (de los romanos) ‖ robe, toge (de magistrado).

togado, da *adj* qui porte la toge (romanos) ‖ qui porte la robe (magistrados).
◆ *m* homme de robe.
◆ *pl los togados* les gens de robe *o* de loi.

Togo *n pr m* GEOGR Togo.

toilette *f* produits *m pl* de beauté (cosméticos) ‖ cabinet *m* de toilette (cuarto de aseo) ‖ *hacerse la toilette* se préparer, s'arranger.
— OBSERV Galicismo que se emplea con el sentido de *cosméticos, cuarto de baño, retrete* o *arreglo personal* según los casos.

toisón *m* toison *f* ‖ *orden del Toisón de Oro* ordre de la Toison d'or.
— OBSERV La *toison d'or*, qui fut conquise par Jason et les Argonautes, se dit *vellocino de oro*.

Tokyo; Tokio *n pr* GEOGR Tokyo.

toldo *m* vélum (en un patio, en una calle, etc.) ‖ banne *f* (de una tienda) ‖ store (en una ventana) ‖ parasol (en la playa) ‖ bâche *f* (en un carro *o* camión) ‖ *(amer)* tente *f* [des Indiens].

toledano, na *adj* tolédan, e ‖ FIG *pasar una noche toledana* passer une nuit blanche.
◆ *m y f* Tolédan, e.

Toledo *n pr* GEOGR Tolède.

tolerable *adj* tolérable.

tolerancia *f* tolérance; *tolerancia religiosa* tolérance religieuse.

tolerante *adj* tolérant, e.

tolerantismo *m* tolérantisme.

tolerar *v tr* tolérer (aguantar *o* permitir) ‖ supporter (sufrir con paciencia) ‖ — *película tolerada por la censura* film ayant reçu le visa de la censure ‖ *tolerada para menores* pour tous (película cinematográfica).

tolondro, dra *adj y s* étourdi, e.
◆ *m* bosse *f* (chichón).

tolondrón *m* bosse *f* (chichón) ‖ *a tolondrones* par à-coups (a ratos).

Tolosa *n pr* Tolosa [Pays basque espagnol] ‖ *Tolosa (de Francia)* Toulouse.

tolueno *m* QUÍM toluène.

tolva *f* trémie (molinos) ‖ fente (de una urna *o* cepillo).

toma *f* prise; *toma de contacto* prise de contact; *toma de decisiones* prise de décision ‖ ·prise (conquista); *la toma de Granada* la prise de Grenade ‖ dose (medicamentos); *una toma de quinina* une dose de quinine ‖ prise (de agua, de aire) ‖ ELECTR prise (enchufe); *toma de tierra* prise de terre ‖ prélèvement *m*; *toma de muestras* prélèvement d'échantillons ‖ RAD prise; *toma de antena* prise d'antenne ‖ *(amer)* rigole (acequia) ‖ prise (enchufe) ‖ — *toma de conciencia* prise de conscience ‖ *toma de hábito* prise de voile (de una monja), prise d'habit (de un religioso) ‖ *toma de mando* prise de commandement ‖ *toma de posesión* prise de possession *o* de fonctions, installation dans ses fonctions (de un cargo), investiture (de la presidencia, de un gobierno) ‖ *toma de rapé* prise de tabac ‖ *toma de sangre* prise de sang ‖ *toma de tierra* prise de terre (de una antena), arrivée au sol (de un paracaidista), atterrissage (de un avión) ‖ *toma de vistas* prise de vues.

tomado, da *adj* POP ivre (ebrio) ‖ *voz tomada* voix prise *o* voilée *o* couverte.

tomador, ra *adj y s* preneur, euse (que toma) ‖ FAM chapardeur, euse (ladrón) ‖ *(amer)* buveur, euse (bebedor) ‖ *perro tomador* chien de prise.
◆ *m* COM preneur, bénéficiaire; *tomador del crédito* bénéficiaire du crédit ‖ MAR raban, cordage.

tomadura *f* prise (toma) ‖ dose (de una medicina) ‖ FAM *esto es una tomadura de pelo* on se paie notre tête.

tomahawk *m* tomahawk (hacha de guerra).

tomar *v tr* prendre (coger); *tomar entradas* prendre des places; *tomar un taxi* prendre un taxi ‖ prendre; *tomar una medida enérgica* prendre une mesure énergique; *tomar malas costumbres* prendre de mauvaises habitudes ‖ prendre (sacar); *tomar una foto* prendre une photo ‖ prendre (el pulso) ‖ prendre; *tomar el desayuno* prendre son petit déjeuner ‖ prendre; *tomar una ciudad* prendre une ville ‖ prendre; *tomar un criado, un pedido* prendre un domestique, une commande ‖ prendre, emprunter; *tomar el camino más corto* prendre le chemin le plus court ‖ emprunter; *tomar una cita de un autor* emprunter une citation à un auteur ‖ tirer; *tomar una palabra del griego* tirer un mot du grec ‖ couvrir (el macho a la hembra) ‖ *(amer)* boire ‖ — *¡toma!* tiens, tenez; *toma, aquí tienes un lápiz* tiens, voici un crayon; bah!, allons donc! (incredulidad), tiens! (sorpresa), c'est bien fait! (castigo) ‖ *tomar a bien, tomar a mal* prendre du bon côté *o* en bonne part, bien prendre; prendre du mauvais côté *o* en mauvaise part, mal prendre ‖ *tomar a broma* tourner en dérision *o* en plaisanterie (ridiculizar), ne pas prendre au sérieux (tomar a guasa) ‖ *tomar afecto a* prendre en affection, s'attacher à ‖ *tomar aliento* reprendre haleine ‖ *tomar a pecho* prendre à cœur ‖ *tomar a una persona por otra* prendre une personne pour une autre ‖ *tomar como ejemplo a* prendre exemple sur, prendre pour exemple ‖ *tomar de la mano* prendre par la main ‖ *tomar de nuevo* reprendre ‖ *tomar el pecho* téter, prendre le sein ‖ FIG *tomar el pelo a uno* se payer la tête *o* la figure de quelqu'un ‖ FAM *tomar el portante* prendre la porte ‖ *tomar estado* se marier (casarse), entrer en religion (profesar) ‖ *tomar frío* prendre

froid ‖ *tomar fuerzas* reprendre des forces ‖ *tomar la palabra* prendre la parole (hablar), prendre au mot (creer) ‖ *tomar las armas* prendre les armes ‖ FIG *tomarlas* ou *tomarla con uno* prendre quelqu'un en grippe (tomar tirria), prendre quelqu'un à partie, s'en prendre à quelqu'un (criticar) ‖ *tomar las de Villadiego* prendre la poudre d'escampette, prendre la clef des champs ‖ *tomar las lecciones* faire réciter les leçons ‖ *tomarlo por anticipación* ou *anticipadamente* s'y prendre à l'avance ‖ *tomar nota* prendre note ‖ *tomar odio a* prendre en haine ‖ *tomar partido por* prendre parti pour ‖ *tomar por* prendre pour; *¿me tomas por quién?* pour qui me prends-tu? ‖ *tomar prestado* emprunter ‖ *tomar sangre* prendre o prélever du sang ‖ *tomar tiempo* prendre du temps ‖ *tomar tierra* se poser, atterrir ‖ FAM *¡tómate esa!* attrape! ‖ *toma y daca* échange (trueque), donnant donnant (de mano a mano) ‖ — *dibujo tomado de una fotografía* dessin d'après une photographie ‖ *lo toma o lo deja* c'est à prendre ou à laisser ‖ FIG *más vale un toma que dos te daré* un bon tiens vaut mieux que deux tu l'auras ‖ *si lo toma usted así* si vous le prenez ainsi o sur ce ton ‖ *volver a tomar* reprendre.
◆ *v intr* prendre; *tome a la derecha* prenez à droite.
◆ *v pr* se rouiller (cubrirse de moho) ‖ se piquer (vino) ‖ prendre; *tomarse la libertad de* prendre la liberté de ‖ se prendre (medicina) ‖ — FIG *tomarse con* avoir maille à partir avec ‖ *tomarse el trabajo* ou *la molestia de* prendre o se donner la peine de.

Tomás de Aquino (Santo) *n pr m* saint Thomas d'Aquin.

tomatada *f* friture de tomates.

tomatazo *m* coup de tomate; *le recibieron a tomatazos* on l'a accueilli à coups de tomate ‖ *recibir tomatazos* recevoir des tomates.

tomate *m* tomate *f* (fruto y planta) ‖ FAM trou (agujero), patate *f* (en un calcetín) ‖ — FIG *colorado como un tomate* rouge comme une tomate o une pivoine o une écrevisse ‖ *salsa de tomate* sauce tomate ‖ FAM *tener tomate* être pénible o fastidieux; *este trabajo tiene mucho tomate* ce travail est extrêmement pénible.

tomatera *f* tomate (planta) ‖ FAM *tener tomatera* prendre de grands airs, se croire.

tomatero, ra *m y f* marchand, e de tomates ‖ *pollo tomatero* poulet de grain.

tomavistas *m inv* appareil de prise de vues, caméra *f*.

tómbola *f* tombola.

Tombuctú *n pr* GEOGR Tombouctou.

tomillo *m* thym (planta).

tomismo *m* RELIG thomisme.

tomo *m* tome (de un libro) ‖ FIG importance *f* (importancia) ‖ *de tomo y lomo* de taille, extraordinaire (importante), de la pire espèce (muy malo).

tomografía *f* tomographie.

ton *m* *sin ton ni son* sans rime ni raison.

tonada *f* chanson (canción) ‖ air *m* (música) ‖ (amer) accent (dejo).

tonadilla *f* «tonadilla» [petite pièce musicale en vogue au XVIIIe siècle] ‖ couplet *m* (cuplé).

tonadillero, ra *m y f* chansonnier, ère; auteur *m* de chansons.
◆ *f* chanteuse de «tonadillas».

tonal *adj* MÚS tonal, e; *sistemas tonales* systèmes tonals.

tonalidad *f* tonalité.

tonante *adj* POÉT tonnant, e; *Júpiter tonante* Jupiter tonnant.

tonar *v intr* POÉT tonner.

tonel *m* tonneau (cuba) ‖ AVIAC tonneau (acrobacia) ‖ AGRIC tonne *f*; *tonel de estiércol líquido* tonne à purin.

tonelada *f* tonne (peso) ‖ MAR tonneau *m* (medida); *tonelada de arqueo* tonneau de jauge ‖ provision de tonneaux (tonelería).

tonelaje *m* tonnage (de un navío); *tonelaje bruto* tonnage brut.

tonelero, ra *adj* du tonnelier, des tonneaux.
◆ *m* tonnelier.

tonelete *m* tonnelet, barrique *f* (tonel) ‖ tonnelet (vestidura antigua) ‖ jupe *f* courte d'enfant (traje de niño) ‖ tutu (faldilla de bailarina) ‖ *armadura de tonelete* armure à tonne.

tongada *f* couche (capa).

tongo *m* chiqué (engaño) ‖ chapeau melon (sombrero).

tonicidad *f* tonicité.

tónico, ca *adj* tonique; *acento, remedio tónico* accent, remède tonique.
◆ *m* tonique, remontant, fortifiant; *la quina es un tónico* la quinine est un tonique ‖ *tónico cardíaco* tonicardiaque.
◆ *f* MÚS tonique ‖ FIG tendance, ton *m*; *la tónica general* la tendance générale ‖ tenue (en Bolsa) ‖ FIG *marcar la tónica* donner le ton.

tonificación *f* tonification.

tonificador, ra; **tonificante** *adj* tonifiant, e.

tonificante *adj* → **tonificador.**

tonificar *v tr* MED fortifier, tonifier.

tonillo *m* ton monotone (tono monótono) ‖ accent (dejo) ‖ emphase *f* (afectación).

tonina *f* thonine, thon *m* frais (atún) ‖ dauphin *m* (delfín).

tono *m* ton (de la voz, de un color, del estilo, etc.) ‖ MED tonus (de un músculo) ‖ MÚS ton ‖ — *a este tono* dans ce cas-là ‖ *a tono con* en harmonie o en accord avec ‖ *de buen, mal tono* de bon, mauvais ton ‖ *en tono airado* d'un ton o sur un ton furieux ‖ *salida de tono* sortie, éclat *f* ‖ FIG *bajar el tono* baisser le ton ‖ *dar buen tono* faire bien ‖ *dar con el tono adecuado* trouver le ton qu'il faut ‖ *dar el tono* donner le ton ‖ FAM *darse tono* faire l'important, prendre de grands airs ‖ *decir en todos los tonos* répéter sur tous les tons ‖ FIG *estar a tono con* correspondre à; *paga una renta que no está a tono con sus ingresos* il paie un loyer qui ne correspond pas à ses revenus; être dans la note (armonizar) ‖ *mudar de tono* changer de ton ‖ *ponerse a tono con alguien* se mettre au diapason de quelqu'un ‖ *subir* ou *subirse de tono* hausser le ton, s'échauffer.

tonsura *f* tonsure ‖ *prima tonsura* simple tonsure.

tonsurado *adj m y s m* tonsuré.

tonsurar *v tr* tonsurer (un clérigo) ‖ tondre (cortar el pelo o la lana).

tontada *f* sottise, bêtise.

tontaina; tontainas *adj y s* FAM idiot, e.

tontamente *adj* sottement, bêtement.

tontear *v intr* dire o faire des sottises o des bêtises ‖ flirter (flirtear).

tontedad; tontera *f* sottise.
tontería *f* sottise, bêtise ‖ FIG bêtise, bricole (nadería).
tontina *f* tontine (asociación) ‖ FAM sotte.
tonto, ta *adj y s* sot, sotte; idiot, e; imbécile; *¡qué tonto!* quel idiot!; *¡tonto tú!* idiot toi-même ‖ — *a tontas y a locas* à tort et à travers ‖ *¡no tan tonto!* pas si bête! ‖ — *hacer el tonto* faire l'idiot ‖ *hacerse uno el tonto* faire l'innocent | *hasta los tontos lo saben* tout le monde le sait ‖ *ponerse tonto* exagérer, y aller un peu fort (exagerar), faire l'idiot (hacer el tonto), faire le malin, se donner des airs (presumir) ‖ FAM *ser tonto de capirote* ou *de remate* ou *del bote, ser más tonto que una mata de habas* être bête à manger du foin, être un idiot fini o un parfait idiot.
◆ *m* clown (payaso).
tontorrón, ona *adj y s* bêta, asse; triple idiot, e.
tontuelo, la *adj* FAM bêta, asse; petit sot, petite sotte.
toña *f* bâtonnet *m* (juego) ‖ coup *m* (golpe) ‖ FAM cuite (borrachera).
¡top! *interj* top!
topacio *m* topaze *f* ‖ — *topacio ahumado* quartz enfumé ‖ *topacio quemado* topaze brûlée.
topar *v tr* e *intr* se heurter (tropezar); *topar con la cabeza* se heurter la tête ‖ cosser, se doguer (los carneros) ‖ rencontrer, tomber sur (con alguien); *topar con un amigo* rencontrer un ami; trouver (una cosa) ‖ FIG consister, résider (estribar, consistir); *la dificultad topa en esto* la difficulté consiste o réside en ceci ‖ réussir, marcher (salir bien); *lo pediré por si topa* je le demanderai pour le cas où cela réussirait ‖ tamponner (trenes) ‖ MAR assembler bout à bout (dos maderos).
◆ *v pr* se rencontrer ‖ se heurter (tropezar); *toparse con* tomber sur.
tope *m* arrêt (mecanismo) ‖ butoir (de puerta) ‖ tampon (de locomotora, vagón) ‖ butoir, heurtoir, tampon (al final de una línea férrea) ‖ FIG limite *f*, frein; *poner tope a sus ambiciones* mettre un frein à ses ambitions; *ambición sin tope* ambition sans limite | plafond, limite *f* (máximo); *precio tope* prix plafond | bagarre *f* (riña) ‖ MAR bout d'un mât (del mastelero) | vigie *f* (marinero) ‖ (amer) combat de coqs simulé ‖ — *al tope* emboîté ‖ FIG *estar hasta los topes* être bondé o plein à craquer (lleno), en avoir par-dessus la tête (estar harto) ‖ *fecha tope* date limite ‖ FIG *llegar al tope* plafonner | *rebasar el tope* crever le plafond ‖ *repostar a tope* faire le plein (gasolina) ‖ *tope de retención* butée.
topear *v tr* (amer) → **topar**.
topera *f* taupinière.
topetazo *m* coup de tête o de corne ‖ tamponnement (de dos trenes).
tópico, ca *adj y s m* MED topique.
◆ *m* lieu commun, cliché (lugar común).
topil *m* (amer) alguazil.
topless; top less *adj y s m* topless (pechos al aire).
topo *m* taupe *f* (mamífero) ‖ FIG & FAM maladroit, e ‖ (amer) lieue *f* et demie (medida) | grande épingle *f* (alfiler) ‖ FIG & FAM *ver menos que un topo* être myope comme une taupe.
topografía *f* topographie.
topográfico, ca *adj* topographique.
topógrafo, fa *m y f* topographe.

topolino, na *m y f* jeune.
topología *f* MAT topologie.
topometría *f* topométrie.
toponimia *f* toponymie.
toponímico, ca *adj* toponymique.
topónimo *m* toponyme.
toque *m* attouchement ‖ léger choc, coup léger (golpecito) ‖ sonnerie *f* (de las campanas, del teléfono) ‖ sonnerie *f*, coup; *toque de corneta* coup de clairon | touche *f* (pincelada) ‖ touche *f* (ensayo de metales preciosos) ‖ FIG avertissement (advertencia) | coup (golpe) ‖ (amer) tour (turno) ‖ — *toque de alarma* tocsin (rebato), cri d'alarme (aviso) ‖ *toque de alba* angélus du matin ‖ FIG *toque de atención* mise en garde ‖ DEP *toque de balón* frappe, touche ‖ *toque de diana* la diane ‖ *toque de difuntos* sonnerie aux morts ‖ *toque de oración* angélus ‖ *toque de queda* couvre-feu ‖ *toque de timbre* coup de sonnette ‖ — *piedra de toque* pierre de touche ‖ *último toque* fini, finition, mise au point, fignolage (*fam*) ‖ — FIG *dar el toque de alarma* donner l'alarme ‖ FIG *dar el último toque* mettre la dernière main, fignoler | *dar otro toque a un cliente* relancer un client | *darse un toque* se refaire une beauté | *dar un toque a uno* mettre quelqu'un à l'épreuve (probar), mettre en garde, rappeler à l'ordre (llamar la atención), sonder quelqu'un (sondear) ‖ MED *dar unos toques en la garganta* badigeonner la gorge.
toquetear *v tr* FAM tripoter, toucher.
◆ *v intr* FAM farfouiller.
toqueteo *m* FAM tripotement.
toquilla *f* fichu *m* (pañuelo).
tora *f* thora, tora, torah (de los israelitas) ‖ *hierba tora* orobanche (planta).
torácico, ca *adj* ANAT thoracique.
toral *adj* principal, e ‖ *arco toral* grand arc.
◆ *m* TECN moule (molde) | lingot (barra de metal).
tórax *m* ANAT thorax.
torbellino *m* tourbillon (de viento) ‖ FIG tourbillon ‖ FIG *irrumpir como un torbellino* entrer en coup de vent o comme un tourbillon.
torcaz; torcazo, za *adj y s f paloma torcaz* pigeon ramier, ramier.
torcedor, ra *m y f* tordeur, euse (que tuerce lana, seda, etc).
◆ *m* fuseau (huso) ‖ tordoir (tortor).
torcedura *f* torsion ‖ MED entorse ‖ piquette (vino malo).
torcer* *v tr* tordre; *torcer una cuerda, el brazo de alguien* tordre une corde, le bras de quelqu'un ‖ dévier (desviar); *torcer el vuelo* dévier le vol; *torcer el curso de un razonamiento* dévier le cours d'un raisonnement ‖ tourner (doblar); *le vi al torcer la esquina* je l'ai vu en tournant au coin de la rue ‖ FIG fausser, dénaturer (interpretar mal); *torcer las intenciones de uno* fausser les intentions de quelqu'un | faire une entorse à (la justicia, la verdad) | circonvenir, disposer en sa faveur (las autoridades) ‖ — FIG & FAM *no dar su brazo a torcer* ne pas lâcher prise, ne pas en démordre, ne pas laisser faire | *torcer el gesto, el semblante* faire la grimace, la moue ‖ *torcer los ojos* loucher.
◆ *v intr* tourner, obliquer; *el camino tuerce a la derecha* le chemin tourne à droite.

♦ *v pr* se tordre || tourner (la leche) || se piquer, devenir aigre (vino) || gauchir (ladearse) || FIG tourner mal (un negocio, una persona); *este muchacho se ha torcido* ce garçon a mal tourné | se laisser corrompre (un juez) || FIG *se me ha torcido la suerte* la chance a tourné.

torcida *f* mèche [de bougie] || fans *m pl* (partidarios).

torcido, da *adj* tordu, e || tors, e; *piernas torcidas* jambes torses || de travers, oblique (oblicuo) || voilé, e (metal, rueda) || tortueux, euse (tortuoso) || FIG retors, e (hipócrita) || *(amer)* malheureux, euse (desafortunado).
♦ *m* bâtonnet de fruits confits (frutas en dulce) || piquette *f* (vino malo) || cordonnet de soie (hebra de seda) || tordage (de la seda).

tordillo, lla *adj* gris, e (gris).
♦ *m y f* cheval gris, jument grise.

tordo, da *adj* gris, e (gris) || pommelé, e (caballo).
♦ *m y f* grive *f* (ave).
♦ *m (amer)* étourneau (estornino) || — *tordo alirrojo* mauvis (ave) || *tordo mayor* grande grive, drenne, draine (cagaaceite).

toreador *m (p us)* toréador.
— OBSERV Le mot usuel en espagnol est *torero.*

torear *v intr y tr* toréer, combattre un taureau (lidiar un toro) || — *llevar el toro toreado* avoir totalement maîtrisé le taureau || *toro toreado* taureau vicieux.
♦ *v tr* FIG & FAM se payer la tête de (tomar el pelo) | faire marcher (burlarse) || FIG & FAM *no dejarse torear por nadie* ne se laisser faire par personne.

toreo *m* tauromachie *f* (arte de torear) || travail [du toréador]; façon *f* de combattre les taureaux (acción) || FIG & FAM moquerie *f* (burla) || FIG & FAM *se acabó el toreo* finie la plaisanterie (se acabó la burla).

torera *f* boléro *m* (chaquetilla) || FIG & FAM *saltarse algo a la torera* prendre quelque chose par-dessous la jambe, faire fi de quelque chose.

torero, ra *adj* de torero, des toreros.
♦ *m* torero, toréador.

torete *m* taurillon, petit taureau (toro joven) || FIG & FAM casse-tête *inv* (dificultad) | nouvelle *f* du jour (novedad).

toril *m* TAUROM toril.
— OBSERV Le *toril* est l'endroit où l'on tient les taureaux enfermés avant le combat.

torito *m* taurillon || *(amer)* coffre (pez) | scarabée (insecto) | oiseau du Chili (ave) | orchidée *f* (orquídea).

tormenta *f* tempête (en el mar) || orage *m*, tourmente (poét) || FIG tempête || *hacer frente a la tormenta* braver la tempête *o* l'orage.

tormento *m* tourment (dolor) || torture *f*, question *f* (del reo); *dar tormento* mettre à la torture, soumettre à la question || catapulte *f*, baliste *f* (máquina de guerra) || FIG tourment.

tormentoso, sa *adj* orageux, euse || MAR qui résiste mal aux tempêtes (barco).

torna *f* retour *m* (vuelta) || barrage *m* (para el riego) || — *cuando se vuelvan las tornas* lorsque la chance *o* le vent aura tourné *o* les choses auront changé || *volverle a uno las tornas* payer de retour, rendre la pareille (corresponder uno al proceder de otro).

tornachile *m (amer)* gros piment.

tornadizo, za *adj* changeant, e; *carácter tornadizo* caractère changeant.

tornado *m* tornade *f* (huracán).

tornar *v tr* rendre (devolver).
♦ *v intr* retourner (regresar) || recommencer; *tornó a hablar* il recommença à parler.
♦ *v pr* devenir; *tornarse loco* devenir fou || se changer, se transformer, se tourner; *su duda se había tornado en admiración* leur doute s'était transformé en admiration.

tornasol *m* tournesol (planta) || tournesol (materia colorante) || reflet, chatoiement (viso).

tornasolado, da *adj* chatoyant, e; changeant, e (tejido, color).

tornasolar *v tr* faire chatoyer, moirer.
♦ *v pr* chatoyer.

tornavía *f* plaque tournante.

torneado, da *adj* tourné, e; façonné au tour || FIG bien fait, e; fait au tour, galbé, e (esbelto).
♦ *m* TECN tournage || FIG *lo torneado de sus piernas* le galbe de ses jambes.

tornear *v tr* tourner, façonner au tour; *tornear una pata de mesa* tourner un pied de table.
♦ *v intr* tourner (dar vueltas) || participer à un tournoi, combattre (en un torneo).

torneo *m* tournoi || VETER tournis (enfermedad de los carneros).

tornero *m* tourneur (que hace obras de torno) || tourier (de un convento).

tornillo *m* vis *f*; *tornillo sin fin* vis sans fin || FIG & FAM désertion *f* (de un soldado) || — *tornillo de banco* presse || *tornillo de calce* vis calante || *tornillo de estrella* ou *americano* vis cruciforme || *tornillo de mordazas* étau || *tornillo micrométrico* vis micrométrique, palmer || — FIG & FAM *apretarle a uno los tornillos* serrer la vis à quelqu'un, visser quelqu'un | *le falta un tornillo, tiene flojos los tornillos* il est un peu marteau, il travaille du chapeau, il a la tête fêlée.

torniquete *m* tourniquet || MED tourniquet, garrot || IMPR tournette.

torno *m* tour (máquina herramienta); *labrar a torno* travailler au tour || treuil (para levantar pesos) || rouet (para hilar) || tour (de convento, comedor) || coude (recodo) || tour (movimiento circular) || TECN toupie *f*, toupilleuse *f* (para la madera) || roulette *f* (de dentista) || — *en torno a* autour de (alrededor) || *torno de mano* treuil || *torno elevador* appareil de levage.

toro *m* taureau; *toro de lidia* taureau de combat || ARQ tore, toron (moldura) || GEOM tore || — FIG *coger al toro por los cuernos* prendre le taureau par les cornes | *echarle* ou *soltarle a uno el toro* dire à quelqu'un son fait (decir las cuatro verdades), mettre quelqu'un devant la difficulté | *estar hecho un toro* écumer de colère, être fou de rage | *hay toros y cañas* ça barde, il y a de la bagarre | *ir al toro* prendre le taureau par les cornes, aller au fait | *¡otro toro!* passons à autre chose | *ser fuerte como un toro* être fort comme un turc *o* comme un bœuf | *ser un toro corrido* être un vieux renard.
♦ *pl* course *f sing* de taureaux, corrida *f sing*; *¿le gustan los toros?* aimez-vous les corridas? || — FIG *ver los toros desde la barrera* ne pas se mêler à la bagarre, se tenir loin du danger.

toronja *f* pamplemousse *m*.

Toronto *n pr* GEOGR Toronto.

torpe *adj* maladroit, e (inhábil) ‖ bête (necio) ‖ lourd, e; gauche (de movimientos) ‖ lent, e (en comprender) ‖ incorrect, e (conducta) ‖ bas, basse; *torpes instintos* bas instincts ‖ — FIG & FAM *más torpe que un arado* bête comme une oie *o* comme ses pieds ‖ *torpe de oídos* dur d'oreille.

torpedear *v tr* torpiller ‖ FIG torpiller (hacer fracasar).

torpedeo *m* torpillage.

torpedero *m* torpilleur (barco).

torpedo *m* torpille *f* (pez) ‖ torpille *f* (de guerra) ‖ AUTOM torpédo *f* (coche).

torpemente *adv* lourdement (pesadamente) ‖ maladroitement, gauchement (sin destreza).

torpeza *f* maladresse, gaucherie (falta de destreza) ‖ bêtise, stupidité (necedad) ‖ lourdeur (pesadez) ‖ turpitude (bajeza, liviandad).

torpón, ona *adj* gauche.

torrado *m* pois chiche grillé.

torrar *v tr* griller (tostar).

torre *f* tour; *la torre Eiffel* la tour Eiffel ‖ tour (ajedrez) ‖ clocher *m* (campanario cuadrado) ‖ maison de campagne (quinta) ‖ MAR tourelle (de buque de guerra) ‖ — *torre albarrana* ou *flanqueante* tour flanquante ‖ ARQ *torre de ángulo* tour d'angle ‖ FIG *torre de Babel* tour de Babel ‖ *torre de control* ou *de mando* tour de contrôle (aeródromo), îlot (portaviones) ‖ MIN & QUÍM *torre de desgasolinado* tour de dégazolinage ‖ *torre de extracción* tour de chevalement ‖ *torre del homenaje* donjon ‖ FIG *torre de marfil* tour d'ivoire (aislamiento intelectual) ‖ *torre de perforación* derrick.

torrefacción *f* torréfaction.

torrefactar *v tr* torréfier.

torrefacto, ta *adj* torréfié, e.

torrencial *adj* torrentiel, elle; *lluvia torrencial* pluie torrentielle ‖ torrenteux, euse (río).

torrente *m* torrent ‖ flux sanguin (de sangre) ‖ FIG torrent, flot (abundancia); *torrente de injurias* torrent d'injures ‖ *a torrentes* à torrents.

torrentera *f* ravin *m*, lit *m* d'un torrent (cauce).

torrentoso, sa *adj* torrentueux, euse.

torreón *m* grosse tour *f*.

torrero *m* gardien de phare ‖ fermier (granjero).

torreta *f* ARQ & FOT tourelle ‖ MIL tourelle (carro de combate, avión).

torrezno *m* lardon ‖ *tortilla de torreznos* omelette au lard.

tórrido, da *adj* torride; *clima tórrido* climat torride.

torrija *f* pain *m* perdu.

torsión *f* torsion ‖ MECÁN torsion; *barra de torsión* barre de torsion.

torso *m* torse.

torta *f* galette ‖ FIG galette (cosa aplastada) ‖ FAM claque, gifle, baffe (bofetada); *pegar una torta* flanquer une baffe | cuite (borrachera) ‖ IMPR fonte (paquete de caracteres) ‖ forme tombée en pâte (plana) ‖ AGRIC tourteau *m* (tortada) ‖ (*amer*) sandwich *m* ‖ — FIG *ni torta* rien du tout; *no se ve ni torta* on ne voit rien du tout | *pegarse una torta* se casser la figure (caerse), se cogner (chocar) | *son tortas y pan pintado* c'est simple comme bonjour (no es difícil), c'est de la blague, c'est trois fois rien (no es nada) ‖ FAM *tener una torta* avoir une tête à claques.

tortada *f* tourte ‖ AGRIC tourteau *m*; *harina de tortada* farine de tourteau.

tortazo *m* FAM gifle *f*, baffe *f* (bofetada) ‖ — FIG & FAM *pegarse un tortazo* se casser la figure (caerse), se cogner (chocar) | *pegarse un tortazo con el coche* rentrer dans le décor.

tortícolis *m* o *f* MED torticolis *m*; *tener tortícolis* avoir le torticolis.
— OBSERV Ce mot est plus souvent employé au féminin qu'au masculin.

tortilla *f* omelette; *tortilla de jamón, de patatas* omelette au jambon, aux pommes de terre; *tortilla a la francesa, de viento* omelette nature, soufflée ‖ (*amer*) galette de maïs ‖ — FIG *hacer tortilla* aplatir comme une galette | *hacerse una tortilla* être réduit en bouillie | *se ha vuelto la tortilla* la chance *o* le vent a tourné (se ha trocado la fortuna), la situation s'est renversée (suceder las cosas al contrario de lo que se esperaba).

tortillera *f* POP gouine (lesbiana).

tortillería *f* restaurant *m* spécialisé dans les tortillas.

tórtola *f* tourterelle (pájaro).

tortolillo *m* tourtereau (pájaro).

tortolito, ta *m y f* débutant, e (inexperto); *ha caído como un tortolito* il s'est fait avoir comme un débutant.
• *m pl* FIG tourtereaux (enamorados).

tórtolo *m* tourtereau (pájaro).
• *pl* FIG tourtereaux (enamorados).

tortosino, na *adj y s* de Tortosa [Catalogne].

tortuga *f* tortue; *tortuga de mar, de tierra* tortue marine, terrestre ‖ MIL tortue (testudo) ‖ — FIG *andar a paso de tortuga* marcher comme une tortue | *a paso de tortuga* à pas de tortue.

tortuosidad *f* tortuosité.

tortuoso, sa *adj* tortueux, euse.

tortura *f* torture (tormento) ‖ FIG torture, tourment *m* (angustia).

torturador, ra *adj y s* tortionnaire.

torturar *v tr* torturer.
• *v pr* se torturer (atormentarse).

torva *f* tourbillon *m* de neige (nieve) ‖ rafale de pluie (lluvia).

torvisco *m* garou, sainbois, sain-bois (planta).

torvo, va *adj* torve; *mirada torva* regard torve.

tory *adj y s m* tory (conservador).

tos *f* toux ‖ — *acceso* ou *ataque de tos* quinte de toux ‖ MED *tos ferina* coqueluche.

toscamente *adv* grossièrement, lourdement.

Toscana *n pr f* GEOGR Toscane.

toscano, na *adj* toscan, e.
• *m y f* Toscan, e.
• *m* toscan (dialecto).

tosco, ca *adj* grossier, ère; rustique; *una silla tosca* une chaise rustique ‖ FIG grossier, ère; rustre, lourd, e.

toser *v intr* tousser ‖ FIG & FAM *a mí nadie me tose* personne ne peut rivaliser avec moi, je n'ai peur de personne.

tosferina; tos ferina *f* MED coqueluche.

tosiquear *v intr* toussoter.

tosquedad *f* grossièreté, rusticité.

tostada *f* tranche de pain grillée, toast *m* ‖ FIG & FAM *dar* ou *pegar la tostada a uno* rouler quelqu'un | *no veo la tostada* je ne vois pas ce qu'il y a de drôle ‖ *olerse la tostada* en avoir le pressentiment, le voir venir.

tostadero *m* grilloir ‖ *tostadero de café* brûlerie de café.

tostado, da *adj* FIG hâlé, e (la tez) | foncé, e (el color) ‖ grillé, e; *pan tostado* pain grillé ‖ torréfié (el café).
- *m* bronzage (de la piel) ‖ torréfaction *f* (del café) ‖ *(amer)* maïs grillé.

tostador, ra *adj* grilleur, euse ‖ qui torréfie (el café, etc.).
- *m y f* personne qui grille *o* qui torréfie.
- *m* torréfacteur, brûloir (de café), grille-pain, toasteur (de pan), poêle (para castañas).

tostar* *v tr* griller, rôtir ‖ torréfier, griller (el café) ‖ FIG griller, brûler (calentar demasiado) | hâler, bronzer (la piel) | rosser (zurrar).

tostón *m* pois chiche grillé (torrado) ‖ rôtie *f* imprégnée d'huile (tostada) ‖ cochon de lait rôti (cochinillo) ‖ FIG chose *f* trop grillée, charbon (cosa demasiado tostada) ‖ FAM casse-pieds *inv*, raseur (persona pesada) ‖ navet (película) ‖ — FIG & FAM *dar el tostón* raser, barber, casser les pieds | *¡qué tostón!* quelle barbe! | *ser un tostón* être assommant *o* barbant (discurso, etc.).

total *adj y s m* total, e; *fue un triunfo total* ce fut un triomphe total.
- *adv* bref; *total, que me marché* bref, je suis parti ‖ — *en total* au total, en tout (en conjunto), en tout et pour tout (solamente) ‖ *total* somme toute; *total que no hemos ganado nada* somme toute, nous n'avons rien gagné ‖ *total, porque* tout ça parce que.

totalidad *f* totalité.

totalitario, ria *adj* totalitaire.

totalitarismo *m* totalitarisme.

totalizador, ra *adj* totalisateur, trice.
- *m* totaliseur (máquina de sumar).

totalizar *v tr* totaliser (sumar).

totalmente *adv* totalement, en totalité.

tótem *m* totem.
— OBSERV pl *tótemes* ou *tótems*.

totémico, ca *adj* totémique.

totemismo *m* totémisme.

tour *m* tour (unidad de ángulo).

tournée *f* circuit *m* (viaje) ‖ tournée (gira).
— OBSERV Voz francesa en su origen.

toxemia *f* MED toxémie; *toxemia del embarazo* toxémie gravidique.

toxicidad *f* toxicité.

tóxico, ca *adj y s m* toxique.

toxicología *f* toxicologie.

toxicológico, ca *adj* toxicologique.

toxicólogo, ga *m y f* toxicologue.

toxicomanía *f* toxicomanie.

toxicómano, na *adj y s* toxicomane.

toxina *f* toxine.

tozudez *f* obstination, entêtement *m*.

tozudo, da *adj y s* têtu, e; entêté, e.

traba *f* lien *m*, assemblage *m* (unión) ‖ entrave (caballos) ‖ FIG entrave, obstacle *m* (estorbo) ‖ DR saisie (embargo) ‖ FIG *poner trabas a* mettre obstacle à, mettre des entraves à, entraver.

trabado, da *adj* entravé, e (animales) ‖ travat (sin fem), balzan d'un côté (caballo).
- *adj y s (amer)* bègue (tartamudo).

trabajado, da *adj* travaillé, e ‖ FIG fatigué, e (cansado) | travaillé, e; *estilo trabajado* style travaillé.

trabajador, ra *adj y s* travailleur, euse; *trabajador estacional* travailleur saisonnier.

trabajar *v intr* travailler; *trabajar en una obra* travailler à un ouvrage; *trabajar de oficinista* travailler comme employé de bureau ‖ FAM jouer (un actor) | travailler (la madera) ‖ FIG travailler à, s'efforcer de; *trabajar en imitar a su maestro* travailler à imiter son maître ‖ — FIG & FAM *matarse trabajando* se tuer au travail ‖ *trabajar a destajo* travailler à la tâche *o* à la pièce *o* aux pièces ‖ FIG *trabajar a marcha forzada* mettre les bouchées doubles (trabajar mucho y muy de prisa) | *trabajar como un condenado* ou *como un negro* travailler comme un galérien *o* comme un damné *o* comme un nègre ‖ *trabajar de exercer le métier de, être (oficio); trabaja de sastre* il est tailleur; jouer le rôle de, faire (actor); *trabaja de Don Juan* il fait Don Juan ‖ *trabajar de balde* travailler pour rien *o* pour des prunes (fam) ‖ *trabajar de sol a sol* travailler du matin au soir ‖ *trabajar en balde* travailler pour rien, perdre sa peine ‖ *trabajar en el teatro* faire du théâtre ‖ *trabajar mucho* travailler beaucoup, abattre de la besogne ‖ FIG & FAM *trabajar para el obispo* travailler pour le roi de Prusse ‖ *trabajar por horas* travailler à l'heure.
- *v tr* travailler; *trabajar madera* travailler le bois ‖ FIG tourmenter (molestar) ‖ dresser (un caballo).
- *v pr* étudier, examiner sous *o* sur toutes les coutures, éplucher (fam); *me estoy trabajando este asunto* je suis en train d'étudier cette question ‖ travailler, chercher à s'attirer les bonnes grâces de (persona).

trabajo *m* travail; *trabajos manuales, intelectuales* travaux manuels, intellectuels ‖ peine *f* (esfuerzo); *es trabajo perdido* ou *inútil* c'est peine perdue ‖ travail, besogne *f* (tarea) ‖ travail, emploi; *trabajo de jornada entera, de media jornada* emploi à plein temps, à mi-temps ‖ travail (estudio) ‖ jeu (de un actor) ‖ FÍS travail ‖ — *trabajo clandestino* travail noir ‖ FIG *trabajo de negros* ou *de chino* travail de Romain *o* de forçat *o* de cheval | *trabajo de zapa* travail de sape ‖ *trabajo estacional* travail saisonnier ‖ *trabajos de Hércules* travaux d'Hercule ‖ *trabajos forzados* ou *forzosos* travaux forcés ‖ — *accidente de trabajo* accident du travail ‖ *con mucho* ou *con gran trabajo* à grand-peine ‖ *día de trabajo* jour ouvrable ‖ *programa de trabajo* emploi du temps ‖ *puesto de trabajo* emploi ‖ *sin trabajo* sans peine (sin dificultad), sans emploi (obrero) ‖ — *costar trabajo* coûter beaucoup, coûter; avoir peine à, avoir du mal ‖ *darle duro al trabajo* travailler d'arrache-pied, abattre de la besogne ‖ *darse* ou *tomarse el trabajo de* se donner le mal de, prendre la peine de ‖ *darse un trabajo loco* se donner un mal de chien ‖ *dar trabajo* donner du travail ‖ FIG *no hay atajo sin trabajo* on n'a rien sans peine, nul bien sans peine ‖ FIG *trabajo te* ou *le mando* je te *o* vous souhaite bien du plaisir.
- *pl* peines *f*, souffrances *f* (miserias) ‖ *pasar muchos trabajos* avoir les pires difficultés.

trabajosamente *adv* péniblement.

trabajoso, sa *adj* pénible (que cuesta trabajo) ∥ difficile (difícil); *trabajoso de hacer* difficile à faire ∥ laborieux, euse; pénible (falto de espontaneidad) ∥ FIG & FAM *¡qué trabajoso eres!* que tu es compliqué!

trabalenguas *m inv* allitération *f*.

trabar *v tr* lier (atar) ∥ assembler, joindre (juntar) ∥ entraver, empêtrer (un animal) ∥ épaissir (espesar un líquido) ∥ lier (una salsa) ∥ FIG lier, nouer, se lier de; *trabar amistad* nouer amitié ∥ engager, entamer (una batalla, una conversación).
◆ *v pr* se lier ∥ s'empêtrer, s'emberlificoter (*fam*) (las piernas) ∥ prendre (mayonesa) ∥ fourcher (lengua); *se le ha trabado la lengua* la langue lui a fourché.

trabazón *f* assemblage *m* (juntura) ∥ épaisseur, consistance (de un líquido) ∥ FIG liaison, enchaînement *m* (conexión) | consistance (consistencia) ∥ CULIN liaison.

trabilla *f* sous-pied *m*, patte (del pantalón) ∥ martingale (de chaqueta, etc.) ∥ maille perdue (punto que queda suelto).

trabucar *v tr* renverser, mettre sens dessus dessous (trastornar) ∥ FIG troubler (trastornar el entendimiento) | mélanger, confondre (confundir).
◆ *v intr y pr* FIG se tromper, dire une chose pour une autre (al hablar o al escribir) ∥ *se me ha trabucado la lengua* la langue m'a fourché.

trabucazo *m* coup de tromblon (de escopeta) ∥ FIG surprise *f* (susto) | coup (golpe).

trabuco *m* trébuchet (catapulta) ∥ espingole *f* (arma de fuego) ∥ canonnière *f* (juguete) ∥ *trabuco naranjero* tromblon (arma).

traca *f* chapelet *m* de pétards ∥ MAR virure.

trácala *f* (*amer*) tour *m*, ruse (trampa).

tracalero, ra *adj y s* (*amer*) tricheur, euse.

tracción *f* traction ∥ — *tracción animal* ou *de sangre* traction animale ∥ *tracción delantera* traction avant (de un coche).

tracoma *m* MED trachome.

tractivo, va *adj* tractif, ive.

tracto *m* laps de temps ∥ ECLES trait (en la misa) ∥ ANAT tractus; *tracto genital* tractus génital.

tractor *m* tracteur; *tractor oruga* tracteur sur chenilles.

tractorista *m y f* AGRIC tractoriste, conducteur, trice de tracteur.

tradición *f* tradition ∥ DR remise (entrega).

tradicional *adj* traditionnel, elle; de tradition; *es tradicional que* il est de tradition que.

tradicionalismo *m* traditionalisme.

tradicionalista *adj y s* traditionaliste.

traditor *m* traditeur.

traducción *f* traduction ∥ — *traducción automática* traduction automatique ∥ *traducción directa* version ∥ *traducción inversa* thème ∥ *traducción libre* traduction libre ∥ *traducción literal* traduction littérale ∥ *traducción literaria* traduction littéraire.

traducible *adj* traduisible.

traducir* *v tr* traduire; *traducir del español al francés* traduire de l'espagnol en français ∥ — *traducir directamente* ou *de corrido* traduire à livre ouvert ∥ *traducir literalmente* faire du mot-à-mot, traduire littéralement.
◆ *v pr* se traduire.

traductor, ra *adj y s* traducteur, trice; *traductor jurado* traducteur assermenté.

traer* *v tr* apporter; *traer una carta, noticias* apporter une lettre, des nouvelles ∥ amener; *traer a un prisionero, a un niño de la mano* amener un prisonnier, un enfant par la main ∥ porter; *hoy trae un traje nuevo* aujourd'hui il porte un costume neuf ∥ rapporter; *traer castañuelas de España* rapporter des castagnettes d'Espagne ∥ attirer (atraer) ∥ causer, amener (acarrear); *eso le trajo muchos disgustos* cela lui a causé bien des ennuis ∥ faire valoir, alléguer, apporter (argumento, testimonio) ∥ avoir (consecuencias, resultado) ∥ avoir; *el mes de abril trae treinta días* le mois d'avril a trente jours ∥ — *traer aguas* faire une adduction d'eau ∥ *traer a las mientes* rappeler ∥ *traer a mal traer* malmener ∥ *traer aparejado* ou *consigo* entraîner, avoir pour résultat o pour conséquence (acarrear); *la guerra trae aparejados numerosos males* la guerre entraîne de nombreux maux ∥ *traer a uno de aquí para allí* ne pas laisser à quelqu'un un instant de repos (no dejar en paz), assommer, ennuyer (fastidiar) ∥ *traer buena, mala suerte* porter bonheur, malheur ∥ *traer de cabeza* rendre fou, faire perdre la tête ∥ *traer entre manos* s'occuper de (asunto) ∥ FAM *traer frito a uno* enquiquiner o ennuyer quelqu'un, casser les pieds à quelqu'un ∥ *traer loco a uno* rendre quelqu'un fou, faire perdre la tête à quelqu'un ∥ *traer puesto* porter; *trae puesta su chaqueta nueva* il porte sa veste neuve ∥ *traer y llevar* potiner, cancaner (chismear) ∥ *este río trae mucha agua* ce fleuve roule beaucoup d'eau o est très abondant ∥ FAM *me trae sin cuidado* je m'en fiche, je m'en moque, c'est le dernier o le cadet de mes soucis ∥ *¿qué le trae por aquí?* quel bon vent vous amène?
◆ *v pr* apporter; *tráete el libro que te pedí* apporte le livre que je t'ai demandé ∥ *traerse entre manos* s'occuper de; *traerse entre manos un negocio* s'occuper d'une affaire; fabriquer (*fam*), manigancer (*fam*); *¿qué te traes entre manos?* qu'est-ce que tu fabriques? ∥ FAM *traérselas* être gratiné o terrible (persona o cosa), ne pas être piqué des vers (ser difícil); *se las trae* ça n'est pas piqué des vers.

— OBSERV *Apporter* se aplica sólo a cosas, mientras *amener* se refiere a seres dotados de un movimiento propio, personas o cosas. El uso de *amener* en el sentido de *apporter* es popular. *Traer* seguido de un adjetivo se traduce por *causer* con el sustantivo que corresponde al adjetivo o por el verbo correspondiente al mismo adjetivo (*traer inquieto* causer de l'inquiétude, inquiéter).

tráfago *m* trafic (tráfico) ∥ occupations *f pl*, affaires *f pl* (negocios).

traficante *adj y s* trafiquant, e.

traficar *v intr* trafiquer, faire le commerce de; *traficar en droga* faire le commerce de la drogue ∥ FIG trafiquer; *traficar con su crédito* trafiquer de o avec sa réputation | voyager (viajar).

tráfico *m* trafic (negocios); *tráfico de divisas* trafic de devises ∥ trafic, circulation *f* (tránsito); *calle de mucho tráfico* rue à grande circulation ∥ traite *f*; *tráfico de negros* traite des Noirs ∥ — *tráfico de influencias* trafic d'influence, délit d'initié (Bourse) ∥ *tráfico rodado* circulation routière, trafic automobile ∥ — *accidente de tráfico* accident de la circulation ∥ *guardia de tráfico* agent de la circulation ∥ *policía de tráfico* police de la route.

tragabolas *m inv* passe-boules.

tragacanto *m* tragacanthe *f* (arbusto).

tragaderas *f pl* FAM gosier *m sing*, avaloire *sing* (esófago) ‖ FIG & FAM *tener buenas tragaderas* tout avaler, gober tout, prendre tout pour argent comptant (ser crédulo), avoir la conscience élastique (tener pocos escrúpulos), avoir une bonne descente (beber mucho), avoir un bon coup de fourchette (comer mucho).

tragadero *m* FAM gosier, avaloire *f* (tragaderas) | trou (agujero).

trágala *m* chanson *f* dirigée contre les absolutistes espagnols de 1820 ‖ FAM *cantar a uno el trágala* forcer la main à quelqu'un, contraindre quelqu'un.

tragaldabas *m y f inv* FAM glouton, onne; goinfre (sin fem).

tragaleguas *m y f inv* FAM bon marcheur, bonne marcheuse.

tragaluz *m* lucarne *f*, tabatière *f* (en un tejado) ‖ vasistas (de puerta o ventana) ‖ soupirail (de sótano) ‖ ARQ mezzanine *f*.

tragamillas *m y f inv* FAM mangeur, euse de kilomètres.

traganíquel *m*; **traganíqueles** *m pl (amer)* machine *f* à sous (máquina tragaperras).

tragantona *f* FAM gueuleton *m* (comilona) ‖ FIG violence qu'on se fait pour admettre quelque chose ‖ FAM *darse una tragantona* faire un gueuleton, se taper la cloche (comiendo), avoir une indigestion (leyendo, etc.).

tragaperras *adj y s f* à sous; *máquina tragaperras* machine à sous.

tragar *v tr e intr* avaler; *tragar con dificultad* avaler difficilement.

◆ *v tr y pr* avaler (comer o beber) ‖ FIG engloutir (comer vorazmente) | engloutir (hundirse); *tragado por el mar* englouti par la mer | avaler (creer); *se traga cuanto le dicen* il avale tout ce qu'on lui dit; *duro de tragar* dur à avaler | encaisser, avaler (soportar); *tragarse un insulto* avaler une insulte ‖ — FIG & FAM *no hay quien se lo trague* ça ne prend pas, ça ne marche pas | *no poder tragar a uno* ne pas pouvoir encaisser quelqu'un, ne pas pouvoir voir quelqu'un en peinture | *tenerse tragado algo* pressentir quelque chose | *tragar el anzuelo* tomber dans le panneau, mordre à l'hameçon | *tragar la píldora, tragársela* avaler la pilule | *tragar quina* avaler des couleuvres | *tragar saliva* avaler o ravaler sa salive.

tragasables *m inv* avaleur de sabres.

tragazón *f* FAM gloutonnerie, goinfrerie.

tragedia *f* tragédie ‖ *parar* ou *terminar en tragedia* finir tragiquement.

trágicamente *adv* tragiquement ‖ tragiquement, au tragique; *tomar algo trágicamente* prendre quelque chose au tragique.

trágico, ca *adj* tragique (funesto) ‖ — *actor trágico, actriz trágica* tragédien, enne ‖ *ponerse trágico* tourner au tragique (situación), prendre les choses au tragique (persona).

◆ *m* tragique, poète tragique (autor) ‖ — *lo trágico* le tragique ‖ *tomar por lo trágico* prendre au tragique.

tragicomedia *f* tragi-comédie.

tragicómico, ca *adj* tragi-comique.

trago *m* gorgée *f*, coup (fam); *echar un trago de vino* boire un coup [de vin] ‖ trait; *beber de un trago* avaler d'un trait ‖ FAM boisson *f*, bouteille *f* (bebida); *ser muy aficionado al trago* être très porté sur la bouteille ‖ FIG & FAM coup dur (adversidad), mauvais moment, mauvais quart d'heure (mal momento) ‖ — *beber a tragos* boire par petites gorgées, siroter *(fam)* ‖ FIG *de un trago* d'un seul coup ‖ POP *echarse un trago al coleto* s'en jeter un derrière la cravate ‖ FIG & FAM *fue un mal trago* ce fut un sale coup, ce fut dur à avaler | *pasar un trago amargo* passer un mauvais quart d'heure.

trago *m* ANAT tragus (de la oreja).

tragón, ona *adj y s* FAM glouton, onne; goinfre (sin femenino), goulu, e.

traición *f* trahison (delito); *alta traición* haute trahison ‖ traîtrise (perfidia) ‖ — *a traición* traîtreusement, par trahison, en traître ‖ *hacer traición a su país* trahir son pays, commettre une trahison envers son pays.

traicionar *v tr* trahir; *traicionar su país* trahir son pays; *traicionar el pensamiento de un autor* trahir la pensée d'un auteur.

traicionero, ra *adj y s* traître, esse.

traída *f* apport *m* (acción de traer) ‖ — *canal de traída* canal d'amenée ‖ *traída de aguas* adduction d'eau.

traído, da *adj* apporté, e; amené, e (véase TRAER) ‖ FIG usé, e (vestidos) | rebattu, e (repetido) ‖ — FIG *bien traído* bien amené (chiste) | *traído por los pelos* tiré par les cheveux | *traído y llevado* malmené.

traidor, ra *adj y s* traître, esse ‖ vicieux, euse (caballos).

trailer *m* CINEM film-annonce, bande-annonce *f* (avance).

traílla *f* laisse, couple (para atar los perros) ‖ harde (conjunto de traíllas trabadas) ‖ mèche (del látigo) ‖ TECN ravale (para igualar terrenos) | scraper *m*, décapeuse (de tractor).

trainera *f* traînière, chalutier *m* (barco).

trajano, na *adj* trajan, e ‖ *Columna Trajana* colonne Trajane.

traje *m* vêtement; *traje de hombre* vêtement d'homme ‖ costume (pantalón, chaqueta y chaleco); *traje a la medida, de confección* costume sur mesure, de confection ‖ habit (para actos solemnes); *traje de ceremonia* ou *de gala* habit de cérémonie ‖ robe *f* (de mujer); *traje camisero* robe-chemisier ‖ — *traje de baño* maillot o costume de bain ‖ *traje de calle* costume de ville ‖ *traje de casa* déshabillé | *traje de cristianar* ou *de domingo* habits du dimanche | *traje de diario* costume de tous les jours, tenue de ville | *traje de etiqueta* tenue de soirée | *traje de luces* habit de lumière (de un torero) ‖ *traje de noche* robe du soir ‖ *traje de vuelo, espacial* combinaison de vol, spatiale ‖ *traje regional* costume régional | *traje sastre* tailleur, costume tailleur (de mujer) ‖ — *baile de trajes* bal costumé ‖ FIG & FAM *cortar un traje a uno* casser du sucre sur le dos de quelqu'un | *en traje de gala* en grande tenue (hombre), en grande toilette (mujer).

trajear *v tr* habiller.

trajín *m* transport (tráfico) ‖ besogne *f*; *el trajín cotidiano* la besogne journalière ‖ occupations *f pl*; *el trajín de la casa* les occupations domestiques ‖ FAM remue-ménage, allées et venues *f pl* (ajetreo) ‖ POP turbin, boulot (trabajo) ‖ FAM petite amie *f*.

trajinante *adj* qui transporte (que lleva mercadería de un lugar para otro).

◆ *m* voiturier, roulier, transporteur.
trajinar *v tr* transporter.
◆ *v intr* aller et venir, s'affairer (ajetrearse) ‖ FAM trimer, boulonner (trabajar) ‖ *(amer)* fouiller (registrar) ‖ FIG & FAM ¿*qué está usted trajinando por ahí?* qu'est-ce que vous fabriquez là?
tralla *f* corde (cuerda) ‖ mèche (de látigo).
trallazo *m* coup de fouet *o* de corde.
trama *f* trame (de hilos) ‖ trame (en fotograbado) ‖ FIG trame (enredo) ‖ floraison de l'olivier (florecimiento del olivo) ‖ TECN trame.
tramado *m* tramage.
tramador, ra *m y f* trameur, euse (obrero).
◆ *f* trameuse (aparato).
tramar *v tr* tramer.
◆ *v intr* fleurir (olivos).
◆ *v pr* se tramer.
tramitación *f* cours *m*, marche (de un asunto) ‖ démarches *pl* (trámites).
tramitar *v tr* s'occuper de, faire les démarches nécessaires pour obtenir; *tramitar su pasaporte* s'occuper de son passeport ‖ fournir, procurer (facilitar); *respuesta tramitada a través del embajador* réponse fournie par le canal de l'ambassadeur ‖ faire suivre son cours à (un asunto) ‖ étudier (un expediente).
trámite *m* démarche *f* (diligencia); *hay que hacer muchos trámites para conseguir este permiso* il faut faire beaucoup de démarches pour obtenir cette autorisation ‖ formalité *f* (requisito); *cumplir con los trámites necesarios* remplir les formalités requises ‖ passage (paso).
tramo *m* lot (de terreno) ‖ étage, volée *f* (de escalera) ‖ CONSTR travée *f* ‖ tronçon (de carretera, ferrocarril, canal).
tramontana *f* tramontane (Norte, viento del Norte) ‖ FIG orgueil *m*, vanité (soberbia) ‖ FIG & FAM *perder la tramontana* perdre la tramontane.
tramontano, na *adj* ultramontain, e.
tramoya *f* TEATR machine (máquina) ‖ machinerie (conjunto de máquinas) ‖ FIG & FAM machination, intrigue (enredo) ‖ mise en scène (montaje); *una fiesta con mucha tramoya* une fête avec beaucoup de mise en scène.
tramoyista *m y f* TEATR machiniste ‖ FIG & FAM intrigant, e (que usa de engaños).
trampa *f* trappe, piège *m* (caza); *poner una trampa tendre o dresser un piège* ‖ trappe (puerta en el suelo) ‖ porte *o* abattant *m* dans un comptoir (de mostrador) ‖ braguette (portañuela) ‖ FIG piège *m*; *era una trampa para saber si me diría la verdad* c'était un piège pour savoir s'il me dirait la vérité ‖ ruse (treta) ‖ tricherie, triche (en el juego) ‖ traquenard *m*, piège *m*, embûche (celada) ‖ dette (deuda); *estar lleno de trampas* être criblé de dettes ‖ — *trampa adelante* en vivant d'expédients ‖ RAD *trampa de iones* piège à ions ‖ FIG *caer en la trampa* tomber dans le piège, donner dans le panneau ‖ *coger en la trampa* prendre la main dans le sac *o* sur le fait ‖ *ganar con trampas* gagner par tricherie ‖ *hacer trampas* frauder (cometer fraude), tricher; *hacer trampas en el juego* tricher au jeu ‖ *haciendo trampas* à la triche (juegos) ‖ *hecha la ley, hecha la trampa* les lois sont faites pour être violées ‖ *no hay trampa ni cartón, sin trampa ni cartón* il n'y a pas de trucage; rien dans les mains, rien dans les poches.

trampear *v intr* tricher (en el juego) ‖ vivre d'expédients ‖ FIG vivoter, s'en tirer tout juste; *va trampeando* il vivote.
◆ *v tr* FAM escroquer.
trampero *m* piégeur (cazador) ‖ trappeur (en los bosques de Alaska).
◆ *adj* *(amer)* tricheur, euse.
trampilla *f* trappe (puerta a nivel del suelo) ‖ porte (de un horno) ‖ braguette (portañuela).
trampolín *m* tremplin (en la piscina, en la pista de nieve) ‖ FIG tremplin (base para obtener algo) ‖ *salto de trampolín* plongeon.
tramposo, sa *adj y s* tricheur, euse (en el juego) ‖ menteur, euse (embustero).
◆ *m* filou, escroc (petardista).
tranca *f* trique (garrote) ‖ barre (para cerrar las puertas) ‖ FAM cuite (borrachera) ‖ *a trancas y barrancas* tant bien que mal (mal que bien), en dépit de tous les obstacles.
trancada *f* enjambée (tranco); *en dos trancadas* en deux enjambées.
trancar *v tr* barrer, barricader (atrancar).
trancazo *m* coup de trique (golpe dado con la tranca) ‖ FIG & FAM grippe *f* (gripe).
trance *m* moment; *un trance desagradable* un moment désagréable ‖ moment critique (dificultad) ‖ mauvais pas (mal paso); *sacar a uno de un trance* tirer quelqu'un d'un mauvais pas ‖ transe (del medium) ‖ DR saisie *f* ‖ — *a todo trance* à toute force, à tout prix ‖ *el último o postrer o mortal trance* les derniers instants ‖ *en trance de muerte* à l'article de la mort ‖ *estar en trance de* être en voie de ‖ *salió del trance* il a fait le plus difficile ‖ *trance de armas* fait d'armes.
tranco *m* enjambée *f* (paso largo) ‖ foulée *f* (al correr) ‖ saut (salto) ‖ seuil (umbral) ‖ — *(amer) a tranco* au galop (el caballo) ‖ FIG *a trancos* à la hâte ‖ *en dos trancos* en un instant.
tranquilidad *f* tranquillité (quietud, sosiego) ‖ répit *m* (descanso); *un momento de tranquilidad* un instant de répit ‖ — *con toda tranquilidad* en toute tranquillité, tout tranquillement; *descansar con toda tranquilidad* se reposer tout tranquillement; à loisir, à tête reposée; *estudiar algo con toda tranquilidad* étudier quelque chose à tête reposée ‖ *dormir con toda tranquilidad* dormir sur ses deux oreilles ‖ *para mayor tranquilidad* par acquit de conscience (en descargo de conciencia).
tranquilizador, ra *adj* tranquillisant, e; apaisant, e; rassurant, e.
tranquilizante *adj y s m* MED tranquillisant, e.
tranquilizar *v tr* tranquilliser, apaiser; *tranquilizar los ánimos* tranquilliser les esprits ‖ tranquilliser, rassurer; *esta noticia me ha tranquilizado* cette nouvelle m'a rassuré.
◆ *v pr* se tranquilliser, être rassuré.
tranquilo, la *adj* tranquille ‖ calme; *mar tranquilo* mer calme; *tono tranquilo* ton calme ‖ — *se quedó tan tranquilo* il fit comme si de rien n'était ‖ *tú, tranquilo* ne t'en fais pas, ne t'inquiète pas; *tú, tranquilo, que todo saldrá bien* ne t'en fais pas, tout ira bien; ne bouge pas; *tú, tranquilo, yo me ocuparé de todo* ne bouge pas, je m'occuperai de tout.
tranquillo *m* FAM truc, système, astuce *f*; *coger ou dar con el tranquillo* attraper *o* trouver le truc.
tranquiza *f* *(amer)* FAM volée, raclée.
trans *pref* trans.

— OBSERV Très fréquemment *trans* devient *tras* en espagnol: *transcendental* ou *trascendental*, etc.
transacción *f* transaction.
transalpino, na *adj* transalpin, e.
transar *v intr (amer)* céder, transiger.
transatlántico, ca *adj y s m* transatlantique.
transbordador, ra; trasbordador, ra *adj* transbordeur *adj m*.
◆ *m* transbordeur, bac ǁ télécabine *f* (telecabina) ǁ — *puente transbordador* pont transbordeur ǁ — *transbordador aéreo* téléphérique ǁ *transbordador de ferrocarril* ferry-boat ǁ *transbordador espacial* navette spatiale ǁ *transbordador funicular* funiculaire.
transbordar; trasbordar *v tr* transborder.
◆ *v intr* changer (de un tren a otro).
transbordo; trasbordo *m* transbordement ǁ changement (de un tren a otro) ǁ *hacer trasbordo* changer (de tren, de barco, etc.).
transcaucásico, ca *adj* transcaucasien, enne.
transcendencia *f* transcendance ǁ FIG importance, portée; *problema de gran transcendencia* problème d'une grande importance.
transcendental *adj* transcendantal, e.
transcendentalismo *m* transcendantalisme.
transcendente *adj* transcendant, e (trascendente) ǁ extrêmement important, e ǁ MAT *número transcendente* nombre transcendant.
transcender *v intr* FILOS transcender.
transcontinental *adj y s m* transcontinental, e.
transcribir; trascribir *v tr* transcrire (música, escritura).
transcripción; trascripción *f* transcription ǁ MÚS transcription ǁ translitération, translittération (de un alfabeto a otro).
transcripto, ta; transcrito, ta *adj* transcrit, e.
transcriptor *m* transcripteur (aparato).
transcurrir *v intr* s'écouler, passer (el tiempo); *transcurrieron diez años* dix ans ont passé.
transcurso; trascurso *m* cours (del tiempo); *en el transcurso de los años* au cours des ans ǁ période *f*, espace; *hice este trabajo en el transcurso de dos años* j'ai fait ce travail en l'espace de deux ans ǁ courant; *en el transcurso de una semana, del mes* dans le courant de la semaine, du mois.
transeúnte *m y f* passant, e (en una calle) ǁ personne *f* qui est de passage (que reside transitoriamente).
transexual *adj y s* transsexuel, elle.
transexualismo *m* transsexualisme *m*.
transferencia; trasferencia *f* transfert *m* (de una propiedad) ǁ virement *m* (bancaria) ǁ *transferencia de fondos* transfert de fonds.
transferir* *v tr* transférer.
transfiguración *f* transfiguration.
transfigurar *v tr* transfigurer.
◆ *v pr* se transfigurer.
transformable; trasformable *adj* convertible, transformable.
transformación *f* transformation ǁ *transformación de ensayo* transformation d'un essai (rugby).
transformador, ra *adj* transformateur, trice.
◆ *m* ELECTR transformateur.

transformar; trasformar *v tr* transformer.
◆ *v pr* se transformer ǁ évoluer (cambiar progresivamente); *sistema que se transforma* système qui évolue.
transformativo, va *adj* transformateur, trice.
transformismo *m* transformisme.
transformista *adj y s* transformiste.
tránsfuga *m y f* transfuge ǁ FIG transfuge (que cambia de partido).
tránsfugo *m* transfuge (tránsfuga).
transfuguismo *m* dissidence *f* (política).
transfundir; trasfundir *v tr* transfuser (líquidos) ǁ FIG propager, diffuser (noticias).
◆ *v pr* FIG se propager (propagarse).
transfusión; trasfusión *f* transfusion; *transfusión de sangre* transfusion sanguine.
transfusor, ra *adj* qui transfuse ǁ pour transfusion (aparato).
◆ *m* transfuseur.
transgredir* *v tr* transgresser; *transgredir la ley* transgresser la loi.
transgresión; trasgresión *f* transgression (infracción) ǁ GEOL *transgresión marina* transgression marine.
transgresor, ra; trasgresor, ra *adj* qui transgresse.
◆ *m y f* contrevenant, e; transgresseur (sin femenino).
transiberiano, na *adj y s m* transsibérien, enne.
transición *f* transition; *gobierno de transición* gouvernement de transition.
transicional *adj* transitionnel, elle.
transido, da *adj* mourant, e; *transido de hambre, de miedo* mourant de faim, de peur ǁ transi, e (de frío) ǁ accablé, e (dolor moral); *transido de dolor* accablé par la douleur.
transigencia *f* transigeance.
transigente *adj* condescendant, e; conciliant, e; arrangeant, e (acomodaticio).
transigir *v intr* transiger; *transigir en* transiger sur.
Transilvania *n pr f* GEOGR Transylvanie.
transistor *m* RAD transistor (aparato usado en electrónica); *radio de transistores* poste à transistors ǀ transistor (aparato de radio).
transitable *adj* praticable; *camino transitable* chemin praticable.
transitar *v intr* passer (pasar por la vía pública) ǁ *calle transitada* rue passante.
transitivo, va *adj y s m* GRAM transitif, ive.
tránsito *m* passage (paso); *el tránsito de los peatones* le passage des piétons ǁ transit (de mercancías, de viajeros) ǁ lieu de passage (sitio) ǁ étape *f* (descanso) ǁ dormition *f* (muerte); *tránsito de la Virgen* dormition de la Vierge ǁ assomption *f* (Asunción) ǁ — COM *agente de tránsito* transitaire ǁ *de mucho tránsito* très passante, à grande circulation (calle) ǁ *de tránsito* de passage; *estar de tránsito en una ciudad* être de passage dans une ville; *en transit* (viajeros, mercancías) ǁ *hacer* ou *llevar en tránsito* transiter ǁ *país de tránsito* pays de transit o transitaire ǁ *tránsito rodado* circulation routière, trafic automobile.
transitoriedad *f* caractère *m* transitoire o provisoire.

transitorio, ria *adj* transitoire || provisoire (provisional).
translación *f* → **traslación**.
translaticio, cia *adj* figuré, e; métaphorique.
translativo, va *adj* translatif, ive.
translimitación *f* empiétement *m*.
translimitar *v tr* outrepasser (derechos), franchir (fronteras).
transliteración *f* translittération.
translucidez *f* translucidité.
translúcido, da; transluciente *adj* translucide.
translucirse *v pr* → **traslucirse**.
transmediterráneo, a *adj* transméditerranéen, enne.
transmigración *f* transmigration.
transmigrar *v intr* transmigrer.
transmisibilidad *f* transmissibilité.
transmisible *adj* transmissible.
transmisión *f* transmission || DR transfert *m* (de bienes) || — DR *derechos de transmisión de herencia* droits de mutation || *transmisión del pensamiento* transmission de pensée || *transmisión por cadena, por fricción* transmission par chaîne, par friction.
◆ *pl* MIL transmissions.
transmisor, ra *adj* qui transmet (que transmite).
◆ *m* transmetteur (telegráfico o telefónico).
transmitir *v tr* transmettre.
transmutable *adj* transmuable, transmutable.
transmutación *f* transmutation || FÍS *transmutación de los cuerpos* transmutation des corps | *transmutación radiactiva* transmutation radioactive.
transmutar; trasmutar *v tr* transmuer, transmuter.
transnacional; trasnacional *adj* transnational, e.
transoceánico, ca *adj* transocéanique.
transparencia; trasparencia *f* transparence || FOT diapositive || ECON *transparencia fiscal* transparence fiscale.
transparentarse; trasparentarse *v pr* transparaître (dejarse ver o adivinar); *sus intenciones se transparentan* ses intentions transparaissent || être transparent, e (ser transparente); *este vestido se transparenta* cette robe est transparente.
transparente; trasparente *adj* transparent, e.
◆ *m* transparent (colocado ante una luz) || rideau (cortina) || «Transparent», composition sculpturale de Narciso Tomé qui se trouve dans la cathédrale de Tolède.
transpiración *f* transpiration.
transpirar *v intr y pr* transpirer.
transpirenaico, ca *adj* transpyrénéen, enne.
trasplantar *v tr y pr* → **trasplantar**.
trasplante *m* → **trasplante**.
transponer*; trasponer *v tr* transposer (mudar de sitio) || traverser (atravesar) || disparaître derrière; *el sol transpuso la montaña* le soleil disparut derrière la montagne.
◆ *v pr* disparaître (ocultarse) || se coucher (el sol) || s'assoupir (dormitar).
transportable; trasportable *adj* portable || *un ordenador transportable* un ordinateur portable, un portable.
transportador, ra; trasportador, ra *adj* transporteur, euse.

◆ *adj m* MÚS transpositeur || *cinta transportadora* transporteur à bande, convoyeur, tapis roulant.
◆ *m* transporteur || GEOM rapporteur (instrumento) || — *transportador aéreo* blondin, aérocâble, transporteur aérien *o* à câbles || *transportador mecánico* ou *de cinta* convoyeur.
transportar; trasportar *v tr* transporter (llevar); *transportar a lomo* transporter sur le dos || MÚS transposer || GEOM rapporter.
◆ *v pr* être transporté, e; *transportarse de alegría* être transporté de joie.
transporte; trasporte *m* transport || MÚS transposition *f* || FIG transport (arrebato) || — *buque de transporte* transport, bateau de transport || *transporte a flote* flottage (madera) || *transportes colectivos* transports en commun.
transportista *m y f* transporteur *m*.
transposición; trasposición *f* transposition || coucher *m* (de un astro) || disparition (ocultación).
transpuesto, ta *adj* → **traspuesto**.
transvasar; trasvasar *v tr* transvaser; *transvasar vino* transvaser du vin.
transvase *m* transvasement.
transversal; trasversal *adj* transversal, e; *caminos transversales* chemins transversaux || collatéral, e (pariente).
◆ *f* MAT transversale.
transverso, sa *adj* transverse; *músculo transverso* muscle transverse.
tranvía *m* tramway, tram (*fam*) || *tranvía de sangre* ou *de mulas* tramway tiré par des chevaux.
tranviario, ria; tranviero, ra *adj* du tramway, des *o* de tramways; *red tranviaria* réseau de tramways.
◆ *m* employé d'un tramway (empleado), traminot, wattman (conductor).
trapacero, ra; trapacista *adj y s* malhonnête (en ventas) || rusé, e; malin, igne (astuto) || roué, e; fourbe (tramposo) || chicaneur, euse; chicanier, ère (lioso).
trapatiesta *f* FAM tapage *m*, boucan *m*, potin *m* (jaleo); *armar una trapatiesta* faire du boucan | bagarre (pelea) | remue-ménage *m*, chambard *m* (desorden).
trapaza *f* fraude (en ventas) || tromperie, mensonge *m* (engaño) || astuce, supercherie (embuste leve).
trapeador *m* (*amer*) éponge *f*, lavette *f* (estropajo).
trapecio *m* ANAT & GEOM trapèze || trapèze (gimnasia).
◆ *adj inv* trapèze; *vestido trapecio, músculo trapecio* robe trapèze, muscle trapèze.
trapecista *m y f* trapéziste.
trapense *adj y s* trappiste (religioso) || *monja trapense* trappistine.
trapero, ra *m y f* chiffonnier, ère.
◆ *adj* FAM *puñalada trapera* coup de Jarnac.
trapezoidal *adj* trapézoïdal, e.
trapezoide *m* trapézoïde.
trapichear *v intr* FAM chercher des trucs, se démener (ingeniarse) | trafiquer, fricoter, se livrer à de petits trafics (comerciar).
trapicheo *m* FAM trafic, cuisine *f*, manigance *f*, intrigue *f*; *trapicheos electorales* cuisine électorale || *andar con trapicheos* trafiquer, fricoter.

trapillo *m* petit chiffon (trapo) ‖ FIG & FAM coureur de jupons (galán) | bas de laine (caudal pequeño) ‖ — *de trapillo* en négligé, en déshabillé (en traje de casa) ‖ *irse a una fiesta vestida de trapillo* mettre une robe de quatre sous pour aller à une fête.

trapío *m* FIG & FAM chien (fam), charme (garbo) ‖ TAUROM feu, fougue *f* (ardor) | belle présentation *f* (buen aspecto).

trapisonda *f* FIG & FAM chahut *m*, tapage *m* (jaleo); *armar trapisonda* faire du tapage | chicanerie, intrigue (lío).

trapisondear *v intr* FAM chahuter, faire du tapage (armar jaleo) | trafiquer (enredar).

trapisondista *m y f* tapageur, euse; faiseur, euse d'esclandre (alborotador) ‖ intrigant, e ‖ chicaneur, euse; chicanier, ère (lioso).

trapito *m* petit chiffon ‖ — FAM *está elegante con cuatro trapitos* un rien l'habille | *los trapitos de cristianar* les habits du dimanche, les beaux habits.

trapo *m* chiffon (pedazo de tela) ‖ torchon (de cocina); *secar los platos con un trapo* essuyer les assiettes avec un torchon | MAR toile *f* (velamen) ‖ FAM muleta *f* (del torero) ‖ — *a todo trapo* toute voile dehors (a toda vela) ‖ — FIG *poner a uno como un trapo* traîner quelqu'un dans la boue, traiter quelqu'un de tous les noms | *soltar el trapo* éclater en sanglots (echarse a llorar), éclater de rire (echarse a reír) | *tener manos de trapo* avoir les mains en beurre.
◆ *pl* FAM chiffons, nippes *f* ‖ FIG *hablar de trapos* parler chiffons | *los trapos sucios se lavan en casa* il faut laver son linge sale en famille.

tráquea *f* ANAT & BOT & ZOOL trachée.

traqueal *adj* trachéal, e (relativo a la tráquea) | trachéen, enne (que respira por tráqueas).

traqueotomía *f* MED trachéotomie.

traquetear *v intr* éclater (un cohete) ‖ cahoter (dar tumbos); *vehículo que traquetea* véhicule cahotant.
◆ *v tr* secouer, agiter; *traquetear una botella* secouer une bouteille ‖ cahoter, secouer (un vehículo) ‖ FIG & FAM tripoter (manosear).

traqueteo *m* pétarade *f* (ruido de cohetes) ‖ cahot, cahotement, secousse *f* (sacudida).

tras *pref* trans.
— OBSERV Voir TRANS.

tras *prep* derrière (detrás); *tras la puerta* derrière la porte; *caminaban uno tras otro* ils marchaient l'un derrière l'autre ‖ après, à la poursuite de (en pos de); *corrieron tras el ladrón* ils coururent après le voleur ‖ de l'autre côté de, derrière (más allá); *tras los Pirineos* de l'autre côté des Pyrénées ‖ après (después); *tras dos meses de ausencia* après deux mois d'absence; *uno tras otro* l'un après l'autre ‖ non seulement, outre que (además); *tras ser inteligente, es guapo* non seulement il est intelligent, mais il est beau ‖ *escribir carta tras carta* écrire lettre sur lettre.

trasalpino, na *adj* transalpin, e.

trasatlántico, ca *adj y s m* transatlantique.

trasbordador, ra *adj y s* → **transbordador**.

trasbordar *v tr* → **transbordar**.

trasbordo *m* → **transbordo**.

trascendencia *f* transcendance ‖ importance, portée; *asunto de gran trascendencia* affaire de grande importance.

trascendental *adj* important, e; grave (importante) ‖ transcendant, e (superior) ‖ FILOS transcendantal, e; transcendant, e; *principios trascendentales* principes transcendantaux.

trascendentalismo *m* transcendantalisme.

trascendente *adj* transcendant, e (superior) ‖ extrêmement important, e ‖ FILOS transcendantal, e ‖ MAT *número trascendente* nombre transcendant.

trascender* *v intr* embaumer (oler bien); *la huerta trasciende a jazmín* le jardin embaume le jasmin ‖ transpirer, commencer à être connu (divulgarse); *ha trascendido su secreto* son secret a transpiré; *su proyecto ha trascendido al público* son projet commence à être connu du public ‖ s'étendre à, toucher, affecter; *la huelga ha trascendido a todas las ramas de la industria* la grève a affecté toutes les branches de l'industrie ‖ FILOS être transcendant, e ‖ — *ha trascendido que* on a appris que ‖ *según ha trascendido* d'après ce qu'on a cru comprendre.
◆ *v tr* FILOS transcender.

trascodificar *v tr* transcoder.

trascribir *v tr* → **transcribir**.

trascripción *f* → **transcripción**.

trascurso *m* → **transcurso**.

trasegador *m* transvaseur.

trasegar* *v tr* déranger, mettre en désordre (trastornar) ‖ transvaser (cambiar de recipiente) ‖ décuver (vino), soutirer (para eliminar las heces) ‖ dépoter (petróleo).

trasera *f* derrière *m* (de casa, mueble) ‖ arrière *m* (de vehículo).

trasero, ra *adj* postérieur, e; situé, e derrière o à l'arrière ‖ — *parte trasera* partie postérieure, arrière (de vehículo), derrière (de casa o mueble); *en la parte trasera* à l'arrière, derrière ‖ *puente trasero* pont arrière (de coche) ‖ *rueda trasera* roue arrière.
◆ *m* derrière, postérieur (de animal o persona).
◆ *pl* FAM parents, aïeux (antepasados).

trasferencia *f* → **transferencia**.

trasferible *adj* transférable.

trasferir* *v tr* transférer.

trasfigurable *adj* qui peut se transfigurer.

trasfiguración *f* transfiguration.

trasfigurar *v tr* transfigurer.

trasfondo *m* fond.

trasformable *adj* → **transformable**.

trasformador, ra *adj* transformateur, trice.
◆ *m* ELECTR transformateur.

trasformar *v tr* → **transformar**.

trasformativo, va *adj* transformateur, trice.

trásfuga *m y f* transfuge ‖ FIG transfuge (que cambia de partido).

trásfugo *m* transfuge.

trasfundir *v tr* → **transfundir**.

trasfusión *f* → **transfusión**.

trasfusor, ra *adj y s m* → **transfusor**.

trasgo *m* lutin (duende).

trasgredir *v tr* transgresser.

trasgresión *f* → **transgresión**.

trasgresor, ra *adj y s* → **transgresor**.

trashumación; **trashumancia** *f* transhumance.

trashumante *adj* transhumant, e.

trashumar *v intr* transhumer.

trasiego *m* transvasement (de líquidos) ‖ décuvage, décuvaison *f* (del vino), soutirage (para eliminar las heces) ‖ dépotage (petróleo).

traslación; translación *f* transfert *m*; *traslación de un preso* transfert d'un prisonnier ‖ déplacement *m* (movimiento de uno o una cosa) ‖ traduction (traducción) ‖ métaphore (metáfora) ‖ GRAM énallage ‖ MAT translation ‖ *movimiento de traslación* mouvement de translation.

trasladable *adj* déplaçable, transférable.

trasladar *v tr* déplacer (mudar de sitio) ‖ transporter (llevar) ‖ transférer; *trasladar a un preso* transférer un prisonnier ‖ déplacer, muter (en un empleo) ‖ différer, reporter (aplazar) ‖ GEOM rapporter ‖ FIG porter, transposer; *trasladar a la escena un hecho histórico* porter à la scène un fait historique ‖ traduire (traducir); *trasladar al francés* traduire en français ‖ copier (copiar).
 ◆ *v pr* se déplacer ‖ se rendre, aller; *el ministro se trasladó a Madrid* le ministre s'est rendu à Madrid ‖ être transporté *o* transféré; *esta organización va a trasladarse a otro país* cette organisation va être transférée dans un autre pays ‖ partir définitivement (ir a un país).

traslado *m* copie *f* (copia) ‖ déplacement, mutation *f* (de un funcionario) ‖ transfert, translation *f* (de los restos mortales) ‖ transport; *el traslado de un enfermo al hospital* le transport d'un malade à l'hôpital ‖ DR communication *f*.

traslúcido, da; trasluciente *adj* translucide.

traslucirse*; translucirse *v pr* être translucide; *la porcelana se transluce* la porcelaine est translucide ‖ apparaître *o* se voir par transparence (dejarse ver) ‖ FIG se manifester, apparaître, se deviner, transparaître (inferirse) ‖ transpirer (un secreto).

trasluz *m* lumière *f* tamisée ‖ jour frisant (luz oblicua) ‖ reflet (luz reflejada) ‖ — *al trasluz* par *o* en transparence ‖ *mirar al trasluz los huevos* mirer les œufs.

trasmano *m* second (en ciertos juegos) ‖ — *a trasmano* hors de portée ‖ *esto me coge a trasmano* ce n'est pas sur mon chemin (fuera de camino).

trasmediterráneo, a *adj* transméditerranéen, enne.

trasmigración *f* transmigration.

trasmigrar *v intr* transmigrer.

trasmisible *adj* transmissible.

trasmisión *f* transmission.

trasmitir *v tr* transmettre.

trasmutable *adj* transmuable, transmutable.

trasmutación *f* transmutation.

trasmutar *v tr* → **transmutar.**

trasnacional *adj* → **transnacional.**

trasnochado, da *adj* de la veille; *ensalada trasnochada* salade de la veille ‖ FIG pâle (macilento) ‖ vieux, vieille, usé, e; éculé, e (sin novedad); *chiste trasnochado* plaisanterie usée.

trasnochador, ra *adj y s* qui se couche tard, qui passe la nuit sans dormir, noctambule.

trasnochar *v intr* passer une nuit blanche (pasar una noche sin dormir) ‖ découcher, passer la nuit dehors (pernoctar) ‖ se coucher tard; *le gusta trasnochar* il aime se coucher tard.

traspapelado, da *adj* égaré, e [entre des papiers].

traspapelar *v tr* égarer [un papier].
 ◆ *v pr* s'égarer [un papier].

trasparencia *f* → **transparencia.**

trasparentarse *v pr* → **transparentarse.**

trasparente *adj y s m* → **transparente.**

traspasable *adj* transportable (que se puede llevar) ‖ franchissable (que se puede atravesar) ‖ cessible (negocio) ‖ qu'on peut enfreindre (ley).

traspasador, ra *adj y s* transgresseur (sin femenino), contrevenant, e (à).

traspasar *v tr* traverser; *traspasar el arroyo* traverser le ruisseau ‖ transpercer; *traspasar el brazo con una lanza* transpercer le bras avec une lance ‖ transmettre, céder (un derecho) ‖ céder, transférer (un comercio); *traspasar su negocio* céder son fonds de commerce ‖ enfreindre, transgresser (una ley, un reglamento) ‖ transférer (un jugador profesional a otro equipo) ‖ FIG transpercer (doler con violencia) | traverser; *la lluvia traspasa su abrigo* la pluie traverse son manteau ‖ — *se traspasa tienda* bail à céder ‖ FIG *traspasar el corazón* fendre le cœur.

traspaso *m* cession *f*, transfert (de un local comercial) ‖ reprise *f* (precio de la cesión) ‖ COM pas-de-porte ‖ transfert (de un jugador profesional a otro equipo) ‖ transgression *f*, infraction *f*; *traspaso de una ley* transgression d'une loi ‖ FIG tourment (angustia) | transport de douleur (arrebato de dolor).

traspié *m* faux pas (tropezón); *dar un traspié* faire un faux pas ‖ croc-en-jambe (zancadilla).

traspintarse *v pr* transparaître (clarearse) ‖ FIG échouer, tourner mal (salir mal).

traspiración *f* transpiration.

traspirar *v intr* transpirer.

traspirenaico, ca *adj* transpyrénéen, enne.

trasplantable *adj* transplantable.

trasplantar; transplantar *v tr* transplanter (mudar una planta) ‖ MED greffer.
 ◆ *v pr* FIG se transplanter (cambiar de país).

trasplante; transplante *m* transplantation *f*, transplantement ‖ MED greffe *f*; *trasplante de corazón* greffe du cœur.

trasponer *v tr* → **transponer.**

trasportable *adj* → **transportable.**

trasportador, ra *adj y s m* → **transportador.**

trasportar *v tr y pr* → **transportar.**

trasporte *m* → **transporte.**

trasportista *m y f* transporteur *m*.

trasposición *f* → **transposición.**

traspuesta *f* transposition (transposición) ‖ pli *m* de terrain, éminence (del terreno) ‖ fuite, retraite (fuga) ‖ communs *m pl* (dependencias detrás de la casa).

traspuesto, ta; transpuesto, ta *adj* assoupi, e (adormilado); *se ha quedado traspuesto* il s'est assoupi ‖ occulté, e; caché, e (escondido) ‖ malade (indispuesto).

trasquilado, da *adj* tondu, e ‖ — *fue por lana y volvió trasquilado* tel est pris qui croyait prendre ‖ FIG & FAM *salir trasquilado* se faire échauder, y laisser des plumes.
 ◆ *m* FAM tonsure *f* (sacerdote).

trasquilador, ra *m y f* tondeur, euse.

trasquiladura *f* tonte.

trasquilar *v tr* tondre (esquilar) ‖ mal couper [les cheveux] ‖ FIG & FAM écorner, rogner (mermar).

trasquilón *m* FAM tonte *f* (trasquiladura) ‖ FIG & FAM saignée *f*, ponction *f*; *dar un trasquilón a su fortuna* faire une saignée à sa fortune ‖ — *a trasquilones* à grands coups de ciseaux (pelo), n'importe comment, à la diable (sin orden ni concierto) ‖ *hacer trasquilones en el pelo* faire des escaliers dans les cheveux.

trastabillar *v intr* → **titubear**.

trastada *f* FAM mauvais coup *m* (mala acción) ‖ mauvais tour *m*, vilain tour *m* (jugarreta); *hacer una trastada* jouer un mauvais tour ‖ bêtise (travesura).

trastajo *m* FAM saleté *f*, bricole *f*, vieux machin.

trastazo *m* FAM coup (porrazo) ‖ — FAM *darse* ou *pegarse un trastazo* se cogner (chocar), se casser la figure (caerse) ‖ *pegarse un trastazo con un coche* rentrer dans le décor.

traste *m* touchette *f*, touche *f* (de guitarra, mandolina) ‖ tâte-vin *inv* (vaso) ‖ FAM *(amer)* derrière (trasero) ‖ FAM *dar al traste con* faire échouer, détruire, flanquer par terre, ficher en l'air (proyectos, planes), ficher en l'air (tirar, estropear).

trastear *v tr* remuer, mettre sens dessus dessous, chambarder *(fam)* ‖ pincer (pisar las cuerdas) ‖ TAUROM travailler [le taureau]; faire des passes ‖ FIG & FAM mener par le bout du nez, manœuvrer (a uno).
◆ *v intr* fouiller (hurgar).

trasteo *m* TAUROM passes *f pl* ‖ FIG manœuvre *f* habile ‖ *(amer)* déménagement (mudanza).

trastero, ra *adj* de débarras (cuarto).
◆ *m y f* débarras *m*, cabinet *m* de débarras.

trastienda *f* arrière-boutique (cuarto) ‖ FAM savoir-faire *m*; *tener mucha trastienda* avoir beaucoup de savoir-faire.

trasto *m* vieux meuble (mueble) ‖ FAM vieillerie *f*; saleté *f*, cochonnerie *f* (cosa inútil) ‖ propre à rien (persona inútil) ‖ machin, truc (chisme) ‖ TEATR décor (decoración) ‖ — FIG *trasto viejo* vieux machin.
◆ *pl* armes *f* (armas) ‖ engins, attirail *sing*; *los trastos de pescar* les engins de pêche ‖ accessoires du torero (de torear) ‖ FAM affaires *f* (chismes) ‖ — FIG & FAM *con todos sus trastos* avec armes et bagages ‖ *devolver los trastos* rendre son tablier ‖ *llevarse los trastos* emporter son bazar ‖ *tirarse los trastos a la cabeza* s'envoyer la vaisselle à la tête.

trastocar* *v tr* déranger, mettre sens dessus dessous, bouleverser (trastornar) ‖ renverser (cambiar completamente).

trastornable *adj* perturbable, influençable.

trastornado, da *adj* bouleversé, e ‖ *estar trastornado de salud* être dérangé *o* mal en point.

trastornador, ra *adj* turbulent, e (bullicioso) ‖ troublant, e (emocionante).
◆ *m y f* agitateur, trice.

trastornar *v tr* déranger, mettre sens dessus dessous (revolver) ‖ déranger, troubler, renverser (perturbar); *esto ha trastornado mis proyectos* cela a dérangé mes projets ‖ FIG troubler, brouiller; *trastornar la razón* troubler la raison ‖ détraquer; *la guerra ha trastornado a mucha gente* la guerre a détraqué bien des gens ‖ bouleverser, retourner *(fam)*; *este espectáculo me ha trastornado* ce spectacle m'a bouleversé ‖ faire tourner *o* perdre la tête; *esta mujer trastorna a todos los hombres* cette femme fait tourner la tête à tous les hommes ‖ faire changer d'avis à (hacer cambiar de opinión).
◆ *v pr* se troubler (turbarse) ‖ être bouleversé (estar conmovido) ‖ FIG perdre la raison (volverse loco).

trastorno *m* dérangement (desorden) ‖ bouleversement (turbación) ‖ renversement, bouleversement (cambio profundo) ‖ trouble, dérangement (disturbio); *trastornos políticos* troubles politiques ‖ dérangement (molestia) ‖ MED dérangement; *trastorno cerebral* dérangement cérébral ‖ trouble; *padecer trastornos digestivos, mentales* avoir des troubles digestifs, mentaux.

trastrocamiento *m* transformation *f*.

trastrocar* *v tr* transformer ‖ échanger (hacer un intercambio).

trasuntar *v tr* copier (copiar) ‖ résumer (compendiar) ‖ FIG respirer; *rostro que trasunta serenidad* visage qui respire la sérénité.

trasvasar *v tr* → **transvasar**.

trasvase *m* transvasement (trasiego).

trasver *v tr* distinguer, apercevoir (ver a través o ver mal) ‖ voir de travers (equivocarse).

trasversal *adj* → **transversal**.

trata *f* traite; *trata de negros, de blancas* traite des Noirs, des Blanches.

tratable *adj* traitable ‖ agréable (de trato agradable).

tratadista *m* auteur de traités.

tratado *m* traité; *tratado de matemáticas* traité de mathématiques ‖ traité (convenio); *celebrar un tratado de comercio* conclure un traité de commerce.

tratamiento *m* traitement; *malos tratamientos* mauvais traitements ‖ titre (título); *tratamiento de señoría* titre de seigneurie ‖ MED traitement; *tratamiento hidroterápico* traitement hydrothérapique ‖ TECN traitement; *el tratamiento de materias primas* le traitement des matières premières ‖ INFORM traitement; *tratamiento de textos* traitement de texte ‖ — FIG *apear el tratamiento* laisser les titres de côté (títulos), se tutoyer; *¡bueno, apeemos el tratamiento!* bon, on se tutoie! ‖ *dar tratamiento a uno* s'adresser à quelqu'un en lui donnant son titre ‖ *tratamiento de tú, de usted* tutoiement, vouvoiement.

tratante *m* marchand; *tratante en ganado* marchand en bestiaux ‖ *tratante de caballos* maquignon.

tratar *v tr e intr* traiter; *tratar un asunto* traiter un sujet; *nos trató opíparamente* il nous a traité splendidement; *tratar un metal* traiter un métal ‖ — MED soigner, traiter (una enfermedad) ‖ fréquenter; *no trato a* ou *con esta gente* je ne fréquente pas ces gens-là ‖ — FIG *tratar a la baqueta* mener à la baguette ‖ *tratar de* traiter de; *tratar a uno de ladrón* traiter quelqu'un de voleur; essayer de, tenter de, chercher à (con infinitivo); *tratar de salir de un apuro* essayer de sortir d'un mauvais pas ‖ — *¿de qué trata su crítica?* sur quoi porte votre critique? ‖ *ser tratado a cuerpo de rey* être comme un coq en pâte ‖ *tratar de tú, de usted* tutoyer, vouvoyer ‖ *tratar de* ou *sobre una cuestión* traiter d'une question ‖ *tratar en* négocier en, faire le commerce de; *tratar en ganado* faire le commerce du bétail ‖ *tratar por encima del hombro* traiter par-dessous la jambe *o* de façon cavalière.

◆ *v pr* se soigner (cuidarse) || s'agir, être question; *¿de qué se trata?* de quoi s'agit-il? || se fréquenter; *estas dos personas ya no se tratan* ces deux personnes ne se fréquentent plus || — *de que se trata* en question, dont il s'agit; *el asunto de que se trata* l'affaire en question || *tratarse bien* bien se soigner, soigner sa petite personne (*fam*) || *tratarse con alguien* fréquenter quelqu'un.

tratativas *f pl* (*amer*) formalités.

trato *m* traitement; *un trato inhumano* un traitement inhumain; *malos tratos* mauvais traitements || commerce, fréquentation *f*; *ser de agradable trato* être d'un commerce agréable || relations *f pl*; *tengo trato con ellos* je suis en relations avec eux || façons *f pl*, manières *f pl* (modales); *un trato poco cortés* des manières peu courtoises || marché (acuerdo); *cerrar un trato* conclure un marché; *trato hecho* marché conclu; *deshacer un trato* rompre un marché || — *casa de trato* maison de tolérance o close || *trato carnal* rapports sexuels || *trato de cuerda* estrapade (tormento) || *trato de gentes* ou *social* savoir-vivre, entregent || *trato de nación más favorecida* clause de la nation la plus favorisée || *trato preferente* traitement préférentiel.

◆ *pl* pourparlers (negociaciones); *estar en tratos con uno* être en pourparlers avec.

trauma *m* trauma (herida) || traumatisme.

traumático, ca *adj* traumatique.

traumatismo *m* traumatisme.

traumatizar *v tr* traumatiser.

traumatología *f* MED traumatologie.

traumatólogo, ga *m y f* MED traumatologiste.

travelín; travelling *m* CINEM travelling.

través *m* travers (inclinación) || FIG malheur, épreuve *f*, revers (desgracia) || ARQ traverse *f* || MAR travers || — *al través de, a través de* au travers de, à travers (por entre); *a través de una celosía* à travers une jalousie; par l'intermédiaire o le canal de (mediante); *reembolsar un empréstito a través de un banco* rembourser un emprunt par l'intermédiaire d'une banque || *carrera a campo través* ou *campo través* cross-country || *de través* en travers; *ponerse de través* se mettre en travers || MAR *dar al través* échouer, s'échouer | *echar al través* saborder | *ir de través* se dérouler || *mirar de través* loucher.

travesaño *m* traverse *f*, entretoise *f* || traverse *f*, croisillon (de ventana) || croisillon, barre *f* (de silla) || traversin (almohada) || TECN traversine *f* (de pilotes, de alambrera) | lambourde *f* (construcción) || CONSTR *travesaño de refuerzo* tournisse.

travesear *v intr* faire des espiègleries (niño) || faire la vie, polissonner (vivir deshonestamente).

travesero, ra *adj* traversier, ère; *flauta travesera* flûte traversière.

◆ *m* traversin (almohada).

travesía *f* traversée; *la travesía del Atlántico* la traversée de l'Atlantique || chemin *m* de traverse (camino) || passage *m* (callejuela) || tronçon *m* de route à l'intérieur d'une agglomération || distance (distancia) || vent *m* de travers (viento) || traverses *pl* (de una fortificación) || (*amer*) étendue désertique (páramo) || *obras en la travesía de la Nacional 2 por Guadalajara* travaux sur le tronçon de la nationale 2 traversant Guadalajara.

travesío, a *adj* de côté; *viento travesío* vent de côté.

◆ *m* lieu de passage.

travestí *m y f* → **travestido**.

travestido, da; travestí *m y f* travesti *m*, travelo *m* (*pop*).

travestir *v tr* travestir (disfrazar).

◆ *v pr* s'habiller avec les vêtements d'une personne du sexe opposé.

— OBSERV Ce mot est un gallicisme employé surtout à la forme pronominale.

— OBSERV El francés *se travestir* sólo significa *disfrazarse de cualquier cosa*.

travesura *f* espièglerie, polissonnerie; *travesura de niño* espièglerie d'enfant.

traviesa *f* traverse (de ferrocarril) || renvi *m* (en los juegos) || pari *m* (apuesta) || ARQ mur *m* (pared) || MIN galerie transversale (galería) || TECN traverse, entretoise.

travieso, sa *adj* de *o* en travers (puesto de través) || FIG espiègle, polisson, onne (que hace travesuras) | turbulent, e (bullicioso) || — *a campo traviesa* à travers champ || DEP *carrera a campo traviesa* cross-country.

trayecto *m* trajet, parcours (recorrido) || section *f* (tramo del recorrido de un autobús).

trayectoria *f* trajectoire || tendance (tendencia) || course (de una pelota) || MIL *trayectoria tensa* trajectoire tendue.

traza *f* plan *m* (plano) || FIG air *m*, allure (aspecto); *este edificio tiene buena traza* ce bâtiment a belle allure; *tiene traza de marqués* il a l'air d'un marquis || GEOM trace (intersección) || — FIG & FAM *darse trazas* se débrouiller | *este trabajo tiene* ou *lleva trazas de no acabar nunca* ce travail a tout l'air de ne jamais vouloir prendre fin.

trazado, da *adj* FIG fait, e; bâti, e; planté, e; *bien, mal trazado* bien, mal fait [de corps].

◆ *m* tracement, traçage (acción de trazar) || tracé (representación, recorrido); *el trazado de una figura, una carretera* le tracé d'une figure, d'une route.

trazador, ra *adj y s* traceur, euse (que traza) || MIL *bala trazadora* balle traçante.

trazar *v tr* tracer (letras) || tirer (planes) || tracer, tirer (líneas) || FIG *trazar planes* tirer des plans (hacer proyectos).

trazo *m* trait; *un trazo rectilíneo* un trait rectiligne || jambage (de letra) || entrelacs (hecho con una pluma) || coup de crayon (de un dibujo) || pli (del ropaje) || — *dibujar al trazo* dessiner au trait || *trazo magistral* plein (de una letra) || *trazo vertical* hampe (de una letra).

◆ *pl* hachures *f*.

trebejo *m* ustensile (instrumento); *los trebejos de la cocina* les ustensiles de cuisine || pièce *f* (de ajedrez) || amusette *f*, jouet (juguete).

◆ *pl* attirail *sing*; *los trebejos de pescar* l'attirail de pêche || TAUROM *los trebejos de matar* les instruments du matador, l'épée et la muleta.

trébol *m* trèfle (planta) || trèfle (uno de los palos de la baraja francesa) || trèfle (autopista).

trebolado, da *adj* trilobé, e (trilobulado) || BLAS tréflé, e.

trece *adj y s m* treize; *León XIII (trece)* Léon XIII [treize]; *el trece de febrero* le 13 [treize] février || treizième; *siglo XIII (trece)* XIIIe [treizième] siècle.

◆ *m* (*ant*) chacun des treize corregidors d'une ville d'Espagne || — *mantenerse* ou *seguir en sus trece* ne pas vouloir en démordre, rester sur ses positions ǁ *trece por docena* treize à la douzaine.

trecho *m* moment, laps de temps; *me esperó largo trecho* il m'attendit un long moment ǁ intervalle, distance *f* (distancia) ǁ passage, tronçon (sitio); *un trecho peligroso* un passage dangereux ǁ passage (de un texto) ǁ — *a trechos* par intervalles (tiempo), de place en place (distancias) ǁ *del dicho al hecho hay mucho* ou *un gran trecho* faire et dire sont deux, promettre et tenir sont deux ǁ *de trecho a trecho, de trecho en trecho* de loin en loin (tiempo o distancia) ǁ *hay un buen trecho de Lyon a Niza* il y a un bon bout de chemin de Lyon à Nice.

tregua *f* trêve; *dar tregua* faire trêve ǁ FIG trêve, répit *m*; *su enfermedad no le da tregua* sa maladie ne lui laisse pas de répit ǁ — *sin tregua* sans trêve, sans relâche ǁ HIST *tregua de Dios* trêve de Dieu.

treinta *adj y s* trente; *treinta de enero* 30 [trente] janvier ǁ — *treinta y cuarenta* trente-et-quarante (juego) ǁ *treinta y una* trente-et-un (juego) ǁ *unos treinta* une trentaine.

treintañal *adj* trentenaire.

treintavo, va *adj y s* trentième.

treintena *f* trentaine (treinta unidades) ǁ trentième *m* (treintava parte).

treinteno, na *adj* trentième (trigésimo).

tremebundo, da *adj* effrayant, e; épouvantable.

tremendismo *m* tendance *f* à exagérer (exageración).

tremendo, da *adj* terrible ǁ FIG & FAM énorme; *tremendo disparate* bêtise énorme | formidable ǁ FAM *tomarlo por la tremenda* le prendre au tragique, en faire une maladie

trementina *f* térébenthine; *esencia de trementina* essence de térébenthine.

tremó; tremol *m* trumeau (espejo).

tremolado, da *adj* MÚS tremblé, e (sonido).

tremolar *v tr* déployer, arborer; *tremolar el estandarte* arborer l'étendard ǁ MÚS *sonidos tremolados* sons tremblés.
◆ *v intr* ondoyer, flotter.

tremolina *f* bruit *m* du vent ǁ FIG & FAM vacarme *m*, chahut *m*, chambard *m*, boucan *m*; *armar* ou *formar la tremolina* faire du vacarme.

trémolo *m* MÚS trémolo.

tremor *m* tremblement (temblor) ǁ frisson (comienzo del temblor).

tremulante; trémulo, la *adj* tremblant, e.

tren *m* train; *tren expreso, mixto, ómnibus, rápido* train express, mixte, omnibus, rapide; *perder el tren* rater le train ǁ FIG train; *ir a buen tren* aller bon train ǁ train (convoy); *un tren de camiones* un train de camions ǁ TECN train; *tren de acabado* train finisseur ǁ — *tren ascendente, descendente* train montant, descendant ǁ FAM *tren botijo* ou *de recreo* train de plaisir | *tren carreta* brouette, tortillard | *tren correo* train postal ǁ *tren de alta velocidad (TAV)* train à grande vitesse (T.G.V) ǁ AVIAC *tren de aterrizaje* train d'atterrissage ǁ *tren de cercanías* train de banlieue ǁ *tren de circunvalación* train de ceinture ǁ *tren de engranajes* train d'engrenages ǁ MIL *tren de equipajes* train des équipages ǁ *tren de laminador* ou *de laminación* train de laminoirs ǁ AUTOM *tren delantero, trasero* train avant, arrière ǁ FÍS *tren de ondas* train d'ondes ǁ TECN *tren desbastador* train dégrossisseur ǁ FIG *tren de vida* train de vie ǁ *tren discrecional* train facultatif ǁ *tren nocturno* train de nuit ǁ — FIG & FAM *estar como un tren* être canon (tener buen tipo) ǁ FIG *ir a un tren endemoniado* ou *endiablado* aller à un train d'enfer ǁ *ir en tren* aller par le train ǁ FIG *perder el tren* rater le coche ǁ *poner un tren suplementario* dédoubler un train, mettre un train supplémentaire ǁ FIG *vivir a todo tren, llevar un gran tren de vida* mener grand train, avoir un grand train de vie.

trena *f* ceinturon *m* (talabarte) ǁ baudrier *m* (tahalí) ǁ POP taule, bloc *m* (cárcel).

trenca *f* croisée (colmenas) ǁ racine [d'un cep de vigne] (raíz) ǁ duffle-coat *m* (abrigo).

trencilla *f* galon *m*, soutache.

Trento *n pr* GEOGR Trente.

trenza *f* tresse ǁ natte, tresse (de cabello).

trenzadera *f* tresse (lazo).

trenzado *m* tresse *f*, natte *f* (peinado) ǁ entrechat (danza) ǁ piaffement (del caballo) ǁ tressage (acción de trenzar) ǁ *al trenzado* sans soin.

trenzador, ra *m y f* tresseur, euse.
◆ *f* TECN toronneuse.

trenzar *v tr* tresser ǁ tresser, natter (el cabello).
◆ *v intr* faire des entrechats (el bailarín) ǁ piaffer (el caballo).
◆ *v pr* se battre (luchar).

trepa *f* FAM culbute, galipette (voltereta) ǁ escalade (subida) ǁ perforation (acción de taladrar) ǁ soutache (guarnición) ǁ veines *pl*, veinures *pl* (de la madera) ǁ FIG ruse, tromperie (ardid).

trepado, da *adj* rejeté en arrière (retrepado) ǁ vigoureux, euse; robuste (animales).
◆ *m* dents *f pl* [des timbres-poste, etc.]; pointillé (línea de puntos) ǁ soutache *f* (trepa).

trepador, ra *adj y s* grimpeur, euse.
◆ *adj* grimpeur, euse; *ave trepadora* oiseau grimpeur ǁ grimpant, e (planta).
◆ *m* étrier (para agarrarse).
◆ *m pl* grappins (garfios).
◆ *f pl* ZOOL grimpeurs *m* (aves).

trepanación *f* MED trépanation.

trepanar *v tr* MED trépaner; *el pobre Fernando fue trepanado a tierna edad* le pauvre Ferdinand a été trépané très jeune.

trepar *v intr* grimper, monter; *trepar a un árbol* grimper à un arbre; *trepar por la cuerda* grimper à la corde ǁ escalader; *trepar por una roca* escalader un rocher ǁ grimper (plantas); *la hiedra trepa por las paredes* le lierre grimpe sur les murs.
◆ *v tr* percer (taladrar) ǁ soutacher (adornar con trepa un vestido).
◆ *v pr* se renverser en arrière (retreparse).

trepidación *f* trépidation, tremblement *m*; *la trepidación de un coche* la trépidation d'une voiture.

trepidante *adj* trépidant, e.

trepidar *v intr* trembler, trépider (temblar) ǁ (*amer*) hésiter, douter (vacilar, dudar).

tres *adj y s m* trois; *el tres de noviembre* le 3 [trois] novembre ǁ — MAR *buque de tres palos* trois-mâts ǁ *como tres y dos son cinco* comme deux et deux font quatre ǁ MÚS *compás de tres por dos, tres por ocho, tres por cuatro* mesure à trois-deux, à trois-huit, à trois-quatre ǁ FIG *dar tres y raya* être très supérieur *o* nettement *o* cent fois mieux, faire la pige (*fam*), damer le pion (ser muy superior) ǁ FIG & FAM *de tres al cuarto* de rien du tout, de quatre sous, de peu de valeur; à la gomme; *un escultor de tres al cuarto* un sculpteur à la gomme ǁ

mil *formación de a tres* en formation par trois ∥ *las tres de la mañana* ou *de la madrugada* 3 heures du matin ∣ *las tres de la tarde* 3 heures de l'après-midi ∥ mar *navío de tres puentes* trois-ponts ∥ fig *ni a la de tres* pour rien au monde, jamais de la vie ∣ *no ve tres en un burro* il est myope comme une taupe, il n'y voit goutte ∥ mat *regla de tres* règle de trois ∥ *son las tres* il est 3 heures ∣ *tres cuartos* trois-quarts (rugby y abrigo corto) ∥ *tres en raya* marelle (juego).

trescientos, tas *adj y s m* trois cents ∥ trois cent; *trescientos veinte* trois cent vingt (seguido de otra cifra); *el año trescientos* l'an trois cent (cuando equivale a un ordinal) ∥ *mil trescientos* mille trois cents, treize cents.

tresillo *m* jeu de l'hombre (naipes) ∥ mús triolet ∥ ensemble d'un canapé et de deux fauteuils (muebles) ∥ bague *f* ornée de trois pierres précieuses (sortija).

tresmesino, na *adj* de trois mois.

treta *f* artifice *m*, astuce (artificio); *valerse de una treta* user d'un artifice ∥ feinte (en esgrima) ∥ galipette, culbute (trecha).

tría *f* tri *m*, triage *m*.

triácido *m* triacide.

tríada; tríade *f* triade.

trial *m* dep trial.

trianero, ra *adj y s* de Triana [quartier de Séville].

triangulación *f* triangulation.

triangular *adj* triangulaire; *pirámide, músculo triangular* pyramide, muscle triangulaire.
◆ *m* anat triangulaire.

triangular *v tr* trianguler.

triángulo *m* triangle; *triángulos opuestos por el vértice* triangles opposés par le sommet ∥ mús triangle ∥ — geom *triángulo equilátero* triangle équilatéral ∣ *triángulo escaleno* triangle scalène ∣ *triángulo isósceles* triangle isocèle ∣ *triángulo rectángulo* ou *ortogonio* triangle rectangle.

triar *v tr* trier (escoger).
◆ *v intr* s'activer, s'affairer (las abejas).
◆ *v pr* être transparent, e (una tela).

triates *m pl* (*amer*) triplés.

triatómico, ca *adj* triatomique.

tribal *adj* tribal, e.

triboelectricidad *f* electr triboélectricité.

tribu *f* tribu.

tribulación *f* tribulation.

tribuna *f* tribune.

tribunal *m* dr tribunal; *tribunal para menores* tribunal pour enfants ∣ cour *f*; *tribunal de apelación* cour d'appel ∥ jury; *tribunal de examen* jury d'examen ∥ — *Tribunal Constitucional* Conseil constitutionnel ∥ *Tribunal de Casación* ou *Supremo* Cour de cassation, Cour suprême ∥ *tribunal de conciliación laboral* conseil des prud'hommes ∥ *Tribunal de Cuentas* Cour des comptes ∥ *Tribunal (tutelar) de Menores* tribunal pour enfants ∥ *Tribunal de Justicia Internacional* Cour internationale de justice ∥ *tribunal militar* cour martiale ∥ *tribunal mixto* commission paritaire.

tribuno *m* tribun; *tribuno de la plebe, militar* tribun du peuple, militaire.

tributable *adj* tributaire (sujeto a tributo).

tributación *f* tribut *m* ∥ contribution ∥ fiscalité (sistema tributario).

tributar *v tr* payer un impôt *o* un tribut (pagar) ∥ fig témoigner; *tributar respeto, gratitud* témoigner du respect, de la gratitude ∥ *tributar homenaje* rendre hommage.

tributario, ria *adj* fiscal, e; *sistema tributario* régime fiscal ∥ tributaire (que paga tributo) ∥ *régimen tributario* fiscalité.

tributo *m* tribut ∥ rente *f* (censo) ∥ impôt (impuesto) ∥ fig tribut; *el respeto es el tributo debido a la virtud* le respect est le tribut dû à la vertu ∥ fig *el tributo de la gloria* la rançon de la gloire.

tricéfalo, la *adj* tricéphale.

tricentenario *m* tricentenaire.

tricentésimo, ma *adj y s* trois centième.

tríceps *adj y s m* anat triceps.

triciclo *m* tricycle ∥ *triciclo de reparto* triporteur.

tricolor *adj* tricolore.

tricorne *adj* poét tricorne.

tricornio *adj m y s m* tricorne (sombrero).

tricot *m* (galicismo), tricot.

tricotar *v tr* tricoter ∥ *máquina de tricotar* machine à tricoter, tricoteuse.

tricotosa *f* tricoteuse, machine à tricoter.

tricromía *f* trichromie.

tricromo, ma *adj* trichrome.

tridáctilo, la *adj* tridactyle.

tridente *adj* tridenté, e.
◆ *m* trident (de Neptuno, para pescar).

tridentino, na *adj* de Trente; *el Concilio Tridentino* le concile de Trente.

tridimensional *adj* tridimensionnel, elle; à trois dimensions.

triedro, dra *adj y s m* geom trièdre.

trienal *adj* triennal, e; trisannuel, elle.

trienio *m* triennat ∥ triennium (de seminarista).

Trieste *n pr* geogr Trieste.

trifásico, ca *adj* triphasé, e (corriente).

trifoliado, da *adj* bot trifolié, e.

triforio *m* arq triforium.

trifulca *f* appareil *m* qui met en mouvement les soufflets de forge ∥ fig & fam bagarre, dispute; *armar una trifulca* provoquer une bagarre.

trifurcarse *v pr* se diviser en trois.

trigal *m* champ de blé.

trigaza *adj f paja trigaza* paille de blé.

trigémino, na *adj* trigéminé, e.
◆ *adj m y s m* anat trijumeau, trifacial (nervio).

trigésimo, ma *adj y s* trentième ∥ *trigésimo primero, segundo, etc.* trente et unième, trente-deuxième, etc.

triglicérido *m* triglycéride.

trigo *m* blé ∥ — *trigo atizonado* ou *con tizón* blé ergoté *o* charbonneux ∥ *trigo candeal* froment, blé tendre ∣ *trigo cuchareta* blé hérisson ∣ *trigo chamorro* ou *mocho* touselle ∣ *trigo duro* ou *fanfarrón* blé dur ∥ *trigo en cierne* blé en herbe ∥ *trigo marzal* blé de mars ∥ *trigo otoñal* blé d'automne ∥ *trigo sarraceno* sarrasin, blé noir (alforfón) ∥ *trigo trechel* ou *tremés* ou *tremesino* blé trémois ∥ — fig & fam *no es trigo limpio* ça n'a pas l'air très catholique, l'affaire est louche (un asunto), j'ai des doutes sur elle (una persona) | *nunca es mal año por mucho trigo* abondance de biens ne nuit pas.

trígono, na *adj* GEOM trigone.

trigonometría *f* trigonométrie; *trigonometría plana, esférica* trigonométrie rectiligne, sphérique.

trigonométrico, ca *adj* trigonométrique.

trigueño, ña *adj* basané, e (rostro), châtain clair (pelo).

triguera *f* sorte de millet (planta).

triguero, ra *adj* à blé; *tierras trigueras* terres à blé || qui pousse *o* vit au milieu des blés (que se cría entre el trigo) || du blé (del trigo).
◆ *m* marchand de blé (comerciante en trigo) || crible (criba).

trilateral; trilátero, ra *adj* trilatéral, e.

trilingüe *adj* trilingue.

trilobulado, da *adj* trilobé, e.

trilogía *f* trilogie.

trilla *f* herse pour battre le blé (trillo) || battage *m*, dépiquage *m* (acción y tiempo de trillar) || ZOOL trigle (pez) || FAM raclée (tunda).
— OBSERV *Battage* es la palabra general. *Dépiquage* se aplica más bien a la acción de separar el grano de la paja con el pisoteo de las bestias o con el trillo.

trillado, da *adj* FIG rebattu, e; *asunto trillado* sujet rebattu || *camino trillado* chemin battu.

trillador, ra *adj* y *s* batteur, euse (que trilla).
◆ *f* batteuse (máquina) || *trilladora segadora* moissonneuse-batteuse.

trillar *v tr* AGRIC battre, dépiquer || FIG battre (maltratar).

trillizos, zas *m* y *f pl* triplés, ées (niños).

trillo *m* herse *f* pour battre le blé || *(amer)* sentier (vereda).

trillón *m* trillion.

trimestral *adj* trimestriel, elle.

trimestre *m* trimestre.

trimotor *adj m* y *s m* trimoteur (avión).

trinar *v intr* faire des roulades; *un pájaro que trina* un oiseau qui fait des roulades || MÚS faire des trilles (hacer trinos) || FIG & FAM *estoy que trino* j'enrage.

trinca *f* trio *m* (reunión de tres personas o cosas) || groupe *m* de trois candidats dans un concours (grupo de tres candidatos en una oposición) || MAR liure, nœud *m* (ligadura).

trincar *v tr* attacher (atar) || FAM attraper (coger) | barboter, chiper (hurtar) | avaler, se taper (comer) | siffler (beber) || — MAR *trincar los cabos* serrer les amarres || FAM *trincar una trompa* attraper une cuite.

trincha *f* patte (de un vestido).

trinchado *m* découpage (de la carne).

trinchador, ra *adj* qui découpe.
◆ *m* y *f* découpeur, euse.
◆ *m* trancheur (en un restorán).

trinchante *adj* tranchant, e (que trincha).
◆ *m* écuyer tranchant (criado de palacio) || fourchette *f* à découper (tenedor) || smille *f* (escoda).

trinchar *v tr* découper [la viande].

trinchera *f* tranchée (para defenderse) || voie en tranchée (ferrocarril) || percée [dans une forêt] (camino) || trench-coat *m* (abrigo impermeable) || MIL *guerra de trincheras* guerre de tranchées | *trinchera con abrigo* tranchée-abri.

trineo *m* traîneau.

trinidad *f* trinité || ordre *m* de la Trinité (orden).

Trinidad *n pr f* GEOGR la Trinité, Trinidad (isla).

Trinidad y Tobago *n pr* GEOGR Trinité-et-Tobago.

trinitario, ria *adj* y *s* trinitaire.

trino *m* MÚS trille.

trinomio *m* MAT trinôme.

trinquetada *f* navigation faite avec la voile de misaine seule.

trinquete *m* MAR mât de misaine, trinquet (palo) | voile *f* de misaine (vela) | vergue *f* de misaine (verga) || trinquet (juego de pelota) || TECN cliquet, encliquetage (de rueda dentada).

trinquis *m* FAM bouteille *f*, boisson *f*; *le gusta mucho el trinquis* il est très porté sur la bouteille | coup, lampée *f* (trago); *echar un trinquis* boire un coup.

trío *m* MÚS trio || tri, triage (tría) || trio (reunión de tres personas o cosas) || *trío de ases* brelan d'as (naipes).

tríodo, da *adj* RAD triode.
◆ *m* triode *f*.

tripa *f* boyau *m*, tripe (intestino) || FAM ventre *m*, tripe (vientre); *dolor de tripa* mal au ventre | ventre *m*; *echar tripa* prendre du ventre; *tienes mucha tripa* tu as beaucoup de ventre | tripe (de un cigarro) | boyau *m* de chat (cuerda de guitarra) || — *cuerda de tripa* boyau || FAM *echar las tripas* rendre tripes et boyaux | *hacer de tripas corazón* faire contre mauvaise fortune bon cœur, faire de nécessité vertu, prendre son courage à deux mains | *llenar ou llenarse la tripa* se remplir la panse | *revolver las tripas* soulever le cœur | *vamos a verle las tripas* (un motor, un aparato de radio, etc.), on va voir ce qu'il a dans le ventre.

tripada *f* FAM ventrée.

tripartismo *m* tripartisme.

tripartito, ta *adj* tripartite, triparti, e; *acuerdo tripartito* accord tripartite *o* triparti.

tripero, ra *m* y *f* tripier, ère (que vende tripas).
◆ *m* ceinture *f* de flanelle (paño).

tripi *m* POP acide.

triple *adj* y *s m* triple.
◆ *adj* MED trigémellaire; *embarazo triple* grossesse trigémellaire || *triple salto* triple saut.

triplete *m* triplet.

triplicación *f* triplement *m*.

triplicado *m* triplicata || *por triplicado* en triple exemplaire, en trois exemplaires.

triplicar *v tr* tripler || faire trois fois (repetir).
◆ *v pr* tripler; *la población de Madrid se ha triplicado* la population de Madrid a triplé.

trípode *m* trépied (de Apolo) || FOT trépied.

Trípoli *n pr* GEOGR Tripoli.

tripón, ona *adj* FAM ventripotent, e.

tríptico *m* triptyque.

triptongo *m* GRAM triphtongue *f*.

tripudo, da *adj* ventru, e; pansu, e (persona o cosa), ventripotent, e; bedonnant, e (persona).

tripulación *f* équipage *m* (de un barco, avión).

tripulante *m* homme d'équipage, membre de l'équipage.

tripular *v tr* former l'équipage (de un barco, avión) ‖ piloter (conducir) ‖ *satélite tripulado* satellite habité.
trique *m* craquement ‖ *(amer)* marelle *f* (rayuela) ‖ FIG & FAM *a cada trique* à tout bout de champ.
triquina *f* trichine.
triquinosis *f* MED trichinose.
triquiñuela *f* FAM subterfuge *m*, truc *m* (artimaña); *andar con triquiñuelas* user de subterfuges, avoir des trucs | ficelle; *las triquiñuelas del oficio* les ficelles du métier.
tris *m* FIG & FAM *un tris* un rien, un cheveu; *estuvo en un tris que viniera a vernos* il s'en est fallu d'un rien *o* de peu qu'il ne vienne nous voir | *en un tris* en deux temps, trois mouvements.
triscar *v tr* mêler, emmêler (enredar, mezclar) ‖ donner de la voie à (una sierra).
◆ *v intr* trépigner (patear) ‖ FIG s'ébattre, folâtrer (retozar).
trisección *f* GEOM trisection.
trisilábico, ca *adj* trisyllabique.
trisílabo, ba *adj* formé de trois syllabes, trisyllabe.
◆ *m* mot de trois syllabes.
triste *adj* triste; *está triste por la muerte de su amigo* il est triste de la mort de son ami ‖ FIG maigre, pauvre; *un triste sueldo* un maigre salaire | malheureux, euse; *aquí ni siquiera hay un triste vaso de agua* ici il n'y a même pas un malheureux verre d'eau ‖ FIG & FAM *más triste que un entierro de tercera* ou *que un velatorio, triste como un día sin pan* triste comme un jour sans pain *o* comme un lendemain de fête.
◆ *m (amer)* chanson *f* populaire, complainte *f*.
tristeza *f* tristesse.
tristón, ona *adj* tout triste, morne, morose.
tritón *m* MIT & ZOOL triton.
trítono *m* MÚS triton.
trituración *f* trituration, broyage *m*.
triturador *m* broyeur; *triturador de desperdicios* broyeur à ordures *o* d'évier ‖ triturateur (de papeles).
triturar *v tr* triturer, broyer ‖ FIG triturer (un texto, etc.) | malmener (maltratar) ‖ FIG & FAM *triturar a palos* rouer de coups.
triunfador, ra *adj* triomphateur, trice; victorieux, euse.
◆ *m y f* triomphateur, trice; vainqueur (sin femenino).
triunfal *adj* triomphal, e; *adornos triunfales* ornements triomphaux ‖ *arco triunfal* arc de triomphe *o* triomphal.
triunfalismo *m* triomphalisme.
triunfalista *adj y s* triomphaliste.
triunfante *adj* triomphant, e.
triunfar *v intr* triompher, vaincre; *triunfar sobre sus enemigos* triompher de ses ennemis, vaincre ses ennemis ‖ réussir (tener éxito); *para triunfar hace falta tener osadía* pour réussir il faut avoir de l'audace ‖ jouer atout (en juegos).
triunfo *m* triomphe, victoire *f*; *llevarse* ou *obtener un triunfo* remporter un triomphe ‖ réussite *f*; *estoy seguro de su triunfo en la vida* je suis sûr de sa réussite dans la vie ‖ triomphe (en Roma) ‖ atout (carta que vence); *triunfo mayor* atout maître; *sin triunfo* sans atout ‖ FIG trophée (despojo) ‖ *(amer)* danse *f* populaire d'Argentine (baile) ‖ — FAM *costar un triunfo* donner beaucoup de mal ‖ *llevar en triunfo* porter en triomphe ‖ FIG *tener todos los triunfos en la mano* avoir tous les atouts dans son jeu, avoir toutes les chances de son côté.
triunvirato *m* triumvirat.
trivalente *adj* QUÍM trivalent, e.
trivial *adj* banal, e.
trivialidad *f* banalité.
trivializar *v tr* banaliser.
triza *f* miette, morceau *m* (pedazo pequeño); *hacer trizas* réduire en miettes, mettre en morceaux ‖ MAR drisse (driza) ‖ FIG *hacer trizas al enemigo* mettre *o* tailler l'ennemi en pièces.
trizar *v tr* mettre en morceaux, réduire en miettes.
trocar *m* MED trocart.
trocar* *v tr* troquer, échanger; *trocar una mula por un caballo* troquer une mule contre un cheval ‖ changer (cambiar); *trocar una piedra en oro* changer une pierre en or ‖ FIG mélanger, confondre; *Ana trueca cuanto se le dice* Anne confond tout ce qu'on lui dit ‖ *(p us)* vomir, rendre (vomitar).
◆ *v pr* se transformer (transformarse) ‖ changer; *se trocó este color* cette couleur a changé ‖ tourner; *la suerte se ha trocado* la chance a tourné.
trocear *v tr* diviser en morceaux.
trocha *f* sentier *m* (sendero) ‖ raccourci *m* (atajo) ‖ *(amer)* voie (del ferrocarril).
trochemoche (a); a troche y moche *adv* FAM à tort et à travers.
trofeo *m* trophée.
troglodita *adj y s* troglodyte ‖ FIG barbare, sauvage (cruel) | glouton, onne (muy comedor).
◆ *m* troglodyte (pájaro).
troglodítico, ca *adj* troglodytique.
troica *f* troïka (vehículo).
trola *f* FAM blague, mensonge *m* (mentira).
trole *m* trolley; *tranvía con trole* tramway à trolley.
trolebús *m* trolleybus.
trolero, ra *adj y s* FAM blagueur, euse; menteur, euse (mentiroso).
tromba *f* trombe (manga) ‖ *tromba de agua* trombe d'eau ‖ FIG *en tromba* en trombe.
trombo *m* MED thrombus (coágulo de sangre).
trombón *m* MÚS trombone; *trombón de pistones* ou *de llaves* trombone à pistons; *trombón de varas* trombone à coulisse.
◆ *m y f* trombone, tromboniste (músico).
trombosis *f* MED thrombose.
trompa *f* trompe (instrumento músico) ‖ cor *m*; *trompa de caza* cor de chasse; *trompa de llaves* ou *pistones, de mano* cor à pistons, d'harmonie ‖ trompe (de elefante) ‖ suçoir *m*, trompe (de insecto) ‖ trompe, ventilateur *m* (de forja) ‖ toupie (trompo) ‖ toupie d'Allemagne (trompo que zumba) ‖ hampe (bohordo de cebolla) ‖ FAM cuite; *coger una trompa* attraper une cuite | museau *m* (hocico) ‖ trombe (tromba) ‖ ARQ trompe; *cúpula sobre trompas* coupole sur trompes ‖ — FIG & FAM *estar trompa* être rond *o* paf (borracho) | *ponerse trompa* prendre une cuite ‖ ANAT *trompa de Eustaquio, de Falopio* trompe d'Eustache, de Fallope ‖ *trompa gallega* guimbarde ‖ *trompa marina* trom-

pette marine ‖ *trompa neumática* trompe pneumatique.

➤ *m* cor, sonneur de cor (músico).

trompada *f*; **trompazo** *m* coup donné avec une toupie *o* une trompe ‖ FAM marron, coup de poing (puñetazo) ‖ — FAM *andar a trompazo limpio* se bagarrer ǀ *darse de trompazos* se cogner, se bagarrer ǀ *darse un trompazo* se cogner (chocar), se casser la figure (caerse) ǀ *darse un trompazo con un coche* rentrer dans le décor.

trompear *v intr (amer)* frapper (golpear).

trompeta *f* MÚS trompette ‖ *tocar la trompeta* sonner de la trompette, trompeter *(p us)*.

➤ *m* trompettiste (músico), trompette (militar que toca la trompeta).

trompetazo *m* coup de trompette ‖ FIG & FAM bourde *f*, incongruité *f* (sandez).

trompetilla *f* cornet *m* acoustique.

trompetista *m* y *f* trompettiste.

trompicar *v tr* faire trébucher.

➤ *v intr* trébucher; *trompicó al subir por la escalera* il trébucha en montant l'escalier.

trompicón *m* faux-pas (tropezón) ‖ FAM marron (mojicón) ‖ *a trompicones* par à-coups, en dépit du bon sens (de mala manera).

trompo *m* toupie *f* (peonza) ‖ cône (molusco) ‖ FAM incapable, zéro (hombre ignorante) ‖ *(amer)* toupie *f*, foret (de carpintero) ‖ — FIG & FAM *dar vueltas como un trompo* tourner comme une toupie ǀ *ponerse como un trompo* se bourrer, se gaver (comer mucho), boire comme un trou (beber).

tronada *f* orage *m*.

tronado, da *adj* FIG & FAM usé, e; fichu, e (deteriorado) ǀ fauché, e; sans le sou, à sec (sin dinero) ‖ FIG & POP cinglé, e; timbré, e (chiflado).

tronador, ra *adj* tonnant, e (que truena) ‖ *cohete tronador* fusée détonnante.

tronar* *v impers* tonner.

➤ *v intr* tonner; *el cañón truena* le canon tonne ‖ FIG retentir; *tronó la voz del capitán* la voix du capitaine retentit ǀ tonner, fulminer; *tronar contra el vicio* tonner, fulminer contre le vice ‖ — FIG & FAM *está que truena* il est fou furieux ǀ *por lo que pueda tronar* au cas où.

➤ *v tr (amer)* tuer (matar).

troncal *adj* du tronc.

troncar *v tr* tronquer (truncar).

tronco *m* tronc (de un árbol, del hombre, de la columna) ‖ souche *f*, tronc (origen de una familia) ‖ GEOM tronc; *tronco de cono* tronc de cône ‖ attelage, paire *f* (par de mulas, de caballos) ‖ FIG souche *f* (zoquete) ‖ FIG & FAM *dormir como un tronco, estar hecho un tronco* dormir comme une souche.

tronchado, da *adj* BLAS tranché, e; *escudo tronchado* écu tranché.

tronchante *adj* FAM tordant, e; éclatant, e.

tronchar *v tr* briser, casser (romper) ‖ plier (doblar) ‖ FIG & FAM *troncharse de risa* se tordre de rire, être plié en deux, se fendre la poire (pop).

tronera *f* meurtrière, créneau *m* (de una fortaleza) ‖ vasistas *m* (ventana estrecha), soupirail *m* (respiradero) ‖ blouse (billar).

➤ *m* y *f* FIG & FAM tête *f* brûlée, écervelé, e (persona de poco juicio).

tronido *m* coup *o* roulement de tonnerre.

tronío *m* FAM *de tronío* à tout casser, du tonnerre (estupendo).

trono *m* trône; *subir al trono* monter sur le trône ‖ tabernacle (tabernáculo).

➤ *pl* trônes (ángeles).

tronzador *m* TECN passe-partout *inv* (sierra).

tronzar *v tr* briser, rompre (quebrar), couper en morceaux (dividir) ‖ froncer (hacer pliegues) ‖ FIG éreinter (cansar) ‖ TECN tronçonner (la madera).

tropa *f* troupe (de soldados); *tropa escogida* troupe d'élite ‖ *(amer)* troupeau *m* (de ganado) ‖ — *clase de tropa* homme de troupe ‖ — *tropas aerotransportadas* troupes aéroportées ‖ *tropas de asalto* troupes d'assaut ‖ *tropas de línea* troupes de ligne.

tropear *v intr (amer)* conduire un troupeau.

tropel *m* cohue *f*, foule *f* (muchedumbre) ‖ hâte *f*, précipitation *f* (prisa) ‖ tas (montón) ‖ *en tropel* à la hâte (con precipitación), en foule (yendo muchos juntos).

tropelía *f* violence, sauvagerie; *actos de tropelía* actes de violence.

tropero *m (amer)* bouvier.

tropezar* *v intr* trébucher, buter; *tropezar con* ou *contra* ou *en una piedra* trébucher sur *o* buter contre une pierre ‖ FIG broncher (el caballo) ‖ FIG se heurter, rencontrer, buter; *tropezó con una dificultad* il s'est heurté à *o* il a buté contre une difficulté ǀ faire un faux pas (deslizarse en alguna culpa) ǀ tomber sur (hallar); *tropecé con mi amigo a la salida del cine* je suis tombé sur mon ami à la sortie du cinéma ‖ FIG & FAM *tropezar con un hueso* tomber sur un os *o* sur un bec.

➤ *v pr* se trouver nez à nez avec (con una persona) ǀ s'entretailler (caballos).

tropezón, ona *adj* FAM qui bronche; *caballo tropezón* cheval qui bronche.

➤ *m* faux pas (tropezadura, desliz); *dar un tropezón* faire un faux pas ‖ faux pas (del caballo).

➤ *pl* lardons (de jamón) ‖ *a tropezones* clopin-clopant (andar), par à-coups (obrar, hablar).

tropical *adj* tropical, e; *países tropicales* pays tropicaux.

trópico, ca *adj* y *s m* tropique ‖ *trópico de Cáncer, de Capricornio* tropique du Cancer, du Capricorne.

tropiezo *m* obstacle (estorbo) ‖ faux pas; *dar un tropiezo* faire un faux pas ‖ FIG faux pas, faute *f* (falta) ǀ difficulté *f*, accroc, anicroche *f* (impedimento) ǀ encombre (contratiempo); *llegó sin tropiezo* il arriva sans encombre.

tropismo *m* tropisme.

tropo *m* trope *(p us)*, figure *f* [de rhétorique].

troposfera *f* troposphère.

troquel *m* TECN coin, virole *f*, étampe *f* (para acuñar monedas) ‖ FIG *formados en el mismo troquel* sortis du même moule.

troquelado *m* frappe *f* (acuñado) ‖ rognage, poinçonnage (recorte).

troqueladora *f* TECN découpeuse.

troquelamiento *m* TECN estampage, étampage, frappe *f*.

troquelar *v tr* frapper, estamper, étamper (acuñar monedas).

trotacalles *m* y *f* FAM flâneur, euse; vadrouilleur, euse (fam), batteur *m* de pavé, coureur *m* de rues (azotacalles).

trotaconventos *f* FAM entremetteuse (alcahueta).

trotada *f* trotte; *dar una trotada* faire une trotte.

trotamundos *m y f* globe-trotter.

trotar *v intr* trotter ‖ *trotar corto* trottiner.

trote *m* trot ‖ FIG travail pénible (trabajo fatigoso) ‖ — *trote a la española* ou *sentado* trot assis ‖ *trote a la inglesa* trot enlevé ‖ FAM *trote cochinero* petit trot ‖ *trote corto* trot raccourci, petit trot ‖ *trote largo* trot allongé, grand trot ‖ — *al trote* au trot ‖ *de* ou *para todo trote* de tous les jours, pour tout aller (vestido) ‖ — *ir al trote* aller au trot, trotter ‖ FIG *no estoy para estos trotes* je n'en ai plus la force, je ne peux pas suivre ce rythme | *no quiero meterme en esos trotes* je ne veux pas me mêler de ces histoires.

trotecillo *m* trottinement.

trotskismo *m* trotskisme.

trotskista *adj y s* trotskiste.

troupe *f* troupe.
— OBSERV Galicismo que se emplea con el sentido de *compañía de teatro* o *de circo*.

trova *f* vers *m* (verso) ‖ poésie (poema) ‖ chanson de troubadour (canción de trovador).

trovador, ra *adj* poète.
◆ *m* troubadour (poeta provenzal).
◆ *m y f* poète, poétesse (poeta, poetisa).

trovadoresco, ca *adj* troubadour, des troubadours.

trovar *v intr* faire des vers.

Troya *n pr* HIST Troie ‖ — FIG & FAM *aquí* ou *allá fue Troya* il y a eu du grabuge | *arda Troya* advienne que pourra ‖ *el caballo de Troya* le cheval de Troie.

troyano, na *adj* troyen, enne.
◆ *m y f* Troyen, enne.

trozar *v tr* mettre en pièces (hacer pedazos) ‖ débiter, scier (un árbol).

trozo *m* morceau, bout (pedazo); *un trozo de papel* un morceau de papier ‖ partie *f* (parte) ‖ passage (de un texto) ‖ tronçon (de árbol, columna, etc.) ‖ — MIL *trozo de vanguardia* ou *de San Felipe* avant-garde (de un ejército) | *trozo de retaguardia* ou *de Santiago* arrière-garde (de un ejército) ‖ *trozos escogidos* morceaux choisis (de un escritor).

trucaje *m* CINEM trucage, truquage.

trucar *v intr* bloquer (billar) ‖ déposer la première mise (hacer el primer envite).
◆ *v tr* truquer.

truco *m* bloc (lance de billar) ‖ jeu de cartes (truque) ‖ truc (suerte) ‖ CINEM truquage, trucage ‖ — FIG *andarse con trucos* employer des trucs ‖ FIG & FAM *coger el truco a algo* attraper le truc, saisir, piger ‖ FIG *sin truco ni cartón* sans trucage.
◆ *pl* truc *sing* (juego parecido al billar).

truculencia *f* truculence *(p us)*, aspect *m* terrible o effrayant.

truculento, ta *adj* truculent, e *(p us)*; effrayant, e.

trucha *f* truite (pez); *trucha asalmonada, de mar* truite saumonée, de mer ‖ MECÁN chèvre (cabria) ‖ *(amer)* éventaire *m* (puesto portátil) ‖ *no se cogen* ou *pescan truchas a bragas enjutas* on ne fait pas d'omelette sans casser les œufs, on n'a rien sans rien o sans risque.

truchero, ra *m y f* pêcheur, euse de truites (pescador).

◆ *adj* à truites; *río truchero* rivière à truites.

trueno *m* tonnerre; *el fragor del trueno* le fracas du tonnerre ‖ coup de tonnerre (estampido) ‖ détonation *f* (de un arma o cohete) ‖ FIG & FAM écervelé (atolondrado) ‖ — *gente de trueno* gens de mauvaise vie ‖ *trueno gordo* bouquet (fuegos artificiales) ‖ *voz de trueno* voix tonitruante o tonnante o de tonnerre.

trueque *m* troc, échange ‖ *(amer)* monnaie *f* (cambio) ‖ — *a* ou *en trueque* en échange.

trufa *f* truffe (hongo) ‖ FAM blague (patraña).

trufado *m* CULIN truffage.

trufado, da *adj* truffé, e.

trufar *v intr* FIG blaguer (engañar).
◆ *v tr* truffer (rellenar de trufas).

truhán, ana *m y f* truand, e.

truhanería; truhanada *f* truanderie (hampa).

truismo *m* truisme.

trujillano, na *adj y s* de Trujillo [nom de plusieurs villes].

trullo *m* sorte de sarcelle (ave) ‖ POP tôle *f*, trou (cárcel).

truncado, da *adj* tronqué, e ‖ — *cono truncado* cône tronqué, tronc de cône ‖ *pirámide truncada* pyramide tronquée, tronc de pyramide.

truncar *v tr* tronquer.

truque *m* jeu de cartes.

truquillo *m* FAM truc, combine *f*.

truquista *adj y s* qui emploie des trucs.

trusa *f* *(amer)* culotte (bragas) | maillot *m* de bain (traje de baño).
◆ *pl* trousses, chausses (gregüescos).

trust *m* trust.

tse-tsé *f inv* tsé-tsé (mosca del sueño).

tu, tus *adj poses* ton *m*, ta *f*, tes *m y f pl*; *tu sombrero* ton chapeau; *tu camisa* ta chemise; *tus zapatos* tes chaussures.
— OBSERV En francés se emplea el masculino *ton* ante palabras femeninas que empiezan por una vocal: *tu amiga* ton amie.

tú *pron pers* tu (sujeto); *tú vienes* tu viens ‖ toi; *tu, ¿qué opinas de eso?* toi, qu'est-ce que tu en penses?; *otro que tú* un autre que toi; *eres tú* c'est toi ‖ toi (con preposición); *según tú* selon toi; *hasta tú lo niegas* même toi, tu le nies ‖ *estar de tú a tú* être à tu et à toi ‖ *hablar* ou *tratar de tú* tutoyer ‖ FAM *¡imbécil tú!* imbécile toi-même! ‖ *¡más eres tú!* toi-même!, et toi donc!, tu ne t'es pas regardé! [réponse à une insulte] ‖ *tú y yo* tête-à-tête (servicio de café para dos personas).
— OBSERV L'emploi du pronom personnel *tú* —non nécessaire grammaticalement— indique une certaine insistance: *tú vienes* correspond à *toi, tu viens*.

tuareg *m* touareg.

tuba *f* toddy *m* (licor filipino) ‖ MÚS tuba *m*.

tuberculina *f* MED tuberculine.

tubérculo *m* tubercule ‖ *en tubérculo* tubérisé, e; *raíz en tubérculo* racine tubérisée.

tuberculosis *f* MED tuberculose.

tuberculoso, sa *adj y s* MED tuberculeux, euse.

tubería *f* tuyauterie (conjunto de tubos) ‖ canalisation (de gas) ‖ conduite; *tubería de agua* conduite d'eau ‖ tubulure (conducto) ‖ fabrique *f* o commerce de tubes (fábrica, comercio de tubos) ‖ MIN *tubería de revestimiento* tubage.

tuberosidad *f* BOT tubérosité.

tuberoso, sa *adj* tubéreux, euse.

tubo *m* tube ‖ tube; *tubo digestivo, capilar* tube digestif, capillaire ‖ tuyau (de una cañería) ‖ cheminée *f*, verre de lampe (de lámpara) ‖ FÍS tube; *tubo de rayos católicos* tube cathodique ‖ MÚS tuyau (de órgano) ‖ — *falda tubo* jupe fourreau ‖ AUTOM *tubo de desagüe* trop-plein ‖ *tubo de drenaje* drain, tuyau de drainage ‖ *tubo de ensayo* tube à essais ‖ *tubo de escape* tube *o* tuyau d'échappement ‖ *tubo elevador* colonne montante ‖ *tubo lanzacohetes, lanzatorpedos* tube lance-fusées, lance-torpilles ‖ TECN *tubos de carga* tubes d'irradiation.

tubulado, da *adj* tubulé, e.

tubular *adj* tubulaire; *caldera tubular* chaudière tubulaire.
◆ *m* boyau (de bicicleta).

tucán *m* toucan (ave).

tudelano, na *adj* de Tudela [ville de Navarre].

tuerca *f* écrou *m*; *tuerca de fijación, de mariposa, entallada* écrou d'assemblage, à oreilles *o* papillon, à encoche ‖ — *llave de tuerca* clef à vis ‖ *tuerca matriz* ou *partida* vis mère ‖ *tuerca de seguridad* contre-écrou ‖ — FIG *apretar las tuercas a alguien* serrer la vis à quelqu'un.

tuerto, ta *adj y s* borgne; *dejar, quedarse tuerto* rendre, devenir borgne ‖ FIG *en país* ou *en tierra de ciegos el tuerto es rey* au royaume des aveugles les borgnes sont rois.
◆ *m* offense, tort (agravio).
◆ *adj* tordu, e (torcido) ‖ — *a tuertas* à l'envers (al revés), en biais (oblicuamente) ‖ *a tuertas o a derechas* à tort ou à raison (con razón o sin ella), à tort et à travers (sin reflexión).
◆ *m pl* tranchées *f* utérines (entuertos).

tuétano *m* moelle *f* (médula) ‖ — FIG & FAM *calado hasta los tuétanos* trempé jusqu'à la moelle des os ‖ *hasta los tuétanos* jusqu'à la moelle, jusqu'au bout des ongles.

tufarada *f* bouffée (olor fuerte); *tufarada de vino* bouffée de vin ‖ touffeur (tufo) ‖ *tufarada de calor* bouffée de chaleur.

tufillo *m* petite odeur *f* (olor) ‖ fumet (olor agradable de un manjar).

tufo *m* relent (mal olor); *un tufo de alcantarilla* un relent d'égout ‖ émanation *f* (emanación) ‖ bouffée *f* (tufarada) ‖ touffeur *f* (atmósfera densa) ‖ patte *f* (porción de pelo) ‖ tuf (piedra).
◆ *pl* prétention *f sing*, vanité *f sing* ‖ FIG *¡este chico tiene unos tufos!* ce garçon est d'un prétentieux!

tugurio *m* galetas, mansarde *f* (habitación pequeña) ‖ taudis (casa miserable) ‖ cabane *f* (choza de pastores).

tuición *f* DR défense, protection.

tuitivo, va *adj* DR protecteur, trice.

tul *m* tulle (tela).

tule *m* (amer) jonc (junco).

tulio *m* thulium (tierra rara).

tulipa *f* tulipe, abat-jour *m inv* (pantalla).

tulipán *m* tulipe *f* (flor).

Tullerías *n pr f pl* Tuileries (jardín de París).

tullido, da *adj y s* perclus, e; impotent, e (baldado) ‖ paralysé, e ‖ estropié, e (mutilado) ‖ FIG rompu, e (muy cansado).

tullir* *v tr* estropier (lisiar).
◆ *v intr* émeutir, fienter (las aves).

◆ *v pr* devenir perclus *o* impotent; être estropié, être paralysé (una persona) ‖ se paralyser (un miembro).

tumba *f* tombe, tombeau *m* (sepulcro) ‖ — FIG *abrir su tumba* creuser sa fosse *o* son tombeau ‖ *a tumba abierta* à tombeau ouvert ‖ *ser como una tumba* être muet *o* silencieux comme la tombe.

tumbado, da *adj* renversé, e (derribado) ‖ allongé, e; couché, e; *tumbado en la cama* allongé sur le lit ‖ affalé, e (repantigado) ‖ FIG & FAM *lo dejé tumbado de asombro* je l'ai assis.

tumbar *v tr* renverser, faire tomber; *tumbar a uno al suelo* ou *por tierra* faire tomber quelqu'un par terre ‖ FIG & FAM étourdir (turbar) ‖ étendre, recaler (en un examen) ‖ MAR abattre.
◆ *v intr* tomber (caer) ‖ s'écrouler (desplomarse) ‖ MAR se coucher sur le flanc (un barco).
◆ *v pr* FAM s'allonger, s'étendre, se coucher (echarse) ‖ s'affaler (repantigarse) ‖ FIG se relâcher (disminuir el rendimiento) ‖ FAM *tumbarse a la bartola* s'étendre comme un veau (descansar), en prendre à son aise, ne pas s'en faire, se la couler douce, se reposer.

tumbo *m* cahot (vaivén) ‖ *dar tumbos* cahoter, avancer cahin-caha.

tumbón, ona *adj* FAM sournois, e (socarrón) ‖ paresseux, euse; fainéant, e (perezoso).
◆ *m* voiture *f* à capote bombée (coche) ‖ coffre à couvercle bombé (cofre).
◆ *f* chaise longue, transatlantique *m*, transat *m* (asiento).

tumefacción *f* MED tuméfaction ‖ *producir tumefacción* tuméfier.

tumefacto, ta *adj* tuméfié, e.

tumescencia *f* tumescence.

tumescente *adj* tumescent, e.

tumor *m* MED tumeur *f*; *tumores benignos, malignos* tumeurs bénignes, malignes.

tumoración *f* MED tuméfaction (tumefacción) ‖ tumeur (tumor).

túmulo *m* tumulus (montecillo artificial) ‖ catafalque (catafalco) ‖ tombeau (sepulcro) ‖ *túmulo funerario* tertre funéraire.

tumulto *m* tumulte.

tumultuoso, sa *adj* tumultueux, euse.

tuna *f* nopal *m*, figuier *m* de Barbarie (nopal) ‖ figue de Barbarie (higo) ‖ FIG vagabondage *m*, vie errante, vie de bohème; *correr la tuna* mener une vie errante ‖ «tuna», orchestre *m* d'étudiants (estudiantina) ‖ étudiant *m* membre d'une «tuna» (estudiante).

tunante, ta *adj y s* coquin, e; fripon, onne.

tunar *v intr* vagabonder, mener une vie de vagabond.

tunco, ca *adj* (amer) tronqué, e; mutilé, e.
◆ *m* (amer) cochon, porc (cerdo).

tunda *f* FAM raclée, volée (paliza); *dar una tunda* donner une raclée ‖ tonte, tonture (del paño) ‖ — *borra de la tunda* tontisse ‖ FAM *tunda de palos* volée de bois vert.

tundición *f*; **tundido** *m*; **tundidura** *f* TECN tonte *f*, tonture *f*, rasage *m* (del paño).

tundir *v tr* TECN tondre, raser (el paño) ‖ FAM rosser, frapper (zurrar) ‖ fouetter (azotar).

tundra *f* toundra (estepa).

tunear *v intr* faire des bêtises *o* des friponneries.

tunecí; tunecino, na *adj* tunisien, enne (del país) || tunisois, e (de la ciudad).
◆ *m y f* Tunisien, enne (del país) || Tunisois, e (de la ciudad).

túnel *m* tunnel; *túnel aerodinámico* tunnel aérodynamique || AUTOM *túnel de lavado* station de lavage automatique.

tunes *m pl (amer)* premiers pas.

Túnez *n pr* GEOGR Tunis (ciudad) | Tunisie *f* (país).

tungsteno *m* QUÍM tungstène (volframio).

túnica *f* tunique || ANAT & BOT tunique.

Tunicia *n pr* GEOGR Tunisie.
— OBSERV El nombre correcto del país es *Túnez* como la capital.

tuno, na *adj y s* coquin, e; fripon, onne.
◆ *m* étudiant membre d'une «tuna».

tuntún (al); tuntún (al buen) *adv* au petit bonheur, à l'aveuglette, au jugé.

tupé *m* toupet (copete); *llevar tupé* avoir un toupet || FIG & FAM toupet (descaro).

tupido, da *adj* serré, e; *tela tupida* tissu serré || dru, e (trigo) || épais, aisse; dense (espeso); *una tupida niebla* un brouillard épais || touffu, e (pelo).

tupir *v tr* resserrer, serrer (apretar).
◆ *v intr* être touffu, e (la hierba).

Tupungato *n pr* GEOGR Tupungato.

turba *f* tourbe (combustible) || foule, tourbe (muchedumbre).

turbación *f* trouble *m*.

turbador, ra *adj* troublant, e.
◆ *m y f* agitateur, trice; semeur, euse de désordre; fauteur, euse de troubles.

turbante *m* turban (tocado).

turbar *v tr* troubler; *turbar el agua, el orden* troubler l'eau, l'ordre || décontenancer, déconcerter (sorprender) || troubler (aturdir); *turbar la razón* troubler la raison.
◆ *v pr* se troubler || se décontenancer, demeurer court.

turbera *f* tourbière (mina).

turbiamente *adv* confusément.

turbiedad *f* turbidité, état *m* trouble || manque *m* de netteté, brouillement *m* (opacidad) || brouillement *m* (ofuscamiento).

turbina *f* MECÁN turbine; *turbina de vapor* turbine à vapeur || AVIAC *turbina compresor* turbine-compresseur.

turbio, bia *adj* trouble (poco claro); *agua turbia* eau trouble || troublé, e (azaroso); *período turbio* période trouble || FIG louche, douteux, euse; peu clair, e; *negocio turbio* affaire louche | trouble; *vista turbia* vue trouble | confus, e (oscuro); *expresión turbia* expression confuse || FIG *lo turbio* le caractère louche.

turbión *m* grosse giboulée *f*, averse *f* (aguacero) || FIG avalanche *f*, foule *f* (alud).

turbo *m* turbo (molusco).

turboalternador *m* turboalternateur.

turbobomba *f* turbopompe.

turbocompresor *m* turbocompresseur.

turbomotor *m* turbomoteur.

turbopropulsor *m* turbopropulseur.

turborreactor *m* turboréacteur.

turbovaporosa *f* nettoyeur *m* vapeur.

turboventilador *m* turboventilateur.

turbulencia *f* turbulence (de un líquido) || FIG turbulence, trouble *m* (alboroto).

turbulento, ta *adj* trouble (turbio) || FIG turbulent, e (bullicioso).

turco, ca *adj* turc, turque || *cama turca* divan, ottomane, lit à la turque || ANAT *silla turca* selle turcique || — *a la turca* à la turque.
◆ *m* turc (lengua).
◆ *f* divan *m*, ottomane, lit *m* à la turque (cama) || FAM cuite (borrachera).
◆ *m y f* Turc, Turque || — FIG *cabeza de turco* tête de Turc || *el Gran Turco* le Grand Turc || FAM *celoso como un turco* jaloux comme un tigre.

turcomano, na *adj* turkmène.
◆ *m y f* Turkmène.
◆ *m* turcoman (lengua).

turf *m* turf (deporte hípico, hipódromo).

turfista *m y f* turfiste.

turgencia *f* turgescence.

turgente *adj* turgescent, e.

Turín *n pr* GEOGR Turin.

turismo *m* tourisme || voiture *f* particulière (coche) || *oficina de turismo* syndicat d'initiative || *turismo de masas* tourisme de masse.

turista *m y f* touriste.

turístico, ca *adj* touristique.

turmalina *f* MIN tourmaline.

túrmix *f inv* (nombre registrado) mixeur *m*.

turnar *v intr* alterner, se succéder, faire, etc. à tour de rôle (alternar); *las farmacias turnarán en el cierre semanal* les pharmacies observeront à tour de rôle la fermeture hebdomadaire.
◆ *v pr* se relayer; *en este trabajo nos turnamos* nous nous relayons dans ce travail; *turnarse para cuidar a un enfermo* se relayer auprès d'un malade.

turnedó *m* CULIN tournedos.

turno *m* service, tour; *turno de día, de noche* service de jour, de nuit || équipe *f* (cuadrilla) || tour (vez); *hablar a su turno* parler à son tour; *a cada cual su turno* chacun son tour || — *de turno* de service || *farmacia de turno* pharmacie de garde || *huelga por turno* grève tournante || *médico que hace turno de noche* médecin qui est de garde la nuit || *por turno* à tour de rôle, tour à tour (uno tras otro), par roulement (en un trabajo) || *turno preferente* tour de faveur.

turolense *adj* de Teruel [ville d'Aragon].

turón *m* putois (animal).

turquesa *f* turquoise (piedra preciosa) || moule *m* (molde) || *azul turquesa* bleu turquoise.

turquí; turquino *adj m* turquin, indigo; *azul turquí* bleu turquin.

Turquía *n pr f* GEOGR Turquie.

turrón *m* touron, nougat espagnol (dulce) || FIG & FAM fromage, sinécure *f*.

turronero, ra *m y f* marchand, e de tourons.

turulato, ta *adj* FAM stupéfait, e; ébahi, e; abasourdi, e (estupefacto) | étourdi, e (por un golpe) || FIG *dejar turulato* estomaquer, abasourdir.

tururú *m* brelan (cartas).

Tutankhamón *n pr* Toutankhamon.

tute *m* mariage (juego de naipes) || réunion *f* des quatre rois *o* des quatre dames [au jeu de mariage] || POP raclée *f*, volée *f* (paliza) || — POP *dar un tute* éreinter, claquer | *darse un tute* en mettre un coup, mettre les bouchées doubles (trabajar duro), se démener (para obtener algo), se gaver, s'empiffrer (darse un hartazgo) || *darse un tute de andar* faire des kilomètres.

tutear *v tr* tutoyer (hablar de tú).

tutela *f.* tutelle; *tutela dativa, testamentaria* tutelle dative, testamentaire || — *territorio bajo tutela* territoire sous tutelle (fideicomiso) || *tutela ejemplar* ou *judicial* conseil judiciaire (para los incapacitados mentales).

tutelaje *m* tutelle *f.*

tutelar *adj* tutélaire.

tuteo *m* tutoiement.

tutilimundi *m* cosmorama (mundonuevo).

tutiplén (a) *m adv* FAM à gogo, à foison.

tutor, ra *m y f* tuteur, trice || DR *tutor dativo* tuteur datif | *tutor testamentario* tuteur testamentaire.
▸ *m* BOT tuteur (rodrigón).

tutoría *f* tutelle.

tutti frutti; tuttifrutti *m* glace *f* ou dessert tutti frutti.

tutú *m* (*amer*) oiseau de proie.

tutuma *f* (*amer*) citrouille (calabaza) | bosse (chichón) | abcès *m* (absceso).

tuyo, ya *pron poses de la 2.ª pers* tien, tienne (con artículo); *mi hermano es mayor que el tuyo* mon frère est plus âgé que le tien || à toi (sin artículo); *este libro es tuyo* ce livre est à toi || ton *m*, ta *f*, tes *pl* (después del sustantivo); *la casa tuya* ta maison; *este vestido tuyo* ta robe; *a esa edad tuya* à ton âge || de toi; *¿es tuyo este cuadro?* ce tableau est-il de toi?; *cualquier palabra tuya* n'importe quelle parole de toi || — *en derredor tuyo* autour de toi || FIG & FAM *ésa es la tuya* c'est à toi de jouer | *hiciste de las tuyas* tu as fait des tiennes || *los tuyos* les tiens || *lo tuyo* ce qui est à toi (pertenencia), tes affaires, ce qui t'appartient *o* te concerne (que te concierne) || *siempre tuyo* bien à toi (en una carta) || *un amigo tuyo* un de tes amis, un ami à toi.
— OBSERV La construction du type *la casa tuya* est fréquente en espagnol et renforce l'idée de possession.

tuza *f* (*amer*) taupe | *tuza real* agouti.

TV abrev de *televisión* TV, télévision.

TVE abrev de *Televisión Española* Télévision espagnole.

tweed *m* tweed (tejido).

twist *m inv* twist (baile).

u *f* u *m*; *una u mayúscula* un u majuscule || *la u consonante* le v.

u *conj* ou, ou bien.
— OBSERV S'emploie à la place de *o*, pour éviter l'hiatus, devant les mots commençant par *o* ou *ho*: *diez u once* dix ou onze; *belga u holandés* belge ou hollandais.

UAB abrev de *Universidad Autónoma de Barcelona* université autonome de Barcelone.

Uagadugu *n pr* GEOGR → **Ouagadougou**.

uapití *m* ZOOL wapiti.

Úbeda *n pr* GEOGR Úbeda [Andalousie] || FAM *irse por los cerros de Úbeda* battre la campagne, divaguer (divagar), s'éloigner du sujet, être à cent lieues du sujet (salirse del tema).

ubérrimo, ma *adj* très fertile (tierra) || abondant, e; luxuriant, e (vegetación).

ubicación *f* position, situation, emplacement *m.*

ubicar *v intr* se trouver, être situé, e.
▸ *v tr* (*amer*) placer, établir | nommer (a un candidato) | garer (un coche) | trouver (encontrar).
▸ *v pr* se trouver, être situé, e.

ubicuidad *f* ubiquité; *no tener el don de la ubicuidad* ne pas avoir le don d'ubiquité.

ubicuo, cua *adj* ubiquiste, qui a le don d'ubiquité.

ubre *f* mamelle, tétine || pis *m* (de vaca o cabra).

UCD abrev de *Unión de Centro Democrático* Union du centre démocratique [parti de la transition en Espagne].

UCP abrev de *unidad central de proceso* U.C., unité centrale (de traitement).

Ucrania *n pr f* GEOGR Ukraine.

ucranio, nia *adj* ukrainien, enne.
▸ *m y f* Ukrainien, enne.

Ud. abrev de *usted* → **usted**.

Uds. abrev de *ustedes* → **usted**.

UEFA abrev de *Unión de Asociaciones Europeas de Fútbol* U.E.F.A., Union européenne de football Association.

UEO abrev de *Unión Europea Occidental* U.E.O., Union de l'Europe occidentale.

¡uf! *interj* ouf! || pouah! (repugnancia).

ufanarse *v pr* se montrer *o* être fier, s'enorgueillir, tirer vanité; *ufanarse con* ou *de sus riquezas* montrer fier de ses richesses.

ufano, na *adj* fier, ère; orgueilleux, euse.

ufología *f* ovniologie.

Uganda *n pr* GEOGR Ouganda.

ugetista *adj* de l'UGT [syndicat espagnol].
▸ *m y f* militant, e de l'UGT.

UGT abrev de *Unión General de Trabajadores* Union générale des travailleurs [Espagne].

UIMP abrev de *Universidad Internacional Menéndez Pelayo* université internationale Menéndez-Pelayo [Espagne].
UIT abrev de *Unión Internacional de Telecomunicaciones* U.I.T., Union internationale des télécommunications.
ujier *m* huissier.
Ulan-Bator *n pr* GEOGR → **Oulan-Bator**.
ulano *m* uhlan.
úlcera *f* MED ulcère *m*; *úlcera duodenal* ulcère duodénal *o* du duodénum; *úlcera gástrica* ulcère gastrique *o* de *o* à l'estomac.
ulceración *f* ulcération.
ulcerado, da *adj* ulcéré, e.
ulcerar *v tr* ulcérer.
Ulises *n pr m* MIT Ulysse.
Ulster *n pr* GEOGR Ulster.
ulterior *adj* ultérieur, e.
ultimación *f* achèvement *m*, fin.
ultimador, ra *m y f* (*amer*) meurtrier, ère.
últimamente *adv* enfin (por último) ‖ dernièrement (hace poco).
ultimar *v tr* conclure; *ultimar un trato* conclure une affaire ‖ mettre la dernière main à, fignoler, parachever; *ultimar los detalles* fignoler les détails ‖ (*amer*) achever, exécuter (matar).
ultimátum *m* ultimatum; *dirigir un ultimátum* adresser un ultimatum.
— OBSERV *pl ultimátums.*
último, ma *adj* dernier, ère; *diciembre es el último mes del año* décembre est le dernier mois de l'année ‖ dernier, ère; *última decisión* ultime décision ‖ — *como* ou *en último recurso, en última instancia* en dernier recours *o* ressort ‖ *el hijo último* le dernier-né ‖ FIG *el último grito, la última palabra* le dernier cri ‖ *en último lugar* en dernier lieu ‖ *la fecha última* la date limite ‖ *por último* enfin, finalement ‖ — *dar el último toque* ou *la última mano* mettre la dernière main ‖ *quedarse con la última palabra* avoir le dernier mot.
→ *m y f* dernier, ère ‖ — *a la última* à la dernière mode, du dernier cri ‖ *a últimos de mes* à la fin du mois ‖ *¡es lo último!* c'est la dernière! ‖ *¡es lo último que me faltaba por oír!* que ne faut-il pas entendre! ‖ FAM *estar en las últimas* être à la dernière extrémité *o* à l'article de la mort *o* à l'agonie (morirse), être sur sa fin *o* au bout du rouleau (*fam*) (quedar poca vida) ‖ *¡has hecho las diez de últimas!* tu as gagné!
ultra *adj y s* ultra, ultranationaliste (extremista).
ultracongelación *f* surgélation.
ultraconservador, ra *adj y s* ultra-conservateur, trice.
ultracorrección *f* hypercorrection.
ultraderecha *f* extrême-droite.
ultraderechista *adj* d'extrême-droite.
ultraísmo *m* «ultraïsme».
— OBSERV L'*ultraïsme* est un mouvement littéraire qui, créé en 1919 par des poètes espagnols et hispano-américains dont le but était de réhabiliter la poésie pure, disparut en 1923. Ses principaux représentants ont été Guillermo de Torre, Jorge Luis Borges, Eugenio Montes et Gerardo Diego.
ultraizquierda *f* extrême gauche.
ultrajador, ra *adj y s* qui outrage, vexateur, trice.
ultrajante *adj* outrageant, e.
ultrajar *v tr* outrager; *ultrajar de palabra* outrager en paroles.
ultraje *m* outrage; *ultraje a las buenas costumbres* outrage aux bonnes mœurs; *ultraje público al pudor* outrage public à la pudeur.
ultraligero *m* AVIAC U.L.M [ultra léger motorisé].
ultramar *m* outre-mer; *ir a ultramar* aller outre-mer ‖ *azul de ultramar* bleu outremer.
ultramarino, na *adj* d'outre-mer.
→ *m pl* produits d'outre-mer, denrées *f* coloniales (géneros) ‖ *tienda de ultramarinos, ultramarinos* épicerie.
ultramicroscopia *f* ultramicroscopie.
ultramicroscopio *m* ultramicroscope.
ultramoderno, a *adj* ultramoderne.
ultramontano, na *adj y s* ultramontain, e.
ultranza (a) *loc* à outrance.
ultrarrápido, da *adj* ultrarapide.
ultrarrealista *adj y s* ultraroyaliste.
ultrarrojo, ja *adj y s m* FÍS infrarouge.
ultrasensible *adj* ultrasensible.
ultrasonido *m* FÍS ultrason.
ultratumba *f* outre-tombe.
ultraviolado, da; ultravioleta *adj y s m* FÍS ultraviolet, ette ‖ *rayos ultravioletas* rayons ultraviolets, ultraviolets.
úlula *f* chat-huant *m* (ave).
ululación *f* ululation, ululement *m*.
ulular *v intr* ululer, hululer (*p us*).
umbelífero, ra *adj y s f* BOT ombellifère.
umbilical *adj* ANAT ombilical, e; *cordón umbilical* cordon ombilical.
umbral *m* seuil, pas [de la porte]; *en el umbral* sur le seuil, sur le pas de la porte ‖ FIG seuil; *el umbral de la vida* le seuil de la vie ‖ seuil; *umbral de audibilidad, de excitación* seuil d'audition, d'excitation ‖ — FIG *en los umbrales de la muerte* au seuil de la mort ‖ *pisar los umbrales* franchir le seuil.
umbría *f* lieu *m* ombreux, ombrage *m* ‖ ubac *m*, ombrée (vertiente norte de una montaña).
umbrío, a *adj* ombragé, e; ombreux, euse (umbroso).
→ *adj* ombrien, enne (de Umbría).
→ *m y f* Ombrien, enne.
un, una *art indef y adj num* un, une; *un amigo mío* un de mes amis; *un águila* un aigle.
— OBSERV L'espagnol *un* est la forme apocopée de *uno* précédant un substantif masculin ou de *una* devant un nom féminin commençant par *a* ou *ha* accentué (voir UNO).
unánime *adj* unanime.
unanimidad *f* unanimité; *aprobar por unanimidad* approuver à l'unanimité.
unción *f* onction.
uncir *v tr* atteler [par un joug]; *uncir los bueyes al carro* atteler les bœufs au chariot.
undécimo, ma *adj y s* onzième ‖ *en undécimo lugar* onzièmement.
undulante *adj* ondulant, e.
UNED abrev de *Universidad Nacional de Educación a Distancia* Université nationale d'enseignement à distance [en Espagne].
Unesco abrev de *United Nations Educational, Scientific and Cultural Organization* Unesco, Organisa-

tion des Nations unies pour l'éducation, la science et la culture.
Ungava *n pr* GEOGR Nouveau-Québec.
ungimiento *m* onction *f.*
ungir *v tr* oindre; *ungir con un bálsamo* oindre de baume ‖ *ungir a un sacerdote por obispo* sacrer un prêtre évêque.
ungüento *m* onguent.
ungulado, da *adj y s m* ZOOL ongulé, e.
ungular *adj* unguéal, e (de la uña).
únicamente *adv* uniquement.
unicameral *adj* unicaméral, e ‖ *sistema unicameral* unicaméralisme.
Unicef abrev de *United Nations International Children's Emergency Fund* Unicef, Fonds des Nations unies pour l'enfance.
unicelular *adj* unicellulaire.
unicidad *f* unicité.
único, ca *adj* unique; *hijo único* fils unique ‖ seul, e (solo entre varios); *el único culpable* le seul coupable ‖ FIG unique (extraordinario); *único en su género* unique en son genre.
 ◆ *m y f* seul, e; *es el único que me queda* c'est le seul qui me reste ‖ — *lo único* la seule chose; *lo único que puedo hacer* la seule chose que je puisse faire ‖ *¡lo único que faltaba!* il ne manquait plus que ça!
unicolor *adj* unicolore, monochrome.
unicornio *m* unicorne ‖ licorne *f* (animal fabuloso) ‖ *unicornio marino* licorne de mer, narval.
unidad *f* unité; *unidad de acción, de lugar, de tiempo* unité d'action, de lieu, de temps ‖ rame (de tren, metro) ‖ MIL unité ‖ RELIG unité ‖ — INFORM *unidad central de procesamiento* unité centrale (de traitement) | *unidad de información* bit d'information ‖ MED *unidad de cuidados intensivos (UCI)* unité de soins intensifs | *unidad de vigilancia intensiva (UVI)* service de réanimation, unité de soins intensifs ‖ RAD *unidad móvil* unité o poste mobile ‖ INFORM *unidad periférica* unité périphérique, périphérique.
unidireccional *adj* RAD unidirectionnel, elle.
unidisciplinar *adj* monodisciplinaire.
unido, da *adj* uni, e; *familia muy unida* famille très unie ‖ *unidos conseguiremos la victoria* ensemble nous remporterons la victoire.
unifamiliar *adj* unifamilial, e.
unificación *f* unification.
unificador, ra *adj y s* unificateur, trice.
unificar *v tr* unifier.
uniformado, da *adj* en uniforme.
uniformar *v tr* donner un uniforme; *uniformar a los empleados de la casa* donner un uniforme aux employés de la maison ‖ uniformiser (uniformizar).
uniforme *adj* uniforme ‖ uni, e (sin variedad) ‖ *hacer uniforme* rendre uniforme, uniformiser.
uniforme *m* uniforme; *uso del uniforme* port de l'uniforme ‖ tenue *f*; *uniforme de diario, de paseo* tenue de travail, de sortie ‖ *uniforme de gala* uniforme de parade, tenue de cérémonie, grande tenue; *con uniforme de gala* en grande tenue.
uniformidad *f* uniformité.
uniformización *f* uniformisation.
uniformizar *v tr* uniformiser.

unigénito, ta *adj* unique; *hijo unigénito* fils unique.
 ◆ *m* le fils de Dieu (Hijo de Dios).
unilateral *adj* unilatéral, e; *contratos unilaterales* contrats unilatéraux.
unilocular *adj* BOT uniloculaire.
uninominal *adj* uninominal, e.
unión *f* union; *la unión del alma y del cuerpo* l'union de l'âme et du corps; *unión aduanera* union douanière ‖ réunion, union; *la unión de Castilla y León* la réunion de la Castille et du León ‖ rattachement *m* (integración) ‖ jonction; *la unión de dos ejércitos* la jonction de deux armées ‖ union (casamiento) ‖ MED réunion, rapprochement *m*; *la unión de los labios de una herida* la réunion des lèvres d'une plaie ‖ TECN raccord *m* (manguito) | jonction (electricidad) | joint *m* (junta) ‖ — *en unión de* en compagnie de (en compañía de), de concert avec (con la participación de) ‖ *la unión hace la fuerza* l'union fait la force ‖ *la Unión Soviética* l'Union soviétique ‖ *manguito de unión* raccord fileté.
unionismo *m* unionisme.
unionista *adj y s* unioniste.
uniparental *adj* uniparental, e.
uníparo, ra *adj* unipare.
unipolar *adj* unipolaire.
unir *v tr* unir; *unir una cosa con otra* unir une chose à une autre; *unir dos familias por un matrimonio* unir deux familles par un mariage ‖ unir, rattacher, réunir; *unir un país con otro* rattacher un pays à un autre ‖ joindre, unir; *unir dos campos para hacer uno solo* joindre deux champs pour en faire un seul ‖ relier; *carretera que une Madrid con Alcalá* route qui relie Madrid à Alcalá ‖ FIG allier, joindre; *unir la bondad con la firmeza* allier la bonté à la fermeté | lier, unir; *estar unidos por el mismo interés* être liés par le même intérêt | attacher, lier, unir; *estamos muy unidos uno con otro* nous sommes très attachés l'un à l'autre | rapprocher; *la desdicha une a los que sufren* le malheur rapproche ceux qui souffrent ‖ MED réunir, rapprocher (los labios de una herida).
 ◆ *v pr* se joindre, faire la jonction (reunirse) ‖ s'unir (casarse) ‖ FIG se rapprocher, s'allier (aliarse) | s'attacher, se lier (afecto) | s'associer; *me uno a las palabras anteriormente pronunciadas* je m'associe aux paroles qui ont déjà été prononcées.
unisex *adj* unisexe; *moda unisex* mode unisexe.
unisexuado, da *adj* BIOL unisexué, e.
unisexual *adj* BOT unisexuel, elle; unisexué, e; *flor unisexual* fleur unisexuée.
unísono, na *adj* unisson, e (verso) ‖ à l'unisson (voz).
 ◆ *m* unisson ‖ FIG unisson; *ponerse al unísono* se mettre à l'unisson.
unitario, ria *adj y s m* unitaire.
 ◆ *adj y s* RELIG unitarien, enne.
unitarismo *m* RELIG unitarisme.
universal *adj* universel, elle ‖ FILOS *lo universal* l'universel.
universalidad *f* universalité ‖ DR universalité de biens (en una herencia).
universalismo *m* universalisme.
universalista *adj y s* universaliste.

universalización *f* universalisation, mondialisation, planétarisation.

universalizar *v tr* universaliser, mondialiser.

universidad *f* université; *la Universidad de París* l'université de Paris ‖ universalité (universalidad) ‖ *universidad laboral* école d'enseignement technique.

universitario, ria *adj* universitaire.
◆ *m y f* universitaire (profesor) ‖ étudiant, étudiante d'université (estudiante).

universo, sa *adj* universel, elle.
◆ *m* univers.

univocidad *f* univocité.

unívoco, ca *adj* FILOS univoque.

uno, a *adj num* un, une → **un**.
◆ *adj calificat* un, une; *la patria es una* la patrie est une.
◆ *art indef* un, une ‖ — *a una* ou *a un tiempo* en même temps, à la fois ‖ *de una vez* en une seule fois, d'un seul coup ‖ *es todo uno, todo es uno* c'est tout un ‖ *no ser más que uno* ne faire qu'un.
◆ *pl* des, quelques; *unos libros* des livres; *unos años después* quelques années après ‖ des (un par de); *unos guantes* des gants; *unas tijeras* des ciseaux ‖ environ, à peu près, quelque (aproximadamente); *unos cien kilómetros* cent kilomètres environ.
◆ *pron* un, une; *tiene dos hermanos y yo uno* il a deux frères et moi un; *una de mis hermanas* une de mes sœurs; *tengo una más joven que yo* j'en ai une plus jeune que moi (cuando *uno* es complemento, el verbo se construye en francés con *en*) ‖ l'un, l'une; *uno de ellos* l'un d'eux ‖ *on inv*, vous (sujeto); *uno tiene sus costumbres* on a ses petites habitudes; *aquí uno no tiene derecho a protestar* ici on n'a pas o vous n'avez pas le droit de protester ‖ vous (complemento); *el ruido acaba por aturdirle a uno* le bruit finit par vous étourdir ‖ quelqu'un; *preguntar a uno* demander à quelqu'un ‖ — *una de dos* de deux choses l'une ‖ *una y no más* une fois suffit ‖ *uno a otro* l'un l'autre (reciprocidad) ‖ *uno a uno, uno por uno* un à un, un par un, l'un après l'autre ‖ *uno con otro* l'un dans l'autre ‖ *uno de otro* l'un de l'autre ‖ *uno más* un de plus, encore un ‖ *uno mismo* soi-même; *esto, puede hacerlo uno mismo* ceci on peut le faire soi-même ‖ *uno que otro* quelques, quelques rares; *se veía uno que otro árbol* on voyait quelques rares arbres ‖ *unos y otros* les uns les autres ‖ *uno tras otro* l'un derrière l'autre (en fila), l'un après l'autre (todos) ‖ *uno y otro* l'un et l'autre ‖ — *cada uno, cada una* chacun, chacune ‖ MIL *de a uno en fondo* en colonne par un ‖ *de uno en uno* un par un, l'un après l'autre ‖ *ni uno* pas un ‖ *ni uno ni otro* ni l'un ni l'autre ‖ *¿quiere dos? — no, quiero uno solo* en voulez-vous deux? — non, je n'en veux qu'un o j'en veux un seul ‖ FAM *¡y va una!* et d'une!
◆ *m* un; *uno y uno son dos* un et un font deux ‖ premier; *uno de abril* 1er [premier] avril ‖ *lo uno..., lo otro* d'une part..., d'autre part.
◆ *f es la una* il est une heure ‖ *quedarse más solo que la una* rester complètement seul o isolé.
◆ *m y f* FAM un homme, une femme; un type, une bonne femme; *ahora Lola sale con uno* Lola sort à présent avec un type.

untador, ra *adj y s* qui graisse, graisseur, euse.

untar *v tr* graisser (con aceite) ‖ enduire; *untar con bálsamo* enduire de baume ‖ FIG & FAM *untar la mano* graisser la patte.
◆ *v pr* se tacher [de graisse] (mancharse) ‖ FIG & FAM se sucrer (sacar interés).

unto *m* graisse *f* (grasa) ‖ onguent (ungüento) ‖ *(amer)* cirage (betún) ‖ FIG & FAM *unto de México* fric (dinero).

untuosidad *f* onctuosité.

untuoso, sa *adj* onctueux, euse.

untura *f* graissage *m* ‖ badigeonnage *m*, badigeon *m* (a un enfermo) ‖ onguent *m* (unto).

uña *f* ongle *m*; *morderse las uñas* se ronger les ongles; *uña encarnada* ongle incarné ‖ griffe (garra de los animales) ‖ sabot *m* (casco) ‖ aiguillon *m* (de alacrán) ‖ MED onglet *m*, ptérygion *m* (del ojo) ‖ TECN onglet *m* (muesca) | griffe (mecánica) ‖ bec *m* (del ancla) | ergot *m* (saliente) ‖ — *arreglarse las uñas* se faire les ongles (hacerse la manicura) ‖ FIG *enseñar* ou *mostrar las uñas* montrer les griffes o les dents | *esconder las uñas* faire patte de velours, rentrer ses griffes | *estar de uñas* être comme chien et chat | *hacer una cosa a uña de caballo* faire quelque chose à toute vitesse o à toute bride o à bride abattue (muy rápidamente) | *por la uña se conoce al león* à l'ongle on connaît le lion | *ser uña y carne* être comme les deux doigts de la main | *tener las uñas largas* ou *afiladas* avoir les mains crochues ‖ — *uña de vaca* pied de veau (carnicería).

uñero *m* MED panaris (panadizo) | ongle incarné (uña encarnada) ‖ onglet (en un libro).

uñeta *f* onguicule *m* (uña pequeña) ‖ TECN ognette (de escultor) | onglet *m*, onglette (de grabador) | ciseau *m* (de cantero) | ognette (ave).
◆ *m pl (amer)* pickpocket *m*.

¡upa! *interj* hop!

UPA abrev de *Unión Panamericana* Union panaméricaine.

upar *v tr* lever, hisser (aupar).

uperización *f* upérisation.

uperizar *v tr* upériser.

uppercut *m* uppercut (gancho en boxeo).

UPU abrev de *Unión Postal Universal* U.P.U., Union postale universelle.

Ural *n pr m* GEOGR Oural (río).
◆ *pl los Urales* l'Oural, les monts Oural.

urálico *m* ouralien (lengua).

uralita *f* CONSTR tôle ondulée.

uranífero, ra *adj* uranifère.

uranio *m* uranium (metal); *uranio enriquecido* uranium enrichi ‖ *óxido de uranio* urane.

uranio, nia *adj* céleste.

urano *m* urane (óxido de uranio).

Urano *n pr* Uranus (planeta).

urbanidad *f* politesse, courtoisie, urbanité *(p us)*.

urbanismo *m* urbanisme.

urbanista *adj y s* urbaniste.

urbanístico, ca *adj* urbain, e ‖ *conjunto urbanístico* grand ensemble.

urbanización *f* éducation (educación) ‖ aménagement *m*, urbanification; *obras de urbanización de una ciudad* travaux d'aménagement d'une ville ‖ ensemble *m* urbain ‖ urbanisation (fenómeno demográfico).

urbanizador, ra *adj* urbaniste, urbanistique.
◆ *m y f* urbaniste.

urbanizar *v tr* dégrossir, civiliser, donner de bonnes façons à; *urbanizar a un paleto* dégrossir un rustre ‖ urbaniser (dar carácter urbano) ‖ aménager; *urbanizar una ciudad* aménager une ville; *zona sin urbanizar* zone non encore aménagée.

urbano, na *adj* urbain, e; *población urbana* population urbaine ‖ FIG poli, e (cortés) ‖ *guardia urbano* gardien de la paix.

urbe *f* cité, ville importante.

urbi et orbi *loc adv* partout, dans le monde entier, urbi et orbi (littéraire).

urdidor, ra *adj y s* ourdisseur, euse.
◆ *m* ourdissoir (urdidera).

urdimbre; urdiembre *f* chaîne (de un tejido) ‖ ourdissage *m* (urdidura) ‖ FIG machination.

urdir *v tr* ourdir ‖ FIG ourdir; *urdir una conspiración* ourdir une conspiration.

urea *f* QUÍM urée.

uremia *f* MED urémie.

urémico, ca *adj* urémique.

uréter *m* ANAT uretère.

urétera *f* ANAT urètre *m*.

ureteral *adj* urétéral, e.

uretra *f* ANAT urètre *m*.

uretral *adj* urétral, e.

urgencia *f* urgence; *con toda urgencia* de toute urgence, d'urgence ‖ *— cura de urgencia* premiers soins, soins d'urgence ‖ *curar de urgencia* donner les soins d'urgence *o* les premiers soins ‖ DR *recurso de urgencia* référé ‖ MED *servicio de urgencias, urgencias* service des urgences, urgences.

urgente *adj* urgent, e; pressant, e; *necesidad urgente* besoin pressant ‖ exprès, esse; *correo urgente* courrier exprès ‖ *ser urgente* être urgent, presser.

urgentemente *adv* d'urgence, urgemment *(p us)*.

urgir *v intr* être urgent, presser; *el asunto urge* l'affaire presse ‖ *me urge mucho* c'est très urgent, j'en ai besoin tout de suite.
◆ *v impers* être urgent; *urge terminar con el chabolismo* il est urgent d'éliminer les bidonvilles.
◆ *v tr* presser; *los delegados urgieron al Consejo para que tomara esta medida* les délégués pressèrent le conseil de prendre cette mesure.

úrico, ca *adj* urique; *ácido úrico* acide urique.

urinario, ria *adj* urinaire; *vías urinarias* voies urinaires.
◆ *m* urinoir.

urna *f* urne ‖ *ir a las urnas* aller *o* se rendre aux urnes, voter.

uro *m* ZOOL aurochs, urus.

urogallo *m* coq de bruyère.

urogenital *adj* urogénital, e; génito-urinaire.

urografía *f* urographie.

urología *f* MED urologie.

urológico, ca *adj* MED urologique.

urólogo, ga *m y f* urologue.

urraca *f* pie (ave) ‖ FIG pie (hablador).

URSS abrev de *Unión de Repúblicas Socialistas Soviéticas* U.R.S.S., Union des républiques socialistes soviétiques.

ursulina *f* ursuline (monja).

urticáceas *f pl* BOT urticacées.

urticaria *f* MED urticaire.

Uruguay *n pr m* GEOGR Uruguay.

uruguayo, ya *adj* uruguayen, enne.
◆ *m y f* Uruguayen, enne.

USA abrev de *United States of America* USA.

usado, da *adj* usé, e (deteriorado) ‖ usagé, e (que ha servido ya) ‖ employé, e; usité, e; *palabra poco usada* mot peu usité ‖ utilisé, e; employé, e (utilizado) ‖ *(p us)* habitué, e; exercé, e (ejercitado).

usanza *f* usage *m* (uso) ‖ mode; *a la antigua usanza* à l'ancienne mode.

usar *v tr* utiliser, se servir de, employer; *uso tinta negra* j'utilise de l'encre noire ‖ porter; *usa camisas de seda* il porte des chemises de soie; *usar gafas* porter des lunettes.
◆ *v intr* user de, faire usage de; *usar de su derecho* user de son droit ‖ avoir l'habitude de (acostumbrar) ‖ *usar mal de* mal user de, mésuser *(ant)*.
◆ *v pr* s'employer; *esta palabra ya no se usa* ce mot ne s'emploie plus ‖ se porter; *ya no se usan miriñaques* on ne porte plus de crinolines.

Usatges *n pr m pl* compilation *f sing* de lois et de coutumes faite en Catalogne par Ramon Berenguer au XIe siècle.

usía *pron pers* Votre Seigneurie.

uso *m* usage, utilisation *f*; *el buen uso de las riquezas* le bon usage des richesses ‖ usage, coutume *f* (costumbre); *es el uso del país* c'est l'usage du pays ‖ emploi; *instrucciones para el uso* mode d'emploi ‖ usage, exercise; *el uso de la autoridad, de un privilegio* l'exercise de l'autorité, d'un privilège ‖ port; *uso indebido de condecoraciones* port illégal de décorations; *casi ha desaparecido el uso de la capa* le port de la cape a presque disparu ‖ *— al uso* en usage, en vogue (que se estila), selon l'usage, à la façon de, à la manière de; *al uso aragonés* à la façon des Aragonais ‖ *con el uso* à l'usage; *los zapatos dan de sí con el uso* les chaussures se font à l'usage ‖ *de mucho uso* qui fait beaucoup d'usage ‖ *de uso* en usage, courant ‖ *de uso corriente* d'usage courant ‖ *en buen uso* en bon état ‖ *en uso de* faisant usage de; *en uso de sus prerrogativas* faisant usage de ses prérogatives; en vertu de; *en uso de las facultades que me confiere el artículo 2* en vertu des pouvoirs qui me sont conférés par l'article 2 ‖ *fuera de uso* hors d'usage, hors d'état ‖ *para uso de* à l'usage de ‖ *según la moda al uso* à la mode, au goût du jour ‖ *— el uso hace al maestro* c'est en forgeant qu'on devient forgeron ‖ *hacer buen uso de* faire (un) bon usage de ‖ *hacer mal uso de* faire (un), mauvais usage de, mal user de ‖ *hacer uso de* faire usage de, user (utilizar), exercer (autoridad, etc.) ‖ *hacer uso de la palabra* prendre la parole, faire usage de la parole ‖ *ser de uso* s'employer (emplearse), se porter (llevarse) ‖ *tener uso de razón* avoir l'âge de raison.
◆ *pl* us; *usos y costumbres* us et coutumes.

USO abrev de *Unión Sindical Obrera* Union syndicale ouvrière [Espagne].

usted *pron pers de la 3.ª persona* vous (2.ª persona en francés); *usted y su hermano* vous et votre frère; *a usted le toca hablar* c'est à vous de parler ‖ *— tratamiento de usted* vouvoiement ‖ *tratar o hablar de usted* vouvoyer ‖ *yo, que usted* moi, à votre place *o* si j'étais vous.
◆ *pl* vous; *ustedes y sus hijos* vous et vos enfants.
— OBSERV *Usted* étant la contraction de *vuestra merced* (votre grâce) est donc un pronom de la 3e personne et les verbes et les adjectifs possessifs qui s'y rappportent

sont également à la 3ᵉ personne. *Usted* s'écrit en abrégé *Ud.* ou *Vd.* et *ustedes Uds.* ou *Vds.*

usual *adj* usuel, elle; courant, e; *términos usuales* termes usuels ‖ d'usage; *fórmulas usuales* formules d'usage ‖ habituel, elle; courant, e (habitual).

usualmente *adv* usuellement.

usuario, ria *m y f* usager, ère; *los usuarios de la carretera* les usagers de la route ‖ utilisateur, trice; *los usuarios del gas* les utilisateurs du gaz ‖ DR usufruitier, ère.

usucapión *f* DR usucapion.

usucapir *v tr* DR acquérir par usucapion.

usufructo *m* DR usufruit (derecho).

usufructuar *v tr* avoir l'usufruit de.

usufructuario, ria *adj y s* usufruitier, ère.

usura *f* usure (interés) ‖ *pagar con usura* rendre avec usure.

usurario, ria *adj* usuraire; *beneficio usurario* bénéfice usuraire.

usurero, ra *adj y s* usurier, ère.

usurpación *f* usurpation; *usurpación de estado civil* usurpation d'état civil ‖ empiètement *m* (intrusión).

usurpador, ra *adj y s* usurpateur, trice.

usurpar *v tr* usurper; *usurpar un título* usurper un titre ‖ FIG usurper, empiéter sur; *usurpar derechos ajenos* empiéter sur les droits d'autrui.

usurpatorio, ria *adj* usurpatoire.

utensilio *m* ustensile.

uterino, na *adj* utérin, e; *hermano uterino* frère utérin ‖ *furor uterino* fureur utérine, utéromanie.

útero *m* ANAT utérus.

útil *adj* utile.
 ◆ *m* outil (herramienta) ‖ — *lo útil* l'utile; *unir lo útil con lo agradable* joindre l'utile à l'agréable ‖ *útiles de escritorio* articles de bureau.

utilidad *f* utilité ‖ bénéfice *m*; *impuesto de utilidades* impôt sur les bénéfices.

utilitario, ria *adj* utilitaire.
 ◆ *m* véhicule utilitaire.

utilitarismo *m* utilitarisme.

utilitarista *adj y s* utilitariste.

utilizable *adj* utilisable.

utilización *f* utilisation.

utilizar *v tr* utiliser, se servir de.

utillaje *m* outillage.
 — OBSERV Ce mot n'est plus considéré comme un gallicisme par l'Académie.

utopía *f* utopie.

utópico, ca *adj y s* utopique.

utopista *adj y s* utopiste.

Utrecht *n pr* GEOGR Utrecht.

UV abrev de *ultravioleta* U.V., ultraviolet.

uva *f* raisin *m*; *grano de uva* grain de raisin ‖ grain *m* de raisin ‖ — *uva albilla* chasselas ‖ *uva de mesa* raisin de table ‖ *uva moscatel* raisin muscat ‖ — *rayos uva* U.V. (*fam*) ‖ FIG & FAM *estar de mala uva* être de mauvais poil.
 ◆ *pl* raisin *m sing*; *racimo de uvas* grappe de raisin; *me gustan las uvas* j'aime le raisin ‖ *uvas pasas* raisins secs ‖ — *cura de uvas* cure uvale ‖ FIG & FAM *entrar por uvas* risquer le coup (arriesgarse) | *meter uvas con agraces* mélanger les torchons avec les serviettes ‖ *tomar las uvas* ou *las uvas de la suerte* en Espagne, lorsque sonnent les douze coups de minuit de la Saint-Sylvestre, la coutume veut que l'on mange douze grains de raisin destinés à procurer du bonheur pendant les douze mois de l'année.

uve *f* v *m* (nombre de la letra «v») ‖ *uve doble* double v.

uvero, ra *m y f* marchand, e de raisin.
 ◆ *m* raisinier (árbol de América).
 ◆ *adj* du raisin; *exportación uvera* exportation du raisin.

UVI abrev de *unidad de vigilancia intensiva* unité de soins intensifs [service de réanimation].

úvula *f* ANAT uvule, luette (campanilla).

uvular *adj* uvulaire.

¡uy! *interj* aïe! (dolor), pouah! (repugnancia), oh là là! (sorpresa).

Uzbekistán *n pr* GEOGR Ouzbékistan.

v *f* v *m*; *una v mayúscula, minúscula* un grand, petit v ‖ *v doble* w.
— OBSERV *V* se dit *uve* en espagnol.

v. → **vid.**

V abrev de *voltio* V, volt.

vaca *f* vache; *vaca lechera* vache laitière ‖ bœuf *m* (carne); *estofado de vaca* bœuf mode ‖ vache, vachette (cuero) ‖ enjeu *m* (dinero jugado en las cartas) ‖ — *carne de vaca* viande de bœuf, bœuf ‖ FIG & FAM *parece una vaca* c'est une grosse dondon ‖ *vaca de San Antón* bête à Bon Dieu, coccinelle ‖ *vaca marina* vache marine, lamantin (manatí) ‖ FIG *vaca sagrada* chose sacro-sainte ‖ *vacas flacas, gordas* vaches maigres, grasses.

vacaciones *f pl* vacances; *vacaciones de verano* vacances d'été, grandes vacances; *estar de vacaciones* être en vacances ‖ vacations (de un tribunal) ‖ congés *m*; *vacaciones retribuidas* ou *pagadas* congés payés.

vacante *adj* vacant, e; *puesto vacante* poste vacant ‖ vacant, e (sucesión).
◆ *f* vacance; *en caso de producirse una vacante* en cas de vacance de siège ‖ vide *m*, poste *m* vacant, emploi *m* vacant (e); *cubrir las vacantes en una administración* pourvoir les emplois vacants o combler les vides dans une administration.

vaccíneo, a *adj* MED vaccinal, e; *medios vaccíneos* moyens vaccinaux.

vaciadero *m* dépotoir (lugar) ‖ déversoir, égout (conducto) ‖ bonde *f* (de un estanque).

vaciado *m* moulage (acción y su resultado); *vaciado de yeso* moulage en plâtre ‖ fonte *f*, coulage (con metal); *vaciado de una estatua* fonte d'une statue; *vaciado en molde* coulage en moule ‖ évidage (formación de un hueco) ‖ vidange *f* (de un depósito) ‖ coulée *f*; *orificio de vaciado* trou de coulée ‖ repassage, affûtage (de un cuchillo).

vaciador *m* TECN mouleur (de figuras en molde) ‖ fondeur (obrero fundidor) ‖ videur (instrumento para vaciar).

vaciar *v tr* vider; *vaciar un tonel* vider un tonneau ‖ couler (metal derretido), mouler (yeso); *vaciar una estatua en bronce* couler une statue en bronze ‖ vider; *vaciar un pollo* vider un poulet ‖ évider (ahuecar) ‖ vidanger; *vaciar una fosa séptica* vidanger une fosse septique ‖ repasser, affûter (un cuchillo) ‖ FIG & FAM *vaciar el saco* vider son sac.
◆ *v intr* se jeter; *río que vacía en el mar* fleuve qui se jette dans la mer.
◆ *v pr* se vider ‖ FIG s'ouvrir, s'épancher, vider son sac (fam).

vaciedad *f* niaiserie, fadaise.

vacilación *f* vacillation (balanceo) ‖ FIG vacillation, hésitation.

vacilante *adj* vacillant, e ‖ FIG vacillant, e; hésitant, e.

vacilar *v intr* vaciller; *luz que vacila* lumière qui vacille ‖ FIG hésiter, chanceler; *vacilar en su resolución* hésiter dans sa résolution ‖ POP déconner (estar de guasa) ‖ *(amer)* FAM faire la noce o la foire (parrandear) ‖ se soûler (emborracharse) ‖ — FIG *hacer vacilar* ébranler; *hacer vacilar las convicciones* ébranler les convictions ‖ *memoria que vacila* mémoire chancelante ‖ *vacilar en* hésiter à; *vacila en hablar* il hésite à parler; hésiter sur; *vacilar en la elección* hésiter sur son choix.
◆ *v tr* POP charrier [quelqu'un]; se payer la tête de [quelqu'un] (tomar el pelo).

vacile *m* POP bobard, char, charre (tomadura de pelo) ‖ crâneur (fanfarrón).

vacilón, ona *adj* POP crâneur, euse (fanfarrón) ‖ déconneur, euse; petit malin, petite maligne (guasón, burlón) ‖ *(amer)* FAM noceur, euse (parrandero).
◆ *m (amer)* POP noce *f*, foire *f* (parranda).

vacío, a *adj* vide; *cajón vacío* tiroir vide; *sala vacía* salle vide ‖ vacant, e; vide; *vivienda vacía* logement vacant ‖ FIG creux, euse; vain, e; *idea vacía* idée creuse ‖ non pleine (hembra) ‖ — FIG *cabeza vacía* tête creuse ‖ — FIG *tener el estómago vacío* avoir l'estomac vide o le ventre creux o un creux à l'estomac ‖ *volver con las manos vacías* o *de vacío* revenir les mains vides, revenir bredouille.
◆ *m* creux (cavidad) ‖ FIG vide; *hacer el vacío* faire le vide; *en vacío* sous vide ‖ flanc (ijada) ‖ FIG vide; *su muerte dejó un gran vacío* sa mort a laissé un grand vide ‖ vanité *f* (vanidad) ‖ vacance *f* (vacante) ‖ — *de vacío, vacío* à vide; *el autobús volvió vacío* l'autobus revint à vide ‖ FIG *el vacío del poder* la vacance du pouvoir ‖ — FIG *hacer el vacío a uno* faire le vide autour de [quelqu'un] ‖ *tener un vacío en el estómago* avoir un creux à l'estomac, avoir l'estomac vide o le ventre creux.

vacuidad *f* vacuité.

vacuna *f* MED vaccin *m* ‖ VETER vaccine.

vacunación *f* MED vaccination.

vacunar *v tr* MED vacciner.

vacuno, na *adj* bovin, e ‖ *el ganado vacuno* les bovins, les bêtes à cornes.

vacuo, a *adj* vide (vacío) ‖ vacant, e (vacante).
◆ *m* vide, vacuité *f*.

vadear *v tr* passer à gué, guéer (un río) ‖ FIG vaincre, surmonter (una dificultad) ‖ sonder, tâter (el ánimo de uno).

vademécum *m inv* vade-mecum (libro) ‖ cartable, portefeuille d'étudiant.

vadera *f* gué *m*.

vado *m* gué (de un río) ‖ bateau (de una acera).

vagabundear *v intr* vagabonder, rôder.
vagabundeo *m* vagabondage.
vagabundo, da *adj* vagabond, e; *vida vagabunda* vie vagabonde.
◆ *m y f* vagabond, e ‖ DR vagabond, e.
vagancia *f* vagabondage *m* (delito) ‖ fainéantise, paresse (ociosidad).
vagar; vaguear *v intr* errer, vaguer *(p us)*; *vagar por el pueblo* errer dans le village ‖ flâner (andar ocioso) ‖ DR vagabonder ‖ *vagar como alma en pena* errer comme une âme en peine.
vagido *m* vagissement ‖ *dar vagidos* pousser des vagissements, vagir.
vagina *f* ANAT vagin *m*.
vaginal *adj* ANAT vaginal, e.
vaginitis *f* MED vaginite.
vago, ga *adj* vague; *promesas vagas* de vagues promesses ‖ vague, flou, e (color, trazo) ‖ FIG vague, flou, e; *idea vaga* idée vague; *pensamiento vago* pensée floue ‖ ANAT *nervio vago* nerf vague.
◆ *adj y s* fainéant, e; flemmard, e *(fam)*.
◆ *m y f* DR vagabond, e ‖ — *hacer el vago* fainéanter ‖ *ley de vagos y maleantes* loi sur le vagabondage.
vagón *m* wagon ‖ — *vagón basculante, cerrado* wagon basculant *o* wagon-tombereau, wagon couvert ‖ *vagón cisterna* wagon-citerne ‖ *vagón cuba* wagon-foudre ‖ *vagón de mercancías* wagon de marchandises ‖ *vagón de primera* voiture de première ‖ *vagón de segunda* voiture de seconde ‖ *vagón para ganado* wagon à bestiaux ‖ *vagón restaurante* wagon-restaurant ‖ *vagón tolva* wagon trémie.
vagoneta *f* wagonnet *m* ‖ *vagoneta de colada* chariot de coulée.
vaguada *f* talweg *m*, thalweg *m*.
vaguear *v intr* → **vagar**.
vaguedad *f* vague *m*, imprécision; *la vaguedad de sus palabras* le vague de ses propos.
◆ *pl* généralités; *no ha dicho nada preciso sino sólo vaguedades* il n'a rien dit de précis mais seulement des généralités ‖ *decir vaguedades, andarse con vaguedades* rester dans le vague.
vaguitis *f inv* FAM flemmardise *f* aigüe.
vahído *m* vertige, étourdissement; *darle a uno un vahído* avoir un vertige.
vaho *m* vapeur *f*, exhalaison *f* ‖ buée *f*; *hay vaho en los cristales* il y a de la buée sur les carreaux.
vaina *f* fourreau *m* (de espada) ‖ gaine (de navaja) ‖ BOT gousse, cosse; *vaina de guisantes* gousse de petits pois ‖ gaine (del tallo) ‖ ANAT gaine ‖ MAR gaine (de vela) ‖ douille (de cartucho) ‖ *(amer)* FIG *salirse de la vaina* sortir de ses gonds.
◆ *m* bon à rien, imbécile, cloche *f*; *está hecho un vaina* c'est un bon à rien.
vainica *f* jours *m pl* échelle.
vainilla *f* vanille; *helado de vainilla* glace à la vanille ‖ vanillier *m* (planta) ‖ *plantación de vainilla* vanillerie, vanillière.
vainillina *f* QUÍM vanilline.
vaivén *m* va-et-vient *inv* (movimiento) ‖ FIG va-et-vient *inv*; *un vaivén de ideas nuevas* un va-et-vient d'idées neuves ‖ changement, fluctuation *f*, vicissitude *f*, avatar ‖ *los vaivenes de la vida política* les vicissitudes de la vie politique.

vajilla *f* vaisselle ‖ *vajilla de plata* vaisselle en argent, argenterie.
Valdemoro *n pr* FAM *estar entre Pinto y Valdemoro* être éméché, e; être entre deux vins (borracho).
valdepeñas *m* vin de Valdepeñas.
vale *m* bon; *vale por diez pesetas* bon pour dix pesetas; *vale del Tesoro* bon du Trésor ‖ reçu (recibo) ‖ billet à ordre (pagaré) ‖ bon point (en la escuela) ‖ FAM *(amer)* copain (compañero).
valedero, ra *adj* valable.
valedor, ra *m y f* protecteur, trice (protector) ‖ *(amer)* copain, copine (camarada).
valencia *f* QUÍM valence.
Valencia *n pr* GEOGR Valence.
valenciano, na *adj* valencien, enne; valentien, enne.
◆ *m y f* Valencien, enne; Valentien, enne.
valentía *f* vaillance, courage *m* (valor) ‖ bravoure, valeur; *la valentía de un general* la bravoure d'un général ‖ forfanterie, fanfaronnade (ostentación de valor); *la valentía de un perdonavidas* la forfanterie d'un matamore ‖ assurance, sûreté, hardiesse; *pintor que maneja el pincel con valentía* peintre qui manie le pinceau avec assurance.
valentón, ona *adj y s* fanfaron, onne.
◆ *m* fier-à-bras, matamore.
valentona; valentonada *f* fanfaronnade, rodomontade.
valer *m* valeur *f*, mérite.
valer* *v tr* valoir; *la gloria que le han valido sus hazañas* la gloire que ses exploits lui ont value ‖ valoir, attirer, causer; *esto me ha valido muchos disgustos* cela m'a valu *o* a attiré sur moi bien des ennuis ‖ valoir, coûter; *su pereza le valió un suspenso en el examen* sa paresse lui a coûté un échec à l'examen ‖ protéger, défendre (proteger) ‖ — FAM *no valer un ardite* ou *un comino* ou *un pepino* ou *un ochavo* ou *un higo* ou *un pito* ne pas valoir un liard *o* tripette *o* cher *o* un fétu *o* quatre sous ‖ *valer la pena* valoir la peine; *no vale la pena hacerlo* ça ne vaut pas la peine de le faire ‖ *valer lo que cuesta* valoir son prix ‖ FIG *valer lo que pesa en oro* ou *tanto oro como pesa* ou *un Perú* ou *un Potosí* ou *un mundo* valoir son pesant d'or, valoir un empire ‖ *¡válgame Dios!* grand Dieu!, que Dieu me vienne en aide!
◆ *v intr e impers* valoir; *este reloj vale mil francos* cette montre vaut mille francs ‖ valoir, avoir de la valeur *o* du prix; *este recuerdo vale mucho para mí* ce souvenir a une grande valeur pour moi ‖ être valable; *sus argumentos no valen* vos arguments ne sont pas valables ‖ compter (contar); *este partido no vale* cette partie ne compte pas ‖ servir; *no le valió esta astucia* cette ruse ne lui a pas servi ‖ aller (ser conveniente); *este chico no vale para este cargo* ce garçon ne va pas pour ce poste; *esta herramienta no vale para eso* cet outil ne va pas pour ça ‖ être capable; *yo no valgo para esta clase de trabajo* je ne suis pas capable de faire ce genre de travail ‖ avoir cours (monedas) ‖ — *valer mucho* être très utile; *vale mucho tener una buena recomendación* il est très utile d'avoir une bonne recommandation; avoir une grande valeur; *esta muchacha vale mucho* cette jeune fille a une grande valeur ‖ *valer para servir a*; *no vale para nada* cela ne sert à rien ‖ *valer por* compter pour; *vale por dos* il compte pour deux ‖ *valer tanto... como* valoir, valoir autant...

que; *Juan vale tanto como su hermano* Jean vaut son frère ‖ *— darse a valer* se faire valoir ‖ *hacer valer* faire valoir ‖ *la primera impresión es la que vale* la première impression est la bonne, c'est la première impression qui compte ‖ *lo que mucho vale, mucho cuesta* nul bien sans peine ‖ *más vale* mieux vaut, il vaut mieux (es preferible); *más vale hacerlo ahora* mieux vaut le faire maintenant ‖ *más vale así* mieux vaut ainsi, cela vaut mieux ainsi, il vaut mieux qu'il en soit ainsi, tant mieux ‖ *más vale tarde que nunca* mieux vaut tard que jamais ‖ *más vale un toma que dos te daré* un tiens vaut mieux que deux tu-l'auras ‖ *no hay excusa que valga* il n'y a pas d'excuse qui compte *o* qui tienne ‖ *no hay pero que valga* il n'y a pas de mais qui tienne ‖ *no vale* ça ne compte pas (no cuenta), ce n'est pas de jeu (no hay derecho), ça ne va pas, je ne suis pas d'accord (no estoy conforme) ‖ *sin que valgan excepciones* sans aucune exception ‖ *tanto vale el uno como el otro* l'un vaut l'autre, ils se valent ‖ *tanto vale hacerlo ahora mismo* autant le faire tout de suite ‖ *vales tanto cuanto tienes* on ne vaut que par ce qu'on possède ‖ FAM *vale* d'accord, ça va, O.K. (está bien), ça suffit (basta) ‖ *válgame la frase* passez-moi l'expression.

◆ *v pr* se valoir ‖ se servir, s'aider; *valerse de un bastón para andar* se servir d'une canne pour marcher; *valerse de un diccionario* s'aider d'un dictionnaire ‖ user de; *valerse de sus derechos* user de ses droits; *valerse de astucias* user de ruses ‖ se servir, avoir recours à; *valerse de sus relaciones* se servir de ses relations ‖ *— no poder valerse* ne pas pouvoir se suffire à soi-même *o* se débrouiller tout seul ‖ *valerse de todos los medios* se servir de tous les moyens, faire flèche de tout bois, faire arme de tout.

valeriana *f* BOT valériane (planta).

valerosamente *adv* vaillamment, courageusement.

valeroso, sa *adj* vaillant, e; courageux, euse; valeureux, euse; *un soldado valeroso* un soldat valeureux ‖ précieux, euse (de mucho precio).

valet *m* valet (sota o jota en la baraja francesa).

valía *f* valeur; *joya de mucha valía* bijou d'une grande valeur ‖ crédit *m* (con una persona).

validación *f* validation.

validar *v tr* valider.

validez *f* validité.

valido, da *adj* estimé, e; apprécié, e.
◆ *m* favori (favorito).

válido, da *adj* valide; *un hombre válido* un homme valide ‖ FIG valide (que satisface les requisitos); *elección válida* élection valide | valable; *recibo válido* quittance valable ‖ *votos válidos* suffrages valablement exprimés.

valiente *adj* vaillant, e; courageux, euse; brave; *un soldado valiente se expone en los combates* un soldat vaillant s'expose dans les combats ‖ fanfaron, onne (valentón) ‖ FIG & FAM fameux, euse; sacré, e; beau, belle; *¡valiente tonto eres!* tu es un fameux idiot ‖ *— ¡valiente amigo tienes!* tu as un drôle d'ami! ‖ *¡valiente frío!* quel froid! ‖ *¡valiente tonto!* quel idiot!

◆ *m y f* brave (valeroso) ‖ fanfaron, onne; matamore *m* (bravucón).

valija *f* valise (maleta) ‖ sacoche (del cartero) ‖ *valija diplomática* valise diplomatique.

valimiento *m* crédit, faveur *f*; privauté *f*; *favorito que tiene valimiento con el rey* favori qui est en faveur *o* a du crédit auprès du roi, favori qui jouit de la privauté du roi ‖ crédit; *valimiento personal* crédit personnel.

valioso, sa *adj* précieux, euse; de prix; *una joya valiosa* un bijou précieux ‖ de valeur, précieux, euse (estimado); *cuadro valioso* tableau de valeur ‖ riche; *tesoro valioso* riche trésor ‖ FIG précieux, euse; *un asesoramiento valioso* un conseil précieux | riche; *¡valiosa idea!* riche idée!

valisoletano, na *adj y s* de Valladolid.

valón, ona *adj* wallon, onne.
◆ *m y f* Wallon, onne.

Valonia *n pr* GEOGR Wallonie.

valor *m* valeur *f*; *artista de valor* artiste de valeur; *objeto de valor* objet de valeur; *dar valor a* donner de la valeur à ‖ courage, valeur *f*; *el valor de un soldado* le courage d'un soldat ‖ courage; *no tengo valor para ir a verle* je n'ai pas le courage d'aller le voir ‖ FIG crédit; *no doy valor a sus palabras* je n'accorde pas de crédit à ses paroles ‖ FAM front, audace *f*; *tuvo valor para pedir que le pagaran* il a eu le front de demander qu'on le paie ‖ ECON valeur *f*; *valor en cuenta* valeur en compte ‖ MAT valeur *f*; *valor absoluto, relativo* valeur absolue, relative ‖ MÚS valeur *f* ‖ *— ECON valor añadido* valeur ajoutée | *valor bursátil* valeur boursière | *valor comercial* valeur marchande | *valor contable* valeur comptable | *valor declarado* valeur déclarée | *valor efectivo* valeur effective | *valor en cartera* valeur en portefeuille | *valor en oro* valeur or | *valor nominal* valeur nominale | *valor recibido* valeur fournie ‖ MAT *valores de una variable* valeurs d'une variable ‖ ECON *valores fiduciarios* valeurs fiduciaires | *valores inmuebles* valeurs immobilières | *valores mobiliarios* valeurs mobilières ‖ *— carta de valores declarados* lettre chargée ‖ *cuadro de mucho valor* tableau d'une grande valeur *o* d'un grand prix ‖ *depósito de valores* dépôt de titres ‖ FILOS *juicio de valor* jugement de valeur ‖ *— armarse de valor* s'armer de courage ‖ FAM *¿cómo va ese valor?* comment va la petite santé? ‖ FIG *tener más valor que un torero* ne pas avoir froid aux yeux.

valoración *f* évaluation, estimation.

valorar *v tr* évaluer, estimer; *valorar una cosa en alto precio* évaluer une chose à un prix élevé.

valorización *f* évaluation, estimation (valoración) ‖ valorisation, mise en valeur (revalorización).

valorizar *v tr* évaluer, estimer.

Valparaíso *n pr* GEOGR Valparaíso.

vals *m* valse *f* ‖ *bailar un vals* danser une valse, valser.

valsar *v intr* valser.

valuar *v tr* estimer, évaluer.

valva *f* BOT & ZOOL valve.

válvula *f* ANAT valvule (de las venas) ‖ RAD lampe; *válvula de rejilla* lampe à grille | tube *m* (tubo); *válvula rectificadora* tube redresseur | valve (termoiónica) ‖ TECN soupape (máquina de vapor); *válvula de seguridad* soupape de sûreté *o* de sécurité | soupape (de motor); *esmerilado de válvulas* rodage de soupapes | clapet *m* (de bomba, fuelle, etc.); *válvula de retención* clapet de retenue | vanne (en una cañería) | cheminée (de un paracaídas) ‖ *— MECÁN válvula de admisión* soupape d'admission ‖ *válvula*

valvular

de mariposa papillon ‖ MECÁN *válvula de purga* robinet o soupape de purge ‖ *válvula de vástago* clapet.

valvular *adj* valvulaire.

valla *f* clôture (cerca) ‖ palissade (estacada) ‖ FIG barrière, obstacle *m* (obstáculo) ‖ DEP haie; *110 metros vallas* 110 mètres haies ‖ place située au premier rang dans les arènes ‖ *(amer)* enceinte pour les combats de coqs ‖ *valla publicitaria* panneau publicitaire.

vallado *m* palissade *f* (estacada) ‖ clôture *f* (cerca).

Valladolid *n pr* GEOGR Valladolid.

vallar *v tr* palissader, clôturer.

valle *m* vallée *f* ‖ FIG *valle de lágrimas* vallée de larmes.

Valle de Aosta *n pr* GEOGR Val d'Aoste.

vallisoletano, na *adj y s* de Valladolid.

vamp *f* vamp.
— OBSERV Anglicisme qui peut être remplacé par *vampiresa*.

vampiresa *f* vamp (mujer fatal).

vampirismo *m* vampirisme.

vampiro *m* vampire (murciélago y espectro).

vanagloria *f* vanité, gloriole.

vanagloriarse *v pr* se glorifier, se faire gloire, s'enorgueillir, se vanter, tirer vanité; *vanagloriarse de sus conocimientos* se glorifier de son savoir.

vanamente *adv* vainement, inutilement (en vano) ‖ sans fondement, sans raison (sin razón) ‖ avec vanité (con presunción).

vandálico, ca *adj* vandalique.

vandalismo *m* vandalisme.

vándalo *adj y s* vandale.

vanguardia *f* avant-garde ‖ — *de vanguardia* d'avant-garde ‖ FIG *ir a la vanguardia del progreso* être à l'avant-garde du progrès.

vanguardismo *m* mouvement d'avant-garde.

vanguardista *adj* d'avant-garde; *una película vanguardista* un film d'avant-garde.

vanidad *f* vanité ‖ *vanidad de vanidades y todo es vanidad* vanité des vanités et tout est vanité.

vanidoso, sa *adj y s* vaniteux, euse.

vano, na *adj* vain, e; *vanas excusas* de vaines excuses; *vanas esperanzas* de vains espoirs ‖ vide, creux, euse (vacío) ‖ vaniteux, euse (vanidoso) ‖ — *en vano* en vain, vainement ‖ *promesas vanas* promesses en l'air.
◆ *m* CONSTR embrasure *f*, baie *f* (hueco) | portée *f* (distancia).

Vanuatu *n pr* GEOGR Vanuatu.

vapor *m* vapeur *f*; *vapor de agua* vapeur d'eau ‖ MAR bateau à vapeur, vapeur (barco) ‖ — FIG *a todo vapor* à toute vapeur ‖ *caballo de vapor* cheval-vapeur ‖ *los vapores del vino* les vapeurs du vin ‖ *máquina de vapor* machine à vapeur ‖ *patatas al vapor* pommes vapeur.

vaporización *f* vaporisation ‖ vaporisage *m* (de tejidos).

vaporizador *m* vaporisateur (pulverizador).

vaporizar *v tr* vaporiser.

vaporoso, sa *adj* vaporeux, euse ‖ flou, e; vaporeux, euse (vestido).

vapulear *v tr* fouetter, rosser (*fam*), donner une raclée (*pop*); *vapulear a un niño* fouetter un enfant ‖ FIG éreinter, esquinter (criticar).

vapuleo *m* rossée *f* (*fam*), raclée *f* (*pop*) ‖ FIG éreintement (crítica).

vaqueira *f* sorte de villanelle.

vaquería *f* vacherie, étable à vaches (sitio) ‖ troupeau *m* de vaches (vacada).

vaquerizo, za *adj* des vaches, pour les vaches; *corral vaquerizo* enclos pour les vaches.
◆ *m y f* vacher, ère.
◆ *f* étable à vaches, vacherie.

vaquero, ra *adj* des vaches, des vachers ‖ *pantalón vaquero* jean, jeans, blue-jean.
◆ *m y f* vacher, ère (pastor) ‖ cow-boy (en Estados Unidos); *película de vaqueros* film de cow-boys.
◆ *m* (*amer*) fouet (látigo).
◆ *m pl* jeans *sing*, jean *sing* (pantalón vaquero).

vaquetón, ona *adj* (*amer*) effronté, e.

vaquilla *f* vachette.

vaquita *f* petite vache ‖ enjeu *m* (dinero jugado en las cartas) ‖ *vaquita de San Antón* bête à Bon Dieu, coccinelle.

vara *f* perche (palo largo) ‖ gaule; *derribar nueces con una vara* abattre des noix avec une gaule ‖ baguette, bâton *m* (insignia de autoridad) ‖ bout *m* de bois (palo) ‖ verge, houssine (para azotar) ‖ brancard *m* (varal de un coche) ‖ aune (medida de longitud) ‖ TAUROM pique (pica) ‖ coup *m* de pique (garrochazo) ‖ MÚS coulisse (de trombón) ‖ — FIG & FAM *dar la vara* casser les pieds ‖ *poner una vara* piquer [le taureau] ‖ FIG *temer como una vara verde* craindre comme la foudre ‖ *tener mucha vara alta* avoir beaucoup d'influence o le bras très long ‖ *tener vara alta en un negocio* avoir la haute main sur une affaire.
◆ *pl* verges, baguettes (castigo) ‖ — *medida por varas* aunage ‖ *medir por varas* auner, mesurer à l'aide d'une aune.

varada *f* MAR échouement *m* ‖ équipe de journaliers agricoles ‖ MIN période de travail | argent *m* gagné pendant cette période.

varadero *m* MAR échouage, cale *f* d'échouage.

varado, da *adj* MAR mis, e à sec.

varapalo *m* longue perche (palo) ‖ coup de bâton ‖ FIG & FAM ennui, tracas (disgusto).

varar *v tr* MAR lancer (botar) | échouer, mettre à sec (poner en seco).
◆ *v intr* MAR échouer (encallar) | mouiller (anclar) ‖ FIG échouer (un asunto) ‖ (*amer*) tomber en panne (un vehículo).

varazo *m* coup de perche o de gaule ‖ TAUROM coup de pique.

varear *v tr* gauler; *varear nueces* gauler les noix ‖ auner (medir por varas) ‖ battre (la lana) ‖ TAUROM piquer, attaquer avec la pique.

vareo *m* gaulage, gaulée *f*; *el vareo de las nueces* le gaulage des noix ‖ aunage (medición por varas).

variabilidad *f* variabilité.

variable *adj* variable, changeant, e; *tiempo variable* temps variable.
◆ *f* GRAM & MAT variable.

variación *f* variation ‖ *variación magnética* déclinaison magnétique.

variado, da *adj* varié, e.

variante *f* variante ‖ déviation (de carretera).

variar *v tr* varier; *variar la alimentación* varier l'alimentation.

◆ *v intr* varier; *sus respuestas varían* ses réponses varient ‖ changer; *variar de opinión* changer d'opinion; *por no variar* pour ne pas changer ‖ changer, tourner; *el viento ha variado* le vent a tourné ‖ MAT varier ‖ FAM *para variar* pour changer.
— OBSERV Le *i* de *variar* porte un accent écrit aux trois personnes du singulier et à la troisième du pluriel du présent de l'indicatif et du subjonctif, ainsi qu'à la deuxième du singulier de l'impératif.

varice *f* MED varice; *media para varices* bas à varices.

varicela *f* MED varicelle (viruelas locas).

varicoso, sa *adj y s* variqueux, euse.

variedad *f* variété, diversité ‖ BOT & ZOOL variété ‖ FIG *en la variedad está el gusto* il faut varier les plaisirs.
◆ *pl* variétés (espectáculo).

varilla *f* baguette (vara pequeña) ‖ tringle (de cortinas) ‖ brin *m*, branche (de abanico) ‖ baleine, branche (de paraguas) ‖ perchoir *m* (en una jaula) ‖ — *varilla de escalera* tringle d'escalier, barre de seuil ‖ *varilla de la virtud* ou *de las virtudes* ou *encantada* ou *mágica* baguette magique ‖ *varilla de zahorí* baguette de sourcier *o* divinatoire ‖ *varilla indicadora* ou *graduada (de nivel)* jauge.

varillaje *m* monture *f* (de abanico) ‖ branches *f pl*; *el varillaje de un paraguas* les branches d'un parapluie.

vario, ria *adj* différent, e; divers, e; *telas de varios colores* des toiles de différentes couleurs; *tratar de varios asuntos* traiter de divers sujets ‖ variable, changeant, e (cambiadizo).
◆ *pron indef pl* quelques-uns, d'aucuns; *varios piensan que* quelques-uns pensent que.
◆ *pl* plusieurs; *tener varios amigos* avoir plusieurs amis.

variólico, ca *adj* variolique.

variopinto, ta *adj* bigarré, e; coloré, e.

varita *f* baguette; *varita de la virtud* ou *de las virtudes* ou *mágica* ou *encantada* baguette magique.

varón *m* homme; *esclarecidos varones* hommes illustres ‖ garçon; *familia compuesta de una hija y tres varones* famille composée d'une fille et de trois garçons ‖ — *hijo varón* enfant mâle ‖ *santo varón* saint (santo), excellent homme, saint homme (buena persona) ‖ *sexo: varón* sexe; masculin (en un pasaporte) ‖ *varón de Dios* saint homme.

varonil *adj* viril, e; *carácter varonil* caractère viril.

Varsovia *n pr* GEOGR Varsovie.

varsoviano, na *adj* varsovien, enne.
◆ *m y f* Varsovien, enne.
◆ *f* varsovienne (danza).

vasallaje *m* vassalité *f*, vasselage ‖ FIG soumission *f* ‖ *rendir vasallaje* rendre hommage.

vasallo, lla *adj y s* vassal, e; *estados vasallos* états vassaux.

vasco, ca *adj* basque.

Vasco (País) *n pr m* GEOGR Pays basque (francés y español).
◆ *m* basque (lengua).
◆ *m y f* Basque.

vascongado, da *adj y s m* basque ‖ *las provincias vascongadas* le Pays basque [espagnol].
◆ *m y f* Basque.
— OBSERV Les *provincias vascongadas* sont: *Álava*, *Guipúzcoa* et *Vizcaya*, elles ont pour chefs-lieux *Vitoria*, *San Sebastián* et *Bilbao*.

Vasconia *n pr f* GEOGR Pays *m* basque.

vascuence *adj y s m* basque (lengua).

vascular *adj* vasculaire; *tejido vascular* tissu vasculaire.

vascularización *f* vascularisation.

vasectomía *f* MED vasectomie.

vaselina *f* vaseline ‖ — FIG & FAM *dar mucha vaselina a alguien* passer de la pommade à quelqu'un ‖ *poner vaselina* arrondir les angles (suavizar una situación).

vasija *f* pot *m*; *vasija de barro* pot en terre ‖ poterie; *una vasija precolombina* une poterie précolombienne ‖ récipient *m* (recipiente).

vaso *m* verre; *vaso de cristal* verre en cristal; *beberse un vaso de agua* boire un verre d'eau ‖ vase (florero); *vaso de porcelana* vase en porcelaine ‖ ANAT vaisseau; *vaso capilar, linfático* vaisseau capillaire, lymphatique; *vasos sanguíneos* vaisseaux sanguins ‖ BOT vaisseau ‖ — FIG *ahogarse en un vaso de agua* se noyer dans un verre d'eau ‖ FÍS *vasos comunicantes* vases communicants ‖ RELIG *vasos sagrados* vases sacrés.

vasoconstricción *f* vaso-constriction.

vasoconstrictor *adj m y s m* vaso-constricteur.

vasodilatador *adj m y s m* vaso-dilatateur.

vasomotor, ra *adj y s m* vasomoteur, trice (nervios).

vástago *m* rejeton, rejet (de planta, árbol) ‖ TECN tige *f* (del émbolo) ‖ FIG rejeton; *el último vástago de una ilustre familia* le dernier rejeton d'une illustre famille ‖ *vástago de perforación* tige de forage.

vasto, ta *adj* vaste.

vate *m* poète (poeta).

Vaticano *n pr m* GEOGR Vatican.

vaticano, na *adj* du Vatican, vaticane; *Biblioteca Vaticana* bibliothèque vaticane, la Vaticane.

vaticinar *v tr* prédire.

vaticinio *m* vaticination *f*, prédiction *f*.

vatímetro *m* ELECTR wattmètre.

vatio *m* ELECTR watt (unidad).

vaudeville *m* vaudeville (comedia ligera).

vaya *f* FAM moquerie (burla) ‖ *dar vaya* railler.

VB abrev de *Visto Bueno* vu et approuvé.

Vd. abrev de *Usted* → **usted.**

Vda. abrev de *viuda* vve, veuve.

Vds. abrev de *Ustedes* → **usted.**

ve *f v m* (nombre de la letra «v»).

vecinal *adj* vicinal, e; *camino vecinal* chemin vicinal.

vecindad *f* voisinage *m*; *vive en la vecindad* il habite dans le voisinage ‖ population (de una ciudad), habitants *m pl* (de un barrio), voisins *m pl* (de una casa) ‖ similitude (semejanza) ‖ — *casa de vecindad* maison de rapport ‖ *política de buena vecindad* politique de bon voisinage (entre Estados).

vecindario *m* population *f*, habitants *pl*; *el vecindario de una ciudad* les habitants d'une ville ‖ voisinage (los vecinos); *acudió todo el vecindario* tout le voisinage a accouru *o* est accouru.

vecino, na *adj* voisin, e; *país vecino* pays voisin ‖ FIG voisin, e (semejante).
◆ *m y f* voisin, e; *nuestros vecinos son muy ruidosos* nos voisins sont très bruyants; *vecino del*

mismo piso ou *planta* voisin de palier ‖ habitant, e; *los vecinos de Madrid* les habitants de Madrid ‖ — *cada* ou *cualquier hijo de vecino* n'importe qui, tout un chacun ‖ *casa de vecinos* maison de rapport ‖ *los vecinos de una calle* les riverains d'une rue ‖ *ser vecino de Soria* habiter Soria, résider à Soria ‖ *tratar con los vecinos* se fréquenter entre voisins.

vector *adj m y s m* vecteur; *radio vector* rayon vecteur.

vectorial *adj* GEOM & MAT vectoriel, elle.

veda *f* fermeture [de la chasse, de la pêche] ‖ défense, interdiction (prohibición) ‖ *levantamiento de la veda* ouverture [de la chasse, de la pêche].

veda *m* véda (libros sagrados de la India).

vedado *m* chasse *f* gardée *o* réservée; *cazar en vedado* chasser sur une chasse gardée ‖ *vedado de caza* réserve de chasse.

vedar *v tr* défendre, interdire; *vedar la entrada en un sitio* interdire l'entrée dans un endroit ‖ *coto vedado* réserve de chasse, chasse gardée *o* réservée.

vedette *f* vedette.
— OBSERV Galicismo que se emplea para designar a las artistas de variedades.

vedismo *m* RELIG védisme.

vega *f* «vega», plaine cultivée, vallée fertile ‖ *(amer)* plantation de tabac [à Cuba].
— OBSERV Le mot *vega* désigne en Espagne une plaine richement cultivée bordant en général le cours inférieur des rivières ou des fleuves des provinces méridionales.

vegetación *f* végétation; *la vegetación de los trópicos* la végétation des tropiques.
→ *pl* MED végétations.

vegetal *adj y s m* *medicamentos vegetales* médicaments végétaux.

vegetar *v intr* végéter ‖ FIG végéter (ir tirando).

vegetarianismo *m* végétarisme, végétalisme.
— OBSERV El *végétalisme* prohíbe cualquier alimento de origen animal, incluso leche, huevos, etc. En el *végétarisme* la prohibición se reduce a las carnes.

vegetariano, na *adj y s* végétarien, enne.

vegetativo, va *adj* végétatif, ive.

vehemencia *f* véhémence.

vehemente *adj* véhément, e.

vehementemente *adv* avec véhémence, véhémentement.

vehículo *m* véhicule ‖ FIG véhicule (modo de transmisión) ‖ *vehículo de carga pesada* poids lourd ‖ *vehículos espaciales* engins spatiaux.

veinte *adj num* vingt; *veinte personas* vingt personnes; *página veinte* page 20 [vingt] ‖ vingtième; *en el siglo veinte* au XXe [vingtième] siècle ‖ — FIG *son las menos veinte, son las y veinte* un ange passe (silencio en una conversación) ‖ *unos veinte* une vingtaine.
→ *m* vingt; *el veinte de mayo* le 20 [vingt] mai.

veinteañero, ra *adj* d'une vingtaine d'années.
→ *m y f* personne *f* d'une vingtaine d'années.

veintena *f* vingtaine.

veinticinco *adj num y s m* vingt-cinq.

veinticuatro *adj num y s m* vingt-quatre.
→ *m (ant)* conseiller municipal [en Andalousie].

veintidós *adj num y s m* vingt-deux.

veintinueve *adj num y s m* vingt-neuf.

veintiocho *adj num y s m* vingt-huit.

veintiséis *adj num y s m* vingt-six.

veintisiete *adj num y s m* vingt-sept.

ventitantos, tas *adj* environ vingt, une vingtaine; *veintitantas personas* une vingtaine de personnes ‖ vers le vingt; *a veintitantos de abril* vers le 20 [vingt] avril.

veintitrés *adj num y s m* vingt-trois.

veintiún *adj num* vingt et un; *tener veintiún libros* avoir vingt et un livres.
— OBSERV Cet adjectif est la forme apocopée de *veintiuno* devant un nom masculin.

veintiuno, na *adj num y s m* vingt et un, e.
→ *f* vingt-et-un *m* (juego de azar).

vejación *f*; **vejamen** *m* vexation *f*, brimade *f*.

vejar *v tr* vexer; *vejar a uno por una ofensa verbal* vexer quelqu'un par une offense verbale ‖ brimer; *vejar a una minoría racial* brimer une minorité raciale.

vejatorio, ria *adj* vexatoire, vexateur, trice *(p us)*; *condiciones vejatorias* conditions vexatoires ‖ *medidas vejatorias* mesures vexatoires, brimades.

vejestorio *m* FAM vieille baderne *f*, vieux birbe, vieille barbe *f*.

vejete *adj m y s m* petit vieux, barbon.

vejez *f* vieillesse; *báculo de la vejez* bâton de vieillesse ‖ — *achaques de la vejez* ennuis de santé, infirmités dues à l'âge ‖ FAM *¡a la vejez viruelas!* ça le prend sur tard.

vejiga *f* ANAT vessie ‖ cloque (en la piel) ‖ — *vejiga de la bilis* vésicule biliaire ‖ *vejiga natatoria* vessie natatoire.

vela *f* MAR voile; *barco de vela* bateau à voile; *vela cangreja, de abanico* ou *tarquina, de estay, latina, mayor* voile carrée *o* à corne, à livarde, d'étai, latine, grand-voile ‖ bougie, chandelle; *vela de estearina* bougie de stéarine ‖ cierge *m* (cirio) ‖ veille (vigilia) ‖ veillée funèbre (de un muerto) ‖ veillée, garde (de un enfermo) ‖ *(amer)* réprimande, remontrance (reprimenda) ‖ — MAR *alzar velas, hacerse a la vela* appareiller, mettre à la voile | *arriar las velas* amener les voiles | *a toda vela, a velas desplegadas* ou *tendidas* à pleines voiles, toutes voiles dehors | *cambiar la vela* amener la voile au vent | *dar la vela* mettre à la voile | *deporte de la vela* yachting, voile ‖ FIG & FAM *encender* ou *poner una vela a Dios y otra al diablo* ménager la chèvre et le chou | *estar a dos velas* être sans le sou *o* sur la paille *o* dans la purée | *no tener vela en un entierro* ne pas avoir voix au chapitre | *pasar la noche en vela* passer une nuit blanche ‖ FIG *recoger velas* baisser le ton, mettre de l'eau dans son vin | *ser más derecho que una vela* être droit comme un cierge *o* comme un I.
→ *pl* FAM chandelles (mocos).

velada *f* veillée, soirée; *quedarse la velada con unos amigos* passer la veillée avec des amis ‖ soirée; *velada literaria* soirée littéraire ‖ fête nocturne (verbena).

velado, da *adj* voilé, e ‖ FOT voilé, e ‖ *voz velada* voix voilée.

velador, ra *adj* qui veille.
→ *m y f* veilleur, euse (que vela).
→ *m* guéridon (mesita) ‖ *(amer)* table *f* de nuit *o* de chevet (mesa de noche).

veladura *f* glacis *m* (en pintura) ‖ FOT voile *m*.

velamen *m* MAR voilure *f*.

velar *v intr* veiller; *pasar la noche velando* passer la nuit à veiller ‖ FIG veiller; *velar por la salud de un enfermo* veiller sur la santé d'un malade; *velar por*

la observancia de las leyes veiller au respect des lois.
- *v tr* veiller; *velar a un enfermo* veiller un malade ‖ voiler (cubrir con un velo) ‖ FIG voiler (disimular) ‖ FOT voiler ‖ glacer, étendre un glacis sur (en pintura) ‖ *velar las armas* faire sa veillée d'armes.
- *v pr* se voiler.

velar *adj y s f* GRAM vélaire.

velatorio *m* veillée *f* funèbre.

veleidad *f* velléité (deseo vano) ‖ inconstance, légèreté (versatilidad).

veleidoso, sa *adj y s* velléitaire.

velero, ra *adj* à voiles ‖ *barco velero* bateau à voiles, voilier.
- *m* voilier, bateau à voiles; *un buen velero* un fin voilier ‖ voilier, fabricant de voiles (para barcos) ‖ chandelier, fabricant et marchand de chandelles.

veleta *f* girouette (para el viento) ‖ flotteur *m*, bouchon *m*, flotte (de caña de pescar).
- *m y f* FIG girouette *f*; *este político es un veleta* cet homme politique est une girouette; *esta chica no es nada seria, es una verdadera veleta* cette fille n'est pas sérieuse, c'est une vraie girouette ‖ papillon *m* (hombre infiel).

velilla *f* allumette-bougie (cerilla).

velo *m* voile; *velo de novia* voile de mariée ‖ voilette *f* (con que las señoras se cubren el rostro) ‖ ANAT voile; *velo del paladar* voile du palais ‖ — FIG *correr* ou *echar un velo* ou *un tupido velo sobre* jeter un voile sur, tirer le rideau sur, passer sous silence ‖ RELIG *tomar el velo* prendre le voile.

velocidad *f* vitesse; *la velocidad de la luz* la vitesse de la lumière ‖ vitesse, vélocité *(p us)*; *la velocidad del pensamiento* la vitesse de la pensée ‖ MECÁN vitesse; *cambiar la velocidad* changer de vitesse; *meter una velocidad* engager *o* passer une vitesse ‖ MÚS vélocité (rapidez de ejecución) ‖ — *velocidad de crucero* vitesse de croisière ‖ *velocidad máxima* vitesse maximum *o* maximale *o* plafond ‖ *velocidad media* moyenne, vitesse moyenne ‖ *velocidad punta* vitesse de pointe ‖ — *a toda velocidad* à toute vitesse ‖ FIG *con la velocidad del rayo* comme l'éclair ‖ TECN *de alta velocidad* à grande vitesse ‖ *Europa de dos velocidades* Europe à deux vitesses ‖ — FIG *confundir la velocidad con el tocino* prendre des vessies pour des lanternes ‖ *meter la segunda velocidad* passer en seconde (automóvil) ‖ *perder velocidad* être en perte de vitesse (un avión, una moda, etc.), perdre de la vitesse (un vehículo).

velocímetro *m* compteur *o* indicateur de vitesse.

velocípedo *m* vélocipède.

velocista *m y f* DEP sprinter *m*.

velódromo *m* vélodrome.

velomotor *m* vélomoteur.

velorio *m* veillée *f* funèbre (velatorio).

veloz *m* rapide, véloce *(p us)*; *veloz como un rayo* rapide comme l'éclair.
- *adv* vite, rapidement; *corre muy veloz* il court très vite.

velozmente *adv* rapidement.

vello *m* duvet.

vellocino *m* toison *f* ‖ MIT *vellocino de oro* toison d'or.

vellón *m* toison *f* (de carnero u oveja) ‖ flocon de laine (vedija) ‖ billon (monedas).

velloso, sa *adj* duveteux, euse; duveté, e; villeux, euse *(p us)*.

velludo, da *adj* velu, e.
- *m* peluche *f* (felpa).

vena *f* ANAT veine ‖ veine (de piedras, maderas) ‖ MIN veine ‖ FIG & FAM crise, impulsion; *trabajar por venas* travailler par crises ‖ — ANAT *vena basílica* veine basilique ‖ *vena cardíaca* ou *coronaria* veine coronaire ‖ *vena cava* veine cave ‖ FIG & FAM *vena de loco* grain de folie ‖ *vena poética* veine poétique ‖ ANAT *vena porta* veine porte ‖ *vena yugular* veine jugulaire, jugulaire ‖ — FIG *en vena de* en veine de ‖ — FIG & FAM *estar en vena* être en veine ‖ *le ha dado la vena de ir al Polo* il s'est mis dans la tête *o* ça lui a pris tout d'un coup d'aller au Pôle.

venablo *m* javelot (arma) ‖ — FIG *echar venablos* vomir des injures.

venado *m* cerf (ciervo) ‖ gros gibier (caza mayor).

venal *adj* vénal, e; *un empleo venal* une charge vénale ‖ ANAT veineux, euse (venoso).

venático, ca *adj y s* lunatique.

vencedero, ra *adj* COM échéant, e; qui vient à échéance.

vencedor, ra *adj* victorieux, euse.
- *m y f* vainqueur (sin femenino), triomphateur, trice; *en plan de vencedor* en vainqueur.

vencejo *m* lien (ligadura) ‖ martinet (pájaro).

vencer *v tr* vaincre, battre; *vencer a los enemigos* vancre les ennemis ‖ FIG vaincre; *vencer la resistencia de sus padres* vaincre la résistance de ses parents ‖ vaincre, surmonter; *vencer un obstáculo, sus pasiones* vaincre un obstacle, ses passions ‖ surmonter; *vencer una crisis* surmonter une crise ‖ vaincre, l'emporter sur; *vencer a uno en generosidad* l'emporter sur quelqu'un en générosité ‖ l'emporter sur, battre; *te vence en agilidad* il te bat en agilité ‖ franchir; *vencer una distancia, un obstáculo* franchir une distance, un obstacle ‖ gravir (una pendiente) ‖ vaincre; *el Aconcagua fue vencido en 1897* l'Aconcagua fut vaincu en 1897.
- *v intr* échoir, arriver à échéance; *mi pagaré vence mañana* mon billet à ordre échoit demain ‖ expirer, arriver à son terme (plazo, deuda, arriendo) ‖ gagner, être le plus fort; *en él venció el orgullo* l'orgueil chez lui a été le plus fort ‖ *a plazo vencido* à terme échu.
- *v pr* se dominer, se maîtriser, se vaincre soi-même ‖ ployer, se tordre, se gauchir (ladearse) ‖ craquer (romperse).

vencible *adj* qui peut être vaincu, e ‖ surmontable (superable).

vencida *f* *a la tercera va la vencida* la troisième fois sera la bonne (para animar), que ce soit la dernière fois (en son de amenaza).

vencido, da *adj y s* vaincu, e; *darse por vencido* s'avouer vaincu ‖ — *¡ay* ou *guay de los vencidos!* malheur aux vaincus! ‖ FIG *darse por vencido* donner sa langue au chat (en un acertijo).
- *adj* échu, e; venu à échéance (un pagaré, etc.) ‖ qui expire (plazo).

vencimiento *m* échéance *f*, terme (de un pagaré, etc.) ‖ échéance *f*, expiration *f*, terme (de una deuda) ‖ FIG franchissement (de un obstáculo) ‖ victoire *f* (victoria) ‖ défaite *f* (derrota) ‖ FIG ploiement, torsion *f* (torsión).

venda *f* bande; *venda de gasa* bande de gaze ‖ bandage *m* (vendaje) ‖ bandeau *m* (de cabeza) ‖ —

vendaje

FIG *quitar a uno la venda de los ojos* faire tomber le bandeau des yeux de quelqu'un, ouvrir o dessiller les yeux de quelqu'un | *se le cayó la venda de los ojos* les écailles lui sont tombées des yeux, ses yeux se sont dessillés | *tener una venda en los ojos* avoir un bandeau sur les yeux, être aveugle.

vendaje *m* bandage || *(amer)* supplément, surplus, prime *f* (yapa) || *vendaje enyesado* plâtre (para un miembro roto).

vendar *v tr* bander (con una venda) || — FIG *la pasión le venda los ojos* la passion l'aveugle o lui bande les yeux | *tener los ojos vendados* avoir un bandeau sur les yeux, être aveugle.

◆ *v pr* se bander; *vendarse el brazo* se bander le bras.

vendaval *m* vent de tempête, tourmente *f* || ouragan; *el vendaval de las pasiones* l'ouragan des passions.

vendedor, ra *adj y s* vendeur, euse; marchand, e; *vendedor de periódicos* marchand de journaux || vendeur, euse (dependiente) || — *vendedor ambulante* camelot || *vendedor ambulante de periódicos* crieur de journaux || *vendedor callejero* crieur des rues.

vender *v tr* vendre; *vender naranjas* vendre des oranges; *vender un cuadro en* ou *por diez mil pesetas* vendre un tableau dix mille pesetas || FIG vendre; *vender su conciencia* vendre sa conscience | vendre, trahir (traicionar); *vender a un amigo* vendre un ami | — *artículo sin vender* invendu || *vender al contado* vendre comptant || *vender al por mayor, al por menor* vendre en gros, au détail || *vender a plazos* ou *a cuota (amer)*, vendre à tempérament || *vender cara su vida* vendre chèrement sa vie, vendre cher sa peau *(fam)* || *vender caro* vendre cher (un comerciante), faire payer cher; *el enemigo ha vendido cara su derrota* l'ennemi a fait payer cher sa déroute || *vender con pérdida* vendre à perte || *vender de contrabando* vendre en fraude || *vender en firme* vendre ferme o à couvert || *vender en pública subasta* vendre aux enchères || FIG *vender la piel del oso antes de haberlo matado* vendre la peau de l'ours avant de l'avoir tué | *vender salud* avoir de la santé à revendre, avoir une santé florissante, respirer la santé.

◆ *v pr* se vendre || FIG se vendre (dejarse sobornar) | se vendre, se trahir (descubrir lo oculto) || — *se vende en las principales librerías* en vente dans les principales librairies || *se vende un coche deportivo* à vendre une voiture de sport || FIG *venderse caro* se faire rare | *venderse como rosquillas* ou *como pan caliente* se vendre comme des petits pains.

vendido, da *adj y s* vendu, e || FIG perdu, e.
vendimia *f* vendange.
vendimiador, ra *m y f* vendangeur, euse.
vendimiar *v tr* vendanger.
Venecia *n pr* GEOGR Venise (ciudad) | Vénétie (región).
veneciano, na *adj* vénitien, enne (de Venecia).

◆ *m y f* Vénitien, enne.

veneno *m* poison (químico o vegetal); *la estricnina es un veneno violento* la strychnine est un poison violent || venin (de los animales) || FIG poison || FIG *sus palabras destilan veneno* ses paroles sont empoisonnées.

venenoso, sa *adj* vénéneux, euse; *seta venenosa* champignon vénéneux || venimeux, euse; *serpiente venenosa* serpent venimeux || FIG venimeux, euse (malo).

venerabilísimo, ma *adj* très vénérable.
venerable *adj y s* vénérable.
veneración *f* vénération.
venerar *v tr* vénérer; *venerar a uno por santo* vénérer quelqu'un comme un saint.
venéreo, a *adj* vénérien, enne; *enfermedad venérea* maladie vénérienne.

◆ *m* maladie *f* vénérienne.

venezolanismo *m* tournure *f* (giro), ou mot (voz), particuliers au Venezuela.
venezolano, no *adj* vénézuélien, enne.

◆ *m y f* Vénézuélien, enne.

Venezuela *n pr* GEOGR Venezuela.
vengador, ra *adj y s* vengeur, geresse.
venganza *f* vengeance; *clamar venganza* crier o demander vengeance; *tomar venganza* tirer vengeance.
vengar *v tr* venger.

◆ *v pr* se venger, tirer vengeance; *vengarse de una afrenta en uno* se venger d'un affront sur quelqu'un.

vengativo, va *adj* vindicatif, ive.
venia *f* pardon *m* (perdón) || permission, autorisation; *con la venia del profesor* avec l'autorisation du professeur || salut *m* (saludo) || *(amer)* salut *m* militaire (saludo militar).
venial *adj* véniel, elle; *pecado venial* péché véniel.
venialidad *f* caractère *m* véniel, légèreté.
venida *f* venue (acción de venir; *idas y venidas* allées et venues; *me alegro de tu venida* je suis heureux de ta venue | arrivée, venue (llegada); *la venida de la primavera* l'arrivée du printemps || *(p us)* crue, inondation (avenida) || attaque (esgrima).
venidero, ra *adj* futur, e; à venir; *los años venideros* les années à venir.

◆ *m lo venidero* l'avenir, le futur; *en lo venidero* dans le futur, à l'avenir.

◆ *m pl* générations *f* futures, descendants, successeurs.

venilla *f* ANAT veinule.
venir* *v intr* venir; *él va a venir* il va venir; *¡ven aquí!* viens ici!; *dile que venga* dis-lui de venir || venir, provenir (proceder); *este té viene de Ceilán* ce thé vient de Ceylan; *su mala conducta viene de su educación* il venir (suceder); *la primavera viene después del invierno* le printemps vient après l'hiver || y avoir, se trouver; *en el periódico de hoy viene un reportaje muy interesante* dans le journal d'aujourd'hui il y a un reportage très intéressant || se trouver, être; *su foto viene en la primera página* sa photo se trouve en première page || être, être écrit; *el texto viene en francés* le texte est écrit en français || être; *este piso nos viene ancho* cet appartement est grand pour nous || arriver; *vino muy cansado* il arriva très fatigué || revenir; *recuerdos que vienen a la mente* souvenirs qui reviennent à l'esprit || — *venir a* arriver à, en venir à; *vinieron a un acuerdo* ils arrivèrent à un accord; finir par; *vinieron a firmar las paces* ils finirent par conclure la paix || *venir a cuento* venir à propos o à point || *venir a las manos* en venir aux mains || *venir al mundo* venir au monde || FAM *venir al pelo* ou *a punto* tomber à point o à pic, bien tomber, venir à point || *venir a menos* déchoir, tomber en déchéance, tomber bien bas

(*fam*); *familia venida a menos* famille déchue || *venir a parar* finir par, aboutir, se solder par; *la inflación vino a parar en una catástrofe* l'inflation s'est soldée par une catastrophe; en venir; *¿a dónde quieres venir a parar?* où veux-tu en venir? || *venir a ser* revenir; *venir a ser lo mismo* revenir au même; être plus ou moins, n'être ni plus ni moins que; *esto viene a ser una mera estafa* ce n'est ni plus ni moins qu'une belle escroquerie || *venir a tener* avoir à peu près o dans les; *vendrá a tener cincuenta años* il doit avoir dans les cinquante ans || *venir con cuentos* raconter des histoires || FAM *venir de perilla* ou *de perlas* ou *de primera* tomber à merveille o à pic, bien tomber, venir à point || *venir en conocimiento de uno* venir à la connaissance o aux oreilles de quelqu'un || *venir en decretar, en nombrar* décréter, nommer || *venirle a la cabeza a uno* venir à l'esprit o à l'idée de quelqu'un || *venirle a la cabeza* ou *a la memoria de uno* se souvenir, se rappeler; *me vino a la cabeza que* je me suis souvenu que || FAM *venirle al pelo a uno* convenir parfaitement à quelqu'un || *venirle bien a uno* aller bien à quelqu'un (un traje), arranger quelqu'un; *eso me viene bien* cela m'arrange; arranger quelqu'un, faire l'affaire de quelqu'un; *estos diez mil francos me vendrían muy bien* ces dix mille francs feraient bien mon affaire || *venirle mal a uno* aller mal à quelqu'un, ne pas aller à quelqu'un (un traje), ne pas convenir à quelqu'un, ne pas arranger quelqu'un (no convenir) || *venir mejor* convenir o aller mieux || FAM *venir que ni pintado* aller à merveille o on ne peut mieux | *venir rodado* tomber à pic || — *a mal venir* au pis aller || *¿a qué viene esto?* qu'est-ce que cela vient faire? (una cosa), à quoi cela rime-t-il? (una acción) || *¿a qué vienes?* que viens-tu faire?, que veux-tu? || *como le venga en gana* comme bon vous semble || *depende de cómo venga la cosa* cela dépendra des circonstances || *el año que viene* l'année prochaine || *en lo por venir* à l'avenir (de aquí en adelante), dans l'avenir (en lo futuro) || *eso no viene a cuento* cela n'a rien à voir (no tiene nada que ver), cela ne rime à rien (no es oportuno) || *eso no viene al caso* cela n'a rien à voir, là n'est pas la question || *le vino en gana marcharse al extranjero* il a eu envie o ça lui a pris de partir à l'étranger || FIG *lo veía venir* je le voyais venir, je m'y attendais || *me vino un dolor de muelas terrible* j'ai été pris d'une terrible rage de dents || FAM *no le va ni le viene* cela ne le concerne o ne le regarde pas (no le importa), cela lui est égal, cela ne lui fait ni chaud ni froid (le da igual) || *no me viene su nombre a la memoria* je ne me souviens plus de son nom, son nom m'échappe o ne me revient pas || *se le vino* ou *le vino a la boca un disparate* il laissa échapper une bourde || *si a mano viene* si l'occasion se présente, le cas échéant || *¡venga!* allez!, vas-y! (anda), passez-moi ça (démelo) || *venga como venga la cosa* quoi qu'il arrive || *venga lo que viniere* quoi qu'il advienne, quoi qu'il arrive || FAM *¡vengan esos cinco!* tope-là, topez-là (estrechar la mano) || *venga o no venga a cuento* à tort et à travers (a tontas y a locas), à tort ou à raison (con razón o sin ella) || FAM *¡venga ya!* et puis quoi encore!, à d'autres! || FIG *verle venir a uno* voir venir quelqu'un || *voy y vengo* je ne fais qu'aller et venir, je ne fais qu'un saut, je reviens tout de suite.

◆ *v pr* revenir, rentrer (volver) || — *venirse abajo* s'écrouler, s'effondrer (un edificio), s'effondrer, s'écrouler, tomber par terre (*fam*); *todos sus proyectos se han venido abajo* tous ses projets se sont effondrés; s'effondrer; *después del examen se vino abajo* après l'examen il s'effondra; crouler; *la sala se venía abajo con los aplausos* la salle croulait sous les applaudissements || *venirse al suelo* ou *a tierra* s'écrouler, s'effondrer.

venoso, sa *adj* veineux, euse; *sangre venosa* sang veineux.

venta *f* vente; *la venta de la leche* la vente du lait || auberge [en pleine campagne] || — *venta a crédito* vente à crédit || *venta a domicilio* démarchage, vente à domicile || *venta al contado, al por mayor, al por menor* vente au comptant, en gros, au détail || *venta a plazos* ou *por cuotas (amer)*, vente à tempérament || *venta a puerta fría* porte-à-porte || *venta callejera* vente ambulante || *venta CF* vente CF o C et F (coste y flete) || *venta de localidades* guichet de location (teatros) || *venta por catálogo* vente sur catalogue || *venta por correo* ou *por correspondencia* vente par correspondance || *venta postbalance* vente après inventaire || *venta pública* publique o vente aux enchères || — *artículo de fácil venta* article qui se vend bien || *de venta en todas las librerías* en vente dans toutes les librairies o chez tous les libraires || *precio de venta* prix de vente || — *estar a la venta* ou *en venta* être en vente || *poner a la venta* ou *en venta* mettre en vente.

ventaja *f* avantage *m*; *tiene la ventaja de ser fuerte* il a l'avantage d'être fort || avantage *m* (tenis); *ventaja al saque* avantage dehors || *sacar ventaja a dépasser*; *sacó una ventaja de 20 metros a su competidor* il a dépassé son concurrent de 20 mètres; *sacar mucha ventaja* dépasser largement; l'emporter sur; *le sacó una ventaja de 10 segundos* il l'a emporté sur lui de 10 secondes.

ventajista *m y f* profiteur, euse; débrouillard, e.

ventajoso, sa *adj* avantageux, euse; *condiciones ventajosas* conditions avantageuses.

ventana *f* fenêtre; *ventana de guillotina* fenêtre à guillotine || narine (de la nariz) || — ANAT *ventana oval, redonda* fenêtre ovale, ronde || *ventana vidriera* baie vitrée || — *asomarse a la ventana* se mettre à la fenêtre || FIG & FAM *echar* ou *tirar la casa por la ventana* jeter l'argent par les fenêtres || FAM *hacer ventana* être toujours à la fenêtre.

ventanal *m* grande fenêtre *f*, baie *f* vitrée.

ventanilla *f* fenêtre (en los trenes) || glace (en los coches) || hublot *m* (en un avión, un barco) || guichet *m* (taquilla) || ANAT narine (de la nariz) || — *ventanilla de la nariz* narine.

ventano; ventanuco *m* petite fenêtre *f* || vasistas (tragaluz).

ventarrón *m* grand vent, bourrasque *f*, ouragan (viento fuerte).

venteado, da *adj* venté, e.

ventear *v impers* venter, faire du vent (soplar el viento).

◆ *v tr* éventer, exposer à l'air (airear) || quêter (caza) || FIG flairer (olerse).

◆ *v pr* se boursoufler (llenarse de aire) || se souffler (los ladrillos al cocerse) || s'éventer (adulterarse) || FAM vesser (peerse).

ventero, ra *m y f* aubergiste.

◆ *adj* d'arrêt; *perro ventero* chien d'arrêt.

ventilación *f* ventilation, aération; *la ventilación de un túnel* la ventilation d'un tunnel; *conducto de ventilación* conduit d'aération || — *manguera de*

ventilación manche à air || *ventilación pulmonar* ventilation pulmonaire.

ventilador *m* ventilateur || aérateur (adaptado a una ventana).

ventilar *v tr* ventiler, aérer; *ventilar un túnel* ventiler un tunnel; *ventilar un cuarto* aérer une pièce || FIG éclaircir, élucider (dilucidar); *ventilar un problema* élucider un problème | disputer; *ventilar un partido de fútbol* disputer un match de football.

◆ *v pr* s'aérer || FIG se jouer, être en jeu; *mañana se ventila su porvenir* demain son avenir se joue || FIG & FAM expédier; *este trabajo me lo ventilo en una hora* ce travail, je l'expédie en une heure.

ventisca *f* bourrasque de neige.

ventiscar *v impers* y avoir une tempête de neige.

◆ *v intr* tourbillonner (la nieve).

ventisco *m* bourrasque *f* de neige.

ventisquear *v intr* → **ventiscar**.

ventolera *f* coup *m* de vent, bourrasque || moulinet *m* (juguete) || FIG & FAM coup *m* de tête, caprice *m*, lubie, toquade (manía) || — FIG & FAM *darle a uno la ventolera de* se mettre dans la tête de | *darle a uno la ventolera por* être pris d'une toquade pour, se toquer de.

ventosa *f* ventouse; *aplicar* ou *poner ventosas* mettre des ventouses.

ventosear *v intr* y *pr* lâcher des vents.

ventosidad *f* ventosité, vent *m*; *tener ventosidades* avoir des vents.

ventoso, sa *adj* venteux, euse.

◆ *m* ventôse (sexto mes del calendario republicano francés).

ventral *adj* ventral, e.

ventricular *adj* ANAT ventriculaire.

ventrículo *m* ANAT ventricule.

ventrílocuo, a *adj* y *s* ventriloque.

ventriloquia *f* ventriloquie.

ventrudo, da *adj* FAM ventru, e; ventripotent, e.

ventura *f* bonheur *m* (felicidad); *deseos de ventura* vœux de bonheur || hasard *m* (casualidad); *la ventura quiso que me encontrara con él* le hasard voulut que je le rencontre || risque *m*, péril *m* (riesgo) || — *a la ventura, a la buena ventura* à l'aventure || *por ventura* d'aventure, par hasard (por casualidad) || *probar ventura* tenter o courir sa chance.

venturoso, sa *adj* heureux, euse (feliz) || qui a de la chance (que tiene suerte).

venus *f* vénus (molusco).

Venus *n pr* ASTR Vénus.

ver *m* vue *f* (sentido de la vista) || aspect (de una cosa) | allure *f* (de una persona); *todavía está de buen ver* elle a encore belle allure || avis, opinion *f*; *a mi, tu, su ver* à mon, ton, son avis.

ver* *v tr* e *intr* voir; *lo he visto con mis propios ojos* je l'ai vu de mes propres yeux; *ver de cerca, de lejos* voir de près, de loin || regarder; *vea usted si le va este traje* regardez si ce costume vous va || voir (prever); *no veo el fin de nuestros cuidados* je ne vois pas la fin de nous soucis || voir (visitar); *ir a ver a alguien* aller voir quelqu'un || voir (experimentar); *voy a ver si puedo* je vais voir si j'y arrive; *estoy viendo que no quiere hacerlo* je vois bien qu'il ne veut pas le faire || — FIG *ver con buenos, con malos ojos* voir d'un bon, d'un mauvais œil | *ver de* essayer de, tâcher de; *voy a ver de arreglar esto* je vais essayer d'arranger cela | *ver las estrellas* voir trente-six chandelles | *ver mundo* voir du pays | *ver todo negro* voir tout en noir || — *a más ver, hasta más ver* au revoir || *a mi modo de ver* à mon avis || *aquí donde me ve usted* tel que vous me voyez, moi qui vous parle || *a ver* voyons || *a ver si* pour voir si; *se lo pregunté a ver si lo sabía* je le lui ai demandé pour voir s'il le savait || *como si lo viera* je le vois d'ici, comme si j'y étais || *darse a ver* se montrer || *deje que vea* montrez || *dígame a ver* dites, dites voir (fam) || *esto está por ver, esto habrá que verlo* c'est à voir || FAM *¡habráse visto!* a-t-on déjà vu (ça)! (ça) par exemple! || *habría que ver que* il ferait beau voir que || *¡hasta más ver!* au revoir!, à la prochaine! || *¡hay que ver!* quand même! || *hay que verlo* c'est à voir, ça vaut la peine d'être vu || *hay que verlo para creerlo, si no lo veo no lo creo* il faut le voir pour le croire || *le haré ver quién soy yo* je lui montrerai qui je suis || *manera de ver* façon de voir || *mire a ver* essayez donc, essayez voir (fam) || *no hay quien te vea* on ne te voit plus || *no le veo la gracia* je ne vois pas ce qu'il y a de drôle || FAM *no poder ver a uno* ne pas pouvoir voir o supporter quelqu'un, ne pas pouvoir sentir quelqu'un (fam) | *no poder ver a uno ni pintado* ne pas pouvoir voir quelqu'un en peinture || *no tener nada que ver con* n'avoir aucun rapport avec, n'avoir rien à voir avec || FIG & FAM *no ver más allá de sus narices* ne pas voir plus loin que le bout de son nez | *no ver ni jota, no ver tres en un burro* n'y voir goutte o que dalle (en un sitio oscuro), être myope comme une taupe (ser miope) || *nunca he visto tal cosa* ou *cosa igual* je n'ai jamais vu une chose pareille || *por lo que veo, por lo que se ve, por lo visto* à ce que je vois, apparemment || FIG & FAM *que no veo* terrible; *tengo un hambre que no veo* j'ai une faim terrible || *te lo veo en la cara* ça se voit sur ta figure, je le lis dans tes yeux || *tener que ver en* avoir à voir dans || *vamos a ver* voyons || *vamos a ver* voyons plutôt || *veremos* on verra ça, nous verrons ça (para dilatar algo) || *volver a ver* revoir || FAM *ya verás lo que es bueno* tu vas voir ce que tu vas voir || *ya veremos* nous verrons, on verra bien || *ya ves, ya ve usted* tu vois o vois-tu, vous voyez o voyez-vous || FAM *y si te he visto no me acuerdo* tu fais, il fait... semblant de ne pas me reconnaître, il ne me connaît plus.

◆ *v pr* se voir; *esto se ve todos los días* cela se voit tous les jours || se voir, se fréquenter (tratarse) || se rencontrer, se retrouver; *¿dónde nos vamos a ver?* où allons-nous nous rencontrer? || voir; *es digno de verse* c'est à voir || être vu; *merece verse* cela mérite d'être vu || FIG se reconnaître, se retrouver; *se ve en sus hijos* il se reconnaît dans ses enfants || se revoir; *me veo en París en aquellos años* je me revois à Paris à cette époque-là || — *véase página 30* voir page 30 || FIG *verse a la legua* ou *de lejos* voir d'une lieue o de loin | *vérselas con uno* avoir affaire à quelqu'un || *verse en un apuro* être dans l'embarras o dans le pétrin (fam) || *vérselas y deseárselas* en voir de toutes les couleurs (pasarlas negras), se donner un mal de chien (darse un trabajo de loco) || *ya se ve* ça se voit.

vera *f* bord *m*; *a la vera de la senda* au bord du sentier || côté *m*; *a mi vera* à côté de moi.

veracidad *f* veracité.

veranda *f* véranda (terraza).

veraneante *m* y *f* estivant, e; vacancier, ère.

veranear *v intr* passer ses vacances d'été, être o aller en villégiature, villégiaturer (p us); *veranear en*

San Sebastián passer ses vacances d'été à Saint-Sébastien.

veraneo *m* villégiature *f* [en été]; *ir de veraneo* aller en villégiature ‖ vacances *f pl* [d'été]; grandes vacances *f pl* (vacaciones de verano).

veraniego, ga *adj* estival, e; d'été; *temporada veraniega* saison estivale ‖ d'été; *traje veraniego* costume d'été.

veranillo *m* veranillo *de San Martín* été de la Saint-Martin ‖ *veranillo de San Miguel* ou *del membrillo* été de la Saint-Michel.

verano *m* été (estío); *vacaciones de verano* vacances d'été ‖ *vestirse de verano* mettre ses vêtements d'été.

veras *f pl* *de veras* vraiment; *feo de veras* vraiment laid; pour de bon, pour de vrai (*fam*), pour de bon, pour de vrai (*auténtico*), sérieusement (en serio) ‖ —*¿de veras?* vraiment?, vrai? ‖ *entre bromas y veras* mi-figue, mi-raisin.

veraz *adj* véridique; *historiador, relato veraz* historien, récit véridique.

verbal *adj* verbal, e.

verbalismo *m* verbalisme.

verbalizar *v tr* exprimer verbalement.

verbena *f* verveine (planta) ‖ fête, kermesse.

verbenero, ra *adj* de fête (de verbena).

verbigracia; verbi gratia *loc* par exemple.

verbo *m* GRAM verbe ‖ RELIG Verbe ‖ — GRAM *verbo activo* verbe actif ‖ *verbo impersonal* verbe impersonnel ‖ *verbo intransitivo* verbe intransitif ‖ *verbo irregular* verbe irrégulier ‖ *verbo pasivo* verbe passif ‖ *verbo transitivo* verbe transitif ‖ *verbo unipersonal* verbe unipersonnel *o* impersonnel.

verborrea *f* verbosité, logorrhée (verbosidad) ‖ verbiage *m*, bla-bla-bla *m* (palabrería) ‖ FAM *tener mucha verborrea* être intarissable.

verbosidad *f* verbosité, logorrhée.

verboso, sa *adj* verbeux, euse.

verdad *f* vérité; *juró que diría toda la verdad* il jura de dire toute la vérité; *un acento de verdad* un accent de vérité; *verdad matemática* vérité mathématique ‖ vrai *m*, vérité; *amar la verdad* aimer le vrai ‖ —*¿verdad?* n'est-ce pas?, n'est-il pas vrai?, pas vrai? (*fam*) ‖ *verdad a medias* demi-vérité ‖ *verdad de Perogrullo* vérité de La Palice, lapalissade ‖ — *de verdad* vrai, pour de bon; *un torero de verdad* un vrai torero; sérieusement; *¿lo dices de verdad?* tu dis cela sérieusement? ‖ *¿de verdad?* vraiment?, est-ce vrai? ‖ FAM *de verdad de las buenas* vrai de vrai ‖ *de verdad que no, que sí* je vous assure *o* je t'assure que non, que oui ‖ *en honor a la verdad* pour dire les choses comme elles sont, pour ne pas mentir ‖ *en verdad* en vérité; *en verdad os digo* en vérité je vous le dis; certes (por cierto) ‖ *hora de la verdad* minute de vérité ‖ *la pura verdad* la pure vérité ‖ *la verdad escueta* ou *al desnudo* la vérité toute nue ‖ *mi verdad* par ma foi ‖ *tan de verdad* ou *tan verdad como* aussi vrai que ‖ *uno de verdad* un véritable, un vrai de vrai (*fam*) ‖ — *a decir verdad, la verdad sea dicha* à vrai dire, à la vérité, à franchement parler, sans mentir ‖ *bien es verdad que* il est bien vrai que ‖ FAM *cantarle* ou *decirle a uno cuatro verdades* ou *las verdades del barquero* dire à quelqu'un ses vérités *o* ses quatre vérités *o* son fait ‖ *eso es una verdad como un puño* ou *como un templo* c'est la pure vérité *o* la vérité vraie ‖ *es verdad* c'est vrai, il est vrai ‖ *es la pura verdad* que il est absolument vrai que, c'est la pure vérité que, il n'est que trop vrai que ‖ *faltar a la verdad* mentir ‖ *jurar decir la verdad, sólo la verdad y nada más que la verdad* jurer de dire la vérité, toute la vérité, rien que la vérité ‖ *las verdades amargan* il n'y a que la vérité qui blesse ‖ *¿no es verdad?* n'est-ce pas? ‖ *no hay más que los niños y los locos que dicen las verdades* la vérité sort de la bouche des enfants ‖ *no todas las verdades son para dichas* toutes les vérités ne sont pas bonnes à dire ‖ *se lo digo de verdad* je vous assure, je parle sérieusement ‖ *si bien es verdad que* il n'en est pas moins vrai que, toujours est-il que ‖ *sólo la verdad ofende* il n'y a que la vérité qui blesse ‖ *verdad es que* il est vrai que.

verdaderamente *adj* vraiment.

verdadero, ra *adj* vrai, e; véritable; *historia verdadera* histoire véritable; *un diamante verdadero* un vrai diamant ‖ véridique (veraz) ‖ ASTR vrai, e; *mediodía verdadero* midi vrai ‖ — *es el verdadero retrato de su padre* il est tout le portrait de son père ‖ *lo verdadero* le vrai; *distinguir lo verdadero de lo falso* distinguer le vrai du faux.

verde *adj* vert, e; *zonas verdes* espaces verts ‖ vert, e (no maduro, no seco); *uva verde* raisins verts; *leña verde* bois vert ‖ FIG grivois, e; égrillard, e; salé, e; paillard, e (licencioso); *unos chistes verdes* des histoires grivoises ‖ pas mûr, e; *el negocio está aún verde* l'affaire n'est pas encore mûre ‖ — *cuero en verde* cuir vert ‖ *forraje verde* vert, fourrage vert ‖ *tapete verde* tapis vert ‖ *un viejo verde* un vieux beau, un vert galant ‖ — *contar cosas verdes* en dire de vertes ‖ FAM *poner verde a uno* traiter quelqu'un de tous les noms.

◆ *m* vert (color); *gustarle a uno el verde* aimer le vert; *verde oliva* vert olive ‖ vert, verdure *f* (verdor de las plantas) ‖ FIG verdeur *f*; *lo verde de sus palabras* la verdeur de ses propos ‖ (*amer*) maté ‖ *los verdes* les verts (militantes ecologistas).

verdear *v intr* verdir (tirar a verde) ‖ verdir, verdoyer; *el campo empieza a verdear* la campagne commence à verdoyer.

verdecer* *v intr* verdir, verdoyer.

verdemar *adj y s m* vert océan *inv*.

verdeoscuro, ra *adj* vert sombre *inv*.

verdín *m* vert tendre [des plantes] (color) ‖ moisissure *f* verte (moho) ‖ vert-de-gris (cardenillo) ‖ mousse *f* (musgo).

verdinegro, gra *adj* vert foncé *inv*.

verdor *m* verdure *f*, couleur *f* verte (color) ‖ FIG verdeur *f*.

verdoso, sa *adj* verdâtre.

verdugo *m* bourreau (ejecutor de justicia) ‖ BOT rejeton (vástago) ‖ fouet (látigo) ‖ vergeture *f* (verdugón) ‖ bleu (cardenal) ‖ FIG bourreau; *ser un verdugo para sus alumnos* être un bourreau pour ses élèves ‖ ARQ assise *f* horizontale des briques ‖ TAUROM épée *f* destinée à pratiquer le «descabello».

verduguillo *m* galle *f* (en las hojas) ‖ rasoir court et étroit (navaja para afeitar) ‖ TAUROM épée *f* destinée à pratiquer le «descabello».

verdulería *f* boutique où l'on vend des légumes, marchand *m* de légumes; *ir a la verdulería* aller chez le marchand de légumes ‖ FIG grivoiserie, paillardise (*fam*).

verdulero, ra *m y f* marchand, e de légumes (fijo), marchand, e des quatre-saisons (ambulante) ‖ FIG personne *f* grivoise.

verdura

◆ f FIG & FAM harengère, poissarde (mujer desvergonzada) ‖ FAM *habla como una verdulera* parler comme une harengère o comme un charretier.

verdura f vert m, couleur vert, verdure; *la verdura de los prados* le vert des prés.

◆ pl légumes m, légumes m verts (hortalizas); *comer verduras* manger des légumes ‖ *verduras tempranas* primeurs.

verdusco, ca adj verdâtre.

vereda f sentier m (senda) ‖ *(amer)* trottoir m (acera) ‖ FIG & FAM *meter en vereda a uno* mettre quelqu'un au pas, remettre quelqu'un dans le droit chemin.

veredicto m DR verdict; *veredicto de inculpación* verdict d'acquittement.

verga f ANAT verge ‖ MAR vergue.

vergé adj *papel vergé* papier vergé.

vergel m verger (huerto).

vergonzante adj honteux, euse; *pobre vergonzante* pauvre honteux.

vergonzoso, sa adj honteux, euse; *huida vergonzosa* fuite honteuse.

◆ adj y s timide (tímido) ‖ *El vergonzoso en palacio* Le Timide au palais (de Tirso de Molina).

◆ m sorte de tatou (animal).

vergüenza f honte; *enrojecer de vergüenza* rougir de honte; *tener vergüenza* avoir honte ‖ vergogne; *sin vergüenza* sans vergogne ‖ honneur m (pundonor); *hombre con vergüenza* homme d'honneur ‖ FIG honte (oprobio) ‖ — FIG *caérsele a uno la cara de vergüenza* ne plus savoir où se mettre (fam), mourir de honte ‖ *con* ou *para gran vergüenza suya* à sa grande honte ‖ *dar vergüenza* faire honte ‖ *¡es una vergüenza!* c'est une honte!, c'est honteux! ‖ *¿no le da a usted vergüenza?* ça ne vous fait pas honte?, vous n'avez pas honte?, n'êtes-vous pas honteux? ‖ *pasar mucha vergüenza* avoir terriblement honte ‖ *perder la vergüenza* avoir du toupet o du culot ‖ *¡qué poca vergüenza tiene!* quel toupet il a! ‖ FIG *señalar a la vergüenza pública* mettre o clouer au pilori ‖ *tener más miedo que vergüenza* avoir une peur bleue (pasar miedo), être froussard (ser miedoso) ‖ *traje de vergüenza* costume de la honte (durante la Inquisición) ‖ *vergüenza para quien piense mal* honni soit qui mal y pense ‖ FIG *vergüenza torera* conscience professionnelle.

vericueto m chemin scabreux ‖ FIG méandre, détour; *los vericuetos de la diplomacia* les méandres de la diplomatie.

verídico, ca adj véridique; *hombre, relato verídico* homme, récit véridique ‖ vrai, e (verdadero); *lo que digo es verídico* ce que je dis est vrai.

verificación f vérification (comprobación) ‖ (p us) réalisation, accomplissement m (ejecución).

verificador, ra adj y s vérificateur, trice; contrôleur, euse ‖ réceptionnaire (de obras).

verificar v tr vérifier (comprobar) ‖ réaliser, effectuer; *la aviación verificó un bombardeo* l'aviation a effectué un bombardement.

◆ v pr avoir lieu (efectuarse); *la boda se verificará mañana* le mariage aura lieu demain ‖ se vérifier (salir cierto) ‖ *se verifica que* on voit ainsi que.

verja f grille.

vermicida adj y s m vermifuge.

vermiculado, da adj ARQ vermiculé, e.

vermicular adj vermiculaire.

vermífugo, ga adj y s m vermifuge.

verminoso, sa adj MED vermineux, euse (enfermedad).

Vermont n pr GEOG Vermont.

vermut; vermú m vermouth (licor) ‖ *(amer)* matinée f (de teatro o cine).

— OBSERV pl *vermús*.

vernáculo, la adj national, e; vernaculaire *(p us)*; *idioma vernáculo* langue vernaculaire.

vernal adj vernal, e (de la primavera).

Verona n pr GEOG Vérone.

verónica f véronique (planta) ‖ TAUROM véronique [passe de cape].

verosímil adj vraisemblable.

verosimilitud f vraisemblance.

verraco m verrat (cerdo) ‖ FAM *gritar como un verraco* crier comme un putois.

verruga f MED verrue.

verrugosidad f verrucosité.

verrugoso, sa adj verruqueux, euse.

versada f FAM *(amer)* suite de vers.

versado, da adj versé, e; *versado en lenguas* versé dans les langues.

versalilla; versalita adj y s f IMPR petite capitale (letra).

Versalles n pr Versailles.

versallés; versallesco, ca adj versaillais, e ‖ FIG & FAM Grand Siècle; *modos muy versallescos* des manières très Grand Siècle.

◆ m y f Versaillais, e.

versar v intr tourner autour (dar vueltas) ‖ FIG *versar sobre* porter sur, rouler sur (conversación), traiter de (libros).

versátil adj BOT versatile, oscillant, e ‖ FIG versatile (inconstante).

versatilidad f FIG versatilité.

versícula f endroit m où l'on range les livres liturgiques.

versículo m verset.

versificación f versification.

versificar v intr versifier, faire des vers.

◆ v tr versifier.

versión f version; *dos versiones de un suceso* deux versions d'un même fait.

verso m vers; *hacer versos* faire des vers ‖ verset (versículo) ‖ — *comedia en verso* comédie en vers ‖ *poner en verso* mettre en vers ‖ *verso blanco* ou *suelto* vers blanc ‖ *verso libre* vers libre.

verso m verso (reverso de una hoja) ‖ petite couleuvrine f (pieza de artillería).

versta f verste (medida itineraria rusa).

vértebra f ANAT vertèbre.

vertebrado, da adj y s m vertébré, e.

vertebral adj vertébral, e; *discos vertebrales* disques vertébraux; *columna vertebral* colonne vertébrale.

vertedero m déversoir (desaguadero) ‖ déversoir (aliviadero de un pantano) ‖ décharge f publique, voirie f (de basuras en la calle) ‖ FAM dépotoir (estercolero) ‖ *vertedero de basuras* vide-ordures (en las casas).

vertedor, ra adj y s verseur, euse.

◆ m tuyau de décharge (desagüe) ‖ MAR écope f (achicador).

verter* v tr verser, renverser; *verter vino en el mantel* renverser du vin sur la nappe ‖ verser; *verter*

lágrimas verser des larmes ‖ déverser (derramar) ‖ traduire (traducir); *verter al francés* traduire en français ‖ FIG proférer (decir) ‖ FAM *verter aguas menores* uriner.
- *v intr* y *pr* couler (un líquido).

vértex *m inv* ANAT vertex.

vertical *adj* vertical, e; *círculos verticales* cercles verticaux ‖ *formato vertical* format en hauteur (ilustración).
- *f* GEOM verticale (línea).
- *m* ASTR vertical.

verticalidad *f* verticalité ‖ *haber perdido su verticalidad* ne pas être d'aplomb.

verticalmente *adv* verticalement, à la verticale.

vértice *m* GEOM sommet (de un ángulo) ‖ *vértice geodésico* point géodésique.

vertido *m* rejet, déversement; *vertido de substancias tóxicas* rejet de substances toxiques.

vertiente *adj* qui verse ‖ *aguas vertientes* eaux de ruissellement (del tejado).
- *f* versant *m*; *la vertiente de una colina* le versant d'une colline ‖ pente, versant *m* (de un tejado) ‖ FIG aspect *m* (aspecto) ǀ tendance, orientation ‖ (*amer*) source (manantial).

vertiginosidad *f* vertiginosité, qualité de ce qui est vertigineux.

vertiginoso, sa *adj* vertigineux, euse.

vértigo *m* vertige; *tener vértigo* avoir le vertige ‖ VETER vertigo ‖ FIG vertige ‖ FAM *de vértigo* vertigineux; fou, folle; *velocidad de vértigo* vitesse vertigineuse.

vesical *adj* MED vésical, e; *órganos vesicales* organes vésicaux.

vesicatorio, ria *adj* MED vésicatoire.

vesícula *f* vésicule; *vesícula biliar* vésicule biliaire.

vesicular *adj* vésiculaire.

vespertino, na *adj* vespéral, e; du soir; *lucero vespertino* étoile du soir.

vestal *f* vestale (sacerdotisa de Vesta).

vestíbulo *m* ANAT vestibule ‖ ARQ vestibule (de una casa particular) ǀ hall (de un edificio público).

vestido, da *adj* habillé, e; *estar muy vestido* être très habillé ‖ habillé, e; vêtu, e; *toda vestida de negro* toute de noir vêtue; *vestido con una levita negra* habillé d'une redingote noire.
- *m* habillement (manera de vestirse); *los primitivos utilizaban la piel de los animales para su vestido* les primitifs utilisaient les peaux de bête pour leur habillement ‖ vêtement, vêtements *pl*; *todo hombre bien educado se distingue por la pulcritud de su vestido* tout homme bien élevé se distingue par la netteté de ses vêtements ‖ robe *f* (de mujer); *un vestido de seda* une robe de soie ‖ — FIG & FAM *cortar un vestido a uno* casser du sucre sur le dos de quelqu'un ‖ *vestido cerrado* robe montante ‖ *vestido de noche* robe du soir ‖ *vestido tubo* ou *tubular* fourreau.

vestidor *m* dressing.

vestidura *f* vêtement *m*, habit *m*.
- *pl* habits *m* sacerdotaux ‖ FIG & FAM *rasgarse las vestiduras* crier au scandale, faire tout un plat o toute une histoire de quelque chose.

vestigio *m* vestige; *los vestigios de una civilización* les vestiges d'une civilisation ‖ FIG vestige, trace *f* (huella).

vestimenta *f* vêtement *m*, vêtements *m pl*; *llevaba una vestimenta extraña* il portait des vêtements étranges ‖ tenue, mise (manera de vestirse) ‖ *vestimenta ridícula* accoutrement, habillement ridicule.

vestir* *v tr* habiller, vêtir (*p us*); *vestir a un niño* habiller un enfant ‖ habiller; *este sastre viste a todos mis hermanos* ce tailleur habille tous mes frères ‖ habiller, couvrir; *vestir un sillón de cuero* habiller un fauteuil de cuir ‖ FIG étoffer (un discurso) ǀ habiller, parer (la realidad) ‖ — FIG & FAM *quedarse para vestir imágenes* ou *santos* rester vieille fille, coiffer sainte Catherine (una mujer) ‖ *vestir al desnudo* couvrir ceux qui sont nus ‖ FIG *vestir el cargo* avoir le physique *o* la tête de l'emploi ǀ *vísteme despacio que tengo prisa* hâte-toi lentement ǀ *vistió un rostro de severidad* il prit un air sévère.
- *v intr* s'habiller; *viste bien* il s'habille bien ‖ être habillé, e; *vestir de negro, de uniforme* être habillé de noir, en uniforme ‖ FIG faire habillé, habiller; *la seda viste mucho* la soie fait très habillé ‖ FIG & FAM classer, poser, faire bien; *tener un coche deportivo viste mucho* ça fait très bien d'avoir une voiture de sport ‖ FAM *el mismo que viste y calza* bibi en personne ‖ *un traje de vestir* un costume habillé.
- *v pr* s'habiller; *vestirse de paisano* s'habiller en civil ‖ FIG se couvrir; *el cielo se viste de nubes* le ciel se couvre de nuages ‖ — FIG *vestirse con plumas ajenas* se parer des plumes du paon ‖ *vestirse de largo* faire son entrée dans le monde (una joven) ‖ *vestirse de máscara* se déguiser ‖ FAM *vestirse de tiros largos* se mettre sur son trente-et-un ‖ *vestirse de verano* mettre ses vêtements d'été.

vestuario *m* garde-robe *f* (conjunto de trajes); *tengo que renovar mi vestuario* il faut que je renouvelle ma garde-robe ‖ vestiaire (guardarropa) ‖ costumes *pl* (de teatro, de cine) ‖ MIL habillement ‖ *encargado, encargada del vestuario* habilleur, euse.

Vesubio *n pr m* GEOGR Vésuve.

veta *m* veine (de una piedra, madera, etc.) ‖ MIN veine, filon *m*.

vetar *v tr* opposer *o* mettre son veto à.

vetear *v tr* veiner.

veteranía *f* ancienneté ‖ longue expérience.

veterano, na *adj* vieux, vieille; *un periodista veterano* un vieux journaliste.
- *m* vétéran.
- *m* y *f* (*amer*) vieux, vieille (viejo).

veterinaria *f* médecine vétérinaire.

veterinario, ria *adj* y *s m* vétérinaire.

veto *m* veto; *poner el veto* opposer *o* mettre son veto.

vetusto, ta *adj* vétuste.

vez *f* fois; *una vez al mes* une fois par mois; *tres veces seguidas* trois fois de suite ‖ tour *m* (turno); *hablar a su vez* parler à son tour; *perder la vez* perdre son tour; *tengo la vez* c'est mon tour ǀ coup *m*, fois; *de una sola vez* d'un seul coup, en une seule fois ‖ — *a la vez* à la fois, en même temps ‖ *algunas veces* parfois, quelquefois ‖ *a veces* parfois, quelquefois, des fois (*fam*) ‖ *a veces y otras veces* tour à tour; *a veces está sonriente y otras veces serio* il est tour à tour souriant et sérieux ǀ *cada vez más, menos* de plus en plus, de moins en moins ‖ *cada vez mejor, peor* de mieux en mieux, de pire en pire ‖ *cada vez que* chaque fois que ‖ *demasiadas veces* trop souvent ‖ *de una (sola) vez* d'un seul coup ‖ *de una vez, de una vez para siempre, de una vez por todas* une bonne fois, une fois pour toutes ‖ *de vez en cuando* de temps en temps, de temps à autre ‖ *dos, tres,... veces* à deux, trois... reprises ‖ *en vez de* au lieu de ‖ *infinitas veces* un nombre infini de fois ‖ *las más de las veces, la mayoría de las veces* le plus souvent, la plupart du temps ‖ *más de una vez* plus d'une fois ‖ *miles de veces* maintes et maintes fois, des fois et des fois ‖ *muchas veces* bien des fois, souvent, maintes fois ‖ *otra vez* encore une fois (una vez más), de nouveau (de nuevo), bis (espectáculos); *¡otra vez!* bis! ‖ *pocas veces, rara vez* rarement ‖ *por enésima vez* pour la énième o la N^ième fois ‖ *por última vez* pour la dernière fois ‖ *otras veces* d'autres fois ‖ *repetidas veces* à plusieurs reprises ‖ *tal cual vez* rarement ‖ *tal vez* peut-être ‖ *toda vez que* étant donné que, attendu que; *sería conveniente el estudio profundo de esta lengua toda vez que nuestra terminología se basa en ella* il conviendrait de faire une étude approfondie de cette langue, étant donné que notre terminologie est fondée sur elle ‖ *una vez más* une fois de plus, encore une fois ‖ *una vez que otra, una que otra vez* de temps à autre, rarement ‖ *una vez tras otra* coup sur coup (sin parar) ‖ *una (vez) y otra vez, una vez y cien veces* maintes et maintes fois ‖ *varias veces* plusieurs fois, à plusieurs reprises ‖ — *érase una vez* il était une fois ‖ *estar cada vez peor* aller de mal en pis ‖ *hacer las veces de* tenir lieu de, faire fonction de, faire office de ‖ *hacer otra vez algo* refaire quelque chose ‖ *pase por una vez* c'est bon pour cette fois ‖ *una vez al año no hace daño* une fois n'est pas coutume.

— OBSERV Cuando la locución *otra vez*, unida al verbo, indica repetición, puede traducirse por *de nouveau* o por el verbo francés con el prefijo *re-*: *pedir otra vez* redemander, demander de nouveau.

VHF abrev de *very high frequency* VHF.
VHS abrev de *video home system* VHS.
vía f voie; *vía pública* voie publique; *por vía aérea* par la voie des airs ‖ voie (ferrocarril); *vía férrea* voie ferrée ‖ route; *vía marítima* route maritime ‖ voie (de autopista) ‖ ANAT voie; *vías urinarias* voies urinaires ‖ QUÍM voie; *vía húmeda, seca* voie humide, sèche ‖ TECN voie (automóvil) ‖ FIG route ‖ — *vía aérea* par avion (correo) ‖ RELIG *Vía Crucis* chemin de croix ‖ MAR *vía de agua* voie d'eau ‖ *vía de comunicación* voie de communication ‖ *vía de maniobra* voie de service o de raccordement ‖ DR *vía ejecutiva* voie d'exécution ‖ *vía judicial* voie légale ‖ ASTR *Vía Láctea* Voie lactée ‖ *¡vía libre!* libérez le passage!, laissez passer! ‖ *vía muerta* voie de garage (ferrocarril) ‖ *vía romana* voie romaine ‖ DR *vía sumaria* procédure sommaire ‖ — *cuaderna vía* quatrain d'alexandrins monorimes (del mester de clerecía) ‖ *estar en vías de* être en voie de ‖ *países en vías de desarrollo* pays en voie de développement ‖ — FIG *por vía de* sous forme de; *por vía de sufragios* sous forme de suffrages; à titre de; *por vía de ensayo* à titre d'essai ‖ *por vía de buen gobierno* par mesure de prudence ‖ *por vía oficial* par voie officielle ‖ MED *por vía oral* par voie orale o buccale.

◆ *pl* RELIG voies; *las vías del Señor son impenetrables* les voies du Seigneur sont impénétrables ‖ DR *vías de hecho* voies de fait.

vía *prep* via; *Madrid Londres vía París* Madrid Londres via Paris.

viabilidad f viabilité ‖ *estudio de viabilidad* étude de faisabilité.
viable *adj* viable.
viacrucis; vía crucis m chemin de croix ‖ FIG calvaire (tormento).
viaducto m viaduc.
viajante *adj y s* voyageur, euse ‖ *viajante (de comercio)* voyageur de commerce, commis-voyageur.
viajar *v intr* voyager; *viajar por España* voyager en Espagne.
viaje m voyage; *¡buen viaje!* bon voyage!; *está de viaje* il est en voyage; *hacer un viaje a Francia* faire un voyage en France ‖ FAM coup [de poing, de couteau, d'épée] | trip (estado de alucinación) ‖ TAUROM coup de corne (cornada) ‖ — *viaje de ida* aller simple ‖ *viaje de ida y vuelta* voyage aller-retour ‖ *viaje de novios* voyage de noces ‖ *viaje todo comprendido* voyage à forfait ‖ — *(amer) agarrar viaje* accepter une proposition ‖ *ir ou irse de viaje* aller, s'en aller o partir en voyage ‖ FIG & FAM *para este viaje no se necesitan alforjas* il est Gros-Jean comme devant, il est bien avancé.
viajero, ra *adj y s* voyageur, euse ‖ *¡viajeros al tren!* en voiture!
vial *adj* relatif à la voie publique ‖ AUTOM *seguridad vial* sécurité routière.
◆ m (p us) allée f d'arbres.
vialidad f voirie.
vianda f nourriture (alimento).
◆ *pl* mets m (manjares) ‖ *(ant) veedor de vianda* officier de bouche.
viandante m y f voyageur, euse (viajero) ‖ vagabond, e ‖ passant, e (transeúnte).
viaraza f *(amer)* crise, colère (enfado) | lubie (ocurrencia).
viario, ria *adj* routier, ère; *red viaria* réseau routier.
viático m viatique (para un viaje) ‖ RELIG viatique.
víbora f vipère (reptil) ‖ FAM vipère (persona maldiciente).
vibración f vibration ‖ TECN vibrage m (del cemento).
vibrador, ra *adj* qui vibre.
◆ m vibreur.
vibráfono m MÚS vibraphone.
vibrante *adj* vibrant, e.
vibrar *v intr* vibrer.
vibrátil *adj* vibratile.
vibratorio, ria *adj* vibratoire.
vicaria f sous-prieure [d'un couvent].
vicaría f vicariat m vicairie ‖ FAM *pasar por la vicaría* passer devant M. le curé, se marier religieusement.
vicario m vicaire ‖ — *vicario apostólico* vicaire apostolique ‖ *vicario de Jesucristo* vicaire de Jésus-Christ ‖ *vicario general* vicaire général, grand vicaire.
vicealmirante m vice-amiral.
vicecónsul m vice-consul.
vicegobernador m sous-préfet (de provincia).
Vicente *n pr m* Vincent ‖ *¿dónde va Vicente?, donde va la gente* faire comme tout le monde.
vicepresidencia f vice-présidence.
vicepresidente, ta m y f vice-président, e.

vicerrector *m* vice-recteur (de universidad).
vicesecretaría *f* sous-secrétariat *m*.
vicesecretario, ria *m y f* sous-secrétaire.
vicetiple *f* choriste.
viceversa *loc adv* vice versa.
viciado, da *adj* vicié, e.
viciar *v tr* vicier (dañar, corromper) || falsifier (adulterar) || DR rendre, nul, vicier; *error que vicia un contrato* erreur qui rend nul *o* vicie un contrat || corrompre, pervertir, débaucher (enviciar a una persona) || corrompre (las costumbres).
➤ *v pr* se vicier || se gauchir (alabearse) || prendre la mauvaise habitude de (enviciarse).
vicio *m* vice || DR défaut; *vicios ocultos* défauts cachés || mauvaise habitude *f* (defecto) || gâterie *f* (mimo) || gauchissement (alabeo) || — *vicio de conformación* vice de conformation || *vicio de forma* vice de forme || *vicio de pronunciación* vice de pronociation || — *contra el vicio de pedir hay la virtud de no dar* c'est encore accorder quelque chose que de refuser avec grâce || FAM *darse al vicio* tomber dans la drogue || *de vicio* sans nécessité, sans raison; *llorar de vicio* pleurer sans raison || *quejarse de vicio* crier famine sur un tas de blé, se plaindre par habitude.
viciosamente *adv* d'une façon défectueuse, mal || vicieusement.
vicioso, sa *adj y s* vicieux, euse (persona, animal).
➤ *adj* défectueux, euse (cosa) || vicieux, euse; *una locución viciosa* une locution vicieuse || FAM gâté, e (mimado) || *círculo vicioso* cercle vicieux.
vicisitud *f* vicissitude.
víctima *f* victime; *ser la víctima de* être la victime de || FIG *víctima propiciatoria* bouc émissaire.
victimar *v tr* sacrifier || FAM tuer, descendre (matar).
— OBSERV Ce mot est un barbarisme couramment employé à l'heure actuelle.
victoria *f* victoria (coche).
victoria *f* victoire || — *cantar victoria* chanter *o* crier victoire || *victoria aplastante, rotunda* victoire écrasante, éclatante || *victoria moral* victoire morale || *victoria pírrica* victoire à la Pyrrhus || BOT *victoria regia* victoria regia.
victoriano, na *adj* victorien, enne.
victorioso, sa *adj* victorieux, euse.
➤ *m y f* vainqueur (sin femenino), triomphateur, trice (triunfador).
vicuña *f* vigogne (mamífero).
vichy *m* vichy (tela).
vichyssoise *f* CULIN vichyssoise.
vid *f* vigne (planta).
— OBSERV Le mot *vid* désigne la plante seule; *vigne* au sens de *vignoble* se dit *viña*.
vid.; v. abrev *de véase* cf., confer.
vida *f* vie; *seguro de vida* assurance sur la vie; *mudar de vida* changer de vie || atout *m* (triunfo en los naipes) || — *vida bohemia* vie de bohème || FIG & FAM *vida de canónigo* vie de coq en pâte, vie de château || *vida de juerguista* vie de bâton de chaise *o* de patachon *o* de Polichinelle || FIG *vida de perros* vie de chien || *vida de soltero* vie de garçon || *vida familiar* vie de famille || ¡*vida mía*! mon chéri!, ma chérie!; mon cœur!, mon trésor! || *vida privada* vie privée || *vida sentimental* vie sentimentale *o* amoureuse || *vida y milagros* faits et gestes || — *de por vida* pour toujours, pour la vie || *de toda la vida* de toujours; *un amigo de toda la vida* un ami de toujours; vieux, vieille; *un borracho de toda la vida* un vieil ivrogne || *durante toda la vida* la vie durant, pendant toute sa vie || *en mi vida* de ma vie, jamais de la vie || *en vida* en vie, vivant, e; *estar en vida* être en vie; vivant, e; *enterrarse en vida* s'enterrer vivant || *en vida de* du vivant de; *en vida de mi padre* du vivant de mon père || *la otra vida* l'autre vie || ¡*la vida*! c'est la vie! || *la vida es sueño* la vie est un songe || *lleno de vida* plein de vie, bien vivant || *mala vida* mauvaise vie || FIG *media vida* la moitié de sa vie; *daría media vida por* je donnerais la moitié de ma vie pour || ¡*mi vida*! mon amour *o* cœur!, mon chéri!, ma chérie!; etc. || FIG & FAM *mujer de la vida* ou *de mala vida* ou *de vida airada* femme de mauvaise vie || *nivel de vida* niveau de vie || *para toda la vida* pour toute la vie || *por mi vida* par ma vie || FAM ¡*por vida del chápiro* ou *del chápiro verde*! morbleu!, bon sang! || — *amargarle la vida a uno* empoisonner la vie de quelqu'un || *arruinar su vida* gâcher sa vie *o* son existence || FIG *buscarse la vida* se débrouiller || *cambiar de vida* changer de vie || *dar la vida* donner sa vie, faire don de sa vie || *dar mala vida a uno* rendre la vie dure à quelqu'un || *darse buena vida* mener la belle *o* bonne vie || FAM *darse* ou *pegarse la vida padre* mener une vie de patachon || *dar vida a* donner la vie à (un hijo), rendre vivant (un retrato, etc.) || FIG & FAM *echarse a la vida* faire la vie (una mujer) || *en esto le va la vida* il y va de sa vie, sa vie en dépend || *escapar con vida de un accidente* sortir sain et sauf d'un accident, réchapper d'un accident || *ganarse la vida* gagner sa vie || *hacerle a uno la vida imposible* rendre la vie impossible à quelqu'un || FIG & FAM *hacer por la vida* manger || *hacer vida ascética* mener une vie ascétique || *hacer vida con uno* vivre avec quelqu'un || *hacer vida nueva* faire peau neuve, changer de vie || *jugarse la vida* jouer sa vie *o* sa peau (fam) || *la vida es así* c'est la vie || *llevar una vida alegre* mener joyeuse vie || *llevar una vida por todo lo alto* mener grand train *o* la grande vie || *meterse en vidas ajenas* se mêler des affaires des autres || *mientras dura, vida y dulzura* il faut profiter de la vie, après nous le déluge || *mientras hay vida hay esperanza* tant qu'il y a de la vie il y a de l'espoir || *no dar señales de vida* ne pas donner signe de vie || *no hubo pérdida de vidas* on ne déplore aucune perte de vie humaine || *pagar con su vida* payer de sa tête || *pasar a mejor vida* aller dans un monde meilleur, passer de vie à trépas || *pasar de vida a muerte* passer de vie à trépas || FAM *pegarse la gran vida* mener la grande vie *o* grand train || FAM *pegarse una buena vida* se donner du bon temps || ¿*qué es de tu vida*? que deviens-tu? || FIG & FAM *ser de la vida* faire la vie (mujer) || *si Dios nos da vida* si Dieu nous prête vie || *su vida está pendiente de un hilo* sa vie ne tient qu'à un fil || FIG & FAM || *tener siete vidas como los gatos* avoir la vie dure, avoir l'âme chevillée au corps || *vender cara su vida* vendre chèrement sa vie, vendre cher sa peau (fam).
videncia *f* voyance.
vidente *adj y s* voyant, e.
vídeo *m* vidéo *f* (técnica) || magnétoscope (aparato) || — *cinta de vídeo* bande vidéo || *película de vídeo* film vidéo.
videocámara *f* Camescope *m* [nom déposé].

videocasete *f* vidéocassette, cassette vidéo.
videocinta *f* bande vidéo.
videoclip *m* vidéo-clip, clip.
videoclub *m* vidéoclub.
videodisco *m* vidéodisque.
videoedición *f* montage *m* vidéo.
videófono *m* → **videoteléfono**.
videojuego *m* jeu vidéo.
videoteca *f* vidéothèque.
videoteléfono; videófono *m* vidéophone, visiophone.
videoterminal *m* écran vidéo.
videotex; videotexto *m inv* vidéotex.
vidorra *f* FAM vie de patachon.
vidriado, da *adj* vernissé, e (cerámica).
 ◆ *m* vernis (barniz para cerámica) ∥ émail [faïence] ∥ poterie *f* vernissée.
vidriera *f* vitrage *m* (puerta o ventana) ∥ porte vitrée (puerta) ∥ vitrail *m* (vitral); *las vidrieras de Nuestra Señora de París* les vitraux de Notre-Dame de Paris ∥ verrière (cristalera) ∥ *(amer)* vitrine (escaparate) ∥ — *El licenciado Vidriera* Le Licencié de verre (de Cervantes) ∥ *puerta vidriera* porte vitrée.
vidriero *m* verrier (que fabrica vidrios) ∥ vitrier (que fabrica o coloca cristales).
vidrio *m* verre ∥ — *fibra de vidrio* fibre de verre ∥ FIG & FAM *pagar los vidrios rotos* payer les pots cassés, écoper, trinquer ∥ *vidrio deslustrado* ou *esmerilado* verre dépoli.
vidrioso, sa *adj* vitreux, euse ∥ glissant, e (suelo) ∥ FIG délicat, e; *tema vidrioso* sujet délicat.
vieira *f* coquille Saint-Jacques (molusco).
viejo, ja *adj* vieux, vieil (delante de palabras que empiezan con vocal o *h* muda), vieille; *soy más viejo que tú* je suis plus vieux que toi; *un hombre viejo* un vieil homme; *una vieja gabardina* une vieille gabardine ∥ *hacerse viejo* se faire vieux ∥ FIG & FAM *más viejo que andar a gatas* ou *a pie* vieux comme le monde o comme Hérode ∥ *morir de viejo* mourir de vieillesse ∥ FAM *no llegar a viejo, no hacer huesos viejos* ne pas faire de vieux os ∥ *ser viejo* être vieux *o* âgé.
 ◆ *m* vieillard, vieux *(fam)* ∥ *lo viejo* le vieux ∥ *un viejo coquetón* ou *verde* un vieux beau.
 ◆ *m y f* vieux, vieille; vieil homme, vieille femme; *una vieja muy arrugada* une vieille femme toute ridée ∥ père, mère; vieux, vieille *(fam)* (padres) ∥ — FIG *hacer la cuenta de la vieja* compter sur les doigts ∥ FAM *una viejita* une petite vieille.
Viena *n pr* GEOGR Vienne.
vienés, esa *adj* viennois, e (Austria).
 ◆ *m y f* Viennois, e.
viento *m* vent; *viento en popa, viento en contra* ou *contrario* ou *de proa* vent arrière, vent debout; *corre bastante viento* il y a pas mal de vent; *molino de viento* moulin à vent; *ráfaga de viento* coup de vent ∥ vent (dirección); *siembra a los cuatro vientos* je sème à tous vents ∥ flair (olfato) ∥ MÚS vent; *instrumentos de viento* instruments à vent ∥ — *viento huracanado* vent violent, ouragan ∥ *viento marero* vent marin o du large ∥ *vientos alisios* vents alizés, alizés ∥ — *al capricho del viento* au gré du vent ∥ *azotado por los vientos* battu par les vents ∥ FIG *contra viento y marea* contre vent et marée ∥ *corren malos vientos* le vent n'est pas favorable ∥ *darle a uno*

el viento de una cosa avoir vent de quelque chose, flairer quelque chose (barruntar) ∥ *despedir* ou *echar con viento fresco* envoyer promener *o* ballader, flanquer à la porte ∥ *el viento ha cambiado* le vent a tourné ∥ FAM *gritar a los cuatro vientos* crier sur les toits ∥ *hace un viento de mil demonios* il fait un vent à décorner les bœufs ∥ *ir viento en popa* avoir le vent en poupe ∥ *libre como el viento* libre comme l'air ∥ *lo que el viento se llevó* autant en emporte le vent ∥ *moverse a todos los vientos* tourner à tout vent ∥ FAM *¿qué viento te trae?* quel bon vent t'amène? ∥ FIG *quien siembra vientos recoge tempestades* qui sème le vent récolte la tempête ∥ *tener viento en contra* ne pas aller tout seul ∥ *tener viento favorable* avoir bon vent.
vientre *m* ANAT ventre ∥ ventre (de vasija, barco) ∥ FIG sein, entrailles *f pl* ∥ FÍS ventre (ondulación) ∥ — *bajo vientre* bas-ventre ∥ FAM *echar vientre* prendre du ventre ∥ *el fruto de tu vientre* le fruit de vos entrailles (oración) ∥ — *evacuar* ou *exonerar el vientre, hacer de vientre* aller à la selle ∥ FIG *tener el vientre vacío* avoir le ventre creux.
viernes *m* vendredi; *el viernes pasado, que viene* ou *próximo* vendredi dernier, prochain.
Vietnam *n pr m* GEOGR Viêt-Nam.
vietnamita *adj y s* vietnamien, enne.
viga *f* poutre.
vigencia *f* vigueur; *entrar en vigencia* entrer en vigueur.
vigente *adj* en vigueur; *la ley vigente* la loi en vigueur; *estar vigente* être en vigueur.
vigésimo, ma *adj y s m* vingtième ∥ vingt; *vigésimo primero* vingt et unième.
vigía *m* vigie *f* (marinero) ∥ sentinelle *f*, guetteur (en tierra).
 ◆ *f* poste *m* de guet (atalaya) ∥ guet *m* (acción de vigilar) ∥ MAR écueil *m*.
vigilancia *f* surveillance (acción de vigilar); *sometido a vigilancia* sous surveillance ∥ vigilance (cuidado en el vigilar).
vigilante *adj* qui surveille (que vigila) ∥ vigilant, e (que vigila con cuidado) ∥ qui veille (que no duerme).
 ◆ *m y f* surveillant, e.
 ◆ *m* vigile (en Roma) ∥ *(amer)* agent de police ∥ *vigilante de noche* ou *nocturno* gardien *o* veilleur de nuit.
vigilar *v intr y tr* surveiller ∥ veiller.
vigilia *f* veille (de quien no duerme) ∥ veille (víspera) ∥ vigile (de fiesta) ∥ vigile des morts (de difuntos) ∥ repas *m* maigre (comida) ∥ *de vigilia* maigre, d'abstinence; *día de vigilia* jour maigre.
vigor *m* vigueur *f*; *entrar, estar, poner en vigor* entrer, être, mettre en vigueur ∥ force *f*, vigueur.
vigorizador, ra *adj* fortifiant, e.
vigorizante *adj* fortifiant, e.
vigorizar *v tr* fortifier, rendre vigoureux.
 ◆ *v pr* se fortifier.
vigoroso, sa *adj* vigoureux, euse.
vigués, esa *adj y s* de Vigo [Galice].
vigueta *f* poutrelle (viga pequeña) ∥ solive (viga transversal).
VIH abrev de *Virus de Inmunodeficiencia Humana* HIV, virus d'immunodéficience humaine.
vihuela *f* MÚS «vihuela», sorte de guitare ∥ *vihuela de arco* vièle.

— OBSERV La *vihuela* est un instrument espagnol à cordes pincées, de la même famille que la guitare. Elle fut très en vogue au XVIᵉ siècle, avant d'être supplantée par la guitare.

vikingos *m pl* Vikings.
vil *adj* vil, e; bas, basse.
vileza *f* bassesse, vilenie ‖ *pobreza no es vileza* pauvreté n'est pas vice.
vilipendiador, ra *adj y s* qui vilipende.
vilipendiar *v tr* vilipender.
vilipendio *m* mépris.
vilipendioso, sa *adj* méprisant, e.
vilmente *adj* vilement, bassement.
Vilnius; Vilna *n pr* GEOGR Vilnious.
vilo (en) *loc* en l'air (suspendido) ‖ FIG dans l'incertitude (inquieto), en éveil (sobre aviso), en suspens (en suspenso); *mantener en vilo* tenir en suspens; en haleine; *esta novela nos tiene en vilo* ce roman nous tient en haleine.
villa *f* ville (ciudad) ‖ villa (casa) ‖ bourg *m*, petite ville (pueblo) ‖ *la Villa del Oso y el Madroño, la Villa y Corte* Madrid ‖ *(amer) villa miseria* bidonville.
Villadiego *n pr* FIG & FAM *tomar las de Villadiego* prendre la clef des champs *o* la poudre d'escampette.
villancejo; villancete; villancico *m* chant de Noël, noël (canción de Navidad).
villanía *f* bassesse, vilenie (acción ruin) ‖ grossièreté (dicho) ‖ roture, basse extraction (estado).
villano, na *adj y s* roturier, ère (que no es noble).
◆ *adj* FIG rustre, grossier, ère.
◆ *m y f (ant)* vilain, e.
◆ *m* danse *f* ‖ — *El villano en su rincón* Le Paysan dans son trou (obra de Lope de Vega) ‖ *juego de manos, juego de villanos* jeu de mains, jeu de vilains.
villar *m* village (villaje).
villorrio *m* petit village, trou, bled *(fam)*.
vinagre *m* vinaigre ‖ FIG & FAM mauvais *o* sale caractère ‖ *cara de vinagre* visage renfrogné, mine rébarbative.
vinagrera *f* vinaigrier *m* (vasija) ‖ marchande de vinaigre (vendedora) ‖ oseille (acedera) ‖ *(amer)* aigreur, acidité (acedía).
◆ *pl* huilier *m sing*, vinaigrier *m sing* (angarillas).
vinagreta *f* vinaigrette (salsa).
vinagroso, sa *adj* vinaigré, e ‖ FIG & FAM grincheux, euse; d'humeur revêche.
vinatería *f* débit *m* de vins.
vinatero, ra *adj* vinicole; *industria vinatera* industrie vinicole.
◆ *m* négociant en vins (comerciante).
vinazo *m* FAM vinasse *f*, gros vin.
vinculación *f* lien *m* (lo que vincula) ‖ DR action de rendre un bien inaliénable, création d'une propriété inaliénable.
vinculante *adj* DR qui rend inaliénable.
vincular *v tr* lier; *vinculado por el reconocimiento* lié par la reconnaissance; *dos familias vinculadas entre sí* deux familles liées entre elles ‖ attacher; *los campesinos están vinculados a la tierra* les paysans sont attachés à la terre ‖ DR rendre inaliénable (los bienes) ‖ FIG fonder; *vincular sus esperanzas en* fonder ses espérances sur ‖ établir (establecer).
◆ *v pr* se lier.
vínculo *m* lien; *vínculos matrimoniales* liens matrimoniaux *o* du mariage ‖ DR inaliénabilité *f* ‖ FIG trait d'union, lien; *España sirve de vínculo entre Europa y África* l'Espagne sert de trait d'union entre l'Europe et l'Afrique.
vindicación *f* vengeance (acción de vengar).
vindicador, ra *adj y s* vengeur, eresse.
vindicar *v tr* venger (vengar) ‖ défendre, prendre la défense de (defender) ‖ revendiquer (reivindicar).
vindicativo, va; vindicatorio, ria *adj* vindicatif, ive.
vindicta *f* vindicte, vengeance (venganza); *vindicta pública* vindicte publique.
vinícola *adj* vinicole.
vinicultor, ra *m y f* viticulteur, trice.
vinicultura *f* viniculture.
vinificación *f* vinification.
vinílico, ca *adj* vinylique.
vinilo *m* QUÍM vinyle.
vinillo *m* FAM petit vin.
vino *m* vin; *echar vino* verser du vin; *vino de la tierra* vin du cru *o* de pays ‖ — *vino a granel* vin en fût ‖ *vino aguado* vin baptisé *o* coupé ‖ *vino añejo, blanco* vin vieux, blanc ‖ *vino clarete* vin clairet, clairet ‖ *vino de aguja* vin âpre et piquant ‖ *vino de cava* vin champagnisé ‖ *vino de coco* eau-de-vie tirée du lait du coco ‖ *vino de consagrar* vin de messe ‖ *vino de dos orejas* vin généreux ‖ *vino de garrote* vin de pressoir ‖ *vino de honor* vin d'honneur ‖ *vino de lágrima* vin de goutte ‖ *vino de mesa* vin de table ‖ *vino de pasto* vin ordinaire ‖ *vino de postre* ou *generoso* vin de dessert ‖ *vino de quina* quinquina ‖ *vino de solera* vin vieux pour les coupages ‖ *vino dulce* vin doux ‖ *vino espumoso* vin mousseux ‖ FAM *vino peleón* gros vin, piquette, vinasse ‖ *vino rosado* rosé, vin rosé ‖ *vino seco, suave* vin sec, moelleux ‖ *vino tinto* vin rouge ‖ — FAM *ahogar las penas en vino* noyer son chagrin dans le vin ‖ *bautizar el vino* baptiser le vin ‖ *dormir el vino* cuver son vin ‖ *tener el vino alegre, triste* avoir le vin gai, triste ‖ *tener mal vino* avoir le vin mauvais.
vinoso, sa *adj* vineux, euse; *color vinoso* couleur vineuse.
viña *f* vigne [terrain] ‖ — AGRIC *arropar las viñas* chausser les ceps ‖ FAM *de todo hay en la viña del Señor* il faut de tout pour faire un monde ‖ *viña loca* vigne vierge.
— OBSERV *Viña* désigne seulement le terrain; *vigne*, en tant que plante, se dit *vid*.
viñedo *m* vignoble.
viñeta *f* vignette ‖ IMPR vignette, fleuron *m*, cul-de-lampe *m*.
viola *f* MÚS viole, alto *m* ‖ *viola de gamba* viole de gambe.
◆ *m y f* viole, joueur, euse de viole.
violáceo, a *adj* violacé, e.
◆ *f* BOT violacée.
violación *f* violation (de las leyes) ‖ viol *m* (de una mujer) ‖ DR *violación de sellos* ou *de precintos* bris de scellés.
violador, ra *adj y s* violateur, trice.
violar *v tr* violer.
violencia *f* violence ‖ viol *m* (violación) ‖ gêne, contrainte (embarazo).

violentamente *adv* violemment.
violentar *v tr* violenter, faire violence à (obligar) ‖ violer, forcer (el domicilio).
 ➤ *v pr* se faire violence.
violentismo *m* (*amer*) agitation *f*, troubles *pl*.
violentista *adj* (*amer*) agitateur, trice.
violento, ta *adj* violent, e; *tempestad violenta* violente tempête; *muerte violenta* mort violente ‖ violent, e; emporté, e (arrebatado) ‖ gêné, e; mal à l'aise (molesto); *me sentía muy violento en su presencia* j'étais très gêné devant lui ‖ gênant, e; *me es violento decírselo* c'est gênant pour moi de le lui dire.
violeta *f* violette (flor).
 ➤ *m* violet (color).
 ➤ *adj inv* violet, ette; *un vestido violeta* une robe violette; *luces violeta* lumières violettes.
violetera *f* marchande de violettes.
violetero *m* vase à violettes.
violín *m* MÚS violon (instrumento); *tocar el violín* jouer du violon | violon, violoniste (músico) ‖ FIG & FAM (*amer*) *embolsar el violín* revenir bredouille.
violinista *m y f* violoniste.
violón *m* MÚS contrebasse *f* (instrumento) | contrebassiste (músico) ‖ FIG & FAM *tocar el violón* divaguer; parler (hablar), agir (obrar), à tort et à travers.
violonchelista; **violoncelista** *m y f* MÚS violoncelliste.
violonchelo; **violoncelo** *m* MÚS violoncelle.
viperino, na *adj* vipérin, e ‖ *lengua viperina* langue de vipère.
virador *m* FOT virage ‖ MAR guinderesse *f* (guindaleza) | tournevire *m* (del cabrestante) ‖ FOT *baño virador* bain de virage.
viraje *m* virage (curva) ‖ FOT & FÍS virage ‖ FIG revirement (cambio completo) | tournant; *la Revolución francesa marca un viraje decisivo en la historia* la Révolution française marque un tournant décisif dans l'histoire.
virar *v tr* e *intr* MAR virer ‖ FOT & MED & QUÍM virer ‖ — MAR *virar de bordo* virer de bord ‖ FIG *virar en redondo* se retourner (volverse), virer de bord (cambiar completamente) ‖ MAR *virar en redondo* ou *con viento en popa* virer lof pour lof.
virgen *adj* vierge ‖ FIG vierge; *selva, cera virgen* forêt, cire vierge.
 ➤ *f* vierge ‖ montant *m* de pressoir (en lagares) ‖ — *la Virgen Santísima* la Sainte Vierge ‖ FAM *un viva la Virgen* un vive-la-joie (un hombre alegre), un insouciant, un je-m'en-fichiste, un je-m'enfoutiste (un despreocupado) ‖ *Virgen de los Dolores* Vierge des sept douleurs.
virginal *adj* virginal, e.
Virginia *n pr* GEOGR Virginie.
virginidad *f* virginité.
virgo *m* virginité *f* ‖ ANAT hymen.
Virgo *n pr* ASTR Vierge *f* (Zodíaco).
viguería *f* FAM petite merveille, bijou *m* (cosa bonita y delicada) ‖ FAM *hacer viguerías* avoir des doigts de fée, faire des merveilles.
vírico, ca *adj* MED viral, e.
viril *adj* viril, e.
 ➤ *m* custode *f*, lunule *f* (custodia) ‖ verre (vidrio).
virilidad *f* virilité.

virola *f* virole (de navaja) ‖ frette (abrazadera).
virolento, ta *adj y s* varioleux, euse.
virreina *f* vice-reine.
virrey *m* vice-roi.
virtual *adj* virtuel, elle.
virtualidad *f* virtualité.
virtud *f* vertu (en las personas) ‖ — *virtud cardinal* vertu cardinale ‖ *virtud moral* vertu morale ‖ *virtud teologal* vertu théologale ‖ — *en virtud de* en vertu de ‖ *varita de la virtud* ou *de las virtudes* baguette magique.
virtuosidad *f*; **virtuosismo** *m* virtuosité *f*.
virtuoso, sa *adj y s* vertueux, euse; *una conducta virtuosa* une conduite vertueuse ‖ virtuose (artista consumado).
viruela *f* variole, petite vérole (enfermedad) ‖ bouton *m* de variole ‖ *viruela del ganado vacuno* vaccine.
 ➤ *pl* variole *sing*, petite vérole *sing* ‖ — *¡a la vejez viruelas!* ça le prend sur le tard ‖ *picado de viruelas* grêlé, marqué de petite vérole (cara) ‖ MED *viruelas locas* varicelle.
 — OBSERV En espagnol on emploie surtout le pluriel.
virulé (a la) *loc adv* FAM de traviole (torcido) | bousillé, e (estropeado) ‖ *ojo a la virulé* œil au beurre noir.
virulencia *f* virulence.
virulento, ta *adj* virulent, e.
virus *m* virus; *virus filtrable* virus filtrant ‖ FIG virus.
viruta *f* copeau *m* (de madera) ‖ tournure (de metal).
vis *f* force; *vis cómica* force comique.
visa *f* (*amer*) visa *m*.
visado, da *adj* visé, e; marqué d'un visa.
 ➤ *m* visa (de un pasaporte).
visaje *m* grimace *f* (mueca); *hacer visajes* faire des grimaces.
visar *v tr* viser (apuntar) ‖ marquer d'un visa, viser (un pasaporte).
vis a vis *m inv* face à face, rencontre *f*.
 — OBSERV Galicismo que se emplea con el sentido de *frente a frente*.
víscera *f* ANAT viscère *m*.
visceral *adj* viscéral, e; *arcos viscerales* arcs viscéraux.
viscosa *f* QUÍM viscose.
viscosidad *f* viscosité.
viscoso, sa *adj* visqueux, euse.
visera *f* visière, garde-vue (*p us*) ‖ toque (de jockey) ‖ ARQ larmier *m* (goterón) ‖ *calar* ou *calarse la visera* baisser sa visière.
visibilidad *f* visibilité; *vuelo sin visibilidad* pilotage sans visibilité.
visible *adj* visible.
visigodo, da *adj* wisigoth, e; visigoth, e.
 ➤ *m pl* Wisigoths; Visigoths.
visillo *m* rideau (cortinilla).
visión *f* vision ‖ FIG & FAM horreur, épouvantail *m* (persona fea) ‖ — FIG & FAM *quedarse como quien ve visiones* être abasourdi, rester bouche bée | *ver visiones* avoir des visions ‖ FIG *visión de conjunto* vue d'ensemble.
visionar *v tr* CINEM visionner.
visionario, ria *adj y s* visionnaire.

visir *m* vizir; *gran visir* grand vizir.

visita *f* visite; *visita de pésame* viste de condoléances ‖ *— tarjeta de visita* carte de visite ‖ *— visita de cumplido* ou *de cortesía* visite de politesse ‖ FAM *visita de médico* visite en coup de vent, visite éclair ‖ *visita relámpago* visite éclair ‖ *— devolver a alguien una visita* rendre sa visite à quelqu'un ‖ *ir de visitas* aller faire des visites ‖ FAM *no me hagas la visita* ne fais pas de manières.

visitación *f* RELIG visitation.

visitador, ra *adj* y *s* visiteur, euse.
◆ *f* RELIG visitatrice.

visitante *adj* qui visite.
◆ *m* y *f* visiteur, euse; visite *f*.

visitar *v tr* visiter; *visitar un monumento* visiter un monument ‖ rendre visite à (ir de visita) ‖ faire une visite de (inspeccionar) ‖ aller voir (el médico).

vislumbrar *v tr* apercevoir, entrevoir.

vislumbre *f* lueur (claridad tenue), reflet *m* (reflejo) ‖ FIG lueur; *una vislumbre de esperanza* une lueur d'espoir | soupçon *m* (sospecha) | indice *m* (indicio).

viso *m* moirure *f*, chatoiement, moirage, moire *f*; *tela de seda azul con visos morados* tissu de soie bleue aux moirures violettes ‖ fond [de robe, de jupe] (forro) ‖ couche *f* (capa) ‖ FIG apparence *f* (apariencia); *bajo unos visos de verdad* sous des apparences de vérité | teinte *f* (tendencia) | rayon, lueur *f* (de esperanza) ‖ éminence *f*, hauteur *f* (eminencia) ‖ *— FIG a dos visos* à deux visages, à double tranchant ‖ *moirer visos a una tela* moirer un tissu ‖ *de viso* en vue; *persona de viso* personne en vue ‖ *hacer visos* chatoyer ‖ *juzgar de viso* juger sur pièce *o* de visu ‖ *tener visos de* sembler, avoir l'air; *esta acción tiene visos de honrada* cette action semble honnête ‖ *viso cambiante* couleur changeante.

visón *m* ZOOL vison.

visor *m* viseur (óptica) ‖ FOT viseur, oculaire de visée.

víspera *f* veille; *el jueves es la víspera del viernes* le jeudi est la veille du vendredi ‖ *— día de mucho, víspera de nada* les jours se suivent et ne se ressemblent pas.
◆ *pl* vêpres (oficio religioso) ‖ *en vísperas de* à la veille de ‖ HIST *Vísperas Sicilianas* Vêpres siciliennes.

vista *f* vue; *vista aguda* ou *penetrante* vue perçante; *esta habitación tiene una vista espléndida* cette chambre a une vue splendide; *vista panorámica* vue panoramique ‖ vue, yeux *m pl*; *tener buena vista* avoir une bonne vue *o* de bons yeux ‖ regard *m*; *dirigir la vista a* diriger son regard vers ‖ coup *m* d'œil (vistazo) ‖ vue (cuadro, foto) ‖ DR audience ‖ *— vista cansada* presbytie ‖ FIG *vista de conjunto* tour d'horizon, vue d'ensemble ‖ *vista de lince* ou *de águila* yeux de lynx ‖ FOT *vista frontal* vue de face ‖ *vista general* vue d'ensemble, panorama ‖ *— agradable a la vista* agréable à voir *o* à regarder ‖ *a la vista* à vue; *pagadero a la vista* payable à vue; *poner a la vista* mettre en vue; à l'horizon; *un barco a la vista* un bateau à l'horizon ‖ *a la vista de* à la vue de; *a la vista de todos* à la vue de tout le monde; vu, étant donné; *a la vista de las dificultades* étant donné les difficultés; à la lumière de (a la luz de) ‖ DR *a la vista y conocimiento de* au vu et au su de ‖ *a ojos vistas* à vue d'œil ‖ *a primera vista* à première vue ‖ *a simple vista* à première vue, au premier abord (prim erame), à l'œil nu (fácilmente) ‖ COM *a tantos días vista* à tant de jours de vue ‖ *a vista de* en présence de ‖ *a vista de ojos* à vue d'œil ‖ *a vista de pájaro* à vol d'oiseau ‖ *desde el punto de vista de* au *o* du point de vue de ‖ *desde mi punto de vista* à mon avis ‖ *doble vista* double vue ‖ *en vista de* vu, étant donné; *en vista de las circunstancias* vu les circonstances ‖ *en vista de que* vu que, étant donné que, attendu que ‖ *hasta la vista* au revoir ‖ *sin servidumbre de vistas* vue imprenable ‖ *testigo de vista* témoin oculaire ‖ CINEM *toma de vista* prise de vue ‖ FAM *uno de la vista baja* un habillé de soie, un porc (cerdo) ‖ *— alzar la vista* lever les yeux ‖ *apartar la vista* détourner la vue *o* les yeux *o* le regard ‖ *bajar la vista* baisser les yeux ‖ *clavar* ou *fijar la vista en* fixer les yeux sur ‖ FIG *comerse con la vista* manger *o* dévorer des yeux ‖ *conocer de vista* connaître de vue ‖ *dar una vista a* jeter un coup d'œil à ‖ *echar la vista a una cosa* jeter son dévolu sur quelque chose ‖ *echar una vista a* surveiller ‖ *estar a la vista* être incontestable *o* notoire *o* manifeste (evidente); *los resultados están a la vista* les résultats sont incontestables; être en vue (una personalidad) ‖ FIG *hacer la vista gorda* faire semblant de ne pas voir, fermer les yeux ‖ *hasta perderse de vista* à perte de vue ‖ *írsele a uno la vista tras algo* mourir d'envie d'avoir quelque chose (desear), suivre quelque chose des yeux (mirar) ‖ *la vista engaña* les apparences sont trompeuses, il ne faut pas se fier aux apparences ‖ *leer con la vista* lire des yeux ‖ *no perder de vista* ne pas perdre de vue ‖ *no quitar la vista de encima a* ne pas quitter des yeux ‖ FIG *saltar a la vista* sauter aux yeux, crever les yeux ‖ *ser corto* o *basse* (ser miope), avoir la vue courte *o* basse (ser miope), avoir la vue courte, ne pas être très malin | *ser largo de vista* voir loin, être clairvoyant ‖ FIG *tener a la vista* avoir en vue (un proyecto), avoir l'œil sur (vigilar), avoir sous les yeux (ver) ‖ *tener mucha vista* voir venir les choses, avoir du flair (una persona), avoir belle apparence *o* de l'allure (una cosa) ‖ *tener poca vista* avoir une mauvaise vue (ver poco), ne pas être très perspicace (no ser perspicaz) ‖ *volver la vista atrás* regarder derrière soi, jeter un coup d'œil en arrière.
◆ *pl* ARQ jours *m*, ouvertures (de los edificios) | vue *sing*; *casa con vistas al mar* maison ayant vue sur la mer ‖ DR sessions (en una audiencia) ‖ *con vistas a* en vue de, en prévision de; *con vistas al frío compré una tonelada de carbón* en prévision du froid, j'ai acheté une tonne de charbon.

vista *m* visiteur, douanier (aduanero).

vistazo *m* coup d'œil; *dar* ou *echar un vistazo* jeter un coup d'œil.

visto, ta *adj* vu, e ‖ FIG vu, e; *estar bien, mal visto* être bien, mal vu ‖ vu, e; étant donné (en vista de) ‖ *— FAM estar más visto que el tebeo* être archiconnu, être connu comme le loup blanc ‖ *está visto que* il est certain que, il est évident que ‖ *este espectáculo es algo nunca visto* ce spectacle est quelque chose d'unique en son genre ‖ *ladrillo visto* brique apparente ‖ *¡lo nunca visto!* vous n'avez jamais vu ça!, sans précédent! ‖ *ni visto ni oído* ni vu ni connu ‖ *por lo visto* apparemment (por lo que se ve), paraît-il, à ce qu'il paraît, apparemment (según parece) ‖ *todo está visto* c'est tout vu ‖ *visto que* vu que, attendu que, étant donné que ‖ *visto bueno, visto y conforme* vue et approuvé.

vistosamente

➤ *m* *visto bueno* visa (refrendo), accord, assentiment, approbation *f*; *dar el visto bueno a* donner son accord à.

vistosamente *adv* magnifiquement, superbement; *sala vistosamente engalanada* salle magnifiquement décorée.

vistoso, sa *adj* voyant, e; *llevar un vestido muy vistoso* porter une robe très voyante ‖ magnifique, superbe ‖ qui attire l'attention.

Vístula *n pr m* GEOGR Vistule *f*.

visual *adj* visuel, elle; *campo visual* champ visuel o de vision.

➤ *f* rayon *m* visuel ‖ *tirar visuales* faire des visées (topografía).

➤ *m* INFORM écran de visualisation ‖ *visual gráfico* écran o visuel graphique.

visualización *f* visualisation ‖ INFORM affichage *m*.

visualizador *m* TECN afficheur ‖ — *visualizador alfanumérico* afficheur alphanumérique ‖ *visualizador gráfico* afficheur graphique ‖ *visualizador óptico interactivo* afficheur optique interactif.

visualizar *v tr* visualiser ‖ concevoir, envisager.

vital *adj* vital, e; *los órganos vitales* les organes vitaux ‖ FIG vital, e (fundamental) ‖ — *espacio vital* espace vital ‖ FILOS *impulso* ou *«elan» vital* élan vital.

vitalicio, cia *adj* viager, ère; à vie; *pensión vitalicia* pension viagère ‖ à vie (perpetuo); *senador vitalicio* sénateur à vie ‖ *intereses vitalicios* intérêts viagers ‖ *renta vitalicia* rente viagère, viager.

➤ *m* viager; *hacer un vitalicio sobre una casa* metter une maison en viager.

vitalidad *f* vitalité.

vitalizar *v tr* vitaliser.

vitamina *f* vitamine.

vitaminado, da *adj* vitaminé, e.

vitamínico, ca *adj* vitaminique.

vitela *f* papier *m* vélin, vélin *m*.

vitelo *m* vitellus (del huevo).

vitícola *adj* viticole.

➤ *m* viticulteur (viticultor).

viticultor, ra *m y f* viticulteur, trice.

viticultura *f* viticulture.

vitivinicultura *f* viticulture associée à la production du vin.

Vito *n pr m* MED Guy ‖ *baile de San Vito* danse de Saint-Guy (enfermedad).

vitola *f* bague (de puros) ‖ calibreur *m* (plantilla) ‖ FIG façade (apariencia) | aspect *m*, mine (aspecto) ‖ MAR gabarit *m* (gálibo).

vítor *m* vivat ‖ *dar vítores al Jefe del Estado* acclamer le chef de l'État.

vitorear *v tr* acclamer.

Vitoria *n pr* GEOGR Vitoria.

vitoriano, na *adj y s* de Vitoria.

vitral *m* vitrail.

vítreo, a *adj* vitré, e; *electricidad vítrea* électricité vitrée; *humor vítreo* humeur vitrée ‖ vitreux, euse (de vidrio) ‖ *pintura vítrea* peinture vernissée au feu.

vitrificación *f*; **vitrificado** *m* vitrification *f*.

vitrificador, ra *adj* vitrifieur, euse.

vitrificar *v tr* vitrifier.

➤ *v pr* se vitrifier.

vitrina *f* vitrine [d'objets d'art] ‖ *(amer)* vitrine [d'une boutique].

vitriolo *m* vitriol ‖ — *aceite de vitriolo* huile de vitriol ‖ *echar vitriolo* vitrioler.

vituallas *f pl* vivres *m* (víveres) ‖ FAM victuailles (comida abundante).

vituallar *v tr* ravitailler (avituallar).

vituperador, ra *adj y s* qui blâme, vitupérateur, trice *(p us)*.

vituperar *v tr* blâmer, vitupérer *(p us)* ‖ reprocher.

vituperio *m* blâme (censura) ‖ reproche ‖ honte *f*, opprobre, déshonneur (vergüenza).

viudedad *f* pension de veuve.

viudez *f* veuvage *m*.

viudo, da *adj y s* veuf, veuve; *viuda alegre* veuve joyeuse.

➤ *f* veuve (pájaro).

viva *m* vivat; *dar vivas* pousser des vivats ‖ FAM *un viva la Virgen* un vive-la-joie (un hombre alegre), un insouciant, un je-m'en-fichiste, un je-m'en-foutiste (un despreocupado).

vivac *m* bivouac.

vivacidad *f* vivacité.

vivales *m y f* FAM personne culottée.

vivamente *adv* vivement.

vivaque *m* bivouac.

vivaracho, cha *adj* vif, ive; pétulant, e.

vivaz *adj* vivace (que dura) ‖ vif, ive [d'esprit] (agudo) ‖ vigoureux, euse (vigoroso) ‖ BOT vivace.

vivencia *f* fait *m* vécu, expérience.

víveres *m pl* vivres; *cortarle los víveres a alguien* couper les vivres à quelqu'un ‖ MIL *servicio de víveres* service des subsistances.

vivero *m* pépinière *f* (para plantas) ‖ vivier (de peces) ‖ parc; *vivero de ostras* parc à huîtres ‖ toile *f* de Vivero [ville de Galice] ‖ FIG pépinière *f*; *este país es un vivero de artistas* ce pays est une pépinière d'artistes.

viveza *f* vivacité (de las acciones, ojos, colores) ‖ vivacité (del ingenio) ‖ réalisme *m* (de un retrato) ‖ saillie (agudeza) ‖ éclat *m*; *la viveza de un color* l'éclat d'une couleur.

vivido, da *adj* vécu, e; *una historia vivida* une histoire vécue.

vívido, da *adj* vif, ive (vivaz).

vividor, ra *adj y s* vivant, e (que vive).

➤ *adj* vivace (vivaz) ‖ laborieux, euse (laborioso).

➤ *m y f* profiteur, euse (aprovechado).

➤ *m* bon vivant (alegre).

vivienda *f* demeure (morada) ‖ logement *m*; *crisis de la vivienda* crise du logement ‖ habitation; *vivienda lacustre* habitation lacustre; *viviendas de renta limitada* habitations à loyer modéré (H.L.M.) ‖ logis *m* (casa) ‖ genre *m* de vie, habitat *m* (género de vida); *vivienda rural* habitat rural ‖ — *vivienda de muestra* appartement témoin ‖ *vivienda habitual* résidence principale ‖ — *bloque de viviendas* immeuble d'habitation, bâtiment ‖ *segunda vivienda* résidence secondaire.

viviente *adj* vivant, e; *seres vivientes* êtres vivants; *cuadro viviente* tableau vivant.

vivificante *adj* vivifiant, e.

vivificar *v tr* vivifier.

vivíparo, ra *adj* y *s* ZOOL vivipare.

vivir *m* vie *f* (vida) ‖ — *gente de mal vivir* gens de mauvaise vie ‖ *tener un vivir decente* vivre décemment.

vivir *v intr* vivre; *los loros viven muchos años* les perroquets vivent longtemps ‖ vivre, habiter (residir); *vivir en el campo* vivre à la campagne ‖ habiter (tener domicilio); *vive en Madrid desde hace tres años* il habite à Madrid depuis trois ans ‖ FIG & FAM *vivir a cuerpo de rey* vivre comme un prince, être comme un coq en pâte ‖ *vivir al día* vivre au jour le jour ‖ *vivir a lo grande* ou *a lo gran señor* vivre sur un grand pied, mener grand train ‖ *vivir con poco* vivre de peu ‖ *vivir del aire* vivre de l'air du temps ‖ *vivir de ilusiones* s'entretenir o se bercer d'illusions ‖ *vivir de quimeras* se repaître de chimères ‖ *vivir de rentas* vivre de ses rentes ‖ *vivir de sus ahorros* vivre sur ses économies ‖ *vivir para ver* qui vivra verra ‖ *vivir sin pena ni gloria* suivre o aller son petit bonhomme de chemin, mener une existence sans heurts et sans éclat ‖ — *como se vive se muere* on meurt comme on a vécu ‖ *¡hay que vivir para ver!* il faut le voir pour le croire! ‖ *ir viviendo* vivoter, végéter ‖ *mientras yo viva* tant que je vivrai, moi vivant ‖ *no dejar vivir a uno* ne pas laisser quelqu'un vivre en paix, ne laisser à quelqu'un aucun répit ‖ *¿quién vive?* qui vive? (centinela) ‖ *se vive bien en este país* il fait bon vivre dans ce pays ‖ *tener con qué vivir* avoir de quoi vivre ‖ *¡viva!* vivat! ‖ *¡viva España!* vive l'Espagne! ‖ *¡vive Dios!* grand Dieu! ‖ *y vivieron felices, comieron perdices y a mí no me dieron* ils vécurent heureux et eurent beaucoup d'enfants (final de los cuentos).

vivisección *f* vivisection.

vivito, ta *adj* FAM *vivito y coleando* tout frétillant (pescado), plus vivant que jamais, tout frétillant (una persona), loin d'être enterré ‖ *el asunto queda vivito y coleando* l'affaire est loin d'être enterrée.

vivo, va *adj* vivant, e; *los seres vivos* les êtres vivants ‖ vif, ive; pétillant, e (ojos) ‖ vif, ive; intense; *dolor muy vivo* douleur très vive ‖ vif, ive; voyant, e; *color vivo* couleur vive ‖ vif, ive; alerte (ágil) ‖ FIG vivant, e; *lengua viva* langue vivante ‖ vif, ive; vivant, e; *dejar un recuerdo muy vivo* laisser un souvenir très vif ‖ vif, ive (agudo) ‖ éveillé, e; dégourdi, e; vivant, e (despabilado); *un niño muy vivo* un enfant très éveillé *o* bien vivant ‖ malin, igne; débrouillard, e (astuto) ‖ profiter, euse (aprovechón) ‖ vif, ive (arista, ángulo) ‖ — *aguas vivas* eaux vives ‖ *a viva fuerza* de vive force ‖ *de viva actualidad* bien d'actualité, de toute dernière actualité ‖ *de viva voz* de vive voix ‖ *Dios vivo* Dieu vivant ‖ *en carnes vivas* nu, e; tout nu, toute nue ‖ *en roca viva* en pleine roche ‖ *en vivo* sur pied (animal) ‖ *fuerzas vivas* forces vives ‖ MAR *obras vivas* œuvres vives ‖ *roca viva* roche à nu ‖ *seto vivo* haie vive ‖ *¡vivo!* vite! ‖ — FIG *como de lo vivo a lo pintado* comme le jour et la nuit ‖ *cortar en carne viva* tailler dans le vif ‖ *dárselas de vivo* faire le malin ‖ *es el vivo retrato de su padre* c'est tout le portrait de son père, c'est le portrait vivant de son père ‖ *herir en carne viva* piquer au vif (ofender), retourner le couteau dans la plaie (volver a herir) ‖ *herir* ou *tocar en lo vivo* piquer au vif, toucher au vif ‖ *llegar a lo vivo* ariver au point délicat ‖ *llorar a lágrima viva* pleurer à chaudes larmes ‖ *pasarse de vivo* vouloir être trop malin ‖ *poner en carne viva* mettre à vif ‖ *quedarse más muerto que vivo* être plus mort que vif ‖ *ser más vivo que un rayo* avoir du vif-argent dans les veines, être vif comme l'éclair ‖ *ser vivo de genio* avoir l'esprit vif *o* prompt ‖ *ser vivo de imaginación* avoir l'imagination vive ‖ *tener un genio vivo* être irritable *o* soupe au lait (fam).

◆ *m* vivant; *los vivos y los muertos* les vivants et les morts ‖ FIG & FAM malin, débrouillard (astuto) ‖ filou (fullero) ‖ DR vif; *donación entre vivos* donation entre vifs ‖ FIG & FAM *hacerse el vivo* faire le malin.

vizcainada *f* mot *m*, action propre aux Basques.

vizcaíno, na *adj* biscaïen, enne (de la provincia de Vizcaya) ‖ — *a la vizcaína* à la mode basque (al estilo del País Vasco) ‖ *bacalao a la vizcaína* morue à la biscayenne [morue à la tomate].

◆ *m* y *f* Biscaïen, enne.

Vizcaya *n pr f* GEOGR Biscaye.

vizconde, esa *m* y *f* vicomte, esse.

Vladivostok *n pr* GEOGR Vladivostok.

VM abrev de *Vuestra Majestad* S.M., Sa Majesté.

v.o. abrev de *versión original* v.o., version originale.

vocablo *m* mot, vocable (*p us*) ‖ FIG *jugar del vocablo* jouer sur les mots.

vocabulario *m* vocabulaire.

vocación *f* vocation; *errar la vocación* rater sa vocation.

vocacional *adj* qui tient de la vocation.

vocal *adj* vocal, e; *cuerdas vocales* cordes vocales; *órganos vocales* organes vocaux.

◆ *f* GRAM voyelle ‖ — *vocal abierta* voyelle ouverte ‖ *vocal breve* voyelle brève ‖ *vocal cerrada* voyelle fermée ‖ *vocal débil* voyelle faible ‖ *vocal fuerte* voyelle forte ‖ *vocal larga* voyelle longue ‖ *vocal nasal* voyelle nasale.

◆ *m* y *f* membre; *vocal de un comité, de una comisión* membre d'un comité, d'une commission ‖ *vocal contribuyente* membre au compte des contribuables.

vocálico, ca *adj* vocalique.

vocalismo *m* vocalisme.

vocalista *m* y *f* chanteur, euse (en una orquesta).

vocalización *f* vocalisation (acción) ‖ vocalise (canto).

vocalizador, ra *m* y *f* vocalisateur, trice.

vocalizar *v tr* e *intr* vocaliser.

vocativo *m* GRAM vocatif.

voceador, ra *adj* qui crie, crieur, euse.

◆ *m* y *f* crieur, euse.

◆ *m* crieur public (pregonero).

vocear *v intr* y *tr* crier [à tue-tête].

◆ *v tr* proclamer (publicar) ‖ appeler, héler (llamar) ‖ acclamer (aclamar) ‖ FIG proclamer (manifestar) ‖ FIG & FAM crier sur les toits, claironner (una cosa); *le gusta vocear los favores que nos hace* il aime crier sur les toits les services qu'il nous rend ‖ FIG & FAM *vocear su vergüenza* afficher sa honte.

vocería *f*; **vocerío** *m* cris *m pl* (gritos) ‖ clameur *f* (clamor).

vociferador, ra *adj* vociférant, e.

◆ *m* y *f* vociférateur, trice.

vociferante *adj* vociférant, e.

vociferar *v tr* e *intr* vociférer.

vocinglero, ra *adj* y *s* criailleur, euse (que grita) ‖ bavard, e (que habla mucho).

vodevil *m* vaudeville.

vodka *m* o *f* vodka *f*.
vol. abrev de *volumen* vol., volume.
volada *f* vol *m* court ‖ *(amer)* → **bolada**.
voladizo, za *adj* saillant, e; en saillie; *cornisa voladiza* corniche saillante.
◆ *m* ARQ saillie *f*, encorbellement.
volado, da *adj* FIG & FAM *estar volado* être tout confus o tout penaud (de vergüenza) ‖ FIG *hacer algo volado* faire quelque chose en vitesse ‖ IMPR *letra volada* lettrine (en la parte superior del renglón).
◆ *m* (amer) volant, falbala (de un vestido).
volador, ra *adj* volant, e (que vuela) ‖ *cohete, pez volador* fusée volante, poisson volant.
◆ *m* fusée *f* volante (cohete) ‖ poisson volant (pez) ‖ *(amer)* jeu mexicain [mât autour duquel tournent plusieurs hommes suspendus par des cordes à une grande distance du sol].
voladura *f* explosion; *la voladura de una caldera* l'explosion d'une chaudière ‖ sautage *m*, explosion (de una mina) ‖ *la voladura de un puente* la destruction d'un pont sous l'effet d'une explosion.
volandas (en); volandillas (en) *loc* en l'air ‖ FIG & FAM en vitesse.
volandero, ra *adj* qui commence à voler (volantón) ‖ FIG volant, e; démontable (móvil) | instable (inestable).
volandillas (en) *loc* → **volandas (en)**.
volando *adv* en vitesse (rápidamente) ‖ tout de suite, illico (en seguida) ‖ *llegar volando* accourir.
volante *adj* volant, e; *campo, pez, hoja volante* camp, poisson volant, feuille volante ‖ FIG itinérant, e; *equipo volante* équipe itinérante ‖ *medio volante* demi-aile (fútbol).
◆ *m* volant (adorno, juego) ‖ AUTOM volant ‖ TECN volant (para regularizar el movimiento) | balancier (para acuñar moneda, de reloj) ‖ *(amer)* calèche *f* (vehículo) | coureur automobile (conductor de automóviles de carreras).
volantín *m* ligne *f* munie de plusieurs hameçons ‖ *(amer)* cerf-volant (cometa).
volapié *m* TAUROM estocade *f* donnée au taureau en s'élançant vers lui ‖ *matar a volapié* donner l'estocade en s'élançant vers la bête.
volapuk *m* volapük (lengua).
volar* *v intr* voler (aves, aviones); *este avión vuela a diez mil metros* cet avion vole à dix mille mètres ‖ s'envoler (elevarse en el aire) ‖ FIG voler (correr); *volar en auxilio de* voler au secours de; *las horas vuelan* les heures volent ‖ ARQ faire saillie, saillir (balcón) ‖ — *a vuela pluma* au courant de la plume ‖ *echar a volar* s'envoler, prendre son vol o son essor ‖ FIG & FAM *el pájaro voló* l'oiseau s'est envolé ‖ FIG *volar con sus propias alas* voler de ses propres ailes ‖ *volar por encima* ou *sobre* survoler.
◆ *v tr* faire sauter; *volar un polvorín* faire sauter une poudrière.
◆ *v pr* s'envoler; *los papeles se volaron* les papiers se sont envolés ‖ *(amer)* s'emporter, laisser exploser sa colère (encolerizarse).
volatería *f* volerie *f*, fauconnerie (caza) ‖ volaille (aves de corral).
volátil *adj* volatil, e; *álcali volátil* alcali volatil ‖ FIG inconstant, e; changeant, e.
◆ *m* volatile.
volatilización *f* volatilisation.
volatilizar *v tr* volatiliser.

volatinero, ra *m* y *f* danseur, euse de corde, funambule, équilibriste.
vol-au-vent *m inv* CULIN vol-au-vent.
volcado *m* INFORM *volcado de pantalla* impression *f* d'écran.
volcán *m* volcan.
volcánico, ca *adj* volcanique.
volcar* *v tr* renverser; *volcar un vaso* renverser un verre; *volcar un adversario* renverser un adversaire ‖ verser (verter) ‖ FIG agacer, impatienter (molestar) | retourner, faire changer d'avis.
◆ *v intr* capoter, se renverser, verser (un vehículo) ‖ se retourner (barco).
◆ *v pr* FIG *volcarse en un asunto* se consacrer corps et âme à une affaire.
volea *f* volée (carruajes) ‖ DEP volée (en el juego de pelota) | chandelle (fútbol) | lob *m*, chandelle (tenis).
volear *v tr* rattraper à la volée (pelota) ‖ semer à la volée (sembrar a voleo).
◆ *v intr* DEP faire une chandelle | lober (tenis).
voleo *m* volée *f* (en el juego de pelota) ‖ gifle *f* (bofetón) ‖ battement (en la danza) ‖ — *a* ou *al voleo* à la volée ‖ *del primer* ou *de un voleo* du premier coup ‖ — AGRIC *sembrar al voleo* semer à la volée.
Volga *n pr m* GEOGR Volga *f*.
volitivo, va *adj* volitif, ive.
volován *m* vol-au-vent *inv*.
volquete *m* tombereau (carro, camión) ‖ wagon-tombereau (vagón).
Volta *n pr* GEOGR Volta (río).
voltaico, ca *adj* ELECTR voltaïque.
voltaje *m* ELECTR voltage.
voltear *v tr* faire tourner o voltiger; *voltear una honda* faire voltiger une fronde ‖ sonner à toute volée (las campanas) ‖ retourner; *voltear la tierra, el heno* retourner la terre, le foin ‖ FIG renverser, culbuter, faire sauter; *voltear un gobierno* renverser un gouvernement ‖ FIG & FAM recaler, étendre (en un examen) ‖ *(amer)* renverser, faire tomber (tumbar).
◆ *v intr* culbuter (caerse redondo) ‖ exécuter un saut, voltiger (un volteador) ‖ sonner à toute volée (las campanas).
◆ *v pr* *(amer)* retourner sa veste (chaquetear).
volteo *m* voltige *f* (equitación) ‖ sonnerie *f*, volée *f* (de campanas).
voltereta *f* cabriole; *este niño se divierte dando volteretas* cet enfant s'amuse à faire des cabrioles ‖ culbute (trecha) ‖ pirouette (pirueta) ‖ *dar la voltereta* faire la culbute, culbuter.
volteriano, na *adj* y *s* voltairien, enne.
voltímetro *m* voltmètre.
voltio *m* ELECTR volt ‖ FAM petit tour (paseo).
volubilidad *f* versatilité, inconstance.
voluble *adj* changeant, e (versátil).
volumen *m* volume ‖ — QUÍM *volumen atómico* volume atomique ‖ ECON *volumen de contratación* volume des échanges | *volumen de negocios, de ventas* chiffre d'affaires, de ventes.
volumétrico, ca *adj* volumétrique.
voluminoso, sa *adj* volumineux, euse (muy grande) ‖ encombrant, e (que ocupa mucho sitio); *paquete voluminoso* paquet encombrant.

voluntad f volonté; *los reflejos no dependen de la voluntad* les réflexes ne dépendent pas de la volonté ‖ *gré* m, volonté; *casarse contra la voluntad de sus padres* se marier contre le gré de ses parents ‖ envie, désir m *(gana)* ‖ *(ant)* libre arbitre m (libre albedrío) ‖ inclination, tendresse (cariño) ‖ — *voluntad arbitraria* bon plaisir ‖ *voluntad de hierro* volonté de fer ‖ — *a voluntad* à volonté ‖ *buena, mala voluntad* bonne, mauvaise volonté ‖ *con poca voluntad* à contrecœur ‖ *por su propia voluntad* de son plein gré ‖ *última voluntad* dernières volontés ‖ — *esta es nuestra voluntad* tel est notre bon plaisir ‖ *ganar la voluntad de uno* gagner les bonnes grâces de quelqu'un ‖ FAM *hacer su santa voluntad* faire ses quatre volontés ‖ *hágase tu voluntad* que ta volonté soit faite (oración) ‖ *me atengo a su voluntad* je m'en remets à votre discrétion ‖ *tenerle mala voluntad a uno* en vouloir à quelqu'un, avoir quelque chose contre quelqu'un, ne pas pouvoir voir quelqu'un ‖ *zurcir voluntades* s'entremettre.

voluntariado m MIL volontariat.

voluntariamente adv volontairement.

voluntariedad f liberté, spontanéité [d'une décision] ‖ caractère m facultatif (de un trabajo, etc.).

voluntario, ria adj volontaire.

voluntarioso, sa adj plein de bonne volonté (deseoso) ‖ volontaire (testarudo).

voluptuosidad f volupté.

voluptuoso, sa adj y s voluptueux, euse.

voluta f ARQ volute ‖ volute (de humo).

volver* v tr tourner; *volver la cabeza* tourner la tête; *volver la página* tourner la page ‖ retourner (poner al revés); *volver un vestido* retourner un vêtement ‖ rendre; *el éxito le ha vuelto presumido* le succès l'a rendu prétentieux ‖ changer (convertir); *volver el agua en vino* changer l'eau en vin ‖ redonner; *producto que vuelve el pelo a su color natural* produit qui redonne aux cheveux leur couleur naturelle ‖ FIG retourner; *han vuelto contra él sus propios argumentos* on a retourné contre lui ses propres arguments ‖ tourner; *volver la esquina* tourner au coin de la rue ‖ mettre, tourner; *volver una frase en la forma pasiva* mettre une phrase à la voix passive ‖ — *volver boca abajo, arriba* retourner sur le ventre, sur le dos ‖ FIG *volver la casaca* retourner sa veste, tourner casaque, changer son fusil d'épaule ‖ *volver la hoja* tourner la page ‖ *volver la mirada* ou *los ojos a* tourner ses regards o les yeux vers ‖ *volver la espalda* tourner le dos o les talons ‖ FIG *volver loco* rendre fou, tourner la tête.

◆ v intr revenir, retourner (regresar); *volver a casa* revenir chez soi ‖ retourner (ir de nuevo); *este verano volveremos al mar* cet été, nous retournerons à la mer ‖ FIG revenir; *el tiempo pasado no vuelve* le temps passé ne revient pas; *volvamos a nuestro tema* revenons à notre sujet ‖ en revenir; *para volver a nuestro problema* pour en revenir à notre problème ‖ — *volver a* (con infinitivo), se remettre à, recommencer à; *volvió a llover* il se remit à pleuvoir, il recommença à pleuvoir (véase OBSERV) ‖ *volver a caer enfermo* retomber malade ‖ *volver a enviar* renvoyer ‖ *volver a la carga* ou *al ataque* revenir à la charge ‖ *volver a la infancia* retomber en enfance ‖ *volver a la vida a uno* rendre quelqu'un à la vie ‖ *volver a las andadas* retomber dans les mêmes erreurs o fautes ‖ *volver al orden* ou *a la normalidad* rentrer dans l'ordre ‖ *volver a lo de siempre* revenir au même sujet, y revenir ‖ *volver al redil* revenir au bercail ‖ *volver a llevar* ramener ‖ *volver a meter* remettre ‖ *volver a ponerse* remettre; *volver a ponerse la chaqueta* remettre sa veste ‖ *volver a ser* redevenir ‖ *volver con las manos vacías* revenir bredouille, revenir les mains vides ‖ *volver del revés* retourner, mettre à l'envers ‖ *volver en sí* revenir à soi ‖ *volver sobre sus pasos* rebrousser chemin, revenir sur ses pas ‖ *vuelva a llenar* remettez la même chose, remettez-nous ça *(fam)* (en un bar) ‖ — FIG *hacer volver al buen camino* ramener sur le droit chemin ‖ *no lo vuelva a hacer* ne recommencez plus ‖ *no me volverá a pasar* on ne m'y reprendra plus.

◆ v pr se retourner ‖ retourner, rentrer (regresar) ‖ tourner, se tourner *(ant) el tiempo se vuelve bueno* le temps tourne au beau; *el tiempo se ha vuelto lluvioso* le temps a tourné à la pluie ‖ devenir; *volverse triste* devenir triste ‖ devenir, tourner à; *este color se vuelve azul* cette couleur tourne au bleu; *este asunto se vuelve trágico* cette affaire tourne au tragique ‖ — *volverse atrás* revenir en arrière ‖ *volverse como era* revenir; *este tejido se ha vuelto como era después de haberlo lavado* ce tissu est revenu au lavage ‖ *volverse contra alguien* ou *en contra de alguien* se tourner o se retourner contre quelqu'un ‖ *volverse loco* devenir fou ‖ *volverse para atrás* revenir en arrière o sur ses pas (retroceder), revenir sur ce que l'on a dit, se dédire (retractarse).

— OBSERV Existen en francés numerosos verbos compuestos con el prefijo *re*, que expresan la idea de repetición contenida en la expresión española *volver a* seguida del infinitivo, v. gr. *volver a decir, hacer, leer, tomar, etc.* redire, refaire, relire, reprendre, etc.

vómica f MED vomique (absceso).

vómico, ca adj vomique; *nuez vómica* noix vomique.

vomitar v tr vomir, rendre ‖ FIG vomir; *vomitar injurias* vomir des injures ‖ FIG & FAM avouer (revelar).

vomitera f vomissement m.

vomitivo, va adj y s m MED vomitif, ive.

vómito m vomissement (acción) ‖ vomissure f, vomi (resultado) ‖ — *vómito de sangre* crachement de sang ‖ *vómito negro* vomito negro, vomito, fièvre jaune.

vomitón, ona adj FAM qui vomit beaucoup [nourrisson].

◆ f FAM grand vomissement m, dégobillage m *(pop)* ‖ vomissure (vómito).

voracidad f voracité.

vorágine f tourbillon m, remous m.

voraz adj vorace.

vórtice m tourbillon (torbellino) ‖ centre d'un cyclone (centro de un ciclón).

vos *pron pers de la 2.ª pers del s y del pl* vous ‖ *(amer)* tu.

— OBSERV *Vos* est employé au lieu de *usted* dans le style poétique ou oratoire pour s'adresser à Dieu ou à un haut personnage: *Señor, Vos sois nuestra Providencia* Seigneur, vous êtes notre providence. À l'époque classique (XVIIe siècle), l'emploi de *vos* correspondait à un traitement intermédiaire entre le tutoiement et l'usage de *vuestra merced*. D'autre part, dans une grande partie de l'Amérique latine, *vos* a remplacé *tú* dans les relations avec les égaux ou les inférieurs. Cependant, le cas complément *te* a subsisté, et s'emploie souvent avec *vos*: *a vos te parece bien* cela te paraît bien; *vos te comeréis* ou *te comerás este pastel* tu mangeras ce gâteau.

Vosgos *n pr m pl* GEOGR Vosges *f*.
vosotros, tras *pron pers de la 2.ª pers del pl* vous.
— OBSERV Ce pronom représente le tutoiement collectif: *a vosotros, hijos mío, os diré lo mismo* à vous, mes enfants, je vous dirai la même chose.
— OBSERV La 2ᵉ personne du pluriel peut être aussi employée par un orateur pour s'adresser à un public, par un auteur pour s'adresser à ses lecteurs, etc.
votación *f* vote *m*; *votación a mano alzada* vote à main levée; *votación nominal* vote par appel nominal ‖ votation (acción de votar); *modo de votación* mode de votation ‖ scrutin *m*; *votación adicional* ou *de desempate* scrutin de ballotage ‖ — *votación ordinaria* vote à main levée *o* par assis et levé ‖ *votación secreta* vote (à bulletin), secret ‖ *votación única* vote à un tour ‖ *votaciones sucesivas* vote à plusieurs tours ‖ — *comienza la votación* le vote est ouvert ‖ *poner a votación* mettre aux voix.
votante *adj y s* votant, e.
votar *v tr e intr* voter; *votar puestos en pie* voter par assis et levés; *votar por uno* voter pour quelqu'un; *votar la candidatura de* voter pour ‖ blasphémer, jurer (blasfemar).
voto *m* vœu (promesa); *pronunciar sus votos* prononcer ses vœux ‖ vote; *explicar el voto* expliquer son vote ‖ voix *f*; *moción aprobada por doce votos a favor y nueve en contra* motion approuvée par douze voix contre neuf; *dar su voto* donner sa voix ‖ vœu, souhait (deseo); *formular votos* former des vœux ‖ voix *f*, suffrage; *votos válidos* suffrages valablement exprimés ‖ juron (juramento) ‖ — *voto activo* voix, droit de vote ‖ FAM *¡voto a Dios!* par Dieu!, morbleu! | *¡voto a tal!, ¡voto a bríos!* sapristi! ‖ *voto consultivo* voix consultative ‖ *voto de calidad* voix prépondérante ‖ *voto de castidad* vœu de chasteté ‖ *voto de castigo* vote de désapprobation, vote-sanction ‖ *voto de censura* blâme ‖ *voto de confianza* question de confiance ‖ *voto de obediencia* vœu d'obéissance ‖ *voto de pobreza* vœu de pauvreté ‖ *voto informativo* vote indicatif ‖ *voto por correspondencia* ou *por correo* vote par correspondance ‖ *voto secreto* vote (à bulletin), secret ‖ *voto solemne* vœu solennel ‖ *votos de felicidad* vœux de bonheur ‖ — *acción de voto plural* action à vote plural ‖ *derecho al voto* droit de vote ‖ *echar votos* jurer ‖ FAM *no tener voz ni voto* ne pas avoir voix au chapitre ‖ *regular los votos* compter les voix ‖ *tener voto* avoir droit de vote ‖ *tener voz y voto* avoir voix délibérative (en una asamblea).
vox *f* *ser vox pópuli* être de notoriété publique ‖ *vox pópuli* rumeur publique.
voyeur *adj y s* voyeur, euse.
voyeurismo *m* voyeurisme.
¡vóytelas! *interj* (*amer*) FAM zut!, mince!
voz *f* voix; *voz chillona* voix criarde *o* de crécelle; *voz cavernosa* voix caverneuse *o* creuse; *tener buena voz* avoir une belle voix ‖ cri *m* (grito) ‖ GRAM voix; *voz pasiva* voix passive ‖ mot *m* (vocablo); *una voz culta* un mot savant ‖ bruit *m*, rumeur (rumor) ‖ MÚS son *m* (de un instrumento) | voix; *fuga a tres voces* fugue à trois voix ‖ — *voz activa* voix active (facultad de votar); *voz aguda* voix aiguë (de una persona), mot accentué sur la dernière syllabe (palabra) ‖ MÚS *voz angélica* ou *celeste* voix céleste ‖ *voz apagada* voix sourde (naturalmente), voix étouffée (para hablar quedo) ‖ *voz argentina* voix argentine ‖ MÚS *voz cantante* voix principale ‖ *voz cascada* voix cassée ‖ *voz de alarma* cri d'alarme ‖ MIL *voz de mando* ordre, commandement ‖ *voz de trueno* voix tonnante *o* tonitruante ‖ *voz empañada* voix voilée *o* couverte ‖ *voz estentórea* voix de stentor ‖ *voz quebrada* voix brisée ‖ — *a media voz* à mi-voix (en voz baja), à demi-mot (con insinuación) ‖ *a una voz* d'une seule voix ‖ *a voces* à grands cris ‖ *a voz en cuello* ou *en grito* à tue-tête ‖ *de viva voz* de vive voix ‖ *en voz alta* à haute voix, tout haut ‖ *en voz baja* à voix basse, tout bas ‖ *en voz queda* à mi-voix, tout bas ‖ *secreto a voces* secret de Polichinelle ‖ MÚS *segunda voz* seconde partie [accompagnement vocal] ‖ *voz del pueblo, voz del cielo* voix du peuple, voix de Dieu ‖ — *aclararse la voz* s'éclaircir la voix ‖ *ahuecar la voz* faire la grosse voix ‖ *alzar* ou *levantar la voz* élever la voix ‖ *anudársele a uno la voz* avoir la gorge serrée *o* un nœud dans la gorge ‖ MÚS *apagar la voz* assourdir le son [d'un instrument] ‖ *corre la voz que* le bruit court que ‖ *dar una voz a uno* appeler quelqu'un de loin, héler quelqu'un ‖ *dar voces* pousser des cris, crier ‖ *dar voces al viento* crier inutilement ‖ *decir a voces* crier, publier sur les toits ‖ *decir en voz alta* dire tout haut ‖ FIG & FAM *donde Cristo dio las tres voces* au diable, au diable Vauvert, au bout du monde ‖ *educar la voz* travailler la voix ‖ *hablar en voz baja, en voz alta* parler à voix basse, à voix haute ‖ *hacer correr la voz* faire courir le bruit ‖ FIG *llevar la voz cantante* tenir les rênes (gobernando), mener la danse (hablando) ‖ *no tener voz ni voto* ne pas avoir voix au chapitre ‖ *pedir a voces* demander à grands cris ‖ *ser voz pública* être de notoriété publique ‖ *tener la voz ahogada en llanto* ou *en lágrimas* avoir des larmes *o* des sanglots dans la voix, avoir la voix étranglée par les larmes ‖ *tener voz y voto* avoir voix délibérative (en una asamblea).
vozarrón *m*; **vozarrona** *f* grosse voix *f*.
v.s. abrev de *versión con subtítulos* version sous-titrée.
vudú *m* vaudou.
vuelco *m* chute *f*, culbute *f* (caída) ‖ renversement (trastorno) ‖ capotage (de un coche) ‖ retournement, chavirement (de una embarcación) ‖ étourdissement (mareo) ‖ FIG bouleversement (cambio) ‖ — *dar un vuelco* capoter (un coche) ‖ *dar un vuelco a una cosa* faire culbuter quelque chose ‖ FIG *le dio un vuelco el corazón* il a tressailli.
vuelo *m* vol [dans l'espace] ‖ vol, pilotage; *vuelo sin visibilidad* ou *a ciegas* ou *ciego* pilotage sans visibilité ‖ ampleur *f*, tour (de un vestido) ‖ manchette *f* de dentelle (vuelillo) ‖ ARQ saillie *f*, surplomb ‖ FIG envolée *f* (arrojo) ‖ envergure *f*; *no tener suficiente vuelo para* ne pas avoir assez d'envergure pour ‖ élan (de la imaginación) ‖ — *vuelo a ras de tierra* ou *rasante* vol en rase-mottes ‖ *vuelo a vela* ou *sin motor* vol à voile *o* en planeur ‖ *vuelo de prueba, horizontal* vol d'essai, en palier ‖ *vuelo libre* vol libre ‖ *vuelo nocturno, planeado* vol de nuit, plané ‖ *vuelo sin escalas* vol sans escales ‖ — *al vuelo* au vol; *coger al vuelo* saisir au vol ‖ *a todo vuelo* à tire-d'aile ‖ *a vuelo de pájaro* à vol d'oiseau ‖ FIG *de mucho vuelo* de haut vol, de grande envergure, de grande classe (una persona), très ample (vestido) ‖ *de* ou *en un vuelo* à toute vitesse, en un clin d'œil ‖ *personal de vuelo* personnel navigant ‖ — *alzar* ou *emprender el vuelo* prendre son vol *o* sa volée ‖ *alzarse en vuelo hacia* s'envoler vers ‖ FIG & FAM *cogerlas* ou *cazarlas al vuelo* tout comprendre

à demi-mot, tout saisir au vol | *cortar los vuelos a uno* couper o rogner les ailes à quelqu'un ‖ *echar ou tocar a vuelo las campanas* sonner les cloches à toute o à grande volée ‖ *levantar* ou *tomar el vuelo* s'envoler, prendre son vol (echar a volar), lever le siège, mettre les voiles (irse) ‖ FIG *¡no tantos vuelos!* n'allez pas chercher si loin! | *se podría oír el vuelo de una mosca* on entendrait une mouche voler | *tomar vuelo* prospérer, prendre de l'importance.

vuelta *f* tour *m*; *dar la vuelta al mundo* faire le tour du monde ‖ tour *m* (paseo); *dar una vuelta por la ciudad* faire un tour en ville; *dar una vuelta por la tarde* faire un tour l'après-midi ‖ retour *m* (regreso); *estar de vuelta* être de retour; *billete de ida y vuelta* billet d'aller et retour ‖ retour *m* (retorno); *la vuelta de la primavera* le retour du printemps ‖ tour *m*; *elegido en la primera vuelta* élu au premier tour; *vuelta de escrutinio* tour de scrutin ‖ tournant *m*, détour *m* (recodo) ‖ revers *m* (de un vestido) ‖ rang *m* (de un collar, de un jersey) ‖ envers *m* (de una tela) ‖ verso *m* (de una hoja de papel) ‖ monnaie (dinero); *dar la vuelta al comprador* rendre la monnaie à l'acheteur ‖ ARQ retour *m*; *vuelta a escuadra* retour d'équerre ‖ EQUIT volte (del caballo) ‖ retourne (naipes) ‖ tour *m* (unidad de ángulo) ‖ — *vuelta a escena* rentrée (de un artista) ‖ *vuelta a España, a Francia* tour d'Espagne, de France ‖ TAUROM *vuelta al ruedo* tour triomphal de l'arène ‖ *vuelta atrás* marche arrière, retour en arrière ‖ DEP *vuelta ciclista* tour cycliste ‖ *vuelta de campana* tonneau (coche) ‖ *vuelta sobre el ala* retournement (de un avión) ‖ — *a la vuelta de* au retour de (de regreso de), au bout de (después de); *a la vuelta de diez años* au bout de dix ans ‖ FIG *a la vuelta de cada esquina* ou *de la esquina* à tous les coins de rue ‖ *a la vuelta de la esquina* au coin de la rue, tout près ‖ *a vuelta de correo* par retour du courrier ‖ *a vueltas* presque, près o proche (de) ‖ *cerradura de dos vueltas* serrure à double tour ‖ FAM *¡con vuelta!* ça s'appelle reviens! (cosa prestada) ‖ *media vuelta* demi-tour, volte-face (del cuerpo); *dar media vuelta* faire demi-tour o volte-face; demi-tour (para volverse atrás), petit tour (paseo corto) ‖ *partido de vuelta* match de retour (deportes) ‖ *segunda vuelta* deuxième o second tour (elecciones) ‖ FAM *¡y vuelta!* encore!, on remet ça! ‖ — FIG & FAM *andar a vueltas con un problema* se debattre avec un problème ‖ *buscarle a uno las vueltas* chercher à prendre quelqu'un en défaut, chercher des poux à quelqu'un ‖ *cerrar con dos vueltas* fermer à double tour ‖ FIG *coger las vueltas* attraper le truc (el tranquillo) ‖ *cogerle las vueltas a uno* percer quelqu'un à jour, savoir ce que quelqu'un a dans le ventre (fam) ‖ *dar la vuelta a* faire le tour de (alrededor), retourner; *dar la vuelta a un traje* retourner un costume ‖ FIG & FAM *dar la vuelta a la tortilla* renverser la vapeur ‖ *dar la vuelta de campana* capoter, faire un tonneau (un coche) ‖ FIG *darle cien vueltas a uno* être cent fois supérieur à quelqu'un, l'emporter de beaucoup sur quelqu'un, en remontrer à quelqu'un ‖ *dar media vuelta* tourner les talons (irse), faire demi-tour (soldado) ‖ *darse una vuelta* faire un tour ‖ *dar vueltas* tourner en rond (girar), retourner; *dar vueltas a una idea en la cabeza* retourner une idée dans sa tête; tourner et retourner (examinar) ‖ *dar vueltas a un asunto* tourner et retourner une question ‖ FIG *el mundo da muchas vueltas* tout est possible ‖ FAM *estar de vuelta de todo* être revenu de tout, être désabusé ‖ *me da vueltas la cabeza* j'ai la tête qui tourne, la tête me tourne ‖ FAM *no andar con vueltas* ne pas y aller par quatre chemins | *no hay que darle vueltas* ce n'est pas la peine de revenir là-dessus, il n'y a rien à faire, il n'y a pas à tortiller (fam) | *no le des más vueltas a ese asunto* ne retourne pas cette histoire dans ta tête | *no tiene vuelta de hoja* c'est clair comme le jour, c'est évident | *poner a uno de vuelta y media* traiter quelqu'un de tous les noms, dire pis que pendre de quelqu'un, traîner quelqu'un dans la boue | *tiene muchas vueltas* il est très compliqué, on ne sait pas par quel bout le prendre ‖ *véase a la vuelta* tournez s'il vous plaît, T.S.V.P.

vuelto, ta *adj* (p p de *volver*), tourné, e; etc. ‖ — *cuello vuelto* col rabattu (bajo), col roulé (alto) ‖ *sombrero con las alas vueltas* chapeau à bords rabattus.

◆ *m* (amer) monnaie *f* (vuelta de dinero); *dar el vuelto* rendre la monnaie.

vuesamerced *pron pers* vous (vuestra merced).

vuestro, tra *adj pos de la 2.ᵃ pers del pl* votre, vos; *vuestro hijo y vuestras hijas* votre fils et vos filles.

◆ *pron pos* le, la vôtre, les vôtres; *mis amigos y los vuestros* mes amis et les vôtres ‖ — *los vuestros* les vôtres (vuestra familia) ‖ *lo vuestro* ce qui est à vous.

— OBSERV No hay que confundir *votre*, adjetivo, con *vôtre* (con acento circunflejo), pronombre.

— OBSERV *Vuestro* est l'adjectif possessif correspondant au pronom personnel *vos* et s'emploie: 1° dans le tutoiement collectif (enfants, etc.); 2° en s'adressant à certaines personnes (Dieu, roi, etc.); 3° en s'adressant à des lecteurs, etc.

vulcanización *f* TECN vulcanisation.

vulcanizado, da *adj* TECN vulcanisé, e; *caucho vulcanizado* caoutchouc vulcanisé.

vulcanizar *v tr* TECN vulcaniser.

Vulcano *n pr* MIT Vulcain.

vulcanología *f* vulcanologie, volcanologie.

vulcanologista; vulcanólogo, ga *m y f* vulcanologiste, vulcanologue.

vulgacho *m* FAM bas peuple, populo.

vulgar *adj* ordinaire, banal, e; *cosa muy vulgar entre nosotros* chose très ordinaire chez nous ‖ vulgaire (grosero) ‖ *lengua vulgar* langue vulgaire.

vulgaridad *f* banalité ‖ vulgarité.

vulgarismo *m* vulgarisme.

vulgarización *f* vulgarisation (divulgación).

vulgarizar *v tr* vulgariser.

◆ *v pr* devenir vulgaire.

vulgo *m* peuple [par opposition à élite]; masse *f*, commun des mortels.

◆ *adj* vulgairement, vulgo (vulgarmente).

vulnerabilidad *f* vulnérabilité.

vulnerable *adj* vulnérable.

vulneración *f* violation; *la vulneración de un tratado* la violation d'un traité ‖ vulnération (herida).

vulnerar *v tr* blesser (herir) ‖ porter atteinte à, causer préjudice à (perjudicar) ‖ violer, enfreindre (ley, contrato).

vulva *f* ANAT vulve.

vulvar *adj* vulvaire.

vulvitis *f* MED vulvite.

w *f* w *m* (uve doble).
W abrev de *vatio* W, watt.
wagneriano, na [bagnerjano, na] *adj y s* wagnérien, enne.
wagon-lit *m* wagon-lit.
walkie-talkie *m* talkie-walkie, walkie-talkie.
walkiria [balkirja] *f* walkyrie (divinidad escandinava).
walkman *m* Walkman [nom déposé]; baladeur.
 — OBSERV Anglicisme qui peut être remplacé par *minimagnetófono, magnetófono de bolsillo* ou *minicasete*.
Wallis y Fortuna *n pr* GEOGR Wallis-et-Futuna.
wamba *f* Pataugas *m* [nom déposé].
wapití [wapiti] *m* ZOOL wapiti (ciervo).
warrant [wɔrənt] *m* COM warrant (recibo de depósito).
Washington *n pr* GEOGR Washington.
water ['wɑtɛ o bate] *m* FAM water (retrete).
water-closet; watercloset ['wɑtɛr'klɔzit] *m* water-closet, waters, W.C (retrete).
waterpolista *m y f* DEP joueur, euse de waterpolo.
water-polo; waterpolo ['wɔtə'polo] *m* water-polo (polo acuático).
watt [bat] *m* watt (vatio).
western [wɛstən] *m* western (película del Oeste).
Westfalia [bɛsˈfalia] *n pr f* GEOGR Westphalie.
Wh abrev de *Vatio-hora* Wh, wattheure.
whisky [wiski] *m* whisky (bebida).
whist [wist] *m* whist (juego de naipes).
winchester [winʃɛstər] *m* winchester (fusil de repetición).
windsurf *m* DEP planche *f* à voile, windsurf (tabla).
winsurfista *m y f* DEP véliplanchiste, planchiste.
Wisconsin *n pr* GEOGR Wisconsin.
wolframio [bɔlframjo] *m* wolfram (metal).
Wyoming *n pr* GEOGR Wyoming.

x *f* x *m* (equis) ǁ MAT x (incógnita y cifra romana) ǁ — *el señor X* monsieur X ǁ *rayos X* rayons X.
xenofilia *f* xénophilie.
xenófilo, la *adj y s* xénophile.
xenofobia *f* xénophobie.
xenófobo *adj* xénophobe.
xenón *m* QUÍM xénon (gas).
xerez *m* xérès, jerez (vino).
xerocopia *f* Xérocopie [nom déposé].
xerografía *f* xérographie.
xerografiar *v tr* xérographier.
xilófago, ga *adj y s m* ZOOL xilophage.
xilofonista *m y f* MÚS xylophoniste.
xilófono *m* MÚS xylophone (instrumento).
xilografía *f* xylographie.
xilográfico, ca *adj* xylographique.
xilógrafo, fa *m y f* xylographe.

Y

y *f y m* (i griega).

y *conj* et; *padre y madre* père et mère ‖ et, après, sur (repetición); *cartas y cartas* lettre sur lettre; *días y días* jour après jour, des jours et des jours ‖ *y eso que et pourtant; no está cansado, y eso que trabaja mucho* il n'est pas fatigué, et pourtant il travaille beaucoup.

ya *adv* **1.** TIEMPO déjà (más pronto de lo que se creía); *llegó ya* il est déjà arrivé; *ya he acabado* j'ai déjà fini; *ya lo sabía* je le savais déjà ‖ maintenant (ahora); *ya es rico* maintenant il est riche; *ya los días van siendo más largos* maintenant les jours allongent ‖ plus tard (más adelante); *ya hablaremos de eso* nous en parlerons plus tard ‖ voici, voilà (acción que empieza); *ya viene la primavera* voici le printemps ‖ avant, autrefois (antes); *ya venía por aquí a menudo* il venait souvent ici autrefois ‖ tout de suite, à l'instant (pronto) **2.** AFIRMACIÓN bien (insistencia); *ya lo creo* je crois bien, je pense bien; *ya lo sé* je sais bien ‖ voilà, ça y est, ah! (por fin) *ya me acuerdo* voilà, je me rappelle, ah! je me rappelle; *ya lo tengo* ça y est, je l'ai, ah! je l'ai ‖ oui, d'accord (cuando está solo); *mañana vendrás a mi casa* — ya demain tu viendras chez moi — d'accord **3.** LOCUCIONES Y EMPLEOS DIVERSOS *¡ya!* j'y suis!, je sais (estoy en ello), mais oui!, je sais! (no importa), d'accord (entendido) ‖ *¡ya caigo!* j'y suis! ‖ *¡ya está!* ça y est! ‖ *ya es hora* il est (grand), temps ‖ *ya es hora de que hubiera venido* à cette heure, il devrait être arrivé ‖ *ya es otra cosa* c'est tout à fait différent ‖ *ya mismo* tout de suite ‖ *ya no, no... ya ne... plus; ya no hace nada ahora* il ne fait plus rien maintenant; *eso ya no se hace* cela ne se fait plus ‖ *ya no... más que* ne... plus que; *ya no me queda más que un franco* il ne me reste plus qu'un franc ‖ *ya que* puisque, du moment que ‖ *ya se ve* ça se voit (bien) ‖ *ya veremos* nous verrons ‖ *ya ves* tu vois, tu vois bien ‖ *ya... ya* tantôt... tantôt (a veces) ‖ *ya... ya, ya sea... ya sea* soit... soit, que ce soit... ou; *ya en el campo, ya en casa* soit à la campagne, soit chez lui; que ce soit à la campagne ou chez lui ‖ *como que ya* étant donné que ‖ *pues ya* naturellement, bien sûr ‖ *si ya* pourvu que (con el subjuntivo en francés).

— OBSERV Très souvent *ya* ne sert qu'à renforcer l'idée exprimée par le verbe et ne se traduit pas en français (*ya voy* je viens, j'arrive).

yac *m* → **yack**.

yacente *adj* gisant, e ‖ *estatua yacente* gisant ‖ *herencia yacente* succession vacante *o* jacente.

◆ *m* MIN semelle *f* (cara inferior de un criadero).

yacer* *v intr* être étendu, e (estar tendido) ‖ gésir (los muertos) ‖ se trouver, être situé (estar en algún lugar) ‖ paître la nuit (los caballos) ‖ — *aquí yace* ci-gît (un muerto) ‖ *yacer con* partager sa couche avec.

yaciente *adj* gisant, e.

yacimiento *m* GEOL gisement.

yacht *m* yacht (yate).

yachting *m* yachting (navegación a vela).

yagual *m* (*amer*) tortillon (rodete).

yaguar *m* (*amer*) jaguar (animal).

yak; yac *m* yack, yak (búfalo).

Yakarta *n pr* GEOGR Jakarta, Djakarta.

Yalta *n pr* GEOGR Yalta; *conferencia de Yalta* conférence de Yalta.

yanqui *adj y s* FAM yankee.

yantar *m* (*ant*) nourriture *f*.

Yaoundé; Yaundé *n pr* GEOGR Yaoundé.

yarda *f* yard *m* (medida).

yate *m* yacht; *yate de motor* yacht à moteur.

yaya *f* (*amer*) bobo *m*, plaie (llaga) ‖ (*amer*) *dar yaya* donner une volée.

yayo, ya *m y f* FAM pépé, mémé.

ye *f* (*p us*) i grec *m* (letra i griega).

yedra *f* lierre *m* (planta).

yegua *f* jument ‖ (*amer*) mégot *m* (colilla del cigarro) ‖ femme vulgaire (mujer ordinaria).

yeguada *f* troupeau *m* de chevaux, manade ‖ (*amer*) ânerie, énormité (disparate).

Yenissei *n pr* GEOGR Ienisseï (río).

yeísmo *m* défaut de prononciation consistant à prononcer la lettre *ll* comme la *y*.

— OBSERV Le *yeísmo* est un phénomène très répandu en Espagne, en Amérique latine, particulièrement dans les pays du Río de la Plata et aux Antilles, ainsi qu'aux Philippines.

yeísta *adj* relatif, ive au «yeísmo».

yelmo *m* heaume ‖ *el yelmo de Mambrino* l'armet de Mambrin (Quijote).

yema *f* BOT & ZOOL bourgeon *m* (renuevo) ‖ jaune *m* d'œuf (del huevo) ‖ bout *m* (del dedo) ‖ petite confiserie [aux jaunes d'œuf] ‖ FIG crème, le meilleur *m* (lo mejor) ‖ milieu *m* (medio) ‖ *vinagre de yema* vinaigre fait avec le vin du milieu de la barrique ‖ *yema mejida* lait de poule.

Yemen (República del) *n pr* GEOGR République du Yémen.

yemení; yemenita *adj* yéménite.

◆ *m y f* Yéménite.

yen *m* yen (unidad monetaria del Japón).

yente *m los yentes y vinientes* les gens qui vont et viennent; les passants (en la calle).

yerba *f* herbe (hierba) ‖ (*amer*) maté *m* (yerba mate) ‖ POP herbe (marihuana).

yerbajo *m* mauvaise herbe *f*.

yerbatero, ra *adj (amer)* du maté; *industria yerbatera* industrie du maté.
- *m* y *f (amer)* planteur, euse de maté.
- *m (amer)* rebouteur, guérisseur (curandero).

yermo, ma *adj* désert, e (deshabitado) ‖ nu, nue (sin vegetación) ‖ sauvage, inculte (inculto) ‖ stérile.
- *m* désert (sitio deshabitado); *los padres del yermo* les pères du désert ‖ lande *f* (sitio inculto).

yerno *m* gendre, beau-fils (hijo político).

yerro *m* erreur *f*, faute *f*; *enmendar* ou *deshacer un yerro* réparer une erreur ‖ *yerro de imprenta* coquille, erratum, erreur d'imprimerie.
- *pl* erreurs *f* (extravíos).

yerto, ta *adj* raide (tieso) ‖ rigide (un cadáver) ‖ — *quedarse yerto* être saisi ‖ *yerto de frío* transi de froid (una persona), gourd, e (mano, dedos).

yesca *f* amadou *m* ‖ FIG aiguillon *m* (de una pasión) | stimulant *m* (incentivo) ‖ — FIG & FAM *arrimar yesca* donner une raclée ‖ *echar una yesca* battre le briquet.
- *pl* briquet *m* à amadou.

yesería *f* plâtrière, plâtrerie (fábrica de yeso).

yesero, ra *adj* du plâtre; *industria yesera* industrie du plâtre.
- *m* plâtrier.

yeso *m* gypse (mineral); *yeso en hierro de lanza* gypse fer de lance ‖ plâtre (polvo) ‖ plâtre (escultura) ‖ — *yeso blanco* fin plâtre ‖ *yeso de moldear* plâtre à modeler ‖ *yeso espejuelo* gypse ‖ *yeso mate* blanc d'Espagne ‖ *yeso negro* gros plâtre.

yesoso, sa *adj* gypseux, euse; *alabastro yesoso* albâtre gypseux ‖ plâtreux, euse; *terreno yesoso* sol plâtreux.

yeti *m* abominable homme des neiges, yeti.

ye-yé *adj* y *s* yé-yé.

yeyuno *m* ANAT jéjunum.

Yibuti (República de) *n pr f* GEOGR → **Djibuti (República de)**.

yiddish; yídish *m* yiddish.

yo *pron pers de 1.ª pers del sing* je; *yo soy* je suis ‖ moi; *yo me voy* moi, je m'en vais; *mi madre y yo* ma mère et moi ‖ — *soy yo el que hablo* ou *el que habla* c'est moi qui parle ‖ *yo, el rey* moi, le roi ‖ *yo mismo* moi-même ‖ *yo que usted* (moi) à votre place, si j'étais vous.
- *m* FILOS *el yo* le moi ‖ — ECLES *el Yo pecador* le je-confesse-à-Dieu (oración) ‖ FIG *entonar el Yo pecador* faire son mea-culpa.

— OBSERV L'espagnol n'exprimant d'ordinaire le pronom personnel sujet que pour insister, on traduira *yo* par *moi, je* plutôt que par *je* (*yo lo quiero* moi, je le veux).

yod *f* yod *m* (i griega).

yodado, da *adj* iodé, e.

yodo *m* QUIM iode (metaloide).

yoga *m* yoga.

yogui; yogi; yoghi *m* yogi (asceta).

yogur *m* yaourt, yogourt, yoghourt.

yogurtera *f* yaourtière.

yola *f* MAR yole.

Yom Kipur *n pr* Yom Kippour, Kippour.

yonqui *m* y *f* POP junkie, junky (consumidor de droga dura).

yoyo *m* yo-yo (juguete).

ypsilon *f* upsilon *m* (letra griega).

yuan *m* yuan (moneda china).

yuca *f* BOT yucca *m* (planta liliácea) | manioc *m* (mandioca).

Yucatán *n pr m* GEOGR Yucatán.

yudo *m* judo (lucha).

yudoka *m* y *f* judoka (luchador).

yugo *m* joug ‖ sommier (de campana) ‖ FIG joug; *sacudir el yugo* secouer le joug; *pasar por debajo del yugo* passer sous le joug ‖ MAR barre *f* d'arcasse.

Yugoslavia *n pr f* GEOGR Yougoslavie.

yugoslavo, va *adj* yougoslave.
- *m* y *f* Yougoslave.

yugular *adj* y *s f* ANAT jugulaire.

yumbo, ba *adj* y *s* Indien, enne de l'Est de l'Équateur.

yunque *m* enclume *m* ‖ FIG roc (persona firme) | bourreau de travail, bûcheur, euse (en el trabajo) ‖ ANAT enclume (del oído).

yunta *f* attelage *m*, paire [de bœufs, de mules, etc.] ‖ ouvrée (tierra labrada).

yuntería *f* bêtes *pl* de trait ou de labour ‖ étable (establo).

yuppie; yuppy *m* y *f* yuppie (profesional contestatario en su día y que ahora está en una situación económica acomodada).
— OBSERV pl *yuppies*.

yurta *f* yourte (choza).

yute *m* jute (materia textil).

yuxtaponer *v tr* juxtaposer.

yuxtaposición *f* juxtaposition.

yuxtapuesto, ta *adj* juxtaposé, e.

Z

z *f* z *m* (zeta, zeda); *una z mayúscula* un z majuscule.

zafacón *m* *(amer)* poubelle *f.*

zafada *f* MAR dégagement *m.*

zafar *v tr* MAR défaire, affranchir (soltar); *zafar un ancla* affranchir une ancre ‖ *(p us)* orner (adornar).
◆ *v intr* *(amer)* partir, s'en aller.
◆ *v pr* se sauver, s'esquiver (escaparse) ‖ FIG se dégager, se libérer (librarse); *zafarse de un compromiso* se libérer d'un engagement ǀ esquiver, éviter (evitar); *zafarse de una pejiguera* esquiver une corvée ǀ se dérober; *siempre que se le pide un favor trata de zafarse* chaque fois qu'on lui demande un service, il essaie de se dérober ǀ se tirer; *zafarse de una situación delicada* se tirer d'une situation délicate ǀ sauter (una correa) ǀ *(amer)* se démettre, se déboîter (un hueso).

zafarrancho *m* MAR branle-bas *inv*; *zafarrancho de combate* branle-bas de combat ‖ FIG & FAM bagarre *f* (riña).

zafiedad *f* grossièreté, rusticité.

zafio, fia *adj* grossier, ère; fruste, rustre.

zafiro *m* saphir.

zafo, fa *adj* MAR libre.

zaga *f* arrière *m*, derrière *m* (parte posterior) ‖ charge placée à l'arrière d'une voiture ‖ DEP arrières *m pl*, défense (fútbol) ‖ — *a la zaga, en zaga* en arrière; *quedar a la zaga* rester en arrière ‖ FIG *no irle a uno a la zaga* ou *en zaga* n'avoir rien à envier à quelqu'un, ne le céder en rien à quelqu'un ǀ *no quedarse* ou *no ir a la zaga* ne pas être en reste.
◆ *m* le dernier à jouer.

zagal *m* garçon, jeune homme, gars (adolescente) ‖ jeune berger, pâtre (pastor mozo).

zagala *f* jeune fille ‖ jeune bergère (pastora).

zagalón, ona *m y f* grand garçon, grand gars *(fam)*, grande fille.

Zagreb *n pr* GEOGR Zagreb.

zaguán *m* vestibule.

zaguero, ra *adj* qui est *o* reste en arrière.
◆ *m y f* DEP arrière.

zagüí *m* *(amer)* sagouin (mono).

zahareño, ña *adj* sauvage (intratable) ‖ hagard, e (ave de rapiña).

zaherimiento *m* critique *m*, blâme (represión) ‖ raillerie *f* (mofa).

zaherir* *v tr* critiquer, blâmer (reprender) ‖ railler (escarnecer) ‖ blesser, mortifier (mortificar).

zahorí *m* devin ‖ sourcier (de manantiales) ‖ FIG devin.

zaida *f* aigrette (ave).

Zaire *n pr m* GEOGR Zaïre.

zaireño, ña *adj* zaïrois, e.
◆ *m y f* Zaïrois, e.

zalama *f*; **zalamelé** *m*; **zalamería** *f* cajolerie *f*, flatterie *f* (cariño afectado).

zalamero, ra *adj y s* flatteur, euse (adulador) ‖ cajoleur, euse (engatusador).

zalea *f* peau de mouton.

zamacuco *m* FAM imbécile (hombre tonto) ǀ sournois (hombre solapado) ‖ FIG & FAM cuite *f* (borrachera).

zamarra *f* peau de mouton (piel de carnero) ‖ pelisse (vestidura hecha de piel).

zamarro *m* pelisse *f* (zamarra) ‖ peau *f* de mouton (piel de cordero) ‖ FIG & FAM rustre, balourd (hombre tosco) ǀ filou (hombre astuto).
◆ *pl* *(amer)* culotte *f* sing de cuir.

zambaigo, ga *adj* *(amer)* fils, fille de Noir et d'Indienne [et l'inverse]; *o* de Chinois et d'Indienne [et l'inverse].

Zambia *n pr f* GEOGR Zambie.

zambiano, na *adj* zambien, enne.
◆ *m y f* Zambien, enne.

zambo, ba *adj y s* cagneux, euse (de piernas torcidas) ‖ *(amer)* fils, fille de Noir et d'Indienne [ou l'inverse] ǀ mulâtre, esse (mulato).
◆ *m* babouin, zambo (mono).

zambomba *f* sorte de petit tambour rustique.
◆ *interj* sapristi!

zambombazo *m* FAM grand coup ǀ grand bruit ǀ coup de canon.

zambullida *f* plongeon *m* ‖ botte (treta de la esgrima) ‖ *darse una zambullida* se baigner, faire trempette.

zambullir* *v tr* plonger.
◆ *v pr* se baigner, faire trempette ‖ plonger, faire un plongeon (tirarse al agua de cabeza) ‖ FIG se plonger ǀ se cacher (esconderse).

zambumbia *f* *(amer)* espèce de tambour.

Zamora *n pr* GEOGR Zamora ‖ FIG *no se ganó Zamora en una hora* Paris ne s'est pas fait en un jour.

zamorano, na *adj y s* de Zamora.

zampa *f* pieu *m*, pilot *m* (estaca).
◆ *pl* pilotis *m sing*.

zampabodigos; zampabollos *m y f inv* FAM goinfre *m*, glouton, onne.

zampar *v tr* fourrer (meter) ‖ avaler, engloutir, engouffrer (tragar).
◆ *v pr* se fourrer (meterse de golpe en una parte).

zampatortas *m y f inv* FAM glouton, onne; goinfre *m* (tragón) ‖ FIG & FAM lourdaud, e (persona torpe).

zampón, ona *adj* goinfre, glouton, onne.

zanahoria *f* carotte (planta); *zanahoria rallada* carotte râpée.

zanca *f* patte (pierna de las aves) ‖ FIG & FAM échasse, guibolle (pierna) ‖ grande épingle (alfiler) ‖ TECN limon *m* (de una escalera) | échasse (de un andamio).

zancada *f* enjambée; *dar grandes zancadas* faire de grandes enjambées ‖ foulée (al correr) ‖ — *a zancadas* à grands pas ‖ FIG & FAM *en dos zancadas* en moins de deux, en deux temps trois mouvements ‖ *seguir las zancadas* rester dans la foulée.

zancadilla *f* croc-en-jambe *m*, croche-pied *m*, croche-patte *m* (fam); *echar la zancadilla, poner la zancadilla* faire un croc-en-jambe ‖ FIG piège *m* (trampa) ‖ FIG & FAM *echarlo* ou *ponerle a uno la zancadilla* tirer dans les jambes de quelqu'un (perjudicar).

zancadillear *v tr* faire un croc-en-jambe ‖ FIG tendre un piège (armar una trampa), tirer dans les jambes de (perjudicar).

zanco *m* échasse *f* (para andar).

zancón, ona *adj* qui a de longues jambes ‖ *(amer)* trop court, e (vestido).

zancudo, da *adj* qui a de longues jambes ‖ *las aves zancudas* les échassiers.
— *m (amer)* moustique (mosquito).
— *f pl* ZOOL échassiers *m*.

zángana *f* FAM fainéante, paresseuse (holgazana).

zanganada *f* FAM ânerie, sottise (necedad).

zanganear *v intr* FAM fainéanter.

zángano *m* faux-bourdon (insecto) ‖ FIG & FAM fainéant, paresseux (holgazán).

zangarriana *f* VETER tournis *m* (modorra) ‖ FAM petite misère, ennui *m* de santé, malaise *m* (achaque) ‖ FIG & FAM cafard *m* (tristeza).

zangarro *m (amer)* petit commerce.

zangolotear *v tr* agiter (mover).
— *v intr* FAM s'agiter, se démener.
— *v pr* s'agiter ‖ FAM branler (una puerta, etc.).

zangolotino, na *adj* y *s* FAM *niño zangolotino, niña zangolotina* grand dadais, grande sauterelle.

zangón *m* FAM grand dadais.

zangotear *v intr* → **zangolotear**.

zanguanga *f* FAM maladie simulée (enfermedad) | simagrée (remilgo) ‖ FAM *hacer la zanguanga* tirer au flanc.

zanguango, ga *adj* FAM mollasson, onne; flemmard, e.

zanja *f* fossé *m*, tranchée; *zanja de desagüe* tranchée d'écoulement ‖ tranchée (para los cimientos) ‖ fossé *m* (en una carretera) ‖ *(amer)* ravine (arroyada).

zanjar *v tr* creuser un fossé, ouvrir une tranchée (abrir zanjas) ‖ FIG lever, aplanir (un obstáculo) | trancher; *zanjar la dificultad* trancher la difficulté | régler; *zanjar un problema* régler un problème.

zanjón *m* grand fossé.

zanquear *v intr* marcher les jambes arquées.

zanquilargo, ga *adj* FAM à longues jambes.
— *m* y *f* FAM échalas *m*, grande perche *f*.

zapa *f* pelle de sapeur (pala de zapador) ‖ sape (trinchera) ‖ sapement *m* (acción de zapar) ‖ peau de squale (lija) ‖ — FIG *labor* ou *trabajo de zapa* travail de sape, travaux d'approche ‖ *piel de zapa* peau de chagrin.

zapallo *m (amer)* calebasse *f*.

zapapico *m* pioche *f*.

zapar *v tr* saper.

zaparrastroso, sa *adj* FAM → **zarrapastrón**.

zapata *f* TECN patin *m* (de oruga) | rondelle (arandela) ‖ ARQ support *m* ‖ MAR fausse quille ‖ semelle (del ancla) ‖ *(amer)* soubassement *m* (zócalo) ‖ *zapata de freno* sabot o patin de frein (exterior), mâchoire de frein (interior).

zapatazo *m* coup donné avec un soulier ‖ coup (golpe) ‖ FIG claquement (de una vela) ‖ — FIG *mandar a zapatazos* mener à la baguette | *tratar a zapatazos* traiter comme un chien.

zapateado *m* «zapateado» [danse espagnole].

zapatear *v tr* frapper du pied (en el suelo) ‖ FIG fouler aux pieds (pisotear).
— *v intr* piaffer (el caballo) ‖ claquer (las velas) ‖ frapper le sol en cadence, claquer des pieds (en el baile) ‖ s'entretailler (las caballerías) ‖ boutonner (en la esgrima).
— *v pr* FAM expédier (liquidar rápidamente) | se débarrasser de (quitarse de encima) ‖ FAM *saber zapateárselas* savoir se débrouiller.

zapateo *m* claquement des pieds (en el baile) ‖ claquettes *f pl* (con música de jazz) ‖ piaffement (del caballo).

zapatera *f* cordonnière.

zapatería *f* cordonnerie ‖ *zapatería de viejo* boutique de savetier.

zapatero, ra *adj* dur, e; racorni, e; coriace (carne) ‖ dur, e (legumbres) ‖ FAM *este bistec es zapatero* ce bifteck est dur comme de la semelle o de la corne.
— *m* y *f* marchand, e de chaussures.
— *m* cordonnier ‖ FAM capot (el que no hace baza); *dejar, quedarse zapatero* faire, être capot ‖ poisson qui vit dans les mers de l'Amérique tropicale (pez) ‖ — *zapatero a la medida* bottier ‖ *¡zapatero a tus zapatos!* cordonnier, tiens-t'en à ta chaussure! ‖ *zapatero de viejo* ou *remendón* savetier, cordonnier.

zapatiesta *f* FAM remue-ménage *m*; *armar una zapatiesta* faire du remue-ménage.

zapatilla *f* chausson *m* (zapato ligero); *zapatilla de baile* chausson de danse ‖ pantoufle, chausson *m* (para estar en casa) ‖ escarpin *m* de torero ‖ procédé *m* (billar) ‖ mouche (del florete) ‖ sabot *m* (pezuña) ‖ TECN rondelle.

zapatillero, ra *m* y *f* marchand de pantoufles ‖ pantouflier, ère; fabricant de pantoufles.

zapato *m* chaussure *f*, soulier; *un par de zapatos* un paire de chaussures; *zapatos de charol* souliers vernis; *zapatos altos* ou *abotinados* chaussures montantes ‖ — FIG & FAM *como suela de zapato* dur comme de la semelle ‖ FIG *hallar la horma de su zapato* trouver chaussure à son pied | *no llegarle a uno a la suela del zapato* ne pas arriver à la cheville de quelqu'un | *saber dónde le aprieta el zapato* savoir où le bât le blesse ‖ *zapatos tanque* chaussures à semelle compensée.

zapatón *m* FAM godillot, croquenot (zapato).

zape *m* FAM pédale *f*, tapette *f* (afeminado).
— *interj* pschtt!, ouste! (para ahuyentar a los gatos) ‖ *¡zape de aquí!* hors d'ici!.

zapear *v tr* chasser [un chat].

zapping *m inv* zapping ‖ *hacer zapping* zapper.

zar *m* tsar, tzar, czar.

zarabanda *f* MÚS sarabande ‖ FAM sarabande.
zarabandista *adj y s* danseur, euse de sarabande.
zaragate *m (amer)* voyou.
Zaragoza *n pr* GEOGR Saragosse.
zaragozano, na *adj* saragossain, e.
  ◆ *m y f* Saragossain, e.
  ◆ *m* calendrier qui donnait des prévisions météorologiques.
zaragüelles *m pl* culottes *f*, chausses *f* bouffantes.
zaranda *f* crible *m* (criba) ‖ passoire (colador) ‖ *(amer)* toupie d'Allemagne (trompo).
zarandajas *f pl* FAM balivernes, fariboles, vétilles, broutilles.
zarandear *v tr* cribler (pasar por la zaranda) ‖ *zarandear trigo* cribler du blé ‖ FIG secouer, agiter (sacudir) ‖ bousculer; *ser zarandeado por la multitud* être bousculé par la foule.
  ◆ *v pr (amer)* se dandiner.
zarandeo *m* criblage (con la zaranda) ‖ secouement, agitation *f* (meneo) ‖ *(amer)* dandinement (contoneo).
zarandillo *m* petit crible (zaranda) ‖ FIG & FAM personne *f* qui a la bougeotte.
zarape *m* poncho (sarape) ‖ FAM pédale *f*, tapette *f* (afeminado).
Zarathustra; Zoroastro *n pr* Zarathushtra, Zarathoustra, Zoroastre.
zaraza *f* indienne de coton (tela).
zarazo, za *adj (amer)* à moitié mûr, e (fruto).
zarcear *v tr* nettoyer, déboucher (las cañerías).
  ◆ *v intr* battre les buissons (el perro) ‖ FIG s'affairer (ajetrearse).
zarceño, ña *adj* des ronces.
zarcillo *m* boucle *f* d'oreille (pendiente) ‖ BOT vrille *f* ‖ sarcloir (escardillo).
zarco, ca *adj* bleu clair; *ojos zarcos* des yeux bleu clair.
zariano, na *adj* tsarien, enne; tzarien, enne.
zarina *f* tsarine, tzarine (esposa del zar).
zarismo *m* tsarisme, tzarisme.
zarista *adj* tsariste, tzariste.
zarpa *f* griffe, patte [armée de griffes] ‖ MAR levée de l'ancre ‖ FIG *echar la zarpa a* faire main basse sur.
zarpar *v intr* MAR lever l'ancre, démarrer ‖ *zarpar del puerto* quitter le port.
zarpazo *m* coup de griffe, de patte; *dar un zarpazo* donner un coup de patte.
zarposo, sa *adj* crotté, e.
zarrapastroso, sa; zarrapastrón, ona; zaparrastroso, sa *adj* FAM négligé, e; débraillé, e; mal ficelé, e.
  ◆ *m y f* personne *f* négligée.
zarza *f* BOT ronce ‖ *zarza ardiente* buisson ardent (en la Biblia).
zarzal *m* ronceraie *f*, roncier, roncière *f* ‖ buisson (matorral).
zarzaleño, ña *adj* des ronces.
zarzamora *f* mûre sauvage, mûre (fruto) ‖ ronce (zarza).
zarzaparrilla *f* BOT salsepareille.
zarzarrosa *f* BOT églantine.
zarzoso, sa *adj* couvert de ronces.

zarzuela *f* «zarzuela» (véase OPÉRETTE, 1.ª parte) ‖ CULIN «zarzuela» (plat de poisson avec une sauce relevée).
zarzuelero, ra *adj* de la «zarzuela».
  ◆ *m* auteur de «zarzuelas».
zarzuelista *m* auteur de «zarzuelas».
¡zas! *interj* pan!, vlan! (golpe).
zascandil *m* FAM fouineur (enredador) ‖ freluquet (mequetrefe).
zascandilear *v intr* FAM fouiner, mettre son nez partout (curiosear) ‖ musarder (vagar).
zedilla *f* cédille (letra antigua).
zéjel *m* «zejel» [composition poétique de l'Espagne médiévale, d'origine mozarabe].
zen *adj y s m inv* zen.
zenit *m* zénith (cenit).
zepelín *m* zeppelin (dirigible).
zeta *f z m* (letra) ‖ zêta *m* (letra griega).
Zeus *n pr* MIT Zeus.
zigoma *m* ANAT zygoma (hueso).
zigomático, ca *adj* ANAT zygomatique.
zigoto *m* BIOL zygote.
zigzag *m* zigzag ‖ *paso en zigzag* chicane (en un atrincheramiento, una tubería, etc.).
  — OBSERV pl *zigzags* ou *zigzagues*.
zigzaguear *v intr* zigzaguer, faire des zigzags.
zigzagueo *m* zigzag; *hacer zigzagueos* faire des zigzags.
Zimbabwe; Zimbabue *n pr m* GEOGR Zimbabwe.
zinc *m* zinc (cinc).
zíngaro *m* zingaro.
zíper *m (amer)* fermeture *f* Éclair.
zipizape *m* FAM bagarre *f*.
ziszás *m* zigzag.
zócalo *m* ARQ soubassement (de un edificio) ‖ socle (pedestal) ‖ plinthe *f* (en la parte inferior de una pared) ‖ GEOL socle.
  — OBSERV Au Mexique, on donne le nom de *zócalo* à la partie centrale de la grand-place de certaines villes et par extension à la place tout entière.
zocato, ta *adj y s* gaucher, ère (zurdo).
zoco, ca *adj y s* gaucher, ère (zurdo).
  ◆ *m* souk (mercado marroquí).
zodiacal *adj* ASTR zodiacal, e.
zodíaco *m* ASTR zodiaque.
zombi; zombie *m y f* zombi, zombie *m*.
zona *f* zone; *zona glacial, templada, tórrida* zone glaciale, tempérée, torride ‖ région; *zona vinícola* région vinicole ‖ MED zona *m* ‖ — *zona azul* zone bleue ‖ MAR *zona batial* zone bathyale ‖ *zona catastrófica* zone à risques ‖ *zona de ensanche* zone d'urbanisation o d'extension urbaine ‖ *zona del dólar, del franco, de la libra esterlina* zone dollar, franc, sterling ‖ *zona de libre cambio* ou *de libre comercio* zone de libre échange ‖ *zona de peligro* zone dangereuse ‖ *zona edificada* ou *urbana* agglomération urbaine ‖ *zona monetaria* zone monétaire ‖ *zona franca* zone franche ‖ *zona fronteriza* zone frontière ‖ *zona neutra* ligne neutre [d'un aimant] ‖ *zonas verdes* espaces verts (en una ciudad).
zonal *adj* zonal, e.
zoo *m* zoo (parque zoológico).
zoobiología *f* zoobiologie.
zoofilia *f* zoophilie.

zoófilo, la *adj* y *s* zoophile.
zoofobia *f* zoophobie.
zoolatría *f* zoolâtrie.
zoología *f* zoologie.
zoológico, ca *adj* zoologique ‖ *parque zoológico* parc zoologique, zoo.
zoólogo, ga *m* y *f* zoologiste, zoologue.
zoom *m* FOT zoom.
zoomorfismo *m* zoomorphisme.
zootecnia *f* zootechnie.
zootécnico, ca *adj* y *s* zootechnicien, enne.
zopenco, ca *adj* y *s* FAM abruti, e; cruche *f*, nouille *f*, gourde *f*.
zopilote *m* urubu (ave de rapiña).
zopo, pa *adj* contrefait, e; bancroche (contrahecho) ‖ gauche (torpe).
zoquete *m* morceau de bois (de madera) ‖ quignon (de pan) ‖ FIG & FAM cruche *f*, empoté, e; gourde *f* (persona estúpida).
zorito, ta *adj* sauvage ‖ *paloma zorita* biset.
Zoroastro *n pr* → **Zarathustra.**
zorollo *adj m* *trigo zorollo* blé coupé en herbe.
zorra *f* ZOOL renard *m* (macho), renarde (hembra) ‖ FIG & FAM cuite (borrachera); *coger una zorra* attraper une cuite | garce, grue, fille de mauvaise vie (prostituta) | renard *m*, homme rusé ‖ chariot *m*, fardier (carro) ‖ POP *no tener ni zorra* ou *ni zorra idea* n'en savoir fichtre rien.
zorrastrón, ona *adj* matois, e; rusé, e; roué, e.
◆ *m* fin renard, vieux renard (hombre).
◆ *f* fine mouche (mujer).
zorrear *v intr* FAM ruser (ser astuto) | mener une vie de débauche.
zorrera *f* renardière (madriguera) ‖ FIG pièce enfumée.
zorrería *f* FAM ruse, astuce, roublardise (astucia) | cochonnerie (guarrería).
zorrero, ra *adj* lourd, e; lent, e (barco) ‖ rusé, e; astucieux, euse (astuto) ‖ lambin, e; traînard, e (lento, remolón) ‖ *perro zorrero* fox-terrier, fox.
zorrillo *m* renardeau.
zorro *m* renard (raposo) ‖ FIG & FAM vieux o fin renard, rusé compère (astuto) | flemmard, tire-au-flanc (perezoso) ‖ *(amer.)* mouffette *f* ‖ FIG & POP *estar hecho unos zorros* être sur les rotules.
◆ *pl* époussette *f sing* (sacudidor) ‖ — FIG & FAM *hacerse el zorro* faire l'idiot ‖ *zorro azul* renard bleu.
zorrón *m* FAM cuite *f* (borrachera) | fin *o* vieux renard (hombre astuto) | grue *f*, garce *f* (prostituta).
zorrona *f* FAM grue, garce, fille de joie.
zorruno, na *adj* de renard ‖ FIG & FAM *oler a zorruno* sentir le fauve.
zorzal *m* litorne *f*, grive *f* (ave) ‖ FIG fin renard (hombre astuto) ‖ *zorzal marino* sorte de labre (pez).
zozobra *f* chavirement *m* (vuelco) ‖ naufrage *m* (naufragio) ‖ FIG inquiétude, angoisse, anxiété; *vivir en una perpetua zozobra* vivre dans une angoisse continuelle.
zozobrar *v intr* MAR chavirer (volcarse) | sombrer, couler (irse a pique) ‖ FIG sombrer.
zuavo *m* zouave.
zueco *m* sabot (de madera) ‖ galoche *f* (de cuero con suela de madera).

zulo *m* cache *f*, planque *f* [d'armes].
zulú *adj* zoulou.
◆ *m pl* Zoulous.
zumbador, ra *adj* bourdonnant, e.
zumbar *v intr* bourdonner, tinter; *me zumban los oídos* mes oreilles bourdonnent, les oreilles me tintent ‖ bourdonner, vrombir (los insectos) ‖ ronfler, vrombir (motor, peonza) ‖ — FAM *ir zumbando* filer, aller en quatrième vitesse | *¡y zumbando!* et que ça saute!
◆ *v tr* FAM flanquer; *zumbarle una bofetada a uno* flanquer une gifle à quelqu'un | flanquer une raclée (pegar) | railler (burlarse) ‖ *(amer.)* jeter.
◆ *v pr* FAM se taper dessus, se donner des coups (pegarse).
zumbido *m* bourdonnement, tintement; *zumbido de oídos* bourdonnement d'oreille ‖ bourdonnement, vrombissement (insectos) ‖ ronflement, vrombissement (motor, peonza).
zumbón, ona *adj* FAM moqueur, euse (burlón) | sémillant, e (vivaracho) | cocasse (divertido).
zumo *m* jus; *zumo de limón* jus de citron ‖ suc (de ciertas plantas) ‖ — FIG *sacarle el zumo a uno* presser quelqu'un comme un citron ‖ *zumo de cepas* ou *de parras* jus de la treille.
zunchar *v tr* fretter.
zuncho *m* frette *f*, virole *f* (anillo de metal).
zurcido *m* raccommodage, ravaudage (acción de zurcir) ‖ reprise *f*; *hacer un zurcido a un calcetín* faire une reprise à une chaussette ‖ stoppage (invisible); *zurcido de una media* stoppage d'un bas ‖ rentraiture *f* (de un tapiz) ‖ FIG *un zurcido de mentiras* un tissu de mensonges.
zurcidor, ra *m* y *f* raccommodeur, euse; ravaudeur, euse ‖ stoppeur, euse (de zurcido invisible) ‖ FIG *zurcidor de voluntades* entremetteur.
zurcir *v tr* raccommoder, repriser; *zurcir calcetines* repriser des chaussettes ‖ stopper; *zurcir una media* stopper un bas ‖ ravauder (lo muy roto) | rentraire (un tapiz) ‖ FIG tisser; *zurcir mentiras* tisser des mensonges ‖ — FIG & FAM *¡anda y que te zurzan!* va-t'en au diable!, va te faire fiche! ‖ FIG *zurcir voluntades* s'entremettre.
zurdazo *m* DEP tir du gauche (fútbol).
zurdo, da *adj* gauche; *mano zurda* main gauche.
◆ *adj* y *s* gaucher, ère; *es zurdo* il est gaucher ‖ *(amer.)* POP gaucho (de izquierdas) ‖ FIG & FAM *no ser zurdo* ne pas être manchot, ne pas être embarrassé de ses dix doigts.
◆ *f* gauche, main gauche (mano).
zurear *v intr* roucouler (la paloma).
zureo *m* roucoulement (arrullo).
Zúrich *n pr* GEOGR Zurich ‖ *lago de Zúrich* lac de Zurich.
zurito, ta *adj* sauvage ‖ *paloma zurita* biset (de color apizarrado), ramier (torcaz).
zuro, ra *adj* sauvage (paloma).
◆ *m* rafle *f* (del maíz).
zurra *f* TECN corroyage *m*, corroi *m*, drayage *m* (del cuero) | corroierie (arte del zurrador) ‖ FIG & FAM raclée, volée (paliza) | bagarre (contienda).
zurrador *m* corroyeur.
zurrar *v tr* corroyer, drayer (el cuero) ‖ FIG & FAM flanquer une raclée à, rosser (pegar) | malmener (tratar con dureza) | fouetter (con azotes) ‖ FAM *zurrar la badana a uno* tanner le cuir à quelqu'un,

passer quelqu'un à tabac, secouer les puces à quelqu'un (pegar), éreinter (con palabras).

◆ *v pr* FAM faire dans sa culotte (irse del vientre o tener temor) ‖ FAM *zurrarse la badana* se taper dessus.

zurriagar *v tr* fouetter.

zurriagazo *m* coup de fouet (golpe) ‖ FIG coup du sort, malheur (desgracia).

zurrido *m* coup de bâton (golpe) ‖ bruit confus (sonido).

zurrón *m* gibecière *f*, panetière *f* (bolsa de pastor) ‖ sac de cuir (de cuero) ‖ écorce *f* de certains fruits (cáscara).

zurullo *m* POP crotte *f* (excremento).

zurupeto *m* FAM courtier marron.

Zutano, na *m y f* FAM Untel, Unetelle; *fulano, mengano y zutano* Untel, Untel et Untel.

— OBSERV Le substantif *zutano* ne s'emploie qu'à la suite des mots *fulano* et *mengano* pour indiquer une personne dont on ignore le nom.

¡zuzo! *interj* allez coucher! (para espantar al perro), ici! (para contenerlo).

I

LOCUTIONS ET PROVERBES FRANÇAIS — LOCUTIONS ET PROVERBES ESPAGNOLS ÉQUIVALENTS

A

A beau mentir qui vient de loin	De luengas tierras, luengas mentiras
À bon chat, bon rat	Donde las dan las toman
À bon entendeur salut	Al buen entendedor, pocas palabras bastan
À bon vin point d'enseigne	El buen paño en el arca se vende
À chaque jour suffit sa peine	A cada día su afán
À la guerre comme à la guerre	Cual el tiempo tal el tiento
À l'impossible nul n'est tenu	Nadie está obligado a lo imposible
À l'œuvre on reconnaît le maître	Por la muestra se conoce el paño
À malin, malin et demi	A pícaro, pícaro y medio
À père avare fils prodigue	A padre ganador, hijo gastador
À quelque chose malheur est bon	No hay mal que por bien no venga
À tout seigneur tout honneur	A tal señor, tal honor
Abondance de biens ne nuit jamais	Lo que abunda no daña
Aide-toi, le Ciel t'aidera	A Dios rogando y con el mazo dando
Aller de mal en pis	Ir de mal en peor
Aller droit au but	Ir al grano
Appeler un chat un chat	Llamar al pan pan y al vino vino
Après la pluie, le beau temps	Después de la tempestad, viene la calma
Arriver à point nommé	Venir como anillo al dedo
Au royaume des aveugles, les borgnes sont rois	En tierra de ciegos, el tuerto es rey
Aussitôt dit, aussitôt fait	Dicho y hecho
Autant en emporte le vent	Lo que el viento se llevó
Autres temps, autres mœurs	A nuevos tiempos, nuevas costumbres
Aux grands maux les grands remèdes	A grandes males grandes remedios
Avoir deux poids et deux mesures	Aplicar la ley del embudo
Avoir du plomb dans l'aile	Llevar plomo en el ala
Avoir la corde au cou	Estar con la cuerda al cuello
Avoir la langue bien pendue	No tener pelos en la lengua
Avoir la puce à l'oreille	Tener la mosca detrás de la oreja
Avoir le compas dans l'œil	Tener ojo de buen cubero
Avoir le pied à l'étrier	Estar con el pie en el estribo
Avoir les nerfs en boule	Estar hecho un manojo de nervios
Avoir les yeux plus grands que le ventre	Llenar antes el ojo que la tripa
Avoir quelqu'un dans le nez	Tener entre ojos a uno
Avoir un œil qui dit zut à l'autre	Tener un ojo aquí y el otro en Pekín
Avoir une faim de loup	Tener un hambre canina

BC

Bien faire et laisser dire	Obras son amores, que no buenas razones
Bien mal acquis ne profite jamais	Bienes mal adquiridos a nadie han enriquecido
Bon chien chasse de race	De casta le viene al galgo el ser rabilargo
Casser les pieds à quelqu'un	Dar la lata a alguien
Ce n'est pas aux vieux singes qu'on apprend à faire la grimace	A perro viejo no hay tus tus
Ce n'est pas du gâteau	Es tela marinera
Ce n'est pas la mer à boire	No es cosa del otro jueves

Ce qui est fait est fait	Agua pasada no muele molino
C'est bonnet blanc et blanc bonnet	Olivo y aceituno todo es uno
C'est clair comme de l'eau de roche	Es más claro que el agua
C'est du pareil au même	Da lo mismo que lo mismo da
C'est en forgeant qu'on devient forgeron	Machacando se aprende el oficio
C'est la croix et la bannière	Es la cruz y los ciriales
C'est la goutte d'eau qui fait déborder le vase	Es la gota que colma el vaso
C'est toujours cela de pris	Menos da una piedra
C'est un échange de bons procédés	Amor con amor se paga
C'est une autre paire de manches	Eso es harina de otro costal
Chacun pour soi et Dieu pour tous	Cada uno en su casa y Dios en la de todos
Chaque chose en son temps	Cada cosa a su tiempo, y los nabos en adviento
Charbonnier est maître chez soi	Cada cual es rey en su casa
Charité bien ordonnée commence par soi-même	La caridad bien entendida empieza por uno mismo
Chassez le naturel, il revient au galop	Genio y figura hasta la sepultura
Chat échaudé craint l'eau froide	Gato escaldado del agua fría huye
Chercher midi à quatorze heures	Buscar tres pies al gato
Chercher une aiguille dans une botte de foin	Buscar una aguja en un pajar
Chose promise, chose due	Lo prometido es deuda
Comme on fait son lit, on se couche	Como cebas, así pescas
Comme un chien dans un jeu de quilles	Como los perros en misa
Connais-toi toi-même	Conócete a ti mismo
Couler de source	Caer de su peso
Coûter les yeux de la tête	Costar un ojo de la cara
Crier quelque chose sur les toits	Dar un cuarto al pregonero
Croire dur comme fer	Creer a pie juntillas

DE

De deux maux il faut choisir le moindre	Del mal, el menos
Découvrir le pot aux roses	Descubrir el pastel
Des goûts et des couleurs, on ne discute pas	Sobre gustos no hay nada escrito
Déshabiller Pierre pour habiller Paul	Desnudar a un santo para vestir a otro
Deux avis valent mieux qu'un	Cuatro ojos ven más que dos
Dévorer quelqu'un des yeux	Comerse con los ojos a uno
Dire ses quatre vérités à quelqu'un	Decirle a uno las verdades del barquero
Dis-moi qui tu hantes, je te dirai qui tu es	Dime con quien andas y te diré quién eres
Diviser pour régner	Divide y vencerás
Donner des coups d'épée dans l'eau	Martillar en hierro frío
En avoir plein le dos	Estar hasta la coronilla
En avril ne te découvre pas d'un fil	En abril, aguas mil
En être de sa poche	Poner de su bolsillo
En faire voir de toutes les couleurs	Hacérselas pasar moradas
En moins de deux	En menos que canta un gallo
En un clin d'œil	En un abrir y cerrar de ojos
En un tour de main	Como quien se bebe un vaso de agua
En voir de toutes les couleurs	Pasar la de Dios es Cristo
En voir des vertes et des pas mûres	Pasarlas moradas
Enfoncer une porte ouverte	Descubrir la pólvora
Entre chien et loup	Entre dos luces
Entre l'arbre et l'écorce il ne faut pas mettre le doigt	Entre padres y hermanos no metas las manos
Entrer comme dans un moulin	Entrar como Pedro por su casa
Entrer par une oreille et sortir par l'autre	Entrar por un oído y salir por el otro
Et quand on désespère, on espère toujours	La esperanza es lo último que se pierde
Être assis entre deux chaises	Estar entre dos aguas
Être au bout du rouleau	Acabársele a uno la cuerda

III

Être beau comme un dieu	Ser hermoso como un ángel
Être comme les deux doigts de la main	Ser uña y carne
Être comme un poisson dans l'eau	Estar como el pez en el agua
Être connu comme le loup blanc	Ser más conocido que la ruda
Être entre l'enclume et le marteau	Estar entre la espada y la pared
Être gai comme un pinson	Estar como unas Pascuas
Être haut comme trois pommes	No levantar dos pies del suelo
Être maigre comme un clou	Estar en los huesos
Être malade comme un chien	Estar más malo que los perros
Être plus mort que vif	Estar con el alma en un hilo
Être plus royaliste que le roi	Ser más papista que el papa
Être sage comme une image	Ser bueno como un ángel
Être sourd comme un pot	Ser más sordo que una tapia
Être sur la corde raide	Andar en la cuerda floja
Être sur des charbons ardents	Estar en ascuas
Être suspendu aux lèvres de quelqu'un	Estar ensimismado con el discurso de alguien
Être tiré à quatre épingles	Estar de punta en blanco
Être tombé de la dernière pluie	Haberse caído del nido
Être vieux comme le monde	Ser más viejo que el andar a pie

F

Faire contre mauvaise fortune bon cœur	Poner a mal tiempo buena cara
Faire des châteaux en Espagne	Hacer castillos en el aire
Faire des économies de bouts de chandelle	Hacer economías de chicha y nabo
Faire dresser les cheveux sur la tête	Poner los pelos de punta
Faire d'une pierre deux coups	Matar dos pájaros de un tiro
Faire la pluie et le beau temps	Ser el amo del cotarro
Faire l'effet d'une douche froide	Caer como un jarro de agua fría
Faire quelque chose comme un pied	Hacer una cosa con los pies
Faire quelque chose en quatrième vitesse	Hacer una cosa a uña de caballo
Faire tout de travers	No dar pie con bola
Faire venir l'eau à son moulin	Arrimar el ascua a su sardina
Fais ce que tu dois, advienne que pourra	Haz bien y no mires a quien
Faute de grives on mange des merles	A falta de pan buenas son tortas
Finir en eau de boudin	Volverse agua de cerrajas
Fourrer son nez partout	Meterse en camisa de once varas

G H

Grand bien lui fasse!	Con su pan se lo coma
Heureux au jeu, malheureux en amour	Afortunado en el juego, desgraciado en amores
Honni soit qui mal y pense	Malhaya el que mal piense

I

Il est plus facile de dire que de faire	Del dicho al hecho hay mucho trecho
Il faut battre le fer quand il est chaud	Al hierro candente batir de repente
Il faut de tout pour faire un monde	De todo hay en la viña del Señor
Il faut en prendre et en laisser	De dinero y calidad, la mitad de la mitad

IV

Il faut rendre à César ce qui est à César et à Dieu ce qui est à Dieu	Hay que dar a Dios lo que es de Dios y al César lo que es del César
Il faut toujours garder une poire pour la soif	Quien guarda, halla
Il ment comme il respire	Miente más que habla
Il ne faut pas dire: «Fontaine, je ne boirai pas de ton eau»	Nadie diga «de esta agua no beberé»
Il ne faut pas lâcher la proie pour l'ombre	Más vale malo conocido que bueno por conocer
Il ne faut pas remettre au lendemain ce que l'on peut faire le jour même	No dejes para mañana lo que puedas hacer hoy
Il ne faut pas réveiller le chat qui dort	Peor es meneallo
Il ne faut pas se fier aux apparences	Una buena capa todo lo tapa
Il ne faut pas vendre la peau de l'ours avant de l'avoir tué	No hay que vender la piel del oso antes de haberlo matado
Il n'est pire aveugle que celui qui ne veut pas voir	No hay peor ciego que el que no quiere ver
Il n'est pire eau que l'eau qui dort	Del agua mansa me libre Dios, que de la brava me guardaré yo
Il n'est pire sourd que celui qui ne veut pas entendre	No hay peor sordo que el que no quiere oír
Il n'est point de sot métier	No hay oficio malo
Il n'y a pas âme qui vive	No hay ni un alma
Il n'y a pas de fumée sans feu	Cuando el río suena agua lleva
Il n'y a pas de petites économies	Un grano no hace granero, pero ayuda al compañero
Il n'y a pas de roses sans épines	No hay rosa sin espinas
Il n'y a pas un chat	No hay ni un gato
Il n'y a que la vérité qui blesse	Sólo la verdad ofende
Il n'y a que le premier pas qui coûte	En la vida, todo es empezar
Il n'y a rien de nouveau sous le soleil	No hay nada nuevo bajo el sol
Il passera de l'eau sous les ponts	Habrá llovido para entonces
Il vaut mieux avoir affaire à Dieu qu'à ses saints	Más vale irse al tronco, que no a las ramas
Il vaut mieux être seul que mal accompagné	Más vale estar solo que mal acompañado
Il y a anguille sous roche	Hay gato encerrado
Il y a loin de la coupe aux lèvres	De la mano a la boca se pierde la sopa
Il y a un commencement à tout	Principio quieren las cosas
Il y avait quatre pelés et un tondu	Había cuatro gatos
Ils sont tous à mettre dans le même sac	Son lobos de una misma camada

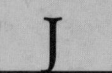

Jamais avare ne fut riche	La avaricia es la mayor de las pobrezas
Jamais beau parler n'écorche la langue	El hablar bien no cuesta dinero
Jamais deux sans trois	No hay dos sin tres
Jeter de l'huile sur le feu	Echar leña al fuego
Jeter le manche après la cognée	Echar la soga tras el caldero
Jeter l'argent par les fenêtres	Tirar la casa por la ventana
Jeux de mains, jeux de vilains	Juegos de manos, juegos de villanos
Jurer ses grands dieux	Jurar por todos los dioses

L

La caque sent toujours le hareng	La cabra tira al monte
La critique est aisée mais l'art est difficile	Una cosa es enhebrar, otra es dar puntadas
La faim fait sortir le loup du bois	A la fuerza ahorcan
La fin justifie les moyens	El fin justifica los medios

V

La fortune vient en dormant	La fortuna viene durmiendo
La nuit porte conseil	Hay que consultar con la almohada
La nuit tous les chats sont gris	De noche todos los gatos son pardos
La parole est d'argent, le silence est d'or	La palabra es plata y el silencio oro
La raison du plus fort est toujours la meilleure	Allá van leyes donde quieren reyes
La vérité sort de la bouche des enfants	No hay más que los niños y los locos que dicen las verdades
L'appétit vient en mangeant	El comer y el rascar, todo es empezar
L'argent n'a pas d'odeur	El dinero no tiene olor
Laver son linge sale en famille	Lavar la ropa sucia en casa
Le loup mourra dans sa peau	Muda el lobo los dientes, y no las mientes
Le malheur des uns fait le bonheur des autres	Mal de muchos, consuelo de tontos
Le mieux est l'ennemi du bien	Lo mejor es enemigo de lo bueno
Le monde appartient à celui qui se lève tôt	A quien madruga Dios le ayuda
Le roi est mort, vive le roi!	A rey muerto, rey puesto
Le soleil luit pour tout le monde	El sol sale para todo el mundo
Le sort en est jeté	La suerte está echada
Le temps, c'est de l'argent	El tiempo es oro
L'échapper belle	Librarse de una buena
Lécher les bottes de quelqu'un	Bailarle el agua a uno
L'enfer est pavé de bonnes intentions	El infierno está empedrado de buenas intenciones
Les absents ont toujours tort	Ni ausente sin culpa, ni presente sin disculpa
Les bons comptes font les bons amis	Las cuentas claras y el chocolate espeso
Les cordonniers sont les plus mal chaussés	En casa del herrero cuchillo de palo
Les jours se suivent et ne se ressemblent pas	No todos los días son iguales
Les loups ne se mangent pas entre eux	Un lobo a otro no se muerden
Les murs ont des oreilles	Las paredes oyen
Les paroles s'envolent, les écrits restent	Las palabras se las lleva el viento
Les petits ruisseaux font les grandes rivières	Muchos pocos hacen un mucho
Les yeux sont le miroir de l'âme	Los ojos son el espejo del alma
L'espoir fait vivre	De esperanza vive el hombre
L'exception confirme la règle	No hay regla sin excepción
L'habit ne fait pas le moine	El hábito no hace al monje
L'homme est un loup pour l'homme	El hombre es un lobo para el hombre
L'homme propose et Dieu dispose	El hombre propone y Dios dispone
L'occasion fait le larron	La ocasión hace al ladrón
Loin des yeux, loin du cœur	Ojos que no ven, corazón que no siente
L'oisiveté est mère de tous les vices	La ociosidad es madre de todos los vicios

Mains froides, cœur chaud	Manos frías, corazón ardiente
Manger comme quatre	Comer como una lima sorda
Manger du bout des lèvres	Comer sin ganas
Mauvaise herbe croît toujours	Bicho malo nunca muere
Méfiance est mère de sûreté	Piensa mal y acertarás
Mener la danse	Llevar la batuta
Mener une vie de chien	Llevar una vida de perros
Mettre la charrue avant les bœufs	Empezar la casa por el tejado
Mettre le couteau sous la gorge	Poner el puñal en el pecho
Mettre les pieds dans le plat	Meter la pata hasta el corvejón
Mettre son grain de sel	Echar su cuarto a espadas
Mettre tous ses œufs dans le même panier	Jugárselo todo a una carta
Mieux vaut prévenir que guérir	Más vale prevenir que curar
Mieux vaut tard que jamais	Más vale tarde que nunca
Monter sur ses grands chevaux	Subirse a la parra

N

Nager entre deux eaux	Nadar entre dos aguas
Naître sous une bonne étoile	Nacer con buena estrella
N'avoir ni foi ni loi	No tener ni rey ni roque
N'avoir ni queue ni tête	No tener ni pies ni cabeza
Ne craindre ni Dieu ni le diable	No temer ni a Dios ni al diablo
Ne faire ni une ni deux	No pararse en barras
Ne pas avoir froid aux yeux	Tener más valor que un torero
Ne pas avoir les yeux dans sa poche	No tener telarañas en los ojos
Ne pas être tombé de la dernière pluie	No haber nacido ayer
Ne pas pouvoir sentir quelqu'un	Tener a uno entre ceja y ceja
Ne pas savoir sur quel pied danser	No saber a qué son bailar
Ne pas souffler mot	No decir ni pío
Ne pas tenir debout	No tenerse en pie
Ne pas tomber dans l'oreille d'un sourd	No caer en saco roto
Ne pas y aller de main morte	No andarse con chiquitas
Ne pas y aller par quatre chemins	No andarse con rodeos
Nécessité fait loi	La necesidad carece de ley
Noblesse oblige	Nobleza obliga
Nul n'est censé ignorer la loi	La ignorancia de la ley no excusa su cumplimiento
Nul n'est parfait	Quien no cojea, renquea
Nul n'est prophète en son pays	Nadie es profeta en su tierra

O

Œil pour œil, dent pour dent	Ojo por ojo, diente por diente
On entendrait une mouche voler	No se oye ni una mosca
On lui donnerait le bon Dieu sans confession	Parece que no ha roto un plato en su vida
On n'a rien sans rien	No hay atajo sin trabajo
On ne peut demander l'impossible	No se puede pedir peras al olmo
On ne peut être à la fois au four et au moulin	No se puede estar en misa y repicando
On ne peut être juge et partie	Nadie puede ser juez en causa propia
On ne peut ménager la chèvre et le chou	No se puede nadar y guardar la ropa
On n'est jamais si bien servi que par soi-même	Si quieres ser bien servido, sírvete a ti mismo
On peut tous les mettre dans le même panier	Están todos cortados por el mismo patrón
On reconnaît l'arbre à ses fruits	Por el fruto se conoce el árbol
Ouvrir les yeux comme des soucoupes	Abrir los ojos como platos

P

Paris ne s'est pas fait en un jour	No se ganó Zamora en una hora
Parler à mots couverts	Hablar a medias palabras
Parlons peu mais parlons bien	Hablemos poco y bien
Pas de nouvelles, bonnes nouvelles	Las malas noticias llegan las primeras
Patience et longueur de temps font plus que force ni que rage	Con paciencia se gana el cielo
Pauvreté n'est pas vice	Pobreza no es vileza
Payer les pots cassés	Pagar los platos rotos
Payer rubis sur l'ongle	Pagar a toca teja
Péché avoué est à demi pardonné	Pecado confesado es medio perdonado
Perdre les pédales	Perder los estribos

VII

Petit à petit l'oiseau fait son nid	Poquito a poco hila la vieja el copo
Pierre qui roule n'amasse pas mousse	Piedra movediza nunca moho cobija
Pousser les hauts cris	Poner el grito en el cielo
Prendre la balle au bond	Coger la ocasión por los pelos
Prendre la clef des champs	Tomar las de Villadiego
Prendre la main dans le sac	Coger con las manos en la masa
Prendre la poudre d'escampette	Poner pies en polvorosa
Propre comme un sou neuf	Limpio como los chorros del oro

Q R

Quand l'arbre est tombé, tout le monde court aux branches	Del árbol caído todos hacen leña
Quand le chat n'est pas là, les souris dansent	Cuando el gato no está, los ratones bailan
Quand le vin est tiré, il faut le boire	A lo hecho pecho
Quand les poules auront des dents	Cuando las ranas críen pelos
Quand on parle du loup, on en voit la queue	Hablando del rey de Roma, por la puerta asoma
Quand on veut noyer son chien, on dit qu'il a la rage	Quien a su perro quiere matar, rabia le ha de levantar
Qui aime bien châtie bien	Quien bien te quiere te hará llorar
Qui cherche trouve	Quien busca halla
Qui ne dit mot consent	Quien calla otorga
Qui ne risque rien n'a rien	Quien no se arriesga no pasa el mar
Qui paie ses dettes s'enrichit	Quien debe y paga no debe nada
Qui peut le plus peut le moins	Quien puede lo más, puede lo menos
Qui se ressemble s'assemble	Cada oveja con su pareja
Qui se sent morveux se mouche	Quien se pica, ajos come
Qui sème le vent récolte la tempête	Quien siembra vientos recoge tempestades
Qui s'y frotte s'y pique	El que juega con fuego se quema
Qui trop embrasse mal étreint	Quien mucho abarca poco aprieta
Qui va à la chasse perd sa place	Quien fue a Sevilla perdió su silla
Qui veut voyager loin ménage sa monture	A camino largo, paso corto
Qui vivra verra	Vivir para ver
Qui vole un œuf vole un bœuf	Quien hace un cesto, hará ciento
Regarder avec des yeux de merlan frit	Mirar con ojos de carnero degollado
Regarder où on met les pieds	Andar con pies de plomo
Remettre quelqu'un à sa place	Pararle a uno los pies
Remuer ciel et terre	Remover Roma con Santiago
Rendre à quelqu'un la monnaie de sa pièce	Pagarle a uno con la misma moneda
Renvoyer aux calendes grecques	Dejar para las calendas griegas
Rester sur sa faim	Quedarse con ganas
Retomber sur ses pieds	Caer de pie como los gatos
Revenir bredouille	Volver con las manos vacías
Revenons à nos moutons	Volvamos a nuestro asunto
Rien ne sert de courir, il faut partir à point	No por mucho madrugar amanece más temprano
Rira bien qui rira le dernier	Quien ríe el último reirá mejor

S

Sa vie ne tient qu'à un fil	Su vida está pendiente de un hilo
Savoir où le bât blesse	Saber de que pie cojea uno
Se croire sorti de la cuisse de Jupiter	Creerse descendiente de la pata del Cid
Se faire du mauvais sang	Quemarse uno la sangre
Se lever du pied gauche	Levantarse con el pie izquierdo
Se noyer dans un verre d'eau	Ahogarse en un vaso de agua

Se ressembler comme deux gouttes d'eau	Parecerse como dos gotas de agua
Se tourner les pouces	Estar rascándose la barriga
S'en laver les mains	Lavarse las manos como Pilato
S'en mordre les doigts	Morderse uno las manos
S'ennuyer comme un rat mort	Aburrirse como una ostra
Séparer le bon grain de l'ivraie	Apartar el grano de la paja
Suer à grosses gouttes	Sudar la gota gorda

T U

Tant qu'il y a de la vie, il y a de l'espoir	Mientras hay vida hay esperanza
Tant va la cruche à l'eau qu'à la fin elle se casse	Tanto va el cántaro a la fuente que al fin se rompe
Tel est pris qui croyait prendre	Ir por lana y volver trasquilado
Tel maître, tel valet	De tal amo, tal criado
Tel père, tel fils	De tal palo, tal astilla
Tirer la couverture à soi	Barrer para adentro
Tirer les marrons du feu	Sacar las castañas del fuego
Tomber à pic	Venir como el agua de mayo
Tomber comme des mouches	Caer como moscas
Tourner autour du pot	Andarse por las ramas
Tourner sept fois sa langue dans sa bouche avant de parler	Darle siete vueltas a la lengua antes de hablar
Tous les chemins mènent à Rome	Todos los caminos llevan a Roma
Tout ce qui brille n'est pas or	No es oro todo lo que reluce
Tout vient à point à qui sait attendre	Las cosas de palacio van despacio
Toute peine mérite salaire	Todo esfuerzo merece recompensa
Toute vérité n'est pas bonne à dire	No todas las verdades son para ser dichas
Travailler pour le roi de Prusse	Trabajar para el obispo
Trouver chaussure à son pied	Dar con la horma de su zapato
Un clou chasse l'autre	Un clavo saca otro clavo
Un de perdu, dix de retrouvés	Cuando una puerta se cierra, ciento se abren
Un homme averti en vaut deux	Hombre prevenido vale por dos
Un malheur ne vient jamais seul	Las desgracias nunca vienen solas
Un tiens vaut mieux que deux tu l'auras	Más vale pájaro en mano que ciento volando
Une fois n'est pas coutume	Una vez al año no hace daño
Une hirondelle ne fait pas le printemps	Una golondrina no hace el verano

V

Ventre affamé n'a point d'oreilles	El hambre es mala consejera
Vivre comme chien et chat	Vivir como perros y gatos
Vivre comme un prince	Vivir a cuerpo de rey
Vivre d'amour et d'eau fraîche	Vivir del aire
Voir la paille dans l'œil du prochain et ne pas voir la poutre que l'on a dans le sien	Ver la paja en el ojo ajeno y no la viga en el nuestro
Voler de ses propres ailes	Volar con sus propias alas
Vouloir, c'est pouvoir	Querer es poder

LOCUCIONES Y REFRANES ESPAÑOLES — LOCUCIONES Y REFRANES FRANCESES EQUIVALENTES

A

A buen hambre no hay pan duro	À bon goût et faim il n'y a mauvais pain
A caballo regalado no le mires el diente	À cheval donné on ne regarde pas la bride
A Dios rogando y con el mazo dando	Aide-toi, le Ciel t'aidera
A falta de pan buenas son tortas	Faute de grives on mange des merles
A grandes males grandes remedios	Aux grands maux les grands remèdes
A la ocasión la pintan calva	Il faut saisir l'occasion par les cheveux
A lo hecho pecho	Quand le vin est tiré, il faut le boire
A nuevos tiempos, nuevas costumbres	Autres temps, autres mœurs
A palabras necias, oídos sordos	À folle demande, point de réponse
A pícaro, pícaro y medio	À malin, malin et demi
A quien madruga Dios le ayuda	Le monde appartient à celui qui se lève tôt
A rey muerto, rey puesto	Le roi est mort, vive le roi!
A tal señor, tal honor	À tout seigneur tout honneur
Abrir los ojos como platos	Ouvrir les yeux comme des soucoupes
Aburrirse como una ostra	S'ennuyer comme un rat mort
Acabársele a uno la cuerda	Être au bout du rouleau
Afortunado en el juego, desgraciado en amores	Heureux au jeu, malheureux en amour
Agua pasada no muele molino	Ce qui est fait est fait
Ahogarse en un vaso de agua	Se noyer dans un verre d'eau
Al buen entendedor, pocas palabras bastan	À bon entendeur salut
Al hierro candente batir de repente	Il faut battre le fer quand il est chaud
Amor con amor se paga	C'est un échange de bons procédés
Andar con pies de plomo	Regarder où on met les pieds
Andar en la cuerda floja	Être sur la corde raide
Andarse por las ramas	Tourner autour du pot
Apartar el grano de la paja	Séparer le bon grain de l'ivraie
Aplicar la ley del embudo	Avoir deux poids et deux mesures
Aunque la mona se vista de seda, mona se queda	Le singe est toujours singe, fût-il déguisé en prince

B C

Barrer para adentro	Tirer la couverture à soi
Bicho malo nunca muere	Mauvaise herbe croît toujours
Buscar tres pies al gato	Chercher midi à quatorze heures
Buscar una aguja en un pajar	Chercher une aiguille dans une botte de foin
Cada cosa a su tiempo y los nabos en adviento	Chaque chose en son temps
Cada cual es rey en su casa	Charbonnier est maître chez soi
Cada cual sabe donde le aprieta el zapato	Chacun sait où son soulier le blesse
Cada loco con su tema	À chaque fou sa marotte
Cada oveja con su pareja	Qui se ressemble s'assemble
Cada uno en su casa y Dios en la de todos	Chacun pour soi et Dieu pour tous
Caer como moscas	Tomber comme des mouches
Caer como un jarro de agua fría	Faire l'effet d'une douche froide
Caer de pie como los gatos	Retomber sur ses pieds
Caer de su peso	Couler de source

Cantar como los ángeles	Chanter comme un dieu
Coger con las manos en la masa	Prendre la main dans le sac
Coger la ocasión por los pelos	Prendre la balle au bond
Comer como un pajarito	Avoir un appétit d'oiseau
Comer en el mismo plato	Manger à la même écuelle
Comer sin ganas	Manger du bout des lèvres
Comerse con los ojos a uno	Dévorer quelqu'un des yeux
Comida hecha, compañía deshecha	La fête passée, adieu le saint
Como cebas, así pescas	Comme on fait son lit, on se couche
Comprar a ciegas	Acheter chat en poche
Con su pan se lo coma	Grand bien lui fasse!
Costar un ojo de la cara	Coûter les yeux de la tête
Creer a pie juntillas	Croire dur comme fer
Cuando el gato no está, los ratones bailan	Quand le chat n'est pas là, les souris dansent
Cuando el río suena agua lleva	Il n'y a pas de fumée sans feu
Cuando las barbas de tu vecino veas pelar, echa las tuyas a remojar	Si l'on rosse ton voisin, tu peux préparer tes reins
Cuando las ranas críen pelos	Quand les poules auront des dents
Cuatro ojos ven más que dos	Deux avis valent mieux qu'un

D

Dar con la horma de su zapato	Trouver chaussure à son pied
Dar la lata a alguien	Casser les pieds à quelqu'un
Dar luz verde	Donner le feu vert
Dar palos de ciego	Aller à l'aveuglette
De casta le viene al galgo el ser rabilargo	Bon chien chasse de race
De esperanza vive el hombre	L'espoir fait vivre
De la mano a la boca se pierde la sopa	Il y a loin de la coupe aux lèvres
De noche todos los gatos son pardos	La nuit tous les chats sont gris
De tal palo, tal astilla	Tel père, tel fils
De todo hay en la viña del Señor	Il faut de tout pour faire un monde
Del árbol caído todos hacen leña	Quand l'arbre est tombé, tout le monde court aux branches
Del dicho al hecho hay mucho trecho	Il est plus facile de dire que de faire
Descubrir el pastel	Découvrir le pot aux roses
Descubrir la pólvora	Enfoncer une porte ouverte
Desnudar a un santo para vestir a otro	Déshabiller Pierre pour habiller Paul
Después de la tempestad, viene la calma	Après la pluie, le beau temps
Días de mucho, vísperas de nada	Après les vaches grasses, viennent les vaches maigres
Dicho y hecho	Aussitôt dit, aussitôt fait
Dime con quien andas y te diré quién eres	Dis-moi qui tu hantes, je te dirai qui tu es
Dinero llama dinero	L'argent appelle l'argent
Dios aprieta pero no ahoga	Dieu ne veut pas la mort du pécheur
Divide y vencerás	Diviser pour régner
Donde las dan las toman	À bon chat, bon rat
Dondequiera que fueres haz lo que vieres	Où que tu sois fais ce que tu vois

E

Echar leña al fuego	Jeter de l'huile sur le feu
El comer y el rascar, todo es empezar	L'appétit vient en mangeant
El fin justifica los medios	La fin justifie les moyens
El hábito no hace al monje	L'habit ne fait pas le moine
El hablar bien no cuesta dinero	Jamais beau parler n'écorche la langue

El hambre aguza el ingenio	Nécessité est mère d'industrie
El hambre es mala consejera	Ventre affamé n'a point d'oreilles
El hombre propone y Dios dispone	L'homme propose et Dieu dispose
El infierno está empedrado de buenas intenciones	L'enfer est pavé de bonnes intentions
El muerto al hoyo y el vivo al bollo	Les morts sont vite oubliés
El ojo del amo engorda el caballo	Il n'est pour voir que l'œil du maître
El pez grande se come al pequeño	Les gros poissons mangent les petits
El que juega con fuego se quema	Qui s'y frotte s'y pique
El sol sale para todo el mundo	Le soleil luit pour tout le monde
El tiempo es oro	Le temps, c'est de l'argent
Empezar la casa por el tejado	Mettre la charrue avant les bœufs
En abril, aguas mil	En avril ne te découvre pas d'un fil
En casa del herrero cuchillo de palo	Les cordonniers sont les plus mal chaussés
En el término medio está la virtud	La vertu gît au milieu
En menos que canta un gallo	En moins de deux
En tierra de ciegos, el tuerto es rey	Au royaume des aveugles, les borgnes sont rois
En un abrir y cerrar de ojos	En un clin d'œil
Entrar como Pedro por su casa	Entrer comme dans un moulin
Entrar por un oído y salir por el otro	Entrer par une oreille et sortir par l'autre
Entre dos luces	Entre chien et loup
Entre padres y hermanos no metas las manos	Entre l'arbre et l'écorce il ne faut pas mettre le doigt
Es la gota que colma el vaso	C'est la goutte d'eau qui fait déborder le vase
Es más claro que el agua	C'est clair comme de l'eau de roche
Es un asunto de faldas	Cherchez la femme
Eso es harina de otro costal	C'est une autre paire de manches
Están todos cortados por el mismo patrón	On peut tous les mettre dans le même panier
Estar como el pez en el agua	Être comme un poisson dans l'eau
Estar como unas Pascuas	Être gai comme un pinson
Estar con el alma en un hilo	Être plus mort que vif
Estar con el pie en el estribo	Avoir le pied à l'étrier
Estar con la cuerda al cuello	Avoir la corde au cou
Estar de punta en blanco	Être tiré à quatre épingles
Estar en ascuas	Être sur des charbons ardents
Estar en los huesos	Être maigre comme un clou
Estar entre dos aguas	Être assis entre deux chaises
Estar entre la espada y la pared	Être entre l'enclume et le marteau
Estar hasta la coronilla	En avoir plein le dos
Estar hecho un manojo de nervios	Avoir les nerfs en boule
Estirar la pata	Casser sa pipe

G H

Gato escaldado del agua fría huye	Chat échaudé craint l'eau froide
Genio y figura hasta la sepultura	Chassez le naturel, il revient au galop
Haber nacido de pie	Être né coiffé
Haberse caído del nido	Être tombé de la dernière pluie
Había cuatro gatos	Il y avait quatre pelés et un tondu
Hablando del rey de Roma, por la puerta asoma	Quand on parle du loup, on en voit la queue
Hablar a medias palabras	Parler à mots couverts
Hablemos poco y bien	Parlons peu mais parlons bien
Habrá llovido para entonces	Il passera de l'eau sous les ponts
Hacer castillos en el aire	Faire des châteaux en Espagne
Hacer economías de chicha y nabo	Faire des économies de bouts de chandelle
Hacérselas pasar moradas	En faire voir de toutes les couleurs
Hacer una cosa con los pies	Faire quelque chose comme un pied
Hacérsele a uno la boca agua	Faire venir l'eau à la bouche

Hay gato encerrado	Il y a anguille sous roche
Hay más días que longanizas	Il y a plus de jours que de semaines
Hay que consultar con la almohada	La nuit porte conseil
Haz bien y no mires a quien	Fais ce que tu dois, advienne que pourra
Hombre prevenido vale por dos	Un homme averti en vaut deux

I J

Ir al grano	Aller droit au but
Ir como alma que lleva el diablo	Filer comme un dératé
Ir de mal en peor	Aller de mal en pis
Ir por lana y volver trasquilado	Tel est pris qui croyait prendre
Juegos de manos, juegos de villanos	Jeux de mains, jeux de vilains
Jugárselo todo a una carta	Mettre tous ses œufs dans le même panier

L

La avaricia es la mayor de las pobrezas	Jamais avare ne fut riche
La cabra tira al monte	La caque sent toujours le hareng
La caridad bien entendida empieza por uno mismo	Charité bien ordonnée commence par soi-même
La codicia rompe el saco	On risque de tout perdre en voulant tout gagner
La esperanza es lo último que se pierde	Et quand on désespère, on espère toujours
La ignorancia de la ley no excusa su cumplimiento	Nul n'est censé ignorer la loi
La ocasión hace al ladrón	L'occasion fait le larron
La ociosidad es madre de todos los vicios	L'oisiveté est mère de tous les vices
La palabra es plata y el silencio oro	La parole est d'argent, le silence est d'or
La suerte está echada	Le sort en est jeté
La vida es sueño	La vie est un songe
Las cosas de palacio van despacio	Tout vient à point à qui sait attendre
Las cuentas claras y el chocolate espeso	Les bons comptes font les bons amis
Las desgracias nunca vienen solas	Un malheur ne vient jamais seul
Las malas noticias llegan las primeras	Pas de nouvelles, bonnes nouvelles
Las palabras se las lleva el viento	Les paroles s'envolent, les écrits restent
Las paredes oyen	Les murs ont des oreilles
Lavar la ropa sucia en casa	Laver son linge sale en famille
Lavarse las manos como Pilato	S'en laver les mains
Levantarse con el pie izquierdo	Se lever du pied gauche
Librarse de una buena	L'échapper belle
Librarse por los pelos	Échapper d'un cheveu
Limpio como los chorros del oro	Propre comme un sou neuf
Lo prometido es deuda	Chose promise, chose due
Lo que abunda no daña	Abondance de biens ne nuit jamais
Lo que el viento se llevó	Autant en emporte le vent
Los ojos son el espejo del alma	Les yeux sont le miroir de l'âme

LL

Llamar al pan pan y al vino vino	Appeler un chat un chat
Llenar antes el ojo que la tripa	Avoir les yeux plus grands que le ventre
Llevar la batuta	Mener la danse
Llevar una vida de perros	Mener une vie de chien

M

Machacando se aprende el oficio	C'est en forgeant qu'on devient forgeron
Mal de muchos, consuelo de tontos	Le malheur des uns fait le bonheur des autres
Manos frías, corazón ardiente	Mains froides, cœur chaud
Martillar en hierro frío	Donner des coups d'épée dans l'eau
Más vale estar solo que mal acompañado	Il vaut mieux être seul que mal accompagné
Más vale irse al tronco, que no a las ramas	Il vaut mieux avoir affaire à Dieu qu'à ses saints
Más vale malo conocido que bueno por conocer	Il ne faut pas lâcher la proie pour l'ombre
Más vale maña que fuerza	Plus fait douceur que violence
Más vale pájaro en mano que ciento volando	Un tiens vaut mieux que deux tu l'auras
Más vale prevenir que curar	Mieux vaut prévenir que guérir
Más vale ser envidiado que compadecido	Mieux vaut faire envie que pitié
Más vale tarde que nunca	Mieux vaut tard que jamais
Matar dos pájaros de un tiro	Faire d'une pierre deux coups
Menos da una piedra	C'est toujours cela de pris
Meter el lobo en el redil	Enfermer le loup dans la bergerie
Meter la pata hasta el corvejón	Mettre les pieds dans le plat
Meterse en camisa de once varas	Fourrer son nez partout
Miente más que habla	Il ment comme il respire
Mientras hay vida hay esperanza	Tant qu'il y a de la vie, il y a de l'espoir
Morir al pie del cañón	Mourir à la tâche
Muchos pocos hacen un mucho	Les petits ruisseaux font les grandes rivières
Muerto el perro, se acabó la rabia	Morte la bête, mort le venin

N O

Nacer con buena estrella	Naître sous une bonne étoile
Nadar entre dos aguas	Nager entre deux eaux
Nadie diga «de esta agua no beberé»	Il ne faut pas dire: «Fontaine, je ne boirai pas de ton eau»
Nadie es profeta en su tierra	Nul n'est prophète en son pays
Nadie está obligado a lo imposible	À l'impossible nul n'est tenu
Nadie puede dar lo que no tiene	La plus belle fille du monde ne peut donner que ce qu'elle a
Nadie puede ser juez en causa propia	On ne peut être juge et partie
Ni ausente sin culpa, ni presente sin disculpa	Les absents ont toujours tort
No andarse con chiquitas	Ne pas y aller de main morte
No andarse con rodeos	Ne pas y aller par quatre chemins
No caer en saco roto	Ne pas tomber dans l'oreille d'un sourd
No dar pie con bola	Faire tout de travers
No decir ni pío	Ne pas souffler mot
No dejes para mañana lo que puedas hacer hoy	Il ne faut pas remettre au lendemain ce que l'on peut faire le jour même
No es cosa del otro jueves	Ce n'est pas la mer à boire
No es cosa del otro mundo	Il n'y a pas de quoi fouetter un chat
No es oro todo lo que reluce	Tout ce qui brille n'est pas or
No es tan fiero el león como lo pintan	Le diable n'est pas aussi noir qu'on le dit
No haber nacido ayer	Ne pas être tombé de la dernière pluie
No hay atajo sin trabajo	On n'a rien sans rien
No hay dos sin tres	Jamais deux sans trois
No hay mal que por bien no venga	À quelque chose malheur est bon
No hay ni un alma	Il n'y a pas âme qui vive
No hay ni un gato	Il n'y a pas un chat

No hay oficio malo	Il n'est point de sot métier
No hay pecado sin remisión	À tout péché miséricorde
No hay peor ciego que el que no quiere ver	Il n'est pire aveugle que celui qui ne veut pas voir
No hay peor sordo que el que no quiere oír	Il n'est pire sourd que celui qui ne veut pas entendre
No hay que mentar la soga en casa del ahorcado	Il ne faut pas parler de corde dans la maison d'un pendu
No hay que vender la piel del oso antes de haberlo matado	Il ne faut pas vendre la peau de l'ours avant de l'avoir tué
No hay regla sin excepción	L'exception confirme la règle
No hay rosa sin espinas	Il n'y a pas de roses sans épines
No levantar dos pies del suelo	Être haut comme trois pommes
No pararse en barras	Ne faire ni une ni deux
No por mucho madrugar amanece más temprano	Rien ne sert de courir, il faut partir à point
No saber a qué son bailar	Ne pas savoir sur quel pied danser
No se ganó Zamora en una hora	Paris ne s'est pas fait en un jour
No se oye ni una mosca	On entendrait une mouche voler
No se puede estar en misa y repicando	On ne peut être à la fois au four et au moulin
No se puede pedir peras al olmo	On ne peut demander l'impossible
No sólo de pan vive el hombre	L'homme ne vit pas seulement de pain
No temer ni a Dios ni al diablo	Ne craindre ni Dieu ni le diable
No tener casa ni hogar	N'avoir ni feu ni lieu
No tener dónde caerse muerto	Être sur le pavé
No tener ni pies ni cabeza	N'avoir ni queue ni tête
No tener pelos en la lengua	Avoir la langue bien pendue
No tener vela en el entierro	Ne pas avoir voix au chapitre
No tenerse en pie	Ne pas tenir debout
No todas las verdades son para ser dichas	Toute vérité n'est pas bonne à dire
No todos los días son iguales	Les jours se suivent et ne se ressemblent pas
Nobleza obliga	Noblesse oblige
Obras son amores, que no buenas razones	Bien faire et laisser dire
Ojo por ojo, diente por diente	Œil pour œil, dent pour dent
Ojos que no ven, corazón que no siente	Loin des yeux, loin du cœur
Olivo y aceituno todo es uno	C'est bonnet blanc et blanc bonnet

P

Pagar a toca teja	Payer rubis sur l'ongle
Pagar los platos rotos	Payer les pots cassés
Pagarle a uno con la misma moneda	Rendre à quelqu'un la monnaie de sa pièce
Pararle a uno los pies	Remettre quelqu'un à sa place
Parece que no ha roto un plato en su vida	On lui donnerait le bon Dieu sans confession
Parecerse como dos gotas de agua	Se ressembler comme deux gouttes d'eau
Pasar la de Dios es Cristo	En voir de toutes les couleurs
Pasarlas moradas	En voir des vertes et des pas mûres
Pecado confesado es medio perdonado	Péché avoué est à demi pardonné
Perder los estribos	Perdre les pédales
Perro ladrador poco mordedor	Chien qui aboie ne mord pas
Piensa el ladrón que todos son de su condición	Chacun mesure les autres à son aune
Piensa mal y acertarás	Méfiance est mère de sûreté
Pobreza no es vileza	Pauvreté n'est pas vice
Poderoso caballero es Don Dinero	L'amour fait beaucoup, mais l'argent fait tout
Poner a mal tiempo buena cara	Faire contre mauvaise fortune bon cœur
Poner el grito en el cielo	Pousser les hauts cris
Poner el puñal en el pecho	Mettre le couteau sous la gorge
Poner los pelos de punta	Faire dresser les cheveux sur la tête

Poner pies en polvorosa	Prendre la poudre d'escampette
Poquito a poco hila la vieja el copo	Petit à petit l'oiseau fait son nid
Primero es la obligación que la devoción	Le devoir avant tout
Principio quieren las cosas	Il y a un commencement à tout
Propagarse como un reguero de pólvora	Se répandre comme une traînée de poudre

Q

Quedarse con ganas	Rester sur sa faim
Quemarse uno la sangre	Se faire du mauvais sang
Querer es poder	Vouloir, c'est pouvoir
Quien a hierro mata a hierro muere	Qui tue par l'épée périra par l'épée
Quien bien te quiere te hará llorar	Qui aime bien châtie bien
Quien busca halla	Qui cherche trouve
Quien calla otorga	Qui ne dit mot consent
Quien con lobos anda a aullar se enseña	On apprend à hurler avec les loups
Quien debe y paga no debe nada	Qui paie ses dettes s'enrichit
Quien fue a Sevilla perdió su silla	Qui va à la chasse perd sa place
Quien ha oficio, ha beneficio	Il n'est de si petit métier qui ne nourrisse son maître
Quien hace un cesto, hará ciento	Qui vole un œuf vole un bœuf
Quien ignora no duda	Qui ne sait rien, de rien ne doute
Quien mucho abarca poco aprieta	Qui trop embrasse mal étreint
Quien mucho habla, mucho yerra	Trop parler nuit
Quien no cojea, renquea	Nul n'est parfait
Quien no se arriesga no pasa el mar	Qui ne risque rien n'a rien
Quien rompe, paga	Qui casse les verres, les paye
Quien se pica, ajos come	Qui se sent morveux se mouche
Quien siembra vientos recoge tempestades	Qui sème le vent récolte la tempête
Quien tiene boca se equivoca	Personne n'est à l'abri de l'erreur

R S

Remover Roma con Santiago	Remuer ciel et terre
Saber de qué pie cojea uno	Savoir où le bât blesse
Sacar las castañas del fuego	Tirer les marrons du feu
Salir de Guatemala y meterse en Guatepeor	Troquer son cheval borgne contre un aveugle
Salir de sus casillas	Sortir de ses gonds
Ser corto de alcances	Avoir l'esprit bouché
Ser el amo del cotarro	Faire la pluie et le beau temps
Ser hermoso como un ángel	Être beau comme un dieu
Ser más fuerte que un roble	Être fort comme un Turc
Ser más papista que el papa	Être plus royaliste que le roi
Ser más sordo que una tapia	Être sourd comme un pot
Ser más viejo que el andar a pie	Être vieux comme le monde
Ser tonto de capirote	Être bête à manger du foin
Ser uña y carne	Être comme les deux doigts de la main
Si quieres ser bien servido, sírvete a ti mismo	On n'est jamais si bien servi que par soi-même
Sin soltar un cuarto	Sans bourse délier
Sobre gustos no hay nada escrito	Des goûts et des couleurs, on ne discute pas
Sólo la verdad ofende	Il n'y a que la vérité qui blesse
Son lobos de una misma camada	Ils sont tous à mettre dans le même sac
Su vida está pendiente de un hilo	Sa vie ne tient qu'à un fil
Subirse a la parra	Monter sur ses grands chevaux
Sudar la gota gorda	Suer à grosses gouttes

T

Tanto va el cántaro a la fuente que al fin se rompe	Tant va la cruche à l'eau qu'à la fin elle se casse
Tener a uno entre ceja y ceja	Ne pas pouvoir sentir quelqu'un
Tener el riñón bien cubierto	Avoir du foin dans ses bottes
Tener entre ojos a uno	Avoir quelqu'un dans le nez
Tener ingenio por arrobas	Avoir de l'esprit jusqu'au bout des doigts
Tener la mosca detrás de la oreja	Avoir la puce à l'oreille
Tener más valor que un torero	Ne pas avoir froid aux yeux
Tener ojo de buen cubero	Avoir le compas dans l'œil
Tener un hambre canina	Avoir une faim de loup
Tener un ojo aquí y el otro en Pekín	Avoir un œil qui dit zut à l'autre
Tirar la casa por la ventana	Jeter l'argent par les fenêtres
Tocar la cuerda sensible	Toucher la corde sensible
Todo esfuerzo merece recompensa	Toute peine mérite salaire
Todos los caminos llevan a Roma	Tous les chemins mènent à Rome
Tomar las de Villadiego	Prendre la clef des champs
Tratar a alguien con la punta del pie	Traiter quelqu'un par-dessous la jambe

U

Un grano no hace granero, pero ayuda al compañero	Il n'y a pas de petites économies
Una buena capa todo lo tapa	Il ne faut pas se fier aux apparences
Una golondrina no hace el verano	Une hirondelle ne fait pas le printemps
Una vez al año no hace daño	Une fois n'est pas coutume

V Z

Venir como anillo al dedo	Arriver à point nommé
Ver la paja en el ojo ajeno y no la viga en el nuestro	Voir la paille dans l'œil du prochain et ne pas voir la poutre que l'on a dans le sien
Vivir a cuerpo de rey	Vivre comme un prince
Vivir como perros y gatos	Vivre comme chien et chat
Vivir para ver	Qui vivra verra
Volar con sus propias alas	Voler de ses propres ailes
Volver con las manos vacías	Revenir bredouille
Volverse agua de cerrajas	Finir en eau de boudin
Voz del pueblo, voz del cielo	Voix du peuple, voix de Dieu
Zapatero a tus zapatos	Chacun son métier et les vaches seront bien gardées

FRANÇAIS - ESPAGNOL
FRANCÉS - ESPAÑOL

a *m* a *f*; *mot commençant par un a* palabra que empieza por una a ‖ — *avec un grand «a»* con *a* mayúscula ‖ *depuis A jusqu'à Z* de cabo a rabo (de la tête à la queue) ‖ *des «a» italiques* aes en bastardilla ‖ *ne savoir ni A ni B* no saber ni jota ‖ *un petit «a»* una *a* minúscula ‖ — *prouver par A plus B* demostrar por A más B.

a abrév de *are* a, área.

A abrév de *ampère* A, amperio ‖ abrév de *anticyclone* A, anticiclón ‖ abrév de *autoroute* A, autopista.

à *prép*

— OBSERV Forma con el artículo los compuestos *au* [*à le*], al, y *aux* [*à les*], a los, a las.

1. SITUATION, POSITION — 2. ÉPOQUE, DATE — 3. POSSESSION, APPARTENANCE — 4. DESTINATION, UTILISATION — 5. MANIÈRE D'AGIR — 6. CARACTÉRISTIQUE — 7. COMBINAISON, MÉLANGE — 8. ÉVALUATION NUMÉRIQUE — 9. INTERJECTION — 10. LOCUTIONS.

1. SITUATION, POSITION, en (sans mouvement); *étudier à Paris* estudiar en París; *au Brésil* en el Brasil; *au lit* en cama ‖ a (avec mouvement); *aller à Buenos Aires* ir a Buenos Aires; *aller au Pérou* ir al Perú; *viens à la maison* ven a casa ‖ a (orientation); *à droite* a la derecha; *maison exposée au midi* casa expuesta al mediodía ‖ a (contact, juxtaposition); *au bord du ruisseau* a orillas del arroyo; *collé au mur* pegado a la pared ‖ de; *accroché à un clou* colgado de un clavo ‖ a (destination, adresse); *à Monsieur Un tel* a Don Fulano de Tal.

2. ÉPOQUE, DATE, a (sens précis); *à toute heure* a cualquier hora; *à midi juste* a las doce en punto ‖ en (sens vague); *à cette époque* en aquella época; *à la veille de* en vísperas de ‖ por (vers, environ); *à la Noël* por Navidad; *à la Saint-Jean* por San Juan ‖ hasta (jusqu'à); *à demain matin* hasta mañana por la mañana; *au revoir* hasta la vista.

3. POSSESSION, APPARTENANCE, de; *ce livre est à mon père* este libro es de mi padre; avec un pronom personnel on peut traduire par le possessif; *cette maison est à moi* esta casa es mía.

— OBSERV Es barbarismo usar *au* por *chez le: aller au médecin*, ir a casa del médico. Es igualmente barbarismo la construcción con *à* (en lugar de *de*), en frases como: *la fille à Jean*, la hija de Juan; *la fête à ma tante*, el santo de mi tía; *la maison à mon père*, la casa de mi padre. Úsanse sin embargo en el lenguaje familiar algunas frases hechas, como *un fils à papa*, un señorito, un señoritingo.

4. DESTINATION, UTILISATION, de; *marché aux grains* mercado de granos; *papier à lettres* papel de cartas ‖ para; *nuisible à la santé* nocivo para la salud ‖ que; *cela laisse à penser* eso da que pensar ‖ que hay que; *travail à faire* trabajo que hay que hacer ‖ por; *c'est encore à faire* está todavía por hacer.

5. MANIÈRE D'AGIR, a; *à la nage* a nado; *à pied* a pie; *à l'anglaise* a la inglesa; *apprendre à lire* aprender a leer; *fait à la main* hecho a mano; *à tâtons* a tientas ‖ entre; *bâtir une maison à deux* construir una casa entre dos ‖ de; *à genoux* de rodillas; *dessin à la plume* dibujo de pluma.

6. CARACTÉRISTIQUE, de; *chapeau à plumes* sombrero de plumas; *l'homme à la barbe blanche* el hombre de la barba blanca ‖ de (fonctionnement); *moulin à vent* molino de viento; *bateau à voile* barco de vela; *machine à vapeur* máquina de vapor.

— OBSERV Lorsque *à* fait partie d'une enseigne, il faut le supprimer: *Au Cheval blanc* El Caballo Blanco.

7. COMBINAISON, MÉLANGE, de (élément caractéristique); *soupe aux choux* sopa de coles; *crème à la vanille* crema de vainilla ‖ con (mélange); *café au lait* café con leche; *perdrix aux choux* perdiz con coles.

8. ÉVALUATION NUMÉRIQUE, à; *à cent francs pièce* a cien francos cada uno; *de trois à quatre heures* de tres a cuatro horas ‖ por (sens de par); *cent kilomètres à l'heure* cien kilómetros por hora.

9. INTERJECTION, suppression fréquente de la préposition et de l'article; *au feu!* ¡fuego!; *au voleur!* ¡ladrón!, ¡ladrones!; *à la crevette!* ¡camarones!

10. LOCUTIONS; *à ce compte* según esa cuenta ‖ *à ce point de vue* desde este punto de vista ‖ *à temps* a tiempo (opportunément), con tiempo (à l'avance) ‖ *attention à la peinture* cuidado con la pintura ‖ *duel au pistolet* desafío con pistola ‖ — *c'est à moi de parler* a mí me toca hablar ‖ *donner à manger* dar de comer ‖ *penser à une chose* pensar en una cosa ‖ *que gagne-t-il à venir?* ¿qué gana con venir? ‖ *trouver à critiquer* encontrar qué criticar.

Å abrév de *angström* Å, angström.

A.B. abrév de *assez bien* bien.

abaissant, e *adj* humillante.

abaisse-langue *m* depresor, espátula *f*.

abaissement *m* bajada *f* (descente) ‖ baja *f* (des prix) ‖ caimiento, declinación *f* (affaiblissement) ‖ disminución *f*, descenso (de la température, d'un niveau) ‖ rebajamiento, envilecimiento (avilissement) ‖ abatimiento (du courage) ‖ sumisión *f*, sometimiento; *l'abaissement des grands vassaux* la sumisión de los grandes vasallos ‖ caída *f* (chute) ‖ MATH reducción *f* (d'une équation).

abaisser *v tr* bajar; *abaisser les paupières* bajar los párpados ‖ rebajar, disminuir la altura; *abaisser un mur* rebajar un muro ‖ bajar, reducir; *abaisser les impôts* bajar los impuestos ‖ extender la masa con

el rodillo para hacerla más fina (pâtisserie) ‖ FIG abatir; *abaisser l'orgueil* abatir el orgullo ‖ MATH tirar, trazar (une perpendiculaire) | bajar (dans une division) | reducir (une équation) ‖ MÉD extirpar (une cataracte).
- ◆ *v pr* inclinarse, descender (terrain) ‖ FIG rebajarse (s'humilier).

abajoue *f* abazón *m*.

abandon *m* abandono ‖ renuncia *f*, cesión *f*, dejación *f* (d'un droit) ‖ descuido (négligence) ‖ dejadez *f*, desidia *f* (paresse) ‖ desaliño (dans la tenue) | confianza *f*, naturalidad *f* (laisser-aller, sincérité); *parler avec abandon* hablar con confianza ‖ abandono, desistimiento (sports, etc.) ‖ — *abandon de domicile, de famille* abandono de domicilio, de familia ‖ MIL *abandon de poste* deserción ‖ *à l'abandon* abandonado, da ‖ *laisser ses affaires à l'abandon* descuidar sus negocios.

abandonné, e *adj* abandonado, da ‖ desamparado, da (sans protection) ‖ descuidado, da; dejado, da (dans la tenue) ‖ desahuciado, da (un malade).

abandonner *v tr* abandonar (délaisser) ‖ dejar (laisser); *abandonner son ouvrage* dejar su trabajo ‖ descuidar (négliger); *abandonner ses devoirs* descuidar sus deberes ‖ descuidar, abandonar; *abandonner ses amis* descuidar a sus amigos ‖ soltar (lâcher); *abandonner les rênes* soltar las riendas ‖ confiar, dejar (confier) ‖ FIG conceder (accorder); *je vous abandonne ce détail* le concedo este detalle ‖ desistir de, renunciar a; *abandonner ses prétentions* desistir de sus pretensiones ‖ renunciar a, cesar; *abandonner la lutte* renunciar a la lucha ‖ entregar (livrer, remettre); *abandonner ses biens à ses créanciers* entregar sus bienes a sus acreedores ‖ desahuciar; *malade que les médecins abandonnent* enfermo desahuciado por los médicos.
- ◆ *v intr* abandonar; *coureur qui abandonne* corredor que abandona.
- ◆ *v pr* abandonarse ‖ desanimarse (perdre courage) ‖ acobardarse (prendre peur) ‖ descuidarse, dejarse (dans sa tenue) ‖ entregarse (se livrer); *s'abandonner au sommeil* entregarse al sueño.

abaque [abak] *m* ARCHIT & MATH ábaco.

abasourdi, e *adj* aturrullado, da (étourdi) ‖ estupefacto, ta (stupéfait) ‖ ensordecido, da (assourdi).

abasourdir *v tr* aturrullar (étourdir) ‖ ensordecer (assourdir) ‖ FIG & FAM dejar estupefacto; *votre réponse m'a abasourdi* su respuesta me ha dejado estupefacto.

abasourdissant, e *adj* ensordecedor, ra (bruit) ‖ FAM asombroso, sa (étonnant).

abats [aba] *m pl* menudos, despojos (de boucherie) ‖ menudillos (de volailles).

abâtardir *v tr* bastardear ‖ envilecer (avilir).
- ◆ *v pr* bastardearse, degenerarse.

abat-jour *m inv* pantalla *f* (d'une lampe) ‖ tulipa *f* (en verre) ‖ tragaluz (de fenêtre) ‖ visera *f* (visière) ‖ *mettre sa main en abat-jour* hacer pantalla con la mano.

abattage *m* derribo; *l'abattage d'une cloison* el derribo de un tabique ‖ corta *f*, tala *f* (d'arbres) ‖ matanza *f* (animaux) ‖ gatillazo (du fusil) ‖ MIN arranque ‖ — FAM *avoir de l'abattage* tener arranque *ou* gallardía *ou* decisión *ou* brío (entrain) ‖ *recevoir un abattage* llevar una felpa.

abattant *m* trampa *f* (de comptoir), tapa *f* (de pupitre).

abattement *m* abatimiento (découragement) ‖ exoneración *f* (déduction); *abattement à la base* exoneración de base.

abattis [abati] *m* derribo ‖ corte, tala *f* (d'arbres) ‖ caza *f* abatida (gibier tué) ‖ menudillos *pl* (de volaille) ‖ despojos *pl* (de boucherie) ‖ escombros *pl*, materiales *pl* de derribo (décombres) ‖ FAM remo (bras, jambe) ‖ MIL tala *f*.

abattoir *m* matadero.

abattre *v tr* derribar; *abattre une maison* derribar una casa ‖ cortar, talar (arbres) ‖ matar, sacrificar; *abattre un bœuf* matar un buey ‖ derribar, abatir (un avion) ‖ bajar (baisser) ‖ FIG postrar, debilitar; *abattu par la fièvre* postrado por la calentura | abatir; *abattre l'orgueil* abatir el orgullo | desanimar, desalentar (décourager); *le malheur l'a abattu* la desgracia le ha desanimado | hacer cesar, acabar con; *abattre sa résistance* acabar con su resistencia | hacer caer; *la pluie abat la poussière* la lluvia hace que el polvo caiga ‖ FIG & FAM recorrer; *abattre une distance* recorrer una distancia | tumbar (coucher sur le côté) | cargarse (tuer) ‖ abatir (étaler son jeu) ‖ MIN desvenar (charbon) ‖ TECHN achaflanar (un angle).
- ◆ *v intr* MAR abatir el rumbo.
- ◆ *v pr* derribarse (tomber brusquement) ‖ desplomarse (s'effondrer) ‖ calmarse, aplacarse, amainar (vent, colère) ‖ abatirse, arrojarse (oiseau de proie); *l'aigle s'abattit sur le lièvre* el águila se abatió sobre la liebre | caer; *l'avion s'abattit en flammes* el avión cayó a tierra ardiendo ‖ desplomarse (s'écrouler); *cheval qui s'abat* caballo que se desploma ‖ azotar; *le cyclone s'abattit sur l'île* el ciclón azotó la isla ‖ FIG abatirse; *le malheur s'abattit sur sa famille* la desgracia se abatió sobre su familia.

abattu, e *adj* et *s* derribado, da (renversé) ‖ FIG abatido, da; desanimado, da (découragé) ‖ *fusil à l'abattu* escopeta con el seguro echado.

abbatial, e [abasjal] *adj* abacial, abadengo, ga; *palais abbatiaux* palacios abaciales.
- ◆ *f* iglesia abacial.

abbaye [abɛi] *f* abadía.

abbé *m* abad (d'un monastère) ‖ abate (prêtre français ou émigré en France); *l'abbé Grégoire* el abate Grégoire; *l'abbé Marchena* el abate Marchena (espagnol) ‖ padre (titre que l'on donne à tout prêtre sans autre dignité); *l'abbé Untel* el padre Fulano ‖ cura (prêtre); *les abbés et les curés* los curas y los párrocos ‖ — *abbé de cour* abate (mundano) ‖ *monsieur l'Abbé* Padre (en parlant à un prêtre), señor D..., presbítero (sur une adresse).

abbesse *f* abadesa.

A B C *m* abecé, abecedario.

abcès [absɛ] *m* absceso ‖ flemón (aux gencives) ‖ — FIG *crever l'abcès* cortar por lo sano, tomar una decisión inmediata ‖ *vider un abcès* abrir un absceso.

abdication *f* abdicación.

abdiquer *v intr* et *tr* abdicar ‖ renunciar a (à son autorité, à un droit).

abdomen *m* abdomen.

abdominal, e *adj* abdominal.
- ◆ *m pl* abdominales; *faire des abdominaux* hacer abdominales *ou* ejercicios abdominales.

abducteur *adj* et *s m* abductor.
abduction *f* abducción.
abécédaire *m* abecedario.
abeille [abɛj] *f* abeja ‖ ASTR abeja (constellation) ‖ *— abeille mâle* zángano ‖ *abeille mère* abeja maesa ‖ *— en ligne d'abeilles* en línea recta ‖ *en nid d'abeilles* en nido de abejas (couture) ‖ *nid d'abeilles* panal ‖ *radiateur nid d'abeilles* radiador de rejilla.
abélien, enne *adj* MATH abeliano, na; *groupe abélien* grupo abeliano.
aberrant, e *adj* aberrante ‖ FIG que no es normal, anormal, monstruoso, sa.
aberration *f* aberración, monstruosidad (d'esprit) ‖ ASTR & PHYS aberración; *aberration chromatique* aberración cromática.
abêtir *v tr* atontar, embrutecer.
abêtissant, e *adj* embrutecedor, ra.
abhorrer *v tr* aborrecer.
Abidjan *n pr* GÉOGR Abidjan, Abiyán.
abîme *m* abismo.
abîmer *v tr* estropear, echar a perder; *abîmer ses vêtements* estropear la ropa ‖ *(vx)* abismar, hundir, sumir (enfoncer dans un abîme) ‖ *(vx)* destruir, desbaratar (détruire) ‖ FAM criticar ‖ POP maltratar; *abîmer un adversaire* maltratar a un adversario ‖ *abîmer le portrait à quelqu'un* romperle a uno las narices.
  ◆ *v pr* hundirse; *le navire s'abîma dans les flots* el barco se hundió en las aguas ‖ abismarse, sumirse (douleur, pensées) ‖ estropearse, echarse a perder (se détériorer).
  — OBSERV Evítese el pleonasmo *s'abîmer dans un précipice* en lugar de *tomber dans un précipice*.
abject, e *adj* abyecto, ta.
abjection *f* abyección.
abjuration *f* abjuración ‖ *faire abjuration de* abjurar.
abjurer *v tr* et *intr* abjurar.
ablatif, ive *adj* ablativo, va.
  ◆ *m* GRAMM ablativo; *ablatif absolu* ablativo absoluto.
ablation *f* CHIR ablación ‖ GÉOL ablación.
ablette *f* albur *m*, breca (poisson).
ablution *f* ablución.
abnégation *f* abnegación ‖ *faire abnégation de soi-même* dar pruebas de abnegación.
aboiement [abwamã] *m* ladrido.
abolir *v tr* abolir.
abolition *f* abolición.
abolitionnisme *m* abolicionismo.
abolitionniste *adj* et *s* abolicionista.
abominable *adj* abominable.
abominablement *adv* abominablemente ‖ *abominablement laide* horriblemente fea.
abomination *f* abominación ‖ *— assister à des abominations* presenciar horrores *ou* atrocidades ‖ *avoir en abomination* detestar ‖ FAM *ce café est une abomination* este café es indecente ‖ *être en abomination* ser odioso *ou* execrable.
abominer *v tr* abominar ‖ odiar; *abominé de tous* odiado por todos ‖ detestar; *j'abomine le tabac* detesto el tabaco.

abondamment *adv* abundantemente ‖ *— peu abondamment* escasamente ‖ *— manger abondamment* comer en abundancia.
abondance *f* abundancia, copia ‖ profusión (de détails) ‖ *(vx)* vino *m* aguado (vin coupé d'eau) ‖ *— année d'abondance* buen año ‖ *corne d'abondance* cuerno de la abundancia, cornucopia ‖ *en abondance* en abundancia ‖ *— abondance de biens ne nuit pas* lo que abunda no daña ‖ *parler avec abondance* hablar con facilidad ‖ *parler d'abondance* improvisar ‖ *vivre dans l'abondance* vivir en la opulencia.
abondant, e *adj* abundante ‖ *— peu abondant* escaso, poco abundante ‖ *repas abondant* comida copiosa ‖ *style abondant* estilo rico en expresiones.
abonder *v intr* abundar; *rivière qui abonde en poissons* río que abunda en peces ‖ *abonder dans le sens de quelqu'un* abundar en las ideas de alguien, ser del mismo parecer que otro.
abonné, e *adj* et *s* abonado, da (au téléphone, aux spectacles, etc.) ‖ suscriptor, ra (à un journal) ‖ INFORM abonado, da.
abonnement *m* abono ‖ suscripción *f* (journal, etc.) ‖ abono (à un spectacle, au téléphone) ‖ encabezamiento (impôts) ‖ *— abonnement au timbre* timbre concertado ‖ *payer par abonnement* pagar a plazos.
abonner *v tr* abonar (au téléphone, aux spectacles, etc.) ‖ suscribir (à un journal).
  ◆ *v pr* abonarse ‖ suscribirse ‖ encabezarse (impôts).
abord [abɔːr] *m* acceso; *lieu d'un abord facile* lugar de fácil acceso ‖ MAR abordo ‖ *— au premier abord* a primera vista; *au premier abord le parc est sombre* a primera vista el parque es sombrío ‖ *d'abord, tout d'abord* primero, primeramente, en primer lugar ‖ *de prime abord* de buenas a primeras; *de prime abord les manifestants furent arrêtés* de buenas a primeras los manifestantes fueron detenidos ‖ *dès l'abord* desde un principio ‖ FIG *être d'un abord facile* mostrarse accesible.
  ◆ *pl* inmediaciones *f*; *les abords d'une ville* las inmediaciones de una población.
abordable *adj* abordable; *côte abordable* costa abordable ‖ FAM asequible, accesible, abordable; *prix abordable* precio asequible ‖ FIG abordable, accesible (personne).
abordage *m* MAR abordaje (volontaire *o* accidentel) ‖ *prendre à l'abordage* tomar al abordaje.
aborder *v intr* abordar, atracar; *aborder à un port, en Espagne* abordar en un puerto, en España.
  ◆ *v tr* abordar (un navire) ‖ FIG atacar, acometer, asaltar (attaquer) ‖ abordar (une personne) ‖ abordar, tratar, tocar; *aborder un sujet délicat* tocar un tema delicado ‖ enfocar (envisager) ‖ emprender (un ouvrage, une lecture).
  ◆ *v pr* abordarse.
aborigène *adj* et *s m* aborigen.
abortif, ive *adj* et *s m* abortivo, va.
abouchement *m* abocamiento ‖ *(p us)* entrevista *f* (entrevue) ‖ ANAT anastomosis *f* ‖ TECHN empalme (tuyaux).
aboulie *f* abulia (perte de la volonté).
aboulique *adj* et *s* abúlico, ca.
Abou-Simbel *n pr* Abu Simbel.
abouter *v tr* TECHN empalmar, ensamblar.

aboutir *v intr* acabar en, llegar a; *cette rue aboutit à la place* esta calle acaba en la plaza ‖ tener salida; *une rue qui aboutit* una calle que tiene salida ‖ FIG conducir a, desembocar en; *raisonnements qui n'aboutissent à rien* razonamientos que no conducen a nada ‖ llegar a un resultado, obtener una finalidad; *les pourparlers ont abouti* las conversaciones han llegado a un resultado ‖ rematar, terminar; *aboutir en pointe* rematar en punta ‖ conseguir (obtenir); *aboutir à un accord* conseguir un acuerdo ‖ MÉD abrirse (abcès) ‖ — *faire aboutir* llevar a buen término ‖ *ne pas aboutir* fracasar.

aboutissant, e *adj* que termina (finissant) ‖ lindante con (confinant) ‖ *les tenants et les aboutissants* los pormenores [de un asunto].

aboutissement *m* fin ‖ resultado, desenlace (résultat) ‖ MÉD principio de supuración.

aboyer* [abwaje] *v intr* ladrar; *aboyer après quelqu'un* ladrar a uno ‖ FIG hostigar, acosar (harceler) ‖ *aboyer à la Lune* ladrar a la Luna.

abracadabrant, e *adj* portentoso, sa; estrafalario, ria.
— OBSERV Úsase a veces el galicismo *abracadabrante*.

Abraham *n pr m* Abrahán.

abrasif, ive *adj* abrasivo, va.
◆ *m* abrasivo; *l'émeri est un abrasif* el esmeril es un abrasivo.

abrasion *f* abrasión ‖ CHIR abrasión.

abrégé, e *adj* abreviado, da.
◆ *m* compendio (résumé); *abrégé d'histoire* compendio de historia ‖ — *en abrégé* en resumen ‖ — *écrire en abrégé* escribir en abreviatura.

abrègement *m* abreviamiento.

abréger* *v tr* abreviar ‖ compendiar, resumir (texte, etc.) ‖ FIG acortar; *le travail abrège les heures* el trabajo acorta las horas ‖ *pour abréger* para resumir.
◆ *v pr* abreviarse.

abreuver *v tr* abrevar ‖ cebar (une pompe) ‖ regar (arroser) ‖ FIG *abreuver d'outrages* colmar de insultos.
◆ *v pr* beber ‖ beber en la fuente de; *les humanistes s'abreuvèrent dans l'Antiquité* los humanistas bebieron en la fuente de la Antigüedad ‖ — FIG *s'abreuver de larmes* anegarse en llanto ‖ *s'abreuver de sang* saciarse de sangre.

abreuvoir *m* abrevadero (pour bestiaux) ‖ bebedero (pour oiseaux) ‖ llaga *f* (maçonnerie).

abréviatif, ive *adj* abreviativo, va ‖ *signes abréviatifs* signos de abreviación.

abréviation *f* abreviatura, abreviación; *tableau d'abréviations* cuadro de abreviaturas.
— OBSERV Le mot *abreviatura* est plus employé que son synonyme *abreviación*.

abri *m* abrigo (lieu abrité) ‖ refugio (refuge) ‖ cobertizo (contre la pluie, le vent, etc.) ‖ tejadillo (auvent) ‖ albergue, hogar (foyer); *une famille sans abri* una familia sin albergue ‖ FIG amparo (protection) ‖ MIL refugio; *un abri antiatomique* un refugio antiatómico ‖ — *à l'abri* al abrigo (abrité par); *à l'abri de la côte* al abrigo de la costa ‖ *à l'abri de la critique* fuera del alcance de la crítica ‖ *à l'abri du froid* protegido contra el frío ‖ *se mettre à l'abri* ponerse a cubierto ‖ *vivre à l'abri du besoin* vivir libre de necesidad.

Abribus *m* (nom déposé) Marquesina *f*.

abricot *m* albaricoque, damasco ‖ *abricot alberge* albérchigo.
◆ *adj inv* de color de albaricoque; *rubans abricot* cintas de color de albaricoque.

abricotier *m* albaricoquero ‖ *abricotier de Saint-Domingue* mamey.

abrité, e *adj* resguardado, da (un jardin, une vallée).

abriter *v tr* abrigar (tenir à l'abri); *abriter une plante* abrigar una planta ‖ poner a cubierto (mettre à couvert) ‖ FIG resguardar, amparar (protéger) ‖ dar hospitalidad; *le gouvernement abrite les sinistrés* el gobierno da hospitalidad a los damnificados.
◆ *v pr* ponerse a cubierto ‖ FIG resguardarse, guarecerse, ampararse (se protéger).

abrogation *f* abrogación.

abroger* *v tr* abrogar.

abrupt, e *adj* abrupto, ta; *rocher abrupt* roca abrupta ‖ FIG *style abrupt* estilo rudo *ou* tosco.

abruptement *adv* abruptamente.

abruti, e *adj* embrutecido, da; *abruti par la misère* embrutecido por la miseria ‖ FAM *abruti de travail* reventado de trabajo.
◆ *m et f* estúpido, da.

abrutir *v tr* embrutecer ‖ FAM agobiar (surcharger); *abrutir quelqu'un de travail* agobiar de trabajo a alguien.
◆ *v pr* embrutecerse.

abrutissant, e *adj* embrutecedor, ra; *travail abrutissant* trabajo embrutecedor.

abrutissement *m* embrutecimiento.

Abruzzes *n pr m pl* GÉOGR Abruzos.

ABS abrév de *Antiblockiersystem* ABS ‖ *système ABS* sistema ABS.

abscisse *f* GÉOM abscisa.

abscons, e [apskɔ̃, ɔ̃s] *adj* abstruso, sa; oculto, ta.

absence *f* ausencia; *absence immotivée* ausencia sin motivo ‖ falta (manque); *absence de courage* falta de valor ‖ fallo *m* de memoria; *avoir des absences* tener fallos de memoria ‖ *en l'absence de* en ausencia de.

absent, e *adj et s* ausente ‖ *les absents ont toujours tort* ni ausente sin culpa, ni presente sin disculpa.
— OBSERV *Absent à* debe ser seguido por un complemento de tiempo (*il était absent à 5 heures*), y *absent de* por un complemento de lugar (*il était absent de Paris*).

absentéisme *m* absentismo, ausentismo.

absenter (s') *v pr* ausentarse; *s'absenter de sa maison* ausentarse de su casa.

abside *f* ARCHIT ábside *m*.

absinthe *f* ajenjo *m*, absintio *m* (plante) ‖ ajenjo *m* (liqueur) ‖ FIG amargura, acíbar *m* (amertume).

absolu, e *adj* absoluto, ta; soberano, na; *roi absolu* rey absoluto ‖ absoluto, ta; *majorité absolue* mayoría absoluta ‖ sin restricción ‖ imperioso, sa; *parler sur un ton absolu* hablar con tono imperioso ‖ GRAMM & PHILOS absoluto, ta ‖ — CHIM *alcool absolu* alcohol absoluto (sin mezcla de agua) ‖ RELIG *Jeudi absolu* jueves Santo ‖ PHYS *zéro absolu* cero absoluto (−273 °C).
◆ *m* lo absoluto; *la recherche de l'absolu* la busca de lo absoluto.

absolument *adv* absolutamente, en absoluto, completamente (totalement) ‖ necesariamente,

indispensablemente; *il faut absolument que j'y aille* tengo que ir necesariamente ∥ *— absolument pas de ningún modo, en absoluto* ∥ *il le veut absolument* lo quiere a toda costa.
absolution *f* absolución.
absolutisme *m* absolutismo.
absolutiste *adj* et *s* absolutista.
absorbant, e *adj* absorbente; *sol absorbant* suelo absorbente ∥ FIG *travail absorbant* trabajo absorbente.
◆ *m* absorbente; *la ouate est un absorbant* el algodón en rama es un absorbente.
absorbé, e *adj* absorbido, da ∥ absorto, ta; abstraído, da (distrait); *absorbé par le travail* absorto en su trabajo; *absorbé par la lecture* abstraído por la lectura.
absorber *v tr* absorber; *absorber de l'eau* absorber agua ∥ FIG consumir, devorar; *les spéculations ont absorbé sa fortune* las especulaciones han consumido su fortuna | absorber (distraire), cautivar (captiver).
— OBSERV *Absorber* a deux participes passés: *absorbido*, au sens propre, et *absorto*, au figuré; ce dernier sert d'adjectif.
absorption [apsɔrpsjɔ̃] *f* absorción.
absoudre* *v tr* absolver; *absoudre un accusé* absolver a un reo; *absoudre un pénitent de ses péchés* absolver a un penitente de sus pecados.
absous, oute [apsu, ut] *adj* absuelto, ta.
◆ *f* absolución.
abstenir (s')* *v pr* abstenerse; *s'abstenir de parler* abstenerse de hablar.
abstention *f* abstención.
abstentionnisme *m* abstencionismo.
abstentionniste *adj* et *s* abstencionista.
abstinence *f* abstinencia.
abstinent, e *adj* et *s* abstinente.
abstraction *f* abstracción ∥ *— abstraction faite de* prescindiendo de ∥ *— faire abstraction de* hacer caso omiso de, prescindir de, hacer abstracción de.
abstraire* *v tr* abstraer.
◆ *v pr* abstraerse.
abstrait, e *adj* abstracto, ta; *terme, art abstrait* término, arte abstracto; *science abstraite* ciencia abstracta ∥ abstraído, da (distrait); *avoir l'air abstrait* parecer abstraído.
◆ *m* lo abstracto ∥ artista abstracto.
abstraitement *adv* abstraídamente (distraitement) ∥ abstractivamente (non concrètement).
abstrus, e [abstry, y:z] *adj* abstruso, sa; recóndito, ta; *raisonnement abstrus* razonamiento abstruso.
absurde *adj* absurdo, da; *système absurde* sistema absurdo.
◆ *m* lo absurdo; *tomber dans l'absurde* caer en lo absurdo.
absurdité *f* absurdo *m*, absurdidad; *dire des absurdités* decir absurdos ∥ lo absurdo *m*; *le comble de l'absurdité* el colmo de lo absurdo.
Abu Dhabi *n pr* GÉOGR → **Abu Zabi**.
abus *m* abuso; *abus de boissons* abuso de bebidas ∥ error, equivocación *f*; *c'est un abus de croire que ce travail est facile* es un error creer que este trabajo es fácil ∥ *— abus d'autorité* abuso de autoridad ∥ *abus de confiance* abuso de confianza ∥ *abus de pouvoir* abuso de poder ∥ DR *abus de biens sociaux* abuso de los bienes sociales | *appel comme d'abus* recurso dequeja.
abuser *v tr* engañar (tromper); *abuser par des promesses fallacieuses* engañar con promesas falaces; *ses sens l'abusent* sus sentidos le engañan.
◆ *v intr* abusar, usar mal; *abuser de son crédit* abusar de su crédito; *abuser de la patience d'autrui* abusar de la paciencia ajena.
◆ *v pr* engañarse; *s'abuser sur ses capacités* engañarse acerca de sus capacidades ∥ *si je ne m'abuse* si no me engaño, si no me equivoco.
abusif, ive *adj* abusivo, va; *mesure abusive* medida abusiva ∥ *sens abusif d'un mot* sentido equivocado de una voz.
abusivement *adv* abusivamente.
Abu Zabi; Abu Dhabi *n pr* GÉOGR Abu Dabi.
abyssal, e *adj* abisal, abismal; *sédiments abyssaux* sedimentos abisales.
abysse *m* abismo (sous-marin).
Abyssinie *n pr f* GÉOGR Abisinia.
acabit [akabi] *m* FAM índole *f* (qualité) ∥ *des gens du même acabit* gente de la misma ralea *ou* calaña, lobos de la misma camada.
acacia *m* acacia *f* ∥ *faux acacia* o *robinier* acacia blanca.
académicien, enne *m* et *f* académico, ca.
académie *f* academia; *académie des sciences* academia de ciencias ∥ distrito universitario [en Francia] ∥ academia (étude de nu); *dessiner une académie* dibujar una academia.
— OBSERV Dans un sens absolu, *Académie* désigne en français l'*Académie française*, à l'exclusion des autres académies de l'Institut; en espagnol, il désigne la *Real Academia de la Lengua*.
académique *adj* académico, ca; *langue, pose académique* lengua, postura académica; *peinture académique* pintura académica ∥ *palmes académiques* palmas académicas [condecoración francesa reservada a los escritores, artistas y miembros del cuerpo docente].
académisme *m* academicismo, academismo.
acajou *m* caoba *f*.
acanthe *f* ARCHIT & BOT acanto *m*.
acariâtre *adj* desabrido, da (caractère).
acariens; acarides *m pl* acáridos, ácaros.
accablant, e *adj* abrumador, ra; *témoignage accablant* testimonio abrumador ∥ agobiante, agobiador, ra; *tâche accablante* tarea agobiante.
accablé, e *adj* agobiado, da (sous un poids) ∥ abrumado, da; rendido, da (de travail, de fatigue).
accablement *m* agobio (sous le poids, par le travail, etc.) ∥ postración *f* (prostration) ∥ abatimiento.
accabler *v tr* agobiar (sous le poids) ∥ abrumar (travail, fatigue) ∥ aplastar; *accabler un adversaire* aplastar a un adversario ∥ postrar (prostrer); *accablé par la fièvre* postrado por la calentura ∥ FIG colmar; *accabler d'honneurs* colmar de honores ∥ *vous m'accablez par tant de bonté* me confunde *ou* agobia con tanta bondad.
accalmie *f* MAR calma momentánea, recalmón *m* ∥ FIG tregua, período *m* de calma (trêve).
accaparement *m* acaparamiento.
accaparer *v tr* acaparar ∥ *accaparer quelqu'un* acaparar a alguien.

accapareur, euse *m* et *f* acaparador, ra.
accastillage *m* MAR obra *f* muerta.
accéder* *v intr* tener acceso a, entrar en, llegar hasta; *accéder à une pièce* entrar en una habitación || dar; *cette porte accède à la cour* esta puerta da al patio || acceder, consentir; *accéder à une demande* acceder a una solicitud || llegar (à un poste).
accélérateur, trice *adj* acelerador, ra || *force accélératrice* fuerza aceleratriz.
　◆ *m* acelerador || — PHYS *accélérateur de particules* acelerador de partículas || *coup d'accélérateur* acelerón.
accélération *f* aceleración, aceleramiento *m*.
accéléré *m* CINÉM acelerado || *en accéléré* a cámara rápida.
accélérer* *v tr* acelerar (presser, hâter) || acelerar (moteur, etc.) || *accélérer le pas* aligerar, apresurar *ou* acelerar el paso.
　◆ *v intr* aligerar (se hâter) || acelerar (un moteur).
accent [aksã] *m* acento; *accent tonique* acento tónico || acento (ton); *accent italien* acento italiano || *mettre l'accent sur* recalcar, subrayar, hacer hincapié en, poner de relieve.
　◆ *pl* acentos (sons); *des accents plaintifs* acentos lastimosos.
accentuation *f* acentuación; *accentuation vicieuse* acentuación viciosa || vigor *m*, acentuación; *l'accentuation des traits* el vigor de los rasgos.
accentué, e *adj* acentuado, da (lettre, etc.) || acentuado, da; abultado, da; vigoroso, sa (traits, etc.).
accentuer *v tr* acentuar (mots, syllabes, lettres) || acentuar (ton) || acentuar, subrayar (souligner) || aumentar (une pression, un effort).
　◆ *v pr* acentuarse || aumentar (augmenter).
acceptable *adj* aceptable.
acceptation *f* aceptación.
accepter *v tr* aceptar.
acception *f* acepción, extensión; *dans toute l'acception du terme* en toda la acepción *ou* extensión de la palabra || acepción (préférence); *sans acception de personne* sin acepción de personas.
accès [aksɛ] *m* acceso; *d'un accès facile* de fácil acceso || entrada *f*, paso; *l'accès des bureaux est interdit* se prohíbe la entrada a las oficinas || comprensión *f*, entendimiento; *science d'un accès difficile* ciencia de difícil comprensión || acceso, ataque (de fièvre, de toux) || arrebato (de colère, d'enthousiasme) || avenate (de folie) || arranque (d'humeur, de gaieté) || — INFORM *accès aléatoire, direct, séquentiel* acceso aleatorio, directo, secuencial || — *voie d'accès* acceso || — *par accès* a veces, de vez en cuando, irregularmente || — *avoir accès auprès de quelqu'un* tener valimiento *ou* familiaridad con uno.
accessibilité *f* accesibilidad.
accessible *adj* accesible; *montagne peu accessible* montaña poco accesible || abierto, ta; *bibliothèque accessible au public* biblioteca abierta al público || asequible, accesible; *prix accessible* precio asequible || comprensible; *science accessible à tous* ciencia comprensible para todos || capaz de; *accessible à la pitié* capaz de compasión || sensible; *accessible à la flatterie* sensible al halago.
accession *f* accesión (au pouvoir, à un bien) || adhesión (à un parti, à un traité) || incorporación, anexión (d'un territoire à un pays voisin).

accessit [aksɛsit] *m* accésit.
accessoire *adj* accesorio, ria; *clause accessoire* cláusula accesoria.
　◆ *m* lo accesorio; *laisser l'accessoire pour le principal* dejar lo accesorio por lo principal || accesorio (de toilette, d'automobile, d'avion, etc.) || CINÉM accesorio, attrezzo || DR accesoria *f*, dependencia *f* (dépendance) || THÉÂTR mueble *ou* objeto de guardarropía.
　◆ *pl* accesorios || — AUTOM *accessoires automobiles* autoaccesorios || *magasin d'accessoires* guardarropía (théâtre) || MIL *trousse à accessoires* caja de respetos.
accessoirement *adv* accesoriamente (de façon secondaire) || eventualmente, si es necesario (éventuellement).
accessoiriste *m* CINÉM accesorista, attrezzista || THÉÂTR encargado de la guardarropía.
accident *m* accidente; *accident de la route, d'auto* accidente de carretera, de auto || — FIG *accident de parcours* contratiempo, imprevisto, percance || *accident de terrain* accidente del terreno || *accident du travail* accidente laboral *ou* de trabajo || NUCL *accident maximal prévisible* máximo accidente previsible | *accident nucléaire* accidente nuclear || — *assurance accidents* seguro contra accidentes || *par accident* por accidente, casualmente || *sans accident* sin percance.
accidenté, e *adj* accidentado, da; quebrado, da; abrupto, ta; desigual (terrain) || desigual (style) || borrascoso, sa; agitado, da (existence) || FAM estropeado, da (véhicule).
　◆ *m* accidentado, da; víctima *f* de un accidente.
accidentel, elle *adj* accidental; *mort accidentelle* muerte accidental || casual, fortuito, ta (fortuit) || MUS accidental.
accidentellement *adv* accidentalmente, en un accidente (en raison d'un accident) || accidentalmente, por casualidad (par hasard).
accidenter *v tr* accidentar (causer un accident) || FAM estropear (véhicule) || atropellar; *accidenter un cycliste* atropellar a un ciclista || FIG variar, dar variedad (style) | agitar (rendre mouvementé); *une vie folle et accidentée* una vida loca y agitada.
acclamation *f* aclamación; *élire par acclamation* elegir por aclamación.
acclamer *v tr* aclamar, nombrar por aclamación; *acclamer empereur* aclamar por emperador || aclamar, aplaudir; *acclamer une proposition* aclamar una propuesta.
acclimatation *f* aclimatación || *jardin d'acclimatation* jardín de plantas, jardín botánico.
acclimater *v tr* aclimatar (plantes, animaux, personnes) || acostumbrar (habituer) || FIG *acclimater une idée* introducir una idea.
　◆ *v pr* aclimatarse.
accointance [akwɛ̃tɑ̃ːs] *f* amistad, intimidad; *une accointance suspecte* una amistad sospechosa.
　◆ *pl* relaciones; *avoir des accointances avec la police* tener relaciones con la policía.
accolade *f* abrazo *m*; *une accolade affectueuse* un abrazo cariñoso || espaldarazo *m*, acolada (coup de plat d'épée); *donner l'accolade* dar el espaldarazo || llave (signe typographique, calligraphique ou musical) || ARCHIT *arc en accolade* arco conopial.
accoler *v tr* rodrigar (une plante) || juntar (réunir); *accoler deux mots* juntar dos palabras || unir con

una llave (réunir par une accolade) ‖ BLAS acolar ‖ abrazar (serrer dans ses bras).

accommodant, e *adj* complaciente, sociable, tratable; *se montrer peu accommodant* mostrarse poco complaciente.

accommodation *f* acomodación.

accommodement *m* arreglo, acomodamiento (arrangement); *en venir à un accommodement* avenirse a un arreglo ‖ aderezo (cuisine) ‖ *un mauvais accommodement vaut mieux qu'un bon procès* más vale un mal ajuste que un buen pleito.

accommoder *v tr* acomodar ‖ convenir; *faites-le quand cela vous accommodera* hágalo cuando le convenga ‖ arreglar, componer; *accommoder une mauvaise affaire* arreglar un mal negocio ‖ aderezar; *accommoder du poisson* aderezar pescado ‖ adaptar, conformar; *accommoder son discours aux circonstances* adaptar su discurso a las circunstancias ‖ acomodar (optique) ‖ FAM arreglar (maltraiter); *on l'a bien accommodé* lo han arreglado de lo lindo ‖ *accommoder une chose à une autre* adaptar una cosa a otra.
◆ *v pr* acomodarse ‖ — *s'accommoder avec quelqu'un* arreglarse con uno ‖ *s'accommoder de tout* acomodarse con todo, avenirse a todo, conformarse con todo.

accompagnateur, trice *m* et *f* acompañante.

accompagnement *m* acompañamiento ‖ escolta *f*, comitiva *f* (escorte) ‖ séquito (suite) ‖ aderezo (cuisine) ‖ MUS acompañamiento ‖ *la douleur est parfois l'accompagnement du plaisir* el dolor acompaña a veces al placer.

accompagner *v tr* acompañar; *accompagner à la gare* acompañar a la estación ‖ — *accompagner au piano* acompañar con el piano ‖ *accompagné de ses amis* acompañado por sus amigos ‖ *rôti accompagné de légumes* asado acompañado con legumbres ‖ *vent accompagné de pluie* viento acompañado de lluvia.
◆ *v pr* acompañarse ‖ MUS acompañarse.

accompli, e *adj* cumplido, da; cabal; *un chevalier accompli* un cumplido caballero ‖ cumplido, da; *une prophétie accomplie* una profecía cumplida ‖ consumado, da; *fait accompli* hecho consumado ‖ realizado, da; efectuado, da (réalisé) ‖ todo, hecho y derecho, cabal, consumado, da; *un homme accompli* todo un hombre ‖ *avoir vingt ans accomplis* haber cumplido veinte años.

accomplir *v tr* cumplir; *accomplir son devoir* cumplir su deber *ou* con su deber *accomplir un vœu* cumplir una promesa ‖ realizar, llevar a cabo; *accomplir un projet, un exploit* realizar un proyecto, una proeza ‖ desempeñar, ejecutar, efectuar; *accomplir une mission périlleuse* desempeñar una misión peligrosa ‖ hacer, cumplir; *accomplir son service militaire* hacer el servicio militar ‖ acabar, concluir (finir); *accomplir sa tâche* acabar su tarea.
◆ *v pr* cumplirse, realizarse; *la prophétie s'est accomplie* la profecía se ha realizado ‖ verificarse (avoir lieu); *ce que l'on craignait s'est accompli* lo que se temía se ha verificado.

accomplissement *m* cumplimiento; *accomplissement d'un ordre* cumplimiento de una orden ‖ realización *f*; *l'accomplissement de leurs prévisions* la realización de sus previsiones ‖ conclusión *f*, terminación *f* (achèvement).

accord *m* acuerdo; *d'un commun accord* de común acuerdo ‖ aprobación *f*, conformidad *f*; *obtenir l'accord de son père* obtener la aprobación de su padre ‖ acuerdo, convenio; *accord commercial* convenio comercial; *accord de troc* acuerdo de cambio; *en venir à un accord* llegar a un acuerdo *ou* a un convenio ‖ concordancia *f*, armonía *f*; *accord entre la parole et les gestes* armonía entre la voz y los ademanes ‖ GRAMM concordancia *f*; *l'accord du participe passé* la concordancia del participio pasado ‖ MUS afinación *f*, afinamiento (d'un instrument) ‖ ARTS acorde; *accord parfait* acorde perfecto ‖ RAD sintonización *f*; *bobine d'accord* bobina de sintonización ‖ DR *accord à l'amiable* acuerdo amistoso ‖ *d'accord!* ¡de acuerdo!, ¡bueno!, ¡conforme!, ¡vale! ‖ *d'accord, en accord* de acuerdo; *tomber, se mettre d'accord* ponerse de acuerdo ‖ — *être d'accord sur* estar de acuerdo en *ou* con, coincidir en ‖ *vivre en bon accord* vivir en buena inteligencia.

accord-cadre *m* convenio marco.

accordéon *m* acordeón ‖ — *en accordéon* en acordeón ‖ *plissé accordéon* plegado *ou* plisado de acordeón.

accordéoniste *m* et *f* acordeonista.

accorder *v tr* conceder, otorgar; *accorder une autorisation* otorgar una autorización; *accorder un délai* conceder un plazo ‖ reconocer, admitir, conceder; *je vous accorde qu'il a raison* reconozco que tiene razón ‖ conceder, consagrar; *je ne vous accorde que quelques minutes* no puedo concederle sino algunos minutos ‖ consentir, admitir; *accorder un rabais* consentir una rebaja ‖ *accorder une modification* admitir una modificación ‖ dar; *accorder de l'importance à quelque chose* dar importancia a algo ‖ poner de acuerdo; *accorder deux adversaires* poner de acuerdo dos adversarios ‖ conciliar (des textes) ‖ reconciliar (réconcilier) ‖ prometer en matrimonio ‖ acordar (peinture) ‖ GRAMM concordar, hacer concordar; *accorder le verbe avec son sujet* concordar el verbo con el sujeto ‖ MUS acordar; *accorder deux voix* acordar dos voces | afinar (un instrument) ‖ RAD sintonizar.
◆ *v pr* estar de acuerdo; *s'accorder sur une question* estar de acuerdo sobre una cuestión ‖ ponerse de acuerdo; *ils se sont accordés pour me tromper* se han puesto de acuerdo para engañarme ‖ concordar, estar de acuerdo; *ses paroles s'accordent avec ses actes* sus palabras concuerdan con sus actos ‖ entenderse, llevarse bien; *s'accorder avec tout le monde* llevarse bien con todo el mundo ‖ reconciliarse (se réconcilier) ‖ casar, armonizarse; *couleurs qui s'accordent bien* colores que casan bien ‖ GRAMM concordar; *le verbe s'accorde avec son sujet* el verbo concuerda con el sujeto.

accordeur, euse *m* et *f* MUS afinador, ra.

accostage *m* MAR atracada *f*, atracamiento.

accoster *v tr* MAR acostar, atracar; *accoster le quai* atracar al muelle ‖ acercarse a (s'approcher) ‖ abordar (aborder quelqu'un) ‖ BLAS acostar.
◆ *v pr* acercarse.

accotement *m* andén, arcén (d'une route).

accoter *v tr* apoyar (appuyer) ‖ calzar, poner un calzo (caler) ‖ apuntalar (étayer) ‖ MAR escorar.
◆ *v pr* apoyarse; *s'accoter contre un mur* apoyarse contra una pared.

accouchée *f* parturienta.

accouchement *m* parto, alumbramiento ‖ — *accouchement avant terme* o *prématuré* parto prematuro ‖ *accouchement sans douleur* parto sin dolor ‖ *maison d'accouchement* casa de maternidad ‖ —

accoucher

faire un accouchement asistir a un parto (le médecin), tener un parto (la femme).

accoucher *v intr* dar a luz (les femmes); *accoucher avant terme* dar a luz prematuramente || parir (plutôt les animaux) || FAM explicarse, acabar por explicarse; *allons! accouche!* ¡vamos! ¡explícate! | dar a luz (un livre) || FAM *accoucher d'une niaiserie* soltar una necedad.
- *v tr* asistir a un parto (un médecin).
— OBSERV Este verbo se conjuga con *avoir* o *être* según se trate de la acción (*le médecin a accouché ma sœur*) o del estado (*elle est accouchée d'un garçon*).

accoucheur *m* partero || *médecin accoucheur* tocólogo.

accouder (s') *v pr* acodarse; *s'accouder sur l'oreiller* acodarse en la almohada.

accoudoir *m* reclinatorio (de prie-Dieu) || antepecho (de fenêtre, de balustrade) || brazo (de fauteuil).

accouplement *m* MÉCAN acoplamiento; *bielle, manchon, pédale d'accouplement* biela, manguito, pedal de acoplamiento || acoplamiento (des animaux de trait) || apareamiento (d'animaux pour la reproduction) || ayuntamiento (union charnelle) || ÉLECTR conexión *f*, acoplamiento || FIG acoplamiento (d'idées, d'épithètes, etc.) || RAD acoplamiento.

accoupler *v tr* emparejar (mettre deux à deux) || unir, juntar (joindre) || acoplar (des chevaux de trait) || uncir (des bœufs) || acoplar, aparear (pour la reproduction) || ÉLECTR conectar || FIG acoplar, reunir; *accoupler deux épithètes* acoplar dos epítetos || TECHN acoplar.
- *v pr* acoplarse, emparejarse, etc.

accourir* *v intr* acudir; *ils ont accouru* o *sont accourus* han acudido.
— OBSERV *Acudir* a en espagnol un sens plus étendu que son équivalent français et n'implique pas obligatoirement l'idée de hâte.
— OBSERV *Accourir* tiene como auxiliar *être* y a veces *avoir*.

accoutrement *m* atavío, vestimenta *f* ridícula.

accoutrer *v tr* ataviar, vestir ridículamente.
- *v pr* vestirse ridículamente, ataviarse.

accoutumance *f* costumbre.

accoutumé, e *adj* acostumbrado, da || *à l'accoutumée* como de costumbre.
— OBSERV Evítese el empleo de *comme à l'accoutumée* en vez de *à l'accoutumée* o *comme de coutume*.

accoutumer *v tr* acostumbrar; *accoutumer au travail* acostumbrar al trabajo.
- *v intr* (vx) acostumbrar, soler, ser costumbre; *j'avais accoutumé de sortir* acostumbraba salir, era mi costumbre salir.
- *v pr* acostumbrarse.

accréditation *f* acreditación.

accréditer *v tr* acreditar; *sa loyauté l'a accrédité* su lealtad le ha acreditado || autorizar; *mot accrédité par son usage constant* palabra autorizada por su uso constante || dar crédito a; *accréditer un bruit* dar crédito a un rumor || acreditar; *accréditer un ambassadeur près le Saint-Siège* acreditar a un embajador cerca de la Santa Sede || COMM abrir un crédito; *accréditer auprès d'une banque* abrir crédito en un banco.
- *v pr* acreditarse || propalarse (bruit, rumeur).

accréditif, ive *adj* de crédito, acreditativo, va.
- *m* COMM carta *f* de crédito (accréditif bancaire) || crédito.

accro *adj* FAM enganchado, da.
- *m et f* fanático, ca.

accroc [akro] *m* desgarrón, siete; *faire un accroc à quelque chose* hacer un desgarrón a algo, hacer un siete a algo || FIG mancha *f* (fam); *faire un accroc à son honneur* hacer una mancha en su honra || dificultad *f*, obstáculo, estorbo; *accroc qui survient dans une affaire* obstáculo que surge en un negocio || *sans accroc* sin incidente, sin trabas.

accrochage *m* colgamiento (suspension) || enganche (wagons); *accrochage automatique* enganche automático || choque, colisión *f* || FAM disputa *f*, agarrada *f* || dificultad *f*, tropiezo (incident qui retarde) || MIL escaramuza *f*, encuentro; *un accrochage entre patrouilles* una escaramuza entre patrullas || MIN boca *f*.

accroche *f* lema *m* pegadizo.

accroche-cœur *m* caracol, rizo en la sien.
— OBSERV pl *accroche-cœurs*.

accrocher *v tr* enganchar; *accrocher un wagon* enganchar un vagón || colgar; *accrocher un tableau* colgar un cuadro || chocar con, entrar en colisión con; *accrocher l'aile d'une voiture* chocar con el guardabarros de un coche || rozar (effleurer); *accrocher légèrement une voiture* rozar un coche || MAR aferrar (ancre) || MIL obligar al combate, entrar en contacto con; *accrocher l'ennemi* obligar al enemigo al combate, entrar en contacto con el enemigo || agarrar al contrincante (boxe) || FAM estorbar (gêner), no pegar, no ir bien (aller mal) | atrapar, pescar, agarrar; *accrocher un mari, une place* pescar un marido, una colocación | coger, agarrar; *il m'accrocha au coin de la rue* me cogió en la vuelta de la esquina | meterse con (attaquer verbalement) || FIG *accrocher les regards* atraer las miradas, llamar la atención.
- *v pr* engancharse || agarrarse; *s'accrocher à une branche* agarrarse a una rama || colgarse (se suspendre) || agarrarse, reñir (se disputer) || chocar (véhicules) || aferrarse, obstinarse || FAM *s'accrocher à une personne* pegarse a una.

accrocheur, euse *adj* FAM porfiado, da (tenace) || combativo, va; luchador, ra || atractivo, va (attirant) || que llama la atención; *titre accrocheur* título que llama la atención.

accroire (faire) *v tr* hacer creer.
— OBSERV Se emplea en las locuciones: *en faire accroire* engañar, embaucar; *s'en faire accroire* presumir de sus fuerzas, de su talento.

accroissement *m* crecimiento; *accroissement d'une plante* crecimiento de una planta || aumento, incremento; *accroissement du revenu* aumento de la renta || MATH incremento || DR *accroissement successoral* derecho de acrecer, acrecimiento.

accroître* *v tr* aumentar; *accroître ses forces* aumentar sus fuerzas || acrecentar (développer); *accroître sa fortune* acrecentar su fortuna.
- *v pr* aumentarse, acrecentarse, acrecerse, incrementarse.

accroupir (s') *v pr* ponerse en cuclillas (personnes), echarse (animaux).

accru, e *adj* aumentado, da || acrecentado, da.
- *m* BOT barbado, renuevo de la raíz (rejeton).
- *f* acrecimiento *m*, aumento *m* (d'un terrain).
- *pl* crecidos *m* (tricot).

accu *m* FAM acumulador || FAM *recharger ses accus* cargar las baterías.

accueil [akœ:j] *m* acogida *f*, recibimiento ‖ — *centre d'accueil* centro de ayuda ‖ *comité d'accueil* comité de recepción ‖ — *faire bon accueil à une traite* aceptar una letra.

accueillant, e *adj* acogedor, ra.

accueillir* *v tr* acoger; *accueillir un ami* acoger a un amigo; *acueillir favorablement une demande* acoger favorablemente una petición ‖ recibir; *il a été accueilli en grande pompe* fue recibido con gran pompa ‖ *acueillir une traite* aceptar una letra.

acculer *v tr* acorralar, arrinconar ‖ acular (un animal, une voiture) ‖ dejar sin respuesta; *cet argument l'accula* este argumento lo dejó sin respuesta ‖ ÉQUIT derribar ‖ FIG llevar, conducir; *acculer à la ruine* llevar a la ruina.

acculturation *f* aculturación.

acculturer *v tr* aculturar.

accumulateur *m* acumulador ‖ INFORM acumulador.

accumulation *f* acumulación ‖ cúmulo *m* ‖ — *chauffage par accumulation* calefacción por acumulación ‖ *radiateur à accumulation* radiador de acumulación.

accumuler *v tr* acumular.

accusateur, trice *adj* et *s* acusador, ra; *signe accusateur* señal acusadora ‖ *accusateur public* fiscal.

accusatif, ive *adj* et *s m* GRAMM acusativo, va.

accusation *f* acusación ‖ — *acte d'accusation* informe del fiscal ‖ *arrêt d'accusation* auto de procesamiento ‖ *chef d'accusation* cargo de acusación ‖ — *mettre en accusation* incoar un proceso, formar causa.

accusé, e *adj* acusado, da (blâmé) ‖ marcado, da; señalado, da; *traits accusés* rasgos marcados.
◆ *m* et *f* reo, a; procesado, da; acusado, da; *acquitter un accusé* absolver a un reo ‖ *accusé de réception* acuse de recibo.

accuser *v tr* acusar; *accuser de lâcheté* acusar de cobardía ‖ confesar; *accuser ses péchés* confesar sus pecados ‖ FIG revelar, indicar; *sa conduite accuse sa folie* su conducta revela su locura ‖ acusar (déclarer son jeu) ‖ ARTS hacer resaltar ‖ — *accuser à faux* levantar un falso testimonio ‖ *accuser réception* acusar recibo.

ace [es] *m* SPORTS ace.

acéphale *adj* et *s m* acéfalo, la (sans tête).

acerbe *adj* acerbo, ba; *ton acerbe* tono acerbo.

acéré, e *adj* acerado, da; *pointe acérée* punta acerada ‖ FIG punzante (mordant).

acétate *m* acetato.

acétique *adj* acético, ca.

acétone *f* acetona.

acétylène *m* acetileno; *lampe à acétylène* lámpara de acetileno.

acétylsalicylique *adj* CHIM acetilsalicílico, ca; *acide acétylsalicylique* ácido acetilsalicílico.

A.C.F. abrév de *Automobile Club de France* Club Automovilístico de Francia.

ach. abrév de *achète* compro [en los anuncios por palabras].

achalandé, e *adj* aparroquiado, da; de mucha clientela (pourvu de clientèle) ‖ surtido, da (de marchandises).
— OBSERV Es barbarismo muy empleado tomar esta voz en el sentido de *abundante en mercancías*.

achalander *v tr* aparroquiar (un marchand, un magasin) ‖ FAM surtir, abastecer, aprovisionar.

acharné, e *adj* encarnizado, da; *combat acharné* combate encarnizado ‖ consagrado intensamente a; *acharné à son travail* consagrado intensamente a su trabajo ‖ empedernido, da; *c'est un joueur acharné* es un jugador empedernido ‖ enconado, da; *partisan acharné* partidario enconado.

acharnement *m* encarnizamiento; *lutter avec acharnement* luchar con encarnizamiento ‖ ensañamiento; *l'acharnement du tyran contre ses ennemis* el ensañamiento del tirano contra sus enemigos ‖ empeño, obstinación *f* ‖ *acharnement thérapeutique* terapia de mantenimiento artificial.

acharner *v tr* azuzar (les chiens).
◆ *v pr* encarnizarse, ensañarse; *s'acharner sur sa victime* ensañarse con su víctima ‖ consagrarse intensamente, enviciarse en; *s'acharner au jeu* enviciarse en el juego ‖ mostrarse cruel, ensañarse; *le destin s'acharne contre lui* el destino se muestra cruel con él ‖ perseguir obstinadamente (persécuter).

achat *m* compra *f* ‖ — *achat à terme* compra a plazos ‖ *achat comptant* compra al contado ‖ *achat de précaution* compra de reserva ‖ *achat-vente* compraventa ‖ — *pouvoir d'achat* poder adquisitivo ‖ *prix d'achat* precio de compra ‖ — *faire l'achat* comprar ‖ *faire ses achats* hacer compras.

acheminement *m* encaminamiento ‖ despacho, envío; *acheminement du courrier* despacho del correo ‖ camino que conduce a; *ce n'est pas le bonheur, mais l'acheminement vers le bonheur* no es la felicidad sino el camino que conduce a ella ‖ encauzamiento; *l'acheminement d'une affaire* el encauzamiento de un asunto.

acheminer *v tr* encaminar ‖ despachar; *acheminer la correspondance* despachar la correspondencia ‖ transportar; *acheminer par air* transportar por avión ‖ encauzar (une affaire, l'eau).
◆ *v pr* encaminarse; *s'acheminer vers la maison* encaminarse hacia la casa.

acheter* *v tr* comprar; *acheter à perte* comprar con pérdida; *acheter comptant, à terme, en gros, au détail, à crédit* o *à tempérament, ferme* comprar al contado *ou* a crédito, a plazos, al por mayor, al por menor, a crédito, en firme ‖ FIG comprar; *acheter de son sang* comprar con su sangre; *acheter au prix d'un effort* comprar a costa de un esfuerzo ‖ comprar, sobornar; *acheter des témoins* comprar testigos ‖ POP tomar el pelo (se moquer).

acheteur, euse *m* et *f* comprador, ra.

achevé, e *adj* acabado, da (fini) ‖ rematado, da (tué) ‖ consumado, da; *artiste achevé* artista consumado ‖ total, consumado, da; *d'un comique achevé* de un cómico total *ou* consumado; *d'un ridicule achevé* de un ridículo total *ou* consumado ‖ rematado, da; de remate, redomado, da; *un fripon achevé* un pillo rematado, redomado ‖ FIG cumplido, da; *un modèle achevé de vertu* un modelo cumplido de virtudes.
◆ *m* acabado; *d'un achevé admirable* de un acabado admirable.

achèvement *m* terminación *f*, acabamiento.

achever* *v tr* acabar; *achever ses études* acabar sus estudios ‖ acabar, dar el último toque a (un travail) ‖ acabar, consumar (consommer); *achever la ruine de quelqu'un* consumar la ruina de alguien ‖ rematar; *achever un blessé* rematar a un herido ‖

acabar con; *la perte de son fils l'a achevé* la pérdida de su hijo acabó con él.
Achille [aʃil] *n pr m* Aquiles.
achoppement *m* tropiezo ‖ FIG estorbo, obstáculo (ce qui fait buter) ‖ FIG *pierre d'achoppement* escollo.
achopper *v intr* tropezar; *achopper contre une pierre* tropezar con *ou* contra *ou* en una piedra ‖ FIG fracasar, tropezar con (échouer).
achromatique [akromatik] *adj* acromático, ca; *lentille achromatique* lente acromática.
acide *adj* ácido, da; *saveur acide* sabor ácido ‖ FIG ácido, da; desabrido, da (ton, etc.).
◆ *m* ácido; *acide chlorhydrique* ácido clorhídrico; *acide nitrique* ácido nítrico ‖ FAM ácido (L.S.D).
acidifiant, e *adj* et *s m* acidificante.
acidification *f* acidificación.
acidifier* *v tr* acidificar; *acidifier du vin* acidificar vino.
acidité *f* acidez; *l'acidité du verjus* la acidez del agraz ‖ FIG aspereza, desabrimiento *m* (causticité) ‖ MÉD acedía (de l'estomac).
acido-basique *adj* ácido-base; *équilibre acido-basique* equilibrio ácido-base.
acidulé, e *adj* acidulado, da; *bonbons acidulés* caramelos ácidos.
acier *m* acero; *acier fondu, doux, chromé, inoxydable, trempé* acero fundido, dulce *ou* blando, cromado, inoxidable, templado ‖ FIG acero (arme); *acier homicide* acero homicida ‖ — *acier à haute résistance* acero de alta resistencia ‖ FIG *cœur d'acier* corazón de hierro | *des muscles d'acier* músculos de acero.
aciérage *m* acerado.
aciérie *f* acería, fundición de acero.
acmé *f* apogeo *m* (apogée) ‖ MÉD acmé.
acné *m* MÉD acné *f* (éruption cutanée).
acolyte *m* acólito.
acompte [akɔ̃:t] *m* cantidad *f* a cuenta, anticipo ‖ *payer un acompte sur une dette* pagar algo a cuenta de una deuda.
aconit [akɔnit] *m* BOT acónito, anapelo.
acoquiner (s') *v pr* conchabarse; *s'acoquiner à des malfaiteurs* conchabarse con malhechores.
Açores *n pr f pl* GÉOGR Azores.
à-côté *m* punto accesorio de una cuestión.
◆ *pl* pormenores (détails); *les à-côtés de l'histoire* los pormenores de la historia ‖ provechos accesorios, extras (bénéfices accessoires).
— OBSERV No hay que confundir *à-côté* (con guión) con *à côté* (sin guión), expresión que significa *al lado, junto*.
à-coup [aku] *m* movimiento brusco, sacudida *f* brusca (secousse) ‖ parada *f* brusca (arrêt) ‖ FIG incidente ‖ — *par à-coups* por intermitencias, a tirones ‖ *sans à-coups* sin dificultad, sin interrupción.
acouphène *m* acufeno.
acousticien, enne *m* et *f* especialista en acústica.
acoustique *adj* et *s f* acústico, ca; *nerf acoustique* nervio acústico ‖ *cornet acoustique* trompetilla acústica.
acquéreur *m* comprador, adquiridor; *se porter ou se rendre acquéreur de quelque chose* declararse adquiridor *ou* comprador de algo.

acquérir *v tr* adquirir; *acquérir une maison* adquirir una casa ‖ adquirir; *acquérir une conviction* adquirir una convicción ‖ conseguir, lograr, obtener; *acquérir la gloire* conseguir la gloria ‖ ganar; *acquérir l'affection de quelqu'un* ganar el afecto de alguien ‖ granjearse; *acquérir une bonne réputation* granjearse una buena reputación ‖ *il est tout acquis à notre cause* es muy adicto a nuestra causa.
— OBSERV Es incorrecto decir *acquérir une mauvaise réputation* en lugar de *s'attirer une mauvaise réputation* (*acquérir* siempre tiene un sentido favorable).
acquêts [akɛ] *m pl* bienes gananciales [adquiridos durante el matrimonio] ‖ *communauté réduite aux acquêts* comunidad de bienes gananciales.
acquiescement [akjɛsmɑ̃] *m* consentimiento, conformidad *f*.
acquiescer* *v intr* consentir en algo, asentir a algo ‖ estar conforme ‖ *acquiescer à la volonté d'autrui* conformarse con la voluntad ajena.
acquis, e [aki, i:z] *adj* adquirido, da; *vitesse acquise* velocidad adquirida ‖ adicto, ta (dévoué); *il m'est tout acquis* me es muy adicto.
◆ *m* experiencia *f*; *avoir de l'acquis* tener experiencia.
acquisition *f* adquisición.
acquit [aki] *m* recibo (reçu); *j'ai votre acquit* tengo su recibo ‖ ventaja *f* [que se da al adversario en el billar] ‖ — COMM *acquit à caution* guía [documento fiscal] ‖ — *par acquit de conscience* para mayor tranquilidad, en descargo de conciencia (pour bien faire), sin convicción (sans conviction) ‖ *par manière d'acquit* por cumplir, para salir del paso ‖ *pour acquit* recibí (d'un signataire), recibimos (de plusieurs signataires).
acquittement *m* pago (d'une dette) ‖ indicación *f* de recibo ‖ absolución *f*, libre absolución *f* (d'un accusé) ‖ *verdict d'acquittement* veredicto de inculpabilidad *ou* absolutorio.
acquitter *v tr* pagar; *acquitter un droit d'entrée* pagar un derecho de entrada ‖ satisfacer; *acquitter une dette* satisfacer una deuda ‖ descargar (rendre quitte); *acquitter un accusé* absolver a un reo ‖ poner el recibí (écrire l'acquit sur un document).
◆ *v pr* pagar (payer) ‖ satisfacer; *s'acquitter d'une dette* satisfacer una deuda ‖ cumplir; *s'acquitter de son devoir* cumplir con su deber ‖ llevar a cabo; *s'acquitter d'un travail* llevar a cabo un trabajo ‖ desquitarse (jeux).
acre *f* acre *m* (mesure anglaise de 40,5 ares).
âcre *adj* acre (saveur, caractère) ‖ FIG acre, desabrido, da.
âcreté *f* acritud.
acridiens *m pl* ZOOL acrídidos.
acrimonie *f* acrimonia.
acrimonieux, euse *adj* acrimonioso, sa.
acrobate *m* et *f* acróbata.
acrobatie *f* acrobacia; *acrobatie aérienne* acrobacia aérea.
acrobatique *adj* acrobático, ca; *exercices acrobatiques* ejercicios acrobáticos.
acronyme *m* GRAMM acrónimo.
acropole *f* ARCHÉOL acrópolis.
acrostiche *adj* et *s m* POÉT acróstico.
acrylique *adj* acrílico, ca (résine artificielle) ‖ *acide acrylique* ácido acrílico ‖ *fibre acrylique* fibra acrílica.

acte *m* acto; *acte de courage* acto de valor ‖ hecho, acción *f*, acto; *on connaît un homme par ses actes* un hombre se conoce por sus hechos ‖ acto (prière); *acte de contrition* auto de contrición ‖ DR auto (pièce d'un procès) ‖ partida *f*; *acte de naissance, de mariage, de décès* partida de nacimiento, de matrimonio, de defunción ‖ escritura *f*; *acte notarié, de vente, authentique* escritura notarial, de venta, pública ‖ THÉÂTR acto; *drame en trois actes* drama en tres actos ‖ — *acte constitutif de société* acta de constitución de la sociedad, acta fundacional de una sociedad ‖ *acte constitutionnel* acto constitucional ‖ *acte d'accusation* acta de acusación, petición fiscal ‖ *acte de baptême* fe de bautismo ‖ *actes des Apôtres* hechos de los Apóstoles ‖ *actes des martyres* hechos de los mártires ‖ *actes d'un concile* actas de un concilio ‖ *acte illégal* acto ilegal ‖ *acte manqué* acto fallido ‖ *acte sous seing privé* escritura privada ‖ — *dont acte* y para que así conste ‖ — *demander acte* pedir un atestado ‖ *dresser un acte* levantar acta ‖ *faire acte de* dar pruebas de; *faire acte de courage* dar pruebas de valor ‖ *faire acte de présence* hacer acto de presencia, asistir ‖ *prendre acte* tomar nota.

acteur, trice *m et f* actor, ra (d'une affaire) ‖ actor, actriz (d'un film, etc.).

actif, ive *adj* activo, va; *prendre une part active à quelque chose* tomar parte activa en algo ‖ — *armée active* ejército permanente ‖ ÉCON *population active* población activa.
◆ *m* COMM activo (avoir), *actif net* activo neto; *l'actif et le passif* el activo y el pasivo ‖ — *officier d'active* oficial de la escala activa ‖ — *avoir à son actif* tener en su haber *ou* en su favor ‖ *mettre à son actif* poner en su haber.
◆ *pl* *les actifs* los activos.

actinie *f* actinia, anémona de mar.

action *f* acción; *une bonne action* una buena acción ‖ acción; *action chimique* acción química ‖ acción (intrigue) ‖ hecho *m*; *il faut des actions et non des paroles* más valen hechos que palabras ‖ COMM acción (titre de propriété); *action gratuite, nominative, au porteur, de jouissance, privilégiée, préférentielle, à vote plural* acción gratuita, nominativa, al portador, de usufructo, privilegiada, preferencial, de voto plural ‖ DR acción, demanda; *action délictuelle, judiciaire* acción delictiva, judicial; *intenter une action* presentar una demanda ‖ MIL acción (combat) ‖ — *action d'éclat* hazaña, proeza ‖ *action sans droit de vote* acción sin derecho de voto ‖ *un film d'action* una película de acción ‖ — *sous l'action de* bajo el efecto de ‖ *émettre des actions* emitir acciones ‖ *mettre en action* poner en movimiento (une machine), poner en práctica (les projets) ‖ *passer à l'action* pasar a la acción.

actionnaire *m et f* accionista.

actionnariat *m* accionariado.

actionner *v tr* MÉCAN accionar, poner en movimiento (une machine) ‖ DR demandar, entablar una demanda.

activation *f* activación.

activement *adv* activamente.

activer *v tr* activar, apresurar; *activer un travail* activar un trabajo ‖ avivar; *activer le feu* avivar la lumbre ‖ CHIM activar; *boue activée* lodo activado ‖ INFORM activar.
◆ *v pr* apresurarse.

activisme *m* activismo.

activiste *adj et s* activista.

activité *f* actividad ‖ *militaire, fonctionnaire en activité* militar, funcionario en activo.

actuaire *m* DR actuario (assurances).

actualisation *f* actualización.

actualiser *v tr* actualizar.

actualité *f* actualidad; *l'actualité politique, sportive* la actualidad política, deportiva ‖ — *d'actualité* de actualidad ‖ *question d'actualité* tema *ou* asunto de actualidad.
◆ *pl* actualidades, noticiario *m* ‖ *les actualités télévisées* el noticiario televisivo, el telediario.

actuariel, elle *adj* actuarial.

actuel, elle *adj* actual; *époque actuelle* época actual ‖ — *cautère actuel* cauterio actual ‖ *péché actuel* pecado actual ‖ — *à l'heure actuelle* actualmente, hoy en día.

actuellement *adv* actualmente, en la actualidad, hoy en día (de nos jours) ‖ actualmente, ahora (pour le moment).

acuité *f* agudeza; *l'acuité d'une douleur* la agudeza de un dolor ‖ agudeza, acuidad; *acuité visuelle* agudeza visual.

acupuncteur; acuponcteur *m* especialista en acupuntura.

acupuncture; acuponcture *f* acupuntura.

adage *m* adagio.

adagio *m* MUS adagio.

Adam *n pr m* Adán ‖ *pomme d'Adam* nuez de Adán.

adamantin, e *adj* diamantino, na; adamantino, na.

adaptabilité *f* adaptabilidad.

adaptable *adj* adaptable.

adaptateur, trice *m et f* adaptador, ra ‖ INFORM *adaptateur d'interface* adaptador de interfaz *ou* interface.

adaptation *f* adaptación; *adaptation cinématographique* adaptación cinematográfica.

adapter *v tr* adaptar; *adapter un roman au théâtre* adaptar una novela al teatro ‖ acomodar, adaptar; *adapter sa conduite à* acomodar su conducta con.
◆ *v pr* adaptarse, acomodarse.

ADD abrév de *analogique/digital/digital* ADD, analógico/digital/digital.

addenda *m inv* apéndice, suplemento.

Addis-Ababa *n pr* GÉOGR → **Addis-Abeba**.

Addis-Abeba; Addis-Ababa *n pr* GÉOGR Addis Abeba.

additif, ive *adj* aditivo, va.
◆ *m* cláusula *f* adicional ‖ aditivo; *additif alimentaire* aditivo alimentario.

addition *f* adición ‖ MATH suma, adición; *faire une addition* hacer una suma ‖ cuenta (d'un restaurant, etc.) ‖ añadido *m*, coletilla [familiar] (chose ajoutée à un texte).

additionnel, elle *adj* adicional.

additionner *v tr* adicionar, sumar ‖ *additionner un produit d'eau* aguar.

adducteur *adj et s m* ANAT aductor (muscle).
◆ *m* TECHN conducto de traída de aguas.

adduction *f* ANAT aducción ‖ TECHN traída de aguas (amenée), derivación, toma.

Adélie (terre) *n pr f* GÉOGR Tierra Adelia.

adénite *f* adenitis.

adénoïde *adj* ANAT adenoideo, a.
adénome *m* adenoma.
adepte *m* et *f* adepto, ta; seguidor, ra.
adéquat, e [adekwa, at] *adj* adecuado, da; apropiado, da.
adéquation [adekwasjɔ̃] *f* adecuación.
adhérence *f* adherencia.
adhérent, e *adj* adherente ‖ adherido, da (collé).
  ◆ *adj* et *s* adherente, afiliado, da (membre).
adhérer* *v intr* adherir, adherirse; *la peau adhère au muscle* la piel se adhiere al músculo ‖ afiliarse, adherirse; *adhérer à un parti* adherirse a un partido ‖ FIG adherirse (à une opinion).
  — OBSERV L'espagnol préfère l'usage de la forme pronominale à la forme intransitive.
adhésif, ive *adj* et *s m* adhesivo, va.
adhésion *f* adhesión ‖ *donner son adhésion* adherirse.
adieu *interj* et *s m* adiós ‖ — *dire adieu à quelque chose, à quelqu'un* decir adiós a algo, a alguien; despedirse de algo, de alguien ‖ *sans adieu* hasta más ver.
  ◆ *pl* despedida *f sing*; *des adieux touchants* despedida conmovedora ‖ *faire ses adieux* despedirse.
  — OBSERV *Adieu* suele usarse también dialectalmente en francés, lo mismo que en español *adiós*, como interjección de saludo y de despedida. En francés, *bonjour* se usa por *buenos días* y *buenas tardes*; la voz *bonsoir* se usa al anochecer y *bonne nuit* se usa como despedida antes de ir a acostarse.
adipeux, euse [adipø, ø:z] *adj* adiposo, sa.
adiposité *f* adiposidad.
adjacent, e *adj* adyacente.
adjectif, ive *adj* et *s m* adjetivo, va.
adjectival, e *adj* adjetival; *substantifs adjectivaux* sustantivos adjetivales.
adjoindre* *v tr* dar *ou* designar auxiliar *ou* adjunto *ou* ayudante ‖ agregar, juntar (choses) ‖ remitir adjunto, adjuntar; *je vous adjoins un timbre* le remito adjunto un sello.
  ◆ *v pr* tomar; *s'ajoindre un expert* tomar un perito.
  — OBSERV *Adjuntar*, dérivé de *adjunto* (ci-joint), était considéré comme barbarisme dans le sens de *inclur, remitir adjunto*, mais il a été récemment admis.
adjoint, e [adʒwɛ̃, wɛ̃:t] *adj* adjunto, ta; *commissaire adjoint* comisario adjunto.
  ◆ *m* et *f* sustituto, ta; suplente, adjunto, ta ‖ — *adjoint au maire, maire adjoint* teniente de alcalde ‖ *adjoint d'enseignement (A.E.)* profesor no titular *ou* agregado de enseñanza ‖ *professeur adjoint* profesor adjunto, ayudante.
adjonction *f* añadidura; *il biffa les adjonctions faites à son texte* tachó las añadiduras hechas a su texto ‖ DR adjunción ‖ *le nombre d'élèves requiert l'adjonction d'un auxiliaire* el número de alumnos requiere el nombramiento de un auxiliar.
adjudant *m* MIL ayudante, brigada suboficial del ejército francés entre sargento mayor y ayudante jefe.
adjudant-chef *m* MIL suboficial inmediatamente inferior al alférez.
adjudicataire *m* et *f* adjudicatario, ria (dans une vente aux enchères) ‖ contratista (d'un contrat).
adjudicateur, trice *m* et *f* adjudicador, ra.

adjudication *f* adjudicación ‖ subasta (vente aux enchères) ‖ contrata (contrat).
adjuger* *v tr* adjudicar (attribuer) ‖ subastar (aux enchères) ‖ *adjugé, vendu!* ¡adjudicado!
  ◆ *v pr* adjudicarse, apoderarse.
adjuration *f* adjuración, conjuro *m* (invocation) ‖ súplica, ruego *m* encarecido (supplication).
adjurer *v tr* adjurar, conjurar ‖ suplicar, rogar encarecidamente (supplier).
adjuvant, e *adj* et *s m* coadyuvante; *médicament adjuvant* medicamento coadyuvante; *traitement adjuvant* tratamiento coadyuvante.
admettre* *v tr* admitir (une personne, une opinion, etc.) ‖ aprobar (examens); *l'élève a été admis à l'écrit* el alumno ha aprobado el escrito ‖ — *admettons que* admitamos que.
administrateur, trice *m* et *f* administrador, ra ‖ — *administrateur civil* administrador civil ‖ *administrateur de biens* administrador de bienes ‖ *administrateur judiciaire* administrador judicial.
administratif, ive *adj* administrativo, va.
administration *f* administración ‖ administración pública, el Estado; *le voyage était aux frais de l'Administration* el viaje estaba pagado por el Estado.
administré, e *m* et *f* administrado, da.
administrer *v tr* administrar ‖ suministrar (preuves) ‖ FAM propinar, dar (coups, raclée) ‖ *administrer la justice* administrar justicia.
  ◆ *v pr* atribuirse, adjudicarse, llevarse; *s'administrer la meilleure part* atribuirse la mejor parte.
admirable *adj* admirable.
admirablement *adv* admirablemente, estupendamente.
admirateur, trice *adj* et *s* admirador, ra.
admiratif, ive *adj* admirativo, va.
admiration *f* admiración ‖ — *être en admiration devant* admirarse ante ‖ *faire l'admiration de* producir la admiración de, causar *ou* ser la admiración de.
admirativement *adv* admirativamente.
admirer *v tr* admirar.
  — OBSERV El verbo francés *admirer* no tiene el sentido de *maravillar*.
admis, e [admi, i:z] *adj* et *s* admitido, da ‖ aprobado, da (à un examen) ‖ ingresado, da (à un concours).
admissibilité *f* admisibilidad *(p us)*, admisión, condición de admisible ‖ obtención de la calificación suficiente para sufrir la segunda prueba de un examen.
admissible *adj* et *s* admisible (recevable) ‖ admisible [en la Universidad francesa, dícese del candidato calificado para la segunda parte (oral) de un examen].
admission *f* admisión ‖ aprobado *m* (examen) ‖ ingreso *m*, admisión (dans un hôpital) ‖ ÉCON admisión (Bourse); *admission à la cote* admisión de valores a cotización ‖ — *concours d'admission* examen de ingreso ‖ *service des admissions* servicio de admisión ‖ TECHN *tuyau d'admission* tubo de entrada.
admonestation *f* amonestación.
admonester *v tr* amonestar.
admonition *f* admonición.

A.D.N. abrév de *acide desoxyribonucléique* ADN, ácido desoxirribonucleico.
ado *m* et *f* FAM quinceañero, ra (adolescent).
adolescence *f* adolescencia.
adolescent, e *adj* et *s* adolescente.
adonis *m* adonis.
adonner (s') *v pr* dedicarse, consagrarse; *s'adonner à l'étude* dedicarse al estudio ‖ entregarse; *s'adonner à la boisson* entregarse a la bebida.
adoptant, e *adj* adoptante.
adopté, e *adj* et *s* adoptado, da.
adopter *v tr* adoptar, prohijar (enfant) ‖ adoptar (idée, loi, cause) ‖ aprobar (rapport, procès-verbal) ‖ adherirse a (opinion, parti).
adoptif, ive *adj* adoptivo, va.
adoption *f* adopción ‖ aprobación; *adoption de son rapport* aprobación de su informe ‖ *d'adoption* adoptivo, va; *patrie d'adoption* patria adoptiva.
adorable *adj* adorable (religion) ‖ FAM encantador, ra (charmant); *enfant adorable* niño encantador.
adorablement *adv* adorablemente ‖ FAM divinamente (admirablement).
adorateur, trice *m* et *f* adorador, ra.
◆ *f* adoratriz (religieuse).
adoration *f* adoración ‖ apasionamiento *m*, amor *m* exagerado ‖ FAM *être en adoration devant quelqu'un* estar en perpetua adoración ante alguien.
adorer *v tr* adorar (religion) ‖ adorar (aimer avec passion) ‖ FAM adorar, encantar; *j'adore la musique* me encanta la música.
adosser *v tr* adosar; *la maison est adossée au mur* la casa está adosada a *ou* contra la pared.
◆ *v pr* respaldarse; *s'adosser à un arbre* respaldarse contra un árbol.
adoubement *m* armadura *f* ‖ loriga *f* (armure).
adouber *v tr* armar solemnemente (un chevalier) ‖ mudar de casilla una pieza anunciando que dicho cambio no es definitivo, componer (aux échecs).
adoucir *v tr* endulzar (rendre sucré) ‖ dulcificar, suavizar (le visage, les manières) ‖ aliviar, hacer llevadero (souffrance, peine) ‖ aplacar (irritation) ‖ templar (température, teinte, lumière) ‖ suavizar (contours, aspérités) ‖ pulir (métal, pierre), esmerilar (glaces, verre) ‖ adulzar (fer, acier, fonte) .
adoucissant, e *adj* suavizante, dulcificante.
◆ *m* MÉD calmante, sedativo.
adoucissement *m* dulcificación *f* ‖ endulzamiento (au goût) ‖ suavizamiento (au toucher) ‖ alivio (souffrance, irritation) ‖ mejoramiento (température) ‖ esmerilado (verre, glaces) ‖ adulzado (fonte, fer).
adoucisseur *m* pulidor.
adr. abrév de *adresse* dirección ‖ abrév de *adresser* dirigir.
adragant, e *adj* et *s* adragante; *gomme adragante* goma adragante.
adrénaline *f* adrenalina.
adressage *m* INFORM direccionamiento.
adresse *f* dirección (lettres, etc.) ‖ dirección, señas *pl*; *carnet d'adresses* libro de señas ‖ dirección; *adresse virtuelle* dirección virtual ‖ intención; *cela est dit à mon adresse* esto se dirige a mi intención ‖ memorial *m*, ruego *m* (pétition); *présenter une adresse au roi* presentar un memorial al rey ‖ destreza (dextérité), habilidad (ingéniosité) ‖ maña (ruse); *user d'adresse* darse maña ‖ tino *m*, acierto *m*; *faire avec adresse* hacer con tino ‖ *tour d'adresse* juego de manos.
adresser *v tr* dirigir; *adresser la parole* dirigir la palabra ‖ enviar; *adresser un paquet* enviar un paquete; *je vous adresse mes respects* le envío mis respetos ‖ destinar ‖ INFORM dirigir, direccionar ‖ *adresser des reproches, des injures* reprochar, injuriar.
◆ *v pr* dirigirse.
adret [adrɛ] *m* solana *f*.
Adriatique *n pr f* GÉOGR Adriático *m*.
adroit, e *adj* hábil, diestro, tra; *être adroit dans les affaires* ser hábil en los negocios ‖ mañoso, sa (manuellement).
adroitement *adv* hábilmente.
adulateur, trice *adj* et *s* adulador, ra.
adulation *f* adulación.
aduler *v tr* adular.
adulte *adj* adulto, ta; *l'âge adulte* la edad adulta.
◆ *m* et *f* adulto, ta ‖ — *film pour adultes* película para adultos ‖ *formation pour adultes* formación para adultos.
adultération *f* adulteración; *adultération d'un médicament* adulteración de un medicamento ‖ falsificación (des monnaies).
adultère *adj* et *s* adúltero, ra (personne).
◆ *m* adulterio (acte); *commettre un adultère* cometer un adulterio.
adultérer* *v tr* adulterar ‖ falsificar (des monnaies).
adultérin, e *adj* et *s* adulterino, na.
advenir* *v intr* ocurrir, suceder; *qu'est-il advenu de...?* ¿qué ha ocurrido con...? ‖ — *advienne que pourra* ocurra lo que ocurra, pase lo que pase ‖ *il advint que* ocurrió que ‖ *le cas advenant* dado el caso ‖ *quoi qu'il advienne* pase lo que pase, suceda lo que suceda.
— OBSERV El verbo *advenir* se conjuga con *être* y sólo es usado en el infinitivo y en las terceras personas.
adventice *adj* adventicio, cia.
adventif, ive *adj* adventicio, cia; *racines adventives* raíces adventicias; *biens adventifs* bienes adventicios.
adverbe *m* adverbio; *adverbe de manière* adverbio de modo.
adverbial, e *adj* adverbial; *suffixes adverbiaux* sufijos adverbiales ‖ *locution adverbiale* modo adverbial.
adversaire *m* et *f* adversario, ria.
adversatif, ive *adj* adversativo, va.
adverse *adj* adverso, sa; contrario, ria; *avocat adverse* abogado adverso.
adversité *f* adversidad.
A.E. abrév de *adjoint d'enseignement* profesor no titular *ou* agregado de enseñanza.
aède *m* aedo [cantor griego].
A.-É.F. abrév de *Afrique-Équatoriale Française* AEF, África Ecuatorial Francesa.
A.E.L.E. abrév de *Association Européenne de libre-échange* AELI, Asociación Europea de Libre Intercambio.
A.E.N. abrév de *Agence pour l'énergie nucléaire* AEN, Agencia de la OCDE para la Energía Nuclear.

aérateur *m* ventilador.
aération *f* ventilación, aeración ‖ *— bouche d'aération* boca de ventilación ‖ *conduit d'aération* canal *ou* conducto de ventilación.
aéré, e *adj* aireado, da; ventilado, da (ventilé) ‖ espaciado, da (un texte) ‖ *centre aéré* centro recreativo para niños.
aérer* *v tr* airear, ventilar (ventiler) ‖ orear (une chose humide); *aérer le linge* orear la ropa ‖ FIG airear; *aérer un texte* airear un texto.
◆ *v pr* airearse, tomar el aire.
aérien, enne *adj* aéreo, a; *phénomène, courrier, câble aérien* fenómeno, correo, cable aéreo; *plante, navigation aérienne* planta, navegación aérea ‖ *— métro aérien* metro a cielo abierto ‖ *photo aérienne* aerofotografía.
◆ *m* antena *f*, toma *f* aérea.
aérobic *m* SPORTS aerobic.
aérobie *adj* et *s m* aerobio, bia (microbe).
aéro-club *m* aeroclub.
— OBSERV *pl* aéro-clubs.
aérodrome *m* aeródromo.
aérodynamique *adj* et *s f* aerodinámico, ca.
aérodynamisme *m* aerodinamismo.
aérofrein *m* freno aerodinámico.
aérogare *f* terminal *m*, estación terminal.
aéroglisseur *m* aerodeslizador.
aérogramme *m* aerograma.
aérolithe; aérolite *m* aerolito.
aéromodélisme *m* aeromodelismo.
aéronautique *adj* et *s f* aeronáutico, ca; *industrie aéronautique* industria aeronáutica.
aéronaval, e *adj* aeronaval.
◆ *f* organización aeronaval de la marina.
aéronef *m* aeronave *f*.
aérophagie *f* aerofagia.
aéroport *m* aeropuerto; *aéroport d'attache* aeropuerto de base.
aéroporté, e *adj* aerotransportado, da.
aéroportuaire *adj* aeroportuario, ria.
aéropostal, e *adj* aeropostal; *transports aéropostaux* transportes aeropostales.
◆ *f* organización aeropostal del correo francés.
aérosol *m* aerosol.
aérospatial, e *adj* aeroespacial; *industrie aérospatiale* industria aeroespacial.
aérostat [aerosta] *m* aeróstato.
aérostatique *adj* et *s f* aerostático, ca.
aérotransporté, e *adj* aerotransportado, da.
A.F. abrév de *Assemblée Fédérale* Asamblea Federal (Suiza) ‖ abrév de *allocations familiales* subsidio familiar.
affabilité *f* afabilidad.
affable *adj* afable; *affable envers* o *avec ses employés* afable con sus empleados.
affabulateur, trice *m* et *f* fantasioso, sa.
affabulation *f* fantasía, invención (fabulation) ‖ enredo *m*, trama (d'un roman).
affabuler *v intr* fantasear.
affadir *v tr* poner soso, desazonar (un mets) ‖ FIG quitar la gracia (ôter le charme) | volver insípido, insulso; volver desabrido, da (style).
affadissement *m* empalago, insipidez *f*, desabrimiento.

affaibli, e *adj* debilitado, da.
affaiblir *v tr* debilitar ‖ rebajar (couleurs).
◆ *v pr* debilitarse.
affaiblissement *m* debilitamiento, debilitación *f*.
affaire *f*

---
1. OCCUPATION — 2. PRÉOCCUPATION, SUJET — 3. COMMERCE, TRANSACTION — 4. JUSTICE — 5. DÉSAGRÉMENT, CHOSE ENNUYEUSE — 6. COMBAT — 7. OBJET QUELCONQUE
---

1. OCCUPATION ocupación, quehacer *m* (chose à faire); *aller à ses affaires* ir a sus ocupaciones *ou* quehaceres ‖ *— une affaire de rien* una cosa baladí ‖ *— avoir affaire avec quelqu'un* estar en relación con alguien ‖ *c'est l'affaire d'un quart d'heure* es cosa de un cuarto de hora ‖ *c'est mon affaire* es cuenta mía ‖ *savoir à qui on a affaire* saber con quien entendérselas.
2. PRÉOCCUPATION, SUJET asunto *m*; *une affaire compliquée* un asunto complicado ‖ cuestión; *affaire d'intérêt* cuestión de interés ‖ *— affaire de cœur* lance amoroso ‖ *affaire d'État* problema de Estado ‖ *le meilleur de l'affaire* lo mejor del caso ‖ *les affaires publiques* los asuntos públicos ‖ *ministère des Affaires étrangères* Ministerio de Asuntos Exteriores (en Espagne) *ou* de Relaciones Exteriores (en Amérique) ‖ *— cela fait son affaire* esto le conviene ‖ *ce n'est pas une affaire* no es cosa del otro jueves ‖ *ce n'est pas une petite affaire* no es cosa fácil, no es cosa de poca monta ‖ *c'est toute une affaire* eso es una cosa complicada, es un verdadero lío ‖ *c'est une autre affaire* la cosa cambia, eso es harina de otro costal ‖ *faire son affaire d'une chose* tomar una cosa por su cuenta.
3. COMMERCE, TRANSACTION negocio *m*; *faire une mauvaise affaire* hacer un mal negocio ‖ empresa; *Institut européen d'administration des affaires* Instituto Europeo de Administración de Empresas ‖ ganga; *c'est une affaire* es una ganga ‖ *— chargé d'affaires* encargado de negocios ‖ *chiffre d'affaires* volumen de negocio ‖ *homme d'affaires* hombre de negocios ‖ *une affaire d'or* un negocio magnífico ‖ *— être dans les affaires* ser un hombre de negocios ‖ *être en affaires* estar en tratos ‖ *faire affaire* hacer negocio, tratar ‖ FAM *faire une affaire* hacer un buen negocio ‖ *les affaires sont les affaires* los negocios son los negocios ‖ *monter une affaire* poner un negocio, instalar un comercio *ou* una tienda ‖ *parler affaires* hablar de negocios.
4. JUSTICE pleito *m*, proceso *m*; *l'affaire X contre Y* el pleito de X contra Y ‖ causa; *instruire une affaire* instruir una causa ‖ caso *m*; *l'affaire Dreyfus* el caso Dreyfus.
5. DÉSAGRÉMENT, CHOSE ENNUYEUSE lance *m*; *une mauvaise affaire* un lance desagradable; *une affaire d'honneur* un lance de honor ‖ altercado *m* (dispute) ‖ peligro *m* (danger); *tirer un malade d'affaire* poner a un enfermo fuera de peligro ‖ *— avoir affaire à quelqu'un* tener que ver con alguien ‖ *faire son affaire à quelqu'un* ajustarle las cuentas a uno, matarle (le tuer) ‖ *se tirer d'affaire* salir de un mal paso *ou* de apuro ‖ *son affaire est claire* no tiene por donde escapar.
6. COMBAT acción; *l'affaire fut chaude* la acción fue encarnizada.
7. OBJET QUELCONQUE chisme *m*, trasto *m* ‖ ropa; *brosser ses affaires* cepillarse la ropa; *les affaires de tous les jours* la ropa de diario ‖ bártulos *m pl* (me-

nus objets appartenant à quelqu'un); *emporte toutes tes affaires* llévate todos tus bártulos.

affairé, e *adj* muy ocupado, da; muy atareado, da.

affairer (s') *v pr* atarearse, agitarse ‖ atender solícitamente, dedicar todas sus atenciones a; *s'affairer auprès d'un malade* atender solícitamente a un enfermo.

affairisme *m* mercantilismo.

affairiste *m* especulador, negociante poco escrupuloso.

affaissement *m* hundimiento ‖ FIG postración *f*, decaimiento.

affaisser *v tr* hundir (sol, terrain) ‖ agobiar (ployer sous le faix) ‖ FIG abatir, postrar (moralement).

◆ *v pr* hundirse (terrain) ‖ desplomarse; *il s'affaissa sur la chaise* se desplomó en la silla ‖ pandearse, doblarse (plier sous un poids) ‖ FIG abatirse, postrarse (moralement) | sucumbir; *l'Empire romain s'affaissa au Ve siècle* el Imperio Romano sucumbió en el siglo v.

affaler *v tr et intr* MAR amollar, arriar (filer un cordage).

◆ *v pr* MAR aconcharse (se dit du bateau qui va à la côte) | descolgarse (se laisser glisser le long d'un câble) ‖ FAM desplomarse, dejarse caer.

affamé, e *adj et s* hambriento, ta ‖ FIG ansioso, sa; ávido, da; sediento, ta; *affamé de gloire* ávido de gloria.

affamer *v tr* hacer padecer hambre, hambrear.

affect *m* afecto.

affectation *f* asignación, destinación, aplicación ‖ destino *m* (à un poste) ‖ afectación; *affectation de bonté* afectación de bondad ‖ afectación, amaneramiento *m*; *l'affectation de son style* el amaneramiento de su estilo ‖ DR afectación, gravamen *m* (charge) ‖ INFORM *affectation de fichier* asignación de fichero.

affecté, e *adj* afectado, da; amanerado, da (pas naturel) ‖ atribuido, da; destinado, da (destiné) ‖ destinado, da (à un poste) ‖ fingido, da; simulado, da; *douleur affectée* dolor fingido ‖ FIG afectado, da; conmovido, da (ému) ‖ MÉD atacado, da; aquejado, da; *affecté de rhumatismes* aquejado de reumatismo.

affecter *v tr* afectar, aparentar, fingir; *affecter du zèle* aparentar celo ‖ destinar, asignar; *affecter une somme* destinar una cantidad ‖ destinar (à un poste) ‖ FIG presentar (forme, aspect) | conmover (émouvoir) | afligir, afectar (affliger) | tener influencia sobre; *un évènement qui affecte l'humanité* un acontecimiento que tiene influencia sobre la humanidad ‖ MÉD atacar; *une maladie qui affecte la vue* una enfermedad que ataca la vista ‖ *être affecté de* experimentar, soportar, sufrir (subir) .

affectif, ive *adj* afectivo, va.

affection *f* afección (impression) ‖ afecto *m*, cariño *m* (amitié); *avoir de l'affection pour* tener afecto ou cariño a; *prendre quelqu'un en affection* coger afecto ou cariño a alguien ‖ MÉD afección, dolencia.

affectionné, e *adj* querido, da (cher) ‖ afecto, ta (dévoué), afectísimo, ma; *votre affectionné serviteur* su afectísimo servidor.

affectionner *v tr* querer, tener cariño a, tener afecto a.

affectivité *f* afectividad.

affectueusement *adv* afectuosamente, cariñosamente, con cariño.

affectueux, euse *adj* afectuoso, sa; cariñoso, sa.

afférent, e *adj* ANAT aferente; *canal afférent* canal aferente ‖ DR correspondiente; *droits afférents* derechos correspondientes.

affermage *m* arrendamiento, arriendo.

affermer *v tr* arrendar.

affermir *v tr* dar firmeza, afirmar; *affermir un terrain* afirmar un terreno ‖ FIG consolidar; *affermir le pouvoir* consolidar el poder.

affermissement *m* consolidación *f*, fortalecimiento ‖ endurecimiento (durcissement) ‖ firmeza *f* (fermeté).

afféterie *f* afectación, amaneramiento *m*.

affichage *m* DR fijación *f* de anuncios *ou* carteles ‖ FIG alarde, ostentación *f* ‖ INFORM visualización *f*, presentación *f* ‖ — *affichage à cristaux liquides* visualización en cristales líquidos ‖ *affichage à diodes* visualización diódica ‖ INFORM *affichage des données* presentación *ou* visualización de datos ‖ *affichage interdit* prohibido fijar carteles ‖ *affichage numérique* o *digital* visualización numérica *ou* digital ‖ — *tableau d'affichage* tablón, tablero, tablilla de anuncios (pour annonces), marcador, tanteador (sports).

affiche *f* anuncio *m*, cartel *m* ‖ *(p us)* FIG indicio *m*, señal, muestra (signe) ‖ — *affiche lumineuse* anuncio luminoso ‖ — *être à l'affiche* estar en cartelera ‖ *tenir l'affiche* mantenerse en el cartel (un spectacle).

afficher *v tr* fijar carteles *ou* anuncios; *défense d'afficher* prohibido fijar carteles *ou* anuncios ‖ anunciar; *afficher une vente aux enchères* anunciar una subasta ‖ FIG hacer alarde de, hacer ostentación de; *afficher de l'indifférence* hacer alarde de indiferencia | pregonar, vocear; *afficher sa honte* pregonar su vergüenza.

◆ *v pr* hacerse ver, mostrarse, exhibirse.

affichette *f* cartelito *m*.

afficheur *m* fijador de carteles, cartelero.

affichiste *m* cartelista.

affilage *m* afiladura *f*, afilado.

affilé, e *adj* afilado, da (couteau, etc.) ‖ — *d'affilée* de un tirón, seguido, da; *quatre heures d'affilée* cuatro horas seguidas ‖ — FIG *avoir la langue bien affilée* hablar por los codos.

affiler *v tr* afilar.

affiliation *f* afiliación.

affilié, e *adj et s* afiliado, da; *être affilié à la sécurité sociale* estar afiliado a la seguridad social.

affilier* *v tr* afiliar.

◆ *v pr* afiliarse.

affinage *m* afinado, afinación *f*.

affine *adj* MATHS afín.

affiner *v tr* afinar ‖ aguzar (aiguiser) ‖ FIG afinar (personne, caractère) ‖ AGRIC mullir (la terre) ‖ TECHN refinar (raffiner) | acrisolar (purifier au creuset) | acendrar (l'or, l'argent) | asedar (le chanvre).

affinité *f* afinidad.

affirmatif, ive *adj et s f* afirmativo, va ‖ — *dans l'affirmative* en caso afirmativo ‖ *répondre par l'affirmative* contestar afirmativamente.

affirmation *f* afirmación.

affirmativement *adv* afirmativamente ‖ *répondre affirmativement* contestar afirmativamente.

affirmer *v tr* afirmar; *affirmer par serment* afirmar con juramento ‖ demostrar (faire preuve de).
♦ *v pr* asentar; *son caractère s'affirme* su carácter se asienta ‖ confirmar; *son courage s'affirme* su valor se confirma.
affixe *adj m et s m* GRAMM afijo.
affleurement *m* emparejamiento, nivelación *f* ‖ GÉOL afloramiento (d'un filon, etc.).
affleurer *v tr* emparejar, nivelar.
♦ *v intr* aflorar (filon, source, etc.).
affliction *f* aflicción.
affligé, e *adj et s* afligido, da; *affligé par une nouvelle* afligido de *ou* con una noticia ‖ aquejado, da; afligido, da; *affligé d'une maladie* aquejado de una enfermedad.
affligeant, e *adj* afligente.
affliger* *v tr* afligir (attrister) ‖ aquejar, afligir (maladie) ‖ mortificar, torturar (mortifier).
♦ *v pr* afligirse; *s'affliger d'une perte* afligirse por *ou* de una pérdida.
affluence *f* afluencia ‖ concurrencia (foule); *dans ce théâtre, il y avait affluence* en este teatro había gran concurrencia ‖ abundancia; *affluence de biens* abundancia de bienes ‖ — *heures d'affluence* horas punta ‖ *jours d'affluence* días de afluencia.
affluent, e [aflyɑ̃, ɑ̃ːt] *adj et s m* afluente.
affluer *v intr* afluir; *les renseignements affluent* los informes afluyen.
afflux [afly] *m* aflujo; *un afflux de sang* un aflujo de sangre ‖ afluencia *f* (de personnes).
affolant, e *adj* enloquecedor, ra.
affolé, e *adj* enloquecido, da ‖ loca (boussole).
affolement *m* enloquecimiento ‖ MAR perturbación *f* de la brújula.
affoler *v tr* enloquecer; *affolé de peur* enloquecido de miedo; *affolé par la douleur* enloquecido por el dolor ‖ MAR perturbar, volver loca (boussole) ‖ FIG descomponer (moteur, etc.).
♦ *v pr* enloquecerse ‖ volverse loco, perder la cabeza ‖ azararse (se troubler).
affouragement *m* distribución del forraje al ganado.
affourager* *v tr* dar forraje *ou* echar pienso a.
affranchi, e *adj* libre, exento, ta; *affranchi de toute obligation* libre de toda obligación ‖ emancipado, da (émancipé) ‖ franqueado, da (lettres) ‖ despreocupado, da (libre de préjugés).
♦ *m et f* liberto, ta (esclaves).
affranchir *v tr* libertar (esclaves) ‖ librar (délivrer); *affranchir de la tyrannie* librar de la tiranía ‖ eximir, exentar (exempter) ‖ franquear (lettres) ‖ FAM eximir (des préjugés) ‖ MAR zafar; *affranchir une ancre* zafar un ancla ‖ *machine à affranchir* máquina franqueadora.
♦ *v pr* liberarse, independizarse.
affranchissement *m* liberación *f*, manumisión *f*; *l'affranchissement des esclaves* la liberación de los esclavos ‖ franqueo (postes), *tarif d'affranchissement* tarifa de franqueo ‖ exención *f* (d'impôt).
affres *f pl* ansias, angustias; *les affres de la mort* las ansias de la muerte.
affrètement *m* fletamento.
affréter* *v tr* fletar (bateau, avion).
affréteur *m* fletador.
affreusement *adv* horrorosamente, horriblemente (de manière affreuse) ‖ muchísimo, ma; la mar de (extrêmement); *avoir affreusement faim* tener muchísima hambre; *être affreusement bête* ser la mar de tonto ‖ — *il est affreusement tard* es tardísimo ‖ *il chante affreusement mal* canta de pena.
affreux, euse [afrø, øːz] *adj* horroroso, sa; *spectacle affreux* espectáculo horroroso ‖ FAM horrible, horroroso, sa (temps).
affriolant, e *adj* atractivo, va; apetecible.
affrioler *v tr* engolosinar.
affront [afrɔ̃] *m* afrenta *f*, baldón ‖ — *boire, avaler, dévorer un affront* tragar una afrenta ‖ *en avoir l'affront* fracasar ‖ *essuyer, subir un affront* sufrir una afrenta ‖ *faire affront* afrentar ‖ *sa mémoire lui fit affront* le falló la memoria.
affrontement *m* afrontamiento ‖ enfrentamiento (d'un danger, d'un conflit).
affronter *v tr* hacer frente a, afrontar (mettre en face) ‖ arrostrar, enfrentar; *affronter un danger* arrostrar un peligro ‖ encabezar, unir por los extremos (des panneaux).
♦ *v pr* enfrentarse, afrontarse.
affubler *v tr* vestir, poner un traje ridículo (habiller) ‖ FIG poner, dar; *il l'affubla d'un nom étrange* le dio un nombre extraño.
affût [afy] *m* puesto (de chasseur); *chasser à l'affût* cazar en puestos ‖ FIG acecho (aguets); *être à l'affût* estar al acecho ‖ MIL cureña *f* (canon), afuste (fusil).
affûtage *m* afiladura *f*, afilado.
affûter *v tr* afilar.
affûteur, euse *adj et s* afilador, ra.
afghan, e *adj* afgano, na.
Afghan, e *m et f* afgano, na.
Afghanistan *n pr m* GÉOGR Afganistán.
aficionado *m* TAUROM aficionado ‖ hincha (passioné d'un sport).
afin de *loc prép* a fin de.
afin que *loc conj* a fin de que, con el fin de que.
AFNOR abrév de *Association française de normalisation* asociación francesa de normalización.
a fortiori [afɔrsjɔri] *loc adv* a fortiori, con mayor motivo.
A.F.-P. abrév de *Agence France-Presse* agencia de prensa francesa.
A.F.P.A. abrév de *Association pour la formation professionnelle des adultes* asociación francesa para la formación profesional de adultos.
africaans *m* afrikaans.
africain, e *adj* africano, na.
Africain, e *m et f* africano, na.
Afrikaander; Afrikaner *m et f* afrikánder.
Afrique *n pr f* GÉOGR África.
Afrique du Sud (République d') *n pr f* GÉOGR República Sudafricana.
Afrique-Équatoriale Française *n pr* GÉOGR África Ecuatorial Francesa.
Afrique-Occidentale Française *n pr* GÉOGR África Occidental Francesa.
afro-cubain, e *adj* afrocubano, na.
Afro-Cubain, e *m et f* afrocubano, na.
after-shave *adj inv et s m* after-shave ‖ *lotion after-shave* loción para después del afeitado.
ag. abrév de *agence* agencia.
A.G. abrév de *assemblée générale* J/G., Junta General.

agaçant, e *adj* irritante, molesto, ta; *bruit agaçant* ruido molesto || provocativo, va; *regards agaçants* miradas provocativas.

agacement *m* irritación *f; agacement des nerfs* irritación nerviosa || dentera *f* (des dents).

agacer* *v tr* dar dentera; *l'oseille agace les dents* la acedera da dentera || FIG irritar, poner nervioso, impacientar; *son rire m'agace* su risa me irrita | provocar, excitar; *agacer un chien* provocar a un perro | atraer con melindres *ou* arrumacos (pour séduire).

agacerie *f* arrumaco *m*, carantoña (minauderie).

Agamemnon *n pr* Agamenón.

agami *m* ZOOL agamí.

agape *f* ágape *m*.
◆ *pl* ágapes.

agar-agar *m* agar-agar.

agaric *m* agárico.

agate *f* ágata (pierre précieuse).

A.G.E. abrév de *assemblée générale extraordinaire* J/E., Junta Extraordinaria.

âge *m* edad *f*; *déclarer son âge* declarar su edad || edad *f*; *le Moyen Âge* la Edad Media; *l'âge de la pierre* la edad de piedra; *l'âge d'or* la edad de oro || edad *f*; *personne d'âge* persona de edad || — *âge critique* edad crítica || *âge de raison* edad del juicio *ou* de razón || *âge ingrat* edad del pavo || *âge légal* edad legal || *âge mûr* edad madura || *bel âge* juventud || *fleur de l'âge* flor de la edad, años floridos || *grand âge* edad provecta *ou* avanzada || *jeune âge* infancia || *premier âge* primera edad || *retour d'âge* edad crítica, menopausia || *troisième âge* tercera edad (vieillesse) || — *à travers les âges* a través de los tiempos *ou* de las épocas || *d'âge avancé* entrado en años || *d'âge scolaire* en edad escolar || *dans la force de l'âge* en plenitud de la vida || *d'un certain âge* de cierta edad || *en bas âge* en la primera infancia || *entre deux âges* ni joven ni viejo, de mediana edad || *hors d'âge* que ha cerrado (cheval) || — *c'est un bel âge* es una edad respetable || *être d'âge à* o *en âge de* tener edad para || *ne pas faire son âge* no aparentar su edad || *prendre de l'âge* envejecer.

âgé, e *adj* de edad; *âgé de vingt ans* de veinte años de edad || entrado, da en años; *un homme âgé* un hombre entrado en años || — *les personnes âgées* las personas mayores *ou* de edad || *moins âgé* de menor edad || *plus âgé* de más edad, mayor.

agence *f* agencia; *agence matrimoniale* agencia matrimonial || gestoría (administrative) || — *agence de placement* agencia de colocación || *agence de publicité* agencia de publicidad || *agence de voyages* agencia de viajes || *agence immobilière* agencia inmobiliaria.

agencement *m* disposición *f*, arreglo.

agencer* *v tr* disponer, arreglar (disposer) || armonizar (les couleurs).

agenda [aʒɛ̃da] *m* agenda *f* (de poche) || dietario (livre) || *agenda de bureau* agenda de oficina, dietario.

agenouillement *m* arrodillamiento.

agenouiller (s') [saʒənuje] *v pr* arrodillarse, hincarse de rodillas.

agent [aʒɑ̃] *m* agente; *agent d'assurances* agente de seguros; *agent de change* agente de cambio y bolsa || agente; *agent chimique, atmosphérique* agente químico, atmosférico || guardia, agente, policía (de police) || — MIL *agent de liaison* enlace || *agent double* doble agente || *agent économique* agente económico || *agent exclusif* agente exclusivo || *agent gélifiant* agente gelatinizante || MÉD *agent pathogène* agente patógeno || *agent provocateur* provocador.

agglomérat *m* MIN aglomerado.

agglomération *f* aglomeración || poblado *m*; *traverser une agglomération* atravesar un poblado || ciudad y sus suburbios; *l'agglomération parisienne* París y sus suburbios.

aggloméré, e *adj* et *s m* aglomerado, da.

agglomérer* *v tr* aglomerar.
◆ *v pr* aglomerarse.

agglutination *f* aglutinación.

agglutiner *v tr* aglutinar.
◆ *v pr* aglutinarse.

aggravant, e *adj* agravante; *circonstance aggravante* circunstancia agravante.

aggravation *f* agravación; *l'aggravation d'une maladie* la agravación de una enfermedad.

aggraver *v tr* agravar; *aggraver ses torts* agravar su culpa.
◆ *v pr* agravarse; *maladie qui s'aggrave* enfermedad que se agrava.

agile *adj* ágil.

agilement *adv* ágilmente, con agilidad.

agilité *f* agilidad.

agio *m* agio (spéculation).

agiotage *m* agiotaje, agio.

agir *v intr* obrar, actuar; *agir librement* obrar libremente || comportarse, conducirse; *il a bien agi* se ha comportado bien || ejercer acción, actuar; *les acides agissent sur les métaux* los ácidos ejercen acción sobre *ou* en los metales || hacer efecto; *un remède qui n'agit pas* un remedio que no hace efecto || actuar; *la bielle agit sur la roue* la biela actúa sobre la rueda || DR actuar; *agir civilement* actuar por lo civil || *agir auprès de* tratar de, influir a, intervenir en.
◆ *v pr* tratarse; *il s'agit de son frère* se trata de su hermano || *de quoi s'agit-il?* ¿de qué se trata?, ¿de qué va? (fam) || *il s'agit de faire* se trata de hacer.

agissant, e *adj* activo, va; *caractère agissant* carácter activo.

agissement *m* maniobra *f*, artimaña *f*.
— OBSERV Úsase más en plural y en sentido despectivo.

agitateur, trice *m* et *f* agitador, ra.
◆ *m* CHIM agitador (pour remuer).

agitation *f* agitación || FIG *semer l'agitation dans les esprits* sembrar la agitación en los ánimos.

agité, e *adj* et *s* agitado, da.

agiter *v tr* agitar; *agiter avant l'emploi* agitar antes de su uso || discutir, debatir; *agiter une question* discutir un asunto || FIG esgrimir, asustar con; *agiter le danger d'une révolution* asustar con el peligro de una revolución | excitar; *agiter le peuple* excitar al pueblo.
◆ *v pr* agitarse.

agneau [aɲo] *m* cordero (jusqu'à un an), borrego (d'un à deux ans) || FIG cordero; *doux comme un agneau* manso como un cordero || «agneau» (fourrure) || — *agneau de Dieu* cordero de Dios || *agneau tanné* napa *f* (peau).

agnelage *m* parto de la oveja.

agnelet *m* corderillo.
agnelle *f* cordera.
agnosticisme [agnɔstism] *m* agnosticismo.
agnostique *adj* et *s* agnóstico, ca (incrédule).
agnus [agnys] *m* RELIG agnus ‖ *agnus Dei* agnus Dei, Cordero de Dios (prière).
agonie *f* agonía ‖ FIG agonía, fin *m*; *l'agonie d'une dynastie* la agonía de una dinastía.
agonir *v tr* colmar, llenar; *agonir d'injures* colmar de injurias.
agonisant, e *adj* et *s* agonizante.
agoniser *v intr* agonizar.
agora *f* ágora (place d'Athènes).
agoraphobie *f* MÉD agorafobia.
agrafage *m* abrochadura *f*, abrochado (d'un vêtement) ‖ ARCHIT engrapado ‖ MÉD sujeción *f* con grapas.
agrafe *f* grapa (de bureau) ‖ corchete *m* (pour agrafer les vêtements) ‖ broche *m*, alfiler *m* de adorno ‖ alamar *m* (pour le col des manteaux) ‖ cierre *m* (fermoir d'un livre) ‖ prendedor *m* (de stylo) ‖ ARCHIT grapa ‖ MÉD grapa, pinza ‖ TECHN grapa; *agrafe de courroie* grapa de correa.
agrafer *v tr* grapar (papiers) ‖ abrochar (vêtement) ‖ cerrar, enganchar (avec un fermoir) ‖ ARCHIT engrapar ‖ POP echar el guante; *agrafer un filou* echar el guante a un ratero.
agrafeuse *f* grapadora.
agraire *adj* agrario, ria; *réforme agraire* reforma agraria.
agrammatical, e *adj* GRAMM agramatical; *des exemples agrammaticaux* ejemplos agramaticales.
agrandir *v tr* agrandar; *agrandir sa maison* agrandar su casa ‖ FIG ampliar (amplifier), aumentar (augmenter), ensanchar (élargir) | engrandecer ‖ PHOT ampliar, hacer una ampliación de.
◆ *v pr* agrandarse ‖ crecer, extenderse; *Madrid s'agrandit de jour en jour* Madrid crece constantemente ‖ hacer una ampliación, ampliarse; *le magasin va s'agrandir* el almacén va a hacer una ampliación.
agrandissement *m* ensanche; *l'agrandissement d'une ville* el ensanche de una ciudad ‖ ampliación *f*; *agrandissement d'une boutique* ampliación de una tienda ‖ FIG engrandecimiento ‖ PHOT ampliación *f*.
agrandisseur *m* ampliadora *f* (photographie).
agréable *adj* agradable; *agréable à tous* agradable para todos ‖ grato, ta; *rendre agréable* hacer grato ‖ agradable, apetitoso ‖ FIG agradable, afable.
◆ *m* lo agradable; *joindre l'utile à l'agréable* unir lo útil con lo agradable.
agréablement *adv* agradablemente ‖ *il a été agréablement surpris* fue una sorpresa agradable.
agréé, e *adj* autorizado, da ‖ *concessionnaire agréé* concesionario exclusivo ‖ *magasin agréé* tienda concesionaria.
◆ *m* abogado en un tribunal de comercio.
agréer* *v tr* aceptar [gustoso]; admitir; *agréer une offrande* aceptar una ofrenda ‖ recibir; *agréez mes sincères félicitations* reciba mi sincera enhorabuena ‖ MAR aparejar (gréer) ‖ *veuillez agréer mes salutations distinguées* le saluda atentamente.
◆ *v intr* agradar, placer; *cela ne m'agrée pas* esto no me place.

agrég *f* FAM oposición a una cátedra de instituto o de universidad (agrégation).
agrégat [agregα] *m* agregado, conglomerado.
agrégatif, ive *adj* agregativo, va.
◆ *m* et *f* opositor, ra a una cátedra de instituto *ou* de universidad.
agrégation *f* agregación ‖ admisión (à un corps, à une société) ‖ oposición a una cátedra de instituto *ou* de universidad ‖ título *m* de catedrático por oposición (en un instituto francés) *ou* de profesor (en una facultad francesa) ‖ *être reçu à l'agrégation de lettres* ganar las oposiciones a una cátedra de Letras.
agrégé, e *m* et *f* catedrático, ca de instituto *ou* de universidad por oposición.
agréger* *v tr* agregar ‖ admitir (dans un corps ou une société) ‖ asociar, combinar (combiner).
◆ *v pr* agregarse; *s'agréger à un groupe* agregarse a un grupo.
agrément *m* consentimiento, beneplácito; *obtenir l'agrément de sa famille pour se marier* conseguir el consentimiento de su familia para casarse ‖ agrado; *trouver l'agrément à une conversation* hallar agrado en una conversación ‖ encanto (charme); *l'agrément des vacances* el encanto de las vacaciones ‖ atractivo; *personne pleine d'agrément* persona llena de atractivo ‖ recreo; *voyage d'agrément* viaje de recreo ‖ *jardin d'agrément* jardín, parque.
◆ *pl* floreos (ornements du discours, du chant) ‖ agremanes (ornements d'un costume) ‖ THÉÂTR aparato *sing* escénico ‖ *arts d'agréments* artes de adorno.
agrémenter *v tr* adornar (un vêtement, etc.) ‖ amenizar, hacer agradable (un récit, etc.).
agrès [agrɛ] *m pl* MAR aparejos ‖ SPORTS aparatos de gimnasia.
agresser *v tr* agredir ‖ FIG atacar (attaquer) | dañar (endommager).
agresseur *m* agresor.
— OBSERV El sustantivo *agresseur* no tiene forma femenina: *sa femme était l'agresseur* su mujer era la agresora.
agressif, ive *adj* agresivo, va; *ton agressif* tono agresivo ‖ provocativo, va; *un décolleté agressif* un escote provocativo.
agression *f* agresión.
agressivement *adv* agresivamente, con agresividad.
agressivité *f* agresividad, acometividad.
agreste *adj* agreste; *paysage agreste* paisaje agreste ‖ silvestre (plante).
agricole *adj* agrícola.
agriculteur, trice *m* et *f* agricultor, ra; labrador, ra.
agriculture *f* agricultura.
Agrigente *n pr* GÉOGR Agrigento.
agripper *v tr* agarrar.
◆ *v pr* agarrarse.
agro-alimentaire *adj* agroalimentario, ria; agroalimenticio, cia.
agrochimie *f* CHIM agroquímica.
agrologie *f* AGRIC agrología.
agronome *m* agrónomo.
agronomie *f* agronomía.
agronomique *adj* agronómico, ca.
agrumes *m pl* agrios, cítricos (fruits).

aguerrir *v tr* aguerrir (exercer à la guerre) || avezar (habituer); *aguerri au froid* avezado al frío || curtir, endurecer (endurcir).
◆ *v pr* aguerrirse || FIG avezarse (s'habituer) || curtirse, endurecerse (contre le froid, etc.).
aguets [agɛ] *m pl* acecho *sing*; *être aux aguets* estar al *ou* en acecho.
aguichant, e *adj* incitante, provocante.
aguicher *v tr* incitar, provocar.
aguicheur, euse *adj* et *s* incitador, ra.
ah! *interj* ¡ah! || *— ah bon?* ¡ah! ¿sí? || *ah mais* sí, pero || *ah non!* ¡oh, no!, ¡qué va!
Ah abrév de *ampère-heure* Ah, amperio-hora.
ahuri, e *adj* et *s* atontado, da; atolondrado, da || estupefacto, ta; asombrado, da.
ahurir *v tr* atontar, atolondrar.
ahurissant, e *adj* sorprendente, pasmoso, sa; asombroso, sa.
ahurissement *m* asombro, estupefacción *f* || aturdimiento, atolondramiento (trouble).
aide *f* ayuda; *prêter son aide* prestar ayuda de; *crier à l'aide* pedir ayuda; *à l'aide de* con ayuda, por medio de || *— à l'aide!* ¡socorro!, ¡auxilio! || *Dieu vous soit en aide* Dios le ayude *ou* le ampare || *venir en aide* ayudar.
◆ *pl* ÉQUIT ayudas || HIST impuestos *m* indirectos [en tiempos de la antigua monarquía francesa].
aide *m* et *f* ayudante, ayuda || *— aide à domicile* ayuda a domicilio || *aide de camp* edecán, ayudante de campo || *aide de laboratoire* auxiliar de laboratorio.
◆ *f aide familiale* asistencia familiar || *aide humanitaire* ayuda humanitaria || *aide judiciaire* abogacía de oficio || *aide ménagère* trabajadora familiar || *aide sociale* asistencia social || MIL *aide technique* asistencia técnica || *aides publiques* asistencia pública.
aide-comptable *m* auxiliar de contabilidad.
aide-cuisinier *m* mozo de cocina.
aide-mémoire *m inv* prontuario, memorándum.
aider *v tr* ayudar; *aider à marcher* ayudar a andar || auxiliar, socorrer, amparar; *aider les malheureux* ayudar a los desvalidos || *— Dieu aidant* Dios mediante || *le temps aidant* contando con el tiempo, con la ayuda del tiempo.
◆ *v pr* ayudarse || servirse; *s'aider des deux mains* servirse de ambas manos || valerse de, ayudarse con (d'un collaborateur, d'un outil); *s'aider d'un levier* valerse de una palanca.
aide-soignant, e *m* et *f* ayudante técnico sanitario (ATS).
aïe! *interj* ¡ay!
A.I.E.A. abrév de *Agence internationale de l'énergie nucléaire* OIEA, Organismo Internacional de Energía Atómica.
aïeul, e [ajœl, œːl] *m* et *f* abuelo, la.
◆ *pl* abuelos (grands-parents) || antepasados (ancêtres).
— OBSERV *Aïeul* tiene dos plurales en francés: *aïeuls* y *aïeux*; el último significa los antepasados. *Aïeul* y *aïeule*, anticuados, han sido reemplazados en el lenguaje corriente por *grand-père* y *grand-mère*, y en plural por *grands-parents*.
aigle *m* águila *f*; *aigle royal* águila real *ou* caudal || águila *f* (monnaie du Mexique, des États-Unis) || águila *f* (décoration); *l'aigle noir de Prusse* el águila negra de Prusia || ASTR águila *f* (constellation) || FIG águila *f* (personne très perspicace) || *— aigle pêcheur* pigargo (pygargue) || *grand aigle* marca de papel de 1,06 × 0,75 m || *l'Aigle de Meaux* Bossuet || *un regard d'aigle* una mirada de águila.
◆ *f* águila (étendard); *les aigles romaines* las águilas romanas.
aiglefin *m* abadejo (poisson).
aiglon, onne *m* et *f* aguilucho.
Aiglon (L') *m* el «Aguilucho» (Napoléon II).
aigre *adj* agrio, a; *fruit aigre* fruta agria || FIG agrio, a; áspero, ra; acre; *ton aigre* tono agrio || chillón, ona; *voix aigre* voz chillona.
◆ *m* agrio (goût); *l'aigre du citron* el agrio del limón || *— sentir l'aigre* oler a agrio || *tourner à l'aigre* agriarse.
aigre-doux, ouce *adj* agridulce.
— OBSERV pl *aigres-doux* y *aigres-douces*.
aigrefin *m* estafador.
aigrelet, ette *adj* agrete || FIG & FAM agridulce; *paroles aigrelettes* palabras agridulces.
aigrement *adv* agriamente.
aigrette *f* copete *m* (d'oiseau) || airón *m*, garzota (panache) || tembleque *m* (de diamants) || plumas *pl* (d'un chapeau) || — ZOOL *grande aigrette* garzota | *petite aigrette* zaida.
aigreur *f* lo agrio *m*, acritud, agrura; *l'aigreur du vinaigre* lo agrio del vinagre || acedía, acidez; *avoir des aigreurs d'estomac* tener acedía || FIG acritud, aspereza, desabrimiento *m*; *parler avec aigreur* hablar con acritud.
aigri, e *adj* amargado, da || FIG *caractère aigri* carácter amargado *ou* agriado.
aigrir *v tr* agriar, acedar.
◆ *v intr* agriarse, acedarse.
aigu, ë *adj* et *s m* agudo, da.
— OBSERV Téngase siempre en cuenta que la forma femenina lleva una diéresis sobre la *e* (*aiguë*).
aigue-marine *f* aguamarina.
— OBSERV pl *aigues-marines*.
aiguière [egjɛːr] *f* aguamanil *m*.
aiguillage [egɥijaːʒ] *m* sistema *ou* cambio de agujas, agujas *f pl* [(amér) chucho] (chemin de fer); *aborder l'aiguillage* entrar en agujas || maniobra *f* de las agujas || FIG orientación *f* || FIG *erreur d'aiguillage* error de apreciación *ou* de orientación.
aiguille [egɥiːj] *f* aguja; *aiguille à tricoter* aguja de hacer punto || aguja, manecilla (de montre, d'horloge) || aguja (de clocher) || picacho *m* (montagne) || aguja (de pin) || aguja (poisson) || aguja (chemin de fer) || *— aiguille aimantée* aguja imantada || *aiguille à injection* aguja de inyección || *grande aiguille* minutero || *petite aiguille* horario || *de fil en aiguille* de una cosa en otra, por deducción || *— chercher une aiguille dans une botte de foin* buscar una aguja en un pajar.
aiguillée *f* hebra.
aiguiller *v tr* cambiar las agujas para dirigir (un train) || FIG encaminar, orientar, encauzar.
aiguillette *f* agujeta, ceñidor *m* (cordon) || parte del lomo [de vaca] || CULIN tajada delgada [cortada del lomo de un ave].
◆ *pl* MIL cordones *m*.
aiguilleur *m* guardagujas || FIG *aiguilleur du ciel* controlador de la navegación aérea.

aiguillon [egɥijɔ̃] *m* aguijón (d'insecte) || espina *f*, púa *f*, aguijón (de plante) || aguijada *f* [*(amér)* picana *f*] (de bouvier) || FIG aguijón, acicate; *l'aiguillon de la jalousie* el aguijón de los celos || — *coup d'aiguillon* aguijonazo || *sous l'aiguillon de* aguijonado por, bajo el acicate de.

aiguillonner *v tr* aguijonear [*(amér)* picanear] || FIG aguijonear; *aiguillonner la curiosité* aguijonear la curiosidad.

aiguisage; aiguisement *m* aguzamiento || afilado, amolamiento (de couteaux, etc.).

aiguiser [egɥize] o [egize] *v tr* aguzar (rendre pointu) || afilar, amolar (rendre tranchant) || FIG aguzar (l'esprit, l'appétit) || — *meule à aiguiser* muela || *pierre à aiguiser* piedra afiladera.
— OBSERV Les verbes les plus courants en espagnol sont *afilar* ou *amolar*, en français, *aiguiser*.

aiguiseur, euse *m et f* aguzador, ra || afilador, ra; amolador, ra (de couteaux).

aiguisoir *m* afilador.

aïkido *m* SPORTS aikido.

ail [aːj] *m* ajo || — *chapelet d'ails* ristra de ajos || *gousse d'ail* diente de ajo || *tête d'ail* cabeza de ajo.
— OBSERV pl *ails*, forma más usada, y *aulx*.

aile *f* ala (d'oiseau) || ala (d'édifice, de fortification) || ala (d'avion) || aspa (d'un moulin) || aleta (d'auto, du nez) || SPORTS extremo *m*, ala *m* (d'une équipe) || FIG protección; *se réfugier sous l'aile de sa mère* refugiarse bajo la protección de su madre || TECHN pala, ala, paleta (d'hélice, de ventilateur) || — *aile libre* ala delta || — *à tire d'aile* a todo vuelo || *battement d'aile* aletazo || — FIG *battre de l'aile* estar alicaído || *battre des ailes* aletear || FAM *en avoir dans l'aile* llevar lo suyo || *ne battre que d'une aile* estar perniquebrado, estar mal || *prendre sous son aile* acoger en su regazo, proteger || *rogner les ailes* recortar las alas || *voler de ses propres ailes* volar con sus propias alas.

ailé, e *adj* alado, da.

aileron *m* alón (d'oiseau) || aleta *f* (de poisson) || alerón (d'avion) || POP remo, brazo || TECHN álabe (d'une roue de moulin).

ailette *f* aleta, álabe *m* (de bombe, de ventilateur) || aleta (d'avion) || barreta (de soulier).

ailier, ère [ɛlje] *m* extremo, ala (football).

ailler [aje] *v tr* CULIN condimentar *ou* sazonar con ajo.

ailleurs [ajœːr] *adv* en otra parte; *chercher ailleurs* buscar en otra parte || *d'ailleurs* por otra parte (d'autre part), por lo demás, además (en outre) || *nulle part ailleurs* en ninguna otra parte || *par ailleurs* por otro lado || *partout ailleurs* en cualquier otra parte || — *avoir l'esprit ailleurs* estar distraído.

ailloli *m* alioli, ajiaceite (sauce à l'ail et à l'huile).

aimable *adj* amable; *aimable envers tous* amable para con todos || — *c'est très aimable à vous* es usted muy amable || *soyez assez aimable pour* tenga usted la amabilidad de.

aimablement *adv* amablemente.

aimant *m* imán || *pierre d'aimant* piedra imán.

aimant, e *adj* cariñoso, sa; *un caractère aimant* un carácter cariñoso.
— OBSERV No se confunda con el español *amante* que como adjetivo significa en francés *amoureux, épris, amant*.

aimantation *f* imantación, imanación.

aimanter *v tr* imantar, imanar; *aiguille aimantée* aguja imantada.

aimer *v tr* amar, querer («amar» dans le style soutenu); *aimer son prochain* amar al prójimo; *aimer ses enfants* querer a sus hijos || gustar (sens et construction du verbe «plaire»); *j'aime ce genre de personnes* me gusta esta clase de personas; *aimer la danse* gustarle a uno el baile; *il aime aussi les bonbons* le gustan también los caramelos || crecer mejor; *la betterave aime les terres profondes* la remolacha crece mejor plantada muy hondo || — *aimer à, aimer* (avec un infinitif) gustar; *j'aime à lire* me gusta leer || *aimer autant* darle a uno lo mismo (être indifférent); *j'aime autant venir* lo mismo me da venir; gustar lo mismo (plaire); *j'aime autant le miel que le sucre* me gusta lo mismo la miel que el azúcar; preferir; *j'aime autant qu'il ne vienne pas* prefiero que no venga || *aimer mieux, aimer mieux que* preferir || *aimer que* gustar que; *il aime qu'on s'intéresse à lui* le gusta que se interesen por él || *qui aime bien châtie bien* quien bien te quiere te hará llorar.

◆ *v intr* gustar; *on aime ou on n'aime pas* le gusta a uno o no le gusta.
— OBSERV Nótese que el francés emplea *aimer* en el sentido de *amar, querer* y *gustar*, mientras que en español *amar* pertenece más bien al estilo elevado.

aine *f* ANAT ingle || espetón *m* (pour les harengs).

aîné, e *adj et s* mayor (fils, fille), primogénito, ta (premier-né) || *branche aînée* rama mayor (d'une famille).
◆ *m et f* hijo, hija mayor (fils aîné, fille aînée) || mayor (plus âgé); *il est mon aîné de deux ans* es dos años mayor que yo.
◆ *m pl* mayores, antepasados.

aînesse *f* primogenitura; *droit d'aînesse* derecho de primogenitura.

ainsi *adv* así || — *ainsi de suite* así sucesivamente || *ainsi donc, vous êtes venu?* ¿conque ha venido Ud.? || *ainsi que* así como (comme), lo mismo que (pareil) || *ainsi soit-il* así sea (souhait), amén (dernier mot des prières) || *c'est ainsi que* así es como || *pour ainsi dire* para decirlo así || *s'il en est ainsi* así es.
— OBSERV Evítense las formas pleonásticas *ainsi donc, ainsi par exemple, ainsi par conséquent*.

air *m* aire.
1. FLUIDE GAZEUX, aire (fluide, vent); *un air frais* un aire fresco || — *air chaud* aire caliente || *air comprimé* aire comprimido || *air conditionné* aire acondicionado || *air liquide* aire líquido || *bouffée d'air* bocanada de aire || *courant d'air* corriente de aire || *réservoir d'air* depósito de aire || — *à l'air libre, en plein air, au grand air* al aire libre || — *changer d'air* mudar de aires || *donner de l'air* airear (aérer), dar aire (éventer) || *mettre à l'air* exponer al aire || *prendre l'air* tomar el aire (une personne) || *vivre de l'air du temps* sustentarse del aire.
2. ESPACE AU-DESSUS DE NOUS, aire; *l'avion vole dans les airs* el avión vuela por los aires || — *avoir le mal de l'air* marearse (en avion) || FIG *déchirer, fendre l'air* disparar al aire || *prendre l'air* emprender el vuelo, despegar (un avion) || *regarder en l'air* mirar hacia arriba || *tirer en l'air* disparar al aire.
3. EN L'AIR; *promesses en l'air* promesas vanas || *tête en l'air* cabeza de chorlito || — *mettre tout en l'air* poner todo patas arriba, revolverlo todo || *parler en l'air* hablar al aire, hablar por hablar.

air *m* aire (aspect); *il me dit d'un air triste* me dijo con aire triste ‖ parecido (ressemblance); *un air de famille* un parecido de familia ‖ apostura *f*; *un air noble* una noble apostura ‖ cara *f*, semblante (visage); *air satisfait* cara satisfecha; *un air perplexe* un semblante perplejo ‖ MUS aire; *air de danse* aire bailable ‖ — *avoir grand air* tener mucha clase *ou* mucho estilo ‖ *avoir l'air* parecer; *avoir l'air à son aise* parecer acomodado; *cela n'a pas l'air mauvais* eso no parece malo; *cela n'a l'air de rien* parece que no es nada ‖ *avoir mauvais air* tener mala traza *ou* mala facha *ou* mala pinta ‖ *cela en a tout l'air* eso tiene todas las trazas de ser así ‖ *dire les choses d'un certain air* decir las cosas de tal modo ‖ *prendre un air dégoûté* poner cara de asco ‖ *sans avoir l'air de rien* como quien no quiere la cosa, como si nada ‖ *se donner des airs de* dárselas de.

— OBSERV En la expresión *avoir l'air* la concordancia se hace con el sujeto si se trata de nombre de cosas *(cette poire a l'air bonne)* y es facultativa si se refiere a personas *(elle a l'air intelligente o intelligent)*.

airain *m* bronce (cloche, canon) ‖ POÉT bronce ‖ *cœur d'airain* corazón de hierro.

aire *f* área (surface); *l'aire d'un triangle* el área de un triángulo ‖ aguilera (nid d'aigle) ‖ AGRIC era; *battre le blé sur l'aire* trillar en la era ‖ FIG campo *m*, terreno *m*, zona (domaine) ‖ MAR cuarta, rumbo *m* (du vent) ‖ TECHN plaza (du four) ‖ cara (d'un marteau) ‖ — *aire d'atterrissage* pista de aterrizaje ‖ *aire de décollage* pista de despegue ‖ *aire de jeu* campo *ou* área de juego ‖ *aire de lancement* zona de lanzamiento ‖ *aire de repos* área de descanso ‖ *aire de service* área de servicio ‖ *aire de stationnement* área de estacionamiento, aparcamiento ‖ NUCL *aire de stockage définitif* zona de almacenamiento definitivo ‖ *aire de stockage provisoire* zona de almacenamiento provisional ‖ *aire de trafic* zona de tráfico.

airelle *f* BOT arándano *m*.

aisance *f* facilidad ‖ soltura; *parler avec aisance* hablar con soltura ‖ holgura (jeu, facilité de se mouvoir) ‖ desahogo *m*, holgura, buena posición, acomodo *m*; *vivre dans l'aisance* vivir con desahogo, estar en buena posición ‖ *(vx) cabinet d'aisances* excusado, retrete.

aise *adj* contento, ta (con un adverbio); *je suis bien aise de* estoy muy contento de.

◆ *f* gusto *m* (plaisir, bien-être); *se trouver à l'aise dans un endroit* estar a gusto en un lugar ‖ comodidad *sing*; *chercher ses aises* buscar su comodidad ‖ — *à l'aise* cómodo, da; a gusto; *être à l'aise dans un costume* estar cómodo en su traje ‖ *à son aise* a su gusto; *raturer à son aise* tachar a su gusto ‖ *à votre aise* como usted guste ‖ *en parler à son aise* tenerle a uno sin cuidado ‖ *en prendre à son aise* tomarse demasiada confianza (avec quelqu'un), tomar con tranquilidad (un travail) ‖ *être mal à son aise* estar molesto (gêné), estar indispuesto (indisposé) ‖ *mettre quelqu'un à son aise* tranquilizar a uno ‖ *ne pas se sentir d'aise* no caber en sí de gozo ‖ *se mettre à son aise* ponerse cómodo ‖ *vivre à l'aise* vivir con acomodo, con desahogo.

aisé, e *adj* fácil; *tâche aisée à remplir* tarea fácil de cumplir ‖ suelto, ta (mouvement, langage); *un style aisé* un estilo suelto ‖ desahogado, da; acomodado, da; *la classe aisée* la clase acomodada; *une situation aisée* una posición desahogada ‖ *parler d'un ton aisé* hablar con soltura.

aisément *adv* fácilmente ‖ con soltura (mouvement, élocution) ‖ holgadamente (sans privation).

aisselle *f* axila (terme savant), sobaco *m* (terme familier) ‖ BOT axila ‖ *sous l'aisselle* bajo el brazo, en el sobaco.

Aix-en-Provence *n pr* GÉOGR Aix-en-Provence.

Aix-la-Chapelle *n pr* GÉOGR Aquisgrán.

aixois, e *adj* aixés, esa; acuense; aixence (d'Aix-en-Provence, etc.).

Aixois, e *m et f* aixés, esa; acuense; aixence.

A.J.A. abrév de *aide aux jeunes agriculteurs* ayuda a los jóvenes agricultores franceses.

ajaccien, enne *adj* ajacciano, na (d'Ajaccio).

Ajaccien, enne *m et f* ajacciano, na.

Ajaccio *n pr* GÉOGR Ajaccio.

ajonc [aʒɔ̃] *m* BOT aulaga *f*.

ajourer *v tr* calar, hacer calados (tissus, broderies) ‖ ARCHIT calar ‖ hacer una abertura para dar luz.

ajournement *m* aplazamiento ‖ suspenso (à un examen) ‖ DR citación *f*.

ajourner *v tr* aplazar (renvoyer à une autre date) ‖ suspender (une assemblée, un candidat, etc.) ‖ sobreseer (surseoir à une décision, etc.) ‖ DR citar, emplazar (convoquer à une date).

◆ *v pr* suspenderse, aplazarse.

ajout [aʒu] *m* añadido.

ajouter *v tr* añadir; *ajouter un mot à une phrase* añadir una palabra a una frase ‖ agregar (dire en plus) ‖ *ajouter foi* dar crédito.

◆ *v intr* aumentar; *cela ajoute à mon trouble* esto aumenta mi turbación.

◆ *v pr* añadirse, sumarse.

ajustage *m* ajuste ‖ contraste (monnaie).

ajustement *m* ajuste, ajustamiento ‖ compostura *f* (ornement, parure) ‖ reajuste; *ajustement des salaires* reajuste de salarios ‖ *ajustement des prix* ajuste de precios.

ajuster *v tr* ajustar; *vêtement trop ajusté* vestido demasiado ajustado ‖ apuntar; *ajuster une cible* apuntar a un blanco ‖ afinar; *ajuster son tir* afinar la puntería ‖ ajustar (les prix) ‖ componer (parer, habiller) ‖ rectificar (une balance) ‖ contrastar (la monnaie) ‖ MÉCAN ajustar.

ajusteur *m* ajustador.

ajutage *m* quemador (gaz, etc.) ‖ alcachofa *f*, cebolla *f* (d'arrosoir).

akène *m* BOT aquenio.

alabastrite *f* MIN alabastrita.

alacrité *f* alacridad *(p us)*, vivacidad.

alaise; alèse *f* atadura de junco (construction) ‖ sábana plegada que se pone debajo del cuerpo de los enfermos (pour malades) ‖ hule *m* (en caoutchouc).

alambic *m* alambique.

alambiqué, e *adj* alambicado, da; enrevesado, da (une phrase, un style).

alanguir *v intr* languidecer.

◆ *v pr* languidecer, perder las fuerzas, la energía, el vigor.

alanguissement *m* languidez *f*.

alarmant, e *adj* alarmante.

alarme *f* alarma; *donner l'alarme* dar la alarma ‖ FIG alarma, zozobra (inquiétude) ‖ — *alarme antitoxique* alarma antitóxica ‖ *cri d'alarme* voz de

alarma (sens propre), toque de alarma (sens figuré).
alarmer *v tr* alarmar.
alarmiste *adj* et *s* alarmista.
Alaska *n pr* GÉOGR Alaska.
albanais, e *adj* albanés, esa.
Albanais, e *m* et *f* albanés, esa.
Albanie *n pr f* GÉOGR Albania.
albâtre *m* alabastro ‖ *d'albâtre* alabastrino.
albatros *m* ZOOL albatros.
albigeois, e [albiʒwa, waːz] *adj* albigense.
Albigeois, e *m* et *f* albigense.
albinisme *m* albinismo.
albinos [albinɔːs] *adj* et *s* albino, na.
album [albɔm] *m* álbum; *album à colorier* álbum para colorear.
— OBSERV Le pluriel en espagnol fait *álbumes*.
albumen *m* albumen.
albumine *f* albúmina.
albuminé, e *adj* albuminado, da.
albuminurie *f* albuminuria.
alcade *m* alcalde (maire).
alcali *m* CHIM álcali; *alcali volatil* álcali volátil.
alcalimétrie *f* CHIM alcalimetría.
alcalin, e *adj* et *s m* alcalino, na.
alcalinité *f* alcalinidad.
alcaloïde *adj* alcaloideo, a.
◆ *m* alcaloide.
alcazar *m* alcázar.
alchimie *f* alquimia.
alchimique *adj* alquímico, ca.
alchimiste *m* alquimista.
alcolo *adj* et *s* FAM → **alcoolo**.
alcool *m* alcohol; *alcool à brûler* o *dénaturé* alcohol de quemar ‖ licor; *boire un alcool après dîner* beber un licor después de cenar ‖ — *alcool blanc* licor ‖ *alcool méthylique* alcohol metílico.
alcoolat [alkɔɔla] *m* alcoholato.
alcoolémie *f* alcoholemia.
alcoolique *adj* et *s* alcohólico, ca.
alcoolisation *f* alcoholización.
alcoolisé, e *adj* alcohólico, ca ‖ *boisson alcoolisée* bebida alcohólica.
alcooliser *v tr* alcoholizar.
alcoolisme *m* alcoholismo.
alcoolo; alcolo *adj* et *s* FAM alcohólico, ca.
alcoomètre *m* alcoholímetro.
alcoométrie *f* alcoholimetría.
Alcootest *m* (nom déposé) alcohómetro ‖ *faire subir l'Alcootest à quelqu'un* someter a alguien a la prueba del alcohol.
alcôve *f* recámara, trasalcoba [fondo de una habitación separado por un tabique, donde se coloca una cama] ‖ FIG alcoba; *secrets d'alcôve* secretos de alcoba.
— OBSERV Le mot espagnol *alcoba* signifie en français *chambre à coucher*.
alcyon *m* alción (oiseau fabuleux).
aldéhyde *m* CHIM aldehído.
aléa *m* suerte *f* (chance) ‖ azar, riesgo (hasard) ‖ incertidumbre *f* (incertitude) ‖ *les aléas du métier* los gajes del oficio.
aléatoire *adj* aleatorio, ria.

alémanique *adj* alemánico, ca.
alène *f* lezna.
alentour *adv* alrededor, en torno.
◆ *m pl* alrededores; *les alentours de la maison* los alrededores de la casa ‖ *aux alentours de* en los alrededores de, en torno a.
Alep *n pr* GÉOGR Alepo.
alerte *adj* (*vx*) alerto, ta (vigilant); *regards alertes* miradas alertas ‖ vivo, va; activo, va; ágil; *un vieillard alerte* un anciano ágil.
◆ *f* alerta (alarme) ‖ — *alerte aérienne* alarma aérea ‖ *fausse alerte* falsa alarma ‖ — *à la première alerte* al primer aviso ‖ *donner l'alerte* dar la voz de alerta.
◆ *interj* ¡alerta!
alerter *v tr* alertar, poner alerta.
alésage *m* alisado, alisadura *f* ‖ escariado (d'un trou) ‖ calibrado, mandrilado ‖ calibre, diámetro interior (d'un cylindre).
alèse *f* → **alaise**.
aléser* *v tr* alisar (lisser) ‖ escariar (un trou) ‖ calibrar, mandrilar (un tube, un cylindre).
aleurone *f* BOT aleurona.
alevin *m* alevín ‖ *alevin d'anguille* angula *f*.
alevinage *m* repoblación *f* (d'un étang, etc.).
aleviner *v tr* poblar, repoblar (un vivier).
Alexandre le Grand *n pr* Alejandro el Magno.
Alexandrie *n pr f* GÉOGR Alejandría.
alexandrin, e *adj* alejandrino, na.
◆ *m* POÉT alejandrino.
— OBSERV L'*alejandrino* espagnol est un vers de 14 syllabes, divisé en deux hémistiches.
— OBSERV El *alexandrin* francés tiene 12 sílabas y dos hemistiquios.
Alexandrien, e *m* et *f* alejandrino, na.
alezan, e *adj* et *s* alazán, ana; *alezan clair, alezan brûlé* alazán claro, alazán tostado.
alfa *m* esparto, alfa (*p us*).
algarade *f* (*vx*) algarada (incursion de troupes ennemies) ‖ salida de tono, ofensa brusca, ex abrupto *m* ‖ agarrada (dispute).
Algarve *n pr* GÉOGR Algarbe.
algèbre *f* álgebra ‖ — *par l'algèbre* algébricamente ‖ — FIG *c'est de l'algèbre pour moi* esto está en arábigo para mí.
algébrique *adj* algébrico, ca; algebraico, ca.
Alger *n pr* GÉOGR Argel.
Algérie *n pr f* GÉOGR Argelia.
algérien, enne *adj* argelino, na [de Argelia].
Algérien, enne *m* et *f* argelino, na.
algérois, e *adj* argelino, na [de Argel].
Algérois, e *m* et *f* argelino, na.
algie [alʒi] *f* MÉD algia.
ALGOL *m* INFORM Algol (langage).
algonkin; algonquin *m* algonquiano.
Algonquins *n pr m pl* Algonkinos.
algorithme *m* MATHS & INFORM algoritmo.
algue *f* alga.
alias *adv lat* (*vx*) alias, por otro nombre.
alibi *m* coartada *f*; *fournir un alibi* alegar *ou* presentar una coartada.
aliénable *adj* alienable, enajenable.
aliénant, e *adj* alienante.

aliénation *f* alienación, enajenación (cession) ‖ FIG aversión, hostilidad ‖ MÉD alienación, enajenación; *aliénation mentale* alienación mental.

aliéné, e *adj* alienado, da; enajenado, da (cédé) ‖ alienado, da; loco, ca (dément).
◆ *m et f* alienado, da; loco, ca ‖ *maison o asile d'aliénés* manicomio, casa de alienados *(p us)*.

aliéner* *v tr* alienar, enajenar ‖ trastornar *ou* perturbar la razón (rendre fou).
◆ *v pr* enajenarse; *s'aliéner les amitiés* enajenarse las amistades.

aligné, e *adj* alineado, da; *pays non aligné* país no alineado.
◆ *f* fila, línea; *une alignée d'arbres* una fila de árboles.

alignement *m* alineación *f* ‖ alineamiento (d'un parti, etc.); *non-alignement* no alineamiento.

aligner *v tr* alinear, poner en fila ‖ ajustar, adaptar; *aligner ma conduite sur celle des autres* ajustar mi conducta a la de los demás.
◆ *v pr* alinearse ‖ FIG ponerse frente a otro para un desafío ‖ FIG *s'aligner sur* seguir.

aligoté *adj et s m* aligoté [cepa y vino de Borgoña].

aliment *m* alimento; *aliment complet* alimento completo ‖ pienso (pour les animaux); *aliments composés* pienso compuesto.

alimentaire *adj* alimenticio, cia; *denrées alimentaires* productos alimenticios; *pâtes alimentaires* pastas alimenticias.

alimentation *f* alimentación ‖ abastecimiento *m* (d'un marché, d'une ville) ‖ — INFORM *alimentation à distance* alimentación a distancia ‖ *alimentation de base* alimentación de base ‖ *alimentation en continu* alimentación continua ‖ *alimentation feuille à feuille* alimentación de hoja en hoja ‖ *alimentation en énergie* alimentación de energía ‖ *alimentation générale* alimentación general ‖ — *magasin d'alimentation* tienda de comestibles.

alimenter *v tr* alimentar (nourrir) ‖ abastecer; *la province alimente la capitale* las provincias abastecen la capital ‖ FIG mantener; *alimenter la conversation* mantener la conversación ‖ INFORM alimentar.
◆ *v pr* alimentarse, nutrirse; *s'alimenter de légumes* alimentarse con legumbres.

alinéa *m* aparte, punto y aparte ‖ apartado (d'un paragraphe) ‖ sangría *f* (typographie) ‖ — *nouvel alinéa* párrafo aparte ‖ *composer en alinéa* sangrar.

alisier *m* BLAS aliso.

alitement *m* hecho de estar en cama, estancia *f* en la cama; *son long alitement* su larga estancia en la cama ‖ *le médecin ordonna son alitement* el médico ordenó que se encamase.

aliter *v tr* encamar, hacer guardar cama ‖ — *infirme alité* enfermo encamado ‖ *être alité* guardar cama.
◆ *v pr* guardar cama, encamarse.

alizé *adj et s m* alisio (vent).

Allah *n pr m* Alá.

allaitement *m* lactancia *f*, crianza *f* ‖ — *allaitement artificiel* lactancia artificial ‖ *allaitement au biberon* lactancia con biberón ‖ *allaitement maternel* lactancia materna ‖ *allaitement mixte* lactancia mixta.

allaiter *v tr* amamantar, criar; *allaiter au biberon* criar con biberón ‖ dar el pecho; *mère qui allaite son enfant (au sein)* madre que da el pecho a su hijo.

allant, e *adj* dispuesto, ta; activo, va; *une femme fort allante* una mujer muy activa.
◆ *m* disposición *f*, actividad *f*, animación *f*; *avoir beaucoup d'allant* tener mucha actividad ‖ *les allants et les venants* los que van y vienen.

alléchant, e *adj* apetitoso, sa ‖ FIG seductor, ra; atractivo, va; atrayente; *une offre alléchante* una oferta atrayente ‖ tentador, ra; *proposition alléchante* proposición tentadora.

allécher* *v tr* engolosinar ‖ FIG atraer, seducir; *alléché par une promesse* seducido por una promesa.

allée *f* alameda (rue bordée d'arbres) ‖ calle (d'un jardin) ‖ ida; *allées et venues* idas y venidas ‖ — *allée couverte* galería cubierta (dolmens) ‖ FIG *allées et venues* trámites, gestiones (démarches).
— OBSERV *Allées et venues*: úsase sólo en plural; en singular se dice *aller*.

allégation *f* alegación ‖ alegato *m* (par écrit).

allégé, e *adj* light, ligero, ra.
◆ *m* producto light.

allégeance [aleʒɑ̃:s] *f* (p us) alivio *m* (soulagement) ‖ juramento *m* de fidelidad.

allègement; allégement *m* aligeramiento, alivio, disminución *f* (d'un poids) ‖ FIG alivio, consuelo (soulagement) ‖ *allègements fiscaux* desgravaciones fiscales.

alléger* *v tr* aligerar, aliviar (rendre plus léger) ‖ disminuir; *pour alléger les frais de voyage* para disminuir los gastos de viaje ‖ FIG aliviar, calmar; *alléger la souffrance* aliviar la pena ‖ desgravar (dégrever) ‖ MAR alijar.
◆ *v pr* aligerarse, aliviarse.

allégorie *f* alegoría.

allégorique *adj* alegórico, ca.

allègre *adj* vivo, va; ágil (vif) ‖ alegre.

allègrement; allégrement *adv* alegremente, con vivacidad.

allégresse *f* alegría, júbilo *m*, alborozo *m*.

allegretto *adv* MUS alegreto.

allégretto *m* MUS allegretto.

allegro *adv* MUS alegro.

allégro *m* MUS allegro.

alléguer* *v tr* alegar; *alléguer des raisons* alegar razones.

alléluia *interj* ¡aleluya!

Allemagne *n pr f* GÉOGR Alemania ‖ HIST *Allemagne de l'Est* Alemania del este *ou* oriental ‖ *Allemagne de l'Ouest* Alemania del oeste *ou* occidental.

allemand, e *adj* alemán, ana.
◆ *m* alemán (langue).
◆ *f* alemana, alemanda (danse).

Allemand, e *m et f* alemán, ana.

aller* *v intr*

> 1. SE DIRIGER VERS — 2. MARCHER — 3. FONCTIONNER — 4. ABOUTIR, ATTEINDRE — 5. ÊTRE HABILLÉ — 6. SE PORTER — 7. S'ACCORDER — 8. PLAIRE — 9. SUIVRE SON COURS — 10. S'EN ALLER — 11. Y ALLER, IMPERSONNEL — 12. INTERJECTION — 13. SYNTAXE; *aller* (infinitif); *aller à, en*. — 14. LOCUTIONS DIVERSES

1. SE DIRIGER VERS ir; *aller à l'école* ir al colegio ‖ — *aller au-devant* salir al encuentro ‖ *aller au fait* ir al grano, dejarse de rodeos ‖ *aller au plus pressé*

aller

acudir a lo más urgente || *aller dîner* ir a cenar || *aller droit au but* ir derecho a su objeto || FAM *allez vous coucher, vous promener* váyase de aquí, váyase a paseo || *allons-y* vamos.
2. MARCHER ir, andar, marchar; *aller lentement* ir despacio || — *aller à la queue leu leu* ir en fila india *ou* uno tras otro || *aller bras dessus, bras dessous* ir del brazo.
3. FONCTIONNER andar; *la pendule ne va pas* el reloj no anda; *le commerce va mal* el comercio anda mal || *aller comme sur des roulettes* ir sobre ruedas.
4. ABOUTIR, ATTEINDRE llegar a; *le chemin va jusqu'à la route* el camino llega a la carretera || — FIG *aller jusqu'à frapper quelqu'un* llegar hasta pegarle a uno || *une compassion qui lui alla jusqu'au cœur* una compasión que le llegó al corazón.
5. ÊTRE HABILLÉ ir vestido, ir; *aller en redingote* ir de levita || — *aller nu-tête* ir sin sombrero || *aller nu-pieds* ir descalzo.
6. SE PORTER estar (santé); *le malade va mieux* el enfermo está mejor || — *ça va?* ¿cómo le va?, ¿cómo anda? || *comment allez-vous?* ¿cómo está usted?, ¿qué tal?
7. S'ACCORDER sentar; *cette robe lui va mal* este traje le sienta mal || pegar; *cette coiffure ne lui va pas du tout* este peinado no le pega nada; *ce chapeau ne va pas avec ce costume* este sombrero no pega con este traje || corresponder a; *cette clef va avec la serrure de votre porte* esta llave corresponde a la cerradura de su puerta || *aller de pair* correr parejo || *le rouge va avec le vert* el rojo pega con el verde.
8. PLAIRE convenir, gustar; *l'affaire me va* el negocio me conviene *ou* me gusta || FAM *ça me va* esto me conviene.
9. SUIVRE SON COURS ir, seguir su camino || — *aller de soi* caer de su peso, ser evidente, ir por sí solo || *laisser aller* desinteresarse de una cosa, dejar que siga su curso || *se laisser aller* abandonarse, descuidarse || *se laisser aller à* dejarse llevar por; *il s'est laissé aller au désespoir* se ha dejado llevar por la desesperación.
10. S'EN ALLER irse, marcharse (partir); *s'en aller sans rien dire* irse sin decir nada || FAM irse, morirse; *le malade s'en va peu à peu* el enfermo se va poco a poco || — *allons-nous-en* vámonos || *allez-vous-en* idos, váyase, váyanse || *je m'en vais te donner une gifle* te voy a dar una bofetada || *va-t'en* vete.
11. Y ALLER tratarse de, jugarse; *il y va de son bonheur* se trata nada menos que de su felicidad, se juega su felicidad || obrar; *y aller doucement* obrar con tiento || — *ne pas y aller de main morte* no andarse con chiquitas || *y aller de* ponerse a; *il y est allé de sa chanson* se puso a cantar || *y aller de sa poche* rascarse el bolsillo, poner de su bolsillo || *y aller de son reste* poner su resto (jeux) || POP *y aller fort* exagerar.
12. INTERJECTION *allons!* ¡vaya!, ¡vamos! (d'encouragement) || *allons donc!* ¡vaya!, ¡anda!, ¡quiá!, ¡quita allá!, ¡quite allá! (incrédulité)
13. SYNTAXE *aller* (suivi d'un infinitif) ir a; *je vais sortir* voy a salir || — *aller à la chasse* ir de cacería || *aller au Chili, au Paraguay, au Brésil* ir a Chile, al Paraguay, al Brasil || *aller en Espagne, en Argentine* ir a España, a la Argentina || *aller en voiture* ir en coche; *à bicyclette* en bicicleta; *en ballon* en globo; *à cheval* a caballo (par exception); *à âne* en burro; *à dos de mulet* en mulo || *aller par train, en bateau, par avion* ir en tren, en barco, en avión || *aller par terre, par mer, par air* ir por tierra, por mar, por aire.
14. LOCUTIONS DIVERSES *ça va!, ça va comme ça!* ¡basta! || — *aller aux voix* votar || FAM *aller sur la trentaine* acercarse a los treinta años || *en aller de* (equivale a veces a «être de») suceder *ou* ocurrir lo mismo con; *il en va de ce pari comme de l'autre* ocurre con esta apuesta lo mismo que con la otra || *ne pas (y) aller par quatre chemins* no andarse con rodeos, ir al grano || *ne pas aller sans* ir acompañada de.

— OBSERV Remarquez le parallélisme entre les verbes *aller* français et *andar* espagnol. *Aller* et *andar*, provenant tous deux d'*ambulare*, latin, empruntent une partie de leur conjugaison aux verbes latins *ire* (*j'irai* iré) et *vadere* (*je vais* voy). L'espagnol en outre a emprunté son prétérit au latin *sum* (*fui*, qu'on retrouve dans le français dialectal *je fus* et qui rappelle le français populaire: *je suis été*).

— OBSERV No debe decirse *je me suis en allé* sino *je m'en suis allé*. Se encuentra a veces *en allé* considerado erróneamente como adjetivo (en lugar de *parti*); *tant d'amis pour toujours en allés* tantos amigos para siempre idos. La forma francesa *aller au médecin, au coiffeur* (por *chez le* casa de) debe evitarse; el imperativo *va* lleva normalmente una s delante del pronombre y (*vas-y*), salvo cuando va seguido de un infinitivo (*va-y voir*).

aller *m* ida *f*; *l'aller et le retour* la ida y la vuelta || — *au pis aller* en el peor de los casos, a mal venir || *billet d'aller et retour* billete de ida y vuelta [(*amér*) de ida y llamada] || *un pis-aller* el último recurso.

allergène *m* alérgeno.
allergie [alɛrʒi] *f* alergia.
allergique *adj* et *s* alérgico, ca.
allergisant, e *adj* alergífero, ra.
allergologie *f* MÉD alergología.
allergologiste; allergologue *m* et *f* alergista, alergólogo, ga.
alleu *m* DR alodio [feudo franco].
alliacé, e *adj* aliáceo, a.
alliage *m* aleación *f*, liga *f* (de métaux) || FIG mezcla *f*; *un alliage de belles qualités* una mezcla de buenas cualidades.
alliance *f* alianza || alianza (*p us*), enlace *m* (mariage) || alianza, anillo *m* de boda (bague) || afinidad, parentesco *m* político || FIG unión, mezcla (mélange) || *cousin par alliance* primo político.
allié, e *adj* et *s* aliado, da || afín (*p us*), pariente político.
allier* *v tr* aliar, unir; *allier des intérêts* aliar intereses; *allier la force à la ruse* unir la fuerza a la astucia || aliar (deux nations) || unir por casamiento (par mariage) || ligar, alear; *allier le cuivre à l'or* ligar el cobre con el oro.
alligator *m* aligator (caïman).
allitération *f* aliteración (répétition de lettres ou de syllabes).
allô! *interj* ¡oiga! (celui qui appelle), ¡dígame!, ¡diga! (celui qui répond), ¡aló! [(*amér*) ¡hola!].
allocataire *m* et *f* beneficiario, ria de un subsidio.
allocation *f* asignación; *allocation de devises aux voyageurs* asignación de divisas a los viajeros || subsidio *m*; *allocation chômage* o *de chômage* subsidio de desempleo || *allocations familiales* subsidio familiar || *allocation logement* o *de logement* ayuda oficial a la vivienda || *allocation de maternité* prestación por maternidad.

allocution f alocución ‖ *allocution télévisée* discurso televisado.
allogène adj et s alógeno, na.
allonge f añadidura, añadido m ‖ larguero m (de bois) ‖ garabato m (pour suspendre la viande) ‖ CHIM alargadera (d'une cornue).
allongé, e adj largo, ga; *mine allongée* cara larga.
allongement m alargamiento; *allongement d'un élastique* alargamiento de un elástico ‖ prolongación f; *allongement d'une réunion* prolongación de una reunión ‖ FIG dilación f, retardo.
allonger* v tr alargar; *allonger un vêtement* alargar un vestido; *allonger le bras* alargar el brazo ‖ apretar; *allonger le pas* apretar el paso ‖ aclarar (une sauce) ‖ estirar (un élastique) ‖ CHIM diluir (un liquide) ‖ aguar (le vin) ‖ FAM largar; *allonger un coup de poing* largar un puñetazo ‖ tender (une ancre) ‖ — POP *allonger du fric* aflojar la mosca ‖ FIG & FAM *allonger la sauce* extender un tema ‖ FAM *un coup de poing l'allongea par terre* un puñetazo le tiró por tierra cuan largo era *ou* le tumbó en el suelo.
◆ v intr crecer, alargarse; *les jours allongent* los días crecen, se alargan.
◆ v pr alargarse ‖ echarse; *allonge-toi sur ce lit* échate en esta cama ‖ extenderse; *son ombre s'allongeait sur le mur* su sombra se extendía en la pared ‖ FIG *ma mine s'allongea lorsque j'entendis de tels conseils* puse cara larga al oír tales consejos.
allopathie f alopatía.
allopathique adj alopático, ca.
allotropie f CHIM alotropía.
allotropique adj alotrópico, ca.
allouer v tr conceder, asignar; *allouer une indemnité* conceder una indemnización.
allumage m encendido; *l'allumage des réverbères* el encendido de los faroles ‖ inflamación f (d'un explosif) ‖ AUTOM encendido; *allumage défectueux* encendido defectuoso ‖ — *avance à l'allumage* avance en el encendido ‖ *retard à l'allumage* retraso del encendido.
allume-cigares m encendedor.
allume-feu m astilla f.
— OBSERV pl *allume-feu* o *allume-feux*.
allume-gaz m inv encendedor.
allumer v tr enceder; *allumer une bougie* encender una vela ‖ FIG encender, atizar; *allumer la discorde* encender la discordia ‖ *allumer un incendie* producir *ou* motivar un incendio.
allumette f cerilla ‖ fósforo m (en bois ou en carton) ‖ — CULIN *allumette au fromage* pastelillo hojaldrado de queso ‖ *allumette-bougie* cerilla ‖ *allumette de sûreté* cerilla de seguridad ‖ *allumette soufrée* pajuela ‖ *allumette suédoise* fósforo m ‖ CULIN *pommes allumettes* patatas paja ‖ — *avoir les jambes comme des allumettes* tener las piernas como alambres.
allumeur, euse m et f encendedor, ra.
◆ m AUTOM explosivo ‖ *allumeur de réverbères* farolero.
◆ f FIG & FAM mujer de gancho.
allure f paso m (façon de marcher); *allure rapide* paso rápido ‖ ÉQUIT aire (du cheval) ‖ FIG aspecto m; *allure louche* aspecto sospechoso ‖ facha, garbo m; *avoir de l'allure* tener buena facha, tener garbo ‖ facha, traza, pinta; *il a l'allure d'un marquis* tiene facha *ou* traza de marqués ‖ cariz, giro m (tournure); *cette affaire prend une mauvaise allure* este asunto toma mal cariz ‖ conducta (conduite) ‖ ritmo m ‖ paso m, marcha; *vous ne ferez rien à cette allure-là* a ese paso no hará nada ‖ MAR & MÉCAN marcha; *l'allure d'un moteur* la marcha de un motor ‖ *à toute allure* a toda marcha, a todo correr, a todo gas ‖ MATH *allure de la courbe* tendencia de la curva.
allusif, ive adj alusivo, va.
allusion f alusión ‖ *faire allusion* aludir, hacer referencia.
allusivement adv de manera alusiva.
alluvial, e adj aluvial; *des terrains alluviaux* terrenos aluviales.
alluvion f aluvión m.
alluvionnaire adj aluvial.
almanach [almana] m almanaque.
aloi m ley f (métaux précieux) ‖ ley f valor (d'une personne ou d'une chose) ‖ *de bon aloi* de buena ley, de buena calidad.
alopécie f alopecia.
alors [alɔr] adv entonces; *il vint alors* entonces vino ‖ en tal caso (dans ce cas); *alors, tais-toi* en tal caso, cállate ‖ *alors que* cuando; *alors que j'étais absent* cuando estaba ausente.
◆ interj ¡bueno!, ¿y qué?
— OBSERV Dans de nombreux cas, *alors* ne doit pas être traduit en espagnol.
alose f alosa, sábalo m (poisson).
alouate m araguato (singe hurleur).
alouette f alondra ‖ *miroir à alouettes* espejuelo.
alourdi, e adj vuelto pesado, da; *alourdi par l'âge* vuelto pesado por la edad.
alourdir v tr volver pesado, hacer pesado ‖ agravar (impôts, charges) ‖ FIG sobrecargar, recargar; *livre alourdi de détails* libro sobrecargado de detalles ‖ entorpecer; *la digestion alourdit* la digestión entorpece.
◆ v pr ponerse pesado (devenir lourd) ‖ FIG entorpecerse.
alourdissement m peso, pesadez f; *l'alourdissement de ses vêtements mouillés* el peso de sus vestidos mojados ‖ FIG entorpecimiento.
aloyau [alwajo] m solomillo (viande).
alpaga m alpaca f (animal, tissu).
alpage m pasto en la montaña.
alpaguer v tr FAM trincar, pillar.
Alpes n pr f pl GÉOGR Alpes m pl; *les Alpes françaises* los Alpes franceses.
alpestre adj alpestre, alpino, na.
alpha m alfa f ‖ *rayons alpha* rayos alfa.
alphabet m alfabeto.
alphabétique adj alfabético, ca; *par ordre alphabétique* por orden alfabético.
alphabétiquement adv alfabéticamente, por orden alfabético.
alphabétisation f alfabetización.
alphabétisé, e adj et s alfabetizado, da.
alphabétiser v tr alfabetizar.
alphanumérique adj alfanumérico, ca ‖ INFORM alfanumérico, ca.
alpin, e adj alpino, na; *race alpine* raza alpina.
alpinisme m alpinismo, montañismo.
alpiniste m et f alpinista, montañista.
Alsace n pr f GÉOGR Alsacia.

Alsace-Lorraine *n pr* GÉOGR Alsacia-Lorena.
alsacien, enne *adj* alsaciano, na.
Alsacien, enne *m et f* alsaciano, na.
altérabilité *f* alterabilidad.
altérable *adj* alterable.
altération *f* alteración ‖ falsificación (des monnaies) ‖ adulteración (d'un produit) ‖ sed excesiva (soif).
altercation *f* altercación, altercado *m*.
altéré, e *adj* alterado, da ‖ adulterado, da; *produit altéré* producto adulterado ‖ falsificado, da (monnaies) ‖ demudado, da (visage, traits) ‖ sediento, ta (assoiffé).
alter ego *m inv* alter ego.
altérer* *v tr* alterar ‖ adulterar (un produit) ‖ falsificar; *altérer les monnaies* falsificar las monedas ‖ demudar (visage, voix, etc.) ‖ excitar la sed (assoifer).
altérité *f* alteridad.
alternance *f* alternación (action d'alterner) ‖ BIOL alternancia ‖ *— en alternance* alternativamente ‖ *formation en alternance* formación a tiempo parcial.
alternant, e *adj* alternante.
alternateur *m* ÉLECTR alternador; *alternateur triphasé* alternador trifásico.
alternatif, ive *adj* alternativo, va ‖ ÉLECTR alterno, na; alternativo, va (courant).
alternative *f* alternación (alternance) ‖ alternativa, opción, disyuntiva; *placer devant une alternative* colocar ante una alternativa ‖ alternativa, solución (solution, possibilité).
— OBSERV No se debe decir *deux alternatives*, sino *une alternative* o *deux possibilités*.
alternativement *adv* alternativamente.
alterné, e *adj* alterno, na; *stationnement (unilatéral) alterné* estacionamiento alterno *ou* en días alternos ‖ MATHS alterno, na.
alterner *v tr et intr* alternar; *alterner des travaux* alternar trabajos.
altesse *f* alteza.
altier, ère *adj* altivo, va; altanero, ra.
altimètre *m* altímetro.
altiport *m* aeropuerto de alta montaña.
altiste *m et f* MUS viola (personne).
altitude *f* altitud; *l'altitude d'une montagne* la altitud de una montaña ‖ altura; *l'altimètre sert à mesurer l'altitude au-dessus du niveau de la mer* el altímetro sirve para medir la altura sobre el nivel del mar; *prendre de l'altitude* tomar altura ‖ — AVIAT *altitude de croisière* altitud de crucero ǀ *altitude de sécurité* altitud de seguridad.
alto *m* MUS viola *f* (instrument à cordes) ǀ trombón, alto (instrument à vent) ǀ contralto (ton de voix).
altocumulus *m* altocúmulo.
altruisme *m* altruismo.
altruiste *adj et s* altruista.
alumine *f* CHIM alúmina.
aluminium *m* aluminio.
alunir *v intr* alunizar.
alunissage *m* alunizaje.
alunite *f* MIN alunita.
alvéolaire *adj* ANAT alveolar.
alvéole *m* alveolo ‖ celdilla *f* (d'abeille).

alvéolé, e *adj* alveolado, da.
alvéolite *f* MÉD alveolitis.
amabilité *f* amabilidad.
amadouer *v tr* engatusar, ablandar; *amadouer un créancier* ablandar a un acreedor.
amaigri, e *adj* enflaquecido, da.
amaigrir *v tr* enflaquecer; *le jeûne nous amaigrit* el ayuno nos enflaquece ‖ TECHN rebajar, disminuir el espesor ‖ enmagrar (l'argile) ‖ AGRIC esterilizar (la terre).
amaigrissant, e *adj* que hace adelgazar; *nourriture amaigrissante* alimentos que hacen adelgazar ‖ de adelgazamiento, adelgazante; *régime amaigrissant* régimen de adelgazamiento.
amaigrissement *m* adelgazamiento ‖ enmagrecimiento (charbon).
amalgame *m* amalgama *f*.
amalgamer *v tr* amalgamar.
◆ *v pr* amalgamarse.
amande *f* almendra; *amande amère* almendra amarga ‖ *— amande pralinée* almendra garapiñada ‖ *amande verte* almendruco, alloza ‖ *en amande* almendrado (en forme d'amande), rasgado (yeux) ‖ *pâte d'amandes* almendrado, turrón.
amandier *m* almendro.
amanite *f* amanita (champignon) ‖ *— amanite phalloïde* amanita phalloides ‖ *amanite tue-mouches* amanita matamoscas *ou* de las moscas.
amant, e *m et f* amante *m*, querida *f* ‖ FIG amante; *amant de la gloire* amante de la gloria.
amarante *f* amaranto *m* (fleur).
◆ *adj inv* de color de amaranto.
amareyeur, euse *m et f* obrero, ra ostrícola.
amarrage *m* amarre, amarradura *f* ‖ nudo.
amarre *f* MAR amarra.
amarrer *v tr* amarrar.
amaryllis *f* BOT amarilla.
amas [ama] *m* montón, pila *f*; *un amas de documents* un montón de documentos ‖ ASTR enjambre.
amasser *v tr* amontonar ‖ atesorar (argent).
◆ *v pr* amontonarse.
amateur *adj et s* aficionado, da; *amateur de peinture* aficionado a la pintura ‖ FAM persona dispuesta a comprar ‖ *en amateur* por capricho, por afición; *peindre en amateur* pintar por afición.
— OBSERV *Amateur* no tiene forma femenina en francés, y así se dice *musicienne amateur* o *cette femme est un amateur averti*.
amateurisme *m* calidad *f* de aficionado.
amazone *f* amazona (femme) ‖ traje *m* de amazona (costume) ‖ *monter en amazone* montar a la mujeriega *ou* a mujeriegas *ou* a sentadillas.
Amazone *n pr f* GÉOGR Amazonas *m* (fleuve).
Amazonie *n pr f* GÉOGR Amazonia.
amazonien, enne *adj* amazónico, ca.
Amazonien, enne *m et f* amazónico, ca.
ambages *f pl* ambages *m pl*; *parler sans ambages* hablar sin ambages.
ambassade *f* embajada; *attaché d'ambassade* agregado de Embajada.
ambassadeur, drice *m et f* embajador, ra.
ambiance *f* ambiente *m* ‖ *— créer l'ambiance* ambientar ‖ *mettre de l'ambiance* animar.
ambiant, e *adj* ambiente.
ambidextre *adj et s* ambidextro, tra.

ambigu, ë *adj* ambiguo, gua; *phrase ambiguë* frase ambigua.
— OBSERV Téngase siempre en cuenta que la forma femenina lleva una diéresis sobre la *e* (ambiguë).
ambiguïté [ãbigɥite] *f* ambigüedad.
ambitieusement *adv* ambiciosamente.
ambitieux, euse *adj et s* ambicioso, sa ‖ pretencioso, sa; rebuscado, da; *des paroles ambitieuses* palabras pretenciosas.
ambition *f* ambición.
ambitionner *v tr* ambicionar, codiciar.
ambivalence *f* ambivalencia.
ambivalent, e *adj* ambivalente.
amble *m* portante, ambladura *f* (du cheval).
amblyope *adj et s* MÉD amblíope.
ambre *m* ámbar ‖ color ambarino (couleur) ‖ — *ambre gris* ámbar gris ‖ FIG *fin comme l'ambre* fino como un coral.
ambré, e *adj* ambarino, na.
ambrer *v tr* perfumar con ámbar, ambarar.
ambroisie *f* ambrosía.
ambulance *f* ambulancia.
ambulancier, ère *m et f* ambulanciero, ra; enfermero, ra de una ambulancia.
ambulant, e *adj* ambulante ‖ — *bureau ambulant* ambulancia de correos ‖ *comédien ambulant* cómico de la legua ‖ *vente ambulante* venta ambulante *ou* callejera.
◆ *adj et s m* ambulante (de postes).
ambulatoire *adj* ambulatorio, ria; *soins ambulatoires* cuidados ambulatorios.
âme *f* alma (esprit); *une belle âme* un alma bella ‖ alma (habitant); *ville de 100 000 âmes* ciudad de 100 000 almas ‖ alma (sentiment); *chanter avec âme* cantar con alma ‖ alma, ánima (de canon) ‖ FIG alma; *il est l'âme du parti* es el alma del partido ‖ TECHN alma (de câble, de violon) ‖ — *âme du purgatoire* alma del purgatorio, ánima (bendita) ‖ *âme en peine* alma en pena ‖ *âme sœur* alma gemela ‖ *force d'âme* firmeza de espíritu ‖ *grandeur d'âme* grandeza de espíritu ‖ *dans l'âme* en el alma, en el corazón ‖ *de toute son âme* con toda el alma ‖ *en son âme* en su mente ‖ *en son âme et conscience* en conciencia ‖ *sans âme* sin alma ‖ FAM *à fendre l'âme* que parte el corazón | *avoir l'âme chevillée au corps* tener siete vidas como los gatos ‖ FIG *être l'âme damnée de quelqu'un* ser instrumento ciego de uno ‖ *il n'y avait pas âme qui vive* no había alma viviente ‖ *que Dieu ait son âme* que Santa Gloria goce ‖ *rendre l'âme* exhalar el último suspiro, expirar.
améliorable *adj* mejorable.
amélioration *f* mejoramiento *m*, mejora (action) ‖ mejoría (malades, conduite) ‖ perfeccionamiento *m*.
◆ *pl* mejoras; *les améliorations de la civilisation* las mejoras de la civilización.
améliorer *v tr* mejorar; *améliorer sa situation* mejorar de situación ‖ perfeccionar.
◆ *v pr* mejorarse, mejorar.
amen *m* amén.
aménageable [amenaʒabl] *adj* aprovechable; *une rivière aménageable* río aprovechable.
aménagement *m* disposición *f* (disposition) ‖ arreglo (arrangement) ‖ ajuste; *aménagements fiscaux* ajustes fiscales ‖ instalación *f* ‖ acondicionamiento; *aménagement du réseau routier* acondicionamiento de la red de carreteras ‖ distribución *f* (division) ‖ aprovechamiento; *l'aménagement d'un cours d'eau* el aprovechamiento de un curso de agua ‖ fomento, ordenación *f*; *aménagement du territoire* fomento de los recursos de un país; *aménagement rural* ordenación rural ‖ adecuación *f*; *aménagement des grands magasins* adecuación de los grandes almacenes ‖ habilitación *f*; *aménagement d'un château en musée* habilitación de un castillo para museo ‖ *travaux d'aménagement d'une ville* obras de urbanización de una ciudad.
aménager* *v tr* disponer (disposer) ‖ arreglar ‖ acondicionar (mettre en état); *aménager une maison, un terrain* acondicionar una casa, un terreno ‖ habilitar; *château aménagé en musée* castillo habilitado para museo ‖ parcelar (une forêt) ‖ urbanizar (une ville) ‖ hacer la ordenación, fomentar; *aménager le territoire d'un pays* fomentar los recursos de un país ‖ ajustar; *aménager un horaire* ajustar un horario ‖ aprovechar; *aménager une chute d'eau* aprovechar un salto de agua.
amendable *adj* enmendable ‖ abonable (terres).
amende *f* multa ‖ — *amende honorable* retractación pública ‖ FAM *faire amende honorable* pedir perdón | *les battus payent l'amende* tras cornudo apaleado ‖ *mettre une amende* multar, poner una multa.
amendement *m* enmienda *f* (amélioration) ‖ enmienda *f* (d'une loi, etc.) ‖ AGRIC abono.
amender *v tr* enmendar ‖ AGRIC abonar, enmendar.
amène *adj* agradable ‖ ameno, na.
amenée *f* TECHN traída; *canal d'amenée* canal de traída ‖ *tuyaux d'amenée* tubos de avenamiento.
amener* *v tr* traer ‖ introducir; *amener une mode* introducir una moda ‖ ocasionar; *amener un incident* ocasionar un incidente ‖ inducir; *amène-le à le faire* indúcelo a que lo haga ‖ conducir, hacer comparecer (devant un tribunal) ‖ sacar (jeux) ‖ MAR *amener son pavillon, ses couleurs* arriar la bandera | *amener une voile* amainar una vela ‖ DR *mandat d'amener* orden de comparecencia.
◆ *v pr* FAM venir, presentarse; *voilà ton père qui s'amène* ahí viene tu padre.
aménité *f* amabilidad, atención ‖ lo agradable *m* (d'un endroit).
◆ *pl* amabilidades (en sentido irónico).
aménorrhée *f* MÉD amenorrea.
amentale *f*; **amentifère** *m* amentáceo, a; amantáceas *f pl*.
amenuisement *m* adelgazamiento (d'une personne) ‖ rebajamiento (d'une planche).
amenuiser *v tr* adelgazar ‖ rebajar (réduire), mermar (diminuer).
amer, ère [amɛr, ɛːr] *adj et s* amargo, ga ‖ FIG amargo, ga.
◆ *m* amargo ‖ hiel (bœuf, carpe).
amèrement *adv* amargamente.
américain, e *adj* americano, na ‖ — FAM *avoir l'œil américain* tener ojo de buen cubero, tener mucha vista ‖ *passer en vedette américaine* actuar de telonero.
◆ *f* especie de faetón.
— OBSERV *Américain*, sin otra indicación, se usa abusivamente en francés por *norteamericano*, de los Estados Unidos.

Américain, e *m* et *f* americano, na.
américanisation *f* americanización.
américaniser *v tr* americanizar.
◆ *v pr* americanizarse.
américanisme *m* americanismo.
américaniste *adj* et *s* americanista.
amérindien, enne [amerɛ̃djɛ̃, ɛn] *adj* amerindio, dia.
Amérindien, enne *m* et *f* amerindio, dia.
Amérique *n pr f* GÉOGR América ‖ Estados Unidos (abusivement pour États-Unis) ‖ — *Amérique centrale* América Central, Centroamérica ‖ *Amérique latine* América latina ‖ *l'Amérique du Nord* América del Norte ‖ *l'Amérique du Sud* América del Sur.
amerrir *v tr* amarar.
amerrissage *m* amaraje, amerizaje ‖ *amerrissage de détresse* amerizaje de emergencia.
amertume *f* amargura, amargor *m*.
améthyste *f* amatista.
ameublement *m* mobiliario, moblaje, mueblaje ‖ *magasin d'ameublement* tienda de muebles, muebleria.
ameublir *v tr* AGRIC mullir (la terre) ‖ DR convertir en bienes muebles.
ameuter *v tr* reunir en jauría (les chiens) ‖ amotinar (soulever) ‖ alborotar; *ameuter le quartier* alborotar el barrio.
amharique *m* amárico.
ami, e *adj* et *s* amigo, ga ‖ amante, querido, da (amant) ‖ partidario, ria (partisan) ‖ — *petit ami* querido, novio; *petite amie* querida, novia ‖ *mon bel ami* amiguito.
— OBSERV Evítese la traducción de *un amigo mío* por *un ami à moi* en lugar de *un de mes amis*.
amiable *adj* amistoso, sa ‖ amigable; *amiable compositeur* amigable componedor ‖ — *à l'amiable* amigablemente, amistosamente ‖ *un arrangement à l'amiable* un arreglo amistoso.
amiante *m* amianto.
amibe *f* ZOOL ameba.
amibiase *f* MÉD amebiasis.
amibien, enne *adj* provocado, da por las amebas.
amical, e *adj* amistoso, sa.
◆ *f* sociedad, asociación, peña [profesional, deportiva, etc.].
amicalement *adv* amigablemente, amistosamente, cordialmente ‖ *bien amicalement* con muchos recuerdos (dans une lettre).
amidon *m* almidón.
amidonnage *m* almidonado.
amidonner *v tr* almidonar.
amincir *v tr* adelgazar, afilar ‖ rebajar (une planche) ‖ afinar (la taille).
◆ *v pr* adelgazarse.
amincissant, e *adj* que adelgaza.
amincissement *m* adelgazamiento ‖ afinamiento, reducción *f*.
aminé *adj* CHIM *acide aminé* aminoácido.
aminoacide *m* CHIM aminoácido.
amiral, e *adj* et *s* almirante.
◆ *f* almiranta.
amirauté *f* almirantazgo *m*.

amitié *f* amistad; *se lier d'amitié avec quelqu'un* trabar amistad con uno ‖ cariño *m*; *prendre quelqu'un en amitié* cobrarle cariño a uno ‖ favor *m*; *faites-moi l'amitié de* hágame el favor de.
◆ *pl* expresiones, memorias, recuerdos *m*; *faites mes amitiés à votre père* déle recuerdos míos a su padre ‖ atenciones, amabilidades; *il m'a fait mille amitiés* ha tenido conmigo mil atenciones ‖ *les petits cadeaux entretiennent l'amitié* en las atenciones se conocen a los buenos amigos.
Amman *n pr* GÉOGR Ammán.
ammoniac, aque *adj* et *s m* CHIM amoníaco, ca.
ammoniacal, e *adj* amoniacal; *des sels ammoniacaux* sales amoniacales.
ammoniaque *f* CHIM amoniaco *m*.
ammonite *f* amonita (fossile).
amnésie *f* amnesia (perte de la mémoire).
amnésique *adj* et *s* MÉD amnésico, ca.
amniocentèse *f* MÉD amniosíntesis.
amniotique *adj* amniótico, ca; *liquide amniotique* líquido amniótico.
amnistie *f* amnistía.
amnistié, e *adj* et *s* amnistiado, da.
amnistier* *v tr* amnistiar.
amocher *v tr* POP estropear (abîmer) | herir (blesser); *il est salement amoché* está seriamente herido | desgraciar (estropier, défigurer).
amodiation *f* arrendamiento *m*.
amoindrir [amwɛ̃drir] *v tr* aminorar, amenguar, menoscabar (diminuer) ‖ empequeñecer, disminuir; *l'éloignement amoindrit les objets* el alejamiento empequeñece los objetos.
◆ *v pr* aminorarse, amenguarse.
amoindrissement *m* aminoración *f*, disminución *f*.
amollir *v tr* ablandar; *le feu amollit la cire* el fuego ablanda la cera ‖ FIG aplanar (abattre) | debilitar (affaiblir) | ablandar, mitigar (la colère, etc.) | aplacar (apaiser).
◆ *v pr* ablandarse ‖ FIG debilitarse | aplacarse.
amollissant, e *adj* que aplana, debilitante.
amollissement *m* ablandamiento ‖ FIG aplanamiento, debilitación *f*.
amonceler* *v tr* amontonar.
amoncellement *m* amontonamiento ‖ montón (tas).
amont *m* río arriba ‖ — *en amont* río arriba ‖ *en amont de* más arriba de.
amoral, e *adj* amoral.
amoralité *f* amoralidad.
amorçage [amɔrsaːʒ] *m* cebadura *f*, cebo *m*.
amorce [amɔrs] *f* cebo *m* (appât) ‖ principio *m*, comienzo *m*, inicio *m*; *l'amorce des négociations* el principio de las negociaciones ‖ fulminante *m*, pistón *m*, mixto *m* (d'une cartouche, d'une mine) ‖ FIG aliciente *m*, incentivo *m*, atractivo *m* (ce qui excite) | esbozo *m* (d'un sourire).
amorcer* *v tr* cebar (appâter) ‖ cebar (pompe) ‖ iniciar, comenzar, empezar (une affaire, un travail) ‖ entablar (conversation, négociations) ‖ atraer, seducir; *amorcé par le gain* seducido por la ganancia ‖ esbozar (un sourire) ‖ cebar, poner un fulminante, cargar (une arme).
◆ *v pr* empezar, comenzar, iniciarse.
amorphe *adj* amorfo, fa.
amorti *m* pelota *f* corta, dejada *f* (tennis).

amortir *v tr* amortiguar; *amortir le bruit* amortiguar el ruido ‖ ablandar (viande, légumes) ‖ amortizar (une dette, une dépense), *j'ai déjà amorti mon ordinateur* ya he amortizado mi ordenador ‖ mitigar; *amortir une peine* mitigar una pena.
◆ *v pr* amortiguarse ‖ amortizarse.
amortissable *adj* amortizable (rente, dette, etc.).
amortissement *m* amortiguación *f* ‖ amortiguamiento ‖ amortización *f* (dette, rente, dépense) ‖ ARCHIT remate (couronnement).
amortisseur *m* amortiguador.
amour *m* amor ‖ cariño, afecto (affection) ‖ —*beau comme l'amour* hermoso como un ángel, como el sol ‖ *un amour de* un encanto de ‖ *c'est un amour* es una preciosidad de un encanto *ou* un sol ‖ *être en amour* estar en celo (les animaux) ‖ *faire l'amour* hacer el amor ‖ *filer le parfait amour* estar muy enamorados.
◆ *pl* ARTS amorcillos.
Amour *n pr m* GÉOGR Amur (fleuve).
amouracher (s') *v pr* enamoriscarse, encapricharse.
amourette *f* amorío *m*, amor *m* pasajero, devaneo *m* (amour passager) ‖ tuétano *m* cocido (boucherie) ‖ BOT tembladora ‖ *bois d'amourette* mimosa.
◆ *pl* amoríos *m*, aventuras.
amoureusement *adv* amorosamente (avec amour) ‖ esmeradamente (avec attention, avec soin).
amoureux, euse *adj* amoroso, sa; *regards amoureux* miradas amorosas ‖ enamorado, da (qui aime); *amoureux d'elle* enamorado de ella ‖ —*amoureux de la nature* enamorado de la naturaleza ‖ *amoureux de gloire* ansioso de gloria.
◆ *m et f* enamorado, da; amante (amant).
◆ *m* THÉÂTR galán.
◆ *f* THÉÂTR dama.
amour-propre *m* amor propio.
— OBSERV pl *amours-propres*.
amovible *adj* amovible.
ampélopsis *m* BOT ampelopsis.
ampérage *m* amperaje.
ampère *m* amperio.
ampère-heure *m* amperio hora.
ampèremètre *m* amperímetro.
amphétamine *f* anfetamina.
amphi *m* FAM aula *f* (amphithéâtre).
amphibie *adj et s m* anfibio, bia.
amphibiens [ɑ̃fibjɛ̃] *m pl* ZOOL anfibios.
amphibole *f* MIN anfíbol *m*.
amphibolite *f* MIN anfibolita.
amphibologie *f* anfibología.
amphibologique *adj* anfibológico, ca.
amphigouri *m* guirigay (discours ou écrit obscur).
amphigourique *adj* confuso, sa; ininteligible, oscuro, ra (style).
amphithéâtre *m* anfiteatro ‖ aula *f* (université); *grand amphithéâtre* aula magna.
amphitryon *m* anfitrión.
Amphitryon *n pr* Anfitrión.
amphore *f* ánfora.
ample *adj* amplio, plia ‖ cumplido, da; holgado, da (vêtement) ‖ *jusqu'à plus ample informé* hasta no disponer de más información, a falta de mayor información.
amplement *adv* ampliamente ‖ *amplement suffisant* más que suficiente.
ampleur *f* amplitud ‖ anchura (d'un pantalon), vuelo *m* (d'une jupe) ‖ holgura (en confection); *réserver de l'ampleur aux entournures* dejar holgura en las sisas ‖ elevación (du style) ‖ importancia, amplitud; *l'ampleur des évènements* la importancia de los acontecimientos.
ampli *m* FAM amplificador (amplificateur).
amplificateur, trice *adj* amplificador, ra.
◆ *m* amplificador ‖ — *amplificateur de luminance* amplificador de luminancia ‖ *amplificateur de régulation* amplificador de regulación ‖ *amplificateur de signal* amplificador de señal.
amplification *f* amplificación, ampliación, desarrollo *m* ‖ verborrea (développement verbeux) ‖ PHYS aumento *m*, amplificación (grossissement).
amplifier* *v tr* amplificar, ampliar ‖ exagerar ‖ PHYS ampliar, amplificar (grossir).
amplitude *f* amplitud; *l'amplitude d'une catastrophe* la amplitud de una catástrofe.
ampli-tuner *m* amplificador-sintonizador.
— OBSERV pl *amplis-tuners*.
ampoule *f* ampolla ‖ bombilla (électrique) ‖ MÉD ampolla (de médicament).
ampoulé, e *adj* ampuloso, sa; *discours ampoulé* discurso ampuloso.
amputation *f* amputación ‖ FIG reducción.
amputé, e *adj* amputado, da (d'un membre) ‖ reducido, da (un texte).
amputer *v tr* amputar ‖ FIG amputar, reducir; *amputer un article* amputar, reducir un artículo.
Amsterdam *n pr* GÉOGR Amsterdam.
amuïssement *m* GRAMM enmudecimiento, desaparición *f*.
amulette *f* amuleto *m*.
amure *f* MAR amura ‖ *changer d'amures* virar de bordo.
amusant, e *adj* divertido, da.
amuse-gueule *m* FAM tapa *f* (pour apéritif) ‖ FIG distracción *f*, entretenimiento.
— OBSERV pl *amuse-gueule* o *amuse-gueules*.
amusement *m* entretenimiento.
amuser *v tr* entretener ‖ divertir; *cette histoire m'a beaucoup amusé* este chiste me ha divertido mucho ‖ embaucar; *amuser par des promesses* embaucar con promesas ‖ MIL distraer, divertir; *amuser l'ennemi par des manœuvres* distraer al enemigo con maniobras.
◆ *v pr* entretenerse; *s'amuser à écrire* entretenerse en escribir ‖ divertirse; *les enfants s'amusent dans la cour* los niños se divierten en el patio ‖ *s'amuser de quelqu'un* burlarse de alguien.
amuseur, euse *m et f* persona que divierte *ou* entretiene, bufón, ona.
amygdale [amidal] *f* amígdala.
amygdalite [-dalit] *f* MÉD amigdalitis.
amylacé, e *adj* CHIM amiláceo, a.
an *m* año ‖ *le jour de l'an* el día de año nuevo ‖ *le nouvel an* año nuevo ‖ *bon an mal an* un año con otro ‖ *en l'an de grâce* en el año de gracia ‖ *aller sur ses trente ans* ir para *ou* acercarse a los treinta años ‖ *il a vingt ans révolus o sonnés* tiene

veinte años cumplidos || *je m'en moque comme de l'an quarante* me importa un pito *ou* un bledo.
anabaptiste [anabatist] *adj et s* anabaptista.
anabolisant, e *adj et s m* anabolizante.
anachorète [anakɔrɛt] *m* anacoreta.
anachronique *adj* anacrónico, ca.
anachronisme *m* anacronismo.
anacoluthe [anakɔlyt] *f* anacoluto *m*.
anaconda *m* anaconda *f*, lampalagua *f* (serpent).
anacrouse; anacruse *f* anacrusis (métrique).
anaérobie *adj et s m* anaerobio, bia (microbe).
anaglyphe; anaglypte *m* anáglifo.
anaglyptique *adj* anaglíptico, ca; *impression anaglyptique pour aveugles* impresión anaglíptica para ciegos.
anagramme *f* anagrama *m*.
anal, e *adj* ANAT anal.
analeptique *adj et s m* analéptico, ca.
analgésie *f* analgesia (insibilidad).
analgésique *adj et s m* analgésico, ca.
anallergique *adj* hipoalérgico, ca.
analogie *f* analogía; *par analogie* por analogía.
analogique *adj* analógico, ca || INFORM analógico, ca.
analogue *adj* análogo, ga.
analphabète *adj et s* analfabeto, ta.
analphabétisme *m* analfabetismo.
analysable *adj* analizable.
analysant *m et f* analizante (en psychanalyse).
analyse *f* análisis *m* || MATH análisis *m*; *analyse de régression* análisis por mínimos cuadrados || RAD análisis *m*, desintegración de la imagen || — *analyse de bilan* examen de balance || *analyse du marché* estudio del mercado || *analyse grammaticale* análisis gramatical || INFORM *analyse mémoire* vaciado de la memoria || — *avoir l'esprit d'analyse* tener una mente analítica || *en dernière analyse* después de todo, en el fondo, mirándolo bien.
analysé, e *m et f* analizado, da (en psychanalyse).
analyser *v tr* analizar.
analyseur *m* analizador || INFORM analizador.
analyste *adj et s* analista || ÉCON *analyste financier* analista financiero.
analyste-programmeur *m* INFORM analista programador.
analytique *adj* analítico, ca.
anamorphose *f* anamorfosis.
ananas [anana] *m* piña *f*, ananás.
anapeste *adj et s m* POÉT anapesto.
anaphore *f* anáfora (répétition).
anaphorique *adj* GRAMM anafórico, ca.
 ◆ *m* anáfora *f*.
anar *m* FAM anarco (anarchiste).
anarchie [anarʃi] *f* anarquía.
anarchique *adj* anárquico, ca.
anarchiquement *adv* anárquicamente.
anarchisme *m* anarquismo.
anarchiste *adj et s* anarquista.
anarcho-syndicaliste *adj et s* anarcosindicalista.
anastigmat [anastigmat]; **anastigmatique** [-matik] *adj et s m* PHOT anastigmático, ca; *objectif anastigmat* objetivo anastigmático.

anastomose *f* ANAT anastomosis.
anathématiser *v tr* anatematizar.
anathème *m* anatema || *jeter l'anathème sur* pronunciar *ou* lanzar un anatema contra.
Anatolie [anatɔli] *n pr f* GÉOGR Anatolia.
anatomie *f* anatomía.
anatomique *adj* anatómico, ca.
anatomiste *m et f* anatomista, anatómico, ca.
anatoxine *f* anatoxina.
ancestral, e *adj* ancestral.
ancêtre *m* antepasado, antecesor, ascendiente || precursor; *l'ancêtre de l'automobile* el precursor del automóvil.
anche *f* MUS lengüeta.
anchois *m* boquerón; *pêcher des anchois* pescar boquerones || anchoa *f*; *des anchois en boîte* anchoas en lata; *anchois roulés* anchoas en rollos *ou* enrolladas.
ancien, enne *adj et s* antiguo, gua || ex, antiguo; *ancien président* ex presidente; *ancien préfet* ex prefecto; *ancien combattant* ex combatiente || viejo, ja (âgé) || viejo, ja (démodé) || viejo, ja; rancio, cia; *tradition ancienne* tradición rancia.
 ◆ *m et f* anciano, na (vieillard, vieille) || antiguo, gua (personnage de l'Antiquité) || antiguo, gua (d'une école) || viejo, ja; *Pline l'Ancien* Plinio el Viejo.
anciennement *adv* antiguamente.
ancienneté *f* antigüedad; *avancement à l'ancienneté* ascenso por antigüedad.
ancillaire [ɑ̃silɛr] *adj* ancilar, doméstico, ca.
ancolie *f* ancolía, aguileña (plante).
Ancône *n pr* GÉOGR Ancona.
ancrage *m* MAR ancladero, anclaje, fondeadero (mouillage) | anclaje (redevance) || ARCHIT fijación *f*, sujeción *f*, anclaje.
ancre *f* MAR ancla, áncora (*p us*) || TECHN áncora (d'une montre) || ARCHIT grapa || — *ancre de salut* ancla de salvación || *ancre supplémentaire* galga || *petite ancre* anclote || — MAR *à l'ancre* anclado | *chasser sur son ancre* garrar | *jeter l'ancre* echar el ancla, anclar | *lever l'ancre* levar anclas, zarpar.
ancrer *v tr et intr* anclar, echar el ancla || ARCHIT fijar con grapas || FIG aferrar, afianzar; *idée bien ancrée* idea bien aferrada.
 ◆ *v pr* FIG meterse; *cette idée bizarre s'est ancrée dans sa tête* esta idea extraña se le ha metido en la cabeza.
andalou, ouse *adj* andaluz, za.
Andalou, ouse *m et f* andaluz, za.
Andalousie *n pr f* GÉOGR Andalucía.
andante *m* MUS andante.
andantino *adv et s m* MUS andantino.
Andes (cordillère des) [ɑ̃:d] *n pr* cordillera de los Andes.
andésite *f* MIN andesita.
andin, e *adj* andino, na.
andorran, e *adj* andorrano, na.
Andorran, e *m et f* andorrano, na.
Andorre *n pr f* GÉOGR Andorra.
andouille [ɑ̃duːj] *f* especie de embutido *m* francés || FAM imbécil, cernícalo (niais, sot).
andouiller *m* candil, punta *f* (des cerfs).
andouillette *f* especie de embutido *m* francés.
André (saint) *n pr* san Andrés.

andrinople *f* tela de algodón encarnada (étoffe).
androgène *adj* et *s m* andrógeno, na.
androgyne *adj* et *s* andrógino, na.
androïde *m* androide.
andropause *f* andropausia.
androstérone *f* androsterona.
âne *m* asno, burro, pollino, borrico ‖ FIG burro, borrico (stupide) ‖ — *âne bâté* borrico, burro, acémila (ignorant) ‖ *bonnet d'âne* orejas de burro ‖ *pont aux ânes* dificultad muy leve ‖ *toit en dos d'âne* tejado de doble vertiente ‖ — *à dos d'âne* en burro ‖ — *être comme l'âne de Buridan* ser indeciso ‖ *être méchant comme un âne rouge* ser más malo que la quina ‖ *faire l'âne pour avoir du son* hacerse el tonto.
anéantir *v tr* aniquilar; *l'armée fut anéantie* el ejército fue aniquilado ‖ anonadar; *la nouvelle m'a anéanti* la noticia me ha anonadado.
anéantissement *m* aniquilamiento, destrucción *f* ‖ anonadamiento, abatimiento.
anecdote *f* anécdota.
anecdotique *adj* anecdótico, ca.
anémie *f* MÉD anemia.
anémié, e *adj* anémico, ca ‖ FIG de aspecto anémico.
anémier* *v tr* volver anémico.
 ◆ *v pr* ponerse anémico, debilitarse.
anémique *adj* et *s* anémico, ca.
anémomètre *m* anemómetro.
anémone *f* BOT anémona.
ânerie *f* FAM burrada, gansada.
anéroïde *adj* PHYS aneroide.
ânesse *f* asna, burra, borrica.
anesthésiant, e *adj* et *s* anestésico, ca.
anesthésie *f* MÉD anestesia ‖ — *anesthésie générale* anestesia general ‖ *anesthésie locale* anestesia local.
anesthésier* *v tr* anestesiar.
anesthésique *adj* et *s m* anestésico, ca.
anesthésiste *m* et *f* anestesista.
aneth *m* BOT eneldo.
anfractuosité [ɑ̃fraktyozite] *f* cavidad, agujero *m* ‖ ANAT anfractuosidad.
ange *m* ángel ‖ — *ange déchu* ángel caído ‖ *ange de mer* angelote (poisson) ‖ *ange gardien* ángel de la guarda, ángel custodio (sens religieux), guardaespaldas (garde du corps), vigilante (d'un joueur) ‖ *mauvais ange* ángel malo (diable), ángel tentador ‖ *saut de l'ange* salto de ángel ‖ — *beau comme un ange* guapo como un sol ‖ — *être aux anges* estar en la gloria ‖ FAM *rire aux anges* reír como un bendito ‖ *un ange passe* son las menos veinte *ou* las y veinte (silence).
— OBSERV *Ange* es masculino, incluso cuando se aplica a una mujer: *cette femme est un ange.*
angélique *adj* angélico, ca; *salutation angélique* salutación angélica ‖ angelical; *regard angélique* mirada angelical.
 ◆ *f* BOT angélica.
angélisme *m* angelismo.
angelot *m* angelote.
angélus *m* ángelus (prière); *réciter l'angélus* rezar el Ángelus ‖ toque de oración (sonnerie).
Angers *n pr* GÉOGR Angers.
angevin, e *adj* angevino, na (d'Angus).

Angevin, e *m* et *f* angevino, na (d'Angers).
angine *f* angina ‖ — *angine couenneuse* angina diftérica ‖ *angine de poitrine* angina de pecho.
angiocardiographie *f* angiocardiografía.
angiographie *f* angiografía.
angiome *m* MÉD angioma.
angiospermes *f pl* BOT angiospermas.
Angkor *n pr* GÉOGR Angkor.
anglais, e *adj* inglés, esa ‖ — CULIN *assiette anglaise* fiambres variados ‖ *crème anglaise* crema inglesa ‖ *pommes de terre à l'anglaise* patatas al vapor ‖ *filer à l'anglaise* despedirse a la francesa.
 ◆ *m* inglés (langue); *parler l'anglais* hablar inglés.
 ◆ *f* letra inglesa.
 ◆ *f pl* tirabuzones *m* (coiffure).
Anglais, e *m* et *f* inglés, esa.
angle [ɑ̃:gl] *m* ángulo; *angle plat* ángulo llano ‖ esquina *f*; *notre maison se trouve à l'angle du boulevard Raspail et de la rue du Montparnasse* nuestra casa se encuentra en la esquina del bulevar Raspail y de la calle de Montparnasse ‖ rincón; *dans l'angle de la pièce* en el rincón de la habitación ‖ pico; *se cogner contre l'angle de la table* golpearse contra el pico de la mesa ‖ FIG arista *f*, aspereza *f*; *les angles aigus de son caractère* las asperezas de su carácter ‖ — MATH *angle aigu, droit, obtus* ángulo agudo, recto, obtuso ‖ *angle de phase* ángulo de fase ‖ *angle de recalage* ángulo de reajuste ‖ *angles des lèvres* comisuras de los labios ‖ *angle mort* ángulo muerto ‖ *sous l'angle de* desde el punto de vista de ‖ — *arrondir les angles* limar las asperezas.
Angleterre *n pr f* GÉOGR Inglaterra.
anglican, e *adj* et *s* anglicano, na.
anglicanisme *m* anglicanismo.
angliciser *v tr* hacer inglés, imitar lo inglés.
 ◆ *v pr* hacerse inglés.
anglicisme *m* anglicismo.
angliciste *m* et *f* anglista.
anglo-américain, e *adj* et *s* angloamericano, na.
anglo-arabe *adj* et *s m* angloárabe.
anglo-normand, e *adj* anglonormando, da.
Anglo-Normandes (îles) *n pr f pl* GÉOGR islas Anglonormandas.
anglophile *adj* et *s* anglófilo, la.
anglophobe *adj* et *s* anglófobo, ba.
anglophone *adj* et *s* anglófono, na.
anglo-saxon, onne *adj* anglosajón, ona.
Anglo-saxon, onne *m* et *f* anglosajón, ona.
angoissant, e *adj* angustioso, sa.
angoisse *f* angustia (grande douleur morale) ‖ congoja (douleur mêlée de crainte).
angoissé, e *adj* angustiado, da.
angoisser *v tr* angustiar, acongojar.
 ◆ *v pr* angustiarse, acongojarse.
Angola *n pr m* GÉOGR Angola *f*.
angolais, e *adj* angoleño, ña.
Angolais, e *m* et *f* angoleño, ña.
angora *adj* et *s* de Angora; *chèvre, chat angora* cabra, gato de Angora.
Angoulême *n pr* GÉOGR Angulema.
angoumoisin, e *adj* de Angulema.
Angoumoisin, e *m* et *f* nativo, va de Angulema.

angström; angstroem *m* angström (unité de longueur d'onde).
anguille [ãgi:j] *f* anguila (poisson) ‖ — *anguille de mer* congrio ‖ — *alevin d'anguille* angula (civelle) ‖ *nœud d'anguille* nudo corredizo ‖ — *il y a anguille sous roche* hay gato encerrado.
angulaire *adj* angular; *pierre angulaire* piedra angular.
anguleux, euse *adj* anguloso, sa ‖ FIG esquinado, da; *caractère anguleux* carácter esquinado.
anhydre *adj* CHIM anhidro, dra.
anhydride *m* CHIM anhídrido; *anhydride sulfureux* anhídrido sulfuroso.
anicroche *f* tropiezo *m* (accroc), obstáculo *m* (obstacle) ‖ FAM pega, engorro *m*; *c'est une affaire pleine d'anicroches* es un asunto lleno de pegas.
ânier, ère *m* et *f* arriero de borricos.
aniline *f* CHIM anilina.
animal *m* animal ‖ FIG animal, torpe ‖ — *animal de laboratoire* animal de laboratorio ‖ *animal domestique* animal doméstico ‖ *animal sauvage* animal salvaje.
◆ *adj* animal.
animalcule *m* animálculo.
animalerie *f* animalario *m* (dans un laboratoire), tienda de animales (magasin).
animalier, ère *adj* et *s* animalista, pintor, ra *ou* escultor, ra de animales.
animalité *f* animalidad.
animateur, trice *adj* et *s* animador, ra.
animation *f* animación; *donner de l'animation* dar animación ‖ *centre d'animation* centro de animación.
animé, e *adj* animado, da; *créature, rue animée* criatura, calle animada; *conversation animée* conversación animada ‖ CINÉM *dessins animés* dibujos animados.
animer *v tr* animar; *l'âme anime le corps* el alma anima al cuerpo ‖ FIG animar; *animer au combat* animar al combate; *animer un récit* animar un relato.
◆ *v pr* animarse.
animisme *m* animismo.
animiste *adj* et *s* animista (doctrine, culte).
animosité *f* animosidad.
anis [ani] *m* anís (plante et liquide) ‖ grano de anís (dragée) ‖ *anis étoilé* anís estrellado, badián.
— OBSERV *Anís*, en espagnol, est surtout employé pour désigner un digestif voisin de l'anisette.
aniser *v tr* anisar; *eau-de-vie anisée* aguardiente anisado.
anisette *f* anisete *m*.
Anjou *n pr m* GÉOGR Anjeo.
— OBSERV L'emploi de *Anjeo* se limite généralement à la région, mais on dit couramment *Felipe de Anjou*.
Ankara *n pr* GÉOGR Ankara.
ankylose *f* MÉD anquilosis ‖ anquilosamiento *m*; *l'ankylose de l'économie* el anquilosamiento de la economía.
ankyloser *v tr* anquilosar; *membre ankylosé* miembro anquilosado.
◆ *v pr* anquilosarse.
annal, e *adj* DR anual, por un año.
annales *f pl* anales *m*; *les Annales de Tacite* los Anales de Tácito.
annaliste *m* et *f* analista.
annamite *adj* et *s* anamita (de l'Annam).
Annapurna *n pr* GÉOGR Annapurna.
Anne (sainte) *n pr* santa Ana.
anneau [ano] *m* anillo (petit cercle) ‖ argolla *f* (gros anneau pour attacher) ‖ anillo, sortija *f* (bague) ‖ anilla *f* (de rideau, d'oiseaux, etc.) ‖ ojo, anillo (de clef) ‖ eslabón (d'une chaîne) ‖ anillo; *les anneaux d'un ver* los anillos de un gusano ‖ — *anneau à clefs* llavero ‖ *anneau de Saturne* anillo de Saturno ‖ *anneau épiscopal* o *pastoral* anillo pastoral.
◆ *pl* anillas *f* (gymnastique).
Annecien, enne *m* et *f* anneciense (d'Annecy).
Anne d'Autriche *n pr* Ana de Austria.
Annecy *n pr* GÉOGR Annecy.
année *f* año *m*; *année qui commence* año entrante ‖ — *année budgétaire* año presupuestario *ou* económico ‖ *année fiscale* año fiscal ‖ *année moyenne* año estadístico ‖ *année pleine* año común *ou* civil ‖ *année scolaire* curso escolar ‖ — *d'année en année* año tras año ‖ *d'une année à l'autre* de un año para otro ‖ — *souhaiter la bonne année* felicitar por Año Nuevo.
année-lumière *f* año *m* de luz ‖ *à des années-lumières* a años luz.
annelé, e *adj* et *s m* anillado, da.
annélides *f pl* ZOOL anélidos *m*.
annexe *adj* anejo, ja; *école annexe* escuela aneja ‖ adjunto, ta; *les documents annexes à cette lettre* los documentos adjuntos a esta carta.
◆ *f* anexo *m*, dependencia; *l'annexe d'un hôtel* el anexo de un hotel ‖ anejo *m* (d'une église).
◆ *m pl* ANAT anexos (de l'utérus) ‖ DR anexidades *f*.
annexer *v tr* anexar, anexionar ‖ adjuntar (un document).
annexion *f* anexión.
annexionnisme *m* anexionismo.
annexionniste *adj* et *s* anexionista.
annihilation *f* aniquilamiento *m*.
annihiler *v tr* aniquilar ‖ anular; *annihiler un testament* anular un testamento.
◆ *v pr* aniquilarse.
anniversaire *adj* et *s m* aniversario, ria.
◆ *m* cumpleaños; *mon anniversaire est le 15 août* mi cumpleaños es el quince de agosto; *bon anniversaire* feliz cumpleaños ‖ aniversario; *c'est le deuxième anniversaire de sa mort* es el segundo aniversario de su muerte.
annonce *f* anuncio *m* ‖ noticia; *l'annonce d'une victoire* la noticia de un triunfo ‖ aviso *m*, información; *je dois faire une annonce au public* tengo que dar un aviso al público ‖ acuse *m* (jeux), declaración (bridge) ‖ FIG indicio *m*, síntoma *m*; *l'annonce d'une crise* el indicio de una crisis ‖ — *annonce personnelle* anuncio personal ‖ *petites annonces* anuncios por palabras (dans un journal) ‖ — *faire une annonce* acusar, cantar (cartes).
annoncer* *v tr* anunciar ‖ acusar, cantar (jeux), declarar (bridge) ‖ ser signo de, indicar, revelar; *sourire annonçant la bonté* sonrisa que revela bondad ‖ pronosticar, predecir ‖ predicar (l'évangile).
◆ *v pr* anunciarse ‖ — *cela s'annonce bien* esto es prometedor *ou* se presenta bien ‖ *se faire annoncer* dar su nombre para ser recibido.

annonceur *m* anunciador, anunciante ‖ locutor (speaker de la radio).
annonciateur, trice *adj* anunciante, anunciador, ra.
◆ *m* señal *f* de aviso (chemin de fer).
Annonciation *f* Anunciación.
annotateur, trice *m* et *f* anotador, ra.
annotation *f* anotación.
annoter *v tr* anotar.
annuaire [anɥɛːr] *m* anuario ‖ — *annuaire du téléphone* anuario, guía *f* de teléfonos ‖ *annuaire électronique* guía telefónica electrónica.
annualiser *v tr* dar una periodicidad anual.
annuel, elle *adj* anual.
annuellement *adv* anualmente.
annuité [anɥite] *f* anualidad (quantité annuelle).
annulable *adj* anulable.
annulaire *adj* et *s m* anular.
annulation *f* anulación.
annuler *v tr* anular; *annuler un vol* anular un vuelo.
anoblir *v tr* ennoblecer (rendre noble).
◆ *v pr* comprar un título de nobleza.
anoblissement *m* ennoblecimiento.
anode *f* PHYS ánodo *m*.
anodin, e *adj* anodino, na.
anomal, e *adj* anómalo, la.
anomalie *f* anomalía.
ânon *m* rucho, borriquillo (petit âne).
anonacées *f pl* BOT anonáceas.
ânonnement *m* balbuceo, lectura *f* torpe.
ânonner *v tr* et *intr* balbucear, leer torpemente.
anonymat *m* anónimo, anonimato (gallicisme); *garder l'anonymat* conservar el anónimo.
anonyme *adj* et *s* anónimo, ma; *écrit anonyme* escrito anónimo; *société anonyme* sociedad anónima.
anonymement *adv* anónimamente.
anorak *m* anorak (veste imperméable).
anorexie *f* anorexia; *anorexie mentale* anorexia mental.
anorexigène *adj* et *s m* anorexigénico, ca.
anorexique *adj* et *s* anoréxico, ca.
anormal, e *adj* et *s* anormal.
anormalement *adv* anormalmente (d'une manière anormale) ‖ excesivamente (exceptionnellement).
anoure *adj* et *s* ZOOL anuro (sans queue).
anoxie *f* anoxia.
A.N.P.E. abrév de *Agence nationale pour l'emploi* agencia nacional de empleo [Francia].
anse *f* asa (partie courbe pour saisir un objet) ‖ MAR ensenada ‖ — ARCHIT & GÉOM *anse de panier* arco zarpanel *ou* carpanel ‖ FAM *faire danser l'anse du panier* sisar.
antagonique *adj* antagónico, ca.
antagonisme *m* antagonismo.
antagoniste *adj* et *s* antagonista.
antalgique *adj* antálgico, ca.
antan *m* el año anterior ‖ *d'antan* de antaño.
Antananarivo *n pr* GÉOGR Tananarivo.
Antarctide *n pr f* GÉOGR → **Antarctique**.
antarctique *adj* antártico, ca.

Antarctique; Antarctide *n pr f* GÉOGR Antártida.
Antarctique (océan); Austral (océan) *n pr* GÉOGR océano Glacial Antártico.
antécédent, e *adj* et *s m* antecedente; *avoir de bons antécédents* tener buenos antecedentes.
◆ *m pl* MÉD historial médico *ou* clínico ‖ *antécédents professionnels* currículum profesional.
antéchrist *m* anticristo.
antédiluvien, enne *adj* antediluviano, na.
antenne *f* RAD antena ‖ ZOOL antena ‖ MAR entena ‖ FIG derivación (voie de communication) | delegación (d'un organisme central) ‖ — *antenne parabolique* antena parabólica ‖ *antenne télescopique* antena telescópica ‖ — *avoir l'antenne* estar en antena ‖ *donner, prendre l'antenne* conectar ‖ *deux heures d'antenne* dos horas de programa ‖ *hors antenne* fuera de antena ‖ *passer à l'antenne* salir por la televisión *ou* por la radio.
antérieur, e *adj* et *s m* anterior.
antérieurement *adv* anteriormente ‖ *antérieurement à* antes de.
antériorité *f* anterioridad.
anthémis *f* BOT anthemis.
anthère *f* BOT antera.
anthérozoïde *m* BOT anterozoide.
anthologie *f* antología.
anthracite *m* antracita *f*.
◆ *adj* antracita (couleur).
anthrax [ɑ̃traks] *m* MÉD ántrax.
anthropocentrique *adj* antropocéntrico, ca.
anthropocentrisme *m* antropocentrismo.
anthropoïde *adj* ZOOL antropoideo, a.
◆ *m* antropoide.
anthropologie *f* antropología.
anthropologique *adj* antropológico, ca.
anthropologue *m* et *f* antropólogo.
anthropométrique *adj* antropométrico, ca.
anthropomorphe *adj* antropomorfo, fa.
anthropomorphisme *m* antromorfismo.
anthropophage *adj* et *s* antropófago, ga.
anthropophagie *f* antropofagia.
anti *pref* que significa *contrario*; anti [muchas otras palabras de las dadas aquí pueden construirse con este prefijo, lo mismo en francés que en español].
antiadhésif, ive *adj* et *s m* antiadherente.
antiaérien, enne *adj* antiaéreo, a.
antialcoolique *adj* antialcohólico, ca.
antiamaril, e *adj* MÉD contra la fiebre amarilla.
antiatomique *adj* antiatómico, ca.
Antibes *n pr* GÉOGR Antibes.
antibiogramme *m* antibiograma.
antibiotique *m* MÉD antibiótico.
Antibois, e *m* et *f* antipolitano, na (d'Antibes).
antibrouillard *adj* antiniebla; *phares antibrouillard* faros antiniebla.
antibruit *adj* contra el ruido; *lutte antibruit* campaña contra el ruido ‖ *remblai antibruit* terraplén de insonorización.
antibuée *adj inv* antivaho; *bombe antibuée* spray antivaho ‖ *dispositif antibuée* dispositivo antivaho.
anticancéreux, euse *adj* anticanceroso, sa.

antichambre f antecámara ‖ *— faire antichambre* hacer antesala, esperar para ser recibido ‖ *propos d'antichambre* chismes, habladurías.
antichar *adj* MIL contracarro, antitanque.
antichoc *adj inv* antichoque; *casque antichoc* casco antichoque.
anticipation f anticipación ‖ anticipo *m* (avance d'argent, etc.) ‖ DR usurpación ‖ *par anticipation* con anticipación, por adelantado.
anticipé, e *adj* anticipado, da ‖ *— versement anticipé* pago por anticipado ‖ *avec mes remerciements anticipés* agradeciéndole de antemano.
anticiper *v tr et intr* anticipar; *n'anticipons pas* no anticipemos.
anticlérical, e *adj et s* anticlerical.
anticléricalisme *m* anticlericalismo.
anticlinal, e *adj et s* GÉOL anticlinal.
anticoagulant, e *adj et s m* anticoagulante.
anticolonialisme *m* anticolonialismo.
anticolonialiste *adj et s* anticolonialista.
anticommunisme *m* anticomunismo.
anticommuniste *adj et s* anticomunista.
anticonformisme *m* anticonformismo.
anticonformiste *adj et s* anticonformista.
anticonstitutionnel, elle *adj et s m* anticonstitucional.
anticonstitutionnellement *adv* anticonstitucionalmente.
anticorps [ãtikɔ:r] *m* BIOL anticuerpo.
anticyclonal, e *adj* anticiclonal.
anticyclone *m* anticiclón.
anticyclonique *adj* anticiclónico, ca.
antidater *v tr* antedatar.
antidémocratique *adj* antidemocrático, ca.
antidépresseur *adj et s m* antidepresivo.
antidérapant, e *adj et s m* antideslizante.
antidiphtérique *adj* antidiftérico, ca.
antidopage; antidoping *adj inv* antidoping.
antidote *m* antídoto.
— OBSERV Es incorrecto decir *un antidote contre* en lugar de *un antidote à* o *l'antidote de*.
antiémétique *adj et s m* antiemético, ca.
antienne [ãtjɛn] f RELIG antífona ‖ FAM cantinela, estribillo *m*; *chanter toujours la même antienne* repetir siempre el mismo estribillo.
antiépileptique *adj et s m* MÉD antiepiléptico, ca.
antifasciste *adj et s* antifascista.
antifongique *adj et s m* antifúngico, ca; fungicida.
antigel *m* anticongelante.
antigène *adj et s m* BIOL antígeno, na.
antigivrant, e *adj et s m* anticongelante.
antiglisse *adj inv* antideslizante.
Antigone *n pr* f Antígona.
antigouvernemental, e *adj* antigubernamental.
Antigua et Barbuda *n pr* GÉOGR Antigua y Barbuda.
antihausse *adj inv* antialcista.
antihéros *m* antihéroe.
antihistaminique *adj et s m* antihistamínico, ca.
antihygiénique *adj* antihigiénico, ca.
anti-inflammatoire *adj* antiinflamatorio, ria.

anti-inflationniste *adj* antiinflacionista.
antillais, e [ãtijɛ, ɛːz] *adj* antillano, na.
Antillais, e *m et* f antillano, na.
Antilles *n pr* f *pl* GÉOGR Antillas.
antilope f ZOOL antílope *m*.
antimatière f antimateria.
antimilitarisme *m* antimilitarismo.
antimilitariste *adj et s* antimilitarista.
antimissile *adj inv* MIL antimisil; *arme antimissile* arma antimisil.
antimite *adj inv et s m* matapolillas ‖ *tissu antimites* tejido inapolillable.
antimitotique *adj et m* antimitótico, ca.
antimoine *m* antimonio.
antimycosique *adj et s m* MÉD antimicósico, ca.
antineutron *m* antineutrón.
antinomie f antinomia.
antinomique *adj* antinómico, ca.
antinucléaire *adj* antinuclear.
Antioche *n pr* GÉOGR Antioquía.
antioxydant, e *adj et s m* antioxidante.
antipaludéen, enne; antipaludique *adj et s m* MÉD antipalúdico, ca.
antipape *m* antipapa.
antiparasite *adj et s m* RAD antiparásito, ta; antiparasitario, ria.
antiparlementaire *adj et s* antiparlamentario, ria.
antiparlementarisme *m* antiparlamentarismo.
antiparticule f PHYS antipartícula.
antipathie f antipatía.
antipathique *adj* antipático, ca.
antipatriotique *adj* antipatriótico, ca.
antipelliculaire *adj* anticaspa; *shampooing antipelliculaire* champú anticaspa.
antiphrase f antífrasis.
antipode *m* antípoda *m y* f (habitant) ‖ FIG *être à l'antipode* ser el polo opuesto.
← *pl* antípodas f (terres) ‖ *être aux antipodes de* estar muy alejado de.
antipoison *adj inv* antivenenoso, sa ‖ *centre antipoison* centro de desintoxicación.
antipoliomyélitique *adj* MÉD antipoliomielítico, ca.
antipollution *adj inv* contra la contaminación.
antiprotectionniste *adj et s* antiproteccionista.
antiproton *m* antiprotón.
antiprurigineux, euse *adj et s m* MÉD antipruriginoso, sa.
antiputride *adj et s m* BIOL antipútrido, da.
antipyrétique *adj et s m* antipirético, ca.
antiquaille [ãtikaːj] f antigualla.
antiquaire *m* anticuario.
antique *adj* antiguo, gua; *porcelaine antique* porcelana antigua ‖ anticuado, da (vieilli); *habit antique* traje anticuado.
← *m* lo antiguo; *imiter l'antique* imitar lo antiguo.
← f antiguo *m* (œuvre d'art de l'Antiquité) ‖ *à l'antique* a la antigua.
antiquité f antigüedad; *de toute antiquité* desde muy antiguo.

◆ *pl* antigüedades (objets) ‖ *magasin d'antiquités* anticuario, tienda de antigüedades.
antirabique *adj et s m* MÉD antirrábico, ca.
antiracisme *m* antirracismo.
antiraciste *adj et s* antirracista.
antiradar *adj* antirradar, contrarradar.
antireflet *adj inv* antirreflector, ra; *couche antireflet* capa antirreflectora.
antiréglementaire *adj* antirreglamentario, ria.
antireligieux, euse *adj et s* antirreligioso, sa.
antirépublicain, e *adj et s* antirrepublicano, na.
antirides *adj inv* antiarrugas; *crème antirides* crema antiarrugas.
antiroman *m* antinovela *f*.
antirouille [ɑ̃tiruːj] *adj et s m inv* antioxidante, producto contra la herrumbre.
antiroulis *adj* antibalanceo.
antiscientifique *adj* anticientífico, ca.
antiscorbutique *adj et s m* antiescorbútico, ca.
antisèche *m* ou *f* chuleta *f* [examen].
antisémite *adj et s* antisemita.
antisémitisme *adj* antisemitismo.
antisepsie *f* antisepsia.
antiseptique *adj et s m* antiséptico, ca.
antisismique *adj* antisísmico, ca.
antisocial, e *adj* antisocial.
antispasmodique *adj et s m* antiespasmódico, ca.
antistatique *adj et s m* antiestático, ca.
antitabac *adj inv* antitabaco, contra el tabaco ‖ *campagne antitabac* campaña antitabaco *ou* contra el tabaco.
antiterroriste *adj* antiterrorista.
antitétanique *adj* antitetánico, ca.
antithèse *f* antítesis.
antithétique *adj* antitético, ca.
antitoxine *f* antitoxina.
antitrust *adj inv* antimonopolio; *loi antitrust* ley antimonopolio.
antituberculeux, euse *adj* antituberculoso, sa.
antitussif, ive *adj et s m* antitusígeno, na ‖ *sirop antitussif* jarabe para la tos.
antivariolique *adj* antivariólico, ca.
antivenimeux, euse *adj et s* antivenenoso, sa.
antiviral, e *adj* antivírico, ca.
◆ *m* antivirus.
antivol *adj* contra el robo ‖ *serrure antivol* cerradura antirrobo.
◆ *m* dispositivo de seguridad contra el robo, antirrobo.
Antoine (saint) *n pr* san Antonio.
antonomase *f* antonomasia.
antonyme *m* antónimo (contraire).
antre *m* antro.
anus *m* ano.
Anvers *n pr* GÉOGR Amberes.
anversois, e *adj* antuerpiense (d'Anvers).
Anversois, e *m et f* antuerpiense.
anxiété [ɑ̃ksjete] *f* ansiedad.
anxieusement *adv* ansiosamente, con ansiedad.
anxieux, euse *adj* ansioso, sa.
anxiogène *adj* ansiogénico, ca.
anxiolytique *adj et s m* MÉD ansiolítico, ca.

A.O.C. abrév de *appellation d'origine contrôlée* denominación de origen controlada (pour le vin).
A.-O.F. abrév de *Afrique-Occidentale Française* AOF, África Occidental Francesa.
aoriste *m* GRAMM aoristo (conjugaison grecque).
aorte *f* ANAT aorta.
Aoste *n pr* GÉOGR Aosta.
août [u] *m* agosto (mois) ‖ *(vx)* agosto (moisson) ‖ *la mi-août* la Virgen de Agosto, el día de la Asunción.
aoûtat [auta] *m* ZOOL ácaro.
aoûtien, enne *adj* agosteño, ña.
Apache *m et f* apache (Peau-Rouge).
apaisant, e *adj* tranquilizador, ra; calmante.
apaisement *m* apaciguamiento, aplacamiento, sosiego.
apaiser *v tr* apaciguar (ramener la paix), sosegar, tranquilizar (tranquilliser); *apaiser les esprits* sosegar los ánimos ‖ aplacar; *apaiser la colère* aplacar la ira ‖ templar (tempérer, modérer) ‖ calmar; *apaiser les craintes* calmar los temores ‖ aplacar, apagar, mitigar (la soif, la faim) ‖ amainar (les éléments); *apaiser la tempête* amainar el temporal.
◆ *v pr* apaciguarse, calmarse, sosegarse, aplacarse.
apanage *m* infantado, infantazgo (d'un prince) ‖ herencia *f* (héritage) ‖ FIG *être l'apanage de* ser privativo de, ser el atributo de, ser patrimonio de; *les grandes idées sont l'apanage du génie* las grandes ideas son el atributo del genio; *la vitalité est l'apanage de la jeunesse* la vitalidad es patrimonio de la juventud.
— OBSERV Evítese el pleonasmo *apanage exclusif*.
aparté *adj et s m* THÉÂTR aparte ‖ conversación *f* aparte ‖ *en aparté* entre *ou* para sí.
apartheid [aparted] *m* apartheid.
apathie [apati] *f* apatía.
apathique *adj et s* apático, ca.
apatride *adj et s* apátrida.
Apennins *n pr m pl* GÉOGR Apeninos.
apercevoir* *v tr* percibir, columbrar (distinguer) ‖ ver de pronto; *apercevoir un obstacle* ver de pronto un obstáculo ‖ divisar; *apercevoir dans le lointain* divisar a lo lejos ‖ darse cuenta de, ver; *j'aperçois sa bonté* me doy cuenta de su bondad.
◆ *v pr* percibirse, divisarse ‖ FIG advertir, reparar, caer en la cuenta (remarquer); *s'apercevoir d'une erreur* advertir el error.
aperçu [apɛrsy] *m* ojeada *f* (coup d'œil) ‖ idea *f*, idea *f* general *ou* de conjunto, apreciación *f* superficial *ou* ligera, bosquejo ‖ resumen, compendio (résumé) ‖ cálculo aproximado; *un aperçu des dépenses* un cálculo aproximado de gastos.
apéritif, ive *adj et s m* aperitivo, va.
apesanteur *f* ingravidez.
apétale *adj et s f* BOT apétalo, la.
à-peu-près *m inv* aproximación *f*; *ce n'est qu'un à-peu-près* sólo es una aproximación.
apeuré, e *adj* amedrentado, da; acobardado, da (accouardi) ‖ *un souvenir apeuré* un recuerdo lleno de temor.
apeurer *v tr* amedrentar.
apex *m* ASTR ápex.
aphasie *f* MÉD afasia.
aphasique *adj et s* afásico, ca.

aphélie *m* ASTR afelio.
aphérèse *f* aféresis (suppression de l'initiale).
aphone *adj* afónico, ca; áfono, na.
aphonie *f* afonía.
aphorisme *m* aforismo.
aphrodisiaque *adj et s m* afrodisíaco, ca.
Aphrodite *n pr f* Afrodita.
aphte *m* MÉD afta *f*.
aphteux, euse *adj* MÉD aftoso, sa; *fièvre aphteuse* fiebre aftosa.
API abrév de *alphabet phonétique international* AFI, alfabeto fonético internacional.
à-pic *m inv* escarpa *f* ‖ acantilado.
apicole *adj* apícola (des abeilles).
apiculteur, trice *m et f* apicultor, ra.
apiculture *f* apicultura.
apitoiement [apitwamɑ̃] *m* conmiseración *f*, lástima *f* (pitié).
apitoyer* [-twaje] *v tr* apiadar; *son malheur apitoie ses amis* su desgracia apiada a sus amigos ‖ dar lástima (faire pitié).
◆ *v pr* apiadarse; *s'apitoyer sur les malheurs de quelqu'un* apiadarse de las desdichas de uno ‖ tener lástima (avoir pitié).
ap. J.-C. abrév de *après Jésus-Christ* d. de J.C., después de Jesucristo.
APL abrév de *aide personnalisée au logement* ayuda personalizada a la vivienda [en Francia].
aplanir *v tr* allanar, aplanar (rendre plat) ‖ FIG allanar; *aplanir les difficultés* allanar las dificultades.
aplat *m* color liso (peinture).
aplati, e *adj* aplastado, da (écrasé) ‖ aplanado, da (rendu plan) ‖ achatado, da (rendu plat); *nez aplati* nariz achatada.
aplatir *v tr* aplastar (écraser) ‖ aplanar (rendre plan) ‖ achatar (rendre plat) ‖ FIG apabullar (dans une discussion).
◆ *v pr* aplastarse, aplanarse ‖ FAM extenderse, echarse; *s'aplatir par terre* echarse por tierra *ou* al suelo / ponerse plano; *la mer s'aplatit* el mar se pone plano ‖ FIG rebajarse (s'abaisser).
aplatissement *m* aplanamiento, aplastamiento ‖ achatamiento; *l'aplatissement des pôles* el achatamiento de los polos ‖ FIG servilismo, rebajamiento (abaissement).
aplomb [aplɔ̃] *m* sentido vertical, verticalidad *f*, aplomo; *la tour de Pise n'a pas gardé son aplomb* la Torre de Pisa ha perdido su verticalidad ‖ equilibrio, estabilidad *f*; *il reprit son aplomb* recuperó su equilibrio ‖ caída *f* (d'un vêtement) ‖ FIG aplomo, seguridad *f*, desfachatez *f*, descaro (effronterie) ‖ TECHN plomada *f* (fil à plomb) ‖ *— d'aplomb* a plomo, verticalmente ‖ *remettre quelqu'un d'aplomb* poner a uno como nuevo ‖ *robe qui manque d'aplomb* prenda que cae mal ‖ *se remettre d'aplomb* recuperarse ‖ *se sentir d'aplomb* sentirse bien ‖ *se tenir d'aplomb* mantenerse de pie.
◆ *pl* aplomos (du cheval).
apnée *f* MÉD apnea.
apocalypse *f* apocalipsis.
apocalyptique *adj* apocalíptico, ca.
apocope *f* apócope.
apocryphe *adj* apócrifo, fa.
◆ *m* documento apócrifo.

apode *adj et s m pl* ZOOL ápodo, da (sans pieds).
apogée *m* apogeo.
apolitique *adj et s* apolítico, ca.
apollinaire; apollinien, enne *adj* apolíneo, a.
Apollon *n pr m* Apolo.
apologétique *adj et s f* apologético, ca.
apologie *f* apología (louange).
apologiste *m* apologista.
apologue *m* apólogo.
aponévrose *f* ANAT aponeurosis.
apophtegme *m* apotegma (sentence).
apophyse *f* ANAT apófisis.
apoplectique *adj et s* MÉD apoplético, ca.
apoplexie *f* MÉD apoplejía; *apoplexie foudroyante* apoplejía fulminante.
apostasie [apɔstazi] *f* apostasía.
apostat *adj et s* apóstata.
a posteriori *loc adv* a posteriori.
apostille *f* apostilla.
apostolat *m* apostolado.
apostolique *adj* apostólico, ca.
apostrophe *f* apóstrofe *m* ‖ GRAMM apóstrofo *m* (signe orthographique) ‖ FAM dicterio *m*, apóstrofe *m*; *essuyer des apostrophes* soportar dicterios.
apostropher *v tr* apostrofar ‖ increpar (réprimander).
apothéose *f* apoteosis.
apothicaire *m* (vx) boticario ‖ *comptes d'apothicaire* cuentas del Gran Capitán.
apôtre *m* apóstol; *les Actes des Apôtres* los Hechos de los Apóstoles ‖ FIG *faire le bon apôtre* hacerse el santo.
◆ *pl* MAR guías *f* del bauprés.
Appalaches *n pr f pl* GÉOGR Apalaches *m*.
appalachien, enne *adj* apalachino, na.
apparaître* *v intr* aparecer; *une comète apparut* apareció un cometa ‖ FIG aparecerse, manifestarse; *Dieu apparut à Moïse* Dios se apareció a Moisés / parecer; *le projet lui apparaissait impossible* el proyecto le parecía imposible / ser considerado (être estimé) ‖ *— faire apparaître* poner de manifiesto, revelar (révéler), presentar (présenter), sacar (sortir), arrojar; *le bilan fait apparaître un bénéfice* el balance arroja un beneficio ‖ *il apparaît que* resulta que.
apparat *m* aparato, pompa *f* (pompe, éclat) ‖ *— dîner d'apparat* cena de gala *ou* de etiqueta ‖ *en grand apparat* con gran pompa.
apparatchik *m* apparátchik.
apparaux *m pl* MAR aparejos.
appareil *m* aparato; *appareil de télévision* aparato de televisión; *appareils de gymnastique* aparatos de gimnasia ‖ aparato (avion) ‖ ANAT aparato; *appareil digestif* aparato digestivo ‖ aparato (d'un parti) ‖ ARCHIT labrado y aparejo de las piedras ‖ FIG atavío, indumentaria *f* (vêtements) / aparato, boato (apparat) / preparativos *pl* (préparatifs) ‖ MÉD apósito (pansement), aparato (orthopédie) ‖ *— appareil administratif* maquinaria *ou* mecanismo administrativo ‖ MÉD *appareil dentaire* aparato dental ‖ *appareil photo* máquina de fotos ‖ ÉCON *appareil productif* aparato productivo *ou* de producción ‖ *appareil de manutention continue* transportador continuo ‖ *appareil de prises de vues*

tomavistas ‖ *appareil de sauvetage* aparato salvavidas ‖ — *dans le plus simple appareil* en cueros ‖ — *allô!, qui est à l'appareil?* ¡oiga! *ou* ¡diga!, ¿quién está en el aparato?

appareillage *m* equipo (ensemble d'appareils et accessoires); *appareillage électrique* equipo eléctrico ‖ emparejamiento (des animaux) ‖ MAR salida *f* de un barco | maniobra *f* de salida | MÉD prótesis *f* (prothèse) ‖ MÉD *appareillage esthétique* aparatos ortopédicos.

appareiller *v tr* emparejar (choses, animaux) ‖ ARCHIT labrar y aparejar (pierres) ‖ aparear (animaux).
◆ *v intr* MAR hacerse a la mar, zarpar.

apparemment [aparamã] *adv* aparentemente, al parecer, por fuera ‖ al parecer, por lo visto, por lo que se ve.

apparence *f* apariencia, aspecto *m* ‖ — *en apparence* en apariencia, aparentemente ‖ *juger sur les apparences* juzgar por las apariencias ‖ *sauver les apparences* guardar las apariencias, cubrir las formas ‖ *se fier aux apparences* fiarse de las apariencias.

apparent, e *adj* aparente ‖ visto, ta; *briques apparentes* ladrillos vistos; *poutres apparentes* vigas vistas.

apparenté, e *adj* emparentado, da; *bien apparenté* bien emparentado ‖ FIG emparentado, da con; parecido, da a; *style apparenté au naturalisme* estilo emparentado con el naturalismo.

apparentement *m* agrupación *f* (élection).

apparenter *v tr* emparentar con ‖ entroncar con (s'allier).
◆ *v pr* agruparse, unirse (élection) ‖ emparentarse con, parecerse a (ressembler).

apparier* *v tr* aparear, parear ‖ emparejar.

appariteur *m* bedel (de faculté) ‖ ordenanza (d'administration).

apparition *f* aparición.

appart *m* FAM piso (appartement).

appartement *m* piso, apartamento [*(amér.)* departamento] ‖ *appartement de fonction* vivienda oficial.

appartenance *f* pertenencia, propiedad ‖ adhesión (à un parti).
◆ *pl* pertenencias, dependencias; *les appartenances d'un château* las dependencias de un castillo.

appartenant, e *adj* perteneciente.

appartenir* *v intr* pertenecer ‖ ser propio de (être propre à); *l'irréflexion appartient aux jeunes* la irreflexión es propia de los jóvenes ‖ *appartenir en droit* competer.
◆ *v impers* incumbir (incomber), corresponder, tocar; *il m'appartient de faire ce travail* me incumbe *ou* me toca *ou* me corresponde hacer este trabajo ‖ *ainsi qu'il appartiendra* según proceda *ou* convenga.
◆ *v pr* ser dueño de sí mismo.

appas [apa] *m pl* encantos, seducciones *f pl*, atractivos [de la mujer] ‖ atractivos, incentivos; *les appas de la gloire* los incentivos de la gloria.

appât [apα] *m* cebo ‖ FIG incentivo, atractivo ‖ *l'appât du gain* el afán de lucro.

appâter *v tr* cebar (attirer avec un appât) ‖ cebar, engordar (la volaille) ‖ FIG seducir (séduire), atraer (attirer).

appauvrir *v tr* empobrecer.
◆ *v pr* empobrecerse.

appauvrissement *m* empobrecimiento, depauperación *f*.

appeau *m* reclamo, señuelo.

appel *m* llamamiento [*(amér.)* llamado]; *un appel angoissé* un llamamiento angustioso ‖ llamada *f*; *appel téléphonique* llamada telefónica ‖ llamada *f* (sonnerie) ‖ impulso (sports); *prendre son appel du pied droit* tomar impulso con el pie derecho ‖ DR apelación *f* ‖ FIG llamada *f*; *appel de la forêt* llamada de la selva ‖ MIL llamamiento; *l'appel de la classe* el llamamiento de la quinta ‖ — *appel à la révolte* llamamiento a la sublevación ‖ DR *appel à minima* apelación por disminución de pena ‖ *appel au secours* grito de socorro ‖ DR *appel comme d'abus* recurso de queja ‖ *appel d'air* aspiración de aire ‖ COMM *appel de fonds* solicitación de fondos ‖ *appel d'offres* licitación ‖ INFORM *appel de programme* llamada a *ou* a un programa ‖ — *bulletin d'appel, feuille d'appel* lista ‖ *cour d'appel* audiencia territorial ‖ *cri d'appel* llamamiento ‖ *jugement sans appel* juicio definitivo *ou* sin apelación ‖ *numéro d'appel* número de teléfono ‖ COMM *produit d'appel* producto de reclamo ‖ DR *sans appel* sin apelación, inapelable ‖ — MIL *battre l'appel* tocar llamada ‖ DR *faire appel* apelar, recurrir ‖ *faire appel à* acudir *ou* recurrir a, hacer un llamamiento a, echar mano de ‖ *faire l'appel* pasar lista ‖ *faire un appel de phares* dar luces ‖ DR *interjeter appel* interponer apelación ‖ *manquer à l'appel* estar ausente.

appelé, e *adj* destinado, da.
◆ *m* MIL recluta.

appeler* *v tr* llamar ‖ llamar (nommer) ‖ pedir (demander); *appeler au secours* pedir auxilio ‖ interpelar (s'adresser à quelqu'un) ‖ pasar lista (faire l'appel) ‖ destinar; *appelé à un bel avenir* destinado a un buen porvenir ‖ nombrar; *appeler à un poste* nombrar para un destino ‖ requerir, exigir; *cette conduite appelle un châtiment* esta conducta requiere un castigo ‖ traer a la mente; *cela appelle d'autres réflexions* esto trae a la mente otros pensamientos ‖ DR citar; *appeler en témoignage* citar a juicio ‖ MIL llamar ‖ — *appeler au téléphone* llamar por teléfono ‖ INFORM *appeler des données* llamar *ou* solicitar datos ‖ *appeler en justice* llevar a los tribunales ‖ *en appeler* recurrir, apelar; *j'en appelle à votre compétence* recurro a su competencia ‖ *en appeler de* apelar de.
◆ *v tr* DR apelar.
◆ *v pr* llamarse.

appellation *f* denominación; *appellation d'origine contrôlée* denominación de origen controlada.

appendice [apɛ̃dis] *m* apéndice.

appendicectomie *f* MÉD apendicectomía.

appendicite [-disit] *f* MÉD apendicitis.

appentis *m* cobertizo, colgadizo.

appesantir *v tr* hacer más pesado; *l'eau appesantit les vêtements* el agua hace más pesados los vestidos ‖ FIG entorpecer; *la vieillesse appesantit le corps* la vejez entorpece el cuerpo ‖ FIG *appesantir son autorité* hacer pesar su autoridad.
◆ *v pr* hacerse pesado ‖ *s'appesantir sur* insistir en.

appétence *f* apetencia.

appétissant, e *adj* apetitoso, sa ‖ FIG apetecible.

appétit *m* apetito ‖ FIG ganas *f pl*, sed *f* (désir) ‖ ambición *f*; *mettre un frein aux appétits de quelqu'un* limitar las ambiciones de uno ‖ *— bon appétit!* ¡buen provecho!, ¡que aproveche! ‖ *de bon appétit* con mucho apetito ‖ *sans appétit* desganado ‖ *— avoir un appétit de loup* tener un hambre canina ‖ *avoir un appétit d'oiseau* comer como un pajarito ‖ *couper l'appétit* quitar las ganas ‖ *l'appétit vient en mangeant* el comer y el rascar todo es empezar ‖ *mettre en appétit* dar apetito ‖ *rester sur son appétit* quedarse con ganas.

applaudir *v tr* et *intr* aplaudir; *j'applaudis à votre décision* aplaudo su decisión ‖ *applaudir à tout rompre* aplaudir frenéticamente.

➤ *v pr* felicitarse, congratularse (se réjouir).

applaudissement *m* aplauso ‖ *— applaudissements scandés* palmas de tango ‖ *aux applaudissements de* con el aplauso de ‖ *tonnerre d'applaudissements* salva de aplausos.

applicabilité *f* aplicabilidad.
applicable *adj* aplicable.
applicateur *adj m* et *s m* aplicador, ra.
application *f* aplicación ‖ *— dentelle, broderie d'application* encaje, bordado de aplicación ‖ *mettre en application* dar cumplimiento.

applique *f* adorno *m* (ornements) ‖ aplique *m* (gallicisme) [lámpara de pared].

appliquer *v tr* aplicar ‖ dar, asestar; *un soufflet bien appliqué* una bofetada muy bien dada ‖ aplicar, cumplir (une loi).

➤ *v pr* aplicarse ‖ adaptarse (s'adapter) ‖ dedicarse (se consacrer) ‖ esforzarse, empeñarse; *je m'appliquais à faire de mon mieux* me esforzaba en hacerlo lo mejor posible.

appoint [apwɛ̃] *m* pico (d'une somme) ‖ moneda *f* suelta, suelto; *avez-vous l'appoint?* ¿tiene Ud. suelto?; *faire l'appoint* dar el dinero justo, tener suelto ‖ FIG ayuda *f* (aide), complemento ‖ FIG *d'appoint* complementario, ria; adicional; *chauffage d'appoint* calefacción complementaria.

appointements *m pl* sueldo *sing* (traitement); *être aux appointements de* estar a sueldo de.

appointer *v tr* dar (donner) *ou* señalar (fixer) un sueldo ‖ sacar punta a (aiguiser).

appontement *m* muelle de carga, descarga.
apponter; aponter *v intr* aterrizar en un portaaviones.

apport *m* COMM & DR aportación *f*; *apport de fonds* aportación de fondos; *apport dotal* aportación dotal ‖ *— apport en nature* aportación en especie ‖ *apport en numéraire* aportación en metálico ‖ *apports marins* aluviones marinos ‖ TECHN *métal d'apport* metal añadido.

apporter *v tr* traer ‖ COMM & DR aportar ‖ FIG alegar (alléguer); *apporter des raisons* alegar razones ‖ anunciar (annoncer); *apporter une nouvelle* anunciar una nueva ‖ *apporter du soin* o *de l'attention à* tener cuidado en.

apposer *v tr* poner (placer), fijar (fixer); *apposer une affiche* fijar un cartel ‖ insertar; *apposer une clause* insertar una cláusula ‖ *— DR apposer les scellés* precintar ‖ *apposer une signature* firmar.

apposition *f* aplicación, fijación (fixation) ‖ inserción (d'une clause) ‖ GRAMM aposición ‖ *apposition des scellés* colocación de precinto, precintado.

appréciable *adj* apreciable.

appréciateur, trice *adj* et *s* apreciador, ra.
appréciatif, ive *adj* apreciativo, va.
appréciation *f* apreciación ‖ evaluación, estimación ‖ *laisser quelque chose à l'appréciation de quelqu'un* dejar algo al juicio de alguno.

apprécier* *v tr* apreciar ‖ *apprécier à sa juste valeur* apreciar en *ou* por su verdadero valor.

appréhender *v tr* prender, aprehender (saisir) ‖ temer (craindre); *j'appréhende sa venue* temo que venga ‖ comprender (comprendre).

appréhension *f* temor *m*, aprensión, recelo *m* ‖ PHILOS aprehensión.

apprenant, e *m* et *f* alumno, na; estudiante.
apprendre* *v tr* aprender; *apprendre à lire* aprender a leer ‖ enseñar (enseigner); *sa mère lui apprit à chanter* su madre le enseñó a cantar ‖ enterarse, saber (savoir); *j'ai appris la mort de ton frère* me he enterado de *ou* he sabido la muerte de tu hermano ‖ decir, poner al corriente; *ce n'est pas moi qui vous l'apprendrai* no seré yo quien se lo diga ‖ hacer saber, enterar (faire savoir), informar (informer); *apprendre une nouvelle à quelqu'un* informar de una noticia a alguien ‖ *— apprendre à ses dépens* saber por propia experiencia ‖ *apprendre à vivre* dar una lección, corregir ‖ *apprendre par cœur* aprender de memoria ‖ *cela vous apprendra à* esto le servirá de lección para, esto le enseñará a.

— OBSERV Il ne faut pas confondre les deux sens d'*apprendre*, français, qui se rendent en espagnol par *aprender* (pour soi-même) et *enseñar* (à autrui).

apprenti, e *m* et *f* aprendiz, za ‖ FIG novicio, cia; *un conducteur apprenti* un chófer novicio ‖ *l'apprenti sorcier* el aprendiz de brujo.

apprentissage *m* aprendizaje ‖ *mettre en apprentissage* colocar de aprendiz.

apprêté, e *adj* afectado, da (affecté).
apprêter *v tr* preparar, disponer (disposer) ‖ aderezar, aprestar (étoffes) ‖ almidonar (une chemise) ‖ adobar (cuirs) ‖ condimentar, aderezar (cuisine) ‖ glasear (papiers).

➤ *v pr* prepararse, disponerse (se disposer), estar a punto de; *s'apprêter à sortir* estar a punto de salir ‖ arreglarse (faire sa toilette).

apprivoisement [aprivwazmã] *m* domesticación *f*, amansamiento.

apprivoiser *v tr* domesticar, amansar (un animal) ‖ hacer más sociable *ou* más dócil (une personne).

➤ *v pr* domesticarse ‖ familiarizarse, acostumbrarse (s'accoutumer); *s'apprivoiser au danger* familiarizarse con el peligro ‖ hacerse más sociable, más dócil.

approbateur, trice *adj* et *s* aprobador, ra ‖ *sourire approbateur* sonrisa de aprobación.

approbatif, ive *adj* aprobativo, iva; aprobatorio, ria.

approbation *f* aprobación; *digne d'approbation* digno de aprobación ‖ visto *m* bueno, conforme *m* (formule d'accord).

approchable [aprɔʃabl] *adj* accesible, abordable.
approchant, e *adj* semejante, parecido, da; *quelque chose d'approchant* algo parecido ‖ aproximado, da (approximatif).

➤ *adv* (*p us*) aproximadamente, cosa de, unos, unas (environ).

approche *f* aproximación, acercamiento *m* (action) ‖ proximidad, cercanía (qualité de ce qui est proche); *l'approche de l'hiver* la proximidad del invierno ‖ acceso *m* (accès); *lieu d'approche périlleuse* lugar de acceso peligroso ‖ enfoque *m*, manera de enfocar (optique) ‖ manera de ver (façon de voir); *approche d'un problème* enfoque de un problema, manera de enfocar un problema ‖ estudio *m* (étude) ‖ — *à l'approche de, aux approches de* al acercarse a ‖ *greffe par approche* injerto de canutillo ‖ *lunette d'approche* anteojo de aumento ‖ *travaux d'approche* trabajos de zapa.
 ◆ *pl* MIL aproches *m pl* ‖ cercanías, proximidades (alentours).
approché, e *adj* aproximado, da.
approcher *v tr* acercar, aproximar; *approcher la lampe* acercar la lámpara ‖ ponerse en contacto con; *il est difficile de l'approcher* es difícil ponerse en contacto con él.
 ◆ *v intr et pr* acercarse, aproximarse; *l'heure du déjeuner approche* se acerca la hora del almuerzo ‖ — *s'approcher des sacrements* practicar los sacramentos, confesarse y comulgar ‖ *s'approcher du feu* acercarse al fuego.
approfondi, e *adj* profundizado, da ‖ profundo, da ‖ detenido, da; *une étude approfondie* un estudio detenido ‖ amplio, plia; *échange de vues approfondi* amplio cambio de impresiones.
approfondir *v tr* ahondar, profundizar ‖ hacer más profundo, intensificar (rendre plus intense) ‖ buscar la causa de (rechercher la cause).
 ◆ *v pr* hacerse más profundo.
approfondissement *m* ahondamiento ‖ estudio, análisis, conocimiento *ou* examen profundo.
appropriation *f* apropiación ‖ adaptación.
approprié, e *adj* apropiado, da.
approprier* *v tr* apropiar, acomodar ‖ *approprier un discours aux circonstances* pronunciar un discurso propio del caso.
 ◆ *v pr* apropiarse.
approuver *v tr* aprobar ‖ estar de acuerdo con, dar la aprobación a ‖ — *lu et approuvé* conforme, leído y conforme ‖ *vu et approuvé* visto bueno (V.° B.°), conforme.
approvisionnement [aprɔvizjɔnmɑ̃] *m* avituallamiento, aprovisionamiento, abastecimiento; *approvisionnement en eau* abastecimiento de agua ‖ provisión *f* ‖ *service d'approvisionnement* servicio de suministro.
approvisionner *v tr* aprovisionar, abastecer, proveer ‖ surtir.
 ◆ *v pr* aprovisionarse, abastecerse, proveerse.
approximatif, ive *adj* aproximado, da.
approximation *f* aproximación.
approximativement *adv* aproximadamente, poco más o menos.
appt abrév de *appartement* apartamento, piso.
appui *m* apoyo, sostén ‖ antepecho (de fenêtre) ‖ FIG ayuda *f*; *trouver des appuis* encontrar ayudas ‖ amparo, apoyo; *compter sur l'appui de quelqu'un* contar con el amparo de uno ‖ CONSTR soporte; *appui fixe* soporte rígido ‖ — SPORTS *appui tendu renversé* pino ‖ *match d'appui* partido de desempate ‖ *mur d'appui* muro de contención ‖ *pièces à l'appui* con las pruebas en a mano ‖ *point d'appui* punto de apoyo, fulcro (levier) ‖ — *à l'appui de* en apoyo de.

appui-bras; appuie-bras *m* brazo (d'un fauteuil).
 — OBSERV pl *appuis-bras* ou *appuie-bras*.
appui-tête; appuie-tête *m* orejera *f* (d'un fauteuil) ‖ reposacabezas *inv* [sostén para la cabeza].
 — OBSERV pl *appuis-tête* ou *appuie-tête*.
appuyer* [apɥije] *v tr* apoyar; *appuyer contre un mur* apoyar en la pared ‖ sostener; *appuyer une muraille par des étais* sostener un muro con puntales ‖ pulsar; *appuyer sur un bouton* pulsar un botón ‖ respaldar (une demande, une requête) ‖ FIG basar en, fundar en (fonder) ‖ MAR afirmar ‖ tesar (un cordage) ‖ *appuyer les coudes sur la table* apoyar los codos en la mesa.
 ◆ *v intr* apretar contra (peser sur) ‖ recalcar, acentuar (mettre l'accent sur) ‖ tomar la dirección de (se diriger vers) ‖ pisar (sur une pédale) ‖ FIG insistir, hacer hincapié en ‖ apretar (sur la détente) ‖ *appuyer sur les mots* recalcar las palabras.
 ◆ *v pr* apoyarse ‖ POP echarse al cuerpo, apechugar con; *s'appuyer un bon dîner* echarse al cuerpo una buena comida; *s'appuyer une longue course* apechugar con una caminata ‖ — *s'appuyer sur* estribarse en, descansar en, apoyarse en (reposer), fundarse en (se baser) ‖ *s'appuyer les mains* hacer fuerza con las manos.
apr. abrév de *après* después.
âpre *adj* áspero, ra (au toucher, au goût) ‖ FIG áspero, ra; desapacible (voix, caractère) | ávido, da; *âpre au gain* ávido de ganancias.
aprème *m* FAM tarde *f* (après-midi).
âprement *adv* encarnizadamente, con saña.
après [aprɛ] *adv* después, luego; *mangez d'abord, vous boirez après* coma primero, después beberá.
 ◆ *prép* después que, después de; *il est venu après moi* vino después que yo; *après le dîner* después de la cena ‖ tras, detrás de (derrière); *courir après quelqu'un* correr tras uno ‖ a; *crier après quelqu'un* reñir a uno; *attendre après quelqu'un* esperar a alguien ‖ con (avec); *je suis fâché après lui* estoy disgustado con él ‖ — *après coup* fuera de tiempo, a destiempo ‖ *après que* después que, luego que ‖ *après quoi* después de lo cual ‖ *après tout* después de todo ‖ *bientôt (peu) après* poco después ‖ *d'après* según; *d'après votre opinion* según su opinión; a imitación de; *peindre d'après X* pintar a imitación de X; siguiente; *le mois d'après* el mes siguiente ‖ *d'après nature* del natural ‖ FAM *et puis après* ¡bueno! ¿y qué? ‖ — FIG *courir après* correr en pos, perseguir | *être après quelque chose* afanarse en obtener algo, ocuparse activamente | *être après quelqu'un* no dejar a uno en paz.
 ◆ *préfixe* post, pos.
après-demain *adv* pasado mañana.
après-guerre *m* ou *f* postguerra *f*, posguerra *f*.
après-midi *m* ou *f inv* tarde *f* (après le déjeuner) ‖ *dans l'après-midi* por la tarde.
après-soleil *adj inv et s m* after-sun ‖ *lait après-soleil* loción para después del sol *ou* after-sun.
 — OBSERV pl *après-soleils*.
après-rasage *adj inv* lotion *après-rasage* loción after-shave, loción para después del afeitado.
 ◆ *m* after-shave, loción *f* para después del afeitado.
 — OBSERV pl *après-rasages*.
après-skis *m pl* botas *f* «après-skis».

après-vente *adj* postventa, posventa.
➤ *f* COMM *service après-vente (S.A.V.)* servicio postventa.

âpreté *f* aspereza ‖ codicia (convoitise), avidez (avidité); *l'âpreté au gain* la codicia de ganancia ‖ FIG severidad (sévérité), rigor *m* (rigueur); *l'âpreté des reproches* el rigor de la crítica.

à-propos [aprɔpo] *m* ocurrencia *f*; *avoir de l'à-propos* tener ocurrencias ‖ oportunidad *f*; *répondre avec à-propos* contestar con oportunidad ‖ apropósito, obra *f* de teatro *ou* poema de circunstancia.

apte *adj* apto, ta; *apte à un poste* apto para un destino ‖ capacitado, da (compétent).

aptère *adj* áptero, ra (sans ailes); *victoire aptère* victoria áptera.
➤ *m pl* ZOOL ápteros.

aptéryx *m* ZOOL ápterix.

aptitude *f* aptitud; *aptitude au o pour le travail* aptitud para el trabajo ‖ DR capacidad.

apurement *m* intervención *f* de cuentas ‖ corrección *f*.

apurer *v tr* intervenir, comprobar (un compte).

aquaculture *f* acuicultura (culture hydroponique).

aquafortiste *m et f* acuafortista, aguafuertista.

aquaplanage; aquaplaning *m* aquaplaning.

aquarelle *f* acuarela.

aquarelliste *m et f* acuarelista.

aquarium [akwarjɔm] *m* acuario.

aquatinte; aqua-tinta *f* acuatinta (gravure).

aquatique *adj* acuático, ca (plante, animal).

aqueduc [akdyk] *m* acueducto.

aqueux, euse [akø, ø:z] *adj* ácueo, a; *humeur aqueuse* humor ácueo ‖ acuoso, sa; *fruit aqueux* fruta acuosa ‖ aguanoso, sa (trop liquide).

aquiculture *f* acuicultura.

aquifère [akɥifɛ:r] *adj* acuífero, ra; *nappe aquifère* capa acuífera.

aquilin, e [akilɛ̃, in] *adj* aquilino, na; aguileño, ña.

aquilon *m* aquilón.

aquitain, e *adj et s* aquitano, na.

Aquitaine *n pr f* GÉOGR Aquitania.

A.R. abrév de *accusé de réception* acuse de recibo.

A.R.; A.-R. abrév de *aller-retour* ida y vuelta.

arabe *adj* árabe ‖ arábigo, ga; *chiffre arabe* número arábigo.

Arabe *m et f* árabe.

arabesque *adj* arabesco, ca.
➤ *f* arabesco *m* (ornement).

arabica *m* café arábigo.

Arabie *n pr* GÉOGR Arabia.

Arabie Saoudite *n pr f* GÉOGR Arabia Saudí.

arabique *adj* arábico, ca (d'Arabie) ‖ arábigo, ga; *gomme arabique* goma arábiga.

arabisant, e *m et f* arabista.

arabisation *f* arabización.

arabiser *v tr* arabizar.

arable *adj* arable; *sol arable* suelo arable.

arabophone *adj* de habla árabe.

arachide [araʃid] *f* BOT cacahuete *m*, maní *m* ‖ *huile d'arachide* aceite de cacahuete.

arachnéen, enne [araknɛɛ̃, ɛn] *adj* arácneo, a (d'araignée); *tissu arachnéen* tejido arácneo.

arachnides [araknid] *m pl* ZOOL arácnidos.

arachnoïde [araknɔid] *f* ANAT aracnoides.

Aragon *n pr m* GÉOGR Aragón.

aragonais, e *adj* aragonés, esa.

Aragonais, e *m et f* aragonés, esa.

araignée [arɛɲe] *f* araña ‖ red tenue para pescar ‖ garfio *m*, rebañadera (crochet) ‖ pulpo *m* (pour les bagages) ‖ MAR cabuyera (de hamac) ‖ — *araignée d'eau* araña de agua, tejedor (insecte) ‖ *araignée de mer* centolla, araña de mar (crustacé) ‖ *toile d'araignée* telaraña ‖ — FAM *avoir une araignée au o dans le plafond* faltarle a uno un tornillo, estar mal de la azotea *ou* del tejado.

araire *m* arado común sin juego delantero.

Aral (mer d') *n pr* GÉOGR mar de Aral.

araméen, enne *adj et s* arameo, a.

Ararat (mont) *n pr* GÉOGR Gran Ararat.

arasement [arazmɑ̃] *m* CONSTR enrase, enrasamiento ‖ desquijeramiento (d'une planche).

araser *v tr* CONSTR enrasar (mettre de niveau) ‖ desquijerar (une planche) ‖ GÉOGR desgastar por la erosión.

aratoire *adj* aratorio, ria.

araucaria *m* araucaria *f* (arbre).

arbalète *f* ballesta ‖ *cheval en arbalète* caballo delantero [en un tiro de tres].

arbalétrier *m* ballestero; *grand maître des arbalétriers* ballestero mayor ‖ vencejo (oiseau) ‖ ARCHIT alfarda *f*.

arbitrage *m* arbitraje (d'un litige) ‖ laudo (sentence arbitrale) ‖ COMM arbitraje (en Bourse).

arbitraire *adj* arbitrario, ria.
➤ *m* arbitrariedad *f*, despotismo.

arbitrairement *adv* arbitrariamente, de manera arbitraria.

arbitre *m* árbitro (juge) ‖ FIG árbitro; *être l'arbitre de la mode* ser árbitro de la moda ‖ *libre arbitre* libre albedrío.

arbitrer *v tr* arbitrar.

arborer *v tr* arbolar ‖ enarbolar; *arborer un drapeau* enarbolar una bandera ‖ hacer gala de; *arborer ses opinions* hacer gala de sus opiniones ‖ FIG & FAM lucir, ostentar; *arborer une belle cravate* lucir una hermosa corbata ‖ MAR izar; *arborer son pavillon* izar la bandera.

arborescence [arbɔrɛssɑ̃:s] *f* BOT arborescencia.

arborescent, e *adj* BOT arborescente; *fougère arborescente* helecho arborescente.

arboretum *m* arboreto.

arboricole *adj* arborícola (qui vit sur les arbres).

arboriculteur, trice *m et f* arboricultor, ra.

arboriculture *f* arboricultura.

arborisation *f* MIN arborización.

arbouse [arbu:z] *f* madroño *m* (fruit).

arbousier *m* madroño (arbre).
— OBSERV Le *madroño* fait partie des armes de Madrid auprès d'un ours rampant.

arbre *m* BOT árbol ‖ huso (cylindre) ‖ IMPR árbol (presse) ‖ TECHN árbol, eje (axe); *arbre moteur* árbol motor; *arbre à cames* árbol de levas; *arbre de transmission* árbol de transmisión ‖ — *arbre à cire* árbol de la cera ‖ *arbre à pain* árbol del pan, árbol artocárpeo ‖ *arbre cannelé* mandril del embrague ‖ *arbre de haute futaie* árbol de monte alto ‖ MAR *arbre de couche* árbol de la hélice ‖ *arbre de Noël*

árbol de Navidad ‖ *arbre de vie* árbol de la vida, tuya ‖ *arbre fruitier* árbol frutal ‖ *arbre généalogique* árbol genealógico ‖ AUTOM *arbre primaire* árbol primario ‖ *arbre secondaire* árbol secundario ‖ *arbre intermédiaire* árbol intermedio ‖ — *entre l'arbre et l'écorce, il ne faut mettre le doigt* entre padres y hermanos no metas las manos ‖ *l'arbre ne tombe pas au premier coup* no se ganó Zamora en una hora ‖ *on connaît l'arbre à son fruit* por el fruto se conoce el árbol ‖ *quand l'arbre est tombé, chacun court aux branches* del árbol caído todos hacen leña ‖ *tel arbre, tel fruit* de tal palo, tal astilla.

arbrisseau [arbriso] *m* arbolito, arbusto.
arbuste [arbyst] *m* arbusto.
arbustif, ive *adj* arbustivo, va.
arc *m* arco (arme) ‖ ARCHIT arco ‖ MATH arco ‖ — *arc bombé* arco escarzano ‖ *arc brisé* arco mitral ‖ *arc de biais* arco capialzado ‖ *arc de cercle* arco de círculo ‖ *arc déprimé* arco adintelado o a nivel ‖ *arc de triomphe* arco de triunfo *ou* triunfal ‖ *arc elliptique* arco elíptico ‖ *arc en accolade* arco conopial ‖ *arc en anse de panier* arco carpanel *ou* zarpanel ‖ *arc en doucine* arco en gola ‖ *arc en fer à cheval o outrepassé* arco de herradura *ou* morisco ‖ *arc en lancette* arco apuntado ‖ *arc en ogive* arco ojival ‖ *arc formeret* arco formero ‖ *arc infléchi* arco de cortina ‖ *arc lancéolé* arco lanceolado ‖ *arc plein cintre* arco de medio punto ‖ *arc rampant* arco por tranquil ‖ *arc surbaissé* arco rebajado ‖ *arc surhaussé* arco peraltado ‖ *arc trilobé* arco trebolado *ou* trilobulado ‖ *arc voltaïque* arco voltaico (électricité) ‖ — *en arc o courbé en arc arqueado* ‖ *avoir plusieurs cordes à son arc* ser hombre de muchos recursos ‖ *bander l'arc* armar el arco ‖ *débander l'arc* desarmar el arco.
arcade *f* ARCHIT soportal *m*, arcada ‖ TECHN fuste *m* (selle) ‖ — *arcade dentaire* arco alveolar ‖ ANAT *arcade sourcilière* ceja.
Arcadie *n pr f* GÉOGR Arcadia.
arcadien, enne *adj* árcade, arcadio, dia.
Arcadien, enne *m et f* árcade, arcadio, dia.
arc-boutant *m* ARCHIT arbotante, boterete ‖ contrafuerte (contrefort).
— OBSERV pl *arcs-boutants*.
arc-bouter *v tr* ARCHIT apoyar en un arbotante, apuntalar (étayer) ‖ FIG apoyar, estribar, sostener.
◆ *v pr* apoyarse, afianzarse; *s'arc-bouter contre le mur* afianzarse en la pared.
arceau [arso] *m* ARCHIT arco de bóveda, cula *f* ‖ arco, aro (du croquet).
arc-en-ciel [arkɑ̃sjɛl] *m* arco iris.
— OBSERV pl *arcs-en-ciel*.
archaïque [arkaik] *adj* arcaico, ca.
archaïsant, e [-izɑ̃, ɑ̃:t] *adj* arcaizante, de estilo *ou* sabor arcaico.
◆ *m et f* arcaísta.
archaïsme [-ism] *m* arcaísmo.
archange [arkɑ̃:ʒ] *m* arcángel.
arche *f* arco *m* (d'un pont) ‖ TECHN arca (vitrerie) ‖ — *arche d'alliance* arca de la alianza ‖ *arche de Noé* arca de Noé.
archéologie [arkeɔlɔʒi] *f* arqueología.
archéologique [-ʒik] *adj* arqueológico, ca.
archéologue [arkeɔlɔg] *m et f* arqueólogo, ga.
archéoptéryx *m* arqueópterix (oiseau fossile).
archer [arʃe] *m* arquero.

archet [arʃɛ] *m* MUS arco ‖ TECHN ballesta *f* para taladrar.
archétype [arketip] *m* arquetipo ‖ patrón (monnaies, poids et mesures).
archevêché [arʃəvɛʃe] *m* arzobispado ‖ palacio arzobispal, arzobispado (palais).
archevêque [-vɛːk] *m* arzobispo.
archidiacre *m* arcediano, archidiácono (*p us*).
archiduc [arʃidyk] *m* archiduque.
archiduchesse *f* archiduquesa.
archiépiscopal, e *adj* arzobispal.
archimandrite *m* archimandrita (d'un monastère grec).
Archimède *n pr m* Arquímedes.
archipel [arʃipɛl] *m* archipiélago.
architecte [arʃitɛkt] *m* arquitecto; *architecte paysagiste* arquitecto paisajista.
architectonique [-tɔnik] *adj et s f* arquitectónico, ca.
architectural, e [-tyral] *adj* arquitectural; *des moyens architecturaux* medios arquitecturales.
architecture *f* arquitectura ‖ FIG arquitectura, estructura, forma; *l'architecture du corps humain* la estructura del cuerpo humano ‖ — INFORM *architecture de machine* arquitectura de máquina ‖ *architecture de réseau* arquitectura de redes.
architecturer *v tr* FIG estructurar; *livre très bien architecturé* libro muy bien estructurado.
architrave *f* ARCHIT arquitrabe *m*.
archivage *m* archivo (action).
archiver *v tr* archivar ‖ *archiver des documents* archivar documentos.
archives [arʃiːv] *f pl* archivo *m sing*.
archiviste *m et f* archivero, ra; archivista.
archivolte *f* ARCHIT archivolta.
archonte [arkɔ̃t] *m* aconte (magistrat grec).
arçon *m* arzón, fuste (selle) ‖ TECHN arco (pour battre la laine, le coton) ‖ acodo (vigne).
◆ *pl cheval arçons, cheval d'arçons* potro con arzón (gymnastique) ‖ *vider les arçons* caerse del caballo, apearse por las orejas.
arctique *adj* ártico, ca (pôle, océan); *l'océan Arctique* el océano Glacial Ártico.
Ardèche *n pr* GÉOGR Ardes.
ardéchois, e *adj* ardoisiense.
Ardéchois, e *m et f* ardoisiense.
ardemment [ardamɑ̃] *adv* ardientemente.
ardennais, e *adj* de las Ardenas.
Ardennais, e *m et f* nativo, va de las Ardenas.
Ardennes *n pr f pl* GÉOGR Ardenas.
ardent, e *adj* ardiente ‖ FIG ardiente, violento, ta; *désir ardent* deseo ardiente ‖ apasionado, da; *c'est l'ardent défenseur de* es apasionado defensor de ‖ abrasador, ra; *il faisait un soleil ardent* hacía un sol abrasador ‖ brioso, sa; *cheval ardent* caballo brioso ‖ encendido, da (couleur) ‖ encendido, da; rojo, ja (cheveux) ‖ — *chambre ardente* tribunal que juzgó a los envenenadores en el reinado de Luis XIV ‖ *chapelle ardente* capilla ardiente ‖ *charbons ardents* ascuas ‖ — *être sur des charbons ardents* estar sobre ascuas.
◆ *m* fuego fatuo (feu follet) ‖ (vx) *mal des ardents* especie de erisipela gangrenosa.
ardeur *f* ardor *m*; *l'ardeur du soleil* el ardor del sol ‖ FIG ardor; *ardeur au travail* ardor en el trabajo ‖

ardillon

entreprendre avec ardeur emprender con entusiasmo.
ardillon [ardijɔ̃] *m* hebijón (de boucle).
ardoise *f* pizarra ‖ FAM clavo *m* (dette); *laisser une ardoise à la taverne* dejar un clavo en la tasca.
ardoisé, e [ardwaze] *adj* pizarreño, ña; pizarroso, sa (semblable à l'ardoise) ‖ empizarrado, da (couvert d'ardoises) ‖ color de pizarra; *papier ardoisé* papel de color de pizarra.
ardoisier, ère *adj* pizarreño, ña; *schiste ardoisier* esquisto pizarreño ‖ pizarroso, sa; *sol ardoisier* suelo pizarroso.
ardoisière *f* pizarral *m*.
ardu, e *adj* arduo, dua ‖ *(p us)* escarpado, da; *montagne ardue* monte escarpado.
are *m* área *f* (mesure de 100 m²).
arec [arek]; **aréquier** [arekje] *m* BOT areca *f* (palmier).
aréique *adj* GÉOGR areico, ca; sin desagüe.
arène *f* desierto *m* de arena ‖ FIG palenque *m*, palestra, arena; *l'arène politique* el palenque político ‖ GÉOL arena (sable).
 ◆ *pl* antiguo anfiteatro *m sing* romano ‖ TAUROM plaza *sing* de toros | ruedo *m sing*, redondel *m sing* (espace circulaire au centre de la plaza).
arénicole *adj* arenícola.
 ◆ *f* arenícola (annélide).
aréole *f* ANAT areola.
aréomètre *m* areómetro, densímetro.
aréopage *m* areópago.
aréquier *m* → **arec**.
arête [arɛːt] *f* arista; *arête d'un cube* arista de un cubo ‖ espina, raspa (de poisson) ‖ caballete *m* (d'un toit) ‖ cresta (d'une montagne) ‖ línea saliente; *l'arête du nez* la línea saliente de la nariz ‖ AVIAT *arête dorsale* arista dorsal.
arêtier *m* ARCHIT lima *f* tesa (toit).
arg. abrév de *argus* publicación que informa de las cotizaciones en el mercado de coches de segunda mano.
argent [arʒɑ̃] *m* plata *f*; *statue en argent* estatua de plata ‖ dinero [*(amér)* plata]; *gagner beaucoup d'argent* ganar mucho dinero ‖ BLAS argén ‖ — *argent au jour le jour* dinero al día *ou* de día a día ‖ *argent comptant* dinero contante, dinero efectivo ‖ *argent comptant et trébuchant* dinero contante y sonante ‖ *argent de poche* dinero para gastos menudos (en général), sobras (d'un soldat) ‖ *argent liquide* dinero líquido ‖ *argent mignon* trapillo, ahorrillos ‖ *argent monnayé* dinero acuñado ‖ *bourreau d'argent* manirroto, despilfarrador ‖ — *à court d'argent* falto de medios, apurado (gêné) ‖ *en avoir pour son argent* sacarle jugo al dinero ‖ *en vouloir pour son argent* querer sacarle jugo al dinero ‖ *jeter l'argent par les fenêtres* tirar el dinero por la ventana ‖ *l'argent n'a pas d'odeur* el dinero no tiene olor ‖ *pas d'argent, point de Suisse* por dinero baila el perro ‖ *placer de l'argent* invertir dinero ‖ *plaie d'argent n'est pas mortelle* la falta de dinero no es mortal ‖ *prendre pour argent comptant* creer a pies juntillas.
argentan; argenton *m* metal blanco, plata *f* alemana.
argenté, e *adj* plateado, da; *bronze argenté* bronce plateado ‖ FAM adinerado, da.
argenterie [arʒɑ̃tri] *f* vajilla, objetos *m pl* de plata, plata (couverts); *nettoyer l'argenterie* limpiar la plata.

argentifère *adj* argentífero, ra.
argentin, e *adj* argentino, na (son, couleur).
 ◆ *adj* argentino, na (d'Argentine).
 ◆ *f* argentina (plante).
Argentin, e *m* et *f* argentino, na.
Argentine *n pr f* GÉOGR Argentina.
argenton *m* → **argentan**.
argenture *f* plateado *m*, plateadura ‖ azogado *m* (miroir).
argile *f* arcilla ‖ FIG barro *m*; *Dieu créa l'homme avec de l'argile* Dios creó al hombre con barro.
argileux, euse *adj* arcilloso, sa.
argon *m* CHIM argón (gaz).
argonaute [argɔnoːt] *m* argonauta (mollusque).
 ◆ *pl* Argonautas (mythologie).
argot *m* argot ‖ jerga *f*, jerigonza *f* ‖ *argot gitan* caló.
argotique *adj* de argot, de germanía.
argotisme *m* palabra *f* de argot.
Argovie *n pr f* GÉOGR Argovia.
Argovien, enne *m* et *f* argoviense, argovino, na.
arguer [argɥe] *v intr* argüir; *j'en argue qu'il viendra* de esto arguyo que vendrá.
 ◆ *v tr* tachar, acusar; *arguer un document de faux* tachar un documento de falso ‖ sacar una consecuencia, inferir, deducir (déduire) ‖ alegar, pretextar; *arguer de son amitié pour* alegar su amistad para ‖ discutir, rebatir (contester).
argument *m* argumento.
argumentaire *m* COMM argumentación *f*.
argumentatif, ive *adj* argumentativo, va.
argumentation *f* argumentación.
argumenter *v intr* argumentar ‖ FAM discutir.
argus *m* vigilante, persona *f* clarividente (personne clairvoyante) ‖ espía (espion) ‖ argos (oiseau) ‖ publicación *f* que informa de las cotizaciones en el mercado de coches de ocasión ‖ — *argus de la presse* agencia parisiense de recortes de prensa ‖ *yeux d'argus* ojos de lince.
argutie [argysi] *f* argucia.
aria *f* MUS aria.
 ◆ *m* FAM lío, embrollo; *que d'arias cela entraîne!* ¡cuántos líos esto acarrea!
Ariane *n pr f* MYTH Ariana, Ariadna ‖ *le fil d'Ariane* el hilo de Ariadna.
aride *adj* árido, da; *terre aride* tierra árida ‖ FIG árido, da; *sujet aride* asunto árido.
aridité *f* aridez ‖ *aridité d'esprit* aridez de espíritu.
Ariège *n pr* GÉOGR Ariège.
ariégeois, e [arjeʒwa, ʒwaːz] *adj* del Ariège [departamento francés].
Ariégeois, e *m* et *f* nativo, va del Ariège.
arien, enne *adj* et *s* arriano, na (hérétique).
ariette *f* MUS arieta.
aristocrate *adj* et *s* aristócrata.
aristocratie [aristɔkrasi] *f* aristocracia.
aristocratique *adj* aristocrático, ca.
aristoloche *f* BOT aristoloquia.
Aristophane *n pr m* Aristófanes.
Aristote *n pr m* Aristóteles.
aristotélicien, enne *adj* et *s* aristotélico, ca.
aristotélisme *m* PHILOS aristotelismo.

arithmétique *adj* et *s f* aritmético, ca; *calcul arithmétique* cálculo aritmético.

arlequin [arləkẽ] *m* arlequín ∥ FAM persona *f* informal, veleta *f* ∥ POP restos *pl*, sobras *f pl* (nourriture) ∥ *d'arlequin* arlequinesco, de arlequín.

Arlequin *n pr* Arlequín.

Arles *n pr* GÉOGR Arles.

arlésien, enne [arlezjẽ, jɛn] *adj* de Arles, arlesiano, na.

Arlésien, enne *m* et *f* nativo, va de Arles; arlesiano, na.

armada *f* armada; *l'Invincible Armada* la Armada Invencible.

armagnac [armaɲak] *m* aguardiente de Armagnac [región de Gascuña].

armateur *m* armador, naviero.

armature *f* armazón; *l'armature d'une machine* la armazón de una máquina ∥ ÉLECTR armadura ∥ armadura (d'un aimant) ∥ revestimiento *m* (d'un câble) ∥ FIG base, sostén *m*; *l'armature de la société* la base, el sostén de la sociedad ∥ MUS armadura, accidente *m* de la clave.

arme *f* arma; *arme à feu, blanche* arma de fuego, blanca ∥ arma; *arme d'infanterie* arma de infantería ∥ *armes* armas; *né pour les armes* nacido para las armas ∥ BLAS escudo *m sing*, armas; *les armes de Madrid* el escudo de Madrid ∥ — *arme à magasin* arma de depósito ∥ *arme antichar* arma antitanque, arma anticarro ∥ *arme de jet* arma arrojadiza ∥ *arme nucléaire à portée intermédiaire* arma nuclear de alcance intermedio ∥ *arme portative* arma portátil ∥ *armes conventionnelles* armas convencionales ∥ BLAS *armes parlantes* armas parlantes ∥ *arme se chargeant par la culasse* arma de retrocarga ∥ *fait d'armes* hecho de armas, hazaña ∥ *maître d'armes* maestro de esgrima ∥ *port d'armes* licencia de armas ∥ *râtelier d'armes* armero ∥ — *arme au pied!* ¡descansen armas! ∥ *arme à volonté* arma a discreción ∥ *arme sur l'épaule!* ¡sobre el hombro, arma! ∥ — *à armes égales* en igualdad de condiciones ∥ *aux armes!* ¡a formar con arma!, ¡a las armas! ∥ *l'arme à la bretelle!* ¡cuelguen armas! ∥ — *en venir aux armes* llegar a las armas ∥ *être sous les armes* estar armado ∥ *faire arme de tout* valerse de todos los medios ∥ *faire des armes* practicar la esgrima ∥ *faire ses premières armes* hacer sus primeras armas ∥ FIG *fournir des armes contre soi* dar armas contra sí mismo ∥ *mettre bas* o *poser les armes* rendirse ∥ *passer par les armes* pasar por las armas, fusilar ∥ *présentez, armes!* ¡presenten armas! ∥ *rendre les armes* rendir el arma ∥ *sonner aux armes* tocar el arma.

armé, e *adj* armado, da; *béton armé* hormigón armado ∥ armado, da; montado, da; *ce fusil est armé* este fusil está montado.

armée *f* ejército *m* ∥ — *armée de l'air* ejército del Aire ∥ *armée de mer* armada ∥ *armée de terre* ejército de tierra ∥ *armée du salut* ejército de Salvación.

armement [arməmã] *m* armamento; *course aux armements* carrera de armamentos ∥ MAR equipo, tripulación *f* de un barco ∥ — MIL *armements nucléaires* armamento nuclear ∥ *levier d'armement* palanca de armar.

Arménie *n pr f* GÉOGR Armenia.

arménien, enne [armenjẽ, jɛn] *adj* armenio, nia.

Arménien, enne *m* et *f* armenio, nia.

armer [arme] *v tr* armar; *armé d'un fusil* armado con un fusil; *armer cent mille hommes* armar a cien mil hombres ∥ armar, montar (une arme) ∥ reclutar tropas (recruter) ∥ MAR armar, equipar ∥ TECHN armar.

◆ *v intr* armarse; *les pays armaient* los países se armaban.

◆ *v pr* armarse ∥ coger para protegerse; *il s'arma d'un parapluie pour affronter l'averse* cogió un paraguas para protegerse del aguacero.

armistice *m* armisticio.

armoire [armwaːr] *f* armario *m* ∥ — *armoire à éléments* armario de módulos ∥ *armoire à glace* armario de luna (sens propre), persona muy fuerte (sens figuré) ∥ *armoire à linge* ropero ∥ *armoire à pharmacie* botiquín ∥ INFORM *armoire de commande* armario de control *ou* de mando ∥ *armoire de rangement* armario ∥ *armoire frigorifique* armario frigorífico.

armoiries *f pl* BLAS escudo *m sing* de armas.

armoise *f* BOT artemisa, abrótano *m*.

armoricain, e *adj* armoricano, na (d'Armorique).

Armoricain, e *m* et *f* armoricano, na.

Armoricain (massif) *n pr* GÉOGR macizo Armoricano.

armorier* *v tr* pintar blasones, blasonar (décorer d'armoiries).

Armorique *n pr f* GÉOGR Armórica (Bretagne).

armure *f* armadura; *armure de joute* armadura de justa ∥ ligamento *m*, textura (tissage) ∥ defensa (pour protéger les arbres) ∥ revestimiento *m* (d'un câble) ∥ armadura, armazón *m* (d'une charpente) ∥ MUS armadura.

armurerie *f* armería.

armurier *m* armero.

A.R.N. abrév de *acide ribonucléique* ARN, ácido ribonucleico.

arnaque *f* FAM timo *m* (escroquerie).

arnaquer *v tr* FAM timar, chorizar.

arnaqueur, euse *m* et *f* FAM timador, ra; chorizo, za.

arnica *f* árnica (plante, teinture).

aromate *m* aroma, planta *f* aromática.

aromatique *adj* aromático, ca.

aromatiser *v tr* aromatizar.

arôme *m* aroma.

arpège *m* MUS arpegio ∥ floreo (guitare).

arpéger* *v intr* MUS arpegiar (neologismo), hacer arpegios ∥ florear (guitare).

arpent [arpã] *m* arpende ∥ medida *f* agraria francesa [entre 42 y 51 áreas].

— OBSERV Puede traducirse aproximadamente por *fanega*, medida española de 64 áreas.

arpentage *m* agrimensura *f*.

arpenter *v tr* apear, medir (mesurer les terres) ∥ FIG andar *ou* recorrer a paso largo; *arpenter les rues* recorrer las calles a paso largo ∥ *arpenter une chambre* ir y venir por una habitación.

arpenteur *m* agrimensor, apeador.

arqué, e *adj* arqueado, da; combado, da.

arquebuse *f* arcabuz *m*.

arquebusier *m* arcabucero.

arquer *v tr* arquear, combar (courber).

◆ *v intr* et *pr* arquearse, combarse.

arr. abrév de *arrondissement* Distr., distrito.
arrachage [araʃaːʒ] *m* arranque, recolección *f* (pommes de terre).
arraché (à l') *loc adv* a la fuerza, por los pelos ‖ *— remporter une victoire à l'arraché* conseguir una victoria a la fuerza ‖ *obtenir un contrat à l'arraché* obtener un contrato por los pelos.
arrachement *m* arrancamiento ‖ FIG desgarramiento (déchirement).
arrache-pied (d') [daraʃpje] *loc* de un tirón (sans interruption).
arracher *v tr* arrancar ‖ desgarrar; *cela arrache le cœur* eso desgarra el corazón ‖ FIG arrancar, sacar; *on ne peut lui arracher une parole* no se le puede arrancar una palabra ‖ FIG sacar (de l'oubli) ‖ levantar; *arracher un poids* levantar un peso ‖ quitar (enlever), sacar (sortir), separar, alejar; *arracher aux mauvaises compagnies* separar a uno de las malas compañías ‖ cosechar; *arracher des betteraves, des pommes de terre* cosechar remolachas, patatas.
◆ *v pr* alejarse con pena, arrancar de; *s'arracher à un lieu* alejarse con pena de un lugar ‖ interrumpir; *s'arracher au sommeil* interrumpir el sueño ‖ *— s'arracher des mains* quitarse de las manos ‖ *s'arracher les cheveux* mesarse los cabellos ‖ *s'arracher quelqu'un, quelque chose* disputarse la compañía de alguien, una cosa.
arracheur, euse *m et f* arrancador, ra ‖ *— arracheur de dents* sacamuelas ‖ *arracheuse de pommes de terre* arrancadora de patatas (machine).
arraisonnement [arɛzɔnmɑ̃] *m* apresamiento, inspección *f* de un barco.
arraisonner *v tr* MAR apresar, reconocer, inspeccionar [un barco].
arrangeant, e *adj* acomodaticio, cia.
arrangement *m* arreglo ‖ arreglo, avenencia *f* (accord) ‖ MATH combinación *f*.
arranger* *v tr* arreglar ‖ arreglar, componer (réparer) ‖ disponer (disposer), ordenar (ordonner) ‖ *—* FAM *arranger quelqu'un* estafar (escroquer), maltratar a uno ‖ *arrangez-vous comme vous pourrez* arregláoselas como pueda ‖ *cela m'arrange* esto me conviene, me viene bien.
◆ *v pr* arreglarse, avenirse (se mettre d'accord) ‖ arreglarse, componerse (s'habiller, se parer) ‖ *— qu'il s'arrange!* ¡allá se las componga!, ¡allá él! ‖ *s'arranger d'une chose* contentarse con una cosa.
Arras *n pr* GÉOGR Arras.
arrérages *m pl* atrasos; *les arrérages d'une pension* los atrasos de una pensión ‖ canon *sing* (rente).
arrestation *f* detención; *l'arrestation d'un voleur* la detención de un ladrón ‖ *— l'arrestation du Christ* el prendimiento ‖ *mise en arrestation* detención.
arrêt [arɛ] *m* detención *f*; *l'arrêt des affaires* la detención de los negocios ‖ parada *f*; *arrêt d'autobus* parada de autobús; *arrêt facultatif* parada facultativa ‖ interrupción *f*, suspensión *f*; *arrêt des travaux* interrupción de las obras ‖ ristre; *lance en arrêt* lanza en ristre ‖ tope (heurtoir) ‖ presilla *f* (boutonnière) ‖ pasador (d'une persienne, d'une serrure) ‖ muesca *f*; *chien d'arrêt* perro de muestra ‖ DR fallo [de un tribunal]; *rendre un arrêt* pronunciar un fallo ‖ embargo (saisie) ‖ decisión *f*, fallo; *les arrêts de la conscience sont irrévocables* las decisiones de la conciencia son irrevocables ‖ MUS calderón ‖ SPORTS parada *f* ‖ TECHN fiador (cliquet d'arrêt) ‖ *— arrêt buffet* parada y fonda ‖ RAD *arrêt de champ* limitador de campo ‖ *arrêt de travail* baja ‖ *arrêt d'urgence* freno de urgencia ‖ *arrêt du travail* paro ‖ DR *arrêt par défaut* sentencia en rebeldía ‖ *— cran d'arrêt* seguro de un arma ‖ *maison d'arrêt* prisión, presidio ‖ *mandat d'arrêt* orden de detención ‖ *temps d'arrêt* intervalo, pausa ‖ *— sans arrêt* sin cesar, sin respiro; *parler sans arrêt* hablar sin respiro ‖ *— donner un arrêt de travail* dar de baja (médecin) ‖ *être o tomber en arrêt devant* quedarse pasmado ante ‖ *faire l'arrêt sur des biens* embargar bienes ‖ *marquer l'arrêt* detenerse un instante (Code de la route) ‖ *mettre en arrêt* detener, arrestar.
◆ *m pl* MIL arresto *sing*; *arrêts de rigueur* arresto mayor ‖ *— être aux arrêts* estar detenido ‖ *mettre aux arrêts* arrestar.
arrêté *m* decisión *f*, decreto (décret), orden *f* (ordre) ‖ liquidación *f*, cierre (d'un compte) ‖ *— arrêté de police* bando de policía ‖ *arrêté des comptes* estado *ou* situación de cuentas ‖ *arrêté du maire* bando de la alcaldía ‖ *arrêté préfectoral* orden gubernativa.
arrêté, e *adj* detenido, da ‖ MIL arrestado, da ‖ firme, decidido, da; *arrêté dans ses idées* firme en sus ideas ‖ liquidado, da (comptes) ‖ preciso, sa (dessin).
arrêter *v tr* detener, parar (un mouvement) ‖ detener (faire prisonnier), arrestar (un militaire) ‖ fijar, detener la mirada; *arrêter ses regards* fijar la mirada ‖ determinar, establecer; *arrêter un plan de combat* establecer un plan de combate ‖ fijar; *arrêter une date* fijar una fecha ‖ interceptar; *il arrête mes lettres* intercepta mis cartas ‖ prohibir la distribución (des exemplaires d'un journal) ‖ cortar; *il l'arrêta tout court* le cortó en seco ‖ interrumpir (interrompre) ‖ liquidar, cerrar (un compte) ‖ *(vx)* ajustar, apalabrar, contratar (un domestique, une location); *arrêter un laquais* ajustar un lacayo ‖ poner una presilla (couture) ‖ parar (football) ‖ *— arrêter net* parar en seco ‖ *arrêter ses soupçons sur une personne* sospechar decididamente de una persona ‖ *arrêter son choix sur* decidirse por ‖ *arrêtez!* ¡alto!, ¡alto ahí!, ¡pare!
◆ *v intr et pr* detenerse, pararse ‖ mantenerse; *s'arrêter à une décision* mantenerse en una decisión.
— OBSERV *Parar* est le verbe le plus employé pour indiquer l'arrêt d'un animal, d'un mécanisme; comme verbe intransitif il équivaut à *s'arrêter*. *Detener*, moins usuel dans le sens précédent, s'applique à l'arrêt de choses immatérielles. *Faire prisonnier* se traduit généralement par *detener, prender. Arrestar* est plutôt du langage militaire.
arrêt maladie *m* baja *f*.
— OBSERV *pl arrêts maladies.*
arrhes [aːr] *f pl* arras (dans un contrat) ‖ señal *sing*; *laisser des arrhes* dejar una señal.
arriération *f* retraso *m* mental (en psychologie) ‖ retraso *m* (retard).
arrière *adv* atrás ‖ *—* MAR *gaillard d'arrière* alcázar de popa ‖ *roue arrière* rueda trasera ‖ *— en arrière* atrás; *aller en arrière* ir para atrás; atrás, a la zaga; *rester en arrière* quedar atrás, a la zaga ‖ *en arrière de* detrás de, después de.
◆ *interj* ¡atrás!; *arrière les paresseux!* ¡atrás los holgazanes!

arrière *m* trasera *f* (de véhicule) ‖ popa *f* (d'un bateau) ‖ SPORTS defensa, zaguero [*(amér)* back]; *arrière droit* defensa derecho ‖ — *arrières d'une armée* retaguardia de un ejército ‖ *les arrières* la defensa, la zaga (football) ‖ *vent arrière* viento en popa ‖ — *faire marche arrière* hacer marcha atrás, retroceder.

arriéré, e *adj* et *s* atrasado, da; retrasado, da; *payement arriéré* pago atrasado ‖ FIG atrasado, da; retrasado, da; *enfant arriéré* niño retrasado.

◆ *m* atraso, lo atrasado; *solder l'arriéré* saldar lo atrasado.

arrière-ban *m* MIL leva *f* general ‖ FAM *le ban et l'arrière-ban* todo el mundo, todos.

arrière-bec *m* tajamar, espolón (d'un pont).

arrière-boutique *f* trastienda (de boutique), rebotica (de pharmacie).

arrière-cour *f* patinillo *m*, traspatio *m*.

arrière-garde *f* retaguardia.

arrière-gorge *f* parte posterior de la garganta.

arrière-goût *m* gustillo, sabor de boca, resabio.

arrière-grand-mère *f* bisabuela.

arrière-grand-père *m* bisabuelo.

arrière-grands-parents *m pl* bisabuelos.

arrière-pays *m inv* tierras *f pl* adentro, interior de las tierras; *s'enfoncer dans l'arrière-pays* penetrar tierras adentro.

arrière-pensée *f* segunda intención, reserva mental.

arrière-petits-enfants *m pl* bisnietos.

arrière-plan *m* segundo plano, segundo término.

arrière-saison *f* final *m* del otoño ‖ FIG otoño *m* de la vida (début de la vieillesse) | último *m* período.

arrière-salle *f* salón *m* interior.

arrière-train *m* trasera *f* (d'un véhicule) ‖ cuarto trasero (animal) ‖ FAM trasero ‖ MIL retrotrén.

arrimage *m* MAR estiba *f*, arrumaje *(p us)*.

arrimer *v tr* MAR estibar, arrumar *(p us)*.

arrivage *m* arribada *f*, arribo (d'un bateau) ‖ llegada *f*, arribo (de marchandises).

arrivant, e *m* et *f* recién llegado, da; el que llega; *les derniers arrivants* los últimos recién llegados.

arrivée *f* llegada ‖ MAR arribada (bateau) ‖ entrada (téléphone) ‖ — *d'arrivée* al punto, en seguida ‖ SPORTS *ligne d'arrivée* meta.

arriver *v intr* llegar; *arriver chez soi* llegar a casa; *la nuit arrive déjà* ya llega la noche ‖ alcanzar, lograr (atteindre) ‖ pasar, suceder; *que t'arrive-t-il?* ¿qué te pasa? ‖ llegar a los oídos; *la musique n'arrivait pas jusqu'à moi* la música no llegaba a mis oídos ‖ llegar, elevarse, hacer fortuna, triunfar en la vida; *chercher à arriver* intentar triunfar en la vida ‖ MAR arribar ‖ — *arriver à ses fins* conseguir lo que se propone ‖ *ne pas y arriver* no dar abasto (travail excessif).

◆ *v impers* *il arrive à Paris des personnes de toutes les nationalités* llegan a París personas de todas las nacionalidades ‖ *il arrive que* ocurre que ‖ *il est arrivé un accident* ha habido un accidente ‖ *il lui arrive souvent de se tromper* suele equivocarse frecuentemente ‖ *il lui arrivera malheur* un día tendrá una desdicha ‖ *il m'arrive souvent d'être malade* a menudo estoy enfermo ‖ *il ne lui est jamais arrivé de gagner à la loterie* nunca tuvo la suerte de ganar a la lotería ‖ *quoi qu'il arrive* pase lo que pase, venga lo que viniere ‖ *s'il arrivait qu'il meure* si muriese ‖ *s'il vous arrive de trouver* si por casualidad encuentra.

— OBSERV *Arribar*, en espagnol, se limite au sens maritime d'*arriver*. Au sens de *parvenir à un lieu*, arriver se traduit par *llegar*. Au sens de *avoir lieu*, il se traduit par *suceder, pasar (fam), ocurrir, acontecer*.

arrivisme *m* arribismo.

arriviste *m* et *f* arribista.

— OBSERV Ce mot est écrit parfois *arrivista*, considéré comme gallicisme; il est préférable d'écrire *arribista*, vocable qui a été cependant aussi taxé de barbarisme.

arrogance *f* arrogancia.

arrogant, e *adj* et *s* arrogante.

arroger (s')* *v pr* arrogarse; *s'arroger un droit* arrogarse un derecho.

arrondi, e *adj* redondeado, da.

arrondir *v tr* redondear ‖ costear (une île), doblar (un cap) ‖ redondear los bajos (d'une robe) ‖ FIG redondear; *arrondir son bien* redondear su fortuna | redondear; *arrondir une somme* redondear una cantidad | poner los ojos en blanco; *arrondir les yeux d'étonnement* poner los ojos en blanco de asombro ‖ FIG *arrondir les angles* limar las asperezas.

◆ *v pr* redondearse ‖ FAM redondearse, ponerse grueso *ou* gordo (grossir).

arrondissement *m* redondeo ‖ distrito (division administrative).

arrosage *m* riego ‖ regadío (d'un terrain irrigable) ‖ *arrosage en pluie* riego por aspersión.

arroser *v tr* regar; *arroser des fleurs* regar flores ‖ bañar, regar; *la Seine arrose Paris* el Sena baña París ‖ rociar; *un repas arrosé d'une bouteille de vin* una comida rociada por una botella de clarete ‖ rociar en su salsa; *arroser un poulet* rociar un pollo con su salsa ‖ FAM mojar; *arroser son succès* mojar su éxito ‖ FIG dar una propina *ou* una gratificación ‖ — *arroser avec la bouche* espurrear ‖ *arroser de larmes* regar con lágrimas ‖ *arroser ses créanciers* tapar la boca a sus acreedores dándoles algo a cuenta.

arroseur, euse *m* et *f* regador, ra.

◆ *f* camión *m* de riego ‖ *arroseuse-balayeuse* barredora-regadora.

arrosoir *m* regadera *f* ‖ *pomme d'arrosoir* alcachofa de regadera.

arsenal [arsənal] *m* arsenal.

arsenic *m* CHIM arsénico.

arsenical, e *adj* CHIM arsenical; *sels arsenicaux* sales arsenicales.

art [ar] *m* arte; *l'art d'écrire* el arte de escribir ‖ arte *f*; *les sciences et les arts* las ciencias y las artes ‖ arte, maña *f*, habilidad *f*; *avoir l'art de* tener la habilidad de ‖ *art dramatique* arte dramático ‖ *arts d'agrément* artes de adorno (vx) ‖ *arts et métiers* artes y oficios ‖ *arts ménagers* artes domésticas ‖ *arts plastiques* artes plásticas ‖ — *critique d'art* crítico de arte ‖ *le grand art* la alquimia ‖ *le septième art* el séptimo arte (cinéma) ‖ *les beaux-arts* las bellas artes ‖ *livre d'art* libro de arte ‖ *objet d'art* objeto de arte ‖ *un homme de l'art* un médico, un facultativo ‖ — *dans les règles de l'art* con todas las reglas del arte ‖ — *avoir l'art et la manière* saber arreglárselas.

— OBSERV En espagnol, *arte* est généralement féminin au pluriel et masculin au singulier, mais est encore féminin avec certains adjectifs: *arte poética, arte cisoria, etc.*

art. abrév de *article* art., arto., artículo.
artefact *m* BIOL artefacto.
Artémis *n pr* MYTH Artemisa.
artère *f* arteria.
artériel, elle *adj* arterial.
artériographie *f* MÉD arteriografía.
artériole *f* arteriola.
artériosclérose *f* MÉD arteriosclerosis.
artérite *f* MÉD arteritis.
artésien, enne *adj et s* artesano, na (puits).
Artésien, enne *m et f* artesiano, na (d'Artois).
arthrite *f* MÉD artritis.
arthritique *adj et s* MÉD artrítico, ca.
arthropodes *m pl* ZOOL artrópodos.
arthrose *f* MÉD artrosis.
artichaut *m* alcachofa *f* (plante) ‖ TECHN barda *f* de púas de hierro sobre una tapia ‖ *artichaut sauvage* alcaucil.
article *m* artículo ‖ artículo (marchandises) ‖ artículo (de journal); *article de fond* artículo de fondo ‖ artejo, nudillo (jointure) ‖ artículo (des insectes) ‖ segmento (d'une plante) ‖ — *articles de voyage* artículos de viaje ‖ — *à l'article de la mort* in articulo mortis (locution latine), en el artículo de la muerte ‖ *faire l'article* poner por las nubes, hacer el artículo ‖ *on l'a repris sur cet article* se le ha reprendido por este asunto.
articulaire *adj* articular; *rhumatisme articulaire* reuma articular.
articulation *f* articulación ‖ DR enumeración de hechos.
articulatoire *adj* GRAMM articulatorio, ria.
articulé, e *adj* articulado, da.
◆ *m pl* ZOOL articulados.
articuler *v tr* articular.
artifice *m* artificio ‖ artimaña *f*, astucia *f* (ruse) ‖ — *artifice à signaux* artificio de señales ‖ *artifice éclairant* artificio de luces ‖ *feu d'artifice* fuegos artificiales.
artificiel, elle *adj* artificial.
artificiellement *adv* artificialmente.
artificier *m* artificiero (soldat qui s'occupe des munitions) ‖ pirotécnico (des feux d'artifice).
artificieux, euse *adj* artificioso, sa.
artillerie *f* artillería; *artillerie lourde, de campagne, de D. C. A., sur voie ferrée* artillería pesada, de campaña, de defensa contra aviones, sobre vía férrea.
artilleur *m* artillero.
artimon *m* MAR palo de mesana ‖ artimón, cangreja *f* de mesana (voile).
artiodactyles *m pl* ZOOL artiodáctilos.
artisan, e *m et f* artesano, na (travailleur manuel) ‖ FIG artífice, autor, causa *f*; *l'artisan de sa fortune* el artífice de su fortuna ‖ *le Divin Artisan* el Divino Hacedor.
artisanal, e *adj* del artesano, de artesanía, artesanal; *des travaux artisanaux* trabajos de artesanía.
artisanalement *adv* artesanalmente.
artisanat *m* artesanado, conjunto de artesanos ‖ artesanía *f*, oficio mecánico.
artiste *m et f* artista ‖ — *artiste capillaire* gran peluquero ‖ *artiste peintre* pintor de cuadros.
◆ *adj* artístico, ca; *écriture artiste* estilo artístico.

artistique *adj* artístico, ca.
artistiquement *adv* artísticamente.
Artois *n pr m* GÉOGR Artois.
arum [arɔm] *m* BOT aro, yaro.
aryen, enne *adj et s* ario, ria.
— OBSERV Ne pas confondre avec *arien* (arriano).
as *m* as (unité romaine) ‖ as (cartes, dés) ‖ FIG as, hacha, el número uno; *un as du volant* un as del volante ‖ — FAM *as de carreau* mochila (sac) ‖ *foutu comme l'as de pique* mal hecho, hecho un adefesio ‖ POP *plein aux as* adinerado, que tiene muchos cuartos [(amér)* platudo].
a/s abrév de *aux soins de* a/cgo, a cargo de.
A.S. abrév de *association sportive* asociación deportiva.
A.S.B.L. abrév de *association sans but lucratif* asociación con fines no lucrativos.
asc. abrév de *ascenceur* ascensor.
ascaride; ascaris *m* ZOOL ascáride *f*.
ascendance [assɑ̃dɑ̃:s] *f* ascendencia (générations précédentes) ‖ ascensión (météorologie).
ascendant, e *adj* ascendente, ascendiente.
◆ *m* ascendiente, influencia *f* (influence).
◆ *pl* ascendientes (parents).
ascenseur *m* ascensor [*(amér)* elevador] ‖ — *ascenseur et descenseur* ascensor de subida y bajada ‖ FIG *renvoyer l'ascenseur* devolver el favor.
ascension *f* ascensión; *l'ascension d'une montagne* la ascensión de una montaña ‖ RELIG Ascensión ‖ ASTR *ascension droite* ascensión recta.
ascensionnel, elle *adj* ascensional.
ascèse [assɛz] *f* ascesis (grande vertu).
ascète [assɛt] *m et f* asceta.
ascétique *adj* ascético, ca.
ascétisme *m* ascetismo.
ascidie [assidi] *f* ascidia.
ASCII abrév de *American Standard Code for Information Interchange* ASCII, código general americano de Intercambio de Información.
ascomycètes *m pl* ascomicetos (champignons).
ascorbique *adj* antiescorbútico, ca.
ase *f* asa ‖ *ase fétide* asafétida.
A.S.E. abrév de *Agence spatiale européenne* AEE, Agencia Espacial Europea.
asepsie *f* asepsia.
aseptique *adj* aséptico, ca.
aseptisé, e *adj* aséptico, ca (stérilisé) ‖ FIG aséptico, ca (un discours).
aseptiser *v tr* esterilizar, volver aséptico.
asexué, e *adj* asexuado, da.
ashkénaze [aʃkenaz] *adj* ashkenazi, askenazí.
Ashkénaze *m et f* ashkenazi, askenazí.
ashram *m* asram, ashram.
asiatique *adj* asiático, ca.
Asiatique *m et f* asiático, ca.
Asie *n pr f* GÉOGR Asia ‖ *Asie Mineure* Asia Menor.
asilaire *adj* asilar.
asile *m* asilo (de vieillards, d'indigents, etc.) ‖ albergue, refugio; *trouver asile chez un ami* encontrar albergue en casa de un amigo ‖ *(vx)* sagrado, asilo (église, université) ‖ — *asile d'aliénés* manicomio ‖ *dernier asile* la última morada ‖ *droit d'asile* dere-

cho de asilo ‖ *terre d'asile* tierra de asilo ‖ *être sans asile* estar sin amparo.

asocial, e *adj* et *s* inadaptado, da a la vida en sociedad.

asparagus *m* aspáragus (plante ornementale).

aspect [aspɛ] *m* aspecto.

asperge *f* espárrago *m* (plante) ‖ FAM espingarda (personne) ‖ *pointes d'asperges* puntas de espárragos, cabezuelas.

asperger* *v tr* rociar ‖ espurrear (avec la bouche) ‖ hisopear, asperjar (avec un goupillon).
— OBSERV *Rociar* est le verbe le plus usité. *Asperjar* appartient au langage relevé. *Espurrear, hisopear* ont des sens plus restreints.

aspérité *f* aspereza.

aspersion *f* aspersión, rociada.

asphaltage [asfalta:ʒ] *m* asfaltado.

asphalte *m* asfalto ‖ FAM acera *f ou* calzada *f* asfaltada.

asphalter *v tr* asfaltar.

asphodèle *m* BOT asfódelo, gamón.

asphyxiant, e *adj* asfixiante; *gaz asphyxiant* gas asfixiante.

asphyxie *f* asfixia.

asphyxier* *v tr* asfixiar.
◆ *v pr* asfixiarse.

aspic *m* áspid (vipère) ‖ plato de fiambres con gelatina ‖ BOT espliego ‖ FIG *langue d'aspic* lengua de víbora.

aspirant, e *adj* aspirante; *pompe aspirante* bomba aspirante.
◆ *m* aspirante ‖ — *aspirant de marine* guardiamarina ‖ *aspirant à une fonction* pretendiente *ou* candidato a una función.

aspirateur, trice *adj* aspirador, ra.
◆ *m* aspirador, aspiradora (appareil).
— OBSERV Le féminin est la forme la plus usitée en espagnol.

aspiration *f* aspiración.

aspiré, e *adj* GRAMM aspirado, da.

aspirer *v tr* et *intr* aspirar ‖ FIG aspirar; *aspirer aux honneurs* aspirar a los honores.

aspirine *f* aspirina.

assagi, e *adj* ajuiciado, da ‖ tranquilizado, da ‖ sentado, da de cabeza.

assagir *v tr* ajuiciar, hacer juicioso.
◆ *v pr* formalizarse, sentar cabeza ‖ calmarse (se calmer).

assagissement *m* hecho de sentar cabeza *ou* de volverse más juicioso.

assaillant, e *adj* et *s* asaltante, agresor, ra (agresseur).

assaillir* *v tr* asaltar, acometer ‖ acosar; *assaillir de questions* acosar con preguntas.

assainir *v tr* sanear.

assainissement *m* saneamiento ‖ avenamiento (drainage) ‖ *assainissement des marécages* puesta en cultivo de terrenos pantanosos.

assaisonnement *m* aliño (action) ‖ aliño, condimento (ingrédients) ‖ FIG sal *f*, gracia *f*; *l'assaisonnement d'un discours* la sal de un discurso.

assaisonner *v tr* sazonar, condimentar (cuisine) ‖ aliñar (salade, etc.) ‖ FIG salpimentar con, salpimentar, amenizar con.

assassin, e *adj* asesino, na; *main assassine* mano asesina ‖ *œillade assassine* mirada provocante.
◆ *m* asesino, na ‖ — *à l'assassin!* ¡al asesino!; ¡que me matan! (appel de la victime) ‖ *l'assassin de mon honneur* el homicida de mi honor.
— OBSERV *Assassin* es masculino, incluso cuando se aplica a una mujer o a una cosa que es del género femenino: *c'est elle l'assassin.*

assassinat *m* asesinato.

assassiner *v tr* asesinar ‖ FIG & FAM fastidiar, dar la lata; *assassiner de compliments* dar la lata con cumplidos ‖ tocar (musicien) *ou* dirigir (chef d'orchestre) con los pies (un morceau de musique).

assaut [aso] *m* asalto ‖ SPORTS asalto ‖ — *assaut d'esprit* discreteo ‖ — *donner l'assaut* dar el salto ‖ *faire assaut de* rivalizar en; *faire assaut de générosité* rivalizar en generosidad ‖ *faire assaut d'esprit* discretear ‖ *prendre d'assaut* tomar por asalto.

assèchement *m* desecación *f*, desaguado; *l'assèchement des marais salants* la desecación de una marisma.

assécher* *v tr* desecar, desaguar.

A.S.S.E.D.I.C.; Assedic abrév de *Association pour l'emploi dans l'industrie et le commerce* asociación francesa que asigna los subsidios del paro.

assemblage *m* reunión *f*; *assemblage de pièces détachées* reunión de piezas separadas ‖ conjunto; *assemblage de vices et de vertus* conjunto de vicios y virtudes ‖ CONSTR trabazón *f* ‖ IMPR alzado ‖ TECHN ensambladura *f*, ensamblaje (menuiserie) ‖ junta *f* (jointure), empalme (épissure) ‖ — INFORM *langage d'assemblage* lenguaje ensamblador ‖ IMPR *salle d'assemblage* alzador.

assemblée [asɑ̃ble] *f* asamblea ‖ ÉCON junta ‖ — *assemblée d'évêques* conferencia episcopal ‖ ÉCON *assemblée générale des actionnaires* junta general de accionistas ‖ *assemblée générale ordinaire* junta general ordinaria ‖ *assemblée générale extraordinaire* junta general extraordinaria ‖ *Assemblée nationale* congreso de diputados francés ‖ *les assemblées* las Cortes (en Espagne).

assembler *v tr* juntar; *le tailleur assemble les pièces d'un vêtement* el sastre junta las piezas de una prenda ‖ reunir; *assembler des troupes* reunir tropas ‖ reunir, congregar (réunir) ‖ reunir, convocar; *assembler le Sénat* convocar el Senado ‖ IMPR alzar ‖ TECHN ensamblar, empalmar (menuiserie) ‖ INFORM ensamblar.
◆ *v pr* juntarse, reunirse ‖ *qui se ressemble s'assemble* Dios los cría y ellos se juntan.

assembleur, euse *adj* et *s* ensamblador, ra ‖ IMPR alzador, ra.
◆ *m* INFORM (programa), ensamblador.

assener*; asséner *v tr* asestar; *assener un coup d'épée* asestar una estocada.

assentiment *m* asentimiento, asenso.

asseoir* [aswaːr] *v tr* sentar ‖ asentar; *asseoir un gouvernement* asentar un gobierno ‖ fundar, asentar, fundamentar; *asseoir son jugement sur...* fundar juicio en... ‖ DR establecer la base tributaria de (l'impôt).
◆ *v pr* sentarse; *s'asseoir dans un fauteuil, sur une chaise* sentarse en un sillón, en una silla ‖ asentarse ‖ fundarse, fundamentarse ‖ *s'asseoir sur son lit* incorporarse en la cama.

assermenté, e *adj* et *s* juramentado, da; jurado, da; *traducteur assermenté* traductor jurado ‖

prêtre, évêque assermenté sacerdote, obispo que en Francia juró la constitución civil del clero (1790).

assertion *f* aserción, aserto *m*.

asservir *v tr* avasallar, sojuzgar, esclavizar (soumettre) ‖ FIG dominar, esclavizar; *asservir ses passions* dominar sus pasiones.
- *v pr* avasallarse.

asservissement *m* avasallamiento (action) ‖ esclavitud *f* (résultat); *l'asservissement d'un peuple* la esclavitud de un pueblo ‖ servidumbre *f* (servitude).

assesseur *adj* et *s m* asesor.

assez [ase] *adv* bastante; *assez bon* bastante bueno ‖ asaz *(p us)* — *assez de* bastante *adj*; *assez de livres* bastantes libros; basta de; *assez de paroles inutiles* basta de palabras inútiles ‖ *en avoir assez* estar harto.
- *interj* ¡basta! ‖ *en voilà assez!* ¡basta ya!

assidu, e *adj* asiduo, dua.

assiduité *f* asiduidad.

assidûment *adv* asiduamente.

assiégé, e *adj* et *s* sitiado, da; *ville assiégée* ciudad sitiada ‖ FIG asediado, da; *il était assiégé de demandes* estaba asediado de solicitudes.

assiégeant, e *adj* et *s* sitiador, ra.

assiéger* *v tr* sitiar, asediar (une place) ‖ FIG asediar, importunar; *assiéger de questions* asediar con preguntas.

assiette *f* plato *m*; *assiette à soupe* o *creuse* plato hondo *ou* sopero; *assiette plate* plato llano ‖ plato *m*; *une assiette de riz* un plato de arroz ‖ asiento *m*; *l'assiette d'une poutre* el asiento de una viga ‖ AVIAT centrado *m ou* equilibrio *m* aerodinámico ‖ ÉCON base imponible, base tributaria (impôt) ‖ sisa (pour la dorure) ‖ ÉQUIT equilibrio *m* ‖ — *assiette anglaise* fiambres variados, plato de fiambres ‖ — FAM *avoir l'assiette au beurre* cortar el bacalao ‖ *c'est l'assiette au beurre* es una prebenda, es una sinecura ‖ *ne pas être dans son assiette* no sentirse bien, estar inquieto ‖ *perdre son assiette* perder los estribos.

assiettée *f* plato *m* (contenu).

assignat *m* asignado *(p us)* (papier-monnaie).

assignation *f* DR auto *m* de comparecencia, emplazamiento *m*, requerimiento *m*, citación judicial ‖ asignación (attribution).

assigner *v tr* DR emplazar (devant un juge) ‖ asignar, destinar (destiner) ‖ FIG dar, señalar, fijar; *assigner un rendez-vous* dar una cita.

assimilable *adj* asimilable.

assimilateur, trice *adj* asimilativo, va.

assimilation *f* asimilación.

assimilé, e *adj* asimilado, da; integrado, da.
- *m* et *f* asimilado, da ‖ *fonctionnaires et assimilés* funcionarios y asimilados.

assimiler *v tr* asimilar.
- *v pr* asimilarse.

assis, e [asi, i:z] *adj* sentado, da ‖ establecido, da; situado, da (situé) ‖ FIG asentado, da; *réputation bien assise* reputación muy asentada.

assise *f* asiento *m*, cimientos *m pl*; *les assises de la société* los cimientos de la sociedad ‖ ARCHIT hilada, hilera (de pierres ou de briques) ‖ GÉOL lecho *m*, capa.
- *pl* DR audiencia *sing* de lo criminal ‖ FIG *tenir ses assises* reunirse en un lugar.

assistanat *m* ayudantía *f*.

assistance *f* asistencia, auxilio *m*, socorro *m* (secours) ‖ asistencia (présence) ‖ asistencia, concurrencia (public) ‖ — *assistance judiciaire* abogacía de pobres ‖ *assistance publique* beneficencia (pública), auxilio social ‖ *assistance sociale* asistencia social ‖ *assistance technique* asistencia técnica.

assistant, e *adj* et *s* asistente, ta.
- *m* ayudante, auxiliar, adjunto (professeur) ‖ *assistante sociale* asistente *ou* asistenta social.
— OBSERV Le mot *asistenta* désigne aussi la *femme de ménage*.

assisté, e *adj* et *s* socorrido, da; beneficiado, da; asistido, da ‖ — INFORM *conception assistée par ordinateur* diseño asistido por ordenador | *enseignement assisté par ordinateur* enseñanza asistida por ordenador ‖ *frein assisté* freno asistido ‖ INFORM *traduction assistée par ordinateur* traducción asistida por ordenador.

assister *v intr* asistir ‖ asistir, presenciar; *assister à un accident* asistir a un accidente ‖ concurrir; *assister à une cérémonie* concurrir a una ceremonia.
- *v tr* asistir, socorrer (secourir), amparar; *Dieu vous assiste!* ¡Dios le ampare! ‖ secundar; *assister un chirurgien* secundar a un cirujano.

associatif, ive *adj* asociativo, va.

association *f* asociación; *Association européenne de libre-échange* Asociación Europea de Libre Cambio ‖ — ÉCON *association à risques communs* asociación de riesgos compartidos ‖ *association criminelle* asociación criminal ‖ *association d'idées* asociación de ideas.

associé, e *adj* et *s* asociado, da.
- *m* et *f* socio, cia.

associer* *v tr* asociar.
- *v pr* asociarse ‖ adherirse; *s'associer à l'opinion de quelqu'un* adherirse a la opinión de uno.

assoiffé, e *adj* sediento, ta (altéré) ‖ FIG sediento, ta; *assoiffé de richesses* sediento de riquezas.

assoiffer *v tr* dar sed.

assolement *m* AGRIC rotación *f* de cultivos.

assoler *v tr* AGRIC alternar cultivos.

assombrir *v tr* ensombrecer, obscurecer.
- *v pr* ensombrecerse, obscurecerse ‖ FIG entristecerse; *son regard s'assombrit* su mirada se entristeció.

assommant, e *adj* FIG & FAM pesado, da; fastidioso, sa (ennuyeux) ‖ *un bonhomme assommant* un pelmazo.

assommer *v tr* matar; *assommer à coups de bâton* matar a palos ‖ acogotar (tuer d'un coup sur la nuque) ‖ atronar (aux abattoirs) ‖ FIG & FAM reventar, fastidiar, abrumar (importuner).
- *v pr* darse un porrazo *ou* un trompicón (buter) ‖ darse de palos (se battre).

assommoir *m* *(p us)* porra *f* (massue) ‖ rompecabezas *(p us)* (casse-tête) ‖ trampa *f* (trébuchet) ‖ FAM taberna *f*.

assomption *f* asunción.

assonance *f* asonancia.

assorti, e *adj* adecuado, da; que hace juego, a tono; *couleurs assorties* colores que hacen juego ‖ COMM surtido, da (approvisionné); *une boutique bien assortie* una tienda bien surtida | surtido, da; variado, da; *bonbons assortis* caramelos surtidos.

assortiment *m* conjunto (assemblage) ‖ conjunto armonioso, combinación *f*; *l'assortiment de ces couleurs est agréable* la combinación de estos colores es agradable ‖ COMM surtido (approvisionnement) | surtido; *un assortiment de gâteaux secs* un surtido de galletas.

assortir *v tr* combinar, ajustar ‖ COMM surtir, abastecer | surtir (mélanger) ‖ FIG unir, emparejar (des personnes) | casar, combinar (couleurs, etc.) | ajustar, conformar (conformer).
◆ *v intr* et *v pr* hacer juego, ir bien; *ces couleurs s'assortissent* estos colores hacen juego ‖ concordar, convenirse (personnes) ‖ COMM surtirse, abastecerse.

Assouan *n pr* GÉOGR Asuán.

assoupi, e *adj* adormecido, da (endormi) ‖ sosegado, da (calmé).

assoupir *v tr* adormecer, adormilar ‖ FIG adormecer, calmar; *assoupir la douleur* calmar el dolor.
◆ *v pr* adormecerse, adormilarse.

assoupissement *m* adormecimiento, adormilamiento ‖ FIG desidia *f*, dejadez *f* (nonchalance).

assouplir *v tr* suavizar; *assouplir une étoffe* suavizar una tela ‖ flexibilizar, hacer flexible; *assouplir les muscles* flexibilizar los músculos ‖ FIG doblegar, domar; *assouplir le caractère* domar el carácter | moderar; *assouplir sa position* moderar su posición.
◆ *v pr* suavizarse, tornarse flexible ‖ FIG doblegarse.

assouplissement *m* flexibilidad *f*; *assouplissement du caractère* flexibilidad del carácter ‖ SPORTS *exercices d'assouplissement* ejercicios de calentamiento.

assourdir *v tr* ensordecer ‖ amortiguar, apagar (un son) ‖ atenuar (la lumière) ‖ dulcificar (les couleurs).

assourdissant, e *adj* ensordecedor, ra (bruit).

assourdissement *m* ensordecimiento.

assouvir *v tr* saciar; *assouvir la faim, la colère* saciar el hambre, la ira.
◆ *v pr* saciarse, hartarse.

assouvissement *m* satisfacción *f* (d'un appétit, d'un désir).

A.S.S.U.; Assu abrév de *Association du sport scolaire et universitaire* asociación del deporte escolar y universitario [en Francia].

assuétude *f* drogodependencia.

assujetti, e *adj* et *s* sometido, da; sujeto, ta; *assujetti aux droits de douane* sujeto a derechos arancelarios.

assujettir [asyʒetiːr] *v tr* someter, sujetar, obligar (obliger); *assujettir un peuple* someter a un pueblo; *assujettir à l'obéissance* sujetar a la obediencia ‖ sujetar, asegurar, fijar; *assujettir une porte* fijar una puerta.
◆ *v pr* sujetarse.

assujettissant, e *adj* que causa sujeción ‖ FIG pesado, da; penoso, sa, que esclaviza; *un travail assujettissant* un trabajo penoso, que esclaviza.

assujettissement *m* sujeción *f* ‖ FIG obligación *f*, servidumbre *f*; *la grandeur a ses assujettissements* la grandeza tiene sus servidumbres.

assumer *v tr* asumir; *assumer une responsabilité* asumir una responsabilidad.

assurance *f* seguridad, certeza, confianza ‖ promesa, palabra; *donner l'assurance d'une chose* dar palabra de una cosa ‖ confianza, seguridad; *agir avec assurance* actuar con confianza *ou* con seguridad en sí mismo ‖ COMM seguro *m*; *compagnie d'assurances* compañía de seguros ‖ — *assurance accidents* seguro contra accidentes ‖ *assurance aux tiers* seguro a terceros ‖ *assurance chômage* seguro contra el paro ‖ *assurance complémentaire* seguro complementario ‖ *assurance contre le vol* seguro contra robo ‖ *assurance contre l'incendie* seguro contra incendio ‖ *assurance de responsabilité civile* seguro de responsabilidad civil ‖ *assurance maladie* seguro de enfermedad ‖ *assurance multirisques* seguro multirriesgos ‖ *assurances sociales* seguros sociales ‖ *assurance sur la vie* seguro de vida ‖ *assurance tous risques* seguro a todo riesgo ‖ *assurance vieillesse* seguro de la vejez ‖ — *recevez l'assurance de ma considération* le presento el testimonio de mi consideración.

assurance-crédit *f* seguro *m* de riesgo de insolvencia.

assurance-vie *f* seguro *m* de vida.

assuré, e *adj* asegurado, da; seguro, ra (sûr) ‖ resuelto, ta; firme; *ton assuré* tono resuelto *ou* firme.
◆ *m* et *f* asegurado, da; *assuré pour 10 000 francs* asegurado en 10 000 francos ‖ *assuré social* beneficiario de la Seguridad Social.

assurément *adv* seguramente.

assurer *v tr* asegurar ‖ atender; *assurer la permanence* atender al servicio permanente ‖ COMM garantizar (une créance) ‖ velar por; *assurer l'exécution des lois* velar por el cumplimiento de las leyes.
◆ *v pr* asegurarse ‖ cerciorarse; *s'assurer de l'exactitude d'un renseignement* cerciorarse de la exactitud de un dato ‖ detener; *s'assurer d'un coupable* detener a un culpable ‖ COMM asegurarse (contracter une assurance).

assureur *m* asegurador.

Assyrie *n pr f* GÉOGR Asiria.

assyrien, enne *adj* asirio, ria.

Assyrien, enne *m* et *f* asirio, ria.

aster [astɛr] *m* BOT aster.

astérie *f* asteria, estrellamar (étoile de mer).

astérisque *m* asterisco.

astéroïde *m* ASTR asteroide.

asthénie *f* MÉD astenia (affaiblissement).

asthénique *adj* MÉD asténico, ca.

asthmatique *adj* et *s* MÉD asmático, ca.

asthme [asm] *m* MÉD asma *f*.

asticot *m* gusano blanco.
— OBSERV El *asticot* francés es más exactamente la larva de la mosca de la carne.

astigmate *adj* et *s* MÉD astigmático, ca.

astigmatisme *m* MÉD astigmatismo.

astiquage *m* bruñido, lustrado.

astiquer *v tr* bruñir (polir), lustrar (lustrer), sacar brillo a (faire briller) ‖ FAM hacer la limpieza.

astrakan *m* astracán (fourrure).

Astrakhan; Astrakan *n pr* GÉOGR Astrakán.

astral, e *adj* astral; *corps astraux* cuerpos astrales; *lampe astrale* lámpara astral.

astre *m* astro ‖ FIG *beau comme un astre* hecho un brazo de mar, bello como un sol.

astreignant, e *adj* penoso, sa; absorbente.

astreindre* [astrɛ̃:dr] *v tr* obligar (obliger), constreñir, sujetar; *être astreint à l'exactitude* estar sujeto a la puntualidad.
◆ *v pr* obligarse a, sujetarse a, imponerse; *s'astreindre à un travail* obligarse a un trabajo.
— OBSERV *Astringir* a surtout en espagnol le sens de *resserrer* (la peau, les tissus organiques).
astreinte *f* multa (amende).
astringent, e *adj et s m* MÉD astringente.
astrolabe *m* ASTR astrolabio.
astrologie *f* astrología.
astrologique *adj* astrológico, ca.
astrologue *m et f* astrólogo, ga.
astronaute *m* astronauta.
astronautique *adj et s f* astronáutico, ca.
astronef *m* astronave *f*.
astronome *m* astrónomo.
astronomie *f* astronomía.
astronomique *adj* astronómico, ca || FAM astronómico, ca; exagerado, da; *chiffres astronomiques* cifras astronómicas.
astrophysicien, enne *m et f* astrofísico, ca.
astrophysique *f* astrofísica.
astuce *f* astucia || FAM retruécano *m* (jeu de mots).
astucieusement *adv* astutamente.
astucieux, euse *adj* astuto, ta; mañoso, sa; astucioso, sa *(p us)* || FAM chistoso, sa.
asturien, enne *adj* asturiano, na.
Asturien, enne *m et f* asturiano, na.
Asturies *n pr f pl* GÉOGR Asturias.
Asunción *n pr* GÉOGR Asunción.
asymétrie *f* asimetría.
asymétrique *adj* asimétrico, ca.
asymptote *f* GÉOM asíntota.
asynchrone *adj* asincrónico, ca.
asyndète *f* asíndeton *m* (suppression des conjonctions).
ataraxie *f* ataraxia (calme spirituel).
atavique *adj* atávico, ca.
atavisme *m* atavismo.
atèle *m* ZOOL ateles, mono araña.
atelier *m* taller (d'ouvriers) || estudio; *un atelier de sculpteur* un estudio de escultor || — *atelier de couture* taller de costura || *atelier de montage* taller de montaje || *atelier de peinture* taller de pintura.
atemporel, elle *adj* intemporal.
atermoiement [atɛrmwamɑ̃] *m* prórroga *f*, moratoria *f* || retraso (retard) || plazo (délai).
atermoyer* [-je] *v tr* prorrogar, aplazar, diferir.
◆ *v intr* diferir, andar con dilaciones, con subterfugios.
athée *adj et s* ateo, a.
athéisme *m* ateísmo.
Athéna *n pr* MYTH Atenea.
athénée *m* ateneo || instituto (lycée belge).
Athènes *n pr* GÉOGR Atenas.
athénien, enne *adj* ateniense.
Athénien, enne *m et f* ateniense.
athermique *adj* PHYS atérmico, ca (qui ne dégage pas de chaleur).
athérosclérose *f* MÉD aterosclerosis.
athlète *m* atleta.
athlétique *adj* atlético, ca.

athlétisme *m* atletismo.
atlante *m* ARCHIT atlante, telamón (statue).
Atlantide *n pr f* Atlántida.
atlantique *adj* atlántico, ca.
atlas [atlas] *m* atlas.
Atlas *n pr m* GÉOGR Atlas.
atm abrév de *atmosphère normale* atm, atmósfera normal.
atmosphère *f* atmósfera; *l'atmosphère contient de l'oxygène* la atmósfera contiene oxígeno || PHYS atmósfera; *une pression de vingt atmostsphères* una presión de veinte atmósferas.
atmosphérique *adj* atmosférico, ca.
atoll *m* atolón (île corallienne).
atome *m* átomo || FIG átomo; *les hommes sont des atomes dans l'Univers* los hombres son átomos en el Universo.
atomicité *f* CHIM atomicidad.
atomique *adj* PHYS & CHIM atómico, ca; *poids, énergie, bombe, pile atomique* peso, energía, bomba, pila atómica.
atomiser *v tr* atomizar.
atomiseur *m* atomizador || pulverizador.
atomiste *adj et s* PHILOS & PHYS atomista.
atonal, e *adj* MUS atonal.
atonalité *f* MUS atonalidad.
atone *adj* átono, na; *voyelle atone* vocal átona || inexpresivo, va (regard) || sin vigor (inactif).
atonie *f* atonía.
atours [atur] *m pl* adornos, atavíos, galas *f* || *dame d'atour* (au singulier), azafata de palacio.
atout [atu] *m* triunfo; *sans atout* sin triunfo || vida *f*, pinta *f* (couleur choisie au jeu de cartes) || FIG triunfo, baza *f*; *avoir tous les atouts en main* tener todos los triunfos en la mano || *jouer atout* arrastrar, triunfar.
A.T.P. abrév de *Association des tennismen professionnels* ATP, Asociación de Tenistas Profesionales.
atrabilaire *adj* MÉD atrabiliario, ria || FIG atrabiliario, ria; malhumorado, da.
âtre *m* hogar (cheminée).
atrium *m* atrio (cour romaine).
atroce *adj* atroz; *douleur atroce* dolor atroz || FAM atroz, espantoso, sa; *temps atroce* tiempo atroz.
atrocement *adv* atrozmente || *atrocement laid* más feo que Picio, feísimo.
atrocité *f* atrocidad.
atrophie *f* MÉD atrofia.
atrophier* *v tr* atrofiar.
◆ *v pr* atrofiarse.
atropine *f* CHIM atropina.
attabler *v tr* sentar a la mesa.
◆ *v pr* sentarse a la mesa.
attachant, e *adj* atractivo, va (attrayant) || interesante, afectuoso, sa (affectueux).
attache *f* atadero *m* (lien) || grapa (agrafe pour papiers) || clip *m*, sujetador *m* (trombone) || ANAT ligamento *m* (muscle) || FAM cabo *m* (poignet, cheville); *avoir les attaches fines* ser de cabos finos || FIG apego *m*, afición, lazo *m* (attachement) || TECHN laña (agrafe) || — *chien d'attache* perro guardián || *port d'attache* puerto de matrícula || — *être* o *tenir quelqu'un à l'attache* estar *ou* tener a alguien sujeto.

◆ *pl* relaciones, contactos *m; conserver des attaches* conservar contactos.

attaché *m* agregado; *attaché commercial, culturel, du travail* agregado comercial, cultural, laboral ‖ *attaché de presse* agregado de prensa (ambassade), responsable de las relaciones con la prensa (entreprise).

attaché-case *m* maletín.

attachement *m* apego ‖ cariño, afecto (affection) ‖ aplicación *f*, afición *f*; *attachement au travail* aplicación en el trabajo ‖ ARCHIT comprobación *f* diaria de una obra ‖ FIG adhesión *f* (à une idée).

attacher *v tr* atar; *attacher à un arbre* atar a un árbol ‖ fijar; *attacher ses regards sur un objet* fijar la mirada en un objeto ‖ aplicar (appliquer) ‖ ligar, vincular; *attaché par la reconnaissance* ligado por el agradecimiento ‖ sujetar; *il attache sa cravate avec une épingle* sujeta su corbata con un alfiler ‖ destinar, afectar, agregar; *attacher un employé à un service* destinar un empleado a un servicio ‖ FIG unir; *nous sommes très attachés l'un à l'autre* estamos muy unidos uno con otro | atribuir; *attacher du prix à un objet* atribuir valor a un objeto | interesar, cautivar; *cette lecture attache* esta lectura cautiva ‖ prestar (un intérêt) ‖ *attacher le grelot* poner el cascabel al gato.
◆ *v intr* pegar (coller) ‖ pegarse; *le poisson attache facilement* el pescado se pega fácilmente.
◆ *v pr* atarse ‖ pegarse; *le lierre s'attache aux murs* la hiedra se pega a las paredes ‖ dedicarse, consagrarse; *s'attacher à l'étude* dedicarse al estudio ‖ atraerse (l'affection, la volonté) ‖ FIG unirse (s'unir) ‖ apegarse, encariñarse; *je me suis beaucoup attaché à lui* me he encariñado mucho con él ‖ *s'attacher à des bagatelles* pararse en minucias ‖ *s'attacher aux pas de quelqu'un* no dejar a alguien ni a sol ni a sombra.

attaquable *adj* atacable.

attaquant *adj et s m* atacante, agresor.

attaque *f* ataque *m*, acometida ‖ embestida (taureau) ‖ MÉD & FIG ataque *m*; *attaque d'apoplexie* ataque de apoplejía ‖ — *attaque à main armée* atraco ‖ *attaque brusquée* ataque brusco ‖ *attaque par surprise* ataque por sorpresa ‖ — *déclencher une attaque* iniciar un ataque ‖ FAM *se sentir* o *être d'attaque* estar en forma, sentirse fuerte *ou* capaz.

attaquer *v tr* atacar, acometer (agression) ‖ embestir (taureau) ‖ DR atacar, entablar una acción judicial contra ‖ FAM acometer; *attaquer un travail* acometer un trabajo ‖ FIG atacar; *attaquer un livre* atacar un libro ‖ MUS atacar (commencer) ‖ FIG *attaquer une montagne* iniciar la ascensión de una montaña.
◆ *v pr* atacar; *s'attaquer à un adversaire* atacar a un adversario ‖ acometer; *s'attaquer à un travail* acometer un trabajo ‖ combatir; *s'attaquer aux préjugés* combatir los prejuicios ‖ *s'attaquer à tous* atreverse con todos.

attardé, e *adj et s* retrasado, da.

attarder *v tr* retrasar.
◆ *v pr* retrasarse ‖ rezagarse (rester en arrière) ‖ *s'attarder à* pararse, perder el tiempo en ‖ *s'attarder chez quelqu'un* entretenerse en casa de alguien.

atteindre* [atɛ̃:dr] *v tr* alcanzar; *atteindre quelqu'un d'un coup de pierre* alcanzar a alguien de una pedrada ‖ llegar a; *atteindre la vieillesse* llegar a la vejez; *atteindre le sommet* llegar a la cima ‖ alcanzar, lograr, conseguir; *atteindre son but* lograr su propósito ‖ alcanzar, herir; *il fut atteint par une balle* fue herido por una bala ‖ FIG *vos injures ne m'atteignent pas* sus injurias me dejan frío.
— OBSERV Verbe intransitif (atteindre à). Implica cierto esfuerzo: *atteindre à la perfection* alcanzar la perfección, llegar a la perfección.

atteint, e [atɛ̃, ɛ̃t] *adj* alcanzado, da ‖ aquejado, da; atacado, da (maladie) ‖ herido, da; *atteint d'un coup de feu, dans son amour-propre* herido de un tiro, en su amor propio ‖ conseguido, da; *un objectif atteint* un objetivo conseguido ‖ DR *atteint et convaincu* convicto ‖ *être atteint de* padecer; *être atteint de surdité* padecer sordera.

atteinte *f* alcance *m* ‖ golpe *m* (coup) ‖ ataque *m*; *atteinte de goutte* ataque de gota ‖ FIG perjuicio *m*, daño *m* (dommage) | ofensa (offense) ‖ — *atteinte à la sûreté de la route* delito contra la seguridad vial ‖ *atteinte à la sûreté de l'État* atentado contra la seguridad del Estado ‖ *atteinte à la vie privée* intromisión en la intimidad ‖ — *hors d'atteinte* fuera de alcance ‖ — *porter atteinte à la tranquillité d'autrui* perjudicar a la tranquilidad ajena ‖ *porter atteinte à l'honneur* atentar contra el honor.

attelage [atla:ʒ] *m* tiro, tronco (chevaux) ‖ yunta *f* (bœufs) ‖ enganche; *attelage de wagons* enganche de vagones ‖ MIL atalaje.

atteler* *v tr* enganchar (chevaux) ‖ uncir (bœufs).
◆ *v pr* FIG consagrarse, aplicarse; *s'atteler à une besogne* aplicarse a una faena.

attelle *f* horcate *m* (chevaux) ‖ MÉD tablilla (fracture d'os).

attenant, e *adj* lindante con, contiguo, gua; colindante con; *pré attenant au verger* prado lindante con el huerto.

attendant (en) *loc prép* entretanto, mientras tanto ‖ — *en attendant que* hasta que, mientras; *en attendant qu'il vienne* mientras llega, mientras no llega ‖ *en attendant votre réponse* en espera de su respuesta ‖ *en attendant votre retour* hasta su regreso.

attendre *v tr* esperar, aguardar; *je l'attendais dans la rue* le esperaba en la calle ‖ esperar; *attendre l'hiver* esperar el invierno ‖ *attendre l'heure* hacer tiempo ‖ *attendre l'occasion* esperar la ocasión ‖ *attendre quelqu'un comme le Messie* esperar a alguien como el agua de Mayo ‖ — *attendez-moi sous l'orme!* ¡espéreme sentado! ‖ *c'est là que je l'attends* ahí lo espero.
◆ *v intr* esperar, aguardar ‖ — *attends un peu pour voir!* ¡espera y verás! ‖ *attendez donc!* ¡aguarde usted!, ¡espere usted! ‖ *tout vient à point à qui sait attendre* con paciencia se gana el cielo.
◆ *v pr* esperarse ‖ esperar; *s'attendre à des reproches* esperar reproches ‖ contar con (compter sur); *il s'attend à ce que j'y aille* cuenta con que vaya ‖ — *avec lui, il faut s'attendre à tout* es capaz de todo *ou* de cualquier cosa ‖ *quand ils s'y attendaient le moins* cuando menos lo esperaban.

attendrir *v tr* enternecer, conmover; *attendrir le cœur* conmover el corazón ‖ ablandar; *attendrir la viande* ablandar la carne.
◆ *v pr* enternecerse, conmoverse (être ému) ‖ ablandarse.

attendrissant, e *adj* enternecedor, ra; conmovedor, ra; *spectacle attendrissant* espectáculo conmovedor.

attendrissement

attendrissement *m* enternecimiento, ternura *f* (tendresse).

attendrisseur *m* ablandador.

attendu *prép* en vista de, teniendo en cuenta, en atención a; *attendu les événements* en vista de los acontecimientos ‖ *attendu que* visto que, puesto que, en vista de que, considerando que.
◆ *m* DR considerando; *cet arrêté présente dix attendus* este decreto consta de diez considerandos.

attentat *m* atentado; *attentat aux mœurs* atentado contra las buenas costumbres ‖ *— attentat à la bombe, à l'explosif* atentado con bomba, con explosivos ‖ *attentat à la voiture piégée* atentado con un coche bomba.

attentatoire *adj* atentatorio, ria.

attente *f* espera; *dans l'attente d'un évènement* en espera de un acontecimiento ‖ demora (au téléphone) ‖ *— pierre d'attente* adaraja ‖ *salle d'attente* sala de espera ‖ *— contre toute attente* contra toda previsión.

attenter *v intr* atentar; *attenter à ses jours* atentar contra su vida.

attentif, ive *adj* atento, ta.

attention *f* atención; *fixer son attention* fijar la atención ‖ cuidado *m*; *attention à la peinture* cuidado con la pintura ‖ cuidado *m* (soin) ‖ atención, consideración, delicadeza, detalle *m*; *avoir mille attentions* tener mil atenciones *ou* delicadezas ‖ *— faire attention à* o *de* tener cuidado con, poner cuidado en ‖ *ne pas faire attention à* no hacer caso de, hacer caso omiso de, no poner cuidado en, no fijarse en.
◆ *interj* ¡cuidado!, ¡ojo! (*fam*).

attentionné, e *adj* atento, ta ‖ FIG solícito, ta; *une servante attentionnée* una criada solícita.

attentisme *m* política *f* de espera.

attentiste *adj et s* partidario, ria de esperar los acontecimientos.

attentivement *adv* atentamente; *lire attentivement la notice* leer atentamente las instrucciones.

atténuant, e *adj* atenuante ‖ DR *circonstances atténuantes* circunstancias atenuantes.

atténuation *f* atenuación.

atténuer *v tr* atenuar.

atterrant, e *adj* abrumador, ra.

atterrer *v tr* aterrar (terreur) ‖ abrumar, aplastar, anonadar (accabler); *ce coup l'a atterré* ese golpe le ha abrumado ‖ derribar (jeter à terre).

atterrir *v intr* aterrizar (avions) ‖ FAM ir a parar; *je me demande où il a été atterrir* no sé a donde ha ido a parar ‖ MAR atracar, abordar (aborder), recalar (s'approcher de la terre).

atterrissage *m* aterrizaje (avions) ‖ MAR atraque ‖ recalada *f* ‖ *— AVIAT atterrissage aux instruments* aterrizaje por instrumentos ‖ *atterrissage forcé* aterrizaje forzoso ‖ *atterrissage sur le ventre* aterrizaje con el tren replegado, aterrizaje de panza ‖ *train d'atterrissage* tren de aterrizaje.

attestation *f* atestación (témoignage) ‖ atestado *m* (document) ‖ *attestation médicale* certificado médico.

attesté, e *adj* certificado, da (certifié), comprobado, da (confirmé).

attester *v tr* atestiguar, atestar, testificar (témoigner) ‖ poner por testigo; *j'en atteste le ciel* pongo por testigo al cielo.

attiédir *v tr* entibiar, templar ‖ FIG entibiar; *l'absence attiédit l'amitié* la ausencia entibia la amistad.
◆ *v pr* entibiarse.

attifer *v tr* FAM emperejilar, emperifollar ‖ peinar, tocar (coiffure).
◆ *v pr* FAM emperejilarse, emperifollarse ‖ acicalarse (se parer) ‖ peinarse (se coiffer).

attirail [atira:j] *m* pertrechos *pl* ‖ FIG & FAM trastos *pl*, chismes *pl*, avíos *pl* (accessoires) ‖ aparato (appareil, train), boato.

attirance *f* atractivo *m* (attrait) ‖ atracción; *ressentir une attirance pour une personne* sentir una atracción por una persona.

attirant, e *adj* atrayente (qui attire) ‖ atractivo, va; *aspect attirant* aspecto atractivo.

attirer *v tr* atraer; *l'aimant attire le fer* el imán atrae el hierro ‖ FIG atraer; *attirer les regards* atraer las miradas ‖ atraer, acarrear, ocasionar; *un malheur en attire un autre* una desgracia acarrea otra ‖ llamar, captar; *attirer l'attention de quelqu'un* llamar la atención a alguien.
◆ *v pr* atraerse ‖ FIG granjearse; *s'attirer la reconnaissance de quelqu'un* granjearse el agradecimiento de alguien.

attiser *v tr* atizar ‖ FIG atizar, avivar, fomentar; *attiser le feu de l'insurrection* avivar el fuego de la insurrección.

attitré, e *adj* titulado, da; titular; *courtier attitré* corredor titulado ‖ habitual, ordinario, ria; *fournisseur attitré* proveedor habitual.

attitude *f* actitud ‖ posición, postura (du corps).

attouchement *m* toque (action) ‖ tacto (tact) ‖ contacto (contact); *point d'attouchement* punto de contacto ‖ caricia *f* ‖ imposición *f* de manos (guérisseur).

attractif, ive *adj* atractivo, va.

attraction *f* atracción; *attraction universelle* atracción universal ‖ atracción; *c'est une attraction unique* es una atracción única ‖ *— attraction terrestre* atracción terrestre ‖ *champ d'attraction* campo de atracción ‖ *force d'attraction terrestre* fuerza de atracción terrestre.
◆ *pl* atracciones (spectacle).

attrait *m* atractivo, incentivo; *l'attrait des plaisirs* el atractivo de los placeres ‖ encantos *pl*, atractivo; *les attraits d'une femme* los encantos *ou* el atractivo de una mujer ‖ propensión *f*, inclinación *f*; *je me sens de l'attrait pour la musique* siento inclinación por la música.

attrape *f* trampa (piège) ‖ FAM engaño *m*, chasco *m*, broma (tromperie), inocentada (poisson d'avril) ‖ MAR barloa (cordage) ‖ *magasin de farces et attrapes* tienda de bromas y engaños.

attrape-nigaud *m* engañabobos (ruse grossière).
— OBSERV *pl attrape-nigauds*.

attraper *v tr* coger; *attraper un loup dans le piège* coger un lobo en la trampa ‖ atrapar, echar mano; *attraper un voleur* atrapar a un ladrón ‖ FAM pillar, coger, pescar; *attraper un rhume* pescar un resfriado; *attraper le train* pillar el tren ‖ caerle a uno, echarle a uno; *il a attrapé six mois de prison* le han caído seis meses de cárcel ‖ llevarse; *il attrapa un coup de bâton* se llevó un bastonazo ‖ imitar, copiar; *attraper la manière d'un écrivain* imitar el estilo de un escritor ‖ echar una bronca, regañar (réprimander) ‖ FIG engañar, embaucar; *se laisser*

attraper dejarse engañar | atrapar, pescar, conseguir; *attraper une place* conseguir un puesto.
◆ *v pr* atraparse || ÉQUIT alcanzarse (s'entretailler) || FIG agarrarse (se disputer) | atacarse (s'attaquer) | contagiarse, pegarse; *cette maladie s'attrape* esta enfermedad se contagia | pegarse, cogerse; *l'accent du Midi s'attrape facilement* el acento del Sur se pega fácilmente.
◆ *interj* FAM *attrape!* ¡tómate ésa!, ¡chúpate ésa!

attrayant, e [atrɛjɑ̃, ɑ̃:t] *adj* atractivo, va; atrayente; *un spectacle attrayant* un espectáculo atrayente.

attribuable *adj* atribuible || imputable.

attribuer *v tr* atribuir || imputar (imputer) || achacar; *j'attribue sa défaite à un manque d'entraînement* achaco su derrota a la falta de entrenamiento || dar, otorgar; *je lui attribue un prix* le doy un premio || asignar, fijar; *on lui a attribué un salaire très élevé* se le ha fijado un sueldo muy elevado || conferir; *il s'est vu attribuer de nouvelles responsabilités* ha visto que se le conferían nuevas responsabilidades.
◆ *v pr* atribuirse.

attribut *m* atributo; *les attributs de la royauté* los atributos de la monarquía || GRAMM predicado, atributo *(p us)*.

attribution *f* atribución || DR adjudicación.

attristant, e *adj* entristecedor, ra; triste.

attrister *v tr* entristecer, causar tristeza.
◆ *v pr* entristecerse.

attroupement *m* grupo, formación *f* de grupos, aglomeración *f*; *les attroupements sont interdits* se prohibe la formación de grupos.

attrouper (s') *v pr* agruparse, aglomerarse; *des curieux qui s'attroupent* curiosos que se aglomeran.

atypique *adj* atípico, ca.

au *art contr* al; *aller au jardin* ir al jardín || con; *café au lait* café con leche || en; *être au bois* estar en la selva; *accroché au mur* colgado en la pared || de; *sandwich au jambon* bocadillo de jamón.
◆ *pl aux* a los, a las || de los; *la femme aux cheveux blonds* la mujer de los cabellos rubios.
— OBSERV Voir l'article A.

aubade [obad] *f* alborada (concert à l'aube) || FIG & FAM cencerrada (charivari).

aubaine *f* mañería (droit d'hériter d'un étranger) || FIG & FAM ganga; *profiter d'une aubaine* aprovechar una ganga.

aube [o:b] *f* alba || FIG comienzo *m*; *à l'aube de la vie* en el comienzo de la vida || ECCLÉS alba || MUS alborada || alba (des troubadours) || TECHN álabe *m*, paleta (roue) || *se lever à l'aube* levantarse de madrugada *ou* al amanecer *ou* al rayar el alba.

aubépine *f* espino *m* blanco, majuelo *m*.

auberge *f* posada, mesón *m* (rustique), venta (en pleine campagne) || hostal *m*, hostería (luxueuse), parador (d'État) || *nous ne sommes pas sortis de l'auberge* todavía no hemos salido del atolladero.

aubergine *f* berenjena (fruit).
◆ *adj inv* aberenjenado, da (couleur).

aubergiste *m et f* posadero, ra; mesonero, ra; ventero, ra.

aubier *m* BOT albura *f*.

auburn [obœrn] *adj inv* color moreno rojizo, color caoba (acajou).

aucun, e [okœn, yn] *adj et pron indéf* ninguno, na; *aucun d'entre eux* ninguno entre ellos || ningún (avec un substantif masculin); *aucun livre* ningún libro; *aucun bon livre* ningún buen libro || alguno, na (dans les phrases interrogatives); *n'a-t-elle aucun espoir de revenir?* ¿tiene alguna esperanza de volver? || alguno, na; *je me demande si aucun de nous viendra* me pregunto si alguno de nosotros vendrá || nadie; *aucun n'est content de son sort* nadie está contento con su fortuna || — *d'aucuns* algunos || *en aucune manière* de ningún modo || *je n'ai aucun espoir* no tengo esperanza alguna.

aucunement *adv* de ningún modo, de ninguna manera.

audace *f* audacia || atrevimiento *m*, osadía; *il a l'audace de m'interrompre* tiene el atrevimiento de interrumpirme || — *par un coup d'audace* por su osadía || *payer d'audace* manifestar audacia *ou* osadía.

audacieusement *adv* audazmente.

audacieux, euse *adj* audaz.

au-dedans *loc adv* → **dedans**.

au-dehors *loc adv* → **dehors**.

au-delà *loc adv* → **delà**.

au-dessous *loc adv* → **dessous**.

au-dessus *loc adv* → **dessus**.

au-devant *loc adv* → **devant**.

audible *adj* audible, oíble; *son audible* sonido audible.

audience *f* DR audiencia, vista; *audience à huis clos* audiencia a puerta cerrada || auditorio *m* (public) || *avoir une large audience* tener un gran auditorio, ser oído *ou* leído por muchos.

Audimat *m* (nom déposé) audímetro televisivo francés.

audio *adj inv* audio.

audiogramme *m* audiograma.

audiométrie *f* audiometría.

audionumérique *adj* audionumérico, ca.

audiovisuel, elle *adj* audiovisual.

audit *m* auditor, interventor de cuentas || auditoría *f*; *audit interne* auditoría interna.

auditeur, trice *m et f* auditor, ra (qui écoute) || oyente (qui entiend) || oyente; *auditeur libre* oyente libre (à un cours) || DR oídor (fonctionnaire) || RAD radioescucha, radioyente || ÉCON *auditeur interne* auditor interno.

auditif, ive *adj* auditivo, va.

audition *f* audición.

auditionner *v tr* dar una audición.

auditoire *m* auditorio, los oyentes *pl*.

auditorium [oditɔrjɔm] *m* auditorium, sala *f* de audiciones, estudio (des émissions).

auge *f* pila, pilón *m*, bebedero *m* (abreuvoir) || comedero *m* (pour manger) || artesa, dornajo *m* (récipient en bois) || cuezo *m* (de maçon) || cangilón *m* (de roue hydraulique) || canal *m ou* conducto *m* de agua || GÉOGR *auge glaciaire* valle en U.

augmentatif, ive *adj et s m* GRAMM aumentativo, va.

augmentation *f* aumento *m*, incremento *m* || subida, aumento *m*; *augmentation des prix* subida de los precios; *augmentation de salaire* aumento de sueldo.
◆ *pl* crecidos (tricot).

augmenter *v tr et intr* aumentar, incrementar ‖ subir (prix, salaires) ‖ crecer (tricot).
➤ *v pr* aumentarse.

augure *m* augur (prêtre romain) ‖ augur, agorero (devin) ‖ augurio, agüero (présage) ‖ FIG & FAM *oiseau de mauvais augure* pájaro de mal agüero.

augurer *v tr* augurar, agorar *(p us)*.

auguste *adj* augusto, ta.

aujourd'hui *adv* hoy; *aujourd'hui nous sommes mercredi* hoy estamos a miércoles ‖ hoy día, hoy en día; *aujourd'hui l'instruction est obligatoire* hoy día la instrucción es obligatoria ‖ — FAM *au jour d'aujourd'hui* hoy en día ‖ *d'aujourd'hui en huit* de hoy en ocho días.

aulne [oln] *f* BOT aliso *m* (aune).

aumône *f* limosna; *faire l'aumône* dar limosna; *demander l'aumône* pedir limosna.

aumônerie *f* capellanía.

aumônier, ère *adj (p us)* limosnero, ra (charitable).
➤ *m* capellán (chapelain).
➤ *f* limosnera, bolso *m* (bourse).

aune *m* aliso (arbre) ‖ vara *f*, ana *f (p us)* (mesure de longueur) ‖ — *aune noir* aliso negro ‖ *faire une mine longue d'une aune* poner mala cara *ou* cara larga ‖ *il mesure les autres à son aune* piensa el ladrón que todos son de su misma condición ‖ *il sait ce qu'en vaut l'aune* ya sabe donde le aprieta el zapato ‖ *mesurer avec la même aune* medir por el mismo rasero.

auparavant *adv* antes, anteriormente, con anterioridad; *il me l'a dit auparavant* me lo dijo antes ‖ *d'auparavant* anterior, de antes.

auprès *adv* al lado, cerca ‖ *tout auprès* al ladito, muy cerca.

auprès de *loc prép* cerca de; *il ne voit pas les objets s'ils ne sont pas auprès de lui* no ve los objetos si no están cerca de él ‖ junto; *auprès du feu* junto a la lumbre ‖ al lado de, en comparación con, comparado con; *votre malheur n'est rien auprès du mien* su infortunio no es nada al lado del mío ‖ dirigiéndose a; *il fit cette démarche auprès de M. Untel* hizo esta gestión dirigiéndose a Fulano ‖ para los que; *cela n'a pas de valeur auprès de ceux qui l'ignorent* no tiene valor para los que lo ignoran ‖ para; *il passe pour un sot auprès de lui* para él es un tonto ‖ ante; *on le conduisit auprès du président* se le condujo ante el presidente ‖ con; *vivre auprès de sa femme* vivir con su mujer.

auquel, elle *pron* a quien (personnes), al cual, a la cual (phrases affirmatives); *les personnes auxquelles je parle* las personas a quienes hablo ‖ al cual (phrases interrogatives); *auquel des deux?* ¿a cuál de los dos? ‖ *auquel cas* en cuyo caso.

aura *f* MÉD aura; *aura épileptique* aura epiléptica ‖ ZOOL aura, urubú.

auréole *f* aureola ‖ halo *m* (d'un astre) ‖ FIG aureola, gloria; *l'auréole du martyre* la aureola del martirio.

auréoler *v tr* aureolar.

auriculaire *adj* auricular.
➤ *m* auricular, meñique (doigt).

aurifère *adj* aurífero, ra; *des terrains aurifères* terrenos auríferos.

aurochs [orɔk *ou* orɔks] *m* ZOOL uro, auroc.

auroral, e *adj* auroral; *lumière aurorale* luz auroral.

aurore *f* aurora ‖ FIG aurora; *l'aurore de la vie* la aurora de la vida ‖ *aurore boréale* aurora boreal.
➤ *adj inv* áureo, a; de color del oro.

auscultation *f* MÉD auscultación.

ausculter *v tr* MÉD auscultar.

auspice *m* auspicio ‖ — *sous d'heureux auspices* con buenos auspicios ‖ *sous les auspices de* bajo los auspicios de.

aussi *adv* también; *moi aussi* yo también ‖ también, además (de plus, encore), asimismo (également); *ceci et cela aussi* esto y eso también ‖ tan; *je ne le croyais pas aussi savant* no le creía tan sabio ‖ *aussi... que* tan... como; *elle est aussi belle que gentille* es tan guapa como simpática.
➤ *conj* por esto, por eso, por lo que; *il est riche, aussi chacun l'envie* es rico, por eso todos le envidian ‖ FAM en realidad, después de todo; *aussi, qu'aviez-vous besoin d'aller lui dire ça* en realidad ¡qué necesidad tenía de ir a decírselo! ‖ — *aussi bien* además (d'ailleurs) ‖ *aussi bien que* tan bien como, lo mismo que; *je peux le faire aussi bien que toi* puedo hacerlo tan bien como tú ‖ *aussi bien... que* tanto... como, lo mismo... que; *aussi bien les jeunes que les vieux* tanto los jóvenes como los viejos.
— OBSERV En el sentido de por esto, por eso, por lo que, sólo se emplea después de un signo de puntuación.

aussitôt *adv* en seguida, al punto; *il vint aussitôt* vino en seguida ‖ *aussitôt après* inmediatamente después ‖ *aussitôt dit, aussitôt fait* dicho y hecho ‖ *aussitôt que* tan pronto; *on est riche aussitôt que l'on a le bonheur* se es rico tan pronto como se tiene la dicha; al mismo tiempo, tan pronto como; *j'y serai aussitôt que lui* estaré al mismo tiempo que él.

austère *adj* austero, ra.

austérité *f* austeridad ‖ — ÉCON *budget d'austérité* presupuesto de austeridad ‖ *plan d'austérité* plan de austeridad ‖ *politique d'austérité* política de austeridad.

austral, e *adj* austral; *terres australes* tierras australes.
— OBSERV pl *australs o austraux*.

Australasie *n pr f* GÉOGR Australasia.

Australie *n pr f* GÉOGR Australia.

australien, enne *adj* australiano, na.

Australien, enne *m et f* australiano, na.

australopithèque *m* australopiteco.

austro-hongrois, e *adj* austro-húngaro, ra.

autant *adv* tanto; *ne bois pas autant* no bebas tanto ‖ lo mismo, otro tanto; *vous avez été heureux, je ne puis en dire autant* usted ha sido feliz, yo no puedo decir lo mismo ‖ más, mejor; *il aimerait autant ne pas y être* quisiera más no estar ‖ — *autant comme autant* lo mismo ‖ *autant de* (avec un verbe) otro tanto; *c'est autant de pris sur l'ennemi* es otro tanto ganado al enemigo; (avec un nom, ou avec «en» au sens de quantité) tanto, ta; tantos, tas (adjectif); *il a fait autant de fautes que moi* ha hecho tantas faltas como yo; (au sens d'équivalence) otros tantos, otras tantas (adjectif pluriel); *les étoiles sont autant de soleils* las estrellas son otros tantos soles ‖ *autant de... autant de...* tantos... tantos... (adjectif); *autant de têtes, autant d'avis* tantas cabezas, tantos pareceres ‖ *autant que* (avec un verbe) tanto como, tan como; *j'en sais autant que lui* de eso sé tanto como él; *il est savant autant que modeste* es tan sabio como modesto; (avec un

nom) tanto (adjectif) ...como; *j'ai autant d'amis que lui* tengo tantos amigos como él; cuanto; *il a travaillé autant qu'il pouvait* ha trabajado cuanto podía; según lo que; *autant qu'il s'en souvienne* según lo que se acuerda; hasta donde; *autant que je puisse* hasta donde yo pueda ‖ *(vx) d'autant* otro tanto; *il mange comme quatre et boit d'autant* come como cuatro y bebe otro tanto ‖ *d'autant moins que* menos aún cuando, ya que, tanto menos... cuanto que; *je le crains d'autant moins qu'il est mon père* le temo tanto menos cuanto que es mi padre ‖ *pour autant* sin embargo (cependant), por eso, por ello ‖ — *autant dire que*... eso es tanto como decir... ‖ *autant en emporte le vent* lo que el viento se llevó ‖ *autant que possible* en lo posible, en lo que cabe ‖ *autant vaut* o poco menos; *c'est un homme mort, ou autant vaut* es un hombre muerto o poco menos.
— OBSERV *Autant se traduit en espagnol par un adverbe invariable devant les verbes et par un adjectif variable lorsque, accompagné de de, il est suivi d'un nom: ne ris pas autant,* no te rías tanto; *autant de fleurs,* tantas flores.
autarcie *f* autarcía.
autarcique *adj* autárcico, ca.
autel *m* altar ‖ *(vx)* ara *f* (autel à sacrifices) ‖ *maître-autel* altar mayor ‖ *sur l'autel de* en aras de.
auteur *m* autor; *l'auteur d'un accident* el autor de un accidente ‖ autor, ra; *cette femme est l'auteur de ce roman* esa mujer es la autora de esta novela ‖ DR autor ‖ — *droits d'auteur* derechos de autor ‖ *femme auteur* autora ‖ — *étudier un auteur* estudiar un escritor.
auteur-compositeur *m* cantautor, ra.
— OBSERV pl *auteurs-compositeurs.*
authenticité *f* autenticidad.
authentification *f* autenticación, legalización, adveración.
authentifier *v tr* autentificar, autentizar.
authentique *adj* auténtico, ca.
autisme *m* autismo.
autiste *adj et s* autista.
auto *f* auto *m*, coche *m* [*(amér)* carro] (automobile).
autoadhésif, ve *adj* autoadhesivo, va.
autoallumage *m* autoencendido.
autobiographie *f* autobiografía.
autobiographique *adj* autobiográfico, ca.
autobronzant, e *adj* bronceador, ra sin sol.
◆ *m* bronceador sin sol *ou* progresivo.
autobus *m* autobús ‖ *autobus à impériale* autobús de dos pisos.
autocar *m* autocar.
autocassable *adj* rompible; *ampoule autocassable* ampolla rompible.
autocensure *f* autocensura.
autocensurer (s') *v pr* autocensurarse.
autochtone [otɔktɔn] *adj et s* autóctono, na; indígena.
autoclave *m* autoclave *f.*
autocollant *m* pegatina *f.*
autocouchette; autocouchettes; autoscouchettes *adj inv* servicio de transporte de coches [tren] ‖ *train autocouchettes* expreso con servicio de transporte de coches.
autocrate *m* autócrata.
autocratie [otɔkrasi] *f* autocracia.
autocratique *adj* autocrático, ca.
autocritique *f* autocrítica.
autocuiseur *m* olla *f* de presión.
autodafé *m* auto de fe.
autodéfense *f* autodefensa.
autodestruction *f* autodestrucción.
autodétermination *f* autodeterminación.
autodictée *f* copia de memoria.
autodidacte *adj et s* autodidacto, ta.
autodiscipline *f* autodisciplina.
auto-école *f* autoescuela.
autofécondation *f* autofecundación.
autofinancement *m* autofinanciación *f,* autofinanciamiento.
autofocus *m* PHOT autofocus.
autogéré, e *adj* autogestionado, da.
autogestion *f* autogestión.
autographe *adj et s m* autógrafo, fa.
autogreffe *f* MÉD autotrasplante *m.*
autoguidé, e *adj* autodirigido.
auto-immunisation *f* ⟶ **auto-immunité.**
auto-immunitaire *adj* autoinmunitario, ria.
— OBSERV pl *auto-immunitaires.*
auto-immunité; auto-immunisation *f* autoinmunización.
— OBSERV pl *auto-immunités; auto-immunisations.*
auto-induction *f* autoinducción.
automate *m* autómata.
automatique *adj* automático, ca.
automatiquement *adv* automáticamente (sans intervention humaine) ‖ siempre, inevitablemente (forcément, à coup sûr).
automatisation *f* automatización.
automatiser *v tr* automatizar.
automatisme *m* automatismo.
automédication *f* automedicación.
automitrailleuse *f* autoametralladora.
automnal, e *adj* otoñal ‖ POÉT autumnal.
automne [otɔn] *m* otoño.
automobile *adj* automóvil.
◆ *f* automóvil *m.*
automobiliste *m et f* automovilista.
automoteur, trice *adj* automotor, ra.
◆ *f* automotor *m,* autovía *m* (autorail).
autonettoyant, e *adj* autolimpiable; *four autonettoyant* horno autolimpiable.
autonome *adj* autónomo, ma.
autonomie *f* autonomía ‖ — AVIAT *autonomie de vol* autonomía de vuelo ‖ *autonomie en vol* autonomía en vuelo.
autonomiste *adj et s* autonomista.
autoport *m* aparcamiento grande para camiones.
autoportant, e *adj* autoportante.
autoportrait *m* autorretrato.
autopropulsé, e *adj* autopropulsado, da.
autopsie *f* MÉD autopsia.
autopsier* *v tr* autopsiar.
autoradio *m* autorradio *f,* radio *f* de coche.
autorail *m* autovía *f,* ferrobús, automotor.
autoreverse *adj* autorreverse.
autorisation *f* autorización, permiso *m; demander l'autorisation de sortir* pedir permiso para salir.

autorisé, e *adj* autorizado, da ‖ — AVIAT *autorisé à atterrir* autorizado para aterrizar | *autorisé à décoller* autorizado para despegar.

autoriser *v tr* autorizar, permitir; *je vous y autorise* se lo permito.
◆ *v pr* apoyarse en la autoridad de, fundarse en.

autoritaire *adj et s* autoritario, ria.

autoritairement *adv* de manera autoritaria, autoritariamente.

autoritarisme *m* autoritarismo.

autorité *f* autoridad ‖ — *autorité parentale* autoridad de los padres ‖ *autorité publique* autoridad pública ‖ — *d'autorité* autoritariamente, de manera imperativa | *de pleine autorité* con plena autoridad ‖ *de sa propre autorité, de son autorité privée* por su propia autoridad, sin derecho ‖ — *avoir de l'autorité sur quelqu'un* tener ascendencia con alguien ‖ *faire autorité* ser autoridad.

autoroute *f* autopista; *autoroute à péage* autopista de peaje.

autoroutier, ère *adj* relativo, va a la autopista ‖ *réseau autoroutier* red de autopistas.

autosatisfaction *f* autosatisfacción.

autos-couchettes *adj inv* → **autocouchettes.**

auto-stop *m* autoestop ‖ — *faire de l'auto-stop* hacer autoestop ‖ *prendre quelqu'un en auto-stop* coger a un autoestopista.

auto-stoppeur, euse *m et f* autoestopista.

autosuffisant, e *adj* autosuficiente.

autosuggestion [otɔsygʒɛstjɔ̃] *f* autosugestión.

auto tamponneuse *f* auto *m* de choque ‖ *les autos tamponneuses* el autochoque (l'attraction).

autotracté, e *adj* de tracción autónoma.

autour *adv* alrededor; *la Terre tourne autour du Soleil* la Tierra gira alrededor del Sol ‖ en torno, en derredor; *ceux qui vivent autour de nous* los que viven en torno nuestro; *il y a des policiers autour de la maison* hay policías en torno a *o* alrededor de la casa ‖ FAM alrededor, poco más o menos, cosa de; *il possède autour d'un million* posee alrededor *ou* cosa de un millón ‖ — (vx) *ici autour* al lado, cerca, por aquí ‖ *tout autour* por todos lados, por todas partes ‖ *tourner autour du pot* andarse por las ramas, andar con rodeos.

autovaccin *m* autovacuna *f*.

autre *adj* otro, tra; *lire un autre livre* leer otro libro ‖ otro, tra; *c'est un autre moi-même* es otro yo ‖ otro, tra; *l'autre jour il est venu* el otro día vino.
◆ *pron* otro, tra; *l'un dit blanc, les autres noir* uno dice blanco, los otros negro; *autre part* otra parte (ailleurs) ‖ — FAM *à d'autres!* ¡a otro perro con ese hueso!, ¡cuéntaselo a otro! ‖ *d'autre part* por otro lado, por otra parte ‖ *de temps à autre* de vez en cuando ‖ *entre autres* entre otros ‖ *en voilà une autre!* ¡esta es otra! ‖ *les autres* los otros, los demás ‖ *l'un dans l'autre* uno con otro ‖ *l'un et l'autre* uno y otro ‖ *l'un l'autre* uno a otro; *se regarder l'un l'autre* mirarse uno a otro ‖ *l'un ou l'autre* uno u otro, uno de los dos ‖ *nous autres, vous autres* nosotros, vosotros ‖ *sans autre* sin más ‖ *tout autre* otro, muy diferente, cambiado; *c'est un tout autre homme maintenant* es otro hombre que antes, está muy cambiado ‖ *tout autre que* cualquier otro que no fuese (avec un substantif), cualquiera otro que no fuese (pronom) ‖ *un jour ou l'autre* uno de estos días ‖ — *c'est tout autre chose!* ¡es completamente distinto! ‖ *c'est une autre paire de manches* eso es otro cantar, eso es harina de otro costal ‖ *il n'en fait pas d'autres!* ¡siempre hace lo mismo! ‖ *parler de choses et d'autres* hablar de esto y de lo otro.

autrefois *adv* en otro tiempo, antaño.

autrement *adv* de otro modo; *il parle autrement qu'il ne pense* habla de otro modo que piensa ‖ si no, de lo contrario; *obéissez, autrement vous serez puni* obedezca, si no será castigado ‖ mucho más; *c'est autrement bon* es mucho más bueno ‖ — *autrement dit* es decir, dicho de otro modo, o lo que es igual, con otras palabras ‖ *pas autrement* no de otro modo; *c'est ainsi, pas autrement* es así, no de otro modo; no... mucho; *cela ne l'a pas autrement attristé* ésto no le ha entristecido mucho ‖ *tout autrement* de muy distinto modo.

Autriche *n pr f* GÉOGR Austria.

autrichien, enne *adj* austríaco, ca.

Autrichien, enne *m et f* austríaco, ca.

autruche *f* avestruz *m* ‖ — FAM *estomac d'autruche* estómago de piedra (qui digère tout) | *faire la politique de l'autruche* comportarse como el avestruz, que esconde la cabeza para no ver el peligro.

autrui *pron inv* el prójimo; *mal parler d'autrui* hablar mal del prójimo ‖ *d'autrui* ajeno; *le bien d'autrui* el bien ajeno; *chez autrui* en casa ajena.

auvent *m* tejadillo, colgadizo ‖ sobradillo.

auvergnat, e *adj* auvernés, esa.

Auvergnat, e *m et f* auvernés, esa.

Auvergne *n pr f* GÉOGR Auvernia.

aux [o] *pl* de *au* a los, a las ‖ *aux bons soins de* suplicada a (lettre), → **à.**

auxiliaire *adj et s* auxiliar ‖ DR *auxiliaire de justice* representante de la justicia.

auxquels *pron pl* → **auquel.**

av. abrév de *avenue* Avda, avenida ‖ abrév de *avant* antes.

avachi, e *adj* deformado, da (déformé) ‖ marchito, ta (fané) ‖ FIG & FAM molido, da; hecho polvo (fatigué).

avachir (s') *v pr* FAM deformarse (se déformer) | apoltronarse (devenir lâche).

aval *m* río abajo; *aller en aval* ir río abajo ‖ — *en aval de* más abajo de, río abajo de.

aval *m* COMM aval (garantie) ‖ *pour aval* por aval | *donner son aval* avalar, suscribir el aval.

avalanche *f* alud *m*, avalancha ‖ FIG avalancha; *une avalanche d'injures* una avalancha de injurias ‖ — *avalanche de fond* alud de fondo ‖ *avalanche poudreuse* alud de nieve en polvo.

avaler *v tr* tragar ‖ ingerir (un médicament) ‖ FAM tomar; *je n'ai rien avalé depuis hier* no he tomado nada desde ayer | engullir (engloutir) ‖ FIG comerse; *avaler la moitié des mots* comerse la mitad de las palabras ‖ FIG & FAM tragarse, creer; *il avale tout ce qu'on lui dit* se traga cuanto le dicen | soportar, tragarse; *avaler une insulte* tragarse un insulto ‖ — FAM *avaler des bourdes* comulgar con ruedas de molino | *avaler des yeux* comerse con los ojos | *avaler le morceau, la pilule* tragar la píldora | *avaler sa langue* no decir ni pío | *avaler son bulletin de naissance* irse al otro barrio | *avaler son parapluie* andar muy tieso *ou* estirado | *ne pas pouvoir avaler quelque chose* o *quelqu'un* atragantársele algo *ou* alguien a alguno.

♦ *v intr* ir río abajo (bateau) ‖ *en faire avaler* engañar, pegársela a uno.

♦ *v pr* FIG comerse; *on aurait dit qu'ils allaient s'avaler* parecía que iban a comerse.

avaliser *v tr* COMM avalar (donner son aval) ‖ avalar, garantizar; *avaliser une politique* avalar una política ‖ ÉCON *avaliser un effet* avalar un efecto.

à-valoir *m inv* pago parcial anticipado.

avance *f* adelanto *m*; *il est arrivé avec beaucoup d'avance* llegó con mucho adelanto ‖ adelanto *m*, movimiento *m* (mouvement) ‖ anticipo *m*; *faire une avance à un ouvrier* hacer un anticipo a un obrero ‖ ventaja, adelanto *m*; *il est arrivé avec une avance de 50 m* llegó con una ventaja de 50 m ‖ ARCHIT vuelo *m*, saledizo *m*, saliente *m* ‖ MIL avance *m*; *l'avance des troupes* el avance de las tropas ‖ — TECHN *avance à l'allumage* avance al encendido ‖ — *à l'avance* de antemano; *commander à l'avance* encargar de antemano; *d'avance* por anticipado, con anticipación ‖ *en avance* con anticipación; *arriver en avance* llegar con anticipación; adelantado, da; *ma montre est en avance* mi reloj está adelantado ‖ FAM *la belle avance!* ¡vaya un negocio! ‖ *par avance* de antemano; *refuser par avance* negarse de antemano ‖ — *faire des avances* dar los primeros pasos.

avancé, e *adj* adelantado, da; avanzado, da; *un poste avancé* un puesto avanzado; *un enfant très avancé pour son âge* un niño muy adelantado para su edad ‖ citado, da; enunciado, da; *prouver les faits avancés* probar los hechos citados ‖ anticipado, da; adelantado, da; *sommes avancées* cantidades anticipadas ‖ adelantado, da; *travail très avancé* trabajo muy adelantado ‖ avanzado, da; *idées avancées* ideas avanzadas ‖ de vanguardia (d'avant-garde) ‖ pasado, da; manido, da (faisandé) ‖ *d'un âge avancé* entrado, da, en años, de edad avanzada.

avancée *f* hijuela, sedal *m* (pêche) ‖ MIL avanzada ‖ ARCHIT saliente *m*, saledizo *m*.

avancement *m* avance (action d'avancer) ‖ adelanto, progreso; *l'avancement des travaux* el progreso de los trabajos ‖ ascenso; *avancement à l'ancienneté, au choix* ascenso por antigüedad, por elección ‖ ARCHIT saliente, saledizo ‖ *les avancements d'une muraille* los salientes de una muralla ‖ — DR *avancement d'hoirie* anticipo de herencia ‖ *tableau d'avancement* escalafón.

avancer* *v tr* avanzar ‖ acercar; *il avança une chaise* acercó una silla ‖ alargar; *avancer la main* alargar la mano ‖ adelantar en, progresar; *avancer son travail* adelantar en su trabajo ‖ anticipar, adelantar; *avancer de l'argent* anticipar dinero ‖ exponer, emitir; *avancer une proposition* emitir una proposición ‖ FIG adelantar; *avancer son départ* adelantar su salida.

♦ *v intr* avanzar; *les troupes avancent rapidement* las tropas avanzan rápidamente ‖ ascender; *avancer rapidement en grade* ascender rápidamente ‖ adelantar; *ma montre avance* mi reloj adelanta ‖ progresar; *avancer dans ses études* progresar en sus estudios ‖ — *avancé en âge* entrado en años ‖ *avancer en l'air* afirmar sin pruebas ‖ *cela n'avance à rien* eso no conduce a nada, con eso nada se gana ‖ FAM *être bien avancé* estar arreglado; *et maintenant tu es bien avancé* y ahora estás arreglado ‖ *le mois était déjà bien avancé* era bien entrado el mes ‖ *les heures avancées de la nuit* las altas horas de la noche.

♦ *v pr* adelantarse ‖ acercarse, aproximarse (approcher) ‖ sobresalir; *un roc s'avançait au-dessus de l'abîme* una roca sobresalía por encima del abismo ‖ comprometerse; *ne vous avancez pas trop* no se comprometa demasiado.

avanie *f* afrenta, vejación, insulto *m*.

avant *prép* antes de; *placez l'utile avant l'agréable* pongan lo útil antes de lo agradable; *l'école est avant la place* la escuela está antes de la plaza; *avant juin* antes de junio ‖ antes que; *je l'ai vu avant toi* lo he visto antes que tú ‖ ante, antes que; *l'intérêt général passe avant tout* el interés general pasa ante todo *ou* antes que todo ‖ — *avant la lettre* por adelantado, antes de tiempo, anticipadamente ‖ *avant que* antes que, antes de que ‖ *avant tout* ante todo, antes que nada ‖ *d'avant guerre* de antes de la guerra ‖ *en avant de* delante de.

♦ *adv* dentro, profundamente, adentro (indique le mouvement, la progression); *creuser trop avant* cavar demasiado profundamente; *s'enfoncer très avant dans la forêt* meterse muy adentro en la selva ‖ antes; *elle est plus belle qu'avant* está más guapa que antes; *le jour d'avant* el día antes; *avant de* antes de; *avant que* antes que, antes de que ‖ — *avant peu* dentro de poco ‖ *en avant!* ¡adelante!, ¡de frente! (soldats) ‖ MIL *en avant par trois!* ¡de frente en columna de a tres! ‖ SPORTS *une passe très en avant* un pase muy adelantado ‖ — *faire passer avant* anteponer ‖ *mettre quelque chose en avant* sentar algo, emitir una opinión sobre algo ‖ *mettre quelqu'un en avant* poner a alguien por delante ‖ *se mettre en avant* hacerse ver, ponerse en evidencia *ou* al frente.

— OBSERV En el caso en que *avant* indica el movimiento o la progresión, va generalmente precedido por alguno de los adverbios siguientes: *assez, fort, plus, si, très, trop*.

avant *m* delantera *f*, parte *f* delantera, parte *f* anterior; *l'avant d'une voiture* la parte delantera de un coche; *à l'avant* en la parte delantera ‖ SPORTS delantero ‖ MAR proa *f*; *à l'avant, sur l'avant* a proa ‖ MIL frente ‖ *aller de l'avant* avanzar sin reparar en obstáculos.

♦ *adj inv* delantero, ra; *la roue avant* la rueda delantera.

♦ *interj* MAR ¡avante!; *en avant toute* ¡avante toda!

avantage *m* ventaja *f*; *il a l'avantage d'être fort* tiene la ventaja de ser fuerte ‖ DR mejora *f* ‖ SPORTS ventaja *f* (tennis); *avantage dehors* ventaja al resto; *avantage service* ventaja al servicio ‖ FAM atractivos *pl* (appas) ‖ — *avantage en nature* remuneración en especies ‖ *avantages sociaux* beneficios sociales ‖ — *à l'avantage de* en provecho de ‖ *avec avantage* ventajosamente ‖ — MAR *avoir l'avantage du vent* estar a barlovento ‖ *prendre l'avantage sur* tomar la delantera a ‖ *profiter de son avantage* beneficiar de su superioridad ‖ *se montrer à son avantage* mostrarse en su mejor aspecto ‖ *tirer avantage de* sacar partido *ou* provecho de.

avantager* *v tr* aventajar (accorder une préférence) ‖ favorecer, agraciar; *la nature l'avait avantagé* la naturaleza le había favorecido ‖ DR mejorar (testament); *elle fut avantagée par son père* fue mejorada por su padre.

♦ *v pr* aventajarse.

avantageusement *adv* ventajosamente, honorablemente; *personne avantageusement connue* persona honorablemente conocida.

avantageux, euse *adj* ventajoso, sa; *conditions avantageuses* condiciones ventajosas ‖ favorable; *parler en termes avantageux* hablar en términos favorables ‖ que favorece, que sienta bien; *chapeau avantageux* sombrero que favorece ‖ presuntuoso, sa; vanidoso, sa; *ton avantageux* tono presuntuoso.
◆ *m* *(p us)* FAM presuntuoso; *c'est un avantageux* es un presuntuoso.

avant-bras *m* antebrazo ‖ brazuelo (du cheval) ‖ avambrazo (de l'armure).

avant-centre *m* delantero centro (football).

avant-corps [avɑ̃kɔːr] *m inv* ARCHIT salidizo, arimez.

avant-coureur *adj m* precursor, ra; *signes avant-coureurs du malheur* signos precursores de la desgracia.
◆ *m* *(p us)* precursor.

avant-dernier, ère *adj et s* penúltimo, ma.

avant-garde *f* vanguardia ‖ — *d'avant-garde* de vanguardia, vanguardista; *un film d'avant-garde* una película vanguardista ‖ FIG *être à l'avant-garde du progrès* ir a la vanguardia del progreso.

avant-gardiste *adj et s* vanguardista.
— OBSERV pl *avant-gardistes.*

avant-goût *m* sabor anticipado ‖ FIG *donner un avant-goût d'une affaire* dar una primera impresión de un asunto.

avant-guerre *f et m* período *m* anterior a la guerra.

avant-hier [avɑ̃tjɛːr] *adv* anteayer, antes de ayer ‖ *avant-hier soir* anteanoche, antes de anoche.

avant-port [avɑ̃pɔːr] *m* antepuerto.

avant-poste *m* MIL puesto avanzado ‖ FIG vanguardia *f.*

avant-première *f* primera función, destinada a los críticos, de una obra teatral o una película ‖ inauguración no oficial de una exposición destinada a críticos.

avant-projet *m* anteproyecto.

avant-propos *m inv* prólogo, prefacio, proemio.

avant-scène [avɑ̃sɛːn] *f* proscenio *m* (partie de la scène) ‖ palco *m* de proscenio (loge).

avant-veille [avɑ̃vɛːj] *f* antevíspera.

avare *adj et s* avaro, ra ‖ FIG parco, ca; *avare de confidences* parco en confidencias.

avarice *f* avaricia; *l'avarice perd tout en voulant tout gagner* la avaricia rompe el saco.

avarie *f* avería; *avarie grosse o commune* avería gruesa ‖ daño *m,* deterioro *m* (détérioration) ‖ MÉD avariosis (syphilis).

avarié, e *adj* averiado, da; echado, da a perder.
◆ *adj et s* sifilítico, ca.

avatar *m* avatar, transformación *f*; *les avatars de certains mots sont curieux* las transformaciones que sufren algunas palabras son extrañas ‖ vicisitud *f*; *les avatars de la vie* las vicisitudes de la vida.
— OBSERV *Avatar* dans le sens de transformation est un gallicisme fréquemment employé en espagnol.

ave; Ave Maria *m* Avemaría *f* (prière) ‖ cuenta *f* (grain de chapelet).

avec *prép* con; *sortir avec quelqu'un* salir con alguien; *parler avec prudence* hablar con prudencia; *fermer avec un cadenas* cerrar con un candado; *se lever avec le jour* levantarse con la aurora ‖ — *avec ça* además ‖ *avec cela* a pesar de, sin embargo; *il travaille beaucoup et avec cela il ne réussit pas* trabaja mucho y sin embargo no triunfa ‖ *et avec ça?* ¿desea algo más?, ¿algo más? ‖ — *avec moi, toi, soi* conmigo, contigo, consigo ‖ *d'avec* de; *divorcer d'avec sa femme* divorciar de su mujer.
— OBSERV *Avec* se pone a veces al final de una frase; en este sentido se traduce por *también, además*: *elle nous a donné du chocolat et du pain avec* nos ha dado chocolate y también o además, pan.

avenant [avnɑ̃] *m* acta *f* adicional (contrat) ‖ póliza *f* adicional (assurance).

avenant, e *adj* afable, de fácil trato, agradable; *des manières avenantes* maneras agradables ‖ — *à l'avenant* en proporción, en armonía; *de jolis yeux, un teint à l'avenant* ojos bonitos y una tez en armonía; por el estilo, a tenor; *tout est à l'avenant* todo está por el estilo ‖ *à l'avenant de* conforme con, de acuerdo con; *les paroles étaient à l'avenant de la musique* la letra estaba de acuerdo con la música.

avènement *m* advenimiento; *l'avènement du Messie* el advenimiento de Cristo ‖ llegada *f* al trono; *l'avènement de Louis XIV* la llegada de Luis XIV al trono; acceso; *avènement à une condition meilleure* acceso a una condición superior.

avenir *m* porvenir, futuro; *assurer l'avenir de quelqu'un* asegurar el porvenir de alguien ‖ posteridad; *l'avenir nous jugera* la posteridad nos juzgará ‖ — *éternel avenir* la Eternidad ‖ — *à l'avenir* en lo sucesivo, de ahora en adelante ‖ *personne d'avenir* persona de porvenir ‖ *avoir de l'avenir* tener porvenir.

avent *m* adviento; *4ᵉ dimanche de l'Avent* 4.º domingo de Adviento.

Aventin (mont) *n pr* GÉOGR monte Aventino.

aventure *f* aventura; *roman d'aventures* novela de aventuras ‖ — *la bonne aventure* la buenaventura; *dire la bonne aventure* echar la buenaventura ‖ — *à l'aventure* a la ventura, a la buena de Dios ‖ *d'aventure, par aventure* por ventura, casualmente, por casualidad ‖ — *partir à l'aventure* partir a la aventura ‖ MAR *prêt à la grosse aventure* préstamo a la gruesa ‖ *tenter l'aventure* probar fortuna.

aventurer *v tr* aventurar, arriesgar, exponer; *aventurer un capital* arriesgar un capital.
◆ *v pr* aventurarse.

aventureux, euse *adj* aventurado, da; arriesgado, da; *projet aventureux* proyecto aventurado ‖ azaroso, sa; *existence aventureuse* existencia azarosa.

aventurier, ère *adj et s* aventurero, ra.

aventurisme *m* aventurismo.

avenue [avny] *f* avenida (chemin) ‖ avenida (grande rue) ‖ alameda (allée) ‖ FIG camino *m*; *les avenues du pouvoir* los caminos del poder.

avéré, e *adj* probado, da; *un fait avéré* un hecho probado.

avérer* *v tr* comprobar, verificar; *avérer une nouvelle* comprobar una noticia.
◆ *v pr* revelarse; *l'entreprise s'avéra difficile* la empresa se reveló difícil.

avers [avɛr] *m* anverso, cara *f.*

averse *f* chaparrón *m,* aguacero *m,* chubasco *m* ‖ FIG & FAM diluvio *m,* multitud; *une averse de discours* un diluvio de discursos.

aversion *f* aversión; *prendre en aversion* cobrar aversión.

averti, e *adj* advertido, da ‖ enterado, da; prevenido, da; *se tenir pour averti* darse por enterado ‖ avisado, da; sagaz; *un critique averti* un crítico sagaz ‖ *un homme averti en vaut deux* hombre prevenido vale por dos.

avertir *v tr* advertir, hacer saber; *je vous en avertis* se lo advierto.

avertissement *m* advertencia *f*; *un avertissement salutaire* una advertencia saludable ‖ introducción *f* (préface) ‖ aviso; *partir sans avertissement* partir sin previo aviso ‖ notificación *f* (rappel à l'ordre).

avertisseur *m* avisador (appareil) ‖ aparato de alarma (signal d'alarme) ‖ bocina *f*, aparato de señal acústica (voitures) ‖ THÉÂTR avisador ‖ — *avertisseur d'incendie* alarma de incendios ‖ *avertisseur optique* aparato de señal óptica ‖ *avertisseur sonore* aparato de señal sonora *ou* acústica.

aveu *m* confesión *f*; *l'aveu d'une faute* la confesión de una falta ‖ permiso, consentimiento; *elle ne peut rien faire sans l'aveu de son mari* no puede hacer nada sin el consentimiento de su marido ‖ reconocimiento; *l'aveu d'une dette* el reconocimiento de una deuda ‖ declaración *f*; *de tendres aveux* declaraciones amorosas ‖ — *de l'aveu de* según testimonio *ou* opinión de; *de l'aveu de tout le monde* según la opinión de todos ‖ *faire l'aveu de* confesar; *faire l'aveu de ses fautes* confesar sus faltas ‖ *faire l'aveu de son amour* declararse ‖ *passer aux aveux* confesar la culpabilidad.

aveuglant, e *adj* deslumbrador, ra; que ciega ‖ FIG fehaciente; *une preuve aveuglante* una prueba fehaciente.

aveugle *adj* et *s* ciego, ga ‖ — *peur aveugle* miedo cerval ‖ *à l'aveugle*, *en aveugle* a ciegas, a tontas y a locas; *parler en aveugle* hablar a tontas y a locas ‖ *au royaume des aveugles les borgnes sont rois* en tierra de ciegos el tuerto es rey ‖ MÉD *en double aveugle* a doble ciego (test) ‖ *il n'est pire aveugle que celui qui ne veut pas voir* no hay peor ciego que el que no quiere ver.

aveuglé, e *adj* cegado, da; *aveuglé par la passion* cegado por la pasión.

aveuglement *m* ceguera *f*, cegudad *f* ‖ FIG obcecación *f* (trouble de la raison).

aveuglément *adv* ciegamente; *obéir aveuglément* obedecer ciegamente ‖ *croire aveuglément* creer a pies juntillas.

aveugle-né, e *adj* et *s* ciego, ga de nacimiento.

aveugler *v tr* cegar ‖ FIG deslumbrar; *le soleil m'aveugle* el sol me deslumbra ‖ cegar, ofuscar; *la passion l'aveugle* le ciega la pasión ‖ cegar, tapar; *aveugler une voie d'eau* cegar una vía de agua.
◆ *v pr* cegarse, ofuscarse.

aveuglette (à l') *loc adv* a ciegas, a tientas; *marcher à l'aveuglette* andar a ciegas ‖ FIG a la buena de Dios, al buen tuntún (au hasard) ‖ *agir à l'aveuglette* obrar a la buena de Dios.

aviateur, trice *m* et *f* aviador, ra.

aviation *f* aviación.

avicole *adj* avícola.

aviculteur, trice *m* et *f* avicultor, ra.

aviculture *f* avicultura.

avide *adj* ávido, da; ansioso, sa; *avide de gloire* ávido de gloria ‖ FIG codicioso, sa; *avide de richesses* codicioso de riquezas ‖ *être avide d'apprendre* tener sed de conocimientos.

avidement *adv* ávidamente, con avidez (manger, lire, etc.) ‖ ansiosamente, con ansiedad (attendre, etc.).

avidité *f* avidez, ansia ‖ FIG codicia.

Avignon *n pr* GÉOGR Aviñón.

avilir *v tr* envilecer, degradar; *l'alcoolisme avilit l'homme* el alcoholismo envilece al hombre ‖ depreciar (marchandises).
◆ *v pr* envilecerse, degradarse.

avilissant, e *adj* envilecedor, ra; *conduite avilissante* conducta envilecedora.

avilissement *m* envilecimiento, degradación *f* ‖ COMM baja *f*, deterioración *f* | depreciación *f* (marchandises).

aviné, e *adj* FAM borracho, cha [úsase a veces el galicismo «avinado, da»] (ivre) | aguardentoso, sa (voix, ton, haleine).

avion *m* avión ‖ — *avion à décollage debout* o *vertical* avión de despegue vertical ‖ *avion à réaction* avión de reacción ‖ *avion amphibie* avión anfibio ‖ *avion cargo* avión de carga ‖ *avion court-courrier* avión de distancias cortas ‖ *avion de bombardement* avión de bombardeo ‖ *avion de chasse* avión de caza ‖ *avion de ligne* avión de línea ‖ *avion de ravitaillement* avión nodriza ‖ *avion de reconnaissance* avión de reconocimiento ‖ *avion fusée* avión cohete ‖ *avion gros-porteur* avión de gran carga ‖ *avion long-courrier* avión de largas distancias ‖ *avion moyen-courrier* avión de distancias medias ‖ *avion téléguidé* avión sin piloto ‖ *par avion* por avión, por vía aérea.

aviron *m* MAR remo (rame) ‖ SPORTS remo, deporte del remo.

avis [avi] *m* parecer, opinión *f*; *être de l'avis de quelqu'un* ser del parecer de uno ‖ aviso, advertencia *f*; *avis préalable* aviso previo; *avis au public* aviso al público; *avis au lecteur* advertencia al lector ‖ — *avis de crédit* abonaré ‖ *avis de réception d'une lettre* acuse de recibo de una carta ‖ COMM *lettre d'avis* carta de aviso ‖ — *à mon avis* a mi parecer ‖ *de l'avis de* según opinión de ‖ *sauf avis contraire* salvo objeciones ‖ *sauf meilleur avis* salvo mejor opinión ‖ *donner avis* hacer saber, hacer presente ‖ *être d'avis que* o *de* ser del parecer que; *il m'est d'avis que tu viennes* soy del parecer que vengas ‖ *prendre avis de* tomar consejo de.

avisé, e *adj* avisado, da; sagaz.

aviser *v tr* avisar ‖ divisar, ver (apercevoir).
◆ *v intr* reflexionar, pensar; *avant de parler avisez à ce que vous avez à dire* antes de hablar piense en lo que tiene que decir.
◆ *v pr* ocurrirse; *il s'avisa de se cacher* se le ocurrió esconderse ‖ *on ne s'avise jamais de tout* no se puede estar en todo, no se puede caer en la cuenta de todo.

avitaminose *f* MÉD avitaminosis.

aviver *v tr* avivar; *aviver le feu* avivar la lumbre ‖ avivar (couleurs) ‖ afilar (une arête, etc.) ‖ avivar, irritar; *aviver une blessure* irritar una herida ‖ limpiar, poner en carne viva; *aviver les bords d'une cicatrice* limpiar los bordes de una cicatriz.
◆ *v pr* avivarse.

av. J.-C. abrév de *avant Jésus-Christ* a. de J.C., antes de Jesucristo.

avocat, e *m* et *f* abogado, da ‖ — *avocat au Conseil d'État* letrado del Consejo de Estado ‖ *avocat commis d'office* abogado nombrado de oficio ‖

avocat d'affaires abogado de empresa ‖ *avocat de la défense* abogado defensor ‖ *avocat de la partie civile* acusador particular ‖ *avocat général* fiscal del Tribunal Supremo ‖ *avocat du diable* abogado del diablo ‖ *avocat plaidant* abogado defensor, demandante ‖ *avocat stagiaire* pasante de abogado.

avocat *m* aguacate (fruit).

avocatier *m* aguacate (arbre).

avoine *f* BOT avena ‖ — *folle avoine* ballueca *ou* avena loca ‖ — *donner de l'avoine* dar cebada ‖ *gagner son avoine* ganarse el pan.

avoir* *v tr* tener; *j'ai de l'argent* tengo dinero; *tu as le temps de* tienes tiempo para; *avoir sous la main* tener a mano; *il a deux jours pour se décider* tiene dos días para decidirse ‖ tener, obtener, conseguir; *je l'ai eu pour rien* lo he obtenido por muy poco ‖ tener; *avoir faim* tener hambre ‖ tener; *la salle a six mètres de long* la sala tiene seis metros de largo ‖ pasar, suceder, ocurrir; *qu'avez-vous?* ¿qué le pasa?, ¿qué le ocurre? ‖ vencer (vaincre); *on les aura!* ¡los venceremos! ‖ — *avoir à* tener algo para; *j'ai à manger* tengo algo para comer; tener que (devoir); *j'ai à sortir* tengo que salir ‖ *avoir à cœur de* tener empeño ‖ *avoir affaire à quelqu'un* habérselas con alguien, tener que ver con alguien ‖ *avoir beau* por más que ‖ *avoir comme* tener por; *avoir comme ami* tener por amigo ‖ *avoir de* tener parecido; *il a un peu de son oncle* tiene algún parecido con su tío ‖ *avoir de quoi vivre* tener un buen pasar ‖ *avoir l'air de* parecer; *il a l'air bon* parece bueno ‖ *avoir la main* estar de mano (jeux) ‖ *avoir pour* tener por, considerar ‖ *avoir pour agréable* tener a bien ‖ FAM *avoir quelqu'un* pegársela a uno, quedarse con uno ‖ *avoir sous les yeux* tener ante los ojos *ou* a la vista ‖ *contre qui* o *à qui en a-t-il?* ¿contra quién está resentido? ‖ *en avoir assez* estar harto ‖ *en avoir par-dessus la tête* estar hasta la coronilla ‖ *en avoir pour* tardar; *j'en ai pour longtemps* tardaré mucho ‖ *en avoir pour son argent* obtener por el valor de su dinero ‖ *il n'en a plus pour longtemps* ya le queda poco ‖ *n'avoir qu'à* no tener más que; *il n'a qu'à parler pour être obéi* no tiene más que hablar para que sea obedecido.

◆ *v auxil* haber.

◆ *v impers* il y a hay; *il y a beaucoup de monde ici* aquí hay mucha gente ‖ hacer; *il y a une semaine* hace una semana ‖ — *il n'y a pas de quoi* no hay de qué ‖ *il n'y en a plus* ya no hay más ‖ *il y a bien de quoi!* no merece la pena ‖ *quand il n'y en a plus, il y en a encore* esto es el cuento de nunca acabar *ou* el cuento de la buena pipa ‖ *quoi qu'il en ait* quiera o no quiera ‖ *tant il y a que* tanto es que.

— OBSERV Le verbe *avoir* a deux traductions en espagnol: *tener* et *haber*. Dans le sens de *posséder* il se traduit obligatoirement par *tener*: *j'ai une maison tengo una casa*. *Haber* est l'auxiliaire utilisé dans la formation des temps composés: *il a acheté ha comprado*. Il faut remarquer que dans ce cas il remplace l'auxiliaire être avec les verbes de mouvement et de station: *ils sont venus han venido*. *Haber* est employé également comme impersonnel: il y a beaucoup de monde *hay mucha gente* (mais si cet impersonnel introduit une idée de durée il faut le traduire par *hacer*: il y a huit jours *hace ocho días*).

— OBSERV La locución *avoir beau* va siempre seguida, en francés, por un verbo en infinitivo que se pone en subjuntivo al ser traducido al español si se trata de una acción hipotética y en indicativo si se refiere a un hecho real: *il aura beau faire, il échouera toujours* por más que haga, fracasará siempre; *il a beau faire, il échoue toujours* por más que hace, fracasa siempre.

avoir *m* haber; *le doit et l'avoir* el debe y el haber; *c'est tout son avoir* es todo su haber ‖ el pasivo y el activo ‖ *avoir fiscal* abono de dividendo.

◆ *pl* ÉCON activos ‖ — *avoirs à vue* activos a la vista ‖ *avoirs de change* activos de cambio.

avoisinant, e *adj* vecino, na; contiguo, gua; próximo, ma; inmediato, ta (proche).

avoisiner *v tr* lindar con, confinar con, ser vecino ‖ FIG ser semejante; *son opinion avoisinait la mienne* su opinión era semejante a la mía.

avorté, e *adj* frustrado, da.

avortement *m* aborto; *avortement illicite* aborto ilegal ‖ FIG fracaso, aborto; *l'avortement de la rébellion* el fracaso de la rebelión.

avorter *v tr* abortar; *se faire avorter* abortar ‖ FIG abortar, fracasar (échouer) ‖ *faire avorter* impedir el desarrollo; *la paresse fait avorter beaucoup de talents* la pereza impide el desarrollo de muchos talentos.

avorton *m* aborto ‖ abortón (animal) ‖ FIG aborto, feto, engendro (homme mal fait).

avouable [avwabl] *adj* confesable.

avoué *m* procurador judicial.

avouer *v tr* confesar, reconocer; *avouer ses péchés* confesar sus pecados; *avouer sa négligence* reconocer su negligencia ‖ reconocer por suyo; *avouer un enfant* reconocer por suyo un hijo ‖ aprobar, confirmar *(p us)*; *j'avoue tout ce que vous avez fait* apruebo todo lo que ha hecho.

◆ *v pr* confesarse, declararse, darse por; *s'avouer vaincu* declararse *ou* darse por vencido.

avril *m* abril ‖ — *poisson d'avril* inocentada, chasco ‖ — *en avril, ne te découvre pas d'un fil* hasta el cuarenta de mayo no te quites el sayo.

— OBSERV El *poisson d'avril* se realiza el día primero del mes de abril, mientras que la *inocentada* española se reserva para el 28 de diciembre, día de los Santos Inocentes.

axe *m* eje; *l'axe d'une rue* el eje de una calle ‖ — ANAT *axe cérébro-spinal* eje cerebroespinal ‖ TECHN *axe d'entraînement* eje de transmisión ‖ *axe de rotation* eje de rotación ‖ MATH *axe de révolution* eje de revolución ‖ *axe de rotation* eje de rotación ‖ *axe d'inertie* eje de inercia ‖ ASTR *axe du monde* eje del mundo ‖ FIG *l'axe Berlin-Rome* el eje Berlín-Roma ‖ — *dans l'axe de* en la dirección de.

axer *v tr* orientar, centrar; *axer un roman sur les questions sociales* centrar una novela en las cuestiones sociales.

axial, e *adj* axial; *des éclairages axiaux* alumbrados axiales.

axiomatique *adj* axiomático, ca.

axiome *m* axioma ‖ FIG principio; *les axiomes de la politique française* los principios de la política francesa.

axolotl *m* ajolote (amphibien mexicain).

ayant cause [ɛjãko:z] *m* DR causahabiente, sucesor.

— OBSERV pl *ayants cause*.

ayant droit [ɛjãdrwa] *m* DR derechohabiente, interesado.

— OBSERV pl *ayants droit*.

ayatollah *m* ayatollah, ayatolá.
aymara *m* aimará (langue indienne d'Amérique du Sud).
azalée *f* BOT azalea.
Azerbaïdjan *n pr* GÉOGR Azerbaiyán.
azimut [azimyt] *m* acimut (angle) ‖ *—* FAM *dans tous les azimuts* en todas las direcciones | *tous azimuts* por todas partes.
azote *m* CHIM nitrógeno, ázoe *(vx).*
azoté, e *adj* nitrogenado, da; azoado, da *(p us).*

aztèque *adj* azteca.
◆ *m* azteca (langue).
Aztèques *n pr m pl* aztecas.
azur *m* BLAS azul ‖ POÉT azul | el cielo, el aire ‖ *— la Côte d'Azur* la Costa Azul ‖ *pierre d'azur* lapislázuli.
azurer *v tr* azular ‖ *—* POÉT *la plaine azurée* el mar | *la voûte azurée* la bóveda celeste.
azyme *adj m et s m* ácimo; *pain azyme* pan ácimo ‖ *fête des azymes* fiesta de los ácimos.

B

b *m* b *f*; *un grand B, un petit b* una B mayúscula, una b minúscula ‖ *ne savoir ni A ni B* no saber ni jota ‖ *prouver par a plus b* probar por a más b.
B abrév de *bien* notable ‖ abrév de *bel* B, bel.
B.A. abrév de *bonne action* buena acción.
B.A.-ba *m inv* ABC; *apprendre le B.A.-ba* aprender el ABC.
baba *m* CULIN baba (gâteau); *baba au rhum* baba al ron ‖ FAM patidifuso, sa; embobado, da; de una pieza; *rester baba* quedarse patidifuso.
babeurre *m* suero de leche de vaca.
babil *m* parloteo, cháchara *f* (bavardage) ‖ balbuceo (des petits enfants) ‖ gorjeo (oiseaux).
babiller *v intr* parlar, parlotear.
babine *f* belfo *m*, morro *m* (lèvre d'animal) ‖ FAM morro *m* (d'une personne) ‖ FAM *s'en lécher les babines* relamerse, chuparse los dedos.
babiole *f* FAM friolera, fruslería.
babiroussa *m* ZOOL babirusa.
bâbord [babɔːr] *m* MAR babor; *à o par bâbord* a babor.
babouche *f* babucha.
babouin *m* ZOOL zambo, babuino (gallicisme) ‖ FIG & FAM niño revoltoso.
baby-boom *m* explosión *f* de la natalidad.
— OBSERV pl *baby-booms.*
baby-foot *m* futbolín.
Babylone *n pr f* GÉOGR Babilonia.
babylonien, enne *adj* babilónico, ca (relatif à Babylone), babilonio, nia (originaire de Babylone).
baby-sitter *m et f* canguro.
baby-sitting *m* canguro; *faire du baby-sitting* hacer de canguro.
— OBSERV pl *baby-sittings.*
bac *m* barcaza *f*, chalana *f*, transbordador (bateau) ‖ cuba *f*, lebrillo, herrada *f* (grand baquet) ‖ pila *f* (de cuisine) ‖ CHIM & PHOT cubeta *f* ‖ TECHN recipiente (accumulateur) ‖ *— bac à douche* plato de la ducha ‖ *bac à glace* bandeja *ou* molde para los cubiletes de hielo ‖ *bac à legumes* cubeta de la verdura.
bac *m* FAM bachillerato (baccalauréat) ‖ *bac blanc* examen de bachillerato que sirve como preparación al examen oficial.
baccalauréat [bakalɔrea] *m* bachillerato (examen).
— OBSERV En francés el *baccalauréat* designa sólo el grado universitario y no el curso de estudios como el bachillerato español.
baccara *m* bacará, bacarrá (jeu de cartes).
baccarat *m* cristal de Baccarat [fábrica francesa, en Lorena].
bacchanale *f* bacanal.
bacchante [bakɑ̃ːt] *f* bacante.
Bacchus [bakys] *n pr m* Baco.
bâche *f* toldo *m* (d'une boutique) ‖ cubierta de lona, baca (de voiture, de bateau) ‖ estufa (pour les plantes) ‖ depósito *m* (d'une chaudière) ‖ cárter *m* de una turbina hidráulica ‖ *bâche goudronnée* lona embreada.
bachelier, ère *m et f* bachiller; *bachelier ès lettres, ès sciences* bachiller en letras, en ciencias.
bâcher *v tr* entoldar (contre le soleil) ‖ cubrir con una lona (une voiture).
bachique [baʃik] *adj* báquico, ca.
bachotage *m* FAM preparación *f* acelerada e intensiva de un examen ‖ *faire du bachotage* estudiar lo necesario para aprobar.
bachoter *v intr* FAM empollar.
bacillaire [basilɛːr] *adj* MÉD bacilar.
bacille [basil] *m* bacilo.
bâcler *v tr* atrancar (une porte ou une fenêtre) ‖ FIG & FAM hacer de prisa y corriendo, hacer en un dos por tres, chapucear (travailler vite et mal); *bâcler un travail* hacer de prisa y corriendo un trabajo ‖ MAR cerrar (un port, une rivière).
bacon [bekɔn] *m* tocino entreverado.
bactéricide *adj et s m* bactericida.
bactérie *f* bacteria.
bactérien, enne *adj* bacteriano, na.

bactériologie *f* bacteriología.
bactériologique *adj* bacteriológico, ca.
bactériologiste; bactériologue *m* et *f* bacteriólogo, ga.
badaud, e [bado, o:d] *adj* et *s* curioso, sa (curieux); mirón, ona ‖ papanatas, bobo, ba (niais, sot).
baderne *f* MAR baderna (tresse en fil de caret) ‖ FIG & FAM *vieille baderne* vejestorio carcamal (personne vieille), militar viejo.
badge *m* chapa *f*, insignia *f*.
badiane *f* badián *m* (arbre) ‖ badiana (fruit).
badigeon [badiʒɔ̃] *m* enlucido, encalado, enjalbegado (d'un mur).
badigeonner *v tr* enjalbegar, enlucir, encalar ‖ formar una capa de; *le charbon badigeonnait tout d'une suie grise* el carbón formaba una capa de hollín gris sobre todas las cosas ‖ recubrir de una capa de (le corps) ‖ MÉD dar unos toques, untar; *badigeonner de teinture d'iode* dar unos toques con tintura de yodo.
badin, e *adj* juguetón, ona (enjoué) ‖ bromista, chancero, ra; *ton badin* tono bromista ‖ jocoso, sa; festivo, va; *style badin* estilo jocoso.
badinage *m* broma *f*, chanza *f* (plaisanterie) ‖ gracejo (humeur).
badine *f* junquillo *m*, bastoncillo *m* (canne mince) ‖ varilla (baguette).
badiner *v intr* bromear, chancear (plaisanter); *il ne badine pas* no bromea ‖ tomar a broma; *badiner de tout* tomarlo todo a broma ‖ jugar (jouer); *on ne badine pas avec l'amour* no hay que jugar con el amor ‖ juguetear; *badiner avec une canne* juguetear con un bastón ‖ hablar, escribir con gracejo ‖ *en badinant* burla burlando, jugando.
badminton *m* bádminton, juego del volante (jeu).
B.A.F.A.; Bafa abrév de *Brevet d'aptitude aux fonctions d'animation* diploma de aptitudes para funciones de animador.
baffe *f* POP chuleta, bofetada (gifle).
baffle *m* RAD baffle, pantalla *f* acústica.
bafouer [bafwe] *v tr* mofarse de (se moquer) ‖ escarnecer, abofetear ‖ engañar (tromper), ridiculizar (ridiculiser).
bafouiller *v intr* FAM hablar entrecortadamente, farfullar, barbullar.
bâfrer *v tr* et *intr* POP atracarse, engullir.
bagage *m* equipaje (de voyage); *bagages enregistrés* equipaje facturado ‖ MIL bagaje, impedimenta *f* ‖ FIG bagaje [galicismo]; caudal (intellectuel); *bagage littéraire* bagaje literario ‖ — *bagages à main* equipaje de mano, maletines de mano — *avec armes et bagages* con todos sus trastos ‖ FIG & FAM *plier bagage* tomar las de Villadiego (s'enfuir), liar el petate, irse al otro barrio (mourir).
bagagiste *m* mozo de equipajes, mozo de cuerda.
bagarre *f* FAM gresca, trifulca, camorra (rixe) ‖ *il aime la bagarre* es un buscabroncas, le gusta armar bronca.
bagarrer *v intr* FAM pelearse por, combatir por; *bagarrer pour une opinion* combatir por una opinión.
◆ *v pr* pelearse.

bagarreur, euse *adj* et *s* FAM peleón, ona; camorrista; *un tempérament bagarreur* un temperamento camorrista.
bagatelle *f* bagatela, fruslería ‖ FIG pequeñez, frivolidad (chose frivole) ‖ tontería, grano *m* de anís, moco *m* de pavo; *six mille dollars ne sont pas une bagatelle* seis mil dólares no son ninguna tontería ‖ *ne pas s'arrêter à des bagatelles* no pararse en tonterías.
Bagdad *n pr* GÉOGR Bagdad.
bagnard *m* forzado, presidiario.
bagne *m* presidio ‖ *(vx)* baños; *le bagne d'Alger* los baños de Argel.
bagnole *f* FAM coche *m* (voiture ordinaire) ‖ POP carricoche *m*, cacharro *m* (mauvaise voiture).
bagou *m* FAM labia *f*, jarabe de pico; *avoir beaucoup de bagou* tener mucha labia *ou* jarabe de pico.
baguage [bagaʒ] *m* BOT incisión *f* anular ‖ colocación *f* de una anilla (à un oiseau) ‖ encasquillado (d'un axe).
bague *f* anillo *m*, sortija (bijou) ‖ anilla (d'un oiseau) ‖ pasador *m* (de cravate, etc.) ‖ vitola, faja (de cigare) ‖ ARCHIT anillo *m* ‖ MÉCAN casquillo *m*, manguito *m*, anillo *m* ‖ — *bague d'arrêt* anillo de ajuste ‖ *bague d'étanchéité* retén de grasa ‖ *bague de fiançailles* sortija de compromiso, sortija de pedida ‖ TECHN *bague de serrage* anillo de cierre ‖ PHOT *bague du diaphragme* graduador del diafragma.
bagué, e *adj* anillado, da.
baguer *v tr* hilvanar (faufiler) ‖ BOT hacer incisiones anulares ‖ anillar (un oiseau) ‖ poner un anillo, anillar ‖ ensortijar; *ses doigts étaient bagués d'émeraudes* tenía los dedos ensortijados de esmeraldas.
baguette *f* junquillo *m*, varilla (bâton mince) ‖ vara (des autorités) ‖ palillo *m* (de tambour) ‖ palillo *m*; *les Chinois mangent avec des baguettes* los chinos comen con palillos ‖ junco *m* (d'un cadre) ‖ pan *m* de forma muy alargada, barra (pain) ‖ ARCHIT junquillo *m* (moulure) ‖ tapajuntas *m* (pour cacher les joints) ‖ CHIM agitador *m* (de laboratorio) ‖ MIL baqueta (fusil) ‖ MUS batuta *f* ‖ taco *m* (violon) ‖ listón *m* (menuiserie) ‖ moldura (para cacher des fils), moldura cromada (voiture) ‖ PEINT tiento *m* (appui-main) ‖ — *baguette de soudure* alambre de soldar ‖ *baguette de sourcier* péndulo de zahorí ‖ *baguette magique* varilla mágica, varita de la virtud *ou* de virtudes ‖ *d'un coup de baguette magique* como por encanto, por arte de magia ‖ *mener à la baguette* mandar, tratar a la baqueta.
bah! *interj* ¡bah! ‖ ¡vaya! (étonnement).
Bahamas *n pr* GÉOGR Bahamas.
Bahreïn *n pr* GÉOGR Bahrein.
baht *m* baht (monnaie thaïlandaise).
bahut [bay:] *m* arcón (coffre), arca *f* ‖ especie de bargueño (buffet bas) ‖ ARCHIT albardilla *f* (chaperon de mur) ‖ FAM colegio, escuela *f* (lycée).
— OBSERV El *baúl* español, de igual origen que *bahut*, corresponde hoy al francés *malle*.
bai, e *adj* bayo, ya (chevaux).
— OBSERV *Bai* es invariable si va seguido por otro adjetivo que lo modifica (*des chevaux bai foncé*).
baie *f* bahía (rade) ‖ baya (fruit) ‖ ARCHIT vano *m*, hueco *m* (fenêtre, porte) ‖ *baie vitrée* ventanal.
baignade [bɛɲad] *f* baño *m* (bain) ‖ sitio *m* donde puede uno bañarse, playa.

baigner *v tr* bañar; *baigner un enfant* bañar a un niño || bañar (mouiller); *visage baigné de larmes* rostro bañado en lágrimas || bañar (terres); *côtes baignées par la mer* costas bañadas por el mar.
◆ *v intr* estar bañado, estar en remojo (tremper) || — *baigner dans la brume* estar inmerso en la niebla || *baigner dans le sang* anegarse en sangre || FAM *ça baigne!* ¡esto marcha!
◆ *v pr* bañarse.
baigneur, euse *m et f* bañero, ra (qui tient une maison de bains) || bañista (qui se baigne) || bañista, agüista (de station thermale).
◆ *m* muñequilla *f* (petite poupée).
baignoire *f* baño *m*, bañera (récipient) || MAR cubierta de la torre de un submarino || THÉÂTR palco *m* de platea || *baignoire sabot* polibán.
Baïkal (lac) *n pr m* GÉOGR lago Baikal.
bail [baj] *m* arrendamiento, arriendo || — *bail à céder* se traspasa || — *donner quelque chose à bail* arrendar || *prendre quelque chose à bail* tomar en arrendamiento || FAM *il y a un bail!* ¡hace un siglo!
— OBSERV pl *baux.*
bâillement [bɑjmɑ̃] *m* bostezo.
bailler [baje] *v tr (vx)* dar (donner) || FAM *la bailler bonne* o *belle* querer pegársela a uno; *vous me la baillez belle!* ¡me la quiere pegar!
bâiller [bɑːje] *v intr* bostezar (ouvrir la bouche) || FIG estar entreabierto *ou* entornado; *la porte bâille* la puerta está entreabierta.
bailleur, eresse *m et f* DR arrendador, ra || COMM *bailleur de fonds* socio capitalista, proveedor de fondos.
bailli [baji] *m (vx)* baile (magistrat) || bailío (ordre de Malte).
— OBSERV Hace en femenino *baillie* y *baillive.*
bâillon [bɑjɔ̃] *m* mordaza *f.*
bâillonnement [-jɔnmɑ̃] *m* amordazamiento.
bâillonner *v tr* amordazar || FIG cohibir; *bâillonné par la peur* cohibido por el miedo.
bain *m* baño; *bains de mer* baños de mar || — *bain de bouche* enjuague || *bain de foule* baño de multitudes || *bain de pieds* baño de pies || *bain de siège* baño de asiento || *bain de soleil* baño de sol || *costume de bain* bañador, traje de baño || — FAM *être dans le bain* estar en el asunto (au courant), estar comprometido (compromis) || *prendre un bain* tomar un baño || *prendre un bain de soleil* tomar el sol.
◆ *pl* baños, balneario *sing*; *établissement de bains* casa de baños || *bains (-douches) municipaux* baños y duchas públicos.
bain-marie *m* baño de maría || CULIN *faire chauffer au bain-marie* calentar al baño María.
— OBSERV pl *bains-marie.*
baïonnette *f* bayoneta || casquillo *m* (ampoule) || — *baïonnette à douille* bayoneta de cubo || *baïonnette au canon!* ¡armen armas! || — ÉLECTR *ampoule à baïonnette* bombilla de bayoneta || *douille à baïonnette* portalámparas de bayoneta || — *croiser la baïonnette* hacer frente con la bayoneta calada || *mettre baïonnette au canon* calar la bayoneta.
baisemain [bɛzmɛ̃] *m* besamanos.
baiser *v tr* besar; *je vous baise les mains* le beso la mano || POP joder.
— OBSERV Debe evitarse el empleo de *baiser quelqu'un* y decir en su lugar *embrasser.*
baiser *m* beso || *baiser de paix* ósculo de la paz.

baisse *f* bajada (descente); *la baisse des eaux* la bajada de las aguas || baja; *la baisse des prix* la baja de los precios || — *baisse de tension* bajada de tensión || *baisse de pression* bajada de presión || COMM *«baisse sur la viande»* «oferta especial de carne» || — *être en baisse* ir de baja, estar de capa caída || *jouer à la baisse* jugar a la baja || *les actions sont en baisse* las acciones están en baja.
baisser *v tr et intr* bajar; *baisser un rideau, la tête* bajar una cortina, la cabeza || rebajar; *baisser un mur* rebajar una pared || MAR arriar (un drapeau) || — FIG *baisser l'oreille* bajar las orejas || *baisser pavillon* arriar bandera.
◆ *v pr* bajarse, agacharse (se courber).
baissier *m* bajista (Bourse).
bajoue *f* carrillada (de porc, de veau) || FAM moflete *m* (joue).
bakchich *m* FAM soborno.
bakélite *f* baquelita.
Bakou *n pr* GÉOGR Bakú.
bal [bal] *m* baile; *bal champêtre* baile campestre || *bal masqué* o *costumé* baile de máscaras || *bal musette* baile popular *ou* de candil.
B.A.L.; Bal abrév de *boîte aux lettres (électronique)* servicio de correo electrónico.
balade *f* FAM paseo *m*, garbeo *m*; *faire une balade* darse un paseo *ou* un garbeo.
balader *v tr* FAM pasear || FAM *envoyer balader* enviar a paseo.
◆ *v pr* FAM pasearse.
baladeur *adj* MÉCAN *train baladeur* engranaje móvil.
◆ *m* walkman.
baladeuse *f* carrito *m* de vendedor ambulante || jardinera (tramway) || lámpara transportable (lampe).
baladin, e *m et f* farsante, ta; farandulero, ra || saltimbanqui.
balafon *m* MUS balafo.
balafre *f* chirlo *m*, cuchillada en la cara.
balafré, e *adj et s* señalado con un tajo en la cara, que tiene un chirlo.
balafrer *v tr* señalar la cara con una cuchillada.
balai *m* escoba *f*; *balai mécanique* escoba mecánica || ÉLECTR escobilla *f* || TECHN embojo (vers à soie) | rasqueta *f* (d'essuie-glace) || — *coup de balai* escobazo || *manche à balai* palo de escoba, palanca de mando (dans un avion) || *train balai* último tren del día || *voiture balai* coche escoba || — *donner un coup de balai* dar un barrido ligero, hacer una limpieza ligera (nettoyer), hacer una limpieza general (congédier des employés).
balai-brosse *m* cepillo para fregar.
balalaïka *f* balalaica (guitare russe).
balance *f* balanza, peso *m* || COMM balance *m*; *balance des affaires* el balance de los negocios || FIG equilibrio *m*; *la balance des forces* el equilibrio de las fuerzas || retel *m* [para pescar cangrejos] || ÉCON *balance commerciale* balanza comercial | *balance des opérations courantes* balanza por cuenta corriente | *balance des paiements* balanza de pagos || *balance des forces* equilibrio de fuerzas || — *être en balance* estar indeciso || *faire pencher la balance* inclinar el fiel de la balanza || *les deux sont en balance pour cet emploi* los dos tienen las mismas posibilidades de conseguir el empleo || *mettre en*

balance sopesar, comparar, cotejar ‖ *tenir la balance égale* mostrarse imparcial.
Balance *f* ASTR Libra; *être de la Balance* ser Libra.
balancé, e *adj* construido, da; equilibrado, da; *phrase bien balancée* frase bien construida ‖ FAM formado, da; hecho, cha; plantado, da; *femme bien balancée* mujer bien formada.
balancelle *f* MAR balancela ‖ balancín (de jardin).
balancement *m* balanceo (d'un pendule) ‖ contoneo (d'une personne) ‖ equilibrio (équilibre) ‖ vacilación *f*, duda *f*.
balancer* *v tr* menear; *les bœufs balancent la tête* los bueyes menean la cabeza ‖ COMM hacer el balance ‖ FIG & FAM despedir (renvoyer); *balancer un domestique* despedir a un criado.
◆ *v intr* balancear, vacilar (hésiter) ‖ oscilar (osciller).
◆ *v pr* mecerse, columpiarse; *se balancer sur une branche* mecerse en una rama ‖ compensarse, equilibrarse (s'équilibrer) ‖ COMM saldarse (se solder) ‖ MAR balancearse ‖ POP *s'en balancer* importarle a uno un pito, traerle a uno sin cuidado.
balancier *m* balancín ‖ péndola *f* (de pendule) ‖ balancín (d'équilibriste) ‖ MAR balancín, batanga *f* (pirogue) ‖ TECHN volante (pour frapper la monnaie).
balançoire [balɑ̃swaːr] *f* columpio *m* (jeu).
balane *f* bálano *m* (mollusque).
balayage [balɛjaːʒ] *m* barrido ‖ TECHN exploración *f* (télévision) ‖ INFORM barrido electrónico ‖ — *microscope à balayage* microscopio de barrido ‖ *se faire faire un balayage* hacerse reflejos.
balayer* [-je] *v tr* barrer ‖ FIG barrer, echar (chasser); *le vent balaye les feuilles* el viento barre las hojas ‖ TECHN explorar; *phare qui balaye l'horizon* faro que explora el horizonte.
balayette [-jɛt] *f* escobilla.
balayeur, euse [-jœːr, øːz] *m et f* barrendero, ra.
◆ *f* barredora (municipale) ‖ volante *m* (de jupe longue).
balbutiant, e *adj* balbuceante.
balbutiement [balbysimɑ̃] *m* balbuceo.
balbutier* *v intr* balbucear, balbucir.
◆ *v tr* balbucear; *balbutier un compliment* balbucear un cumplido.
balbuzard *m* águila *f* pescadora.
balcon *m* balcón ‖ THÉÂTR piso principal.
baldaquin *m* baldaquín, baldaquino.
Bâle [bɑl] *n pr* GÉOGR Basilea.
Baléares *n pr f pl* Baleares (îles).
baleine *f* ballena (cétacé) ‖ ballena (lame); *baleine de corset* ballena de corsé ‖ varilla (de parapluie) ‖ *blanc de baleine* esperma de ballena.
baleiné, e *adj* emballenado, da (garni de baleines).
baleineau *m* ballenato.
baleinier, ère *adj* et *s* MAR ballenero, ra.
baleinoptère; balénoptère *m* rorcual (cétacé).
Bali *n pr* GÉOGR Bali.
balinais, e *adj* balinense (de Bali).
Balinais, e *m et f* balinés, esa.
balisage *m* AVIAT & MAR balizaje.

balise *f* MAR baliza ‖ radio-brújula, radio-faro *m* de guía (émetteur) ‖ AVIAT *balises d'obstacles* balizas de obstrucción.
baliser *v tr* balizar, abalizar.
balisier *m* BOT cañacoro (plante).
balistique *adj* et *s f* balístico, ca.
baliverne *f* cuchufleta, pamplina; *assez de balivernes!* ¡basta de pamplinas!
balkanique *adj* balcánico, ca.
balkanisation *f* balcanización.
Balkans *n pr m pl* GÉOGR Balcanes.
ballade *f* POÉT balada ‖ balata (chantée).
ballant, e *adj* pendiente, colgante; *aller les bras ballants* ir con los brazos colgantes.
◆ *m* balanceo (oscillation) ‖ seno de una vela ou de una cuerda (courbe d'une voile, d'un câble).
ballast *m* balasto (chemin de fer) ‖ MAR lastre.
balle [bal] *f* pelota; *jouer à la balle* jugar a la pelota ‖ bala, fardo *m* (ballot) ‖ paca, bala (de coton) ‖ bala (de fusil, de pistolet); *balle explosive* o *dum-dum* bala explosiva *ou* dum-dum; *balle traçante* o *traceuse* bala trazadora ‖ bola (boule) ‖ BOT cascabillo *m* (du grain) ‖ *(vx)* IMPR bala (tampon encreur) ‖ POP franco *m* del ala (argent); *vingt balles* veinte del ala ‖ cara (figure) ‖ — *balle perdue* bala perdida ‖ *échange de balles* peloteo (tennis, ping-pong) ‖ *enfant de la balle* hijo que sigue la profesión de su padre [en el circo y en el teatro] ‖ — *à vous la balle* a usted le toca hablar *ou* actuar ‖ *faire des balles* pelotear (tennis, ping-pong) ‖ FIG *avoir la balle dans son camp* llegar con ventaja ‖ *la balle est dans votre camp* la pelota está aún en el tejado ‖ *prendre* o *saisir la balle au bond* coger la ocasión por los pelos ‖ *renvoyer la balle* devolver la pelota, pagar en la misma moneda.
ballerine *f* bailarina ‖ zapatilla (chaussure).
ballet *m* THÉÂTR ballet, baile; *les ballets russes* los ballets rusos ‖ — *ballet de couleurs* festival de colores ‖ FIG *ballet diplomatique* juego de la diplomacia ‖ *corps de ballet* cuerpo de baile *ou* coreográfico.
ballon *m* globo (aérostat, jouet); *ballon captif* globo cautivo ‖ balón (jeux) ‖ copa *f*, vaso (verre) ‖ CHIM matraz, balón (récipient) ‖ GÉOGR morro (montagne arrondie) ‖ FIG sondeo (sondage) ‖ — FIG *ballon d'essai* globo sonda ‖ SPORTS *ballon de football* balón de fútbol ‖ *ballon d'oxygène* balón de oxígeno ‖ SPORTS *ballon mort* balón muerto ‖ FAM *un ballon de rouge* un vaso de tinto.
ballonné, e *adj* inflado, da; hinchado, da; *ventre ballonné* vientre hinchado.
ballonnement *m* hinchazón *f* de vientre.
ballonner *v tr* hinchar, inflar.
◆ *v pr* hincharse, inflarse.
ballonnet *m* globito.
ballon-sonde *m* globo sonda.
ballot [balo] *m* bulto, fardo ‖ FAM ceporro, memo (lourdaud).
ballottage *m* empate ‖ resultado negativo obtenido en las elecciones cuando ningún candidato ha obtenido la mayoría absoluta ‖ *scrutin de ballottage* segunda votación (élections) ‖ *il y a ballottage* hay que proceder a una segunda votación.
ballottement *m* bamboleo, tambaleo (d'un navire) ‖ vaivén, traqueteo (d'un véhicule).

ballotter *v tr* hacer bambolear, hacer tambalear ‖ enfardelar (mettre en paquets) ‖ someter a una segunda votación (élections) ‖ FIG *être ballotté entre deux sentiments contraires* debatirse entre dos emociones opuestas.
◆ *v intr* bambolearse, tambalearse.
ballottine *f* CULIN balotina ‖ *ballottine de volaille* redondo de ave.
ball-trap *m* lanzaplatos, máquina lanzaplatos (au tir).
balluchon; baluchon *m* FAM lío (paquet) | hatillo, petate (de vêtements) ‖ *prends ton baluchon, et file!* ¡líate el petate y lárgate!
balnéaire *adj* balneario, ria ‖ *station balnéaire* estación balnearia, balneario.
balnéothérapie *f* balneoterapia.
balourd, e *adj et s* palurdo, da.
◆ *m* MÉCAN desequilibrio dinámico, masa *f* desequilibrada.
balourdise *f* FAM torpeza, simpleza.
balsa *m* balso (arbre).
balsamine *f* balsamina (plante).
balsamique *adj* balsámico, ca; *odeur balsamique* olor balsámico.
balte *adj* báltico, ca.
Balte *m et f* báltico, ca.
Balthazar *n pr m* Baltasar.
baltique *adj* báltico, ca.
◆ *m* báltico (langue).
Baltique (mer) *n pr f* GÉOGR mar Báltico.
baluchon *m* → **balluchon**.
balustrade *f* balaustrada (série de balustres) ‖ barandilla (appui).
balzacien, enne *adj* relativo, va a Balzac.
balzan, e *adj* cuatralbo, ba; calzado, da de blanco (chevaux).
Bamako *n pr* GÉOGR Bamako.
bambin, e *m et f* FAM chiquillo, lla; nene, na; chaval, la.
bamboche *f (vx)* FAM francachela, comilona.
bambou *m* bambú (plante) ‖ caña *f* (canne).
bamboula *f* bambula (danse des Noirs) ‖ FAM jarana; *faire la bamboula* andar de jarana.
◆ *m* POP negro.
ban *m* bando (par écrit) ‖ pregón (verbalement) ‖ aplauso (applaudissement); *un ban pour l'orateur* un aplauso para el orador ‖ MIL redoble de tambor y toque de corneta ‖ conjunto de vasallos y feudatarios de un soberano ‖ jefe de un banato (en Croatie) ‖ amonestaciones *f pl* (mariage); *publier les bans* correr las amonestaciones ‖ DR destierro (interdiction de séjour); *être en rupture de ban* quebrantar el destierro ‖ — *convoquer le ban et l'arrière-ban de ses amis* reunir a todos sus amigos ‖ *mettre quelqu'un au ban de la société* poner al margen de la sociedad a una persona.
banal, e *adj* común; *moulin banal* molino común ‖ FIG común, trivial; *affaire banale* asunto trivial ‖ *four banal* horno de poya.
— OBSERV *Banal* en su primera acepción tiene como plural *banaux* y en la segunda *banals*.
— OBSERV On emploie souvent en espagnol le gallicisme *banal. Trivial* n'a pas en espagnol le sens de *vulgaire.*
banalement *adv* comúnmente, trivialmente.
banalisation *f* trivialización.

banaliser *v tr* hacer común *ou* trivial ‖ *voiture banalisée* coche de policía camuflado.
banalité *f* FIG trivialidad ‖ *(vx)* derecho *m* feudal.
banane *f* plátano *m* [*(amér)* banana].
bananeraie *f* platanal *m*, platanar *m*.
bananier *m* plátano tropical, banano (arbre).
banc [bā] *m* banco ‖ GÉOL banco; *banc d'argile* banco de arcilla ‖ MAR banco, bajío (de sable) | banco (de poissons) ‖ — DR *banc des accusés* banquillo de acusados ‖ *banc d'essai* banco de prueba (technique) ‖ *banc d'œuvre* banco de fábrica (églises) ‖ *petit banc* banquillo ‖ — *être sur les bancs de l'école* estar en la escuela, ser estudiante.
bancaire *adj* bancario, ria.
bancal, e *adj* patituerto, ta; *une personne bancale* una persona patituerta ‖ cojo, ja (meubles); *table bancale* mesa coja; *des fauteuils bancals* sillones cojos.
◆ *m* sable curvo.
banco *m inv* banca *f* (jeu de cartes) ‖ — *faire banco* copar la banca (baccara) ‖ FAM *payer banco* pagar a toca teja.
bandage *m* venda *f* (bande) ‖ MÉD braguero (hernies) | vendaje (ligature) ‖ TECHN llanta *f* (roues) | calzo (métallique).
bande *f* faja (lien) | venda (bandage) ‖ faja (surface longue et étroite); *une bande de terrain* una faja de terreno ‖ faja (pour imprimés); *mettre sous bande* poner faja ‖ franja, tira (ornements); *une bande de velours* una franja de terciopelo | cinta; *bande magnétique* cinta magnetofónica ‖ banda, baranda (de billard) ‖ banda, cuadrilla (de gens armés); *une bande de voleurs* una cuadrilla de ladrones ‖ pandilla, cuadrilla (réunion de gens); *il y avait une bande d'enfants* había una pandilla de niños ‖ banda (musiciens) ‖ bandada (animaux); *une bande de moineaux* una bandada de gorriones ‖ RAD banda; *bande de fréquence* banda de frecuencia ‖ — *bande d'arrêt d'urgence* arcén ‖ MIL *bande de mitrailleuse* cinta de ametralladora ‖ TECHN *bande de protection* cinta protectora ‖ *bande de roulement* banda de rodadura ‖ MAR *bande de tribord* banda estribor ‖ *bande dessinée* tebeo, cómic ‖ INFORM *bande magnétique* cinta magnética ‖ *bande perforée* cinta perforada ‖ CINÉM *bande sonore* cinta *ou* banda sonora ‖ MÉD *bande Velpeau* vendaje de Velpeau ‖ — *par bandes* a bandadas ‖ FIG *par la bande* con rodeos ‖ *donner de la bande* dar de banda ‖ *faire bande à part* hacer rancho aparte.
bande-annonce *f* avance *m* (d'un film).
— OBSERV pl bandes-annonces.
bandeau *m* venda *f* (pour le front) ‖ velo (religieuses) ‖ diadema *f* real (bandeau royal) ‖ ARCHIT faja *f*, moldura *f* (moulure) ‖ FIG ceguera *f*, ofuscación *f* (aveuglement); *le bandeau de l'erreur* la ofuscación del error ‖ *faire tomber le bandeau des yeux* quitar la venda de los ojos.
◆ *pl* bandós (cheveux).
bandelette [bãdlɛt] *f* cinta, faja estrecha ‖ ínfulas *pl* (des prêtres païens) ‖ banda (momie) ‖ ARCHIT filete *m*, moldura (moulure plate).
bander *v tr* vendar (lier avec une bande) ‖ atirantar, distender, tensar (tendre) ‖ TECHN armar (arc, arbalète) ‖ — *bander les yeux à quelqu'un* vendar los ojos a alguien ‖ *bander ses muscles* poner los músculos en tensión.
◆ *v intr* estar tirante; *cette corde bande trop* esta cuerda está demasiado tirante.

banderille

◆ *v pr* vendarse; *se bander le bras* vendarse el brazo.
banderille [bɑ̃driːj] *f* banderilla.
banderole *f* banderola, gallardete *m*.
bande-son *f* banda sonora (d'un film).
— OBSERV pl *bandes-son*.
bandit *m* bandido.
— OBSERV *Bandit* no tiene femenino (*cette femme est un véritable bandit*).
banditisme *m* bandolerismo, bandidaje.
bandonéon *m* MUS bandoneón.
bandoulière *f* bandolera (d'arme) || tahalí *m* (baudrier) || *porter en bandoulière* terciar (une arme).
Bangkok *n pr* GÉOGR Bangkok.
Bangladesh *n pr m* GÉOGR Bangladesh.
banjo *m* MUS banjo (instrument).
banlieue *f* afueras *pl* || — *petite banlieue* extrarradio || *proche banlieue* municipios adjuntos || — *lignes de banlieue* líneas de cercanías || *quartiers de banlieue* barrios del extrarradio || *train de banlieue* tren de cercanías.
banlieusard, e *m et f* FAM habitante de las afueras.
banne *f* cesto *m* || volquete *m* (tombereau) || toldo *m* (d'un magasin).
banni, e *adj et s* desterrado, da; *banni, Victor Hugo écrivit ses meilleurs poèmes* desterrado, Víctor Hugo escribió sus mejores poemas || proscrito, ta; exiliado, da.
bannière *f* bandera (pavillon); *bannière en berne* bandera a media asta || pendón *m* (de guerre) || manga (d'une confrérie religieuse) || — FAM *en bannière* con la camisa fuera || — *ce fut la croix et la bannière pour l'obtenir* fueron necesarios la Cruz y los ciriales para obtenerlo || FIG *se ranger sous la bannière de* alistarse en las filas de.
bannir *v tr* desterrar (exiler) || FIG rechazar (chasser), alejar (éloigner); *bannir tout souci* alejar toda preocupación.
banque *f* banco *m* (établissement); *banque d'affaires, de dépôt, d'émission* banco de negocios, de depósito, de emisión || banca (commerce des valeurs) || banca (jeu); *faire sauter la banque* hacer saltar la banca || banco *m*; *banque d'organes, de sperme, du sang* banco de órganos, de esperma, de sangre || INFORM *banque de données* banco de datos.
banquer *v intr* POP apoquinar.
banqueroute *f* bancarrota, quiebra; *banqueroute frauduleuse* quiebra fraudulenta || *faire banqueroute* quebrar.
banquet *m* banquete.
banquette *f* banqueta (siège) || asiento *m* (d'une voiture) || MIL banqueta (de tir) || obstáculo *m* (courses de chevaux) || *banquette de la route* cuneta.
banquier, ère *adj et s* banquero, ra.
banquise *f* banquisa, banco *m* de hielo.
baobab *m* baobab (arbre).
baptême [batɛːm] *m* bautismo (sacrement) || bautizo (cérémonie), bendición *f* (des cloches) || — *baptême de l'air* bautismo del aire || *baptême de la ligne* paso del Ecuador || *baptême du feu* bautismo de fuego || — *extrait de baptême* fe de bautismo || *nom de baptême* nombre de pila.
baptiser [batize] *v tr* bautizar || FAM *baptiser le vin* bautizar *ou* aguar el vino.

baptismal, e [-tismal] *adj* bautismal; *eau baptismale* agua bautismal || *fonts baptismaux* pila de bautismo.
baptistère [batistɛːr] *m* baptisterio, bautisterio.
baquet *m* cubeta *f*, tina *f* || *baquet magnétique* cubeta magnética.
bar *m* robalo, róbalo, lubina *f* (poisson) || bar (débit de boissons) || bar (unité de pression atmosphérique) || *bar américain* barra americana.
baragouiner *v intr et tr* chapurrear (parler mal une langue) || farfullar; *baragouiner un discours* farfullar un discurso.
baragouineur, euse *m et f* chapurreador, ra; farfullador, ra.
baraka *f* favor *m* de los dioses || FIG suerte, destino *m* favorable || FAM *avoir la baraka* tener potra.
baraque *f* barraca || FIG & FAM casucha (maison mal bâtie).
— OBSERV *Barraca* a, en espagnol, le sens normal de *baraque* en français, mais dans la région de Valence ce mot désigne une *chaumière* aux murs de pisé et à toiture de joncs.
baraqué, e *adj* FAM bien hecho, cha; bien plantado, da.
baraquement *m* campamento de barracas.
baratin *m* FAM charlatanería *f* (boniment de vendeur) || camelo || FAM *faire du baratin* camelar, charlatanear.
baratiner *v tr* FAM charlatanear | camelar; *baratiner une fille* camelar a una muchacha.
baratineur, euse *adj et s* FAM camelista.
baratte *f* mantequera.
Barbade (la) *n pr* GÉOGR Barbados.
barbant, e *adj* FAM latoso, sa; pesado, da.
barbaque *f* POP pitraco *m*, carne mala.
barbare *adj et s* bárbaro, ra (non civilisé) || FIG incorrecto, ta || *terme barbare* barbarismo.
— OBSERV *Barbare* no tiene en francés el sentido figurado español de *enorme* y de *formidable*.
barbarie *f* barbarie.
Barbarie *n pr f* GÉOGR Berbería || *figuier de Barbarie* chumbera, tuna, nopal.
barbarisme *m* barbarismo.
barbe *f* barba (poil) || barba (d'une plume) || FIG moho *m*, pelusilla (moisissure) || FAM lata, tostón *m* (ennui) || TECHN rebaba (bavochure) || barba (du papier).
◆ *pl* cabello (maïs), raspas (blé) || — *barbe à papa* algodón (friandise) || *plat à barbe* bacía || *vieille barbe* vejestorio, anciano || — *à la barbe de quelqu'un* en las barbas de uno || *la barbe!* ¡ya está bien!, ¡ya basta!, ¡cállate! || *quelle barbe!* ¡qué lata! || — *arracher la barbe* tirar de las barbas || *avoir de la barbe au menton* tener pelos en la barba, estar en edad viril || *faire la barbe* hacer la barba, afeitar || *porter la barbe* llevar *ou* gastar barba || FIG *rire dans sa barbe* reír para su coleto.
barbeau *m* barbo (poisson) || BOT aciano (bluet) || POP chulo (souteneur) || *bleu barbeau* azulejo.
barbecue [barbəkju] *m* barbacoa.
barbe-de-capucin *f* BOT achicoria silvestre.
barbelé, e *adj* arpado, da; dentado, da || *fil de fer barbelé* alambre de espino *ou* de púas || *les barbelés* alambrada de púas.
barber *v tr* FAM dar la lata, fastidiar.
◆ *v pr* FAM aburrirse.

Barberousse *n pr* Barbarroja.
barbet, ette *adj et s* perro de aguas ‖ *crotté comme un barbet* lleno de barro hasta los ojos.
◆ *m (vx)* protestante de la región de Cévennes ‖ ZOOL salmonete, barbudo.
barbiche *f* perilla (barbe).
barbichette *f* barba de chivo.
barbichu, e *adj et s* barbillas *m*.
barbier *m* barbero ‖ FAM rapabarbas (mauvais coiffeur).
barbillon *m* barbilla *f* (poisson) ‖ barbo pequeño (petit barbeau) ‖ TECHN lengüeta *f* (hameçon).
◆ *pl* pliegues del frenillo (cheval, bœuf) ‖ barbillas *f* (d'un poisson).
barbiturique *adj et s m* CHIM barbitúrico, ca.
barbon *m* vejete, vejancón ‖ barba (théâtre).
barboter *v intr* chapotear (patauger) ‖ borbollar (un gaz) ‖ FAM enredarse (s'embrouiller) ‖ FIG barbullar, barbotear, farfullar (parler confusément) ‖ POP birlar, afanar (voler).
barbouillage *m* embadurnamiento (avec de la peinture) ‖ borrones *pl*, garabatos *pl* (écriture) ‖ mamarracho (mauvaise peinture).
barbouiller [barbuje] *v tr* embadurnar (tacher) ‖ pintarrajear (peindre grossièrement) ‖ embrollar (compliquer une affaire) ‖ — *avoir l'estomac barbouillé* tener el estómago revuelto ‖ *barbouiller du papier* emborronar papel (mal écrire) ‖ *barbouiller le cœur* revolver el estómago.
barbouze *m ou f* FAM secreta [policía].
barbu, e *adj* barbudo, da; barbado, da.
barbue *f* barbada (poisson).
barcelonnais, e *adj* barcelonés, esa.
Barcelonnais, e *m et f* barcelonés, esa.
Barcelone *n pr* GÉOGR Barcelona.
barda *m* POP impedimenta (du soldat) | petate, trastos *pl* (bagage).
bardane *f* bardana, lampazo *m* (plante).
barde *f* barda (armure du cheval) ‖ albardilla (tranche de lard).
bardé, e *adj* bardado, da (cheval) ‖ cubierto con lonjas de tocino, emborrazado, da (viande) ‖ FIG *bardé de médailles* cargado de medallas.
bardeau *m* tablilla *f* (pour toitures) ‖ burdégano (bardot, mulet) ‖ IMPR caja *f* para poner los caracteres sobrantes.
barder *v tr* bardar, acorazar (couvrir d'une armure) ‖ emborrazar (envelopper avec une barde de lard) ‖ — POP *ça barde* esto pita, esto zumba (bien marcher), hay un follón (il y a du grabuge) | *ça va barder* se va a armar la gorda.
bardot [bardo] *m* burdégano (mulet).
barème *m* baremo, tabla *f* ‖ *barème des salaires* tabla de salarios.
baréter *v intr* barritar (l'éléphant, le rhinocéros).
barge *f* barca chata, pontón *m* ‖ AGRIC almiar *m* (meule de foin) ‖ picudilla (oiseau).
baril [baril] *m* barril; *un baril de poudre* un barril de pólvora ‖ barril (159 litres de pétrole) ‖ *baril de lessive* tambor de detergente.
barillet *m* barrilete (petit baril) ‖ TECHN tambor, cubo (montres) ‖ tambor, barrilete, cilindro (revolver); *revolver à barillet* revólver de tambor.
bariolé, e *adj* abigarrado, da.
barmaid *f* encargada de un bar.

barman *m* barman, botillero *(p us)*.
— OBSERV *Barman* tiene en francés dos plurales: *barmen y barmans*.
bar-mitsva *f inv* bar-mitsva.
baromètre *m* barómetro ‖ — *baromètre à cuvette* barómetro de mercurio *ou* de cubeta ‖ *baromètre anéroïde* barómetro aneroide.
barométrique *adj* barométrico, ca.
baron, onne *m et f* barón, onesa (titre) ‖ *baron d'agneau* cuarto trasero de cordero.
baroque *adj et s m* barroco, ca (style) ‖ churrigueresco, ca (rococo espagnol) ‖ extravagante, estrambótico, ca; *une idée baroque* una idea extravagante.
baroudeur *adj et s m* FAM peleón.
barque *f* barca ‖ FIG *bien mener sa barque* llevar bien sus negocios.
barquette *f* barquilla, tarrina.
barracuda *m* barracuda *f* (pez).
barrage *m* presa *f*, presa *f* de contención (retenue d'eau) ‖ embalse, pantano (ensemble); *le barrage d'Assouan* el embalse de Asuán ‖ vallado (pour barrer un chemin) ‖ barrera *f* (barrière) ‖ cordón; *barrage de police* cordón de policía ‖ SPORTS desempate (en cas de match nul), promoción *f* (pour accéder à la division supérieure); *match de barrage* partido de desempate, partido de promoción ‖ COMM cruzamiento (chèque) ‖ FIG obstáculo; *il a fait barrage à ma nomination* ha puesto obstáculos a mi nombramiento ‖ MIL cortina *f*, barrera *f* (de coups de feu) ‖ — *barrage de retenue o de régulation* embalse regulador ‖ MIL *barrage roulant* tiro escalonado.
barre *f* barra ‖ tranca (pour fermer une porte) ‖ MAR caña del timón, timón *m*; *tenir la barre* llevar el timón ‖ lingote *m*; *de l'or en barre* lingotes de oro ‖ barra, alfaque *m*, banco *m* de arena (banc de sable) ‖ raya, palote *m* (trait de plume) ‖ barra, barandilla (tribunal) ‖ barra (d'un bar) ‖ BLAS barra ‖ GÉOGR creta; *la barre des Écrins* la creta de los Ecrin ‖ — *barre à mine* perforadora ‖ AUTOM *barre d'accouplement* barra de acoplamiento (à la direction) ‖ *barre d'appui* baranda ‖ MAR *barre de hune* cruceta ‖ MUS *barre de mesure* línea de medida ‖ DR *barre des témoins* barra de los testigos ‖ SPORTS *barre fixe* barra fija (gymnastique) ‖ *barre oblique* barra oblicua ‖ ÉLECTR *barre omnibus* barra ómnibus ‖ SPORTS *barres asymétriques* barras asimétricas | *barres parallèles* barras paralelas (gymnastique) | *barre transversale* larguero (football) ‖ — *coup de barre* golpe de timón | *exercice à la barre* ejercicio en la barra (danse) ‖ — *avoir barre sur quelqu'un* tenerle cogido a uno, dominar a uno ‖ *c'est de l'or en barre* es oro molido ‖ FAM *c'est le coup de barre* ¡le clavan a uno!, esto cuesta un ojo de la cara (cher), está derrengado (fatigué) | *ne faire que toucher barre* parar poco en un sitio ‖ *comparaître à la barre* comparecer ante el tribunal ‖ FIG *placer haut la barre* poner el listón alto.
◆ *pl* asiento *m sing* (de la bouche des chevaux) ‖ marro *m sing* (jeu).
barreau *m* barrote ‖ tribunal para abogados (banc réservé aux avocats) ‖ foro, abogacía *f* (profession d'avocat) ‖ Colegio de Abogados (ordre des avocats) ‖ barra *f*; *barreau aimanté* barra imanada ‖ — *éloquence du barreau* elocuencia del foro *ou* de la tribuna ‖ *langage du barreau* lenguaje forense.

barrer *v tr* atrancar (une porte) || barretear (garnir de barreaux) || interceptar, cortar, cerrar el paso (un chemin) || *rue barrée* calle interceptada || acordonar (déployer un cordon de troupes, etc.) || cruzar (un chèque) || tachar, rayar (rayer) || — FIG *barrer le chemin à quelqu'un* cortar el paso a uno || *barrer les mentions inutiles* tachar lo que no interesa.
◆ *v intr* MAR gobernar.
◆ *v pr* POP largarse (s'en aller).
barrette *f* birreta de cardenal, birrete *m* || pasador *m* (pince à cheveux) || barra, broche *m* alargado (bijou) || *barrette de raccordement* regleta de conexión.
barreur *m* MAR timonel.
barricade *f* barricada || FIG *de l'autre côté de la barricade* en el lado opuesto.
barricader *v tr* levantar barricadas || atrancar (une porte).
◆ *v pr* parapetarse || FIG encerrarse, no dejarse ver; *se barricader chez soi* encerrarse en casa a cal y canto.
barrière *f* barrera || FIG barrera, obstáculo *m* (obstacle) || — *barrière de dégel* barrera de deshielo || *barrières douanières* barreras aduaneras *ou* arancelarias || FIG *avoir franchi la barrière* haber pasado del otro lado, haber cambiado de campo.
Barrière (la Grande) *n pr f* GÉOGR la Gran Barrera.
barrique *f* barrica.
barrir *v intr* bramar, barritar, berrear (éléphant).
barrissement *m* bramido.
bartavelle *f* perdiz real, ortega.
barycentre *m* baricentro, centro de gravedad.
baryte *f* CHIM barita.
baryton *m* barítono.
baryum [barjɔm] *m* bario (métal).
bas, basse [bɑ, bɑs] *adj* bajo, ja; *une chaise basse* una silla baja || FIG bajo, ja; ruin (vil); *âme basse* alma ruin || bajo, ja; ramplón (trivial); *style bas* estilo ramplón || bajo, ja; módico, ca; *à bas prix* a bajo precio || bajo, ja; decadente (décadent) || inferior; *les basses classes* las clases inferiores || bajo, ja; grave (son); *voix basse* voz grave || nublado, da; cargado, da; *jour bas* día nublado; *temps bas* tiempo cargado || corto, ta (vue); *vue basse* vista corta || GÉOGR bajo, ja; *la basse Normandie* la baja Normandía || — *bas âge* primera infancia || *bas latin* bajo latín (langue du Bas-Empire) || CULIN *bas morceaux* carne de tercera categoría || *basses eaux* estiaje || TECHN *basses fréquences* bajas frecuencias || *basses terres* tierras bajas || — *ce bas monde* este mundo || *mer basse* marea baja, bajamar || *messe basse* misa rezada (messe), secreteo; *faire des messes basses* andarse con secreteos || — *au bas mot* por lo menos, echando por bajo || *à voix basse* en voz baja || *de bas étage* de baja ralea || *en bas âge* de corta edad || — *avoir la queue basse* huir con el rabo entre las piernas || *avoir l'oreille basse* estar con las orejas gachas || *faire main basse sur* apoderarse de (s'emparer) || *la tête basse* con la cabeza entre las piernas, con las orejas gachas || *le ciel est bas* el cielo está encapotado || *le jour est bas* el día declina, la tarde cae.
— OBSERV Cuando se trata de un departamento, el adjetivo *bas* va unido al nombre por un guión (le Bas-Rhin).

bas *adv* bajo, quedamente, quedo (doucement); *parler bas* hablar bajo || bajo; *cet avion vole bas* este avión vuela bajo || — *à bas!* ¡abajo!, ¡fuera!; *à bas la dictature!* ¡abajo la dictadura! || *en bas* abajo || *ici-bas* aquí abajo, en este mundo || *là-bas* allá || *la tête en bas* con la cabeza abajo || *par en bas* por abajo || *tout bas* bajito || — *être très bas* estar arruinado (ruiné), estar decaído (très malade) || *jeter bas* derribar || *mettre bas* parir (uniquement pour les animaux) || *mettre bas les armes* rendirse || MAR *mettre bas les voiles* amainar || *mettre chapeau bas* quitarse el sombrero || *regarder de haut en bas* mirar de arriba abajo.
bas *m* parte *f* baja *ou* inferior; *le bas de son corps* la parte inferior de su cuerpo || pie; *le bas d'un écrit* el pie de un escrito || bajos *pl* (vêtements); *le bas d'une robe* los bajos de un traje || — IMPR *bas de casse* caja baja || — *au bas de* al pie de; *au bas de l'escalier* al pie de la escalera; en la parte baja (d'une route) || *les hauts et les bas* los altibajos.
bas *m* media *f*; *bas de Nylon* medias de nilón || FIG *bas de laine* ahorrillos, talega.
basal, e [bazal] *adj* basal, de base; *métabolisme basal* metabolismo basal.
basalte *m* MIN basalto.
basaltique *adj* basáltico, ca.
basane *f* badana || (vx) MIL polaina de badana cosida al pantalón de algunos jinetes.
basané, e *adj* moreno, na (brun); tostado, da; curtido, da (hâlé); *teint basané* tez morena.
bas-côté *m* nave *f* lateral de una iglesia || andén, arcén (de route).
bascule [baskyl] *f* báscula (pour peser) || columpio *m*, subibaja *m* (balançoire) || — *balance à bascule* báscula || *fauteuil à bascule* mecedora || *jeu de bascule* subibaja.
basculer *v intr* volcar, bascular || voltear (retourner); caer (tomber).
◆ *v tr* volcar (renverser) || hacer bascular (faire basculer).
base *f* base || ARCHIT basa || CHIM base || base (d'un syndicat) || — *base aérienne* base aérea || *base de discussion* base de conversación || INFORM *base de données* base de datos || *base de lancement* base de lanzamiento || *base navale* base naval || *salaire de base* salario base || — *à base de café* a base de café || FIG *à la base de* al origen de || *de base* básico, ca || *sur la base de* teniendo *ou* si tomamos como base || — *jeter les bases* sentar las bases.
base-ball [besbo:l] *m* béisbol, pelota *f* base.
baser *v tr* basar; *baser quelque chose sur* basar algo en || MIL *être basé à* tener bases en.
◆ *v pr* basarse; *se baser sur* basarse en (données, preuves).
— OBSERV Es preferible sustituir *se baser sur* por *se fonder sur*.
bas-fond [bɑfɔ̃] *m* hondonada *f* (de terrain) || bajo, bajío (mer, rivière).
◆ *pl* FIG bajos fondos (gallicisme).
BASIC *m* INFORM Basic (langage).
basicité *f* CHIM basicidad.
basidiomycètes *m pl* basidiomicetos.
basilic *m* albahaca *f* (plante) || basilisco (reptile, serpent fabuleux).
basilique *f* basílica (église).
basique *adj* básico, ca || CHIM básico, ca; *sel basique* sal básica.

basket *m ou f* zapatilla *f* de deporte, tenis *m*.
basket-ball [bɑsketbɔːl] *m* baloncesto (jeu).
basketteur, euse *m et f* jugador, ra de baloncesto.
basquais, e *adj* CULIN a la vasca; *poulet basquaise* pollo a la vasca.
basque *adj* vasco, ca; vascongado, da.
◆ *m* vascuence, éuscaro (langue).
◆ *f* faldón *m* (vêtements) ‖ — *tambour de basque* pandereta ‖ — *être toujours pendu aux basques de quelqu'un* estar siempre agarrado a los faldones de alguien.
basque (Pays) *n pr m* GÉOGR Vasconia *f* ‖ Provincias *f pl* Vascongadas (espagnol) ‖ País Vasco (français et espagnol).
Basque *m et f* vasco, ca.
bas-relief [bɑrəljɛf] *m* bajo relieve, bajorrelieve.
basse *f* MUS bajo *m* (voix, instrument); *basse chantante* bajo cantante ‖ MAR bajo *m*, bajío *m*.
basse-cour *f* corral *m* ‖ aves *pl* de corral (volaille) ‖ FIG corral *m*.
basse-fosse *f* mazmorra, calabozo *m*; *un cul-de-basse-fosse* lo más profundo de un calabozo.
bassement *adv* vilmente, bajamente.
bassesse *f* bajeza.
basset *m* basset, pachón (chien).
bassin *m* barreño, lebrillo (récipient large et profond) ‖ estanque (pièce d'eau dans un jardin) ‖ bacía *f* (plat à barbe) ‖ bacinica *f*, bacinilla *f* (quête, église) ‖ platillo (balance) ‖ chata *f* (vase de nuit plat pour malades) ‖ SPORTS piscina *f* ‖ ANAT pelvis *f* ‖ ARCHIT pilón (d'une fontaine) ‖ CHIM cubeta *f* ‖ GÉOGR & GÉOL cuenca *f* (d'une rivière, de la mer); *le bassin de l'Amazone* la cuenca del Amazonas ‖ cuenca *f* (mines); *le bassin de la Sarre* la cuenca del Sarre ‖ MAR dársena *f* ‖ — *bassin à flot* dársena ‖ *bassin de carène* canal de experiencias ‖ *bassin de décantation* depósito de decantación ‖ *bassin de radoub* dique ‖ *bassin houiller* cuenca hullera.
bassine *f* barreño *m* ‖ depósito *m* de devanado (en filature).
bassiner *v tr* calentar (le lit) ‖ humedecer (humecter) ‖ regar ligeramente, rociar (arroser) ‖ FAM dar la lata, fastidiar (ennuyer).
bassinet *m* palangana *f* ‖ bacinete (armure) ‖ cazoleta *f* (arme à feu) ‖ ANAT pelvis *f* del riñón ‖ BOT botón de oro ‖ FAM *cracher au bassinet* escupir dinero.
bassinoire *f* calentador *m* (pour le lit) ‖ POP latoso, sa; pelma (personne ennuyeuse).
bassiste *m et f* MUS violoncelista (qui joue du violoncelle) ‖ contrabajo (qui joue de la basse).
basson *m* bajón, fagot (instrument de musique) ‖ bajonista (instrumentiste).
Bassora *n pr* GÉOGR Basora.
basta! *interj* ¡basta!, ¡ya está bien!
bastide *f* quinta (maison de campagne) ‖ *(vx)* bastida (ville forte).
bastille [bastiːj] *f* *(vx)* bastida (machine de guerre) ‖ castillo *m* (château fort) ‖ *(vx)* cárcel, prisión.
basting *m* madero de abeto.
bastingage *m* MAR empalletado ‖ borda *f*.
bastion *m* bastión, baluarte.
baston *m ou f* POP pelotera *f*.

bastonnade *f* tunda de palos, apaleamiento *m*, paliza.
bastringue *m* POP baile de candil ‖ ventorrillo (guinguette) ‖ charanga *f*, murga *f* (vacarme) ‖ barrena *f* (foret).
bas-ventre *m* bajo vientre.
bât *m* albarda *f*, basto (selle grossière) ‖ *savoir où le bât blesse* saber uno dónde le aprieta el zapato.
bataclan *m* FAM bártulos *pl*, chirimbolos *pl*, cachivaches *pl*.
bataille [batɑːj] *f* batalla ‖ FIG reyerta, porfía (discussion) ‖ guerrilla (cartes) ‖ — *bataille rangée* batalla campal ‖ *en bataille* en línea (armée), desgreñado; *avoir les cheveux en bataille* tener el pelo desgreñado ‖ *rangé en bataille* formado en línea de combate.
batailler *v intr* batallar ‖ discutir (discuter), disputar (disputer); *batailler sur des riens* disputar por naderías.
batailleur, euse *adj et s* batallador, ra.
bataillon *m* batallón.
bâtard, e [batɑːr, ard] *adj et s* bastardo, da; *race bâtarde* raza bastarda ‖ FIG bastardo, da; espurio, ria (dégénéré) ‖ *chien bâtard* perro bastardo, chucho.
◆ *m* pan de forma alargada, barra *f*.
◆ *f* bastarda *ou* letra bastarda (écriture) ‖ TECHN bastarda (lime) ‖ *porte bâtarde* puerta falsa.
bâtardise *f* bastardía.
batavia *f* variedad de lechuga de hojas anchas y rizadas.
bateau *m* barco (embarcation) ‖ paso dejado a un automóvil en una acera ‖ FAM bola *f*, trola *f*, mentira *f* (mensonge); *monter un bateau* contar bolas ‖ — *bateau à moteur* barco de motor ‖ *bateau à vapeur* barco de vapor ‖ *bateau à voile* barco de vela, velero, balandro (voilier) ‖ *bateau de pêche* barco de pesca ‖ *bateau de plaisance* barco de recreo ‖ *bateau du loch* guindola (planchette du loch) ‖ *bateau plat* balsa ‖ — FIG *mener quelqu'un en bateau* embaucar a alguien.
bateau-mouche *m* barco ómnibus (à Paris), golondrina *f*.
bateleur, euse *m et f* titiritero, ra (acrobate); prestidigitador, ra (prestidigitateur); malabarista (jongleur) ‖ farsante (bouffon) ‖ *(vx)* cómico, ca (comédien).
batelier, ère *m et f* barquero, ra; batelero, ra; botero, ra; lanchero, ra.
batellerie *f* flotilla de barcos ‖ barcaje *m*, transporte *m* por barco.
bathymétrie *f* batimetría (mesure de la profondeur des mers).
bathyscaphe *m* batíscafo.
bathysphère *f* batiesfera.
bâti *m* armazón ‖ bancada *f* (machines) ‖ hilvanado, hilván (couture) ‖ marco (d'une porte).
batifoler *v intr* juguetear, retozar ‖ hacer niñerías (faire l'enfant).
batik *m* batik (décoration de tissus).
bâtiment *m* edificio (construction) ‖ obra *f* (en construction) ‖ construcción *f*; *l'industrie du bâtiment* la industria de la construcción ‖ MAR buque, navío (embarcation) ‖ — *Bâtiment et travaux publics (B.T.P.)* construcción y obras públicas ‖

bâtir

entrepreneur en bâtiment contratista de obras ‖ — FIG *être du bâtiment* ser del oficio.

◆ — OBSERV *Édifice* en francés incluye una idea de importancia que no tiene *edificio* en español.

bâtir *v tr* edificar (construire) ‖ hilvanar, embastar (faufiler) ‖ FIG edificar; *bâtir sa fortune* edificar su fortuna ‖ — *bâtir en l'air* forjarse ilusiones ‖ *bâtir sur le sable* edificar en la arena ‖ — FAM *bien, mal bâti* bien, mal hecho; bien, mal proporcionado; de buena, mala estampa ‖ *fil à bâtir* hilo de hilvanar (couture) ‖ *terrain à bâtir* solar para la construcción.

◆ *v pr* edificarse ‖ FIG cimentarse; *il s'est bâti une bonne réputation* se ha forjado una buena reputación.

bâtisse *f* obra (maçonnerie d'un bâtiment) ‖ FAM caserón *m*, casa destartalada.

bâtisseur, euse *m et f* constructor, ra; edificador, ra (constructeur) ‖ fundador, ra; constructor, ra; *un bâtisseur d'empires* un fundador de imperios.

batiste *f* batista (étoffe).

bâton *m* palo; *il brandissait un bâton* esgrimía un palo ‖ estaca *f* (pieu) ‖ garrote (gourdin) ‖ bastón (marque de certaines dignités); *bâton de commandement* bastón de mando ‖ palote (trait d'écriture) ‖ barra *f*; *bâton de cire* barra de lacre ‖ barra *f*, lápiz; *bâton de rouge à lèvres* barra de labios ‖ bastón (ski) ‖ porra *f* (d'un agent) ‖ cayado (d'un berger) ‖ asta *f* (hampe) ‖ pico (de pain) ‖ ARCHIT toro, cordón ‖ BLAS bastón ‖ MUS batuta *f* (baguette) ‖ — MAR *bâton de foc* botalón ‖ *bâton de vieillesse* báculo de la vejez, amparo de la vejez ‖ — *coup de bâton* palo, estacazo, bastonazo (coup de canne) ‖ — *à bâtons rompus* sin ton ni son, sin orden ni concierto ‖ — *battre l'eau avec un bâton* arar en el mar, hacer algo inútil ‖ *mettre des bâtons dans les roues* poner trabas, estorbos.

bâtonnet *m* palo pequeño, palito ‖ tala *f* (guiche, guillet, jeu d'enfants) ‖ cuadradillo (petite règle) ‖ palote (écriture) ‖ ANAT bastoncillo ‖ palito de naranjo (manucure).

bâtonnier *m* decano del Colegio de Abogados.

batracien *m* ZOOL batracio.

battage *m* batido (action de battre) ‖ apaleo (de tapis, etc.) ‖ vareo, baqueteo (de la laine) ‖ AGRIC trilla *f* (du blé) ‖ vareo apaleo (gaulage d'un arbre) ‖ FAM mentira *f* (mensonge) ‖ propaganda *f* exagerada (réclame) ‖ — *battage publicitaire* publicidad de bombo *ou* reclamista ‖ *faire du battage* hacer mucho ruido en favor de algo.

battant *m* badajo (de cloche) ‖ hoja *f*, batiente (d'une porte) ‖ largo de una bandera (drapeau) ‖ martillito (téléphone) ‖ TECHN pala *f* (de charnière) | varal (métier à tisser) ‖ lengüeta *f* (trémie) | batán (tissus) ‖ — MIL *battant de crosse* anilla, portafusil de culata ‖ *porte à double battant* puerta de dos batientes ‖ — *ouvrir une porte à deux battants* abrir una puerta de par en par.

◆ *adj* batiente, que bate ‖ — *battant neuf* nuevecito, flamante ‖ *le cœur battant* con palpitaciones en el corazón ‖ *pluie battante* aguacero, chaparrón, lluvia recia ‖ *porte battante* puerta que se cierra sola ‖ *tambour battant* al redoble del tambor ‖ — *mener tambour battant* llevar a la baqueta.

batte *f* pisón *m* (pour aplanir) ‖ maza, mazo *f* (pour écraser) ‖ batido *m* (de l'or) ‖ tabla de lavar (pour laver) ‖ batidor *m*, paleta, mazadera (beurre) ‖ pala, paleta (pour certains jeux) ‖ aciche *m* (outil de carreleur) ‖ guitarra (outil de plâtrier) ‖ vara (de matelassier) ‖ THÉÂTR sable *m* de Arlequín.

battement *m* golpeo (action de battre) ‖ batir; *le battement des flots* el batir de las olas ‖ trenzado (danse) ‖ descanso (vers) ‖ plazo (délai), intervalo (intervalle); *laisser un quart d'heure de battement* dejar un cuarto de hora de intervalo ‖ toque, redoble (tambour); *un battement de tambour* un redoble de tambor ‖ choque (armes) ‖ anillo de tope (persiennes) ‖ moldura *f* (petite moulure d'une porte) ‖ interferencia *f* (des vibrations) ‖ pulsación *f* (acoustique) ‖ MÉCAN carrera *f*, embolada *f* (d'un piston) ‖ MÉD latido, palpitación *f* (du cœur) | pulsación *f* (du pouls) ‖ TECHN batiente (montant d'une porte) ‖ — *battements d'ailes* aleteo ‖ *battements de mains* palmoteo, palmadas, aplausos (applaudissements) ‖ *battement de paupières* parpadeo.

batterie *f* (vx) pelea, disputa (combat, querelle) ‖ tubería (d'un orgue) ‖ batería (de cuisine) ‖ batería (de tests) ‖ MIL batería; *batterie antichar* batería contracarro; *mettre en batterie* entrar en batería ‖ MUS toque *m* (de tambour) | (*p us*) rasgueado *m* (de la guitare) | conjunto *m* de los instrumentos de percusión en una orquesta ‖ PHYS batería (électrique) ‖ TECHN batería (de fours).

◆ *pl* FIG maquinaciones, artimañas (machinations) ‖ — *changer ses batteries* mudar de táctica ‖ *dresser ses batteries* tomar sus medidas.

batteur, euse *m et f* batidor, ra; golpeador, ra (frappeur).

◆ *m* batería (instrumentiste) ‖ bateador (au base-ball) ‖ ojeador, batidor (rabatteur de chasse) ‖ batidora *f* (appareil ménager) ‖ AGRIC tambor desgranador (d'une machine) ‖ FAM *batteur de pavé* azotacalles, andariego ‖ *batteur d'or* batidor de oro, batihoja.

batteuse *f* trilladora (machine à battre) ‖ batidora (pour métaux).

battre* *v tr* batir (frapper), golpear (donner des coups) ‖ pegar, azotar (fouetter); *battre un enfant* pegar a un niño ‖ apalear (bâtonner) ‖ batir; *les vagues battaient les falaises* las olas batían los acantilados ‖ azotar (le vent) ‖ batir; *battre un record* batir un récord ‖ derrotar (mettre en déroute), vencer (vaincre); *battre les ennemis* vencer a los enemigos ‖ barajar (les cartes) ‖ batir (œufs, beurre) ‖ explorar, batir, recorrer (la campagne, la forêt) ‖ sacudir; *battre le tapis* sacudir una alfombra ‖ arbolar, enarbolar (arborer); *battre pavillon argentin* arbolar bandera argentina ‖ AGRIC trillar (le blé) | apisonar (la terre) ‖ ojear (à la chasse) ‖ FIG refutar, rebatir (réfuter) ‖ MIL batir ‖ MUS llevar; *battre la mesure* llevar el compás ‖ tocar (le tambour) ‖ TECHN batir, acuñar (monnaies) | batir, golpear; *battre un fer rouge* batir un hierro candente ‖ — *battre à froid* machacar en frío ‖ *battre comme plâtre* dar una paliza soberana ‖ *battre de l'aile* estar alicaído, estar enfermo ‖ *battre du pays* viajar mucho ‖ *battre en brèche* batir en brecha ‖ *battre froid* tratar con frialdad, poner mala cara ‖ FIG *battre la campagne* divagar, irse por los cerros de Úbeda (divaguer), delirar, desatinar, desvariar (fièvre) ‖ FAM *battre la dèche* estar en la miseria ‖ *battre la semelle* golpear el suelo con los pies para calentarlos ‖ *battre le pavé* callejear, azotar las calles ‖ *battre les buissons* buscar activamente ‖ *battre son plein* estar en su apogeo ‖ *il faut battre le fer* *pendant qu'il est chaud* al hierro candente batir de repente.

◆ *v intr* latir, palpitar (le cœur) ‖ tener pulsaciones (le pouls) ‖ golpear, dar golpes ‖ hacer sentir su acción, alcanzar, llegar; *canons qui battent à quinze kilomètres* cañones que alcanzan quince kilómetros ‖ caer; *soleil qui bat d'aplomb* sol que cae de plano ‖ — *battre des ailes* aletear ‖ *battre des mains* tocar palmas, aplaudir ‖ *battre en retraite* batirse en retirada, retroceder ‖ FAM *ne battre que d'une aile* estar alicaído.

◆ *v pr* pelear, pelearse; *se battre à coups de poing* pelearse a puñetazos ‖ batirse, combatir (combattre) ‖ batirse (en duel) ‖ — *se battre les flancs* hacer esfuerzos inútiles, devanarse los sesos inútilmente ‖ POP *s'en battre l'œil* importarle a uno un comino *ou* un bledo.

battu, e *adj* batido, da; golpeado, da; apaleado, da ‖ derrotado, da (vaincu) ‖ batido, da (métaux) ‖ apisonado, da; *sol battu* suelo apisonado ‖ sacudido, da (vêtement, tapis, livre, etc.) ‖ apaleado, da (arbre) ‖ azotado, da; *battu par les vents* azotado por los vientos ‖ batido, da (œufs, beurre) ‖ derrotado, da (candidat) ‖ FIG trillado, da; *sentier battu* camino trillado ‖ TECHN ahogada (soie) ‖ — *terre battue* tierra batida (tennis) ‖ — *avoir les yeux battus* tener ojeras, estar ojeroso.

◆ *m* vencido (vaincu) ‖ — *les battus payent l'amende* tras cornudo apaleado ‖ *se tenir pour battu* darse por vencido.

battue *f* batida, ojeo *m* (chasse) ‖ paso *m* (bruit de pas d'un cheval).

baud *m* baudio (unité de vitesse).

baudelairien, enne *adj* relativo, va al poeta francés Baudelaire.

baudet [bodɛ] *m* jumento (âne) ‖ garañón (âne reproducteur) ‖ FIG asno, borrico | borrico, burro (tréteau).

baudrier *m* tahalí (en bandoulière) ‖ talabarte (ceinturon).

baudroie *f* rape *m*, pejesapo *m* (poisson).

baudruche *f* tripa ‖ globo *m* de goma (ballon) ‖ *se dégonfler comme une baudruche* deshincharse como un globo.

baume *m* bálsamo (résine) ‖ bálsamo (parfum) ‖ FIG bálsamo (consolation) ‖ — *baume d'ambre* liquidámbar ‖ *mettre du baume dans le cœur* servir de consuelo.

bauxite *f* MIN bauxita.

bavard, e *adj* et *s* hablador, ra; charlatán, ana ‖ parlanchín, ina; indiscreto, ta (indiscret).

bavardage *m* charla *f* (conversation oiseuse) ‖ habladuría *f*, palabrería *f* (choses insignifiantes).

bavarder *v intr* charlar ‖ hablar indiscretamente, irse de la lengua.

bavarois, e *adj* bávaro, ra.

◆ *m* pastel con natillas (entremets).

bave *f* baba (salive) ‖ baba, babaza (animaux) ‖ FIG veneno *m*, ponzoña (venin); *la bave de la calomnie* el veneno de la calumnia.

baver *v intr* babear ‖ babosear (salir de bave) ‖ chorrear; FIG escupir; *baver sur son honneur* escupir a su honra ‖ — *baver de colère* echar espumarajos de rabia ‖ FIG *baver sur quelqu'un* calumniar *ou* insultar a uno ‖ POP *en baver* reventar [de trabajo, de un castigo, etc.]; pasarlas negras.

bavette *f* babero *m*, babador *m* (pour les enfants) ‖ peto *m* (d'un tablier) ‖ redondo *m*, parte inferior del solomillo (viande) ‖ POP *tailler une bavette* echar un párrafo, estar de palique (bavarder).

baveux, euse *adj* baboso, sa (qui bave) ‖ IMPR borroso, sa; confuso, sa (empâté; *lettre baveuse* letra borrosa ‖ *omelette baveuse* tortilla babosa.

Bavière *n pr f* GÉOGR Baviera.

bavoir *m* babero.

bavure *f* rebaba (métaux) ‖ IMPR tinta corrida, impresión borrosa ‖ — FAM *bavure policière* atropello policial | *sans bavures* de órdago.

bayadère *f* bayadera (danseuse).

◆ *adj* con listas multicolores (tissu).

bayer* *v tr* embobarse, quedarse boquiabierto ‖ FAM *bayer aux corneilles* pensar en las musarañas, papar moscas.

Bayonne [bajɔn] *n pr* GÉOGR Bayona.

bazar *m* bazar (magasin) ‖ FAM leonera *f*, desorden | trastos *pl*, bártulos *pl* (vêtements, mobilier, etc.); *emporter son bazar* llevarse sus trastos.

bazarder *v tr* FAM malvender, malbaratar ‖ tirar (jeter) ‖ echar (un employé).

bazooka *m* MIL lanzacohete, bazooka, bazuca (lance-roquettes).

B.C.B.G. abrév de *Bon chic bon genre* pijo, ja (*fam*).

B.C.G. *m* vacuna *f* antituberculosa.

bd abrév de *boulevard* bulevar.

B.D. abrév de *bande dessinée* tebeo, cómic.

béant, e *adj* abierto, ta ‖ FIG boquiabierto, ta (étonné).

Béarn [bearn] *n pr m* GÉOGR Bearn.

béarnais, e *adj* bearnés, esa.

◆ *f* salsa de huevo y manteca derretida.

Béarnais, e *m* et *f* bearnés, esa ‖ *le Béarnais* Enrique IV de Francia.

béat, e *adj* et *s* plácido, da; satisfecho, cha; *vie béate* vida plácida ‖ beato, ta; beatificado, da (béatifié) ‖ beato, ta; beatífico, ca; arrobado, da; *sourire béat* sonrisa beatífica.

béatement *adv* con arrobo.

béatification *f* beatificación.

béatifier* *v tr* beatificar.

béatitude *f* beatitud (bonheur céleste) ‖ bienaventuranza; *les huit béatitudes* las ocho bienaventuranzas ‖ FAM placidez (placidité).

beau; bel [bo, bɛl]; **belle** *adj* hermoso, sa; bello, lla; *beau visage* bello rostro ‖ guapo, pa; *une belle femme* una mujer guapa; *un bel homme* un hombre guapo ‖ hermoso, sa; grande; *belle fortune* gran fortuna ‖ noble, elevado, da; *belle âme* alma noble ‖ bueno, na (grand); *il a reçu une belle gifle* se ha llevado una buena bofetada ‖ bueno, na; *il a une belle santé* tiene buena salud ‖ bueno, na; ventajoso, sa (avantageux); *une belle occasion* una buena ocasión ‖ lindo, da; menudo, da (ironiquement); *quel beau métier!* ¡menuda profesión! ‖ bonito, ta; decoroso, sa (bienséant); *cela n'est pas beau* eso no es bonito ‖ bueno, na (temps); *une belle nuit* una buena noche; *il fait beau* (temps), hace buen tiempo ‖ — *beau joueur* buen perdedor ‖ *beau parleur, beau diseur* buen conversador ‖ *bel âge* juventud ‖ *bel esprit* un ingenio, hombre culto e ingenioso ‖ — *le beau monde* la buena sociedad, la gente distinguida ‖ *le beau sexe* el bello sexo ‖ FIG *un beau gâchis* un buen estropicio | *un beau geste* un gesto generoso, un detalle || *un beau jour, un beau matin* cierto día, un buen día || *un beau salaire* un buen sueldo || *un bel âge* una edad avanzada || *— à la belle étoile* a cielo raso; *coucher à la belle étoile* dormir a cielo raso || *de belle sorte* de lo lindo || *— ce n'est qu'un beau parleur* lo único que sabe es hablar || *c'est le plus bel exemple de* es el más alto ejemplo de || *en dire* o *en conter, en faire de belles* decirlas, hacerlas buenas || *en faire voir de belles à quelqu'un* hacer pasarlas negras a alguien || *être dans de beaux draps* estar metido en un lío || *faire la pluie et le beau temps* ser el mandamás, ser el amo || *il a beau jeu de protester* ¡mira quién fue a protestar! || *il ferait beau voir que...* habría que ver que..., está bueno que... || *il y a beau temps, il y a belle lurette* hace mucho tiempo || *la bailler belle à quelqu'un* pegársela a alguien || *l'échapper belle* librarse de (una), buena.

◆ *adv* *bel et bien* aunque parezca imposible, completamente || *— au plus beau* en lo mejor || *de plus belle* cada vez más || *tout beau!* ¡poco a poco!, ¡despacito! || *— avoir beau* por más que; *il a beau travailler, il n'arrive à rien* por más que trabaja nada consigue; por muy... que; *tu as beau être courageux* por muy valiente que seas || *se faire beau* ponerse guapo, acicalarse || *voir tout en beau* verlo todo de color de rosa *ou* bajo un aspecto favorable.

◆ *m* lo bello, lo hermoso; *la philosophie du beau* la filosofía de lo bello || *(p us)* petimetre (petit-maître) || *— c'est du beau!* ¡muy bonito! || *le plus beau de l'affaire* lo mejor del caso || *— avoir le sens du beau* tener sentido de la belleza || *faire le beau* dárselas, echárselas de guapo; ponerse en dos patas (chien) || *le temps est au beau* hace buen tiempo.

◆ *f* mujer || amada; *écrire à sa belle* escribir a su amada || querida (maîtresse); *je vais avec ma belle* voy con mi querida || buena, moza, desempate *m* (jeux); *jouer la belle* jugar la buena || *ma belle* hija mía [úsase también irónicamente].

— OBSERV *Hermoso* est l'adjectif employé dans le style ordinaire. *Bello* s'emploie généralement au sens figuré. D'autre part, *hermoso* renferme une idée de magnificence et un caractère imposant que ne comporte pas le mot *bello*. On peut dire *una mujer bella* ou *hermosa, un bello carácter, un hermoso palacio, un caballo hermoso*.

beauceron, onne *adj* de la Beauce [región francesa al sudoeste de París].
Beauceron, onne *m* et *f* nativo, va de la Beauce.
beaucoup [boku] *adv* mucho; *j'ai beaucoup mangé* he comido mucho || mucho, cha; muchos, chas (adjectif); *beaucoup de courage* mucho valor; *beaucoup de douceur* mucha dulzura; *beaucoup de livres* muchos libros; *beaucoup de femmes* muchas mujeres || muchos, chas (personnes); *beaucoup pensent que...* muchos piensan que... || *— beaucoup plus* mucho más || *beaucoup trop* demasiado || *de beaucoup* con mucho; *il est de beaucoup le plus intelligent* es con mucho el más inteligente || FAM *un peu beaucoup* muy mucho, muchísimo || *— beaucoup de bruit pour rien* mucho ruido y pocas nueces || *il s'en faut de beaucoup que* falta mucho para que.
beauf *m* FAM hortera.
beau-fils *m* hijastro (fils d'un mariage antérieur) || yerno, hijo político (gendre).
— OBSERV pl *beaux-fils*.
beaufort *m* Beaufort [queso de Saboya].
beau-frère *m* cuñado, hermano político.
— OBSERV pl *beaux-frères*.

beaujolais *m* beaujolais [vino del norte de Lyon].
Beaujolais *n pr* GÉOGR Beaujolais.
beau-père *m* suegro, padre político (père du conjoint) || padrastro (second mari de la mère).
beaupré *m* MAR bauprés.
beauté *f* belleza, hermosura || *— une beauté* una belleza, una beldad || *— de toute beauté* maravilloso, sa; de maravilla || *en beauté* con señorío, elegantemente || FAM *c'est la beauté du diable* no hay quince años feos || *être en beauté* estar más guapa que nunca || *finir en beauté* terminar elegantemente || FAM *se faire une beauté* arreglarse, acicalarse.
beaux-arts [bozaːr] *m pl* bellas artes *f*; *école des beaux-arts* escuela de bellas artes.
beaux-parents *m pl* suegros, padres políticos.
bébé *m* bebé, nene || FIG muñeco.
bébé-éprouvette *m* bebé probeta.
bébête *adj* et *s* tonto, ta; tontaina.
be-bop [bibɔp]; **bop** [bɔp] *m* be-bop (danse).
bec [bɛk] *m* pico (d'oiseau) || punta *f* (pointe de terre) || boquilla *f* (d'un instrument de musique) || pitorro (de cruche) || punta *f* (pointe); *le bec d'une plume* la punta de una pluma || estribo (pont) || mechero (de lampe); *bec Bunsen* mechero Bunsen || nariz *f* (d'alambic) || FAM beso (baiser); *faire un bec* dar un beso | cara *f* (personnes) | pico, boca *f* (personnes); *ferme ton bec* cierra el pico | pico, labia *f* (faconde); *avoir bon bec* tener labia || MAR uña *f* (de l'ancre) || — TECHN *bec de coulée* pico de colada | *bec de gaz* farol de gas || FAM *bec jaune* pipiolo | *bon bec* hablador | *bec verseur* pico vertedor || *— coup de bec* picotazo | *fin bec, bec fin* paladar delicado || *prise de bec* agarrada, disputa || *— bec à bec* frente a frente, cara a cara || *— avoir bec et ongles* saber defenderse | *clouer le bec de quelqu'un* cerrarle el pico a alguien || FIG *donner un coup de bec* soltar una pulla | *ouvrir le bec* abrir el pico | *se prendre de bec* disputarse | *se rincer le bec* mojar el gaznate | *tomber sur un bec* tropezar con un huso.
bécane *f* FAM bicicleta, bici || moto || *(vx)* locomotora vieja (locomotive démodée) || FAM cacharro *m* (ordinateur).
bécarre *m* MUS becuadro (signe de musique).
bécasse *f* chocha, becada (oiseau) || FAM cabeza de chorlito, mujer tonta, pava.
bécassine *f* agachadiza (oiseau) || FAM pavitonta (sotte).
bec-de-lièvre *m* labio leporino, labio partido.
— OBSERV pl *becs-de-lièvre*.
béchamel *f* bechamel, besamel, salsa blanca (sauce).
bêche *f* AGRIC laya || MIL reja, arado *m* (de canon).
bêcher *v tr* layar, labrar con laya (la terre) || FIG & FAM criticar, hablar mal, desollar (critiquer), ser presumido.
bêcheur, euse *m* et *f* cavador, ra (qui bêche) || FAM orgulloso, sa; presumido, da (présomptueux); chismoso, sa; criticón, ona (médisant).
bécoter *v tr* FAM besuquear.
◆ *v pr* FAM besuquearse.
becquée; béquée *f* bocado *m* [lo que coge el ave de una vez con el pico] || *donner la becquée* dar de comer [dícese de las aves que alimentan a sus crías]; dar de comer a un niño (à un enfant).
becquerel *m* becquerel (unité de mesure).

becquet; béquet *m* IMPR banderilla *f* (papier écrit qu'on ajoute à une épreuve) ‖ plantilla *f* (chaussures) ‖ THÉÂTR añadido (à un rôle).

becqueter* *v tr* picotear ‖ acariciar con el pico (caresser avec le bec).
- *v intr* POP jamar, manducar (manger).
- *v pr* picotearse ‖ POP darse el pico (s'embrasser).

bedaine *f* FAM barriga, bartola (gros ventre).

bédane *m* TECHN escoplo.

bedeau *m* pertiguero, macero (églises) ‖ *(vx)* bedel (appariteur).

bedon *m* FAM panza *f* (ventre rebondi).

bedonnant, e *adj* FAM barrigón, ona; barrigudo, da; tripudo, da.

bedonner *v intr* FAM echar vientre, ponerse barrigón.

bédouin, e *adj* beduino, na.

Bédouins *n pr m pl* beduinos.

bée *adj f* abierta ‖ *rester bouche bée* quedarse boquiabierto.
- *f* TECHN saetín; *bée de moulin* saetín de molino.

beffroi *m* atalaya *f* (tour de guet) ‖ campanario (clocher) ‖ campana *f* de rebato (cloche d'alarme); *sonner le beffroi* tocar a rebato.

bégaiement [begɛmɑ̃] *m* tartamudeo (action de bégayer) ‖ tartamudez *f* (défaut de prononciation).

bégayer* [begɛje] *v intr* tartamudear ‖ hablar con media lengua (se dit des petits enfants) ‖ FIG farfullar, mascullar (bredouiller).
- *v tr* farfullar; *bégayer des excuses* farfullar palabras de disculpa.

bégonia *m* BOT begonia *f*.

bègue *adj* et *s* tartamudo, da.

bégueule *adj* gazmoño, ña; mojigato, ta.
- *f* FAM gazmoña.

béguin [begɛ̃] *m* capillo (bonnet de petit enfant) ‖ toca *f* (de religieuses) ‖ FAM capricho, enamoriscamiento (amour) | persona amada ‖ — *avoir le béguin de* o *pour* estar enamoriscado de ‖ *avoir un béguin pour* estar encaprichado por.

béguinage *m* beguinaje, beaterio (couvent).

béguine *f* beguina (religieuse laïque aux Pays-Bas) ‖ beata (bigote).

bégum *f* begum (princesse indienne).

béhaviorisme *m* behaviorismo, conductismo.

beige *adj* sin teñir (laine, étoffe, etc.) ‖ beige [galicismo] (couleur).

beigne *f* POP golpe *m*, bofetón *m*, mamporro *m*.

beignet [bɛɲɛ] *m* buñuelo.

Beijing *n pr* GÉOGR Beijing [Pekín].

béké *m* et *f* criollo, lla de las Antillas Francesas.

bel *adj* → **beau**.

bel *m* bel, belio (unité d'intensité sonore).

bêler *v intr* balar, dar balidos.

belette *f* ZOOL comadreja.

Belfort (Territoire de) *n pr* GÉOGR territorio de Belfort.

belge *adj* belga.

Belge *m* et *f* belga.

belgicisme *m* belgicismo.

Belgique *n pr f* GÉOGR Bélgica.

Belgrade *n pr* GÉOGR Belgrado.

bélier *m* morueco, carnero padre (mâle de la brebis) ‖ ariete (ancienne machine de guerre) ‖ *bélier hydraulique* ariete hidráulico.

Bélier *m* ASTR Aries; *être du Bélier* ser Aries.

bélître *m* belitre, bellaco, bribón (cuistre).

Belize *n pr m* GÉOGR Belice.

belladone *f* BOT belladona.

bellâtre *adj* et *s m* lindo Don Diego, presumido.

belle *adj* et *s f* → **beau**.

Belle au bois dormant (la) la Bella durmiente.

belle-de-jour *f* BOT dondiego *m* de día.
— OBSERV pl *belles-de-jour*.

belle-de-nuit *f* BOT dondiego *m* de noche ‖ FAM mujer de vida galante.
— OBSERV pl *belles-de-nuit*.

belle-famille *f* familia política.

belle-fille *f* nuera, hija política (bru) ‖ hijastra (fille dont on a épousé le père ou la mère).

belle-mère *f* madrastra (seconde épouse du père) ‖ suegra, madre política (mère du conjoint).

belles-lettres *f pl* bellas letras.

belle-sœur *f* cuñada, hermana política.

bellicisme *m* belicismo.

belliciste *adj* belicista.

Bellifontain, e *m* et *f* nativo, va de Fontainebleau.

belligérance *f* beligerancia.

belligérant, e *adj* et *s* beligerante.

belliqueux, euse *adj* belicoso, sa; *peuple belliqueux* pueblo belicoso.

belon *f* tipo de ostra plana y redonda.

belote *f* un juego *m* de naipes.

bélouga; béluga *m* marsopa *f* (espèce de dauphin).

belvédère *m* belvedere, mirador ‖ azotea *f*, terraza *f*.

Belzébuth *n pr m* Belcebú.

bémol *adj* et *s* MUS bemol; *si bémol* si bemol.

Bénarès *n pr* GÉOGR Benarés.

bénédictin, e *adj* et *s* benedictino, na (religieux).
- *f* benedictino *m* (liqueur).

bénédiction *f* bendición; *bénédiction nuptiale* bendición nupcial ‖ — FAM *c'est une bénédiction* es una bendición de Dios ‖ *donner la bénédiction* echar a uno la bendición.

bénéfice *m* beneficio ‖ dispensa *f*, privilegio (privilège); *bénéfice d'âge* dispensa de edad ‖ beneficio eclesiástico (dignité ecclésiastique) ‖ — DR *bénéfice d'inventaire* beneficio de inventario ‖ *bénéfices rapportés* remanente de beneficios ‖ — *au bénéfice de* a causa de; *au bénéfice de l'âge* a causa de la edad; a favor de ‖ FIG *sous bénéfice d'inventaire* a beneficio de inventario.

bénéficiaire *adj* beneficiario, ria ‖ de beneficio; *marge bénéficiaire* margen de beneficio.
- *m* et *f* DR beneficiario, ria ‖ *bénéficiaire de prestations* beneficiario de prestaciones.

bénéficier* *v intr* ganar, sacar provecho (retirer un gain, un avantage) ‖ gozar del beneficio de, disfrutar, ser favorecido (d'une chose); *bénéficier d'un doute* gozar del beneficio de una duda; *il a bénéficié de circonstances atténuantes* ha sido favorecido

bénéfique

por circunstancias atenuantes ‖ *bénéficiant de la loi* acogido, da a la ley.
bénéfique *adj* benéfico, ca.
Benelux *n pr* GÉOGR Benelux.
benêt [bənɛ] *adj et s m* bendito, ta; pánfilo, la; inocente (niais).
bénévolat *m* voluntariado, trabajo sin remuneración.
bénévole *adj et s* benévolo, la; indulgente (indulgent); *lecteur bénévole* lector benévolo ‖ benévolo, la; voluntario, ria (volontaire); *auditeur bénévole* oyente benévolo.
— OBSERV *Bénévole* sólo puede aplicarse a personas.
bénévolement *adv* como voluntario, ria; sin remuneración; *travailler bénévolement* trabajar como voluntario, ria *ou* sin remuneración.
Bengale [bẽgal] *n pr m* GÉOGR Bengala; *golfe du Bengale* golfo de Bengala ‖ *feu de Bengale* luz de Bengala.
bengali [-li] *adj* bengalí (du Bengale).
◆ *m* bengalí (langue parlée au Bengale) ‖ bengalí (oiseau).
Bengali *m et f* bengalí.
béni, e *adj* bendito, ta ‖ — FAM *être béni* ser afortunado ‖ *être béni des dieux* estar bendecido por los dioses.
bénigne *adj f* → **bénin**.
bénin, igne *adj* benigno, na; *maladie bénigne* enfermedad benigna.
Bénin *n pr m* GÉOGR Benin.
bénir *v tr* bendecir; *bénir une église* bendecir una iglesia ‖ — *Dieu vous bénisse!* ¡Dios le bendiga! ‖ FIG *je bénis le jour où je t'ai connu* bendigo el día en que te conocí.
bénit, e *adj* bendito, ta; *eau bénite* agua bendita ‖ FIG *eau bénite de cour* promesas vanas.
bénitier *m* pila *f* de agua bendita ‖ ZOOL concha *f* del género tridacne [usada a menudo como pila de agua bendita en las iglesias] ‖ *bénitier portatif* acetre.
benjamin, e *m et f* benjamín, el hijo menor ‖ el hijo predilecto.
benjoin *m* benjuí (résine aromatique).
benne *f* cesto *m*, canasta (panier) ‖ volquete *m* (caisse basculante) ‖ MIN jaula ‖ vagoneta (wagonnet) ‖ excavador *m* ‖ — *benne basculante* (vagoneta), volquete ‖ *benne butte* cuchara para desmonte ‖ *benne preneuse* cuchara autoprensora ‖ *camion à benne* volquete.
benoîtement *adv* hipócritamente, santurronamente.
benzène [bẽzɛn] *m* CHIM benceno.
benzine *f* CHIM bencina.
benzol *m* CHIM benzol.
béotien, enne *adj et s* FIG beocio, cia; grosero, ra (grossier); torpe (lourd).
B.E.P.; Bep abrév de *brevet d'études professionnelles* diploma de estudios profesionales en Francia.
B.E.P.C.; Bepc abrév de *brevet d'études du 1er cycle* diploma francés equivalente al graduado escolar.
béquille [-ki:j] *f* muleta ‖ patín *m* (de fusil mitrailleur) ‖ escora (étai) ‖ AVIAT patín *m* (d'atterrissage) ‖ FIG apoyo *m*, sostén *m* (appui) ‖ MAR puntal *m* de escora.
berbère *adj* berberisco, ca.
◆ *m* beréber (langue).

Berbère *m et f* beréber.
bercail [bɛrka:j] *m* redil (bergerie) ‖ FIG seno de la Iglesia ‖ redil, hogar (foyer); *ramener au bercail une brebis égarée* volver al redil una oveja descarriada.
berceau [bɛrso] *m* cuna *f* (lit d'enfant) ‖ cenador, glorieta *f* (charmille) ‖ rascador (de graveur) ‖ FIG niñez *f*, infancia *f* (enfance); *dès le berceau* desde la infancia ‖ cuna *f*, origen (origine); *le berceau de la civilisation* la cuna de la civilización ‖ MAR basada *f* (navire) ‖ MÉCAN soporte (moteur) ‖ MIL armón ‖ — *au berceau* en mantillas ‖ *allée en berceau* alameda cubierta ‖ ARCHIT *voûte en berceau* bóveda de cañón.
bercement *m* cuneo, mecedura *f* (du berceau) ‖ balanceo (oscillation).
bercer* *v tr* mecer (balancer), cunear (dans un berceau) ‖ FIG arrullar (endormir avec des chansons, un bruit monotone) ‖ adormecer; *bercer un chagrin* adormecer una pena ‖ entretener, ilusionar (amuser); *bercer par des promesses* entretener con promesas.
◆ *v pr* mecerse ‖ FIG entretenerse, ilusionarse (se leurrer) ‖ *se bercer d'illusions* ilusionarse, forjarse ilusiones.
berceur, euse *adj* arrullador, ra (qui berce, qui endort).
◆ *f* mecedora (siège à bascule) ‖ canción de cuna, nana (chanson).
B.E.R.D.; Berd abrév de *Banque européenne pour la reconstruction et le développement* BERD, Banco Europeo para la Reconstrucción y el Desarrollo.
béret [bɛrɛ] *m* boina *f*.
bergamote *f* bergamota (fruit).
berge *f* orilla, ribera (d'un fleuve) ‖ ribazo *m* (talus).
berger, ère *m et f* pastor, ra (de troupeau) ‖ FIG pastor (guide des âmes) ‖ — ZOOL *berger allemand* pastor alemán ‖ — *l'étoile du berger* el lucero del alba, Venus ‖ *l'heure du berger* la hora de los enamorados; el anochecer.
◆ *m* mastín (chien).
bergère *f* poltrona, butaca (fauteuil).
bergerie *f* aprisco *m*, majada (moutons).
◆ *pl* FIG poesías pastoriles (poésie).
bergeronnette *f* aguzanieve *m* (oiseau).
béribéri *m* beriberi (maladie tropicale).
Béring (détroit de) *n pr m* GÉOGR estrecho de Bering.
berk!; beurk! *interj* FAM ¡puf!, ¡pu! (qui exprime le dégoût, l'écœurement).
Berlin *n pr m* GÉOGR Berlín.
berline *f* berlina (voiture) ‖ MIN vagoneta.
berlingot [bɛrlẽgo] *m* berlina *f* de dos asientos ‖ *un berlingot de lait* leche en envase de cartón.
berlinois, e *adj* berlinés, esa.
Berlinois, e *m et f* berlinés, esa.
berlue *f* alucinación, encandilamiento *m* ‖ FAM *avoir la berlue* tener telarañas en los ojos.
bermuda *m* bermudas *pl*, pantalones cortos *pl*.
Bermudes *n pr* GÉOGR Bermudas.
bernard-l'ermite; bernard-l'hermite *m inv* paguro, ermitaño (crustacé).
berne *f* (*p us*) manteamiento *m* ‖ FIG & FAM burla (raillerie) ‖ — *en berne* a media asta (drapeau) ‖ MAR *mettre en berne* izar a media asta.
Berne *n pr* GÉOGR Berna.

berner *v tr* *(p us)* mantear (faire sauter dans une couverture) ‖ FIG burlarse de, engañar, dar el pego, dar gato por liebre (tromper).

Bernois, e *m et f* bernés, esa; bernense.

berrichon, onne *adj* GÉOGR de Berry [región del centro de Francia].

Berrichon, onne *m et f* nativo, va de Berry.

Berry *n pr m* GÉOGR Berry.

béryl *m* berilo.

béryllium [beriljɔm] *m* berilio.

besace *f* alforjas *pl* ‖ FIG *être réduit à la besace* verse reducido a pedir limosna.

Besançon *n pr* GÉOGR Besanzón.

besicles *f pl* quevedos *m*, antiparras.

besogne [bəzɔɲ] *f* tarea (tâche), faena (labeur), trabajo *m* (travail); ‖ — *abattre de la besogne* trabajar mucho, darle duro al trabajo, cundirle a uno el trabajo ‖ *aller vite en besogne* despachar el trabajo (être expéditif), imaginar ya las cosas hechas (imaginer) ‖ *faire de la bonne, mauvaise besogne* trabajar bien, mal ‖ *se mettre à la besogne* poner manos a la obra ‖ *tailler de la besogne* dar *ou* señalar tarea.

besogneux, euse *adj* et *s* necesitado, da ‖ apurado, da; menesteroso, sa (dans la gêne).

besoin *m* necesidad *f*; *besoin d'argent* necesidad de dinero ‖ pobreza *f*, estrechez *f* (pauvreté) ‖ necesidad *f*, obligación (obligation) ‖ COMM persona a quien puede presentarse al cobro una letra en ausencia del librado ‖ — FIG *besoin de gloire* sed de gloria ‖ — *au besoin* si es preciso ‖ *en cas de besoin* por si acaso, en caso de necesidad ‖ *si besoin est* si es necesario ‖ — *avoir besoin de* necesitar, tener necesidad de (quelqu'un ou quelque chose), tener que (avec l'infinitif) ‖ *avoir besoin que* hacerle falta a uno que, necesitar que, tener necesidad que; *j'ai besoin que tu me conseilles* me hace falta que me aconsejes; *je n'ai pas besoin de toi ici* no necesito tu ayuda, no te necesito ‖ *être dans le besoin* estar necesitado ‖ *vous aviez bien besoin de venir* menuda ocurrencia tuvo usted al venir aquí.

◆ *pl* necesidades *f* naturales; *faire ses besoins* hacer sus necesidades ‖ — *besoins énergétiques* necesidades energéticas ‖ *besoins internes* necesidades internas ‖ *pour les besoins de la cause* por la causa.

— OBSERV El francés *nécessité* supone una necesidad más grave y urgente que el simple *besoin*.

bestiaire *m* HIST bestiario ‖ *(vx)* colección *f* de fábulas (recueil de fables).

bestial, e *adj* bestial; *instincts bestiaux* instintos bestiales.

bestialement *adv* de un modo bestial.

bestialité *f* bestialidad.

bestiaux *m pl* ganado *sing*, reses *f*.

— OBSERV El singular *bestiau* (res) pertenece al lenguaje vulgar campesino.

bestiole *f* bicho *m*, bichito *m*.

best-seller *m* best-seller, libro de más venta (succès de librairie).

— OBSERV *pl best-sellers*.

bêta *m* beta *f* (lettre grecque) ‖ *rayons bêta* rayos beta.

bêta, asse *adj* et *s* FAM bobalicón, ona; simplón, ona ‖ *grand bêta* tonto de capirote.

bêtabloquant, e *adj* MÉD betabloqueante, betabloqueador, ra.

◆ *m* MÉD betabloqueante.

bétail [betaːj] *m* ganado [*(amér)* hacienda] ‖ — FIG *bétail humain* ganado humano (esclaves) ‖ *gros bétail* ganado mayor ‖ *menu bétail* ganado menor ‖ *tête de bétail* cabeza de ganado, res.

bétaillère *f* vehículo *m* para transporte de ganado.

bête *f* animal *m* ‖ bestia (âne et mulet) ‖ bicho *m* (petite bête, insecte) ‖ pieza (gibier) ‖ — *bête à bon Dieu* mariquita (insecte) ‖ FAM *bête à concours* empollón ‖ *bête à cornes* res vacuna (au pluriel: ganado vacuno) ‖ *bête à feu* luciérnaga, bicho de luz (ver luisant) ‖ *bête carnassière* fiera, animal carnicero ‖ *bêtes de boucherie* reses de matadero ‖ *bête de somme* bestia de carga, acémila ‖ *bête de trait* animal de tiro ‖ *bêtes à laine* ganado lanar ‖ *bêtes aumailles* ganado vacuno ‖ *bêtes fauves* ciervos y gamos ‖ *bêtes noires* jabalíes ‖ *bêtes puantes* zorros, garduñas, comadrejas, etc. ‖ *bêtes rousses* o *carnassières* alimañas ‖ *bêtes sauvages* animales salvajes, fieras ‖ — FAM *bonne bête* bonachón, bendito de Dios ‖ *mauvaise ou méchante bête* mal bicho ‖ — FIG & FAM *c'est sa bête noire* es su pesadilla (personne) ‖ *chercher la petite bête* ser un chinche, buscarle pelos al huevo ‖ *faire la bête* hacerse el tonto ‖ *morte la bête, mort le venin* muerto el perro se acabó la rabia ‖ *reprendre du poil de la bête* remontar la pendiente.

bête *adj* tonto, ta; bobo, ba ‖ — FAM *pas si bête!* ¡no tan tonto! ‖ *c'est bête à pleurer* es de una tontería que da lástima ‖ *c'est bête, il est trop tard pour* es lástima, es demasiado tarde para.

bêtement *adv* tontamente ‖ *tout bêtement* simplemente, sencillamente.

Bethléem *n pr* GÉOGR Belén.

bêtifiant, e *adj* tonto, ta.

bêtifier* *v intr* hacerse el tonto, la tonta.

bêtise *f* tontería ‖ *dire une bêtise* decir una tontería; *faire des bêtises* hacer tonterías ‖ majadería ‖ necedad (motif futile); *se brouiller pour une bêtise* enfadarse por una necedad ‖ tontería, futilidad (choses sans valeur); *dépenser son argent en bêtises* gastar su dinero en futilidades ‖ *bêtise de Cambrai* caramelo de menta.

bêtisier *m* disparatorio, colección *f* de disparates.

béton *m* hormigón ‖ cerrojo (football) ‖ — *béton armé* hormigón armado ‖ *béton banché* hormigón entibado ‖ *béton précontraint* hormigón pretensado *ou* precomprimido.

bétonner *v tr* construir con hormigón ‖ FIG hacer el cerrojo (football).

bétonnière *f* hormigonera.

bette *f* BOT acelga ‖ barco *m* de recreo y de pesca [en Marsella].

betterave [bɛtraːv] *f* remolacha ‖ — *betterave à sucre* remolacha azucarera ‖ *betterave fourragère* remolacha forrajera ‖ *betterave rouge* remolacha.

betteravier, ère *adj* et *s m* remolachero, ra.

beuglement *m* mugido (des bovidés) ‖ bramido (du taureau).

beugler *m* mugir (les bovidés) ‖ bramar (le taureau) ‖ FIG mugir (crier) ‖ POP berrear, cantar a voz en cuello (chanter mal et fort).

Beur *m et f* FAM joven magrebí nacido, da en Francia de padres emigrantes.

beurk! *interj* FAM → **berk!**
beurre [bœːr] *m* mantequilla *f*, manteca *f* de vaca ‖ manteca *f* (de cacao, etc.) ‖ FIG gusto, cosa *f* agradable ‖ — *beurre d'anchois, d'écrevisses etc.* pasta de anchoas, de cangrejos, etc. (terme de cuisine) ‖ *beurre de cacao* manteca de cacao ‖ *beurre fondu* mantequilla derretida ‖ *beurre frais, salé* mantequilla fresca, salada ‖ *beurre noir* mantequilla requemada ‖ — *gants beurre frais* guantes de color de avellana ‖ *lait de beurre* suero ‖ *petit beurre* galleta ‖ — FAM *avoir l'œil au beurre noir* tener un ojo a la funerala | *battre le beurre* mazar | *compter pour du beurre* jugar de cascarilla | *entrer comme dans du beurre* entrar como una seda | *faire son beurre* hacer su agosto, ponerse las botas | *fondre comme du beurre* derretirse como manteca | *mettre du beurre dans ses épinards* mejorar de situación | *promettre plus de beurre que de pain* prometer el oro y el moro.
beurré, e *adj* FAM achispado, da (ivre).
→ *m* pera *f* de donguindo (poire).
beurrer *v tr* untar con manteca.
beurrier *m* mantequera *f* (récipient).
beuverie *f* borrachera.
bévue *f* equivocación (erreur) ‖ FAM metedura de pata (gaffe) ‖ *commettre une bévue* meter la pata.
Beyrouth *n pr* GÉOGR Beirut.
biais *m* sesgo ‖ FIG rodeo, vuelta *f* (moyen détourné); *prendre un biais* dar un rodeo; *aborder de biais une question* abordar un asunto dando un rodeo ‖ ARCHIT esviaje ‖ bies (étoffe coupée en biais); *tailler en biais* cortar al bies ‖ cauce (voie) ‖ *de o en biais* al sesgo, sesgado (obliquement), esviado (architecture), al bies (couture).
— OBSERV *Bies* est un gallicisme très employé.
biaiser *v intr* torcer, torcerse (un chemin) ‖ FIG tergiversar, andar con rodeos, usar de doblez (user de moyens détournés); *parler franchement à quelqu'un, sans biaiser* hablar francamente, sin andar con rodeos.
biathlon *m* SPORTS biatlón.
bibelot [biblo] *m* bibelot, objeto artístico, menudencia *f* (d'étagère, etc.) ‖ fruslería *f* (objet futile) ‖ chuchería *f*, baratija *f* (objet sans valeur) ‖ FAM chirimbolo.
biberon [bibrɔ̃] *m* biberón; *nourrir au biberon* alimentar con biberón.
bibi *m* FAM sombrerito [de señora] | mi menda *f*, este cura (moi).
bibine *f* FAM cerveza de mala calidad, bebistrajo *m*.
Bible *f* Biblia ‖ *papier bible* papel biblia.
bibliobus *m* biblioteca itinerante.
bibliographe *m* bibliógrafo.
bibliographie *f* bibliografía.
bibliographique *adj* bibliográfico, ca.
bibliophile *m et f* bibliófilo, la.
bibliophilie *f* bibliofilia.
bibliothécaire [biblioteke:r] *m et f* bibliotecario, ria.
bibliothèque *f* biblioteca.
biblique *adj* bíblico, ca.
Bic *m* (nom déposé) boli, bic.
bicamérisme; bicaméralisme *m* bicameralismo, sistema bicameral.
bicarbonate *m* CHIM bicarbonato.

bicarbonaté, e *adj* bicarbonatado, da.
bicentenaire *adj* bicentenario, ria.
→ *m* bicentenario.
bicéphale *adj et s* bicéfalo, la; *aigle bicéphale* águila bicéfala.
biceps [biseps] *adj et s m* bíceps (muscle) ‖ FAM *avoir des biceps* tener musculatura.
biche *f* cierva (femelle du cerf) ‖ FAM querida (chérie) ‖ *yeux de biche* ojos rasgados.
bichon *m* perrito de lanas (chien) ‖ almohadilla *f* de terciopelo (pour chapeaux).
bichonner *v tr* (*p us*) rizar el pelo (friser) ‖ FIG arreglar, ataviar (parer) ‖ acariciar (caresser) ‖ cepillar (brosser).
→ *v pr* arreglarse, ataviarse ‖ FAM emperejilarse.
bichromie *f* IMPR bicromía.
bicolore *adj* bicolor.
biconcave *adj* bicóncavo, va.
biconvexe *adj* biconvexo, xa.
bicoque *f* bicoca (fortification) ‖ casucha (maison).
bicorne *adj* bicorne, de dos picos *ou* cuernos; *un chapeau bicorne* un sombrero bicorne *ou* de dos picos.
→ *m* bicornio (chapeau).
bicross *m* bicicleta de ciclocros, ciclocros.
biculturalisme *m* coexistencia *f* de dos culturas.
bicycle *m* biciclo.
bicyclette *f* bicicleta; *aller à bicyclette* ir en bicicleta ‖ *cadre de bicyclette* cuadro de bicicleta.
— OBSERV Es incorrecto decir *aller en bicyclette*.
bidasse *m* FAM quinto.
bide *m* FAM panza *f*, andorga *f* (gros ventre) ‖ THÉÂTR fracaso total ‖ — *faire un bide* dar un panzazo ‖ *prendre un bide* fracasar totalmente.
bidet *m* jaca *f* (petit cheval) ‖ bidé (salle de bains).
bidoche *f* POP pitraco *m*, piltrafa, carne mala | carne en general.
bidon *m* bidón, lata *f*; *un bidon d'essence* un bidón de gasolina ‖ cantimplora *f* (gourde des soldats) ‖ cántaro (de lait) ‖ aceitera *f*, alcuza *f* (pour l'huile) ‖ FAM barriga *f*, panza *f* ‖ POP *ça c'est du bidon* eso es un camelo.
bidonner *v tr* sofisticar.
→ *v pr* FAM desternillarse de risa.
bidonville *m* chabolas *f pl*, barrio de las latas.
bidouillage *m* FAM chapucería *f*.
bidouiller *v tr* bricolar.
bidule *m* cosa, chisme.
bief *m* saetín (de moulin) ‖ tramo (d'un canal).
bielle *f* biela (mécanique); *couler une bielle* fundir una biela.
Biélorussie *n pr f* GÉOGR Bielorusia.
bien *adj inv* bien; *les gens bien* la gente bien ‖ — *ce n'est pas si bien que ça* no es para tanto ‖ *c'est bien?* ¿está bien? ‖ *c'est bien comme ça* está bien así ‖ *être bien* estar bien ‖ *être bien avec quelqu'un* estar bien con alguien.
→ *m* bien; *il faut faire le bien* hay que hacer el bien ‖ bien (ce qui est conforme au devoir); *un homme de bien* un hombre de bien ‖ caudal (capital), hacienda *f*, fortuna *f* (richesse); *posséder du bien* tener fortuna ‖ bien; *biens d'équipement* bienes de equipo ‖ — *biens collectifs* bienes colectivos

|| *biens communaux* propiedades del municipio || ÉCON *biens de consommation* bienes de consumo || *biens durables* bienes duraderos || *biens immeubles* bienes inmuebles || *biens meubles* bienes muebles || *biens non-reproductibles* bienes no renovables || ÉCON *les biens et les services* los bienes materiales y los servicios || — *le bien public* los bienes públicos || *pour le bien* con buen fin, con buen objeto || *pour son bien* para su provecho || — *avoir du bien au soleil* tener, poseer tierras || *bien mal acquis ne profite jamais* bienes mal adquiridos a nadie han enriquecido || *changer en bien* cambiar para bien, mejorar || *dire du bien de* hablar bien de || *en bien* bien; *parler en bien de quelqu'un* hablar bien de uno || *en tout bien tout honneur* con buena intención || *être du dernier bien avec quelqu'un* estar a partir un piñón con uno || *faire du bien* hacer bien, sentar bien (aliments, etc.) || *grand bien vous fasse!* ¡buen provecho le haga! || *mener à bien* llevar a cabo *ou* a buen término || *ne voir que le bien en quelqu'un* ver solamente el lado bueno en alguien || *penser du bien de quelqu'un* pensar bien de alguien || *périr corps et biens* perderse completamente [un barco] || *prendre une chose en bien* tomar una cosa en buen sentido || *rendre le bien pour le mal* devolver bien por mal || *vouloir du bien à* querer el bien de.

◆ *adv* bien; *bien agir* obrar bien || muy; *c'est bien beau* es muy bello; *bien loin* muy lejos || mucho, cha (adjectif); *bien des choses* muchas cosas || bastante bien; *il grossit bien* engorda bastante bien || bien; *songez-y bien* piénselo bien || uno, una; unos, unas; aproximadamente (à peu près); *il y a bien trois ans* hace unos tres años || mucho (beaucoup); *ce malade est bien mieux* este enfermo está mucho mejor || bien, perfectamente; *elle parle bien l'espagnol* habla bien el español || con gusto, gustosamente; *je le ferais bien, mais...* lo haría gustosamente, pero... || ya; *on verra bien* ya veremos; *je le crois bien* ya lo creo || *bien assez* bastante, suficientemente || *bien au contraire* todo lo contrario || *bien à vous* suyo afectísimo (lettre) || *bien des gens* bastante gente || *bien du temps* bastante tiempo || *bien plus* lo que es más, además, mucho más; *bien plus grand que moi* mucho más grande que yo || *bien portant* bien de salud || *bien que* aunque || *bien trop* demasiado || *bel et bien* completamente (entièrement), aunque parezca imposible || *bien entendu* desde luego || *bien sûr* por supuesto || *eh bien!* ¡vaya! || *nous voilà bien!* ¡estamos arreglados! || *peut-être bien* quizá sí || *si bien que* de suerte que, de manera que || *tant bien que mal* así, así, mal que bien, regular || — *aimer bien* gustar mucho || *aller bien* ir bien || *ça fait bien* da buen tono || *c'est bien fait* está bien hecho || *c'est bien lui* eso, es muy de él || *c'est bien lui?* ¿es verdaderamente él? || *croyant bien faire* creyendo hacer bien || *faire bien de* hacer bien en || *il a bien trente ans* tendrá treinta años cumplidos || *il est bien de* conviene que || *il faut bien le faire* de todas formas hay que hacerlo || *il semble bien que* parece claro que || *il s'en faut bien* ni con mucho || *je crois bien que* me parece que..., casi estoy seguro de que || *j'espère bien y aller* espero por supuesto ir allí || *je veux bien le faire* ya lo hago yo || *nous arriverons bien à le convaincre* seguramente llegaremos a convencerle || *qui aime bien châtie bien* quien bien te quiere te hará llorar || *tu as bien eu raison de faire ça* has hecho bien en hacerlo.

— OBSERV Au sens de *fortune, domaine*, le substantif *bien* ne s'emploie plus en espagnol qu'au pluriel.

— OBSERV *Bien* adverbe se place généralement aujourd'hui après le verbe.

bien-aimé, e *adj et s* querido, da; muy amado, da || predilecto, ta; preferido, da (préféré).
— OBSERV pl *bien-aimés* o *bien-aimées*.

bien-être [bjɛ̃nɛtr] *m inv* bienestar.

bienfaisance [bjɛ̃fəzɑ̃:s] *f* beneficencia; *bureau de bienfaisance* sección de beneficencia || *de bienfaisance* benéfico, ca; *fête de bienfaisance* fiesta benéfica.

bienfaisant, e *adj* benéfico, ca; bienhechor, ra (qui fait le bien) || beneficioso, sa (profitable).

bienfait *m* beneficio, favor (faveur); *combler de bienfaits* colmar de favores || ventaja *f* (avantage); *les bienfaits de la civilisation* las ventajas de la civilización || buena acción *f*; *les bienfaits d'une âme charitable* las buenas acciones de un alma caritativa || *un bienfait n'est jamais perdu* haz bien y no mires a quién.

bienfaiteur, trice *adj et s* bienhechor, ra.

bien-fondé *m* lo bien fundado, legitimidad *f*; *le bien-fondé d'une réclamation* lo bien fundado de una reclamación.

bien-fonds [bjɛ̃fɔ̃] *m* DR bienes raíces *ou* sedientes.

bienheureux, euse *adj et s* bienaventurado, da.
◆ *m et f* beato, ta (personne béatifiée).

biennal, e [bienal] *adj* bienal; *assolements biennaux* rotaciones bienales.
◆ *f* bienal (festival).

bien-pensant, e *adj et s* bienpensante.
◆ *pl les bien-pensants* la gente conformista.

bienséance *f* conveniencia (convenance), decoro *m* (décorum), decencia (décence).

bienséant, e *adj* conveniente, decente (décent), decoroso, sa.

bientôt *adv* pronto || *à bientôt* hasta pronto, hasta la vista, hasta luego || *bientôt après* poco después || *c'est bientôt dit* es fácil decirlo.

bienveillance *f* benevolencia || — *grâce à la bienveillance de* gracias a la amabilidad de || *j'ai l'honneur de solliciter de votre haute bienveillance* tengo el honor de dirigirme a usted rogándole *ou* tengo el honor de solicitar de la reconocida bondad de usted.

bienveillant, e *adj* benévolo, la || condescendiente; *paroles bienveillantes* palabras condescendientes.

bienvenu, e *adj et s* bienvenido, da; *être le bienvenu* ser bienvenido.

bienvenue *f* bienvenida; *souhaiter la bienvenue* dar la bienvenida || FAM *payer sa bienvenue* pagar la novatada *ou* la patente.

bière *f* cerveza (boisson); *un demi de bière* una caña de cerveza || ataúd *m*, caja de muerto (cercueil) || — *bière à la pression* cerveza de barril, cerveza de grifo || *bière blonde* cerveza dorada || *bière brune* cerveza negra || — FAM *ce n'est pas de la petite bière* no es grano de anís, no es moco de pavo.

biface *m* bifaz (préhistoire).

biffer *v tr* borrar (effacer), tachar, rayar.

bifide *adj* BOT bífido, da (fendu).

bifidus *m* bífidus.

bifteck *m* bistec, biftec, bisté.

bifurcation *f* bifurcación || BOT horcadura.

bifurquer *v intr* bifurcarse.
bigame *adj et s* bígamo, ma.
bigamie *adj et s* bigamia.
bigarade *f* naranja amarga.
bigarré, e *adj* abigarrado, da (étoffe, etc.) ‖ berrendo (taureau).
bigarreau *m* cereza *f* gordal *ou* garrafal.
big-bang; big bang *m* big bang.
bigleux, euse *adj et s* cegato, ta ‖ bisojo, ja.
bigophone *m* FAM teléfono (téléphone).
bigorneau *m* bígaro, bigarro, caracol de mar (mollusque) ‖ bigorneta *f* (petite bigorne).
bigot, e [bigo, ɔt] *adj et s* beato, ta; santurrón, ona.
bigoterie *f*; **bigotisme** *m* beatería *f*, santurronería *f*.
bigoudi *m* rulo (pour friser).
bigre! *interj* FAM ¡caramba!, ¡diantre!, ¡demonio!, ¡caracoles!
bigrement *adv* FAM muy, extremadamente, un rato; *c'est bigrement bon* está un rato bueno.
bigue *f* MAR cabria, caballete *m* de levantamiento, abanico *m* (chèvre).
biguine *f* baile *m* de las Antillas.
bihebdomadaire *adj* bisemanal.
bijectif, ive *adj* MATHS biyectivo, va.
bijection *f* MATHS aplicación biyectiva.
bijou *m* joya *f*, alhaja *f* ‖ FIG alhaja, preciosidad *f*, joya *f* (personne ou chose charmante) ‖ *bijou fantaisie* bisutería.
bijouterie *f* joyería ‖ joyas *pl*, alhajas *pl*, artículos *m pl* de joyería; *acheter de la bijouterie* comprar joyas ‖ *bijouterie fausse, de fantaisie* bisutería.
bijoutier, ère *m et f* joyero, ra.
Bikini *m* (nom déposé) bikini (maillot de bain).
bilame *m* bimetal.
bilan *m* COMM balance; *faire le bilan* hacer el balance ‖ — ÉCON *bilan annuel* balance de situación, balance general ǀ *bilan consolidé* balance consolidado ǀ *bilan d'ouverture* balance de apertura ‖ MÉD *bilan de santé* chequeo ‖ *déposer son bilan* declararse en quiebra.
bilatéral, e *adj* bilateral; *accords bilatéraux* acuerdos bilaterales.
bilboquet *m* boliche (jouet) ‖ dominguillo, tentetieso (poussah) ‖ FAM monigote ‖ IMPR pequeño trabajo tipográfico (cartes, faire-part, etc.).
bile *f* bilis ‖ FIG fastidio *m* (ennui), mal humor *m* (mauvaise humeur) ‖ — *bile noire* atrabilis ‖ FAM *se faire de la bile* preocuparse, quemarse la sangre.
biliaire [biljɛːr] *adj* biliar, biliario, ria.
bilingue [bilɛ̃:g] *adj et s* bilingüe.
bilinguisme *m* bilingüismo.
bilirubine *f* MÉD bilirrubina.
billard *m* billar (jeu); *queue de billard* taco de billar ‖ FAM hule (table d'opérations) ‖ — *billard électrique* millón, flipper ‖ — FAM *être sur le billard* estar en la mesa de operaciones ǀ *passer sur le billard* pasar por el quirófano ǀ *c'est du billard* está tirado, es pan comido.
bille [biːj] *f* bola de billar ‖ canica, bola (jouet d'enfants); *jouer aux billes* jugar a las canicas ‖ madero *m* (tronc de bois) ‖ MÉCAN bola; *roulements à billes* cojinetes de bolas ‖ POP pelota, chola (tête) ǀ jeta (visage) ‖ — *la bille rouge* el mingo (billard) ‖ *stylo à bille* bolígrafo.
billet [bijɛ] *m* billete ‖ esquela *f*; *billet doux* esquela amorosa ‖ billete, entrada *f* [(*amér*) boleto] (spectacle); *billet de théâtre* entrada de teatro ǀ billete *[(amér)* boleto] (chemin de fer, loterie) ‖ tarjeta *f*; *billet d'invitation* tarjeta de invitación ‖ billete; *billet de banque* billete de banco ‖ — COMM *billet à ordre* pagaré ǀ *billet au porteur* billete al portador ‖ TRANSP *billet circulaire* billete circular ‖ *billet d'aller et retour* billete de ida y vuelta ‖ *billet de confession* cédula de confesión ‖ *billet d'admission à l'hôpital* alta en el hospital ‖ *billet de faire-part* parte de boda (mariage), esquela mortuoria (décès) ‖ *billet de faveur* pase de favor ‖ MIL *billet de logement* boleta de alojamiento ‖ *billet de quai* billete de andén ‖ *billet de santé* certificado de sanidad ‖ *billet simple* billete de ida ‖ FAM *prendre un billet de parterre* coger una liebre (tomber).
billette *f* leño *m*, tarugo *m* (bûcher) ‖ AGRIC rodillo *m* (rouleau) ‖ ARCHIT moldura (moulure) ‖ palanquilla (d'acier) ‖ MIN viga que sostiene el techo de una galería (poutre).
billetterie *f* cajero *m* automático (banque), taquilla (gare, théâtre, etc.).
billevesée [bijvəze] *f* pamplina, cuento *m*.
billion *m* billón.
billot *m* tajo (d'échafaud) ‖ tajo (de boucher) ‖ tronco, tarugo (tronçon de bois) ‖ banquillo (de cordonnier) ‖ trangallo (pour les animaux) ‖ cepo (enclume).
bimensuel, elle *adj* bimensual, quincenal.
bimestriel, elle *adj* bimestral.
Bimétal *m* (nom déposé) bimetal.
bimétallique *adj* bimetálico, ca.
bimétallisme *m* bimetalismo.
bimoteur *adj et s m* bimotor.
binaire *adj* binario, ria ‖ INFORM binario, ria.
biner *v tr* AGRIC binar (terre).
 ➙ *v intr* binar (dire deux messes le même jour).
binette *f* AGRIC binador *m*, binadera, escardillo *m* ‖ FIG & POP jeta, cara ridícula *ou* poco agradable.
bing! *interj* ¡bumba!
biniou *m* gaita *f* bretona.
binocle *m* binóculo *(p us)*, quevedos *pl* (lorgnon).
binoculaire *adj* binocular.
binôme *m* binomio.
bio *adj inv* biológico, ca.
biochimie *f* bioquímica, química biológica.
biochimique *adj* bioquímico, ca.
biochimiste *m et f* bioquímico, ca.
biodégradable *adj* biodegradable.
biodégradation *f* biodegradación.
bioénergie *f* bioenergética.
bioéthique *f* bioética.
biogenèse *f* biogénesis.
biographe *m et f* biógrafo, fa.
biographie *f* biografía.
biographique *adj* biográfico, ca.
biologie *f* biología.
biologique *adj* biológico, ca.
biologiste *m et f* biólogo, ga.
biomasse *f* biomasa.
biomédical, e *adj* biomédico, ca.

biophysique *f* biofísica.
biopsie *f* MÉD biopsia.
biorythme *m* biorritmo.
biosphère *f* biosfera.
biotechnologie; biotechnique *f* biotecnología.
biotope *m* biotopo.
bip; bip-bip *m* busca busca.
bipale *adj* con dos paletas.
biparti, e; bipartite *adj* bipartido, da; *feuille bipartite* hoja bipartida ‖ bipartito, ta (de deux parties ou partis); *accord bipartite* acuerdo bipartito.
bipartisme *m* bipartidismo.
bipartition *f* bipartición.
bipasse *m*; **by-pass** *m inv* by-pass.
bip-bip *m* → **bip**.
bipède *adj* et *s m* bípedo, da.
bipenne; bipenné, e *adj* ZOOL bipennado, da.
➥ *f* bipenna.
biphasé, e *adj* ÉLECTR bifásico, ca.
biplace *adj* et *s m* biplaza, de dos plazas *ou* asientos; *avion biplace* avión de dos plazas *ou* asientos.
biplan *m* biplano.
bipolaire *adj* bipolar.
bipolarisation *f* bipolarización.
bique *f* FAM cabra (chèvre) ‖ POP jamelgo *m* (cheval) ‖ POP *vieille bique* vejarrona.
biquet, ette *m* et *f* chivo, va; cabrito, ta; choto, ta (chevreau) ‖ FAM *mon biquet* pichoncito mío | *ma biquette* mi pichón.
B.I.R.D. abrév de *Banque internationale pour la reconstruction et le développement* BIRD, Banco Internacional de Reconstrucción y Desarrollo.
biréacteur *adj* et *s m* birreactor.
biréfringent, e *adj* birrefringente.
Birmanie *n pr f* GÉOGR Birmania.
bis [bis] *adv* bis ‖ duplicado (numéro); *10 bis, Grande-Rue* Calle Mayor, número 10 duplicado.
➥ *interj* ¡otra vez!, ¡otra!, ¡que se repita! (spectacles).
bis, e [bi, biːz] *adj* bazo, za (couleur) ‖ moreno, na; trigueño, ña (teint) ‖ *pain bis* pan moreno, pan bazo.
bisaïeul, e *m* et *f* bisabuelo, la.
bisannuel, elle *adj* bienal (biennal) ‖ bisanuo, nua (plante).
bisbille *f* FAM pelotera, pique *m* ‖ FAM *être en bisbille avec quelqu'un* estar mosqueado con alguien.
biscaïen, enne *adj* vizcaíno, na.
➥ *m (vx)* fusil grande (fusil) ‖ casco de metralla (d'une boîte à mitraille).
Biscaïen, enne *m* et *f* vizcaíno, na.
Biscaye *n pr f* GÉOGR Vizcaya.
biscornu, e *adj* de forma irregular, deforme, extravagante ‖ estrafalario, ria (idée, raisonnement).
biscotte [biskɔt] *f* «pan *m* toast».
biscuit *m* bizcocho ‖ galleta *f* (gâteau sec) ‖ TECHN bizcocho, biscuit (porcelaine) ‖ — *biscuit à la cuiller* bizcocho de soletilla ‖ *biscuit de marin* galleta ‖ *biscuit glacé* bizcotela.
biscuiterie [bskɥitri] *f* bizcochería.
bise *f* cierzo *m* ‖ FIG invierno *m* (hiver) ‖ FAM beso *m*, besito *m*; *faire une bise* dar un beso.

biseau *m* bisel ‖ chaflán (d'une maison) ‖ *en biseau* biselado, en bisel; *glace taillée en biseau* espejo biselado.
biseauter *v tr* tallar en bisel, biselar (tailler en biseau) ‖ señalar, marcar (les cartes à jouer) ‖ *carte biseautée* naipe de tercio.
bisexualité *f* bisexualidad.
bisexué, e *adj* bisexual.
bisexuel, elle *adj* et *s* bisexual.
bismuth *m* bismuto.
bison, onne *m* et *f* bisonte, bisonte hembra.
bisou; bizou *m* FAM besito.
bisque *f* CULIN sopa de cangrejos (soupe); *bisque d'écrevisses* sopa de cangrejos de río ‖ ventaja (au jeu de paume) ‖ *bisque! bisque! rage!* ¡rabia!, ¡rabiña!
bisquer *v intr* FAM rabiar, picarse.
bissecteur, trice *adj* et *s f* GÉOM bisector, bisectriz.
bissection *f* GÉOM bisección.
bisser *v tr* repetir (répéter) ‖ bisar (au théâtre).
bissextile *adj f* bisiesto *m*; *année bissextile* año bisiesto.
bistouri *m* bisturí.
bistre *m* bistre.
➥ *adj inv* color de humo (couleur).
bistrot *m* FAM bar, taberna *f*, tasca *f* (débit) | tabernero (marchand de vin).
bit *m* INFORM bit.
B.I.T. abrév de *Bureau international du travail* OIT, Oficina Internacional del Trabajo.
bite; bitte *f* POP polla, picha (pénis).
bitension *f* bitensión.
bitte *f* MAR bita; *bitte d'amarrage* bita de amarre ‖ POP → **bite**.
bitume *m* asfalto ‖ *bitume de Judée* betún de Judea.
bitumer *v tr* asfaltar.
bitumineux, euse *adj* bituminoso, sa.
bivalent, e *adj* CHIM bivalente.
bivalve *adj* et *s m* ZOOL bivalvo, va.
bivouac [bivwak] *m* vivaque, vivac.
bivouaquer *v intr* vivaquear, acampar.
bizarre *adj* raro, ra; curioso, sa.
bizarrement *adv* curiosamente, de forma *f* extraña (de façon étrange) ‖ raramente, de manera *f* extravagante (de façon excentrique).
bizarrerie *f* rareza, extravagancia.
bizou *m* FAM → **bisou**.
bizut; bizuth [bizy] *m* FAM novato, pipiolo.
bizutage *m* FAM novatada *f*.
bizuter *v tr* FAM dar la novatada.
bla-bla; bla-bla-bla *m* FAM charloteo, cuentos *pl* chinos.
Black *m* et *f* FAM negro, gra.
blackbouler *v tr* derrotar (vote) ‖ echar bola negra (dans un club) ‖ FAM dar calabazas (examen).
black-out [blakut] *m* oscurecimiento del alumbrado contra la aviación enemiga ‖ FIG *faire le black-out* guardar el más absoluto silencio.
blafard, e *adj* macilento, ta; pálido, da; *une lumière blafarde* una luz macilenta.
blague *f* petaca (à tabac) ‖ FAM bola, cuento *m* (mensonge); *tout cela c'est de la blague* todo eso

son cuentos | broma; *faire une blague à un ami* dar una broma a un amigo | gazapo (erreur) | metedura de pata; *il a fait une blague* ha sido una metedura de pata | chiste *m*, chascarrillo *m* (histoire drôle); *raconter une blague* contar un chiste ‖ — *blague à part* broma aparte, sin broma ‖ *sans blague!* ¡no me digas!

blaguer *v intr* bromear.
→ *v tr* embromar, dar una broma; *blaguer quelqu'un* dar una broma a alguien.

blagueur, euse *m et f* FAM bromista, guasón, ona (railleur).
→ *adj* de broma, en broma; *paroles blagueuses* palabras en broma.

blaireau [blɛro] *m* tejón (animal) ‖ brocha *f* de afeitar (pour se raser) ‖ brocha *f*, pincel grande (pinceau).

blairer *v tr* FAM tragar; *ne pas pouvoir blairer quelqu'un* no poder tragar a alguien.

blâmable *adj* censurable, vituperable.

blâme *m* censura *f*, reprobación *f* ‖ voto de censura *f* (au parlement).

blâmer *v tr* censurar, culpar.

blanc, blanche [blɑ̃, blɑ̃:ʃ] *adj* blanco, ca ‖ cano, na; canoso, sa; *il a les cheveux blancs* tiene el pelo canoso ‖ — *cheveu blanc* cana ‖ *d'une voix blanche* con voz velada ‖ *vin blanc* vino blanco ‖ — *donner carte blanche* dar carta blanca ‖ *passer une nuit blanche* pasar una noche en blanco, pasar en claro la noche, pasar una noche toledana.
→ *m et f* blanco, ca (de race blanche).
→ *m* blanco (couleur) ‖ blanquete (fard) ‖ blanco, claro (espace vide) ‖ ropa *f* blanca (lingerie); *magasin de blanc* almacén de ropa blanca ‖ — *blanc cassé* blanco hueso ‖ *blanc d'argent* o *de céruse* o *de plomb* albayalde, blanco de plomo ‖ *blanc de baleine* esperma de ballena, espermaceti ‖ *blanc de blanc* vino de cepa de uva blanca ‖ *blanc de champignon* micelio de setas ‖ *blanc de chaux* lechada ‖ *blanc d'Espagne* yeso mate, blanco de España, albayalde ‖ *blanc de l'œil* blanco del ojo ‖ *blanc de poulet* pechuga ‖ *blanc de tailleur* jaboncillo, jabón de sastre ‖ *blanc d'œuf* clara de huevo ‖ — *cartouche à blanc* cartucho sin bala, cartucho de fogueo, cartucho para salvas ‖ *chèque en blanc* cheque en blanco ‖ *de but en blanc* de buenas a primeras, de sopetón (tout à coup) ‖ — *chauffer à blanc* calentar al rojo blanco ‖ *dire blanc et noir* decir dos cosas contradictorias ‖ *laisser un blanc* dejar un espacio en blanco ‖ *regarder quelqu'un dans le blanc des yeux* fijar la mirada en los ojos de alguien ‖ *saigner à blanc* desangrar ‖ *tirer sur le blanc* blanquear.

Blanc (mont) *n pr m* GÉOGR mont Blanc.

blanc-bec *m* FAM mocoso, barbilampiño.
— OBSERV pl *blancs-becs*.

blanchaille *f* boliche *m*, morralla (menus poissons).

blanchâtre *adj* blanquecino, na; blancuzco, ca.

blanche *f* MUS mínima, blanca (note) ‖ bola blanca (billard) ‖ FAM blanca (cocaïne).

Blanche-Neige et les sept nains Blancanieves y los siete enanitos.

blancheur *f* blancura.

blanchiment *m* blanqueo (action de blanchir) ‖ blanquición *f* (métaux) ‖ *le blanchiment de l'argent* el blanqueo de dinero.

blanchir *v tr* blanquear (rendre blanc) ‖ blanquear, encalar, enjalbegar (à la chaux); *blanchi à la chaux* blanqueado con cal, enjalbegado ‖ lavar (le linge) ‖ sancochar (cuisine) ‖ cepillar (raboter) ‖ FIG disculpar, rehabilitar (disculper) ‖ IMPR espaciar, regletear (espacer) ‖ blanquecer (métaux).
→ *v intr* blanquear, encanecer; *ses cheveux blanchissent* sus cabellos encanecen ‖ envejecer (dans un emploi).
→ *v pr* blanquearse ‖ FIG justificarse, disculparse (se justifier), rehabilitarse (se réhabiliter).

blanchissage *m* lavado (action de nettoyer) ‖ blanqueo (action de rendre blanc); *le blanchissage du sucre* el blanqueo del azúcar ‖ blanqueo, encalado (à la chaux).

blanchissant, e *adj* que blanquea ‖ encanecido, da (cheveux) ‖ *produits blanchissants* productos para blanquear la ropa.

blanchisserie *f* taller *m* de lavado y planchado, lavandería.

blanchisseur, euse *m et f* lavandero, ra.

blanc-seing [blɑ̃sɛ̃] *m* firma *f* en blanco.
— OBSERV pl *blancs-seings*.

blanquette *f* AGRIC albillo *m* (raisin) ‖ vino *m* blanco ‖ variedad de pera (poire) ‖ CULIN *blanquette de veau* guiso de ternera lechal con salsa de nata.

blaser *v tr* hastiar, aburrir; *blasé de* o *sur tout* hastiado de todo.
→ *v pr* hastiarse, cansarse.

blason *m* blasón (armoiries) ‖ heráldica *f* (science) ‖ — *redorer son blason* redorar su escudo ‖ *ternir* o *salir son blason* deshonrar su apellido.

blasphémateur, trice [blasfematœːr, tris] *adj et s* blasfemador, ra; blasfemo, ma.

blasphématoire *adj* blasfematorio, ria; blasfemo, ma.

blasphème *m* blasfemia *f*.

blasphémer* *v intr* blasfemar.
→ *v tr* blasfemar contra, maldecir de.

blastoderme *m* BIOL blastodermo.

blatte *f* cucaracha, curiana, blata *(p us)*.

blazer *m* blazer (veste).

blé *m* trigo ‖ — *blé d'automne* trigo otoñal ‖ *blé de mars* trigo marzal ‖ *blé de Turquie* maíz ‖ *blé dur* trigo duro *ou* fanfarrón ‖ *blé en herbe* trigo en ciernes ‖ *blé ergoté* trigo atizonado ‖ *blé hérisson* trigo cuchareta ‖ *blé méteil* comuña ‖ *blé noir* alforfón, trigo sarraceno ‖ *blé tendre* trigo candeal *ou* tierno ‖ *blé trémois* trigo tremés, trechel ‖ *champ de blé* trigal ‖ — *battre le blé* trillar ‖ *crier famine sur un tas de blé* quejarse de vicio ‖ FAM *être fauché comme les blés* estar sin (una) gorda | *manger son blé en herbe* gastar la renta antes de cobrarla.

bled [blɛd] *m* interior del país [en África del Norte] ‖ FAM poblacho perdido, poblacho aldeorrio.

blême *adj* descolorido, da; muy pálido, da.

blêmir *v intr* palidecer, perder el color (pâlir).

blennorragie *f* MÉD blenorragia.

blessant, e *adj* ofensivo, va; injurioso, sa.

blessé, e *adj* herido, da; *grièvement blessé* herido de gravedad; *blessé à mort* herido de muerte ‖ lesionado, da (un sportif) ‖ FIG herido, da; ofendido, da; lastimado, da (outragé).
→ *m et f* herido, da; *un blessé grave, un grand blessé* un herido grave.

blesser v tr herir ‖ hacer daño, lastimar (faire du mal); *mes chaussures me blessent* mis zapatos me hacen daño ‖ herir, hacer daño a, lastimar; *bruit qui blesse l'oreille* ruido que hace daño al oído ‖ lesionar (un sportif) ‖ FIG herir, ofender, agraviar (offenser); *des paroles qui blessent* palabras que ofenden; *blesser son amour-propre* herir su amor propio | dañar, lesionar, perjudicar (porter préjudice); *blesser des intérêts* lesionar intereses ‖ — *blesser à l'endroit sensible* tocar en lo vivo ‖ *blesser les convenances* faltar a la cortesía ‖ *chacun sait où le bât le blesse* cada uno sabe dónde le aprieta el zapato.
◆ v pr herirse; *se blesser au pied* herirse en el pie ‖ FIG agraviarse, ofenderse.

blessure [blɛsy:r] f herida ‖ descalabradura (blessure à la tête) ‖ lesión (d'un sportif) ‖ FIG herida (offense) ‖ — DR *coups et blessures* lesiones ‖ *rouvrir une blessure* abrir de nuevo una herida.

blet, ette [blɛ, ɛt] adj modorro, rra; pasado, da; pocho, cha (fruit) ‖ FIG de aspecto amarillento.
◆ f BOT acelga, bledo *m*.

bleu, e [blø] adj azul ‖ terrible, enorme, tremendo, da; *colère bleue* cólera enorme; *une peur bleue* un miedo terrible ‖ — *contes bleus* cuentos de hadas ‖ MÉD *maladie bleue* enfermedad azul ‖ AUTOM *zone bleue* zona azul.
◆ *m* azul; *bleu ciel, foncé, électrique, de Prusse, d'outremer, layette, marine, nuit, roi* azul celeste, oscuro, eléctrico, de Prusia, de ultramar, pastel, marino, oscuro, turquí ‖ mono (vêtement de travail) ‖ telegrama ‖ TECHN azulete, añil (couleur pour le linge) ‖ FAM quinto, recluta, novato (soldat nouveau venu) | cardenal; *avoir des bleus sur le bras* tener cardenales en el brazo (ecchymose) ‖ — *bleu (d'Auvergne)* queso tipo Roquefort, queso azul ‖ *bleu de méthylène* azul de metileno ‖ FAM *en être bleu* quedarse patidifuso ‖ *n'y voir que du bleu* quedarse en ayunas *ou* in albis ‖ *passer au bleu* hacer desaparecer, escamotear.
— OBSERV Las palabras compuestas por *bleu* y otro nombre de color se escriben con un guión, y, empleadas como adjetivos, son invariables (*des robes bleu clair*).

bleuâtre adj azulado, da; azulino, na.
bleuet [bløɛ] *m* BOT aciano.
bleuir [-i:r] v tr azular (rendre bleu) ‖ TECHN pavonar (métaux).
◆ v intr azulear (devenir bleu).
bleuté, e adj azulado, da.
blindage *m* blindaje ‖ TECHN armazón *f*.
blindé, e adj blindado, da ‖ acorazado, da; *coffre blindé* cámara acorazada ‖ ÉLECTR aislado, da.
◆ *m* MIL vehículo blindado.
blinder v tr blindar ‖ acorazar (cuirasser) ‖ encontrar (une mine) ‖ ÉLECTR aislar ‖ FIG endurecer.
blini *m* blini [pequeño crepe ruso].
blizzard [blizar] *m* ventisca *f* (vent d'Amérique du Nord).
bloc [blɔk] *m* bloque; *un bloc de marbre* un bloque de mármol ‖ montón; *un bloc de livres* un montón de libros ‖ taco (de calendrier) ‖ bloc, taco (pour écrire) ‖ conjunto, un todo; *idées qui forment un bloc* ideas que forman un todo ‖ FAM chirona *f* (prison); *fourrer au bloc* meter en chirona ‖ FIG bloque, grupo (politique) ‖ — *bloc à colonne* bloque de matrizar ‖ ÉLECTR *bloc d'alimentation* bloque de alimentación ‖ *bloc opératoire* quirófano ‖ *bloc sanitaire* conjunto sanitario ‖ *bloc sténo* bloc ‖ — *à bloc* a fondo ‖ *gonfler à bloc* inflar a tope ‖ FAM *être gonflé à bloc* estar lleno de ánimo ‖ *faire bloc* solidarizarse.

blocage *m* bloqueo (action de bloquer) ‖ suspensión *f* (des importations) ‖ casquijo, cascote (débris de pierres, de briques) ‖ IMPR bloqueado, cabeza *f* de muerto ‖ TECHN ajuste; *vis de blocage* tornillo de ajuste ‖ FIG congelación *f*, bloqueo; *blocage des salaires* congelación de los salarios; *blocage des prix* congelación de los precios.

bloc-cuisine *m* conjunto de cocina.
bloc-évier *m* fregadero.
— OBSERV pl *blocs-éviers*.
block *m* TRANSP enclavamiento.
blockhaus [blɔkoːs] *m* MAR & MIL blocao.
bloc-moteur *m* AUTOM bloque del motor.
bloc-notes *m* bloc, taco (pour écrire).
blocus *m* MIL bloqueo.
blond, e adj et s rubio, bia.
◆ *m* rubio (couleur); *blond cendré* rubio ceniciento.
blondasse adj rubial, rubianco, ca.
blonde *f* blonda (dentelle).
blondeur *f* color *m* rubio.
blondin, e adj et s rubio, bia; pelirrubio, bia.
◆ *m* FAM boquirrubio, mozalbete presumido.
blondir v intr amarillear ‖ dorarse (le blé) ‖ *se faire blondir* teñirse el pelo de rubio.
bloquer v tr reunir; *bloquer deux paragraphes* reunir dos párrafos ‖ bloquear ‖ rellenar con casquijo *ou* cascote (maçonnerie) ‖ tapiar, condenar (porte, fenêtre) ‖ apretar a fondo ‖ IMPR volver una letra ‖ frenar bruscamente (freiner) ‖ bloquear (football) ‖ FIG congelar, bloquear (crédits, salaires, etc.) ‖ MÉCAN agarrotar (gripper).
blottir (se) v pr acurrucarse, hacerse un ovillo ‖ *se blottir dans un fauteuil* arrellanarse en un sillón.
blousant, e adj ablusado, da.
blouse *f* blusa (corsage) ‖ traje *m* de casa ‖ bata (de médecin, etc.), guardapolvo *m* (d'élève, d'ouvrier, etc.) ‖ tronera (billard).
blouser v tr *(p us)* hacer billa (billard) ‖ FIG & FAM engañar.
◆ v pr FAM engañarse, caer en la trampa.
blouson *m* cazadora *f*, zamarra *f* ‖ *blouson noir* gamberro (mauvais garçon).
blue-jean [bludʒiːn] *m* pantalón vaquero, blue-jean.
blues [bluːz] *m* blues.
bluff [blœf] *m* bluff, exageración *f*, baladronada *f* ‖ farol (au poker).
bluffer v tr et intr farolear, echarse *ou* tirarse faroles, blufar *(p us)*, exagerar ‖ tirarse un farol (au poker).
bluffeur, euse adj et s fanfarrón, ona; jactancioso, sa ‖ farolero, ra.
B.N. abrév de *Bibliothèque nationale* biblioteca nacional [Francia].
boa *m* ZOOL boa *f* (reptile); *boa constricteur* boa constrictor ‖ FIG boa *m* (fourrure).
boat people *m* et *f* inv boat people [refugiados que huyen a bordo de botes].
bob *m* gorro flexible de fieltro (chapeau).
bobard *m* FAM bola *f*, guasa *f*, embuste, patraña *f* (mensonge).

bobinage *m* devanamiento ‖ TECHN enrollamiento, bobinado, devanado; *bouton de bobinage* botón de enrollamiento.

bobine *f* carrete *m*, bobina (de fil à coudre, etc.) ‖ canilla (de tisseurs) ‖ TECHN bobina; *bobine d'accord* bobina de sintonía; *bobine d'induction* bobina de inducción; *bobine de self* bobina de auto-inducción ‖ AUTOM *bobine d'allumage* bobina de encendido ‖ PHOT carrete ‖ POP facha, cara ‖ *bobine de papier* rollo de papel.

bobiner *v tr* devanar (fil) ‖ TECHN enrollar, bobinar (enrouler), encanillar (tissage).

bobo *m* pupa *f* (mal d'enfant) ‖ FAM *faire bobo* hacer daño.

bobsleigh [bɔbslei] *m* bobsleigh (traîneau).

bocage *m* boscaje, soto, floresta *f* (petit bois) ‖ bocage (paysage rural).

bocager, ère *adj* silvestre, campestre; *nymphe bocagère* ninfa silvestre ‖ boscoso, sa; arbolado, da; *vallée bocagère* valle boscoso.

bocal *m* bocal, tarro (vase en verre).

Bochiman; Bushmen *n pr m pl* bosquimanos.

bock *m* caña *f* pequeña (verre de bière) ‖ irrigador, lavativa *f* (lavement).
— OBSERV Il ne faut pas confondre ce mot avec le *bock* espagnol, appelé aussi *jarra*, qui correspond à *chope*.

body *m* body.

body-building *m* body-building (culturisme).

bœuf *m* buey ‖ vaca *f*, carne *f* de vaca (viande de bœuf) ‖ — *bœuf gras* buey gordo que se pasea por las calles en carnaval ‖ *bœuf marin* manatí ‖ *bœuf mode* estofado de vaca ‖ *nerf de bœuf* vergajo ‖ — *donner un œuf pour un bœuf* dar poco, querer mucho, dar aguja y sacar reja ‖ *être fort comme un bœuf* estar hecho un toro ‖ *mettre la charrue avant les bœufs* comenzar por el fin, tomar el rábano por las hojas, empezar la casa por el tejado.
◆ *adj* FAM enorme, colosal ‖ *un succès bœuf* un exitazo.
— OBSERV En el plural *bœufs* no se pronuncia la *f* en francés.

bof! *interj* ¡hombre! [para expresar duda e indiferencia].

bogie [bɔʒi]; **boggie** [bɔgi] *m* bogie, carretón (chemin de fer).

Bogota *n pr* GÉOGR Bogotá.

bogue *f* erizo *m* (enveloppe de la châtaigne) ‖ pala para quitar el barro ‖ INFORM bug, error, bicho.

bohème *adj* et *s* bohemio, mia.
◆ *f* bohemia (ensemble de bohèmes).
— OBSERV Se escribe en francés el nombre geográfico *Bohême* con *ê*, el adjetivo *bohème* con *è* y *bohémien* con *é*.

Bohême *n pr f* GÉOGR Bohemia.

bohémien, enne *adj* bohemio, mia (de la Bohême) ‖ gitano, na; bohemio, mia.

Bohémien, enne *m* et *f* bohemio, mia (de la Bohême) ‖ gitano, na; bohemio, mia.

boire* *v tr* et *intr* beber; *boire de l'eau* beber agua ‖ embeber (absorber); *ce papier boit* este papel embebe ‖ FIG tragarse, aguantar (endurer); *boire une insulte* tragarse un insulto ‖ — *boire à la santé* beber a la salud, brindar por ‖ *boire à un ami* beber por un amigo ‖ *boire comme un trou, comme une éponge, comme un Polonais, comme un templier* beber como un cosaco ‖ *boire d'un trait* beber de un trago, tomar una copa ‖ *boire le calice jusqu'à la lie* apurar el cáliz hasta las heces ‖ *boire les paroles de quelqu'un* estar pendiente de los labios de alguien ‖ *boire sec* beber mucho ‖ *boire un coup* echar un trago, tomar una copa ‖ — *à boire de beber; verser à boire* echar de beber ‖ *chanson à boire* canción báquica ‖ — *faire boire la tasse* dar una ahogadilla ‖ *il y a à boire et à manger* hay sus más y sus menos ‖ *qui a bu boira* quien hace un cesto hace ciento.
— OBSERV *Boire* suivi d'un complément bien défini en quantité peut se traduire indifféremment par *beber* ou *beberse* (bebió un vaso de vino ou se bebió un vaso de vino).

boire *m* beber, bebida *f* (ce qu'on boit); *le boire et le manger* la bebida y la comida.

bois [bwa] *m* madera *f* ‖ bosque, monte (lieu planté d'arbres) ‖ asta *f* (d'une lance, d'un drapeau) ‖ astil *f* (d'une flèche) ‖ cuernos *pl*, cornamenta *f* (du cerf) ‖ leña *f* (bois de chauffage) ‖ grabado en madera (gravure) ‖ — *bois à brûler* o *de chauffage* leña ‖ *bois blanc* madera blanca, madera de pino ‖ *bois canard* madera anegadiza ‖ *bois d'ébène* negros (esclaves) ‖ *bois de Campêche* palo de Campeche ‖ *bois de charpente* o *de construction* madera de construcción ‖ *bois de fer* quiebrahacha, jabí (arbre) ‖ *bois de haute futaie* monte alto, oquedal ‖ *bois de justice* patíbulo, cadalso ‖ *bois de lit* caja, armadura de la cama ‖ *bois de Pernambouc* palo de Pernambuco ‖ *bois de rose* palo de rosa ‖ *bois de sciage* madera aserradiza ‖ *bois d'œuvre* madera de construcción ‖ *bois mort* madera seca, leña ‖ *bois sans nœud* madera limpia ‖ *bois sur pied* árboles en pie ‖ *bois taillis* monte tallar, monte bajo ‖ *bois vert* madera verde ‖ *éclat de bois* astilla ‖ *jambe de bois* pierna de palo, pata de palo (fam) ‖ *menu* o *petit bois* leña menuda ‖ *morceau de bois* palo ‖ — *aller au bois* ir al bosque, ir por leña (chercher du bois) ‖ FAM *avoir la gueule de bois* tener resaca, tener la lengua gorda ‖ *être du bois dont on fait les flûtes* ser de buena pasta ‖ *faire flèche de tout bois* no reparar en medios ‖ *il verra de quel bois je me chauffe* ya verá como las gasto ‖ *n'être pas de bois* no ser de madera, de palo ‖ FAM *toucher du bois* tocar madera (superstition).
◆ *pl* MUS madera *f sing*, instrumentos de madera ‖ esquíes (skis) ‖ *homme des bois* orangután, hombre rudo.

boisage *m* maderaje, maderamen (soutènement en bois) ‖ MIN entibación *f*, entibado.

boisé, e *adj* poblado de árboles, arbolado, da.

boiser *v tr* enmaderar, revestir de madera (garnir d'une boiserie) ‖ artesonar (un plafond) ‖ MIN entibar (exécuter un boisage) ‖ poblar de árboles (planter d'arbres).

boiserie *f* entablado *m*, revestimiento *m* de maderas (d'une pièce) ‖ artesonado *m* (du plafond) ‖ enmaderamiento *m*.

boisseau *m* celemín (mesure de capacité) ‖ cañería *f* de barro (cheminée) ‖ válvula *f* (de robinet).

boisson *f* bebida; *boisson alcoolisée* bebida alcohólica; *boisson non alcoolisée* bebida no alcohólica ‖ — *être pris de boisson* estar bebido ‖ *s'adonner à la boisson* darse a la bebida.

boîte *f* caja; *boîte de chocolats* caja de chocolatines ‖ bote *m*; *boîte de lait concentré* bote de leche condensada ‖ lata (de métal); *boîte de sardines* lata de sardinas ‖ recipiente *m*; *boîte en plastique* recipiente de plástico ‖ cajón *m*; *boîte à outils* cajón de las herramientas ‖ POP establecimiento (établissement) ‖ casa (maison) ‖ colegio *m* (entre étudiants)

| oficina (bureau) | taller (atelier) | cuartel (caserne) | cárcel (prison) || TECHN cubo *m* (des roues) | morterete *m* (pièce de pyrotechnie) || — TECHN *boîte à feu* caja de combustión, hogar | *boîte à fumée* cámara de humo | *boîte à gants* guantera (automobile) || TECHN *boîte à graisse* caja de engrase || MIL *boîte à mitraille* bote de metralla || *boîte à musique* caja de música || *boîte à onglets* inglete || *boîte à ordures* cubo de basura || *boîte à sable* arenero (de locomotive), caja de arena (armes) || *boîte aux lettres* buzón || *boîte à violon* estuche de violín || *boîte crânienne* cavidad ou bóveda craneana || *boîte d'allumettes* caja de cerillas || *boîte de conserve* lata de conservas || *boîte de culasse* cajón de los mecanismos || *boîte de fer-blanc* lata || *boîte de jonction, de raccord* enchufe, empalme || *boîte de nuit* sala de baile, club de noche || FAM *boîte de Pandore* caja de Pandora || AUTOM *boîte d'essieu* cubo de rueda | *boîte de vitesses* caja de cambio de velocidades | *boîte de vitesses automatique* caja de cambio automática || AVIAT *boîte noire* caja negra || *boîte postale* apartado de correos || *aliments en boîte* alimentos enlatados, alimentos en conserva || FAM *mettre en boîte* tomar el pelo.

boiter *v intr* cojear || FIG renquear.

boiteux, euse *adj et s* cojo, ja.
◆ *adj* FIG cojo, ja; *fauteuil boiteux* sillón cojo || cojo, ja; defectuoso, sa (vers) || poco sólido, da || poco equilibrado, da (paix, accord) || desigual, malo, la (union, mariage) || *arriver à un arrangement boiteux* llegar a una mala componenda.

boîtier *m* caja *f* (montre) || botiquín (pharmacie) || MÉCAN cárter || TECHN estuche, caja *f*, cajetín || caja *f* (d'appareil photographique).

boitiller *v intr* cojear ligeramente.

boit-sans-soif *m et f inv* POP borrachín, ina; beodo.

bol [bɔl] *m* tazón, escudilla *f* (tasse) || arcilla *f* ocre (argile) || PHARM bolo (pilule) || — *bol alimentaire* bolo alimenticio || *bol d'air* aire puro, bocanada de aire || *bol d'Arménie* bolo arménico || *bol de punch* ponchera || FAM *en avoir ras le bol* estar hasta el gorro *ou* la coronilla || FIG *prendre un bol d'air* tomar el aire, airearse.

bolchevique *adj et s* bolchevique.

bolchevisme *m* bolchevismo, bolcheviquismo.

bolduc [bɔldyk] *m* balduque (ruban).

bolée *f* tazón *m* (contenu).

boléro *m* bolero (danse et air) || sombrero calañés (chapeau) || bolero, torera *f* (veste de femme).

bolet [bɔlɛ] *m* boleto (champignon).

bolide *m* bólido; *comme un bolide* como un bólido.

Bolivie *n pr f* GÉOGR Bolivia.

bolivien, enne *adj* boliviano, na.

Bolivien, enne *m et f* boliviano, na.

Bologne *n pr* GÉOGR Bolonia.

bombance *f* FAM jolgorio *m*, parranda, franchela || *faire bombance* estar de parranda, correrse una juerga.

bombarde *f* bombarda.

bombardement *m* bombardeo; *bombardement en piqué* bombardeo en picado || PHYS bombardeo.

bombarder *v tr* bombardear; *bombarder une ville* bombardear una ciudad || FAM bombardear, acosar; *bombarder de demandes* acosar con peticiones | nombrar inesperadamente a uno para un cargo (nommer à un poste) || PHYS bombardear.

bombardier *m* MIL bombardero (soldat) | bombardero (avion) || ZOOL escopetero (insecte).

Bombay *n pr* GÉOGR Bombay.

bombe *f* bomba; *bombe atomique, au cobalt, à retardement* bomba atómica, de cobalto, de efecto retardado || POP juerga (noce); *faire la bombe* ir de juerga || — MIL *bombe à neutrons* bomba de neutrones | *bombe orbitale* bomba orbital || *bombe glacée* helado en molde || — *à l'épreuve des bombes* a prueba de bombas || FIG *arriver comme une bombe* llegar de sopetón, caer como una bomba || FAM *faire la bombe* juerguearse.

bombé, e *adj* abombado, da (convexe) || alabeado, da (planche) || arqueado, da (dos) || salido, da (poitrine).

bombement *m* bombeo (convexité) || pandeo (mur) || alabeo (planche).

bomber *v tr* abombar, curvar (renfler) || sacar, hinchar; *bomber le torse* sacar el pecho || arquear (le dos).
◆ *v intr* pandearse (mur) || alabearse (une planche).

bombyx [bɔ̃biks] *m* bómbice (insecte).

bon, bonne *adj* bueno, na || bueno, na (conforme à la morale); *bonne conduite* buena conducta || bueno, na; ingenioso, sa; fino, na (ingénieux) || feliz, bueno, na (heureux); *bonne année!* ¡feliz año nuevo!; *bonne nuit* buenas noches || agradable; *je te souhaite une bonne soirée* te deseo que pases una velada agradable || bueno, na; *il est de bonne famille* es de buena familia || bueno, na (favorable); *une bonne occasion* una buena ocasión || bueno, na (grand, fort); *donner une bonne gifle* dar una buena bofetada || bueno, na (habile); *bon ouvrier* buen obrero || bueno, na (simple, brave); *une bonne femme* una buena mujer || largo, ga (long); *deux bonnes lieues* dos leguas largas || apto, ta; útil; *bon pour le service* apto para el servicio || fuerte, adelantado, da; *il est bon en latin* está muy fuerte en latín || — *bon à* bueno para; *bon à quelque chose* bueno para algo; bueno de; *bon à boire* bueno para beber || — *bon anniversaire!* ¡feliz cumpleaños!, ¡felicidades! || *bon à rien* que no sirve para nada, nulidad, inútil || *bon à tirer* tírese, listo para imprimir (en imprimerie) || *bon courage!* ¡ánimo!, ¡valor! || *bon Dieu* Dios || *bon mot* chiste || *bon pour* bueno para || *bon premier* sin discusión *ou* de lejos el primero; *il arriva bon premier* llegó sin discusión *ou* de lejos el primero || *bon sens* sentido común, sensatez || *bon vivant* vividor, ra || *bon voyage!* ¡buen viaje! || *bonne chance!* ¡suerte! || *bonne sœur* monja || *bonnes œuvres* buenas obras || *bons baisers* cariñosos abrazos || *le bon vieux temps!* los buenos tiempos || — POP *à la bonne heure!* ¡muy bien!, ¡magnífico! || *à quoi bon?* ¿para qué? || *au bon moment* en el instante preciso, en el momento propicio *ou* oportuno || *bon an mal an* un año con otro || *bon gré mal gré* quiera o no quiera, por las buenas o por las malas || *de bon cœur* de buena gana || *de bonne heure* temprano || *tout de bon, pour de bon* de veras, de verdad || *en bon nombre* un gran número, numerosos, sas || *une bonne fois pour toutes, une bonne fois* de una vez para siempre, de una vez || — FIG *avoir bon dos* cargar con las culpas || *avoir bon goût* tener buen gusto || *c'est bon* está bien || *c'est bon à savoir* no está nada mal saberlo || *comme* *bon lui semble* como le viene en gana ‖ *en dire de bonnes* decir cuatro frescas ‖ *il est bon de* no está mal ‖ *il est bon de savoir que* no está nada mal saber que, es útil saber que ‖ *il est bien bon de vous écouter* demasiado ha hecho escuchándole.

◆ *m* bueno; *les bons et les méchants* los buenos y los malos ‖ lo bueno (le bien); *acheter du bon* comprar lo bueno ‖ bono, vale (billet); *un bon du trésor* un bono del tesoro ‖ — *de caisse* bono de caja ‖ *bon de commande* cupón (dans un journal), orden de pedido ‖ *bon de livraison* orden de expedición ‖ *bon de réduction* bono de reducción ‖ *bon d'essence* bono de gasolina ‖ *bon pour* vale por ‖ *il y a du bon dans cela* hay algo de bueno en ello ‖ *trouver du bon* encontrar algo de bueno.

◆ *adv* bueno ‖ bien; *cette fleur sent bon* esta flor huele bien ‖ — *ah bon?* ¿ah sí? ‖ *il fait bon* hace buen tiempo (temps) ‖ *il fait bon* [seguido de un infinitivo] es grato, es agradable; *il fait bon se reposer* es grato descansar ‖ *juger bon de faire quelque chose* juzgar *ou* estimar oportuno hacer algo ‖ *sentir bon* oler bien ‖ *tenir bon* aguantar, resistir ‖ *trouver bon* parecer bien.

◆ *interj* ¡bueno!, ¡basta! ‖ *bon! bon!* ¡está bien!

— OBSERV Devant un substantif masculin on emploie l'adjectif *buen* au lieu de *bueno*: *un bon père* un buen padre.

bonapartisme *m* bonapartismo.
bonapartiste *adj et s* bonapartista.
bonasse *adj* bonachón, ona; buenazo, za.
bonbon *m* caramelo.
— OBSERV Le *bombón* espagnol est toujours au chocolat. Le *caramelo* est fait avec du sucre fondu et durci. *Dulce* s'applique à toute sorte de sucreries, dont les confitures, les petits gâteaux, les pâtes de fruits.

bonbonne *f* bombona (en verre ou en grès, de grande taille), damajuana, castaña (dame-jeanne, grosse bouteille).
bonbonnière *f* bombonera (boîte) ‖ FIG bombonera (petite maison, petit théâtre, etc.).
bond [bɔ̃] *m* bote (d'un corps élastique); *les bonds d'une balle* los botes de una pelota ‖ salto, brinco; *faire un bond* dar un salto ‖ brinco, bote (du cheval) ‖ subida *f* (des prix, des valeurs) ‖ avance, progresión *f* ‖ — *d'un bond* de un salto ‖ *faire faux bond* faltar a un compromiso ‖ *faire un bond en arrière* dar un salto atrás ‖ *saisir au bond* coger al vuelo ‖ *se lever d'un bond* levantarse como movido por un resorte (d'émotion), saltar fuera de la cama (du lit).
bonde *f* piquera, canillero *m* (trou d'un tonneau) ‖ botana, canilla (pour le fermer) ‖ desagüe *m*, vaciadero *m* (d'un étang) ‖ tapón *m* (bouchon).
bondé, e *adj* atestado, da; *salle bondée de spectateurs* sala atestada de espectadores ‖ abarrotado, da (marchandises).
bondieuserie *f* FAM beatería, santurronería.
◆ *pl* objetos *m* de culto.
bondir *v intr* saltar, brincar ‖ FIG arrojarse, abalanzarse (s'élancer) ‖ — *bondir de colère* estallar de ira *ou* de rabia ‖ *bondir de joie* saltar de gozo, no caber en sí de gozo ‖ *cela fait bondir* eso indigna *ou* repugna.
bon enfant *adj inv* bonachón, ona; inofensivo, va; bienintencionado, da ‖ — *avoir un air bon enfant* tener cara de bonachón ‖ *elle est bon enfant* es bienintencionada.
bongo *m* MUS bongo.

bonheur [bɔnœːr] *m* felicidad *f*; *il a fait mon bonheur* me ha proporcionado la felicidad ‖ dicha *f*, gusto (joie); *j'ai le bonheur de vous voir* tengo la dicha de verle ‖ fortuna *f*, ventura *f*, suerte *f* (bonne chance); *les audacieux ont souvent du bonheur* los audaces tienen a menudo suerte ‖ éxito, acierto (succès); *le bonheur de nos armes* el éxito de nuestro ejército ‖ *porte-bonheur* amuleto ‖ — *au petit bonheur* a la buena de Dios ‖ *par bonheur* por fortuna, por ventura ‖ — *jouer de bonheur* tener suerte ‖ *porter bonheur* dar buena suerte ‖ *s'exprimer avec bonheur* explicarse acertadamente *ou* venturosamente.
bonhomie [bɔnɔmi] *f* bondad, sencillez (bonté) ‖ simplicidad, llaneza (simplicité) ‖ credulidad, ingenuidad (crédulité).
bonhomme [bɔnɔm] *m* buen hombre, buena persona *f*, bonachón ‖ FAM hombre; *un petit bonhomme* un hombrecillo ‖ tipo (type); *un drôle de bonhomme* un tipo raro [hace en femenino *bonne femme*] ‖ tío (rustre) ‖ monigote (dessin d'enfant); *dessiner des bonshommes* dibujar monigotes ‖ MÉCAN pitón ‖ — *bonhomme de neige* muñeco de nieve ‖ *faux bonhomme* hipócrita ‖ FAM *un grand bonhomme* un gran tipo, un hombre de valor ‖ *un vieux bonhomme* un viejecito, un viejito.
◆ *adj* bonachón, ona; *un air bonhomme* un aspecto bonachón ‖ — *aller son petit bonhomme de chemin* ir por sus pasos contados, adelantar poco a poco, vivir sin pena ni gloria ‖ *petit bonhomme vit encore* sopla, vivo te lo doy (jeu).
— OBSERV pl *bonshommes*.
boni *m* exceso, superávit, sobrante (excédent) ‖ beneficio, ganancia *f* (bénéfice) ‖ prima *f*, sobresueldo (prime) ‖ descuento, rebaja *f* (escompte).
boniche *f* POP → **bonniche**.
bonification *f* bonificación.
bonifié, e *adj* ÉCON bonificado, da; *prêt bonifié* préstamo bonificado.
bonifier* *v tr* bonificar, abonar; *bonifier des terres* bonificar tierras ‖ abonar; *bonifier des intérêts* abonar intereses.
◆ *v pr* mejorarse.
boniment *m* perorata *f*, cameleo (de marchand ambulant) ‖ bombo, reclamo (réclame) ‖ FAM palabrería *f*, cuentos *pl*, cameleo, música *f* celestial (discours artificieux) ‖ — *faire du boniment* camelar (une femme) ‖ *faire le boniment* presentar un espectáculo.
bonite *f* bonito *m* (poisson).
bonjour [bɔ̃ʒuːr] *m* buenos días; *souhaiter le bonjour* dar los buenos días ‖ saludo; *tu lui diras bonjour de ma part* dale saludos de mi parte ‖ FAM *simple comme bonjour* más claro que el agua, sencillísimo.
— OBSERV En espagnol, on dit *buenos días* jusqu'à 2 ou 3 heures de l'après-midi, on dit ensuite *buenas tardes*.
bon marché *adj inv* barato, ta (adjectif); barato (adverbe).
Bonn *n pr* GÉOGR Bonn.
bonne *adj* → **bon**.
bonne *f* criada [(amér) mucama] (servante) ‖ *bonne à tout faire* criada *ou* chica para todo ‖ *bonne d'enfant* niñera.
Bonne-Espérance (cap de) *n pr m* GÉOGR cabo de Buena Esperanza.

bonnement *adv* buenamente, ingenuamente (naïvement) ‖ *tout bonnement* simplemente, lisa y llanamente.

bonnet *m* gorro; *bonnet de fourrure, de cuisinier* gorro de pieles, de cocinero ‖ cofia *f*, toca *f*, gorro de mujer (de femme) ‖ bonete (d'ecclésiastiques) ‖ cazuela *f*, copa *f* (de soutien-gorge) ‖ ANAT bonete, redecilla *f* (des ruminants) ‖ MIL *bonnet à poil* gorra (des grenadiers) ‖ *bonnet carré* bonete de doctor ‖ *bonnet d'âne* bonete de asno ‖ *bonnet de bain* gorro de goma ‖ *bonnet de nuit* gorro de dormir ‖ *bonnet de police* gorra de cuartel ‖ *bonnet phrygien* gorro frigio ‖ FAM *gros bonnet* personaje, pez gordo.
➤ *loc avoir la tête près du bonnet* tener un genio vivo, ser irascible ‖ *avoir mis son bonnet de travers* levantarse con el pie izquierdo ‖ *c'est bonnet blanc et blanc bonnet* lo mismo da atrás que a las espaldas, olivo y aceituno todo es uno ‖ *jeter son bonnet par-dessus les moulins* ponerse el mundo por montera ‖ *opiner du bonnet* inclinar la cabeza para afirmar ‖ *parler à son bonnet* decir para su capote, hablar al cuello de la camisa ‖ *prendre sous son bonnet* correr de la cuenta de uno, cargar con la responsabilidad (assurer une responsabilité).

bonneteau *m* trilis, juego de las tres cartas.

bonneterie [bɔntri] *f (p us)* bonetería (fabrique de bonnets) ‖ géneros *m pl* de punto (tricots) ‖ tienda de géneros de punto, mercería (magasin).

bonnetier, ère *m* et *f (p us)* bonetero, ra (vendeur de bonnets) ‖ vendedor *ou* fabricante de géneros de punto.

bonniche; boniche *f* POP chacha, criada (bonne).

bonsaï BOT bonsai.

bonshommes [bɔ̃zɔm] *m pl* → **bonhomme**.

bonsoir *m* buenas tardes *ou* noches ‖ *souhaiter le bonsoir* dar las buenas tardes *ou* noches.
— OBSERV On dit en espagnol *buenas tardes* jusqu'au coucher du soleil, puis *buenas noches*.

bonté *f* bondad ‖ — *plein de bonté* bondadoso, sa ‖ — *ayez la bonté de* haga el favor de, tenga la bondad *ou* la amabilidad, de.

bonus *m inv* bonus (assurances).

bonze *m* bonzo.
— OBSERV El femenino es *bonzesse* o *bonzelle*.

bookmaker [bukmekœːr] *m* bookmaker [corredor de apuestas].

booléen, enne; boolien, enne *adj* MATHS de Boole.

boom [bum] *m* boom [alza súbita de precios, prosperidad].

boomer *m* (anglicisme), altavoz de graves.

boomerang [bumərɑ̃g] *m* bumerang (arme) ‖ FIG acto contraproducente.

booster *f* booster, acelerador.

boots *m pl* botines.

bop [bɔp] *m* → **be-bop**.

bora *f* bora (vent).

Bora Bora *n pr* GÉOGR Bora-Bora.

borborygme *m* borborigmo (bruit intestinal).

bord [bɔːr] *m* borde; *le bord d'une table* el borde de una mesa ‖ orilla *f* (rive); *les bords de la Seine* las orillas del Sena ‖ ribete (bordure); *mettre un bord à une veste* poner un ribete a una chaqueta ‖ ala *f* (de chapeau) ‖ labio (d'une plaie) ‖ MAR bordo; *commandant de bord* comandante de a bordo; *monter à bord* subir a bordo | borda; *jeter par-dessus bord* arrojar por la borda ‖ — *bord d'attaque, de fuite* borde de ataque, de salida (avion) ‖ *bord de mer* paseo marítimo ‖ *le bord du trottoir* el bordillo, el encintado ‖ *les hommes du bord* los hombres de a bordo ‖ — *au bord* al borde; *au bord d'un précipice* al borde de un precipicio ‖ *au o sur le bord de la mer* a orillas del mar ‖ *au bord des larmes* a punto de llorar ‖ *bord à bord* junto (tout près) ‖ FIG *du même bord* de la misma opinión, del mismo partido ‖ — *avoir le cœur sur le bord des lèvres* estar a punto de vomitar ‖ *être de son bord* ser de la misma opinión ‖ *être sur le bord de* estar a punto de ‖ FAM *être un peu fou sur les bords* tener ribetes de locura ‖ *virer de bord* virar de bordo (bateau), mudar de parecer (changer d'opinion).

bordé, e *adj* ribeteado, da ‖ cercado, da; orlado, da (entouré).

bordeaux *m* burdeos (vin).
➤ *adj* rojo violáceo (couleur).

Bordeaux *n pr* GÉOGR Burdeos.

bordée *f* ARTILL andanada (décharge); *lâcher une bordée* soltar una andanada ‖ MAR bordada (distance) | baterías *pl* de babor *ou* de estribor | brigada (de marins) ‖ — FIG & FAM *bordée d'injures* sarta de injurias ‖ *courir* o *tirer une bordée* dar una bordada (maritime), correrse una juerga los marineros.

bordel *m* burdel ‖ POP desorden, la casa de tócame Roque.

bordelais, e *adj* bordelés, esa.

Bordelais, e *m* et *f* bordelés, esa.

border *v tr* ribetear (vêtements) ‖ cercar, orlar (entourer) ‖ cabecear (natte, tapis) ‖ remeter (le lit) ‖ arropar (une personne au lit) ‖ bordear, formar fila, orillar (tout le long) ‖ bordear, costear (longer).

bordereau *m* factura *f* (facture) ‖ minuta *f*, memoria *f* (effets de commerce) ‖ extracto de cuenta ‖ relación *f* detallada, lista *f* (détail des pièces d'un dossier) ‖ — *bordereau de caisse* estado de caja ‖ *bordereau de paye* nominilla ‖ *bordereau de prix* nota de precios ‖ *bordereau des salaires* nómina de salarios.

bordier, ère *adj* costero, ra; *mer bordière* mar costero.
➤ *m* granjero.

bordure *f* ribete *m* (de vêtements) ‖ reborde *m* (d'un objet) ‖ linde *m*, lindero *m* (d'un bois) ‖ orla *f*, marco *m* (d'un tableau) ‖ cenefa (papier peint) ‖ bordillo *m*, encintado *m* (de trottoir) ‖ BLAS orla ‖ MAR pujamen *m* (voiles) ‖ *en bordure de* a orillas de.

bore *m* boro (métalloïde).

boréal, e *adj* boreal (septentrional).

borgne [bɔrɲ] *adj* et *s* tuerto, ta ‖ FIG miserable, poco seguro, ra (hôtel, rue) ‖ sospechoso, sa (suspect) ‖ *au royaume des aveugles, les borgnes sont rois* en tierra de ciegos, el tuerto es rey.

borique *adj* CHIM bórico, ca.

borne *f* mojón *m* (de route), hito *m* (pierre), coto *m* (d'une propriété) ‖ límite *m* (limite) ‖ guardacantón *m*, recantón *m* (bouteroue) ‖ ÉLECTR borne *m*, terminal *m*; *borne de batterie* terminal de batería ‖ ARCHIT arqueta (pour liaisons électriques, etc.) ‖ POP kilómetro *m* ‖ — *borne d'appel* teléfono de urgencia (autoroute) ‖ — *sans bornes* sin límites

|| — FIG *dépasser les bornes* extralimitarse, excederse, pasarse de la raya.
borné, e *adj* amojonado, da (délimité) || limitado, da; poco extenso, sa (limité) || de corto entendimiento, de cortos alcances; *esprit borné* persona de cortos alcances || FIG corto, ta.
borne-fontaine *f* fuente (de columna).
Bornéo *n pr* GÉOGR Borneo.
borner *v tr* limitar; *la mer et les Pyrénées bornent l'Espagne* el mar y los Pirineos limitan a España || señalar los límites, la frontera (délimiter) || amojonar, acotar (mettre des bornes) || FIG limitar, poner límites, circunscribir; *borner ses désirs* poner límites a sus deseos.
◆ *v pr* limitarse.
bosniaque; bosnien, enne *adj* bosnio, nia.
Bosniaque *m et f* bosnio, nia.
Bosnie *n pr f* GÉOGR Bosna, Bosnia.
Bosnie-Herzégovine *n pr f* GÉOGR Bosna Herzegovina, Bosnia Herzegovina.
Bosphore *n pr m* GÉOGR Bósforo; *détroit du Bosphore* estrecho del Bósforo.
bosquet *m* bosquete, bosquecillo.
boss *m* FAM jefe.
bossage *m* ARCHIT almohadilla *f*, almohadillado; *bossage à onglets* almohadillado achaflanado || TECHN saliente, resalte (d'une pièce).
bossa-nova *f* bossa-nova.
bosse *f* joroba, giba; *les bosses du chameau* las jorobas del camello || protuberancia; *les bosses du crâne* las protuberancias del cráneo || chichón *m* (à la tête), bulto *m* || bollo *m*, abolladura (sur un métal) || realce *m* (dans la pierre) || ondulación, montículo *m*; *terrain plein de bosses* terreno lleno de montículos || relieve *m*; *dessiner d'après la bosse* dibujar con un modelo de yeso *ou* escayola en relieve || ARCHIT almohadilla (ornement en relief) || MAR boza (cordage) || POP juerga, parranda (réjouissance) || — *avoir la bosse de* tener disposición para || *ne rêver que plaies et bosses* soñar siempre con peleas || *se faire o se donner une bosse* darse una panzada, un reventón || *rouler sa bosse* correr mundo, rodar por el mundo || POP *s'en payer une bosse* echar una cana al aire || *se payer une bosse de rire* desternillarse de risa.
bosselé, e *adj* abollado, da.
bosseler* *v tr* repujar (repousser) || labrar en realce (vaisselle) || abollar (déformer par des bosses).
◆ *v pr* abollarse, bollarse.
bosser *v tr* MAR abozar, sujetar con bozas || POP currelar, apencar (travailler).
bosseur, euse *adj* et *s* POP currante.
bossoir *m* MAR serviola *f* (de l'ancre) | pescante (pour canots) | polea *f* para botar una lancha.
bossu, e *adj* et *s* jorobado, da; giboso, sa; corcovado, da || *rire comme un bossu* morirse de risa, reír como un condenado.
bot, e [bo, ɔt] *adj* zopo, pa; deforme, contrahecho, cha || *avoir un pied bot* tener un pie bot, ser zopo.
botanique *adj* et *s f* botánico, ca.
botaniste *m et f* botanista, botánico, ca.
Botswana *n pr m* GÉOGR Botswana, Botsuana.
botte *f* bota (chaussure); *bottes de caoutchouc* botas de goma; *bottes de cavalier* botas de montar || manojo *m* (de légumes); *botte de radis, d'asperges*

manojo de rábanos, de espárragos || ramo *m* (de fleurs); *une botte de roses* un ramo de rosas || haz *m*, gavilla (de foin) || paca (de paille) || estocada (escrime) || FIG ataque *m* brusco e imprevisto || — *à propos de bottes* sin ton ni son, sin venir a cuento || *coup de bottes* puntapiés *ou* patadas || *haut comme une botte* del tamaño de un perro sentado, retaco || — FAM *avoir du foin dans ses bottes* estar forrado, tener el riñón bien cubierto, ser muy rico | *lécher les bottes* dar la coba, adular || FIG *porter, pousser une botte à quelqu'un* espetarle una pregunta a uno || *porter une botte secrète* lanzar una estocada secreta (escrime).
botter *v tr* calzar con botas, poner las botas (chausser de bottes) || adaptarse al pie || dar un puntapié; *botter le derrière* dar un puntapié en el trasero || sacar, tirar (football); *botter un corner* tirar un saque de esquina || AGRIC injertar los castaños || FIG & FAM venir de perilla, chiflar (plaire); *ça me botte* esto me chifla || *le chat botté* el gato con botas.
◆ *v pr* calzarse, ponerse las botas.
bottier *m* zapatero a la medida.
bottillon *m* manojuelo, manojito (petite botte d'herbes) || bota *f*, botín, botina *f* (chaussure).
Bottin *m* (nom déposé) guía telefónica.
bottine *f* botina, botín *m*.
botulisme *m* MÉD botulismo.
boubou *m* túnica *f* africana.
bouc *m* macho cabrío (mâle de la chèvre) || perilla *f*, pera *f* (barbiche) || *barbe de bouc* barbas de chivo || *bouc émissaire* víctima propiciatoria, cabeza de turco, chivo expiatorio.
boucan *m* ahumadero, saladero (pour les viandes) || FAM bochinche, trapatiesta *f*, jaleo (vacarme); *faire du boucan* armar un bochinche.
boucaner *v tr* acecinar, ahumar (fumer) || ennegrecer, tostar (noircir); *une peau boucanée par le soleil* una piel tostada por el sol || cazar búfalos || *viande boucanée* cecina.
boucanier *m* cazador de búfalos (autrefois en Amérique) || bucanero, pirata (pirate).
bouchage *m* taponado, taponamiento, encorchado; *le bouchage des bouteilles* el encorchado de las botellas || tapadura *f*, tapón; *bouchage solide* tapadura sólida, atasco, atoramiento (d'un tuyau).
bouche *f* boca || boca; *la bouche d'un four* la boca de un horno || FIG boca (personne).
◆ *pl* bocas (d'un fleuve); *les bouches du Rhône* las bocas del Ródano; *bouche à bouche* boca a boca (respiration) || *bouche à feu* boca de fuego (artillerie) || *bouche bée* boquiabierto, embobado || *bouche close, bouche cousue* en silencio, punto en boca || *bouche d'arrosage, d'eau* boca de riego || *bouche de chaleur, d'air* entrada de aire, manga de ventilación, rejilla || *bouche d'égout* sumidero, alcantarilla || *bouche de métro* boca de metro || *bouche d'incendie* boca de incendio || *bouche d'or* pico de oro || *bouche empâtée* boca acorchada || *dépense de bouche* gasto de alimentación || *fine bouche* paladar delicado || *la déesse aux cent bouches* la fama || *les bouches inutiles* bocas que alimentar || *provisions de bouche* vituallas || *une bouche à nourrir* una boca que alimentar || — *à bouche que veux-tu* a butiplén || *à pleine bouche* con toda la boca || *dans toutes les bouches* de boca en boca || *de bouche à oreille* de boca en boca, confidencialmente || POP *ta bouche!* ¡cierra el pico! || — *avoir la bouche dure* ser duro de

boca (cheval) ‖ *avoir quelqu'un constamment à la bouche* estar hablando constantemente de alguien ‖ *être dans toutes les bouches* andar en boca de las gentes ‖ *être sur sa bouche* ser goloso ‖ FIG *faire la bouche en cœur* poner hociquito, poner boca de corazoncito ‖ *faire la petite bouche* hacer remilgos ‖ *faire venir l'eau à la bouche* hacérsele a uno la boca agua ‖ *garder pour la bonne bouche* guardar lo mejor para el fin ‖ *manger à pleine bouche* comer a dos carrillos ‖ *ne pas ouvrir la bouche* no decir ni pío ‖ *parler par la bouche de quelqu'un* hablar por boca de uno.

bouché, e *adj* tapado, da ‖ taponado, da (une bouteille) ‖ interceptado, da (passage) ‖ atascado, da; atorado, da; *tuyau bouché* tubo atascado ‖ cerrado, da (fermé) ‖ FAM cerrado, da de mollera ‖ — *temps bouché* cielo encapotado ‖ *vin bouché* vino embotellado ‖ — *avoir le nez bouché* tener la nariz tapada ‖ FAM *bouché à l'émeri* tonto de capirote.

bouchée *f* bocado *m* ‖ volován *m*, pastelillo *m* relleno (vol-au-vent); *bouchée à la reine* volován relleno de mollejas de ternera ‖ bombón *m* relleno (chocolat) ‖ — *d'une bouchée* de un bocado, de un trago ‖ *pour une bouchée de pain* por una bicoca ‖ — *manger une bouchée* tomar un piscolabis ‖ *mettre les bouchées doubles* trabajar por cuatro, darse un tute, hacer algo a marchas forzadas ‖ FIG *ne faire qu'une bouchée de quelqu'un* llevarse de calle a uno, comerse a uno en un dos por tres.

boucher *v tr* tapar; *boucher une fente* tapar una hendidura ‖ taponar (une bouteille) ‖ interceptar; *boucher un passage* interceptar un camino ‖ rellenar (un trou) ‖ tapiar (la vue) ‖ cegar, tapiar (une fenêtre) ‖ cerrar (les pores) ‖ atascar, atorar (un tuyau) ‖ FIG cerrar; *le chemin est bouché* el camino está cerrado ‖ — FAM *boucher un trou* tapar un agujero, pagar una deuda ‖ POP *en boucher un coin à quelqu'un* tirar de espaldas a uno, quitarle el hipo (d'étonnement).
◆ *v pr* taparse, cubrirse, entoldarse (le ciel) ‖ FIG *se boucher les oreilles* taponarse los oídos, hacerse el sordo (ne pas vouloir entendre) | *se boucher les yeux* hacer la vista gorda.

boucher *m* carnicero (marchand de viande) ‖ matarife, jifero (tueur d'abattoir) ‖ FIG carnicero, hombre sanguinario.

bouchère *f* carnicera.

boucherie *f* carnicería (boutique) ‖ FIG carnicería, matanza, degollina.

bouche-trou *m* tapaagujeros, persona *f ou* cosa *f* de relleno (pour combler un vide) ‖ comodín (football, etc.).
— OBSERV pl *bouche-trous*.

bouchon *m* tapón ‖ corcho (de liège) ‖ taberna *f* (cabaret) ‖ manojo de paja (torchon de paille) ‖ corcho, flotador (pêche) ‖ chito, tángano (jeu d'adresse) ‖ tapabocas (d'un canon) ‖ clavija *f*; *bouchon de contact* clavija de contacto ‖ MAR zapata *f* (de l'ancre) ‖ FIG atasco, taponamiento (embouteillage) ‖ — *bouchon à vis* tapón de rosca ‖ *bouchon capsule* tapón corona, chapa ‖ *bouchon de carafe* culo de vaso (gros diamant) ‖ *bouchon doseur* tapón dosificador ‖ — *goût de bouchon* sabor acorchado ‖ — *à bon vin, il ne faut point de bouchon* el buen paño en el arca se vende ‖ *c'est plus fort que de jouer au bouchon* es cosa nunca vista, es cosa de quitar el hipo.

bouchonné, e *adj* CULIN con sabor a corcho (vin).

bouchonner *v tr* estregar, cepillar (un cheval) ‖ arrugar, ajar ‖ FIG mimar, acariciar.

bouchot *m* vivero para mariscos.

bouclage *m* ÉLECTR cierre de un circuito ‖ MIL acordonamiento ‖ POP enchironamiento (emprisonnement).

boucle *f* hebilla; *boucle de ceinture* hebilla de cinturón ‖ lazada (de corde, de ruban) ‖ rizo *m*, bucle *m* (de cheveux) ‖ argolla, anilla (gros anneau) ‖ rizo *m* (avions); *boucler la boucle* rizar el rizo | lazo *m* cerrado (chemin de fer) ‖ curva, meandro *m* (méandre) ‖ — *boucle d'oreille* pendiente, zarcillo ‖ INFORM *boucle de programme* bucle *ou* lazo de programa | *boucle d'itération* bucle *ou* lazo iterativo *ou* de iteración ‖ FAM *se serrer la boucle* apretarse el cinturón.

Boucle d'Or et les trois ours Ricitos de oro y los tres ositos.

bouclé, e *adj* ensortijado, da; *cheveux bouclés* cabello ensortijado ‖ FAM cerrado, da (fermé).

boucler *v tr* sujetar con hebilla, hebillar ‖ FIG encerrar ‖ cerrar (les valises) ‖ concluir, terminar (finir) ‖ cerrar, terminar (un circuit) ‖ anillar (mettre un anneau) ‖ POP meter en chirona (emprisonner) ‖ — POP *boucle-la!* ¡cierra el pico! ‖ *boucler son budget* equilibrar su presupuesto.
◆ *v tr et intr* rizar, ensortijar (les cheveux).

bouclette *f* hebillita (petite agrafe) ‖ lazadita (de ruban, etc.) ‖ buclecito *m* (cheveux).

bouclier *m* escudo ‖ adarga *f* (targe), rodela *f* (rondache) ‖ FIG amparo, defensa *f* ‖ GÉOL meseta *f* producida por la erosión ‖ — AVIAT *bouclier thermique* blindaje térmico ‖ *levée de boucliers* indignación, protesta general ‖ *il s'en fit un bouclier* se escudó en ella.

bouddha *m* buda.

Bouddha *n pr* Buda.

bouddhique *adj* búdico, ca.

bouddhisme *m* budismo.

bouddhiste *adj et s* budista.

bouder *v intr* poner mala cara *ou* cara larga, enfurruñarse, estar de morros (faire la moue) ‖ pasar (au domino).
◆ *v tr* hacer ascos a..., mirar con mal ojo; *bouder un travail* hacerle ascos a un trabajo.

bouderie *f* pique *m*, enfurruñamiento *m*, enojo *m* (fâcherie).

boudeur, euse *adj et s* picón, ona (qui boude) ‖ *avoir une mine boudeuse* poner cara larga.

boudin *m* CULIN morcilla *f* (de porc); *boudin blanc* morcilla blanca; *boudin noir* morcilla ‖ gurupetín, grupera *f* (coussin de selle) ‖ ARCHIT moldura *f* redonda, toro ‖ TECHN pestaña *f*, ceja *f* (d'une roue) | muelle en espiral; *ressort à boudin* muelle en espiral | mecha *f* (d'une mine) | *boudin d'étanchéité* mecha de estanqueidad ‖ *s'en aller en eau de boudin* volverse agua de cerrajas.

boudiné, e *adj* embutido, da; *boudinée dans une gaine* embutida en una faja ‖ *doigts boudinés* dedos amorcillados.

boudoir *m* gabinete, camarín, saloncito (petit salon).

boue [bu] *f* lodo *m*, barro *m*; *il était plein de boue* estaba lleno de barro ‖ poso *m* (d'un liquide) ‖ bo-

bouée

rra (d'un encrier) ‖ lodo *m* (puits de pétrole) ‖ AGRIC limo *m* ‖ FIG fango *m*, cieno *m*; *tirer quelqu'un de la boue* sacar a uno del fango ‖ *traîner quelqu'un dans la boue* arrastrar a uno por los suelos.

bouée *f* boya (balise) ‖ MAR *bouée de sauvetage* salvavidas ‖ *bouée sonore* boya sonora.

boueux, euse [buø, ø:z] *adj* cenagoso, sa; fangoso, sa; enlodado, da ‖ borroso, sa (pâteux); *écriture boueuse* escritura borrosa.
- *m* FAM basurero.

bouffant, e *adj* hueco, ca; ahuecado, da ‖ *— cheveux bouffants* pelo esponjado ‖ *culotte bouffante* pantalones bombachos ‖ *manches bouffantes* mangas de jamón ‖ *papier bouffant* papel de poco peso para su cuerpo ‖ *robe bouffante* vestido ahuecado.

bouffe *f* FAM comida.

bouffe *adj* bufo.
- *m* actor bufo.

bouffée *f* bocanada; *bouffée de fumée* bocanada de humo ‖ tufarada, tufo *m* (mauvaise odeur); *bouffée de vin* tufarada de vino ‖ bocanada, calada, fumada (de cigarette) ‖ arranque *m*, arrebato *m*, acceso *m*; *bouffée de colère, d'orgueil* arranque de cólera, de orgullo ‖ MÉD bochorno *m* ‖ *— bouffée de chaleur* tufarada de calor ‖ *bouffée de fièvre* calenturón breve.

bouffer *v intr* bufar (de colère) ‖ ahuecarse, hincharse (se gonfler) ‖ hincharse (se dit du plâtre).
- *v tr* FAM jalar, jamar (manger) ‖ comerse (de l'argent) ‖ *—* POP *bouffer des briques* comerse los codos de hambre, comer adoquines ‖ FAM *se bouffer le nez* comerse los higadillos, tirarse los trastos a la cabeza.

bouffi, e *adj* abotargado, da (visage) ‖ hinchado, da; entumecido, da (yeux) ‖ hinchado, da; engreído, da (d'orgueil, de vanité) ‖ hinchado, da (style).
- *m* arenque ahumado.

bouffir *v tr* hinchar, abotargar.
- *v intr* hincharse, abotargarse.

bouffon, onne *adj* et *s* bufón, ona ‖ gracioso, sa (théâtre).

bouffonnerie *f* bufonada, payasada.

bougainvillée [bugɛ̃vile] *f* BOT buganvilla.

bouge *m* tugurio ‖ mala *f* tasca ‖ comba *f*, teso (tonneau) ‖ MAR curvatura *f* de los baos.

bougeoir [buʒwa:r] *m* palmatoria *f*.

bougeotte *f* FAM manía de moverse ‖ FAM *avoir la bougeotte* tener culo de mal asiento, tener hormiguillo.

bouger* *v intr* moverse, menearse ‖ FIG agitarse; *le peuple bouge* el pueblo se agita ‖ *ne bougez pas!* ¡estese quieto!, ¡no se mueva!
- *v tr* cambiar de sitio (déplacer).
- OBSERV El empleo de *bouger* en su forma transitiva es familiar. Es preferible sustituirlo por *déplacer*.

bougie *f* vela; *une bougie de stéarine* una vela de estearina ‖ bujía (unité d'intensité lumineuse) ‖ filtro *m* de porcelana (filtre) ‖ MÉD candelilla, sonda (sonde) ‖ MÉCAN bujía; *bougie encrassée* bujía engrasada.

bougnat *m* POP carbonero (charbonnier).

bougon, onne *adj* et *s* FAM gruñón, ona; regañón, ona.

bougonnement *m* refunfuño, refunfuñadura *f*.

bougonner *v intr* FAM refunfuñar, gruñir.

bougre, esse *m* et *f* FAM bribón, ona ‖ tipo *f*, tiparraco, ca; *c'est un bougre dont je me défie* es un tipo de quien desconfío ‖ *— bon bougre* buen muchacho, buena persona ‖ *ce bougre de* este pobre ‖ *pauvre bougre* pobre diablo ‖ *sale bougre* pajarraco.
- *adj* so, pedazo de, especie de; *bougre d'imbécile!* ¡so imbécil!
- *interj* ¡diantre!, ¡demonio!

bougrement *adv* FAM sumamente.

boui-boui *m* POP teatrillo, teatrucho ‖ bochinche, cafetucho.

bouillabaisse *f* sopa de pescado, bullabesa (gallicisme).

bouillant, e *adj* hirviente, hirviendo; *huile bouillante* aceite hirviente; *eau bouillante* agua hirviendo ‖ FIG ardiente, ardoroso, sa ‖ *— bouillant de colère* ardiendo de ira ‖ *bouillant de jeunesse* en el ardor de la juventud.

bouille *f* vara con que los pescadores enturbian el agua (pêche) ‖ cuévano *m* (hotte de bois) ‖ POP cara; *une bonne bouille* una cara simpática ‖ *faire une drôle de bouille* poner mala cara.

bouilleur *m* destilador (distillateur) ‖ hervidor (de chaudière) ‖ *— bouilleur atomique* reactor nuclear pequeño ‖ *bouilleur de cru* cosechero destilador.

bouilli [buji] *m* carne *f* hervida.

bouillie *f* gachas *pl*, puches *m* ou *f pl* ‖ papilla (pour les enfants) ‖ AGRIC caldo *m* para pulverizar ‖ FIG papilla, gacha, cosa muy blanda; *réduire en bouillie* hacer papilla ‖ TECHN pasta (à papier, à carton, etc.) ‖ FIG & FAM *c'est de la bouillie pour les chats* es trabajo de balde.

bouillir* *v intr* hervir; *l'eau bout à 100 °C* el agua hierve a 100 °C ‖ cocer; *les légumes bouillent dans la marmite* las verduras cuecen en la olla ‖ arder, bullir (de colère, d'impatience).
- *v tr* hervir.

bouilloire *f* hervidor *m*; *bouilloire électrique* hervidor eléctrico.

bouillon *m* borbotón; *l'eau sort à gros bouillons* el agua sale a borbotones ‖ burbuja *f* (bulle d'un liquide) ‖ caldo (aliment liquide) ‖ bullón, pliegue ahuecado (d'une étoffe) ‖ bochinche (restaurant) ‖ remanente de ejemplares no vendidos (livres, journaux) ‖ CHIM caldo; *bouillon de culture* caldo de cultivo ‖ POP chaparrón (averse) ‖ *— recevoir un bouillon* aguantar un chaparrón ‖ *bouillon déduit* edición vendida (livres, journaux) ‖ *bouillon de légumes* caldo de verduras ‖ FAM *bouillon d'onze heures* jicarazo (poison) ‖ *bouillon gras* caldo ‖ FIG *bouillon pointu* lavativa ‖ *—* FAM *boire un bouillon* hacer un mal negocio, pasar un mal trago (en affaires), tragar agua (de l'eau).

bouillonnant, e *adj* hirviente (qui bout) ‖ burbujeante (qui bouillonne).

bouillonnement *m* hervor, burbujeo (un liquide) ‖ FIG efervescencia *f*, agitación *f*, hervidero.

bouillonner *v intr* borbotar, borbollar, burbujear (liquides) ‖ tener ejemplares sin vender (livres, journaux) ‖ espumear, hacer espumas (vagues) ‖ FIG arder, hervir (s'agiter); *son sang bouillonnait* su sangre hervía.
- *v tr* ahuecar, afollar (une étoffe).

bouillotte *f* hervidor *m* pequeño ‖ bolsa de agua caliente, calentador *m* (récipient) ‖ cacho *m* [juego parecido a la berlanga] ‖ FAM cara (visage).

boul. abrév de *boulevard* bulevar.
boulanger* *v tr* amasar (el pan), panadear.
boulanger, ère *m et f* panadero, ra; tahonero, ra (dialectal).
  ◆ *f* bolanchera (danse) ‖ camioneta de panadero.
boulangerie *f* panadería, tahona ‖ *boulangerie industrielle* panadería industrial, panificadora.
boule *f* bola; *boule de neige* bola de nieve ‖ bocha (jeu) ‖ POP chola, chaveta, cabeza (tête) | jeta, cara (visage) ‖ — *boule d'eau chaude* bolsa de agua caliente ‖ *boule de gomme* caramelo masticable ‖ *boule de son* pan de munición ‖ — FAM *en boule* encolerizado, enfurecido ‖ *jeu de boules* juego de bolos ‖ — *ceci va faire boule de neige* esto va a tener un efecto acumulativo, va a extenderse ‖ *laisser rouler la boule* dejar que ruede la bola ‖ FAM *perdre la boule* perder la chaveta | *se rouler en boule* hacerse un ovillo | *se mettre en boule* cabrearse, mosquearse.
bouleau *m* BOT abedul.
bouledogue *m* bulldog (chien).
bouler *v intr* rodar como una bola ‖ hinchar el buche (pigeons) ‖ hincharse (le pain, les semences), hincharse *(p us)* ‖ POP *envoyer bouler* mandar a paseo.
  ◆ *v tr* embolar (taureaux).
boulet *m* bala *f* de cañón ‖ hierros *pl*, cadena *f* (des condamnés) ‖ menudillo (cheval) ‖ carbón de bola, aglomerado esférico (charbon) ‖ FIG & FAM cadena *f* (chaîne), carga *f* (charge), cruz *f* (croix); *traîner son boulet* llevar la cruz a cuestas ‖ — MAR *boulet ramé* palanqueta, bala enramada ‖ FIG *tirer à boulets rouges sur quelqu'un* hacer una guerra sin cuartel a alguien.
boulette *f* bolita, bolilla (petite boule) ‖ albóndiga (de viande) ‖ bola, ovoide *m* (charbon) ‖ masilla (pêche) ‖ FIG & FAM torpeza, necedad, pifia (bévue); *faire une boulette* cometer una pifia.
boulevard *m* bulevar ‖ MIL baluarte ‖ *boulevard extérieur* camino de circunvalación, de ronda ‖ *théâtre de boulevard* teatro ligero *ou* de vodevil.
boulevardier, ère *m et f* persona que frecuenta los bulevares [en París].
  ◆ *adj* propio de los bulevares de París ‖ — *commentaires boulevardiers* comentarios callejeros ‖ *muse boulevardière* musa callejera.
bouleversant, e *adj* conmovedor, ra; turbador, ra; *récit bouleversant* relato conmovedor.
bouleversement [bulvɛrsəmā] *m* trastorno, turbación *f* (trouble) ‖ FIG conmoción *f* (émotion).
bouleverser *v tr* trastornar, turbar (troubler) ‖ desordenar, revolver (mettre en désordre) ‖ cambiar completamente *ou* de arriba abajo (changer) ‖ conmover, descomponer (émouvoir) ‖ agitar violentamente, arruinar (ruiner) ‖ desquiciar; *nous vivons dans un monde bouleversé* vivimos en un mundo desquiciado.
  ◆ *v pr* trastornarse, turbarse.
boulier *m* boliche (filet) ‖ ábaco, marcador con bolas (abaque) ‖ chinchorreo (filet).
boulimie *f* MÉD bulimia, hambre canina.
boulimique *adj et s* bulímico, ca.
bouliste *m* jugador de bolos.
boulocher *v intr* formarse bolitas [en la lana].
boulodrome *m* bolera *f*.

boulon *m* perno (vis à écrou).
boulonner *v tr* TECHN empernar, sujetar con pernos.
  ◆ *v intr* POP currar, pringar (travailler) ‖ empollar (potasser).
boulot *m* POP trabajo, tarea *f* (tâche) ‖ *au boulot!* manos a la obra ‖ *petits boulots* trabajitos.
boulot, otte *adj* FAM regordete, ta; rechoncho, cha.
boum *f* FAM guateque *m*.
  ◆ *interj* ¡bang!, ¡pum!
boumer *v intr* POP carburar, pitar.
bouquet *m* ramo, ramillete; *bouquet de fleurs* ramo de flores ‖ manojo (botte); *un bouquet de persil* un manojo de perejil ‖ bosquecillo, grupo de árboles (bosquet) ‖ castillo (feu d'artifice) ‖ buqué (gallicisme), boca *f*, aroma (vin) ‖ remate, coronamiento (couronnement, conclusion) ‖ ZOOL camarón (crevette) ‖ CULIN *bouquet garni* ramillete [puerro, laurel, tomillo, perejil, ajo, todo atado] ‖ FAM *c'est le bouquet* es el colmo, es el acabóse.
bouquetin *m* ZOOL íbice, cabra *f* montés, capra *f* hispánica.
bouquin [bukɛ̃] *m* macho cabrío viejo (bouc) ‖ liebre macho (lièvre) ‖ boquilla *f* (d'une pipe) ‖ FAM libro, libraco (livre) ‖ MUS *cornet à bouquin* corneta.
bouquiner *v intr* buscar libros de lance ‖ FAM leer (lire).
bouquiniste *m et f* librero, ra de lance; librero, ra de viejo.
bourbeux, euse *adj* cenagoso, sa.
bourbier *m* cenagal, lodazal, barrizal ‖ FIG lodazal, cenagal; *le bourbier du péché* el lodazal del pecado | atolladero, lío; *se tirer d'un bourbier* salirse de un atolladero.
bourbon *m* bourbon (whisky).
Bourbon *n pr* Borbón.
bourbonnais, e *adj* borbonés, esa.
Bourbonnais, e *m et f* borbonés, esa.
Bourbonnais *n pr m* GÉOGR Borbonesado.
bourde *m* FAM patraña, bola (mensonge) | sandez; *faire une bourde* cometer una sandez.
bourdon *m* abejorro (insecte) ‖ campana *f* mayor ‖ bordón (bâton) ‖ IMPR olvido, bordón ‖ MUS bordón ‖ roncón (de cornemuse) ‖ zumbido (bourdonnement) ‖ — *faux bourdon* zángano (animal), fabordón (musique) ‖ FAM *avoir le bourdon* tener morriña.
bourdonnant, e *adj* zumbador, ra; zumbante.
bourdonnement *m* zumbido (des insectes) ‖ zumbido (l'oreille) ‖ FIG murmullo (des personnes).
bourdonner *v intr* zumbar (insectes, oreilles) ‖ FIG murmurar (murmurer).
  ◆ *v tr* FAM tararear, canturrear (chantonner).
bourg [bu:r] *m* villa *f*, burgo.
bourgade *f* lugar *m*, aldea.
bourgeois, e [burʒwa, wa:z] *adj* burgués, esa ‖ aburguesado, da (gallicisme) ‖ confortable, cómodo, da; *appartement bourgeois* piso confortable ‖ — *cuisine bourgeoise* cocina casera ‖ *habit bourgeois* traje de paisano ‖ *maison bourgeoise* casa burguesa ‖ HIST *milices bourgeoises* milicias concejiles ‖ *pension bourgeoise* casa de huéspedes.
  ◆ *m et f* burgués, esa (personne aisée) ‖ POP amo, ama; patrón, ona (patron).

◆ *f* POP costilla, parienta, esposa (épouse) ‖ *en bourgeois* de paisano.

bourgeoisement *adv m* llanamente, con sencillez, burguesamente.

bourgeoisie *f* burguesía ‖ *petite bourgeoisie* gente de medio pelo.

bourgeon *m* BOT botón, yema *f*, brote; *bourgeon adventif* yema adventicia ‖ FIG espinilla *f*, grano (au visage).

bourgeonnement [burʒɔnmã] *m* brote.

bourgeonner *v intr* brotar, echar brotes (plantes) ‖ FIG tener granos *ou* espinillas (le visage).

bourgogne *m* vino de Borgoña (vin).

Bourgogne *n pr f* GÉOGR Borgoña.

bourgueil *m* bourgueil [vino tinto de la región del Loira].

bourguignon, onne *adj* borgoñón, ona ‖ CULIN *bœuf bourguignon* estofado de ternera al vino tinto.

Bourguignon, onne *m et f* borgoñón, ona.

bourlinguer *v intr* trabajar, fatigarse (bateau) ‖ FAM correr mundo, barloventear, llevar una vida aventurera.

bourlingueur, euse *adj et s* trotamundos *inv*.

bourrache *f* BOT borraja.

bourrade *f* golpe *m*, porrazo *m* ‖ empellón *m*, empujón *m* ‖ dentellada que da el perro a la liebre, mordisco *m* ‖ palmada en la espalda (tape amicale).

bourrage *m* relleno ‖ borra *f*, estopa *f* (garniture) ‖ tapón (mine) ‖ POP *bourrage de crâne* cuento, trola (mensonge), propaganda falsa.

bourrasque *f* borrasca (vent) ‖ FIG ataque *m*; arrebato *m* (accès passager).

bourratif, ive *adj* que llena, empachoso, sa.

bourre *f* borra ‖ taco *m* (d'une arme, d'une mine) ‖ FIG relleno *m*, broza, nadería (chose sans valeur) ‖ *bourre de soie* adúcar ‖ FAM *être à la bourre* andar con prisas, ir pitando.

bourreau *m* verdugo ‖ — *bourreau d'argent* manirroto, despilfarrador ‖ *bourreau des cœurs* rompecorazones, castigador, Don Juan ‖ FIG *être un bourreau de travail* ser una fiera para el trabajo | *être un bourreau pour ses élèves* ser un verdugo para sus alumnos.

bourrée *f* chamarasca, chamiza (bois menu et sec) ‖ baile *m* típico de Auvernia.

bourrelet [burlɛ] *m* cojín, cojinete (coussin) ‖ cabecil, rodete (pour porter un fardeau sur la tête) ‖ burlete (de fenêtre) ‖ rodete, anillo (anneau) ‖ MIL bocel ‖ BOT anillo, collar ‖ *bourrelets de graisse* roscas, michelines (fam), rodajas.

bourrelier *m* guarnicionero, talabartero.

bourrer *v tr* rellenar (rembourrer) ‖ atacar (une arme) ‖ cargar (une pipe) ‖ FAM atiborrar (faire manger avec excès) | zurrar, maltratar (maltraiter) | abarrotar (surcharger de connaissances) ‖ — *bourrer de* llenar de ‖ *bourrer de coups* hinchar a golpes ‖ POP *bourrer le crâne* hinchar la cabeza | *être bourré* estar a tope (bondé), estar mona, tener una merluza (ivre).

◆ *v pr* FAM pelearse, pegarse (se battre) | atiborrarse, atracarse (manger avec excès).

bourriche *f* banasta, cesta, cenacho *m* ‖ contenido *m* de la banasta.

bourricot *m* FAM borriquillo, rucho, pollino.

bourrin *m* FAM penco (cheval).

bourrique *f* borrica, burra (ânesse) ‖ FIG & FAM borrico *m*, asno *m* (personne ignorante) ‖ POP polizonte *m* (policier) ‖ FAM *faire tourner en bourrique* volver tarumba.

bourru, e *adj* basto, ta; tosco, ca (grossier); *fils bourrus* hilos toscos ‖ FIG desabrido, da; huraño, ña (d'humeur brusque) ‖ — *bourru bienfaisant* persona brusca pero de buen corazón ‖ FAM *moine bourru* el coco, el bu ‖ *vin bourru* vino blanco nuevo.

bourse *f* bolsa, bolso *m* (petit sac) ‖ red para cazar conejos (filet) ‖ beca (d'études) ‖ ANAT *les bourses* escroto ‖ BOT cápsula ‖ — *bourse bien garnie* bolsa repleta ‖ FAM *bourse plate* bolsa vacía ‖ — FAM *coupeur de bourses* cicatero ‖ *la bourse ou la vie!* la bolsa o la vida ‖ — *avoir, tenir la bourse* tener los cuartos, manejar el dinero ‖ *sans bourse délier* sin soltar un cuarto.

Bourse *f* Bolsa ‖ — *Bourse de commerce* Bolsa de Comercio, lonja ‖ *Bourse du travail* Bolsa del Trabajo ‖ *opérations de Bourse* operaciones de Bolsa.

boursicoter *v intr* jugar flojo a la Bolsa.

boursicoteur, euse *m et f* bolsista de pocos alcances.

boursier, ère *adj et s* de bolsa ‖ becario, ria (étudiant) ‖ bolsista (spéculateur à la Bourse) ‖ bolsero (fabricant de bourses) ‖ — *élève boursier* becario, alumno becado ‖ *opération boursière* operación de Bolsa.

boursouflé, e *adj* hinchado, da (gonflé) ‖ abotagado, da (visage, peau) ‖ FIG ampuloso, sa; enfático, ca (style).

boursouflement *m* hinchazón *f*, abotagamiento *f* (gonflement) ‖ dilatación *f* (dilatation).

boursoufler *v tr* hinchar (gonfler) ‖ abotargar (la peau) ‖ FIG envanecer, engreír; *l'orgueil boursoufle les sots* el orgullo engríe a los tontos.

◆ *v pr* hincharse.

boursouflure *f* hinchazón, abotagamiento *m* (de la peau) ‖ FIG énfasis *m*, ampulosidad, prosopopeya (style).

bousculade *f* atropello *m*, empujón, *m*, empellón *m* (poussée) ‖ bullicio *m*, tropel *m*; *être pris dans une bousculade* ser cogido en el bullicio.

bousculer [buskyle] *v tr* revolver, trastornar; *il a tout bousculé* lo ha revuelto todo ‖ atropellar, empujar violentamente (pousser) ‖ MIL arrollar, poner en desorden ‖ zarandear, zamarrear; *être bousculé par la foule* ser zarandeado por la multitud ‖ FIG & FAM dar *ou* meter prisa (hâter) ‖ *je suis un peu bousculé par le travail* estoy ajetreado por el trabajo.

◆ *v pr* atropellarse ‖ FAM darse prisa (se hâter).

bouse *f* boñiga, bosta (excrément des bovins).

bousier *m* escarabajo pelotero.

bousiller *v tr* CONSTR fabricar con adobe ‖ FIG & FAM frangollar, chapucear; *bousiller son travail* frangollar su trabajo ‖ POP apiolar, cepillar (tuer) ‖ destrozar, hacer polvo (détruire).

boussole *f* brújula, aguja de marear; *boussole affolée* brújula loca ‖ FIG norte *m*, guía ‖ FAM *perdre la boussole* desnortarse, perder el norte.

boustifaille *f* FAM comilona, cuchipanda (festin) | manducatoria, comida (aliment).

bout [bu] *m* punta *m*, extremidad *f* (extrémité) ‖ cabo, final; *le bout de l'année* el final del año ‖ trozo, pedazo, fragmento; *un bout de papier* un trozo de papel ‖ contera *f*, regatón (canne, épée) ‖ yema *f*, punta *f* (doigts) ‖ mango (outil) ‖ botón (fleuret) ‖ MAR cabo (cordage) ‖ proa *f* (proue) ‖ — *bout de chandelle* cabo de vela ‖ FAM *bout de chou* chiquitín, pequeñito ‖ *bout de cigarette* colilla ‖ *bout de l'an* oficio fúnebre de aniversario ‖ *bout de sein* pezón (poitrine), pezonera (médecine) ‖ CINÉM *bout d'essai* prueba para un actor ‖ MAR *bout de vergue* penol ‖ FAM *bout d'homme* hombrecillo, renacuajo, chiquilicuatro ‖ — *haut bout* cabecera [de la mesa] ‖ *un bout de pain* un mendrugo; *bout à bout* a continuación, uno detrás del otro ‖ — *à bout filtre* emboquillado (cigarette) ‖ *à bout portant* a quemarropa, a boca de jarro ‖ *à tout bout de champ* a cada paso ‖ *au bout de* al cabo de; *au bout de dix ans* al cabo de diez años ‖ *au bout de la rue* al final de la calle ‖ *au bout du compte* después de todo, a fin de cuentas, al fin y al cabo ‖ *au bout du monde* en el fin del mundo ‖ *de bout en bout* o *d'un bout à l'autre* de cabo a rabo ‖ *jusqu'au bout* hasta el fin ‖ *jusqu'au bout des doigts* hasta la punta de los dedos, de pies a cabeza ‖ — *avoir* o *tenir le bon bout* tener la sartén por el mango ‖ *avoir sur le bout de la langue* tener en la punta de la lengua ‖ *ce n'est pas le bout du monde* no es nada del otro mundo ‖ *être à bout* no saber ya qué hacer (ne plus savoir que faire), estar cansado, no poder más (être très fatigué), estar agotado; *ma patience est à bout* mi paciencia está agotada; estar sin un céntimo (sans ressources) ‖ *être à bout de* quedarse sin, no tener ya; *être à bout d'arguments* no tener o haber agotado los argumentos; *être à bout de forces* no tener ya fuerzas o estar sin fuerzas ‖ *être au bout de son rouleau* no saber ya qué decir o hacer, acabársele a uno la cuerda (ne plus savoir que dire), estar en las últimas (près de mourir) ‖ *joindre les deux bouts* tener justo lo necesario para vivir, tirando, hacer equilibrios para vivir ‖ *mener à bout* poner cima, realizar, llevar a cabo ‖ POP *mettre les bouts* tomar el portante, largarse ‖ *montrer le bout de l'oreille* enseñar la oreja ‖ *ne pas joindre les deux bouts* no llegarle a uno el dinero ‖ *ne pas voir plus loin que le bout de son nez* no ver más allá de sus narices ‖ *on ne sait pas par quel bout le prendre* no se sabe por qué lado tomarlo ‖ *pousser à bout* sacar de sus casillas (énerver), forzar a fondo, apurar (forcer à fond) ‖ *rire du bout des dents* reír de dientes afuera ‖ *savoir sur le bout des doigts* saber al dedillo ‖ *tenir le haut bout* ser dueño de la situación ‖ *toucher du bout des doigts* tocar con las puntas de los dedos ‖ *venir à bout de* conseguir, llevar a cabo, lograr; *venir à bout d'une affaire* llevar a cabo un negocio; acabar con, poner fin; *venir à bout d'une bouteille* acabar con una botella.

boutade *f* humorada, arranque *m*, capricho *m* súbito (caprice) ‖ ocurrencia, salida, rasgo *m* de ingenio (plaisanterie) ‖ salida de tono, desplante *m* (insolence).

boute-en-train *m* et *f inv* animador, ra.

bouteille [butɛːj] *f* botella; *boire à la bouteille* beber de la botella ‖ bombona (de butane) ‖ MAR beque *m* (latrines) ‖ — FIG *aimer la bouteille* empinar el codo, gustarle a uno beber | *avoir* o *prendre de la bouteille* entrar en años | *c'est la bouteille à l'encre* eso es un lío, un embrollo ‖ *mettre en bouteilles* embotellar.

bouter *v tr* botar, arrojar, expulsar (pousser).

boutique *f* tienda (magasin) ‖ escaparate *m* (éventaire) ‖ FAM taller *m* (atelier) | herramientas *pl* (outils) | negocio *m* (affaire) | vivero *m* de un barco para conservar vivo el pescado (pêche) ‖ — COMM *boutique franche* tienda franca *ou* exenta de impuestos ‖ *fermer boutique* quitar la tienda ‖ *ouvrir boutique* abrir *ou* poner tienda.

boutiquier, ère [butikje, jɛːr] *m* et *f* tendero, ra (marchand).

bouton *m* botón (d'un vêtement) ‖ botón, yema *f* (arbres) ‖ botón, capullo (fleurs) ‖ botón, pulsador (d'un appareil électrique) ‖ tirador (de tiroir), pomo (de porte) ‖ zapatilla *f*, botón (de fleuret) ‖ MÉD grano (sur la peau), espinilla *f* (petit bouton sur le visage) ‖ — *bouton de col* pasador ‖ PHOT *bouton de déclenchement* disparador ‖ *bouton de feu* botón de fuego ‖ *bouton de fièvre* pupa, calentura ‖ *bouton de manchette* gemelo ‖ *bouton de mire* punto de mira ‖ RAD *bouton de recherche de station* botón de sintonización ‖ *bouton de réglage* botón de reglaje *ou* de reajuste ‖ *bouton de sonnette* pulsador del timbre ‖ *bouton quadrillé* botón espoleado ‖ — *garniture de boutons* botonadura ‖ — *tourner le bouton* dar al interruptor, encender la luz (la lumière), dar al botón (radio).

bouton-d'or *m* botón de oro, ranúnculo, francesilla *f* (fleur).

boutonnage *m* abotonamiento, abotonado (action) ‖ abotonadura *f* (garniture).

boutonner *v intr* echar brotes, abotonar (les plantes) ‖ abotonarse, abrocharse; *robe qui boutonne par derrière* vestido que se abotona por la espalda ‖ FAM tener granos *ou* espinillas.

◆ *v tr* abotonar, abotonarse, abrochar, abrocharse; *boutonner sa veste* abotonar *ou* abotonarse la chaqueta ‖ dar un botonazo (escrime).

◆ *v pr* abotonarse, abrocharse.

— OBSERV *Abotonar* est étymologiquement plus exact, mais *abrochar* (proprement *agrafer*) le remplace couramment.

boutonneux, euse *adj* granujiento, ta; lleno de granos, espinilloso, sa.

boutonnière *f* ojal *m*; *une fleur à la boutonnière* con una flor en el ojal ‖ flor que se lleva en el ojal de la solapa ‖ FIG ojal *m* (blessure); *faire une boutonnière à quelqu'un* abrirle a uno un ojal.

bouton-pression *m* automático (bouton).

— OBSERV pl *boutons-pression*.

bouturage *m* BOT desqueje, reproducción *f* por estacas.

bouture *f* BOT esqueje *m* (de fleur, d'arbuste) | estaca (d'arbres) ‖ *faire des boutures* plantar por esquejes, desquejar.

bouturer *v tr* BOT desquejar, reproducir por esquejes *ou* estacas.

◆ *v intr* brotar, echar renuevos *ou* pimpollos.

bouvet *m* acanalador (outil de menuisier).

bouvier, ère *m* et *f* boyero, ra; vaquero, ra.

bouvreuil [buvrœːj] *m* pardillo (oiseau).

bovidés *m pl* ZOOL bóvidos.

bovin, e *adj* bovino, na; vacuno, na.

◆ *m pl* bovinos, ganado *sing* vacuno.

bowling *m* juego de bolos ‖ bolera *f* (lieu).

bow-window [bowindo] *m* mirador (fenêtre).

— OBSERV pl *bow-windows*.

box *m* box, departamento de una cuadra para un solo caballo (écurie) ‖ jaula *f*, departamento de un garaje (garage) ‖ camarilla *f* (de dortoir).

boxe *f* boxeo *m*.

boxer *m* alano (chien).

boxer *v intr* boxear.
◆ *v tr* dar puñetazos; *boxer quelqu'un* dar puñetazos a alguien.
boxeur *m* boxeador, púgil *(p us).*
box-office *m* *être au box-office* ser taquillero, ra.
— OBSERV pl *box-offices.*
boy [bɔj] *m* boy, criado indígena (aux colonies) ‖ corista danzante (danseur).
boyard; boïard [bɔjaːr] *m* boyardo (noble slave).
boyau [bwajo] *m* tripa *f* ‖ manga *f* (de pompe) ‖ tubular (de bicyclette) ‖ FIG pasillo estrecho, camino estrecho (passage) ‖ MIL ramal de trinchera ‖ — *boyau de chat* tripa (guitare), cagut (opérations) ‖ *corde à boyau* cuerda de tripa ‖ FAM *racler le boyau*·ser un rascatripas (mal jouer du violon).
boycottage [bɔjkɔtaːʒ] *m* boicoteo, boicot.
boycotter *v tr* boicotear.
boy-scout *m* explorador, boy-scout.
— OBSERV pl *boy-scouts.*
B.P. abrév de *boîte postale* apartado de correos.
B.P.F. abrév de *bon pour francs* vale por francos.
brabançon, onne *adj* brabanzón, ona [de Brabante].
Brabançon, onne *m* et *f* brabanzón, ona.
Brabançonne (la) himno *m* nacional belga.
Brabant [brabã] *n pr m* GÉOGR Brabante.
bracelet [braslɛ] *m* correa *f*; *le bracelet d'une montre* la correa de un reloj ‖ pulsera *f*; *une montre bracelet* un reloj de pulsera ‖ ARCHIT anillo (anneau).
bracelet-montre *m* reloj de pulsera.
brachial, e [brakjal] *adj* braquial.
braconnage *m* caza *f* ou pesca *f* furtiva.
braconner *v intr* cazar ou pescar furtivamente.
braconnier *m* cazador furtivo (chasse) ‖ pescador furtivo (pêche).
brader *v tr* vender saldos (solder) ‖ vender de segunda mano (d'occasion) ‖ FIG liquidar.
braderie *f* venta pública de mercancías de lance (d'occasion) ‖ venta de saldos (de soldes) ‖ baratillo *m* (marché) ‖ FIG liquidación, quema.
braguette *f* bragueta (de pantalon).
brahmane; brahme; brame *m* brahmán, bracmán, bramán.
brahmanisme *m* brahmanismo, bramanismo.
brahme *m* ⟶ **brahmane.**
brai *m* brea *f.*
braillard, e [brɑjaːr, ard] *adj* FAM gritón, ona; chillón, ona.
braille [braːj] *m* braille [sistema de escritura en relieve inventado por Braille] ‖ *écrire en braille* escribir braille ‖ *lire le braille* leer braille.
braillement [brɑjmã] *m* berrido, grito.
brailler [-je] *v intr* FAM berrear, chillar (crier) ‖ berrear (chanter mal et fort).
brainstorming *m* reunión *f* creativa, brainstorming.
brain-trust *m* grupo de asesores de alto nivel.
— OBSERV pl *brain-trusts.*
braire* *v intr* rebuznar (crier, se dit de l'âne) ‖ FAM berrear (crier).
— OBSERV Es verbo irregular defectivo que se emplea sólo en las terceras personas. Participio presente (p us): *brayant.*

braise *f* brasas *pl*, ascuas *pl* ‖ rescoldo *m* (sous la cendre) ‖ POP pasta, dinero *m* (argent) ‖ — *à la braise* a la brasa, braseado, da ‖ *être sur la braise* estar en ascuas ‖ FAM *être chaud comme braise* ser apasionado y vehemente.
— OBSERV *Braise* est en français un collectif; *una brasa, un ascua* se traduisent par *un charbon ardent. Ascua* est le mot le plus courant en espagnol.
braiser *v tr* asar, cocer a fuego lento ‖ CULIN *bœuf braisé* ternera braseada.
brame *m* ⟶ **brahmane.**
bramer *v intr* bramar.
brancard [brãkaːr] *m* varal (de voiture) ‖ camilla *f*, parihuelas *f pl* (civière) ‖ parihuelas *f pl*, angarillas *f pl* (pour transporter des objets fragiles).
brancardier *m* camillero.
branchage *m* ramaje.
branche *f* rama (d'arbre) ‖ brazo *m*, ramal *m* (d'un fleuve, d'une tranchée) ‖ pierna (d'un compas, des tenailles, etc.) ‖ gavilán (d'une épée) ‖ brazo *m* (d'un chandelier) ‖ ramo *m* (subdivision) ‖ varilla (éventail) ‖ patilla (de lunettes) ‖ rama (secteur) ‖ ANAT ramificación ‖ FIG rama (famille) ‖ MATH rama (courbe) ‖ — POP *vieille branche!* ¡hombre! ‖ ÉCON *branche d'activité* ramo ‖ — FIG *avoir de la branche* tener distinción *ou* elegancia, tener alcurnia ‖ FAM *être comme l'oiseau sur la branche* estar con un pie en el aire.
branché, e *adj* FAM al loro ‖ de moda, moderno, na.
branchement *m* acometida *f* (d'une conduite ou canalisation) ‖ enchufe (électricité) ‖ ramal, derivación *f*, ramificación *f.*
brancher *v tr* colgar de un árbol; *brancher un voleur* colgar de un árbol a un ladrón ‖ ramificar (ramifier) ‖ empalmar, acometer (une conduite d'eau, de gaz) ‖ enchufar, conectar (une prise de courant) ‖ FIG *brancher quelque chose, quelqu'un sur* orientar, dirigir algo o alguien hacia.
◆ *v intr* et *pr* posarse en las ramas; *l'alouette ne branche pas* la alondra no se posa en las ramas ‖ embarrarse (perdrix).
branchial, e [brãkjal] *adj* branquial; *des organes branchiaux* órganos branquiales.
branchies [brãʃi] *f pl* branquias.
brandade *f* bacalao *m* a la provenzal.
brandebourg *m* alamar, trencilla *f* (galon).
— OBSERV La palabra *brandebourg* se utiliza generalmente en plural.
Brandebourg *n pr m* GÉOGR Brandeburgo.
brandir *v tr* blandir, esgrimir; *brandir un sabre* blandir un sable ‖ FIG enarbolar, blandir; *il brandissait un télégramme* blandía un telegrama.
brandon *m* hachón, antorcha *f*, tea *f* (torche de paille) ‖ pavesa *f*, chispa *f* (d'un incendie) ‖ FIG *allumer le brandon de la discorde* provocar una disputa.
brandy *m* brandy, coñac (eau-de-vie).
branlant, e *adj* oscilante, bamboleante.
branle *m* bamboleo *m*, oscilación ‖ MAR hamaca, coy *m* (hamac) ‖ — *mettre en branle, donner le branle* poner en movimiento ‖ *se mettre en branle* ponerse en movimiento, en marcha.
branle-bas *m* MAR zafarrancho; *branle-bas de combat* zafarrancho de combate ‖ FIG & FAM tráfago (agitation).
branlement *m* ⟶ **branle.**

branler *v tr* bambolear, menear; *branler la tête* menear la cabeza.

◆ *v intr* POP gandulear ‖ bambolearse, moverse; *le plancher branle* el piso se bambolea ‖ FIG & FAM *branler dans le manche* estar con un pie en el aire (en danger de perdre sa place).

branleur, euse *m et f* POP gandul, la; vago, ga.

braquage *m* giro, vuelta *f* del volante ‖ *angle de braquage* ángulo de giro.

braque *adj* et *s* FIG & FAM atolondrado, da; despistado, da; chiflado, da (étourdi).

◆ *m* perro perdiguero *ou* de muestra.

braquer *v tr* asestar, dirigir, apuntar (une arme) ‖ clavar, fijar (les yeux) ‖ hacer girar las ruedas de un automóvil para efectuar un viraje ‖ AVIAT maniobrar; *braquer un aileron* maniobrar un alerón ‖ FIG predisponer; *être braqué contre quelqu'un* estar predispuesto contra alguien ‖ *braquer quelque chose sur* apuntar a *ou* hacia ‖ POP *braquer quelqu'un* apuntar a alguien con un arma, atracar a alguien.

◆ *v intr* girar; *automobile qui braque bien* automóvil que gira bien.

braquet [brakɛ] *m* TECHN desmultiplicación *f* (bicyclette).

bras [bra] *m* brazo ‖ brazo (d'un fauteuil, d'un fleuve) ‖ brazo (de la balance) ‖ brazo (séculier) ‖ FIG brazo; *l'agriculture manque de bras* la agricultura está falta de brazos ‖ MAR braza *f* ‖ TECHN brazo (d'un outil, d'un levier) ‖ — *à bras ouverts* con los brazos abiertos ‖ *à bras raccourcis* a brazo partido ‖ *à bras tendus* a pulso ‖ *à force de bras* a fuerza de brazos, a pulso ‖ *à tour de bras* con toda la fuerza ‖ FIG *bras de fer* mano de hierro ‖ *bras dessus, bras dessous* del brazo, dándose el brazo ‖ *bras d'honneur* corte de manga ‖ *en bras de chemise* en mangas de camisa ‖ FAM *les gros bras* los peces gordos, las personas influyentes ‖ *gros comme le bras* grande como una casa ‖ — *avoir le bras long* tener mucha influencia ‖ *avoir les bras rompus* estar sin fuerzas | *avoir sur les bras* tener a su cargo, tener encima, cargar con | *baisser les bras* bajar los brazos | *couper bras et jambes* desanimar completamente, dejar estupefacto, partir por la mitad | FAM *les bras m'en tombent* me quedo de una pieza ‖ *donner le bras* dar el brazo ‖ *être le bras droit de quelqu'un* ser el brazo derecho de alguien ‖ JEUX *faire une partie de bras de fer* echar un pulso ‖ *les bras croisés* con los brazos cruzados ‖ *vivre de ses bras* vivir de un trabajo manual.

braser *v tr* soldar [con una aleación ligera].

brasero *m* brasero.

brasier *m* hoguera *f*, ascuas *f pl*; *la maison était un véritable brasier* la casa era una verdadera hoguera.

Brasilia *n pr f* GÉOGR Brasilia.

bras-le-corps (à) *loc adv* por medio del cuerpo.

brassage *m* removido, mezcla *f* (mélange) ‖ braceaje (monnaie) ‖ mezcla *f* de la malta con el agua (bière) ‖ MAR braceo ‖ manejo (des affaires).

brassard [brasaːr] *m* brazalete, brazal.

brasse *f* braza (mesure) ‖ brazada (mouvement des bras) ‖ braza (nage); *brasse papillon* braza mariposa.

brassée *f* brazado *m*, brazada.

brasser *v tr* fabricar cerveza (bière) ‖ bracear, batir, agitar (agiter) ‖ bracear (une vergue) ‖ FAM tramar; *brasser une intrigue* tramar una intriga ‖ — *brasser de l'argent* apalear dinero ‖ FIG *brasser des affaires* manejar negocios.

brasserie *f* cervecería ‖ fábrica de cervezas, cervecería (usine).

— OBSERV En Francia, la *brasserie* suele también servir comidas ligeras.

— OBSERV En Espagne, la *cervecería* est un débit de bière où l'on vend généralement des fruits de mer.

brasseur, euse *m et f* cervecero, ra ‖ bracista (nage) ‖ FIG *brasseur d'affaires* hombre de negocios.

brassière *f* camisita, jersey *m* (nourrisson).

brasure *f* soldadura ‖ aleación para soldaduras.

bravache *adj* et *s* bravucón, ona.

bravade *f* bravata; *par bravade* por bravata.

brave *adj* valiente; valeroso, sa; bravo, va ‖ FAM bueno, na [en este sentido ha de preceder al sustantivo]; *brave homme* buen hombre; *braves gens* buena gente.

◆ *m* valiente; *faire le brave* dárselas *ou* echárselas de valiente ‖ *faux brave* bravucón ‖ FAM *mon brave* mi buen amigo, amigo mío [solamente puede emplearse esta expresión hablando a personas de condición inferior].

bravement *adv* con bravura, valientemente.

braver *v tr* desafiar; *braver quelqu'un* desafiar a alguien ‖ arrostrar, afrontar; *braver la mort* arrostrar la muerte.

bravo *interj* ¡bravo!, ¡muy bien!, ¡ole!

◆ *m* bravo (applaudissement).

bravoure *f* valentía, arrojo *m* (intrépidité), bravura.

Brazzaville *n pr* GÉOGR Brazzaville.

break [brɛk] *m* break (voiture).

bréant *m* → **bruant**.

brebis *f* oveja ‖ FIG cordero *m*, hombre *m* dócil ‖ — *brebis égarée* oveja descarriada ‖ *brebis galeuse* manzana podrida, oveja negra.

brèche *f* brecha ‖ mella, melladura (à un couteau) ‖ desportilladura (à une assiette) ‖ cortadura, tajo *m*; *la brèche de Roncevaux* el tajo de Roncesvalles ‖ FIG daño *m*, menoscabo *m* (tort) ‖ MIN brecha (pierre) ‖ — *battre en brèche* batir en brecha (reculer), criticar severamente ‖ *être toujours sur la brèche* estar siempre en la brecha ‖ *faire brèche* abrir brecha (dans une clôture) ‖ *faire une brèche à sa fortune* hacer mella en su fortuna ‖ *mourir sur la brèche* morir en la brecha.

bréchet *m* quilla *f* (os d'oiseau).

bredouille *adj* se emplea en la expresión; *rentrer o revenir bredouille* volver de caza *ou* de pesca con el morral vacío; volver con las manos vacías (les mains vides).

bredouiller *v tr* et *intr* hablar atropelladamente, farfullar.

bref, ève *adj* breve; *discours brefs* discurso breve ‖ FIG conminatorio, ria; imperioso, sa; *ton bref* tono conminatorio.

◆ *m* breve carta pontificia ‖ añalejo (calendrier ecclésiastique).

◆ *f* MUS breve (note) ‖ breve (syllabe).

bref [brɛf] *adv* total; *bref, je ne veux pas* total, que no quiero ‖ para resumir, en resumen, en pocas palabras (en deux mots) ‖ *à bref délai* en breve plazo.

brelan *m* berlanga *f* (jeu de cartes) ‖ trío; *brelan d'as* trío de ases.

breloque *f* dije *m*, dijecillo *m*, colgante *m* (petit bijou) ‖ MIL fajina (sonnerie militaire) ‖ FIG *battre la breloque* divagar, desatinar, desbarrar, hablar a tontas y a locas (déraisonner), andar irregularmente (une montre).

brème *f* ZOOL brema (poisson) ‖ POP carta, naipe *m*.

Brême *n pr* GÉOGR Bremen, Brema.

Brésil *n pr m* GÉOGR Brasil.

brésilien, enne *adj* brasileño, ña; brasilero, ra (en Amérique).

Brésilien, enne *m et f* brasileño, ña; brasilero, ra (en Amérique).

bressan, e *adj* bresano, na (de la Bresse).

Bressan, e *m et f* bresano, na.

Bresse *n pr f* GÉOGR Bresse.

Bretagne *n pr f* GÉOGR Bretaña.

bretelle *f* correa (courroie) ‖ línea de comunicación, que une una vía con otra (transports) ‖ carretera de enlace *ou* de empalme (route) ‖ — AUTOM *bretelle de contournement* vía de circunvalación | *bretelle de raccordement* ramal de conexión (autoroute) ‖ *bretelle de fusil* portafusil.
◆ *pl* tirantes *m* [(*amér*) suspensores *m*] (pour le pantalon).

breton, onne [brətɔ̃, ɔn] *adj* bretón, ona.
◆ *m* bretón (langue).

Breton, onne *m et f* bretón, ona.

bretzel *m* pastelillo alemán duro y salado en forma de ocho.

breuvage *m* bebida *f* (boisson) ‖ brebaje (boisson désagréable) ‖ VÉTÉR pócima *f*, poción *f*.

brève *adj f* → **bref**.

brevet *m* patente *f*; *brevet d'invention* patente de invención ‖ título; *brevet de pilote* título de piloto ‖ diploma, título, certificado (d'études) ‖ despacho (titre d'officier de l'armée) ‖ — *brevet d'apprentissage* diploma de aprendizaje ‖ *brevet, brevet des collèges* diploma del primer ciclo de enseñanza secundaria.

breveté, e *adj et s* patentado, da ‖ diplomado, da; titulado, da; graduado, da; *breveté d'état-major* diplomado de Estado Mayor.

breveter* *v tr* patentar; *breveter une invention* patentar un invento ‖ conceder, otorgar una patente.

bréviaire *m* breviario.

briard, e *adj* de Brie [región de Francia].
◆ *m* mastín (chien).

Briard, e *m et f* briego, ga.

bribe *f* pizca, poquito *m* (petite quantité).
◆ *pl* migajas, sobras, restos *m* (restes d'un repas) ‖ fragmentos *m* (d'une conversation) ‖ — *par bribes* a trocitos | *savoir quelques bribes de latin* saber algunos latinajos.

bric-à-brac *m* baratillo (magasin) ‖ mercancías *f pl* de lance, de ocasión (marchandises) ‖ FIG tópicos *m* (lieux communs); *le bric-à-brac romantique* los tópicos románticos ‖ batiborrillo, mezcolanza *f* (confusion) ‖ *marchand de bric-à-brac* baratillero.

brick *m* bricbarca (bateau).

bricolage *m* chapuz, chapucería *f*; *cette réparation, c'est du bricolage* esta reparación es una chapucería ‖ bricolage, bricolaje, trabajo (petits travaux) ‖ *aimer le bricolage* gustarle a uno hacer trabajos menudos.

bricole *f* petral *m* (harnais) ‖ menudencia, tontería (bagatelle) ‖ anzuelo *m* doble, potera (hameçon double), correón *m* (de portefaix) ‖ rebote *m*, rechazo *m* (bond) ‖ carambola por tabla *ou* banda (au billard) ‖ FIG & FAM chapuz *m*, chapuza, trabajillo *m*, apaño *m* (menu travail) ‖ *de o par bricole* de rebote, de rechazo.
◆ *pl* redes para cazar ciervos (filets).

bricoler *v intr* jugar por tabla *ou* por la banda (billard) ‖ rebotar (rebondir) ‖ FAM hacer toda clase de oficios (faire tous les métiers) ‖ chapucear, hacer pequeños trabajos ‖ *bricoler sa voiture* preparar su coche.
◆ *v tr* chapucear, hacer pequeños trabajos, amañar (faire de menus travaux).

bricoleur, euse *m et f* FAM persona que hace toda clase de oficios, factótum, chapucero, ra (personne qui fait tous les métiers) | persona mañosa, apañado, da (personne habile).

bride *f* brida (ensemble du mors et des rênes) ‖ rienda (rêne) ‖ cinta, barboquejo *m* (d'un chapeau) ‖ presilla (boutonnière) ‖ brida (adhérence) ‖ FIG rienda, freno *m*; *lâcher la bride à ses passions* soltar la rienda a sus pasiones ‖ MÉD adherencia ‖ TECHN brida, abrazadera ‖ tira; *chaussures à brides* zapatos con tiras ‖ — *mettre la bride sur le cou* dar rienda suelta *ou* libre | *rendre la bride* aflojar la rienda ‖ FIG *tenir en bride* sujetar, contener | *tenir la bride haute* mostrarse severo | *tourner bride* volver grupas, volverse atrás.
— OBSERV La palabra *bride* en el sentido de *rienda* sólo se utiliza en locuciones como *à bride abattue* a rienda suelta; *lâcher la bride* dar rienda suelta; etc.

bridé, e *adj* embridado, da (cheval) ‖ oblicuo, cua; *avoir des yeux bridés* tener los ojos oblicuos ‖ FIG refrenado, da; apretado, da; *une veste bridée* una chaqueta apretada.

brider *v tr* embridar, poner la brida (mettre la bride) ‖ FIG refrenar, enfrenar, contener (retenir) | apretar, estar estrecho (en parlant des vêtements) | atar (une volaille).

bridge *m* bridge (jeu) ‖ puente (dentier).

bridger *v intr* jugar al bridge.

bridgeur, euse *m et f* jugador, ra, de bridge.

brie *m* queso de Brie [región de Francia].

Brie *n pr* GÉOGR Brie.

briefer *v tr* FAM informar para dar instrucciones antes de pasar a la acción.

briefing *m* sesión *f* informativa, briefing *f*.

brièvement *adv* brevemente.

brièveté *f* brevedad ‖ concisión.

brigade *f* MIL brigada ‖ destacamento *m*, escuadra (de police) ‖ equipo *m*, cuadrilla, brigada (d'ouvriers) ‖ *brigade antigang* brigada contra el crimen organizado ‖ *brigade des mœurs* brigada antivicio ‖ *brigade des stupéfiants* brigada de estupefacientes.

brigadier *m* cabo (de cavalerie, de police, de gendarmerie) ‖ FAM brigadier [general de brigada] ‖ MIL *brigadier-chef* cabo primera | *brigadier-fourrier* cabo furriel | *brigadier-trompette* cabo de trompetas.

brigand [brigɑ̃] *m* salteador, bandolero ‖ FAM tunante, pillo.

brigandage *m* bandidaje, bandolerismo.

briguer *v tr* pretender; *briguer une place de rédacteur* pretender un puesto de redactor ‖ solicitar (solliciter).
➤ *v intr* intrigar (intriguer).
brillamment [brijamã] *adv* brillantemente.
brillance *f* brillantez.
brillant, e *adj* brillante (qui brille) ‖ FIG brillante; lucido, da | suntuoso, sa (somptueux) | atractivo, va; seductor, ra (séduisant) | productivo, va; *une brillante affaire* un negocio productivo.
➤ *m* brillo, brillantez *f* (éclat) ‖ brillante (diamant) ‖ FIG *faux brillant* falsas apariencias, relumbrón (oropel).
brillantine *f* brillantina (pour les cheveux) ‖ lutina (étoffe).
briller [brije] *v intr* brillar, relumbrar (luire) ‖ FIG brillar, lucirse (se faire remarquer) ‖ — *briller par son absence* brillar por su ausencia ‖ *faire briller* hacer relucir, sacar brillo a ‖ *tout ce qui brille n'est pas or* no es oro todo lo que reluce.
brimade *f* novatada (vexation imposée aux nouveaux) ‖ FIG medida vejatoria e inútil.
brimer *v tr* vejar ‖ FAM molestar (maltraiter) ‖ dar una novatada (aux nouveaux).
brin *m* brizna *f*; *un brin d'herbe, de paille* una brizna de hierba, de paja ‖ ramita *f*; *un brin de muguet* una ramita de muguete ‖ tallo (tige); *arbre d'un seul brin* árbol de un solo tallo ‖ brin (tissu) ‖ hebra *f* (d'une corde) ‖ FIG chispa *f*, pizca *f* (petite partie) ‖ RAD ramal ‖ TECHN varilla *f* (d'éventail) ‖ tiro de correa (courroie d'une poulie) ‖ FIG momentito, *attendre un brin* esperar un momentito ‖ FAM *un beau brin de fille* una real moza ‖ *un brin mystérieux* una pizca *ou* un tanto misterioso.
brindille *f* ramita, ramilla (menue branche).
bringue *f* FAM juerga, jaleo *m*; *faire la bringue* irse de juerga ‖ POP mujer alta y desgarbada, espingarda.
bringuebaler; brinquebaler *v tr et intr* bambolear.
brio *m* brío; *parler avec brio* hablar con brío.
brioche *f* brioche *m*, bollo *m* de leche (pâtisserie) ‖ FIG & FAM torpeza, necedad (bévue) | vientre *m*, curva de la felicidad; *avoir de la brioche* tener vientre.
brioché, e *adj* de brioche.
brique *f* ladrillo *m*; *brique creuse* ladrillo hueco ‖ — *brique crue* adobe ‖ FAM *une brique* un millón (d'anciens francs: 10 000 F) ‖ — *four à briques* tejar ‖ *ton de brique* color de ladrillo ‖ — POP *bouffer des briques* comer adoquines, comer muy mal.
briquer *v tr* frotar con asperón ‖ lustrar, dar brillo; *briquer le parquet* lustrar el piso de madera.
briquet *m* eslabón (pièce d'acier pour faire du feu) ‖ encendedor, mechero; *briquet à gaz* encendedor de gas ‖ *(vx)* sable corto (sabre court) ‖ perro raposero (chien) ‖ *battre le briquet* sacar chispa [con el eslabón].
briqueter* *v tr* enladrillar (garnir de briques) ‖ solar con ladrillos (paver) ‖ agramilar (imiter la brique).
briqueterie *f* ladrillar *m*, fábrica de ladrillos.
briquette *f* briqueta (charbon).
bris [bri] *m* quebranto ‖ fractura *f* ‖ — DR *bris de clôture* quebramiento de cerca *ou* coto | *bris de scellés* violación de sellos *ou* precintos ‖ AUTOM *bris*

de glace seguro contra la rotura de lunas (assurances).
briscard; brisquard [briska:r] *m* veterano, soldado viejo.
brise *f* brisa; *brise de mer* brisa marina ‖ MAR *brise folle* ventolina.
brisé, e *adj* quebrado, da ‖ plegable; *porte brisée* puerta plegable ‖ ARCHIT agudo, da (fronton, comble) ‖ FIG molido, da; destrozado, da (rompu) ‖ — *ligne brisée* línea quebrada ‖ CULIN *pâte brisée* masa de repostería ‖ *voix brisée* voz entrecortada, quebrada.
brisées *f pl* ramas que rompe el cazador para señalar dónde está la caza ‖ rastros *m pl*, huellas (d'un animal) ‖ FIG huella *sing*, rastro *m sing* (trace); *suivre les brisées* seguir las huellas ‖ *aller, marcher, courir sur les brisées de quelqu'un* competir con uno, pisar el terreno, a uno, ser el rival de uno.
brise-fer *m inv* ⟶ **brise-tout**.
brise-glace *m inv* tajamar (pont) ‖ rompehielos (bateau).
brise-jet [brizʒɛ] *m inv* tubo amortiguador colocado en un grifo.
brise-lames *m inv* rompeolas, escollera *f*.
brise-mottes *m inv* AGRIC rodillo de discos.
briser *v tr* quebrar, hacer añicos ‖ cortar; *briser un entretien* cortar una entrevista ‖ domar; *briser des chaussures neuves* domar zapatos nuevos ‖ FIG quebrantar (le courage) | moler, destrozar, fatigar (fatiguer) ‖ — *briser la carrière de quelqu'un* destrozar la carrera de alguien ‖ *briser le cœur* destrozar el corazón ‖ *briser une résistance* vencer una resistencia.
➤ *v intr* romper (les vagues) ‖ — *briser avec quelqu'un* romper con uno ‖ *brisons là-dessus* doblemos la hoja, no hablemos más de ello, asunto concluido.
➤ *v pr* estrellarse.
brise-tout *m inv* FAM rompelotodo, destrozón.
briseur, euse *m et f* rompedor, ra ‖ *briseur de grève* esquirol ‖ HIST *briseur d'images* iconoclasta.
brisquard *m* ⟶ **briscard**.
bristol *m* bristol, cartulina *f* ‖ tarjeta *f* (carte de visite).
brisure *f* rotura, quiebra ‖ juntura, articulación; *les brisures d'un volet* las junturas de una persiana ‖ BLAS brisada.
britannique *adj* británico, ca.
Britannique *m et f* británico, ca.
Britanniques (îles) *n pr f* GÉOGR islas Británicas.
broc [bro] *m* jarro grande, pichel ‖ jarro (contenu) ‖ *de bric et de broc* de aquí y de allí, de cualquier modo, con cualquier cosa.
brocante *f* chamarileo *m*, comercio *m* de lance.
brocanteur, euse *m et f* chamarilero, ra; cambalachero, ra *(p us)*.
brocarder *v tr* lanzar pullas contra, chufletearse de, chacotearse de.
brocart *m* brocado (étoffe brochée).
brochage *m* encuadernación *f* en rústica.
broche *f* asador *m*, espetón *m* (pour rôtir) ‖ alfiler *m*, imperdible *m* (épingle ornée) ‖ broche *m* (agrafe) ‖ navaja, colmillo *m* (du sanglier) ‖ COMM efecto *m* de comercio de poco valor ‖ MÉCAN husillo *m* ‖ TECHN tacha (clou sans tête) | brocha (bro-

broché

ca (tissage) | mandril *m*, macho *m* (forge) | pasador *m* (goupille) ‖ *mettre à la broche* espetar.
- *pl* pitón *m* (du chevreuil).

broché, e *adj* en rústica (reliure).

brocher *v tr* briscar (tisser) ‖ encuadernar a la *ou* en rústica (livres) ‖ clavar una herradura de caballo (ferrer) ‖ IMPR *machine à brocher* máquina de alzado.

brochet [brɔʃɛ] *m* lucio (poisson).

brochette *f* CULIN broqueta, brocheta, pincho *m*, pinchito *m* ‖ FAM sarta de condecoraciones.

brocheur, euse *m et f* encuadernador, ra en rústica.
- *f* cosedora, máquina de coser libros ‖ MÉCAN brochadora.

brochure *f* folleto *m* (petit ouvrage) ‖ encuadernación en rústica (brochage) ‖ dibujo *m* briscado (dessin broché sur une étoffe).

brocoli *m* brécol, bróculi, brecolera *f*.

brodequin *m* borceguí (chaussure) ‖ coturno (des acteurs de la comédie antique).

broder *v tr* bordar; *linge brodé* ropa blanca bordada ‖ FIG embellecer, adornar (enjoliver un récit) ‖ — *broder à jour* bordar en calado ‖ *broder en relief* bordar de realce, recamar ‖ *broder sur un fait divers* hinchar un suceso ‖ *broder sur un thème* florear sobre un asunto ‖ *métier à broder* bastidor.

broderie *f* bordado *m* (ouvrage du brodeur) ‖ floritura (dans le chant) ‖ FIG adornos *m pl*, detalles *m pl* (dans un récit) ‖ — *broderie à jour* calado ‖ *broderie en relief* recamado.

brodeur, euse *m et f* bordador, ra.

brome *m* BOT & CHIM bromo.

bromé, e *adj* bromado, da.

broméliacées *f pl* BOT bromeliáceas.

bromique *adj* CHIM brómico, ca.

bromure *m* CHIM bromuro.

bronche *f* ANAT bronquio *m*.

broncher *v intr* tropezar (trébucher) ‖ FIG moverse (bouger); *que personne ne bronche!* ¡que nadie se mueva! | vacilar; *réciter une leçon sans broncher* decir una lección sin vacilar ‖ FAM *ne pas broncher* no chistar, no rechistar.

bronchioles *f pl* ANAT bronquiolos *m pl*.

bronchique *adj* ANAT bronquial.

bronchite [brɔ̃ʃit] *f* MÉD bronquitis.

bronchitique *adj et s* bronquítico, ca.

broncho-pneumonie [brɔ̃kɔpnømɔni] *f* MÉD bronconeumonía.

bronzage *m* bronceado, bronceadura *f* ‖ pavonado (une arme) ‖ *huile de bronzage* bronceador (beauté).

bronzant, e *adj* bronceador, ra.

bronze *m* bronce (alliage) ‖ *(vx)* POÉT cañón (canon) ‖ *(p us)* campana *f* (cloche) ‖ FIG medalla *f ou* estatua *f* de bronce ‖ FIG *cœur de bronze* corazón de piedra.

bronzé, e *adj et s* del color del bronce ‖ bronceado, da; tostado, da (peau).
- *m et f* bronceado, da.

bronzer *v tr* broncear ‖ pavonar (l'acier) ‖ broncear, tostar (la peau) ‖ FIG endurecer; *l'egoïsme bronze le cœur* el egoísmo endurece el corazón.
- *v pr* broncearse, tostarse (se brunir) ‖ FIG endurecerse (s'endurcir).

brossage *m* cepillado, cepilladura *f*.

brosse *f* cepillo *m*; *brosse à dents* cepillo de dientes ‖ brocha (de peintre en bâtiment) ‖ pincel *m* (pinceau d'artiste peintre) ‖ bruza (de typographe) ‖ bruza (pour les chevaux) ‖ — *brosse à cheveux* cepillo del pelo ‖ *brosse à habits* cepillo de la ropa ‖ *cheveux en brosse* cabellos al cepillo ‖ *coup de brosse* cepillado (chaussures) ‖ *tapis-brosse* felpudo.
- *pl* matorral *m* (buisson).

brosser *v tr* cepillar ‖ PEINT bosquejar, abocetar (ébaucher) ‖ FIG bosquejar; *brosser un tableau de la situation* bosquejar un cuadro de la situación.
- *v pr* cepillarse ‖ *se brosser les dents* lavarse los dientes ‖ FAM *tu peux te brosser* espérate sentado.

brosserie *f* brucería, fábrica de cepillos.

brou *m* cáscara *f* (de noix, d'amande, etc.) ‖ *brou de noix* nogalina.

brouet [bruɛ] *m* caldo claro ‖ FAM bodrio, comida *f* mala (mauvaise nourriture).

brouette *f* carretilla.

brouettée *f* carretada, carretillada.

brouetter *v tr* acarrear.

brouhaha *m* FAM algazara *f*, algarabía *f*, ruido confuso, guirigay.

brouillage [bruja:ʒ] *m* RAD interferencia *f*.

brouillard *m* niebla *f*, neblina *f* ‖ COMM borrador (livre) ‖ FAM *être dans le brouillard* quedarse in albis, no enterarse.
- *adj* secante; *papier brouillard* papel secante.

brouillasse *f* FAM niebla meona, agua cortada.

brouillasser *v intr* FAM lloviznar.

brouille; brouillerie [bruj, jri] *f* FAM desavenencia, disgusto *m*; *brouille entre deux familles* desavenencia entre dos familias.

brouiller *v tr* mezclar (mêler) ‖ revolver; *œufs brouillés* huevos revueltos ‖ enturbiar, alterar (liquide) ‖ FIG malquistar, sembrar la discordia entre (désunir des amis) | confundir (embarrasser) | trastornar (troubler); *la métaphysique a brouillé bien des cerveaux* la metafísica ha trastornado muchos cerebros ‖ RAD interferir; *brouiller une émission* interferir una emisión ‖ — *brouiller les cartes* barajar (sens propre), sembrar la confusión (sens figuré) ‖ FIG *brouiller les pistes* despistar ‖ FAM *être brouillé avec* estar reñido con.
- *v pr* nublarse; *ma vue se brouille* mi vista se nubla ‖ encapotarse, nublarse, cubrirse (le ciel) ‖ enturbiarse, oscurecerse (les idées) ‖ enredarse, complicarse (les affaires) ‖ embarullarse, embrollarse (en parlant) ‖ reñir (se disputer) ‖ malquistarse (se fâcher) ‖ desavenirse (se désunir) .

brouillerie *f* → **brouille**.

brouillon, onne *adj* enredador, ra; lioso, sa ‖ desordenado, da (désordonné).
- *m* borrador (d'une lettre) ‖ *cahier de brouillons* borrador, borrón.

broussaille [brusa:j] *f* maleza, zarzal *m*, broza ‖ — *broussailles épineuses* monte bajo ‖ FIG *sourcils, barbe en broussaille* cejas, barbas en desorden, enmarañadas.
— OBSERV La palabra *broussaille* se usa muy poco en el singular.

broussailleux, euse *adj* cubierto, ta, de maleza ‖ FIG enmarañado, da.

broussard *m* persona que vive en las selvas.

brousse *f* maleza (broussaille) ‖ selva (forêt), monte *m*, sabana con matorrales ‖ POP campo *m* ‖ requesón *m* (caillé).

brouter *v tr* pacer (paître l'herbe) ‖ ramonear (les arbres) ‖ TECHN engranar mal (dents d'une roue) ‖ vibrar (outil coupant).

broutille *f* ramojo *m* (branchette) ‖ FIG nadería, pamplina, fruslería (sujet sans importance).

brownien *adj m* PHYS browniano (mouvement).

browning [braunɪŋ] *m* browning *f* (pistolet).

broyage *m* trituración *f*, molienda *f*, molturación *f*.

broyer* [brwaje] *v tr* moler, triturar; *broyer du blé* moler trigo ‖ desleír (délayer les couleurs) ‖ FIG *broyer du noir* verlo todo negro.

broyeur, euse [-jœːr, øːz] *adj* et *s* moledor, ra.
◆ *m* triturador, machacadora *f*, desmenuzadora *f* (machine) ‖ *broyeur d'évier, broyeur d'ordures* triturador de basura.

brrr! *interj* ¡huy! [qué frío!], ¡ay! [qué horror].

bru *f* nuera, hija política (belle-fille).

bruant; bréant *m* ZOOL verderón.

brucelles *f pl* bruselas, pinzas finas.

brucellose *f* MÉD brucelosis.

Bruges *n pr* GÉOGR Brujas.

brugnon *m* nectarina *f*, griñón (fruit).

bruine *f* llovizna, cernidillo *m* (pluie fine).

bruiner [brɥine] *v intr* lloviznar.

bruineux, euse *adj* lloviznoso, sa.

bruire* *v intr* zumbar (machine, vent, insectes) ‖ murmurar, susurrar.

bruissement *m* zumbido ‖ rumor, susurro, murmullo.

bruit [brɥi] *m* ruido ‖ MÉD sonido ‖ FIG repercusión *f*, resonancia *f*; *un discours qui a fait du bruit* un discurso que ha tenido repercusión ‖ rumor; *le bruit court* cunde *ou* corre el rumor ‖ — *bruit de fond* ruido de fondo ‖ INFORM *bruit de fond* ruido de fondo ‖ AUTOM *bruit de roulement* ruido de cojinete *ou* de rodamiento ‖ — *à grand bruit* a bombo y platillos ‖ *beaucoup de bruit pour rien* mucho ruido y pocas nueces.

bruitage *m* efectos *pl* sonoros (théâtre, cinéma, radio).

bruiteur, euse *m* et *f* encargado, da de producir sonidos (théâtre, cinéma, radio).

brûlage *m* quema *f* (action de brûler) ‖ *brûlage du café* tostado del café.

brûlant, e *adj* ardiente ‖ FIG vivo, va; animado, da (vif) ‖ — *affaire brûlante* asunto candente ‖ *sujet brûlant* tema delicado.

brûlé, e *adj* et *s* quemado, da ‖ FIG acabado, da; *un politicien brûlé* un político acabado ‖ — FIG *une tête brûlée* una cabeza loca, un calavera ‖ — *sentir le brûlé* oler a quemado, a chamusquina.

brûle-parfum *m inv* pebetero, perfumador.

brûle-pourpoint (à) *loc adv* a quemarropa, a boca de jarro ‖ FIG *poser une question à brûle-pourpoint* preguntar de sopetón.

brûler *v tr* quemar; *brûler des papiers* quemar papeles ‖ tostar, torrefactar (café) ‖ consumir, gastar (chauffage, éclairage) ‖ abrasar (soleil) ‖ escaldar (eau bouillante) ‖ — FIG *brûler la cervelle de quelqu'un* levantarle *ou* saltarle a uno la tapa de los sesos ‖ *brûler la politesse* despedirse a la francesa, marcharse bruscamente (partir), faltar a una cita (manquer un rendez-vous) ‖ *brûler les étapes* quemar etapas ‖ *brûler les planches* trabajar, actuar con ardor (théâtre) ‖ *brûler ses vaisseaux* quemar las naves ‖ *brûler un feu rouge* saltarse un semáforo, no detenerse en el disco rojo, pasar de largo un disco rojo (circulation) ‖ *brûler une étape* pasar por un punto sin detenerse ‖ *brûler un véhicule* adelantar un vehículo.
◆ *v intr* arder; *la maison brûle* la casa arde ‖ lucir, arder (lumière) ‖ FIG quemarse; *tu brûles* te quemas, caliente (jeu) ‖ CULIN pegarse (aliments) ‖ quemarse (rôti) ‖ — *brûler de* (suivi d'un infinitif), desear ardientemente; *brûler de partir en vacances* desear con ansia *ou* ardientemente salir de vacaciones ‖ *brûler d'impatience* consumirse de impaciencia.

brûlerie *f* destilería (eau-de-vie) ‖ tostadero *m* (café).

brûleur *m* mechero, quemador (gaz, mazout).

brûlis *m* AGRIC chamicera *f*.

brûloir *m* tostador (de café).

brûlot *m* aguardiente, destilado con azúcar ‖ FIG *brûlot de contestation* controversia, cizañero ‖ MAR brulote.

brûlure *f* quemadura ‖ escaldadura (eau bouillante) ‖ ardor *m*, ardentía, acedía (estomac).

brume *f* bruma ‖ FIG oscuridad, incertidumbre, tristeza.

brumeux, euse *adj* brumoso, sa.

Brumisateur *m* (nom déposé) atomizador *m* de agua mineral para la cara.

brun, e [brœ̃, bryn] *adj* et *s* pardo, da; *ours brun* oso pardo ‖ moreno, na (teint, cheveux) ‖ sombra *f* (peinture); *brun d'os* sombra de hueso ‖ *brun-rouge* ocre.

brunâtre *adj* pardusco, ca; moreno, na.

Brunei *n pr* GÉOGR Brunei.

bruni, e *adj* tostado, da; *visage bruni* rostro tostado.
◆ *m* bruñido (d'un métal).

brunir *v tr* dar color pardo *ou* moreno, embazar (rendre brun) ‖ poner moreno, atezar, tostar (la peau) ‖ TECHN bruñir, pulimentar, pulir (polir).
◆ *v intr* ponerse moreno (le teint).
◆ *v pr* ponerse moreno, tostarse (la peau) ‖ bruñirse.

brunissage *m* bruñido, pulimento (métaux).

brunissement *m* tostadura *f*, ennegrecimiento.

brunissoir *m* bruñidor (outil).

Brushing *m* (nom déposé) secado a mano (cheveux).

brusque *adj* brusco, ca.

brusquement *adv* de repente, bruscamente (soudainement) ‖ con brusquedad, bruscamente (avec brusquerie).

brusquer *v tr* atropellar, tratar bruscamente ‖ FIG precipitar, apresurar; *brusquer une attaque* precipitar un ataque.

brusquerie *f* brusquedad.

brut, e [bryt] *adj* bruto, ta; *diamant brut* diamante bruto ‖ sin refinar; bruto, ta; crudo, da; *pétrole brut* petróleo sin refinar ‖ muy seco, ca; *champagne brut* champaña muy seco ‖ FIG bruto, ta (sans culture).
◆ *m* crudo (pétrole).

brutal, e *adj* brutal.

brutalement *adv* con brutalidad, brutalmente (avec violence) ‖ de golpe (soudainement).
brutaliser *v tr* brutalizar.
brutalité *f* brutalidad.
brute *f* bruto *m* ‖ *espèce de brute!* ¡vaya tío bestia!, ¡so bestia!
Bruxelles [bryksɛl] *n pr* Bruselas.
bruxellois, e *adj* bruselense.
Bruxellois, e *m* et *f* bruselense.
bruyamment [brɥijamã] *adv* ruidosamente.
bruyant, e *adj* ruidoso, sa.
bruyère [brɥjɛːr] *f* brezo *m* (plante) ‖ brezal (lieu couvert de bruyère).
B.T. abrév de *Brevet de technicien* título de formación técnica ‖ abrév de *basse tension* baja tensión.
B.T.A. abrév de *Brevet de technicien agricole* título de peritaje agrícola.
B.T.P. abrév de *Bâtiment et travaux publics* construcción y obras públicas.
B.T.S. abrév de *Brevet de technicien supérieur* diploma de técnico superior.
B.U. abrév de *bibliothèque universitaire* biblioteca universitaria.
buanderie [bɥɑ̃dri] *f* lavandería, lavadero *m*.
bubon *m* MÉD bubón.
bubonique *adj* MÉD bubónico, ca; *peste bubonique* peste bubónica.
Bucarest *n pr* GÉOGR Bucarest.
buccal, e *adj* bucal; *des muscles buccaux* músculos bucales ‖ *par voie buccale* por vía oral.
buccin *m* buccino (mollusque) ‖ bocina *f*.
Bucéphale *n pr m* Bucéfalo.
bûche *f* leño *m* ‖ FAM tarugo *m*, adoquín *m* (stupide) ‖ — *bûche de Noël* bizcocho en forma de leño que se come en Nochebuena ‖ FAM *prendre o ramasser une bûche* romperse la crisma, coger una liebre.
bûcher *m* hoguera *f*; *allumer un bûcher* encender una hoguera ‖ leñera *f* (pour garder le bois).
bûcher *v tr* desbastar (une pièce de bois).
➞ *v intr* FAM trabajar intensamente (travailler) | empollar (étudier).
bûcheron, onne *m* et *f* leñador, ra.
bûchette *f* támara, astilla, encendaja (morceau de bois).
bûcheur, euse *m* et *f* FAM trabajador, ra | empollón, ona (étudiant).
bucolique *adj* et *s* bucólico, ca; pastoril.
Budapest *n pr* GÉOGR Budapest.
budget [bydʒɛ] *m* presupuesto.
budgétaire *adj* del presupuesto; presupuestario, ria.
budgétisation *f* presupuestación.
budgétiser *v tr* hacer entrar en el presupuesto.
buée *f* vaho *m* (vapeur).
Buenos Aires *n pr* GÉOGR Buenos Aires.
buffet *m* aparador ‖ ambigú (dans une réunion) ‖ fonda *f* (dans les gares) ‖ MUS caja *f* (de l'orgue) ‖ CULIN *buffet campagnard* bufet de fiambres ‖ *buffet chaud* bufet caliente | *buffet froid* bufet frío.
buffle *m* búfalo.
building [bildiŋ] *m* building, edificio grande.
buis [bɥi] *m* boj (plante) ‖ pulidor (de cordonnier) ‖ *buis bénit* boj bendito.

buisson *m* matorral, zarzal ‖ *(p us)* bosquecillo (bosquet) ‖ — *buisson ardent* zarza ardiente (de la Bible) ‖ *buisson d'écrevisses* plato de cangrejos de río dispuestos en pirámide ‖ — *battre les buissons* batir el monte (parcourir), buscar, hacer diligencias.
buissonnier, ère *adj* *(p us)* de monte, montaraz; *lapin buissonnier* conejo de monte ‖ FIG *faire l'école buissonnière* hacer novillos, hacer rabona.
bulbaire *adj* bulbar.
bulbe *m* BOT bulbo ‖ ANAT bulbo; *bulbe rachidien* bulbo raquídeo ‖ ARCHIT bulbo (d'une église russe).
bulbeux, euse *adj* BOT bulboso, sa.
bulgare *adj* búlgaro, ra.
Bulgare *m* et *f* búlgaro, ra.
Bulgarie *n pr f* GÉOGR Bulgaria.
bulldozer *m* topadora *f*, bulldozer.
bulle *f* burbuja (d'air) ‖ pompa; *faire des bulles de savon* hacer pompas de jabón ‖ sopladura (fonderie) ‖ ampolla (de l'épiderme) ‖ bula (du pape) ‖ bocadillo *m* (de bande dessinée) ‖ *papier bulle* o *bulle* papel basto y amarillento.
buller *v intr* FAM hacer el vago (rester oisif).
bulletin *m* boletín; *bulletin de l'institution* boletín de la institución ‖ parte; *bulletin météorologique* parte meteorológico ‖ papeleta *f* (de vote) ‖ talón, recibo (reçu) ‖ — *bulletin blanc* voto en blanco ‖ *bulletin de commande* pedido ‖ *bulletin de paie* hoja de paga ‖ *bulletin de salaire* hoja de nómina ‖ *bulletin de santé* parte facultativo ‖ *bulletin d'informations* boletín informativo *ou* de noticias.
bulletin-réponse *m* boletín respuesta.
— OBSERV pl *bulletins-réponse*.
bull-terrier *m* perro ratonero (chien).
bulot *m* bocina *f* (coquillage).
bungalow [bœ̃galo] *m* bungalow.
bunker *m* MIL & SPORTS búnker.
buraliste *m* et *f* *(p us)* cajero, ra; recaudador, ra (caissier) ‖ estanquero, ra (d'un bureau de tabac) ‖ lotero, ra (de billets de loterie).
bure *f* sayal *m*, buriel *m* (tissu) ‖ MIN pozo *m* ciego ‖ *robe de bure* sayal.
bureau *m* oficina *f*, despacho (lieu où l'on travaille) ‖ escritorio, despacho (d'un homme d'affaires, d'un écrivain) ‖ escritorio, mesa *f* de despacho (meuble) ‖ negociado (division d'une administration); *chef de bureau* jefe de negociado ‖ mesa *f* (d'une assemblée) ‖ despacho (pour vendre); *bureau de loterie* despacho de lotería ‖ — *bureau ambulant* estafeta móvil, ambulancia de correos ‖ *bureau d'assistance technique* Junta de Asistencia Técnica (O.N.U.) ‖ *bureau de change* agencia de cambio ‖ *bureau de location* taquilla, contaduría ‖ *bureau d'études* oficina de proyectos ‖ *bureau de placement* agencia de colocaciones ‖ *bureau de poste* oficina de correos ‖ *bureau de tabac* estanco, expendeduría de tabaco (nom officiel) ‖ *bureau d'état-major* sección de Estado Mayor ‖ *bureau de vote* mesa *ou* centro electoral ‖ *bureau d'inscription* registro ‖ *bureau électoral* mesa electoral ‖ *bureau international du travail* Oficina Internacional del Trabajo ‖ *bureau paysager* oficina decorada para separación de los espacios ‖ *bureau syndical* delegación sindical ‖ — *à bureaux fermés* con un lleno total.
bureaucrate *m* et *f* burócrata.

bureaucratie *f* burocracia.
bureaucratique *adj* burocrático, ca.
bureaucratisation *f* burocratismo *m*.
bureaucratiser *v tr* burocratizar.
bureautique *f* automatización de oficinas, ofimática.
burette *f* aceitera, alcuza (récipient) ‖ alcuzada (contenu) ‖ convoy *m*, angarillas *pl*, vinagreras *pl* (ménagère) ‖ CHIM bureta ‖ ECCLÉS vinajera.
burin *m* buril (de graveur) ‖ escoplo, cortafrío (de mécanicien) ‖ grabado con buril (gravure).
buriné, e *adj* marcado profundamente.
buriner *v tr* burilar (graveur) ‖ escoplear, trabajar con el escoplo ‖ FIG esculpir (sculpter) | marcar (marquer).
◆ *v intr* POP trabajar sin levantar cabeza.
Burkina Faso *n pr m* GÉOGR Burkina Faso.
burlat *f* variedad de cereza.
burlesque *adj* burlesco, ca.
◆ *m* género burlesco.
burnous [byrnu *o* byrnus] *m* albornoz.
Burundi *n pr m* GÉOGR Burundi.
bus *m* bus, autobús ‖ INFORM bus.
busard *m* dardabasí (oiseau de proie).
buse *f* cernícalo *m* (oiseau) ‖ FIG cernícalo *m*, imbécil *m* ‖ TECHN tubo *m* (tuyau) ‖ saetín *m* (du moulin) | conducto *m* de ventilación (dans une mine).
busqué, e *adj* emballenado, da (corset) ‖ acarnerado, da (cheval) ‖ aguileño, ña (nez).
buste *m* busto.
bustier, ère *m et f* ARTS escultor, ra especializado, da en la ejecución de bustos.
◆ *m* sujetador, sostén de *ou* con cuerpo, sostén largo, ajustador.
but [byt *ou* by] *m* blanco (point où l'on vise); *frapper au but* dar en el blanco ‖ meta *f* (terme) ‖ portería *f* (sports) ‖ gol, tanto (football) ‖ FIG fin, meta *f*, objetivo; *suivre un but* perseguir un objetivo ‖ *dans le but de* con el fin de ‖ *de but en blanc* de buenas a primeras ‖ — FIG *aller droit au but* ir al grano ‖ *avoir des buts élevés* tener miras altas *ou* elevadas.
butane *m* butano.
buté, e *adj* porfiado, da; terco, ca.
butée *f* tope *m* de retención (pour arrêter) ‖ estribo *m*, contrafuerte *m* (d'un pont).
buter *v intr* apoyarse en, descansar en (s'appuyer) ‖ tropezar con (se heurter).
◆ *v tr* apuntalar, estribar (étayer) ‖ FIG *buter quelqu'un* dar motivo para que alguien se obstine (entêtement), cargárselo, matarle (tuer).
◆ *v pr* chocar con (se heurter à) ‖ FIG obstinarse, empeñarse, aferrarse (s'entêter).
buteur *m* goleador (sports).
butin *m* botín ‖ FIG cosecha *f*.
butiner *v intr* libar (abeille) ‖ *(p us)* hacer botín (à la guerre).
butineur, euse *adj* que liba (abeille).
butoir *m* tope ‖ debó (couteau de pelletier).
butor *m* alcaraván (oiseau) ‖ FIG cernícalo, ganso.
butte *f* cerrillo *m*, loma, otero *m* ‖ colina (colline) ‖ MIL blanco *m* ‖ — *butte de tir* espaldón de tiro ‖ FIG *être en butte à* ser el blanco de, estar expuesto a.
buvable *adj* bebible ‖ FAM potable, pasable.
buvard *adj et s m* secante; *papier buvard* papel secante.
◆ *m* cartera *f*, cartapacio.
buvette *f* cantina ‖ quiosco *m* de bebidas ‖ fuente de aguas termales (stations thermales).
buveur, euse *adj et s* bebedor, ra.
B.V.A. abrév de *Brulé Ville Associés* sociedad de estudios de mercado y sondeos de opinión.
B.V.P. abrév de *Bureau de vérification de la publicité* asociación que controla los anuncios publicitarios.
by-pass *m inv* ⟶ **bipasse**.
Byzance *n pr f* GÉOGR Bizancio *m*.
byzantin, e *adj* bizantino, na.

C

c *m* c *f.*
c abrév de *centime* céntimo.
C abrév de *Celcius* °C, celsius ‖ abrév de *centigrade* °C, centígrado ‖ abrév de *coulomb* C, culombio.
C.A. abrév de *chiffre d'affaires* volumen de negocios ‖ abrév de *conseil d'administration* consejo de administración ‖ abrév de *corps d'armée* cuerpo de ejército ‖ abrév de *chambre d'agriculture* cámara agrícola *ou* agraria.
ça *pron dém fam* contraction de *cela* esto, eso (corresponde a la vez a *ceci* [esto] y a *cela* [eso, aquello]); *prends ça* toma esto, toma eso ‖ — *c'est ça* eso es ‖ *comme ça* así, de esta manera; *grand comme ça* así de grande; *je le ferai comme ça* lo haré así ‖ *comme ci, comme ça* así, así ‖ *comment ça va?* — *ça va* ¿qué tal? bien ‖ *ça alors!* ¡pero, bueno!, ¿esto qué es?, ¡no me digas! ‖ *ça m'étonne que* me extraña que, me sorprende que ‖ *ça y est!* ¡ya está! ‖ → **cela.**
çà *adv* (vx) acá; *venez çà* venga acá ‖ *çà et là* aquí y allá, acá y allá; *courir çà et là* correr aquí y allá.
cabale *f* (vx) cábala (doctrine) ‖ cábala; *monter une cabale* armar una cábala.
cabalistique *adj* cabalístico, ca.
caban *m* chubasquero, chaquetón.
cabane *f* cabaña, chabola, tugurio *m* (maison misérable) ‖ (vx) camarote *m* (cabine) ‖ *cabane à outils* caseta *ou* barraca de aperos ‖ *cabane à lapins* conejera, conejar.
cabanon *m* cabañuela *f* (petite cabane) ‖ calabozo (cachot) ‖ jaula *f*, loquera *f* (pour aliénés) ‖ casa *f* de campo.
cabaret *m* taberna *f* (débit de boissons) ‖ cabaret (boîte de nuit) ‖ licorera *f* (table, plateau pour servir les liqueurs) ‖ servicio de licor (service) ‖ *cabaret borgne* bodegón, taberna de mala fama.
cabas [kaba] *m* capacho, capazo; *un cabas de figues* un capacho de higos ‖ cenacho; *un cabas de légumes* un cenacho de legumbres ‖ cabás (petit panier).
cabestan *m* MAR cabrestante.
cabillaud [kabijo] *m* bacalao fresco.
cabine *f* MAR camarote *m* ‖ jaula (ascenseur) ‖ caseta, cabina (de bain) ‖ cabina (d'interprète) ‖ locutorio *m* (téléphone) ‖ — *cabine d'aiguillage* cabina de cambio de agujas ‖ *cabine de grutier* cabina de grúa ‖ CINÉM *cabine de projection* cabina de proyección ‖ *cabine d'essayage* probador ‖ *cabine mère* nave nodriza (astronautique) ‖ AVIAT *cabine sous pression* cabina presurizada ‖ *cabine spatiale* cabina espacial.
cabinet *m* gabinete (petite chambre) ‖ gabinete, despacho (bureau) ‖ bufete (d'un avocat) ‖ notaría *f* (d'un notaire) ‖ consulta *f* (d'un médecin, d'un dentiste) ‖ consultorio (d'un ingénieur-conseil) ‖ agencia *f*, gestoría *f* (d'affaires) ‖ gabinete (ministériel) ‖ (vx) bargueño (petit meuble) ‖ excusado, retrete (lavabos) [úsase generalmente en plural en francés] (lavabos) ‖ — *cabinet d'affaires* gestoría ‖ *cabinet de lecture* gabinete de lectura ‖ *cabinet des médailles* gabinete de medallas ‖ *cabinet de toilette* cuarto de aseo, aseo, tocador ‖ *cabinet de verdure* glorieta, cenador ‖ *cabinet fantôme* gabinete fantasma ‖ *cabinet noir* gabinete negro ‖ *cabinet particulier* gabinete particular.
câblage *m* cableado.
câble *m* cable, maroma *f* (cordage) ‖ cable (métallique, électrique) ‖ cablegrama (dépêche) ‖ ARCHIT cordón.
câblé, e *adj* retorcido, da; *fil câblé* hilo retorcido ‖ cableado, da; *fil de fer câblé* alambre cableado ‖ ARCHIT acordonado, da.
→ *m* torzal ‖ cordón grueso (gros cordon).
câbler *v tr* torcer, torcer cuerdas ‖ cablear (des fils métalliques) ‖ acalabrotar (tordre neuf brins) ‖ cablegrafiar ‖ telegrafiar.
cabochard, e *adj et s* FAM cabezota, testarudo, da.
caboche *f* broca, tachuela (petit clou) ‖ FAM chola (tête).
cabochon *m* calamón, cabujón (petit clou).
→ *adj et s m* cabujón, cabuchón (pierre fine).
cabosser *v tr* abollar (bosseler) ‖ (p us) hacer chichones (faire des bosses) ‖ magullar; *un melon cabossé* un melón magullado.
cabot [kabo] *m* mújol, albur (poisson) ‖ FAM chucho (chien) ‖ POP comicastro (cabotin) ‖ MIL & POP cabo.
cabotage *m* MAR cabotaje.
caboter *v intr* MAR costear, hacer cabotaje.
caboteur *adj* MAR de cabotaje, costeño, ña; *bateau caboteur* barco de cabotaje.
→ *m* marino de cabotaje (marin) ‖ barco de cabotaje (bateau).
cabotin, e *adj et f* comicastro ‖ (vx) cómico de la legua (comédien ambulant) ‖ FIG comediante, farsante.
caboulot [kabulo] *m* cafetucho.
cabrer *v tr* hacer encabritarse (cheval) ‖ AVIAT hacer encabritarse ‖ FIG chocar, irritar, ofuscar; *vous allez le cabrer* le va a ofuscar.
→ *v pr* encabritarse ‖ FIG erguirse (une personne) ‖ FIG irritarse, montar en cólera; *se cabrer devant les reproches* irritarse ante los reproches.
cabri *m* cabrito.
cabriole *f* voltereta; *cet enfant fait des cabrioles* este niño da volteretas ‖ cabriola (du cheval) ‖ cabriola, voltereta (du danseur).

cabrioler *v intr* hacer cabriolas.
cabriolet *m* cabriolé, cabriolet (voiture) ‖ manilla *f* (de prisonnier) ‖ TECHN *couteau à cabriolet* navaja de varias hojas.
C.A.C abrév de *Compagnie des agents de change* compañía de agentes de cambio ‖ *indice C.A.C. 40* índice C.A.C. 40 [índice de referencia en la Bolsa francesa].
caca *m* FAM caca *f*; *faire caca* hacer caca ‖ FAM *couleur caca d'oie* color verdoso.
cacahouète; cacahuète *f* cacahuete *m*, maní *m* [*(amér)* maní]; cacahuate *m* (au Mexique).
cacao *m* cacao; *beurre de cacao* manteca de cacao ‖ *poudre de cacao* cacao en polvo.
cacaoté, e *adj* con cacao, que contiene cacao.
cacaoyer [kakaɔje]; **cacaotier** [-tje] *m* cacao (arbre).
cacarder *v intr* graznar (l'oie).
cacatoès *m* cacatúa *f* (perroquet).
cachalot *m* cachalote (cétacé).
cache *f* escondite *m*, escondrijo *m*.
➥ *m* IMPR viñeta *f* ‖ PHOT ocultador *m*.
cache-cache *m inv* JEUX escondite; *jouer à cache-cache* jugar al escondite.
cache-cœur *m inv* camiseta *f* cruzada.
cache-col *m inv* bufanda *f*.
cachectique [kaʃɛktik] *adj et s* MÉD caquéctico, ca.
cachemire *m* casimir, cachemira *f* ‖ chal de Cachemira (châle).
Cachemire *n pr m* GÉOGR Cachemira *f*.
cache-nez *m inv* bufanda *f*, tapaboca.
cache-pot *m inv* cubretiestos.
cache-prise *m* protegeenchufe.
— OBSERV pl *cache-prises* o *cache-prise*.
cacher *v tr* esconder; *cacher une lettre dans un livre* esconder una carta en un libro ‖ ocultar; *cacher son visage dans ses mains* ocultar el rostro entre las manos ‖ disimular; *cacher sa joie* disimular su alegría ‖ cubrir (recouvrir) ‖ tapar (masquer) ‖ FIG ocultar; *cacher son jeu* ocultar las intenciones ou el juego de uno.
➥ *v pr* esconderse (dans une cachette) ‖ ocultarse; *le soleil se cache* el sol se oculta ‖ apartarse; *se cacher du monde* apartarse del mundo ‖ *— se cacher de quelque chose* ocultar algo ‖ *se cacher de quelqu'un* ocultar a alguien lo que hace ‖ *veux-tu te cacher!* ¡quítate de mi vista!
cachère [kaʃɛr] *adj inv* → **kasher**.
cache-sexe *m inv* taparrabo.
cachet *m* sello (timbre, sceau) ‖ matasellos (de la poste) ‖ remuneración *f*, retribución (d'un artiste) ‖ sello (pharmacie) ‖ tableta *f* (comprimé) ‖ precinto (de bouteille) ‖ FAM sello; *un cachet d'élégance* un sello de elegancia | originalidad *f*, carácter; *œuvre sans cachet* obra sin originalidad ‖ *(vx)* tarjeta *ou* cédula de abono (leçons) | *lettre de cachet* carta cerrada, sellada con el sello real, que exigía el encarcelamiento de una persona ‖ *— cachet de contrôle* marca de control, sello de calidad ‖ *courir le cachet* buscar lecciones particulares, trabajo [para profesores, artistas].
cacheter* *v tr* sellar (avec un cachet) ‖ cerrar (une enveloppe); *sous pli cacheté* bajo sobre cerrado ‖ *cire à cacheter* lacre ‖ *pain à cacheter* barra de lacre ‖ *vin cacheté* vino en botellas lacradas ‖ *— cacheter à la cire* lacrar.
cachette *f* escondrijo *m*, escondite *m* ‖ *en cachette* a escondidas.
cachexie [kaʃɛksi] *f* MÉD caquexia (amaigrissement).
cachot [kaʃo] *m* calabozo (cellule) ‖ cárcel *f* (prison).
cachotterie *f* tapujo *m*, secretillo *m*; *faire des cachotteries* andar con tapujos.
cachottier, ère *adj et s* callado, da; amigo, ga de tapujos.
cachou *m* cato, cachú (extrait végétal) ‖ cachunde (pastille).
➥ *adj inv* marrón, castaño (couleur); *une robe cachou* un vestido marrón.
cacochyme [kakɔʃim] *adj* cacoquímico, ca; achacoso, sa.
➥ *m* cacoquimio, mia.
cacophonie *f* cacofonía.
cacophonique *adj* cacofónico, ca.
cactacées; cactées *f pl* BOT cactáceas, cácteas.
cactus *m* cacto, cactus.
c.-à-d. abrév de *c'est-à-dire* es decir.
cadastral, e *adj* catastral; *registres cadastraux* registros catastrales.
cadastre *m* catastro.
cadavérique *adj* cadavérico, ca; *rigidité cadavérique* rigidez cadavérica.
cadavre *m* cadáver.
caddie *m* caddy, muchacho que lleva los palos en el juego de golf.
Caddie *m* (nom déposé) carro.
cade *m* enebro, cada *(p us)*; *huile de cade* aceite de enebro ‖ barril (tonneau).
cadeau *m* regalo, obsequio; *cadeau d'entreprise* regalo de empresa ‖ *faire cadeau de quelque chose* regalar *ou* obsequiar algo.
cadenas [kadna] *m* candado.
cadenasser *v tr* cerrar con candado.
cadence *f* MUS cadencia ‖ POÉT cadencia ‖ cadencia, compás *m*; *marcher en cadence* andar a compás ‖ FIG ritmo *m* ‖ *cadence de fabrication* cadencia *ou* ritmo de fabricación.
cadencé, e *adj* acompasado, da (mouvement, marche) ‖ MUS & POÉT cadencioso, sa ‖ *au pas cadencé* al paso.
cadet, ette *adj* menor; *la fille cadette* la hija menor; *il est mon cadet de deux ans* es dos años menor que yo; *branche cadette* rama menor (d'une famille) ‖ segundogénito, ta (puîné).
➥ *m* segundón, hijo menor (pour les parents), hermano menor (pour les enfants) ‖ *(vx)* cadete, alumno de una escuela militar ‖ infantil (sports) ‖ FIG *c'est le cadet de mes soucis* es lo que menos me importa.
➥ *f* hija *ou* hermana menor.
Cadix *n pr* GÉOGR Cádiz.
cadmium [kadmjɔm] *m* cadmio (métal).
cadogan *m* → **catogan**.
cadrage *m* PHOT & CINÉM enfoque, encuadre, encuadramiento (à la prise de vues) | ajuste (à la projection) ‖ MIN entibación *f*.
cadran *m* esfera *f* (montre, horloge) ‖ limbo (d'un instrument de mesure) ‖ dial (d'un poste de radio)

cadre

‖ — *cadran d'appel* disco selector (téléphone) ‖ *cadran lumineux* cuadrante luminoso ‖ *cadran solaire* reloj de sol ‖ FAM *faire le tour du cadran* dormir doce horas de un tirón.

cadre *m* marco (de tableau, de raquette, etc.) ‖ FIG marco; *maison dans un cadre de verdure* casa en un marco de follaje | coy de bastidor (couchette) ‖ bastidor (châssis) ‖ entibación *f* (d'une galerie de mine) ‖ cuadro (bicyclette) ‖ antena *f* de cuadro (radio) ‖ caja *f* de embalaje (d'emballage) ‖ ejecutivo, miembro del personal dirigente (employé) ‖ FIG ambiente; *vivre dans un cadre luxueux* vivir en un ambiente de lujo | plan; *le cadre d'un roman* el plan de una novela | escenario; *l'Espagne sert de cadre à ce film* España es el escenario de esta película ‖ MIL cuadro, mando; *les cadres d'un régiment* los cuadros de un regimiento ‖ escala *f*; *cadre de réserve* escala de reserva ‖ límites *pl*; *demeurer dans le cadre des conventions* quedarse en los límites del convenio ‖ — *cadres sociaux* acontecimientos que sirven como puntos de referencia cronológicos ‖ *cadre supérieur* ejecutivo ‖ *dans le cadre de* con arreglo a, en el ámbito de, en el marco de; *mesures prises dans le cadre d'un accord* medidas tomadas con arreglo a un acuerdo ‖ *rayer des cadres* dar de baja.

cadrer *v intr* cuadrar, encajar; *cela cadre avec mes idées* esto cuadra con mis ideas.
◆ *v tr* cuadrar (tauromachie) ‖ entibar (une galerie) ‖ PHOT encuadrar.

cadreur, euse *m et f* CINÉM camarógrafo, fa; cámara.

caduc, que *adj* (*vx*) caduco, ca; *un homme caduc* un hombre caduco ‖ BOT caduco, ca; *feuilles caduques* hojas caducas ‖ DR caduco, ca (nul, annulé); *testament caduc* testamento caduco ‖ *mal caduc* epilepsia, alferecía.

caducée *m* caduceo (attribut de Mercure).

caducité *f* caducidad; *la caducité d'une loi* la caducidad de una ley ‖ caduquez (âge caduc).

Caen *n pr* GÉOGR Caen.

C. A. F. abrév de *coût, assurance, fret* coste, seguro y flete ‖ abrév de *Caisse d'allocations familiales* caja de compensaciones familiares.

cafard, e [kafaːr, ard] *adj et s m* gazmoño, ña; *un moine cafard* un monje gazmoño ‖ hipócrita; *air cafard* aspecto hipócrita ‖ FAM chivato, acusica, soplón (rapporteur) | morriña *f*, ideas *f pl* negras; *avoir le cafard* tener *ou* estar con morriña ‖ ZOOL cucaracha *f*.

cafarder *v intr* (*p us*) gazmoñear (faire le faux dévot) ‖ FAM chivarse, soplonear (rapporter).
◆ *v tr* FAM denunciar, chivar.

cafardeur, euse *m et f* FAM chivato, ta; soplón, ona.
◆ *adj* FAM soplón, ona.

cafardeux, euse *adj* FAM que tiene ideas negras, desalentado, da ‖ desalentador, ra; triste (décourageant).

café *m* café (fruit, boisson) ‖ café (établissement) ‖ (*p us*) cafeteo (cafétier) ‖ — *café au lait* café con leche ‖ *café crème* café con leche ‖ *café en grains* café en grano ‖ *café en poudre o moulu* café molido ‖ *café instantané* café instantáneo ‖ *café liégeois* café frío con helado de café y nata montada ‖ *café noir* café solo ‖ *café décaféiné* café descafeinado ‖ *une robe café* un vestido color café.

café-concert *m* café cantante.

caféier *m* BOT cafeto.

caféine *f* CHIM cafeína.

cafétéria *f* cafetería.

café-théâtre *m* café-teatro.

cafetier, ère *m et f* cafetero, ra.

cafetière *f* cafetera; *cafetière électrique* cafetera eléctrica; *cafetière en argent* cafetera de plata.

cafouillage *m* FAM farfulla *f* ‖ rateo (d'un moteur).

cafouiller *v intr* barbullar, farfullar, no dar pie con bola ‖ ratear, funcionar mal, fallar, tener fallos (moteur).

cafter *v intr et tr* FAM chivar.

cage *f* jaula (pour les animaux) ‖ casco *m* (d'une maison) ‖ portería (sports) ‖ ARCHIT caja, hueco *m* (d'ascenseur, d'escalier) ‖ FIG & FAM chirona (prison) ‖ MÉCAN cárter *m* ‖ MIN jaula ‖ — FAM *cage à lapins* conejera (appartement) ‖ *cage aux fauves* jaula de fieras ‖ ÉLECTR *cage d'écureuil* jaula de ardilla ‖ *cage de Faraday* caja de Faraday ‖ *cage de laminoir* jaula de laminadores, portarrodillos ‖ *cage thoracique* caja torácica ‖ — *en cage* enjaulado.

cageot [kaʒo] *m* jaulón (pour volailles) ‖ caja *f*, banasta *f* (pour fruits et légumes).

cagette *f* caja.

cagibi *m* chiribitil, cuchitril.

cagne *f* haragana (fainéante) ‖ FAM clase que prepara a la Escuela Normal Superior.

cagneux, euse *adj et s* patizambo, ba; zambo, ba.
◆ *m et f* FAM alumno, na, que prepara el ingreso en la Escuela Normal Superior.

cagnotte *f* hucha (tirelire) ‖ cantidad de dinero reunida en la hucha ‖ plato *m*, platillo *m*, banca, bote *m*, pozo *m* (aux cartes).

cagoule *f* cogulla, cuculla (manteau de moine) ‖ capirote *m* (de pénitent).

cahier [kaje] *m* cuaderno ‖ memorias *f pl* (d'un auteur) ‖ — *cahier des charges* pliego de condiciones ‖ *cahier des doléances* libro de reclamaciones.

cahin-caha *adv* tal cual, así así; *aller cahin-caha* ir tal cual *ou* así así ‖ a trompicones, dando tumbos; *la guimbarde avançait cahin-caha* el cacharro avanzaba dando tumbos.

cahot [kao] *m* tumbo, traqueteo (d'un véhicule) ‖ bache (du terrain) ‖ FIG bache, traqueteo, meneo, dificultad *f*; *les cahots de la vie* los baches de la vida.

cahotant, e *adj* que traquetea (véhicule) ‖ lleno, na, de baches (chemin) ‖ FIG lleno, na, de baches *ou* de dificultades.

cahoter *v tr* traquetear, dar tumbos ‖ FIG hacer pasar por altibajos; *la fortune l'a cahoté* la fortuna le ha hecho pasar por altibajos.
◆ *v intr* traquetear, dar tumbos ‖ renquear; *les hommes avançaient en cahotant* los hombres avanzaban renqueando.

cahoteux, euse *adj* lleno, na, de baches.

cahute *f* chabola, choza (cabane).

caïd [kaid] *m* caíd ‖ POP jefe, cabecilla, capitoste.

caillasse *f* guijarral, *m*.

caille [kaːj] *f* ZOOL codorniz.

caillé, e *adj* cuajado, da.
◆ *m* cuajada *f*, requesón (lait caillé).

caillebotis [kajbɔti] *m* enrejado (grille d'aération) ‖ enjaretado, entramado (treillis) ‖ MIL enrejado de madera.
cailler [kaje] *v tr* cuajar (lait), coagular (sang).
◆ *v intr* POP helarse (avoir froid).
◆ *v pr* cuajarse (lait), coagularse (sang) ‖ FIG & FAM *se cailler les sangs* quemarse la sangre.
◆ *v impers* *ça caille* hace un frío que pela.
caillot [kajo] *m* cuajarón (mot courant), coágulo (mot savant).
caillou [kaju] *m* piedra *f*, china *f*, guija *f* ‖ FIG china *f* (obstacle) ‖ MIN piedra *f* ‖ POP chola *f*, cabeza *f*; *il n'a plus un cheveu sur le caillou* no le queda un solo pelo en la chola.
— OBSERV pl *cailloux*.
caillouter [-te] *v tr* enguijarrar.
caillouteux, euse *adj* guijarroso, sa; pedregoso, sa; *chemin caillouteux* camino pedregoso.
caïman *m* ZOOL caimán.
Caïn [kaɛ̃] *n pr m* Caín.
Caire (Le) *n pr* GÉOGR El Cairo.
caisse *f* caja (emballage et contenu; *une caisse de raisin* una caja de uva ‖ caja (bureau de caissier) ‖ caja (carrosserie) ‖ macetón *m* (plantes) ‖ COMM caja ‖ MUS tambor *m* ‖ POP pecho *m* (poitrine) ‖ — *caisse à outils* caja de herramientas ‖ *caisse d'épargne* caja de ahorros ‖ *caisse de secours* montepío ‖ *caisse de dépôts et consignations* depositaría general ‖ *caisse de retraite* caja de pensiones ‖ *caisse de sortie* caja central ‖ ANAT *caisse du tympan* caja del tímpano ‖ *caisse enregistreuse* caja registradora ‖ *caisse noire* fondillo, fondo ‖ *caisse rapide* caja rápida (supermarché) ‖ *grosse caisse* bombo ‖ *livre de caisse* libro de caja ‖ — *battre la caisse* tocar el tambor ‖ *être à* o *tenir la caisse* ocuparse de la caja, ser cajero ou cajera ‖ *faire sa caisse* hacer el arqueo ‖ *passer à la caisse* ir a cobrar (être payé), retratarse (payer).
caissette *f* cajita.
caissier, ère *m et f* cajero, ra.
caisson *m* arcón (coffre des voitures) ‖ lagunar, artesón (de plafond) ‖ MIL arcón (chariot) ‖ POP chola *f* (tête) ‖ TECHN cajón, campana *f* (travaux publics) ‖ POP *se faire sauter le caisson* levantarse ou saltarse la tapa de los sesos.
cajoler *v tr* mimar ‖ zalamear, engatusar (flatter).
◆ *v intr* *(vx)* charlar, hablar (bavarder).
cajolerie *f* mimo *m*, zalamería.
cajoleur, euse *adj* zalamero, ra.
cajou *m* cajú; *noix de cajou* nuez de cajú.
cajun *adj inv et s inv* cajún.
cake [kɛk] *m* cake, bizcocho.
cal abrév de *calorie* cal, caloría.
cal *m* MÉD callo (durillon) ‖ callo (fracture).
— OBSERV pl *cals*.
Calabre *n pr* GÉOGR Calabria.
calage *m* calce (avec une cale) ‖ apuntalamiento (étaiement) ‖ AUTOM calado, parada *f* brusca (d'un moteur); *calage de l'allumage* calado de encendido ‖ ÉLECTR calaje.
Calais *n pr* GÉOGR Calais.
calamar *m* → **calmar.**
calamine *f* calamina (mineral de zinc) ‖ carbonilla, calamina (encrassement).
calamité *f* calamidad.
calamiteux, euse *adj* calamitoso, sa.

calandre *f* TECHN calandria (pour lisser et glacer) ‖ calandria, calandra, rejilla del radiador (d'une voiture) ‖ calandria (grosse alouette) ‖ gorgojo *m* (charançon).
calanque *f* cala (crique).
calao *m* cálao (oiseau tropical).
calcaire [kalkɛːr] *adj* calcáreo, a; calizo, za.
◆ *m* caliza *f* (roche).
calcémie *f* MÉD calcemia.
calcif *m* POP → **calecif.**
calcification *f* calcificación.
calcifié, e *adj* calcificado, da.
calciné, e *adj* calcinado, da (un corps) ‖ quemado, da (un roti, etc.).
calciner *v tr* calcinar.
◆ *v pr* calcinarse.
calcium [kalsjɔm] *m* calcio (métal).
calcul *m* cálculo ‖ MÉD cálculo ‖ — MATH *calcul différentiel* cálculo diferencial ‖ *calcul intégral* cálculo integral ‖ *calcul mental* cálculo mental ‖ MÉD *calcul biliaire* cálculo biliar ‖ *calcul rénal* cálculo renal ‖ — *d'après mes calculs* según mis cálculos ‖ *si mon calcul est bon* si no me equivoco en los cálculos.
calculable *adj* calculable.
calculateur, trice *adj et s* calculador, ra.
◆ *m* INFORM computadora, ordenador ‖ *calculateur analogique* computadora analógica, ordenador analógico ‖ *calculateur électronique* computadora electrónica ‖ *calculateur numérique* computadora ou ordenador digital.
◆ *f* calculadora; *calculatrice de poche* calculadora de bolsillo.
calculer *v tr* calcular ‖ — *machine à calculer* máquina de calcular ‖ *règle à calculer* regla de cálculo.
calculette *f* calculadora de bolsillo.
Calcutta *n pr* GÉOGR Calcuta.
caldoche *adj* caldoche (de Nouvelle-Calédonie).
Caldoche *m et f* caldoche.
cale *f* calce *m* (pour caler) ‖ cofia (coiffe) ‖ IMPR cuña ‖ MAR cala, bodega (pour les marchandises) ‖ varadero *m* (pour mettre à sec les bateaux) ‖ cargadero *m* (pour embarquer des marchandises) ‖ — *cale de construction* grada ‖ *cale sèche* dique seco (bassin de radoub) ‖ FIG & FAM *être à fond de cale* estar uno sin blanca, quedarse sin un chavo ou céntimo.
calé, e *adj* FAM empollado, da, fuerte; instruido, da; *un élève calé* un alumno empollado; *calé en mathématiques* fuerte en matemáticas ‖ POP acomodado, da (riche) ‖ *(vx)* adinerado, da; que tiene pasta (cossu) ‖ difícil; *un travail calé* un trabajo difícil.
calebasse *f* BOT calabaza [*(amér)* güira] ‖ calabacino *m* (récipient) ‖ TECHN crisol *m* pequeño.
calèche *f* carreta, calesa.
calecif; calcif *m* POP calzoncillos.
caleçon [kalsɔ̃] *m* calzoncillos *pl* ‖ *caleçon de bain* pantalón de baño, bañador.
calédonien, enne *adj* caledonio, nia.
Calédonien, enne *m et f* caledonio, nia.
calembour [kalɑ̃buːr] *m* retruécano, calambur.
calembredaine *f* cuchufleta, chirigota (sornette) ‖ extravagancia.
calendes *f pl* calendas ‖ FAM *renvoyer aux calendes grecques* dejar para el día del juicio final.

calendrier *m* calendario ‖ programa; *le calendrier d'une classe* el programa de una clase ‖ — *calendrier à effeuiller* calendario de taco ‖ BOT *calendrier de Flore* calendario de Flora | *calendrier julien, grégorien, perpétuel* calendario juliano, gregoriano, perpetuo.

cale-pied *m* rastral, calzapiés, rastrera *f* (de bicyclette).

calepin *m* (*p us*) calepino (dictionnaire latin) ‖ cuadernillo de apuntes ‖ FAM *mettez cela sur votre calepin* no lo eche Vd. en saco roto.

caler *v tr* calzar (avec une cale) ‖ acuñar (avec un coin) ‖ apear (avec une pierre) ‖ calar (à la pêche) ‖ ÉLECTR calar ‖ MAR calar; *caler une voile* calar una vela.
◆ *v intr* FAM rajarse (céder) | volverse atrás (reculer) ‖ MAR calar; *ce navire cale trop* este buque cala demasiado ‖ MÉCAN pararse, calarse; *le moteur a calé* el motor se ha calado ‖ POP estar ahíto, ta.
◆ *v pr* arrellanarse; *se caler dans un fauteuil* arrellanarse en un sillón ‖ POP *se caler les joues* hartarse, apiparse.

calfater *v tr* MAR calafatear.

calfeutrage [kalføtra:ʒ] *m* acción de guarnecer de burlete.

calfeutrer *v tr* guarnecer de burletes junturas y rendijas ‖ calafatear (clore hermétiquement) ‖ FIG encerrar (enfermer quelqu'un).
◆ *v pr* encerrarse; *se calfeutrer chez soi* encerrarse uno en casa.

calibrage *m* calibración *f*, calibrado ‖ clasificación *f* (des fruits).

calibre *m* calibre (diamètre d'un cylindre creux); *le calibre d'un canon* el calibre de un cañón ‖ calibre (diamètre d'un projectile); *balle de calibre 7,65* bala del calibre 7,65 ‖ FIG calaña *f* (qualité d'une personne) ‖ TECHN calibrador (instrument pour calibrer).

calibrer *v tr* calibrar ‖ clasificar (des fruits).

calice *m* cáliz (de fleur) ‖ cáliz (vase) ‖ *boire le calice jusqu'à la lie* apurar el cáliz hasta las heces.

calicot [kaliko] *m* calicó (toile de coton) ‖ dependiente (commis d'un magasin) ‖ hortera (gommeux).

califat; khalifat [kalifa] *m* califato.

calife *m* califa (ancien souverain musulman).

Californie *n pr f* GÉOGR California ‖ *Basse-Californie* Baja California.

californien, enne *adj* californiano, na.

Californien, enne *m et f* californiano, na.

califourchon (à) *loc adv* a horcajadas (à cheval).

câlin, e *adj* mimoso, sa ‖ *faire câlin* mimar.

câliner *v tr* mimar.

câlinerie *f* mimo *m*.

calisson *m* pastelillo de turrón.

calleux, euse *adj* calloso, sa; encallecido, da; *mains calleuses* manos callosas ‖ — ANAT *corps calleux* cuerpo calloso | *ulcère calleux* úlcera con callosidades.

call-girl [kɔːlgəːrl] *f* call-girl.

calligramme *m* POÉT caligrama *f*.

calligraphe *m* calígrafo.

calligraphie *f* caligrafía.

calligraphier* *v tr et intr* caligrafiar.

callipyge [kalipiːʒ] *adj* calipige.

callosité *f* callosidad, callo *m*.

calmant, e *adj et s m* calmante, sedante.

calmar; calamar *m* calamar (mollusque).

calme *adj* tranquilo, la; *une mer calme* un mar tranquilo; *un esprit calme* un espíritu tranquilo ‖ calmoso, sa (*p us*) ‖ encalmado, da (Bourse).
◆ *m* calma *f*; *parler avec calme* hablar con calma; *sans perdre son calme* sin perder la calma ‖ calma *f* (absence de vent) ‖ FIG paz *f*, tranquilidad *f*; *rétablir le calme dans un pays* restablecer la paz en un país ‖ MAR calma *f*; *calme plat* calma chicha.

calmement *adv* sosegadamente, tranquilamente, con calma.

calmer *v tr* calmar ‖ MÉD calmar, sedar.
◆ *v pr* calmarse; *la mer se calme* el mar se calma ‖ encalmarse, amainar (vent).

calomniateur, trice *adj et s* calumniador, ra.

calomnie *f* calumnia.

calomnier* *v tr* calumniar.

calomnieux, euse [kalɔmnjø, øːz] *adj* calumnioso, sa.

calorie *f* PHYS caloría; *grande calorie* gran caloría; *petite calorie* pequeña caloría.

calorifère *adj* calorífero, ra.
◆ *m* calorífero (*p us*), estufa *f*.

calorifique *adj* calorífico, ca.

calorifuge *adj et s m* calorífugo, ga.

calorimètre *m* PHYS calorímetro.

calorimétrie *f* calorimetría.

calorimétrique *adj* calorimétrico, ca.

calorique *adj et s m* calórico, ca.

calot [kalo] *m* gorro de cuartel (coiffure) ‖ canica gruesa *f* (bille) ‖ calzo, calce (cale) ‖ POP ojo.

calotte *f* gorro *m* (bonnet) ‖ solideo *m* (d'ecclésiastique) ‖ capelo *m* (de cardinal) ‖ ANAT bóveda, coronilla (du crâne) ‖ ARCHIT luquete *m* ‖ GÉOM casquete *m* (de sphère) ‖ POP los curas *m pl*, el clero *m* (le clergé) ‖ pescozón *m* (tape sur le cou), cogotazo *m* (sur la nuque), bofetada, tortazo *m* (sur la figure) ‖ — *calotte glaciaire* casquete glaciar ‖ ASTR *la calotte des cieux* la bóveda celeste.

calque *m* calco (copie) ‖ papel de calco *ou* de calcar (papier-calque) ‖ FIG imitación *f* servil.

calquer *v tr* calcar.

calumet *m* pipa de los indios norteamericanos.

calvados *m* calvados, aguardiente de sidra.

calvaire *m* calvario ‖ FIG calvario, vía crucis (souffrance).

Calvin *n pr* HIST Calvino.

calvinisme *m* calvinismo.

calviniste *adj et s* calvinista.

calvitie [kalvisi] *f* calvicie.

camaïeu [kamajø] *m* camafeo ‖ *peinture en camaïeu* camafeo.

camarade *m et f* compañero, ra; camarada (de travail, d'école) ‖ amigo, ga (ami) ‖ camarada (politique) ‖ *faire camarade* rendirse un soldado levantando los brazos.

camaraderie *f* camaradería (familiarité), compañerismo *m*; *prix de camaraderie* premio de compañerismo.

camarguais, e *adj* de Camarga.

Camarguais, e *m et f* camargense, camargués, esa.

Camargue *n pr f* GÉOGR Camarga.

cambiste *m* COMM cambista.
Cambodge *n pr m* GÉOGR Camboya *f*.
cambodgien, enne *adj* camboyano, na.
Cambodgien, enne *m et f* camboyano, na.
cambouis [kãbwi] *m* grasa *f* sucia, lubricante ennegrecido por el uso ‖ alquitrán (goudron).
cambré, e *adj* combado, da; arqueado, da; alabeado, da ‖ arqueado, da; juncal; *corps cambré* cuerpo arqueado ‖ *avoir le pied très cambré* tener el pie muy arqueado.
cambrer *v tr* combar (courber), arquear, alabear (arquer) ‖ *cambrer la taille* echar el busto hacia atrás, arquear el tronco.
◆ *v pr* echar el busto hacia atrás, arquear el tronco (se redresser).
cambriolage *m* robo con efracción.
cambrioler *v tr* robar con efracción.
cambrioleur, euse *m et f* atracador, ra; ladrón, ona [que roba con efracción].
cambrousse; cambrouse *f* FAM campo *m* (campagne).
cambrure *f* combadura, arqueo *m*, alabeo *m* (gauchissement) ‖ talle *m* quebrado; *la cambrure d'une jeune fille* el talle quebrado de una muchachita ‖ *cambrure des reins* puente.
came *f* MÉCAN leva; *arbre à cames* árbol de levas ‖ POP cocaína, mandanga.
camé, e *m et f* POP drogata.
◆ *adj* POP colgado, da; colocado, da.
camée *m* camafeo (pierre gravée, peinture).
caméléon *m* camaleón (lézard, personne).
camélia *m* BOT camelia *f*.
camelot [kamlo] *m* camelote (étoffe) ‖ vendedor ambulante (vendeur ambulant) ‖ charlatán (bonimenteur) ‖ (vx) vendedor de periódicos ‖ *camelot du roi* militante monárquico y reaccionario [en Francia].
camelote *f* mercancía de mala calidad ‖ baratija (chose sans valeur) ‖ chapucería, frangollo *m* (ouvrage mal fait).
camembert *m* camembert [queso elaborado en Normandía].
camer (se) *v pr* POP colocarse (se droguer).
caméra *f* cámara cinematográfica *ou* de televisión, tomavistas *m inv*.
cameraman *m* CINÉM cámara, cameraman, operador (cadreur).
camériste *f* camarista (au service des dames de qualité) ‖ FAM doncella (femme de chambre).
Cameroun [kamrun] *n pr m* GÉOGR Camerún.
camerounais, e *adj* camerunés, esa; camerunense.
Camerounais, e *m et f* camerunés, esa; camerunense.
Caméscope *m* (nom déposé) videocámara.
camion *m* camión (automobile) ‖ alfiler muy pequeño (épingle) ‖ cubo (de peinture) ‖ — *camion de cailloux* camión de piedras ‖ *camion d'enlèvement des ordures* camión de la basura ‖ *camion de sable* camión de arena.
camion-citerne *m* camión aljibe.
camionnage *m* camionaje (transport et prix) ‖ *entreprise de camionnage* empresa de autotransporte ‖ *frais de camionnage* gastos de camionaje.
camionner *v tr* transportar en camión.

camionnette *f* camioneta.
camionneur *m* camionero (chauffeur) ‖ transportista (entrepreneur).
camisole *f* blusa (de femme) ‖ *camisole de force* camisa de fuerza; chaleco de fuerza (en Amérique).
camomille [kamɔmiːj] *f* manzanilla (plante et infusion).
camouflage *m* enmascaramiento ‖ MIL camuflaje.
camoufler *v tr* disimular ‖ disfrazar (déguiser) ‖ MIL camuflar.
— OBSERV Le gallicisme *camuflar* est fréquemment employé.
camp [kã] *m* campo; *camp retranché* campo atrincherado ‖ (vx) real (employé aussi au pl) ‖ campamento (campement) ‖ partido; *quitter le camp de l'opposition* abandonar el partido oposicionista ‖ campamento de gitanos (de nomades) ‖ — *camp de concentration* campo de concentración ‖ *camp de nudistes* campamento naturista ‖ *camp de vacances* campamento de vacaciones ‖ *camp volant* campamento volante ‖ — *aide de camp* ayudante de campo, edecán ‖ *lit de camp* cama de campaña, catre ‖ — *être en camp volant* estar instalado provisionalmente ‖ FAM *ficher* o *foutre le camp* largarse ‖ *lever le camp* levantar el campo.
campagnard, e *adj et s* campesino, na.
campagne *f* campo *m*; *les travaux de la campagne* los trabajos del campo; *maison de campagne* casa de campo ‖ campiña (vaste plaine agricole); *la campagne romaine* la campiña romana ‖ campaña; *campagne électorale* campaña electoral; *campagne de publicité* o *publicitaire* campaña de publicidad *ou* publicitaria ‖ MIL campaña (opération militaire); *en campagne* en campaña ‖ — *de campagne* rural, de aldea, de pueblo ‖ *partie de campagne* gira campestre ‖ *rase campagne* campo raso ‖ — *faire campagne pour* hacer campaña por ‖ *se mettre en campagne* hacer gestiones, ponerse en campaña ‖ MIL *tenir la campagne* resistir en campo raso.
campagnol *m* campañol, ratón de campo.
campanile *m* ARCHIT campanil, campanario (clocher) ‖ linterna *f*.
campanule *f* BOT campánula, farolillo *m*.
campé, e *adj* plantado, da; gallardo, da; *bien campé* bien plantado ‖ construido, da; *récit bien campé* relato bien construido; definido, da; caracterizado, da (personnage), hecho, cha; *portrait bien campé* retrato bien hecho.
campement [kãpmã] *m* campamento.
camper *v intr* acampar ‖ FAM instalarse provisionalmente ‖ hacer camping.
◆ *v tr* acampar; *camper la troupe* acampar la tropa ‖ hacer, esbozar (ébaucher) ‖ FAM ponerse, plantarse; *camper son chapeau* ponerse el sombrero (placer, poser) | plantar (quitter quelqu'un brusquement).
◆ *v pr* FAM plantarse; *se camper devant quelqu'un* plantarse ante uno | instalarse.
campeur, euse *m et f* campista.
camphre [kãːfr] *m* CHIM alcanfor.
camphré, e [kãfre] *adj et s f* alcanforado, da.
camping *m* camping; *faire du camping* hacer camping ‖ *faire du camping sauvage* hacer acampada libre.
camping-car *m* autocaravana *f*.
— OBSERV pl *camping-cars*.

camping-caravaning *m* caravaning.
— OBSERV pl *camping-caravanings*.
Camping-Gaz *m inv* (nom déposé) camping gas (petit réchaud portatif).
campus *m* campus (universitaire).
camus, e *adj et s* chato, ta (à nez court et plat) ‖ pasmado, da; corrido, da (penaud).
canada *f* AGRIC variedad de reineta (pomme).
Canada *n pr m* GÉOGR Canadá.
Canadair *m* (nom déposé) hidroavión Canadair [avión cisterna].
canadianisme *m* giro o vocablo peculiar del francés hablado en Canadá.
canadien, enne *adj* canadiense.
◆ *f* cazadora forrada de pieles, canadiense (vêtement) ‖ AGRIC canadiense (charrue) ‖ MAR piragua ligera.
Canadien, enne *m et f* canadiense.
canaille [kanaːj] *f* chusma, canalla; *mœurs de la canaille* costumbres de la chusma ‖ canalla *m* (personne malhonnête); *cet homme est une canaille* este hombre es un canalla.
◆ *adj* chabacano, na; *manières canailles* modales chabacanos ‖ barriobajero, ra; chulesco, ca (faubourien) ‖ pícaro, ra (polisson).
canal *m* canal ‖ canal (bande de fréquences) ‖ ANAT canal; *canal médullaire* canal medular ‖ ARCHIT acanaladura (de colonne) ‖ FIG conducto, medio (voie, moyen); *par le canal d'un député* por conducto de un diputado ‖ MÉCAN canal; *le canal d'injection* el canal de inyección ‖ — *canal de distribution* canal de distribución ‖ *canal d'irrigation* acequia, canal de riego ‖ PHIS *rayons canaux* rayos canales.
canalisation *f* canalización (action) ‖ ÉLECTR línea eléctrica ‖ TECHN cañería (d'eau) ‖ tubería (de gaz, etc.) ‖ FIG encauzamiento *m*, encarrilamiento *m*, canalización.
canaliser *v tr* canalizar (faire des canaux) ‖ canalizar (rendre navigable) ‖ transportar por canal; *canaliser du pétrole* transportar petróleo por canal ‖ FIG encauzar, encarrilar, canalizar; *canaliser le mécontentement* encauzar el descontento.
canapé *m* sofá, canapé (siège) ‖ CULIN «canapé» ‖ *canapé convertible* sofá cama.
canapé-lit *m* sofá cama.
canaque; kanak, e *adj* canaco, ca [de Nueva Caledonia].
Canaque; Kanak, e *m et f* canaco, ca.
canard [kanaːr] *m* pato, ánade (*p us*); *canard sauvage* pato silvestre ‖ FAM bulo (fausse nouvelle) ‖ periódico (journal), periodicucho (mauvais journal) ‖ terrón de azúcar mojado en café *ou* aguardiente ‖ MUS gallo (fausse note) ‖ POP penco, caballo (cheval) ‖ — *canard boiteux* persona inadaptada (personne), empresa de mala gestión con escaso porvenir (entreprise) ‖ *canard siffleur* silbón ‖ FAM *mon petit canard* mi gorrioncito.
canarder *v tr* FAM tirar a cubierto (tirer sur quelqu'un).
◆ *v intr* MUS pifiar (une flûte), soltar un gallo (un chanteur).
canari *m* canario (serin).
Canarie (Grande) *n pr f* GÉOGR Gran Canaria.
canarien, enne *adj* canario, ria.
Canarien, enne *m et f* canario, ria.

Canaries [kanari] *n pr f pl* GÉOGR Canarias.
canasson *m* POP penco, jamelgo (mauvais cheval).
canasta *f* canasta (jeu).
Canaveral (cap) *n pr* GÉOGR cabo Cañaveral.
cancan *m* chisme (médisance) ‖ cancán (danse).
cancaner *v intr* parpar (canard) ‖ FAM chismorrear, cotillear (médire).
cancanier, ère *adj et s* chismoso, sa; cotilla.
cancer *m* MÉD cáncer; *il a un cancer* tiene cáncer.
Cancer *m* ASTR Cáncer; *être du Cancer* ser Cáncer.
Cancer (tropique du) *n pr* GÉOGR trópico de Cáncer.
cancéreux, euse *adj et s* canceroso, sa; *tumeur cancéreuse* tumor canceroso.
cancérigène *adj* cancerígeno, na.
cancérologie *f* cancerología.
cancérologue *m et f* cancerólogo, ga.
cancre *m* carramarro, cangrejo de mar (crabe) ‖ (vx) roñoso (avare) ‖ (vx) miserable (pauvre) ‖ FAM calamidad *f*, desastre, mal estudiante.
cancrelat *m* cucaracha *f*, curiana *f* (blatte).
candélabre *m* candelabro.
candeur *f* candor *m*.
candi *adj* candi, cande; *sucre candi* azúcar candi ‖ escarchado, da; *fruit candi* fruta escarchada.
candida *m* candida *f*.
candidat [kɑ̃dida] *m* candidato; *candidat à un poste* candidato para un puesto.
candidature *f* candidatura; *poser sa candidature* presentar su candidatura ‖ *plaider la candidature de* abogar por, defender a.
candide *adj* cándido, da (confiant, naïf) ‖ candoroso, sa; *visage candide* rostro candoroso.
candidement *adv* con candidez, cándidamente.
candidose *f* candidosis.
cane *f* ZOOL pata.
Canebière (la) [kanbjɛːr] nombre de una calle muy animada de Marsella.
Canée (La) *n pr* GÉOGR → **Khaniá**.
caneton [kantɔ̃] *m* patito, anadón, anadino.
canette *f* canilla (pour le fil) ‖ botella de cerveza ‖ lata (boisson) ‖ pata pequeña (petite cane) ‖ cerceta (sarcelle) ‖ canica (bille).
canevas [kanva] *m* cañamazo (pour broder) ‖ red *f* geodésica de primer orden ‖ FIG cañamazo, bosquejo, boceto (plan d'un ouvrage).
caniche *m* perro de aguas *ou* de lanas, caniche.
caniculaire *adj* canicular.
canicule *f* canícula (époque) ‖ calor *m* tórrido, bochorno *m* (grande chaleur).
canif *m* cortaplumas, navaja *f* ‖ *coup de canif* navajazo.
canin, e *adj* canino, na; *race canine* raza canina ‖ *dent canine* canino, colmillo ‖ *exposition canine* exposición canina.
◆ *f* colmillo *m*, canino *m* (dent).
canisse *f* → **cannisse**.
caniveau [kanivo] *m* arroyo, reguera *f* (d'une rue) ‖ cuneta *f* (d'une route) ‖ conducto (conduit).
cannabis *m* cáñamo índico (plante) ‖ canabis, cannabis (drogue).

cannage *m* asiento *ou* respaldo de rejilla (d'un siège) ‖ acción de poner asientos *ou* respaldos de rejilla.

canne *f* bastón *m* (pour s'appuyer) ‖ bastón *m* (gymnastique) ‖ cana (mesure ancienne) ‖ grifo *m* de distribución de gran dimensión (robinet) ‖ BOT caña; *canne à sucre* caña de azúcar ‖ TECHN puntel *m* (de verrier) ‖ — *canne à pêche* caña de pescar ‖ *canne blanche* bastón de ciego (bâton), ciego, ga (aveugle) ‖ *canne-épée, canne armée* bastón de estoque (arme) ‖ PHYS *canne thermo-électrique* par termo-eléctrico.

canné, e *adj* de rejilla (siège).
cannelé, e *adj* acanalado, da.
cannelle *f* canilla (robinet) ‖ canela (épice) ‖ canilla (de tonneau).
cannelloni *m pl* canelones.
cannelure [kanlyːr] *f* acanaladura, estría.
canner *v tr* echar asiento de rejilla a una silla.
Cannes *n pr f* GÉOGR Cannes.
cannette *f* TECHN canilla.
cannibale *adj* et *s* caníbal.
cannibaliser *v tr* canibalizar.
cannibalisme *m* canibalismo.
cannisse; canisse *f* caña [que se usa para hacer vallas].
cannois, e *adj* cannés, esa (de Cannes).
Cannois, e *m* et *f* cannés, esa.
canoë *m* canoa *f*.
canoë-kayac *m* canoa kayac *f* (bateau) ‖ piragüismo (discipline).

— OBSERV pl *canoës-kayacs*.

canoéiste *m* et *f* piragüista.
canon *m* cañón (pièce d'artillerie) ‖ cañón (d'une arme à feu); *canon lisse* cañón liso; *canon rayé* cañón rayado ‖ cañón (partie du mors) ‖ cañón (plume d'oiseau) ‖ caña *f* (os de la jambe du cheval) ‖ caña *f* (mesure pour le vin de 1/8 de litre) ‖ barrita *f*; *soufre en canons* azufre en barritas ‖ canon (règle) ‖ cilindro, tubo; *canon d'un arrosoir* tubo de una regadera; *canon d'une seringue* cilindro de una jeringa ‖ sacra *f* (tableau de prières de l'autel) ‖ canon (partie de la messe) ‖ DR canon ‖ MUS canon (morceau répété par plusieurs voix) ‖ POP chiquito, chato (verre de vin) ‖ — PHYS *canon à électrons* cañón electrónico ‖ *canon à neige* cañón de nieve ‖ MAR *canon porte-amarre* cañón lanzacabos ‖ FAM *chair à canon* carne de cañón (les soldats) ‖ *coup de canon* cañonazo ‖

cañon; canyon *m* GÉOGR cañón.
canonial, e *adj* canónico, ca; *heures canoniales* horas canónicas ‖ canonical (du chanoine).
canonique *adj* canónico, ca ‖ FIG & FAM católico, ca (convenable) ‖ *âge canonique* la cuarentena [así llamada por ser ésta la edad impuesta a las amas de los clérigos].

◆ *adj* canónico ‖ *droit canonique* derecho canónico *ou* eclesiástico.

canoniser *v tr* canonizar.
canonnier *m* artillero (artilleur).
canot [kano] *m* bote, lancha *f*; *canot pneumatique, à voile* bote neumático, de vela; *canot de sauvetage* bote salvavidas ‖ canoa *f*; *canot automobile* canoa automóvil ‖ *canot à moteur* lancha motora, motora ‖ *canot hors-bord* lancha fuera borda.
canotage *m* canotaje ‖ SPORTS remo.

canotier *m* canoero, barquero (conducteur d'un canot) ‖ SPORTS remero (rameur) ‖ «canotié», sombrero de paja (chapeau).
cantabre *adj* cántabro, bra.
Cantabres *n pr m pl* cántabros.
cantabrique *adj* cantábrico, ca.

— OBSERV Ce que les Espagnols appellent *mar Cantábrico* ou *golfo de Vizcaya* correspond au *golfe de Gascogne*.

Cantabrique *n pr* GÉOGR Cantabria.
cantal *m* queso de Cantal.
Cantal *n pr* GÉOGR Cantal.
cantaloup [kɑ̃talu] *m* variedad de melón redondo de pulpa anaranjada y costillas salientes.
cantate *f* cantata.
cantatrice *f* cantatriz.
cantine *f* cantina (buvette) ‖ cantina, refectorio *m* (restaurant); *cantine scolaire* cantina escolar, refectorio ‖ baúl *m* metálico (malle de militaire).
cantinier, ère *m* et *f* cantinero, ra.
cantique *m* cántico ‖ *le Cantique des Cantiques* el Cantar de los Cantares.
canton *m* cantón (région) ‖ tramo de vía férrea entre dos señales ‖ BLAS cantón.
Canton; Guangzhou *n pr* GÉOGR Cantón.
cantonade *f* THÉÂTR esquina del foro entre bastidores ‖ *parler à la cantonade* hablar al foro *ou* del foro.
cantonais, e *adj* cantonés, esa ‖ *riz cantonais* arroz cantonés.
cantonal, e *adj* cantonal.
cantonnement *m* acantonamiento (des troupes) ‖ acotación *f*, acotamiento de un terreno (d'un terrain) ‖ coto (de pêche) ‖ DR limitación *f*.
cantonner *v tr* acantonar ‖ instalar por separado, aislar (séparer).

◆ *v intr* estar acantonados, acantonarse.

◆ *v pr* aislarse, retirarse; *se cantonner dans un coin* aislarse en un rincón ‖ FIG limitarse; *il se cantonna à traiter des événements politiques* se limitó a tratar los acontecimientos políticos | encerrarse, encastillarse (s'abstraire).

cantonnier *m* peón caminero.
canular *m* FAM novatada *f* (d'élèves) | broma *f* (plaisanterie).
canut, use [kany, yːz] *m* et *f* tejedor, ra de seda [en Lyon].
canyon *m* → **cañon**.
C.A.O. abrév de *conception assistée par ordinateur* CAD [diseño asistido por ordenador].
caoutchouc [kautʃu] *m* caucho; *caoutchouc vulcanisé, synthétique* caucho vulcanizado, sintético ‖ goma *f*; *des semelles en caoutchouc* suelas de goma ‖ tira *f* de goma, elástico ‖ *caoutchouc mousse* gomespuma, goma espuma.

— OBSERV En Espagne on dit plutôt *goma* (gomme) que *caucho*, surtout lorsqu'on parle d'objets manufacturés: *un ballon, une poire en caoutchouc* un balón, una pera de goma.

caoutchouter [-te] *v tr* cauchutar.
caoutchouteux, euse *adj* gomoso, sa; blanducho, ja.
cap *m* GÉOGR cabo ‖ MAR proa *f* (proue) ‖ MAR & AVIAT rumbo; *avoir, mettre le cap sur* hacer rumbo a ‖ (vx) cabeza *f* (tête); *de pied en cap* de pies a cabeza ‖ — *changer de cap* cambiar de rumbo ‖ FIG

doubler le cap de la quarantaine pasar de los cuarenta, franquear la cuarentena (gallicisme).

Cap (Le) *n pr m* GÉOGR El Cabo.

C.A.P. abrév de *certificat d'aptitude professionnelle* certificado de aptitud profesional.

capable *adj* capaz; *capable de tout* capaz de todo || DR capacitado, da || — *il est capable d'oublier* es capaz de olvidar || *faire le capable* dárselas de hábil.

capacité *f* capacidad || *capacité d'accueil* capacidad (salle), oferta hotelera (tourisme) || *capacité de chargement* capacidad de carga || DR *capacité de contracter* capacidad de contratar || INFORM *capacité de mémoire* capacidad de memoria | *capacité de traitement* capacidad de procesamiento *ou* de tratamiento || *capacité de transport* capacidad de transporte || *capacité de travail* capacidad de trabajo || ANAT *capacité thoracique* capacidad torácica || — *certificat de capacité en droit* grado existente en las facultades de Derecho de Francia, inferior al de la licencia.

caparaçonner *v tr* encaparazonar (un cheval).
◆ *v pr* vestirse ridículamente || FIG endurecerse.

cape *f* capa (manteau sans manches) || capa, capote *m* (tauromachie); *cape de parade* capote de paseo || capa (du cigare) || sombrero *m* hongo (chapeau melon) || MAR capa || — *de cape et d'épée* de capa y espada || FAM *sous cape* solapadamente || — *rire sous cape* reír para sus adentros.

capeline [kaplin] *f* capellina.

capella (a); cappella (a) *loc adv* MUS a capella.

C.A.P.E.S. abrév de *certificat d'aptitude au professorat de l'enseignement du second degré* título de profesor de enseñanza media.

capésien, enne *m et f* titular del certificado de profesor de enseñanza media (titulaire du C.A.P.E.S).

Capet *n pr m* Capeto [dinastía francesa].

C.A.P.E.T. abrév de *certificat d'aptitude au professorat de l'enseignement technique* título de profesor de enseñanza técnica.

capétien, enne [kapesjɛ̃, jɛn] *adj* de los Capetos.

capharnaüm [kafarnaɔm] *m* leonera *f*, chiribitil.

capillaire [kapilɛːr] *adj* capilar (relatif aux cheveux) || ANAT capilar (vaisseau) || PHYS capilar (tube) || (vx) *artiste capillaire* peluquero || *institut capillaire* instituto capilar.
◆ *m* BOT culantrillo.

capillarité [-larite] *f* capilaridad.

capilotade *f* capirotada (ragoût) || FAM *mettre en capilotade* hacer trizas *ou* papilla.

capitaine *m* capitán || — MAR *capitaine au long cours* capitán de altura || *capitaine des pompiers* capitán de bomberos.

capitainerie *f* capitanía.

capital, e *adj* capital; *peine capitale* pena capital; *points, péchés capitaux* puntos, pecados capitales || IMPR versal (lettre).
◆ *m* capital, caudal (biens, valeur, argent) || ÉCON *augmentation de capital* ampliación de capital | *capital d'exploitation* capital de explotación | *capital social* capital social.
◆ *m pl* ÉCON *capitaux propres* capital propio || *capitaux flottants* capital flotante.
◆ *f* capital (ville) || IMPR versal, mayúscula (lettre) || *petite capitale* versalita.

capitalisable *adj* capitalizable.

capitalisation *f* capitalización.

capitaliser *v tr et intr* capitalizar; *capitaliser des intérêts* capitalizar intereses.

capitalisme *m* capitalismo; *capitalisme d'État* capitalismo de Estado.

capitaliste *adj et s* capitalista.

capiteux, euse *adj* embriagador, ra; espiritoso, sa; *vin capiteux* vino espiritoso || atractivo, va; *une femme capiteuse* una mujer atractiva.

Capitole (mont); Capitolin (mont) *n pr* GÉOGR monte Capitolio.

capitonner *v tr* acolchar.

capitulaire *adj et s m* capitular.

capitulation *f* capitulación (reddition).

capituler *v intr* capitular.

caporal *m* tabaco picado en hebras (tabac) || MIL cabo || — *caporal-chef* cabo primera || FAM *le Petit Caporal* Napoleón I.

capot [kapo] *adj inv* zapatero (jeux de cartes); *être capot* quedarse zapatero || FIG cortado, da, turbado, da (penaud) || — *faire capot* dejar zapatero, dar capote || *rester capot* llevar capote.
◆ *m* AUTOM capó, capot || MAR tapacete, funda *f* (housse) | escotilla *f* de acceso a un yate.

capote *f* capote *m* (manteau) || capota (couverture d'un véhicule, chapeau) || POP *capote anglaise* condón.

capoter *v intr* volcar, dar la vuelta de campana (voiture), capotar (avion).
◆ *v tr* poner una capota a.

cappuccino *m* capuchino.

câpre *f* alcaparra.

caprice *m* capricho (amourette) || capricho (inconstance) || *avoir un caprice pour* estar encaprichado con || *faire des caprices* tener caprichos *ou* antojos || *faire un caprice* coger una rabieta.

capricieusement *adv* según el capricho, caprichosamente.

capricieux, euse *adj et s* caprichoso, sa.

capricorne *m* ZOOL algavaro, capricornio.

Capricorne *m* ASTR Capricornio; *être du Capricorne* ser Capricornio.

Capricorne (tropique du) *n pr* ASTR trópico de Capricornio.

câprier *m* BOT alcaparro.

caprin, e *adj* caprino, na; cabruno, na; *race caprine* raza caprina.

capsule *f* cápsula || cápsula, pistón *m*, mixto *m* (d'arme à feu) || cápsula (d'une fusée); *capsule spatiale* cápsula espacial.

capsuler *v tr* capsular, poner una cápsula.

captation *f* DR captación; *captation d'héritage* captación de herencia.

capter *v tr* captar (une source) || captar, coger (émission de radio) || captar, ganarse, granjearse; *capter la confiance de quelqu'un* ganarse la confianza de uno || hacerse con, conseguir (obtenir).

capteur *m* captador, sensor || *capteur solaire* captador *ou* colector solar.

captieux, euse [kapsjø, jøːz] *adj* capcioso, sa (spécieux).

captif, ive *adj et s* cautivo, va.

captivant, e *adj* cautivador, ra; cautivante.
captiver *v tr* cautivar.
captivité *f* cautiverio *m*, cautividad ‖ *en captivité* en cautividad.
capture *f* captura ‖ GÉOGR captura (rivière); *un coude de capture* un codo de captura.
capturer *v tr* capturar.
capuche *f* capucha.
capuchon *m* capuchón, capucha *f* ‖ sombrerete (de cheminée) ‖ capuchón (de stylo).
capucin, e *m* et *f* capuchino, na (religieux).
◆ *m* liebre *f* (lièvre) ‖ capuchino (singe).
◆ *f* capuchina (fleur) ‖ abrazadera (de fusil).
Cap-Vert *n pr* GÉOGR *îles du Cap-Vert* islas del Cabo Verde.
caque *f* barril *m* de arenques ‖ — FAM *être serrés comme harengs en caque* estar como sardinas en lata | *la caque sent toujours le hareng* cada cuba huele al vino que tiene.
caquelon *m* cazo de barro para fondue.
caquet [kakɛ] *m* cacareo (des poules) ‖ FIG charla *f*, cháchara *f*, pico (bavardage) ‖ cotorreo (commérage) ‖ FAM *rabattre le caquet à quelqu'un* cerrar el pico a uno, bajar los humos a uno.
caqueter* [kakte] *v intr* cacarear ‖ FIG charlar (bavarder) | chismorrear (critiquer).
car *conj* pues, porque.
car *m* autocar (véhicule) ‖ furgoneta *f*; *car de police* furgoneta policial ‖ *car de reportage* coche de reportaje.
carabine *f* carabina (arme) ‖ — *carabine à air comprimé* carabina de aire comprimido ‖ *carabine à canons superposés* carabina de cañones superpuestos.
carabiné, e *adj* FAM endiablado, da; de aúpa.
carabinier *m* carabinero.
Caracas *n pr* GÉOGR Caracas.
caraco *m* chambra *f* (vêtement féminin).
caracole *f* EQUIT caracol *m*.
caracoler *v intr* caracolear (un cheval).
caractère *m* carácter ‖ carácter, índole *f* (nature) ‖ carácter, genio; *bon, mauvais caractère* buen, mal genio ‖ INFORM carácter; *caractère de remplacement* carácter de substitución ‖ — *caractères d'imprimerie* letras de molde (écriture) ‖ *caractères/seconde* caracteres por segundo ‖ *en caractère gras* en negrita ‖ *en petits caractères* en letras minúsculas ‖ — *avoir du caractère* tener carácter.
— OBSERV Le mot espagnol *carácter* fait au pluriel *caracteres* et non *carácteres*.
caractériel, elle *adj* caracterial ‖ propio del carácter ‖ *troubles caractériels* trastornos del carácter.
caractérisé, e *adj* caracterizado, da ‖ *c'est une grippe caractérisée* es una gripe característica.
caractériser *v tr* caracterizar.
◆ *v pr* caracterizarse ‖ *se caractériser par* caracterizarse por.
caractéristique *adj* et *s f* característico, ca ‖ — *caractéristiques exigées* características esenciales | *caractéristiques générales* características generales.
◆ *f* MATH característica (d'un logarithme).
caractérologie *f* caracterología.
carafe *f* garrafa ‖ POP *rester en carafe* esperar vanamente, quedarse plantado.
carafon *m* garrafita *f*.

caraïbe *adj* caribe.
Caraïbe (La) *n pr f* GÉOGR El Caribe *m*.
Caraïbes *n pr m pl* caribes (peuple).
Caraïbes (mer des); Caraïbe (mer) *n pr f* GÉOGR mar Caribe, mar de las Antillas.
carambolage *m* carambola *f* (billard) ‖ serie de colisiones (véhicules), serie de circunstancias.
caramel *m* masticable, caramelo blando (bonbon), pastilla *f* de café con leche, toffee (au lait) ‖ caramelo ‖ *crème caramel* flan.
— OBSERV Le mot espagnol *caramelo* désigne les bonbons en général.
caramélisation *f* caramelización.
caramélisé, e *adj* CULIN acaramelado, da; caramelizado, da.
caraméliser *v tr* acaramelar, caramelizar.
carapace *f* concha (de tortue) ‖ caparazón *m* (de crustacé).
carapater (se) *v pr* POP najarse, pirarse.
carat [kara] *m* quilate (poids); *or à 18 carats* oro de 18 quilates ‖ diamante menudo vendido a peso.
Caravage *n pr* Caravaggio.
caravane *f* caravana ‖ caravana, remolque *m* habitable *ou* de turismo.
caravanier *m* caravanero.
caravaning; caravanning *m* «caravaning».
caravansérail *m* caravanera *f*, caravanserrallo ‖ FIG lugar concurrido por extranjeros de distintas nacionalidades.
caravelle *f* MAR carabela (navire).
carbochimie *f* carboquímica.
carbonarisme *m* carbonarismo.
carbonaro *m* carbonario.
— OBSERV Hace en pl *carbonari* en francés y *carbonarios* en español.
carbonate *m* CHIM carbonato; *carbonate de soude* carbonato de sosa.
carbone *m* CHIM carbono; *fibre de carbone* fibra de carbono ‖ *papier carbone* papel carbón.
carboné, e *adj* CHIM carbonado, da.
carbonifère; carboniférien, enne *adj* et *s m* carbonífero, ra.
carbonique *adj* CHIM carbónico, ca; *gaz carbonique* gas carbónico; *neige carbonique* nieve carbónica.
carbonisation *f* carbonización.
carbonisé, e *adj* carbonizado, da; *mourir carbonisé* morir carbonizado.
carboniser *v tr* carbonizar.
carburant, e *adj* et *s m* carburante.
carburateur, trice *adj* et *s m* carburador, ra ‖ *carburateur inversé* carburador invertido.
carburation *f* CHIM carburación.
carbure *m* CHIM carburo.
carburer *v tr* carburar.
◆ *v intr* FAM empollar (travailler), cavilar (réfléchir).
carcan *m* picota *f* (supplice) ‖ collar de hierro de los esclavos ‖ FAM rocín (mauvais cheval) ‖ FIG sujeción *f*, obligación *f*.
carcasse *f* armazón (charpente osseuse) ‖ caparazón *m* (volaille) ‖ pieza en canal (bétail) ‖ casquillo *m* (de porte-plume) ‖ FAM cuerpo *m*, osamenta (humain) ‖ armadura (de pneu) ‖ MAR

casco *m* ‖ TECHN armazón; *carcasse d'abat-jour* armazón de pantalla ‖ FAM *vieille carcasse* vejestorio, carcamal.
Carcassonne *n pr* GÉOGR Carcasona.
carcéral, e *adj* carcelario, ria.
carcinome *m* carcinoma (cancer).
cardamome *m* cardamomo (plante).
cardan *m* cardán.
carde *f* cardo *m* (cardon comestible) ‖ TECHN carda (pour peigner le drap).
carder *v tr* cardar.
cardiaque *adj* et *s* cardiaco, ca.
cardigan *m* rebeca *f* (tricot).
cardinal, e *adj* cardinal; *points cardinaux* puntos cardinales; *vertus cardinales* virtudes cardinales ‖ *nombre cardinal* número cardinal.
◆ *m* cardenal (prélat) ‖ cardenal (oiseau).
cardiographie *m* MÉD cardiografía.
cardiologie *f* MÉD cardiología.
cardiologue *m* et *f* cardiólogo, ga.
cardiopathie *f* MÉD cardiopatía.
cardio-vasculaire *adj* MÉD cardiovascular; *maladies cardio-vasculaires* enfermedades cardiovasculares.
carême *m* cuaresma *f*; *faire carême* ayunar en cuaresma ‖ — *visage* o *face de carême* cara de viernes ‖ — *arriver comme marée en carême* caer como pedrada en ojo de boticario.
carénage *m* MAR carena *f* (action de caréner) ‖ carenero (lieu où l'on carène).
carence *f* carencia ‖ incomparecencia (absence) ‖ DR insolvencia; *procès-verbal de carence* certificación de insolvencia ‖ *carence vitaminique* carencia vitamínica *ou* de vitaminas ‖ *maladie par carence* enfermedad por carencia.
carène *f* MAR obra viva.
caréner* *v tr* MAR carenar (bateaux) ‖ carenar, dar forma aerodinámica (véhicules).
caresse *f* caricia.
caresser *v tr* acariciar ‖ FIG alimentar, abrigar; *caresser une espérance* abrigar una esperanza ‖ *caresser du regard* mirar con codicia.
car-ferry *m* ferry.
— OBSERV pl *car-ferrys* o *car-ferries*.
cargaison *f* cargamento *m*.
cargo *m* MAR buque de carga, carguero.
cari *m* → **curry**.
cariatide *f* cariátide.
caribéen, enne *adj* caribeño, ña.
Caribéen, enne *m* et *f* caribeño, ña.
caribou *m* caribú (renne).
caricatural, e *adj* caricaturesco, ca; caricatural *(p us)*.
caricature *f* caricatura.
caricaturer *v tr* caricaturizar, caricaturar *(p us)*.
caricaturiste *m* caricaturista.
carie [kari] *f* caries (des dents) ‖ BOT tizón *m*, caries (des plantes).
carier* *v tr* cariar.
◆ *v pr* cariarse.
carillon [karijɔ̃] *m* carillón (ensemble de cloches) ‖ reloj de pared con carillón (horloge) ‖ campanilleo (sonnerie) ‖ FIG & FAM jaleo, guirigay (tapage) ‖ *carillon électrique* carillón eléctrico.

carillonnement [-jɔnmɑ̃] *m* repique, repiqueteo.
carillonner *v intr* repicar, repiquetear (les cloches) ‖ FIG campanillear (à une porte) ‖ alborotar (faire du tapage).
◆ *v tr* dar; *l'horloge carillonne les heures* el reloj da las horas ‖ FIG pregonar (une nouvelle) ‖ FAM echar un rapapolvo a (semoncer).
cariste *m* conductor de carro elevador.
caritatif, ive *adj* benéfico, ca; *association caritative* asociación benéfica.
carlingue *f* AVIAT carlinga ‖ MAR contraquilla, sobrequilla.
carliste *adj* et *s* HIST carlista.
carmagnole *f* carmañola.
Carmel *n pr* Carmelo (mont de Palestine) ‖ Carmen, Monte Carmelo (ordre religieux).
carmélite *f* carmelita.
carmin *m* carmín (couleur).
◆ *adj inv* de color carmín.
Carnac *n pr* GÉOGR → **Karnak**.
carnage *m* carnicería *f*, matanza *f*.
carnassier, ère *adj* et *s* carnicero, ra; *le loup est carnassier* el lobo es carnicero ‖ carnívoro, ra; *le chat est un carnassier* el gato es un carnívoro.
◆ *m pl* ZOOL carniceros.
◆ *f* morral *m* (de chasseur).
— OBSERV *Carnassier* se usa sólo para los animales.
carnation *f* encarnación.
carnaval *m* carnaval ‖ FIG adefesio (personne ridicule).
— OBSERV pl *carnavals*.
carnavalesque *adj* carnavalesco, ca.
carne [karn] *f* esquina, ángulo *m* (d'une pierre, d'un meuble) ‖ FAM piltrafa, carnaza (mauvaise viande) ‖ POP penco *m*, jamelgo *m*, matalón *m* (mauvais cheval).
carnet *m* libreta *f* de apuntes ‖ — *carnet à souches* talonario ‖ *carnet d'adresses* agenda de direcciones ‖ *carnet de chèques* talonario de cheques ‖ *carnet de commandes* cartera de pedidos ‖ *carnet de rendez-vous* agenda de entrevistas ‖ *carnet de tickets de métro* taco de billetes de metro.
carnivore *adj* et *s* carnívoro, ra (qui se nourrit de viande); *l'homme est carnivore, mais pas carnassier* el hombre es carnívoro, pero no carnicero.
— OBSERV La palabra *carnivore* se emplea tanto para las personas como para los animales.
carolingien, enne [karɔlɛ̃ʒjɛ̃, jɛn] *adj* carolingio, gia.
caroncule *f* carúncula; *caroncule lacrymale* carúncula lagrimal.
carotène *m* caroteno.
carotide *adj f* et *s f* ANAT carótida.
carotte *f* zanahoria (plante et racine) ‖ andullo *m* (tabac roulé pour chiquer) ‖ enseña en forma de puro y de color rojo en los estancos en Francia (des bureaux de tabac) ‖ FAM engaño *m*, timo *m* (tromperie) ‖ TECHN testigo *m*, muestra de perforación (échantillon) ‖ *la carotte ou le bâton* la zanahoria y el palo ‖ FIG & FAM *tirer une carotte à quelqu'un* pegársela a uno, timar a uno.
carotter *v tr* FAM engañar (tromper) ‖ estafar, sisar (escroquer).
caroube; carouge *f* BOT algarroba.
caroubier *m* BOT algarrobo.

carpaccio *m* CULIN carne *f* cruda servida en lonjas finísimas.
Carpates *n pr f pl* GÉOGR Cárpatos *m pl*.
carpe *f* carpa (poisson) ‖ — FAM *muet comme une carpe* más callado que un muerto ‖ *saut de carpe* salto de la carpa ‖ *s'ennuyer comme une carpe* aburrirse como una ostra.
● *m* ANAT carpo (poignet).
carpette *f* alfombrilla (tapis).
carpien, enne *adj* ANAT carpiano, na.
carquois [karkwa] *m* carcaj, aljaba *f* ‖ FIG *avoir vidé son carquois* haber agotado los improperios.
carre *f* esquina (coin) ‖ grosor *m ou* espesor *m* de un objeto plano (épaisseur) ‖ copa (de chapeau) ‖ espalda (d'un vêtement); *avoir bonne carre* ser ancho de espaldas.
carré, e *adj* cuadrado, da (forme) ‖ MATH cuadrado, da; *vingt pieds carrés* veinte pies cuadrados; *racine carrée* raíz cuadrada ‖ franco, ca; leal (franc) ‖ fornido, da; cuadrado, da (personne) ‖ FIG terminante, categórico, ca; rotundo, da (réponse) ‖ — *mètre carré* metro cuadrado ‖ *tête carrée* cabezón, ona ‖ — *avoir les épaules carrées* ser ancho de espaldas.
● *m* cuadrado (quadrilatère) ‖ meseta *f* de escalera (escalier) ‖ póquer, póker [reunión de cuatro cartas]; *carré d'as* póquer de ases; *carré de rois* póquer de reyes ‖ AGRIC bancal, tablar ‖ COMM marca *f* de papel (45 × 56 cm) ‖ MAR cámara *f* de oficiales ‖ MATH cuadrado (d'un nombre) ‖ MIL cuadro ‖ — *carré d'agneau* brazuelo de cordero ‖ *carré d'eau* alberca *f* ‖ *carré de soie* pañuelo de seda cuadrado ‖ *grand carré* marca de papel (56 × 90 cm) ‖ — MATH *élever un nombre au carré* elevar un número al cuadrado.
● *f* MUS cuadrada, breve ‖ POP habitación (chambre), casa (maison).
carreau [karo] *m* baldosa *f*, ladrillo (pour pavage) ‖ cristal de una ventana (fenêtre) ‖ cuadro (de jardin) ‖ BLAS escaque *f* ‖ diamante, «carreau» (jeu de cartes) ‖ era *f* (d'une mine) ‖ TECHN lima *f* rectangular de cerrajero (lime) ‖ cojín cuadrado (coussin) ‖ plancha *f* de sastre (fer à repasser) ‖ cuadro; *tissu à carreaux* tela de cuadros ‖ cuadrillo (d'arbalète) ‖ — *carreau de faïence* azulejo ‖ *le carreau des Halles* puesto del mercado central de París ‖ POÉT *les carreaux de Jupiter* los rayos de Júpiter ‖ — FIG & FAM *demeurer o rester sur le carreau* quedar en el sitio (mal en point), quedar en la estacada (échouer) ‖ FAM *se tenir à carreau* tener mucho cuidado.
carrefour [karfur] *m* encrucijada *f* ‖ FIG punto de confrontación, plataforma *f*, tribuna *f*.
carrelage [karla:ʒ] *m* embaldosado, enlosado, enladrillado, solado.
carreler* *v tr* embaldosar, enlosar, enladrillar, solar.
carrelet [karlɛ] *m* red cuadrada (filet) ‖ platija, acedía (poisson) ‖ aguja de enjalmar (grosse aiguille) ‖ cuadrado *m* (règle).
carreleur *m* embaldosador, enladrillador, solador.
carrément *adv* en ángulo recto, a escuadra ‖ FIG francamente; *parler carrément* hablar francamente ‖ FIG decididamente, resueltamente (sans hésitation) ‖ *y aller carrément* lanzarse resueltamente.
carrer *v tr* cuadrar ‖ GÉOM cuadrar ‖ MATH elevar al cuadrado.

● *v pr* arrellanarse; *se carrer dans un fauteuil* arrellanarse en un sillón.
carrière *f* carrera (profession) ‖ cantera (de pierre) ‖ *(vx)* hipódromo *m* (des Romains) ‖ *(vx)* curso *m* de la vida ‖ — *la carrière* la carrera diplomática ‖ *militaire de carrière* militar de carrera ‖ — *faire carrière dans* hacer carrera en ‖ *donner carrière* dar libre curso *ou* rienda suelta.
carriérisme *m* (péjoratif) arribismo.
carriériste *m et f* (péjoratif) arribista.
carriole *f* carreta (charrette) ‖ carricoche *m* (mauvaise voiture).
carrossable *adj* abierto al tránsito rodado, transitable.
carrosse *m* carroza *f* (voiture) ‖ *rouler carrosse* gastar coche, ser rico.
carrosserie *f* carrocería; *atelier de carrosserie* taller de carrocería.
carrossier *m* carrocero.
carrousel *m* carrusel.
carrure *f* anchura de espaldas, de hombros *ou* de pecho.
carry *m* → **curry**.
cartable *m* cartera *f* (d'écolier) ‖ cartapacio para dibujo (carton à dessin).
carte *f* cartulina (carton mince) ‖ carta, naipe *m* (pour jouer) ‖ tarjeta (document) ‖ carta, lista de platos (restaurant) ‖ mapa (géographie), carta (marine) ‖ — INFORM *carte à circuit imprimé* tarjeta de circuito impreso ‖ *carte à mémoire* tarjeta de memoria *ou* inteligente ‖ *carte à puce* tarjeta chip ‖ *carte mère* tarjeta *ou* placa madre ‖ *carte perforée* tarjeta perforada ‖ *Carte Bleue* tarjeta de crédito francesa ‖ *carte d'adhérent* tarjeta de socio ‖ *carte de crédit* tarjeta de crédito ‖ *carte de famille nombreuse* cartilla de familia numerosa ‖ *carte de Noël* christmas, postal navideña, tarjeta navideña (de vœux) ‖ *carte de rationnement* cartilla de racionamiento ‖ *carte de séjour* permiso de residencia ‖ *carte d'état-major* carta de estado mayor ‖ *carte de travail* permiso de trabajo ‖ *carte de visite* tarjeta de visita ‖ *carte d'identité* carnet de identidad, documento nacional de identidad ‖ *carte grise* título de propiedad de un automóvil ‖ *carte orange* bono de transporte mensual en París ‖ *carte postale* tarjeta postal, postal ‖ *carte scolaire* tarjeta escolar ‖ *carte vermeil* tarjeta de reducción en los trenes franceses para los mayores de 60 años ‖ *jeu de cartes* baraja ‖ *la carte des vins* la carta de vinos ‖ *le dessous des cartes* lo que se guarda secreto ‖ *le jeu de la carte* el carteo ‖ — *abattre ses cartes* descubrir el juego, mostrar sus cartas ‖ *battre les cartes* barajar ‖ *brouiller les cartes* embrollar un asunto ‖ *donner carte blanche* dar carta blanca ‖ *faire les cartes* dar las cartas ‖ *filer ses cartes* brujulear ‖ *jouer aux cartes* jugar a las cartas ‖ *jouer ses cartes sur table* poner las cartas boca arriba ‖ *jouer sa dernière carte* jugarse la última carta ‖ *tirer les cartes* echar las cartas.
cartel *m* cartel (défi) ‖ tregua *f* (trêve) ‖ cártel (accord entre politiciens, industriels, etc.) ‖ reloj de pared (pendule murale) ‖ caja *f* de un reloj de pared ‖ BLAS cartel.
carte-lettre *f* billete *m* postal.
carter [kartɛr] *m* cárter (mécanique) ‖ cubrecadena (bicyclette).
carte-réponse *f* tarjeta respuesta; cupón.
— OBSERV *pl cartes-réponse o cartes-réponses*.

cartésianisme *m* cartesianismo.
cartésien, enne *adj et s* cartesiano, na.
Carthage *n pr* GÉOGR Cartago.
Carthagène *n pr* GÉOGR Cartagena.
carthaginois, e *adj* cartaginés, esa.
Carthaginois, e *m et f* cartaginés, esa.
cartilage [kartila:ʒ] *m* ANAT cartílago.
cartilagineux, euse *adj* cartilaginoso, sa.
cartographe *m et f* cartógrafo, fa.
cartographie *f* cartografía.
cartographique *adj* cartográfico, ca.
cartomancie *f* cartomancia.
cartomancien, enne *m et f* cartomántico, ca.
carton *m* cartón; *carton bitume* cartón embreado; *carton-pierre, carton-pâte* cartón piedra ‖ cartapacio de dibujo (dessin) ‖ caja *f* de cartón (boîte) ‖ cartón (peinture) ‖ mapa pequeño (carte) ‖ blanco (cible); *faire un carton* tirar al blanco ‖ FAM goleada *f* (sports) ‖ IMPR encarte ‖ *carton à chapeau* sombrerera ‖ SPORTS *carton jaune* tarjeta amarilla | *carton rouge* tarjeta roja.
cartonnage *m* cartonaje (de carton) ‖ encartonado, encuadernación *f* de cartón (livre).
cartonner *v tr* encartonar ‖ *livre cartonné* libro en cartoné.
cartophile; cartophiliste *m et f* coleccionista de postales.
cartophilie *f* afición del coleccionista de postales.
cartouche *f* cartón *m* (de cigarettes) ‖ recambio *m*, carga (de stylo, de briquet, etc.) ‖ MIL cartucho *m*; *cartouche à blanc* cartucho de fogueo.
◆ *m* ARCHIT tarjeta *f*.
cartoucherie *f* fábrica de cartuchos.
carvi *m* BOT alcaravea *f*.
cary *m* → **curry**.
caryatide *f* cariátide.
caryotype *m* BIOL cariotipo.
cas [kɑ] *m* caso (circonstance) ‖ lance (événement) ‖ GRAMM caso ‖ MÉD caso; *un cas de méningite* un caso de meningitis ‖ — *cas de conscience* caso de conciencia ‖ *cas de force majeure* caso de fuerza mayor ‖ *cas limite* caso límite ‖ *cas social* caso social ‖ — *au cas* o *dans le cas où* en caso (de), que, por si acaso ‖ FAM *au cas où* por si las moscas, por si acaso ‖ *dans ce cas* en este caso ‖ *en aucun cas* en ningún caso ‖ *en cas de* en caso de ‖ *en cas de besoin* en caso de necesidad ‖ *en cas d'urgence* en caso de emergencia ‖ *en ce cas* en tal caso ‖ *en tout cas* de todos modos, en todo caso ‖ — *faire cas* hacer caso ‖ *faire grand cas de* hacer mucho caso de ‖ *faire peu de cas de* hacer poco caso de ‖ *le cas échéant* si llega el caso, llegado el caso, en caso de necesidad.
Casablanca *n pr* GÉOGR Casablanca.
casanier, ère *adj et s* casero, ra; hogareño, ña.
casaque *f* casaca (vêtement) ‖ *tourner casaque* cambiarse de chaqueta, volver casaca, chaquetear.
cascade *f* cascada.
cascadeur, euse *adj et s* acróbata (cirque) ‖ doble especial (cinéma) ‖ FAM calavera.
case *f* choza, cabaña; *la case de l'oncle Tom* la cabaña del tío Tom ‖ bohío *m* (aux Antilles) ‖ escaque *m*, casilla (de l'échiquier) ‖ casilla (du papier quadrillé, d'un tableau) ‖ compartimiento *m* (d'un placard, d'une armoire).
caséine *f* CHIM caseína.
casemate [kazmat] *f* MIL casamata (de batterie).
caser *v tr* colocar; *caser les marchandises* colocar mercancías; *caser un employé* colocar a un empleado ‖ FAM *se caser* encontrar una colocación (situation), conseguir casarse (mariage).
caserne *f* cuartel *m* ‖ FIG caserón *m* (vaste bâtisse).
casernement *m* acuartelamiento ‖ cuartel (bâtiments).
cash [kaʃ] *adv* COMM a toca teja, al contado; *toucher, payer cash* cobrar, pagar al contado.
casher [kaʃer] *adj inv* → **kasher**.
casier *m* casillero ‖ MAR nasa *f* (por crustacés) ‖ — *casier à bouteilles* botellero ‖ *casier judiciaire* registro central de penados y rebeldes (lieu), registro de antecedentes penales (bulletin).
casino *m* casino.
— OBSERV Le sens le plus courant de *casino* en espagnol est celui de *club* ou *cercle* dans une petite ville de province.
casoar [kazɔa:r] *m* casuario ‖ FIG penacho de plumas de casuario [que adorna el quepis de los cadetes de la Academia militar de Saint-Cyr].
Caspienne (mer) *n pr* GÉOGR mar Caspio.
casque *m* casco; *casque de protection* casco de protección ‖ *casques bleus* cascos azules.
casqué, e *adj* con casco; *statue casquée* estatua con casco.
casquer *v intr* POP soltar la mosca, apoquinar, cascar (payer) | pagar (être puni).
casquette *f* gorra.
cassable *adj* quebradizo, za; rompible ‖ DR anulable.
Cassandre *n pr* MYTH Casandra.
cassant, e *adj* quebradizo, za (fragile) ‖ FIG tajante, áspero, ra; *ton cassant* tono áspero.
cassation *f* casación ‖ MIL degradación ‖ DR *cour de cassation* Tribunal Supremo | *recours en cassation* recurso de casación | *se pourvoir en cassation* recurrir *ou* apelar ante el tribunal de casación.
casse *f* rotura (action et effet de casser) ‖ destrozo *m* (dommages); *il y a eu de la casse* hubo destrozos ‖ lo roto (ce qui est cassé); *payer la casse* pagar lo roto ‖ reposadero *f* (fonderie) ‖ copela (coupelle) ‖ cazo *m* (des vitriers) ‖ caldero *m* (de savonnerie) ‖ casia (légumineuse) ‖ BOT cañafístula ‖ IMPR caja; *bas de casse* caja baja; *haut de casse* caja alta; *desguace m* (de véhicules); *mettre à la casse* dar al desguace.
◆ *m* POP robo con efracción (cambriolage).
cassé, e *adj* roto, ta; quebrado, da (brisé) ‖ achacoso, sa (vieillard) ‖ cascado, da (voix) ‖ DR casado, da (annulé).
casse-cou *m inv* resbaladero (chemin dangereux) ‖ FAM persona *f* muy temeraria, suicida ‖ *crier casse-cou à quelqu'un* advertir a alguien del peligro que corre.
casse-croûte *m inv* FAM refrigerio, tentempié.
casse-noisettes; casse-noix *m inv* cascanueces, partenueces.
casse-pieds *m et adj inv* FAM pesado, follón, pelmazo.
casse-pipes *m inv* tiro al blanco ‖ FAM guerra *f*.

casser *v tr* romper; *casser une chaise* romper una silla || partir; *il cassait du bois* partía leña || quebrar (briser) || cascar, quebrantar (affaiblir) || dejar cesante (un employé) || DR casar, anular || MIL degradar, deponer (un officier) || — *casser bras et jambes* desanimar, dejar desmadejado *ou* sin fuerzas || FAM *casser du sucre sur quelqu'un* cortar un traje a uno | *casser la croûte* tomar un bocado | *casser les oreilles* o *la tête* poner la cabeza bomba | *casser les pieds* dar la lata, dar el tostón *ou* el follón | *casser les prix* reventar *ou* romper los precios || POP *casser sa pipe* estirar la pata (mourir) || — FAM *à tout casser* a lo más (tout au plus), de mil demonios (formidable) | *ne rien casser* no ser nada del otro mundo, no valer nada || FIG *qui casse les verres les paie* quien rompe paga.
◆ *v intr* romperse.
◆ *v pr* romperse, quebrarse (se briser) || cascarse, debilitarse (s'affaiblir) || POP pirárselas (s'en aller) || — FAM *ne pas se casser, ne pas se casser la nénette* no calentarse los cascos || FIG *se casser en deux* hacer zalemas *ou* mil reverencias | *se casser la tête* romperse los cascos | *se casser le nez* romperse las narices, quedarse con dos palmos de narices || *se casser net* romperse limpiamente.

casserole [kasrɔl] *f* cacerola, cazo *m* (en métal) || cazuela (en terre) || proyector *m* (théâtre) || cacharro *m* (mauvais instrument) || — FAM *passer à la casserole* pasar un mal trago (situation pénible), ser follada (acte sexuel) || POP *passer quelqu'un à la casserole* liquidar a alguien, dar el paseo (tuer).

casse-tête *m inv* rompecabezas (arme) || rompecabezas, quebradero de cabeza (difficulté).

cassette *f* cofrecito *m* (coffret) || joyero *m* (à bijoux) || tesoro *m* particular (d'un roi) || TECHN casete *m* ou *f*, cassette *m* ou *f*; *cassette audionumérique* casete audionumérica.

casseur, euse *m* et *f* rompedor, ra (celui qui casse) || persona que tiene las manos de trapo (maladroit) || chatarrero, ra (de vieux objets) || FAM camorrista (bagarreur) || POP ladrón || — FAM *casseur d'assiettes* alborotador, pendenciero || *casseur de pierres* picapedrero.

cassis [kasis] *m* BOT grosellero negro (arbre) || grosella *f* negra (fruit) || casis (liqueur).

cassis [kasis] *m* badén (routes).

cassolette *f* pebetero *m*, perfumador *m*.

cassonade *f* azúcar *m* terciado, semirrefinado [*(amér)* chancaca, panela].

cassoulet *m* especie de fabada *f* (de Toulouse).

cassure *f* rotura *f* fractura (d'un os) || FIG ruptura.

castagnettes *f pl* castañuelas, palillos *m pl*.

caste *f* casta.

castillan, e [kastijã an] *adj* castellano, na.
◆ *m* castellano (langue).

Castillan, e *m* et *f* castellano, na.

Castille *n pr f* GÉOGR Castilla || *La Vieille, la Nouvelle Castille* Castilla la Vieja, la Nueva.

Castille-la Manche *n pr f* GÉOGR Castilla-la Mancha.

Castille-León *n pr f* GÉOGR Castilla y León.

casting *m* CINÉM & THÉATR reparto.

castor *m* castor.

Castor et Pollux *n pr* MYTH Cástor y Pólux.

castrat [kastra] *m* castrado.

castrateur, trice *m* et *f* castrador, ra.

castration *f* castración.

castrer *v tr* castrar.

castrisme *m* castrismo (de Fidel Castro).

castriste *adj* et *s* castrista.

casuiste *m* casuista.

casuistique *f* casuística.

casus belli *m inv* casus belli.

cataclysmal, e; cataclysmique *adj* catastrófico, ca; desastroso, sa || *des tremblements de terre cataclysmaux* terremotos de dimensiones catastróficas.

cataclysme *m* cataclismo.

catacombes *f pl* catacumbas.

catadioptre *m* catafaro, catafoto.

catafalque *m* catafalco.

catalan, e *adj* catalán, ana || *à la catalane* a la catalana.
◆ *m* catalán (langue).

Catalan, e *m* et *f* catalán, ana.

catalanisme *m* catalanismo.

catalaniste *adj* et *s* catalanista.

catalepsie *f* MÉD catalepsia.

cataleptique *adj* et *s* cataléptico, ca.

Catalogne *n pr f* GÉOGR Cataluña.

catalogue *m* catálogo.

cataloguer *v tr* catalogar.

catalpa *m* catalpa *f* (arbre).

catalyse *f* catálisis.

catalyser *v tr* CHIM catalizar.

catalyseur *adj* et *s m* catalizador, ra.

catalytique *adj* catalítico, ca || AUTOM *pot catalytique* tubo de escape catalítico.

catamaran *m* MAR catamarán (bateau).

cataphote *m* catafaro, catafoto.

cataplasme *m* MÉD cataplasma *f*.

catapulte *f* catapulta (arme) || AVIAT catapulta.

catapulter *v tr* catapultar.

cataracte *f* catarata (cascade) || MÉD catarata (de l'œil); *opérer quelqu'un de la cataracte* operar a alguien de las cataratas *pl*.

catarrhe *m* MÉD catarro.

catastrophe *f* catástrofe || *atterrir en catastrophe* efectuar un aterrizaje de emergencia || *partir en catastrophe* salir corriendo.

catastrophé, e *adj* desalentado, da; abatido, da; hecho, cha, polvo.

catastropher *v tr* FAM dejar sin resuello (étonner) || hacer polvo (abattre).

catastrophique *adj* catastrófico, ca.

catch *m* SPORTS catch.

catcher *v intr* SPORTS practicar el catch.

catcheur *m* luchador de catch.

catéchèse [kateʃɛːz] *f* catequesis, catequismo *m*.

catéchisme [-ʃism] *m* catecismo.

catégorie *f* categoría; *morceaux de première, deuxième catégorie* trozos de primera, segunda categoría (boucherie) || modalidad.

catégoriel, elle *adj* categorial.

catégorique *adj* categórico, ca || tajante; *sa réponse a été catégorique* su respuesta ha sido tajante.

catégoriquement *adv* rotundamente, categóricamente.

catégorisation *f* categorización.
catégoriser *v tr* categorizar.
caténaire *adj* et *s f* catenario, ria || *suspension caténaire* suspensión catenaria (chemin de fer).
catgut [katgyt] *m* MÉD catgut (corde en boyau).
cathare *adj* et *s* cátaro, ra.
catharsis *f* catarsis.
cathédrale *f* catedral.
━ *adj* TECHN *verre cathédrale* vidrio de superficie granitada.
catherinette *f* FAM soltera que celebra el día de santa Catalina el año en que cumple los veinticinco años.
cathéter [katetɛːr] *m* MÉD catéter (sonde).
cathode *f* PHYS cátodo *m*.
cathodique *adj* PHYS catódico, ca || — *écran cathodique* pantalla catódica || *rayons cathodiques* rayos catódicos || *tube cathodique* tubo catódico.
catholicisme *m* catolicismo.
catholicité *f* catolicidad.
catholique *adj* et *s* católico, ca || FAM regular, católico, ca (régulier) || FIG *pas très catholique* no muy católico.
catimini (en) *loc adv* FAM a escondidas, a hurtadillas (en cachette) || de callado, callandito, a la chita callando (discrètement).
catin *f* FAM ramera, buscona.
catogan; cadogan *m* coleta *f* (coiffure) || cinta *f* para el pelo (ruban).
Caton *n pr* Catón.
Caucase *n pr m* GÉOGR Cáucaso.
caucasien, enne; caucasique *adj* caucásico, ca.
Caucasien, enne *m* et *f* caucasino, na; caucasiano, na.
cauchemar [koʃmaːr] *m* pesadilla *f*.
cauchemardeux, euse [-dø, øːz]; **cauchemardesque** [-dɛsk] *adj* FAM de pesadilla.
caudal, e *adj* caudal (de la queue).
━ OBSERV Ne pas confondre avec le substantif espagnol *caudal* qui signifie *capital, fortune*.
causal, e *adj* causal.
causalité *f* PHYLOS causalidad.
causant, e *adj* causante (qui est cause de) || FAM hablador, ra (bavard) || *être peu causant* ser poco hablador *ou* de pocas palabras.
cause *f* causa (principe, motif) || causa; *une cause juste* una causa justa || motivo *m*, razón || DR causa || *à cause de* a causa de, con motivo de || *cause d'erreur* causa de error || *en connaissance de cause* sabiendo lo que se hace || *en désespoir de cause* como último recurso *ou* última esperanza || *en tout état de cause* de todas formas || *et pour cause* y con razón, con su cuenta y razón || *pour cause de décès* por defunción || *pour la bonne cause* por motivo serio || — *épouser la cause de quelqu'un* tomar el partido de alguien || *être cause de* ser causa de || *être en cause* ser el motivo de una discusión, ser el objeto de un debate, tratarse de; *c'est lui qui est en cause* se trata de él; estar en juego, jugarse; *ce qui est en cause, c'est l'avenir du régime* lo que está en juego es el porvenir del régimen; estar en tela de juicio (être douteux) || *faire cause commune avec quelqu'un* hacer causa común con alguien || *mettre en cause* acusar || *mettre hors de cause* poner fuera de causa, dejar de lado || *prendre fait et cause pour* tomar la defensa de.

causer *v tr* causar (être cause).
━ *v intr* conversar, hablar [*(amér.)* platicar] || *causer de choses et d'autres* hablar de todo un poco.
causerie [kozri] *f* charla.
causette *f* charla, palique *m* || FAM *faire la causette avec quelqu'un* charlotear con alguien || *faire un brin de causette* echar un rato de palique.
causse *m* meseta *f* calcárea.
causticité *f* causticidad.
caustique *adj* et *s m* cáustico, ca.
cauteleux, euse [kotlø, øːz] *adj* cauteloso, sa.
cautère *m* cauterio || FAM *c'est un cautère sur une jambe de bois* es la carabina de Ambrosio.
cautérisation *f* cauterización.
cautériser *v tr* MÉD cauterizar.
caution [kosjɔ̃] *f* fianza, caución (garantie); *déposer une caution* dar una fianza, prestar fianza || fiador *m* (répondant) || FIG garantía || — *apporter sa caution* dar su aval || *être o se porter caution de* ser fiador de || *être sujet à caution* ser poco seguro, deber ponerse en tela de juicio *ou* en duda.
━ OBSERV *Fianza* et *caución* sont synonymes, mais *caución* appartient surtout au langage judiciaire.
cautionnement *m* fianza *f*, afianzamiento (somme déposée) || contrato de garantía.
cautionner *v tr* garantizar, salir fiador de.
cavalcade *f* cabalgata (défilé), cabalgada (gens à cheval).
cavale *f* POÉT yegua (jument) || POP fuga (fuite); *détenu en cavale* preso en fuga.
cavaler *v intr* POP correr (courir).
━ *v tr* POP aburrir, dar la lata.
━ *v pr* POP pirárselas, huir (fuir).
cavalerie *f* caballería || COMM papel *m* de colusión [letras de cambio ficticias] || — *cavalerie de ligne, légère, lourde* caballería de línea, ligera, pesada || *grosse cavalerie* cuerpo de coraceros.
cavaleur, euse *adj* et *s* FAM ligón, ona.
cavalier *m* jinete (homme à cheval) || pareja *f* (danse), acompañante, galán (accompagnateur) || caballo (échecs) || caballero (ouvrage de fortification) || TECHN papel de impresión de 0,46 × 0,62 m | indicador de fichero (pour classement) | grapa *f* (clou) || — *cavalier o chevalier servant* escudero (écuyer), galán (homme qui s'occupe d'une dame) || *cavalier seul* solo (danse) || FIG *faire cavalier seul* hacer rancho aparte, estar aislado.
cavalier, ère *adj* desenvuelto, ta (dégagé); *un air cavalier* un ademán desenvuelto || brusco, ca; altivo, va; insolente (hautain); *réponse cavalière* respuesta desenvuelta || ligero de tono, subido de tono; *propos cavaliers* palabras ligeras de tono || — *allée o piste cavalière* camino de herradura, camino reservado a las caballerías || MATH *perspective cavalière* perspectiva caballera.
cavalière *f* amazona (femme à cheval) || pareja (danse).
cavalièrement *adv* bruscamente || impertinentemente.
cave *adj* chupado, da; hundido, da (creux); *des joues caves* mejillas chupadas || hundido, da (yeux) || *cava* (veine) || *mois cave* mes lunar.
━ *f* sótano *m* (sous-sol) || bodega (pour le vin) || cueva (cabaret) || cuarto *m* de los trastos [en el sótano] (débarras) || resto *m* (au jeu).
━ *m* POP lelo, primo (niais).

caveau *m* bodega *f* pequeña (cave) ‖ panteón (sépulture) ‖ teatro de humoristas (théâtre).

caverne *f* caverna (excavation) ‖ cueva (grotte) ‖ MÉD caverna (lésion au poumon) ‖ — *caverne de voleurs* cueva de ladrones ‖ *l'homme des cavernes* el hombre de las cuevas.

caverneux, euse *adj* cavernoso, sa.

caviar *m* caviar.

caviste *m* et *f* bodeguero, ra.

cavité *f* cavidad.

Cayenne *n pr f* GÉOGR Cayena.

C.B. abrév de *citizen band*, *canaux banalisés* CB.

cc abrév de *cuillère à café* cuchara de café ‖ abrév de *charges comprises* gastos de comunidad incluidos.

C.C. abrév de *compte courant* c/c, cuenta corriente ‖ abrév de *corps consulaire* CC, Cuerpo Consular.

C.C.E. abrév de *Commission des Communautés européennes* CCE, Comisión de las Comunidades Europeas.

C.C.I. abrév de *chambre de commerce et d'industrie* Cámara de Comercio e Industria.

C.C.P. abrév de *compte-chèque postal* cuenta corriente postal.

CD abrév de *Compact Disc* (nom déposé) disco compacto ‖ *CD audio* disco compacto audio ‖ *CD vidéo* disco compacto vídeo.

C.D. abrév de *corps diplomatique* Cuerpo Diplomático ‖ abrév de *chemin départemental* camino secundario.

C.D.D. abrév de *contrat à durée déterminée* contrato de duración determinada.

C.D.I. abrév de *centre de documentation et d'information* centro de documentación e información ‖ abrév de *contrat à durée indéterminée* contrato de duración indeterminada.

CD-ROM abrév de *compact disc read only memory* disco óptico de sólo lectura.

C.D.S. abrév de *Centre des Démocrates Sociaux* Centro Democrático Social [Francia].

ce [sə] *adj dém m*, **cet** [sɛt] *adj dém m*, **cette** [sɛt] *adj dém f*, **ces** [se] *adj dém pl* este, esta, estos, estas (désigne ce qui est le plus près de la personne qui parle), ese, esa, esos, esas (désigne ce qui est le plus près de la personne à qui l'on parle), aquel, aquella, aquellos, aquellas (désigne ce qui est également éloigné des deux interlocuteurs) ‖ — *cette question!* ¡qué pregunta!, ¡menuda pregunta!, ¡vaya pregunta! ‖ *il vous sort de ces grossièretés* suelta cada taco *ou* unos tacos ‖ *j'ai eu une de ces frousses* me llevé un susto ‖ *que désirent ces dames?* ¿qué desean las señoras?

— OBSERV Se precisa a menudo la significación en francés añadiendo los adverbios *ci* (aquí), *là* (ahí), *là-bas* (allá); *ce livre*, *ce livre-ci* este libro; *ce livre-là* ese libro; *cette femme-là* esa mujer; *ces maisons là-bas* aquellas casas.

— OBSERV *Cet* se emplea en lugar de *ce* delante de un sustantivo masculino que empieza por vocal o *h* muda: *cet ami*, *cet homme*.

— OBSERV Il faut distinguer *este*, *ese*, *aquel*, adjectifs, sans accent, de *éste*, *ése*, *aquél*, pronoms accentués qui correspondent en français à *celui-ci*, *celui-là* (voir *celui*, *cela*). *Ése*, *esa* peuvent aussi avoir un sens péjoratif.

ce, c' [delante de una *c*] *pron dém* lo; *ce que je dis* lo que digo ‖ — *ce dont* de lo que ‖ — *ce que* (combien), lo... que; *ce qu'il est bon!* ¡lo bueno que es!; cuanto; *vous ne pouvez imaginer ce qu'ils me fatiguent* no puede imaginarse cuánto me cansan; cuán, qué; *ce que c'est beau!* ¡cuán hermoso es!; *ce qu'il est sot!* ¡qué tonto es! ‖ — *c'est-à-dire* es decir, o sea ‖ *c'est ainsi que* es así como ‖ *c'est alors que* es entonces cuando ‖ *c'est à moi*, *à nous de* a mí me toca..., a nosotros nos toca; *c'est à toi d'écrire* a ti te toca escribir; *ce n'est pas à moi de le faire* no me toca hacerlo, no me corresponde hacerlo ‖ *c'est à mourir de rire* es cosa de morirse de risa ‖ *c'est ça* eso es ‖ *c'est ici que* es aquí donde ‖ *c'est l'affaire de* es cosa de ‖ *c'est moi*, *c'est toi*, *c'est nous* soy yo, eres tú, somos nosotros ‖ *c'est pourquoi* por eso ‖ *c'est que* es que; *c'est qu'il n'a pas faim* es que no tiene hambre ‖ *pour ce qui est de* por lo que se refiere a ‖ *qu'est-ce?* ¿qué es? ‖ *qui est-ce?* ¿quién es? ‖ *sur ce* en esto.

— OBSERV Se emplea *ce sont* delante de una 3ª persona de plural expresada por un sustantivo o un pronombre: *ce sont ses amis qui l'ont perdu* sus amigos son quienes le han perdido; *ce sont mes enfants* son mis hijos.

— OBSERV Innumerables veces no hay que traducir *ce*, *c'est* es: *c'est le facteur* es el cartero; *c'est une belle ville que Paris* París es una ciudad bonita.

C.E. abrév de *Comité d'entreprise* comité de empresa ‖ abrév de *Communauté européenne* CE, Comunidad Europea ‖ abrév de *Cours élémentaire* curso elemental [en España, 2.º, 3.º de E.G.B.].

C.E.A. abrév de *Commissariat à l'énergie atomique* Comisaría para la Energía Atómica [organismo francés].

céans [seã] *adv* aquí, aquí dentro; *sortez de céans!* ¡salga usted de aquí! ‖ *le maître de céans* el señor de la casa.

C.E.C.A. abrév de *Communauté européenne du charbon et de l'acier* CECA, Comunidad Europea del Carbón y el Acero.

ceci *pr dém* esto; *retenez ceci* retenga esto.

cécité *f* MÉD ceguera.

cédant, e *adj* et *s* cedente, cesionista.

céder* *v tr* ceder (laisser) ‖ vender, traspasar; *céder son fonds* vender su comercio ‖ ser inferior, tener menos; *le céder en mérite à* ser inferior en mérito a, tener menos mérito que ‖ — *céder le pas à* dejar paso a ‖ *ne le céder en rien à* no ir a la zaga de.

◆ *v intr* ceder ‖ someterse, rendirse.

CEDEX abrév de *courrier d'entreprise à distribution exceptionnelle* correo de empresa con reparto excepcional.

cédille *f* cedilla, zedilla.

— OBSERV La *cedilla* (usada antes en español) se conserva en francés para dar a la *c* el sonido de *s* ante *a*, *o*, *u* (*façade*, *leçon*, *reçu*).

cédrat *m* cidro (arbre) ‖ cidra *f* (fruit).

cèdre *m* BOT cedro.

C.E.E. abrév de *Communauté économique européenne* CEE, Comunidad Económica Europea.

C.E.G. abrév de *collège d'enseignement général* colegio de enseñanza general.

C.E.I. abrév de *Communauté des États Indépendants* CEI, Confederación de Estados Independientes.

ceindre* *v tr* ceñir; *ceindre une épée*, *une couronne* ceñir una espada, una corona ‖ rodear (entourer).

ceinture [sɛtyːr] *f* cintura (du corps) ‖ cinturón *m*, pretina, ceñidor *m* (bande de cuir, etc.) ‖ liguero *m* (pour le bas) ‖ cintura (de murailles) ‖ llanta, cerco *m* (de roues) ‖ línea de circunvalación (autobus) ‖

cinturón *m*; *ceinture noire* cinturón negro (judo) ‖ presa de cintura (lutte) ‖ anillo *m* (d'un obus) ‖ — *ceinture de commandement* faja de general ‖ *ceinture de flanelle* faja ‖ *ceinture de grossesse* faja de embarazo ‖ *ceinture de la reine* chapín de la reina ‖ *ceinture de sauvetage* cinturón salvavidas ‖ *ceinture de sécurité* cinturón de seguridad | *ceinture de sécurité à enrouleur* cinturón de seguridad retráctil ‖ *ceinture verte* espacios verdes en los alrededores de una ciudad, cinturón verde ‖ FAM *se mettre, se serrer la ceinture* apretarse el cinturón, pasar privaciones.

ceinturer *v tr* ceñir ‖ rodear, cercar (entourer) ‖ hacer presa en la cintura, agarrar por la cintura (lutte).

ceinturon *m* cinto (de militaire) ‖ cinturón (ceinture) ‖ talabarte (baudrier).

cela *pron dém* eso (ce qui est le plus près de la personne à qui l'on parle) ‖ aquello (ce qui est également éloigné des deux interlocuteurs) ‖ ése, ésa (sens péjoratif); *cela vous fait l'important* ése se las da de importante ‖ — *à cela près* salvo esto ‖ *cela ne fait rien* no importa nada ‖ *c'est cela* eso es (véase CECI) ‖ *où cela?* ¿dónde? ‖ *quand cela?* ¿cuándo?
— OBSERV *Aquello* indique aussi une chose que l'on a déjà indiquée: *n'oubliez pas cela* no olvide eso; *te souviens-tu de cela?* ¿te acuerdas de aquello?

céladon *adj inv* et *s m* verdeceledón (couleur).
◆ *m* enamorado platónico (amoureux).

célébration *f* celebración.

célèbre *adj* célebre.

célébrer* *v tr* celebrar ‖ oficiar, celebrar (messe).

célébrité *f* celebridad.

céleri *m* BOT apio ‖ — *céleri-rave* apio nabo, raíz gruesa y redonda del apio ‖ *céleri rémoulade* raíz del apio cortada en trozos y sazonada con una salsa hecha con mostaza ‖ *céleri sauvage* apio caballar ‖ *céleri en branches* apio entero.

célérité *f* celeridad.

céleste *adj* celeste; *les espaces célestes* los espacios celestes ‖ celestial (du paradis) ‖ *musique céleste* música celestial ‖ *le Céleste Empire* el Celeste Imperio.

célibat [seliba] *m* soltería *f*, celibato (*p us*).

célibataire *adj* et *s* soltero, ra; célibe (*p us*).

celle [sɛl] *pr dém f* ⟶ **celui**.
◆ *f* (vx) monasterio *m* pequeño.

cellier *m* bodega *f*.

Cellophane *f* (nom déposé) celofán *m*.

cellulaire *adj* ANAT celular; *tissu cellulaire* tejido celular ‖ *voiture cellulaire* coche celular.

cellule *f* celda (couvent, prison) ‖ celdilla (des abeilles) ‖ BIOL célula ‖ FIG célula (politique) ‖ INFORM célula, celda ‖ TECHN estructura (d'avion) ‖ — *cellule photoélectrique* célula fotoeléctrica ‖ *cellule photovoltaïque* célula fotovoltaica ‖ *cellule solaire* célula solar (photopile).

cellulite *f* MÉD celulitis.

Celluloïd *m* (nom déposé) celuloide.

cellulose *f* CHIM celulosa.

cellulosique *adj* celulósico, ca; *vernis cellulosique* barniz celulósico.

celte *adj* celta.

Celtes *n pr m pl* celtas.

Celtibères *n pr m pl* celtíberos, celtiberos.

celtique *adj* céltico, ca.
◆ *m* céltico (langue).

celui [səlɥi] *pron dém m*; **celle** [sɛl] *pron dém f*; **ceux** [sø] *pron dém m pl*; **celles** [sɛl] *pron dém f pl* el, la, los, las ‖ — *celui de mon frère* el de mi hermano ‖ *celui du dessus* el de arriba ‖ *celui du salon* el del salón ‖ *celui dont je parle* del que yo hablo ‖ *celui qui vient* el que viene ‖ *celui-ci, celle-ci, ceux-ci, celles-ci* éste, ésta, éstos, éstas ‖ *celui-là, celle-là, ceux-là, celles-là* ése *ou* aquél, ésa *ou* aquélla, ésos *ou* aquellos ⟶ **ce** ‖ *ceux, celles qui sont ici* los, las que están aquí.
— OBSERV *Éste, ése, aquél, ésta, ésa, aquélla,* pronoms, prennent un accent écrit pour le distinguer des adjectifs de même forme. *Aquello,* n'existant pas comme adjectif, ne prend pas d'accent.

cémentation *f* TECHN cementación.

cénacle *adj* RELIG cenáculo ‖ FIG cenáculo (cercle).

cendre [sɑ̃:dr] *f* ceniza; *réduire en cendres* reducir a cenizas ‖ — *mercredi des Cendres* miércoles de ceniza ‖ CULIN *sous la cendre* a la brasa ‖ — *renaître de ses cendres* volver a la vida como el ave fénix.

cendré, e *adj* ceniciento, ta (couleur de cendre), cubierto de cenizas, de ceniza, cenizoso, sa (couvert de cendres) ‖ — *blond cendré* rubio ceniciento ‖ *piste cendrée* pista de ceniza.
— OBSERV El adjetivo *cendré* es invariable si va precedido de otro adjetivo de color (des cheveux blond *cendré*).

cendrier [sɑ̃drije] *m* cenicero.

Cendrillon Cenicienta.

cène *f* RELIG cena.

cénobite *m* cenobita; *vivre en cénobite* vivir como cenobita.

censé, e *adj* considerado, da como; *homme censé intelligent* hombre considerado como inteligente ‖ — *il est censé ne pas le savoir* se supone que no lo sabe ‖ *nul n'est censé ignorer la loi* la ignorancia de la ley no excusa su cumplimiento.

censément *adv* FAM como si dijéramos, como si se dijera, virtualmente; *il est censément le maître* es como si dijéramos el amo.

censeur *m* censor ‖ subdirector, censor (lycée).

censitaire *m* censatario.
◆ *adj* censual.

censure *f* censura; *motion de censure* moción de censura.

censurer *v tr* censurar.

cent [sɑ̃] *adj* ciento, cien.
◆ *m* ciento ‖ centenar (centaine) ‖ centavo (monnaie) ‖ — FIG *cent pour cent* cien por cien ‖ FAM *dans cent sept ans* dentro de un siglo ‖ *pour cent* por ciento ‖ — *faire les cent pas* pasearse arriba y abajo ‖ *gagner des mille et des cents* ganar dinero a espuertas.
— OBSERV La forme *ciento* ne s'emploie que lorsque ce numéral est seul ou suivi d'un autre numéral, de dizaines ou d'unités (*ciento* cent; *ciento cinco* cent cinq; *ciento treinta* cent trente). Il s'apocope obligatoirement en *cien* lorsqu'il est suivi d'un nom ou d'un numéral supérieur à la centaine (*cien libros; cien casas; cien mil francos*).
— OBSERV *Ciento* espagnol prend toujours la marque du pluriel (*doscientos cuarenta; página seiscientas diez*). Les multiples de *ciento* s'écrivent en un seul mot.
— OBSERV *Cent* toma la *s* del plural si le precede otro número (*trois cents hommes*); pero es invariable si le sigue otro número (*deux cent quarante*) o cuando se emplea como ordinal (*page trois cent*).

centaine *f* centena (dix fois dix); *centaine de millions* centena de millones ‖ centenar *m*; *des centaines d'hommes* centenares de hombres ‖ TECHN cuenda (d'un écheveau) ‖ *par centaines* por centenas, a centenares.
centaure [sātɔːr] *m* centauro.
centenaire [sātnɛːr] *adj* et *s* centenario, ria.
centésimal, e *adj* centesimal.
centième *adj* et *s* centésimo, ma.
 ➡ *m* centésima *f* parte.
centigrade *adj* et *s m* centígrado, da.
centigramme *m* centigramo.
 — OBSERV Ne pas accentuer le *i* de *centigramo*.
centilitre *m* centilitro.
 — OBSERV Ne pas accentuer le premier *i* de *centilitro*.
centime *m* céntimo (monnaie) ‖ *centimes additionnels* suplemento de impuesto, calculado en tanto por ciento.
centimètre *m* centímetro; *centimètre cube* centímetro cúbico ‖ cinta *f* métrica (ruban).
centrafricaine (République) *n pr f* GÉOGR República Centroafricana.
centrage *m* centrado.
central, e *adj* central; *le point central d'un cercle* el punto central de un círculo ‖ céntrico, ca; *quartiers centraux* barrios céntricos.
 ➡ *f* central ‖ — NUCL *centrale à accumulation* central de acumulación ‖ COMM *centrale d'achat* central de compras ‖ *centrale géothermique* central geotérmica ‖ *centrale hydro-électrique* central hidroeléctrica ‖ *centrale nucléaire* central nuclear ‖ *centrale ouvrière* central obrera, organización obrera nacional ‖ *centrale solaire* central solar ‖ *centrale syndicale* central sindical ‖ *centrale thermique* central térmica.
 ➡ *m* central *f*; *un central téléphonique* una central telefónica.
centralien, enne *m* et *f* alumno, na de la Escuela Central.
centralisateur, trice *adj* et *s* centralizador, ra.
centralisation *f* centralización.
centraliser *v tr* centralizar.
centralisme *m* centralismo.
centre *m* centro ‖ *centre aéré* centro recreativo para niños ‖ *centre commercial* centro comercial ‖ *centre culturel* centro cultural ‖ *centre d'apprentissage* centro de aprendizaje ‖ PHYS *centre d'attraction* centro de atracción ‖ INFORM *centre de calcul* centro de cálculo ‖ *centre de gravité* centro de gravedad ‖ *centre de tri* centro de clasificación (postes) ‖ *centre hospitalier* centro hospitalario ‖ ANAT *centre nerveux* centro nervioso ‖ *centre sportif* centro deportivo.
centrer *v tr* centrar.
 ➡ *v tr* et *intr* centrar (sports).
centre-ville *m* centro de la ciudad.
 — OBSERV pl *centres-villes*.
centrifuge [sātrifyʒ] *adj* centrífugo, ga; *force centrifuge* fuerza centrífuga.
centrifuger [-fyʒe] *v tr* centrifugar, separar en una centrifugadora.
centrifugeur, euse [-fyʒœːr, øːz] *adj* et *s* centrifugador, ra.
centripète *adj* centrípeto, ta; *force centripète* fuerza centrípeta.
centrisme *m* centrismo.

centriste *adj* et *s* centrista.
centuple *adj* et *s m* céntuplo, pla ‖ — *au centuple* centuplicado ‖ *rendre au centuple* devolver ciento por ciento.
centupler *v tr* centuplicar.
centurion *m* HIST centurión.
cep *m* cepa *f* (de vigne) ‖ dental (de la charrue).
cépage *m* cepa *f*, vid *f*.
cèpe *m* seta *f*.
cependant *conj* sin embargo (néanmoins) ‖ *(vx) cependant que* mientras que.
 ➡ *adv* entretanto (pendant ce temps).
céphalée *f* MÉD cefalea.
céphalo-rachidien, enne *adj* ANAT cefalorraquídeo, a.
cérame *adj* cerámico, ca; *grès cérame* gres cerámico.
 ➡ *m* vasija *f* de barro.
céramique *adj* et *s f* cerámico, ca.
céramiste *adj* et *s* ceramista.
cerbère *m* FIG cancerbero (gardien, portier brutal).
Cerbère *n pr* MYTH Cerbero, Cancerbero.
cerceau [sɛrso] *m* aro (jouet) ‖ cerco (tonneau) ‖ tijera *f* (plume d'oiseau).
cerclage *m* acción de enarcar.
cercle *m* círculo (surface ronde) ‖ círculo (circonférence) ‖ círculo (de famille, d'amis, etc.) ‖ círculo, casino (club) ‖ fleje (tonneau) ‖ llanta *f* (roues) ‖ — *cercle polaire* círculo polar ‖ FIG *cercle vicieux* círculo vicioso ‖ GÉOM *grand cercle* círculo máximo ‖ *petit cercle* círculo menor ‖ — *du vin en cercle* vino embarrilado ‖ *en cercle* en círculo, en corro ‖ *faire un cercle autour de quelqu'un* formar un círculo *ou* un corro alrededor de alguien.
cercler *v tr* rodear, ceñir (entourer) ‖ enarcar; *cercler un tonneau* enarcar un tonel ‖ *lunettes cerclées d'or* gafas con una montura de oro.
cercueil [sɛrkœːj] *m* ataúd, féretro, caja *f* ‖ FIG sepulcro (tombe, mort).
céréale *f* cereal *m*.
céréalier, ère *adj* et *s* cerealista.
 ➡ *m* MAR granelero (bateau).
cérébral, e *adj* et *s* cerebral.
cérébro-spinal, e *adj* cerebroespinal.
cérémonial *m* ceremonial.
cérémonie [seremoni] *f* ceremonia; *en grande cérémonie* con gran ceremonia ‖ ceremonial *m* (avec apparat) ‖ — *sans cérémonie* sin cumplidos ‖ *visite de cérémonie* visita de cortesía *ou* de cumplido ‖ — *faire des cérémonies* hacer cumplidos.
cérémonieusement *adv* ceremoniosamente.
cérémonieux, euse *adj* ceremonioso, sa.
cerf [sɛːr] *m* ZOOL ciervo.
cerfeuil [sɛrfœːj] *m* perifollo, cerafolio *(p us)*.
cerf-volant [sɛrvɔlā] *m* cometa *f* [(*amér*) volatín] (jouet); *jouer au cerf-volant* jugar a la cometa ‖ ciervo volante (coléoptère).
cerisaie [sərize] *f* cerezal *m*.
cerise *f* cereza, guinda.
 ➡ *adj inv* de color cereza.
cerisier *m* BOT cerezo, guindo.
Cern abrév de *Conseil européen de recherche nucléaire* Organización Europea para la Investigación Nuclear.

cerne *m* cerco (cercle) ‖ aréola *f* (d'une plaie, d'une pustule) ‖ ojera *f* (des yeux) ‖ contorno (d'un dessin) ‖ aureola *f* (de la Lune) ‖ cerco (d'une tache) ‖ BOT anillo (arbres).
— OBSERV L'espagnol *cerne* désigne le cœur d'un tronc d'arbre.
cerné, e *adj* cercado, da (encerclé) ‖ *avoir les yeux cernés* tener ojeras, estar ojeroso.
cerneau *m* carne *f* de nuez verde.
cerner *v tr* cercar, poner cerco, sitiar (investir) ‖ rodear, cercar (entourer) ‖ cercar (bloquer) ‖ escuezcar (les noix) ‖ contornear, siluetear (dessin) ‖ circunscribir, delimitar (un problème, une question) ‖ AGRIC hacer una incisión circular en la corteza de un árbol ‖ FIG asediar (soucis, etc.).
certain, e [sɛrtɛ̃, ɛːn] *adj* cierto, ta; *un fait certain* un hecho cierto; *un certain temps* cierto tiempo ‖ seguro, ra (sûr) ‖ fijado, da (fixe) ‖ — *d'un certain âge* de cierta edad ‖ *sûr et certain* absolutamente seguro ‖ *un certain Durand* un tal Durand ‖ — *il est certain que* no hay duda que ‖ *il faut préférer le certain à l'incertain* hay que preferir lo cierto a lo dudoso.
◆ *pron pl* algunos, nas (quelques-uns) ‖ *certains disent* algunos dicen, hay quien dice.
— OBSERV *Un* ne se traduit pas lorsqu'il précède l'adjectif *certain*.
certainement *adv* ciertamente ‖ sin ninguna duda, por supuesto (bien sûr) ‖ *certainement pas* de ninguna manera.
certes [sɛrt] *adv* por cierto, en verdad, claro es que (il est certain) ‖ sin duda alguna, desde luego (évidemment).
certif *m* FAM diploma de estudios primarios.
certificat [sɛrtifika] *m* certificado ‖ FIG garantía *f*, seguridad *f* (garantie) ‖ — *certificat de complaisance* certificado de favor ‖ *certificat de conformité* certificado de conformidad ‖ *certificat de navigabilité* permiso de navegar (avions) ‖ *certificat d'études* diploma de estudios primarios ‖ *certificat de vie* fe de vida ‖ AUTOM *certificat d'immatriculation* certificado de matriculación ‖ *certificat d'investissement* cédula de inversión ‖ *certificat médical* certificado médico.
certifié, e *adj* et *s* apto para enseñar en los colegios de Segunda Enseñanza (professeur) ‖ *professeur certifié* profesor en posesión del C.A.P.E.S.
certifier* *v tr* certificar (donner comme certain) ‖ responder, garantizar (garantir) ‖ *certifier une caution* responder de una fianza ‖ *copie certifiée conforme* copia legalizada.
— OBSERV *Certifier* no tiene en francés el sentido de *certificar* (cartas, etc.), que se traduce por *recommander*.
certitude *f* certeza; *la certitude d'un événement* la certeza de un suceso ‖ certidumbre; *avoir la certitude du succès* tener certidumbre del éxito ‖ firmeza (fermeté) ‖ veracidad, exactitud ‖ seguridad (sûreté).
cérumen *m* cerumen, cerilla *f* (fam).
céruse *f* albayalde *m*, cerusa *f*.
cerveau [sɛrvo] *m* cerebro ‖ — *cerveau brûlé* cabeza loca, calavera ‖ *cerveau électronique* cerebro electrónico ‖ *rhume de cerveau* coriza, romadizo ‖ *avoir le cerveau fêlé* estar chiflado ‖ *se creuser le cerveau* devanarse los sesos ‖ *tirer de son cerveau* sacar de su cabeza *ou* magín.
cervelas [sɛrvəla] *m* salchicha *f* corta y gruesa.
cervelet *m* ANAT cerebelo.

cervelle *f* sesos *m pl*; *cervelle de veau* sesos de ternera ‖ sesos *m pl*, sesada; *de la cervelle sautée* sesos fritos ‖ FIG seso *m*; *homme sans cervelle* hombre sin seso ‖ FIG & FAM cacumen *m*, mente, entendederas *pl* ‖ — *tête sans cervelle* cabeza de chorlito ‖ — *brûler la cervelle* saltar la tapa de los sesos ‖ *cela me trotte dans la cervelle* estoy dándole vueltas en la cabeza ‖ *être sans cervelle* ser ligero de cascos ‖ *rompre la cervelle* romper la cabeza ‖ *se creuser la cervelle* devanarse los sesos ‖ *se faire sauter la cervelle* levantarse la tapa de los sesos.
cervical, e *adj* ANAT cervical.
cervidés *m pl* ZOOL cérvidos.
Cervin (mont) *n pr* GÉOGR monte Cervino.
ces *adj dém* → **ce**.
C.E.S. abrév de *collège d'enseignement secondaire* colegio de enseñanza secundaria ‖ abrév de *contrat emploi-solidarité* contrato de reinserción laboral de media jornada.
César *n pr m* César ‖ *il faut rendre à César ce qui est à César, et à Dieu ce qui est à Dieu* hay que dar a Dios lo que es de Dios y al César lo que es del César.
césarien, enne *adj* cesariano, na (relatif à Jules César) ‖ cesáreo, a (relatif à l'empereur, à l'Empire); *majesté césarienne* majestad cesárea ‖ cesariense (de Césarée).
◆ *f* cesárea (opération).
cessant, e *adj* cesante ‖ *toutes affaires cessantes* dejando a un lado todo lo demás, con exclusión de todo.
cessation *f* cese *m*, cesación (arrêt); *cessation des hostilités* cese de las hostilidades ‖ suspensión; *cessation de payements* suspensión de pagos.
cesse [sɛs] *f* tregua, interrupción ‖ *sans cesse* sin cesar, siempre.
— OBSERV Úsase sólo en locuciones como *n'avoir pas de cesse* no parar hasta que.
cesser *v intr* cesar; *l'orage a cessé* cesó la tormenta.
◆ *v tr* suspender; *cesser un travail* suspender un trabajo ‖ acabar (mettre fin) ‖ abandonar (une action judiciaire) ‖ dejar de (arrêter); *cesser de crier* dejar de gritar ‖ *faire cesser* acabar, terminar.
cessez-le-feu *m inv* MIL alto el fuego.
cessible *adj* cesible.
cession *f* cesión; *cession de biens* cesión de bienes ‖ traspaso *m* (d'un commerce).
cessionnaire *m et f* cesionario, ria.
c'est-à-dire [sɛtadiːr] *loc conj* es decir, o sea, a saber, verbigracia, verbi gratia.
césure *f* POÉT cesura.
cet, cette [sɛt] *adj dém* → **ce**.
C.E.T. abrév de *collège d'enseignement technique* colegio de enseñanza técnica.
cétacé *m* ZOOL cetáceo.
cette *adj dém* → **ce**.
ceux *pl* de *celui* → **celui**.
Cévennes *n pr f pl* GÉOGR Cevenas.
cévenol, e *adj* cevenol, la (des Cévennes).
Cévenol, e *m et f* cevenol, la.
Ceylan *n pr m* GÉOGR Ceilán.
cf. abrév de *confer* cf., conf., cof., confer.
C.F.A.O. abrév de *conception et fabrication assistées par ordinateur* diseño y fabricación asistidos por ordenador.

C.F.C. abrév de *chlorofluorocarbone* CFC, clorofluorocarburo.

C.F.D.T. abrév de *Confédération française démocratique du travail* Confederación Francesa Democrática del Trabajo.

C.F.E.-C.G.C. abrév de *Confédération française de l'encadrement-C.G.C.* Confederación General Francesa de Cuadros.

C.F.T.C. abrév de *Confédération française des travailleurs chrétiens* Confederación Francesa de Trabajadores Cristianos.

C.G.C. abrév de *Confédération générale des cadres* Confederación General de Cuadros [antiguo nombre de la C.F.E.-C.G.C.].

C.G.T. abrév de *Confédération générale des travailleurs* Confederación General de Trabajadores [Francia].

ch. abrév de *charges* gastos de comunidad || abrév de *chauffage* calefacción || abrév de *cherche* busco [en los anuncios breves].

CH abrév de *Confédération helvétique* Confederación Helvética.

chablis [ʃabli] *m* árbol derribado por el viento || vino blanco de Chablis [Francia].

chacal *m* ZOOL chacal.
— OBSERV pl *chacals*.

cha-cha-cha *m inv* cha-cha-chá (danse).

chacun, e [ʃakœ̃ yn] *pron indéf* cada uno, cada una; *chacun de ces livres* cada uno de estos libros || cada cual; todos, das; *chacun le dit* todos lo dicen || — *chacun avec sa chacune* cada uno con su pareja || *chacun pour soi et Dieu pour tous* cada uno en su casa y Dios en la de todos || FAM *tout un chacun* cada hijo de vecino, cada quisque.

chagrin, e [ʃagrɛ̃ in] *adj* apenado, da; apesadumbrado, da (attristé) || triste; *esprit chagrin* mentalidad triste.
◆ *m* pesadumbre *f*, pena *f*; *gros chagrin* gran pena || tristeza *f*, zapa *f*; *peau de chagrin* piel de zapa || *avoir du chagrin* tener pena || *se faire du chagrin* apenarse.

chagriner *v tr* apenar, entristecer, apesadumbrar || preparar [la piel de zapa] (cuir).

chah [ʃa] *m* cha (souverain de Perse).

chahut [ʃay] *m* FAM jaleo, escándalo; *faire du chahut* armar jaleo || abucheo (cris d'hostilité).

chahuter [-te] *v intr* FAM armar jaleo.
◆ *v tr* FAM revolver (mettre en désordre) || abuchear; *chahuter un professeur* abuchear a un profesor || perturbar, trastornar (troubler).

chahuteur, euse *adj et s* alborotador, ra.

chaîne *f* cadena; *chaîne d'arpenteur* cadena de agrimensor || urdimbre (tissus) || cadena, lazo *m* (d'un chien) || cadena perpetua (d'un bagnard) || collar (décoration) || cadena, canal *m* (de télévision) || ARCHIT cadena, encadenado *m*, tirante *m* (renforcement) || CHIM cadena; *chaîne ouverte, fermée* cadena abierta, cerrada || FIG cadena (captivité) | cadena (d'émetteurs, de journaux, etc.) | serie (succession) || MAR cadena (pour fermer un port) || TECHN cadena, línea (de montage) || equipo *m*; *chaîne stéréophonique* equipo estereofónico || — *chaîne alimentaire* cadena alimentaria || *chaîne d'assemblage* cadena de ensamblaje || *chaîne de fabrication* cadena de fabricación || *chaîne de galériens* cuerda de galeotes || *chaîne de manutention* cadena de transporte || *chaîne de montage* cadena de montaje || *chaîne de montagnes* sierra, cordillera || *chaîne de montre* leontina || *chaîne d'entraide* cadena de ayuda mutua || *chaîne d'entrebâillement o de sûreté* cadena de seguridad, retenedor || *chaîne de solidarité* cadena de solidaridad || *chaîne hautefidélité o hi-fi* cadena, equipo de alta fidelidad || AUTOM *chaînes antidérapantes* cadenas antideslizantes || — FIG *réactions en chaîne* reacciones en cadena || *travail à la chaîne* trabajo en cadena || — *briser ses chaînes* romper las cadenas, libertarse || *faire la chaîne* trabajar en cadena, hacer cadena || *mettre un chien à la chaîne* encadenar a un perro.

chaînette *f* cadena || esclava (bracelet) || cadeneta (reliure) || GÉOM catenaria (courbe) || *point de chaînette* cadeneta.

chaînon *m* eslabón (maillon) || estribación *f*, ramal (de montagnes) || FIG eslabón, enlace.

chair [ʃɛr] *f* carne; *en chair et en os* de *ou* en carne y hueso || carne; *des bas chair o couleur chair* medias color carne (couleur) || FIG carne; *la chair est faible* la carne es débil | carne (pulpe de fruit) || — *chair à canon* carne de cañón || *chair à saucisses* carne picada de relleno || *chair de ma chair* pedazo de mi alma, carne de mi carne || *chair de poule* carne de gallina || *chair ferme, molle* carne prieta, fofa || *ni chair ni poisson* ni carne ni pescado || — *être bien en chair* estar metido en carnes || *hacher quelqu'un menu comme chair à pâté* hacer a uno picadillo.
◆ *pl* ARTS partes desnudas de las figuras esculpidas o pintadas.

chaire *f* púlpito *m* (église) || cátedra (d'un professeur) || FIG púlpito *m* (éloquence religieuse) || *la chaire apostolique* la cátedra *ou* la sede apostólica.

chaise *f* silla; *s'asseoir sur une chaise* sentarse en una silla || TECHN chumacera, soporte *m* de cojinete || — *chaise à bascule* mecedora || *chaise à porteurs* silla de manos || *chaise curule* silla curul || *chaise de poste* silla de posta || *chaise électrique* silla eléctrica || *chaise longue* hamaca, tumbona || *chaise percée* silla retrete || *chaise pliante* silla de tijera || *coup de chaise* silletazo || — (vx) *aller à la chaise* ir al excusado || *porter quelqu'un en chaise, faire la chaise à quelqu'un* llevar en silla de manos a uno.

châle [ʃɑːl] *m* chal, mantón || — *châle de Manille* mantón de Manila || *col châle* cuello bufanda.

chalet [ʃalɛ] *m* chalet, chalé.
— OBSERV En espagnol, *chalet* a également le sens de *pavillon* ou de *villa*.

chaleur *f* calor *m* || ardor; *la chaleur de la jeunesse* el ardor de la juventud || — *chaleur du style* lo cálido del estilo || NUCL *chaleur résiduelle* calor residual || — *avec chaleur* calurosamente || *en chaleur* en celo, salida (femelle d'animal).

chaleureusement *adv* calurosamente || *il a été chaleureusement accueilli* recibió una cálida *ou* calurosa acogida.

chaleureux, euse *adj* caluroso, sa || expresivo, va; *remerciements chaleureux* agradecimientos expresivos.

challenge *m* SPORTS trofeo, challenge.

challenger *m* SPORTS aspirante, candidato.

chaloupe *f* chalupa.

chaloupé, e *adj avoir une démarche chaloupée* andar contoneándose.

chalumeau *m* canuto (paille, roseau) || MUS caramillo || TECHN soplete.

chalut [ʃaly] *m* traína *f*, red *f* barredera || *pêche au chalut* pesca de arrastre.

chalutier *m* MAR bou.

chamade *f* llamada (sonnerie); *battre la chamade* tocar llamada || FIG *son cœur battait la chamade* su corazón se le salía del pecho.

chamailler (se) *v pr* reñir, pelearse.

chamarré, e *adj* con profusión de colores, con mucho colorido.

chambardement *m* desbarajuste, desorden.

chambarder *v tr* desordenar, revolver, poner patas arriba.

chambellan *m* chambelán.

chamboulement *m* FAM desmadre, gran cambio.

chambouler *v tr* FAM poner patas arriba.

chambranle *m* chambrana *f*, marco (porte, fenêtre) || faldón (cheminée).

chambre *f* cuarto *m*, habitación; *chambre meublée* cuarto amueblado, habitación amueblada || cámara (royale) || sala; *chambre criminelle* sala de lo criminal || cámara; *chambre des députés, syndicale* cámara de diputados, sindical || MAR cámara (d'un bateau), cabina (d'une embarcation) || TECHN cámara || recámara (armes à feu) || — *chambre à air* cámara de aire || *chambre à coucher* dormitorio, alcoba [(amér.) recámara] || *chambre à deux lits* habitación doble *ou* de dos camas || *chambre à gaz* cámara de gas || GÉOL *chambre à magma* cámara magmática || *chambre apostolique* cámara apostólica || *chambre à un lit* habitación individual || *chambre claire* cámara clara || DR *chambre d'accusation* sala de acusación || *chambre d'agriculture* cámara agrícola || *chambre d'ami* cuarto de invitados || AUTOM *chambre de combustion* cámara de combustión || *chambre de commerce et d'industrie* cámara de comercio e industria || MAR *chambre des machines* sala de máquinas || *chambre des métiers* cámara de oficios || *chambre d'hôtel* habitación de hotel || *chambre forte* cámara acorazada || *chambre froide* cámara frigorífica || *chambre noire* cámara oscura || *chambre pour deux personnes* habitación doble *ou* de matrimonio || *chambre pour une personne* habitación individual || *des stratèges en chambre* estrategas de café || *musique de chambre* música de cámara || — *faire chambre à part* dormir en habitaciones separadas || *garder la chambre* no salir de su habitación || *travailler en chambre* trabajar en su domicilio.

➔ *pl* *les Chambres* las Cortes (en Espagne), el Parlamento (dans les autres pays).

chambrée *f* dormitorio *m* de tropa || dormitorio *m* (dortoir).

chambrer *v tr* encerrar en un cuarto || — *chambrer une bouteille de vin* poner una botella de vino a la temperatura ambiente || FIG *chambrer quelqu'un* aislar a alguien para mejor convencerle || FAM *chambrer quelqu'un* pitorrearse de alguien (se moquer de).

— OBSERV Se emplea frecuentemente *vino «chambré»*.

chameau *m* camello || FIG pajarraco, pájaro de cuenta, mal bicho (personne méchante) || MAR camello (ponton).

chamelier *m* camellero.

chamelle *f* camella.

chamois [ʃamwa] *m* ZOOL gamuza *f* || *peau de chamois* piel de gamuza.

➔ *adj inv* gamuzado, da (couleur); *une robe chamois* un vestido gamuzado.

champ [ʃã] *m* campo || FIG campo; *le champ des hypothèses* el campo de las hipótesis || PHYS campo || TECHN campo; *champ d'une lunette* campo óptico || — *champ clos* palenque || *champ d'action* campo de acción || *champ d'aviation* campo de aviación || *champ de bataille, d'honneur* campo de batalla, del honor || *champ de courses* hipódromo || *champ de foire* real de la feria || MIL *champ de manœuvres* campo de maniobras || *champ de mines* campo de minas || *champ de pétrole* campo petrolífero || *champ de repos* camposanto, última morada (cimetière) || PHYS *champ éloigné* campo lejano || MÉD *champ opératoire* campo operatorio || *champ proche* campo próximo || *champ visuel* campo visual || PHOT *profondeur de champ* profundidad de foco || — *à tout bout de champ* a cada momento || *à travers champs* a campo traviesa || *en plein champ* en campo raso || *sur-le-champ* al instante, sobre la marcha, en el acto || — *avoir, laisser le champ libre* tener, dejar el campo libre || MIL *battre aux champs* tocar llamada y tropa || *poser de champ* → **chant** || *prendre du champ* alejarse para ver *ou* comprender mejor || *prendre la clef des champs* tomar las de Villadiego, poner los pies en polvorosa.

champagne *m* champaña, champán (vin); *champagne frappé* champaña helado || — *fine champagne* coñac || *vin façon champagne* vino estilo champán *ou* achampanado.

➔ *f* BLAS campaña.

Champagne *n pr f* GÉOGR Champaña.

champagniser *v tr* champañizar, achampanar, achampañar (vin).

Champenois, e *m et f* champenés, esa; champañés, esa; campanense.

champêtre *adj* campestre || *garde champêtre* guarda rural.

champignon *m* BOT hongo, seta *f*, champiñón (gallicisme très employé) || percha, *f* (pour habits) || AUTOM & FAM acelerador; *appuyer sur le champignon* pisar el acelerador || — *champignon atomique* hongo atómico, nube que forma la explosión nuclear || *champignon vénéneux* seta venenosa || *ville-champignon* ciudad de crecimiento rápido || — *pousser comme des champignons* crecer como hongos.

— OBSERV *Seta* désigne particulièrement les champignons à chapeau; *champiñón* est plutôt un terme culinaire.

champignonnière *f* criadero *m* de setas.

champion, onne *m et f* campeón, ona || FIG paladín, campeón, ona; *il s'est fait le champion de la liberté* se hizo el paladín de la libertad.

championnat *m* campeonato || liga *f* (football).

chamsin [ramsin] *m* → **khamsin**.

chance *f* suerte; *bonne chance* buena suerte || posibilidad, oportunidad; *il a une chance de s'en sortir* tiene una posibilidad de salir de este mal paso; *il a des chances de gagner* tiene posibilidades de ganar || — *coup de chance* suerte, chiripa || *bonne chance!* ¡suerte! || — *avoir de la chance* tener suerte || *courir la chance* correr el albur, tentar la suerte || *donner sa chance à quelqu'un* dar una oportunidad a alguien || *encore une chance que tu sois venu!* ¡menos mal que has venido! || *il y a de fortes chances pour qu'il soit absent* es muy probable que no esté || *je n'ai pas de chance* no tengo suerte, tengo mala suerte || *la chance a tourné* ha cambiado la suerte || *porter chance* dar buena suerte || *tenter sa chance* probar fortuna.

◆ *pl* probabilidades, posibilidades; *chances de réussite* posibilidades de éxito.

chancelant, e *adj* vacilante, inseguro, ra; titubeante; *d'un pas chancelant* con paso inseguro || delicado, da (santé).

chanceler* *v intr* vacilar (hésiter) || bambolearse, tambalearse; *je chancelais comme si j'avais bu* me bamboleaba como si hubiese bebido.

chancelier *m* canciller || *Chancelier de l'Échiquier* ministro de Hacienda [inglés].

chancellerie *f* cancillería || *chancellerie romaine* cancelaría romana.

chanceux, euse *adj* afortunado, da (qui a de la chance) || dudoso, sa; incierto, ta (hasardeux).

chancre *m* BOT cancro || FIG cáncer || MÉD chancro; *chancre induré* chancro duro.

chandail [ʃɑdaːj] *m* jersey.

chandeleur [ʃɑdlœːr] *f* candelaria (fête).

chandelier *m* velero (fabricant de bougies) || candelabro, candelero; *un chandelier d'argent* un candelabro de plata || MAR candelero || FAM biombo, tapadera *f* (paravent).

chandelle *f* candela || globo *m*, balón *m* alto, pelota bombeada (football), bote *m* neutro (par l'arbitre), voleo *m* bajo (cricket), volea alta (tennis) || puntal *m*, codal *m* (étai) || FAM velas *pl* (morve) || — FAM *économie de bouts de chandelle* ahorros de chicha y nabo *ou* del chocolate del loro (économies ridicules) || — *brûler la chandelle par les deux bouts* tirar la casa por la ventana (gaspiller sa fortune), jugar con la salud (user sa santé) || *devoir une fière chandelle à quelqu'un* deberle a uno los ojos de la cara || *le jeu n'en vaut pas la chandelle* la cosa no vale la pena, perdonar el bollo por el coscorrón || AVIAT *monter en chandelle* encabritarse, elevarse verticalmente || FIG *tenir la chandelle* alumbrar con una vela (pour éclairer), llevar la cesta (pour accompagner) || *voir trente-six chandelles* ver las estrellas.

chanfreiner *v tr* TECHN achaflanar.

change *m* cambio (changement); *perdre au change* perder con el cambio || cambio (Bourse) || — *agent de change* agente de cambio y bolsa || *bureau de change* agencia de cambio || *contrôle des changes* control de cambio || *cours du change* cotización || *lettre de change* letra de cambio || *opérations de change* operaciones de cambio || — *donner le change* dar el pego, engañar || *gagner au change* ganar al cambio || *perdre au change* perder al cambio || *prendre le change* dejarse engañar.

changeant, e [ʃɑ̃ʒɑ̃, ɑ̃ːt] *adj* cambiante || cambiadizo, za; tornadizo, za (personne) || cambiante, tornasolado, da (tissu, couleur) || inseguro, ra; variable (temps) || mudable, movible, voluble.

changement *m* cambio || traslado (de poste, de résidence) || THÉÂTR *changement à vue* mutación, cambio escénico || *changement de cap* cambio de rumbo || TECHN *changement de vitesse* cambio de velocidades.

changer* *v tr* cambiar || — *changer en* convertir en, transformar en || *changer quelque chose de place* cambiar algo de sitio || *changer son fusil d'épaule* volver la casaca, chaquetear, cambiarse la chaqueta || *changer un enfant* mudar a un niño || — *cela me change de* esto es un cambio para mí || *cette coiffure me change* me encuentro cambiada con este peinado.

◆ *v intr* cambiar || — *changer d'idée* o *de choses comme de chemise* cambiar de idea *ou* de cosas cada dos por tres || *changer d'air* cambiar de aires || *changer de couleur* cambiar de color || *changer de direction* cambiar de dirección || *changer de place avec quelqu'un* cambiar el sitio con alguien || *changer de face* cambiar de aspecto || *changer de route* cambiar de rumbo || *changer de visage* cambiar de cara || AUTOM *changer de vitesse* cambiar de marcha *ou* de velocidad || *changer du tout au tout* cambiar por completo *ou* completamente.

◆ *v pr* cambiarse || mudarse de ropa (linge) || convertirse, transformarse.

changeur, euse *m et f* cambista.

◆ *m* cambio automático (monnaie) || — RAD *changeur de fréquence* convertidor de frecuencia | *changeur d'ondes* botón del cambio de ondas.

chanoine [ʃanwan] *m* canónigo.

chanson *f* canción || cantar *m*, canción *m*; *chanson de geste* cantar de gesta || canto *m*; *le chanson du vent* el canto del viento || *chanson à boire* canción báquica || *chanson de Mío Cid* cantar del Mío Cid || *chanson de route* marcha || *chansons que tout cela!* ¡eso son monsergas *ou* tonterías! || *toujours la même chanson* siempre la misma cantinela *ou* el mismo estribillo || — *c'est une autre chanson!* ¡ése es otro cantar! || *en avoir l'air et la chanson* ser realmente lo que se parece || *l'air ne fait pas la chanson* el hábito no hace al monje.

chansonnette *f* cancioncilla.

chansonnier, ère *m et f* cancionista || humorista.

◆ *m* cancionero (recueil).

— OBSERV Hoy suele darse el nombre de *chansonnier* a los artistas que interpretan sus propias canciones satíricas.

chant [ʃɑ̃] *m* canto; *chant de victoire* canto de victoria || cante (chant populaire); *chant «flamenco»* cante flamenco, jondo *ou* hondo || canto (côté); *poser de chant* colocar de canto || — *chant alléluiatique* canto jubilatorio *ou* aleluiático || *chant de Noël* villancico || *chant grégorien* canto gregoriano || *plainchant* canto llano || — *au chant du coq* al cantar el gallo || *posé de, sur chant* asentado de canto.

chantage *m* chantaje; *faire du chantage auprès de* hacer chantaje a.

chantant, e *adj* cantante (qui chante) || cantante; *café chantant* café cantante || cantarín, ina; *voix chantante* voz cantarina || melodioso, sa; musical.

chanter *v tr et intr* cantar; *chanter en mesure* cantar a compás || cantar (célébrer en vers); *chanter la gloire* cantar la gloria || ser cantarín, ina (langue) || hablar con sonsonete (déclamer) || FIG sonreír (plaire) || FAM contar; *que me chantes-tu là?* ¿qué me cuentas? || POP cantar (avouer) || — *pain à chanter* oblea || — *chanter faux* desentonar || *chanter juste* tener buen oído (avoir une bonne oreille), cantar entonado (ne pas détonner) || — *cela ne me chante pas* eso no me dice nada *ou* no me apetece || *c'est comme si je chantais* es como quien oye llover *ou* como si hablara a la pared || *faire chanter quelqu'un* hacerle chantaje a uno.

chanterelle *f* prima, cantarela (corde de violon, guitare) || reclamo *m* (oiseau quelconque) || BOT mízcalo *m* (champignon) || FIG & FAM *appuyer sur* chanteur

la chanterelle insistir *ou* hacer hincapié en un punto importante.
chanteur, euse *m* et *f* cantor, ra; *chanteur des rues* cantor callejero ‖ cantante; *chanteuse d'opéra* cantante de ópera ‖ — *chanteur de charme* cantor de melodías sentimentales ‖ *chanteur de flamenco* cantaor de flamenco ‖ *chanteur d'orchestre* vocalista ‖ *maître chanteur* chantajista [estafador por medio de amenazas] ‖ *oiseau chanteur* ave canora.
— OBSERV *Cantante* s'applique surtout au chanteur de théâtre, *canta(d)or* est le chanteur de chant folklorique, andalou ou gitan.
chantier *m* taller (atelier à l'air libre) ‖ MAR astillero ‖ depósito de maderas o de carbón (dépôt de bois ou de charbon) ‖ obra *f* de construcción (construction) ‖ borriquete (de menuisier) ‖ combo, poíno (pour tonneaux) ‖ FAM leonera *f*, cuarto desarreglado (lieu en désordre) ‖ — *chef de chantier* maestro en obras ‖ *navire sur chantier* buque en grada ‖ — *aller au chantier* ir al tajo ‖ *mettre en chantier* poner en marcha ‖ *mettre un ouvrage en o sur le chantier* comenzar una obra, tener una obra en el telar.
chantilly *f* chantillí *m* ‖ *crème chantilly* chantillí.
chantonner *v tr* et *intr* canturrear.
chantourner *v tr* TECHN contornear, seguetear ‖ *scie à chantourner* segueta.
chantre *m* chantre ‖ FIG poeta, cantor.
chanvre *m* BOT cáñamo ‖ *chanvre de Manille* abacá, cáñamo de Manila.
chaos [kao] *m* caos.
chaotique [kaɔtik] *adj* caótico, ca.
chap. abrév de *chapitre* capítulo.
chaparder *v tr* FAM sisar, birlar, hurtar.
chapardeur, euse *m* et *f* FAM ladronzuelo, la; mangante.
chape *f* capa protectora (revêtement) ‖ BLAS capa ‖ ECCLÉS capa ‖ MÉCAN horquilla ‖ soporte *m* (de poulie) ‖ caja protectora de una aguja de brújula ‖ banda de rodadura (d'une roue) ‖ — *chape de fixation* abrazadera de sujeción ‖ *chape de moyeu de roue* brida del eje de rueda.
chapeau *m* sombrero ‖ tapa *f* (couvercle) ‖ sombrerete (d'un champignon) ‖ copa *f* (d'un arbre) ‖ FIG sumario, breve introducción *f* (d'un article) ‖ MAR capa *f* ‖ TECHN pezonera *f* (de roue) ‖ — MUS *chapeau chinois* chinesco ‖ *chapeau de cardinal* capelo cardinalicio ‖ *chapeau haut de forme* sombrero de copa, chistera ‖ *chapeau melon* sombrero hongo, bombín (*fam*) ‖ *chapeau mou* sombrero flexible ‖ *coup de chapeau* sombrerazo ‖ — *démarrer sur les chapeaux de roue* arrancar a toda velocidad ‖ *enfoncer son chapeau* calarse el sombrero ‖ *mettre chapeau bas* quitarse el sombrero, saludar, descubrirse ‖ *ôter son chapeau* quitarse el sombrero ‖ FIG *tirer son chapeau* descubrirse ‖ FIG & FAM *travailler du chapeau* estar tarumba.
◆ *interj* FAM ¡bravo!, ¡hay que descubrirse!
chapeauté, e *adj* con el sombrero puesto.
chapeauter *v tr* FAM poner un sombrero a alguien | hacer una breve introducción | respaldar, patrocinar (protéger) | tener bajo su mando *ou* jurisdicción.
chapelain *m* capellán.
chapelet [ʃaplɛ] *m* rosario; *dire un chapelet* rezar un rosario; *chapelet en ivoire* rosario de marfil ‖ ristra *f* (aulx, oignons) ‖ serie *f*, sarta, *f*; *un chapelet d'injures* una serie de improperios ‖ — *chapelet hydraulique* rosario hidráulico ‖ FIG & FAM *défiler son chapelet* desembuchar.
chapelier, ère *adj* et *s* sombrerero, ra.
◆ *f* baúl *m* mundo (coffre).
chapelle *f* capilla; *chapelle ardente* capilla ardiente ‖ oratorio *m* (chapelle privée) ‖ FIG camarilla (clan).
chapellerie *f* sombrerería.
chapelure *f* pan *m* rallado.
chaperon [ʃaprɔ̃] *m* caperuza *f* ‖ capirote (faucon) ‖ muceta *f* (bourrelet) ‖ albardilla *f* (de mur) ‖ FIG carabina *f* (*fam*), señora *f* de compañía (dame de compagnie) ‖ *le Petit Chaperon rouge* Caperucita roja.
chaperonner *v tr* poner albardilla (à un mur) ‖ poner un capirote (un faucon) ‖ FIG acompañar a una joven, servirle de carabina, llevar la cesta.
chapiteau *m* lona *f*, toldo de circo, carpa *f* (cirque) ‖ cornisa *f* (d'un meuble) ‖ montera *f* (d'alambic) ‖ ARCHIT capitel.
chapitre *m* cabildo (des chanoines) ‖ capítulo (réunion) ‖ capítulo (d'un livre) ‖ partida *f*, asiento (d'un budget) ‖ materia *f*, tema (sujet) ‖ *ne pas avoir voix au chapitre* no tener ni voz ni voto, no tocar pito (en una cosa).
chapitrer *v tr* llamar a capítulo (religieux) ‖ dividir en capítulos ‖ echar una bronca, reprender.
chapka *f* gorro *m* ruso.
chapon *m* capón (coq) ‖ pan untado con ajo (pain).
chaptalisation *f* azucarado *m*.
chaptaliser *v tr* azucarar [agregar azúcar al mosto antes de que fermente].
chaque *adj* cada; *chaque chose* cada cosa ‖ FAM cada uno; *cent francs chaque* cien francos cada uno.
char *m* carro ‖ carroza *f* (de carnaval) ‖ — (*vx*) *char à bancs* charabán, faetón ‖ *char d'assaut, de combat* carro de asalto, de combate ‖ *char funèbre* coche fúnebre, carroza fúnebre.
charabia *m* galimatías, jerigonza *f*, algarabía *f*.
charade *f* charada ‖ FIG cosa poco inteligible.
charançon [ʃarɑ̃sɔ̃] *m* ZOOL gorgojo.
charbon *m* carbón ‖ carbonilla *f* (escarbille) ‖ carbón, carboncillo (fusain) ‖ dibujo al carbón (dessin) ‖ AGRIC tizón, carbón (maladie des plantes) ‖ MÉD carbunco ‖ — *charbon animal* carbón animal ‖ *charbon ardent* ascua ‖ *charbon de terre, de bois* carbón de piedra, de leña ‖ FIG *être sur des charbons ardents* estar en ascuas.
charbonnage *m* mina *f* de hulla ‖ explotación *f* hullera.
charbonneux, euse *adj* carbonoso, sa (du charbon combustible) ‖ carbuncoso, sa; *mouche charbonneuse* mosca carbuncosa.
charbonnier, ère *adj* et *s* carbonero, ra (métier).
◆ *m* HIST carbonario (conspirateur) ‖ MAR barco carbonero ‖ — *avoir la foi du charbonnier* tener la fe del carbonero ‖ *charbonnier est maître chez lui* o *chez soi* cada uno es rey en su casa.
◆ *f* carbonera (dépôt) ‖ ZOOL paro *m* carbonero (oiseau).
charcuter *v tr* despedazar, cortar mal la carne ‖ FAM hacer una carnicería (un chirurgien).

charcuterie [ʃarkytri] *f* chacina, productos *m pl* del cerdo, embutidos *m pl* (viande préparée) ‖ chacinería, tienda de embutidos, salchichería [*(amér)* chanchería] (boutique).
— OBSERV On emploie souvent le gallicisme *charcutería*.

charcutier, ère *m* et *f* salchichero, ra; chacinero, ra.

chardon *m* BOT cardo ‖ — *chardon à foulon* cardencha ‖ *chardon argenté, chardon Notre-Dame* cardo mariano ‖ *chardon aux ânes* cardo borriquero.
◆ *pl* barda *ou* púas de hierro (garniture de mur).

chardonneret *m* jilguero (oiseau).
charentais, e *adj* de Charente.
◆ *f* zapatilla de paño.
Charentais, e *m* et *f* charentés, esa.
Charente *n pr f* GÉOGR Charente *m* [departamento francés].
Charente-Maritime *n pr f* GÉOGR Charente *m* Marítimo [departamento francés].

charge *f* carga (poids) ‖ carga (fardeau) ‖ cargo *m* (emploi) ‖ cargo *m*; *avoir quelqu'un à sa charge* tener alguien a su cargo ‖ embestida (taureau) ‖ broma (plaisanterie) ‖ carga, gravamen *m* (impôt) ‖ carga; *charges sociales* cargas sociales ‖ MIL carga (munition) ‖ carga; *pas de charge* paso de carga ‖ TECHN carga; *charge utile* carga útil ‖ ARTS caricatura ‖ DR cargo *m*; *témoin à charge* testigo de cargo ‖ — *charge creuse* carga hueca ‖ *charge d'âmes* cargo de almas ‖ *charge de notaire* notaría ‖ *charge électrique* carga eléctrica ‖ *charges familiales* cargas familiares ‖ *charges locatives, les charges* gastos de comunidad ‖ — *à charge de revanche* en desquite ‖ *à charge pour vous de* a condición de que usted, siempre que usted ‖ *enfants à charge* niños a su cargo ‖ *femme de charge* criada de cuerpo de casa ‖ *prise en charge* bajada de bandera (taxi) ‖ — *avoir la charge de* tener a cargo ‖ *être à charge* ser gravoso *ou* molesto ‖ *être à la charge de* correr a cargo de, de la cuenta de *ou* por la cuenta de, ser de la incumbencia de ‖ *mettre à la charge de quelqu'un* echar la culpa a alguien ‖ *prendre à* o *en charge* hacerse cargo de ‖ *revenir à la charge* volver a la carga ‖ *sonner la charge* tocar paso de ataque *ou* de carga.

chargé, e *adj* cargado, da (d'un poids) ‖ encargado, da (de faire quelque chose) ‖ cargado, da (arme) ‖ recargado, da (excessif) ‖ MIL atacado, da (soumis à une charge) ‖ — *chargé d'affaires* encargado de negocios ‖ *chargé de cours* encargado de curso, sustituto de cátedra, profesor adjunto ‖ *chargé d'honneurs* lleno de honores ‖ *lettre chargée* carta de valores declarados ‖ *programme chargé* programa apretado ‖ *temps chargé* cielo encapotado, cubierto.

chargement *m* cargamento ‖ carga *f* (d'un four, d'une arme, etc.) ‖ INFORM carga *f* ‖ remesa *f* de valores declarados (paquet) ‖ carta *f* de valores declarados (lettre).

charger* *v tr* cargar; *charger un âne* cargar un burro; *charger une valise sur ses épaules* cargar una maleta en los hombros ‖ gravar; *charger d'impôts* gravar con impuestos ‖ cargar (arme, appareil photo); *charger à balle* cargar con bala ‖ cargar (attaquer) ‖ exagerar, recargar; *charger un rôle* exagerar un papel (théâtre) ‖ caricaturizar, ridiculizar ‖ embestir (taureau) ‖ DR declarar en contra; *char-*

ger un accusé declarar en contra de un reo ‖ encargar; *charger un avocat d'une affaire* encargar un pleito a un abogado ‖ FIG cargar, llenar; *charger de malédictions* cargar de maldiciones ‖ pesar en; *un péché qui charge sa conscience* un pecado que pesa en su conciencia ‖ atiborrar, recargar (la mémoire).
◆ *v pr* encargarse; *il s'est chargé de le prévenir* se encargó de avisarle.

chargeur, euse *adj* et *s m* cargador, ra ‖ ELECTR *chargeur de batterie* cargador de batería.

chariot [ʃarjo] *m* carretilla *f*, vagoneta *f* (pour transporter); *chariot élévateur* carretilla elevadora ‖ tacataca, pollera *f* (d'enfant) ‖ carro transbordador (chemin de fer) ‖ carro (d'un tour, d'une machine à écrire, etc.) ‖ travelling, plataforma *f* rodante (cinéma) ‖ — ASTR *Chariot de David* Carro, Osa Mayor ‖ *Petit Chariot* Carro Menor, Osa Menor ‖ *chariot de lancement* carro de lanzamiento ‖ *chariot d'hôpital* camilla de ruedas.

charismatique *adj* carismático, ca.
charisme [karism] *m* carisma.
charitable *adj* caritativo, va.
charitablement *adv* caritativamente.
charité *f* caridad ‖ amabilidad, bondad (complaisance) ‖ — *bureau de charité* junta de beneficencia ‖ *charité bien ordonnée commence par soi-même* la caridad bien entendida comienza por uno mismo ‖ *faire la charité* dar limosna.

charivari *m* cencerrada *f* ‖ guirigay, jaleo (tapage).
charlatan *m* charlatán (imposteur) ‖ sacamuelas (arracheur de dents), curandero ambulante (guérisseur) ‖ matasanos (médecin ignorant).
charlatanisme *m* charlatanismo.
Charlemagne *n pr m* Carlomagno.
Charles Quint *n pr m* Carlos V [quinto].
charleston *m* charlestón (danse).
charlot *m* FAM payaso.
charlotte *f* carlota (dessert) ‖ carlota (chapeau) ‖ *charlotte russe* plato de nata con bizcochos.
charmant, e *adj* encantador, ra ‖ *le Prince charmant* el príncipe azul.
charme *m* encanto; *rompre le charme* romper el encanto; *subir le charme de quelqu'un* estar bajo el encanto de alguien ‖ seducción *f*; *visite de charme* visita de seducción ‖ encanto, hechizo (sortilège) ‖ carpe, ojaranzo (arbre) ‖ — *c'est ce qui en fait le charme* en ello reside su encanto ‖ FAM *faire du charme* coquetear ‖ *jeter un charme* hechizar ‖ *se porter comme un charme* estar más sano que una manzana.
◆ *pl* atractivos, encantos.
charmer *v tr* encantar; *charmer le regard* encantar los ojos ‖ encantar; *charmé de vous voir* encantado de verle ‖ fascinar; *le serpent charme les oiseaux* la serpiente fascina a los pájaros ‖ aliviar, calmar (adoucir une peine) ‖ hacer agradable, distraer, amenizar (les loisirs, etc.) ‖ encantar (les serpents) .

charmeur, euse *adj* encantador, ra.
◆ *m* et *f* encantador, ra; *charmeur de serpents* encantador de serpientes ‖ hipnotizador, ra ‖ persona *f* encantadora.

charmille [ʃarmiːj] *f* cenador *m* de arbustos, enramada *f*.

charnel, elle *adj* carnal; *plaisirs charnels* goces carnales.
charnellement *adv* carnalmente.
charnier *m* osario (dépôt d'ossements) ‖ montón de cadáveres (cadavres).
charnière *f* TECHN bisagra, charnela ‖ punto *m* de unión, eje *m*, centro *m* (point de jonction) ‖ charnela (des mollusques) ‖ fijasellos *m* (philatélie).
charnu, e *adj* carnoso, sa ‖ metido en carnes (personne).
charognard *m* buitre (vautour).
charogne *f* carroña.
charolais, e *adj* charolés, esa (du Charolais) ‖ de raza charolesa (un taureau).
Charolais, e *m* et *f* charolés, esa.
charpente *f* maderamen *m*, maderaje *m* (boiserie) ‖ armadura, armazón (d'une maison) ‖ armazón (squelette) ‖ FIG armazón, estructura (d'un ouvrage d'esprit) ‖ *bois de charpente* madera de construcción.
charpenté, e *adj* constituido, da (homme) ‖ construido, da; estructurado, da (drame, etc.); *un roman bien charpenté* una novela bien construida ‖ *il est solidement charpenté* es de complexión fuerte.
charpentier *m* carpintero de armar *ou* de obra (ouvrier) ‖ contratista de armaduras (entrepreneur).
— OBSERV Le *carpintero* est en espagnol le *menuisier*.
charpie *f* hilas *pl* (pour pansement) ‖ — *viande en charpie* carne hecha un estropajo, carne deshilachada ‖ — *mettre en charpie* hacer añicos, hacer picadillo.
charretier, ère [ʃartje, jɛːr] *adj* et *s* carretero, ra ‖ *chemin charretier* camino carretero.
◆ *m* carretero ‖ — *langage de charretier* lenguaje de carretero (péjoratif) ‖ *manières de charretier* modales de carretero ‖ *jurer comme un charretier* blasfemar como un carretero.
charrette *f* carreta ‖ *charrette à bras* carretón [de mano].
charriage *m* acarreo ‖ GÉO deslizamiento; corrimiento (des terres).
charrier* *v tr* acarrear (transporter) ‖ arrastrar (entraîner) ‖ POP pitorrearse de (se moquer).
◆ *v intr* POP exagerar, pasar los límites, pasarse de la raya.
charroi *m* acarreo (transport).
charron *m* carretero, carpintero de carros.
charrue [ʃary] *f* arado *m* ‖ — FIG *mettre la charrue devant les bœufs* empezar la casa por el tejado ‖ *tirer la charrue* tirar del yugo.
charte *f* carta ‖ — *École nationale des chartes* Escuela Nacional de Archiveros Paleógrafos ‖ *Grande Charte* Carta Magna.
charte-partie *f* MAR contrato *m* de flete.
charter *m* charter, vuelo afretado.
chartreuse *f* cartuja (couvent) ‖ FIG retiro *m* (retraite) ‖ chartreuse (liqueur) ‖ *(vx)* casita de campo aislada.
chartreux *m* cartujo (religieux) ‖ gato de pelo gris ceniciento (chat).
Charybde [karibd] *n pr* Caribdis ‖ *tomber de Charybde en Scylla* salir de Málaga y entrar en Malagón, librarse de Caribdis y caer en Escila.
chas [ʃa] *m* ojo (d'une aiguille).

chasse *f* caza, cacería; *aller à la chasse* ir de caza ‖ cacería; *chien de chasse* perro de cacería ‖ cazadero *m*, coto *m* de caza (lieu) ‖ caza (gibier) ‖ caza (aviation défensive) ‖ — *chasse à courre* montería ‖ *chasse à l'homme* persecución ‖ *chasse au faucon* cetrería, halconería ‖ *chasse aux chiens, au furet* caza con perros, con hurón ‖ *chasse d'eau* cisternilla, tanque, descarga de agua ‖ *chasse gardée* o *réservée* vedado, coto reservado ‖ *chasse sous-marine* pesca submarina ‖ *la chasse est fermée* ha terminado la temporada de caza ‖ *ouverture de la chasse* levantamiento de la veda ‖ *prendre en chasse* perseguir ‖ *partie de chasse* cacería ‖ *permis de chasse* licencia *ou* permiso de caza ‖ — FIG *donner* o *faire la chasse à* dar caza a, perseguir ‖ *ouvrir la chasse* levantar la veda ‖ *prendre en chasse* perseguir ‖ *qui va à la chasse perd sa place* quien va a Sevilla pierde su silla ‖ *tirer la chasse* tirar de la cadena (chasse d'eau).
chassé-croisé *m* cruzado (danse) ‖ FIG cambio de sitio, de empleo, etc., entre dos personas ‖ situación *f* de dos personas que se buscan sin encontrarse.
chasselas [ʃasla] *m* BOT uva *f* albilla.
chasse-neige *m inv* quitanieves (machine) ‖ viento fuerte de invierno (vent) ‖ SPORTS *faire du chasse-neige* hacer cuña.
chasser *v tr* cazar; *le chat chasse les souris* el gato caza ratones; *chasser la perdrix* cazar perdices ‖ echar, expulsar; *chasser un locataire* echar a un inquilino ‖ despedir; *chasser un domestique* despedir a un criado ‖ desechar, ahuyentar, alejar; *chasser de tristes pensées* desechar los malos pensamientos ‖ ahuyentar; *le feu chasse les bêtes sauvages* el fuego ahuyenta las fieras ‖ sacar (un clou) ‖ sustituir (remplacer) ‖ disipar, despejar (une odeur) ‖ disipar (le brouillard) ‖ echar fuera (expulser) ‖ MAR & AVIAT dar caza ‖ — *chasser la contagion* hacer desaparecer la posibilidad de contagio ‖ *chasser les mouches* espantar las moscas ‖ FIG *chasser sur les terres d'autrui* meter la hoz en mies ajena.
◆ *v intr* cazar ‖ patinar (une roue) ‖ garrar (une ancre) ‖ venir, soplar; *le vent chasse du Nord* el viento viene del Norte.
chasseresse *f* cazadora [forma poética de *chasseuse*]; *Diane chasseresse* Diana cazadora.
chasseur, euse *m* et *f* cazador, ra.
◆ *m* botones (domestique) ‖ cazador; *chasseur d'autographes* cazador de autógrafos ‖ AVIAT avión de caza, caza ‖ piloto de caza ‖ MAR cazador (bâtiment) ‖ MIL cazador; *chasseur alpin* cazador de montaña ‖ *chasseur de têtes* cazatalentos ‖ *chasseur d'images* cazafotos.
chassie *f* legaña.
chassieux, euse *adj* legañoso, sa.
châssis [ʃɑsi] *m* bastidor ‖ bastidor (de tableau) ‖ chasis (photographie, radio) ‖ claraboya *f* (toiture vitrée) ‖ contramarco (portes, fenêtres) ‖ AGRIC cajonera *f*, cama *f* ‖ AUTOM chasis, bastidor ‖ IMPR rama *f* ‖ TECHN armazón *f* ‖ caja *f* de moldear (métallurgie) ‖ POP buen cuerpo ‖ *châssis dormant* bastidor fijo.
chaste *adj* casto, ta.
chastement *adv* castamente, con castidad.
chasteté *f* castidad.
chasuble *f* casulla.
chat *m* ZOOL gato ‖ — *chat angora* gato de angora ‖ *chat de gouttière* gato callejero ‖ *chat de mer* mielga

(poisson) ‖ *chat musqué* gato de algalia ‖ *chat perché, chat* juego de muchachos en que se persiguen unos a otros, especie de pillapilla ‖ *chat sauvage* gato montés ‖ *langue-de-chat* lengua de gato (gâteau) ‖ *le Chat botté* el gato con botas ‖ FAM *mon chat* cariño ‖ *— acheter, vendre chat en poche* comprar, vender a ciegas ‖ *appeler un chat un chat* llamar al pan pan y al vino vino ‖ *avoir un chat dans la gorge* tener carraspera ‖ *chat échaudé craint l'eau froide* gato escaldado del agua fría huye ‖ *donner sa langue au chat* darse por vencido, rendirse ‖ *il ne faut pas réveiller le chat qui dort* peor es menearlo ‖ *il n'y a pas de quoi fouetter un chat* no es para tanto, no es cosa del otro mundo *ou* del otro jueves ‖ *il n'y a pas un chat* no hay ni un gato *ou* ni un alma ‖ *la nuit, tous les chats sont gris* de noche todos los gatos son pardos ‖ *vivre comme chien et chat* vivir como perros y gatos.

châtaigne [ʃɑtɛɲ] *f* castaña (marron) ‖ espejuelo *m* (chevaux) ‖ POP castaña, puñetazo *m* (coup de poing) ‖ *— châtaigne d'eau* castaña de agua ‖ *châtaigne de mer* erizo de mar.

châtaigneraie *f* castañar *m*.

châtaignier *m* BOT castaño.

châtain, e *adj* castaño, ña; *cheveux châtains* cabellos castaños.

— OBSERV Se emplea el adjetivo masculino con un sustantivo femenino cuando va seguido por otro adjetivo que le modifica (une barbe *châtain foncé*).

château *m* castillo (demeure fortifiée) ‖ palacio (habitation royale ou seigneuriale) ‖ quinta *f* (belle maison de campagne) ‖ MAR castillo ‖ *— château d'eau* arca de agua ‖ *château de cartes* castillo de naipes ‖ *château de sable* castillo de arena ‖ *château fort* castillo, alcázar, fortaleza *f* ‖ *— faire des châteaux en Espagne* hacer castillos en el aire ‖ *mener une vie de château* llevar una vida de canónigo.

chateaubriand *m* solomillo de vaca asado.

châtelain, e [ʃɑtlɛ̃, ɛːn] *m et f* castellano, na (d'un château fort) ‖ dueño *ou* inquilino de una quinta lujosa (château moderne).

◆ *f* cadena de señora de la que cuelgan varios dijes (chaîne de cou).

chat-huant [ʃaɥɑ̃] *m* autillo (oiseau).

châtier* *v tr* castigar ‖ FIG limar, pulir; *châtier son style* pulir su estilo ‖ *qui aime bien châtie bien* quien bien te quiere te hará llorar.

chatière *f* gatera (trou) ‖ ventanillo *m* de tejado, tragaluz *m*, gatera (combles).

châtiment *m* castigo; *châtiment corporel* castigo corporal.

chatoiement [ʃatwamɑ̃] *m* viso, tornasol, cambiante.

chaton *m* gatito (petit chat) ‖ engaste (d'une bague) ‖ chatón (pierre sertie) ‖ candelilla *f*, amento (fleurs).

chatouille [ʃatuj] *f* FAM cosquillas *pl*; *faire des chatouilles* hacer cosquillas.

chatouillement *m* cosquillas *f pl* (action) ‖ cosquilleo (sensation) ‖ FIG sensación *f* agradable.

chatouiller *v tr* cosquillear, hacer cosquillas ‖ FAM excitar ‖ FIG lisonjear; *chatouiller la vanité* lisonjear la vanidad ‖ producir una sensación agradable (les sens) ‖ *chatouiller l'amour-propre* tocar el amor propio (taquiner), adular (flatter).

chatouilleux, euse *adj* cosquilloso, sa; que tiene cosquillas ‖ quisquilloso, sa (susceptible).

chatouillis *m* FAM pequeño cosquilleo.

chatoyant, e [ʃatwajɑ̃, ɑ̃ːt] *adj* tornasolado, da.

chatoyer* *v intr* tornasolar, hacer tonos irisados ‖ FIG brillar, atraer como un espejuelo.

châtrer *v tr* castrar, capar.

chatte *f* ZOOL gata ‖ FAM *ma chatte* querida.

chatterie [ʃatri] *f* FAM golosina (friandise) ‖ zalamería, arrumaco *m* (câlinerie).

chatterton *m* ÉLECTR cinta *f* aislante.

chaud, e [ʃo, ʃoːd] *adj* caliente (eau, etc.) ‖ caluroso, sa; cálido, da (climat) ‖ abrigado, da; que abriga, de abrigo; *un manteau bien chaud* un gabán que abriga mucho ‖ FIG ardiente, apasionado, da; caluroso, sa; *chaud partisan* ardiente partidario ‖ caluroso, sa (chaleureux) ‖ acalorado, da (discussion) ‖ FIG & FAM fresquito, ta; reciente, nuevo, va; *nouvelle toute chaude* noticia fresquita ‖ angustioso, sa; apremiante; *de chaudes alarmes* alarmas angustiosas ‖ cálido, da; *voix, amitié chaude* voz, amistad cálida ‖ caliente, vivo, va (coloris) ‖ salida, en celo (femelles) ‖ *à chaudes larmes* a lágrima viva ‖ *avoir la tête chaude* ser impulsivo, brusco ‖ *il fait très chaud* hace mucho calor ‖ *ne pas être chaud pour* no ser muy partidario de ‖ *tenir chaud* dar calor, abrigar ‖ *vous avez eu chaud* de buena se ha librado.

◆ *m* calor ‖ *— chaud et froid* enfriamiento (rhume) ‖ *— cela ne fait ni chaud ni froid* esto no importa en lo más mínimo *ou* nada ‖ *rester au chaud* quedarse en casa ‖ *souffler le chaud et le froid* jugar a dos barajas ‖ *tenir au chaud* mantener caliente.

◆ *adv* caliente ‖ *— à chaud* en caliente; *opérer un malade à chaud* operar a un enfermo en caliente ‖ *manger chaud* comer caliente ‖ *se tenir chaud* darse calor.

chaudement *adv* con calor ‖ FIG calurosamente, con ardor, vivamente ‖ *se vêtir chaudement* vestirse con ropa de mucho abrigo.

chaudière *f* caldera; *chaudière à vapeur* caldera de vapor; *chaudière tubulaire* caldera tubular ‖ calderada (son contenu).

chaudron *m* caldero ‖ FAM cascajo (mauvais instrument).

chauffage *m* calentamiento, caldeamiento (action de chauffer) ‖ calefacción *f*; *chauffage central* calefacción central ‖ *— chauffage au charbon* calefacción de carbón ‖ *chauffage au gaz* calefacción de gas ‖ *chauffage au mazout* calefacción por fuel-oil ‖ *chauffage électrique* calefacción eléctrica ‖ *chauffage par induction* calefacción por inducción ‖ *chauffage par le sol* calefacción a través del suelo ‖ *chauffage urbain* sistema de calefacción alimentado por una central que suministra calor a una área urbana ‖ *bois de chauffage* leña.

chauffagiste *m* técnico de calefacción.

chauffant, e *adj* que calienta ‖ *couverture chauffante* manta termógena.

chauffard [ʃofaːr] *m* FAM chófer malo.

chauffe-assiettes *m inv* calientaplatos.

chauffe-biberon *m* calientabiberones.

— OBSERV pl *chauffe-biberons*.

chauffe-eau [ʃofo] *m inv* calentador de agua.

chauffe-plats *m inv* calientaplatos.

chauffer *v tr* calentar; *chauffer un four* calentar un horno ‖ FIG activar; *chauffer une affaire* activar un negocio ‖ preparar intensamente (un élève) ‖

chaufferette

POP birlar (voler) | pescar (surprendre) || *chauffer les oreilles à quelqu'un* calentar las orejas a alguien.
◆ *v intr* calentarse; *le bain chauffe* el baño se calienta || prepararse a partir (vapeur, locomotive) || FIG & FAM animarse (s'animer)
◆ *v pr* calentarse; *se chauffer au soleil* calentarse al sol.

chaufferette *f* calientapiés *m*, estufilla, rejuela.

chaufferie *f* forja, fragua (d'une usine) || MAR sala de máquinas, sala de fogoneros, cuarto *m* de calderas.

chauffeur *m* fogonero (de machine à vapeur), maquinista (de train) || chófer, conductor (d'automobile) || *chauffeur de taxi* taxista || *voiture avec chauffeur* coche con chófer.

chauffeuse *f* silla baja para sentarse junto al fuego.

chauler *v tr* encalar (enduire de chaux) || abonar con cal (amender le sol).

chaume [ʃoːm] *m* caña *f* de las gramíneas (tige) || bálago (toit) || choza *f* (chaumière) || AGRIC rastrojo (tiges coupées) | rastrojera *f* (champ).

chaumière *f* choza.

chausse *f* manga (filtre) || BLAS calza.
◆ *pl* calzas (culottes), calzones *m pl* || — *bas de chausses* medias calzas || *hauts de chausses* calzas atacadas || FAM *tirer ses chausses* tomar las de Villadiego.

chaussée *f* calzada (rue), piso *m*, firme *m* (route) || malecón *m* de un río *ou* estanque (levée) || MAR bajío *m* || — *chaussée glissante* firme deslizante, suelo resbaladizo || *chaussée rétrécie* estrechamiento de carretera.

chausse-pied [ʃospje] *m* calzador.

chausser *v tr* calzar; *je chausse du 37* calzo el 37 || calarse (des lunettes); *le nez chaussé de lunettes* con las gafas caladas en la nariz || calzar (des pneus) || AGRIC ajorcar, arrojar (une plante).
◆ *v tr et intr* ir, sentar; *chausser bien* ir bien; *chausser grand* ir grandes [zapatos].
◆ *v pr* calzarse.

chausse-trape *f* trampa para alimañas (piège) || FIG trampa, ardid *m* || MIL abrojo *m*.
— OBSERV pl *chausse-trapes*.

chaussette *f* calcetín *m*.

chausseur *m* zapatero.

chausson *m* zapatilla *f* || patín, escarpín (de bébé) || combate a puntapiés (combat) || empanadilla *f* (pâtisserie).

chaussure *f* calzado *m* (industrie) || zapato *m*; *une paire de chaussures* un par de zapatos || — *chaussures à semelle compensée* zapatos tanque || *chaussures basses* zapatos bajos || *chaussures de ski* botas de esquí || *chaussures montantes* botinas, botas || *trouver chaussure à son pied* hallar la horma de su zapato.

chauve *adj* calvo, va || *le Mont Chauve* el Monte Pelado.

chauve-souris *f* ZOOL murciélago *m*.

chauvin, e *adj et s* patriotero, ra; chauvinista (gallicisme).

chauvinisme *m* patriotería *f*, chauvinismo (gallicisme).

chaux [ʃo] *f* cal; *chaux vive, éteinte* cal viva, apagada || — *lait de chaux* lechada de cal || *pierre à chaux* caliza || — *à chaux et à sable* o *à ciment* a cal y canto || *blanchi à la chaux* encalado.

chavirer *v intr* zozobrar (bateau) || volcar (véhicule) || ponerse en blanco (les yeux) || dar vueltas, tambalearse (chanceler) || FIG trastornar (bouleverser) || *son cœur chavira* le dio un vuelco el corazón.
◆ *v tr* trastornar, revolver.

chéchia [ʃeʃja] *f* fez *m* de zuavo.

check-list *f* AVIAT check-list, lista de verificación *ou* de control.
— OBSERV pl *check-lists*.

check-up *m inv* chequeo, reconocimiento médico (de santé) || revisión *f* (de voiture).

chef *m* cabeza *f* (tête) || jefe; *chef d'État* jefe de Estado || jefe, cabeza *f*; *chef de famille* cabeza de familia || caudillo || fundador, jefe (fondateur) || jefe de cocina, cocinero principal (cuisinier) || BLAS jefe || DR objeto principal, base *f* (d'accusation) | capítulo, artículo (division) || — DR *chef d'accusation* cargo de acusación || *chef d'atelier* encargado de taller || *chef de clinique* director de clínica || *chef de file* gastador (soldat), dirigente, guía, mandamás (*fam*) || *chef de gare* jefe de estación || *chef d'entreprise* empresario || MIL *chef de pièce* cabo de cañón || *chef de produit* jefe de producto || *chef de projet* jefe de proyecto || *chef d'équipe* capataz || *chef de rayon* jefe de sección || *chef de service* jefe de departamento || *chef des ventes* jefe de ventas || *chef d'orchestre* director de orquesta || *chef du personnel* jefe de personal || — *commandat en chef* comandante en jefe || *général en chef* general en jefe || *rédacteur en chef* redactor jefe || — *au premier chef* en primer lugar, antes que nada, en el más alto grado || *de son chef, de son propre chef* de motu propio, de por sí, por autoridad propia || *en chef* como jefe.

chef-d'œuvre [ʃɛdœːvr] *m* obra *f* maestra.
— OBSERV pl *chefs-d'œuvre*.

chef-lieu [ʃɛfljø] *m* cabeza *f* de distrito (d'arrondissement), cabeza *f* de partido (de canton) || capital *f* de un departamento (de département).
— OBSERV pl *chefs-lieux*.

cheftaine *f* jefa de exploradores.

cheik [ʃɛk] *m* jeque (chef arabe).

chélidoine [kelidwan] *f* BOT celidonia.

chemin *m* camino || — *chemin battu* camino frecuentado, camino trillado (routine) || *chemin creux* cañada || *chemin de croix* vía crucis || *chemin de fer* ferrocarril || *chemin de fer de ceinture* ferrocarril de circunvalación || *chemin de halage* camino de sirga || *chemin de roulement* carril || *chemin de table* camino de mesa || *chemin de terre* camino de tierra || *chemin de traverse* atajo || FIG & FAM *chemin de velours* senda florida, camino de rosas || *chemin forestier* senda de bosque || *chemin muletier* camino de herradura || *chemin vicinal* camino vecinal || *grand chemin* camino real || — *à mi-chemin* a medio camino || *en chemin, chemin faisant* de paso, de camino || — *aller son chemin* seguir su camino || *aller son petit bonhomme de chemin* ir por sus pasos contados, vivir sin pena ni gloria || *c'est sur mon chemin* me pilla de camino || *faire son chemin* abrirse camino *ou* paso || *gagner du chemin* ganar terreno || *ne pas y aller par quatre chemins* no andarse con rodeos, ir al grano || *passer son chemin* seguir su camino || *prendre le chemin des écoliers* tomar el camino más largo || *rebrousser chemin* volverse atrás || *remettre dans le droit chemin* poner *ou* meter en cintura || *se frayer* o *s'ouvrir un chemin* abrirse camino *ou* paso

|| *tous les chemins mènent à Rome* todos los caminos van a Roma, por todas partes se va a Roma.
cheminée *f* chimenea || tubo *m* (lampes) || corredor *m* angosto entre dos peñascos (rochers) || válvula (de parachute) || — *cheminée à hotte* chimenea de campana || *cheminée à la prussienne* chimenea estufa || *cheminée d'appel* chimenea de tiro.
cheminement *m* marcha *f*, progreso || camino seguido por (de la pensée) || MIL trabajo de zapa.
cheminer *v intr* caminar || FIG progresar, avanzar || MIL aproximarse lentamente a las posiciones enemigas.
cheminot *m* ferroviario.
chemise *f* camisa (vêtement); *chemise de nuit* camisa de dormir || carpeta, subcarpeta (dossier) || MIL camisa (fortification) || TECHN camisa (moteur) || — *chemise à rabats* camisa con alzacuello *ou* de cuello duro || *chemise de mailles* cota de malla || *chemise longue* camisón || — FAM *s'en ficher o moquer comme de sa première chemise* no importarle a uno un comino.
chemiser *v tr* TECHN revestir.
chemisette *f* camiseta (d'homme), blusa (de femme) || pechera almidonada (plastron).
chemisier *m* blusa *f* (de femme) || *robe chemisier* traje camisero.
chênaie [ʃɛnɛ] *f* encinar *m*.
chenal *m* caz de molino || MAR canal.
— OBSERV pl *chenaux*.
chenapan *m* tuno, pillastre.
chêne *m* BOT roble (rouvre) || FIG & FAM roble (homme vigoureux) || — *chêne des garrigues* coscoja, carrasca || *chêne vert* encina (yeuse) || *petit chêne* germandría.
chêne-liège *m* BOT alcornoque.
— OBSERV pl *chênes-lièges*.
chenet *m* morillo (de cheminée).
chenil [ʃəni] *m* perrera *f* (des chiens) || FIG pocilga *f* (logement sale).
chenille [ʃəniːj] *f* oruga (larve de papillon) || felpilla (passement de soie veloutée) || TECHN oruga; *véhicule à chenilles* vehículo oruga.
chenu, e *adj* cano, na; canoso, sa; *tête chenue* cabeza cana || FIG blanco, ca (blanc) | nevado, da (couvert de neige).
cheptel [ʃɛptɛl] *ou* [ʃətɛl] *m* aparcería *f* de ganado (contrat) || riqueza *f* pecuaria, riqueza *f* ganadera, cabaña *f* || ganado (bétail) || — *cheptel mort* aperos de labranza dados en arriendo || *cheptel vif* bienes semovientes.
chèque *m* cheque; *faire un chèque* extender un cheque; *toucher un chèque* cobrar un cheque || — *chèque à ordre* cheque nominativo || *chèque au porteur* cheque al portador || *chèque barré* cheque cruzado || *chèque de voyage* cheque de viaje *ou* de viajero || *chèque en blanc* cheque en blanco || *chèque en bois, chèque sans provision* cheque sin fondos || *chèque postal* cheque postal.
chéquier *m* talonario de cheques.
cher, ère *adj* caro, ra (en style soutenu) || querido, da (aimé); *mon cher, ma chère* querido, querida; *cher à sa famille* querido por su familia || caro, ra; apreciado, da (précieux) || carero, ra; caro, ra (qui vend cher) || caro, ra (d'un prix élevé) || — *Cher Monsieur* Estimado Señor (lettre) || *formule chère à* fórmula tan querida por, tan del gusto de *ou* grata a || *les désirs les plus chers* los deseos entrañables || *mon cher* mi querido amigo.
◆ *adv* caro; *cela coûte cher* esto es caro; *vendre cher* vender caro || *ne valoir pas cher* no valer mucho.
Cherbourg *n pr* GÉOGR Cherburgo.
chercher *v tr* buscar; *chercher un mot* buscar una palabra || traer; *va me chercher ce livre* ve a traerme ese libro || llamar; *va chercher le médecin* ve a llamar al médico || recoger; *j'irai te chercher chez toi* iré a recogerte a tu casa || intentar recordar; *je cherche un nom* intento recordar un nombre || FAM costar; *cela va chercher dans les 100 francs* eso cuesta unos 100 francos || — *chercher à* procurar; *chercher à deviner* procurar adivinar; esforzarse por; *chercher à plaire* esforzarse por agradar || *chercher des ennuis* buscársela || *chercher la bagarre* buscar bronca || *chercher la petite bête* ser un chinche, buscarle pelos al huevo || *chercher midi à quatorze heures* buscar tres pies al gato || FAM *chercher quelqu'un* buscar la boca a uno || FIG *chercher une aiguille dans une meule o botte de foin* buscar una aguja en un pajar.
— OBSERV Précédé des verbes *envoyer, aller* ou *venir*, *chercher* se traduit simplement en espagnol par la préposition *por*: *envoyer chercher du vin* mandar por vino.
chercheur, euse *m et f* buscador, ra (qui cherche quelque chose); *chercheur de mines* buscador de minas [(amér)* cateador]; *chercheur d'or* buscador de oro || investigador, ra (dans le domaine scientifique).
chère *f* comida || — *maigre chère* mala comida || — *aimer la bonne chère* gustarle a uno comer bien || *faire bonne chère* darse un banquetazo.
chéri, e *adj et s* querido, da.
— OBSERV Sólo se utiliza entre personas unidas por el amor. No debe confundirse con *cher*.
chérir *v tr* querer [tiernamente]; *chérir ses enfants* querer a sus hijos || amar (avoir de l'attachement); *chérir sa patrie* amar a su patria.
cherry *m* aguardiente de cerezas.
— OBSERV Ne pas confondre avec *sherry*, nom anglais du vin de Jerez.
cherté *f* alto *m* precio, carestía; *la cherté de la vie* la carestía de la vida.
chérubin *m* querubín.
chester *m* queso de Chester.
chétif, ive *adj* endeble, enclenque, escuchimizado, da; *enfant chétif* niño enclenque || pobre, escaso, sa; *récolte chétive* cosecha escasa.
cheval *m* caballo || FIG caballo, espingarda *f* (grande femme) || — *cheval à bascule* caballo de balancín || *cheval de bataille* caballo de batalla || *cheval d'arçons* o *cheval-arçons* potro, potro con arzón || *cheval de course* caballo de carreras || *cheval de frise* caballo de frisa || *cheval de renfort* encuarte || FAM *cheval de retour* reincidente || *cheval de selle* caballo de silla *ou* de montar || *cheval de trait* caballo de tiro || *cheval fondu* paso || *cheval hors d'âge* caballo que ha cerrado || *cheval-vapeur* caballo de vapor || *chevaux de bois* caballitos, tiovivo (manège) || *une 11 chevaux* un coche de once caballos || — *à cheval sur* a horcajadas (à califourchon), entre || *de cheval* muy fuerte (fièvre, remède) || *à cheval donné on ne regarde pas la bride* a caballo regalado no hay que mirarle el diente || *être à cheval sur* ser muy estricto respecto a || *faire du cheval* hacer equitación, montar a caballo || *monter sur ses grands chevaux* subirse a la parra || *travailler comme un cheval*

trabajar como un mulo || *troquer son cheval borgne contre un aveugle* salir de Guatemala y meterse en Guatepeor.

chevaleresque [ʃəvalrɛsk] *adj* caballeresco, ca.

chevalerie [ʃəvalri] *f* caballería || *chevalerie errante* caballería andante.

chevalet *m* caballete (de peintre) || caballete (d'ouvrier) || tijera *f* (pour scier du bois) || potro (torture) || IMPR chibalete || MUS puente (d'un instrument).

chevalier *m* caballero; *chevalier errant* caballero andante || chorlito (oiseau) || — *chevalier d'industrie* caballero de industria, petardista || *chevalier servant* galán || *le chevalier sans peur et sans reproche* el caballero sin miedo y sin tacha.

chevalière *f* sortija de sello (bague).

chevalin, e *adj* caballar, equino, na; *race chevaline* raza caballar || caballuno, na; *profil chevalin* perfil caballuno || *boucherie chevaline* despacho de carne de caballo, carnicería hipofágica.

chevauchée *f* cabalgada || gran paseo *m* a caballo || distancia que puede recorrer una acémila sin pararse (bêtes de somme) || cabalgata || FIG desfile *m*, procesión.

chevauchement *m* imbricación *f*, traslapo (de deux objets) || FIG conflicto, colisión *f*.

chevaucher *v intr* cabalgar (aller à cheval) || TECHN montar, imbricar, traslapar.
- *v tr* cabalgar, montar.
- *v pr* superponerse, sobreponerse.

chevelu, e *adj* cabelludo, da; *cuir chevelu* cuero cabelludo || de pelo abundante.

chevelure *f* cabellera || ASTRON cabellera, cola.

chevet *m* cabecera *f* (tête de lit) || ARCHIT presbiterio (d'église) || — *lampe de chevet* lámpara de cabecera || *au chevet de quelqu'un* a la cabecera de alguien.

cheveu *m* pelo, cabello || — *cheveu blanc* cana || *faux cheveux* cabellos postizos || — *à un cheveu de* a punto de, a dos dedos de || *comme un cheveu sur la soupe* de un modo inoportuno || — *avoir les cheveux courts* llevar el pelo corto || *avoir les cheveux en brosse* llevar el pelo al cepillo || *avoir mal aux cheveux* tener resaca || *couper* o *fendre un cheveu* o *les cheveux en quatre* hilar muy fino || *échapper d'un cheveu* librarse por los pelos || *faire dresser les cheveux* poner los cabellos *ou* los pelos de punta, erizar los pelos || *il y a un cheveu* hay un pelo || *ne tenir qu'à un cheveu* depender de un pelo, pender de un hilo || *saisir l'occasion par les* o *aux cheveux* agarrar la ocasión por los cabellos *ou* los pelos || *s'arracher les cheveux* tirarse de los pelos, mesarse los cabellos || *se faire couper les cheveux* cortarse el pelo, pelarse || FAM *se faire des cheveux* quemarse la sangre, preocuparse, inquietarse || *se laver les cheveux* o *la tête* lavarse la cabeza || *se prendre aux cheveux* agarrarse del moño, andar a la greña || FIG *tiré par les cheveux* traído por los cabellos, rebuscado.

— OBSERV Le mot le plus usité en espagnol est *pelo*, qui est un collectif traduisant le mot *cheveu* aussi bien au singulier qu'au pluriel. *Cabello* est moins employé dans le langage courant.

cheville *f* clavija (de métal ou de bois), tarugo *m* (de bois) || ANAT tobillo *m*, espinilla || MAR cabilla || MUS clavija (instrument à cordes) || POÉT ripio *m* || — *cheville à œillet* cáncamo || *cheville ouvrière* clavija maestra; clave, alma (d'une entreprise) || *vers pleins de chevilles* versos ripiosos || — *être en cheville avec quelqu'un* estar conchabado con alguien || *ne pas arriver à la cheville de quelqu'un* no llegarle a uno al tobillo *ou* a los talones *ou* a la suela del zapato || *vendre à la cheville* vender al por mayor carne cortada para el consumo.

cheviller *v tr* enclavijar || POÉT llenar de ripios || *avoir l'âme chevillée au corps* tener siete vidas como los gatos.

chèvre *f* cabra || TECHN cabria, trípode *m* de carga (de levage) || — *chèvre sauvage* cabra montés || FAM *faire devenir chèvre* atacar los nervios || *ménager la chèvre et le chou* saber nadar y guardar la ropa.

chevreau *m* cabrito, chivo (petit de la chèvre) || cabritilla *f* (peau).

chèvrefeuille *m* BOT madreselva *f*.

chevrette *f* corza (femelle du chevreuil) || cabrita, chiva (petite chèvre) || camarón *m* (crevette) || trébede (trépied pour casseroles).

chevreuil *m* ZOOL corzo.

chevron *m* espiga *f*, espiguilla *f*; *tissu à chevrons* tela de espiguillas || ARCHIT cabrio, cabio || BLAS cheurón || MIL galón de reenganche, sardineta *f* [en forma de V] || TECHN *à chevrons* en forma de ángulo.

chevronné, e *adj* BLAS cheuronado, da || FAM veterano, na || FIG curtido, da (expérimenté).

chevrotant, e *adj* tembloroso, sa; trémulo, la (voix).

chevroter *v intr* temblar la voz, hablar *ou* cantar con voz temblorosa (voix) || parir [la cabra] (mettre bas) || balar (le chevreau).

chevrotine *f* posta (plomb de chasse) || *volée de chevrotines* perdigonada.

chewing-gum [tʃuwiŋɡʌm] *m* chicle.

chez [ʃe] *prép* en casa de (au domicile de); *chez mon oncle* en casa de mi tío || a casa de (mouvement); *il s'en va chez lui* se va a su casa || a casa; *venez chez moi* venga usted a mi casa || de casa de; *je sors de chez lui* salgo de su casa || a; *aller chez le dentiste* ir al dentista || en el país de, en tierra de (dans le pays de) || entre (parmi); *chez les Espagnols* entre los españoles || en; *chez les Anciens* en la Antigüedad; *c'est chez moi une habitude* en mí es una costumbre || — *chez moi, chez nous* en mi casa, en nuestra casa, en casa || — *avoir un chez-soi* tener casa propia || FAM *bien de chez nous* castizo, clásico.

chialer [ʃjale] *v intr* POP llorar.

chiant, e *adj* POP puñetero, ra; cargante (très ennuyeux) || jodido, da (contrariant).

chianti *m* chianti (vin rouge italien).

chiasme *m* quiasmo (en rhétorique).

chiasse [ʃjas] *f* POP cagalera (diarrhée) | canguelo *m* (peur).

chic *m* FAM facilidad *f* (adresse) || distinción *f*, elegancia *f*, buen tono, buen gusto || — *avoir le chic de* o *pour faire quelque chose* tener el don de hacer algo.
- *adj* elegante, distinguido, da; chic; *des robes chics* vestidos distinguidos || bueno, na; estupendo, da; *un chic type* una buena persona || simpático, ca; generoso, sa || agradable, cómodo, da.
- *adv* (vx) *de chic* con improvisación.
- *interj* ¡tanto mejor!, ¡qué bien! || *chic alors!* ¡estupendo!, ¡magnífico!

— OBSERV L'espagnol emploie parfois le gallicisme *chic* dans le sens d'*élégance*.

chicane f enredo m, lío m ‖ sutileza, ardid m (ruse) ‖ fallo m (cartes) ‖ FAM pleitos m pl (procès); *aimer la chicane* ser aficionado a pleitos ‖ MIL paso m en zigzag, través m (retranchements, routes, canalisations, etc.) ‖ TECHN deflector m.

chicaner v tr et intr enredar, liar (embrouiller) ‖ trapacear (dans un procès) ‖ FAM disputar con mala fe | buscar tres pies al gato (critiquer) | dar pena (tourmenter) | regatear (marchander).

chiche adj tacaño, ña (avare) ‖ parco, ca; *être chiche de compliments* ser parco en cumplidos ‖ miserable; *une chiche récompense* una recompensa miserable ‖ *pois chiche* garbanzo ‖ *— tu n'es pas chiche de lui parler!* ¡no tienes narices de ir a hablar con él!
◆ interj FAM ¿a que no?

chichement adv mezquinamente, con pocos recursos.

chichi m cabellos pl rizados postizos (cheveux) ‖ alboroto (tapage) ‖ FAM cursilerías f pl, melindres pl, carantoñas f pl ‖ *— faire des chichis* hacer cursilerías, hacer dengues (faire des manières) ‖ *faire du chichi* hacer carantoñas (pour amadouer).

chichiteux, euse adj amanerado, da; cursi, melindroso, sa.

chicorée f BOT achicoria ‖ *chicorée frisée* escarola.

chicot m tocón (arbre cassé) ‖ FAM raigón (dent cassée).

chien, enne m et f perro, perra.
◆ m atractivo, gancho, ángel, salero; *avoir du chien* tener atractivo ‖ FAM flequillo (frange); *porter des chiens* llevar un flequillo ‖ gatillo (d'une arme à feu) ‖ *— chien couchant* o *d'arrêt* perro de muestra ‖ *chien courant* perro corredor ‖ *chien de berger* perro ganadero ‖ *chien de chasse* perro de caza ‖ *chien de garde* perro guardián ‖ *chien de manchon* perro faldero ‖ *chien de mer* cazón (poisson) ‖ *chien de race* perro de casta ‖ *chien de traîneau* perro de trineo *ou* polar ‖ *chien fou* perro rabioso ‖ *chien méchant!* cuidado con el perro ‖ *chien policier* perro policía ‖ *chien qui rapporte* perro que cobra ‖ *— coup de chien* trance difícil ‖ ASTR *Grand Chien, Petit Chien* Can Mayor, Can Menor ‖ *le chien du commissaire* el secretario de un comisario de policía ‖ *rubrique des chiens écrasés* sucesos, noticias diversas ‖ *— FAM chien de..., chienne de* perro, perra; *quelle chienne de vie!* ¡qué vida más perra! ‖ *comme un chien dans un jeu de quilles* como los perros en misa ‖ *de chien* de perros, detestable, muy malo ‖ *entre chien et loup* entre dos luces, a boca de noche ‖ *nom d'un chien!* ¡caray! ‖ *— bon chien chasse de race* de casta le viene al galgo ser rabilargo ‖ *donner* o *jeter sa langue aux chiens* renunciar a acertar algo, darse por vencido ‖ *être chien en affaires* ser poco generoso, ser agarrado ‖ *être couché en chien de fusil* estar acurrucado en la cama ‖ *être malade comme un chien* estar más malo que los perros ‖ *je te promets un chien de ma chienne* me las pagarás ‖ POP *piquer un chien* echar una siesta después de comer ‖ *se donner un mal de chien* partirse en cuatro, matarse ‖ *se regarder en chiens de faïence* mirarse de hito en hito y con hostilidad ‖ *vivre comme chien et chat* vivir como perros y gatos.

chien-assis m lucernario.
— OBSERV pl *chiens-assis*.

chiendent [ʃjɛ̃dɑ̃] m BOT grama f ‖ FIG & FAM intríngulis, dificultad f (difficulté).

chien-loup m perro lobo.

chier v tr et intr POP cagar ‖ POP *faire chier* jorobar | *se faire chier* aburrirse como una ostra.

chiffon m trapo; *parler chiffons* hablar de trapos ‖ *chiffon antibuée* gamuza antivaho ‖ *chiffon de papier* papel mojado.

chiffonnage; chiffonnement m arrugamiento.

chiffonné, e adj arrugado, da (étoffe, papier, etc.) ‖ *visage chiffonné* semblante agraciado (piquant), cara arrugada (ridé).

chiffonner v tr arrugar ‖ FAM molestar, fastidiar (ennuyer) | preocupar (tracasser) | ocuparse de trapos.
◆ v intr recoger trapos viejos.

chiffonnier, ère adj et s trapero, ra.
◆ m costurero, «chiffonnier» (meuble).

chiffrable adj calculable.

chiffrage m escritura f cifrada, cifrado ‖ COMM evaluación f ‖ MUS numeración f.

chiffre m cifra f, número, guarismo (nombre) ‖ cantidad f (quantité) ‖ numeración f; *chiffres romains, arabes* numeración romana, arábiga ‖ importe, total; *le chiffre des dépenses* el importe de los gastos ‖ cifra f (écriture secrète) ‖ servicio encargado de la correspondencia en escritura cifrada ‖ clave f (clé) ‖ combinación f de una caja de caudales (coffre-fort) ‖ marca f de iniciales (linge, etc.) ‖ *— chiffre d'affaires, de ventes* facturación, volumen de negocios, de ventas ‖ *en chiffre rond* en número redondo.

chiffré, e adj MUS *basse chiffrée* bajo cifrado.

chiffrer v tr cifrar (un message) ‖ numerar (numéroter) ‖ marcar (initiales) ‖ COMM cifrar, evaluar ‖ FIG dar un número exacto de, evaluar (évaluer) ‖ MUS numerar.
◆ v intr contar, calcular ‖ FAM adquirir un valor importante, contar; *l'opération commence à chiffrer* la operación va adquiriendo un valor importante ‖ *chiffrer à, se chiffrer à* sumar, ascender a.

chignole f taladradora de mano ‖ FAM cacharro m, coche m malo.

chignon m moño ‖ FAM *se crêper le chignon* agarrarse *ou* tirarse del moño.

chihuahua m chihuahua.

chiite [ʃiit] adj et s chiíta.

Chili n pr m GÉOGR Chile.

chilien, enne adj chileno, na.

Chilien, enne m et f chileno, na.

chimère f quimera ‖ *se nourrir* o *se repaître de chimères* hacerse ilusiones, vivir de quimeras.

chimérique adj quimérico, ca.

chimie f química; *chimie générale, minérale* o *inorganique, organique, biologique* química general, mineral *ou* inorgánica, orgánica, biológica.

chimiothérapie [ʃimjoterapi] f MÉD quimioterapia.

chimique adj químico, ca.

chimiquement adv químicamente.

chimiste m et f químico, ca.

chimpanzé [ʃɛ̃pɑ̃ze] m chimpancé (singe).

chinchilla [ʃɛ̃ʃila] m chinchilla f (rongeur, fourrure).

Chine n pr f GÉOGR China.

chiné, e adj chiné [galicismo]; de mezclilla, de varios colores.
◆ m teñido de un tejido en varios colores.

chiner *v tr* teñir un tejido en varios colores || POP criticar (critiquer), burlarse, chunguearse de, tomar el pelo (se moquer).
◆ *v intr* chamarilear.

chineur, euse *m et f* FAM chacotero, ra; chunguero, ra; burlón, ona (moqueur) || POP chamarilero, ra (colporteur).

chinois, e *adj* chino, na (de Chine) | chinesco, ca; *ombres chinoises* sombras chinescas || FAM chino, na; raro, ra; complicado, da | chinchoso, sa; pajolero, ra (pointilleux).
◆ *m* chino (langue) || manga *f*, chino, colador de chino (passoire) || FIG *c'est du chinois* es griego (incompréhensible).

Chinois, e *m et f* chino, na.

chinoiser *v intr* ser quisquilloso, sa; incordiar.

chinoiserie *f* objeto *m*, mueble *m* chino *ou* chinesco || FIG medida complicada, engorro *m*, pejiguera (complication) || chismorrería, tabarra (contrariété).

chiot [ʃjo] *m* cría *f* del perro, cachorro.

chiottes *f pl* POP cagadero *m sing*.

chip *f* → **chips**.

chiper *v tr* FAM birlar, mangar.

chipie [ʃipi] *f* FAM arpía, pécora.

chipolata *f* salchicha corta (saucisse) || *(p us)* encebollado *m* (ragoût).

chipoter *v intr* FAM comiscar (manger peu) || FIG poner dificultades por naderías *ou* menudencias || regatear (marchander).
◆ *v tr* discutir mucho tiempo || manosear (tripoter) || FAM molestar (ennuyer).

chips [ʃips] *f pl*; **chip** *f* patatas fritas a la inglesa.

chiqué *m* FAM afectación *f* || farol, tongo (bluff) || — *c'est du chiqué* es un puro camelo, un farol || *faire du chiqué* darse pisto *ou* aires.

chiromancie [kiromɑ̃si] *f* quiromancia.

chiromancien, enne [-sjɛ̃, jɛn] *m et f* quiromántico, ca [(amér)* palmista].

chiropracteur [kiropraktœːr] *m*; **chiropracticien, enne** [-tisjɛ̃, ɛn] *m et f* MÉD quiromasajista.

chiropractie; chiropraxie [-praksi] *f* MÉD quiromasaje.

chiropraticien, enne *m et f* → **chiropracteur**.

chirurgical, e *adj* quirúrgico, ca.

chirurgie *f* cirugía; *chirurgie esthétique* cirugía estética.

chirurgien *m* cirujano.

chirurgien-dentiste *m* dentista, odontólogo.

chistera *m* cesta *f*, chistera (pelote basque).

chitine [kitin] *f* CHIM quitina.

chiure *f* cagada; *chiures de mouche* cagadas de mosca.

ch.-l. abrév de *chef-lieu* capital de un departamento.

chlamydia *f* BIOL chlamydia.
— OBSERV *pl chlamydiae*.

chlorate [klɔrat] *m* CHIM clorato (sel).

chlore [klɔːr] *m* CHIM cloro.

chloré, e [-re] *adj* CHIM clorado, da.

chlorhydrique [klɔridrik] *adj* CHIM clorhídrico, ca (acide).

chloroforme [klɔrɔfɔrm] *m* CHIM cloroformo.

chloroformer [-me] *v tr* cloroformizar.

chlorophylle [klɔrɔfil] *f* BOT clorofila.

chlorophyllien, enne [-ljɛ̃, jɛn] *adj* clorofílico, ca.

chlorure [klɔryːr] *m* CHIM cloruro.

chloruré, e *adj* clorurado, da.

choc *m* choque; *choc en retour* choque de rechazo || FIG conflicto; *le choc des idées* el conflicto de las ideas || — *choc nerveux* shock nervioso || MÉD *choc opératoire* choque || *état de choc* estado de shock || *prix choc* precio de choque || — FIG *subir un choc en retour* salir el tiro por la culata.

chocolat [ʃɔkɔla] *m* chocolate; *tablette de chocolat* tableta de chocolate || bombón; *une boîte de chocolats* una caja de bombones || — *chocolat à croquer* chocolate para crudo || *chocolat à cuire* chocolate a la taza || *chocolat au lait* chocolate con leche || *chocolat en poudre* chocolate en polvo || FAM *être chocolat* quedar a la luna de Valencia, quedar con dos palmos de narices.
◆ *adj inv* de color de chocolate; *ruban chocolat* cinta de color de chocolate.

chocolaté, e *adj* con chocolate.

chocolatier, ère *adj et s* chocolatero, ra.
◆ *f* chocolatera (récipient).

chœur [kœːr] *m* coro (de chanteurs) || coro (partie de l'église) || FIG coro || — *enfant de chœur* monaguillo || — *chanter en chœur* cantar a coro.

choir* *v intr* caer || fracasar (échouer) || FAM *laisser choir* abandonar.

choisi, e *adj* escogido, da; selecto, ta; *société choisie* sociedad selecta || *morceaux choisis* trozos selectos *ou* escogidos, miscelánea.

choisir [ʃwaziːr] *v tr* escoger; *choisir un fruit* escoger una fruta || elegir; *choisir un ami* elegir a un amigo || — *choisir de faire quelque chose* decidir hacer algo || *de deux maux, il faut choisir le moindre* entre dos males hay que elegir el menor.

choix [ʃwa] *m* || elección *f*; *le choix d'un métier* la elección de un oficio || surtido (assortiment); *un choix de cravates* un surtido de corbatas || alternativa *f*, opción *f*; *laisser le choix* dejar una alternativa || selección *f*; *un choix de livres* una selección de libros || — *au choix* a escoger || *au choix de* a elección de, al gusto de || *avancement au choix* ascenso por méritos || *de choix* escogido, de primera calidad (article), destacado, da (place) || *de mon, de son choix* de mi, de su elección || *de premier, de second choix* de primera, de segunda calidad || — *avoir le choix* tener donde escoger || *faire choix de* elegir, escoger || *n'avoir que l'embarras du choix* no saber con cuál quedarse, tener donde escoger || *ne pas avoir le choix* no tener más remedio || *occuper une place de choix* ocupar un lugar preferente.

choléra [kɔlera] *m* cólera (maladie) || FAM peste *f*, mala *f* persona || *choléra-morbus* cólera morbo.

cholestérol [kɔlesterɔl] *m*; **cholestérine** *f* ANAT colesterol *m ou* colesterina *f*.

chômage *m* paro, desempleo; *chômage saisonnier* paro estacional || descanso (repos) || — ÉCON *chômage conjoncturel* paro coyuntural || *chômage déguisé* paro encubierto || *chômage des jeunes* paro juvenil || *chômage partiel* paro parcial || *chômage structurel* paro estructural || *chômage technique* paro técnico || — *être au chômage* estar en paro || *mettre au chômage* enviar al paro.

chômé, e *adj* de fiesta, festivo ‖ inhábil; *jour chômé* día inhábil.

chômer *v intr* estar en paro forzoso, estar parado (manquer de travail) ‖ descansar (suspendre le travail) ‖ no funcionar (usine) ‖ FAM parar (de travailler); *je n'ai pas chômé aujourd'hui!* no he parado un momento hoy ‖ FIG ser improductivo, no producir nada.
◆ *v tr* guardar las fiestas.

chômeur, euse *adj* et *s* parado, da; obrero en paro ‖ — ÉCON *chômeur de longue durée* trabajador parado desde hace mucho tiempo.

chope *f* jarra de cerveza, bock *m*.

choper *v tr* POP coger, agarrar (une maladie) | birlar, mangar (voler) ‖ POP *je me suis fait choper* me pescaron, me engancharon, me agarraron.

choquant, e *adj* chocante.

choquer *v tr* chocar, tropezar con *ou* contra (heurter) ‖ chocar [disgustar] ‖ lastimar (la vue, l'oreille) ‖ estar en contra de; *cela choque le bon sens* esto está en contra del buen sentido ‖ — *choquer les verres* entrechocar los vasos, brindar ‖ *je suis choqué* me choca.

choral, e [kɔral] *adj* coral.
◆ *f* MUS coral (groupe).
◆ *m* coral *f* (composition).
— OBSERV El sustantivo masculino *choral* hace *chorals* en plural, mientras que el adjetivo masculino hace *choraux*.

chorégraphe [kɔregraf] *m* et *f* coreógrafo, fa.

chorégraphie [-fi] *f* coreografía.

chorégraphique [-fik] *adj* coreográfico, ca.

choriste [kɔrist] *m* et *f* corista, viceteple *f*.

chorizo *m* chorizo.

choroïde [kɔrɔid] *f* coroides (membrane de l'œil).

chorus [kɔrys] *m* coro ‖ *faire chorus* hacer coro.

chose *adj inv* raro, ra *adj*; *être o se sentir tout chose* sentirse raro, no sentirse bien.
◆ *f* cosa; *les personnes et les choses* las personas y las cosas ‖ — *grand-chose* gran cosa ‖ *la chose publique* la cosa pública ‖ *pas grand-chose* poca cosa ‖ *quelque chose* algo ‖ *quelque chose de bon, de grand, etc.* algo bueno, grande, etc. ‖ *un petit quelque chose* una cosilla ‖ — *à peu de chose près* aproximadamente ‖ *poco más o menos* ‖ *avant toute chose* antes que nada ‖ *de deux choses l'une* una de dos ‖ *entre une chose et l'autre* entre pitos y flautas ‖ — *aller au fond des choses* analizar *ou* estudiar a fondo ‖ *à quelque chose malheur est bon* no hay mal que por bien no venga ‖ *avoir quelque chose de* tener ribetes de ‖ *c'est peu de chose* no tiene importancia ‖ *c'est une chose de dire que... et c'en est une autre* una cosa es que... y otra ‖ *chose promise, chose due* lo prometido es deuda ‖ *dire bien des choses* dar muchos recuerdos, decir muchas cosas ‖ *être la chose de quelqu'un* ser el esclavo de alguien ‖ *il y a quelque chose comme* hay unos, hay aproximadamente (environ) ‖ *il y a quelque chose là-dessous* hay gato encerrado ‖ *les choses étant ce qu'elles sont, étant donné l'état des choses* tal (y) como están las cosas ‖ *parler de chose(s) et d'autre(s)* hablar de todo y de nada ‖ *y être pour quelque chose* tener algo que ver.
◆ *m* fulano (untel) ‖ *le Petit Chose* Fulanito.

chou *m* col *f*, repollo, berza *f* (légume) ‖ lazo de cintas, moña *f* (nœud) ‖ — *chou à la crème* petisú ‖ *chou de Bruxelles* col de Bruselas ‖ *chou-palmiste* palmito, palmiche ‖ *chou pommé, chou cabus* repollo ‖ *chou-rave* colinabo ‖ *chou rouge* lombarda ‖ — *bête comme chou* tonto de capirote (niais), tirado, da (facile) ‖ *bout de chou* niño, niña; pequeño, ña ‖ FIG *feuille de chou* periodicucho, escrito malo ‖ FAM *mon chou* querido mío, amor mío ‖ — *aller planter ses choux* retirarse al campo ‖ *envoyer planter ses choux* mandar a paseo ‖ *être dans les choux* estar entre los últimos (à la queue), haberle dado a uno un patatús (être évanoui) ‖ *faire chou blanc* errar el tiro, fracasar, quedarse chasqueado ‖ *faire ses choux gras d'une chose* hacer sus delicias de una cosa (se régaler), sacar tajada *ou* provecho de una cosa (tirer profit) ‖ FAM *rentrer dans le chou de quelqu'un* embestir *ou* dar una arremetida a alguien.
◆ *adj* FAM mono, na (joli) ‖ encantador, ra (gentil).
— OBSERV pl *choux*.

chouan [ʃwɑ̃] *m* chuán [insurrecto del oeste de Francia durante la Revolución Francesa].

choucas [ʃukɑ] *m* chova *f* (corneille).

chouchou, oute *m* et *f* FAM querido, da; preferido, da; ojo derecho ‖ *être le chouchou* ser el ojito derecho.

chouchoutage *m* FAM favoritismo.

chouchouter *v tr* FAM mimar (choyer).

choucroute *f* CULIN sauerkraut, choucroute; *choucroute garnie* choucroute con carne de cerdo y patatas.

chouette *f* lechuza (rapace).
◆ *adj* POP bonito, ta; gracioso, sa (joli) ‖ estupendo, da; macanudo, da (formidable).
◆ *interj* POP ¡estupendo!, ¡tanto mejor!, ¡qué gusto!, ¡qué bien!

chou-fleur *m* BOT coliflor *f*.
— OBSERV pl *choux-fleurs*.

chouquette *f* pastelillo *m* cubierto con granos de azúcar.

chow-chow *m* chow-chow.
— OBSERV pl *chows-chows*.

choyer* [ʃwaje] *v tr* mimar (câliner) ‖ cuidar (veiller) ‖ FIG acariciar; *choyer une idée* acariciar una idea.

C.H.R. abrév de *centre hospitalier régional* hospital regional [en Francia].

chrétien, enne [kretjɛ̃, jɛn] *adj* et *s* cristiano, na ‖ FAM *parler un langage chrétien* hablar como cristiano.

chrétiennement *adv* cristianamente, según la doctrina cristiana.

chrétienté [-jɛ̃te] *f* cristiandad.

Christ [krist] *m* Cristo ‖ *Le Christ* Cristo, Jesucristo.

christianisation *f* cristianización.

christianiser [kristjanize] *v tr* cristianizar.
— OBSERV Le verbe espagnol *cristianar* signifie en français *baptiser*.

christianisme [-nism] *m* cristianismo.

chromatique [krɔmatik] *adj* cromático, ca.

chromatisme [krɔmatism] *m* PHYS cromatismo.

chrome [kroːm] *m* cromo (métal).

chromé, e [-me] *adj* et *s m* cromado, da.

chromique [-mik] *adj* crómico, ca (acide, sel).

chromo [-mo] *m* cromo (impression en couleurs).

chromosome [kromozoːm] *m* BIOL cromosoma; *chromosome atypique* cromosoma atípico.

chromosomique *adj* cromosómico, ca.

chronique [krɔnik] *adj et s f* crónico, ca ǁ *— la chronique locale* la crónica local ǁ RAD *la chronique sportive* la crónica deportiva ǁ *la chronique théâtrale* la crónica teatral.

chroniqueur, euse [-kœːr, øːz] *m et f* cronista.

chrono *m* FAM crono.

chronologie [-lɔʒi] *f* cronología.

chronologique [-lɔʒik] *adj* cronológico, ca.

chronologiquement *adv* cronológicamente, por orden cronológico.

chronométrage [-metraːʒ] *m* cronometraje.

chronomètre [-mɛtr] *m* cronómetro.

chronométrer* [-metre] *v tr* cronometrar.

chronométreur, euse [-metrœːr, øːz] *m et f* cronometrador, ra.

chrysalide [krizalid] *f* ZOOL crisálida.

chrysanthème [krizɑ̃tɛːm] *m* crisantemo (fleur).

C.H.S. *abrév de centre hospitalier spécialisé* nombre oficial de un hospital psiquiátrico.

C.H.U. *abrév de Centre hospitalo-universitaire* hospital clínico *ou* universitario.

chuchoter [ʃyʃɔte] *v tr et intr* cuchichear, bisbisear.

chuintant, e [ʃɥɛ̃tɑ̃, ɑːt] *adj et s f* GRAMM sibilante, fricativa [sonido peculiar de la *j* y la *ch* en francés, de *sh* en inglés].

chuintement *m* sonido sibilante.

chuinter *v intr* silbar (la chouette) ǁ pronunciar las consonantes *s* o *z* con el sonido sibilante de la *ch* y la *j* francesas.

chut! *interj* ¡chito!, ¡chitón!

chute *f* caída (d'un objet) ǁ caída, pecado *m*; *la chute du premier homme* la caída del primer hombre ǁ caída, hundimiento, derrumbamiento (d'un empire) ǁ caída (des prix) ǁ vertiente, pendiente (d'un toit) ǁ cadencia (composition poétique) ǁ recorte *m* (déchet) ǁ MÉD descenso *m* (d'un organe) ǁ MAR caída (hauteur de la voile) ǁ THÉÂTR fracaso *m* (échec) ǁ *— chute d'eau* salto de agua ǁ *chute des cheveux* caída de los cabellos ǁ *chute des feuilles* deshoje, caída de las hojas ǁ *chute des reins* rabadilla, parte inferior de la región lumbar ǁ *chute du jour* caída de la tarde, atardecer ǁ *chute du rideau* bajada del telón (théâtre) ǁ *chute libre* caída libre (parachutiste) ǁ *chutes de neige* precipitaciones de nieve ǁ *chutes de pluie* precipitaciones de lluvia ǁ *de chute* de menos; *deux de chute* dos de menos (bridge) ǁ *faire une chute* caerse ǁ *faire une chute de 10 mètres* caer desde 10 metros.

chuter *v intr* FAM caerse ǁ fracasar (pièce de théâtre) ǁ FIG caer, salir mal.
  ◆ *v tr* sisear, abuchear (un acteur).

Chypre *n pr* GÉOGR Chipre.

chypriote *adj* chipriota.

Chypriote *m et f* chipriota.

ci *adv* aquí ǁ *— ci-après* a continuación ǁ *ci-contre* al lado, en la página de al lado *ou* de enfrente ǁ *ci-dessous* más abajo, más adelante ǁ *ci-dessus* arriba indicado, anteriormente mencionado, susodicho, cha; *les mots ci-dessus* las susodichas palabras; más arriba, antes; *vous trouverez ci-dessus* encontrará más arriba ǁ *ci-devant* antes (avant), ex; *un ci-devant noble* un ex noble ǁ *ci-gît* aquí yace ǁ *ci-présent* aquí presente ǁ *par-ci, par-là* por aquí y por allí.
  ◆ *pron dém* esto; *ci et ça* esto y aquello.
  — OBSERV El adverbio *ci* se usa sobre todo con los sustantivos precedidos de *ce, cet, cette, ceux* o con un pronombre demostrativo: *ce livre-ci* este libro; *ces femmes-ci* estas mujeres; *celui-ci* éste; *ceux-ci* éstos; *ceci* esto.

CIA *abrév de Central Intelligence Agency* CIA, organismo de espionaje y contraespionaje norteamericano.

ci-après *adv* → **ci**.

cibiste *m et f* radioaficionado, da (véase C.B.).

cible *f* blanco *m*; *tirer à la cible* tirar al blanco; *atteindre la cible* dar en el blanco.

cibler *v tr* dirigirse *v pr*; *cibler* dirigirse a (un public, une clientèle).

ciboire *m* copón (vase sacré).

ciboulette *f* BOT cebolleta.

ciboulot [sibulo] *m* POP chola (tête).

cicatrice *f* cicatriz (sens propre et figuré).

cicatrisable *adj* cicatrizable.

cicatrisant, e *adj et s* cicatrizante.

cicatrisation *f* cicatrización.

cicatriser *v tr* cicatrizar.
  ◆ *v pr* cicatrizarse.

Cicéron *n pr* Cicerón.

ci-contre *adv* → **ci**.

C.I.C.R. *abrév de Comité international de la Croix-Rouge* CICR, Comité Internacional de la Cruz Roja.

Cid (le) *n pr* el Cid.

ci-dessous *adv* → **ci**.

ci-dessus *adv* → **ci**.

ci-devant *adv* → **ci**.

CIDEX *abrév de courrier individuel à distribution exceptionnelle* correo individual con reparto excepcional.

C.I.D.J. *abrév de Centre d'information et de documentation de la jeunesse* centro de información y documentación para la juventud.

cidre *m* sidra *f*.

cidrerie *f* fábrica de sidra, sidrería.

Cie *abrév de Compagnie* Cía, Compañía.

ciel *m* cielo ǁ *— ciel de lit* dosel ǁ *ciel variable* cielo variable ǁ *— à ciel ouvert* a cielo abierto (mines) ǁ *grâce au ciel* gracias a Dios ǁ *— aide-toi, le ciel t'aidera* a Dios rogando y con el mazo dando ǁ *élever au ciel* poner por las nubes *ou* en los cuernos de la luna ǁ *être au septième ciel* estar en el séptimo cielo ǁ *être suspendu entre ciel et terre* quedarse colgado en el aire ǁ *remuer ciel et terre* no dejar piedra por mover, revolver Roma con Santiago ǁ *tombé du ciel* llovido del cielo (arrivé à propos), caído de un nido (très surpris) ǁ *voir les cieux ouverts* ver el cielo abierto.
  ◆ *interj* ¡cielos! ǁ *au nom du ciel!* ¡por Dios!
  — OBSERV pl *cieux*, excepto en algunas expresiones como *ciels de lit, de carrière*, en términos de pintura, y cuando tiene el sentido de *climat*: *les ciels brûlants des tropiques*.

cierge *m* cirio; *cierge pascal* cirio pascual ǁ BOT cirio ǁ *— être droit comme un cierge* ser más derecho que un palo *ou* una vela ǁ *il lui doit un beau cierge* le debe estar muy agradecido, le libró de buena.

cigale *f* ZOOL cigarra, chicharra.

cigare *m* cigarro puro, puro.

— OBSERV *Cigarro* en espagnol désigne très souvent une *cigarette* et *cigare* se traduit par *puro*.

cigarette *f* cigarrillo *m*, cigarro *m*; *cigarette (à bout) filtre* cigarrillo con filtro *ou* emboquillado ‖ *rouler une cigarette* liar un pitillo.

cigarillo *m* puro pequeño.

ci-gît *adv* → **ci.**

cigogne *f* cigüeña (oiseau) ‖ TECHN cigüeña, manubrio *m* (levier coudé).

ciguë *f* BOT cicuta ‖ *petite ciguë* cicuta menor.

ci-inclus, e *adj* incluso, sa.
◆ *adv* incluso.
— OBSERV En francés, *ci-inclus* y *ci-joint* son invariables cuando empiezan la frase: *ci-inclus ma facture* inclusa mi factura; *ci-joint les deux lettres* adjuntas ambas cartas.

C.I.J. abrév de *Cour internationale de justice* TIJ, Tribunal Internacional de Justicia.

ci-joint, e [siʒwɛ̃, ɛ̃:t] *adj* adjunto, ta.
◆ *adv* adjunto; *vous trouverez ci-joint une brochure* adjunto le remito un folleto ‖ *veuillez trouver ci-joint* adjuntamos a la presente.

cil *m* pestaña *f* ‖ *cils vibratiles* cilios vibrátiles.

ciller [sije] *v tr et intr* parpadear, pestañear ‖ FAM *personne n'ose ciller devant lui* nadie se atreve a chistar con él.

cimaise; cymaise *f* ARCHIT gola, cimacio *m*.

cime *f* cima, cúspide.

ciment *m* cemento ‖ cemento, argamasa *f*, hormigón (mortier) ‖ *ciment armé* cemento *ou* hormigón armado.

cimenter *v tr* cementar ‖ FIG cimentar, afirmar; *cimenter la paix* cimentar la paz.

cimenterie *f* fábrica de cemento.

cimeterre *m* alfanje (sabre arabe), cimitarra *f* (sabre turc).

cimetière *m* cementerio, camposanto ‖ *cimetière de voitures* cementerio de coches.

ciné *m* FAM cine.

cinéaste *m* cineasta.

ciné-club [sineklœb] *m* cine-club.
— OBSERV pl *ciné-clubs.*

cinéma *m* cine; *cinéma muet, parlant* cine mudo, sonoro ‖ *cinéma d'animation* cine de animación ‖ *cinéma d'art et d'essai* cine de arte y ensayo ‖ — *aller au cinéma* ir al cine ‖ FIG *faire du cinéma* hacer teatro.

Cinémascope *m* (nom déposé) cinemascope.

cinémathèque *f* cinemateca.

cinématique *f* cinemática.

cinématographie *f* cinematografía.

cinématographique *adj* cinematográfico, ca.

cinémomètre *m* cinemómetro.

cinéphile *m et f* amante del cine.

cinéraire *adj* cinerario, ria.
◆ *f* BOT cineraria.
◆ *m* urna *f* cineraria.

cinétique *adj et s f* cinético, ca.

cinglant, e *adj* mordaz, áspero, ra; *un ton cinglant* un tono áspero ‖ azotador, ra (pluie, vent).

cinglé, e *adj et s* POP chiflado, da; guillado, da.

cingler *v intr* MAR singlar; *cingler vers* singlar hacia.
◆ *v tr* cimbrar, cruzar (fouetter) ‖ FIG azotar (pluie, neige) ‖ TECHN forjar (le fer).

cinq [sɛ̃:k, sɛ̃] *adj et s m* cinco ‖ quinto, ta (cinquième); *Alphonse V* Alfonso V [quinto] ‖ — *cinq cents* quinientos, tas ‖ *en cinq sec* en un dos por tres ‖ *il est cinq heures* son las cinco ‖ FAM *il était moins cinq* por poco.

cinquantaine *f* cincuentena ‖ los cincuenta; *avoir la cinquantaine* haber cumplido los cincuenta; *friser la cinquantaine* andar por *ou* frisar en los cincuenta.

cinquante *adj et s m inv* cincuenta.

cinquantenaire [sɛ̃kɑ̃tnɛːr] *m et f* cincuentón, ona (qui a 50 ans).
◆ *m* cincuentenario (anniversaire).

cinquantième *adj et s* quincuagésimo, ma.

cinquième *adj et s* quinto, ta.

cinquièmement *adv* en quinto lugar.

cintrage *m* cimbreo, combadura *f.*

cintre *m* cimbra *f*, cintra *f* (surface intérieure d'un arc) ‖ telar (théâtre) ‖ percha *f* (pour habits) ‖ — *cintre de charpente* cimbra ‖ *cintre surhaussé, surbaissé* cimbra peraltada, rebajada ‖ *plein cintre* medio punto.

cintré, e *adj* cimbrado, da (incurvé) ‖ ceñido, da; entallado, da (une veste) ‖ POP chalado, da; chiflado, da; guillado, da.

cintrer *v tr* cimbrar, cintrar (une voûte) ‖ combar (le bois) ‖ entallar, ajustar, ceñir (une veste).

C.I.O. abrév de *Comité international olympique* COI, Comité Olímpico Internacional.

cirage *m* enceramiento (des parquets) ‖ betún, crema *f* para el calzado (produit) ‖ limpieza del calzado (des chaussures) ‖ FIG & POP *être dans le cirage* estar achispado (ivre), estar atontolinado (abasourdi).

circoncis, e *adj et s m* circunciso, sa.

circoncision *f* circuncisión.

circonférence *f* circunferencia.

circonflexe [sirkɔ̃flɛks] *adj et s m* circunflejo, ja.

circonlocution *f* circunloquio *m* ‖ rodeo *m* (détour).

circonscription *f* circunscripción; *circonscription électorale* circunscripción electoral.

circonscrire* *v tr* circunscribir; *circonscrire un polygone* circunscribir un polígono ‖ delimitar; *circonscrire un sujet* delimitar un tema ‖ localizar; *circonscrire une maladie* localizar una enfermedad ‖ limitar (limiter).

circonscrit, e *adj* circunscrito, ta.

circonspect, e [sirkɔ̃spɛ, ɛkt] *adj* circunspecto, ta.

circonspection *f* circunspección.

circonstance *f* circunstancia; *se plier aux circonstances* adaptarse a las circunstancias ‖ — *air ou tête de circonstance* cara de circunstancias ‖ DR *circonstances aggravantes, atténuantes* circunstancias agravantes, atenuantes ‖ *discours de circonstance* discurso de circunstancias ‖ — *pour la circonstance* en esta circunstancia, con este motivo, por esta ocasión.

circonstancié, e *adj* circunstanciado, da ‖ detallado, da; con todos detalles.

circonstanciel, elle *adj* circunstancial ‖ GRAMM *complément circonstanciel* complemento circunstancial | *proposition circonstancielle* proposición circunstancial.

circonvallation *f* circunvalación.

circonvenir* *v tr* embaucar, engañar con artificios ‖ delimitar (cerner) ‖ rodear (entourer).
circonvolution *f* circunvolución ‖ FIG rodeo *m* (détour).
➤ *pl* ANAT *circonvolutions cérébrales* circunvoluciones cerebrales.
circuit [sirkɥi] *m* circuito ‖ — *circuit administratif* circuito administrativo ‖ *circuit automobile* circuito automovilístico ‖ ÉCON *circuit de distribution* circuito de distribución ‖ ÉLECTR *circuit fermé* circuito cerrado ‖ *circuit intégré* circuito integrado ‖ NUCL *circuit primaire* circuito primario ‖ *circuit primaire de refroidissement* circuito primario de refrigeración ‖ AUTOM *circuit scellé* circuito precintado ‖ POP *être dans le circuit* estar en el ajo | *mettre hors circuit* dejar fuera.
circulaire *adj* et *s f* circular.
circularité *f* carácter *m* circular.
circulation *f* circulación (du sang) ‖ circulación, tráfico *m* (de véhicules) ‖ — *circulation aérienne* tráfico aéreo ‖ *circulation au ralenti* circulación lenta ‖ ÉCON *circulation fiduciaire* circulación fiduciaria ‖ *circulation routière* circulación rodada, tránsito rodado.
circulatoire *adj* circulatorio, ria ‖ MÉD *avoir des troubles circulatoires* tener problemas circulatorios.
circuler *v intr* circular; *le sang circule dans les veines* la sangre circula por las venas ‖ circular, propagarse; *une nouvelle qui circule* una noticia que circula.
circumnavigation [sirkɔmnavigasjɔ̃] *f* circunnavegación.
circumpolaire [-pɔlɛːr] *adj* circumpolar.
cire *f* cera; *cire vierge* cera virgen ‖ cerumen *m* (des oreilles) ‖ *cire à cacheter* lacre.
ciré, e *adj* encerado, da (enduit de cire) ‖ embetunado, da; lustrado, da (chaussures) ‖ *toile cirée* hule.
➤ *m* impermeable de hule (vêtement).
cirer *v tr* encerar (parquet, tissus, etc.) ‖ embetunar, dar crema, sacar brillo (souliers) ‖ FIG *cirer les bottes à quelqu'un* dar coba a alguien.
cireur, euse *m* et *f* encerador, ra (parquets, tissus, etc.) ‖ limpiabotas (fam), limpia (chaussures).
➤ *f* enceradora (machine).
cireux, euse [sirø, øːz] *adj* ceroso, sa; *teint cireux* tez cerosa.
cirque *m* circo.
cirrhose *f* MÉD cirrosis; *cirrhose alcoolique* cirrosis alcohólica.
cirrus [sirys] *m* cirro (nuage).
cisaille [sizaːj] *f* TECHN cizalla (machine et rognure de métal) ‖ *cisaille à lames* guillotina.
➤ *pl* cizallas (ciseaux).
cisailler [-je] *v tr* cizallar ‖ encañonar (le linge).
cisalpin, e *adj* cisalpino, na.
ciseau *m* cincel (de sculpteur) ‖ formón (de menuisier) ‖ tijera *f*, tijereta *f* (catch) ‖ — *ciseau à bois* escoplo ‖ *ciseau à froid* cortafrío.
➤ *pl* tijeras *f* (à deux branches) ‖ *coup de ciseaux* tijeretazo ‖ *saut en ciseaux* salto de tijeras, tijereta *f* (gymnastique).
ciseler* [sizle] *v tr* cincelar ‖ recortar con tijeras (découper) ‖ FIG cincelar (style).
ciseleur [sizlœːr] *m* cincelador.
ciselure [-lyːr] *f* cinceladura.

Cisjordanie *n pr f* GÉOGR Cisjordania.
cisjordanien, enne *adj* cisjordano, na.
Cisjordanien, enne *n m* et *f* cisjordano, na.
ciste *m* BOT jara *f* ‖ cesta *f* (Antiquité).
cistercien, enne *adj* et *s* cisterciense.
citadelle *f* ciudadela.
citadin, e *m* et *f* habitante de una ciudad ‖ urbano, na; de la ciudad; *des paysages citadins* paisajes urbanos.
citation *f* DR & MIL citación ‖ cita (texte cité).
cité *f* ciudad, urbe (ville) ‖ núcleo *m* antiguo [de una ciudad]; casco *m* ‖ — *cité ouvrière, radieuse, universitaire* ciudad obrera, radiante, universitaria ‖ *droit de cité* derecho de ciudadanía.
cité-dortoir *f* ciudad dormitorio.
— OBSERV *pl cités-dortoirs*.
citer *v tr* citar; *citer en justice* citar ante la justicia ‖ citar (faire une citation) ‖ — *je ne veux citer personne* no quiero citar nombres.
citerne *f* cisterna, aljibe *m*; *wagon-citerne, camion-citerne* vagón, camión cisterna; *navire-citerne* barco aljibe, buque cisterna.
cité U abrév de *cité universitaire* ciudad universitaria.
cithare *f* MUS cítara.
citoyen, enne [sitwajɛ̃, jɛn] *m* et *f* ciudadano, na.
citoyenneté [-jɛnte] *f* ciudadanía.
citrate *m* CHIM citrato.
citrique *adj* CHIM cítrico, ca.
citron *m* limón (fruit) ‖ POP chola *f* (tête) ‖ — *citron pressé* limón natural (boisson) ‖ FAM *presser quelqu'un comme un citron* estrujar a uno como un limón ‖ POP *se presser le citron* estrujarse los sesos.
➤ *adj inv* amarillo limón (couleur).
citronnade *f* limonada, refresco *m* de limón.
citronné, e *adj* perfumado, da con limón; al limón ‖ *ce gateau a un petit goût citronné* este pastel sabe un poquito a limón.
citronnelle *f* BOT cidronela (*p us*), toronjil *m* (fruit) ‖ licor *m* de corteza de limón (liqueur).
citronner *v tr* echar limón, sazonar con limón.
citronnier *m* BOT limonero, limón.
citrouille [sitruːj] *f* BOT calabaza ‖ POP melón *m*, cabezota | cernícalo *m*, ganso *m*, mastuerzo *m*, limón *m* (niais).
civet [sivɛ] *m* encebollado [de liebre, etc.].
civière *f* camilla (pour malades), parihuelas *pl*.
civil, e *adj* civil ‖ cortés, afable (poli).
➤ *m* paisano (par opposition à *militaire*), seglar (par opposition au *prêtre*) ‖ vida *f* civil; *réintégré dans le civil* incorporado a la vida civil ‖ DR *lo civil; au civil* por lo civil ‖ *en civil* de paisano.
civilement *adv* por lo civil.
civilisateur, trice *adj* civilizador, ra.
civilisation *f* civilización.
civilisé, e *adj* et *s* civilizado, da.
civiliser *v tr* civilizar.
civilité *f* cortesía, urbanidad ‖ *présenter ses civilités à quelqu'un* saludar atentamente a uno.
civique *adj* cívico, ca ‖ *instruction civique* educación cívica (école).
civisme *m* civismo.
cl abrév de *centilitre* cl, centilitro.

clafouti; clafoutis *m* pastel de cerezas.
clair, e *adj* claro, ra ‖ vivo, va (feu) ‖ transparente, desgastado, da; *pantalon clair aux genoux* pantalón desgastado en las rodillas ‖ — *clair comme de l'eau de roche* o *comme le jour* más claro que el agua, con una claridad meridiana ‖ *clair et net* con claridad meridiana, sin rodeos, bien claro ‖ *pour être clair* para que quede claro.
◆ *m* claro; *le clair de lune* el claro de luna ‖ — *en clair* no codificado ‖ *le plus clair de son temps* la mayor parte de su tiempo ‖ — *mettre au clair* poner en limpio ‖ *mettre sabre au clair* desenvainar la espada ‖ *tirer quelque chose au clair* sacar algo en claro.
◆ *pl* claros (peinture).
◆ *adv* claro, claramente ‖ — *en clair* con claridad, claramente ‖ *il fait clair* hay claridad ‖ *voir clair* ver bien ‖ *y voir clair* verlo claro.
— OBSERV El adjetivo *clair* es invariable si sigue un color cualquiera: *une robe bleu clair*.
clairement *adv* claramente, con claridad.
clairet, ette [klɛrɛ] *adj et s m* clarete (vin).
clairette *f* uva albilla (raisin) ‖ vino *m* albillo (vin) ‖ canónigos *m pl* (mâche).
claire-voie *f* claraboya ‖ ventanales *m pl*, vidrieras *pl* (d'une église) ‖ empalizada (palissade) ‖ balaustrada (balustrade) ‖ MAR lumbrera ‖ *à claire-voie* calado, da (ajouré).
clairière *f* claro *m*, calva, calvero *m* (dans un bois).
clair-obscur *m* claroscuro.
— OBSERV pl *clairs-obscurs*.
clairon *m* MIL corneta *f* ‖ MUS clarín.
claironnant, e *adj* estrepitoso, sa; estruendoso, sa.
claironner *v tr* pregonar, vocear; *claironner une nouvelle* pregonar una noticia.
◆ *v intr* desgañitarse (s'égosiller) ‖ FIG no caber en sí de gozo (exulter).
clairsemé, e *adj* ralo, la (cheveux) ‖ claro, ra (blé) ‖ escaso, sa; poco, ca (spectateurs).
clairvoyance [klɛrvwajɑ̃ːs] *f* clarividencia.
clairvoyant, e *adj* clarividente, perspicaz.
clam *m* especie *f* de almeja grande.
clamecer *v intr* POP → **clamser**.
clamer *v tr* clamar.
clameur *f* clamor *m*, clamoreo *m*.
clamser; clamecer *v intr* POP palmar, cascar.
clan *m* clan.
clandestin, e *adj* clandestino, na ‖ *passager clandestin* polizón.
clandestinité *f* clandestinidad ‖ — *dans la clandestinité* en la clandestinidad ‖ *entrer dans la clandestinité* pasar a la clandestinidad.
clapet [klapɛ] *m* MÉCAN chapaleta *f* (d'une pompe) ‖ válvula *f* (soupape) ‖ POP pico, boca *f*.
clapier *m* conejera *f* (lapin domestique) ‖ madriguera *f* (lapin de garenne).
clapoter *v intr* chapotear.
clapotis [klapɔti] *m* chapoteo.
clappement *m* chasquido [de la lengua].
claquage *m* distensión *f* de un ligamento *ou* un músculo, tirón FAM.
claque *f* guantada, manotada, bofetada (gifle) ‖ chanclo *m* (d'une chaussure) ‖ clac *m* (chapeau à ressort) ‖ THÉÂTR claque, conjunto *m* de alabarderos (applaudisseurs payés) ‖ — *chapeau claque* bicornio, clac ‖ — FAM *avoir une tête à claques* tener una torta *ou* un guantazo ‖ POP *en avoir sa claque* estar hasta la coronilla *ou* hasta los pelos ‖ FIG *prendre une claque* estrellarse.
claquement *m* castañeteo (des dents) ‖ castañeta *f* (des doigts) ‖ palmada *f* (mains) ‖ chasquido (du fouet, de la langue) ‖ taconazo (choc des talons), taconeo (bruit des talons, danse) ‖ crujido (articulations) ‖ portazo (de porte).
claquemurer *v tr* emparedar, encerrar entre cuatro paredes.
◆ *v pr* encerrarse en su casa.
claquer *v intr* crujir (produire un bruit sec) ‖ castañetear, hacer castañetas (avec les doigts) ‖ chasquear, restallar, chascar (le fouet) ‖ flamear, ondear (un drapeau) ‖ tener una distensión, sufrir un tirón FAM (muscle) ‖ taconear (les talons) ‖ POP espichar, hincar el pico (mourir) | aplaudir, batir palmas ‖ irse a pique (échouer) ‖ — *claquer des dents* castañetear los dientes ‖ POP *claquer du bec* tener carpanta.
◆ *v tr* abofetear (donner une claque) ‖ FAM pulverizar, despilfarrar (fortune) ‖ reventar, fatigar (éreinter) ‖ — *claquer la porte* dar un portazo ‖ *claquer la porte au nez* dar con la puerta en las narices ‖ *claquer les talons* dar un taconazo ‖ FIG & FAM *faire claquer son fouet* darse tono.
◆ *v pr* distenderse (un muscle) ‖ FAM reventarse (s'éreinter).
claquette *f*; **claquoir** *m* claquetas, tablillas *f pl* ‖ matraca *f* (crécelle) ‖ CINÉM claqueta ‖ — *claquette de lépreux* tablillas de San Lázaro ‖ *danse à claquettes*, *claquettes* claqué ‖ — *faire des claquettes* hacer claqué.
clarification *f* clarificación ‖ FIG aclaración, esclarecimiento *m*; *clarification de la situation* aclaración de la situación.
clarifier* *v tr* clarificar; *clarifier du vin* clarificar vino ‖ purificar (purifier) ‖ FIG esclarecer, aclarar; *clarifier la situation* esclarecer la situación.
clarine *f* esquila, cencerro *m*.
clarinette *f* MUS clarinete *m* ‖ clarinetista (instrumentiste).
clarinettiste *m et f* clarinetista *m*.
clarisse *f* clarisa (religieuse).
clarté *f* claridad ‖ transparencia, limpidez; *la clarté de l'eau* la limpidez del agua.
◆ *pl* luces (connaissances) ‖ aclaraciones (éclaircissements).
clash *m* FAM clash, conflicto.
— OBSERV pl *clashs* o *clashes*.
classe *f* clase (catégorie) ‖ clase (importance) ‖ clase, curso *m* (scolaire); *classe de 1ère* sexto curso; *il est dans la classe des petits* está en la clase de los pequeños ‖ aula, clase (salle de cours) ‖ BOT & ZOOL clase ‖ FAM categoría, clase, distinción ‖ MAR matrícula ‖ MIL quinta, reemplazo *m*; *il est de la même classe que moi* es de la misma quinta que yo ‖ — *classe creuse* grupo de población con un bajo índice de natalidad ‖ *classe d'âge* grupo de edad (démographie) ‖ *classe de mer* colonia escolar a la playa ‖ *classe de neige* semana blanca [escuela] ‖ *classe ouvrière* clase obrera ‖ *classe sociale* clase social ‖ *classe touriste* clase turista, clase económica ‖ *classe verte* colonia escolar al campo ‖ — *de classe*, *de grande classe* de primer orden ‖ *lutte des classes*

lucha de clases ‖ *rentrée des classes* apertura de curso ‖ *soldat de première, deuxième classe* soldado de primera, raso ‖ — MIL *être de la classe* estar a punto de haber cumplido el servicio militar ‖ *faire la classe* enseñar, dar clases [en las escuelas] ‖ *faire ses classes à* hacerse *ou* aprenderlo todo en ‖ *faire ses classes avec* ser compañero de curso *ou* de estudios de.
classement *m* clasificación *f*, ordenación *f* ‖ SPORTS *premier au classement général* primero de la clasificación general.
classer *v tr* clasificar ‖ FIG dar carpetazo a (une affaire) | catalogar, encasillar (une personne) | fichar (juger défavorablement) | dar categoría (donner de la notoriété) ‖ *monument classé* monumento declarado de interés artístico.
◆ *v pr* clasificarse; *se classer dernier* clasificarse el último; *se classer premier* clasificarse el primero.
classeur, euse *m et f* clasificador, ra.
◆ *m* archivador, archivo (meuble) ‖ carpeta de anillas (à feuillets mobiles).
classicisme *m* clasicismo.
classification *f* clasificación.
classifier* *v tr* clasificar.
classique *adj* clásico, ca ‖ — *arme classique* arma clásica ‖ *études classiques* estudios clásicos.
classiquement *adv* clásicamente, de manera clásica.
claudiquer *v intr* cojear, renquear.
clause [kloːz] *f* cláusula ‖ — ÉCON *clause de la nation la plus favorisée* cláusula de la nación más favorecida ‖ DR *clause résolutoire* cláusula resolutoria ‖ *clause statutaire* cláusula estatutoria.
claustral *adj* claustral.
claustration *f* enclaustramiento *m*.
claustrer *v tr* enclaustrar.
◆ *v pr* encerrarse.
claustrophobe *adj* claustrofóbico, ca.
◆ *m et f* claustrófobo, ba.
claustrophobie *f* claustrofobia.
clavaire *f* clavaria (champignon).
claveau *m* ARCHIT clave (pierre taillée) ‖ VÉTÉR viruela *f* (des moutons).
clavecin *m* MUS clave, clavicordio, clavecín (gallicisme).
claveciniste *m et f* MUS tocador, ra de clavicordio.
clavette *f* TECHN chaveta, pasador *m*.
clavicule *f* ANAT clavícula.
clavier [klavje] *m* teclado (de piano, machine à écrire, etc.) ‖ INFORM teclado ‖ llavero (pour les clefs).
claviste *m et f* teclista.
clayette *f* caja (cageot) ‖ parrilla (de réfrigérateur).
clayon [klɛjɔ̃] *m* encella *f* (pour fromages) ‖ cerca *f* (clôture) ‖ batea *f* (panier).
clean *adj inv* FAM legal.
clearing [kliriŋ] *m* COMM clearing, compensación *f*.
clef; clé [kle] *f* llave (d'une serrure); *clef maîtresse* llave maestra ‖ FIG clave (d'un écrit, d'un mystère) ‖ MUS clave; *clef de sol* clave de sol | llave (d'un instrument à vent) ‖ TECHN llave; *clef universelle* llave universal ‖ — *à la clé* en juego ‖ *clef à molette* o *anglaise* llave inglesa ‖ *clef à tube* llave de tubo ‖ *clef à vis* llave de tuerca ‖ AUTOM *clé de contact* llave de contacto ‖ *clef de robinet* llave de grifo ‖ *clef de voûte* clave, piedra angular, clave de arco ‖ *contrat clés en main* contrato llaves en mano ‖ *fausse clef* llave falsa, ganzúa ‖ *film à clé* película con mensaje ‖ *livre à clé* libro con mensaje ‖ *prix clés en main* precio llaves en mano (d'une voiture) ‖ — *fermer à clef* cerrar con llave ‖ *garder sous clef* guardar bajo llave ‖ *mettre sous clé* cerrar bajo llave ‖ *prendre la clef des champs* tomar las de Villadiego.
◆ *adj* clave, fundamental, esencial; *une position clef* una posición clave.
clématite *f* BOT clemátide.
clémence *f* clemencia.
clément, e *adj* clemente.
clémentine *f* clementina (mandarine).
Cléopâtre *n pr f* Cleopatra.
cleptomane *adj et s* cleptómano, na.
cleptomanie *f* cleptomanía.
clerc [klɛr] *m* clérigo (religieux) ‖ sabio, instruido (savant, lettré) ‖ pasante (d'avocat, d'avoué, de notaire) ‖ — *maître clerc* o *premier clerc* primer oficial (d'un notaire) ‖ — FIG *faire un pas de clerc* cometer una pifia | *ne pas être grand clerc en la matière* no ser muy competente *ou* perito en la materia.
clergé *m* clero.
clérical, e *adj et s m* clerical.
cléricalisme *m* clericalismo.
Clermont-Ferrand *n pr* GÉOGR Clermont-Ferrand.
clic! *interj* ¡clic!
cliché *m* IMPR & PHOT cliché, clisé ‖ FIG & FAM tópico, lugar común, frase *f* estereotipada (lieu commun) ‖ *cliché trait* cincografía.
client, e *m et f* cliente, parroquiano, na (commerce) ‖ POP tío, tía.
clientèle *f* clientela (d'un médecin, d'un avocat, etc.) ‖ clientela, parroquia (d'un café, etc.) ‖ — *accorder sa clientèle à* ser cliente habitual de ‖ *avoir la clientèle de* tener como cliente a ‖ *retirer sa clientèle à* dejar de ser cliente de.
clientélisme *m* clientelismo; *clientélisme électoral* clientelismo electoral.
clignement [kliɲmɑ̃] *m* guiño (volontaire) ‖ parpadeo (à cause du soleil) ‖ *clignement d'œil* guiño.
cligner *v tr* entornar; *cligner les yeux* entornar los ojos ‖ pestañear, parpadear (clignoter) ‖ *cligner de l'œil* guiñar (faire signe).
clignotant, e *adj* parpadeante, intermitente.
◆ AUTOM *luz f* intermitente, intermitente.
clignotement *m* pestañeo, parpadeo ‖ parpadeo (signalisation) ‖ FIG centelleo.
clignoter *v intr* pestañear, parpadear.
climat [klima] *m* clima ‖ FIG ambiente, atmósfera *f*.
climatique *adj* climático, ca.
climatisation *f* climatización.
climatisé, e *adj* climatizado, da *(p us)*; acondicionado, da; con aire acondicionado.
climatiser *v tr* climatizar, acondicionar.
climatiseur *m* acondicionador de aire.
climatologie *f* climatología.
climatologique *adj* climatológico, ca.
clin *m* *clin d'œil* guiño ‖ *en un clin d'œil* en un abrir y cerrar de ojos, en un santiamén, en un decir

Jesús, en un dos por tres, en un quítame allá esas pajas.

clinicien, enne [klinisjɛ̃, ɛn] *m* et *f* clínico, ca.

clinique *adj* et *s f* clínico, ca.

clinquant *m* lentejuela, oropel *f* (paillette) ‖ FIG relumbrón, oropel (éclat trompeur).
◆ *adj* de relumbrón, brillante.

clip *m* clip [broche de resorte].

clipper [klipər] *m* AVIAT & MAR clíper.

clique *f* pandilla, camarilla ‖ zueco *m* [dialectal] (sabot) ‖ MIL banda de trompetas y tambores ‖ *prendre ses cliques et ses claques* liar el petate, largarse.

cliquer *v intr* INFORM accionar el ratón.

cliqueter* [klikte] *v intr* sonar, restallar, tabletear ‖ picar (moteur).

cliquetis [klikti] *m* ruido, choque (d'armes, etc.) ‖ picado (moteur).

clisse *f* encella (pour fromages) ‖ funda de mimbre (pour bouteilles).

clitoridien, enne *adj* clitorídeo, a.

clitoris *m* ANAT clítoris.

clivage *m* crucero; *plan de clivage* plano de crucero ‖ FIG separación *f* | discrepancia *f*, divergencia *f*, desacuerdo (divergence).

cliver *v tr* partir un mineral en el sentido de sus capas.

cloaque *m* cloaca *f* (égout) ‖ cenagal (eau croupie) ‖ FIG cloaca *f*, lugar sucio e infecto ‖ ZOOL cloaca *f*.

clochard, e [klɔʃaːr, ard] *m* et *f* POP vagabundo, da; mendigo, ga.

clochardiser *v tr* depauperar.
◆ *v pr* depauperarse.

cloche *f* campana (d'église) ‖ quesera (à fromage) ‖ sombrero *m* de campana (chapeau) ‖ CHIM & AGRIC campana de vidrio ‖ POP tonto *m*, tonta ‖ — TECHN *cloche à plongeur* campana de buzo ‖ — *balle en cloche* balón bombeado ‖ *jupe cloche* falda acampanada ‖ POP *la cloche* conjunto de mendigos ‖ *son de cloche* opinión, parecer ‖ — *à la cloche de bois* a cencerros tapados ‖ FAM *se taper la cloche* ponerse como el quico, ponerse las botas | *sonner les cloches à quelqu'un* echar un rapapolvo *ou* una bronca a alguien.

cloche-pied (à) *adv* a la pata coja, a la coxcojita *ou* coxcojilla.

clocher *m* campanario (d'une église) ‖ FIG pueblo (pays natal) ‖ — *course au clocher* carrera a campo traviesa ‖ *esprit de clocher* mentalidad pueblerina, espíritu localista *ou* exclusivista *ou* cerrado ‖ *rivalités de clocher* rivalidades de pueblos.

clocher *v intr* cojear (boiter) ‖ *il y a quelque chose qui cloche* hay algo que no va bien *ou* que falla.

clocheton *m* pequeño campanario, campanil (petit clocher) ‖ pináculo (ornement).

clochette *f* campanilla ‖ esquila, esquilón *m* (pour le bétail) ‖ campanilla (des fleurs).

cloison [klwazɔ̃] *f* ANAT tabique *m* ‖ ARCHIT tabique *m* ‖ FIG separación absoluta, barrera ‖ MAR *cloison étanche* mamparo estanco.

cloisonnage; cloisonnement *m* tabiquería *f*.

cloisonné, e *adj* tabicado, da; *émail cloisonné* esmalte tabicado ‖ BOT alveolado, da ‖ FIG compartimentado, da; separado, da.

cloisonner *v tr* tabicar, separar por tabiques ‖ FIG compartimentar.

cloître *m* claustro ‖ monasterio.

cloîtrer *v tr* enclaustrar ‖ FIG & FAM encerrar, enclaustrar (enfermer); *vivre cloîtré* vivir encerrado ‖ *sœur cloîtrée* monja de clausura.
◆ *v pr* enclaustrarse, recluirse ‖ FIG & FAM encerrarse (s'enfermer).

clone *m* clon.

clope *m* ou *f* FAM colilla *f*, punta *f* (mégot).

clopin-clopant *loc adv* FAM cojeando, renqueando.

clopiner *v intr* cojear, renquear.

cloporte *m* cochinilla *f* (crustacé terrestre).

cloque *f* ampolla de la piel, vejiga (boursouflure) ‖ BOT herrumbre *m*.

cloquer *v intr* formarse ampollas ‖ *étoffe cloquée* tejido de cloqué [rizado en forma de ampollas].

clore* *v tr* cerrar, tapar; *clore les yeux* cerrar los ojos ‖ cercar, rodear; *clore un champ* cercar un campo ‖ FIG cerrar (un compte) | cerrar, clausurar (une séance) | concluir; *clore une affaire* concluir un negocio.
◆ *v intr* cerrar; *fenêtre qui clôt mal* ventana que cierra mal.

clos [klo] *m* cercado, huerta *f* cercada, propiedad *f* cercada (terrain cultivé) ‖ pago (vignoble).

clos, e [klo, oːz] *adj* cerrado, da; *la porte est close* la puerta está cerrada ‖ cercado, da (entouré) ‖ — *champ clos* estacada, palenque ‖ *nuit close* noche cerrada ‖ — DR *à huis clos* a puerta cerrada ‖ *la séance est close* se ha cerrado *ou* clausurado la sesión.

clôture *f* cerca, cercado *m*, valla (enceinte) ‖ tapia (de terre séchée) ‖ clausura (couvent) ‖ clausura (d'une séance) ‖ cierre *m* (de la Bourse) ‖ fin *m*, término *m* (fin) ‖ COMM liquidación (d'un compte) ‖ cierre *m* (d'un inventaire).

clôturer *v tr* cercar, cerrar (enclore) ‖ clausurar, terminar (une discussion) ‖ COMM liquidar, cerrar (un compte).

clou *m* clavo ‖ tachón (décoration) ‖ FIG atracción *f* principal, colofón, lo más saliente, lo mejor; *le clou de la soirée* la principal atracción de la velada ‖ POP monte de piedad, peñaranda (mont-de-piété) | cuartelillo de policía (poste de police), chirona *f* (prison) | cafetera *f*, cacharro, máquina *f* vieja (vieil instrument) | MÉD divieso, clavo (furoncle) ‖ — *clou à crochet* escarpia, alcayata ‖ *clou de girofle* clavo de especia ‖ *les clous* el paso de peatones ‖ *pneu à clous* neumático de clavos ‖ — FAM *des clous!* ¡ni hablar! (pas question), ¡nada! (rien du tout) ‖ FIG *être le clou de* ser la sensación de ‖ POP *être maigre comme un clou* estar en los huesos, estar como un fideo ‖ FAM *river son clou à quelqu'un* apabullar a uno.

clouer *v tr* clavar; *clouer au mur* clavar en la pared ‖ inmovilizar, clavar (immobiliser) ‖ fijar, asegurar con clavos (fixer) ‖ — *clouer au pilori* poner en la picota ‖ FAM *clouer le bec à quelqu'un* cerrarle el pico a uno.

clouté, e *adj* con clavos ‖ *ceinture cloutée* cinturón de clavos ‖ *passage clouté* paso de peatones ‖ *pneu clouté* neumático de clavos, cubierta de nieve y hielo.

clouter *v tr* clavetear, tachonar.

Clovis *n pr m* Clodoveo.

clovisse *f* almeja (mollusque).

clown [klun] *m* payaso, clown (de cirque).

clownerie [klunri] *f* payasada.

clownesque *adj* relativo a un payaso.
C.L.T. abrév de *Compagnie luxembourgeoise de télédiffusion* compañía luxemburguesa de televisión.
club [klœb] *m* club || círculo, casino, peña *f* || palo (de golf).
cluse *f* corte *m*, paso *m* (gorge).
clystère *m* *(vx)* lavativa *f*, clister.
cm abrév de *centimètre* cm, centímetro.
C.M. abrév de *chambre des métiers* cámara de oficios || abrév de *conseil municipal* concejo || abrév de *cours moyen* dos últimos cursos de la enseñanza primaria.
C.N.A.C. abrév de *Centre national d'art et de culture Georges-Pompidou* nombre oficial del centro Pompidou.
C.N.C. abrév de *Conseil national de la cinématographie* consejo nacional cinematográfico [en Francia] || abrév de *Conseil national de la consommation* organización oficial para la defensa de consumidores [en Francia].
C.N.C.L. abrév de *Commission nationale de la communication et des libertés* Comisión Nacional de los Medios de Comunicación Audiovisuales [Francia].
C.N.E. abrév de *Caisse nationale d'épargne* caja nacional de ahorros [en Francia].
C.N.E.C. abrév de *Centre national d'enseignement par correspondance* centro nacional de educación a distancia [en Francia].
C.N.E.S. abrév de *Centre national d'études spatiales* Centro Nacional de Estudios Espaciales [Francia].
C.N.I.L. abrév de *Commission nationale de l'informatique et des libertés* centro francés sobre informática y libertades.
C.N.I.T. abrév de *Centre national des industries et des techniques* Centro Nacional de Industria y Técnica [Francia].
Cnossos; Knossós *n pr* GÉOGR Cnosos.
C.N.P.F. abrév de *Conseil national du patronat français* Consejo Nacional de la Patronal Francesa.
C.N.R.S. abrév de *Centre national de la recherche scientifique* Centro Nacional de Investigación Científica [Francia].
C.N.T.S. abrév de *Centre national de transfusion sanguine* centro nacional de transfusión sanguínea [en Francia].
C.N.U.C.E.D.; Cnuced abrév de *Conférence des Nations unies pour le commerce et le développement* UNCTAD, Conferencia de las Naciones Unidas sobre Comercio y Desarrollo.
coaccusé, e *m* et *f* coacusado, da.
coacquéreur *m* coadquiridor.
coagulant, e *adj* et *s m* coagulante.
coagulation *f* coagulación.
coaguler *v tr* coagular.
  ◆ *v pr* coagularse || cuajarse (le lait).
coalisé, e *adj* et *s* coligado, da.
coaliser *v tr* agrupar, mancomunar.
  ◆ *v pr* coligarse, mancomunarse.
coalition *f* coalición, mancomunidad.
coaltar [koltar] *m* alquitrán de hulla.
coasser *v intr* croar (grenouilles).
coassocié, e *m* et *f* consocio, cia.
coati *m* ZOOL coatí (mammifère d'Amérique) || *coati roux* coatí rojo.

coauteur [kootœːr] *m* coautor.
coaxial, e *adj* GÉOM & MÉCAN coaxial; *cylindres coaxiaux* cilindros coaxiales.
cob *m* ZOOL jaca fuerte.
C.O.B.; Cob abrév de *Commission des opérations de Bourse* comisión para las operaciones bursátiles [en Francia].
cobalt *m* cobalto (métal).
cobaye [kɔbaj] *m* conejillo de Indias, cobayo, cobaya *f* [(amér) cuy] || FIG *servir de cobaye* servir de conejillo de Indias.
COBOL; Cobol *m* INFORM Cobol.
cobra *m* cobra, *f* (serpent).
coca *f* BOT coca *f*.
  ◆ *f* coca (cocaïne).
cocagne *f* *mât de cocagne* cucaña || *pays de cocagne* jauja.
cocaïne *f* CHIM cocaína.
cocaïnomane *m* et *f* cocainómano, na.
cocarde *f* escarapela || divisa (taureaux).
cocardier, ère *adj* et *s* FAM patriotero, ra.
cocasse *adj* FAM chusco, ca; divertido, da.
coccinelle *f* mariquita (insecte).
coccyx [kɔksis] *m* ANAT cóccix.
coche *m* *(vx)* diligencia *f* || cerda *f*, cochina *f* (truie) || TECHN muesca *f* || — *coche d'eau* barco de pasajeros sirgado por caballos || FAM *manquer le coche* perder la oportunidad, perder el salto.
cochenille *f* ZOOL cochinilla.
cocher *m* cochero.
cocher *v tr* puntear (une liste), señalar con un trazo || *(vx)* hacer una muesca.
cochère *adj f* cochera; *porte cochère* puerta cochera.
Cochinchine *n pr f* GÉOGR Cochinchina.
cochon *m* cochino, marrano, cerdo (porc) || FAM cochino (malpropre, égrillard) || — *cochon de lait* lechón, cochinillo || *cochon de mer* marsopa || ZOOL *cochon d'Inde* conejillo de Indias || *petit cochon* cochinillo || *tour de cochon* cochinada || *yeux de cochon* ojos como cabezas de alfiler || — *nous n'avons pas gardé les cochons ensemble* ¿en qué plato hemos comido juntos?
  — OBSERV En el sentido familiar, el femenino de *cochon* es *cochonne* cochina.
cochonnaille *f* carne de cerdo (viande) || embutido *m*, chacina (charcuterie).
cochonner *v intr* parir la puerca.
  ◆ *v tr* FAM chapucear, ensuciar (travailler salement).
cochonnerie *f* FAM porquería, marranada.
cochonnet [kɔʃɔnɛ] *m* cochinillo, cerdito (petit porc) || perinola *f* (dé) || boliche, bolín (jeu de boules), boliche (pétanque) || FAM cochinillo (enfant sale).
cochylis; conchylis *m* cochylis.
cocker *m* cocker [perrillo de caza de pelo largo].
cockpit *m* AVIAT carlinga *f*, cabina *f*, puesto de pilotaje || MAR caseta *f* del timón.
cocktail *m* cóctel || *cocktail Molotov* cóctel mólotov.
coco *m* coco (noix) || huevo [en el lenguaje infantil] (œuf) || agua *f* de regaliz (boisson de réglisse) || FAM monín, rico (terme d'affection) || individuo.
  ◆ *f* POP mandanga, cocaína.

cocon *m* ZOOL capullo [de gusano].
cocorico *m* quiquiriquí [canto del gallo].
cocoter *v tr* FAM → **cocotter**.
cocotier *m* BOT cocotero, coco.
cocotte *f* gallina (dans le langage enfantin, poule) ‖ pajarita (de papier) ‖ olla (marmite) ‖ FAM niña [expressión cariñosa] ‖ mujer galante (femme légère) ‖ VÉTÉR fiebre aftosa.
Cocotte-Minute *f* (nom déposé) olla a presión *ou* exprés.
— OBSERV pl *Cocottes-Minute*.
cocotter; cocoter *v intr* FAM apestar, heder.
cocu, e *adj* et *s* FAM cornudo, da ‖ — FAM *avoir une chance o une veine de cocu* tener una suerte loca *ou* mucha potra ‖ *cocu, battu et content* tras cornudo apaleado.
coda *f* MUS coda.
codage *m* acción de poner en código o cifra un mensaje, codificación *f* ‖ INFORM codificación.
code *m* código; *code de la route, postal* código de la circulación, postal ‖ — INFORM *code ASCII* código ASCII ‖ *code barres* o *à barres* código de barras ‖ DR *Code civil* Código Civil ‖ BIOL *code génétique* clave genética ‖ DR *Code pénal* Código Penal ‖ *code secret* código secreto ‖ AUTOM *se mettre en codes* poner las luces de cruce.
codé, e *adj* codificado, da.
codébiteur, trice *m* et *f* codeudor, ra.
codéine *f* MÉD codeína.
coder *v tr* codificar, cifrar un texto.
codétenu, e *m* et *f* codetenido, da.
codex [kɔdɛks] *m* códice ‖ farmacopea *f*.
codicille [kɔdisil] *m* codicilo (d'un testament).
codification *f* codificación ‖ INFORM codificación.
codifier* *v tr* codificar.
codirecteur, trice *adj* et *s* codirector, ra.
codirection *f* codirección.
codiriger *v tr* codirigir.
coéditer *v tr* coeditar.
coédition *f* coedición.
coefficient *m* MATH coeficiente ‖ coeficiente, calificación *f* de una prueba (concours, examen) ‖ *coefficient de trésorerie* coeficiente *ou* ratio de tesorería.
cœlacanthe [selakã:t] *m* ZOOL celacanto.
coéquipier, ère *m* et *f* compañero, ra, de equipo, que forma equipo con otro *ou* con otros.
coercitif, ive *adj* coercitivo, va.
coercition *f* coerción.
cœur [kœ:r] *m* corazón (organe du corps) ‖ corazón (centre) ‖ corazón, centro (partie centrale d'une région) ‖ BOT cogollo; *cœur de laitue* cogollo de lechuga ‖ BLAS corazón ‖ corazón (cartes) ‖ FIG valor, osadía *f* (audace) ‖ — MÉD *cœur artificiel* corazón artificial ‖ FIG *cœur d'artichaut* corazón de melón (amour) ‖ FIG *cœur du débat* tema principal de un debate ‖ NUCL *cœur du réacteur* núcleo del reactor ‖ *coup au cœur* sofocón (surprise) ‖ *joli cœur* guapetón ‖ — *au cœur de l'été* en pleno verano ‖ *cœur à cœur* con franqueza ‖ *de bon cœur* de buena gana, gustoso ‖ *de grand cœur, de tout cœur* con toda el alma, de todo corazón ‖ FIG *loin des yeux, loin du cœur* ojos que no ven, corazón que no siente ‖ MÉD *opération à cœur ouvert* operación a corazón abierto ‖ *par cœur* de memoria ‖ — *aller au*

cœur du problème ir al grano ‖ *aller droit au cœur* hablar al corazón, conmover ‖ *avoir à cœur de* tener empeño en ‖ *avoir du cœur* tener buen corazón (bonté), tener estómago (courage) ‖ *avoir le cœur à* tener el ánimo para, estar para ‖ *avoir le cœur à l'ouvrage* tener mucho ánimo en el trabajo ‖ *avoir le cœur gros* tener el corazón oprimido *ou* hecho polvo ‖ *avoir le cœur sur la main* ser muy generoso, tener el corazón que se sale del pecho ‖ *avoir le cœur sur les lèvres* tener el corazón que se sale del pecho (être généreux), tener ansias (vomir) ‖ *avoir mal au cœur* estar mareado, tener náuseas ‖ *barbouiller* o *soulever le cœur* revolver el estómago ‖ *crever* o *fendre le cœur* partir el corazón ‖ FAM *dîner par cœur* acostarse sin cenar ‖ *donner du cœur au ventre* dar ánimo ‖ *en avoir le cœur net* saber a qué atenerse ‖ *gagner le cœur de quelqu'un* granjearse el afecto *ou* la estima de alguien ‖ *n'avoir pas de cœur* no tener corazón ‖ *ne pas porter dans son cœur* no ser santo de su devoción ‖ *parler à cœur ouvert* hablar con el corazón en la mano ‖ *prendre à cœur* tomar a pecho ‖ *s'en donner à cœur joie* pasarlo en grande, disfrutar mucho ‖ *si le cœur vous en dit* si está usted de humor, si le parece ‖ *tenir à cœur* tener un gran interés ‖ *toucher les cœurs* emocionar, conmover.
coexistant, e *adj* coexistente.
coexistence *f* coexistencia, convivencia ‖ *coexistence pacifique* coexistencia pacífica.
coexister *v intr* coexistir.
COFACE abrév de *Compagnie française d'assurances pour le commerce extérieur* Compañía Francesa de Seguros para el Comercio Exterior.
coffrage *m* entibación *f*, encofrado (béton).
coffre *m* cofre, arca *f* ‖ caja *f* de caudales (coffre-fort) ‖ arca *f* (trésor public) ‖ AUTOM portaequipajes, maletero ‖ MAR boya *f* de amarre ‖ cofre (poisson) ‖ FAM *avoir du coffre* tener mucha voz (en chantant), tener mucho aguante, mucho fuelle *ou* mucho pecho (du souffle), tener muchas agallas (du courage).
coffre-fort *m* caja *f* de caudales.
— OBSERV pl *coffres-forts*.
coffrer *v tr* FAM meter en chirona, enjaular ‖ TECHN encofrar (béton, mines, etc.).
coffret *m* cofrecito, arquilla ‖ estuche de joyas (à bijoux).
cogérance *f* cogerencia.
cogérant, e *m* et *f* coadministrador, ra; cogerente.
cogérer *v tr* llevar en cogestión.
cogestion *f* cogestión.
cogitation *f* cogitación.
cogiter *v intr* FAM cogitar *(p us)*, cavilar.
cognac *m* coñac.
— OBSERV Cet alcool reçoit toujours le nom de *coñac* en espagnol, mais très souvent l'étiquette des bouteilles qui le renferment porte le terme *brandy*, qui est l'équivalent anglais de *cognac*.
cognassier [kɔɲasje] *m* BOT membrillo.
cogner *v tr* golpear (frapper) ‖ meter, clavar (enfoncer) ‖ POP pegar, sacudir (battre).
◆ *v intr* llamar (à une porte) ‖ latir violentamente (cœur) ‖ TECHN picar, hacer un ruido (un moteur).
◆ *v pr* darse un golpe (se heurter) ‖ POP sacudirse, darse de palos, zurrarse (se battre) ‖

FIG & FAM *se cogner la tête contre les murs* romperse la cabeza *ou* darse contra las paredes.
cognitif, ive [kɔgnitif, iːv] *adj* cognoscitivo, va.
cohabitation *f* cohabitación.
cohabiter *v intr* cohabitar, vivir juntos.
cohérence *f* coherencia.
cohérent, e *adj* coherente ‖ PHYS *lumière cohérente* luz coherente.
cohéritier, ère *m* et *f* coheredero, ra.
cohésion *f* cohesión.
cohorte *f* cohorte.
cohue [kɔy] *f* tropel *m*, barullo *m*, jaleo *m*, batahola.
coi, coite *adj* quieto, ta; callado, da ‖ *demeurer* o *rester* o *se tenir coi* no chistar, no decir esta boca es mía.
coiffe *f* toca, cofia (coiffure) ‖ forro *m* (doublure) ‖ funda (de képi) ‖ mesenterio *m* de las reses (des animaux de boucherie) ‖ amnios *m* (membrane) ‖ cofia (de projectile) ‖ pilorriza; cofia (d'une plante) ‖ ARCHIT concha.
coiffé, e *adj* peinado, da (cheveux); *bien, mal coiffé* bien, mal peinado ‖ tocado, da; cubierto, ta; *coiffé d'une casquette* tocado con una gorra ‖ — *coiffé en arrière* peinado hacia atrás ‖ *coiffé en brosse* peinado al cepillo ‖ FAM *être né coiffé* haber nacido de pie *ou* con buena estrella.
coiffer *v tr* cubrir la cabeza de *ou* con, poner; *coiffer un enfant d'un béret* poner una boina a un niño ‖ sentar, ir; *ce béret vous coiffe bien* esta gorra le sienta bien ‖ peina (peigner) ‖ ser el peluquero de (coiffeur) ‖ cubrir, rematar; *maison coiffée de tuiles* casa cubierta con tejas ‖ tener bajo su jurisdicción, reunir bajo su mando, depender (avoir sous sa coupe); *organisation qui en coiffe d'autres* organización de la que dependen otras ‖ englobar, abarcar (renfermer) ‖ TECHN encabezar ‖ FAM emborrachar (enivrer) ‖ — FAM *coiffer d'une courte tête* ganar por una cabeza ‖ *coiffer quelqu'un sur le poteau* vencer a alguien en los últimos metros (sports) ‖ *coiffer sainte Catherine* quedarse para vestir santos [dícese en Francia cuando una chica soltera cumple los 25 años] ‖ FAM *coiffer son mari* engañar *ou* poner los cuernos a su marido ‖ MIL *coiffer un objectif* cubrir un objetivo ‖ *il coiffe du 50* su sombrero es del número 50.
◆ *v pr* peinarse (se peigner) ‖ ponerse el sombrero (chapeau) ‖ cubrirse la cabeza de *ou* con, ponerse; *elle se coiffa d'un bonnet* se puso un gorro ‖ FIG encapricharse; *se coiffer de quelqu'un* encapricharse por *ou* con uno.
coiffeur, euse *m* et *f* peluquero, ra ‖ *aller chez le coiffeur* ir a la peluquería.
◆ *f* tocador *m*, coqueta (meuble).
coiffure *f* tocado *m* (sur la tête) ‖ peinado *m* (des cheveux) ‖ sombrero *m* (chapeau) ‖ *salon de coiffure* peluquería.
coin *m* esquina *f* (angle saillant), pico (d'un meuble) ‖ rincón (angle rentrant) ‖ rabillo (de l'œil) ‖ comisura *f* (des lèvres) ‖ rincón (lieu retiré) ‖ FIG cuño, sello (poinçon) ‖ pedazo (morceau) ‖ TECHN cuña *f* (pour fendre le bois) ‖ calzo (pour caler) ‖ troquel (pour frapper la monnaie) ‖ cantonera *f* (reliure) ‖ rinconera *f* (encoignure) ‖ — *coin repas* rincón de comer ‖ — *au coin de la rue* a la vuelta de la esquina ‖ *au coin du feu* o *de la cheminée* al amor de la lumbre ‖ *aux quatre coins du monde* por todos los confines del mundo, en el mundo entero ‖ *l'épicerie du coin* la tienda de ultramarinos *ou* de comestibles de la esquina ‖ *les quatre coins* las cuatro esquinas (jeux) ‖ *regard en coin* mirada de soslayo ‖ *sourire en coin* sonrisa disimulada ‖ — *connaître les coins et les recoins* conocer al dedillo ‖ *marquer au coin de* marcar con un sello de ‖ *mettre au coin* castigar *ou* poner en el rincón (enfant) ‖ *regarder du coin de l'œil* mirar de reojo *ou* con el rabillo del ojo.
coincement *m* atrancamiento, atascamiento.
coincer* *v tr* calzar, poner un calce, acuñar (fixer avec des coins) ‖ atrancar, atascar (un mécanisme) ‖ meter, introducir, encajar, encajonar (engager) ‖ arrinconar, encajonar, acorralar a alguien (couper la retraite) ‖ FAM coger, pillar, pescar (attraper).
◆ *v pr* atrancarse, atascarse (une machine).
coincé, e *adj* atrancado, da (une porte) ‖ FAM pureta ‖ *rester coincé* quedarse aprisionado *ou* acorralado *ou* sin salida.
coïncidence [kɔɛ̃sidãːs] *f* coincidencia.
coïncident, e [-dã, ãːt] *adj* coincidente.
coïncider [-de] *v intr* coincidir.
coinculpé, e *m* et *f* coinculpado, da.
coing [kwɛ̃] *m* membrillo (fruit) ‖ *pâte de coing* carne de membrillo.
coït [kɔit] *m* coito.
coke *m* coque, carbón de coque.
cokéfaction *f* TECHN coquización, transformación en coque, coquificación.
cokéfier *v tr* TECHN coquizar, coquificar.
col *m* ANAT cuello; *col du fémur* cuello del fémur ‖ cuello (d'un vêtement); *faux col, col cassé* cuello postizo, cuello de palomita ‖ puerto, paso (entre deux montagnes) ‖ gollete, cuello (d'une bouteille) ‖ — *col châle* cuello bufanda ‖ *col roulé* o *rabattu* cuello vuelto ‖ FAM *faux col* espuma de un vaso de cerveza (bière).
col. abrév de *colonne* columna.
Col. abrév de *colonel* coronel.
cola; kola *m* cola *f*, kola *f*.
colchique *m* BOT cólquico.
cold-cream [kɔldkriːm] *m* cold cream.
coléoptère *m* ZOOL coleóptero.
colère *f* cólera, ira ‖ furor *m*; *la colère des vagues* el furor de las olas ‖ rabieta, berrinche *m* (d'un enfant) ‖ — *colère bleue* rabia imponente, cólera tremenda, furibunda, furiosa ‖ *sur un coup de colère* en un momento de irritación *ou* de rabia ‖ — *être en colère* estar furioso *ou* encolerizado ‖ *être fou de colère* estar hecho una furia *ou* un basilisco ‖ *passer sa colère sur* desahogar su ira, descargar uno la bilis ‖ *se mettre en colère* encolerizarse, ponerse furioso.
◆ *adj* colérico, ca; iracundo, da (furieux), enfadado, da (fâché).
coléreux, euse; colérique *adj* colérico, ca; iracundo, da.
colibacille [kɔlibasil] *m* MÉD colibacilo.
colibacillose [-loːz] *f* MÉD colibacilosis.
colibri *m* colibrí (oiseau).
colifichet *m* baratija *f*, bujería *f* (babiole) ‖ perifollo, perendengue (ornement).
colimaçon [kɔlimasɔ̃] *m* ZOOL caracol ‖ — FIG *en colimaçon* de forma espiral *ou* de hélice ‖ *escalier en colimaçon* escalera de caracol.

colin *m* merluza *f* (poisson).
colineau *m* merluza *f* pequeña.
colin-maillard [kɔlɛmajaːr] *m* gallina *f* ciega (jeu).
colique *adj* cólico, ca.
◆ *f* cólico *m*; *colique de miserere, de plomb, néphrétique* cólico miserere, de plomo *ou* saturnino, nefrítico || — FAM *avoir la colique* morirse de miedo | *quelle colique!* ¡qué tostón!
colis [kɔli] *m* paquete (paquet), cajón (caisse), bulto (ballot) || — *colis de Noël* cesta de Navidad || *colis postal* paquete postal [(*amér*) encomienda postal].
colistier, ère *m* et *f* miembro de una misma candidatura.
colite *f* MED colitis.
coll. abrév de *collection* colección || abrév de *collaborateurs* colaboradores.
collabo *m* et *f* colaborador, ra [bajo la Ocupación alemana en Francia] (péjoratif).
collaborateur, trice *m* et *f* colaborador, ra || colaboracionista (en politique).
collaboration *f* colaboración.
collaborer *v intr* colaborar.
collage *m* encoladura *f*, pegadura *f* || encolado (du papier) || encolado, clarificación *f* (du vin) || ARTS colaje || FAM enredo, lío, apaño, amancebamiento.
collagène *m* CHIM colágeno.
collant, e *adj* pegajoso, sa (qui colle) || ceñido, da (très ajusté) || FIG & FAM pegajoso, sa; pesado, da || *papier collant* papel engomado.
◆ *f* FAM entre estudiantes, convocatoria a un examen.
◆ *m* leotardo (bas).
collapsus *m* MÉD colapso.
collatéral, e *adj* et *s* colateral.
◆ *m* nave *f* colateral (dans une église).
collation [kɔlasjɔ̃] *f* colación (d'un bénéfice) || colación, cotejo *m* (comparaison) || colación, merienda, tentempié *m* (repas léger).
colle *f* cola, goma, pegamento *m* (pour coller), examen *m* parcial || castigo *m*, privación de salida (retenue) || FAM bola, embuste *m* (mensonge) | pega (dans un examen) | lata, rollo *m*, tostón *m*; *quelle colle!* ¡qué lata! || — *colle de pâte* engrudo || *colle forte* cola fuerte *ou* de conejo || *poser une colle* hacer una pregunta difícil, poner una pega.
— OBSERV En espagnol, on réserve généralement le terme *cola* pour le produit qui sert à coller le bois, alors que *goma* ou *pegamento* désignent toute autre sorte de colle, particulièrement celle qui est vendue en tube.
collecte *f* colecta || recolección; *collecte d'informations statistiques* recolección de informaciones estadísticas || *faire une collecte* hacer una colecta.
collecter *v tr* recolectar, recaudar (des fonds) || colectar *(p us)*.
collecteur *adj* et *s m* colector.
◆ *m* colector (p us), recaudador (d'impôts, de cotisations) || ÉLECTR colector || *collecteur d'ondes* antena.
collectif, ive *adj* colectivo, va || *immeuble collectif* edificio comunitario.
◆ *m* GRAMM colectivo || petición *f* de apertura o supresión *f* de créditos || *collectif budgétaire* presupuesto complementario.
collection *f* colección || MÉD bolsa (de pus, etc.) || — *pièce de collection* pieza de colección || FIG *toute une collection de* toda una colección de || *faire collection de* coleccionar, hacer colección de.
collectionner *v tr* coleccionar || FIG reunir, coleccionar.
collectionneur, euse *m* et *f* coleccionista, coleccionador, ra.
collectivisation *f* colectivización.
collectiviser *v tr* colectivizar.
collectivisme *m* colectivismo.
collectiviste *adj* et *s* colectivista.
collectivité *f* colectividad || *les collectivités locales* las colectividades locales.
collège *m* colegio; *le collège des cardinaux* el colegio cardenalicio || colegio; *un collège de filles* un colegio de niñas || — *Collège de France* establecimiento de enseñanza superior fuera de la universidad, basado en París || *collège d'enseignement secondaire* colegio de enseñanza secundaria || *collège électoral* cuerpo electoral.
— OBSERV *Collège* tiene en francés un sentido más limitado que en español; designa un establecimiento estatal de segunda enseñanza menos importante que el *lycée* (instituto en España).
— OBSERV *Colegio* désigne également un établissement d'enseignement primaire ou spécial et correspond au français *école*. Il a aussi le sens d'*ordre* (des médecins, des avocats).
collégial, e *adj* colegial.
◆ *f* colegiata.
— OBSERV pl del adjetivo: *collégiaux*.
collégialité *f* colegialidad.
collégien, enne *adj* colegial, escolar; *les habitudes collégiennes* las costumbres colegiales.
◆ *m* et *f* colegial, la.
collègue *m* colega.
coller *v tr* pegar, encolar (fixer, faire adhérer) || pegar; *coller son front à la vitre* pegar la frente al cristal || encolar, clarificar; *coller du vin* encolar vino || encolar (le papier) || FAM catear, dar calabazas a, suspender (à un examen) | coger, pescar; *difficile à coller en géographie* difícil de coger en geografía | castigar (collégiens) | dejar colado, tapar la boca, apabullar (faire taire) | largar; *coller une amende* largar una multa | pegar, largar; *coller une gifle* pegar un tortazo | pegarse (importuner) || POP poner, colocar (placer) || *coller au mur* poner en el paredón.
◆ *v intr* estar pegado (adhérer) || ajustarse, ceñirse (vêtement) || reflejar, reproducir; *roman qui colle au réel* novela que refleja la realidad || pegarse; *ce bonbon colle aux doigts* este caramelo se pega a los dedos || pegarse (sports) || POP pitar, carburar (marcher) || — FIG & FAM *ça colle* entendido, de acuerdo, vale | *ça ne colle pas* no pega, no conviene, no puede ser.
collerette *f* cuello *m* [de lienzo, de encaje] || gorguera (encolure froncée) || TECHN collar *m*, collarín *m*, brida de un tubo (d'un tuyau).
collet [kɔlɛ] *m* cuello (d'un vêtement); *saisir quelqu'un au collet* agarrar a uno del *ou* por el cuello || esclavina *f* (pèlerine) || alzacuello (des ecclésiastiques) || codilla *f* (des avocats) || lazo (pour la chasse); *prendre au collet* coger con lazo || pescuezo (viande de boucherie) || cuello (d'une dent) || BOT cuello || TECHN collar || *(vx) collet de buffle* coleto || FAM *collet monté* encopetado || *(vx) petit collet* eclesiástico.
colleter* [kɔlte] *v tr* coger por el cuello, apercollar *(p us)*.

◆ *v pr* agarrarse, pelearse; *se colleter avec quelqu'un* agarrarse con uno.
colley *m* ZOOL colley (chien).
collier *m* collar || collera *f*, collar (harnais) || cuello (boucherie) || TECHN collar, abrazadera *f*; *collier de serrage* abrazadera | sotabarba *f* (barbe) || — *collier à pointes* carlanca || *collier de force* collar con púas interiores [para domar perros] || *collier de misère* cruz, vida penosa || — *à plein collier* con todas las fuerzas || *coup de collier* esfuerzo grande *ou* final, último esfuerzo || *franc du collier* animoso || *reprendre le collier* reanudar el trabajo.
collimateur *m* TECHN colimador || FIG *avoir quelque chose, quelqu'un dans le collimateur* tener algo, a alguien entre ceja y ceja | *être dans le collimateur de quelqu'un* estar en el punto de mira de alguien.
colline *f* colina.
collision *f* colisión, choque *m* || FIG conflicto *m* (d'intérêts) || — *entrer en collision* colisionar.
colloïdal, e *adj* coloidal, coloideo, a; *metalloïdes colloïdaux* metaloides coloidales.
colloïde *adj* CHIM coloideo, a.
◆ *m* CHIM coloide.
colloque *m* coloquio.
collusion *f* colusión.
collusoire *adj* colusorio, ria.
collutoire *m* MÉD colutorio.
collyre *m* MÉD colirio.
colmatage *m* taponamiento, relleno, atasco (obturación) || AGRIC abono con légamo, entarquinamiento || MIL taponamiento, cierre.
colmater *v tr* taponar, rellenar, obstruir (un trou) || AGRIC entarquinar || FIG arreglar, remediar, resolver (arranger) || MIL tapar una brecha en el frente.
colocataire *m et f* coinquilino, na.
Cologne *n pr* GÉOGR Colonia.
Colomb (Christophe) [kɔlɔ̃] *n pr* Cristobal Colón.
colombage *m* CONSTR entramado.
colombe *f* paloma || garlopa (varlope).
Colombie *n pr f* GÉOGR Colombia.
colombien, enne *adj* colombiano, na.
Colombien, enne *m et f* colombiano, na.
colombin, e *adj* columbino, na (couleur).
◆ *f* palomina (excremento de oiseau).
◆ *m pl* colúmbidos (ordre d'oiseaux).
colombo *m* colombo (racine).
colombophile *adj et s* colombófilo, la.
colombophilie *f* colombofilia.
colon *m* colono || AGRIC colono, aparcero.
côlon *m* ANAT colon.
colonel, elle *m et f* coronel, la.
colonial, e *adj* colonial.
◆ *f* MIL infantería colonial.
◆ *m* soldado de la infantería colonial || colono (habitant d'une colonie).
colonialisme *m* colonialismo.
colonialiste *adj et s* colonialista.
colonie [kɔlɔni] *f* colonia || *colonie de vacances* colonia de vacaciones.
colonisation *f* colonización.
coloniser *v tr* colonizar.
colonnade *f* columnata.

colonne *f* ARCHIT columna || FIG columna, pilar *m*, sostén *m* (appui, soutien) || IMPR columna || MIL columna || — *colonne composite* columna compuesta | AUTOM *colonne de direction* columna de dirección || MIL *colonne de secours* columna de socorro | *colonne en balustre* columna abalaustrada || *colonne engagée, adosée o liée* columna embebida, arrimada *ou* empotrada || TECHN *colonne montante* canalización principal que, en un inmueble, lleva el agua, gas o electricidad a todos los pisos || ANAT *colonne vertébrale* columna vertebral, espinazo || — *cinquième colonne* quinta columna || *se mettre en colonne par deux, quatre* ponerse en columna de a dos, de a cuatro.
colophane *f* colofonia.
coloquinte *f* BOT coloquíntida || POP melón *m*, coco *m* (tête).
colorant, e *adj et s m* colorante.
coloration *f* coloración || *se faire faire une coloration* hacerse una coloración.
coloré, e *adj* colorado, da || *style coloré* estilo brillante, florido.
colorer *v tr* colorear, iluminar (colorier) || FIG embellecer, hermosear (embellir) | teñir, matizar (nuancer) | adornar (un mensonge).
coloriage *m* iluminación *f*.
colorier* *v tr* iluminar, colorear || *album à colorier* álbum para colorear.
coloris [kɔlɔri] *m* colorido.
coloriser *v tr* colorear (una película).
coloriste *m* colorista (peintre).
◆ *m et f* iluminador, ra (d'images).
colossal, e *adj* colosal; *édifices colossaux* edificios colosales.
colosse *m* coloso.
colportage *m* buhonería *f*, oficio de buhonero || venta *f* ambulante || FIG divulgación *f*, propalación *f*.
colporter *v tr* ejercer el oficio de vendedor ambulante || FIG divulgar, propalar.
colporteur, euse *m et f* vendedor ambulante, buhonero, ra (marchand ambulant) || FIG llevador, ra; propalador, ra (de nouvelles).
colt [kɔlt] *m* colt, revólver.
coltiner *v tr* llevar a cuestas (colporter) || hacer el mozo de cuerda.
◆ *v pr* FAM cargarse (un travail).
columbarium [kɔlɔ̃barjɔm] *m* columbario.
colvert *m* ZOOL pato salvaje común.
colza *m* BOT colza *f*.
coma *m* MÉD coma || *être dans le coma* estar en estado comatoso.
— OBSERV En espagnol *coma*, au féminin, désigne la virgule.
comateux, euse *adj* MÉD comatoso, sa.
combat *m* combate; *engager le combat* empeñar el combate || duelo (émulation) || FIG embate (des éléments) || — *combat de boxe* combate de boxeo || *combat de coqs* riña *ou* pelea de gallos || *combat de gladiateurs* lucha de gladiadores || *combat de rue* pelea callejera || *combat de taureaux* lidia de toros || *combat singulier* duelo || *hors de combat* fuera de combate || *taureau de combat* toro de lidia.
combatif, ive *adj* combativo, va; acometedor, ra.

combativité *f* combatividad, acometividad ‖ bravura (d'un taureau).
combattant, e *adj* et *s* combatiente.
◆ *m* pavo marino (oiseau) ‖ *les anciens combattants* los ex combatientes.
combattre* *v tr* et *intr* luchar, combatir; *combattre un ennemi* luchar contra un enemigo.
combe *f* cañada.
combien [kɔ̃bjɛ̃] *adv* cuánto ‖ cuán, qué, lo... que (devant un adjectif); *combien il est travailleur* cuán trabajador es *ou* lo trabajador que es ‖ tan; *mais combien efficace* pero tan eficaz ‖ *— ça fait combien en largeur?* ¿cuánto mide de ancho *ou* de anchura? ‖ *combien coûte, pèse ceci?* ¿cuánto cuesta, pesa esto? ‖ *combien de* cuánto, cuántos; *combien de peine* cuánto trabajo; *combien de fleurs* cuántas flores ‖ *combien de temps?* ¿cuánto tiempo? ‖ *ô combien* con mucho (de loin), muchísimo (beaucoup) ‖ *tous les combien?* ¿a cada cuánto? ‖ *vous mesurez combien?* ¿cuánto mide usted?
◆ *m* cuanto, cuantos; *l'autobus passe tous les combien!* ¿cada cuanto pasa el autobús?; *le combien sommes-nous?* ¿a cuánto *ou* a cuántos estamos? ‖ *le combien êtes-vous?* ¿qué puesto ocupa? (rang).
combientième *adj* et *s* FAM *c'est le combientième?* ¿qué número hace?
combinaison *f* combinación ‖ mono *m* (vêtement de travail) ‖ FIG combinación ‖ *combinaison de plongée, vol* traje de buzo, vuelo.
combinard [kɔ̃binaːr] *m* FAM amigo de combinas *ou* de tejemanejes.
combinat [-na] *m* combinado, complejo.
combinatoire *adj* MATH combinatorio, ria.
combine *m* FAM combina *f*.
combiné, e *adj* combinado, da ‖ MIL *opérations combinées* operaciones combinadas.
◆ *m* CHIM combinación ‖ microteléfono, pesa *f* (du téléphone) ‖ prueba *f* mixta, combinado [esquí]; *combiné alpin, nordique* combinado alpino, nórdico.
combiner *v tr* combinar ‖ FIG conjugar, compaginar; *il peut combiner toutes ses activités* puede compaginar todas sus actividades.
comble [kɔ̃:bl] *adj* lleno, na; atestado, da (plein).
◆ *m* colmo (le dernier degré) ‖ remate, cumbre *f* (faîte) ‖ CONSTR armazón de un tejado (charpente) ‖ FIG cumbre *f*, cima *f* (sommet) ‖ *— de fond en comble* de arriba abajo, completamente ‖ *pour comble de bonheur* para colmo de bienes ‖ *pour comble de malheur* para colmo de desgracia ‖ *— c'est un comble* es el colmo ‖ *habiter sous les combles* vivir en el desván de una casa.
comblé, e *adj* colmado, da; satisfecho, cha plenamente.
comblement *m* terraplenamiento (remblai) ‖ relleno, acción de cegar *ou* colmar.
combler *v tr* llenar, colmar (remplir jusqu'au bord) ‖ rellenar, cegar (remplir un vide) ‖ cumplir, satisfacer; *combler un désir* cumplir un deseo ‖ *— combler de bienfaits* colmar de favores ‖ *combler quelqu'un d'honneurs* colmar a alguien de honores.
comburant, e *adj* et *s m* comburente.
combustibilité *f* combustibilidad.
combustible *adj* et *s m* combustible.
combustion *f* combustión ‖ *— TECHN combustion externe* combustión externa ‖ *combustion interne*

combustión interna ‖ NUCL *combustion nucléaire* combustión nuclear.
Côme *n pr* GÉOGR Como.
come-back *m inv* retorno, vuelta *f*.
COMECON; Comecon abrév de *Council for Mutual Economic Assistance* COMECON, Consejo de Ayuda Mutua Económica [CAME].
comédie *f* comedia (pièce de théâtre) ‖ FIG comedia; *la comédie du monde* la comedia del mundo ‖ teatro, comedia; *aller à la comédie* ir al teatro ‖ FAM historia, lío *m*, gaita; *c'est toute une comédie pour se garer là* aparcar allí es una gaita ‖ FIG farsa, lata; *cesse de faire la comédie* deja de dar la lata ‖ *— comédie musicale* comedia musical ‖ *secret de comédie* secreto a voces ‖ *— jouer la comédie* representar una comedia (au théâtre), hacer teatro, representar una farsa, hacer la comedia (feindre).
Comédie-Française *n pr f* THÉÂTR Comedia Francesa [Sociedad francesa de teatro clásico subvencionada por el Estado].
comédien, enne *m* et *f* comediante, ta; actor, actriz ‖ FIG comediante, farsante (hypocrite) ‖ *— comédien ambulant* cómico de la legua ‖ *troupe de comédiens* compañía de teatro.
comédon *m* MÉD comedón (sur le visage).
comestible *adj* et *s m* comestible.
comète *f* ASTR cometa *m*.
comices *m pl* comicios ‖ *comices agricoles* círculos de labradores.
comique *adj* et *s* cómico, ca; *acteur comique* actor cómico ‖ FIG cómico, ca (amusant).
◆ *m* lo cómico.
comité *m* comité, junta *f*, comisión *f* ‖ *— comité d'autodéfense* comité de autodefensa ‖ *comité de lecture* comité de lectura ‖ *comité d'entreprise* comité de empresa ‖ *comité de quartier* comité de barrio ‖ HIST *Comité de salut public* Comité de salvación pública ‖ *comité des fêtes* comisión de fiestas ‖ *comité directeur* comité director ‖ *Comité économique et social* comité económico y social ‖ *petit comité* reunión íntima.
commandant *m* comandante ‖ *commandant d'armes* gobernador militar de una plaza ‖ *commandant de bord* comandante de a bordo.
commande *f* encargo *m*, pedido *m*; *livrer, passer une commande* entregar, hacer un encargo *ou* un pedido ‖ TECHN mando *m* (machine, auto, avion) ‖ accionamiento *m* (mise en marche), órgano *m* de transmisión ‖ *— commande à distance* mando a distancia ‖ INFORM *commande analogique* mando analógico ‖ *commande numérique* mando numérico ‖ *véhicule à double commande* vehículo de doble mando ‖ *— de commande* indispensable, obligatorio (obligatoire), fingido, da; de cumplido (feint) ‖ *sur commande* de encargo ‖ *tenir les commandes* llevar las riendas.
commandement *m* mandato, orden *f* (ordre) ‖ mando (pouvoir) ‖ mando, transmisión *f* (d'une machine) ‖ FIG mando, dominio, poder (puissance) ‖ DR requerimiento ‖ MIL mando ‖ voz *f* de mando ‖ RELIG mandamiento ‖ *— à mon commandement!* ¡atención! (commandement préparatoire) ‖ *poste de commandement* puesto de mando.
commander *v tr* mandar; *commander une armée* mandar un ejército ‖ ordenar, mandar, pedir (ordonner) ‖ encargar, hacer el pedido de; *commander*

commandeur

un costume encargar un traje ‖ dominar (un lieu) ‖ dominar, gobernar (dominer) ‖ imponer (imposer), impulsar, llamar ‖ ordenar; *commander à quelqu'un de se taire* ordenar a alguien que se calle ‖ MÉCAN poner en marcha *ou* en movimiento, accionar, hacer funcionar ‖ regular (contrôler).

◆ *v intr* mandar en ‖ refrenar; *commander à ses désirs* refrenar sus deseos ‖ TECHN mandar (un mécanisme).

◆ *v pr* dominarse, ser dueño de sí ‖ comunicarse (deux salles) ‖ *le courage ne se commande pas* el valor no depende de uno mismo.

commandeur *m* comendador.

commanditaire *adj* comanditario, ria.

◆ *m* socio comanditario.

commandite *f* comandita ‖ *société en commandite* sociedad en comandita.

commandité, e *m et f* socio *m* colectivo.

commanditer *v tr* comanditar, financiar.

commando *m* MIL comando, cuerpo expedicionario | destacamento de prisioneros de guerra.

comme *conj* como; *courageux comme un lion* valiente como un león; *un homme comme lui* un hombre como él; *comme il pleuvait* como llovía ‖ cuando; *comme je dînais, il arriva* cuando cenaba llegó.

◆ *adv exclamatif* cuán, qué; *comme il fait chaud!, comme il est pénible!* ¡qué calor hace!, ¡qué molesto es! ‖ como, de qué modo; *comme il me traite!* ¡cómo me trata! ‖ — *comme ça* así ‖ *comme quoi* de lo cual se deduce.

◆ *adv de quantité* casi, más o menos; *il était comme muet* estaba casi mudo ‖ — *comme ci, comme ça* así así, regular, talcualillo ‖ *comme de raison, comme de juste* como es lógico, como es natural ‖ *comme qui dirait* como si dijéramos; como quien dice ‖ *comme tout* muy; *il est gentil comme tout* es muy simpático ‖ *tout comme* exactamente lo mismo.

commémoratif, ive *adj* conmemorativo, va.

commémoration *f* conmemoración; *la commémoration des morts* la conmemoración de los difuntos.

commémorer *v tr* conmemorar.

commençant, e *adj et s* principiante, ta.

commencement *m* comienzo, principio; *le commencement d'une fortune* el comienzo de una fortuna; *le commencement d'un règne* el principio de un reinado ‖ — *au commencement* al principio ‖ *au commencement de* a principios de; *au commencement du mois* a principios de mes ‖ *il y a un commencement à tout* principio quieren las cosas.

commencer* *v tr et intr* comenzar, empezar, principiar, dar comienzo; *le monde a commencé dans le chaos* el mundo principió en el caos; *bien commencer sa journée* comenzar bien el día; *il a déjà commencé sa tâche* ya tiene empezada su tarea; *il commence à neiger* está empezando a nevar ‖ — FAM *ça commence à bien faire!* ¡está bien! | *ça commence bien!* ¡empezamos bien! ‖ *commencer par faire quelque chose* comenzar *ou* empezar por hacer algo ‖ *commencer par quelque chose* comenzar *ou* empezar por algo.

commensal, e *m et f* comensal.

◆ *adj* ZOOL que vive en simbiosis con otro.

comment *adv* cómo; *comment peut-il vivre ainsi?* ¿cómo puede vivir así? ‖ *comment ça va?* ¿qué tal? ‖ *comment faire?* ¿cómo *ou* qué hacer? ‖ *comment se fait-il que?* ¿cómo es que?

◆ *interj* ¡cómo!; *comment! te voilà?* ¡cómo!, ¿estás ahí? ‖ *et comment!* ¡ya lo creo!, ¡y de qué modo! ‖ *le comment* el cómo ‖ *n'importe comment* como sea.

commentaire *m* comentario ‖ *commentaire de texte* comentario de texto ‖ CINÉM *commentaire sur image* comentario de imagen.

commentateur, trice *m et f* comentador, ra (de textes) ‖ comentarista (à la radio).

commenter *v tr* comentar.

commérage *m* comadreo, chismorreo, cotilleo.

commerçant, e *adj et s* comerciante ‖ — *commerçant en gros* mayorista ‖ *petit commerçant* tendero ‖ *quartier commerçant* barrio comercial ‖ *rue commerçante* calle comercial.

commerce *m* comercio; *chambre, code, tribunal de commerce* cámara, código, tribunal de comercio ‖ comercio; *acheter un commerce de mercerie* comprar un comercio de mercería; *commerce de, o en, gros, de détail, de demi-gros* comercio al por mayor, al por menor, intermediario al por mayor ‖ trato, comercio (comportement, fréquentation); *être d'un commerce agréable* ser de agradable trato ‖ tienda *f*, comercio (établissement) ‖ — *chambre de commerce* cámara de comercio ‖ *commerce de proximité* comercio cercano ‖ *commerce intérieur, extérieur* comercio interior, exterior ‖ *fonds de commerce* negocio, comercio ‖ *le petit commerce* el pequeño comercio ‖ *livres de commerce* libros de comercio ‖ *vendu dans le commerce* vendido en el comercio ‖ *vendu hors commerce* vendido fuera del comercio ‖ — *être dans le commerce* estar en el comercio (chose), ser comerciante (personne) ‖ *faire commerce de* hacer negocio de ‖ *faire du commerce* comerciar, negociar.

commercer *v intr* comerciar.

commercial, e *adj* comercial ‖ — *droit commercial* derecho mercantil ‖ *la flotte commerciale* la flota mercante.

◆ *m* comercial; *les commerciaux* los comerciales.

◆ *f* furgoneta, vehículo *m* comercial.

commercialement *adv* comercialmente, en términos comerciales.

commercialisable *adj* que puede comercializarse, comercializable.

commercialisation *f* comercialización, mercantilización ‖ mercadeo *m* (marketing) ‖ venta.

commercialiser *v tr* comercializar, mercantilizar.

commère *f* comadre, cotilla.

commettre* *v tr* cometer; *commettre un délit* cometer un delito ‖ nombrar, comisionar; *commettre à une inspection* nombrar para una inspección ‖ comprometer (sa réputation) ‖ MAR corchar (un câble).

◆ *v pr* comprometerse; *se commettre avec des fripons* comprometerse con bribones.

comminatoire *adj* conminatorio, ria; conminativo, va.

commis [kɔmi] *m* dependiente (employé) [úsase en este sentido el femenino *commise* empleada] ‖ empleado, agente; *commis des postes* empleado de correos ‖ — *commis voyageur* viajante de comercio ‖ *grand commis de l'État* alto funcionario.

commisération *f* conmiseración.

commissaire *m* comisario ‖ juez (sports) ‖ miembro de una comisión ‖ delegado ‖ — *commissaire adjoint* comisario adjunto ‖ *commissaire aux comptes* interventor de cuentas ‖ *commissaire de la République* representante del Estado [en cada provincia francesa] ‖ *commissaire de police* comisario de policía ‖ MAR *commissaire de bord* comisario de a bordo ‖ *commissaire principal* comisario principal (police).

commissaire-priseur *m* perito tasador, subastador.
- OBSERV pl *commissaires-priseurs*.

commissariat *m* comisaría *f* ‖ *Commissariat à l'énergie atomique* Comisaría para la Energía Atómica ‖ *Commissariat au Plan* Comisaría del Plan.

commission *f* comisión; *toucher une commission* cobrar una comisión ‖ comisión; *commission administrative* comisión administrativa ‖ comisión (achat pour autrui) ‖ encargo *m*, mandado *m*; *exécuter une commission* ejecutar un encargo ‖ recado *m*; *je lui ferai la commission* le daré el recado; *faire faire une commission* enviar un recado ‖ *commission paritaire* tribunal mixto ‖ — DR *commission rogatoire* exhorto ‖ *travailler à la commission* trabajar con comisiones.
- *pl* mandados *m pl*, encargos *m pl* (pour autrui), compra (pour soi); *faire ses commissions* hacer los mandados, ir a la compra.

commissionnaire *m* recadero, mandadero ‖ mozo de cordel (colporteur) ‖ COMM comisionista (qui achète pour autrui).

commissure *f* comisura.

commode *adj* cómodo, da ‖ cómodo, da; manejable (maniable) ‖ fácil, cómodo, da (facile) ‖ acomodaticio, cia; cómodo, da (accommodant) ‖ indulgente, complaciente, tolerante; *mère commode* madre indulgente ‖ de trato fácil, agradable (d'un caractère facile) ‖ *cet enfant n'est pas commode* este niño es difícil de llevar.
- *f* cómoda (meuble).

commodité *f* comodidad ‖ *à votre commodité* a su libre disposición (à votre disposition), a su conveniencia, según le convenga (au moment opportun).
- *pl (vx)* excusado *m*, retrete *m*.

commotion *f* conmoción.

commotionné, e *adj* et *s* conmocionado, da.

commotionner *v tr* conmocionar.

commuer *v tr* conmutar.

commun, e *adj* común; *salle commune* sala común; *usage commun* uso común ‖ ordinario, ria; común (vulgaire) ‖ corriente, común, ordinario, ria (répandu) ‖ GRAMM común ‖ — *lieu commun* tópico, lugar común ‖ — *maison commune* casa consistorial, alcaldía, ayuntamiento ‖ — *cela sort du commun* eso se sale de lo normal *ou* de lo común ‖ *d'un commun accord* de común acuerdo, por acuerdo común ‖ *il n'y a pas de commune mesure* no hay ninguna proporción.
- *m* generalidad *f*, mayoría *f*; *le commun des hommes* la generalidad de los hombres ‖ *(vx)* vulgo ‖ común; *le commun des mortels* el común de los mortales ‖ — *vivre en commun* vivir en común [juntos] ‖ *vivre sur le commun* vivir a costa ajena.
- *pl* dependencias *f* (d'une maison).

communal, e *adj* municipal ‖ — HIST *milices communales* milicias concejiles ‖ *terrain communal* ejido.
- *m pl* bienes de un municipio.

communard, e *m* et *f* partidario de la Comuna de 1871, en Francia.

communautaire *adj* de la comunidad; colectivo, va.

communauté *f* comunidad ‖ FIG identidad; *communauté de vues* identidad de pareceres ‖ — *communauté d'héritiers* comunidad sucesoria ‖ *communauté urbaine* comunidad urbana ‖ *la communauté scientifique* los científicos.

commune *f* municipio *m*, término *m* municipal [(amér) comuna] (division administrative) ‖ Comuna (révolution de Paris de 1871).
- *pl* Comunes *m pl* (Chambre des députés en Grande-Bretagne).

communément *adv* comúnmente.

communiant, e *adj* et *s* comulgante ‖ *premier communiant, première communiante* muchacho, cha que hace la primera comunión.

communicant, e *adj* comunicante.

communicatif, ive *adj* comunicativo, va.

communication *f* comunicación ‖ — *communication avec préavis* conferencia personal ‖ *communication en P.C.V* conferencia a cobro revertido ‖ *communication interurbaine* conferencia telefónica interurbana ‖ *communication téléphonique* comunicación *ou* llamada telefónica ‖ — *avoir la communication avec* tener comunicación con ‖ *donnez-moi la communication avec* póngame con ‖ *mettre quelqu'un en communication avec quelqu'un* poner a alguien en comunicación con alguien ‖ *vous avez la communication* se puede poner en comunicación.

communier* *v intr* comulgar.
- *v tr* dar la comunión.

communion *f* comunión.

communiqué *m* comunicado, parte ‖ remitido (réclame).

communiquer *v tr* comunicar, facilitar.
- *v intr* comunicar; *chambres qui communiquent* cuartos que comunican ‖ estar en comunicación, comunicarse (être en relations).
- *v pr* propalarse (se propager) ‖ contagiarse; *bâiller se communique facilement* bostezar se comunica fácilmente.

communisme *m* comunismo.

communiste *adj* et *s* comunista.

commutable *adj* conmutable.

commutateur *m* ÉLECTR conmutador.

commutatif, ive *adj* conmutativo, va.

commutation *f* conmutación ‖ INFORM *commutation de messages* conmutación de mensajes ‖ *commutation de paquets* conmutación de paquetes.

commutativité *f* conmutatividad.

commuter *v tr* conmutar.

Comores *n pr f pl* GÉOGR Comores, Comoras.

compacité *f* compacidad, lo compacto ‖ tenacidad (du sol).

compact, e [kɔ̃pakt] *adj* compacto, ta.

compactage *m* apisonamiento ‖ INFORM compresión *f* ‖ CONSTR compactación *f*.

Compact Disc *m* (nom déposé) disco compacto.
- OBSERV pl *Compact Discs*.

compacter *v tr* INFORM comprimir.

compagne *f* compañera.

compagnie *f* compañía (accompagnement) ‖ compañía (réunion de personnes) ‖ compañía; *compagnie d'assurances* compañía de seguros ‖ colegio *m* (corporation) ‖ bandada, banda (d'oiseaux) ‖ MIL compañía ‖ THÉÂTR compañía ‖ — *compagnie aérienne* compañía aérea ‖ *compagnie d'affrètement* compañía de fletamento ‖ *Compagnie de Jésus* Compañía de Jesús ‖ — *bonne compagnie* buena sociedad ‖ *dame de compagnie* señora de compañía ‖ *la noble, l'illustre compagnie* la Academia Francesa ‖ — *de bonne compagnie* de buen tono ‖ *de* o *en compagnie* en compañía ‖ COMM *et compagnie* y compañía; *Dupont et compagnie, Dupont et Cie* Dupont y compañía, Dupont y Cía ‖ *être en galante compagnie* estar bien acompañado ‖ *fausser compagnie à quelqu'un* dejar plantado a alguien ‖ *tenir compagnie* acompañar, hacer compañía.

compagnon *m* compañero, camarada; *compagnon d'armes* compañero de armas ‖ obrero (ouvrier).

compagnonnage *m* tiempo durante el cual un obrero trabajaba de oficial antes de ser maestro ‖ gremio de obreros (association) ‖ compañerismo, camaradería *f* (camaraderie).

comparable *adj* comparable.

comparaison *f* comparación ‖ *en comparaison de* en comparación con.

comparaître* *v intr* comparecer.

comparatif, ive *adj et s m* comparativo, va.

comparativement *adv* comparativamente, en comparación.

comparé, e *adj* comparado, da.

comparer *v tr* comparar.

comparse *m y f* comparsa.

compartiment *m* compartimiento ‖ departamento, compartimiento (d'un wagon) ‖ casilla *f* (casier, damier, etc.) ‖ corro (Bourse) ‖ MAR *compartiment étanche* compartimiento estanco.

compartimentage *m*; **compartimentation** *f* división *f* en compartimientos.

compartimenter *v tr* dividir en compartimientos ‖ FIG clasificar; *compartimenter les idées* clasificar las ideas.

comparution *f* DR comparecencia, comparición.

compas [kɔ̃pa] *m* compás (de dessin) ‖ FIG escala *f*, medida *f* (mesure) ‖ MAR compás, brújula *f* ‖ POP remos (jambes) ‖ — *compas à balustre* bigotera ‖ *compas à quart de cercle* compás de cuadrante ‖ *compas à verge* compás de vara ‖ *compas de calibre* compás de calibre ‖ *compas d'épaisseur* compás con espesores ‖ *compas de réduction* compás de reducción ‖ AVIAT *compas magnétique* compás magnético ‖ — *au compas* con compás, con tiralíneas ‖ — POP *allonger le compas* apresurar el paso ‖ — FIG & FAM *avoir le compas dans l'œil* tener buen ojo.
— OBSERV *Compas* no tiene en francés el sentido musical de *medida, ritmo* (mesure, rythme).

compassé, e *adj* estudiado, da; envarado, da.

compassion *f* compasión, lástima.

compatibilité *f* compatibilidad ‖ INFORM compatibilidad.

compatible *adj* compatible ‖ INFORM compatible.

compatir *v intr* compadecerse, compadecer; *compatir à la douleur d'autri* compadecerse del *ou* con el dolor ajeno.

compatissant, e *adj* compasivo, va.

compatriote *m et f* compatriota.

compensable *adj* compensable.

compensateur, trice *adj et s m* compensador, ra ‖ *pendule compensateur* péndulo compensador.

compensation *f* compensación ‖ — *chambre de compensation* cámara de compensación (clearing house) ‖ *compensation horaire* compensación horaria ‖ *en compensation* en compensación.

compensatoire *adj* compensatorio, ria.

compensé, e *adj* compensado, da ‖ *semelle compensée* cuña, suela de zapatos tanque.

compenser *v tr* compensar.
◆ *v pr* compensarse.

compère *m* cómplice, compinche ‖ compadre.

compétence *f* competencia, capacidad ‖ FAM persona competente ‖ *relever de la compétence de* caer dentro de *ou* ser de la competencia de.

compétent, e *adj* competente ‖ legal, requerido, da; *âge compétent* edad requerida.

compétiteur, trice *m et f* competidor, ra; rival, contrincante.

compétitif, ive *adj* competitivo, va.

compétition *f* competición; *la compétition automobile* la competición automovilística ‖ *être en compétition avec* competir.

compétitivité *f* competitividad.

compilation *f* compilación ‖ INFORM compilación.

compiler *v tr* compilar ‖ INFORM compilar.

complainte *f* endecha (chanson triste) ‖ DR querella.

complaire* *v intr* complacer, dar gusto.
◆ *v pr* complacerse.

complaisamment *adv* con complacencia.

complaisance *f* complacencia; *basse complaisance* complacencia servil ‖ — *pavillon de complaisance* pabellón de conveniencia ‖ — *de complaisance* de favor ‖ *par complaisance* por amabilidad ‖ — *avoir la complaisance de* hacer el favor de, tener la bondad de.

complaisant, e *adj* complaciente.

complément *m* complemento ‖ — GRAMM *complément circonstanciel de lieu, temps* complemento circunstancial de lugar, tiempo | *complément d'agent* complemento agente | *complément de nom* complemento del nombre | *complément d'objet direct* complemento directo | *complément d'information* complemento de información.

complémentaire *adj* complementario, ria; *angles complémentaires* ángulos complementarios.

complémentarité *f* complementariedad, compleción.

complet, ète [kɔ̃plɛ, ɛt] *adj* completo, ta; *une étude complète* un estudio completo ‖ completo, ta; lleno, na; *autobus complet* autobús completo ‖ — *complet* no hay billetes (écriteau dans un théâtre), completo (hôtel) ‖ — *au complet* o *au grand complet* sin que falte ninguno, con todos sus miembros, en pleno ‖ *pain complet* pan integral ‖ *temps complet* plena dedicación ‖ — FAM *c'est complet!* ¡lo que faltaba!
◆ *m* traje, terno (costume).

complètement *adv* completamente, totalmente ‖ *il est complètement fou* está loco de remate.

compléter* *v tr* completar.
◆ *v pr* completarse ‖ complementarse; *caractères qui se complètent* caracteres que se complementan.
complétif, ive *adj* GRAMM completivo, va.
complexe *adj* complejo, ja.
◆ *m* CHIM & MATH & PHILOS complejo ‖ complejo, combinado; *un complexe industriel* un complejo industrial ‖ CINÉM conjunto de decorados.
complexé, e *adj et s* acomplejado, da.
complexer *v tr* acomplejar.
complexifier *v tr* poner algo más complicado.
complexion *f* complexión, constitución ‖ humor *m*, temperamento *m* (caractère).
complexité *f* complejidad, complexidad *(p us)*.
complication *f* complicación.
complice *adj et s* cómplice.
complicité *f* complicidad; *être de complicité avec quelqu'un* estar en complicidad con alguien ‖ *faire acte de complicité* ser cómplice.
compliment *m* cumplido ‖ parabién, enhorabuena *f* (félicitations); *je vous fais mes compliments* le doy la enhorabuena ‖ elogio *m*, alabanza, galantería (éloge) ‖ *sans compliment* sin cumplidos, con franqueza.
◆ *pl* expresiones *f*, recuerdos, memorias *f*; *mes compliments à M. X* memorias al Sr. X ‖ *mes compliments!* ¡te felicito!
complimenter *v tr* cumplimentar (faire des civilités) ‖ felicitar (faire des éloges).
complimenteur, euse *adj et s* cumplimentero, ra.
compliqué, e *adj* complicado, da; intrincado, da.
compliquer *v tr* complicar.
◆ *v pr* complicarse; *se compliquer la vie* complicarse la vida.
complot [kɔ̃plo] *m* complot, conspiración *f*.
comploter *v tr et intr* conspirar, complotar ‖ tramar, maquinar, intrigar.
comploteur *m* conspirador, maquinador.
componction *f* compunción.
comportement *m* comportamiento, conducta *f* ‖ actitud *f*.
comportemental, e, aux *adj* conductista.
comporter *v tr* traer consigo, implicar, incluir, comportar [galicismo] (inclure) ‖ comprender, constar de, contar con (contenir) ‖ soportar, sufrir (supporter, admettre).
◆ *v pr* portarse, conducirse (se conduire) ‖ funcionar, portarse (voiture) ‖ desarrollarse (se dérouler).
composant, e *adj et s m* componente.
composante *f* componente *m* factor *m* determinante.
composé, e *adj et s m* compuesto, ta ‖ de circunstancia; *visage composé* cara de circunstancia.
◆ *f* MATH compuesto *m*.
composer *v tr* componer (former un tout) ‖ integrar, componer; *l'Assemblée est composée de* la Asamblea está integrada por ‖ componer (créer, inventer) ‖ formar, marcar (un numéro de téléphone) ‖ adaptar a las circunstancias ‖ IMPR componer ‖ *composer son visage* poner cara de circunstancias.

◆ *v intr* arreglarse, componerse (s'arranger) ‖ acomodarse con ‖ transigir, contemporizar (transiger) ‖ hacer un ejercicio escolar.
composite *adj et s m* ARCHIT compuesto, ta.
compositeur, trice *m et f* DR componedor, ra; *amiable compositeur* amigable componedor ‖ IMPR cajista ‖ MUS compositor, ra.
composition *f* composición ‖ prueba, ejercicio *m*; *une composition d'anglais* una prueba de inglés ‖ IMPR composición ‖ — *composition d'une annonce* ajuste de un anuncio ‖ DR *amiable composition* composición amigable ‖ *amener à* o *entrer en composition* prestarse a un compromiso, hacer posible un arreglo *ou* acuerdo ‖ *être de bonne composition* ser acomodaticio.
compost [kɔ̃pɔst] *m* AGRIC compost.
compostage *m* picado de billetes (dans les transports) ‖ AGRIC elaboración *f* de compost.
composter *v tr* picar (billets) ‖ AGRIC abonar con compost.
composteur *m* sello de caracteres móviles (cachet) ‖ IMPR componedor (règle) ‖ cancelador, fechador (pour les billets).
compote *f* compota (de fruits) ‖ FAM *en compote* molido, hecho papilla, en compota (meurtri).
compotier *m* compotera *f* (pour compotes) ‖ frutero (pour fruits).
compréhensible *adj* comprensible.
compréhensif, ive *adj* comprensivo, va.
compréhension [kɔ̃preɑ̃sjɔ̃] *f* comprensión.
comprendre* *v tr* constar de, comprender (renfermer) ‖ incluir, abarcar (englober) ‖ comprender, entender (la signification) ‖ — *comprendre à demi-mot* entender con media palabra ‖ *comprendre la plaisanterie* saber tomar las bromas ‖ *faire comprendre* hacer comprender (expliquer), dar a entender (laisser entendre) ‖ *je comprends!* ¡ya lo creo!, ¡por supuesto!
◆ *v pr* comprenderse, entenderse.
comprenette *f* FAM *ne pas avoir la comprenette facile* ser duro de mollera.
compresse *f* compresa.
compresseur *adj et s m* compresor, ra; *rouleau compresseur* cilindro compresor.
compressibilité *f* compresibilidad.
compressible *adj* compresible.
compression *f* compresión ‖ FIG reducción, disminución; *compression du budget, du personnel* reducción del presupuesto, del personal ‖ opresión; *mesures de compression* medidas de opresión.
comprimé, e *adj et s m* comprimido, da ‖ *air comprimé* aire comprimido.
◆ *m* tableta *f* (médicament).
comprimer *v tr* comprimir ‖ FIG contener, reprimir, comprimir; *comprimer ses larmes* comprimir sus lágrimas.
compris, e [kɔ̃pri, iːz] *adj* comprendido, da ‖ — *compris?* ¿entendido?, no hay más que hablar ‖ — *bien compris* bien concebido ‖ *non compris* sin incluir ‖ — *à partir du 2 janvier jusqu'au 3 février compris* a partir del 2 de enero hasta el 3 de febrero, ambos inclusive ‖ *y compris* incluso, sa; inclusive; *y compris les enfants* incluso los niños, los niños inclusive.
compromettant, e *adj* comprometedor, ra.

compromettre* *v tr* comprometer.
◆ *v intr* hacer un compromiso, aceptar un arbitraje.
◆ *v pr* comprometerse.
— OBSERV *Compromettre* no tiene en francés el sentido de «obligarse a», «s'engager à».

compromis [kɔ̃prɔmi] *m* compromiso, convenio (transaction) ‖ término medio.

compromission *f* compromiso *m*, comprometimiento *m* ‖ arreglo *m*, acomodo *m* (arrangement).

comptabilisation *f* contabilización.

comptabiliser *v tr* contabilizar.

comptabilité [kɔ̃tabilite] *f* contabilidad, teneduría de libros ‖ contaduría (bureau du comptable) ‖ *comptabilité en partie double* contabilidad por partida doble.

comptable *m* contable, tenedor de libros ‖ contador (de l'État) ‖ *expert-comptable* perito mercantil.
◆ *adj* responsable de; *être comptable de ses actions* ser responsable de sus acciones ‖ contable; *machine comptable* máquina contable.

comptage *m* cuenta *f*, acción *f* de contar.

comptant [kɔ̃tɑ̃] *adj* contante; *argent comptant et trébuchant* dinero contante y sonante ‖ FIG *prendre pour argent comptant* creer a pies juntillas.
◆ *adv* al contado; *payer comptant* pagar al contado ‖ *au comptant* al contado.

compte [kɔ̃:t] *m* cuenta *f* ‖ — *compte à part* cuenta separada ‖ *compte à rebours* cuenta [hacia]; atrás ‖ *compte bloqué* cuenta bloqueada ‖ *compte chèques, compte-chèques* cuenta corriente ‖ *compte chèque postal* cuenta corriente postal ‖ *compte client* cuenta por cobrar (sur bilan) ‖ *compte courant, bancaire* cuenta corriente, bancaria ‖ *compte d'apothicaire* cuentas del Gran Capitán ‖ *compte de dépôt* cuenta de depósito ‖ *compte de résultats* cuenta de resultados ‖ *compte de retour* cuenta de resaca ‖ *compte d'exploitation* cuenta de explotación ‖ *compte d'impayés* cuenta de efectos impagados ‖ *compte numéroté* o *à numéro* cuenta numerada ‖ *compte rond* cuenta redonda ‖ — *clôture des comptes* cierre de ejercicio ‖ *cour des comptes* tribunal de Cuentas ‖ *quantité à compte* cantidad a buena cuenta ‖ *titulaire d'un compte courant* cuentacorrentista ‖ — *à compte* a cuenta (véase ACOMPTE) ‖ *à bon compte* a buen precio (à bon marché) ‖ *à ce compte-là* en este caso ‖ *au compte de* según la opinión *ou* el parecer de ‖ *compte tenu de* teniendo en cuenta que, habida cuenta de ‖ *de compte à demi* a medias ‖ *en compte* a cuenta ‖ *en fin de compte* en resumidas cuentas ‖ *pour le compte de* por cuenta de ‖ *pour son propre compte* por su propia cuenta ‖ *sur le compte de quelqu'un* acerca de *ou* referente a *ou* sobre alguien ‖ *tout compte fait* finalmente, pensándolo bien ‖ — *arrêter un compte* cerrar una cuenta ‖ FAM *avoir* o *en avoir pour son compte* recibir una tunda, tener lo que se merecía (être maltraité), estar como una cuba (être ivre) ‖ *demander compte de* pedir cuenta de ‖ *demander son compte* pedir la cuenta ‖ *donner son compte à quelqu'un*, despedir a un asalariado (renvoyer), dar una buena paliza *ou* lo que se merecía a uno, darle lo suyo (maltraiter) ‖ *être loin de compte* o *du compte* estar equivocado *ou* muy lejos de la verdad *ou* de la realidad ‖ *faire bon compte de* hacer poco caso de, prestar poca atención a ‖ *faire entrer en ligne de compte* tomar en consideración *ou* en cuenta ‖ *faire le compte de* ir en beneficio de, traer cuenta a ‖ *laisser pour compte* dejar de cuenta ‖ *le compte n'y est pas* la cuenta sale mal ‖ *les bons comptes font les bons amis* las cuentas claras y el chocolate espeso ‖ *mettre sur le compte de* atribuir a, imputar, echar la culpa a ‖ *ouvrir un compte* abrir una cuenta ‖ *prendre à son compte* hacerse caso *ou* asumir la responsabilidad de ‖ *recevoir son compte* ser despedido *ou* recibir lo suyo ‖ *régler son compte à quelqu'un* ajustarle la cuentas a uno ‖ *rendre compte* dar cuenta ‖ *rendre des comptes à quelqu'un* rendir cuentas a alguien ‖ *s'en tirer à bon compte* escapar bien, salir del paso con poco daño ‖ *se rendre compte* darse cuenta, caer en la cuenta ‖ *son compte est bon* ya verá lo que le espera ‖ *tenir compte de* tener *ou* tomar en cuenta ‖ *tenir les comptes* llevar las cuentas ‖ *travailler à son compte* trabajar por su cuenta *ou* por cuenta propia ‖ *trouver son compte à* sacar provecho en, tener interés en, salir ganando ‖ FAM *tu te rends compte?* ¿te das cuenta?

compte-gouttes [-gut] *m inv* cuentagotas ‖ FIG & FAM *au compte-gouttes* con cuentagotas.

compter [-te] *v tr* contar (dénombrer) ‖ contar (contenir) ‖ contar; *compter quelqu'un parmi ses amis* contar entre sus amigos a alguien ‖ contar con; *compter d'illustres ancêtres dans sa famille* contar con antepasados ilustres en la familia ‖ cobrar *ou* cargar por; *compter 30 centimes la bouteille vide* cobrar 30 céntimos por el casco ‖ pagar (payer) ‖ contar (avoir l'intention de) ‖ tener en cuenta (tenir compte) ‖ contar con (tenir pour assuré) ‖ — *compter réussir* contar con tener éxito ‖ *compter revenir* pensar volver ‖ *à pas comptés* con pasos contados.
◆ *v intr* contar (calculer) ‖ contar, valer (équivaloir) ‖ contar (avoir quelque valeur) ‖ hacer números, calcular (calculer les dépenses) ‖ estar, encontrarse (se trouver); *il compte parmi les grands écrivains* se encuentra entre los grandes escritores ‖ — *compter avec quelque chose, quelqu'un* contar con algo, alguien ‖ *compter pour* valer por ‖ *compter sans* no tener en cuenta ‖ *compter sur* contar con ‖ — *à compter de* a partir de ‖ *sans compter que* sin contar con que.

compte rendu; compte-rendu *m* informe (rapport), acta (d'une séance), reseña (d'une œuvre artistique), información, crítica (d'une représentation).
— OBSERV pl *comptes rendus, comptes-rendus*.

compte-tours *m inv* cuentarrevoluciones.

compteur, euse [-tœ:r] *adj et s m* contador, ra ‖ — *compteur d'images* contador de imágenes (photo) ‖ *compteur de vitesse* velocímetro ‖ *compteur Geiger* contador Geiger ‖ *compteur kilométrique* cuentakilómetros.

comptine [-tin] *f* canción infantil para señalar a aquel a quien le toca hacer algo.

comptoir [-twa:r] *m* mostrador (d'un marchand) ‖ barra *f* (café) ‖ factoría *f* (en pays étranger) ‖ sucursal *f* (d'une banque) ‖ cártel (de vente) ‖ establecimiento (possession) ‖ *comptoir d'escompte* banco de crédito.

compulser *v tr* compulsar.

compulsif, ive *adj* compulsivo, va.

comte [kɔ̃:t] *m* conde.

comté *m* condado ‖ queso parecido al gruyère.

comtesse *f* condesa.

comtois, e *adj* del Franco Condado.
◆ *f* reloj *m* de pared de caja alta.
Comtois, e *m* et *f* nativo, va del Franco Condado.
con, conne *adj* et *s* POP jilipolla.
◆ *m* ANAT POP coño.
concasser *v tr* machacar, triturar.
concave *adj* cóncavo, va.
concavité *f* concavidad.
concéder* *v tr* conceder.
concélébrer *v tr* concelebrar.
concentration *f* concentración ‖ reconcentración de la mente (tension d'esprit) ‖ PHYS concentración ‖ *camp de concentration* campo de concentración.
concentrationnaire *adj* relativo a los campos de concentración.
concentré, e *adj* concentrado, da ‖ FIG reconcentrado, da; ensimismado, da (absorbé) ‖ *lait concentré* leche concentrada.
◆ *m* concentrado.
concentrer *v tr* concentrar ‖ reconcentrar (son esprit).
◆ *v pr* concentrarse ‖ reconcentrarse, ensimismarse.
concentrique *adj* GÉOM concéntrico, ca.
concept [kɔ̃sεpt] *m* concepto.
concepteur, trice *m* et *f* diseñador, ra.
conception *f* BIOL concepción ‖ TECHN diseño *m* ‖ FIG concepción, comprensión (faculté de comprendre) | concepto *m* (chose imaginée) ‖ INFORM diseño *m*, concepción; *conception assistée par ordinateur (C.A.O.)* diseño asistido por ordenador ‖ *Immaculée Conception* Inmaculada Concepción.
conceptualiser *v tr* conceptualizar.
conceptuel, elle *adj* conceptual.
concernant *part prés* concerniente, referente a, relativo a.
concerner *v tr* concernir a, atañer a; *cette disposition ne me concerne pas* esa disposición no me atañe a mí ‖ concernir a, referirse a, atañer a (avoir rapport à) ‖ — *en ce qui concerne* por *ou* en lo que se refiere a, en lo que concierne a ‖ *être concerné par quelque chose* concernirle a uno algo.
concert [kɔ̃sεːr] *m* concierto (séance musicale) ‖ FIG concierto (accord) ‖ — *concert de louanges* coro de alabanzas ‖ *concert en plein air* concierto al aire libre ‖ *de concert* de concierto, de común acuerdo.
concertation *f* concertación.
concerter *v tr* concertar.
◆ *v pr* concertarse, ponerse de acuerdo.
concertiste *m* et *f* concertista.
concerto *m* concierto.
concession *f* concesión ‖ sepultura temporal *ou* perpetua que se contrata en un cementerio ‖ concesión, terreno *m* concedido a un colono, *ou* a un inmigrante ‖ MIN concesión ‖ *sans concessions* sin componendas, sin concesiones.
concessionnaire *adj* et *s m* concesionario, ria.
concevable *adj* concebible.
concevoir* *v tr* concebir ‖ *maison bien, mal conçue* casa bien, mal pensada.
concierge *m* et *f* portero, ra ‖ conserje (d'une administration).
conciergerie *f* conserjería ‖ *la Conciergerie* la Conserjería [antigua prisión de París].

concile *m* concilio.
conciliable *adj* conciliable.
conciliabule *m* conciliábulo.
conciliant, e *adj* conciliador, ra.
conciliateur, trice *adj* et *s* conciliador, ra.
conciliation *f* conciliación.
concilier* *v tr* conciliar ‖ FIG conjugar, compaginar; *concilier les intérêts des deux parties* compaginar los intereses de las dos partes.
◆ *v pr* conciliarse, ganarse ‖ *se concilier l'appui de quelqu'un* conciliarse *ou* ganarse el apoyo de alguien ‖ *se concilier quelqu'un* ganarse a alguien.
concis, e [kɔ̃si, iːz] *adj* conciso, sa.
concision *f* concisión.
concitoyen, enne *m* et *f* conciudadano, na.
concluant, e *adj* concluyente.
conclure *v tr* concertar, convenir; *conclure un traité* concertar un tratado ‖ terminar, concluir, acabar; *conclure une affaire* terminar un asunto ‖ cerrar; *conclure un marché* cerrar un trato ‖ deducir, sacar [como consecuencia]; inferir; *conclure une chose d'une autre* deducir una cosa de otra; *j'en conclus que* de ello deduzco que.
◆ *v intr* concluir, acabar ‖ *conclure à* llegar a la conclusión (déduire), pronunciarse por, acabar en (se prononcer).
conclusion *f* conclusión.
concocter *v tr* FAM elaborar minuciosamente.
concombre *m* BOT pepino, cohombro *(p us)* ‖ ZOOL *concombre de mer* cohombro de mar.
concomitance *f* concomitancia.
concomitant, e *adj* concomitante (qui accompagne).
concordance *f* concordancia.
concordant, e *adj* concordante.
concordat *m* concordato (avec le pape) ‖ convenio (entre commerçants).
concorde *f* concordia.
concorder *v intr* concordar.
concourant, e *adj* concurrente.
concourir* *v intr* concurrir (converger) ‖ concurrir (coopérer) ‖ competir (être en concurrence) ‖ opositar, hacer oposiciones (se présenter à un concours) ‖ participar en un certamen (participer à un concours).
concours *m* concurso ‖ concurso, certamen (compétition); *concours hippique* concurso hípico ‖ oposición *f*, oposiciones *f pl* (examen); *recrutement par voie de concours* contratación por oposición; *se présenter à un concours* hacer oposiciones ‖ cúmulo; *un concours de circonstances* un cúmulo de circunstancias ‖ ayuda *f*, cooperación *f*; *prêter son concours* prestar su ayuda (vx) concurrencia *f* (de personnes) ‖ — *concours financiers* asistencia financiera ‖ *hors concours* fuera de serie.
concret, ète *adj* concreto, ta ‖ *il n'y a rien de concret* no hay nada (en), concreto.
◆ *m* lo concreto.
concrètement *adv* concretamente, en concreto.
concrétion *f* concreción.
concrétisation *f* materialización.
concrétiser *v tr* concretar (un concept abstrait).
◆ *v pr* plasmarse; *ceci s'est concrétisé par une série de mesures* ésto se ha plasmado en una serie de medidas.

concubin *m* concubinario *(p us)*, querido.
concubinage *m* concubinato.
concubine *f* concubina.
concupiscence *f* concupiscencia.
concupiscent, e *adj* concupiscente.
concurremment [kɔ̃kyramɑ̃] *adv* conjuntamente, juntamente (ensemble) ‖ en competencia, en concurrencia (par concurrence) ‖ al mismo tiempo, a la vez, simultáneamente (à la fois).
concurrence *f* competencia ‖ DR igualdad de derechos ‖ — *concurrence déloyale* competencia desleal ‖ *jeu de la concurrence* juego de la competencia ‖ — *faire concurrence à* competir con, hacer competencia a ‖ *jusqu'à concurrence de* hasta un total de, hasta la suma de *ou* la cantidad de.
— OBSERV *Concurrencia* signifie normalement en espagnol *assistance*.
concurrencer* *v tr* competir con, hacer la competencia.
concurrent, e *adj* et *s* competidor, ra; rival.
◆ *m* et *f* concursante, participante (à un concours) ‖ opositor, ra (à un examen).
concurrentiel, elle *adj* competitivo, va; competidor, ra; rival; *position concurrentielle* situación competitiva.
concussion *f* concusión.
concussionnaire *adj* et *s* concusionario, ria.
condamnable [kɔ̃danabl] *adj* condenable.
condamnation [-nasjɔ̃] *f* condenación (jugement) ‖ condena (châtiment) ‖ FIG desaprobación, condena; *la condamnation d'un abus* la desaprobación de un abuso.
condamné, e [-ne] *adj* et *s* condenado, da; sentenciado, da ‖ desahuciado, da (malade).
condamner [-ne] *v tr* condenar, sentenciar (infliger une peine); *condamner quelqu'un à 2 ans de prison* condenar a alguien a 2 años de cárcel ‖ condenar, desaprobar (blâmer) ‖ condenar (une porte, etc.) ‖ desahuciar (un malade) ‖ — *condamner aux dépens* condenar en costas ‖ *condamner quelqu'un à faire quelque chose* condenar a alguien a hacer algo ‖ *condamner quelqu'un à une amende* multar a alguien ‖ FIG *condamner sa porte* cerrar la puerta.
condensateur *m* PHYS condensador.
condensation *f* condensación.
condensé *m* resumen, extracto, compendio.
condenser *v tr* condensar.
condenseur *m* TECHN condensador ‖ proyector (optique).
condescendance [kɔ̃dessɑ̃dɑ̃:s] *f* condescendencia.
condescendant, e [-dɑ̃, ɑ̃:t] *adj* condescendiente.
condescendre [-sɑ̃:dr] *v intr* condescender.
condiment *m* condimento.
condisciple *m* et *f* condiscípulo, la.
condition *f* condición; *mettre des conditions* imponer condiciones ‖ — *conditions de visibilité* condiciones de visibilidad ‖ *conditions requises* requisitos ‖ *la condition féminine* la condición femenina ‖ — *à o à la condition que* o *de* con tal que, con la condición de que, siempre que ‖ *en bonne condition physique* en buenas condiciones físicas ‖ *sans conditions restrictives* sin cortapisas ‖ *sous condition que* a condición de que ‖ — *acheter à condition* comprar a condición ‖ *entrer en condition* ponerse a servir ‖ *mettre en condition* poner en forma *ou* en condición ‖ *remplir les conditions* satisfacer los requisitos ‖ *se rendre sans conditions* rendirse sin condiciones.
conditionné, e *adj* condicionado, da; *réflexe conditionné* reflejo condicionado ‖ acondicionado, da; *air conditionné* aire acondicionado.
conditionnel, elle *adj* condicional.
◆ *m* GRAMM potencial; *conditionnel présent, passé* potencial simple, compuesto.
conditionnement *m* acondicionamiento (de l'air, des denrées alimentaires, etc.); *conditionnement d'une marchandise* acondicionamiento de una mercancía ‖ embalaje, envase, envasado (emballage).
conditionner *v tr* acondicionar ‖ embalar, envasar ‖ ser condición de una cosa, condicionar.
condoléances *f pl* pésame *m sing*; *présenter ses condoléances* dar el pésame ‖ *toutes mes condoléances, sincères condoléances* mi más sentido pésame, le acompaño en su sentimiento.
condominium [kɔ̃dɔminjɔm] *m* condominio.
condor *m* cóndor (oiseau, monnaie).
conducteur, trice *adj* et *s* conductor, ra.
◆ *m* jefe de obras (construction) ‖ IMPR impresor, conductor de máquina de imprimir ‖ PHYS conductor ‖ *conducteur des Ponts et Chaussées* ayudante de Obras Públicas.
conductibilité *f* PHYS conductibilidad.
conductible *adj* PHYS conductible.
conduction *f* conducción.
conductivité *f* ÉLECTR conductividad.
conduire* *v tr* conducir, guiar [*(amér)* manejar]; *conduire une voiture* conducir un coche ‖ conducir, llevar; *conduire à l'autel* llevar al altar ‖ acompañar, llevar (accompagner) ‖ conducir, dirigir (commander) ‖ — *conduire quelqu'un à penser que* hacer pensar a alguien que ‖ — *bien conduire sa barque* saber navegar ‖ *permis de conduire* permiso de conducción *ou* de conducir, carnet de conducir.
◆ *v intr* conducir.
◆ *v pr* conducirse, portarse; *bien se conduire* portarse bien.
conduit [kɔ̃dɥi] *m* conducto.
conduite *f* conducta, comportamiento *m* ‖ conducción [*(amér)* manejo]; *la conduite d'une voiture* la conducción de un coche ‖ dirección, mando *m*; *la conduite d'une entreprise* la dirección de una empresa; *sous la conduite de* bajo la dirección de ‖ conducto *m*, cañería (tuyau de distribution) ‖ — AUTOM *conduite à gauche* conducción por la izquierda ‖ *conduite en état d'ivresse* conducción en estado de embriaguez ‖ *conduite forcée* conducción forzada (travaux publics) ‖ *conduite intérieure* coche *ou* automóvil cerrado ‖ — FIG *acheter une conduite* enmendarse ‖ FIG *faire la conduite à quelqu'un* acompañar a uno hasta la puerta (reconduire quelqu'un) ‖ AUTOM *on l'a arrêté pour conduite sans permis* lo han detenido por circular sin permiso de conducir.
cône *m* cono (géométrie); *cône tronqué* cono truncado ‖ cono, piña *f* (fruit des conifères) ‖ cono (mollusque) ‖ AVIAT *cône du vent* manga, veleta ‖ GÉOL *cône volcanique* cono volcánico.
conf. abrév de *confort* confort [en los anuncios breves].

confection *f* confección ‖ hechura, confección (action de confectionner) ‖ ropa hecha (vêtement) ‖ — *costume de confection* traje de confección ‖ *magasin de confection* almacén de ropa blanca *ou* de confección.
confectionner *v tr* confeccionar, hacer.
confectionneur, euse *m et f* confeccionador, ra; confeccionista, fabricante de ropa hecha.
confédéral, e *adj* confederal.
confédération *f* confederación.
confer [kɔ̃fɛːr] → **cf.**
conférence *f* conferencia; *conférence au sommet* conferencia en la cumbre *ou* de alto nivel; *faire une conférence* dar una conferencia ‖ entrevista, reunión; *être en conférence* asistir a *ou* estar en una reunión, celebrar una entrevista ‖ consulta (de médecins entre eux) ‖ *conférence de presse* rueda *ou* conferencia de prensa.
conférencier, ère *m et f* conferenciante.
conférer* *v intr* conferenciar, tener una entrevista *ou* conferencia (tenir conférence).
◆ *v tr* conferir, conceder, otorgar (accorder) ‖ comparar, cotejar (comparer).
confesse *f* confesión.
confesser *v tr* confesar.
◆ *v pr* confesarse.
confession *f* confesión; *entendre en confession* oír en confesión ‖ *sous le sceau de la confession* bajo secreto de confesión.
confessionnal *m* confesionario, confesonario.
confessionnel, elle *adj* confesional.
confetti *m pl* confeti *sing*, papelillos.
confiance *f* confianza ‖ — *confiance en soi* confianza en sí mismo ‖ *vote de confiance* voto de confianza (politique) ‖ *en toute confiance* con toda confianza ‖ — *avoir la confiance de* inspirar confianza a ‖ *inspirer confiance à* inspirar confianza a ‖ *mettre quelqu'un en confiance* dar confianza a alguien ‖ *poser la question de confiance* plantear la cuestión de confianza ‖ *y aller de confiance* ir sin miedo alguno *ou* con toda confianza.
— OBSERV Cuando *confiance* va seguido de un pronombre, la preposición empleada es *en* (*confiance en soi*), y si de un sustantivo *dans* (*confiance dans sa parole*).
confiant, e *adj* confiado, da.
confidence *f* confidencia ‖ — *en confidence* de modo confidencial ‖ *être, mettre dans la confidence* estar, meter en el secreto.
confident, e *adj et s* confidente.
— OBSERV En espagnol, *confidente* a le sens policier de «mouton», «indicateur».
confidentialité *f* carácter *m* confidencial [de una información].
confidentiel, elle *adj* confidencial.
confidentiellement *adv* confidencialmente, en confianza.
confier* *v tr* confiar.
◆ *v pr* confiarse; *se confier à un ami* confiarse a un amigo ‖ fiarse de (s'en remettre à).
configuration *f* configuración ‖ INFORM *configuration de base* configuración básica ‖ *configuration de système* configuración de sistema.
confiné, e *adj* encerrado; *vivre confiné chez soi* vivir encerrado en casa ‖ viciado, da (air).
confinement *m* confinamiento.

confiner *v tr* confinar, encerrar; *confiner quelqu'un dans un monastère* confinar a alguien en un monasterio.
◆ *v intr* lindar con, limitar con, confinar con; *l'Argentine confine au Chili* Argentina confina con Chile ‖ FIG rayar en; *cet acte confine à la folie* este acto raya en la locura.
◆ *v pr* confinarse, retirarse ‖ limitarse; *se confiner dans un rôle* limitarse a hacer un papel.
confins *m pl* confines ‖ *aux confins de* en los confines de.
confirmation *f* confirmación.
confirmer *v tr* confirmar; *confirmer quelqu'un dans une croyance* confirmar a alguien en una creencia ‖ ratificar (se); *confirmer quelqu'un dans ses fonctions* ratificar a alguien en sus funciones.
◆ *v pr* confirmarse.
confiscation *f* confiscación.
confiserie [kɔ̃fizri] *f* confitería (de sucreries) ‖ dulce *m* (friandise) ‖ fábrica de conservas (conserverie).
confiseur, euse *m et f* confitero, ra.
confisquer *v tr* confiscar, incautarse de ‖ quitar (ôter) ‖ DR comisar, decomisar.
confit, e [kɔ̃fi, it] *adj* confitado, da (dans du sucre); *fruits confits* frutas confitadas ‖ encurtido, da (dans du vinaigre) ‖ FIG impregnado por [alguna idea *ou* sentimiento] ‖ TECHN adobado, da (peaux).
◆ *m* CULIN carne *f* conservada en manteca, «confit»; *confit d'oie* «confit» de oca [conservada en su grasa].
confiture *f* mermelada ‖ FAM *en confiture* en compota, hecho papilla.
confiturier, ère *m et f* confitero, ra.
◆ *m* tarro de mermelada.
conflagration *f* conflagración.
conflictuel, elle *adj* conflictivo, va; *situation conflictuelle* situación conflictiva.
conflit [kɔ̃fli] *m* conflicto ‖ *conflit social* conflicto laboral *ou* social.
confluent, e *adj* confluente.
◆ *m* confluencia *f* (de deux fleuves).
confluer *v intr* confluir.
confondre *v tr* confundir.
◆ *v pr* confundirse ‖ *se confondre en excuses, en politesses* deshacerse en excusas, en cumplidos.
conformation *f* conformación ‖ *vice de conformation* defecto congénito, vicio de conformación.
conforme *adj* conforme; *conforme au modèle* conforme con el modelo ‖ — *copie certifiée conforme* copia legalizada, certificación ‖ *pour copie conforme* para reproducción *ou* copia exacta del original *ou* con el original.
conformé, e *adj* conformado, da.
conformément *adv* conforme a, en conformidad con, de conformidad con.
conformer *v tr* conformar, poner de acuerdo, ajustar; *conformer sa conduite à ses paroles* ajustar su conducta a sus palabras ‖ dar la forma de.
◆ *v pr* conformarse; *se conformer aux règles* conformarse con *ou* a las reglas ‖ acomodarse a, conformarse a (se soumettre).
conformisme *m* conformismo.
conformiste *adj et s* conformista.
conformité *f* conformidad; *en conformité de* en *ou* de conformidad con [conforme a] ‖ — *conformité à*

conformidad con *ou* entre ‖ *conformité de* conformidad *ou* igualdad en.

confort *m* comodidad *f*, bienestar material, confort (gallicisme très usité) ‖ *— avec tout le confort, tout confort* con todas las comodidades ‖ *biens de confort* comodidades.

confortable *adj* confortable, cómodo, da ‖ FIG muy decente, apañado, da (*fam*); *revenu confortable* ingreso muy decente | respetable; *gagner avec un avantage confortable* ganar con una ventaja respetable.

confortablement *adv* confortablemente, cómodamente.

conforter *v tr* confirmar; *ça me conforte dans l'idée que* esto me confirma en la idea de que.

confraternel, elle *adj* confraternal.

confraternité *f* confraternidad.

confrère *m* cofrade, hermano (d'une confrérie) ‖ FIG colega (collègue) | compañero (compagnon).

confrérie *f* cofradía, hermandad ‖ gremio *m* (corporation).

confrontation *f* confrontación, careo *m*; *la confrontation des témoins* el careo de los testigos ‖ confrontación, cotejo *m*; *confrontation de textes* cotejo de textos.

confronter *v tr* confrontar, carear (personnes) ‖ confrontar, cotejar (choses).

confucéen, enne; confucianiste *adj et s* confucianista.

confucianisme [kɔʀfysjanism] *m* confucianismo.

Confucius *n pr m* Confucio.

confus, e [kɔ̃fy, y:z] *adj* confuso, sa ‖ desordenado, da; revuelto, ta (en désordre) ‖ *être confus* estar avergonzado, estar confundido *ou* turbado ‖ *être tout confus de* sentir mucho.

confusément *adv* confusamente.

confusion *f* confusión ‖ DR *confusion des pouvoirs, des peines* confusión de los poderes, de las penas.

congé *m* licencia *f*, permiso (permission de s'absenter) ‖ MIL licencia *f* absoluta (libération), permiso (permission) ‖ asueto; *jour de congé* día de asueto ‖ vacaciones *f pl*; *les congés payés* las vacaciones retribuidas *ou* pagadas ‖ guía *f*, licencia *f* (titre de transport) ‖ despido (renvoi d'un salarié) ‖ desahucio (renvoi d'un locataire) ‖ ARCHIT caveto (moulure) ‖ *— congé dans les foyers* permiso al país de origen (diplomate) ‖ *congé de* o *pour convenance personnelle* excedencia ‖ *congé de longue durée* licencia por enfermedad *ou* ilimitada, permiso ilimitado ‖ *congé de maladie* baja por enfermedad ‖ *congé de maternité* descanso prenatal y postnatal ‖ *congé sans solde* situación de supernumerario sin sueldo (militaire), situación de excedencia (fonctionnaire) ‖ *— donner congé* despedir (l'employeur), despedirse (l'employé), desahuciar (un locataire) ‖ *être en congé* estar de vacaciones (étudiant), no trabajar (employé), estar dado de baja (pour maladie) ‖ *prendre congé* despedirse.

congédier* *v tr* despedir ‖ MIL licenciar.

congélateur *m* congelador.

congélation *f* congelación.

congeler* [kɔ̃ʒle] *v tr* congelar.
◆ *v pr* congelarse.

congénère *adj et s* congénere.

congénital, e *adj* congénito, ta.

congère *f* montón *m* de nieve formado por el viento, conchesta (en Aragón).

congestion *f* MÉD congestión; *congestion pulmonaire* congestión pulmonar.

congestionner *v tr* congestionar ‖ FIG congestionar, obstruir (le trafic).
◆ *v pr* congestionarse.

conglomérat *m* GÉOL & TECHN conglomerado.

conglomérer* *v tr* conglomerar.

Congo (république populaire du) *n pr* GÉOGR República popular del Congo.

congolais, e *adj* congoleño, ña; congolés, esa.
◆ *m* pastelito de coco (gâteau).

Congolais, e *m et f* congoleño, ña; congolés, esa.

congratulation *f* congratulación ‖ *se faire des congratulations* congratularse.

congratuler *v tr* congratular.

congre *m* congrio (poisson).

congrégation *f* congregación.

congrès [kɔ̃grɛ] *m* congreso.

congressiste *m et f* congresista.

congru, e *adj* congruo, ua ‖ MATH congruente ‖ *— portion congrue* porción congrua ‖ *— FIG mettre à la portion congrue* poner a régimen.

conifère *adj* BOT conífero, ra.
◆ *m pl* coníferas *f*.

conique *adj et s f* GÉOM cónico, ca; *section conique* sección cónica.

conjectural, e *adj* conjetural, de conjeturas.

conjecture *f* conjetura.

conjecturer *v tr* conjeturar.

conjoint, e [kɔ̃ʒwɛ̃, ɛ̃:t] *adj* conjunto, ta; unido, da.
◆ *m* cónyuge, consorte.
— OBSERV *Le mot espagnol* conjunto *signifie* ensemble.

conjointement *adv* conjuntamente.

conjonctif, ive *adj* conjuntivo, va.

conjonction *f* conjunción.

conjonctive *f* conjuntiva (muqueuse de l'œil).

conjonctivite *f* MÉD conjuntivitis.

conjoncture *f* coyuntura, ocasión ‖ *la conjoncture économique* la coyuntura económica.

conjoncturel, elle *adj* coyuntural.

conjugaison *f* conjugación.

conjugal, e *adj* conyugal; *domicile conjugal* domicilio conyugal.

conjugué, e *adj et s* conjugado, da.

conjuguer *v tr* aunar, mancomunar, conjugar (réunir) ‖ GRAMM conjugar.

conjurateur *m* conjurador.

conjuration *f* conjuración, conjura ‖ conjuro *m* (sortilège) ‖ conjuro *m* (supplication).

conjuré, e *adj et s* conjurado, da.

conjurer *v tr* conjurar.
◆ *v pr* conjurarse.

connaissance *f* conocimiento *m* ‖ conocido *m*, conocida (personne) ‖ *— à ma connaissance* que yo sepa ‖ *en connaissance de cause* con conocimiento de causa ‖ *pays de connaissance* país conocido (région), terreno conocido (matière) ‖ *sans connaissance* sin conocimiento, sin sentido ‖ *— avoir des connaissances* tener cultura (savoir), tener relaciones, estar relacionado (des relations) ‖ *donner connaissance* dar a conocer, hacer conocer ‖ *faire* *la connaissance de* conocer a ‖ *perdre connaissance* perder el conocimiento ‖ *porter à la connaissance de* poner en conocimiento de, hacer presente a, informar a ‖ *prendre connaissance de* informarse *ou* enterarse de ‖ *reprendre connaissance* recobrar el conocimiento ‖ *venir à la connaissance* llegar al conocimiento.

connaissement *m* MAR conocimiento.

connaisseur, euse *adj* et *s* conocedor, ra; entendido, da.

connaître *v tr* conocer; *je l'ai connu en Espagne* le conocí en España ‖ sufrir (subir) ‖ saber, dominar; *connaître l'anglais* saber inglés ‖ distinguir (différencier) ‖ tener en cuenta; *ne connaître que son devoir* no tener en cuenta más que su deber ‖ admitir; *ne point connaître de maître* no admitir ningún maestro ‖ conocer (en style biblique) ‖ — FAM *connaître comme sa poche* conocer como la palma de la mano | *connaître la musique* o *la connaître* conocer muy bien el percal, conocer el paño *ou* el asunto ‖ *connaître son monde* conocer bien a las gentes que se trata ‖ *connaître toute l'histoire* conocer todo el asunto, estar al cabo de la calle ‖ *faire connaître* hacer saber, informar (renseigner), presentar, hacer conocer (présenter), dar a conocer (vulgariser) ‖ *je ne connais que cela* estoy muy bien informado, es lo único que sé ‖ *je ne le connais ni d'Ève ni d'Adam* no le conozco ni por asomo.

◆ *v intr* DR entender en (être compétent).

◆ *v pr* conocerse ‖ — *ne plus se connaître* estar muy furioso, estar fuera de sí ‖ *se connaître de nom, de vue* conocerse de oídas, de vista ‖ *se faire connaître* darse a conocer ‖ *s'y connaître* conocer bien el paño, conocer el percal *ou* el asunto ‖ *s'y connaître en, se connaître en* entender de, ser entendido en.

connecter *v tr* TECHN conectar.

connecteur *m* TECHN conectador.

connerie *f* POP jilipollada.

connétable *m* condestable.

connexe [kɔnɛks] *adj* afín, conexo, xa.

connexion *f* conexión (liaison).

connivence *f* connivencia ‖ *être de connivence* estar de connivencia, aconchabarse.

connotation *f* connotación.

connoter *v tr* connotar.

connu, e *adj* conocido, da ‖ — *chose connue* cosa sabida ‖ *être connu comme le loup blanc* ser más conocido que la ruda ‖ *ni vu ni connu* ni visto ni oído.

◆ *m* lo conocido.

conque [kɔ̃:k] *f* venus (mollusque) ‖ caracola (coquillage) ‖ caracol *m* (de l'oreille).

conquérant, e *adj* et *s* conquistador, ra.

conquérir* *v tr* conquistar ‖ FIG conquistar, cautivar ‖ *conquérir les cœurs* o *l'amitié* ganar el ánimo, granjearse la amistad.

conquête *f* conquista ‖ — *air de conquête* aire de conquistador ‖ FAM *faire une conquête* hacer una conquista.

conquis, e *adj* conquistado, da.

conquistador *m* conquistador [se aplica solamente a los españoles que conquistaron América].

consacré, e *adj* consagrado, da ‖ dedicado, da; destinado, da.

consacrer *v tr* consagrar; *consacrer une église* consagrar una iglesia ‖ dedicar, consagrar (employer).

◆ *v pr* consagrarse ‖ dedicarse, consagrarse; *se consacrer à quelque chose, à faire quelque chose* dedicarse a algo, a hacer algo.

consanguin, e *adj* et *s* consanguíneo, a ‖ *frère consanguin* hermano consanguíneo ‖ *mariage consanguin* matrimonio consanguíneo.

consanguinité *f* consanguinidad.

consciemment [kɔ̃sjamɑ̃] *adv* conscientemente.

conscience *f* conciencia ‖ — *conscience collective* conciencia colectiva ‖ *conscience professionnelle* conciencia profesional ‖ *liberté de conscience* libertad religiosa *ou* de conciencia ‖ *objecteur de conscience* objetor de conciencia ‖ — *en bonne conscience* en honor a la verdad ‖ *en conscience* en conciencia ‖ *en mon âme et conscience* en el fondo de mi conciencia, con toda mi convicción ‖ *la main sur la conscience* con la mano en el corazón ‖ *par acquit de conscience* para mayor tranquilidad, en descargo de conciencia; para que no digan ‖ — *avoir bonne conscience* tener la conciencia limpia ‖ *avoir la conscience large* ser ancho de conciencia, tener la manga ancha (*fam*) ‖ — *avoir quelque chose sur la conscience* tener un peso en la conciencia ‖ *perdre conscience* perder el conocimiento ‖ *prendre conscience de* darse cuenta de.

consciencieusement *adv* concienzudamente, a conciencia.

consciencieux, euse *adj* concienzudo, da.

conscient, e *adj* consciente.

conscription *f* MIL quinta, reclutamiento *m* [(*amér*) conscripción (gallicisme)].

conscrit *m* quinto, recluta [(*amér*) conscripto (gallicisme)] ‖ FAM novato (novice).

◆ *adj* conscripto; *père conscrit* padre conscripto (sénateur romain).

consécration *f* consagración.

consécutif, ive *adj* consecutivo, va ‖ debido a, consecuencia de (dû à).

consécutivement *adv* consecutivamente, sin parar, a renglón seguido ‖ *consécutivement à* como consecuencia de.

conseil [kɔ̃sɛ:j] *m* consejo; *prendre conseil* pedir consejo ‖ asesoramiento ‖ consejero (conseiller) ‖ consultor, asesor (consultant) ‖ consejo (réunion); *tenir conseil* celebrar consejo ‖ *conseil académique* claustro (universités) ‖ *conseil d'administration* consejo de administración ‖ *conseil de classe* consejo de evaluación (école) ‖ *conseil de discipline* consejo de disciplina ‖ *conseil de famille* consejo de familia ‖ *conseil de guerre* consejo de guerra ‖ *conseil des prud'hommes* Magistratura de Trabajo ‖ *conseil de surveillance* consejo de vigilancia ‖ MIL *conseil de révision* junta de clasificación *ou* revisión ‖ *conseil des ministres* consejo de ministros ‖ *conseil d'État* Consejo de Estado ‖ *conseil général* Diputación Provincial ‖ *conseil judiciaire* tutela judicial ‖ *conseil municipal* concejo, ayuntamiento ‖ *Conseil régional* Consejo Regional (administration) ‖ DR *Conseil supérieur de la magistrature* Consejo general del poder judicial ‖ *expert conseil en recrutement* consejo de contratación ‖ — *demander conseil à quelqu'un* pedir consejo a alguien ‖ *donner un conseil* dar un consejo ‖ *être de bon conseil* ser buen consejero ‖ *la nuit porte conseil* o *prendre conseil de*

conseiller [-je] *v tr* aconsejar; *je vous conseille de parler* le aconsejo que hable ‖ asesorar.

conseiller, ère *m et f* consejero, ra ‖ asesor, ra; *conseiller juridique* asesor jurídico; *conseiller technique* asesor técnico ‖ *conseiller conjugal* consejero conyugal ‖ *conseiller d'orientation pédagogique* consejero de orientación pedagógica ‖ *conseiller matrimonial* consejero matrimonial ‖ *conseiller municipal* concejal.

consensuel, elle *adj* DR consensual.

consensus [kɔ̃sɛ̃sys] *m* consenso (accord).

consentant, e *adj* consentidor, ra ‖ DR consintiente.

consentement *m* consentimiento ‖ *du consentement de tous* según opinión de todos, con el consentimiento general.

consentir* *v tr et intr* consentir; *consentir à* consentir en ‖ otorgar, dar, conceder (accorder).
— OBSERV *Consentir* no tiene en francés el sentido de «mimar».

conséquence *f* consecuencia ‖ importancia; *une affaire de conséquence* un asunto de importancia ‖ — *en conséquence* en consecuencia ‖ *en conséquence de quoi* por consiguiente, como consecuencia de ello ‖ *tirer à conséquence* tener importancia.

conséquent, e *adj et s m* consecuente; *esprit conséquent* espíritu consecuente ‖ consiguiente; *fleuve conséquent* río consiguiente ‖ FAM importante, considerable; *une ville conséquente* una ciudad importante ‖ *par conséquent* por consiguiente.

conservateur, trice *adj et s* conservador, ra ‖ — *conservateur de musée* conservador *ou* subdirector de museo ‖ *conservateur des hypothèques* registrador de la propiedad.

conservation *f* conservación ‖ registro *m* (bureau des hypothèques).

conservatisme *m* conservadurismo.

conservatoire *adj* conservatorio, ria ‖ *mesure conservatoire* medida precautoria.
◆ *m* conservatorio ‖ THÉAT *Conservatoire national d'art dramatique* Escuela Nacional Francesa de Arte Dramático ‖ MUS *Conservatoire national supérieur de musique* Conservatorio Nacional Superior Francés de Música.

conserve *f* conserva; *une boîte de conserve* una lata de conserva ‖ — *conserves de poisson* conservas de pescado ‖ *en conserve* en conserva, de lata ‖ *industrie des conserves* industria conservera ‖ MAR *naviguer de conserve* navegar en conserva *ou* juntos.
— OBSERV Es barbarismo el empleo de *de conserve*, en lugar de *de concert*, con el sentido de «en compañía», «conjuntamente».

conservé, e *adj* conservado, da; *une personne bien conservée* una persona bien conservada.

conserver *v tr* conservar.
◆ *v pr* conservarse.

conserverie *f* conservería.

considérable *adj* considerable.

considérablement *adv* considerablemente, bastante.

considérant *m* considerado (motif).

considération *f* consideración ‖ — *de toute ma considération* de mi mayor consideración ‖ *en considération de* en consideración a ‖ DR *prise en considération d'une demande* estimación de una demanda ‖ — *avoir, faire entrer, mettre o prendre en considération* tener en cuenta *ou* en consideración ‖ *ceci mérite considération* esto merece ser tenido en cuenta.

considérer* *v tr* considerar ‖ tener en cuenta *ou* en consideración; *cet exemple est bon à considérer* este ejemplo es digno de tenerse en cuenta ‖ estimar (estimer) ‖ *tout bien considéré* bien mirado *ou* considerándolo todo, pensándolo bien.

consignataire *m* consignatario.

consignation *f* consignación, depósito *m* judicial ‖ *caisse des dépôts et consignations* depositaría general, caja de depósitos y consignaciones.

consigne *f* consigna (instruction); *consignes de sécurité* consignas de seguridad ‖ consigna, depósito *m* de equipajes (bagages); *consigne automatique* consigna automática ‖ castigo *m*, sin salir el domingo (punition) ‖ señal, precio *m ou* importe *m* del casco (pour les bouteilles) ‖ MIL arresto *m* (arrêts) ‖ acuartelamiento *m* (des troupes) ‖ — *forcer la consigne* quebrantar la orden ‖ *manger la consigne* violar la consigna.

consigné, e *adj* castigado, da; sin salir (interne), castigado, da, en el colegio (externe) ‖ MIL acuartelado, da; *les troupes sont consignées* las tropas están acuarteladas.

consigner *v tr* consignar, sentar (citer) ‖ inscribir, anotar (inscrire) ‖ depositar, consignar, dejar en consigna (mettre en dépôt) ‖ castigar (écoliers) ‖ retener el importe del casco de (un emballage) ‖ MIL arrestar (un militaire) ‖ acuartelar (troupe) ‖ — *bouteille consignée* casco pagado *ou* en depósito ‖ *consigner par écrit* hacer constar por escrito ‖ FIG *consigner sa porte à quelqu'un* negarse a recibir un persona en su casa.

consistance *f* consistencia ‖ *prendre consistance* tomar cuerpo *ou* consistencia.

consistant, e *adj* consistente ‖ FIG fundamentado, da (fondé).

consister *v intr* consistir ‖ *consister à* o *dans* o *en* consistir en.

consœur [kɔ̃sœːr] *f* FAM colega, compañera.

consolant, e *adj* consolante, consolador, ra.

consolateur, trice *adj et s* consolador, ra.

consolation *f* consuelo *m*; *votre présence est pour moi une consolation* su presencia es para mí un consuelo ‖ consolación; *épreuve, lot de consolation* prueba, premio de consolación.

console *f* consola (meuble) ‖ consola (d'orgue, d'ordinateur) ‖ ARCHIT ménsula, repisa ‖ — INFORM *console graphique* o *de visualisation* consola gráfica *ou* de visualización.

consoler *v tr* consolar.
◆ *v pr* consolarse.

consolidation *f* consolidación.

consolidé, e *adj* consolidado, da; *bilan consolidé* beneficio *ou* balance consolidado.

consolider *v tr* consolidar.
◆ *v pr* consolidarse.

consommable *adj* que puede consumirse, consumible.

consommateur, trice *m et f* consumidor, ra.

consommation [kɔ̃sɔmasjɔ̃] *f* consumo *m* (d'essence, d'eau, etc.) ‖ consumición (dans un café) ‖ perpetración, ejecución (d'un crime) ‖ consumación (du mariage) ‖ — *biens de consommation* bienes de consumo ‖ AUTOM *consommation aux 100 km* consumo a los 100 km ‖ *consommation des ménages* consumo de las unidades familiares ‖ *la consommation des siècles* la consumación de los siglos.

consommé, e [-me] *adj* consumado, da (parfait) ‖ consumido, da; *produits consommés* productos consumidos.
➤ *m* consomé, caldo.

consommer [-me] *v tr* consumir, gastar; *consommer de l'essence* gastar gasolina ‖ consumir (dans un café) ‖ consumar (le mariage) ‖ perpetrar, ejecutar, consumar (un crime) ‖ consumar, llevar a cabo (accomplir).
➤ *v intr* consumir.

consomption *f* MÉD consunción.

consonance *f* consonancia ‖ *nom à consonance étrangère* nombre de sonido extranjero.

consonne *f* consonante (lettre).

consort [kɔ̃sɔːr] *adj* consorte; *prince consort* príncipe consorte.
➤ *m pl* consortes (cointéressés) ‖ POP compinches (de la même coterie) ‖ *et consorts* y compañía (péjoratif).
— OBSERV *Consorte* a en outre en espagnol le sens de *conjoint.*

consortium [kɔ̃sɔrsjɔm] *m* COMM consorcio.

conspirateur, trice *m* et *f* conspirador, ra.

conspiration *f* conspiración (complot).

conspirer *v intr* et *tr* conspirar ‖ *conspirer à* conspirar a (tendre à).

conspuer *v tr* abuchear.

constamment *adv* constantemente.

constance *f* constancia.

Constance (lac de) *n pr* GÉOGR lago de Constanza.

constant, e *adj* et *s f* constante.

Constantinople *n pr* GÉOGR Constantinopla.

constat [kɔ̃sta] *m* acta *f*; *faire un constat* levantar acta ‖ DR atestiguación *f* forense ‖ — *constat de police* atestado ‖ *dresser un constat d'échec* constatar un fracaso.

constatable *adj* comprobable.

constatation *f* comprobación, prueba.

constater *v tr* comprobar (vérifier) ‖ observar, darse cuenta, reconocer, advertir (observer) ‖ hacer constar (consigner).
— OBSERV Le verbe *constatar* et le substantif *constatación* sont des gallicismes employés en espagnol.

constellation *f* ASTR constelación.

constellé, e *adj* estrellado, da; tachonado de estrellas (parsemé d'étoiles) ‖ FIG salpicado, da (parsemé) ‖ cubierto, ta; cuajado, da (couvert).

consteller *v tr* estrellar, constelar ‖ FIG adornar, cubrir (orner).

consternant, e *adj* deprimente.

consternation *f* consternación; *jeter la consternation* producir consternación.

consterner *v tr* consternar.

constipation *f* estreñimiento *m*.

constipé, e *adj* estreñido, da ‖ FAM sieso, sa.
➤ *m* et *f* FAM sieso, sa.

constiper *v tr* estreñir.
— OBSERV L'espagnol *constipar* a le sens d'*enrhumer*.

constituant, e *adj* et *s m* constituyente ‖ HIST *Assemblée constituante* Asamblea Constituyente.

constitué, e *adj* constituido, da ‖ colocado, da (argent) ‖ *bien constitué* de buena constitución.

constituer *v tr* constituir ‖ constituir, formar (une société) ‖ colocar (argent) ‖ asignar (dot, rente) ‖ designar, nombrar (avoué).
➤ *v pr* constituirse ‖ DR *se constituer partie civile* constituirse parte civil ‖ *se constituer prisonnier* constituirse prisionero, entregarse a la justicia.

constitutif, ive *adj* constitutivo, va ‖ *acte constitutif* acta fundacional (d'une organisation).

constitution *f* constitución ‖ *constitution d'avoué* designación de procurador ‖ *constitution de partie civile* petición de daños y perjuicios.

constitutionnel, elle *adj* constitucional.

constricteur *adj* et *s m* constrictor, ra.

constructeur, trice *adj* et *s* constructor, ra ‖ *constructeur automobile* fabricante de automóviles.

constructible *adj* destinado, da a edificar.

constructif, ive *adj* constructivo, va.

construction *f* construcción.

construire* *v tr* construir ‖ *faire construire* mandar construir una casa ‖ *l'immeuble s'est construit très vite* el edificio se construyó muy deprisa.

consubstantiel, elle *adj* consubstancial.

consul *m* cónsul.

consulaire *adj* consular.

consulat [kɔ̃syla] *m* consulado.

consultable *adj* consultable, que puede consultarse.

consultant, e *adj* et *s* consultor, ra; *médecin consultant* médico consultor ‖ consultante (qui demande conseil).

consultatif, ive *adj* consultivo, va.

consultation *f* consulta; *consultation sur rendez-vous* consulta previa petición de hora ‖ — MÉD *heures de consultation* horas de consulta | *aller à la consultation* ir a la consulta ‖ *être en consultation* estar en consulta (délibération).

consulter *v tr* consultar; *consulter quelqu'un* consultar con uno.
➤ *v intr* consultar, conferenciar ‖ tener consulta (médecin).

consumer *v tr* consumir.
➤ *v pr* consumirse ‖ FIG *se consumer de chagrin, douleur* consumirse de pena, dolor.

consumérisme *m* consumerismo.

contact *m* contacto; *prise de contact* toma de contacto ‖ — *entrer en contact* entrar en contacto (fils, objets) ‖ AUTOM *mettre, couper le contact* poner, quitar el contacto ‖ RAD *se mettre en contact avec* ponerse en contacto con.

contacter *v tr* FAM ponerse en, entrar en *ou* establecer contacto con, entrar en relación con.

contagieux, euse *adj* et *s* contagioso, sa.

contagion *f* contagio *m*.

container *m* → **conteneur**.

contamination *f* contaminación.

contaminer *v tr* contaminar.

conte *m* cuento; *dire un conte* contar un cuento ‖ — *conte à dormir debout* cuento de nunca acabar, cuento chino (fam) ‖ *conte de bonne femme* o *de ma mère l'oie* cuento de viejas ‖ *conte de fées* cuento de hadas.

contemplateur, trice *m* et *f* contemplador, ra.
contemplatif, ive *adj* et *s* contemplativo, va.
contemplation *f* contemplación.
contempler *v tr* contemplar.
contemporain, e *adj* et *s* contemporáneo, a (de l'époque actuelle) ‖ coetáneo, a (de la même époque).
contempteur, trice *adj* et *s* despreciador, ra.
contenance *f* cabida, capacidad (contenu) ‖ superficie, extensión (étendue) ‖ FIG actitud, continente *m*, compostura (attitude) | comportamiento *m* (manière d'être) ‖ — *faire bonne contenance* mostrar aplomo *ou* dominio de sí mismo ‖ *perdre contenance* turbarse, perder los estribos *ou* el dominio de sí mismo ‖ *se donner* o *se faire une contenance* disimular, despistar, fingir serenidad, hacer algo.
contenant *m* continente (qui contient); *le contenant est plus grand que le contenu* el continente es mayor que el contenido.
conteneur; container [kɔrtɛnɛr] *m* contenedor, contáiner.
contenir* *v tr* contener ‖ caber, tener capacidad, ser capaz para; *cette salle contient deux mille personnes* en esta sala caben dos mil personas, esta sala tiene una capacidad *ou* es capaz para dos mil personas.
◆ *v pr* contenerse, dominarse.
content, e *adj* contento, ta ‖ alegre, contento, ta (joyeux) ‖ satisfecho, cha; contento, ta; *il n'est jamais content* no está nunca satisfecho ‖ — *content de* contento con ‖ *content de soi* pagado *ou* creído de sí mismo ‖ *vous voilà content* se quedará ahora tranquilo, estará satisfecho.
◆ *m* FAM *avoir son content de* hartarse de (se gaver), estar harto de, tener su ración de (être accablé).
contentement *m* contento (*p us*), satisfacción *f*.
contenter *v tr* contentar, satisfacer ‖ agradar (faire plaisir).
◆ *v pr* contentarse; *se contenter de peu* contentarse con poco.
contentieux, euse *adj* contencioso, sa.
◆ *m* contencioso ‖ punto litigioso; *il n'y a plus de contentieux entre ces deux pays* ya no hay punto litigioso entre estos dos países.
contention *f* aplicación (effort) ‖ tensión ‖ contención (action de maintenir).
contenu, e *adj* contenido, da.
◆ *m* contenido.
conter *v tr* contar ‖ — FAM *conter fleurette* requebrar, galantear ‖ *en avoir long à conter* tener mucho que contar ‖ *en conter à quelqu'un* engañar, tomar el pelo a uno ‖ *en conter de belles* echarlas gordas (mentir) ‖ *en conter de biens bonnes* contar chistes muy buenos ‖ *s'en laisser* o *s'en faire conter* dejarse liar, dejarse engañar *ou* embaucar.
contestable *adj* discutible, controvertible, contestable (*p us*).
— OBSERV L'adjectif espagnol *contestable* n'est pratiquement pas employé, alors que son contraire *incontestable* est très usité.
contestataire *adj* et *s* contestatario, ria.
contestation *f* disputa, polémica ‖ conflicto *m*, oposición ‖ DR discusión, impugnación, contestación ‖ *mettre en contestation* poner en duda *ou* en tela de juicio.

conteste (sans) *loc adv* indiscutiblemente, sin ningún género de duda, sin duda de ninguna clase.
contester *v tr* poner en duda, impugnar, discutir; *contester une succession, un juré* impugnar una sucesión, un jurado; *c'est un livre très contesté* es un libro muy discutido ‖ estar en litigio ‖ *un territoire contesté* un territorio que está en litigio ‖ controvertir; *c'est un point contesté* es un punto controvertido.
◆ *v intr* discutir, disputar.
— OBSERV Le verbe espagnol *contestar* signifie surtout *répondre*. On l'emploie quelquefois dans le sens de *mettre en doute, contester*, mais c'est alors un gallicisme.
conteur, euse *adj* et *s* narrador, ra (narrateur) ‖ autor de cuentos, cuentista (écrivain).
contexte *m* contexto.
contextuel, elle *adj* contextual.
contigu, ë *adj* contiguo, gua.
contiguïté *f* contigüidad.
continent *m* continente.
continental, e *adj* continental.
contingence *f* contingencia.
contingent, e [kɔ̃tɛ̃ʒɑ̃, ɑ̃:t] *adj* et *s m* contingente.
◆ *m* ÉCON cupo, contingente; *contingent individuel* contingente individual ‖ MIL quinta *f*, reemplazo, contingente.
contingentement [-ʒɑ̃tmɑ̃] *m* contingentación *f*, fijación *f* de un cupo *ou* contingente ‖ restricción *f*.
contingenter *v tr* fijar un cupo *ou* un contingente de ‖ limitar la distribución de.
continu, e *adj* continuo, nua.
continuateur, trice *m* et *f* continuador, ra.
continuation *f* continuación ‖ FAM *bonne continuation!* ¡que la cosa siga bien!
continuel, elle *adj* continuo, nua.
continuellement *adv* continuamente, continuadamente, de continuo.
continuer *v tr* continuar, seguir, proseguir; *continuer à travailler, de parler sur le même ton* seguir trabajando, hablando en el mismo tono ‖ *continuez!* ¡siga usted!
◆ *v intr* continuar, proseguir; *la séance continue* la sesión continúa ‖ continuar; *la voiture continua sur Paris* el coche continuó hacia París.
continuité *f* continuidad ‖ *solution de continuité* solución de continuidad, interrupción.
continûment *adv* continuamente.
continuum *m* continuum.
contondant, e *adj* contundente; *arme contondante* arma contundente.
contorsion *f* contorsión (des muscles) ‖ mueca, contorsión (grimace).
contorsionner (se) *v pr* hacer contorsiones (membres), hacer muecas (visage).
contorsionniste *m* contorsionista (acrobate).
contour *m* contorno ‖ FIG límite.
contourné, e *adj* contorneado, da; deformado, da; *colonne contournée* columna contorneada ‖ rodeado, da ‖ afectado, da; amanerado, da; *style contourné* estilo afectado ‖ BLAS contornado, da.

contourner *v tr* contornear (sculpture) ‖ rodear, dar la vuelta; *contourner une montagne* dar la vuelta a una montaña ‖ deformar; *contourner la vérité* deformar la verdad ‖ retorcer (phrases, style) ‖ evitar (une difficulté) ‖ eludir, soslayar, esquivar (une loi).

contraceptif, ive *adj et s m* anticonceptivo, va; contraceptivo, va.

contraception *f* contracepción.

contractant, e *adj et s* contratante ‖ contrayente (au mariage).

contracté, e *adj* nervioso, sa ‖ GRAMM contracto, ta.

contracter *v tr* contratar (par contrat) ‖ contraer; *le froid contracte les muscles* el frío contrae los músculos ‖ contraer; *contracter une habitude* contraer una costumbre ‖ FIG contraer (maladies) ‖ contraer (mariage, amitié, obligation).
◆ *v pr* contraerse (se resserrer).

contractile *adj* contráctil.

contraction *f* contracción.

contractuel, elle *adj* contractual ‖ *agent contractuel* agente contractual.
◆ *m et f* empleado eventual del Estado [particularmente guardia] ‖ auxiliar de policía encargado de aplicar las reglas de estacionamiento.

contracture *f* tirón *m* (sports) ‖ ARCHIT estrechamiento *m* (d'une colonne) ‖ MÉD contracción.

contradicteur *m* contradictor.

contradiction *f* contradicción ‖ *— apporter la contradiction à* contradecir ‖ *avoir l'esprit de contradiction* llevar siempre la contraria.

contradictoire *adj* contradictorio, ria ‖ DR *jugement contradictoire* juicio entre partes *ou* contradictorio.
◆ *m* antónimo, proposición *f* contradictoria.

contraignant, e [kɔ̃trɛɲɑ̃, ɑ̃:t] *adj* DR apremiante.

contraindre* *v tr* constreñir, forzar (obliger) ‖ DR apremiar.
◆ *v pr* forzarse, obligarse.

contraint, e [kɔ̃trɛ̃, ɛ̃:t] *adj* FIG embarazado, da; violento, ta; molesto, ta (gêné) ‖ forzado, da; *sourire contraint* sonrisa forzada ‖ forzado, da; obligado, da.

contrainte *f* coacción ‖ DR apremio *m*; *porteur de contraintes* comisionado de apremios ‖ FIG molestia, fastidio *m* (gêne) ‖ obligación; *contraintes sociales* obligaciones sociales ‖ TECHN tensión ‖ *contrainte par corps* prisión por deudas ‖ *sans contrainte* sin coacción.

contraire *adj* contrario, ria; opuesto, ta ‖ adverso, sa; *sort contraire* suerte adversa ‖ perjudicial; dañino, na; poco indicado; *le vin vous est contraire* el vino le es perjudicial ‖ contraproducente; *cette mesure a eu des effets contraires* esta medida ha tenido efectos contraproducentes.
◆ *m* lo contrario ‖ *— au contraire* al contrario, por lo contrario ‖ *bien* o *tout au contraire* muy al contrario ‖ *sauf* o *jusqu'à preuve du contraire* salvo prueba en contrario *ou* en contra.
— OBSERV La palabra francesa *contraire* no tiene el sentido de *adversario*.

contrairement *adv* de manera opuesta, contrariamente, a la inversa de.

contralto *m* MUS contralto.

contrariant, e *adj* que lleva siempre la contraria (personne) ‖ que contraría, enojoso, sa (fâcheux) ‖ *il n'est pas contrariant* dice amén a todo.

contrarié, e *adj* contrariado, da; enfadado, da.

contrarier* *v tr* contrariar ‖ oponerse a (aux paroles, aux actes, etc.) ‖ contraponer (des couleurs) ‖ invertir (tricot).

contrariété *f* contrariedad, disgusto *m* ‖ *esprit de contrariété* manía de llevar la contraria.

contraste *m* contraste; *produit de contraste* producto de contraste.
— OBSERV Le mot espagnol *contraste* a aussi le sens de *poinçon*.

contrasté, e *adj* contrastado, da.

contraster *v intr* contrastar, hacer contraste.
◆ *v tr* hacer contrastar; *le peintre a su contraster les figures* el pintor ha sabido contrastar las figuras.

contrat *m* contrato; *dresser un contrat* hacer un contrato ‖ escritura *f* (acte notarié) ‖ contrato (bridge); *honorer un contrat* cumplir un contrato ‖ *— contrat à durée déterminée* contrato temporal ‖ MAR *contrat à la grosse* contrato a la gruesa ‖ *contrat clés en mains* contrato llaves en mano ‖ *contrat de capitalisation* contrato de capitalización ‖ *contrat de mariage* capitulaciones ‖ *contrat de travail* contrato de trabajo ‖ *contrat social* contrato social.

contrat-type *m* contrato tipo.
— OBSERV pl *contrats-types*.

contravention *f* contravención, infracción ‖ multa (amende) ‖ *dresser une contravention* hacer un atestado, echar una multa.

contre *prép* contra (opposition); *parler contre sa pensée* hablar contra lo que se piensa ‖ junto a (contact); *sa maison est contre la mienne* su casa está junto a la mía ‖ por; *dix citadins contre un cultivateur* diez ciudadanos por cada labrador; *troquer sa montre contre un bracelet* canjear su reloj por una pulsera ‖ al lado de, frente a (comparaison) ‖ con (échange); *acheter contre argent comptant* comprar con dinero contante.
◆ *m* contra; *le pour et le contre* el pro y el contra ‖ contra *f* (escrime) ‖ doble (au bridge).
◆ *adv* en contra; *voter contre* votar en contra ‖ en contra de; *parler contre quelqu'un* hablar en contra de uno ‖ *— ci-contre* al lado ‖ *par contre* en cambio, pero sí ‖ *tout contre* cerquita (de).
— OBSERV En las palabras compuestas con *contre-*, sólo toma la forma del plural la segunda parte (*contre-allées*, etc.).

contre-allée *f* contracalle, lateral *m*.

contre-appel *m* segunda lista *f*.

contre-attaque *f* contraataque *m*.

contre-attaquer *v tr* MIL contraatacar.

contrebalancer* *v tr* contrabalancear, contrapesar, contrarrestar.

contrebande *f* contrabando *m*, matute *m* (fam) ‖ *faire la contrebande de* dedicarse al contrabando de, hacer contrabando de.

contrebandier, ère *adj et s* contrabandista.

contrebas (en) [ɑ̃kɔ̃trəba] *loc adv* más abajo.

contrebasse *f* MUS contrabajo *m*, violón *m* (instrument et musicien).

contrebassiste *m* MUS contrabajo (musicien).

contre-braquer *v tr* AUTOM enderezar.

contrecarrer *v tr* contrarrestar, oponerse a.

contrechamp *m* CINÉM secuencia filmada en dirección contraria de la precedente.

contre-chant *m* MUS contracanto.

contrecœur *m* trashoguero (de cheminée) ‖ TRANSP contracorazón ‖ *à contrecœur* de mala gana, a regañadientes, a disgusto.

contrecoup *m* rechazo (rebondissement) ‖ FIG resulta *f*, repercusión *f*, consecuencia *f* (répercussion) ‖ *par contrecoup* de rechazo, por carambola.

contre-courant *m* ÉLECTR contracorriente *f* ‖ FIG marcha *f* en sentido inverso ‖ MAR contracorriente *f*, revesa *f*.

contredanse *f* contradanza ‖ POP multa.

contredire* *v tr* contradecir, llevar la contraria a.
◆ *v pr* contradecirse.

contredit (sans) [sãkɔ̃trədi] *loc adv* indiscutiblemente, sin disputa.

contrée *f* comarca, región.

contre-écrou *m* MÉCAN contratuerca *f*.

contre-emploi *m* papel que no corresponde al físico y carácter de un actor.

contre-enquête *f* nueva información *ou* investigación.

contre-épreuve *f* contraprueba ‖ votación comprobatoria.

contre-espionnage *m* contraespionaje.

contre-exemple *m* ejemplo contradictorio, excepción *f* a la regla.
— OBSERV pl *contre-exemples*.

contre-expertise *f* peritaje *m* de comprobación.

contrefaçon *f* falsificación, imitación fraudulenta.

contrefaire* *v tr* remedar, imitar (imiter) ‖ simular, fingir (feindre) ‖ falsificar (monnaies) ‖ desfigurar (la voix).

contrefait, e *adj* contrahecho, cha.

contre-feu *m* contrafuego (forêt).

contreficher (se) *v pr* FAM pitorrearse, importarle a uno un pepino.

contre-fil [kɔ̃trəfil] *m* contrahílo ‖ sentido contrario del normal ‖ *à contre-fil* al revés, a contrahílo.

contre-filet *m* filete (boucherie).

contrefort *m* contrafuerte (pilier) ‖ estribación *f* (montagnes).

contre-indication *f* MÉD contraindicación.

contre-indiqué, e *adj* contraindicado, da.
— OBSERV pl *contre-indiqués*.

contre-interrogatoire *m* interrogatorio efectuado por la parte contraria.
— OBSERV pl *contre-interrogatoires*.

contre-jour *m* contraluz *f*.

contre-la-montre *m inv* SPORTS contrarreloj *f*.

contremaître, esse *m et f* contramaestre, encargado, da (d'atelier) ‖ capataz *m* (d'un chantier) ‖ MAR contramaestre *m*.

contre-manifestation *f* contramanifestación.

contremarche *f* MIL contramarcha ‖ TECHN contrahuella, tabica (d'escalier).

contremarque *f* contramarca ‖ THÉÂTR contraseña.

contre-mesure *f* contramedida ‖ *à contre-mesure* fuera de compás, a contratiempo.

contre-nature *adj inv* contranatural.

contre-offensive *f* MIL contraofensiva.

contrepartie *f* contrapartida ‖ lo contrario *m*, opinión opuesta ‖ *— en contrepartie* en cambio ‖ FIG *soutenir la contrepartie* llevar la contraria.

contre-performance *f* resultado *m* decepcionante.
— OBSERV pl *contre-performances*.

contrepèterie *f* lapsus burlesco de contraposición de letras.

contre-pied *m* rastro a la inversa (à la chasse) ‖ FIG lo contrario ‖ *— à contre pied* al revés ‖ *prendre le contre-pied d'une opinion* defender la opinión contraria.

contre-plaqué *m* TECHN madera *f* contrachapeada *ou* cruzada, contrachapado, contrachapeado.

contre-plongée *f* CINÉM & PHOT contrapicado.
— OBSERV pl *contre-plongées*.

contrepoids [kɔ̃trəpwɑ] *m* contrapeso; *faire contrepoids* hacer contrapeso.

contrepoint *m* MUS contrapunto ‖ *chanter en contrepoint* contrapuntear.

contrepoison *m* contraveneno.

contre-pouvoir *m* contrapoder.
— OBSERV pl *contre-pouvoirs*.

contre-projet *m* contraproyecto.

contre-proposition *f* contraproposición.

contre-publicité *f* publicidad contraproducente (qui a un effet contraire) ‖ publicidad competitiva (qui discrédite le concurrent).
— OBSERV pl *contre-publicités*.

contrer *v tr* doblar (aux jeux de cartes) ‖ jugar a la contra (sports) ‖ FAM oponerse a las opiniones *ou* actos de alguien.

contre-révolution *f* contrarrevolución.

contre-révolutionnaire *adj et s* contrarrevolucionario, ria.

contrescarpe *f* contraescarpa.

contreseing [-sɛ̃] *m* refrendata *f* ‖ contrafirma *f*.

contresens [-sɑ̃:s] *m* contrasentido ‖ contrahílo (d'une étoffe) ‖ *à contresens* en sentido contrario.

contresigner [kɔ̃trəsiɲe] *v tr* refrendar.

contretemps [-tã] *m* contratiempo ‖ *à contretemps* a destiempo.

contre-torpilleur *m* MAR contratorpedero, cazatorpedero.

contretype *m* contratipo.

contre-ut *m inv* MUS do de pecho.

contre-valeur *m* contravalor.

contrevenant, e *adj et s* contraventor, ra.

contrevenir* *v intr* contravenir.

contrevent *m* contraventana *f*, puertaventana *f*, postigo (volet) ‖ ARCHIT contraviento.

contrevérité *f* antífrasis, mentira.

contre-visite *f* MÉD contravisita.

contre-voie *f* vía contigua a la que sigue un tren.

contribuable *adj et s* contribuyente.

contribuer *v intr* contribuir; *contribuer pour un tiers* contribuir en *ou* por una tercera parte.

contribution *f* contribución ‖ *contributions directes, indirectes* contribuciones directas, indirectas ‖ *mettre quelqu'un à contribution* echar mano de alguien.

contrit, e [kɔ̃tri, it] *adj* contrito, ta.

contrition *f* contrición.

contrôlable *adj* comprobable, controlable (galicisme) ‖ contrastable (poids et mesures).

contrôle *m* registro, inspección *f*, control (bureau, inspection) ‖ verificación *f*, comprobación *f*, intervención *f*, fiscalización *f* (compte) ‖ sello (monnaie, bijoux) ‖ regulación *f* (des prix, des changes) ‖ vigilancia *f* (surveillance) ‖ contraste (poids et mesures) ‖ despacho (théâtres) ‖ autoridad *f*; *territoire sous le contrôle des Nations Unies* territorio bajo la autoridad de las Naciones Unidas ‖ escalafón, lista *f*, nómina *f* (personnel, cadres) ‖ dominio (maîtrise) ‖ dominación *f* ‖ revisión *f* (des billets) ‖ FIG crítica *f*, censura *f* ‖ — *contrôle continu* evaluación continua (école) ‖ ÉCON *contrôle de la masse monétaire* control de la masa monetaria ǀ *contrôle des changes* control de cambio ‖ *contrôle des naissances* regulación de nacimientos, limitación de la natalidad ‖ *contrôle d'identité* control de identidad ‖ ÉCON *contrôle monétaire* control monetario ‖ *contrôle sanitaire* inspección sanitaria ‖ AVIAT *tour de contrôle* torre de mandos *ou* de control ‖ — *perdre le contrôle de ses actes* perder el dominio de sí mismo, perder la brújula.

contrôler *v tr* registrar, inspeccionar, controlar (inspecter) ‖ comprobar (vérifier) ‖ sellar (monnaies et bijoux) ‖ revisar (les billets) ‖ contrastar (poids et mesures) ‖ intervenir, comprobar, fiscalizar (compte) ‖ regular (les prix, les comptes) ‖ vigilar (surveiller) ‖ dominar, vigilar; *les États-Unis contrôlent le canal de Panama* los Estados Unidos dominan el canal de Panamá ‖ dominar; *contrôler ses nerfs* dominar sus nervios ‖ hacerse con, dominar (la balle) ‖ FIG criticar, censurar.

contrôleur, euse *m et f* registrador, ra; inspector, ra (inspecteur) ‖ interventor, ra; verificador, ra (chemin de fer).
◆ *m* aparato para verificar ‖ contraste (poids et mesures) ‖ INFORM controlador ‖ FIG censor, crítico ‖ *contrôleur de la navigation aérienne* controlador del tráfico aéreo.

contrordre *m* contraorden *f*; *sauf contrordre* salvo contraorden.

controverse *f* controversia.

controversé, e *adj* causa de controversia.

contumace *f* contumacia ‖ DR rebeldía; *condamné par contumace* condenado en rebeldía.
◆ *adj et s* contumaz.

contusion *f* contusión.

contusionner *v tr* contundir, magullar, producir contusiones.

conurbation *f* conurbación.

convaincant, e *adj* convincente.

convaincre* *v tr* convencer.
◆ *v pr* convencerse.

convaincu, e *adj et s* convencido, da; *d'un ton convaincu* con un tono *ou* en tono convencido ‖ DR convicto, ta.

convalescence *f* convalecencia.

convalescent, e *adj et s* convaleciente.

convecteur *m* convector.

convection; convexion *f* PHYS convección.

convenable *adj* conveniente (qui convient) ‖ decente, decoroso, sa (décent, correct).

convenablement *adv* convenientemente ‖ decentemente, decorosamente; *se tenir convenablement* comportarse decentemente ‖ acertadamente; *faire un travail très convenablement* hacer un trabajo muy acertadamente.

convenance [kɔ̃vnɑ̃:s] *f* conveniencia ‖ *à ma, votre convenance* como yo, usted quiera *ou* desee.

convenir* [-vni:r] *v intr* convenir, acordar; *convenir d'un prix* convenir un precio ‖ reconocer; *convenir de ses torts* reconocer sus faltas ‖ decidir, convenir; *convenir de partir* decidir marcharse ‖ convenir, agradar (plaire) ‖ GRAMM concordar (s'accorder) ‖ *il a été convenu que* se ha quedado en que, se ha convenido que.
◆ *v impers* ser conveniente; *il convient de* es conveniente.
— OBSERV *Convenir* tiene como auxiliar el verbo *avoir* cuando significa *ser conveniente, agradar* y *être* al querer decir *estar de acuerdo, reconocer*.

convention *f* convenio *m*, convención ‖ — *convention collective de travail* convenio colectivo de trabajo ‖ *convention sur l'honneur* convención de honor ‖ *de convention* convencional ‖ HIST *la Convention nationale* la Convención Nacional.

conventionné, e *adj* vinculado por un convenio.

conventionnel, elle *adj* convencional.

conventuel, elle *adj* conventual.

convenu, e *adj* convencional, artificial ‖ convenido, da (décidé); *comme convenu* según lo convenido.
◆ *m* lo convenido.

convergence *f* convergencia.

convergent, e *adj* convergente.

converger* *v intr* convergir, converger.

convers, e [kɔ̃vɛːr, ɛrs] *m et f* lego, ga; converso, sa (d'un couvent).

conversation *f* conversación ‖ — *amener la conversation sur un thème intéressant* traer a colación un tema interesante ‖ *avoir de la conversation* tener mucha conversación.

converser *v intr* conversar.

conversion *f* conversión.

converti, e *adj et s* convertido, da; converso, sa.

convertibilité *f* convertibilidad.

convertible *adj* convertible.

convertir *v tr* convertir.
◆ *v pr* convertirse.

convertisseur *m* ÉLECTR transformador ‖ TECHN convertidor ‖ AUTOM *convertisseur de couple* convertidor de par.

convexe *adj* convexo, xa.

convexion *f* PHYS → **convection**.

convexité *f* convexidad.

conviction *f* convicción.

convier* *v tr* convidar, invitar.

convive *m et f* convidado, da; comensal.

convivial, e, aux *adj* amistoso, sa; sociable ‖ INFORM fácil, amigable, asequible.

convivialité *f* buena convivencia ‖ INFORM operabilidad, facilidad.

convocation *f* convocatoria, convocación ‖ MIL llamamiento *m* ‖ *convocation de l'assemblée générale* convocatoria de la Junta General.

convoi *m* cortejo (enterrement); *convoi funèbre* cortejo fúnebre ‖ MAR & MIL convoy ‖ tren.

convoiter *v tr* codiciar, ansiar.

convoitise *f* codicia, ansia || *regard de convoitise* mirada codiciosa.

convoler *v intr* FAM casarse (se marier) || casarse de nuevo (se remarier) || *(vx) convoler en justes noces* contraer nupcias, desposarse.

convoquer *v tr* convocar.

convoyer* [kõvwaje] *v tr* escoltar, convoyar (escorter).

convoyeur *adj* convoyante.
◆ *m* persona *f* que acompaña un convoy || MAR nave *f* de escolta || TECHN transportador mecánico, cinta *f* transportadora, transportador de cinta || — *convoyeur de fonds* transportador de fondos.

convulser *v tr* convulsionar.

convulsif, ive *adj* convulsivo, va.

convulsion *f* convulsión.

convulsionner *v tr* convulsionar.

convulsivement *adv* convulsivamente.

cool *adj* (mot anglais)FAM guay; *c'est cool!* ¡qué guay!

coolie [kuliː] *m* culi, coolí (travailleur hindou ou chinois).

coopérant *m* MIL voluntario que lleva a cabo una misión cultural o de asistencia técnica en el marco del servicio militar.

coopératif, ive *adj et s f* cooperativo, va.

coopération *f* cooperación.

coopérer* *v intr* cooperar.

cooptation *f* cooptación.

coopter *v tr* cooptar.

coordinateur, trice; coordonnateur, trice *adj et s* coordinador, ra.

coordination *f* coordinación.

coordonnateur, trice *adj et s* → **coordinateur.**

coordonné, e *adj* coordinado, da || *système coordonné de feux* sistema sincronizado de luces.

coordonnée *f* GÉOM coordenada.
◆ *pl* señas (adresse, etc.) || MATH coordenadas; *coordonnées cartésiennes* coordenadas cartesianas.

coordonner *v tr* coordinar.

coordonnés *m pl* COMM artículos a juego.

copain, copine *m et f* FAM camarada, amigote, ta || *être copain avec* ser amigo de.

coparticipation *f* coparticipación.

copeau *m* viruta *f*.

Copenhague *n pr f* GÉOGR Copenhague.

Copernic *n pr m* Copérnico.

copie *f* copia (reproduction) || copia, calco *m*, persona que remeda a otra (personne) || hoja (des écoliers) || ejercicio *m* (exercice) || FIG imitación, copia || IMPR original *m*, texto *m* (manuscrit) || — *copie blanche* hoja en blanco || *copie certifiée conforme* copia certificada compulsada || INFORM *copie papier* copia en papel.

copier* *v tr* copiar; *copier d'après nature* copiar del natural || copiar (aux examens) || FIG remedar (imiter) | *machine à copier* copiadora.

copieur, euse *m et f* copión, ona.
◆ *m* fotocopiadora *f*.

copieusement *adv* copiosamente.

copieux, euse [kɔpjø, jøːz] *adj* copioso, sa; abundante.

copilote *m* copiloto.

copinage *m* (péjoratif) FAM compadreo.

copiste *m et f* copista.

coprin *m* BOT coprino (champignon).

coproduction *f* CINÉM coproducción.

copropriétaire *m et f* copropietario, ria.

copropriété *f* copropiedad || propiedad horizontal, propiedad de casa por pisos, comunidad de propietarios (appartements) || — *acheter en copropriété* comprar en régimen de copropiedad.

copte *adj et s* copto, ta.

copulation *f* cópula.

copule *f* GRAMM cópula.

copuler *v intr* FAM beneficiarse *v pr*.

copyright [kɔpirait] *m* derechos reservados, «copyright».

coq *m* gallo || MAR cocinero (cuisinier) || — *coq de bruyère* urogallo || FIG *coq de clocher* cacique, gallo de pueblo || *coq du village* chulo del pueblo || *coq gaulois* gallo galo || — *au chant du coq* al rayar el alba || *fier comme un coq* muy engallado || *rouge comme un coq* encendido como un pavo || *comme un coq en pâte* ser tratado a cuerpo de rey, estar a las mil maravillas, estar como las propias rosas *ou* como perita en dulce || *passer du coq à l'âne* saltar de un tema a otro.
◆ *adj poids coq* peso gallo (boxe).

coquard; coquart [kɔkaːr] *m* POP ojo a la funerala.

coque *f* cascarón *m* (de l'œuf) || cáscara (de noix, noisette, etc.) || coca (coiffure) || berberecho *m* (coquillage) || AUTOM caja (de la carrosserie) || AVIAT fuselaje *m* || MAR casco *m* (d'un bateau) || ZOOL capullo *m* (cocon) || *œuf à la coque* huevo pasado por agua.

coquelet *m* CULIN gallo joven.

coquelicot [kɔkliko] *m* amapola *f* (fleur).

coqueluche *f* tos ferina || FIG *être la coqueluche de* ser el preferido de.

coquet, ette *adj et s* presumido, da || bonito, ta; lindo, da; *un chapeau coquet* un bonito sombrero || coquetón, ona; *appartement coquet* piso coquetón.
◆ *adj f et s f* coqueta.
— OBSERV L'adjectif espagnol *coqueta* n'a pas de masculin, mais le comparatif *coquetón, ona*, très coquet, est très usité.

coquetier [kɔktje] *m* recovero, huevero (marchand d'œufs) || huevero, huevera *f* (petit godet) || FIG & FAM *gagner le coquetier* lucirse, llevarse la palma.

coquettement [kɔketmã] *adv* con coquetería, coquetamente || *être coquettement installé* tener un piso muy mono.

coquetterie [-tri] *f* coquetería (goût de la parure) || coqueteo *m* (action de coqueter).

coquillage *m* marisco (comestible) || concha *f* (coquille).

coquille [kɔkiːj] *f* concha (de mollusque) || cáscara (d'œuf, de noix, etc.) || especie de parrilla vertical para asar (pour rôtir) || taza (d'une épée) || concha (de pèlerin) || IMPR errata, gazapo *m* || tamaño de papel de 56 × 44 cm || — *coquille de beurre* nuez de mantequilla en forma de concha || MAR *coquille de noix* cascarón de nuez || *coquille Saint-Jacques* vieira, venera || *rentrer dans sa coquille* meterse en el caparazón, en la concha || *sortir de sa coquille* salir del cascarón.

coquillette *f* conchita.
coquin, e [kɔkɛ̃, in] *adj* et *s* pillo, a; tunante.
cor *m* cuerna *f* (du cerf) ‖ callo (callosité) ‖ MUS trompa *f*, cuerno (de chasse), trompa *f*, corno (d'orchestre) ‖ — *cor anglais* corno inglés ‖ *cor à pistons* trompa de llaves *ou* pistones ‖ *cor d'harmonie* trompa de mano ‖ — *à cor et à cri* a voz en cuello, a grito limpio.
corail [kɔraːj] *m* coral; *coraux* corales ‖ *serpent corail* coralillo.
corallien, enne *adj* coralino, na.
Coran *n pr m* Alcorán, Corán.
coranique *adj* coránico, ca.
corbeau *m* cuervo (oiseau) ‖ ARCHIT modillón ‖ FIG tiburón, buitre, negociante sin escrúpulos.
corbeille *f* canasta, canasto *m* (la *canasta* est plus large et moins haute que le *canasto*) ‖ *corbeille à papier* cesto de los papeles ‖ canastillo *m*, macizo *m*; *corbeille de géranium* un canastillo de geranios ‖ corro *m* (à la Bourse) ‖ ARCHIT repisa, ménsula ‖ THÉÂTR piso *m* principal ‖ — *corbeille à ouvrage* costurero ‖ *corbeille à pain* cesta de pan, panera ‖ *corbeille de mariage* canastilla de boda.
corbillard *m* coche *ou* carroza *f* fúnebre.
cordage *m* medición *f* (du bois) ‖ MAR cordaje.
 ➤ *pl* MAR jarcias *f*.
corde *f* cuerda ‖ soga (de sparte) ‖ trama (d'une étoffe) ‖ comba (jeu de petites filles) ‖ ANAT cuerda; *cordes vocales* cuerdas vocales ‖ GÉOM cuerda ‖ MUS cuerda (d'un instrument) ‖ SPORTS límite interior de una pista ‖ FIG fibra, sentimiento (sentiments) ‖ — *corde à linge* cuerda de tender ‖ SPORTS *corde à nœuds, corde lisse* cuerda de nudos, cuerda fija ‖ *corde de bateleur, corde raide* cuerda floja (cirque) ‖ *échelle de corde* escala de cuerda ‖ FIG *la corde sensible* la fibra sensible ‖ *semelles de corde* suelas de esparto ‖ FIG *sur la corde raide* en la cuerda floja ‖ — *avoir la corde au cou* estar con la soga al cuello ‖ *avoir plusieurs cordes à son arc* ser hombre de recursos ‖ FIG *être dans les cordes de quelqu'un* dársele muy bien algo a uno ‖ *mériter la corde* merecer la horca ‖ *ne pas parler de corde dans la maison d'un pendu* no mentar la soga en casa del ahorcado ‖ FAM *tenir la corde* llevarse la palma, llevar ventaja a los demás ‖ *tirer sur la corde* tirar de la cuerda ‖ *tomber des cordes* llover a cántaros ‖ FIG *usé jusqu'à la corde* raído, da; desgastado, da; muy sobado.
 ➤ *pl* cuerdas (instruments) ‖ cuerdas (d'un ring).
cordeau *m* cordel; *tiré au cordeau* tirado a cordel ‖ tendel (de maçon) ‖ mecha *f* (explosifs) ‖ FIG *tracé au cordeau* bordado.
cordée *f* haz *m* de leña (de bois), hato *m* ‖ cordel *m* (pêche) ‖ cordada (alpinisme); *premier de cordée* primero, cabeza *ou* jefe de cordada.
cordelette *f* cuerdecilla.
cordelière *f* cíngulo *m* (religieux) ‖ ceñidor *m*, cordón *m* (ceinture) ‖ cordón *m* (architecture, cravate) ‖ IMPR cordoncillo *m*.
corder *v tr* torcer [para hacer cuerda] ‖ enrollar (rouler) ‖ acordelar, medir con cuerda (mesurer) ‖ atar con cuerda (lier) ‖ *corder une raquette* poner las cuerdas a una raqueta.
cordial *adj* et *s m* cordial.
cordialement *adv* cordialmente.
cordialité *f* cordialidad.
cordillère *f* cordillera.

cordon *m* cordón (petite corde) ‖ cordón; *cordon sanitaire, de police* cordón sanitario, de policía ‖ cordón (de souliers) ‖ tirador (de sonnette) ‖ banda *f* (décoration) ‖ cordoncillo (de monnaie) ‖ ANAT & ARCHIT cordón ‖ — GÉOGR *cordon littoral* cordón litoral ‖ ANAT *cordon ombilical* cordón umbilical ‖ — *dénouer les cordons de la bourse* aflojar la bolsa ‖ FAM *tenir les cordons de la bourse* manejar los cuartos ‖ *tirer le cordon* abrir la puerta.
cordon-bleu *m* buen cocinero *m*, buena cocinera *f*.
 — OBSERV *pl cordons-bleus*.
cordonnier, ère *m* et *f* zapatero, ra ‖ *les cordonniers sont les plus mal chaussés* en casa del herrero cuchara de palo.
Cordoue *n pr* GÉOGR Córdoba.
Corée *n pr f* GÉOGR Corea.
Corée (République de); Corée du Sud *n pr f* GÉOGR República de Corea, Corea del Sur.
Corée (République démocratique populaire de); Corée du Nord *n pr f* GÉOGR República Democrática Popular de Corea, Corea del Norte.
coréen, enne *adj* coreano, na.
Coréen, enne *m* et *f* coreano, na.
coreligionnaire *adj* et *s* correligionario, ria.
coriace *adj* coriáceo, a; correoso, sa (dur) ‖ FIG tenaz (tenace) ‖ agarrado, da; avaro, ra (avare).
coriandre *f* BOT cilantro *m*.
Corinthe [kɔrɛ̃ːt] *n pr* GÉOGR Corinto.
Corinthien, enne *m* et *f* corintio, tia.
cormoran *m* ZOOL cormorán, mergo, cuervo marino.
cornaline *f* cornalina (pierre précieuse).
corne [kɔrn] *f* cuerno *m*, asta ‖ pico *m* doblado, esquina doblada de la hoja de un libro (pli d'un feuillet) ‖ ARCHIT ángulo *m* ‖ pico *m* (coin d'un objet) ‖ pico *m* (d'un chapeau) ‖ cuerno *m* (de la lune) ‖ POP cuerno *m* (d'un mari trompé) ‖ MAR cangrejo *m* ‖ MUS bocina ‖ FAM suela de zapato (viande dure) ‖ asta, hueso *m* (peigne, etc.) ‖ ANAT cuerno *m* (de la moelle) ‖ TECHN cuerno *m* (matière) ‖ VÉTÉR casco *m* (sabot de solipèdes) ‖ — *corne à chaussure* calzador ‖ *corne d'abondance* cornucopia, cuerno de la abundancia ‖ *corne d'auto* bocina ‖ MAR *corne de brume* sirena de niebla ‖ — *bouton en corne* botón de hueso ‖ *coup de corne* cornada ‖ *faire des cornes à un livre* doblar las esquinas *ou* los picos de las páginas.
corné, e *adj* córneo, a ‖ de pico doblado (page).
corned-beef [kɔrnbif] *m inv* corned-beef.
cornée *f* ANAT córnea.
cornéen, enne *adj* de la córnea.
corneille [kɔrnɛːj] *f* corneja (oiseau).
cornélien, enne *adj* relativo, va a Corneille ‖ a semejanza de Corneille.
cornemuse *f* MUS gaita, cornamusa.
corner *v tr* tocar la bocina (klaxonner), llamar con la bocina (avertir) ‖ doblar el pico de (plier) ‖ pregonar, cacarear (annoncer).
 ➤ *v intr* tocar la bocina (une auto), tocar la trompa (sonner de la corne) ‖ zumbar (les oreilles) ‖ vociferar, vocear (parler très fort).
corner *m* saque de esquina, córner (football) ‖ COMM sindicato de especuladores.
cornet [kɔrnɛ] *m* corneta *f* ‖ cuerno, trompa *f* (corne, cor) ‖ corneta (cornettiste) ‖ cucurucho,

cartucho (de papier) ‖ cucurucho (de glace) ‖ cubilete (pour les dés) ‖ apagador (éteignoir) ‖ ANAT cornete (du nez) ‖ — *cornet à bouquin* bocina ‖ *cornet acoustique* trompetilla ‖ *cornet à pistons* cornetín, corneta de pistones.

cornette *f* MIL corneta, especie de bandera (étendard) ‖ toca *f* de monja (de religieuse), cofia *f* (coiffe).
◆ *m* (vx) abanderado.

corn flakes [kɔrnfleks] *m pl* cereales, copos de maíz.

corniaud; corniot *m* perro callejero.

corniche *f* cornisa ‖ *route de corniche* carretera de cornisa.

cornichon *m* pepinillo (fruit) ‖ FAM gurrina *f*.
◆ *adj* et *s* majadero, bobo (niais).

Cornouailles [kɔrnwaːj] *n pr* GÉOGR Cornualles.

cornu, e *adj* cornudo, da ‖ con picos (chapeau).

Corogne (La) *n pr* GÉOGR La Coruña.

corollaire *m* corolario.

corolle *f* BOT corola.

coron *m* caserío de mineros [en el norte de Francia].

coronaire *adj* ANAT coronario, ria.

coronarien, enne *adj* MÉD coronario, ria.

coronarite *f* MÉD coronaritis.

corossol *m* corojo, corozo, anona *f* (fruit).

corporatif, ive *adj* corporativo, va.

corporation *f* corporación, gremio *m*.

corporatisme *m* corporativismo, sistema corporativo.

corporatiste *adj* et *s* corporatista.

corporel, elle *adj* corpóreo, a (qui a un corps) ‖ corporal; *peine corporelle* pena corporal.

corps [kɔr] *m* cuerpo (d'un être animé) ‖ cadáver; *faire l'autopsie d'un corps* hacer la autopsia de un cadáver ‖ cuerpo (substance) ‖ MIL cuerpo; *corps d'armée, de garde* cuerpo de ejército, de guardia ‖ cuerpo, gremio (corporation) ‖ cuerpo (consistance) ‖ recopilación *f* (recueil) ‖ cuerpo (typographie) ‖ — *corps à corps* cuerpo a cuerpo ‖ *corps céleste* cuerpo celeste ‖ CHIM *corps composé, simple* cuerpo compuesto, simple ‖ *corps constitués* órganos constitucionales (politique) ‖ THÉÂTR *corps de ballet* cuerpo de baile ‖ ARCHIT *corps de logis* cuerpo ‖ *corps de métier* gremio, corporación ‖ TECHN *corps de pompe* cuerpo de bomba ‖ DR *corps du délit* cuerpo del delito ‖ *corps enseignant* cuerpo docente ‖ *corps et âme* en cuerpo y alma ‖ *corps et biens* bienes y personas ‖ MÉD *corps étranger* cuerpo extraño ‖ *corps expéditionnaire* cuerpo expedicionario ‖ *corps franc* partida de guerrilleros ‖ *corps législatif* cuerpo legislativo ‖ MAR *corps mort* cuerpo muerto ‖ *esprit de corps* espíritu de cuerpo, solidaridad ‖ *le corps consulaire* el cuerpo consular ‖ *le corps diplomatique* el cuerpo diplomático ‖ *le corps électoral* el electorado ‖ *le corps médical* los médicos, la profesión médica ‖ — *à bras-le-corps* por la cintura ‖ — *à corps perdu* a cuerpo descubierto ‖ *à mi-corps* a medio cuerpo, por medio del cuerpo, por la cintura ‖ *à mon corps défendant* en defensa mía, en mi propia defensa (pour se défendre), de mala gana (à contrecœur) ‖ — *faire corps avec* confundirse con, formar bloque con, formar cuerpo con ‖ *passer sur le corps* atropellar ‖ *prendre corps* tomar consistencia *ou* cuerpo, plasmarse.

corpulence *f* corpulencia; *de forte corpulence* de gran corpulencia.

corpulent, e *adj* corpulento, ta.

corpus [kɔrpys] *m* cuerpo (recueil) ‖ *Corpus Christi* Corpus.

corpuscule *m* corpúsculo.

correct, e *adj* correcto, ta ‖ decente, decoroso, sa; *un costume correct* un traje decente ‖ razonable; *un prix correct* un precio razonable ‖ preciso, sa; exacto, ta; *description correcte* descripción exacta.

correctement *adv* correctamente, bien.

correcteur, trice *adj* et *s* corrector, ra.

correctif, ive *adj* correctivo, va.
◆ *m* correctivo ‖ FIG paliativo.

correction *f* corrección; *correction des devoirs, des épreuves* corrección de los ejercicios, de los exámenes ‖ enmienda (amendement) ‖ corrección (réprimande) ‖ paliza (châtiment corporel) ‖ corrección (qualité de ce qui est correct) ‖ — INFORM *correction sur écran* corrección en pantalla ‖ DR *maison de correction* reformatorio, correccional ‖ *sauf correction* salvo error u omisión.

correctionnel, elle *adj* correccional.
◆ *f* tribunal *m* correccional.

Corrège (le) *n pr* il Correggio.

corrélat *m* correlato.

corrélatif, ive *adj* et *s m* correlativo, va.

corrélation *f* correlación.

corrélativement *adv* correlativamente.

correspondance *f* correspondencia (rapport) ‖ correspondencia, empalme *m*, enlace *m* (communication) ‖ correspondencia, correo *m* (courrier) ‖ corresponsalía (d'un journal) ‖ — *cours par correspondance* enseñanza por correspondencia ‖ *vente par correspondance* venta por correo ‖ — *en correspondance avec* de acuerdo *ou* de conformidad con ‖ — *ce train assure la correspondance avec l'avion de* este tren empalma con el avión de ‖ *être en correspondance* cartearse con, mantener correspondencia con.

correspondant, e *adj* correspondiente; *angles correspondants* ángulos correspondientes.
◆ *m* et *f* corresponsal (journal) ‖ persona con quien uno se cartea, comunicante ‖ miembro correspondiente (académie) ‖ persona que atiende a un alumno interno durante sus salidas.

correspondre *v intr* corresponder ‖ comunicar (pièces, etc.) ‖ corresponder, cartearse (s'écrire) ‖ TRANSP empalmar.

Corrèze *n pr* GÉOGR Corrèze [departamento francés].

corrida *f* corrida.

corridor *m* corredor, pasillo.

corrigé *m* corrección-modelo *f*, modelo de corrección.

corriger* *v tr* corregir; *corriger une épreuve* corregir una prueba ‖ enmendar (amender) ‖ nivelar, compensar; *corriger le déséquilibre de la balance commerciale* nivelar el desequilibrio de la balanza comercial ‖ castigar (punir) ‖ dar una paliza (battre).
◆ *v pr* corregirse, enmendarse.

corroborer *v tr* corroborar; *corroborer par les faits* corroborar con hechos.

corroder *v tr* corroer.

corrompre *v tr* corromper ‖ FIG deformar, alterar (un texte).
corrompu, e *adj* corrompido, da; *eau corrompue* agua corrompida ‖ corrupto, ta (surtout au sens figuré).
corrosif, ive *adj* corrosivo, va ‖ FIG corrosivo, va; virulento, ta.
◆ *m* corrosivo.
corrosion *f* corrosión.
corroyer* [kɔrwaje] *v tr* zurrar, curtir (le cuir) ‖ cepillar (le bois) ‖ soldar (fer chaud) ‖ CONSTR mezclar.
corrupteur, trice *adj* et *s* corruptor, ra.
corruptible *adj* corruptible.
corruption *f* corrupción.
corsage *m* blusa *f* ‖ cuerpo (d'une robe).
corsaire *adj* et *s m* corsario, ria ‖ FIG pirata (homme cupide).
corse *adj* corso, sa.
◆ *m* corso (langue).
Corse *m* et *f* corso, sa.
Corse [kɔrs] *n pr f* GÉOGR Córcega.
corsé, e *adj* fuerte; *drap corsé* sábana fuerte ‖ de cuerpo; *vin corsé* vino de cuerpo ‖ picante, fuerte; *sauce corsée* salsa picante ‖ opíparo, ra; *repas corsé* comida opípara ‖ fuerte, subido, da, de tono; escabroso, sa; *histoire corsée* historia escabrosa ‖ FIG & FAM menudo, da; fuerte; *il m'a fait une semonce corsée* menudo rapapolvo me ha echado.
corser *v tr* dar fuerza, vida, cuerpo.
◆ *v pr* complicarse (une affaire) ‖ *ça se corse!* ¡esto toma mal cariz!, ¡esto se complica!
corset *m* corsé ‖ MÉD *corset orthopédique* corsé ortopédico.
corseter* *v tr* encorsetar.
corso *m* paseo (en Italie) ‖ *corso fleuri* desfile de carrozas engalanadas.
cortège *m* comitiva *f*, cortejo, séquito.
cortex *m* ANAT córtex, corteza *f*.
Corti (organe de) órgano de Corti.
corticoïde; corticostéroïde *adj* et *s m* MÉD corticoide, corticosteroide.
cortisone *f* MÉD cortisona.
corvéable *adj* (vx) sujeto, sujeta a prestación personal.
corvée *f* (vx) prestación personal ‖ FIG carga, trabajo *m* molesto, pejiguera, lata, incordio *m* ‖ MIL faena; *tenue de corvée* uniforme de faena.
corvette *f* MAR corbeta.
corvidés *m pl* ZOOL córvidos.
coryphée *m* corifeo.
coryza *m* MÉD coriza *f*.
cosaque *adj* et *s m* cosaco.
cosignataire *adj* et *s* que firma con otros, cofirmante.
cosinus [kɔsinys] *m* MATH coseno.
cosmétique *adj* et *s m* cosmético, ca.
cosmétologie *f* cosmetología.
cosmique *adj* cósmico, ca.
cosmogonie *f* cosmogonía.
cosmographie *f* cosmografía.
cosmologie *f* cosmología.
cosmonaute *m* et *f* cosmonauta.
cosmopolite *adj* et *s* cosmopolita.

cosmos *m* cosmos.
cossard, e [kɔsaːr, ard] *adj* et *s* POP holgazán, ana; haragán, ana; gandul, la.
cosse *f* vaina (de légume) ‖ TECHN guardacabo *m*, terminal *m* (d'un fil électrique) ‖ POP *avoir la cosse* tener galbana.
cossu, e *adj* FAM rico, ca; acaudalado, da; acomodado, da (personne) | acomodado, da; señorial (maison).
costal, e *adj* ANAT costal.
costar *m* FAM → **costard**.
costard; costar *m* FAM traje ‖ *en costard cravate* enchaquetado.
Costa Rica *n pr m* GÉOGR Costa Rica.
Costaricien, enne *m* et *f* costarricense.
costaricien, enne *adj* costarricense.
costaud, e [kɔsto, oːd] *adj* et *s* FAM forzudo, da; fuerte.
— OBSERV El femenino de *costaud* es *costaud* o *costaude* (*p us*).
costume *m* traje; *costume sur mesure, de confection* traje a la medida, de confección ‖ — *costume de bain* traje de baño, bañador ‖ *costume de ville* traje de calle ‖ *costume tailleur* traje sastre (tailleur) ‖ *costumes* vestuario, figurines (cinéma, théâtre) ‖ *en costume de cérémonie* de etiqueta (civils), con uniforme de gala (militaires).
costumé, e *adj* vestido, da (habillé) ‖ disfrazado, da (déguisé) ‖ *bal costumé* baile de disfraces.
costumer *v tr* vestir (habiller) ‖ disfrazar (déguiser).
costumier, ère *m* et *f* sastre de teatros (tailleur) ‖ guardarropa (celui qui garde les costumes).
cotation *f* cotización ‖ ÉCON *cotation en Bourse* cotización de Bolsa.
cote [kɔt] *f* anotación, nota ‖ cuota, parte (quote part) ‖ signatura (bibliothèques) ‖ altura, nivel *f* (des eaux) ‖ clasificación (d'un film) ‖ registro *m* (d'un inventaire) ‖ ÉCON cotización ‖ FIG cotización ‖ GÉOM cota ‖ — *cote d'alerte* nivel de alerta (sens propre), nivel alarmante (sens figuré) ‖ *cote de popularité* popularidad ‖ *cote mal taillée* corte de cuentas ‖ ÉCON *cote officielle* cotización oficial | *inscrit à la cote* cotizado en Bolsa ‖ FIG *la cote d'un candidat* el nivel de popularidad de un candidato ‖ — FIG *avoir la cote* gozar de la mayor consideración *ou* del mayor crédito, estar cotizado.
côte [kot] *f* ANAT costilla ‖ chuleta (de porc, de veau, etc.) ‖ costa (rivage) ‖ cuesta, pendiente (pente) ‖ canelé *m* (chaussettes), borde *m* (tricot) ‖ BOT vena, palillo *m* (tabac) ‖ FIG costilla (protubérance) ‖ — *côte de melon* raja de melón ‖ — *côte à côte* al lado uno de otro; juntos, tas ‖ *fausses côtes* costillas falsas ‖ *à côtes* acanalado, da ‖ *à mi-côte* a la mitad de la cuesta ‖ MAR *aller o se jeter à la côte* encallarse, naufragar ‖ *avoir les côtes en long* ser holgazán ‖ *caresser o chatouiller les côtes* medir las costillas ‖ FAM *être à la côte* estar arruinado, estar sin un cuarto ‖ *longer la côte* costear ‖ *rompre les côtes* romper las costillas a uno ‖ *se tenir les côtes de rire* desternillarse de risa.
coté, e *adj* ARCHIT & GÉOM acotado, da ‖ FAM cotizado, da; apreciado, da ‖ — FIG *être bien coté* ser apreciado, tener éxito, ser popular | *être mal coté* estar mal visto, tener mala fama ‖ ÉCON *être coté en Bourse* cotizarse en Bolsa.

côté *m* costado; *point de côté* dolor de costado ‖ lado (partie latérale) ‖ canto; *il a mis la brique sur le côté* puso el ladrillo de canto ‖ FIG aspecto, lado ‖ lado (faction) ‖ lado; *du côté paternel* por el lado paterno ‖ GÉOM lado (d'un polygone), cateto (d'un triangle) ‖ cara *f* (d'une page) ‖ — *côté pair* del lado de los números pares (stationnement) ‖ *le bon côté* el lado bueno ‖ *le côté faible* el punto flaco, el flaco ‖ — *à côté* al lado, junto; *à côté de moi* a mi lado; *l'un à côté de l'autre* uno junto al otro ‖ *à côté de* al lado de (comparaison) ‖ *de côté* de lado; *se tourner de côté* volverse de lado; *aparte*; *j'ai mis tes affaires de côté* puse tus cosas aparte; de soslayo; *regarder de côté* mirar de soslayo ‖ *de côté et d'autre* por todos los lados ‖ *de mon côté* por mi parte ‖ *de tous côtés, de tout côté* de todas partes ‖ *du côté de* a proximidad de, cerca de (auprès de), hacia, del lado de, en dirección de (vers), en lo que se refiere a (relativement à) ‖ FAM *du côté gauche* por detrás de la iglesia, de contrabando ‖ — *d'un autre côté* por otra parte ‖ — *avoir des côtés comiques* tener ribetes cómicos ‖ *couché sur le côté* tendido de costado ‖ *mettre o laisser de côté* poner *ou* dejar a un lado ‖ *mettre de l'argent de côté* ahorrar ‖ *ne pas savoir de quel côté se tourner* no saber a qué carta quedarse ‖ *passer à côté d'une difficulté* no ver una dificultad ‖ *voir le bon côté des choses* ver el lado bueno *o* lo bueno de las cosas.

coteau *m* ladera *f* (versant) ‖ collado, otero (colline) ‖ viñedo (vignoble).

Côte d'Azur *n pr f* GÉOGR Costa Azul.

Côte-d'Ivoire *n pr f* GÉOGR Costa de Marfil.

côtelé, e *adj* de canutillo; *velours côtelé* pana de canutillo.

côtelette *f* chuleta.

coter *v tr* numerar (numéroter) ‖ acotar (topographie) ‖ fijar (une quote-part, un impôt) ‖ poner una nota, calificar (un devoir) ‖ valorar (évaluer) ‖ ÉCON cotizar ‖ FIG apreciar, estimar, cotizar; *employé bien coté* empleado estimado.

coterie *f* camarilla, grupo *m*.

côtes-du-rhône *m inv* côtes du rhône (vin rouge).

cothurne [kɔtyrn] *m* coturno ‖ FAM persona con quien se convive.

côtier, ère *adj* costanero, ra; costero, ra; *navigation côtière* navegación costera.
— *m* costero ‖ MAR barco de cabotaje.

cotillon *m* (vx) refajo (jupon) ‖ cotillón (danse) ‖ *courir le cotillon* gustarle a uno las faldas, ser mujeriego.

cotisant *adj* et *s* cotizante, contribuyente, socio, donante.

cotisation *f* cotización ‖ cuota ‖ — ÉCON *cotisations patronales* cuotas patronales [(amér)* aportes(s) patronal(es)].

cotiser *v intr* pagar su cuota, cotizar.
— *v pr* pagar a escote.

côtoiement *m* trato.

coton *m* algodón (fibre); *coton hydrophile, brut* algodón hidrófilo, en rama ‖ algodón, algodonero (plante) ‖ pelusa *f*, vello (duvet) ‖ — *avoir du coton dans les oreilles* estar sordo (être sourd), hacer oídos de mercader (ne pas écouter) ‖ *avoir les jambes en coton* flaquearle a uno las piernas ‖ POP *c'est coton!* ¡no es moco de pavo! ‖ *élever un enfant dans du coton* criar a un niño entre algodones, mimar a un niño con exceso ‖ *filer un mauvais coton* ir por mal camino.

cotonéaster *m* BOT cotoneaster.

cotonnade *f* cotonada (tissu).

cotonneux, euse *adj* algodonoso, sa; velloso, sa (recouvert de duvet) ‖ acorchado, da (fruits) ‖ FIG fofo, fa; sin vigor ‖ *bruit cotonneux* ruido apagado.

cotonnier, ère *adj* et *s m* algodonero, ra.

Coton-Tige *m* (nom déposé) bastoncillo.

côtoyer* [kotwaje] *v tr* ir a lo largo de, seguir la orilla de, bordear (longer) ‖ codearse con (coudoyer) ‖ FIG rayar en, rozar, bordear; *côtoyer le ridicule* rayar en el ridículo.

cotte *f* saya, zagalejo *m* (jupe) ‖ mono *m* (de travail) ‖ *cotte de mailles* cota de mallas.
— *m* ZOOL coto (chabot).

cotylédon *m* BOT cotiledón.

cou *m* cuello (d'un corps) ‖ cuello (d'une bouteille) ‖ — *prendre au cou* apretar el cuello ‖ FAM *prendre ses jambes à son cou* poner los pies en polvorosa ‖ *rompre le cou* desnucar, romper la crisma (tuer) ‖ *sauter au cou* echar los brazos al cuello ‖ *se rompre o se casser le cou* romperse la crisma ‖ *tendre le cou* poner el cuello ‖ *tordre le cou* retorcer el pescuezo.

couac *m* gallo; *faire un couac* soltar un gallo (en chantant).

couard, e [kwaːr, ard] *adj* et *s* cobarde.

couardise *f* cobardía.

couchage *m* lecho (lit) ‖ ropa *f* de cama (lingerie) ‖ *sac de couchage* saco de dormir.

couchant, e *adj* que se acuesta ‖ poniente; *soleil couchant* sol poniente ‖ FIG rastrero, ra (servile) ‖ *chient couchant* perro rastrero.
— *m* poniente, ocaso (ouest) ‖ FIG vejez *f*, ocaso (vieillesse).

couche *f* lecho *m*, cama (lit) ‖ pañal *m*, metedor *m* (pour un bébé) ‖ capa, baño *m* (enduit) ‖ mano, capa (de peinture) ‖ capa, estrato *m* (sociale) ‖ AGRIC semillero *m* ‖ GÉOL capa, estrato *m* ‖ POÉT tálamo *m*; *couche nuptiale* tálamo nupcial ‖ — *couche de roulement* firme ‖ ANAT *couche optique* tálamo óptico ‖ *fausse couche* aborto natural (avortement), aborto, sietemesino (avorton) ‖ — POP *en avoir une couche* ser un tontaina.
— *pl* parto *m sing*, alumbramiento *m sing*.

couché, e *adj* acostado, da ‖ tendido, da; echado, da (allongé) ‖ inclinado, da (penché) ‖ *papier couché* papel cuché.

couche-culotte *f* bragapañal.
— OBSERV *pl couches-culottes*.

coucher *v tr* acostar (dans un lit) ‖ tender; *coucher par terre* tender en el suelo ‖ tumbar; *la foudre a couché les arbres* el rayo ha tumbado los árboles ‖ inclinar (pencher) ‖ encamar (des épis) ‖ apostar (au jeu) ‖ inscribir, apuntar, sentar; *coucher par écrit* sentar por escrito ‖ — *coucher en joue* apuntar (viser) ‖ *coucher quelqu'un par terre* dejar a uno tendido en el suelo ‖ FIG *coucher sur le carreau* dejar en el sitio, matar.
— *v intr* acostarse ‖ dormir, pasar la noche (passer la nuit) ‖ MAR echarse, dar de quilla, tumbar, rendir ‖ — FAM *à coucher dehors* estrafalario, ria; enrevesado, da; difícil de pronunciar (nom) ‖ *chambre à coucher* dormitorio ‖ — *coucher à la belle étoile* dormir al raso ‖ *coucher avec quelqu'un* acostarse con alguien.

◆ *v pr* acostarse (dans un lit) ‖ tenderse, echarse, tumbarse (s'étendre) ‖ ponerse (un astre) ‖ POP *allez vous coucher!* ¡váyase a paseo! ‖ *se coucher comme les poules* acostarse con las gallinas.

coucher *m* acción *f* de acostar *ou* acostarse ‖ cama *f* (lit) ‖ ASTR puesta *f* ‖ — MÉD *à prendre avant le coucher* para tomar antes de acostarse (médicament).

coucherie *f* FAM asunto *m* de cama.

couche-tard *adj inv* et *s inv* trasnochador, ra.

couche-tôt *adj inv* que suele acostarse temprano.
◆ *m* et *f inv* persona que suele acostarse temprano.

couchette *f* litera (bateaux, trains).

coucheur, euse *m* et *f* hombre, mujer de cama ‖ *mauvais coucheur* persona de mal genio *ou* que tiene malas pulgas.

couci-couça [kusikusa] *adv* así, así; regular.

coucou *m* cuclillo, cuco ‖ reloj de cuco (pendule) ‖ antiguo coche de punto (voiture publique) ‖ BOT narciso silvestre ‖ FAM cacharro (vieil avion).
◆ *interj* FAM ¡hola!

coude *m* codo ‖ codillo (du cheval) ‖ codo (d'un tuyau) ‖ esquina *f* (d'un mur) ‖ recodo (d'un chemin) ‖ revuelta *f*, recodo (d'un fleuve) ‖ — *coude à coude* codeo (coudoiement), tocándose, codo a codo (tout près) ‖ *donner un coup de coude, pousser du coude* dar un codazo ‖ *jouer des coudes* abrirse paso a codazos ‖ FAM *lever le coude* empinar el codo (boire) ‖ FIG *se tenir les coudes* ayudarse mutuamente, echarse una mano, apoyarse.

coudé, e *adj* acodado, da; acodillado, da.

coudée *f* (vx) codo *m* (mesure) ‖ *avoir les coudées franches* tener campo libre.

cou-de-pied *m* ANAT garganta *f* del pie.
— OBSERV pl *cous-de-pied*.

couder *v tr* acodillar, acodar.

coudoyer* [kudwaje] *v tr* codearse; *coudoyer des fripons* codearse con tunantes ‖ dar con el codo (heurter) ‖ estar muy cerca de, rayar en, parecerse mucho a (être proche de).

coudraie [kudre] *f* AGRIC avellanar *m*, avellaneda.

coudre* *v tr* coser ‖ FIG enjaretar, unir ‖ *machine à coudre* máquina de coser.

coudrier *m* BOT avellano ‖ *coudrier sauvage* nochizo.

Coué (méthode) coueísmo *m* [procedimiento de autosugestión].

couenne [kwan] *f* corteza de tocino (lard) ‖ POP *quelle couenne!* ¡qué gaznápiro!

couette *f* relleno nórdico (lit) ‖ FAM coleta (de cheveux) ‖ MAR anguila *f* TECHN rangua (crapaudine) ‖ ZOOL colita, rabito *m*.

couffe *f*; **couffin** *m* sera *f*, serón *m*.

cougouar; **couguar** [kugwa:r] *m* ZOOL puma.

couille *f* POP cojón *m*.

couillon [kujɔ̃] *adj* et *s m* POP jilipolla.

couillonner *v tr* POP dar el pego.

couinement [kwinmã] *m* FAM chillido.

couiner *v intr* FAM chillar ‖ POP lloriquear.

coulage *m* derrame (liquide) ‖ colada *f* (lessive) ‖ FIG desperdicio, despilfarro, derroche (gaspillage) ‖ TECHN vaciado (d'un métal).

coulant, e *adj* fluente, fluyente; *encre coulante* tinta fluente ‖ corredizo (nœud) ‖ FIG suelto, ta; ágil, fácil, natural (style) ‖ acomodadizo, za; de fácil avenencia (en affaires) ‖ *être coulant* tener la manga ancha, ser acomodadizo.
◆ *m* pasador (de bourse, de collier) ‖ BOT estolón.

coulée *f* colada, vaciado *m* (métal); *trou de coulée* orificio de colada ‖ corriente, río *m*; *coulée de lave* corriente de lava ‖ cursiva (écriture).

coulemelle *f* galamperna (champignon).

couler *v tr* colar, vaciar (métal); *couler une statue* vaciar una estatua ‖ derramar, verter (verser) ‖ deslizar (glisser) ‖ pasar (le temps) ‖ FIG arruinar, echar a pique (une affaire) ‖ hundir, tirar a matar, cargarse (quelqu'un) ‖ MAR echar a pique, hundir ‖ MUS ligar ‖ — AUTOM *couler une bielle* fundir una biela ‖ *couler des jours heureux* disfrutar de una vida feliz ‖ *faire couler beaucoup d'encre* dar mucho que hablar, hacer gastar mucha tinta ‖ *faire couler un bain* preparar el baño.
◆ *v intr* fluir (fluer) ‖ correr (fleuve) ‖ correr, manar; *le sang coule à flots* la sangre corre *ou* mana a borbotones ‖ correr, transcurrir (le temps) ‖ derretirse, deshacerse (fondre) ‖ gotear (un robinet) ‖ salirse (laisser fuir un liquide) ‖ deslizarse (glisser) ‖ ser suelto, natural (style) ‖ FIG hundirse ‖ MAR hundirse, zozobrar; *couler à pic* irse a pique ‖ *couler de source* ser evidente, caer de su peso, ser de cajón (fam).
◆ *v pr* introducirse ‖ hundirse ‖ *se la couler douce* tumbarse a la bartola.

couleur *f* color *m* ‖ palo *m* (cartes) ‖ colorido *m* (du style) ‖ FIG color *m*, opinión, tendencia; *la couleur d'un journal* el color de un periódico ‖ — *couleur changeante* viso cambiante (tissus) ‖ FIG *couleur locale* color local; típico, ca ‖ *haut en couleur* subido de color, de color subido ‖ *homme de couleur* hombre de color ‖ *marchand de couleurs* droguero ‖ *sous couleur de* so capa de, so color de ‖ *télévision en couleurs* televisión en color ‖ — FIG *annoncer la couleur* descubrir su juego, poner las cartas boca arriba ‖ *en dire de toutes les couleurs sur* poner verde a ‖ *en faire voir de toutes les couleurs* hacer pasarlas moradas ‖ *en voir de toutes les couleurs* pasarlas negras, pasar las de Caín, pasar la de Dios es Cristo ‖ *prendre couleur* tomar un sesgo definitivo, perfilarse, definirse.
◆ *pl* (vx) apariencia *sing* ‖ bandera *sing*, pabellón *m* (drapeau) ‖ FIG tintas; *peindre quelqu'un avec des couleurs noires* pintar a alguien con tintas negras.

couleuvre *f* ZOOL culebra ‖ — FIG *avaler des couleuvres* tragar quina ‖ *être paresseux comme une couleuvre* ser muy vago.

coulis [kuli] *m* jugo obtenido por cocción lenta ‖ argamasa *f*, mortero (mortier).
◆ *adj* *vent coulis* aire colado.

coulissant, e *adj* corredizo, za; deslizable; corredero, ra; *porte coulissante* puerta corredera; *toit coulissant* techo corredizo.

coulisse *f* ranura (rainure) ‖ corredera (pour fermer); *porte à coulisse* puerta corredera [(amér.) puerta corrediza] ‖ ÉCON bolsín *m* (Bourse) ‖ MAR paral *m* ‖ MÉCAN articulación ‖ MUS vara, sacabuche *m* (trombone) ‖ THÉÂTR bastidor *m* ‖ jareta (dans un vêtement) ‖ — *les coulisses de la politique* los secretos *ou* arcanos de la política ‖ FIG *agir* o *se tenir*

coulisser

dans la coulisse obrar entre bastidores ‖ FAM *faire les yeux en coulisse* mirar de soslayo, de reojo (à la dérobée), mirar con ternura *ou* con cariño (les yeux doux).

coulisser *v tr* poner correderas a ‖ poner jaretas a (couture).
◆ *v intr* correr, deslizarse por una corredera.

couloir *m* corredor, pasillo ‖ pasadizo (passage) ‖ calle *f* (athlétisme) ‖ transportador (de charbon) ‖ — *couloir aérien* pasillo aéreo ‖ MAR *couloir de navigation* canal de navegación ‖ — *bruits de couloir* rumores de pasillo.

coulomb [kul5] *m* ÉLECTR culombio.

coulommiers *m* queso de Coulommiers [Francia].

coulpe *f* (vx) culpa ‖ FIG *battre sa coulpe* llorar con lágrimas de sangre.

coulure *f* flujo *m*, derrame (d'un liquide) ‖ AGRIC caída de la flor ‖ TECHN rebaba (d'un moule de fonderie) ‖ *coulure de peinture* goteo, escurriduras *pl ou* escurrajas *pl* de pintura.

coup [ku] *m* golpe; *recevoir un coup* recibir un golpe ‖ herida *f* (blessure); *percé de coups* acribillado de heridas ‖ jugada *f*; *réussir un beau coup* lograr una buena jugada ‖ disparo, tiro (d'une arme) ‖ vez *f* (fois) ‖ intento, esfuerzo; *du premier coup* al primer intento ‖ FAM trago; *boire un coup* echar un trago | caso; *expliquer le coup* explicar el caso ‖ *coup bas* golpe bajo ‖ *coup d'air* corriente de aire ‖ *coup d'arrêt* parada (escrime) ‖ *coup d'audace* acto de valentía *ou* de valor ‖ *coup d'autorité* alcaldada ‖ *coup de bâton* palo, bastonazo ‖ *coup de Bourse* jugada de Bolsa ‖ *coup de chance* suerte ‖ *coup de chapeau* sombrerazo ‖ *coup de ciseaux* tijeretazo ‖ *coup d'éclat* proeza ‖ FIG *coup de collier* esfuerzo final, último esfuerzo ‖ *coup de corne* cornada ‖ *coup de coude* codazo ‖ *coup de couteau* cuchillada, navajazo, puñalada ‖ *coup de crayon* trazo ‖ *coup de dent* mordisco, dentellada ‖ *coup de désespoir* momento de desesperación ‖ *coup de fer* planchado ‖ *coup de feu* disparo (un seul), tiroteo (plusieurs) ‖ *coup d'envoi* saque del centro (sports) ‖ *coup d'épée* estocada ‖ *coup d'essai* ensayo, intento ‖ *coup de filet* redada ‖ *coup de flèche* flechazo ‖ *coup de folie* momento de locura, acceso de locura, avenate ‖ *coup de force* abuso de autoridad ‖ *coup de fortune* casualidad, azar, suerte, golpe de fortuna ‖ *coup de foudre* rayo (orage), flechazo (amour) ‖ *coup de fouet* latigazo ‖ FIG *coup de fusil* clavo ‖ *coup de grâce* golpe de gracia ‖ *coup de griffe* zarpazo ‖ *coup de grisou* explosión de grisú ‖ *coup de Jarnac* puñalada trapera, jugarreta ‖ *coup de l'étrier* espuela, última copa ‖ *coup de maître* acción magistral ‖ *coup de marteau* martillazo ‖ *coup de mer* golpe de mar ‖ *coup de pied* patada, puntapié ‖ *coup de pied tombé* boteprontо (rugby) ‖ *coup de pinceau* pincelada ‖ *coup de poignard* puñalada ‖ *coup de poing* puñetazo ‖ *coup de pouce* empujón ‖ *coup de sang* congestión ‖ *coup de sifflet* silbido ‖ *coup de soleil* quemadura del sol (brûlure), insolación ‖ *coup de sonnette* llamada al timbre ‖ *coup de téléphone o de fil* llamada telefónica, telefonazo (fam) ‖ *coup d'État* golpe de Estado ‖ *coup de tête* cabezazo (sens propre), cabezonada (décision irréfléchie) ‖ *coup de théâtre* sorpresa, lance imprevisto ‖ *coup de tonnerre* trueno ‖ *coup de vent* ráfaga de viento ‖ *coup d'œil* ojeada, vistazo ‖ *coup d'ongle* arañazo ‖ *coup du lapin* golpe en la nuca ‖ *coup du ciel* suerte,

lance milagroso ‖ *coup dur* desgracia ‖ *coup fourré* golpe doble (escrime), mala faena (mauvais tour) ‖ *coup franc* golpe franco (sports) ‖ *coup manqué* tiro errado ‖ *coup monté* golpe preparado, montado ‖ *coups et blessures* lesiones ‖ *coups et blessures involontaires* lesiones involuntarias ‖ *fusil à deux coups* escopeta de dos cañones ‖ — *à coups de* a base de, a fuerza de; *à coups de dictionnaires* a base de diccionarios ‖ *à coup sûr* sobre seguro, de seguro, sin duda alguna ‖ *après coup* después ‖ *à tout coup* cada vez ‖ *coup sur coup* sin parar, una vez tras otra, ininterrumpidamente ‖ *du coup* por esto, de resultas, a causa de esto ‖ *du même coup* al mismo tiempo ‖ *du premier coup* a la primera (vez) ‖ *encore un coup* otra vez ‖ *pour le coup* por una vez ‖ *sous le coup de* con la impresión de, bajo el peso de ‖ *sur le coup* en seguida, acto seguido, en el acto ‖ *sur le coup de* al dar las, a eso de, sobre (heures) ‖ *tout à coup* de repente ‖ *tout d'un coup, d'un seul coup* de un solo golpe, de una sola vez (en une fois), de pronto, de improviso, de repente (soudain) ‖ — FAM *avoir le coup* dárselе bien algo a uno | *c'est le coup de fusil o de barre* ahí te clavan | *cela m'a donné un coup au cœur* se me encogió el corazón | *donner des coups d'épée dans l'eau* echar agua en el mar, martillar en hierro frío | *donner un coup de balai* barrer, dar un barrido | *donner un coup de chiffon* limpiar el polvo | *donner un coup de fer* planchar | *donner un coup de main* echar una mano, ayudar | *en mettre un coup* dar un empujón, echar el resto, apretar | *entrer en coup de vent* irrumpir como un torbellino | *en venir aux coups* venir a las manos | *être aux cent coups* estar muy preocupado | *être dans le coup* estar en el ajo | *faire d'une pierre deux coups, faire coup double* matar dos pájaros de un tiro | *faire les quatre cents coups* hacer barrabasadas, armar la gorda | *faire un coup* dar un golpe | *faire un mauvais coup* hacer una mala jugada | *manquer son coup* errar el golpe, fallar | *marquer le coup* festejar (célébrer), acusar el golpe (accuser le coup), recordarlo (se souvenir) | *monter le coup* hacer creer, pegársela | *prendre un coup de vieux* envejecer | *réussir son coup* lograr su objetivo, salirse con la suya | *sans coup férir* sin combate, sin pegar un tiro, sin esfuerzo alguno | *tenir le coup* aguantar | *tenter le coup* intentarlo ‖ *tomber sous le coup de la loi* ser de incumbencia legal ‖ FAM *valoir le coup* valer *ou* merecer la pena.

— OBSERV *Coup de*, suivi d'un nom d'instrument, d'arme, se traduit en général par un composé en *ada* s'il s'agit d'un instrument pointu: *coup de couteau* cuchillada; *coup de poignard* puñalada, etc., ou en *azo* s'il s'agit d'un instrument contondant: *coup de marteau* martillazo; *coup de sabre* sablazo; *coup de canne* bastonazo. Il y a, bien sûr, des exceptions: *coup de pierre* pedrada, etc.

coupable *adj* et *s* culpable.

coupant, e *adj* cortante ‖ FIG tajante.
◆ *m* filo, corte.

coupe *f* copa (pour boire) ‖ copa (trophée) ‖ taza, pilón *m* (vasque) ‖ corte *m*; *coupe de cheveux, d'un vêtement* corte de pelo, de un traje ‖ pausa (pause) ‖ corte *m*, sección (d'un terrain, d'une machine, etc.) ‖ corte *m*, siega (du blé) ‖ corta, tala (d'arbres) ‖ corte *m* (avec atout), fallo *m* (manque d'atout) ‖ corte *m* (du visage) ‖ BIOL corte *m* ‖ — *coupe claire* tala masiva ‖ *coupe sombre* corta parcial de un bosque ‖ — *à la coupe* a cala y cata ‖ *être sous la coupe de quelqu'un* depender de alguien, estar bajo la autoridad *ou* la férula de alguien ‖ FIG *faire des*

coupes sombres hacer serios recortes ‖ *il y a loin de la coupe aux lèvres* de la mano a la boca se pierde la sopa.
coupé, e *adj* cortado, da ‖ mezclado, da (mélangé) ‖ aguado, da (avec de l'eau) ‖ entrecortado, da (entrecoupé).
◆ *m* cupé (voiture) ‖ corte (au tennis).
coupe-choux *m inv* FAM sable corto, machete.
coupe-cigares *m inv* cortapuros, cortacigarro.
coupe-coupe *m inv* machete.
coupée *f* MAR portalón *m*.
coupe-faim *m inv* bocado, tentempié (*fam*).
coupe-feu *m inv* cortafuego.
coupe-file *m inv* pase de libre circulación.
coupe-gorge *m inv* sitio peligroso.
coupelle *f* copela (petit creuset).
coupe-ongles *m inv* cortauñas.
coupe-papier *m inv* plegadera *f*, cortapapel.
couper *v tr* cortar; *couper du pain, une robe* cortar pan, un vestido ‖ talar (arbres), segar (céréales) ‖ cortar, interrumpir (les communications) ‖ interceptar (une rue) ‖ suprimir, cortar (supprimer) ‖ aguar (le vin) ‖ entrecortar (style) ‖ fallar, cargar (avec un atout) ‖ cortar (les cartes) ‖ cortar las páginas (un livre) ‖ *couper à* o *par la racine* cortar de raíz ‖ *couper bras et jambes* dejar patidifuso (par surprise), quitar las fuerzas (ôter toute force) ‖ *couper la parole* interrumpir, cortar la palabra ‖ *couper la poire en deux* partir la diferencia, repartir en partes iguales ‖ *couper l'appétit* cortar el apetito ‖ *couper la retraite* cortar la retirada ‖ AUTOM *couper le contact* o *l'allumage* cortar el contacto, apagar el motor, desconectar el encendido ‖ *couper les ponts* cortar los puentes, quemar las naves ‖ POP *couper le sifflet* dejar sin resuello, quitar el hipo (par surprise), dejar cortado (interrompre) ‖ *couper les vivres à quelqu'un* suprimir los subsidios a uno ‖ *couper l'herbe sous le pied* tomar la delantera, suplantar a uno, minar el terreno ‖ *se faire couper les cheveux* cortarse el pelo ‖ — *à couper au couteau* muy espeso.
◆ *v intr* cortar (trancher) ‖ atajar (aller sans détour) ‖ cortar (les cartes) ‖ FAM evitar, librarse de; *tu n'y couperas pas* no te librarás de ello ‖ *couper à travers champs* tomar a campo traviesa.
◆ *v pr* cortarse ‖ contradecirse (se contredire) ‖ cortarse (la peau) ‖ *se couper en quatre pour quelqu'un* partirse el pecho por alguien.
couperet [kupre] *m* cuchilla *f*.
couperose *f* CHIM caparrosa ‖ MÉD acné rosácea.
couperosé, e *adj* con la cara rojiza.
coupe-vent *m inv* cortaviento.
couplage *m* MÉCAN acoplamiento.
couple *m* pareja *f* (de personnes ou animaux) ‖ yunta *f* (de bœufs) ‖ MAR & AVIAT cuaderna *f* ‖ TECHN par *m* [(amér) cupla]; *couple de torsion* par de torsión; *couple thermo-électrique* par termoeléctrico ‖ *maître couple* cuaderna maestra.
◆ *f* traílla doble (de chiens), reata (pour chevaux).
couplé *m* ÉQUIT apuesta *f* doble.
coupler *v tr* acoplar ‖ atraillar (chiens de chasse) ‖ uncir (des bœufs) ‖ emparejar, aparear, juntar (des choses) ‖ ÉLECTR conectar.
couplet *m* copla *f*, estrofa *f* (stance), cuplé (chanson) ‖ FAM cantinela *f*.

coupole *f* ARCHIT cúpula ‖ MIL torreta blindada ‖ FAM *La Coupole* la Academia Francesa.
coupon *m* retal, retazo (de tissu) ‖ COMM cupón (d'un titre).
coupon-réponse *m* cupón respuesta.
— OBSERV *pl coupons-réponse*.
coupure *f* cortadura ‖ corte *m* (dans la peau, un texte) ‖ apagón *m*, corte *m* (de courant) ‖ recorte *m* (de presse) ‖ COMM billete *m* de banco ‖ *en petites coupures* en billetes pequeños.
cour *f* patio *m* (d'une maison) ‖ corral *m* (d'une ferme) ‖ corte (résidence royale) ‖ DR tribunal *m* [(amér) corte] ‖ — *Cour céleste* corte celestial ‖ *Cour d'appel* Tribunal de Apelación ‖ *Cour d'assises* Audiencia, Sala de lo Criminal ‖ *Cour de cassation* Tribunal de Casación *ou* Supremo ‖ *cour de récréation* patio de recreo ‖ *Cour des comptes* Tribunal de Cuentas ‖ *cour des Miracles* patio de Monipodio ‖ *Cour martiale* tribunal militar ‖ THÉÂTR *côté cour* lado de la escena a la derecha del espectador ‖ *Haute Cour de Justice* Tribunal Supremo especial elegido por el Parlamento ‖ *homme, femme de cour* cortesano, na ‖ *la cour du roi Pétaud* la casa de tócame Roque ‖ — *faire la cour* hacer la corte, cortejar.
courage *m* valor, ánimo, entereza *f* (force d'âme) ‖ — *avoir le courage de* tener valor para ‖ *avoir le courage de ses opinions* no ocultar sus pensamientos ‖ *donner courage* animar, dar ánimo, infundir valor ‖ *perdre courage* desanimarse, desalentarse ‖ *prendre son courage à deux mains* sacar fuerzas de flaqueza, hacer de tripas corazón ‖ *reprendre courage* reanimarse, cobrar ánimo ‖ *se sentir le courage de* sentirse con ánimos de.
◆ *interj* ¡ánimo!
courageusement *adv* valientemente, valerosamente.
courageux, euse [kuraʒø, øːz] *adj* et *s* valiente ‖ animoso, sa; de mérito, que valga.
◆ *adj* arrojado, da; atrevido, da (hardi) ‖ *une femme courageuse* una mujer que vale mucho.
couramment *adv* corrientemente, comúnmente ‖ *parler couramment une langue* hablar un idioma con soltura *ou* de corrido.
courant *m* corriente *f* (d'eau, d'air, électrique); *courant continu, alternatif, triphasé* corriente continua, alterna, trifásica ‖ corriente; *je lui écrirai fin courant* le escribiré a fines del corriente ‖ curso, transcurso; *dans le courant de la semaine, du mois* en el transcurso de la semana, del mes ‖ FIG corriente; *le courant de l'opinion* la corriente de la opinión ‖ curso; *le courant de l'histoire* el curso de la historia ‖ TECHN ramal *m* (d'un palan) ‖ *courant en profondeur* mar de fondo ‖ ÉLECTR *courant monophasé, polyphasé* corriente monofásica, polifásica ‖ — *au courant de la plume* al correr de la pluma, a vuela pluma ‖ *être* o *mettre au courant* estar, poner al tanto *ou* al corriente ‖ FIG *remonter le courant* ponerse a flote ‖ *se tenir au courant de l'actualité* mantenerse al corriente de la actualidad.
courant, e *adj* corriente ‖ en curso, pendiente; *affaires courantes* asuntos en curso ‖ normal; *dépenses courantes* gastos normales ‖ *compte courant* cuenta corriente ‖ *d'une façon courante* normalmente ‖ FIG *écriture courante* letra cursiva ‖ *fin courant* a fin de mes ‖ *le 10 courant* el 10 del corriente *ou* de los corrientes (du mois) ‖ *main courante* barandilla (d'escalier) ‖ *mois courant* mes

corriente *ou* en curso ‖ *titre courant* folio explicativo (imprimerie) ‖ — *c'est monnaie courante* es moneda corriente *ou* común.
◆ *f* cursiva (écriture).
courbatu, e *adj* derrengado, da; lleno de agujetas ‖ cansado, da; aguado, da (chevaux).
courbature *f* cansancio *m*, derrengamiento *m* (fatigue) ‖ agujetas *pl* (douleurs) ‖ VÉTÉR aguadura, infosura.
courbaturé, e *adj* que tiene agujetas.
courbaturer *v tr* dar *ou* llenar de agujetas; *une position qui courbature* una postura que da agujetas ‖ VÉTÉR aguar, enfosar (chevaux).
courbe *adj* et *s f* curvo, va; *ligne courbe* línea curva ‖ — PHYS *courbe de charge* gráfico de carga ‖ *courbe de niveau* curva de nivel ‖ *courbe en cloche* curva de campana, curva de probabilidad.
courbé, e *adj* encorvado, da.
courber *v tr* encorvar ‖ inclinar (la tête) ‖ doblar (plier); *courber un bâton* doblar un palo ‖ — *courber le dos* inclinarse, doblegarse ‖ *courber le front* bajar la cabeza, doblar la cerviz ‖ *courber le genou* doblar la rodilla.
◆ *v intr* et *pr* encorvarse ‖ inclinarse ‖ doblarse (ployer) ‖ FIG doblarse, doblegarse, ceder; *se courber sous la volonté d'un autre* doblegarse a la voluntad de otro.
courbette *f* corveta (du cheval) ‖ FIG zalema, reverencia obsequiosa; *faire des courbettes* hacer zalemas.
courbure *f* curvatura.
coureur, euse *m* et *f* corredor, ra ‖ caballo de carreras (cheval) ‖ recadero (messager) ‖ callejero, ra; trotacalles, azotacalles (qui aime à vagabonder) ‖ asiduo, dua; *coureur de cafés* asiduo de los bares ‖ — *coureur d'aventures* aventurero ‖ *coureur de dots* cazador de dotes ‖ *coureur de filles* mujeriego, amigo de las faldas.
◆ *f* pendón *m* (femme libre).
◆ *m pl* ZOOL corredoras *f pl* (oiseaux).
courge *f* BOT calabacera (plante), calabaza (fruit) ‖ FIG & FAM calabacín *m*, imbécil *m* et *f*.
courgette *f* BOT calabacín *m*.
courir* *v intr* correr; *courir à la poursuite de quelqu'un* correr tras uno; *courir à la recherche de* correr en busca de ‖ darse prisa, correr (se dépêcher) ‖ precipitarse, correr en tropel, ir en masa, afluir (affluer) ‖ vagabundear, corretear ‖ correr, circular, propagarse (un bruit) ‖ pasar, transcurrir, correr (temps) ‖ correr, extenderse; *la route court parmi les vignes* la carretera corre entre las viñas ‖ — FIG *courir après* ir detrás, perseguir ‖ *courir à sa perte* ir hacia el abismo, ir a la ruina ‖ *courir au plus pressé* atender a lo más urgente ‖ *courir comme un dératé, à toutes jambes, à fond de train, à perdre haleine* correr como un descosido ‖ *courir sur* o *sus à* perseguir ‖ — *en courant* corriendo, de prisa ‖ *faire courir* atraer (un spectacle), hacer ir y venir (des démarches), hacer correr *ou* participar en una carrera (un coureur) ‖ *laissez courir* no se preocupe ‖ *le bruit court* corre la voz ‖ *par le temps qui court* en estos tiempos, hoy en día ‖ *par les temps qui courent* en los tiempos que corremos ‖ FAM *tu peux toujours courir* espérate sentado.
◆ *v tr* correr; *courir le cerf* correr el ciervo ‖ correr, estar expuesto a; *courir un danger* correr un peligro ‖ frecuentar, ir a menudo a; *courir les bals* frecuentar los bailes ‖ buscar, ir detrás de; *courir les honneurs* buscar los honores ‖ disputar, correr; *courir les cent mètres* correr los cien metros ‖ recorrer; *courir le monde* recorrer el mundo ‖ encontrarse en, figurar en; *cette nouvelle court les journaux* esta noticia se encuentra en los periódicos ‖ FIG buscar planes con, ir detrás de (les filles) ‖ POP jorobar, molestar (ennuyer) ‖ — FIG *courir les rues* ser corriente, encontrarse a la vuelta de la esquina ‖ *courir le guilledou* o *la prétentaine* andar de picos pardos.
courlieu [kurljø]; **courlis** [kurli] *m* ZOOL zarapito, chorlito real.
couronne *f* corona (guirlande, diadème, monnaie) ‖ coronilla (tonsure) ‖ corona (prothèse dentaire) ‖ GÉOM & ARCHIT corona ‖ IMPR tipo de papel (36 × 46 cm) ‖ MAR zuncho *m* ‖ TECHN corona, cerco *m* (cercle métallique) ‖ — *couronne d'épines* corona de espinas ‖ *couronne funéraire* o *mortuaire* corona fúnebre ‖ ASTR *couronne solaire* corona solar.
couronné, e *adj* coronado, da ‖ rodeado, da; cercado, da (entouré) ‖ dominado, da (surplombé) ‖ con una corona (dent) ‖ FIG galardonado, da; premiado, da; laureado, da; *ouvrage couronné par* obra galardonada por ‖ VÉTÉR herido, da; en la rodilla (cheval).
couronnement *m* coronamiento, coronación *f* (d'un souverain) ‖ ARCHIT remate, coronamiento ‖ FIG broche final, remate, colofón, fin; *le couronnement d'une carrière* el broche final de una carrera.
couronner *v tr* coronar ‖ dominar; *les montagnes couronnent la ville* las montañas dominan la ciudad ‖ rodear, cercar (entourer) ‖ poner una corona (une dent) ‖ galardonar, premiar, laurear (un ouvrage, un artiste) ‖ ser el remate, el colofón, el broche final (être le point culminant) ‖ realizar, cumplir, satisfacer (vœux).
◆ *v pr* cubrirse; *les arbres se couronnent de fleurs* los árboles se cubren de flores ‖ VÉTÉR herirse en la rodilla (cheval).
courre *v tr* et *intr* (vx) correr ‖ *chasse à courre* caza de montería.
— OBSERV Hoy sólo se usa como voz de montería en el sentido de «perseguir a la caza».
courrier *m* correo; *par retour du courrier* a vuelta de correo ‖ correo (qui porte les lettres) ‖ propio, mensajero (messager) ‖ correspondencia *f*, correo; *écrire, expédier le courrier* escribir, enviar la correspondencia ‖ crónica *f* (rubrique d'un journal); *courrier théâtral* crónica teatral ‖ — *courrier des lecteurs* cartas de los lectores al director *ou* a la dirección, escriben los lectores ‖ *courrier du cœur* consultorio sentimental ‖ *courrier électronique* correo electrónico ‖ *long-courrier* avión de recorridos de larga distancia *ou* transcontinental ‖ *moyen-courrier* avión de distancias medias *ou* continental.
courroie [kurwa] *f* correa; *courroie de transmission* correa de transmisión; *courroie de ventilateur* correa de ventilador.
courroucer* *v tr* enojar, irritar, enfurecer.
courroux [kuru] *m* ira *f*, furia *f*, indignación *f* ‖ irritación *f*, furia *f* (des éléments).
cours [ku:r] *m* curso (d'un astre, du temps, des évènements, d'un fleuve) ‖ transcurso; *au cours de l'année* en el transcurso del año ‖ clase *f*; *donner des cours particuliers* dar clases particulares; *prendre* o *suivre des cours* dar clases ‖ curso; *faire un cours de*

chimie dar un curso de química ‖ apuntes *pl*, lección *f*; *cours polycopié* apuntes a multicopista ‖ academia *f*; *cours de danse* academia de baile ‖ precio, cotización *f*; *cours des Halles* precios del mercado central ‖ cotización *f* (Bourse) ‖ circulación *f*; *des billets en cours* billetes en circulación ‖ curso; *avoir cours légal* tener curso legal ‖ paseo, alameda *f* (promenade publique); *le Cours-la-Reine, à Paris* el paseo de la Reina, en París ‖ corriente *f*; *suivre le cours d'un fleuve* seguir la corriente de un río ‖ boga *f*, actualidad *f*, uso; *cette mode n'a plus cours* esta moda ha perdido actualidad ‖ — *cours d'eau* río ‖ *cours d'ouverture, premier cours* cotización inicial ‖ *cours du change* cambio ‖ *cours du soir* clase nocturna ‖ *cours élémentaire* segundo y tercer año de la escuela primaria [en España 2° y 3° de E.G.B.]; ‖ *cours moyen* cuarto y quinto año de la escuela primaria [en España 4° y 5° de E.G.B.]; ‖ *cours par correspondance* enseñanza por correspondencia ‖ *cours préparatoire* primer año de la escuela primaria [en España, 1° de E.G.B.]; ‖ *cours privé* academia ‖ — *au cours de* durante, en el transcurso de ‖ *au cours des siècles* al correr de los siglos ‖ MAR *au long cours* de altura ‖ *dernier cours, cours de clôture* cotización al cierre ‖ *en cours* pendiente, en curso ‖ *en cours de route* en el camino ‖ — *donner cours à* dar crédito a, hacer caso de ‖ *donner libre cours à* dar rienda suelta a ‖ *faire cours* dar clase ‖ *faire un cours de* dar una clase de, enseñar la asignatura de ‖ *prendre son cours* nacer (fleuve), comenzar a usarse (mot) ‖ *reprendre son cours* volver a su cauce ‖ *suivre des cours* cursar estudios (faire des études) ‖ *suivre son cours* seguir su camino ‖ *suivre un cours* seguir un curso, cursar.

course *f* carrera (action, allure); *prendre la course* emprender la carrera ‖ carrera (sports) ‖ trayecto *m*, recorrido *m*, carrera (espace); *une longue course* una carrera larga ‖ mandado *m*, encargo *m*, compra; *faire les courses* hacer los mandados (commissions), ir de compras (achats) ‖ carrera (taxi) ‖ corrida (de taureaux) ‖ transcurso *m*, curso *m* (du temps) ‖ curso *m* (d'un astre) ‖ trayectoria (d'une balle) ‖ MAR corso *m*; *armer en course* armar en corso ‖ MÉCAN recorrido *m*, carrera; *la course d'un piston* el recorrido de un émbolo ‖ — *course aux armements* carrera de armamentos ‖ *course de marcheurs* competición de marcha ‖ *course de vitesse* carrera de velocidad ‖ *course d'obstacles* carrera de obstáculos ‖ *course par étapes* o *d'étapes* carrera de etapas ‖ *champ de courses* hipódromo ‖ *garçon de courses* recadero ‖ — *à bout de course* sin poder más; reventado, da ‖ *au pas de course* a paso de carga ‖ *en fin de course* en el ocaso, al final ‖ *être dans la course* estar a la altura (a la hauteur), estar en el ajo ‖ *jouer aux courses* apostar en las carreras (hippisme) ‖ *n'être pas dans la course* no estar en el ajo.

courser *v tr* perseguir.

coursier, ère *m* et *f* recadero, ra.

coursive *f* MAR crujía.

court *m* pista *f* de tenis [(amér) cancha *f*] (terrain) ‖ *court couvert* pista cubierta ‖ *court découvert* pista descubierta.

court, e [kuːr, kurt] *adj* corto, ta (de faible longueur, bref); *robe trop courte* vestido demasiado corto ‖ escaso, sa; *le repas va être un peu court* la comida va a resultar escasa ‖ — *courte honte* humillación *f* ‖ *courte paille* paja; *jouer à la courte paille* echar pajas ‖ CINÉM *court métrage* cortome-

traje ‖ — *avoir la mémoire courte* tener mala memoria; ser olvidadizo, za ‖ *avoir la vue courte* ser corto, ta de vista ‖ *faire la courte échelle à quelqu'un* hacerle la silla de la reina a alguien, hacer estribo con las manos, aupar a alguien.

◆ *adv* corto ‖ — *pour faire court* para ser breve ‖ *tout court* a secas, solamente, nada más; *s'appeler Jean tout court* llamarse Juan a secas; muy corto; *cheveux coupés tout court* pelo cortado muy corto; en seco; *s'arrêter tout court* pararse en seco ‖ — *arrêter* o *s'arrêter court, couper court* pararse en seco ‖ *ça fait court* no es suficiente ‖ *couper court à* poner término a, dar fin a, salir al paso de ‖ *demeurer* o *rester* o *se trouver court* quedarse cortado ‖ *être à court* estar apurado *ou* en un apuro ‖ *être à court de* o *court de* andar escaso de, estar falto de ‖ *être à court d'argent* estar apurado ‖ *prendre de court* coger desprevenido ‖ *tourner court* volver bruscamente la esquina (changer de direction), pararse en seco (s'arrêter).

◆ *m le plus court* lo más rápido.

courtage *m* corretaje.

courtaud, e [kurto, oːd] *adj* et *s* FAM rechoncho, cha; retaco, ca (personnes) ‖ rabón y desorejado, da (animaux).

court-bouillon [kurbujɔ̃] *m* CULIN caldo corto, media salsa *f* para cocer pescado.
— OBSERV *pl courts-bouillons*.

court-circuit [-sirkɥi] *m* ÉLECTR cortocircuito.
— OBSERV *pl courts-circuits*.

court-circuiter *v tr* ÉLECTR poner en cortocircuito ‖ FIG saltarse.

courtepointe *f* cubrecama *m*, colcha guateada.

courtier, ère *m* et *f* COMM corredor, ra; *courtier de change* corredor de cambio ‖ agente; *courtier d'assurances* agente de seguros.

courtilière *f* ZOOL cortón *m*, grillo real *m*, alacrán *m*, cebollero.

courtine *f* (vx) cortina (ameublement) ‖ MIL cortina.

courtisan *adj* et *s m* cortesano, na; palaciego, ga (de la cour) ‖ adulador, ra (flatteur) ‖ galanteador, ra (qui courtise).

courtisane *f* cortesana, ramera.

courtiser *v tr* cortejar ‖ hacer la corte, hacer el amor (faire la cour) ‖ FIG *courtiser les Muses* poetizar, componer versos.

court-jus *m* FAM cortocircuito.
— OBSERV *pl courts-jus*.

court-métrage; court métrage *m* CINÉM cortometraje, corto metraje, corto (fam).
— OBSERV *pl courts-métrages; courts métrages*.

courtois, e [kurtwa, waːz] *adj* cortés; atento, ta ‖ *littérature courtoise* literatura cortesana.

courtoisement *adv* cortésmente, con cortesía.

courtoisie *f* cortesía (politesse) ‖ cortesanía (civilité).

court-vêtu, e *adj* que lleva vestidos muy cortos.
— OBSERV *pl court-vêtus, es*.

couru, e *adj* solicitado, da (sollicité) ‖ buscado, da (recherché) ‖ concurrido, da (spectacle, endroit) ‖ FIG & FAM *c'est couru* es cierto, está visto.

couscous [kuskus] *m* CULIN alcuzcuz.

cousin, e *m* et *f* primo, ma; *cousin germain* primo hermano *ou* carnal; *cousin issu de germain* primo segundo ‖ FAM amigo, ga; compadre ‖ mos-

cousinage

quito (moustique) || *cousin à la mode de Bretagne* medio pariente, primo lejano.

cousinage *m* primazgo (entre cousins) || parentela *f* (toutes sortes de parents).

coussin *m* cojín, almohadón (oreiller) || mundillo (dentelle) || TECHN almohadilla *f* || TECHN *coussin d'air* cojín de aire.

coussinet *m* almohadilla *f* (petit coussin) || rodete (pour la tête) || ARCHIT almohadilla *f*, almohadón (d'un arc) || TECHN cojinete.

cousu, e *adj* cosido, da; *cousu main* cosido a mano || *— bouche cousue!* ¡punto en boca! || *c'est cousu de fil blanc* es claro como el agua || FIG *cousu d'or* forrado de oro, riquísimo.

coût *m* coste, costo (prix); *coût de production* coste de producción; *coût de la vie* coste de (la), vida, precio; *le coût d'une imprudence* el precio de una imprudencia.

coûtant *adj* Úsase en la locución *à prix coûtant* a precio de coste.

couteau *m* cuchillo; *couteau à dessert* cuchillo de postre || navaja *f* (mollusque) || cuchilla *f* (couperet) || cuchillo (de la balance) || *— couteau à cran d'arrêt* navaja de muelle || *couteau à palette* espátula (de peintre) || *couteau à papier* plegadera || *couteau de chasse* cuchillo de monte || *couteau de cuisine* cuchillo de cocina || *couteau de poche* navaja || *coup de couteau* cuchillada, navajazo, puñalada || *— avoir le couteau sur la gorge* estar con el puñal en el pecho || *être à couteaux tirés* estar a matar || *être taillé au couteau* estar cortado con una cuchilla || *jouer du couteau* andar a navajazos || *retourner le couteau dans la plaie* avivar la herida, herir en carne viva.

couteau-scie *m* cuchillo de sierra.
— OBSERV pl *couteaux-scies.*

coutelas [kutlɑ] *m* machete (sabre court) || faca *f* (grand couteau) || MAR ala *f* de gavias y de juanete.

coutellerie [kutɛlri] *f* cuchillería.

coûter *v intr* et *tr* costar; *coûter cher* costar caro || FIG ser penoso, costar; *un aveu qui coûte* una confesión que cuesta; *cette démarche lui a beaucoup coûté* le ha costado mucho dar este paso || *— combien ça coûte?* ¿cuánto cuesta? || FIG & FAM *coûte que coûte* cueste lo que cueste, a toda costa || *coûter la vie* costar la vida || FAM *coûter les yeux de la tête* costar un ojo de la cara, costar un sentido *ou* un riñón || *il en coûte de* cuesta mucho.

coûteux, euse *adj* costoso, sa.

coutil [kuti] *m* cutí, cotí, terliz (tissu pour literie et ameublement) || dril (pour vêtements).

coutume *f* costumbre (habitude); *chaque pays a ses coutumes* cada país tiene sus costumbres || DR derecho *m* consuetudinario || *— de coutume* de costumbre, de ordinario, habitualmente || *us et coutumes* usos y costumbres || *— avoir coutume de* soler, tener la costumbre de || *une fois n'est pas coutume* pase por una vez.

coutumier, ère *adj* acostumbrado, da (habituel) || DR consuetudinario, ria || *— coutumier du fait* reincidente || *être coutumier d'une chose* acostumbrar hacer una cosa.

couture *f* costura (assemblage) || costura; *la haute couture* la alta costura || cicatriz, costurón *m* (cicatrice) || MAR costura || *— examiner sous* o *sur toutes les coutures* examinar por todas partes, escudriñar || *travailler dans la couture* trabajar de costurera || — FAM *battre à plate couture* derrotar por completo.

couturé, e *adj* lleno, na de costurones, de cicatrices; *avoir le visage tout couturé* tener el rostro lleno de cicatrices.

couturier, ère *m* et *f* costurero, ra (qui coud) || modisto, ta (qui crée); *les grands couturiers* los modistos de alta costura.

couvaison *f* incubación.

couvée *f* empolladura, pollazón, nidada (d'oiseaux) || pollada, parvada (de poussins) || nidada (nichée) || FIG & FAM prole, familia.

couvent [kuvɑ̃] *m* convento || colegio de monjas.

couver *v tr* empollar, incubar (les œufs) || alimentar, abrigar, cobijar; *couver une ambition démesurée* alimentar una ambición desmedida || — FIG *couver des yeux* o *du regard* comerse con los ojos, no quitar los ojos de || *couver une maladie* incubar una enfermedad, tener una enfermedad en estado de incubación || FAM *couver quelqu'un* rodear de atenciones a alguien, mimar a alguien.
◆ *v intr* prepararse en silencio, estar latente, incubarse; *complot qui couve* complot que se prepara en silencio || *— il faut laisser couver cela* hay que dejar tiempo al tiempo, hay que dejar madurar || *le feu couve sous la cendre* aún quedan rescoldos.

couvercle *m* tapadera *f* (d'un récipient) || tapa *f* (d'un coffre, etc.).

couvert, e [kuvɛːr, ɛrt] *adj* cubierto, ta || abrigado, da (avec un vêtement) || arropado, da; tapado, da; *bien couvert dans son lit* muy arropado en su cama || con sombrero; cubierto, ta (le chapeau sur la tête) || arbolado, da (boisé) || empañada, tomada (voix) || cargado, da; lleno, na; *un arbre couvert de fruits* un árbol cargado de frutas || FIG defendido, da; protegido, da (protégé) | nublado, da; encapotado, da; cerrado, da (temps) || MAR protegido, da; *batterie couverte* batería protegida || *— mots* o *termes couverts* palabras encubiertas, indirectas || *restez couvert* no se quite el sombrero, no se descubra.
◆ *m* cubierto (pour manger) || comida *f* (nourriture) || refugio, abrigo (refuge) || *à couvert* a cubierto || *le vivre et le couvert* casa y comida || *sous le couvert de* so capa de || *— avoir son couvert mis chez quelqu'un* tener mesa franca en casa de uno || *être à couvert* estar a cubierto || *mettre, ôter le couvert* poner, quitar la mesa || COMM *vendre à couvert* vender en firme.

couverture *f* cubierta, cobertura (ce qui sert à couvrir) || tapa, cubierta, encuadernación (reliure) || forro *m* (pour protéger un livre) || portada (d'un magazine) || manta (de lit); *couverture chauffante* manta térmica || máscara, pretexto *m*; *sous couverture de* so pretexto de || ARCHIT cubierta, techumbre (toiture) || COMM fianza (garantie) || cobertura (or garantissant le papier monnaie) || MIL cobertura; *troupes de couverture* tropas de cobertura || ZOOL cobija (plume) || *— couverture sociale* protección de la Seguridad Social || *tirer la couverture à soi* barrer para adentro, arrimar el ascua a su sardina.

couveuse *f* clueca, llueca (poule) || ponedora; *cette poule est une bonne couveuse* esta gallina es una buena ponedora || incubadora (d'œufs, d'enfants).

couvre-chef *f* FAM sombrero, toca *f*, chapeo.
— OBSERV pl *couvre-chefs.*

couvre-feu *m* queda *f* (heure); *sonner le couvre-feu* tocar a queda ∥ cobertera *f*, tapadera *f* (de fourneau) ∥ MIL toque de queda (signal).
— OBSERV pl *couvre-feux*.
couvre-lit *m* colcha *f*, cubrecama.
— OBSERV pl *couvre-lits*.
couvre-pieds; couvre-pied *m* cubrepiés.
— OBSERV pl *couvre-pieds*.
couvreur *m* techador ∥ tejador (tuile) ∥ pizarrero (ardoise) ∥ plomero (zinc) ∥ retejador (qui répare).
couvrir* *v tr* cubrir; *couvrir d'un voile* cubrir con un velo ∥ tapar; *couvrir la marmite* tapar la olla ∥ abrigar; *bien couvrir un enfant* abrigar bien a un niño ∥ forrar (un livre) ∥ recorrer; *couvrir une distance* recorrer una distancia ∥ cubrir, compensar; *ses recettes couvrent les dépenses* los ingresos cubren los gastos ∥ cubrir, sufragar (les frais) ∥ cubrir, ahogar, dominar; *l'orchestre couvrait la voix des chanteurs* la orquesta cubría la voz de los cantantes ∥ anular, borrar, suprimir (effacer) ∥ proteger; *couvrir une frontière avec des troupes* proteger una frontera con tropas ∥ encubrir, ocultar (cacher) ∥ hacerse responsable de, justificar; *couvrir la faute d'un subordonné* hacerse responsable de la falta de un subordinado ∥ aplicarse; *cette loi couvre tous les citoyens* esta ley se aplica a todos los ciudadanos ∥ cubrir, poner un tejado (una maison) ∥ FIG cubrir, colmar, llenar; *couvrir de gloire* cubrir de gloria ∥ ZOOL cubrir (les animaux), pisar (le coq).
◆ *v pr* cubrirse, ponerse el sombrero (la tête) ∥ cubrirse; *se couvrir d'un risque par une assurance* cubrirse de un riesgo con un seguro ∥ nublarse, encapotarse (le ciel) ∥ abrigarse (avec des vêtements), taparse, arroparse (au lit).
cover-girl [kɔvəgəːl] *f* cover-girl, modelo *m* publicitario, presentadora.
— OBSERV pl *cover-girls*.
cow-boy [kaubɔj] *m* cow-boy, vaquero [*(amér)* gaucho].
— OBSERV pl *cow-boys*.
coxal, e *adj* ANAT coxal [de la cadera].
coyote *m* coyote (loup américain).
C.P. abrév de *cours préparatoire* curso preescolar.
C.P.A.M. abrév de *caisse primaire d'assurance maladie* caja nacional de la Seguridad Social [en Francia].
c.p.s. abrév de *caractères par seconde* cps, caracteres por segundo.
cpt abrév de *comptant* al contado.
C.Q.F.D. abrév de *ce qu'il fallait démontrer* QED, quod erat demonstrandum.
crabe *m* ZOOL cangrejo de mar.
crac! *interj* ¡crac! (bruit) ∥ ¡zas! (soudaineté).
crachat *m* escupitajo, gargajo, salivazo ∥ MÉD esputo; *un crachat de sang* un esputo de sangre ∥ FAM placa *f*, cruz *f*, medalla *f* (décoration).
craché, e *adj* FAM pintado, da; clavado, da; *c'est son père tout craché* es su padre clavado ∥ *c'est son portrait tout craché* es su vivo retrato.
cracher *v tr* escupir; *cracher par terre* escupir al suelo ∥ esputar; *cracher du sang* esputar sangre ∥ arrojar; *volcan qui crache des laves* volcán que arroja lava ∥ POP soltar (débourser) ∥ FIG soltar, largar, proferir; *cracher des injures* proferir injurias.
◆ *v intr* escupir, esputar ∥ salpicar (éclabousser) ∥ raspear (la plume) ∥ FAM escupir, despreciar (mépriser) ∥ RAD hacer ruido, chisporrotear.

cracheur, euse *adj et s* que escupe mucho ∥ *cracheur de feu* comefuegos.
crachin *m* llovizna *f*, calabobos, sirimiri, orvallo.
crachoir *m* escupidera *f* ∥ POP *tenir le crachoir à* charlotear con.
crachoter *v intr* escupitinear, escupir con frecuencia.
crack *m* crack, favorito (poulain favori aux courses) ∥ FAM hacha, as; *c'est un crack en mathématiques* es un hacha en matemáticas ∥ POP crack (cocaïne).
cracker *m* cracker *f*.
Cracovie *n pr* GÉOGR Cracovia.
cradingue; crado; crade *adj* POP guarro, rra.
craie [krɛ] *f* tiza (pour tableau noir) ∥ jaboncillo *m* (de tailleur) ∥ MIN creta.
craignos *adj* POP cutre.
◆ *m et f* POP cutre, macarra.
craindre* *v tr* temer; *il craint que tu ne parles* teme que hables; *il craint que tu ne parles pas* teme que no hables ∥ tener miedo; *je crains certains plats épicés* tengo miedo a ciertos platos fuertes ∥ *craint l'humidité* se altera con la humedad.
crainte *f* temor *m*; *dans la crainte de* con el temor de ∥ *— de crainte que* o *de* por temor de que, temiendo que ∥ *par crainte de* temiendo que, con el temor de.
craintif, ive *adj* temeroso, sa ∥ tímido, da.
cramer *v tr et intr* quemar, chamuscarse.
cramoisi, e *adj et s m* carmesí.
crampe *f* calambre *m* (des muscles), tirón *m* ∥ dolor *m* (de l'estomac) ∥ FIG & FAM lata, rollo *m* (ennui), lapa, pelma (personne).
crampon *m* grapa *f*, laña *f* (pour unir) ∥ garfio, escarpia *f* (pour saisir) ∥ ramplón (du fer à cheval) ∥ crampón (montagne) ∥ BOT zarcillo adventicio ∥ FAM lapa *f*, pelma, latoso, sa; pesado, da ∥ SPORTS taco (de chaussures).
cramponner *v tr* engrapar, enganchar, trabar (attacher) ∥ FAM fastidiar, molestar (importuner).
◆ *v pr* agarrarse, aferrarse (s'accrocher) ∥ FAM pegarse como una lapa.
cran *m* muesca *f* (encoche) ∥ FIG punto, paso, división *f*; *avancer, baisser d'un cran* adelantar un paso, bajar un punto ∥ agujero (d'une ceinture) ∥ ondulación *f* (cheveux) ∥ FAM arrojo, hígados *pl*, agallas *f pl* (courage) ∥ IMPR cran (d'un caractère) ∥ *— cran d'arrêt* muelle ∥ *cran de mire* mira ∥ *cran de sûreté* seguro ∥ FAM *être à cran* no tenerse de nervios.
crâne *m* ANAT cráneo ∥ calavera *f* (de squelette) ∥ FAM *bourrer le crâne à quelqu'un* hincharle a uno la cabeza.
crâner *v tr* fanfarronear, darse importancia, chulearse, presumir.
crâneur, euse *adj et s* FAM fanfarrón, ona ∥ presumido, da; chulapón, ona; orgulloso, sa.
crânien, enne *adj* craneano, na; craneal; *voûte crânienne* bóveda craneana.
cranter *v tr* hacer muescas.
crapahuter; crapaüter *v intr* POP hacer una marcha.
crapaud [krapo] *m* sapo ∥ sillón bajo, poltrona *f* (fauteuil) ∥ jardín, defecto (d'une pierre précieuse) ∥ piano de cola pequeño (piano) ∥ MAR noray ∥ MIL

cureña *f* (de mortier) ‖ VÉTÉR galápago (ulcère du cheval) ‖ *laid comme un crapaud* más feo que Picio.
crapaüter *v intr* POP → **crapahuter**.
crapette *f* tip y tap *m*, solitario *m* jugado por dos personas.
crapule *f* crápula.
crapuleux, euse *adj* crapuloso, sa ‖ indecente; *c'est un bar crapuleux* es un bar indecente.
craquage *m* TECHN cracking, craqueo; *craquage catalytique* craqueo catalítico.
craquelé, e *adj et s* grieteado, da (céramique).
craqueler* *v tr* grietear, resquebrajar.
craquelin *m* bizcocho seco y crujiente.
craquelure *f* resquebrajadura (du vernis).
craquement *m* crujido.
craquer *v intr* crujir ‖ deshacerse, romperse (se casser) ‖ reventarse (chaussures) ‖ abrirse, resquebrajarse (plafond) ‖ estallar (vêtement) ‖ FIG desmoronarse, tambalearse (une affaire, un régime) ‖ fallar, fracasar, venirse abajo ‖ frotar (allumette) ‖ *plein à craquer* lleno hasta los topes.
◆ *v tr* desgarrar, romper (déchirer) ‖ FAM malbaratar, despilfarrar (gaspiller).
craqueter* *v intr* castañear ‖ chirriar (les oiseaux).
crash [kraʃ] *m* AVIAT toma *f* de tierra forzosa de un avión en el que no funciona el tren de aterrizaje.
crasher (se) *v pr* FAM pegársela.
crassane *f* BOT variedad de pera de agua.
crasse *f* mugre, roña, churre *m* (saleté) ‖ porquería (objet de peu de valeur) ‖ FIG miseria ‖ roñería, tacañería (avarice) | niebla espesa (brouillard) ‖ POP faena, jugarreta, jugada; *faire une crasse à quelqu'un* hacer una jugarreta a uno.
◆ *pl* MIN grasas, granzas (scories).
◆ *adj* craso, sa; *ignorance crasse* ignorancia crasa ‖ *erreur crasse* error garrafal.
crasseux, euse *adj et s* mugriento, ta (sale) ‖ miserable, pobretón, ona (pauvre) ‖ FIG & FAM tacaño, ña; roñica (avare).
cratère *m* cráter (volcans) ‖ crátera *f* (coupe antique).
cravache *f* fusta (de cavalier).
cravacher *v tr* golpear *ou* azotar con la fusta.
◆ *v intr* darse una paliza, matarse (s'éreinter).
cravate *f* corbata (de drapeau) ‖ corbata (de cou) ‖ cuello *m* (de fourrure) ‖ MAR cabo *m* (cordage) ‖ FIG *cravate de chanvre* la cuerda de la horca ‖ POP *s'en jeter un derrière la cravate* echarse un trago al coleto.
cravater *v tr* poner la corbata ‖ — *cravaté de corbata* ‖ *être cravaté de soie* llevar una corbata *ou* un pañuelo de seda.
crawl [kroːl] *m* crol (nage).
crawler [krole] *v intr* nadar crol.
crayeux, euse *adj* cretáceo, a; gredoso, sa.
crayon [krɛjɔ̃] *m* lápiz, lapicero ‖ dibujo al lápiz (dessin) ‖ FIG manera *f* de dibujar ‖ — *crayon à bille* bolígrafo ‖ TECHN *crayon à souder* barrita *ou* varilla de soldar ‖ *crayon d'ardoise* pizarrín ‖ *crayon de couleur* lápiz de color ‖ *crayon de rouge à lèvres* lápiz *ou* barra de labios ‖ *crayon feutre* rotulador ‖ *crayon gras* lápiz graso [(amér.) crayola] ‖ *crayon optique* pluma óptica *ou* luminosa ‖ — *écrire au crayon* escribir con lápiz.

crayonnage *m* dibujo a lápiz (dessin).
crayonner *v tr* esbozar al lápiz, diseñar (ébaucher) ‖ llenar de trazos de lápiz, emborronar con lápiz (faire des traits) ‖ FIG bosquejar, esbozar.
créance *f* crédito *m* (confiance); *donner créance* dar crédito ‖ creencia, fe (croyance) ‖ COMM crédito ‖ — *créance irrécouvrable* deuda incobrable ‖ *lettres de créance* credenciales, cartas credenciales ‖ — *donner créance à quelque chose* hacer que algo sea verosímil ‖ *trouver créance auprès de* ser creído por.
créancier, ère *m et f* acreedor, ra.
créateur, trice *adj et s* creador, ra ‖ inventor, ra ‖ *le Créateur* el Criador (Dieu).
créatif, ive *adj* creativo, va.
créatine *f* creatina.
création *f* creación ‖ — INFORM *création de fichier* creación de fichero ‖ *création d'emplois* creación de puestos de trabajo ‖ *création monétaire* creación de dinero.
créativité *f* creatividad.
créature *f* criatura ‖ FIG paniaguado *m*, protegido *m* (protégé) ‖ mujer de la vida libre.
crécelle *f* carraca, matraca (moulinet) ‖ FIG chicharra (bavard) ‖ — *crécelle de lépreux* tablillas de San Lázaro ‖ *voix de crécelle* voz chillona.
crèche *f* pesebre *m* (mangeoire) ‖ nacimiento *m*, belén *m* (pour Noël) ‖ guardería infantil (pour enfants).
crécher *v intr* POP anidar.
crédibiliser *v tr* dar credibilidad.
crédibilité *f* credibilidad.
crédible *adj* creíble.
C.R.E.D.I.F.; Credif abrév de *Centre de recherches et d'études pour la diffusion du français* Centro de Investigaciones y Estudios para la Difusión del Francés.
crédit *m* crédito (solvabilité) ‖ plazo, crédito; *acheter à crédit* comprar a plazos; *crédit à court, long terme* crédito a corto, largo plazo ‖ COMM haber (comptabilité) ‖ FIG crédito; *accorder crédit* dar crédito ‖ — *crédit foncier* crédito inmobiliario ‖ *crédit hypothécaire* crédito hipotecario ‖ *crédit municipal* denominación actual del Monte de Piedad ‖ *crédit relais* crédito de empalme, financiamiento transitorio ‖ *encadrement du crédit* restricciones de crédito ‖ *lettre de crédit* carta de crédito ‖ *ouverture de crédit* apertura de crédito ‖ — *de crédit* crediticio, cia ‖ *faire crédit* fiarse, dar crédito ‖ *la maison ne fait pas de crédit* no se fía ‖ *porter au crédit* abonar en cuenta.
crédit-bail *m* ÉCON leasing, arrendamiento financiero.
— OBSERV pl *crédits-bails*.
créditer *v tr* COMM abonar en cuenta (comptabilité).
créditeur, trice *adj et s* acreedor, ra.
credo *m inv* credo ‖ *credo politique* doctrina, credo *ou* pensamiento político.
crédule *adj et s* crédulo, la.
crédulité *f* credulidad.
créer [kree] *v tr* crear.
crémaillère *f* llares *m pl* (de cuisine) ‖ TECHN cremallera; *chemin de fer à crémaillère* ferrocarril de cremallera ‖ AUTOM *direction à crémaillère* dirección

por cremallera ‖ *pendre la crémaillère* inaugurar la casa [invitando a los amigos].

crématoire *adj* crematorio, ria; *four crématoire* horno crematorio.

crématorium *m* crematorio.

crème *f* nata (du lait) ‖ natilla (entremets) ‖ crema (cosmétique) ‖ — *crème à raser* espuma de afeitar ‖ *crème caramel, renversée* flan ‖ *crème Chantilly* chantillí ‖ *crème de cacao* licor de cacao ‖ *crème de jour* crema de día ‖ *crème de nuit* crema de noche ‖ *crème de tartre* crémor tartárico ‖ *crème fouettée* nata batida ‖ *crème fraîche* nata ‖ *crème glacée* helado ‖ — *café crème* o *un crème* café con leche ‖ *la crème* la crema, la flor y nata (le meilleur).

◆ *adj inv* crema (couleur).

crémerie [krɛmri] *f* mantequería, lechería.

crémeux, euse *adj* cremoso, sa; mantecoso, sa.

crémier, ère *m* et *f* mantequero, ra; lechero, ra.

crémone *f* falleba (de fenêtre).

créneau *m* almena *f* (denteture d'un mur, d'un parapet) ‖ aspillera *f*, tronera *f* (meurtrière) ‖ AUTOM *faire un créneau* aparcar en cordón [*(amér)* aparcar entre dos coches].

crénelé, e *adj* almenado, da ‖ acordonado, da (monnaies) ‖ BLAS dentellado, da ‖ FIG dentado, da (dentelé).

créneler* *v tr* almenar ‖ acordonar (monnaies) ‖ FIG dentar (denteler).

créole *adj* et *s* criollo, lla (né aux colonies) ‖ lengua *f* criolla ‖ CULIN *riz à la créole* arroz en blanco.

crêpe *m* crespón (tissu) ‖ gasa *f* (de deuil) ‖ crepé, caucho laminado; *semelles de crêpe* suelas de crepé ‖ *crêpe de Chine* crespón de China.

◆ *f* CULIN crepe *m*.

crêper *v tr* encrespar ‖ cardar (cheveux) ‖ FAM *se crêper le chignon* agarrarse *ou* tirarse del moño.

crêperie *f* creperie.

crépi *m* revestimiento de argamasa (au ciment) ‖ enlucido, revoque (à la chaux).

crêpière *f* plancha (plaque électrique) ‖ sartén para hacer crepes (poêle).

crépine *f* franja, cenefa (frange) ‖ redaño *m* (d'une bête) ‖ TECHN alcachofa (d'un filtre).

crépinette *f* salchicha aplastada ‖ BOT centinodia.

crépir *v tr* revestir con argamasa ‖ enlucir, revocar, enjalbegar.

crépitation *f* ; **crépitement** *m* crepitación *f*.

crépiter *v intr* crepitar, restallar.

crépon *m* crespón (tissu) ‖ *papier crépon* papel crepé.

C.R.E.P.S. abrév de *Centre régional d'éducation physique et sportive* centro regional de educación física y deportiva [Francia].

crépu, e *adj* crespo, pa (cheveux) ‖ BOT ondeado, da; rizado, da.

crépusculaire *adj* crepuscular.

crépuscule *m* crepúsculo.

crescendo [kreʃendo] *m* MUS crescendo.

◆ *adv* en aumento, crescendo ‖ *aller crescendo* ir aumentando.

cresson [kresɔ̃] *m* berro ‖ — *cresson alénois* mastuerzo ‖ *cresson de fontaine* berro de agua.

Crésus *n pr m* Creso ‖ *il est riche comme Crésus* tiene más millones que pesa.

crétacé, e *adj* et *s m* cretáceo, a.

crête *f* cresta (oiseau) ‖ coronación (d'un barrage) ‖ cresteria (fortification) ‖ ARCHIT cresteria ‖ FIG cresta (d'une montagne, d'une vague) ‖ MÉD cresta (excroissance).

Crète *n pr f* GÉOGR Creta.

crétin, e *adj* et *s* cretino, na.

crétinerie *f* FAM cretinismo *m*, estupidez.

crétiniser *v tr* atontar, embrutecer.

crétinisme *m* cretinismo.

crétois, e *adj* cretense.

Crétois, e *m* et *f* cretense.

cretonne *f* cretona (tissu).

creusage; creusement *m* cavadura *f*, cavazón *f* (terres) ‖ construcción *f* (d'un tunnel) ‖ excavación *f* (de tranchées).

creuser *v intr* et *tr* cavar; *creuser un puits* cavar un pozo ‖ ahondar (approfondir) ‖ excavar, abrir (des tranchées) ‖ ahuecar (faire un creux) ‖ abrir (sillon) ‖ surcar, llenar (de rides) ‖ hundir, chupar (amaigrir) ‖ FIG sondear (sonder) ‖ profundizar, ahondar, calar hondo (une question) ‖ — *ça creuse* abre el apetito ‖ *creuser l'estomac* abrir el apetito ‖ *creuser sa fosse* o *son tombeau* abrir su tumba ‖ *creuser un abîme entre* abrir un abismo entre.

◆ *v pr* ahuecarse (devenir creux) ‖ hundirse (les yeux, etc.) ‖ FIG *se creuser la tête* o *l'esprit* o *le cerveau* o *la cervelle* devanarse los sesos, romperse la cabeza.

creuset [krœzɛ] *m* crisol.

creux, euse [krø, ø:z] *adj* hueco, ca (qui a une cavité) ‖ encajonado, da (chemin, vallée) ‖ huero, ra; vacío, cía (idée) ‖ hundido, da (yeux, joues) ‖ ahuecado, da; cavernoso, sa (voix) ‖ poco numeroso, sa; de un nivel inferior (réduit) ‖ *assiette creuse* plato hondo ‖ MIL *classe creuse* quinta de efectivos reducidos ‖ *heure creuse* hora de menor consumo (électricité), hora de poca actividad (autobus, usine), rato perdido, hora libre *ou* horas muertas (dans un horaire) ‖ *saison creuse* temporada baja ‖ *son creux* sonido hueco ‖ *tête creuse* cabeza vacía, llena de pajaritos ‖ — *avoir le nez creux* tener olfato ‖ *avoir le ventre creux* tener el vientre vacío ‖ *il n'y en a pas pour la dent creuse* no hay ni para una muela ‖ *sonner creux* sonar a hueco.

◆ *m* hueco (cavité), vacío (vide) ‖ cavidad *f* ‖ depresión *f* ‖ vaciado (moule) ‖ lo más profundo, la parte *f* más profunda ‖ MAR altura *f* (des vagues) | puntal ‖ — *creux de la main* hueco de la mano ‖ *creux de l'estomac* boca del estómago ‖ *gravure en creux* huecograbado ‖ — MUS *avoir un bon creux* tener una buena voz de bajo ‖ FAM *avoir un creux dans l'estomac* tener el estómago vacío, tener hambre.

crevaison *f* pinchazo *m* (d'un pneu).

crevant, e *adj* FAM agobiante; reventador, ra (épuisant) | para morirse de risa, mondante, desopilante (très drôle).

crevasse *f* grieta, hendidura (terres, glaciers) ‖ grieta (de la peau).

crevasser *v tr* agrietar.

crève *f* POP muerte | enfermedad grave (maladie) ‖ FAM *avoir la crève* tener un catarro de muerte.

crevé, e *adj* pinchado, da (pneus) ‖ FAM reventado, da; muerto, ta (fatigue).

◆ *m* cuchillada *f* (dans un vêtement) ‖ calavera (débauché).

crève-cœur [krɛvkœːr] *m inv* desconsuelo ‖ tormento, lástima *f*.

crève-la-faim *m inv* muerto de hambre.

crever* *v tr et intr* reventar, estallar (éclater) ‖ saltar (les yeux) ‖ pinchar (pneus) ‖ FAM reventar, palmar, estirar la pata (mourir), apiolar (tuer) ‖ descargarse (les nuages) ‖ — *crever de faim* morirse de hambre ‖ *crever de honte* reventar de vergüenza ‖ *crever d'ennui* morirse de aburrimiento, aburrirse como una ostra ‖ *crever de rire* desternillarse *ou* morirse *ou* reventar de risa ‖ *crever le cœur* partir el corazón ‖ *crever l'écran* tener mucha presencia ‖ — *cela crève les yeux* esto salta a los ojos.
◆ *v pr* FAM reventarse, matarse (se fatiguer) ‖ FIG *se crever les yeux* hacerse polvo la vista.

crevette *f* ZOOL camarón *m*, quisquilla (crevette grise) ‖ gamba (crevette rose).

C.R.F. abrév de *Croix-Rouge française* Cruz Roja francesa.

cri *m* grito; *pousser un cri* dar un grito ‖ chirrido (grincement d'un outil, etc.) ‖ voz *f* propia de los animales (animaux) ‖ clamor (de réprobation) ‖ voz *f* (appel) ‖ pregón (d'un marchand) ‖ — *cri de la conscience* voz de la conciencia ‖ *le dernier cri* la última moda, el último grito, la última palabra ‖ — *à cor et à cri* a grito pelado ‖ *à grands cris* a voces ‖ *pousser o jeter les hauts cris* poner el grito en el cielo.

criailler [-je] *v intr* graznar (oiseaux) ‖ FAM chillar, vociferar.

criant, e *adj* que grita, chillón, ona (qui crie) ‖ FIG escandaloso, sa; irritante (révoltant); *injustice criante* injusticia escandalosa | patente, flagrante; *vérité criante* verdad patente ‖ *en criant* gritando.

criard, e [kriaːr, ard] *adj et s* chillón, ona; gritón, ona ‖ FIG chillón, ona; llamativo, va (couleur, voix) | escandaloso, sa (dettes).

crible *m* criba *f*, tamiz, cedazo ‖ garbillo (de minerai) ‖ *passer au crible* pasar por el tamiz.

cribler *v tr* cribar, cerner ‖ FIG acribillar (remplir de blessures, de trous) | picar, dejar huellas (le visage) ‖ — *cribler de questions* acribillar a preguntas ‖ *être criblé de dettes* estar acribillado de deudas *ou* empeñado hasta la camisa ‖ *être criblé de trous* tener más agujeros que un colador.

cric *m* AUTOM gato.

cricket *m* criquet, cricket (jeu).

cricri *m* grillo (grillon).

criée *f* subasta (vente publique aux enchères) ‖ *acheter à la criée* comprar en pública subasta, al pregón.

crier* *v intr* gritar, chillar ‖ pregonar (pour vendre) ‖ chirriar, rechinar (grincer) ‖ chirriar (les oiseaux) ‖ FIG llamar, pedir; *crier au secours* pedir socorro | clamar; *crier à l'injustice* clamar contra la injusticia | ser chillón (couleurs) ‖ — *crier après quelqu'un* reñir a alguien ‖ *crier à tue-tête o comme un sourd o comme un putois* gritar desaforadamente, gritar a voz en cuello, dar grandes voces ‖ *crier au scandale* poner el grito en el cielo ‖ *crier sur tous les toits* divulgar a los cuatro vientos, pregonar a bombo y platillo.
◆ *v tr* gritar ‖ proclamar (à haute voix) ‖ pregonar (vente aux enchères) ‖ FIG clamar; *crier son innocence* clamar su inocencia ‖ quejarse; *crier famine* quejarse de hambre ‖ exigir, pedir; *crime qui crie vengeance* crimen que exige venganza ‖ denotar, poner de manifiesto; *ses vêtements criaient misère* su ropa denotaba su miseria ‖ — *crier casse-cou* avisar de un peligro ‖ *crier famine sur un tas de blé* quejarse de vicio ‖ *crier gare* advertir ou poner en guardia de un peligro ‖ *crier grâce* pedir merced ‖ *crier merveille, miracle* admirarse, maravillarse ‖ *sans crier gare* sin el menor aviso.

crieur, euse [kriœːr, øːz] *adj et s* chillón, ona; gritador, ra; voceador, ra ‖ — *crieur de journaux* vendedor ambulante de periódicos ‖ *crieur public* pregonero.

crime *m* crimen.

Crimée *n pr f* GÉOGR Crimea.

criminaliser *v tr* DR convertir en criminal una causa civil.

criminalité *f* criminalidad.

criminel, elle *adj et s* criminal; *criminel de guerre* criminal de guerra.

criminellement *adv* de manera criminal, criminalmente ‖ DR por procedimiento judicial criminal.

criminologie *f* criminología.

criminologiste; criminologue *m et f* criminologista.

crin *m* crin *f*, cerda *f* ‖ — *crin végétal* fibra vegetal (agave) ‖ — *à tous crins* de tomo y lomo ‖ FIG & FAM *comme un crin, à crin* huraño, ña.

crincrin *m* FAM mal violín, cacharro.

crinière *f* crines *pl* (du cheval, d'un casque) ‖ melena (du lion) ‖ FIG & FAM pelambrera, melena, greña, cabellera larga (cheveux longs).

crinoline *f* miriñaque *m*, crinolina (gallicisme).

crique *f* MAR caleta, cala.

criquet *m* langosta *f* (grande sauterelle), saltamontes, cigarrón (petite) ‖ FAM mequetrefe, chiquilicuatro (homme malingre).

crise [kriːz] *f* crisis; *surmonter une crise* vencer una crisis ‖ — MÉD *crise cardiaque* ataque cardíaco, ataque al corazón (fam) | *crise de foie* ataque hepático, crisis del hígado (fam) | *crise de larmes, de rage* crisis de llanto, de furia ‖ *crise de nerfs, d'épilepsie* ataque de nervios, epiléptico ‖ *crise ministérielle, économique, politique* crisis ministerial, económica, política ‖ FAM *piquer une crise* montar en cólera, salir de sus casillas ‖ *travailler par crises* trabajar a ratos.

crispant, e *adj* FAM irritante, horripilante.

crispation *f* crispamiento *m*, crispadura *f*.

crispé, e *adj* crispado, da.

crisper *v tr* crispar.

crissement *m* rechinamiento, crujido.

crisser *v tr* rechinar, crujir.

cristal *m* cristal; *cristal de plomb* cristal de plomo; *cristal de roche* cristal de roca.
◆ *pl* cristalería *f* (objets de cristal) ‖ POP *eaux de cristaux* carbonato de sodio ‖ *cristaux de soude* cristales de sosa.

cristallin, e *adj et s m* cristalino, na.

cristallisation *f* cristalización.

cristallisé, e *adj* cristalizado, da.

cristalliser *v tr et intr* cristalizar ‖ FIG cristalizar, materializar, concretar.
◆ *v pr* cristalizar, cristalizarse.

cristallographie *f* cristalografía.

cristalloïde *adj* cristaloide; cristaloideo, a.
- *m* cristaloide.

critère *m* criterio ‖ *critères d'implantation* criterios de implantación (usine).

critérium [kriterjɔm] *m* criterio (sports).

critiquable *adj* criticable.

critique *adj* crítico, ca.
- *f* crítica (blâme) ‖ *la critique est aisée mais l'art est difficile* una cosa es enhebrar y otra cosa es dar puntadas.
- *m* crítico (artistique ou littéraire).

critiquer *v tr* criticar.

critiqueur, euse *m et f* criticador, ra; criticón, ona.

croasser *v intr* graznar.

croate *adj* croata.

Croate *m et f* croata.

Croatie [krɔasi] *n pr f* GÉOGR Croacia.

croc [kro] *m* gancho, garabato (pour suspendre) ‖ garabato (de boucher) ‖ colmillo (canine), diente (dent) ‖ bichero (de marinier) ‖ *— en croc* con las puntas hacia arriba *ou* retorcidas (moustache), recurvado, da ‖ FIG *montrer les crocs* enseñar los colmillos.

croche *f* MUS corchea ‖ *— double-croche* semicorchea ‖ *quadruple croche* semifusa ‖ *triple croche* fusa.

croche-pied *m* zancadilla *f*.

crochet *m* gancho ‖ gancho, crochet (boxe) ‖ colmillo (dent) ‖ ganchillo, aguja *f* de gancho (aiguille), «crochet», labor de ganchillo, punto *ou* tejido de ganchillo, punto de Irlanda (travail au crochet) ‖ escalerilla *f* de los mozos de cuerda (de portefaix) ‖ caracol (des cheveux) ‖ IMPR corchete ‖ TECHN ganzúa *f* (serrure) ‖ *— crochet à bottines* abrochador ‖ *crochet d'attelage* gancho de tracción ‖ *— clou à crochet* escarpia, alcayata ‖ *— FIG avoir quelqu'un à ses crochets* tener a alguien viviendo a su costa, mantener a uno ‖ *faire un crochet* dar un rodeo ‖ *vivre o être aux crochets de quelqu'un* vivir a expensas *ou* a costa de uno.

crocheter* *v tr* forzar, abrir con ganzúa (une serrure) ‖ hacer labor de ganchillo (tricoter) ‖ enganchar (saisir) ‖ IMPR poner entre corchetes.
- *v pr* FAM agarrarse.

crochu, e *adj* ganchudo, da; corvo, va; curvado, da; *nez crochu* nariz corva ‖ FIG *avoir les doigts crochus* tener las uñas afiladas.

croco *m* FAM piel de cocodrilo.

crocodile *m* cocodrilo ‖ TECHN paro automático de trenes ‖ FIG *larmes de crocodile* lágrimas de cocodrilo.

crocus [krɔkys] *m* BOT croco, azafrán.

croire* *v tr et intr* creer; *à l'en croire* si se le cree ‖ parecerle a uno; *j'ai cru voir* me ha parecido ver ‖ *— croire à* creer en ‖ *croire à quelque chose comme à l'Évangile* creer algo a ciencia cierta, estar muy seguro de algo ‖ *croire dur comme fer* creer a pie juntillas ‖ *croire sur parole* creer bajo palabra ‖ *croyant que* creyendo que, en la creencia de que ‖ *— croyez-m'en* créame ‖ *— à ce que je crois* según creo ‖ *c'est à croire que* parece que, cualquiera diría que ‖ *c'est à ne pas y croire* parece mentira, es para no creérselo ‖ *je crois bien!* ¡ya lo creo! ‖ *je crois bien que* me parece que ‖ *je n'en crois pas mes yeux o mes oreilles* hay que verlo para creerlo ‖ FAM *je vous crois!* ¡ya lo creo!, ¡y usted que lo diga! ‖ *vous ne sauriez croire combien* no podría imaginarse lo que.
- *v pr* creerse ‖ *s'en croire* creérselas.

croisade *f* cruzada.

croisé, e *adj et s m* cruzado, da ‖ *— étoffe croisée* tejido asargado, tela cruzada ‖ MIL *feux croisés* tiro convergente, fuegos cruzados, ataque simultáneo ‖ *mots croisés* crucigrama, palabras cruzadas ‖ *rimes croisées* rimas alternadas.

croisée *f* ventana (fenêtre) ‖ encrucijada, cruce *m* (carrefour) ‖ FIG *à la croisée des chemins* en la encrucijada ‖ ARCHIT crucero *m*; *croisée d'ogives* arco crucero *ou* ojivo.

croisement *m* cruzamiento, cruce (de deux voitures) ‖ *—* cruce, intersección *f* (de deux voies) ‖ BIOL cruce.

croiser *v tr* cruzar ‖ *— croiser la baïonnette* cruzar la bayoneta ‖ *croiser le fer avec* cruzar la espada con (se battre), medirse (se mesurer avec) ‖ *croiser les jambes* cruzar las piernas.
- *v intr* patrullar (un navire de guerre).
- *v pr* cruzarse; *se croiser les bras* cruzarse de brazos; *nos lettres se sont croisées* nuestras cartas se han cruzado.

croiseur *m* MAR crucero (navire de guerre).

croisière *f* crucero *m* (voyage d'agrément) ‖ MAR crucero *m* (surveillance de côtes) ‖ *vitesse de croisière* velocidad de crucero.

croisillon *m* travesaño ‖ crucero (de fenêtre) ‖ brazo (croix) ‖ ARCHIT crucero (transept) ‖ *fenêtre à croisillons* ventana de celosía.

croissance *f* crecimiento *m* ‖ *— croissance économique* crecimiento económico ‖ *croissance zéro* crecimiento económico cero ‖ MÉD *maladie de croissance* enfermedad del crecimiento | *troubles de la croissance* trastornos del crecimiento.

croissant, e *adj* creciente.
- *m* media luna (lune) ‖ medialuna *f*, «croissant» (petit pain) ‖ podadera *f* (de jardinier) ‖ ARCHIT apoyo semicircular ‖ HIST Media Luna [Turquía].

croissanterie *f* bollería, croissantería.

croître* *v intr* crecer ‖ FIG desarrollarse ‖ *croître dans l'estime de quelqu'un* ser cada día más apreciado por alguien ‖ *croître en beauté, en force, en vertu* ser más bello, fuerte, virtuoso ‖ *croître en largeur* ensancharse ‖ *croître en volume* agrandarse ‖ FAM *ne faire que croître et embellir* ir de mal en peor.

croix [krwa] *f* cruz ‖ *— chemin de croix* calvario, vía crucis ‖ *croix de Lorraine, de Saint-André, de Malte, gammée, grecque, latine, potencée* cruz de Lorena, de San Andrés, de Malta, gamada, griega, latina, potenzada ‖ *Croix Rouge* Cruz Roja (insigne) ‖ *— à chacun sa croix* cada uno lleva su cruz ‖ *en croix* en cruz; *les bras en croix* los brazos en cruz ‖ *signe de la croix* señal de la cruz ‖ FAM *c'est la croix et la bannière* es la cruz y los ciriales | *faire une croix dessus* o *sur* despedirse de, decir adiós a.

Croix-Rouge *n pr f* Cruz Roja (organisation internationale).

crooner *m* cantante melódico *ou* sentimental.

croquant, e *adj* crujiente.
- *m et f* piñonate *m*, almendrado *m*.

croquant, e *m et f* cateto, ta; paleto, ta.

croque au sel (à la) *loc adv* sólo con sal de cocina.

croque-madame *m inv* sandwich caliente de jamón y queso con un huevo frito.

croque-mitaine *m* FAM coco, bu.
— OBSERV pl *croque-mitaines*.

croque-monsieur *m inv* sandwich caliente de jamón y queso.

croque-mort *m* FAM enterrador (fossoyeur), pitejo (qui conduit le corbillard).
— OBSERV pl *croque-morts*.

croquer *v intr* cuscurrear ‖ *croquer sous la dent* crujir entre los dientes.
◆ *v tr* ronzar, cascar (broyer) ‖ comer (manger) ‖ mascar (mâcher) ‖ ARTS bosquejar, bocetar ‖ FIG & FAM dilapidar, derrochar ‖ — *chocolat à croquer* chocolate en tableta ‖ *croquer le marmot* quedarse plantado ‖ MUS *croquer une note* comerse una nota ‖ *jolie à croquer* como un bombón, para comérsela.

croquette *f* CULIN albóndiga, albondiguilla, croqueta (de viande), bola de patatas (de pommes de terre) ‖ chocolatina, croqueta (de chocolat).

croquignolet, ette *adj* FAM mono, na.

croquis [krɔki] *m* croquis, bosquejo.

crosne [kroːn] *m* estáquide *f* (tubercule).

cross; cross-country [krɔskuntri] *m* cross-country, carrera a campo traviesa, carrera *f* a campo través, campo través (course).

crosse *f* cayado *m*, garrote *m* (bâton) ‖ báculo *m* (d'évêque) ‖ parte curva (bout recourbé) ‖ culata (de fusil) ‖ vilorta, cachava (jeux) ‖ palo *m*, «stick» *m* (de hockey) ‖ MÉCAN cruceta ‖ ANAT *crosse de l'aorte* cayado de la aorta ‖ — *coup de crosse* culatazo ‖ — *chercher des crosses à quelqu'un* buscarle a uno las cosquillas ‖ FAM *être en crosse avec* estar enfadado con.

crotale *m* crótalo, serpiente de cascabel ‖ MUS crótalo.

crotte *f* cagarruta (excrément de chiens, de chèvres), gallinaza (de poules), cagajón *m* (de chevaux), caca, mojón *m* (d'un enfant) ‖ barro *m*, fango *m* (boue) ‖ FAM porquería (chose sans valeur) ‖ — FAM *crotte de bique* porquería, cochambre ‖ FIG *crotte de chocolat* bombón ‖ — *ce n'est pas de la crotte de bique* no es moco de pavo.
◆ *interj* ¡cáscaras!, ¡córcholis!, ¡canastos!, ¡concho!, ¡carape!

crotté, e *adj* embarrado, da ‖ *crotté jusqu'à l'échine* o *jusqu'aux oreilles* o *comme un barbet* con barro hasta los ojos, perdido de barro.

crottin *m* estiércol de caballo, cagajón.

croulant, e *adj* ruinoso, sa.
◆ *m et f* POP vejestorio *m*, cascajo *m*, carcamal *m*.

crouler *v intr* desplomarse, hundirse (un édifice) ‖ FIG hundirse, venirse abajo; *la salle croulait sous les applaudissements* el teatro se venía abajo con los aplausos ‖ fracasar, venirse abajo (échouer) ‖ derrumbarse, venirse, abajo (une théorie) ‖ *faire crouler* echar por tierra (anéantir).

croupe *f* grupa; *porter en croupe* llevar a la grupa ‖ GÉOGR cima redondeada (d'une montagne).

croupetons (à) *loc adv* en cuclillas.

croupi, e *adj* corrompido, da; estancado, da (liquide).

croupier *m* «croupier» (d'une maison de jeux).

croupière *f* grupera ‖ FIG *tailler des croupières à quelqu'un* poner chinas en el camino a uno.

croupion *m* rabadilla *f*.

croupir *v intr* corromperse, estancarse (les eaux) ‖ pudrirse (pourrir) ‖ FIG encenagarse, sumirse (dans le vice, l'ignorance).

croupissant, e *adj* corrompido, da; estancado, da (eaux) ‖ FIG encenagado, da; sumido, da (dans le vice, l'ignorance).

C.R.O.U.S. abrév de *Centre régional des œuvres universitaires et scolaires* organismo regional de ayuda para los estudiantes universitarios [Francia].

croustade *f* empanada (pâté) ‖ picatoste *m* (croûton frit).

croustillant, e [krustijɑR, ɑRːt] *adj* cuscurrante, crujiente; *pain croustillant* pan cuscurrante ‖ FIG picaresco, ca; picante, sabroso, sa.

croustiller [-je] *v intr* curruscar, cuscurrear, crujir.

croûte *f* corteza (de pain, de fromage, etc.) ‖ mendrugo *m* (morceau de pain) ‖ costra; *croûte de sel* costra de sal ‖ pastel *m* (de pâté, de vol-au-vent) ‖ FAM cernícalo *m* (sot) ‖ mamarracho *m* (mauvaise peinture) ‖ MÉD costra, postilla ‖ POP manduca, comida (nourriture) ‖ — CULIN *croûte au fromage* pastel hojaldrado de queso ‖ *croûte aux champignons* pastel hojaldrado de champiñones ‖ *croûte au pot* sopa con cuscurros fritos ‖ GÉOL *croûte terrestre* corteza terrestre ‖ CULIN *en croûte* empanado ‖ *quelle croûte!* ¡qué hombre chapado a la antigua!, ¡qué antigualla! ‖ — POP *casser la croûte, casser une croûte* tomarse un bocado, comer ‖ FAM *gagner sa croûte* ganarse el pan.

croûton *m* mendrugo (morceau de pain) ‖ cuscurro, cuscurrón, pan frito (pain frit) ‖ pico (extrémité du pain) ‖ FIG & POP antigualla *f*, rutinario.

croyable [krwajabl] *adj* creíble, verosímil.

croyance [-jɑRːs] *f* creencia; *croyance au* creencia en.

croyant, e [-jɑR, jɑRːt] *adj* creyente ‖ *être croyant* ser creyente.

C.R.S. abrév de *compagnie républicaine de sécurité* brigada antidisturbios.

cru *m* terruño, tierra (terroir) ‖ cosecha *f*, viñedo (vignoble) ‖ caldo, vino; *les crus d'Alsace* los caldos de Alsacia ‖ FIG cosecha *f*; *cela est de mon cru* esto es de mi cosecha ‖ etiqueta *f*; *les divers crus politiques* las diversas etiquetas políticas ‖ — *grands crus* vinos finos ‖ *vin du cru* vino local, de la tierra.

cru, e *adj* crudo, da ‖ directo, ta; *langage cru* lenguaje directo ‖ *monter à cru* montar a pelo.
— OBSERV No se confunda con *cru, crue*, p p de *croire*, ni con *crû, crue*, p p de *croître*.

cruauté [kryote] *f* crueldad.

cruche *f* cántaro *m* (sans bec pointu), botijo *m* (à bec) ‖ *tant va la cruche à l'eau qu'à la fin elle se casse* tanto va el cántaro a la fuente que al fin se rompe.
◆ *adj et s f* FIG & FAM bodoque, ceporro, zoquete, mentecato, ta.

cruchon *m* cantarillo *m* ‖ botijillo *m* (à bec).

crucial, e *adj* crucial; *points cruciaux* puntos cruciales.

crucifié, e *adj* crucificado, da.
◆ *m* el Crucificado (Jésus-Christ).
crucifix [krysifi] *m* crucifijo.
crucifixion *f* crucifixión.
cruciforme *adj* cruciforme.
cruciverbiste *m et f* cruciverbista, crucigramista.
crudité *f* crudeza.
◆ *pl* verduras y hortalizas aliñadas en crudo.
crue [kry] *f* crecida (d'un fleuve) || *un fleuve en crue* un río que está crecido || FIG crecimiento *m*.
cruel, elle *adj et s* cruel.
cruellement *adv* con crueldad (brutalement) || muchísimo, ma (terriblement).
crûment *adv* crudamente.
crural, e *adj* ANAT crural.
crustacé, e *adj et s m* ZOOL crustáceo, a.
cryoconservation *f* conservación por el frío.
cryogène *m* PHYS criógeno.
cryométrie; cryoscopie *f* PHYS criometría, crioscopia, método *m* crioscópico.
crypte *f* cripta.
crypté, e *adj* cifrado, da; codificado, da.
cryptogame *adj et s m* BOT criptógamo, ma.
cryptogamique *adj* BOT criptogámico, ca.
cryptogramme *m* criptograma (écrit en chiffres).
cryptographie *f* criptografía (écriture secrète).
crypton *m* CHIM criptón (gaz).
cs abrév de *cuillère à soupe* cuchara sopera.
C.S.A. abrév de *Conseil supérieur de l'audiovisuel* Consejo Superior de los Medios Audiovisuales.
C.S.C.E. abrév de *Conférence sur la sécurité et la coopération en Europe* CSCE, Conferencia sobre Seguridad y Cooperación en Europa.
C.S.G. abrév de *contribution sociale généralisée* impuesto francés destinado a facilitar el equilibrio financiero de la Seguridad Social.
C.S.P. abrév de *catégorie socio-professionnelle* categoría socioprofesional.
Cuba *n pr f* GÉOGR Cuba.
cubage *m* cubicación *f*.
cubain, e *adj* cubano, na.
Cubain, e *m et f* cubano, na.
cube [kyb] *adj* cúbico, ca; *mètre cube* metro cúbico.
◆ *m* cubo || cubito (de glace) || — MATH *2 au cube* 2 al cubo | *élever au cube* elevar al cubo || *(moto) gros cube* moto de gran cilindrada.
cuber *v tr* cubicar (mesurer) || MATH elevar al cubo *ou* a la tercera potencia, cubicar.
cubilot *m* cubilote (creuset).
cubique *adj et s f* cúbico, ca; *racine cubique* raíz cúbica.
cubisme *m* cubismo (peinture, sculpture).
cubiste *adj et s* ARTS cubista.
Cubitainer *m* (nom déposé) recipiente de plástico para el transporte de líquidos.
cubital, e *adj* ANAT cubital.
cubitus *m* ANAT cúbito.
cucul [kyky] *adj* FAM cursi, repipi.
cucurbitacé, e *adj et s f* BOT cucurbitáceo, a.
cueillette [kœjɛt] *f* recolección, cosecha (des fruits).

cueillir* [-jiːr] *v tr* coger, cosechar, recoger (fruits, fleurs) || recoger (ramasser) || FAM pillar, coger; *cueillir un voleur* coger a un ladrón || recoger (aller chercher) || FIG *cueillir un baiser* robar un beso | *cueillir des lauriers* conquistar, cosechar *ou* recoger laureles.
cuiller; cuillère [kɥijɛːr] *f* cuchara; *cuiller à soupe* o *à potage* cuchara sopera; *cuiller en bois* cuchara de palo | cebo *m* artificial de cuchara (pour la pêche) || TECHN cuchara (d'une chargeuse) || *— cuiller à café* cucharilla de café || *cuiller à pot* cazo, cucharón || *petite cuiller* cucharilla || *— en deux* o *trois coups de cuiller à pot* en menos que canta un gallo || *être à ramasser à la petite cuiller* estar hecho papilla.
cuillerée [-jre] o [-jere] *f* cucharada || *cuillerée à café* cucharada de café || *cuillerée à soupe* cucharada de sopa *ou* sopera.
cuir *m* cuero; *cuir chevelu* cuero cabelludo || curtido (peau tannée) | curtido; *industrie des cuirs* industria de curtidos || piel *f* (des animaux) || piel *f*; *cuir de Russie* piel de Rusia; *articles de cuir* artículos de piel || *— cuir à rasoir* suavizador || *cuir bouilli* cuero lavable || *entre cuir et chair* entre cuero y carne || *il a le cuir épais* tiene una cara (dura) || *tanner le cuir à quelqu'un* zurrar la badana a alguien.
cuirasse *f* coraza (armure) || cubierta, capa (enveloppe) || FIG peto *m* cubierta || MAR coraza, blindaje *m* (blindage) || ZOOL coraza (carapace) || FIG *défaut de la cuirasse* punto débil *ou* flaco *ou* vulnerable (d'un homme, d'un écrit).
cuirasser *v tr* acorazar.
cuirassier *m* coracero (soldat).
cuire* *v tr* cocer (à l'eau); *cuire à petit feu* cocer a fuego lento || freir (à la poêle), asar (au four, sur le gril) || cocer (des matériaux) || hacer (du pain) || quemar, tostar (la peau) || *il est dur à cuire* es duro de pelar.
◆ *v intr* cocerse; *légumes qui cuisent mal* legumbres que se cuecen mal || freírse (à la poêle), asarse (au four, sur le gril) || escocer (douleur) || *cuire dans son jus* morirse de calor (de chaleur), quedarse más solo que la una (par isolement) || *en cuire* costar caro, pesar.
cuisant, e *adj* de cocción fácil || agudo, da; punzante; *douleur cuisante* dolor agudo || fuerte (piment) || FIG humillante; vergonzoso, sa; injuriante; *défaite cuisante* derrota vergonzosa || mordaz, mortificante; acerado, da; punzante.
cuisine *f* cocina (lieu, arts, mets); *cuisine soignée* cocina esmerada || FIG & FAM componendas *pl*, maniobras *pl*, pasteleo *m*, tejemaneje *m pl*, trapicheos *m pl*; *cuisine électorale* maniobras electorales *pl* || potingue *m*, porquería (mélange) || *— latin de cuisine* latín macarrónico || *faire la cuisine* guisar, cocinar, hacer la cocina (chez soi), poner al gusto del público (journalisme).
cuisiné, e *adj* guisado, da; cocinado, da; preparado, da || *plat cuisiné* precocinado.
cuisiner *v intr* guisar, cocinar.
◆ *v tr* cocinar, guisar, acomodar || FAM pergeñar, fraguar (préparer) || amañar (une élection, etc.) || FIG & FAM sacar del cuerpo, interrogar insidiosamente, sonsacar, tirar de la lengua, meter los dedos.
cuisinier, ère *adj et s* cocinero, ra.
◆ *f* cocina; *cuisinière électrique* cocina eléctrica.

cuissage *m* DR pernada *f*.
cuissard [kɥisa:r] *m* quijote (partie de l'armure) ‖ elástica *f* (sports).
cuissardes *f pl* botas.
cuisse *f* muslo *m* ‖ anca (de grenouille, de cheval) ‖ pierna (de mouton) ‖ FIG *se croire sorti de la cuisse de Jupiter* creerse descendiente de la pata del Cid, ser muy orgulloso.
cuisseau *m* pierna *f* de ternera.
cuisson *f* cochura, cocción, cocimiento *m* (coction) ‖ escozor *m* (douleur).
cuissot [kɥiso] *m* pernil [de caza mayor].
cuistot [kɥisto] *m* MIL & FAM cocinero, ranchero.
cuistre *m* FAM pedante | grosero, patán (grossier).
cuistrerie *f* FAM pedantismo *m* | grosería, chabacanería, patanería (grossièreté).
cuit, e [kɥi, it] *adj* cocido, da ‖ hecho, cha (viande) ‖ cocho, cha (matériaux) ‖ — *bien cuit* hecho ‖ *cuit à point* en su punto ‖ FAM *cuit et recuit* de tomo y lomo ‖ *pas assez cuit* poco hecho ‖ *trop cuit* demasiado hecho ‖ — *apporter quelque chose tout cuit* traer algo en bandeja *ou* en bandeja de plata ‖ POP *c'est du tout cuit* está tirado ‖ FAM *être cuit* estar aviado *ou* perdido.
 ◆ *f* cochura (pain, brique, etc.) ‖ hornada (fournée) ‖ almíbar *m* (sirop) ‖ POP tajada, curda, cogorza, turca; *prendre une cuite* coger una tajada.
cuiter (se) *v pr* POP coger una tajada, una mona, una curda.
cuivre *m* cobre ‖ IMPR grabado en cobre (gravure) ‖ *cuivre jaune* latón, azófar ‖ *cuivre rouge* cobre rojo.
 ◆ *pl* cobres (objets en cuivre) ‖ MUS instrumentos de metal, cobres (instruments à vent).
cuivré, e *adj* cobrizo, za; encobrado, da (couleur) ‖ FIG metálico, ca (son).
cul [ky] *m* ANAT & POP culo (fond d'un récipient); *cul de bouteille* culo de botella ‖ — ANAT & POP *trou du cul* ojete ‖ — POP *être comme cul et chemise* ser como uña y carne ‖ FAM *faire cul sec* beberse el vaso de un tirón, apurar un vaso | *avoir la bouche en cul de poule* tener boquita de pitiminí.
culasse *f* MIL culata (du canon) | cerrojo *m* (du fusil) ‖ TECHN culata (moteur à explosion).
culbute *f* voltereta, trecha (cabriole) ‖ caída violenta, costalada, costalazo *m* (chute) ‖ FIG & FAM ruina, caída, hundimiento (renversement) ‖ *faire la culbute* vender algo al doble de su precio (commerce), quebrar (faire faillite), perder su puesto (perdre sa place).
culbuter *v tr* derribar, voltear (renverser) ‖ FIG vencer, derrotar (vaincre l'ennemi) | vencer, destruir (venir à bout de) ‖ *tout culbuter* ponerlo todo patas por alto *ou* patas arriba.
 ◆ *v intr* dar trechas *ou* volteretas (faire des culbutes) ‖ caer de cabeza (tomber) ‖ FIG ser derribado.
culbuteur *m* TECHN balancín.
cul-de-jatte [kydʒat] *m* lisiado sin piernas.
 — OBSERV pl *culs-de-jatte*.
cul-de-lampe [kydlã:p] *m* IMPR viñeta *f* final de capítulo, libro, etc. ‖ ARCHIT pingante.
 — OBSERV pl *culs-de-lampe*.
cul-de-sac [kydsak] *m* callejón sin salida.
 — OBSERV pl *culs-de-sac*.

culée *f* ARCHIT estribo *m* (d'un pont) ‖ machón *m*, pilar *m* (d'un arc).
culinaire *adj* culinario, ria.
culminant, e *adj* culminante; *point culminant* punto culminante.
culminer *v intr* culminar.
culot [kylo] *m* casquillo, culote (de cartouche, d'ampoule électrique) ‖ residuo de tabaco en la pipa (tabac) ‖ benjamín (dernier-né) ‖ último, ma (dernier d'une compétition) ‖ FIG & FAM último polluelo de una nidada (dernier éclos) ‖ POP cardura *f*, frescura *f*, descaro, desparpajo (aplomb).
culotte *f* calzón *m* (d'homme), pantalón corto (sports), taleguilla *f* (d'un toréador) ‖ bragas *pl*, braga (de femme) ‖ pérdida en el juego (échec) ‖ CULIN cuarto *m* trasero (du bœuf) ‖ FAM borrachera (cuite), fracaso *m* (échec) ‖ TECHN tubo *m* bifurcado (tuyau) ‖ — *culotte de cheval* mollas, pistoleras [celulitis de los muslos y caderas] ‖ FAM *culotte de peau* militarote, militar obtuso ‖ *porter la culotte* llevar los pantalones ‖ FAM *prendre une culotte* agarrar una curda (s'enivrer), fracasar (subir un échec).
 — OBSERV Les mots *calzón* et *braga* sont généralement employés au pluriel.
culotté, e *adj* FAM caradura; fresco, ca.
culotter *v tr* poner los calzones ‖ FIG curar, quemar, ennegrecer (pipe).
culpabilisant, e *adj* que hace sentir culpable.
culpabilisation *f* culpabilización, culpación.
culpabiliser *v tr* culpabilizar.
culpabilité *f* culpabilidad.
culte *m* culto.
cul-terreux [kyterø] *m* FAM destripaterrones, cateto.
 — OBSERV pl *culs-terreux*.
cultivable *adj* cultivable.
cultivateur, trice *adj et s* cultivador, ra (*p us*); labrador, ra (terme usuel).
 ◆ *m* cultivador (appareil) ‖ *cultivateur rotatif* rotocultivador.
cultivé, e *adj* cultivado, da (sol) ‖ culto, ta (instruit).
cultiver *v tr* cultivar.
culture *f* AGRIC cultivo *m*; *culture en terrasse* cultivo en bancales *ou* de terrazas; *culture maraîchère* cultivo de hortalizas *ou* verduras ‖ BIOL cultivo *m*; *bouillon de culture* caldo de cultivo ‖ FIG cultura (de l'esprit); *culture générale* cultura general | cultivo *m*; *la culture des lettres* el cultivo de las letras ‖ — *culture fruitière* fruticultura, cultivo agrícola ‖ *culture physique* cultura física, gimnasia.
culturel, elle *adj* cultural.
culturisme *m* culturismo.
culturiste *adj et s* culturista.
cumin *m* BOT comino.
cumul *m* cúmulo, acumulación *f* ‖ — *cumul d'emplois, des fonctions* pluriempleo, acumulación de funciones ‖ *cumul de peines* acumulación de penas ‖ *cumul des salaires* acumulación de salarios.
cumulable *adj* compatible (fonction) ‖ acumulable (intérêts, revenus).
cumulatif, ive *adj* DR acumulativo, va.

cumuler *v tr* acumular cargos *ou* empleos, acaparar.
cumulo-nimbus *m* cumulonimbo.
cumulus *m* cúmulo (nuage).
cunéiforme *adj* cuneiforme (écriture).
cupide *adj* codicioso, sa (avide).
cupidité *f* codicia (avidité).
Cupidon *n pr m* Cupido.
cuprifère *adj* cuprífero, ra.
cuprique *adj* CHIM cúprico, ca.
cupronickel *m* cuproníquel.
cupule *f* BOT cúpula, cascabillo *m*.
curaçao [kyraso] *m* curasao (liqueur).
curare *m* curare (poison).
curatif, ive *adj* curativo, va.
curcuma *m* BOT cúrcuma *f*.
cure *f* cura (traitement et guérison) ‖ curato *m* (fonction du curé) ‖ casa del cura (presbytère) ‖ — *cure d'amaigrissement* cura de adelgazamiento ‖ *cure de sommeil* cura de sueño ‖ — *faire une cure de fruits* comer mucha fruta ‖ *faire une cure thermale* tomar las aguas ‖ *n'avoir cure de* traerle a uno sin cuidado, no hacer caso de, importar poco.
curé *m* cura (prêtre) ‖ párroco (chargé d'une paroisse) ‖ POP *bouffer du curé* ser anticlerical.
cure-dent *m* palillo de dientes, mondadientes.
— OBSERV pl *cure-dents*.
curée *f* encarne *m* encarna (chasse) ‖ FIG & FAM arrebatiña ‖ — *âpre à la curée* muy codicioso ‖ *faire curée* encarnar (les chiens).
cure-pipes; cure-pipes *m* limpiapipas.
— OBSERV pl *cure-pipes*.
curer *v tr* limpiar, mondar.
◆ *v pr* limpiarse; *se curer les dents* limpiarse los dientes [con un palillo].
curetage [kyrta:ʒ]; **curettage** [kyrɛta:ʒ] *m* MÉD raspado, legrado, legradura *f*.
cureter *v tr* MÉD raspar ‖ legrar (un os).
curette *f* MÉD legra, cureta ‖ TECHN raspador *m*, rascador *m*.
Curiaces (les) *n pr* MYTH los tres Curiacios.
curie [kyri] *f* HIST curia.
◆ *m* PHYS curie (unité de radioactivité).
curieusement *adv* curiosamente, de manera extraña *ou* rara (bizarrement) ‖ curiosamente, sorprendentemente (comme par hasard).
curieux, euse *adj* curioso, sa; *être curieux de nature* ser curioso por naturaleza ‖ sorprendente; *une curieuse nouvelle* una noticia sorprendente ‖ extraño, ña; peregrino, na (étrange) ‖ — *regarder comme une bête curieuse* mirar como a un bicho raro ‖ *regarder d'un œil curieux* mirar con curiosidad.
◆ *m* et *f* curioso, sa ‖ curioso, sa; mirón, ona (badaud).
◆ *m* lo curioso, lo extraño.
curiosité *f* curiosidad ‖ rareza (chose étrange).
◆ *pl* antigüedades.
curiste *m* et *f* MÉD agüista.
curling *m* curling (sports).
curriculum; curriculum vitae *m* curriculum vitae, historial profesional.

curry; cari; cary; carry *m* curry; *poulet au curry* pollo al curry.
curseur *m* TECHN cursor, corredera *f*.
cursif, ive *adj* et *s f* cursivo, va ‖ *écriture cursive* letra cursiva.
cursus *m* estudios universitarios.
curviligne *adj* curvilíneo, a.
cutané, e *adj* ANAT cutáneo, a.
cuticule *f* cutícula.
cuti *f* FAM cutirreacción, dermorreacción, cuti; *virer sa cuti* virar la dermorreacción.
cuti-réaction *f* MÉD cutirreacción, dermorreacción.
cutter [kœtœr] ou [kytɛr] *m* cortador universal ‖ MAR cúter (cotre).
cuve *f* cuba ‖ AGRIC tina (pour le raisin) ‖ TECHN tina ‖ NUCL *cuve de réacteur* tanque *ou* vasija de reactor.
cuvée *f* tina, cuba (contenu) ‖ cosecha (récolte); *de la dernière cuvée* de la última cosecha.
cuver *v intr* fermentar, cocer.
◆ *v tr* FIG *cuver son vin* dormir la mona ‖ *cuver sa colère* apaciguarse.
cuvette *f* palangana, jofaina (de toilette) ‖ taza (des w.-c) ‖ guardapolvo *m*, tapa (d'une montre) ‖ hondonada (du terrain) ‖ cauce *m* (d'un canal) ‖ caja colectora (d'une gouttière) ‖ caja (d'un roulement à billes) ‖ GÉOGR depresión ‖ PHOT cubeta ‖ TECHN cubeta (de baromètre).
CV abrév de *cheval fiscal* caballo fiscal ‖ abrév de *cheval-vapeur* caballo de vapor.
C.V. abrév de *curriculum vitae* curriculum vitae.
C.V.S. abrév de *corrigées des variations saisonnières* ajustadas para tomar en cuenta las variaciones estacionales, desestacionalizadas (données).
cyan [sjɑ̃] *adj* et *s m* cian.
cyanure *m* CHIM cianuro.
cybernétique *f* cibernética.
cyclable *adj* para ciclistas, para ciclos; *piste cyclable* pista para ciclistas.
Cyclades [siklad] *n pr f pl* GÉOGR Cícladas.
cycladique *adj* cicládico, ca.
cyclamen *m* BOT ciclamen, ciclamino, pamporcino.
cycle *m* ciclo ‖ — *cycle court* ciclo corto ‖ *cycle d'orientation* ciclo de orientación (enseignement) ‖ *premier cycle* primeros años de la enseñanza media ‖ *second cycle* últimos años de la enseñanza media.
cyclique *adj* cíclico, ca.
cyclisme *m* ciclismo; *cyclisme derrière moto* ciclismo tras moto.
cycliste *adj* et *s* ciclista.
cyclo-cross *m* SPORTS ciclocross.
cyclomoteur *m* ciclomotor.
cyclone *m* ciclón ‖ TECHN aventador centrífugo.
cyclopéen, enne *adj* ciclópeo, a.
Cyclopes *n pr* MYTH Cíclopes.
cyclothymique *adj* MÉD ciclotímico, ca.
cyclotourisme *m* cicloturismo.
cygne *m* ZOOL cisne ‖ FIG *chant du cygne* canto del cisne.
cylindre *m* rodillo (compresseur) ‖ GÉOM & TECHN cilindro.

cylindrée f TECHN cilindrada ‖ AUTOM *une voiture de grosse cylindrée* un coche de gran cilindrada.
cylindrique *adj* cilíndrico, ca.
cymaise f → **cimaise**.
cymbale f MUS címbalo *m*, platillo *m*.
cynégétique *adj* et *s* f cinegético, ca.
cynique *adj* et *s* cínico, ca.
cyniquement *adv* cínicamente, con cinismo.
cynisme *m* cinismo.
cyphose f MÉD cifosis (gibbosité).

cyprès *m* BOT ciprés.
cyprin *m* ciprino (poisson).
cypriote *adj* chipriota, cipriota; ciprio, pria; ciprino, na (de Chypre).
cyrillique *adj* cirílico, ca (alphabet).
Cyrus II le Grand *n pr* Ciro II el Grande.
cystite f MÉD cistitis.
cytise *m* BOT cítiso, codeso.
cytologie f BIOL citología.
cytoplasme *m* ANAT citoplasma.

d *m* d f ‖ FAM *système D* maña, habilidad para salir del apuro.
D abrév de *dépression* D, depresión.
d'abord *loc adv* → **abord**.
Dacca; Dhaka *n pr* GÉOGR Dacca, Dhaka.
d'accord *loc adv* → **accord**.
dactyle *m* POÉT dáctilo.
dactylo *m* et f FAM mecanógrafo, fa.
dactylographie f dactilografía *(p us)*, mecanografía (mot usuel).
dactylographier* *v tr* et *intr* mecanografiar, escribir con máquina.
dactylographique *adj* dactilográfico, ca.
dactylologie f dactilología.
dactyloscopie f dactiloscopia.
dada *m* caballito (langage enfantin) ‖ dadaísmo (mouvement artistique) ‖ FIG & FAM manía f, capricho, tema.
dadais *m* bobo, papanatas, simple.
dadaïsme *m* dadaísmo.
dadaïste *adj* et *s* dadaísta.
dague f daga (épée) ‖ cerceta, mogote *m* (du cerf) ‖ navaja, colmillo *m* (du sanglier).
daguerréotype *m* daguerrotipo.
dahlia *m* dalia f (fleur).
Dahomey *n pr* HIST & GÉOGR Dahomey.
daigner [dɛɲe] *v intr* dignarse.
daim [dɛ̃] *m* gamo (animal) ‖ ante (peau); *souliers en daim* zapatos de ante.
dais [dɛ] *m* dosel ‖ palio (baldaquin mobile) ‖ sombrero de púlpito, tornavoz (de chaire) ‖ ARCHIT bóveda f, doselete (voûte) ‖ POÉT techumbre f; *dais de feuillage* techumbre de follaje.
Dakar *n pr* GÉOGR Dakar.
dal (que); dalle (que) *loc adv* POP ni jota, ni pizca; *ne comprendre que dalle* no entender ni jota.
dal abrév de *décalitre* dal, decalitro.
dalaï-lama *m* dalai-lama.
— OBSERV pl *dalaï-lamas*.

dallage *m* enlosado, embaldosado (de dalles) ‖ solería f (de carreaux).
dalle f losa, baldosa ‖ MAR dala ‖ — *dalle armée* losa armada ‖ POP *se rincer la dalle* echarse un trago, mojar la canal maestra.
dalmatien, enne *m* et f dálmata *m* (chien).
daltonien, enne *adj* et *s* daltoniano, na.
daltonisme *m* MÉD daltonismo.
dam [dam] *m* daño, perjuicio ‖ condenación f (damnation).
— OBSERV Úsase sólo en las expresiones *à mon dam, à ton dam, à son dam*, etc., en perjuicio o daño, mío, tuyo, suyo, etc.; *au grand dam de* con grave *ou* gran riesgo de.
dam abrév de *décamètre* dam, decámetro.
damas *m* damasco (étoffe) ‖ sable damasquino (arme) ‖ ciruela f, damascena (prune).
Damas *n pr* GÉOGR Damasco.
damasquiner *v tr* damasquinar.
damassé, e *adj* adamascado, da (linge) ‖ damasquinado, da (métal).
➤ *m* tela f adamascada.
dame [dam] f dama ‖ señora (femme mariée) ‖ señora (femme); *coiffeur pour dames* peluquería de señoras ‖ (vx) doña; *Dame Françoise* Doña Francisca ‖ FAM reina, dama (jeu de cartes, échecs) | dama (jeu de dames) ‖ TECHN pisón *m* (demoiselle) ‖ *dame d'atour* azafata de la reina ‖ *dame de charité* dama de la caridad ‖ *dame de compagnie* señora de compañía ‖ MAR *dame de nage* tolete ‖ FAM *dame pipi* señora de los lavabos ‖ *grande dame* gran señora ‖ *les toilettes des dames* los servicios de señoras ‖ *Notre-Dame* Nuestra Señora ‖ — *aller à dame* hacer dama (au jeu de dames), coger una liebre, caerse (tomber) ‖ *courtiser o taquiner la dame de pique* gustarle a uno el juego ‖ *faire la dame* dárselas de señora.
➤ *pl* damas; *jeu de dames* juego de damas.
damer *v tr* coronar [un peón]; hacer dama con (au jeu de dames) ‖ TECHN apisonar (tasser la terre) ‖ FIG *damer le pion à quelqu'un* ganar la partida a uno, ganarle a uno por la mano.

damier *m* tablero (dames, échecs) ‖ ARCHIT moldura *f* escaqueada, escaque ‖ *tissu damier* o *en damier* tela a cuadros.

damnation [danasjɔ̃] *f* condenación eterna.
◆ *interj* *(p us)* ¡maldición!

damné, e [dane] *adj et s* condenado, da; réprobo, ba ‖ FIG & FAM maldito, ta; dichoso, sa; condenado, da; *cette damnée voiture!* ¡ese maldito coche! ‖ — FIG *âme damnée* instrumento ciego, persona muy adicta a otra ‖ *souffrir comme un damné* sufrir *ou* padecer como un condenado.

damner [dane] *v tr* condenar, reprobar ‖ FIG *faire damner quelqu'un* irritar, enfurecer a uno.
◆ *v pr* condenarse.

Damoclès *n pr m* Damocles.

damoiseau *m* *(vx)* doncel ‖ FAM galancete.

damper *m* TECHN amortiguador de vibraciones.

dan *m* dan (judo).

danaïde *f* MYTH danaide.

dancing *m* dancing, sala *f* de baile.

dandiner (se) *v pr* contonearse.

dandy *m* dandi *ou* dandy.

Danemark *n pr m* GÉOGR Dinamarca *f*.

danger *m* peligro; *fuir le danger* huir del peligro ‖ MAR escollo (épave, écueil) ‖ *— en danger* en peligro ‖ *pas de danger!* ¡ni hablar! ‖ *— être en danger* peligrar ‖ *mettre en danger* poner en peligro, hacer peligrar.

dangereusement *adv* peligrosamente ‖ gravemente, de gravedad; *dangereusement blessé* herido gravemente.

dangereux, euse *adj* peligroso, sa; *il est dangereux de se pencher à la portière* es peligroso asomarse al exterior.

danois, e *adj* danés, esa; dinamarqués, esa.
◆ *m* danés (langue) ‖ perro danés, alano (chien).

Danois, e *m et f* danés, esa; dinamarqués, esa.

dans [dɑ̃] *prép* en (sans mouvement); *être dans la rue* estar en la calle ‖ dentro de, en; *dans un mois* dentro de un mes ‖ durante, en; *dans la nuit du lundi* durante la noche del lunes ‖ alrededor de, poco más o menos, unos, unas; *cela coûte dans les cinq francs* eso cuesta alrededor de los cinco francos ‖ con; *dans le dessein de* con objeto de ‖ a (mouvement); *jeter dans le feu* arrojar al fuego ‖ por (mouvement); *se promener dans la rue* pasearse por la calle; *arriver dans l'après-midi* llegar por la tarde ‖ entre, en; *il l'a pris dans ses mains* lo cogió entre sus manos ‖ entre, de; *être dans les premiers* estar entre *ou* ser de los primeros ‖ *dans le temps* en otra época.

dansant, e *adj* bailador, ra (qui danse) ‖ danzante; *procession dansante* procesión danzante ‖ bailable (musique); *tango très dansant* tango muy bailable ‖ *— soirée dansante* baile, reunión con baile ‖ *thé dansant* té baile.

danse *f* baile *m*; *musique de danse* música de baile; *danse classique* baile clásico ‖ danza (danse ancienne ou religieuse) ‖ POP felpa, soba (correction); *recevoir une danse* llevar una buena soba ‖ — MÉD *danse de Saint-Guy* baile de San Vito ‖ *danse du ventre* danza del vientre ‖ *avoir le cœur à la danse* tener ganas de baile, de jaleo ‖ FIG *entrer dans la danse* o *en danse* entrar en danza ‖ *mener la danse* llevar la voz cantante, dirigir el cotarro, manejar la batuta.

— OBSERV *Baile* est beaucoup plus employé en espagnol que *danza*, devenu un mot littéraire (la *danza griega*, la danse grecque, la *danza de los muertos*, la danse macabre, *una danza sagrada*, une danse sacrée); il s'emploie également au sens figuré et dans les locutions toutes faites. *Baile* a donc le sens de *bal* et celui du mot français *danse* dans son acception la plus courante.

danser *v intr* bailar, danzar ‖ *— maître à danser* profesor de baile ‖ *— danser sur la corde raide* bailar en la cuerda floja ‖ *inviter à danser* sacar a bailar ‖ FIG *ne savoir sur quel pied danser* no saber a qué atenerse, no saber qué partido tomar.
◆ *v tr* bailar, danzar *(p us)*; *danser un tango* bailar un tango ‖ *— faire danser l'anse du panier* sisar ‖ *faire danser quelqu'un* sacar a bailar a alguien (danser avec), maltratar a uno, pegarle a uno (malmener).

danseur, euse *adj et s* danzante (dans une procession) ‖ persona que baila; *c'est un bon danseur de twist* es una persona que baila muy bien el twist ‖ bailaor (de flamenco) ‖ bailarín, ina (danseur professionnel au théâtre); *un danseur de l'Opéra* un bailarín de la Ópera ‖ pareja *f* (personne avec qui l'on danse) ‖ *— danseur de claquettes* bailarín de claqué ‖ *danseur de corde* volatinero, funámbulo ‖ *en danseuse* de pie sobre los pedales (cyclisme).

dantesque *adj* dantesco, ca.

Danube *n pr m* GÉOGR Danubio (fleuve).

danubien, enne *adj* danubiano, na.

D.A.O. abrév de *dessin assisté par ordinateur* CAD, diseño asistido por ordenador.

dard [daːr] *m* dardo (arme) ‖ lengua *f* résped, réspede (du serpent) ‖ aguijón (insectes) ‖ albur (poisson) ‖ ARCHIT dardo, punta *f* de flecha ‖ BOT rama *f* florida (poirier, pommier), pistilo (pistil) ‖ FIG dardo, flecha *f* ‖ *filer comme un dard* irse como una flecha.

Dardanelles (détroit des) *n pr* GÉOGR estrecho de los Dardanelos *m*.

darder *v tr* lanzar, arrojar (lancer) ‖ FIG irradiar, radiar (soleil) | clavar, lanzar (un regard) | lanzar, disparar, asestar (des sarcasmes).

dare-dare *loc adv* FAM de prisa, a escape, volando.

darne *f* rodaja, rueda (de poisson).

darse *f* MAR dársena (bassin).

dartre *f* MÉD empeine *m*, herpes *m pl* (maladie cutanée).

darwinien, enne [darwinjɛ̃, jɛn] *adj et s* darviniano, na.

darwinisme [-nism] *m* darvinismo.

darwiniste [-nist] *m et f* darvinista.

DAT abrév de *digital audio tape* cinta de audio digital.

D.A.T.A.R.; Datar abrév de *Délégation à l'aménagement du territoire et à l'action régionale* Delegación para la Ordenación del Territorio y para la Acción Regional.

datation *f* fechado *m*, acción de poner una fecha ‖ INFORM datación.

datcha *f* dacha [casa de campo rusa].

date *f* fecha, data *(p us)* ‖ — DR *date certaine* fecha cierta ‖ *date d'échéance* fecha de vencimiento ‖ *date de naissance* fecha de nacimiento ‖ *date d'expiration* fecha de expiración ‖ *date limite* fecha límite ‖ *date limite de consommation* fecha de caducidad (d'un aliment) || — *de fraîche date* de fecha reciente || *de longue date* desde hace mucho tiempo, de muy antiguo || *de vieille date* de antiguo || *en date de* con fecha de || *le dernier en date* el último || — *être le premier en date* tener la prioridad, ser el primero || *faire date* hacer época, dejar huella || *prendre date* señalar fecha.

dater *v tr* fechar, datar *(p us)*; *dater une lettre* fechar una carta; *cette lettre est datée de lundi* esta carta está fechada el lunes.
◆ *v intr* datar; *cela date du XVIIIe siècle* eso data del siglo XVIII || hacer época (faire date) || estar anticuado; *une robe qui date* un vestido que está anticuado || — *à dater de ce jour* a partir de hoy || *cela ne date pas d'hier* es cosa antigua, no es cosa de ayer.

datif, ive *adj* et *s m* DR & GRAMM dativo, va.
dation *f* DR dación.
datte *f* dátil *m* (fruit) || FAM *des dattes!* ¡naranjas de la China!
dattier *m* BOT datilera *f*, palmera *f* (arbre) || *palmier-dattier* palma datilera.
daube *f* CULIN adobo *m* (préparation) || adobado *m* estofado *m* (viande en daube); *bœuf en daube* estofado de buey.
dauphin [dofɛ̃] *m* delfín || delfín (titre).
dauphine *f* delfina (épouse du dauphin).
Dauphiné *n pr m* GÉOGR Delfinado.
dauphinois, e *adj* delfinés, esa; del Delfinado || CULIN *gratin dauphinois* patatas al gratén con nata.
Dauphinois, e *m* et *f* delfinés, esa; nativo, va del Delfinado.
daurade [dɔrad] *f* besugo *m*, dorada (poisson).
davantage *adv* más; *je ne t'en dis pas davantage* no te digo más || más tiempo (plus longtemps) || — *bien davantage* mucho más || *pas davantage* no más, basta (pas plus), tampoco (non plus).
davier *m* gatillo, tenazas *f pl*, alicates *pl* (de dentiste) || MAR pescante (d'un navire).
dB abrév de *décibel* dB, decibelio, decibel.
D.B. abrév de *division blindée* división blindada.
D.C.A. abrév de *défense contre les aéronefs* DCA, defensa contra aviones.
D.C.T. abrév de *diphtérie coqueluche tétanos* difteria tos ferina tétanos.
D.D.A.S.S.; Ddass abrév de *direction départementale de l'action sanitaire et sociale* Dirección Departamental de Acción Sanitaria y Social [organismo francés para la protección de la infancia].
DDD abrév de *digital digital digital* DDD.
D.D.T. abrév de *dichloro-diphényl-trichloréthane* DDT, diclorodifeniltricloroetano (insecticide).
de [də] (Se abrevia en *d'* ante una vocal o *h* muda. Se une con el artículo *le, les,* dando los contractos *du* del; *des* de los, de las)

1. PRÉPOSITION *a)* rendu par *de*. *b)* rendu par d'autres prépositions. *c)* se supprime — 2. MOT DE LIAISON — 3. ARTICLE PARTITIF

1. PRÉPOSITION *a)* rendu par *de*. Indicando: l'origine, le point de départ, dans l'espace ou dans le temps; *il vient de Paris* viene de París; *du soir au matin* de la noche a la mañana un moment vaguement déterminé; *partir de jour* salir de día; la manière, l'agent, le moyen; *statue de bois* estatua de madera; *vivre de son travail* vivir de su trabajo; *d'un coup de pied* de un puntapié; la cause; *tomber de fatigue* caer de cansancio. De s'emploie aussi avec divers compléments; *digne d'éloges* digno de elogios; *âgé de quinze ans* de quince años de edad; *vingt mètres de long* veinte metros de largo; pour introduire le complément de nom; *une page du livre* una página del libro; *la femme de Paul* la mujer de Pablo; pour marquer certaines particularités; *journal du soir* diario de la noche; *chien de chasse* perro de caza.

b) rendu par d'autres prépositions; on emploie *con* (avec) pour indiquer la manière; *faire signe de la main* hacer seña con la mano; *d'un air irrité* con aire irritado; pour indiquer l'utilisation; *je ne sais que faire de ce livre* no sé qué hacer con ese libro; on le traduit par *por* pour désigner le motif, la cause; *aimable de nature* amable por naturaleza; *louer quelqu'un de son courage* alabar a uno por su valor; pour rendre le français *par*; *aimé de tous* amado por todos; *50 francs de l'heure* 50 francos por hora; il équivaut parfois à *en*; *de ma vie* en mi vida; *du temps de Colomb* en tiempos de Colón; dans certains cas, notamment avec les verbes de mouvement, il se rend par *a*; *s'approcher du feu* acercarse al fuego; *de sang-froid* a sangre fría; il équivaut parfois à *pour* et se rend par *para*; *je n'ai pas le temps de manger* no tengo tiempo para comer; il se rend d'autres fois par *entre*; *choisis de lui ou de moi* escoge entre él y yo.

c) suivi d'un adverbe de quantité, *de* ne se traduit pas en espagnol, et l'adverbe se rend par l'adjectif correspondant; *beaucoup d'amis* muchos amigos; *peu de gens* pocas personas; *trop de bruit* demasiado ruido; l'adverbe seul se traduit; *de plus* más; *de moins* menos; *de plus en plus* más y más; il est remplacé par une autre expression; *de moins en moins* cada día menos; *de plus en plus* cada día más, cada vez más.

2. MOT DE LIAISON avec un infinitif sujet ou complément on le supprime en espagnol; *il est bon de dormir* es bueno dormir; *il craint de venir* teme venir; avec un verbe de prière ou de défense, on le supprime et on met le verbe au subjonctif; *je vous défends de parler* le prohíbo que hable; *je le priais de venir* le rogaba que viniese; l'infinitif historique français est rendu en espagnol par un temps personnel; *ainsi dit le renard et flatteurs d'applaudir* así habló el zorro y los aduladores aplaudieron; on conserve la préposition *de* avec un infinitif complément d'un adjectif; *indigne de vivre* indigno de vivir; devant un mot en apposition, on conserve *de*; *la ville de Mexico* la ciudad de Méjico; *ce coquin de Louis* ese pillo de Luis; devant un adjectif ou un participe passé, on supprime *de*; *pas un moment de libre* ni un momento libre; *un grand pas de fait* un buen paso dado; *il n'y en a pas d'aussi bon* no lo hay tan bueno; *quelque chose de bon* algo bueno.

3. ARTICLE PARTITIF en général on le supprime; *avoir du pain, des enfants* tener pan, hijos; *boire du vin* beber vino; mais avec un complément partitif défini on le conserve; *donne-moi du vin que tu as apporté* dame del vino que has traído; *manger de tous les plats* comer de todos los platos; lorsque *de* équivaut à *quelques*, on le rend par *unos, unas*; *des enfants jouent dans le jardin* unos niños juegan en el jardín (si le substantif est précédé d'un adjectif, on peut supprimer *unos*: *de grands arbres couron-*

naient la colline grandes árboles coronaban la colina).

dé *m* dado (pour jouer); *dé pipé o chargé* dado falso *ou* cargado ‖ dedal (pour coudre) ‖ ficha *f* (au domino) ‖ ARCHIT dado (de piédestal) ‖ TECHN dado ‖ — FIG *coup de dés* golpe de suerte, casualidad ‖ — FIG *agir sur un coup de dés* obrar al acaso *ou* a lo que salga ‖ *les dés sont jetés* la suerte está hechada.

D.E.A. abrév de *Diplôme d'études approfondies* diploma de estudios superiores especializados [curso equivalente al primer año de doctorado en España].

dealer *m* FAM camello.

déambulatoire *m* ARCHIT deambulatorio.

déambuler *v tr* deambular, pasearse (se promener).

débâcher *v tr* quitar la lona de, desentoldar.

débâcle [debɑːkl] *f* deshielo *m* (dégel) ‖ FIG ruina, hundimiento *m*, derrumbamiento *m*, desastre *m*; *débâcle financière* desastre financiero | derrota (défaite).

déballage *m* desembalaje ‖ mercancías *f pl* vendidas a bajo precio ‖ tenderete (stand) ‖ exposición *f* de mercancías (étalage) ‖ FIG & FAM confesión *f*, confidencia *f*.

déballer *v tr* desembalar, desempacar ‖ FIG & FAM soltar (avouer).

débandade *f* desbandada ‖ *à la débandade* a la desbandada, en desorden.

débander *v tr* aflojar (un arc) ‖ desvendar, quitar una venda (ôter un bandage) ‖ FIG *débander les yeux à quelqu'un* abrir los ojos a alguien.
◆ *v pr* desbandarse, dispersarse.

débaptiser [debatize] *v tr* desbautizar; *débaptiser une rue* desbautizar una calle.

débarbouillage [debarbuja:ʒ] *m* lavado, aseo.

débarbouiller [-je] *v tr* lavar.

débarcadère *m* MAR desembarcadero (jetée) ‖ andén (de chemin de fer), muelle, descargadero (pour les marchandises).

débardeur *m* descargador.

débarqué, e *adj et s* desembarcado, da ‖ *un nouveau débarqué* un recién llegado.

débarquement *m* desembarco (des voyageurs) ‖ desembarque (des marchandises) ‖ MIL desembarco; *le débarquement de Normandie* el desembarco de Normandía.

débarquer *v tr* desembarcar (un bateau), descargar (un train) ‖ FIG & FAM quitarse de encima, despachar (se débarrasser de).
◆ *v intr* desembarcar; *il débarqua le matin* desembarcó por la mañana ‖ FAM llegar, plantarse, descolgarse (arriver).

débarras [debara] *m* alivio, liberación *f* ‖ trastero, cuarto de los chismes (pièce) ‖ — FAM *bon débarras!* ¡buen viaje!, ¡adiós, muy buenas! (soulagement) ‖ *il est parti, bon débarras!* ¡menos mal que se ha ido!, ¡ya era hora de que se fuera!, ¡ya se fue, qué tranquilos nos hemos quedado!

débarrasser *v tr* quitar; *débarrasser un minerai de sa gangue* quitar la ganga de un mineral; *débarrasser quelqu'un d'un souci* quitar a uno una preocupación; *débarrasser la table* quitar la mesa ‖ vaciar; *débarrasser une pièce* vaciar una habitación ‖ liberar, quitar; *débarrasser les mains de leurs liens* liberar las manos de sus ataduras ‖ eliminar, quitar de en medio, hacer desaparecer; *il m'en a débarrassé* me lo ha quitado de en medio ‖ quitar de encima; *je croyais que je ne pourrais jamais m'en débarrasser* creía que no podría nunca quitármelo de encima ‖ despejar, dejar libre; *débarrasser la voie publique* despejar la vía pública ‖ coger; *débarrasser quelqu'un de son manteau* coger el abrigo de alguien ‖ — POP *débarrasser le plancher* largarse, ahuecar el ala ‖ FAM *vous pouvez débarrasser* puede Ud. quitar la mesa.
◆ *v pr* desembarazarse, deshacerse; *se débarrasser de vieux vêtements* deshacerse de la ropa vieja ‖ quitarse; *débarrassez-vous de votre chapeau* quítese el sombrero ‖ quitarse de encima; *il se débarrassa de ses dettes* se quitó de encima las deudas ‖ cargarse; *se débarrasser d'un importun* cargarse a un importuno.

débat [deba] *m* debate ‖ *débat budgétaire* discusión del presupuesto ‖ *débat télévisé* teledebate.

débattre* *v tr* debatir ‖ discutir (un prix) ‖ *salaire à débattre* sueldo a convenir.
◆ *v pr* forcejear, resistir (résister).

débauchage *m* despido (licenciement) ‖ incitación *f* a la deserción (un militaire), a la huelga (un ouvrier), al libertinaje.

débauche *f* exceso *m* (de table) ‖ desenfreno *m*, disolución, relajación (de mœurs) ‖ FIG derroche *m*; *faire une débauche d'énergie* hacer un derroche de energía ‖ — *inciter à la débauche* corromper, viciar ‖ FAM *faire une petite débauche* echar una cana al aire.

débauché, e *adj* libertino, na; disoluto, ta; perdido, da ‖ corrompido, da; sobornado, da (corrompu) ‖ — *femme débauchée* mujer de vida airada, mujer de la vida ‖ *vie débauchée* vida disoluta.
◆ *m et f* libertino, na; perdido, da; juerguista.

débaucher *v tr* despedir (renvoyer un ouvrier) ‖ lanzar al libertinaje, enviciar (jeter dans la débauche) ‖ corromper, pervertir (corrompre) ‖ FIG apartar del deber, corromper (détourner du devoir).

débile *adj* débil ‖ endeble; delicado, da (santé) ‖ *un débile mental* un atrasado mental.

débilitant, e *adj* debilitante; debilitador, ra.

débilité *f* debilidad; *débilité mentale* debilidad mental.

débiliter *v tr* debilitar.

débiner *v tr* POP criticar, hablar mal de, poner como un trapo, despellejar ‖ POP *débiner le truc* descubrir el pastel.
◆ *v pr* POP largarse, pirarse, najarse (partir).

débit [debi] *m* despacho, venta *f* (vente) ‖ despacho (magasin) ‖ rendimiento, producción *f* (production) ‖ caudal, gasto, régimen (d'eau, de gaz, d'électricité) ‖ capacidad *f* de tráfico (transport routier) ‖ caudal (d'un fleuve) ‖ cadencia *f* (d'une arme) ‖ corte (coupe) ‖ COMM debe, débito (compte), salida *f* de caja ‖ INFORM flujo, velocidad *f* ‖ FIG elocución *f*, palabra *f*, habla *f*; *avoir le débit facile* tener la palabra fácil ‖ — *débit de boisson* despacho de bebidas ‖ *débit de tabac* estanco, expendeduría de tabaco ‖ *débit de vins* taberna, despacho de vinos ‖ *indicateur de débit* aforador ‖ — ÉCON *au débit de votre compte* cargado a su cuenta ‖ *porter quelque chose au débit de quelqu'un* cargar algo en la cuenta de alguien.

débiter *v tr* despachar, vender (vendre au détail) ‖ dar, suministrar (une quantité de liquide, de gaz, etc.) ‖ cortar, aserrar (le bois) ‖ cortar en trozos (la viande) ‖ producir, tener un rendimiento (produire) ‖ COMM cargar en cuenta, adeudar en cuenta (porter au débit d'un compte) ‖ FIG recitar, declamar | decir, soltar; *débiter des mensonges* soltar mentiras | propalar, contar por todos los sitios (répandre).

débiteur, trice *adj et s* deudor, ra ‖ *compte débiteur* cuenta deudora.

déblai *m* desmonte (enlèvement de terre) ‖ *voie en déblai* vía hecha en una zanja.
➤ *pl* escombros.

déblaiement [deblɛmɑ̃] *m* limpia *f*, despejo, operaciones *f pl* de limpieza (nettoyage) ‖ nivelación *f*, desmonte (d'un terrain) ‖ FIG limpieza ‖ — *travaux de déblaiement* desescombro, obras de nivelación.

déblatérer* *v intr* FAM despotricar; *déblatérer contre* despotricar contra.
➤ *v tr* decir, soltar; *déblatérer des sottises* soltar tonterías.

déblayement *m* → **déblaiement**.

déblayer* [deblɛje] *v tr* quitar los escombros, descombrar, escombrar (débarrasser) ‖ desmontar, nivelar (un terrain) ‖ FIG despejar, limpiar (dégager) ‖ FIG *déblayer le terrain* despejar *ou* allanar el terreno.

déblocage *m* ÉCON desbloqueo, liberalización *f*; *déblocage des prix* liberalización de los precios ‖ MIL desbloqueo, levantamiento del bloqueo.

débloquer *v tr* levantar el bloqueo, desbloquear (lever le blocus) ‖ liberar, desbloquear (des crédits) ‖ IMPR sustituir las letras vueltas ‖ MÉCAN desbloquear, desblocar.
➤ *v intr* POP decir tonterías.

déboire *m* sinsabor (contrariété), desengaño (déception).

déboisement [debwazmɑ̃] *m* desmonte ‖ tala *f* (coupe du bois).

déboiser *v tr* desmontar ‖ talar (couper) ‖ MIN desentibar.
➤ *v pr* estar quedándose sin árboles.

déboîtement [debwatmɑ̃] *m* dislocación *f*, desencajamiento (des os).

déboîter [-te] *v tr* dislocar, desencajar (un os) ‖ desencajar.
➤ *v intr* salirse de la fila (une voiture).

débonnaire *adj* buenazo, za; bonachón, ona ‖ FAM *père débonnaire* padrazo.

débordant, e *adj* desbordante, rebosante, pletórico, ca; *débordant d'enthousiasme* desbordante de entusiasmo.

débordé, e *adj* agobiado, da; abrumado, da; *être débordé de travail* estar agobiado de trabajo.

débordement *m* desbordamiento (d'une rivière) ‖ FIG profusión *f*; *débordement d'injures* profusión de injurias | exceso, desenfreno (débauche) ‖ MÉD derrame (épanchement).

déborder *v tr* desorillar, quitar el orillo (ôter la bordure) ‖ repasar, sobrepasar (dépasser) ‖ destapar (le lit) ‖ invadir, abrumar (envahir) ‖ FIG agobiar, abrumar (accabler) ‖ MAR desabordar ‖ MIL flanquear, dejar atrás, rebasar (contourner) ‖ *faire déborder le vase* hacer rebasar la copa.
➤ *v intr* desbordarse, salirse de madre; *le fleuve a o est débordé* el río se ha desbordado ‖ extenderse (s'étendre) ‖ rebosar (un récipient) ‖ MAR desatracar (s'en aller), desabordarse (se détacher d'un navire) ‖ MÉD derramarse (humeurs) ‖ SPORTS desbordar (football), adelantar (cyclisme) ‖ — *déborder de joie* rebosar de alegría ‖ *déborder d'injures* proferir insultos.

débouché *m* desembocadura *f*, salida *f* (d'un défilé, d'une route) ‖ FIG salida *f*; *les licenciés ès sciences trouvent beaucoup de débouchés* los licenciados en ciencias tienen muchas salidas ‖ llegada *f* (arrivée) ‖ ÉCON & FIG salida *f*, mercado (pour les marchandises); *créer de nouveaux débouchés* crear nuevos mercados.

déboucher *v tr* destapar (ôter ce qui bouche) ‖ descorchar, destaponar (ôter le bouchon) ‖ desatascar, desatorar, desatrancar (dégorger) ‖ *déboucher une fusée* colocar en una espoleta el mecanismo de explosión a tiempos.
➤ *v intr* desembocar (une rivière, une rue, un chemin, etc.) ‖ llegar (arriver).

débouler *v intr* saltar (un lièvre) ‖ rodar cuesta abajo (dans un escalier).
➤ *v tr* rodar abajo; *débouler l'escalier* rodar escaleras abajo.

déboulonnement; déboulonnage *m* acción de desempernar.

déboulonner *v tr* desempernar (ôter les boulons) ‖ desmontar (démonter) ‖ FIG & FAM echar abajo, deshacer; *déboulonner une réputation* echar abajo una reputación | derribar, echar abajo, cargarse (destituer).

débourber *v tr* quitar el fango, desembarrar, desenlodar (ôter la boue) ‖ desatascar (une voiture) ‖ desliar (la bière) ‖ MIN lavar (les minerais).

débourrer *v tr* desborrar, quitar la borra (ôter la bourre) ‖ alijar (le coton) ‖ desatacar (une arme) ‖ apelambrar (les peaux) ‖ vaciar, limpiar (une pipe) ‖ desbravar (un cheval) ‖ quitar la pólvora de (un trou de mine).

débourser *v tr* desembolsar.

déboussoler *v tr* FAM desorientar.

debout [dəbu] *adv* de pie, en pie ‖ levantado, da (levé); *il est toujours debout de bonne heure* siempre está levantado temprano ‖ en pie; *de nombreux monuments grecs sont encore debout* numerosos monumentos griegos están todavía en pie ‖ vivo, va (vivant) ‖ MAR aproado, da ‖ — MAR *avoir le vent debout* tener viento contrario ‖ *dormir debout* dormir de pie *ou* en pie ‖ *histoire à dormir debout* historia que no tiene ni pies ni cabeza ‖ *mettre debout* realizar, poner en pie ‖ *mourir debout* morir con las botas puestas ‖ *ne pas tenir debout* no tenerse en pie (être très fatigué), no tenerse en pie, no tener fundamento (ne pas être fondé) ‖ *se mettre debout* ponerse de pie ‖ *se tenir debout* tenerse en pie.
➤ *interj* ¡arriba! ‖ MIL ¡en pie!

débouter *v tr* DR denegar, desestimar la demanda de; *je suis débouté* han desestimado mi demanda.

déboutonner *v tr* desabrochar, desabotonar ‖ — FAM *manger à ventre déboutonné* comer a dos carrillos | *rire à ventre déboutonné* reír como un descosido, reír a carcajadas.
➤ *v pr* desabrocharse, desabotonarse ‖ FIG & FAM abrir su corazón, franquearse, desahogarse.

débraillé, e [debrɑje] *adj* despechugado, da ‖ FIG & FAM desaliñado, da; descuidado, da (négligé).
➤ *m* indumentaria *f* descuidada, desaliño.

débrancher v tr TECHN desenchufar, desconectar ‖ desenganchar (wagons).

débrayage [debrɛja:ʒ] m TECHN desembrague ‖ FIG paro, plante (dans une usine).

débrayer [-je] v tr TECHN desembragar.
◆ v intr FIG parar, dejar el trabajo (dans une usine).

débridé, e adj desenfrenado, da; sin freno; *appétits débridés* apetitos desenfrenados ‖ desbocado, da; *imagination débridée* imaginación desbocada.

débrider v tr desembridar (bête de somme) ‖ MÉD desbridar (une hernie) ‖ — *sans débrider* de un tirón, sin interrupción ‖ — *débrider les yeux à quelqu'un* abrir los ojos a uno.

débris [debri] m pedazo (d'une chose brisée).
◆ pl restos, ruinas f, vestigios ‖ *débris végétaux* residuos vegetales.

débrouillard, e [-ja:r, ard] adj et s FAM despabilado, da; listo, ta; desenvuelto, ta.

débrouillardise [-jardi:z] f FAM habilidad, maña, astucia, desenvoltura.

débrouiller [-je] v tr desenredar, desembrollar, desenmarañar (démêler) ‖ ordenar (mettre en ordre) ‖ FIG esclarecer, aclarar (éclaircir).
◆ v pr desenredarse, aclararse (s'éclaircir) ‖ FIG & FAM arreglárselas, desenvolverse ‖ defenderse (dans une langue, etc.) ‖ despabilarse (se tirer d'affaire).

débroussaillage [debrusαja:ʒ] m → **débroussaillement**.

débroussaillement [debrusαjmᾶ]; **débroussaillage** [debrusαja:ʒ] m desbrozo.

débroussailler [-je] v tr desbrozar.

débucher v intr desemboscarse v pr.

débucher v tr desalojar, hacer salir.
◆ v intr desemboscarse, salir a descubierto.

débusquer v tr desalojar, hacer salir del bosque ‖ FIG desalojar, apartar ‖ MIL desalojar; *débusquer l'ennemi* desalojar al enemigo.

début [deby] m principio, comienzo (commencement) ‖ salida f, primera f jugada (jeux) ‖ — *au début* al principio ‖ *dès le début* desde el principio.
◆ pl THÉÂTR presentación de un actor f sing, debut m (gallicisme très employé) ‖ entrada f en una carrera, primeras armas f, primeros pasos ‖ *faire ses débuts dans la diplomatie* hacer sus primeras armas en la diplomacia ‖ *début dans le monde* puesta de largo, presentación en sociedad (d'une jeune fille).

débutant, e adj et s principiante (qui débute) ‖ novel, principiante; *un peintre débutant* un pintor novel ‖ THÉÂTR debutante (gallicisme), artista que se presenta por primera vez al público ‖ *bal des débutantes* baile de puesta de largo.

débuter v intr principiar, comenzar (commencer) ‖ salir (jouer le premier) ‖ FIG dar los primeros pasos, hacer sus primeras armas; *débuter au barreau* hacer sus primeras armas en el foro ‖ THÉÂTR presentarse, debutar (gallicisme) ‖ *débuter dans le monde* ponerse de largo, presentarse en sociedad (une jeune fille), dar los primeros pasos, hacer sus primeras armas (faire ses premières armes).

deçà [dəsα] adv de este lado, del lado de acá ‖ *deçà delà* de uno y de otro lado ‖ *en deçà de* de este lado (de ce côté), sin llegar a (sans arriver à) ‖ *jambe deçà, jambe delà* a horcajadas.

décacheter* v tr abrir, desellar (une lettre, un paquet).

décade f década.

décadence f decadencia.

décadent, e adj et s decadente.
◆ m pl decadentes, decadentistas (écrivains, artistes de l'école symboliste).

décaèdre m GÉOM decaedro.

décaféiné, e adj descafeinado, da.

décalage m descalce (des cales) ‖ diferencia f; *entre Paris et Washington il y a cinq heures de décalage* entre París y Washington hay una diferencia de cinco horas ‖ FIG desfase ‖ ÉLECTR defasaje ‖ — *décalage horaire* diferencia horaria.

décalcification f MÉD descalcificación.

décalcifier v tr descalcificar.

décalcomanie f calcomanía.

décaler v tr descalzar (ôter une cale) ‖ decalar, defasar (électricité) ‖ retrasar (retarder), adelantar (avancer) [hora] *décaler un rendez-vous de 2 heures* retrasar *ou* adelantar 2 horas una cita ‖ correr, desplazar, mover, cambiar de sitio (déplacer); *décaler quelque chose de 10 cm* desplazar algo 10 cm ‖ FIG desfasar.

décalogue m decálogo.

décalotter v tr desmochar.

décalquer v tr calcar.

décamètre m decámetro (mesure) ‖ cadena f de agrimensor (chaîne d'arpenteur).

décamper v intr FAM salir por piernas, salir pitando *ou* zumbando.

décan m ASTR decanato.

décantage m; **décantation** f decantación f.

décanter v tr decantar, trasegar (un liquide) ‖ FIG decantar, aclarar (éclaircir).

décapage; décapement m TECHN decapado, desoxidación f (désoxidation).

décapant, e adj decapante.
◆ m TECHN decapante, desoxidante.

décaper v tr decapar, desoxidar (les métaux) ‖ limpiar (un mur).

décapeuse f CONSTR traílla, excavadora superficial.

décapiter v tr decapitar (trancher la tête), decapitar, desmochar (ôter l'extrémité) ‖ FIG decapitar, descabezar, privar de jefe.

décapotable adj descapotable.

décapoter v tr descapotar.

décapsuler v tr decapsular.

décapsuleur m abrebotellas.

décarcasser v tr deshuesar (un poulet).
◆ v pr FAM partirse el pecho, deshacerse.

décasyllabe; décasyllabique adj et s m decasílabo, ba.

décathlon m decatlón (sports).

décati, e adj FIG & FAM deslustrado, da; deslucido, da (terne) | ajado, da (fané).

décavé, e m et f (vx) FAM persona f arruinada.
◆ adj (vx) FAM tronado, da; arruinado, da.

décéder v intr fallecer.
— OBSERV El verbo francés *décéder* se conjuga sólo con el auxiliar *être* (il est décédé hier).

déceler* [desle] v tr descubrir (découvrir) ‖ descubrir, revelar (révéler).

décélération f deceleración.

décélérer *v intr* disminuir la velocidad (moteur) ‖ dejar de acelerar (conducteur).
décembre *m* diciembre; *le 4 décembre* el 4 de diciembre.
décemment [desamã] *adv* decentemente.
décence *f* decencia, decoro *m*.
décennal, e *adj* decenal.
décennie *f* decenio *m*.
décent, e [desã, ã:t] *adj* decente; decoroso, sa.
décentralisateur, trice *adj* et *s* descentralizador, ra.
décentralisation *f* descentralización.
décentraliser *v tr* descentralizar.
décentrer *v tr* descentrar.
déception *f* decepción, desengaño *m*.
décerner *v tr* otorgar, conceder; *décerner un prix* otorgar un premio ‖ DR extender (ordonner juridiquement).
décès [dese] *m* fallecimiento (mort), defunción *f* (terme administratif) — *acte de décès* partida de defunción ‖ *faire-part de décès* esquela de defunción.
décevant, e [desɡəœvã, ã:t] *adj* decepcionante, que decepciona, desilusionante.
décevoir* [desvwa:r] *v tr* decepcionar, desilusionar; *ces résultats nous déçoivent* estos resultados nos decepcionan ‖ defraudar, frustrar (les espérances) ‖ *(vx)* engañar (tromper).
déchaîné, e *adj* desencadenado, da.
déchaînement *m* desencadenamiento; *le déchaînement des passions* el desencadenamiento de las pasiones ‖ FIG desenfreno, desencadenamiento (emportement).
déchaîner *v tr* desencadenar ‖ FIG desencadenar, desatar, dar rienda suelta a.
◆ *v pr* desencadenarse, desenfrenarse ‖ desencadenarse, enfadarse (s'emporter) ‖ desencadenarse, desatarse (otage).
déchanter *v intr* MUS discantar, cambiar de tono ‖ FIG & FAM desengañarse, estar desencantado, desilusionarse.
décharge *f* descarga (de chargement) ‖ desaguadero *m* (canal d'écoulement) ‖ ARCHIT descarga ‖ COMM descargo *m* (d'un compte), comprobante *m* (d'une dette) ‖ DR descargo *m*; *témoin à décharge* testigo de descargo ‖ FIG descargo *m*, alivio *m* ‖ MIL descarga (d'arme à feu) ‖ ÉLECTR descarga ‖ — *décharge publique* escombrera, vertedero ‖ *décharge sauvage* vertedero ilegal ‖ *tuyau de décharge* tubo de desagüe ‖ — *à la décharge de* a favor de.
déchargement *m* descarga *f*, descargue.
décharger* *v tr* descargar (ôter la charge) ‖ descargar, disparar (tirer) ‖ descargar (retirer la charge explosive) ‖ dispensar, liberar, descargar; *décharger d'un devoir* dispensar de un deber ‖ descargar (une pile électrique) ‖ COMM descargar ‖ DR declarar en favor de (un accusé) ‖ FIG descargar, aliviar (soulager); *décharger sa conscience* descargar la conciencia | desahogar; *décharger sa colère sur* desahogar su ira sobre.
◆ *v intr* desteñir (un tissu) ‖ correrse (encre, couleur).
◆ *v pr* descargarse, liberarse (d'une obligation).
décharné, e *adj* demacrado, da; descarnado, da ‖ FIG árido, da (style).

déchausser *v tr* descalzar (les chaussures) ‖ descalzar, socavar (un arbre, un mur) ‖ excavar (une plante) ‖ descarnar (les dents).
◆ *v pr* descalzarse ‖ descarnarse (dents).
dèche *f* FAM miseria, pobreza ‖ FAM *être dans la dèche* estar tronado.
déchéance *f* decaimiento *m*, decadencia, ruina, degradación ‖ decadencia (morale) ‖ caducidad, decaimiento *m* (physique) ‖ deposición (d'un roi, ministre, etc.) ‖ caducidad, prescripción (d'un droit) ‖ inhabilitación (perte d'une autorité) ‖ *tomber en déchéance* caducar (périmer), venir a menos (une famille).
déchet [deʃe] *m* desperdicio, desecho (rebut) ‖ mengua *f*, pérdida *f* (perte, diminution) ‖ FIG menoscabo, descrédito (discrédit).
◆ *pl* restos, residuos, sobras *f* ‖ — *déchets atomiques* residuos atómicos ‖ *déchets radioactifs* residuos radioactivos ‖ *déchets thermiques* residuos térmicos ‖ *déchets toxiques* residuos tóxicos ‖ *traitements des déchets* tratamiento de los residuos.
déchiffrable *adj* descifrable.
déchiffrage *m* descifrado.
déchiffrement *m* desciframiento.
déchiffrer *v tr* descifrar ‖ MUS leer a primera vista, repentizar.
déchiqueté, e *adj* despedazado, da; en pedazos; desmenuzado, da (en morceaux) ‖ recortado, da (papiers) ‖ BOT recortado, da; dentado, da; laciniado, da ‖ FIG desmenuzado, da (haché) ‖ GÉOGR recortado, da.
déchiqueter* *v tr* despedazar, hacer trizas, desmenuzar (mettre en lambeaux) ‖ despedazar (un poulet) ‖ recortar (le papier) ‖ FIG desollar (critiquer).
déchirant, e *adj* desgarrador, ra.
déchirement *m* desgarramiento, desgarro ‖ rasgón (d'une étoffe) ‖ dilaceración *f*, desgarramiento (d'un muscle) ‖ FIG aflicción *f*, quebranto (affliction) | división *f*, discordia *f*; *les déchirements internes d'un pays* las divisiones internas de un país.
déchirer *v tr* desgarrar, rasgar (rompre en arrachant); *déchirer un vêtement* desgarrar un vestido ‖ romper, rasgar; *déchirer un papier* romper un papel | romper, anular; *déchirer un contrat* romper un contrato ‖ FIG desgarrar, arrancar; *la toux lui déchirait la poitrine* la tos le desgarraba el pecho | lastimar; *déchirer les oreilles* lastimar los oídos | destrozar, arrancar, partir; *déchirer le cœur* destrozar el corazón | desollar, despedazar; *déchirer quelqu'un à belles dents* desollarle a uno vivo | dividir, destrozar (diviser).
◆ *v pr* desgarrarse; *se déchirer un muscle* desgarrarse un músculo.
déchirure *f* rasgón *m*, desgarrón *m*, siete *m* (accroc) ‖ desgarrón *m* (musculaire).
déchoir* *v intr* decaer, venir a menos ‖ FIG disminuir | perder; *déchoir de son ancien courage* perder su antiguo valor ‖ *déchoir de son rang* perder su rango.
déchristianisation [dekristjanizasjɔ̃] *f* descristianización.
déchristianiser [-ze] *v tr* descristianizar.
déchu, e *adj* caído, da; *l'ange déchu* el ángel caído ‖ decaído, da; venido, da a menos; *une famille déchue* una familia venida a menos ‖ destituido, da

(destitué) ‖ desposeído, da; despojado, da; *déchu de ses droits* despojado de sus derechos.

décibel *m* decibel, decibelio (unité de puissance sonore).

décidé, e *adj* decidido, da (conclu) ‖ decidido, da; resuelto, ta (résolu) ‖ firme; *d'un pas décidé* con paso firme.

décidément *adv* decididamente ‖ sin duda alguna, desde luego (vraiment).

décider *v tr* decidir; *ils ont décidé de partir* decidieron irse ‖ decidir, resolver, acordar; *les congressistes décidèrent d'ajourner la séance* los congresistas acordaron aplazar la sesión ‖ determinar; *l'éducation décide le progrès des peuples* la educación determina el progreso de los pueblos.
 ◆ *v intr* decidir ‖ *décider de* decidir.
 ◆ *v pr* decidirse, resolverse, acordar, determinarse ‖ tomar una decisión.

décideur *m* responsable.

décigrade *m* decigrado.

décilitre *m* decilitro.

décimal, e *adj* MATH decimal.
 ◆ *f* decimal *m*.

décimer *v tr* diezmar.

décimètre *m* decímetro ‖ *double décimètre* doble decímetro.

décisif, ive *adj* decisivo, va.

décision *f* decisión, resolución; *la décision du gouvernement* la decisión del gobierno ‖ resolución (dénouement) ‖ determinación ‖ fallo *m* (d'un jury) ‖ — *ne pas avoir l'esprit de décision* ser poco decidido, tener poca determinación ‖ *prendre la décision de* acordar, tomar la decisión de.

décisionnel, elle *adj* de decisión; *pouvoir décisionnel* poder de decisión.

déclamatoire *adj* declamatorio, ria.

déclamer *v tr et intr* declamar ‖ despotricar; *déclamer contre quelqu'un* despotricar contra alguien.

déclaratif, ive *adj* declarativo, va; declaratorio, ria.

déclaration *f* declaración; *déclaration d'amour* declaración de amor ‖ INFORM declaración ‖ *déclaration de faillite* declaración de quiebra ‖ *déclaration de guerre* declaración de guerra ‖ *déclaration de revenus* declaración de renta ‖ *déclaration de sinistre* declaración de siniestro ‖ — *faire une déclaration d'amour* declararse ‖ *faire une déclaration d'impôts* declarar los impuestos ‖ DR *faire une déclaration sous la foi du serment* prestar una declaración jurada.

déclaré, e *adj* declarado, da; *revenus non déclarés* ingresos no declarados.

déclarer *v tr* declarar ‖ *déclarer la guerre* declarar la guerra.
 ◆ *v pr* declararse ‖ *se déclarer en faveur d'un candidat* declararse a favor de *ou* por un candidato.

déclassé, e *adj* sacado, da de su esfera, de su clase; venido, da a menos.

déclassement *m* desclasificación *f*, desorden (dérangement) ‖ cambio de categoría ‖ cambio de clase (train) ‖ multa *f* por haber cambiado de clase en un tren ‖ FIG cambio de posición social ‖ desclasificación *f* (d'un sportif).

déclasser *v tr* desclasificar, desordenar (déranger) ‖ hacer perder categoría, rebajar (rabaisser) ‖ MAR borrar de la matrícula (un bateau) ‖ desclasificar (un sportif).
 ◆ *v pr* bajar de clase (train).

déclenchement *m* disparo (d'un mécanisme) ‖ FIG iniciación *f*, desencadenamiento; *déclenchement d'une attaque* iniciación de un ataque.

déclencher *v tr* MÉCAN soltar (un ressort, un cliquet) | poner en funcionamiento *ou* en marcha, hacer funcionar ‖ FIG iniciar, desencadenar (provoquer).

déclencheur *m* PHOT disparador; *déclencheur automatique* disparador automático.

déclic *m* trinquete (cliquet d'une montre) ‖ disparador (d'un mécanisme) ‖ gatillo, disparador (d'une arme).

déclin *m* decadencia *f*, ocaso; *le déclin d'un empire* la decadencia de un imperio; *le déclin de l'Occident* el ocaso de Occidente ‖ — *déclin de la vie* ocaso de la vida ‖ *déclin du jour* ocaso.

déclinable *adj* declinable.

déclinaison [deklinɛzɔ̃] *f* ASTR & GRAMM declinación.

déclinant, e *adj* decaído, da.

décliner *v intr* decaer, debilitarse; *forces qui déclinent* fuerzas que decaen ‖ ASTR declinar.
 ◆ *v tr* GRAMM declinar ‖ declinar (gallicisme), rechazar, rehusar; *décliner une invitation* rehusar una invitación ‖ no reconocer, rehusar, negar; *décliner la responsabilité de quelque chose* rehusar la responsabilidad de algo ‖ FIG *décliner son nom* dar su nombre, darse a conocer.

déclivité *f* declividad, declive *m* pendiente.

décloisonnement *m* liberalización *f*.

décloisonner *v tr* liberalizar.

déclouer [deklue] *v tr* desclavar ‖ descolgar (un tableau).

déco *adj inv* decorativo, va [abreviatura de Arts déco] ‖ *Arts déco* Arts déco [estilo de principios del siglo XX en las artes decorativas].

décocher *v tr* disparar (une flèche) ‖ soltar, espetar (un compliment, une question) ‖ soltar, lanzar; *décocher un coup de poing* soltar un puñetazo ‖ FIG lanzar, echar (un regard).

décoction [dekɔksjɔ̃] *f* decocción.

décodage *m* desciframiento ‖ INFORM decodificación *f*.

décoder *v tr* descifrar ‖ INFORM decodificar.

décodeur *m* decodificador (télévision) ‖ INFORM decodificador.

décoffrer *v tr* TECHN desencofrar, desencajonar.

décoiffé, e *adj* despeinado, da; *elle est toute décoiffée* está muy despeinada.

décoiffer *v tr* quitar el sombrero *ou* el tocado (ôter la coiffure) ‖ despeinar (dépeigner) ‖ destapar (ôter le bouchon) ‖ decapsular (un projectile).
 ◆ *v pr* despeinarse.

décoincer [dekwɛ̃se] *v tr* desencajar, liberar (une pièce) ‖ descalzar, quitar los calzos.

décolérer *v intr* desencolerizarse.

décollage *m* despegadura *f*, desencoladura *f* ‖ despegue (avions) ‖ FIG despegue ‖ — AVIAT *autorisation de décollage* autorización de despegue ‖ *piste de décollage* pista de despegue.

décollement *m* despegadura *f* ‖ MÉD desprendimiento; *décollement de la rétine* desprendimiento de la retina.

décoller *v tr* despegar, desencolar ∥ despegar (oreilles) ∥ degollar, decapitar (décapiter) ∥ cortar la cabeza de (la morue).
◆ *v intr* despegar (avions) ∥ despegarse (sports) ∥ FIG arrancar (démarrer) ∥ MÉD desprenderse (la rétine) ∥ POP demacrarse ∥ FAM *ne plus décoller d'un endroit* eternizarse en un sitio, echar raíces en un sitio.
— OBSERV *Despegar* a un sens général; *desencolar* suppose un collage à la colle forte.

décolleté, e *adj* escotado, da (vêtement).
◆ *m* escote, descote.

décolonisation *f* descolonización.

décolorant, e *adj et s m* descolorante.

décoloration *f* descoloramiento *m* ∥ decoloración (cheveux) ∥ — *se faire faire une décoloration* decolorarse el pelo (chez le coiffeur).

décoloré, e *adj* descolorido, da; *style décoloré* estilo descolorido ∥ decolorado, da (cheveux).

décolorer *v tr* descolorir, descolorar ∥ decolorar (les cheveux).
◆ *v pr* descolorirse, descolorarse.
— OBSERV *Descolorar* signifie surtout ôter la couleur, tandis que *descolorir* équivaut à diminuer l'intensité de la couleur.

décombres *m pl* escombros, cascotes, ripios ∥ FIG ruinas *f pl*.

décommander *v tr* dar contraorden, revocar una orden (donner contrordre) ∥ anular, cancelar (une commande, une invitation, etc.) ∥ anular la invitación de (des invités).
◆ *v pr* excusarse [de no poder acudir a una cita aceptada].

décomplexer *v tr* quitar los complejos.

décomposable *adj* descomponible.

décomposer *v tr* descomponer.
◆ *v pr* descomponerse ∥ FIG disgregarse; *après le discours, la foule se décomposa* después del discurso, la muchedumbre se disgregó.

décomposition *f* descomposición.

décompresser *v intr* FAM relajarse *v pr*.

décompression *f* descompresión.

décompte [dekɔ̃t] *m* descuento (déduction) ∥ detalle de una cuenta (détail d'une somme) ∥ recuento (dépouillement); *décompte des voix* recuento de votos ∥ FIG decepción *f*; *trouver du décompte* sufrir una decepción ∥ *faire le décompte* hacer el descuento (déduction), hacer el balance (bilan).

décompter [-te] *v tr* descontar ∥ detallar (un compte).
◆ *v intr* sonar a destiempo (horloge) ∥ contar hacia atrás (compter à rebours) ∥ FIG perder las ilusiones, desengañarse.

déconcentrer *v tr* distraer, desconcentrar (distraire l'attention de) ∥ descongestionar (disséminer) ∥ DR descentralizar (décentraliser).

déconcertant, e *adj* desconcertante.

déconcerter *v tr* desconcertar.

déconfit, e [dekɔ̃fi, it] *adj* deshecho, cha ∥ descompuesto, ta (mine) ∥ corrido, da; confuso, sa (personne).

déconfiture *f* derrota, aplastamiento *m* (déroute) ∥ FIG & FAM derrota, hundimiento *m*; *la déconfiture d'un parti* la derrota de un partido ∥ *en déconfiture* deshecho, cha; malparado, da (personne), hundido, da; arruinado, da (affaire).

décongélation *f* descongelación.

décongeler *v tr* descongelar, deshelar.

décongestion *f*; **décongestionnement** *m* descongestión *f*.

décongestionner *v tr* descongestionar.

déconnecter *v tr* ÉLECTR desconectar.

déconner *v intr* POP decir o hacer chorradas, hacer el chorra.

déconneur, euse *m et f* POP chorra, chorradero, ra.

déconseiller *v tr* desaconsejar ∥ *c'est à déconseiller* no es de aconsejar, no es recomendable ∥ *c'est déconseillé* no es aconsejable ∥ *déconseiller à quelqu'un de faire quelque chose* desaconsejar a alguien que haga algo.

déconsidérer* *v tr* desacreditar.

décontamination *f* descontaminación.

décontaminer *v tr* descontaminar.

décontenancer* *v tr* desconcertar, turbar.

décontracté, e *adj* relajado, da; suelto, ta ∥ FIG & FAM muy tranquilo, la; nada nervioso, sa.

décontracter *v tr* relajar (faire cesser la contraction) ∥ tranquilizar, quitar el nerviosismo.
◆ *v pr* relajarse.

décontraction *f* relajamiento *m*, relajación ∥ tranquilidad, falta de nerviosismo.

déconvenue [dekɔ̃vny] *f* chasco *m*, desengaño *m*, contrariedad.

décor *m* decorado (d'une maison) ∥ THÉÂTR decoración *f*, decorado ∥ FAM apariencia *f*, aspecto exterior ∥ panorama ∥ ambiente, cuadro, marco (cadre) ∥ — *changement de décor* cambio de panorama, de situación ∥ *l'envers du décor* el lado opuesto, el reverso de la medalla ∥ — FAM *aller o entrer o rentrer dans le décor* pegarse un tortazo con el coche, despistarse, salirse de la carretera ∥ *envoyer dans les décors* echar por alto, mandar a paseo.

décorateur, trice *adj et s* decorador, ra.

décoratif, ive *adj* decorativo, va ∥ *arts décoratifs* artes decorativas.

décoration *f* decoración (ornements) ∥ condecoración; *remettre une décoration à un militaire* imponer una condecoración a un militar ∥ *décoration d'intérieur* decoración de interiores, interiorismo.

décoré, e *adj* decorado, da; adornado, da (orné) ∥ engalanado, da.
◆ *adj et s* condecorado, da; *soldat décoré* soldado condecorado.

décorer *v tr* decorar, adornar (orner) ∥ condecorar; *décorer de la médaille militaire* condecorar con la medalla militar (conférer une décoration) ∥ conferir; *décorer quelqu'un du titre de comte* conferir a uno el título de conde.

décorner *v tr* descornar (enlever les cornes) ∥ desdoblar el pico de (une feuille de papier) ∥ *vent à décorner les bœufs* viento de mil demonios.

décortiquer *v tr* descortezar (les arbres) ∥ descorchar (le chêne-liège) ∥ quitar la cáscara, pelar, descascarar (des fruits à coque) ∥ descascarillar (riz et grains) ∥ descerezar (le café) ∥ quitar el caparazón, pelar (un crustacé) ∥ FIG & FAM desmenuzar, mirar por los cuatro costados.

décorum [dekɔrɔm] *m* decoro ∥ etiqueta *f* ceremonial (étiquette) ∥ *observer le décorum* conducirse con decoro.

— OBSERV Esta palabra no tiene plural.
décote f exoneración (contribution) || COMM quebranto m.
découcher v intr dormir fuera de casa.
découdre* v tr descoser || FIG destripar, abrir en canal (éventrer).
◆ v intr FAM *en découdre avec quelqu'un* venir a las manos con uno, pelearse con uno (en venir aux mains).
découler v intr chorrear, manar, fluir (couler peu à peu) || FIG derivarse, resultar, desprenderse; *il découle de cette analyse que* se desprende de este análisis que | ser originado, da; *une série de réformes a découlé de tout cela* una serie de reformas ha sido originada por todo esto, todo esto ha originado una serie de reformas.
découpage m recorte, recortado (action de découper) || trinchado (des viandes) || CINÉM desglose, repartición f de un guión en escenas || TECHN troquelado || recortable (jeu) || *découpage électoral* establecimiento de las circunscripciones electorales.
découpe f recorte m.
découpé, e adj recortado, da.
découper v tr recortar (des images) || descuartizar (la viande), trinchar (à table) || dividir (un territoire, etc.) || desglosar (film) || TECHN troquelar.
◆ v pr recortarse, destacarse, perfilarse; *la montagne se découpe sur le ciel* la montaña se destaca en el cielo.
découpure f recortadura (action) || recorte m (fragment découpé) || festón m (étoffe ou papier découpé pour orner) || corte m (entaille) || GÉOGR quebradura, hendidura (de la côte).
découragé, e adj desalentado, da; desanimado, da; descorazonado, da.
décourageant, e [dekuraʒã, ã:t] adj desalentador, ra; que desanima.
découragement [-ʒmã] m desaliento, desánimo, descorazonamiento.
décourager* v tr desalentar, desanimar, descorazonar; *ce temps me décourage* este tiempo me desanima || quitar las ganas, disuadir, quitar la idea de; *je l'ai découragé de partir* le he quitado la idea de irse || no fomentar; *cette politique a découragé les importations* esta política no ha fomentado las importaciones.
◆ v pr desalentarse, descorazonarse, desanimarse.
décousu, e adj descosido, da || deshilvanado, da; deslavazado, da; *style décousu* estilo deshilvanado.
◆ m falta f de ilación.
découvert, e [dekuvɛːr, ɛrt] adj descubierto, ta || destapado, da (sans couvercle) || despoblado, da de árboles; *pays découvert* país despoblado de árboles || *— ciel découvert* cielo raso || *wagon découvert* batea || *— à découvert* al descubierto || COMM *être à découvert* estar en descubierto || *vendre à découvert* vender al descubierto.
◆ m COMM descubierto || sitio al aire libre (endroit découvert).
découverte f descubrimiento m; *la découverte de l'Amérique, de la pénicilline, d'une conspiration* el descubrimiento de América, de la penicilina, de una conspiración || descubrimiento m, exploración; *aller à la découverte* descubrir, ir a explorar || hallazgo m, descubrimiento m (trouvaille) || MIN mina al aire libre.

découvreur, euse m et f descubridor, ra.
découvrir* v tr descubrir (un trésor, une statue, un vaccin) || averiguar (après des recherches) || destapar (ôter un couvercle) || revelar, descubrir; *découvrir ses projets* revelar sus proyectos || divisar (apercevoir) || descubrir (aux échecs) || MIL dejar al descubierto, desguarnecer || — FAM *découvrir le pot aux roses* descubrir el pastel || *découvrir son jeu* descubrir su juego, enseñar la oreja.
◆ v intr descubrirse || *se découvrir des talents* darse cuenta *ou* descubrir que se tiene un don *ou* talento.
◆ v pr despejarse (le ciel) || descubrirse, quitarse el sombrero (pour saluer) || MIL descubrirse.
décrasser v tr desengrasar, desgrasar (dégraisser) || limpiar *ou* lavar a fondo, quitar la mugre de (nettoyer) || FIG afinar, desbastar (une personne).
◆ v pr limpiarse || FIG afinarse.
décrédibiliser v tr desacreditar.
décrêper v tr alisar, desrizar.
décrépir v tr quitar el enlucido *ou* el revoque (un mur) || *mur décrépi* pared desconchada.
◆ v pr desconcharse || FIG hacerse viejo y decrépito.
décrépit, e [dekrepi, it] adj decrépito, ta.
décrépitude f decrepitud.
decrescendo adv et s m inv MUS decrescendo || FIG *aller decrescendo* ir disminuyendo.
décret [dekrɛ] m decreto.
décréter* v tr decretar, ordenar || decidir, declarar; *il décréta qu'il resterait* decidió quedarse.
décrié, e adj prohibido, da (interdit) || desprestigiado, da; criticado, da; desacreditado, da (critiqué).
décrier* v tr prohibir (interdire) || criticar, desprestigiar (discréditer) || depreciar.
décrire* v tr describir (un pays) || trazar, describir (une ellipse).
décrispation f relajamiento m.
décrisper v tr calmar, tranquilizar.
décrochage; décrochement m descolgamiento, descolgadura f || desenganche (d'un wagon) || desencajamiento (de la mâchoire) || — MIL ruptura f de contacto.
décrocher v tr descolgar (ce qui est suspendu, le téléphone) || desenganchar (ce qui est accroché) || FIG & FAM sacar, conseguir, obtener, arrancar; *il a décroché un diplôme* ha sacado un diploma; *l'équipe décrocha un point* el equipo arrancó un punto | ganar; *décrocher le gros lot* ganar el premio gordo.
◆ v intr MIL retirarse, rompiendo el contacto.
◆ v pr descolgarse, desengancharse || desengancharse, desabrocharse (une agrafe) || desencajarse (la mâchoire) || — *bâiller à s'en décrocher la mâchoire* aburrirse como una ostra || *rire à s'en décrocher la mâchoire* reír a mandíbula batiente.
décroiser v tr descruzar.
décroissance f disminución, decrecimiento m (p us).
décroissant, e adj decreciente; *par ordre décroissant* por orden decreciente || menguante (lune).
décroître* v intr decrecer, menguar, disminuir || disminuir; *les jours décroissent* los días disminuyen || disminuir de caudal, bajar (fleuve) || menguar (la lune).

décrotter

— OBSERV El verbo *décroître* no lleva acento en las formas siguientes: *je décrois, tu décrois, je décrus, tu décrus, il décrut, ils décrurent, décru*.

décrotter *v tr* quitar el barro, desenlodar, desembarrar ‖ limpiar (les chaussures) ‖ FIG desbastar, pulir, afinar (une personne).

décrue [dekry] *f* descenso *m*, baja, decrecida (les eaux).

décryptage; décryptement *m* desciframiento.

décrypter *v tr* descifrar.

déçu, e [desy] *adj* decepcionado, da ‖ frustrado, da; defraudado, da; *espoir déçu* esperanza frustrada.

de cujus [dekyʒys] *m* DR causante.

déculottée *f* FAM paliza.

déculotter *v tr* quitar los calzones *ou* los pantalones.

déculpabiliser *v tr* disculpar, excusar.

décuplement *m* multiplicación *f* por diez.

décupler *v tr et intr* decuplicar, decuplar, aumentar diez veces ‖ FIG centuplicar.

dédaignable [dedɛɲabl] *adj* desdeñable, despreciable.

dédaigner [-ɲe] *v tr* desdeñar, despreciar, hacer poco caso de ‖ — *dédaigner de faire* desdeñar hacer.

dédaigneusement *adv* desdeñosamente, con desprecio, sin hacer caso.

dédaigneux, euse [-ɲø, ø:z] *adj et s* desdeñoso, sa ‖ — *dédaigneux de* que desprecia; *dédaigneux de s'instruire* que desprecia instruirse ‖ *être dédaigneux de* despreciar, desdeñar (méprise).

dédain *m* desdén, desprecio ‖ *prendre en dédain* despreciar.

dédale *m* FIG dédalo, laberinto (labyrinthe); *dédale des lois* laberinto de las leyes.

dedans [dədɑ̃] *adv* dentro (sans mouvement), adentro (avec mouvement) ‖ — *au-dedans* dentro, por dentro ‖ *au-dedans de* dentro de ‖ *de dedans* de dentro ‖ *en dedans, par dedans* por dentro, dentro, interiormente ‖ *là-dedans* ahí dentro ‖ *avoir, tourner les pieds en dedans* tener, volver los pies hacia dentro ‖ FAM *mettre dedans* dar el pego, pegársela a alguien, engañar (tromper), interior, parte *f* interior (l'intérieur) ‖ interioridades *f pl*; *le dedans d'une affaire* las interioridades de un negocio.

dédicace *f* dedicatoria (d'un livre) ‖ dedicación, consagración (d'une église).

dédicacer *v tr* dedicar (un livre).

dédié, e *adj* INFORM dedicado, da; *ordinateur dédié* ordenador dedicado.

dédier* *v tr* dedicar (un livre) ‖ dedicar, consagrar (une église).

dédire* *v tr* desmentir.

◆ *v pr* desdecirse, retractarse ‖ no cumplir; *se dédire de son engagement* no cumplir su compromiso.

dédit [dedi] *m* retractación *f* ‖ indemnización *f* (somme).

dédommagement *m* indemnización *f*, resarcimiento ‖ compensación *f* ‖ *en guise de dédommagement* a guisa de desagravio (moral).

dédommager* *v tr* resarcir, indemnizar ‖ compensar.

◆ *v pr* resarcirse; *se dédommager d'une perte* resarcirse de una pérdida.

dédouanement [dedwanmɑ̃] *m* pago de los derechos de aduana.

dédouaner *v tr* pagar los derechos de aduana (payer) ‖ sacar de la aduana (sortir).

◆ *v pr* FIG enmendarse.

dédoublement *m* desdoblamiento; *dédoublement de la personnalité* desdoblamiento de la personalidad (psychologie) ‖ — TRANSP *dédoublement des trains* servicio complementario de trenes ‖ *dédoublement d'une classe* subdivisión de una clase en dos secciones.

dédoubler *v tr* desdoblar (partager en deux) ‖ desplegar, desdoblar (déplier) ‖ quitar el forro, desaforrar *(p us)* (ôter la doublure) ‖ subdividir en dos secciones (une classe) ‖ rebajar (l'alcool) ‖ CHIM descomponer ‖ TRANSP *dédoubler un train* poner un tren suplementario.

◆ *v pr* desdoblarse.

dédramatiser *v tr* desdramatizar.

déductible *adj* deducible; *déductible de l'impôt* deducible del impuesto.

déductif, ive *adj* deductivo, va.

déduction [dedyksjɔ̃] *f* deducción (conséquence) ‖ rebaja, deducción, descuento *m* (soustraction) ‖ relación, exposición (exposé).

déduire* *v tr* deducir ‖ deducir, descontar, rebajar (soustraire d'une somme) ‖ — *déduire des impôts* deducir de los impuestos.

déesse [deɛs] *f* diosa.

D.E.F.A.; Defa abrév de *diplôme d'État relatif aux fonctions d'animation* diploma oficial de aptitudes para funciones de animador.

défaillance [defɑjɑ̃:s] *f* desfallecimiento *m*, desmayo *m* (évanouissement) ‖ (vx) extinción, desaparición (disparition) ‖ fallo *m*; *défaillance de mémoire* fallo de memoria ‖ MÉD insuficiencia; *défaillance cardiaque* insuficiencia cardiaca *ou* cardíaca ‖ DR incumplimiento *m* ‖ FIG debilidad, flaqueza (faiblesse) ‖ *tomber en défaillance* desmayarse.

défaillant, e [-jɑ̃, ɑ̃:t] *adj* desfalleciente ‖ que falla; *mémoire défaillante* memoria que falla ‖ claudicante (forces) ‖ extinguido, da (disparu) ‖ DR que no comparece, contumaz.

◆ *m* DR rebelde, contumaz.

défaillir* [-ji:r] *v intr* (vx) faltar, hacer falta (manquer) ‖ (vx) extinguirse (s'éteindre) ‖ desfallecer (s'affaiblir), desmayarse (s'évanouir) ‖ fallar (faiblir) ‖ DR no comparecer, declararse en rebeldía ‖ FIG desanimarse, desalentarse (se décourager).

défaire* *v tr* deshacer (détruire) ‖ desatar (détacher) ‖ FIG debilitar (affaiblir) ‖ descomponer; *visage défait* rostro descompuesto ‖ deshacer, derrotar (mettre en déroute) ‖ librar, desembarazar; *défaire quelqu'un d'un imposteur* librar a alguien de un impostor ‖ quitarse (enlever) ‖ aflojar; *défaire sa cravate* aflojar la corbata.

◆ *v pr* deshacerse ‖ deshacerse de (se débarrasser de) ‖ desprenderse; *elle a dû se défaire de ses bijoux* ha tenido que desprenderse de sus joyas ‖ marchitarse, ajarse (se faner) ‖ FIG corregirse, quitarse de; *se défaire d'un vice* corregirse de un vicio.

défait, e [defɛ, ɛ:t] *adj* deshecho, cha ‖ desatado, da (détaché) ‖ descompuesto, ta; *visage défait* rostro descompuesto ‖ deshecho, cha; extenuado, da (exténué).

défaite *f* MIL derrota; *essuyer une défaite* sufrir una derrota ‖ derrota, fracaso *m* (échec) ‖ (vx) FIG & FAM pretexto *m*, escapatoria (échappatoire).

défaitisme *m* derrotismo ‖ poca confianza *f* en sí mismo (manque de confiance en soi).
défaitiste *adj* et *s* derrotista, pesimista.
défalquer *v tr* deducir, descontar, rebajar (déduire).
défaut [defo] *m* defecto, falta *f*, tacha *f* (imperfection) ‖ falta *f*, carencia *f* (manque) ‖ imperfección *f*, defecto (imperfection) ‖ fallo; *défaut de mémoire* fallo de memoria ‖ falta *f* (lacune) ‖ FIG flaco, punto débil (point faible) ‖ DR vicio; *des défauts cachés* vicios ocultos ‖ incomparecencia *f*, contumacia *f*, rebeldía *f*; *jugement par défaut* sentencia en rebeldía ‖ *— défaut de paiement* falta *ou* incumplimiento de pago ‖ *le défaut de la cuirasse* el flaco de una persona, el punto débil ‖ *le défaut de l'épaule* el codillo ‖ *le défaut des côtes* la ijada, el vacío ‖ *— à défaut de* a falta de ‖ *au défaut de* en lugar de, a falta de ‖ DR *par défaut* en rebeldía ‖ *— être en défaut* caer en falta, fallar (personnes), perder la pista (chiens) ‖ *faire défaut* faltar (manquer), no comparecer en juicio, declararse en rebeldía (ne pas comparaître) ‖ *mettre en défaut* hacer caer en falta ‖ *prendre en défaut* coger en falta.
défaveur *f* disfavor *m*, descrédito *m* ‖ *tomber en défaveur* caer en desgracia.
défavorable *adj* desfavorable.
défavorablement *adv* desfavorablemente.
défavoriser *v tr* desfavorecer.
défectif, ive *adj* et *s m* GRAMM defectivo, va.
défection [defeksjɔ̃] *f* defección ‖ retirada (d'un concurrent) ‖ *faire défection* desertar.
défectueux, euse *adj* defectuoso, sa.
défendable *adj* defendible.
défendre *v tr* defender; *défendre sa patrie* defender la patria ‖ prohibir; *il est défendu de cracher* está prohibido *ou* se prohibe escupir ‖ proteger, preservar, defender; *les habits nous défendent du froid* los vestidos nos protegen del frío ‖ *à son corps défendant* en defensa propia, en defensa suya (en luttant), de mala gana (à contrecœur).
◆ *v pr* defenderse ‖ protegerse, preservarse (se préserver) ‖ negar; *se défendre d'avoir fait quelque chose* negar haber hecho algo; *il ne s'en défend pas* no lo niega ‖ guardarse; *se défendre de la tentation* guardarse de la tentación ‖ rehusar (un cheval) ‖ impedir, evitar; *il ne put se défendre d'être ému* no pudo evitar emocionarse ‖ POP defenderse, no dárseles mal ‖ *cela se défend* esto se justifica.
— OBSERV El infinitivo francés que sigue «défendre» se pone en español en subjuntivo: *je te défends de venir* te prohíbo que vengas.
défendu, e *adj* defendido, da ‖ prohibido, da; *fruit défendu* fruta prohibida.
défenestration *f* defenestración, lanzamiento *m* por la ventana.
défenestrer *v tr* defenestrar.
défense [defɑ̃:s] *f* defensa; *défense d'une ville, d'une idée* defensa de una ciudad, de una idea ‖ prohibición (interdiction) ‖ DR defensa ‖ MAR & MIL defensa ‖ SPORTS defensa, zaga (ligne), defensa *m*, zaguero *m* (joueur) ‖ *— sans défense* indefenso, sa ‖ *— défense absolue de* prohibido terminantemente ‖ *défense d'afficher* prohibido fijar carteles ‖ *défense de fumer* prohibido fumar ‖ *défense d'entrer* se prohíbe la entrada ‖ *défense de stationner* prohibido aparcar ‖ *défense des consommateurs* defensa de los consumidores ‖ MÉD *défense immunitaire* defensa inmunitaria ‖ *la Défense nationale* la Defensa Nacional ‖ *ministre de la Défense* Ministro de la Defensa ‖ *— jouer la défense* jugar a la defensiva (sports) ‖ *prendre o embrasser la défense de* defender a, tomar partido por ‖ *se mettre en défense* o *en état de défense* ponerse en guardia ‖ *travailler à la défense de* trabajar en defensa de.
◆ *pl* defensas (fortifications) ‖ colmillos *m*, defensas (de l'éléphant, du sanglier).
défenseur *m* defensor, ra ‖ defensor, ra; partidario, ria (d'une idée) ‖ DR abogado defensor, defensor ‖ *se faire le défenseur de* abogar por, hacerse el abogado de.
— OBSERV La palabra *défenseur* no tiene forma femenina; se dice, por ejemplo: *elle a été un remarquable défenseur*.
défensif, ive *adj* et *s f* defensivo, va; *être o se tenir sur la défensive* ponerse a la defensiva.
déféquer* *v tr* defecar.
déférence *f* deferencia, consideración.
déférent, e [deferɑ̃, ɑ̃:t] *adj* deferente (respectueux) ‖ ANAT *canal déférent* canal deferente.
déférer* *v tr* DR deferir, encomendar, atribuir [a una jurisdicción]; *déférer une cause à un tribunal* deferir una causa a un tribunal ‖ denunciar, citar en justicia (dénoncer) ‖ *(vx)* conferir, conceder (décerner).
déferlant, e *adj* rompiente; *vague déferlante* ola rompiente.
déferlement *m* rompimiento (des vagues) ‖ marejada *f* (de la foule) ‖ FIG desencadenamiento; *le déferlement des passions* el desencadenamiento de las pasiones.
déferler *v intr* romper, estrellarse (les vagues) ‖ FIG acudir en tropel, afluir ‖ desencadenarse; *les applaudissements déferlèrent* los aplausos se desencadenaron.
◆ *v tr* MAR desplegar, largar, desaferrar (les voiles).
défi *m* desafío, reto ‖ *— mettre quelqu'un au défi de* desafiar a uno que ‖ *porter o lancer un défi* lanzar un desafío, desafiar, retar ‖ *relever un défi* aceptar un desafío *ou* el reto, recoger el guante, salir a la demanda.
défiance *f* desconfianza, recelo *m* ‖ *vote de défiance* voto de censura.
défiant, e *adj* desconfiado, da; receloso, sa.
défibrillation *f* desfibrilación.
déficeler* [defisle] *v tr* desatar, quitar la cuerda.
déficience *f* deficiencia ‖ MÉD *déficience immunitaire* deficiencia inmunitaria.
déficient, e [defisjɑ̃, jɑ̃:t] *adj* deficiente.
déficit [-sit] *m* déficit ‖ *déficit budgétaire* déficit presupuestario ‖ *être en déficit* estar en déficit.
déficitaire *adj* deficitario, ria; en déficit ‖ *entreprise déficitaire* empresa deficitaria.
défier* *v tr* desafiar, retar (lancer un défi) ‖ FIG desafiar, arrostrar (braver) ‖ excluir, resistir a; *ce prix défie toute concurrence* este precio resiste a toda competencia ‖ *je te défie de le faire* apuesto a que no lo haces.
◆ *v pr* desafiarse, retarse ‖ desconfiar, no fiarse de (se méfier).
défigurer *v tr* desfigurar.
défilé, e *adj* MIL desenfilado, da.
◆ *m* desfiladero (passage étroit) ‖ desfile (des troupes, etc.) ‖ *défilé des Rois mages* cabalgata de los Reyes Magos.

défiler v tr desensartar, desenhebrar (ôter le fil) ‖ desguinzar (papier) ‖ MIL desenfilar, poner a cubierto ‖ *défiler son chapelet* pasar las cuentas del rosario (prier), vaciar el saco *ou* el costal (parler).
- v *intr* MIL desfilar.
- v *pr* desenhebrarse, desensartarse ‖ FAM esquivarse (se dérober), largarse, escabullirse (s'enfuir).

défini, e adj definido, da; *article défini* artículo definido.
- m lo definido.

définir v tr definir ‖ determinar, precisar (fixer); *définir le temps où telle chose se fera* precisar el momento en que tal cosa se verificará.

définissable adj definible.

définitif, ive adj definitivo, va ‖ *en définitive* en definitiva, al fin y al cabo, finalmente.
- m lo definitivo.

définition f definición ‖ TECHN definición, nitidez (télévision).

définitivement adv definitivamente, de manera definitiva, para siempre.

déflagration f deflagración.

déflation f ÉCON deflación ‖ GÉOGR deflacción.

déflationniste adj deflacionista.

déflecteur m deflector ‖ AVIAT disruptor.

défloration f desfloración.

déflorer v tr desflorar.

défoliant, e adj et s m defoliante.

défonce f POP colocón m (état) ‖ acción de colocarse (usage de la drogue).

défoncé, e adj POP flipado, da; colgado, da; colocado, da.

défoncer* v tr desfondar (ôter le fond de) ‖ llenar de baches (une route) ‖ hundir (enfoncer) ‖ AGRIC desfondar ‖ MIL aplastar, arrollar, derrotar completamente.
- v *pr* FAM chutarse, colocarse (se droguer) ‖ afanarse (se donner à fond).

déforestation f desforestación, despoblación forestal.

déformant, e adj deformador, ra ‖ *glace déformante* espejo que deforma.

déformation f deformación; *déformation professionnelle* deformación profesional.

déformé, e adj deformado, da.

déformer v tr deformar, desformar.
- v *pr* deformarse, desformarse.

défoulement m liberación f.

défouler v tr liberar.
- v *pr* liberarse (d'un complexe) ‖ desquitarse; *en vacances il se défoule* durante las vacaciones se desquita.

défraîchi, e adj ajado, da.

défrayer* [defreje] v tr costear, pagar los gastos ‖ FIG alimentar ‖ — *défrayer la chronique* ser la comidilla *ou* el pasto de la actualidad, saltar frecuentemente a las páginas de los periódicos ‖ *défrayer la conversation* hacer el gasto de la conversación.

défrichage; défrichement m AGRIC roturación f, desmonte (action) ‖ campo roturado (terrain défriché) ‖ FIG desbroce, desbrozo, primer trabajo.

défricher v tr AGRIC roturar ‖ FIG desbrozar; *défricher un sujet* desbrozar un tema.

défriser v tr desrizar, estirar (cheveux) ‖ FIG & FAM decepcionar, fastidiar.

défroisser v tr desarrugar.

défroqué, e adj que ha colgado los hábitos.
- m fraile exclaustrado o sacerdote que ha colgado los hábitos.
- f monja exclaustrada.

défunt, e [defœ̃, œ̃:t] adj et s difunto, ta; finado, da; *son défunt père* su difunto padre.

dégagé, e adj libre, desembarazado, da (débarrassé) ‖ libre; *dégagé de toute responsabilité* libre de toda responsabilidad ‖ FIG despejado, da; desenvuelto, ta; *avoir un air dégagé* tener un aire desenvuelto ‖ despejado, da; *voie dégagée* vía despejada; *front dégagé* frente despejada ‖ suelto, ta; holgado, da (vêtement) ‖ FIG suelto, ta; fácil (style).
- m dégagé (chorégraphie).

dégagement m desempeño (retrait d'un gage) ‖ FIG salida f excusada, pasadizo (sortie) ‖ liberación f, desbloqueo; *dégagement d'un doigt pris dans un engrenage* liberación de un dedo cogido en un engranaje ‖ CHIM desprendimiento, escape (de gaz) ‖ desprendimiento, emanación f (odeur) ‖ despejo (action de débarrasser) ‖ despejo (d'une route) ‖ apartamiento (retrait) ‖ FIG devolución f (d'une parole, d'une promesse) | salida f; *le dégagement de la tête du fœtus* salida de la cabeza del feto | desapego (détachement) ‖ cambio de filos (escrime) ‖ despejo (escrime) ‖ — *dégagement en sortie* saque de puerta (football) ‖ *dégagement en touche* saque de banda (football) ‖ AUTOM *itinéraire de dégagement* itinerario alternativo | *voie de dégagement* carril accesorio.

dégager* v tr desempeñar (retirer un gage) ‖ soltar, sacar, retirar; *dégager sa main* sacar su mano ‖ librar, liberar (délivrer) ‖ retirar (parole, promesse) ‖ despejar, dejar libre; *dégager la voie publique* despejar la vía pública ‖ dejar libre; *sa blouse dégageait son cou* su blusa dejaba libre el cuello ‖ despejar (front) ‖ FIG separar, extraer; *dégager la vérité de l'erreur* separar la verdad del error | sacar; *dégager une conclusion* sacar una conclusión; *nous pouvons dégager trois groupes* podemos sacar tres grupos ‖ retirar (parole) ‖ liberar; *dégager quelqu'un d'une promesse* liberar a uno de una promesa ‖ poner de relieve *ou* de manifiesto, realzar (faire ressortir) ‖ exhalar, despedir, desprender (une odeur) ‖ CHIM separar ‖ MATH despejar (une inconnue) ‖ librar (escrime: l'épée) ‖ MÉD despejar, descargar (la tête), desahogar (la poitrine), aliviar (le ventre) ‖ apurar (coiffure) ‖ MIL liberar ‖ sacar (football, rugby).
- v *intr* hacer el saque de puerta (quand la balle est sortie) ‖ despejar (balle en jeu).
- v *pr* librarse, desembarazarse (se débarrasser) ‖ FIG salir de un compromiso (d'un engagement) ‖ liberarse, retirarse (d'un traité) ‖ desprenderse, resultar (émaner) ‖ ponerse en evidencia, desprenderse, resultar; *deux faits se dégagent* dos hechos se ponen en evidencia ‖ desprenderse (odeur) ‖ despejarse (temps), desencapotarse (ciel) ‖ MIL liberarse, romper el cerco ‖ MAR desencallarse.

dégaine f FAM facha (allure).

dégainer v tr desenvainar (une arme).
- v *intr* desenvainar la espada.

déganter v tr quitar los guantes.
- v *pr* quitarse los guantes, desenguantarse.

dégarni, e adj desguarnecido, da (privé de garniture) ‖ desguarnecido, da; *forteresse dégarnie* fortaleza desguarnecida ‖ despoblado, da; *front dégarni* frente despoblada ‖ desamueblado, da (pièce) ‖ desnudo, da; *un mur dégarni* una pared desnuda.

dégarnir *v tr* desguarnecer ‖ desamueblar, desalojar; *dégarnir un appartement* desamueblar un piso ‖ AGRIC podar, desmochar (un arbre) ‖ MAR desguarnir.
◆ *v pr* despoblarse, estar quedándose calvo (perdre ses cheveux), tener entradas (le front) ‖ irse vaciando; *la salle se dégarnit* la sala se va vaciando.

dégât [degɑ] *m* daño, estrago; *les dégâts causés par la grêle* los daños causados por el granizo ‖ desperfecto (détérioration) ‖ estropicio; *cet enfant a fait beaucoup de dégâts* este niño ha hecho muchos estropicios ‖ daño, perjuicio; *la calomnie fait beaucoup de dégâts* la calumnia causa mucho daño ‖ FAM *limiter les dégâts* limitar el daño.

dégauchir *v tr* desalabear, enderezar (redresser) ‖ FIG desbastar, despabilar (ôter la timidité).

dégauchisseuse *f* TECHN acepilladora de planear.

dégazage *m* TECHN desgasificación *f* ‖ limpiar fondos [los buques petroleros].

dégel [deʒɛl] *m* deshielo.

dégeler* *v tr* deshelar; *dégeler un tuyau* deshelar una cañería ‖ descongelar, desbloquear; *dégeler des crédits* descongelar créditos ‖ FIG animar, entonar; *cet artiste dégela les spectateurs* ese artista animó a los espectadores.
◆ *v intr* deshelarse ‖ deshelarse, fundirse (la neige).
◆ *v pr* deshelarse ‖ FIG soltarse, cobrar confianza (perdre sa timidité).

dégénéré, e *adj* et *s* degenerado, da.

dégénérer* *v intr* degenerar.

dégénérescence [deʒeneressɑ:s] *f* degeneración.

dégingandé, e [deʒɛ̃gɑ̃de] *adj* FAM desgarbado, da; desgalichado, da; desmadejado, da.

dégivrage *m* AGRIC desescarchado ‖ AUTOM & AVIAT deshelamiento, deshielo.

dégivrer *v tr* deshelar ‖ descongelar (réfrigérateur).

dégivreur *m* deshelador ‖ descongelador (d'un réfrigérateur) ‖ AUTOM *dégivreur automatique* luneta térmica.

déglacer* *v tr* deshelar ‖ deslustrar, desglasar (du papier) ‖ FIG & FAM hacer entrar en calor.

déglaciation *f* desglaciación (des glaciers).

déglinguer [deglɛ̃ge] *v tr* FAM desvencijar, descuajaringar, desbaratar.

déglutir *v tr* et *intr* deglutir.

déglutition *f* deglución.

dégobiller [degɔbije] *v tr* et *intr* POP potar, echar la pota.

dégommer *v tr* desgomar, desengomar (ôter la gomme) ‖ FAM dejar cesante, destituir (destituer).

dégonflé, e *adj* desinflado, da ‖ FIG & POP rajado, da; acobardado, da.
◆ *m* POP rajado.

dégonfler *v tr* desinflar.
◆ *v pr* desinflarse ‖ FIG & POP rajarse, acobardarse, desinflarse (flancher).

dégorgement [degɔrʒəmɑ̃] *m* desatasco, desatoramiento (d'un tuyau) ‖ desagüe (écoulement d'eaux, d'immondices) ‖ derrame (épanchement) ‖ lavado (de la laine, la soie) ‖ vómito (vomissement).

dégorger* *v tr* desatascar, desatorar (un tuyau) ‖ lavar (des tissus), desgrasar (la laine) ‖ vomitar, devolver (vomir) ‖ verter, dar salida (déverser) ‖ FIG & FAM vomitar, escupir (restituer) ‖ MÉD desinfartar ‖ — *faire dégorger des concombres* poner a macerar los pepinos ‖ *faire dégorger des escargots* purgar los caracoles.
◆ *v intr* desaguar (se déverser).
◆ *v pr* FIG desahogarse (s'épancher).

dégoter; dégotter *v tr* FAM derribar (abattre avec un projectile) | desbancar (évincer) ‖ POP dejar atrás, aventajar (surpasser) ‖ dar con, descubrir, encontrar; *dégoter une bonne place* dar con una buena colocación.
◆ *v intr* POP tener buena facha *ou* pinta.

dégouliner *v intr* FAM chorrear, gotear.

dégoupiller [degupije] *v tr* quitar el pasador *ou* la clavija (à une grenade).

dégourdi, e *adj* et *s* FIG & FAM listo, ta; vivo, va; despabilado, da (avisé).
◆ *m* TECHN primera cochura *f* de la porcelana.

dégourdir *v tr* desentumecer, desentorpecer (un membre) ‖ FIG despabilar, espabilar (une personne) | entibiar, templar (tiédir) ‖ TECHN dar la primera cochura (porcelaine).
◆ *v pr* desentumecerse, desentorpecerse ‖ FIG despabilarse, espabilarse ‖ *se dégourdir les jambes* estirar *ou* desentumecer las piernas.

dégoût [degu] *m* asco; *causer du dégoût* dar asco; *ressentir du dégoût pour le vin* tomarle asco al vino; *avoir du dégoût pour la vie* tener asco de la vida ‖ desgana *f* (manque d'appétit) ‖ hastío, cansancio (fatigue); *avoir le dégoût d'un travail* sentir hastío de un trabajo ‖ repugnancia *f*; *il faisait preuve d'un dégoût bien rare à son âge* demostraba una repugnancia pocas veces vista a su edad ‖ *prendre en dégoût* coger *ou* cobrar asco a, estar asqueado de.

dégoûtant, e *adj* asqueroso, sa; *dégoûtant à voir* asqueroso de ver ‖ repugnante, repelente, repulsivo, va; *c'est dégoûtant de travailler dans de telles conditions* es repugnante trabajar en estas condiciones ‖ *c'est dégoûtant!* ¡da asco!, ¡qué asco!
◆ *m* asqueroso.

dégoûté, e *adj* delicado, da ‖ — *être dégoûté* estar harto *ou* hastiado ‖ *faire le dégoûté* hacerse el delicado *ou* el difícil ‖ *prendre un air dégoûté* poner cara de asco.

dégoûter *v tr* dar asco, asquear; *cette nourriture me dégoûte* este alimento me da asco ‖ repugnar (répugner) ‖ desganar, quitar el apetito (ôter l'appétit) ‖ fastidiar, aburrir, cansar (ennuyer) ‖ FIG quitar las ganas, desaficionar (ôter le goût de); *dégoûter de l'étude* desaficionar del estudio, quitar las ganas de estudiar ‖ quitar las ganas, quitar de la cabeza, disuadir (dissuader) ‖ *n'être pas dégoûté* contentarse *ou* conformarse con poco, no ser muy exigente.
◆ *v pr* tomar asco a; *se dégoûter du tabac* tomar asco al tabaco ‖ hastiarse, cansarse (se lasser).

dégoutter *v tr* et *intr* gotear; *l'eau qui dégoutte du toit* el agua que gotea del tejado ‖ chorrear (couler en filet).

dégradant, e *adj* degradante.

dégradation *f* degradación; *dégradation militaire* degradación militar; *dégradation civique* degrada-

dégradé

ción cívica ‖ deterioro *m*; *dégradation du matériel* deterioro del material ‖ CHIM degradación ‖ FIG degradación, envilecimiento *m* (avilissement) | empeoramiento *m*, bajón *m* (d'une situation) ‖ degradación, rebajamiento *m* (des couleurs).

dégradé *m* desvanecido (photo, cinéma) ‖ escala *f* (tricot).

dégrader *v tr* degradar; *dégrader un militaire* degradar a un militar ‖ FIG deteriorar, estropear (endommager) | degradar, envilecer; *dégradé par la boisson* degradado por la bebida ‖ degradar, rebajar (les couleurs).
◆ *v pr* degradarse ‖ FIG deteriorarse, estropearse (se détériorer) | envilecerse, degradarse | empeorarse, empeorar, dar un bajón, desmejorarse; *la situation s'est rapidement dégradée* la situación se ha empeorado rápidamente.

dégrafer *v tr* desabrochar, desabrocharse.

dégraissage *m* desengrasado, desengrase ‖ limpiado, limpieza (des vêtements); *dégraissage et nettoyage à sec* limpieza de manchas de grasa y limpieza en seco.

dégraissant, e *adj* que quita la grasa.
◆ *m* desengrasante.

dégraisser *v tr* desengrasar (ôter la graisse) ‖ desgrasar (la laine) ‖ quitar las manchas, limpiar (un vêtement) ‖ espumar (le bouillon) ‖ desbastar (le bois) ‖ desustantar (un terrain).

degré *m* grado ‖ grado, graduación *f*; *degré alcoolique d'un vin* graduación alcohólica de un vino; *ce vin a onze degrés* este vino tiene once grados ‖ escalón, peldaño (marche) ‖ grada *f* (d'autel, de trône) ‖ (vx) grado (grade universitaire) ‖ FIG grado; *cousin au troisième degré* primo en tercer grado ‖ — *à un degré tel* hasta tal punto ‖ *au dernier degré* en último *ou* sumo grado ‖ *jusqu'à un certain degré* hasta cierto punto ‖ *par degrés* gradualmente, por grados, progresivamente ‖ — *alcool à 90 degrés* alcohol de 90 grados ‖ *brûlure au premier, deuxième degré* quemadura de primer, segundo grado ‖ *enseignement du second degré* enseñanza media, segunda enseñanza ‖ *le plus haut degré* el súmmum ‖ *le premier degré* enseñanza básica (enseignement).

dégressif, ive *adj* decreciente (décroissant); *tarif dégressif* tarifa decreciente.

dégrèvement *m* ÉCON desgravación *f*; *dégrèvement d'impôt o fiscal* desgravación fiscal.

dégriffé, e *adj* sin marca, sin etiqueta ‖ *vêtement dégriffé* ropa de marca rebajada.

dégringolade *f* FAM caída, voltereta ‖ FIG caída, descenso *m*, hundimiento *m*; *la dégringolade d'une entreprise* el hundimiento de una empresa.

dégringoler *v intr* FAM caer rodando, rodar (descendre précipitamment) ‖ FIG venirse abajo, hundirse (s'effondrer).
◆ *v tr* rodar por; *dégringoler un escalier* rodar por las escaleras.

dégrippant *m* antibloqueante.

dégripper *v tr* desatascar, desbloquear (un mécanisme).

dégriser *v tr* desembriagar, quitar la borrachera ‖ FIG desilusionar, desengañar; *dégrisé par un échec* desengañado por un fracaso.
◆ *v pr* desembriagarse, quitarse la borrachera ‖ FIG desilusionarse, desengañarse.

dégrossir *v tr* desbastar; *dégrossir une pierre* desbastar una piedra ‖ bosquejar (faire une ébauche) ‖ desembrollar, desenmarañar (une affaire) ‖ FIG desbastar, afinar, pulir (une personne).

dégrossissage *m* desbaste.

dégroupement *m* disgregación *f*, dispersión *f*.

dégrouper *v tr* disgregar, dispersar.

déguenillé, e [degnije] *adj et s* haraposo, sa; harapiento, ta; desastrado, da; andrajoso, sa.

déguerpir *v intr* largarse, salir pitando; *déguerpir d'un endroit* largarse de un sitio.

dégueulasse *adj* POP asqueroso, sa; cochino, na; repugnante.

dégueulasser *v tr* POP pringar, poner perdido, da.

dégueuler *v tr et intr* POP echar la pota, potar (vomir) ‖ vomitar (des injures).

dégueulis *m* POP vomitona *f* pota *f*.

déguisé, e *adj* disfrazado, da ‖ *bal déguisé* baile de disfraces.
◆ *m et f* máscara *f* (personne déguisée).

déguisement [degizmã] *m* disfraz ‖ FIG disfraz, disimulo; *parler sans déguisement* hablar sin disimulo.

déguiser *v tr* disfrazar ‖ FIG disfrazar, desfigurar, cambiar; *déguiser sa voix* disfrazar la voz | disimular (cacher) ‖ encubrir, enmascarar; *déguiser la vérité* encubrir la verdad.
◆ *v pr* disfrazarse; *se déguiser en arlequin* disfrazarse de arlequín.

dégustateur, trice *m et f* catador, ra.

dégustation *f* degustación.

déguster *v tr* catar, probar; *déguster du vin* catar vino ‖ saborear, paladear (savourer) ‖ POP cobrar (des coups).
— OBSERV *Degustar* est un gallicisme, mais *degustación* se trouve dans le dictionnaire de l'Académie espagnole.

déhanchement *m* contoneo.

déhancher *v tr* descaderar, derrengar, dislocar las caderas (démettre les hanches).
◆ *v pr* contonearse; *les danseuses se déhanchaient* las bailarinas se contoneaban.

dehors [dəɔːr] *adv* fuera; *rester dehors* quedarse fuera ‖ afuera; *allez dehors* váyase afuera ‖ — *au-dehors* fuera, al exterior ‖ *de o du dehors* de fuera, desde fuera; *vu du o de dehors* visto desde fuera ‖ *en dehors* desde fuera, por fuera (à l'extérieur) ‖ *en dehors de* fuera de, aparte de; *rester en dehors du sujet* quedar fuera del asunto; fuera de, aparte de (excepté), hacia fuera; *avoir les pieds en dehors* tener los pies hacia fuera ‖ *par-dehors* por fuera ‖ — *avantage dehors* ventaja al saque (tennis) ‖ *toutes voiles dehors* a toda vela ‖ *mettre o jeter quelqu'un dehors* echar fuera *ou* a la calle.
◆ *m* exterior, parte *f* exterior; *le dehors de la maison* la parte exterior de la casa ‖ exterior; *des ouvriers venus du dehors* obreros venidos del exterior ‖ presencia *f*, presentación *f*, facha *f* (allure) ‖ *du dehors* exterior; *affaires du dehors* asuntos exteriores.
◆ *pl* apariencias *f*; *garder les dehors* guardar las apariencias ‖ aspecto *sing*; *des dehors agréables* un aspecto agradable ‖ obras *f* exteriores (fortifications).

déhoussable *adj* desenfundable.

déicide *adj et s* deicida (meurtrier de Dieu).
◆ *m* deicidio (meurtre de Dieu).

déictique *adj* et *s m* GRAMM deíctico, ca.
déification *f* deificación.
déifier* *v tr* deificar ‖ FIG divinizar, endiosar.
déjà *adv* ya; *il est déjà là* ya está ahí; *il est déjà midi* son ya las doce ‖ *— c'est déjà pas mal* algo es algo ‖ *c'est déjà quelque chose* ya es algo ‖ *quel nom déjà?* ¿qué nombre era?
déjanter [deʒɑ̃te] *v tr* desmontar la llanta de, sacar la llanta.
déjà-vu *m inv* ya visto (psychologie) ‖ FAM *c'est du déjà-vu* es algo ya muy visto.
déjection *f* deyección ‖ FIG desecho *m*, hez (rebut) ‖ GÉOL deyección (volcanique).
déjeuner *v intr* desayunar, desayunarse (prendre le petit déjeuner) ‖ almorzar, comer (prendre le repas de midi); *déjeuner d'une côtelette* almorzar una chuleta.
déjeuner *m* almuerzo, comida *f* (repas de midi) ‖ desayuno (petit déjeuner) ‖ servicio, bandeja *f* para el desayuno (petit plateau) ‖ juego de desayuno ‖ *— déjeuner à la fourchette* desayuno fuerte ‖ FAM *déjeuner de soleil* tejido poco sufrido (tissu), cosa efímera (chose éphémère) ‖ *petit déjeuner* desayuno ‖ *— prendre son petit déjeuner* desayunar, desayunarse.
déjouer *v tr* desbaratar, hacer fracasar; *déjouer un projet* desbaratar un proyecto; *déjouer un complot* hacer fracasar un complot.
déjuger (se)* *v pr* volverse atrás, cambiar de opinión *ou* de juicio.
delà *adv* allende, más allá de, del otro lado de ‖ *— au-delà* más allá, más lejos (plus loin), mucho más (beaucoup plus) ‖ *au-delà de* más allá de; *au-delà de mes désirs* más allá de mis deseos; al otro lado de; *au-delà du lac* al otro lado del lago ‖ *deçà et delà* de uno y otro lado ‖ *de delà* del otro lado ‖ *en delà* más lejos, más allá ‖ *par-delà* allende, del otro lado de; *par-delà les mers* allende los mares ‖ *— jambe deçà, jambe delà* a horcajadas ‖ *l'au-delà* el más allá, el otro mundo.
— OBSERV *Delà* va generalmente precedido en francés de *au, en, par: au-delà des monts* allende los montes.
délabré, e *adj* en mal estado, estropeado, da; deteriorado, da ‖ FIG empeorado, da.
délabrement *m* ruina *f*, deterioro; *le délabrement d'un bâtiment* la ruina de un edificio ‖ FIG estrago (de la santé) | ruina *f* (moral).
délabrer *v tr* hacer trizas *ou* pedazos (déchirer) ‖ deteriorar, arruinar, estragar (détériorer) ‖ echar a perder, estropear (abîmer).
◆ *v pr* deteriorarse, arruinarse ‖ FIG estragarse, arruinarse (santé) | venirse abajo, deteriorarse, empeorar; *son entreprise se délabre* su empresa se viene abajo.
délacer *v tr* desatar (détacher) ‖ *délacer ses chaussures* desatarse los zapatos.
délai *m* demora *f*, espera *f* (retard); *sans délai* sin demora ‖ plazo, término; *dans un délai d'un an* en el plazo de un año ‖ *— délai-congé, délai de préavis* plazo de despedida ‖ *délai de grâce* plazo de respiro ‖ *délai de paiement* moratoria ‖ *— à bref délai* en breve plazo ‖ *comptez un délai de livraison de 10 jours* el plazo de entrega es de 10 días, calcule unos 10 días para la entrega ‖ *user de délais* dar largas a un asunto, andar con dilatorias.
délaiement [delɛmɑ̃] *m* → **délayage**.
délaissé, e *adj* et *s* dejado, da; abandonado, da.

délaissement *m* abandono (abandon) ‖ desamparo (manque de secours) ‖ DR desistimiento, cesión *f*.
délaisser *v tr* abandonar, dejar de lado (abandonner) ‖ desamparar (laisser sans secours) ‖ DR renunciar a, desistir de.
délassant, e *adj* descansado, da; reposante (reposant) ‖ entretenido, da; recreativo, va; *une lecture délassante* una lectura entretenida.
délassement *m* descanso, recreo, solaz.
délasser *v tr* descansar ‖ distraer, entretener, recrear (distraire).
◆ *v pr* descansar, solazarse, reposarse.
délateur, trice *m* et *f* delator, ra.
délation [delasjɔ̃] *f* delación.
délavé, e *adj* descolorido, da.
délaver *v tr* deslavar ‖ lavar (une couleur vive) ‖ deslavazar (trop mouiller).
délayage [deleja:ʒ]; **délayement** [-mɑ̃] *m* desleimiento, dilución *f* ‖ FIG estilo difuso (style).
délayer* [-je] *v tr* desleír, diluir ‖ FIG *délayer sa pensée* diluir su pensamiento.
Delco *m* (nom déposé) MÉCAN delco.
délectable *adj* deleitoso, sa; deleitable.
délectation *f* deleite *m*, delectación.
délecter *v tr* deleitar.
◆ *v pr* deleitarse; *se délecter à l'étude* deleitarse en el estudio.
délégation *f* delegación.
délégué, e *adj* et *s* delegado, da; comisionado, da ‖ *— délégué du personnel* delegado del personal ‖ *délégué syndical* enlace sindical ‖ *ministre délégué à* ministro delegado de.
déléguer* *v tr* delegar ‖ comisionar ‖ *déléguer des pouvoirs à quelqu'un* apoderar a uno.
délestage *m* deslastre, deslastradura *f* ‖ FAM desvalijamiento, desvalijo (vol) ‖ cortes *pl* intermitentes [en la circulación] ‖ AUTOM *itinéraire de délestage* itinerario alternativo.
délester *v tr* quitar el lastre, deslastrar (ôter du lest) ‖ FAM desvalijar (voler) ‖ FIG aligerar, aliviar (alléger) ‖ cortar la circulación de modo intermitente.
délétère *adj* deletéreo, a.
Delhi *n pr* GÉOGR Delhi.
délibérant, e *adj* deliberante; *assemblée délibérante* asamblea deliberante.
délibération *f* deliberación.
délibératif, ive *adj* deliberativo, va ‖ *avoir voix délibérative* tener voz y voto.
délibéré, e *adj* deliberado, da (prémédité) ‖ FIG resuelto, ta; decidido, da; *avoir un air délibéré* tener un ademán resuelto ‖ *de propos délibéré* de intento, a propósito, adrede, deliberadamente.
◆ *m* deliberación *f* (délibération) ‖ fallo (jugement) ‖ *l'affaire a été mise en délibéré* la causa ha quedado vista para sentencia.
délibérément *adv* deliberadamente, intencionadamente.
délibérer* *v intr* deliberar.
délicat, e [delika, at] *adj* delicado, da; *mets délicats* manjares delicados ‖ delicado, da; primoroso, sa; *ouvrage délicat* labor primorosa ‖ delicado, da; *situation délicate* situación delicada ‖ frágil, delicado, da (santé) ‖ exquisito, ta; tierno, na; delicado, da; *chair délicate* carne exquisita ‖ escrupuloso,

délicatement

sa (scrupuleux); *conscience délicate* conciencia escrupulosa ‖ sensible; *oreilles délicates* oídos sensibles ‖ — *attention délicate* detalle ‖ *point délicat* punto espinoso, difícil.
    ➤ *m et f* delicado, da.
délicatement *adv* delicadamente, con delicadeza, con fineza (avec finesse) ‖ con delicadeza, delicadamente (avec légèreté) ‖ delicadamente, con comedimiento, con mesura (avec sensibilité et retenue).
délicatesse *f* delicadeza ‖ primor *m*; *broder avec délicatesse* bordar con primor ‖ exquisitez (de goût, d'un plat) ‖ finura, exquisitez (d'un parfum).
délice *m* delicia *f*, deleite, placer ‖ *c'est un délice* es delicioso.
    ➤ *f pl* delicias ‖ — *lieu de délices* lugar de ensueño ‖ *faire o être les délices de quelqu'un* ser el encanto *ou* la delicia de alguien.
    — OBSERV *Délice* en francés es masculino en singular y femenino en plural.
    — OBSERV *Delicia* s'applique en général à ce qui flatte le goût, le regard; *deleite* correspond plus souvent à ce qui enchante l'esprit ou encore à tout plaisir sensuel.
délicieusement *adv* deliciosamente, exquisitamente (de façon délicieuse) ‖ de manera deliciosa *ou* encantadora (d'une manière charmante) ‖ *un fruit délicieusement parfumé* una fruta de delicioso sabor.
délicieux, euse [delisjø, jø:z] *adj* delicioso, sa; rico, ca; *un mets délicieux* un manjar delicioso ‖ exquisito, ta (parfum) ‖ placentero, ra; *c'est un jardin délicieux* es un jardín placentero ‖ deleitoso, sa; *un songe délicieux* un sueño deleitoso ‖ encantador, ra; *une personne délicieuse* una persona encantadora ‖ encantador, ra; agradable; *un film délicieux* una película encantadora.
délictueux, euse [deliktɥø, ø:z] *adj* delictivo, va.
délié, e *adj* delgado, da; fino, na; *un fil délié* un hilo fino ‖ FIG sutil, penetrante; agudo, da; *un esprit délié* un espíritu sutil ‖ suelto, ta (style) ‖ FIG *avoir la langue bien déliée* no tener pelillos en la lengua, hablar por los codos.
    ➤ *m* perfil (calligraphie).
délier* *v tr* desatar (détacher) ‖ absolver (absoudre) ‖ FIG apartar, desunir, separar ‖ desligar, liberar; *délier d'un serment* desligar de un juramento ‖ — FAM *délier la langue* hacer hablar, soltar la lengua ‖ *il appartient aux évêques de lier et de délier* corresponde a los obispos el atar y el desatar ‖ FAM *sans bourse délier* sin echarse la mano al bolsillo, sin soltar un cuarto.
délimitation *f* delimitación, fijación (de frontières) ‖ deslinde *m* (de terrain) ‖ limitación, límites *m pl*, acotamiento *m* (des pouvoirs).
délimiter *v tr* delimitar, fijar; *délimiter des frontières* delimitar fronteras ‖ deslindar; *délimiter une propriété* deslindar una heredad ‖ FIG delimitar, definir; *délimiter les attributions* delimitar las atribuciones ‖ circunscribir, delimitar, acotar (un sujet).
délinquance *f* delincuencia; *délinquance juvénile* delincuencia juvenil.
délinquant, e *adj* et *s* delincuente; *délinquant primaire* delincuente sin antecedentes.
déliquescence [delikesã:s ou delikyɛsã:s] *f* delicuescencia ‖ FIG decadencia ‖ *en déliquescence* en deliquescencia.

déliquescent, e [-sã, ã:t] *adj* delicuescente ‖ FIG decadente.
délirant, e *adj* delirante; *imagination, ovations délirantes* imaginación, ovaciones delirantes ‖ desbordante; *joie délirante* alegría desbordante.
délire *m* delirio; *délire de la persécution* delirio de la persecución ‖ FIG delirio, desvarío ‖ *en délire* en delirio, delirante.
délirer *v intr* delirar, desvariar.
delirium tremens [delirjɔm tremɛ̃:s] *m* MÉD delirium tremens.
délit [deli] *m* delito; *délit de fuite* delito de fuga ‖ veta *f* (d'une pierre) ‖ — *délit de droit commun* delito de derecho común ‖ *délit de presse* delito de prensa ‖ CONSTR *en délit* a contralecho ‖ *le corps du délit* el cuerpo del delito ‖ *prendre en flagrant délit* sorprender en flagrante delito *ou* in fraganti.
déliter *v tr* colocar a contralecho ‖ dividir en capas (ardoises) ‖ deslechar (les vers à soie).
    ➤ *v pr* desmoronarse, disgregarse (roches) ‖ apagarse (chaux vive).
délivrance *f* liberación; *la délivrance d'un territoire* la liberación de un territorio ‖ expedición (d'un certificat, d'un passeport) ‖ concesión; *la délivrance d'un permis* la concesión de un permiso ‖ parto *m*, alumbramiento *m* (accouchement) ‖ expulsión de la placenta.
délivrer *v tr* libertar (mettre en liberté) ‖ liberar; *délivrer un pays opprimé* liberar un país oprimido ‖ liberar, librar; *délivrer d'un souci* librar de una preocupación ‖ expedir (un passeport) ‖ conceder, otorgar (une licence) ‖ entregar, remitir; *délivrer une commande* remitir un pedido ‖ dar; *délivrer un reçu* dar un recibo ‖ MÉD asistir a una parturienta.
    ➤ *v pr* librarse, liberarse (se débarrasser) ‖ MÉD parir (accoucher), echar las secundinas (se débarrasser du délivre).
déloger* *v tr* desalojar, desahuciar; *déloger un locataire* desalojar a un inquilino ‖ desalojar, expulsar; *déloger l'ennemi* desalojar al enemigo.
    ➤ *v intr* marcharse, irse (s'en aller) ‖ *déloger sans tambour ni trompette* marcharse a la chitacallando.
déloyal, e [delwajal] *adj* desleal; *procédé déloyal* procedimiento desleal; *déloyal envers quelqu'un* desleal con alguien.
delta *m* delta *f* (lettre grecque) ‖ delta (d'un fleuve).
delta-plane; deltaplane *m* SPORTS ala *f* delta.
    — OBSERV pl *delta-planes; deltaplanes*.
déluge *m* diluvio ‖ FIG diluvio, torrente, lluvia *f*; *un déluge d'injures* una lluvia de injurias ‖ — *après moi le déluge* tras mí, el diluvio; mientras dura, vida y dulzura ‖ *remonter au déluge* remontarse a *ou* ser de los tiempos de Maricastaña.
déluré, e *adj* et *s* despejado, da; avispado, da; despabilado, da; espabilado, da; despierto, ta (dégourdi) ‖ desvergonzado, da (effronté).
démagnétiser *v tr* desmagnetizar, desimanar.
démagogie [demagɔʒi] *f* demagogia.
démagogique [-gɔʒik] *adj* demagógico, ca.
démagogue [-gɔg] *m* et *f* demagogo, ga.
démailler [-je] *v tr* desmallar (défaire les mailles) ‖ desenmallar (le poisson) ‖ deslabonar (une chaîne) ‖ *être démaillé* tener una carrerrilla (bas).
demain [dəmɛ̃] *adv* et *s m* mañana; *viens demain* ven mañana ‖ — *demain en huit* de mañana

en ocho días ‖ *demain matin* mañana por la mañana ‖ — *à demain* hasta mañana ‖ *après-demain* pasado mañana ‖ *demain il fera jour* mañana será otro día ‖ *en avoir jusqu'à demain* tener para rato ‖ *remettre à demain* dejar para mañana.

demande *f* petición; *faire une demande* hacer una petición ‖ instancia, petición, solicitud (requête) ‖ pregunta; *demande indiscrète* pregunta indiscreta ‖ pedido *m*, encargo *m* (commande) ‖ COMM demanda; *l'offre et la demande* la oferta y la demanda ‖ DR demanda; *rejeter une demande* rechazar una demanda ‖ — *demande d'emploi* solicitud de empleo ‖ *demande en mariage* petición de mano ‖ *demande pressante* ruego, súplica ‖ — *à la demande* a petición ‖ *la belle demande!* ¡vaya una pregunta! ‖ *sur demande* por encargo, a petición ‖ — *envoi d'echantillons sur demande* solicítense muestras, se envían muestras a quien las solicite ‖ *sur sa demande* a petición suya ‖ — *à folle demande point de réponse* a pregunta necia, oídos sordos *ou* de mercader.

◆ — OBSERV *Demanda* n'a en espagnol qu'un sens technique (droit, économie); *pedido* a surtout un sens commercial; *petición* a un emploi un peu plus étendu que le mot français *pétition*. Dans l'usage courant, on se sert volontiers de *solicitud*.

demander *v tr* preguntar (questionner) ‖ pedir; *demander des renseignements* pedir informes; *demander la parole* pedir la palabra ‖ pedir, solicitar (faire une requête, une commande) ‖ desear, querer (désirer) ‖ pedir la mano (en mariage) ‖ requerir, necesitar (avoir besoin); *demander réflexion* requerir reflexión ‖ llevar; *ce travail m'a demandé deux heures* este trabajo me ha llevado dos horas ‖ llamar, preguntar por; *on vous demande au téléphone* le llaman por *ou* al teléfono ‖ pedir; *combien demandez-vous pour ce tableau?* ¿cuánto pide Ud. por ese cuadro? ‖ DR demandar (en justice) ‖ — *demander à* desear, solicitar ‖ *demander la main de quelqu'un* pedir la mano de alguien ‖ *demander pardon à quelqu'un* pedir perdón a alguien ‖ *demander quelqu'un o après quelqu'un* preguntar por uno ‖ *je ne demande pas mieux* no deseo otra cosa ‖ *je vous demande un peu* me quiere usted decir ‖ *ne demander qu'à* no pedir sino, desear sólo ‖ *on demande femme de ménage* se precisa *ou* se necesita asistenta.

◆ *v pr* preguntarse; *cela ne se demande même pas* eso ni siquiera se pregunta ‖ *je me demande pourquoi* no sé por qué, yo me digo por qué ‖ *je me demande s'il viendra* no sé si vendrá, ¿vendrá? ‖ *je me le demande!* ¡yo qué sé!

demandeur, euse *m* et *f* solicitante; solicitador, ra; peticionario, ria; que pide (qui fait une requête) ‖ preguntón, ona; preguntador, ra (qui questionne) ‖ pedigüeño, ña (quémandeur) ‖ COMM comprador, ra; pedidor, ra ‖ *demandeur d'emploi* solicitante de empleo.

démangeaison [demɑ̃ʒɛzɔ̃] *f* prurito *m*, comezón, picor *m*, picazón (picotement) ‖ FIG gana, prurito *m* (grande envie).

démanger* *v intr* picar ‖ — FIG *la langue lui démange* tiene muchas ganas de hablar ‖ *la main lui démange* las manos se le calientan (envie de battre).

◆ — OBSERV Este verbo sólo se usa en el infinitivo y en las terceras personas.

démantèlement [demɑ̃tɛlmɑ̃] *m* desmantelamiento.

démanteler* [-tle] *v tr* desmantelar.

démantibuler *v tr* desquijarar, desencajar ‖ FIG desvencijar; *démantibuler un fauteuil* desvencijar un sillón ‖ desbaratar, descomponer; *démantibuler une horloge* desbaratar un reloj.

démaquillage *m* desmaquillaje.

démaquillant *m* desmaquillador, demaquillador.

démaquiller *v tr* quitar la pintura *ou* el maquillaje del rostro, desmaquillar, demaquillar.

démarcation *f* demarcación ‖ FIG límite *m*, separación.

démarchage *m* venta *f* a domicilio.

démarche *f* paso *m*, modo *m* de andar, andares *m pl* (allure) ‖ FIG gestión, paso *m*, trámite *m*, diligencia; *faire des démarches* hacer gestiones; *faire des démarches auprès de quelqu'un* hacer gestiones *ou* trámites dirigiéndose a alguien ‖ *fausse démarche* gestión inútil, paso en falso, paso en balde.

démarcher *v tr* vender a domicilio.

démarcheur *m* corredor (courtier) ‖ gestor administrativo (d'administration).

démarque *f* descuento *m* de tantos *ou* puntos ‖ precio *m* rebajado, saldo *m*.

démarqué, e *adj* sin marca ‖ *prix démarqués* precios rebajados.

démarquer *v tr* quitar la marca *ou* la señal de *ou* a, desmarcar; *démarquer du linge* quitar la marca de la ropa ‖ plagiar, fusilar (plagier) ‖ COMM saldar, rebajar de precio (solder).

◆ *v intr* cerrar (le cheval) ‖ descontar (aux jeux).

◆ *v pr* SPORTS desmarcarse.

démarrage *m* comienzo; *le démarrage d'une expérience* el comienzo de una experiencia ‖ AUTOM arranque, puesta *f* en marcha ‖ MAR desamarre, acción *f* de desamarrar ‖ SPORTS arrancada *f* ‖ TECHN arranque; *un démarrage brusque* un brusco arranque.

démarrer *v tr* empezar, iniciar, lanzar, emprender (entreprendre) ‖ MAR soltar las amarras, desamarrar.

◆ *v intr* zarpar (un bateau) ‖ arrancar, ponerse en marcha (véhicule, machine) ‖ arrancar (sports) ‖ FIG ponerse en marcha; *l'économie espagnole a démarré* la economía española se ha puesto en marcha ‖ *démarrer au quart de tour* arrancar rápidamente.

démarreur *m* TECHN arranque; *tirer sur le démarreur* dar al arranque.

démasquer *v tr* desenmascarar ‖ FIG desenmascarar; *démasquer l'hypocrisie* desenmascarar la hipocresía ‖ MIL descubrir (une batterie) ‖ *démasquer ses batteries* descubrir su juego.

◆ *v pr* desenmascararse.

démâter *v tr* MAR desarbolar ‖ (*p us*) FIG desconcertar (déconcerter).

◆ *v intr* desarbolarse.

démêlant, e *adj* et *m* suavizante ‖ *baume démêlant* bálsamo suavizante ‖ *crème démêlante* crema suavizante.

démêlé *m* altercado (querelle) ‖ dificultad *f*, enredo, complicación *f* (avec la justice).

démêler *v tr* desenredar, desenmarañar (les cheveux, les fils, etc.) ‖ carmenar (la laine) ‖ discernir, distinguir; *démêler le vrai d'avec le faux* discernir lo verdadero de lo falso ‖ disputar (débattre); *qu'ont-ils à démêler?* ¿qué están disputando? ‖ FIG desen-

marañar, desembrollar, desenredar, aclarar (éclaircir).
- *v pr* FIG desenredarse (se débrouiller).

démembrement *m* desmembramiento, desmembración *f* ‖ desarticulación *f* (d'un parti).

démembrer *v tr* desmembrar ‖ desarticular.

déménagement *m* mudanza *f* ‖ *camion de déménagement* camión de mudanza.

déménager* *v intr* mudarse (de logement) ‖ FAM irse, largarse, tomar el portante (s'en aller) ‖ FIG & FAM desbarrar, perder la chaveta (déraisonner) ‖ *déménager à la cloche de bois* marcharse a la chita callando.
- *v tr* mudar, trasladar; *déménager une bibliothèque* trasladar una biblioteca ‖ trasladar los muebles de; *déménager une maison* trasladar los muebles de una casa.

déménageur *m* mozo de mudanzas *ou* de cuerda ‖ empresario de mudanzas (entrepreneur).

démence *f* demencia ‖ FIG locura, conducta irrazonable ‖ MÉD *démence sénile* demencia senil.

démener (se)* *v pr* agitarse, luchar, debatirse, forcejear (se débattre) ‖ FIG ajetrearse, moverse, menearse, bregar (se donner beaucoup de peine).

dément, e [demɑ̃, ɑ̃:t] *adj et s* demente.

démenti *m* mentís, desmentida *f (p us)*; *donner un démenti* dar un mentís ‖ (vx) FIG & FAM desaire, chasco; *il en a eu le démenti* ha sufrido un desaire, se ha llevado un chasco.

démentiel, elle [demɑ̃sjɛl] *adj* demente, de demente.

démentir* *v tr et intr* desmentir.
- *v pr* desdecirse.

démerdard, e; démerdeur, euse *adj et s* POP espabilado, da; vivo, va.

démerder *v tr* POP apañar.
- *v pr* POP apañárselas (se débrouiller) ‖ montárselo bien (se tirer d'affaire).

démériter *v intr* desmerecer.

démesure *f* desmesura, descomedimiento *m*.

démesuré, e *adj* desmedido, da; desmesurado, da; desaforado, da; *ambition démesurée* ambición desmedida ‖ FIG descomunal; desmedido, da; exagerado, da (excessif).

démesurément *adv* desmesuradamente.

démettre* *v tr* dislocar, desencajar (un os) ‖ DR denegar, desestimar (débouter) ‖ FIG destituir (d'un emploi).
- *v pr* dislocarse, desencajarse (un os); *se démettre l'épaule* dislocarse el hombro ‖ dimitir de, renunciar a; *se démettre de son commandement* renunciar a su mando ‖ *se démettre de ses fonctions* dimitir.

demeurant, e *adj et s* (vx) que vive en (qui habite) ‖ sobreviviente (survivant).
- *m* resto, lo sobrante (ce qui reste) ‖ *au demeurant* en resumen, a fin de cuentas, por lo demás, después de todo; *au demeurant, c'est un bon garçon* a fin de cuentas es un buen muchacho.

demeure [dəmœːr] *f* morada, residencia (domicile) ‖ morada, vivienda, alojamiento *m* (logement) ‖ (vx) estancia (durée d'un séjour) ‖ (vx) demora, retraso *m* (retard) ‖ DR mora ‖ *demeure céleste* morada celeste ‖ *dernière demeure* última morada ‖ *mise en demeure* intimación, requerimiento *m* ‖ *à demeure* fijo, ja; de manera estable ‖ *il y a péril en la demeure* nada se pierde por esperar ‖ *mettre en demeure de* intimar a que; *mettre en demeure de payer* intimar la orden de pago, intimar a que paguen.

demeuré, e *adj et s* retrasado, da (enfant).

demeurer *v intr* permanecer, quedarse (rester) ‖ residir, morar, vivir (habiter) ‖ quedar, seguir siendo; *il est demeuré le champion* sigue siendo campeón ‖ persistir; *il demeura dans son idée* persistió en su idea ‖ — *demeurant à Madrid* residente *ou* domiciliado en Madrid ‖ *demeurer court* cortarse, turbarse ‖ *demeurer d'accord* quedar de acuerdo, conformes ‖ *demeurer en arrière* quedarse atrás, rezagarse ‖ *demeurons-en là* no hablemos más ‖ *en demeurer là* quedarse así ‖ *il demeure que* resulta que.
— OBSERV Cuando el verbo *demeurer* significa «vivir», «residir», hace falta emplear el auxiliar *avoir* (j'ai demeuré un an à Paris), en cambio cuando significa «permanecer» es preciso emplear el auxiliar *être* (être demeuré à l'étranger).

demi, e *adj* medio, dia; *un an et demi* año y medio; *une demi-heure* media hora ‖ semi; *un demi-dieu* un semidiós.
- *adv* medio; *demi-folle* medio loca ‖ semi; *petits pois demi-fins* guisantes semifinos ‖ — *à demi* a medias; *faire les choses à demi* hacer las cosas a medias; medio; *à demi endormie* medio dormida.
- *m* mitad *f*, medio; *deux demis valent un entier* dos mitades valen un entero ‖ caña *f* (verre de bière) ‖ medio (sports) ‖ SPORTS *demi de mêlée* medio de melée ‖ *demi d'ouverture* medio de apertura.
- *f* media (demi-heure); *sonner la demie* sonar la media ‖ *une demie de rouge* media botella de tinto.
— OBSERV *Demi* es en francés invariable cuando precede al nombre; se une con él en este caso por medio de un guión: *demi-deuil* medio luto; *demi-heure* media hora. La segunda palabra lleva su plural normal (*deux demi-heures*) excepto en algunos casos que son invariables.
— OBSERV L'adverbe espagnol *semi* est toujours accolé au mot qu'il modifie.

demi-bouteille [dəmibutɛj] *f* media botella.

demi-cercle *m* semicírculo.

demi-deuil [dəmidœj] *m* medio luto; *être en demi-deuil* estar de medio luto.

demi-dieu *m* semidiós.

demi-douzaine *f* media docena.
— OBSERV pl *demi-douzaines*.

demi-finale *f* semifinal (sports).

demi-finaliste *adj et s* semifinalista.

demi-fond *m inv* medio fondo (sports).

demi-frère *m* hermanastro, medio hermano (frère de père ou de mère seulement).

demi-gros *m inv* comercio intermedio entre el por mayor y el por menor.

demi-heure [dəmiœːr] *f* media hora ‖ *une petite demi-heure* media horita.

demi-jour *m inv* media luz *f* ‖ amanecer (lever du soleil).

demi-journée *f* media jornada.

démilitarisation *f* desmilitarización.

démilitariser *v tr* desmilitarizar.

demi-litre *m* medio litro.
— OBSERV pl *demi-litres*.

demi-lune *f* media luna.

demi-mesure *f* media medida ‖ FIG término *m* medio.
demi-mondaine *f* mujer galante.
demi-mot (à) [adəmimo] *loc adv* a medias palabras.
déminage *m* levantamiento *ou* limpieza *f* de minas de [un terreno].
déminer *v tr* levantar un campo de minas en.
déminéralisation *f* desmineralización.
déminéraliser *v tr* desmineralizar.
démineur *m* desactivador de minas [artificiero].
demi-pause *f* MUS media pausa, silencio *m* de mínima.
demi-pension *f* media pensión ‖ *être en demi-pension* estar a media pensión (école).
— OBSERV *pl demi-pensions.*
demi-pensionnaire *adj et s* medio pensionista.
demi-place *f* medio *m* billete (dans le train), media entrada (au spectacle).
demi-portion *f* FAM tapón *m* (péjoratif)
— OBSERV *pl demi-portions.*
demi-saison *f* entretiempo *m*; *un manteau de demi-saison* un abrigo de entretiempo.
demi-sang [dəmisɑ̃] *m inv* media sangre (cheval).
demi-sel *adj inv* medio salado, da.
◆ *m inv* requesón salado.
demi-sœur [dəmisœːr] *f* hermanastra, media hermana (sœur de père ou de mère seulement).
demi-sommeil [dəmisɔmɛːj] *m* duermevela *f*.
demi-soupir *m* MUS silencio de corchea.
démission *f* dimisión.
démissionnaire *adj et s* dimitido, da; dimisionario, ria.
démissionner *v intr* dimitir.
demi-tarif *m* media tarifa.
demi-teinte [dəmitɛ̃ːt] *f* media tinta, medio *m* tono.
demi-ton *m* MUS semitono.
demi-tour *m* media *f* vuelta; *faire demi-tour* dar media vuelta.
démiurge *m* demiurgo.
demi-vérité *f* verdad a medias.
démobilisation *f* desmovilización.
démobiliser *v tr* desmovilizar.
démocrate *adj et s* demócrata.
démocrate-chrétien, enne *adj et s* demócrata cristiano, na.
démocratie *f* democracia.
démocratique *adj* democrático, ca.
démocratiquement *adv* democráticamente.
démocratisation *f* democratización.
démocratiser *v tr* democratizar.
démodé, e *adj* pasado, da de moda; *robe démodée* vestido pasado de moda ‖ anticuado, da; *théorie démodée* teoría anticuada.
démoder (se) *v pr* pasar *ou* pasarse de moda.
démodulateur *m* ÉLECTR demodulador.
démographe *m et f* demógrafo, fa.
démographie *f* demografía.
démographique *adj* demográfico, ca; *poussée démographique* presión demográfica.

demoiselle [dəmwazɛl] *f* señorita ‖ soltera (célibataire) ‖ damisela (ironique) ‖ TECHN pisón *m* (hie) | ensanchador *m* (de gantier) ‖ ZOOL libélula (libellule) ‖ *demoiselle d'honneur* camarera de la reina, azafata (de la reine), dama de honor (à un mariage).
démolir *v tr* demoler *(p us)* ‖ derribar, echar abajo; *démolir un bâtiment* derribar un edificio ‖ destrozar, hacer pedazos; *ils démolirent le mobilier* destrozaron los muebles ‖ FIG echar por tierra, arruinar; *démolir une réputation* arruinar una reputación | echar abajo *ou* por tierra (une théorie) | destrozar (la santé) | poner por los suelos *ou* como un trapo, despellejar (critiquer) ‖ POP moler a palos (rouer de coups).
démolisseur, euse *adj et s* demoledor, ra ‖ FIG demoledor, ra; destructor, ra; *critique démolisseuse* crítica demoledora.
démolition [demɔlisjɔ̃] *f* demolición, derribo *m*; *entreprise de démolition* empresa de derribo *ou* de demolición ‖ FIG derrumbamiento *m* (ruine).
◆ *pl* derribos *m pl*, escombros *m pl* (décombres).
démon *m* demonio ‖ FIG demonio (personne méchante) | demonio, diablo (enfant espiègle) ‖ — *le démon des femmes* la atracción de la mujer ‖ *le démon du jeu* el vicio del juego ‖ FIG & FAM *petit démon* diablillo ‖ — FAM *faire le démon* diablear, hacer diabluras.
— OBSERV La palabra *démon* no tiene femenino; se dice: *cette enfant est un démon.*
démonétisation *f* desmonetización ‖ FIG descrédito *m*.
démonétiser *v tr* desmonetizar ‖ FIG desvalorar, desacreditar.
démoniaque *adj* demoníaco, ca.
◆ *m et f* demoníaco, ca; endemoniado, da (possédé du démon).
démonstrateur, trice *m et f* demostrador, ra.
démonstratif, ive *adj* demostrativo, va ‖ muy expresivo, va (caractère).
démonstration *f* demostración ‖ manifestación; *démonstration d'amitié* manifestaciones de amistad.
démontable *adj* desmontable, desarmable.
démontage *m* desmontaje, desarme (d'une machine).
démonter *v tr* desmontar ‖ desmontar, desarmar (une machine) ‖ desmontar, quitar (couture) ‖ MIL desmontar *(p us)*, quitar el mando ‖ desmontar, apear (faire descendre de sa monture) ‖ desengastar (un bijou) ‖ FIG desconcertar, desorientar, turbar (troubler) | desanimar, desmoralizar (décourager) ‖ *mer démontée* mar embravecido, revuelto, encrespado.
◆ *v pr* desmontarse, desarmarse ‖ dislocarse (un os) ‖ FIG desconcertarse, turbarse (se troubler) | alterarse, enfurecerse (en parlant d'une personne, des éléments).
démontrable *adj* demostrable.
démontrer *v tr* demostrar, probar; *démontrer son ignorance* demostrar su ignorancia ‖ MATH demostrar.
démoralisant, e *adj* desmoralizante.
démoralisation *f* desmoralización.
démoraliser *v tr* desmoralizar, corromper (corrompre) ‖ desmoralizar, desalentar (décourager).

démordre *v intr* FIG desistir, desdecirse, volverse atrás (se dédire) ‖ *ne pas en démordre* mantenerse en sus trece, no dar su brazo a torcer, no rajarse, aferrarse a una idea.

démotivation *f* decaimiento *m* del ánimo, desaliento *m* (découragement) ‖ falta de motivación.

démotiver *v tr* desalentar.

démoulage *m* vaciado.

démouler *v tr* desmoldar *(p us),* vaciar (une statue), sacar del molde (un gâteau).

démultiplier *v tr et intr* desmultiplicar.

démuni, e *adj* desprovisto, ta; *démuni d'argent* desprovisto de dinero.

démunir *v tr* desproveer, despojar (dépouiller) ‖ MIL desproveer de víveres y municiones.
◆ *v pr* despojarse (se dessaisir).

démuseler* *v tr* quitar el bozal (ôter la muselière) ‖ FIG desencadenar, desatar (les passions).

démystification *v tr* desengaño *m.*

démystifier *v tr* desengañar, deshacer un engaño.

démythifier *v tr* desmitificar.

dénatalité *f* disminución de la natalidad.

dénationalisation *f* desnacionalización.

dénationaliser *v tr* desnacionalizar.

dénaturaliser *v tr* desnaturalizar.

dénaturant, e *adj* desnaturalizador, ra.

dénaturé, e *adj* desnaturalizado, da; *un fils dénaturé* un hijo desnaturalizado.

dénaturer *v tr* desnaturalizar (changer la nature de) ‖ FIG corromper, viciar (corrompre) ‖ desfigurar (un fait) ‖ desvirtuar (la pensée).

dénazification *f* desnazificación, desnacificación.

dénégation *f* denegación, negación.

déneigement *m* limpieza *f* de la nieve.

déneiger *v tr* quitar *ou* limpiar la nieve.

déni *m* negativa *f* ‖ DR denegación *f; déni de justice* denegación de justicia.

déniaiser *v tr* despabilar, espabilar.

dénicher *v tr* sacar del nido (enlever du nid) ‖ FIG & FAM hacer salir, desalojar; *dénicher l'ennemi* desalojar al enemigo ‖ dar con, encontrar, descubrir; *dénicher un livre rare* descubrir un libro raro.
◆ *v intr* abandonar el nido, desanidar ‖ FAM alzar el vuelo (partir).

denier *m* denario (monnaie romaine) ‖ dinero (monnaie ancienne) ‖ *(vx)* suma *f* ‖ TECHN denier ‖ — *denier de Saint-Pierre* dinero de San Pedro ‖ *denier du culte* ofrenda para el culto [en Francia] ‖ *les deniers publics* o *de l'État* el caudal público, las rentas del Estado, los fondos públicos.
◆ *pl* dinero *sing,* fondos (argent).

dénier* *v tr* denegar; *dénier un droit* denegar un derecho ‖ negar (nier).

dénigrant, e *adj* et *s* denigrante.

dénigrement *m* denigración *f.*

dénigrer *v tr* denigrar.

dénivelé *m* → **dénivelée.**

dénivelée *f;* **dénivelé** *m* desnivel *m.*

déniveler* *v tr* desnivelar.

dénivellation *f;* **dénivellement** *m* desnivelación *f* (action de déniveler) ‖ desnivel *m* (différence de niveau).

dénombrement *m* enumeración *f,* recuento (énumération) ‖ empadronamiento, censo (recensement).

dénombrer *v tr* enumerar, contar ‖ empadronar, hacer el censo (recenser).

dénominateur *m* MATH denominador.

dénomination *f* denominación.

dénommé, e *adj* et *s* llamado, da.

dénommer *v tr* denominar ‖ designar por su nombre ‖ *le dénommé Pierre* el llamado Pedro.

dénoncer* *v tr* denunciar ‖ denunciar (un traité) ‖ FIG revelar, indicar, denotar; *tout dénonçait en lui une bonne culture* todo revelaba en él una buena cultura.

dénonciateur, trice *adj* et *s* denunciador, ra; denunciante ‖ revelador, ra; acusador, ra; delator, ra; *lettre dénonciatrice* carta reveladora.

dénonciation *f* denuncia, denunciación *(p us)* ‖ anulación, ruptura; *dénonciation d'un armistice* ruptura de un armisticio ‖ *dénonciation calomnieuse* denuncia calumniosa.

dénotation *f* denotación.

dénoter *v tr* denotar.

dénouement [denumã] *m (p us)* desatadura *f* (action de dénouer) ‖ FIG desenlace; *le dénouement d'un drame* el desenlace de un drama ‖ solución *f; le dénouement d'une crise* la solución de una crisis.

dénouer *v tr* desatar, desanudar (détacher) ‖ soltar (desserrer) ‖ hacer flexible, soltar (assouplir) ‖ FIG romper, poner fin; *dénouer une liaison* romper un enlace ‖ desenlazar (un drame, etc.), deshacer, desenredar (une intrigue, etc.) ‖ resolver, arreglar (résoudre) ‖ desatar (la langue).

dénoyauter [denwajote] *v tr* deshuesar, despepitar (ôter les noyaux) ‖ *appareil à dénoyauter* deshuesadora.

dénoyauteur [-tœːʀ] *m* deshuesadora *f.*

denrée *f* producto *m,* género *m,* mercancía (marchandise) ‖ — *denrées alimentaires* productos alimenticios *ou* comestibles, artículos de consumo ‖ *denrées coloniales* ultramarinos ‖ *denrées périssables* productos perecederos ‖ FIG *une denrée rare* una cosa rara de encontrar.

dense [dãs] *adj* denso, sa.

densité *f* densidad.

dent [dã] *f* diente *m; se casser une dent* romperse un diente; *dent de lait* diente de leche ‖ muela (molaire); *dent de sagesse* muela del juicio, muela cordal; *rage de dents* dolor de muelas ‖ colmillo *m* (d'animal) ‖ pico *m,* diente *m* (montagne) ‖ bellote *m* (clou) ‖ diente *m* (scie, engrenage) ‖ púa (d'un peigne) ‖ — TECHN *dent à brunir* diente de lobo ‖ *dent de l'œil* colmillo de la mandíbula superior ‖ *dent de serrure* dentellón ‖ *dent gâtée, dent creuse* diente picado, muela dañada ‖ *dents de devant* dientes ‖ *dents d'un timbre* dentado de un sello ‖ — *arracheur de dents* sacamuelas ‖ *coup de dent* dentellada, bocado, mordisco ‖ *fausses dents* dientes postizos ‖ *mal de dents* dolor de muelas ‖ — *en dents de scie* dentado, da; *agacer les dents* dar dentera; *l'oseille agace les dents* la acedera da dentera ‖ POP *avoir la dent* tener carpanta *ou* gazuza (faim) ‖ *avoir la dent dure* tener los colmillos afilados (critiquer) ‖ *avoir les dents longues* tener hambre (avoir faim), picar muy alto (être ambitieux) ‖ *avoir o garder une dent contre quelqu'un* tener ojeriza *ou* tirria *ou* manía a alguien ‖ *claquer des dents* dar diente con diente, tiritar ‖ FIG *déchirer quelqu'un à belles dents* poner a uno de vuelta y media, despellejar a alguien ‖ *être sur les dents* andar de cabeza, estar reventado de trabajo, no dar de sí ‖ FIG *faire ses dents* echar *ou* salirle los dientes (un enfant) ‖ *manger du bout des dents* comer sin ganas ‖ FIG *montrer les dents* enseñar los colmillos *ou* los dientes, amenazar ‖ FAM *mordre à belles dents* morder con fuerza ‖ *n'avoir rien à se mettre sous la dent* no tener qué llevarse a la boca ‖ *ne pas desserrer les dents* no despegar los labios ‖ *parler entre ses dents* hablar entre dientes, mascullar ‖ FAM *quand les poules auront des dents* cuando las ranas críen pelos ‖ *rire du bout des dents* reír de dientes afuera ‖ FIG *se casser les dents sur* romperse las narices con, estrellarse en.

dentaire *adj* dentario, ria ‖ *— cabinet dentaire* clínica dental ‖ *école dentaire* escuela de odontología ‖ *prothèse dentaire* prótesis dental.
◆ *f* BOT dentaria.

dental, e *adj* et *s f* dental.

denté, e *adj* dentado, da; *roue dentée* rueda dentada.

dentelé, e *adj* dentellado, da; dentado, da ‖ BLAS dentellado, da.
◆ *m* ANAT serrato (muscle); *grand dentelé* serrato mayor.

dentelle [dãtɛl] *f* encaje *m*, puntilla; *dentelle aux fuseaux* encaje de bolillos ‖ IMPR orla ‖ *guerre en dentelles* guerra galana.

dentelure *f* dentellada (découpure) ‖ recorte *m* en forma de dientes, festón *m* (feston) ‖ ARCHIT festón *m* ‖ BOT borde *m* dentado.

dentier *m* dentadura *f* postiza (fausses dents) ‖ (*p us*) dentadura *f* (denture).

dentifrice *adj* dentífrico, ca.
◆ *m* crema *f* dental, dentífrico.

dentiste *m* et *f* dentista, odontólogo, ga.

dentition *f* dentición (formation des dents).

denture *f* dentadura (ensemble de dents) ‖ engranaje *m* (d'une machine) ‖ dientes *m pl* (d'une scie).

dénucléarisation *f* desnuclearización.

dénucléariser *v tr* desnuclearizar.

dénudé, e *adj* desnudo, da (corps, câble) ‖ descarnado, da (os) ‖ pelado, da; *crâne dénudé* cabeza pelada; *plateau dénudé* llanura pelada ‖ GÉOL denudado, da.

dénuder *v tr* descarnar (os) ‖ desnudar (mettre à nu) ‖ descortezar (un arbre) ‖ quitar la funda de (un câble) ‖ GÉOL denudar.

dénué, e *adj* privado, da; *dénué de raison* privado de razón ‖ desprovisto, ta; falto, ta; *dénué de tout* desprovisto de todo.

dénuement [denymã] *m* indigencia *f*, inopia *f* (*p us*); *être dans le plus complet dénuement* estar en la indigencia más completa.

dénutrition *f* desnutrición.

déodorant *adj m* et *s m* desodorante.

déontologie *f* deontología.

déontologique *adj* deontológico, ca.

dép. abrév de *départ* salida ‖ abrév de *département* departamento.

dépannage *m* reparación *f*, arreglo; *atelier de dépannage* taller de reparaciones ‖ AUTOM *camion de dépannage* grúa ‖ *service de dépannage* servicio de reparaciones, de remolque.

dépanner *v tr* reparar, arreglar (réparer) ‖ FIG & FAM sacar de apuro, echar una mano.

dépanneur, euse *adj* et *s m* reparador, ra.
◆ *f* grúa remolque, coche *m* de auxilio en carretera.

dépaqueter* *v tr* desempaquetar.

dépareillé, e [depareje] *adj* descabalado, da; deshermanado, da.

dépareiller [-je] *v tr* descabalar, desparejar, deshermanar.

déparer *v tr* desadornar, despojar de sus adornos ‖ afear, deslucir; *visage déparé par une cicatrice* rostro afeado por una cicatriz.
— OBSERV Ne pas confondre avec l'espagnol *deparar* offrir.

départ [depa:r] *m* salida *f*, partida *f*, marcha *f* (action de partir) ‖ salida *f* (d'un train, avion, bateau) ‖ salida *f* (sports) ‖ repartición *f*, separación *f* (des taxes) ‖ arranque (d'une chanson, d'une voiture, d'un escalier) ‖ FIG comienzo, principio ‖ *— au départ* al principio (au début) ‖ *capital de départ* capital inicial ‖ *courrier au départ* correo *ou* correspondencia a despachar ‖ *faux départ* paso en falso; salida nula (sports) ‖ *point de départ* punto de partida *ou* de arranque ‖ *— être sur son départ* estar a punto de partir.

départager* *v tr* desempatar (dans un vote) ‖ clasificar, eliminar (dans un concours).

département *m* departamento ‖ jurisdicción *f*, competencia *f* (attributions).

départemental, e *adj* departamental, provincial ‖ secundario, ria; *route départementale* carretera secundaria.

départementalisation *f* atribución de competencias a un departamento provincial.

départir *v tr* repartir (partager) ‖ deparar, conceder; *Dieu départ ses faveurs* Dios depara sus favores.
◆ *v pr* desistir; *se départir d'une demande* desistir de una demanda ‖ abandonar; *se départir de son calme* abandonar su calma ‖ *se départir de son devoir* faltar a su deber.

dépassé, e *adj* pasado, da de moda; desfasado, da.

dépassement *m* adelantamiento (véhicule); *dépassement à gauche* adelantamiento por la izquierda ‖ ÉCON rebasamiento; *dépassement de crédit* rebasamiento de crédito ‖ *dépassement moral* superación.

dépasser *v tr* dejar atrás, adelantar, pasar; *dépasser une voiture* adelantar un coche ‖ ir más lejos que, ir más allá de, dejar atrás (aller au-delà de) ‖ aventajar a (surpasser); *dépasser ses concurrents* aventajar a sus competidores ‖ sobresalir (faire saillie) ‖ ser más alto (en hauteur) ‖ estar fuera de; *cela dépasse sa compétence* esto está fuera de su competencia ‖ superar; *l'époque du colonialisme est dépassée* la época del colonialismo está superada ‖ rebasar, sobrepasar, superar; *le succès a dépassé nos prévisions* el éxito ha rebasado nuestros pronósticos; *les ventes ont dépassé de dix pour cent celles de l'année dernière* las ventas han sobrepasado en un diez por ciento las del año pasado ‖ FAM extrañar, no caber en la cabeza; *cela me dépasse!* ¡esto no me cabe en la cabeza! ‖ FIG exceder,

dépassionner

rebasar, sobrepasar (excéder) ‖ *dépasser les bornes* extralimitarse, pasarse de la raya.

dépassionner *v tr* desapasionar; *dépassionner un débat* desapasionar un debate.

dépaver *v tr* desadoquinar, desempedrar.

dépaysant, e *adj* exótico, ca; inhabitual, que desorienta, que desconcierta.

dépaysement [depɛizmã] *m* extrañamiento (exil) ‖ FIG desorientación *f*, despiste.

dépayser [depɛize] *v tr* extrañar, desterrar (exiler) ‖ FIG desorientar, descentrar, despistar (désorienter).

dépecer* *v tr* despedazar (mettre en pièces) ‖ descuartizar (volailles) ‖ desguazar (un bateau) ‖ parcelar, dividir en lotes (une terre) ‖ desmembrar (un pays).

dépêche *f* despacho *m*, parte *m*; *dépêche diplomatique* despacho diplomático ‖ telegrama *m* (télégramme) ‖ noticia (information).

dépêcher *v tr* despachar, apresurar (hâter); *dépêcher un travail* despachar un trabajo ‖ despachar, enviar (envoyer); *dépêcher un courrier* despachar un correo ‖ FAM despachar, matar (tuer).
  ◆ *v pr* darse prisa, apresurarse (se hâter).

dépeindre* [depɛ̃dr] *v tr* describir, pintar (décrire).

dépenaillé, e [depnɑje] *adj* guiñaposo, sa; andrajoso, sa; harapiento, ta.

dépénaliser *v tr* DR despenalizar.

dépendance *f* dependencia; *être sous la dépendance de* estar bajo la dependencia de ‖ FIG subordinación, dependencia.
  ◆ *pl* dependencias; *les dépendances d'un château* las dependencias de un palacio.

dépendant, e *adj* dependiente.

dépendre *v intr* ‖ depender; *dépendre de quelqu'un* depender de alguien ‖ *cela dépend* esto depende.
  ◆ *v imp* depender; *il dépend de vous que* de usted depende que.
  ◆ *v tr* descolgar; *dépendre un tableau* descolgar un cuadro.

dépens [depã] *m pl* costas *f pl*; *condamné aux dépens* condenado en costas ‖ *— aux dépens de* a costa de, a expensas de, en detrimento de ‖ *à ses dépens* a costa suya.

dépense *f* gasto *m*; *dépenses de représentation* gastos de representación ‖ FIG gasto *m*; *une dépense d'énergie* un gasto de energía ‖ despensa (pour les provisions) ‖ derroche *m*; *dépense d'esprit* derroche de ingenio ‖ *— dépense de temps* pérdida de tiempo ‖ *dépense physique* desgaste físico ‖ ÉCON *dépenses de fonctionnement* gastos de funcionamiento | *dépenses d'investissement* gastos de inversión | *dépenses publiques* gastos públicos ‖ *— pousser quelqu'un à la dépense* incitar a alguien a gastar ‖ *se mettre en dépense* meterse en gastos.

dépenser *v tr* gastar ‖ FIG prodigar, gastar; *dépenser ses forces* gastar sus fuerzas ‖ desperdiciar, pasar, disipar (du temps) ‖ FAM *dépenser sa salive* gastar saliva.
  ◆ *v pr* desvivirse; *se dépenser pour ses amis* desvivirse por sus amigos ‖ *se dépenser en vains efforts* deshacerse en esfuerzos baldíos.

dépensier, ère *adj* et *s* gastoso, sa (qui dépense).

m et *f* despensero, ra (qui est chargé des provisions); *la dépensière du couvent* la despensera del convento.

déperdition *f* pérdida; *déperdition de chaleur* pérdida de calor.

dépérir *v intr* desmejorarse, estar peor (un malade) ‖ decaer, debilitarse, languidecer; *sa santé dépérit* su salud decae; *ce commerce dépérit* este comercio decae ‖ estropearse, deteriorarse, estar en peor estado (bâtiment) ‖ marchitarse; *cette fleur dépérit* esta flor se marchita ‖ caducar (créance).

dépérissement *m* desmejoramiento (d'un malade), decaimiento, debilitación *f* (de la santé) ‖ decadencia *f* (décadence) ‖ deterioro (détérioration) ‖ marchitamiento (d'une fleur).

dépêtrer *v tr* (vx) destrabar (un animal) ‖ FIG librar, desembarazar (débarrasser) | sacar del atolladero, sacar de apuro (tirer d'embarras).
  ◆ *v pr* librarse, desembarazarse (se débarrasser) ‖ FIG salir del atolladero, salir de apuro.

dépeuplement *m* despoblación *f*, despoblamiento.

dépeupler *v tr* despoblar.

déphasage *m* ÉLECTR defasaje.

déphasé, e *adj* PHYS desfasado, da; descentrado, da ‖ FAM desfasado, da; descentrado, da.

déphaser *v tr* defasar.

dépiauter *v tr* FAM despellejar, desollar.

dépilatoire *adj* et *s m* depilatorio, ria.

dépiquer *v tr* descoser (une couture) ‖ AGRIC desplantar (déplanter) | trillar, desgranar.

dépistage *m* MÉD examen médico preventivo, detección *f*, diagnóstico precoz [(*amér*) chequeo]; *dépistage du cancer* detección de cáncer ‖ *centre de dépistage* clínica de medicina preventiva.

dépister *v tr* rastrear, descubrir el rastro (la piste) ‖ despistar (faire perdre la trace) ‖ FIG descubrir (découvrir) ‖ MÉD establecer un diagnóstico precoz.

dépit [depi] *m* despecho ‖ *— en dépit de* a pesar de, a despecho de ‖ *en dépit du bon sens* en contra del sentido común, sin sentido común.

dépité, e *adj* despechado, da; chasqueado, da (contrarié).

déplacé, e *adj* mudado, da; trasladado, da ‖ fuera de lugar; descentrado, da; *elle se trouvait déplacée dans cette réunion* se encontraba fuera de lugar en esta reunión ‖ dislocado, da; *vertèbre déplacée* vértebra dislocada ‖ FIG desterrado, da | trasladado, da; *employé déplacé* empleado trasladado | fuera de lugar, que no hace al caso; impropio, pia (inconvenant); *propos déplacés* palabras fuera de lugar ‖ *— personne déplacée* persona desplazada (expatriée) ‖ *— être déplacé* no pintar nada (ne pas être à sa place) ‖ *se sentir* o *se trouver déplacé* no hallarse (*fam*), no encontrarse a gusto.

déplacement *m* desplazamiento, traslado, cambio de sitio ‖ desviación *f* (déviation) ‖ traslado, cambio (d'un fonctionnaire) ‖ viaje; *être en déplacement* estar de viaje ‖ MÉD desencajamiento, dislocación *f* (d'un os); *déplacement de vertèbre* dislocación de vértebra ‖ MAR desplazamiento ‖ *déplacement d'air* desplazamiento de aire.

déplacer* *v tr* desplazar, trasladar, mudar, cambiar de sitio ‖ trasladar (un fonctionnaire) ‖ FIG cambiar, desviar; *déplacer la question* cambiar la conversación ‖ MAR desplazar ‖ MÉD dislocar, desencajar (vertèbre).

◆ *v pr* trasladarse, mudar de sitio, desplazarse (déménager) ‖ viajar, desplazarse (voyager).

— OBSERV *Desplazarse,* considéré comme gallicisme, est cependant extrêmement employé en espagnol dans les sens de *voyager* et *se déplacer.*

déplafonner *v tr* dejar de poner tope a los precios.

déplaire* *v tr* desagradar, no gustar, disgustar; *il cherche à nous déplaire* trata de desagradarnos.

◆ *v impers* *il me déplaît de* me desagrada, me disgusta ‖ *ne vous en déplaise* mal que le pese.

◆ *v pr* hallarse a disgusto, estar a disgusto; *se déplaire à la campagne* hallarse a disgusto en el campo.

— OBSERV El participio pasado del verbo *déplaire* es *déplu* y queda siempre invariable.

déplaisant, e *adj* enfadoso, sa; desagradable, poco agradable; poco grato, ta; enojoso, sa; fastidioso, sa.

déplaisir *m* desagrado, disgusto, descontento.

déplanter *v tr* desplantar, trasplantar (plantes) ‖ desarmar (tente) ‖ FIG desarraigar (personnes).

déplâtrer *v tr* desenyesar, quitar el enyesado, desescayolar.

dépliant, e *adj* desplegable.

◆ *m* folleto, prospecto.

déplier* *v tr* desdoblar, desplegar.

déploiement [deplwamã] *m* despliegue, desplegamiento ‖ FIG muestra *f*, ostentación *f* (de richesse, etc.) ‖ MIL despliegue, alarde, desfile (des forces).

déplomber *v tr* quitar los plomos *ou* precintos ‖ desempastar (une dent).

déplorable *adj* lamentable, deplorable.

déplorer *v tr* lamentar, deplorar, sentir.

déployer* [deplwaje] *v tr* desplegar ‖ FIG mostrar, hacer alarde de, poner de manifiesto (étaler; *déployer son zèle* mostrar su celo ‖ *rire à gorge déployée* reír a carcajadas, a mandíbula batiente.

déplumer *v tr* desplumar.

◆ *v pr* FAM perder el pelo.

dépoitraillé, e [depwatraje] *adj* FAM despechugado, da; descamisado, da.

dépolarisation *f* despolarización.

dépoli, e *adj* deslustrado, da ‖ esmerilado, da (verre) ‖ mate (métal).

dépolir *v tr* deslustrar, quitar el brillo (ôter l'éclat) ‖ esmerilar (le verre).

dépolitiser *v tr* quitar el carácter político a, despolitizar; *dépolitiser un syndicat* quitar el carácter político a un sindicato.

dépolluer *v tr* descontaminar.

déportation *f* deportación.

déporté, e *adj* et *s* deportado, da.

déporter *v tr* deportar ‖ desviar (auto, avion).

déposant, e *adj* et *s* depositante (qui dépose de l'argent) ‖ deponente, declarante (qui dépose devant le juge).

dépose *f* desmontaje *m*, acción de quitar; *la dépose d'un tuyau* el desmontaje de un tubo.

déposé, e *adj* registrado, da; patentado, da; depositado, da.

déposer *v tr* depositar (mettre en dépôt) ‖ soltar, dejar, descargar (décharger) ‖ dejar en, llevar a; *je vous dépose à la gare* le dejo en la estación ‖ dar (un baiser) ‖ descolgar (décrocher) ‖ desmontar (démonter) ‖ depositar, formar poso (les liquides) ‖ registrar, patentar, depositar (une marque de fabrique) ‖ depositar, presentar; *déposer un projet de loi* presentar un proyecto de ley ‖ deponer (les armes) ‖ renunciar a (renoncer à) ‖ quitarse; *déposer le masque* quitarse la máscara ‖ FIG deponer, destituir (destituer) ‖ — *déposer ses hommages* rendir pleitesía ‖ *déposer son bilan* declararse en quiebra ‖ *déposer une plainte* presentar una denuncia ‖ *il est défendu de déposer des ordures* prohibido verter *ou* arrojar basuras.

◆ *v intr* deponer, declarar, prestar declaración (témoigner en justice) ‖ formar un poso, asentarse (un liquide).

dépositaire *m* et *f* depositario, ria ‖ COMM *dépositaire agréé* agente autorizado.

déposition *f* deposición ‖ declaración, deposición (d'un témoin) ‖ *déposition de Croix* deposición de la Cruz (descente).

déposséder* *v tr* desposeer ‖ expropiar (par l'État).

dépôt [depo] *m* depósito, consignación *f* (d'une somme) ‖ poso, sedimento (des liquides) ‖ almacén (magasin) ‖ cochera *f*, depósito; *dépôt d'autobus* cochera de autobuses ‖ colocación *f* (pose) ‖ presentación *f*; *dépôt de conclusions* presentación de conclusiones ‖ prisión *f* preventiva ‖ GÉOL tierras *f pl* de aluvión ‖ MÉD absceso, tumor, bolsa *f* ‖ MIL depósito ‖ — *dépôt de bilan* declaración de quiebra ‖ *dépôt de gerbe* ofrenda floral ‖ *dépôt de munitions* pañol (dans un bateau) ‖ *dépôt d'ordures* basurero, vertedero de basura ‖ DR *dépôt légal* depósito legal ‖ ÉCON *dépôt sur livrets* depósito en libretas ‖ *mandat de dépôt* auto de prisión preventiva.

dépoter *v tr* cambiar de tiesto (plantes) ‖ trasegar (liquides).

dépotoir *m* planta *f* de transformación de residuos ‖ FAM vertedero, muladar, estercolero.

dépouille [depuːj] *f* despojo *m* ‖ camisa, piel (peau que perdent certains animaux) ‖ cosecha (récolte) ‖ botín *m*, despojos *m pl* ‖ *dépouille mortelle* restos mortales.

dépouillement [-jmã] *m* despojo ‖ desollamiento (d'un animal) ‖ examen, comprobación *f*, depuración *f* (d'un compte) ‖ examen detenido (de documents) ‖ recuento de votos, escrutinio (dans une élection) ‖ acción *f* de abrir el correo (du courrier) ‖ renunciación *f*; *les religieuses font preuve d'un grand dépouillement* las monjas dan prueba de una gran renunciación.

dépouiller [-je] *v tr* despojar ‖ desollar, quitar la piel (enlever la peau) ‖ quitar la ropa (ôter les vêtements) ‖ examinar, analizar (un compte, des documents, etc.) ‖ hacer el recuento de votos *ou* el escrutinio (après un vote) ‖ abrir (courrier) ‖ sacar papeletas, tomar notas (d'un livre, un auteur) ‖ despojar, desvalijar (voler) ‖ prescindir de, desembarazarse; *dépouiller toute honte* prescindir de toda vergüenza ‖ *style dépouillé* estilo sobrio, escueto.

◆ *v pr* sedimentar, aclararse (se dit du vin) ‖ mudar la piel (serpent) ‖ quitarse (ses vêtements) ‖ despojarse, desposeerse (se priver) ‖ FIG desembarazarse, librarse, prescindir de; *se dépouiller d'un préjugé* librarse de un prejuicio.

dépourvu, e *adj* desprovisto, ta; privado, da ‖ *au dépourvu* de improviso; desprevenido, da.

dépoussiérage *m* desempolvadura *f*, eliminación *f* del polvo.
dépoussiérer *v tr* quitar el polvo, desempolvar.
dépravation *f* depravación, perversión.
dépravé, e *adj et s* depravado, da; pervertido, da ‖ corrompido, da (goût).
dépraver *v tr* depravar, pervertir ‖ alterar, estropear, corromper; *dépraver le goût* alterar el gusto.
dépréciatif, ive *adj et s m* GRAMM despectivo, va.
dépréciation *f* depreciación ‖ FIG descrédito *m*.
déprécier* *v tr* depreciar, desvalorizar ‖ infravalorar (estimer au-dessous) ‖ FIG desdeñar, menospreciar.
déprédateur, trice *adj et s* depredador, ra ‖ malversador, ra (administration).
déprédation *f* depredación ‖ malversación (administration).
déprendre (se)* *v pr* desprenderse, despegarse.
dépressif, ive *adj* deprimente, depresivo, va.
dépression *f* depresión.
dépressionnaire *adj* de bajas presiones (en météorologie).
dépressurisation *f* despresurización.
dépressuriser *v tr* despresurizar.
déprimant, e *adj* deprimente, depresor, ra.
déprime *f* FAM depre.
déprimé, e *adj* deprimido, da.
déprimer *v tr* deprimir.
déprogrammer *v tr* desprogramar.
dépucelage *m* FAM desfloración, desvirgue.
dépuceler *v tr* FAM desvirgar.
depuis [dəpyi] *prép* desde, de (temps, lieu, ordre); *depuis la création* desde la creación; *depuis le Rhin jusqu'à l'Océan* desde el Rin hasta el Océano; *depuis le premier jusqu'au dernier* desde el primero hasta el último ‖ desde hace, desde hacía; *je ne l'ai pas vu depuis trois jours* no le he visto desde hace tres días; *il ne lui avait pas parlé depuis un an* no le había hablado desde hacía un año ‖ — *depuis combien de temps?* ¿cuánto tiempo hace?, ¿desde cuándo? ‖ *depuis le début de l'année* en lo que va de año ‖ *depuis longtemps* desde hace tiempo, desde hace mucho tiempo ‖ *depuis lors* desde entonces ‖ *depuis peu* desde hace poco ‖ *depuis quand?* ¿desde cuándo? ‖ *depuis que* desde que ‖ *depuis toujours* desde siempre.
◆ *adv* después, desde entonces; *je ne l'ai pas vu depuis* no le he visto después.
dépuratif, ive *adj et s m* depurativo, va; *sirop dépuratif* jarabe depurativo.
députation *f* diputación ‖ *briguer la députation* codiciar ser diputado.
député *m* diputado.
député-maire *m* diputado que también ejerce como alcalde.
députer *v tr* diputar.
déqualification *f* degradación.
déqualifier *v tr* degradar.
déraciné, e *adj* desarraigado, da ‖ desarraigado, da; desterrado, da (exilé).
déracinement [derasinmã] *m* desarraigo ‖ FIG eliminación *f*, extirpación *f*.
déraciner *v tr* desarraigar, descuajar ‖ sacar, arrancar (une dent) ‖ arrancar de cuajo; *arbre déraciné par la tempête* árbol arrancado de cuajo por la tormenta ‖ FIG extirpar, eliminar, desarraigar (arracher) ‖ desarraigar, exilar.
déraillement [derɑjmã] *m* descarrilamiento ‖ FIG descarrío, desvío.
dérailler [-je] *v intr* descarrilar [se] (sortir des rails); *faire dérailler un train* descarrilar un tren ‖ FAM desvariar, decir despropósitos ‖ FIG cometer un desatino.
dérailleur [-jœːr] *m* cambio de velocidades (d'une bicyclette).
déraison [derɛzɔ̃] *f* desatino *m*, sinrazón, despropósito *m*.
déraisonnable *adj* poco razonable, desrazonable.
déraisonnablement *adv* desrazonablemente, descabelladamente, insensatamente.
déraisonner *v intr* desatinar, disparatar.
dérangé, e *adj* trastornado, da ‖ *avoir l'esprit dérangé* no estar en su sano juicio.
dérangement [derãʒmã] *m* desorden, trastorno ‖ perturbación *f* (du temps, d'une machine, etc.) ‖ molestia *f*, trastorno (ennui, gêne) ‖ — *dérangement du corps* descomposición del vientre ‖ *en dérangement* averiado, no funciona (ascenseur, téléphone) ‖ *spectacle qui vaut le dérangement* espectáculo que vale la pena verlo.
déranger* *v tr* desarreglar, desordenar (changer de place) ‖ descomponer; *déranger une montre* descomponer un reloj ‖ perturbar, alterar (le temps, un plan) ‖ molestar (gêner); *ne vous dérangez pas* no se moleste ‖ FIG descomponer el vientre ‖ *ça te dérangerait de faire...?* ¿te molestaría hacer...? ‖ *est-ce que cela vous dérange si...?* ¿le molesta que...?
◆ *v pr* moverse de un sitio a otro (se déplacer) ‖ molestarse (faire un effort).
dérapage; dérapement *m* MAR desaferrado, acción *f* de levar anclas *ou* de desaferrarse ‖ AUTOM patinazo, resbalón, despiste (glissement), derrapaje (gallicisme).
déraper *v intr* MAR levar anclas, desaferrarse ‖ AUTOM patinar, resbalar, despistarse, derrapar (gallicisme).
dératé, e *m et f* FAM despabilado, da; vivo, va (alerte, vif) ‖ FAM *courir comme un dératé* correr como un galgo *ou* como un desesperado.
dératisation *f* desratización.
dératiser *v tr* desratizar.
derby *m* derby (course de chevaux) ‖ derby (voiture légère à quatre roues) ‖ partido de dos eternos rivales (match).
derechef [dərəʃɛf] *adv* de nuevo, nuevamente.
déréglé, e *adj* desarreglado, da; descompuesto, ta ‖ irregular; *pouls déréglé* pulso irregular ‖ desajustado, da; impreciso, sa (tir) ‖ FIG desordenado, da; *vie déréglée* vida desordenada.
dérèglement *m* desarreglo, desorden (désordre) ‖ alteración *f*, irregularidad *f* (du pouls) ‖ desajuste (tir) ‖ mal funcionamiento; *dérèglement d'une pendule* mal funcionamiento de un reloj ‖ FIG desenfreno, desbordamiento (désordre moral) ‖ — *dérèglement de conduite* conducta desordenada ‖ *dérèglement du temps* alteración del tiempo.
déréglementation *f* desreglamentación.
déréglementer *v tr* desreglamentar.

dérégler* *v tr* descomponer, desarreglar (déranger) ‖ desarreglar, desordenar (mettre en désordre) ‖ desajustar (tir) ‖ alterar (pouls) ‖ FIG descarriar, apartar del deber (écarter du devoir).

déréliction [dereliksjɔ̃] *f* abandono *m*, desamparo *m*, dereliccción.

dérider *v tr* desarrugar ‖ hacer desfruncir el ceño, alegrar (égayer).
◆ *v pr* alegrarse, sonreír.

dérision *f* irrisión, burla, escarnio *m* ‖ *tourner en dérision* tomar a broma, hacer burla de.

dérisoire *adj* irrisorio, ria; *offre dérisoire* oferta irrisoria ‖ insignificante; irrisorio, ria.

dérivatif, ive *adj* et *s m* derivativo, va.
◆ *m* distracción *f*.

dérivation *f* derivación ‖ desviación (tir, cours d'eau) ‖ MAR deriva.

dérive *f* MAR deriva, abatimiento *m* del rumbo ‖ desviación, desvío *m* (déplacement d'un véhicule) ‖ palanca de dirección, plano *m* de deriva (d'un avion) ‖ MIL corrección horizontal del tiro ‖ — GÉOL *la dérive des continents* la deriva de los continentes ‖ *aller à la dérive* ir a la deriva, irse al garete (un bateau), ir a la deriva, abandonarse a la corriente, perder el rumbo.

dérivé, e *adj* et *s* derivado, da.

dériver *v tr* desviar (détourner de son cours) ‖ GRAMM derivar ‖ MATH & ÉLECTR derivar ‖ TECHN limar la robladura *ou* el remache.
◆ *v intr* derivar, desviarse del rumbo (dévier de sa route) ‖ MAR alejarse de la orilla (s'éloigner du rivage) ‖ desviarse (tir) ‖ FIG derivarse, dimanar, provenir (provenir) ‖ ir a la deriva, dejarse llevar por la corriente.

dériveur *m* velero.

dermato *m* et *f* FAM dermatólogo, ga.

dermatologie *f* MÉD dermatología.

dermatologiste; dermatologue *m* et *f* dermatólogo, ga.

dermatose *f* MÉD dermatosis.

derme *f* dermis *f*.

dermique *adj* dérmico, ca.

dermite *f* dermitis, dermatitis.

dernier, ère *adj* et *s* último, ma ‖ pasado, da; *l'année dernière* el año pasado ‖ extremo, ma; último, ma; sumo, ma; *au dernier degré de la misère* en el grado extremo de la miseria ‖ *ce dernier, cette dernière* este último, esta última ‖ *du dernier chic* del último *ou* del máximo toque de elegancia, de lo más chic ‖ *le dernier cri* el último grito ‖ — *le dernier des* el peor de..., el mayor de ‖ *le dernier des derniers* el peor de todos, el acabóse ‖ *le dernier soupir* el último suspiro ‖ *le petit dernier* el benjamín ‖ *les derniers honneurs* los últimos honores ‖ — *en dernière analyse* después de todo, en el fondo, mirándolo bien ‖ *en dernier lieu* en último lugar ‖ *en dernier ressort* en última instancia, como último recurso ‖ — *avoir le dernier mot* quedarse con la última palabra ‖ *être du dernier bien* ser el súmmum, ser la última palabra ‖ *être du dernier bien avec quelqu'un* ser uña y carne con alguien ‖ *mettre la dernière main* dar la última mano, el último toque.

dernièrement *adv* últimamente.

dernier-né *m*; **dernière-née** *f* el hijo último, la hija última.

dérobade *f* ÉQUIT espantada, extraño *m* (du cheval) ‖ FIG escapatoria, evasión (d'une difficulté).

dérobé, e *adj* hurtado, da; robado, da (volé) ‖ FIG escondido, da (caché) ‖ excusado, da; secreto, ta (porte, escalier); *porte dérobée* puerta falsa *ou* excusada ‖ — *à la dérobée* a hurtadillas, a escondidas.

dérober *v tr* hurtar, robar (voler) ‖ arrancar, sustraer, librar de; *dérober à la mort* librar de la muerte ‖ FIG quitar, usurpar (extorquer) ‖ arrebatar, privar de (enlever) ‖ FIG & FAM ocultar (cacher) ‖ sacar (un secret) ‖ robar (un baiser).
◆ *v pr* ocultarse, esconderse (se cacher) ‖ sustraerse, librarse (d'un danger) ‖ esquivar, eludir, zafarse (d'une obligation) ‖ escurrir el bulto, hurtar el cuerpo; *tu te dérobes toujours* siempre que puedes escurres el bulto ‖ flaquear, vacilar; *mes genoux se dérobent* mis rodillas flaquean ‖ hundirse (la terre) ‖ dar una espantada, hacer un extraño (un cheval).

dérogation *f* derogación.

dérogatoire *adj* derogatorio, ria.

déroger* *v intr* derogar (une loi) ‖ ir contra, faltar; *déroger à sa dignité* ir contra su dignidad ‖ rebajarse (s'abaisser).

dérouiller [-je] *v tr* quitar el moho, desenmohecer, desherrumbrar, desoxidar ‖ FIG desentumecer (dégourdir) ‖ pulir, afinar, desbastar (polir les manières) ‖ POP dar una buena paliza.
◆ *v intr* POP cobrar, recibir una buena paliza.
◆ *v pr* desoxidarse ‖ afinarse ‖ *se dérouiller les jambes* estirar las piernas.

déroulement *m* desarrollo ‖ desenrollamiento; *le déroulement d'une bobine* el desenrollamiento de un carrete ‖ *déroulement de la pensée* evolución del pensamiento.

dérouler *v tr* desenrollar (une pelote de fil, un rouleau de papier) ‖ mostrar, desplegar (étaler) ‖ TECHN desenrollar, hacer chapa de madera.
◆ *v pr* efectuarse, celebrarse, tener lugar, verificarse; *la manifestation s'est déroulée sans incident* la manifestación se efectuó sin incidentes ‖ extenderse; *un magnifique panorama se déroulait devant nos yeux* un magnífico panorama se extendía ante nuestros ojos.

déroutant, e *adj* desconcertante.

déroute [derut] *f* derrota (armée), fracaso *m* ‖ FIG desorden *m*, desconcierto *m* (ruine) ‖ *mettre en déroute* derrotar (armée), aturrullar (personnes).

dérouter *v tr* descaminar (écarter de sa route) ‖ desviar (changer l'itinéraire) ‖ despistar; *le lièvre déroute les chiens* la liebre despista a los perros; *dérouter la police* despistar a la policía ‖ FIG desconcertar, confundir (déconcerter).
◆ *v pr* MAR cambiar de rumbo, desviarse.

derrick [dɛrik] *m* torre *f* de perforación, derrick.

derrière *prép* detrás de, tras; *derrière la table* detrás de la mesa, tras la mesa ‖ tras (au-delà de); *derrière les apparences* tras las apariencias.
◆ *adv* detrás, atrás; *allez devant, j'irai derrière* vaya delante, yo iré detrás ‖ — *derrière le dos* por la espalda, a espaldas ‖ — *de derrière* trasero, ra; de atrás; *roues de derrière* ruedas traseras ‖ *par-derrière* por detrás ‖ *porte de derrière* puerta trasera (opposée à la façade), escapatoria (échappatoire) ‖ *sens devant derrière* al revés.
◆ *m* parte *f* posterior ‖ FAM trasero, asentaderas *f pl* (d'une personne) ‖ grupa *f*, ancas *f pl*, cuartos

traseros *m pl* (d'un animal) ‖ trasera *f* (d'une voiture, d'une maison, etc.) ‖ MAR popa *f* (poupe).
- *pl* MIL retaguardia *f sing.*
— OBSERV *Detrás* indique simplement la position: *je suis derrière* estoy detrás. *Atrás*, qui équivaut en général à *arrière*, traduit parfois *derrière* au sens de *en arrière*: *rester derrière* quedarse atrás. *Tras*, moins courant que *detrás*, ne s'emploie que comme préposition.

derviche *m* derviche (religieux musulman).

des [de] *art contracté formé à partir de* de les de los, de las.
- *art partitif: manger des prunes* comer ciruelas.
- *art indéf pl* unos, as; algunos, as; *je vois des enfants dans la cour* veo unos niños en el patio.
— OBSERV El artículo partitivo francés no se traduce.

dès *prép* desde; *dès l'aube* desde el alba; *dès sa source* desde su origen ‖ — *dès à présent* desde ahora ‖ *dès avant* desde antes, de mucho antes ‖ *dès demain* a partir de mañana; *je travaillerai dès demain* trabajaré a partir de mañana; *vous partirez dès demain* saldrá usted mañana mismo ‖ *dès lors* desde entonces (temps), por lo tanto, y por eso (cause) ‖ *dès lors que* en cuanto (temps), ya que (cause) ‖ *dès que* tan pronto como, en cuanto ‖ *dès que possible* cuanto antes ‖ *dès réception* a su recibo.

désabusé, e *adj* et *s* desengañado, da.

désabuser *v tr* desengañar.

désaccord [desakɔ:r] *m* desacuerdo ‖ discordancia *f*; *désaccord entre les actes et les paroles* discordancia entre las palabras y los hechos ‖ desavenencia *f* (entre personnes) ‖ MUS desafinación *f* (instrument), discordancia *f* desentono (voix) ‖ — *familles en désaccord* familias desavenidas ‖ *je suis en désaccord avec vous* no estoy de acuerdo con usted.

désaccorder *v tr* MUS desafinar, desacordar, desentonar, destemplar (un instrument) ‖ FIG desavenir, disgustar, desunir (brouiller, fâcher).

désaccoutumer *v tr* desacostumbrar.
- *v pr* perder la costumbre, desacostumbrarse.

désacraliser *v tr* desacralizar, quitar el carácter sagrado.

désactiver *v tr* desactivar.

désaffecté, e *adj* abandonado, da.

désaffecter *v tr* cambiar de destino un edificio público ‖ *désaffecter une église* secularizar una iglesia.

désaffection *f* desafecto *m* ‖ desafición ‖ — *désaffection d'un lieu public* pérdida de favor, disminución de la asistencia del público ‖ *désaffection pour le port du chapeau* caída en desuso del sombrero.

désagréable *adj* desagradable.

désagréablement *adv* desagradablemente.

désagrégation *f* desagregación, disgregación ‖ FIG descomposición, disgregación; *la désagrégation de l'Empire romain* la descomposición del Imperio Romano.

désagréger [dezagreʒe] *v tr* desagregar, disgregar.

désagrément *m* disgusto, desagrado, sinsabor.

désaimanter *v tr* desimantar, desimanar.

désaltérant, e *adj* refrescante, que quita la sed.

désaltérer *v tr* apagar *ou* quitar la sed; *boisson qui désaltère* bebida que apaga la sed.
- *v pr* beber (boire).

désamorçage [dezamɔrsa:ʒ] *m* descebadura *f* (d'une pompe) ‖ corte de la corriente (dans une dynamo) ‖ desactivado (d'une bombe).

désamorcer *v tr* descebar (arme) ‖ desactivar (bombe) ‖ descebar, vaciar (pompe).

désapparier *v tr* descabalar, desparejar.

désappointé, e [dezapwɛ̃te] *adj* contrariado, da; decepcionado, da; desengañado, da.

désappointer *v tr* contrariar, desencantar, desengañar, decepcionar, chasquear ‖ despuntar (émousser la pointe).

désapprobateur, trice *adj* et *s* desaprobador, ra.

désapprobation *f* desaprobación.

désapprouver *v tr* desaprobar.

désarçonner [dezarsɔne] *v tr* desarzonar, desmontar ‖ FIG & FAM desarmar, confundir, desconcertar (déconcerter); *cette question l'a désarçonné* esta pregunta le desconcertó.

désargenté, e *adj* et *s* FAM sin dinero [*(amér.)* sin plata].

désargenter [dezarʒɑ̃te] *v tr* desplatar (enlever l'argent mêlé à un autre métal) ‖ desplatear (enlever l'argent qui recouvre un objet) ‖ FAM privar de dinero.
- *v pr* FAM gastarse todo el dinero.

désarmant, e *adj* FIG desarmante.

désarmé, e *adj* desarmado, da; sin armas (sans arme) ‖ desarmado, da; impotente (affaibli).

désarmement *m* desarme.

désarmer *v tr* desarmar ‖ desmontar (arme à feu) ‖ FIG desarmar, moderar, templar; *désarmer la colère* desarmar la cólera ‖ MAR desarmar.
- *v intr* deponer las armas ‖ FIG cesar, ceder; *sa haine ne désarme pas* su odio no cede.

désarroi [dezarwa] *m* desconcierto, desasosiego ‖ *en désarroi* desconcertado, da; turbado, da.

désarticulation *f* desarticulación.

désarticulé, e *adj* desarticulado, da.

désarticuler *v tr* desarticular (objet), descoyuntar (personne).

désassortir *v tr* desemparejar, desparejar, descabalar, deshermanar ‖ dejar sin surtido (un magasin).

désastre *m* desastre (catastrophe).

désastreux, euse [dezastrø, ø:z] *adj* desastroso, sa.

désavantage [dezavɑ̃ta:ʒ] *m* desventaja *f*, inferioridad *f* (infériorité) ‖ desventaja *f*, inconveniente (désagrément) ‖ — *à son désavantage* en perjuicio suyo, en contra suya, en su desventaja ‖ *se montrer à son désavantage* dar una impresión desfavorable.

désavantager [-ʒe] *v tr* perjudicar, desfavorecer.

désavantageux, euse *adj* desventajoso, sa.

désaveu *m* desaprobación *f* ‖ denegación *f*; *désaveu de paternité* denegación de paternidad ‖ retractación *f* ‖ desautorización *f* (d'un mandataire) ‖ repudiación (d'une doctrine) ‖ contradicción *f*.

désavouer *v tr* desaprobar, condenar; *ce que la morale désavoue* lo que la moral desaprueba ‖ negar, denegar (nier, dénier); *désavouer un livre* negar haber escrito un libro ‖ denegar ‖ desautorizar;

***désavouer** un ambassadeur* desautorizar a un embajador ‖ repudiar, rechazar; *désavouer une doctrine* repudiar una doctrina ‖ retractar (rétracter) ‖ desconocer, no reconocer por suyo (méconnaître) ‖ estar en contradicción con ‖ *ne pas désavouer* juzgar digno de sí, reconocer como suyo; *des vers que ne désavouerait pas Hugo* versos que Hugo juzgaría dignos de él.

désaxé, e *adj* descentrado, da; desviado del eje ‖ FIG descentrado, da; desequilibrado, da.

Descartes *n pr* Descartes.

desceller *v tr* desellar, quitar el sello, el lacre (enlever le sceau) ‖ arrancar, despegar (décoller) ‖ desempotrar (arracher un scellement).

descendance *f* descendencia.

descendant, e *adj* descendente (en pente) ‖ MIL *garde descendante* guardia saliente.

◆ *adj et s* descendiente (parent).

descendeur, euse *m et f* especialista en descenso (cyclisme, ski).

descendre *v intr* bajar, descender ‖ descender (d'ancêtres, d'une famille) ‖ bajarse, apearse; *descendre de la voiture* bajarse del coche ‖ descender, tener una profundidad; *mine qui descend à 1 500 m* mina que tiene una profundidad de 1 500 m ‖ estar en pendiente, en cuesta; *chemin qui descend* camino en pendiente ‖ parar, hospedarse, alojarse; *descendre à l'hôtel* parar en un hotel ‖ bajar, ir; *descendre en Espagne* bajar *ou* ir a España ‖ — FIG *descendre dans la rue* formar una manifestación, echarse a la calle (manifester) ‖ *descendre en soi-même* hacer un examen de conciencia ‖ *descendre en ville* ir a la ciudad ‖ DR *descendre sur les lieux* personarse.

◆ *v pr* bajar, descender ‖ dejar, depositar; *la voiture vous descendra à la gare* el coche le dejará en la estación ‖ seguir la corriente, ir río abajo (d'une rivière) ‖ FAM cargarse, apiolar (tuer) | derribar, echar abajo (un avion) ‖ POP pimplar, soplar (boire).

— OBSERV Cuando *descendre* es intransitivo los tiempos compuestos tienen como auxiliar *être* (je suis descendu à l'hôtel); y si es transitivo *avoir* (il a descendu l'escalier).

descente *f* bajada, descenso *m* ‖ bajada, pendiente (pente) ‖ descenso *m* (ski, parachute) ‖ desembarco *m* (débarquement), invasión, incursión (irruption) ‖ llegada, instalación (à l'hôtel) ‖ bajada de aguas, canalón *m* (tuyau d'écoulement pour les eaux) ‖ DR visita, inspección *ou* diligencia ocular, investigación judicial ‖ MÉD hernia, quebradura (hernie), descendimiento *m* (d'un organe) ‖ — *descente d'antenne* bajada de antena, toma de antena ‖ *descente de croix* descendimiento ‖ *descente de lit* alfombra, alfombrilla de cama ‖ *descente de police* operación policiaca ‖ — POP *avoir une bonne descente* tener buenas tragaderas ‖ *freinez dans les descentes* frene en las bajadas.

déscolariser *v tr* desescolarizar.

descriptif, ive *adj* descriptivo, va; *géométrie descriptive* geometría descriptiva.

◆ *m* documento descriptivo.

description *f* descripción (image).

desdits *adj m pl* → dudit.

désectoriser *v tr* dejar de dividir *ou* de organizar en sectores.

désembouteiller *v tr* despejar un atasco.

désembuer *v tr* desempañar.

désemparé, e *adj* desamparado, da; desconcertado, da ‖ *navire désemparé* barco gravemente averiado.

désemplir *v tr* (*p us*) vaciar.

◆ *v intr et pr* *ne pas désemplir* estar siempre lleno; *la maison ne désemplit pas* la casa está siempre llena.

— OBSERV Como intransitivo úsase casi siempre con una negación.

désenchaîner *v tr* quitar las cadenas, desencadenar; *désenchaîner un chien* desencadenar un perro.

désenchanté, e *adj* desencantado, da; desilusionado, da; desengañado, da.

désenchantement *m* desencanto, desilusión *f*, desengaño.

désenclaver *v tr* poner fin a un enclave.

désencombrer *v tr* despejar, desembarazar (débarrasser).

désenfler *v tr et intr* deshinchar.

désenfumer *v tr* desahumar.

désengagement *m* desempeño ‖ rompimiento *ou* liberación *f* de un compromiso.

désengager* *v tr* liberar (délivrer d'un engagement) ‖ desempeñar (parole).

désengorgement *m* desatasco, desatoramiento.

désengorger* *v tr* desatascar, desatrancar, desatorar.

désenivrer [dezɑ̃nivre] *v tr* desembriagar.

désensabler *v tr* desencallar; *désensabler un bateau* desencallar un barco ‖ dragar, desarenar; *désensabler un port* dragar un puerto.

désensibilisation *f* insensibilización, desensibilización.

désensibiliser *v tr* insensibilizar, desensibilizar.

désensorceler* [dezɑ̃sɔrsəle] *v tr* deshechizar, desembrujar.

désenvenimer [dezɑ̃vənime] *v tr* quitar el veneno ‖ FIG suavizar, dulcificar (rendre moins acerbe).

désépaissir *v tr* aclarar.

déséquilibre *m* desequilibrio ‖ *être en déséquilibre* estar en desequilibrio.

déséquilibré, e *adj et s* desequilibrado, da.

déséquilibrer *v tr* desequilibrar.

désert, e [dezɛːr, ɛrt] *adj* desierto, ta ‖ desierto, ta; poco frecuentado, da; *une rue déserte* una calle desierta.

◆ *m* desierto ‖ yermo; *les pères du désert* los padres del yermo ‖ FAM *prêcher dans le désert* predicar en el desierto.

déserter *v tr* abandonar, dejar (lieu, poste) ‖ FIG abandonar, traicionar (une cause).

◆ *v intr* desertar (un parti, une cause).

— OBSERV Le verbe *deserter* n'est pas transitif en espagnol.

déserteur *m* desertor.

désertification *f* desertización.

désertifier (se) *v pr* desertizarse, desertificarse.

désertion [dezɛrsjɔ̃] *f* MIL deserción ‖ DR *désertion d'appel* deserción, desamparo de apelación.

désertique *adj* desértico, ca.

désespérant, e *adj* desesperante.

désespéré, e *adj et s* desesperado, da ‖ MÉD *état désespéré* estado desesperado.

désespérément *adv* desesperadamente.
désespérer* *v tr et intr* desesperar, tener pocas esperanzas, no tener esperanza; *désespérer du succès* tener pocas esperanzas en el éxito.
◆ *v pr* desesperarse, desesperanzarse.
désespoir *m* desesperación *f* ‖ — *en désespoir de cause* en último extremo, como último recurso ‖ *être au désespoir* estar desesperado, desesperarse ‖ *être o faire le désespoir de* ser la desesperación de ‖ *mettre o pousser au désespoir* desesperar.
déshabillage [dezabija:ʒ] *m* acción *f* de desnudar *ou* desnudarse *ou* desvestirse, desnudamiento.
déshabillé, e [-je] *adj* desvestido, da; desnudo, da (nu).
◆ *m* traje de casa, «déshabillé» (vêtement) ‖ FIG *en déshabillé* en traje de casa, de trapillo.
déshabiller *v tr* desvestir, quitar el vestido (ôter les habits) ‖ desnudar (mettre à nu) ‖ *déshabiller saint Pierre pour habiller saint Paul* desvestir a un santo para vestir a otro.
◆ *v pr* desnudarse, desvestirse.
déshabituer [dezabitɥe] *v tr* desacostumbrar, deshabituar *(p us)*; *déshabituer de mentir* desacostumbrar de mentir.
◆ *v pr* desacostumbrarse, deshabituarse ‖ *se déshabituer de* quitarse el hábito de.
désherbage *m* deshierba *f*, desyerba *f*.
désherbant *adj et s m* herbicida.
désherber *v tr* desherbar, quitar la hierba.
déshérence *f* DR desherencia (absence d'héritiers); *tomber en déshérence* caer en desherencia.
déshérité, e *adj et s* desheredado, da ‖ *les déshérités* los desheredados (pauvres).
déshériter *v tr* desheredar.
déshonnête *adj* deshonesto, ta (malséant).
déshonneur *m* deshonor, deshonra *f*.
déshonorant, e *adj* deshonroso, sa; *acte déshonorant* acto deshonroso.
déshonorer *v tr* deshonrar, deshonorar; *il a déshonoré sa famille* ha deshonrado a su familia ‖ FIG estropear, afear; *cette fenêtre mal placée déshonore la façade* esta ventana mal situada estropea la fachada.
déshumanisation *f* deshumanización.
déshumaniser *v tr* deshumanizar, volver inhumano.
déshydratant, e *adj* deshidratante.
déshydratation *f* deshidratación.
déshydraté, e *adj* deshidratado, da ‖ FAM deshidratado, da; sediento, ta (assoiffé).
déshydrater *v tr* deshidratar.
desiderata *m pl* desiderata, deseos.
design [dizajn] *m* diseño.
désignation [deziɲasjɔ̃] *f* designación, nombramiento *m*.
designer [dizajnœr] *m* diseñador, ra.
désigner [deziɲe] *v tr* designar, señalar (signaler) ‖ escoger, nombrar; *désigner un arbitre* nombrar un árbitro ‖ significar, representar; *en latin «magister» désigne le maître* en latín «magister» significa maestro ‖ — *être tout désigné pour* ser el más indicado para ‖ *se désigner à l'attention du public* llamar la atención del público.
désillusion *f* desilusión, desengaño *m*.
désillusionner *v tr* desilusionar.

désincarné, e *adj* desencarnado, da.
désincruster *v tr* desincrustar.
désinence *f* desinencia.
désinfectant, e *adj et s m* desinfectante.
désinfecter *v tr* desinfectar.
désinformation *f* desinformación.
désinformer *v tr* desinformar.
désinsectiser *v tr* desinsectar.
désintégration *f* desintegración.
désintégrer *v tr* desintegrar.
◆ *v pr* desintegrarse, disgregarse.
désintéressé, e *adj et s* desinteresado, da.
désintéressement *m* desinterés ‖ reembolso, pago de una deuda ‖ indemnización *f*.
désintéresser *v tr* resarcir, pagar una deuda, reembolsar.
◆ *v pr* desinteresarse, no ocuparse de.
désintérêt *m* desinterés, indiferencia *f*.
désintoxication *f* desintoxicación; *faire une cure de désintoxication* hacer una cura de desintoxicación.
désintoxiquer *v tr* desintoxicar.
◆ *v pr* desintoxicarse.
désinvestir *v tr* ÉCON suprimir *ou* reducir las inversiones.
désinvolte *adj* desenvuelto, ta; desembarazado, da ‖ FIG descarado, da; impertinente.
désinvolture *f* desenvoltura ‖ FIG descaro *m*.
désir *m* deseo ‖ anhelo (désir vif).
désirable *adj* deseable.
désirer *v tr* desear ‖ anhelar (désirer ardemment) ‖ — *désirer faire quelque chose* desear hacer algo ‖ *ne rien laisser à désirer* no dejar nada que desear ‖ *se faire désirer* hacerse desear.
désireux, euse *adj* deseoso, sa.
désistement *m* desestimiento.
désister (se) *v pr* desistir de, renunciar a.
désobéir *v intr* desobedecer; *désobéir à un ordre* desobedecer una orden ‖ quebrantar, contravenir (loi).
désobéissance *f* desobediencia.
désobéissant, e *adj et s* desobediente.
désobligeant, e [dezɔbliʒɑ̃, ɑ̃:t] *adj* desatento, ta ‖ descortés (impoli) ‖ chocante, desagradable (désagréable).
désodé, e *adj* sin sodio.
désodorisant, e *adj et s m* desodorante.
désodoriser *v tr* desodorizar, suprimir el olor.
désœuvré, e [dezœvre] *adj et s* desocupado, da; ocioso, sa (oisif).
désœuvrement [-vrəmɑ̃] *m* holganza *f*, ociosidad *f*, ocio; desocupación *f*.
désolant, e *adj* desconsolador, ra; desolador, ra (qui afflige) ‖ fastidioso, sa (ennuyeux).
désolation *f* desolación ‖ *(vx)* desolación, ruina.
désolé, e *adj* desolado, da; desconsolado, da (affligé) ‖ desolado, da; asolado, da (ravagé) ‖ *être désolé de* lamentar, sentir; *il était désolé de ne pas t'avoir vu* sintió muchísimo no haberte visto.
désoler *v tr* afligir, desolar, desconsolar (affliger) ‖ *(vx)* desolar, asolar, destruir (ravager) ‖ FIG contrariar, disgustar (fâcher) ‖ *je suis désolé* lo siento mucho.
◆ *v pr* afligirse, desconsolarse.

— OBSERV *Desolar* et *desconsolar* sont synonymes, mais *desolar* ne s'emploie pas aux temps où le *o* devrait diphtonguer en *ue* (*desuelo, desuele*, etc.).

désolidariser [desɔlidarize] *v tr* desolidarizar, desunir.
◆ *v pr* desolidarizarse.

désopilant, e *adj* festivo, va; jocoso, sa; para morirse de risa ∥ MÉD desopilante *(p us)*.

désordonné, e *adj* desordenado, da ∥ FIG desmedido, da; *colère désordonnée* cólera desmedida.

désordre *m* desorden, desarreglo ∥ desorden, trastorno (des organes) ∥ *désordres politiques* desórdenes políticos ∥ *en désordre* en desorden.

désorganisation *f* desorganización.

désorganiser *v tr* desorganizar, destruir, descomponer; *le chlore désorganise les tissus* el cloro destruye los tejidos.

désorienté, e *adj* desorientado, da.

désorienter *v tr* desorientar ∥ FIG desconcertar, desorientar.

désormais [dezɔrmɛ] *adv* en adelante, desde ahora, en lo sucesivo.

désossé, e *adj* et *s* deshuesado, da; desosado, da ∥ descoyuntado, da (une personne).

désosser *v tr* deshuesar, desosar *(p us)*; *désosser un poulet* deshuesar un pollo ∥ quitar las espinas; *désosser un poisson* quitar las espinas de un pescado ∥ FIG descomponer; *désosser une phrase* descomponer una frase.

désoxyder *v tr* desoxidar.

désoxyribonucléique *adj* BIOL & CHIM desoxirribonucleico, ca; *acide désoxyribonucléique* ácido desoxirribonucleico.

desperado *m* forajido, bandido.

despote [dɛspɔt] *m* déspota.
◆ *adj* déspota; despótico, ca; mandón, ona; *un mari despote* un marido déspota.

despotique *adj* despótico, ca.

despotisme *m* despotismo.

desquamation [dɛskwamasjɔ̃] *f* MÉD descamación.

désquamer [-me] *v tr* descamar, escamar.

desquels, desquelles [dekɛl] *pron rel* contraction de *de lesquels, de lesquelles* → **lequel.**

D.E.S.S. abrév de *diplôme d'études supérieures spécialisées* diploma de estudios superiores especializados.

dessabler *v tr* desarenar.

dessaisir *v tr* desposeer, despojar (retirer) ∥ DR declarar incompetente; *dessaisir un tribunal d'une affaire* declarar a un tribunal incompetente en un asunto ∥ MAR desaferrar.
◆ *v pr* desasirse, desprenderse.

dessaisissement [desɛzismɑ̃] *m* desasimiento ∥ desposeimiento (dépossession) ∥ DR declaración *f* de incompetencia (d'un tribunal, d'un magistrat).

dessaler *v tr* desalar, quitar la sal ∥ FIG & FAM avispar, despabilar (dégourdir).

dessaouler *v tr* → **dessoûler.**

desséchant, e [deseʃɑ̃, ɑ̃:t] *adj* desecante.

dessèchement [deseʃmɑ̃] *m* desecación *f* ∥ agostamiento (des plantes) ∥ consunción *f* (d'un organe) ∥ FIG falta *f* de sensibilidad.

dessécher* *v tr* desecar, secar (sécher) ∥ resecar; *lèvres desséchées* labios resecos ∥ agostar (les plantes) ∥ enflaquecer, consumir (amaigrir) ∥ FIG desecar, endurecer (rendre insensible).

dessein [desɛ̃] *m* designio (projet) ∥ propósito, intención *f*; *dans le dessein de tuer* con el propósito de matar ∥ *à dessein* a propósito, adrede, aposta.

desseller [desɛle] *v tr* desensillar.

desserrer *v tr* aflojar ∥ soltar, aflojar (le frein) ∥ *ne pas desserrer les dents* no despegar los labios.

dessert [desɛ:r] *v tr* postre ∥ *au dessert* de postre.

desserte *f* trinchero *m* (meuble) ∥ servicio *m* de comunicación (moyen de communication); *la desserte du village est assurée par autocar* el autobús garantiza el servicio del pueblo ∥ servicio *m* (église) ∥ *voie de desserte* camino vecinal.

dessertir *v tr* desengastar.

desservi, e *adj* comunicado, da; *un quartier bien desservi* un barrio bien comunicado.

desservir* *v tr* quitar la mesa (débarrasser la table) ∥ comunicar, poner en comunicación; *l'autocar dessert un grand nombre de villages* el autocar pone en comunicación a muchos pueblos ∥ FIG causar perjuicio, perjudicar (nuire) ∥ RELIG servir en una parroquia *ou* capilla.

dessiccation *f* desecación.

dessiller [desije] *v tr* separar los párpados ∥ FIG *dessiller les yeux à* o *de* abrir los ojos a, desengañar a.

dessin [desɛ̃] *m* dibujo ∥ plano, diseño (plan d'un bâtiment) ∥ FIG contorno, perfil; *le dessin d'un visage* el contorno de una cara ∥ — *dessin à la plume* dibujo a pluma ∥ *dessin à main levée* dibujo a pulso ∥ *dessin au fusain, au crayon* dibujo al carbón, a lápiz ∥ *dessin au lavis* aguada ∥ *dessin d'après nature* dibujo del natural ∥ *dessin d'imitation* dibujo artístico ∥ *dessin d'ornement* dibujo de adorno ∥ *dessin humoristique* chiste gráfico ∥ *dessin industriel* diseño industrial ∥ *dessin linéaire* dibujo lineal ∥ CINÉM *dessins animés* dibujos animados ∥ *dessins de mode* figurines ∥ *école de dessin* academia de dibujo ∥ — *apprendre le dessin* aprender a dibujar.

dessinateur, trice *adj* et *s* dibujante ∥ *dessinatrice de mode* diseñadora de moda ∥ *dessinateur industriel* delineante.

dessiner *v tr* dibujar, diseñar ∥ FIG resaltar, destacar, modelar; *robe qui dessine les formes* vestido que resalta las formas ∥ describir, pintar (un caractère) ∥ *dessiner à la plume, au crayon* dibujar con pluma, con lápiz.
◆ *v pr* dibujarse, perfilarse, destacarse; *sa taille se dessine bien* su talle se destaca bien ∥ FIG precisarse, concretarse, tomar forma, perfilarse; *la solution paraît se dessiner* la solución parece concretarse.

dessouder *v tr* desoldar.

dessoûler; dessaouler; dessouler *v tr* desemborrachar, desembriagar, quitar la borrachera.
◆ *v intr* dejar de estar borracho, desemborracharse, desembriagarse.

dessous [dəsu] *adv* debajo, abajo; *il est dessous* está debajo ∥ MAR a sotavento ∥ — *au-dessous* debajo, más abajo ∥ *au-dessous de* debajo de, bajo; *cinq degrés au-dessous de zéro* cinco grados bajo cero ∥ *ci-dessous* más abajo, más adelante, a continuación ∥ *en dessous* debajo, por debajo ∥ *par-dessous* por debajo ∥ — *être au-dessous de* estar por debajo de ∥ *être au-dessous de la vérité* quedarse corto ∥ *être au-dessous de tout* ser lamentable ∥ *faire* *quelque chose par en dessous* hacer una cosa por bajines ‖ *il y a quelque chose là-dessous* algo hay, hay algo ‖ *regarder en dessous* mirar de soslayo.

dessous *m* la parte inferior de una cosa, los bajos, el fondo; *le dessous d'un verre* el fondo de un vaso ‖ revés (d'un tissu) ‖ FIG desventaja, *f* inferioridad *f* ‖ THÉÂTR foso ‖ — *le dessous des cartes* el intríngulis de un asunto ‖ *les voisins du dessous* los vecinos de abajo ‖ — *avoir le dessous* tener la peor parte ‖ *connaître le dessous des cartes* conocer las interioridades de un asunto, estar en el ajo ‖ FAM *faire o prendre quelque chose par-dessous la jambe* traerle a uno (una cosa), sin cuidado ‖ FIG & FAM *tomber dans le troisième dessous* hundirse por completo ‖ FAM *traiter quelqu'un par-dessous la jambe* mirar a alguien por encima del hombro.

➙ *pl* ropa, *f sing* interior (lingerie) ‖ FIG intríngulis (d'une affaire).

dessous-de-bouteille *m inv* salvamantel.

dessous-de-plat *m inv* salvamantel.

dessous-de-table *m inv* guante, comisión *f* que se entrega bajo cuerda.

dessus [dəsy] *adv* encima, arriba ‖ — *au-dessus* encima ‖ *au-dessus de* más arriba de, por encima de, sobre; *vingt degrés au-dessus de zéro* veinte grados sobre cero ‖ *bras dessus bras dessous* cogidos del brazo ‖ *ci-dessus* anteriormente mencionado, más arriba indicado, susodicho ‖ *en dessous* sobre, encima ‖ *là-dessus* en eso, sobre ese asunto; *il est au courant là-dessus* está al corriente sobre ese asunto; después de esto; *là-dessus il s'en alla* después de esto se fue; ahí encima; *le livre est là-dessus* el libro está ahí encima ‖ *par-dessus* por encima ‖ *par dessus bord* por la borda ‖ FAM *par-dessus le marché* para colmo, por añadidura ‖ *par-dessus tout* por encima de todo, ante todo ‖ *sens dessus dessous* en completo desorden, patas arriba (choses), trastornado, da (personnes) ‖ — *en avoir par-dessus la tête* estar hasta la coronilla ‖ *être au-dessus de* estar por encima de ‖ *mettre la main dessus* dar con una cosa (trouver), hacerse con una cosa (s'emparer de) ‖ *mettre le doigt dessus* poner el dedo en la llaga, dar en el clavo ‖ *ne pas compter dessus* o *là-dessus* no contar con eso.

dessus *m* la parte superior, lo de encima ‖ dorso (de la main) ‖ derecho, cara *f* (d'un tissu) ‖ FIG superioridad, *f* ventaja *f* (avantage) ‖ MUS alto, tiple; *voix de dessus* voz de alto *ou* de tiple ‖ THÉÂTR telar ‖ — ARCHIT *dessus de porte* dintel ‖ *les voisins du dessus* los vecinos de arriba ‖ FIG *le dessus du panier* lo mejor, la flor y nata ‖ — *avoir o prendre le dessus* aventajar, sobrepujar, llevarse el gato al agua ‖ *prendre le dessus sur* poder más que; *l'amour prit le dessus sur la haine* el amor pudo más que el odio ‖ *reprendre le dessus* rehacerse.

dessus-de-lit *m inv* colcha *f*.

déstabilisateur, trice; **déstabilisant, e** *adj* desestabilizador, ra.

déstabilisation *f* desestabilización.

déstabiliser *v tr* desestabilizar.

déstalinisation *f* desestalinización.

destin *m* destino, sino, hado.

destinataire *m* et *f* destinatario, ria ‖ *aux risques et périls du destinataire* por cuenta y riesgo del destinatario.

destination *f* destinación, destino *m*; *la lettre est arrivée à destination* la carta llegó a su destino ‖ empleo *m*, utilización (usage) ‖ *à destination de* con destino a.

destinée *f* destino *m*, suerte.

destiner *v tr* destinar.

➙ *v pr* destinarse, pensar dedicarse.

destituer *v tr* destituir; *destituer quelqu'un de ses fonctions* destituir a alguien de sus funciones.

destitution *f* destitución ‖ DR *destitution des droits civiques* interdicción civil.

déstockage *m* utilización *f* de un stock.

déstocker *v tr* utilizar un stock.

destroyer [dɛstrwajœːr] *m* MAR destructor, destroyer.

destructeur, trice *adj* et *s* destructor, ra.

destructible *adj* destruible, destructible.

destruction *f* destrucción.

déstructurer *v tr* desorganizar una estructura.

désuet, ète [dezɥɛ, ɥɛt] *adj* desusado, da; caído en desuso; anticuado, da.

désuétude *f* desuso *m*; *tomber en désuétude* caer en desuso.

désuni, e [dezyni] *adj* desunido, da ‖ *cheval désuni* caballo de galope desigual.

désunir *v tr* desunir, separar ‖ FIG enemistar, desavenir.

➙ *v pr* perder el ritmo (sports).

désynchroniser *v tr* desincronizar.

désyndicalisation *f* disminución de la afiliación a los sindicatos.

détachable *adj* separable (amovible).

détachant, e *adj* et *s m* quitamanchas.

détaché, e *adj* suelto, ta; *morceaux détachés* trozos sueltos ‖ desatado, da ‖ destacado, da (coureur) ‖ destinado, da; agregado (dans un service) ‖ despegado, da; indiferente; despreocupado, da; *air détaché* aire indiferente ‖ MIL destacado, da; *fort détaché* fuerte destacado ‖ MUS *note détachée* nota picada.

détachement *m* despego, desapego, alejamiento (éloignement) ‖ indiferencia *f*, despego, poco apego, despreocupación *f* (indifférence) ‖ agregación *f*, destino provisional (administration) ‖ MIL destacamento.

détacher *v tr* desatar (délier) ‖ apartar, separar; *détacher le bras du corps* separar el brazo del cuerpo ‖ soltar, desatar; *détacher un chien, un lacet* soltar un perro, un cordón ‖ desprender, soltar (ôter ce qui attachait) ‖ despegar (décoller) ‖ arrancar (arracher) ‖ recalcar, separar (syllabe) ‖ limpiar, quitar las manchas a (dégraisser les taches) ‖ agregar, destinar provisionalmente (affecter provisoirement) ‖ enviar (dépêcher) ‖ FAM soltar, largar; *détacher un coup de pied* soltar una patada ‖ FIG apartar, alejar (éloigner) ‖ MIL destacar (former un détachement) ‖ MUS picar, desligar ‖ destacar (mettre en relief) ‖ *détacher les yeux de* apartar la mirada de.

➙ *v pr* desapegarse, perder el apego, perder la afición; *se détacher de sa famille* perder el apego a su familia ‖ destacarse (coureur) ‖ desprenderse (tomber).

détail [detaj] *m* detalle, pormenor; *les détails d'une affaire* los pormenores de un asunto ‖ menudeo, venta *f* al por menor (vente) ‖ — *commerçant au détail* detallista ‖ *petits détails* minucias ‖ *point de détail* detalle ‖ *prix de détail* precio al por menor ‖ — *au détail* al por menor, al detalle ‖ *en détail* detalladamente, con todo detalle ‖ — *donner le détail de* hacer el desglose de ‖ *faire le détail* vender al detalle (d'un article), vender por trozos (d'un tissu, etc.), hacer el desglose (d'un compte) ‖ *raconter dans ses moindres détails* contar con todos los detalles.

détaillant, e [-jɑ̃, ɑ̃:t] *adj* et *s* comerciante al por menor, detallista, minorista.

détailler [-je] *v tr* cortar en trozos (couper en pièces) ‖ vender al por menor, vender al detall ‖ FIG detallar, pormenorizar (raconter en détail) ‖ enumerar, exponer con todo detalle.

détaler *v intr* FAM salir pitando, huir velozmente, salir a escape.

détartrage *m* desincrustación *f* (des chaudières).

détartrant *adj* et *s m* desincrustante.

détartrer *v tr* desincrustar (une chaudière) ‖ quitar el tártaro *ou* sarro (les dents).

détaxation; détaxe *f* desgravación, detasa *(p us)*.

détaxer [detakse] *v tr* desgravar, reducir la tasa (réduire la taxe) ‖ suprimir la tasa (supprimer la taxe).

détectable *adj* detectable.

détecter *v tr* detectar; *détecter des sous-marins* detectar submarinos ‖ descubrir (déceler).

détecteur, trice *adj* et *s m* detector, ra ‖ *détecteur de mensonges* detector de mentiras ‖ *détecteur de mines* detector de minas.

détection *f* detección ‖ descubrimiento *m*.

détective *m* detective; *détective privé* detective privado.

déteindre* [detɛ̃:dr] *v tr* desteñir, despintar; *le chlore déteint les étoffes* el cloro destiñe los tejidos.
▸ *v intr* et *pr* desteñirse [perder el color]; *déteindre à l'usage* desteñirse con el uso ‖ dejar rastro; *cet échec a déteint sur toute son existence* este fracaso ha dejado rastro en toda su vida ‖ FIG *déteindre sur quelqu'un* influir sobre uno, contagiar a uno.

dételer* *v tr* desenganchar (les chevaux) ‖ desuncir (les bœufs) ‖ desenganchar (des wagons) ‖ FAM descansar, parar; *travailler sans dételer* trabajar sin parar.

détendre *v tr* aflojar; *détendre un ressort* aflojar un muelle ‖ descomprimir, reducir la presión (diminuer la pression de) ‖ FIG distraer, esparcir el ánimo (distraire) ‖ descansar (reposer) ‖ calmar, sosegar; *détendre les nerfs* calmar los nervios ‖ hacer cesar la tirantez (les relations).
▸ *v pr* aflojarse ‖ relajarse (se décontracter) ‖ perder presión (gaz) ‖ descansar (se délasser) ‖ volverse menos tenso (les relations) ‖ divertirse, distraerse (se distraire).

détendu, e *adj* descansado, da; sosegado, da; *un visage détendu* una cara descansada ‖ FAM tan tranquilo, la; *il est détendu malgré tous ses malheurs* a pesar de todas sus desgracias está tan tranquilo.

détenir* *v tr* guardar, tener; *détenir un secret* guardar un secreto ‖ tener, estar en posesión de; *il détient le record des 110 mètres haies* tiene el récord de los 110 metros vallas ‖ detener, mantener preso (tenir en prison) ‖ DR detentar.

détente *f* gatillo *m*, disparador *m* (d'une arme) ‖ distensión (politique) ‖ escape *m* trinquete (d'une montre) ‖ expansión (d'un gaz) ‖ resorte *m* (sports) ‖ FIG esparcimiento *m*, descanso *m* (repos) ‖ tranquilidad, calma ‖ alivio *m*, respiro *m*, disminución *ou* relajación de la tensión (relâche) ‖ FIG & FAM *être dur à la détente* ser agarrado *ou* tacaño.

détenteur, trice *adj* et *s* poseedor, ra; *le détenteur d'un record* el poseedor de un récord ‖ detentor, ra; tenedor, ra (qui détient) ‖ DR detentador, ra.

détention *f* detención, prisión (emprisonnement) ‖ DR detentación, retención ‖ — *détention d'armes* tenencia de armas ‖ *détention préventive* prisión *ou* detención preventiva.

détenu, e *adj* et *s* detenido, da; preso, sa.

détergent, e *adj* et *s m* detergente.

détérioration *f* deterioro *m*, deterioración ‖ empeoramiento *m*, agravación (d'une situation) ‖ envilecimiento *m* (des prix).

détériorer *v tr* deteriorar, estropear.
▸ *v pr* estropearse ‖ empeorar, deteriorarse (une situation) ‖ disminuir, retroceder; *les prix se détériorent* los precios disminuyen.

déterminant, e *adj* et *s m* determinante ‖ *un facteur déterminant* un factor determinante.

détermination *f* determinación; *prendre une détermination* tomar una determinación ‖ resolución, determinación, decisión; *montrer de la détermination* mostrar decisión ‖ fijación (d'une position, d'une date).

déterminé, e *adj* determinado, da; *date déterminée* fecha determinada ‖ decidido, determinado; *soldat déterminé* soldado decidido.

déterminer *v tr* determinar ‖ provocar, causar; *incident qui détermine une crise* incidente que provoca una crisis ‖ fijar, establecer (établir) ‖ decidir (décider).
▸ *v pr* decidirse, determinarse.

déterminisme *m* determinismo.

déterministe *adj* et *s* determinista.

déterré, e *adj* desenterrado, da ‖ FAM *avoir une mine de déterré* tener cara de muerto.

déterrer *v tr* desenterrar ‖ FIG desenterrar, sacar, descubrir.

détersif, ive *adj* et *s m* detersivo, va; detersorio, ria; detergente.

détestable *adj* detestable; odioso, sa.

détester *v tr* aborrecer, odiar, detestar.
— OBSERV *Aborrecer* est plus courant en espagnol que *detestar*.

détonant, e *adj* et *s m* detonante ‖ *mélange détonant* mezcla detonante, mezcla explosiva (sens figuré).

détonateur *m* detonación, estampido *m*.

détoner *v intr* detonar (faire explosion).

détonner *v intr* MUS desentonar ‖ FIG desdecir, no pegar, desentonar; *deux couleurs qui détonnent* dos colores que desdicen uno de otro ‖ chocar, desentonar; *des manières qui détonnent* modales que chocan.

détordre *v tr* destorcer ‖ enderezar (redresser).

détortiller *v tr* destorcer.

détour *m* rodeo; *sans détour* sin rodeos ‖ vuelta *f*, curva *f*, recodo; *la Seine fait de nombreux détours* el Sena tiene numerosos recodos ‖ recoveco, repliegue; *les détours de l'âme humaine* los recovecos del alma humana ‖ (vx) subterfugio, astucia *f* ‖ — *au détour du chemin* a la vuelta *ou* en un recodo del

détourer

camino || *— parler sans détour* hablar sin rodeos || *user de détours* andar con rodeos.

détourer *v tr* PHOT recortar || TECHN afinar.

détourné, e *adj* apartado, da; poco frecuentado, da; *lieu détourné* sitio poco frecuentado || FIG alejado, da; *détourné de son devoir* alejado de su deber | indirecto, ta; *sentier détourné* camino indirecto | oculto, ta; encubierto, ta; *sens détourné* sentido oculto || *somme détournée* cantidad malversada || FIG *voie détournée* rodeo, medio indirecto.

détournement *m* desvío, desviación *f* (rivière) || malversación *f*, desfalco; *détournement de fonds* malversación de fondos || secuestro; *détournement d'avion* secuestro de un avión || corrupción *f* (corruption), rapto (enlèvement); *détournement de mineur* corrupción de menor.

détourner *v tr* desviar; *détourner une rivière* desviar un río || desviar; *détourner la conversation* desviar la conversación; *détourner l'attention de quelqu'un* desviar la atención de alguien, distraer a alguien || FIG alejar, apartar de sí (un soupçon, une accusation) || apartar; *détourner les yeux* apartar la mirada; *détourner quelqu'un de son devoir* apartar a alguien de su deber || volver; *il détourna la tête* volvió la cabeza || malversar, desfalcar (des fonds) || apartar, desviar (écarter) || corromper, pervertir; *détourner un mineur* corromper a un menor || secuestrar, desviar (un avion) || FIG disuadir, quitar de la cabeza; *détourner d'un projet* quitar de la cabeza un proyecto.

◆ *v pr* apartar la vista; *il se détourna* apartó la vista || FIG abandonar; *se détourner d'un dessein* abandonar un proyecto.

détracteur, trice *adj et s* detractor, ra.

détraqué, e *adj* descompuesto, ta; *montre détraquée* reloj descompuesto || trastornado, da; estropeado, da; *avoir le foie détraqué* tener el hígado estropeado.

◆ *adj et s* FIG desequilibrado, da; trastornado, da.

détraquer *v tr* descomponer, estropear (déranger) || descomponer (l'allure d'un cheval) || FIG trastornar, perturbar (troubler l'esprit).

détremper *v tr* remojar, empapar; *sol détrempé* suelo empapado || destemplar (acier) || apagar, remojar (chaux) || desleír (couleurs).

détresse *f* angustia, desamparo *m* (affliction) || miseria, desamparo *m*, apuro *m* (infortune, misère) || peligro *m*; *bateau en détresse* barco en peligro || MAR *signaux de détresse* señales de socorro, S.O.S.

détriment [detrimã] *m* detrimento, perjuicio; *agir au détriment de quelqu'un* obrar en detrimento de uno.

détritique *adj* GÉOL detrítico, ca.

détritus [detritys] *m* detritus, detrito || desperdicios *pl*, basura *f*.

détroit *m* GÉOGR estrecho; *le détroit de Bering* o *Behring* el estrecho de Bering.

détromper *v tr* desengañar.

◆ *v pr* desengañarse; *détrompez-vous* desengáñese.

détrôner *v tr* destronar.

détrousser *v tr* saltear, atracar.

détruire* *v tr* destruir; *détruire une ville* destruir una población || FIG *détruire une légende* destruir una leyenda.

◆ *v pr* FAM suicidarse, suprimirse.

dette [dɛt] *f* deuda, débito *m*; *acquitter une dette* pagar una deuda || *— dette consolidée* deuda consolidada || *dette flottante* deuda flotante || *dette publique* deuda pública, renta || *être en dette envers quelqu'un* ser deudor de uno || *faire des dettes* contraer deudas, endeudarse || FIG *payer sa dette à la nature* morir || FIG *payer sa dette à la patrie* hacer el servicio militar (faire le service militaire), tener muchos hijos || *qui paie ses dettes s'enrichit* quien debe y paga no debe nada.

D.E.U.G. abrév de *diplôme d'études universitaires générales* diploma de estudios universitarios generales correspondientes a los dos primeros años.

deuil [dœ:j] *m* duelo; *sa mort fut un deuil national* su muerte fue un duelo nacional || luto; *porter le deuil* llevar luto; *prendre le deuil* vestirse de luto || duelo; *suivre le deuil* seguir el duelo || *— demi deuil, petit deuil* medio luto, alivio de luto || *grand deuil* luto riguroso || *en deuil* de luto || *— conduire* o *mener le deuil* presidir el duelo || *faire son deuil de* decir adiós a, despedirse de || *porter le deuil de* llevar luto por || *prendre le demi-deuil* aliviar el luto || *prendre le deuil* llevar luto, vestirse de luto.

deus ex machina *m inv* deus ex machina.

D.E.U.S.T. abrév de *diplôme d'études universitaires scientifiques et techniques* diploma de estudios universitarios científicos y técnicos.

deux [dø] *adj et s* dos; *deux livres* dos libros || segundo, da; *Philippe II* Felipe segundo; *tome deux* tomo segundo; *article deux* artículo segundo || dos de; *le deux mai* el dos de mayo || FIG & FAM dos, algunos, pocos; *à deux pas d'ici* a dos pasos de aquí || *— deux à deux* dos a dos || *deux contre un* doble contra sencillo (pari) || *deux fois deux* dos por dos || *deux par deux* dos por dos, de dos en dos || *— à deux mains* con las dos manos *ou* ambas manos || *à eux deux* ellos dos, entre los dos || FAM *à nous deux, maintenant!* ¡y ahora vamos a ver!, ¡vamos a arreglar las cuentas! || *de deux choses l'une* una de dos || *en moins de deux* en un dos por tres || *jamais deux sans trois* no hay dos sin tres || *les deux* los, las; dos; ambos, entrambos, entrambas; *les deux sœurs* ambas hermanas || *tous deux, tous les deux* ambos, los dos || *tous les deux jours, un jour sur deux* cada dos días, un día sí y otro no || *— FAM ça fait deux!* eso es harina de otro costal, eso es otra cosa || *faire un travail à deux* hacer un trabajo entre dos || FAM *je vais lui dire deux mots* voy a decirle un par de palabras || *ne faire ni une ni deux* no vacilar, no esperar ni un minuto || *piquer des deux* hincar las espuelas (équitation).

deuxième *adj et s* segundo, da.

◆ *m* el segundo piso (le deuxième étage).

deuxièmement [døzjɛmmã] *adv* en segundo lugar, segundo.

deux-mâts [døma] *m inv* MAR nave de dos palos.

deux-pièces *m inv* conjunto de dos piezas, de falda y chaqueta || bikini, dos piezas, bañador de dos piezas (maillot de bain).

deux-points [døpwɛ̃] *m inv* dos puntos.

deux-roues *m inv* vehículo de dos ruedas.

deux-temps [døtã] *m inv* MUS compás mayor || motor de dos tiempos.

dévaler *v tr* bajar (descendre).

◆ *v intr* ir, correr, rodar cuesta abajo.

dévaliser *v tr* desvalijar.

dévalorisant, e *adj* que desvaloriza.
dévalorisation *f* desvalorización.
dévaloriser *v tr* desvalorizar.
dévaluation *f* devaluación (monnaie).
dévaluer *v tr* devaluar (monnaies).
devancement [dəvãsmã] *m* adelanto, antelación *f*, adelantamiento.
devancer* *v tr* adelantar ‖ adelantarse, tomar la delantera (prendre les devants) ‖ FIG aventajar (surpasser) ‖ preceder; *l'aurore devance le soleil* la aurora precede al sol ‖ — MIL *devancer l'appel* alistarse como voluntario ‖ *devancer son temps* adelantarse a su época.
devant [dəvã] *prép* delante de; *devant la table* delante de la mesa ‖ ante (en présence de); *comparaître devant le tribunal* comparecer ante el tribunal.
◆ *adv* delante; *passer devant la maison* pasar delante de la casa; *marcher devant* andar delante ‖ *(vx)* antes; *riche comme devant* rico como antes.
◆ *m* delantera *f* (partie antérieure) ‖ delantero (tricot) ‖ — *devant d'autel* frontal ‖ *devant derrière* al revés (vêtement) ‖ *devant d'une maison* fachada ‖ — *au-devant de* al encuentro de; *aller au-devant des critiques* salir al paso de las críticas ‖ *de devant* delantero, ra; *les pattes de devant* las patas delanteras ‖ *par-devant* ante, en presencia de; *par-devant notaire* ante notario ‖ *prendre les devants* adelantarse, tomar la delantera (devancer), salir al paso (couper court).
devanture *f* escaparate *m* (étalage).
dévastateur, trice *adj* et *s* devastador, ra.
dévastation *f* devastación.
dévaster *v tr* devastar.
déveine [devɛn] *f* FAM mala suerte ‖ *porter la déveine* ser un cenizo, traer mala suerte.
développé, e [devlɔpe] *adj* desarrollado, da; *les pays développés* los países desarrollados.
◆ *f* evoluta (courbe).
◆ *m* levantada *f* (haltérophilie).
développement [-pmã] *m* desarrollo; *le développement de la science* el desarrollo de la ciencia ‖ revelado (photographie) ‖ incremento; *le développement des échanges commerciaux* el incremento de los intercambios comerciales ‖ desenvolvimiento, despliegue (déploiement) ‖ desarrollo (bicyclette) ‖ GÉOM desarrollo ‖ *Banque de développement* Banco de Fomento ‖ *pays en voie de développement* país en (vías de), desarrollo.
développer *v tr* desarrollar; *développer l'intelligence* desarrollar la inteligencia ‖ incrementar; *développer les exportations* incrementar las exportaciones ‖ fomentar (encourager) ‖ desenvolver; *développer un paquet* desenvolver un paquete ‖ desplegar (déployer), desenrollar (dérouler) ‖ revelar (photographie) ‖ desarrollar, ampliar, explicar (une pensée) ‖ MATH *développer une fonction* desarrollar una función.
◆ *v pr* desarrollarse ‖ incrementarse; *la production agricole s'est développée* la producción agrícola se ha incrementado ‖ extenderse (usage, habitude) ‖ desarrollarse (corps).
devenir* [dəvni:r] *v intr* volverse; *devenir agréable* volverse agradable; *devenir taciturne* volverse taciturno ‖ volverse, tornarse; *devenir riche, pauvre* tornarse rico, pobre ‖ hacerse; *devenir athlète* hacerse un atleta ‖ ponerse; *devenir gras* ponerse gordo; *devenir triste* ponerse triste ‖ llegar a; *devenir ministre* llegar a ministro ‖ quedarse; *devenir sourd* quedarse sordo ‖ ser; *devenir la victime de ses passions* ser víctima de sus pasiones ‖ convertirse en; *devenir la providence des pauvres* convertirse en la providencia de los pobres ‖ parar, acabar; *que deviendront ses affaires?* ¿en qué acabarán sus negocios? ‖ — *il ne sait ce qu'il va devenir* no sabe lo que va a ser de él ‖ *que deviendrai-je?* ¿qué será de mí? ‖ *que devient un tel?* ¿qué es de Fulano? ‖ *qu'est-ce que tu deviens?* ¿qué es de tu vida? ‖ *qu'est devenu ton ami?* ¿qué ha sido de tu amigo? ‖ *que voulez-vous devenir?* ¿qué piensa usted hacer?
— OBSERV *Volverse* indique généralement un état relativement définitif; *ponerse*, un état passager; *llegar a*, une transformation qui implique un effort; *quedarse*, un changement involontaire; *ser*, une conséquence naturelle.
devenir *m* PHILOS devenir.
dévergondage *m* desvergüenza *f* ‖ FIG descomedimiento, desenfreno, exceso.
dévergondé, e *adj* et *s* desvergonzado, da.
dévergonder (se) *v pr* perder la vergüenza, desvergonzarse.
déverrouiller [devɛruje] *v tr* descorrer el cerrojo (verrou), quitar un cierre ‖ abrir la recámara, desbloquear el cierre (d'une arme à feu).
devers (par-) [pardəvɛ:r] *loc prép* ante, en presencia de; *par-devers le juge* ante el juez ‖ *garder par-devers soi* guardar en su posesión *ou* poder.
déversement *m* vertimiento, derrame ‖ desagüe (canal) ‖ inclinación *f* (inclinaison).
déverser *v intr* combarse, alabearse (se gauchir) ‖ inclinarse (pencher).
◆ *v tr* verter, derramar (répandre, épancher) ‖ traer (amener) ‖ FIG *déverser sa colère sur quelqu'un* desahogar su ira contra uno.
◆ *v pr* verterse.
dévêtir* [devti:r] *v tr* desvestir *(p us)*, desnudar.
◆ *v pr* aligerarse de ropa, desnudarse.
déviance *f* desviación.
déviant, e *adj* et *s* marginal, que se aparta de las normas.
déviation *f* desviación ‖ desviación, desvío *m* cambio *m* de dirección (route) ‖ FIG desvío *m* (écart) ‖ MÉD *déviation de la colonne vertébrale* desviación de la columna vertebral.
déviationnisme *m* desviacionismo.
déviationniste *adj* et *s* desviacionista.
dévider *v tr* devanar; *dévider un écheveau* devanar una madeja ‖ pasar las cuentas (d'un rosaire).
dévidoir *m* devanadera *f*.
dévier* *v tr* desviar.
◆ *v intr* derivar (conversation).
◆ *v intr* et *pr* desviarse ‖ apartarse, dejar, separarse.
devin [dəvẽ] *m*; **devineresse** [dəvinrɛs] *f* adivino, na; adivinador, ra.
deviner *v tr* adivinar ‖ penetrar, comprender; *deviner la pensée d'un écrivain* penetrar el pensamiento de un escritor ‖ descubrir, adivinar (découvrir) ‖ intuir, suponer, imaginar (supposer) ‖ saber, intentar saber (chercher à savoir) ‖ — *deviner juste* atinar, acertar, dar con ‖ *je vous le donne à deviner* usted no se lo puede imaginar ‖ *je vous le laisse à deviner* puede usted imaginar.

devineresse

◆ *v pr* distinguirse, divisarse, adivinarse.
devineresse *f* → **devin**.
devinette *f* adivinanza, acertijo *m*.
devis [dəvi] *m* *(vx)* plática *f* (conversation); *aimable devis* agradable plática ‖ presupuesto (estimation de dépenses); *devis approximatif* presupuesto aproximado; *devis descriptif* presupuesto descriptivo.
— OBSERV *Presupuesto* signifie également «budget».
dévisager* *v tr* mirar de hito en hito (regarder avec insistance) ‖ *(vx)* desfigurar, romper la cara (défigurer).
— OBSERV *Dévisager* se usa solamente tratándose de personas; para las cosas se usa *examiner*.
devise *f* divisa, lema *m*; *la devise d'un drapeau* la divisa de una bandera ‖ divisa (argent).
deviser *v intr* platicar.
dévisser *v tr* destornillar, desatornillar.
◆ *v intr* FAM despeñarse (d'une montagne).
de visu [devizy] *loc adv* de visu.
dévitaliser *v tr* desvitalizar (dents).
dévitaminé, e *adj* desvitaminado, da.
dévitrifier* *v tr* TECHN desvitrificar.
devoilement *m* revelación *f*, descubrimiento.
dévoiler *v tr* quitar el velo, levantar el velo ‖ descubrir, descorrer la cortina que tapa; *dévoiler une statue* descubrir una estatua ‖ poner derecho, enderezar; *dévoiler une roue* poner derecha una rueda ‖ FIG descubrir, revelar; *dévoiler un secret* revelar un secreto.
devoir* *v tr* deber; *devoir de l'argent* deber dinero; *devoir le respect* deber respeto ‖ deber, tener que, haber de (obligation); *il doit partir bientôt* tiene que marcharse pronto ‖ deber de (probabilité); *il doit être sorti* debe de haber salido ‖ deber (supposition); *c'est lui qui a dû faire cette sottise* es él quien ha debido hacer esta tontería ‖ — *cela devait arriver un jour* tenía que ocurrir ‖ *comme il se doit* como debe ser ‖ *dussé-je, dusses-tu* etc. aunque debiera *ou* debiese de, aunque tuviera *ou* tuviese que; aunque debieras *ou* debiese de, aunque tuvieras *ou* tuvieses que, etc. ‖ *il doit y avoir debe (de)*, haber (de) ‖ *il doit y avoir longtemps* hace mucho tiempo ‖ *on doit* hay que.
◆ *v pr* deberse a; *un père se doit à ses enfants* un padre se debe a sus hijos.
devoir *m* deber; *s'acquitter de faire o remplir son devoir* cumplir con su deber ‖ ejercicio, tarea *f*, deber; *l'élève fait ses devoirs* el alumno hace sus ejercicios ‖ obligación *f* ‖ — *devoir pascal* cumplimiento pascual ‖ *devoirs de vacances* deberes de vacaciones ‖ — *croire de son devoir de* creer su deber ‖ *il est de mon devoir de* es mi deber ‖ *rentrer dans le devoir* volver al buen camino ‖ *se faire un devoir de* creerse en la obligación de, tener a mucho ‖ *se mettre en devoir de* disponerse a, prepararse a.
◆ *pl* respetos; *rendre ses devoirs à quelqu'un* presentar sus respetos a alguien ‖ *devoirs conjugaux* obligaciones matrimoniales ‖ — *derniers devoirs* honras fúnebres.
dévolu, e *adj* correspondiente por derecho; atribuido, da (échu par droit) ‖ destinado, da; reservado, da (réservé).
◆ *m* *jeter son dévolu sur* echar el ojo a, echar la vista a, poner sus miradas en.
dévolution *f* DR devolución, transmisión.

dévorant, e *adj* devorador, ra; devastador, ra; *feu dévorant* fuego devastador ‖ FIG devorador, ra; *une passion dévorante* una pasión devoradora | voraz, insaciable; *faim dévorante* hambre voraz.
dévorer *v tr* devorar ‖ consumir, devorar; *le feu dévore tout* el fuego lo devora todo ‖ — *dévorer un livre* devorar un libro, leer con avidez un libro ‖ *dévorer des yeux* devorar *ou* comerse con los ojos.
dévoreur, euse *m* et *f* devorador, ra.
dévot, e [devo, ɔt] *adj* et *s* devoto, ta.
dévotion *f* devoción ‖ — *avoir une dévotion pour* tener adoración por ‖ *faire ses dévotions* cumplir con sus deberes religiosos ‖ *être à la dévotion de quelqu'un* estar a la disposición de uno.
dévoué, e *adj* adicto, ta; afecto, ta; *un ami dévoué* un amigo adicto ‖ adicto, ta; *dévoué à la cause de sa patrie* adicto a la causa de su patria ‖ servicial; sacrificado, da; *c'est une personne très dévouée* es una persona muy sacrificada ‖ *votre tout dévoué* su afectísimo y seguro servidor, suyo afectísimo (lettre).
dévouement [devumã] *m* afecto, devoción *f*, adhesión *f* ‖ abnegación *f*; *un bel exemple de dévouement* un hermoso ejemplo de abnegación ‖ sacrificio (sacrifice) ‖ desvelo; *le dévouement à la cause commune* el desvelo por la causa común ‖ consagración *f*, dedicación *f*; *le dévouement d'un peintre à son art* la dedicación de un pintor a su arte.
dévouer *v tr* consagrar (consacrer).
◆ *v pr* dedicarse, consagrarse; *se dévouer à la science* dedicarse a la ciencia ‖ sacrificarse; *se dévouer pour la patrie* sacrificarse por la patria.
dévoyé, e [devwaje] *adj* descarriado, da; extraviado, da.
◆ *m* et *f* golfo, fa; perdido, da.
dévoyer* [-je] *v tr* descarriar, extraviar ‖ TECHN desviar (dévier) ‖ *dévoyer l'opinion publique* pervertir la opinión pública.
◆ *v pr* pervertirse.
dextérité [dɛksterite] *f* destreza, maña (habileté) ‖ FIG soltura, agilidad (aisance).
dey *m* dey (ancien souverain d'Alger).
dg abrév de *décigramme* dg, decigramo.
D.G. abrév de *directeur général* director general.
D.G.S.E. abrév de *Direction générale de la sécurité extérieure* servicio de inteligencia encargado de la seguridad del territorio francés.
Dhaka *n pr* GÉOGR → **Dacca**.
diabète *m* MÉD diabetes *f*.
diabétique *adj* et *s* diabético, ca.
diable *m* diablo ‖ FAM demonio, diablo (espiègle) ‖ carretilla *f* (chariot) ‖ caja *f* de sorpresa (jouet) ‖ tostador (récipient) ‖ — *diable boiteux* diablo cojuelo ‖ *diable de mer* pejesapo, rape (baudroie) ‖ *pauvre diable* pobre diablo, infeliz ‖ *un grand diable* un tío larguirucho ‖ — *à la diable* a la diabla, de cualquier modo, sin esmero ‖ *au diable* al diablo ‖ *au diable, au diable vert, au diable vauvert, à tous les diables* en el quinto infierno, en el quinto pino ‖ *ce diable d'homme* ese demonio de hombre ‖ FAM *comment diable...?* ¿cómo demonios...? ‖ *comme un diable, comme un beau diable, comme tous les diables* como un condenado, como un desesperado ‖ *de tous les diables* de todos los demonios ‖ *diable!* ¡diablos!, ¡demonios! ‖ *du diable* de órdago, de mil demonios, del diablo ‖ *du diable si*

lléveme el diablo si ‖ *en diable* atrozmente, de lo lindo; *lourd en diable* atrozmente pesado ‖ *malin en diable* la mar de listo ‖ *où diable...?* ¿dónde... demonios? ‖ *que diable!* ¡qué demonios! ‖ *qui diable...?* ¿quién demonios...? ‖ *tout le diable et son train* un sinfín de cosas ‖ — FAM *allez au diable!* ¡váyase al diablo!, ¡váyase al cuerno! ‖ *avoir le diable au corps* tener el diablo en el cuerpo, ser de la piel del diablo ‖ *ce n'est pas le diable* no es nada del otro jueves *ou* del otro mundo ‖ *ce serait bien le diable si* me extrañaría mucho que ‖ *c'est un bon diable* no es una mala persona ‖ *envoyer au diable* enviar al diablo, mandar a paseo ‖ *être le diable en personne* ser el mismísimo demonio ‖ *être possédé du diable* estar poseído por el demonio, estar endemoniado ‖ *faire le diable* hacer diabluras ou travesuras, travesear ‖ *faire le diable à quatre* armar la gorda, armar jaleo ‖ FAM *loger le diable dans sa bourse* no tener un cuarto, estar pelado ‖ *ne craindre ni Dieu ni diable* no temer a Dios ni al diablo ‖ *quand le diable fut vieux, il se fit ermite* harto de carne el diablo se metió a fraile ‖ *que le diable m'emporte si...!* ¡que me lleve el diablo si!, ¡mal rayo me parta si!, ¡que me muera si! ‖ FIG *tirer le diable par la queue* estar ruche, estar tronado, no tener ni un céntimo.

diablement *adv* FAM endiabladamente, terriblemente, atrozmente; *c'est diablement long* es endiabladamente largo.

diablerie *f* diablura; *les diableries des enfants* las diabluras de los niños ‖ brujería, maleficio *m* (maléfice).
◆ *pl* escenas populares de diablos (pièces populaires).

diablesse *f* diabla, diablesa *(p us)* ‖ arpía (méchante femme).

diablotin *m* diablejo, diablillo ‖ MAR vela *f* de estay de sobremesa.

diabolique *adj* diabólico, ca.

diaboliquement *adv* de manera diabólica, diabólicamente.

diabolo *m* diábolo (jouet) ‖ limonada *f* con jarabe; *diabolo menthe* limonada con jarabe de menta.

diachronie *f* GRAMM diacronía.

diachronique *adj* GRAMM diacrónico, ca.

diacide *m* CHIM diácido.

diaconat *m* diaconato, diaconado.

diaconesse *f* diaconisa.

diacre *m* diácono; *ordonner diacre* ordenar de diácono.

diacritique *adj* GRAMM diacrítico, ca.

diadème *m* diadema *f*.

diagnostic [gnɔstik] *m adj* diagnóstico ‖ *diagnostic anténatal* diagnóstico prenatal.

diagnostique [-gnɔstik] *adj* diagnóstico, ca; *signe diagnostique* signo diagnóstico.

diagnostiquer [-gnɔstike] *v tr* diagnosticar.

diagonal, e *adj et s f* GÉOM diagonal ‖ *lire en diagonale* leer en diagonal.

diagramme *m* diagrama (courbe graphique).

dialectal, e *adj* dialectal.

dialecte *m* dialecto.

dialecticien, enne *m et f* dialéctico, ca.

dialectique *adj* dialéctico, ca.
◆ *f* dialéctica.

dialectologie *f* dialectología.

dialogue *m* diálogo; *engager le dialogue* iniciar el diálogo ‖ *c'est un dialogue de sourds* es un diálogo de sordos.

dialoguer *v tr et intr* dialogar; *scène dialoguée* escena dialogada; *dialoguer une fable* dialogar una fábula ‖ INFORM dialogar.

dialoguiste *m et f* dialoguista.

dialyse *f* CHIM diálisis.

dialyser *v tr* CHIM dializar.

diamagnétique [djamaɲetik] *adj* ÉLECTR diamagnético, ca.

diamant [djamã] *m* diamante; *diamant brut, brillant, rose* diamante en bruto, brillante, rosa ‖ DR regalo que hace el testador a su ejecutor testamentario ‖ *édition diamant* edición diamante *ou* miniatura.

diamantaire *adj* diamantino, na; *pierres diamantaires* piedras diamantinas.
◆ *m* diamantista (qui travaille ou vend des diamants).

diamantifère *adj* diamantífero, ra.

diamétralement *adv* diametralmente ‖ *opinions diamétralement opposées* opiniones diametralmente opuestas.

diamètre *m* GÉOM diámetro.

Diane *n pr* MYTH Diana.

diapason *m* MUS diapasón ‖ FIG tono, altura *f*; *se mettre au diapason de quelqu'un* ponerse a tono con alguien.

diaphane *adj* diáfano, na.

diaphragme *m* ANAT diafragma ‖ PHOT diafragma; *diaphragme à iris* diafragma iris; *ouverture du diaphragme* apertura del diafragma.

diapo *f* FAM diapositiva.

diaporama *m* diaporama.

diapositive *f* PHOT diapositiva, transparencia.

diarrhée *f* MÉD diarrea.

diaspora *f* diáspora.

diastole *f* ANAT diástole.

diatomées *f pl* BOT diatomeas.

diatonique *adj* MUS diatónico, ca; *gamme diatonique* escala diatónica.

diatribe *f* diatriba.

dichotomie [dikɔtɔmi] *f* ASTR & BOT & PHILOS dicotomía (bifurcation) ‖ FIG dicotomía (partage d'honoraires entre médecins).

dico *m* FAM diccionario.

dicotylédone; dicotylédoné, e *adj et s* dicotiledóneo, a; dicotiledón.

Dictaphone *m* (nom déposé) dictáfono.

dictateur *m* dictador.

dictatorial, e *adj* dictatorial; *pouvoirs dictatoriaux* poderes dictatoriales.

dictature *f* dictadura ‖ *dictature du prolétariat* dictadura del proletariado.

dicté, e *adj* dictado, da.
◆ *f* dictado *m* ‖ *écrire sous la dictée* escribir al dictado ‖ *prendre sous dictée* escribir al dictado.

dicter *v tr* dictar; *dicter une lettre* dictar una carta ‖ FIG inspirar, dictar (suggérer) ‖ dictar, imponer (imposer).

diction *f* dicción.

dictionnaire *m* diccionario; *dictionnaire géographique* diccionario geográfico ‖ FAM *être un dictionnaire vivant* ser una enciclopedia.

dicton *m* dicho, refrán.

didactique *adj* didáctico, ca.
◆ *f* didáctica.

didactiel *m* INFORM programa *ou* software didáctico.

dièdre *adj* et *s m* GÉOM diedro.

Diên Biên Phu *n pr* Dien Bien Phu.

diérèse [djerɛːz] *f* GRAMM diéresis (séparation des voyelles d'une diphtongue) ‖ MÉD diéresis.

dièse [djɛːz] *adj* et *s* MUS sostenido, diesi *f*; *«fa» dièse* fa sostenido.

diesel [djezɛl] *m* diesel (moteur).

diète *f* MÉD dieta; *se mettre à la diète* ponerse a dieta.

diététicien, enne *m* et *f* especialista en dietética; bromatólogo, ga.

diététique *adj* dietético, ca ‖ *magasin diététique* tienda dietética.
◆ *f* dietética, bromatología.

dieu *m* dios ‖ FIG dios, santo de mi devoción ‖ — *Dieu le Fils* dios Hijo ‖ *Dieu le Père* dios Padre ‖ *le Bon Dieu* Dios; *prier le Bon Dieu* rogar a Dios ‖ *les dieux de l'Olympe* los dioses del Olimpo ‖ — *Dieu!, Grand Dieu!* ¡Dios!, ¡por Dios! ‖ *Dieu merci!* ¡gracias a Dios!, ¡a Dios gracias! ‖ — POP *Bon Dieu!* ¡Dios santo! ‖ POP *du tonnerre de Dieu* de mil demonios ‖ *grâce à Dieu* gracias a Dios ‖ *pour l'amour de Dieu* por amor de Dios ‖ *à Dieu ne plaise!* ¡no quiera Dios! ‖ *à Dieu vat!* ¡a la gracia de Dios! ‖ *Dieu aidant* Dios mediante ‖ *Dieu le fasse, le veuille* Dios lo haga, lo quiera ‖ *Dieu me damne!* ¡Dios me confunda! ‖ *Dieu m'est témoin que, nous est témoin que* Dios es testigo que ‖ *Dieu sait* bien sabe Dios, Dios sabe ‖ *Dieu soit loué!* ¡alabado sea el Señor *ou* Dios ‖ *Dieu tout-puissant* Dios todopoderoso ‖ *Dieu veuille* Dios quiera ‖ *Dieu vous bénisse, vous assiste, vous aide, vous garde* Dios le bendiga, le asista, le ayude, le ampare ‖ *Dieu vous le rende!* ¡Dios se lo pague! ‖ *Dieu y pourvoiera* Dios dirá ‖ *plaise à Dieu!, plût à Dieu!* ¡quiera Dios!, ¡ojalá!, ¡plegue a Dios! ‖ *que Dieu ait son âme* que Dios lo tenga en la gloria ‖ *si Dieu le veut, si Dieu nous prête vie, s'il plaît à Dieu* si Dios quiere, Dios mediante ‖ — *chanter comme un dieu* cantar como los ángeles ‖ *être beau comme un dieu* ser hermoso como un ángel ‖ *faire son dieu de..., se faire un dieu de* hacerse un ídolo de..., divinizar a ‖ *il vaut mieux avoir à faire à Dieu qu'à ses saints* más vale irse al tronco, que no a las ramas ‖ *jurer ses grands dieux* jurar por todos los dioses ‖ *la voix du peuple est la voix de Dieu* voz del pueblo, voz del cielo ‖ *ne craindre ni Dieu ni Diable* no temer ni a Dios, ni al Diablo ‖ *on lui donnerait le Bon Dieu sans confession* parece que no ha roto un plato en su vida ‖ *porter le Bon Dieu* llevar el viático ‖ *recevoir le Bon Dieu* comulgar, recibir la comunión.

diffamant, e *adj* difamatorio, ria.

diffamation *f* difamación; *procès en diffamation* proceso por difamación ‖ *attaquer quelqu'un en diffamation* atacar a alguien por difamación.

diffamatoire *adj* difamatorio, ria.

différé, e *adj* diferido, da; *télégramme différé* telegrama diferido ‖ — *crédit différé* crédito diferido ‖ *émission en différé* emisión en diferido ‖ INFORM *traitement différé* tratamiento diferido.

différemment *adv* diferentemente, de otra manera.

différence *f* diferencia ‖ MATH resto *m*, diferencia ‖ — *à la différence de* a diferencia de ‖ *à cette différence près* con la sola diferencia de que ‖ *faire o sentir o voir la différence* notar la diferencia.

différenciation *f* diferenciación.

différencier* *v tr* diferenciar.
◆ *v pr* diferenciarse; *se différencier de* diferenciarse de.
— OBSERV *Différenciation* se usa en biología, filosofía, etc.; *différentiation, différentier* en matemáticas. *Différencier* se usa indistintamente en todos los casos.

différend [diferã] *m* diferencia *f*; *partager le différend* partir la diferencia ‖ discrepancia *f*, desacuerdo, litigio, desavenencia *f*, controversia *f*; *régler un différend* arreglar un litigio.

différent, e *adj* diferente; distinto, ta.

différentiel, elle *adj* MATH diferencial; *calcul différentiel* cálculo diferencial.
◆ *m* MÉCAN diferencial (auto) ‖ ÉCON diferencial; *différentiel d'inflation* diferencial inflacionario.
◆ *f* MATH diferencial.

différer* *v tr* diferir, retardar, aplazar ‖ *sans différer* sin demora.
◆ *v intr* diferir, ser diferente ‖ disentir en, no estar de acuerdo con.

difficile *adj* difícil ‖ FIG delicado, da; *une mission difficile* una misión delicada ‖ *rendre difficile* dificultar, hacer difícil.
◆ *m* et *f* delicado, da ‖ *faire le difficile* ser exigente.

difficilement *adv* difícilmente ‖ *difficilement compréhensible* difícil de entender.

difficulté *f* dificultad; *faire, surmonter des difficultés* poner, vencer dificultades ‖ — *avoir de la difficulté à faire quelque chose* tener dificultades para hacer algo ‖ *avoir des difficultés d'argent* tener apuros de dinero ‖ *éprouver des difficultés* tener dificultades ‖ *faire des difficultés* poner dificultades ‖ *soulever des difficultés* ocasionar dificultades ‖ *trancher la difficulté* cortar por lo sano.

difforme *adj* deforme (disproportionné) ‖ disforme (défiguré).

difformité *f* deformidad (disproportion) ‖ disformidad, malformación (aspect difforme).

diffraction *f* PHYS difracción.

diffus, e [dify, yːz] *adj* difuso, sa ‖ *style diffus* estilo prolijo.

diffuser *v tr* difundir; *diffuser le son* difundir el sonido ‖ radiar, emitir, difundir (par radio).

diffuseur *m* difusor, propagador; *diffuseur de nouvelles* difusor de noticias ‖ difusor (betterave, éclairage) ‖ pulverizador (pièce du carburateur, lance d'incendie) ‖ RAD altavoz.

diffusion *f* difusión (d'un fluide, d'un son, de la lumière, des ondes) ‖ difusión (d'une nouvelle) ‖ prolijidad (style).

digérer *v tr* digerir ‖ FAM digerir, tragar (endurer) ‖ FIG asimilar; *digérer ses lectures* asimilar sus lecturas.
◆ *v intr* cocer a fuego lento (cuire à petit feu).
◆ *v pr* digerirse ‖ FAM tragarse (être accepté) ‖ FIG asimilarse.

digest [diʒɛst] *m* selección *f*, resumen, compendio.
digeste *adj* FAM digestible.
digestif, ive *adj* digestivo, va.
◆ *m* licor.
digestion *f* digestión.
digit *m* INFORM dígito; *digit binaire* dígito binario.
digital, e, aux *adj* digital, dactilar; *empreintes digitales* huellas dactilares ǁ INFORM digital.
digitale *f* BOT digital, dedalera.
digitaline *f* PHARM digitalina.
digne [diɲ] *adj* digno, na ǁ — *digne de foi* digno de fe; fidedigno, na; *de sources dignes de foi* de fuentes fidedignas ǁ *être digne de* ser digno *ou* merecedor de.
dignement *adv* dignamente, con dignidad.
dignitaire *m* dignatario.
dignité *f* dignidad.
digression *f* digresión.
digue *f* dique *m*; *digue de retenue* dique de retención ǁ malecón *m* (môle) ǁ FIG dique *m*, freno *m*; *mettre une digue aux passions* poner un dique a las pasiones.
diktat [diktat] *m* imposición *f*.
dilapider *v tr* dilapidar.
dilatation *f* dilatación; *dilatation thermique* dilatación térmica ǁ expansión (de l'âme).
dilater *v tr* dilatar; *la chaleur dilate les corps* el calor dilata los cuerpos ǁ FIG ensanchar, expansionar; *la joie dilate le cœur* la alegría ensancha el corazón.
◆ *v pr* dilatarse; *l'eau se dilate en se congelant* el agua se dilata al congelarse.
dilemme *m* dilema.
dilettante *adj et s* diletante ǁ aficionado (amateur).
— OBSERV El plural francés es *dilettanti* o *dilettantes*.
dilettantisme *m* diletantismo.
diligence [diliʒɑ̃ːs] *f* diligencia (promptitude, zèle) ǁ diligencia (voiture publique) ǁ DR instancia (demande) ǁ — DR *à la diligence de* a instancia de ǁ *faire diligence* darse prisa.
diluant *m* diluyente.
diluer *v tr* diluir, desleír; *diluer une solution* diluir una solución ǁ FIG mitigar (atténuer).
diluvien, enne *adj* diluviano, na; *pluie diluvienne* lluvia diluviana.
dimanche *m* domingo; *dimanche gras* domingo de carnaval ǁ — *dimanche de Pâques* domingo de Resurrección ǁ *dimanche des Rameaux* domingo de Ramos ǁ *dimanche dernier, prochain* el domingo pasado, que viene *ou* próximo ǁ — FAM *chauffeur du dimanche* chófer inexperimentado, mal chófer ǁ *habits du dimanche* los trapitos de cristianar, el traje de los domingos ǁ *j'irai dimanche* iré el domingo.
dime *f* diezmo *m*.
dimension *f* dimensión ǁ medida; *prendre des dimensions* tomar las medidas ǁ magnitud; *dimension historique* magnitud histórica.
diminué, e *adj et s* disminuido, da ǁ postrado, da; debilitado, da (physiquement).
diminuer *v tr et intr* disminuir; *diminuer de poids* disminuir de peso ǁ rebajar (rabaisser), menguar (tricot).
diminutif, ive *adj et s m* diminutivo, va.

diminution *f* disminución, descenso *m* ǁ *diminution du coût de la vie* abaratamiento ǁ *diminution du pouvoir d'achat* disminución del poder adquisitivo.
◆ *pl* menguado *m sing* (tricot).
dimorphe *adj* CHIM dimorfo, fa.
DIN ; Din abrév de *Deutsche Industrie Norm* norma DIN [norma de la industria alemana].
dinar *m* dinar (monnaie).
dînatoire *adj* FAM que reemplaza la comida *ou* cena ǁ — *apéritif dînatoire* aperitivo cena ǁ *goûter dînatoire* merienda fuerte.
dinde *f* pava ǁ FIG pava, mujer tonta (femme sotte).
— OBSERV On emploie de préférence en espagnol le mot masculin *pavo* (dindon) là où le français utilise le terme *dinde* (pava): *une dinde aux marrons* un pavo con castañas.
dindon *m* pavo (oiseau) ǁ FIG pavo, ganso (homme stupide) ǁ FAM *être le dindon* o *le dindon de la farce* ser el que paga el pato.
dindonneau *m* pavipollo (petit dindon).
dîner *v intr* cenar ǁ — *dîner de* cenar, comerse; *dîner d'un poulet* cenar un pollo ǁ *dîner en ville* cenar fuera de casa ǁ *dîner par cœur* quedarse sin cenar ǁ *dîner sur le pouce* tomar un bocado a la ligera.
dîner *m* cena *f*; *dîner d'affaires* cena de negocios.
dînette *f* comidita *ou* cocinita de niños ǁ FIG comida ligera y familiar ǁ — *jouer à la dînette* jugar a las comiditas *ou* cocinitas.
ding *interj* ¡tan! (cloche).
dinghy [diŋgi] *m* bote neumático de salvamento.
dingo *m* dingo (chien d'Australie).
◆ *adj et s* FAM chiflado, da; majareta.
dingue [dɛ̃ːg] *adj et s* POP majareta; chalado, da; sin seso.
dinosaure ; dinosaurien *m* dinosaurio.
diocésain, e [djɔsezɛ̃, ɛn] *adj et s* diocesano, na.
diocèse [djɔsɛːz] *m* diócesis *f*.
diode *f* ÉLECTR diodo *m*.
dionysiaque *adj* dionisíaco, ca.
◆ *f pl* dionisíacas.
dioptrie [djɔptri] *f* PHYS dioptría.
dioxine *f* dioxina.
dioxyde *m* dióxido; *dioxyde de carbone* dióxido de carbono.
diphasé, e *adj* difásico, ca (courant).
diphtérie *f* MÉD difteria.
diphtongue [diftɔ̃ːg] *f* GRAMM diptongo *m*.
diphtonguer [diftɔ̃ge] *v tr* GRAMM diptongar.
diplodocus [diplɔdɔkys] *m* diplodoco (fossile).
diplomate *adj et s* diplomático, ca.
◆ *m* CULIN pudding a base de bizcochos y natillas relleno de frutas confitadas.
diplomatie [diplɔmasi] *f* diplomacia.
diplomatique *adj et s f* diplomático, ca.
diplôme *m* diploma, título; *diplôme de bachelier, de licencié* título de bachiller, de licenciado.
diplômé, e *adj et s* diplomado, da; titulado, da.
diptyque *m* díptico.
dire* *v tr*

dire

> 1. AFFIRMER, ÉNONCER — 2. DIVULGUER, ORDONNER, PRÉCISER — 3. ASSURER — 4. DÉCIDER — 5. EMPLOYER — 6. CRITIQUER — 7. PARLER, RACONTER — 8. PENSER — 9. PLAIRE — 10. RAPPELER — 11. RESSEMBLER, SEMBLER — 12. RÉCITER — 13. SIGNIFIER — 14. FAM — 15. LOCUTIONS DIVERSES

1. AFFIRMER, ÉNONCER decir; *cela va sans dire* ni que decir tiene ǁ rezar; *le proverbe dit* reza el refrán ǁ — *à ce qu'on dit* por *ou* según lo que se dice ǁ *autrement dit* dicho de otro modo, o sea en otros términos ǁ *ce n'est pas pour dire* no es para decir ǁ *comme qui dirait* como quien dice ǁ *dire ses quatre vérités* o *son fait à quelqu'un* decirle a uno cuatro frescas *ou* las verdades del barquero, cantarle las cuarenta ǁ *il a beau dire* por más que diga ǁ *il est dit dans le Coran* se dice en el Corán ǁ *j'avais beau dire* por mucho *ou* por más que decía ǁ *laisser dire quelqu'un* dejar hablar a uno ǁ *le moins qu'on puisse dire* lo menos que puede decirse ǁ *on le dit riche* se dice *ou* se cree que es rico ǁ *pour ainsi dire* por decirlo así ǁ *quoi qu'on dise* digan lo que digan ǁ *soit dit en passant* dicho sea de paso ǁ *vous disiez?* ¿qué decía?

2. DIVULGUER, ORDONNER, PRÉCISER divulgar, ordenar, precisar ǁ decir; *à vrai dire* a decir verdad ǁ — *dire un secret* divulgar un secreto ǁ — *à qui le dites-vous!* ¡dígamelo a mí!, ¡a quién se lo dice usted! ǁ *je vous dis de partir* le ordeno que salga.

3. ASSURER asegurar, confirmar, decir; *il n'est pas dit que* no se puede asegurar *ou* decir que ǁ — *cela en dit long* esto dice mucho ǁ *c'est moi qui vous le dit* se lo digo yo ǁ *c'est tout dire* con esto está dicho todo, no hay más que hablar ǁ *je vous l'avais bien dit* se lo dije bien claro ǁ *qui me dit que?* ¿quién me dice que?, ¿quién puede asegurarme que?

4. DÉCIDER decidir, decir; *c'est dit* decidido, dicho ǁ *disons la semaine prochaine?* ¿digamos la semana próxima?

5. EMPLOYER emplear, utilizar, decir; *ne dites pas ce mot* no emplee esta palabra ǁ — *dire tu, vous à quelqu'un* tutear, hablar de tú, hablar de usted a alguien.

6. CRITIQUER criticar, objetar, reprochar, decir; *dire quelque chose contre* decir algo contra *ou* en contra.

7. PARLER, RACONTER hablar, contar, decir; *c'est facile à dire* es fácil decir; *dire du bien de quelqu'un* hablar bien de alguien ǁ — *dire des sottises* decir tonterías ǁ *dire la bonne aventure* echar la buenaventura ǁ *dire tout haut* decir en voz alta ǁ *dites-moi comment cela s'est passé* cuénteme cómo ha ocurrido esto ǁ *elle sait ce qu'elle dit* ya sabe lo que se dice ǁ *on le dit mort* se dice que ha muerto.

8. PENSER pensar, opinar; *qu'est-ce que vous dites de ça?* ¿qué piensa usted de esto? ǁ decir; *qu'en diront les gens?* ¿qué dirá la gente?; *qui l'eût dit?* ¿quién lo hubiese dicho? ǁ *se dire que* pensar que.

9. PLAIRE gustar, agradar, apetecer; *si le cœur vous en dit* si le apetece; *ça ne me dit rien* esto no me gusta ǁ — *ça ne me dit rien de sortir* no me apetece nada salir, tengo muy pocas ganas de salir ǁ *ça ne me dit rien qui vaille* poco me gusta eso.

10. RAPPELER decir, recordar, llamar la atención; *ça me dit quelque chose* esto me dice algo ǁ — *ça ne me dit rien* esto no me dice nada ǁ *ce nom me dit quelque chose* este nombre me suena.

11. RESSEMBLER, SEMBLER parecer, decirse; *on dirait de la soie* parece seda ǁ — *comme qui dirait* como quien dice ǁ *on dirait que* se diría que.

12. RÉCITER recitar, declamar, decir; *dire un poème* recitar un poema ǁ — *dire la messe* decir *ou* celebrar (la) misa ǁ *dire son chapelet* rezar el rosario.

13. SIGNIFIER significar; *qu'est-ce à dire?* ¿qué significa esto?

14. FAM *dis-donc!* ¡oye!, ¡dime! ǁ *dis toujours* siga ǁ *en dire de bonnes* echar bolas ǁ *il ne le lui a pas envoyé dire* se lo ha dicho cara a cara ǁ *il n'y a pas à dire* digan lo que digan.

15. LOCUTIONS DIVERSES *aussitôt dit, aussitôt fait* dicho y hecho (fait immédiatement) ǁ *avoir son mot à dire* dar su opinión *ou* su parecer ǁ *à vrai dire* a decir verdad ǁ *bien faire et laisser dire* obras son amores, que no buenas razones ǁ *cela est bientôt dit* o *facile à dire* esto se dice pronto, eso es fácil de decir ǁ *cela revient à dire* eso quiere decir ǁ *cela va sans dire* ni que decir tiene ǁ *c'est-à-dire* es decir, a saber, o sea ǁ *c'est tout dire* con eso está dicho todo, no hay más que hablar ǁ *comme qui dirait* como quien dice ǁ *d'après les on-dit* según los rumores ǁ *des on-dit* habladurías, decires ǁ *dites-lui bien des choses de ma part* déle muchos recuerdos míos ǁ *entendre dire* oír ǁ *envoyer dire, faire dire* anunciar, hacer saber ǁ *faire dire* obligar a decir, hacer decir; *je lui ai fait tout dire* le obligué a decirlo todo ǁ *faire dire quelque chose à quelqu'un* enviar decir algo a alguien ǁ *il ne se l'est pas fait dire deux fois* no ha habido que repetírselo dos veces ǁ *inutile de dire* ni que decir tiene, no hay que decir ǁ *je ne dis pas non* no digo que no ǁ *le qu'en-dira-t-on* el qué dirán ǁ *ne dire mot* no decir ni jota, no decir ni una palabra ǁ *ou pour mieux dire* o mejor dicho ǁ *pour tout dire* para decirlo todo ǁ *pour ainsi dire* por decirlo así ǁ *sans mot dire* sin chistar, sin decir oxte ni moxte ǁ *se le faire dire* hacérselo repetir ǁ *se tenir pour dit* darse por enterado ǁ *soit dit en passant* dicho sea de paso ǁ *vouloir dire* querer decir, significar; *qu'est-ce que cela veut dire?* ¿qué quiere decir esto?

➤ *v intr* hablar.

➤ *v pr* pretenderse, darse de, hacerse pasar por; *il se dit docteur* se hace pasar por doctor ǁ decirse, usarse; *cela ne se dit pas* eso no se dice *ou* no se debe decir ǁ pensar, decirse.

dire *m* declaración *f*, afirmación *f* ǁ parecer, decir, opinión *f* ǁ — *dire d'experts* juicio de peritos ǁ — *au dire de* según la opinión *ou* el parecer de.

direct, e *adj* directo, ta; *train, bus direct* tren, autobús directo.

➤ *m* SPORTS directo (boxe) ǁ emisión en directo (radio et télévision).

directement *adv* directamente.

directeur, trice *adj* et *s* director, ra ǁ directivo, va; rector, ra; *principe directeur* principio directivo ǁ — *comité directeur* comité directivo, directiva ǁ *roue directrice* rueda directriz.

➤ *m* director; *directeur adjoint, commercial, général* director adjunto, comercial, general ǁ *directeur de conscience* director espiritual.

➤ *f* GÉOM directriz.

directif, ive *adj* directivo, va; director, ra.

➤ *f pl* directivas, directrices.

direction *f* dirección *f*; *avoir la direction* llevar la dirección ǁ destino *m*; *le train en direction de* el tren con destino a ǁ FIG rumbo *m*; *il a changé de direction* ha cambiado de rumbo ǁ — AUTOM *direction assistée* dirección asistida ǁ MUS *sous la direction de* bajo la dirección de, dirigido, da por ǁ AUTOM *«toutes directions»* «todas direcciones».

directionnel, elle *adj* direccional.
directivité *f* TECHN directividad.
directoire *m* directorio.
dirigeable [diriʒabl] *adj et s m* dirigible.
dirigeant, e [-ʒɑ̃, ɑ̃:t] *adj et s* dirigente.
diriger* *v tr* dirigir ‖ conducir, guiar (une voiture, une barque) ‖ mandar, gobernar (une nation) ‖ — *diriger son arme contre quelqu'un* dirigir el arma contra uno, apuntar a uno ‖ *diriger un colis sur* dirigir un bulto a.
dirigisme *m* dirigismo, intervencionismo.
dirigiste *adj et s* dirigista, intervencionista.
discernement [disɛrnəmɑ̃] *m* discernimiento.
discerner [disɛrne] *v tr* discernir; *discerner le bien du mal* discernir el bien del mal ‖ distinguir, diferenciar (couleur, objet).
disciple *m* discípulo.
disciplinaire *adj et s m* disciplinario, ria ‖ *mutation pour raison disciplinaire* traslado por motivos disciplinarios.
discipline *f* disciplina ‖ disciplina, asignatura (matière); *discipline olympique* disciplina olímpica ‖ disciplina, azote *m* (fouet).
discipliné, e *adj* disciplinado, da.
discipliner *v tr* disciplinar.
disc-jockey *m et f* disc-jockey, pinchadiscos.
— OBSERV pl *disc-jockeys*.
disco *m* ou *f* MUS música para bailar.
→ *f* FAM discoteca.
discobole *m* discóbolo.
discographie *f* MUS discografía ‖ MÉD radiografía de contraste de los discos vertebrales.
discographique *adj* discográfico, ca.
discontinu, e *adj* discontinuo, nua.
discontinuer *v tr et intr* discontinuar, interrumpir ‖ *sans discontinuer* sin interrupción, sin cesar.
discontinuité *f* discontinuidad.
disconvenir* [diskɔ̃vniːr] *v intr* desconvenir *(p us)*, disentir, negar (nier); *je ne disconviens pas que cela soit vrai* no niego que eso sea cierto.
— OBSERV Se emplea más a menudo con la negación.
discordance *f* discordancia, disonancia.
discordant, e *adj* discordante, disonante.
discorde [diskɔrd] *f* discordia.
discorder *v intr* discordar ‖ MUS disonar, desafinar.
discothèque *f* discoteca ‖ *discothèque de prêt* organismo de préstamo de discos.
discount [diskaunt] *m* descuento.
discourir* *v intr* hablar, extenderse hablando.
discours [diskuːr] *m* discurso; *Discours de la méthode* Discurso del Método ‖ plática *f*, conversación *f* (conversation) ‖ elocuencia *f* (éloquence) ‖ razonamiento (raisonnement) ‖ FAM palabrería *f*, palabras *f pl* hueras (vains propos) ‖ GRAMM oración *f*; *les neuf parties du discours* las nueve partes de la oración ‖ *discours direct, indirect* estilo directo, indirecto.
discourtois, e *adj* descortés.
discrédit [diskredi] *m* descrédito ‖ *jeter le discrédit sur* desacreditar a ‖ *tomber dans le discrédit* desacreditarse.
discréditer *v tr* desacreditar ‖ desprestigiar.
discret, ète [diskrɛ, ɛːt] *adj* discreto, ta.

discrètement *adv* discretamente, con discreción.
discrétion *f* discreción ‖ — *à discrétion* a discreción, a voluntad ‖ *à la discrétion de quelqu'un* a merced de alguien, en manos de alguien ‖ *je m'en remets à votre discrétion* me atengo a su voluntad.
discrétionnaire *adj* discrecional ‖ DR *pouvoir discrétionnaire* potestad discrecional.
discriminant, e *adj* discriminante.
→ *m* MATH discriminante.
discrimination *f* discriminación; *discrimination raciale* discriminación racial ‖ *sans discrimination* sin discriminación.
discriminatoire *adj* discriminatorio, ria.
discriminer *v tr* discriminar.
disculper *v tr* disculpar.
discursif, ive *adj* discursivo, va.
discussion *f* discusión ‖ DR embargo *m* y venta de bienes ‖ — MATH *discussion d'une équation* discusión de una ecuación ‖ *être sujet à discussion* ser discutible.
discutable *adj* discutible.
discutailler [diskytɑje] *v intr* FAM discutir por motivos fútiles.
discuté, e *adj* controvertido, polémico, dudoso.
discuter *v tr* discutir ‖ — *discuter un débiteur* investigar los bienes de un deudor con vistas al embargo ‖ *discuter un prix* regatear (marchander).
→ *v intr* discutir.
disette *f* carestía, escasez (manque) ‖ hambre (famine).
diseur, euse [dizœːr øːz] *adj et s* decidor, ra; hablador, ra ‖ recitador, ra (qui déclame) ‖ — *diseuse de bonne aventure* echadora de buenaventura, pitonisa ‖ — *beau diseur* hablista, purista.
disgrâce *f* desgracia ‖ *tomber en disgrâce* caer en desgracia.
disgracié, e *adj* caído en desgracia, habiendo perdido el favor, el valimiento (qui n'est plus en faveur) ‖ FIG desgraciado, da; desfavorecido, da (peu favorisé par la nature).
→ *m* desgraciado, desheredado; *les disgraciés de la fortune* los desheredados de la fortuna.
disgracier* *v tr* retirar el favor *ou* la privanza a alguien.
disgracieux, euse *adj* poco agraciado, falto de gracia (sans grâce) ‖ FIG desagradable, descortés (désagréable).
disharmonie; dysharmonie *f* falta de armonía, inarmonía.
disjoindre* [disʒwɛ̃ːdr] *adj* desunir ‖ DR desglosar.
disjoint, e [-ʒwɛ̃, ɛ̃:t] *adj* desjuntado, da ‖ MUS *degré disjoint* disyunta.
disjoncter *v tr* ÉLECTR disyuncir.
disjoncteur [disʒɔ̃ktœːr] *m* ÉLECTR disyuntor.
dislocation *f* dislocación, disloque *m* ‖ FIG desmembramiento *m* (d'un empire).
disloquer *v tr* dislocar ‖ FIG desmembrar.
→ *v pr* dislocarse; *se disloquer l'épaule* dislocarse el hombro.
disparaître* *v intr* desaparecer ‖ FAM *disparaître de la circulation* desaparecer del mapa ‖ *faire disparaître* hacer desaparecer.
disparate *adj* disparatado, da; inconexo, xa (qui manque de suite, d'harmonie).

disparité

◆ *f* disparidad, contraste *m* (contraste).
disparité *f* disparidad, desigualdad || *disparités régionales* desnivel entre las regiones.
disparition *f* desaparición || *espèce en voie de disparition* especie en vías de desaparición.
disparu, e *adj* et *s* desaparecido, da; *porté disparu* dado por desaparecido || difunto, ta; ausente (mort).
dispatcher *v tr* despachar, expedir, enviar.
dispatching [dispatʃiŋ] *m* organismo para la regulación de transporte aéreo y ferroviario || despacho, expedición, envío.
dispendieux, euse *adj* dispendioso, sa.
dispensaire *m* dispensario, consultorio, ambulatorio, dispensaría *f* (au Pérou, au Chili).
dispensateur, trice *adj* et *s* dispensador, ra; distribuidor, ra.
dispense [dispɑ̃ːs] *f* dispensa.
dispensé, e *adj* dispensado, da.
dispenser *v tr* dispensar || dispensar, eximir || dar, prestar (donner).
◆ *v pr* dispensarse, eximirse.
dispersant, e *adj* et *m* CHIM dispersante.
dispersé, e *adj* disperso, sa *adj*; dispersado, da *p p*; *en ordre dispersé* en orden disperso.
dispersement *m* dispersión *f.*
disperser *v tr* dispersar || dispersar, disolver (un attroupement) || desperdiciar, desperdigar (forces, esprit).
dispersion *f* dispersión.
disponibilité *f* disponibilidad || excedencia (d'un fonctionnaire) || — *en disponibilité* excedente, disponible (civil), supernumerario, de reemplazo (militaire); *être mis en disponibilité* estar declarado excedente, etc.
◆ *pl* COMM disponibilidades.
disponible *adj* disponible || disponible, excedente (fonctionnaire), supernumerario (militaire) || DR de libre disposición (héritage).
dispos, e [dispo, oːz] *adj* dispuesto, ta || despierto, ta; alerta; *esprit dispos* espíritu despierto || ágil, ligero (léger) || *frais et dispos* repuesto y en forma.
disposé, e *adj* dispuesto, ta || — *être bien disposé* estar de buen humor || *être bien disposé envers* o *à l'égard de quelqu'un* estar bien dispuesto hacia alguien.
disposer *v tr* disponer, preparar || disponer, poner.
◆ *v intr* disponer de; *disposer d'un ami* disponer de un amigo || emplear, utilizar (utiliser) || — *vous pouvez disposer* puede usted marcharse *ou* retirarse.
◆ *v pr* disponerse, prepararse; *se disposer à partir* disponerse a *ou* para marcharse.
dispositif *m* dispositivo (mécanique) || parte *f* dispositiva, parte *f* resolutiva (d'une loi, ordonnance) || plan, disposición *f* || — *dispositif d'alarme* dispositivo de alarma || MIL *dispositif de combat* despliegue de combate || *dispositif de sécurité* o *de sûreté* dispositivo de seguridad.
disposition *f* disposición; *je suis à votre disposition* estoy a la disposición de usted *ou* a su disposición || intención, ánimo *m* (dessein) || distribución (arrangement) || posesión, goce *m* (possession).

220

◆ *pl* preparativos *m*, disposiciones; *prendre ses dispositions pour partir* tomar sus disposiciones para irse || disposiciones, aptitudes, predisposiciones, facultades; *avoir des dispositions pour le dessin* tener aptitudes para el dibujo || — *dispositions légales* disposiciones de la ley || *vu les dispositions de l'article* conforme a lo establecido en el artículo.
disproportion *f* desproporción.
disproportionné, e *adj* desproporcionado, da.
disputailler [dispytɑje] *v intr* FAM disputar por menudencias, porfiar.
dispute *f* disputa (altercation).
disputer *v tr* disputar; *disputer un prix* disputar un premio || disputar, discutir (débattre) || FAM reprender, reñir; *disputer son fils* reprender a su hijo || *un match très disputé* un partido muy reñido.
◆ *v intr* rivalizar; *disputer de zèle* rivalizar en celo || discutir, disputar.
◆ *v pr* reñir con.
disquaire [diskɛːr] *m* et *f* vendedor, ra de discos.
disqualification *f* descalificación.
disqualifier* *v tr* descalificar.
disque *m* disco || — INFORM *disque amovible* disco removible | *disque dur* disco duro, disco rígido | *disque magnétique* disco magnético | *disque optique* disco óptico | *disque souple* disco flexible | *disque système* disco del sistema operacional || *disque compact* disco compacto || AUTOM *disque d'embrayage* disco de embrague || *disque de stationnement* disco de estacionamiento *ou* de control || *disque laser* disco láser.
disquette *f* INFORM disquete *m*, disco *m* flexible.
dissection *f* disección.
dissemblable *adj* desemejante, diferente.
dissémination *f* diseminación.
disséminer *v tr* diseminar.
◆ *v pr* diseminarse.
dissension *f* disensión.
disséquer* *v tr* disecar, hacer la disección || FIG escudriñar, analizar.
dissertation *f* disertación || redacción (exercice scolaire).
disserter *v intr* disertar.
dissidence *f* disidencia.
dissident, e *adj* et *s* disidente.
dissimulateur, trice *adj* et *s* disimulador, ra.
dissimulation *f* disimulación (action de dissimuler) || disimulo *m* (art de dissimuler) || ÉCON ocultación; *dissimulation de bénéfices* ocultación de beneficios; *dissimulation de revenus* ocultación de ingresos.
dissimulé, e *adj* disimulado, da.
dissimuler *v tr* disimular || encubrir, ocultar (cacher) || *sans dissimuler* sin disimular, con toda franqueza.
dissipateur, trice *adj* et *s* disipador, ra || despilfarrador, ra.
dissipation *f* disipación, derroche *m* || falta de atención (d'un élève).
dissipé, e *adj* disipado, da || distraído, da (un élève).
dissiper *v tr* disipar || disipar, malgastar, derrochar (gaspiller) || distraer (un élève).
◆ *v pr* disiparse || distraerse.

dissociable *adj* disociable.
dissociation *f* disociación.
dissocier* *v tr* disociar ‖ FIG desunir, desorganizar.
◆ *v pr* disociarse; *se dissocier de* disociarse de.
dissolu, e *adj* disoluto, ta; licencioso, sa.
dissolution *f* disolución ‖ DR disolución; *dissolution d'un mariage* disolución del matrimonio ‖ FIG relajación, corrupción.
dissolvant, e *adj* et *s m* disolvente.
◆ *m* quitaesmalte (pour les ongles).
dissonance *f* disonancia.
dissonant, e *adj* MUS disonante.
dissoudre* *v tr* disolver ‖ deshacer (fondre) ‖ FIG disolver, suprimir (un parti, une association) ‖ FIG disolver, anular (un mariage).
dissous, oute [disu, ut] *adj* disuelto, ta.
dissuader *v tr* disuadir.
dissuasif, ive *adj* disuasivo, va.
dissuasion *f* disuasión ‖ MIL *force de dissuasion* fuerza de disuasión *ou* disuasiva.
dissyllabique *adj* disilábico, ca; bisilábico, ca.
dissymétrique *adj* disimétrico, ca.
distance *f* distancia ‖ diferencia; *une distance de dix ans entre deux événements* una diferencia de diez años entre dos sucesos ‖ — *à distance* a distancia, de lejos (espace), con el tiempo (temps) ‖ — AUTOM *distance de sécurité* distancia de seguridad ‖ PHOT *distance focale* distancia focal ‖ — *garder ses distances* guardar las distancias ‖ *prendre ses distances* distanciarse (de) ‖ *rapprocher les distances* acortar las distancias ‖ *tenir à distance* tener a raya, mantener a distancia ‖ FIG *tenir la distance* ser resistente, resistir.
distancer* *v tr* distanciar, adelantar ‖ dejar atrás (surpasser).
distanciation *f* distanciamiento *m*.
distancier *v tr* hacer ver con perspectiva.
◆ *v pr* *se distancier de* distanciarse de.
distant, e *adj* distante ‖ FIG distante, reservado, da (réservé) ‖ *distant de 5 kilomètres* a 5 kilómetros de distancia.
distendre *v tr* distender, aflojar ‖ FIG relajar.
◆ *v pr* relajarse.
distillat [distila] *m* destilado, destilación *f*, producto de una destilación.
distillateur [-latœːr] *m* destilador ‖ fabricante de aguardiente, de licores.
distillation [-lasjɔ̃] *f* destilación; *distillation sous vide* destilación al vacío.
distiller [-le] *v tr* et *intr* destilar ‖ *eau distillée* agua destilada.
distillerie [-lri] *f* destilería.
distinct, e [distɛ̃, ɛ̃kt] *adj* distinto, ta ‖ FIG claro, ra; neto, ta; *termes distincts* términos claros.
distinctement *adv* distintamente ‖ claramente; *parler distinctement* hablar claramente.
distinctif, ive *adj* distintivo, va ‖ *signe distinctif* señal (passeport).
distinction [distɛ̃ksjɔ̃] *f* distinción.
distingué, e *adj* distinguido, da.
distinguer *v tr* distinguir; *distinguer une chose d'avec une autre* distinguir una cosa de otra ‖ escoger (faire un choix).
◆ *v pr* distinguirse.

distinguo *m* distingo.
distordre *v tr* retorcer, torcer ‖ dislocar (une articulation).
distorsion *f* distorsión, torcimiento *m* ‖ PHYS distorsión.
distraction *f* distracción, entretenimiento *m* ‖ DR *distraction des dépens* reserva de costas.
distraire* *v tr* distraer ‖ entretener, distraer (amuser) ‖ distraer, apartar, sustraer (détourner).
distrait, e *adj* et *s* distraído, da ‖ entretenido, da (amusé).
distraitement *adv* distraídamente.
distrayant, e [distrɛjɑ̃, ɑ̃ːt] *adj* entretenido, da.
distribué, e *adj* distribuido, da ‖ *appartement bien distribué* piso bien dispuesto *ou* bien planeado.
distribuer [distribɥe] *v tr* distribuir ‖ repartir; *distribuer les prix* repartir los premios ‖ FAM *distribuer des coups* propinar golpes.
distributeur, trice *adj* et *s* distribuidor, ra ‖ — *distributeur automatique* distribuidor automático, cajero automático (banque) ‖ *distributeur de billets* máquina expendedora de billetes (gare) ‖ *distributeur de cigarettes* máquina expendedora de tabaco ‖ *distributeur de monnaie* dispensador de monedas ‖ *doigt du distributeur* pipa del distribuidor (auto).
distributif, ive *adj* distributivo, va.
distribution *f* distribución ‖ reparto *m*; *distribution des prix* reparto de premios (à l'école) ‖ entrega (concours) ‖ reparto *m* (théâtre, cinéma) ‖ AUTOM & IMPR distribución ‖ — COMM *circuits de distribution* canales de distribución.
district [distrikt] *m* distrito ‖ *district urbain* área metropolitana *ou* urbana.
dit, e [di, dit] *adj* dicho, cha ‖ llamado, da; alias (surnommé) ‖ fijado, da; previsto, ta; *à l'heure dite* a la hora fijada.
◆ *m* (vx) dicho, máxima *f*, sentencia *f* ‖ *avoir son dit et son dédit* no tener palabra.
— OBSERV *Alias* s'emploie surtout devant les surnoms de malfaiteurs.
dithyrambique *adj* ditirámbico, ca.
diurétique *adj* et *s m* diurético, ca.
diurne [djyrn] *adj* diurno, na.
diva *f* THÉÂTR diva.
divagation *f* divagación ‖ desplazamiento *m* del curso de un río ‖ AGRIC *divagation des cultures* cultivo migratorio.
divaguer *v intr* divagar ‖ errar, vagar (errer) ‖ salirse de madre, desplazar su curso (fleuve).
divan *m* diván, sofá (canapé) ‖ diván (poésie orientale) ‖ diván (gouverneur turc).
divergence *f* divergencia ‖ FIG discrepancia; *divergence des idées* discrepancia de ideas.
divergent, e *adj* divergente ‖ FIG discrepante.
diverger* *v intr* divergir, apartarse ‖ FIG discrepar, disentir.
divers, e [divɛr, ɛrs] *adj* diverso, sa; vario, ria ‖ versátil, cambiante (changeant) ‖ *«divers»* «varios» (presse) ‖ — *faits divers* sucesos, crónica policial (presse) ‖ COMM *frais divers* gastos menores.
diversement *adv* diversamente, de distintas maneras.
diversification *f* diversificación.
diversifier *v tr* diversificar.

diversion *f* diversión, entretenimiento *m* ‖ MIL diversión.
diversité *f* diversidad, variedad.
divertir *v tr* divertir, distraer ‖ *(vx)* apartar, alejar, distraer (détourner).
◆ *v pr* divertirse, distraerse.
divertissant, e *adj* divertido, da; distraído, da.
divertissement *m* diversión *f* ‖ DR malversación *f* (détournement) ‖ THÉÂTR intermedio de baile *ou* de música.
dividende *m* MATH & COMM dividendo ‖ parte *f* de un acreedor (dans une faillite) ‖ ÉCON *toucher des dividendes* cobrar dividendos.
divin, e *adj* divino, na.
◆ *m* lo divino.
divination *f* adivinación.
divinatoire *adj* divinatorio, ria; adivinatorio, ria ‖ *baguette divinatoire* varilla de zahorí.
divinement *adv* divinamente.
diviniser *v tr* divinizar.
divinité *f* divinidad.
diviser *v tr* dividir ‖ FIG desunir, dividir.
diviseur, euse *m et f* persona que provoca la desunión.
◆ *m* MATH divisor ‖ *plus grand commun diviseur* máximo común divisor.
◆ *adj* divisorio, ria.
divisibilité *f* MATH divisibilidad.
divisible *adj* divisible.
division *f* MATH & MIL división; *division par quatre* división por cuatro ‖ FIG división, desunión ‖ departamento *m*, sección (administration).
divisionnaire *adj* divisionario, ria; divisional ‖ *monnaie divisionnaire* moneda fraccionaria.
◆ *m* general de división, inspector de división (police).
divorce *m* divorcio.
divorcé, e *adj et s* divorciado, da.
divorcer* *v intr* divorciarse; *divorcer d'avec sa femme* divorciarse de su mujer ‖ FIG romper con, separarse.
— OBSERV Es galicismo usar este verbo como intransitivo en español, como en *Juan y Teresa han divorciado.*
divulgation *f* divulgación.
divulguer *v tr* divulgar.
dix [di, dis, diz] *adj* diez; *dix pesetas* diez pesetas ‖ décimo; *Pie X* Pío X [décimo].
◆ *m* diez ‖ FAM *valoir dix* ser *ou* estar de rechupete.
dix-huit [dizɥit] *adj et s* dieciocho, diez y ocho ‖ *le dix-huit mètres* el área del portero (football).
dix-huitième *adj et s* decimoctavo, va.
◆ *m* decimoctava *f* parte.
dixième [dizjɛm] *adj et s* décimo, ma.
◆ *m* décima *f* parte ‖ décimo (lotería) ‖ — *dixième de millimètre* diezmilímetro.
dix-millième [dimiljɛm] *adj* diezmilésimo, ma.
dix-millionième *adj* diezmillonésimo, ma.
dix-neuf [diznœf] *adj et s* diecinueve, diez y nueve.
dix-neuvième *adj et s* decimonono, na; decimonoveno, na.
◆ *m* diecinueveavo.
dix-sept [disset] *adj et s* diecisiete, diez y siete.
dix-septième *adj et s* decimoséptimo, ma.
◆ *m* diecisieteavo.

dizaine *f* decena, unas *pl* diez; *une dizaine de personnes* una decena de *ou* unas diez personas ‖ decena (de chapelet).
Djakarta *n pr* GÉOGR → **Jakarta**.
djebel [dʒebɛl] *m* montaña *f*.
djellaba *f* chilaba.
Djerba *n pr* GÉOGR Yerba.
Djibouti *n pr f* GÉOGR Djibouti (capitale).
Djibouti (République de) *n pr f* GÉOGR República de Djibouti *ou* Yibuti.
djihad *m* yihad [guerra santa].
djinn [dʒin] *m* genio (théologie arabe).
dm abrév de *décimètre* dm, decímetro.
D.M. abrév de *Deutschemark* DM, marco alemán.
Dniepr *n pr* GÉOGR Dniéper (fleuve).
do *m* MUS do.
doberman *m* doberman (chien).
doc abrév de *documentation* documentación.
doc. abrév de *document* docum., documto., documento.
docile *adj* dócil.
docilité *f* docilidad.
dock *m* MAR dock, almacén, depósito (magasin d'entrepôt) | ensenada *f*, dársena *f* (bassin entouré de quais) | dique (cale pour construire les navires) ‖ *dock flottant* dique flotante.
docker *m* cargador *ou* descargador de puerto *ou* de muelle, docker.
docte *adj* docto, ta (savant).
doctement *adv* doctamente.
docteur *m* doctor; *docteur en médecine* doctor en medicina; *docteur ès lettres* doctor en letras ‖ médico; *faire venir le docteur* llamar al médico.
doctoral, e *adj* doctoral.
doctorat [dɔktɔra] *m* doctorado, grado de doctor en letras ‖ *doctorat d'État* doctorado superior del antiguo sistema universitario francés.
doctoresse *f* doctora ‖ médica (femme médecin).
— OBSERV Se usa en masculino *docteur* como tratamiento para hablar con una «doctora en medicina».
doctrinaire *adj et s m* doctrinario, ria ‖ RELIG doctrinero, padre de la doctrina.
doctrinal, e *adj* doctrinal; *avis doctrinaux* avisos doctrinales.
doctrine *f* doctrina.
document *m* documento.
documentaire *adj et s m* documental.
documentaliste *m et f* documentalista.
documentariste *m et f* documentalista (pour le cinéma ou la télévision).
documentation *f* documentación.
documenté, e *adj* documentado, da.
documenter *v tr* documentar.
dodécaphonique *adj* dodecafónico, ca.
dodécasyllabe *adj et s m* dodecasílabo, ba.
dodeliner [dɔdline] *v intr* dar cabezadas, cabecear (de la tête).
◆ *v tr* balancear, mecer.
dodo *m* FAM cama *f* [lenguaje infantil] ‖ — FAM *aller au dodo* ir a la cama | *faire dodo* dormir [lenguaje infantil].
dodu, e *adj* rollizo, za; regordete, ta ‖ cebado (animaux).
doge [dɔːʒ] *m* dux.

dogmatique *adj* et *s* dogmático, ca.
◆ *f* dogmática (ensemble des dogmes).
dogmatiquement *adv* dogmáticamente, de manera dogmática.
dogmatiser *v intr* dogmatizar.
dogmatisme *m* dogmatismo.
dogme *m* dogma.
dogue *m* dogo, alano (chien) ‖ FAM *être d'une humeur de dogue* estar de un humor de perros.
doigt [dwa] *m* dedo ‖ dedo (mesure) ‖ — *doigt de pied* dedo del pie ‖ FAM *doigt du distributeur* pipa del distribuidor (auto) ‖ *doigt du milieu* dedo de enmedio, del corazón ‖ *doigt en caoutchouc* dedil de goma ‖ *bout du doigt* yema *ou* punta del dedo ‖ *petit doigt* meñique, el dedo pequeño ‖ *un doigt de vin* un dedo de vino ‖ — *au doigt et à l'œil* puntualmente, con exactitud ‖ *jusqu'au bout des doigts* hasta la punta de los pelos ‖ — *compter sur les doigts* contar con los dedos, hacer la cuenta de la vieja ‖ *être à deux doigts de* estar a dos pasos de ‖ *être comme les deux doigts de la main* ser uña y carne, estar a partir un piñón ‖ *mettre le doigt dessus* dar en el clavo, en el hito ‖ FIG *mettre le doigt sur la plaie* poner el dedo en la llaga ‖ *mon petit doigt me l'a dit* me lo ha dicho un pajarito ‖ *montrer du doigt* señalar con el dedo ‖ *ne faire œuvre de ses dix doigts* no dar golpe, no mover un dedo de la mano ‖ *savoir sur le bout du doigt* saber al dedillo ‖ FAM *se mettre le doigt dans l'œil* llevarse un chasco, tirarse una plancha, equivocarse ‖ *s'en mordre les doigts* morderse los puños ‖ *se prendre les doigts* cogerse los dedos ‖ *toucher du doigt* tocar con el dedo, ver claramente, palpar.
doigté [-te] *m* MUS digitación *f*, tecleo, tecleado, pulsación *f* ‖ FIG tino, habilidad *f*, tiento, tacto ‖ MUS *avoir un bon doigté* poner bien los dedos.
doigter [-te] *m* MUS indicar en la partitura el dedo con que se ha de tocar.
◆ *v intr* teclear.
doigtier [-tje] *m* dedil ‖ digital *f*, dedalera *f* (plante).
dojo *m* dojo (pour les arts martiaux).
dol *m* DR dolo (fraude).
Dolby *m* (nom déposé) Dolby; *procédé Dolby stéréo* sistema Dolby Estéreo.
doléances [dɔleɑ̃:s] *f pl* quejas.
dolent, e *adj* doliente ‖ triste, doliente.
doline *f* GÉOGR dolina.
dollar *m* dólar.
dolmen [dɔlmen] *m* dolmen.
dolosif, ive *adj* doloso, sa ‖ DR *acte dolosif* acción dolosa.
D.O.M. abrév de *département d'outre-mer* antigua colonia francesa, actualmente provincia.
domaine *m* dominio, posesión *f* (propriété) ‖ finca *f*, hacienda *f* (propriété rurale) ‖ campo, terreno, ámbito, esfera *f*; *le domaine de l'art* el campo del arte ‖ orden, ámbito, sector; *problèmes posés dans le domaine économique* problemas planteados en el orden económico ‖ asunto; *passons à un domaine différent* pasemos a un asunto distinto ‖ aspecto, terreno; *les entretiens ont été fructueux dans plusieurs domaines* las conversaciones han sido fructuosas en varios aspectos ‖ competencia *f*; *ce n'est pas de mon domaine* no es de mi competencia ‖ — *domaine de la couronne* o *royal* patrimonio real ‖ *domaine public* bienes del dominio público ‖ *domaine skiable* pistas esquiables ‖ — *dans tous les domaines* en todos los campos ‖ — *tomber dans le domaine public* caer en el *ou* ser ya del dominio público.
domanial, e *adj* comunal ‖ nacional, del Estado, dominical (*p us*) ‖ patrimonial (appartenant au patrimoine ou héritage).
dôme *m* cúpula *f*, cimborrio, domo (*p us*) ‖ catedral *f*, iglesia *f* (en Italie) ‖ MAR tapacete (cabot) ‖ TECHN cúpula *f*, domo (locomotive) ‖ bóveda *f* (d'un fourneau).
domestique *adj* doméstico, ca.
◆ *m* et *f* criado, da; doméstico, ca (*p us*).
◆ *m pl* servidumbre *f sing*.
domestiquer *v tr* domesticar ‖ FIG sojuzgar, esclavizar (un peuple).
domicile *m* domicilio ‖ — *domicile conjugal* domicilio conyugal ‖ *domicile légal* domicilio legal ‖ — *à domicile* a domicilio; *travailleur à domicile* trabajador a domicilio ‖ *sans domicile fixe* sin domicilio fijo ‖ — *élire domicile à* fijar su domicilio en.
domiciliaire *adj* domiciliario, ria.
domiciliation *f* domiciliación.
domicilié, e *adj* domiciliado, da; residente; *être domicilié à* estar domiciliado en.
dominant, e *adj* et *s* dominante.
◆ *f* MUS dominante.
dominateur, trice *adj* et *s* dominador, ra; dominante.
domination *f* dominación ‖ FIG dominio *m*, imperio *m*; *la domination du génie* el dominio del genio.
◆ *pl* ECCLÉS dominaciones (anges).
dominer *v tr* et *intr* dominar, señorear.
dominicain, e *adj* et *s* dominicano, na; dominico, ca (de l'ordre de Saint-Dominique).
◆ *adj* dominicano, na (de la république Dominicaine).
Dominicain, e *m* et *f* dominicano, na.
Dominicaine (République) *n pr* GÉOGR República Dominicana.
dominical, e *adj* dominical (du dimanche).
dominion *m* dominio.
domino *m* dominó (jeux et costume).
dommage *m* daño, perjuicio ‖ desperfecto (détérioration) ‖ FIG lástima *f*; *quel dommage!* ¡qué lástima! ‖ — *dommages corporels* daños corporales ‖ *dommages-intérêts, dommages et intérêts* daños y perjuicios ‖ — FIG *c'est dommage* es lástima, es una pena.
dommageable [dɔmaʒabl] *adj* dañoso, sa; perjudicial.
domotique *f* INFORM automatización doméstica, domótica.
domptage [dɔ̃ta:ʒ] *m* doma *f*, domadura *f* (cheval) ‖ domesticación *f*, amansamiento (animaux) ‖ amaestramiento (cirque) ‖ FIG dominio (des passions).
dompter [dɔ̃te] *v tr* domar (un cheval) ‖ amansar ‖ amaestrar (dans le cirque) ‖ FIG domeñar; *dompter ses passions* domeñar sus pasiones.
dompteur, euse [-tœr, øːz] *m* et *f* domador, ra.
D.O.M.-T.O.M. abrév de *départements et territoires d'outre-mer* antiguas colonias francesas, actualmente provincias y territorios autónomos.

don *m* don, dádiva *f*, donación *f* (donation) ‖ DR donación *f* ‖ FIG don, dote *f*; *le don de la parole* el don de la palabra ‖ — *don de plaire* don de gentes ‖ MÉD *don d'organes* donación de órganos ‖ *don en espèces* donación en metálico ‖ — *avoir des dons pour* tener dotes para ‖ *faire don de* regalar ‖ *faire un don* hacer un donativo.

Don *n pr* GÉOGR Don (fleuve).

D.O.N. abrév de *disque optique numérique* disco óptico numérico.

donataire *m et f* donatario, ria.

donateur, trice *adj* et *s* donador, ra; donante.

donation *f* donación; *donation entre vifs* donación entre vivos ‖ donativo *m* (don).

donation-partage *f* DR partición por acto inter vivos.

— OBSERV pl *donations-partages*.

donc [dɔ̃:k] *conj* pues, luego; *je pense, donc je suis* pienso, luego existo ‖ así, pues; pues bien; *donc, c'est entendu* así, pues, está entendido ‖ pero, pues; *qu'as-tu donc?* pero ¿qué tienes?; *viens donc!* ¡pues ven! ‖ *allons donc!* ¡pero, vamos!, ¡vamos anda!, ¡anda ya!, ¡no me diga! ‖ *je disais donc que* como decía antes.

donjon *m* torre *f* del homenaje, torreón ‖ MAR torreta *f* (d'un cuirassé).

Don Juan *n pr* Don Juan ‖ FIG Tenorio.

donjuanisme *m* donjuanismo.

donnant, e *adj* generoso, sa; dadivoso, sa ‖ *donnant donnant* a toma y daca, de mano a mano, doy para que des.

donne *f* acción de dar las cartas (jeux); *à vous la donne* a usted le toca dar las cartas ‖ *fausse donne* error en el reparto de las cartas ‖ *la nouvelle donne* el nuevo orden internacional.

donné, e *adj* dado, da ‖ — *étant donné que* dado que ‖ *étant donné son âge* dada su edad ‖ *c'est donné* está regalado, ¡es un regalo!

— OBSERV En la locución francesa *étant donné*, la concordancia de *donné* se hace sólo si sigue la palabra que modifica (une droite étant *donnée*).

— OBSERV En espagnol, l'accord de *dado* est obligatoire.

donnée *f* base, tema *m* (idée fondamentale d'un ouvrage) ‖ dato *m*, elemento *m*, antecedente *m* (renseignement) ‖ circunstancia, situación (état de fait).

➤ *pl* MATH datos *m*; *les données d'un problème* los datos de un problema.

donner *v tr*

1. OFFRIR — 2. ABOUTIR — 3. ACCORDER — 4. ADMINISTRER — 5. ASSIGNER — 6. ATTRIBUER — 7. CAUSER — 8. CÉDER — 9. CONFIER — 10. CONSACRER — 11. DISTRIBUER — 12. FAIRE PASSER — 13. FOURNIR — 14. PRESCRIRE — 15. REPRÉSENTER — 16. SOUHAITER — 17. AGRIC — 18. COMM — 19. DR — 20. CHIM ET PHYS — 21. MÉD — 22. POP — 23. LOCUTIONS DIVERSES

1. OFFRIR dar, ofrecer, regalar; *donner ses biens aux pauvres* dar sus bienes a los pobres ‖ — *donner à manger* dar de comer ‖ *donner le bras, la main* dar el brazo, la mano.

2. ABOUTIR producir el efecto deseado, dar; *cette photo ne donne rien* esta foto no da nada.

3. ACCORDER dar, conceder; *donner la permission de* dar permiso para ‖ *donner raison à* dar la razón a.

4. ADMINISTRER dar, administrar; *donner un médicament* dar una medicina ‖ dar; *donner un coup de pied* dar una patada *ou* un puntapié.

5. ASSIGNER fijar, dar; *donner rendez-vous* dar cita.

6. ATTRIBUER atribuir, echar, suponer, dar; *je lui donne vingt ans* le echo veinte años; *on donne ce tableau à Delacroix* este cuadro se atribuye a Delacroix.

7. CAUSER dar, producir, causar; *donner de l'inquiétude, de la joie* causar inquietud, alegría.

8. CÉDER ceder, dar, ofrecer; *donner sa place à une dame* ceder el sitio a una señora.

9. CONFIER dar, confiar; *donner un poste à quelqu'un* dar un puesto a alguien ‖ dar; *donner un message* dar un encargo.

10. CONSACRER consagrar, dedicar, emplear; *donner sa vie à la recherche* consagrar su vida a la investigación.

11. DISTRIBUER dar, distribuir, repartir; *donner les cartes* dar las cartas.

12. FAIRE PASSER considerar, dar; *donner quelqu'un pour mort* dar a alguien por muerto, considerar a alguien muerto.

13. FOURNIR dar, proporcionar; *donner des conseils* dar consejos.

14. PRESCRIRE dar; *donner des ordres* dar órdenes ‖ dar, prescribir, recetar; *donner des médicaments* recetar medicinas.

15. REPRÉSENTER dar, poner, representar; *on donne «Faust» à l'Opéra* dan «Fausto» en la Ópera.

16. SOUHAITER dar, desear; *donner le bonjour* dar los buenos días.

17. AGRIC producir, dar (fruits).

18. COMM producir, dar; *donner des bénéfices* producir beneficios.

19. DR otorgar, conceder, dar; *donner en mariage* conceder en matrimonio.

20. CHIM et PHYS desprender, despedir (chaleur), emitir (lumière).

21. MÉD dar, producir, contagiar; *donner la grippe à quelqu'un* dar la gripe a alguien; *donner des ampoules* producir ampollas.

22. POP denunciar (un cómplice).

23. LOCUTIONS DIVERSES *donner à penser, à réfléchir* dar qué pensar ‖ *donner du fil à retordre* dar mucho que hacer ‖ *donner la mort* dar muerte, matar ‖ *donner la vie à un enfant* dar a luz un niño ‖ *donner l'heure à quelqu'un* dar la hora a alguien ‖ *donner libre cours à* dar rienda suelta a, dar libre curso a ‖ *donner lieu à* ser causa de, dar lugar a ‖ *donner prise* dar lugar ‖ FIG *donner un coup de main à quelqu'un* echar una mano a alguien ‖ MIL *donner l'infanterie* dar orden de atacar a la infantería ‖ *je vous le donne en mille!* ¡a que no lo acierta!

➤ *v intr* entregarse, darse; *donner dans le luxe* entregarse al lujo ‖ combatir, luchar; *les troupes n'ont pas donné* las tropas no han combatido ‖ producir, dar rendimiento; *les blés ont beaucoup donné* los trigos han dado mucho rendimiento ‖ caer; *donner dans le piège* o *dans le panneau* caer en la trampa ‖ dar (avoir vue); *cette fenêtre donne sur la rue* esta ventana da a la calle ‖ dar *ou* darse con, chocar; *donner de la tête contre un arbre* darse con la cabeza en un árbol ‖ — *donner à rire* hacer reír ‖ *il n'est donné de* tenemos la posibilidad de ‖ *ne savoir où donner de la tête* no saber por dónde empezar; no saber qué hacer.

➤ *v pr* dedicarse, consagrarse (se consacrer) ‖ entregarse (se livrer) ‖ — *donnez-vous la peine d'en-*

trer tenga la amabilidad de pasar ‖ *se donner à fond* dar el do de pecho, entregarse (dans son travail) ‖ *se donner de la peine* afanarse, trabajar mucho ‖ *se donner des airs* darse importancia, presumir ‖ *se donner la peine de* tomarse la molestia *ou* el trabajo de ‖ *se donner pour* hacerse pasar por ‖ *s'en donner* regocijarse ‖ *s'en donner à cœur joie* entregarse de lleno.

donneur, euse *adj et s* donador, ra; donante ‖ persona que da las cartas (jeux) ‖ POP chivato, ta ‖ — *donneur de sang* donador *ou* donante de sangre ‖ COMM *donneur d'ordre* dador, librador.

dont [dɔ̃] *pron rel* equivale en francés a los relativos *de qui, de quoi, duquel, de laquelle, desquels, desquelles*, y se traduce en español.
1. Por los pronombres correspondientes *de quien, de quienes* [para las personas]; *de que* [para las cosas]; *del cual, de la cual, de los cuales, de las cuales; del que, de la que, de los que, de las que* [delante de un adjetivo numeral, un pronombre indefinido, un nombre indeterminado o un adverbio]; *les hommes dont je parle* los hombres de quienes hablo; *le livre dont je parle* el libro del que hablo; *les livres dont plusieurs sont neufs* los libros de los que varios son nuevos.
2. Por *cuyo, ya; cuyos, yas* [cuando establece una relación de posesión entre los dos sustantivos]; *un arbre dont les feuilles sont vertes* un árbol cuyas hojas son verdes; *la femme dont j'ai pris le sac* la mujer cuyo bolso he cogido ‖ — *ce dont* de lo que ‖ *celle dont* la de que, aquella de quien; *celle dont tu te moques* aquella de quien te burlas; aquella cuyo, ya; *celle dont vous admirez la robe* aquella cuyo vestido admira usted ‖ *celui dont* el de que, aquel de quien; *celui dont je vous parle* el de que le hablo; aquel cuyo, ya; *celui dont je connais la mère* aquel cuya madre conozco.
— OBSERV Lorsque le pronom relatif *dont* relie à l'antécédent un nom précédé de l'article défini, cet article ne se traduit pas en espagnol.
— OBSERV Le relatif espagnol *cuyo* doit être suivi immédiatement du nom qu'il détermine et s'accorder avec lui.

dopage [-paːʒ] *m* dopaje, drogado ‖ TECHN dopado.

dopant, e *adj* dopante.
◆ *m* substancia dopante.

dope *m* aditivo, activante (produit).
◆ *f* POP droga.

doper *v tr* drogar, dar un excitante, dopar (sport).

dorade *f* besugo *m*, dorada (poisson).

Dordogne *n pr f* GÉOGR Dordoña.

doré, e *adj* dorado, da ‖ — *langue dorée* lengua *ou* pico de oro ‖ *livre doré sur tranches* libro de cantos dorados.
◆ *m* dorado, doradura *f* (dorure).

dorénavant *adv* en adelante, desde ahora, desde ahora en adelante, en lo sucesivo.

dorer *v tr* dorar ‖ cubrir de *ou* bañar en una capa de yema de huevo (une pâtisserie) ‖ FIG *dorer la pilule* dorar la píldora.

dorique *adj* dórico, ca.

dorloter *v tr* mimar (choyer).
◆ *v pr* darse buena vida, cuidarse mucho.

dormant, e *adj* durmiente; *la Belle au Bois dormant* la Bella durmiente del Bosque ‖ estancado, da; *les eaux dormantes sont peu saines* el agua estancada es poco sana ‖ FIG fijo, ja; que no se abre; *châssis dormant* bastidor fijo; *pont dormant* puente fijo.
◆ *m* CONSTR bastidor.

dormeur, euse *adj et s* durmiente (qui dort) ‖ dormilón, ona (qui aime dormir).
◆ *f* dormilona (boucle d'oreille) ‖ dormilona, tumbona (chaise longue).
◆ *m* cámbaro, cangrejo de mar (crabe).

dormir* *v intr* dormir ‖ — *dormir à la belle étoile* dormir al raso ‖ *dormir à poings fermés, dormir comme une souche* o *comme un loir* o *comme une marmotte* dormir a pierna suelta, dormir como un tronco *ou* como una marmota ‖ *dormir debout* caerse de sueño ‖ *dormir du sommeil du juste* dormir el sueño de los justos, dormir con la conciencia tranquila ‖ *dormir sur le dos* dormir boca arriba ‖ *dormir sur ses deux oreilles* dormir con toda tranquilidad, dormir en paz ‖ *dormir sur ses lauriers* dormirse sobre los laureles ‖ *dormir tout son soûl* hartarse de dormir ‖ — *c'est un conte à dormir debout* es una patraña, un relato inverosímil ‖ *il n'est pire eau que l'eau qui dort* del agua mansa me libre Dios, que de la brava me libraré yo ‖ *laisser dormir un capital* dejar improductivo un capital ‖ *laisser dormir une affaire* descuidar un asunto, dejar dormir ‖ *ne dormir que d'un œil* dormir con un ojo abierto ‖ *qui dort dîne* quien duerme cena.
— OBSERV El participio pasado del verbo francés «dormir», *dormi*, es invariable.

dorsal, e *adj et s* dorsal.
◆ *f* GÉOL dorsal ‖ dorsal (météorologie); *dorsale barométrique* dorsal barométrica.

dortoir *m* dormitorio común (pensionnat).

dorure *f* dorado *m*, doradura ‖ capa de yema de huevo (pâtisserie).

doryphore *m* dorífora *f* (insecte), escarabajo de la patata.

dos [do] *m* espalda *f*, espaldas *f pl* (de l'homme) ‖ lomo (d'un livre, d'un animal, d'un sabre) ‖ canto (d'un couteau) ‖ respaldo, espaldar (d'un siège) ‖ dorso, revés (de la main) ‖ caballete (du nez) ‖ dorso, reverso, respaldo (d'un écrit) ‖ forzal, canto (d'un peigne) ‖ — *dos-d'âne* badén ‖ — *dos à dos* de espaldas ‖ — *à dos de* montado en (sur le dos de) ‖ *dans le dos* detrás, en la espalda; *les mains dans le dos* las manos detrás; *robe décolletée dans le dos* vestido con escote en la espalda ‖ *dans son dos* a espalda suya ‖ *de dos* por detrás ‖ *en dos d'âne* en escarpa ‖ — *agir dans le dos de quelqu'un* actuar a espaldas de uno ‖ *avoir bon dos* tener correa, tener anchas las espaldas ‖ *avoir dans le dos* tener detrás ‖ *avoir le dos tourné* volver las espaldas ‖ *avoir l'ennemi à dos* ser atacado por detrás ‖ *avoir sur le dos* tener encima (un vêtement), tener encima, tener que cargar con (une personne) ‖ FIG *courber le dos* bajar la cabeza ‖ FAM *en avoir plein le dos* estar hasta los pelos, hasta la coronilla, estar harto ‖ *être sur le dos* estar tendido de espaldas, estar boca arriba ‖ *faire froid dans le dos* causar escalofrío ‖ *faire le gros dos* arquear el lomo (chat) ‖ FIG darse tono ‖ POP *l'avoir dans le dos* salir rana ‖ *mettre quelque chose sur le dos de quelqu'un* cargar a uno una cosa, echarle la culpa ‖ FAM *ne pas y aller avec le dos de la cuillère* no andarse con chiquitas ‖ *ne rien avoir à se mettre sur le dos* no tener nada que ponerse ‖ *porter sur le dos* llevar a cuestas ‖ FIG *renvoyer dos à dos* no dar la razón a ninguna de las

dos partes ‖ FAM *scier le dos* dar la lata ‖ *se mettre quelqu'un à dos* enemistarse con uno, acarrearse su enemistad ‖ *tomber sur le dos* caer de espaldas (faire une chute), caer encima ‖ *tourner le dos* volver la espalda ‖ *«voir au dos»* «ver al dorso».

DOS; Dos abrév de *Disk Operating System* DOS, sistema operativo en disco.

dosage *m* dosificación *f*.

dos-d'âne *m inv* badén [firme irregular].

dose *f* dosis ‖ NUCL *dose absorbée* dosis absorbida ‖ FIG *forcer la dose* írsele la mano.

doser *v tr* dosificar.

doseur *adj m* dosificador; *bouchon doseur* tapón dosificador.
◆ *m* dosificador (appareil).

dossard [dosa:r] *m* dorsal (des coureurs).

dossier *m* respaldo, espaldar (d'un siège) ‖ cabecera *f* (de lit) ‖ testera *f* (de voiture) ‖ autos *pl* (d'une affaire) ‖ actas *f pl* procesales, sumario, legajo de un proceso ‖ legajo (de documents) ‖ expediente; *avoir un dossier à la police* tener un expediente en la policía ‖ historial, historia *f*; *dossier médical* historia clínica ‖ expediente [académico] (universitaire) ‖ hoja *f* de servicios, cartilla *f* militar (militaire) ‖ documentación *f* laboral (d'un travailleur) ‖ carpeta *f* (contenant des documents) ‖ informe (rapport) ‖ causa *f*; *plaider un dossier* defender una causa.
◆ *pl* asuntos (questions) ‖ *le ministre a cette affaire dans ses dossiers* el ministro tiene en cartera este asunto.

dot [dɔt] *m* dote *f*.

dotal, e, aux *adj* DR dotal; *biens dotaux* bienes dotales.

dotation *f* dotación ‖ asignación (de crédits).

doter *v tr* dotar.

douairière [dwɛrjɛ:r] *f* viuda que goza de una pensión *ou* viudedad ‖ FAM señora anciana (vieille dame) | viuda noble (veuve de qualité).

Douala *n pr* GÉOGR Duala.

douane [dwan] *f* aduana ‖ *droits de douane* derechos arancelarios ‖ *marchandises en douane* mercancías pendientes de despacho ‖ *passer la douane* pasar por la aduana.

douanier, ère *adj* aduanero, ra; arancelario, ria; *union douanière* unión aduanera.
◆ *m* aduanero.

doublage *m* forro, traca *f* (d'un navire) ‖ doblado, dobladura *f*, plegado (action de doubler) ‖ doblaje (d'un film).

double *adj* doble; *comptabilité en partie double* contabilidad por partida doble ‖ de marca mayor, dos veces; *un double traître* un traidor de marca mayor ‖ — AUTOM *double carburateur* doble carburador ‖ FIG *double vue* sexto sentido ‖ *à double sens* con *ou* de doble sentido ‖ *à double tranchant* de doble filo, de dos filos ‖ MÉD *en double aveugle* a doble ciego (test) ‖ *en double exemplaire* por duplicado, en dos ejemplares ‖ *homme à double face* hombre de dos caras ‖ *serrure à double tour* cerradura de dos vueltas ‖ *être garé en double file* estar aparcado en doble fila ‖ *faire coup double* matar dos pájaros de un tiro ‖ *faire double emploi* ser repetido ‖ DR *fait en double exemplaire à Paris* hecho por duplicado en París ‖ *jouer double jeu* jugar con dos barajas.
◆ *m* doble, duplo; *payer le double* pagar el doble ‖ doble, duplicado; *le double d'un acte* el doble de un acta ‖ doble (cinéma), suplente (théâtre) ‖ SPORTS doble; *double messieurs, mixte* doble masculino, mixto (tennis) ‖ segundo ejemplar (d'un objet d'art) ‖ cosa *f* repetida ‖ — *double menton* sotabarba, papada (fam) ‖ *doubles de timbres* sellos repetidos.
◆ *adv* doble; *voir double* ver doble ‖ — *au double* al doble de, duplicado ‖ *en double* dos veces, por duplicado, repetido; *avoir des timbres en double* tener sellos repetidos.

doublé, e *adj* duplicado, da ‖ redoblado, da (redoublé) ‖ doblado, da (plié) ‖ forrado, da; *manteau doublé de fourrures* abrigo forrado de pieles ‖ *doublé de* además de, a la par que; *c'est un savant doublé d'un artiste* es un sabio a la par que un artista.
◆ *m* metal sobredorado, dublé (gallicisme) ‖ jugada *f* por banda (billard) ‖ pareja *f*, doblete (chasse) ‖ los dos primeros puestos (sports); *faire un doublé* copar los dos primeros puestos ‖ doble triunfo.

double-croche *f* MUS semicorchea.
— OBSERV pl *doubles-croches*.

doublement *adv* doblemente ‖ con doble fuerza; *ressentir doublement une douleur* sentir un dolor con doble fuerza.

doubler *v tr* doblar, duplicar (porter au double) ‖ redoblar, aumentar (redoubler) ‖ doblar (plier) ‖ pasar, adelantar, dejar atrás (dépasser un véhicule) ‖ doblar, franquear; *doubler un cap* doblar un cabo ‖ redoblar; *doubler le pas* redoblar el paso ‖ repetir; *doubler une classe* repetir un curso ‖ forrar; *doubler un vêtement* forrar un vestido ‖ sacar una vuelta de ventaja (sports) ‖ doblar (cinéma) ‖ poner doble; *doubler un fil* poner un hilo doble ‖ THÉÂTR sustituir a un actor ‖ — *doubler sa vitesse* redoblar la velocidad ‖ — *défense de doubler* prohibido adelantar (voitures).
◆ *v intr* doblar, duplicarse; *la population a doublé en vingt ans* la población se ha duplicado en veinte años.

doublet [dublɛ] *m* doblete (pierre fausse) ‖ GRAMM doblete ‖ TECHN dipolo (antenne).

doublure *f* forro *m* (d'un vêtement) ‖ doble *m* (cinéma) ‖ THÉÂTR suplente *m*, sobresaliente *m*, actor *m ou* actriz de doblaje.

douce *adj f* → **doux**.

douceâtre [dusɑ:tr] *adj* dulzón, ona.

doucement *adv* dulcemente (avec bonté) ‖ suavemente, con suavidad; *l'aiguille est entrée doucement* la aguja entró suavemente ‖ despacio, lentamente; *marcher doucement* andar despacio; *parler doucement* hablar despacio ‖ bajito, bajo, en voz baja (à voix basse) ‖ regular; así, así; *le malade va tout doucement* el enfermo está así, así.
◆ *interj* ¡poco a poco!, ¡despacio!

doucereux, euse [dusrø, ø:z] *adj* dulzón, ona; dulzarrón, ona; *saveur doucereuse* sabor dulzón ‖ FIG dulzón, ona; almibarado, da; empalagoso, sa; zalamero, ra (personnes).

doucette *f* BOT hierba de los canónigos (mâche).

douceur *f* dulzura, dulzor *m*; *la douceur du sucre* el dulzor del azúcar ‖ suavidad (au toucher) ‖ benignidad (du climat) ‖ FIG dulzura, suavidad (du caractère) ‖ tranquilidad, calma (tranquillité) ‖ — FAM *en douceur* a la chita callando, como quien no

quiere la cosa | *prendre une chose en douceur* tomar una cosa con calma.
- *pl* golosinas ‖ requiebros *m pl*, piropos *m pl* (*propos galants*).

douche *f* ducha ‖ FIG & FAM reprimenda, rociada (*réprimande*) | chasco *m* (*désappointement*) ‖ — FAM *douche écossaise* ducha de agua fría ‖ FIG *douche froide* jarro de agua fría ‖ *prendre une douche* ducharse, tomar una ducha ‖ FAM *quelle douche!* ¡qué remojón! (*pluie*).

doucher *v tr* duchar, dar una ducha ‖ FIG & FAM desilusionar, echar un jarro de agua fría (*désappointer*).

doudoune *f* FAM plumas *m*.

doué, e *adj* dotado, da ‖ capaz; capacitado, da; competente; *tu es le plus doué pour cela* eres el más capacitado para eso ‖ *être doué pour* tener facilidad *ou* habilidad para.

douille [duːj] *f* mechero *m*, cañón *m* (d'un chandelier) ‖ cubo *m* (d'une baïonnette) ‖ casquillo *m*, casquete *m* (d'une balle, d'une ampoule électrique) ‖ cartucho *m* (de cartouche).

douillet, ette [dujɛ, ɛt] *adj* blando, da; muelle; mullido, da; *lit douillet* cama mullida ‖ confortable; cómodo, da (*confortable*).
- *adj* et *s* FIG delicado, da; sensible (*délicat*).

douleur *f* dolor *m*; *la douleur de perdre un ami* el dolor por la pérdida de un amigo ‖ *ressentir des douleurs* sentir *ou* tener dolores.
- *pl* reumatismo *m sing* (*rhumatisme*).

douloureux, euse *adj* et *s* doloroso, sa.
- *f* FAM dolorosa (*note à payer*).

doute *m* duda *f*; *sans doute* sin duda; *hors de doute* fuera de duda ‖ — *nul doute que* no hay duda que ‖ *sans aucun doute* sin duda alguna ‖ — *il n'y a pas de doute* no hay duda, no cabe duda ‖ *mettre en doute* poner en tela de juicio.

douter *v tr* dudar; *je doute qu'il accepte* dudo que acepte ‖ no fiarse de; *je doute de sa parole* no me fío de su palabra ‖ *ne douter de rien* no temer nada, confiar demasiado en sí.
- *v pr* sospechar, figurarse; *je m'en doutais* lo sospechaba, me lo figuraba.
— OBSERV En las frases negativas o interrogativas el verbo *douter* suele ir seguido de la negación *ne* excepto cuando el hecho de que se trata es indudable (*je ne doute pas qu'il ne vienne bientôt, je ne doute pas que cela soit vrai*).

douteux, euse *adj* dudoso, sa ‖ equívoco, ca; *individu de mœurs douteuses* individuo de costumbres equívocas ‖ ambiguo, gua; incierto, ta; *chemise de couleur douteuse* camisa de un color incierto.

douve *f* duela (*des tonneaux*) ‖ zanja (*steeplechase*) ‖ AGRIC zanja de desagüe (*de drainage*) ‖ BOT ranúnculo *m* venenoso (*renoncule*) ‖ MIL foso *m* (*fossé*) ‖ duela (*du foie*).

Douvres *n pr* GÉOGR Dover.

doux, douce [du, duːs] *adj* dulce; *douce comme le miel* dulce como la miel ‖ suave; *peau douce* cutis suave ‖ suave; *voix douce* voz suave ‖ dulce, agradable; grato, ta; *doux souvenir* recuerdo grato ‖ dulce; *regard doux* mirada dulce ‖ dulce; bondadoso, sa; afable; *caractère doux* carácter bondadoso ‖ suave; *pente douce* cuesta suave ‖ lento, ta; *feux doux* fuego lento ‖ suave; templado, da; *vent doux* viento suave ‖ templado, da; benigno, na (*climat*) ‖ manso, sa (*animaux*) ‖ GRAMM suave (*consonne*) ‖ TECHN dulce, dúctil; *fer doux* hierro dulce ‖ — *bil-*

let doux carta *ou* esquela amorosa ‖ *doux propos* galanterías, requiebros ‖ — *faire les yeux doux* mirar con ternura *ou* cariño.
- *m* lo dulce, lo agradable.
- *adv* lentamente, poco a poco (*lentement*) ‖ — POP *en douce* como quien no quiere la cosa, a la chita callando ‖ *tout doux* despacito, poco a poco ‖ — *filer doux* someterse, obedecer ‖ *il fait doux* hace un tiempo agradable, templado.

doux-amer, douce-amère *adj* que mezcla dulzura y amargura.
— OBSERV *pl doux-amers, douces-amères*.

douzaine *f* docena ‖ unos, unas doce; *une douzaine d'heures* unas doce horas ‖ *à la douzaine* por docenas.

douze *adj* et *s* doce ‖ *les Douze* los Doce (membres de la CEE).

douzième *adj* duodécimo, ma; dozavo, va.
- *m* dozavo (la douzième partie) ‖ *douzième provisoire* duodécima parte *f* del presupuesto.

doyen, enne [dwajɛ̃, jɛn] *adj* et *s* decano, na (université).
- *m* deán (*supérieur d'un chapitre*) ‖ superior, prior (d'une abbaye).

D.P.L.G. abrév de *diplômé par le gouvernement* diplomado del Estado (architecte, etc.).

dr. abrév de *droite* dcha., dra., derecha.

Dr abrév de *docteur* Dr, doctor.

drachme [drakm] *f* dracma.

draconien, enne *adj* draconiano, na; drástico, ca.

dragée *f* peladilla (bonbon) ‖ gragea (pilule) ‖ mostacilla, perdigones *m pl* (menu plomb de chasse) ‖ *tenir la dragée haute à quelqu'un* hacer pagar caro un favor, hacer desear a alguien.

dragline [draglajn] *f* excavadora mecánica, dragalina.

dragon *m* dragón.

dragonne *f* MIL dragona, correa (du sabre).

drague *f* draga ‖ red barredera (filet) ‖ FAM ligue *m*.

draguer *v tr* dragar ‖ pescar con red barredera ‖ FAM ligar.

dragueur, euse *adj* et *s* dragador, ra ‖ FAM ligón, ona; *quel dragueur!* ¡menudo *ou* vaya ligón! ‖ *dragueur de mines* dragaminas.
- *f* draga (bateau).

drain *m* tubo de desagüe, desaguadero, encañado ‖ MÉD tubo de drenaje, cánula *f* ‖ *gros drain* colector de drenaje.

drainage *m* avenamiento, drenaje (terrain) ‖ MÉD drenaje.

drainer *v tr* drenar, desecar ‖ AGRIC avenar, encañar ‖ FIG arrastrar, absorber ‖ MÉD drenar.

drakkar *m* barco de los piratas normandos.

dramatique *adj* dramático, ca.
- *m* dramatismo; *c'est d'un dramatique excessif* es de un dramatismo excesivo.
- *f* obra de teatro (à la télévision).

dramatiquement *adv* dramáticamente, de manera dramática.

dramatisation *f* dramatización.

dramatiser *v tr* dramatizar.

dramaturge [dramatyrʒ] *m* dramaturgo.

dramaturgie [-ʒi] *f* dramaturgia.

drame *m* drama ‖ *drame familial* drama familiar ‖ *drame lyrique* drama lírico, ópera.

drap [dra] *m* paño (étoffe); *gros drap* paño basto ‖ sábana *f* (de lit); *drap de dessous* sábana bajera; *drap de dessus* sábana encimera ‖ — *drap de plage* toalla de playa ‖ *drap d'or, d'argent* tisú de oro, de plata ‖ *drap mortuaire* paño fúnebre ‖ *drap vert* el paño (billard) ‖ — FAM *être dans de beaux draps* estar metido en un lío, estar en un apuro ‖ *nous voilà dans de beaux draps!* ¡estamos aviados *ou* frescos!

drapé *m* drapeado.

drapeau *m* bandera *f* ‖ SPORTS banderín ‖ bandera *f* (cirque) ‖ TAUROM bandera *f* ‖ FIG símbolo, bandera *f* (signe) ‖ abanderado, símbolo (personne) ‖ IMPR banderilla ‖ — AVIAT *hélice en drapeau* hélice con las palas paralelas al sentido de marcha ‖ — MIL *être sous les drapeaux* estar sirviendo en el ejército, estar haciendo el servicio militar ‖ POP *planter un drapeau* dejar una trampa, marcharse sin pagar ‖ *se ranger sous le drapeau de quelqu'un* alistarse en el partido de alguien.

draper *v tr* cubrir con un paño, revestir ‖ colgar (orner de draperies) ‖ poner un drapeado, drapear (un vêtement) ‖ ARTS disponer los ropajes.
    ▶ *v pr* envolverse, arrebujarse (dans son manteau), embozarse (dans une cape) ‖ FIG envolverse, encastillarse, escudarse (dans sa dignité, sa vertu, etc.).

drap-housse *m* sábana ajustable.
    — OBSERV pl *draps-housses*.

drapier, ère *m et f* pañero, ra.

drastique *adj et s m* drástico, ca.

Dresde *n pr* GÉOGR Dresde.

dressage *m* alzamiento, erección *f*, levantamiento (érection) ‖ doma *f* (de chevaux) ‖ amaestramiento, adiestramiento (de divers animaux) ‖ TECHN enderezamiento (fil métallique, surface plane).

dressé, e *adj* puesto, ta; preparado, da (une table) ‖ amaestrado, da; domado, da (un animal).

dresser *v tr* poner derecho, enderezar (remettre droit); *dresser un poteau* enderezar un poste ‖ alzar, levantar, erguir (élever) ‖ erigir, levantar (statue, monument) ‖ armar, montar; *dresser un lit* armar una cama ‖ poner, preparar; *dresser la table* poner la mesa ‖ levantar, redactar, extender; *dresser un acte* levantar acta ‖ hacer (une liste, un contrat, etc.) ‖ redactar, elaborar (des statuts) ‖ trazar, alzar, levantar (un plan) ‖ levantar, hacer, trazar (une carte) ‖ establecer, preparar, idear (des plans) ‖ disponer (disposer), arreglar (arranger) ‖ amaestrar, adiestrar; *dresser une puce* amaestrar una pulga ‖ domar (chevaux) ‖ FAM hacer entrar en vereda, encauzar (faire obéir) | instruir, formar (un enfant, un domestique, etc.) ‖ tender; *dresser un piège* tender un lazo ‖ levantar, tender (des embûches) ‖ aguzar; *dresser l'oreille* aguzar el oído ‖ aderezar (cuisine) ‖ FIG enfrentar con, oponer a, levantar contra; *dresser une personne contre une autre* enfrentar una persona con otra ‖ TECHN enderezar ‖ — *dresser un constat* levantar un atestado ‖ *faire dresser les cheveux sur la tête* erizar los cabellos, poner los pelos de punta.
    ▶ *v pr* ponerse en *ou* de pie, levantarse, erguirse (se lever) ‖ erizarse (cheveux) ‖ elevarse, alzarse (s'élever) ‖ — FIG *se dresser contre* rebelarse, sublevarse ‖ *se dresser sur la pointe des pieds* ponerse de puntillas ‖ *se dresser sur ses ergots* engallarse.

dresseur, euse *m et f* domador, ra.

dressing; dressing-room *m* guardarropa.
    — OBSERV pl *dressings; dressing-rooms*.

dreyfusard, e *adj et s* partidario, ria de Dreyfus.

D.R.H. abrév de *directeur des ressources humaines* director de recursos humanos ‖ abrév de *direction des ressources humaines* dirección de recursos humanos.

dribble; dribbling *m* regate, quiebro, finta *f*, gambeteo (football).

dribbler *v tr* driblar, regatear, dar un quiebro, gambetear (football).

drill [driːj] *m* dril, mono cinocéfalo de África occidental.

drille *m* (vx) soldado ‖ — FAM *bon drille* buen chico, buen muchacho | *joyeux drille* gracioso | *pauvre drille* pobre diablo, infeliz.
    ▶ *f* TECHN broca, parahúso *m* (porte-foret).
    ▶ *pl* trapos viejos (chiffons pour faire le papier).

drisse *f* MAR driza ‖ MAR *fausse drisse* contradriza.

drive [drajv] *m* SPORTS drive, derecho, golpe natural (tennis) | drive, golpe largo (golf).

drive-in *m inv* drive-in, autocine.

driver [drajve] *ou* [drive] *v tr* conducir un sulky ‖ SPORTS dar un golpe natural (tennis) | dar un drive (golf).
    ▶ *m* conductor, ra de un sulky (jockey) ‖ SPORTS driver (club de golf).

drogue *f* droga; *drogue douce, dure* droga blanda, dura.

drogué, e *adj et s* drogadicto, ta.

droguer *v tr* drogar.
    ▶ *v intr* FIG & FAM esperar mucho, aguardar, estar de plantón (se morfondre).
    ▶ *v pr* drogarse, abusar de medicinas *ou* drogas.

droguerie [drɔgri] *f* droguería.

droguiste *m et f* droguista, droguero, ra.

droit *m* derecho; *droit canon, civil, commercial, constitutionnel, coutumier* derecho canónico, civil, mercantil, político, consuetudinario ‖ justicia; *faire droit* hacer justicia ‖ — DR *droit de garde* patria potestad ‖ *droit d'entrée* cuota de entrada ‖ *droit de regard* derecho de inspección ‖ *droit de réponse* derecho de respuesta ‖ *droit de vote* derecho de voto ‖ *droit du plus fort* derecho del más fuerte ‖ *droit fiscal* derecho fiscal ‖ *droits acquis* derechos adquiridos ‖ *droits d'auteur* derechos de autor ‖ *droits de consommation* impuesto sobre consumos ‖ *droits de douane* aranceles, derechos de aduana, derechos arancelarios ‖ *droits de régale* derecho de regalía ‖ *droits d'inscription* derechos de matrícula ‖ *droits fiscaux* tributos ‖ — *à bon droit* con razón ‖ *à qui de droit* a quien corresponda ‖ *de droit* de derecho ‖ *de plein droit* con pleno derecho ‖ *avant faire droit* antes del juicio definitivo ‖ — *avoir droit de cité quelque part* gozar de las prerrogativas de los ciudadanos de un lugar, ser aceptado (sens figuré) ‖ *faire droit à une requête* acoger favorablemente una demanda, satisfacer *ou* estimar una demanda ‖ *faire son droit* estudiar Derecho.

droit *adv* en pie (debout) ‖ directamente, derecho (directement) ‖ derecho; *marcher droit* ir derecho ‖

FIG rectamente, con rectitud; *juger droit* juzgar rectamente ‖ *— tout droit* derechito, todo seguido ‖ *— aller droit au but* ir al grano.

droit, e [drwa, drwat] *adj* derecho, cha; *le bras droit* el brazo derecho ‖ GÉOM recto, ta; *ligne droite* línea recta; *angle droit* ángulo recto ‖ FIG recto, ta ‖ *— droit comme un cierge* derecho como una vela ‖ *—* FIG *cœur droit* corazón recto, sincero ‖ *esprit droit* conciencia recta ‖ *le droit chemin* el buen camino, el camino de la virtud ‖ *— c'est tout droit* es todo seguido (chemin).

droite *f* derecha, diestra (main) ‖ derecha (d'une assemblée) ‖ GÉOM recta ‖ *— à droite* a la derecha ‖ *à droite et à gauche* a diestro y siniestro.

droit-fil *m* *couper dans le droit-fil* cortar al hilo.
— OBSERV pl *droits-fils.*

droitier, ère *adj* et *s* persona que se sirve principalmente de la mano derecha.
◆ *m* derechista, diputado de la derecha.

droiture *f* rectitud, derechura.

drolatique *adj* chistoso, sa; divertido, da.

drôle *adj* gracioso, sa; chistoso, sa; chusco, ca; *une anecdote très drôle* una anécdota muy graciosa ‖ extraño, ña; curioso, sa; raro, ra (étrange) ‖ divertido, da (amusant); *un film drôle* una película divertida ‖ *— drôle de* extraño, ña; singular; peregrino, na; *une drôle d'idée* una idea peregrina ‖ *drôle de temps!* ¡vaya un tiempo! ‖ *la drôle de guerre* la guerra boba ‖ *— ce n'est pas drôle* maldita la gracia que tiene ‖ *c'est drôle* es extraño (c'est bizarre), me hace gracia; *c'est drôle de te voir ici* me hace gracia verte aquí ‖ *c'est drôle!* ¡tiene gracia! ‖ *se sentir tout drôle* sentirse raro.
◆ *m* (vx) bribón, truhán ‖ hombre gracioso y original, extravagante, cachondo.
◆ *adv* FAM *ça me fait tout drôle* me hace gracia (amuser), me hace una impresión rara *ou* extraña (étonner).

drôlement *adv* graciosamente, chistosamente ‖ extrañamente, curiosamente, de una manera singular (bizarrement) ‖ FAM tremendamente, enormemente ‖ *— il fait drôlement froid* hace un frío bestial *ou* polar.

drôlerie [drolri] *f* gracia ‖ extravagancia, singularidad (chose bizarre).

dromadaire *m* dromedario.

dru, e *adj* tupido, da; *blé dru* trigo tupido ‖ recio, cia; *pluie drue* lluvia recia ‖ volandero, ra (oiseau).
◆ *adv* abundantemente, copiosamente (en grande quantité) ‖ *la pluie tombe de plus en plus dru* la lluvia arrecia.

drugstore [drœgstɔr] *m* drugstore.

druide, esse *m* et *f* druida, druidesa (prêtre, prêtresse celte).

Druzes; Druses *n pr m pl* drusos.

dry [draj] *adj* seco, ca; *Martini dry* Martini seco.

dry-farming *m* cultivo de secano.

D.S.T. abrév de *Direction de la surveillance du territoire* servicio de inteligencia de la policía francesa.

D.T.COQ abrév de *diphtérie-tétanos-coqueluche* DTT, difteria, tétanos, tos ferina.

du [dy] *art contracté* del ‖ *du vivant de mon père* en vida de mi padre.
— OBSERV Lorsque *du* est employé comme partitif, on le supprime en espagnol: *donne-moi du fromage* dame queso. On le traduit cependant lorsqu'il est déterminé: *donne-moi du fromage d'hier* dame del queso de ayer.

dû, due *adj* debido, da.
◆ *m* lo debido, lo que se debe; *il ne veut que son dû* sólo pide lo que se le debe ‖ *—* FIG *avoir son dû* llevar su merecido ‖ *réclamer son dû* reclamar lo que se le debe a uno.

dual, e *adj* dual.

dualisme *m* dualismo.

dualiste *adj* et *s* dualista.

dualité *f* dualidad, dualismo *m*.

dubitatif, ive *adj* dubitativo, va.

dubitativement *adv* dubitativamente, nada convencido, da.

Dublin *n pr* GÉOGR Dublín.

dublinois, e *adj* dublinés, esa; dublinense.

Dublinois, e *m* et *f* dublinés, esa; dublinense.

duc *m* duque (titre); *monsieur le duc* el señor duque ‖ búho (hibou) ‖ (vx) victoria *f* (voiture à quatre roues) ‖ *— grand duc* búho ‖ *petit duc* buharro.

ducal, e *adj* ducal.

ducat [dyka] *m* ducado (monnaie d'or).

duché *m* ducado (domaine ducal) ‖ *duché-pairie* ducado con dignidad de par.

duchesse *f* duquesa; *madame la duchesse* la señora duquesa ‖ (vx) canapé *m* ‖ pera de agua (poire) ‖ FAM mujer presuntuosa (femme vaniteuse) ‖ FIG & FAM *faire la duchesse* dárselas de marquesa.

dudit *adj* susodicho, cha; antedicho, cha.
— OBSERV pl *desdits.*

duègne *f* dueña ‖ (vx) señora de compañía, carabina (fam) ‖ FIG vieja desagradable (vieille femme revêche) ‖ THÉÂTR característica.

duel, elle *adj* dual.
◆ *m* duelo, desafío (combat) ‖ GRAMM dual.

duelliste *m* duelista.

duettiste *m* et *f* duetista.

duffel-coat; duffle-coat *m* trenca *f*.

dulcinée *f* dulcinea, mujer amada.

dûment *adv* debidamente, en debida forma ‖ *dûment affranchi* debidamente franqueado.

dumping [dœmpiŋ] *m* COMM dumping, inundación *f* del mercado con productos a bajo precio.

dune *f* duna.

Dunkerque [dœkɛrk] *n pr* GÉOGR Dunquerque.

duo *m* MUS dúo.

duodécimal, e *adj* duodecimal.
— OBSERV L'adjectif espagnol *duodécimo* se traduit par *douzième.*

duodénal, e *adj* ANAT duodenal.

duodénum [dyɔdenɔm] *m* ANAT duodeno.

dupe *adj* et *s f* engañado, da (trompé) ‖ fácil de engañar, inocente, primo (pop) ‖ FIG víctima ‖ *— un jeu de dupes* un timo ‖ *— être dupe* quedar burlado, chasqueado ‖ *être dupe de* dejarse engañar por, víctima de ‖ *faire des dupes* timar, estafar ‖ *faire une dupe* engañar ‖ *n'être pas dupe de quelqu'un, de quelque chose* no dejarse engañar por, no hacerse ilusiones con alguien *ou* algo.

duper *v tr* embaucar, engañar.

duperie *f* engaño *m*, engañifa, primada (pop) (tromperie) ‖ timo *m*, estafa (escroquerie).

duplex *adj* doble, duplo.
◆ *m* TECHN dúplex (métallurgie et télécomunications); *émission en duplex* programa de te-

levisión en dúplex [en directo desde dos sitios distintos] ‖ dúplex (appartement).
duplicata *m inv* duplicado ‖ *en* o *par duplicata* duplicado, da; con copia.
duplicité *f* duplicidad, doblez.
dupliquer *v tr* duplicar.
duquel *pron relat* (forma contracta de *de lequel*), del cual.
— OBSERV pl *desquels*.
dur, e *adj* duro, ra; *métal dur* metal duro ‖ FIG difícil; penoso, sa; *dur à croire* difícil de creer ‖ duro, ra; resistente; sufrido, da; *dur au travail* resistente al trabajo ‖ severo, ra; duro, ra; *dur pour ses élèves* severo con sus alumnos ‖ turbulento, ta; difícil; *cet enfant est très dur* este niño es muy turbulento ‖ fuerte (consonne) ‖ — *eau dure* agua gorda, dura ‖ *œuf dur* huevo duro ‖ *vin dur* vino áspero ‖ — FAM *dur à avaler* duro de roer; *une matière dure à avaler* una asignatura dura de roer; difícil de tragar; *une offense dure à avaler* una ofensa difícil de tragar; difícil de creer (incroyable) | *dur à cuire* duro de pelar ‖ *dur comme fer* firmemente ‖ — *avoir la tête dure* ser duro de mollera ‖ *avoir la vie dure* llevar una vida difícil ‖ *avoir l'oreille dure, être dur d'oreille* ser tardo *ou* duro de oído, ser teniente (*pop*) ‖ FAM *être dur à digérer* ser duro de tragar ‖ *être dur à la détente* ser difícil de disparar, tener el gatillo duro (pistolet), ser poco decidido (peu résolu), ser tacaño (avare) ‖ *le plus dur reste à faire* queda el rabo por desollar.
◆ *adv* duramente, enérgicamente, mucho, de firme; *il travaille dur* trabaja mucho ‖ — *à la dure* de manera dura *ou* ruda, severamente; *élever un enfant à la dure* educar a un niño severamente ‖ *le soleil tape dur* el sol aprieta de firme ‖ *rendre* o *faire la vie dure* dar mala vida.
◆ *m* lo duro ‖ — FAM *un dur* un duro (mauvais garçon) ‖ ARCHIT *construction en dur* construcción de fábrica.
◆ *f coucher sur la dure* dormir en el suelo ‖ FAM *en dire de dures* poner de vuelta y media ‖ *en voir de dures* sufrir una dura prueba, pasarlas moradas *ou* la negra (*fam*).
durabilité *f* durabilidad, duración.
durable *adj* duradero, ra; durable.
durablement *adv* durablemente, por mucho tiempo.
dural, e *adj* ANAT dural.
durant *prep* durante; *dix jours durant* durante diez días.
— OBSERV Cette préposition se place toujours devant le nom en espagnol.
duratif, ive *adj* GRAMM durativo, va.
◆ *m* GRAMM forma *f* durativa.
durcir *v tr* endurecer ‖ *durcir au feu* endurecerse con *ou* en el fuego.
◆ *v intr* endurecerse.
durcissement *m* endurecimiento.
durcisseur *m* endurecedor.

durée *f* duración ‖ — *durée de vie* duración, vida útil (produit), vida (personne) ‖ *durée d'immobilisation* período de inmovilización (machines) ‖ *durée du bail* período de arrendamiento ‖ — *de longue durée* de larga duración; *pile de longue durée* pila de larga duración ‖ *pour une durée illimitée* por un período de tiempo ilimitado ‖ *répit de courte durée* corto respiro.
durement *adv* duramente, severamente.
durer *v intr* durar ‖ conservarse; *vin qui ne dure pas* vino que no se conserva ‖ parecer largo; *le temps lui dure* el tiempo le parece largo ‖ FAM permanecer, estarse quieto (rester) | durar, resistir, vivir (vivre) ‖ *faire durer* prolongar.
Dürer *n pr* Durero.
dureté *f* dureza (du bois, du fer, d'une pierre, etc.) ‖ dureza, gordura, crudeza (de l'eau) ‖ FIG dureza (de l'oreille, des traits, de la voix, etc.).
◆ *pl* palabras duras, desagradables.
durillon [dyrijɔ̃] *m* dureza *f*, callosidad *f*.
Durit [dyrit] *f* (nom déposé) MÉCAN tubo *m* flexible; durita, racor *m*.
Düsseldorf *n pr* GÉOGR Düsseldorf.
D.U.T. abrév de *diplôme universitaire de technologie* diploma universitario de tecnología.
duvet [dyvɛ] *m* plumón (des oiseaux) ‖ colchón de plumas (matelas) ‖ bozo, vello (poils légers) ‖ BOT pelusa *f*, lanilla *f* (des fruits).
duveté, e; duveteux, euse *adj* velloso, sa.
dynamique *adj* et *s f* dinámico, ca.
dynamiquement *adv* con dinamismo (énergiquement) ‖ PHYS desde el punto de vista de la dinámica.
dynamiser *v tr* dinamizar.
dynamisme *m* dinamismo.
dynamite *f* dinamita.
dynamiter *v tr* volar con dinamita, dinamitar.
dynamo *f* ÉLECTR dinamo, dínamo.
dynamomètre *m* dinamómetro.
dynastie [dinasti] *f* dinastía.
dyne [din] *f* PHYS dina (unité de force).
dyscinésie *f* MÉD → **dyskinésie**.
dysenterie [disɑ̃tri] *f* MÉD disentería.
dysfonctionnement *m* disfunción *f* ‖ MÉD disfunción *f*, disergia *f*.
dysharmonie; disharmonie *f* falta de armonía, inarmonía.
dyskinésie; dyscinésie *f* MÉD disquinesia.
dyslexie *f* MÉD dislexia.
dyslexique *m* et *adj* disléxico, ca.
dysorthographie *f* MÉD disortografía.
dyspepsie *f* MÉD dispepsia.
dyspnée [dispne] *f* MÉD disnea.
dytique *m* dítico (insecte).
dzêta *m inv* zeta.

E

e [ə] *m* e *f*.
E abrév de *est* E., este.
eau [o] *f* agua; *l'eau* el agua ‖ lluvia; *le temps est à l'eau* el tiempo está de lluvia; *aguas pl* (brillant); *diamant d'une belle eau* diamante de hermosas aguas ‖ *eaux* aguas, balneario *m sing*; *aller aux eaux* ir a un balneario; *prendre les eaux* tomar las aguas | estela *sing* (sillage) ‖ GÉOGR aguas; *les eaux territoriales* las aguas jurisdiccionales ‖ VÉTÉR aguaza *sing* ‖ — *eau bénite* agua bendita ‖ *eau de Cologne* agua de Colonia ‖ *eau de fleur d'oranger* agua de azahar ‖ *eau de Javel* lejía ‖ *eau de pluie* agua de lluvia, agua llovediza ‖ *eau de roche* agua de manantial | *eau de Seltz* agua de Seltz ‖ *eau de toilette* agua de olor | *eau de vaisselle* agua de fregar ‖ *eau dormante* agua estancada ‖ *eau dure* agua gorda ‖ *eau gazeuse* agua gaseosa ‖ *eau lourde* agua pesada ‖ *eau plate* agua natural ‖ *eau régale* agua regia ‖ *eau rougie* vino aguado ‖ *eau seconde* lejía potásica ‖ *eaux d'égout, ménagères, résiduelles o usées* aguas residuales o sucias ‖ *eaux mères, minérales, thermales, vannes* aguas madres, minerales, termales *ou* caldas, residuales ‖ *Eaux et forêts* administración de Montes ‖ *grandes eaux* los surtidores, las fuentes ‖ *trombe d'eau* tromba de agua ‖ — *clair comme de l'eau de roche* más claro que el agua ‖ *comme un poisson dans l'eau* como pez en el agua ‖ *de la plus belle eau* de lo mejorcito ‖ *hors d'eau* al cubrir aguas el edificio (construction) ‖ *roman à l'eau de rose* novela rosa ‖ *être en eau* estar empapado de sudor ‖ MAR *faire eau* hacer agua ‖ *faire o lâcher de l'eau* hacer aguada | *faire une promenade sur l'eau* dar un paseo en barco *ou* barca ‖ FAM *faire venir l'eau à la bouche* hacérsele a uno la boca agua | *faire venir l'eau à son moulin* barrer para dentro, arrimar el ascua a su sardina ‖ FIG *il n'est pire eau que l'eau qui dort* del agua mansa me libre Dios, que de la brava me guardaré yo | *il passera de l'eau sous le pont* habrá llovido para entonces | *mettre de l'eau dans son vin* moderar sus pretensiones, bajársele a uno los humos ‖ FAM *nager entre deux eaux* nadar entre dos aguas ‖ FIG *pêcher en eau trouble* pescar en río revuelto | *porter de l'eau à la rivière o à la mer* arar en el mar, echar agua en el mar, hacer cosas inútiles ‖ *prendre l'eau* empaparse (chaussures, etc.) ‖ FAM *rester le bec dans l'eau* quedarse con dos palmos de narices *ou* en la estacada ‖ FIG *se jeter à l'eau* lanzarse | *s'en aller o finir en eau de boudin* volverse agua de borrajas *ou* de cerrajas | *se noyer dans un verre d'eau* ahogarse en un vaso de agua ‖ *se ressembler comme deux gouttes d'eau* parecerse como dos gotas de agua ‖ FIG *tomber à l'eau* fracasar, irse al agua.

É.A.U. abrév de *Émirats arabes unis* EAU, Emiratos Árabes Unidos.

eau-de-vie *f* aguardiente *m*.
eau-forte *f* agua fuerte (acide nitrique) ‖ aguafuerte (estampe).
ébahi, e [ebai] *adj* boquiabierto, ta; pasmado, da (très surpris) ‖ *mine ébahie* cara de pasmado *ou* pasmada.
ébahir *v tr* sorprender, asombrar, dejar pasmado, da.
◆ *v pr* quedarse con la boca abierta, pasmarse.
ébahissement *m* estupefacción (étonnement) ‖ embeleso, embobamiento (émerveillement).
ébarber *v tr* desbarbar.
ébats [eba] *m pl* retozos, jugueteos (mouvements folâtres) ‖ *se livrer à des ébats* retozar, divertirse.
ébattre (s') *v pr* juguetear, retozar (batifoler) ‖ divertirse, distraerse, recrearse (s'amuser).
ébaubi, e *adj* FAM atónito, ta; pasmado, da; embobado, da (étonné).
ébauche *f* bosquejo *m*, esbozo *m*, boceto *m* (esquisse) ‖ FIG esbozo *m*, inicio *m* (d'un sourire) ‖ TECHN pieza desbastada.
ébaucher *v tr* esbozar, bosquejar ‖ FIG esbozar, dibujar; *ébaucher un sourire* esbozar una sonrisa ‖ iniciar, comenzar; *ébaucher une conversation* iniciar una conversación ‖ TECHN desbastar (dégrossir).
ébauchoir *m* desbastador ‖ palillo, espátula *f* (de sculpteur) ‖ formón (de charpentier).
ébavurer *v tr* quitar la rebaba, desbarbar (enlever les bavures).
ébène *f* ébano *m* (bois) ‖ ébano (couleur) ‖ — FIG *bois d'ébène* esclavos negros | *marchand de bois d'ébène* negrero.
ébéniste *m et f* ebanista.
ébénisterie *f* ebanistería.
éberlué, e *adj* asombrado, da; atónito, ta; pasmado, da (stupéfait).
éberluer *v tr* asombrar, dejar atónito *ou* pasmado.
éblouir [ebluir] *v tr* deslumbrar; *la lumière des phares nous éblouit* la luz de los faros nos deslumbra ‖ FIG maravillar, embelesar, cautivar (émerveiller) ‖ deslumbrar, cegar, hacer perder la cabeza; *ses succès l'ont ébloui* sus éxitos le han cegado.
éblouissant, e [-isã, ã:t] *adj* deslumbrante; deslumbrador, ra ‖ FIG resplandeciente; *d'éblouissants feux d'artifice* unos fuegos artificiales resplandecientes | sorprendente; brillantísimo, ma; *une*

éblouissement

éloquence éblouissante una elocuencia brillantísima.

éblouissement [-ismã] *m* deslumbramiento ‖ FIG turbación *f* | admiración *f* ‖ MÉD vahído (évanouissement).

ébonite *f* ebonita.

éborgner *v tr* dejar tuerto, saltar un ojo ‖ AGRIC desyemar.

éboueur *m* basurero.

ébouillanter [ebujãte] *v tr* escaldar, pasar por agua hirviendo.

éboulement *m* derrumbamiento, desmoronamiento (d'un mur) ‖ desprendimiento (de terre) ‖ escombros *m pl* (matériaux).

ébouler *v tr* derrumbar, derribar.
◆ *v pr* derrumbarse (un mur) ‖ desprenderse (terre).

éboulis [ebuli] *m* desprendimiento (de roches) ‖ escombros *pl* (matières éboulées).

ébourgeonner [ebur3ɔne] *v tr* desyemar.

ébouriffé, e *adj* desgreñado, da; despeluznado, da ‖ erizado, da.

ébouriffer *v tr* desgreñar, despeluznar, erizar (les cheveux) ‖ FIG espeluznar, pasmar (surprendre).

ébrancher *v tr* desramar, podar, escamondar (un arbre).

ébranlement *m* estremecimiento (tressaillement), conmoción *f* ‖ sacudida *f* (secousse); *l'ébranlement causé par un tremblement de terre* la sacudida causada por un terremoto ‖ FIG conmoción *f*, emoción *f*.

ébranler *v tr* estremecer, sacudir violentamente (secouer) ‖ mover (agiter) ‖ poner en movimiento (une cloche) ‖ hacer vacilar, quebrantar; *ébranler les convictions* hacer vacilar las convicciones ‖ mover, agitar (exciter l'imagination) ‖ FIG quebrantar, socavar, desquiciar, trastornar; *les institutions étaient ébranlées* las instituciones estaban desquiciadas | quebrantar (la santé) ‖ conmover (émouvoir) ‖ *être ébranlé* ser cuarteado, tambalearse; *les structures de cette organisation ont été ébranlées* las estructuras de esta organización ha sido cuarteadas, se han tambaleado.
◆ *v pr* ponerse en movimiento; *la voiture s'ébranle* el coche se pone en movimiento ‖ FIG vacilar, quebrantarse; *sa foi semble s'ébranler* su fe parece vacilar.

Èbre *n pr m* GÉOGR Ebro.

ébrécher *v tr* mellar, hacer una mella; *ébrécher un couteau* mellar un cuchillo ‖ desportillar; *ébrécher une assiette* desportillar un plato.

ébriété *f* embriaguez, ebriedad; *en état d'ébriété* en estado de ebriedad *ou* embriaguez.

ébrouer *v tr* desbrozar, lavar (la laine) ‖ descascarar (les noix).
◆ *v pr* resoplar, bufar (le cheval) ‖ estornudar (les autres animaux) ‖ chapotear (les oiseaux) ‖ sacudirse (en sortant de l'eau).

ébruitement *m* divulgación *f*, propalación *f*, difusión *f*.

ébruiter *v tr* divulgar, propalar, extender, difundir; *ébruiter une nouvelle* divulgar una noticia.

ébullition *f* ebullición, hervor *m* (liquide) ‖ FIG efervescencia, hervor *m* (des passions) ‖ — *porter à ébullition* dar un hervor.

éburné, e; éburnéen, enne *adj* ebúrneo, a (de la couleur de l'ivoire).

écaillage [ekɑja:ʒ] *m* escamadura *f* (du poisson) ‖ acción *f* de abrir, desbulla *f* (des huîtres) ‖ desconchado, desconchadura *f* (d'un mur, de la peinture).

écaille [ekɑ:j] *f* escama (des poissons, serpent, etc.) ‖ caparazón *m*, concha, carey *m* (de tortue) ‖ valva (de moule) ‖ desbulla, concha (d'huîtres) ‖ desconchón *m*; *la peinture du mur fait des écailles* la pintura de la pared tiene desconchones ‖ concha, carey *m*; *un peigne en écaille* un peine de concha ‖ BOT escama.
◆ *pl* orujo *m sing* ‖ FIG *les écailles lui sont tombées des yeux* se le cayó la venda de los ojos.

écaillé, e *adj* desconchado, da (un mur, la peinture) ‖ descascarillado, da (le vernis à ongles).

écailler [ekɑje] *v tr* quitar las escamas, escamar (enlever les écailles) ‖ abrir, desbullar (les huîtres) ‖ desconchar (un mur, la peinture).
◆ *v pr* escamarse (perdre ses écailles) ‖ desconcharse (peinture) ‖ descascarillarse (le vernis à ongles).

écale *f* cáscara (de la noix, de l'amande) ‖ vaina (des pois).

écaler *v tr* descascarar, pelar (ôter l'écale) ‖ cascar (noix) ‖ abrir (moules) ‖ quitar la cáscara de (des œufs).

écarlate *f* escarlata.
◆ *adj* escarlata ‖ FIG ruborizado, da; colorado, da.

écarquiller *v tr* abrir desmesuradamente los ojos, abrirlos de par en par *ou* como platos, tenerlos desorbitados (les yeux).

écart [ekaːr] *m* desviación *f* (mouvement latéral) ‖ espantada *f*, reparada *f*, extraño (du cheval) ‖ caserío, aldea *f* ‖ descarte (au jeu de cartes) ‖ diferencia *f*; *écart entre deux prix* diferencia entre dos precios ‖ distancia *f* ‖ digresión *f* (digression) ‖ BLAS cuartel ‖ error (statistique) ‖ FIG extravío, descarrío (dans la conduite) ‖ MÉD esguince (relâchement des ligaments) ‖ MIL desvío (d'une balle) ‖ — *écart de conduite* descarrío ‖ — *à l'écart* aparte, en lugar apartado ‖ *à l'écart de* apartado de ‖ — SPORTS *faire le grand écart* hacer un «grand écart» (danse), hacer el spagat (gymnastique) ‖ *faire son écart* descartarse (jeux) ‖ *faire un écart* echarse *ou* hacerse a un lado, apartarse (se mettre de côté), echar una cana al aire (dans sa conduite) ‖ *mettre o tenir à l'écart* dejar *ou* poner a un lado, apartar (isoler), apartar, dejar fuera; *tenir quelqu'un à l'écart de tous les avantages* dejar a alguien fuera de todas las ventajas ‖ *vivre à l'écart* vivir aislado.

écarté, e *adj* apartado, da; aislado, da; *endroit écarté* lugar apartado ‖ apartado, da; alejado, da; *personne écartée du pouvoir* persona apartada del poder ‖ abierto, ta; *les bras écartés* los brazos abiertos; *les jambes écartées* las piernas abiertas ‖ descartado, da (jeux).
◆ *m* écarté (jeu de cartes).

écartèlement *m* descuartizamiento.

écarteler* *v tr* descuartizar ‖ BLAS cuartelar ‖ FIG dividir cruelmente, luchar; *il était écartelé entre le* *devoir et la passion* el deber y la pasión luchaban en él.

écartement *m* separación *f* ‖ ancho (des roues, des voies de chemin de fer) ‖ distancia *f*; *écartement des essieux* distancia entre los ejes.

écarter *v tr* apartar, separar ‖ abrir, separar; *écarter les jambes* abrir las piernas ‖ alejar, mantener a distancia (tenir à distance) ‖ apartar; *écarter quelqu'un de son chemin* apartar a uno de su camino ‖ apartar, desviar; *écarter quelqu'un du droit chemin* desviar a uno del buen camino ‖ dejar de lado, desechar; *écarter certaines propositions* dejar de lado ciertas propuestas ‖ quitarse de encima (un concurrent) ‖ FIG alejar, descartar; *écarter les soupçons, la possibilité de* alejar las sospechas, descartar la posibilidad de ‖ descartar (jeu) ‖ *écarter toute restriction* suprimir toda restricción.

◆ *v intr* bracear (le cheval) ‖ torear al cuarteo, capear (courses de taureaux).

◆ *v pr* apartarse ‖ estar apartado (être éloigné) ‖ *s'écarter de 5%* diferir en un 5% ‖ *s'écarter du sujet* salirse del tema.

ecchymose [ɛkimoːz] *f* MÉD equimosis, cardenal *m*.

ecclésiastique *adj* et *s m* eclesiástico, ca.

écervelé, e *adj* atolondrado, da; sin seso, sin cabeza (sans jugement).

◆ *m* et *f* atolondrado, da; cabeza *f* de chorlito.

E.C.G. abrév de *électrocardiogramme* ECG, electrocardiograma.

échafaud [eʃafo] *m* cadalso, patíbulo (pour les condamnés à mort) ‖ FIG guillotina *f* (guillotine) ‖ pena *f* de muerte (peine de mort) ‖ andamio (échafaudage) ‖ tablado, estrado (estrade).

échafaudage *m* andamiaje, andamio, andamios *pl*; *échafaudage volant* andamios suspendidos *ou* colgados ‖ montón, pila *f* (amas d'objets) ‖ cimientos *pl*, base *f*, fundamentos *pl*; *l'échafaudage d'une fortune* los cimientos de una fortuna ‖ sistema de ideas, tinglado, argumentación *f*.

échafauder *v intr* levantar un andamio.

◆ *v tr* amontonar, apilar; *échafauder des meubles* amontonar muebles ‖ FIG trazar (des plans) ‖ bosquejar; *échafauder un roman* bosquejar una novela ‖ fundar, poner en pie, echar las bases de (un système, une doctrine).

échalas [eʃala] *m* rodrigón, estaca *f* (pieu) ‖ FIG & FAM espárrago, espátula *f*, persona alta y flaca (personne grande et maigre); *se tenir droit o raide comme un échalas* ser más tieso que un huso.

échalote *f* chalote *m* (plante).

échancré, e *adj* escotado, da (robe) ‖ BOT recortado, da.

échancrer *v tr* escotar (une robe).

échancrure *f* escotadura, escote *m* (d'une robe) ‖ MUS escotadura (d'un instrument).

échange *m* cambio ‖ cambio (échecs) ‖ intercambio; *échanges commerciaux* intercambios comerciales; *termes de l'échange* términos del intercambio ‖ canje (de prisonniers, livres, journaux, etc.) ‖ FIG intercambio; *échange de compliments, d'idées* intercambio de cumplidos, de ideas ‖ — *échange de correspondance* intercambio de correspondencia ‖ *échange de coups de feu* tiroteo ‖ *échange de vues* cambio de impresiones, conversación ‖ *échanges culturels* intercambios culturales ‖ *libre-échange* libre cambio ‖ *zone de libre-échange* zona de libre cambio *ou* de libre comercio ‖ — *en échange* en cambio ‖ *en échange de* a cambio de ‖ — *c'est un échange de bons procédés* le ha devuelto su cumplido.

échangeable *adj* cambiable ‖ intercambiable ‖ canjeable (prisonniers).

échanger* *v tr* cambiar; *échanger une chose contre une autre* cambiar una cosa por otra ‖ canjear (prisonniers, livres, journaux, etc.) ‖ intercambiar (s'envoyer réciproquement) ‖ — *échanger des coups* pegarse ‖ *échanger des coups de feu* tirotearse ‖ *échanger quelques mots* hablar un momento.

échangeur *m* PHYS intercambiador; *échangeur de chaleur* intercambiador de calor ‖ cruce a diferentes niveles (d'autoroutes).

échangisme *m* intercambio de parejas.

échanson *m* copero (officier qui servait à boire); *grand échanson* copero mayor ‖ escanciador.

échantillon [eʃɑ̃tijɔ̃] *m* muestra *f* (d'une marchandise, de tissu); *prélever des échantillons* sacar muestras ‖ marco (mesure) ‖ FIG muestra *f*, ejemplo, señal *f*, indicio, prueba *f*; *donner un échantillon de son talent* dar una muestra de su talento ‖ MAR escantillón ‖ FIG *un simple échantillon suffit* para muestra basta un botón.

échantillonnage *m* preparación *f* de muestras ‖ muestrario (collection d'échantillons) ‖ muestreo (statistiques) ‖ FIG gama *f*, surtido, colección *f* (gamme) ‖ MAR escantillón, conjunto de las dimensiones de un navío.

échantillonner *v tr* sacar *ou* preparar muestras (préparer des échantillons) ‖ contrastar, comprobar (des poids ou des mesures) ‖ TECHN recoger muestras (pour les analyser).

échappatoire *f* escapatoria, evasiva.

échappée *f* escapada, escapatoria (escapade) ‖ escapada (d'un cycliste) ‖ vista, punto *m* de vista (vue) ‖ ojo *m* (d'un escalier) ‖ pasaje *m* (pour une voiture) ‖ rato *m*, momento *m* (court instant) ‖ *échappée de lumière* golpe de luz (en peinture).

échappement *m* escape (d'un moteur, d'une montre) ‖ — *roue d'échappement* rueda catalina (horloge) ‖ *tuyau d'échappement* tubo de escape.

échapper* *v intr* escapar, escaparse ‖ escaparse de, librarse de, evitar; *échapper au danger* escapar de un peligro ‖ irse de las manos; *son autorité lui échappe* su autoridad se le va de las manos ‖ no llegar a comprender, no entender; *le sens de ce mot m'échappe* no comprendo el sentido de esta palabra ‖ olvidarse, irse de la memoria; *ce nom m'échappe* este nombre se me ha ido de la memoria ‖ escapársele a uno (prononcer involontairement); *ce mot m'a échappé* esta palabra se me ha escapado ‖ — *échapper à quelqu'un* escapársele a alguien (détail, sens) ‖ *échapper des mains de quelqu'un* resbalársele de las manos a alguien ‖ *laisser échapper* dejar escapar ‖ *l'échapper belle* librarse de una buena.

◆ *v pr* escaparse (s'enfuir) ‖ desvanecerse, perderse, espumarse; *voir s'échapper son dernier espoir* ver desvanecerse su última esperanza ‖ salirse (sortir) ‖ irse (maille) ‖ escaparse (sports).

écharde *f* astilla.

écharpe *f* faja (bande, bandoulière) || fajín *m* (des généraux) || bufanda (cache-col) || chal *m*, écharpe *m* [galicismo] (foulard) || cabestrillo *m*; *avoir le bras en écharpe* tener el brazo en cabestrillo || *en écharpe* al sesgo (en travers), a la bandolera; cruzado, da (en bandoulière), en cabestrillo (bras blessé), de refilón (véhicule) || *prendre en écharpe* chocar de refilón.

écharper *v tr* acuchillar, despedazar (tailler en pièces) || *(vx)* desbriznar (la laine) || herir gravemente, mutilar (blesser grièvement) || trinchar mal (une volaille).

échasse *f* zanco *m* (pour marcher) || escantillón *m* (règle de maçon) || zanca (d'échafaudage) || zancuda (oiseau) || FAM zanca (jambe) || *être monté sur des échasses* ser zanquilargo, ser muy alto de estatura.

échassiers [eʃasje] *m pl* zancudas *f* (oiseaux).

échaudé, e *adj* escaldado, da || *chat échaudé craint l'eau froide* gato escaldado del agua fría huye.

échauder *v tr* escaldar || requemar, asolear (blé, grains) || FIG servir de escarmiento, hacer escarmentar (faire pâtir) || — FIG *se faire échauder* salir escaldado, escarmentar.

échauffement *m* calentamiento || recalentamiento (frottement) || fermentación *f* (céréales, farine) || FIG acaloramiento || MÉD irritación *f*.

échauffer *v tr* calentar || FIG acalorar, enardecer, irritar || TECHN recalentar || *échauffer le sang* o *la tête* o *les oreilles* calentar *ou* quemar la sangre, encolerizar.
◆ *v pr* calentarse || FIG acalorarse, enardecerse, subir de tono (dispute, discussion) | irritarse, inflamarse.

échauffourée *f* refriega, escaramuza (combat).

échauguette *f* atalaya (pour guetter).

échéance *f* vencimiento *m* (date de paiement d'un billet, d'une dette, etc.); *échéance de la prime* vencimiento de la prima || plazo *m*, término *m*; *des effets commerciaux à courtes échéances* efectos comerciales a corto plazo || *à brève échéance* en breve plazo, en breve, a corto plazo || *à longue échéance* a largo plazo || *arriver à échéance* vencer || *payer ses échéances* pagar sus débitos.

échéancier *m* COMM registro de vencimientos.

échéant, e [eʃeã, ã:t] *adj* que vence, pagadero, ra (qui échoit) || *le cas échéant* llegado el caso, si llega el caso.

échec [eʃɛk] *m* jaque (au jeu d'échecs) || FIG fracaso (insuccès); *essuyer un échec* sufrir un fracaso || — JEUX *échec au roi* jaque al rey || *échec et mat* jaque mate | *échec perpétuel* jaque perpetuo || *échec scolaire* fracaso escolar || *joueur d'échecs* ajedrecista || *— être échec* estar en jaque (au jeu) || *faire échec à* dar el traste con || *mettre en échec* hacer fracasar (faire échouer), dar jaque a (jeu d'échecs) || FIG *tenir en échec* tener en jaque, mantener a raya (dans une position difficile), empatar, igualar (sports).
◆ *pl* JEUX ajedrez *sing*.

échelle *f* escala (musicale, etc.); *l'échelle d'une carte* la escala de un mapa || escala, escalera de mano, escalera (métallique, en bois, etc.); *échelle à crochets* escalera de gancho || carrera, carrerilla (à un bas) || FIG escala, nivel *m*; *à l'échelle internationale* a escala internacional || *— à l'échelle de* a escala de, a nivel de || *échelle de corde* escala de cuerda || MAR *échelle de coupée* escala real || MIN *échelle de Mohs* escala de dureza *ou* de Mohs || *échelle de Richter* escala de Richter || *échelle des valeurs* jerarquía de valores || *échelle double* escalera de tijera || *échelle mobile* escala móvil (salaires) || *échelle sociale* escala (gallicisme) *ou* jerarquía social || *sur une grande, petite échelle* en gran, pequeña escala || — FAM *après lui, il faut tirer l'échelle* después de él, punto redondo || *faire la courte échelle* hacer estribo con las manos, aupar.

échelon [eʃlõ] *m* escalón, peldaño (barreau de l'échelle) || escalafón, grado (grade) || MIL escalón (combat) || *— à l'échelon national, ministériel* al nivel nacional, ministerial || *gravir les échelons de la hiérarchie* elevarse en la jerarquía.

échelonnement [eʃlɔnmã] *m* escalonamiento, espaciamiento || MIL escalonamiento.

échelonner [-ne] *v tr* escalonar || espaciar, graduar; *échelonner des paiements* espaciar los pagos || MIL escalonar.

écheveau [eʃvo] *m* madeja *f*, ovillo (de fiol, de laine, etc.) || FIG enredo, lío (affaire embrouillée).

échevelé, e [eʃəvle] *adj* desgreñado, da; desmelenado, da || desenfrenado, da; *danse échevelée* baile desenfrenado || descabellado, da; disparatado, da; *idée échevelée* idea descabellada.

échiffre *f* *mur d'échiffre* muro de apoyo, limón.

échine *f* espinazo *m*, espina dorsal || lomo *m* (des animaux) || ARCHIT equino *m* (moulure) || — FIG & FAM *avoir l'échine souple* o *flexible* ser muy servil || FIG *courber l'échine* doblar el espinazo *ou* la cerviz, humillarse || FAM *frotter l'échine à quelqu'un* sacudir el polvo, medir las costillas a alguno (rosser).

échiner *v tr* deslomar, romper el espinazo (rompre l'échine) || FIG moler a palos (battre) | romper la crisma, matar (tuer).
◆ *v pr* deslomarse, matarse, aperrearse (se fatiguer).

échiquier *m* tablero, damero (échecs) || DR tribunal (en Normandie) || FIG palestra *f*, tablero; *l'échiquier parlementaire* la palestra parlamentaria; *l'échiquier politique* el tablero político || *— chancelier de l'Échiquier* ministro de Hacienda (en Angleterre) || *— en échiquier* escaqueado, da; en cuatros alternados.

écho [eko] *m* eco (acoustique) || eco, gacetilla *f* (d'un journal) || FIG eco; *se faire l'écho d'une nouvelle* hacerse eco de una noticia || POÉT eco || *— à tous les échos* a los cuatro vientos, públicamente || *chambre d'écho* cámara de resonancia || *rester sans écho* no obtener respuesta.

échographie *f* MÉD ecografía.

échoir* *v tr* tocar, caer en suerte; *échoir en partage* tocar en un reparto || vencer, cumplir (un délai); *mon billet échoit demain* mi pagaré vence mañana.
— OBSERV *Échoir* se emplea casi únicamente en la tercera persona del singular y del plural. En los tiempos compuestos se emplea con el auxiliar *être*.

écholalie [ekolali] *f* ecolalia.

écholocation; écholocalisation *f* ZOOL ecolocalización.

échoppe *f* puesto *m*, tenderete *m* (petite boutique) || TECHN buril *m* de grabador (burin).

échotier [ekɔtje] *m* gacetillero.

échouer *v intr* MAR encallar, embarrancar, varar (accident) ‖ ser suspendido (examen); *elle a échoué à son examen* ha sido suspendida en su examen ‖ ser arrojado, da; *divers objets ont échoué sur la plage* varios objetos han sido arrojados a la playa ‖ FAM ir a parar; *sa montre échoua au Mont-de-Piété* su reloj fue a parar en el Monte de Piedad ‖ FIG fracasar, salir mal, frustrarse (une affaire, des plans); *l'affaire échoua* el negocio salió mal.

échevelé, e [eʃəvle] *adj* desgreñado, da; desmelenado, da ‖ desenfrenado, da; *danse échevelée* baile desenfrenado ‖ descabellado, da; disparatado, da; *idée échevelée* idea descabellada.

échiffre *f* *mur d'échiffre* muro de apoyo, limón.

échine *f* espinazo *m*, espina dorsal ‖ lomo *m* (des animaux) ‖ ARCHIT equino *m* (moulure) ‖ — FIG & FAM *avoir l'échine souple* o *flexible* ser muy servil ‖ FIG *courber l'échine* doblar el espinazo *ou* la cerviz, humillarse ‖ FAM *frotter l'échine à quelqu'un* sacudir el polvo, medir las costillas a alguno (rosser).

échiner *v tr* deslomar, romper el espinazo (rompre l'échine) ‖ FIG moler a palos (battre) ‖ romper la crisma, matar (tuer).
◆ *v pr* deslomarse, matarse, aperrearse (se fatiguer).

échiquier *m* tablero, damero (échecs) ‖ DR tribunal (en Normandie) ‖ FIG palestra *f*, tablero; *l'échiquier parlementaire* la palestra parlamentaria; *l'échiquier politique* el tablero político ‖ — *chancelier de l'Échiquier* ministro de Hacienda (en Angleterre) ‖ — *en échiquier* escaqueado, da; en cuatros alternados.

écho [eko] *m* eco (acoustique) ‖ eco, gacetilla *f* (d'un journal) ‖ FIG eco; *se faire l'écho d'une nouvelle* hacerse eco de una noticia ‖ POÉT eco ‖ — *à tous les échos* a los cuatro vientos, públicamente ‖ *chambre d'écho* cámara de resonancia ‖ *rester sans écho* no obtener respuesta.

échographie *f* MÉD ecografía.

échoir* *v tr* tocar, caer en suerte; *échoir en partage* tocar en un reparto ‖ vencer, cumplir (un délai); *mon billet échoit demain* mi pagaré vence mañana.
— OBSERV *Échoir* se emplea casi únicamente en la tercera persona del singular y del plural. En los tiempos compuestos se emplea con el auxiliar *être*.

écholalie [ekolali] *f* ecolalia.

écholocation; écholocalisation *f* ZOOL ecolocalización.

échoppe *f* puesto *m*, tenderete *m* (petite boutique) ‖ TECHN buril *m* de grabador (burin).

échotier [ekɔtje] *m* gacetillero.

échouer *v intr* MAR encallar, embarrancar, varar (accident) ‖ ser suspendido (examen); *elle a échoué à son examen* ha sido suspendida en su examen ‖ ser arrojado, da; *divers objets ont échoué sur la plage* varios objetos han sido arrojados a la playa ‖ FAM ir a parar; *sa montre échoua au Mont-de-Piété* su reloj fue a parar en el Monte de Piedad ‖ FIG fracasar, salir mal, frustrarse (une affaire, des plans); *l'affaire échoua* el negocio salió mal.
◆ *v tr* varar (un bateau).
◆ *v pr* MAR encallar, embarrancarse.

échu, e *adj* *à terme échu* a plazo vencido.

écimage *m* desmoche, descope (d'un arbre).

éclaboussement *m* salpicadura *f*.

éclabousser *v tr* salpicar ‖ FIG manchar, mancillar; *le scandale a éclaboussé sa famille* el escándalo ha manchado a su familia ‖ aplastar, deslumbrar, dar en las narices; *le parvenu veut éclabousser tout le monde de son luxe* el nuevo rico quiere aplastar con su lujo a todo el mundo.

éclaboussure *f* salpicadura (de boue, etc.) ‖ FIG consecuencia, repercusión; *les éclaboussures d'un scandale* las consecuencias de un escándalo.

éclair *m* relámpago ‖ FIG chispa *f*, rasgo; *un éclair de génie* una chispa de ingenio ‖ relampagueo, centelleo; *l'éclair des diamants* el centelleo de los diamantes ‖ pastelillo relleno de crema (gâteau) ‖ PHOT fogonazo, relámpago, flash ‖ FIG *passer comme un éclair* pasar como una exhalación *ou* un relámpago.
◆ *adj* relámpago; *une guerre éclair* una guerra relámpago.
— OBSERV Tanto en francés como en español el término corrientemente empleado en fotografía es *flash*.

éclairage *m* alumbrado, iluminación *f*; *éclairage indirect* iluminación indirecta; *éclairage public* alumbrado público ‖ luces *f pl* (d'une auto) ‖ — *gaz d'éclairage* gas del alumbrado ‖ *voir sous un certain éclairage, donner un certain éclairage à* enfocar de cierta manera.

éclairagiste *adj et s* luminotécnico, ca; técnico en iluminación ‖ CINÉM ingeniero de luces.

éclairant, e *adj* luminoso, sa; *pouvoir éclairant* potencia luminosa.

éclaircie *f* claro *m* (endroit dégagé) ‖ clara, escampada (interruption de la pluie) ‖ FIG mejoría (amélioration).

éclaircir *v tr* aclarar ‖ FIG aclarar, esclarecer (rendre intelligible) ‖ entresacar (rafraîchir les cheveux) ‖ despejar; *le vent a éclairci l'horizon* el viento ha despejado el horizonte ‖ AGRIC entresacar, aclarar.
◆ *v pr* aclararse, despejarse; *le temps s'éclaircit* el tiempo se despeja ‖ aclararse (la voix) ‖ dispersarse, disminuir; *le public s'éclaircit* el público se dispersa.

éclaircissement *m* aclaración *f*, esclarecimiento (explication).

éclairement *m* alumbrado ‖ PHYS iluminancia *f*.

éclairer *v tr* alumbrar, iluminar ‖ alumbrar, dar luz; *je vais vous éclairer* voy a alumbrarle ‖ FIG instruir, ilustrar; *l'expérience nous éclaire* la experiencia nos instruye ‖ aclarar; *cette explication éclaire le texte* esta explicación aclara el texto ‖ iluminar; *éclairer la conscience d'un juge* iluminar la conciencia de un juez.
◆ *v intr* alumbrar; *éclairer bien, mal* alumbrar bien, mal ‖ relumbrar, chispear, brillar (étinceler).
◆ *v pr* alumbrarse; *nous nous éclairons au gaz* nos alumbramos con gas ‖ iluminarse; *son visage s'éclaira* su cara se iluminó ‖ FIG aclararse, recrecerse; *la situation s'est éclairée* la situación se ha aclarado.

éclaireur, euse *m et f* explorador, ra (scoutisme).
◆ *m* MAR barco explorador (bâtiment) ‖ MIL explorador, batidor ‖ *partir en éclaireur* ir por delante, adelantarse.

éclat [ekla] *m* pedazo, fragmento, casco (partie d'un morceau brisé); *des éclats de verre* cascos de vidrio | *astilla f* (de bois); *briser en éclats* hacer astillas || *esquirla f* (morceau d'os) || brillo, resplandor, destello (lueur brillante) || *hendidura f* (fente) || FIG estrépito, fragor (fracas) | resplandor; *l'éclat de la jeunesse* el resplandor de la juventud | brillantez *f*, brillo; *l'éclat de la saison théâtrale* la brillantez de la temporada teatral | escándalo || — *éclat de rire* carcajada || *éclat de voix* grito, voces || *éclat d'obus* casco de granada, metralla || — *action* o *coup d'éclat* hazaña, proeza || *sans éclat* apagado, deslucido, sin brillo || *une vie sans éclat* una vida sin pena ni gloria || — *faire un éclat* alborotar, armar un escándalo | *rire aux éclats* reirse a carcajadas || *voler en éclats* hacerse astillas.

éclatant, e *adj* brillante, resplandeciente (qui brille); || FIG brillante; *victoire éclatante* brillante victoria | clamoroso, sa; *un succès éclatant* un éxito clamoroso | manifiesto, ta; notorio, ria; patente; *vérité éclatante* verdad manifiesta | estrepitoso, sa; ruidoso, sa (bruyant) || *éclatant de santé, de beauté* rebosante, resplandeciente de salud, de belleza.

éclatement *m* estallido; *l'éclatement d'une bombe* el estallido de una bomba || reventón (d'un pneu) || astillado (du bois) || FIG fragmentación *f* (d'un parti, d'une association).

éclater *v intr* estallar, reventar (se rompe violemment) || estallar (applaudissements) || resplandecer, brillar; *la joie éclate dans ses yeux* la alegría resplandece en sus ojos || estallar, ocurrir; *un scandale a éclaté* ha estallado un escándalo || FIG reventar (de colère) | manifestarse (se manifester) | prorrumpir; *éclater de rire* prorrumpir en risa | *éclater en sanglots* romper a llorar, prorrumpir en llanto.
◆ *v pr* FAM pasárselo pipa.

éclectique *adj* et *s* ecléctico, ca.

éclectisme *m* eclecticismo.

éclipse *f* ASTR eclipse *m*; *éclipse totale* eclipse total || FIG eclipse *m*, ausencia.

éclipser *v tr* eclipsar || FIG ocultar | superar, quedar por encima, eclipsar (surpasser).
◆ *v pr* desaparecer, eclipsarse, escabullirse.

écliptique *adj* ASTR eclíptico, ca.
◆ *m* eclíptica *f*.

éclopé, e *adj* et *s* cojo, ja || lisiado, da (estropié).

éclore* *v intr* nacer, salir del huevo *ou* del cascarón (sortir de l'œuf) || abrirse (fleurs, œufs) || FIG nacer, despuntar (le jour); *le jour vient d'éclore* el día acaba de despuntar | nacer, salir a luz, aparecer, surgir (se manifester).

éclosion *f* nacimiento *m*, salida del huevo *ou* del cascarón (d'un oiseau) || abertura, desarrollo *m*, brote *m* (d'une fleur) || despuntar; *l'éclosion du printemps* el despuntar de la primavera || FIG aparición; *l'éclosion de jeunes talents* la aparición de nuevos talentos.

écluse *f* esclusa (d'un canal) || *écluses d'aérage* respiradero (d'une mine).

écluser *v tr* dar paso a un barco por una esclusa (faire passer) || cerrar mediante una esclusa (fermer) || POP pimplar (boire).

éclusier, ère *m* et *f* esclusero, ra (gardien).
◆ *adj porte éclusière* compuerta.

écœurant, e [ekœrã, ã:t] *adj* repugnante; asqueroso, sa; *odeur écœurante* olor repugnante || empalagoso, sa (trop sucré).

écœurement [-rmã] *m* asco (dégoût) || FIG hastío, asco (lassitude).

écœurer [-re] *v tr* dar asco, asquear, repugnar || empalagar (choses sucrées) || FIG hastiar (lasser) | desanimar, descorazonar (décourager).

école *f* escuela; *école des beaux-arts* escuela de Bellas Artes || colegio *m*; *les enfants doivent aller à l'école* los niños tienen que ir al colegio || academia; *une école de langue* una academia de idiomas || instrucción (du soldat) || FIG escuela; *école rationaliste française* escuela racionalista francesa | *école communale* escuela municipal | *école de dessin, danse, musique* escuela de dibujo, baile, música || *école de pilotage* escuela de pilotaje | *école de secrétariat* escuela de secretariado || *école hôtelière* escuela de hostelería || *école maternelle* escuela de párvulos || *école militaire* academia militar || *école nationale d'agriculture* escuela de ingenieros agrónomos || *école normale (d'instituteurs) (ENI)* escuela universitaria de formación de los maestros de primera enseñanza || *école normale supérieure (ENS)* escuela universitaria de formación del profesorado || *école primaire* escuela primaria, escuela de primera enseñanza || *école publique, privée* escuela pública, privada || *école secondaire* escuela secundaria, escuela de segunda enseñanza || *haute école* alta escuela (équitation) || *les grandes écoles* centros universitarios privados o públicos muy selectivos || — *être à bonne école* tener buena escuela || *faire école* formar escuela; *un artiste qui fait école* un artista que forma escuela; propagarse, difundirse, tener eco (se propager) || *faire école a* dar clases *ou* enseñar a || FIG *faire l'école buissonnière* hacer novillos, hacer rabona.

écolier, ère *m* et *f* alumno, na; colegial, escolar (*p us*) || FIG novato, principiante (novice) || — *papier écolier* papel pautado || *prendre le chemin des écoliers* tomar por el camino más largo.

écolo *adj* et *s* FAM verde [ecologista].

écologie *f* ecología.

écologique *adj* ecológico, ca; ecologista.

écologiste *m* et *f* ecologista; ecólogo, ga.

écomusée *m* museo ecológico.

éconduire* [ekɔ̃dɥir] *v tr* despedir (congédier) || no recibir (refuser de recevoir) || rechazar, dar calabazas (*fam*) (un soupirant).

économat [ekɔnɔma] *m* economato.

économe *adj* económico, ca; ahorrado, da; ahorrador, ra; ahorrativo, va || FIG *être économe de* ser parco en, no prodigar.
◆ *m* et *f* económo, ma (administrateur).

économétrie *f* econometría.

économie *f* economía; *économie politique* economía política || — *économie dirigée* economía planificada || FIG ahorro *m*; *c'est une économie de temps* es un ahorro de tiempo || *faire l'économie d'une explication* ahorrarse una explicación || *faire des économies* ahorrar || FAM *faire des économies de bouts de chandelle* hacer economías de chicha y nabo.

économique *adj* económico, ca.

économiquement *adv* económicamente || *économiquement faible* persona de escasos recursos.

économiser *v tr* economizar; ahorrar ‖ FIG ahorrar, reservar; *économiser ses forces* reservar sus fuerzas.

économiste *m* et *f* economista.

écoper *v tr* achicar (vider de l'eau) ‖ POP pimplar (boire).
➤ *v intr* FAM pagar el pato, cobrar (subir les conséquences d'une chose) | ganarse, cargarse; *il a écopé de dix francs d'amende* se ha cargado diez francos de multa.

écorce *f* corteza (d'un arbre, de la terre) ‖ cáscara, piel (d'un fruit) ‖ *(vx)* FIG corteza, apariencia exterior (apparence).

écorché, e *adj* et *s* desollado, da; despellejado, da ‖ *écorché vif* desollado vivo.
➤ *m* figura *f* anatómica desollada (beaux-arts).

écorcher *v tr* desollar, despellejar ‖ desollar, rozar, arañar (égratigner) ‖ FIG lastimar, dañar; *voix qui écorche les oreilles* voz que lastima los oídos ‖ hablar mal, chapurrear (une langue), deformar (un nom), estropear (un morceau de musique) ‖ *crier comme si l'on vous écorchait* gritar como si le estuvieran matando.
➤ *v pr* hacerse un arañazo; *s'écorcher le genou* hacerse un arañazo en la rodilla.

écorcheur *m* desollador (qui écorche les animaux).

écorchure *f* desolladura, desollón *m*, excoriación.

écorner *v tr* descornar (briser, amputer les cornes) ‖ descantillar, desportillar (un objet) ‖ doblar la punta (d'une page) ‖ FIG disminuir, mermar, descantillar; *écorner un capital* mermar un capital.

écosphère *f* ecosfera.

écossais, e *adj* escocés, esa.

Écossais, e *m* et *f* escocés, esa.

Écosse *n pr f* GÉOGR Escocia.

écosser *v tr* desvainar, desgranar.

écosystème *m* ecosistema.

écot [eko] *m* escote, cuota *f*, parte *f*; *payer son écot* pagar su escote, su parte ‖ cuenta *f* (note) ‖ tocón (tronc), rama *f* rota, garrancho (branche).

écoulé, e *adj* *le 31 du mois écoulé* el pasado día 31.

écoulement *m* derrame (d'un liquide) ‖ salida *f*, desagüe, flujo (des eaux) ‖ salida *f*, circulación *f* (des personnes) ‖ paso, transcurso, curso (du temps) ‖ salida *f*, venta *f*, despacho (d'une marchandise) ‖ MÉD derrame; *écoulement muqueux* derrame mucoso.

écouler *v tr* dar salida a, vender, despachar (vendre) ‖ deshacerse de (se débarrasser).
➤ *v pr* correr, fluir (liquides) ‖ desaguar, evacuarse (les eaux) ‖ transcurrir, pasar (le temps) ‖ despacharse, venderse, encontrar salida (marchandises) ‖ FIG irse, salir, retirarse (la foule) | irse, desaparecer; *l'argent s'écoule vite* el dinero desaparece pronto ‖ MÉD derramarse (s'épancher).

écourter *v tr* acortar ‖ VÉTÉR cortar el rabo, desrabotar, desrabar (couper la queue).

écoute *f* escucha ‖ MAR escota (cordage) ‖ MIL escucha ‖ — *écoutes téléphoniques* escuchas telefónicas ‖ *heure d'écoute* hora de audiencia ‖ *heure de grande écoute* hora de gran audiencia ‖ *indice d'écoute* índice de audiencia ‖ *sœur écoute* escucha, escuchadera (religieuse) ‖ *table d'écoute* estación de escucha ‖ — *être aux écoutes* estar a la escucha ‖ *vous êtes à l'écoute de* están escuchando, sintonizan con (radio).
➤ *pl* orejas (du sanglier).

écouter *v tr* escuchar; *écouter de la musique* escuchar música ‖ escuchar, dar oídos a, hacer caso a (tenir compte de) ‖ atender, acoger (exaucer) ‖ dejarse llevar por; *écouter sa colère* dejarse llevar por la cólera ‖ — *écoute!* ¡oye!, ¡mira! ‖ *écouter aux portes* escuchar tras la puerta ‖ *écouter son mal* preocuparse excesivamente por sus males ‖ *n'écouter que d'une oreille* prestar poca atención ‖ *n'écouter que soi-même* no atender ningún consejo.
➤ *v pr* escucharse; *s'écouter parler* escucharse hablando ‖ FAM ser muy aprensivo, cuidarse demasiado.

écouteur *m* auricular (téléphone).

écoutille [ekuti:j] *f* MAR escotilla (trappe).

écouvillon [ekuvijɔ̃] *m* MIL escobillón, lanada *f* (de canon) ‖ barredero (d'un four) ‖ MÉD legra *f* (instrument de chirurgie).

écrabouiller [ekrɑbuje] *v tr* FAM aplastar, despachurrar.

écran *m* pantalla *f*; *écran panoramique* pantalla panorámica ‖ abanico, pantalla *f* de chimenea (de cheminée) ‖ cortina *f* (barrage); *écran de fumée* cortina de humo ‖ FIG pantalla *f* (protection) ‖ pantalla *f*, cine ‖ — *écran acoustique* o *antibruit* pantalla acústica *ou* antirruido ‖ *écran cathodique* pantalla catódica ‖ *écran de contrôle* monitor ‖ INFORM *écran de visualisation* pantalla de visualización | *écran tactile* pantalla táctil ‖ MIL *écran radar* pantalla de radar ‖ *le petit écran* la pequeña pantalla, la televisión ‖ *porter à l'écran* llevar a la pantalla *ou* al celuloide.

écrasant, e *adj* abrumador, ra; agobiante; *poids écrasant* peso abrumador ‖ FIG aplastante; *une victoire écrasante* una victoria aplastante.

écraser *v tr* aplastar; *écraser un insecte* aplastar un insecto ‖ atropellar (avec un véhicule) ‖ pisar (le raisin) ‖ machacar, majar; *écraser de l'ail* majar ajos ‖ triturar (le grain) ‖ anonadar, humillar, rebajar; *écraser par son luxe* humillar con su lujo ‖ FIG destruir, aplastar; *écraser l'ennemi* aplastar al enemigo | abrumar, agobiar; *être écrasé d'impôts* estar agobiado por los impuestos ‖ FAM *en écraser* dormir como un tronco.
➤ *v pr* estrellarse; *s'écraser contre un arbre* estrellarse contra un árbol ‖ — POP *écrase-toi* cierra el pico, cállate ‖ FAM *on s'écrase* se amontona la gente.

écrémage *m* desnatado, desnate.

écrémer* *v tr* desnatar, quitar la nata de (le lait) ‖ FIG escoger la flor y nata de.

écrevisse *f* cangrejo *m* de río (crustacé) ‖ TECHN tenaza (tenaille de forgeron) ‖ *rouge comme une écrevisse* colorado *ou* encarnado como un cangrejo.

écrier (s')* *v pr* exclamar ‖ gritar (crier).
— OBSERV Ce verbe ne se traduit jamais par un verbe pronominal en espagnol.

écrin *m* joyero, estuche (coffret).

écrire* *v tr* escribir ‖ inscribir, imprimir; *la vertu était écrite sur son visage* la virtud estaba impresa

en su rostro ‖ — *écrire comme un chat* escribir como una cocinera, hacer garabatos ‖ *écrire un mot* poner unas letras ‖ *machine à écrire* máquina de escribir.
◆ *v pr* escribirse; *ce mot s'écrit en trois lettres* esta palabra se escribe con tres letras; *ça s'écrit comment?* ¿cómo se escribe? ‖ cartearse, escribirse (échange de lettres).

écrit, e [ekri, it] *adj* et *s m* escrito, ta ‖ *— bien, mal écrit* bien, mal escrito ‖ *par écrit* por escrito ‖ *— ce qui est écrit est écrit* lo escrito, escrito está ‖ *c'était écrit* estaba escrito.

écriteau *m* letrero, rótulo (inscription).

écritoire *f* escribanía (meuble) ‖ recado de escribir, escribanía (nécessaire).

écriture *f* escritura ‖ letra, escritura; *avoir une jolie écriture* tener buena letra ‖ escrito *m* ‖ Escritura (la Bible); *l'Écriture sainte* la Sagrada Escritura ‖ FIG estilo *m* literario.
◆ *pl* libros *m*, cuentas (comptabilité); *tenir les écritures* llevar los libros ‖ asiento *m* (commerce); *employé aux écritures* escribiente, amanuense.

écrivaillon *m* FAM escritorzuelo, escribidor.

écrivain *m* escritor (auteur) ‖ *— écrivain public* memorialista ‖ *femme écrivain* escritora.

écrou *m* tuerca *f*; *écrou d'assemblage, à oreilles* o *papillon, à encoches* tuerca de fijación, de mariposa, entallada ‖ encarcelamiento (emprisonnement) ‖ *— écrou de blocage* tuerca de seguridad ‖ *levée d'écrou* puesta en libertad (d'un prisonnier) ‖ *registre d'écrou* registro *ou* asiento de encarcelamiento.

écrouelles [ekruɛl] *f pl* MÉD lamparones *m*, escrófulas (scrofule).

écrouer *v tr* encarcelar (mettre en prison) ‖ registrar, inscribir en el registro de la cárcel (inscrire sur le registre d'une prison).

écroulement *m* derrumbamiento, hundimiento (d'un édifice, d'un mur) ‖ FIG pérdida *f* (perte) ‖ derrumbamiento, hundimiento (d'un empire).

écrouler (s') *v pr* venirse abajo, derrumbarse, hundirse (édifice, mur) ‖ desplomarse, caerse al suelo; *il s'écroula* se desplomó ‖ FIG venirse abajo (plans, espoirs, empire).

écru, e *adj* crudo, da; *soie écrue* seda cruda.

ectoplasme [ɛktɔplasm] *m* ectoplasma.

écu [eky] *m* escudo (bouclier) ‖ escudo (monnaie) ‖ BLAS escudo, armas *f pl* (armoiries).

ECU ; Ecu abrév de *European Currency Unit* ECU, ecu, unidad de cuenta europea.

écueil [ekœj] *m* escollo.

écuelle [ekyɛl] *f* escudilla (récipient) ‖ FIG *manger à la même écuelle* comer en el mismo plato.

éculé, e *adj* destaconado, da; gastado, da (un soulier) ‖ FIG *une plaisanterie éculée* un chiste viejo *ou* trasnochado.

écumant, e *adj* espumante (qui écume) ‖ cubierto, ta de espuma; *rochers écumants* rocas cubiertas de espuma ‖ que echa espumarajos por la boca (cheval) ‖ FIG rabioso, sa; irritado, da ‖ *écumant de colère* rabioso de ira, echando espumarajos de cólera.

écume *f* espuma (mousse) ‖ escoria (scories des métaux) ‖ espumarajos *m pl* (bave) ‖ sudor *m* (transpiration du cheval) ‖ FIG hez, desecho *m*; *l'écume de la société* la hez de la sociedad ‖ *écume de mer* espuma de mar.

écumer *v tr* espumar, quitar la espuma de (enlever l'écume) ‖ FIG pasar por un tamiz ‖ *écumer les mers* piratear.
◆ *v intr* espumar, hacer espuma (un liquide) ‖ echar espumarajos por la boca (cheval) ‖ FIG *écumer de rage* reventar de rabia, echar espumarajos de cólera.

écumoire *f* espumadera (ustensile de cuisine) ‖ FAM *être percé comme une écumoire* tener más agujeros que un pasador *ou* un colador.

écureuil [ekyrœj] *m* ZOOL ardilla *f* ‖ *— écureuil volant* guiguí, taguán ‖ *vif comme un écureuil* listo como una ardilla.

écurie *f* cuadra, caballeriza (local) ‖ cuadra (ensemble de chevaux) ‖ FIG equipo (de cyclistes) ‖ escudería (d'autos, etc.) ‖ cuadra, pocilga (logement sale) ‖ *— écuries d'Augias* establos de Augias ‖ *langage, manières d'écurie* lenguaje, modales de carretero ‖ *— cheval qui sent l'écurie* caballo que tiene querencia.

écusson *m* escudete (petit écu) ‖ placa *f* calcárea (sur certains poissons) ‖ disposición *f* de los pelos alrededor de las ubres (vaches) ‖ AGRIC escudete, escudo; *greffe en écusson* injerto en escudete ‖ BLAS escudo (blason) ‖ MAR escudo ‖ MIL emblema, rombo ‖ TECHN escudo, escudete (d'une serrure).

écussonner *v tr* AGRIC injertar en escudete ‖ adornar con un escudo (orner).

écuyer [ekɥije] *m* jinete (cavalier) ‖ caballista (dans un spectacle) ‖ picador, domador (dresseur de chevaux) ‖ profesor de equitación ‖ escudero (gentilhomme) ‖ *— écuyer du roi* caballerizo del rey ‖ *écuyer tranchant* trinchante, repostero mayor ‖ *grand écuyer* caballerizo mayor.

écuyère [-jɛːr] *f* amazona, caballista (cavalière) ‖ artista ecuestre (dans un spectacle) ‖ *à l'écuyère* a la amazona, a mujeriegas.

eczéma [ɛgzema] *m* MÉD eczema.

éd. abrév de *édition* Ed., Edic., edición.

edelweiss [edɛlvɛs] *m* BOT edelweiss.

éden [edɛn] *m* edén.

édénique *adj* edénico, ca.

édenté, e *adj* et *s* desdentado, da (personne) ‖ mellado, da (chose).
◆ *m pl* desdentados (mammifères).

É.D.F. ; Édf abrév de *Électricité de France* empresa nacional de electricidad [en Francia].

édicter *v tr* promulgar, dictar, decretar.

édicule *m* edículo (petit édifice).

édifiant, e *adj* edificante; *lecture édifiante* lectura edificante.

édification *f* edificación.

édifice *m* edificio.

édifier* *v tr* edificar ‖ *être édifié sur la conduite de quelqu'un* saber a qué atenerse sobre la conducta de alguien.

édile *m* edil (magistrat romain) ‖ concejal, edil (d'une ville).

Édimbourg [edɛ̃buːr] *n pr* GÉOGR Edimburgo.

édit [edi] *m* edicto.

édit. abrév de *éditeur* editor.

éditer *v tr* editar, publicar.
éditeur, trice *m et f* editor, ra.
◆ *m* INFORM editor || *éditeur de fichier* editor de fichero || *éditeur de textes* editor de textos.
édition *f* edición; *édition princeps* edición príncipe || INFORM edición, visualización || — *édition brochée, compacte* edición en rústica, diamante || *édition sur écran* edición *ou* visualización en pantalla || *maison d'édition* editorial, casa editorial *ou* editora.
édito *m* FAM editorial.
éditorial, e *adj* editorial.
◆ *m* editorial, artículo de fondo (d'un journal).
éditorialiste *m et f* editorialista (journaliste).
édredon *m* edredón, flojel, plumón (duvet) || edredón (couvre-pieds).
éducateur, trice *adj et s* educador, ra || *éducateur spécialisé* educador especializado.
◆ *adj* educativo, va; *ouvrages éducateurs* obras educativas.
éducatif, ive *adj* educativo, va.
éducation *f* educación; *bonne, mauvaise éducation* buena, mala educación || — *éducation physique* educación física || *ministre de l'Éducation nationale* Ministro de Educación Nacional *ou* de Instrucción Pública || *sans éducation* sin educación.
édulcorant, e *adj et s m* edulcorante.
édulcorer *v tr* endulzar, edulcorar || FIG suavizar (atténuer).
éduqué, e *adj* educado, da; *un enfant bien, mal éduqué* un niño bien, mal educado.
éduquer *v tr* educar.
E.E.G. abrév de *électroencéphalogramme* EEG, electroencefalograma.
effaçable [ɛfasabl] *adj* borrable.
effacé, e *adj* borrado, da | desdibujado, da; borrado, da; *des contours effacés* contornos desdibujados | FIG borrado, da; apagado, da (sans personnalité) | sin relieve, de segundo plano (sans éclat) | recogido, da (à l'écart).
effacement *m* borradura *f*, borrado (action d'effacer) || desaparición *f* (disparition) || recogimiento (d'une personne).
effacer* *v tr* borrar; *gomme à effacer* goma de borrar || tachar, rayar (rayer) || INFORM borrar || FIG hacer olvidar, borrar (faire oublier) | oscurecer, eclipsar (éclipser) || *effacer le corps, les épaules* ponerse de perfil, echar los hombros hacia atrás.
◆ *v pr* borrarse || apartarse, echarse a un lado (s'écarter).
effaceur *m* borrador de tinta.
effarant, e *adj* espantoso, sa; pavoroso, sa (effrayant) || pasmoso, sa (surprenant).
effaré, e *adj* pasmado, da; estupefacto, ta.
effarement [efarmã] *m* espanto, pavor (effroi) || pasmo (surprise) || turbación *f* (trouble).
effarer *v tr* despavorir, espantar.
effaroucher *v tr* asustar, amedrentar, espantar (effrayer) || alarmar, infundir temor, asustar (intimider).
effectif, ive *adj et s m* efectivo, va || *effectif scolaire* alumnado || *les effectifs* los efectivos [militares]; la plantilla [empleados] || *devenir effectif* entrar en vigor.
effectivement *adv* efectivamente || en efecto.
effectuer *v tr* efectuar, llevar a cabo, realizar (mettre à exécution) || hacer (faire) || *effectuer un paiement* efectuar un pago.
efféminé, e *adj et s* afeminado, da.
effervescence [efɛrvɛssãːs] *f* efervescencia || FIG efervescencia, agitación; *en pleine effervescence* en plena efervescencia.
effervescent, e [-sã, ãːt] *adj* efervescente.
effet [ɛfɛ] *m* efecto; *il n'y a pas d'effet sans cause* no hay efecto sin causa || efecto, impresión *f*; *faire un bel effet* causar buen efecto || efecto, picado (balle, boule) || — COMM *effet à vue* pagaré a la vista | *effet de cavalerie* o *de complaisance* efecto de colusión | *effet négociable* efecto negociable || *effet de couleur* efecto de color || *effet de levier* efecto de palanca || *effet de lumière* efecto de luces || *effet de souffle* onda expansiva (explosion) || *effet de style* efecto estilístico || PHYS *effet Doppler* efecto Doppler || *effet induit* efecto inducido || MÉD *effet secondaire* efecto secundario || *effets de commerce, mobiliers, publics* efectos de comercio, mobiliarios, públicos || *effets de voix* efectos de voz || ÉCON *effets pervers* efectos nocivos || CINÉM *effets spéciaux* efectos especiales || — *à cet effet* con este fin || *à l'effet de* con objeto de || *à quel effet?* ¿con qué objeto?, ¿para qué? || DR *avec effet rétroactif* con efectos retroactivos || *du plus bel effet* que causa gran efecto || *en effet* en efecto || — *avoir pour effet* tener por resultado || SPORTS *donner de l'effet à une balle* dar efecto a una pelota (tennis) || *faire de l'effet* surtir efecto (médicament), causar gran efecto *ou* sensación (faire impression) || *faire des effets de* hacer alarde de, presumir de; *faire des effets d'érudition* hacer alarde de erudición; lucir; *faire des effets de jambe* lucir las piernas || *faire l'effet de* parecer, dar la impresión de || FAM *faire un effet bœuf* hacer un efecto bárbaro || *prendre effet* surtir efecto, entrar en vigor; *cette loi prendra effet le mois prochain* esta ley surtirá efecto a partir del mes que viene.
◆ *pl* prendas *f*, efectos (vêtements).
effeuiller [-je] *v tr* deshojar, aclarar (une plante) || hojear (un livre).
◆ *v pr* deshojarse.
efficace *adj* eficaz; *remède efficace* remedio eficaz.
◆ *f* eficacia.
efficacité *f* eficacia.
efficience *f* eficiencia.
efficient, e *adj* eficiente.
effigie *f* efigie; *monnaie à l'effigie de l'empereur* moneda con la efigie del emperador || *brûler quelqu'un en effigie* quemar a alguien simbólicamente.
effilé, e *adj* afilado, da; delgado, da (doigts) || aguzado, da (pointe) || deshilado, da (tissu).
◆ *m* franja *f*, flecos *pl*.
effiler *v tr* deshilar (tissu) || atusar (les cheveux, la moustache) || AGRIC → **affiler**.
◆ *v pr* estar deshilado, deshilarse (couture) || deshilacharse (s'effilocher).
effilocher *v tr* deshilachar.
◆ *v pr* deshilacharse.

efflanqué, e *adj* trasijado, da; flaco, ca (chevaux, chiens) ‖ FIG flaco, ca; enjuto, ta; desgarbado, da; chupado, da (personnes).

effleurage; effleurement *m* roce, rozamiento ‖ *touche à effleurement* tecla digital.

effleurer *v tr* rozar, tocar ligeramente; *la branche lui effleura le visage* la rama le rozó la cara ‖ ocurrirse, venir a la mente, pasar por la cabeza; *le soupçon ne l'effleura pas* la sospecha no le vino a la mente ‖ tocar, tratar superficialmente (examiner légèrement).

effluent, e [ɛflyɑ̃, ɑ̃:t] *adj* et *s m* efluente.

effluve *m* efluvio; *effluve électrique* efluvio eléctrico.

effondré, e *adj* abatido, da; postrado, da.

effondrement *m* hundimiento, desmoronamiento; *effondrement du sol* hundimiento del suelo ‖ FIG caída *f*, hundimiento, derrumbamiento; *l'effondrement de l'Empire romain* la caída del imperio romano | depresión *f*, abatimiento, postración *f* (dépression) | hundimiento (des cours en Bourse) | caída *f* vertical (des prix) | desfondamiento (écroulement physique).

effondrer *v tr* hundir, derrumbar (enfoncer) ‖ romper, desfondar (briser) ‖ AGRIC desfondar.
◆ *v pr* hundirse, derrumbarse (s'affaisser) ‖ desplomarse, caerse (tomber) ‖ venirse abajo, bajar, descender bruscamente; *les exportations se sont effondrées* las exportaciones han bajado bruscamente ‖ venirse abajo, derrumbarse; *ses projets se sont effondrés* sus proyectos se han venido abajo ‖ caer, hundirse, derrumbarse (un empire) ‖ FIG venirse abajo; *après l'examen il s'effondra* después del examen se vino abajo.

efforcer (s')* *v pr* esforzarse, intentar; *s'efforcer de lire* esforzarse por leer; *s'efforcer de plaire* esforzarse en agradar.
— OBSERV El participio pasado concuerda siempre con el pronombre complemento que le precede: *elles se sont efforcées de chanter*.

effort *m* esfuerzo ‖ distorsión *f* (des muscles), hernia *f*, quebradura *f* (hernie) ‖ — *sans effort* sin esfuerzo, sin trabajo, fácilmente ‖ — *effort constant pour être meilleur* empeño constante para mejorarse ‖ *effort de volonté* esfuerzo de voluntad ‖ *être partisan de la loi du moindre effort* ser partidario de la ley del mínimo esfuerzo ‖ *faire porter tous ses efforts* sur poner gran empeño en ‖ *faire tous ses efforts* hacer todos los esfuerzos posibles ‖ *faire un effort* esforzarse, hacer un esfuerzo ‖ *faire un effort de mémoire* esforzarse en recordar ‖ *faire un effort sur soi-même* violentarse.

effraction *f* fractura, efracción (gallicisme); *vol avec effraction* robo con fractura ‖ DR *s'introduire par effraction* entrar mediante efracción *ou* fractura.

effraie; effraye [ɛfrɛ] *f* lechuza (chouette).

effranger* *v tr* desflecar.

effrayant, e [ɛfrɛjɑ̃, ɑ̃:t] *adj* horroroso, sa; pavoroso, sa; espantoso, sa; *un spectacle effrayant* un espectáculo horroroso ‖ FAM espantoso, sa; tremendo, da; *un appétit effrayant* un apetito espantoso.

effrayer* [-je] *v tr* asustar, espantar; *ce bruit m'a effrayé* ese ruido me ha asustado.

effréné, e *adj* desenfrenado, da; *course effrénée* carrera desenfrenada.

effritement *m* desmoronamiento, pulverización *f*; *effritement d'une roche* desmoronamiento de una roca ‖ FIG debilitamiento, desmoronamiento.

effriter *v tr* pulverizar, desmenuzar, desmoronar (réduire en poussière).
◆ *v pr* pulverizarse, desmoronarse, deshacerse (les pierres) ‖ FIG desmoronarse; *majorité qui s'effrite* mayoría que se desmorona.

effroi *m* pavor, terror, espanto (grande frayeur).

effronté, e *adj* et *s* descarado, da; desvergonzado, da; sinvergüenza.

effrontément *adv* descaradamente, de una manera descarada.

effronterie *f* descaro *m*, desfachatez, desvergüenza.

effroyable [ɛfrwajabl] *adj* espantoso, sa; horroroso, sa; tremendo, da ‖ *il est d'une laideur effroyable* es de un feo que asusta.

effroyablement *adv* horriblemente.

effusion *f* efusión, derramamiento *m*; *sans effusion de sang* sin derramamiento de sangre.

égailler (s') [segeje] *v pr* dispersarse.

égal, e *adj* igual ‖ FIG plano, na; liso, sa; *route égale* carretera lisa | uniforme, regular ‖ — *avoir des chances égales* tener las mismas oportunidades ‖ *être d'humeur égale* tener buen talante ‖ *lutter à armes égales* luchar con las mismas armas.
◆ *m* et *f* igual ‖ — *partie égale* partida igualada ‖ — *à l'égal de* tanto como, como, al igual que ‖ *d'égal à égal* de igual a igual ‖ *sans égal* sin igual, sin par ‖ — FAM *cela m'est égal* me da lo mismo ‖ *c'est égal* no importa, lo mismo da, es igual ‖ *n'avoir d'égal que* poder compararse sólo con ‖ *n'avoir point d'égal* ser sin igual, ser el único.
— OBSERV En la expresión *sans égal*, *égal* puede concordar con el femenino singular o plural, pero nunca con el masculino plural: *une joie sans égale, des perles sans égales*, y *des élans sans égal*.

égalable *adj* igualable.

également *adv* igualmente, con igualdad (pareillement) ‖ igualmente, asimismo (aussi).

égaler *v tr* igualar; *rien n'égale la beauté de ce paysage* nada iguala la belleza de este paisaje ‖ *(vx)* emparejar; *égaler Racine à Corneille* emparejar a Racine con Corneille.

égalisateur, trice *adj* que iguala ‖ del empate (but).

égalisation *f* igualación, igualamiento *m* ‖ empate *m* (sports).

égaliser *v tr* igualar (rendre égal) ‖ igualar, aplanar, nivelar, allanar, hacer uniforme; *égaliser un chemin* igualar un camino.
◆ *v intr* empatar, igualar (sports).

égalitaire *adj y s* igualitario, ria.

égalitarisme *m* igualitarismo.

égalité *f* igualdad ‖ — *égalité à 15* iguales *ou* empate a 15, 15 iguales (tennis) ‖ *égalité de droits* igualdad de derechos ‖ — *à égalité de* en igualdad de ‖ *être à égalité* estar empatados (sports).

égard [ega:r] *m* consideración *f*; *il faut avoir égard aux mérites des autres* hay que tomar en consideración los méritos de los demás ‖ — *à l'égard de*

con respecto a ‖ *à mon égard* conmigo, para conmigo, para mí ‖ *eu égard à* en atención a, en consideración de ‖ *par égard pour* en consideración a ‖ *sans égard pour* sin consideración para.
◆ *pl* miramientos, atenciones *f*, consideraciones *f*; *avoir des égards pour les personnes âgées* tener miramientos con las personas de edad ‖ — *à certains égards* en ciertos aspectos, por varios motivos, desde cierto punto de vista ‖ *à tous égards* por todos conceptos ‖ *manque d'égards* desconsideración, falta de consideración.
— OBSERV. La palabra francesa *égard* no se emplea en singular más que en varias excepciones.

égaré, e *adj* perdido, da; extraviado, da; *il rencontra plusieurs personnes égarées* encontró a varias personas perdidas ‖ engañado, da (trompé) ‖ extraviado, da; *avoir un regard égaré* tener una mirada extraviada ‖ FIG despistado, da; *avoir un air égaré* tener un aspecto despistado ‖ *brebis égarée* oveja descarriada.

égarement *m* extravío, pérdida *f* (d'un objet) ‖ extravío (de conduite) ‖ yerro, error (erreur).

égarer *v tr* extraviar, perder (un objet) ‖ extraviar (une personne) ‖ FIG desorientar, despistar; *la douleur nous égare* el dolor nos desorienta | engañar, confundir, inducir en error (tromper).
◆ *v pr* extraviarse, perderse; *il s'égara dans un bois* se perdió en un bosque ‖ caer en error, equivocarse (tomber dans l'erreur) ‖ FIG extraviarse (la raison).

égayer* [egɛje] *v tr* alegrar, entretener, distraer (divertir) ‖ FIG amenizar; *égayer une conversation, le style* amenizar una conversación, el estilo | alegrar; *des tableaux égayaient les murs* unos cuadros alegraban las paredes ‖ AGRIC podar (un arbre) ‖ *égayer le deuil* aliviar el luto.
◆ *v pr* divertirse.

Égée (mer) *n pr f* GÉOGR mar *m* Egeo.

égérie *f* egeria (conseillère) ‖ *être l'égérie de quelqu'un* ser la ninfa Egeria de alguien.

égide *f* MYTH égida ‖ égida, auspicios *m pl*; *sous l'égide de* bajo la égida de.

églantier *m* BOT escaramujo, agavanzo.

églantine *f* gavanza (fleur de l'églantier) ‖ flor de oro (jeux floraux de Toulouse).

églefin *m* abadejo (poisson).

église *f* iglesia, templo ‖ — *l'Église catholique* la Iglesia católica ‖ *se marier à l'église* casarse por la iglesia.

ego *m inv* ego.

égocentrique *adj et s* egocéntrico, ca.

égoïne; égohine *f* serrucho *m* (petite scie).

égoïsme *m* egoísmo.

égoïste *adj et s* egoísta.

égorgement [egɔrʒəmɑ̃] *m* degollación *f*, degüello.

égorger* *v tr* degollar, pasar a cuchillo (couper la gorge) ‖ matar, asesinar (tuer) ‖ FIG desollar.

égorgeur *m* degollador (qui égorge).

égosiller (s') [segɔzije] *v pr* desgañitarse.

égout [egu] *m* goteo, escurrimiento (action d'égoutter) ‖ alcantarilla *f*, cloaca *f*, albañal (conduit) ‖ alero (avant-toit) ‖ — *égout collecteur* colector ‖ *bouche d'égout* sumidero ‖ *tout-à-l'égout* desagüe directo de las aguas evacuadas de una casa.
◆ *pl* alcantarillado *sing*.

égoutier *m* alcantarillero, pocero.

égoutter *v tr* escurrir, secar (débarrasser d'un liquide) ‖ gotear (tomber goutte à goutte).
◆ *v pr* gotear, escurrirse.

égouttoir *m* escurridero, escurridera *f* (en général) ‖ escurreplatos (pour les assiettes) ‖ TECHN secador.

égrainage *m* → **égrenage**.

égratigner *v tr* arañar, rasguñar (déchirer la peau) ‖ arar superficialmente (labourer) ‖ arañar (érafler) ‖ FIG hacer rabiar a, picar a, burlarse de (blesser par des railleries).

égratignure *f* rasguño *m*, arañazo *m* ‖ arañazo *m* (sur un meuble) ‖ FIG herida en el amor propio.

égrenage; égrainage *m* desgrane, desgranamiento.

égrener* *v tr* desgranar (détacher le grain) ‖ desbagar, desgargolar (le lin) ‖ descobajar (le raisin) ‖ FIG pasar las cuentas de, desgranar (un chapelet).
◆ *v pr* FIG transcurrir (heures, etc.).

égrillard, e [egrijaːr, ard] *adj et s* festivo, va; jocoso, sa; chusco, ca (gai) ‖ FIG picante, verde; subido, da de color (histoire) | chocarrero, ra (air, ton).

Égypte *n pr f* GÉOGR Egipto *m*.

égyptien, enne *adj* egipcio, cia.

Égyptien, enne *m et f* egipcio, cia.

égyptologie *f* egiptología.

égyptologue *m et f* egiptólogo, ga.

eh! *interj* ¡eh!, ¡ah!; *eh! malheureux que je suis!* ¡ay!, ¡qué desgraciado soy! ‖ — *eh!, eh!* ¡ya!, ¡ya!; ¡vaya! ‖ *eh bien!* ¡pues bien!, ¡bueno!, ¡y bien!, ¿y qué? ‖ *eh bien?* ¿qué hay?, ¿qué pasó? ‖ *eh, là-bas!* ¡eh!, ¡oiga! ‖ *eh quoi!* ¡cómo!

éhonté, e [eɔ̃te] *adj et s* desvergonzado, da; descarado, da ‖ *mensonge éhonté* mentira descarada.

eider [edɛːr] *m* eider, pato de flojel (canard).

éjaculation *f* eyaculación.

éjaculer *v tr* eyacular.

éjectable [eʒɛktabl] *adj* eyectable ‖ *siège éjectable* asiento lanzable *ou* eyectable.

éjecter *v tr* eyectar ‖ FAM echar a la calle, poner de patitas en la calle, expulsar (d'une entreprise).

éjection *f* eyección ‖ deyección (des excréments).

Ektachrome *m* (nom déposé) Ektachrome [Kodak].

élaboration *f* elaboración.

élaboré, e *adj* elaborado, da; trabajado, da (perfectionné) ‖ BOT *sève élaborée* savia descendente *ou* elaborada.

élaborer *v tr* elaborar.

élagage *m* poda *f*, escamonda *f*, desrame (des arbres) ‖ FIG poda *f*, aligeramiento.

élaguer *v tr* podar, escamondar, desramar, mondar (les arbres) ‖ FIG aligerar, podar (enlever ce qui est inutile).

élan *m* ZOOL alce, anta *f*.

élan *m* arranque, impulso (effort) ‖ impulso, salto; *franchir un fossé d'un seul élan* salvar un foso de un salto ‖ FIG impulso, arrebato; *les élans du cœur* los impulsos del corazón | ímpetu, entusiasmo (enthousiasme) | avance, progresión *f*; *résistance qui brise leur élan* resistencia que rompe su avance | vuelo (de l'imagination) ‖ — PHILOS *élan vital* elan vital ‖ *prendre de l'élan* tomar carrerilla ‖ *prendre son élan* tomar impulso.

élancé, e *adj* esbelto, ta; espigado, da (les jeunes gens) ‖ alargado, da; largo, ga; alto, ta (choses) ‖ ahilado, da (les arbres).

élancement *m* punzada *f*, latido (douleur) ‖ MAR lanzamiento (de l'étrave).

élancer* *v intr* punzar, dar punzadas, latir (douleur); *le doigt m'élance* el dedo me da punzadas.
◆ *v pr* lanzarse, abalanzarse; *s'élancer dans les airs* lanzarse al aire ‖ elevarse, alzarse (s'élever) ‖ afinarse, alargarse, ponerse esbelto (le corps) ‖ *s'élancer sur* lanzarse contra *ou* sobre.

élargir *v tr* ensanchar (rendre plus large) ‖ agrandar, ampliar (agrandir) ‖ poner en libertad, soltar (un prisonnier) ‖ FIG extender, incrementar, ampliar, aumentar; *élargir son influence* extender su influencia ‖ — *des perspectives élargies* horizontes dilatados ‖ — *programme élargi d'assistance technique* programa ampliado de asistencia técnica.

élargissement *m* ensanche, ensanchamiento ‖ liberación *f*, libertad *f* (d'un prisonnier) ‖ expansión *f*, extensión *f* (de l'influence) ‖ ampliación *f*, desarrollo (des connaissances) ‖ ampliación *f*; *élargissement d'un accord* ampliación de un acuerdo.

élasticité *f* elasticidad ‖ FIG agilidad, elasticidad, flexibilidad (souplesse) ‖ ÉCON *l'élasticité de l'offre, de la demande* la elasticidad de la oferta, de la demanda.

élastique *adj* elástico, ca.
◆ *m* elástico, goma *f* ‖ FAM *les lâcher avec un élastique* ser muy agarrado.

élastomère *m* elastómero.

Elbe (île d') *n pr f* GÉOGR isla de Elba.

Eldorado *n pr m* Eldorado (pays chimérique).

électeur, trice *m et f* elector, ra.
◆ *m* HIST elector ‖ *grands électeurs* colegio electoral que elige a los senadores en Francia (politique).

électif, ive *adj* electivo, va.

élection *f* elección; *élection au suffrage universel* elección por sufragio universal ‖ *élection partielle* elección parcial ‖ *élections législatives* elecciones legislativas ‖ *d'élection* de elección, escogido, da; predilecto, ta; *terre d'élection* tierra de elección.

électoral, e *adj* electoral ‖ *corps électoral* censo electoral, electorado.

électoralisme *m* electoralismo.

électoraliste *adj* electoralista.

électorat *m* derechos *pl* electorales (droits d'électeur) ‖ electorado; *l'électorat de Mayence* el electorado de Maguncia, censo electoral.

électricien, enne *adj et s* electricista.

électricité *f* electricidad; *électricité statique* electricidad estática ‖ — *allumer, éteindre l'électricité* encender, apagar la luz ‖ FIG *il y a de l'électricité dans l'air* hay tensión *ou* sobreexcitación en el ambiente.

électrification *f* electrificación.

électrifier* *v tr* electrificar.

électrique *adj* eléctrico, ca ‖ FIG tenso, sa; *atmosphère électrique* ambiente tenso.

électriquement *adv* eléctricamente, por electricidad.

électrisable *adj* electrizable.

électrisant, e *adj* electrizante.

électrisation *f* electrización.

électriser *v tr* electrizar ‖ FIG electrizar; *électriser une assemblée par la parole* electrizar una asamblea con la palabra.

électroacoustique *f* electroacústica.

électroaimant *m* electroimán.
— OBSERV *pl électroaimants*.

électrocardiogramme *m* electrocardiograma.

électrochimie *f* electroquímica.

électrochimique *adj* electroquímico, ca.

électrochoc *m* MÉD electrochoque.

électrocoagulation *f* electrocoagulación.

électrocuter *v tr* electrocutar.

électrocution *f* electrocución.

électrode *f* electrodo *m*; *électrode enrobée* electrodo cubierto.

électrodynamique *adj et s f* electrodinámico, ca.

électroencéphalogramme *m* electroencefalograma.

électroencéphalographie *f* electroencefalografía.

électrogène *adj* electrógeno, na; *groupe électrogène* grupo electrógeno.

électrolyse *f* electrólisis.

électrolyser *v tr* electrolizar.

électromagnétique *adj* electromagnético, ca.

électromagnétisme *m* electromagnetismo.

électromécanicien *adj et s m* electromecánico, mecánico electricista.

électromécanique *adj* electromecánico, ca.
◆ *f* electromecánica.

électroménager *adj m* electrodoméstico; *appareil électroménager* aparato electrodoméstico.

électrométallurgie *f* electrometalurgia.

électromètre *m* electrómetro.

électromoteur, trice *adj et s m* electromotor, triz; *force électromotrice* fuerza electromotriz.

électron *m* electrón.

électronégatif, ive *adj* electronegativo, va.

électronicien, enne *m et f* especialista en electrónica.

électronique *adj* electrónico, ca.
◆ *f* electrónica ‖ *électronique grand public* electrónica de gran consumo.

électroniquement *adv* por fenómenos electrónicos.

électronucléaire *adj* electronuclear; *centrale électronucléaire* central electronuclear.
◆ *m* técnica *f* electronuclear.

électronvolt *m* electrón-voltio.
électrophone *m* electrófono, tocadiscos.
électroradiologie *f* electrorradiología.
électrothérapie *f* electroterapia.
élégamment *adv* elegantemente, con elegancia ‖ *se conduire élégamment* comportarse con caballerosidad (un homme), con dignidad (une femme).
élégance *f* elegancia.
élégant, e *adj et s* elegante.
élégiaque *adj* elegíaco, ca.
élégie *f* elegía.
élément *m* elemento ‖ — INFORM *élément binaire* elemento binario ‖ *élément de commande* transmisor de mando ‖ *l'élément liquide* el líquido elemento ‖ *meuble à éléments* mueble de módulos ‖ — FIG *être dans son élément* estar en su elemento.
élémentaire *adj* elemental.
éléphant, e *m et f* elefante, ta ‖ *éléphant de mer* elefante marino, morsa.
— OBSERV En français comme en espagnol, le féminin d'éléphant ne s'emploie guère. Il vaux mieux dire en français *un éléphant femelle* et en espagnol *un elefante hembra*..
éléphanteau *m* elefantillo.
éléphantesque *adj* FAM colosal, enorme.
éléphantiasis [elefãtjazis] *m* MÉD elefantiasis *f*, elefancía *f* (maladie).
élevage [elva:ʒ] *m* ganadería *f*; *un élevage de taureaux de combat* una ganadería de toros de lidia ‖ cría *f*; *l'élevage du bétail* la cría del ganado ‖ zoogenética *f*, selección *f* animal (génétique animale) ‖ *élevage extensif, intensif* cría extensiva, intensiva.
élévateur, trice *adj* elevador, ra.
◆ *m* elevador (muscle) ‖ TECHN elevador ‖ *élévateur à godets* noria.
élévation *f* elevación ‖ construcción, erección, levantamiento *m* (d'un mur, statue, etc.) ‖ alza, subida; *élévation du prix* alza de precio ‖ FIG ascenso *m*, promoción; *élévation aux fonctions de directeur* ascenso a las funciones de director ‖ nobleza, grandeza; *homme d'une grande élévation* hombre de una gran nobleza ‖ MATH potenciación (calcul) ‖ RELIG elevación.
élève *m et f* discípulo, la; alumno, na; *un élève de Raphaël* un discípulo de Rafael ‖ alumno, na (écolier) ‖ MIL cadete, alumno ‖ *élève infirmière* estudiante de enfermería ‖ MIL *élève tambour* educando de tambor.
élevé, e [elve] *adj* elevado, da (haut, noble) ‖ criado, da (personnes, animaux, plantes) ‖ alto, ta; elevado, da; *lieu élevé* sitio elevado ‖ educado, da; criado, da; *personne bien, mal élevée* persona bien, mal educada.
élever* *v tr* elevar, alzar, levantar (mettre plus haut) ‖ hacer subir, elevar; *les pluies ont élevé le niveau de la rivière* las lluvias han hecho subir el nivel del río ‖ alzar, elevar (son âme) ‖ alzar, subir (le prix) ‖ elevar, erigir, alzar, levantar, construir (construire) ‖ FIG ascender, elevar (à une dignité, un poste); *élever quelqu'un au rang de* ascender a alguien al rango de ‖ exaltar, ensalzar (exalter) ‖ criar (enfants, animaux) ‖ educar, criar (éduquer) ‖ fundar, edificar; *élever un système* fundar un sistema ‖ elevar, suscitar, provocar; *élever des protestations* elevar protestas ‖ levantar, poner (des obstacles) ‖ — *élever des doutes* hacer dudar ‖ *élever jusqu'aux nues* o *jusqu'au ciel* poner por las nubes ‖ *élever la voix* alzar, levantar la voz ‖ *élever la voix pour* hablar en favor de ‖ *élever le ton* alzar el tono ‖ MATH *élever un nombre au carré, au cube* elevar un número al cuadrado, al cubo.
◆ *v pr* elevarse (monter) ‖ alzarse (se dresser) ‖ subir; *les prix, la température s'élèvent* los precios, la temperatura suben ‖ elevar, despegar (avion) ‖ ascender; *l'addition s'élève à mille francs* la cuenta asciende a mil francos ‖ FIG elevarse (à un rang) ‖ ensalzarse; *celui qui s'élève sera abaissé* los que se ensalzan serán humillados ‖ levantarse (la voix) ‖ criarse (enfants, animaux) ‖ edificarse; *les grandes fortunes s'élèvent sur les bénéfices* las grandes fortunas se edifican en los beneficios ‖ — *s'élever au-dessus de* estar por encima de ‖ *s'élever contre* alzarse, levantarse, sublevarse contra ‖ *une voix s'éleva pour prendre sa défense* salió una voz en su defensa.
éleveur, euse [elvœr, ø:z] *m et f* ganadero, ra; criador, ra.
◆ *f* incubadora, pollera (couveuse).
elfe [ɛlf] *m* MITH elfo (génie).
élider *v tr* GRAMM elidir.
éligibilité *f* elegibilidad.
éligible *adj et s* elegible.
élimer *v tr* raer, gastar (un tissu).
éliminateur, trice *adj* eliminador, ra.
élimination *f* eliminación.
éliminatoire *adj et s f* eliminatorio, ria.
éliminer *v tr* eliminar ‖ MATH eliminar; *éliminer une inconnue* eliminar una incógnita ‖ MÉD eliminar, expeler (un calcul, etc.).
élingue [elɛ̃:g] *f* MAR eslinga.
élire* *v tr* elegir; *élire aux voix, au sort* elegir por votación, por sorteo ‖ *élire domicile à* fijar domicilio en.
Élisabeth [elizabɛt] *n pr f* Isabel.
élisabéthain, e [-bɛtɛ̃, ɛn] *adj* elisabetiano, na; isabelino, na [relativo a Isabel I de Inglaterra]; *théâtre élisabéthain* teatro elisabetiano.
— OBSERV L'adjectif *isabelino* s'applique surtout à un style décoratif espagnol en vogue pendant le règne d'Isabel II, quelque peu semblable au style Empire en France.
élision *f* GRAMM elisión.
élite *f* élite (gallicisme), lo más selecto, selección; *l'élite de la société* lo más selecto de la sociedad ‖ — *d'élite* de primera; selecto, ta; escogido, da; *tireur d'élite* tirador de primera ‖ *sujet d'élite* persona excepcional, personalidad ‖ *troupe d'élite* tropa escogida.
élitisme *m* elitismo.
élitiste *adj et s* elitista.
élixir *m* elixir ‖ *élixir d'amour* filtro.
elle *pron pers f de la 3ᵉ pers* ella ‖ *d'elle-même* espontáneamente.
ellébore; hellébore *m* BOT eléboro ‖ *ellébore blanc* vedegambre.
ellipse *f* GÉOM elipse (courbe) ‖ GRAMM elipsis.
ellipsoïdal, e *adj* elipsoidal.

ellipsoïde *m* GÉOM elipsoide; *ellipsoïde de révolution* elipsoide de rotación.

elliptique *adj* GRAMM & GÉOM elíptico, ca ‖ *orbite elliptique* órbita elíptica.

elliptiquement *adv* elípticamente ‖ *parler elliptiquement* hablar con segundas.

élocution *f* elocución ‖ *défaut d'élocution* elocución defectuosa ‖ *avoir l'élocution facile* hablar con soltura.

éloge *m* elogio, encomio; *l'«Éloge de la folie»* el «Elogio de la locura»; *couvrir quelqu'un d'éloges* deshacerse en elogios con uno ‖ panegírico (discours) ‖ — *éloge académique* elogio académico ‖ *éloge funèbre* oración fúnebre ‖ *être au-dessus de tout éloge* estar por encima de toda ponderación ‖ *faire l'éloge de* cantar las alabanzas de.

élogieux, euse *adj* elogioso, sa.

éloigné, e *adj* alejado, da; lejano, na; distante; *un endroit éloigné* un lugar alejado ‖ lejano, na; remoto, ta; *souvenirs éloignés* recuerdos lejanos; *causes éloignées* causas remotas ‖ lejano, na; *un parent éloigné* un pariente lejano.

éloignement *m* alejamiento, distancia *f*, lejanía *f*; *son affaibli par l'éloignement* sonido debilitado por la distancia ‖ alejamiento; *souffrir de l'éloignement d'un ami* sufrir por el alejamiento de un amigo ‖ tiempo; *souvenir qui s'estompe avec l'éloignement* recuerdo que se esfuma con el tiempo ‖ alejamiento, apartamiento; *l'éloignement de la politique* el alejamiento de la política.

éloigner *v tr* alejar ‖ FIG alejar, apartar (écarter) ‖ diferir, aplazar, retardar (retarder) ‖ *éloigner les soupçons* alejar las sospechas.
◆ *v pr* alejarse ‖ apartarse; *doctrines qui s'éloignent l'une de l'autre* doctrinas que se apartan una de otra; *s'éloigner du sujet* apartarse del tema ‖ alejarse, apartarse; *s'éloigner de la politique* alejarse de la política.

élongation *f* ASTR & MÉD elongación.

éloquence [elɔkɑ̃:s] *f* elocuencia ‖ — *éloquence du barreau* elocuencia del foro ‖ *regard plein d'éloquence* mirada elocuente.

éloquent, e [elɔkɑ̃, ɑ̃:t] *adj* elocuente.

élu, e *adj* et *s* elegido, da ‖ electo, ta.
— OBSERV *Electo* s'applique au candidat élu qui n'a pas encore occupé son poste.

élucidation *f* elucidación.

élucider *v tr* elucidar, dilucidar.

élucubration *f* lucubración, elucubración.

éluder *v tr* eludir.

Élysée *adj* et *s m* elíseo, a; elisio, sia ‖ — *Champs Élysées* Campos Elíseos ‖ FIG *l'Élysée* el Elíseo, la presidencia de la República Francesa.

élyséen, enne *adj* elíseo, a.

émacié, e *adj* emaciado, da; demacrado, da.

émail [emɑ:j] *m* esmalte ‖ *les émaux transparents* los esmaltes transparentes; *l'émail des dents* el esmalte de los dientes ‖ vidriado (faïence) ‖ *émail cloisonné* esmalte tabicado.

émaillage [-ja:ʒ] *m* esmaltado ‖ vidriado (faïence).

émailler [-je] *v tr* esmaltar ‖ FIG esmaltar, colorear (orner) ‖ salpicar, esmaltar (parsemer de); *émailler un récit de citations* salpicar con citas un relato.

émanation *f* emanación; *émanation de gaz* emanación de gas ‖ *être l'émanation de* emanar de.

émancipation *f* emancipación.

émancipé, e *adj* et *s* FAM libre; fresco, ca ‖ DR emancipado, da.

émanciper *v tr* emancipar.
◆ *v pr* emanciparse.

émaner (de) *v intr* emanar; *le parfum qui émane d'une fleur* el perfume que emana de una flor ‖ FIG proceder, dimanar; *le pouvoir émane du peuple* el poder dimana del pueblo.

émargement *m* nota *f* marginal, anotación *f* (écrit en marge) ‖ firma *f* al margen (signature en marge) ‖ *feuille* o *état d'émargement* nómina.

émarger* *v tr* marginar, anotar al margen (écrire en marge) ‖ firmar al margen (signer en marge) ‖ *émarger au budget d'une administration* estar a cargo de una administración.
◆ *v intr* cobrar (toucher un traitement en l'acquittant).

émasculation *f* emasculación (castration) ‖ FIG debilitamiento *m*, decadencia.

émasculer *v tr* emascular ‖ FIG disminuir, debilitar.

embâcle *m* barrera *f* de hielo (dans une rivière).

emballage [ɑ̃bala:ʒ] *m* embalaje; *papier d'emballage* papel de embalaje ‖ envase (des liquides); *emballages en matière plastique* envases de plástico ‖ *emballage perdu* envase no recuperable.

emballement [-lmɑ̃] *m* aceleración *f* (d'un moteur) ‖ desbocamiento (d'un cheval) ‖ FIG & FAM arrebato, entusiasmo (emportement).

emballer [-le] *v tr* embalar (mettre en caisse) ‖ envasar (les liquides) ‖ acelerar demasiado, embalar (un moteur) ‖ FAM pasaportar (faire partir) ‖ FIG entusiasmar, arrebatar, embalar (enthousiasmer) ‖ POP echar una solfa (disputer).
◆ *v pr* desbocarse (cheval) ‖ entusiasmarse, embalarse (s'enthousiasmer) ‖ irritarse, sulfurarse, arrebatarse (s'emporter) ‖ acelerarse, embalarse, dispararse (un moteur).

embarcadère *m* embarcadero.

embarcation *f* embarcación.

embardée *f* guiñada (d'un navire) ‖ bandazo *m*, despiste *m* (voiture) ‖ *faire une embardée* dar bandazo, despistarse.

embargo [ɑ̃bargo] *m* embargo (d'un navire) ‖ confiscación *f*, secuestro, decomiso (confiscation) ‖ — *lever l'embargo* desembargar ‖ *mettre l'embargo* embargar, decomisar.

embarqué, e *adj* embarcado, da; *aviation embarquée* aviación embarcada.

embarquement *m* embarco (de personnes) ‖ embarque (de marchandises).

embarquer *v tr* embarcar (sur un navire) ‖ empezar (commencer) ‖ FIG liar, embarcar, meter; *embarquer quelqu'un dans un procès* liar a alguien en un pleito ‖ POP detener, prender (arrêter).
◆ *v intr* embarcar, embarcarse (monter à bord) ‖ estar encapillado por las olas (bateau).
◆ *v pr* embarcar, embarcarse (monter à bord) ‖ FIG embarcarse, meterse, liarse; *s'embarquer dans une affaire* embarcarse en un negocio.

embarras *m* estorbo, obstáculo (obstacle), embarazo *(p us)* ‖ FIG apuro, aprieto (gêne) ‖ apuro, penuria *f*; *se trouver dans l'embarras* estar en la penuria (sans argent), estar en un apuro (ennui) ‖ confusión *f*, turbación *f* (trouble) ‖ atasco, embotellamiento, obstrucción *f* (embouteillage); *embarras de la voie publique* obstrucción de la vía pública ‖ dificultad *f*, traba *f*, molestia *f*; *susciter des embarras* poner dificultades ‖ — *embarras gastrique* empacho ‖ *n'avoir que l'embarras du choix* tener de sobra donde escoger ‖ *tirer quelqu'un d'embarras* sacar a alguien de apuro.

embarrassant, e *adj* molesto, ta; *un colis embarrassant* un paquete molesto ‖ FIG embarazoso, sa; molesto, ta; *une question embarrassante* una pregunta embarazosa, molesta.

embarrassé, e *adj* embarazado, da; confuso, sa (gêné) ‖ — *avoir un air embarrassé* parecer apurado, estar violento ‖ *être embarrassé de sa personne* no saber qué postura tomar ‖ *être embarrassé pour choisir* no saber qué escoger.

embarrasser *v tr* embarazar, estorbar (gêner) ‖ embarazar, azorar, turbar (troubler) ‖ poner en un aprieto (par une question) ‖ inquietar, preocupar (inquiéter) ‖ embrollar, hacer confuso, enredar (rendre confus) ‖ empachar (l'estomac).
◆ *v pr* embarazarse, cargarse; *s'embarrasser de bagages* cargarse de equipajes ‖ FIG preocuparse ‖ embarullarse, enredarse (s'empêtrer) ‖ turbarse (se troubler) ‖ trabarse (la langue) ‖ — *ne s'embarrasser de rien* no apurarse por nada ‖ *s'embarrasser de quelqu'un* cargar con alguien.

embauchage *m*; **embauche** *f* contratación *f*, ajuste *m*, contrata *f* (des travailleurs) ‖ *bureau d'embauche* oficina de empleo.

embaucher *v tr* contratar, ajustar, dar trabajo, tomar (engager un ouvrier) ‖ reclutar (engager dans un parti).

embauchoir; embouchoir *m* horma *f* (pour les chaussures).

embaumer [-me] *v tr* et *intr* embalsamar ‖ *embaumer la lavande* oler a lavanda.

embaumeur [-mœːr] *m* embalsamador.

embellir *v tr* embellecer, hermosear ‖ *embellir une histoire* adornar una historia.
◆ *v intr* ponerse más hermoso; *l'enfant embellit tous les jours* el niño se pone cada día más hermoso ‖ mejorar (le temps) ‖ FAM *ça ne fait que croître et embellir* va de mal en peor.
◆ *v pr* embellecerse.

embellissement *m* embellecimiento, hermoseamiento ‖ FIG adorno, ornato (ornement).

emberlificoter *v tr* FAM liar, enredar (tromper).
◆ *v pr* trabarse, enredarse.

embêtant, e *adj* FAM fastidioso, sa; molesto, ta; pesado, da; cargante (ennuyeux).
◆ *m* lo molesto.

embêtement *m* fastidio, molestia *f* (incommodité) ‖ complicación *f*, lío, problema; *avoir des embêtements* tener problemas.

embêter *v tr* FAM fastidiar, molestar, dar la lata (importuner) | aburrir (ennuyer).
◆ *v pr* aburrirse (s'ennuyer) ‖ — FAM *il ne s'embête pas!* ¡cómo se pasa! (ironique) ‖ FIG & FAM *ne pas s'embêter* pasarlo bien, no aburrirse, no pasarlo mal ‖ *s'embêter à cent sous de l'heure* aburrirse como una ostra.

emblée (d') *loc adv* de golpe, de entrada ‖ MIL *emporter d'emblée* tomar al asalto *ou* al primer empuje.

emblématique *adj* emblemático, ca.

emblème *m* emblema.

embobiner *v tr* liar en un carrete, encanillar (enrouler) ‖ FIG & FAM liar, embaucar, engatusar.

emboîtement *m* encaje, ajuste ‖ ANAT encajadura *f* (d'un os).

emboîter *v tr* encajar, ajustar (enchâsser) ‖ FIG encajar, estar ajustado (mouler) ‖ *(vx)* enlatar (conserves) ‖ encartonar (un livre) ‖ *emboîter le pas* pisarle a uno los talones.
◆ *v pr* encajar ‖ *s'emboîter dans* encajar en ‖ *s'emboîter l'un dans l'autre* encajar una cosa dentro de otra.

embolie *f* MÉD embolia ‖ *embolie gazeuse* aeroembolismo.

embonpoint [ãbõpwẽ] *m* gordura *f* ‖ — *perdre de l'embonpoint* adelgazar ‖ *prendre de l'embonpoint* engordar, echar carnes, echar vientre.

embouche *f* engordadero *m*, engorde *m*, dehesa, pastizal *m* (pré) ‖ cría de bovinos (élevage).

embouché, e *adj* FAM *mal embouché* mal hablado, grosero (grossier).

emboucher *v tr* embocar *(p us)*, llevar a la boca (un instrument à vent) ‖ poner el bocado (un cheval) ‖ engordar, cebar (un animal) ‖ FIG *emboucher la trompette* darse mucho tono.

embouchure *f* boca (d'un port) ‖ desembocadura (d'un fleuve) ‖ bocado *m*, embocadura, asiento *m* (d'un cheval) ‖ FIG boca, entrada, abertura (ouverture) ‖ MUS embocadura (façon d'emboucher), boquilla, embocadura (embouchoir).

embourber *v tr* encenagar, enlodazar ‖ atascar, empantanar; *embourber une voiture* atascar un coche ‖ FIG meter en un atolladero.
◆ *v pr* atascarse, encenagarse ‖ FIG meterse en un atolladero (dans une mauvaise situation) | enredarse, liarse (s'empêtrer) | enfangarse, enlodarse, envilecerse (s'avilir).

embourgeoisement [ãburʒwazmã] *m* aburguesamiento.

embourgeoiser (s') *v pr* aburguesarse, volverse burgués.

embout [ãbu] *m* contera *f* (de canne ou de parapluie) ‖ regatón, contera *f* (tube).

embouteillage [ãbutɛjaːʒ] *m* embotellado ‖ FIG embotellamiento, atasco (véhicules).

embouteiller [-je] *v tr* embotellar (mettre en bouteilles) ‖ FIG embotellar, atascar, obstruir (une rue).

emboutir *v tr* estampar, embutir, moldear a martillo, forjar (marteler une pièce de métal) ‖ ARCHIT emplomar (garnir de plomb une corniche) ‖ FIG chocar contra; *emboutir une voiture* chocar contra un coche.

emboutissage *m* moldeamiento, estampado, embutido, trabajo de los metales.

emboutisseuse *f* embutidera, máquina *ou* martillo *m* para trabajar los metales en frío.

embranchement *m* ramificación *f* (d'un arbre) ‖ ramal, empalme (de chemin de fer) ‖ encrucijada *f*, cruce, bifurcación *f* (de chemins) ‖ distribución *f* (de tuyaux) ‖ ramal (de montagnes) ‖ tipo, rama *f*; *l'embranchement des vertébrés* el tipo de los vertebrados.

embrancher *v tr* empalmar, unir.

embrasement *m* *(vx)* abrasamiento, incendio (incendie) ‖ FIG disturbios *pl*, desórdenes *pl* (troubles) | iluminación *f* | arrebol; *le soleil couchant a de merveilleux embrasements* el sol poniente tiene arreboles magníficos.

embraser *v tr* *(vx)* abrasar (mettre en feu) ‖ FIG iluminar | agitar, sembrar disturbios en (agiter, troubler) | inflamar (exalter).

embrassade *f* abrazo *m*.

embrasse *f* alzapaño *m*.

embrassé, e *adj* HÉRALD *écu embrassé* escudo embrazado ‖ POÉT *rimes embrassées* rimas cruzadas.
◆ *m* HÉRALD división *f* de un escudo embrazado.

embrasser *v tr* abrazar (serrer dans ses bras) ‖ besar, dar un beso (donner un baiser) ‖ abarcar, contener; *la philosophie embrasse tout* la filosofía lo abarca todo ‖ abrazar, adoptar; *embrasser une religion* abrazar una religión ‖ FIG abrazar, rodear, ceñir (environner) ‖ — *embrasser d'un coup d'œil* abarcar de una sola mirada ‖ *qui trop embrasse mal étreint* quien mucho abarca poco aprieta.

embrasure *f* hueco *m*, vano (de fenêtre) ‖ marco *m* (d'une porte); *dans l'embrasure de la porte* en el marco de la puerta ‖ MIL tronera, cañonera (meurtrière).

embrayage [ãbrɛjaːʒ] *m* embrague; *embrayage hydraulique* embrague hidráulico; *embrayage monodisque* embrague monodisco.

embrayer* [-je] *v tr et intr* embragar, conectar.

embrigadement *m* alistamiento, enrolamiento, reclutamiento.

embrigader *v tr* MIL formar brigadas ‖ FIG alistar, enrolar, reclutar.

embringuer *v tr* FAM liar, engatusar; *se laisser embringuer dans une affaire* dejarse liar en un asunto.

embrocher *v tr* espetar, ensartar (mettre en broche) ‖ FAM ensartar, atravesar (transpercer).

embrouillage [ãbrujaːʒ]; **embrouillement** [-jmã] *m* lío, embrollo, complicación *f*, enredo.

embrouillamini [-jamini] *m* FAM batiburrillo, lío.

embrouille *f* FAM embrollo *m*, enredo *m*.

embrouiller [-je] *v tr* embrollar, liar, enredar (emmêler) | trastornar (troubler).
◆ *v pr* embrollarse, enredarse; *s'embrouiller dans un discours* embrollarse en un discurso.

embrumer *v tr* nublar, anublar ‖ FIG oscurecer, ensombrecer (assombrir).

embrun [ãbrœ̃] *m* (*p us*) brumazón, bruma *f* (brouillard).
◆ *pl* MAR rocío *sing* del mar, salpicaduras *f* de las olas.

embryogénie; embryogenèse *f* embriogenia.

embryologie *f* embriología.

embryon *m* embrión.

embryonnaire *adj* embrionario, ria ‖ FIG embrionario, ria; en cierne.

embûche *f* trampa, lazo *m*; *dresser o tendre des embûches* tender los lazos, poner trampas ‖ FIG asechanza, emboscada (piège) | obstáculo *m*, dificultad.

embué, e *adj* empañado, da; *yeux embués de larmes* ojos empañados de lágrimas.

embuer *v tr* empañar (de buée).

embuscade *f* emboscada; *tendre une embuscade* tender una emboscada.

embusqué *m* MIL emboscado, enchufado (soldat).

embusquer *v tr* emboscar ‖ enchufar (soldat).
◆ *v pr* emboscarse ‖ FAM emboscarse, enchufarse (soldat).

éméché, e *adj* FAM achispado, da; alegre, piripi (un peu ivre).

émeraude [emroːd] *adj et s f* esmeralda ‖ POÉT *Île d'émeraude* Irlanda.

émergé, e *adj* emergente.

émergence *f* emergencia; *point d'émergence* punto de emergencia.

émerger* *v intr* emerger, aparecer, surgir.

émeri [emri] *m* esmeril ‖ — *papier émeri* o *d'émeri* papel esmerilado, papel de lija ‖ — FIG & FAM *être bouché à l'émeri* ser más tonto que una mata de habas, ser muy duro de mollera.

émérite *adj* emérito, ta; jubilado, da (en retraite) ‖ FIG consumado, da; perfecto, ta; *danseur émérite* bailarín consumado.

émerveillement [emɛrvɛjmã] *m* admiración *f*, maravilla *f*.

émerveiller [-je] *v tr* maravillar.
◆ *v pr* maravillarse ‖ *s'émerveiller de* maravillarse de *ou* con.

émétique *adj et s m* emético, ca (vomitif).

émetteur, trice *adj* emisor, ra; *poste émetteur* estación emisora.
◆ *m* emisora *f* de radio.

émetteur-récepteur *m* transmisor-receptor.
— OBSERV *pl émetteurs-récepteurs*.

émettre* *v tr* emitir, despedir; *émettre un rayonnement* emitir radiaciones ‖ emitir, poner en circulación; *émettre de la fausse monnaie* poner en circulación moneda falsa ‖ emitir (prononcer) ‖ despedir (une odeur) ‖ emitir; *émettre sur ondes courtes* emitir en onda corta.

émeute *f* motín *m*, tumulto *m*.

émeutier, ère *adj et s* amotinador, ra; sedicioso, sa (provocateur) ‖ amotinado, da (participant).

émiettement *m* desmenuzamiento ‖ FIG desagregación *f* (d'un parti, etc.) | parcelación *f ou* fragmentación *f* excesiva (de la propriété) | desmembramiento (d'un empire).

émietter *v tr* desmigajar, hacer migajas (le pain) ‖ FIG desmenuzar, hacer migas (mettre en pièces) | desagregar, dispersar, dividir (un parti, etc.) | parcelar *ou* fragmentar excesivamente (des terres).

émigrant, e *adj et s* emigrante.

émigration *f* emigración ‖ migración (populations, animaux).

émigré, e *adj et s* emigrado, da.

émigrer *v intr* emigrar; *émigrer en Argentine* emigrar a la Argentina.

émincé *m* loncha *f* de carne.

émincer* *v tr* cortar en lonchas.

éminemment [eminamã] *adv* eminentemente.

éminence [-nã:s] *f* eminencia || FIG *eminence grise* eminencia gris || *Son Eminence* Su Eminencia.

éminent, e [-nã, ã:t] *adj* eminente.

émir *m* emir (chef arabe).

émirat [emira] *m* emirato.

émissaire *adj* et *s* emisario, ria (envoyé) || *bouc émissaire* cabeza de turco, víctima propiciatoria.
◆ *m* desaguadero, emisario (canal de vidange).

émission *f* emisión || *émission des vœux* pronunciación solemne de votos.

emmagasinage [ãmagazina:ʒ]; **emmagasinement** [-zinmã] *m* almacenaje, almacenamiento || FIG acumulación *f*.

emmagasiner [-zine] *v tr* almacenar || FIG acumular, almacenar; *emmagasiner des souvenirs* acumular recuerdos.

emmailloter [-te] *v tr* fajar, poner pañales (un bébé) || FIG envolver (envelopper).

emmanchure [ãmãʃy:r] *f* sisa (des manches).

emmêlement [ãmɛlmã] *m* enmarañamiento, embrollo.

emmêler [-le] *v tr* enmarañar, embrollar || FIG sembrar la confusión.

emménagement [ãmenaʒmã] *m* mudanza *f* (déménagement) || instalación *f* (action de ranger ses meubles) || distribución *f*, instalación *f* (d'un navire).

emménager* [-ʒe] *v intr* instalarse (s'installer).
◆ *v tr* distribuir (un navire) || mudar (transporter) || instalar.

emmener* [ãmne] *v tr* llevar, llevarse; *emmener quelqu'un au théâtre* llevarse a alguien al teatro || llevarse; *ce marchand a emmené toute la clientèle* este comerciante se ha llevado toda la clientela || llevar; *il sait emmener ses troupes* sabe llevar las tropas *ou* su gente.

emmenthal; emmental [emɛntal] *m* queso gruyère fabricado en Emmenthal [Suiza].

emmerdant, e *adj* POP plomífero, ra; matante || *un film emmerdant* un rollo *ou* muermo *ou* plomo de película.

emmerde *m* POP → **emmerdement**.

emmerdement *m*; **emmerde** *f* POP lío *m*, problema *m*, follón *m* (souci).

emmerder *v tr* POP jorobar, hacer la puñeta || POP *je t'emmerde!* ¡vete a la mierda!, ¡vete al cuerno!
◆ *v pr* POP aburrirse || joderse.

emmerdeur, euse *m* et *f* POP plasta, palizas, coñazo *m*.

emmitoufler [ãmitufle] *v tr* arropar, abrigar.

emmurer [ãmyre] *v tr* emparedar, encerrar entre paredes, sepultar; *mineurs emmurés* mineros sepultados || amurallar; *emmurer une ville* amurallar una ciudad.

émoi *m* emoción *f* || *en émoi* sobresaltado.

émollient, e *adj* et *s m* MÉD emoliente; *emplâtre émollient* emplasto emoliente.

émoluments *m pl* emolumentos, sueldo *sing* (traitement).

émonder *v tr* mondar, escamondar, podar, desramar (un arbre) || FIG desbrozar (ce qui est superflu).

émotif, ive *adj* et *s* emotivo, va || emocional; *choc émotif* choque emocional.

émotion *f* emoción || — sans émotion con indiferencia, fríamente || — FIG *avoir des émotions* estar inquieto, asustarse, impresionarse | *donner des émotions* producir inquietud.

émotionnel, elle *adj* emocional.

émotivité *f* emotividad, impresionabilidad.

émoulu, e *adj* amolado, da; afilado, da (aiguisé) || FIG & FAM *frais émoulu de* recién salido de; *frais émoulu de l'université* recién salido de la Universidad.

émousser *v tr* embotar (rendre moins aigu) || FIG embotar, debilitar; *l'oisiveté émousse le courage* el ocio embota el ánimo.
◆ *v pr* embotarse || FIG embotarse, mitigarse, debilitarse.

émoustillant, e [emustijã, ã:t] *adj* que alegra; excitante.

émoustiller *v tr* FAM excitar, alegrar; *le champagne émoustille* el champaña alegra.

émouvant, e *adj* emocionante; conmovedor, ra || *une manifestation émouvante de douleur* una sentida manifestación de duelo.

émouvoir* *v tr* conmover, emocionar; *ému par ses larmes* emocionado con sus lágrimas || alterar (troubler).
◆ *v pr* conmoverse, emocionarse.

empailler [ãpɑje] *v tr* empajar, cubrir *ou* rellenar con paja (garnir *ou* envelopper de paille) || poner asiento *ou* respaldo de paja (à une chaise) || disecar (les animaux).

empailleur, euse [-jœ:r, ø:z] *m* et *f* sillero, ra (de chaises) || disecador, ra (d'animaux).

empaler *v tr* empalar (supplice).

empanacher *v tr* empenachar || FIG engalanar, atildar.

empaquetage [ãpakta:ʒ] *m* empaquetamiento, empaquetado.

empaqueter* [-kte] *v tr* empaquetar.

emparer de (s') *v pr* apoderarse de, adueñarse de || tomar, apoderarse de; *s'emparer d'une ville* tomar una ciudad || prender, detener, hacer prisionero.

empâté, e *adj* hinchado, da; grueso, sa; abotagado, da (traits, visage) || pastoso, sa; *langue empâtée* lengua pastosa || borroso, sa (écriture) || cebado, da (gavé).

empâtement *m* empaste, pastosidad *f* (peinture) || cebado, cebadura *f*, engorde (gavage) || pastosidad *f* (de la langue) || hinchazón *f*, gordura *f*, abotargamiento (des traits, visage).

empâter *v tr* empastar || cebar, engordar (gaver) || poner pastosa (la langue) || hinchar, engordar (visage).
◆ *v pr* empastarse || hincharse, engordar, abotargarse (traits, visage).

empêchement *m* impedimento || DR *empêchement dirimant* impedimento dirimente.

empêcher *v tr* impedir ∥ — *empêcher que quelque chose n'arrive* impedir que algo ocurra ∥ *empêcher que quelqu'un ne fasse* impedir que alguien haga ∥ *empêcher quelqu'un de faire* impedir a alguien hacer ∥ *il n'empêche que, n'empêche que* esto no impide que, lo que no quiere decir que, esto no quita que, aun así, ahora que.
◆ *v pr* dejar de, pasar sin, abstenerse de, no poder menos de; *il ne peut s'empêcher de parler* no puede pasar sin hablar.
— OBSERV Si le verbe *empêcher de* est suivi en français d'un infinitif, cet infinitif se traduit en espagnol par le subjonctif: *il l'empêchait de venir* le impedía que viniese.
— OBSERV Si el verbo *empêcher que* está en forma afirmativa, la preposición que le sigue tiene que ir en forma negativa (*la pluie empêche qu'on aille se promener* la lluvia impide que vayamos a pasear); en cambio, si está en forma negativa, la preposición que le sigue puede ir en forma negativa o en forma afirmativa.

empêcheur, euse *m et f* FAM impedidor, ra; persona que impide ∥ FAM *empêcheur de tourner o de danser en rond* aguafiestas.

empeigne *f* empeine *m*, pala (du soulier).

empennage [ɑ̃pɛna:ʒ] *m* planos *pl* deestabilización, estabilizador, empenaje (avion); *empennage cruciforme* empenaje cruciforme ∥ aleta *f* (d'une bombe) ∥ plumas *f pl* (d'une flèche).

empenne [ɑ̃pɛn] *f* plumas *pl* (d'une flèche).

empereur [ɑ̃prœːr] *m* emperador.
— OBSERV El femenino es *impératrice* emperatriz, emperadora.

empesé, e [ɑ̃pəze] *adj* almidonado, da (linge) ∥ FIG afectado, da; empalagoso, sa; *style empesé* estilo afectado ∥ FIG & FAM tieso, sa; estirado, da (raide).

empeser* [ɑ̃pəze] *v tr* almidonar.

empester *v tr et intr* contagiar la peste ∥ apestar (puer); *empester le tabac* apestar a tabaco ∥ FIG infestar, corromper.

empêtré *adj* encogido, da.

empêtrer *v tr* trabar (un animal) ∥ FAM enredar, ensarzar ∥ FIG estorbar, embarazar (gêner).
◆ *v pr* enredarse, embrollarse ∥ liarse, tropezar (s'emberlificoter).

emphase *f* énfasis *m* ∥ énfasis *m*, afectación; *parler avec emphase* hablar con afectación.

emphatique *adj* enfático, ca.

emphatiquement *adv* enfáticamente, con énfasis.

emphysème *m* MÉD enfisema (gonflement).

emphytéotique *adj* enfitéutico, ca.

empiècement *m* canesú.

empierrement *m* empedrado, empedramiento (action) ∥ firme (macadam).

empiétement *m* usurpación *f*, intrusión *f* (usurpation) ∥ invasión *f*, avance, progresión *f* (de la mer).

empiéter* *v intr* montar, apoyarse; *chaque tuile empiète sur les autres* cada teja se apoya sobre las demás ∥ avanzar, invadir, ganar terreno; *la mer empiète sur les terres* el mar invade las tierras ∥ desbordar (déborder) ∥ FIG usurpar, hacer una intrusión; *empiéter sur les droits d'autrui* usurpar derechos ajenos.

empiffrer (s') *v pr* FAM apiparse, atracarse.

empilable *adj* apilable.

empilage; empilement *m* apilado, apilamiento.

empiler *v tr* apilar, amontonar ∥ POP estafar, timar (duper) ∥ *empiler des écus* amontonar dinero.
◆ *v pr* amontonarse.

empire *m* imperio ∥ FIG dominio, ascendiente ∥ — *l'empire de la science* el dominio de la ciencia ∥ *saint Empire* sacro Imperio ∥ *sous l'empire de* bajo el efecto de ∥ — *avoir de l'empire sur soi-même* dominarse, controlarse, contenerse ∥ *cela vaut un empire* eso vale todo el oro del mundo *ou* un Potosí ∥ *ne pas faire une chose pour un empire* no hacer algo por nada del mundo *ou* por todo el oro del mundo.
◆ *adj* imperio, estilo imperio.

empirer *v tr et intr* empeorar.

empirique *adj et s* empírico, ca.

empiriquement *adv* empíricamente.

empirisme *m* empirismo.

empiriste *adj et s* empírico, ca.

emplacement *m* emplazamiento, sitio [(*amér*) ubicación *f*] ∥ — INFORM *emplacement de mémoire* emplazamiento de memoria.

emplâtre *m* emplasto, emplastro, bizma *f* (onguent) ∥ FIG & FAM cataplasma *f*, zoquete (sot) ∥ POP torta *f*, tortazo (gifle).

emplette *f* compra; *faire des emplettes* ir de compras; *faire l'emplette de* hacer la compra de.

emplir *v tr* llenar ∥ FIG henchir, colmar, llenar; *emplir de joie* henchir de gozo.
◆ *v intr et pr* llenarse.

emploi *m* empleo ∥ empleo, uso (utilisation); *d'emploi facile* de fácil empleo ∥ trabajo, colocación *f*, puesto (occupation) ∥ función *f*, cargo (fonction) ∥ THÉATR papel (rôle) ∥ — *emploi à mi-temps* trabajo de media jornada ∥ *emploi à plein temps* trabajo de jornada entera ∥ *emploi du temps* programa de trabajo (programme), horario (horaire) ∥ *demande d'emploi* petición de empleo ∥ *double emploi* repetición inútil (répétition), asiento duplicado, doble cargo, partida doble (commerce) ∥ *plein emploi* pleno empleo ∥ *sans emploi* sintrabajo ∥ — *faire double emploi* ser contadopor partida doble, haber doble asiento (commerce), estar repetido.

employé, e [ɑ̃plwaje] *adj et s* empleado, da (salarié) ∥ oficinista ∥ empleado, da (de bureau) ∥ *employé de maison* sirviente, doméstico, criado.

employer* [ɑ̃plwaje] *v tr* emplear; *employer à* emplear en ∥ dar trabajo; *il emploie un correcteur* da trabajo a un corrector ∥ servirse de, utilizar, valerse de, hacer uso; *employer ses protecteurs* servirse de sus protectores ∥ gastar, consumir (consommer) ∥ *être employé à o chez* estar colocado en.
◆ *v pr* emplearse, usarse; *ce mot ne s'emploie plus* esta palabra no se emplea ya ∥ *s'employer à o pour* ocuparse en, aplicarse a, esforzarse por.

employeur, euse [ɑ̃plwajœːr, øːz] *m et f* empresario, ria; empleador, ra ∥ patrono, na.

empocher *v tr* meterse en el bolsillo, embolsar ∥ FIG & FAM cobrar, aguantar (subir).

empoignade *f* FAM agarrada, altercado *m*.

empoigne *f* agarrada ∥ FAM *la foire d'empoigne* el puerto de arrebatacapas.

empoigner *v tr* empuñar ‖ FAM agarrar, echar el guante, apresar (arrêter) ‖ FIG conmover, emocionar.
➤ *v pr* agarrarse ‖ tener una agarrada, pelearse, llegar a las manos (se battre).

empoisonnant, e [ãpwazɔnã, ãːt] *adj* venenoso, sa ‖ FAM molesto, ta; latoso, sa; pesado, da; fastidioso, sa (embêtant).

empoisonnement [-zɔnmã] *m* envenenamiento, emponzoñamiento ‖ FIG corrupción *f*, perversión *f*, envenenamiento ‖ FIG & FAM engorro, lata *f*, tostón, pega *f* (ennui).

empoisonner [-zɔne] *v tr* envenenar, emponzoñar ‖ intoxicar ‖ envenenar; *ce cuisinier empoisonne ses clients* este cocinero envenena a sus clientes ‖ infestar ‖ FIG amargar, envenenar; *la jalousie empoisonne la vie* los celos amargan la vida ‖ corromper, pervertir; *doctrine qui empoisonne les mœurs* doctrina que corrompe las costumbres ‖ FAM fastidiar, dar la lata (importuner) ‖ apestar, oler mal (sentir mauvais).
— OBSERV Le verbe *emponzoñar* et ses dérivés s'emploient surtout au sens figuré.

empoisonneur, euse [-zɔnœːr, øːz] *adj et s* envenenador, ra ‖ FIG pervertidor, ra; corruptor, ra (qui corrompt) ‖ FAM tostón; pesado, da; latoso, sa (embêtant).

empoissonnement *m* repoblación *f*; población *f* (d'une rivière, d'un étang).

emporté, e *adj* FIG iracundo, da; colérico, ca; violento, ta (irritable) ‖ arrebatado, da (irrité) ‖ desbocado (cheval).

emportement *m* arrebato; *parler avec emportement* hablar con arrebato.

emporte-pièce *m inv* sacabocados (outil) ‖ — FIG *à l'emporte-pièce* de manera terminante *ou* neta ‖ *caractère à l'emporte-pièce* carácter entero ‖ *formule à l'emporte-pièce* fórmula terminante.
➤ *adj* FIG incisivo, va; mordaz (mordant).

emporter *v tr* llevarse, llevar; *il a tout emporté* se lo ha llevado todo ‖ arrancar; *le boulet lui emporta le bras* el obús le arrancó el brazo ‖ arrastrar, llevarse (entraîner) ‖ FIG tomar, apoderarse de (s'emparer de) ‖ llevarse, arrebatar; *une fièvre l'emporta* una fiebre se lo llevó; *les passions nous emportent* las pasiones nos arrebatan ‖ llevarse; *emporter le prix, une affaire* llevarse el premio, un negocio ‖ lograr, obtener, ganar; *emporter l'avantage* lograr ventaja ‖ *— boissons à emporter* bebidas para llevar ‖ *— emporter à la pointe de l'épée* tomar por asalto ‖ FAM *emporter le morceau* llevarse la palma, ganar, triunfar ‖ *emportez tous mes vœux* que todo le vaya bien ‖ *— avoir la bouche emportée* picarle a uno mucho la boca ‖ *il ne l'emportera pas en paradis* ya me las pagará ‖ *l'emporter* vencer, ganar, conseguir un triunfo (gagner) ‖ *l'emporter de beaucoup sur* dar quince y raya a, dar cien vueltas a ‖ *l'emporter sur* poder más que, poder con, prevalecer, predominar; *la pitié l'emporta sur l'orgueil* la piedad prevaleció sobre el orgullo ‖ *que le diable vous emporte!* ¡que se lo lleve el diablo! ‖ *se laisser emporter à* dejarse llevar por, abandonarse a.
➤ *v pr* enfurecerse, encolerizarse (s'irriter) ‖ desbocarse (les chevaux).

empoté, e *adj et s* FAM zoquete; zopenco, ca.

empoter *v tr* poner en un tiesto *ou* una maceta.

empourprer *v tr* purpurar, enrojecer ‖ FIG enrojecer, encender; *visage empourpré par la colère* rostro enrojecido de cólera.

empreindre* [ãprɛ̃ːdr] *v tr* estampar, imprimir ‖ marcar, grabar ‖ FIG impregnar; *empreint de* impregnado de.
— OBSERV El verbo *empreindre* se emplea poco en sentido propio.

empreinte [ãprɛ̃ːt] *f* huella, impresión ‖ huella (des pieds) ‖ señal, marca (marque) ‖ relieve *m* (relief) ‖ FIG sello *m*, marca, marchamo *m*; *l'empreinte du génie* el sello del genio ‖ IMPR molde *m* ‖ *empreinte digitale* huella digital *ou* dactilar.

empressé, e *adj et s* apresurado, da (qui se hâte) ‖ atareado, da; afanoso, sa (affairé) ‖ solícito, ta; diligente (diligent) ‖ *salutations empressées* saludos muy atentos.

empressement *m* diligencia *f*, celo (zèle) ‖ apresuramiento, prisa *f* (hâte) ‖ solicitud *f*, atención *f* (complaisance).

empresser (s') *v pr* apresurarse, darse prisa (se hâter); *s'empresser de parler* apresurarse a hablar ‖ afanarse, atarearse, obrar diligentemente (agir avec zèle) ‖ mostrarse solícito *ou* obsequioso, tener atenciones (être très prévenant) ‖ *s'empresser auprès de* mostrarse solícito con.

emprise *f* influencia, dominio *m* (influence); *sous l'emprise de* bajo el dominio *ou* la influencia de ‖ expropiación (de terrain).

emprisonnement *m* encarcelamiento, prisión *f* ‖ *emprisonnement à vie* cadena perpetua.

emprisonner *v tr* encarcelar ‖ FIG encerrar (enfermer) ‖ FIG *être emprisonné dans* ser prisionero de.
➤ *v pr* encerrarse, enclaustrarse.

emprunt [ãprœ̃] *m* préstamo (privé); *faire un emprunt* hacer un préstamo ‖ empréstito (d'un État, d'une compagnie); *lancer un emprunt* hacer un empréstito ‖ FIG copia *f*, imitación *f* (copie) ‖ palabra *f* cogida (mot emprunté) ‖ — ÉCON *emprunt convertible* empréstito convertible ‖ *emprunt forcé* préstamo forzoso ‖ *emprunt public à 5%* empréstito público al 5% ‖ *— d'emprunt* fingido, da; ficticio, cia; falso, sa; *nom d'emprunt* nombre fingido; prestado, da; *des meubles d'emprunt* muebles prestados ‖ *par emprunt* de manera fingida, artificialmente ‖ FAM *vivre d'emprunt* vivir de prestado *ou* de trampas.
— OBSERV Le mot espagnol *préstamo* signifie à la fois le *prêt* et l'*emprunt*.

emprunté, e [-te] *adj* prestado, da; tomado en préstamo (prêté) ‖ FIG falso, sa; supuesto, ta (feint) ‖ ficticio, cia ‖ forzado, da; artificioso, sa (qui n'est pas naturel) ‖ embarazado, da; confuso, sa (embarrassé) ‖ tomado, da; sacado, da; copiado, da; *citation empruntée à un ouvrage* cita sacada de una obra literaria.

emprunter [-te] *v tr* pedir *ou* tomar prestado; *emprunter de l'argent* pedir dinero prestado ‖ FIG recibir de, tomar de; *la Lune emprunte sa lumière au Soleil* la Luna recibe su luz del Sol ‖ servirse de, recurrir a, valerse de, utilizar (se servir de) ‖ adoptar, tomar; *emprunter l'aspect de la vertu* adoptar el aspecto de la virtud ‖ tomar; *emprunter le plus court chemin* tomar el camino más corto ‖ tomar de, sacar de; *emprunter une citation à un ouvrage* tomar una cita de una obra.

emprunteur, euse [-tœːr, øːz] *adj* et *s* prestario, ria *(p us)*; que pide prestado (qui emprunte) ‖ FIG & FAM pedigüeño, ña.

empuantir [ãpyãtiːr] *v tr* infestar.

empyrée *m* empíreo (le ciel).

E.M.T. abrév de *éducation manuelle et technique* pretecnología.

ému, e [emy] *adj* conmovido, da; emocionado, da ‖ — *un hommage ému* un emotivo homenaje ‖ *un souvenir ému* un sentido recuerdo, un afectuoso recuerdo, un cariñoso recuerdo.

émulation *f* emulación.

émule *m* et *f* émulo, la.

émulsifiant, e *adj* emulsivo, va; *agent émulsifiant* agente emulsivo.
◆ *m* emulsionante.

émulsifier *v tr* → **émulsionner**.

émulsion *f* emulsión.

émulsionner; émulsifier *v tr* emulsionar.

en [ã] *prép*

> 1. SITUATION, RÉSIDENCE — 2. DIRECTION — 3. TEMPS, ÉPOQUE — 4. ÉTAT — 5. OCCUPATION, MANIÈRE D'ÊTRE — 6. VÊTEMENT, TENUE — 7. MATIÈRE — 8. FORME, DISPOSITION — 9. SENS DIVERS — 10. AVEC UN PARTICIPE PRÉSENT

1. SITUATION, RÉSIDENCE en; *en prison* en la cárcel; *en voiture* en coche; *en France* en Francia.
2. DIRECTION a; *aller en Espagne* ir a España ‖ hacia (vers); *aller en arrière* ir hacia atrás; *regarder en l'air* mirar hacia arriba.
3. TEMPS, ÉPOQUE en; *en hiver* en invierno; *en 1970* en 1970; *d'aujourd'hui en huit* de hoy en ocho días; *faire quelque chose en cinq minutes* hacer algo en cinco minutos ‖ a; *en même temps* al mismo tiempo.
4. ÉTAT en; *en fleur* en flor ‖ en, con; *en bonne santé* en *ou* con buena salud.
5. OCCUPATION, MANIÈRE D'ÊTRE de; *en voyage* de viaje; *en visite* de visita; *en vacances* de vacaciones; *en deuil* de luto ‖ en; *être en guerre* estar en guerra; *être en réparation* estar en reparación.
6. VÊTEMENT, TENUE *en chemise* en camisa; *en caleçon* en calzoncillos ‖ de; *en civil* de paisano; *en redingote* de levita; *se déguiser en médecin* disfrazarse de médico.
7. MATIÈRE de; *montre en or* reloj de oro; *statue en bois* estatua de madera.
8. FORME, DISPOSITION en; *en pente* en pendiente; *en cercle* en círculo; *en pointe* en punta.
9. SENS DIVERS en; *docteur en médecine* doctor en medicina; *érudit en géographie* erudito en geografía; *partager en deux* dividir en dos; *de jour en jour* de día en día; *donner en échange* dar en cambio; *laisser en gage* dejar en prenda; *parler en vers* hablar en verso; *résumer en une phrase* resumir en una frase ‖ de; *peintre en bâtiment* pintor de brocha gorda ‖ al; *traduire en italien* traducir al italiano; *vente en gros* venta al por mayor ‖ como; *traiter en ami* tratar como amigo; *partager quelque chose en frères* repartirse algo como hermanos ‖ — *en amont* río arriba ‖ *en aval* río abajo ‖ *en bas* abajo ‖ *en dépit de* a pesar de ‖ *en faveur de* en *ou* a favor de; *voter en faveur d'un candidat* votar a favor de un candidato; pro, en pro de; *campagne en faveur des sinistrés* campaña pro damnificados ‖ *en haut* arriba ‖ *en tête* a la cabeza.
10. AVEC UN PARTICIPE PRÉSENT al (suivi d'un infinitif indiquant la simultanéité); *il s'assit en arrivant* se sentó al llegar ‖ al (suivi d'un infinitif), gérondif; *il fume en marchant* fuma al caminar *ou* caminando ‖ — *en attendant* entretanto, mientras tanto ‖ *tout en* (suivi d'un participe présent) sin dejar de (suivi de l'infinitif), mientras (suivi de l'imparfait); *tout en parlant* sin dejar de hablar, mientras hablaba.

en *pron pers de 3ème pers* Se remplace en espagnol par le pronom équivalent; *il en parle* habla de él, de ella, de ellos, de ellas, de ello; *en serons-nous plus heureux?* ¿seremos más felices con ello?; *j'ai beaucoup de livres, ma maison en est pleine* tengo muchos libros, mi casa está llena de ellos; *il aime sa femme et il en est aimé* ama a su mujer y es amado de *ou* por ella ‖ Se traduit en espagnol par le possessif correspondant; *ce tableau est joli, j'en aime la couleur* este cuadro es bonito, me gusta su color ‖ — *c'en est assez!* ¡ya está bien!, basta con eso ‖ FAM *s'en faire* preocuparse mucho ‖ Avec un partitif, *en* se supprime en espagnol ou se remplace par les pronoms *lo, la, los, las*, par un numéral ou par un adverbe de quantité; *as-tu du pain? — j'en ai* ¿tienes pan? — tengo, tengo alguno; *as-tu de la patience? — j'en aurai* ¿tienes paciencia? — la tendré; *as-tu des livres? — j'en ai cinq* ¿tienes libros? — tengo cinco ‖ *il y en a* los, las hay.

en *adv* de allí, de allá, de ahí; *j'en viens* de allí vengo ‖ *en... autant* o *tout autant* otro tanto; *j'en ferais autant* haría otro tanto.

É.N.A.; Éna abrév de *École nationale d'administration* ENA, Escuela Nacional de Administración [Francia].

énarque *m* et *f* ex alumno, na de la escuela nacional de administración francesa (É.N.A).

encadrement *m* marco (cadre) ‖ recuadro, cerco, orla *f* (bordure) ‖ encuadramiento, oficialidad *f* (troupes) ‖ FIG ambiente, medio, marco (ambiance) ‖ — ÉCON *encadrement du crédit* restricciones de crédito.

encadrer *v tr* poner en un marco, poner marco a, encuadrar *(p us)*; *encadrer un tableau* poner un cuadro en un marco ‖ orlar, recuadrar, poner en un recuadro; *encadrer un article dans un journal* poner un artículo en un recuadro en un periódico ‖ ceñir, rodear, cercar (entourer) ‖ enmarcar; *des cheveux noirs encadraient son visage* unos cabellos negros enmarcaban su cara ‖ escoltar, custodiar (un malfaiteur) ‖ situar, poner; *encadrer un épisode dans un récit* situar un episodio en un relato ‖ IMPR recuadrar ‖ MIL encuadrar, incorporar (entourer) ‖ proveer de mandos (pourvoir de cadres) ‖ mandar, tener bajo sus órdenes (commander) ‖ — FIG *à encadrer* para poner en un marco ‖ FAM *ne pas pouvoir encadrer quelqu'un* no poder tragar a uno.

encadreur *m* fabricante *ou* montador de marcos.

encaissable *adj* COMM cobrable (créance).

encaisse *f* COMM caja, fondos *m pl* (valeurs en caisse) ‖ reserva; *encaisse or* reserva de oro; *encaisse métallique* reserva en metálico.

encaissé, e *adj* encajonado, da; *rivière encaissée* río encajonado ‖ metido, da en una caja (dans une caisse) ‖ COMM cobrado, da; ingresado, da en caja.

encaissement *m* encajonamiento ‖ colocación *f* en caja (mise en caisse) ‖ ARCHIT encajonado ‖ COMM ingreso, cobro, cobranza *f*.

encaisser *v tr* encajonar ‖ meter en cajones *ou* en cajas ‖ COMM cobrar (un chèque) ‖ FAM encajar, aguantar, soportar (boxe) ‖ POP llevarse, cargarse, cobrar; *il encaissa une gifle* se llevó una bofetada | tragar, aguantar (un affront) | tragar, poder con; *ne pas encaisser quelqu'un* no tragar a uno, no poder con uno.
◆ *v pr* encajonarse (fleuve, route).

encalminé, e *adj* MAR detenido por la calma chicha; encalmado, da.

encanailler [ãkanaje] *v tr* encanallar.
◆ *v pr* encanallarse.

encart *m* folleto ‖ *encart publicitaire* encarte.

encarter *v tr* encartar.

en-cas; encas [ãkα] *m* piscolabis, colación *f*, tentempié (collation) ‖ reserva *f*, provisión *f* ‖ antucá, sombrilla *f* (ombrelle).

encastrable *adj* empotrable.

encastrement *m* ajuste, encaje (une pièce), empotramiento (une statue) ‖ TECHN muesca *f*, hueco (entaille).

encastrer *v tr* encastrar, empotrar, encajar; *encastrer quelque chose dans* empotrar *ou* encastrar algo en.
◆ *v pr* empotrarse; *s'encastrer dans* empotrarse en.

encaustique *f* encáustico *m*, cera (cire) ‖ encausto *m*; *peinture à l'encaustique* pintura al encausto.

enceindre* [ãsɛ̃:dr] *v tr* ceñir, cercar, circundar, rodear (ceindre).

enceinte [ãsɛ̃:t] *f* recinto *m*; *l'enceinte d'un monument* el recinto de un monumento ‖ murallas *pl* (murailles) ‖ cerco *m*, cercado *m* (clôture) ‖ casco *m* (d'une ville) ‖ TECHN pantalla acústica ‖ — NUCL *enceinte de confinement* recinto de confinamiento ‖ *enceinte de sécurité* recinto de seguridad.
◆ *adj f* embarazada, encinta (femme); *elle est enceinte de 6 mois* está embarazada de 6 meses.

encens [ãsã] *m* incienso ‖ FIG incienso, cumplidos *pl*, flores *f pl*, alabanzas *f pl* excesivas.

encensement *m* incensación *f*.

encenser *v tr* incensar (agiter l'encensoir) ‖ FIG incensar, adular, lisonjear, echar flores.
◆ *v intr* engallarse (cheval).

encensoir *m* incensario (pour brûler l'encens) ‖ botafumeiro (à Saint-Jacques de Compostelle) ‖ *coup d'encensoir* adulación, incienso.

encéphale *m* ANAT encéfalo.

encéphalique *adj* ANAT encefálico, ca.

encéphalite *f* MÉD encefalitis.

encéphalographie *f* encefalografía.

encerclement *m* cerco.

encercler *v tr* cercar, rodear ‖ MIL copar (l'ennemi).

enchaînement *m* encadenamiento ‖ FIG encadenamiento, enlace, eslabonamiento (de circonstances) | concatenación *f*, coordinación *f*, enlace (idées, etc.).

enchaîner *v tr* encadenar ‖ FIG encadenar (des passions, etc.) | esclavizar (asservir) | coordinar, enlazar; *enchaîner ses idées* coordinar sus ideas | empalmar, proseguir (reprendre la suite d'un dialogue) ‖ encadenar (cinéma) ‖ *enchaînons!* ¡sigamos! (théâtre).
◆ *v pr* encadenarse ‖ enlazar, encadenarse (des idées).

enchanté, e *adj* encantado, da ‖ *enchanté de vous connaître* encantado de conocerle, mucho gusto en conocerle.

enchantement *m* encanto, hechizo (charme) ‖ — *comme par enchantement* como por ensalmo *ou* por arte de magia ‖ *par enchantement* por arte de birlibirloque ‖ — FIG *être dans l'enchantement* estar en la gloria.

enchanter *v tr* encantar ‖ hechizar (fasciner).

enchanteur, eresse *adj et s* encantador, ra.
◆ *m et f* hechicero, ra; mago, ga (magicien).

enchâssement *m* engaste, engarce; *enchâssement d'un diamant* engaste de un diamante ‖ encaje, empotramiento (encastrement).

enchâsser *v tr* engastar, engarzar; *enchâsser un diamant* engastar un diamante ‖ poner en un relicario *ou* en una caja (dans une châsse) ‖ encajar, empotrar (encastrer) ‖ FIG intercalar, insertar; *enchâsser une citation* intercalar una cita.

enchère *f* puja, licitación ‖ — *folle enchère* puja que no puede pagar el postor ‖ *vente aux enchères* subasta ‖ — FIG *être à l'enchère* venderse al mejor postor ‖ *être mis aux enchères* salir a subasta ‖ FIG *faire monter les enchères* aumentar las apuestas ‖ *faire une enchère* pujar ‖ *les enchères montent* las pujas aumentan ‖ *mettre aux enchères* sacar a subasta, subastar ‖ FIG *payer la folle enchère* sufrir las consecuencias de su temeridad ‖ *vendre aux enchères* vender en pública subasta, subastar.

enchérir *v intr* pujar (aux enchères) ‖ encarecer (être plus cher) ‖ *enchérir sur* sobrepujar (une offre), ir más lejos (quelqu'un).

enchérisseur; euse *m* postor *m*, licitador *m*, pujador, ra (aux enchères).

enchevêtrement *m* encabestramiento (chevaux) ‖ FIG enredo, embrollo, lío, enmarañamiento (emmêlement).

enchevêtrer *v tr* encabestrar (les chevaux) ‖ ARCHIT embrochalar (des solives) ‖ FIG enredar, embrollar, enmarañar (embrouiller).
◆ *v pr* encabestrarse (cheval) ‖ FIG embrollarse, enmarañarse.

enclave *f* enclave *m*, territorio *m* enclavado.

enclavement *m* enclave, enclavado (d'un territoire) ‖ TECHN empotramiento, encaje (emboîtement).

enclaver *v tr* enclavar, encerrar, incluir (un terrain, un territoire) ‖ insertar, colocar (insérer) ‖ TECHN empotrar, encajar (emboîter).

enclenchement *m* armadura *f*, enganche.

enclencher *v tr* enganchar, engranar, arrastrar.

enclin, e *adj* propenso, sa; inclinado, da; dado, da; *enclin à la colère* propenso a la ira.

enclitique *adj et s m* enclítico, ca.

enclore* *v tr* cercar, vallar; *enclore un champ* cercar un campo ‖ encerrar, rodear (entourer) ‖ encerrar (enfermer).

enclos [ãklo] *m* cercado, vallado || recinto (enceinte).

enclume *f* yunque *m* || horma (de cordonnier) || ANAT yunque (osselet de l'oreille) || — FIG *entre l'enclume et le marteau* entre la espada y la pared | *remettre un ouvrage sur l'enclume* retocar una obra, poner de nuevo una obra en el telar.

encoche *f* muesca, entalladura || señal (marque) || banco *m* (de sabotier).

encoder *v tr* INFORM codificar.

encodeur *m* INFORM codificador.

encoignure [ãkɔɲyːr] *f* CONSTR rincón *m*, rinconada (angle) || rinconera (meuble).

encollage *m* encolado, engomado || cola *f* (colle) || apresto (dans un tissu).

encoller *v tr* encolar, engomar || aprestar (tissu).

encolleur, euse *adj* et *s* encolador, ra || aprestador, ra (de tissus).
◆ *f* encoladora (machine).

encolure *f* cuello *m* (du cheval) || cuello *m*, medida del cuello (mesure du col) || escote *m* (d'un vêtement) || cabeza (aux courses).

encombrant, e *adj* embarazoso, sa; molesto, ta (gênant) || voluminoso, sa; de mucho bulto, que abulta mucho (qui occupe de la place) || FIG inoportuno, na; que estorba, pesado, da (importun).

encombre *m sans encombre* sin tropiezo, sin dificultad.

encombrement *m* estorbo, obstrucción *f* || acumulación *f*, aglomeración *f*, amontonamiento || atasco, embotellamiento; *un encombrement de voitures* un embotellamiento de coches || dimensiones *f pl* totales *ou* exteriores, volumen (volume, dimensions) || lugar ocupado (d'une machine).

encombrer *v tr* atestar, llenar; *encombrer de meubles un appartement* atestar con muebles un piso || ocupar mucho sitio, hacer mucho bulto (occuper trop de place) || recargar; *il encombre sa mémoire* recarga su memoria || estorbar, entorpecer (embarrasser) || FIG molestar, estorbar (une personne) || — *encombrer le passage* obstruir *ou* estorbar el paso || *une route encombrée* una carretera saturada.
◆ *v pr* FAM cargar *ou* cargarse con; *s'encombrer de quelqu'un* cargar con alguien.

encontre de (à l') *loc prép* en contra, contra; *cela va à l'encontre de mes projets* esto va en contra de mis proyectos || contrariamente a (contrairement).

encorbellement *m* ARCHIT salidizo, saledizo, voladizo; *fenêtre en encorbellement* ventana en saledizo *ou* voladizo.

encorder (s') *v pr* encordarse (alpinisme).

encore *adv* todavía, aún; *il n'est pas encore venu* no ha venido todavía || de nuevo, otra vez; *il viendra encore* vendrá otra vez || más; *donnez-m'en encore* déme más || más, todavía más; *le riche veut encore s'enrichir* el rico quiere enriquecerse todavía más || además, encima; *il étudiait et on le faisait encore travailler* estudiaba y además le hacían trabajar || al menos, a lo menos; *encore s'il s'était excusé* si al menos se hubiera excusado || también; *non seulement elle est belle, mais encore elle est très riche* no sólo es guapa, sino también muy rica || — *encore!* ¡otra vez!; *encore vous!* ¡otra vez usted!; ¡más! (pour réclamer) || *encore que* (suivi du subjonctif) aunque (suivi de l'indicatif) || *encore une fois* una vez más || *encore un peu* un poco más || *— des grossièretés et encore des grossièretés* groserías y más groserías || *et encore* y quizá ni eso, y aún así || FAM *et puis quoi encore?* y, ¿qué más quieres? || *mais encore* y además (en plus), sino también || *mais encore?* ¿y qué más? || *pas encore* todavía no, aún no || *si encore* si por lo menos, si tan siquiera || *— c'est encore lui qui disait* fue él mismo quien decía || *être encore* (sens de continuité), seguir; *il est encore malade* sigue enfermo.

encorner *v tr* cornear, dar cornadas (donner des coups de cornes) || coger (torero).

encornet [ãkɔrnɛ] *m* calamar (calmar).

encourageant, e *adj* alentador, ra; animador, ra; *un sourire encourageant* una sonrisa alentadora || alentador, ra; esperanzador, ra; *des résultats encourageants* resultados esperanzadores.

encouragement *m* estímulo, aliento, ánimo || fomento; *encouragement à la production* fomento de la producción || instigación *f*, incitación *f*; *encouragement au crime* incitación al crimen || estímulo (fiscal) || — *société d'encouragement* sociedad de fomento || — *donner des encouragements* dar ánimos.

encourager* *v tr* alentar, animar, dar ánimo (donner du courage) || incitar, instigar; *encourager à rester* incitar a quedarse || FIG fomentar, favorecer, estimular; *encourager l'agriculture* fomentar la agricultura.

encourir* *v tr* incurrir en, caer en, exponerse a (s'exposer à).

encrage *m* IMPR entintado.

encrassement *m* enmugrecimiento, ensuciamiento || engrasamiento (bougie d'un moteur) || atascamiento, atoramiento (tuyauterie).

encrasser *v tr* ensuciar, enmugrecer || encostrar, atascar, atorar (tuyauterie).
◆ *v pr* enmugrecerse, ensuciarse (se salir) || engrasarse (bougie de moteur) || atascarse, atorarse (tuyaux).

encre *f* tinta; *encre de Chine, indélébile, sympathique* tinta china, indeleble, simpática || — FIG *bouteille à l'encre* lío, asunto embrollado || *noir comme l'encre* negro como un tizón | *tache d'encre* borrón || — *écrire à l'encre* escribir con tinta || *faire couler beaucoup d'encre* dar mucho que hablar, hacer gastar mucha tinta.

encrer *v tr* IMPR entintar, dar tinta.

encreur *adj m* IMPR entintador; *rouleau encreur* rodillo entintador.

encrier *m* tintero || IMPR depósito de tinta.

encroûtement *m* encostramiento, encostradura *f* || incrustación *f* (du sol) || FIG embrutecimiento, embotamiento (intellectuel).

encroûter *v tr* encostrar (recouvrir d'une croûte) || repellar (un mur) || FIG embrutecer, dejar en la ignorancia.
◆ *v pr* encostrarse || FIG & FAM embrutecerse, embotarse.

enculé *m* POP cabrón, hijoputa.

enculer *v tr* POP dar por el culo || *va te faire enculer!* ¡vete a tomar por el culo!

encuver *v tr* encubar.

encyclique *adj* et *s f* encíclico, ca.

encyclopédie *f* enciclopedia ‖ FIG *encyclopédie vivante* enciclopedia en persona.

encyclopédique *adj* enciclopédico, ca.

encyclopédiste *m* et *f* enciclopedista.

endémique *adj* endémico, ca.

endettement *m* deuda *f*, endeudamiento, adeudado, trampa *f (fam)*.

endetter *v tr* llenar de deudas, entrampar *(fam)* (charger de dettes) ‖ *être endetté* tener deudas, estar entrampado *(fam)*.

endeuiller [ãdœje] *v tr* enlutar ‖ FIG ensombrecer; *manifestation endeuillée par* manifestación ensombrecida por.

endiablé, e *adj* endiablado, da; endemoniado, da (ardent, impétueux) ‖ encarnizado, da (acharné).

endiguement *m* construcción *f* de un dique ‖ encauzamiento (des eaux) ‖ FIG contención *f*.

endiguer *v tr* poner un dique a, encauzar ‖ atajar, poner un dique a, contener, refrenar (contenir).

endimancher *v tr* endomingar, vestir de fiesta; *être endimanché* estar endomingado.
◆ *v pr* endomingarse.

endive *f* endibia.

endoblaste; endoderme *m* BIOL endoblasto, endodermo.

endocarde *m* endocardio (membrane du cœur).

endocardite *f* MÉD endocarditis.

endocarpe *m* BOT endocarpio.

endocrine *adj f* endocrina (glande).

endocrinien, enne *adj* endocrino, na.

endocrinologie *f* MÉD endocrinología.

endocrinologiste *m* et *f* → **endocrinologue**.

endocrinologue; endocrinologiste *m* et *f* endocrinólogo, ga.

endoctrinement *m* adoctrinamiento.

endoctriner *v tr* adoctrinar, doctrinar.

endoderme *m* BIOL → **endoblaste**.

endogame *adj* endogámico, ca.

endogamie *f* endogamia.

endogène *adj* endógeno, na.

endolori, e *adj* dolorido, da.

endolorir *v tr* lastimar, hacer daño, causar dolor ‖ FIG apesadumbrar, entristecer.

endommager* *v tr* dañar, perjudicar, menoscabar (causer du dommage) ‖ deteriorar, estropear (abîmer).

endoplasme *m* endoplasma.

endoréique *adj* endorreico, ca.

endormant, e *adj* adormecedor, ra (qui endort) ‖ FIG soporífero, ra; aburrido, da (ennuyeux).

endormi, e *adj* dormido, da ‖ adormecido, da; entorpecido, da (engourdi) ‖ FIG dormido, da; entumecido, da; *avoir les membres endormis* tener los miembros entumecidos ‖ perezoso, sa; indolente ‖ silencioso, sa; *campagne endormie* campo silencioso.
◆ *m* et *f* FIG & FAM dormido, da; parado, da (peu actif).

endormir* *v tr* dormir (faire dormir) ‖ adormecer, anestesiar (anesthésier) ‖ FIG calmar, aplacar; *endormir la douleur* aplacar el dolor ‖ FIG & FAM entretener, distraer; *endormir la vigilance* distraer la vigilancia | aburrir, dar sueño; *ce discours endort* este discurso da sueño.
◆ *v pr* dormirse ‖ FIG distraerse, dormirse, descuidarse (manquer de vigilance) ‖ — *s'endormir du sommeil du juste* dormir el sueño de los justos ‖ *s'endormir sur ses lauriers* dormirse en los laureles ‖ *ne pas pouvoir s'endormir* no poder conciliar el sueño.

endormissement *m* adormecimiento.

endoscope *m* MÉD endoscopio.

endoscopie *f* MÉD endoscopia.

endoscopique *adj* MÉD endoscópico, ca.

endosmose *f* PHYS endósmosis.

endossable *adj* endosable.

endossement *m* endoso.

endosser *v tr* COMM endosar (un chèque) ‖ ponerse (un vêtement) ‖ FIG endosar, cargar con, asumir la responsabilidad de ‖ TECHN enlomar (un livre) ‖ *endosser l'uniforme, la soutane* hacerse militar, sacerdote.

endroit [ãdrwa] *m* sitio, lugar; *un endroit écarté* un sitio apartado ‖ localidad *f*, lugar (localité) ‖ punto, parte *f* (partie) ‖ pasaje, parte *f* (passage d'un discours, d'un livre) ‖ derecho (d'une étoffe), cara *f* (d'une pièce, d'une page), haz *f* (d'une feuille); *à l'endroit* al derecho ‖ lado, punto de vista; *à considérer l'affaire par cet endroit* si consideramos el asunto desde este punto de vista ‖ — *à l'endroit de* para con..., con respecto a ‖ *endroit faible* punto débil ‖ *endroit sensible* punto *ou* parte sensible ‖ FAM *le petit endroit* el excusado, el retrete ‖ *par endroits* en algunos sitios, en algunas partes.

enduire* *v tr* untar; *enduire de miel* untar con miel ‖ dar una mano, embadurnar (appliquer une couche de) ‖ enlucir, revocar (un mur) ‖ recubrir (recouvrir); *enduire de* recubrir con ‖ calafatear (bateaux).

enduit [ãdɥi] *m* baño, capa *f*, mano *f* (couche) ‖ enlucido, revoque, revestimiento (en maçonnerie); *plâtre d'enduit* yeso de enlucido ‖ FIG baño, barniz (vernis).

endurable *adj* sufrible, soportable, tolerable.

endurance *f* resistencia, aguante *m*; *endurance physique* resistencia física.

endurant, e *adj* sufrido, da; paciente (patient) ‖ resistente (dur à la fatigue).

endurci, e *adj* endurecido, da (durci) ‖ FIG inveterado, da; *haine endurcie* odio inveterado ‖ empedernido, da (invétéré) ‖ FIG avezado, da; curtido, da; *pêcheur endurci* pescador avezado | insensible; duro, ra; *cœur endurci* corazón insensible ‖ *célibataire endurci* solterón.

endurcir *v tr* endurecer (rendre dur) ‖ endurecer, curtir (rendre résistant) ‖ FIG endurecer, insensibilizar (rendre insensible).
◆ *v pr* acostumbrarse, avezarse (s'accoutumer) ‖ FIG endurecerse, empedernirse (devenir insensible).

endurcissement *m* endurecimiento ‖ FIG dureza *f*; *endurcissement du cœur* dureza de corazón.

endurer *v tr* aguantar, soportar, resistir, tolerar, sobrellevar.

enduro *m* enduro (compétition).

énergétique *adj et s f* energético, ca ‖ *politique énergétique* política energética.

énergie *f* energía ‖ *— énergie calorifique* energía calorífica ‖ *énergie de fission* energía de fisión ‖ *énergie de fusion* energía de fusión ‖ *énergie des océans* energía de los océanos ‖ *énergie douce* energía blanda ‖ *énergie éolienne* energía eólica ‖ *énergie fossile* energía fósil ‖ *énergie géométrique* energía geométrica ‖ *énergie nucléaire* energía nuclear ‖ *énergie solaire* energía solar ‖ *— libération d'énergie* liberación de energía ‖ *récupération de l'énergie* recuperación de la energía.

énergique *adj* enérgico, ca.

énergiquement *adv* enérgicamente, de manera enérgica *ou* contundente.

énergisant, e *adj et m* vigorizante.

énergumène *m* energúmeno, na.

énervant, e *adj* irritante; molesto, ta; que pone nervioso, sa (qui agace); *discussions énervantes* discusiones irritantes.

énervé, e *adj et s* nervioso, sa (agacé).

énervement *m* nerviosidad *f*, nerviosismo (agacement).

énerver *v tr* enervar, debilitar, abatir (abattre) ‖ poner nervioso, exasperar (agacer).

enfance [ãfã:s] *f* infancia, niñez ‖ *il est tombé en enfance* ha vuelto a la infancia ‖ FIG infancia, principio *m*; *l'enfance du monde* la infancia del mundo ‖ *— ami d'enfance* amigo de la infancia ‖ *petite enfance* tierna infancia ‖ *souvenir d'enfance* recuerdo de infancia ‖ *— FAM c'est l'enfance de l'art* está tirado ‖ *retomber en enface* volver a la infancia.

➤ *pl* mocedades (dans les chansons de geste).

enfant [ãfã] *m et f* niño, ña; *une charmante enfant* una niña encantadora ‖ hijo, ja; niño, ña; *il a quatre enfants* tiene cuatro hijos ‖ hijo, ja; descendiente; *les enfants d'Adam* los hijos de Adán ‖ FIG hijo, resultado, producto (résultat) ‖ *— enfant adoptif, légitime, naturel* o *de l'amour* hijo adoptivo, legítimo, natural ‖ *enfant de chœur* monaguillo (à l'église), angelito; inocentón (naïf) ‖ *enfant de la balle* hijo que sigue la profesión de su padre [en el circo y en el teatro] ‖ MIL *enfant de troupe* educando ‖ *enfant gâté* niño mimado ‖ *Enfant Jésus, Enfant Dieu* niño Jesús ‖ *enfant prodige* niño prodigio ‖ *enfant prodigue* hijo pródigo ‖ *enfant terrible* niño mal criado, indiscreto (insupportable), persona indisciplinada *ou* rebelde ‖ *enfant trouvé* expósito, inclusero ‖ *enfant unique* hijo único ‖ *les Enfants trouvés* la Inclusa (hospice) ‖ *— bon enfant* bonachón, campechano; *un commissaire bon enfant* un comisario bonachón ‖ *littérature pour enfants* literatura infantil ‖ *petits enfants* nietos ‖ *— faire l'enfant* hacer chiquilladas, hacer niñerías, niñear.

— OBSERV *Bon enfant*, empleado como epíteto, es invariable: *elle est bon enfant*.

enfantement *m* alumbramiento, parto ‖ FIG concepción *f*, creación *f*, producción *f*.

enfanter *v tr* dar a luz, parir (un enfant) ‖ FIG dar a luz, crear ‖ poner en el mundo ‖ *tu enfanteras dans la douleur* parirás con dolor.

enfantillage *m* chiquillada *f*, niñería *f*, niñada *f*.

enfantin, e *adj* infantil ‖ infantil, pueril.

enfariné, e *adj* enharinado, da ‖ FIG & FAM *la bouche enfarinée, le bec enfariné* con toda tranquilidad, tan tranquilo.

enfer [ãfɛ:r] *m* infierno; *aller en enfer* ir al infierno ‖ MYTH averno ‖ *— d'enfer* infernal, terrible ‖ *l'enfer est pavé de bonnes intentions* el infierno está empedrado de buenas intenciones ‖ *— aller à un train d'enfer* ir a un tren endemoniado *ou* endiablado.

enfermement *m* encerramiento.

enfermer *v tr* encerrar ‖ encerrar, contener, abarcar (contenir) ‖ encerrar, guardar bajo llave (mettre sous clef) ‖ esconder (cacher) ‖ guardar (ranger) ‖ poner, cercar (enserrer) ‖ poner, meter (mettre) ‖ FIG encarcelar ‖ *enfermer à double tour* guardar con siete llaves.

➤ *v pr* encerrarse ‖ encerrarse, aislarse, recluirse (s'isoler) ‖ *— s'enfermer dans sa solitude* encerrarse en su soledad ‖ *s'enfermer dans son mutisme* encerrarse en su mutismo.

enferrer *v tr* traspasar, atravesar (transpercer) ‖ ensartar (embrocher).

➤ *v pr* arrojarse sobre la espada de un adversario ‖ picar el anzuelo (poisson) ‖ FIG enredarse, embrollarse, liarse.

enfiévrer* *v tr* dar calentura *ou* fiebre (donner de la fièvre) ‖ FIG apasionar, inflamar, enardecer (passionner).

enfilade *f* hilera, fila; *une enfilade de voitures* una hilera de coches ‖ crujía (de chambres) ‖ FIG & FAM sarta, retahíla (de mensonges, d'injures) ‖ MIL enfilada; *tir d'enfilade* tiro de enfilada ‖ *prendre en enfilade* batir en enfilada (avec une arme).

enfilage *m* enhebrado, enhebramiento ‖ ensarte, enfilado (perles).

enfiler *v tr* enhebrar (une aiguille) ‖ ensartar (des perles) ‖ ensartar (transpercer) ‖ meter, entrar (faire passer) ‖ tomar, coger, meterse por (un chemin) ‖ FIG ensartar (mensonges, insultes) ‖ (vx) engañar, embaucar (tromper) ‖ FAM ponerse; *enfiler son pantalon* ponerse el pantalón ‖ MIL enfilar, batir por el flanco ‖ POP zampar, echarse entre pecho y espalda (avaler) ‖ FIG *enfiler des perles* perder el tiempo en tonterías.

➤ *v pr* coger, meterse; *s'enfiler sur un chemin* meterse por un camino ‖ POP zamparse (absorber) ‖ cargar *ou* cargarse con; *s'enfiler tout le travail* cargar con todo el trabajo ‖ *cela ne s'enfile pas comme des perles* eso no es coser y cantar.

enfin *adv* por último (en dernier lieu) ‖ al fin, por fin; *enfin il va mieux* por fin está mejor; *il s'est enfin décidé* al fin se decidió ‖ en una palabra, en fin, es decir, para abreviar (bref) ‖ *enfin!* ¡por fin!

enflammé, e *adj* encendido, da; inflamado, da ‖ FIG ardiente; excitado, da; entusiasmado, da.

enflammer *v tr* inflamar, incendiar, prender fuego a (mettre le feu) ‖ irritar (irriter) ‖ FIG encender; *la fièvre enflamme les joues* la fiebre enciende las mejillas ‖ inflamar, entusiasmar, excitar ‖ acalorar, inflamar; *être enflammé de la passion* estar acalorado por la pasión ‖ arrebolar; *l'aurore enflammait le ciel* la aurora arrebolaba el cielo.

➤ *v pr* incendiarse, inflamarse ‖ FIG inflamarse, entusiasmarse, excitarse ‖ encenderse; *regard qui s'enflamme* mirada que se enciende ‖ MÉD inflamarse.

enfler *v tr* inflar, hinchar (gonfler) ‖ FIG hinchar, abultar, exagerar | ahuecar (la voix) | volver enfático *ou* hinchado (le style) ‖ hacer crecer (un fleuve) ‖ MÉD hinchar, inflamar.
◆ *v intr* et *pr* hincharse; *sa jambe a enflé* su pierna se ha hinchado ‖ crecer (fleuve) ‖ FIG hincharse, inflarse, engreírse (s'enorgueillir).

enflure *f* hinchazón, inflamación ‖ FIG hinchazón, ampulosidad, énfasis *m* (style).

enfoncé, e *adj* hundido, da; *yeux enfoncés* ojos hundidos ‖ profundo, da; hondo, da ‖ FIG derrotado, da; vencido, da (vaincu).

enfoncement *m* hundimiento (action d'enfoncer) ‖ introducción *f*, penetración *f*; *l'enfoncement d'un clou* la introducción de un clavo ‖ hueco, vano (partie en retrait); *l'enfoncement d'une porte* el hueco de una puerta ‖ entrante (partie enfoncée d'une façade) ‖ profundidad *f* (profondeur) ‖ el fondo, lo hondo, lo retirado (d'une rue, d'un paysage, etc.) ‖ socavón (de la chaussée) ‖ hondonada *f* (terrain enfoncé) ‖ fractura *f* (du crâne).

enfoncer* *v tr* clavar (clou), hincar (piquet) ‖ hundir ‖ derribar, tirar abajo; *enfoncer une porte* derribar una puerta ‖ forzar; *enfoncer un coffre-fort* forzar una caja de caudales ‖ fracturar, romper; *enfoncer le crâne* fracturar el cráneo ‖ deshacer, arrollar, derrotar; *enfoncer les bataillons ennemis* arrollar los batallones enemigos ‖ sumergir (dans l'eau) ‖ encajar (encastrer) ‖ encasquetarse, calarse (le chapeau) ‖ *enfoncer son chapeau sur la tête* encasquetarse el sombrero en la cabeza ‖ FAM derrotar, vencer (un adversaire) ‖ FIG meter, hacer penetrar; *enfoncer une idée dans la tête de quelqu'un* meterle una idea en la cabeza a uno ‖ — *enfoncer une porte ouverte* descubrir América *ou* la pólvora (démontrer une chose évidente), buscarle tres pies al gato (se donner du mal pour rien).
◆ *v intr* et *pr* hundirse ‖ hundirse, irse a pique (aller au fond); *navire qui s'enfonce* buque que se hunde ‖ arrellanarse (dans un fauteuil) ‖ desaparecer, desvanecerse; *il s'enfonça dans la brume* desapareció en la niebla ‖ arruinarse, hundirse (dans les affaires) ‖ internarse, penetrar (pénétrer) ‖ FIG entregarse (aux vices) ‖ hundirse; *plus on perd au jeu, plus on s'enfonce* cuanto más uno pierde al juego, más se hunde uno | sumirse, absorberse; *il s'enfonça dans ses pensées* se sumió en sus pensamientos | adentrarse, penetrar; *s'enfoncer dans les difficultés du Droit* adentrarse en las dificultades del Derecho ‖ *avoir la tête enfoncée dans les épaules* tener la cabeza muy metida entre los hombros.

enfouir [ãfwi:r] *v tr* enterrar (mettre sous terre) ‖ meter (mettre) ‖ FIG esconder, ocultar (cacher, dissimuler).
◆ *v pr* enterrarse, refugiarse (se réfugier).

enfouissement *m* enterramiento; *enfouissement d'un trésor* enterramiento de un tesoro ‖ FIG ocultación *f*, escondimiento (action de cacher) ‖ enterrado (du fumier).

enfourcher *v tr* atravesar con la horca (percer avec la fourche) ‖ FAM montar a horcajadas en *ou* sobre; *enfourcher un cheval* montar a horcajadas en un caballo ‖ FIG & FAM aferrarse a; *enfourcher une idée* aferrarse a una idea ‖ FIG *enfourcher son dada* comenzar con su manía, con su tema.

enfournage; enfournement *m* enhornado.

enfourner *v tr* enhornar, meter en el horno, poner al horno (mettre dans le four) ‖ FIG introducir en gran cantidad, meter | meterse en el bolsillo (empocher) ‖ POP zamparse, engullir (avaler).
◆ *v pr* FIG meterse, zambullirse (dans le métro).

enfreindre* [ãfrɛ̃:dr] *v tr* infringir, transgredir, violar, conculcar (transgresser).

enfuir (s') [sãfɥi:r] *v pr* fugarse, escaparse, huir ‖ FIG desvanecerse, desaparecer, huir (s'effacer) ‖ salirse, derramarse (s'écouler); *l'eau s'enfuit* el agua se sale.

enfumer *v tr* ahumar.

engagé, e [ãgaʒe] *m* voluntario (soldat).
◆ *adj* contratado, da; *engagé à l'année* contratado por año ‖ dado, da; empeñado, da (parole) ‖ empeñado, da (bijou) ‖ comprometido, da; *écrivain engagé* escritor comprometido; *pays non engagé* país no comprometido ‖ metido, da; enredado, da (dans une affaire) ‖ aconsejado, da (recommandé) ‖ comenzado, da; entablado, da (un combat) ‖ — *colonne engagée* columna entregada ‖ *navire engagé* barco acostado.

engageant, e [-ʒã, -ã:t] *adj* atrayente; atractivo, va ‖ prometedor, ra; incitante.

engagement *m* empeño (action d'engager) ‖ papeleta *f* de empeño (récépissé) ‖ alistamiento, enganche (de soldats) ‖ ajuste, contrata *f* (d'employés, de domestiques) ‖ compromiso, obligación *f*; *faire honneur à ses engagements* cumplir sus compromisos; *sans engagement de votre part* sin compromiso por su parte ‖ aliento (encouragement) ‖ fianza *f* (garantie) ‖ hipoteca *f* ‖ contrato (contrat) ‖ inscripción *f* (d'un concurrent) ‖ saque del centro (football) ‖ MIL intervención *f*, acción *f* ‖ — *engagement à vue* letras a la vista ‖ DR *engagement contractuel* compromiso contractual ‖ *engagement sans contrepartie* compromiso sin contrapartida ‖ MIL *engagement par devancement d'appel* alistamiento voluntario antes de ser llamado a filas | *l'engagement des réserves* la entrada en acción *ou* en combate de las reservas ‖ *non-engagement* neutralidad, actitud *ou* política sin compromisos ‖ — *prendre l'engagement de* comprometerse a.

engager* *v tr* empeñar, dar en prenda (mettre en gage); *engager sa montre* empeñar su reloj ‖ FIG empeñar, comprometer (l'honneur, la foi) ‖ empeñar, dar (la parole) ‖ comprometer, obligar, ligar, retener; *un serment nous engage* un juramento nos liga ‖ comprometer, ligar; *cela ne vous engage à rien* eso no le compromete a usted a nada ‖ contratar, ajustar; *engager un domestique* contratar un criado ‖ tomar, contratar; *j'ai engagé deux employés de plus* he tomado dos empleados más ‖ matricular (engager des marins) ‖ inscribir (inscrire), reclutar, enrolar ‖ aconsejar; *je vous engage à partir* le aconsejo que se vaya ‖ FIG invitar, incitar; *le temps engage à ne rien faire* el tiempo invita a no hacer nada | incitar, inducir (encourager) ‖ meter, introducir; *engager la clef dans la serrure* meter la llave en la cerradura ‖ meter, colocar; *engager son capital dans une affaire* meter su capital en un negocio ‖ poner, meter (une vitesse) ‖ entablar (des poursuites) ‖ ARCHIT entregar ‖ FIG entablar, trabar; *engager un combat, une conversation* entablar un combate, una conversación ‖ MAR encepar (ancre),

enganchar, enredar (corde) ‖ MIL hacer entrar en acción; *engager une division* hacer entrar en acción una división ‖ inscribir; *cheval engagé dans une course* caballo inscrito en una carrera.
➤ *v intr* sacar del centro, hacer el saque (football).
➤ *v pr* comprometerse (contracter un engagement) ‖ entablarse, comenzar (commencer) ‖ meterse, internarse; *s'engager dans la forêt* internarse en la selva ‖ ponerse, entrar (au service de quelqu'un) ‖ *(vx)* empeñarse, endeudarse (s'endetter) ‖ *(p us)* prometerse (se fiancer) ‖ participar, inscribirse; *s'engager dans un championnat* inscribirse en un campeonato ‖ comprometerse, tomar posición (un écrivain) ‖ FIG meterse, lanzarse; *s'engager dans une affaire* meterse en un negocio ‖ MIL alistarse, sentar plaza (un soldat) ‖ *s'engager dans les ordres* hacer votos religiosos.

engeance [ãʒã:s] *f* raza, casta (animaux) ‖ ralea, calaña (personnes); *maudite engeance* maldita ralea.

engelure [ãʒly:r] *f* sabañón *m*.

engendrer *v tr* engendrar.

engin *m* artefacto, máquina *f*, ingenio; *engin explosif* artefacto explosivo ‖ MIL proyectil; *engin balistique* proyectil balístico | vehículo; *engin blindé* vehículo blindado | arma *f*, cohete; *engin sol-air* arma tierra aire (fusée) | *engins spéciaux* misiles *ou* proyectiles especiales.

engineering [ɛndʒiniriŋ] *m* ingeniería *f*.

englober *v tr* englobar, reunir ‖ abarcar, englobar (contenir).

engloutir *v tr* engullir, tragar, devorar (avaler) ‖ FIG enterrar, gastar; *engloutir sa fortune dans une affaire* enterrar su fortuna en un negocio | tragarse, tragar, engullir; *englouti par la mer* tragado por el mar | sepultar (faire disparaître).

engloutissement *m* engullimiento (action d'avaler) ‖ sumersión *f*, hundimiento, absorción *f* (par la mer, la terre) ‖ pérdida *f*, disipación *f* (d'une fortune).

engluement; engluage [ãglymã, -glyaːʒ] *m* enviscamiento.

engluer *v tr* enviscar, enligar ‖ FIG cazar con liga (prendre à la glu).

engoncé, e *adj* envarado, da; *être engoncé dans un vêtement* estar envarado en una prenda.

engoncer* *v tr* envarar, molestar; *cette veste l'engonce* esta chaqueta le envara.
➤ *v pr* hundir el cuello entre los hombros.

engorgement *m* atascamiento, atasco, atranco, atoramiento (d'un conduit) ‖ aglomeración *f* (accumulation) ‖ falta *f* de salida (des marchandises) ‖ INFORM disputa *f* ‖ FIG entorpecimiento, obstáculo ‖ MÉD infarto, obstrucción *f*.

engorger* *v tr* atascar, atorar (obstruer) ‖ entorpecer, estorbar (entraver) ‖ dar de comer con la boca (aux oiseaux) ‖ MÉD infartar, obstruir.

engouement [ãgumã] *m* atragantamiento (obstruction du gosier) ‖ obstrucción *f*, infarto (obstruction d'un organe) ‖ FIG entusiasmo, capricho, admiración *f*, pasión *f*.

engouer (s') *v pr* FIG entusiasmarse con *ou* por, aficionarse a, encapricharse con *ou* por.

engouffrer *v tr* tragarse, sepultar (engloutir) ‖ sumir, hundir (faire écrouler) ‖ FIG tragar, comerse (fortune) ‖ zamparse, engullir (manger).
➤ *v pr* precipitarse, entrar con violencia (le vent, les eaux) ‖ FIG precipitarse, meterse; *s'engouffrer dans le métro* precipitarse en el metro.

engourdi, e *adj* entumecido, da.

engourdir *v tr* entumecer, adormecer (une partie du corps) ‖ FIG embotar, entorpecer (l'esprit).

engourdissement *m* entumecimiento, embotamiento, adormecimiento.

engrais [ãgrɛ] *m* abono, estiércol (fumier) ‖ abono, fertilizante; *engrais azotés* abonos nitrogenados ‖ pasto, pienso, cebo (engraissement) ‖ — *apport d'engrais* abonado ‖ *engrais chimique* abono químico ‖ *engrais inorganique* abono inorgánico ‖ *engrais organique* abono orgánico.

engraissement; engraissage *m* engorde, ceba *f* (du bétail) ‖ gordura *f* (grosseur).

engraisser *v tr* cebar, engordar (les animaux) ‖ AGRIC abonar, estercolar (la terre) ‖ FIG enriquecer (enrichir).
➤ *v intr* engordar, engrasar (grossir).
➤ *v pr* engordar.

engranger* *v tr* entrojar (mettre en grange).

engrenage [ãgrənaːʒ] *m* MÉCAN engranaje ‖ FIG engranaje, enlace, encadenamiento.

engrener* [ãgrəne] *v tr et intr* MÉCAN engranar, endentar (des roues dentées) ‖ encastrar ‖ hacer arrancar, principiar, poner en marcha (une affaire) ‖ cebar (un moulin, les animaux).

engrosser *v tr* FAM preñar.

engueulade [ãgœlad] *f* POP bronca, broncazo *m*, filípica.

engueuler [-le] *v tr* POP insultar, poner como un trapo (insulter) | echar una bronca, regañar, poner de vuelta y media (gronder).

enguirlander *v tr* enguirnaldar, poner guirnaldas a (orner de guirlandes) ‖ FAM echar una bronca *ou* un rapapolvo.

enhardir *v tr* envalentonar, alentar, animar, infundir valor, dar ánimos, estimular.
➤ *v pr* atreverse, envalentonarse.

É.N.I. abrév de *École normale d'instituteurs* Escuela Normal de Maestros de Primera Enseñanza [Francia].

énième *adj* et *s* enésimo, ma.

énigmatique *adj* enigmático, ca.

énigme *f* enigma *m*; *le mot de l'énigme* la clave del enigma.

enivrant, e [ãnivrã, ã:t] *adj* embriagador, ra; embriagante ‖ FIG enajenador, ra.

enivrement [-vrəmã] *m* embriaguez *f*, embriagamiento, borrachera *f* ‖ FIG embriaguez *f*, enajenamiento, transporte (transport).

enivrer [-vre] *v tr* embriagar ‖ FIG embriagar, enajenar; *enivré de gloire* embriagado por la gloria.

enjambée *f* zancada; *faire de grandes enjambées* dar grandes zancadas ‖ *d'une enjambée* en un salto.

enjambement *m* BOT cruzamiento intercromosómico ‖ POÉT encabalgamiento.

enjamber *v tr* salvar, franquear; *enjamber un ruisseau* salvar un arroyo ‖ pasar por encima (passer par-dessus).
♦ *v intr* sobresalir; *poutre qui enjambe sur le mur* viga que sobresale del muro ‖ POÉT cabalgar.

enjeu *m* puesta *f*, postura *f* (jeux) ‖ FIG lo que se ventila, lo que está en juego, envite.

enjoindre* *v tr* ordenar, prescribir (ordonner).

enjôler [ãʒole] *v tr* engatusar, embaucar.

enjôleur, euse [ãʒolœːr, øːz] *adj* et *s* engatusador, ra; embaucador, ra; zalamero, ra.

enjolivement *m* adorno, embellecimiento.

enjoliver *v tr* adornar, hermosear (rendre plus joli) ‖ FIG adornar, engalanar; *enjoliver un récit* adornar una narración.

enjoliveur, euse *adj* et *s* adornista.
♦ *m* adorno, ornato ‖ AUTOM tapacubos (de roue), embellecedor (en général).

enjoué, e [ãʒwe] *adj* festivo, va; jovial, alegre.

enkyster (s') *v pr* enquistarse (une tumeur).

enlacement *m* enlazamiento (action) ‖ enlace (liaison) ‖ abrazo (étreinte).

enlacer* *v tr* enlazar, hacer un lazo (cordons, lacets, etc.), atar (attacher) ‖ abrazar (embrasser), estrechar (étreindre); *enlacer dans ses bras* estrechar entre los brazos ‖ coger por el talle (danse).

enlaidir *v tr* afear, desfigurar; *le peintre a enlaidi son modèle* el pintor ha desfigurado su modelo.
♦ *v intr* afearse, ponerse feo.

enlaidissement *m* afeamiento, fealdad *f*.

enlevé, e *adj* FIG acertado, da; ejecutado, da con soltura (œuvre d'art) ‖ despachado, da; concluido, da rápidamente (fini rapidement) ‖ *style enlevé* estilo ágil.

enlèvement *m* levantamiento (action de soulever) ‖ recogida *f* (ramassage); *l'enlèvement des ordures ménagères* la recogida de la basura ‖ eliminación *f*, supresión *f* ‖ retirada *f*, acción *f* de quitar; *enlèvement de la neige* retirada de la nieve ‖ rapto; *l'enlèvement des Sabines* el rapto de las Sabinas ‖ MIL toma *f* (prise).

enlever* *v tr* quitar; *enlever le couvert* quitar la mesa ‖ quitar, limpiar; *enlever une tache* quitar una mancha ‖ recoger, retirar, sacar; *enlever le fumier* sacar el estiércol ‖ quitar, sacar (extraire) ‖ quitarse; *enlever sa veste* quitarse la chaqueta ‖ raptar; *enlever un enfant* raptar un niño ‖ arrancar (arracher) ‖ levantar (soulever) ‖ FIG llevarse, ganar; *enlever tous les suffrages* llevarse todos los sufragios | ganar; *enlever un match de football* ganar un partido de fútbol | entusiasmar, arrebatar; *enlever son auditoire* entusiasmar al auditorio | llevarse; *enlever une affaire* llevarse un negocio | llevarse, causar la muerte de; *la peste enleva mille personnes* la peste causó la muerte de mil personas | despachar; *enlever la besogne* despachar la tarea | vender rápidamente, quitar de las manos (vendre rapidement) | bordar, ejecutar brillantemente; *enlever un morceau de musique* ejecutar brillantemente una pieza musical ‖ MIL tomar, conquistar (une place) ‖ *s'enlever comme des petits pains* venderse como rosquillas, como pan caliente.

enlisement [ãlizmã] *m* hundimiento en la arena *ou* en el fango, atasco, encenagamiento ‖ FIG estancamiento, atasco; *enlisement des négociations* estancamiento de las negociaciones.

enliser [-ze] *v tr* hundir, atascar.
♦ *v pr* hundirse (s'enfoncer) ‖ atascarse, encenagarse (un véhicule) ‖ FIG llegar a un punto muerto, prolongarse inútilmente, estancarse (des négociations) | enredarse, enmarañarse, liarse (s'emmêler).

enluminer *v tr* iluminar (un livre) ‖ colorear (colorier) ‖ FIG & FAM sonrosar, colorear (le teint) | adornar, engalanar (le style).

enlumineur, euse *m* et *f* iluminador, ra.

enluminure *f* iluminación (art) ‖ estampa, grabado *m* iluminado (estampe) ‖ sonrosado *m*, coloración (du teint) ‖ FIG relumbrón *m*, falso brillo *m*, galanura amanerada (du style).

E.N.M. abrév de *École nationale de la magistrature* Escuela Superior de Abogados [Francia].

enneigé, e [ãnɛʒe] *adj* nevado, da; cubierto, ta de nieve.

enneigement [-ʒmã] *m* estado y espesor de la nieve en un lugar ‖ *bulletin d'enneigement* estado de la nieve.

ennemi, e [ɛnmi] *adj* et *s* enemigo, ga; *être ennemi de* ser enemigo de; *passer à l'ennemi* pasarse al enemigo ‖ *c'est autant de pris sur l'ennemi que me quiten lo bailado*.

ennoblir [ãnɔbliːr] *v tr* ennoblecer.

ennoblissement [-blismã] *m* ennoblecimiento.

ennui [ãnɥi] *m* aburrimiento, fastidio, tedio (lassitude morale) ‖ molestia *f*; *causer des ennuis* causar molestias ‖ dificultad *f*, problema (difficulté) ‖ lo molesto; *l'ennui c'est qu'il ne puisse pas venir* lo molesto es que no pueda venir ‖ — *avoir des ennuis* tener problemas *ou* dificultades ‖ *s'attirer des ennuis* buscarse problemas.
♦ *pl* penas *f* ‖ dificultades *f*; *des ennuis mécaniques* dificultades mecánicas ‖ achaques; *ennuis de santé* achaques de salud.

ennuyer* [-je] *v tr* molestar, fastidiar (importuner, contrarier); *si cela ne vous ennuie pas* si no le molesta ‖ aburrir; *ennuyer par un long discours* aburrir con un largo discurso.
♦ *v pr* aburrirse ‖ echar de menos; *s'ennuyer de quelqu'un* echar de menos a alguien ‖ *s'ennuyer à mourir* o *à mort* o *comme un rat mort* aburrirse como una ostra *ou* como un loco.

ennuyeux, euse *adj* fastidioso, sa; molesto, ta (contrariant, gênant) ‖ aburrido, da; *homme ennuyeux* un hombre aburrido.

énoncé *m* enunciado.

énoncer* *v tr* enunciar.

énonciation *f* enunciación.

enorgueillir [ãnɔrgœjiːr] *v tr* enorgullecer.
♦ *v pr* enorgullecerse, vanagloriarse; *s'enorgueillir de son talent* vanagloriarse de *ou* con su talento.

énorme *adj* enorme ‖ FIG inaudito, ta; tremendo, da; sorprendente.

énormément *adv* enormemente ‖ — *énormément de gens* muchísima *ou* gran cantidad de gente ‖ *énormément de neige* muchísima *ou* gran cantidad de nieve.

énormité *f* enormidad ‖ FIG burrada, disparate *m*, barbaridad; *dire une énormité* soltar una burrada.

enquérir (s')* *v pr* inquirir, indagar, enterarse (s'informer) ‖ — *s'enquérir auprès de* preguntar a ‖ *s'enquérir de* preguntar por; *s'enquérir de la santé de quelqu'un* preguntar por la salud de uno; averiguar; *s'enquérir de la vérité* averiguar la verdad.

enquête *f* información [judicial] ‖ averiguación (privée) ‖ encuesta (dans un journal) ‖ investigación, pesquisa (policière) ‖ investigación, indagación (recherche) ‖ DR sumario *m* (dans les affaires criminelles) ‖ — *enquête administrative* expediente administrativo ‖ *enquête d'utilité publique* encuesta de utilidad pública ‖ *enquête par sondage* encuesta por sondeo ‖ *enquête publique* encuesta pública.

enquêter *v intr* inquirir, investigar, hacer una información ‖ hacer una encuesta (dans un journal).
▸ *v pr* informarse, averiguar.

enquêteur, euse *adj* et *s* DR investigador, ra; pesquisidor, ra ‖ *juge enquêteur* juez instructor.
▸ *f* entrevistadora, encuestadora (sondages).

enquiquiner [-kine] *v tr* FAM chinchar, jeringar, fastidiar, dar la lata, hacer la santísima Pascua (ennuyer).

enquiquineur, euse *adj* et *s* FAM latoso, sa; pesado, da; chinche.

enracinement *m* arraigamiento, arraigo.

enraciner *v tr* arraigar, enraizar *(p us)* (plantes) ‖ FIG arraigar.
▸ *v pr* echar raíces.

enragé, e *adj* rabioso, sa; furioso, sa (irrité) ‖ rabioso, sa (atteint de la rage) ‖ FIG empedernido, da; *joueur enragé* jugador empedernido ‖ fanático, ca ‖ implacable; violento, ta (excessif) ‖ FAM *manger de la vache enragée* pasar las de Caín.

enrageant, e *adj* FAM irritante, exasperante.

enrager* *v intr* FIG rabiar, dar rabia; *il enrage d'attendre* le da rabia esperar ‖ *faire enrager* hacer rabiar.
▸ *v tr* dar rabia.

enrayer* [ɑ̃reje] *v tr* enrayar (garnir une roue de ses rayons) ‖ frenar, calzar, engalgar (freiner une roue) ‖ FIG detener, cortar, atajar; *enrayer une maladie* cortar una enfermedad ‖ AGRIC labrar la besana en (tracer le premier sillon).
▸ *v pr* dejar de funcionar, descomponerse (mécanisme) ‖ encasquillarse (arme à feu).

enrégimenter *v tr* incorporar a un regimiento, regimentar (incorporer dans un régiment) ‖ agrupar en, incorporar a, alistar en (enrôler).

enregistrement *m* registro ‖ registro de la propiedad (bureau) ‖ inscripción *f* (inscription) ‖ registro, trazado gráfico ‖ grabación *f*, grabado (sur disque, bande magnétique, etc.) ‖ facturación *f* (de bagages) ‖ asiento (dans un livre de commerce) ‖ DR empadronamiento (recensement) ‖ INFORM grabación *f* ‖ FIG anotación *f* (consignation par écrit) ‖ retención *f* (dans la mémoire) ‖ MAR matrícula.

enregistrer *v tr* registrar (porter sur un registre) ‖ inscribir (inscrire) ‖ anotar, tomar nota (consigner par écrit) ‖ facturar (des bagages) ‖ asentar (livre de commerce) ‖ grabar, impresionar (disques, films sonores, etc.) ‖ apreciar; *on a enregistré un excédent* se ha apreciado un excedente ‖ acusar, experimentar; *les exportations enregistrent une progression satisfaisante* las exportaciones acusan una progresión satisfactoria ‖ DR empadronar (recenser) ‖ FIG grabar, retener; *enregistrer dans sa mémoire* grabar en la memoria ‖ MAR matricular ‖ FAM *j'enregistre* no lo olvidaré.

enregistreur, euse *adj* registrador, ra.
▸ *m* registrador ‖ AVIAT *enregistreur de vol* registrador de vuelo.

enrhumer *v tr* resfriar, acatarrar, constipar.

enrichi, e *adj* enriquecido, da; *combustible enrichi* combustible enriquecido ‖ NUCL *uranium enrichi* uranio enriquecido.
▸ *m* et *f* ricacho, cha; ricachón, ona.

enrichir *v tr* enriquecer.

enrichissant, e *adj* instructivo, va.

enrichissement *m* enriquecimiento ‖ *enrichissement de l'uranium* enriquecimiento del uranio.

enrobage; enrobement *m* envoltura *f* (enveloppe), revestimiento ‖ CULIN rebozo, rebozado (viande, friture) ‖ baño (de chocolat) ‖ AGRIC *enrobage des semences* semillas en píldoras.

enrobé, e *adj* FAM rellenito, ta (grassouillet).
▸ *m* revestimiento (travaux publics).

enrober *v tr* envolver, cubrir con una capa de (médicaments, etc.) ‖ CULIN rebozar (viande, friture, etc.), bañar (d'une sauce, de chocolat, etc.).

enrôlé, e *adj* alistado, da; reclutado, da.
▸ *m* et *f* recluta *m*; alistado, da.

enrôlement *m* alistamiento, reclutamiento [(amér) enrolamiento] ‖ certificado de alistamiento ‖ FIG alistamiento, afiliación *f*.

enrôler *v tr* alistar, reclutar, enrolar (recruter) ‖ FIG alistar, afiliar (dans un parti).
▸ *v pr* alistarse, enrolarse, sentar plaza (un soldat) ‖ FIG alistarse, afiliarse.

enroué, e *adj* ronco, a.

enrouement [ɑ̃rumɑ̃] *m* enronquecimiento, ronquera *f*.

enrouer *v tr* enronquecer.
▸ *v pr* ponerse ronco, enronquecerse.

enroulement *m* arrollamiento, enrollamiento ‖ enroscamiento ‖ devanado (d'une bobine) ‖ ARCHIT roleo, voluta *f*.

enrouler *v tr* enrollar (mettre en rouleau) ‖ arrollar, enroscar (rouler) ‖ envolver (envelopper).

enrouleur, euse *adj* enrollador, ra.

enrubanner *v tr* adornar con cintas, poner cintas.

É.N.S. abrév de *École normale supérieure* Escuela Superior de Formación de Profesores de Enseñanza Media [Francia].

ensablement *m* enarenamiento ‖ MAR encallamiento, encalladura *f* (d'un bateau).

ensabler *v tr* enarenar (couvrir de sable) ‖ MAR encallar, varar en la arena (bateau).

ensacher *v tr* et *intr* ensacar (mettre en sac), entalegar (argent).

E.N.S.A.D.; Ensad abrév de *École nationale supérieure des arts décoratifs* Escuela Superior de Artes Decorativas [Francia].

E.N.S.A.M.; Ensam abrév de *École nationale supérieure d'arts et métiers* Escuela Nacional Superior de Ingenieros [Francia].

ensanglanté, e *adj* ensangrentado, da.
ensanglanter *v tr* ensangrentar.
enseignant, e *adj* docente, enseñante; enseñador, ra ‖ *le corps enseignant, les enseignants* el cuerpo docente, el profesorado, el magisterio.
◆ *m* profesor ‖ *enseignant du supérieur* profesor de enseñanza superior.
enseigne *f* letrero *m*, rótulo *m*, muestra; *enseigne lumineuse* letrero *ou* rótulo luminoso ‖ insignia (étendard romain) ‖ bandera, estandarte *m* (drapeau); *marcher enseignes déployées* ir con las banderas desplegadas ‖ FIG seña, distintivo *m*, señal; *la sincérité est l'enseigne de l'honnêteté* la sinceridad es señal de honradez ‖ — *à bon vin, point d'enseigne* el buen paño en el arca se vende ‖ *à telle enseigne o à telles enseignes que* la prueba es que, de modo que ‖ FAM *être logé à la même enseigne* estar en el mismo caso, remar en la misma galera.
◆ *m* (vx) MIL abanderado (porte-drapeau) ‖ MAR *enseigne de vaisseau* alférez de navío.
enseignement *m* enseñanza *f* ‖ lección *f*; *les enseignements de la vie* las lecciones de la vida ‖ — *enseignement ménager* enseñanza de las labores del hogar ‖ *enseignement pré-élémentaire* enseñanza preescolar ‖ *enseignement primaire* enseñanza primaria, primera enseñanza ‖ *enseignement secondaire* enseñanza media, segunda enseñanza ‖ *enseignement technique* enseñanza laboral ‖ — *être dans l'enseignement* pertenecer al cuerpo docente ‖ *une expérience pleine d'enseignements* una experiencia aleccionadora.
enseigner *v tr* enseñar ‖ dar clases de, enseñar (donner des cours).
ensemble *m* conjunto; *un ensemble décoratif* un conjunto decorativo ‖ conjunto (vêtement) ‖ unidad *f*, conjunción *f* (unité) ‖ — *avec un ensemble parfait* muy conjuntado ‖ *dans l'ensemble* en conjunto, en términos generales ‖ *dans son ensemble* en conjunto ‖ *d'ensemble* general, de conjunto ‖ *ensemble musical* conjunto musical ‖ *ensemble vocal* conjunto vocal ‖ *grand ensemble* gran conjunto *ou* grupo de viviendas, urbanización, conjunto urbanístico ‖ *vue d'ensemble* vista general, vista panorámica ‖ — *pour l'ensemble du pays* para todo el país.
ensemble *adv* juntos, tas *adj pl; vivre ensemble* vivir juntos ‖ al mismo tiempo, a una vez, simultáneamente; *tomber ensemble* caer al mismo tiempo ‖ — *tous ensemble* todos juntos, todos reunidos ‖ *tout ensemble* al mismo tiempo, a la vez (en même temps), todo junto (en masse); *acheter tout ensemble* comprarlo todo junto ‖ — *aller ensemble* ir bien *ou* pegar *ou* quedar bien juntos (s'harmoniser) ‖ *bien aller ensemble* ser tal para cual (deux vauriens, etc.).
ensemblier *m* decorador.
ensemencement [ɑ̃səmɑ̃smɑ̃] *m* siembra *f*, sementera *f*, sembradura *f*.
ensemencer *v tr* sembrar.
enserrer *v tr* apretar, estrechar (serrer étroitement) ‖ encerrar, contener (renfermer) ‖ ceñir, rodear, circundar (entourer) ‖ poner en un invernadero *ou* en una estufa (des plantes).
ensevelir [ɑ̃səvliːr] *v tr* amortajar (dans un linceul) ‖ sepultar, enterrar (enterrer) ‖ FIG sepultar; *Pompéi fut ensevelie sous la cendre* Pompeya fue sepultada por la ceniza ‖ ocultar, sepultar (cacher).
◆ *v pr* sepultarse ‖ FIG sepultarse, enterrarse ‖ FIG *s'ensevelir dans la retraite* retirarse del mundo.
ensilage *m* AGRIC ensilaje, ensilado.
ensiler *v tr* AGRIC ensilar.
ensoleillé, e *adj* soleado, da.
ensoleillement [ɑ̃sɔlɛjmɑ̃] *m* sol, insolación ‖ *durée d'ensoleillement* tiempo de insolación ‖ *jours d'ensoleillement* días de sol.
ensoleiller [-je] *v tr* solear, llenar de sol (baigner de soleil) ‖ FIG iluminar, alegrar; *ce souvenir ensoleille ma vie* este recuerdo ilumina mi vida ‖ *ce balcon est toujours ensoleillé* en este balcón siempre da el sol.
ensommeillé, e [ɑ̃sɔmɛje] *adj* adormilado, da; adormecido, da; soñoliento, ta.
ensorcelant, e [ɑ̃sɔrsəlɑ̃, ɑ̃ːt] *adj* hechicero, ra; embelesador, ra.
ensorceler* [-səle] *v tr* hechizar, embelesar, embrujar.
ensorceleur, euse [-səlœːr, øːz] *adj et s* hechicero, ra; embelesador, ra; embrujador, ra.
ensorcellement [-sɛlmɑ̃] *m* hechizo, embrujo, embrujamiento.
ensuite *adv* a continuación, luego, después.
ensuivre (s')* *v pr* seguirse, resultar ‖ — *d'où il s'ensuit que* de lo que resulta que ‖ *et tout ce qui s'ensuit* y toda la pesca ‖ *il s'ensuit que* resulta que.
— OBSERV *S'ensuivre* se emplea únicamente en infinitivo y en la tercera persona de los otros tiempos. *S'ensuivre que* va seguido del indicativo si la frase es afirmativa: *il s'ensuit que vous avez raison* resulta que tiene usted razón; y del subjuntivo si la frase es negativa o interrogativa: *il ne s'ensuit pas que vous ayez raison* no resulta que tenga usted razón; *s'ensuit-il que vous ayez raison?* ¿resulta que usted tiene razón?
entablement *m* ARCHIT entablamento, cornisamento.
entacher *v tr* mancillar, manchar; *entacher l'honneur* mancillar el honor ‖ DR tachar; *acte entaché de nullité* acto tachado de nulidad.
entaille [ɑ̃tɑːj] *f* cortadura, corte *m* (coupure, blessure); *se faire une entaille* hacerse un corte ‖ CONSTR entalla, entalladura ‖ TECHN corte *m*, cortadura ‖ muesca (encoche).
entailler [ɑ̃tɑje] *v tr* cortar.
◆ *v pr* cortarse; *s'entailler le doigt* cortarse el dedo.
entame *f* extremo *m*, primer pedazo, primera tajada (d'un rôti, etc.), pico *m* (pain), encentadura.
entamer *v tr* empezar, comenzar, decentar, encentar (une denrée alimentaire) ‖ mermar, empezar a gastar (une somme d'argent) ‖ hacer mella en (fortune, prestige) ‖ cortar, herir ligeramente (faire une légère incision) ‖ emprender, iniciar (entreprendre) ‖ FIG empezar, iniciar, entablar; *entamer une conversation* entablar una conversación ‖ atacar (réfuter) ‖ mermar; *entamer la réputation* mermar la reputación ‖ MIL conquistar parte de ‖ DR *entamer des poursuites* entablar un proceso.
entartrage *m* incrustación *f*.
entartrer *v tr* cubrir de sarro (couvrir de tartre) ‖ TECHN depositar incrustaciones en, mineralizar, depositar sarro (chaudière, etc.).

entassement *m* amontonamiento, apilamiento.

entasser *v tr* amontonar, apilar || apiñar, abarrotar, amontonar (des gens) || multiplicar, amontonar (multiplier); *entasser les citations* multiplicar las citas || FIG acumular.

entendement *m* entendimiento, juicio.

entendeur *m* entendedor || FAM *à bon entendeur, salut* al buen entendedor, pocas palabras bastan.

entendre *v tr* oír; *entendre un bruit* oír un ruido || oír, escuchar (écouter) || entender (connaître); *ne rien entendre à* no entender nada de || comprender; *entendez-moi bien* compréndame bien || pensar, proponerse, estar resuelto a (avoir l'intention de) || exigir, querer, desear; *il entend qu'on lui obéisse* exige que le obedezcan || querer, tener intención de; *j'entends partir en vacances* tengo intención de irme de vacaciones || esperar; *j'entends changer de situation* espero cambiar de situación || querer, decir, significar; *que faut-il entendre par cette expression?* ¿qué quiere decir esa expresión? || entender, interpretar; *il y a plusieurs manières d'entendre ce discours* hay varias maneras de interpretar ese discurso || conocer, entender de, ser perito en; *entendre son métier* conocer su oficio || parecer, placer; *faites comme vous l'entendrez* haga como le parezca || — *entendre à demi-mot* entender a medias palabras || *entendre de travers* oír mal, oír al revés || *entendre en confession* confesar || *entendre la messe* oír misa || *entendre la plaisanterie* aguantar las bromas, tener correa || *entendre malices à* dar mal sentido a || *entendre raison* entrar en razones, atenerse *ou* avenirse a razones, admitir *ou* aceptar razones || — *à l'entendre* al oírle hablar así, si se fía uno de él, si se le cree || *donner à entendre que* dar a entender que || *faire entendre* dejar oír (faire qu'on entende), decir (dire), cantar (chanter), tocar (jouer un air de musique) || *il n'est pire sourd que celui qui ne veut pas entendre* no hay peor sordo que el que no quiere oír || *je vous entends très mal* le oigo muy mal || *laisser entendre* dar a entender || *n'entendre ni rime ni raison, ne pas vouloir entendre raison* no atenerse *ou* no avenirse a razones || *n'entendre rien à rien, ne rien entendre à* no saber ni jota, no entender ni pizca *ou* lo más mínimo de || *ne pas entendre de cette oreille là* no entender la cosa así, no estar de acuerdo con eso.

◆ *v intr* oír || entender, comprender.

◆ *v pr* entenderse, comprenderse (se comprendre) || entenderse, ponerse de acuerdo (se mettre d'accord); *entendons-nous* entendámonos || — *cela s'entend* por supuesto || *je m'entends* yo me entiendo, ya sé lo que digo || *se faire entendre* oírse; *une voix se fit entendre* se oyó una voz; hacerse escuchar; *je saurai bien me faire entendre* sabré hacerme escuchar || *s'entend* por supuesto || *s'entendre bien, mal* llevarse bien || *s'entendre comme larrons en foire* hacer buenas migas, estar a partir un piñón || *s'entendre en* ser un entendido *ou* un enterado en || *s'y entendre* entender de, ser entendido en.

entendu, e *adj* oído, da || entendido, da; perito, ta; *entendu en musique* entendido en música || entendido, da; comprendido, da; *orgueil mal entendu* orgullo mal comprendido || decidido, da; convenido, da; concluido, da; *affaire entendue* asunto concluido || — *entendu!* ¡de acuerdo!, ¡conforme! || — *bien entendu, comme de bien entendu* por supuesto, desde luego, claro está || *c'est entendu de* acuerdo || *étant entendu que* quedando claro *ou* convenido que || DR *la cause est entendue* la causa está vista || *prendre un air entendu* hacer como quien lo entiende todo || *qu'il soit entendu que* que conste que.

◆ *m* et *f* *faire l'entendu* dárselas de enterado.

— OBSERV Utilizado al principio de una frase y sin auxiliar *entendu* es invariable. Nótese la concordancia: *la femme que j'ai entendue chanter* (j'ai entendu la femme chantant); *la chanson que j'ai entendu chanter* (j'ai entendu chanter la chanson).

entente *f* armonía, buena inteligencia, entendimiento, comprensión; *en bonne entente* en buena armonía || acuerdo *m*, convenio *m*, alianza; *la Triple Entente* la Triple Alianza || entendimiento *m*, conocimiento *m* (connaissance) || sentido *m* (signification); *à double entente* con doble sentido || *l'Entente cordiale* la Entente Cordial.

enter *v tr* AGRIC *(vx)* injertar (greffer) || TECHN empalmar, ensamblar.

entériner *v tr* ratificar, confirmar (ratifier) || FIG aprobar, admitir, dar carácter definitivo.

entérite *f* MÉD enteritis.

enterrement *m* entierro; *enterrement de troisième classe* entierro de tercera || FIG fin, entierro (renonciation) || — *gai comme un enterrement* más triste que un entierro || — *faire une tête d'enterrement* tener cara de alma en pena *ou* de duelo.

enterrer *v tr* enterrar || ir al entierro de; *enterrer un ami* ir al entierro de un amigo || FIG echar tierra sobre; *enterrer une affaire gênante* echar tierra sobre un asunto molesto | despedirse de; *enterrer tous ses espoirs* despedirse de todas sus esperanzas; *enterrer sa vie de garçon* despedirse de la vida de soltero || *être mort et enterré* estar más que muerto.

◆ *v pr* FIG enterrarse (s'isoler).

entêtant, e *adj* mareante, que se sube a la cabeza.

en-tête *m* membrete (du papier à lettres); *papier à en-tête* papel con membrete || encabezamiento (formule en tête d'une lettre).

entêté, e *adj* terco, ca; testarudo, da; cabezón, ona; *caractère entêté* carácter terco.

entêtement *m* terquedad *f*, testarudez *f*, cabezonería *f* (obstination).

entêter *v tr* subir a la cabeza, encalabrinar, marear (par des odeurs, des émanations, etc.).

◆ *v pr* empeñarse, obstinarse en; *s'entêter à écrire* empeñarse en escribir.

enthousiasmant, e *adj* que entusiasma, estupendo, da.

enthousiasme *m* entusiasmo.

enthousiasmer *v tr* entusiasmar.

◆ *v pr* entusiasmarse; *s'enthousiasmer pour* entusiasmarse con.

enthousiaste *adj* entusiasta; *homme enthousiaste* hombre entusiasta || entusiástico, ca; *exclamation enthousiaste* exclamación entusiástica.

◆ *m* et *f* entusiasta.

enticher *v tr* encaprichar por *ou* con, aficionar a (engouer).

◆ *v pr* encapricharse; *s'enticher de quelqu'un* encapricharse con uno || aferrarse; *s'enticher d'une idée* aferrarse a una idea.

entier, ère *adj* entero, ra ‖ completo, ta; *jouir d'une entière liberté* gozar de una libertad completa ‖ *— lait entier* leche completa *ou* entera ‖ MATH *nombre entier* número entero ‖ *— en entier* por entero, por completo, completamente ‖ *tout entier* entero, por completo ‖ *— se donner tout entier à quelque chose* entregarse por entero a algo.
◆ *m* entero.

entièrement *adv* enteramente, por entero, del todo, totalmente ‖ *vous avez entièrement raison* tiene toda la razón.

entité *f* PHYLOS entidad.

entoilage *m* montaje sobre tela ‖ tela *f* que sirve para reforzar ‖ revestimiento con una lona.

entoiler *v tr* pegar en tela (un papier, une carte, etc.) ‖ cubrir de una lona, entoldar (bâcher) ‖ reforzar con tela (un vêtement).

entomologie *f* entomología.

entomologiste *m* et *f* entomólogo, ga.

entonner *v tr* entonelar, embarrilar (mettre dans un tonneau) ‖ MUS entonar (chanter) ‖ POÉT cantar; *entonner les gloires de quelqu'un* cantar las glorias de uno.

entonnoir *m* embudo ‖ hoyo, agujero (d'un obus) ‖ POP tragaderas *f pl* (gosier) ‖ *en entonnoir* en forma de embudo.

entorse *f* MÉD esguince *m*; *se faire une entorse à la cheville, au poignet* hacerse un esguince en el tobillo, en la muñeca ‖ FIG alteración, infracción (altération) ‖ FIG & FAM *donner* o *faire une entorse à* hacer una excepción, hacer trampas (règlement, loi, etc.).

entortiller [ɑ̃tɔrtije] *v tr* liar, envolver (envelopper) ‖ enredar, enmarañar (fils, laine) ‖ FIG enredar, embrollar (embrouiller) ‖ FAM liar, enredar (séduire par des paroles).
◆ *v pr* enroscarse, arrollarse (s'enrouler) ‖ FIG enredarse, embarazarse, embrollarse.

entourage *m* cerco, lo que rodea (ce qui entoure) ‖ FIG allegados *pl*, familiares *pl*, íntimos *pl*, relaciones *f pl* ‖ *dans l'entourage du roi* en los círculos *ou* medios allegados al rey.

entourer *v tr* rodear, cercar; *entourer de murs* rodear de tapias ‖ envolver (envelopper) ‖ FIG prodigar, atender, colmar; *entourer de soins* prodigar cuidados ‖ *une femme très entourée* una mujer muy agasajada.
◆ *v pr* rodearse; *s'entourer de précautions* rodearse de precauciones.

entourloupe *f* FAM → **entourloupette.**

entourloupette; entourloupe *f* FAM mala pasada, mala jugada, jugarreta, fechoría (mauvais tour).

entournure *f* sisa, escotadura (d'une manche) ‖ FIG & FAM *être gêné dans les* o *aux entournures* estar a disgusto, incómodo (mal à l'aise), estar apurado (argent).

entracte *m* entreacto (au théâtre) ‖ descanso (au cinéma) ‖ intermedio (intermède) ‖ interrupción *f*.

entraide *f* ayuda mutua.

entraider (s') *v pr* ayudarse mutuamente.

entrailles [ɑ̃trɑːj] *f pl* entrañas.

entrain *m* animación *f*, ánimo (gaieté) ‖ vivacidad *f* ‖ ánimo, entusiasmo, ardor (au travail) ‖ *— chanter avec entrain* cantar con brío ‖ *être plein d'entrain, avoir beaucoup d'entrain* estar muy animado ‖ *faire quelque chose sans entrain* hacer algo con desgana.

entraînant, e *adj* que anima; animado, da (musique, rythme) ‖ FIG arrebatador, ra; irresistible.

entraînement *m* arrastre, tracción *f* (action de traîner) ‖ acarreo (action d'entraîner) ‖ entrenamiento, preparación *f* (sport) ‖ FIG incitación *f*; *c'est un entraînement constant que d'avoir des amis* el tener amigos es una incitación perpetua ‖ *— entraînement des troupes* instrucción de las tropas ‖ INFORM *entraînement par ergots* arrastre por patillas (imprimante) ‖ *entraînement par friction* arrastre por fricción ‖ *— TECHN d'entraînement* de arrastre (auto) ‖ *— manquer d'entraînement* estar desentrenado, da.

entraîner *v tr* arrastrar, tirar de (traîner avec soi) ‖ FIG acarrear, ocasionar, producir, causar, traer, traer aparejado, generar (avoir pour résultat) ‖ arrebatar, entusiasmar (emporter) ‖ llevar a la fuerza, llevarse (emmener de force) ‖ FIG arrastrar, atraer (attirer); *entraîner à la guerre* arrastrar a la guerra ‖ llevarse; *entraîner quelqu'un au cinéma* llevarse a uno al cine ‖ poner en movimiento (mettre en action) ‖ adiestrar, acostumbrar (habituer) ‖ entrenar, adiestrar, preparar (sports) ‖ MIL instruir ‖ *se laisser entraîner* dejarse llevar.
◆ *v pr* entrenarse; *s'entraîner à faire* entrenarse en hacer; prepararse; *s'entraîner à quelque chose* prepararse a algo ‖ SPORTS entrenarse.

entraîneur, euse *m* et *f* SPORTS entrenador, ra; preparador, ra ‖ ÉQUIT picador, adiestrador de caballos ‖ MÉCAN arrastrador ‖ *entraîneur d'hommes* caudillo, jefe, cabecilla.

entraîneuse *f* tanguista, gancho *m* (de boîte de nuit).

entrant, e *adj* et *s* entrante; *les entrants et les sortants* los entrantes y los salientes.

entr'apercevoir* *v tr* entrever, percibir indistintamente.

entrave *f* traba; *mettre des entraves à un cheval* poner trabas a un caballo ‖ FIG traba, estorbo *m*, cortapisa, obstáculo *m* (gêne); *mettre des entraves* poner trabas *ou* cortapisas.

entraver *v tr* trabar (mettre des entraves) ‖ FIG poner trabas, estorbar, obstaculizar (mettre obstacle à) ‖ POP comprender; *n'entraver que dalle* no comprender ni jota, quedarse in albis.

entre *prép* entre ‖ *— entre autres* entre otras cosas, entre otras personas ‖ *entre les bras, les mains* de en los brazos, en manos de ‖ *entre les deux* ni bien ni mal, regular; así, así ‖ *entre-temps* entretanto, mientras tanto ‖ *entre tous* entre todos (parmi tous), más que a todos (par excellence) ‖ *— d'entre* de; *l'un d'entre vous* uno de vosotros ‖ *— ceci entre nous* o *entre nous soit dit* dicho sea entre nosotros ‖ *ils se battent entre eux* se pelean entre sí.

entrebâillement [ɑ̃trəbɑjmɑ̃] *m* resquicio, abertura *f* (d'une porte).

entrebâiller [-je] *v tr* entreabrir ‖ entornar (fermer à moitié).

entrebâilleur [-jœːr] *m* retenedor, cadena *f* de seguridad (porte).

entrechat [ɑ̃trəʃa] *m* trenzado (danse); *faire des entrechats* hacer trenzados.

entrechoquer (s') *v pr* chocar uno con otro, entrechocarse.

entrecôte *f* lomo *m*, entrecote *m* (gallicisme).

entrecouper *v tr* entrecortar ‖ entrecortar, interrumpir (interrompre); *entrecouper un récit de* entrecortar un relato con.
◆ *v pr* entrecruzarse (traits, lignes).

entrecroisement *m* entrecruzamiento, cruce.

entrecroiser *v tr* entrecruzar, cruzar.

entre-déchirer (s') *v pr* desgarrarse unos a otros, destrozarse mutuamente ‖ FIG despellejarse, desollarse (médire l'un de l'autre).

entre-deux *m* hueco, separación *f*, intervalo (espace entre deux choses) ‖ entredós (de dentelle) ‖ entredós (meuble) ‖ saque entre dos (basket-ball), bote neutro (football).

entre-deux-guerres *m ou f inv* período *m* entre las dos guerras mundiales.

entrée *f* entrada; *porte d'entrée* puerta de entrada ‖ entrada, vestíbulo *m*, zaguán *m*, antesala (vestibule) ‖ principio *m*, entrada; *à l'entrée de l'hiver* al principio del invierno ‖ entrada (billet de spectacle) ‖ llegada (arrivée) ‖ derecho *m* de aduanas (droit de douane) ‖ entrada, principio *m* (dans un repas) ‖ ingreso *m*; *examen d'entrée dans une école* examen de ingreso en una escuela ‖ COMM ingreso *m*, entrada; *entrées et sorties* gastos e ingresos ‖ INFORM entrada ‖ TECHN ojo *m* (de la serrure) ‖ THÉÂTR salida (d'un acteur) ‖ — *entrée d'air* entrada de aire ‖ *entrée dans le monde* puesta de largo, presentación en sociedad ‖ *entrée de ballet* intermedio de baile ‖ *entrée des artistes* salida de los artistas ‖ INFORM *entrée des données* entrada de datos ‖ *entrée vocale* entrada vocal ‖ *système d'entrée-sortie* sistema de entrada salida ‖ *entrée de service* entrada de servicio ‖ *entrée en matière* principio, comienzo ‖ *entrée interdite* paso prohibido ‖ *plat d'entrée* entrada, primer plato, principio ‖ — *d'entrée* de entrada, desde un principio ‖ *par ordre d'entrée en scène* por orden de aparición ‖ — *avoir ses entrées* tener acceso *ou* entrada *ou* puerta abierta *ou* libre ‖ *faire son entrée dans le monde* presentarse en sociedad.

entrefaites *f pl* *sur ces entrefaites* en esto, en aquel momento.

entrefilet [ɑ̃trəfilɛ] *m* suelto, recuadro, entrefilete (de journal).

entregent [ɑ̃trəʒɑ̃] *m* FAM mundo, mundología *f*, don de gente; *avoir de l'entregent* tener don de gentes.

entrejambe *m* entrepierna *f*, entrepiernas *f pl* (de la culotte), cruz *f* (du pantalon).

entrelacement *m* entrelazamiento, entretejido, enlace.

entrelacer* *v tr* entrelazar, enlazar, entretejer.

entrelacs [ɑ̃trəlɑ] *m* ARCHIT almocárabe, lazo ‖ rasgo, trazo (faits à la plume).

entrelardé, e *adj* mechado, da; entreverado, da.

entrelarder *v tr* mechar (larder la viande) ‖ FIG & FAM entreverar, salpicar; *entrelarder un discours de citations* salpicar un discurso de citas.

entremêler *v tr* entremezclar (mêler) ‖ FIG entrecortar; *paroles entremêlées de sanglots* palabras entrecortadas de *ou* por sollozos ‖ intercalar en.

entremets [ɑ̃trəmɛ] *m* dulce de cocina (gâteau) ‖ MUS entremés.

entremetteur, euse *m et f* mediador, ra; intermediario, ria (intermédiaire) ‖ FAM alcahuete, ta (dans une intrigue galante).

entremettre (s')* *v pr* intervenir, mediar, terciar ‖ entremeterse (se mêler).

entremise *f* mediación, interposición, intervención ‖ *par l'entremise de* por conducto de, por mediación de.

entrepont *m* MAR entrepuente, entrecubierta *f*; *dans l'entrepont* en el entrepuente, en entrecubierta.

entreposer *v tr* almacenar (déposer dans un entrepôt) ‖ depositar (mettre en dépôt).

entrepôt [ɑ̃trəpo] *m* almacén (magasin), depósito (dépôt); *entrepôt frigorifique* almacén frigorífico ‖ tercena *f* (de tabacs) ‖ MAR puerto franco, de depósito.

entreprenant, e *adj* emprendedor, ra ‖ atrevido, da; *être entreprenant auprès des femmes* ser atrevido con las mujeres.

entreprendre* *v tr* emprender; *entreprendre un voyage* emprender un viaje ‖ emprender; *entreprendre la défense de quelqu'un* emprender la defensa de alguien ‖ proponerse, tener intención de; *il a entrepris de me convaincre* se ha propuesto convencerme ‖ acometer, emprender; *entreprendre une réforme* acometer una reforma ‖ entretener; *entreprendre quelqu'un sur un sujet* entretener a alguien sobre un tema ‖ FAM emprenderla con, tomarla con (railler une personne) ‖ asediar (harceler) ‖ galantear (une femme) ‖ *entreprendre de* comenzar a, intentar.

entrepreneur, euse *m et f* empresario, ria ‖ maestro de obras, contratista; *entrepreneur de travaux publics* contratista de obras públicas ‖ *entrepreneur de pompes funèbres* empresario de la funeraria.

entreprise *f* empresa (projet, exécution) ‖ tentativa, intento *m* (tentative) ‖ empresa; *entreprise privée* empresa privada ‖ contrata; *entreprise d'un pont* contrata de un puente ‖ acción, acto *m*, maniobra; *c'est une entreprise contre la liberté* es una acción contra la libertad ‖ solicitación, maniobra de seducción (sur une femme) ‖ — *chef d'entreprise* empresario ‖ — *entreprise artisanale* empresa artesanal ‖ *entreprise individuelle* empresa familiar *ou* individual ‖ *petite entreprise* pequeña empresa.

entrer *v intr* entrar (passer à l'intérieur) ‖ entrar, ingresar; *entrer à l'Université, à l'hôpital* ingresar en la Universidad, en el hospital ‖ ingresar; *entrer à l'Académie de l'histoire* ingresar en la Academia de la Historia ‖ pasar, entrar; *prenez la peine d'entrer* tenga la bondad de pasar ‖ ingresar; *c'est de l'argent qui entre* es dinero que ingresa ‖ entrar, caber; *entrer dans un étui* entrar en un estuche ‖ abrazar (dans une carrière) ‖ entrar, formar parte (faire partie de) ‖ estar de acuerdo; *ceci entre dans mes idées* esto está de acuerdo con mis ideas ‖ tener parte; *cette circonstance n'entre pour rien dans ma décision* esta circunstancia no tiene ninguna parte en mi decisión ‖ meterse; *entrer dans une discussion* meterse en una discusión; *entrer dans des explications inutiles* meterse en explicaciones inútiles ‖ participar; *entrer dans une conspiration* participar en una conspiración || salir (théâtre); *entrer en scène* salir a escena || — *entrer à l'hôpital* ingresar en el hospital || *entrer au couvent* ingresar en un convento || *entrer comme dans du beurre* entrar limpiamente || *entrer dans l'armée* ingresar en el ejército || *entrer dans le monde* presentarse en sociedad || *entrer dans les détails* pormenorizar, entrar en detalles || *entrer dans les faits* contribuir a *ou* participar en los gastos || *entrer dans les ordres* abrazar el estado religioso || INFORM *entrer dans le système* entrar en el sistema || *entrer en colère* montar en cólera, encolerizarse || *entrer en collision* chocar || *entrer en correspondance* ponerse en correspondencia || *entrer en coup de vent* entrar como un torbellino || *entrer en ébullition* alzar *ou* levantar el hervor || *entrer en fureur* ponerse furioso, enfurecerse || *entrer en jeu* intervenir || *entrer en lice* salir a la palestra, entrar en liza || *entrer en matière* entrar en materia || *entrer en ménage* casarse || *entrer en pourparlers* entrar en conversaciones, entablar conversaciones || *entrer en scène* salir en escena || *entrez!* ¡adelante!, ¡pase! || — *cela ne m'entre pas dans la tête* esto no me cabe en la cabeza || *faire entrer* invitar a entrar, introducir || *faire entrer quelque chose dans la tête* meter en la cabeza || *faites entrer* dígale que pase || *je n'entre pas là-dedans* no me meto en eso, eso no me incumbe, no tengo nada que ver en el asunto || *laisser entrer quelqu'un* dejar entrar a alguien || *ne faire qu'entrer et sortir* pasar rápidamente, estar sólo un momento, volver en seguida.

◆ *v tr* introducir || meter (mettre) || entrar; *entrer la voiture au garage* entrar el coche en el garaje || COMM dar entrada a, asentar en el libro de entradas.

entresol *m* entresuelo (étage).

entre-temps *m* intervalo, intermedio.

◆ *adv* entre tanto, entretanto, en el intervalo, mientras tanto.

entretenir* *v tr* mantener, sustentar; *entretenir une famille* sustentar una familia || cuidar, entretener, mantener, conservar (tenir en bon état) || conservar, mantener; *entretenir la paix* mantener la paz || alimentar, mantener; *entretenir le feu* alimentar el fuego || sostener, mantener; *entretenir une correspondance avec quelqu'un* sostener una correspondencia con alguien || hablar, conversar con; *entretenir quelqu'un de ses projets* conversar con uno de sus proyectos || cultivar; *entretenir l'amitié, ses pensées* cultivar la amistad, los pensamientos || entretener; *entretenir quelqu'un d'espérances* entretener a alguien con esperanzas || tener en la cabeza; *entretenir des idées fixes* tener en la cabeza ideas fijas || *entretenir une femme* mantener a una mujer.

◆ *v pr* mantenerse, sustentarse || conservarse, mantenerse en buen estado || conversar, hablar (parler) || entrevistarse (avoir une entrevue) || — *s'entretenir d'illusions* vivir de ilusiones || *s'entretenir par écrit* escribirse.

entretenu, e *adj* cuidado, da (maison, vêtements, etc.); *bien, mal entretenu* bien, mal cuidado || mantenido, da (personne) || *ondes entretenues* ondas continuas.

◆ *m et f* protegido, da.

entretien *m* conservación *f*, entretenimiento, cuidado, mantenimiento; *l'entretien des routes* la conservación de las carreteras || conservación *f*, mantenimiento; *l'entretien de la paix* el mantenimiento de la paz || sustento, mantenimiento, manutención *f*; *l'entretien d'une nombreuse famille* el sustento de una familia numerosa || FIG conversación *f*, entrevista *f* (conversation) | reunión *f*; *le directeur a eu un entretien avec ses employés* el director tuvo una reunión con sus empleados || — *frais d'entretien* gastos de mantenimiento || *produits d'entretien* artículos de limpieza || — *avoir un entretien* mantener una conversación, celebrar una entrevista.

entre-tuer (s') *v pr* matarse unos a otros.

entrevoir* *v tr* entrever || FIG entrever, vislumbrar, columbrar.

entrevue *f* entrevista.

entropie *f* PHYS entropía.

entrouvert, e [ɑ̃truvɛːr, ɛrt] *adj* entreabierto, ta; entornado, da.

entrouvrir* *v tr* entreabrir || entornar, entreabrir (une porte, les yeux) || correr un poco, apartar, separar; *entrouvrir les rideaux* correr un poco los visillos.

◆ *v pr* entreabrirse || entornarse.

entuber *v tr* POP *se faire entuber* ser estafado.

énucléer* *v tr* MÉD enuclear (extirper) || deshuesar, desosar (un noyau).

énumération *f* enumeración.

énumérer* *v tr* enumerar.

env. abrév de *environ* aproximadamente.

envahir [ɑ̃vaiːr] *v tr* invadir.

envahissant, e [-isɑ̃, ɑ̃ːt] *adj* invasor, ra || FIG pegajoso, sa; pesado, da (ennuyeux).

envahissement [-ismɑ̃] *m* invasión *f* || FIG abuso; *les envahissements du pouvoir* los abusos del poder.

envahisseur [-isœːr] *m* invasor.

envasement *m* encenagamiento.

enveloppant, e *adj* envolvente; *ligne enveloppante* línea envolvente || FIG atrayente; cautivador, ra (qui charme, captive).

◆ *f* MATH envolvente.

enveloppe [ɑ̃vlɔp] *f* envoltura; *l'enveloppe d'un paquet, d'un fruit* la envoltura de un paquete, de una fruta || sobre *m* [(amér.) cubierta] (d'une lettre); *mettre sous enveloppe* poner en un sobre || cubierta (d'un pneu) || cámara (d'un ballon) || funda (d'un traversin) || FIG capa exterior, apariencia, cubierta (apparence) || — *enveloppe à fenêtre* sobre ventana *ou* con ventana || *enveloppe autocollante* sobre autoadhesivo || *enveloppe budgétaire* límites de los recursos presupuestarios.

enveloppé, e *adj* envuelto, ta (emballé) || FAM metido, da en carnes (bien en chair).

enveloppement [-pmɑ̃] *m* envolvimiento (action), envoltura *f* (ce qui enveloppe) || MÉD paño caliente, fomento.

envelopper *v tr* envolver (couvrir); *envelopper de o dans* envolver en || rodear (entourer) || FIG velar, disfrazar, disimular (déguiser) || comprender, incluir, abarcar (englober) || MIL envolver, rodear, cercar; *envelopper l'ennemi* rodear al enemigo.

◆ *v pr* envolverse || envolverse, embozarse (dans un manteau).

envenimement [ɑ̃vnimmɑ̃] *m* envenenamiento (par un poison), enconamiento (d'une plaie) || FIG enconamiento, envenenamiento.

envenimer [-me] *v tr* envenenar (empoisonner) ‖ enconar (une blessure) ‖ FIG enconar, emponzoñar, envenenar; *envenimer une discussion* enconar una discusión.

envergure *f* MAR cruzamen *m*, envergadura (longueur des vergues) ‖ envergadura, grátil *m* (des voiles) ‖ envergadura (d'un oiseau, d'un avion) ‖ FIG amplitud, vuelo *m*, envergadura (gallicisme); *projet de grande envergure* proyecto de gran amplitud | talla, envergadura; *l'envergure de ce ministre* la talla de este ministro | vuelo *m*; *ne pas avoir assez d'envergure pour* no tener suficiente vuelo para ‖ *d'envergure* de importancia, de envergadura, de talla, de gran trascendencia ‖ FIG *sans envergure* de poco fuste.

envers *m* revés, vuelta *f*, envés, reverso (d'une étoffe) ‖ lo contrario, lo opuesto; *l'envers de la vérité* lo contrario de la verdad ‖ BOT envés, cara *f* dorsal (d'une feuille) ‖ — *l'envers de la médaille* el reverso de la medalla ‖ *l'envers et l'endroit d'une question* el haz y envés de una cuestión ‖ — *à l'envers* al revés ‖ *avoir la tête à l'envers* tener la cabeza trastornada *ou* loca.

envers [ɑ̃vɛːr] *prép* con, para con; *indulgent envers les pécheurs* indulgente con *ou* para con los pecadores ‖ a; *traître envers sa foi* traidor a su fe ‖ *envers et contre tous* a pesar de todos, a despecho de todos, contra viento y marea.

envi (à l') *loc adv* a porfía; *se disputer à l'envi* disputarse a porfía ‖ a cual más, a cual mejor (à qui mieux mieux).

enviable *adj* enviable.

envie *f* envidia; *l'envie est un péché capital* la envidia es un pecado capital ‖ ganas *pl*, deseo *m*; *avoir envie de rire* tener ganas de reírse ‖ antojo *m* (désir de femme enceinte) ‖ MÉD padrastro *m* (autour des ongles) | antojo *m* (tache naturelle) ‖ *avoir grande envie de* tener muchas ganas de ‖ *brûler, mourir d'envie de* arder en deseos de, morirse de ganas de, tener unas ganas locas de, estar muerto por ‖ *donner à quelqu'un l'envie de faire quelque chose* dar a alguien las ganas de hacer algo ‖ *faire o donner envie* dar envidia, dar deseos; *ça lui fait envie* eso le da envidia ‖ *faire passer l'envie* quitar las ganas ‖ *il me prend envie de* me dan ganas de, estoy por, se me antoja ‖ *il vaut mieux faire envie que pitié* más vale ser envidiado que compadecido, más vale ser envidiado que envidioso ‖ *ne plus avoir envie de* quitársele a uno las ganas de, no tener más ganas de ‖ *passer son envie* satisfacer su capricho.

envier* *v tr* envidiar; *envier les heureux* envidiar a los dichosos ‖ ansiar, ambicionar, desear, codiciar; *envier le pouvoir* desear el poder ‖ — *envier quelque chose à quelqu'un* envidiar algo a alguien ‖ *n'avoir rien à envier à* no tener nada que envidiar a.

envieux, euse *adj* et *s* envidioso, sa; *envieux du bonheur d'autrui* envidioso de la felicidad ajena, del prójimo ‖ *faire des envieux* dar envidia.

environ *adv* cerca de, alrededor de, aproximadamente; *il est environ neuf heures* son cerca de las nueve ‖ unos, unas, poco más o menos, cosa de; *il y aura environ deux cents invités* habrá unos doscientos invitados.

environnant, e *adj* cercano, na; próximo, ma; que rodea (proche) ‖ circundante; circunvecino, na; *lieux environnants* lugares circunvecinos.

environnement *m* medio ambiente, entorno; *défenseur de l'environnement* defensor del medio ambiente ‖ INFORM entorno.

environner *v tr* rodear, cercar (encercler) ‖ FIG rodear, circundar, estar alrededor (être autour).

environs *m pl* alrededores, afueras *f*, cercanías *f*, proximidades *f* ‖ *aux environs de* cerca de, en los alrededores de; a eso de (temps).

envisageable *adj* factible.

envisager* *v tr* considerar, examinar; *envisager l'avenir* considerar el porvenir ‖ enfocar; *envisager un sujet du point de vue religieux* enfocar un asunto desde el punto de vista religioso ‖ pretender; *on n'envisage pas d'arriver à un accord* no se pretende llegar a un acuerdo ‖ prever, tener en perspectiva (prévoir) ‖ tener presente, pensar en; *il faut envisager cette possibilité* hay que tener presente esta posibilidad ‖ proyectar, tener intención de, pensar, tener en la mente; *j'envisage de partir pour les États-Unis* proyecto salir para los Estados Unidos ‖ pensar en; *envisager le pire* pensar en lo peor ‖ ver; *il envisage toujours les choses d'une façon pessimiste* siempre ve las cosas de una manera pesimista ‖ planear, programar; *envisager une réforme* programar una reforma.

envoi *m* envío ‖ — COMM *envoi contre remboursement* envío contra reembolso ‖ *envoi en nombre* envío en masa ‖ DR *envoi en possession* entrega de la posesión ‖ — SPORTS *coup d'envoi* saque del centro | *donner le coup d'envoi* hacer el saque.

envol *m* vuelo (d'un oiseau) ‖ despegue (avion).

envolée *f* elevación, grandeza (esprit).

envoler (s') *v pr* levantar *ou* tomar el vuelo, echar a volar (prendre son vol) ‖ despegar (avion) ‖ volar, volarse; *les papiers se sont envolés* los papeles se volaron ‖ irse, transcurrir (temps) ‖ FIG fugarse, escaparse (s'enfuir) | pasar rápidamente, volar, desvanecerse (passer rapidement) ‖ FAM *l'oiseau s'est envolé* el pájaro voló.

envoûtant, e *adj* que hechiza, que embruja.

envoûtement *m* hechizo, maleficio, embrujamiento.

envoûter *v tr* hechizar, embrujar.

envoyé, e [ɑ̃vwaje] *m* et *f* enviado, da.

envoyer* [-je] *v tr* enviar, mandar (personne) ‖ enviar, mandar, remitir, expedir (chose) ‖ lanzar, arrojar, tirar; *envoyer des pierres* lanzar piedras ‖ tirar (une balle) ‖ FAM dar, propinar, largar; *envoyer une gifle à quelqu'un* propinar una bofetada ‖ tirar; *envoyer à terre d'un coup de pied* tirar al suelo de una patada ‖ — FAM *envoyer au diable o à tous les diables* enviar al diablo *ou* a todos los diablos ‖ *envoyer chercher* mandar buscar, mandar por ‖ FAM *envoyer coucher o paître o promener* mandar a paseo | *envoyer dans l'autre monde* mandar al otro mundo *ou* al otro barrio, matar | *envoyer tout promener o tout en l'air* mandarlo todo a paseo, echarlo todo a rodar ‖ *envoyer les couleurs* izar banderas ‖ *envoyer par le fond* hundir un barco ‖ FAM *ça c'est envoyé!* ¡toma!, ¡toma del frasco, Carrasco!, ¡anda! | *bien envoyé* bien contestado (remarque, réponse).

◆ *v intr* MAR orzar.

◆ *v pr* POP zamparse (absorber) ‖ cargarse (assumer).

envoyeur, euse [-jœːr, øːz] *m* et *f* remitente ǁ *faire retour à l'envoyeur* devuélvase al remitente.

enzyme *f* CHIM enzima (ferment soluble).

éocène *adj* et *s m* GÉOL eoceno.

éolien, enne *adj* et *s* eolio, lia; eólico, ca (de l'Éolide); *pompe éolienne* bomba eólica.
◆ *adj* eolio, lia; *érosion éolienne* erosión eolia.
◆ *f* generador *m*, aeromotor *m*, motor *m* de viento.

É.O.R. abrév de *élève officier de réserve* alumno de la escuela de oficiales de complemento.

éosine *f* CHIM eosina (colorant rouge).

épagneul, e *m* et *f* podenco, ca (chien).

épais, aisse [epɛ, ɛs] *adj* espeso, sa; denso, sa; *brouillard épais* niebla espesa ǁ grueso, sa; gordo, da; *étoffe épaisse* tela gruesa ǁ espeso, sa; tupido, da; *bois épais* bosque tupido ǁ ancho, cha; grueso, sa; *un mur épais* una pared ancha; *verres épais* cristales gruesos ǁ espeso, sa; *encre épaisse* tinta espesa ǁ denso, sa; *nuit épaisse* noche densa ǁ nutrido, da; cuantioso, sa; *une foule épaisse* una muchedumbre nutrida ǁ denso, sa; copioso, sa; *pluie épaisse* lluvia densa ǁ cargado, da; viciado, da; *air épais* ambiente cargado ǁ FIG basto, ta; grosero, ra; pesado, da (grossier) ǁ *langue épaisse* lengua pastosa, sucia.
◆ *m* espesor ǁ *au plus épais de* en medio de, en lo más profundo de.
◆ *adv* densamente, apretadamente (d'une façon serrée).

épaisseur *f* espesor *m*; *épaisseur du sol* espesor del terreno ǁ espesor *m*, grueso *m*, grosor *m* (grosseur) ǁ densidad (densité) ǁ espesura; *l'épaisseur d'un bois* la espesura de un bosque ǁ densidad, negrura, oscuridad (de la nuit) ǁ FIG bastedad, torpeza, lentitud (lourdeur) ǁ — *d'une grande épaisseur* muy grueso, de mucho espesor ǁ *il s'en est fallu de l'épaisseur d'un cheveu, d'un fil* por el canto de un duro, por poco.

épaissir *v tr* espesar (rendre plus dense); *épaissir un sirop* espesar un jarabe ǁ hacer más grueso, ensanchar; *épaissir un mur* hacer una pared más gruesa ǁ ennegrecer, oscurecer (la nuit) ǁ FIG ampliar, engrosar (élargir).
◆ *v intr* espesarse; *le sirop épaissit* el jarabe se espesa ǁ FIG engordar, engrosar (une personne) ǁ *faire épaissir* espesar (une sauce).
◆ *v pr* espesarse ǁ ponerse pastosa (langue) ǁ embastecerse (l'intelligence).

épaississant, e *adj* que espesa.

épaississement *m* espesado, espesamiento ǁ aumento (de la taille) ǁ embastecimiento (de l'esprit) ǁ oscurecimiento (de la nuit).

épanchement *m* derramamiento (écoulement) ǁ FIG desahogo; *épanchement affectueux* desahogo afectivo ǁ MÉD derrame; *épanchement synovial* o *de synovie* derrame sinovial.

épancher *v tr* derramar (un liquide) ǁ FIG desahogar, expansionar, abrir; *épancher son cœur* desahogar su corazón ǁ dar libre curso a (ses peines).
◆ *v pr* FIG desahogarse, expansionarse.

épandage *m* esparcimiento (d'engrais).

épandre *v tr* esparcir, desparramar (répandre) ǁ AGRIC esparcir.

épanoui, e [epanwi] *adj* abierto, ta (fleurs) ǁ alegre, risueño, ña (gai); *visage épanoui* rostro alegre ǁ desarrollado, da (développé) ǁ — *jeunes gens épanouis* jóvenes granados ǁ *sourire épanoui* sonrisa de completa felicidad.

épanouir [-nwiːr] *v tr* abrir (fleurs) ǁ FIG dilatar, ensanchar (cœur, esprit) ǁ despejar, serenar (esprit, visage) ǁ alegrar (rendre joyeux).
◆ *v pr* abrirse (fleurs) ǁ FIG desarrollarse, alcanzar su pleno desarrollo (se développer) ǁ alegrarse, regocijarse (se réjouir) ǁ dilatarse, ensancharse (cœur) ǁ alcanzar su plenitud (une personne).

épanouissant, e *adj* que permite la plena realización personal.

épanouissement [-nwismɑ̃] *m* abertura *f* (fleurs) ǁ FIG expansión *f*, dilatación *f* (esprit, cœur) ǁ alegría *f*, regocijo (joie) ǁ completo desarrollo (développement) ǁ granazón *f*, plenitud *f* (des personnes).

épargnant, e *adj* ahorrativo, va; ahorrador, ra.
◆ *m* et *f* ahorrador, ra.

épargne *f* ahorro *m* ǁ — *caisse d'épargne* caja de ahorros ǁ ÉCON *épargne(-)logement* ahorro-vivienda ǁ *gravure d'épargne* grabado de relieve ǁ *poire d'épargne* pera veraniega.

épargner *v tr* ahorrar (économiser) ǁ FIG escatimar; *épargner ses forces* escatimar sus energías ǁ mirar por; *épargner son bien* mirar por su hacienda ǁ proteger, salvar; *Paris a été épargné* París ha sido protegido [contra la destrucción] ǁ ahorrar, evitar; *épargnons les paroles inutiles* ahorremos las palabras inútiles ǁ perdonar, tratar con indulgencia; *épargner les captifs* tratar con indulgencia a los cautivos ǁ dispensar; *épargner à quelqu'un d'inutiles prières* dispensar a uno de rezos inútiles ǁ — *épargner sa peine* ahorrarse trabajo ǁ *épargner son temps* ahorrarse tiempo ǁ *être épargné par* salvarse de; *cette maison a été épargnée par l'incendie* esta casa ha sido salvada del incendio ǁ *n'épargner personne* no perdonar a nadie ǁ *ne pas épargner ses efforts* no escatimar sus esfuerzos ǁ *ne rien épargner pour* recurrir a todos los medios para, no escatimar nada para, no reparar en gastos para ǁ *que le sort vous épargne* que la suerte no le sea adversa.

éparpillement [eparpijmɑ̃] *m* dispersión *f*, esparcimiento, diseminación *f*, desparramamiento.

éparpiller [-je] *v tr* desparramar, esparcir, diseminar (disperser) ǁ FIG dispersar ǁ derrochar (l'argent).
◆ *v pr* desparramarse, esparcirse, diseminarse ǁ FIG dividirse, dispersarse.

épars, e [epaːr, ars] *adj* disperso, sa; esparcido, da; *restes épars* restos dispersos ǁ suelto, ta; en desorden, revuelto, ta; *cheveux épars* cabellos en desorden ǁ confuso, sa; vago, ga; *des souvenirs épars* recuerdos confusos ǁ *averses éparses* chubascos dispersos *ou* aislados.

épatant, e *adj* FAM estupendo, da; colosal; bárbaro, ra [(amér) macanudo, da].

épate *f* FAM faroleo *m*, fachenda ǁ FAM *faire de l'épate* farolear, dar el golpe, darse pisto.

épaté, e *adj* roto por el pie (verre) ǁ achatado, da; chato, ta; *nez épaté* nariz chata ǁ FIG & FAM patidifuso, sa; pasmado, da.

épater *v tr* romper el pie de; *épater un verre* romper el pie de una copa ǁ romper la pata a (un chien)

épaule

|| achatar, aplastar (aplatir) || FAM asombrar, dejar pasmado, causar sensación entre (étonner) || *pour épater le bourgeois* para dejar estupefacta *ou* escandalizar a la gente bien.
◆ *v pr* achatarse (nez) || FAM asombrarse, quedarse pasmado.

épaule *f* hombro *m* (de l'homme); *avoir les épaules tombantes* tener los hombros caídos || codillo *m*, paletilla, espaldilla; *épaule de mouton* codillo de cordero || MAR espaldón *m* || *— courber, ployer les épaules* bajar la cabeza, humillar la cerviz || FIG *donner un coup d'épaule* arrimar el hombro, echar una mano || *faire quelque chose pardessus l'épaule* hacer algo a la bartola || *faire toucher les épaules* poner de espaldas || *hausser les épaules* alzar los hombros, encogerse de hombros || *porter sur les épaules* llevar a hombros (transporter), llevar a cuestas (avoir à sa charge) || *regarder par-dessus l'épaule* mirar por encima del hombro, tratar con desprecio.

épaulé *m* levantada *f* (haltère); *épaulé-jeté* levantada y tierra.

épaulement *m* espaldón, parapeto (parapet) || muro de carga *ou* de contención (mur de soutènement) || espaldón (d'un navire, d'une pièce de bois) || GÉOGR rellano.

épauler *v tr* despaldillar; *épauler un sanglier* despaldillar un jabalí || FIG echar una mano (aider) | respaldar, proteger (appuyer) || MIL parapetar || encararse (fusil).

épaulette *f* hombrera (d'un vêtement) || tirante *m* (d'une combinaison) || charretera (de militaires).

épave *f* pecio *m*, derrelicto *m*, restos *m pl*, residuos *m pl* (d'un naufrage) || cosa abandonada || DR bien *m* mostrenco, res derelicta || FIG resto *m* (d'une fortune, etc.) || *épave automobile* chatarra de un automóvil || *épave humaine* ruina, desecho.

épée *f* espada || espadín *m* (d'un uniforme) || estoque *m* (du matador) || esgrimidor *m* (escrimeur) || *— épée à deux tranchants* espada de dos filos || *coup d'épée* estocada || *gens d'épée* militares || *plat d'épée* hoja de espada || *— au fil de l'épée* a cuchillo || *donner des coups d'épée dans l'eau* dar palos de ciego, arar en el mar || *passer au fil de l'épée* pasar a cuchillo, entrar a degüello || *poursuivre l'épée dans les reins* poner el puñal en el pecho || *qui tue par l'épée périra par l'épée* quien a hierro mata a hierro muere *ou* quienes matan con la espada por la espada morirán || *remettre l'épée dans son fourreau* envainar la espada || *se battre à l'épée* batirse || *tirer l'épée* desenvainar la espada.

épéiste *m* et *f* esgrimidor, ra de espada.

épeler* [eple] *v tr* deletrear.

épellation [epɛllasjɔ̃] *f* deletreo *m*.

épépiner *v tr* despepitar.

éperdu, e *adj* perdido, da; loco, ca; *éperdu de joie* loco de alegría.

éperdument *adv* perdidamente, locamente || *je m'en moque éperdument* me importa un comino.

éperlan *m* eperlano (poisson).

éperon [eprɔ̃] *m* espuela *f* (de cavalier) || espolón (ergot) || espolón (promontoire) || FIG acicate, aguijón, estímulo (stimulant) || tajamar (d'un pont) || espolón, tajamar (d'un navire) || contrafuerte (contrefort) || machón, pilar (appui d'une muraille)

266

|| *— éperon à broche* acicate || *— coup d'éperon* espolonazo, espolada || *donner de l'éperon* picar *ou* dar espuelas.

éperonner [eprɔne] *v tr* espolear (le cheval) || poner espolones a (un coq) || FIG espolear, aguijonear (stimuler) || MAR arremeter, embestir con el espolón.

épervier [epɛrvje] *m* gavilán (oiseau) || esparavel (filet).

éphèbe *m* efebo (adolescent).

éphélide *f* MÉD efélide *m*, peca (tache de rousseur).

éphémère *adj* efímero, ra.
◆ *m* efímera *f*, cachipolla *f* (insecte).

éphéméride *f* efemérides, efeméride.

Éphésien, enne *m* et *f* efesino, na; efesio, sia.

épi *m* espiga *f* (du blé, de l'avoine, etc.) || mazorca *f*, panoja *f* (du maïs) || espiga *f*, racimo, panícula *f* (fleurs) || remolino (de cheveux) || CONSTR espigón (digue) || *— épi de faîtage* remate || *se ranger en épi* aparcar en batería (voitures).

épicarpe *m* epicarpio (peau du fruit).

épice *f* especia (substance aromatique) || *— armoire à épices* especiero, caja para especias || *pain d'épice* alajú.

épicé, e *adj* picante (mets) || FIG salpimentado, da; picante (grivois).

épicéa *m* picea *f*, abeto del Norte.

épicentre *m* epicentro.

épicer* *v tr* sazonar con especias, condimentar (assaisonner) || FIG salpimentar, hacer picante.

épicerie *f* tienda de ultramarinos *ou* de comestibles, ultramarinos [*(amér)* tienda de abarrotes] (boutique d'épicier) || especiería [*(amér)* abarrotes] (ensemble des épices) || *épicerie fine* ultramarinos de calidad.

épicier, ère *m* et *f* tendero, ra de ultramarinos, abacero, ra [*(amér)* abarrotero, ra] (*p us*) || FIG hortera (qui a mauvais goût) || *garçon épicier* dependiente de ultramarinos.

Épicure *n pr m* Epicuro.

épicurien, enne *adj* et *s* epicúreo, a.

épicurisme *m* epicureísmo.

épidémie *f* epidemia || FIG oleada; *une épidémie de suicides* una oleada de suicidios.

épidémiologie *f* epidemiología.

épidémique *adj* epidémico, ca.

épiderme *m* ANAT epidermis *f* (peau) || FIG *avoir l'épiderme sensible* ser quisquilloso, susceptible, picón.

épidermique *adj* epidérmico, ca.

épier* *v tr* espiar (espionner) || acechar, atisbar (guetter) || fisgar (observer secrètement) || FIG estar a la caza *ou* al acecho *ou* pendiente de; *épier les défauts de quelqu'un* estar pendiente de los defectos de uno.
◆ *v intr* espigar, echar espigas (céréales).

épierrer *v tr* desempedrar, despedregar (ôter les pierres).

épigastre *m* ANAT epigastrio.

épigastrique *adj* epigástrico, ca.

épiglotte *f* ANAT epiglotis.

épigone *m* epígono.
épigramme *f* epigrama *m* ‖ CULIN *épigramme d'agneau* guisado de cordero.
épigraphe *f* epígrafe *m*.
épigraphie *f* epigrafía.
épilation *f*; **épilage** *m* depilación *f*.
épilatoire *adj* depilatorio, ria.
épilepsie *f* MÉD epilepsia.
épileptique *adj et s* epiléptico, ca.
épiler *v tr* depilar (arracher le poil) ‖ — *crème à épiler* crema depilatoria ‖ *pince à épiler* pinzas de depilar ‖ — *se faire épiler* depilarse.
◆ *v pr* depilarse ‖ *s'épiler les jambes* depilarse las piernas ‖ *s'épiler les sourcils* depilarse las cejas.
épilogue *m* epílogo.
épiloguer *v tr* censurar, criticar (censurer).
◆ *v intr* comentar (faire des commentaires).
Épinal *n pr* GÉOGR Epinal.
épinard [epinaːr] *m* espinaca *f* (plante) ‖ *graine d'épinard* canelones (ornement).
épine *f* BOT espina; *s'enfoncer une épine* clavarse una espina ‖ espino *m* (arbrisseau) ‖ — *épine blanche* espino blanco, majuelo, espino, albar ‖ *épine dorsale* espina dorsal, espinazo ‖ *épine du Christ* espina santa (plante) ‖ *épine du nez* caballete de la nariz ‖ BOT *épine noire* endrino ‖ — POÉT *avoir une épine dans le cœur* tener clavada una espina en el corazón ‖ FIG & FAM *être o marcher sur des épines* estar en ascuas *ou* con el alma en un hilo ‖ *être un fagot d'épines* ser un cardo borriquero ‖ *hérissé d'épines* lleno de abrojos ‖ FIG & FAM *tirer une épine du pied à quelqu'un* quitar un peso de encima *ou* sacar del peligro *ou* sacar de apuro a uno.
épinette *f* MUS espineta (petit clavecin) ‖ caponera (cage).
épineux, euse *adj* espinoso, sa ‖ FIG peliagudo, da; espinoso, sa; *une affaire épineuse* un asunto peliagudo.
épine-vinette *f* agracejo *m*, bérbero *m* (arbrisseau).
épingle *f* alfiler *m* (couture, broche, bijou) ‖ — *épingle à chapeaux* alfiler de sombrero ‖ *épingle à cheveux* horquilla ‖ *épingle à cravate* alfiler de corbata ‖ *épingle à linge* pinza para la ropa ‖ *épingle anglaise o double o de nourrice o de sûreté* imperdible ‖ *épingle neige* horquilla ‖ — *coup d'épingle* alfilerazo, pinchazo ‖ *étui à épingles* alfiletero ‖ *pelote à épingles* acerico ‖ *virage en épingle à cheveux* curva muy cerrada ‖ — *chercher une épingle dans un meule de foin* buscar una aguja en un pajar ‖ FAM *monter en épingle* poner de manifiesto, poner a la vista, poner de relieve ‖ FIG *tiré à quatre épingles de punta* en blanco, de tiros largos ‖ *tirer son épingle du jeu* salir del apuro, salir bien *ou* adelante *ou* a flote.
épingler *v tr* prender *ou* sujetar con alfileres, prender ‖ FIG & POP pescar, echar mano (faire prisonnier).
épinière *adj f* espinal (moelle).
épinoche *f* picón *m* (poisson).
Épiphanie *f* Epifanía.
épiphénomène *m* epifenómeno.
épiphyse *f* epífisis.

épique *adj* épico, ca.
épiscopal, e *adj* episcopal; *palais épiscopaux* palacios episcopales.
◆ *m* episcopal (de l'Église anglicane).
épiscopat [episkɔpa] *m* episcopado.
épisiotomie *f* MÉD episiotomía.
épisode *m* episodio ‖ episodio, jornada *f*; *film à épisodes* película en varias jornadas.
épisodique *adj* episódico, ca.
épisser *v tr* empalmar (fils électriques) ‖ MAR ayustar (cordages).
épissure *f* empalme *m* (fils électriques) ‖ MAR ayuste *m* (cordages).
épistémologie *f* epistemología.
épistémologique *adj* epistemológico, ca.
épistémologiste; épistémologue *m et f* epistemólogo, ga.
épistolaire *adj* epistolar.
épitaphe *f* epitafio *m*.
épithélial, e *adj* epitelial; *tissus épithéliaux* tejidos epiteliales.
épithélium [epiteljɔm] *m* MÉD epitelio.
épithète *adj m* epíteto.
◆ *f* epíteto *m*.
épitoge *f* epitoga, muceta.
épître *f* epístola (lettre).
épizootie *f* epizootia (maladie contagieuse).
éploré, e *adj* afligido, da; desconsolado, da; *sa veuve éplorée* su desconsolada esposa.
épluchage *m* monda *f*, mondadura *f*, peladura *f* (fruits, légumes, etc.) ‖ limpia *f*, desmonte (tissus) ‖ FIG espulgo, examen minucioso (examen minutieux).
épluche-légumes *m* pelador.
éplucher *v tr* pelar, mondar (fruits, légumes) ‖ limpiar, espulgar (le riz, les lentilles) ‖ limpiar (poisson, volaille) ‖ desmontar (les tissus) ‖ FIG & FAM examinar cuidadosamente, espulgar (examiner minutieusement).
éplucheur, euse *m et f* mondador, ra (de légumes) ‖ desmontador, ra (de tissus) ‖ FIG & FAM escudriñador, ra; averiguador, ra; espulgador, ra.
◆ *m* máquina *f* de mondar legumbres, mondador, peladora *f* ‖ *éplucheur de pommes de terre* pelapatatas.
épluchure *f* mondadura, monda (pelure) ‖ borra (des étoffes) ‖ residuo *m*, desperdicio *m* (déchet, résidu).
— OBSERV Ce mot s'emploie au pluriel: *des épluchures de pommes de terre*.
époînter *v tr* despuntar (casser la pointe) ‖ despuntar, afeitar (les cornes d'un taureau).
◆ *v pr* despuntarse ‖ VÉTÉR descuadrillarse.
éponge *f* esponja ‖ VÉTÉR codillera (tumeur) ‖ callo *m* (du fer à cheval) ‖ — *éponge métallique* estropajo metálico ‖ *serviette-éponge* toalla de felpa ‖ *tissu-éponge* esponja, felpa ‖ — FIG *boire comme une éponge* beber como una cuba ‖ *jeter l'éponge* tirar la toalla ‖ *passer l'éponge sur* hacer borrón y cuenta nueva de, pasar la esponja por.

éponger *v tr* enjugar (étancher un liquide) || limpiar en una esponja, pasar una esponja por, esponjar (nettoyer) || FIG enjugar (un déficit).
◆ *v pr* enjugarse (le front).

épopée *f* epopeya.

époque *f* época; *faire époque* hacer época || *la Belle Époque* la «Belle Époque» || *meuble d'époque* mueble de época || — *à cette époque* en esta época, en aquellos tiempos || *à notre époque* en nuestro tiempo || *à pareille époque* en la misma época || *ah! quelle époque!* ¡qué tiempos aquéllos! || *marquer son époque* dejar huella imperecedera || *quelle époque nous vivons!* ¡qué tiempos los actuales!

épouillage *m* despioje, espulgo.

épouiller [epuje] *v tr* despiojar, espulgar.

époumoner *v tr* dejar sin aliento; *ce discours l'a époumoné* este discurso le ha dejado sin aliento.
◆ *v pr* desgañitarse (à force de crier).

épousailles [epuzɑ:j] *f pl* desposorio *m sing*, esponsales *m* (mariage).

épouse *f* → **époux**.

épouser *v tr* casarse con, contraer matrimonio con (se marier) || adherirse a, abrazar (un parti, une opinion) || FIG desposarse con; *épouser la misère* desposarse con la miseria | adaptarse a, amoldarse a; *cette robe épouse la forme de son corps* este vestido se amolda a la forma de su cuerpo.

époussetage; époussètement *m* limpieza *f* del polvo, sacudimiento del polvo, desempolvadura *f*.

épousseter* [epuste] *v tr* desempolvar, quitar el polvo (ôter la poussière) || limpiar, mandilar (un cheval) || FIG remozar, quitar el polvo; *il faudrait épousseter tous ces systèmes moisis* habría que remozar todos estos sistemas enmohecidos.

époustouflant, e *adj* FAM pasmoso, sa; asombroso, sa.

époustoufler *v tr* FAM pasmar, dejar con la boca abierta, dejar pasmado, da; *cette nouvelle m'a époustouflé* esta noticia me ha dejado pasmado.

épouvantable *adj* espantoso, sa; horroroso, sa; tremendo, da.

épouvantablement *adv* espantosamente, horriblemente, horrorosamente.

épouvantail [epuvɑ̃tɑ:j] *m* espantapájaros, espantajo || FAM esperpento, petardo, coco, visión *f* (personne laide) || FIG espantajo, coco, fantasma (croquemitaine).
— OBSERV *pl épouvantails*.

épouvante *f* espanto *m*, terror *m* (effroi); *jeter dans l'épouvante* llenar de espanto || *film d'épouvante* película de terror.

épouvanter *v tr* espantar, horrorizar.

époux, ouse [epu, epu:z] *m et f* esposo, sa.

éprendre de (s')* *v pr* enamorarse de, prendarse de (aimer) || apasionarse por (se passionner pour).

épreuve *f* prueba (essai) || prueba (imprimerie, sports) || examen *m* || adversidad, infortunio *m*, sufrimiento *m* (chagrin) || — *épreuve de force* conflicto (conflit), pugna de intereses || *épreuve de résistance* prueba de resistencia || SPORTS *épreuve de sélection* prueba de selección || *épreuve éliminatoire* prueba eliminatoria || — *à l'épreuve* a prueba || *à l'épreuve des balles* a prueba de balas || *à l'épreuve du feu* a

prueba de incendios || *à toute épreuve* a toda prueba || *faire l'épreuve de* probar || *mettre à l'épreuve* poner a prueba.

épris, e [epri, i:z] *adj* enamorado, da; prendado, da (de quelqu'un) || prendado, da; apasionado, da (de quelque chose).

éprouvant, e *adj* agotador, ra.

éprouvé, e *adj* a toda prueba (sûr) || sufrido, da || afectado, da.

éprouver *v tr* probar || probar, ensayar, verificar (essayer) || comprobar, experimentar (constater) || sufrir, padecer; *éprouver une déception* sufrir una decepción || dejar malparado; *cette maladie l'a éprouvé* esta enfermedad le ha dejado malparado || afectar; *cette douleur l'a beaucoup éprouvé* este dolor le ha afectado mucho || FIG experimentar, sentir (ressentir).

éprouvette *f* probeta || muestra, pieza de ensayo (échantillon).

E.P.S. abrév de *éducation physique et sportive* educación física y deportes.

epsilon *m* épsilon *f* (lettre grecque).

épucer* *v tr* quitar las pulgas, espulgar.

épuisant, e *adj* agotador, ra.

épuisé, e *adj* agotado, da; extenuado, da (à bout de forces) || *livre épuisé* libro agotado.

épuisement *m* agotamiento (liquide, etc.) || FIG extenuación *f*, agotamiento (perte de forces) || agotamiento; *l'épuisement des capitaux* el agotamiento de los caudales || achicamiento, achique, achicadura *f* (action d'écoper l'eau) || COMM *jusqu'à épuisement des stocks* hasta agotar las existencias.

épuiser *v tr* agotar; *épuiser un tonneau* agotar un tonel || FIG agotar, consumir, acabar (consommer) || agotar, acabar (livre, édition) || esquilmar, agotar (une terre) || acabar con, agotar, extenuar (forces) || agotar, acabar con (patience) || achicar (écoper l'eau) || tratar de modo exhaustivo, apurar (un sujet) || MIN agotar, desvenar (un filon).
◆ *v pr* agotarse || FIG consumirse, agotarse, extenuarse (en efforts).

épuisette *f* manguilla, sacadera (petit filet de pêche) || MAR achicador *m*, cuchara (écope).

épurateur *adj m et s m* depurador.

épuration *f* depuración || *station d'épuration* estación de depuración, depuradora [de aguas residuales].

épure *f* dibujo *m*, diseño *m* (dessin), plano (plan) || dibujo acabado *ou* definitivo (dessin achevé).

épurement *m* depuración. *f*.

épurer *v tr* depurar || refinar (raffiner) || depurar, purgar, eliminar (une association) || FIG depurar, purificar, acendrar.

équarrissage [ekarisa:ʒ]; **équarrissement** [ekarismɑ̃] *m* desolladura *f* (des animaux) || corte a escuadra.

équarrisseur [ekarisœ:r] *m* descuartizador (d'animaux) || cantero (de pierres).

équateur *m* ecuador || — *équateur céleste* ecuador celeste || *équateur magnétique* ecuador magnético.

Équateur [ekwatœ:r] *n pr m* GÉOGR Ecuador.

équation [-sjɔ̃] *f* MATH ecuación; *racine d'une équation* raíz de una ecuación || — *équation à deux* *inconnues* ecuación con dos incógnitas ‖ *équation du premier, second degré* ecuación de primer, segundo grado ‖ *— mettre en équation* hacer una ecuación.

équatorial, e [-tɔrjal] *adj* et *s m* ecuatorial.

équatorien, enne [-tɔrjɛ̃, jɛn] *adj* ecuatoriano, na.

Équatorien, enne *m* et *f* ecuatoriano, na.

équerre [ekɛːr] *f* escuadra ‖ — *équerre à 45°* cartabón ‖ *équerre à coulisse* escuadra de corredera ‖ *fausse équerre* falsarregla, falsa escuadra, escuadra móvil, baivel ‖ — *à fausse équerre* fuera de escuadra ‖ *d'équerre* a escuadra en ángulo recto ‖ *en équerre* a escuadra.

équestre [ekɛstr] *adj* ecuestre.

équeutage *m* acción *f* de quitar el rabillo de la fruta.

équeuter [ekøte] *v tr* quitar el rabillo [a las frutas].

équidés [ekɥide] *m pl* ZOOL équidos, equinos.

équidistance [ekɥidistɑ̃ːs] *f* equidistancia.

équidistant, e [-distɑ̃, ɑ̃ːt] *adj* equidistante.

équilatéral, e [-lateral] *adj* equilátero, ra; *triangles équilatéraux* triángulos equiláteros.

équilibrage *m* equilibrado ‖ compensación *f*, nivelación *f*.

équilibration *f* equilibrio *m* (sens).

équilibre *m* equilibrio ‖ nivelación *f*, equilibrio; *l'équilibre de la balance des paiements* el equilibrio de la balanza de pagos ‖ *équilibre stable, instable, indifférent* equilibrio estable, inestable, indiferente ‖ *— équilibre budgétaire* equilibrio presupuestario ‖ *équilibre de la terreur* equilibrio del terror ‖ *équilibre naturel* equilibrio natural ‖ *équilibre nutritionnel* equilibrio nutritivo ‖ — *avoir le sens de l'équilibre* tener sentido del equilibrio ‖ *être en équilibre* estar en equilibrio ‖ *garder l'équilibre* mantener el equilibrio ‖ *mettre en équilibre* poner en equilibrio ‖ *perdre l'équilibre* perder el equilibrio.

équilibré, e *adj* equilibrado, da; ponderado, da (esprit).

équilibrer *v tr* equilibrar.

équilibriste *m* et *f* equilibrista; volatinero, ra.

équille [ekiːj] *f* aguja (poisson).

équin, e [ekɥɛ̃, in] *adj* equino, na (chevalin).

équinoxe *m* ASTR equinoccio.

équinoxial, e *adj* equinoccial.

équipage *m* tripulación *f*, dotación *f* (d'un navire, d'un avion) ‖ *(vx)* séquito, comitiva *f*, acompañamiento (cortège) ‖ *(vx)* carruaje de lujo, carroza *f* (voiture de luxe) ‖ *(vx)* indumentaria *f*, equipo (manière dont on est vêtu) ‖ *(vx)* MIL bagaje, impedimenta *f* (de voitures, chevaux, etc.) ‖ equipo de cazadores y jauría ‖ *membre de l'équipage* tripulante ‖ — *en piteux équipage* en estado lamentable ‖ *être en grand équipage* estar vestido de gala.

équipe *f* equipo *m*; *équipe de collaborateurs, de football* equipo de colaboradores, de fútbol ‖ cuadrilla (d'ouvriers) ‖ FIG banda, cuadrilla, pandilla; *quelle équipe!* ¡vaya pandilla! ‖ — *équipe de chercheurs* equipo de investigadores ‖ *équipe de secours*

o *de sauvetage* equipo de socorro *ou* de salvamento ‖ — *faire équipe avec* asociarse con ‖ *travailler en équipe* trabajar en equipo ‖ *travailler par équipes* trabajar por turnos.

équipée *f* calaverada, locura, desatino *m*.

équipement *m* equipo, pertrechos *pl* (d'un soldat) ‖ equipo; *équipement électrique* equipo eléctrico ‖ MAR armamento ‖ — *biens d'équipement* bienes de capital ‖ *dépenses d'équipement* gastos de equipamiento ‖ INFORM *équipement standard* equipo estándar ‖ *équipements collectifs* equipamientos colectivos ‖ *équipements publics* equipamientos públicos ‖ *équipements sportifs* equipamientos deportivos ‖ *ministère de l'Équipement* ministerio encargado de la infraestructura del país.

équiper *v tr* equipar ‖ tripular, dotar de tripulación (un navire, un avion, etc.) ‖ MAR armar.

équipier *m* jugador, compañero de equipo (jeux).

équipollence *f* MATH equipolencia (équivalence).

équipollent, e *adj* equipolente.

équitable *adj* equitativo, va; justo, ta.

équitablement *adv* equitativamente, de manera equitativa.

équitation *f* equitación; *faire de l'équitation* practicar la equitación.

équité *f* equidad.

équivalence *f* equivalencia ‖ convalidación (d'un diplôme).

équivalent, e *adj* et *s m* equivalente ‖ PHYS *équivalent mécanique de la chaleur* equivalente mecánico del calor.

équivaloir* *v intr* equivaler.
— OBSERV El participio pasado del verbo *équivaloir* (*équivalu*) no tiene femenino.

équivoque *adj* equívoco, ca (à double sens).
➤ *f* equívoco *m*.

érable *m* arce (arbre).

éradication *f* erradicación, extirpación.

éradiquer *v tr* erradicar; *éradiquer un mal* erradicar un mal.

érafler *v tr* rasguñar, arañar (égratigner) ‖ rozar, raspar (effleurer).
➤ *v pr* arañarse; *s'érafler les jambes* arañarse las piernas.

éraflure *f* rasguño *m*, arañazo *m* (égratignure) ‖ chasponazo *m*, rozadura (laissée par une balle).

éraillé, e [erɑje] *adj* cascada (voix) ‖ deshilachado, da; raído, da (tissus) ‖ arañado, da (éraflé) ‖ *(vx)* enrojecido, da (paupières, yeux).

ère *f* era ‖ FIG era, época; *une ère de prospérité* una era de prosperidad ‖ *en l'an 1050 de notre ère* en el año 1050 de nuestra era.

érectile *adj* eréctil.

érection *f* erección (d'un monument, d'un tissu organique) ‖ FIG constitución, establecimiento (d'un tribunal).

éreintant, e *adj* FAM matador, ra; reventante; fatigoso, sa.

éreinter *v tr* (*p us*) desriñonar, derrengar (les reins) ‖ FIG & FAM reventar, desriñonar, derrengar (briser de fatigue) ‖ poner por los suelos, dar un palo, vapulear (critiquer).

◆ *v pr* deslomarse, derrengarse ‖ aperrearse (se fatiguer excessivement) ‖ — *s'éreinter à quelque chose* o *à faire quelque chose* derrengarse ou deslomarse haciendo algo.

ergonomie *f* ergonomía.

ergonomique *adj* ergonómico, ca.

ergot [ɛrgo] *m* espolón, garrón (des oiseaux) ‖ cornezuelo, tizón (des céréales) ‖ TECHN saliente, uña *f* (d'une pièce de fer) ‖ FIG & FAM *se dresser* o *se lever* o *monter sur ses ergots* engallarse, gallear.

ergoter *v tr* FAM ergotizar; ser quisquilloso, sa | discutir, porfiar.

ergoteur, euse *adj* et *s* ergotista, ergotizante (discuteur).

ergothérapie *f* ergoterapia.

ériger* *v tr* erigir, levantar (une construction) ‖ crear, instituir; *ériger un tribunal* crear un tribunal; *ériger quelque chose en principe, en loi* instituir algo en principio, en ley ‖ FIG elevar, ascender (élever à une certaine condition).
◆ *v pr* erigirse, constituirse, arrogarse la calidad de; *s'ériger en arbitre* arrogarse la calidad de árbitro.

ermitage *m* ermita *f* ‖ FIG lugar solitario, retiro (site écarté).

ermite *m* ermitaño ‖ *quand le diable fut vieux il se fit ermite* harto de carne, el diablo se metió a fraile.

éroder *v tr* corroer, desgastar ‖ erosionar (la roche).

érogène; érotogène *adj* erógeno, na.

Éros [eros] *n pr m* Eros.

érosif, ive *adj* erosivo, va.

érosion *f* erosión ‖ ÉCON *érosion monétaire* quebranto de una moneda.

érotique *adj* erótico, ca.

érotisation *f* erotización.

érotiser *v tr* erotizar.

érotisme *m* erotismo.

erpétologie; herpétologie *f* ZOOL herpetología.

errance *f* vagabundeo *m*.

errant, e *adj* errante; errabundo, da ‖ *chevalier errant* caballero andante ‖ *chien errant* perro vagabundo.

errata *m inv* fe *f* de erratas.

erratique *adj* GÉOL errático, ca ‖ MÉD errático, ca; intermitente.

erratum [ɛratɔm] *m* errata *f*.

errer *v intr* errar, vagar ‖ FIG errar, equivocarse (se tromper) ‖ *errer comme une âme en peine* andar como alma en pena.

erreur *f* error *m*, equivocación ‖ yerro *m*, extravío *m* (faute de jugement) ‖ fallo *m*; *c'est là une erreur de la nature* es un fallo de la naturaleza ‖ MATH error ‖ — *erreur de jugement* error de juicio ‖ INFORM *erreur de programmation* error de programación ‖ IMPR *erreur d'impression* errata ‖ *erreur judiciaire* error judicial ‖ *erreur matérielle* error material ‖ *erreur tactique* error táctico ‖ — *par erreur* por equivocación ‖ *sauf erreur* salvo error ‖ — *être dans l'erreur* estar equivocado ‖ *faire erreur* equivocarse ‖ *il n'y a pas d'erreur* no cabe la menor duda.

◆ *pl* extravíos *m*, yerros *m* ‖ *retomber dans les mêmes erreurs* volver a las andadas ou a las mismas.

erroné, e *adj* erróneo, a; equivocado, da; errado, da.

ersatz [ɛrzats] *m inv* sucedáneo.

éructation *f* eructo *m*.

éructer *v intr* eructar.
◆ *v tr* FIG soltar, proferir; *éructer des injures* proferir injurias.

érudit, e [erydi, it] *adj* et *s* erudito, ta.

érudition *f* erudición.

éruptif, ive *adj* eruptivo, va.

éruption *f* erupción (d'un volcan, de boutons) ‖ salida (des dents, des bourgeons).

érythème *m* eritema (rougeur cutanée).

Érythrée *n pr f* GÉOGR Eritrea.

érythréen, enne *adj* eritreo, a.

Érythréen, enne *m* et *f* eritreo, a.

ès *prép* en; *docteur ès lettres* doctor en letras ‖ *ès qualités* en calidad ‖ *licencié ès lettres, sciences* licenciado en letras, ciencias.
— OBSERV *Ès* es síncopa de *en les* y no puede usarse sino con un plural.

E/S abrév de *entrée/sortie* entrada/salida.

ESA; Esa abrév de *European Space Agency* ESA, Administración Europea del Espacio.

esbroufe; esbrouffe *f* FAM chulería, jactancia, farol *m*, faroleo *m*, fachenda ‖ *vol à l'esbroufe* robo con violencia ‖ FAM *faire de l'esbroufe* chulearse, darse pisto, farolear, echar faroles.

escabeau *m* escabel ‖ taburete (tabouret) ‖ escalera *f* (petite échelle).

escabèche *f* CULIN escabeche *m*.

escadre *f* escuadra.

escadrille [ɛskadriːj] *f* escuadrilla (d'avions) ‖ flotilla (de bateaux).

escadron *m* escuadrón.

escalade *f* escalada, escalamiento *m*, escalo *m* ‖ *vol à escalade* robo por escalo.

escalader *v tr* escalar, trepar.

escalator *m* escalera *f* mecánica, escalera *f* automática.

escale *f* escala; *faire escale à* hacer escala en ‖ *faire une escale technique* repostar.

escalier *m* escalera *f* ‖ — *escalier dérobé* escalera escusada ‖ *escalier de secours* escalera de emergencia ‖ *escalier en colimaçon* escalera de caracol ‖ *escalier roulant* escalera automática, mecánica ‖ *montée en escalier* paso de escalera ‖ — FAM *faire des escaliers dans les cheveux* hacer trasquilones en el pelo.

escalope *f* escalope *m*, filete *m* de ternera (de viande); *escalope panée* filete de ternera empanado.

escamotable *adj* escamotable.

escamotage *m* escamoteo.

escamoter *v tr* escamotear, escamotar ‖ FIG hurtar, birlar (dérober) | eludir, salvar (une difficulté) | ahorrarse (esquiver) | saltarse (un mot) ‖ AVIAT replegar (le train d'atterrissage).

escampette *f* FAM *prendre la poudre d'escampette* tomar las de Villadiego, poner pies en polvorosa.

escapade *f* escapatoria, escapada; *faire une escapade* hacer una escapatoria *ou* escapada.

escarcelle *f* escarcela, bolsa (bourse) ‖ FIG *faire tomber dans l'escarcelle* barrer para casa (argent).

escargot [ɛskargo] *m* caracol ‖ *avancer comme un escargot* ir a paso de tortuga.

escargotière *f* vivero *m ou* criadero *m* de caracoles ‖ plato *m* para caracoles.

escarmouche *f* escaramuza.

escarpe *f* escarpa (ouvrage fortifié).
◆ *m* bandido (bandit).

escarpé, e *adj* escarpado, da; *des rives escarpées* orillas escarpadas ‖ empinado, da; escarpado, da; *chemin escarpé* camino empinado ‖ FIG intrincado, da; difícil.

escarpement *m* escarpadura *f*, escarpa *f*, declive.

escarpin *m* escarpín (chaussure).

escarpolette *f* columpio *m*.

escarre; eschare *f* MÉD escara (croûte).

Escaut [ɛsko] *n pr m* Escalda (fleuve).

eschatologie *f* escatología.

esche [ɛʃ] *f* cebo *m* (pour la pêche).

Eschyle *n pr m* Esquilo.

escient [ɛsjɑ̃] *m* *à bon escient* a propósito, en el momento oportuno ‖ *à son escient* a sabiendas, a ciencia cierta.

esclaffer (s') *v pr* reír a carcajadas.

esclandre *m* escándalo, alboroto ‖ *faire de l'esclandre o un esclandre* armar un escándalo *ou* un escándalo.

esclavage *m* esclavitud *f* ‖ FIG esclavitud *f*, dependencia *f*, sujeción *f*.

esclavagisme *m* esclavismo.

esclave *adj* et *s* esclavo, va; *être esclave de* ser esclavo de.

escogriffe *m* FAM espingarda *f*, zangolotino, grandullón.

escompte [ɛskɔ̃:t] *m* descuento ‖ ÉCON *escompte de caisse* descuento por pronto pago ‖ *escompte en dedans* descuento racional *ou* matemático ‖ *escompte en dehors* descuento comercial ‖ *opérations d'escompte* operaciones de descuento ‖ *règle d'escompte* regla de descuento.

escompter [-te] *v tr* descontar (un effet) ‖ negociar (un crédit) ‖ *(vx)* gastar anticipadamente (dépenser d'avance) ‖ FIG confiar en, contar con.

escorte *f* escolta ‖ FIG cortejo *m*, acompañamiento *m*, séquito *m*; *la guerre et son escorte d'horreurs* la guerra y su séquito de horrores ‖ *sous escorte* escoltado, da ‖ — *faire escorte à* escoltar a.

escorter *v tr* escoltar.

escorteur *m* MAR escolta *f*, barco de escolta.

escouade *f (vx)* MIL escuadra ‖ cuadrilla (groupe).

escrime *f* esgrima; *faire de l'escrime* practicar la esgrima.

escrimer (s') *v pr* luchar con la espada (se battre) ‖ *s'escrimer à* empeñarse en, esforzarse en.

escrimeur, euse *m* et *f* esgrimidor, ra.

escroc [ɛskro] *m* estafador, timador.

— OBSERV La palabra *escroc* no tiene forma femenina (*cette femme est un grand escroc*).

escroquer *v tr* estafar, timar.

escroquerie *f* estafa, timo *m*.

escudo *m* escudo (monnaie).

Eskimo *m* et *f* → **esquimau**.

eskuarien, enne; euscarien, enne; euskarien, enne; euskerien, enne *adj* éuscaro, ra.

Eskuarien, enne; Euscarien, enne; Euskarien, enne; Euskerien, enne *m* et *f* vasco, ca; vascongado, da.

ésotérique *adj* esotérico, ca.

ésotérisme *m* esoterismo.

espace *m* espacio; *espace vital* espacio vital ‖ IMPR & MUS espacio ‖ — *espace aérien* espacio aéreo ‖ *espace publicitaire* espacio publicitario ‖ *espaces verts* zonas verdes (dans une ville).

espacement *m* espaciamiento ‖ espacio (espace) ‖ INFORM *espacement proportionnel* espaciamiento proporcional (imprimante).

espacer* *v tr* espaciar.

espace-temps *m* espacio tiempo.
— OBSERV pl *espaces-temps*.

espadon *m* espadón, montante (grande épée) ‖ ZOOL pez espada (poisson).

espadrille [ɛspadri:j] *f* alpargata.

Espagne *n pr f* GÉOGR España.

espagnol, e *adj* español, la.

Espagnol, e *m* et *f* español, la.

espagnolade *f* españolada.

espagnolette *f* falleba (de fenêtre); *fermé à l'espagnolette* cerrado con falleba.

espalier *m* espaldera *f*, espaldar; *arbre en espalier* árbol en espaldera ‖ espalderas *f pl* (gymnastique) ‖ *vigne en espalier* viña en emparrado.

espar *m* MAR aparejo ‖ MIL palanca *f* de dirección.

espèce *f* especie; *espèce humaine* especie humana ‖ clase, índole; *des gens de toute espèce* gente de toda clase ‖ ganado *m*; *espèce chevaline, ovine, porcine* ganado caballar, lanar, de cerda ‖ calaña, ralea (race) ‖ — FAM *espèce de so*, pedazo de; *espèce d'imbécile!* ¡so imbécil! (en s'adressant à une personne), pedazo de imbécil (en parlant d'une troisième personne) ‖ — *cas d'espèce* excepción, caso especial ‖ *de la pire espèce* de tomo y lomo, de siete suelas.
◆ *pl* metálico *m sing*, efectivo *m sing*, dinero *m sing* contante y sonante; *payer en espèces* pagar en metálico ‖ — *espèces sonnantes et trébuchantes* dinero contante y sonante ‖ *les saintes espèces* las especies sacramentales.

espérance *f* esperanza ‖ — *espérance mathématique, de vie* esperanza matemática, de vida ‖ — *en espérance* en perspectiva.
◆ *f pl* herencia *sing* posible.

espéranto *m* esperanto.

espérer* *v tr* esperar; *espérer une récompense* esperar una recompensa ‖ esperar, confiar en; *j'espère que vous avez gagné* espero que usted haya ganado.
◆ *v intr* esperar en, confiar en; *espérer en l'avenir* confiar en el porvenir.

— OBSERV *Espérer* va seguido en francés del futuro o del condicional: *j'espère qu'il viendra* espero que venga; *j'espérais qu'il viendrait* esperaba que viniera. En la forma negativa se emplea con el subjuntivo: *je n'espère pas qu'il vienne* no espero que venga.

espiègle *adj et s* travieso, sa.

espièglerie *f* travesura, diablura.

espion, onne *adj et s* espía; *avion espion* avión espía.
◆ *m* espejito para mirar sin ser visto (petit miroir).

espionnage *m* espionaje || *espionnage industriel* espionaje industrial || *film, roman d'espionnage* película, novela de espionaje.

espionner *v tr* espiar.

esplanade *f* explanada.

espoir *m* esperanza *f*; *avoir bon espoir* tener muchas esperanzas || promesa *f* (débutant qui promet); *un espoir de la boxe, du ski* una promesa del boxeo, del esquí || — *dans l'espoir de* o *que* con la esperanza de o de que || *sans espoir* sin esperanza || *l'espoir fait vivre* de esperanza vive el hombre || *placer ses espoirs dans* confiar en.

esprit *m* espíritu, inspiración *f* divina || espíritu, gracia *f*, don sobrenatural || espíritu, ser incorporal; *les anges sont des esprits* los ángeles son espíritus || espíritu, alma *f* (principe immatériel) || espíritu, aparecido (être imaginaire); *croire aux esprits* creer en los espíritus || espíritu (mentalité); *l'esprit militaire* el espíritu militar || ánimo, espíritu; *présence d'esprit* presencia de ánimo || carácter, índole *f*, condición *f*; *esprit timide* carácter tímido; *homme de mauvais esprit* hombre de mala índole || pensamiento, idea *f*, intención *f*; *dans un esprit de justice* con una idea de justicia || ideas *f pl*; *dans un esprit très voisin* con ideas similares || entendimiento, inteligencia *f*; *enfant d'esprit borné* niño de entendimiento limitado || entendimiento (entendement) || juicio, razón *f*; *perdre l'esprit* perder el juicio || inteligencia *f*, mente *f*; *cultiver son esprit* cultivar su inteligencia || ingenio, agudeza *f*; *avoir de l'esprit* tener ingenio || mente *f*; *son esprit est occupé à d'autres choses* su mente está ocupada en otras cosas || mentalidad *f*; *avoir l'esprit ouvert* tener mentalidad abierta || memoria *f*, mente *f*; *les souvenirs reviennent dans mon esprit* los recuerdos vuelven a mi mente || persona *f*, ser (personne, être); *c'est un esprit juste* es una persona justa || conciencia *f*; *émouvoir les esprits* remover las conciencias || mente *f*, cabeza *f*; *mettre une idée dans l'esprit de quelqu'un* meter una idea en la cabeza de uno; *troubler l'esprit* trastornar la cabeza || sentido, disposición *f*; *l'esprit d'imitation* el sentido de la imitación || espíritu, sentido; *l'esprit de la loi* el espíritu de la ley, CHIM espíritu || GRAMM espíritu (signe orthographique grec) || — *esprit chagrin* carácter triste || *esprit-de-bois* alcohol metílico || *esprit de compétition* espíritu de competición || *esprit de corps* sentido de solidaridad, espíritu corporativo || *esprit de famille* espíritu de familia || *esprit d'équipe* espíritu de equipo || *esprit-de-sel* espíritu de sal || *esprit-de-vin* espíritu de vino || *esprit fort* incrédulo, descreído (incrédule), despreocupado (insouciant) || *esprit public* la opinión pública || — *bel esprit* hombre culto, instruido || *bon esprit* buena mentalidad, buenas intenciones || *état d'esprit* estado de ánimo || *le Saint Esprit* el Espíritu Santo || *les grands esprits* las mentalidades *ou* los seres superiores || *l'esprit malin* el espíritu maligno (le diable) || *mauvais esprit* malas intenciones || *mot* o *trait d'esprit* rasgo ingenioso, dicho gracioso *ou* agudo, salida ingeniosa, agudeza || *petit esprit* persona de pocas entendederas, de pocos alcances || *présence d'esprit* presencia de ánimo (dans les paroles), sangre fría, serenidad (dans la conduite) || — *d'esprit* agudo, da || *en esprit* en la mente || *avoir de l'esprit jusqu'au bout des doigts* tener gracia *ou* ingenio por arrobas || *avoir le bon esprit de* tener la buena idea *ou* la ocurrencia de || *avoir l'esprit bouché* ser corto de alcances, estar cerrado de molleras || *avoir l'esprit critique* tener sentido crítico || *avoir l'esprit de contradiction* ser el espíritu de la contradicción || *avoir l'esprit de suite* ser perseverante *ou* consecuente || *avoir l'esprit mal tourné* ser mal pensado, pensar mal || *entrer dans l'esprit de* compenetrarse con (acteur) || *faire de l'esprit* mostrarse ingenioso, ser gracioso, echárselas de ingenioso *ou* de gracioso || *rendre l'esprit* dar el último suspiro, entregar el alma || *reprendre ses esprits* volver en sí, recobrarse, recuperar el sentido || *venir à l'esprit* venir a la mente, ocurrírsele a uno.

esquif [ɛskif] *m* esquife.

esquille [ɛski:j] *f* esquirla (fragment d'un os).

esquimau, aude *adj et s* esquimal; *chien esquimau* perro esquimal.
◆ *m* pelele (combinaison en tricot pour enfant) || bombón helado.

Esquimau, aude; Eskimo *m et f* esquimal.

esquinter *v tr* FAM reventar, hacer polvo, derrengar (éreinter) | moler a palos, dejar mal parado, dejar molido (battre) | escacharrar, estropear, cargarse (abîmer) | hacer polvo (blesser) || vapulear, poner de vuelta y media, dar un palo, criticar con violencia (un auteur, une pièce).
◆ *v pr* reventarse, matarse; *s'esquinter à travailler* reventarse trabajando.

esquisse *f* esbozo *m*, bosquejo *m* (ébauche) || boceto *m* (d'un tableau) || resumen *m*, compendio *m* (aperçu général) || inicio *m*, amago *m* (d'un sourire, d'un geste).

esquisser *v tr* esbozar, bosquejar || FIG iniciar, amagar, esbozar; *esquisser un sourire* esbozar una sonrisa.

esquive *f* finta, esquiva, regate *m*.

esquiver *v tr* esquivar || sortear, esquivar; *esquiver ses adversaires* sortear sus adversarios.
◆ *v pr* esquivarse, zafarse (s'enfuir).

essai *m* prueba *f*, ensayo || ensayo (ouvrage littéraire) || prueba *f*; *essais nucléaires* pruebas nucleares || intento, tentativa *f* (tentative) || ensayo (au rugby) || CHIM ensayo, análisis || — *ballon d'essai* globo de ensayo || *banc d'essai* banco de pruebas || *centre d'essais* centro de ensayos || *coup d'essai* primer intento, tentativa || TECHN *essai de fatigue* prueba de fatiga || *essai de qualité* prueba de calidad || COMM *essai gratuit* prueba gratuita || *période d'essai* período de prueba || *pilote d'essai* piloto de prueba || *tube à essais* tubo de ensayo || — *à l'essai* a prueba || *faire faire un essai* probar, someter a prueba || *faire l'essai de* probar, ensayar || *mettre à l'essai* poner a prueba || *tourner un bout d'essai* hacer una prueba (cinéma).

essaim [ɛsɛ̃] *m* enjambre.

essaimage [ɛsɛmaːʒ] *m* enjambrazón *f*.

essaimer [-me] *v intr* enjambrar ∥ FIG emigrar, dispersarse (émigrer).

essayage [esɛjaːʒ] *m* ensayo, prueba *f* ∥ prueba *f* (d'un vêtement) ∥ — *cabine d'essayage* probador ∥ *salon d'essayage* salón de pruebas, probador.

essayer* [-je] *v tr* probar, ensayar (faire l'essai) ∥ probar, probarse (un vêtement); *essayer une veste* probarse una chaqueta ∥ probar, poner a prueba (un avion, etc.) ∥ contrastar, analizar (métaux).
◆ *v intr* intentar, tratar de; *essayer de nager* intentar nadar ∥ *essayez un peu!* ¡inténtelo a ver! (menace) ∥ *on peut toujours essayer* con intentarlo no se pierde nada, probar no cuesta nada.
◆ *v pr* voir ci-dessus.
◆ *v pr* ejercitarse; *s'essayer à s'écrire* ejercitarse en escribir ∥ ponerse a prueba; *s'essayer sur un adversaire* ponerse a prueba con un adversario ∥ intentar, probar; *s'essayer dans un autre genre d'activité* probar otra clase de actividad.

essayiste [-jist] *m* et *f* ensayista.

esse *f* ese (crochet double) ∥ TECHN esecilla, alacrán *m* (agrafe), pezonera (d'un essieu).

E.S.S.E.C.; Essec abrév de *École supérieure des sciences économiques et commerciales* Escuela Superior de Ciencias Económicas y Empresariales [Francia].

essence *f* esencia; *l'essence divine* la esencia divina ∥ esencia; *essence de roses* esencia de rosas ∥ especie (arbre) ∥ gasolina, bencina *[(amér)* nafta]; *pompe à essence* surtidor de gasolina; *prendre de l'essence* poner gasolina ∥ FIG *par essence* por esencia, por definición.

essentiel, elle *adj* esencial ∥ *huile essentielle* aceite volátil.
◆ *m* lo esencial; *l'essentiel est d'être honnête* lo esencial es ser honrado ∥ — *l'essentiel de* la mayor parte de (la majeure partie) ∥ *l'essentiel d'une œuvre* lo esencial de una obra ∥ — *c'est l'essentiel* es lo esencial (ce qui importe) ∥ *emporter l'essentiel* llevarse lo esencial.

essentiellement *adv* esencialmente, por esencia.

esseulé, e *adj* solo, la; abandonado, da.

essieu *m* eje (d'une roue) ∥ *demi-essieu* semieje.

essor *m* vuelo (vol); *prendre son essor* tomar el vuelo ∥ FIG desarrollo, progreso, expansión *f*; *l'essor de l'industrie* el desarrollo de la industria ∥ — *plein essor* auge ∥ — *donner essor à son imagination* dar libre curso a su imaginación.

essorage *m* escurrido (à la main) ∥ centrifugado (en machine).

essorer *v tr* escurrir (à la main) ∥ centrifugar (en machine).

essoreuse *f* secadora (appareil indépendant) ∥ escurridor *m*, centrifugadora (dans une machine à laver) ∥ turbina centrífuga (dans une raffinerie de sucre).

essoufflé, e *adj* sin aliento; ahogado, da; sofocado, da; jadeante.

essoufflement *m* ahogo, sofoco ∥ jadeo; *les courses produisent l'essoufflement* las carreras producen jadeo.

essouffler *v tr* ahogar, sofocar, dejar sin aliento.
◆ *v pr* ahogarse, sofocarse, perder el aliento.

essuie-glace [ɛsu̯iglas] *m* limpiaparabrisas; *essuie-glace arrière* limpiaparabrisas trasero.
— OBSERV pl *essuie-glaces*.

essuie-mains *m inv* toalla *f*, paño de manos.

essuyage [ɛsu̯ijaːʒ] *m* enjugamiento (avec une éponge), secado.

essuyer* [-je] *v tr* secar; *essuyer un verre* secar un vaso ∥ secar, secarse; *essuyer ses mains* secarse las manos ∥ enjugar (le front, les larmes) ∥ quitar el polvo de, limpiar (nettoyer); *essuyer les meubles* quitar el polvo de los muebles ∥ limpiar, limpiarse (les pieds) ∥ FIG sufrir, experimentar; *essuyer une défaite* sufrir una derrota | aguantar, soportar (une tempête, un ouragan) ∥ — *essuyer des coups de feu* sufrir un tiroteo, ser tiroteado ∥ *essuyer la vaisselle* secar los platos ∥ *essuyer les larmes* enjugar las lágrimas ∥ FAM *essuyer les plâtres* estrenar una casa *ou* un local (habiter une maison neuve), ser telonero (au théâtre), pagar la novatada (dans une affaire nouvelle) ∥ *essuyer un refus* recibir una negativa (en général), recibir calabazas (un amoureux).

est [ɛst] *m* este ∥ — *les pays de l'Est* los países del Este ∥ *vent d'est* viento del Este.

establishment *m* (mot anglais), establishment.

estafette *f* estafeta (courrier).

est-allemand, e *adj* de Alemania del Este.

estaminet [ɛstaminɛ] *m* café, cafetín (petit café).

estampage *m* estampado, estampación *f* (impression) ∥ acuñación *f*, troquelamiento (frappe) ∥ FAM timo, estafa *f* (escroquerie).

estampe *f* lámina, estampa ∥ punzón *m*, cuño *m* (de graveur) ∥ *cabinet des estampes* sección de estampas.
— OBSERV *Estampa* a aussi en espagnol le sens d'*image*.

estamper *v tr* estampar (imprimer) ∥ acuñar, troquelar (frapper) ∥ herrar, marcar con hierro (marquer avec un fer chaud) ∥ FAM sacar dinero, timar, estafar (soutirer de l'argent).

estampeur *m* estampador ∥ FAM timador.

estampille [-piːj] *f* estampilla, sello *m* (marque).

estampiller [-pije] *v tr* estampillar.

ester [ɛstɛːr] *m* CHIM éster.

esthète *m* et *f* esteta.

esthéticien, enne *m* et *f* esteta (qui s'occupe d'esthétique).
◆ *f* esteticista, esthéticienne (soins de beauté) ∥ *esthéticienne diplômée* diplomada en belleza.

esthétique *adj* et *s f* estético, ca; *chirurgie esthétique* cirugía estética ∥ *esthétique industrielle* diseño industrial.

esthétiquement *adv* estéticamente, de manera estética (de façon esthétique) ∥ estéticamente, desde el punto de vista de la estética (d'un point de vue esthétique).

esthétisant *adj* que da prioridad a los criterios estéticos (péjoratif).

esthétisme *m* estetismo.

estimable *adj* estimable.

estimatif, ive *adj* estimatorio, ria.

estimation *f* estimación, tasación, valoración (évaluation) ∥ previsión; *estimation des récoltes* previsión de cosechas ‖ *d'après mes estimations* según mis estimaciones *ou* previsiones.

estime *f* estima, estimación, aprecio *m* ‖ MAR estima ‖ — *à l'estime* aproximadamente ‖ *succès d'estime* éxito de prestigio ‖ — *avoir de l'estime pour quelqu'un* tener aprecio ou estima a alguien ‖ *tenir en grande estime* tener en mucho.

estimé, e *adj* estimado, da (apprécié) ‖ estimado, da; valorado, da (évalué).

estimer *v tr* estimar, valorar, apreciar, tasar (évaluer) ‖ estimar, apreciar; *j'estime beaucoup cette personne* aprecio mucho a esta persona ‖ suponer, considerar, juzgar; *je l'estime fou* le supongo loco ‖ pensar, considerar, estimar; *il estima que le moment était venu* pensó que el momento había llegado.
◆ *v pr* estimarse, considerarse ‖ *on peut s'estimer heureux si...* y gracias si, podemos dar las gracias si...

estivage *m* veranada *f*, agostadero (des troupeaux).

estival, e *adj* estival; veraniego, ga ‖ *station estivale* estación estival *ou* veraniega.

estivant, e *m et f* veraneante.

estocade *f* estocada (coup d'estoc).

estomac [ɛstɔma] *m* estómago ‖ — *creux de l'estomac* boca del estómago ‖ — FIG *avoir de l'estomac* tener mucho estómago *ou* mucho corazón, tener agallas, ser atrevido | *avoir l'estomac creux* o *un creux dans l'estomac* tener el estómago vacío, tener un vacío en el estómago | *avoir l'estomac dans les talons* tener el estómago en los pies, ladrarle a uno el estómago ‖ FAM *avoir quelque chose sur l'estomac* no poder tragar *ou* digerir algo, atragantársele algo a uno | *avoir un estomac d'autruche* tener un estómago de piedra, digerir bien.

estomaquer *v tr* FAM dejar turulato, patitieso, pasmado.

estomper *v tr* difuminar, esfumar (frotter avec l'estompe) ‖ difuminar, sombrear, desdibujar (couvrir d'une ombre légère) ‖ FIG esfumar, velar (voiler).
◆ *v pr* FIG borrarse, difuminarse.

Estonie *n pr f* GÉOGR Estonia.

estonien, enne *adj* estonio, nia.

estonien; este *m* estonio (langue).

Estonien, enne *m et f* estonio, nia.

estouffade *f* → **étouffée**.

estourbir *v pr* POP despenar, cargarse (tuer).

estrade *f* estrado *m*, tarima ‖ (vx) MIL *battre l'estrade* batir la estrada, reconocer el terreno.

estragon *m* BOT estragón, dragoncillo.

Estrémadure *n pr f* GÉOGR Extremadura.

estropié, e *adj* et *s* lisiado, da; tullido, da; *un mendiant estropié* un mendigo lisiado.

estropier* *v tr* lisiar, tullir (une personne) ‖ FIG estropear, desgraciar, desfigurar; *estropier un vers* estropear un verso.

estuaire [ɛstɥɛːr] *m* estuario, estero, desembocadura *f* (embouchure).

estudiantin, e *adj* estudiantil.

esturgeon [ɛstyrʒɔ̃] *m* esturión (poisson).

et [e] *conj* y ‖ *et alors?* y ¿qué? ‖ *et (puis) après?* y ¿qué?
— OBSERV La conjunction *y* est remplacée en espagnol par *e* devant les mots commençant par *i* ou *hi* lorsque ce *i* est une vraie voyelle et non une semi-consonne (Federico *e* Isabel, mais cobre *y* hierro). D'autre part, si cette conjonction a une valeur tonique dans l'interrogation, on doit la conserver sans aucune modification (¿*y* Isabel?).

ét. abrév de *étage* plta., planta.

E.T.A. abrév de *Euskadi ta Askatasuna* ETA, País Vasco y Libertad [organización terrorista].

étable *f* establo *m*.

établi *m* banco (de menuisier, de serrurier, etc.) ‖ mesa *f* (du tailleur).

établir *v tr* establecer, instalar (installer) ‖ fijar; *établir sa résidence à Paris* fijar su residencia en París ‖ establecer, instituir (instaurer) ‖ colocar, buscar un puesto, situar, establecer (procurer une situation) ‖ fijar, hacer (devis, compte) ‖ hacer constar; *établir ses droits* hacer constar sus derechos ‖ establecer, abrir (un établissement) ‖ asentar, establecer (un principe, un argument) ‖ MAR establecer, colocar, izar (une voile) ‖ — *établir sa suprématie* probar su supremacía ‖ *il est établi que* queda bien sentado que.
◆ *v pr* establecerse; *s'établir à Madrid* establecerse en Madrid ‖ fijar la residencia, domiciliarse, afincarse, radicarse (se domicilier) ‖ instalarse ‖ *s'établir à son compte* establecerse por su cuenta ‖ *s'établir boulanger* poner una panadería.

établissement *m* establecimiento ‖ elaboración *f*, cálculo; *établissement du budget* elaboración del presupuesto ‖ fijación *f* de la residencia ‖ institución *f* ‖ *établissement de bains* balneario ‖ ÉCON *établissement de crédit* instituto *ou* entidad de crédito *ou* de financiación ‖ *établissement hospitalier* establecimiento hospitalario ‖ *établissement industriel* establecimiento industrial ‖ *établissement scolaire* establecimiento escolar.

étage *m* piso, planta *f*; *immeuble de huit étages* casa de ocho pisos ‖ piso, capa *f*, estrato (division superposée) ‖ zona *f*, nivel (de compression, etc.) ‖ piso, capa *f* (couche géologique) ‖ cuerpo (d'une fusée) ‖ FIG estado, posición *f* social (classe sociale) ‖ — *à l'étage* en el primer piso ‖ *au 2ᵉ étage* en el segundo piso ‖ FIG *de bas étage* de baja categoría (médiocre) | *gens de bas étage* gente de baja estofa, de escalera abajo.

étagement *m* escalonamiento.

étager* *v tr* escalonar.

étagère *f* estantería, estante *m* (meuble) ‖ anaquel *m*, plúteo *m*, estante *m*, entrepaño *m* (tablette).

étai *m* puntal (poutre de soutien) ‖ FIG sostén, apoyo, amparo (soutien) ‖ MAR estay (cordage) ‖ MAR *faux étai* contraestay.

étaiement [etɛmɑ̃]; **étayage** [etɛjaːʒ] *m* apuntalamiento.

étain [etɛ̃] *m* estaño.

étal [etal] *m* tabla *f* de carnicero (de boucher) ‖ carnicería *f* (boutique de boucher) ‖ puesto (dans les marchés).
— OBSERV La palabra *étal* tiene dos formas en plural: *étaux* o *étals*.

étalage *m* escaparate (d'un magasin) ‖ muestrario (marchandises exposées) ‖ etalaje (d'un fourneau)

‖ FIG gala f, ostentación f (exhibition) ‖ *faire étalage de* hacer alarde de.

étalagiste *adj et s* escaparatista, decorador, ra de escaparates.

étale *adj* MAR quieto, ta; estacionario, ria; *mer étale* mar quieta *ou* estacionaria.
◆ *m* momento en que la marea no sube ni baja.

étalement *m* exposición f, presentación f ‖ escalonamiento; *étalement des vacances* escalonamiento de las vacaciones ‖ FIG ostentación f, alarde (ostentation).

étaler *v tr* exponer *ou* poner en el escaparate, mostrar (exposer) ‖ desplegar, extender (déployer) ‖ extender (étendre) ‖ distribuir, repartir; *étaler une dépense sur cinq ans* repartir un gasto en cinco años ‖ escalonar; *étaler des paiements* escalonar los pagos ‖ FAM echar por tierra, tirar al suelo (faire tomber) ‖ FIG ostentar, hacer alarde *ou* hacer gala de; *étaler un grand luxe* hacer alarde de un gran lujo ‖ MAR aguantar, mantenerse contra la marea ‖ *étaler son jeu* enseñar las cartas, poner las cartas boca arriba.
◆ *v pr* desplegarse, extenderse ‖ FAM recostarse, tenderse (s'étendre) | caer cuan largo se es, caer por tierra (tomber).

étalon *m* caballo padre, semental (cheval) ‖ marco, patrón de pesos y medidas (unité de référence) ‖ patrón; *étalon-or* patrón oro ‖ *âne étalon* garañón.

étalonner *v tr* contrastar (poids et mesures) ‖ marcar (marquer) ‖ cubrir (une jument).

étamage *m* estañado (des métaux) ‖ azogamiento (des miroirs).

étamine *f* estameña (tissu) ‖ tamiz *m*, cedazo *m* (butoir) ‖ BOT estambre *m* (de fleur) ‖ FIG *passer à o par l'étamine* pasar por el cedazo.

étampe *f* TECHN puntero *m*, punzón *m* de herrero (burin) | cuño *m*, molde *m*, troquel *m* (coin, matrice).

étamper *v tr* TECHN estampar, acuñar (les métaux) | hacer claveras en (un fer à cheval).

étanche *adj* estanco, ca; impermeable; *récipient étanche* recipiente estanco ‖ hermético, ca ‖ MAR *cloison étanche* mamparo estanco ‖ *étanche à l'eau* estanco al agua.

étanchéité [etɑ̃ʃeite] *f* calidad de estanco, estanquidad, hermeticidad, impermeabilidad ‖ cierre *m* hermético; *segment d'étanchéité* segmento de cierre hermético.

étancher *v tr* estancar (un liquide) ‖ restañar (le sang) ‖ FIG apagar, quitar, aplacar (la soif) ‖ enjugar (les larmes) ‖ MAR achicar (vider l'eau), tapar (une voie d'eau), cerrar herméticamente (rendre étanche) ‖ *étancher les larmes de quelqu'un* ser el paño de lágrimas de alguien.

étançon [etɑ̃sɔ̃] *m* puntal, asnilla f (maçonnerie) ‖ AGRIC vilorta f (de charrue).

étang [etɑ̃] *m* estanque (artificiel) ‖ albufera f (naturel).

étape *f* etapa ‖ — *brûler les étapes* quemar etapas ‖ *brûler l'étape* no detenerse en la etapa ‖ *faire étape à* hacer etapa en.

état [eta] *m* estado; *blessé dans un état grave* herido en un estado grave; *bâtiment en bon état* edificio en buen estado ‖ estado (liste énumérative, inventaire); *état du personnel* estado del personal ‖ posición f (situation) ‖ relación f, estado (compte); *état des dépenses* relación de gastos ‖ profesión f, situación f profesional ‖ Estado; *les États-Unis* Estados Unidos; *État républicain* Estado republicano ‖ — *état civil* estado civil ‖ *état d'alerte* estado de alarma ‖ *état d'âme* estado de ánimo, de alma ‖ *état de choses* situación, estado de cosas ‖ RELIG *état de grâce* estado de gracia ‖ *état de guerre* estado de guerra ‖ *état de la matière* estado de la materia ‖ *état de nature* estado salvaje ‖ *état de santé* estado de salud ‖ *état de services* hoja de servicios ‖ *état de siège* estado de sitio ‖ *état des lieux* estado de la vivienda (d'un immeuble), estado del lugar de un suceso (d'un endroit) ‖ *état d'esprit* estado de ánimo ‖ *état de veille* estado de vigilia ‖ *État membre* Estado miembro ‖ *état placé sous tutelle* estado en fideicomiso ‖ *les États barbaresques* los Estados berberiscos ‖ *les États du Golfe* los Estados del Golfo ‖ HIST *les états généraux* los estados generales ‖ — *affaire d'État* asunto de Estado ‖ *chef d'État* jefe de Estado ‖ *coup d'État* golpe de Estado ‖ *homme d'État* estadista ‖ *le tiers état* el estado llano, la clase media ‖ *raison d'État* razón de Estado ‖ — *de son état* de oficio; *être menuisier de son état* ser carpintero de oficio ‖ *en état* en buen estado ‖ *en état de* en condiciones de, en estado de, apto para ‖ *en état de grâce* en estado de gracia ‖ *en état de marche* en estado de funcionamiento ‖ *en état d'ivresse* en estado de embriaguez ‖ *en l'état* en estas condiciones, en la ocurrencia ‖ *en mauvais état* en mal estado ‖ *en tout état de cause* de todos modos, en todo caso ‖ — *être dans tous ses états* estar fuera de sí, estar frenético ‖ *être dans un bel état* estar hecho una lástima, estar que da gusto verle a uno ‖ *être hors d'état* estar inutilizable, fuera de uso ‖ *faire état de* tener en cuenta (tenir compte), valerse de (se servir) ‖ *l'État c'est moi* el Estado soy yo ‖ *mettre en état* poner en condiciones (rendre propre à), arreglar, reparar (arranger) ‖ *mettre hors d'état* imposibilitar, inutilizar ‖ *remettre en état* reparar, poner en condiciones.

étatique *adj* estatal.

étatisation *f* estatificación, nacionalización.

étatiser *v tr* estatificar, nacionalizar.

étatisme *m* estatismo.

étatiste *adj et s* partidario, ria del estatismo.

état-major *m* estado mayor; *les états-majors des partis* los estados mayores de los partidos ‖ plana f mayor (d'un régiment).

états-unien, enne *adj* estadounidense.
— OBSERV pl *états-uniens, ennes*.

États-Unien, enne *m et f* estadounidense.
— OBSERV pl *États-Uniens, ennes*.

États-Unis [etazyni] *n pr m pl* GÉOGR Estados Unidos.

étau *m* torno (d'établi) ‖ — *étau-limeur* limadora ‖ FIG *être pris o serré comme dans un étau* estar atenazado.

étayage [etɛjaːʒ]; **étayement** [etɛjmɑ̃] *m* apuntalamiento.

étayer* [-je] *v tr* apuntalar (soutenir avec des étais) ‖ FIG apoyar, sostener; *étayer de citations* apoyar con citas.

etc. abrév de *et cetera, et cætera* etc., etcétera.

et cetera; et cætera *loc adv* etcétera.
— OBSERV Esta expresión se emplea casi exclusivamente en forma abreviada: *etc.*

été *m* verano, estío ‖ *été de la Saint-Michel* veranillo de San Miguel *ou* del membrillo.

éteindre* [etɛ̃:dr] *v tr* apagar, extinguir; *éteindre la lumière* apagar la luz ‖ FIG apagar, aplacar, calmar (calmer la soif, la colère, etc.) ‖ extinguir (anéantir) ‖ amortizar (amortir) ‖ amortiguar (le son, etc.) ‖ destruir, disipar, borrar; *éteindre un souvenir* borrar un recuerdo ‖ apagar (la couleur, le regard).
◆ *v pr* apagarse ‖ FIG extinguirse, apagarse (mourir).

éteint, e [etɛ̃, ɛ̃:t] *adj* apagado, da; *un regard éteint* una mirada apagada ‖ *chaux éteinte* cal muerta *ou* apagada.

étendage *m* tendido.

étendard [etɑ̃da:r] *m* estandarte ‖ FIG *il a levé l'étendard de la révolte* ha sido el abanderado de la revolución.

étendoir *m* tendedero (pour étendre le linge) ‖ secadero (séchoir) ‖ IMPR colgador.

étendre *v tr* extender; *étendre les ailes* extender las alas ‖ esparcir (répandre) ‖ tender (étaler) ‖ alargar, extender (allonger) ‖ tender, acostar (coucher) ‖ derribar (renverser) ‖ colgar, tender (du linge) ‖ aguar (en ajoutant de l'eau) ‖ FAM catear, dar calabazas (à un examen); *je me suis fait étendre* me han cateado ‖ FIG ampliar, extender; *étendre ses connaissances* ampliar sus conocimientos.
◆ *v pr* extenderse ‖ tenderse, acostarse (se coucher) ‖ FIG extenderse, hablar extensamente; *s'étendre sur un sujet* hablar extensamente sobre un tema.

étendu, e *adj* extenso, sa; amplio, plia; *des connaissances étendues* conocimientos muy amplios ‖ extendido, da; desplegado, da; *les ailes étendues* las alas extendidas ‖ extendido, da; tendido, da (allongé).

étendue *f* extensión, superficie (surface) ‖ extensión, duración (durée) ‖ amplitud, extensión; *l'étendue d'un désastre* la extensión de un desastre.

éternel, elle *adj* eterno, na.
◆ *m* lo eterno ‖ *l'Éternel* el Padre Eterno.

éternellement *adv* eternamente, siempre.

éterniser *v tr* eternizar.
◆ *v pr* eternizarse.

éternité *f* eternidad ‖ — *de toute éternité* de tiempo inmemorial, de siempre ‖ *il y a une éternité que, depuis une éternité* hace siglos que, hace una eternidad que.

éternuement [etɛrnymɑ̃] *m* estornudo.

éternuer [-nɥe] *v intr* estornudar.

étêter *v tr* descabezar (un clou, une épingle) ‖ desmochar, descopar (un arbre).

éteule *f* rastrojo *m*.

éthane *m* CHIM etano.

éthanol *adj* CHIM etanol.

éther *m* éter.

éthéré, e *adj* etéreo, a ‖ POÉT *la voûte éthérée* la bóveda etérea *ou* celeste.

éthéromane *adj et s* eterómano, na.

Éthiopie *n pr f* GÉOGR Etiopía.

éthiopien, enne *adj* etíope, etiope.

Éthiopien, enne *m et f* etíope.

éthique *adj et s f* ético, ca.

ethnie *f* etnia.

ethnique *adj* étnico, ca.

ethnocentrique *adj* etnocéntrico, ca.

ethnocentrisme *m* etnocentrismo.

ethnographe *m et f* etnógrafo, fa.

ethnographie *f* etnografía.

ethnographique *adj* etnográfico, ca.

ethnologie *f* etnología.

ethnologique *adj* etnológico, ca.

ethnologue *m et f* etnólogo, ga.

éthologie *f* etología (science des mœurs).

éthylène *m* CHIM etileno.

éthylique *adj* etílico, ca.

éthylisme *m* etilismo.

étiage *m* estiaje (d'une rivière).

étier *m* canal de salida.

étincelant, e *adj* chispeante, centelleante, resplandeciente (qui étincelle) ‖ relumbrante, refulgente, deslumbrante, reluciente (brillant) ‖ FIG brillante (style) | fulgurante (de joie) | centelleante (de colère).

étinceler* *v intr* chispear, destellar (jeter des étincelles) ‖ relumbrar, relucir (briller) ‖ FIG centellear (de colère) | chispear (de joie, d'esprit) | brillar, resplandecer.

étincelle *f* chispa ‖ fulgor *m*, brillo *m* (brillant éclat) ‖ FIG destello *m*, chispa ‖ — ÉLECTR *étincelle de rupture* chispa de ruptura ‖ *jeter des étincelles* echar chispas.

étincellement *m* centelleo, destello ‖ FIG resplandor, brillo.

étioler *v tr* ajar, marchitar (les plantes) ‖ descolorar, palidecer (la peau) ‖ FIG debilitar (affaiblir).

étiologie *f* etiología (science des causes).

étiquetage [etikta:ʒ] *m* acción *f* de poner etiquetas, etiquetado ‖ FIG clasificación *f*.

étiqueter* [-te] *v tr* poner etiquetas, etiquetar ‖ FIG clasificar (classer).

étiquette *f* etiqueta, membrete *m*, marbete *m* (petit écriteau) ‖ tejuelo *m* (au dos d'un livre) ‖ etiqueta (cérémonial) ‖ INFORM etiqueta.

étirage *m* estirado, estiraje (action d'étirer) ‖ laminado (laminage) ‖ *banc d'étirage* hilera de estirar.

étirement *m* estiramiento.

étirer *v tr* estirar (étendre) ‖ bojar (le cuir).
◆ *v pr* FAM desperezarse, estirarse.

Etna *n pr* GÉOGR Etna.

étoffe *f* tela, tejido *m* (tissu); *étoffe mélangée* tela de mezclilla ‖ FIG materia, asunto *m* (sujet) ‖ FIG & FAM ralea, calaña, origen *m*; *personne de basse étoffe* persona de baja ralea ‖ madera (d'une personne); *il a de l'étoffe* tiene madera ‖ TECHN acero *m* común ‖ — *avoir l'étoffe de* tener pasta *ou* madera de ‖ *tailler en pleine étoffe* despacharse a su gusto.
◆ *pl* IMPR gastos *m* generales.

étoffé, e *adj* lleno, na; henchido, da; rico, ca (plein de) ‖ grueso, sa; corpulento, ta (gros) ‖ sustancioso, sa (discours, etc.) ‖ potente, fuerte (voix).

étoffer *v tr* forrar, tapizar (garnir d'étoffe) ‖ FIG vestir (garnir) | dar consistencia a, dar cuerpo a (un roman, etc.).

étoile *f* ASTR estrella ‖ lucero *m*, estrella (tache sur le front des chevaux) ‖ estrellón *m* (pièce d'artifice) ‖ estrella (artiste); *danseur, danseuse étoile* bailarín, bailarina estrella ‖ FIG estrella, hado *m* ‖ IMPR asterisco *m*, estrella ‖ — *étoile de mer* estrellamar, estrella de mar ‖ ASTR *étoile du berger* o *du matin* lucero del alba ‖ *étoile du soir* estrella vespertina ‖ *étoile filante* estrella fugaz ‖ *étoile polaire* estrella polar ‖ — *à la belle étoile* al raso, al sereno ‖ *être né sous une bonne étoile* haber nacido con buena estrella.

étoilé, e *adj* estrellado, da ‖ — *la bannière étoilée* la bandera estrellada (des États-Unis) ‖ *la voûte étoilée* la bóveda celeste.

étoiler *v tr* estrellar, constelar (semer d'étoiles) ‖ agrietar en forma de estrella (fêler).

étole *f* estola (ornement sacerdotal) ‖ estola, cuello *m* de pieles en forma de estola.

étonnamment *adv* asombrosamente.

étonnant, e *adj* asombroso, sa; sorprendente; *une mémoire étonnante* una memoria asombrosa ‖ extraño, ña (étrange).
◆ *m* lo extraño.

étonnement *m* asombro, estupefacción *f* ‖ — *au grand étonnement de* con gran asombro de ‖ *être saisi d'étonnement* quedarse estupefacto.

étonner *v tr* asombrar, dejar atónito, ta (stupéfier) ‖ extrañar, sorprender; *cela m'étonne qu'il ne soit pas venu* me extraña que no haya venido ‖ FIG agrietar, resquebrajar (lézarder) ‖ *faire l'étonné* hacerse el despistado.
◆ *v pr* asombrarse, quedar atónito, ta ‖ extrañarse, sorprenderse ‖ — *cela ne m'étonne pas* no me extraña ‖ *ne s'étonner de rien* no asombrarse por nada.

étouffant, e *adj* sofocante, ahogante (chaleur).

étouffé, e *adj* ahogado, da; asfixiado, da (asphyxié) ‖ reprimido, da; apagado, da (assourdi).

étouffe-chrétien *m inv* CULIN & FAM mazacote.

étouffée (à l'); étuvée (à l') *loc adv et adj* CULIN *cuire à l'étouffée* estofar.

étouffement *m* ahogo, sofocación *f* (asphyxie) ‖ extinción *f* (d'un incendie) ‖ FIG sofocación *f* (d'une révolte, d'un scandale).

étouffer *v tr* ahogar, asfixiar ‖ FIG echar tierra a un asunto, enterrar (une affaire) | asfixiar; *la misère étouffe bien des talents* la miseria asfixia muchos talentos ‖ apagar, ahogar, extinguir; *étouffer le charbon* apagar el carbón ‖ FIG sofocar, reprimir (une révolte, des sanglots, etc.) | amortiguar (un bruit) ‖ *ce n'est pas la générosité qui l'étouffe* no peca de generosidad.
◆ *v intr* ahogarse, asfixiarse ‖ FAM reventar; *étouffer de rire* reventar de risa ‖ *on étouffe ici* uno se ahoga aquí.
◆ *v pr* ahogarse, asfixiarse ‖ — atragantarse; *s'étouffer en mangeant* atragantarse comiendo ‖ reventar (de rire).

étoupe *f* estopa ‖ FIG *mettre le feu aux étoupes* echar leña al fuego.

étourderie *f* atolondramiento *m*, aturdimiento *m* (caractère, défaut) ‖ descuido *m*, distracción (action étourdie) ‖ *faute d'étourderie* despiste.

étourdi, e *adj et s* atolondrado, da; distraído, da ‖ *à l'étourdie* a la ligera, atolondradamente.

étourdir *v tr* aturdir, dejar sin sentido; *ce coup de poing l'a étourdi* este puñetazo le ha dejado sin sentido ‖ FIG aturdir (importuner) | adormecer, atontar (un parfum) | atontar (la douleur).
◆ *v pr* aturdirse, atontarse.

étourdissant, e *adj* aturdidor, ra; ensordecedor, ra (bruit) ‖ FIG & FAM asombroso, sa; sorprendente (surprenant), impresionante.

étourdissement *m* aturdimiento, mareo, desmayo (évanouissement) ‖ asombro, estupefacción *f* (surprise).

étourneau *m* estornino (oiseau) ‖ FIG atolondrado, cabeza *f* de chorlito (étourdi).

étrange *adj* extraño, ña; raro, ra (bizarre) ‖ curioso, sa; *c'est une étrange façon de voir les choses* es una curiosa manera de ver las cosas.

étrangement *adv* extrañamente, de manera extraña.

étranger, ère *adj* extraño, ña; *il est étranger à la famille* es extraño a la familia ‖ ajeno, na; extraño, ña; que no tiene nada que ver; *dissertation étrangère au sujet* disertación ajena al asunto ‖ desconocido, da; *visage étranger* cara desconocida ‖ — MÉD *corps étranger* cuerpo extraño ‖ *ministère des Affaires étrangères* Ministerio de Asuntos Exteriores.
◆ *adj et s* extranjero, ra (d'une autre nation) ‖ forastero, ra (d'une autre ville) ‖ profano, na; desconocedor, ra (qui ne connaît pas); *étranger aux mathématiques* profano en matemáticas.
◆ *m* extranjero; *aller à l'étranger* ir al extranjero.

étrangeté *f* extrañeza ‖ lo extraño, lo raro; *l'étrangeté d'un langage* lo extraño de un idioma.

étranglé, e *adj* angosto, ta; estrecho, cha (passage) ‖ oprimido, da; ahogado, da; sofocado, da (voix) ‖ MÉD estrangulado, da (hernie).

étranglement *m* estrangulación *f* ‖ FIG angostura *f*, estrechamiento, estrechez *f* (rétrécissement) ‖ MÉD estrangulación *f* ‖ *goulot d'étranglement* estrangulamiento, tapón.

étrangler *v tr* estrangular, ahogar (tuer) ‖ FIG estrangular (une affaire, un projet) | estrechar, angostar (rétrécir) ‖ ahogar, apretar, oprimir; *sa cravate l'étrangle* su corbata le ahoga ‖ amordazar; *étrangler la presse* amordazar la prensa ‖ MAR apagar.
◆ *v intr et pr* FIG ahogarse | atragantarse (en mangeant) | estrecharse; *une vallée qui s'étrangle* un valle que se estrecha.

étrangleur, euse *m et f* estrangulador, ra.

étrave *f* MAR roda, estrave, *m*.

être* [ɛːtr] *v intr*

---

1. CAS OÙ être DOIT ÊTRE TRADUIT PAR ser — 2. PAR estar — 3. être AUXILIAIRE — 4. être IMPERSONNEL — 5. être SUIVI D'UNE PRÉPOSITION — 6. être en train de — 7. en être — 8. y être — 9. EMPLOIS DIVERS — 10. SUBSTITUTS DE ser ET DE estar

être

1. «ÊTRE» EST TRADUIT PAR *ser a)* Lorsque l'attribut est un nom, un pronom, une proposition, un infinitif ou un numéral; *le travail est mon devoir* el trabajo es mi deber; *la plus jolie est Anne* la más guapa es Ana; *un refus n'est rien* una negativa no es nada; *trouver le trésor est ce qui l'intéresse* encontrar el tesoro es lo que le interesa; *sa distraction préférée est chanter* su entretenimiento predilecto es cantar; *aujourd'hui nous sommes douze* hoy somos doce.
b) Lorsque l'attribut, adjectif ou participe passé employé comme adjectif, exprime une caractéristique essentielle, inhérente au sujet; *cet enfant est méchant* este niño es malo; *la Méditerranée est bleue* el Mediterráneo es azul; *il est obstiné* es obstinado.
c) Lorsqu'il s'agit d'une action effectivement accomplie par l'agent exprimé ou non (en particulier dans les temps de la voix passive); *il fut porté par quatre officiers* fue llevado por cuatro oficiales; *être aimée est l'idéal féminin* ser amada es el ideal femenino.
d) Avec les adjectifs suivants: *heureux* (feliz, dichoso, venturoso), *malheureux* (infeliz, desdichado, desventurado, desgraciado), *certain* (cierto), *indubitable* (indudable), *notoire* (notorio), *évident* (evidente), *fréquent* (frecuente), *possible* (posible), *impossible* (imposible), *probable* (probable), *improbable* (improbable), *obligatoire* (preciso) et *nécessaire* (necesario); *je suis heureux* soy feliz; *la nouvelle est certaine* la noticia es cierta.
e) Dans les formules de renforcement: *c'est... qui, c'est... que*, etc.; *c'est toi qui* eres tú quien; *c'est ici que* es aquí donde; *c'est en automne que les feuilles tombent* es en otoño cuando caen las hojas; *c'est ainsi qu'il faut faire* es así como hay que hacer.
f) Lorsqu'il introduit un complément de cause ou de but; *cette arme est pour la défense* esta arma es para la defensa.

2. «ÊTRE» EST TRADUIT PAR *estar a)* Lorsque l'adjectif ou le participe passé attribut expriment un état accidentel; *le linge est mouillé* la ropa está mojada; *l'enfant est triste à la fin des vacances* el niño está triste a fines de las vacaciones; *l'après-midi est ensoleillée* la tarde está soleada; *mon oncle est malade* mi tío está enfermo; *Isabelle est jolie aujourd'hui* Isabel está guapa hoy; *la soupe est trop salée* la sopa está demasiado salada.
b) Pour exprimer une localisation dans l'espace ou dans le temps; *il est dans le jardin* está en el jardín; *nous sommes en automne* estamos en otoño; *nous sommes le trois mars* estamos a tres de marzo.
c) Lorsqu'il s'agit d'un état ou du résultat d'une action, sans envisager l'action elle-même; *l'Espagne est séparée de la France par les Pyrénées* España está separada de Francia por el Pirineo; *le chêne est coupé* el roble está cortado.
d) Avec les adjectifs suivants: *content* (contento), *mécontent* (descontento), *satisfait* (satisfecho), *insatisfait* (insatisfecho), *seul* (solo), *malade* (enfermo); *je suis content* estoy contento; *il est seul* está solo, etc.

3. «ÊTRE» AUXILIAIRE *a)* Pour la formation des temps composés traduit par *haber; nous sommes venus* hemos venido; *je m'étais promené* me había paseado; *elle se serait blessée* se hubiera herido (il faut remarquer que le participe passé est alors invariable en espagnol).
b) Pour la formation de la voix passive lorsque c'est la réalisation de l'action qui est envisagée, se traduit par *ser; elle a été blessée* ha sido herida; *Goya est admiré par tous* Goya es admirado por todos.

4. «ÊTRE» IMPERSONNEL *a)* Avec un adverbe, une locution adverbiale, un complément de lieu ou de temps, lorsque le sujet est impersonnel, se traduit par *ser; entre, c'est ici* pasa, es aquí; *ce sera en été* será en verano; *il est une heure* es la una; *il était cinq heures* eran las cinco.
b) Avec un adjectif faisant partie d'une expression impersonnelle, se traduit par *ser; il est fréquent de le voir* es frecuente verlo; *il est utile de réfléchir* es útil reflexionar (il faut remarquer cependant que «claro» se construit avec estar); *il est clair qu'il est ivre* está claro que está borracho.
c) Traduit par *haber* dans l'expression «il est des» signifiant «il y a»; *il est des personnes dangereuses* hay personas peligrosas.
d) Expressions impersonnelles; *comme si de rien n'était* como quien no quiere la cosa; *il l'a fait comme si de rien n'était* lo hizo como quien no quiere la cosa ‖ *il en est de* los, las hay; *il en est de bêtes* los hay tontos; lo hay; *il n'en est pas de meilleur* no lo hay mejor; ocurre, pasa; *il en est de même pour lui* lo mismo le ocurre a él, lo mismo pasa con él ‖ *il est encore temps* todavía hay tiempo ‖ *il est temps de* ya es hora de ‖ *il était temps!* ¡menos mal!, ¡ya era hora! ‖ *il était une fois* érase una vez, érase que se era ‖ *il ne m'est rien* no me toca nada (parenté) ‖ *il n'en est rien* no hay nada de eso ‖ *s'il en est ainsi* si así es ‖ *toujours est-il que* lo cierto es que.

5. «ÊTRE» SUIVI D'UNE PRÉPOSITION *a)* à; *être à* estar en; *être à Paris* estar en París; *être au mois de décembre* estar en el mes de diciembre; *être à jeun* estar en ayunas ‖ *ser de; ils sont à son père* son de su padre ‖ *ser* (et un possessif); *la maison est à moi* la casa es mía ‖ estar por; *tout cela est à faire* todo eso está por hacer ‖ ser para; *cet argent est à donner* este dinero es para darlo; *c'est à devenir fou* es para volverse loco ‖ estar a (expuesto à) *ou* en (au milieu de); *être au soleil* estar al sol; *être au centre* estar en el centro ‖ avec un infinitif, la préposition *à* ne se traduit pas et le verbe complément se met au gérondif; *être toute la journée à courir* estar todo el día corriendo.
b) à même de; *être à même de* ser capaz de; *il est à même de faire cela* es capaz de hacer eso.
c) après; *être après* estar después de *ou* que; *je suis après lui* estoy después de él ‖ ocuparse en, dedicarse a; *je suis après ce travail* me ocupo en este trabajo ‖ meterse con; *être après quelqu'un* meterse con uno.
d) dans; *être dans* estar en, encontrarse en; *être dans une mauvaise situation* estar en mala situación ‖ estar entre, ser de; *il est dans les premiers de sa classe* es de *ou* está entre los primeros de su clase ‖ dedicarse a, estar metido en; *être dans les affaires* dedicarse a los negocios.
e) de; *être de* ser de; *il est de Buenos Aires* es de Buenos Aires ‖ estar de; *être de garde* estar de guardia ‖ formar parte, estar en; *être de l'affaire* formar parte del negocio ‖ estar entre, ser de; *il est des meilleurs* está entre los mejores.
f) en; *être en* estar en; *être en Espagne* estar en España; *être en chemise* estar en camisa ‖ estar de; *il est en promenade* está de paseo ‖ ser de; *ce portefeuille est en cuir* esta cartera es de cuero.

g) pour; *être pour* ser para; *ceci est pour vous* esto es para usted ‖ ser partidario de, estar por; *je suis pour cette équipe* soy partidario de este equipo.

6. ÊTRE EN TRAIN DE (suivi d'un infinitif) estar (suivi du gérondif); *il est en train de manger* está comiendo.

7. EN ÊTRE ir; *où en êtes-vous?* ¿por dónde va usted?; *il ne sait plus où il en est* no sabe por dónde va ‖ estar; *où en sommes-nous?* ¿dónde estamos?, ¿en qué punto estamos? ‖ ocurrir, haber; *voilà ce qu'il en est* esto es lo que hay ‖ haber llegado; *il n'en est pas là* no ha llegado a ese extremo ‖ *il n'en est pas à ça près* a él qué más le da ‖ *j'en suis* cuente conmigo.

8. Y ÊTRE estar; *si l'on me demande, je n'y suis pas* si preguntan por mí, no estoy ‖ dar con ello, estar en ello, caer en ello, comprender; *y êtes-vous?* ¿cae usted en ello?; *j'y suis* ya caigo, ya comprendo ‖ *ça y est!* ¡ya está! ‖ *j'y suis, j'y reste* aquí estoy y aquí me quedo ‖ *nous y sommes?* ¿estamos? ‖ *n'y être pour rien* no tener nada que ver, no tener la culpa.

9. EMPLOIS DIVERS *ainsi soit-il* así sea ‖ *c'est à es* para; *c'est à mourir de rire* es para morirse de risa; corresponder, tocar; *c'est à moi de faire ce travail* a mí me toca hacer este trabajo ‖ *ce n'est pas que no* es que ‖ *ce n'est pas tout ça* o *ce n'est pas le tout, mais* con todo y con eso ‖ *ce que c'est que de* lo que ocurre por; *ce que c'est que de trop manger* lo que ocurre por comer demasiado ‖ *c'est à qui?, à qui est-ce?* ¿de quién es? (possession), ¿a quién le toca? (tour) ‖ *c'est à qui sera le plus malin* ya veremos quien será el más astuto ‖ *c'est moi soy yo* ‖ *c'est toujours ça de pris* peor es nada, menos da una piedra ‖ *en être de sa poche* poner de su bolsillo ‖ *est-ce que…?* ¿es que…? ‖ *est-il bête!* ¡qué tonto es! ‖ *être en reste* ser menos; *je ne veux pas être en reste* no quiero ser menos ‖ *être en train* estar animado ‖ *être sur le point de* estar a punto *ou* a pique de ‖ *être tenté o d'avis de* estar por; *je suis tenté de dire qu'il a tort* estoy por decir que está equivocado ‖ *fût-ce* aunque fuese ‖ *fût-il* aun cuando fuera ‖ *le combien sommes-nous?* ¿a cuánto estamos? ‖ *ne pas être disposé à* o *d'humeur à* no estar para ‖ *ne pas être en état de* no estar para; *je ne suis plus en état de danser* no estoy ya para bailar ‖ *n'est-ce pas?* ¿verdad?, ¿no es verdad? ‖ *n'eut été, n'était* si no hubiera sido, si no fuera ‖ *quoi qu'il en soit* sea lo que sea, sea lo que fuere ‖ *si j'étais vous* si yo fuera usted, si estuviese en su lugar ‖ *soit* sea ‖ *soit… soit* ya sea… ya sea, ora, ya… ya ‖ *tant que nous y sommes* ya que estamos ‖ *vous en êtes un autre!* ¡más lo es usted! ‖ *vous n'êtes pas sans savoir que* usted no ignora que ‖ *vous n'y êtes pas du tout!* ¡está lejos de la cuenta!

10. SUBSTITUTS DE ser ET DE estar On peut parfois remplacer *ser* et *estar,* dont l'emploi n'est pas toujours très facile, par des semi-auxiliaires *a)* lorsque l'attribut indique la conséquence de faits antérieurs, par *resultar, quedar; il a été blessé dans un accident* resultó herido en un accidente; *il a été transformé par son voyage* quedó transformado por su viaje.

b) Par ir; *il est très bien habillé* va muy bien vestido; andar; *il est toujours mécontent* anda siempre descontento; encontrarse, hallarse; *nous étions là à neuf heures* nos encontrábamos allí a las nueve; llegar; *les trains sont toujours à l'heure* los trenes siempre llegan a la hora.

c) Lorsqu'il s'agit d'exprimer la persistance d'un état ou d'une qualité, par seguir, continuar; *il est encore malade* sigue enfermo; *il est toujours à l'université* continúa en la universidad.

d) Les formes passives sont peu employées en espagnol, on leur préfère généralement la forme active si le complément d'agent est exprimé et l'emploi du réfléchi s'il ne l'est pas; *les blés sont coupés par les moissonneurs* los segadores siegan los trigales; *le musée est fermé à cinq heures* el museo se cierra a las cinco; *l'espagnol est parlé dans le monde entier* se habla español en el mundo entero.

être *m* ser; *les êtres vivants* los seres vivos ‖ PHILOS ente; *être de raison* ente de razón ‖ ser (l'existence) ‖ *l'Être suprême* el Ser Supremo.

étreindre* *v tr* apretar, estrechar (serrer fortement) ‖ abrazar, estrechar (serrer dans les bras) ‖ ceñir (envelopper) ‖ FIG oprimir (opprimer) ‖ *qui trop embrasse mal étreint* quien mucho abarca poco aprieta.

étreinte [etrɛ̃:t] *f* abrazo *m* ‖ apretón *m* (poignée de main) ‖ FIG opresión ‖ FIG *resserrer son étreinte autour de* asediar *ou* rodear estrechamente.

étrenne *f* estreno *m* (premier usage) ‖ regalo *m,* obsequio *m* (cadeau) ‖ *en avoir l'étrenne* estrenar.
◆ *pl* regalo *m sing* de año nuevo, aguinaldo *m sing* (cadeau du jour de l'an); *donner des étrennes* dar el aguinaldo.

étrenner *v tr* estrenar ‖ *(vx)* regalar.

étrier *m* estribo (de cavalier) ‖ estribo (osselet de l'oreille) ‖ TECHN trepador (s'accrocher); collar (tuyaux, poutres) | brida *f* de fijación ‖ — *à franc étrier* a rienda suelta, a todo galope ‖ *coup de l'étrier* la espuela, el último trago, el mate del estribo ‖ — *avoir le pied à l'étrier* tener el pie en el estribo ‖ FIG *tenir l'étrier à quelqu'un* ayudar a uno, echar una mano a uno ‖ *vider* o *perdre les étriers* perder los estribos.

étrille [etriːj] *f* almohaza, rascadera (brosse de fer) ‖ nécora (crabe).

étriller [-je] *v tr* almohazar (frotter avec l'étrille) ‖ FIG zurrar, sacudir a uno el polvo (malmener, battre) ‖ desollar, criticar duramente (un auteur) ‖ FIG & FAM desplumar, clavar (faire payer trop cher).

étriper *v tr* destripar.

étriqué, e *adj* apretado, da; demasiado justo; estrecho, cha (qui manque d'ampleur) ‖ FIG mezquino, na; sucinto, ta (réduit).

étroit, e [etrwa, wat] *adj* estrecho, cha; *costume étroit* traje estrecho ‖ angosto, ta; estrecho, cha; *passage étroit* paso angosto ‖ FIG limitado, da; de pocos alcances; *esprit étroit* mentalidad limitada | íntimo, ma; estrecho, cha; *une étroite amitié* una amistad íntima | estricto, ta; riguroso, sa; *étroite obligation* obligación estricta ‖ *à l'étroit* estrechamente (dans peu d'espace).
— OBSERV *Estrecho* signifie simplement *peu large. Angosto* y ajoute une idée de *resserrement, d'encaissement.*

étroitement *adv* estrechamente ‖ FIG estrictamente, rigurosamente | estrechamente, muy de cerca; *surveiller étroitement un prisonnier* vigilar a un preso muy de cerca.

étroitesse *f* estrechez, estrechura ‖ FIG estrechez; *étroitesse d'esprit* estrechez de espíritu; *étroitesse de vues* estrechez de miras.

étron *m* mojón, zurullo.
étrusque *adj* etrusco, ca.
Étrusques *n pr m pl* etruscos.
étude *f* estudio *m* (salle de travail, application) ‖ bufete *m*, despacho *m* [(*amér*) estudio] (d'un avocat, d'un notaire) ‖ estudio *m* (projet) ‖ carrera; *quelles études faites-vous?* ¿qué carrera hace usted?; *voyage de fin d'études* viaje de fin de carrera ‖ — *étude comparative* estudio comparativo ‖ *étude de cas* estudio de casos ‖ *étude de faisabilité* estudio de viabilidad ‖ *étude d'impact* estudio de impacto ‖ *étude d'opportunité* estudio de oportunidad ‖ *étude du marché* estudio *ou* investigación del mercado, mercadeo, comercialización ‖ *étude financière* estudio financiero ‖ *salle d'étude* sala de estudios, estudio ‖ — *à l'étude* en estudio ‖ *avoir étude* tener estudio.
◆ *pl* estudios ‖ *études secondaires* estudios secundarios ‖ *études supérieures* estudios superiores ‖ *faire ses études de médecine* estudiar para médico, estudiar medicina.
étudiant, e *m et f* estudiante.
étudié, e *adj* estudiado, da; pensado, da; concebido, da; *carrosserie bien étudiée* carrocería bien estudiada ‖ afectado, da; falso, sa (affecté) ‖ *prix étudié* precio alambicado *ou* estudiado.
étudier* *v tr et intr* estudiar.
◆ *v pr* observarse, estudiarse (s'observer) ‖ *s'étudier à* ejercitarse en (s'appliquer à), esforzarse en (s'efforcer de).
étui *m* estuche; *étui à lunettes* estuche de *ou* para gafas ‖ funda *f* (de fusil, violon, etc.) ‖ librillo (de papier à cigarettes) ‖ — *étui à aiguilles* alfiletero ‖ *étui à cigarettes* petaca, pitillera ‖ *étui de cartouche* casquillo.
étuve *f* estufa ‖ estufa, baño *m* turco (chambre de bain) ‖ FIG estufa, baño *m* turco; *cette chambre est une étuve* esta habitación es un baño turco.
étuvée (à l') *loc adv et adj* CULIN → **étouffée**.
étymologie *f* etimología.
étymologique *adj* etimológico, ca.
étymologiquement *adv* etimológicamente, según la etimología.
étymologiste *m et f* etimologista.
étymon *m* GRAMM étimo.
E.-U. abrév de *États-Unis* EE UU, Estados Unidos.
E.-U.A. abrév de *États-Unis d'Amérique* EUA, Estados Unidos de América.
eucalyptol *m* eucaliptol.
eucalyptus [økaliptys] *m* eucalipto (arbre).
eucaryote *adj* BIOL eucariótico, ca.
◆ *m* eucariota.
eucharistie [økaristi] *f* eucaristía.
eucharistique [-tik] *adj* eucarístico, ca.
Euclide *n pr m* Euclides.
euclidien, enne *adj* euclidiano, na (d'Euclide).
eugénique *adj* eugenésico, ca.
eugénisme *m* eugenismo.
euh! *interj* ¡eh!, ¡oh!
Euménides (les) *n pr* Las Euménides.
eunuque *m* eunuco.
euphémique *adj* eufemístico, ca.
euphémisme *m* eufemismo.
euphorbe *f* BOT euforbio *m*.
euphorie *f* euforia.
euphorique *adj* eufórico, ca.
euphorisant, e *adj et s m* euforizante.
Euphrate *n pr m* GÉOGR Éufrates.
Eurasie *n pr f* GÉOGR Eurasia.
eurasien, enne *adj* eurasiático, ca.
Eurasien, enne *m et f* euroasiático, ca.
EURATOM; Euratom abrév de *Communauté européenne de l'Énergie Atomique* Comunidad Europea de la Energía Atómica.
eurêka *interj* ¡eureka!
Euripide *n pr m* Eurípides.
eurocentrisme; européocentrisme *m* eurocentrismo.
eurochèque *m* eurocheque.
eurocommunisme *m* eurocomunismo.
eurocrate *m et f* FAM funcionario, ria de las instituciones europeas.
eurodevise *f* eurodivisa.
eurodollar *m* eurodólar.
euromissile *m* euromisil.
Europe *n pr f* GÉOGR Europa.
européaniser *v tr* europeizar.
européen, enne *adj* europeo, a.
Européen, enne *m et f* europeo, a.
Eurovision *n pr f* Eurovisión.
Eurydice *n pr f* Eurídice.
eurythmie *f* euritmia.
euscarien, enne *adj et s* éuscaro, ra (du Pays basque).
euthanasie *f* eutanasia (mort sans douleur); *euthanasie active* eutanasia activa; *euthanasie passive* eutanasia pasiva.
eux [ø] *pron pers* 3e *pers du m pl* ellos.
évacuateur, trice *adj* MÉD evacuante, evacuativo, va.
◆ *m* *évacuateur de crues* aliviadero (de barrage).
évacuation *f* evacuación.
évacuer *v tr* evacuar (vider) ‖ *faire évacuer les lieux* despejar el sitio, el lugar *ou* el local.
évadé, e *adj et s* evadido, da.
évader (s') *v pr* evadirse, escaparse.
évaluable *adj* apreciable, que se puede evaluar.
évaluation *f* valuación, valoración, estimación (appréciation) ‖ cálculo *m*; *évaluation des frais* cálculo de gastos.
évaluer *v tr* valuar, evaluar (estimer, calculer le prix); *évaluer à cent mille francs* valuar en cien mil francos ‖ calcular, estimar; *évaluer la population* calcular la población ‖ estimar; *on évalue à 5 °C la température aujourd'hui* se estima que la temperatura de hoy es cinco grados ‖ valorizar; *il faut savoir évaluer les avantages et les inconvénients* hay que saber valorizar las ventajas y los inconvenientes ‖ valorar (fixer un prix).
évanescence [evanɛssɑ̃:s] *f* evanescencia, desaparición paulatina.
évanescent, e [-sɑ̃, ɑ̃:t] *adj* evanescente.
évangélique *adj* evangélico, ca.

évangélisateur, trice *adj* et *s* evangelizador, ra.
évangélisation *f* evangelización.
évangéliser *v tr* evangelizar.
évangélisme *m* evangelismo.
évangéliste *m* evangelista.
évangile *m* evangelio ‖ FIG *ce n'est pas l'Évangile* no es el Evangelio.
évanouir (s') *v pr* desvanecerse (disparaître) ‖ desmayarse, perder el sentido (perdre connaissance).
évanouissement *m* desvanecimiento, desmayo ‖ desvanecimiento (disparition).
évaporateur *m* evaporador.
évaporation *f* evaporación.
évaporer *v tr* evaporar.
➤ *v pr* evaporarse ‖ FIG alocarse (se dissiper) | desaparecer, disiparse, desvanecerse, evaporarse (disparaître).
évasé, e *adj* ensanchado, da; ancho, cha de boca (large) ‖ — *jupe évasée* falda acampanada, ligeramente ensanchada ‖ *verre évasé* vaso ancho de boca.
évasement *m* ensanche, ensanchamiento ‖ anchura *f* (largeur).
évaser *v tr* ensanchar; *évaser un tuyau* ensanchar un tubo ‖ abocardar (élargir une ouverture avec un outil).
➤ *v pr* ensancharse.
évasif, ive *adj* evasivo, va; *réponse évasive* respuesta evasiva.
évasion *f* evasión, fuga ‖ — *évasion des capitaux* fuga de capitales ‖ *évasion fiscale* evasión de impuestos ‖ *littérature d'évasion* literatura de evasión.
évasivement *adv* evasivamente, de modo evasivo.
Ève *n pr f* Eva ‖ *ne connaître ni d'Ève ni d'Adam* no conocer ni por asomo.
évêché *m* obispado.
éveil [evɛj] *m* despertar; *à son éveil* a su despertar ‖ — *activités d'éveil* actividades para despabilar a los niños ‖ — *en éveil* alerta, sobre aviso, en vilo ‖ — *donner l'éveil* o *mettre en éveil* poner en guardia, dar la alerta ‖ *être, se tenir en éveil* estar sobre aviso, estar alerta ‖ *tenir en éveil* mantener en vilo.
éveillé, e [-je] *adj* despierto, ta (réveillé) ‖ FIG despierto, ta; despabilado, da (vif).
éveiller [-je] *v tr* despertar (réveiller) ‖ FIG *éveiller l'attention* despertar *ou* llamar la atención.
➤ *v pr* despertarse.
évènement; événement *m* acontecimiento, suceso ‖ acontecimiento; *la sortie de ce livre est un évènement* la salida de este libro es un acontecimiento ‖ (vx) evento, resultado (résultat, issue) ‖ *à tout évènement* a todo evento.
éventail [evãtaj] *m* abanico; *des éventails de toutes couleurs* abanicos de todos los colores ‖ — *éventail des prix* abanico de los precios, gama de precios ‖ *éventail des salaires* abanico de salarios ‖ — *en éventail* en abanico.
éventé, e *adj* ventilado, da; oreado, da; aireado, da (aéré) ‖ picado, da; echado, da, a perder (altéré) ‖ desbravado, da (le vin) ‖ AGRIC aventado, da (le grain) ‖ FIG descubierto, ta; divulgado, da (découvert).
éventer *v tr* ventilar, airear, orear (exposer au vent) ‖ abanicar (avec l'éventail) ‖ destruir (une mine) ‖ apagar (la mèche) ‖ husmear (chien) ‖ AGRIC aventar, apalear (le grain) ‖ FIG descubrir (découvrir), husmear (deviner) ‖ MAR orientar una vela para que reciba el viento ‖ — *éventer la mèche* descubrir el pastel ‖ *éventer un secret* descubrir, divulgar un secreto.
➤ *v pr* abanicarse (avec l'éventail) ‖ echarse a perder, alterarse al aire (un produit), desbravarse (le vin) ‖ FIG descubrirse (un secret).
éventrer *v tr* destripar (blesser au ventre) ‖ FIG romper, abrir, reventar (crever) | despanzurrar; *maison éventrée par les obus* casa despanzurrada por los obuses.
éventualité *f* eventualidad ‖ posibilidad.
éventuel, elle *adj* eventual ‖ posible; *clients éventuels* posibles clientes.
éventuellement *adv* eventualmente ‖ si se tercia, llegado el caso (le cas échéant).
évêque *m* obispo.
Everest (mont) *n pr* GÉOGR monte Everest.
évertuer (s') *v pr* desvelarse por, afanarse por (faire des efforts pour) ‖ cansarse de; *je m'évertue à vous le dire* me canso de decírselo.
éviction *f* DR evicción ‖ FIG despojo *m*, desposesión ‖ *éviction scolaire* prohibición de asistir a un establecimiento escolar a causa de una enfermedad contagiosa.
évidemment [evidamã] *adv* evidentemente (de façon évidente) ‖ claro está, por supuesto, desde luego, naturalmente, cómo no (certainement).
évidence *f* evidencia; *démontrer une évidence* demostrar una evidencia ‖ — *de toute évidence* con toda evidencia, sin duda alguna, a todas luces ‖ — *c'est l'évidence même* es completamente evidente, está más claro que el agua ‖ *mettre en évidence* evidenciar, poner en evidencia (gallicisme) ‖ *nier l'évidence* negar la evidencia ‖ *se mettre en évidence* llamar la atención, ponerse en evidencia ‖ *se rendre à l'évidence* ver *ou* admitir las cosas como son.
évident, e *adj* evidente; patente, obvio, via.
évider *v tr* vaciar, ahuecar (creuser) ‖ recortar (découper) ‖ escotar (échancrer) ‖ ARCHIT calar ‖ MÉD raspar.
évier *m* fregadero, pila *f* (d'une cuisine) ‖ vertedero, sumidero (d'écoulement des eaux).
évincement *m* DR despojamiento, despojo, evicción *f* ‖ desposeimiento (dépossession) ‖ FIG eliminación *f*, exclusión *f*.
évincer* *v tr* DR despojar ‖ eliminar, excluir (éliminer) ‖ FIG suplantar, desposeer (supplanter).
évitable *adj* evitable.
évitement *m* evitación *f*, prevención *f* ‖ *réaction d'évitement* reacción de evitación (psychologie) ‖ *voie d'évitement* apartadero (chemin de fer).
éviter *v tr* evitar ‖ evitar, procurar; *évite de lui en parler* procura no hablarle de esto.
➤ *v intr* MAR bornear.
évocateur, trice *adj* evocador, ra.

évocation *f* evocación; *évocation du passé* evocación del pasado ‖ DR avocación.

évoluer *v intr* evolucionar ‖ FIG evolucionar; *maladie qui évolue* enfermedad que evoluciona ‖ transformarse, evolucionar, cambiar; *système qui évolue* sistema que se transforma ‖ FIG evolucionar, adelantar; *un peuple évolué* un pueblo adelantado ‖ seguir su curso; *ça évolue normalement* sigue normalmente su curso ‖ MAR evolucionar, maniobrar; *escadre qui évolue* escuadra que evoluciona.

évolutif, ive *adj* evolutivo, va.

évolution *f* evolución ‖ cambio *m*, transformación (changement).

évolutionnisme *m* PHILOS evolucionismo.

évolutionniste *adj et s* PHILOS evolucionista.

évoquer *v tr* evocar ‖ tratar, mencionar; *évoquer un problème* tratar un problema ‖ DR avocar (une cause).

ex *préf* ex; *ex-ministre* ex ministro.

exacerbé, e *adj* exacerbado, da.

exacerber *v tr* exacerbar.

exact, e [ɛgzakt] **ou** [ɛgza, akt] *adj* exacto, ta; *l'heure exacte* la hora exacta ‖ exacto, ta; puntual; *employé exact* empleado exacto.

exactement *adv* exactamente, con exactitud (précisément) ‖ exactamente (tout à fait).

exaction *f* exacción.

exactitude *f* exactitud ‖ puntualidad (ponctualité).

ex aequo [ɛgzeko] *loc adv et s m* ex aequo; *classé premier ex aequo* clasificado primero ex aequo.

exagération *f* exageración.

exagéré, e *adj* exagerado, da.
▸ *m* lo exagerado.

exagérément *adv* exageradamente, con exageración.

exagérer* *v tr* exagerar; *exagérer le maquillage des yeux* exagerar el maquillaje de los ojos.
▸ *v intr* abusar, exagerar (abuser).

exaltant, e *adj* exaltante; exaltador, ra.

exaltation *f* exaltación, exaltamiento *m*.

exalté, e *adj et s* exaltado, da.

exalter *v tr* exaltar.

examen [ɛgzamɛ̃] *m* examen; *examen de conscience* examen de conciencia ‖ — *examen blanc* prueba de examen ‖ MÉD *examen de la vue* revisión de la vista, graduación de la vista (lunettes) ‖ *examen médical* reconocimiento médico ‖ *libre examen* libre examen ‖ — *faire passer un examen* examinar ‖ *passer un examen* sufrir un examen, examinarse.

examinateur, trice *m et f* examinador, ra.

examiner *v tr* examinar (observer attentivement) ‖ examinar (interroger un candidat) ‖ MÉD reconocer, examinar.

exaspérant, e *adj* exasperante, irritante.

exaspération *f* exasperación ‖ agravación extrema (d'une maladie).

exaspérer* *v tr* exasperar.
▸ *v pr* exasperarse.

exaucement [ɛgzosmɑ̃] *m* acogida *f* favorable, concesión *f*, otorgamiento ‖ cumplimiento, satisfacción *f* (d'une prière).

exaucer* [-se] *v tr* satisfacer a, atender, cumplir (satisfaire) ‖ conceder, otorgar (accorder).

ex cathedra *loc adv* ex cáthedra.

excavateur *m*; **excavatrice** *f* excavadora *f* (machine).

excavation *f* excavación.

excédant, e *adj* excedente; *sommes excédantes* sumas excedentes ‖ FIG & FAM insoportable, cargante (qui importune).

excédent *m* excedente; *excédents agricoles* excedentes agrícolas ‖ superávit; *l'excédent de la balance commerciale* el superávit de la balanza comercial ‖ exceso (de poids); *excédent de bagages* exceso de equipaje.

excédentaire *adj* excedente, sobrante ‖ ÉCON *balance commerciale excédentaire* balanza comercial favorable.

excéder* *v tr* exceder, superar, sobrepasar (dépasser) ‖ abusar de, ir más allá de; *excéder ses forces* abusar de sus fuerzas ‖ extralimitarse de; *excéder son pouvoir* extralimitarse de su autoridad ‖ FIG agotar (fatiguer) | ser superior a las fuerzas de uno, crispar ‖ *être excédé* estar harto.

excellemment *adv* excelentemente, de manera relevante.

excellence *f* excelencia ‖ *par excellence* por excelencia.

excellent, e *adj* excelente ‖ óptimo, ma; excelente; *un excellent débouché* una salida óptima ‖ inmejorable; *une ambiance excellente* un ambiente inmejorable ‖ *en excellent état* en perfecto estado.

exceller *v intr* destacarse, sobresalir.

excentré, e *adj* excéntrico, ca.

excentrer *v tr* MÉCAN descentrar.

excentricité *f* excentricidad; *l'excentricité d'une ellipse* la excentricidad de una elipse ‖ FIG excentricidad, extravagancia.

excentrique *adj* excéntrico, ca.
▸ *m et f* FIG excéntrico, ca; extravagante, original.
▸ *m* MÉCAN excéntrica *f*.

excepté *prép* excepto, menos, salvo, fuera de, exceptuando a; *excepté les jeunes* salvo los jóvenes.
▸ *adj* exceptuado, da; *les jeunes exceptés* los jóvenes exceptuados.
— OBSERV La preposición *excepté*, delante del sustantivo, es siempre invariable, mientras que el adjetivo, colocado después del sustantivo, es variable (tous les habitants, *excepté* les femmes; tous les habitants, les femmes *exceptées*).

excepter *v tr* exceptuar.

exception *f* excepción; *faire exception à la règle* ser una excepción a la regla ‖ — *état d'exception* estado de emergencia ‖ — *à l'exception de* con excepción de ‖ *sans exception* sin excepción ‖ — *faire une exception* exceptuar, hacer salvedad.

exceptionnel, elle *adj* excepcional.

exceptionnellement *adv* excepcionalmente, de manera excepcional (à titre exceptionnel) ‖ excepcionalmente, sorprendentemente (étonnamment).

excès [ɛksɛ] *m* exceso; *excès de vitesse* exceso de velocidad ‖ abuso; *des excès de boisson* abusos de bebida ‖ — *excès de langage* palabras mayores ‖ DR *excès de pouvoir* exceso de poder ‖ — *à l'excès* con ou en exceso ou demasía ‖ *faire o commettre des excès* cometer abusos ou excesos ou desmanes ‖ *faire excès de zèle* tener demasiado celo ‖ *tomber d'un excès dans l'autre* pasar de un extremo a otro.

excessif, ive *adj* excesivo, va.

excessivement *adv* excesivamente, sumamente (extrêmement) ‖ excesivamente, con exceso (trop).

excipient *m* excipiente.

excision *f* excisión.

excitabilité *f* excitabilidad.

excitable *adj* excitable.

excitant, e *adj et s m* MÉD excitante.

excitateur, trice *adj et s* excitador, ra.
◆ *m* PHYS excitador.
◆ *f* ÉLECTR excitadora.

excitation *f* excitación.

excité, e *adj* excitado, da ‖ PHYS excitado, da.

exciter *v tr* excitar ‖ azuzar (les chiens).

exclamatif, ive *adj* exclamatorio, ria; exclamativo, va.

exclamation *f* exclamación ‖ *point d'exclamation* signo de admiración.

exclamer (s') *v pr* exclamar.

exclu, e *adj et s* excluido, da.

exclure* *v tr* excluir ‖ *ce n'est pas exclu* es posible ‖ *exclure d'un parti* excluir de un partido ‖ *il est exclu que* está fuera de cuestión que.

exclusif, ive *adj* exclusivo, va ‖ — *agent exclusif* agente exclusivo ‖ — *avec la mission exclusive* con la misión exclusiva ‖ *dans le but exclusif de* con el fin exclusivo de.

exclusion *f* exclusión ‖ *à l'exclusion de* con exclusión de.

exclusive *f* exclusiva.

exclusivement *adv* en exclusiva, exclusivamente.

exclusivité *f* exclusividad, exclusiva ‖ — *film en exclusivité* película en exclusiva ‖ *salle d'exclusivité* cine de estreno ‖ — *donner l'exclusivité à un éditeur* dar la exclusiva a un editor.

excommunié, e *adj et s* excomulgado, da.

excommunier* *v tr* excomulgar.

excoriation *f* excoriación.

excrément *m* excremento.

excréter* *v tr* excretar.

excréteur, trice; excrétoire *adj* ANAT excretor, ra; excretorio, ria.

excrétion *f* excreción.

excroissance *f* excrecencia (tumeur).

excursion *f* excursión; *faire une excursion* hacer una excursión.

excursionniste *adj et s* excursionista.

excusable *adj* excusable, disculpable.

excuse *f* excusa ‖ — *lettre d'excuses* carta de disculpa ‖ *mot d'excuse* justificación de ausencia (collège) ‖ *pas d'excuse!* ¡nada de excusas!, ¡no hay pero que valga! ‖ — *faire des excuses* excusarse, disculparse ‖ FAM *faites excuse* dispense usted ‖ *fournir des excuses* dar excusas ou disculpas ‖ *présenter des excuses* pedir disculpas.

excuser *v tr* excusar, disculpar (pardonner) ‖ dispensar; *excusez-moi de vous interrompre* dispénseme que le interrumpa ‖ — *se faire excuser* disculparse ‖ *veuillez m'excuser* tenga a bien disculparme.
◆ *v pr* excusarse, disculparse, dispensarse.

exécrable *adj* execrable.

exécrer* *v tr* execrar ‖ abominar, detestar, odiar; *j'exècre l'odeur du tabac* abomino el olor a tabaco.

exécutable *adj* ejecutable, realizable.

exécutant, e *m et f* ejecutante.

exécuter *v tr* ejecutar, llevar a cabo; *exécuter un projet* ejecutar un proyecto ‖ cumplir; *exécuter une promesse* cumplir una promesa ‖ cumplir con; *exécuter sa parole* cumplir con su palabra ‖ ejecutar, ajusticiar (un condamné) ‖ tocar, ejecutar; *exécuter une sonate* tocar una sonata ‖ ejecutar, reclamar un pago (obliger à payer) ‖ poner en práctica, aplicar (une loi) ‖ ÉCON *exécuter une commande* ejecutar un pedido.
◆ *v intr* ejecutar; *vous ordonnez et nous exécutons* usted ordena y nosotros ejecutamos.
◆ *v pr* cumplir el mandato ou la orden, hacerlo, cumplir; *il me pria de m'asseoir et je m'exécutai* me invitó a que me sentara y cumplí la orden ou lo hice.

exécuteur, trice *m et f* ejecutor, ra ‖ — *exécuteur des hautes œuvres* ejecutor de la justicia ‖ *exécuteur testamentaire* ejecutor testamentario, albacea.

exécutif, ive *adj et s m* ejecutivo, va.

exécution *f* ejecución; *exécution d'un plan* ejecución de un proyecto ‖ ejecución (d'un débiteur) ‖ aplicación, puesta en práctica (d'une loi) ‖ ejecución, ajusticiamiento *m* (d'un condamné) ‖ fusilamiento *m*; *exécutions en masse* fusilamientos en masa ‖ cumplimiento *m* (d'une promesse) ‖ INFORM ejecución ‖ — *non-exécution* incumplimiento; *non-exécution d'un ordre* incumplimiento de una orden ‖ *mettre à exécution* poner en ejecución.

exécutoire *adj* ejecutorio, ria.
◆ *m* ejecutoria *f*.

exégèse *f* exégesis (interprétation des textes).

exégète *m* exegeta.

exemplaire *adj et s m* ejemplar ‖ *en deux exemplaires* o *double exemplaire, en trois exemplaires* por duplicado, triplicado.

exemplairement *adv* ejemplarmente, de un modo ou de manera ejemplar.

exemplarité *f* ejemplaridad.

exemple *m* ejemplo; *un dictionnaire sans exemples est un squelette* un diccionario sin ejemplos es un esqueleto ‖ — *exemple à imiter* ejemplo digno de imitación ‖ — *à l'exemple de* como, a ejemplo de ‖ *par exemple* por ejemplo, verbigracia ‖ *par exemple!* ¡no faltaba más! (protestation), ¡no es posible!, ¡no me diga!, ¡qué sorpresa!, ¡quién lo hubiera creído! (surprise) ‖ *pour l'exemple* para que sirva de ejemplo (punir) ‖ *sans exemple* sin precedente ‖ — *donner l'exemple* dar el ejemplo ‖ *faire un exemple* infligir un castigo para que sirva de

ejemplo ‖ *prêcher d'exemple* predicar con el ejemplo ‖ *servir d'exemple* servir de ejemplo *ou* de escarmiento.
exemplifier *v tr* ejemplificar.
exempt, e [ɛgzɑ̃, ɑ̃:t] *adj* exento, ta; libre; *exempt d'impôts* exento de impuestos.
◆ *m* exento (officier de justice).
exempté, e [-te] *adj et s* exento, ta; eximido, da ‖ MIL *exempté de service* rebajado de servicio.
exempter [-te] *v tr* eximir, exentar.
exemption [ɛgzɑ̃psjɔ̃] *f* exención ‖ *exemption de droits de douane* franquicia de derechos arancelarios.
exercé, e *adj* ejercitado, da.
exercer* *v tr* ejercitar; *exercer sa mémoire* ejercitar la memoria ‖ ejercer; *exercer la médecine* ejercer la medicina ‖ desempeñar; *exercer des fonctions* desempeñar funciones ‖ ejercer, hacer uso de (son autorité) ‖ inspeccionar (contrôler certaines industries) ‖ *exercer la patience* poner a prueba la paciencia ‖ *exercer un droit* ejercer un derecho.
◆ *v pr* ejercitarse, adiestrarse; *s'exercer à faire quelque chose* ejercitarse en hacer algo ‖ manifestarse; *les critiques qui se sont exercées contre lui* las críticas que se han manifestado contra él.
exercice *m* ejercicio ‖ desempeño (d'une fonction) ‖ ejercicio, uso (de l'autorité) ‖ inspección *f* (vérification par les agents du fisc) ‖ — ÉCON *exercice budgétaire* ejercicio presupuestario ‖ *exercice financier* ejercicio *ou* año económico ‖ SPORTS *exercices d'assouplissement* ejercicios de flexibilidad ‖ — *dans l'exercice de ses fonctions* en el ejercicio de sus funciones ‖ *en exercice* en ejercicio, en activo ‖ — *entrer en exercice* entrar en vigor (loi), entrar en funciones (personnes).
◆ *pl* RELIG *exercices spirituels* ejercicios espirituales.
exergue [ɛgzɛrg] *m* exergo ‖ *mettre o porter en exergue* poner de relieve *ou* de manifiesto *ou* en epígrafe.
exfoliant, e *adj* exfoliante.
exfoliation *f* BOT & MÉD exfoliación.
exhalaison [ɛgzalɛzɔ̃] *f* exhalación, emanación (odeur, gaz).
exhaler [-le] *v tr* exhalar; *exhaler son dernier soupir* exhalar el último suspiro ‖ exhalar, despedir (une odeur) ‖ FIG exhalar, proferir; *exhaler des plaintes* proferir quejas | dar libre curso, desfogar, desatar; *exhaler sa colère* dar libre curso a su cólera.
◆ *v pr* desprenderse (une odeur) ‖ *s'exhaler en* proferir, prorrumpir en; *s'exhaler en menaces* proferir amenazas.
exhausser *v tr* elevar, levantar.
exhaustif, ive *adj* exhaustivo, va.
exhaustivement *adv* exhaustivamente, de forma *ou* de manera exhaustiva.
exhaustivité *f* exhaustividad.
exhiber *v tr* exhibir.
◆ *v pr* exhibirse, mostrarse en público.
exhibition *f* exhibición.
exhibitionnisme *m* exhibicionismo.
exhibitionniste *m* exhibicionista.
exhortation *f* exhortación.

exhorter *v tr* exhortar.
exhumation *f* exhumación.
exhumer *v tr* exhumar (déterrer) ‖ FIG exhumar, desenterrar, sacar del olvido (tirer de l'oubli).
exigeant, e [ɛgziʒɑ̃, ɑ̃:t] *adj* exigente.
exigence *f* exigencia.
exiger* *v tr* exigir ‖ requerir, exigir; *les circonstances l'exigent* las circunstancias lo requieren.
— OBSERV *Exiger que* se emplea siempre con el subjuntivo: *j'exige que vous soyez là*.
exigibilité *f* exigibilidad.
exigible *adj* exigible.
exigu, uë [ɛgzigy] *adj* exiguo, gua.
exiguïté [-gɥite] *f* exigüidad.
exil *m* destierro, exilio.
exilé, e *m et f* desterrado, da; exiliado, da; exilado, da.
exiler *v tr* desterrar, exiliar, exilar.
existant, e *adj* existente.
existence *f* existencia.
existentialisme *m* PHILOS existencialismo.
existentialiste *adj et s* existencialista.
existentiel, elle *adj* existencial; *philosophie existentielle* filosofía existencial.
exister *v intr* existir.
ex nihilo *loc adv* ex nihilo.
exocet [ɛgzosɛ] *m* exoceto, pez volador (poisson volant).
exocrine *adj* ANAT exocrino, na; *glandes exocrines* glándulas exocrinas.
exode *m* éxodo (émigration) ‖ *exode de capitaux* emigración de capitales ‖ *exode rural* éxodo rural.
exogame *adj* exógamo, ma.
exogamie *f* exogamia.
exogamique *adj* exogámico, ca.
exogène *adj* exógeno, na.
exonération *f* exoneración ‖ ÉCON *exonération d'impôt* exención tributaria | *exonération fiscale* exención fiscal.
exonérer* *v tr* exonerar; *exonéré de TVA* exento de IVA.
exorbitant, e *adj* exorbitante ‖ FIG desorbitado, da; *des prix exorbitants* precios desorbitados.
exorbité, e *adj* desorbitado, da.
exorciser *v tr* exorcizar.
exorcisme *m* exorcismo.
exorciste *m et f* exorcista (personne qui exorcise).
◆ *m* exorcista (clerc).
exorde *m* exordio.
exoréique *adj* exorreico, ca.
exosphère *f* exosfera.
exothermique *adj* PHYS exotérmico, ca.
exotique *adj* exótico, ca.
exotisme *m* exotismo.
expansé, e *adj* expandido, da.
expansibilité *f* expansibilidad.
expansible *adj* expansible.
expansif, ive *adj* expansivo, va.

expansion *f* expansion ‖ ensanche *m* (d'une ville); *zone d'expansion* zona de ensanche.

expansionnisme *m* expansionismo.

expansionniste *adj et s* expansionista.

expansivité *f* carácter *m* muy expansivo.

expatriation *f* expatriación, destierro *m*, exilio *m*.

expatrié, e *adj s* expatriado, da.

expatrier* *v tr* expatriar, desterrar, exiliar.
◆ *v pr* expatriarse ‖ desterrarse (subir l'exil).

expectative *f* expectativa; *être dans l'expectative* estar a la expectativa.

expectorant, e *adj et s m* MÉD expectorante.

expédient, e *adj* oportuno, na; *il est expédient d'aller* es oportuno ir ‖ conveniente (convenable).
◆ *m pl* arbitrios *ou* recursos extremos ‖ *vivre d'expédients* vivir del cuento.

expédier* *v tr* enviar, despachar, expedir, remitir, mandar (envoyer) ‖ despachar (des marchandises) ‖ expedir, despachar (faire promptement) ‖ DR expedir, extender; *expédier un contrat* expedir un contrato ‖ FIG & FAM despachar; *expédier le repas* despachar la comida ‖ largar; *expédier quelqu'un à l'étranger* largar a uno al extranjero ‖ despedir, despachar (congédier) ‖ despachar (tuer).

expéditeur, trice *adj* expedidor, ra.
◆ *m* remitente, expedidor; *retour à l'expéditeur* devolución al remitente.

expéditif, ive *adj* expeditivo, va.

expédition *f* expedición, envío *m* (envoi) ‖ remesa (de marchandises) ‖ ejecución, despacho *m*, expedición (d'une affaire) ‖ expedición (voyage, mission) ‖ DR copia auténtica.

expéditionnaire *adj* MIL expedicionario, ria; *corps expéditionnaire* cuerpo expedicionario.
◆ *adj et s* expedidor, ra; remitente ‖ escribiente (employé d'une administration) ‖ expedicionero (de la curie romaine).

expérience *f* experiencia; *avoir de l'expérience* tener experiencia ‖ experimento *m*, prueba, *une expérience de physique* un experimento de física ‖ *avoir l'expérience de* tener la experiencia de ‖ *faire l'expérience de* experimentar.

expérimental, e *adj* experimental; *réacteur expérimental* reactor experimental; *procédés expérimentaux* procedimientos experimentales.

expérimentalement *adv* experimentalmente, mediante experimentos.

expérimentateur, trice *adj et s* experimentador, ra.

expérimentation *f* experimentación; *l'expérimentation d'un procédé* la experimentación de un procedimiento.

expérimenté, e *adj* experimentado, da.

expérimenter *v tr* experimentar.

expert, e [ɛkspɛːr, ɛrt] *adj* experto, ta; experimentado, da; *ouvrier expert* obrero experto.
◆ *m* perito, experto (connaisseur) ‖ especialista ‖ — *expert-comptable* perito *ou* experto en contabilidad, censor, jurado de cuentas ‖ *expert en assurances* perito de seguros ‖ — *à dire d'expert* a juicio de peritos.

expertise *f* informe *m* de peritos (rapport des experts) ‖ peritaje *m*, peritación, dictamen pericial (estimation de l'expert).

expertiser *v tr* someter al juicio pericial, hacer una peritación de.

expiable *adj* expiable.

expiateur, trice *adj* expiativo, va.

expiation *f* expiación.

expiatoire *adj* expiatorio, ria.

expier *v tr* expiar.

expiration *f* espiración (de l'air) ‖ expiración; *l'expiration d'une peine* la expiración de una pena ‖ vencimiento *m* (échéance).

expiratoire *adj* expiratorio, ria.

expirer *v intr* expirar (mourir) ‖ FIG expirar, vencer (un délai, une échéance).
◆ *v tr* espirar (expulser l'air).

explétif, ive *adj et s m* expletivo, va.

explicable *adj* explicable.

explicatif, ive *adj* explicativo, va.

explication *f* explicación ‖ altercado *m* (discusion) ‖ *explication de texte* comentario de texto ‖ *avoir une explication avec quelqu'un* tener una explicación con alguien, pedir cuentas a alguien.

explicite *adj* explícito, ta.

explicitement *adv* explícitamente, de manera explícita.

expliciter *v tr* hacer explícito, aclarar.

expliquer *v tr* explicar ‖ exponer; *expliquer sa pensée* exponer su pensamiento.
◆ *v pr* explicarse; *je ne m'explique pas son retard* no me explico su retraso ‖ tener una explicación, explicarse; *la chose s'explique* la cosa tiene una explicación ‖ explayarse (déclarer sa pensée) ‖ pelearse (se battre).

exploit [ɛksplwa] *m* hazaña *f*, proeza *f* ‖ DR mandato judicial ‖ — *exploit d'huissier* embargo ‖ FAM *voilà un bel exploit!* ¡vaya un disparate!, ¡buena la has hecho!

exploitable *adj* explotable; *exploitable par une machine* explotable por una máquina.

exploitant *m* explotador ‖ exhibidor, empresario (d'une salle de cinéma) ‖ AGRIC cultivador, labrador, explotador.

exploitation *f* explotación ‖ explotación, laboreo *m*; *exploitation agricole* explotación agrícola; *exploitation minière à ciel ouvert* explotación minera a cielo abierto ‖ aprovechamiento *m*; *exploitation des ressources agricoles* aprovechamiento de los recursos agrícolas; *exploitation d'un renseignement* aprovechamiento de una información.

exploité, e *adj et s* explotado, da.

exploiter *v tr* explotar ‖ explotar, laborear (une mine) ‖ sacar partido de, aprovecharse de, explotar; *exploiter un sujet* sacar partido de un tema.
◆ *v intr* DR notificar (signifier des exploits).

exploiteur, euse *m et f* explotador, ra.

explorateur, trice *m et f* explorador, ra.
◆ *adj* MÉD exploratorio, ria.

exploration *f* exploración.

exploratoire *adj* exploratorio, ria.

explorer *v tr* explorar ‖ FIG examinar detenidamente ‖ — *explorer du regard* explorar con la vista ‖ *explorer une plaie* examinar una llaga detenidamente.

exploser *v intr* hacer explosión, estallar, explotar, volar ‖ estallar; *sa colère explosa* su cólera estalló.

explosif, ive *adj et s m* explosivo, va.

explosion *f* explosión ‖ — *explosion de joie, de colère* explosión de alegría, de cólera *ou* rabia ‖ *explosion démographique* explosión demográfica ‖ *moteur à explosion* motor de explosión.

exponentiel, elle *adj* MATH exponencial.

exportable *adj* exportable.

exportateur, trice *adj et s* exportador, ra.

exportation *f* exportación.

exporter *v tr* exportar; *exporter en Allemagne* exportar a Alemania.

exposant, e *m et f* expositor, ra (dans une exposition).
◆ *m* MATH exponente.

exposé, e *adj* expuesto, ta; *bien exposé* bien expuesto; *très exposé* muy expuesto.
◆ *m* exposición *f* (explication) ‖ informe, ponencia *f* (compte rendu) ‖ conferencia *f* ‖ — *exposé des motifs* memoria explicativa ‖ *exposé d'un problème* planteamiento de un problema.

exposer *v tr* exponer; *exposer un tableau dans un musée* exponer un cuadro en un museo ‖ orientar; *maison exposée au sud* casa orientada al Sur ‖ abandonar, exponer (un enfant) ‖ FIG exponer, explicar; *exposer une théorie* exponer una teoría ‖ PHOT exponer ‖ — *exposer aux regards* poner a la vista, exponer a las miradas ‖ *exposer quelque chose au grand jour* hacer pública *ou* sacar a la luz una cosa ‖ *exposer sa vie* exponer su vida.
◆ *v pr* exponerse.

exposition *f* exposición; *exposition de peinture* exposición de pinturas ‖ orientación, situación (orientation) ‖ abandono *m* (d'un enfant) ‖ feria; *exposition agricole* feria del campo ‖ PHOT exposición.

exposition-vente *f* exposición venta.

exprès [ɛkspʀɛ] *adv* expresamente, adrede, a propósito, a posta (à dessein) ‖ — *c'est un fait exprès, comme par un fait exprès* como de intento, como por causalidad ‖ *faire exprès de faire quelque chose* hacer algo a propósito *ou* queriendo ‖ *sans le faire exprès* sin querer.

exprès, esse [ɛkspʀɛ, ɛs] *adj* expreso, sa; explícito, ta (précis) ‖ urgente; *courrier exprès* correo urgente ‖ terminante (ordre).

express [ɛkspʀɛs] *adj et s m* expreso, sa; exprés (train, café).

expressément *adv* expresamente ‖ terminantemente (catégoriquement).

expressif, ive *adj* expresivo, va.

expression *f* expresión ‖ — MATH *expression fractionnaire* expresión impropia ‖ *expression toute faite* o *consacrée* frase hecha, frase acuñada ‖ *liberté d'expression* libertad de expresión ‖ *moyens d'expression* medios de expresión ‖ — *au-delà de toute expression* más de lo que se puede figurar ‖ *passez-moi l'expression* perdone la expresión ‖ FIG *réduire à sa plus simple expression* reducir a la mínima expresión.

expressionnisme *m* expresionismo.

expressionniste *m* expresionista.

expressivité *f* expresividad.

exprimable *adj* expresable, decible; *idée exprimable* idea expresable.

exprimer *v tr* exprimir; *exprimer un citron* exprimir un limón ‖ FIG expresar, decir (manifester ses pensées).
◆ *v pr* expresarse ‖ ser expresado; *bonheur qui ne peut s'exprimer* felicidad que no puede ser expresada.

expropriation *f* expropiación ‖ DR *frapper d'expropriation* expropiar.

exproprier* *v tr* expropiar.

expulsé, e *adj et s* expulsado, da.

expulser *v tr* expulsar (les personnes) ‖ desahuciar (un locataire) ‖ MÉD expeler, expulsar (les humeurs).

expulsion *f* expulsión ‖ expulsión, desahucio *m* (d'un locataire).

expurger* [ɛkspyrʒe] *v tr* expurgar.

exquis, e [ɛkski, iːz] *adj* exquisito, ta.

exsangue [ɛksɑ̃ːg] *adj* exangüe.

exsudation [ɛksydasjɔ̃] *f* exudación.

extase [ɛkstɑːz] *f* éxtasis *m*, arrebato *m* ‖ *être dans l'extase* estar embelesado, da.

extasié, e *adj* extasiado, da; arrebatado, da.

extasier (s')* *v pr* extasiarse.

extatique *adj* extático, ca.

extenseur *adj m et s m* extensor.

extensibilité *f* extensibilidad.

extensible *adj* extensible.

extensif, ive *adj* extensivo, va ‖ AGRIC *culture extensive* cultivo extensivo.

extension *f* extensión.

extenso (in) [inɛkstɑ̃so] *loc adv* in extenso, íntegramente ‖ *compte rendu in extenso* actas literales *ou* taquigráficas.

exténuant, e [ɛkstenɥɑ̃, ɑ̃ːt] *adj* extenuante.

exténuer [-nɥe] *v tr* extenuar.

extérieur, e *adj et s m* exterior ‖ — *angle extérieur* ángulo externo ‖ *signes extérieurs de richesse* signos externos de riqueza ‖ — *à l'extérieur* exteriormente, por fuera.
◆ *m* apariencia *f* exterior.
◆ *pl* CINÉM exteriores.

extérieurement *adv* exteriormente, por fuera.

extériorisation *f* exteriorización.

extérioriser *f* exteriorizar.

exterminateur, trice *adj et s* exterminador, ra.

extermination *f* exterminio *m*, exterminación.

exterminer *v tr* exterminar.

externat [ɛkstɛrna] *m* externado.

externe *adj et s* externo, na.

extraterritorialité *f* extraterritorialidad.

extincteur, trice *adj et s m* extintor, ra; apagador, ra ‖ *extincteur d'incendie* extintor de incendios.

extinction *f* extinción ‖ *extinction de voix* afonía.
extirper *v tr* extirpar.
extorquer *v tr* arrancar, arrebatar‖ sacar de mala manera (des fonds) ‖ sacar (une approbation).
extorsion *f* extorsión ‖ *extorsion de fonds* extorsión de fondos ‖ *extorsion de signature* falsificación de firma, apropiación indebida de firma.
extra *adj* extra, de primera.
◆ *m inv* extraordinario, extra (dépenses, repas, etc.) ‖ doméstico suplementario.
extrabudgétaire *adj* fuera de presupuesto, extrapresupuestario, ria.
extraconjugal, e *adj* extraconyugal.
extracteur, trice *adj et s* extractor, ra.
extractible *adj* extraíble, que se puede extraer.
extraction *f* extracción ‖ origen *m*, linaje *m*, extirpe, extracción; *de basse extraction* de bajo origen ‖ — INFORM *extraction de données* extracción de datos ‖ MATH *extraction de racine* extracción de raíz, radicación.
extrader *v tr* aplicar la extradición.
extradition *f* extradición (d'un criminel).
extrados [ɛkstrado] *m* ARCHIT extradós.
extrafin, e *adj* extrafino, na.
extraire* *v tr* extraer, sacar (une dent, l'or, une racine carrée, des citations) ‖ sacar (un prisonnier) ‖ extractar (faire un extrait).
extrait [ɛkstrɛ] *m* extracto ‖ extracto, trozo (d'un livre) ‖ — *extrait de baptême* fe de bautismo ‖ *extrait de casier judiciaire* certificado de penales ‖ *extrait de naissance* partida de nacimiento.
extralucide *adj et s* clarividente ‖ vidente (voyant).
extra-muros [ɛkstramyros] *loc adv* extramuros.
extranéité *f* DR extranjería.
extraordinaire *adj* extraordinario, ria ‖ — *ambassadeur extraordinaire* embajador extraordinario ‖ *assemblée extraordinaire* junta general extraordinaria ‖ — *par extraordinaire* por casualidad.
extraordinairement *adv* extraordinariamente, de manera extraordinaria.
extraplat, e *adj* extraplano, na.
extrapolation *f* extrapolación.
extrapoler *v tr* extrapolar.
extrascolaire *adj* extraescolar.

extraterrestre *adj* extraterreno, na; extraterrestre.
◆ *m* extraterrestre.
extra-utérin, e *adj* extrauterino, na.
extravagance *f* extravagancia.
extravagant, e *adj et s* extravagante.
extraverti, e; extroverti, e *adj* extravertido, da.
extrême *adj* extremo, ma ‖ extremado, da (poussé à l'extrême) ‖ FIG sumo, ma; *c'est d'un intérêt extrême* es de sumo interés ‖ *à l'extrême rigueur* si es realmente necesario.
◆ *m* extremo ‖ MATH extremo (d'une proportion) ‖ — *extrême gauche, droite* extrema izquierda, derecha (au Parlement) ‖ *extrême gauche, droit* extremo izquierda, derecha (football) ‖ — *à l'extrême* al extremo, en sumo grado ‖ *d'un extrême à l'autre* de un extremo a otro ‖ *les extrêmes se touchent* los extremos se tocan.
extrêmement *adv* extremadamente ‖ sumamente; *extrêmement intéressant* sumamente interesante.
extrême-onction *f* extremaunción (sacrement).
Extrême-Orient *n pr m* GÉOGR Extremo *ou* Lejano Oriente.
extrême-oriental, e *adj* de Extremo Oriente.
— OBSERV pl *extrême-orientaux, extrême-orientales*.
extrémisme *m* extremismo.
extrémiste *adj et s* extremista.
extrémité *f* extremidad ‖ — *en dernière extrémité* en el último extremo ‖ *être à l'extrémité* o *à la dernière extrémité* estar en las últimas ‖ *pousser à l'extrémité* llevar al extremo.
◆ *pl* extremidades (les pieds et les mains) ‖ excesos *m* violencias (actes de violence).
extrinsèque *adj* extrínseco, ca.
extruder *v tr* extrudir.
◆ *v intr* GÉOL producirse una extrusión.
extrusion *f* TECHN extrusión.
exubérance *f* exuberancia.
exubérant, e *adj* exuberante.
exultation *f* exultación.
exulter *v intr* exultar, alegrarse mucho.
exutoire *m* MÉD exutorio ‖ FIG derivativo.
ex-voto *m inv* exvoto.
eyeliner *m* eye-liner.
— OBSERV pl *eye-liners*.

F

f *m* f *f*.

F abrév de *Fahrenheit* °F, grado Fahrenheit ∥ abrév de *féminin* femenino ∥ abrév de *femme* mujer ∥ abrév de *franc* franco.

F2 abrév de *France 2* segunda cadena de televisión francesa [estatal].

F3 abrév de *France 3* tercera cadena de televisión francesa [estatal].

fa *m inv* MUS fa.

F.A.B. abrév de *franco à bord* f.a.b., f.o.b., franco a bordo.

fable *f* fábula ∥ fábula, patraña (récit imaginaire) ∥ hazmerreír *m*, objeto *m* de burla; *être la fable du quartier* ser el hazmerreír del barrio.

fabliau *m* cuento popular francés de los siglos XII y XIII, «fabliau», trova *f*.

fabricant *m* fabricante.

fabrication *f* fabricación.

fabrique *f* fábrica (entreprise industrielle); *prix de fabrique* precio de fábrica ∥ fábrica (revenus d'une église).

fabriquer *v tr* fabricar ∥ inventar, forjar (calomnies, histoires, etc.) ∥ FAM hacer, trajinar; *qu'est-ce que vous fabriquez là?* ¿qué está usted trajinando por ahí? ∥ fabriquer en série producir en serie.

fabulateur, trice *m et f* fantasioso, sa; cuentista; *c'est un fabulateur* es un cuentista.

fabulation *f* invención, fantasía.

fabuler *v intr* fantasear.

fabuleusement *adv* fabulosamente, increíblemente.

fabuleux, euse *adj* fabuloso, sa.

fac *f* FAM universidad.

façade *f* fachada ∥ FIG fachada, apariencia | litoral *m*, costa (côte) | FAM cara (visage).

face *f* cara, semblante *m*, faz, rostro *m* (visage) ∥ frente *m* (partie antérieure d'un objet) ∥ cara, lado *m* (côté) ∥ cara, anverso *m* (d'une monnaie) ∥ FIG aspecto *m*, cariz *m* (d'une affaire) ∥ GÉOM cara (d'un solide) ∥ — FAM *face de carême* cara de viernes ∥ *la Sainte Face* la Santa Faz ∥ — *à la face de* en presencia de, a la faz de ∥ *de face* de frente ∥ *en face* enfrente ∥ *en face de* enfrente de, frente a, frente de, delante de ∥ *face à face* cara a cara, frente a frente ∥ — *avoir le soleil en face* tener el sol de cara ∥ *dire en face* decir cara a cara ∥ *faire face* hacer frente, arrostrar, hacer cara (affronter), estar enfrente (être vis-à-vis), satisfacer, hacer frente (dettes) ∥ *faire face à une dépense* asumir un gasto ∥ *jeter à la face* echar en cara ∥ *jouer à pile ou face* jugar a cara o cruz ∥ *perdre la face* perder prestigio ∥ *regarder la mort en face* mirar la muerte cara a cara ∥ *sauver la face* salvar las apariencias *ou* el rostro ∥ *se voiler la face* taparse el rostro.

face-à-face *m inv* careo ∥ *face-à-face télévisé* teledebate entre dos personalidades.

face-à-main *m* impertinente (binocle).
— OBSERV pl *faces-à-main*.

facétie [fasesi] *f* chiste *m*, gracia.

facétieux, euse [-sjø, øːz] *adj et s* chistoso, sa; gracioso, sa.

facette *f* faceta, aspecto *m* ∥ faceta; *diamant à facettes* diamante con facetas.

facetter *v tr* tallar *ou* labrar en facetas.

fâché, e *adj* disgustado, da; enfadado, da.

fâcher *v tr* disgustar, enfadar (irriter) ∥ sentir; *je suis fâché que* siento mucho que ∥ — *je n'en suis pas fâché* no me desagrada ∥ *je suis o j'en suis fâché* estoy francamente molesto, es muy enojoso ∥ *soit dit sans vous fâcher* con perdón sea dicho, sin intención de molestar.
◆ *v pr* disgustarse, enfadarse; *se fâcher avec quelqu'un o de tout* enfadarse con uno *ou* por todo ∥ FAM *se fâcher tout rouge* ponerse furioso, ponerse rojo de ira, echar rayos y centellas, echar chiribitas.

fâcheusement *adv* desgraciadamente; *avoir fâcheusement tendance à* tener desgraciadamente tendencia a.

fâcheux, euse *adj* enfadoso, sa; fastidioso, sa; enojoso, sa ∥ *c'est fâcheux* es molesto, es de lamentar ∥ *de fâcheuses conséquences* consecuencias nefastas.
◆ *adj et s* pesado, da; latoso, sa; cargante.

facho *adj et s* FAM facha.

facial, e *adj* facial; *nerfs faciaux* nervios faciales.

faciès [fasjɛs] *m* semblante, rostro (visage) ∥ MÉD facies *f*.

facile *adj* fácil; sencillo, lla; *problème facile* problema sencillo ∥ fácil; cómodo, da (caractère) ∥ suelto, ta (gestes, style) ∥ — *facile à o de* fácil de ∥ — *avoir le rire o les larmes faciles* fácil de hacer reír *ou* de hacer llorar ∥ *ce n'est pas si facile que ça* no se hace de tan fácil manera, no se hace así como así.

facilement *adv* fácilmente, con facilidad (avec facilité) ∥ al menos (pour le moins).

facilité *f* facilidad ∥ soltura; *style d'une grande facilité* estilo de gran soltura ∥ — *facilité à* facilidad para ∥ *facilité de langage* soltura de palabra ∥ ÉCON *facilités de crédit* facilidades de crédito | *facilités de paiement* facilidades de pago ∥ — *il a beaucoup de facilité pour les langues* tiene mucha facilidad para los idiomas.

— OBSERV Cuando esta palabra va seguida de la preposición à indica la aptitud de hacer una cosa, mientras que cuando va seguida de la preposición de se trata de la posibilidad de hacerla.

faciliter *v tr* facilitar.

façon [fasɔ̃] *f* modo *m* manera (manière); *façon d'agir* modo de obrar ‖ hechura; *complet d'une bonne façon* traje de buena hechura ‖ especie; *il y avait une façon de gargote* había una especie de bodegón ‖ imitación; *sac façon crocodile* bolso imitación cocodrilo ‖ estilo *m*; *vin mousseux façon champagne* vino espumoso estilo champán ‖ AGRIC vuelta, labor, cava (labour) ‖ MAR gálibos *m pl* de un buque ‖ — *à la façon de* como, como si fuera ‖ *de belle façon* de lo lindo ‖ *de façon à* de tal modo que ‖ *de façon que* o *de telle façon que* de manera que, de suerte que ‖ *de la façon dont* como ‖ *de sa façon* a su manera ‖ *de toute façon* de todos modos ‖ *d'une autre façon* de otra manera ‖ *en aucune façon* de ningún modo ‖ *en quelque façon* en cierto modo ‖ — *couturière à façon* sastra, costurera que admite género ‖ *travail à façon* trabajo a destajo ‖ — *c'est une façon comme une autre de* lo mismo da emplear un medio que otro para ‖ *c'est une façon de* es una especie de ‖ *c'est une façon de parler* esto es un decir ‖ *être sans façon* ser campechano o a la pata la llana ‖ *façon de faire* manera de comportarse ‖ *recevoir sans façon* recibir sin ceremonia, sin cumplidos, sin etiqueta ‖ *faire des façons* andar con melindres, andarse con cumplidos.
◆ *pl* maneras, modales *m* (conduite) ‖ FIG & FAM melindres *m*, remilgos *m* (affectation).

faconde *f* facundia.

façonnage; façonnement *m* hechura *f*, confección *f* ‖ trabajo, elaboración *f*.

façonner *v tr* formar, dar forma (donner une certaine forme) ‖ trabajar, labrar (pierre); *façonner le marbre* trabajar el mármol ‖ tornear, trabajar (bois, argile) ‖ AGRIC dar una labor [a la tierra]; labrar ‖ FIG formar, educar (une personne) | acostumbrar (accoutumer); *façonner à la discipline* acostumbrar a la disciplina.

façonnier, ère *adj* et *s* ceremonioso, sa; cumplido, da (formaliste).
◆ *m* et *f* destajista.

fac-similé *m* facsímil, facsímile.
— OBSERV pl *fac-similés*.

facteur *m* cartero (des postes) ‖ factor, corredor (de commerce) ‖ factor (de chemin de fer) ‖ fabricante, constructor (d'instruments de musique) ‖ factor (élément); *le facteur humain* el factor humano ‖ MATH factor ‖ MÉD *facteur de risque* factor de riesgo | *facteur Rhésus* factor Rhesus.

factice *adj* facticio, cia; artificial.

factieux, euse [faksjø, ø:z] *adj* et *s* facciosos, sa; rebelde.

faction [faksjɔ̃] *f* facción ‖ espera prolongada, plantón *m* (attente prolongée) ‖ MIL guardia; *en faction* de guardia.

factitif, ive *adj* factitivo, va (linguistique).

factoriel, elle *adj* MATH factorial; *analyse factorielle* análisis factorial.
◆ *f* MATH factorial.

factorisation *f* MATH factorización.

factotum [faktɔtɔm] *m* factótum.
— OBSERV pl *factotums*.

factuel, elle *adj* factual.

facturation *f* facturación.

facture *f* factura; *facture «pro forma»* factura pro forma ‖ factura, ejecución (d'une œuvre).

facturer *v tr* facturar, extender la factura de.
— OBSERV *Facturer* no tiene en francés el sentido de «enregistrer» que ofrece el español *facturar*.

facultatif, ive *adj* facultativo, va ‖ *arrêt facultatif* parada discrecional (autobus).

facultativement *adv* facultativamente, de manera facultativa *ou* opcional, optativo.

faculté *f* facultad (d'agir) ‖ propiedad, virtud; *l'aimant a la faculté d'attirer le fer* el imán tiene la propiedad de atraer al hierro ‖ derecho *m*, facultad (droit de faire une chose) ‖ faculté (à l'Université) ‖ *la Faculté* los médicos, el cuerpo facultativo, el cuerpo médico.
◆ *pl* facultades (aptitudes); *facultés intellectuelles* facultades intelectuales ‖ posibles *m* (biens).

fada *m* FAM chiflado, tonto.

fadaise *f* sandez, tontería, pamplinas *pl*.

fadasse *adj* muy soso, sosaina (personne) ‖ soso, sa (sauce) ‖ desvaído, da (couleur).

fade *adj* soso, sa ‖ FIG soso, sa; sosaina; insulso, sa | sin gracia; insulso, sa; *traits fades* facciones sin gracia.

fadeur *f* sosería, insipidez (d'un plat) ‖ FIG sosería, insulsez (d'une conversation) ‖ falta de gracia (d'un visage).
◆ *pl* cumplidos *m* insulsos, palabras insulsas (galanteries fades).

fado *m* fado.

faena *f* TAUROM faena.

fagot [fago] *m* haz de leña, gavilla *f* (faisceau de menu bois) ‖ — FIG & FAM *c'est un fagot d'épines* es un erizo, es una persona intratable ‖ FAM *débiter* o *conter des fagots* decir simplezas, contar cuentos chinos | *sentir le fagot* oler a chamusquina, ser sospechoso de herejía | *vin de derrière les fagots* vino muy bueno.

fagoté, e *adj* FAM mal vestido, da; desaliñado, da; *il est drôlement fagoté* va mal vestido *ou* desaliñado.

fagoter *v tr* hacinar (mettre en fagots) ‖ FAM poner como un adefesio, vestir con mal gusto (mal habiller).
◆ *v pr* FAM ponerse como un adefesio.

Fahrenheit (degré) [farenajt] grado fahrenheit.

faiblard, e [fɛblaːr, ard] *adj* FAM endeblucho, cha; debilucho, cha.

faible *adj* débil; *un enfant faible* un niño débil; *caractère faible* carácter débil ‖ flojo, ja; *faible excuse* excusa floja; *faible en mathématiques* flojo en matemáticas ‖ endeble (sans résistance); *corde o étoffe faible* cuerda *ou* tela endeble ‖ feble (monnaie trop légère) ‖ corto, ta; poco, ca; *à faible distance* a corta distancia ‖ reducido, da; *un rendement très faible* un rendimiento muy reducido ‖ bajo, ja; *le chiffre le plus faible* la cifra más baja ‖ escaso, sa (peu important).
◆ *m* et *f* débil (sans force) ‖ *faible d'esprit* débil mental.
◆ *m* flaco, debilidad *f*, punto flaco (point vulnérable); *le faible d'un raisonnement* el flaco de un razonamiento; *avoir un faible pour* tener una debilidad por ‖ — *le côté faible* el flaco, el punto flaco ‖ — *connaître le faible de quelqu'un* conocer el flaco de alguien, saber de qué pie cojea.

faiblement *adv* débilmente ‖ escasamente.
faiblesse *f* debilidad (manque de forces) ‖ endeblez (manque de résistance) ‖ desmayo *m* (syncope); *tomber en faiblesse* tener un desmayo ‖ poca resistencia *ou* solidez; *la faiblesse d'un pont* la poca resistencia de un puente ‖ punto *m* flaco; *conclusion qui présente des faiblesses* conclusión que ofrece puntos flacos ‖ escasez; *faiblesse des revenus* escasez de las rentas ‖ FIG debilidad (penchant) ‖ flaqueza, desliz *m* (faute) ‖ — *faiblesse d'esprit* debilidad mental ‖ *sa faiblesse en mathématiques est regrettable* es desgraciadamente flojo en matemáticas.
faiblir *v intr* ceder, aflojar (perdre ses forces) ‖ debilitarse, flaquear (en parlant d'une personne) ‖ flaquear; *mémoire qui faiblit* memoria que flaquea ‖ amainar; *le vent faiblit* el viento amaina ‖ FIG decaer; *son influence faiblit* su influencia decae.
faiblissant, e *adj* que se debilita, que decae, que flaquea (la mémoire) ‖ que cede, que amaina (le vent).
faïence [fajɑ̃:s] *f* loza ‖ *carreau de faïence* azulejo.
faïencerie [-sri] *f* fábrica *ou* tienda de loza ‖ objeto *m* de loza.
faille [fa:j] *f* falla (tissu) ‖ fallo *m* (défaut); *les failles d'un système* los fallos de un sistema ‖ GÉOL falla (crevasse).
failli, e [faji] *adj* COMM quebrado, da.
➡ *m* COMM comerciante quebrado.
faillible [-jibl] *adj* falible.
faillir* [-ji:r] *v intr* incurrir en falta, faltar (commettre une faute) ‖ fallar, flaquear; *le cœur lui a failli* el corazón le ha fallado ‖ faltar (manquer); *faillir à son devoir* faltar a su deber ‖ estar a punto de, estar a pique de, faltar poco para, por poco [seguido de un infinitivo]; *j'ai failli me tuer* he estado a punto de matarme, por poco me mato.
faillite [-jit] *f* COMM quiebra ‖ FIG fracaso *m* (échec) ‖ quiebra; *la faillite des valeurs humaines* la quiebra de los valores humanos ‖ — *être en faillite* estar en quiebra ‖ *faire faillite* quebrar ‖ *se déclarer en faillite* declararse en quiebra *ou* insolvente.
faim [fɛ̃] *f* hambre; *assouvir sa faim* aplacar el hambre; *avoir grand faim* o *très faim* tener mucha hambre ‖ FIG hambre, sed, deseo *m* ardiente; *avoir faim de richesses* tener sed de riquezas ‖ — *faim de loup* hambre canina, gazuza, carpanta (pop) ‖ *la faim chasse le loup du bois* o *hors du bois* a la fuerza ahorcan, la necesidad obliga ‖ — FIG *rester sur sa faim* quedarse con las ganas ‖ *tromper la faim* engañar el estómago *ou* el hambre.
fainéant, e [fɛneɑ̃, ɑ̃:t] *adj* et *s* holgazán, ana.
fainéantise *f* holgazanería.
faire*

1. CRÉER, FABRIQUER, PRODUIRE — 2. AGIR — 3. FORMER, ARRANGER, NETTOYER — 4. EN FAIRE, Y FAIRE — 5. IMPERSONNEL — 6. CONSTRUCTIONS — 7. VERBE PRONOMINAL

1. CRÉER, FABRIQUER, PRODUIRE *v tr* hacer; *Dieu a fait le monde* Dios hizo el mundo; *faire un gâteau* hacer un pastel; *vêtements tout faits* ropa hecha ‖ formar; *une femme bien faite* una mujer bien formada ‖ FIG hacer; *faire un miracle* hacer un milagro; *faire fortune* hacer fortuna ‖ POP limpiar (voler); *faire sa montre à quelqu'un* limpiarle el reloj a uno ‖ — *faire cadeau* regalar ‖ *faire de la fièvre* tener fiebre ‖ *faire de la peine* causar *ou* dar pena ‖ *faire de l'œil* guiñar, timarse ‖ POP *faire des enfants* procrear ‖ *faire des petits* parir (les animaux), multiplicarse ‖ *faire des rayons à quelqu'un* tratar a uno con rayos X ‖ *faire eau* hacer agua (avarie) ‖ *faire peur* dar miedo ‖ *faire pitié* dar lástima ‖ *faire ses dents* echar los dientes ‖ *faire une maladie* tener una enfermedad ‖ *faire un métier* tener un oficio ‖ *faire un rêve* tener un sueño ‖ *ça ne me fait ni chaud ni froid* ni me va ni me viene, me trae al fresco ‖ *n'être pas fait pour quelque chose* no servir para una cosa.

2. AGIR *v tr* hacer; *il y a beaucoup à faire* hay mucho que hacer; *ne savoir que faire* no saber qué hacer ‖ formar; *le chemin fait un coude* el camino forma un recodo ‖ recorrer; *faire toute la France* recorrer toda Francia ‖ pronunciar (un discours) ‖ estudiar; *faire son droit* estudiar Derecho ‖ THÉÂTR representar, hacer el papel de ‖ fijar el precio de, valorar; *combien faites-vous ce tableau* ¿cuánto valora usted este cuadro? ‖ hacer, acostumbrar (habituer) ‖ — *faire bien de* hacer bien en ‖ *faire chauffer de l'eau* calentar agua ‖ *faire contre mauvaise fortune bon cœur* poner a mal tiempo buena cara, hacer de tripas corazón ‖ *faire de la motocyclette* montar en motocicleta ‖ *faire démarrer un moteur* arrancar un motor ‖ *faire des excuses* presentar excusas ‖ *faire de son mieux pour* hacer todo lo posible para, esmerarse en, esforzarse en ‖ *faire deux années de droit* cursar dos años de Derecho ‖ *faire du 100 à l'heure* hacer 100 kilómetros por hora ‖ *faire d'une pierre deux coups* matar dos pájaros de un tiro ‖ *faire du piano* tocar el piano ‖ *faire du sport* practicar los deportes ‖ *faire erreur* cometer un error, equivocarse ‖ RELIG *faire et défaire* atar y desatar ‖ *faire faire* mandar hacer, encargar ‖ *faire faire une commission* enviar un recado ‖ *faire fonction de* hacer de ‖ *faire l'appel* pasar lista ‖ *faire le guet* acechar ‖ *faire les magasins* ir de tiendas ‖ *faire mal* hacer daño ‖ *faire parler* hacer hablar, tirar de la lengua (quelqu'un), dar que hablar (provoquer des commentaires) ‖ *faire sa prière* rezar ‖ *faire sensation* causar efecto *ou* sensación ‖ *faire traverser la rue* hacer cruzar la calle ‖ MIL *faire une sortie* efectuar una salida ‖ FAM *faire ses besoins* hacer sus necesidades ‖ *faire ses études* estudiar, cursar la carrera ‖ *faire ses frais* recobrar sus gastos ‖ *faire son chemin* hacer fortuna, medrar (réussir) ‖ *faire son devoir* cumplir con su deber ‖ *faire un bond* dar un salto ‖ *faire une conférence* dar *ou* pronunciar una conferencia ‖ *faire une faute* cometer una falta ‖ *faire une gaffe* meter la pata ‖ *faire un pas* dar un paso ‖ *faire un prix* hacer una rebaja ‖ *faire un procès* poner un pleito ‖ *faire un tour* dar un paseo, una vuelta ‖ MAR *faire voile* hacerse a la vela ‖ *faites comme chez vous* está usted en su casa ‖ *faites donc!* hágalo, como usted guste ‖ *faites vite* aligere usted, apresúrese, dese prisa ‖ — *avoir à faire avec* tener algo que ver con ‖ *avoir fort à faire* tener mucho trabajo ‖ *bonne à tout faire* criada para todo ‖ *cela fait dormir* eso da sueño ‖ *cela m'a fait du bien* esto me ha sentado bien ‖ *cela ne fait rien* eso no importa ‖ *c'est bien fait* está bien hecho, le está bien empleado ‖ *grand bien vous fasse* buen provecho le haga [úsase más irónicamente] ‖ *il m'a fait traverser la rue* me hizo cruzar la calle ‖ *il y aurait fort à faire* habría mucho que hacer ‖ *je n'ai rien à faire là-dedans* no tengo nada que ver con eso ‖ *je vous le fais 10 francs* se lo dejo en 10 francos ‖ *la faire à la vertu* fingir virtud ‖ *la faire à quelqu'un* pegársela a uno ‖ *laisser faire* dejar las manos libres ‖ *ne faire ni une ni deux* no vacilar ‖ *qu'est-ce que cela vous fait?* ¿qué más le da?, ¿qué le importa a usted? ‖ *se laisser faire* no resistir, dejarse convencer ‖ *voilà qui est fait* ya está (hecho).

◆ *v intr* ir, hacer juego; *ces objets font très bien ensemble* estos objetos van bien juntos ‖ ser; *deux et deux font quatre* dos y dos son cuatro ‖ decir; *oui, fit-il* sí, dijo ‖ FAM barajar y dar las cartas (aux cartes) ‖ — *faire maigre* comer de vigilia ‖ *cela fait bien* hace bonito (joli), va bien (s'harmonise), hace buen efecto (bon effet), da categoría (élégant) ‖ *cela fait riche* da aspecto rico ‖ *faites comme chez vous* está usted en su casa ‖ *pour très bien faire* para que esté perfecto ‖ *qu'avez-vous fait de vos bagages?* ¿dónde está su equipaje? ‖ *sa robe fait vieux* su vestido la envejece.

3. FORMER, ARRANGER, NETTOYER *v tr* formar; *ce maître a fait de bons élèves* este maestro ha formado buenos discípulos ‖ arreglar; *faire sa chambre* arreglar su cuarto ‖ limpiar; *faire les carreaux* limpiar los cristales ‖ domar (assouplir); *faire des chaussures neuves* domar zapatos nuevos ‖ — *faire de son fils un médecin* hacer de su hijo un médico ‖ *faire l'aimable* mostrarse amable ‖ *faire la vaisselle* fregar los platos ‖ *faire le malade, le mort* fingirse enfermo, muerto ‖ *faire le malin* dárselas *ou* echárselas de listo.

4. EN FAIRE, Y FAIRE obrar; *il n'en fait qu'à sa tête* no obra sino a su antojo ‖ — *c'en est fait* se acabó ‖ *c'en est fait de lui* está perdido ‖ *en faire de même, en faire autant* hacer otro tanto ‖ *je ne puis rien y faire* no puedo hacer nada, no puedo remediarlo ‖ *n'en faites rien* no lo haga usted ‖ *rien n'y fit* todo fue inútil ‖ *que voulez-vous que j'y fasse?* ¿qué quiere que le haga? ‖ *savoir y faire* saber siempre arreglárselas *ou* componérselas.

5. IMPERSONNEL hacer; *le temps qu'il fait* el tiempo que hace ‖ — *il fait beau* hace buen tiempo ‖ *il fait bon s'asseoir ici* es agradable sentarse aquí ‖ *il fait jour, nuit* es de día, de noche ‖ *il fait mauvais? non, il fait beau* ¿hace mal tiempo? no, hace bueno ‖ *il peut se faire que* es posible que.

6. CONSTRUCTIONS *faire connaître* o *savoir* dar a conocer ‖ *je vous le fais 10 F* se lo dejo en 10 francos ‖ *maigre à faire pitié* flaco que da lástima ‖ *n'avoir que faire de* no necesitar para nada, no hacerle falta a uno ‖ *ne faire que* no hacer sino *ou* más que, no parar de; *il ne fait que crier* no hace más que gritar ‖ *ne faire que d'arriver* acabar de llegar ‖ *ne faire que passer* estar sólo de paso ‖ *qu'avez-vous fait de vos bagages?* ¿dónde está su equipaje? ‖ *quoi qu'il fasse* por más que haga, haga lo que haga.

7. VERBE PRONOMINAL hacerse; *se faire prêtre* hacerse sacerdote ‖ ponerse; *se faire beau* ponerse guapo ‖ estar formándose; *son style se fait* su estilo se está formando ‖ dárselas de (se donner pour) ‖ dar de sí (se prêter à la forme voulue) ‖ hacerse, madurarse; *fromage qui se fait* queso que se hace ‖ hacerse (devenir); *le bruit se faisait trop fort* el ruido se hacía demasiado fuerte ‖ POP sacarse, hacerse; *se faire cent cinquante francs par jour* sacarse ciento cincuenta francos al día ‖ — *se faire à* acostumbrarse a, hacerse a ‖ *se faire aider par quelqu'un* dejarse ayudar por alguien ‖ *se faire connaître* darse a conocer ‖ *se faire couper les cheveux* cortarse el pelo ‖ *se faire des amis* hacer amigos, echarse amigos ‖ *se faire du souci* preocuparse ‖ *se faire exa-*

miner la vue graduarse la vista (lunettes), hacerse una revisión de la vista ‖ *se faire faire un vêtement* encargarse una prenda de ropa ‖ *se faire le champion de* convertirse en campeón *ou* en paladín de ‖ *se faire les ongles* hacerse las uñas ‖ *se faire les yeux* pintarse los ojos ‖ *se faire opérer* operarse ‖ *se faire une jupe* hacerse una falda ‖ *se faire vieux* hacerse viejo, envejecer ‖ — *cela ne se fait pas* eso no se hace ‖ *cela se fait beaucoup* eso se hace mucho ‖ *comment se fait-il que?* ¿cómo es que? ‖ *elle s'est fait expliquer le problème* le han explicado el problema ‖ *il peut se faire que* es posible que ‖ *il se fait tard* se hace tarde ‖ *il va se faire gronder* le van a regañar ‖ *il va se faire tuer* le van a matar ‖ *la nuit se fait* oscurece, se cierra la noche ‖ *ne pas se faire de bile* no preocuparse ‖ FAM *s'en faire* preocuparse, apurarse.

— OBSERV El participio pasado *fait* es invariable cuando le sigue un infinitivo o si está incluido en una construcción impersonal.

faire *m* ejecución *f*, estilo (d'un artiste); *le faire de Picasso* la ejecución de Picasso.

faire-part *m inv* esquela *f* de defunción (de décès) ‖ parte de boda (mariage).

faire-valoir *m inv* aprovechamiento (d'une propriété) ‖ *être le faire-valoir de quelqu'un* ser el valedor de alguien.

fair-play [fɛrplɛ] *m* juego limpio, juego franco.

faisabilité *f* factibilidad ‖ *étude de faisabilité* estudio de viabilidad.

faisable [fəzabl] *adj* hacedero, ra; factible.

faisan [fəzɑ̃] *m* faisán (oiseau) ‖ FIG estafador (escroc).

faisandage [fəzɑ̃daːʒ] *m* husmo (des viandes).

faisandé, e [-de] *adj* manido, da (gibier) ‖ pasado, da (avarié).

faisandeau [-do] *m* pollo de faisán.

faisander [-de] *v tr* manir (viandes).

faisane [fəzan]; **faisande** [-zɑ̃ːd] *f* faisana.

faisceau [fɛso] *m* haz, manojo, lío ‖ FIG conjunto; *faisceau de preuves* conjunto de pruebas ‖ MIL pabellón; *faire* o *rompre les faisceaux* armar *ou* desarmar pabellones ‖ *faiseau lumineux, électronique* haz luminoso, electrónico.

◆ *pl* fasces *f* (du licteur).

faiseur, euse [fəzœːr, øːz] *m et f* (*p us*) hacedor, ra ‖ (*p us*) artífice; artesano, na; fabricante ‖ FAM intrigante, embaucador, ra ‖ — *bon faiseur, bonne faiseuse* buen, buena fabricante ‖ *faiseur d'embarras* o *d'histoires* eterno descontento ‖ *faiseur de miracles* autor de milagros ‖ *faiseur de projets* forjador de proyectos.

faisselle *f* encella, escurridor *m* (pour le fromage).

fait [fɛ] *m* hecho; *un fait historique* un hecho histórico ‖ cosa *f*, obra *f*, manera *f* de obrar (manière d'agir); *c'est le fait de Jean* es cosa de Juan ‖ — *fait accompli* hecho consumado ‖ *fait avéré* hecho probado ‖ *fait d'armes* hecho de armas ‖ *fait de société* hecho social ‖ *fait juridique* caso ‖ *faits divers* sucesos, gacetilla ‖ *faits et gestes* andanzas, hechos y milagros, comportamiento ‖ *hauts faits* hazañas ‖ *voies de fait* vías de hecho, actos de violencia ‖ — *au fait* a propósito, por cierto ‖ *de ce fait* por esto ‖ *de fait* de hecho, de facto ‖ *du fait* de debido a, con motivo de ‖ *du fait que* por el hecho de que, por lo mismo que ‖ *en fait* en realidad, realmente, de hecho ‖ *en fait de* en materia de, en lo tocante a, respecto a ‖ *si fait* sí, desde luego ‖ *tout à fait* completamente, por completo ‖ — *aller au fait* ir al grano ‖ *avoir son fait* tener su merecido ‖ *ce n'est pas mon fait* no es cosa que me concierne, no es asunto mío ‖ *c'est un fait* es cosa probada, es un hecho ‖ *dire à quelqu'un son fait* decirle a uno cuatro verdades, cantarle a uno las cuarenta ‖ *être au fait* estar enterado *ou* al corriente ‖ *être sûr de son fait* estar seguro de lo que se dice *ou* afirma ‖ *le fait est que* el caso es que ‖ *mettre quelqu'un au fait d'une chose* poner a uno en antecedentes, poner al tanto *ou* al corriente ‖ *prendre fait et cause pour* tomar el partido de, declararse por ‖ *prendre quelqu'un sur le fait* coger in fraganti, con las manos en la masa.

fait, e *adj* hecho, cha; *ouvrage bien fait* trabajo bien hecho ‖ concluido, da; acabado, da; *affaire faite* asunto concluido ‖ hecho, cha; fermentado, da (fromage) ‖ — *fait à* acostumbrado a ‖ *fait pour* hecho para ‖ *fait sur mesure* hecho a la medida ‖ — *à prix fait* a un precio convenido ‖ *c'en est fait* se acabó ‖ *ce qui est fait est fait* a lo hecho pecho ‖ *c'est bien fait pour lui* le está bien empleado ‖ *c'est fait de vous, c'en est fait de vous* está usted perdido ‖ *expression toute faite* expresión estereotipada, acuñada ‖ *phrase toute faite* frase hecha ‖ *tout fait* confeccionado (vêtements) ‖ *un homme fait* un hombre hecho.

faîte *m* techumbre f, remate (d'un bâtiment) ‖ copa f (d'un arbre) ‖ cima f, cumbre f (d'une montagne) ‖ ARCHIT caballete (d'un toit) ‖ FIG cima f, cumbre f, pináculo ‖ *ligne de faîte* línea divisoria (topographie).

faîtière f cobija (tuile) ‖ buhardilla, buharda (fenêtre de mansarde).

fait-tout *m inv* cacerola f marmita f.

faix [fɛ] *m* carga f peso; *courbé sous le faix* agobiado bajo el peso ‖ asentamiento (d'une construction) ‖ MÉD placenta ‖ MAR *faix de voile* relinga del grátil.

fakir *m* faquir, fakir.

falaise f acantilado m ‖ *en falaise* acantilado, da.

falbala *m* volante, faralá (couture) ‖ perifollos *pl*, faralá (ornements de mauvais goût).

Falkland (îles) *n pr f pl* GÉOGR islas Falkland *ou* Malvinas.

fallacieusement *adv* falazmente, de modo falaz, con falacia.

fallacieux, euse [falasjø, ø:z] *adj* falaz.

falloir* *v impers* haber que, ser preciso, ser menester, ser necesario (suivi d'un verbe); *il faut manger pour vivre* hay que *ou* es preciso *ou* es menester comer para vivir ‖ necesitar, necesitarse, hacer falta (suivi d'un nom); *il faut de l'argent* se necesita *ou* hace falta dinero; *il lui faut un livre* necesita *ou* le hace falta un libro ‖ tener que (obligation personnelle); *il faut que je parte* tengo que irme ‖ — *encore faut-il que* si es que ‖ *il faut le faire!* ¡tiene mérito! ‖ *il a fallu qu'il l'apprenne* ha tenido que enterarse ‖ *il faut qu'il ait oublié* lo ha debido de olvidar ‖ *il faut voir!* ¡hay que ver! ‖ *il le faut* es preciso, es necesario ‖ *il ne fallait pas!* ¡no tenía por qué! ‖ *il s'en est fallu de peu* poco faltó, por poco ‖ *il s'en faut bien* o *de beaucoup* mucho dista, mucho falta, está muy lejos de, falta bastante ‖ *nous avons ce qu'il nous faut* tenemos lo que necesitamos *ou* lo que nos hace falta ‖ *ou peu s'en faut* o le falta poco ‖ *s'en falloir* faltar ‖ *tant s'en faut* ni mucho menos ‖ *tant s'en faut que* tan lejos está de ‖ *une personne comme il faut* una persona como es debido, como Dios manda, una persona bien.
— OBSERV El participio pasado *fallu* es invariable.

falot [falo] *m* farol de mano.

falot, e [falo, ɔt] *adj* insustancial, insulso, sa (insignifiant) ‖ borroso, sa; difuso, sa (terne) ‖ *(vx)* ridículo, la; grotesco, ca.

falsificateur, trice *adj et s* falsificador, ra.

falsification f falsificación ‖ adulteración (denrées alimentaires).

falsifier* *v tr* falsificar (monnaie, documents) ‖ adulterar (un aliment).

famélique *adj et s* famélico, ca.

fameusement *adv* FAM terriblemente, enormemente.

fameux, euse *adj* famoso, sa; afamado, da ‖ perfecto, ta; *c'est un fameux imbécile* es un perfecto imbécil ‖ excelente; estupendo, da; *un vin fameux* un vino excelente; cacareado, da; *tes fameux projets ne tiennent pas debout* tus planes tan cacareados no tienen ninguna base ‖ — *ce n'est pas fameux* o *pas fameux* no es muy bueno que digamos ‖ *recevoir une fameuse gifle* recibir una torta sonada *ou* de órdago ‖ *se rendre fameux* conquistar fama.

familial, e *adj* familiar ‖ hogareño, ña; *tradition familiale* tradición hogareña.
◆ f AUTOM furgoneta familiar.

familiarisation f familiarización.

familiariser *v tr* familiarizar.
◆ *v pr* familiarizarse.

familiarité f familiaridad; *il se glissa dans la familiarité de Pierre* consiguió adquirir familiaridad con Pedro.
◆ *pl* confianza *sing*, familiaridad *sing*.

familier, ère *adj et s* familiar ‖ íntimo, ma; *un familier du roi* un íntimo del rey ‖ — *ce mot m'est familier* esta palabra me suena *ou* me es familiar ‖ *être familier avec* serle familiar a uno ‖ *être familier avec quelqu'un* tratar a uno con familiaridad.

famille [fami:j] f familia ‖ — *air de famille* parecido de familia ‖ *carte de famille nombreuse* carnet de familia numerosa ‖ *famille nombreuse* familia numerosa ‖ — *il a de la famille à Paris* tiene familia en París.

famine f hambre ‖ escasez, carestía de víveres (disette) ‖ — *crier famine* quejarse de hambre ‖ *crier famine sur un tas de blé* quejarse de vicio ‖ *salaire de famine* sueldo de muerto de hambre.

fan *m et* f hincha; partidario, ria.

fana *adj et s* FAM fanático, ca.

fanal *m* fanal ‖ farola f (dans un port) ‖ farol (d'une locomotive).

fanatique *adj et s* fanático, ca.

fanatiquement *adv* fanáticamente, con fanatismo.

fanatisation f acción de fanatizar ‖ efecto de fanatizar.

fanatiser *v tr* fanatizar.

fanatisme *m* fanatismo.

fan-club *m* club de fans.
— OBSERV *pl fans-clubs*.

fandango *m* fandango.

fane f mata (de pommes de terre, carottes, etc.) ‖ hojarasca, hojas *pl* secas (feuilles sèches).

fané, e *adj* marchito, ta; ajado, da.

faner *v tr* AGRIC hacer heno, henificar ‖ marchitar (les fleurs) ‖ ajar (les étoffes) ‖ FIG marchitar (les personnes).
◆ *v pr* marchitarse ‖ ajarse.

fanfare *f* tocata, marcha militar (musique) ‖ charanga, banda militar (musiciens) ‖ FIG & FAM fanfarria (vantardise) ‖ FIG *faire un réveil en fanfare* despertar con gran estruendo.

fanfaron, onne *adj et s* fanfarrón, ona ‖ *faire le fanfaron* fanfarronear.

fanfaronnade *f* fanfarronada.

fanfaronner *v intr* fanfarronear.

fanfreluche *f* perendengue *m* (ornement, garniture).

fange [fã:ʒ] *f* fango *m* ‖ FIG abyección ‖ *tirer quelqu'un de la fange* sacar a uno del arroyo.

fanion *m* banderín, guión ‖ banderín (sports).

fanon *m* banderola *f* (de lance) ‖ papada *f*, marmella *f* (du bœuf) ‖ manípulo (des prêtres) ‖ moco (du dindon) ‖ cerneja *f* (des chevaux) ‖ ballena *f*, barba *f* de ballena.
◆ *pl* ínfulas *f* (de la mitre épiscopale) ‖ cintas *f*, colgantes (d'une bannière).

fantaisie *f* fantasía (imagination) ‖ capricho *m*, antojo *m* (caprice) ‖ antojo *m*; *vivre à sa fantaisie* vivir a su antojo ‖ MUS fantasía ‖ — *bijou de fantaisie* alhaja de imitación *ou* de fantasía (gallicisme), bisutería ‖ *costume de fantaisie* traje de fantasía ‖ *prendre la fantaisie de* antojársele algo a uno ‖ *se passer une fantaisie* satisfacer un capricho.

fantaisiste *adj* caprichoso, sa ‖ poco realista.
◆ *m et f* fantasista, artista de variedades, caricato *m* ‖ fantoche *m*, cuentista (peu sérieux).

fantasmagorie *f* fantasmagoría.

fantasmagorique *adj* fantasmagórico, ca.

fantasmatique *adj* fantasmal.

fantasme *m* fantasma.

fantasmer *v intr* tener fantasmas.

fantastiquement *adv* fantásticamente, estupendamente, extraordinariamente.

fantasque *adj* antojadizo, za; caprichoso, sa (capricieux) ‖ peregrino, na (bizarre).

fantassin *m* infante, soldado de infantería.

fantastique *adj* fantástico, ca.
◆ *m* lo imaginativo, lo fantástico.

fantoche *m* títere, fantoche ‖ FIG mamarracho, monigote, fantoche.

fantomatique *adj* fantástico, ca; fantasmal.

fantôme *m* fantasma ‖ quimera *f*, ilusión *f* (chimère).
◆ *adj* fantasma, inexistente; *un vaisseau fantôme* un barco fantasma.

FAO abrév de *Food and Agricultural Organisation* FAO, Organización para la Agricultura y la Alimentación.

F.A.O. abrév de *fabrication assistée par ordinateur* CAM, fabricación asistida por ordenador.

faon [fã] *m* cervato, cervatillo (petit cerf) ‖ corcino, corzo pequeño (chevrillard) ‖ gamezno (petit daim).

far *m* CULIN pastel bretón con pasas y ciruelas pasas.

farad [farad] *m* ÉLECTR faradio, farad.

faraday *m* PHYS faradio.

faramineux, euse *adj* FAM extraordinario, ria; asombroso, sa.

farandole *f* farándula (danse provençale).

farce *f* farsa (théâtre) ‖ broma (plaisanterie); *faire une farce* gastar una broma ‖ relleno *m* (cuisine) ‖ — *magasin de farces et attrapes* tienda de bromas y engaños ‖ *tourner à la farce* perder su seriedad.
◆ *adj (vx)* FAM chistoso, sa; chusco, ca; ocurrente.

farceur, euse *m et f (vx)* THÉÂTR farsante, cómico, ca.
◆ *adj et s* bromista.

farci, e *adj* relleno, na; *olives farcies* aceitunas rellenas.

farcir *v tr* rellenar (cuisine); *farcir des aubergines* rellenar berenjenas ‖ FIG atestar, atiborrar (surcharger) ‖ llenar (remplir).
◆ *v pr* FAM cargarse con; *je me suis farci la vaisselle* me he cargado con el fregado (de los platos).

fard [fa:r] *m* pintura *f*, afeite *(p us)* ‖ FIG disfraz, disimulo (déguisement) ‖ FAM *piquer un o son fard* ponerse como un tomate, subírsele a uno el pavo, ruborizarse.

fardeau *m* carga *f* pesada, peso, bulto ‖ FIG carga *f*, peso.

farder *v tr* maquillar, pintar, afeitar *(p us)* (maquiller) ‖ COMM cubrir la mercancía averiada ‖ FIG encubrir, disfrazar (déguiser).
◆ *v intr* pesar, ser pesado (peser); *charge qui farde* carga que pesa ‖ desplomarse (céder sous une charge).

farfadet [farfadɛ] *m* trasgo, duende.

farfelu, e *adj* extravagante; descocado, da; peregrino, na.

farfouiller [farfuje] *v intr* FAM revolver, toquetear.

faribole *f* pamplina, cuento *m*.

farine *f* harina ‖ — *farine blanche* harina blanca ‖ *farine de blé* harina de trigo ‖ *farine de maïs* harina de maíz ‖ *farine lactée* harina lacteada ‖ *fleur de farine* harina de flor ‖ — *de la même farine* de la misma calaña.

fariner *v tr* enharinar.

farineux, euse *adj* harinoso, sa (qui contient de la farine) ‖ farináceo, a (de la nature de la farine) ‖ enharinado, da (couvert d'une poussière blanche).
◆ *m* farinácea *f* (légume).

farniente [farnjɛnte] *m* farniente, ociosidad *f*.

farouche *adj* feroz, salvaje; bravo, va (animaux) ‖ feroz, cruel ‖ FIG arisco, ca; esquivo, va; hosco, ca; huraño, ña (peu accueillant) ‖ — *bête farouche* animal feroz, fiera ‖ *résistance farouche* resistencia violenta, feroz.

farouchement *adv* violentamente, ferozmente.

fart [fart] *m* cera *f*, pasta *f* (pour les skis).

farter *v tr* encerar (les skis).

fascicule [fasikyl] *m* hacecillo ‖ IMPR fascículo, entrega *f* (cahier) ‖ MIL *fascicule de mobilisation* hoja de movilización.

fascinant, e *adj* fascinante.

fascination *f* fascinación.

fasciner *v tr* fascinar; *fasciner du regard* fascinar con la mirada ‖ MIL cubrir con fajinas.

fascisant, e *adj* de orientación fascista.

fascisme [faʃism] *m* fascismo.

fasciste [-ʃist] *adj* et *s* fascista.
faste *adj* fasto, ta || *c'est un jour faste* es un día de suerte.
◆ *m* fausto, boato.
◆ *pl* fastos.
fast-food *m* restaurante de comida rápida, hamburguesería, fast-food.
— OBSERV *pl fast-foods.*
fastidieux, euse *adj* fastidioso, sa; pesado, da.
fastueux, euse [fastɥø, øːz] *adj* fastuoso, sa.
fat [fa] ou [fat] *adj m* et *s m* fatuo.
fatal, e *adj* fatal || *femme fatale* mujer fatal.
— OBSERV *pl fatals, fatales.*
fatalement *adv* fatalmente, inevitablemente.
fatalisme *m* fatalismo.
fataliste *adj* et *s* fatalista.
fatalité *f* fatalidad.
fatidique *adj* fatídico, ca; *date fatidique* fecha fatídica.
fatigant, e *adj* fatigoso, sa; cansado, da (qui fatigue) || fastidioso, sa; cansino, na (ennuyeux).
fatigue *f* cansancio *m*, fatiga || *fatigue du sol* agotamiento del terreno || *la fatigue du voyage* las fatigas del viaje, el cansancio del viaje.
fatigué, e *adj* cansado, da; fatigado, da; *fatigué d'une longue marche* cansado por una larga caminata || gastado, da; usado, da (vêtement) || vencido, da (siège).
fatiguer *v tr* cansar, fatigar (causer de la fatigue) || FIG importunar, fastidiar, cansar (importuner) || soportar un peso (supporter un effort) || — *fatiguer une salade* mover ou revolver la ensalada || FAM *votre voiture est fatiguée* su coche está ya medio muerto.
◆ *v pr* cansarse, fatigarse; *se fatiguer à gémir* cansarse en gemir.
fatras [fatra] *m* fárrago.
fatuité *f* fatuidad.
fatum [fatɔm] *m* hado, destino.
faubourg [fobuːr] *m* arrabal, suburbio.
fauche *f* siega (temps et produit du fauchage) || FAM mangoneo *m*.
fauché, e *adj* segado, da || FAM bollado, da; limpio, pia; pelado, da (sans argent).
faucher *v tr* segar, guadañar (couper) || derribar, abatir, segar (abattre) || alcanzar, arrollar, atropellar (renverser); *l'automobile a fauché le piéton* el coche alcanzó al peatón || cortar, degollar (couper) || FAM birlar, mangar (voler).
◆ *v intr* cojear, falsear (cheval) || batir horizontalmente (canon, mitrailleuse).
faucheur, euse *m* et *f* segador, ra; guadañador, ra.
◆ *m* ZOOL segador.
◆ *f* segadora, guadañadora (machine) || *faucheuse mécanique* motosegadora.
faucille [fosiːj] *f* hoz.
faucon *m* halcón (oiseau) || MIL falcón (canon).
fauconnerie *f* cetrería (dressage des oiseaux) || halconería (chasse).
fauconnier *m* halconero.
faufil [fofil] *m* hilván, hilo de hilvanar (couture).
faufiler *v tr* hilvanar (coudre).
◆ *v pr* FIG colarse, deslizarse, escurrirse.

faune *m* MYTH fauno.
◆ *f* fauna (ensemble des animaux); *faune marine* fauna marina.
faussaire *m* et *f* falsario, ria.
faussement *adv* falsamente.
fausser *v tr* doblar, torcer; *fausser une clef* torcer una llave || FIG torcer; *fausser l'esprit* torcer el espíritu | torcer, dar una falsa interpretación; *fausser la loi* dar una falsa interpretación a la ley | falsear, adulterar; *fausser la vérité* falsear la verdad | desvirtuar, viciar (détruire l'exactitude de) || MUS desafinar || *fausser compagnie* marcharse por las buenas.
fausset *m* falsete; *voix de fausset* voz de falsete || bitoque, espita *f* (d'un tonneau).
fausseté *f* falsedad | doblez *m*, falsedad (hypocrisie) || MUS desafinamiento *m* (instrument), desentono *m* (voix).
faute *f* falta; *une faute grave* una falta grave; *fautes d'orthographe* faltas de ortografía || culpa (culpabilité); *à qui la faute?* ¿de quién es la culpa?, ¿quién tiene la culpa? || — *à faute de, faute de* por falta de, a defecto de || *faute de*, seguido de un infinitivo, equivale a *por no haber* o solamente *por no*, y, seguido de un sustantivo, equivale a *por falta de*, *en defecto de*; *faute d'étudier* por no haber estudiado; *faute d'exercice* por falta de ejercicio || *faute de mieux* a falta de otra cosa, por no tener nada mejor || *faute d'impression* errata || *faute d'inattention* falta de atención || DR *faute intentionnelle* falta intencional *ou* premeditada || *faute lourde* falta grave || *faute professionnelle* falta profesional || — *en faute* culpable || *par la faute de* por culpa de || *sans faute* sin falta || — *avoir faute de* necesitar || *c'est la faute de* la culpa es de || *c'est ma faute* es culpa mía, es mi culpa || *faire faute* faltar || *faire une faute* cometer una falta || *ne pas se faire faute de* no dejar de || *prendre quelqu'un en faute* coger ou pillar a alguien.
fauter *v intr* FAM faltar, tener un desliz (en parlant d'une femme).
fauteuil [fotœːj] *m* sillón, butaca *f*; *s'asseoir dans un fauteuil* sentarse en un sillón || butaca *f*; *fauteuil d'orchestre* butaca de patio || FIG presidencia *f* (présidence) || — *fauteuil à bascule* mecedora || *fauteuil à oreilles* sillón de orejeras || *fauteuil club* sillón de cuero || *fauteuil roulant* sillón de ruedas, cochecito de inválido || — FAM *dans un fauteuil* cómodamente, con facilidad, sin esfuerzo; *gagner dans un fauteuil* ganar sin esfuerzo.
fauteur, trice *m* et *f* fautor, ra; promotor, ra; *un fauteur de troubles* un promotor de disturbios.
fautif, ive *adj* falible; *mémoire fautive* memoria falible || culpable; *enfant fautif* niño culpable || defectuoso, sa; equivocado, da (erroné).
◆ *m* et *f* culpable.
fautivement *adv* equivocadamente, por error (par erreur) || en falta (par faute).
fauve *adj* leonado, da; anteado, da (couleur) || *bêtes fauves* caza mayor [ciervos, gamos, etc.].
◆ *m* fiera *f* (bête féroce) || color leonado *ou* rojizo (couleur) || pintor perteneciente a la escuela del fauvismo.
fauvette *f* curruca (oiseau).
fauvisme *m* fauvismo (peinture).
faux [fo] *f* guadaña, dalle *m (p us)*.
faux, fausse [fo, foːs] *adj* falso, sa || postizo, za; *faux nez* nariz postiza; *fausses dents* dientes pos-

tizos ‖ MUS desafinado, da; desentonado, da ‖ — *fausse joie* falsa ilusión ‖ *fausse queue* pifia (billard) ‖ GRAMM *faux ami* falso amigo [galicismo] ‖ *faux contact* falso contacto ‖ *faux frais* gastos imprevistos ‖ FIG *faux frère* traidor ‖ FAM *faux jeton* hipócrita ‖ *faux mouvement* mal movimiento ‖ *faux nom* nombre falso ‖ *faux titre* anteportada, portadilla (d'un livre) ‖ *faux comme un jeton* más falso que Judas ‖ — *à faux* sin razón, injustamente (à tort), en vano (sans résultat) ‖ — *faire fausse route* ir por mal camino, ir descaminado ‖ *faire faux bond à quelqu'un* faltar a una cita *ou* a un compromiso ‖ *faire un faux numéro* equivocarse de número de teléfono, marcar un número equivocado ‖ *faire un faux pas* dar un paso en falso, dar un tropezón *ou* un traspié ‖ *porter à faux* estar en falso (construction), no ser concluyente *ou* fundado (jugement), estar hecho en vano (action).

◆ *adv* MUS desafinadamente, desentonadamente ‖ *dire faux* mentir, no decir verdad ‖ *jouer, chanter faux* desafinar.

◆ *m* falsificación *f*; *faux en écriture publique* falsificación de escritura pública ‖ *lo falso; distinguer le faux du vrai* distinguir lo falso de lo verdadero ‖ *error; être dans le faux* estar en el error ‖ — DR *faux et usage de faux* falsificación y uso de documentos falsificados ‖ — *à faux* en falso ‖ *faire un faux* falsificar un documento ‖ *plaider le faux pour savoir le vrai* decir mentira para sacar verdad ‖ *s'inscrire en faux* atacar de falsedad.

faux-cils *m pl* pestañas postizas *f pl*.
faux-filet *m* solomillo bajo.
faux-fuyant [fofɥijɑ̃] *m* salida *f* falsa (porte) ‖ FIG pretexto, evasiva *f*, escapatoria *f*.
faux-monnayeur [fomɔnɛjœːr] *m* monedero falso.
faux-semblant *m* pretexto falso.
faux-sens *m inv* equívoco *m*.
favela *f* favela.
faveur *f* favor *m* ‖ gracia, merced (grâce) ‖ preferencia ‖ lacito *m*, cinta estrecha de seda, chamberga (ruban) ‖ — *lettre de faveur* carta de recomendación ‖ *tour de faveur* turno preferente ‖ *traitement de faveur* trato preferente ‖ — *à la faveur de* a favor de, gracias a, aprovechando ‖ *en faveur de* en favor de, en beneficio de, en pro de ‖ *être en faveur auprès de* gozar de la estima *ou* del favor de.
favorable *adj* favorable.
favorablement *adv* favorablemente, de manera favorable, en sentido favorable.
favori, ite *adj* et *s* favorito, ta; predilecto, ta ‖ favorito, ta (sports).
◆ *m* privado, valido (d'un roi).
◆ *f* favorita (d'un roi).
◆ *m pl* patillas *f*.
favoriser *v tr* favorecer ‖ *régions favorisées* comarcas dotadas, favorecidas.
favoritisme *m* favoritismo.
fax *m* fax.
faxer *v tr* enviar un documento por fax, enviar un fax.
fayot [fajo] *m* FAM frijol, judía *f*, prusiano (haricot sec) ‖ FIG pelota.
fayoter *v intr* FAM hacer la pelota.
FB abrév de *franc belge* franco belga.

FBI abrév de *Federal Bureau of Investigation* FBI, cuerpo de policía federal de Estados Unidos.
F.C. abrév de *football club* club de fútbol.
FCFA abrév de *franc C.F.A.* franco CFA, moneda de la Confederación Francófona Africana.
FCFP abrév de *franc C.F.P.* franco CFP, moneda de las Colonias Francesas del Pacífico.
fébrifuge *adj* et *s m* MÉD febrífugo, ga.
fébrile *adj* febril ‖ ÉCON *capitaux fébriles* dinero caliente.
fébrilement *adv* febrilmente, con agitación febril.
fébrilité *f* febrilidad.
fécal, e *adj* fecal; *matière fécale* materia fecal.
fécond, e [fekɔ̃, ɔ̃ːd] *adj* fecundo, da.
fécondable *adj* fecundable.
fécondant, e *adj* fecundante.
fécondateur, trice *adj* et *s* fecundador, ra.
fécondation *f* fecundación.
féconder *v tr* fecundar.
fécondité *f* fecundidad.
fécule *f* fécula.
féculent, e *adj* et *s m* feculento, ta.
fédéral, e *adj* et *s m* federal; *les fédéraux* los federales.
fédéralisme *m* federalismo.
fédéraliste *adj* et *s* federalista.
fédérateur, trice *adj* et *s* unificador, ra.
fédératif, ive *adj* federativo, va.
fédération *f* federación.
fédéré, e *adj* et *s* federado, da.
fédérer* *v tr* federar.
◆ *v pr* federarse.
fée [fe] *f* hada.
feed-back [fidbak] *m inv* feedback.
féerie [feri] *f* magia, hechicería (art des fées) ‖ mundo *m* de las hadas ‖ cuento *m* de hadas (conte) ‖ THÉÂTR comedia de magia ‖ FIG espectáculo *m* maravilloso.
féerique [ferik] *adj* mágico, ca; maravilloso, sa.
feignant, e *adj* et *s* POP vago, ga; gandul, la; holgazán, ana.
feindre* [fɛ̃ːdr] *v intr* et *tr* fingir ‖ cojear ligeramente (cheval) ‖ — *feindre de* fingir, aparentar, hacer como si; *feindre de croire quelque chose* fingir creer algo ‖ *feindre que* suponer.
feint, e [fɛ̃, ɛ̃ːt] *adj* fingido, da.
feinte [fɛ̃ːt] *f* fingimiento *m* ‖ ficción (fiction) ‖ finta (sports) ‖ IMPR fraile *m* (défaut d'impression).
feinter [fɛ̃te] *v intr* fintar, regatear, dar un quiebro.
◆ *v tr* FAM engañar.
feldspath *m* MIN feldespato.
fêler *v tr* cascar; *cloche, voix fêlée* campana, voz cascada ‖ astillar (un os), producir *ou* tener una fisura (crâne) ‖ FIG & FAM *avoir la tête fêlée* estar chiflado, faltarle a uno un tornillo.
félicitation *f* felicitación; *recevoir de nombreuses félicitations* recibir numerosas felicitaciones ‖ enhorabuena; *présenter ses félicitations* dar la enhorabuena ‖ *avec les félicitations du jury* con matrícula de honor.
féliciter *v tr* felicitar, dar la enhorabuena.
félin, e *adj* et *s m* ZOOL felino, na.

fellaga; fellagha *m* HIST guerrillero argelino o tunecino sublevado contra la autoridad francesa.
fellation *f* felación.
félon, onne *adj* et *s* felón, ona; traidor, ra.
félonie *f* felonía.
felouque *m* MAR falúa *f*, falucho.
fêlure *f* raja, cascadura ‖ fisura (du crâne) ‖ FIG & FAM chifladura, locura leve (folie légère).
femelle *adj* et *s f* hembra.
 ◆ *f* TECHN hembra, hembrilla.
féminin, e *adj* et *s m* femenino, na.
féminisation *f* feminización.
féminiser *v tr* afeminar (efféminer) ‖ GRAMM dar el género femenino a una voz.
 ◆ *v pr* afeminarse, feminizarse; *cette profesion se féminise* esta profesión se feminiza.
féminisme *m* feminismo.
féministe *adj* et *s* feminista.
féminité *f* feminidad.
femme [fam] *f* mujer ‖ mujer, esposa (épouse) ‖ — *femme d'affaires* mujer de negocios ‖ *femme de chambre* doncella, camarera, camarista [de la reina] ‖ *femme de charge* ama de llaves ‖ *femme de journée, de ménage* asistenta ‖ *femme de lettres* escritora ‖ *femme de tête* mujer cerebral ‖ *femme d'intérieur* mujer de su casa ‖ *femme du monde* mujer de mundo ‖ *femme fatale* mujer fatal ‖ — *conte de bonne femme* cuento de viejas ‖ *remède de bonne femme* remedio casero ‖ — *chercher femme* buscar novia ‖ *cherchez la femme* hay mujeres de por medio, es cuestión de faldas ‖ *devenir femme* hacerse una mujer ‖ *être très femme* ser muy mujer ‖ *prendre femme* casarse, tomar mujer.
femmelette [famlɛt] *f* mujercilla ‖ FIG mujerzuela (homme efféminé, timide).
fémoral, e *adj* femoral.
fémur *m* ANAT fémur.
F.E.N. *abrév* de *Fédération de l'éducation nationale* sindicato de la educación nacional [Francia].
fendillement [fɑ̃dijmɑ̃] *m* resquebrajadura *f*, grieta *f*.
fendiller [-je] *v tr* resquebrajar, agrietar.
 ◆ *v pr* resquebrajarse, agrietarse.
fendre *v tr* rajar, hender ‖ partir; *fendre des bûches* partir leños ‖ resquebrajar, agrietar; *la sécheresse fend la terre* la sequedad agrieta la tierra ‖ FIG abrirse paso entre *ou* por entre, pasar entre, atravesar, hender (traverser) ‖ partir (le cœur) ‖ romper (la tête) | hender, surcar (l'air).
 ◆ *v pr* henderse, partirse ‖ agrietarse, resquebrajarse ‖ tirarse a fondo (escrime) ‖ POP desprenderse, soltar, largar; *se fendre de cinq cents francs* soltar quinientos francos | arruinarse; *il s'est fendu* se ha arruinado.
fendu, e *adj* hendido, da; partido, da ‖ agrietado, da; resquebrajado, da; abierto, ta (crevassé) ‖ rasgado (œil) ‖ hendido, da; grande (bouche).
fenêtre *f* ventana; *fenêtre à guillotine* o *à l'anglaise* ventana de guillotina ‖ — *fenêtre géminée* ajimez, parteluz doble ‖ *se mettre à la fenêtre* asomarse a la ventana.
fennec [fɛnɛk] *m* ZOOL zorro del Sáhara.
fenouil [fənuj] *m* BOT hinojo ‖ *fenouil marin* hinojo marino.
fente [fɑ̃:t] *f* hendidura, raja, hendedura (fendillement) ‖ abertura, ranura; *regarder par la fente de la porte* mirar por la ranura de la puerta ‖ ranura (d'une machine), grieta (fissure) ‖ fondo *m*, acción de tirarse a fondo (escrime) ‖ abertura, raja (d'une veste) ‖ MIL *fente de visée* mirilla (char de combat).
féodal, e *adj* feudal.
féodalité *f* feudalidad.
fer *m* hierro (métal); *fer doux, rouge, forgé* hierro dulce, candente, forjado ‖ punta *f*, hierro, moharra *f* (d'une lance, etc.) ‖ acero, arma *f* blanca; *le fer homicide* el acero homicida ‖ herradura *f* (fer à cheval) ‖ FIG hierro; *volonté, santé de fer* voluntad, salud de hierro ‖ — *fer à double T* hierro de doble T ‖ *fer à friser* tenacillas de rizar, rizador para el pelo ‖ *fer à repasser* plancha ‖ *fer à souder* soldador ‖ *fer carré* hierro tocho ‖ FIG *fer de lance* lo más avanzado *ou* eficaz en un campo determinado ‖ — *coup de fer* planchado rápido ‖ *fil de fer* alambre ‖ — *de fer* de hierro, sólido ‖ *en fer à cheval* en forma de herradura, de herradura ‖ — FAM *avoir une santé de fer* tener una salud de hierro ‖ *briser le fer pour* romper una lanza en defensa de ‖ *croiser le fer* batirse ‖ *il faut battre le fer quand il est chaud* al hierro candente batir de repente.
 ◆ *pl* hierros, grilletes, cadenas *f* ‖ FIG cautiverio *sing*, esclavitud *f* (captivité) ‖ MÉD fórceps *sing* ‖ FIG *briser ses fers* romper las cadenas ‖ — *jeter dans les fers* encarcelar ‖ *mettre aux fers* poner grilletes, cargar de cadenas ‖ *tomber les quatre fers en l'air* caer patas arriba.
fer-blanc *m* hoja *f* de lata, hojalata *f*, lata *f*.
féria [ferja] *f* feria.
férié, e *adj* feriado, da.
férir *v tr* (vx) herir ‖ *sans coup férir* sin pegar un tiro, sin combate, sin violencia alguna (militaire), sin esfuerzo alguno (facilement).
 — OBSERV Sólo se usan el infinitivo *férir* y el participio pasivo *féru, e.*
ferler *v tr* MAR aferrar, plegar [velas].
fermage *m* arrendamiento rústico, arriendo (bail) ‖ renta *f* (loyer).
ferme *adj* firme ‖ compacto, ta; consistente; duro, ra (compact) ‖ prieto, ta (chair) ‖ seguro, ra (assuré) ‖ enérgico, ca (énergique) ‖ entero, ra; recto, ta (caractère) ‖ firme (valeur en Bourse) ‖ severo, ra; categórico, ca (impératif) ‖ COMM en firme; *vente ferme* venta en firme ‖ — *de pied ferme* a pie firme ‖ *d'une main ferme* con firmeza ‖ *ferme!* ¡ánimo!, ¡duro! ‖ *terre ferme* tierra firme.
 ◆ *adv* firme, firmemente, en firme ‖ mucho; *travailler ferme* trabajar mucho ‖ *tenir ferme* sujetarse bien (un clou), resistir mucho, aguantar, mantenerse firme (résister).
ferme *f* granja, finca, alquería, hacienda (en Amérique), cortijo *m* (en Andalousie) ‖ arriendo *m*, arrendamiento *m* (loyer); *prendre à ferme* tomar en arrendamiento ‖ contrata de recaudación de impuestos ‖ decorado *m* de teatro montado sobre bastidores, portante ‖ ARCHIT armadura (de toiture) ‖ — *ferme marine* granja de mar ‖ *ferme collective* granja colectiva ‖ *ferme école* o *modèle* granja modelo.
fermement *adv* firmemente, con fuerza, enérgicamente (avec force) ‖ firmemente, con seguridad (avec conviction).
ferment *m* fermento.
fermentation *f* fermentación ‖ FIG fermentación, agitación, efervescencia (des esprits) ‖ — *fermen-*

tation aérobie fermentación aeróbica ‖ *fermentation anaérobie* fermentación anaeróbica.

fermenter *v intr* fermentar ‖ FIG fermentar, agitarse (les esprits).

fermer *v tr* cerrar ‖ correr, cerrar; *fermer les rideaux* correr las cortinas ‖ — *fermer à clef* cerrar con llave ‖ *fermer au verrou* cerrar con cerrojo ‖ *fermer la porte à* poner coto a ‖ *fermer l'eau, l'électricité* cortar el agua, la electricidad ‖ FIG *fermer les yeux* cerrar los ojos, hacerse el desentendido, hacer la vista gorda ‖ *la chasse est fermée* hay veda ‖ POP *la fermer* cerrar el pico, callarse.
◆ *v intr* cerrar, cerrarse.
◆ *v pr* cerrarse.

fermeté *f* firmeza, entereza; *fermeté de caractère* entereza de carácter ‖ consistencia, dureza (consistance) ‖ *fermeté d'âme* fortaleza de ánimo.

fermette *f* pequeña granja ‖ ARCHIT armadura pequeña.

fermeture *f* cierre *m* ‖ veda (de la chasse) ‖ — *fermeture à crémaillère* cierre de cremallera, cremallera ‖ *fermeture à glissière* o *Eclair* cierre de cremallera, cremallera ‖ *fermeture annuelle* cerrado por vacaciones ‖ — COMM *heure de fermeture* hora de cierre | *jour de fermeture* día de cierre.

fermier, ère *m et f* arrendatario, ria (qui a un loyer) ‖ colono *m*, cortijero, ra; granjero, ra (exploitant) ‖ *(vx) fermier général* recaudador de impuestos (sous l'Ancien Régime).

fermoir *m* manecilla *f*, broche (d'un livre) ‖ boquilla *f* (d'un sac à main) ‖ agujero, cierre (des skis) ‖ formón (outil de menuisier).

féroce *adj* feroz.

férocement *adv* ferozmente, con ferocidad.

férocité *f* ferocidad.

ferrage *m* herraje.

ferraille [fɛrɑj] *f* chatarra, hierro *m* viejo; *bruit de ferraille* ruido de chatarra ‖ FAM calderilla (petite monnaie) ‖ FIG & FAM desguace *m*; *mettre à la ferraille* llevar al desguace.

ferrailler [-je] *v intr* chocar las espadas ‖ acuchillarse, darse de cuchilladas, batirse a sable *ou* espada ‖ no saber esgrimir (escrime) ‖ FIG & FAM disputar vivamente.

ferrailleur [-jœːr] *m* chatarrero, vendedor de hierro viejo (marchand) ‖ espadachín (bretteur) ‖ FIG & FAM discutidor, pendenciero.

ferré, e *adj* herrado, da (cheval), ferrado, da (canne), guarnecido de hierro ‖ empedrado, da; enguijarrado, da (chemin) ‖ — *voie ferrée* vía férrea ‖ — FIG & FAM *être ferré* o *ferré à glace sur une matière* estar empollado *ou* ducho en una materia, conocer a fondo una asignatura.

ferrement [fɛrmɑ̃] *m* herraje (garniture en fer).

ferrer *v tr* herrar (les chevaux) ‖ guarnecer de hierro (garnir de fer) ‖ herretear (les lacets, un ruban, etc.) ‖ sellar, marchamar (les tissus) ‖ empedrar, enguijarrar (un chemin) ‖ *ferrer un poisson* enganchar un pez con el anzuelo.

ferreux, euse *adj* CHIM ferroso, sa.

ferrique *adj* CHIM férrico, ca.

ferromagnétisme *m* ferromagnetismo.

ferronickel *m* ferroníquel.

ferronnerie *f* ferretería ‖ *ferronnerie d'art* artesanía de hierro forjado, forja artística del hierro *ou* tienda de objetos de hierro forjado.

ferroviaire [fɛrɔvjɛːr] *adj* ferroviario, ria.

ferrugineux, euse *adj et s m* ferruginoso, sa.

ferrure *f* herraje *m*.

ferry *m* ferry, transbordador.
— OBSERV pl *ferries*.

ferry-boat [fɛribot] *m* transbordador, «ferry-boat» (bac).

fertile *adj* fértil, feraz ‖ FIG fecundo, da; *une imagination fertile* una imaginación fecunda.

fertilisant, e *adj* fertilizante.

fertilisation *f* fertilización.

fertiliser *v tr* fertilizar.

fertilité *f* fertilidad, feracidad.

féru, e *adj* herido, da (le cheval) ‖ FIG enamorado, da; prendado, da (d'amour) | apasionado, da; *il est féru de littérature* está apasionado por la literatura.

férule *f* férula, palmeta (baguette) ‖ palmetazo *m* (coup de baguette) ‖ férula, cañaheja (plante) ‖ *être sous la férule de quelqu'un* estar uno bajo la férula de otro.

fervent, e *adj* ferviente; fervoroso, sa.

ferveur *f* fervor *m*.

fesse [fɛs] *f* nalga ‖ anca (de cheval).

fessée *f* azotaina, azotina.

fessier, ère *adj et s m* ANAT glúteo, a.
◆ *m* FAM posaderas *f pl*, trasero, nalgatorio.

fessu, e *adj* FAM nalgudo, da; culón, ona.

festif, ive *adj* festivo, va.

festin *m* festín.

festival *m* festival.
— OBSERV pl *festivals*.

festivalier, ère *adj et s* festivalero, ra.

festivité *f* festividad.

feston *m* festón (couture) ‖ guirnalda *f* (de fleurs) ‖ ARCHIT festón.

festonner *v tr* festonear.
◆ *v intr* POP andar haciendo eses (zigzaguer).

festoyer* [fɛstwaje] *v tr* festejar.
◆ *v intr* festejarse, juerguearse (faire bombance).

fêtard [fɛtaːr] *m* FAM juerguista, jaranero.

fête *f* fiesta, festividad; *le 14 Juillet est la fête nationale en France* el 14 de julio es la fiesta nacional de Francia ‖ fiesta, feria (foire) ‖ santo *m*, día *m* onomástico; *souhaiter à quelqu'un sa fête* felicitar a uno por su santo ‖ FAM juerga, parranda (de plaisir) ‖ — *fête carillonnée* fiesta solemne ‖ *fête chômée* o *fériée* día feriado ‖ *fête de charité* fiesta de caridad ‖ *fête des mères* día de la madre ‖ *fête des morts* día de los difuntos ‖ *fête d'obligation* fiesta de precepto *ou* de guardar ‖ *fête du travail* fiesta del trabajo ‖ *fête foraine* feria, verbena ‖ *fête mobile* fiesta móvil ‖ *la salle des fêtes* la sala de fiestas ‖ *le comité des fêtes* el comité de fiestas ‖ *les fêtes de fin d'année* las fiestas de fin de año ‖ — *air de fête* aspecto festivo ‖ FAM *ça va être ta fête* te van a echar una buena ‖ *faire fête* festejar ‖ *faire la fête* juerguearse, jaranear ‖ *se faire une fête de* alegrarse de.

fêter *v tr* celebrar (une fête) ‖ festejar (une personne).

fétiche *m* fetiche.

fétichisme *m* fetichismo.

fétichiste *adj et s* fetichista.

fétide *adj* fétido, da.

fétu *m* paja *f*, pajilla *f* (brin de paille) ‖ comino (graine du cumin) ‖ FIG ardite, cosa *f* de poco valor ‖ *cela ne vaut pas un fétu* eso no vale un comino.

feu *m* fuego; *feu doux* fuego lento *ou* moderado ‖ lumbre *f*, fuego; *faire du feu* encender fuego; *demander du feu* pedir lumbre ‖ luz *f* (lumière) ‖ descarga *f* (d'une arme) ‖ familia *f*, hogar (famille); *village de 300 feux* pueblo de 300 familias ‖ lucero (astre) ‖ destello, reflejo; *les feux d'un diamant* los destellos de un diamante ‖ escocedura *f* (produit par le rasoir) ‖ hoguera *f*; *condamné au feu* condenado a la hoguera ‖ señal *f* luminosa, luz *f* (signal lumineux) ‖ disco; *feu rouge, vert* disco rojo, verde ‖ FIG inspiración *f* ǀ imaginación *f*; *auteur plein de feu* autor lleno de imaginación ‖ — *feu arrière* piloto, luz posterior (d'une voiture) ‖ *feu à volonté* fuego a discreción ‖ *feu de Bengale* luz de Bengala ‖ *feu de bois* lumbre de leña ‖ *feu de camp* fuego de campamento ‖ *feu de joie* fogata ‖ *feu de paille* llamarada ‖ *feu de position* luz de situación (maritime), luz de posición, piloto (automobile) ‖ *feu de salve* salva ‖ *feu du ciel* rayo (foudre) ‖ *feu follet* fuego fatuo [(amér.) luz mala] ‖ *feu grégeois* fuego griego ‖ MIL *feu roulant* fuego graneado ‖ *feu Saint-Elme* fuego de San Telmo ‖ *feux d'artifice* fuegos artificiales ‖ AUTOM *feux de croisement* luces de cruce ‖ *feux de la rampe* candilejas (théâtre) ‖ AUTOM *feux de détresse* luces de emergencia ‖ *feux de la Saint-Jean* hogueras de San Juan ‖ *feux de navigation* luces de navegación ‖ AUTOM *feux de route* luces de carretera ǀ *feux de signalisation* semáforo; *les feux ne marcheront pas pendant la grève* los semáforos no funcionarán durante la huelga ǀ *feux de stationnement* luces de estacionamiento ‖ *feux tricolores* semáforo ‖ — *arme à feu* arma de fuego ‖ *coup de feu* tiro, disparo ‖ *couvre-feu* toque de queda ‖ — *à grand feu* a fuego vivo ‖ *à petit feu* a fuego lento ‖ *au coin du feu* al amor de la lumbre ‖ *au feu!* ¡fuego, fuego! ‖ *feu! ¡*fuego! ‖ *sans feu ni lieu* sin casa ni hogar ‖ MAR & AUTOM *tous feux éteints* sin luces ‖ — *aller au feu* ir al combate ‖ *avoir la bouche en feu* arderle a uno la boca ‖ *avoir le feu sacré pour quelque chose* llevar algo en la masa de la sangre ‖ FIG *brûler à petit feu* estar en ascuas ‖ MIL *cessez le feu* alto el fuego ǀ *commander le feu* ordenar hacer fuego ‖ FIG *donner le feu vert* dar luz verde ǀ *en mettre sa main au feu* poner las manos en el fuego ‖ *être entre deux feux* estar entre dos fuegos ‖ *être tout feu, tout flamme* estar entusiasmadísimo ‖ *faire feu* hacer fuego ‖ *faire feu de tout bois* no escatimar medios ǀ *faire long feu* fallar (une arme), fracasar (une affaire) ‖ *faire mourir à petit feu* matar a fuego lento ‖ *il n'y a pas de fumée sans feu* cuando el río suena, agua lleva ‖ *jeter de l'huile sur le feu* echar leña al fuego ‖ *jeter feu et flammes* echar fuego por los ojos, echar chispas ‖ *jouer avec le feu* jugar con fuego ‖ *mettre à feu et à sang* asolar (ravager) ‖ *mettre le feu à* prender fuego a ‖ *mettre le feu aux poudres* hacer saltar el polvorín ‖ FIG *ne pas faire long feu* no durar mucho ǀ *n'y voir que du feu* no comprender *ou* no enterarse de nada ‖ *prendre feu* incendiarse.

feu, e *adj* difunto, ta; q. e. p. d; *feu mon père, mon feu père* mi difunto padre, mi padre q. e. p. d [que en paz descanse].

feuillage [fœja:ʒ] *m* follaje ‖ hojarasca *f* (feuilles mortes).

feuillaison [-jɛzɔ̃] *f* foliación.

feuille [fœj] *f* hoja (d'arbre, de papier, de métal) ‖ periódico *m*, hoja (journal) ‖ pétalo *m*, hoja; *des feuilles de rose* pétalos de rosa ‖ país *m* (de l'éventail) ‖ año *m*, hoja (pour le vin et le bois); *vin de deux feuilles* vino de dos hojas *ou* años ‖ IMPR cuadernillo *m*, pliego *m* (d'un livre) ‖ — *feuille anglaise* hoja de caucho muy fina ‖ *feuille d'argent* papel de plata ‖ FAM *feuille de chou* periodicucho ‖ *feuille de maladie* hoja donde figuran todas las asistencias dispensadas por la Seguridad Social ‖ *feuille de paye* hoja de nómina ‖ *feuille de présence* lista de asistencia ‖ *feuille de route* o *de déplacement* hoja de ruta, itinerario ‖ TECHN *feuille de sauge* almendrilla (lime) ‖ *feuille d'étain* papel de estaño ‖ *feuille de température* gráfica de temperatura ‖ *feuille d'impôts* impreso para la declaración de la renta ‖ *feuille de vigne* hoja de vid, pámpano ‖ *feuille d'or* pan de oro ‖ *feuille mobile* o *volante* hoja suelta *ou* volante ‖ *feuille morte* hoja seca ‖ — POP *être dur de la feuille* ser algo sordo ‖ *rendre feuille blanche* entregar el examen en blanco ‖ *s'en aller avec les feuilles* morirse al caer las hojas ‖ *trembler comme une feuille* temblar como un azogado.

feuillet [-jɛ] *m* hoja *f*, pliego, folio (d'un livre) ‖ hoja *f*; *feuillet mobile* hoja móvil ‖ chapa *f*, hoja *f* delgada (de bois) ‖ ZOOL libro (de l'estomac des ruminants).

feuilletage [fœjta:ʒ] *m* hojaldrado, hojaldre.

feuilleté, e [-te] *adj* hojeado, da (livres) ‖ hojaldrado, da (pâtisserie) ‖ hojoso, sa; laminar (lamelleux).

◆ *m* hojaldre (pâtisserie).

feuilleter* [-te] *v tr* hojear (un livre) ‖ hojaldrar (une pâtisserie).

feuilleton [-tɔ̃] *m* folletín (dans un journal) ‖ serial (à la télévision).

feuilletonesque *adj* propio, pia de una novela por entregas *ou* de un serial.

feuillu, e [-jy] *adj* hojoso, sa; frondoso, sa.

feuillure [-jy:r] *f* gárgol *m* (rainure) ‖ renvalso *m* (d'une porte).

feuler *v intr* dar bufidos (le tigre), hacer fu (le chat).

feutre *m* fieltro (tissu) ‖ sombrero de fieltro *ou* flexible (chapeau).

feutrer *v tr* enfurtir, hacer fieltro ‖ poner, cubrir con fieltro (garnir de feutre) ‖ — FIG *à pas feutrés* con mucho sigilo ‖ *pas feutrés* pasos quedos, silenciosos.

◆ *v intr* ponerse como el fieltro.

feutrine *f* fieltro *m* [tipo ligero muy compacto].

fève *f* haba ‖ sorpresa (galette des Rois) ‖ VÉTÉR haba (du cheval) ‖ — *fève de Calabar* fruto del hediondo (anagyre) ‖ *fève tonka* haba tonca ‖ *gâteau de la fève* roscón de Reyes.

février *m* febrero.

FF abrév de *franc français* franco francés.

F.F.R. abrév de *Fédération française de rugby* Federación Francesa de Rugby.

fg abrév de *faubourg* arrabal, faubourg.

fi! *interj* ¡vaya!, ¡quita!, ¡fuera! [dícese también *fi donc!*] ‖ *faire fi de* desdeñar, despreciar, hacer poco caso de.

fiabilité *f* fiabilidad.

fiable *adj* fiable.

F.I.A.C. abrév de *Foire internationale d'art contemporain* Feria Internacional de Arte Contemporáneo.
fiacre *m* simón, coche de punto.
fiançailles [fijɑ̃saːj] *f pl* petición *sing* de mano, esponsales *m*, dichos *m* ‖ noviazgo *m sing* (temps entre les fiançailles et le mariage) ‖ *bague de fiançailles* sortija de pedida.
fiancé, e *m* et *f* novio, via.
fiancer* *v tr* desposar.
◆ *v pr* prometerse, desposarse; *se fiancer à* o *avec* desposarse con.
fiasco *m* fiasco, fracaso ‖ *faire fiasco* fracasar.
fiasque *f* garrafa.
Fibranne *f* (nom déposé) fibrana (textile).
fibre *f* fibra ‖ FIG vena; *avoir la fibre militaire, maternelle* tener la vena militar, maternal ‖ *fibre de verre* fibra de vidrio ‖ *fibre optique* fibra óptica ‖ *fibre synthétique* fibra sintética.
fibreux, euse *adj* fibroso, sa.
fibrillation *f* fibrilación ‖ MÉD *fibrillation ventriculaire* fibrilación ventricular.
fibrille [fibriːj] *f* ANAT fibrilla.
fibrine *f* CHIM fibrina.
Fibrociment *m* (nom déposé) CONSTR fibrocemento.
fibromateux, euse *adj* MÉD fibromatoide.
fibrome *m* MÉD fibroma.
fibroscope *m* MÉD fibroscopio.
fibroscopie *f* MÉD fibroscopia.
fibrose *f* MÉD fibrosis.
fibule *f* fíbula (agrafe).
ficaire *f* BOT ficaria.
ficelage *m* atado.
ficeler* *v tr* atar, encordelar, poner una cuerda delgada *ou* una guita ‖ FIG & FAM arreglar; *être mal ficelé* ir mal arreglado.
◆ *v pr* FAM componerse, acicalarse, arreglarse.
ficelle *f* bramante *m*, guita, cuerda fina ‖ pistola, flauta, tornillo *m*, barra de pan muy delgada (pain) ‖ FIG & FAM recurso *m*, artificio (truc) ‖ — FAM *les ficelles du métier* las triquiñuelas del oficio | *on voit la ficelle* se ve la hilaza, se ve el plumero | *tenir* o *tirer les ficelles* manejar el tinglado, mover los hilos ‖ FIG *tirer sur la ficelle* aprovecharse demasiado de una situación.
◆ *adj* et *s f* FAM cuco, ca; astuto, ta; ladino, na.
fichage *m* acción *f* de fichar, fichaje.
fiche *f* papeleta, ficha (feuillet) ‖ MIL protocolo *m* (cheville) ‖ ficha (au jeu) ‖ fija (outil de maçon) ‖ clavija (de standard téléphonique) ‖ piquete *m* (d'arpenteur) ‖ ÉLECTR enchufe *m* ‖ — *fiche de paye* hoja de paga ‖ MIL *fiche de pointage* varilla, jalón de puntería ‖ *fiche d'état civil* fe de vida ‖ ÉLECTR *fiche femelle* clavija hembra | *fiche mâle* clavija macho ‖ *fiche signalétique* filiación (persona), descriptivo (cosa) ‖ *fiche technique* ficha técnica.
fiché, e *adj* fichado, da; *être fiché* estar fichado.
ficher *v tr* fichar (répertorier) ‖ hincar, clavar (planter) ‖ clavar, fijar (fixer) ‖ FAM largar, soltar; *ficher une gifle* largar una bofetada | echar, poner; *ficher quelqu'un à la porte* echar *ou* poner a alguien en la calle ‖ POP hacer; *qu'est-ce que tu fiches là?* ¿qué haces ahí? ‖ — POP *ficher en l'air* tirar por alto (jeter), echar a perder, malograr (gâcher) | *ficher le camp* largarse ‖ — *fiche-moi la paix!* ¡déjame en paz! ¡*je t'en fiche!* ¡qué más quisieras! (c'est faux), ¡ni hablar! (pas question) ‖ *va te faire fiche!* ¡anda y que te zurzan!
◆ *v pr* hincarse, clavarse ‖ FAM meterse; *se ficher une idée dans la tête* meterse una idea en la cabeza | reírse, burlarse; *il se fiche du monde* se ríe del mundo | tomar a broma; *se ficher de ses études* tomar a broma los estudios ‖ POP echarse, tirarse (se jeter) ‖ — FAM *je m'en fiche* me importa un bledo ‖ POP *se ficher dedans* colarse, columpiarse, equivocarse | *se ficher par terre* tirarse al suelo (se jeter), caerse (tomber) | *s'en ficher comme de l'an quarante* importarle a uno un comino.
— OBSERV Dans ses acceptions populaires, l'infinitif prend souvent la forme *fiche* et le participe passé est *fichu, e*, au lieu de *fiché, e*.
fichier *m* fichero ‖ — INFORM *fichier actif* o *en cours d'utilisation* fichero activo *ou* en uso | *fichier d'archives* fichero de archivos | *fichier principal* fichero principal ‖ *fichier central* registro central ‖ *fichier d'adresses* fichero de direcciones.
fichtre *interj* FAM ¡caramba!, ¡cáspita!, ¡caray!, ¡atiza!
fichu *m* pañuelo, toquilla *f*, pañoleta *f*.
fichu, e; foutu, e *adj* FAM echado, da (chassé); fichu *à la porte* echado a la calle | perdido, da; *je suis fichu* estoy perdido | tirado, da (jeté) | estropeado, da; echado a perder (détérioré) | malgastado, da; tirado, da (l'argent) | arruinado, da; hecho polvo (la santé) | dichoso, sa; pijotero, ra (caractère) | ridículo, la; mal arreglado, da | pajolero, ra (fâcheux); *un fichu métier* un pajolero oficio ‖ — *fichu de* capaz de; *n'être pas fichu de* no ser capaz de ‖ — FAM *être fichu comme l'as de pique* ir hecho una facha *ou* un desastre | *être mal fichu* ir mal vestido (mal habillé), estar malucho, encontrarse mal (santé), estar mal hecho *ou* terminado (objet), estar mal hecho (personne).
fictif, ive *adj* ficticio, cia.
fiction *f* ficción.
fictivement *adv* de manera ficticia, ficticiamente.
ficus *m* BOT ficus.
fidèle *adj* et *s* fiel.
fidèlement *adv* fielmente, escrupulosamente.
fidélisation *f* fidelización.
fidéliser *v tr* fidelizar, ganarse la confianza *ou* el aprecio de alguien; *fidéliser une clientèle* fidelizar la clientela.
fidélité *f* fidelidad.
Fidji (îles) *n pr f* GÉOGR islas Fiyi.
fiduciaire *adj* fiduciario, ria ‖ ÉCON *société fiduciaire* gestoría, compañía fiduciaria.
fief [fjɛf] *m* feudo; *fief lige* feudo ligio.
fieffé, e *adj* (vx) enfeudado, da; dado, da en feudo (donné en fief) ‖ FIG empedernido, da; redomado, da; de remate, de siete suelas; *fieffé ivrogne* borracho empedernido.
fiel [fjɛl] *m* hiel *f* ‖ FIG hiel *f*, amargura *f*.
fiente [fjɑ̃ːt] *f* excremento *m* [sobre todo de aves].
fier (se)* [səfje] *v pr* fiarse ‖ *se fier à* fiarse de, confiar en, contar con.
fier, fière [fjɛr, fjɛːr] *adj* altivo, va; altanero, ra (hautain) ‖ orgulloso, sa; *être fier de son père* estar orgulloso de su padre ‖ soberbio, bia (orgueilleux) ‖ FAM tremendo, da; valiente; *un fier coquin* valiente

bribón ‖ FIG noble, elevado, da; *âme fière* alma noble ‖ atrevido, da; intrépido, da (intrépide) ‖ — *avoir fière allure* tener un porte altivo *ou* majestuoso ‖ *c'est un fier imbécile* es un grandísimo imbécil ‖ *être fier comme Artaban* ser más orgulloso que don Rodrigo en la horca ‖ *être fier de soi* estar prendado de sí mismo ‖ *faire le fier* gallear, mostrarse orgulloso ‖ *ne pas être fier* estar avergonzado *ou* abochornado (honteux), no tenerlas todas consigo (avoir peur).

fier-à-bras [fjɛrabɑ] *m* fierabrás, matasiete.

fièrement *adv* orgullosamente ‖ audazmente, atrevidamente (audacieusement) ‖ con dignidad ‖ FAM en extremo, mucho, muy (extrêmement).

fierté *f* orgullo *m*, soberbia, altivez ‖ dignidad, nobleza de sentimientos.

fiesta *f* FAM juerga, marcha.

fièvre [fjɛvʀ] *f* fiebre, calentura ‖ FIG fiebre; *la fièvre électorale* la fiebre electoral; *la fièvre de l'or* la fiebre del oro ‖ — MÉD *fièvre algide* fiebre álgida ‖ VÉTÉR *fièvre aphteuse* fiebre aftosa ‖ *fièvre chaude* delirio, tabardillo ‖ MÉD *fièvre de lait* fiebre láctea | *fièvre intermittente* fiebre intermitente | *fièvre jaune* fiebre amarilla, vómito negro | *fièvre quarte* cuartanas | *fièvre tierce* tercianas | *fièvre typhoïde* fiebre tifoidea ‖ — *avoir de la fièvre* estar con fiebre *ou* calentura *ou* temperatura, tener fiebre ‖ *avoir 39 de fièvre* tener *ou* estar con 39 de fiebre ‖ *avoir une fièvre de cheval* tener un calenturón, mucha fiebre ‖ *avoir un peu de fièvre* tener destemplanza, tener décimas.

fiévreusement *adv* febrilmente.

fiévreux, euse *adj* calenturiento, ta; febril.
◆ *m et f* calenturiento, ta ‖ FIG inquieto, ta; agitado, da.

F.I.F.A. abrév de *Fédération internationale de football-association* FIFA, Federación Internacional de Fútbol Asociación.

fifre *m* pífano (flûte et musicien).

fifty-fifty [fiftififti] *adj* a medias.

figé, e *adj* cuajado, da; coagulado, da (coagulé) ‖ estereotipado, da; *phrase figée* expresión estereotipada ‖ FIG paralizado, da; petrificado, da; yerto, ta (immobilisé).

figer* *v tr* cuajar, coagular ‖ FIG paralizar, petrificar (immobiliser).
◆ *v pr* cuajarse, coagularse ‖ FIG helarse; *mon sang se fige* mi sangre se hiela.

fignoler *v tr et intr* FAM perfilar, refinar, dar el último toque.

figue *f* higo *m* ‖ — *figue de Barbarie* higo chumbo ‖ *figue fleur* o *figue d'été* breva ‖ FIG *mi-figue mi-raisin* entre chanzas y veras ‖ — *(vx)* FAM *faire la figue à quelqu'un* hacer la higa, burlarse de alguien.

figuier [figje] *m* higuera *f* (arbre) ‖ — *figuier banian* balete (arbre d'Asie) ‖ *figuier de Barbaria* o *d'Inde* chumbera, tuna, nopal ‖ *figuier infernal* higuera infernal, ricino ‖ *figuier religieux* o *des pagodes* higuera religiosa.

figurant, e *m et f* figurante, comparsa (théâtre) ‖ extra (cinéma).

figuratif, ive *adj* figurativo, va.

figuration *f* figuración ‖ comparsa, figurantes *m pl* (théâtre) ‖ extras *m pl* (cinéma) ‖ *faire de la figuration* ser extra (cinéma).

figure *f* figura; *figure géométrique* figura geométrica ‖ cara, rostro *m* (visage) ‖ símbolo *m*; *la figure de l'Eucharistie* el símbolo de la Eucaristía ‖ — *cas de figure* ejemplo ‖ *figure de rhétorique* figura retórica ‖ SPORTS *figures imposées* ejercicios obligatorios ‖ *figures libres* ejercicios libres ‖ — *faire bonne figure à quelqu'un* poner buena cara a uno ‖ *faire bonne figure en société* hacer buen papel en la sociedad ‖ *faire figure de* hacer papel de, estar considerado como; *faire figure de vainqueur* estar considerado como vencedor ‖ *faire triste figure* estar cabizbajo (triste), hacer el ridículo (être ridicule) ‖ *jeter à la figure* echar en cara ‖ *ne savoir quelle figure faire* no saber qué cara poner.

figuré *m* sentido figurado; *au propre et au figuré* en sentido propio y en el figurado.

figurer *v tr* figurar ‖ representar.
◆ *v intr* figurar ‖ hacer de comparsa (théâtre), de extra (cinéma) ‖ constar; *cela figure dans le contrat* esto consta en el contrato.
◆ *v pr* figurarse, imaginarse; *figurez-vous que* figúrese usted que.

figurine *f* figurilla, figurita, estatuita.

fil [fil] *m* hilo (de soie, etc.) ‖ filo (tranchant) ‖ alambre (de métal) ‖ cordón, hilo (électrique) ‖ hebra *f*, fibra *f*, filamento (des légumes, des plantes) ‖ veta *f*, vena *f*, fibra *f* (fibre) ‖ sentido de la fibra; *couper dans le fil du bois* cortar en el sentido de la fibra de la madera ‖ FIG hilo; *le fil de la vie* el hilo de la vida; *le fil d'un récit* el hilo de un relato; *les fils d'une intrigue* los hilos de una intriga | curso, corriente *f*; *le fil de la rivière* el curso del río ‖ — *fil à coudre* hilo ‖ *fil à plomb* plomada ‖ *fil à souder* alambre de soldar ‖ *fil barbelé* espino artificial, alambrada, alambre de púas ‖ *fil d'archal* alambre ‖ *fil d'argent* hilo de plata ‖ MAR *fil de caret* filástica ‖ *fil de cocon* hilo de seda ‖ *fil de fer* alambre ‖ *fil dentaire* hilo dental ‖ *fil en quatre, en six* aguardiente ‖ *fil machine* alambrón ‖ *fil métallique* alambre ‖ *fil retors* torzal ‖ *fils de la Vierge* hilos de araña ‖ *télégraphie sans fil* telegrafía sin hilos ‖ — *au fil de l'eau* con *ou* siguiendo la corriente ‖ *au fil des années* con el correr *ou* en el transcurso de los años ‖ *de fil en aiguille* de una cosa a otra (déduction) ‖ — *avoir quelqu'un au bout du fil* estar en comunicación telefónica con alguien ‖ *avoir un fil à la patte* estar cogido, estar atado de pies y manos ‖ FIG *c'est cousu de fil blanc* es más claro que el agua ‖ *coudre en droit fil* coser al hilo ‖ *donner du fil à retordre* dar que hacer, dar mucha guerra ‖ *donner un coup de fil* dar un telefonazo, telefonear ‖ *il n'a pas inventé le fil à couper le beurre* no ha inventado la pólvora ‖ *ne tenir qu'à un fil* estar pendiente de un hilo ‖ *passer au fil de l'épée* pasar a cuchillo, acuchillar ‖ *perdre le fil* perder el hilo.

fil-à-fil *m inv* fil a fil, hilo a hilo.

filage *m* hilado (action de filer) ‖ estirado (métallurgie).

filament *m* filamento.

filandreux, euse *adj* fibroso, sa; hebroso, sa ‖ FIG enrevesado, da (obscur), pesado, da (ennuyeux).

filant, e *adj* fluente (qui coule) ‖ fugaz; *étoile filante* estrella fugaz.

filasse *f* estopa, hilaza, copo *m* (du lin, du chanvre) ‖ FAM estropajo *m* (viande filandreuse).
◆ *adj inv* rubio de estopa (des cheveux); *cheveux blond filasse* pelo rubio de estopa.

filature *f* fábrica de hilados, hilandería ‖ hilado *m* (action de filer) ‖ FIG vigilancia de la policía, acción *m* de seguir los pasos *ou* la pista; *prendre quelqu'un en filature* seguir a alguien *ou* los pasos de alguien.

file *f* fila, hilera ‖ reata (chevaux, etc.) ‖ MAR hilada ‖ — *chef de file* guía, jefe de fila ‖ *feu de file* fuego graneado ‖ *file d'attente* cola ‖ — *à la file* en fila, en hilera ‖ *à la o en file indienne* en fila india, en caravana ‖ MIL *par file à droite* desfilar a la derecha ‖ — *prendre la file* ponerse en cola ‖ *se mettre en file* ponerse en fila ‖ AUTOM *stationner en double file* estacionar (se), en doble fila.

filer *v tr* hilar; *filer la laine* hilar la lana ‖ tejer; *l'araignée file sa toile* la araña teje su tela ‖ estirar, tirar (les métaux) ‖ entorchar (les cordes d'une guitare) ‖ pasar (le temps); *filer des jours heureux* pasar una vida feliz ‖ FAM seguir, seguir los pasos *ou* la pista, vigilar (suivre une personne) ‖ MAR largar, soltar (laisser glisser); *filer un câble* largar un cable ‖ hacer, marchar, navegar; *filer 12 nœuds* marchar a doce nudos ‖ hacerse una carrera *ou* una carrerilla en (bas) ‖ POP dar (donner) ‖ *filer le parfait amour* quererse como tórtolos ‖ *filer un mauvais coton* ir por mal camino.
◆ *v intr* humear, echar humo (une lampe) ‖ ahilarse, formar hilos *ou* hebras (le vin) ‖ producir, formar hilos (fromage) ‖ fluir, salir lentamente (liquides) ‖ FAM marchar a gran velocidad, ir *ou* encaminarse rápidamente (aller vite) ‖ pasar rápidamente, pasar volando; *les jours filent* los días pasan volando ‖ gastarse con rapidez, irse de las manos; *l'argent file* el dinero se gasta con rapidez ‖ FIG & FAM largarse, irse (s'en aller) ‖ — *filer à l'anglaise* despedirse a la francesa ‖ FIG *filer doux* no replicar, someterse.

filet *m* (vx) hililo, hilito (petit fil) ‖ red *f* (pour pêcher ou chasser) ‖ red *f*, malla *f*; *filet de tennis* red de tenis ‖ redecilla *f* (pour les cheveux ou les bagages) ‖ filete, solomillo (bœuf), lomo (porc) ‖ chorreoncito, poquito (un peu); *un filet de vinaigre* un chorreoncito de vinagre ‖ hilo, hilillo, chorrillo; *filet d'eau* chorrillo de agua ‖ hilo; *filet de lumière* hilo de luz ‖ hilo, hilillo; *un filet de voix* un hilo de voz ‖ ANAT filete (d'un nerf) ‖ frenillo (de la langue) ‖ ARCHIT filete, moldura *f* ‖ BOT filamento (partie de l'étamine) ‖ ÉQUIT bridón, filete ‖ IMPR filete (ornement) ‖ TECHN rosca *f*, filete (d'une vis) ‖ — *filet à provisions* redecilla ‖ *filet d'air* soplo de aire ‖ — *coup de filet* redada ‖ *faux filet* solomillo bajo ‖ — *tendre un filet* hacer una redada, tender una celada (police) ‖ FIG *tomber dans le filet* caer en la trampa *ou* en la red.

filetage [filtaːʒ] *m* aterrajado, fileteado, roscado (d'une vis) ‖ estirado (du métal) ‖ caza *f* furtiva [con red].

fileté, e *adj* aterrajado, da.

fileter *v tr* aterrajar, filetear, roscar (écrou, vis) ‖ estirar (métal).

filial, e *adj* et *s f* filial.

filialiser *v tr* dividir una empresa en filiales.

filiation *f* filiación ‖ FIG filiación, dependencia, ilación (liaison).

filière *f* hilera (pour étirer le métal) ‖ terraja (pour fileter les vis) ‖ molde *m* (pour faire des pâtes) ‖ hilera (menuiserie) ‖ trámites *m pl*, tramitación (suite de formalités) ‖ COMM orden de entrega por endoso ‖ ramificaciones *pl*; *remonter la filière* seguir las ramificaciones ‖ ZOOL hilera (des insectes) ‖ — *suivre la filière* seguir todos los trámites *ou* reglas (formalités) ‖ *suivre la filière, passer par la filière* seguir el escalafón (profession).

filiforme *adj* filiforme.

filigrane *m* filigrana *f* ‖ FIG *en filigrane* insinuado, solapado.

filin *m* MAR beta *f*, cabo.

fille [fiːj] *f* hija; *la fille du roi* la hija del rey ‖ soltera; *rester fille* quedarse soltera ‖ muchacha, chica, niña ‖ mujerzuela, mujer de mala vida (prostituée) ‖ — *fille à marier* joven casadera ‖ *fille d'auberge, de ferme* moza de posada, de cortijo ‖ *fille de joie, des rues, perdue, publique, soumise* mujer pública, mujer de la vida, ramera ‖ *fille de salle* chica de servicio (hôpital) ‖ *fille de service* criada, moza ‖ *fille mère* madre soltera ‖ — *belle-fille* nuera, hija política (femme du fils), hijastra (fille de l'un des époux) ‖ *grande fille* chica mayorcita ‖ *jeune fille* muchacha, chica, joven (personne jeune), soltera (célibataire) ‖ *la fille aînée de l'Église* la hija predilecta de la Iglesia, Francia ‖ *les filles de Mémoire* las Musas ‖ *petite fille* niña ‖ *petite-fille* nieta ‖ *vieille fille* solterona ‖ — *rester vieille fille* quedarse para vestir santos *ou* imágenes.

fillette [fijɛt] *f* niña, chiquilla ‖ FAM media botella.

filleul, e [fijœl] *m et f* ahijado, da.

film *m* película *f*, film, filme, cinta *f* cinematográfica ‖ capa *f* (couche de liquide) ‖ — *film à épisodes* película en jornadas, de episodios ‖ *film annonce* avance, trailer ‖ *film d'animation* película de animación ‖ *film d'épouvante* película de terror ‖ *film muet* película muda ‖ *film parlant* película sonora ‖ *film publicitaire* película publicitaria ‖ — *tourner un film* rodar una película.

filmer *v tr* poner una capa protectora de celuloide *ou* de colodión ‖ filmar, rodar (cinéma).

filmique *adj* cinematográfico, ca.

filmographie *f* historia cinematográfica, filmografía.

filon *m* MIN filón ‖ FAM filón, ganga *f*, chollo (aubaine).

filou *m* ratero, timador (voleur adroit) ‖ fullero, tramposo (tricheur).

fils [fis] *m* hijo, descendiente; *les fils des Romains* los descendientes de los romanos ‖ hijo, nativo, natural; *les fils d'Espagne* los hijos de España ‖ — *fils aîné* hijo mayor, primogénito ‖ FAM *fils à papa* señorito, señoritingo ‖ *fils cadet* hijo menor, segundón ‖ *fils de famille* hijo de buena familia, niño bien ‖ *fils puîné* segundogénito ‖ — *beau-fils* yerno (mari de la fille), hijastro (fils d'un seul des époux) ‖ *petit-fils* nieto ‖ FIG *être le fils de ses œuvres* deber el triunfo en la vida a sí mismo.

filtrage *m* filtración *f*, filtrado.

filtrant, e *adj* filtrante.

filtrat [filtra] *m* líquido filtrado, resultado de una filtración.

filtration *f* filtración.

filtre *m* filtro ‖ *filtre à café* maquinilla para hacer café, filtro.

filtrer *v tr* filtrar ‖ controlar; *filtrer l'accès d'une salle* controlar la entrada a una sala.
◆ *v intr* filtrarse, penetrar.

fin *f* fin *m*, final *m*; *la fin d'un livre* el fin de un libro ‖ fin *m*, término *m*; *toucher à sa fin* acercarse a su fin ‖ fin *m*, objeto *m*, objetivo *m*; *en venir à ses fins* conseguir sus fines ‖ final *m* (mort) ‖ — *fin courant, fin octobre* a fines del corriente, de octubre ‖ *fin de*

fin

section fin de un sector en el recorrido de un autobús (ligne d'autobus) ‖ DR *fin de non-recevoir* inadmisibilidad, desestimación de una demanda, rechazo categórico ‖ — *chaîne sans fin* cadena sin fin ‖ *chômeur en fin de droits* parado al final de las prestaciones de desempleo ‖ *la fin des fins* o *de tout* el acabóse ‖ ECCLÉS *les fins dernières* las postrimerías ‖ *mot de la fin* última palabra ‖ — *à bonne fin* con buen fin ‖ *à cette fin* para este fin, con este fin ‖ *afin de* a fin de, con objeto de ‖ *à la fin* al fin, al fin y al cabo ‖ *à la fin du mois* a fines de mes ‖ *à seule fin de* con el único fin de ‖ *à toutes fins utiles* para todos los efectos, por si hace falta ‖ *en fin de compte* en resumidas cuentas, al fin y al cabo ‖ *jusqu'à la fin* hasta el final ‖ — *arriver à ses fins* conseguir sus fines ‖ *être sur sa fin* estar a punto de acabarse (se terminer), estar en las últimas (à l'agonie) ‖ *faire une bonne fin* morir cristianamente ‖ FAM *faire une fin* sentar la cabeza, cambiar de vida (changer de vie), casarse (se marier) ‖ *la fin couronne l'œuvre* el fin corona la obra ‖ *la fin justifie les moyens* el fin justifica los medios ‖ *mener à bonne fin* llevar a buen término ‖ (vx) *mettre à fin* llevar a cabo ‖ *mettre fin* dar fin, poner fin, poner punto final, cerrar ‖ *prendre fin* acabarse, finalizarse ‖ *qui veut la fin veut les moyens* para conseguir un resultado no hay que escatimar los esfuerzos ‖ *tirer à sa fin* estar acabándose.

fin *m* fino, finura *f* ‖ ropa *f* fina (linge fin) ‖ — *le fin des choses* lo más fino de todo ‖ *le fin du fin* lo mejor de lo mejor.

fin, e *adj* fino, na ‖ buen, hábil; *un fin renard* un buen zorro ‖ — *fines herbes* hierbas finas ‖ *fin mot* quid, motivo secreto ‖ *la fine fleur* la flor y nata ‖ *le fin mot de l'histoire* el porqué de las cosas ‖ *lingerie fine* lencería fina ‖ *nez fin* olfato ‖ *or fin* oro de ley ‖ *pierres fines* piedras finas *ou* semipreciosas ‖ *un fin gourmet* alguien de buen paladar, un gastrónomo ‖ *un fin tireur* un tirador de primera ‖ *vin fin* vino generoso ‖ — *avoir l'ouïe fine* tener buen oído ‖ *c'est fin!* ¡qué tontería! ¡qué vivo! (ironique) ‖ *jouer au plus fin* dárselas de enterado, dárselas de listo.

◆ *adv* finamente; *écrire fin* escribir finamente ‖ — *fin soûl* borracho perdido ‖ — *être fin prêt* estar listo *ou* dispuesto *ou* preparado.

final, e *adj* et *s* final ‖ — SPORTS *demifinale* semifinal | *huitièmes, seizièmes de finale* octavos, dieciseisavos de final | *quarts de finale* cuartos de final.

finalement *adv* finalmente, por último, al fin (à la fin) ‖ finalmente, bien mirado (tout compte fait).

finaliser *v tr* dar una finalidad a ‖ finalizar, ultimar.

finaliste *adj* et *s* finalista.

finalité *f* finalidad.

finance *f* banca, mundo *m* financiero ‖ *moyennant finance* mediante dinero, con dinero ‖ *entrer dans la finance* dedicarse a financiero.

◆ *pl* dinero *m sing*, fondos *m* (argent que l'on a) ‖ hacienda *sing* [(amér) finanzas]; *ministère des Finances* Ministerio de Hacienda ‖ hacienda pública, erario *m*, finanzas (gallicisme) ‖ — *loi de finances* ley de presupuestos.

financement *m* financiación *f*, financiamiento (gallicisme très employé), costeo.

financer* *v tr* et *intr* financiar, costear, sufragar.

financier, ère *adj* et *s m* financiero, ra; hacendista ‖ *marché financier* mercado de capitales *ou* financiero.

financière *adj* CULIN con guarnición de champiñones, trufas y mollejas.

◆ *f* CULIN guarnición a base de champiñones, trufas y mollejas.

financièrement *adv* en términos financieros, económicamente.

finaud, e [fino, o:d] *adj* et *s* ladino, na; astuto, ta.

fine *f* aguardiente *m* fino (eau-de-vie fine) ‖ *fine champagne* coñac (cognac).

finement *adv* finamente, con finura (délicatement) ‖ hábilmente, con maestría (adroitement).

finesse *f* tenuidad, delgadez, finura (qualité de ce qui est fin) ‖ fineza, finura (élégance) ‖ ARTS delicadeza ‖ FIG sutileza, agudeza (subtilité) | esbeltez, elegancia (de la taille) | agudeza (de l'ouïe) | ardid *m* triquiñuela (ruse).

finette *f* muletón *m*, fineta (tissu).

fini, e *adj* acabado, da; terminado, da; concluido, da (achevé) ‖ finito, ta; limitado, da (limité) ‖ perfecto, ta; acabado, da (parfait) ‖ rematado, da; consumado, da; *un fripon fini* un bribón rematado ‖ FIG acabado, da; arruinado, da; perdido, da (usé physiquement ou moralement).

◆ *m* remate, último toque, acabado (dernière main) ‖ perfección *f*, acabamiento (perfection) ‖ lo finito, lo limitado; *le fini et l'infini* lo finito y lo infinito.

finir *v tr* acabar (achever) ‖ finalizar (mettre un terme) ‖ perfeccionar, dar la última mano (mettre la dernière main) ‖ *tout est bien qui finit bien* acabó por arreglarse.

◆ *v intr* acabar; *ce clocher finit en pointe* este campanario acaba en punta ‖ terminar su vida, morir ‖ — *à n'en plus finir* de nunca acabar, interminable ‖ *c'est bientôt fini?* ¿acabarás de una vez? (reproche) ‖ *en finir* acabar de una vez ‖ *finir en beauté* tener un final muy decoroso, terminar lucidamente *ou* brillantemente ‖ *finir par faire quelque chose* acabar haciendo algo ‖ *il va mal finir* va a acabar mal ‖ *ne pas en finir* no terminar nunca.

finish [finiʃ] *m* SPORTS sprint final, esfuerzo final.

finissant, e *adj* que se acaba, que toca a su fin.

Finistère *n pr* GÉOGR Finisterre [departamento francés].

Finisterre (cap) *n pr m* GÉOGR cabo Finisterre.

finition *f* fin *m*, última mano, último toque *m*, acabado *m*.

finitude *f* PHILOS finitud.

finlandais, e *adj* finlandés, esa.

◆ *m* finlandés (langue).

Finlandais, e *m* et *f* finlandés, esa.

Finlande *n pr f* GÉOGR Finlandia.

Finn *m* (nom déposé) finn, velero monoplaza.

finnois, e *adj* finés, esa; finlandés, esa.

◆ *m* finés (langue).

Finnois, e *m* et *f* finés, esa.

finno-ougrien, enne *adj* ugrofinés, esa; finougrio, a ‖ *langues finno-ougriennes* lenguas ugrofinesas *ou* finougrias.

F.I.N.U.L.; Finul abrév de *Force intérimaire des Nations unies au Liban* FINUL, Fuerza Interina de las Naciones Unidas en el Líbano.

fiole *f* frasco *m*, botella pequeña.
fioriture *f* floreo *m*, adorno *m*, floritura.
fioul; fuel *m* aceite pesado, fuel, fueloil.
firmament *m* firmamento.
firme *f* firma.
F.I.S. abrév de *Front islamique de salut* FIS, Frente Islámico de Salvación [Argelia].
fisc *m* fisco, tesoro público, erario.
fiscal, e *adj* fiscal ‖ impositivo, va; tributario, ria; *échelle fiscale* progresividad impositiva.
fiscalement *adv* desde un punto de vista impositivo *ou* tributario.
fiscalisation *f* imposición.
fiscaliser *v tr* sujetar al pago de impuestos.
fiscalité *f* sistema *m* de contribuciones, régimen *m* tributario, tributación, fiscalidad.
fish-eye *m* PHOT ojo de pez.
— OBSERV pl *fish-eyes*.
fissile *adj* fisible, físil, fisionable, escindible ‖ *matière fissile* materia fisionable *ou* escindible.
fission *f* PHYS fisión, escisión, ruptura ‖ NUCL *énergie de fission* energía de fisión | *fission de l'atome* fisión del átomo | *fission nucléaire* fisión nuclear | *produit de fission* producto de fisión.
fissuration *f* fisura.
fissure *f* grieta, hendidura, raja ‖ FIG fisura, ruptura, fallo *m* ‖ MÉD & MIN fisura.
fissurer *v tr* agrietar, hender.
◆ *v pr* agrietarse.
fiston *m* FAM hijito.
fistule *f* fístula ‖ *fistule lacrymale* rija, fístula lacrimal.
F.I.V. abrév de *fécondation in vitro* fecundación in vitro.
FIVETE; Fivete abrév de *fécondation in vitro et transfert embryonnaire* fecundación in vitro y transferencia embrionaria.
fixage *m* fijación *f*, fijado ‖ PHOT fijado.
fixateur, trice *adj* et *s m* fijador, ra.
fixatif, ive *adj* fijativo, va; fijador, ra.
◆ *m* ARTS fijador.
fixation *f* fijación ‖ atadura (des skis).
fixe *adj* fijo, ja ‖ *à heure fixe* a una hora determinada, a la misma hora ‖ *menu à prix fixe* menú a precio fijo.
◆ *m* sueldo fijo.
◆ *interj* MIL ¡firmes!
fixé, e *adj* fijado, da ‖ *être fixé* estar decidido ‖ *être fixé (sur)* saber a qué atenerse (con respecto a).
◆ *m* miniatura *f* al óleo sobre un cristal.
fixement *adv* fijamente ‖ *regarder fixement* mirar fijamente, fijar la vista.
fixer *v tr* fijar, hincar (rendre fixe) ‖ fijar, volver inalterable (photographie) ‖ fijar, dirigir la mirada (diriger ses regards) ‖ mirar de hito en hito, mirar fijamente (regarder fixement); *fixer quelqu'un* mirar de hito en hito a alguien ‖ fijar, quedar para (un jour, une heure) ‖ fijar, establecer; *fixer sa résidence* fijar su residencia; *fixer un prix* fijar un precio ‖ atraer, captar; *fixer l'attention de quelqu'un* captar la atención de alguien ‖ asentar, hacer estable (rendre constant); *fixer une personne légère* asentar a una persona ligera ‖ — *fixer son choix* escoger, elegir ‖ *fixer un rendez-vous* darse una cita ‖ — *être fixé* saber; *je ne suis pas fixé sur la décision que je vais prendre* no sé qué decisión voy a tomar; saber a qué atenerse; *maintenant je suis fixé quant à lui* ahora ya sé a qué atenerme con respecto a él.
◆ *v pr* establecerse, fijarse, radicarse; *il s'est fixé en France* se ha establecido en Francia.
fixité *f* fijeza, firmeza.
fjord [fjɔːrd] *m* fiord, fiordo.
flacon *m* frasco ‖ *flacon vaporisateur* vaporizador.
flagellation *f* flagelación.
flageller *v tr* flagelar.
flageolant, e *adj* que flaquea, temblón, ona.
flageoler [flaʒɔle] *v intr* flaquear, temblar (les jambes) ‖ flaquearle a uno las piernas (une personne).
flageolet [flaʒɔlɛ] *m* frijol, habichuela *f* verdosa, judía *f* pocha (haricot) ‖ MUS chirimía *f* flautín.
flagornerie *f* adulación servil.
flagorneur, euse *adj* et *s* adulón, ona; zalamero, ra.
flagrant, e *adj* flagrante ‖ *en flagrant délit* en flagrante delito, en flagrante, in fraganti ‖ DR *procédure des flagrants délits* procedimiento in fraganti *ou* infraganti.
flair *m* olfato, viento (odorat du chien) ‖ olfato (odorat) ‖ FIG & FAM buen olfato, buena vista *f*; *avoir du flair* tener buen olfato.
flairer *v tr* olfatear, husmear ‖ FIG presentir, prever; *flairer un danger* presentir un peligro.
flamand, e [flamɑ̃, ɑ̃ːd] *adj* flamenco, ca (de la Flandre).
◆ *m* flamenco (langue).
Flamand, e *m* et *f* flamenco, ca.
flamant [flamɑ̃] *m* flamenco (oiseau).
flambant, e *adj* llameante ‖ BLAS flamante ‖ FIG flamante ‖ *flambant neuf* flamante.
flambeau *m* antorcha *f*, hacha *f* (torche); *retraite aux flambeaux* desfile con antorchas ‖ candelero, candelabro (chandelier) ‖ FIG antorcha *f*; *le flambeau de la science* la antorcha de la ciencia ‖ *le flambeau de la nuit, du jour* la Luna, el Sol.
flambée *f* fogarada, candela (feu de menu bois) ‖ FIG llamarada ‖ — ÉCON *la flambée des prix* el alza súbita de los precios | *la flambée du dollar* el alza repentina del dólar.
flamber *v tr* soflamar, chamuscar (passer à la flamme) ‖ CULIN flamear; *bananes flambées* plátanos flameados ‖ FIG & FAM malgastar, quemar, tirar (gaspiller l'argent) ‖ MÉD flamear (les instruments) ‖ FIG *être flambé* estar perdido, arruinado.
flambeur, euse *m* et *f* POP tío, tía que se juega las pestañas.
flamboiement [flɑ̃bwamɑ̃] *m* brillo, resplandor.
flamboyant, e [-bwajɑ̃, ɑ̃ːt] *adj* resplandeciente, brillante ‖ flameante (qui jette des flammes) ‖ arrebolado, da (nuages) ‖ ARCHIT flamígero, ra; florido, da; *gothique flamboyant* gótico flamígero.
◆ *m* BOT ceibo, seibo, framboyán (arbre).
flamboyer* [-bwaje] *v intr* llamear (jeter des flammes) ‖ FIG llamear, resplandecer.
flamenco, ca *adj* et *s* flamenco, ca.
flamiche *f* CULIN tarta de puerros.
flamingant, e *adj* flamenco, ca.
◆ *m* et *f* nacionalista flamenco.
flamme *f* llama (feu) ‖ FIG ardor *m*, pasión; *déclarer sa flamme* declarar su pasión ‖ MAR grímpola,

flammé

gallardete *m*, banderín *m* (pavillon) ‖ VÉTER fleme *m*, lanceta.
◆ *pl* fuego *m sing*; *livrer aux flammes* condenar al fuego; *les flammes éternelles* el fuego eterno.
flammé, e *adj* flameado, da (grès).
flammèche *f* pavesa.
flan [flɑ̃] *m* flan (gâteau) ‖ IMPR molde de cartón ‖ TECHN cospel (monnaies) ‖ — POP *à la flan* a la buena de Dios; *faire une chose à la flan* hacer una cosa a la buena de Dios | *rester comme deux ronds de flan* quedarse patidifuso | *une histoire à la flan* un camelo.
flanc [flɑ̃] *m* costado (partie du corps) ‖ flanco, costado (d'une chose) ‖ ijada *f*, ijar (animal) ‖ ladera *f*, falda *f*, pendiente *f* (d'une montagne); *à flanc de colline* por la ladera de la colina ‖ BLAS & MIL flanco ‖ POÉT seno; *le flanc maternel* el seno materno ‖ — FAM *être sur le flanc* estar encamado (alité), estar rendido (exténué) ‖ *prêter le flanc* presentar blanco (à un adversaire), dar pie, dar pábulo, dar lugar (donner prise) ‖ FIG *se battre les flancs* echar los bofes por nada ‖ POP *tirer au flanc* escurrir el bulto.
flancher *v intr* FAM flaquear, ceder.
Flandre; Flandres *n pr f ou f pl* GÉOGR Flandes.
flanelle *f* franela.
flâner *v intr* vagar, callejear ‖ gandulear, perder el tiempo, matar el tiempo (perdre son temps).
flâneur, euse *adj* et *s* azotacalles, callejero, ra; paseante ocioso, mirón, ona.
flanquer *v tr* flanquear ‖ estar al lado, rodear (entourer) ‖ FAM echar; *flanquer à la porte* echar a la calle | tirar; *flanquer par terre* tirar al suelo | dar, meter; *flanquer la frousse à quelqu'un* meter miedo *ou* darle miedítis a alguien ‖ MIL apoyar, sostener (appuyer) ‖ POP soltar, largar; *flanquer un coup de pied* soltar un puntapié ‖ FAM *se flanquer par terre* dar un guarrazo (tomber).
flaque *f* charco *m*.
flash [flaʃ] *m* flash (information concise transmise en priorité) ‖ flash (cinéma) ‖ fogonazo; *les flashes de l'actualité* los fogonazos de la actualidad ‖ PHOT flash, luz *f* relámpago.
flash-back *m inv* flash-back ‖ *faire un flash-back* volver hacia atrás.
flasque *adj* fofo, fa; flojo, ja; lacio, cia; fláccido, da ‖ FIG sin vigor; insulso, sa (style).
◆ *m* brazo (d'une manivelle) ‖ malla *f*, brida *f* (d'une chaîne) ‖ AUTOM disco (d'une roue) ‖ MIL gualdera *f* (canons) ‖ MAR *flasques de mât* cacholas.
◆ *f* frasco *m*, cebador *m* (de poudre) ‖ cantimplora (gourde).
flatter *v tr* halagar, adular (louer) ‖ acariciar, pasar la mano (caresser) ‖ causar satisfacción, agradar, deleitar (affecter agréablement) ‖ favorecer, embellecer (embellir); *flatter un portrait* favorecer un retrato ‖ *flatter quelqu'un d'un espoir* hacerle a uno concebir una esperanza.
◆ *v pr* jactarse, preciarse.
flatterie *f* halago *m*, lisonja, adulación ‖ caricia (caresse).
flatteur, euse *adj* halagüeño, ña; lisonjero, ra.
◆ *m* et *f* adulador, ra; lisonjero, ra; halagador, ra; zalamero, ra.
flatulence *f* MÉD flatulencia.

F.L.E.; fle abrév de *français langue étrangère* enseñanza del francés como lengua extranjera.
fléau [fleo] *m* AGRIC mayal ‖ FIG azote, plaga *f*; *les fourmis sont un fléau* las hormigas son una plaga | calamidad *f*, peste *f*; *cet homme est un fléau* este hombre es una peste ‖ TECHN astil (d'une balance) | aguilón (d'une grue) | barra *f* (pour fermer une porte) ‖ *fléau d'armes* mangual (arme ancienne).
flèche *f* flecha, saeta ‖ fiel *m* (balance) ‖ aguilón *m*, brazo *m*, pluma (d'une grue) ‖ AGRIC guía (d'un arbre) ‖ ARCHIT aguja (de clocher) ‖ GÉOM sagita ‖ MAR espiga (d'un bas-mât) ‖ MÉCAN desviación, torcedura (d'une pièce) ‖ TECHN lanza, cama (d'une charrue) | mástil *m* de cureña (d'un affût) ‖ — *flèche de lard* témpano, lonja de tocino ‖ — *attelage en flèche* enganche de reata ‖ *faire flèche de tout bois* no reparar en medios ‖ *filer o partir comme une flèche* salir disparado *ou* como una flecha *ou* como una bala ‖ *monter en flèche* subir rápidamente.
flécher *v tr* señalar mediante flechas.
fléchette *f* flechilla.
fléchir *v tr* doblar, doblegar (ployer); *fléchir le genou* doblar la rodilla ‖ FIG ablandar, conmover (attendrir); *fléchir ses juges* ablandar a sus jueces.
◆ *v intr* doblarse, doblegarse ‖ flaquear, ceder (lâcher pied) ‖ bajar, descender, disminuir; *les prix ont fléchi* los precios han bajado ‖ FIG someterse (se soumettre).
fléchissement [fleʃismɑ̃] *m* doblegamiento ‖ flexión *f* (flexion) ‖ sumisión *f* (soumission) ‖ baja *f* (des prix) ‖ repliegue (repli).
fléchisseur, euse *adj* et *s m* ANAT flexor, ra.
flegmatique *adj* flemático, ca; calmoso, sa.
flegme *m* flema.
flegmon *m* → **phlegmon**.
flemmard, e [flɛmaːr, ard] *adj* et *s* POP gandul, la; vago, ga.
flemmarder *v intr* FAM vaguear, holgazanear.
flemme *f* POP flojera, galbana, gandulería, pereza ‖ *avoir la flemme de faire quelque chose* darle a uno flojera *ou* pereza hacer algo | *tirer sa flemme* no dar golpe, no hacer nada.
flétrir *v tr* marchitar, ajar (les fleurs, le teint) ‖ quitar la frescura, el color, el brillo (la fraîcheur, la couleur, l'éclat) ‖ *(vx)* marcar (a los criminales) con un hierro candente ‖ FIG mancillar, manchar, infamar (la réputation) | debilitar, alterar (affaiblir) | condenar, reprobar.
fleur *f* BOT flor ‖ FIG flor; *la fleur de la jeunesse* la flor de la juventud | flor, brillo *m* (éclat), frescura (fraîcheur) ‖ — *fleur de farine* harina de flor ‖ *fleur de la Passion* pasiflora ‖ *fleur de lis* flor de lis ‖ *fleur d'oranger* azahar ‖ *folles fleurs* candelas (du châtaignier) ‖ FAM *la fine fleur o la fleur de pois* la flor y nata ‖ *la fleur de l'âge* la flor de la edad ‖ *les quatre-fleurs* flores cordiales (pharmacie) ‖ *les yeux à fleur de tête* los ojos saltones ‖ *tissu à fleurs* tela estampada con flores ‖ — *à fleur de* a flor de ‖ *à fleur d'eau* a flor de agua ‖ *en fleur, en fleurs* en flor ‖ *ni fleurs ni couronnes* no se admiten flores ni coronas ‖ — *être fleur bleue* ser sentimental *ou* romántico ‖ *faire une fleur à quelqu'un* hacer un favor a alguien ‖ FAM *jeter des fleurs* echar flores.
— OBSERV En la expresión *en fleur*, la palabra *fleur* toma la forma del plural sólo si se trata de diversas variedades de flores (un jardin *en fleurs*).

fleurdelisé, e *adj* flordelisado, da; ornado, da con flores de lis.

fleurer *v tr* oler, despedir olor; *un drap qui fleure bon la lavande* una sábana que huele a lavanda.

fleuret [flœrɛ] *m* florete (escrime); *fleuret démoucheté* florete sin botón ‖ taladro, barreno (outil pour percer) ‖ florete (tissu).

fleurette *f* florecilla ‖ CULIN *crème fleurette* nata ligera ‖ FIG *conter fleurette* requebrar, galantear.

fleuri, e *adj* florido, da; florecido, da ‖ — *Pâques fleuries* Pascua florida ‖ FIG *style fleuri* estilo florido | *teint fleuri* buen color.

fleurir *v intr* florecer ‖ FIG prosperar, estar floreciente.
◆ *v tr* florear, adornar con flores (orner de fleurs).
◆ *v pr* adornarse con flores.
— OBSERV El verbo francés *fleurir*, en el sentido propio de *echar flores*, es regular. En su sentido figurado de *prosperar*, hace en el part. pres. *florissant* y en el imperf. de indic. *florissais*, etc., que pertenecen al verbo p. us. *florir* florecer.

fleuriste *m et f* floricultor, ra (jardinier) ‖ florista (marchand) ‖ *acheter des roses chez le fleuriste* comprar rosas en la floristería.

fleuron *m* florón (ornement) ‖ BOT flósculo ‖ FIG florón ‖ IMPR viñeta *f*, adorno (typographie).

fleuve [flœːv] *m* río; *fleuve côtier* río costanero ‖ — *le fleuve de la vie* el curso de la vida ‖ *roman fleuve* novelón, «novela río».
— OBSERV En francés se reserva el nombre de *fleuve* para los ríos que desembocan en el mar y el de *rivière* a los que son afluentes de otros ríos.

flexibilité *f* flexibilidad.

flexible *adj et s m* flexible.

flexion *f* flexión.

flexionnel, elle *adj* GRAMM flexional.

flibustier *m* filibustero (pirate) ‖ ladrón, bandido (voleur).

flic *m* POP poli, polizonte.

flingue *m* FAM chopo (fusil), pistolón (pistolet).

flinguer *v tr* POP matar a tiros.

flippant, e *adj* POP acojonante, que acojona.

flipper [flipœr] *m* billar automático, flipper.

flipper *v intr* POP estar hecho polvo, estar como una moto ‖ POP tener el mono [drogadictos].

flirt [flœrt] *m* flirteo, coqueteo, flirt ‖ FAM pretendiente, cortejador (amoureux).

flirter [-te] *v intr* flirtear, coquetear.

F.L.N. abrév de *Front de libération nationale* FLN, Frente de Liberación Nacional [Argelia].

F.L.N.K.S. abrév de *Front de libération nationale kanak et socialiste* Frente de Liberación Nacional Canaco y Socialista.

flocage *m* flocking [aplicación de fibras sobre un soporte adhesivo] (textile).

floche *adj* aterciopelado, da (velouté) ‖ — *quinte floche* escalera de color (poker) ‖ *soie floche* seda floja.
◆ *f* borlita (houppette).
◆ *m* escalera *f* de color (poker).

flocon *m* copo (de neige, de coton, d'avoine) ‖ vedija *f*, vellón (de laine) ‖ mechón (de chanvre).

floconneux, euse *adj* coposo, sa; en copos ‖ vedijoso, sa (laine).

floculant *m* CHIM agente de floculación, floculante.

floculation *f* CHIM precipitado *m* en forma de copos, floculación.

flonflon *m* FAM estribillo (refrain) ‖ chinchín, tachín (air trivial) ‖ *les flonflons de la fanfare* el chinchín de la banda.

flop *m* FAM fracaso, chasco ‖ *faire un flop* ser un fiasco, fracasar.

flopée *f* POP cáfila, caterva, enjambre *m*, porrada; *une flopée de* una porrada de, un enjambre de ‖ *(vx)* paliza (raclée) ‖ *il en arrive des flopées* llegan a manadas.

floraison *f* florescencia, floración.

floral, e *adj* floral; *jeux floraux* juegos florales.

floralies [flɔrali] *f pl* floralias.

flore *f* flora ‖ MÉD *flore intestinale* flora intestinal | *flore microbienne* o *bactérienne* flora microbiana *ou* bacteriana.

Florence *n pr f* GÉOGR Florencia.

florentin, e *adj* florentino, na.

Florentin, e *m et f* florentino, na.

floriculture *f* floricultura.

Floride *n pr f* GÉOGR Florida.

florilège *m* florilegio.

florin *m* florín (monnaie).

florissant, e *adj* floreciente ‖ resplandeciente; *mine florissante* cara resplandeciente ‖ *avoir une santé florissante* estar rebosante de salud.

flot [flo] *m* ola *f*, oleada *f* ‖ marea *f* ascendente, flujo (marée montante) ‖ FIG mar; *un flot de sang, de larmes* un mar de sangre, de lágrimas | raudal, cantidad *f* grande, chorro; *des flots de lumière* raudales de luz | multitud *f*, tropel, riada *f*; *des flots d'auditeurs* multitud de oyentes ‖ — *les flots* el mar, la mar (poét. et pop) ‖ — *à flot* a flote; *remettre à flot* sacar a flote; *se remettre à flot* ponerse a flote ‖ *à flots* a mares, a raudales, a torrentes; *couler à flots* correr a mares; *entrer à flots* entrar a raudales.

flottaison *f* MAR flotación; *ligne de flottaison* línea de flotación.

flottant, e *adj* flotante ‖ con vuelo; *robe flottante* vestido con vuelo ‖ flanqueante, poco firme (chancelant) ‖ FIG fluctuante; indeciso, sa (irrésolu) | flotante (monnaies) ‖ *dette flottante* deuda flotante.

flotte *f* flota; *flotte aérienne* flota aérea ‖ veleta, corcho *m* (pêche) ‖ MAR flota, armada (ensemble de bateaux) | boya, baliza (bouée) ‖ POP agua (eau), lluvia (pluie).

flottement *m* flotación *f*, flotamiento ‖ FIG fluctuación *f*, vacilación *f* (hésitation) | flotación *f* (monnaies).

flotter *v intr* flotar (sur un liquide) ‖ flotar, ondear (dans les airs) ‖ FIG fluctuar, vacilar | flotar (monnaies) ‖ FAM llover (pleuvoir).
◆ *v tr* *flotter des bois* conducir maderas en armadías.

flotteur *m* flotador ‖ veleta *f*, flotador, corcho (d'une ligne à pêche) | almadiero, ganchero (de bois) ‖ *flotteur d'alarme* flotador de alarma.

flottille [flɔtiːj] *f* flotilla.

flou, e *adj* vago, ga; indistinto, ta; borroso, sa (peinture) ‖ movido, da; desenfocado, da; borroso, sa (photographie) ‖ vaporoso, sa (couture) ‖ FIG confuso, sa; impreciso, sa; vago, ga (idée).

◆ *m* ligereza *f*, suavidad *f* de toque, tono suave (peinture) ‖ traje *ou* vestido vaporoso (couture) ‖ PHOT & CINÉM imagen *f* deliberadamente borrosa, «flou».

flouer *v tr* POP estafar, engañar, timar.

fluctuant, e [flyktyã, ã:t] *adj* fluctuante ‖ MÉD blando, da; fluctuante; *tuméfaction fluctuante* tumefacción blanda.

fluctuation *f* fluctuación; *fluctuation saisonnière* fluctuación estacional.

fluctuer *v intr* fluctuar.

fluet, ette [flyɛ, ɛt] *adj* delgado, da; cenceño, ña (mince) ‖ delicado, da; débil, endeble (délicat).

fluide *adj* fluido, da.
◆ *m* fluido ‖ *fluide caloporteur* fluido termoportador ‖ *fluide électrique* fluido eléctrico.

fluidifiant, e *adj et s m* MÉD fluidificante ‖ fluidificante, fluizante (pétrole).

fluidification *f* fluidificación.

fluidifier *v tr* fluidificar.

fluidité *f* fluidez.

fluor *m* CHIM flúor ‖ *spath fluor* espato flúor, fluorina.

fluoré, e *adj* fluorado, da.

fluorescence [flyɔrɛssã:s] *f* fluorescencia.

fluorescent, e [-sã, ã:t] *adj* fluorescente.

fluorure *m* CHIM fluoruro.

flush [flœʃ] *m* escalera *f* de color (poker).

flûte *f* flauta (instrument à vent) ‖ flautista *m* (flûtiste) ‖ copa (verre à pied long et étroit) ‖ barra larga de pan, panecillo *m* (petit pain long) ‖ MAR urca (navire de transport) ‖ *— flûte à bec* flauta dulce, caramillo ‖ *flûte allemande* o *traversière* flauta travesera ‖ FAM *flûte à l'oignon* matasuegras (mirliton) ‖ *flûte de Pan* o *de berger* zampoña ‖ *flûte double* albogue, gargavero ‖ *petite flûte* flautín.
◆ *pl* FAM zancas (jambes) ‖ *jouer* o *se tirer des flûtes* pirárselas, poner pies en polvorosa.
◆ *interj* ¡cáspita!, ¡caramba!, ¡caracoles!

flûté, e *adj* aflautado, da; atiplado, da; *voix flûtée* voz aflautada.

flûtiau *m* flautín.

flûtiste *m* et *f* flautista.

fluvial, e *adj* fluvial.

fluvio-glaciaire *adj* GÉOL fluvioglacial.

flux [fly] *m* flujo; *flux énergétique* flujo energético; *flux magnétique* flujo magnético ‖ FIG *flux d'information* flujo *ou* corriente de información.

fluxion *f* fluxión ‖ — MÉD *fluxion de poitrine* pleuresía ‖ MATH *méthode des fluxions* cálculo diferencial.

flysch *m* GÉOL flysch.

F.M. abrév de *modulation de fréquence* FM, frecuencia modulada.

F.M.I. abrév de *Fonds monétaire international* FMI, Fondo Monetario Internacional.

F.N. abrév de *Front national* Frente Nacional [partido ultraderechista francés].

F.N.A.C.; Fnac abrév de *Fédération nationale d'achats des cadres* FNAC, cadena de grandes almacenes especializados en la venta de libros, discos, material hi-fi, etc.

F.N.L.C. abrév de *Front national de libération de la Corse* FNLC, Frente Nacional de Liberación de Córcega.

F.N.S.E.A. abrév de *Fédération nationale des syndicats d'exploitants agricoles* Federación Nacional de Sindicatos de Agricultores [Francia].

F.O. abrév de *Force ouvrière* Fuerza Obrera [sindicato francés].

FOB abrév de *free on board* franco a bordo.

foc *m* MAR foque ‖ MAR *petit foc* petifoque.

focal, e *adj* PHYS & MATH focal.

focalisation *f* enfoque *m*.

focaliser *v tr* enfocar ‖ FIG *focaliser l'attention* atraer la atención.

fœhn [fø:n] *m* viento caliente y muy seco.

fœtal, e [fetal] *adj* fetal; *vie fœtale* vida fetal.

fœtus [fetys] *m* feto.

fofolle *adj et s f* FAM locuela, loquilla.

foi *f* fe ‖ fidelidad (fidélité); *la foi des traités* la fidelidad de los tratados ‖ *— bonne* o *mauvaise foi* buena *ou* mala fe ‖ *profession de foi* profesión de fe ‖ *— digne de foi* fidedigno, na ‖ *en foi de quoi* en testimonio de lo cual ‖ *foi de* a fe de; *foi d'honnête homme* a fe de caballero ‖ *ma foi, par ma foi, sur ma foi* a fe mía ‖ *sous la foi du serment* bajo juramento ‖ *sur la foi de* a fe de ‖ *— ajouter foi* prestar fe, dar crédito ‖ *donner sa foi* dar su palabra ‖ *engager sa foi* empeñar su palabra ‖ *faire foi* dar fe, atestiguar, testimoniar (témoigner), hacer fe, probar (prouver) ‖ *n'avoir ni foi ni loi* no temer ni rey ni roque.

foie [fwa] *m* hígado ‖ asadura *f* (boucherie) ‖ *foie gras* «foie gras» [hígado de ganso hipertrofiado] ‖ POP *avoir les foies* tener canguelo *ou* mieditis, miedo.

— OBSERV En Espagne, on appelle aussi «foie gras» le pâté en boîte.

foin *m* heno ‖ *— foin d'artichaut* pelusa de la alcachofa ‖ *—* FAM *foin de...!* ¡maldito sea!, ¡mal haya! ‖ *rhume des foins* coriza, rinitis ‖ *— avoir du foin dans ses bottes* estar forrado, tener el riñón bien cubierto ‖ FIG *être bête à manger du foin* ser más tonto que una mata de habas ‖ POP *faire du foin* armar jaleo ‖ *faire les foins* segar el heno (récolter) ‖ FAM *mettre du foin dans ses bottes* hacer dinero, forrarse de dinero, cubrirse el riñón.

foire *f* feria; *foire agricole* feria del campo ‖ FAM tumulto *m*, confusión (tumulte) ‖ POP jolgorio *m*, juerga; *faire la foire* irse de juerga ‖ cagalera (diarrhée) ‖ *champ de foire* ferial, real de la feria.

foire-exposition *f* feria de muestras.

foirer *v intr* pasarse de rosca (une vis) ‖ fallar (fusée) ‖ FIG & FAM fallar, fracasar, salir rana (échouer) ‖ POP (vx) tener cagalera ‖ cagarse [de miedo].

foireux, euse *adj et s* FIG & FAM jodido, da (raté) ‖ FIG & POP (vx) cagueta (poltron) ‖ cagón, ona.

fois [fwa] *f* vez; *à la fois* a la vez; *plusieurs fois, bien des fois* muchas veces ‖ *— d'autres fois* otras veces ‖ *des fois* a veces ‖ *des fois et des fois* una y otra vez ‖ *deux fois plus vite* el doble; *il court deux fois plus vite que toi* corre el doble que tú ‖ *encore une fois* otra vez, una vez más, de nuevo ‖ *en une seule fois* de un golpe ‖ FAM *non mais des fois!* ¿qué te has creído?, ¡no faltaría más! ‖ *si des fois* si en una de esas..., si acaso ‖ *tout à la fois* de una vez ‖ *une fois* por *toutes* de una vez para siempre, de una vez ‖ *une fois que* en cuanto ‖ *— il y avait une fois, il était une fois* érase una vez, érase que se era ‖ *une fois n'est pas coutume* una vez al año no hace

daño ‖ *y regarder à deux fois* andar con mucho cuidado, mirarlo bien.
foison *f* copia, abundancia ‖ *à foison* con profusión.
foisonnant, e *adj* abundante; copioso, sa.
foisonnement *m* abundancia *f*, copia *f* (abondance) ‖ esponjamiento, aumento de volumen.
foisonner *v intr* abundar ‖ aumentar de volumen, crecer, cundir ‖ hincharse (chaux).
fol, folle *adj* et *s* → **fou.**
folâtrer *v intr* retozar, juguetear.
foliacé, e *adj* BOT foliáceo, a.
foliation *f* BOT foliación.
folichon, onne *adj* FAM retozón, ona; alocado, da; locuelo, la ‖ *ce n'est pas folichon* no es nada del otro mundo.
folie [fɔli] *f* locura ‖ *(vx)* casa de recreo *ou* de campo (maison de campagne) ‖ — *folie de la persécution* manía persecutoria ‖ *folie des grandeurs* manía de grandezas, megalomanía ‖ *grain de folie* vena de loco ‖ — *à la folie* con locura ‖ *faire des folies* hacer locuras.
folié, e *adj* BOT foliado, da.
folio *m* folio (page).
foliole *f* BOT folíolo *m*, hojuela.
foliotage *m* foliación *f* (action de folioter).
folk *adj* et *s m* MUS folk.
folklo *adj inv* FAM que no se puede tomar en serio.
folklore *m* folklore.
folklorique *adj* folklórico, ca.
folle *adj* et *s* → **fou.**
follement *adv* locamente.
follet, ette [fɔlɛ, ɛt] *adj* locuelo, la; alocado, da ‖ — *feu follet* fuego fatuo ‖ *poil follet* bozo, vello.
◆ *m* duendecillo, trasgo (lutin).
folliculaire *m* foliculario, periodista malo.
follicule *m* BOT & ZOOL folículo.
folliculine *f* BIOL foliculina.
fomentation *f* fomentación, fomento *m* (encouragement) ‖ MÉD fomento *m*, fomentación.
fomenter *v tr* fomentar.
foncé, e *adj* oscuro, ra; *bleu foncé* azul oscuro.
foncer* *v tr* cavar (creuser) ‖ poner fondo (un tonneau) ‖ poner un fondo de masa (un moule à gâteaux) ‖ oscurecer, sombrear (une couleur).
◆ *v intr* lanzarse, abalanzarse, arremeter; *foncer sur l'ennemi* arremeter contra el enemigo ‖ FAM correr, volar.
fonceur, euse *adj* *s* FAM lanzado, da; echado, da para adelante.
foncier, ère *adj* relativo a las haciendas *ou* bienes raíces ‖ territorial ‖ hipotecario, ria; *crédit foncier* crédito hipotecario ‖ FIG fundamental; básico, ca; congénito, ta; innato, ta ‖ — *propriétaire foncier* propietario de bienes raíces, hacendado ‖ *propriété foncière* bienes raíces.
◆ *m* impuesto territorial.
foncièrement *adv* profundamente, en el fondo, fundamentalmente, congénitamente.
fonction *f* función, empleo *m* ‖ CHIM & MATH función ‖ — *la fonction publique* la función pública ‖ — *en fonction* en ejercicio, en funciones, en activo ‖ *en fonction de* con arreglo a ‖ — *entrer en fonction* tomar posesión de un empleo *ou* cargo ‖ *être fonc-*

tion de depender de (dépendre), ser función de (mathématiques) ‖ *faire fonction de* hacer las veces de.
fonctionnaire *m* et *f* funcionario, ria.
fonctionnalisme *m* ARTS funcionalismo.
fonctionnalité *f* carácter funcional, potencial *m* ‖ INFORM funcionalidad (es), funciones, potencial *m*.
fonctionnariat *m* calidad de funcionario.
fonctionnariser *v tr* transformar a alguien en empleado público *ou* funcionario, hacer funcionario.
fonctionnel, elle *adj* funcional.
fonctionnement *m* funcionamiento.
fonctionner *v intr* funcionar.
fond [fɔ̃] *m* fondo ‖ fondo, culo *(fam)* [d'une bouteille] ‖ asiento (d'une chaise) ‖ testera *f* (d'une voiture) ‖ fondillos *pl* (du pantalon) ‖ tablado (d'un lit) ‖ fondo (du caractère) ‖ témpano, fondo (d'un tonneau) ‖ fondo (ce qui reste) ‖ fondo (d'un tableau) ‖ THÉÂTR foro ‖ — *fond d'artichaut* corazón, cogollo de alcachofa ‖ MAR *fond de cale* bodega ‖ *fond de teint* maquillaje de fondo ‖ *fond musical* ambiente musical, hilo musical ‖ *fond sonore* fondo sonoro ‖ — *coureur de fond* corredor de fondo ‖ *le fin fond* el fondo (d'une affaire), lo más recóndito *ou* intricado (d'une province) ‖ *le fond de sa pensée* lo más íntimo de sus pensamientos ‖ *un fond de verre* lo que queda en un vaso ‖ — *à fond* a fondo ‖ *à fond de train* a todo correr ‖ *au fond, dans le fond* en el fondo ‖ *de fond en comble* de arriba abajo, enteramente, por completo ‖ *sans fond* sin fondo, insondable ‖ — MAR *aller au fond* irse a pique ‖ *aller au fond des choses* profundizar las cosas ‖ *couler à fond* echar a pique (un bateau), arruinar (ruiner) ‖ MAR *donner fond* fondear, dar fondo ‖ *envoyer par le fond* hundir [un barco] ‖ FIG *être à fond de cale* no tener ni un céntimo, estar sin blanca ‖ *faire fond sur quelqu'un* fiar en *ou* contar con una persona.
fondamental, e *adj* fundamental.
fondamentalement *adv* fundamentalmente, básicamente (diamétralement) ‖ totalmente, absolutamente (totalement).
fondamentaliste *adj* et *s* fundamentalista.
fondant, e *adj* fundente (qui sert à fondre) ‖ fusible (qui fond facilement) ‖ que se funde, que se deshace (qui fond) ‖ *poire fondante* pera de agua.
◆ *m* CHIM & VÉTÉR fundente ‖ dulce [azúcar blando].
fondateur, trice *adj* et *s* fundador, ra.
fondation *f* fundación ‖ ARCHIT cimentación; *travail de fondation* obras de cimentación.
◆ *pl* ARCHIT cimientos *m*.
fondé, e *adj* fundado, da; *accusation fondée* acusación fundada ‖ autorizado, da; *être fondé à dire* estar autorizado para decir.
◆ *m* *fondé de pouvoir* apoderado.
fondement *m* fundamento ‖ cimientos *pl* (d'une maison) ‖ ANAT ano (anus) ‖ DR *fondement juridique* fundamento jurídico ‖ *sans fondement* sin fundamento.
fonder *v tr* fundar ‖ cimentar, echar cimientos (d'une construction) ‖ FIG fundamentar, fundar; *fonder ses soupçons sur* fundar sus sospechas en.
fonderie [fɔ̃dri] *f* fundición.
fondre *v tr* fundir (à haute température); *fondre le fer* fundir el hierro ‖ derretir (à basse température); *fondre du suif* derretir sebo ‖ fundir, vaciar

(un canon, une cloche, etc.) ‖ disolver, deshacer (du sucre, du sel, etc.) ‖ mezclar (races, couleurs) ‖ degradar, disminuir la intensidad (diminuer l'intensité, adoucir) ‖ FIG refundir, combinar (combiner).

◆ *v intr* derretirse, deshacerse (devenir liquide) ‖ caer sobre, echarse encima, abatirse en (se précipiter sur) ‖ abalanzarse, calar (oiseaux de proie) ‖ FAM consumirse, adelgazar (maigrir) ‖ FIG derretirse, deshacerse (de tendresse) | prorrumpir (en fleurs, en larmes, etc.) ‖ MÉD resolverse ‖ — *faire fondre (une pierre de sucre)* deshacer (un terrón de azúcar) ‖ *l'argent fond entre ses mains* el dinero se deshace entre sus manos.

◆ *v pr* derretirse ‖ mezclarse (se mêler).

fondrière *f* bache *m*, hoyo *m* ‖ terreno *m* pantanoso, marismas *pl* (terrain marécageux).

fonds [fɔ̃] *m* fundo, heredad *f*, finca *f* (terrain) ‖ fondos *pl*, capital (somme d'argent) ‖ comercio, establecimiento ‖ FIG fondo, caudal (de science, d'érudition, etc.) ‖ — *fonds de commerce* negocio, comercio ‖ — *fonds de roulement* fondo de operaciones *ou* de rotación ‖ *Fonds monétaire international* Fondo Monetario Internacional.

◆ *pl* fondos; *être en fonds* estar en fondos ‖ — ÉCON *fonds communs de placement* fondos mutuos | *fonds propres* fondos propios ‖ *fonds publics* fondos públicos ‖ — *biens-fonds* bienes raíces ‖ *mise de fonds* gastos de capital ‖ — *à fonds perdus* a fondo perdido ‖ — *rentrer dans ses fonds* recobrar nuestro dinero.

fondu, e *adj* derretido, da; *beurre fondu* mantequilla derretida ‖ fundido, da; *plomb fondu* plomo fundido ‖ deshecho, cha (sucre, sel) ‖ degradado, da; desvanecido, da (couleur) ‖ FIG incorporado, da; unido, da (uni, réuni) | derrochado, da (l'argent) ‖ *neige fondue* aguanieve.

◆ *m* difuminación *f*, degradación *f* (un dessin) ‖ CINÉM fundido; *fondu enchaîné* fundido encadenado.

fondue *f* CULIN plato *m* hecho con queso fundido ‖ *fondue bourguignonne* plato de trozos de carne que se sumergen en aceite hirviente ‖ *fondue savoyarde* plato a base de queso fundido, vino blanco y kirsch.

fongible *adj* DR fungible.

fongicide *adj* et *s m* fungicida (qui détruit les champignons parasites).

fongique *adj* relativo, va a los hongos; fúngico, ca.

fontaine *f* fuente, manantial *m* (source) ‖ fuente (publique) ‖ recipiente *m* para conservar el agua, lavamanos *m* (récipient) ‖ — *ne dites pas: fontaine, je ne boirai pas de ton eau* nadie diga de esta agua no beberé ‖ *pleurer comme une fontaine* llorar a lágrima viva.

fontanelle *f* fontanela.

fonte *f* fundición, hierro *m* en lingote, arrabio *m*, hierro *m* colado ‖ fundición (fusión) ‖ deshielo *m* (dégel) ‖ derretimiento *m* (d'un métal) ‖ funda de arzón, pistolera (pour les pistolets) ‖ vaciado *m*, fundición (d'une statue) ‖ IMPR fundición, casta, surtido *m* de caracteres ‖ — *fonte blanche, granulée, grise, truitée* hierro colado blanco, perlítico, gris, atruchado ‖ — *canon de fonte* cañón de bronce ‖ *remettre à la fonte* refundir.

fonts [fɔ̃] *m pl* pila *f*, fuente *f* bautismal ‖ *tenir sur les fonts* tener en la pila, sacar de pila.

foot *m* FAM fútbol.
football [futbɔːl] *m* fútbol, balompié.
footballeur, euse [-lœːr, œːz] *m* et *f* futbolista.
footing [futiŋ] *m* footing; *faire du footing* hacer footing, correr.
for *m* fuero, jurisdicción *f* ‖ fuero (privilège) ‖ *le for intérieur* el fuero interno, la conciencia.
forage *m* perforación *f*, horadamiento, taladro ‖ perforación *f*, exploración, sondeo (d'un puits de pétrole); *forage marin* exploración submarina, sondeo submarino.
forain, e *adj* et *s* *(vx)* forastero, ra; foráneo, a (étranger) ‖ — *fête foraine* feria, verbena ‖ *marchand forain* feriante.

◆ *m* feriante ‖ saltimbanqui.

forban *m* pirata ‖ FIG forajido, bandido (bandit) ‖ — *forban littéraire* pirata, plagiario.

forçat [fɔrsa] *m* forzado, galeote (condamné aux galères) ‖ presidiario (condamné aux travaux forcés) ‖ FIG esclavo ‖ *travail de forçat* trabajo de esclavo.

force *f* fuerza ‖ fuerza, vigor *m*; *style plein de force* estilo lleno de fuerza ‖ resistencia, solidez (résistance) ‖ capacidad, conocimientos *m pl* (connaissances) ‖ categoría (aux jeux) ‖ FIG fortaleza ‖ — *force ascensionnelle* fuerza ascensional ‖ *force d'âme* ánimo, valor, entereza ‖ *force de frappe* fuerza de disuasión *ou* disuasoria, poder disuasivo ‖ *force de l'âge* fuerza de la edad ‖ *force d'inertie* fuerza de inercia ‖ *force hydraulique* fuerza hidráulica ‖ DR *force majeure* fuerza mayor ‖ *forces d'intervention* fuerzas de intervención ‖ *force vive* fuerza viva, energía ‖ *la force armée* la tropa (les troupes) ‖ *la force publique* la fuerza pública ‖ — *attaque en force* ataque violento y potente ‖ *d'importantes forces de police* nutridas fuerzas policiales ‖ *la force du sang* la fuerza de la sangre ‖ *les forces de l'ordre* las fuerzas de orden público [abreviatura F.O.P.] ‖ *maison de force* cárcel, prisión ‖ *tour de force* proeza, hazaña ‖ — *à force de* a fuerza de, a golpe de; *à force de dictionnaires* a golpe de diccionarios; de tanto; *à force de regarder* de tanto mirar ‖ *à la force du poignet* por sus propios méritos ‖ *à toute force* por fuerza, a todo trance ‖ *de force* a la fuerza ‖ *de gré ou de force* por las buenas o por las malas ‖ *de toute sa force* con todas sus fuerzas ‖ *de vive force* a viva fuerza ‖ *par force* por fuerza ‖ *par la force des choses* por las circunstancias, por no haber otro remedio ‖ — *arriver en force* llegar masivamente *ou* en gran número ‖ *avoir de la force* tener fuerza, ser fuerte ‖ *être une force de la nature* ser un coloso *ou* un titán ‖ *être à bout de forces* estar agotado ‖ *être de force à* ser capaz de ‖ *être de première force* sobresalir en algo ‖ *être en force* ser muchos ‖ *faire force de rames* remar enérgicamente ‖ *faire force de rames, de voiles* ir a todo trapo *ou* a toda vela ‖ *force nous est de* nos es forzoso, estamos obligados a.

◆ *pl* fuerzas (moyens militaires); *les forces espagnoles* las fuerzas españolas ‖ *forces nucléaires à portée intermédiaire* fuerzas nucleares de alcance medio.

◆ *adj* mucho, cha; *avec force détails* con muchos detalles.

forcé, e *adj* forzado, da; *rire forcé, marche forcée* risa forzada, marcha forzada ‖ forzoso, sa; *conséquence forcée* consecuencia forzosa ‖ — *travaux forcés* trabajos forzados *ou* forzosos ‖ — *c'est forcé!* ¡es de cajón!, ¡era de prever!, ¡estaba visto!

forcément *adv* forzosamente.
forcené, e *adj* et *s* furioso, sa || loco, ca.
forceps *m* MÉD fórceps.
forcer* *v tr* forzar (briser, obliger, faire céder) || infringir, quebrantar (enfeindre) || superar, vencer (surmonter) || acosar, acorralar [la caza] (réduire aux abois) || apresurar, acelerar (hâter) || activar la maduración (des fruits) || falsear (une serrure) || aumentar (augmenter) || desnaturalizar (dénaturer) || provocar || — *forcer de* o *à sortir* obligar a salir || *forcer la consigne* no respetar la consigna || *forcer l'admiration* provocar la admiración || *forcer la dose* forzar la dosis, exagerar || *forcer l'allure* acelerar la marcha *ou* el ritmo || *forcer la main* forzar la mano, obligar moralmente || FIG *forcer la nature* abusar de sus fuerzas || *forcer le pas* forzar *ou* apretar *ou* apresurar el paso || *forcer le respect* suscitar el respeto, imponer respeto || *forcer son talent* pasarse de la raya, pasarse de rosca || *forcer un cheval* fatigar un caballo.
◆ *v intr* hacer un esfuerzo || MAR tesar.
◆ *v pr* esforzarse.
— OBSERV Se dice «forcer quelqu'un *à* faire quelque chose», pero «être forcé *de* faire quelque chose».
forcing *m* SPORTS acoso constante, «forcing».
forcir *v intr* FAM engordar (grossir).
forer *v tr* barrenar, horadar, taladrar (percer) || perforar, abrir (creuser).
forestier, ère *adj* forestal || — *école forestière* escuela de montes || *garde forestier* guardabosque, guarda forestal.
◆ *m* guardabosque.
foret [fɔrɛ] *m* taladro (grand), barrena *f* (vrille) || TECHN broca *f*.
forêt [fɔrɛ] *f* bosque *m*; *une forêt de pins* un bosque de pinos; *la forêt de Fontainebleau* el bosque de Fontainebleau || selva; *la forêt vierge, amazonienne* la selva virgen, amazónica || FIG maraña, espesura, bosque *m* || — *forêt domaniale* patrimonio forestal del Estado || *forêt tropicale humide* selva tropical húmeda || GÉOGR *la Forêt Noire* la Selva Negra || *Office national des forêts* Servicio Nacional de Montes [Francia].
foreuse *f* taladradora, barrenadora, perforadora.
forfait *m* crimen, fechoría *f* || destajo, tanto alzado, ajuste (travail) || impuesto concertado (impôt) || forfait (ski) || indemnización *f* (hippisme) || — *forfait hospitalier* costo fijo por día de internación [clínica, hospital, etc.] || — *à forfait* a destajo, a tanto alzado; *travailler à forfait* trabajar a destajo || *voyage à forfait* viaje todo comprendido || — *déclarer forfait* retirarse, renunciar || *gagner par forfait* ganar por abandono del adversario.
forfaitaire *adj* a tanto alzado, a destajo (travail) || global (prix).
forfaiture *f* prevaricación (d'un fonctionnaire) || felonía (d'un vassal contre son seigneur).
forfanterie *f* baladronada, fanfarronada.
forge *f* fragua, forja (fourneau) || herrería, ferrería (établissement industriel) || cerrajería (atelier du serrurier) || herrería (atelier du maréchal-ferrant).
forger* *v tr* forjar, fraguar || FIG forjar, labrar, fraguar, inventar | falsificar (fabriquer des documents faux) || — *c'est en forgeant qu'on devient forgeron* machacando se aprende el oficio || *être forgé de toutes pièces* ser pura fantasía *ou* producto de la imaginación.

◆ *v pr* forjarse, imaginarse || *se forger des chimères* fraguar quimeras.
forgeron *m* herrero.
formalisation *f* formalización.
formaliser *v tr* axiomatizar (axiomatiser).
◆ *v pr* disgustarse, molestarse, ofenderse.
formalisme *m* formalismo.
formaliste *adj* et *s* formalista.
formalité *f* requisito *m*, formalidad, trámite *m* (condition) || formalidad (cérémonie) || — *ce n'est qu'une formalité* es puro trámite || *remplir des formalités* cumplir (con), los requisitos.
format *m* formato, tamaño (dimensions d'un livre) || — *format en largeur, en hauteur* formato apaisado, vertical || *petit format* formato pequeño.
formatage *m* INFORM formateado.
formater *v tr* INFORM formatear.
formateur, trice *adj* et *s* formador, ra; creador, ra.
formation *f* formación || alineación (d'une équipe sportive) || MIL formación || — *formation accélérée* formación intensiva || *formation de combat* orden de combate || *formation du personnel* capacitación del personal || *formation sur le tas* formación en el lugar de trabajo || — *cours de formation professionnelle* curso de formación *ou* de capacitación profesional || *la formation permanente* o *continue* la formación permanente *ou* continua.
forme *f* forma || hechura (configuration) || FIG hechura; *gouvernement de forme démocratique* gobierno de hechura democrática || exterior *m* apariencia (apparence) || horma (de cordonnier, de chapelier, etc.) || encella (pour le fromage) || forma (en sports) || DR forma; *vice de forme* vicio de forma || IMPR molde *m* forma || MAR dique *m* de carena || — *en bonne forme* o *en bonne et due forme* en debida forma, como es debido, con todos los requisitos, como Dios manda || *en forme* en forma, con todos los requisitos (selon les règles), en forma (dans de bonnes dispositions) || *en forme de* en forma de, en figura de, a modo de || *pour la forme* para cumplir, para que no se diga || FIG *sans autre forme de procès* sin más ni más, sin ninguna formalidad || *sous forme de* en forma de || — *donner forme à* dar forma a, moldear || *être au mieux de sa forme* estar en excelentes condiciones físicas *ou* en muy buena forma [galicismo] || *prendre forme* tomar cuerpo, definirse.
◆ *pl* formas, aspectos *m*; *la misère sous toutes ses formes* la miseria en todos sus aspectos || FAM modales *m pl* maneras (manières polies) || — *dans les formes* con arreglo a los usos, reglamentariamente || *y mettre les formes* hacer las cosas como Dios manda, guardar las formas.
formé, e *adj* formado, da; desarrollado, da (nubile) || desarrollado, da (développé).
formel, elle *adj* formal.
former *v tr* formar || instruir, formar || FIG concebir; *former un projet* concebir un proyecto | formular (des vœux) || MIL *former la haie* cubrir la cartera.
◆ *v pr* formarse || MIL formar (les troupes).
Formica *m* (marque déposée), Formica, estratificado recubierto de resina.
formidable *adj* formidable, estupendo, da.
formidablement *adv* formidablemente, estupendamente.

formique *adj m* CHIM fórmico; *aldéhyde formique* aldehído fórmico.
formol *m* CHIM formol.
Formose *n pr f* GÉOGR Formosa.
formulable *adj* formulable.
formulaire *m* formulario.
formulation *f* formulación.
formule *f* fórmula ‖ *formule de politesse* fórmula de cortesía, antefirma (en fin de lettre) ‖ *selon la formule consacrée* según es costumbre, según la tradición.
formuler *v tr* formular (une objection, des griefs) ‖ MÉD recetar (une ordonnance).
fornication *f* fornicación.
forniquer *v intr* fornicar.
forsythia [fɔrsisja] *m* forsythia [planta oleácea de floración primaveral].
fort, e [fɔr, fɔrt] *adj* fuerte; *un homme fort* un hombre fuerte ‖ poderoso, sa (puissant) ‖ fuerte, fortificado, da; *place forte* plaza fuerte ‖ grueso, sa; *une femme forte* una mujer gruesa ‖ grande, considerable, importante; *une forte somme* una cantidad considerable ‖ excesivo, va; exagerado, da (excessif) ‖ subido, da de tono *ou* de color (choquant) ‖ difícil ‖ acre, fuerte (odeur) ‖ sólido, da; *une forte intelligence* una sólida inteligencia ‖ diestro, tra; versado, da; entendido, da; *être fort à tous les jeux* ser diestro en todos los juegos ‖ fuerte; *être fort en mathématiques* estar fuerte en matemáticas ‖ — *fort en gueule* mal hablado, lengua larga, lengüilarga ‖ *forte tête* persona de gran capacidad (intelligent), testarudo, da (têtu) ‖ — *chambre forte* cámara acorazada ‖ *cheval fort en bouche* caballo duro de boca ‖ *esprit fort* incrédulo, la ‖ *la manière forte* los grandes medios ‖ *prix fort* precio fuerte ‖ *tôle forte* chapa gruesa ‖ *une forte lunette* un anteojo de largo alcance ‖ — *à plus forte raison* con mayor motivo, a mayor abundamiento ‖ *cela est plus fort que moi* no puedo con eso, eso es superior a mis fuerzas ‖ *c'est fort!, c'est un peu fort!, c'est trop fort!, c'est plus fort que de jouer au bouchon!* es excesivo, es exagerado, eso pasa de castaño oscuro *ou* de la raya, es duro de creer ‖ *être fort comme un bœuf, comme un Turc* ser fuerte como un toro ‖ *être fort de* componerse de (se composer), valerse de (l'influence) ‖ *être fort en* saber mucho de, estar fuerte *ou* empollado en ‖ *être le plus fort de* ser el más adelantado de, el primero de ‖ *il n'est pas fort* no es muy inteligente ‖ *se faire fort de* comprometerse a (s'engager à), estar seguro de (être sûr de) ‖ *se porter fort pour quelqu'un* salir fiador de *ou* garantizar a alguien.
fort [fɔr] *m* fuerte, potente; *protéger le faible contre le fort* proteger al débil contra el fuerte ‖ espesura *f; le fort d'un bois* la espesura de un bosque ‖ el lado fuerte; *le fort et le faible d'une cause* el lado fuerte y el débil de una causa ‖ el punto culminante, lo más recio (le plus haut degré); *au fort du combat* en lo más recio del combate ‖ cubil, madriguera *f* (repaire) ‖ venadero (du cerf) ‖ FIG fuerte; *la musique est mon fort* es la música mi fuerte ‖ MAR fuerte ‖ MIL fuerte (forteresse) ‖ *fort des Halles* mozo de cuerda, cargador del mercado central de París ‖ — *au fort de l'été* en pleno verano ‖ *au plus fort de* en pleno, en medio de.
fort [fɔr] *adv* fuerte; *serrer fort* apretar fuerte ‖ muy, mucho; *fort bien* muy bien; *se tromper fort*

equivocarse mucho ‖ — *de plus en plus fort* cada vez más difícil ‖ — FAM *aller fort* exagerar ‖ *avoir fort à faire avec quelqu'un* tener muchos problemas con alguien.
Fort-de-France *n pr* GÉOGR Fort-de-France.
fortement *adv* fuertemente.
forteresse *f* fortaleza ‖ *forteresse volante* fortaleza volante (avion).
fortifiant, e *adj* et *s m* fortificante.
fortification *f* fortificación.
fortifier* *v tr* fortificar ‖ fortalecer, robustecer.
fortiori (a) *loc adv lat* ⟶ **a fortiori**.
FORTRAN *m* INFORM FORTRAN (formula translation).
fortuit, e *adj* fortuito, ta.
fortune *f* fortuna, caudal *m* ‖ FAM dineral; *coûter une fortune* costar un dineral ‖ — *fortune de mer* riesgo de un navío no imputable al capitán ‖ — *bonne fortune* buena suerte ‖ *bonnes fortunes* aventuras galantes ‖ *de fortune* improvisado, da ‖ *homme de bonnes fortunes* hombre afortunado en amores ‖ *la roue de la fortune* la rueda de la fortuna ‖ *revers de fortune* revés ‖ — *courir fortune* correr riesgo ‖ *être en fortune* estar de suerte ‖ *faire contre mauvaise fortune bon cœur* poner a mal tiempo buena cara ‖ *faire fortune* hacer fortuna (s'enrichir), tener éxito (être en vogue) ‖ *inviter* o *manger à la fortune du pot* invitar *ou* comer a lo que salga, a lo que haya, a la pata la llana ‖ *tenter fortune* probar fortuna.
fortuné, e *adj* afortunado, da.
forum [fɔrɔm] *m* foro.
— OBSERV pl *forums*.
fosse *f* hoyo *m*, fosa ‖ foso *m* (d'un garage) ‖ fosa, hoyo *m* (sépulture); *fosse commune* fosa común ‖ foso *m* (athlétisme) ‖ AGRIC zanja (tranchée) ‖ ANAT fosa; *fosses nasales* fosas nasales ‖ MAR fosa submarina ‖ — *fosse d'aisances* letrina, pozo negro ‖ *fosse de coulée* foso de colada ‖ *fosse d'orchestre* orquesta ‖ *fosse septique* fosa séptica ‖ — *avoir un pied dans la fosse* tener un pie en la sepultura.
fossé *m* zanja *f*, foso ‖ cuneta *f* (route) ‖ MIL pozo.
fossette *f* hoyito *m*, hoyuelo *m* (sur la joue).
fossile *adj* et *s m* fósil.
fossilisation *f* fosilización.
fossoyeur [foswajœːr] *m* sepulturero, enterrador.
fou, fol, folle [fu, fɔl] *adj* loco, ca ‖ FIG excesivo, va; exagerado, da (excessif) ‖ TECHN loco, ca (une poulie, une machine, etc.) ‖ — *folle avoine* balluca, avena loca ‖ *folle enchère* subasta loca ‖ — *brise folle* ventolina ‖ *cheveux fous* pelo revuelto ‖ *chien fou* perro rabioso ‖ *herbes folles* hierbajos ‖ *un monde fou* un montón de gente ‖ — *avoir le fou rire* tener un ataque de risa *ou* tener risa nerviosa ‖ *dépenser un argent fou* gastar una locura ‖ *être fou de* estar loco por.
◆ *m* et *f* loco, ca ‖ — *fou à lier* loco de atar ‖ *fou furieux* loco furioso ‖ FAM *la folle du logis* la imaginación ‖ — *à chaque fou sa marotte* cada loco con su tema ‖ *faire le fou* hacer locuras ‖ *s'amuser comme un fou* pasarlo bomba.
◆ *m* bufón (bouffon) ‖ alfil (aux échecs) ‖ comodín (au jeu de cartes) ‖ planga *f* (oiseau).
— OBSERV *Fol* se emplea cuando precede un sustantivo masculino que comienza por vocal o *h* muda: *fol espoir*.
fouace *f* pan *m* casero, hogaza.

foudre *f* rayo *m*; *être frappé par la foudre* ser alcanzado por el rayo ‖ — *coup de foudre* flechazo (d'amour) ‖ *les foudres de l'Église* la excomunión, los anatemas de la Iglesia ‖ — FIG *comme la foudre* como un rayo, como una centella, rápidamente ‖ *craindre quelqu'un comme la foudre* temer a alguien como al rayo, tener un miedo imponente a alguien.
◆ *m* rayo (de Jupiter) ‖ cuba *f*, tonel grande, fudre ‖ — *un foudre de guerre* un gran capitán, un rayo de la guerra ‖ *un foudre d'éloquence* un gran orador.

foudroyant, e [fudrwajã, ã:t] *adj* fulminante ‖ FIG aterrador, ra.

foudroyer* [fudrwaje] *v tr* fulminar, herir por el rayo (frapper de la foudre) ‖ FIG matar súbitamente, fulminar | fulminar, aterrar; *foudroyer du regard* fulminar con la mirada | aniquilar; *foudroyer une armée* aniquilar un ejército.
◆ *v intr* disparar rayos.

fouet [fwɛ] *m* látigo ‖ zumbel (d'une toupie) ‖ cola *f* de perro ‖ FIG tizón, tizonado, latigazo (douleur provoquée par une déchirure) | insulto, coz *f* (outrage) | acicate, estímulo (stimulant) ‖ — *fouet à crème* batidor ‖ *fouet de l'aile* articulación exterior del ala de los pájaros ‖ — *coup de fouet* latigazo (sens propre et figuré), tirón (d'un muscle) ‖ *de plein fouet* de frente; *les voitures se sont heurtées de plein fouet* los coches chocaron de frente ‖ *donner le fouet* azotar ‖ *faire claquer son fouet* restallar *ou* chasquear el látigo.

fouetter *v tr* dar latigazos (donner des coups de fouet) ‖ azotar, zurrar (frapper); *fouetter un enfant* azotar a un niño ‖ batir (la crème, les œufs) ‖ azotar, golpear; *la pluie fouettait les vitres* la lluvia azotaba los cristales ‖ FIG fustigar, excitar (exciter) ‖ POP heder, oler mal (puer) ‖ — *avoir d'autres chats à fouetter* tener otra cosa que hacer ‖ *il n'y a pas de quoi fouetter un chat* no es para tanto, no es cosa del otro mundo *ou* del otro jueves, no tiene importancia.

foufou *adj* et *s m* locuelo, alocado.

fougasse *f* barreno *m*, fogata (mine) ‖ hogaza (pain).

fougère *f* helecho *m*.

fougue [fug] *f* fogosidad ‖ fuga, ardor *m*, entusiasmo *m* (ardeur) ‖ MAR fogada, ráfaga (rafale) | mastelero *m* y verga de sobremesana.

fougueusement *adv* fogosamente, impetuosamente, apasionadamente.

fougueux, euse [fugø, ø:z] *adj* fogoso, sa; *cheval fougueux* caballo fogoso.

fouille [fu:j] *f* registro *m*, cacheo *m* (police) ‖ excavación (archéologie) ‖ *passer à la fouille* registrar [objetos]; cachear [a una persona].

fouillé, e *adj* FIG profundizado, da; minucioso, sa; detenido, da; trabajado, da.

fouiller [fuje] *v tr* hacer excavaciones, excavar (archéologie) ‖ buscar *ou* rebuscar en, explorar (faire des recherches dans) ‖ registrar, cachear (une personne) ‖ registrar, hurgar (un tiroir, les poches, etc.) ‖ FIG profundizar, detallar (détailler) | trabajar (son style) ‖ MIL hacer un reconocimiento.
◆ *v intr* registrar, rebuscar; *il fouillait dans l'armoire* registraba en el armario (chercher) ‖ escudriñar, indagar (fureter).

◆ *v pr* registrarse ‖ POP *tu peux te fouiller* espérate sentado.

fouillis [-ji] *m* revoltijo, desbarajuste, confusión *f*, batiborrillo.

fouine [fwin] *f* garduña (mammifère) ‖ fisga (foëne) ‖ AGRIC horquilla, horca (fourche) ‖ FIG astuto, ta (rusé) | hurón *m* (indiscret).

fouiner *v intr* FAM meterse, huronear (se mêler des affaires d'autrui) ‖ FAM curiosear.

foulant, e *adj* que prensa *ou* comprime, compresor, ra ‖ — *pompe foulante* bomba impelente ‖ — POP *ce n'est pas foulant* está tirado.

foulard [fula:r] *m* fular (étoffe) ‖ pañuelo para el cuello *ou* la cabeza.

foule *f* muchedumbre, gentío *m*; *il y a grande foule* hay gran gentío ‖ multitud, infinidad, mar; *une foule de choses* una infinidad de cosas, la mar de cosas ‖ FIG vulgo *m*, plebe (le commun des hommes) ‖ *en foule* en tropel, en masa.

foulée *f* pisada, huella (trace) ‖ zancada, tranco *m* (sports) ‖ huella (d'un escalier) ‖ — *rester dans sa foulée* seguir las zancadas ‖ *tirer dans sa foulée* tirar sobre la marcha (football).
◆ *pl* andadas (chasse).

fouler *v tr* prensar, comprimir (presser) ‖ pisar, hollar; *fouler le sol de la patrie* hollar el suelo patrio ‖ torcer, producir un esguince (provoquer une entorse) ‖ rendir, fatigar (un cheval) ‖ AGRIC pisar (raisin) ‖ FIG oprimir (opprimer) | pisotear (piétiner) ‖ TECHN enfurtir, abatanar (une étoffe) | sobar, adobar (cuirs) ‖ *fouler aux pieds* hollar, pisotear (piétiner).
◆ *v pr* torcerse, hacerse un esguince (se faire une entorse) ‖ FIG matarse trabajando.

foulon *m* batán (machine) ‖ batanero (ouvrier) ‖ — *moulin à foulon* batán ‖ *terre à foulon* tierra de batán.

foulure *f* MÉD esguince *m* (luxation).

four *m* horno; *four à pain* horno de panadero ‖ FIG & FAM fracaso, fiasco (échec) ‖ — *four à briques* tejar ‖ *four à chaux* calera ‖ *four crématoire* horno crematorio ‖ *four de campagne* horno portátil ‖ *four solaire* horno solar ‖ *plat allant au four* fuente para horno ‖ — *faire noir comme dans un four* estar como boca de lobo.

fourbe *adj* et *s* trapacista; pérfido, da ‖ bribón, ona; pícaro, ra; trapacero, ra.

fourberie [furbəri] *f* picardía, engaño *m*, trapacería, bribonada.

fourbi *m* FAM avíos *pl*, trastos *pl*, bártulos *pl*.

fourbir *v tr* bruñir, acicalar ‖ FIG *fourbir ses armes* preparar sus argumentos *ou* su defensa.

fourbu, e *adj* que padece infosura (cheval) ‖ FIG rendido, da; extenuado, da (harassé).

fourche *f* horca, horquilla ‖ horquilla (bicyclette) ‖ bifurcación (d'un chemin) ‖ horcadura (d'un arbre) ‖ — *fourches caudines* horcas caudinas ‖ *fourches patibulaires* horca, patíbulo.

fourcher *v intr* bifurcarse, ramificarse ‖ FIG & FAM enredarse, trabarse; *la langue lui a fourché* se le ha trabado la lengua; *ma langue a fourché* se me trabó la lengua.

fourchette *f* tenedor *m* (pour manger) ‖ espoleta (oiseau) ‖ MÉCAN horquilla ‖ VÉTÉR ranilla ‖ FIG gama ‖ — POP *fourchette du père Adam* los dedos ‖ *fourchette des prix* gama de precios ‖ — *déjeuner à la fourchette* desayuno fuerte ‖ — FIG *être une belle*

fourchette, *avoir un bon coup de fourchette* ser comilón, tener buen diente *ou* saque ‖ *prendre en fourchette* hacer la tenaza (cartes).

fourchu, e *adj* ahorquillado, da ‖ bifurcado, da; *chemin fourchu* camino bifurcado ‖ hendido, da (fendu); *pied fourchu* pie hendido.

fourgon *m* furgón (voiture, wagon); *fourgon postal* furgón *ou* furgoneta postal ‖ hurgón, badila *f* (tisonnier).

fourgonnette *f* furgoneta.

fourguer *v tr* FAM deshacerse de *v pr*, liquidar.

fouriérisme *m* furierismo (système de Fourier).

fourme *f* tipo de queso.

fourmi *f* hormiga (insecte) ‖ — *fourmi blanche* hormiga blanca, comején ‖ — FAM *avoir des fourmis* sentir hormigueo.

fourmilier *m* hormiguero, torcecuello (oiseau) ‖ oso hormiguero (tamanoir).

fourmilière *f* hormiguero *m* ‖ FIG hormiguero *m*, hervidero *m* ‖ VÉTÉR hormiguillo *m*.

fourmi-lion *m* hormiga *f* león (insecte).

fourmillement [furmijmɑ̃] *m* hormigueo, hormiguilla *f* (picotement) ‖ hormigueo (des gens).

fourmiller [-je] *v intr* estar lleno de, abundar (abonder), pulular de (pulluler) ‖ hormiguear, sentir hormigueo (éprouver du fourmillement); *les pieds me fourmillent* siento hormigueo en los pies.

fournaise *f* hoguera (feu ardent) ‖ horno *m* grande (grand four) ‖ FIG horno *m*, sartén (lieu très chaud).

fourneau *m* horno; *haut fourneau* alto horno ‖ hornillo, fogón (de cuisine) ‖ hornillo (de mine) ‖ cazoleta *f*, tabaquera *f* (de la pipe) ‖ POP tontaina, imbécil (imbécile) ‖ *fourneau portatif* anafe.

fournée *f* hornada ‖ FIG hornada (ensemble de personnes).

fourni, e *adj* surtido, da; provisto, ta; *magasin bien fourni* almacén bien surtido ‖ poblado, da; tupido, da (touffu); *barbe fournie* barba poblada.

fournil [furni] *m* amasadero (lieu où l'on pétrit), horno (lieu où est le four).

fournir *v tr* suministrar, abastecer, proveer (approvisionner) ‖ proporcionar, facilitar (procurer) ‖ dar, alegar, aducir; *fournir des explications* dar explicaciones ‖ realizar, ejecutar; *fournir un effort* realizar un esfuerzo ‖ dar, producir (produire) ‖ DR garantizar (garantir).
◆ *v intr* abastecer ‖ servir (jeu de cartes) ‖ cundir; *ce gigot fournit bien* esta pierna de cordero cunde mucho.
◆ *v pr* abastecerse, proveerse.

fournisseur, euse *m et f* proveedor, ra; abastecedor, ra.

fourniture *f* suministro *m*, abastecimiento *m*, provisión ‖ aderezo *m* (de la salade) ‖ adornos *m pl*, guarnición (accessoires pour divers travaux) ‖ — *fournitures de bureau* objetos *ou* artículos de escritorio ‖ *fournitures scolaires* material escolar.

fourrage *m* forraje ‖ forro de piel (fourrure).

fourrager* *v intr* forrajear, buscar el forraje (aller au fourrage) ‖ FIG & FAM registrar, revolver, hurgar (fouiller).

fourragère *adj f* forrajera (plante).
◆ *f* tierra de pasto, campo *m* de forraje (pré) ‖ carro *m* de forraje (voiture) ‖ MIL forrajera.

fourré, e *adj* forrado, da de pieles (doublé) ‖ espeso, sa; tupido, da (touffu) ‖ engañoso, sa (trompeur) ‖ metido, da (introduit) ‖ relleno, na (bonbon, gâteau) ‖ *coup fourré* golpe doble (escrime), trampa (piège).
◆ *m* espesura *f* (bois), maleza *f* (buissons).

fourreau *m* vaina *f* (de l'épée) ‖ funda *f*, envoltura *f*; *le fourreau d'un parapluie* la funda de un paraguas ‖ vestido tubo *ou* tubular (robe) ‖ TECHN manguito ‖ — *jupe fourreau* falda tubo ‖ *tirer l'épée du fourreau* desenvainar la espada.

fourrer *v tr* forrar, guarnecer de pieles (garnir de fourrure) ‖ poner una funda (un câble) ‖ FAM meter (introduire) ‖ atiborrar, atracar (donner avec excès) ‖ atizar, plantificar, sacudir (un coup) ‖ FAM *fourrer son nez partout* meterse en todo.
◆ *v pr* FAM meterse; *se fourrer dans la tête* meterse en la cabeza ‖ POP *se fourrer le doigt dans l'œil* equivocarse de medio a medio, columpiarse.

fourre-tout [furtu] *m* trastera *f*, cuarto trastero, desván (cabinet de débarras) ‖ bolso grande de viaje (sac de voyage), maletín.

fourreur *m* peletero.

fourrier *m* MIL furriel ‖ *(vx)* FIG precursor (avant-coureur).

fourrière *f* perrera (pour les chiens) ‖ depósito *m* (véhicules, animaux, etc.).

fourrure *f* piel (peau d'animal) ‖ abrigo *m* de piel (manteau de fourrure) ‖ forro *m* de piel (doublure de fourrure) ‖ adornos *m pl* de piel (garniture de fourrure) ‖ MAR funda, forro *m* (gaine) ‖ TECHN relleno *m* (pour remplir des vides et des joints) ‖ *magasin de fourrure* peletería.

fourvoiement [furvwamɑ̃] *m* descarrío, extravío ‖ error, equivocación *f* (erreur).

fourvoyer* [-waje] *v tr* extraviar, descarriar, descaminar ‖ FIG equivocar, inducir al error (tromper).
◆ *v pr* equivocarse, extraviarse.

foutaise *f* FAM bagatela, fruslería.

foutoir *m* FAM leonera [lugar]; desorden [*(amér)* relajo].

foutre *v tr* FAM meter, hacer ‖ — *foutre quelque chose par terre* tirar algo al suelo ‖ *ne rien foutre* no dar ni clavo, haraganear, mangonear ‖ FAM *se foutre (royalement) de* importar un comino *ou* un carajo [soez]; pasar (ampliamente), de.

foutu, e *adj* → **fichu.**

fox-terrier [fɔkstɛrje]; **fox** *m* fox-terrier, perro raposero.

fox-trot [fɔktrɔt] *m* fox-trot (danse).

foyer *m* hogar, fogón; *éteindre un foyer* apagar un fogón ‖ hogar (partie d'une chaudière) ‖ hogar (maison); *trouver son foyer désert* encontrar el hogar desierto ‖ hogar, centro; *foyer du soldat* hogar del soldado ‖ residencia *f*; *foyer d'étudiants* residencia de estudiantes ‖ FIG foco, centro; *le foyer de la rébellion* el centro de la rebelión ‖ MÉD & PHYS & MATH foco ‖ THÉÂTR saloncillo, salón de descanso, «foyer» ‖ — *foyer de jeunes* residencia para jóvenes ‖ *foyer de personnes âgées* residencia para ancianos *ou* para la tercera edad ‖ *foyer socio-éducatif* hogar socioeducativo ‖ *lunettes à double foyer* gafas bifocales.
◆ *pl* FIG hogares, país natal; *rentrer dans ses foyers* volver a sus hogares.

frac *m* frac (habit d'homme).

fracas [fraka] *m* estrépito, estruendo (bruit violent) ‖ FAM estropicio, trapatiesta *f* (tapage).

fracassant, e *adj* estruendoso, sa; *des applaudissements fracassants* aplausos estruendosos ‖ que hace mucho ruido ‖ estrepitoso, sa; *une défaite fracassante* una derrota estrepitosa ‖ triunfal; *la rentrée fracassante d'une actrice* la reaparición triunfal de una actriz ‖ resonante; *un succès fracassant* un éxito resonante.

fracasser *v tr* romper (casser) ‖ estrellar (mettre en pièces).

fraction *f* rotura (action de briser) ‖ fracción (du pain) ‖ fracción, parte (partie) ‖ MATH fracción, quebrado *m*; *fraction décimale* fracción decimal.

fractionnaire *adj* MATH fraccionario, ria.

fractionnel, elle *adj* fraccionario, ria.

fractionnement *m* fraccionamiento.

fractionner *v tr* fraccionar.

fracture *f* fractura, rotura ‖ *fracture du crâne, de la jambe* fractura del cráneo, de la pierna ‖ *fracture ouverte* fractura abierta.

fracturer *v tr* fracturar, romper.

fragile *adj* frágil, quebradizo, za (cassant) ‖ delicado, da; *un enfant de santé fragile* un niño delicado de salud.

fragilisation *f* fragilización, debilitamiento.

fragiliser *v tr* fragilizar, debilitar.

fragilité *f* fragilidad ‖ FIG debilidad.

fragment *m* fragmento.

fragmentaire *adj* fragmentario, ria.

fragmentation *f* fragmentación.

fragmenter *v tr* fragmentar.

fragrance *f* fragancia (odeur agréable).

frai *m* freza *f*, desove (des poissons) ‖ desgaste (des monnaies) ‖ CULIN huevas *f pl*, huevos *pl*.

fraîche *adj* → **frais**.

fraîchement *adv* frescamente, al fresco (au frais) ‖ FAM fríamente; *être reçu fraîchement* ser recibido fríamente ‖ FIG recién, recientemente (récemment); *fraîchement arrivé* recién llegado.

fraîcheur *f* frescura; *la fraîcheur de l'eau* la frescura del agua ‖ fresco *m*, frescor *m*; *la fraîcheur du soir* el fresco de la tarde ‖ ventolina (vent très faible) ‖ FIG frescura, lozanía; *la fraîcheur du visage* la frescura del rostro.

fraîchir *v intr* et *impers* refrescar.

frais *m pl* gastos (dépenses); *frais généraux* gastos generales ‖ DR costas *f pl* (dépenses d'un procès) ‖ — *frais de bureau* gastos de escritorio ‖ *frais de déplacement* gastos de viaje ‖ *frais de dossier* gastos iniciales de tramitación ‖ *frais d'entretien* gastos de mantenimiento ‖ DR *frais de résiliation* gastos de anulación ‖ *frais de scolarité* gastos de escolaridad *ou* de matrícula ‖ *frais généraux* gastos generales ‖ — *faux frais* gastos imprevistos, gastos accesorios ‖ *menus frais* gastos menudos ‖ — *à frais communs* a escote, dividiendo los gastos ‖ *à grands frais* costosamente ‖ *à mes frais* a costa mía ‖ *à peu de frais* con poco gasto (bon marché), sin mucho esfuerzo (facilement) ‖ *aux frais de* a expensas de, a costa de ‖ — *en être pour ses frais* haber perdido el tiempo ‖ *faire les frais* hacer el gasto ‖ FIG *faire les frais de la conversation* llevar la voz cantante ‖ *faire ses frais* cubrir gastos ‖ *rentrer dans ses frais* amortizar la inversión *ou* los gastos, recuperar los gastos ‖ *se mettre en frais* meterse en gastos, hacer extraordinarios (dépenses), hacer extraordinarios (efforts).

frais, fraîche [frɛ, frɛːʃ] *adj* fresco, ca ‖ fresco, ca; lozano, na (teint) ‖ tierno, na; reciente; *pain frais* pan tierno ‖ fresco, ca; *poisson frais* pescado fresco; *œufs frais* huevos frescos ‖ reciente, fresco, ca; *nouvelles fraîches* noticias frescas ‖ nuevo, va (neuf) ‖ frío, a (accueil) ‖ *servir frais* sírvase frío.
◆ *m* fresco; *prendre le frais* tomar el fresco ‖ — FAM *mettre au frais* poner a la sombra, encarcelar ‖ *nous voilà frais!* ¡estamos frescos!
◆ *f* fresca; *sortir à la fraîche* salir con la fresca.
◆ *adv* recién; *frais émoulu du collège* recién salido del colegio ‖ — *aimer boire frais* gustarle a uno las bebidas frías *ou* frescas ‖ *il fait frais* hace fresco.
— OBSERV El adverbio *frais* toma la forma del femenino *fraîche* cuando va con una palabra de este género.

fraise *f* fresa (fruit); *fraises des bois* fresas silvestres ‖ fresón *m* (grosse fraise) ‖ asadura (de veau) ‖ gorguera, cuello *m* alechugado (collerette) ‖ torno *m*, fresa (dentiste) ‖ estacada (palissade) ‖ MÉD antojo *m* (nævus) ‖ TECHN fresa, avellanador *m* ‖ ZOOL moco *m* (des dindons) ‖ *fraise à bois* lengüeta (menuiserie).

fraiser *v tr* amasar, heñir (pétrir) ‖ TECHN fresar, avellanar.

fraiseur, euse *adj* et *s* fresador, ra; avellanador, ra.
◆ *f* fresadora (machine).

fraisier *m* fresa *f*, fresera *f* (plante).

framboise *f* frambuesa (fruit).

framboisier *m* frambueso (plante).

franc [frɑ̃] *m* franco (monnaie) ‖ *franc CFA (Communauté financière africaine)* franco CFA (Confederación Francófona Africana).

franc, franche [frɑ̃, frɑ̃ːʃ] *adj* franco, ca ‖ libre (libre) ‖ franco, ca; exento de derechos (exempt de charges) ‖ verdadero, ra; completo, ta; *franc libertin* verdadero libertino ‖ cabal, completo; *cinq jours francs* cinco días cabales ‖ *franc de port* franco de porte.
◆ *adv* francamente; *parler franc* hablar francamente.
— OBSERV En la expresión *franc de port* el adjetivo queda invariable si precede el nombre (recevoir *franc de port* une marchandise) pero concuerda con él si le sigue (une marchandise *franche de port*).

français, e *adj* francés, esa ‖ *à la française* a la francesa.
◆ *m* francés (langue).

Français, e *m* et *f* francés, esa.

franc-comtois [frɑ̃kɔ̃twa] *adj* del Franco Condado.

Franc-comtois, e *m* et *f* francocontés, esa; francontés, esa.
— OBSERV pl *Francs-comtois, Franc-comtoises*.

France *n pr f* GÉOGR Francia.

Franche-Comté *n pr f* GÉOGR Franco Condado.

franchement *adv* francamente ‖ sin vacilación (sans hésitation).

franchir *v tr* atravesar (traverser) ‖ salvar, saltar, franquear (gallicisme très employé); *franchir un fossé* salvar una zanja ‖ FIG salvar, vencer, superar; *franchir un obstacle* salvar un obstáculo ‖ *franchir le pas* tomar una decisión.

franchisage *m* trabajo bajo licencia, franquicia *f*.

franchise *f* franquicia, exención; *franchise postale* franquicia postal; *franchise de bagages* franquicia de equipaje ‖ FIG franqueza, sinceridad; *en toute franchise* con toda franqueza ‖ *en franchise douanière* en franquicia aduanera, exento de derechos de aduanas.

franchisé *m* COMM concesionario de una franquicia.

franchissable *adj* superable, salvable, franqueable (gallicisme).

franchissement [frɑ̃ʃismɑ̃] *m* paso, salto, franqueamiento (gallicisme).

francilien, enne *adj* de la región de Île-de-France [parisina].

Francilien, enne *m* et *f* nativo, va de la región de Île-de-France.

francique *adj* et *s m* fráncico, ca.

francisation *f* afrancesamiento *m*.

franciscain, e *adj* et *s* franciscano, na.

franciser *v tr* afrancesar.

francisque *f* francisca, segur (hache).

francité *f* condición de francés.

franc-jeu *m* juego limpio, espíritu deportivo, «fair play».

— OBSERV pl *francs-jeux*.

franc-maçon [frɑ̃mɑsɔ̃] *m* francmasón, masón.

franc-maçonnerie *f* francmasonería, masonería.

franc-maçonnique *adj* francmasónico, ca; masónico, ca.

franco *préf* franco (français); *franco-italien* francoitaliano; *franco-espagnol* francoespañol, etc.

franco *adv* COMM franco, libre de gastos ‖ — *franco de bord* franco a bordo ‖ *franco de port et d'emballage* franco de porte y embalaje.

francophile *adj* et *s* francófilo, la.

francophilie *f* francofilia.

francophobe *adj* et *s* francófobo, ba.

francophobie *f* francofobia.

francophone *adj* et *s* de habla francesa; francófono, na; *pays francophones* países de habla francesa.

francophonie *f* francofonía.

franc-parler [frɑ̃parle] *m* franqueza *f*, hablar claro ‖ *avoir son franc-parler* hablar con toda confianza (intimement), hablar sin rodeos (sans détours).

Francs *n pr m pl* francos [pueblo germánico].

franc-tireur *m* guerrillero, francotirador.

frange *f* franja, fleco *m*, cairel *m* ‖ flequillo *m* (coiffure) ‖ fimbria (bord inférieur d'un vêtement) ‖ franja (d'interférences).

frangin, e [frɑ̃ʒtn, in] *m* et *f* POP hermano, na.

frangipane *f* frachipán (parfum) ‖ crema espesa perfumada con almendras (crème) ‖ pastel *m* de almendras (gâteau).

franglais *m* mezcla de vocablos ingleses en el idioma francés, «franglés».

franquette *f* franqueza, llaneza ‖ FAM *à la bonne franquette* a la buena de Dios, a la pata la llana.

franquisme *m* franquismo.

franquiste *adj* et *s* franquista.

frappant, e *adj* sorprendente, impresionante; *une ressemblance frappante* un parecido sorprendente ‖ patente, palpable; *preuves frappantes* pruebas patentes ‖ contundente; *un argument frappant* un argumento contundente ‖ llamativo, va; *un titre frappant* un título llamativo.

frappe *f* acuñación (des monnaies) ‖ marca, impresión, sello *m* (empreinte) ‖ tecleo *m* (dactylographie) ‖ impresión (d'une presse) ‖ pegada (boxe), toque *m* de balón (football) ‖ POP golfo (jeune voyou) ‖ — *faute de frappe* error de máquina ‖ *force de frappe* fuerza de disuasión *ou* disuasoria, poder disuasivo.

◆ *pl* IMPR matrices.

frappé, e *adj* golpeado, da ‖ acuñado, da (monnaies) ‖ herido, da; *frappé à mort* herido de muerte ‖ atacado, da por; aquejado, da de; víctima de (d'une maladie) ‖ alcanzado, da; *frappé par la foudre* alcanzado por el rayo ‖ azotado, da; *frappé de verges* azotado con varas ‖ gravado, da (d'un impôt) ‖ helado, da; refrescado, da (rafraîchi) ‖ FIG sorprendido, da; asombrado, da; impresionado, da (étonné) ‖ castigado, da (puni) ‖ POP tocado, da; chiflado, da (fou) ‖ *frappé au bon coin* de buena marca, de buena ley.

frapper *v tr* golpear, dar golpes (donner des coups) ‖ golpear, pegar (battre) ‖ llamar (à la porte) ‖ tocar, dar la hora (l'horloge) ‖ acuñar (monnaies) ‖ herir (blesser); *frapper à mort* herir mortalmente ‖ estampar (estamper) ‖ atacar (une maladie) ‖ dar en, herir; *la lumière qui frappe le mur* la luz que da en la pared ‖ enfriar, helar (glacer) ‖ afectar (toucher); *hypothèque qui frappe tous les biens* hipoteca que afecta a todos los bienes ‖ asolar, azotar (affecter); *la peste frappa tous le pays* la peste azotó todo el país ‖ afligir; *le malheur qui vous frappe* la desgracia que le aflige ‖ llamar la atención; *ce détail m'a frappé* este detalle me ha llamado la atención ‖ impresionar, sorprender (faire impression) ‖ gravar (établir un impôt) ‖ hacer resonar, herir (faire retentir); *frapper l'air de ses cris* hacer resonar el aire con sus gritos ‖ llegar, alcanzar (atteindre); *la mort frappe tous les hommes* la muerte les llega a todos los hombres ‖ FIG castigar (punir) ‖ MAR amolejar, atar (un cordage) ‖ *frapper les regards, la vue* saltar a la vista ‖ FIG *frapper un grand coup* dar el golpe.

◆ *v intr* llamar; *frapper à la porte* llamar a la puerta ‖ — *frapper au but, frapper juste* dar en el blanco ‖ *frapper des pieds, des mains* patear, aplaudir ‖ *frapper du poing* dar muestras de autoridad, imponerse ‖ *frapper fort* dar de firme ‖ *le soleil frappe fort* el sol aprieta ‖ — *être frappé d'apoplexie* tener un ataque de apoplejía ‖ *être frappé de cécité* quedarse ciego ‖ *être frappé de rhumatismes* estar aquejado de reúma.

◆ *v pr* golpearse, darse golpes; *se frapper la poitrine* golpearse el pecho, darse golpes de pecho ‖ FIG & FAM impresionarse (s'inquiéter).

frasque *f* calaverada, travesura, extravagancia; *faire des frasques* hacer travesuras.

fraternel, elle *adj* fraternal.

fraternellement *adv* fraternalmente, de manera fraternal, con fraternidad.

fraternisation *f* fraternización.

fraterniser *v intr* fraternizar.

fraternité *f* fraternidad, hermandad.

fratricide *adj* et *s* fratricida.

◆ *m* fratricidio (meurtre d'un frère).

fratrie *f* hermandad.

fraude *f* fraude *m*; *fraude fiscale* fraude fiscal; *il y a eu fraude aux examens* ha habido un fraude en

los exámenes ‖ contrabando *m* (contrebande); *passer quelque chose en fraude* pasar algo de contrabando *ou* fraudulentamente ‖ *en fraude* fraudulentamente.
frauder [frode] *v tr* defraudar; *frauder le fisc* defraudar al fisco.
◆ *v intr* cometer fraude ‖ hacer trampas (*fam*).
fraudeur, euse *m et f* defraudador, ra.
frauduleux, euse *adj* fraudulento, ta.
frayer* [-je] *v tr* abrir; *frayer la voie à quelqu'un* abrir camino a alguien ‖ escodar (les cerfs).
◆ *v intr* desovar, frezar (les poissons) ‖ FAM congeniar, mantener buenas relaciones ‖ *frayer avec* relacionarse con.
◆ *v pr* abrirse; *se frayer un passage* abrirse paso, abrirse camino.
frayeur [frɛjœːr] *f* pavor *m*, espanto *m*.
fredaine *f* FAM calaverada.
fredonnement *m* tarareo, canturreo.
fredonner *v tr et intr* tararear, canturrear.
free-jazz *m inv* MUS free jazz.
free-lance *adj inv et s* freelance.
freezer [frizœr] *m* congelador (de réfrigérateur).
frégate *m* MAR fragata; *capitaine de frégate* capitán de fragata ‖ fragata, rabihorcado *m* (oiseau).
frein [frɛ̃] *m* bocado, freno (mors d'un cheval) ‖ frenillo (de la langue) ‖ freno (d'un mécanisme) ‖ galga *f* (chariot) ‖ FIG freno; *mettre un frein à ses ambitions* poner freno a sus ambiciones ‖ — *frein avant, arrière, à main, assisté, à disque, à tambour* freno delantero, trasero, de mano, asistido, de disco, de tambor ‖ *frein moteur* freno motor ‖ — *coup de frein* frenazo ‖ *mâcher o ronger son frein* tascar el freno ‖ *sans frein* sin freno.
freinage *m* frenado, frenaje (action de freiner) ‖ frenos *pl*, sistema de frenos (système de freins) ‖ frenazo (coup de frein) ‖ — *distance de freinage* distancia de frenado ‖ *traces de freinage* marcas *ou* huellas de frenado.
freiner *v tr et intr* frenar ‖ FIG frenar, moderar.
frelaté, e *adj* adulterado, da.
frêle *adj* endeble, débil.
frelon *m* abejón (insecte).
freluquet *m* FAM chisgarabís, chiquilicuatro, mequetrefe.
frémir *v intr* estremecerse, temblar ‖ picarse (la mer) ‖ empezar a hervir (l'eau) ‖ *c'est à faire frémir* es estremecedor.
frémissant, e *adj* tembloroso, sa; trémulo, la; *frémissant de colère* trémulo de cólera ‖ FIG estremecido, da; agitado, da.
frémissement *m* temblor (tressaillement) ‖ estremecimiento, agitación *f* violenta ‖ hervor (des liquides) ‖ FIG vibración *f*, temblor leve.
frênaie [frenɛ] *f* fresneda.
french cancan *m* cancán.
— OBSERV *pl french cancans*.
frêne *m* BOT fresno.
frénésie *f* frenesí *m*.
frénétique *adj* frenético, ca.
frénétiquement *adv* frenéticamente, con frenesí.
fréon *m* CHIM freón.
fréquemment [frekamɑ̃] *adv* frecuentemente.

fréquence [-kɑ̃ːs] *f* frecuencia ‖ — *fréquence du pouls* frecuencia de pulsación ‖ *fréquence porteuse* frecuencia transmisora ‖ — ÉLECTR *basse, haute fréquence* baja, alta frecuencia.
fréquencemètre *m* ÉLECTR frecuencímetro.
fréquent, e [frekɑ̃, ɑ̃ːt] *adj* frecuente.
fréquentable *adj* frecuentable, tratable ‖ *il est peu fréquentable* es poco recomendable.
fréquentatif, ive *adj et s m* GRAMM frecuentativo, va.
fréquentation *f* frecuentación, trato *m* ‖ relaciones *f pl*, compañías *f pl*; *les mauvaises fréquentations* las malas compañías.
fréquenté, e *adj* concurrido, da; frecuentado, da; *très fréquenté* muy frecuentado *ou* concurrido ‖ *un endroit mal fréquenté* un lugar de concurrencia dudosa.
fréquenter *v tr* frecuentar, ir a menudo a (aller souvent) ‖ tratar mucho, tener trato con, alternar con (voir souvent une personne) ‖ salir con [un muchacho o una muchacha]; hablarle a.
◆ *v pr* tratarse.
fréquentiel, elle *adj* frecuencial.
frère *m* hermano ‖ hermano, religioso, fraile (religieux) ‖ fray (devant le prénom); *frère François* fray Francisco ‖ — *frère aîné* primogénito, hermano mayor ‖ *frère cadet* hermano segundo, segundogénito ‖ *frère consanguin* hermano consanguíneo *ou* de padre ‖ *frère convers* donado ‖ *frère germain* hermano carnal ‖ *frère lai* lego ‖ *frère utérin* hermano uterino ‖ — *frères d'armes* compañeros de armas ‖ *frères de lait* hermanos de leche ‖ *frères siamois* hermanos siameses ‖ — *faux frère* traidor ‖ *partis frères* partidos hermanos ‖ *pays frères* países hermanos.
fresque *f* fresco *m*, pintura al fresco ‖ FIG cuadro *m*, fresco *m*; *une vaste fresque historique* un vasto cuadro histórico.
fressure *f* asadura, despojos *m pl* (d'un animal).
fret [frɛ] *m* flete ‖ *fret aérien* flete aéreo.
fréter* *v tr* fletar ‖ FAM alquilar un vehículo.
fréteur *m* fletador *(amér)* fletante).
frétillant, e *adj* bullicioso, sa; vivaracho, cha (vif) ‖ vivito y coleando (poisson).
frétillement [fretijmɑ̃] *m* agitación *f*, bullicio.
frétiller [-je] *v intr* bullir, agitarse ‖ *frétiller de la queue* colear (animal).
fretin *m* morralla *f*, pescado menudo (menu poisson) ‖ FIG morralla (chose sans valeur); *le menu fretin* la morralla.
freudien, enne [frødjɛ̃, jɛn] *adj* freudiano, na (de Freud).
freudisme [-dism] *m* freudismo.
friabilité *f* friabilidad.
friable *adj* friable, desmenuzable.
friand, e [frijɑ, jɑ̃ːd] *adj* riquísimo, ma; apetitoso, sa (appétissant) ‖ goloso, sa (gourmand) ‖ FIG *être friand d'une chose* ser muy aficionado a una cosa.
◆ *m* empanada *f* (charcuterie).
friandise *f* golosina.
Fribourg *n pr* GÉOGR Friburgo.
fric [frik] *m* POP parné, pasta *f*.
fricassée *f* fricasé *m*, pepitoria (volaille) ‖ FIG & FAM *fricassée de museau* besuqueo.
fricatif, ive *adj et s f* fricativo, va (linguistique).

friche *f* baldío *m*, erial *m* ‖ *en friche* erial, sin cultivo, yermo, ma.
frichti; fricot *m* POP guisado de carne, estofado (ragoût) ‖ comida *f*, pitanza *f* (repas).
fricoter *v tr* guisar, estofar (accommoder en ragoût) ‖ POP maquinar, tramar (manigancer).
◆ *v intr* POP hacer negocios sucios.
friction *f* fricción ‖ fricción, friega (frottement sur le corps) ‖ FIG roce *m*, choque *m*.
frictionner *v tr* friccionar, dar friegas *ou* fricciones.
Frigidaire *m* (nom déposé) nevera *f*, frigorífico.
frigide *adj* MÉD frígido, da.
frigidité *f* frigidez, frialdad; *la frigidité du marbre* la frialdad del mármol ‖ MÉD frigidez.
frigo *m* FAM nevera *f* ‖ POP carne *f* congelada (viande frigorifiée).
frigorifié, e *adj* congelado, da ‖ FAM helado, da hasta los huesos.
frigorifique *adj* et *s m* frigorífico, ca.
frileusement *adv* para entrar en calor.
frileux, euse *adj* et *s* friolero, ra; friolento, ta.
frilosité *f* pusilanimidad.
frimas [frima] *m* escarcha *f*.
frime *f* FAM pamema, farsa ‖ — *pour la frime* para engañar, en broma ‖ — *c'est de la frime* son pamemas.
frimer *v intr* FAM darse pisto (faire l'intéressant) ‖ tirarse pegotes *ou* el moco, echarse *ou* tirarse faroles (bluffer).
frimeur, euse *adj* et *s* FAM bacilón, ona; vacilón, ona.
frimousse *f* FAM palmito *m*, carita, cara.
fringale [frɛ̃gal] *f* FAM carpanta, gazuza (faim) ‖ *avoir la fringale* estar muerto de hambre.
fringant, e *adj* fogoso, sa; vivo, va (cheval) ‖ elegante; apuesto, ta (personne).
fringuer *v intr* caracolear, dar saltitos (danser, sautiller); *un cheval qui fringue sans cesse* un caballo que caracolea sin cesar.
◆ *v tr* FAM vestir (habiller).
fringues [frɛ̃:g] *f pl* FAM vestidos *m pl*, ropa *f sing* (vêtements).
fripe *f* FAM ropa de segunda mano.
friper *v tr* ajar, chafar, arrugar; *friper une robe* chafar un vestido ‖ arrugar (rider).
friperie *f* prendería, ropavejería (commerce de vieilleries) ‖ ropa vieja (vêtements usés) ‖ FIG trasto *m*, cacharro *m* (chose usée, sans valeur).
fripier, ère *m* et *f* prendero, ra; ropavejero, ra.
fripon, onne *adj* et *s* bribón, ona; pillo, lla ‖ picaresco, ca (air, regard) ‖ *petit fripon* bribonzuelo, picaruelo.
fripouille [fripu:j] *f* POP canalla *m*, granuja *m*, golfo *m*.
frire* *v tr* freír.
◆ *v intr* et *pr* freírse ‖ *faire frire* freír.
frisant, e *adj* rizado, da (cheveux) ‖ *jour frisant, lumière frisante* luz de soslayo *ou* oblicua, trasluz.
frisbee [frizbi] *m* JEUX frisbi.
frise *f* frisa (tissu) ‖ ARCHIT friso *m* ‖ MAR frisa ‖ THÉÂTR bambalina (décor) ‖ — *frise de lambris* tablero de artesonado ‖ — MIL *cheval de frise* caballo de frisa.

frisé, e *adj* rizado, da (cheveux) ‖ frisado, da (tissu).
◆ *f* lechuga rizada.
friselis *m* ligero temblor (frémissement doux).
friser *v tr* rizar (cheveux) ‖ frisar en, rayar en, acercarse a; *friser la trentaine* rayar en los treinta años ‖ FAM estar a dos dedos de (manquer de peu) ‖ FIG rozar, rasar (effleurer) ‖ *fer à friser* tenacillas, rizador.
◆ *v intr* rizarse, ensortijarse ‖ *se faire friser* rizarse el pelo.
frisette *f* rizo *m*, rizadillo *m*.
frisotter *v tr* ensortijar, rizar ligeramente (friser légèrement).
◆ *v intr* rizarse.
frisquet, ette [friskɛ, ɛt] *adj* FAM fresquito, ta; fresquete (un peu frais).
frisson *m* escalofrío, repeluzno, repeluco, tiritona *f* (fam) ‖ FIG escalofrío, estremecimiento; *frisson d'effroi* escalofrío de espanto.
frissonnant, e *adj* que tiene escalofríos ‖ tembloroso, sa.
frissonnement *m* escalofrío.
frissonner *v intr* tiritar [de frío]; sentir escalofríos (avoir le frisson) ‖ FIG estremecerse, temblar (être fortement ému) ‖ agitarse, temblar, estremecerse (les choses).
frisure *f* rizado *m*, ensortijamiento *m*.
frit, e *adj* frito, ta ‖ FIG & FAM frito, ta; perdido, da.
◆ *f* patata frita (pomme de terre frite).
friterie [fritri] *f* freiduría.
friteuse *f* freidora.
friture *f* freimiento *m*, freidura (action de frire) ‖ fritura, fritada (chose frite) ‖ pescado *m* frito ‖ aceite *m*, manteca (graisse) ‖ ruido *m* parásito, fritura (au téléphone).
frivole *adj* frívolo, la; fútil; ligero, ra de cascos.
frivolité *f* frivolidad.
◆ *pl* encajes *m pl*, bordados *m pl*, adornos *m pl* de moda.
froc *m* hábito, cogulla *f* (vêtement de moine) ‖ capilla *f*, capucha *f* (capuche de moine) ‖ POP pantalón ‖ — *jeter le froc aux orties* ahorcar *ou* colgar los hábitos ‖ *prendre le froc* tomar los hábitos, meterse a monje *ou* fraile.
froid, e [frwa, frwad] *adj* frío, a ‖ — *viandes froides* fiambres ‖ — *à froid* en frío; *opérer à froid* operar en frío ‖ *il fait très froid* hace mucho frío.
◆ *m* frío ‖ frialdad *f*, indiferencia *f*; *il est d'un froid glacial* es de una frialdad glacial ‖ — *pendant les grands froids* durante los grandes fríos ‖ *un froid de loup, de canard* un frío de perros ‖ — *avoir froid* tener frío ‖ *battre froid à quelqu'un* tratar con frialdad a uno ‖ *cela ne lui fait ni chaud ni froid* eso no le va ni le viene, eso no le da ni frío ni calor ‖ *être en froid avec quelqu'un* estar tirante con alguien ‖ *jeter un froid* provocar una situación desagradable *ou* molesta ‖ FAM *ne pas avoir froid aux yeux* tener agallas ‖ *prendre froid* enfriarse, coger frío ‖ *souffler le froid et le chaud* jugar a dos paños.
froidement *adv* fríamente, con frialdad, con indiferencia.
froideur *f* frialdad.
froissement *m* arrugamiento ‖ distorsión *f*, magullamiento ‖ FIG disgusto, pique (mécontentement), antagonismo ‖ menoscabo (intérêts).

froisser *v tr* arrugar, ajar, chafar (chiffonner) ‖ magullar, lastimar (meurtrir) ‖ FIG herir, ofender, picar.
◆ *v pr* arrugarse, ajarse, chafarse (se chiffonner) ‖ magullarse (un membre) ‖ FIG picarse, ofenderse; *se froisser d'une plaisanterie* picarse por una broma ‖ *se froisser un muscle* distenderse un músculo.

frôlement *m* roce, rozamiento.

frôler *v tr* rozar con.

fromage *m* queso ‖ FAM chollo, breva *f* (sinécure) ‖ — *fromage blanc* o *à la crème* requesón ‖ *fromage bleu* queso estilo Roquefort ‖ *fromage de cochon* o *de tête* queso de cerdo ‖ *fromage de Hollande* queso de bola ‖ *fromage mou* o *à pâte molle* queso de pasta blanda ‖ — *entre la poire et le fromage* a los postres, al final de una comida.

fromager, ère *adj* quesero, ra; *industrie fromagère* industria quesera.
◆ *m* et *f* quesero, ra.
◆ *m* encella *f* (égouttoir à fromage) ‖ BOT ceiba *f* (arbre).

fromagerie [frɔmaʒri] *f* quesera (où l'on fait le fromage) ‖ quesería, mantequería (où l'on vend le fromage).

froment *m* trigo [particularmente el trigo candeal].

fronce *f* frunce *m*, fruncido *m* (couture) ‖ arruga, pliegue *m* (pli).

froncement *m* fruncimiento, frunce.

froncer* *v tr* fruncir; *froncer les sourcils* fruncir el ceño *ou* el entrecejo.

frondaison *f* frondosidad, fronda (feuillage) ‖ aparición de las hojas.

fronde *f* honda (arme) ‖ BOT fronda ‖ MÉD fronda, galápago *m* (bandage).

frondeur, euse *adj* et *s* hondero, ra ‖ HIST partidario de la Fronda ‖ FIG revoltoso, sa; descontento, ta; sedicioso, sa ǀ criticón, ona; censurador, ra (censeur).

front *m* frente *f* (partie du visage); *front fuyant* frente deprimida ‖ cara *f*, semblante (visage) ‖ frente *m* (partie antérieure) ‖ frente (groupement politique); *le Front populaire* el Frente Popular ‖ FIG descaro, cara *f*, atrevimiento (effronterie) ‖ MIL frente ‖ — *de front* de frente (par-devant), al lado, juntos (côte à côte), simultáneamente, a la vez, al mismo tiempo (à la fois) ‖ — *avoir le front de* tener el descaro de ‖ *faire front* hacer frente, arrostrar ‖ *front de mer* paseo marítimo ‖ *mener deux affaires de front* llevar dos asuntos al mismo tiempo.

frontal, e *adj* frontal.
◆ *m* frontal (os) ‖ frontalera *f* (du cheval).

frontalier, ère *adj* et *s* fronterizo, za.

frontière *m* frontera.
◆ *adj* fronterizo, za; *place frontière* plaza fronteriza.

frontispice *m* frontispicio, frontis.

fronton *m* frontón (jeu de pelote) ‖ ARCHIT frontón; *fronton brisé* frontón quebrado.

frottement *m* frotamiento, frotación *f*, frote ‖ FIG roce, trato (contact) ‖ MÉCAN rozamiento, roce; *à frottement dur* de rozamiento duro.

frotter *v tr* frotar, restregar ‖ encerar, lustrar (les parquets) ‖ friccionar, frotar (frictionner) ‖ FIG & FAM zurrar, sacudir el polvo (battre) ‖ — *frotter les oreilles à quelqu'un* calentarle a uno las orejas ‖ *frotter une allumette* rascar una cerilla ‖ — FIG *être frotté de* tener un barniz de.
◆ *v intr* rozar (produire un frottement).
◆ *v pr* frotarse ‖ rozarse *ou* tratarse con (fréquenter); *se frotter aux savants* tratarse con sabios ‖ — FAM *qui s'y frotte s'y pique* el que juega con fuego se quema ‖ *se frotter à* atacar, provocar ‖ FIG *se frotter les mains* frotarse las manos.

frottis [frɔti] *m* MÉD frotis ‖ barniz, capa *f* ligera (glacis).

frou-frou; froufrou *m* frufrú, crujido de la seda (de la soie) ‖ susurro (des feuilles).
— OBSERV pl *frou-frous*.

froufroutant, e *adj* crujiente, susurrante.

froufroutement *m* crujido.

froufrouter *v intr* crujir [la seda].

froussard, e *adj* et *s* FAM cobarde, cagueta, gallina.

frousse *f* FAM canguelo *m*, jindama, miedítis (peur); *avoir la frousse* tener canguelo.

fructifier* *v intr* fructificar ‖ *faire fructifier son capital* hacer fructificar su capital.

fructose *m* CHIM fructosa *f* (sucre de fruit).

fructueusement *adv* fructuosamente, fructíferamente, de manera fructífera.

fructueux, euse [fryktɥø, øːz] *adj* fructuoso, sa; fructífero, ra.

frugal, e *adj* frugal.

fruit [frɥi] *m* fruto; *les fruits de la terre* los frutos de la tierra ‖ fruta *f*; *la poire est un fruit savoureux* la pera es una fruta sabrosa; *mettre des fruits sur la table* poner fruta en la mesa ‖ fruto (enfant par rapport à sa mère) ‖ fruto, producto; *les fruits du travail* los frutos del trabajo; *travailler avec fruit* trabajar con fruto ‖ ARCHIT desplome, inclinación *f* (des murailles) ‖ — *fruit défendu* fruto prohibido ‖ *fruit sec* fruto seco (figues, etc.), estudiante *ou* hombre fracasado (personnes) ‖ *sans fruit* sin provecho.
◆ *pl* frutos, rentas *f pl* (revenus) ‖ — *fruits confits* fruta escarchada ‖ *fruits de mer* mariscos, productos del mar ‖ *fruits secs* frutos secos ‖ DR *fruits pendants par les racines* cosechas en pie.

fruité, e [-te] *adj* con sabor de fruta (boissons, aliments) ‖ BLAS frutado, da.

fruiterie [-tri] *f* frutería (boutique) ‖ maduradero *m* (lieu où l'on conserve les fruits).

fruitier, ère [-tje, jɛːr] *adj* frutal; *arbre fruitier* árbol frutal.
◆ *m* et *f* frutero, ra (marchand).
◆ *m* maduradero (lieu pour conserver les fruits) ‖ frutero (récipient).
◆ *f* asociación *ou* consorcio *m* de queseros (en Franche-Comté, Savoie, Jura).

frusques [frysk] *f pl* FAM pingos *m*, trapos *m* (vieux vêtements).

fruste *adj* gastado, da; borroso, sa; usado, da (médaillon, sculpture, etc.) ‖ zafio, fia (grossier).

frustrant, e *adj* frustrante.

frustration *f* frustración, privación, defraudación.

frustré, e *adj* et *s* frustrado, da.

frustrer *v tr* frustrar, defraudar ‖ *frustré dans* o *de ses espérances* frustrado en sus esperanzas, frustradas sus esperanzas.

FS abrév de *franc suisse* franco suizo.

fuchsia [fyksja] *m* BOT fucsia *f*.
fucus [fykys] *m* BOT fuco (varech).
fuel [fjul]; **fuel-oil** [-ɔjl] *m* fuel-oil, fuel.
fugace *adj* fugaz.
fugacité *f* fugacidad.
fugitif, ive *adj* et *s* fugitivo, va.
fugitivement *adv* fugazmente, de manera fugaz.
fugue *f* FAM fuga, escapatoria, escapada ∥ MUS fuga ∥ — *faire une fugue* fugarse.
fuguer *v intr* FAM fugarse, escaparse *v pr*.
fugueur, euse *adj* que suele fugarse.
◆ *m* et *f* niño, ña que suele fugarse.
fuir* *v intr* huir ∥ alejarse; *l'hiver a fui* el invierno se ha alejado ∥ salirse; *ce récipient fuit* este recipiente se sale; *le gaz fuit* el gas se sale ∥ esquivarse (se dérober) ∥ extenderse; *chaîne de montagnes qui fuit vers la mer* cadena de montañas que se extiende hasta el mar ∥ FIG correr (s'écouler) ∥ *faire fuir* ahuyentar.
◆ *v tr* huir de, evitar; *fuir le danger* huir del peligro.
fuite *f* huida, fuga ∥ escape *m* (d'un gaz) ∥ salida, derrame *m* (d'un liquide) ∥ hendidura, ranura (fissure) ∥ FIG evasiva, pretexto *m* (moyen dilatoire) ∣ paso *m*, transcurso *m* (du temps) ∥ FIG & FAM indiscreción, filtración ∣ delación de informaciones secretas ∥ — *fuite d'eau* gotera (dans le plafond) ∥ ÉCON *fuite des capitaux* fuga de capitales ∥ *fuite en avant* huida hacia adelante ∥ *point de fuite* centro de perspectiva ∥ — *être en fuite* ser prófugo ∥ *mettre en fuite* hacer huir ∥ *prendre la fuite* huir, darse a la fuga.
Fuji-Yama *n pr* GÉOGR Fuji Yama.
fulgurant, e *adj* fulgurante.
full [ful] *m* full (poker).
fulminant, e *adj* fulminante ∥ FIG fulminante, amenazador, ra; *un regard fulminant* una mirada fulminante.
fulminer *v intr* estallar ∥ FIG prorrumpir en amenazas.
◆ *v tr* fulminar (des reproches, une excommunication).
fumant, e *adj* humeante ∥ POP bárbaro, ra; sensacional ∥ — *fumant de colère* echando fuego por los ojos, bramando de cólera ∥ *fumant de sang* bañado en sangre ∥ — CHIM *acide fumant* ácido fumante ∥ *un coup fumant* una buena jugada.
fumé, e *adj* ahumado, da ∥ AGRIC estercolado, da.
◆ *m* IMPR prueba *f* de un grabado.
fume-cigarette; fume-cigare *m inv* boquilla *f*.
fumée *f* humo *m* ∥ humos *m pl*, vanidad (vanité) ∥ — *il n'y a pas de fumée sans feu* cuando el río suena agua lleva ∥ *s'en aller en fumée* volverse agua de borrajas.
◆ *pl* vapores *m* (du vin) ∥ cagarrutas (fiente de gibier).
fumer *v intr* humear, echar humo (jeter de la fumée) ∥ fumar (être fumeur) ∥ FIG & FAM bufar de cólera, echar rayos *ou* chispas de cólera.
◆ *v tr* fumar (tabac) ∥ ahumar (les aliments) ∥ AGRIC estercolar, abonar (engraisser les terres) ∥ — *fumer une pipe* fumarse una pipa ∥ *fumer la pipe* fumar en pipa.
fumerie [fymri] *f* fumadero *m*.
fumerolle [-rɔl] *f* fumarola (volcans).

fumet [fymɛ] *m* olor (d'un mets) ∥ aroma, embocadura *f* (du vin) ∥ husmo, olor (du gibier).
fumeur, euse *m* et *f* fumador, ra.
fumeux, euse *adj* humoso, sa; que despide humo ∥ confuso, sa; borroso, sa (peu clair).
fumier *m* estiércol (engrais) ∥ FIG basura *f*, porquería *f* (objet vil) ∥ FIG & POP canalla, sinvergüenza, charrán ∥ *une perle dans un fumier* una perla en un muladar.
fumigateur *m* fumigador.
fumigation *f* fumigación.
fumigène *adj* fumígeno, na.
fumiste *m* fumista, estufista ∥ deshollinador (ramoneur) ∥ FIG & POP bromista, tramposo ∥ POP camelista, cuentista (mystificateur).
fumisterie *f* fumistería ∥ POP camelo *m*, cuento *m* (mensonge).
fumoir *m* fumadero (local pour fumer) ∥ ahumadero (pour les aliments).
fumure *f* AGRIC estercoladura, abono *m*.
fun *m* tabla *f* de wind surfing.
funambule *m* et *f* funámbulo, la; volatinero, ra.
funèbre *adj* fúnebre ∥ *pompes funèbres* pompas fúnebres, funeraria.
funérailles [fyneraːj] *f pl* funeral *m sing*, funerales *m*, exequias.
funéraire *adj* funerario, ria; mortuorio, ria; *drap funéraire* paño mortuorio.
funérarium *m* tanatorio.
funeste *adj* funesto, ta.
funiculaire *adj* et *s m* funicular.
F.U.N.U. abrév de *Force d'urgence des Nations unies* UNEF, Fuerzas de Urgencia de las Naciones Unidas.
furax *adj inv* FAM de uñas; *être furax* estar *ou* ponerse de uñas.
furet [fyrɛ] *m* hurón (animal) ∥ anillo, sortija *f* (jeu) ∥ FIG hurón, fisgón (personne curieuse).
fur et à mesure (au) *loc adv* a medida, poco a poco ∥ *au fur et à mesure que* a medida que, conforme.
fureter* *v intr* huronear, cazar con hurón ∥ FIG huronear, escudriñar, fisgonear.
fureteur, euse *m* et *f* cazador, ra con hurón ∥ FIG fisgón, ona; hurón, ona.
fureur *f* FIG furor *m*, pasión, manía; *la fureur du jeu* la pasión del juego ∣ furia, furor *m* (violence) ∥ — *à la fureur* locamente ∥ — *entrer en fureur* enfurecerse, ponerse furioso ∥ *être en fureur* estar furioso ∥ *faire fureur* estar en boga, hacer furor (gallicisme) ∥ *se mettre en fureur* enfurecerse.
furibard, e [fyribaːr, ard] *adj* et *s* FAM furibundo, da; que echa chiribitas; furioso, sa; frenético, ca.
furibond, e [-bɔ̃, ɔ̃ːd] *adj* furibundo, da.
furie [fyri] *f* furia ∥ ímpetu *m*, ardor *m* (impétuosité) ∥ bestia corrupia, furia (méchante femme) ∥ — *en furie* desencadenado, da (déchaîné) ∥ *entrer en furie* enfurecerse, ponerse furioso.
furieusement [fyrjøzmɑ̃] *adv* furiosamente ∥ FIG & FAM excesivamente, extraordinariamente (à l'excès).
furieux, euse *adj* furioso, sa ∥ FIG impetuoso, sa; furioso, sa ∥ terrible; violento, ta; *avoir une furieuse*

envie de dormir tener un sueño terrible; *un furieux coup de poing* un violento puñetazo.

furoncle *m* MÉD furúnculo, divieso.

furtif, ive [fyrtif, iːv] *adj* furtivo, va.

furtivement *adv* furtivamente, a hurtadillas.

fusain [fyzɛ̃] *m* bonetero (arbrisseau) ‖ carboncillo (crayon) ‖ dibujo al carbón (dessin).

fuseau *m* huso (pour filer) ‖ rueca *f* (quenouille) ‖ bolillo, majaderillo (pour dentelle) ‖ canilla *f* (pour évider le fil) ‖ GÉOM huso ‖ — *fuseau de parachute* paño de paracaídas ‖ *fuseau horaire* huso horario ‖ AVIAT *fuseau moteur* bloque del motor ‖ — *jambes en fuseau* piernas de alambre ‖ *pantalón fuseau* pantalón tubo.

fusée [fyze] *f* husada (fil enroulé dans le fuseau) ‖ cohete *m* (de feu d'artifice) ‖ espiga (d'une épée) ‖ AVIAT cohete *m*, avión *m* cohete; *fusée à étages* cohete de varios cuerpos ‖ BLAS huso *m*, losange *m* ‖ MAR mecha (de cabestan) ‖ MIL espoleta (d'obus); *fusée percutante* espoleta de percusión ‖ TECHN rueda espiral (d'une montre) | manga, mangueta (de l'essieu d'une voiture) ‖ — *fusée à baguette* cohete de varilla ‖ *fusée d'alarme* bengala de alarma ‖ *fusée éclairante* bengala ‖ *fusée volante* cohete volador.

fuselage [fyzlaːʒ] *m* AVIAT fuselaje.

fuselé, e [-le] *adj* ahusado, da (en fuseau) ‖ BLAS fuselado, da ‖ FIG torneado, da; fino, na; afilado, da; *doigts fuselés* dedos finos.

fuser *v intr* deflagrar (poudre) ‖ derretirse (bougie) ‖ crepitar (du sel sur les charbons) ‖ FIG estallar (rire) ‖ brotar (surgir) ‖ prorrumpir, llover, surgir; *des critiques fusaient de tous côtés* las críticas prorrumpían por todos lados.

fusible *adj* fusible (qui peut être fondu).
◆ *m* fusible, plomo (électricité).

fusil [fyzi] *m* fusil (arme à feu) ‖ escopeta *f* (pour la chasse) ‖ chaira *f*, eslabón, afilón (pour aiguiser les couteaux) ‖ — *fusil à air* escopeta de aire comprimido ‖ *fusil à deux coups* escopeta de dos cañones ‖ *fusil à lunette* fusil con alza automática ‖ *fusil à pierre* fusil de chispa ‖ *fusil à pompe* fusil de percusión *ou* de pistón ‖ *fusil à répetition, semi-automatique* fusil de repetición, semiautomático ‖ *fusil mitrailleur* fusil ametrallador ‖ *fusil sous-marin* fusil de pesca submarina ‖ — *coup de fusil* disparo, tiro (sens propre), clavo (addition excessive); *ici, c'est le coup de fusil!* ¡aquí le clavan a uno! ‖ — *changer son fusil d'épaule* chaquetear, volver casaca, cambiarse la chaqueta.

fusillade [-jad] *f* descarga de fusilería ‖ tiroteo *m*, fuego *m* de fusilería (décharge de fusils).

fusiller [-je] *v tr* fusilar ‖ FIG *fusiller quelqu'un du regard* fulminar a alguien con la mirada.

fusion *f* fusión ‖ NUCL *fusion nucléaire* fusión nuclear.

fusionnement *m* fusión *f*.

fusionner *v tr* fusionar.
◆ *v intr* fusionarse.

fustiger* *v tr* fustigar.

fût [fy] *m* pipa *f*, tonel (tonneau) ‖ caja *f* (d'une arme à feu) ‖ caja (de divers outils, rabots, etc.) ‖ armazón *f* (d'une malle, d'un coffre) ‖ tronco sin rama (tronc d'un arbre) ‖ ARCHIT fuste, caña *f*, afuste.

futaie [fytɛ] *f* oquedal *m*, monte alto.

futal *m* POP pantalón.

futé, e *adj* sagaz; listo, ta ‖ taimado, da; ladino, na.

futile *adj* fútil.

futilité *f* futilidad.

futur, e *adj et s m* futuro, ra ‖ GRAMM *futur antérieur* futuro perfecto, antefuturo.

futurisme *m* futurismo.

futuriste *adj et s* futurista.

futurologie *f* futurología.

futurologue *m et f* futurólogo, ga.

fuyant, e [fɥijɑ̃, ɑ̃ːt] *adj* que huye, huidizo, za (qui fuit) ‖ FIG huidizo, za ‖ muy inclinado (très incliné) ‖ falso, sa (regard) ‖ deprimida [frente] ‖ *faux-fuyant* pretexto, escapatoria.
◆ *m* perspectiva *f*.

fuyard, e [-jaːr, ard] *adj et s* fugitivo, va ‖ FAM rajado, da (lâche).

G

g *m* g *f; un petit g* una g minúscula.

g abrév de *gauche* izda., izqda., izquierda.

G abrév de *gauss* gauss (unité magnétique) ‖ abrév de *giga-* G, giga-.

G7 abrév de *groupe des 7 pays les plus industrialisés* Grupo de los Siete [grupo formado por los países más desarrollados del mundo].

G.A.B. abrév de *guichet automatique de banque* cajero automático.

gabardine *f* gabardina.

gabarit [gabari] *m* escantillón, plantilla *f* (modèle) ‖ gálibo (pour wagons chargés) ‖ FIG & FAM importancia *f*, dimensión *f* ‖ MAR gálibo, vitola *f* ‖ POP estatura *f*, tamaño.

gabegie [gabʒi] *f* engaño *m* ‖ FAM desbarajuste *m*, desorden *m; quelle gabegie!* ¡qué desbarajuste!

gabelle *f* gabela (impôt) ‖ (vx) alfolí *m* (entrepôt).

Gabon *n pr m* GÉOGR Gabón.

gabonais, e *adj* gabonés, esa.

Gabonais, e *m et f* gabonés, esa.

gâcher *v tr* amasar, hacer mezcla (plâtre, mortier) ‖ malgastar; *gâcher sa fortune* malgastar su fortuna ‖ arruinar, estropear; *il a gâché sa vie* ha arruinado su vida ‖ FIG echar a perder, chapucear (faire sans soin) ‖ — *gâcher le métier* estropear el oficio (travailler, vendre sans exiger le prix normal) ‖ *gâcher son plaisir à quelqu'un* aguarle la fiesta a uno.

gâchette *f* gacheta (d'une serrure) ‖ gatillo *m*, disparador *m* (d'une arme).

gâchis [gɑʃi] *m* mortero, argamasa *f* (mortier) ‖ FIG lodazal (bourbier) | mezcla *f*, montón de cosas echadas a perder | estropicio (dégât) ‖ FIG & FAM atolladero, lío (situation embrouillée).

gadget *m* gadget, enredo, enredillo (petit objet).

gadin *m* POP leche *f*, hostia *f; se ramasser o prendre un gadin* pegarse *ou* darse una leche, pegarse *ou* darse una hostia.

gadoue [gadu] *f* basuras *pl* (ordures ménagères) ‖ estiércol *m* (engrais) ‖ FAM barro *m* espeso (boue).

gaélique *adj* gaélico, ca.
◆ *m* gaélico (langue).

gaffe *f* MAR bichero *m* (perche à crochet) ‖ FIG & FAM plancha, coladura, pifia, metedura de pata; *faire une gaffe* meter la pata, tirarse una plancha ‖ FAM *faire gaffe* tener cuidado, andar listo.

gaffer *v tr* MAR aferrar con el bichero ‖ FAM meter la pata, tirarse una plancha, cometer una pifia.

gaffeur, euse *m et f* persona que mete la pata.

gag *m* CINÉM gag, efecto cómico e inesperado.

gaga *adj et s* FAM chocho, cha ‖ *devenir gaga* chochear, achocharse.

gage *m* prenda *f; donner un gage* dar una prenda ‖ prueba *f*, testimonio; *gage d'amitié* testimonio de amistad ‖ prenda *f* (jeux) ‖ DR pignoración ‖ — *gage immobilier* anticresis ‖ — DR *donner en gage* pignorar ‖ *laisser en gage* dejar en prenda ‖ *laisser pour gage* perder, abandonar ‖ *mettre en gage* empeñar.
◆ *pl* sueldo *sing* (des domestiques) ‖ — *à gages* a sueldo ‖ *homme à gages* hombre vendido ‖ *prêteur sur gages* prestamista ‖ *tueur à gages* asesino pagado *ou* a sueldo ‖ — *prêter sur gages* prestar con fianza.

gager* *v tr* apostar ‖ asalariar (salarier) ‖ garantizar (garantir) ‖ empeñar (laisser en gage) ‖ — *gageons que* te apuestas que ‖ *meubles gagés* muebles embargados.

gageure [gaʒy:r] *f* apuesta ‖ FIG & FAM *c'est une gageure* es increíble, parece imposible.

gagnant, e *adj et s* ganador, ra; gancioso, sa ‖ ganador, ra; *jouer gagnant, placé* jugar a ganador, a colocado ‖ premiado, da; ganador, ra; *billet gagnant* billete ganador *ou* premiado ‖ vencedor, ra; ganador, ra (concours de beauté) ‖ *heureux gagnants* agraciados, premiados.

gagne-pain [-pɛ̄] *m inv* medio de sustento ‖ sostén; *il est le gagne-pain de sa famille* es el sostén de la familia.

gagner *v tr* ganar; *gagner de l'argent* ganar dinero; *gagner une course* ganar una carrera ‖ ganarse; *gagner son pain* ganarse el pan; *gagner sa vie à chanter* ganarse la vida cantando ‖ ganar, tocar; *j'ai gagné à la loterie* me ha tocado la lotería; *j'ai gagné un million à la loterie* he ganado un millón en la lotería ‖ merecer, ganarse; *il l'a bien gagné* se lo ha ganado a pulso ‖ alcanzar; *gagner la frontière* alcanzar la frontera ‖ dirigirse; *il a gagné sa résidence en voiture* se ha dirigido a su residencia en coche ‖ FIG granjearse, captarse; *il gagna son affection* se granjeó su afecto | coger, contraer; *gagner un rhume* coger un resfriado | comprar, sobornar (corrompre); *gagner les témoins* sobornar a los testigos | extenderse, propalarse; *le feu gagne le toit* el fuego se extiende al tejado ‖ apoderarse; *le sommeil nous gagne* el sueño se apodera de nosotros | echarse encima; *la nuit nous gagne* la noche se nos echa encima ‖ — *gagner à être connu* ganar con el trato ‖ *gagner de quoi vivre* ganar con qué vivir ‖ *gagner du chemin* o *du terrain* ganar terreno ‖ *gagner du temps* ganar tiempo ‖ *gagner la porte* dirigirse hacia la puerta, marcharse ‖ *gagner le large* salir a alta mar (bateau), largarse (s'en aller) ‖ *gagner les devants* coger la delantera ‖ *gagner quelque chose sur* *quelqu'un* conseguir algo de alguien ‖ *gagner quelqu'un de vitesse* adelantarse a uno.

◆ *v intr* extenderse, ganar; *le feu gagne de proche en proche* el fuego se extiende cada vez más ‖ ganar (vaincre) ‖ *(vx)* pacer (paître) ‖ mejorarse; *le vin gagne en bouteille* el vino se mejora embotellado ‖ *il y gagne* él sale ganando.

gai, e *adj* alegre ‖ — *gai, gai!* ¡qué bien! ‖ *gai comme un pinson* contento como unas Pascuas, alegre como unas castañuelas ‖ — *être un peu gai* estar alegre, achispado (un peu ivre).

gaiement [gɛmã] *adv* alegremente.

gaieté; gaîté [gɛte] *f* alegría ‖ — *de gaieté de cœur* con agrado (faire une chose), deliberadamente, de intento ‖ — *être en gaieté* estar alegre ‖ *se mettre en gaieté* alegrarse, achisparse (en buvant).

gaillard, e [gajaːr, ard] *adj* gallardo, da; airoso, sa (hardi) ‖ FIG alegre; vivaracho, cha (gai) | atrevido, da; *propos gaillards* dichos atrevidos.

◆ *m* FAM buen mozo ‖ MAR castillo (d'avant) | alcázar (d'arrière) ‖ *c'est un drôle de gaillard* ¡menudo pájaro! (péjoratif).

◆ *f* mujer libre (femme libre) ‖ real moza (femme bien plantée) ‖ gallarda (danse) ‖ IMPR gallarda (caractère).

gain [gɛ̃] *m* ganancia *f* (bénéfice) ‖ FIG ventaja *f* (avantage) ‖ victoria *f*; *le gain d'une bataille* la victoria de una batalla ‖ — *l'appât du gain* el incentivo del lucro ‖ — *avoir gain de cause* ganar el pleito (dans un procès), salirse con la suya (dans une discussion) ‖ *donner gain de cause* dar la razón.

gaine *f* funda (d'un pistolet), vaina (d'une épée) ‖ faja (pour dames) ‖ ARTS estípite *m* ‖ BOT vaina foliar ‖ — *gaine-culotte* faja-braga ‖ MIN *gaine d'aération* manga de ventilación ‖ TECHN *gaine isolante* funda aislante.

gainer *v tr* envainar (une épée) ‖ enfundar; *gainée dans une robe étincelante* enfundada en un vestido resplandeciente ‖ forrar (un câble).

gala *m* función *f* de gala, gala *f* ‖ fiesta *f* ‖ banquete, festín ‖ — *habit de gala* traje de gala ‖ *soirée de gala* fiesta de etiqueta.

galactique *adj* ASTR galáctico, ca.

galamment *adv* galantemente, graciosamente ‖ FIG hábilmente (adroitement) | elegantemente (avec élégance).

galant, e *adj* (*vx*) galante; galano, na; *une phrase galante* una frase galana ‖ FIG caballeroso, sa; *galant homme* hombre caballeroso | amoroso, sa; *mon expérience galante* mi experiencia amorosa ‖ — *femme galante* mujer galante ‖ *fêtes galantes* fiestas galantes ‖ *un homme galant* un galanteador ‖ — *agir, se conduire en galant homme* comportarse como un caballero ‖ *elle est en galante compagnie* va bien acompañada.

◆ *m* (*vx*) galán (prétendant) ‖ FAM *un vert galant* un viejo verde.

galanterie [galɑ̃tri] *f* galantería ‖ piropo *m*, requiebro *m* (compliment) ‖ búsqueda de intrigas amorosas ‖ intriga amorosa ‖ — *dire des galanteries* piropear.

galantine *f* galantina.

Galapagos (îles) *n pr* GÉOGR islas de los Galápagos, archipiélago de Colón.

galaxie *adj et s* ASTR galaxia.

galbe *m* ARCHIT perfil (colonne) ‖ FIG perfil (profil) | forma *f* redondeada, curva *f*; *le galbe d'une jambe* la curva de una pierna.

galbé, e *adj* bien perfilado, da ‖ FAM torneado, da; *un corps bien galbé* un cuerpo bien torneado ‖ entallado, da (couture).

galber *v tr* dar perfil *ou* forma elegante.

gale *f* sarna (maladie) ‖ roña, sarna (des moutons) ‖ FIG & FAM bicho *m* malo ‖ *méchant comme la gale* más malo que la quina.

galène *f* MIN galena.

galénique *adj* MÉD galénico, ca.

galère *f* galera (bateau) ‖ FIG infierno *m*; *c'est une vraie galère* es un verdadero infierno ‖ TECHN galera (four) ‖ — *et vogue la galère!* ¡y ruede la bola! ‖ *qu'allait-il faire dans cette galère?* ¿por qué se metió en tal berenjenal?, ¿quién le habrá mandado meterse en este lío?

◆ *pl* galeras.

galerie [galri] *f* ARCHIT galería ‖ ARTS galería (collection) ‖ AUTOM baca, portaequipajes *m* en el techo de un automóvil ‖ FAM el público *m*, los espectadores *m pl* ‖ TECHN galería (mines) ‖ THÉÂTR galería ‖ — *galerie marchande* galería comercial ‖ — FAM *amuser la galerie* distraer al auditorio.

galérien *m* galeote (des galères) ‖ presidiario (forçat) ‖ — FIG *vie de galérien* vida de perros ‖ — *travailler comme un galérien* trabajar como un condenado.

galerne *f* MAR galerna (vent).

galet [galɛ] *m* guijarro ‖ GÉOL canto rodado ‖ TECHN rodaja *f*, rodillo (rouleau); *roulement à galets* rodamiento de rodillos.

galette *f* torta ‖ galleta (de marin) ‖ POP tela, guita, parné *m* (argent) ‖ TECHN disco *m* ‖ — CULIN *galette de blé noir* torta de trigo negro | *galette des Rois* roscón de Reyes.

galeux, euse *adj et s* sarnoso, sa ‖ infecto, ta; asqueroso, sa (sale) ‖ — FIG *brebis galeuse* oveja negra, perro sarnoso | *qui se sent galeux se gratte* al que le pique que se rasque.

Galice *n pr f* GÉOGR Galicia (Espagne).

Galicie *n pr f* GÉOGR Galicia (Pologne).

galicien, enne *adj* gallego, ga; galiciano, na (*p us*) (de la Galice) ‖ de la Galicia (de la Galicie).

◆ *m* gallego (langue).

Galicien, enne *m et f* gallego, ga.

Galilée *n pr m* Galileo.

◆ *f* GÉOGR Galilea.

Galiléens *n pr m pl* galileos.

galimatias [galimatja] *m* galimatías.

galion *m* MAR galeón.

galipette *f* voltereta, trecha; *faire des galipettes* dar trechas ‖ brinco (gambade).

galle *f* agalla ‖ *noix de galle* agalla.

Galles (pays de) *n pr m* GÉOGR País de Gales.

gallican, e *adj et s* galicano, na; *Église gallicane* Iglesia galicana.

gallicanisme *m* galicanismo.

gallicisme *m* galicismo.

gallinacé, e *adj et s* ZOOL gallináceo, a.

gallium [galjɔm] *m* CHIM galio (métal).

gallois, e *adj* galés, esa (de Galles).

◆ *m* galés (langue).

Gallois, e *m et f* galés, esa.

gallo-romain, e *adj et s* galorromano, na.

gallo-roman, e *adj* galorrománico, ca.

◆ *m* galorrománico (dialecte).

— OBSERV *pl gallo-romans, es.*

galoche *f* galocha, zueco *m* ‖ MAR pasteca (poulie) ‖ — *menton en galoche* barbilla prominente *ou* muy salida.

galon *m* galón, pasamano, trencilla *f* (couture) ‖ MIL galón ‖ — *arroser ses galons* remojar los galones, celebrar un ascenso ‖ *prendre du galon* ascender de categoría ‖ *quand on prend du galon, on n'en saurait trop prendre* no hay que quedarse corto en tomar y lograr.

galop [galo] *m* galope; *au galop* a galope ‖ latido anormal del corazón ‖ — *au grand galop, au triple galop* a galope tendido ‖ FIG *galop d'essai* test de prueba.

galopant, e *adj* galopante; *phtisie galopante* tisis galopante ‖ — *démographie galopante* demografía galopante ‖ *inflation galopante* inflación galopante.

galoper *v intr* galopar (le cheval) ‖ FAM correr, trotar.
◆ *v tr* hacer galopar, poner al galope (mettre au galop) ‖ perseguir, acosar (poursuivre) ‖ FAM atormentar; *la peur me galope* el miedo me atormenta.

galopin *m* (*p us*) galopín, pinche (marmiton) ‖ recadero (garçon de courses) ‖ FAM galopín, pilluelo (garçon effronté).

galoubet [galubɛ] *m* zampoña *f*, caramillo (de Provence).

galvanique *adj* galvánico, ca.

galvanisation *f* galvanización.

galvaniser *v tr* galvanizar (zinc) ‖ FIG galvanizar, enardecer.

galvanomètre *m* galvanómetro.

galvanoplastie *f* galvanoplastia.

galvaudage *m* malogro.

galvauder *v tr* frangollar (saboter) ‖ FIG deshonrar, mancillar (déshonorer) ‖ prostituir, estropear; *galvauder son talent* prostituir su talento ‖ FIG *expression galvaudée* expresión trillada.
◆ *v intr* vagar, vagabundear.

gamba *f* langostino *m*.

gambader *v intr* brincar, saltar, dar brincos.

gamberger *v intr* POP cavilar.

gambette *m* especie de agachadiza *f* (oiseau) ‖ POP remo, pierna *f* (jambe).

Gambie *n pr f* GÉOGR Gambia.

gambien, enne *adj* gambiano, na; gambiense.

Gambien, enne *m et f* gambiano, na; gambiense.

gamelle *f* escudilla (de soldat) ‖ fiambrera, tartera (de l'ouvrier) ‖ FIG rancho *m*; *manger à la gamelle* comer rancho ‖ FAM batacazo *m*, caída (chute).

gamète *m* BIOL gameto.

gamin, e *m et f* pilluelo, la ‖ rapaz; muchacho, cha; chiquillo, lla (enfant).
◆ *adj* FAM travieso, sa (espiègle); *un geste gamin* un ademán travieso.

gaminerie [gaminri] *f* chiquillada, niñería (enfantillage) ‖ travesura (espièglerie).

gamma *m* gamma (lettre grecque) ‖ PHYS *rayons gamma* rayos gamma.

gammaglobuline *f* BIOL gammaglobulina.

gamme *f* escala, gama (musique); *faire des gammes au piano* hacer gamas en el piano ‖ FIG gama (série) ‖ — *gamme de fréquences* gama de frecuencias ‖ *produit haut de gamme* producto de alta calidad ‖ — FIG *changer de gamme* cambiar de tono ‖ *chanter sa gamme à quelqu'un* decir a uno las verdades del barquero, cantar a uno las cuarenta.

ganache *f* barbada (du cheval) ‖ FIG & FAM cernícalo *m*, zopenco *m* (sot).

Gand [gã] *n pr* GÉOGR Gante.

gang [gãg] *m* gang, partida *f* de malhechores.

Gange *n pr m* GÉOGR Ganges (fleuve).

ganglion *m* ANAT ganglio ‖ MÉD *ganglion lymphatique* ganglio linfático.

ganglionnaire *adj* ganglionar.

gangrène *f* MÉD & BOT gangrena ‖ FIG gangrena, corrupción (corruption).

gangrener *v tr* gangrenar.
◆ *v pr* gangrenarse.

gangster *m* gángster.

gangstérisme *f* gangsterismo.

gangue *f* MIN ganga.

ganse *f* trencilla, cordón *m* ‖ MAR gaza.

ganser *v tr* poner una trencilla *ou* un cordón.

gant *m* guante ‖ — *gant de toilette* manopla ‖ *gants de boxe* guantes de boxeo ‖ *gants de caoutchouc* guantes de goma ‖ — *main de fer dans un gant de velours* mano de hierro en guante de seda ‖ *souple comme un gant* más suave que un guante ‖ — *aller comme un gant* sentar como anillo al dedo ‖ *jeter le gant* arrojar el guante, desafiar, retar ‖ *ne pas prendre de gants* no andarse con paños calientes ‖ *prendre des gants* obrar con miramiento, tratar con guante blanco ‖ *relever le gant* recoger el guante, aceptar el desafío ‖ FAM *sans me donner des gants* no es que quiera presumir.

ganté, e *adj* enguantado, da; *ganté de blanc* enguantado de blanco.

ganter *v tr* enguantar, poner guantes ‖ FIG *ganter du sept et demi* tener el número siete y medio.

garage *m* garaje, cochera *f* (pour automobiles) ‖ apartadero (voie de garage) ‖ — *garage à vélos* garaje de bicicletas ‖ *garage souterrain* aparcamiento subterráneo ‖ FIG *sur la voie de garage* dejado de lado *ou* puesto en vía muerta.

garagiste *m et f* garajista.

garance *f* rubia, granza (plante).
◆ *adj inv* rojo vivo, claro *m* (couleur).

garant, e *adj et s* fiador, ra; garante; *se porter garant de quelqu'un* hacerse fiador de uno.
◆ *m* garantía *f*, seguridad *f* ‖ MAR beta *f* (cordage).

garanti, e *adj* garantizado, da; *appareil garanti un an* aparato garantizado por un año ‖ respaldado, da; *dépôts garantis par l'or* depósitos respaldados por el oro ‖ *garanti pure laine* pura lana virgen.

garantie *f* garantía, fianza; *laisser en garantie* dejar como fianza ‖ resguardo *m* (bancaire) ‖ — *sans garantie du gouvernement* sin garantía del Gobierno ‖ *sous garantie* garantizado, con garantía.

garantir *v tr* garantizar, garantir; *je vous le garantis* se lo garantizo ‖ proteger.
— OBSERV Le verbe *garantir* en espagnol, ne s'emploie que lorsqu'il y a un *i* dans la terminaison: *garantimos, garantís; garantía*, etc.; *garantiré*, etc.; *garantid; garantiría*, etc.; *garantiera*, etc.; *garantiese*, etc.; *garantiendo, garantido*.

garbure *f* sopa de legumbres, tocino y pato.

garce *f* (*vx*) chica, muchacha ‖ POP zorra (fille de mauvaise vie).

◆ *adj* FAM perra, maldita; *garce de vie* vida perra.

garçon [garsɔ̃] *m* muchacho ‖ varón (enfant mâle) ‖ soltero (célibataire) ‖ mozo, oficial; *garçon boucher* mozo de carnicero; *garçon coiffeur* oficial de peluquero ‖ mozo (jeune homme), pollo (*fam*) ‖ — *garçon d'ascenseur* ascensorista ‖ *garçon de bureau* ordenanza ‖ *garçon de café, d'hôtel* camarero, mozo de café, de hotel ‖ *garçon de courses* recadero, mandadero ‖ *garçon d'écurie* mozo de cuadra ‖ *garçon de recette* cobrador (d'une banque) ‖ *garçon d'étage* camarero de piso (hôtel) ‖ *garçon d'honneur* amigo que acompaña al novio y le asiste durante el casamiento ‖ *garçon épicier* dependiente de una tienda de comestibles ‖ — *beau garçon* buen mozo, mozo guapo ‖ *bon* o *brave garçon* buen muchacho, buen chico ‖ *école de garçons* escuela de niños ‖ *joli garçon* guapo (beau), lindo mozo, buen punto (ironique), buena pieza (ironique) ‖ *petit garçon* niño ‖ *vieux garçon* solterón ‖ — *enterrer sa vie de garçon* despedirse de la vida de soltero ‖ *rester garçon* quedarse soltero.

garçonne *f* marimacho *m* (virago) ‖ mujer libre (femme libre).

garçonnet [garsɔnɛ] *m* niño, muchachito.

garçonnière [-njɛːr] *f* virote *m*, marimacho *m* (femme) ‖ piso *m* de soltero, cuarto *m* de soltero (appartement).

garde *f* guardia, custodia (surveillance) ‖ guardia (boxe, militaire) ‖ guarda (d'un livre, d'une serrure) ‖ guarnición (de l'épée) ‖ enfermera (d'un malade) ‖ — *garde au sol* distancia del suelo ‖ *garde basse* guardia baja (boxe) ‖ *garde civique* guardia cívica ‖ *garde d'enfants* niñera ‖ *garde descendante* guardia saliente ‖ *garde mobile* guardia móvil ‖ *garde montante* guardia entrante ‖ *garde nationale* milicia nacional ‖ *garde républicaine* guardia republicana ‖ — *corps de garde* cuerpo de guardia ‖ *feuille de garde* hoja de guarda ‖ *mise en garde* advertencia ‖ *pharmacie de garde* farmacia de guardia ‖ — *jusqu'à la garde* hasta la empuñadura ‖ *sous bonne garde* a buen recaudo ‖ — *avoir la garde des enfants* tener la custodia *ou* la tutela de los niños ‖ *être de garde* estar de guardia ‖ *faire bonne garde* sur est ojo avizor a, tener mucho cuidado con ‖ *mettre en garde* advertir ‖ *mettre sous bonne garde* poner a buen recaudo, en buenas manos ‖ *mettre sous la garde de* poner bajo la custodia de ‖ *monter la garde* hacer guardia ‖ *prendre garde de* tener cuidado con ‖ *relever la garde* relevar la guardia ‖ *se mettre o tomber en garde* ponerse en guardia.

◆ *pl* guardias (serrurerie) ‖ guardas (d'une reliure) ‖ *se tenir sur ses gardes* estar sobre aviso.

garde *m* guarda (gardien) ‖ guardia (agent) ‖ — *garde champêtre* guarda rural ‖ *garde de nuit* guarda de noche, sereno ‖ *garde des archives* archivero ‖ *garde des Sceaux* Ministro de Justicia, guardasellos (*p us*) ‖ *garde du corps* guardaespaldas, guardia de corps ‖ *garde forestier* guardabosque.

Garde (lac de) *n pr* GÉOGR lago de Garda.

garde-à-vous *m inv* MIL posición *f* de firme ‖ *garde à vous!* ¡firme! ‖ *être, se mettre au garde-à-vous* estar, ponerse firme.

garde-barrière *m* et *f* guardabarrera.
— OBSERV pl *gardes-barrière* o *gardes-barrières*.

garde-boue *m inv* guardabarros.

garde-chasse *m* guarda de caza, guardamonte.
— OBSERV pl *gardes-chasse*.

garde-chiourme *m* (*vx*) cómitre (galères) ‖ cabo de vara (prisons).
— OBSERV pl *gardes-chiourme*.

garde-corps *m inv* MAR andarivel, barandilla *f*, guardamancebo ‖ parapeto (parapet).

garde-côte *m* MAR guardacostas *inv*.
— OBSERV pl *garde-côtes*.

garde-feu *m inv* alambrera *f*, pantalla *f* (de cheminée).

garde-fou *m* antepecho ‖ pretil (parapet).
— OBSERV pl *garde-fous*.

garde-malade *m* et *f* enfermero, ra.
— OBSERV pl *gardes-malade* o *gardes-malades*.

garde-manger *m inv* fresquera *f*.

garde-meuble *m* guardamuebles *inv*.
— OBSERV pl *garde-meubles*.

gardénia *m* BOT gardenia *f*.

garden-party *f* garden-party, fiesta en un jardín.
— OBSERV pl *garden-parties*.

garder *v tr* guardar; *garder un secret* guardar un secreto; *garder le silence* guardar silencio ‖ vigilar; *garder des enfants* vigilar niños ‖ asistir; *garder des malades* asistir a enfermos ‖ conservar; *garder un domestique* conservar un doméstico ‖ quedarse con; *garde ton manteau* quédate con tu abrigo no quitarse; *il avait gardé sa casquette* no se había quitado la gorra ‖ FIG conservar; *garder ses habitudes* conservar sus costumbres ‖ mantener; *garder ses droits* mantener sus derechos ‖ reservar; *ce que l'avenir nous garde* lo que el futuro nos reserva ‖ preservar; *garde-moi de ce malheur* presérvame de esta desgracia ‖ proteger, amparar, guardar; *que Dieu vous garde!* que Dios le proteja! ‖ retener; *je te garde à déjeuner* te retengo a almorzar ‖ — *garder la chambre* no salir de *ou* quedarse en su cuarto ‖ *garder la ligne* mantener la línea ‖ *garder le lit* guardar cama ‖ *garder quelqu'un à vue* ponerle a uno guardias de vista ‖ *but(s) gardé(s) par un goal excellent* portería defendida por un guardameta excelente ‖ *chasse gardée* coto vedado *ou* reservado de caza ‖ *Dieu m'en garde!* ¡líbreme Dios! ‖ *passage à niveau gardé* paso a nivel con guarda.

◆ *v pr* evitar, abstenerse de; *se garder de faire quelque chose* abstenerse de hacer una cosa ‖ (*vx*) FAM *se garder à carreau* estar alerta (sur ses gardes), ir con tiento (faire attention).

garderie *f* sitio *m* guardado ‖ guardería; *garderie d'enfants* guardería infantil.

garde-robe *f* guardarropa *m*, ropero *m* (armoire) ‖ guardarropa *m* (vêtements) ‖ excusado *m* (cabinet).
— OBSERV pl *garde-robes*.

gardian *m* vaquero (en Camargue).

gardien, enne *m* et *f* guardián, ana ‖ guarda (jardin, promenades, etc.); *gardien d'un musée* guarda de un museo ‖ depositario, ria (d'objets, etc.) ‖ portero, ra; conserje (concierge) ‖ FIG salvaguardia *f*; *l'O.N.U. est la gardienne de la paix* la ONU es la salvaguarda de la paz ‖ — *gardien de but* portero, guardameta (football) ‖ *gardien de la paix* guardia del orden público (agent) ‖ *gardien de nuit* vigilante nocturno ‖ *gardien de prison* oficial de prisiones ‖ *gardien d'un phare* torrero ‖ — *ange gardien* Ángel de la Guarda.

gardiennage [gardjɛnaːʒ] *m* guardia *f*, guardería *f*.

gardon *m* gobio (poisson) || *frais comme un gardon* fresco como una lechuga.

gare [gar] *f* estación (chemin de fer); *l'autorail entre en gare* el automotor entra en la estación || atracadero *m* (rivière) || — *gare aérienne* aeropuerto || *gare de triage* estación de apartado *ou* de clasificación, apartadero || *gare maritime* estación marítima || *gare routière* estación de autobuses || *gare terminus* estación terminal || — FAM *à la gare!* ¡vete a paseo!

gare! [gar] *interj* ¡cuidado!, ¡ojo! || — *(vx) gare à l'eau!* ¡agua va! || *gare à ne pas tomber!* ¡cuidado con caerte! || *gare à toi!* ¡cuidado con lo que haces! || *gare à vous si* pobre de usted si || *sans crier gare* sin avisar, sin el menor aviso, de golpe y porrazo.

garenne *f* vivar *m*, conejar *m* (de chasse) || vedado *m ou* coto *m* de pesca (de pêche).
◆ *m* conejo de vivar *ou* de monte (lapin).

garer *v tr* apartar (mettre hors d'atteinte) || preservar, poner a cubierto || entrar en la estación (un train) || llevar a una vía muerta (sur une voie de garage) || dejar un vehículo en su garage *ou* cochera || aparcar; *garer sa voiture dans la rue* aparcar su coche en la calle.
◆ *v pr* apartarse || guarecerse (s'abriter) || evitar, ponerse a cubierto; *se garer du danger* ponerse a cubierto del peligro.

Gargantua *n pr m* Gargantúa *m* || FAM tragaldabas, tragón.

gargantuesque *adj* pantagruélico, ca; *repas gargantuesque* comida pantagruélica.

gargariser (se) *v pr* gargarizar, hacer gárgaras || FIG & FAM relamerse, chuparse los dedos de gusto por una cosa.

gargarisme *m* gargarismo || *faire des gargarismes* hacer gárgaras.

gargote *f* figón *m*, tasca, bodegón *m*.

gargouille [gargu:j] *f* gárgola (d'un toit) || atarjea, canalón *m* (tuyau de descente).

gargouillement [-gujmã] *m* gorgoteo || borborigmo (intestinal).

gargouiller [-guje] *v intr* hacer gorgoteos el agua (bruit de l'eau) || FAM hacer ruido de tripas.

gargouillis [-guji] *m* gorgoteo.

gargoulette [gargulɛt] *f* alcarraza, botijo *m*.

garnement *m* bribón, pillo, granuja.

garrigue *f* monte *m* bajo, carrascal *m*.

garni, e *adj* guarnecido, da || provisto, ta (muni) || adornado, da (orné) || amueblado, da (meublé) || lleno, na (rempli) || guarnecido, da; con guarnición; *viande garnie* carne con guarnición.
◆ *m* piso *ou* habitación *f* que se alquila amueblado.

garnir *v tr* guarnecer || proveer (munir) || guarnecer (harnacher) || adornar (orner) || amueblar (meubler) || llenar (remplir) || rellenar, rehenchir (rembourrer) || reforzar (renforcer) || surtir, abastecer (un magasin) || alimentar (le feu) || CULIN guarnecer || FIG llenar, ocupar; *la foule garnit la place* la gente llena la plaza || MAR guarnir (un câble) || — *garnir de* echar (pétrole, bois) || *garnir le poêle, le feu* echar leña, carbón, combustible a la estufa, alimentar el fuego.
◆ *v pr* guarnecerse || llenarse (se remplir).

garnison *f* MIL guarnición.

garniture *f* guarnición (d'un vêtement) || aderezo *m*, adorno *m* (parure) || juego *m*, surtido *m* (de boutons) || guarnición, aderezo *m* (d'un plat) || IMPR imposición || MAR guarnimiento *m* || forro *m* (de freins) || tapizado *m* (de voiture) || estopada, empaquetadura (pompes) || — *garniture de cheminée* juego de chimenea || AUTOM *garniture de siège* tapizado de asiento || *garniture périodique* compresa.

Garonne *n pr f* GÉOGR Garona *m*.

garrot [garo] *m* cruz *f* (des animaux) || garrote (supplice) || MÉD torniquete, garrote || TECHN tarabilla *f* (d'une scie) || *hauteur au garrot* alzada.

garrotter *v tr* agarrotar.

gars [gɑ] *m* FAM muchacho, mozo, zagal, chaval; *écoute-moi, mon gars* escúchame, chaval || *beau gars* buen mozo.

Gascogne *n pr f* GÉOGR Gascuña || *golfe de Gascogne* golfo de Vizcaya.

gascon, onne *adj* gascón, ona.
◆ *m* gascón (langue).

Gascon, onne *m et f* gascón, ona.

gas-oil [gazɔjl]; **gasoil** [gazwal] *m* gasoil, gasóleo.

gaspillage [gaspija:ʒ] *m* despilfarro, derroche.

gaspiller [-je] *v tr* despilfarrar, derrochar, malgastar (l'argent) || FIG desperdiciar; *gaspiller son talent* desperdiciar su talento | desperdiciar, perder (son temps).

gaspilleur, euse [-jœr, ø:z] *adj et s* despilfarrador, ra; derrochador, ra.

gastéropode; gastropode *m* gasterópodo (mollusque).

gastrique *adj* ANAT gástrico, ca; *suc gastrique* jugo gástrico.

gastrite *f* MÉD gastritis.

gastro-entérite *f* MÉD gastroenteritis.

gastro-entérologie *f* MÉD gastroenterología.

gastro-entérologue *m et f* gastroenterólogo, ga.

gastro-intestinal, e *adj* gastrointestinal.

gastronome *m et f* gastrónomo, ma.

gastronomie *f* gastronomía.

gastronomique *adj* gastronómico, ca; *menu gastronomique* menú gastronómico.

gâté, e *adj* echado a perder (détérioré), dañado, da (marchandise), podrido, da (fruit) || picado, da (dent) || FIG mimado, da; consentido, da (enfant) | mimado, da; *gâté par la chance* mimado por la suerte.

gâteau *m* pastel (pâtisserie), pastelillo (petit gâteau) || panal (miel) || TECHN torta *f* (de maïs) || — *gâteau à la crème, aux amandes* pastel de crema, de almendras || *gâteau d'anniversaire* tarta de cumpleaños || *gâteau de riz* pastel de arroz || *gâteau de Savoie* saboyana || *gâteau des Rois* roscón de Reyes || *gâteau feuilleté* pastel de hojaldre || *gâteau sec* galleta || — FIG & FAM *avoir part au gâteau* sacar tajada || *ce n'est pas du gâteau* no es moco de pavo, no es grano de anís || *c'est du gâteau!* es factible, es pan comido, está tirado || *partager le gâteau* repartir la ganancia.

gâter *v tr* dañar, echar a perder (abîmer) || picar (dents) || estropear, deteriorar (détériorer) || FIG mimar, consentir (un enfant) | torcer, falsear (fausser) | colmar de regalos *ou* de atenciones || — *gâter le métier* echar a perder el oficio || *gâter le plaisir* amargar el placer.

◆ *v pr* echarse a perder ‖ emborrascarse, estropearse (le temps) ‖ *cela se gâte* eso se pone feo.
gâterie *f* mimo *m* ‖ golosina (friandise).
gâteux, euse *adj* chocho, cha.
gâtisme *m* chochez *f* ‖ *tomber dans le gâtisme* chochear.
G.A.T.T. abrév de *General Agreement on Tariffs and Trade* GATT, Acuerdo General sobre Aranceles Aduaneros y Comercio.
gauche [goːʃ] *adj* izquierdo, da; siniestro, tra *(p us)*; *tournez à gauche* tuerza a la izquierda ‖ izquierdo, da; zurdo, da *(fam)*; *main gauche* mano izquierda *ou* zurda ‖ torcido, da; tuerto, ta (de travers) ‖ FIG torpe, torpón, ona (maladroit) ‖ GÉOM alabeado, da (surface) ‖ — MIL *à gauche, gauche!* ¡izquierda, mar! ‖ — *frapper à droite et à gauche* golpear a diestro y siniestro ‖ FAM *mettre de l'argent à gauche* ahorrar | *passer l'arme à gauche* irse al otro barrio | *prendre à droite et à gauche* recibir de todos los lados.
◆ *f* izquierda (côté, direction) ‖ izquierda, zurda (main) ‖ — *la gauche* la izquierda (politique) ‖ *un homme de gauche* un izquierdista, un hombre de izquierdas ‖ — FAM *jusqu'à la gauche* hasta más no poder.
gauchement *adv* torpemente.
gaucher, ère *adj* et *s* zurdo, da; zocato, ta (FAM).
gauchir *v tr* torcer, ladear ‖ alabear (surface, planche).
◆ *v intr* et *pr* torcerse, ladearse ‖ alabearse.
gauchisant, e *adj* et *s* izquierdista.
gauchisme *m* izquierdismo.
gauchissement [goʃismã] *m* torcimiento, ladeo ‖ alabeo (surface) ‖ borneadura *f* (bois) ‖ alabeo (aviation).
gauchiste *adj* et *s* izquierdista.
gaucho *m* gaucho.
gaufre *f* panal *m* de miel (rayon) ‖ especie de barquillo *m* (pâtisserie).
gaufrer *v tr* TECHN gofrar (gallicisme), estampar (papier) | encañonar (étoffes).
gaufrette *f* especie de barquillo.
gaufrier [gofrije] *m* barquillero, gofradora *f* (moule à gaufres).
gaule *f* vara (perche) ‖ caña [de pescar] (canne à pêche) ‖ — MAR *gaule d'enseigne* asta de bandera ‖ — *coup de gaule* varazo.
Gaule *n pr f* HIST Galia.
gauler *v tr* AGRIC varear.
gaullisme *m* gaulismo.
gaulliste *adj* et *s* gaulista.
gaulois, e *adj* galo, la (de Gaule) ‖ FIG algo libre, picante, picaresco, ca.
Gaulois, e *m* et *f* galo, la.
gauloiserie *f* broma atrevida, chiste *m* picante.
gauss [gos] *m* gauss (unité magnétique).
gausser (se) *v pr* burlarse, guasearse (se moquer).
gaver *v tr* cebar, poner a cebo (les animaux) ‖ FAM atiborrar, atracar (de sucreries) ‖ *je suis gavé de lectures* estoy harto de lecturas.
gavotte *f* gavota (danse).
gaz [gɑz] *m* gas; *gaz de ville* gas de ciudad ‖ — *gaz butane* gas butano ‖ *gaz carbonique* gas carbónico ‖ *gaz d'échappement* gas de escape ‖ *gaz de combat* o *asphyxiant* gas de combate *ou* asfixiante ‖ *gaz des marais* gas de los pantanos, metano ‖ *gaz en bouteilles* gas en botellas ‖ *gaz hilarant* gas hilarante ‖ *gaz inerte* gas inerte ‖ *gaz lacrymogène* gas lacrimógeno ‖ *gaz liquéfié* gas licuado ‖ *gaz naturel* gas natural ‖ *gaz pauvre* o *à l'eau* gas pobre *ou* de agua ‖ *gaz rare* gas raro, noble ‖ — *bec de gaz* mechero de gas, farola (réverbère) ‖ *chambre à gaz* cámara de gas ‖ *masque à gaz* máscara de gas ‖ — *marcher à plein gaz* andar a toda velocidad, a todo gas ‖ *mettre les gaz* acelerar un motor de explosión, dar gas.
Gaza (bande de) *n pr f* GÉOGR territorio de Gaza.
gaze [gaz] *f* gasa (étoffe).
gazé, e *adj* et *s* gaseado, da; que ha sufrido la acción del gas asfixiante.
gazéification *f* gasificación.
gazéifier* *v tr* gasificar.
gazelle *f* ZOOL gacela.
gazer *v tr* flamear (les tissus) ‖ MIL atacar con gases asfixiantes.
◆ *v intr* ir de prisa un auto ‖ darse prisa ‖ aligerar el paso (se hâter) ‖ POP pitar, carburar, funcionar; *cela gaze à merveille* esto pita de maravilla.
gazette *f* gaceta (journal) ‖ correveidile *m*, gaceta (bavard).
gazeux, euse *adj* gaseoso, sa ‖ *eau gazeuse* agua gaseosa.
gazinière *f* cocina de gas.
gazoduc [gazodyk] *m* gasoducto.
gazogène *m* TECHN gasógeno.
gazole *m* gasóleo.
gazomètre *m* TECHN gasómetro.
gazon *m* césped ‖ hierba *f*; *hockey sur gazon* hockey sobre hierba.
gazouillement [gazujmã] *m* gorjeo (oiseaux) ‖ balbuceo (enfants) ‖ murmullo (murmure).
gazouiller [gazuje] *v intr* gorjear (oiseaux) ‖ balbucear (enfants) ‖ susurrar, murmurar (susurrer).
gazouillis [gazuji] *m* gorjeo ‖ *gazouillis des eaux* murmullo de las aguas.
G.B. abrév de *Grande-Bretagne* GB, Gran Bretaña.
gd abrév de *grand* gran.
geai [ʒɛ] *m* arrendajo (oiseau).
géant, e *adj* et *s* gigante, ta ‖ *à pas de géant* a pasos agigantados.
gecko; gekko *m* ZOOL salamanquesa *f*.
geindre* [ʒɛ̃ːdr] *v intr* gemir, gimotear, quejarse.
geisha [gɛjʃa] *f* geisha (danseuse japonaise).
gel [ʒɛl] *m* helada *f* ‖ CHIM gel ‖ — ÉCON *gel des prix* congelación de los precios | *gel des salaires* congelación salarial.
gélatine *f* gelatina.
gélatineux, euse *adj* gelatinoso, sa.
gelé, e *adj* helado, da ‖ FIG frío, ía ‖ congelado, da; bloqueado, da (crédits) ‖ POP curda (ivre) | chalado, da (fou).
gelée *f* helada (action de geler) ‖ gelatina (de viande) ‖ jalea (de fruits) ‖ — *gelée blanche* escarcha ‖ *gelée royale* jalea real.
geler* *v intr* helar ‖ helarse (avoir très froid) ‖ — *geler à pierre fendre* hacer un frío que hiela las palabras ‖ *geler blanc* escarchar.

◆ *v tr* helar; *le froid gèle l'eau des fontaines* el frío hiela el agua de las fuentes ‖ congelar; *crédit gelé* crédito congelado.
◆ *v pr* helarse.

gélif, ive *adj* que puede agrietarse con el frío, resquebrajadizo ‖ agrietado, da (pierre, bois).
gélifiant *m* gelatinizante.
gélifier *v tr* CHIM gelificar.
gelinotte *f* ganga (oiseau) ‖ pollita cebada (poule).
gélule *f* cápsula (médicament).
gémeau *m*; **gémelle** *f* gemelo, la.
Gémeaux *m pl* ASTR Géminis; *être des Gémeaux* ser Géminis.
gémellaire *adj* gemelo, la.
gémellipare *adj f* gemelípara.
gémellité *f* gemelaridad.
gémination *f* geminación ‖ GRAMM geminación.
géminé, e *adj* geminado, da ‖ — *école géminée* escuela mixta ‖ *fenêtre géminée* ajimez.
gémir *v intr* gemir, quejarse, lamentarse (se plaindre) ‖ arrullar (la colombe).
gémissant, e *adj* gimiente, quejumbroso, sa.
gémissement *m* gemido.
gemmation *f* BOT gemación.
gemme [ʒɛm] *adj et s f* resina de pino ‖ BOT yema ‖ *sel gemme* sal gema.
gemmé, e [-me] *adj* adornado, da con gemas.
gemmer [-me] *v tr* sangrar los pinos.
gênant, e *adj* molesto, ta.
gencive [ʒɑ̃siːv] *f* ANAT encía.
gendarme *m* gendarme (en France), guardia civil (en Espagne) ‖ jardín, pelo (d'une pierre précieuse) ‖ roca *f* (dans la montagne) ‖ FAM guardia civil, sargento, marimacho (femme autoritaire) ‖ POP arenque ahumado (hareng) ‖ — *dormir en gendarme* dormir con los ojos abiertos ‖ *faire le gendarme* ser un guardia civil.
gendarmerie *f* gendarmería (en France), guardia civil (en Espagne) ‖ cuartel *m* de los gendarmes.
gendre *m* yerno, hijo político.
gène *m* BIOL gen, gene (facteur héréditaire); *insérer un gène* introducir un gen ‖ — *gène récessif* gen recesivo ‖ *gène dominant* gen dominante.
gêne *f* molestia, malestar *m* ‖ FIG apuro *m*, escasez (pauvreté); *être dans la gêne* estar en un apuro de dinero ‖ embarazo *m*, incomodidad (embarras) ‖ (vx) tormento *m*, tortura ‖ *sans gêne* sin miramientos → **sans-gêne**.
gêné, e *adj* molesto, ta; *gêné devant lui* molesto ante él ‖ incómodo, da; molesto; ta; *gêné dans son costume* incómodo con su traje ‖ violento, ta (embarrassé); *gêné en sa compagnie* violento en su compañía ‖ fastidiado, da (ennuyé) ‖ apurado, da (sans argent).
généalogie *f* genealogía.
généalogique *adj* genealógico, ca.
généalogiste *m et f* genealogista, linajista.
gêner *v tr* molestar, incomodar; *votre attitude me gêne* su actitud me molesta ‖ estorbar, entorpecer; *gêner la circulation, un concurrent* estorbar el tráfico, a un rival ‖ poner en un apuro económico ‖ fastidiar (ennuyer) ‖ *si cela ne vous gêne pas* si no le sirve de molestia.

◆ *v pr* molestarse ‖ — FAM *il ne se gêne pas!* no se anda con chiquitas, ¡vaya una frescura! ‖ *je vais me gêner!* ¡me importa un bledo! ‖ *ne vous gênez pas* no se moleste ‖ *si vous avez soif, ne vous gênez pas* si tiene sed, está usted en su casa.

général, e *adj et s* general ‖ *à la satisfaction générale* para satisfacción de todo el mundo.
◆ *m* MIL general ‖ — *général d'armée* capitán general ‖ *général de corps d'armée* teniente general.
◆ *f* THÉÂTR ensayo general (répétition générale).
générale *f* generala (femme du général) ‖ ensayo *m* general (théâtre) ‖ MIL generala; *battre la générale* tocar generala.
généralement *adv* generalmente, en general, por lo general, por regla general (habituellement) ‖ corrientemente (communément) ‖ en general, en líneas generales (d'un point de vue général).
généralisable *adj* generalizable.
généralisateur, trice *adj* generalizador, ra.
généralisation *f* generalización.
généraliser *v tr* generalizar.
◆ *v pr* generalizarse.
généraliste *adj et s* internista (médecin).
généralité *f* generalidad; *s'en tenir à des généralités* limitarse a generalidades.
générateur, trice *adj* generador, ra.
◆ *m* TECHN generador; *générateur atomique* generador atómico ‖ *générateur à haute tension* generador de alta tensión.
◆ *f* GÉOM generatriz.
génération *f* generación ‖ — INFORM *génération de machines* generación de máquinas ‖ *la génération montante* la generación que viene.
générer *v tr* generar.
généreusement *adv* generosamente, con generosidad, magnánimamente (magnanimement) ‖ generosamente, liberalmente, espléndidamente, con esplendidez (avec libéralité) ‖ abundantemente, con abundancia, copiosamente, colmadamente (abondamment).
généreux, euse *adj* generoso, sa ‖ *femme aux formes généreuses* mujer rellenita, de formas generosas.
générique *adj* genérico, ca.
◆ *m* CINÉM ficha *f* técnica, créditos *pl*.
générosité *f* generosidad.
Gênes [ʒɛːn] *n pr* GÉOGR Génova.
genèse *f* génesis (d'une œuvre) ‖ *la Genèse* el Génesis (livre saint).
genêt [ʒənɛ] *m* BOT retama *f* ‖ — *genêt d'Espagne* retama de olor, gayomba ‖ *genêt épineux* aliaga, aulaga.
généticien, enne *m et f* genetista, geneticista.
génétique *adj et s f* genético, ca.
génétiquement *adv* genéticamente.
gêneur, euse *m et f* estorbo *m*, obstáculo *m*, importuno, na (personne qui gêne).
Genève *n pr f* GÉOGR Ginebra.
genevois, e *adj* ginebrés, esa; ginebrino, na.
Genevois, e *m et f* ginebrés, esa; ginebrino, na.
genévrier *m* BOT enebro.
Gengis Khan *n pr* Gengis Jan, Gengis Khan.
génial, e *adj* genial ‖ *idée o action géniale* genialidad.

génialement *adv* genialmente, de manera genial.
génialité *f* genialidad.
génie *m* genio (divinité) ∥ genio (talent) ∥ FIG instinto, talento, disposición *f; avoir du génie* tener talento; *il a le génie des affaires* tiene instinto para los negocios | carácter, índole *f; le génie d'une langue* el carácter de una lengua ∥ cuerpo de ingenieros; *génie militaire* cuerpo de ingenieros militares; *génie maritime* cuerpo de ingenieros navales ∥ — *génie civil* ingeniería ∥ *génie génétique* ingeniería genética ∥ *génie rural* ingeniería agrícola.
genièvre [ʒənjɛːvr] *m* enebro (genévrier); *baie de genièvre* baya de enebro ∥ enebrina *f* (baie) ∥ ginebra *f* (alcool).
génisse *f* becerra, novilla.
génital, e *adj* genital; *organes génitaux* órganos genitales.
géniteur, trice *adj* et *s* genitor, ra.
génitif *m* GRAMM genitivo.
génocide *m* genocidio.
génois, e *adj* genovés, esa.
Génois, e *m* et *f* genovés, esa.
génoise *f* CULIN genovesa.
génome *m* BIOL genoma.
génotype *m* BIOL genotipo.
genou [ʒənu] *m* ANAT rodilla *f* ∥ MAR genol ∥ MÉCAN articulación *f*, rótula *f* ∥ — *les genoux d'un pantalon* las rodilleras ∥ *à deux genoux* de rodillas, humildemente ∥ *à genoux* de rodillas (mot usuel), de hinojos (littéraire) ∥ FAM *sur les genoux* agotado ∥ — *fléchir le genou* doblar la rodilla, humillarse ∥ *mettre un genou en terre* hincar la rodilla ∥ *se mettre à genoux* arrodillarse, hincarse de rodillas ∥ *sentir ses genoux fléchir* flaquearle a uno las piernas.
genouillère [ʒənujɛːr] *f* rodillera ∥ MÉCAN articulación, rótula.
genre [ʒãːr] *m* género, especie *f*, clase *f*, tipo; *de quel genre de choses s'agit-il?* ¿de qué clase de cosas se trata? ∥ tipo; *comédie de genre américain* comedia de tipo americano ∥ — *tableau de genre* cuadro de costumbres ∥ — *avoir mauvais genre* tener malas maneras *ou* mala catadura ∥ *faire* o *se donner un genre* darse tono.
gens [ʒã] *m* ou *f pl* gente *f sing*; *de braves gens* buena gente; *gens de guerre, de mer* gente de guerra, de mar; *gens d'affaires* gente de negocios; *beaucoup de gens le croient* mucha gente lo cree ∥ gente; *les gens de service* la gente de servicio; *réunir ses gens* reunir su gente ∥ gente; *gens de bas étage* gente de baja estofa; *gens de sac et de corde* gente maleante; *petites gens* gente común, humilde, modesta ∥ DR gentes; *droit des gens* derecho de gentes ∥ — *gens de cour* cortesanos ∥ *gens d'Église* clérigos, gente de Iglesia ∥ *gens de lettres* literatos ∥ *gens de maison* empleados domésticos ∥ *gens d'épée* militares (soldats), hidalgos (nobles) ∥ *gens de robe* togados ∥ — *jeunes gens* jóvenes ∥ *les gens du monde* la gente de mundo ∥ *vieilles gens* ancianos.
— OBSERV *Gente* s'emploie beaucoup moins souvent au pluriel en espagnol qu'en français. Les locutions *buenas gentes, gentes de letras, etc.*, sont des gallicismes. Désignant un ensemble d'individus, *gente* se traduit par «monde»; *hay mucha gente en la calle* il y a beaucoup de monde dans la rue.

— OBSERV En francés se ponen en femenino los adjetivos y participios que preceden a *gens* y en masculino los que le siguen (*les vieilles gens sont soupçonneux* los ancianos son recelosos). En cuanto al verbo, éste debe ir siempre en plural. *Tous* se pone en masculino cuando *gens* va seguido por un epíteto o cualquier otra palabra determinante (*tous les gens sensés, tous ces gens-là*). En el sentido de la gente de servicio o de cierto grupo de personas la palabra *gens* es siempre masculina.
gent [ʒã] *f* gente (nation) ∥ FAM raza, orden *m* de animales ∥ — *la gent ailée* las aves ∥ *la gent marécageuse* las ranas.
gentiane [ʒãsjan] *f* BOT genciana.
gentil, ille [ʒãti, iːj] *adj* gentil; gracioso, sa (gracieux); *un geste gentil* un ademán gracioso ∥ atento, ta; amable; simpático, ca; *vous êtes très gentil* es usted muy amable ∥ bueno, na (sage) ∥ placentero, ra; amable; *un mot gentil* una palabra amable ∥ mono, na; lindo, da (joli) ∥ FAM bueno, na; considerable; *une gentille somme* una buena cantidad ∥ — *ce n'est pas gentil* no está bien, no es muy bonito ∥ *c'est très gentil à vous d'être venu* ha sido usted muy amable viniendo.
◆ *m* gentil (païen).
gentilhomme [-jɔm] *m* hidalgo, gentilhombre ∥ *gentilhomme de bouche, de manche, de chambre* gentilhombre de boca, de manga, de cámara.
— OBSERV pl *gentilshommes.*
gentilhommière [-jɔmjɛːr] *f* casa solariega.
gentillesse [-jɛs] *f* amabilidad, gentileza, atención, detalle *m; il m'a fait mille gentillesses* ha tenido miles de atenciones conmigo ∥ gracia, donaire *m*, gentileza (grâce) ∥ simpatía.
gentillet, ette [-jɛ, ɛt] *adj* bastante amable; bonito, ta; monín, ina.
gentiment [-mã] *adv* agradablemente, amablemente, atentamente ∥ por las buenas, amistosamente, amigablemente; *traitons cela gentiment* tratemos eso por las buenas ∥ graciosamente, monamente; *la maison était gentiment arrangée* la casa estaba arreglada monamente.
gentleman *m* gentleman, caballero.
— OBSERV pl *gentlemen.*
génuflexion *f* genuflexión ∥ FIG adulación.
géode *f* GÉOL geoda.
géodésie *f* geodesia.
géodésique *adj* geodésico, ca.
◆ *m* geodésica *f*.
géographe *m* et *f* geógrafo, fa.
géographie *f* geografía.
géographique *adj* geográfico, ca.
geôle [ʒoːl] *f* cárcel, prisión.
geôlier, ère [-lje, ɛːr] *m* et *f* carcelero, ra.
géologie [ʒeɔlɔʒi] *f* geología.
géologique *adj* geológico, ca.
géologue *m* et *f* geólogo, ga.
géomagnétisme *m* geomagnetismo.
géomètre *m* geómetra ∥ agrimensor, perito topógrafo (arpenteur).
◆ *f* falena (insecte).
géométrie *f* geometría; *géométrie algébrique, différentielle, vectorielle* geometría algebraica, diferencial, vectorial; *géométrie dans l'espace, cotée* geometría del espacio, por planos acotados ∥ FIG *à géométrie variable* de fácil adaptación.
géométrique *adj* geométrico, ca.

géométriquement *adv* geométricamente, por procedimientos geométricos (par la géométrie) ‖ geométricamente, de manera geométrica (régulièrement).
géomorphologie *f* geomorfología, geomorfía.
géophysicien, enne *m et f* geofísico, ca.
géophysique *f* geofísica.
géopolitique *f* geopolítica.
Géorgie *n pr* GÉOGR Georgia.
géorgien, enne *adj* georgiano, na.
◆ *m* georgiano (langue).
Géorgien, enne *m et f* georgiano, na.
géosphère *f* geosfera.
géostationnaire *adj* geoestacionario, ria; *satellite géostationnaire* satélite geoestacionario.
géosynclinal *m* GÉOGR geosinclinal.
géothermie *f* geotermia.
géothermique *adj* geotérmico, ca.
géotropisme *m* BOT geotropismo.
gérance *f* gerencia.
géranium [ʒeranjɔm] *m* BOT geranio.
gérant, e *m et f* gerente ‖ *gérant de société* gerente de una sociedad ‖ *gérant d'immeubles* administrador de fincas urbanas.
gerbe *f* gavilla, haz *m* (céréales) ‖ surtidor *m*, chorro *m* (d'eau) ‖ haz *m*, abanico *m* (de fusées) ‖ — FIG *gerbe de feu* manga de cohetes, haz de fuego ‖ *gerbe de fleurs* ramo de flores ‖ — *dépôt de gerbe* ofrenda floral.
gerber *v tr* agavillar (les céréales) ‖ apilar barriles (tonneaux), cajas (caisses).
◆ *v intr* surgir *ou* salir un chorro (eau) ‖ POP echar la pota.
gerboise *f* gerbo *m*, jerbo *m* (rongeur).
gercer* *v tr* agrietar (la peau).
◆ *v intr et pr* cortarse, agrietarse ‖ resquebrajarse (pierre, etc.).
gerçure [ʒɛrsyːr] *f* grieta, cortadura.
gérer* *v tr* administrar ‖ llevar, manejar; *gérer ses affaires* llevar sus negocios ‖ *se gérer créancier* reclamar sus derechos de acreedor.
gerfaut [ʒɛrfo] *m* gerifalte (oiseau de proie).
gériatrie *f* MÉD geriatría.
gériatrique *adj* geriátrico, ca.
germain, e *adj cousins germains* primos hermanos ‖ *cousins issus de germains* primos segundos ‖ *frères germains* hermanos carnales.
◆ *adj et s* germano, na.
germanique *adj* germánico, ca.
◆ *m* germánico (langue).
germanisant, e *adj et s* germanista.
germaniser *v tr* germanizar; *germaniser un nom propre* germanizar un nombre propio.
germanisme *m* germanismo.
germaniste *m et f* germanista.
germanophile *adj et s* germanófilo, la.
germanophilie *f* germanofilia.
germanophobe *adj et s* germanófobo, ba.
germanophobie *f* germanofobia.
germanophone *adj et s* germanófono, na; de habla *ou* lengua alemana.
germe *m* germen ‖ galladura *f* (œuf) ‖ — *en germe* en germen (plante), en cierne (sens figuré).
germé, e *adj* que ha echado tallos.

germer *v intr* germinar (mot littéraire), brotar (mot courant) ‖ FIG germinar, nacer.
germicide *adj et s m* germicida.
germination *f* germinación.
gérondif *m* GRAMM gerundio.
Gérone *n pr* GÉOGR Gerona.
gérontocratie *f* gerontocracia.
gérontologie *f* MÉD gerontología.
gérontologue *adj et s* gerontólogo, ga.
gésier [ʒezje] *m* ANAT molleja *f*.
gésir* *v intr* yacer ‖ FIG encontrarse, residir (se trouver) ‖ *ci-gît* aquí yace.
— OBSERV Este verbo es irregular y sólo se usa en las personas siguientes: presente indicativo: *il gît, nous gisons, vous gisez, ils gisent*; imperfecto: *je gisais, tu gisais, il gisait, nous gisions, vous gisiez, ils gisaient*; gerundio: *gisant*.
gestation *f* BIOL gestación.
geste *m* ademán, gesto, movimiento ‖ — *avoir un beau geste* tener un buen detalle ‖ *faire un geste de la main* hacer una señal con la mano ‖ *joindre le geste à la parole* unir la acción a la palabra ‖ *ne faites pas un geste!* ¡no se mueva!
◆ *f* (vx) gesta (prouesse) ‖ — *chanson de geste* cantar de gesta ‖ *les faits et gestes de quelqu'un* la vida y milagros de uno.
gesticulation *f* ademanes *m pl*.
gesticuler *v intr* hacer ademanes, gesticular.
gestion *f* gestión ‖ — *gestion de la crise* gestión de la crisis ‖ INFORM *gestion de fichier* gestión *ou* manejo de ficheros ‖ *gestion des disques* gestión de discos.
gestionnaire *adj* gestor, ra ‖ *gestionnaire de fichier* gestor de ficheros.
◆ *m* gerente, gestor ‖ intendente (d'un hôpital militaire).
gestuel, elle *adj* gestual.
geyser [ɡɛzɛːr] *ou* [ʒɛzɛːr] *m* géyser, géiser.
Ghana *n pr* GÉOGR Ghana.
ghetto *m* judería *f*, barrio judío, ghetto.
GI *m inv* FAM GI, soldado raso de Tierra y Aire [en Estados Unidos].
gibbeux, euse *adj* gibado, da; giboso, sa; *dos gibbeux* espalda gibosa.
gibbon *m* gibón (singe).
gibecière [ʒibsjɛːr] *f* zurrón *m*, morral *m* (sac de berger) ‖ bolsa, cartera (d'écolier) ‖ caja, bolsa (d'un escamoteur) ‖ *tour de gibecière* escamoteo, juego de manos.
gibelotte [ʒiblɔt] *f* estofado *m* de conejo.
giberne *f* MIL cartuchera.
gibet [ʒibɛ] *m* horca *f* (potence) ‖ patíbulo, cadalso (échafaud) ‖ cabria *f* (de puisatier) ‖ FIG cruz *f* (croix).
gibier *m* caza *f*; *gros gibier* caza mayor; *menu gibier* caza menor ‖ — *gibier à plume, à poil* aves *ou* caza de pluma, caza *ou* caza de pelo ‖ FAM *gibier de potence* carne de horca ‖ *lever le gibier* levantar la caza.
giboulée *f* chubasco *m*, aguacero *m*, chaparrón *m*.
giboyeux, euse [ʒibwajø, øːz] *adj* abundante en caza.
Gibraltar *n pr* GÉOGR Gibraltar ‖ *rocher, détroit de Gibraltar* peñón, estrecho de Gibraltar.
gibus [ʒibys] *m* clac (chapeau haut de forme).
giclée *f* chorro *m*.

giclement *m* salpicadura *f*, rociadura *f*.
gicler *v intr* salpicar (éclabousser), saltar (jaillir), rociar (arroser).
gicleur *m* surtidor, pulverizador, chicler (de carburateur).
G.I.E. abrév de *groupement d'intérêt économique* agrupación de interés económico.
gifle *f* bofetada.
gifler *v tr* abofetear.
gigantesque *adj* gigantesco, ca.
gigantisme *m* gigantismo.
G.I.G.N. abrév de *Groupe d'intervention de la gendarmerie nationale* cuerpo de élite de la gendarmería francesa.
gigogne *adj* encajado, da; || — *lits gigognes* camas nido || *poupées gigognes* muñecas rusas || *tables gigognes* mesas nido, serie de mesas que encajan unas con otras.
◆ *f* POP *mère Gigogne* mujer con muchos hijos.
gigolo *m* FAM chulo, «gigolo».
gigot [ʒigo] *m* pierna *f* de cordero || anca *f* (du cheval) || *manches à gigot* mangas de jamón.
gigoter *v intr* patalear, pernear.
gigue *f* giga (danse) || pernil de corzo || FAM zanca (longue jambe) || FAM *une grande gigue* una espingarda, un palo de escoba.
gilet [ʒilɛ] *m* chaleco; *gilet rayé* chaleco de rayas || camiseta *f* (sous-vêtement) || — *gilet de sauvetage* chaleco salvavidas || *gilet pare-balles* chaleco antibalas.
gin [dʒin] *m* ginebra *f*.
gin-fizz [dʒinfiz] *m inv* gin fizz.
gingembre [ʒɛ̃ʒɑ̃:br] *m* BOT jenjibre.
gingival, e *adj* ANAT gingival.
gingivite *f* MÉD gingivitis.
ginseng *m* ginseng.
girafe *f* ZOOL jirafa || jirafa (cinéma).
girafeau; girafon *m* ZOOL cría *f* de jirafa.
giratoire *adj* giratorio, ria; *sens giratoire* sentido giratorio.
girofle *m* clavo (clou de girofle).
giroflée *f* BOT alhelí *m* || FAM *donner une giroflée à cinq feuilles* llenarle a uno la cara con los cinco dedos, dar un bofetón.
girolle *f* mízcalo *m* (champignon).
giron *m* regazo; *le giron maternel* el regazo materno || BLAS jirón || FIG seno; *rentrer dans le giron de l'Église* volver al seno de la Iglesia || TECHN huella *f* (d'une marche).
Gironde *n pr f* GÉOGR Gironda *m*.
girondin, e *adj* girondino, na.
Girondin, e *m et f* girondino, na.
girouette [ʒirwɛt] *f* veleta (pour le vent) || FIG veleta *m* ou *f*, tornadizo, za (personne qui change d'opinion); *c'est une vraie girouette* es una verdadera veleta || MAR cataviento *m*.
gisant, e *adj* yacente, tendido, da.
◆ *m* estatua *f* yacente.
gisement *m* MAR demora *f*, arrumbamiento || MIN yacimiento, criadero (de minerai).
gît [ʒi] → **gésir**.
gitan, e *adj* et *s* gitano, na.
gîte [ʒit] *m* morada *f*, albergue (demeure) || cama *f* (lièvre), madriguera *f* (animaux) || MIN yacimiento

|| — *gîte à la noix* codillo de vaca || *gîte rural* hospedaje rural.
◆ *f* MAR *donner de la gîte* dar de banda.
gîter *v tr* albergar || alojar; *gîter un voyageur* alojar a un viajero.
◆ *v intr* et *pr* albergarse || encamarse (animal) || MAR dar de banda.
givrant, e *adj* que produce escarcha || *brouillard givrant* helada.
givre *m* escarcha *f*.
givré, e *adj* escarchado, da || CULIN *citron givré* limón helado.
givrer *v tr* escarchar.
givreux, euse *adj* resquebrajado, da (pierres précieuses).
Gizeh *n pr* GÉOGR Gizeh.
glabre *adj* lampiño, ña; glabro, bra (imberbe) || BOT desnudo, da (nu), liso, sa (lisse).
glaçage *m* glaseado (papier, pâtisserie).
glaçant, e *adj* glacial; *vent glaçant* viento glacial || FIG frío, glacial.
glace *f* hielo *m* (eau congelée) || helado *m*; *glace au café, à la vanille* helado de café, de mantecado || CULIN escarchado *m* || FIG frialdad (froideur) | espejo *m* (miroir) | luna; *armoire à glace* armario de luna | cristal *m*, vidrio *m* (vitre, carreau) || TECHN jardín *m*, paño *m* (d'un diamant) | ventanilla, cristal *m* (d'une voiture) || — *glace de poche* espejillo || — *être de glace* ser como un pedazo de hielo || FAM *regarde-toi dans une glace!* ¡anda que tú! | *rompre la glace* romper el hielo || *rester de glace* quedarse helado.
glacé, e *adj* helado, da (par le froid) || escarchado, da (sucreries) || glaseado, da (lustré) || FIG frío, glacial.
glacer* *v tr* helar, congelar (le froid) || glasear, escarchar (avec du sucre) || FIG dejar helado *ou* frío, paralizar || TECHN glasear, lustrar (lustrer).
glaciaire *adj* glaciar; *période glaciaire* período glaciar.
glacial, e *adj* glacial.
— OBSERV pl *glacials*.
glaciation *f* GÉOL glaciación, formación de glaciares.
glacier *m* glaciar, helero (masse de glace) || ventisquero (simple amas de neige et de glace) || horchatero (limonadier), heladero (marchand de glaces) || cristalero (vitrier).
glacière *f* nevera (garde-manger); *glacière portative* nevera portátil || heladera (sorbetière) || FIG nevera.
glaciologie *f* glaciología, glaciarismo *m*.
glacis [glasi] *m* glacis, explanada *f* (fortification) || veladura *f*, color transparente (couleur) || ARCHIT vertiente para la caída del agua.
glaçon *m* témpano, carámbano || cubito de hielo (pour les boissons) || FIG témpano, persona *f* fría.
gladiateur *m* gladiador.
glaïeul [glajœl] *m* BOT gladíolo, estoque *(p us)*.
glaire *f* clara (d'œuf) || flema (sécrétion).
glaise *f* greda, arcilla || *terre glaise* tierra gredosa, barro (sculpture).
glaiseux, euse *adj* arcilloso, sa; gredoso, sa.
glaive *m* espada (épée) || FIG guerra *f*; *tirer le glaive* declarar la guerra | poder; *le glaive des lois, le glaive spirituel* el poder de las leyes, el poder de la Iglesia

glamour 330

‖ *remettre le glaive dans le fourreau* envainar la espada.
glamour *m* glamour, encanto.
gland [glɑ̃] *m* madroño, borla *f* (passementerie) ‖ ANAT glande, bálano ‖ BOT bellota *f* ‖ *gland de mer* bálano, bellota de mar, pie de burro.
glande *f* ANAT glándula ‖ FAM ganglio *m*, seca (ganglion enflammé).
glander; glandouiller *v intr* POP gandulear.
glandulaire; glanduleux, euse *adj* glandular.
glaner *v tr* AGRIC espigar, rebuscar ‖ FIG rebuscar, sacar.
glapir *v intr* gañir, chillar (animaux) ‖ chillar (personnes).
glapissement *m* gañido, aullido (animaux) ‖ FIG chillido (personnes).
glas [glɑ] *m* tañido fúnebre ‖ — *sonner le glas* doblar las campanas, tocar a muerto ‖ FIG *sonner le glas des espérances* acabar con las esperanzas.
glaucome *m* MÉD glaucoma.
glauque *adj* glauco, ca.
glèbe *f* gleba; *serf de la glèbe* siervo de la gleba.
glissade *f* resbalón *m*; *faire une glissade* dar un resbalón ‖ patinazo *m* ‖ resbaladero *m*, deslizadero *m* (surface gelée) ‖ cupé *m*, paso *m* de lado (danse) ‖ FIG desliz *m*, patinazo *m* (faute).
glissant, e *adj* resbaladizo, za; escurridizo, za ‖ FIG *terrain, sentier glissant, pente glissante* terreno resbaladizo, posición delicada *ou* peligrosa.
glisse *f* deslizamiento *m*.
glissement *m* deslizamiento ‖ resbalamiento ‖ desmoronamiento, corrimiento (de terrain) ‖ derrumbe (mines).
glisser *v intr* resbalar, escurrirse (en général involontairement); *glisser sur la glace* resbalar en el hielo ‖ patinar (patiner) ‖ deslizarse (sur une surface lisse) ‖ rodar; *glisser sous la table* rodar debajo de la mesa ‖ dar un resbalón; *le pied lui a glissé* ha dado un resbalón ‖ FIG & FAM escurrirse ‖ escaparse (échapper); *cela m'a glissé des mains* se me ha escapado de las manos ‖ pasar por alto (effleurer à peine un sujet) ‖ esbozar; *un sourire glissa sur ses lèvres* esbozó una sonrisa ‖ tener *ou* traer sin cuidado, no hacer la menor mella (ne pas faire impression); *les critiques glissent sur lui* las críticas le tienen sin cuidado.
◆ *v tr* deslizar, decir; *je lui en glisserai un mot* le diré dos palabras ‖ echar, deslizar; *glisser une lettre sous la porte* echar una carta bajo la puerta ‖ insinuar ‖ *tout lui glisse entre les doigts* tiene manos de trapo.
◆ *v pr* deslizarse, escurrirse, colarse; *se glisser parmi les buissons* escurrirse entre los matorrales ‖ meterse; *se glisser au lit* meterse en la cama.
glissière *f* TECHN corredera; *fermeture à glissière* cierre de corredera ‖ guía (mécanique) ‖ AUTOM *glissière de sécurité* barrera de seguridad.
glissoire *f* patinadero *m*.
global, e *adj* global ‖ *méthode globale* método global (lecture).
globalement *adv* globalmente, de manera global, en conjunto.
globalisant, e; globalisateur, trice *adj* globalizante; *vision globalisante* visión globalizante.
globaliser *v tr* globalizar.
globalité *f* carácter global.

globe [glɔb] *m* globo; *globe terrestre* globo terráqueo ‖ fanal de cristal (pour horloges, fleurs); *mettre sous globe* meter en un fanal ‖ bomba *f* (de lampe) ‖ ANAT *globe oculaire* globo ocular.
globe-trotter *m* trotamundos, «globe-trotter».
globulaire *adj* globular.
◆ *f* BOT globularia, corona de rey.
globule *m* glóbulo ‖ MÉD *globule blanc* glóbulo blanco ‖ *globule rouge* glóbulo rojo.
globuleux, euse *adj* globuloso, sa ‖ *œil globuleux* ojo saltón.
globuline *f* globulina.
gloire *f* gloria ‖ aureola (d'un saint) ‖ — *à la gloire de* en honor de ‖ — *se faire gloire de* vanagloriarse de, enorgullecerse de ‖ *se faire une gloire de* tener a mucha honra ‖ FAM *travailler pour la gloire* trabajar por amor al arte, trabajar para el obispo.
glorieux, euse [glɔrjø, øːz] *adj* glorioso, sa.
◆ *m* et *f* fanfarrón, ona; vanidoso, sa ‖ HIST *les Trois Glorieuses* las Tres Gloriosas.
glorification *f* glorificación.
glorifier* *v tr* glorificar.
◆ *v pr* vanagloriarse, gloriarse; *se glorifier de ses richesses* vanagloriarse de sus riquezas.
gloriole *f* vanagloria, ufanía.
glose *f* glosa (commentaire) ‖ FAM crítica, interpretación maligna.
gloser *v tr et intr* glosar (commenter) ‖ FAM censurar, criticar.
glossaire *m* glosario.
glotte *f* ANAT glotis.
glouglou *m* gogló (d'une bouteille) ‖ clo, clo [del pavo] (du dindon).
glouglouter *v intr* hacer gogló ‖ graznar, cloquear (le dindon).
gloussement *m* cloqueo ‖ FAM risa *f* contenida.
glousser *v intr* cloquear (poules) ‖ FAM reír ahogadamente.
glouton, onne *adj* et *s* glotón, ona; tragón, ona.
◆ *m* glotón (mammifère).
gloutonnement *adv* glotonamente, con glotonería.
glu [gly] *f* liga ‖ FIG atractivo *m* (séduction) ‖ *collant comme la glu* pegado como una lapa.
gluant, e [glyɑ̃, ɑ̃ːt] *adj* viscoso, sa; pegajoso, sa (collant) ‖ FIG pegajoso, pesado, pelmazo.
glucide *m* CHIM glúcido.
glucose *m* CHIM glucosa *f*.
glutamate *m* CHIM glutamato.
gluten *m* gluten.
glycémie *f* MÉD glucemia, glicemia.
glycérine *f* CHIM glicerina.
glycine *f* BOT glicina.
glyptique *f* glíptica.
GMT abrév de *Greenwich Mean Time* GMT, hora promedio de Greenwich.
gnangnan *adj* et *s inv* FAM flojo, ja; fofo, fa; llorón, ona.
gneiss [gnɛs] *m* gneis (roche).
gniole *f* → **gnole**.
gnocchi [nɔki] *m* CULIN ñoqui, gnocchi.
gnognote; gnognotte [nɔɲɔt] *f* POP fruslería, cosa sin valor ‖ *ce n'est pas de la gnognote* no es moco de pavo.

gnole; gniole f POP aguardiente, matarratas.
gnome [gnoːm] m gnomo.
gnon [ɲɔ̃] m POP porrazo.
gnose [gnoːz] f PHILOS gnosis.
gnou [gnu] m ZOOL ñu.
go (tout de) loc adv de sopetón, de buenas a primeras.
G.O. abrév de *grandes ondes* OL, onda larga ‖ abrév de *gentil organisateur* animador del Club Mediterráneo.
goal [gol] m SPORTS guardameta, portero (gardien de but).
gobelet [gɔblɛ] m cubilete ‖ — *gobelet en carton* vaso de papel ‖ *joueur de gobelets* jugador de cubilete, cubiletero, prestidigitador.
gober v tr sorber (avaler); *gober un œuf* sorber un huevo ‖ FIG & FAM tragarse; *il gobe tout* se lo traga todo | tragar; *je ne peux pas le gober* no puedo tragarlo ‖ FAM *gober les mouches* papar moscas.
◆ v pr estar muy creído de sí mismo, creérselo; *il se gobe* se lo cree.
goberger (se)* v pr regodearse (se divertir) ‖ repantigarse (se prélasser) ‖ burlarse de uno (se moquer).
Gobi (désert de) n pr m GÉOGR desierto de Gobi.
godasse f POP zapato m.
goder v intr abolsarse, arrugarse, hacer pliegues.
godet [gɔdɛ] m cubilete, cortadillo (verre à boire) ‖ cangilón, arcaduz (auge) ‖ salserilla f (de peintre) ‖ cascabillo (du gland) ‖ tabaquera f (d'une pipe) ‖ pliegue (pli) ‖ TECHN engrasador (graisseur) ‖ *godet de dragage* cangilón de draga.
godiche; godichon, onne adj et s POP torpe; ganso, sa.
godiller v intr MAR cinglar, remar con la espadilla (ramer).
godillot [gɔdijo] m borceguí de soldado ‖ POP zapatón.
goéland [goelɑ̃] m ZOOL gaviota f.
goélette f MAR goleta (bateau).
goémon m fuco (algue).
gogo m POP primo, tonto (niais) ‖ FAM *à gogo* a voluntad, a porrillo, a pedir de boca.
goguenard, e [gɔgnaːr, ard] adj guasón, ona; burlón, ona.
goguette f FAM chanza, broma ‖ *être en goguette* estar achispado (éméché), estar de juerga (s'amuser).
goï [gɔi] m → **goy.**
goinfre m FAM glotón, tragón, comilón.
goinfrer v intr FAM zampar, tragar.
◆ v pr FAM engullir.
goitre m MÉD papera f, bocio [(amér) coto].
— OBSERV Le pluriel espagnol *paperas* désigne surtout les oreillons.
Golan (plateau du) n pr GÉOGR altiplano de Golán.
golden f golden (pomme).
golf m SPORTS golf ‖ *golf miniature* minigolf (jeu).
golfe m golfo; *le golfe d'Aden* el golfo de Adén; *le golfe du Lion* el golfo de León; *le golfe Persique* el golfo Pérsico.
golfeur, euse adj et s SPORTS golfista.
gommage m engomado.

gomme f goma; *gomme élastique* goma de borrar ‖ — *boule de gomme* caramelo de goma ‖ *gomme adragante* tragacanto ‖ *gomme arabique* goma arábiga ‖ — POP *à la gomme* de chicha y nabo, de tres al cuarto ‖ FAM *mettre la gomme* darse prisa, ir a todo gas (moteur).
gommé, e adj engomado, da; *papier gommé* papel engomado ‖ borrado, da.
gommer v tr engomar (enduire de gomme) ‖ borrar con goma (effacer).
gommette f trozo de papel de cola.
gonade f BIOL gónada.
gond [gɔ̃] m gozne ‖ — *mettre hors de ses gonds* sacar de sus casillas ‖ FIG & FAM *sortir de ses gonds* salir de sus casillas *ou* de quicio.
gondole f góndola.
gondoler v tr alabear, combar.
◆ v pr alabearse, combarse ‖ FAM desternillarse de risa (rire).
gondolier m gondolero.
gonflable adj inflable.
gonflage m hinchado, inflado.
gonflé, e adj hinchado, da (enflé) ‖ inflado, da (rempli d'air) ‖ FIG henchido, da; *gonflé de vanité* henchido de vanidad | lleno, na; atestado, da (un sac, etc.) ‖ POP valiente; resuelto, ta; atrevido, da; fresco, ca ‖ *gonflé à bloc* con gran moral, entusiasmado.
gonflement m inflamiento, inflado (action de gonfler) ‖ hinchazón f (enflure).
gonfler v tr hinchar (enfler) ‖ inflar, hinchar; *gonfler un ballon* inflar un globo ‖ hacer crecer (un cours d'eau) ‖ FIG llenar de (de colère) ‖ ahuecar (la voix), rellenar, meter paja en (un article).
◆ v intr et pr hincharse ‖ FIG ensoberbecerse, engreírse.
gonflette f (péjoratif)FAM *faire de la gonflette* amasar.
gonfleur m bomba f para hinchar *ou* inflar.
gong [gɔ̃ o gɔ̃g] m gong.
goniomètre m goniómetro.
gonocoque m MÉD gonococo.
gonocyte m gonocito, gonócito.
gonzesse f POP gachí.
gord [gɔːr] m estacada f para pescar en los ríos.
gordien adj m gordiano.
goret [gɔrɛ] m gorrino, cerdito (cochon) ‖ FIG & FAM gorrino, guarro (personne sale).
gorge [gɔrʒ] f ANAT garganta; *avoir mal à la gorge* dolerle a uno la garganta ‖ cuello m (cou); *couper la gorge* cortar el cuello ‖ pechos m pl (seins) ‖ gola (fortification) ‖ ARCHIT mediacaña (moulure) | degolladura (du balustre) ‖ GÉOGR garganta, quebrada, desfiladero m ‖ TECHN garganta (de roue, poulie, etc.) ‖ — *avoir la gorge serrée* tener un nudo en la garganta ‖ *crier à gorge déployée* gritar a voz en cuello ‖ FIG *faire des gorges chaudes* burlarse | *faire rentrer à quelqu'un les mots dans la gorge* obligar a uno a que se trague las palabras ‖ *prendre à la gorge* agarrarse a la garganta (odeur, goût) ‖ FIG *rendre gorge* vomitar (vomir), restituir (restituer) ‖ *rire à gorge déployée* reír a carcajadas *ou* a mandíbula batiente ‖ *saisir à la gorge* agarrar por la garganta ‖ *tendre la gorge* alargar el cuello (pour être égorgé), darse por vencido (s'avouer vaincu).

gorge-de-pigeon *adj inv* tornasolado, da ‖ *tissu gorge-de-pigeon* tela con visos tornasolados.
gorgé, e *adj* ahíto, ta; harto, ta; saciado, da; *gorgé de plaisir* ahíto de placeres ‖ impregnado, da (de) empapado, da (en); *terre gorgée d'eau* tierra impregnada de agua.
gorgée *f* trago *m*, sorbo *m* ‖ *boire à petites gorgées* beber a sorbos.
gorger* *v tr* cebar (gaver les animaux) ‖ FIG hartar, atracar (gaver de nourriture) | colmar, saciar (combler).
➤ *v pr* hartarse, atiborrarse (s'empiffrer).
Gorgones *n pr f pl* MYTH Gorgonas.
gorgonzola *m* gorgonzola (fromage).
gorille [gɔriːj] *m* gorila (singe) ‖ FAM guardaespaldas (garde du corps).
gosier *m* gaznate, garguero ‖ — FAM *avoir le gosier sec* tener seco el gaznate | *chanter à plein gosier* cantar a voz en grito | *rire à plein gosier* reír a carcajadas.
gospel *m* gospel.
gosse *m et f* FAM chiquillo, lla; chaval, la.
Goths [go] *n pr m pl* godos.
Gotha almanaque de Gotha, anuario nobiliario y político publicado en Gotha [Alemania].
gothique *adj et s m* gótico, ca; *gothique flamboyant* gótico flamígero.
➤ *f* letra gótica.
gotique *m* gótico (langue).
gouache [gwaʃ] *f* aguada, pintura a la aguada.
gouailleur, euse [gwajœːr, øːz] *adj* FAM guasón, ona; chunguero, ra.
gouda *m* CULIN gouda, queso holandés *ou* de bola.
goudron *m* alquitrán (de houille).
goudronnage *m* asfaltado, alquitranado.
goudronner *v tr* alquitranar (couvrir de goudron), asfaltar (asphalter).
goudronneux, euse *adj* alquitranado, da; asfaltado, da.
➤ *f* alquitranadora, máquina de alquitranar *ou* asfaltar.
gouffre *m* sima *f*, precipicio ‖ remolino, vorágine *f* (en mer) ‖ FIG abismo | pozo sin fondo.
gouge *f* gubia, escoplo *m* de media caña (ciseau).
gougère *f* CULIN masa con queso gruyere cocida al horno.
gouine *f* POP tortillera (lesbienne).
goujat [guʒa] *m* patán, grosero (mal élevé), granuja (voyou) ‖ aprendiz de albañil.
goujon *m* gobio (poisson) ‖ TECHN clavija *f*, pasador, espárrago (cheville) | tarugo (de bois).
goulache; goulasch *m* CULIN gulás.
goulag *m* gulag.
goulée *f* FAM bocado *m* (bouchée), trago *m* (gorgée).
goulet [gulɛ] *m* bocana *f* (d'un port) ‖ paso estrecho *ou* angosto.
gouleyant, e *adj* FAM que entra bien (vin).
goulot [gulo] *m* gollete ‖ FIG estrangulamiento, tapón ‖ *boire au goulot* beber a morro.
goulu, e *adj et s* tragón, ona (glouton) ‖ codicioso, sa (avide).
goulûment *adv* glotonamente, vorazmente.

goupille [gupiːj] *f* pasador *m* de bisagra (charnière) ‖ clavija, chaveta (pour assembler) ‖ *goupille fendue* pasador.
goupiller *v tr* TECHN enclavijar, enchavetar, sujetar *ou* fijar con pasador (assembler) ‖ FIG & POP arreglar, preparar.
➤ *v pr* arreglarse; *cela se goupille bien* la cosa se arregla bien.
goupillon *m* hisopo (pour l'eau bénite) ‖ limpiatubos (pour verre de lampe) ‖ escobilla *f*, limpiabotellas (pour nettoyer les bouteilles).
gourbi *m* chabola *f*, choza *f* árabe.
gourd, e [guːr, gurd] *adj* arrecido, da; yerto, ta; entumecido, da (de froid).
— OBSERV Se dice sobre todo de los dedos y manos.
gourde *f* cantimplora (flacon) ‖ BOT calabaza.
➤ *adj* et *s f* FIG & FAM zoquete, cernícalo; tonto, ta.
gourdin *m* garrote, porra *f*.
gourer (se) *v pr* POP colarse, equivocarse ‖ *tu te goures!* ¡te equivocas!
gourmand, e *adj et s* goloso, sa; *enfant gourmand* niño goloso ‖ glotón, ona (glouton) ‖ FIG goloso, sa; ansioso, sa (avide).
➤ *m* AGRIC chupón (rameau inutile).
gourmandise *f* golosina (friandise) ‖ gula, glotonería (vice) ‖ FIG ansia (avidité).
gourme *f* MÉD impétigo *m* (croûtes de lait) ‖ VÉTÉR muermo *m* ‖ FIG & FAM *jeter sa gourme* hacer calaveradas [un joven]; correrla.
gourmet [gurmɛ] *m* gastrónomo, sibarita (gastronome) ‖ catador (dégustateur).
gourmette *f* barbada (du cheval) ‖ pulsera, esclava (bracelet) ‖ cadena (d'une montre).
gourou; guru *m* guru, gurú.
gousse *f* BOT vaina ‖ *gousse d'ail* diente de ajo.
gousset [gusɛ] *m* bolsillo del chaleco (gilet) *ou* del reloj ‖ bolsa *f* chica (petite bourse) ‖ repisa *f*, consola *f* pequeña (meuble) ‖ ANAT sobaco (aisselle) ‖ BLAS gocete ‖ FIG & FAM sobaquina *f* (odeur) ‖ TECHN cartela *f* (pièce d'assemblage).
goût [gu] *m* gusto (sens), sabor (saveur); *goût de miel* sabor a miel ‖ gusto; *bon goût, mauvais goût* buen gusto, mal gusto ‖ afición *f* (penchant); *avoir du goût pour la lecture* tener afición a la lectura ‖ — *à chacun selon son goût* al gusto del consumidor ‖ *au goût du client* a gusto del cliente ‖ *dans le goût de* al estilo de ‖ — *avoir du goût pour l'aventure* tener afán de aventuras ‖ *avoir le goût de* tener gusto a, saber a ‖ *avoir un goût de renfermé* tener gusto a rancio ‖ *des goûts et des couleurs il ne faut pas disputer, tous les goûts sont dans la nature* sobre gustos no hay nada escrito ‖ *ne pas avoir de goût pour* no tener placer en ‖ *prendre goût à quelque chose* empicarse en *ou* aficionarse a alguna cosa ‖ *reprendre goût à* recuperar las ganas de.
— OBSERV *Goût* n'a pas le sens espagnol de «plaisir»: *dar gusto* faire plaisir; *con mucho gusto* avec grand plaisir.
goûter *v tr* probar, saborear; *goûter un vin* probar un vino ‖ FIG gustar; *ce discours a été fort goûté* este discurso fue muy apreciado; *je goûte fort cet auteur* me gusta mucho este autor ‖ experimentar, gozar de; *goûter son bonheur* gozar de su dicha.
➤ *v intr* merendar (repas dans l'après-midi).
— OBSERV *Goûter*, en français, n'a pas souvent le sens espagnol de «gustar» (plaire, aimer): *esto me gusta* ceci me plaît; *me gusta la música* j'aime la musique.

goûter *m* merienda *f*; *goûter d'anniversaire* merienda de cumpleaños.

goûteur, euse *m et f* catador *m*.

goûteux, euse *adj* sabroso, sa.

goutte *f* gota; *goutte à goutte* gota a gota ‖ poquito *m*, gota; *verser une goutte de vin* echar un poquito de vino ‖ copita [de licor] ‖ ARCHIT gota ‖ FAM aguardiente *m* ‖ MÉD gota ‖ — *se ressembler comme deux gouttes d'eau* parecerse como dos gotas de agua ‖ *suer à grosses gouttes* sudar la gota gorda ‖ *tomber goutte à goutte* caer gota a gota.
→ *adv* nada, jota; *n'y voir goutte* no ver nada, no ver ni jota.

goutte-à-goutte *m inv* MÉD transfusión *f* gota a gota | recipiente con que se verifica esta transfusión, gotero; *alimenter au goutte-à-goutte* alimentar con el gotero.

gouttelette [gutlɛt] *f* gotita.

goutter *v intr* gotear.

gouttière *f* canalón *m*, canal *m* (du toit) ‖ MÉD entablillado *m* ‖ TECHN canal *m* (d'un livre).

gouvernable *adj* gobernable.

gouvernail [guvɛrnaːj] *m* AVIAT timón; *gouvernail de profondeur* timón de profundidad ‖ FIG riendas *f pl*, dirección *f*; *le gouvernail de l'État* las riendas del Estado ‖ MAR timón, gobernalle (*p us*); *tenir le gouvernail* llevar el timón.
— OBSERV *pl gouvernails*.

gouvernant, e *adj* gobernante.
→ *f* aya (éducatrice) ‖ ama de llaves (d'un foyer).
→ *m pl* gobernantes (d'un État).

gouverne *f* gobierno *m*, norma; *je vous dis cela pour votre gouverne* se lo digo a usted para su gobierno ‖ AVIAT timón *m*; *gouverne de direction, de profondeur, latérale* timón de dirección, de profundidad, lateral.
→ *pl* AVIAT timonería *sing*, mecanismo *m sing* de dirección.

gouvernement *m* gobierno.

gouvernemental, e *adj* gubernamental.

gouverner *v tr* gobernar ‖ GRAMM regir (cas, préposition).
→ *v pr* gobernarse ‖ *se gouverner sagement* obrar con sensatez, portarse con prudencia.
→ *v intr* MAR obedecer al timón.

gouverneur *m* gobernador (qui gouverne) ‖ gobernador, director (de la Banque de France) ‖ ayo, preceptor (précepteur) ‖ alcaide (*vx*), director (prison).

goy; goye [gɔj]; **goï** [gɔi] *m* para un hebreo, pueblo no judío.

goyave [gɔjav] *f* BOT guayaba (fruit).

gr abrév de *grade* gr, grado.

G.R. abrév de *sentier de grande randonnée* ruta principal.

grabat [graba] *m* camastro, jergón (lit).

grabataire *adj et s* enfermo encamado.

grabuge *m* POP gresca *f*, cisco, jollín; *faire du grabuge* meter gresca, armar cisco ‖ *il y a du grabuge* se arma la de San Quintín *ou* la gorda.

grâce *f* gracia ‖ favor *m*, gracia (faveur, service); *de grâce* por favor; *demander en grâce* pedir por favor; *être en grâce auprès de* gozar favor cerca de; *faire la grâce de* hacer el favor de ‖ *faire grâce de* perdonar, condonar, dispensar de; *faire grâce d'une dette* perdonar una deuda ‖ *ne pas faire grâce d'un détail* no perdonar ni un detalle ‖ gracia, indulto *m* (à un prisonnier); *grâce amnistiante* indulto ‖ gana; *de bonne grâce* de buena gana; *de mauvaise grâce* de mala gana ‖ — *état de grâce* estado de gracia ‖ *recours en grâce* petición de gracia ‖ — *grâce à* gracias a, merced a ‖ — *à la grâce de Dieu* a la buena de Dios ‖ *de grâce* por favor ‖ — *demander grâce* pedir perdón *ou* piedad ‖ *donner le coup de grâce* rematar.
→ *pl* gracias (prières) ‖ — *être dans les bonnes grâces de quelqu'un* gozar del favor de uno ‖ *gagner les bonnes grâces de quelqu'un* congraciarse con alguien, granjearse la simpatía de alguien ‖ *rendre grâces* dar gracias.
→ *interj* ¡piedad!

Grâces (les) *n pr* MYTH las Gracias.

gracier* *v tr* indultar.

gracieusement *adv* graciosamente, con gracia, airosamente (avec grâce) ‖ gratuitamente, gratis (gratuitement).

gracieux, euse *adj* gracioso, sa; gentil ‖ gratuito, ta; gracioso, sa (gratuit) ‖ *à titre gracieux* gratuitamente.
→ *m* THÉÂTR gracioso.

gracile *adj* grácil.

gradation *f* gradación.

grade *m* grado (hiérarchie) ‖ grado (diplôme) ‖ GÉOM grado centesimal ‖ MIL grado, empleo ‖ TECHN grado (huile) ‖ — *accéder au grade de capitaine* ascender a capitán ‖ — POP *il en a pris pour son grade* le han dicho las verdades del barquero, le pusieron verde.

gradé *adj m et s m* MIL suboficial.

gradient *m* gradiente.

gradin *m* grada *f*; *en gradins* dispuesto en gradas.
→ *pl* gradería *f* (stade), tendido (arènes).

graduation *f* graduación.

gradué, e *adj* graduado, da.

graduel, elle *adj* gradual.
→ *m* gradual (liturgie).

graduellement *adv* gradualmente, progresivamente.

graduer *v tr* graduar.

graffiti *m* inscripción *f* en un muro, pintada *f*.

grailler [grɑje] *v intr* carraspear (parler d'une voix enrouée) ‖ tocar la trompa de caza.

graillon [grɑjɔ̃] *m* olor a grasa quemada (odeur) ‖ restos *pl*, sobras *f pl* ‖ gargajo (crachat).

grain [grɛ̃] *m* grano (petite parcelle); *grain de sable* grano de arena ‖ grano (rugosité du cuir) ‖ (*vx*) grano (poids) ‖ cuenta *f* (du chapelet) ‖ BOT grano ‖ FIG tono; *le grain du texte* el tono del texto ‖ MAR turbonada *f*, vendaval | chaparrón (averse) ‖ — *grain de beauté* lunar ‖ FAM *grain de folie* vena de loco ‖ *grain de plomb* perdigón ‖ *grain de poivre* grano de pimienta ‖ *grain de poussière* grano de polvo ‖ *grain de raisin* uva ‖ — *en avoir un grain* estar chiflado ‖ *mettre son grain de sel* echar su cuarto a espadas ‖ *veiller au grain* estar sobre aviso.
→ *pl* cereales.

graine [grɛːn] *f* pepita (des fruits, melons, etc.) ‖ grano *m* (pour nourrir la volaille) ‖ BOT semilla (semence) ‖ ZOOL simiente, granito *m* (du ver à soie) ‖ — FIG *mauvaise graine* mala hierba ‖ — FIG *en prendre de la graine* tomar por modelo, servir de ejemplo ‖ *être une graine de voyou* ser de mala ca-

laña || *monter en graine* entallecerse, dar grana (plantes), crecer, espigar (grandir).
graineterie *f* comercio *m* de granos (commerce) || tienda de granos (magasin).
grainetier, ère *adj et s* comerciante en granos.
graissage *m* engrasado, engrase.
graisse *f* grasa || — *graisse de porc* manteca de cerdo, sebo || *tourner à la graisse* ahilarse (vin).
graisser *v tr* engrasar; *graisser une machine* engrasar una máquina || manchar de grasa (tacher) || FIG *graisser la patte* untar la mano, dar un guante.
◆ *v intr* ahilarse (vin).
graisseur, euse *adj et s* engrasador, ra.
graisseux, euse *adj* grasiento, ta || graso, sa (substance).
Gram (coloration de) solución de Gram.
graminacées; graminées *f pl* BOT gramíneas.
grammage *m* TECHN gramaje.
grammaire *f* gramática || — *grammaire générative* gramática generativa || *grammaire transformationnelle* gramática transformacional.
grammairien, enne *adj et s* gramático, ca.
grammatical, e *adj* gramatical; *exemples grammaticaux* ejemplos gramaticales.
grammaticalement *adv* gramaticalmente, según las reglas de la gramática, desde el punto de vista gramatical.
gramme *m* gramo.
grand, e [grã, ã:d] *adj* grande; *en grand* en grande || alto, ta; *il est grand pour son âge* es alto para su edad || mayor; *grand écuyer* caballerizo mayor; *les grandes personnes* las personas mayores; *la Grande Ourse* la Osa Mayor; *son grand frère* su hermano mayor || magno; *Alexandre le Grand* Alejandro Magno || largo, ga; *deux grands mois* dos meses largos || — *grand électeur* compromisario (politique) || *grand ensemble* conjunto de bloques de viviendas || COMM *grand livre* libro mayor || *grand malade* enfermo grave || *grand officier* oficial mayor || *grand public* para todos los públicos, de gran consumo || *grande couronne* gran cinturón (région parisienne) || *grande personne* persona mayor || *grande surface* hipermercado || *grandes lignes* largos recorridos || *grandes vacances* vacaciones de verano || *grands magasins* grandes almacenes || — *des grands mots* palabras mayores || *le grand air* el aire libre || *le grand écart* spagat, despatarrada || *les grandes écoles* centros universitarios privados o públicos muy selectivos || *les grands blessés* los heridos graves || *les grands brûlés* los quemados graves || *un grand buveur* un gran bebedor || *un grand homme* un gran hombre || — *à grand bruit* a bombo y platillo || *au grand jour* en plena luz, con toda claridad || *de grand matin* de buena mañana || *plus grand* mayor, más grande, más alto || — *avoir grand besoin de* tener gran necesidad de || *être assez grand pour* ser mayorcito para || *il est grand temps de* ya es hora de.
◆ *m* adulto, mayor (adulte) || grande (d'Espagne) || *seul, comme un grand* solo, como una persona mayor.
◆ *adv* *avoir les yeux grand ouverts* tener los ojos muy abiertos || *faire quelque chose en grand* hacer algo por lo alto || *ouvrir tout grand* abrir de par en par || *voir grand* ver en grande.
— OBSERV L'adjectif espagnol *grande* perd sa dernière syllabe devant un substantif au singulier: *une grande maison* una gran casa, una casa grande.

— OBSERV *Grand*, empleado como adverbio, no queda invariable, sino que concuerda con el participio que le sigue (ej.: bouche *grande* ouverte).
grand-angle; grand-angulaire *m* PHOT gran angular.
— OBSERV pl *grands-angles, grands-angulaires*.
grand-chose *m inv* gran cosa, poca cosa [úsase sólo con la negación cuando tiene el sentido de poca cosa]; *il ne vaut pas grand-chose* vale poca cosa, no vale gran cosa || *un, une, des, pas-grand-chose* un don nadie, una cualquiera, gente de poca importancia.
grand-duché *m* gran ducado.
Grande-Bretagne *n pr f* GÉOGR Gran Bretaña.
grandement *adv* grandemente || ampliamente || *faire les choses grandement* hacer las cosas con grandeza.
grandeur *f* tamaño *m*; *la grandeur d'une boîte* el tamaño de una caja || magnitud; *la grandeur d'une tâche* la magnitud de una empresa || grandor *m* (moins usité) || FIG grandeza; *grandeur de caractère* grandeza de carácter | grandeza, prestigio *m* (prestige) | grandeza (dignité) | ilustrísima (d'un évêque); *sa Grandeur* su ilustrísima | grandiosidad; *la grandeur de sa poésie* la grandiosidad de su poesía || — *grandeur d'âme* magnanimidad, nobleza de sentimientos || ASTR *grandeur d'une étoile* magnitud de una estrella || *grandeur nature* de tamaño natural || — FIG *du haut de sa grandeur* con orgullo, desdeñosamente.
grandiloquence *f* grandilocuencia, prosopopeya.
grandiloquent, e *adj* grandilocuente.
grandiose *adj* grandioso, sa.
◆ *m* grandiosidad *f*, lo grandioso.
grandir *v tr* agrandar, aumentar (rendre plus grand) || FIG amplificar || abultar (grossir) || engrandecer (rendre plus élevé).
◆ *v intr* crecer (devenir grand); *enfant qui a grandi vite* niño que ha crecido rápidamente || FIG crecer (prendre de l'importance) || *grandir d'un coup* dar un estirón.
◆ *v pr* engrandecerse, parecer más alto; *elle mit des talons pour se grandir* se puso tacones para parecer más alta.
grandissant, e *adj* creciente; *la clameur grandissante* el clamor creciente || que crece, que está creciendo (enfant).
grand-livre *m* COMM libro mayor.
grand-mère *f* abuela.
grand-oncle [grãtɔ̃kl] *m* tío abuelo.
grand-peine (à) *loc adv* a duras penas.
grand-père *m* abuelo.
grands-parents *m pl* abuelos.
grand-tante *f* tía abuela.
grand-voile *f* MAR vela mayor.
grange [grã:ʒ] *f* troje, granero *m*, hórreo *m*.
granit; granite [granit] *m* granito, piedra *f* berroqueña (roche) || FIG *cœur de granit* corazón de piedra.
granité, e *adj* parecido al granito.
◆ *m* granillo (tissu) || helado granizado (glace).
graniteux, euse *adj* granítico, ca.
granitique *adj* granítico, ca.
granivore *adj* granívoro, ra.

granny-smith f inv manzana granny-smith [manzana verde].
granulaire adj granular.
granulat m granulado.
granulation f granulación.
granule m gránulo.
granulé, e adj granulado, da.
◆ m MÉD granulado.
granuleux, euse adj granuloso, sa.
graphe m MATH grafo; *théorie des graphes* teoría de grafos.
grapheur m INFORM software *ou* programa gráfico.
graphie f grafismo m.
graphique adj et s m gráfico, ca ‖ INFORM *terminal graphique* terminal gráfico.
graphisme m grafismo, diseño gráfico.
graphiste m et f grafista.
graphite m grafito ‖ *fonte à graphite* fundición de grafito.
graphiteux, euse; graphitique adj grafítico, ca (avec du graphite).
graphologie f grafología.
graphologique adj grafológico, ca.
graphologue adj et s grafólogo, ga.
grappe f racimo m (de raisin, de fleurs) ‖ ristra (d'oignons, etc.) ‖ VÉTÉR grapa (plaie) ‖ FIG racimo m, ramillete m; *une grappe de jeunes gens sur le marchepied* un racimo de muchachos en el estribo ‖ — FIG *en grappe* en racimo.
grappiller [grapije] v intr rebuscar uvas (raisins).
◆ v tr et intr FIG & FAM sacar provecho, sisar (tirer de petits profits) ‖ sacar; *il avait grappillé ces renseignements dans des magazines* había sacado esas informaciones de unas revistas.
grappin m MAR rezón (ancre) ‖ gancho (aux pieds) ‖ *mettre le grappin sur quelqu'un* echar el guante a uno, apoderarse del ánimo de uno, dominarlo.
gras, grasse [gʀɑ, gʀɑs] adj graso, sa; *corps gras* cuerpo graso ‖ gordo, da (qui a beaucoup de graisse); *porc gras* cerdo gordo ‖ grasiento, ta; pringoso, sa (graisseux, sale) ‖ AGRIC fértil, feraz, ubérrimo ‖ FIG resbaladizo, za (glissant) ‖ grueso, sa (dessin, typographie) ‖ abundante; *grasses moissons* cosechas abundantes ‖ — IMPR *caractère gras* negrilla ‖ *charbon gras* carbón graso *ou* de gas *ou* bituminoso ‖ *eaux grasses* agua sucia de fregar, lavazas ‖ *jour gras* día de carne ‖ *le gras du bras, de la jambe* parte carnosa del brazo, de la pierna ‖ *les jours gras* los días de carnaval, carnestolendas ‖ *les vaches grasses* las vacas gordas ‖ *Mardi gras* martes de carnaval ‖ *matière grasse* materia grasa ‖ BOT *plante grasse* planta carnosa ‖ *soupe grasse* sopa de puchero ‖ *terrain gras* campo pesado ‖ — *cette viande est très grasse* esta carne tiene mucho gordo ‖ *faire la grasse matinée* pegársele a uno las sábanas.
◆ m gordo (de la viande).
◆ adv con gordura ‖ — *faire gras* comer carne ‖ *parler gras* decir groserías.
gras-double m callos pl (tripes).
grassement adv con comodidad (confortablement); *vivre grassement* vivir con comodidad ‖ largamente, generosamente (généreusement).
grasseyer [gʀɑsɛje] v intr pronunciar guturalmente la letra r.

— OBSERV Toma una *i* después de la *y* en las dos primeras personas del plural del imperfecto de indicativo y del presente de subjuntivo: nous *grasseyions*, que vous *grasseyiez*.
grassouillet, ette [gʀasujɛ, ɛt] adj FAM regordete, ta.
gratifiant, e adj gratificante.
gratification f gratificación.
gratifier* v tr gratificar; *gratifier quelqu'un d'un pourboire, d'un sourire* gratificar a alguien con una propina, con una sonrisa.
gratin m lo pegado de un guisado (attaché au fond) ‖ CULIN gratén, gratín; *gratin de courgettes* gratén de calabacines; *gratin dauphinois* patatas al gratén con nata ‖ FAM la flor y nata, lo mejorcito, la crema, la elite; *tout le gratin parisien* toda la elite parisina.
gratiné, e adj POP fenomenal; *une bêtise gratinée* un disparate fenomenal ‖ menudo, da; *prix gratiné!* ¡menudo precio! ‖ FAM *il est gratiné!* ¡menudo tío!, ¡menudo gachó!
◆ f sopa de cebolla gratinada.
gratiner v tr guisar al gratén, gratinar (gallicisme).
gratis [gʀatis] adv gratis, de balde.
gratitude f gratitud.
grattage m raspadura f.
gratte-ciel [gʀatsjɛl] m inv rascacielos.
grattement m rascamiento.
gratte-papier m inv FAM chupatintas.
gratter v tr raspar (avec un outil) ‖ rascar (avec l'ongle) ‖ raspear (une plume) ‖ FIG & FAM chupar, raspar (faire un petit profit illicite) ‖ POP trabajar ‖ adelantar (dépasser) ‖ — *gratter de la guitare* rascar la guitarra ‖ *gratter le sol* escarbar el suelo.
◆ v intr llamar suavemente (à la porte).
◆ v pr rascarse.
grattoir m raspador (canif) ‖ raedera f, rascador (outil).
gratuit, e [gʀatɥi, ɥit] adj gratuito, ta ‖ FIG *affirmation, supposition gratuite* afirmación, suposición gratuita.
gratuité f gratuidad.
gratuitement adv gratuitamente, gratis, de balde (gracieusement) ‖ infundadamente, de manera infundada (sans preuve) ‖ gratuitamente, sin haber por qué, sin motivo (sans motif).
grau m MAR canal de una albufera (chenal) ‖ laguna f salobre (lac).
gravats [gʀava] m pl cascajos, cascotes, escombros.
grave adj grave; *maladie grave* enfermedad grave ‖ grave, de gravedad; *un blessé grave* un herido de gravedad ‖ FIG grave (sérieux) ‖ MUS grave (voix, ton) ‖ — GRAMM *accent grave* acento grave ‖ — *ce n'est pas grave!* ¡no pasa nada!
◆ m grave; *du grave au frivole* de lo grave a lo frívolo ‖ MUS grave (ton).
graveleux, euse adj guijoso, sa; *un terrain graveleux* un terreno guijoso ‖ FIG indecente; escabroso, sa.
gravement adv gravemente ‖ seriamente; *ils ont gravement compromis l'équilibre* han comprometido seriamente el equilibrio ‖ *gravement malade* enfermo de gravedad *ou* de cuidado, gravemente enfermo.

graver *v tr* grabar; *graver au burin, en demi-teinte, en relief, en clair-obscur, sur bois* grabar con buril, a media tinta, en relieve, al claroscuro, en madera ‖ FIG grabar (dans la mémoire).

graves *f pl* pedregal *m sing*, terreno *m sing* pedregoso y arenoso.
➤ *m* vino, especialmente el blanco originario de los pedregales bordeleses.

graveur, euse *m et f* grabador, ra.

gravier *m* grava *f*, guijo ‖ MAR arena *f* gruesa.

gravillon [gravijɔ̃] *m* gravilla *f*, almendrilla *f*, grava *f* menuda, guijo pequeño.

gravillonnage *m* esparcido de gravilla.

gravimétrie *f* PHYS gravimetría.

gravir *v intr* escalar, subir (monter) ‖ trepar (alpinisme) ‖ *gravir son calvaire* tener *ou* sufrir su calvario.

gravissime *adj* gravísimo, ma.

gravitation *f* PHYS gravitación.

gravitationnel, elle *adj* PHYS gravitacional ‖ ASTR *écroulement o effondrement gravitationnel* colapso gravitacional.

gravité *f* gravedad ‖ FIG gravedad; *la gravité d'une faute* la gravedad de una falta ‖ gravedad (d'un personnage) ‖ MUS gravedad (d'un son).

graviter *v intr* PHYS gravitar ‖ FIG gravitar; *il gravite dans l'entourage du ministre* gravita entre los familiares del ministro.

gravure *f* grabado *m*; *gravure à l'eau-forte, au pointillé, en creux, en demi-teinte, en taille-douce* grabado al agua fuerte, punteado, en hueco *ou* huecograbado, a media tinta, en dulce.

gray *m* gray (unité de mesure).

gré *m* grado; *bon gré mal gré, de gré ou de force* de grado o por fuerza, por las buenas o por las malas, quieras que no quieras; *de son gré, de bon gré de grado, de buen grado* ‖ voluntad *f*; *se marier contre le gré de ses parents* casarse contra la voluntad de sus padres ‖ — *au gré de* a merced de..., al capricho de; *au gré des flots* a merced de las olas ‖ *contre son gré* mal de su grado, a pesar suyo ‖ *de gré à gré* amistosamente, con acuerdo recíproco, de común acuerdo ‖ *de son plein gré* por su propia voluntad ‖ — *agir à son gré* hacer lo que uno quiere ‖ *savoir gré de quelque chose* agradecer algo, estar agradecido de algo ‖ *savoir mauvais gré* no agradecer.

grèbe *m* ZOOL somorgujo (oiseau); *grèbe huppé* somorgujo moñudo.

grec, grecque *adj* griego, ga.
➤ *m* griego (langue).

Grec, Grecque *m et f* griego, ga.

Grèce *n pr f* GÉOGR Grecia.

gréco-latin, e *adj* grecolatino, na.

gréco-romain, e *adj* grecorromano, na.

gredin, e [grədɛ̃, in] *m et f* pillo, lla; bribón, ona.

gréement [gremɑ̃] *m* MAR aparejo.

green [grin] *m* SPORTS green (golf).

Greenwich *n pr* GÉOGR Greenwich; *méridien de Greenwich* meridiano de Greenwich.

gréer* *v tr* MAR aparejar, enjarciar.

greffe [grɛf] *m* DR escribanía *f* y archivo de un tribunal ‖ *greffe du tribunal de commerce* escribanía del tribunal de comercio.
➤ *f* AGRIC injerto *m*, púa; *greffe en couronne, en écusson, en fente, par approche* injerto de corona, de escudete, de púa, de aproximación ‖ MÉD injerto *m*, trasplante *m*; *greffe de la cornée* injerto de la córnea ‖ trasplante *m* (d'un organe); *greffe du cœur* trasplante de corazón.

greffé, e *m et f* trasplantado, da; *les greffés du cœur* los trasplantados del corazón.

greffer *v tr* injertar ‖ trasplantar (un organe) ‖ FIG incorporar.
➤ *v pr* incorporarse; *sur cette affaire s'en greffe une autre* a tal asunto se incorpora otro.

greffier *m* DR escribano forense.

greffon *m* AGRIC injerto, púa *f* ‖ MÉD injerto ‖ MÉD *rejet de greffon* rechazo de órgano.

grégaire *adj* gregario, ria.

grège *adj f* cruda (soie).

grégorien, enne *adj* gregoriano, na.

grêle *adj* delgaducho, cha; canijo, ja; *jambes grêles* piernas delgaduchas ‖ menudo, da (menu) ‖ ANAT delgado, da; *intestin grêle* intestino delgado ‖ FIG agudo, da (voix).
➤ *f* granizo *m* ‖ FIG granizada, lluvia; *une grêle de coups* una lluvia de golpes ‖ *chute de grêle* granizada.

grêlé, e *adj* dañado, da por el granizo ‖ picado, da de viruelas; cacarañado, da.

grêler *v impers* granizar (intempérie).
➤ *v tr* dañar el granizo (gâter).

grelin *m* MAR beta *f*, calabrote (corde).

grêlon *m* granizo.

grelot [grəlo] *m* cascabel ‖ FIG *attacher le grelot* poner el cascabel al gato.

grelottant, e *adj* aterido, da; tiritando.

grelottement *m* temblor de frío.

grelotter *v intr* tiritar, temblar de frío ‖ tintinear (une sonnette).

grenade *f* granada (fruit) ‖ MIL granada; *grenade à main, lacrymogène, sous-marine* granada de mano, lacrimógena, de profundidad.

Grenade *n pr* GÉOGR Granada.

Grenade (la) *n pr f* GÉOGR Granada [Antillas].

grenadier *m* granado (arbre) ‖ MIL granadero (soldat).

grenadine *f* granadina (sirop) ‖ granadina (étoffe).

grenaille [grənɑːj] *f* granalla (de métal, de charbon) ‖ granos *m pl* de desecho.

grenat [grəna] *adj inv et s m* granate (pierre, couleur).

grenier *m* granero ‖ FIG granero (pays à blé) ‖ desván (d'une maison) ‖ — *grenier à foin* henil ‖ *grenier d'abondance o public* pósito.

Grenoble *n pr* GÉOGR Grenoble.

grenouille [grənuːj] *f* rana (batracien); *cuisses de grenouille* ancas de rana ‖ FAM *grenouille de bénitier* beatón, rata de sacristía.

grenouillère [-jɛːr] *f* charca de ranas.

grenu, e *adj* granado, da (épi) ‖ granoso, sa (cuir, etc.).

grès [grɛ] *m* asperón, arenisca *f*, gres (gallicisme) ‖ gres (céramique) ‖ *grès cérame, flammé* gres cerámico, flameado.

gréseux, euse *adj* arenisco, ca.

grésil *m* granizo menudo y duro.

grésillement [grezijmɑ̃] *m* chirrido (cri du grillon) ‖ chirrido (bruit strident) ‖ chisporroteo (crépitement).

grésiller [-je] *v impers* granizar (grêler).
◆ *v intr* chisporrotear ‖ chirriar (produire un bruit strident).

GRETA *abrév de groupement d'établissements pour la formation* agrupación francesa de centros de formación permanente y de enseñanza media.

grève *f* playa arenosa (de la mer) ‖ arenal *m* (d'un fleuve) ‖ huelga (arrêt du travail); *faire grève* estar en huelga; *se mettre en grève* declararse en huelga ‖ *— grève bouchon* huelga parcial ‖ *grève de la faim* huelga del hambre *ou* de hambre ‖ *grève de solidarité* huelga de solidaridad ‖ *grève du zèle* huelga de celo ‖ *grève perlée* huelga intermitente, obstrucción concertada de la producción ‖ *grève sauvage* huelga salvaje ‖ *grève sur le tas* huelga de brazos caídos ‖ *grève surprise* huelga sin previo aviso ‖ *grève tournante* huelga escalonada *ou* alternativa *ou* por turno.

grever* *v tr* gravar; *grever un pays de lourds impôts* gravar un país con impuestos pesados ‖ *grever le budget* cargar *ou* recargar el presupuesto, ser un censo *(fam)*.

gréviste *adj* et *s* huelguista.

G.R.H. *abrév de gestion des ressources humaines* gestión de recursos humanos.

gribouillage [gribuja:ʒ] *m*   FAM mamarracho (peinture) ‖ garabateo, garabato (écriture).

gribouiller [-buje] *v intr* pintarrajear (peindre) ‖ garrapatear (écrire).

gribouillis [-buji] *m* garrapatos *pl*, letra *f* ilegible.

grief [grijɛf] *m* queja *f* (plainte) ‖ *(vx)* perjuicio (dommage) ‖ *faire grief de quelque chose à quelqu'un* reprochar algo a uno, quejarse de algo a uno.

grièvement *adv* gravemente, de gravedad; *grièvement blessé* herido de gravedad.

griffe *f* uña (ongle d'un animal) ‖ garra, zarpa, pata (patte armée d'ongles) ‖ firma, rúbrica (signature) ‖ estampilla, sello *m* (cachet) ‖ etiqueta (dans un vêtement) ‖ ARCHIT zarpa ‖ BOT raíz (d'une plante) ‖ FAM garra (main); *sous la griffe de quelqu'un* entre las garras de uno ‖ garras *pl* (rapacité) ‖ TECHN uña, diente *m* (mécanique) ‖ *— griffe d'oblitération* matasellos ‖ *— coup de griffe* zarpazo ‖ *montrer les griffes* mostrar las garras.

griffer *v tr* arañar (égratigner) ‖ agarrar (avec les griffes).

griffon *m* grifo (animal fabuleux) ‖ grifón (chien).

griffonner *v intr* garabatear, garrapatear (écrire) ‖ bosquejar, apuntar (dessiner) ‖ FIG & FAM escribir de prisa y corriendo.

griffu, e *adj* que tiene garras.

griffure *f* arañazo *m*, rasguño *m*.

grignoter *v intr* et *tr* roer (ronger) ‖ comisquear, comiscar (manger) ‖ comer poco a poco la ventaja ‖ tirar pellizcos a (argent) ‖ FIG & FAM pellizcar, sacar ventaja (tirer profit).

grigou *m* POP roñoso, sa; tacaño, ña.

gri-gri; grigri *m* grisgrís (amulette).

gril [gril] *m* parrilla *f* ‖ enrejado, rejilla *f* (d'une vanne) ‖ THÉÂTR telar ‖ FIG *être sur le gril* estar en ascuas.

grill *m* → **grill-room**.

grillade [grijad] *f* carne asada en parrilla.

grillage [-ja:ʒ] *m* tostado (torréfaction) ‖ asado (de la viande, du poisson, des fruits) ‖ alambrera *f* (treillis métallique) ‖ reja *f* (d'une fenêtre) ‖ TECHN tostado, calcinación *f* (du minerai) ‖ chamuscado, flameado (textiles).

grillager* *v tr* enrejar (grille), alambrar (grillage).

grille [gri:j] *f* reja *f* (d'une fenêtre) ‖ verja (clôture) ‖ cancela (d'une porte) ‖ casillas *pl*, encasillado *m* (mots croisés) ‖ clave (écriture) ‖ TECHN rejilla (d'un foyer) ‖ RAD rejilla ‖ rejilla (égout) ‖ rejilla (de cheminée) ‖ parrilla (armes) ‖ locutorio *m* (d'un parloir) ‖ carta de ajuste (télévision) ‖ escalafón *m* (du personnel) ‖ *grille des salaires* tabla de salarios ‖ *grille de statistiques* red de estadísticas.

grille-pain [grijpɛ̃] *m inv* tostador de pan.

griller *v tr* tostar (torréfier); *pain grillé* pan tostado ‖ asar (viande, poisson, fruits) ‖ enrejar (une fenêtre) ‖ fundirse *v pr* (ampoule); *l'ampoule a grillé* la bombilla se fundió ‖ abrasar (chauffer trop fort) ‖ AGRIC quemar (brûler par le soleil ou la gelée) ‖ FAM quemar (brûler) ‖ echar; *griller une cigarette* echar un cigarrillo ‖ PHOT velar (un film) ‖ TECHN tostar, calcinar (les minerais) ‖ fundir, fundirse (une lampe, une bielle) ‖ *griller un feu rouge* pasar sin detenerse ante un disco rojo.
◆ *v intr* tostarse ‖ FIG achicharrarse, asarse, tostarse (par la chaleur) ‖ *— griller d'envie de* saltar por, arder en deseos de ‖ *— FIG être grillé* estar quemado.

grillon [grijɔ̃] *m* grillo (insecte).

grill-room [grilrum]**; grill** [gril] *m* parrilla *f* (restaurant).

grimaçant, e *adj* gesticulante; gestero, ra; que hace muecas.

grimace *f* gesto *m*, mueca, cara, mohín *m*, visaje *m*; *faire des grimaces* hacer muecas *ou* visajes ‖ FIG disimulo *m*, fingimiento *m* (feinte) ‖ arruga (faux pli) ‖ *faire la grimace* poner mal gesto *ou* mala cara.

grimacer* *v intr* gesticular (lorsqu'on parle), hacer gestos (de douleur), hacer muecas (burlesques) ‖ FIG andarse con remilgos ‖ hacer pliegues (faire des faux plis).

grimer *v tr* maquillar.

grimoire *m* libro mágico ‖ FIG & FAM galimatías, logogrifo (discours confus) ‖ escrito ilegible (écriture).

grimpant, e *adj* trepador, ra; *plante grimpante* planta trepadora.

grimpe *f* SPORTS & FAM escalada.

grimper *v tr* escalar (montagne).
◆ *v intr* trepar; *grimper aux arbres* trepar a los árboles ‖ subirse; *grimper sur une chaise* subirse a una silla ‖ subir, estar empinado *ou* en pendiente; *sentier qui grimpe dur* sendero que es muy empinado ‖ FAM subir, montar; *elle grimpa dans un taxi* subió a un taxi.

grimper *m* trepa *f* (exercice à la corde).

grimpette *f* repecho *m*.

grimpeur, euse *m* et *f* trepador, ra.
◆ *m* escalador (cycliste).
◆ *m pl* trepadoras *f* (oiseaux).

grinçant, e *adj* chirriante.

grincement *m* chirrido, rechinamiento ‖ *il y aura des pleurs et des grincements de dents* allí será el llorar y el crujir de dientes.

grincer* *v intr* rechinar; *grincer des dents* rechinar los dientes ‖ chirriar; *roue qui grince* rueda que chirría.

grincheux, euse *adj* et *s* gruñón, ona; cascarrabias (acariâtre).

gringalet, ette [grɛ̃galɛ, ɛt] *m* et *f* mequetrefe, alfeñique.
— OBSERV Ces deux mots espagnols n'ont pas de forme féminine: *c'est une gringalette* es un alfeñique.

griotte *f* guinda garrafal (cerise) ‖ mármol *m* de manchas rojas (marbre).

grip *m* SPORTS grip (golf, tennis).

grippe *f* gripe (maladie) ‖ FIG tirria, ojeriza; *avoir quelqu'un en grippe* tener tirria a alguien; *prendre quelqu'un en grippe* tomar tirria *ou* ojeriza a uno.

grippé, e *adj* MÉD agripado, da; griposo, sa ‖ TECHN agarrotado, da; *moteur grippé* motor agarrotado ‖ *être grippé* estar con gripe.

gripper *v intr* agarrotarse (un moteur).
◆ *v tr* (*vx*) agarrar.
◆ *v pr* agarrotarse (moteur) ‖ MÉD coger la gripe.

grippe-sou *m* FAM roñoso, agarrado.

gris, e [gri, iːz] *adj* gris (couleur) ‖ cubierto, ta; nublado, da (temps); *il fait gris* está nublado ‖ canoso, sa; *tempes grises* sienes canosas ‖ FAM achispado, da (ivre) ‖ FIG sombrío, a; triste; *des pensées grises* pensamientos sombríos ‖ — *faire grise mine* poner mala cara ‖ *faire grise mine à quelqu'un* poner cara larga a alguien.
◆ *m* gris (couleur) ‖ — *gris cendré, de fer, perle* gris ceniciento, pardo oscuro, perla ‖ *gris miroité* bellorio (cheval) ‖ *gris pommelé* tordillo rucio (cheval).
— OBSERV En espagnol, *pardo* désigne surtout le gris-brun.

grisaille [grizɑːj] *f* grisalla (peinture).

grisant, e *adj* embriagador, ra.

grisâtre *adj* grisáceo, a; pardusco, ca ‖ entrecano, na (cheveux) ‖ sombrío, a (sombre).

grisé, e *adj* achispado, da (légèrement ivre) ‖ FIG embriagado, da (étourdi).
◆ *m* matiz gris de un cuadro *ou* dibujo (peinture, dessin) ‖ retícula *f*.

griser *v tr* dar color gris ‖ achispar (émécher), emborrachar (enivrer) ‖ FIG embriagar (moralement).
◆ *v pr* achisparse (s'enivrer) ‖ FIG embriagarse (moralement).

griserie *f* embriaguez.

grisonnant, e *adj* entrecano, na; que encanece.

grisonner *v intr* encanecer.

Grisons *n pr* GÉOGR Grisones (Suisse).

grisou *m* grisú; *coup de grisou* explosión de grisú.

grive *f* tordo *m*, zorzal *m* (oiseau) ‖ — *grande grive* tordo mayor, cagaceite (draine) ‖ — *faute de grives, on mange des merles* a falta de pan, buenas son tortas ‖ *ivre comme une grive* borracho como una cuba.

grivois, e *adj* picaresco, ca; verde, subido de tono; *contes grivois* cuentos verdes.

grizzli; grizzly *m* ZOOL oso gris, grizzli.

grœnendael [grɔnɛndal] *m* ZOOL groenendael (chien).

Groenland [grɔɛnlãd] *n pr m* GÉOGR Groenlandia *f*.

groenlandais, e *adj* groenlandés, sa.

Groenlandais, e *m* et *f* groenlandés, esa.

grog *m* grog, ponche.

groggy *adj* groggy (boxe).

grognard [grɔɲaːr] *m* veterano, soldado viejo.

grogne *f* FAM queja, descontento *m*.

grognement *m* gruñido (d'un animal) ‖ gruñido, refunfuño (de mécontentement).

grogner *v intr* gruñir (crier) ‖ refunfuñar (grommeler).
◆ *v tr* FIG mascullar (murmurer).

grognon, onne *adj* et *s* gruñón, ona.
— OBSERV Como sustantivo, *grognon* se emplea tanto para el masculino como para el femenino.

groin [grwɛ̃] *m* jeta *f*, hocico (du cochon) ‖ FIG & FAM morro, jeta *f* (visage).

grommeler* *v tr* mascullar.
◆ *v intr* refunfuñar.

grommellement *m* refunfuño.

grondement *m* gruñido (chien, chat, etc.) ‖ rugido (lion, etc.) ‖ FIG fragor, tronido, estruendo (orage, tempête, etc.) ‖ zumbido (du vent).

gronder *v intr* gruñir (chien, etc.) ‖ FIG rugir (tigre, etc.) ‖ bramar (les éléments) ‖ retumbar (canon, tempête) ‖ gruñir, refunfuñar (grogner).
◆ *v tr* regañar, reñir; *gronder un enfant paresseux* reñir a un niño perezoso ‖ murmurar (bougonner).

grondin *m* rubio, trigla *f* (poisson).

groom [grum] *m* botones (chasseur).

gros, osse [gro, groːs] *adj* grueso, sa; gordo, da (*fam*); *un gros morceau* un pedazo grueso; *le gros bout* el extremo grueso; *un homme gros* un hombre gordo ‖ fuerte, grueso; *une grosse voix* una voz fuerte; *du gros fil* hilo grueso ‖ tosco, ca; basto, ta; burdo, da; *de gros souliers* zapatos toscos; *du gros drap* paño burdo ‖ FIG fuerte; agitado, da (mer) ‖ fuerte, grave; *grosse fièvre* calentura fuerte ‖ importante, de bulto; *une grosse somme* una cantidad importante; *une grosse affaire* un negocio importante *ou* de bulto ‖ rico, ca (riche); *un gros marchand* un tendero rico ‖ — *gros bonnet, grosse légume* pez gordo ‖ *gros gibier* caza mayor ‖ *gros lot* premio gordo ‖ *gros mot* palabrota ‖ CINÉM *gros plan* primer plano ‖ FAM *gros rouge* tintorro (mauvais vin) ‖ *grosse caisse* bombo (instrument) ‖ *gros sel* sal gorda ‖ *grosse plaisanterie* broma pesada ‖ *grosse voix* vozarrón ‖ *gros temps* temporal ‖ *gros titre* grandes titulares ‖ — *cœur gros* corazón oprimido ‖ *femme grosse* mujer embarazada ‖ *mer grosse* mar gruesa ‖ *un gros lard* un gordinflón ‖ *un gros rire* una risa estrepitosa ‖ — FAM *c'est une grosse tête* es un sabihondo ‖ *en avoir gros sur le cœur* estar con el corazón entristecido *ou* muy triste; estar hecho polvo, no poder más ‖ *faire le gros dos* arquear el lomo ‖ *faire les gros yeux* mirar con gesto enfurruñado.
◆ *m* grueso; *le gros de l'armée* el grueso del ejército ‖ lo más duro; *faire le plus gros* hacer lo más duro ‖ COMM comercio al por mayor; *prix de gros* precio al por mayor ‖ *gro* (tissu) ‖ — *le gros de l'été* la canícula ‖ *le gros de l'hiver* lo más crudo del invierno ‖ *marchand en gros* comerciante al por mayor, mayorista ‖ POP *les gros* los pudientes.
◆ *adv* grueso; *écrire gros* escribir grueso ‖ mucho; *gagner gros* ganar mucho; *risquer gros* arriesgar mucho ‖ en líneas generales; *en gros, voilà ce que je voulais vous dire* esto es, en líneas generales, lo que quería decirle ‖ — *en gros* al por mayor (commerce) ‖ *je donnerais gros pour* daría un ojo de la cara por ‖ *jouer gros* jugar fuerte.

groseille [grozɛːj] f BOT grosella; *groseille à maquereau* o *épineuse* grosella espinosa.
groseillier [-je] m grosellero.
gros-plant m vino francés de la región de Nantes.
— OBSERV pl *gros-plants*.
gros-porteur m avión gigante.
— OBSERV pl *gros-porteurs*.
grosse f gruesa (12 douzaines) ‖ letra gruesa *ou* gorda (écriture) ‖ DR copia, traslado m (copie) ‖ MAR gruesa; *contrat à la grosse* préstamo a la gruesa.
grossesse f embarazo m; *grossesse extra-utérine* embarazo extrauterino; *grossesse nerveuse* embarazo psicológico.
grosseur f grueso m, tamaño m ‖ gordura (embonpoint) ‖ FAM bulto m (bosse, tumeur).
grossier, ère adj grosero, ra; tosco, ca; basto, ta; burdo, da; *une étoffe grossière* una tela basta ‖ burdo, da; *un mensonge grossier* una mentira burda ‖ grosero, ra; soez (impoli); *esprit grossier* mentalidad grosera ‖ *quel grossier personnage!* ¡qué tipo más grosero!
grossièrement adv groseramente, toscamente; *parler grossièrement* hablar groseramente.
grossièreté f grosería (impolitesse) ‖ tosquedad, rudeza (rudesse).
grossir v tr engordar (rendre gros) ‖ hacer gordo, da; *ce manteau me grossit* este abrigo me hace gordo ‖ engrosar (*p us*), aumentar; *grossir son héritage* engrosar su herencia ‖ aumentar, amplificar; *le microscope grossit les objets* el microscopio aumenta los objetos ‖ FIG exagerar (exagérer).
◆ v intr engordar ‖ crecer; *le fleuve grossit* el río crece ‖ FIG aumentar; *la somme a grossi* la cantidad ha aumentado.
grossissant, e adj creciente (qui croît) ‖ de aumento; *verres grossissants* lentes de aumento.
grossissement m crecimiento, aumento ‖ aumento, amplificación f (optique) ‖ engrosamiento (personnes), engorde (animaux).
grossiste m COMM mayorista.
grosso modo loc adv grosso modo, de un modo sumario, aproximadamente.
grotesque adj et s grotesco, ca; *un personnage grotesque* un personaje grotesco.
◆ m pl grutescos (dessins), arabescos.
grotte f gruta, cueva.
grouillant, e [grujã, ãːt] adj hormigueante, que hormiguea; *grouillant de vers* hormigueante de gusanos.
grouillement [-jmã] m hormigueo, bullicio; *le grouillement de la foule* el hormigueo de la muchedumbre.
grouiller [-je] v intr hormiguear, bullir, hervir (fourmiller) ‖ POP moverse (bouger) ‖ rebosar; *une rue qui grouille de monde* una calle que rebosa de gente ‖ *ça grouillait* aquello era un hormigueo *ou* hervidero.
◆ v pr POP moverse, menearse, darse prisa.
grouillot m FAM recadero, chico de los recados.
groupage m agrupamiento.
groupe m grupo ‖ — *groupe de presse* grupo de prensa ‖ *groupe de pression* grupo de presión ‖ *groupe électrogène* grupo electrógeno ‖ *groupe industriel* grupo industrial ‖ *groupe parlementaire* grupo parlamentario ‖ *groupe politique* grupo político ‖ MÉD *groupe sanguin* grupo sanguíneo ‖ *groupe tissulaire* grupo tisular ‖ *thérapie de groupe* terapia de grupo.
groupement m agrupamiento; *groupement de commandes* agrupamiento de pedidos ‖ agrupación f; *un groupement politique* una agrupación política ‖ *groupement d'intérêt économique (G.I.E.)* agrupación de interés económico.
grouper v tr agrupar.
◆ v pr agruparse.
groupie m et f MUS & FAM grupi.
groupuscule m grupúsculo.
gruau [gryo] m sémola f (de blé) ‖ tisana f de sémola (tisane) ‖ harina f de flor (fleur de farine); *pain de gruau* pan de harina de flor ‖ ZOOL pollo de la grulla (petit de la grue) ‖ — *gruau d'avoine* avena mondada ‖ — *bouillie de gruau* gachas.
grue f grulla (oiseau) ‖ FIG & FAM zorra (femme légère) ‖ TECHN grúa; *grue à béquilles, de cale* grúa de caballete, de grada; *grue mobile* grúa móvil; *grue tournante* grúa giratoria ‖ FIG *faire le pied de grue* estar de plantón.
gruger* v tr partir con los dientes ‖ sorber (une huître) ‖ grujir (les vitres) ‖ FIG *gruger quelqu'un* timar, embaucar a alguien.
grume f tronco m ‖ *bois de grume* o *en grume* madera sin desbastar.
grumeau m grumo.
grumeleux, euse adj grumoso, sa ‖ granujiento, ta (surface).
grutier m conductor de una grúa, gruísta.
gruyère [gryjɛːr] m queso de Gruyère (Suiza).
Guadeloupe [gwadlup] n pr f GÉOGR Guadalupe.
guadeloupéen, enne adj guadalupeño, ña.
Guadeloupéen, enne m et f guadalupeño, ña.
Guangzhou n pr GÉOGR → **Canton**.
guano m guano (engrais).
guarani adj guaraní.
◆ m guaraní (langue).
Guarani m et f guaraní.
Guatemala n pr m GÉOGR Guatemala f.
guatémaltèque adj guatemalteco, ca.
Guatémaltèque m et f guatemalteco, ca.
gué [ge] m vado ‖ *passer à gué* vadear.
guéguerre f FAM greña; *jouer à la guéguerre* andar a la greña.
guelte f COMM comisión, porcentaje m.
guenille [gəniːj] f andrajo m, harapo m (vieux vêtement) ‖ FIG guiñapo m, miseria (chose méprisable).
guenon [gənɔ̃] f ZOOL mono m ‖ FAM mona (singe femelle) ‖ FIG adefesio m, mujer fea (femme laide).
guépard m onza f (félin).
guêpe f avispa (insecte) ‖ FIG *taille de guêpe* cintura de avispa.
guêpier m avispero (nid de guêpes) ‖ abejaruco (oiseau) ‖ FIG avispero (situation difficile).
guêpière f corsé m.
guère adv casi, apenas, poco [úsase con una negación]; *il n'a guère d'amis* casi no tiene amigos ‖ — *cela ne vaut guère mieux* ésto no vale mucho más ‖ *il ne gagne guère* no gana casi nada ‖ *il ne s'en est guère fallu* poco ha faltado para ello ‖ *il n'y*

a guère que lui pour le croire casi nadie lo cree sino él.

— OBSERV Úsase también la forma *guères*, en poesía.

guéridon *m* velador.
guérilla [gerija] *f* guerrilla.
guérillero [-jero] *m* guerrillero.
guérir *v tr* curar (sens propre et figuré).
◆ *v intr* sanar, curarse.
guérison *f* curación.
guérissable *adj* curable.
guérisseur, euse *m* et *f* curandero, ra.
guérite *f* garita ‖ MAR cenefa de cofa.
guerre *f* guerra; *guerre civile* guerra civil; *conseil de guerre* consejo de guerra ‖ — *guerre atomique* guerra atómica ‖ *guerre de position* guerra de posiciones ‖ *guerre des étoiles* (I.D.S.) guerra de las galaxias (SDI) ‖ *guerre de tranchées* guerra de trincheras ‖ *guerre d'usure* guerra de desgaste ‖ *guerre froide* guerra fría ‖ *guerre sainte* guerra santa ‖ — *la drôle de guerre* la guerra boba ‖ *la guerre du Golfe* la guerra del Golfo ‖ *nom de guerre* seudónimo ‖ — *à la guerre comme à la guerre* cual el tiempo tal el tiento ‖ *de bonne guerre* en buena lid ‖ *de guerre lasse* cansado de luchar, harto de lidiar ‖ — *c'est de bonne guerre* es normal, es natural, es legítimo, es lógico ‖ *être en guerre* estar en guerra ‖ *faire la guerre* hacer la guerra, guerrear ‖ FIG *faire la guerre à quelqu'un* dar guerra a alguien ‖ *faire la guerre à une chose* combatir algo, declarar la guerra a algo ‖ *jouer à la petite guerre* jugar a los soldados (enfants) ‖ *obtenir les honneurs de la guerre* salir con todos los honores.
guerrier, ère *adj* et *s* guerrero, ra.
guerroyer* [gɛrwaje] *v intr* guerrear.
guet [gɛ] *m* acecho; *être au o faire le guet* estar en ou al acecho ‖ *ronda f, patrulla f* (ronde) ‖ — *la tour de guet* la atalaya ‖ *mot de guet* santo y seña ‖ — *avoir l'œil au guet* estar ojo avizor.
guet-apens [gɛtapɑ̃] *m* emboscada *f* ‖ FIG asechanza *f*, celada *f*.
guêtre *f* polaina, antipara ‖ FAM *tirer ses guêtres* tomar el portante.
guetter *v tr* acechar ‖ *guetter l'occasion* acechar la ocasión, buscar la coyuntura.
gueulante *f* POP bocinazo *m*; *pousser une gueulante* dar un bocinazo, echar una bronca.
gueulard, e [gœlaːr, ard] *adj* et *s* POP gritón, ona; vocinglero, ra (criard) ‖ tragón, ona (glouton) ‖ chillón, ona; llamativo, va (couleur).
◆ *m* MAR bocina *f* (porte-voix) ‖ TECHN tragante, cebadero (fourneaux).
gueule [gœl] *f* hocico *m* ‖ boca (des animaux), fauces *pl* (des fauves) ‖ FAM jeta (visage) ‖ buena pinta, buen aspecto *m*; *cela a de la gueule* eso tiene buena pinta ‖ MIL boca; *la gueule du canon* la boca del cañón ‖ POP boca (de l'homme) ‖ TECHN boca (orifice) ‖ — *gueule cassée* mutilado [herido en la cara] ‖ *gueule de bois* resaca ‖ — *fine gueule* gastrónomo ‖ POP *ta gueule!* ¡calla!, ¡cierra el pico! ‖ — FAM *avoir une sale gueule* tener una cara de pocos amigos ‖ POP *casser la gueule* romper las narices ‖ FAM *être fort en gueule* ser deslenguado (qui parle mal), ser vocinglero (qui parle fort) ‖ *faire la gueule* poner mala cara ‖ *fermer la gueule à quelqu'un* cerrar el pico a alguien ‖ *se jeter dans la gueule du loup* meterse en la boca del lobo ‖ *tu fais une gueule!* ¡pones una cara!

gueule-de-loup [gœldəlu] *f* BOT dragón *m*, becerra (muflier).
gueuler *v intr* POP gritar, vocear, vociferar.
gueuleton *m* POP comilona *f*, francachela *f*.
gueux, euse *adj* et *s* pordiosero, ra; mendigo, ga (indigent) ‖ pícaro, ra; bribón, ona (coquin).
gui *m* muérdago ‖ MAR botavara *f*.
guibolle *f* POP zanca (jambe).
guichet [giʃɛ] *m* portillo, postigo (petite porte dans une autre) ‖ taquilla *f*, ventanilla *f* (d'un bureau); *guichet de la poste* taquilla del correo ‖ celosía *f* (d'un confessionnal) ‖ — *guichet automatique* cajero automático ‖ — *scie à guichet* serrucho ‖ — *à guichets fermés* completo (spectacles) ‖ *jouer à guichets fermés* actuar con el teatro lleno ou con el cartel de no hay billetes.
guichetier, ère *m* et *f* taquillero, ra.
guidage *m* conducción *f* ‖ dirección *f*, guiado (d'un projectile) ‖ TECHN *guidage astronomique* guiado celeste.
guide *m* guía (personne) ‖ lazarillo (d'aveugles) ‖ guía *f* (livre); *guide technique* guía técnica ‖ guía *f* (pièce).
◆ *f* rienda (du cheval) ‖ FIG *à grandes guides* a todo tren.
guide-fil [gidfil] *m inv* guiahílos.
guider *v tr* guiar; *guider quelqu'un dans la vie* guiar a alguno en la vida.
◆ *v pr* guiarse.
guidon *m* (vx) guión (étendard) ‖ guía *f* (jeux) ‖ manillar, guía *f* (bicyclette) ‖ punto de mira, guión (de fusil) ‖ MAR gallardete (pavillon) ‖ MIL banderín.
guigner *v intr* mirar de reojo (du coin de l'œil).
◆ *v tr* mirar de soslayo (regarder sans en avoir l'air) ‖ FIG codiciar, irse los ojos tras; *il guigne un plat de pâtisseries* se le van los ojos tras la fuente de pasteles.

— OBSERV L'espagnol *guiñar* signifie *cligner de l'œil.*

guignol *m* guiñol ‖ FAM *faire le guignol* hacer el tonto ou el payaso.
guignolet [giɲɔlɛ] *m* licor de guindas.
guilde; gilde; ghilde [gild] *f* guilda (association).
Guillaume [gijoːm] *n pr m* Guillermo.
guilledou [gijdu] *m courir le guilledou* andar de picos pardos.
guillemets [gijmɛ] *m pl* comillas *f* ‖ — *guillemets de répétition* comillas de repetición ‖ — *entre guillemets* entre comillas.
guillemot [gijmo] *m* ZOOL pájaro bobo (oiseau); *guillemot d'Europe* pájaro bobo de Europa.
guilleret, ette [gijrɛ, ɛt] *adj* FAM vivaracho, cha; alegre (vif et gai); *un air guilleret* un aire alegre ‖ libre; ligero, ra; *des propos guillerets* palabras ligeras ‖ *être tout guilleret* bailarle a uno los ojos de alegría.
guillotine [gijɔtin] *f* guillotina (instrument) ‖ pena de muerte (peine) ‖ *fenêtre à guillotine* ventana de guillotina.
guillotiner *v tr* guillotinar.
guimauve *f* malvavisco *m* ‖ *pâte de guimauve* melcocha.
guimbarde *f* baile *m* popular antiguo ‖ FAM carricoche *m*, cacharro *m*, cascajo *m* (mauvaise voiture) ‖ MUS birimbao *m* (instrument) ‖ TECHN guimbarda (rabot) ‖ galera (chariot).

guimpe [gɛ:p] *f* griñón *m* (de religieuse) ‖ camisolín *m* bordado (chemisette).
guindé, e *adj* FIG tieso, sa; estirado, da; afectado, da (affecté) ‖ enfático, ca; ampuloso, sa (style).
Guinée *n pr f* GÉOGR Guinea.
Guinée-Bissau *n pr* GÉOGR Guinea-Bissau.
Guinée-Équatoriale *n pr f* GÉOGR Guinea Ecuatorial.
guinéen, enne *adj* guineano, na.
Guinéen, enne *m et f* guineano, na.
guingois [gɛ̃gwa] *m* irregularidad *f*, desviación *f* ‖ *de guingois* de soslayo.
guinguette *f* ventorrillo *m*, merendero *m*.
guipure *f* guipure *m*, encaje *m* de malla ancha.
guirlande *f* guirnalda; *guirlande de Noël, lumineuse* guirnalda de Navidad, luminosa ‖ MAR buzarda.
guise *f* guisa, modo *m*; *agir à sa guise* obrar a su guisa *ou* a su modo; *en guise de* a guisa de, a manera de ‖ *chacun à sa guise* cada cual a su antojo.
guitare *f* MUS guitarra; *guitare hawaïenne* guitarra hawaiana ‖ *guitare électrique* guitarra eléctrica ‖ *guitare sèche* guitarra clásica.
guitariste *m et f* guitarrista.
guitoune *f* FAM casucha (maison) ‖ MIL & FAM tienda de campaña.
Gulf Stream *n pr m* GÉOGR Corriente *f* del Golfo.
gus; gusse *m* FAM tío, tipo.
gustatif, ive *adj* gustativo, va.

guttural, e *adj et s f* gutural; *voix gutturale* voz gutural.
guyanais, e *adj* guyanés, esa.
Guyanais, e *m et f* guyanés, esa.
Guyane [gɥijan] *n pr f* GÉOGR Guayana.
gym *f* FAM gimnasia.
gymkhana *m* gymkhana *f*; *gymkhana motocycliste* gymkhana motociclista.
gymnase *m* SPORTS gimnasio ‖ gimnasio (collège en Allemagne) ‖ escuela *f* (Grèce antique).
gymnaste *m et f* gimnasta ‖ profesor, ra de gimnástica.
gymnastique *adj* gimnástico, ca.
    ◆ *f* gimnasia; *gymnastique aux agrès* gimnasia con aparatos; *gymnastique suédoise* gimnasia sueca.
gymnique *adj et s f* gímnico, ca.
gynécée *m* gineceo ‖ BOT gineceo, pistilo.
gynéco *m et f* FAM ginecólogo, ga.
gynécologie *f* MÉD ginecología.
gynécologique *adj* ginecológico, ca.
gynécologue *m et f* ginecólogo, ga.
gypaète *m* quebrantahuesos (oiseau).
gypse *m* yeso.
gypseux, euse *adj* yesoso, sa.
gyrophare *m* faro giratorio.
gyroscope *m* giroscopio; *gyroscope directionnel* giroscopio direccional.
gyroscopique *adj* giroscópico, ca.
gyrostat [ʒirɔsta] *m* giróstato.

h *m* ou *f* h *f*.
    ◆ *m inv* h ‖ *à l'heure H* a la hora H ‖ *bombe H* bomba H.
h abrév de *heure* h, H, hora ‖ abrév de *hecto* hg, hectogramo (hectogramme), hl, hectolitro (hectolitre).
H abrév de *homme* hombre ‖ abrév de *hydrogène* H, hidrógeno.
ha abrév de *hectare* ha, hectárea.
ha! *interj* ¡ah!; *ha! vous êtes fatigué?* ¡ah! ¿conque está usted cansado? [expresa la sorpresa algo irónica, el asombro] ‖ *ha! ha! que c'est drôle!* ¡ja! ¡ja! ¡qué divertido!
hab. abrév de *habitant* hab., habitante.
habile [abil] *adj et s* hábil; *habile à dessiner* hábil para dibujar ‖ DR habilitado, da; capacitado, da; *habile à succéder* capacitado para suceder.
habilement *adv* hábilmente, con habilidad.
habileté [-lte] *f* habilidad; *avoir une grande habileté* tener mucha habilidad.

habilitation *f* DR habilitación.
habilité *f* DR capacidad; *l'habilité à succéder* la capacidad para suceder.
habiliter *v tr* DR habilitar, capacitar ‖ facultar.
habillable [abijabl] *adj* vestible.
habillage [-ja:ʒ] *m* el vestir; *l'habillage me prend deux heures par jour* el vestir me toma dos horas diarias (vêtements) ‖ preparación *f* de un animal para guisarlo (cuisine) ‖ IMPR recorrido, disposición *f* del texto en torno a la ilustración.
habillé, e [-je] *adj* vestido, da; *être très habillé* estar muy vestido ‖ *— un costume habillé* un traje de vestir ‖ FAM *un habillé de soie* un cerdo.
habillement [-jmɑ̃] *m* vestido, ropa *f*; *les différentes pièces d'un habillement* las varias partes de un vestido ‖ indumentaria *f*; *un curieux habillement* una indumentaria curiosa ‖ vestir; *l'habillement d'une adolescente est difficile* el vestir a una adolescente es difícil ‖ MIL vestuario ‖ *— magasin d'habillement* tienda de confección

‖ *syndicat de l'habillement* sindicato de la confección.

habiller [-je] *v tr* vestir ‖ preparar (cuisine) ‖ poner, cubrir; *habiller un fauteuil d'une housse* poner una funda a un sillón ‖ sentar, ir, vestir; *cette robe vous habille parfaitement* este vestido le sienta perfectamente ‖ poner el mecanismo (à une montre) ‖ IMPR hacer un recorrido.

◆ *v pr* vestirse; *s'habiller en civil* vestirse de paisano.

habilleur, euse [-jœːr, øːz] *m et f* encargado, da del vestuario; camarero, ra (au théâtre).

habit [abi] *m* vestido (costume), traje (vêtement); *habit de ville* traje de calle ‖ frac (frac) ‖ hábito (de religieux) ‖ — *habit de cérémonie* traje de gala ‖ *habit de lumière* traje de luces ‖ *habit de soirée* traje de etiqueta ‖ *habit du dimanche* traje de fiestas, los trapitos de cristianar ‖ *habit vert* traje de los académicos franceses ‖ — *l'habit ne fait pas le moine* el hábito no hace al monje ‖ *prendre l'habit* tomar el hábito.

◆ *pl* ropa *f sing*; *ôter ses habits* quitarse la ropa.

habitabilité *f* habitabilidad.

habitable *adj* habitable.

habitacle *m* (*p us*) puesto de pilotaje, cabina *f* (d'une fusée) ‖ MAR bitácora *f* (de la boussole) ‖ POÉT habitáculo.

habitant, e *adj et s* habitante; *ville de cent mille habitants* ciudad de cien mil habitantes ‖ vecino, na; habitante; *les habitants de Madrid* los vecinos de Madrid ‖ — *les habitants d'une ville* el vecindario de una ciudad ‖ *loger chez l'habitant* alojarse en una casa particular.

habitat *m* habitación *f*, área *f* que habita una especie animal *ou* vegetal ‖ condiciones *f pl* de alojamiento ‖ vivienda *f*, modo de vivir ‖ hábitat, conjunto de datos geográficos relativos a la residencia humana [forma, emplazamiento, etc.].

habitation *f* vivienda ‖ — *habitations à bon marché* casas baratas ‖ *habitations à loyer modéré* (H.L.M.) viviendas de protección oficial.

habité, e *adj* habitado, da (occupé) ‖ profundo, da; intenso, sa (intense).

habiter *v tr et intr* vivir, habitar (*p us*) (demeurer) ‖ vivir en, ser vecino de (une ville).

— OBSERV El régimen del verbo *habiter* puede ser indistintamente como citamos en los siguientes ejemplos: *j'habite Paris* o *à Paris, la province* o *en province, le XIVᵉ* o *dans le XIVᵉ*. En español siempre ha de ponerse la preposición *en*.

habitude *f* costumbre, hábito *m* ‖ — *comme d'habitude* como de costumbre ‖ *d'habitude* de ordinario, habitualmente, generalmente ‖ — *avoir l'habitude de* tener la costumbre de, acostumbrar, soler ‖ *perdre l'habitude de* perder la costumbre de ‖ *prendre l'habitude de* tomar la costumbre de.

— OBSERV Lorsqu'il s'agit d'objets inanimés, *d'habitude* se traduit par le verbe «soler»: *d'habitude, cette porte est fermée* esta puerta suele estar cerrada.

— OBSERV *Hábito*, en espagnol, moins employé que *costumbre*, désigne surtout une habitude, une tendance, souvent morale, acquise par la répétition de certains actes (accoutumance).

habitué, e *adj* acostumbrado, da; habituado, da (*p us*).

◆ *m et f* cliente *m*; parroquiano, na (d'un café) ‖ familiar; amigo, ga de casa (visiteur habituel);

asiduo, dua; contertulio, lia (d'une réunion d'amis).

habituel, elle *adj* acostumbrado, da; habitual.

habituellement *adv* habitualmente, de costumbre.

habituer *v tr* acostumbrar, habituar.

◆ *v pr* acostumbrarse, habituarse.

*****hâbleur, euse** *adj et s* FAM fanfarrón, ona; hablador presuntuoso, habladora presuntuosa.

Habsbourg *n pr* Habsburgo.

*****hache** *f* hacha ‖ segur (cognée) ‖ — *hache à main* destral *m* ‖ *hache d'armes* hacha de armas ‖ — *coup de hache* hachazo.

*****haché, e** *adj* picado, da; *viande hachée* carne picada ‖ destrozado, da (détruit, déchiqueté) ‖ plumeado, da (dessin) ‖ FIG *style haché* estilo cortado.

*****hacher** *v tr* picar; *hacher la viande* picar la carne ‖ despedazar (déchiqueter) ‖ destruir (récoltes) ‖ plumear (dessin) ‖ entrecortar (entrecouper); *un discours haché d'interruptions* un discurso entrecortado por interrupciones ‖ *hacher menu* hacer picadillo (viande), picar.

*****hachis** [aʃi] *m* picadillo de carne, de pescado, etc. ‖ *hachis parmentier* pastel de carne picada con puré de patatas.

*****hachisch; *haschich** *m* hachís.

*****hachoir** *m* tajo, picador (planche) ‖ tajadera *f* (couteau) ‖ máquina *f* de picar carne.

*****hachures** *f pl* plumeado *m sing* (dessin) ‖ trazos *m* (rayures).

*****hachurer** *v tr* plumear (rayer) ‖ sombrear con trazos (carte, plans, etc.).

*****haddock** *m* especie *f* de bacalao ahumado, truchuela.

*****hagard, e** [agaːr, ard] *adj* despavorido, da; azorado, da; *un enfant hagard* un niño despavorido ‖ extraviado, da; despavorido, da; *des yeux hagards* mirada extraviada ‖ (*p us*) huraño, ña; salvaje (sauvage) ‖ zahareño, ña (oiseau de proie).

hagiographie *f* hagiografía (vie des saints).

*****haie** [ɛ] *f* seto *m*; *haie vive* seto vivo ‖ hilera, fila; *une haie de soldats* una hilera de soldados ‖ — *haie d'honneur* guardia de honor ‖ SPORTS *110 mètres haies* 110 metros vallas ‖ *course de haies* carrera de obstáculos (chevaux) ‖ *faire la haie* hacer calle (former un passage), cubrir carrera (pour protéger).

*****haillon** [ajɔ̃] *m* harapo, andrajo ‖ *en haillons* andrajoso, sa; con la ropa hecha jirones.

*****haine** *f* odio *m*; *j'ai la haine du mensonge* tengo odio a la mentira ‖ — *en haine de, par haine de* por odio a ‖ — *avoir en haine* tener odio a ‖ *prendre en haine* tomar odio a.

*****haineusement** *adv* con odio.

*****haineux, euse** *adj et s* rencoroso, sa.

◆ *adj* de odio; *regard haineux* mirada de odio.

*****haïr** [airæ] *v tr* odiar; *haïr à mort* odiar a muerte.

*****haïssable** *adj* aborrecible; odioso, sa.

Haïti *n pr* GÉOGR Haití.

haïtien, enne *adj* haitiano, na.

Haïtien, enne *m et f* haitiano, na.

*****halage** *m* sirga *f* ‖ *chemin de halage* camino de sirga.

*****hâle** *m* bronceado, tostado; *le hâle du visage* el bronceado del rostro.

*****hâlé, e** *adj* bronceado, da; tostado, da (bruni).

haleine *f* aliento *m*; *avoir mauvaise haleine* tener mal aliento ‖ hálito *m* (mot littéraire) ‖ aliento *m*, respiración; *perdre haleine* perder el aliento ‖ — *courte haleine* respiración entrecortada, ahogo, sofocación ‖ — *longueur d'haleine* capacidad pulmonar ‖ — *à perdre haleine* hasta no poder más ‖ *de longue haleine* de larga duración, de mucho trabajo ‖ *d'une haleine* de un tirón ‖ *hors d'haleine* jadeando, jadeante; sin aliento, sin respiración ‖ *tout d'une haleine* de un tirón, de una sentada ‖ — *mettre en haleine* alentar ‖ *reprendre haleine* recobrar *ou* tomar aliento, respirar ‖ *tenir en haleine* tener en vilo.
***haler** *v tr* MAR halar, jalar ‖ sirgar (remorquer).
***hâler** *v tr* broncear, tostar (brunir la peau) ‖ marchitar, asolanar (plantes).
***haletant, e** *adj* jadeante (essoufflé) ‖ FIG anhelante; *il attendait, haletant, le cadeau promis* esperaba, anhelante, el regalo prometido.
***halètement** *m* jadeo.
haleter [alte] *v intr* jadear.
***hall** [ol] *m* hall (maison) ‖ vestíbulo (édifice public) ‖ nave *f* (usine).
***hallali** *m* toque de acoso, alalí (gallicisme).
***halle** *f* mercado *m*, plaza (marché couvert).
↦ *pl les Halles* mercado de mayoristas [en París, antaño] ‖ — *fort des Halles* cargador del mercado ‖ *halle des marées* lonja del pescado.
***hallebarde** *f* alabarda ‖ *pleuvoir des hallebardes* llover a cántaros, caer chuzos de punta.
***hallebardier** *m* alabardero.
hallucinant, e *adj* alucinante.
hallucination *f* alucinación.
hallucinatoire *adj* alucinador, ra.
halluciné, e *adj et s* alucinado, da.
halluciner *v tr* alucinar.
hallucinogène *adj et s m* alucinógeno, na.
***halo** *m* halo (météore) ‖ PHOT halo.
halogène *adj et s m* CHIM halógeno, na ‖ *lampe (à) halogène* lámpara halógena.
***halte** *f* alto *m*, parada (arrêt) ‖ TRANSP apeadero *m* ‖ *faire halte* pararse, detenerse.
↦ *interj* ¡alto!; *halte-là!* ¡alto ahí! ‖ FIG ¡basta!
halte-garderie *f* guardería infantil.
— OBSERV *pl haltes-garderies*.
haltère *m* pesa *f*, haltera *f*, peso (de gymnastique).
haltérophile *adj et s* halterófilo, la.
haltérophilie *f* halterofilia.
***hamac** *m* hamaca *f* ‖ MAR coy.
***Hambourg** [ãbuːr] *n pr* GÉOGR Hamburgo.
***hamburger** *m* hamburguesa *f*.
***hameau** *m* caserío, aldehuela *f*.
hameçon [amsɔ̃] *m* anzuelo ‖ FIG & FAM *mordre à l'hameçon* picar en el anzuelo, tragar.
***hammam** *m* hammam.
***hampe** *f* asta (de hallebarde, drapeau, etc.) ‖ mango *m*, astil *m* (de pinceau) ‖ trazo *m* vertical (d'une lettre) ‖ BOT bohordo *m* (tige) ‖ delgados *m pl* (viande).
***hamster** *m* hámster (rongeur).
***hanap** *m* copa *f* medieval.
***hanche** *f* cadera (de l'homme) ‖ anca (des animaux) ‖ MAR aleta ‖ — *les poings sur les hanches* en jarras ‖ *tour de hanches* perímetro de caderas.

***handball** *m* balonmano.
***handballeur, euse** *m et f* SPORTS balonmanista.
***handicap** *m* SPORTS handicap; *avoir un handicap* sufrir un handicap ‖ FIG desventaja *f*.
***handicapant, e** *adj* desventajoso, sa; que pone en situación de inferioridad.
***handicapé, e** *adj et s* minusválido, da; imposibilitado, da (personne); *handicapé des deux jambes* imposibilitado de las dos piernas ‖ con desventaja (en général).
↦ *m et f* minusválido, da; *handicapé moteur* minusválido motor ‖ *handicapé mental* disminuido mental ‖ *handicapé physique* impedido físico.
***handicaper** *v tr* disminuir las posibilidades ‖ dificultar (rendre difficile) ‖ — *être handicapé* tener desventajas; *être handicapé par une blessure* tener la desventaja de estar herido; estar desfavorecido; *les orphelins sont particulièrement handicapés* los huérfanos están particularmente desfavorecidos; estar en condiciones de inferioridad.
***handisport** *adj* relativo a los deportes practicados por minusválidos.
***hangar** *m* cobertizo (agricole) ‖ cobertizo (remise) ‖ hangar (pour avions) ‖ cochera *f* (de voitures).
***hanneton** [antɔ̃] *m* abejorro (insecte) ‖ FIG & FAM atolondrado (étourdi).
Hannibal *n pr* Aníbal.
Hanoi *n pr* GÉOGR Hanoi.
Hanovre *n pr* GÉOGR Hannover.
***hanté, e** *adj* encantado, da; visitado por duendes; *maison hantée* casa encantada ‖ FIG obsesionado, da; atormentado, da; *hanté par un souvenir* atormentado por un recuerdo.
***hanter** *v tr* frecuentar; *hanter quelqu'un* frecuentar a uno; *hanter les bibliothèques* frecuentar las bibliotecas ‖ FIG atormentar (obséder), asediar (assiéger) ‖ aparecerse en un lugar (revenants) ‖ — *dis-moi qui tu hantes, je te dirai qui tu es* dime con quien andas y te diré quién eres.
***hantise** *f* obsesión.
***happening** *m* happening.
***happer** *v tr* atrapar de un bocado ‖ FIG agarrar bruscamente.
***hara-kiri** *m* harakiri, haraquiri.
***harangue** [arãːg] *f* arenga ‖ FAM sermón *m*, soflama (discours quelconque) ‖ sermoneo *m* (réprimande).
***haranguer** [-ge] *v tr* arengar ‖ FAM sermonear.
***haras** [ara] *m* acaballadero ‖ MIL remonta *f*.
***harassant, e** *adj* abrumador, ra; agobiador, ra; agotador, ra; *travail harassant* trabajo agotador.
***harassé, e** *adj* abrumado, da; agobiado, da; harassé *de travail* abrumado de *ou* por el trabajo; cansado, da; agotado, da; *air harassé* aspecto cansado.
***harassement** *m* agotamiento.
***harasser** *v tr* abrumar, agobiar ‖ agotar (fatiguer).
***harcèlement** *m* hostigamiento; *tir de harcèlement* tiro de hostigamiento ‖ acoso, acosamiento (d'un importun).
harceler *v tr* hostigar ‖ acosar (talonner).
— OBSERV La *e* de *ce* toma un acento grave delante de una sílaba muda: *je harcèle*.

__hard__ *adj* FAM fuerte; *un film hard* una película fuerte ‖ *musique hard* rock duro.
◆ *m* rock duro.

__harde__ *f* manada (troupeau, bande) ‖ traílla (chiens).

__hardi, e__ *adj* intrépido, da; audaz; *un pilote hardi* un piloto intrépido ‖ atrevido, da; descarado, da (effronté); *un enfant hardi* un niño atrevido, da; *entreprise hardie* empresa osada.
◆ *interj* ¡ánimo!, ¡adelante!

__hardiesse__ *f* atrevimiento *m*, audacia ‖ intrepidez, valor *m* (courage) ‖ insolencia.

__hardiment__ *adv* atrevidamente, intrépidamente.

__hard-rock__ *m* hard rock, rock duro.

__hardware__ *m* INFORM hardware, equipo físico.

__harem__ [arɛm] *m* harén.

__hareng__ [arɑ̃] *m* arenque; *hareng saur* arenque ahumado ‖ FIG *être serrés comme des harengs* estar como sardinas en lata *ou* en banasta.

__hargne__ *f* mal humor *m*, hosquedad *f* ‖ rabia, coraje *m*; *jouer avec hargne* jugar con coraje.

__hargneusement__ *adv* de manera agresiva, con agresividad.

__hargneux, euse__ *adj* arisco, ca; huraño, ña (peu sociable) ‖ corajudo, da (avec rage) ‖ malhumorado, da (de mauvaise humeur) ‖ ladrador, ra (chien).

__haricot__ [ariko] *m* judía *f*, habichuela *f*, alubia *f*, frijol *m* — *haricot blanc* judía (blanca), pocha, alubia ‖ *haricot de mouton* guiso de carnero con nabos y patatas ‖ *haricot rouge* frijol, judía pinta ‖ *haricot vert* judía *ou* habichuela verde ‖ FAM *c'est la fin des haricots* el te acabóse.
— OBSERV Le *haricot commun* s'appelle *frijol* dans diverses régions d'Amérique, *poroto* en Argentine et au Pérou. Le *haricot vert* s'appelle *ejote* au Mexique et en Amérique centrale, *chaucha* en Amérique du Sud.

__haridelle__ *f* malatón *m*, penco *m*.

__harissa__ *f* harissa [condimento norteafricano a base de pimiento].

__harki, e__ *adj* et *s* familiar de «harki».
◆ *m* argelino reclutado en el ejército francés durante la guerra de Argelia.

__harmonica__ *m* MUS armónica *f* (instrument).

__harmonie__ *f* armonía; *l'harmonie des couleurs* la armonía de los colores.

__harmonieusement__ *adv* armoniosamente, con armonía, de manera armoniosa.

__harmonieux, euse__ *adj* armonioso, sa.

__harmonique__ *adj* et *s m* armónico, ca; *sons harmoniques* sonidos armónicos; *division harmonique* división armónica.

__harmonisation__ *f* armonización.

__harmoniser__ *v tr* armonizar.

__harmonium__ [armɔ̃njɔm] *m* MUS armonio.

__harnachement__ *m* enjaezamiento (action) ‖ arreos *m pl* (harnais) ‖ FAM atavío, compostura *f* ridícula (accoutrement).

__harnacher__ *v tr* enjaezar (cheval) ‖ FIG ataviar (accoutrer).
◆ *v pr* FIG ataviarse.

__harnais__ [arnɛ] *m* arreos *pl*, arneses *pl*, guarniciones *f pl*, jaeces *pl*.
— OBSERV *Arreos* est le terme le plus employé pour les chevaux. *Arnés* a signifié d'abord l'armure du guerrier; au pluriel, il est synonyme de *arreos*. *Guarniciones* a plutôt un sens technique. *Jaeces* désigne surtout les ornements du cheval attelé ou monté.

__haro__ *interj* (vx) ¡justicia!, ¡amparo! ‖ — *clameur de haro* grito de indignación ‖ *crier haro sur le baudet* aplastar al más débil ‖ *crier haro sur quelqu'un* protestar *ou* gritar contra alguien.

__harpe__ *f* arpa; *pincer de la harpe* tocar el arpa; *harpe éolienne* arpa eolia ‖ ARCHIT adaraja (pierre d'attente).

__harpie__ *f* arpía (monstre) ‖ arpía (oiseau) ‖ FIG arpía (femme méchante).

__harpiste__ *m* et *f* MUS arpista.

__harpon__ *m* arpón ‖ ARCHIT grapa *f*.

__harponnage__; *__harponnement__* *m* arponeo.

__harponner__ *v tr* arponear, arponar (avec le harpon) ‖ FAM echar el guante, trincar (arrêter); *la police l'a harponné* la policía le ha echado el guante.

__hasard__ [azaːr] *m* azar, acaso, casualidad *f* (mot usuel); *un pur hasard* una verdadera casualidad *f*, fortuna *f*, suerte *f* (chance); *un coup de hasard* un golpe de suerte ‖ — *jeux de hasard* juegos de azar ‖ — *à tout hasard* por si acaso, a todo evento ‖ *au hasard* al azar ‖ *au hasard de* con riesgo de ‖ *comme par hasard!* ¡qué casualidad! ‖ *par hasard* por casualidad ‖ *par le plus grand des hasards* por milagro.

__hasardé, e__ *adj* arriesgado, da (risqué) ‖ atrevido, da (hardi), inseguro, ra (incertain); *proposition hasardée* proposición atrevida.

__hasarder__ *v tr* arriesgar, exponer; *hasarder sa fortune* arriesgar la propia fortuna ‖ aventurar; *hasarder une théorie* aventurar una teoría ‖ intentar (tenter).
◆ *v pr* arriesgarse (se risquer), aventurarse, atreverse (oser).

__hasardeux, euse__ *adj* arriesgado, da; aventurado, da.

__has been__ [azbin] *m* et *f inv* FAM venido, da a menos.

__haschisch__ *m* → *__hachisch__*.

__hase__ [aːz] *f* ZOOL liebre [hembra].

__hâte__ *f* prisa ‖ — *à la* o *avec* o *en hâte* de prisa ‖ *en toute hâte* a toda prisa ‖ *quelle hâte de* que prisa en ‖ — *avoir hâte de* tener prisa por *ou* en.

__hâter__ *v tr* apresurar, dar *ou* meter prisa ‖ adelantar, apresurar; *il a fait hâter son exécution* ha adelantado su ejecución ‖ *hâter le pas* apresurar el paso.
◆ *v pr* apresurarse, darse prisa; *se hâter de* apresurarse a, darse prisa en.

__hâtif, ive__ *adj* temprano, na (fruits, légumes) ‖ hecho de prisa; *un travail hâtif* un trabajo hecho de prisa ‖ apresurado, da; *conclusion hâtive* conclusión apresurada.

__hâtivement__ *adv* apresuradamente (en hâte).

__hauban__ *m* obenque (d'un mât) ‖ brandal (d'une échelle) ‖ tirante de fijación.

__haubaner__ *v tr* atirantar.

__hausse__ [oːs] *f* alza (armes); *angle de hausse* alza de elevación ‖ calzo *m* (meubles) ‖ subida (des eaux, des prix) ‖ COMM alza; *jouer à la hausse* jugar al alza ‖ IMPR alza ‖ *être en hausse* estar en alza.

__haussement__ *m* elevación *f*, levantamiento; *haussement de la voix* elevación de la voz; *haussement des sourcils* levantamiento de las cejas ‖ elevación *f*; *haussement d'un mur* elevación de un muro ‖ *haussement d'épaules* encogimiento de hombros.

*__hausser__ *v tr* alzar; *hausser la tête* alzar la cabeza ‖ levantar, hacer más alto; *hausser un bâtiment* levantar un edificio ‖ FIG subir, elevar (les prix), aumentar (augmenter) | alzar, levantar; *hausser le ton* alzar la voz ‖ — FAM *hausser le coude* empinar el codo | *hausser les épaules* encogerse de hombros.
◆ *v intr* subir; *le prix du coton a haussé* el precio del algodón ha subido.
◆ *v pr* alzarse ‖ *se hausser sur la pointe des pieds* empinarse.

*__haussier__ *m* alcista (Bourse).

*__haut, e__ *adj* alto, ta; elevado, da; *un mur haut* una pared alta; *un mur haut de 4 m* una pared que tiene cuatro metros de alto; *à haute voix* en voz alta ‖ subido, da; *haut en couleur* subido de color ‖ agudo, da (ton) ‖ crecido, da; *rivière dont les eaux sont hautes* río cuyas aguas han crecido ‖ elevado, da; *des hautes pensées* pensamientos elevados ‖ FIG superior; alto, ta; *la haute magistrature* la magistratura superior; *la haute société* la alta sociedad | altanero, ra (hautain) ‖ — *haute fidélité* alta fidelidad ‖ *haute trahison* alta traición ‖ *hauts lieux* sitios más relevantes *ou* destacados ‖ *la haute Antiquité* la remota Antigüedad ‖ *la haute coiffure* la alta peluquería ‖ *la haute couture* la alta costura ‖ *la haute Égypte* el Alto Egipto ‖ *la haute finance* las altas finanzas ‖ *la haute mer* el alta mar ‖ *le haut Rhin* el Alto Rhin ‖ *messe haute* misa mayor ‖ — *de haute lutte* con gran esfuerzo personal ‖ *en haute montagne* en alta montaña ‖ *en haut lieu* el las altas esferas, en las esferas superiores ‖ — *avoir la haute main sur* o *dans* tener mucha influencia en, ser el que hace y deshace en, llevar la voz cantante en ‖ *avoir le verbe haut* hablar muy fuerte (d'une voix forte), hablar imperativamente (d'un ton impératif) ‖ *marcher la tête haute* ir con la cabeza derecha.
◆ *m* alto, altura *f*; *un pylône de 10 mètres de haut* un pilón de diez metros de altura ‖ cima *f* (arbre) ‖ cima *f*, cumbre *f* (montagne) ‖ — *haut de casse* caja alta (typographie) ‖ *le haut du pavé* la acera ‖ *les hauts et les bas* los altibajos, los altos y bajos ‖ *le Très-Haut* el Altísimo ‖ — *du haut de* desde lo alto de ‖ *du haut en bas, de haut en bas* de arriba abajo ‖ — *regarder de son haut* mirar olímpicamente ‖ *tenir le haut du pavé* ocupar una elevada posición social ‖ *tomber de son haut* caerse de espaldas (être stupéfait), caerse redondo (faire une chute).

*__haut__ [o] *adv* alto ‖ — *haut et clair* lisa y llanamente ‖ *haut la main* con facilidad ‖ *haut les mains!* ¡manos arriba! ‖ — *d'en haut* de arriba ‖ *en haut* arriba ‖ *là-haut* arriba, allá arriba, en lo alto (au ciel) ‖ *plus haut* más alto ‖ *tout haut* alto, en voz alta (parler) ‖ — *dire quelque chose bien haut* decir lo que se piensa ‖ *le prendre de haut* tomar a mal ‖ *monter haut* subir mucho (être très cher) ‖ *tomber de haut* caerse de espaldas (être stupéfait), caerse redondo (faire une chute) ‖ *voir plus haut* véase más arriba.

*__hautain, e__ *adj* altivo, va; altanero, ra.

*__hautbois__ [obwα] *m* MUS oboe (instrument).

*__haut-commissaire__ *m* alto comisario.

*__haut-commissariat__ *m* alta *f* comisaría.

*__haut-de-chausses__ *m* (vx) calzas *f pl*.
— OBSERV pl *hauts-de-chausses*.

*__haut-de-forme__ [odfɔrm] *m* sombrero de copa alta, chistera *f*.
— OBSERV pl *hauts-de-forme*.

*__haute-contre__ *f* MUS contralto *m*.
— OBSERV pl *hautes-contre*.

*__haute-fidélité__ *f* alta fidelidad.
— OBSERV pl *hautes-fidélités*.

*__hautement__ *adv* altamente (vivement) ‖ abiertamente, claramente; *se déclarer hautement pour quelqu'un* declararse abiertamente por alguien ‖ extremadamente, en sumo grado, muy; *personne hautement qualifiée* persona calificada en sumo grado.

*__hauteur__ *f* altura ‖ FIG altura, grandeza, alteza; *hauteur des idées* grandeza de ideas; *hauteur des sentiments* alteza de sentimientos | elevación; *hauteur de vues* elevación de puntos de vista | altanería, altivez (arrogance) ‖ — *hauteur au garrot* alzada (d'un animal) ‖ *saut en hauteur* salto de altura ‖ — *à hauteur d'appui* a la altura del pecho ou del antepecho (mur, balustrade, etc.) ‖ *à hauteur des yeux* a la altura de los ojos ‖ *à la hauteur de* de altura; *un programme à la hauteur* un programa de altura ‖ — *être à la hauteur de* estar a la altura de ‖ *prendre de la hauteur* tomar altura, ascender ‖ *tomber de sa hauteur* caer cuan largo se es (tomber), quedar anonadado, caerse de espaldas, aterrado (très surpris).

*__Haute-Volta__ *n pr* GÉOGR Alto Volta (ancien nom du Burkina).

*__haut-fond__ [ofɔ̃] *m* MAR bajo, bajo fondo, bajío.

*__haut-fourneau__ *m* TECHN alto horno.
— OBSERV pl *hauts-fourneaux*.

*__haut-le-cœur__ *m inv* náusea *f*, basca *f* ‖ FIG náusea *f*.

*__haut-le-corps__ [olkɔːr] *m inv* sobresalto (sursaut) ‖ bote (cheval).

*__haut-parleur__ *m* altavoz [(amér) altoparlante].
— OBSERV pl *haut-parleurs*.

*__haut-relief__ *m* alto relieve (sculpture).

*__hauturier, ère__ *adj* MAR de altura; *navigation hauturière* navegación de altura.

*__havanais, e__ *adj* habanero, ra.
◆ *m* cierto perrillo de pelo blanco, largo y sedoso (chien).

*__Havanais, e__ *m et f* habanero, ra.

*__havane__ *m* habano (cigare).
◆ *adj inv* habano, na (couleur).

*__Havane (La)__ *n pr* GÉOGR La Habana.

*__hâve__ *adj* macilento, ta (pâle).

Havre (Le) *n pr* GÉOGR El Havre.

havre *m* MAR abra *f* ‖ remanso; *havre de paix* remanso de paz.

Hawaii *n pr* GÉOGR Hawai.

hawaiien, enne; hawaïen, enne *adj* hawaiano, na.

Hawaiien, enne; Hawaïen, enne *m et f* hawaiano, na.

*__Haye (La)__ [laɛ̃] *n pr* GÉOGR La Haya.

*__hayon__ *m* compuerta *f*.

*__hé!__ *interj* ¡eh!

*__heaume__ [oːm] *m* yelmo.

hebdomadaire *adj* semanal; hebdomadario, ria (*p us*).
◆ *adj et s m* semanario ‖ *journal hebdomadaire* semanario.

hebdomadairement *adv* semanalmente, cada semana.
hébergement *m* hospedaje, alojamiento.
héberger* *v tr* albergar, hospedar, alojar.
hébété, e *adj et s* embrutecido, da; estúpido, da; alelado, da; *un air hébété* un aire alelado.
H.E.C. abrév de *École des Hautes Études Commerciales* escuela de altos estudios comerciales.
hécatombe *f* hecatombe ‖ FIG hecatombe, matanza; *Hiroshima fut une véritable hécatombe* Hiroshima fue una verdadera matanza.
hectare *m* hectárea *f*.
hectolitre *m* hectolitro.
hectomètre *m* hectómetro.
hédonisme *m* hedonismo (doctrine du plaisir).
hédoniste *adj et s* PHILOS hedonista.
***hégélianisme** *m* PHILOS hegelianismo (doctrine de Hegel).
***hégélien, enne** *adj* hegeliano, na.
hégémonie *f* hegemonía, heguemonía *(p us)*.
hégémonique *adj* hegemónico, ca.
hégémonisme *m* hegemonismo.
***hein!** *interj* ¡eh!, ¿eh?, ¿cómo? ‖ — *hein? trois heures de retard!* ¿cómo? ¡tres horas de retraso! (sollicitant une explication) ‖ *hein! c'est lui qui a gagné?* ¿cómo? ¿ha ganado él? (exprimant la surprise) ‖ *tu es d'accord, hein?* estás de acuerdo, ¿no? (sollicitant l'approbation).
hélas! [elas] *interj* ¡ay! ‖ desgraciadamente, desafortunadamente, por desgracia; *vas-tu en vacances cette année? hélas! non* ¿vas a ir de vacaciones este año? por desgracia no iré ‖ *hélas, quel malheur!* ¡ay! ¡qué desgracia!
Hélène *n pr f* Elena (sainte) ‖ Helena (princesse grecque).
héler *v tr* llamar [desde lejos]; dar una voz.
hélianthe *m* BOT helianto, girasol (tournesol).
hélice *f* hélice; *hélice bipale* hélice de dos palas.
héliciculture *f* helicicultura (élevage des escargots).
hélico *m* FAM helicóptero.
hélicoïdal, e *adj* helicoidal; *des engrenages hélicoïdaux* engranajes helicoidales.
hélicoptère *m* AVIAT helicóptero ‖ *hélicoptère d'assaut* helicóptero de asalto.
héliogravure *f* IMPR huecograbado *m*, heliograbado *m*.
héliomarin, e *adj* heliomarino, na.
héliothérapie *f* MÉD helioterapia.
héliotrope *m* BOT heliotropo.
héliport [elipɔːr] *m* helipuerto.
héliportage *m* transporte por helicóptero, helitransporte.
héliporté, e *adj* transportado, da por helicóptero.
hélium [eljɔm] *m* CHIM helio.
hélix *m* ANAT & ZOOL hélice.
hellébore; ellébore *m* BOT eléboro.
hellène *adj et s* heleno, na (grec).
hellénique *adj* helénico, ca.
hellénisme *m* helenismo.
helléniste *m et f* helenista.
hellénistique *adj et s* helenístico, ca.
helminthe *m* ZOOL helminto.

helminthiase *f* MÉD helmintiasis.
Helsinki *n pr f* GÉOGR Helsinki.
Helvètes *n pr m pl* HIST helvecios.
Helvétie [ɛlvesi] *n pr f* GÉOGR Helvecia (Suisse).
helvétique *adj* helvético, ca (de la Suisse).
helvétisme *m* helvetismo.
***hem!** [ɛm] *interj* ¡eh!
hématie [emati] *f* ANAT hematíe *m* (globule rouge du sang).
hématite *f* MIN hematites.
hématologie *f* MÉD hematología.
hématologiste; hématologue *m et f* MÉD hematólogo, ga.
hématome *m* MÉD hematoma.
hématose *f* ANAT hematosis.
hémicycle *m* hemiciclo.
hémiplégie *f* MÉD hemiplejía.
hémiplégique *adj et s* MÉD hemipléjico, ca.
hémisphère *m* hemisferio; *hémisphère nord, sud* hemisferio norte, sur.
hémisphérique *adj* hemisférico, ca.
hémistiche [emistiʃ] *m* POÉT hemistiquio.
hémoculture *f* hemocultivo *m*.
hémoglobine *f* ANAT hemoglobina.
hémogramme *m* hemograma.
hémolyse *f* MÉD hemolisis.
hémopathie *f* hemopatía.
hémophile *adj et s* hemofílico, ca; enfermo de hemofilia.
hémophilie *f* MÉD hemofilia.
hémoptysie *f* MÉD hemoptisis.
hémorragie *f* MÉD hemorragia; *hémorragie cérébrale* hemorragia cerebral; *hémorragie interne* hemorragia interna ‖ FIG sangría (d'argent).
hémorragique *adj* hemorrágico, ca.
hémorroïdaire *adj* hemorroidal.
hémorroïdes *f pl* MÉD hemorroides, almorranas.
hémostase *f* MÉD hemostasis.
hémostatique *adj* MÉD hemostático, ca.
hendécagone [ɛ̃dekagɔn] *m* GÉOM endecágono.
hendécasyllabe [-sillab] *adj et s m* endecasílabo, ba.
***henné** *m* alheña *f* (arbuste).
***hennin** *m* (vx) capirote femenino (Moyen Âge).
***hennir** *v intr* relinchar.
***hennissement** *m* relincho; *pousser des hennissements* dar relinchos.
***hep!** [ɛp] *interj* ¡eh!
hépatique *adj et s* MÉD hepático, ca.
◆ *f* BOT hepática (fleur).
hépatite *f* MÉD hepatitis; *hépatite virale* hepatitis viral.
Héphaïstos *n pr* MYTH Hefesto.
heptagone *adj et s m* heptágono, na.
heptasyllabe *adj et s m* heptasílabo, ba.
héraldique *adj et s f* heráldico, ca.
héraldiste *m et f* heraldista.

hébétement *v tr* embrutecimiento, alelamiento.
hébraïque *adj* hebraico, ca.
hébreu *adj m et s m* hebreo ‖ FIG *c'est de l'hébreu* eso es chino *ou* griego para mí.
— OBSERV *Hébreu* como adjetivo tiene por femenino *hébraïque* y como sustantivo femenino *juive* o *israélite*.

héraut [ero] *m* heraldo ‖ FIG paladín.
herbacé, e *adj* BOT herbáceo, a.
herbage *m* AGRIC herbaje, pasto, herbazal, pastizal.
herbe *f* hierba, yerba; *brin, touffe d'herbe* brizna, ramillete de hierba ‖ *césped m* (gazon); *se reposer sur l'herbe* descansar sobre el césped ‖ — *herbe aux chantres* sisimbrio, jaramago ‖ *herbe-aux-chats* maro ‖ *herbe aux gueux* hierba de los pordioseros (clématite) ‖ *herbe aux verrues* celidonia (éclaire) ‖ *herbe d'amour* miosotis ‖ *herbe de la Saint-Jean* hierba de San Juan, corazoncillo ‖ *herbes marines* hierbas marinas ‖ *herbes médicinales* hierbas medicinales ‖ *herbes potagères* hortalizas, legumbres ‖ — *en herbe* en cierne; *médecin en herbe* médico en cierne ‖ CULIN *fines herbes* finas hierbas ‖ FIG *mauvaise herbe* mala hierba, tuno, bribón ‖ — *couper l'herbe sous le pied* ganar por la mano, tomar la delantera ‖ *manger son blé en herbe* gastar por anticipado ‖ *mauvaise herbe croît toujours* bicho malo nunca muere.
— OBSERV L'orthographe *hierba* est aujourd'hui la plus courante.
herbeux, euse *adj* herboso, sa.
herbicide *adj* et *s m* herbicida.
herbier *m* herbario (collection de plantes) ‖ henil (grange).
herbivore *adj* et *s m* herbívoro, ra.
herboriste *m* et *f* herbolario, ria.
herboristerie *f* herboristería.
herbu, e [ɛrby] *adj* herboso, sa.
Hercule *n pr m* Hércules.
herculéen, enne [ɛrkyleɛ̃, ɛn] *adj* hercúleo, a.
hercynien, enne *adj* GÉOL herciniano, na.
*__**hère** *m* cervato (cerf) ‖ desgraciado, miserable ‖ *pauvre hère* pobre diablo.
héréditaire *adj* hereditario, ria; *maladie, tare héréditaire* enfermedad, tara hereditaria.
héréditairement *adv* por herencia, de manera hereditaria.
hérédité *f* DR & MÉD herencia.
hérésie *f* herejía.
hérétique *adj* herético, ca.
◆ *m* et *f* hereje.
*__**hérissé, e** *adj* erizado, da ‖ de punta; erizado, da (cheveux) ‖ FIG erizado, da; *une version hérissée de pièges* una traducción erizada de trampas.
*__**hérissement** *m* erizamiento ‖ MÉD horripilación *f*.
*__**hérisser** *v tr* erizar.
◆ *v pr* erizarse, ponerse de punta; *mes cheveux se hérissent sur ma tête* el pelo se me pone de punta ‖ FAM indignarse, enfadarse.
*__**hérisson** *m* erizo (mammifère) ‖ FIG erizo, puerco espín (personne revêche) ‖ deshollinador (du ramoneur) ‖ MIL erizo ‖ TECHN púas *f pl*, pinchos *pl*, erizo (clôture) ‖ erizo (mécanique).
héritage *m* herencia *f* (ce dont on hérite); *faire un héritage* heredar ‖ heredad *f* (domaine).
hériter *v intr* heredar; *hériter d'un oncle* heredar a ou de un tío.
◆ *v tr* heredar; *hériter une maison de sa mère* heredar una casa de su madre.
héritier, ère *m* et *f* heredero, ra ‖ — *héritier présomptif* heredero presunto ‖ *héritier réservataire* heredero forzoso.

hermaphrodisme *m* hermafroditismo.
hermaphrodite *adj* et *s* hermafrodita [*(amér)* manflorita].
herméneutique *adj* et *s f* hermenéutico, ca.
Hermès *n pr m* Hermes (Mercure).
hermétique *adj* hermético, ca.
hermétiquement *adv* herméticamente, de manera hermética (de façon étanche) ‖ herméticamente, de manera hermética, oscuramente (obscurément).
hermétisme *m* hermetismo.
hermine *f* armiño *m* (mammifère).
*__**hernie** [ɛrni] *f* MÉD hernia, quebradura (fam).
Hérode *n pr m* Herodes ‖ *vieux comme Hérode* más viejo que Matusalén.
héroï-comique *adj* heroicoburlesco, ca; heroicocómico, ca.
héroïne *f* heroína; *Jeanne d'Arc est une héroïne* Juana de Arco es una heroína ‖ FIG protagonista (poème, roman) ‖ MÉD heroína (alcaloïde).
héroïnomane *adj* et *s* heroinómano, na.
héroïque *adj* heroico, ca; *soldat héroïque* soldado heroico ‖ — *aux temps héroïques* en tiempos de Maricastaña ‖ MÉD *remède héroïque* medicamento heroico.
héroïquement *adv* heroicamente, con heroicidad, de manera heroica.
héroïsme *m* heroísmo.
*__**héron** *m* ZOOL garza *f* (oiseau); *héron cendré* garza real.
*__**héros** [ero] *m* héroe ‖ FIG héroe, protagonista, personaje principal de una obra.
herpès [ɛrpɛs] *m* MÉD herpes *f pl* ou *m*.
*__**herse** *f* AGRIC grada, rastro *m*, rastra ‖ THÉÂTR rastrillo *m*, caja del alumbrado superior ‖ MIL rastrillo *m*.
*__**herser** *v tr* AGRIC rastrillar, gradar.
hertz *m* hertz, hertzio, hercio.
hertzien, enne *adj* PHYS hertziano, na.
hésitant, e *adj* vacilante; indeciso, sa; *caractère hésitant* carácter indeciso.
hésitation *f* vacilación, indecisión; *parler avec hésitation* hablar con indecisión.
hésiter *v intr* vacilar, titubear ‖ — *hésiter à* o *de* o *sur* vacilar en ‖ *hésiter à reconnaître quelque chose* no decidirse a reconocer algo.
hétaïre [etaiːr] *f* hetaira, hetera (courtisane).
hétéro *adj* et *s* FAM heterosexual.
hétéroclite *adj* heteróclito, ta.
hétérodoxe *adj* heterodoxo, xa.
hétérodoxie *f* heterodoxia.
hétérodyne *adj* et *s m* ÉLECTR heterodino, na.
hétérogamie *f* BIOL heterogamia.
hétérogène *adj* heterogéneo, a.
hétérogénéité *f* heterogeneidad.
hétéromorphe *adj* heteromorfo, fa.
hétérosexualité *f* heterosexualidad.
hétérosexuel, elle *adj* et *s* heterosexual.
hétérozygote *adj* BIOL heterocigótico, ca.
◆ *m* heterocigoto.
*__**hêtre** *m* haya *f* (arbre).
*__**heu!** [ø] *interj* ¡oh!, ¡eh!, ¡bah! (doute, étonnement, etc.) ‖ pues (hésitation) ‖ *heu!, heu!* ¡así!, ¡así!

heure f hora; *l'heure du dîner* la hora de la cena || instante m, momento m; *j'ai vu l'heure où il allait tomber* he visto el momento en que se iba a caer || actualidad; *les problèmes de l'heure* los problemas de la actualidad || — *heure d'été* hora de verano || *heure H* hora H, hora fijada para una operación (militaire) || *heure légale* hora oficial || *heures canoniales* horas canónicas || *heures de bureau* horas de oficina || *heures de loisir* tiempo libre || *heures de pointe* horas punta || *heures supplémentaires* horas extraordinarias || — *dernière heure* última hora (journal) || *deux heures, trois heures du matin, du soir* las dos, las tres de la mañana, de la tarde || *la dernière heure* la hora de la muerte, la última hora || *l'heure du berger* el momento oportuno || *livre d'heures* libro de horas (religion) || *petites heures* horas menores (liturgie) || *une bonne heure, une heure d'horloge* una hora larga || *une petite heure* una hora escasa || — *à cette heure* ahora || *à la bonne heure* muy bien, magnífico || *à l'heure* a la hora; *manger à l'heure* comer a la hora; en hora; *mettre à l'heure* poner en hora (montre), por horas; *travailler à l'heure* trabajar por horas; por hora; *cent kilomètres à l'heure* cien kilómetros por hora || *à l'heure actuelle* en la actualidad || *à l'heure où* en el momento que || *à tout à l'heure* ¡hasta luego! || *à toute heure* a todas horas || *à vos heures perdues* a ratos perdidos || *de bonne heure* temprano || *d'heure en heure* a medida que el tiempo pasa || *d'une heure à l'autre* de un momento a otro || *pour l'heure* por ahora || *sur l'heure* al instante || *tout à l'heure* hace poco (il n'y a pas longtemps), dentro de poco (dans un instant) || — *à l'heure qu'il est* actualmente, hoy en día || *c'est l'heure* es ou llegó la hora || *chercher midi à quatorze heures* buscar tres pies al gato || *être à l'heure* ser puntual || *il est cinq heures précises* son las cinco en punto || *il est une heure* es la una || *n'avoir pas une heure à soi* no tener una hora libre || FIG & FAM *passer un mauvais quart d'heure* pasar un mal rato || *pourriez-vous me donner l'heure, s'il vous plaît?* ¿podría decirme la hora, por favor? || *quelle heure est-il?* ¿qué hora es? [(amér) ¿qué horas son?].

heureusement adv felizmente; *terminer heureusement une affaire* acabar felizmente un negocio || por suerte, afortunadamente; *heureusement un renfort arriva* por suerte llegaron refuerzos.

heureux, euse adj feliz; dichoso, sa || afortunado, da (au jeu) || feliz, favorable (présage) || feliz (expression) || acertado, da; *une heureuse répartie* una respuesta acertada || — *encore heureux que* menos mal que || *heureux comme un roi* más feliz que nadie || — *avoir la main heureuse* tener buena mano || *être heureux comme un poisson dans l'eau* sentirse como el pez en el agua || *être heureux de* alegrarse de, tener mucho gusto en, satisfacerle ou serle agradable a uno de || *être né sous une heureuse étoile* tener muy buena estrella || *faire un heureux* hacer a alguien feliz || *s'estimer heureux* darse por contento.
◆ m pl afortunados, dichosos.

heuristique; euristique adj heurístico, ca.

*****heurt** [œːr] m golpe, tropezón || FIG choque (opposition) || contraste (couleurs), desacuerdo, choque (opinions) || *sans heurts* sin tropiezos.

*****heurté, e** adj FIG contrariado, da; lastimado, da (contrarié) | contrastado, da; duro, ra (style, couleur).

*****heurter** v tr chocar, tropezar; *heurter un passant* tropezar con ou contra un transeúnte || dar en ou contra; *la branche heurta son front* la rama le dio en la frente || oponerse a, enfrentarse a, encararse con; *lorsque le pouvoir heurte l'opinion, il tombe* cuando el poder se opone a la opinión cae || entrecortar; *cet orateur a un débit heurté* este orador tiene una elocución entrecortada || FIG contrariar, chocar (contrarier) || *heurter de front* afrontar, encararse con (affronter), chocar de frente (dans une collision).
◆ v intr chocar, tropezar, dar; *heurter de la tête* dar con la cabeza; *heurter contre une pierre* tropezar con una piedra.
◆ v pr chocar, toparse; *se heurter à un mur* chocar contra una pared || enfrentarse, encararse, afrontarse; *leurs regards se heurtèrent* sus miradas se enfrentaron.

*****heurtoir** m aldaba f (porte) || TRANSP tope.

hévéa m hevea, jebe (arbre).

hexachlorure m CHIM hexacloruro.

hexadécimal, e adj hexadecimal; *des chiffres hexadécimaux* cifras hexadecimales.

hexaèdre m GÉOM hexaedro.

hexagonal, e adj GÉOM hexagonal.

hexagone m GÉOM hexágono.

hexamètre adj et s m hexámetro (vers).

hexapode adj et s m ZOOL hexápodo, da.

HF abrév de *High Frequency* HF, alta frecuencia.

hiatal, e adj MÉD diafragmático, ca; *hernie hiatale* hernia diafragmática.

hiatus [jatys] m hiato || FIG discontinuidad f, interrupción f, laguna f.

hibernal, e adj hibernal, invernal.

hibernation f hibernación.

hiberner v intr MÉD hibernar || ZOOL invernar.

hibiscus m BOT majagua f.

*****hibou** m búho, mochuelo (oiseau) || FIG hombre huraño, hurón.
— OBSERV pl *hiboux*.

*****hic** m quid, busilis || *voilà le hic* ahí está el quid, ésa es la dificultad.

*****hic et nunc** loc adv hic et nunc, inmediatamente.

hidalgo m hidalgo.
— OBSERV pl *hidalgos*.

*****hideux, euse** adj horroroso, sa; horrible || repelente (repoussant).

hier [iːr] adv ayer || — *hier matin, hier soir* ayer por la mañana, anoche || — *avant-hier* anteayer || *avant-hier soir* anteanoche || *depuis hier* desde ayer || FAM *né d'hier* nacido ayer, bisoño, novicio (sans expérience) || *toute la journée d'hier* todo el día de ayer || *toute la matinée d'hier* toda la mañana de ayer.

*****hiérarchie** f jerarquía.

*****hiérarchique** adj jerárquico, ca || *par la voie hiérarchique* por conducto reglamentario.

*****hiérarchiquement** adv jerárquicamente, de manera jerárquica, según la jerarquía.

*****hiérarchisation** f jerarquización.

*****hiérarchiser** v tr jerarquizar.

*****hiérarque** m jerarca.

hiératique adj hierático, ca.

hiéroglyphe m jeroglífico.

*high-tech *adj inv* de alta tecnología.
  ◆ *m inv* alta tecnología *f.*
hilarant, e *adj* hilarante.
hilare *adj* risueño, ña.
hilarité *f* hilaridad.
Himalaya *n pr m* GÉOGR Himalaya.
himalayen, enne *adj* himalayense.
hindi *m* hindi (langue).
hindou, e *adj et s* hindú (adepte de l'hindouisme).
  — OBSERV Hindú est également employé pour désigner un habitant de l'Inde afin d'éviter la confusion que fait naître le mot *indio* qui s'applique aussi bien à un indigène de l'Amérique qu'à un ressortissant de l'Inde.
hindouisme; indouisme *m* RELIG hinduismo.
hinterland *m* tierras *f pl* del interior, trastierra *f* (arrière-pays).
*hippie; hippy *adj et s* hippy, hippie.
  — OBSERV pl *hippies; hippys.*
hippique *adj* hípico, ca.
hippisme *m* hipismo, deporte hípico.
hippocampe *m* hipocampo, caballo marino (poisson).
Hippocrate *n pr m* Hipócrates.
hippodrome *m* hipódromo.
hippogriffe *m* hipogrifo.
hippologie *f* hipología.
hippomobile *adj* hipomóvil.
hippophagie *f* hipofagia.
hippophagique *adj* hipofágico, ca || *boucherie hippophagique* despacho de carne de caballo.
hippopotame *m* ZOOL hipopótamo.
*hippy *adj* et *s* → **hippie.**
hirondelle *f* ZOOL golondrina || — *hirondelle de mer* golondrina de mar || *une hirondelle ne fait pas le printemps* una golondrina no hace verano.
  ◆ *pl* POP mellizos *m* (agents).
Hiroshima *n pr* GÉOGR Hiroshima.
hirsute *adj* hirsuto, ta (hérissé) || FIG rudo, da (bourru), áspero, ra (grossier).
hirsutisme *m* MÉD hirsutismo, hipertricosis *f.*
Hispaniola *n pr* GÉOGR Hispaniola.
hispanique *adj* hispánico, ca.
hispanisant, e; hispaniste *m* et *f* hispanista.
hispanisme *m* hispanismo.
hispano-américain, e *adj* hispanoamericano, na.
Hispano-Américain, e *m* et *f* hispanoamericano, na.
hispano-arabe; hispano-moresque *adj* hispanoárabe.
hispanophone *adj* et *s* hispanohablante.
*hisser *v tr* izar; *hisser un drapeau* izar una bandera || FIG subir.
  ◆ *v pr* subirse; *se hisser sur un cheval* subirse en un caballo.
histogenèse *f* BIOL histogénesis.
histogramme *m* histograma.
histoire *f* historia; *les leçons de l'histoire* las lecciones de la historia; *l'Histoire de France* la Historia de Francia || historia, cuento *m*; *raconter une histoire* contar una historia, relatar un cuento || chiste *m* (plaisanterie) || enredo *m*, lío *m*; *c'est une femme à histoires* es una mujer que siempre se mete en líos || lío *m*, follón *m* (*pop*); *il a fait toute une histoire pour rien du tout* ha armado un lío de miedo por algo sin importancia || lío *m*, rollo *m*, cosa; *ce sont des histoires de femmes* son cosas de mujeres || cosa; *porter un tas d'histoires à la boutonnière* llevar un montón de cosas en el ojal || monserga; *ce ne sont là que des histoires* todo eso no son más que monsergas || FAM cuento *m*; *une histoire à dormir debout* un cuento chino | cuento *m*, bola, mentira (mensonge) || — *histoire naturelle* historia natural || *histoire sainte* historia sagrada || *la petite histoire* la pequeña historia || — *histoire de* con objeto de; *histoire de tuer le temps* con objeto de pasar el tiempo; exclusivamente || únicamente para; *il agit ainsi histoire de m'ennuyer* ha actuado así únicamente para fastidiarme || — *ça c'est une autre histoire* eso es harina de otro costal, esas son otras mangas || *ce n'est pas la peine d'en faire toute une histoire!* ¡no es para tanto! || *c'est toute une histoire* es largo de contar, es un cuento de nunca acabar || *chercher des histoires à quelqu'un* buscarle las cosquillas a uno || *en faire toute une histoire* armar un escándalo || *faire des histoires* poner dificultades || *le plus beau de l'histoire* lo mejor del caso || *histoire de voir* a ver si || *ne me racontez pas d'histoires* no me venga con cuentos || *pas d'histoire* nada de cuentos || *taquiner quelqu'un, histoire de rire* meterse con alguien en plan de broma.
histologie *f* histología.
historicité *f* historicidad, autenticidad.
historié, e *adj* historiado, da.
historien, enne *m* et *f* historiador, ra.
historiographe *m* et *f* historiógrafo, fa.
historiographie *f* historiografía.
historique *adj* histórico, ca.
  ◆ *m* reseña *f* histórica (exposé); *faire l'historique de* hacer la reseña histórica de || historial (évolution).
historiquement *adv* históricamente, desde el punto de vista histórico.
histrion *m* histrión || FIG farsante.
*hitlérien, enne *adj et s* hitleriano, na.
*hit-parade *m* hit parade, lista *f* de éxitos.
  — OBSERV pl *hit-parades.*
*Hittites *n pr m pl* hititas [pueblo indoeuropeo].
HIV abrév de *human immunodeficiency virus* VIH, virus de inmunodeficiencia humana.
hiver [ivɛːr] *m* invierno; *hiver tardif* invierno tardío.
hivernage *m* invernada *f* (saison) || temporada *f* de lluvias (régions tropicales) || invernadero (endroit pour passer l'hiver) || AGRIC labor *f* de invierno.
hivernal, e *adj* invernal; invernizo, za.
hiverner *v intr* invernar.
  ◆ *v tr* AGRIC dar la labor de invierno.
hl abrév de *hectolitre* hl, hectolitro.
H.L.M. abrév de *habitation à loyer modéré* vivienda de protección oficial.
hm abrév de *hectomètre* hm, hectómetro.
*ho! *interj* ¡oh! (d'étonnement) || ¡eh! (d'appel).
*hobby *m* hobby, entretenimiento (passe-temps favori).
*hobereau *m* baharí, tagarote (faucon) || FAM tagarote, hidalgüelo (gentilhomme).

hochement

*hochement *m* meneo ∥ *hochement de tête* cabeceo.
*hocher *v tr* menear (remuer) ∥ sacudir (secouer) ∥ *hocher la tête* mover la cabeza.
*hochet [ɔʃɛ] *m* sonajero ∥ FIG juguete, futilidad *f*.
*Hô Chi Minh-Ville *n pr* GÉOGR Ho Chi Mihn Ciudad.
*hockey [ɔkɛ] *m* SPORTS hockey; *hockey sur gazon* hockey sobre hierba; *hockey sur glace* hockey sobre hielo.
*hockeyeur, euse [-jœːr, øːz] *m et f* jugador, ra de hockey.
Hoggar *n pr m* GÉOGR Ahaggar.
Hokkaido *n pr* GÉOGR Hokkaido [antiguamente Yeso].
*holà! *interj* ¡hola! ∥ *mettre le holà* poner coto a, poner fin a (mettre fin à), parar los pies a (empêcher de continuer).
— OBSERV ¡Hola! espagnol est aussi une interjection de salut.
*holding [ɔldiŋ] *m ou f* holding *m*, concierto de varias sociedades, trust *m*.
*hold-up [ɔldœp] *m* atraco a mano armada.
*hollandais, e *adj* holandés, esa.
*Hollandais, e *m et f* holandés, esa.
*Hollande *n pr f* GÉOGR Holanda.
*hollywoodien, enne *adj* hollywoodiense.
holocauste *m* holocausto.
hologramme *m* holograma.
holographe *adj* → **olographe**.
holographie *f* holografía.
*homard [ɔmaːr] *m* bogavante ∥ *rouge comme un homard* rojo como un cangrejo.
homélie *f* homilía ∥ FIG sermón *m*, plática.
homéopathe *adj et s* MÉD homeópata.
homéopathie *f* MÉD homeopatía.
homéopathique *adj* MÉD homeopático, ca.
Homère *n pr m* Homero.
homérique *adj* homérico, ca.
homicide *adj et s* homicida (meurtrier).
◆ *m* homicidio (meurtre) ∥ *homicide involontaire* homicidio involuntario.
hominidé *m* hombre fósil [homínidos].
hominien *m* homínido.
hommage *m* homenaje ∥ ofrenda *f*, regalo (don) ∥ *hommage de l'auteur* obsequio *ou* cortesía del autor ∥ *hommage lige, simple* feudo ligio, recto ∥ *— faire hommage d'une chose* regalar una cosa ∥ *prêter hommage* rendir vasallaje ∥ *rendre hommage* rendir culto *ou* homenaje.
◆ *pl* respetos (civilités) ∥ *présenter ses hommages* saludar respetuosamente.
hommasse *adj* hombruno, na.
homme [ɔm] *m* hombre ∥ *— homme à femmes* hombre mujeriego ∥ *homme à poigne* hombre enérgico ∥ *homme à tout faire* chico para todo ∥ *homme d'affaires* hombre de negocios ∥ *homme d'armes* hombre de armas ∥ *homme d'Église* eclesiástico ∥ *homme de guerre* guerrero ∥ *homme de la rue* hombre de la calle ∥ *homme de lettres* literato ∥ *homme de loi* legista, abogado ∥ *homme de main* secuaz ∥ *homme de mer* marino ∥ *homme de paille* testaferro ∥ *homme de peine* peón ∥ *homme de robe* togado ∥ *homme des bois* orangután ∥ *homme des cavernes* hombre de las cavernas ∥ *homme d'État* estadista ∥

350

homme du monde hombre de mucho mundo ∥ *— bon homme* bonachón, buen hombre ∥ *bout d'homme* hombrecillo ∥ *brave homme* buena persona, buen hombre ∥ *galant homme* caballero ∥ *(vx) honnête homme* discreto ∥ *jeune homme* joven ∥ *pauvre homme* pobre hombre, infeliz ∥ *petit homme* hombrecito ∥ *— agir en homme* portarse como un hombre ∥ *être homme à* ser persona *ou* hombre capaz de ∥ *l'homme propose et Dieu dispose* el hombre propone y Dios dispone ∥ MAR *un homme à la mer!* ¡hombre al agua! ∥ *un homme averti en vaut deux* hombre prevenido vale por dos.
homme-grenouille *m* hombre rana.
homme-orchestre *m* hombre orquesta.
— OBSERV *pl hommes-orchestres*.
homme-sandwich *m* hombre anuncio.
homo *adj et s* FAM homosexual.
homocentre *m* GÉOM homocentro.
homogène *adj* homogéneo, a.
homogénéisation *f* homogeneización.
homogénéisé, e *adj* homogeneizado, da.
homogénéiser *v tr* homogeneizar.
homogénéité *f* homogeneidad.
homographe *adj* GRAMM homógrafo, fa.
homographie *f* homografía.
homogreffe *f* MÉD homoinjerto *m*, homotransplante *m*.
homologable *adj* homologable.
homologation *f* homologación.
homologue *adj* CHIM & GÉOM homólogo, ga.
◆ *m et f* colega.
homologuer *v tr* homologar.
homonyme *adj et s m* homónimo, ma.
homonymie *f* homonimia.
homophone *adj et s* homófono, na.
homophonie *f* homofonía.
homosexualité *f* homosexualidad.
homosexuel, elle *adj et s* homosexual; invertido, da.
homothétie *f* GÉOM homotecia.
homozygote *adj* BIOL homocigótico, ca.
◆ *m* homocigoto.
Honduras *n pr m* GÉOGR Honduras *f*.
hondurien, enne *adj* hondureño, ña.
Hondurien, enne *m et f* hondureño, ña.
*Hongkong; Hong Kong *n pr* GÉOGR Hong Kong.
*hongre *adj m et s m* castrado (cheval).
*Hongrie *n pr f* GÉOGR Hungría.
*hongrois, e *adj* húngaro, ra.
◆ *m* húngaro (langue).
*Hongrois, e *m et f* húngaro, ra.
honnête *adj* honrado, da (probe); *honnête en affaires* honrado en negocios; *un homme honnête* un hombre honrado ∥ honesto, ta; decente; *une femme honnête* una mujer honesta ∥ conveniente, razonable (satisfaisant); *prix honnête* precio razonable ∥ *honnête homme* hombre de bien, discreto *(vx)* ∥ *c'est honnête* está bien.
◆ *m* lo honrado; *préférer l'honnête à l'utile* preferir lo honrado a lo útil.
honnêtement *adv* honradamente ∥ honestamente, decentemente ∥ sinceramente; *honnêtement, je ne vous le conseille pas* sinceramente no se lo aconsejo.

honnêteté [ɔnɛte] *f* honradez (probité), honestidad (décence) ‖ decoro *m*, recato *m* (bienséance).

honneur *m* honor, honra *f*; *être l'honneur de son pays* ser la honra del país ‖ honor (pudeur) ‖ *— affaire d'honneur* duelo, lance de honor ‖ *champ d'honneur* campo de honor ‖ *garçon, demoiselle d'honneur* amigo, amiga de la corte de honor de una boda ‖ *légion d'honneur* legión de honor ‖ *membre d'honneur* miembro de honor ‖ *parole d'honneur* palabra de honor ‖ *point d'honneur* cuestión de honor, pundonor ‖ *table d'honneur* mesa de honor ‖ *tour d'honneur* vuelta de honor ‖ *— en l'honneur de* en honor de ‖ FAM *en quel honneur?* ¿a cuento de qué? ‖ *pour l'honneur* desinteresadamente ‖ *sur mon honneur* por mi honor ‖ *— à qui ai-je l'honneur?* ¿con quién tengo el honor de hablar? ‖ *c'est tout à son honneur* esto le honra ‖ *c'est une affaire d'honneur* es un lance de honor ‖ *faire honneur à* honrar a ‖ *faire honneur à ses engagements* cumplir con su palabra ‖ *faire honneur à un repas* hacer honor a una comida ‖ *faites-moi l'honneur de* tenga la bondad de ‖ *il y va de mon honneur* mi honor está en juego ‖ *j'ai l'honneur de* tengo el honor de ‖ *l'honneur lui revient* le corresponde el honor ‖ *se faire honneur d'une chose* alabarse, gloriarse de algo ‖ *s'en tirer avec honneur* salir airoso ‖ FIG *se piquer d'honneur* excitar el amor propio ‖ *tout est perdu, fors l'honneur* todo está perdido menos el honor.

◆ *pl* honores, cargos, dignidades *f* (charges, dignités) ‖ triunfos (jeux de cartes) ‖ MAR salvas *f* de artillería (salves) ‖ *honneurs de la guerre* honores de guerra ‖ *honneurs funèbres* honras fúnebres ‖ *honneurs militaires* honores militares ‖ *— avec les plus grands honneurs* con todos los honores ‖ *faire les honneurs d'une maison* hacer los honores de una casa ‖ *rendre les honneurs* rendir honores.

— OBSERV *Honor* significa en español *vertu, probité, gloire, renommée.* *Honra* significa *estime, respect, bonne réputation.*

*****honnir** *v tr* deshonrar, deshonorar ‖ *honni soit qui mal y pense* vergüenza para quien piense mal, malhaya el que mal piense.

Honolulu *n pr* GÉOGR Honolulu.

honorabilité *f* honorabilidad, honradez.

honorable *adj* honorable (digne d'estime), honroso, sa (qui fait honneur) ‖ *— amende honorable* retractación pública ‖ *honorable correspondant* académico correspondiente.

honorablement *adv* decentemente, con decencia (correctement) ‖ honorablemente, de manera honorable, honradamente (avec honneur).

honoraire *adj* honorario, ria; *membre honoraire* miembro honorario ‖ *professeur honoraire* profesor emérito.

◆ *m pl* honorarios (d'un médecin, d'un avocat); *honoraires et frais de justice* honorarios y gastos judiciales.

honorer *v tr* honrar, honorar; *honorer de sa présence* honrar con su presencia; *honorer son pays* honrar al país ‖ hacer honor a; *honorer sa signature* hacer honor a la firma ‖ pagar; *honorer un chèque* pagar un cheque ‖ satisfacer; *honorer une dette* satisfacer una deuda ‖ *— honorer son père et sa mère* honrar padre y madre ‖ *très honoré de* muy honrado con *ou* por ‖ *votre honorée du 25 août* su atenta del (día), 25 de agosto (lettre).

honorifique *adj* honorífico, ca.

*****honoris causa** *loc adj* honoris causa, por razón de honor; *docteur honoris causa* doctor honoris causa.

*****honte** *f* vergüenza ‖ *— courte honte* humillación ‖ *fausse honte* vergüenza mal entendida, respeto humano ‖ *— à sa grande honte* con gran vergüenza suya ‖ *— avoir honte* tener vergüenza, avergonzarse ‖ *couvrir de honte* cubrir de oprobio ‖ *essuyer la honte* recibir la afrenta ‖ *faire honte* avergonzar, dar vergüenza ‖ *rougir de honte* ruborizarse, enrojecer de vergüenza.

*****honteusement** *adv* vergonzosamente, con vergüenza (avec honte) ‖ vergonzosamente, de manera vergonzosa (ridiculement).

*****honteux, euse** *adj* vergonzoso, sa; *fuite honteuse* huida vergonzosa ‖ avergonzado, da; *honteux de sa conduite* avergonzado por *ou* de su proceder ‖ FIG vergonzante; vergonzoso, sa (timide); *pauvre honteux* pobre vergonzante ‖ *— c'est honteux!* ¡es una vergüenza *ou* un escándalo! ‖ *n'êtes-vous pas honteux?* ¿no le da a Vd. vergüenza?

*****hooligan; houligan** *m et f* hooligan.

*****hop!** [ɔp] *interj* ¡aúpa!, ¡hala!

hôpital *m* hospital ‖ *hôpital de campagne* hospital de sangre ‖ *hôpital de jour* hospital diurno.

*****hoquet** [ɔkɛ] *m* hipo; *avoir le hoquet* tener hipo.

*****hoqueter** [ɔkte] *v intr* tener hipo, hipar (*p us*).

Horace *n pr m* Horacio.

horaire *adj et s m* horario, ria; *horaire flexible o mobile o à la carte o souple* horario flexible ‖ *salaire horaire* salario por hora.

*****horde** [ɔrd] *f* horda (peuplade) ‖ horda, cuadrilla (brigands).

horizon *m* horizonte ‖ AVIAT *horizon artificiel* horizonte artificial ‖ *— à l'horizon* a la vista; *un navire à l'horizon* un barco a la vista ‖ *faire un tour d'horizon* pasar revista.

horizontal, e *adj et s f* horizontal ‖ FAM *une vue horizontale* una instantánea, una horizontal.

horizontalement *adv* horizontalmente, de un modo horizontal.

horizontalité *f* horizontalidad.

horloge *f* reloj *m* ‖ *— horloge mère* reloj piloto ‖ *horloge parlante* servicio telefónico de información horaria ‖ *— FIG réglé comme une horloge* puntual como un reloj ‖ *remonter une horloge* dar cuerda a un reloj.

horloger, ère *adj et s* relojero, ra.

horlogerie *f* relojería; *pièces d'horlogerie* piezas de relojería.

hormis [ɔrmi] *adv* excepto, salvo, menos.

hormonal, e *adj* hormonal.

hormone *f* ANAT hormona.

Horn (cap) *n pr m* GÉOGR cabo de Hornos.

horodateur *m* fechador.

horoscope *m* horóscopo.

horreur *f* horror *m* ‖ lo horroroso, lo horrible; *l'horreur de ma situation* lo horroroso de mi situación ‖ FAM horror *m*, callo *m* (personne laide) ‖ *— quelle horreur!* ¡qué horror! ‖ *— avoir horreur de, avoir en horreur* horrorizarse de, tener horror a ‖ *c'est une horreur* es horrendo, es repelente ‖ *être en horreur à* repugnar a, dar horror a ‖ *être saisi d'horreur* estar horrorizado ‖ *faire horreur* horrorizar.

◆ *pl* horrores *m*; *les horreurs de la guerre* los horrores de la guerra ‖ *dire des horreurs* decir horrores, barbaridades.

horrible *adj* horrible; horrendo, da ‖ horroroso, sa (très laid).
◆ *m* lo horroroso.

horriblement *adv* horriblemente, horrorosamente, de manera horrible (affreusement) ‖ terriblemente, tremendamente, extremadamente, en extremo (extrêmement).

horrifiant, e *adj* horripilante.

horrifier* *v tr* horrorizar, horripilar, causar horror.

horripilant, e *adj* FAM horripilante, exasperante.

horripiler *v tr* horripilar, poner los pelos de punta ‖ exasperar.

***hors** [ɔːr] *prép* fuera de; *hors série* fuera de serie ‖ — *hors concours* fuera de concurso ‖ *hors de* fuera de; *hors de chez soi* fuera de casa ‖ *hors d'eau* al cubrir aguas [el edificio] ‖ *hors de combat* fuera de combate ‖ *hors de danger* fuera de peligro ‖ *hors de portée* fuera de alcance ‖ *hors de prix* inapreciable, incalculable (inestimable), inabordable, carísimo (très cher) ‖ *hors (de) service* fuera de servicio ‖ *hors d'haleine* sin aliento, sin respiración ‖ *hors d'ici!* ¡fuera de aquí! ‖ *hors du commun* fuera de lo normal ‖ *hors d'usage* fuera de uso ‖ *hors ligne* excepcional, superior ‖ *hors pair* sin igual, sin par ‖ *hors saison* fuera de temporada (hôtels), de temporada baja (avions) ‖ *hors statut* no reglamentado ‖ *hors taxes* impuestos no incluidos, tasas no incluidas, IVA no incluido (prix), libre de impuestos (boutique) ‖ — *dimensions hors tout* dimensiones exteriores ‖ MAR *longueur hors tout* eslora total, longitud máxima ‖ — *être hors de soi* estar fuera de sí.

***hors-bord** [ɔrbɔːr] *m inv* fuera borda (bateau).

***hors-d'œuvre** [ɔrdœːvr] *m inv* CULIN entremeses *pl*.
◆ *pl* FIG accesorios.

***hors-jeu** *m inv* SPORTS fuera de juego, orsay; *hors-jeu de position* en posición de fuera de juego (football).

***hors-la-loi** *m inv* persona *f* fuera *ou* al margen de la ley.

***hors-piste; hors-pistes** *m inv* fuera de pista [esquí].

***hors-texte** *m inv* IMPR lámina *f* fuera de texto.

hortensia *m* hortensia *f* (plante).

horticole *adj* hortícola.

horticulteur; trice *m et f* horticultor, ra.

horticulture *f* horticultura.

hospice *m* hospicio.

hospitalier, ère *adj et s* hospitalario, ria ‖ *ordre hospitalier* orden hospitalaria.

hospitalisation *f* hospitalización ‖ *hospitalisation à domicile* hospitalización a domicilio.

hospitaliser *v tr* hospitalizar.

hospitalité *f* hospitalidad.

hospitalo-universitaire *adj* universitario, ria; de enseñanza [clínica, hospital] (centre).

hostellerie *f* → **hôtellerie**.

hostie *f* hostia.

hostile *adj* hostil.

hostilité *f* hostilidad.

hôte, esse [oːt, otɛs] *m et f* huésped, da (personne reçue) ‖ invitado, da; *ce ministre est l'hôte de la France* este ministro es el invitado de Francia ‖ hospedero, ra (qui reçoit) ‖ anfitrión *m* ‖ — *hôte payant* pensionista ‖ *hôtesse d'accueil* recepcionista, azafata ‖ *hôtesse de l'air* azafata ‖ *table d'hôte* mesa redonda.

hôtel *m* hotel (demeure) ‖ hotel; *descendre dans un hôtel* alojarse en un hotel ‖ — *Hôtel des Monnaies* Casa de Moneda, la Ceca ‖ *hôtel de ville* ayuntamiento ‖ *hôtel particulier* palacete ‖ *maître d'hôtel* maestresala (*p us*), jefe de comedor, «maître d'hôtel».

hôtelier, ère *adj et s* hotelero, ra.

hôtellerie *f* hostelería, industria hotelera ‖ hospedería ‖ hostal *m* ‖ parador *m*.

hôtel-restaurant *m* hotel restaurante.
— OBSERV pl *hôtels-restaurants*.

***hotte** *f* cuévano *m* (osier) ‖ campana (de cheminée) ‖ *hotte aspirante* campana extractora.

***houblon** *m* BOT lúpulo.

***houe** [u] *f* AGRIC azada, azadón *m*.

***houille** [uːj] *f* hulla; *houille blanche, bleue* hulla blanca, azul.

***houiller, ère** [uje, jɛːr] *adj* hullero, ra; carbonífero, ra ‖ *bassin houiller* cuenca minera.
◆ *f* mina de hulla.

***houle** *f* MAR oleaje *m*, marejada.

***houlette** *f* cayado *m* de pastor ‖ báculo *m* (d'évêque) ‖ AGRIC almocafre *m* (outil) ‖ *sous la houlette de* bajo la batuta de.

***houleux, euse** *adj* agitado, da; encrespado, da (mer) ‖ FIG agitado, da; tumultuoso, sa; *une session houleuse* una sesión tumultuosa.

***houligan** *m* → ***hooligan**.

***houppe** *f* borla (touffe de soie, de duvet) ‖ copete *m* (huppe) ‖ copete *m*, machón *m* (cheveux) ‖ copa (arbres) ‖ *Riquet à la houppe* Riquete el del copete.

***houppelande** *f* hopalanda.

***houppette** *f* borla (poudre) ‖ mechón *m* (cheveux).

***hourra!** *interj* ¡hurra!

***houspiller** [uspije] *v tr* FAM zarandear, sacudir (maltraiter) ‖ FIG regañar, reñir (gronder).

***housse** *f* funda (de meuble) ‖ gualdrapa (de cheval).

***houx** [u] *m* acebo (plante) ‖ *petit houx* brusco (fragon).

***hovercraft** *m* aerodeslizador.

H.S. *adj* FAM hecho polvo (épuisé).

H.T. *abrév de hors taxes* IVA no incluido.

Huang He; Huang Ho *n pr* GÉOGR Huang He (fleuve Jaune).

***hublot** [yblo] *m* MAR ojo de buey, portilla *f*, ventanilla *f* ‖ ventanilla *f* (avion).

***huche** *f* hucha, arca (coffre) ‖ *huche à pain* artesa.

***hue!** [y] *interj* ¡arre! ‖ *à hue et à dia* cada cual por su lado, en sentido opuesto.

***huée** *f* grita (à la chasse).
◆ *pl* abucheo *m sing*; *il sortit sous les huées* salió bajo un abucheo (cris réprobateurs).

***huer** [ɥe] *v tr* patear, abuchear, sisear.
◆ *v intr* graznar (hibou).

***huguenot, e** [ygno, ɔt] *adj et s* hugonote, ta.
◆ *f* olla de barro.

huilage [ɥilaːʒ] *m* aceitado, engrase.

huile [ɥil] *f* aceite *m* ‖ óleo *m* (en peinture et religion) ‖ — *huile à brûler* aceite de quemar ‖ *huile d'arachide* aceite de cacahuete *ou* de maní ‖ *huile de foie de morue* aceite de hígado de bacalao ‖ *huile de lin* aceite de linaza ‖ *huile de ricin* aceite de ricino ‖ *huile de table* aceite de mesa ‖ *huile de vidange* aceite de vacuum ‖ *huile d'olive* aceite de oliva ‖ *huile essentielle* aceite esencial ‖ *huile lampante* petróleo lampante ‖ *huile lourde* aceite pesado ‖ *huile solaire* aceite solar ‖ *huiles usagées* aceites usados ‖ *huile volatile* esencia ‖ — *les huiles* los peces gordos ‖ *les saintes huiles* los santos óleos ‖ *une mer d'huile* una balsa de aceite ‖ FAM *à base d'huile de coude* a base de clavar los codos (étudier), a fuerza de puño (travailler) ‖ *à l'huile* con aceite (cuisine), al óleo (peinture) ‖ — FIG *faire tache d'huile* extenderse como una mancha de aceite ‖ *jeter o verser de l'huile sur le feu* echar leña al fuego.
huiler [-le] *v tr* aceitar, poner aceite ‖ FIG engrasar.
huileux, euse [-lø, ø:z] *adj* aceitoso, sa.
huilier [-lje] *m* angarillas *f pl*, vinagreras *f pl*, aceiteras *f pl*.
◆ *adj et s m* aceitero.
huis [ɥi] *m* (vx) puerta *f*; *à huis clos* a puerta cerrada ‖ *demander le huis clos* pedir que la audiencia sea a puerta cerrada.
huisserie *f* ARCHIT marco *m* de puerta o ventana.
huissier *m* ujier ‖ ordenanza *f* (dans un ministère) ‖ portero de estrados (tribunaux).
*****huit** [ɥit, ɥi] [devant une consonne] *adj et s m inv* ocho ‖ octavo, va; *Alphonse VIII* (huitième) Alfonso VIII [octavo] ‖ — *dans huit jours* dentro de ocho días ‖ *samedi en huit* de sábado en ocho días.
*****huitaine** *f* unos ocho *m*; *une huitaine d'enfants* unos ocho niños; *dans une huitaine de jours* dentro de unos ocho días ‖ DR ocho días; *remettre à huitaine* aplazar para dentro de ocho días.
*****huitième** *adj* octavo, va; *le huitième jour* el octavo día.
◆ *m* octavo, octava *f* parte (fraction).
*****huitièmement** [ɥitjɛmmɑ̃] *adv* en octavo lugar.
huître *f* ostra ‖ FIG & FAM cernícalo *m*; zopenco, ca; estúpido, da ‖ *huître perlière* madreperla.
*****hulotte** *f* autillo *m* (chat-huant).
*****hululement** *m* → **ululement**.
*****hululer** *v intr* ulular.
humain, e *adj et s* humano, na ‖ *les humains* el género humano.
humainement *adv* humanamente, desde un punto de vista humano (d'un point de vue humain) ‖ humanamente, con humanidad, de manera humana (charitablement).
humanisation *f* humanización.
humaniser *v tr* humanizar.
humanisme *m* humanismo.
humaniste *adj et s* humanista.
humanitaire *adj* humanitario, ria; *action humanitaire* acción humanitaria.
humanité *f* humanidad ‖ *faire ses humanités* estudiar humanidades.
humanoïde *adj et s* hominoide.
humble [œ̃:bl] *adj et s* humilde; *à mon humble avis* a mi humilde parecer ‖ modesto, ta; humilde; *mes humbles fonctions* mis modestas funciones ‖ *votre (très) humble serviteur* su seguro servidor.
humblement *adv* humildemente, con humildad.
humecter *v tr* humedecer, humectar (*p us*) ‖ mojar (le linge).
◆ *v pr* humedecerse ‖ — *s'humecter les lèvres* humedecerse los labios ‖ POP *s'humecter le gosier* mojarse el gaznate.
*****humer** *v tr* sorber; *humer un œuf* sorber un huevo ‖ aspirar, inhalar (aspirer); *humer l'air* aspirar el aire ‖ oler (sentir).
humérus [ymerys] *m* ANAT húmero.
humeur *f* humor *m*, talante *f*; *bonne, mauvaise humeur* buen, mal humor; *avoir de l'humeur* estar de mal talante ‖ MÉD humor ‖ — *incompatibilité d'humeur* incompatibilidad de carácter ‖ *ne pas être d'humeur à* no estar humor para, no estar para, no tener ganas de.
◆ *pl humeurs froides* escrófula, lamparones.
humide *adj* húmedo, da.
humidificateur *m* humectador.
humidification *f* humedecimiento *m*.
humidifier* *v tr* humedecer, humectar (*p us*).
humidité *f* humedad.
humiliant, e *adj* humillante.
humiliation *f* humillación.
humilié, e *adj et s* humillado, da.
humilier* *v tr* humillar.
◆ *v pr* humillarse.
humilité *f* humildad ‖ *en toute humilité* con toda modestia *ou* humildad.
humoral, e *adj* humoral.
humoriste *adj et s* humorista.
humoristique *adj* humorístico, ca.
humour *m* humor, humorismo; *humour noir* humor negro ‖ — *avoir de l'humour* tener humor ‖ *faire de l'humour* bromear.
humus [ymys] *m* AGRIC humus, mantillo (terreau).
*****hune** *f* MAR cofa; *grande hune* cofa mayor.
Huns [œ̃] *n pr m pl* HIST hunos.
*****huppe** *f* moño *m*, copete *m* (toupet) ‖ abubilla (oiseau).
*****huppé, e** *adj* moñudo, da; *oiseau huppé* ave moñuda ‖ FIG & FAM encopetado, da; de alto copete; empingorotado, da.
*****hurlant, e** *adj* aullador, ra.
*****hurlement** *m* aullido, aúllo ‖ FIG alarido (cri) ‖ rugido (du vent).
*****hurler** *v intr* aullar (animaux) ‖ FIG aullar, dar alaridos, vociferar (personnes) ‖ rugir (vent) ‖ cantar muy fuerte ‖ FIG darse bofetadas (détonner) ‖ FIG & FAM gritar (crier) ‖ — *hurler à la mort* ladrar a la Luna ‖ *hurler avec les loups* bailar al son que tocan.
◆ *v tr* gritar, cantar muy fuerte.
*****hurleur, euse** *adj et s* aullador, ra.
◆ *m* aullador (singe).
hurluberlu *m* FAM extravagante, chiflado.
*****husky** *m* husky.
— OBSERV pl *huskies*.
*****hussard** [ysa:r] *m* MIL húsar.
*****hussarde** *f* danza húngara ‖ *à la hussarde* bruscamente, sin miramientos.
*****hutte** *f* choza, chabola.

hyalin, e [jalɛ̃, in] *adj* MIN hialino, na.
hybridation *f* hibridación.
hybride *adj* et *s m* híbrido, da.
hydracide *m* CHIM hidrácido.
hydratant, e *adj* hidratante; *crème hydratante* crema hidratante.
hydratation *f* CHIM hidratación.
hydrate *m* CHIM hidrato.
hydrater *v tr* CHIM hidratar.
hydraulique *adj* et *s f* hidráulico, ca; *presse hydraulique* prensa hidráulica.
hydravion *m* hidroavión.
hydre *f* hidra ‖ MYTH Hidra; *l'Hydre de Lerne* la Hidra de Lerna ‖ FIG hidra, peligro *m* que renace sin cesar.
hydrocarbure *m* hidrocarburo.
hydrocéphale *adj* et *s* MÉD hidrocéfalo, la.
hydrocéphalie *f* MÉD hidrocefalia.
hydrocuté, e *m* et *f* persona *f* que ha sufrido una hidrocución.
hydrocution *f* hidrocución.
hydrodynamique *adj* et *s f* PHYS hidrodinámico, ca.
hydroélectricité *f* hidroelectricidad.
hydroélectrique *adj* ÉLECTR hidroeléctrico, ca.
hydrofoil *m* hidroala.
hydrofuge *adj* hidrófugo, ga.
hydrogène *m* hidrógeno; *hydrogène lourd* hidrógeno pesado.
hydrogéné, e *adj* hidrogenado, da.
hydroglisseur *m* MAR hidroplano, aerodeslizador.
hydrographe *adj* et *s* hidrógrafo, fa.
hydrographie *f* hidrografía.
hydrographique *adj* hidrográfico, ca.
hydrologie *f* hidrología.
hydrologiste; hydrologue *adj* et *s* hidrólogo, ga.
hydrolyse *f* CHIM hidrólisis.
hydrolyser *v tr* CHIM hidrolizar.
hydromécanique *adj* hidromecánico, ca.
hydromel *m* aguamiel *f*, hidromel.
hydrométrie *f* hidrometría.
hydrophile *adj* et *s m* hidrófilo, la; *coton hydrophile* algodón hidrófilo.
hydrophobe *adj* et *s* hidrófobo, ba.
hydropique *adj* et *s* hidrópico, ca.
hydropisie *f* MÉD hidropesía.
hydroptère *m* hidróptero.
hydrosoluble *adj* hidrosoluble.
hydrosphère *f* GÉOL hidrosfera.
hydrostatique *adj* et *s* PHYS hidrostático, ca.
hydrothérapie *f* MÉD hidroterapia.
hydroxyde *m* CHIM hidróxido.
hydroxyle *m* CHIM hidróxilo.
hydrure *m* CHIM hidruro.
hyène *f* hiena; *hyène rayée* hiena rayada ‖ FIG hiena, persona feroz y cobarde.
Hygiaphone *m* (nom déposé) ventanilla *f*.
hygiène *f* higiene ‖ — *hygiène alimentaire* higiene alimenticia ‖ *hygiène intime* higiene íntima.
hygiénique *adj* higiénico, ca.
hygiéniste *m* et *f* higienista.

hygromètre *m* higrómetro.
hygrométrie *f* higrometría.
hygrométrique *adj* higrométrico, ca ‖ *degré hygrométrique de l'air* grado higrométrico del aire.
hygroscope *m* higroscopio.
hygroscopique *adj* higroscópico, ca.
hymen [imɛn] *m* MÉD himen.
hymen; hyménée *m* POÉT himeneo.
hymne *m* himno; *l'hymne national* el himno nacional.
◆ *f* himno *m* (ode sacrée).
hypallage *f* GRAMM hipálage.
hyper *pref* FAM hiper.
hyperacousie *f* MÉD hiperacusia.
hyperbole *f* GÉOM hipérbola ‖ hipérbole (rhétorique).
hyperbolique *adj* hiperbólico, ca.
hyperboréen, enne *adj* hiperbóreo, a; hiperboreal (proche du pôle Nord).
hyperémotif, ive *adj* hiperemotivo, va.
hyperémotivité *f* hiperemotividad.
hyperglycémie *f* MÉD hiperglucemia.
hypermarché *m* hipermercado.
hypermétrope *adj* et *s* MÉD hipermétrope.
hypermétropie *f* MÉD hipermetropía.
hypernerveux, euse *adj* et *s* hipernervioso, sa.
hyperréalisme *m* ARTS hiperrealismo.
hypersensibilité *f* hipersensibilidad.
hypersensible *adj* et *s* hipersensible.
hypersonique *adj* hipersónico, ca.
hypertendu, e *adj* et *s* MÉD hipertenso, sa.
hypertension *f* MÉD hipertensión.
hyperthermie *f* hipertermia.
hypertrophie *f* MÉD hipertrofia.
hypertrophier* *v tr* ANAT hipertrofiar.
hypnose [ipnoːz] *f* MÉD hipnosis.
hypnotique *adj* et *s m* hipnótico, ca.
hypnotiser *v tr* hipnotizar.
hypnotiseur, euse *m* et *f* hipnotizador, ra.
hypnotisme *m* hipnotismo.
hypo *préf* hipo.
hypoallergique *adj* hipoalergénico, ca.
◆ *m* sustancia *f* hipoalergénica.
hypocalorique *adj* hipocalórico, ca.
hypocentre *m* hipocentro (séisme).
hypocondre *m* ANAT hipocondrio.
hypocondriaque *adj* et *s* MÉD hipocondríaco, ca ‖ FIG hipocondríaco, ca; triste.
hypocondrie *f* MÉD hipocondría.
hypocrisie *f* hipocresía.
hypocrite *adj* et *s* hipócrita.
hypocritement *adv* hipócritamente, con hipocresía.
hypoderme *m* hipodermis *f*.
hypodermique *adj* ANAT hipodérmico, ca; subcutáneo, a; *injection o piqûre hypodermique* inyección hipodérmica *ou* subcutánea.
hypogé, e *adj* BOT hipogénico, ca.
hypogée *m* hipogeo (construction souterraine).
hypoglosse *adj* et *s m* ANAT hipogloso, sa.
hypoglycémie *f* MÉD hipoglucemia.

hypokhâgne *f* FAM clase que prepara a la Escuela Normal Superior de letras [primer año].
hypophyse *f* ANAT hipófisis.
hyposodé, e *adj* MÉD hiposódico, ca (régime).
hypostasier *v tr* hipostasiar.
hypotendu, e *adj et s* MÉD hipotenso, sa.
hypotenseur *adj m et s m* MÉD hipotensor.
hypotension *f* MÉD hipotensión.
hypoténuse *f* GÉOM hipotenusa.
hypothalamus *m* ANAT hipotálamo.
hypothécaire *adj* hipotecario, ria || — *garantie hypothécaire* garantía hipotecaria || *prêt hypothécaire* préstamo hipotecario.
hypothèque *f* hipoteca || — *bureau des hypothèques* registro de la propiedad || *conservateur des hypothèques* registrador de la propiedad || — FIG *lever une hypothèque* levantar una hipoteca | *prendre une hypothèque sur l'avenir* disponer de una cosa antes de poseerla.
hypothéquer* *v tr* hipotecar (terre, propriété) || garantizar (créance) || FIG hipotecar.
hypothermie *f* MÉD hipotermia.
hypothèse *f* hipótesis || — *dans l'hypothèse où* suponiendo que || *bâtir des hypothèses* hacer conjeturas *ou* hipótesis.
hypothétique *adj* hipotético, ca.
hypotonie *f* MÉD hipotonía.
hypotonique *adj* hipotónico, ca.
hystérectomie *f* MÉD histerectomía.
hystérie *f* MÉD histerismo *m*, histeria; *hystérie collective* histeria colectiva.
hystérique *adj et s* histérico, ca.
Hz abrév de *hertz* Hz, hertz, hercio.

I

i *m i f un «i» majuscule* una i mayúscula || — *droit comme un «I»* derecho como una vela, tieso como un huso || *mettre les points sur les «i»* poner los puntos sobre las íes.
iatrogène *adj* MÉD iatrógeno, na.
ibère *adj* ibero, ra; ibérico, ca.
Ibères *n pr m pl* HIST iberos.
Ibérie *n pr f* GÉOGR Iberia.
ibérique *adj* ibérico, ca.
ibidem; ibid *adv lat* ibídem, allí mismo, en el mismo lugar.
Icare *n pr m* Ícaro.
iceberg [ajsberg] *m* iceberg.
ichtyol [iktjɔl] *m* CHIM ictiol (huile sulfureuse).
ichtyologie [-lɔʒi] *f* ictiología (étude des poissons).
ichtyosaure [-zɔːr] *m* ictiosauro.
ichtyose [iktjoːz] *f* MÉD ictiosis (maladie de la peau).
ici *adv* aquí, acá || — *ici et là* aquí y allí || — *d'ici à demain* de aquí a mañana || *d'ici là* hasta entonces || *d'ici peu* dentro de poco.
ici-bas *adv* en este (bajo) mundo, aquí abajo.
icône *f* icono *m*.
iconique *adj* icónico, ca.
iconoclaste *adj et s* iconoclasta.
iconographe *m et f* iconógrafo, fa.
iconographie *f* iconografía.
iconographique *adj* iconográfico, ca.
iconostase *f* iconostasio *m*.
ictère *m* MÉD ictericia *f* (jaunisse).
ictus [iktys] *m* MÉD ictus, acceso || ictus (vers).
idéal, e *adj* et *s m* ideal.
— OBSERV pl *idéaux* o *idéals*.
idéalement *adv* idealmente, de manera ideal.
idéalisation *f* idealización.
idéaliser *v tr* idealizar.
idéalisme *m* idealismo.
idéaliste *adj et s* idealista.
idée *f* idea || opinión; *avoir une haute idée de* tener una gran opinión de || antojo *m*, capricho *m*, fantasía; *vivre à son idée* vivir a su antojo || — FAM *idée creuse* idea vacía || *idée fixe* idea fija, tema || *idées noires* ideas negras || *idées reçues* prejuicios || — *à mon idée* a mi parecer || — *avoir de l'idée* tener idea, ser ingenioso || *avoir des idées larges, étroites* ser amplio, estrecho de miras || *avoir idée de* tener el propósito de || *avoir l'idée de* ocurrírsele a uno || *avoir une idée derrière la tête* tener una idea en la cabeza || *en voilà des idées!* ¡esas sí que son ideas! || *j'ai dans l'idée que* estoy convencido de que || *je n'en ai pas la moindre idée* no tengo ni la más remota idea || *on n'a pas idée de* a nadie se le ocurre || *quelle drôle d'idée!* ¡qué ocurrencia! || *se faire des idées* hacerse ilusiones || *se faire une idée de* darse cuenta de || *venir à l'idée* ocurrirse; *cela m'est venu à l'idée hier* esto se me ocurrió ayer.
idée-force *f* idea eje.
— OBSERV pl *idées-forces*.
idem [idɛm] *adv* ídem, lo mismo.
identifiable *adj* identificable.
identification *f* identificación; *numéro d'identification* número de identificación.
identifier* *v tr* identificar.
◆ *v pr* identificarse con.
identique *adj* idéntico, ca.
identiquement *adv* idénticamente, de manera idéntica, por igual.

identité *f* identidad; *carte d'identité* carnet de identidad; *pièce d'identité* documento de identidad ‖ *identité judiciaire* persona jurídica.
idéogramme *m* ideograma.
idéographique *adj* ideográfico, ca.
idéologie *f* ideología.
idéologique *adj* ideológico, ca.
idéologue *m* et *f* ideólogo, ga.
idiolecte *m* idiolecto.
idiomatique *adj* idiomático, ca; *expression idiomatique* expresión idiomática, modismo.
idiome *m* idioma.
— OBSERV En espagnol *idioma* est plus courant que *lengua*.
idiosyncrasie *f* idiosincrasia.
idiot, e [idjo, ɔt] *adj* et *s* idiota ‖ *faire l'idiot* hacer el tonto, ponerse tonto.
idiotie [idjɔsi] *f* idiotez ‖ *faire, dire des idioties* hacer, decir tonterías, idioteces.
idiotisme *m* GRAMM idiotismo, modismo.
idoine [idwan] *adj* idóneo, a.
idolâtrer *v tr* idolatrar.
idolâtrie *f* idolatría.
idole *f* ídolo *m*.
I.D.S. abrév de *Initiative de défense stratégique* SDI, Iniciativa de Defensa Estratégica (guerre des étoiles).
idylle *f* idilio *m*.
idyllique *adj* idílico, ca.
Iéna *n pr* GÉOGR Jena.
if *m* tejo (arbre) ‖ escurrebotellas (de bouteilles) ‖ luminaria *f* triangular (pour cierges).
I.F.O.P. abrév de *Institut français d'opinion publique* Instituto Francés de Opinión Pública.
I.G.H. abrév de *immeuble de grande hauteur* edificio de gran altura.
igloo [iglu] *m* iglú, igloo (cabane esquimaude).
I.G.N. abrév de *Institut géographique national* Instituto Geográfico Nacional [Francia].
ignare *adj* et *s* ignaro, ra; ignorante.
igné, e [igne] *adj* ígneo, a.
ignifugation [-fygɑsjɔ̃] *f* ignifugación.
ignifuge [-fy:ʒ] *adj* et *s* ignífugo, ga (incombustible).
ignifuger* [-fyʒe] *v tr* ignifugar.
ignoble *adj* innoble.
ignoblement *adv* de modo innoble.
ignominie *f* ignominia.
ignominieux, euse *adj* ignominioso, sa.
ignorance *f* ignorancia, desconocimiento *m*; *ignorance crasse* ignorancia crasa *ou* supina ‖ *dans l'ignorance de* en la ignorancia de.
ignorant, e *adj* et *s* ignorante ‖ — *être ignorant d'une chose* desconocer una cosa ‖ *faire l'ignorant* hacerse el tonto.
ignoré, e *adj* ignorado, da; desconocido, da; *ignoré de tous* desconocido de *ou* para todos ‖ *terres ignorées* tierras ignotas.
ignorer *v tr* ignorar, desconocer; *j'ignore complètement vos intentions* desconozco por completo sus intenciones ‖ *n'ignorer rien* estar al corriente de todo, saberlo todo.
➤ *v pr* ignorarse, no conocerse.
iguane [igwan] *m* iguana *f* (reptile).

ikebana *m* ikebana.
il *pron pers masc de la 3ᵉ pers du singulier* él.
➤ *pron impers* [nunca se traduce] *il pleut* llueve.
— OBSERV *Il* neutro se suprime como sujeto: *il est vrai* es cierto. *Il en est* se traduce por *lo, la, los, las*: *il en est de même* lo mismo sucede con.
île *f* isla ‖ GÉOGR *l'île de Beauté* Córcega (Corse).
iléon; iléum *m* íleon (intestin).
Iliade *n pr f* Ilíada.
iliaque *adj* ANAT iliaco, ca; *os iliaque* hueso iliaco.
îlien, enne *adj* et *s* habitante de ciertas islas bretonas (Ouessant, Sein, île aux Moines).
illégal, e [illegal] *adj* ilegal.
illégalement *adv* ilegalmente, de manera ilegal.
illégalité [-lite] *f* ilegalidad; *être dans l'illégalité* estar en la ilegalidad.
illégitime [illeʒitim] *adj* ilegítimo, ma.
illégitimement *adv* ilegítimamente, sin legitimidad (illégalement) ‖ indebidamente, injustificadamente (de façon injustifiée).
illégitimité [-mite] *f* ilegitimidad ‖ *gouverner dans l'illégitimité* gobernar sin legitimidad.
illettré, e [illetre] *adj* et *s* analfabeto, ta; iletrado, da.
illettrisme *m* analfabetismo.
illicite [illisit] *adj* ilícito, ta.
illico *adv* al punto, en el acto, inmediatamente.
illimité, e *adj* ilimitado, da.
Illinois *n pr* GÉOGR Illinois.
illisible [illizibl] *adj* ilegible (indéchiffrable).
illogique [illɔgik] *adv* ilógico, ca.
illogisme *m* ilogismo, falta *f* de lógica.
illumination *f* iluminación.
illuminé, e *adj* et *s* iluminado, da.
illuminer *v tr* iluminar.
illusion *f* ilusión; *illusion d'optique* ilusión óptica ‖ prestidigitación (prestidigitation) ‖ — *faire illusion* dar el pego ‖ *se faire des illusions sur* forjarse *ou* hacerse ilusiones con ‖ *se nourrir d'illusions* vivir de ilusiones.
illusionner *v tr* engañar, inducir a error.
➤ *v pr* ilusionarse, forjarse ilusiones.
illusionnisme *m* ilusionismo.
illusionniste *m* et *f* ilusionista (prestidigitateur).
illusoire *adj* ilusorio, ria.
illusoirement *adv* ilusoriamente, de manera ilusoria.
illustrateur, trice *m* et *f* ilustrador, ra.
illustratif, ive *adj* ilustrativo, va.
illustration *f* ilustración ‖ FIG notabilidad, persona notable (personnage illustre).
illustre *adj* ilustre.
illustré, e *adj* ilustrado, da; *illustré de gravures* ilustrado con grabados.
➤ *m* revista *f* ilustrada.
illustrer *v tr* ilustrar; *illustrer de dessins* ilustrar con dibujos.
➤ *v pr* ilustrarse, hacerse ilustre.
îlot [ilo] *m* islote, isla *f* pequeña ‖ manzana *f* [(*amér*) cuadra] (de maisons) ‖ torre de mando (portaviones) ‖ *un îlot de verdure* un espacio verde.
îlotier *m* policía encargado de vigilar una manzana.

ilotisme *m* ilotismo.

I.M.A. abrév de *Institut du monde arabe* Instituto del Mundo Árabe [en Francia].

image *f* imagen; *image religieuse* imagen religiosa || *(vx)* imagen (statue) || estampa (petite estampe); *livre d'images* libro con estampas || FIG imagen (symbole, métaphore) || — MÉD *image de contraste* imagen contrastada || *image de marque* imagen de marca, imagen pública || *image d'Épinal* cromo, aleluya || *image de synthèse* imagen de síntesis || *image pieuse* imagen piadosa || — *sage comme une image* bueno como un ángel.

imagé, e *adj* lleno, na de imágenes || gráfico, ca; *il m'a fait une description très imagée* me hizo una descripción muy gráfica.

imagerie *f* estampería || imaginería; *imagerie chrétienne* imaginería cristiana || *imagerie médicale* diagnóstico por imágenes.

imagier, ière *m et f* vendedor, ra de estampas; estampero, ra.
 ➤ *m* *(vx)* imaginero, escultor (sculpteur).

imaginable *adj* imaginable || *difficilement imaginable* difícil de imaginar.

imaginaire *adj* imaginario, ria.
 ➤ *m* lo imaginario || *imaginaire collectif* representaciones imaginarias colectivas.

imaginatif, ive *adj et s* imaginativo, va.

imagination *f* imaginación; *avoir de l'imagination* tener imaginación.

imaginer *v tr* imaginar, idear || — *imaginer de* tener la idea de || *j'imagine qu'il a voulu plaisanter* me imagino *ou* supongo que quería bromear.
 ➤ *v pr* imaginarse, figurarse || — *qu'est-ce que vous vous imaginez?* ¿qué se ha figurado usted? || *s'imaginer à 60 ans* imaginarse uno a los 60 años || *s'imaginer pouvoir faire quelque chose* imaginarse poder hacer algo.

imago *m* imago (de l'insecte).

imam; iman [imã] *m* imán (prêtre musulman).

imbattable *adj* invencible || insuperable.

imbécile *adj et s* imbécil, idiota.

imbécillité *f* imbecilidad.

imberbe *adj* imberbe (sans barbe).

imbiber *v tr* empapar, embeber; *imbibé d'eau, de sang* empapado en agua, en sangre.
 ➤ *v pr* empaparse, embeberse.

imbrication *f* imbricación || entrelazamiento *m*; *de subtiles imbrications d'intérêts* sutiles entrelazamientos de intereses.

imbriqué, e *adj* imbricado, da.

imbriquer *v tr* imbricar.

imbroglio *m* embrollo, lío.

imbu, e *adj* imbuido, da; penetrado, da; *imbu de son importance* imbuido de su importancia || lleno, na; *imbu de préjugés* lleno de prejuicios || *imbu de soi-même* muy creído de sí mismo.

imbuvable *adj* imbebible, no potable || FIG & FAM insoportable (personne).

imitable *adj* imitable; *facilement imitable* fácil de imitar.

imitateur, trice *adj et s* imitador, ra.

imitatif, ive *adj* imitativo, va.

imitation *f* imitación; *à imitation de* a imitación de; *bijoux en imitation* joyas de imitación; *sac imitation cuir* bolso de imitación cuero.

imiter *v tr* imitar.

immaculé, e [immakyle] *adj et s* inmaculado, da || *l'Immaculée Conception* la Inmaculada Concepción.

immanence [immanã:s] *f* inmanencia.

immanent, e [-nã, ã:t] *adj* inmanente.

immangeable [ɛ̃mãʒabl] *adj* incomible, incomestible.

immanquable [ɛ̃mãkabl] *adj* infalible, indefectible.

immanquablement [-bləmã] *adv* sin falta, infaliblemente, indefectiblemente.

immatérialité *f* inmaterialidad.

immatériel, elle *adj* inmaterial.

immatriculation *f* matriculación, matrícula || AUTOM *plaque d'immatriculation* placa de matrícula, matrícula.

immatriculer *v tr* matricular || registrar, inscribir || — *faire immatriculer son véhicule* matricular su vehículo || *voiture immatriculée dans la Gironde* vehículo con matrícula de la Gironda.

immature *adj* inmaduro, ra [persona].

immaturité *f* inmadurez, falta de madurez.

immédiat, e [immedja, at] *adj* inmediato, ta || *dans le voisinage immédiat de* en las inmediaciones de.
 ➤ *m* lo inmediato || *dans l'immédiat* por ahora.

immédiatement *adv* inmediatamente.

immémorial, e *adj* inmemorial; *temps immémoriaux* tiempos inmemoriales.

immense *adj* inmenso, sa.

immensément *adv* inmensamente, extremadamente.

immensité *f* inmensidad.

immergé, e *adj* inmerso, sa *(p us)*; sumergido, da.

immerger* *v tr* inmergir *(p us)*, sumergir.

immérité, e *adj* inmerecido, da.

immersion *f* inmersión.

immettable *adj* que no se puede poner (vêtement).

immeuble *adj* inmueble.
 ➤ *m* casa *f*, edificio (maison) || DR inmueble || — *immeuble de rapport* inmueble *ou* casa de renta *ou* alquiler || *immeuble locatif* casa de alquiler.

immigrant, e [imigrã, ã:t] *adj et s* inmigrante.

immigration *f* inmigración.

immigré, e *adj et s* inmigrado, da.

immigrer *v intr* inmigrar.

imminence *f* inminencia.

imminent, e *adj* inminente.

immiscer (s')* [simmise] *v pr* inmiscuirse, meterse; *s'immiscer dans les affaires d'autrui* inmiscuirse en asuntos ajenos.

immixtion [immiksjɔ̃] *f* intromisión.

immobile [immɔbil] *adj* inmóvil; *rester* o *se tenir immobile* permanecer *ou* mantenerse inmóvil.

immobilier, ère *adj* inmobiliario, ria.
 ➤ *m* bienes *pl* inmuebles.

immobilisation *f* inmovilización || DR conversión en bien inmueble.

immobiliser *v tr* inmovilizar || dar (a un bien mueble), la condición de inmueble.

immobilisme *m* inmovilismo.

immobilité *f* inmovilidad.

immodéré, e [immɔdere] *adj* inmoderado, da; desmesurado, da.
immodérément *adv* inmoderadamente, sin moderación.
immolation [immɔlasjɔ̃] *f* inmolación ‖ FIG sacrificio *m*.
immoler *v tr* inmolar; *immoler des agneaux* inmolar corderos; *immoler son intérêt au bien public* inmolar sus intereses en favor de la colectividad ‖ FIG sacrificar, inmolar.
immonde [immɔ̃ːd] *adj* inmundo, da ‖ *l'esprit immonde* el espíritu inmundo, el demonio.
immondices *f pl* inmundicia *sing*.
immoral, e [immɔral] *adj* inmoral.
immoralité [-lite] *f* inmoralidad.
immortaliser [immɔrtalize] *v tr* inmortalizar.
immortalité [-talite] *f* inmortalidad.
immortel, elle [-tɛl] *adj et s* inmortal.
◆ *m* FAM miembro de la Academia Francesa [de la lengua].
◆ *f* BOT perpetua, siempreviva.
immotivé, e *adj* inmotivado, da.
immuabilité [immyabilite] *f* inmutabilidad.
immuable *adj* inmutable ‖ *immuable dans ses convictions* inflexible en sus convicciones.
immuablement *adv* de manera inmutable, constantemente.
immunisant, e *adj* inmunizador, ra.
immunisation *f* inmunización.
immuniser *v tr* inmunizar.
immunitaire *adj* inmunitario, ria.
immunité *f* inmunidad; *immunité diplomatique, parlementaire* inmunidad diplomática, parlamentaria.
immunodéficience *f* MÉD inmunodeficiencia.
immunodéficitaire *adj* MÉD inmunodeficitario, ria; con déficit inmunitario.
immunoglobuline *f* inmunoglobulina.
immunologie *f* MÉD inmunología.
immunologique *adj* inmunológico, ca.
immutabilité *f* DR inmutabilidad.
impact [ɛ̃pakt] *m* impacto ‖ *— étude d'impact* estudio de impacto ‖ *impact écologique* impacto ecológico ‖ *l'impact de la publicité* el impacto de la publicidad *ou* propaganda ‖ *point d'impact* impacto.
impair, e *adj* impar ‖ *jouer à pair ou impair* jugar a pares o nones.
◆ *m* FAM torpeza *f*, equivocación *f*, plancha *f* (bévue) ‖ FAM *commettre un impair* meter la pata, tirarse una plancha.
impala *m* ZOOL impala (antílope).
impalpable *adj* impalpable.
imparable *adj* ineludible, inevitable, insoslayable.
impardonnable *adj* imperdonable; *vous êtes impardonnable d'avoir fait cela* es imperdonable que haya hecho usted eso.
imparfait, e *adj* imperfecto, ta.
◆ *m* lo imperfecto, imperfección *f* ‖ GRAMM pretérito imperfecto.
imparfaitement *adv* imperfectamente, incompletamente, de manera incompleta *ou* insuficiente, parcialmente (incomplètement) ‖ imperfectamente, de manera imperfecta, con imperfección, defectuosamente (de façon imparfaite).
imparisyllabique *adj* GRAMM imparisílabo, ba.
impartial, e *adj* imparcial.
impartialité *f* imparcialidad.
impartir *v tr* impartir *(p us)*, conceder, otorgar; *dans les délais impartis* en el plazo concedido ‖ *impartir quelque chose à quelqu'un* asignar algo a alguien.
impasse *f* callejón *m* sin salida (rue sans issue) ‖ FIG callejón *m* sin salida, atolladero *m* (difficulté) ‖ déficit *m* presupuestario (budgétaire) ‖ impase *m*, impás *m* (bridge) ‖ punto *m* muerto; *les pourparlers sont dans une impasse* las conversaciones están en un punto muerto ‖ estancamiento *m*; *l'impasse dans laquelle se trouve la conférence* el estancamiento de la conferencia ‖ FIG *faire une impasse sur un chapitre* saltar un capítulo.
impassibilité *f* impasibilidad.
impassible *adj* impasible.
impassiblement *adv* impasiblemente, con impasibilidad, imperturbablemente.
impatiemment [ɛ̃pasjamɑ̃] *adv* impacientemente.
impatience [-sjɑ̃ːs] *f* impaciencia.
impatient, e [-sjɑ̃, ɑ̃ːt] *adj* impaciente; *impatient de sortir* impaciente por salir.
impatienter [-sjɑ̃te] *v tr* impacientar.
◆ *v pr* impacientarse.
impavide *adj* impávido, da.
impayable [ɛ̃pɛjabl] *adj* impagable, inapreciable ‖ FIG & FAM graciosísimo, ma ‖ FAM *il est impayable!* ¡es inconmensurable!, ¡es la monda!
impayé, e [-je] *adj* no pagado, da; impagado, da [(amér)* impago, ga].
◆ *m* COMM impagado.
impeccable *adj* impecable.
impeccablement *adv* impecablemente, de manera impecable *ou* irreprochable.
impédance *f* PHYS impedancia; *impédance acoustique* impedancia acústica ‖ *impédance de sortie* impedancia de salida ‖ *à faible impédance* de baja impedancia.
impedimenta [ɛ̃pedimɛ̃ta] *m pl* impedimenta *f sing*.
impénétrabilité *f* impenetrabilidad.
impénétrable *adj* impenetrable.
impénitent, e *adj* impenitente.
impensable *adj* increíble, inimaginable.
imper [ɛ̃pɛːr] *m* FAM impermeable.
impératif, ive *adj et s m* imperativo, va.
impérativement *adv* imperativamente, de manera imperativa.
impératrice *f* emperatriz, emperadora ‖ BOT diaprea.
imperceptible *adj* imperceptible.
imperceptiblement *adv* imperceptiblemente, de manera imperceptible, de un modo imperceptible.
imperfectif, ive *adj* GRAMM imperfectivo, va.
◆ *m* GRAMM aspecto verbal imperfectivo (aspect) ‖ verbo imperfectivo (verbe).
imperfection *f* imperfección ‖ desperfecto *m* (petit défaut matériel).

impérial, e *adj* imperial; *protocoles impériaux* protocolos imperiales.
◆ *f* imperial (d'une voiture, etc.) ‖ pera, perilla (barbe) ‖ *autobus à impériale* autobús de dos pisos.
impérialement *adv* majestuosamente, con majestad.
impérialisme *m* imperialismo.
impérialiste *adj et s* imperialista.
impérieusement *adv* imperiosamente ‖ *avoir impérieusement besoin de* tener necesidad imperiosa de.
impérieux, euse *adj* imperioso, sa.
impérissable *adj* imperecedero, ra; perdurable.
imperméabilisant, e *adj* impermeabilizante.
imperméabilisation *f* impermeabilización.
imperméabiliser *v tr* impermeabilizar.
imperméabilité *f* impermeabilidad.
imperméable *adj et s* impermeable.
impersonnel, elle *adj* impersonal.
impersonnellement *adv* impersonalmente, de manera impersonal.
impertinence *f* impertinencia.
impertinent, e *adj et s* impertinente.
imperturbable *adj* imperturbable.
impétigo *m* MÉD impétigo.
impétueusement *adv* impetuosamente, con ímpetu, con impetuosidad.
impétueux, euse *adj* impetuoso, sa; arrebatado, da.
impétuosité *f* impetuosidad; *l'impétuosité d'une attaque* la impetuosidad de un ataque ‖ ímpetu *m* (violence) ‖ FIG impetuosidad, ímpetu *m* (fougue).
impie *adj et s* impío, a.
impiété *f* impiedad.
impitoyable [ɛ̃pitwajabl] *adj* despiadado, da.
impitoyablement *adv* despiadadamente, sin piedad, de manera despiadada.
implacabilité *f* implacabilidad.
implacable *adj* implacable.
implacablement *adv* implacablemente, inexorablemente, de modo inexorable.
implant *m* MÉD implante.
implantation *f* implantación, establecimiento *m*.
implanter *v tr* implantar, establecer.
implication *f* implicación.
implicite *adj* implícito, ta.
implicitement *adv* implícitamente, de manera implícita, de un modo implícito.
impliquer *v tr* implicar.
implorant, e *adj* implorante, suplicante.
imploration *f* imploración.
implorer *v tr* implorar.
imploser *v intr* producirse *v pr* una implosión.
implosion *f* implosión ‖ FIG descomposición, derrumbamiento *m*, desmoronamiento *m* ‖ GRAMM implosión.
impoli, e *adj et s* descortés; mal educado, da.
impoliment *adv* descortésmente.
impolitesse *f* descortesía, falta de cortesía, mala educación.
impondérable *adj et s* imponderable.
impopulaire *adj* impopular.
impopularité *f* impopularidad.

import *m* importe (en Belgique).
importable *adj* importable.
importance *f* importancia; *avoir de l'importance* tener importancia ‖ importancia, amplitud; *l'importance de la publicité* la amplitud de la publicidad ‖ *— de la plus haute importance* de gran *ou* mucha importancia ‖ *d'importance* importante, de mucha importancia (important), mucho, extremadamente (beaucoup) ‖ *quelle importance?* ¿qué importa? ‖ *sans importance* sin importancia ‖ *— attacher de l'importance* dar importancia ‖ *se donner des airs d'importance* dárselas de importante.
important, e *adj* importante ‖ FAM considerable, grande (grand).
◆ *m* lo importante, lo esencial ‖ *faire l'important* dárselas de importante, echárselas de personaje, darse tono.
importateur, trice *adj et s* importador, ra; *pays importateur de blé* país importador de trigo.
importation *f* importación; *volume des importations* volumen de las importaciones.
importer *v tr* importar; *importer des marchandises* importar mercancías.
◆ *v intr* importar, tener importancia ‖ *— il importe de le dire* es importante decirlo ‖ *il importe que tu le dises* es importante que lo digas ‖ *importer à quelqu'un* importar algo a alguien, ser importante para alguien ‖ *n'importe* no tiene importancia ‖ *n'importe comment* de cualquier modo ‖ *n'importe où* dondequiera, en cualquier sitio ‖ *n'importe quand* cuando quiera, en cualquier momento ‖ *n'importe qui* cualquiera, quienquiera ‖ *n'importe quoi* cualquier cosa, lo que sea ‖ *peu importe* tiene poca importancia; *peu importe le prix* el precio tiene poca importancia ‖ *peu importe que* poco importa que ‖ *peu m'importe* me importa poco.
import-export *m* COMM importación y exportación *f*.
importun, e [ɛ̃pɔrtœ̃, -yn] *adj et s* importuno, na; molesto, ta.
◆ *m* impertinente.
importuner *v tr* importunar.
imposable *adj* imponible, sujeto a imposición.
imposant, e *adj* imponente.
imposé, e *adj* impuesto, ta ‖ sujeto a contribución *ou* impuesto.
◆ *m* contribuyente.
imposer *v tr* imponer; *imposer sa volonté* imponer su voluntad ‖ gravar *ou* cargar a uno con un impuesto, someter a uno a un impuesto ‖ imponer un gravamen ‖ IMPR ajustar, imponer ‖ *— en imposer* infundir respeto ‖ RELIG *imposer les mains* imponer manos.
◆ *v pr* imponerse ‖ *ça s'impose* es obligatorio.
imposition *f* imposición ‖ impuesto *m*, contribución ‖ IMPR ajuste *m*, imposición ‖ *— ÉCON avis d'imposition* aviso impositivo ‖ *imposition sur le chiffre d'affaires* impuesto sobre el volumen de negocios *ou* de ventas.
impossibilité *f* imposibilidad; *être dans l'impossibilité de* estar en la imposibilidad de.
impossible *adj* imposible ‖ imposible, intratable, insoportable (caractère) ‖ *— il m'est impossible de le faire* me es imposible hacerlo ‖ *impossible à faire* imposible de hacer ‖ *rendre impossible* imposibilitar.

imposteur

◆ *m* lo imposible ‖ — *à l'impossible nul n'est tenu* nadie puede hacer lo imposible ‖ *par impossible* por si acaso ‖ — *faire l'impossible pour que* hacer lo imposible para que.

imposteur *m* impostor, ra.
— OBSERV *Imposteur* no tiene en francés forma femenina, como en español: *cette femme est un imposteur* esta mujer es una impostora.

imposture *f* impostura.

impôt [ɛ̃po] *m* impuesto, contribución *f*; *frapper d'un impôt* gravar con un impuesto ‖ — *impôt cédulaire* impuesto cedular ‖ *impôt direct, indirect* impuesto directo, indirecto ‖ *(vx) impôt du sang* servicio militar ‖ *impôt foncier* contribución territorial ‖ *impôt retenu à la source* impuesto raíz *ou* deducido en origen ‖ *impôts locaux* impuesto municipal ‖ *impôt sur la fortune* impuesto sobre el patrimonio ‖ *impôt sur le chiffre d'affaires* impuesto sobre el volumen de negocio *ou* de ventas ‖ *impôt sur le revenu des personnes physiques* impuesto sobre la renta de las personas físicas ‖ *impôt sur les bénéfices* impuesto sobre beneficios ‖ *impôt sur les plus-values* impuesto de plusvalías ‖ *impôt sur les sociétés* impuesto sobre *ou* de sociedades ‖ — *déclaration d'impôts* declaración de la renta ‖ *des impôts* tributario, ria; *réforme des impôts* reforma tributaria.

impotent, e *adj* impotente (qui se meut avec difficulté) ‖ tullido, da; lisiado, da (estropié).

impraticabilité *f* impracticabilidad.

impraticable *adj* impracticable ‖ intransitable, impracticable (chemin).

imprécation *f* imprecación.

imprécis, e [ɛ̃presi, i:z] *adj* impreciso, sa; sin precisión.

imprécision *f* imprecisión, falta de precisión.

imprégnation *f* impregnación.

imprégner* *v tr* impregnar.
◆ *v pr* impregnarse; *s'imprégner de* impregnarse de *ou* con.

imprenable *adj* inexpugnable, inatacable, inconquistable ‖ *avec vue imprenable* sin servidumbre de luces *ou* de vistas.

impréparation *f* falta de preparación.

imprésario *m* empresario (d'un artiste) ‖ apoderado (d'un torero).

imprescriptible [-tibl] *adj* imprescriptible.

impression *f* impresión; *faire impression* causar impresión; *échanger des impressions* cambiar impresiones ‖ estampación (textile) ‖ ARTS imprimación ‖ IMPR impresión, estampado ‖ — *impressions de voyage* impresiones de viaje ‖ — *donner l'impression que* causar la impresión de que ‖ *donner une impression de* dar una impresión de ‖ *faire bonne impression* producir buena impresión.

impressionnable *adj* impresionable.

impressionnant, e *adj* impresionante.

impressionner *v tr* impresionar.

impressionnisme *m* impresionismo.

impressionniste *adj et s* impresionista.

imprévisible *adj* imprevisible.

imprévoyance [-jɑ:s] *f* imprevisión.

imprévoyant, e [-jɑ̃, ɑ̃:t] *adj et s* imprevisor, ra.

imprévu, e *adj et s* imprevisto, ta; *l'imprévu a dominé ma vie* lo imprevisto ha dominado mi vida ‖ *en cas d'imprévu* si ocurre algo imprevisto, por si acaso ‖ *sauf imprévu* salvo imprevisto.

imprimable *adj* imprimible.

imprimant, e *adj* impresor, a.

imprimante *f* INFORM impresora ‖ — *imprimante à jet d'encre* impresora por chorros de tinta | *imprimante à marguerite* impresora de margarita | *imprimante laser* impresora láser | *imprimante matricielle* impresora matricial | *imprimante thermique* impresora térmica.

imprimé, e *adj* impreso, sa ‖ estampado, da (tissu); *imprimé à fleurs, à pois* estampado de flores, de lunares.
◆ *m* impreso.

imprimer *v tr* imprimir (un livre), estampar (une lithographie) ‖ estampar (tissu) ‖ ARTS imprimar (une toile, un panneau) ‖ dar, comunicar, imprimir (un mouvement) ‖ FIG imprimir, infundir; *imprimer le respect* infundir respeto.

imprimerie [ɛ̃primri] *f* imprenta.

imprimeur *m* impresor.

improbabilité *f* improbabilidad.

improbable *adj* improbable.

improductif, ive *adj* improductivo, va.

improductivité *f* improductividad.

impromptu [ɛ̃prɔ̃pty] *m* improvisación *f*, obra *f* improvisada.
◆ *adj* improvisado, da; repentino, na.
◆ *adv* improvisadamente, sin preparación, de repente ‖ *à l'impromptu* de improviso.

imprononçable *adj* impronunciable.

impropre *adj* impropio, pia.

improprement *adv* impropiamente, de manera impropia, con impropiedad.

impropriété *f* impropiedad.

improuvable *adj* indemostrable.

improvisateur, trice *adj et s* improvisador, ra.

improvisation *f* improvisación.

improviser *v tr et intr* improvisar ‖ *avec des moyens improvisés* con medios improvisados.
◆ *v pr* ingeniárselas; *s'improviser cuisinier* ingeniárselas de cocinero.

improviste (à l') *loc adv* de improvisto *ou* improviso, de repente.

prudemment [ɛ̃prydamɑ̃] *adv* imprudentemente.

imprudence *f* imprudencia.

imprudent, e *adj et s* imprudente.

impubère *adj et s* impúber; impúbero, ra.

impubliable *adj* impublicable.

impudemment [ɛ̃pydamɑ̃] *adv* impudentemente.

impudence *f* impudencia, desvergüenza.

impudent, e *adj et s* impudente; desvergonzado, da.

impudeur *f* impudor *m*, falta de pudor.

impudique *adj et s* impúdico, ca.

impuissance *f* impotencia; *être réduit à l'impuissance* estar reducido a la impotencia ‖ incapacidad, imposibilidad, ineficacia ‖ MÉD impotencia.

impuissant, e *adj et s* impotente; *gouvernement impuissant contre la rébellion* gobierno impotente contra la rebelión ‖ ineficaz, incapaz (inefficace).
◆ *adj et s* MÉD impotente.

impulser *v tr* impulsar.

impulsif, ive *adj et s* impulsivo, va.
impulsion *f* impulso *m*, impulsión *(p us)*.
impulsivement *adv* de manera impulsiva.
impulsivité *f* impulsividad.
impunément *adv* impunemente.
impuni, e *adj* impune.
impunité *f* impunidad.
impur, e *adj* impuro, ra.
impureté [ɛ̃pyrte] *f* impureza.
imputable *adj* imputable.
imputation [ɛ̃pytasjɔ̃] *f* imputación.
imputer *v tr* imputar ‖ ÉCON *imputer une dépense sur un chapitre du budget* cargar un gasto en un capítulo del presupuesto.
imputrescible [ɛ̃pytrɛssibl] *adj* imputrescible.
in *adj inv* FAM in, en la onda.
I.N.A. abrév de *Institut national de l'audiovisuel* Instituto Nacional de las Comunicaciones Audiovisuales [Francia].
inabordable *adj* inabordable, inaccesible ‖ FIG inaccesible; inasequible; carísimo, ma; *prix inabordable* precio carísimo.
inabouti, e *adj* inacabado, da; inconcluso, sa; malogrado, da.
inabrogeable [inabrɔʒabl] *adj* inabrogable.
inaccentué, e [inaksɑ̃tɥe] *adj* inacentuado, da.
inacceptable [inaksɛptabl] *adj* inaceptable.
inaccessibilité [inaksesibilite] *f* inaccesibilidad.
inaccessible [-sibl] *adj* inaccesible ‖ insensible; *inaccessible à la pitié* insensible a la piedad.
inaccompli, e *adj* incumplido, da; no cumplido, da ‖ no consumado, da.
inaccoutumé, e *adj* inacostumbrado, da; insólito, ta; desusado, da (inhabituel) ‖ sin mucha costumbre; desacostumbrado, da (non habitué à).
inachevé, e [inaʃve] *adj* sin acabar; no acabado, da; inconcluso, sa ‖ *la Symphonie inachevée* la Sinfonía incompleta.
inachèvement *m* falta *f* de conclusión, estado incompleto.
inactif, ive *adj* inactivo, va.
inaction [inaksjɔ̃] *f* inacción.
inactiver *v tr* MÉD inactivar.
inactivité *f* inactividad ‖ *congé d'inactivité* excedencia, cesantía.
inadaptable *adj* inadaptable.
inadaptation *f* inadaptación.
inadapté, e *adj et s* inadaptado, da.
inadéquat, e [inadekwa, at] *adj* inadecuado, da.
inadéquation *f* inadecuación.
inadmissible *adj* inadmisible.
inadvertance *f* inadvertencia, descuido *m* ‖ *par inadvertance* por inadvertencia.
inaliénabilité *f* inalienabilidad.
inaliénable *adj* inalienable, no enajenable.
inaltérabilité *f* inalterabilidad.
inaltérable *adj* inalterable; *couleur inaltérable* color inalterable.
inaltéré, e *adj* inalterado, da; sin alteración.
inamical, e *adj* inamistoso, sa; hostil.
inamovibilité *f* inamovilidad.
inamovible *adj* inamovible ‖ vitalicio, cia (à vie).
inanimé, e *adj* inanimado, da.

inanité *f* inanidad.
inanition [inanisjɔ̃] *f* inanición ‖ *tomber d'inanition* morirse de inanición.
inaperçu, e [inapɛrsy] *adj* inadvertido, da; desapercibido, da; no visto, ta; inapercibido, da (gallicisme); *passer inaperçu* pasar desapercibido *ou* inadvertido.
inappétence *f* inapetencia.
inapplicable *adj* inaplicable.
inapplication *f* desaplicación (d'un élève) ‖ inaplicación (d'un système).
inappliqué, e *adj* desaplicado, da (un élève) ‖ inaplicado, da (un système).
inappréciable *adj* inapreciable.
inapprochable *adj* inabordable.
inapproprié, e *adj* inapropiado, da.
inapte *adj* no apto; inepto, ta; *inapte à certains travaux* inepto para determinados tipos de trabajo ‖ *inapte aux affaires* no apto para los negocios ‖ *rendre inapte au travail* incapacitar para el trabajo.
— OBSERV *Inapto* est en espagnol un gallicisme; la forme étymologique est *inepto*.
inaptitude *f* ineptitud, incapacidad, inaptitud.
inarticulé, e *adj* inarticulado, da.
inassouvi, e *adj* no saciado, da; insatisfecho, cha; *vengeance inassouvie* venganza insatisfecha.
inattaquable *adj* inatacable.
inattendu, e *adj* inesperado, da.
inattentif, ive *adj* desatento, ta; distraído, da ‖ descuidado, da.
inattention *f* descuido *m*, falta de atención, desatención ‖ — *faute d'inattention* falta de atención ‖ *une minute d'inattention* un minuto de descuido ‖ — *par inattention* por descuido.
inaudible *adj* inaudible.
inaugural, e *adj* inaugural; *discours inauguraux* discursos inaugurales.
inauguration *f* inauguración ‖ descubrimiento *m* (d'une statue) ‖ *discours, cérémonie d'inauguration* discurso, ceremonia inaugural.
inaugurer *v tr* inaugurar ‖ descubrir (une statue) ‖ FIG introducir, iniciar, inaugurar.
inavouable [inavwabl] *adj* inconfesable ‖ vergonzoso, sa (honteux).
inavoué, e *adj* no confesado, da.
I.N.C. abrév de *Institut national de la consommation* Instituto Nacional del Consumo [Francia].
inca *adj* inca.
incalculable *adj* incalculable, incontable; *un nombre incalculable de* un número incalculable de.
incandescence [ɛ̃kɑ̃dɛssɑ̃ːs] *f* incandescencia ‖ FIG ardor *m*, incandescencia, efervescencia ‖ — *lampe, manchon à incandescence* lámpara, mecha incandescente ‖ *porter à incandescence* llevar a incandescencia.
incandescent, e [-sɑ̃, ɑ̃ːt] *adj* incandescente ‖ FIG incandescente, candente, ardiente.
incantation *f* encantamiento *m*, hechizo *m*.
incantatoire *adj* *formule incantatoire* encantamiento, invocación mágica.
incapable *adj et s* incapaz.
incapacité *f* incapacidad ‖ — *incapacité électorale* incapacidad electoral ‖ *incapacité de travail* incapacidad laboral ‖ — *être dans l'incapacité de* estar en la incapacidad de.

incarcération *f* encarcelamiento *m* ‖ *incarcération préventive* prisión preventiva.
incarcérer* *v tr* encarcelar.
incarnat, e [ɛ̃karna, at] *adj et s m* encarnado, da; rosicler.
— OBSERV *Incarnat* francés es menos general que *rouge* y designa un encarnado entre el color rosa y el de cereza.
incarnation *f* encarnación.
incarné, e *adj* encarnado, da; *ongle incarné* uña encarnada ‖ FIG & FAM *c'est le diable incarné* el diablo en persona.
incarner *v tr* encarnar.
◆ *v pr* MÉD encarnarse.
incartade *f* despropósito *m*, salida de tono (insulte brusque) ‖ locura, extravagancia (extravagance) ‖ inconveniencia (parole blessante) ‖ espantada, extraño *m* (écart d'un cheval) ‖ *faire une incartade* echar una cana al aire.
Incas *n pr m pl* incas [pueblo amerindio].
incassable *adj* irrompible.
incendiaire *adj et s* incendiario, ria.
incendie [ɛ̃sɑ̃di] *m* incendio, quema *f* ‖ — *incendie criminel* incendio criminal ‖ *incendie de forêt* incendio forestal.
incendié, e *adj* incendiado, da.
◆ *m et f* damnificado, da por un incendio.
incendier* *v tr* incendiar ‖ FIG caldear, inflamar (enflammer) ‖ POP colmar de injurias.
incertain, e [ɛ̃sertɛ̃, ɛːn] *adj* incierto, ta ‖ inseguro, ra; irresoluto, ta (irrésolu) ‖ inconstante, incierto (temps) ‖ *être incertain de* no estar seguro de.
◆ *m* lo incierto, lo inseguro ‖ cotización *f* (de la monnaie).
incertitude *f* incertidumbre.
incessamment *adv* inmediatamente, en seguida, de un momento a otro (au plus tôt) ‖ incesantemente, sin cesar (sans cesse).
incessant, e *adj* incesante, incesable.
incessibilité *f* intransmisibilidad.
incessible *adj* intrasmisible, intransmisible.
inceste *m* incesto.
incestueux, euse *adj et s* incestuoso, sa.
◆ *m et f* incestuoso, sa (coupable d'inceste).
inchangé, e *adj* no cambiado, da; sin cambiar, igual; *son état est inchangé* su estado continúa *ou* sigue igual.
inchangeable [ɛ̃ʃɑ̃ʒabl] *adj* incambiable, que no puede cambiarse.
inchoatif, ive [ɛ̃kɔatif, iːv] *adj* GRAMM incoativo, va.
incidemment [ɛ̃sidamɑ̃] *adv* incidentemente, incidentalmente ‖ accesoriamente, accidentalmente (accessoirement).
incidence *f* incidencia; *angle, point d'incidence* ángulo, punto de incidencia ‖ FIG repercusión, consecuencias *pl*, incidencia (répercussion).
incident *m* incidente ‖ — *incident de frontière* incidente fronterizo ‖ *incident de parcours* contratiempo ‖ *incident de tir* incidente de tiro ‖ *incident technique* incidente técnico.
incident, e *adj* incidente ‖ FIG incidental; *remarque incidente* observación incidental ‖ DR incidental.
◆ *adj et s f* GRAMM incidental.
incinérateur *m* incinerador.

incinération *f* incineración; *incinération des déchets* incineración de basuras.
incinérer* *v tr* incinerar.
incipit [ɛ̃sipit] *m inv* principio de una obra.
incise *f* inciso *m*; *en incise* a modo de inciso.
inciser *v tr* hacer una incisión en, entallar (un arbre), sajar (la peau).
incisif, ive *adj* incisivo, va.
◆ *f* incisivo *m* (dent).
incision *f* incisión, corte *m* ‖ entalladura (d'arbre).
incitateur, trice *adj et s* incitador, ra.
incitatif, ive *adj* incitativo, va.
incitation *f* incitación.
inciter *v tr* incitar, instigar.
incivique *adj* falto, ta de civismo.
incivisme *m* falta *f* de civismo.
inclassable *adj* inclasificable.
inclémence *f* inclemencia, rigor *m* (rigueur).
inclinable *adj* reclinable, abatible; *siège à dossier inclinable* asiento reclinable.
inclinaison *f* inclinación.
inclination [ɛ̃klinasjɔ̃] *f* inclinación; *inclinations égoïstes, altruistes* inclinaciones egoístas, altruistas ‖ afecto *m*, cariño *m* (affection) ‖ — *il me salua d'une légère inclination* me saludó con una leve inclinación ‖ *montrer de l'inclination pour les sciences* sentir inclinación hacia las ciencias.
incliner *v tr* inclinar ‖ MAR tumbar (un bateau).
◆ *v intr et pr* inclinarse ‖ *incliner à droite* inclinarse a *ou* hacia la derecha.
inclure* *v tr* incluir, insertar.
inclus, e [ɛ̃kly, yːz] *adj* incluso, sa; incluido, da; inclusive ‖ — *ci-inclus, e* adjunto, ta ‖ *jusqu'à octobre inclus* hasta octubre inclusive.
inclusif, ive *adj* inclusivo, va.
inclusion *f* inclusión.
incoercible *adj* incoercible.
incognito [ɛ̃kɔɲito] *adv* de incógnito; *voyager incognito* viajar de incógnito.
◆ *m* incógnito; *garder l'incognito* guardar el incógnito.
incohérence *f* incoherencia.
incohérent, e *adj* incoherente.
incollable *adj* que no se pega ‖ que no se le puede meter ningún gol.
incolore *adj* incoloro, ra.
incomber *v intr* incumbir.
incombustible *adj* incombustible.
incommensurable *adj* inconmensurable.
incommensurablement *adv* inconmensurablemente, inmensamente.
incommodant, e *adj* molesto, ta; incómodo, da.
incommode *adj* incómodo, da; *position incommode* postura incómoda ‖ molesto, ta; *voisin incommode* vecino molesto.
incommoder *v tr* incomodar, molestar ‖ indisponer, poner enfermo (rendre un peu malade).
incommodité *f* incomodidad, molestia (défaut de commodité) ‖ indisposición (légère maladie).
incommunicabilité *f* incomunicabilidad.
incommunicable *adj* incomunicable.
incomparable *adj* incomparable.
incomparablement *adv* incomparablemente, sin comparación.

incompatibilité *f* incompatibilidad; *incompatibilité d'humeur* incompatibilidad de carácter.
incompatible *adj* incompatible ‖ INFORM incompatible.
incompétence *f* incompetencia (d'un tribunal) ‖ incompetencia, falta de conocimientos.
incompétent, e *adj et s* incompetente.
incomplet, ète [ɛ̃kɔ̃plɛ, ɛt] *adj* incompleto, ta.
incomplètement *adv* incompletamente, de un modo incompleto, parcialmente, en parte.
incomplétude *f* calidad de incompleto ‖ *incomplétude; l'incomplétude de l'arithmétique* la incompletitud de la aritmética ‖ *sentiment d'incomplétude* sensación de no haberse realizado uno plenamente.
incompréhensible *adj* incomprensible.
incompréhensif, ive *adj* incomprensivo, va; poco comprensivo, va.
incompréhension *f* incomprensión.
incompressibilité *f* incompresibilidad.
incompressible *adj* incompresible.
incompris, e *adj et s* incomprendido, da.
inconcevable *adj* inconcebible.
inconciliable *adj* inconciliable.
inconditionnel, elle *adj et s* incondicional.
inconduite *f* mala conducta.
inconfort *m* incomodidad *f*, falta de confort.
inconfortable *adj* inconfortable; incómodo, da.
inconfortablement *adv* incómodamente ‖ *être installé inconfortablement* estar incómodo.
incongru, e *adj* incongruente.
incongruité [ɛ̃kɔ̃gryite] *f* incongruencia, inconveniencia.
inconnaissable *adj* incognoscible.
inconnu, e *adj et s* desconocido, da ‖ FAM *inconnu au régiment* es un ilustre desconocido.
  ➧ *m* lo desconocido.
  ➧ *f* MATH incógnita; *dégager l'inconnue* despejar la incógnita.
inconsciemment [ɛ̃kɔ̃sjamɑ̃] *adv* inconscientemente.
inconscience [-sjɑ̃:s] *f* inconsciencia.
  — OBSERV Remarquez que le *s* n'existe pas dans *conciencia.*
inconscient, e [-sjɑ̃, ɑ̃:t] *adj et s* inconsciente.
inconséquence [ɛ̃kɔ̃sekɑ̃:s] *f* inconsecuencia.
inconséquent, e [kɑ̃, ɑ̃:t] *adj et s* inconsecuente.
inconsidéré, e *adj* inconsiderado, da ‖ desconsiderado, da.
inconsidérément *adv* inconsideradamente, desconsideradamente.
inconsistance *f* inconsistencia.
inconsistant, e *adj* inconsistente.
inconsolable *adj* inconsolable.
inconsolé, e *adj* desconsolado, da.
inconsommable *adj* no consumible.
inconstance *f* inconstancia.
inconstant, e *adj et s* inconstante.
inconstitutionnel, elle *adj* inconstitucional.
inconstructible *adj* inconstruible.
incontestable *adj* incontestable ‖ indiscutible; *droit, preuve incontestable* derecho, prueba indiscutible.

incontestablement *adv* indudablemente, indiscutiblemente.
incontesté, e *adj* incontestado, da ‖ indiscutible; indiscutido, da; inconcuso, sa; *vérité incontestée* verdad indiscutible *ou* inconcusa.
incontinence *f* incontinencia.
incontinent, e *adj* incontinente.
  ➧ *adv (vx)* incontinenti, incontinente.
incontournable *adj* ineludible.
incontrôlable *adj* incomprobable, incontrolable, imposible de comprobar (invérifiable) ‖ incontrolable (non maîtrisable).
incontrôlé, e *adj* no comprobado, da; no controlado, da (non vérifié) ‖ no controlado, da.
inconvenance [ɛ̃kɔ̃vnɑ̃:s] *f* inconveniencia.
inconvenant, e [-nɑ̃, nɑ̃:t] *adj* inconveniente.
inconvénient *m* inconveniente ‖ *— parer aux inconvénients* precaverse contra las dificultades ‖ *si vous n'y voyez pas d'inconvénient* si no tiene usted inconveniente ‖ *y a-t-il un inconvénient à...?* ¿hay algún inconveniente en...?
inconvertible; inconvertissable *adj* inconvertible.
incorporable *adj* incorporable.
incorporation *f* incorporación.
incorporel, elle *adj* incorpóreo, a; incorporal ‖ DR *biens incorporels* bienes incorporales.
incorporer *v tr* incorporar; *incorporer une chose à o dans une autre* incorporar una cosa con otra.
incorrect, e [ɛ̃kɔrɛkt] *adj* incorrecto, ta.
incorrectement *adv* incorrectamente, de manera incorrecta.
incorrection *f* incorrección.
incorrigible *adj* incorregible.
incorrigiblement *adv* incorregiblemente, de modo incorregible ‖ *elle est incorrigiblement bavarde* es una charlatana empedernida.
incorruptible *adj* incorruptible.
incrédule *adj et s* incrédulo, la.
incrédulité *f* incredulidad.
incrémenter *v tr* incrementar.
increvable *adj* que no se pincha (pneu) ‖ FAM incansable, infatigable.
incriminable *adj* incriminable.
incrimination *f* incriminación.
incriminer *v tr* incriminar.
incrochetable *adj* infracturable, inviolable (porte, coffre).
incroyable [ɛ̃krwajabl] *adj* increíble.
  ➧ *m* petimetre de la época del Directorio [en Francia].
incroyablement *adv* increíblemente, de modo increíble ‖ *il est incroyablement distrait* es distraidísimo.
incroyance *f* incredulidad, descreimiento.
incroyant, e [-jɑ̃, ɑ̃:t] *adj et s* descreído, da; incrédulo, la.
incrustation *f* incrustación.
incruster *v tr* incrustar; *incruster d'or* incrustar con oro.
  ➧ *v pr* incrustarse ‖ FAM pegarse.
incubateur, trice *adj* incubador, ra.
  ➧ *m* incubadora *f* (couveuse).
incubation *f* incubación.
incuber *v tr* incubar.

inculpation *f* inculpación.
inculpé, e *adj et s* culpado, da; inculpado, da ‖ procesado, da (dans une cause civile), el reo, la reo (dans un procès criminel).
inculper *v tr* inculpar, culpar.
inculquer *v tr* inculcar.
inculte *adj* inculto, ta; *personne inculte* persona inculta ‖ descuidado, da (négligé) ‖ *barbe inculte* barba enmarañada.
incultivable *adj* incultivable.
inculture *f* incultura.
incunable *adj et s m* incunable (livre).
incurable *adj et s* incurable (inguérissable).
◆ *m pl* hospital de incurables.
incurie [ɛ̃kyri] *f* incuria, abandono *m*.
incursion *f* incursión.
incurvation *f* encorvamiento *m*, encorvadura.
incurver *v tr* encorvar, curvar, incurvar.
Inde [ɛ̃:d] *n pr f* GÉOGR India.
indéboulonnable *adj* FAM indestronable.
indécemment *adv* indecentemente.
indécence *f* indecencia.
indécent, e *adj et s* indecente (obscène) ‖ *(vx)* descortés (discourtois).
indéchiffrable *adj* indescifrable.
indéchirable *adj* que no puede romperse *ou* rasgarse, irrompible.
indécis, e [ɛ̃desi, i:z] *adj* indeciso, sa; *indécis sur ce qu'on doit dire* indeciso acerca de lo que ha de decirse ‖ borroso, sa (vague) ‖ dudoso, sa; *victoire indécise* victoria dudosa.
indécision *f* indecisión.
indéclinable *adj* GRAMM indeclinable.
indécollable *adj* que no puede despegarse, indespegable.
indécrottable *adj* que no se puede limpiar ‖ FIG incorregible, de tomo y lomo; *paresseux indécrottable* perezoso incorregible.
indéfectible *adj* indefectible.
indéfectiblement *adv* siempre, eternamente; *être indéfectiblement attaché à ses principes* ser siempre fiel a sus principios.
indéfendable *adj* indefendible.
indéfini, e *adj et s m* indefinido, da ‖ *(vx) passé indéfini* pretérito perfecto.
indéfiniment *adv* indefinidamente.
indéfinissable *adj* indefinible.
indéformable *adj* indeformable.
indéfrichable *adj* incultivable, que no se puede roturar.
indéfrisable *adj et s f* permanente (coiffure).
indélébile *adj* indeleble.
indélicat, e [ɛ̃delika, at] *adj et s* falto, ta de delicadeza; indelicado, da.
indélicatesse *f* falta de delicadeza, indelicadeza.
indemne [ɛ̃dɛmn] *adj* indemne; ileso, sa; sano y salvo.
indemnisation [-nizasjɔ̃] *f* indemnización ‖ *indemnisation de chômage* subsidio de desempleo.
indemniser [-nize] *v tr* indemnizar ‖ *se faire indemniser* cobrar una indemnización.
indemnité [-nite] *f* indemnidad ‖ indemnización, dieta (allocation) ‖ — *indemnité de cherté de la vie* plus de carestía de vida ‖ *indemnité de départ* compensación en metálico ‖ *indemnité de déplacement* dieta ‖ *indemnité de licenciement* indemnización por despido ‖ *indemnité de logement* subsidio de vivienda ‖ *indemnité de séjour* dieta, per diem ‖ *indemnité journalière* subsidio ‖ *indemnité parlementaire* emolumentos de los parlamentarios, dieta.
indémodable *adj* que no pasa de moda.
indémontable *adj* indesmontable, que no se puede desmontar, no desmontable, no desarmable.
indémontrable *adj* indemostrable.
indéniable *adj* innegable.
indéniablement *adv* innegablemente, indiscutiblemente.
indénombrable *adj* innumerable.
indentation *f* escotadura.
indépassable *adj* infranqueable; *limite indépassable* límite infranqueable.
indépendamment (de) *loc prép* independientemente de, fuera de ‖ además de (outre).
indépendance *f* independencia.
indépendant, e *adj et s* independiente ‖ *travailleur indépendant* trabajador independiente.
indépendantisme *m* independentismo.
indépendantiste *adj et s* independentista.
indéracinable *adj* que no se puede desarraigar, indesarraigable.
indescriptible [ɛ̃dɛskriptibl] *adj* indescriptible.
indésirable *adj et s* indeseable.
indestructible *adj* indestructible.
indétectable *adj* indetectable.
indéterminable *adj* indeterminable.
indétermination *f* indeterminación.
indéterminé, e *adj* indeterminado, da.
index [ɛ̃dɛks] *m* índice (d'un livre) ‖ RELIG índice; *mettre à l'Index* poner en el Índice ‖ aguja *f* indicador (aiguille mobile) ‖ índice, dedo índice (doigt).
indexage *m*; **indexation** *f* indexación *f* (d'un prix) ‖ indización *f* (d'un livre) ‖ INFORM indexación ‖ *indexation sur le coût de la vie* ajustamiento a la variación del coste de la vida.
indexé, e *adj* indiciado, da; ajustado, da a la variación de precios.
indexer *v tr* incluir en un índice alfabético ‖ — *indexer sur* hacer variar en función de, ajustar a la variación de ‖ *indexer un emprunt sur l'or* valorar un empréstito con arreglo al oro.
Indiana *n pr* GÉOGR Indiana.
indic *m* POP soplón, confidente.
indicateur, trice *adj* indicador, ra; *poteau indicateur* poste indicador; *tableau indicateur* indicador.
◆ *m* indicador (appareil) ‖ guía *f* (de chemin de fer, des rues) ‖ — *indicateur de débit* aforador ‖ *indicateur de police* confidente, policía secreto ‖ *indicateur de pression* indicador de presión ‖ ÉCON *indicateur de tendance* indicador de tendencia ‖ *indicateur de vitesse* velocímetro ‖ *indicateur économique* indicador económico ‖ *indicateur immobilier* directorio de bienes inmuebles.
indicatif, ive *adj* indicativo, va; *à titre indicatif* a título indicativo.

◆ *m* GRAMM indicativo ‖ RAD sintonía *f* (d'une émission) ‖ prefijo, código territorial, indicativo (téléphone) ‖ *indicatif d'appel* signos convencionales (télégraphe, radio).
indication *f* indicación ‖ COMM *indication d'origine* indicación de procedencia.
indice *m* indicio (indication) ‖ MATH & PHYS índice ‖ índice (des prix) ‖ — *indice d'écoute* índice de audiencia ‖ *indice des prix à la consommation* índice de precios al consumo ‖ *indice d'octane* índice de octano (essence) ‖ *indice du coût de la vie* índice del coste de la vida.
indicible *adj* indecible, inefable.
indiciel, elle *adj* relativo, va al índice.
indien, enne *adj* indio, dia (Indes orientales et occidentales).
◆ *adj* índico, ca (Indes orientales).
Indien, enne *m* et *f* indio, dia.
Indien (océan) *n pr m* océano Índico.
indienne *f* indiana (toile de coton).
indifféremment *adv* indiferentemente, indistintamente, de manera indiferente.
indifférence *f* indiferencia.
indifférencié, e *adj* indiferenciado, da.
indifférent, e *adj* et *s* indiferente ‖ *il m'est indifférent que* me es indiferente que.
indifférer *v intr* FAM dejar indiferente.
indigence *f* indigencia; *être dans l'indigence* estar en la indigencia.
indigène *adj* et *s* indígena.
indigent, e [ɛ̃diʒɑ̃, ɑ̃ːt] *adj* et *s* indigente.
indigeste *adj* indigesto, ta ‖ FIG confuso, sa; indigesto, ta (confus).
indigestion *f* indigestión, empacho *m* ‖ FIG saciedad, indigestión | atracón *m*; *avoir une indigestion de cinéma* haberse dado un atracón de cine.
indignation *f* indignación.
indigne *adj* indigno, na.
indigné, e *adj* indignado, da.
indignement *adv* indignamente, con indignidad.
indigner *v tr* indignar.
◆ *v pr* indignarse; *s'indigner de* o *de ce que* o *contre* indignarse con *ou* contra.
indignité *f* indignidad.
indigo [ɛ̃digo] *m* añil, índigo.
indiquer *v tr* indicar, señalar; *indiquer du doigt* señalar con el dedo ‖ FIG denotar, indicar (dénoter) ‖ *pourriez-vous m'indiquer l'heure?* ¿podría usted decirme la hora?
indirect, e *adj* indirecto, ta.
indirectement *adv* indirectamente.
indiscernable *adj* indiscernible, que no puede discernirse.
indiscipline *f* indisciplina.
indiscipliné, e *adj* indisciplinado, da.
indiscret, ète [ɛ̃diskrɛ, ɛːt] *adj* indiscreto, ta.
indiscrétion *f* indiscreción.
indiscutable *adj* indiscutible.
indiscutablement *adv* indiscutiblemente, sin duda alguna.
indiscuté, e *adj* indiscutido, da.
indispensable *adj* indispensable, imprescindible; *se rendre indispensable* hacerse imprescindible.

indisponibilité *f* indisponibilidad.
indisponible *adj* et *s* indisponible.
indisposé, e *adj* indispuesto, ta.
indisposer *v tr* indisponer.
indisposition *f* indisposición.
indissociable *adj* indisociable.
indissolubilité *f* indisolubilidad.
indissoluble *adj* indisoluble.
indistinct, e [ɛ̃distɛ̃, ɛ̃ːkt] *adj* indistinto, ta.
indistinctement *adv* confusamente, apenas (confusément); *voir indistinctement* ver apenas ‖ indistintamente (indifféremment).
individu *m* individuo ‖ tipo, individuo (péjoratif) ‖ FAM *son individu* su propia persona.
individualisation *f* individualización.
individualisé, e *adj* individualizado, da.
individualiser *v tr* individualizar.
individualisme *m* individualismo.
individualiste *adj* et *s* individualista.
individualité *f* individualidad.
individuel, elle *adj* individual; *chambre individuelle* habitación individual.
individuellement *adv* individualmente.
indivis, e [ɛ̃divi, iːz] *adj* indiviso, sa ‖ DR *par indivis* pro indiviso.
indivisibilité *f* indivisibilidad.
indivisible *adj* indivisible.
indivision *f* indivisión.
Indochine *n pr f* GÉOGR Indochina.
indochinois, e *adj* indochino, na.
Indochinois, e *m* et *f* indochino, na.
indocile *adj* indócil.
indocilité *f* indocilidad.
indo-européen, enne *adj* indoeuropeo, a.
Indo-Européen, enne *m* et *f* indoeuropeo, a.
indolence *f* indolencia.
indolent, e *adj* et *s* indolente.
indolore *adj* indoloro, ra.
indomptable [ɛ̃dɔ̃tabl] *adj* indomable.
indompté, e [-te] *adj* indómito, ta; indomado, da ‖ FIG incontenible, irreprimible.
Indonésie *n pr f* GÉOGR Indonesia.
indonésien, enne *adj* indonesio, sia.
Indonésien, enne *m* et *f* indonesio, sia.
indu, e *adj* indebido, da ‖ *à une heure indue* a deshora.
◆ *m* lo indebido.
indubitable *adj* indudable, indubitable.
indubitablement *adv* indudablemente.
inductance *f* ÉLECTR inductancia.
inducteur, trice *adj* et *s m* inductor, ra.
induction *f* inducción.
induire* *v tr* inducir; *induire en erreur* inducir en error ‖ deducir, inducir (déduire) ‖ ÉLECTR inducir.
induit, e [ɛ̃dɥi, it] *adj* et *s m* inducido, da.
indulgence *f* indulgencia.
indulgent, e *adj* indulgente ‖ *indulgent pour* o *envers* indulgente con *ou* hacia.
indûment *adv* indebidamente.
induration *f* MÉD endurecimiento *m*, induración.
induré, e *adj* indurado, da ‖ MÉD *chancre induré* chancro duro.
Indus [ɛ̃dys] *n pr m* GÉOGR Indo.

industrialisation f industrialización.
industrialiser v tr industrializar.
➤ v pr industrializarse.
industrie f industria; *industrie clé* industria clave ‖ *— industrie aéronautique* industria aeronáutica ‖ *industrie automobile* industria del automóvil ‖ *industrie du spectacle* industria del espectáculo ‖ *industrie pharmaceutique* industria farmacéutica ‖ *industrie textile* industria textil ‖ *— chevalier d'industrie* caballero de industria, estafador ‖ *vivre d'industrie* vivir de malas artes.
industriel, elle [ɛ̃dystriɛl] adj et s industrial ‖ FAM *en quantité industrielle* en gran cantidad, en gran escala.
industriellement adv industrialmente; *produit fabriqué industriellement* producto fabricado industrialmente.
industrieux, euse adj industrioso, sa ‖ mañoso, sa (adroit).
inébranlable adj inquebrantable, inconmovible, firme.
inédit, e [inedi, it] adj et s m inédito, ta ‖ *de l'inédit* algo inédito.
ineffable adj inefable.
ineffaçable adj imborrable, indeleble (indélébile).
inefficace adj ineficaz.
inefficacement adv de manera ineficaz, ineficazmente.
inefficacité f ineficacia.
inégal, e adj desigual.
inégalable adj inigualable, sin par.
inégalé, e adj inigualado, da.
inégalement adv desigualmente, con desigualdad.
inégalitaire adj no igualitario, ria.
inégalité f desigualdad ‖ *inégalités de terrain* irregularidades del terreno.
inélégance f inelegancia.
inélégant, e adj inelegante, poco elegante ‖ FIG descortés, poco elegante; *procédé inélégant* procedimiento descortés.
inéligible adj inelegible, no elegible.
inéluctable adj ineluctable.
inéluctablement adv ineluctablemente.
inemployable [inãplwajabl] adj inservible.
inemployé, e [-je] adj sin empleo; inempleado, da; sin emplear.
inénarrable adj inenarrable.
inepte [inɛpt] adj tonto, ta; necio, cia; inepto, ta.
ineptie [inɛpsi] f necedad, inepcia, ineptitud.
inépuisable adj inagotable, infatigable.
inépuisablement adv infatigablemente, sin descanso.
inéquation [inekwasjɔ̃] f MATH inecuación.
inéquitable [inekitabl] adj no equitativo, va.
inéquitablement [-bləmã] adv sin equidad, injustamente.
inerte adj inerte.
inertie [inɛrsi] f inercia ‖ MÉCAN *force d'inertie* fuerza de inercia.
inespéré, e adj inesperado, da.
inesthétique adj inestético, ca.
inestimable adj inestimable.

inévitable adj inevitable ‖ consabido, da; *l'inévitable discours d'ouverture* el consabido discurso inaugural.
inévitablement adv inevitablemente.
inexact, e [inɛgzakt] adj inexacto, ta.
inexactement adv inexactamente, con inexactitud.
inexactitude f inexactitud.
inexcusable adj inexcusable.
inexécutable [inɛgzekytabl] adj inejecutable.
inexécution f inejecución, incumplimiento m.
inexercé, e [inɛgzɛrse] adj que no está ejercitado, da; inexperto, ta.
inexigible adj inexigible.
inexistant, e adj inexistente.
inexistence f inexistencia ‖ DR ausencia, falta.
inexorable adj inexorable.
inexorablement adv inexorablemente, de modo inexorable.
inexpérience f inexperiencia.
inexpérimenté, e adj inexperto, ta; inexperimentado, da; sin experiencia.
inexpiable adj inexpiable.
inexplicable adj inexplicable.
inexplicablement adv inexplicablemente, por arte de magia.
inexpliqué, e adj inexplicado, da.
inexploitable adj inexplotable.
inexploité, e adj inexplotado, da.
inexplorable adj inexplorable.
inexploré, e adj inexplorado, da.
inexpressif, ive adj inexpresivo, va.
inexprimable adj indecible, inexpresable.
inexprimé, e adj inexpresado, da.
inexpugnable [inɛkspyɲabl] adj inexpugnable.
inextensible adj inextensible.
in extenso [inɛktɛ̃so] adv in extenso, por entero ‖ *procès-verbal in extenso* actas literales *ou* taquigráficas.
inextinguible [inɛkstɛ̃gɥibl] adj inextinguible.
in extremis [inɛkstremis] adv in extremis, en el último momento.
inextricable adj inextricable.
inextricablement adv inextricablemente.
infaillibilité [infajibilite] f infalibilidad.
infaillible [-fajibl] adj infalible.
infailliblement adv infaliblemente, indefectiblemente.
infaisable [ɛ̃fəzabl] adj imposible, que no puede hacerse.
infalsifiable adj infalsificable.
infamant, e adj infamante.
infâme adj et s infame.
infamie f infamia.
infant, e m et f infante, ta.
infanterie f infantería ‖ *infanterie portée* infantería motorizada.
infanticide m infanticidio (meurtre d'un enfant).
➤ m et f infanticida (meurtrier d'un enfant).
infantile adj infantil.
infantiliser v tr infantilizar.
infantilisme m infantilismo.
infarctus [ɛ̃farktys] m MÉD infarto.

infatigable *adj* infatigable, incansable.
infatigablement *adv* infatigablemente, incansablemente, sin cesar.
infatué, e *adj* engreído, da; creído, da; *infatué de sa personne* engreído por *ou* creído de sí mismo.
infécond, e [ɛ̃fekɔ̃, ɔ̃ːd] *adj* infecundo, da ‖ infecundo, da; yermo, ma.
inféconditê *f* infecundidad (stérilité).
infect, e [ɛ̃fɛkt] *adj* infecto, ta; fétido, da ‖ FAM asqueroso, sa; repugnante; *une boisson infecte* una bebida asquerosa.
infecter *v tr* infectar, inficionar; *la chaleur infecte les eaux stagnantes* el calor infecta las aguas estancadas ‖ infectar, inficionar; *plaie infectée* llaga infectada ‖ FIG inficionar, corromper (les mœurs).
 ◆ *v intr* apestar (sentir mauvais).
 ◆ *v pr* infectarse, enconarse.
infectieux, euse [ɛ̃fɛksjø, øːz] *adj* infeccioso, sa; *maladie infectieuse* enfermedad infecciosa.
infection [-sjɔ̃] *f* infección ‖ peste, mal olor *m* (grande puanteur) ‖ FIG contaminación, contagio *m* (contagion morale).
inféoder *v tr* enfeudar.
 ◆ *v pr* adherirse, afiliarse (s'affilier).
inférence *f* inferencia (raisonnement).
inférer* *v tr* inferir.
inférieur, e *adj* et *s* inferior.
infériorité *f* inferioridad; *infériorité en nombre* inferioridad numérica.
infernal, e *adj* infernal.
infertile *adj* infecundo, da; estéril; yermo, ma.
infertilité *f* esterilidad.
infesté, e *adj* infestado, da; plagado, da; *région infestée de moustiques* región plagada de mosquitos.
infester *v tr* infestar.
infeutrable *adj* enenfieltrable.
infibulation *f* infibulación.
infichu, e *adj* FAM incapaz; *être infichu de faire quelque chose* ser incapaz de hacer algo.
infidèle *adj* et *s* infiel ‖ *infidèle à* infiel a, con, para *ou* con.
infidèlement *adv* infielmente ‖ *le journaliste avait infidèlement rapporté les faits* el periodista no había presentado fielmente los hechos.
infidélité *f* infidelidad.
infiltrat [ɛ̃filtra] *m* MÉD infiltrado, infiltrador.
infiltration *f* infiltración.
infiltrer (s') *v pr* infiltrarse ‖ FIG colarse.
infime *adj* ínfimo, ma.
 — OBSERV Es incorrecto decir *le plus infime* ya que *infime* es superlativo.
infini, e *adj* infinito, ta.
 ◆ *m* infinito ‖ *à l'infini* infinitamente, sin límites, a lo infinito.
infiniment *adv* infinitamente ‖ MATH *infiniment grand, petit* infinitamente grande, pequeño.
infinité *f* infinidad, infinitud.
infinitésimal, e *adj* infinitesimal.
infinitif, ive *adj* et *m* infinitivo, va.
infirmation *f* DR invalidación, infirmación, anulación.
infirme *adj* et *s* achacoso, sa (maladif) ‖ lisiado, da; baldado, da; impedido, da (estropié) ‖ — *infirme du travail* incapacitado laboral ‖ *infirme mental* deficiente mental ‖ *infirme moteur* minusválido motor.
infirmer *v tr* DR invalidar, infirmar (annuler) ‖ FIG quitar valor a, disminuir (un témoignage, l'autorité).
infirmerie *f* enfermería.
infirmier, ère *m* et *f* enfermero, ra ‖ — *élève infirmière* alumna de enfermería ‖ *infirmière chef* jefa de enfermería ‖ *infirmière diplômée* enfermera diplomada.
infirmité *f* lisiadura ‖ achaque *m*, dolencia (maladie) ‖ FIG imperfección; *l'infirmité humaine* la imperfección humana.
inflammable *adj* inflamable.
inflammation *f* inflamación.
inflammatoire *adj* inflamatorio, ria.
inflation *f* inflación ‖ ÉCON *inflation galopante* inflación galopante | *inflation larvée o latente* inflación encubierta *ou* latente | *inflation par la demande* inflación de demanda | *inflation par les coûts* inflación de costes | *inflation rampante* inflación reptante.
inflationniste *adj* inflacionista.
infléchi, e *adj* combado, da; encorvado, da ‖ FIG modificado, da ‖ flexional (phonétique).
infléchir *v tr* doblar, encorvar (courber) ‖ desviar; *infléchir un rayon lumineux* desviar un rayo luminoso ‖ FIG modificar, influir en; *infléchir la politique d'un État* influir en la política de un Estado.
 ◆ *v pr* encorvarse, desviarse.
infléchissement *m* inflexión *f*, alteración *f*.
inflexibilité *f* inflexibilidad, firmeza.
inflexible *adj* inflexible.
inflexiblement *adv* inflexiblemente, rigurosamente, a rajatabla.
inflexion *f* inflexión ‖ MATH *point d'inflexion* punto de inflexión ‖ *saluer d'une inflexion de la tête* saludar con una inclinación de cabeza.
infliger* *v tr* infligir ‖ *infliger une amende de* infligir una multa de, multar con.
inflorescence *f* BOT inflorescencia.
influençable *adj* que se deja influir.
influence *f* influencia.
influencer* *v tr* ejercer influencia sobre *ou* en, influir sobre *ou* en, influenciar.
 — OBSERV *Influenciar* est un gallicisme très employé.
influent, e *adj* influyente.
influer *v intr* *influer sur* influir sobre *ou* en.
influx [ɛ̃fly] *m* influjo ‖ *influx nerveux* transmisión nerviosa.
info *f* FAM información.
Infographie *f* (nom déposé) INFORM infografía.
in-folio *adj inv* et *s m inv* infolio, en folio ‖ *grand, petit in-folio* en folio mayor, menor.
infondé, e *adj* infundado, da.
informateur, trice *m* et *f* informador, ra ‖ confidente (police).
informaticien, enne *m* et *f* informático, ca.
information *f* información, noticia (nouvelles) ‖ informe *m*, noticia (renseignement) ‖ — *aller aux informations* tomar informes, informarse ‖ DR *ouvrir une information judiciaire* abrir una instrucción judicial.

informatique f informática ‖ — *informatique distribuée* informática distribuida ‖ *informatique grand public* informática familiar.
informatisation f computadorización, informatización.
informatisé, e adj informatizado, da.
informatiser v tr computadorizar, informatizar.
informe adj informe; *une masse informe* una masa informe ‖ DR que presenta un vicio de forma.
informé m DR informe, información f ‖ DR *jusqu'à plus ample informé* para mejor proveer.
informel, elle adj informal.
informer v tr informar, avisar (avertir).
  ◆ v intr informar, hacer *ou* abrir una información.
  ◆ v pr informarse.
informulé, e adj no formulado, da.
infortune f infortunio m, desgracia.
infortuné, e adj et s infortunado, da; desventurado, da; desgraciado, da.
infra adv infra.
infraction f infracción ‖ *être en infraction* cometer una infracción.
infranchissable adj infranqueable ‖ FIG insuperable.
infrarouge adj et s m PHYS infrarrojo, ja; ultrarrojo, ja ‖ *chauffage à infrarouge* calefacción infrarroja.
infrason m PHYS infrasonido.
infrastructure f infraestructura.
infréquentable adj intratable.
infroissable adj inarrugable.
infructueux, euse [ɛ̃fryktɥø, ø:z] adj infructífero, ra; *champ infructueux* campo infructífero ‖ FIG infructuoso, sa; *effort infructueux* esfuerzo infructuoso.
infumable adj infumable, que no puede fumarse.
infus, e [ɛ̃fy, y:z] adj infuso, sa; *science infuse* ciencia infusa.
infuser v tr hacer una infusión (faire une infusion) ‖ MÉD inyectar ‖ infundir; *infuser du courage* infundir valor ‖ *laisser infuser* dejar en infusión.
infusion f infusión.
ingénier (s')* v pr ingeniarse en *ou* para, darse maña en *ou* para.
ingénierie f ingeniería ‖ *ingénierie génétique* ingeniería genética.
ingénieur m ingeniero ‖ — *ingénieur agronome* ingeniero agrónomo ‖ *ingénieur chimiste* ingeniero químico ‖ *ingénieur civil* ingeniero civil ‖ *ingénieur-conseil* ingeniero consultor ‖ *ingénieur des eaux et forêts* ingeniero de montes ‖ *ingénieur des ponts et chaussées* ingeniero de caminos, canales y puertos ‖ *ingénieur du génie maritime* ingeniero naval *ou* de la armada ‖ *ingénieur du son* ingeniero de sonido ‖ INFORM *ingénieur système* ingeniero de sistemas ‖ *ingénieur technico-commercial* ingeniero técnico-comercial.
ingénieusement adv ingeniosamente, con ingenio.
ingénieux, euse adj ingenioso, sa.
ingéniosité f ingeniosidad; *l'ingéniosité d'un mécanisme* la ingeniosidad de un mecanismo ‖ ingenio m; *l'ingéniosité d'un inventeur* el ingenio de un inventor.
ingénu, e adj et s ingenuo, nua.
  ◆ f dama joven, ingenua (théâtre).
ingénuité f ingenuidad.
ingénument adv ingenuamente, con ingenuidad.
ingérence f injerencia; *ingérence dans les affaires intérieures* injerencia en los asuntos internos ‖ *droit d'ingérence* derecho de injerencia.
ingérer* v tr ingerir (introduire).
  ◆ v pr ingerirse.
ingestion f ingestión.
ingouvernable adj ingobernable, que no puede gobernarse.
ingrat, e [ɛ̃gra, at] adj et s ingrato, ta (infructueux) ‖ ingrato, ta; desagradecido, da (non reconnaissant); *fils ingrat* hijo ingrato ‖ poco afortunado, da; *un visage ingrat* una cara poco afortunada ‖ — *âge ingrat* edad del pavo ‖ *ingrat envers ses parents* ingrato con, para *ou* para con sus padres.
ingratitude f ingratitud, desagradecimiento m; *payer d'ingratitude* mostrar ingratitud.
ingrédient [ɛ̃gredjɑ̃] m ingrediente.
inguérissable adj incurable.
inguinal, e [ɛ̃gɥinal] adj inguinal; inguinario, ria; *canal inguinal* canal inguinal.
ingurgitation f ingurgitación.
ingurgiter v tr ingurgitar *(p us)*, engullir.
inhabile adj inhábil; *inhabile à* inhábil en ‖ DR incapaz.
inhabileté [inabilte] f inhabilidad.
inhabilité f DR incapacidad legal.
inhabitable adj inhabitable.
inhabité, e adj deshabitado, da; inhabitado, da *(p us)*; *maison inhabitée* casa deshabitada.
inhabituel, elle adj inhabitual, no habitual.
inhalateur, trice adj et s m inhalador, ra.
inhalation f inhalación.
inhaler v tr inhalar.
inharmonieux, euse adj inarmónico, ca; sin armonía.
inhérent, e adj inherente.
inhibé, e adj inhibido, da.
inhiber v tr inhibir.
inhibitif, ive; inhibiteur, trice adj inhibitorio, ria.
inhibition f inhibición.
inhospitalier, ère adj inhospitalario, ria.
inhumain, e adj inhumano, na.
inhumainement adv de forma inhumana.
inhumanité f falta de humanidad, inhumanidad.
inhumation f inhumación.
inhumer v tr inhumar.
inimaginable adj inimaginable.
inimitable adj inimitable.
inimité, e adj que no ha sido imitado, da.
inimitié f enemistad.
ininflammable adj ininflamable.
inintelligence f falta de inteligencia, ininteligencia.
inintelligent, e adj falto, ta de inteligencia, ininteligente.
inintelligible adj ininteligible.

ininteresant, e *adj* sin interés, falto, ta de interés.
ininterêt *m* falta *f* de interés.
ininterrompu, e *adj* ininterrumpido, da; no interrumpido, da.
inique *adj* inicuo, cua.
iniquité *f* iniquidad.
initial, e [inisjal] *adj et s f* inicial; *mots initiaux* palabras iniciales.
initialement *adv* inicialmente, en un principio, al principio.
initialisation *f* INFORM inicialización.
initialiser *v tr* INFORM inicializar.
initiateur, trice [-sjatœːr, tris] *adj et s* iniciador, ra.
initiation [-sjasjɔ̃] *f* iniciación.
initiatique *adj* iniciático, ca; *rite initiatique* rito iniciático.
initiative [-sjatiːv] *f* iniciativa || *syndicat d'initiative* oficina de turismo || — *à o sur l'initiative de quelqu'un* por iniciativa de alguien || *de sa propre initiative* por iniciativa propia || — *avoir de l'initiative* tener iniciativa || *avoir l'esprit d'initiative* tener espíritu de iniciativa || *prendre l'initiative de faire quelque chose* tomar la iniciativa de hacer algo.
initié, e [-sje] *adj et s* iniciado, da.
initier* [-sje] *v tr* iniciar; *initier à* iniciar en.
◆ *v pr* iniciarse.
injectable *adj* inyectable.
injecté, e *adj* inyectado, da; *yeux injectés de sang* ojos inyectados en sangre || encendido, da (face).
injecter *v tr* inyectar; *injecter de l'eau* inyectar agua.
◆ *v pr* inyectarse || congestionarse (yeux).
injection *f* inyección; *moteur à injection* motor de inyección.
injoignable *adj* ilocalizable.
injonctif, ive [ɛ̃ʒɔ̃ktif, iːv] *adj* terminante; conminatorio, ria.
injonction [-ʒɔ̃ksjɔ̃] *f* orden terminante, orden formal, conminación, exhortación || DR *injonction de payer* mandamiento de pago.
injouable [ɛ̃ʒwabl] *adj* irrepresentable, que no puede representarse (théâtre) || inejecutable (musique).
injure *f* injuria || — *injures du sort* reveses de la fortuna || *injures et voies de fait* injurias y actos de violencia || FIG *l'injure des ans* los estragos de los años || — *faire injure* injuriar.
injurier* *v tr* injuriar, agraviar.
injurieux, euse *adj* injurioso, sa; afrentoso, sa.
injuste *adj et s* injusto, ta.
injustement *adv* injustamente.
injustice *f* injusticia.
injustifiable *adj* injustificable.
injustifié, e *adj* injustificado, da.
inlandsis [inlandsiːs] *m* casquete glaciar.
inlassable *adj* incansable.
inlassablement *adv* incansablemente, infatigablemente.
inlay *m* MÉD incrustación *f*.
inné, e *adj* innato, ta.
innéité *f* calidad de innato, lo innato *m*.
innervation *f* inervación.

innerver *v tr* inervar.
innocemment [inɔsamã] *adv* inocentemente.
innocence *f* inocencia.
innocent, e [inɔsã, ãːt] *adj et s* inocente || *faire l'innocent* hacerse el inocente.
innocenter *v tr* declarar inocente, reconocer la inocencia de.
innocuité *f* innocuidad.
innombrable *adj* innumerable.
innommable *adj* innominable, que no puede nombrarse || FIG que no tiene nombre, despreciable (vil).
innovateur, trice *adj et s* innovador, ra.
innovation *f* innovación.
innover* *v tr et intr* innovar; *innover en matière d'art* innovar en materia de arte.
inobservance *f* inobservancia.
inobservation *f* incumplimiento *m*, inobservancia (*p us*).
inoccupation *f* desocupación.
inoccupé, e *adj* desocupado, da.
inoculable *adj* inoculable.
inoculation *f* inoculación || FIG transmisión, propagación (d'opinions).
inoculer *v tr* inocular || FIG transmitir, contagiar.
inodore *adj* inodoro, ra.
inoffensif, ive *adj* inofensivo, va.
inondable *adj* inundable.
inondation *f* inundación, riada.
inondé, e *adj* inundado, da || *inondé de larmes* anegado en llanto.
◆ *m et f* damnificado por la inundación.
inonder *v tr* inundar.
inopérable *adj* MÉD inoperable, que no puede operarse.
inopérant, e *adj* inoperante, sin efecto; nulo, la (sans effet).
inopiné, e *adj* inopinado, da.
inopinément *adv* inopinadamente, inesperadamente.
inopportun, e [inɔpɔrtœ̃, yn] *adj et s* inoportuno, na.
inopportunément *adv* de manera inoportuna || *il est arrivé on ne peut plus inopportunément* llegó en el momento más inoportuno.
inopportunité [-tynite] *f* inoportunidad.
inorganique *adj* inorgánico, ca.
inorganisation *f* falta de organización.
inorganisé, e *adj* desorganizado, da.
inoubliable *adj* inolvidable.
inouï, e [inwi] *adj* inaudito, ta.
Inox *m* (nom déposé)FAM acero inoxidable.
inoxydable *adj* inoxidable.
inqualifiable *adj* incalificable.
inquiet, ète [ɛ̃kjɛ, ɛːt] *adj* inquieto, ta; preocupado, da || *inquiet de* o *sur* inquieto, preocupado con *ou* por.
inquiétant, e *adj* inquietante.
inquiéter* *v tr* inquietar || MIL hostigar [al enemigo] (harceler).
◆ *v pr* inquietarse || — *ne s'inquiéter de rien* no preocuparse por nada || *s'inquiéter de quelque chose* inquietarse por algo.

inquiétude f inquietud, preocupación ‖ — *avoir des inquiétudes au sujet de quelque chose* estar preocupado por algo ‖ *donner de l'inquiétude* o *des inquiétudes à quelqu'un* causar inquietud a alguien.
inquisiteur adj et s m inquisidor, ra.
inquisition f inquisición.
inquisitoire adj inquisitorio, ria.
I.N.R.A. abrév de *Institut national de la recherche agronomique* Instituto Nacional de Investigación Agronómica [Francia].
inracontable adj incontable.
I.N.R.I. m Inri (d'un crucifix).
insaisissable adj que no puede cogerse, inasequible ‖ DR inembargable (qu'on ne peut saisir) ‖ FIG imperceptible; *différence insaisissable* diferencia imperceptible | incomprensible; *idées insaisissables* ideas incomprensibles.
insalubre adj insalubre.
insalubrité f insalubridad.
insanité f locura, insania (folie) ‖ sandez, locura (parole).
insatiabilité [ɛ̃sasjabilite] f insaciabilidad.
insatiable [-sjabl] adj insaciable.
insatisfaction f insatisfacción, falta de satisfacción.
insatisfaisant, e adj insatisfactorio, ria.
insatisfait, e adj insatisfecho, cha.
inscription f inscripción ‖ matrícula; *inscription maritime* matrícula de mar ‖ matrícula (université) ‖ asiento m, registro m (commerce) ‖ DR registro m ‖ *— inscription au registre du commerce* inscripción en el registro mercantil ‖ *inscription de faux* alegación de falsedad ‖ *— prendre ses inscriptions* matricularse.
inscrire* v tr inscribir ‖ matricular (marine, université) ‖ asentar, registrar (commerce) ‖ incluir; *inscrire une question au programme* incluir un tema en el programa ‖ MATH inscribir.
➤ v pr inscribirse ‖ situarse; *tout ceci s'inscrit au terme de* todo eso se sitúa en virtud de ‖ entrar; *ceci s'inscrit dans le cadre de* eso entra en el marco de ‖ matricularse (université) ‖ *s'inscrire en faux* tachar de falso (un document, une affirmation).
inscrit, e adj inscrito, ta; *inscrit sur un registre* inscrito en un registro ‖ matriculado, da (université) ‖ MAR alistado, da; matriculado, da (personne) ‖ MATH inscrito, ta; *polygone inscrit* polígono inscrito.
➤ m et f inscrito, ta.
➤ m pl inscritos (élections).
I.N.S.E.A.D. abrév de *Institut européen d'administration des affaires* Instituto Europeo de Administración de Negocios.
insécable adj insecable.
insecte m insecto; *insecte nuisible* insecto dañino; *insecte prédateur* insecto predador.
insecticide adj et s m insecticida.
insectivore adj et s m pl insectívoro, ra.
insécurité f inseguridad.
I.N.S.E.E. abrév de *Institut national de la statistique et des études économiques* Instituto Nacional de Estadística y Estudios Económicos [Francia].
insémination f inseminación ‖ MÉD *insémination artificielle* inseminación artificial.
inséminer v tr inseminar.
insensé, e adj et s insensato, ta.

insensibilisation f insensibilización ‖ MÉD anestesia local.
insensibiliser v tr insensibilizar ‖ MÉD anestesiar.
insensibilité f insensibilidad.
insensible adj insensible.
insensiblement adv poco a poco, sigilosamente.
inséparable adj inseparable.
inséparablement adv inseparablemente.
insérer* v tr insertar (mettre dans) ‖ incluir, adjuntar (inclure) ‖ *prière d'insérer* comunicado a la prensa, ruego de inserción.
I.N.S.E.R.M. abrév de *Institut national de la santé et de la recherche médicale* Instituto Nacional de la Salud y de la Investigación Médica [Francia].
insert m CINÉM & RAD inserto.
insertion [ɛ̃sɛrsjɔ̃] f inserción; *insertion sociale* inserción social.
insidieusement adv insidiosamente.
insidieux, euse adj insidioso, sa.
insigne adj insigne.
➤ m insignia f, emblema f ‖ distintivo (d'une association) ‖ *insigne de grade* distinción de empleo.
insignifiance f insignificancia.
insignifiant, e adj insignificante.
insinuant, e adj insinuante.
insinuation f insinuación, indirecta ‖ introducción; *l'insinuation d'une sonde* la introducción de una sonda.
— OBSERV Le mot espagnol *insinuación* a souvent le sens d'«observación».
insinuer v tr insinuar ‖ introducir con habilidad (introduire adroitement).
➤ v pr insinuarse.
insipide adj insípido, da; soso, sa.
insipidité f insipidez.
instance f insistencia.
insistant, e adj insistente, que insiste.
insister v intr insistir, hacer hincapié en; *insister sur un point* insistir en un punto ‖ *insister auprès d'un ami* instar a un amigo.
insolation f insolación.
insolemment [ɛ̃sɔlamɑ̃] adv insolentemente.
insolence f insolencia.
insolent, e adj et s insolente.
insoler v tr insolar, exponer al sol, solear.
insolite adj insólito, ta.
insolubilité f insolubilidad.
insoluble adj insoluble.
insolvabilité f insolvencia.
insolvable adj insolvente.
insomniaque adj insomne.
insomnie f insomnio m ‖ FIG desvelos pl; insomnio.
insondable adj insondable.
insonore adj insonoro, ra.
insonorisation f insonorización.
insonoriser v tr insonorizar.
insouciance f despreocupación, descuido m.
insouciant, e adj despreocupado, da; indiferente.
insoucieux, euse adj despreocupado, da.

insoumis, e *adj* insumiso, sa.
◆ *m* MIL prófugo (soldat insoumis).
insoumission *f* insumisión ‖ MIL rebeldía.
insoupçonnable *adj* insospechable ‖ FIG intachable (irréprochable).
insoupçonné, e *adj* insospechado, da.
insoutenable *adj* insostenible (situation, théorie) ‖ insoportable (douleur) .
inspecter *v tr* inspeccionar.
inspecteur, trice *m* et *f* inspector, ra ‖ *— inspecteur d'Académie* inspector académico ‖ *inspecteur de l'enseignement primaire* inspector de la enseñanza primaria ‖ *inspecteur de police* inspector de policía.
inspection *f* inspección ‖ *Inspection générale des Finances* Inspección general de Hacienda.
inspirateur, trice *adj* et *s* inspirador, ra.
inspiration *f* inspiración.
inspiré, e *adj* et *s* inspirado, da ‖ FAM *être bien, mal inspiré* hacer bien, mal; ocurrírsele a uno una buena, una mala idea (être bien, mal avisé).
inspirer *v tr* inspirar ‖ *— ça ne m'inspire pas* no me inspira ‖ *inspirer du courage* dar ánimo.
◆ *v pr* inspirarse; *s'inspirer de* inspirarse en.
instabilité *f* inestabilidad.
instable *adj* et *s* inestable.
installateur, trice *m* et *f* instalador, ra.
installation *f* instalación (d'un appareil, etc.) ‖ toma de posesión (d'un professeur, etc.).
installer *v tr* instalar ‖ dar posesión (d'une fonction) ‖ montar (une machine).
◆ *v pr* instalarse ‖ instalarse, arrellanarse (dans un fauteuil).
instamment *adv* insistentemente, encarecidamente.
instance *f* instancia; *introduire une instance* presentar una instancia ‖ insistencia, encarecimiento *m* (insistance) ‖ *— affaire en instance* asunto pendiente ‖ *courrier en instance* correo pendiente ‖ *train en instance de départ* tren a punto de salir ‖ DR *tribunal de première instance* tribunal de primera instancia | *tribunal de seconde instance* tribunal de segunda instancia ‖ *— être en instance de divorce* estar en trámites de divorcio ‖ *prier avec instance* rogar encarecidamente, instar.
instant, e *adj* perentorio, ria; apremiante; *besoin instant* necesidad apremiante ‖ angustioso, sa; *prières instantes* súplicas angustiosas.
instant *m* instante (moment) ‖ *— à chaque instant* a cada instante ‖ *à l'instant* al instante, al momento ‖ *à l'instant même* ahora mismo ‖ *à tout instant* en cualquier momento ‖ *dans un instant* dentro de un momento ‖ *de tous les instants* constante ‖ *dès l'instant que* en el momento en que ‖ *par instants* a ratos, a veces, por momentos ‖ *pour l'instant* por el momento, de momento, por ahora, por lo pronto.
instantané, e *adj* instantáneo, a.
◆ *m* instantánea *f* (photo) ‖ *faire de l'instantané* sacar instantáneas.
instantanéité *f* instantaneidad.
instantanément *adv* instantáneamente, en un momento.
instar de (à l') [alɛ̃starda] *loc adv* a ejemplo de, a semejanza de, a la manera de.
instauration *f* instauración.
instaurer *v tr* instaurar.

insti; instit *m* et *f* FAM maestro, tra de escuela.
instigateur, trice *adj* et *s* instigador, ra.
instigation *f* instigación ‖ *sur l'instigation de* a instigación de.
instinct [ɛ̃stɛ̃] *m* instinto ‖ *— instinct de conservation* instinto de conservación ‖ *instinct grégaire* instinto gregario ‖ *d'instinct, par instinct* por instinto.
instinctif, ive [ɛ̃stɛ̃ktif, i:v] *adj* instintivo, va.
instinctivement *adv* instintivamente, por instinto.
instituer *v tr* instituir (établir) ‖ nombrar (un héritier).
institut [ɛ̃stity] *m* instituto ‖ *— institut de beauté* instituto de belleza ‖ *institut de recherche* centro de investigación ‖ *institut médico-légal* instituto forense, depósito de cadáveres ‖ *institut universitaire de technologie (I.U.T.)* instituto universitario de tecnología ‖ *l'Institut de France, l'Institut* reunión de las cinco academias.
instituteur, trice *m* et *f* maestro, maestra de escuela ‖ *(vx)* fundador ‖ *les instituteurs* el magisterio.
◆ *f* institutriz (à domicile).
institution *f* institución ‖ nombramiento *m* (d'un héritier) ‖ *institutions spécialisées* organismos especializados (de l'O.N.U).
institutionnaliser *v tr* institucionalizar.
institutionnel, elle [-nɛl] *adj* institucional.
instructeur, trice *adj* et *s* instructor, ra ‖ *— juge instructeur* juez de instrucción ‖ MIL *sergent instructeur* sargento instructor.
instructif, ive *adj* instructivo, va.
instruction *f* instrucción ‖ enseñanza; *instruction primaire, secondaire* primera, segunda enseñanza *ou* enseñanza media ‖ sumario *m* (procès) ‖ INFORM instrucción ‖ *— instruction civique* educación cívica ‖ *instruction judiciaire* sumario ‖ *instruction publique* instrucción pública ‖ *instruction religieuse* educación religiosa ‖ *juge d'instruction* juez de instrucción.
◆ *pl* instrucciones, reglas.
instruire* [ɛ̃strɥiːr] *v tr* instruir (enseigner) ‖ informar, hacer saber, dar aviso de; *instruire de ce qui se passe* informar de lo que pasa ‖ amaestrar, adiestrar (dresser) ‖ DR incoar, instruir.
◆ *v pr* instruirse.
instruit, e [-ɥi, it] *adj* instruido, da; culto, ta.
instrument *m* instrumento; *instrument de musique, à vent, à cordes* instrumento músico, de viento, de cuerda; *instrument de mesure, de travail* instrumento de medida, de trabajo ‖ FIG instrumento; *servir d'instrument à la vengeance de quelqu'un* servir de instrumento para la venganza de uno.
instrumental, e *adj* instrumental.
instrumentation *f* MUS instrumentación.
instrumenter *v intr* DR extender un contrato, levantar acta, escriturar | actuar (des procès verbaux) ‖ MUS instrumentar.
instrumentiste *m* et *f* MUS instrumentista.
insu *m* ignorancia *f* ‖ *— à l'insu de* a espaldas de, detrás de ‖ *à mon, à ton, à notre insu* sin saberlo yo, tú, nosotros.
insubmersible *adj* insumergible.
insubordination *f* insubordinación.
insubordonné, e *adj* insubordinado, da.

insuccès [ɛ̃syksɛ] *m* fracaso, revés.
insuffisamment *adv* insuficientemente.
insuffisance *f* insuficiencia.
insuffisant, e *adj* insuficiente.
insufflation *f* insuflación.
insuffler *v tr* insuflar.
insulaire *adj et s* insular; isleño, ña.
insularité *f* insularidad, calidad de isla.
insuline [ɛ̃sylin] *f* MÉD insulina.
insultant, e *adj* insultante; ofensivo, va.
insulte *f* insulto *m* ‖ — *faire insulte à* insultar a ‖ *relever l'insulte* aceptar el reto, recoger el guante.
insulter *v tr* insultar.
  ➙ *v intr* FIG insultar.
insupportable *adj* insoportable, inaguantable, insufrible.
insupporter *v tr* FAM poner negro, gra.
insurgé, e *adj et s* insurrecto, ta; insurgente; sublevado, da.
insurger (s')* *v pr* sublevarse, insurreccionarse.
insurmontable *adj* invencible, infranqueable, insalvable (invincible).
insurpassable *adj* insuperable, inmejorable.
insurrection *f* insurrección, motín *m*.
insurrectionnel, elle *adj* intacto, ta.
intact, e [ɛ̃takt] *adj* intacto, ta.
intangibilité *f* intangibilidad.
intangible *adj* intangible.
intarissable *adj* inagotable, inextinguible.
intarissablement *adv* sin cesar, incesantemente ‖ *répéter intarissablement la même chose* no dejar de repetir lo mismo.
intégral, e *adj* íntegro, gra; entero, ra (entier) ‖ MATH integral (calcul).
  ➙ *f* MATH integral (fonction).
intégralement *adv* íntegramente, enteramente.
intégralité *f* integridad ‖ totalidad; *dans son intégralité* en su totalidad.
intégrant, e *adj* integrante; *faire partie intégrante de* formar parte integrante de.
intégration *f* integración; *intégration raciale* integración racial.
intègre *adj* íntegro, gra; recto, ta; *un juge intègre* un juez íntegro.
intégré, e *adj* integrado, da; *circuit intégré* circuito integrado.
intégrer* *v tr* integrar.
  ➙ *v tr* integrarse, encuadrarse.
intégrisme *m* integrismo (doctrine).
intégriste *adj et s* integrista.
intégrité *f* integridad; *intégrité territoriale* integridad territorial.
intellect [ɛ̃telɛkt] *m* intelecto.
intellectualiser *v tr* intelectualizar.
intellectualisme *m* intelectualismo.
intellectualiste *adj et s* intelectualista.
intellectualité *f* intelectualidad.
intellectuel, elle *adj et s* intelectual.
intellectuellement *adv* intelectualmente.
intelligemment [ɛ̃teliʒamɑ̃] *adv* inteligentemente.
intelligence [-ʒɑ̃:s] *f* inteligencia; *faire montre d'intelligence* dar pruebas de inteligencia ‖ comprensión; *pour l'intelligence de ce qui va suivre* para la comprensión de lo que sigue ‖ INFORM *intelligence artificielle* inteligencia artificial ‖ — *être d'intelligence avec quelqu'un* estar en inteligencia *ou* de acuerdo con alguien ‖ *vivre en bonne intelligence* vivir en buena inteligencia, llevarse bien.
intelligent, e [-ʒɑ̃, ɑ̃:t] *adj* inteligente; listo, ta.
intelligentsia *f* intelligentsia.
intelligibilité [-ʒibilite] *f* inteligibilidad.
intelligible [-ʒibl] *adj* inteligible.
intello *adj et s* FAM intelectualoide.
intempérance *f* intemperancia ‖ FIG excesos *m pl*.
intempérant, e *adj* intemperante.
intempérie [ɛ̃tɑ̃peri] *f* inclemencia, intemperie; *braver les intempéries* afrontar las inclemencias del tiempo.
intempestif, ive *adj* intempestivo, va.
intemporel, elle *adj* intemporal.
intenable [ɛ̃tnabl] *adj* insostenible, indefendible ‖ imposible.
intendance *f* intendencia ‖ dirección, administración (direction, administration).
intendant, e *m et f* intendente, ta ‖ administrador, ra (d'un lycée).
intense *adj* intenso, sa.
intensément *adv* intensamente, con intensidad.
intensif, ive *adj* intensivo, va; *cours intensif* curso intensivo ‖ PHYS *grandeur intensive* magnitud intensiva.
intensification *f* intensificación.
intensifier* *v tr* intensificar.
intensité *f* intensidad.
intensivement *adv* intensivamente, de manera intensiva ‖ *il s'est entraîné intensivement* siguió un entrenamiento intensivo.
intenter *v tr* intentar, entablar; *intenter un procès* entablar un proceso.
  — OBSERV *Intentar* a surtout le sens de *tenter de, essayer de*.
intention *f* intención ‖ — *à cette intention* con esta intención *ou* con este propósito ‖ *à l'intention de* en honor de *ou* por ‖ *dans l'intention de* con intención de, con ánimo de ‖ — *agir dans une bonne intention* actuar con buena intención ‖ *avoir l'intention de faire quelque chose* tener la intención de hacer algo ‖ *faire quelque chose sans mauvaise intention* hacer algo sin mala intención ‖ *je l'ai fait à ton intention* lo he hecho por ti ‖ *l'intention suffit* con la intención basta.
intentionné, e *adj* intencionado, da.
intentionnel, elle *adj* intencional.
intentionnellement *adv* intencionalmente, intencionadamente, de intento, adrede.
interactif, ive *adj* interactivo, va; de influencia recíproca ‖ INFORM interactivo, va; conversacional.
interaction *f* interacción.
interactivité *f* INFORM interactividad.
interallié *adj* interaliado, da.
interarmées *adj inv* MIL general.
interbancaire *adj* interbancario, ria.
intercalaire *adj* intercalar; *jour intercalaire* día intercalar ‖ interpuesto, ta; *feuillet, page intercalaire* cuartilla, página interpuesta.
intercaler *v tr* intercalar.
intercéder* *v intr* interceder, mediar; *intercéder auprès de quelqu'un* interceder cerca de uno.

intercepter *v tr* interceptar.
interception *f* interceptación, intercepción ‖ MIL *avion d'interception* avión de intercepción (intercepteur).
intercesseur *m* intercesor.
intercession *f* intercesión.
interchangeabilité [ɛ̃tɛrʃɑ̃ʒabilite] *f* intercambiabilidad.
interchangeable [-ʒabl] *adj* intercambiable.
interclasse *m* intervalo entre dos clases.
interclubs *adj* SPORTS interclubes.
intercommunal, e *adj* de dos *ou* diversas comunas.
intercommunautaire *adj* intercomunitario, ria.
interconnecter *v tr* INFORM interconectar.
interconnexion *f* interconexión.
intercontinental, e *adj* intercontinental.
intercostal, e *adj* ANAT intercostal; *muscles intercostaux* músculos intercostales.
interculturel, elle *adj* intercultural.
interdépartemental, e *adj* interdepartamental, común a varios departamentos, interprovincial.
interdépendance *f* interdependencia, mutua dependencia.
interdépendant, e *adj* interdependiente.
interdiction *f* interdicción, prohibición ‖ DR inhabilitación ‖ incapacidad ‖ suspensión de funciones (suspension de fonctions) ‖ — *interdiction de fumer* se prohíbe fumar, prohibido fumar ‖ *interdiction de séjour* interdicción de residencia *ou* de lugar ‖ *interdiction légale* interdicción civil.
interdire* *v tr* prohibir, vedar; *je t'interdis d'y aller* te prohíbo que vayas allí ‖ impedir (empêcher) ‖ rehusar (se refuser); *il s'interdit d'y penser* rehúsa pensar en ello ‖ DR incapacitar (ôter la libre disposition des biens d'une personne) ‖ inhabilitar ‖ FIG dejar cortado, desconectar, asombrar (étonner) | sobrecoger (troubler) ‖ RELIG poner en entredicho | cerrar al culto (une église).
interdisciplinaire *adj* interdisciplinario, ria.
interdisciplinarité *f* interdisciplinariedad, carácter *m* interdisciplinario.
interdit, e *adj* prohibido, da; vedado, da (défendu); *interdit aux moins de 18 ans* prohibido a menores de 18 años ‖ DR incapacitado, da; sujeto, ta a interdicción ‖ FIG desconcertado, da; sobrecogido, da; cortado, da; *demeurer interdit* quedarse desconcertado ‖ RELIG en entredicho | cerrada al culto (une église) ‖ *interdit de, il est interdit de* prohibido, se prohíbe ‖ — *interdit de chéquier* persona a quien se le prohíbe usar el talonario ‖ *sens interdit* dirección prohibida ‖ *stationnement interdit* aparcamiento *ou* estacionamiento prohibido.
◆ *m* DR incapacitado | desterrado (banni d'un endroit) ‖ RELIG entredicho, interdicto ‖ *jeter l'interdit sur quelqu'un* poner en entredicho a alguien.
interentreprises *adj* interempresas.
intéressant, e *adj* interesante ‖ digno de tomarse interés por; *une personne intéressante* una persona digna de tomarse interés por ella ‖ — FAM *dans un état intéressant* en estado interesante (future maman) ‖ *faire l'intéressant* hacerse el interesante.
intéressé, e *adj* et *s* interesado, da.
intéressement *m* participación *f* en los beneficios.

intéresser *v tr* interesar ‖ provocar el interés de; *intéresser le public* provocar el interés del público ‖ tener importancia para (importer à) ‖ *intéresser le jeu* dar interés al juego.
◆ *v pr* interesarse ‖ importar; *ce qui m'intéressait en lui c'était* lo que más me importaba de él era ‖ *s'intéresser à* interesarse por.
intérêt [ɛ̃tɛrɛ] *m* interés ‖ interés, rédito; *intérêt simple, composé* interés simple, compuesto ‖ — *dommages et intérêts* daños y perjuicios ‖ *intérêt, commissions, agios* intereses y comisiones ‖ *intérêts de retard* intereses de demora ‖ *intérêts moratoires* intereses moratorios ‖ *un intérêt à 10 %* un interés del *ou* de un 10 % ‖ — *dans l'intérêt de* en beneficio de ‖ — *agir par intérêt* actuar por interés ‖ *attacher un intérêt tout particulier à* prestar especial interés a ‖ *avoir de l'intérêt dans* o *pour* tener interés en *ou* por, interesarse por ‖ COMM *avoir des intérêts dans* tener intereses en ‖ *avoir intérêt à* convenir ‖ *placer de l'argent à intérêt* colocar dinero a interés ‖ *porter intérêt à* interesarse por, tomar interés por.
interethnique *adj* interétnico, ca.
interface *f* INFORM interface, interfaz *m*.
interférence *f* PHYS interferencia.
interférer* *v intr* interferir, producir interferencias.
interféron *m* interferón (protéine).
intergalactique *adj* ASTR intergaláctico, ca.
intergouvernemental, e *adj* intergubernamental.
intergroupe *m* comisión *f* parlamentaria.
intérieur, e *adj* interior ‖ *for intérieur* fuero interno.
◆ *m* interior ‖ piso, casa *f*, hogar (foyer, maison); *un intérieur coquet* un piso coquetón ‖ interior (football) ‖ — *ministère de l'Intérieur* Ministerio del Interior (en Espagne) ‖ *vêtement d'intérieur* ropa de casa ‖ — *à l'intérieur* dentro, en el interior ‖ *dans l'intérieur* tierras adentro (d'un pays) ‖ CINÉM *en intérieur* en interiores ‖ *une femme d'intérieur* una mujer de su casa.
intérieurement *adv* interiormente, en su interior.
intérim [ɛ̃terim] *m* interinidad *f*, ínterin ‖ *par intérim* interino, interinamente, provisionalmente ‖ *assurer l'intérim de* sustituir *ou* reemplazar a.
intérimaire *adj* et *s* interino, na; *personnel intérimaire* personal interino.
intérioriser *v tr* interiorizar.
intériorité *f* interioridad.
interjectif, ive *adj* interjectivo, va.
interjection *f* interjección ‖ DR interposición, recurso *m*.
interjeter* *f* DR apelar ‖ *interjeter appel* interponer apelación, recurrir.
interlignage *m* interlineación *f*, interlineado ‖ IMPR regleteo, regleteado.
interligne *m* intérlínea, entrerrenglones (espace entre deux lignes) ‖ espacio (musique et dactylographie); *interligne simple, double interligne* un, doble espacio.
◆ *f* IMPR regleta, interlínea.
interligner *v tr* entrerrenglonar, interlinear (écrire dans les interlignes) ‖ IMPR regletear (séparer par des interlignes).
interlocuteur, trice *m* et *f* interlocutor, ra.

interlope *adj* intérlope; fraudulento, ta; *commerce interlope* comercio intérlope ‖ FIG equívoco, ca; sospechoso, sa (suspect) ‖ *bateau interlope* barco de contrabandistas.
interloquer *v tr* desconcertar, confundir, sorprender, dejar patidifuso ‖ DR formar auto interlocutorio.
interlude *m* interludio, intermedio musical.
intermède *m* intermedio ‖ THÉÂTR entremés.
intermédiaire *adj et s* intermediario, ria ‖ *par l'intermédiaire de* por mediación de, por intermedio de, por conducto de, a través de.
interminable *adj* interminable, inacabable.
interminablement *adv* siempre, sin cesar; *raconter interminablement la même histoire* contar siempre la misma historia.
interministériel, elle *adj* interministerial.
intermittence *f* intermitencia ‖ *par intermittence* con intermitencia, a ratos.
intermittent, e *adj* intermitente.
internat [ɛ̃terna] *m* internado, colegio de internos ‖ *faire son internat* ser interno en un hospital.
international, e *adj et s* internacional.
internationalisation *f* internacionalización.
internationaliser *v tr* internacionalizar.
internationalisme *m* internacionalismo.
internationaliste *adj et s* internacionalista.
interne *adj et s* interno, na ‖ *interne des hôpitaux* interno.
interné, e *adj et s* internado, da; recluido, da.
internement [ɛ̃tɛrnəmɑ̃] *m* internamiento, internación *f*, reclusión *f*.
interner *v tr* internar, recluir.
interocéanique *adj* interoceánico, ca.
interpellation *f* interpelación ‖ detención (por la policía).
interpeller [ɛ̃tɛrpɛle] *v tr* interpelar ‖ detener (la policía).
interpénétration *f* interpenetración.
interpénétrer (s') *v pr* penetrarse mutuamente.
interphase *f* BIOL interfase.
Interphone *m* (nom déposé) intercomunicador (maison), teléfono interior (de char d'assaut).
interplanétaire *adj* interplanetario, ria.
Interpol abrév de *Organisation internationale de police criminelle* Interpol, Organización Internacional de Policía Criminal [la Interpol].
interpolation *f* interpolación.
interpoler *v tr* interpolar.
interposer *v tr* interponer ‖ FIG hacer intervenir ‖ *par personne interposée* por un intermediario.
 ◆ *v pr* interponerse ‖ mediar (entre deux).
interposition *f* interposición ‖ DR *interposition de personnes* intervención de interpósita persona.
interprétariat [ɛ̃tɛrpretarja] *m* interpretariado, estudio, función *f* ou profesión *f* de intérprete.
interprétation *f* interpretación.
interprète *m et f* intérprete.
interpréter* *v tr* interpretar.
interprofessionnel, elle *adj* interprofesional.
interracial, e *adj* interracial.
interrégional, e *adj* interregional.
interrègne *m* interregno.

interrogateur, trice *adj et s* interrogante; interrogador, ra ‖ examinador, ra (à un examen).
interrogatif, ive *adj* interrogativo, va.
interrogation *f* interrogación ‖ pregunta (examen) ‖ *point d'interrogation* signo de interrogación.
interrogatoire *m* interrogatorio.
interrogeable *adj* interrogable, consultable.
interroger* *v tr* interrogar; *interroger sur* interrogar acerca de ‖ preguntar; *sur quoi as-tu été interrogé à l'examen?* ¿qué te preguntaron en el examen?; *interroger du regard* preguntar con la mirada ‖ FIG consultar, examinar.
interrompre *v tr* interrumpir; *interrompre par une question* interrumpir con una pregunta ‖ cortar, interrumpir; *interrompre le courant* cortar la corriente.
 ◆ *v pr* interrumpirse.
interrompu, e *adj* interrumpido, da.
interrupteur, trice *adj* interruptor, ra.
 ◆ *m* interruptor, conmutador ‖ INFORM *interrupteur à bascule* flip-flop ‖ *interrupteur à levier* interruptor de palanca.
interruption *f* interrupción ‖ corte *m* (de courant, etc.) ‖ — *interruption de grossesse* interrupción del embarazo ‖ *interruption volontaire de grossesse (I.V.G.)* interrupción voluntaria del embarazo (IVE) ‖ *sans interruption* sin interrupción.
intersaison *f* entretiempo.
intersection *f* intersección (de deux lignes) ‖ cruce *m*, intersección (de routes).
intersidéral, e *adj* ASTR intersideral.
interstellaire *adj* interestelar.
interstice *m* intersticio.
intersticiel, elle *adj* MÉD intersticial.
intersubjectivité *f* intersubjetividad.
intersyndical, e *adj* intersindical.
intertextualité *f* intertextualidad.
intertitre *m* encabezamiento.
intertropical, e *adj* intertropical.
interurbain, e *adj* interurbano, na; *appel interurbain* conferencia interurbana (téléphone).
 ◆ *m* teléfono interurbano, central *f* interurbana.
intervalle *m* intervalo ‖ — *à deux mois d'intervalle* con un intervalo de dos meses ‖ *à intervalles rapprochés* con intervalos cortos ‖ *dans l'intervalle* en el ínterin ‖ *par intervalles* a intervalos.
intervenant, e *adj* que interviene.
 ◆ *m et f* interventor, ra ‖ DR la parte interesada (procès).
intervenir* *v intr* intervenir, terciar; *intervenir auprès de quelqu'un, en faveur de quelqu'un* intervenir cerca de alguien, en favor de alguien ‖ DR ser parte (procès) ‖ sobrevenir, ocurrir (se produire incidemment) ‖ — *la police a dû intervenir* la policía tuvo que intervenir ‖ *les médecins ont dû intervenir* los médicos tuvieron que operar.
intervention *f* intervención ‖ — *intervention chirurgicale* intervención quirúrgica ‖ *intervention de la banque centrale* intervención del banco central.
interventionnisme *m* intervencionismo.
interventionniste *adj et s* intervencionista.
interversion *f* inversión, interversión.
intervertébral, e *adj* intervertebral.

intervertir *v tr* invertir, intervertir (modifier).
interview [ɛ̃tɛrvju] *f* interviú, entrevista; *faire une interview* hacer una entrevista.
interviewé, e *adj* et *s* entrevistado, da.
interviewer [-vjuvœːr] *m* periodista que celebra una interviú.
interviewer [-vjuve] *v tr* hacer una interviú a, entrevistarse con.
intestat [ɛ̃tɛsta] *adj* et *s* intestado, da ‖ *ab intestat* abintestato, sin testamento ‖ DR *décéder intestat* fallecer (ab) intestato.
intestin, e *adj* intestino, na.
◆ *m* intestino ‖ — *gros intestin* intestino grueso ‖ *intestin grêle* intestino delgado.
intestinal, e *adj* intestinal; *vers intestinaux* lombrices intestinales.
intimation *f* intimación ‖ DR citación, convocación.
intime *adj* et *s* íntimo, ma.
intimement *adv* absolutamente, totalmente; *être intimement convaincu de...* estar totalmente convencido de...
intimer *v tr* intimar, conminar; *intimer à quelqu'un l'ordre de faire quelque chose* intimar a alguien a que haga algo ‖ DR citar, convocar.
intimidable *adj* intimidable.
intimidant, e *adj* que intimida.
intimidation *f* intimidación.
intimider *v tr* intimidar; *intimider par des menaces* intimidar con amenazas.
intimisme *m* intimismo.
intimiste *adj* intimista (poésie).
intimité *f* intimidad.
intitulé *m* título (d'un livre), encabezamiento (d'une lettre) ‖ titular (d'un compte) ‖ *intitulé d'inventaire* relación de interesados.
intituler *v tr* titular, intitular; *comment a-t-il intitulé son livre?* ¿cómo tituló su libro?
◆ *v pr* titularse, intitularse.
intolérable *adj* intolerable, inaguantable.
intolérance *f* intolerancia.
intolérant, e *adj* et *s* intolerante.
intonation *f* entonación.
intouchable *adj* et *s* intocable; intangible.
◆ *m pl* parias (secte).
intox *f* FAM intoxicación (politique), matraqueo *m*, comedura de coco ‖ *faire de l'intox* intoxicar.
intoxication *f* intoxicación; *intoxication alimentaire* intoxicación alimentaria.
intoxiqué, e *adj* et *s* intoxicado, da.
intoxiquer *v tr* intoxicar.
intracellulaire *adj* intracelular.
intradermo-réaction *f* intradermorreacción.
— OBSERV pl *intradermo-réactions*.
intrados [ɛ̃trado] *m* ARCHIT & AVIAT intradós.
intraduisible *adj* intraducible.
intraitable *adj* intratable ‖ intransigente ‖ inflexible.
intra-muros [ɛ̃tramyros] *loc adv lat* intramuros.
intramusculaire *adj* intramuscular.
intransférable *adj* intransferible.
intransigeance [ɛ̃trɑ̃ziʒɑ̃ːs] *f* intransigencia.
intransigeant, e [-ʒɑ̃, ɑ̃ːt] *adj* et *s* intransigente.
intransitif, ive *adj* et *s m* intransitivo, va.
intransitivement *adv* de manera intransitiva.
intransmissibilité *f* intransmisibilidad.
intransmissible *adj* intransmisible.
intransportable *adj* intransportable.
intra-utérin, e *adj* intrauterino, na.
— OBSERV pl *intra-utérins, es*.
intraveineux, euse *adj* intravenoso, sa.
◆ *f* inyección intravenosa.
intrépide *adj* et *s* intrépido, da.
intrépidité *f* intrepidez.
intrigant, e *adj* et *s* intrigante.
intrigue *f* intriga; *intrigues de palais* intrigas palaciegas; *nouer des intrigues* tramar intrigas ‖ amorío *m*; *avoir une intrigue avec* tener amoríos con ‖ *comédie d'intrigue* comedia de enredo.
intriguer *v intr* intrigar.
◆ *v tr* intrigar, preocupar (inquiéter) ‖ *intriguer quelqu'un* excitar, despertar la curiosidad de alguno.
intrinsèque *adj* intrínseco, ca.
intriquer *v tr* intrincar, enmarañar, enredar.
◆ *v pr* intrincarse, enmarañarse, enredarse.
introducteur, trice *adj* et *s* introductor, ra; *introducteur des ambassadeurs* introductor de embajadores.
introductif, ive *adj* introductorio, ria; introductivo, va.
introduction *f* introducción ‖ presentación (d'une personne) ‖ DR presentación (d'une demande) ‖ — *introduction en Bourse* introducción de un título en el mercado bursátil ‖ — *chapitre d'introduction* capítulo introductorio ‖ *lettre d'introduction* carta de presentación.
introduire* *v tr* introducir ‖ presentar (une personne).
◆ *v pr* introducirse.
intromission *f* intromisión.
intronisation *f* entronización, entronizamiento *m*.
introniser *v tr* entronizar.
introspectif, ive *adj* introspectivo, va.
introspection *f* introspección.
introuvable *adj* que no se puede encontrar, imposible de encontrar.
introversion *f* introversión.
introverti, e *adj* et *s* introvertido, da.
intrus, e [ɛ̃try, yːz] *adj* et *s* intruso, sa.
intrusion *f* intrusión.
intuber *v tr* MÉD intubar.
intuitif, ive *adj* et *s* intuitivo, va.
intuition *f* intuición ‖ — *avoir de l'intuition* tener intuición, ser intuitivo ‖ *avoir l'intuition que* tener la intuición de que ‖ *avoir une intuition* tener una intuición.
intuitivement *adv* intuitivamente, por intuición.
intumescence *f* intumescencia.
intumescent, e [ɛ̃tymessɑ̃, ɑ̃ːt] *adj* intumescente.
inuit *adj inv* inuit.
inusable *adj* que no se puede desgastar *ou* romper con el uso.
inusité, e *adj* inusitado, da; desusado, da.
in utero *loc adv* in utero.

inutile *adj et s* inútil ‖ *inutile de vous dire que* huelga decirle que, ni que decir tengo que.
inutilement *adv* inútilmente.
inutilisable *adj* inutilizable, inservible.
inutilisé, e *adj* inutilizado, da.
inutilité *f* inutilidad.
invaincu, e [ɛ̃vɛ̃ky] *adj* invicto, ta.
invalidation *f* invalidación.
invalide *adj* inválido, da.
◆ *m et f* inválido, da; *invalide de guerre* inválido de guerra ‖ *invalide du travail* inválido *ou* incapacitado laboral.
invalider *v tr* invalidar ‖ *invalider un député* anular la elección de un diputado.
invalidité *f* invalidez ‖ nulidad (d'un acte).
invariabilité *f* invariabilidad.
invariable *adj* invariable.
invariablement *adv* invariablemente, siempre.
invariance *f* MATH & PHYS invariancia.
invariant *adj* invariable.
◆ *m* PHYS invariante.
invasif, ive *adj* MÉD invasivo, va.
invasion *f* invasión.
invective *f* invectiva.
invectiver *v tr et intr* increpar, denostar, decir invectivas; *invectiver quelqu'un o contre quelqu'un* decir invectivas a *ou* contra alguien.
invendable *adj* invendible.
invendu, e *adj* sin vender, no vendido, da; invendido, da.
◆ *m* artículo sin vender.
inventaire *m* inventario ‖ — *bénéfice d'inventaire* beneficio de inventario ‖ *vente après inventaire* venta postbalance ‖ — *sous bénéfice d'inventaire* a beneficio de inventario ‖ — *dresser, faire l'inventaire* hacer el inventario.
inventer *v tr* inventar ‖ *il n'a pas inventé la poudre o le fil à couper le beurre* no inventó la pólvora, es el que asó la manteca.
inventeur, trice *m et f* inventor, ra ‖ descubridor, ra (qui découvre).
inventif, ive *adj* inventivo, va.
invention *f* invención, invento *m* ‖ descubrimiento *m* (découverte) ‖ *invention de la Sainte Croix* invención de la Santa Cruz ‖ — *brevet d'invention* patente de invención.
inventivité *f* inventiva.
inventorier* *v tr* hacer inventario, inventariar.
invérifiable *adj* incomprobable, que no puede comprobarse.
inverse *adj* inverso, sa; contrario, ria ‖ — *dans le sens inverse des aiguilles d'une montre* en el sentido inverso al *ou* del de las manecillas del reloj ‖ *en proportion inverse* en proporción inversa ‖ *en sens inverse* en sentido opuesto.
◆ *m* lo contrario, lo inverso ‖ — *à l'inverse* a la inversa, al revés, al contrario ‖ *faire l'inverse* hacer lo contrario.
inversement *adv* inversamente ‖ *ou inversement* o al contrario, o viceversa.
inverser *v tr* invertir.
inverseur *m* PHYS inversor; *inverseur de poussée* inversor de empuje.
inversible *adj* inversible.

inversion *f* inversión; *inversion de température* inversión térmica.
invertébré, e *adj et s m* ZOOL invertebrado, da.
inverti, e *adj* dícese del azúcar transformado en glucosa.
◆ *m* invertido, homosexual.
invertir *v tr* invertir (renverser).
investigateur, trice *adj et s* investigador, ra.
investigation *f* investigación (recherche).
investir *v tr* investir, conferir (une dignité) ‖ invertir, colocar, emplear (placer des fonds) ‖ FIG dar mucho de sí mismo ‖ MAR bloquear (un port) ‖ MIL cercar, sitiar (d'une place).
investissement *m* inversión *f* (emploi de capitaux); *investissement à long terme* inversión a largo plazo ‖ colocación *f* (placement de fonds) ‖ FIG implicación *f* a fondo ‖ carga *f* psíquica (en psychologie).
investisseur *m* inversionista, inversor institucional.
investiture *f* investidura, toma de posesión.
invétéré, e *adj* inveterado, da; empedernido, da.
invincibilité *f* invencibilidad.
invincible *adj* invencible; *l'Invincible Armada* la Armada Invencible ‖ irrefutable; *argument invincible* argumento irrefutable.
invinciblement *adv* invenciblemente, de modo invencible.
inviolabilité *f* inviolabilidad; *inviolabilité parlementaire* inviolabilidad parlamentaria.
inviolable *adj* inviolable.
inviolé, e *adj* inviolado, da.
invisible *adj* invisible.
invitation *f* invitación ‖ convite *m* (à un repas) ‖ — *carte o lettre d'invitation* tarjeta *ou* carta de invitación ‖ *à o sur l'invitation de quelqu'un* por invitación de alguien.
invite [ɛ̃vit] *f* envite *m* (jeux) ‖ FIG indirecta, apelación (incitation).
invité, e *adj et s* invitado, da; convidado, da.
inviter *v tr* invitar, convidar (à un repas) ‖ sacar, invitar; *inviter à danser* sacar a bailar ‖ FIG incitar, invitar ‖ *je vous invite à vous taire* le ruego que se calle.
◆ *v intr* envidar, hacer un envite (jeux).
in vitro *loc adv* in vitro.
invivable *adj* insoportable.
invocateur, trice *adj et s* invocador, ra.
invocation *f* invocación ‖ advocación; *sous l'invocation de la Vierge* bajo la advocación de la Virgen.
invocatoire *adj* invocatorio, ria.
involontaire *adj* involuntario, ria.
involontairement *adv* involuntariamente, sin querer.
invoquer *v tr* invocar ‖ *invoquer la clémence de quelqu'un* implorar la clemencia de alguien.
invraisemblable *adj* inverosímil ‖ *c'est invraisemblable que...* parece mentira que...
invraisemblablement *adv* inverosímilmente, de modo inverosímil, increíblemente.
invraisemblance *f* inverosimilitud.
invulnérabilité *f* invulnerabilidad.
invulnérable *adj* invulnerable.
iode *m* CHIM yodo (métalloïde).

iodé, e *adj* CHIM yodado, da.
ion [jɔ̃] *m* CHIM ion.
Ionie *n pr f* GÉOGR Jonia *f.*
ionien, enne *adj* jonio, nia; jónico, ca.
Ioniens *m pl* jonios.
ionique *adj* jónico, ca ‖ iónico, ca (des ions).
ionisation *f* CHIM ionización (électrolyse).
ioniser *v tr* ionizar.
ionosphère *f* ionosfera.
iota *m* iota *f* (lettre grecque) ‖ FIG & FAM ápice; *il n'y manque pas un iota* no le falta un ápice.
iouler; jodler *v intr* cantar haciendo gorgoritos como los tiroleses.
iourte; yourte *f* yurta (tente).
Iowa *n pr* GÉOGR Iowa.
I.P.C. abrév de *indice des prix à la consommation* índice de precios al consumo.
Iphigénie *n pr f* Ifigenia.
ipso facto *loc lat* ipso facto.
IR abrév de *infrarouge* IR, infrarrojo.
IRA abrév de *Irish Republican Army* IRA, Ejército Republicano Irlandés.
Irak; Iraq *n pr m* GÉOGR Irak, Iraq.
irakien, enne; iraquien, enne *adj* iraquí.
Irakien, enne; Iraquien, enne *m et f* iraquí.
Iran *n pr m* GÉOGR Irán.
iranien, enne *adj* iranio, nia; iraniano, na (persan) ‖ iraní (de l'État actuel).
Iranien, enne *m et f* iranio, nia; iraniano, na (Persan) ‖ iraní (de l'État actuel).
irascibilité *f* irascibilidad, iracundia.
irascible *adj* irascible; iracundo, da.
iridium [iridjɔm] *m* iridio (métal).
iris [iris] *m* iris, arco iris (arc-en-ciel) ‖ ANAT iris (de l'œil) ‖ BOT lirio (plante) ‖ — *iris sauvage* lirio hediondo ‖ — PHOT *diaphragme iris* diafragma de iris.
irisation *f* irisación.
irisé, e *adj* irisado, da.
iriser *v tr* irisar.
irish-coffee *m* café irlandés, irish-coffee.
irlandais, e *adj* irlandés, esa.
Irlandais, e *m et f* irlandés, esa.
Irlande *n pr f* GÉOGR Irlanda.
Irlande (mer d') *n pr f* GÉOGR mar de Irlanda.
Irlande du Nord *n pr f* GÉOGR Irlanda del Norte.
ironie *f* ironía.
ironique *adj* irónico, ca.
ironiquement *adv* irónicamente, con ironía.
ironiser *v intr* ironizar, mostrar ironía.
ironiste *m et f* ironista (personne ironique).
Iroquois *n pr m pl* iroqueses.
I.R.P.P. abrév de *impôt sur le revenu des personnes physiques* IRPF, impuesto sobre la renta de las personas físicas.
irradiant, e *adj* irradiante.
irradiation *f* irradiación ‖ PHYS *irradiation externe, totale* irradiación externa, total.
irradier* *v intr et tr* irradiar.
irraisonné, e *adj* no razonado, da; irrazonable; descabellado, da.
irrationalité *f* irracionalidad.
irrationnel, elle *adj* irracional.
irrattrapable *adj* irrecuperable.
irréalisable *adj* irrealizable.
irréalisme *m* irrealismo.
irréaliste *adj et s* iluso, sa.
irréalité *f* irrealidad.
irrecevabilité *f* inadmisibilidad.
irrecevable *adj* inadmisible, inaceptable.
irréconciliable *adj* irreconciliable.
irrécouvrable *adj* irrecuperable, incobrable.
irrécupérable *adj* irrecuperable.
irrécusable *adj* irrecusable.
irréductible *adj* irreductible; *fraction irréductible* fracción irreductible ‖ irreducible; *fracture irréductible* fractura irreducible.
irréductiblement *adv* irreductiblemente.
irréel, elle *adj* irreal.
irréfléchi, e *adj* irreflexivo, va.
irréflexion *f* irreflexión.
irréfragable *adj* irrefragable.
irréfutabilité *f* irrefutabilidad.
irréfutable *adj* irrefutable, irrebatible.
irréfutablement *adv* de manera irrefutable.
irrégularité *f* irregularidad.
irrégulier, ère *adj* irregular.
  ➙ *m* soldado irregular.
irrégulièrement *adv* irregularmente, con irregularidad, ocasionalmente, esporádicamente.
irréligieux, euse *adj* irreligioso, sa.
irréligion *f* irreligión.
irrémédiable *adj* irremediable.
irrémédiablement *adv* irremediablemente, sin remedio.
irrémissible *adj* irremisible.
irremplaçable *adj* irreemplazable, irremplazable, insustituible.
irréparable *adj* irreparable.
irréparablement *adv* irreparablemente, de modo irreparable.
irrépréhensible [irrepreɑ̃sibl] *adj* irreprensible.
irrépressible *adj* irreprimible, que no se puede reprimir.
irréprochable *adj* irreprochable, intachable.
irréprochablement *adv* de manera irreprochable.
irrésistible *adj* irresistible.
irrésistiblement *adv* irresistiblemente, de modo irresistible.
irrésolu, e *adj* irresoluto, ta; irresuelto, ta ‖ no resuelto, ta (problème, question, etc.).
irrespect [irrɛspɛ] *m* falta *f* de respeto, irreverencia *f.*
irrespectueux, euse [-pɛktyø, øːz] *adj* irrespetuoso, sa.
irrespirable *adj* irrespirable.
irresponsabilité *f* irresponsabilidad ‖ DR *irresponsabilité mentale* irresponsabilidad mental.
irresponsable *adj* irresponsable.
irrétrécissable [irretresisabl] *adj* inencogible, que no puede encoger.
irrévérence *f* irreverencia.
irrévérencieux, euse *adj* irreverente ‖ irrespetuoso, sa.

irréversibilité *f* irreversibilidad.
irréversible *adj* irreversible.
irréversiblement *adv* de manera irreversible, irreversiblemente, definitivamente.
irrévocable *adj* irrevocable.
irrévocablement *adv* improrrogablemente, irrevocablemente, definitivamente.
irrigable *adj* irrigable, regable, de regadío; *terres irrigables* tierras de regadío.
irrigation *f* irrigación ‖ riego (jardin).
irriguer *v tr* irrigar, regar ‖ *culture de terrains non irrigués* cultivo de secano.
irritabilité *f* irritabilidad.
irritable *adj* irritable.
irritant, e *adj* irritante ‖ DR anulador, ra (qui annule).
irritation *f* irritación.
irrité, e *adj* irritado, da.
irriter *v tr* irritar.
 ➤ *v pr* irritarse ‖ — *s'irriter contre* irritarse con *ou* contra ‖ *s'irriter de* irritarse con *ou* por.
irruption *f* irrupción ‖ *faire irruption dans* irrumpir en.
isabelle *adj et s* isabelino, na; de color blanco amarillento ‖ bayo, overo (cheval).
isard [iza:r] *m* ZOOL gamuza *f*, rebeco, bicerra *f*, sarrio (chamois).
isba *f* isba, choza rusa.
ISBN abrév de *International Standard Book Number* ISBN.
ischémie [iskemi] *f* MÉD isquemia.
ischiatique [iskjatik] *adj* isquiático, ca.
ischion [iskjɔ̃] *m* ANAT isquion (os).
I.S.F. abrév de *impôt de solidarité sur la fortune* impuesto de solidaridad sobre el patrimonio [Francia].
islam [islam] *m* islam.
islamique *adj* islámico, ca.
islamisation *f* islamización.
islamiser *v tr* islamizar.
islamisme *m* islamismo.
islamiste *adj s* islamista.
islandais, e *adj* islandés, esa; islándico, ca.
 ➤ *m* islandés (langue).
Islandais, e *m et f* islandés, esa; islándico, ca.
Islande *n pr f* GÉOGR Islandia.
ismaélite *adj et s* ismaelita.
I.S.M.H. abrév de *inventaire supplémentaire des monuments historiques* inventario suplementario del patrimonio histórico francés ‖ *monument inscrit à l'I.S.M.H* monumento inscrito en el ISMH.
iso (échelle) PHOT escala iso.
isobare *adj* isobárico, ca (de même pression barométrique); *lignes isobares* líneas isobáricas.
 ➤ *f* isobara, línea isobárica.
isobathe *adj et s f* isobata.
isocèle *adj* GÉOM isósceles.
isochrone *adj* isócrono, na (de même durée); *oscillations isochrones* oscilaciones isócronas.
isoclinal, e *adj* isoclino, na.
isocline *adj* isoclino, na (de même inclinaison).
isoédrique *adj* isoédrico, ca (à faces égales).
isogamie *f* BOT isogamia.
isoglosse *adj* isogloso, sa (langue).

isogone *adj* isógono, na (à angles égaux).
isohyète *adj* isohieta (d'égale pluviosité).
 ➤ *f* línea isohieta.
isolant, e *adj et s m* aislador, ra; aislante ‖ *langue isolante* lengua monosilábica.
isolat *m* aislador.
isolateur, trice *adj et s m* aislador, ra.
isolation *f* aislamiento *m*; *isolation acoustique, thermique* aislamiento acústico, térmico.
isolationnisme *m* aislacionismo.
isolationniste *adj et s* aislacionista.
isolé, e *adj* aislado, da.
isolement [izɔlmɑ̃] *m* aislamiento ‖ apartamiento; *le «splendide isolement»* el «espléndido aislamiento».
isolément *adv* aisladamente, uno por uno.
isoler *v tr* aislar.
 ➤ *v pr* apartarse.
isoloir *m* aislador ‖ cabina *f* electoral [para preparar el boletín de voto].
isomère *adj et s m* CHIM isómero, ra.
isométrie *f* MATHS isometría.
isométrique *adj* isométrico, ca.
isomorphe *adj* CHIM isomorfo, fa.
isopode *adj et s m* ZOOL isópodo, da.
isotherme *adj et s f* isotermo, ma (de même température) ‖ *wagon isotherme* vagón isotérmico (à température constante).
isotope *adj et s m* isótopo ‖ *isotope radioactif* isótopo radioactivo.
isotrope *adj et s m* isótropo, pa.
Israël [israɛl] *n pr m* GÉOGR Israel.
israélien, enne [israeljɛ̃, jɛn] *adj* israelí.
Israélien, enne *m et f* israelí.
israélite [-lit] *adj* israelita.
Israélite *m et f* israelita.
issu, e [isy] *adj* nacido, da; salido, da ‖ descendiente; *elle était issue d'une noble lignée* era descendiente de una familia linajuda ‖ FIG procedente, resultante, que proviene ‖ — *cousins issus de germains* primos segundos ‖ *issu de sang royal* de estirpe real.
issue *f* salida; *les issues cachées* las salidas ocultas ‖ FIG fin *m*, final *m*; *à l'issue de la réunion* al final de la reunión ‖ resultado *m*, desenlace *m*; *l'issue d'un procès* el resultado de un pleito ‖ salida; *se ménager des issues* procurarse salidas ‖ — *issue de secours* salida de emergencia ‖ *l'issue fatale* el fatal desenlace ‖ *rue sans issue* calle sin salida ‖ — *à l'issue de* después de, al terminar, al final de.
 ➤ *pl* echaduras, afrecho *m sing*, salvado *m sing* (mouture) ‖ despojos *m* (de boucherie).
Istanbul *n pr* GÉOGR Estambul.
isthme [ism] *m* istmo.
italianisant, e *m et f* italianista ‖ italianizante.
italianiser *v tr et intr* italianizar.
italianisme *m* italianismo.
Italie *n pr f* GÉOGR Italia.
italien, enne *adj* italiano, na ‖ *à l'italienne* a la italiana (à la manière italienne), apaisado, da (dessin, livre, etc.).
 ➤ *m* italiano (langue).
Italien, enne *m et f* italiano, na.
italique *adj* itálico, ca.
 ➤ *m* itálica *f*, bastardilla *f*, cursiva *f* (écriture).

item [itɛm] *adv lat* item, además (en outre).
itératif, ive *adj* iterativo, va *(p us)*; reiterado, da; repetido, da.
itération *f* iteración ‖ INFORM iteración.
itinéraire *adj et s m* itinerario, ria.
itinérant, e *adj et s m* ambulante, itinerante; *ambassadeur itinérant* embajador ambulante ‖ volante; *équipes itinérantes* equipos volantes.
itou *adv* FAM también, igualmente (aussi).
I.U.F.M. abrév de *institut universitaire de formation des maîtres* escuela de prácticas para la formación de profesores [en Francia].
I.U.P. abrév de *institut universitaire professionnalisé* escuela universitaria de formación profesional [en Francia].
I.U.T. abrév de *institut universitaire de technologie* instituto universitario de tecnología.
I.V.G. abrév de *interruption volontaire de grossesse* interrupción voluntaria del embarazo.

ivoire *m* marfil ‖ objeto de marfil (objet en ivoire) ‖ — *ivoire végétal* marfil vegetal, corojo ‖ *noir d'ivoire* negro de marfil ‖ FIG *tour d'ivoire* torre de marfil ‖ *vieil ivoire* marfil cansado.
ivoirien, enne *adj* de la Costa de Marfil.
Ivoirien, enne *m et f* marfilense, sa.
ivoirin, e *adj* marfileño, ña; ebúrneo, a (poétique).
ivraie [ivrɛ] *f* cizaña (plante) ‖ FIG cizaña, disensión, enemistad ‖ *séparer le bon grain de l'ivraie* separar lo bueno de lo malo.
ivre *adj* ebrio, a; embriagado, da; beodo, da (pris de boisson) ‖ FIG ebrio, a; loco, ca; embriagado, da; *ivre de joie* loco de alegría ‖ *ivre mort* borracho perdido.
ivresse *f* embriaguez ‖ FIG arrebato *m*, entusiasmo *m*, transporte *m*.
ivrogne, esse *adj et s* borracho, cha.
ivrognerie *f* embriaguez, borrachera.

J

j *m* j *f*.
J abrév de *joule* J, julio.
jabot [ʒabo] *m* buche (des oiseaux) ‖ chorrera *f* (de chemise) ‖ — VÉTER *jabot œsophagien* papada *f* ‖ FAM *se remplir le jabot* llenar el buche, hincharse de comer.
jacasse *f* urraca (pie) ‖ FAM cotorra, charlatana (bavarde).
jacasser *v intr* chirriar la urraca (la pie) ‖ FAM cotorrear, parlotear (babiller).
jachère *f* AGRIC barbecho *m*; *en jachère* en barbecho.
jacinthe [ʒasɛ̃t] *f* jacinto *m* (plante) ‖ jacinto *m* (pierre précieuse).
jack *m* TECHN conmutador telefónico.
jackpot *m* premio, gordo, premio gordo ‖ FIG gordo.
jacobin, e *adj et s* jacobino, na [en la Revolución francesa] ‖ *(vx)* dominico, ca.
jacobinisme *m* jacobinismo.
jacquard [ʒakaːr] *m* TECHN telar de jacquard (métier).
jacquemart *m* jacquemart (automate).
jacquerie *f* motín *m*, levantamiento *m* de campesinos [en recuerdo de una rebelión de los campesinos de la Isla de Francia contra la nobleza en 1358].
jacquet [ʒakɛ] *m* chaquete (jeu) ‖ ZOOL ardilla *f* (écureuil).
jacter *v intr* POP rajar (parler).
jade *m* jade (pierre).

jadis [ʒadis] *adv* antiguamente, antaño ‖ *au temps jadis* en otro tiempo, en tiempos lejanos.
jaguar [ʒagwaːr] *m* ZOOL jaguar, yaguar.
jaillir [ʒajiːr] *v intr* brotar (sourdre) ‖ saltar; *des étincelles jaillirent* saltaron chispas ‖ FIG desprenderse (se dégager).
jaillissant, e [-jisɑ̃, ɑ̃ːt] *adj* que brota.
jaillissement [-jismɑ̃] *m* brote, surgimiento.
jais [ʒɛ] *m* MIN azabache; *noir comme du jais* negro como el azabache.
Jakarta; Djakarta *n pr* GÉOGR Yakarta.
jalon *m* jalón (topographique) ‖ hito; *c'est un jalon dans l'histoire* es un hito en la historia; *dernier jalon* hito final ‖ — *jalon-mire* jalón de mira ‖ FIG *poser des jalons* preparar *ou* abonar el terreno.
jalonnement *m* jalonamiento.
jalonner *v tr et intr* jalonar, amojonar ‖ FIG jalonar ‖ marcar.
jalousement *adv* celosamente (en amour) ‖ envidiosamente (envieusement).
jalouser *v tr* envidiar, tener envidia de (être envieux); *jalouser quelqu'un* tener envidia a *ou* de uno.
jalousie *f* celos *m pl* (en amour) ‖ envidia (envie); *la jalousie le ronge* la envidia le carcome ‖ celosía, persiana (persienne).
jaloux, ouse [ʒalu, uːz] *adj* celoso, sa (en amour) ‖ envidioso, sa (envieux) ‖ ansioso, sa; deseoso, sa (désireux de) ‖ — *être jaloux* estar celoso, tener celos ‖ *rendre jaloux* dar celos (amour), provocar la envidia, dar envidia (envie).
jamaïquain, e; jamaïcain, e *adj* jamaicano, na; jamaiquino, na.

Jamaïquain, e; Jamaïcain, e *m* et *f* jamaicano, na; jamaiquino, na.

Jamaïque *n pr f* GÉOGR Jamaica.

jamais [ʒamɛ] *adv* nunca, jamás; *je ne l'ai jamais vu* no le he visto nunca, jamás le he visto ‖ — *jamais de la vie* nunca jamás ‖ *jamais deux sans trois* no hay dos sin tres ‖ — *à jamais, pour jamais* para siempre ‖ *à tout jamais* por *ou* para siempre, para siempre jamás ‖ *au grand jamais* nunca jamás, jamás de los jamases ‖ *si jamais* si algún día; *si jamais tu le rencontres* si algún día le encuentras; como; *si jamais tu recommences!* ¡como lo hagas otra vez! ‖ — *mieux vaut tard que jamais* más vale tarde que nunca.

jambage *m* jamba *f* (de cheminée) ‖ palo, trazo (de lettre) ‖ TECHN jamba *f*, montante (montant).

jambe *f* ANAT pierna ‖ pernil *m* (de pantalon) ‖ ARCHIT jamba ‖ — *jambe de bois* pata de palo ‖ *jambe de force* jabalcón ‖ *jambe d'une maille* hilo de una malla ‖ — *à toutes jambes* a todo correr ‖ *jambe deçà, jambe delà* a horcajadas ‖ *par-dessous la jambe* sin cuidado, a lo loco, al desgaire, a lo que salga, por las buenas ‖ — *cela donne des jambes* esto da fuerzas para andar ‖ *cela lui fait une belle jambe* valiente negocio, ¡pues sí que le sirve de mucho!, ¿de qué le sirve? ‖ *prendre ses jambes à son cou, jouer des jambes* tomar las de Villadiego, poner pies en polvorosa ‖ *tenir la jambe* dar la lata ‖ *tirer les jambes de quelqu'un* echar la zancadilla a alguien ‖ *traiter quelqu'un par-dessous la jambe* mirar a uno por encima del hombro.

jambier, ère *adj* ANAT de la pierna.
◆ *f* canillera, greba (armure) ‖ polaina (guêtre).

jambon *m* jamón; *jambon à l'os, de montagne o de pays* jamón con hueso, serrano ‖ POP mandolina *f*.

jambonneau *m* codillo de jamón, lacón ‖ perna *f* (mollusque) ‖ POP guitarra.

jamboree [ʒãbɔri] *m* jamboree, reunión *f* internacional de exploradores.

jam-session *f* jam-session, sesión de jazz improvisada.
— OBSERV pl *jam-sessions*.

janissaire *m* jenízaro (soldat turc).

jansénisme *m* jansenismo.

janséniste *adj* et *s* jansenista.
◆ *adj* en pasta; *reliure janséniste* encuadernación en pasta.

jante *f* llanta.

janvier *m* enero.

japon *m* porcelana *f* japonesa (porcelaine) ‖ papel japonés (papier) ‖ marfil japonés (ivoire).

Japon *n pr m* GÉOGR Japón.

japonais, e *adj* japonés, esa.
◆ *m* japonés (langue).

Japonais, e *m* et *f* japonés, esa.

japonisant, e *adj* et *s* que se dedica al estudio de la cultura o filología japonesas.

jappement *m* ladrido, gañido.

japper *v intr* ladrar, gañir.

jaquemart [ʒakmaːr] *m* autómata que da la hora en algunos relojes ‖ juguete de herreros (jouet).

jaquette *f* chaqué *m* (d'homme) ‖ chaqueta (de dame) ‖ sobrecubierta, forro *m* ilustrado (d'un livre).

jardin *m* jardín (de fleurs), huerto (potager) ‖ FIG región *f* fértil ‖ THÉÂTR derecha del actor en el escenario ‖ — *jardin d'acclimatation* invernadero ‖ *jardin d'enfants* colegio de párvulos ‖ *jardin des plantes* jardín botánico ‖ *jardin d'hiver* invernadero ‖ *jardin fruitier* huerto, vergel ‖ *jardin potager* huerto, huerta ‖ *jardin public* parque público ‖ *jardin suspendu* jardín colgante *ou* pensil.

jardinage *m* jardinería *f* (art), horticultura *f* ‖ hortalizas *f pl* (légumes) ‖ jardín (des émeraudes) ‖ mancha *f* (des diamants).

jardiner *v intr* entretenerse trabajando en jardinería.
◆ *v tr* *jardiner un bois* escamondar un bosque.

jardinet [ʒardinɛ] *m* jardinillo (de fleurs) ‖ huertecillo (potager).

jardinier, ère *m* et *f* jardinero, ra (fleuriste) ‖ hortelano, na (maraîcher).
◆ *adj* del jardín ‖ hortense; hortelano, na.

jardinière *f* jardinera, macetero *m* (meuble) ‖ menestra, macedonia de legumbres (mets) ‖ carro de los hortelanos (véhicule) ‖ ZOOL cárabo *m*, escarabajo *m* dorado.

jargon *m* jerga *f*, jerigonza *f* ‖ argot; *jargon médical* argot médico ‖ MIN jergón (diamant jaune).

jargonaphasie *f* jergafasia.

Jarnac (coup de) [kudə ʒarnak] *m* cuchillada *f* traidora, puñalada *f* trapera.

jarre *f* jarra, tinaja (vase).
◆ *m* lana churra *f* (poil).

jarret *m* corva *f* (de l'homme) ‖ jarrete, corva *f*, corvejón (de l'animal) ‖ CONSTR pandeo, comba *f* (saillie) ‖ — *avoir du jarret* tener buenas piernas ‖ *couper les jarrets* desjarretar.

jarretelle [ʒartɛl] *f* liga.

jarretière *f* liga, jarretera (pour les bas) ‖ jarretera (ordre anglais).

jars [ʒaːr] *m* ganso, ánsar (oiseau).

jaser *v intr* charlar, parlotear (parler) ‖ cotillear, cotorrear (avec médisance) ‖ cotorrear (les perroquets, etc.) ‖ FAM desembuchar (en justice) ‖ *jaser à tort et à travers* hablar a troche y moche.

jasmin *m* jazmín (fleur).

jaspe [ʒasp] *m* jaspe (pierre) ‖ jaspeado (livre).

jasper *v tr* jaspear.

jatte *f* cuenco *m* (coupe).

jauge [ʒoːʒ] *f* cabida (capacité) ‖ medida (mesure) ‖ aforo *m* (d'un récipient) ‖ varilla graduada, aspilla (règle graduée) ‖ arqueo *m* (d'un bateau) ‖ galga (de filetage) ‖ AGRIC zanja para renuevos ‖ AUTOM *jauge de niveau d'huile* indicador de nivel del aceite.

jaugeage [ʒoʒaːʒ] *m* aforo ‖ arqueo (bateaux).

jauger* *v tr* aforar ‖ calar (futailles) ‖ arquear (bateaux) ‖ FIG calibrar, juzgar.

jaunâtre *adj* amarillento, ta; *une lumière jaunâtre* una luz amarillenta ‖ cetrino; na; *un teint jaunâtre* una tez cetrina.

jaune *adj* et *s* amarillo, lla ‖ POP esquirol, rompehuelgas (briseur de grève) ‖ — *jaune d'œuf* yema de huevo ‖ *jaune paille* pajizo, za ‖ *rire jaune* reír de dientes para afuera, reír con risa de conejo.

Jaune (fleuve) *n pr* GÉOGR río Amarillo.

jaunir *v tr* et *intr* amarillear, ponerse amarillo.

jaunissant, e *adj* que amarillea; amarillento, ta.

jaunisse *f* MÉD ictericia (ictère) ‖ FAM *en faire une jaunisse* ponerse enfermo (être contrarié).

jaunissement *m* amarilleo.

java *f* java (danse).
Java *n pr f* GÉOGR Java.
javanais, e *adj* javanés, esa.
◆ *m* lenguaje convencional que se forma anteponiendo a cada sílaba francesa una de las sílabas *av* o *va*, jerigonza *f*.
Javanais, e *m et f* javanés, esa.
Javel (eau de) *f* lejía, hipoclorito *m* de sosa usado como decolorante y desinfectante.
javelle *f* montoncito *m* de sal ‖ AGRIC gavilla.
javellisation *f* esterilización del agua con lejía, con hipoclorito de sosa.
javelliser *v tr* esterilizar el agua con lejía, con hipoclorito de sosa.
javelot [ʒavlo] *m* venablo (arme) ‖ SPORTS jabalina *f*.
jazz [djaz]; **jazz-band** [-band] *m* jazz, jazz band.
jazzique; jazzistique *adj* relativo al jazz, va al jazz.
jazzman *m* jazzman, músico de jazz.
— OBSERV pl *jazzmen*.
J.-C. abrév de *Jésus-Christ* J.C., Jesucristo.
je *pron pers* yo.
— OBSERV *Je* se emplea solamente como elemento del grupo verbal (*je suis venu*); en los otros casos hay que decir *moi* (*mon père et moi serons contents de vous voir*).
— OBSERV Il n'est nécessaire de traduire *je* en espagnol que si l'on veut insister.
jean; jeans *m* vaqueros, tejanos.
Jean (saint) [ʒã] *n pr m* San Juan ‖ *saint Jean-Baptiste* San Juan Bautista.
Jeanne d'Arc *n pr f* Juana de Arco.
Jeep [dji:p] *f* (nom déposé) AUTOM jeep *m*, todo terreno *m* [(amér.) coche campero].
Jéhovah *n pr m* Jehová.
je-m'en-fichisme; je-m'en-foutisme *m inv* POP despreocupación *f*, indiferencia *f*.
je-m'en-fichiste; je-m'en-foutiste *m inv* POP viva la Virgen, pasota.
je-ne-sais-quoi [ʒənsɛkwa] *m inv* un no sé qué.
jérémiade *f* jeremiada, lloriqueo *m*.
jerez [xeɾes] *m* → **xérès**.
jéroboam *m* botella *f* gigante [de cava o vino].
jerrican; jerrycan [djerikan] *m* jerrycan, bidón cuadrangular de 20 litros para gasolina.
jersey [ʒɛrsɛ] *m* tejido de punto (tissu) ‖ jersey (vêtement).
Jersey *n pr* GÉOGR Jersey.
Jérusalem [ʒeryzalɛm] *n pr m* GÉOGR Jerusalén.
jésuite *adj et s* jesuita.
jésuitisme *m* jesuitismo.
Jésus [ʒezy] *m* Jesús; *le petit Jésus, l'Enfant Jésus* el niño Jesús ‖ Niño Jesús; *un jésus de cire* un niño Jesús de cera ‖ TECHN papel de 56 × 72 cm ‖ *double-jésus* papel de 70 × 100 cm.
Jésus-Christ [ʒezykri] *n pr m* Jesucristo.
jet [ʒɛ] *m* lanzamiento, tiro; *un jet de 55 mètres* un lanzamiento de 55 metros (sports) ‖ rayo, chorro (de lumière) ‖ chorro (d'un fluide); *jet de vapeur* chorro de vapor ‖ chorro (d'un avion) ‖ vaciado (d'un métal en fusion) ‖ cabio bajo, travesaño inferior (d'une fenêtre) ‖ mazarota *f* (masselotte) ‖ BOT vástago, retoño ‖ MAR echazón *f* ‖ — *jet d'eau* surtidor ‖ *jet de filet* redada ‖ — *arme de jet* arma arrojadiza ‖ *premier jet* bosquejo (peinture) ‖ — *à un jet de pierre* a tiro de piedra ‖ *d'un seul jet* de un tirón, de una sola vez ‖ *du premier jet* del primer golpe, de primera mano.
jet *m* jet, avión de reacción, reactor.
jetable *adj* desechable, de usar y tirar; *rasoir, briquet jetable* maquinilla de afeitar, encendedor desechable.
jeté, e *adj* echado, da ‖ tirado, da (lancé) ‖ tirado, da (gaspillé).
◆ *m* tejido de lado (danse) ‖ tapete (de table) ‖ tierra *f* (haltères).
jetée *f* escollera, espigón *m*, muelle *m*, malecón *m*.
jeter* *v tr* echar; *jeter les bras autour du cou de quelqu'un* echar los brazos al cuello de alguien; *jeter un regard de haine* echar una mirada de odio ‖ tirar; *jeter une pierre* tirar una piedra; *jeter par* o *à terre* tirar al suelo ‖ lanzar (lancer) ‖ echar, poner (mettre) ‖ emitir, lanzar (émettre) ‖ tirar (se débarrasser de) ‖ echar (des bourgeons) ‖ poner en; *jeter dans l'embarras* poner en un apuro ‖ meter; *jeter en prison* meter en la cárcel ‖ dar, soltar, emitir; *jeter un cri* dar un grito ‖ echar, hacer, poner; *jeter les fondements d'une maison* poner los cimientos de una casa ‖ construir, tender (un pont) ‖ echar, tender (des filets) ‖ FIG infundir, hacer nacer, inspirar; *une nouvelle qui nous jette dans la joie* una noticia que nos infunde alegría | echar, sentar (les bases) ‖ llevar (conduire) ‖ — *jeter à la figure* o *à la face* o *au nez* echar en cara ‖ FIG *jeter à la tête de quelqu'un* meter por los ojos a alguien ‖ *jeter bas* echar abajo, derribar ‖ *jeter de la poudre aux yeux* engañar con falsas apariencias, deslumbrar ‖ *jeter de l'huile sur le feu* echar leña al fuego ‖ MAR *jeter l'ancre* echar el ancla, anclar, fondear ‖ FIG *jeter la pierre à quelqu'un* echar la culpa a uno ‖ *jeter l'argent par les fenêtres* tirar el dinero por la ventana, tirar *ou* despilfarrar el dinero ‖ *jeter l'effroi parmi* sembrar el terror entre ‖ FIG *jeter l'éponge* arrojar *ou* tirar la toalla, darse por vencido ‖ *jeter les hauts cris* poner el grito en el cielo ‖ *jeter un coup d'œil* echar un vistazo *ou* una ojeada ‖ *jeter un sort à quelqu'un* hechizar *ou* echar el mal de ojo a alguien.
◆ *v pr* tirarse, arrojarse, echarse ‖ desembocar (un fleuve) ‖ FIG meterse (s'engager) ‖ — *se jeter à la tête de quelqu'un* insinuarse (faire des avances) ‖ FIG *se jeter à l'eau* liarse la manta a la cabeza ‖ *se jeter par la fenêtre* tirarse por la ventana.
jeteur, euse *m et s* echador, ra ‖ *jeteur de sort* brujo, hechicero.
jeton *m* ficha *f* (jeux) ‖ ficha *f* (du téléphone) ‖ — *jeton de présence* ficha de asistencia ‖ — FAM *faux jeton* hipócrita | *vieux jeton* vejestorio, anciano decrépito ‖ — FAM *faux comme un jeton* más falso que Judas.
jet-stream [dʒɛtstrim] *m* jet-stream [corriente a chorro].
— OBSERV pl *jet-streams*.
jeu *m* juego ‖ juego, surtido completo; *un jeu de clés* un juego de llaves ‖ juego (mouvement) ‖ juego, holgura *f* (de deux pièces) ‖ funcionamiento, ejercicio, práctica *f* (pratique) ‖ regla *f* del juego (règle) ‖ apuesta *f*, lo que se juega (enjeu) ‖ manejo (maniement) ‖ FIG fantasía *f* | juego (de lumière) ‖ MUS ejecución *f*, el tocar, manera *f* de tocar ‖ THÉÂTR interpretación *f*, actuación *f*, modo de representar ‖ — *jeu de boules* juego de bolos; bolera (lieu) ‖ *jeu de cartes* baraja (paquet de cartes), juego de naipes ‖ *jeu d'échecs* juego de ajedrez ‖ *jeu de construction* juego de construcción ‖ COMM *jeu*

d'écritures operación contable puramente formal ∥ *jeu de dames* juego de damas ∥ MUS *jeu de flûtes* flautado (de l'orgue) ∥ *jeu de hasard* juego de azar ∥ *jeu de l'oie* juego de la oca ∥ *jeu de mots* juego de palabras ∥ *jeu de patience* rompecabezas ∥ *jeu de paume* juego de pelota ∥ *jeu de physionomie* juego de mímica ∥ *jeu de piste* juego de pista ∥ *jeu de rôles* papel de representación ∥ *jeu de société* juego de salón *ou* sociedad ∥ *jeu d'esprit* acertijo, adivinanza ∥ MUS *jeu d'orgue* registro ∥ *jeux de mains, jeux de vilains* juegos de manos, juegos de villanos ∥ *jeux floraux* juegos florales ∥ *mise en jeu* puesta en obra ∥ *— d'entrée de jeu* de entrada, desde el principio *ou* el comienzo ∥ *par jeu* por juego ∥ *— abattre son jeu* poner las cartas boca arriba ∥ *avoir beau jeu* tener buen juego (aux cartes), serle fácil a uno alguna cosa ∥ *cacher son jeu* disimular sus intenciones ∥ *cela n'est pas le jeu, ce n'est pas de jeu* esto no está permitido, no hay derecho (*fam*) ∥ FIG *c'est un jeu d'enfant!* ¡es un juego de niños! ∥ *entrer dans le jeu* entrar en el juego ∥ *entrer en jeu* entrar en juego ∥ *être vieux jeu* estar chapado a la antigua ∥ *faire le jeu de quelqu'un* hacer el juego a alguien, hacer el caldo gordo a alguien ∥ *jouer franc jeu* jugar limpio ∥ *jouer gros jeu* jugar fuerte ∥ *le jeu n'en vaut pas la chandelle* la cosa no vale la pena ∥ FIG *les jeux sont faits* la suerte está echada ∥ *mettre en jeu* poner en juego ∥ *remettre en jeu* volver a poner en juego ∥ *se faire un jeu d'une chose* hacer una cosa jugando ∥ *se piquer au jeu* picarse [en el juego].

jeudi *m* jueves; *jeudi dernier* el jueves pasado ∥ *— Jeudi saint* Jueves Santo ∥ *semaine des quatre jeudis* la semana que no traiga viernes, cuando las ranas críen pelos.

jeun (à) [aʒœ̃] *loc adv* en ayunas; *être à jeun* estar en ayunas.

jeune *adj* joven, juvenil ∥ nuevo, va; *un jeune talent* un nuevo valor (neuf) ∥ pequeño, ña (petit) ∥ juvenil; *un costume jeune* un traje juvenil ∥ *— jeune fille* chica, muchacha, joven, moza ∥ *jeune homme* muchacho, joven ∥ FIG *jeune loup* joven arribista, trepador ∥ *jeune premier* galán joven ∥ *jeune première* dama joven ∥ *jeunes gens* jóvenes ∥ *ma jeune sœur* mi hermana menor ∥ *— faire jeune* parecer joven.

◆ *m et f* joven (jeune personne).

jeûne *m* ayuno.

jeûner *v intr* ayunar.

jeunesse *f* juventud ∥ (*vx*) joven (jeune personne) ∥ *— la jeunesse du Cid* las mocedades del Cid ∥ *la jeunesse du monde* los principios del mundo ∥ *il faut que jeunesse se passe* hay que aceptar lo propio de la juventud.

jeunet, ette *adj et s* FAM jovencito, ta.

jeunot [ʒœno] *adj et s m* jovencito.

jingle [dʒiŋgœl] *m* jingle, cuña publicitaria.

jiu-jitsu [dʒjydʒitsy] *m inv* jiu-jitsu.

Jivaros *n pr m pl* jívaros, jíbaros.

J.O. abrév de *jeux Olympiques* Juegos Olímpicos ∥ abrév de *Journal officiel* Boletín Oficial del Estado [Francia].

joaillerie [ʒɔajri] *f* joyería.

joaillier, ère [-je, jɛːr] *adj et s* joyero, ra.

job [dʒɔb] *m* FAM trabajo.

Job *n pr m* Job ∥ *pauvre comme Job* más pobre que Job, más pobre que las ratas.

jobard [ʒɔbaːr] *adj et s m* FAM tonto, pánfilo.

jockey [ʒɔkɛ] *m* jockey.

Joconde (la) la Gioconda.

jodhpurs *m pl* pantalones de montar.

jodler *v intr* → **iouler**.

joggeur, euse *m et f* persona que hace jogging.

jogging *m* joggin; *faire du jogging* corretear.

Johannesbourg *n pr* GÉOGR Johannesburgo.

joie [ʒwa] *f* gozo *m*, alegría; *trépignant de joie* saltando de gozo ∥ *júbilo m* (joie très vive); *ne pas se sentir de joie* no caber en sí de júbilo ∥ alegría; *il était ma joie* era mi alegría ∥ *— feu de joie* fogata ∥ *fille de joie* mujer de la vida ∥ *— être tout à la joie de* estar lleno de alegría con ∥ *faire la joie de* ser la alegría de ∥ *la joie de lire* el placer de la lectura ∥ *ne pas se tenir de joie* no caber en sí de gozo ∥ *s'en donner à cœur joie* pasárselo en grande ∥ *vive la joie!* ¡viva la Pepa!

joignable *adj* localizable.

joindre* *v tr* juntar ∥ reunir, unir, poner en comunicación; *une rue qui joint les deux autres* una calle que reúne las otras dos ∥ reunirse con (une personne) ∥ dar con, entrar en contacto, localizar (se mettre en rapport) ∥ añadir, sumar (ajouter) ∥ adjuntar, incluir (mettre avec) ∥ FIG unir, juntar (allier) ∥ *— joindre les deux bouts* tener justo lo necesario para vivir, ir tirando, hacer equilibrios para vivir ∥ *joindre les mains* juntar *ou* unir las manos ∥ *ne pas joindre les deux bouts* no llegarle a uno el dinero.

◆ *v intr* ajustar, encajar; *ces fenêtres ne joignent pas bien* estas ventanas no encajan bien.

◆ *v pr* juntarse ∥ unirse, reunirse ∥ añadirse ∥ sumarse (à une conversation).

joint *m* juntura *f* ∥ coyuntura *f* (des os) ∥ FIG punto delicado, coyuntura *f* ∥ TECHN junta *f*; *joint de culasse* junta de culata ∥ POP porro (cigarette de marihuana) ∥ *— joint de cardan* junta universal, cardán ∥ *joint de dilatation* junta de dilatación ∥ *joint de robinet* arandela ∥ *joint d'étanchéité* junta de estanqueidad *ou* hermética ∥ *joint universel* junta universal ∥ *— trouver le joint* encontrar la coyuntura.

joint, e [ʒwɛ̃, ɛ̃ːt] *adj* junto, ta; *à mains jointes* con las manos juntas ∥ ajustado, da; *fenêtres mal jointes* ventanas mal ajustadas ∥ *— ci-joint* adjunto, ta ∥ *pièce jointe* anexo, documento anexo ∥ *sauter à pieds joints* saltar a pies juntillas.

— OBSERV El participio *joint* en *ci-joint* es invariable al comienzo de una frase (*ci-joint votre lettre*) y en una oración si el sustantivo va a continuación sin que sea precedido de un artículo o de un adjetivo determinado (*vous trouverez ci-joint quittance*). En los otros casos hay concordancia (*les pièces ci-jointes*).

jointif, ive *adj* unido, da; contiguo, gua; adherente ∥ TECHN unido por los bordes.

jointure *f* juntura (joint) ∥ ANAT coyuntura (des os) ∣ nudillo *m* (des doigts).

joker [dʒɔkœːr] *m* mono, comodín (carte).

joli, e *adj* bonito, ta; mono, na; lindo, da (utilisé surtout en Amérique en parlant d'une personne) ∥ bonito, ta (style, situation, fortune) ∥ menudo, da; *il était dans un joli état!* ¡en menudo estado estaba! ∥ bueno, na; *ils t'ont joué un joli tour* te han hecho una buena jugada ∥ *— elle est jolie à croquer o jolie comme un cœur* es un bombón, está para comérsela ∥ *faire le joli cœur* dárselas de guapetón ∥ *tout ça, c'est bien joli mais* todo eso está muy bien, pero.

◆ *m* lo bonito ‖ — *c'est du joli!* ¡muy bonito! ‖ *le plus joli est que* lo más bonito (beau) *ou* lo más gracioso (drôle) es que.

joliesse *f* monería, lo bonito *m*, preciosidad.

joliment *adv* preciosamente, bonitamente ‖ perfectamente ‖ FAM mucho, muy (beaucoup, très) | muy mal (très mal).

jonc [ʒɔ̃] *m* junco (plante) ‖ junquillo, junco (canne) ‖ anillo (bague) ‖ FIG *être droit comme un jonc* ser más tieso que un huso.

jonchée *f* alfombra de flores *ou* ramas en una calle (tapis de fleurs) ‖ quesito *m* fresco (fromage) ‖ FIG multitud de cosas sembradas por el suelo.

joncher *v tr* cubrir, alfombrar, tapizar; *joncher la rue de fleurs* cubrir la calle de flores.

jonction *f* unión, reunión, junción ‖ — *faire la jonction* reunirse, unirse ‖ *point de jonction* confluencia.

jongler [ʒɔ̃gle] *v intr* hacer juegos malabares (tours d'adresse) ‖ hacer juegos de manos (tours de passe-passe) ‖ FIG *jongler avec les chiffres, avec les difficultés* hacer malabarismos con los números, burlarse de las dificultades.

jonglerie [-glǝri] *f* malabarismo *m*, juegos *m pl* malabares (tours d'adresse) ‖ juego de manos (tours de passe-passe) ‖ *(vx)* juglaría ‖ FIG charlatanería (charlatanisme) | disimulo *m*, hipocresía (hypocrisie).

jongleur, euse [-glœːr, -øːz] *m et f* malabarista (cirque).
◆ *m* juglar (trouvère).

jonque [ʒɔ̃ːk] *f* junco *m* (bateau chinois).

jonquille [ʒɔ̃kiːj] *f* BOT junquillo *m*.
◆ *adj inv* et *s m* color amarillo y blanco.

Jordanie *n pr f* GÉOGR Jordania.

jordanien, enne *adj* jordano, na.

Jordanien, enne *m et f* jordano, na.

Joseph (saint) *n pr* San José.

jota *f* jota.

jouable *adj* representable (théâtre) ‖ jugable (jeu) ‖ ejecutable (musique).

joubarbe *f* BOT jusbarba, siempreviva mayor.

joue [ʒu] *f* mejilla, carrillo *m* (du visage) ‖ papada (viande) ‖ carrillo *m* (du cheval) ‖ CONSTR carrillo *m* ‖ MAR cachete *m* ‖ MÉCAN cara ‖ TECHN pestaña ‖ — *en joue!* ¡apunten!, ¡armas! ‖ — *coucher* o *mettre en joue* apuntar hacia, encarar a ‖ FAM *se caler les joues* comer a dos carrillos.

jouer *v intr* jugar (se divertir) ‖ jugar (prendre à la légère); *jouer avec sa santé* jugar con su salud ‖ jugar (Bourse); *jouer à la hausse, à la baisse* jugar al alza, a la baja ‖ actuar (intervenir) ‖ ser aplicable (une loi) ‖ MÉCAN andar, funcionar (fonctionner) ‖ tener juego *ou* holgura (avoir du jeu) ‖ THÉÂTR trabajar (fam), actuar en un teatro, ser intérprete de una película ‖ MUS tocar; *jouer du violon* tocar el violín ‖ — *jouer à l'homme important* dárselas de hombre importante ‖ *jouer au plus fin* dárselas de listo ‖ *jouer aux courses* jugar a las carreras ‖ *jouer d'adresse* obrar con habilidad ‖ FAM *jouer de la prunelle* guiñar el ojo ‖ *jouer de malheur* tener mala suerte ‖ *jouer des coudes* abrirse paso con los codos ‖ *jouer des jambes* poner pies en polvorosa ‖ *jouer faux* desafinar ‖ *jouer serré* jugar con tiento ‖ *jouer sur* apostar a (miser) ‖ *jouer sur les mots* jugar del vocablo ‖ — *à toi de jouer* a ti te toca ‖ *en jouant* bromeando, en *ou* de broma,

burla burlando; *j'ai dit cela en jouant* he dicho esto en broma ‖ *faire jouer ses influences* servirse de *ou* mover sus influencias ‖ *il reste peu de temps à jouer* queda poco tiempo de juego.
◆ *v tr* jugar ‖ jugarse; *jouer son capital* jugarse el capital ‖ imitar (imiter) ‖ hacerse, fingirse (simuler) ‖ fingir; *un étonnement parfaitement joué* un asombro perfectamente fingido ‖ burlar, engañar (duper) ‖ MUS tocar; *jouer une sonate* tocar una sonata ‖ THÉÂTR representar | hacer el papel de, interpretar (un rôle) ‖ — *jouer double jeu* jugar con dos barajas ‖ *jouer du couteau* manejar la navaja ‖ *jouer franc jeu* jugar limpio ‖ *jouer la comédie* ser actor de teatro (acteur), hacer teatro (faire des histoires) ‖ *jouer le jeu* actuar honradamente ‖ *jouer le jeu de quelqu'un* hacer el juego de alguien ‖ *jouer le rôle de dupe* hacer el papel de hombre engañado ‖ *jouer le tout pour le tout* jugar el todo por el todo ‖ *jouer plusieurs jeux à la fois* jugar varias cartas a la vez ‖ POP *jouer rip* o *la fille de l'air* largarse ‖ *jouer sa situation* poner en juego su situación ‖ *jouer sa vie* jugarse la vida ‖ *jouer une farce* dar una broma ‖ *jouer un rôle* desempeñar un papel ‖ *jouer un tour* hacer una mala pasada *ou* una jugarreta.
◆ *v pr* jugarse ‖ no hacer caso de (ne faire nul cas de) ‖ disputarse; *la succession du trône se jouera entre eux deux* la sucesión del trono se disputará entre los dos ‖ ventilarse; *demain se joue son avenir* mañana se ventila su porvenir ‖ burlarse, reírse (se moquer) ‖ ocurrir (avoir lieu) ‖ MUS tocarse ‖ THÉÂTR representarse ‖ *faire une chose en se jouant* hacer una cosa como quien juega.

jouet [ʒwɛ] *m* juguete ‖ FIG *être le jouet de* ser el juguete de.

joueur, euse *adj et s* jugador, ra (jeux) ‖ tocador, ra (d'un instrument) ‖ juguetón, ona (enfant) ‖ — *joueur de gobelets* cubiletero, jugador de cubiletes, prestidigitador ‖ *joueur de guitare, de flûte, de harpe, de piano, de violon* guitarrista, flautista, arpista, pianista, violinista.

joufflu, e *adj* mofletudo, da.

joug [ʒu] *m* yugo ‖ FIG *sous le joug* bajo el yugo.

jouir* [ʒwiːr] *v intr* gozar; *jouir d'une bonne santé* gozar de buena salud ‖ disfrutar; *jouir d'une grosse fortune* disfrutar de una gran fortuna.

jouissance *f* goce *m*, disfrute *m*.

jouisseur, euse *m et f* gozador, ra ‖ egoísta; regalón, ona (qui ne cherche que le plaisir).

jouissif, ive *adj* regocijante.

joujou *m* FAM juguete ‖ *faire joujou* jugar, juguetear.
— OBSERV *pl joujoux*.

joule *m* julio (unité de travail).

jour *m* día; *jour et nuit* día y noche ‖ claridad *f*, luz *f*; *le jour bleuâtre de la lune* la luz azulada de la luna ‖ hueco, vano (porte, fenêtre) ‖ calado (broderie, etc.) ‖ ARCHIT calado ‖ FIG aspecto, apariencia *f*; *présenter cela sous son jour le plus favorable* presentar esto bajo el aspecto más favorable ‖ — *jour artificiel* día artificial ‖ *jour astronomique* día astronómico ‖ *jour civil* día civil ‖ *jour d'abstinence* día de vigilia ‖ *jour de congé* día de asueto ‖ *jour de fête* día de fiesta ‖ *jour de l'an* día de año nuevo ‖ *jour de plomb* luz cenital ‖ *jour de réception* día de recibo ‖ *jour des morts* día de difuntos ‖ *jour du jugement dernier* día del juicio final ‖ *jour férié* día feriado ou festivo ‖ *jour franc* día civil ‖ *jour frisant* trasluz, luz oblicua ‖ *jour gras* día de carne ‖ *jour J* día D ‖ *jour* *maigre* día de vigilia *ou* de viernes *ou* de pescado ‖ *jour moyen* día medio ‖ *jour ouvrable* día laborable ‖ — *bonheur d'un jour* dicha fugitiva ‖ *carnet du jour* ecos de sociedad (dans un journal) ‖ *demi-jour* media luz ‖ *faux jour* luz engañosa ‖ *grand jour* la luz del día ‖ *les beaux jours* el buen tiempo ‖ *les jours gras* los días de carnaval, carnestolendas ‖ *un grand jour* un gran día, un día señalado ‖ — *à jour* calado, da; con huecos (ouvertures), al día (au courant) ‖ *à la pointe du jour, au petit jour, au point du jour* al despuntar *ou* al romper el día *ou* el alba ‖ *à pareil jour* en igual fecha ‖ *à tant de jours de vue* o *de date* a tantos días vista *ou* fecha ‖ *au grand jour* con toda claridad, en plena luz ‖ *au jour le jour* al día ‖ *au petit jour* al alba, de madrugada ‖ *au premier jour* desde el principio ‖ *clair comme le jour* claro como el agua ‖ *dans ses beaux jours* en sus mejores días ‖ *de jour* de día ‖ *de jour en jour* de día en día ‖ *de nos jours* en nuestros días, hoy en día ‖ *de tous les jours de jours* de diario; diario, ria ‖ *du jour au lendemain* de la noche a la mañana ‖ *d'un jour à l'autre* de un día a otro ‖ *en plein jour* a la luz del día ‖ *par jour* al día, por día, diariamente; diario, ria ‖ *tous les deux jours* cada dos días ‖ *tous les jours* a diario ‖ *un beau jour* cierto día, un buen día, el mejor día, el día menos pensado ‖ *un jour ou l'autre* tarde o temprano ‖ — *apparaître sous son vrai jour* mostrarse como es ‖ FIG *c'est le jour et la nuit* es la noche y el día ‖ *donner le jour* dar a luz ‖ *donner ses huit jours* despedir, despedirse ‖ *être à son dernier jour* estar en las últimas ‖ *être beau comme le jour* ser más hermoso que el sol ‖ *faire jour* ser de día (commencer à faire jour) ‖ *faire le jour et la nuit* hacer y deshacer a su antojo ‖ *il fait grand jour* es muy de día ‖ *le jour baisse* oscurece, anochece ‖ *le jour se lève* sale el sol ‖ *les jours se suivent et ne se ressemblent pas* no todos los días son iguales ‖ *mettre à jour* poner al día ‖ *percer* o *mettre au grand jour* descubrir, sacar a luz ‖ *prendre jour* fijar el día ‖ *se faire jour* abrirse paso, salir a la luz ‖ *vivre au jour le jour* vivir al día ‖ *voir le jour* salir a luz.

◆ *pl* días (vie).

Jourdain *n pr m* GÉOGR Jordán (fleuve).

journal *m* diario, periódico (mot le plus courant); *les journaux du matin* los periódicos de la mañana ‖ diario (registre où l'on inscrit au jour le jour) ‖ COMM diario (comptabilité) ‖ — MAR *journal de bord* diario de a bordo ‖ INFORM *journal de bord* diario de servicio, bitácora ‖ *journal filmé* noticiario ‖ *journal parlé* diario hablado, informaciones radiofónicas ‖ *journal télévisé* telediario.

journalier, ère *adj* diario, ria ‖ FIG tornadizo, za; cambiante.
◆ *m* jornalero, bracero (ouvrier).

journalisme *m* periodismo.

journaliste *m et f* periodista; *journaliste sportif* periodista deportivo.

journalistique *adj* periodístico, ca.

journée *f* jornada (période de temps) ‖ jornal *m* (paye) ‖ día *m*; *une journée ensoleillée* un día soleado; *passer la journée à chanter* pasar el día cantando ‖ — *à la journée* a jornal; *travailler à la journée* trabajar a jornal; al día; *louer une chambre à la journée* alquilar una habitación al día ‖ *à longueur de journée, toute la sainte journée* todo el santo día ‖ *journée continue* jornada continua.

— OBSERV *Jour*, que tiene un sentido absoluto, expresa principalmente una unidad de tiempo empleada en medir la vida del hombre (*la semaine se compose de sept jours*). *Journée* tiene un sentido relativo y se aplica preferentemente al empleo que se hace de ese día, al conjunto de sucesos que ocurren (*la journée de huit heures*).

journellement *adv* diariamente.

joute *f* justa ‖ lidia (combat) ‖ lucha (lutte) ‖ torneo *m* (tournoi) ‖ FIG lucha, lid, rivalidad ‖ — *joute oratoire* torneo oratorio ‖ *joute poétique* justa poética ‖ *joute sur l'eau, joute lyonnaise* justa acuática.

jouvence *f* juventud.

jouvenceau [ʒuvɑ̃so] *m* jovencito, mozalbete.

jouxter [-te] *v intr* lindar con, tocar.

jovial, e *adj* jovial; *une personne joviale* una persona jovial ‖ festivo, va; *une histoire joviale* un chiste festivo.

— OBSERV El adjetivo *jovial* tiene dos plurales, *jovials* y *joviaux*, pero el primero es mucho más empleado.

jovialement *adv* jovialmente, alegremente.

jovialité *f* jovialidad.

joyau [ʒwajo] *m* joya *f* (bijou).

joyeusement *adv* alegremente, con alegría.

joyeux, euse [ʒwajø, øːz] *adj et s* alegre; gozoso, sa ‖ feliz; *une nouvelle joyeuse* una noticia feliz ‖ *joyeux anniversaire!* ¡feliz cumpleaños!, ¡cumpleaños feliz! ‖ *joyeux Noël!* ¡feliz Navidad!

J.T. abrév de *journal télévisé* telediario.

jubé *m* ARCHIT galería *f* que separa el coro del trascoro.

jubilaire *adj* jubilar.

jubilation *f* FAM júbilo *m*, regocijo *m*.

jubilatoire *adj* FAM regocijador, ra.

jubilé *m* jubileo ‖ bodas *f pl* de oro (cinquantième année de mariage).

jubiler *v intr* FAM mostrar júbilo.

jucher *v intr* posarse [las aves] ‖ FAM vivir en un piso alto.
◆ *v tr* FAM encaramar (mettre en haut).
◆ *v pr* FAM encaramarse.

judaïque *adj* judaico, ca.

judaïser *v intr* judaizar.

judaïsme *m* judaísmo.

judaïté *f* → **judéité**.

judas [ʒyda] *m* judas (traître) ‖ mirilla *f* (de porte).

Judas [ʒyda] *n pr m* Judas.

Judée *n pr f* GÉOGR Judea.

judéité; judaïté *f* identidad judía.

judéo-chrétien, enne *adj* judeocristiano, na.
— OBSERV pl *judéo-chrétiens, ennes*.

judéo-espagnol *m* GRAMM judeoespañol.

judiciaire *adj* judicial.

judiciairement *adv* judicialmente, por procedimiento judicial.

judicieusement *adv* juiciosamente, con razón.

judicieux, euse *adj* juicioso, sa ‖ atinado, da; acertado, da; juicioso, sa; *remarque judicieuse* observación atinada.

judo *m* judo, yudo.

judoka *m* judoka, yudoka.

juge *m* juez; *juge de paix* juez de paz; *juge d'instruction* juez de instrucción ‖ — SPORTS *juge à l'arrivée* juez de llegada *ou* de meta *ou* de raya ‖ *juge botté* juez lego ‖ DR *juge consulaire* juez consular ‖ *juge de l'application des peines* juez competente para la ejecución y seguimiento de las penas ‖ *juge des référés* juez de los recursos de urgencia ‖ *juge*

des tutelles juez tutelar | *juge d'instance* juez de primera instancia || *juge de ligne* juez de silla (tennis) || *juge de touche* juez de línea (football) || *juge pour enfants* juez de menores || *le Souverain Juge* el Juez Supremo || *on ne peut pas être juge et partie* nadie puede ser juez en causa propia.

jugement *m* juicio (faculté de l'entendement) || DR juicio | sentencia *f*, fallo (sentence) || — *jugement en premier ressort* fallo en primera instancia || *jugement exécutoire* sentencia ejecutoria || *jugement par défaut* juicio *ou* sentencia en rebeldía || — *au jugement de* según el parecer de || *en jugement* en juicio || *le jugement de Dieu* el juicio de Dios || *le jugement dernier* el juicio final || *mettre quelqu'un en jugement* encausar a uno, enjuiciar || *passer en jugement* ser juzgado || *porter un jugement sur quelqu'un* emitir un juicio sobre alguien || *prononcer un jugement* fallar, sentenciar.

jugeote [ʒyʒɔt] *f* FAM sentido *m* común, entendederas *pl*, caletre *m*, cacumen *m* (fam).

juger* *v intr* et *v tr* juzgar; *juger un accusé* juzgar a un reo; *juger d'un fait* juzgar un hecho; *juger sur les apparences* juzgar por las apariencias || sentenciar, fallar (émettre un jugement) || enjuiciar, juzgar; *juger la conduite de quelqu'un* enjuiciar la conducta de alguien || figurarse, imaginarse, juzgar (imaginer); *vous pouvez juger de ma joie* puede usted imaginarse mi alegría || — *juger bon* juzgar oportuno || *juger satisfaisant* parecer satisfactorio || — *à en juger d'après* a juzgar por *ou* según.

juger; jugé *m au juger* o *jugé* a ojo de buen cubero, al buen tuntún.

jugulaire *adj* et *s f* ANAT yugular (veine).
◆ *f* MIL barboquejo *m*, carrillera (du casque, képi, etc.).

juguler *v tr* vencer, yugular, contener; *juguler l'inflation* yugular la inflación.

juif, ive [ʒɥif, iːv] *adj* et *s* judío, a.
Juif, ive *m* et *f* judío, a.

juillet [ʒɥijɛ] *m* julio (mois); *le 7 juillet* el 7 de julio.

juilletiste *m* et *f* persona que toma vacaciones en julio.

juin *m* junio (mois).

jujubier *m* azufaifo (arbuste).

juke-box [ʒukbɔks] *m* juke-box [tocadiscos automático].

jules *m* FAM maromo, novio.

julien, enne *adj* juliano, ana; *ère julienne* era juliana.

juliénas *m* vino francés de la región de Beaujolais.

julienne *f* juliana (plante) || sopa juliana (soupe).

jumeau, elle [ʒymo, ɛl] *adj* et *s* gemelo, la; mellizo, za.
◆ *m pl* gemelos (muscles).

jumel *adj m coton jumel* algodón jumel.

jumelage *m* emparejamiento || convenio de hermandad, hermanamiento (de villes).

jumelé, e *adj* emparejado, da || hermanado, da (villes) || en ajimez (fenêtres) || MAR enjimelgado, da || — *colonnes jumelées* columnas gemelas || *pari jumelé* apuesta hípica por el primer y segundo caballo || *roues jumelées* ruedas gemelas.

jumeler* *v tr* emparejar (coupler), acoplar (accoupler), reforzar (renforcer) || MAR enjimelgar || hermanar (des villes).

jumelles *f pl* MAR jimelgas, chapuz *m sing* || gemelos *m* (lorgnette double) || piernas (de la presse) || gemelas (blason) || *jumelles à prismes* prismáticos.

jument *f* ZOOL yegua.

jumping [dʒœmpiŋ] *m* concurso hípico.

jungle [ʒɔ̃ːgl] *f* jungla, selva (forêt de l'Inde).

junior *adj* et *s* junior (sports) || menor (fils).

junkie; junky *m* et *f* POP yonqui.
— OBSERV *pl junkies*.

junte [ʒɔ̃ːt] *f* junta.

jupe *f* falda [*(amér)* pollera] (femmes); *jupe plissée* falda tableada *ou* plisada || MÉCAN faldón *m* (piston) || MIL faldón *m*.

jupe-culotte *f* falda pantalón.

jupette *f* faldilla.

Jupiter [ʒypitɛːr] *n pr m* Júpiter.

jupon *m* enaguas *f pl*, refajo || FAM *coureur de jupons* mujeriego, aficionado a las faldas.

Jura *n pr* GÉOGR Jura.

jurançon *m* vino francés de los Pirineos Atlánticos.

jurassien, enne *adj* jurasiano, na; jurense.
Jurassien, enne *m* et *f* jurasiano, na; jurense.

jurassique *adj* et *s m* jurásico, ca.

juré, e *adj* et *s* jurado, da || *ennemi juré* enemigo jurado.

jurer *v tr* jurar || — *jurer ses grands dieux* jurar por lo más sagrado || — *Dieu en vain tu ne jureras* no jurar el santo nombre de Dios en vano || *il ne faut jurer de rien* nadie diga de esta agua no beberé || *j'en jurerais* lo juraría.
◆ *v intr* renegar, jurar, blasfemar (blasphémer); *jurer comme un charretier* blasfemar como un carretero || hacer fu (le chat) || FIG chocar, no ir, darse patadas, le vert jure avec le bleu lo verde choca con lo azul || *Pierre ne jure que par son père* para Pedro no hay más que su padre.

juridiction *f* jurisdicción || *cela n'est pas de votre juridiction* esto no es de su incumbencia.

juridictionnel, elle *adj* jurisdiccional.

juridique *adj* jurídico, ca; *conflit juridique* conflicto jurídico.

juridiquement *adv* jurídicamente.

jurisconsulte *m* jurisconsulto.

jurisprudence *f* jurisprudencia; *faire jurisprudence* sentar jurisprudencia.

juriste *m* et *f* jurista.

juron *m* juramento, voto, reniego, taco (fam).

jury *m* jurado (justice) || tribunal (examens).

jus [ʒy] *m* jugo; *jus de viande* jugo de carne || zumo [*(amér)* jugo]; *jus de citron* zumo de limón || FAM corriente *f* eléctrica (courant) | salsa *f*; *peu d'idées, beaucoup de jus* pocas ideas, mucha salsa || POP café solo || — POP *jus de chapeau* aguachirle || *jeter du jus* hacer un efecto bárbaro.

jusant *m* MAR yusante *f*, reflujo, bajamar *f*.

jusqu'au-boutisme *m* FAM extremismo, radicalismo.

jusqu'au-boutiste *adj* et *s* FAM extremista, radical.
◆ *m* et *f* político de línea dura.

jusque *prép* hasta; *jusque-là* hasta ahí || — *jusqu'à maintenant* hasta ahora || *jusqu'ici* hasta ahora, hasta aquí (temps) || FAM *j'en ai jusque-là* estoy hasta la coronilla.

justaucorps

— OBSERV La *e* final se elide delante de una palabra que empieza por vocal: *jusqu'à demain* hasta mañana. A veces en el mismo caso se agregaba una *s*: *jusques à quand?* ¿hasta cuándo?

justaucorps [ʒystokɔːr] *m* casaca *f*, jubón ‖ ajustador, armador (de femme).

juste *adj* justo, ta (équitable) ‖ certero, ra; acertado, da; *trouver le mot juste* encontrar la palabra acertada ‖ entonado, da (voix) ‖ afinado, da (piano) ‖ estrecho, cha (serré) ‖ — *à juste titre* con razón *ou* derecho, debidamente ‖ *au juste* exactamente ‖ *juste assez* justo lo suficiente ‖ *il est juste que* justo es que ‖ *se tenir dans un juste milieu* mantenerse en el término medio.
◆ *m* justo.
◆ *adv* justamente, justo; *juste au-dessus* justo por encima ‖ exactamente, precisamente, en el momento en que (au moment où) ‖ — *comme de juste* como es lógico *ou* debido ‖ *tout juste!* ¡eso es!, ¡exactamente! ‖ — *c'était tout juste!* poco faltó ‖ *être tombé juste* estar en lo cierto, haber acertado, haber dado en el clavo ‖ *frapper juste* dar en el blanco ‖ *pouvoir tout juste faire* no poder hacer más que.

justement *adv* justamente, precisamente ‖ *c'est justement ce qu'il fallait faire* es justo lo que había que hacer ‖ con razón (à juste titre).

justesse *f* precisión, exactitud ‖ rectitud (du jugement, des idées) ‖ justicia (justice) ‖ afinado *m* (d'un instrument) ‖ — *justesse de la voix* timbre perfecto de la voz ‖ FAM *de justesse* por los pelos, por escaso margen; *sauvé de justesse* salvado por los pelos.

justice *f* justicia; *justice de paix* justicia de paz ‖ — *Ministère de la Justice* Ministerio de Justicia ‖ — *aller en justice* poner pleito, ir a los tribunales, ir por justicia ‖ *avoir le sens de la justice* tener espíritu justiciero ‖ *faire justice à quelqu'un* tratar a uno como se merece ‖ *justice est faite* justicia cumplida, se ha hecho justicia ‖ *rendre justice* hacer justicia ‖ *se faire justice* suicidarse (se suicider), tomarse la justicia por su mano (se venger) ‖ *traduire en justice* demandar *ou* llevar a alguien ante la justicia *ou* los tribunales.

justiciable *adj* justiciable ‖ *justiciable de la Haute Cour* sometido a la jurisdicción del Tribunal Supremo.

justicier, ère *adj et s* justiciero, ra ‖ *haut justicier* señor de horca y cuchillo.

justifiable *adj* justificable.

justifiant, e *adj* justificante.

justificateur, trice *adj et s* justificador, ra.

justificatif, ive *adj* justificativo, va.
◆ *m* justificante, justificativo.

justification *f* justificación ‖ IMPR justificación, anchura, ancho *m*.

justifié, e *adj* justificado, da ‖ IMPR *justifié à droite, à gauche* justificado a la derecha, a la izquierda ‖ *non justifié* no justificado.

justifier* *v tr* justificar.
◆ *v pr* justificarse.

jute *m* yute (plante et fibre).

juter *v intr* soltar jugo.

juteux, euse [ʒytø, øːz] *adj* jugoso, sa.
◆ *m* MIL & FAM brigada (sous-officier).

juvénile *adj* juvenil.

juxtalinéaire [ʒykstalineɛːr] *adj* yuxtalineal.

juxtaposé, e [-poze] *adj* yuxtapuesto, ta.

juxtaposer [-poze] *v tr* yuxtaponer.

juxtaposition [-pozisjɔ̃] *f* yuxtaposición.

K

k *m* k *f*.
k abrév de *kilo* k, kilo.
K2 *n pr* GÉOGR K2 [la gran montaña].
K7 abrév de *cassette* cassette.
kabbale; cabale *f* cábala.
Kaboul *n pr* GÉOGR Kabul.
kabuki *m* kabuki (drame japonais).
kabyle *adj* cabileño, ña.
Kabyle *m et f* cabileño, ña.
Kabylie *n pr* GÉOGR Kabilia, Cabilia.
kafkaïen, enne [kafkajẽ, ɛn] *adj* kafkiano, na.
kaiser [kaizeːr] *m* káiser (empereur allemand).
kakatoès [kakatɔɛːs] *m* cacatúa *f* (oiseau).
kaki *adj inv et s m* caqui, kaki (couleur).
◆ *m* caqui (fruit).

kalé *adj et s* calé.
kaléidoscope *m* calidoscopio.
kamikaze *m* kamikaze (avion suicide).
kana *m inv* kana [signo de la escritura japonesa].
kanak, e *adj* → **canaque**.
Kanak, e *m et f* → **canaque**.
kangourou *m* canguro (mammifère).
kantien, enne [kɑ̃tjẽ, jɛn] *adj* PHILOS kantiano, na.
kantisme *m* PHILOS kantismo.
kaolin *m* caolín.
kapok *m* capoc, miraguano (fibre textile).
Kaposi (sarcome de); Kaposi (syndrome de) MÉD sarcoma *ou* enfermedad de Kaposi.
kappa *m* kappa *f* (lettre grecque).
karaté *m* SPORTS kárate.

karatéka *m* et *f* SPORTS karateca.
karité *m* BOT árbol mantequero.
karma; karman *m* karma.
Karnak; Carnac *n pr* GÉOGR Karnak, Carnac.
karst *m* GÉOL carso, karst.
kart [kart] *m* kart (véhicule).
karting *m* karting, carrera *f* de karts.
kasher; casher; cachère [kaʃer] *adj inv* permitido por la religión judía (nourriture).
Katar *n pr m* GÉOGR → **qatar**.
Katmandou *n pr* GÉOGR Katmandú.
kayak [kajak] *m* kayac (embarcation).
kayakiste *m* et *f* SPORTS piragüista.
kazakh, e *adj* kazajstano, na.
Kazakh, e *m* et *f* kazajstano, na.
Kazakhstan *n pr* GÉOGR Kazajstán.
kéfir; képhir *m* kéfir (eau-de-vie de lait).
kelvin [kɛlvin] *m* kelvin (unité de mesure).
kendo *m* kendo (art martial).
Kentucky *n pr* GÉOGR Kentucky.
Kenya *n pr* GÉOGR Kenia.
kenyan, e *adj* keniano, na.
Kényan, e *m* et *f* keniano, na.
képi *m* quepis.
kératine *f* queratina.
kératite *f* MÉD queratitis.
kératose *f* queratosis.
kermès [kɛrmɛːs] *m* quermes (insecte).
kermesse *f* kermesse, quermese.
kérosène *m* queroseno.
ketch *m* queche (voilier).
ketchup *m* ketchup.
kF abrév de *kilofranc* mil francos.
KF abrév de *café* café.
kg abrév de *kilogramme* kg, kilogramo.
KGB *m* abrév de *Komitet Gosudartsvennoi Bezopasnosti* KGB *f*.
khâgne; cagne *f* FAM curso *m* preparatorio a la Escuela Normal Superior de letras [segundo año].
khalifat *m* → **califat**.
khalife *m* califa.
khan [kɑ̃] *m* kan (prince).
— OBSERV *Khan*, título oriental, no lleva mayúscula.
Khania; Canée (La) *n pr* GÉOGR La Canea.
Khartoum *n pr* GÉOGR Jartum.
khédive *m* jedive.
Khéops *n pr* Keops.
khmer, ère *adj* jemer.
◆ *m* khmer (langue).
Khmer, ère *m* et *f* jemer.
khôl; kohol *m* kohl [polvillos negros que se usan para pintarse los ojos].
kibboutz *m* kibutz.
kick *m* pedal de arranque.
kidnapper *v tr* secuestrar.
kidnappeur, euse *m* et *f* secuestrador, ora; raptor, tora.
kidnapping *m* secuestro, rapto.
Kiev *n pr* GÉOGR Kiev.
kif *m* kif.
kif kif *adv inv* FAM lo mismo.
Kilimandjaro *n pr* GÉOGR Kilimanjaro.

kilo *m* kilo (kilogramme).
kilocalorie *f* caloría grande, kilocaloría.
kilofranc *m* mil francos.
kilogramme *m* kilogramo.
kilométrage *m* kilometraje.
kilomètre *m* kilómetro; *kilomètre heure* o *à l'heure* kilómetro por hora.
kilométrer* *v tr* kilometrar.
kilométrique *adj* kilométrico, ca ‖ *compteur kilométrique* cuentakilómetros.
kilotonne *f* kilotón *m*.
kilovolt *m* kilovoltio.
kilowatt [kilɔwat] *m* kilovatio.
kilowattheure [-tœːr] *m* kilovatiohora.
kilt *m* falda *f* escocesa, kilt.
kimono *m* quimono, kimono.
kinésithérapeute *m* et *f* kinesiterapeuta, masajista.
kinésithérapie *f* kinesiterapia.
Kinshasa *n pr* GÉOGR Kinshasa.
kiosque *m* quiosko, kiosco.
kippa *f* solideo *m* que usan los judíos religiosos.
Kippour *m* → **Yom Kippour**.
kir *m* mezcla de licor de grosella negra y de vino blanco (apéritif).
kirsch *m* kirsch (eau-de-vie de cerises).
kit *m* kit.
kitchenette *f* kitchenette.
kitsch; kitch *adj inv* kitsch, cursi, de mal gusto, extemporáneo, recargado.
◆ *n m inv* cursilería *f*.
kiwi *m* kiwi (animal).
Klaxon *m* (nom déposé) claxon, bocina (avertisseur).
klaxonner *v intr* tocar el claxon.
Kleenex *m* (nom déposé) Kleenex [pañuelo de papel].
kleptomane *m* cleptómano.
kleptomanie *f* cleptomanía.
knickers *m pl*; **knicker** *m* bombacho *sing*, bombachos *pl*.
knock-out [nɔkaut] *m inv* fuera de combate, knock-out (boxe).
Knossos *n pr* GÉOGR → **Cnossos**.
Ko abrév de *kilo-octet* K, KB, kilo-octeto, Kilobyte.
K.-O. abrév de *knock-out* KO.
koala *m* koala (mammifère).
Koch [kɔk]; **(bacille de)** *m* MÉD bacilo de Koch.
kohol *m* → **khôl**.
koinè *f* koiné (langue).
kola *m* cola, kola *f* (plante).
kolkhoze *m* koljós.
kolkhozien, enne *adj* et *s* koljosiano, na.
kopeck *m* kopeck (monnaie).
korrigan *m* duende (en Bretagne).
Kosovo *n pr* GÉOGR Kosovo.
kouglof *m* CULIN pastel alsaciano.
Kourou *n pr* GÉOGR Kourou.
Koweït *n pr* GÉOGR Kuwait.
koweïtien, enne *adj* kuwaití.
Koweïtien, enne *m* et *f* kuwaití.
krach [krak] *m* quiebra *f*, crac (financier).
— OBSERV pl *krachs*.

kraft *m* kraft, papel fuerte de embalaje (papier).
krill *m* krill (plancton).
krypton *m* criptón, kriptón (gaz).
ksi; xi *m inv* xi (lettre grecque).
kumquat *m* BOT naranja asiática, naranjita *f* china, quinoto.
kung-fu *m* kung fu (art martial).
kurde *adj* kurdo, da.
  ➤ *m* kurdo (langue).
Kurde *m et f* kurdo, da.

Kurdistan *n pr* GÉOGR Kurdistán.
K way [kawe] *m inv* (nom déposé) canguro.
kWh abrév de *kilowatt-heure* kilovatio hora.
Kyoto *n pr* GÉOGR Kioto, Kyioto.
Kyrie [kirje] *m* kirie ‖ *Kyrie eleison* kirieleison.
kyrielle *f* FAM letanía, sarta, retahíla.
kyste *m* MÉD quiste (tumeur).
kystique *adj* quistoso, sa.
Kyushu *n pr* GÉOGR Kyushu.

L

l *m* l *f*.
l abrév de *litre* l, litro.
la *m* MUS la; «*la*» *dièse* la sostenido ‖ *donner le* «*la*» dar el la, llevar la voz cantante.
là *adv* allí (loin), ahí (près); *je viens de là* vengo de allí ‖ esto, ello (cela); *restons-en là* quedemos en esto; *en venir là* venir a parar en esto; *c'est là tout ce que vous savez?* ¿es eso todo lo que sabéis? ‖ — *à ce moment là* en aquel momento ‖ *çà et là* aquí y allá, de uno y otro lado ‖ *de là* de ahí, de eso ‖ *d'ici là* de aquí a entonces, hasta entonces ‖ *jusque-là* hasta aquí, hasta allá, hasta entonces ‖ *par-ci par-là* acá y allá (en divers endroits), de vez en cuando (de temps en temps) ‖ *par là* por ahí, por allí, por allá (par ce lieu), con eso, de ese modo (par ce moyen) ‖ — *est-ce que Jean est là?* ¿está Juan? ‖ FAM *être un peu là* estar siempre tan campante.
  ➤ *interj* là, là! ¡ya! ¡ya!, ¡vaya! ¡vaya!
  — OBSERV *Ahí* désigne en espagnol ce qui est plus près de la personne à qui l'on parle que de celle qui parle; *allí* désigne ce qui est éloigné des deux interlocuteurs.
  — OBSERV *Là* se emplea a menudo y abusivamente con el sentido de *ici* (aquí).
  — OBSERV *Là* suele usarse con los demostrativos *ce, cette, ces, celui, celle, ceux, celles* y se pone después del sustantivo, al que se une por medio de guión: *cet homme-là* ese hombre; *ces livres-là* esos libros; *celui-ci et celle-là* éste y ésa.
  — OBSERV *Là* se junta con varios adverbios y forma en algunos casos una sola palabra: *là-dedans* ahí dentro; *là-auprès* ahí al lado.
là-bas [lɑbɑ] *loc adv* allá lejos (loin).
label *m* label, marca *f* de fábrica, etiqueta *f*, sello; *label de qualité* sello de calidad.
labéliser; labelliser *v tr* COMM atribuir una marca (un produit).
labelliser *v tr* COMM → **labéliser**.
labeur *m* labor *f* trabajo.
labial, e *adj* et *s f* labial.
labié, e *adj* et *s f* BOT labiado, da.
labile *adj* CHIM lábil.

labiodentale *adj* et *s f* GRAMM labiodental.
labo *m* FAM laboratorio.
laborantin, e *m et f* ayudante de laboratorio.
laboratoire *m* laboratorio ‖ — *laboratoire d'analyses* laboratorio de análisis ‖ *laboratoire de langues* laboratorio de idiomas ‖ *laboratoire de recherche* laboratorio de investigación.
laborieusement *adv* laboriosamente, con mucho trabajo, con gran esfuerzo.
laborieux, euse *adj* laborioso, sa; trabajador, ra; *classes laborieuses* clases trabajadoras; *homme laborieux* hombre trabajador ‖ laborioso, sa; penoso, sa; trabajoso, sa (difficile) ‖ — *ça a été laborieux* le costó trabajo ‖ — *l'affaire a été laborieuse* la cosa ha sido difícil.
labour *m* labor *f*, labranza *f*; *instruments de labour* instrumentos de labranza ‖ *cheval de labour* caballo de tiro.
  ➤ *pl* tierra *f sing* labrada (terre labourée).
labourable *adj* arable; labrantío, tía; *terres labourables* tierras arables, de labrantío.
labourage *m* labranza *f*.
labourer *v tr* arar (avec la charrue), labrar (la terre), cavar (avec la bêche), socavar, levantar la tierra; *champ labouré par les taupes* campo socavado por los topos ‖ lacerar, arañar (le visage) ‖ MAR *labourer le fond* rastrear el fondo con la quilla; garrar (avec l'ancre).
laboureur *m* arador, labrador, labriego.
  — OBSERV El francés *laboureur* designa especialmente al *arador*. La palabra española *labrador* corresponde al francés *paysan, cultivateur*.
labrador *m* ZOOL labrador (chien).
labyrinthe *m* laberinto.
labyrinthique *adj* laberíntico, ca.
lac [lak] *m* lago; *les Grands Lacs* los Grandes Lagos ‖ — *lac de barrage* pantano, embalse ‖ *tomber o être dans le lac* fracasar, venirse abajo (échouer).
laçage *m* lazo, lazada *f*, atadura *f*.
lacédémonien, enne *adj* lacedemonio, nia.
Lacédémonien, enne *m et f* lacedemonio, nia.

lacer* *v tr* atar con lazos *ou* cordones ‖ MAR abotonar.

lacération *f* laceración, desgarramiento *m*.

lacérer* *v tr* lacerar (blesser), desgarrar (déchirer), romper (rompre).

lacet [lasɛ] *m* cordón (cordon); *chaussures à lacets* zapatos de cordones ‖ lazo (lacs) ‖ curva *f*, revuelta *f*, recodo, zigzag (d'un chemin) ‖ vaivén (mouvement d'oscillation d'un train) ‖ *route en lacets* carretera llena de curvas *ou* en zigzag *ou* que serpentea.

lâchage *m* suelta *f* (action de lâcher) ‖ lanzamiento; *lâchage de parachutistes* lanzamiento de paracaidistas ‖ FIG & FAM abandono.

lâche *adj* flojo, ja; *nœud lâche* nudo flojo; *tissu lâche* tela floja ‖ sin nervio, poco suelto (style) ‖ FIG cobarde (poltron) | vil, ruin; *action lâche* acción ruin.
◆ *m et f* cobarde.

lâchement *adv* cobardemente, con cobardía.

lâcher *v tr* soltar (laisser échapper) ‖ lanzar (une bombe) ‖ aflojar (desserrer) ‖ fallar (faire défaut) ‖ abrir (une vanne) ‖ dejar atrás a, despegarse de (sports) ‖ FIG soltar (une sottise) ‖ FIG & FAM abandonar, dejar (un ami) | disparar (un coup de feu) ‖ — *lâcher les amarres* soltar amarras ‖ *lâcher pied* huir (s'enfuir), renunciar, abandonar (renoncer) ‖ *lâcher prise* soltar la presa (animal), soltar prenda (céder) ‖ *lâcher une bordée* soltar una andanada ‖ *il ne faut pas lâcher la proie pour l'ombre* más vale pájaro en mano que ciento volando.
◆ *v intr* soltarse, aflojarse.

lâcher *m* suelta *f* (pigeons, ballons, etc.) ‖ lanzamiento (de parachutistes).

lâcheté [lɑʃte] *f* cobardía ‖ villanía, bajeza; *commettre une lâcheté* cometer una bajeza.

lâcheur, euse *m et f* FAM amigo, amiga infiel.

lacis [lasi] *m* red *f*, rejilla (réseau de fils).

laconique *adj* lacónico, ca; *réponse laconique* respuesta lacónica.

laconiquement *adv* lacónicamente, de manera lacónica ‖ *il a répondu très laconiquement* ha sido muy lacónico en su respuesta.

laconisme *m* laconismo.

lacrymal, e *adj* ANAT lacrimal, lagrimal; *sac lacrymal* saco lagrimal.

lacrymogène *adj* lacrimógeno, na; *gaz lacrymogène* gas lacrimógeno; *grenade lacrymogène* granada de gases lacrimógenos.

lacs [lɑ] *m* lazo, nudo corredizo (nœud coulant) ‖ FIG trampa *f* (piège) ‖ MÉD lazo | *tomber dans le lacs* caer en la trampa (dans le piège).

lactaire *adj* lácteo, a.
◆ *m* lactario (champignon).

lactation *f* lactación, lactancia ‖ lactancia (période d'allaitement).

lacté, e *adj* lácteo, a; *régime lacté* dieta láctea ‖ lacteado, da; *farine lactée* harina lacteada ‖ — ANAT *veines lactées* venas lácteas ‖ ASTR *voie lactée* vía láctea, camino de Santiago.

lactique *adj* CHIM láctico, ca.

lactose *m* CHIM lactosa *f*, lactina *f*.

lactosérum *m* suero lácteo.

lacunaire *adj* incompleto, ta.

lacune *f* cavidad, hueco *m* (dans un corps) ‖ laguna, blanco *m* (dans un texte) ‖ parte inferior del casco de un caballo ‖ FIG laguna; *les lacunes d'une éducation* las lagunas de una educación.

lacustre *adj* lacustre (plante, cité); *habitation lacustre* vivienda lacustre.

lad [lad] *m* mozo de cuadra de carreras.

là-dessous *loc adv* debajo de esto, debajo de eso, ahí debajo.

là-dessus *loc adv* sobre eso; en esto ‖ dicho esto; *là-dessus il partit* dicho esto se marchó.

ladite *adj f* susodicha.
— OBSERV Femenino de *ledit*.

lagon *m* laguna *f* (dans un atoll), albufera *f* (entre un récif-barrière et la côte).

lagunaire *adj* lagunero, ra.

lagune *f* laguna.

là-haut *loc adv* allá arriba ‖ en el cielo.

lai, e *adj et s* ECCLÉS lego, ga; *frère lai* hermano lego.
◆ *m* lay, endecha *f* (petit poème).

laïc [laik] *adj m et s m* laico.
— OBSERV Esta palabra francesa se escribe también *laïque* tanto en la forma masculina como en la forma femenina (*habit laïque, les laïques et les religieux*).

laïcisation *f* laicización.

laïciser *v tr* dar carácter laico, laicizar ‖ suprimir la enseñanza religiosa de los programas escolares.

laïcité *f* laicidad, laicismo *m*.

laid, e [lɛ, lɛd] *adj et s* feo, a ‖ feo, a; *une action laide* una acción fea ‖ — *laid comme un pou* o *comme les sept péchés capitaux* más feo que Picio ‖ — *il est laid de mentir* es feo mentir.

laidement *adv* feamente, con fealdad.

laideron *m* callo, petardo.
— OBSERV Aunque esta palabra francesa sea del género masculino, sólo se emplea para chicas o mujeres, lo mismo que las palabras españolas correspondientes.

laideur *f* fealdad.

laie [lɛ] *f* jabalina (femelle du sanglier) ‖ vereda, senda (chemin dans la forêt) ‖ TECHN escoda, martillo de cantero (marteau) ‖ MUS fuelle *m* (d'un orgue).

lainage *m* tejido de lana, lana *f* ‖ prenda *f* de lana, jersey ‖ vellón, lana *f* (toison des moutons) ‖ cardado, cardadura *f* del paño.

laine *f* lana ‖ tejido *m* de lana ‖ — *laine à tricoter* lana para tejer ‖ *laine de verre* lana de vidrio ‖ *laine peignée* lana peinada ‖ *laine vierge* lana virgen ‖ — *bêtes à laine* ganado lanar ‖ — FIG *manger la laine sur le dos de quelqu'un* explotar a uno, esquilmarle a uno.

lainé, e *adj* vuelto, ta; *peau lainée* piel vuelta.

laineux, euse *adj* lanoso, sa; lanudo, da (couvert de laine) ‖ BOT velloso, sa.

lainier, ère *adj et s* lanero, ra; *industrie lainière* industria lanera.

laïque *adj* laico, ca; *école laïque* escuela laica ‖ seglar; *un habit laïque* un traje seglar.
◆ *m et f* laico, ca.

laisse *f* correa (d'un chien), traílla (chasse) ‖ espacio *m* de playa descubierta con la bajamar (espace), línea alcanzada por el mar en una playa (ligne) ‖ médano *m* (d'une rivière) ‖ tirada (d'une chanson de geste) ‖ — *en laisse* atado, da ‖ *tenir* o *mener en laisse* llevar atado (un chien), manejar a su antojo (une personne).

laissé-pour-compte *m* deje de cuenta, mercadería *f* rechazada ‖ FAM persona *f* despreciada, víctima; *les laissés-pour-compte de la reprise économique* las víctimas de la recuperación económica.
— OBSERV pl *laissés-pour-compte*.

laisser *v tr* dejar; *laisser un objet sur la table* dejar un objeto en la mesa ‖ olvidar, dejar (oublier) ‖ entregar, confiar (confier à charge de remettre) ‖ costar; *il y a laissé sa santé* le ha costado la salud ‖ — *laisser à désirer, à penser* dejar que desear, dejar que pensar ‖ *laisser de côté* dar de lado, dejar a un lado ‖ *laisser dire* dejar hablar, no preocuparse de lo que dice el prójimo ‖ *laisser entendre* dar a entender ‖ *laisser faire* dejar ‖ *laisser faire le temps* dejar tiempo al tiempo ‖ *laisser pour compte* dejar de cuenta, rechazar una mercancía pedida ‖ *laisser quelqu'un tranquille* dejarle a uno en paz ‖ *laisser sa vie* costarle a uno la vida ‖ *laisser ses illusions* dejarse de ilusiones ‖ *laisser tomber o choir* abandonar, dejar, dar de lado (affaire), dejar plantado, plantar (ami), bajar (la voix) ‖ *laisser tout aller* dejar todo de la mano ‖ *laisser voir* dejar ver, mostrar ‖ — FAM *laisse tomber!* ¡déjalo! ‖ *laissez venir à moi les petits enfants* dejad que los niños se acerquen a mí ‖ — *cela ne laisse pas de* esto no deja de ‖ *c'est à prendre ou à laisser* lo toma o lo deja ‖ *il faut en prendre ou en laisser, il y a à prendre et à laisser* de dinero y calidad la mitad de la mitad, hay de todo ‖ *rien ne laisse penser que* nada hace pensar que.
➤ *v pr* *se laisser aller* abandonarse, dejarse llevar por ‖ *se laisser dire* dejarse contar ‖ *se laisser entraîner* dejarse llevar ‖ *se laisser faire* dejarse tentar (tenter), dejarse manejar, ceder.

laisser-aller *m inv* abandono, descuido (dans la tenue, les manières).

laissez-passer *m inv* pase, salvoconducto.

lait *m* leche *f*; *le lait tourne* la leche se corta ‖ — *lait caillé, cru o bourru, concentré o condensé, écrémé, en poudre, entier, homogénéisé, U.H.T* leche cuajada, sin desnatar, concentrada (non sucré) *ou* condensada (sucré), descremada *ou* desnatada, en polvo, entera, homogeneizada, uperisada ‖ *lait de chaux* lechada de cal ‖ *lait démaquillant, de beauté* leche desmaquilladora ‖ *lait de poule* yema mejida ‖ *lait maternel* leche materna ‖ — *dents de lait* dientes de leche ‖ *frère, sœur de lait* hermano, hermana de leche ‖ *petit-lait* suero ‖ — FAM *boire du petit-lait* no caber de contento, bailarle a uno de los ojos.

laitage *m* leche *f*, producto lácteo.

laiterie *f* lechería (magasin) ‖ central lechera (coopérative).

laiteux, euse *adj* lechoso, sa ‖ MÉD *maladie laiteuse* lactumen.

laitier, ère *adj* et *s* lechero, ra ‖ *produits laitiers* productos lácteos.
➤ *m* escoria *f* (scorie).
➤ *f* vaca lechera (vache laitière).

laiton *m* latón.

laitue [lεty] *f* lechuga; *laitue romaine* lechuga romana.

laïus [lajys] *m* FAM perorata *f*, discurso; *faire un laïus* echar una perorata.

lama *m* llama *f* (mammifère) ‖ RELIG lama (prêtre boudhiste) ‖ *grand lama, dalaï-lama* dalai-lama.

lamaserie *f* lamasería (couvent de lamas).

lambda *m* lambda *f* (lettre grecque).

lambeau *m* jirón, colgajo ‖ MÉD colgajo ‖ *mettre en lambeaux* despedazar, hacer jirones, trizas, pedazos.

lambin, e *adj* et *s* FAM calmoso, sa; tardo, da; remolón, ona.

lambiner *v tr* FAM remolonear; ser calmoso, sa [*(amér)* canchear].

lambourde *f* piedra calcárea, caliza ‖ BOT dardo *m*, lombardo *m* ‖ CONSTR carrera, travesaño *m* (solive).

lambrequin [lãbrəkɛ̃] *m* friso, frontal ‖ penacho (d'un casque).
➤ *pl* BLAS lambrequín.

lambris [lãbri] *m* revestimiento, entablado (d'un mur) ‖ tendido, capa de yeso (de plâtre) ‖ artesonado (d'un plafond).

lambrisser *v tr* revestir ‖ estucar, tender, dar una capa de yeso a una pared *ou* tabique ‖ artesonar (un plafond).

lambswool *m* lambswool, lana de cordero.

lame *f* lámina, hoja, plancha delgada (de métal) ‖ hoja (d'une épée, d'un couteau, d'un ressort, etc.) ‖ cuchilla (de machines-outils) ‖ tabla (de parquet) ‖ ola (vague) ‖ BOT lámina ‖ TECHN viadera (contre-lame) ‖ — *lame de fond* mar de fondo ‖ *lame de rasoir* hoja *ou* cuchilla de afeitar ‖ *ressort à lames* ballesta ‖ — FIG *une fine lame* una buena espada (personne) ‖ *visage en lame de couteau* rostro afilado.

lamé, e *adj* laminado, da ‖ *tissu lamé d'or, d'argent* tisú de oro, de plata; lamé oro, lamé plata.
➤ *m* lamé.

lamellaire [lamɛlɛːr] *adj* laminar.

lamelle *f* laminilla, lámina ‖ *couper en lamelles* cortar en tiritas *ou* en láminas.

lamellé-collé *m* madera *f* cruzada *ou* multilaminada.
— OBSERV pl *lamellés-collés*.

lamellibranches [lamɛllibrɑ̃ʃ] *m pl* ZOOL lamelibranquios.

lamelliforme [-fɔrm] *adj* lameliforme.

lamentable *adj* lamentable.

lamentablement *adv* lamentablemente, de manera lamentable.

lamentation *f* lamento *m*, lamentación.

lamenter (se) *v pr* lamentarse; *se lamenter sur* lamentarse de *ou* por; *se lamenter sur son sort* lamentarse de su suerte.

lamifié, e *adj* et *s m* laminado, da.

laminage *m* laminado, laminación *f*; *laminage à froid* laminado en frío.

laminaire *f* laminaria (algues).
➤ *adj* laminar; foliáceo, a.

laminer *v tr* TECHN laminar ‖ estirar (étirer).

lamineur *adj m* et *s m* laminador.

laminoir *m* laminador (machine) ‖ FIG *passer au laminoir* someter a duras pruebas, pasar por el tamiz, hacer sudar tinta.

lampadaire *m* lámpara *f* de pie ‖ farol, farola *f* (de rue).

lampant, e *adj* que arde ‖ lampante; flamígero, ra (huile, pétrole).

lamparo *m* farol.

lampe *f* lámpara || velón *m* (à huile) || lámpara de petróleo, quinqué *m* (à pétrole) || TECHN lámpara, válvula (radio) || — *lampe à alcool* lámpara de alcohol || *lampe à arc* lámpara de arco || *lampe à bronzer* lámpara ultravioleta || *lampe à grille* válvula de rejilla || *lampe à incandescence* lámpara de incandescencia || *lampe infrarouge* lámpara de rayos infrarrojos || *lampe à souder* soplete || *lampe à ultraviolets* lámpara de rayos ultravioleta || *lampe de poche* o *portative* linterna || *lampe de sûreté* lámpara de seguridad *ou* de minero || *lampe électrique* bombilla (ampoule) || *lampe témoin* lámpara indicadora, piloto | *lampe torche* linterna de mano || FAM *s'en mettre plein la lampe* darse una panzada, ponerse las botas.

lampée *f* POP trago *m*, lingotazo *m*; *une lampée de vin* un trago de vino.

lampion *m* farolillo (de kermesse) || lamparilla *f* (d'une lampe) || sombrero de tres picos (tricorne) || FIG *sur l'air des lampions* clamorosamente.

lampiste *m* lamparista, lamparero, lampista || FAM empleado subalterno, el último mico.

lamproie [lɑ̃prwa] *f* lamprea (poisson).

lampyre *m* ZOOL lampírido *f*, lampiro, luciérnaga *f* (ver luisant).

lance *f* lanza (arme) || lancero (lancier) || lanza, boquilla, boca de la manga (d'un tuyau de pompe) || asta (d'un drapeau) || — *lance à eau* lanza pulverizadora || *lance d'arrosage* manga de riego || *lance d'incendie* manga de incendio || *lance en arrêt* lanza en ristre || — *coup de lance* lanzada, lanzazo || *fer de lance* moharra, punta de la lanza || FIG *rompre une lance avec quelqu'un* romper una lanza con alguien | *rompre une lance en faveur de quelqu'un* romper lanzas por alguien.

lancé, e *adj* famoso, sa (un acteur).

lancée *f* impulso *m* (élan), arranque || *continuer sur sa lancée* seguir por el impulso adquirido.

lance-flammes *m inv* lanzallamas.

lance-fusées *m inv* lanzacohetes.

lancement *m* lanzamiento; *lancement du disque* lanzamiento del disco || botadura *f*, varadura *f* (d'un bateau) || tendido (pont) || FIG lanzamiento (journal, artiste, etc.).

lance-missile; lance-missiles *m* lanzamisiles.
— OBSERV pl *lance-missiles*.

lance-pierres *m inv* tirador, tirachinos, tiragomas, tirabeque (jouet) || FAM *manger avec un lance-pierres* comer a todo correr.

lancer* *v tr* lanzar || lanzar, tirar, arrojar || botar, varar (un bateau) || echar, lanzar (regards) || soltar, dar; *les chevaux lançaient des ruades* los caballos soltaban coces || FIG dar a conocer, poner a la moda, lanzar (faire connaître); *lancer un artiste* dar a conocer un artista | lanzar, poner en marcha; *lancer une affaire* lanzar un negocio | soltar (phrase) || hacer públicamente (accusation) || tender (un pont) || soltar (les chiens) || lanzar (sports) || publicar (publier) || — *lancer une grève* provocar una huelga || *lancer une invitation* invitar || *lancer un mandat d'arrêt* dar una orden de detención.
◆ *v pr* lanzarse || abalanzarse || tirarse || empezar (à parler) || — *se lancer à la poursuite de* lanzarse en persecución de || FIG *se lancer dans le monde* lanzarse en el gran mundo | *se lancer dans les affaires* lanzarse en los negocios | *se lancer dans le théâtre* dedicarse al teatro.

lancer *m* momento de levantar una pieza (chasse) || lanzamiento (disque, poids) || suelta *f* (de pigeons) || *pêche au lancer* pesca con caña de lanzar *ou* al lanzado.

lance-roquettes *m inv* lanzaproyectiles, tubo antitanque.

lancette *f* lanceta (instrument de chirurgie) || ARCHIT ojiva alargada.

lanceur, euse *m et f* lanzador, ra || FIG promotor, ra (affaires).

lancier *m* MIL lancero || *quadrille des lanciers, les lanciers* lanceros (danse).

lancinant, e *adj* lancinante, punzante; *douleur lancinante* dolor lancinante || obsesivo, va; lancinante (musique, pensée) || FAM pesado, da; cargante (ennuyeux).

lanciner *v intr* dar punzadas, punzar (douleur) || obsesionar, lancinar (musique, pensée) || FAM dar la lata (ennuyer).

landais, e *adj* landés, esa (des Landes).

Landais, e *m et f* landés, esa.

land art *m* land art.

landau *m* landó (voiture à cheval) || landó, coche de niño (voiture d'enfant).
— OBSERV pl *landaus*.

lande *f* landa.

Landes [lɑ̃d] *n pr f* GÉOGR Landas (France).

langage *m* lenguaje; *langage chiffré* lenguaje cifrado || estilo, lenguaje; *c'est un langage bien à lui* es un estilo muy suyo || lengua *f*; *le beau langage* la lengua culta || — INFORM *langage d'assemblage* lenguaje ensamblador | *langage de programmation* lenguaje de programación | *langage évolué* lenguaje de alto nivel | *langage machine* lenguaje de ordenador | *langage procédural* lenguaje orientado al procedimiento.

langagier, ère *adj* lingüístico, ca; relativo, va al lenguaje.

lange *m* mantillas *f pl* || pañal *m* (couche) || *dans les langes* en mantillas.

langer *v tr* poner los pañales, las mantillas.

langoureusement *adv* lánguidamente, con languidez.

langoureux, euse *adj* lánguido, da.

langouste *f* langosta (crustacé).

langoustier *m* langostero (bateau) || red *f* para pescar langostas.

langoustine *f* cigala.

langue [lɑ̃g] *f* lengua (organe buccal) || lengua (de terre) || lengua (glacier) || lengua, lengüeta [de una balanza] || lengua, idioma *f* (langage) || lenguaje *m*; *la langue des poètes* el lenguaje de los poetas || — *langue de belle-mère* matasuegras (jouet) || *langue de bois* lenguaje estereotipado || *langue de vipère, mauvaise langue* lengua viperina || *langue d'oc* lengua de oc (du Midi de la France) || *langue d'oïl* lengua de oil (du Nord de la France) || *langue maternelle* lengua materna *ou* nativa || *langue mère* lengua madre || *langue morte* lengua muerta || *langue pâteuse* lengua pastosa *ou* gorda || *langue pendante* con la lengua fuera *ou* de un palmo || *langue verte* caló, germanía || *langue vivante* lengua viva, idioma || — *coup de langue* lengüetazo; calumnia (sens figuré) || — *avaler sa langue* tragarse la lengua || *avoir la langue bien pendue* o *bien affilée* tener mucha labia, no tener pelos en la lengua

‖ *avoir la langue trop longue* tener la lengua suelta *ou* mucha lengua ‖ *avoir le don des langues* tener don de lenguas ‖ *avoir un mot sur le bout de la langue* o *sur la langue* tener una palabra en la punta de la lengua ‖ *bien posséder une langue* dominar una lengua ‖ FIG *délier* o *dénouer sa langue* ponerse a hablar, soltar la lengua ‖ *donner* o *jeter sa langue aux chats* darse por vencido, rendirse, renunciar a adivinar una cosa ‖ *être mauvaise langue* tener mala lengua ‖ *il faut tourner sept fois sa langue dans sa bouche avant de parler* hay que darle siete vueltas a la lengua antes de hablar ‖ *la langue m'a fourché* se me ha trabado la lengua ‖ *lier la langue* atar la lengua ‖ *ne pas avoir la langue dans la poche* no tener pelillos en la lengua ‖ *ne pas savoir tenir sa langue* no poder guardar silencio, no poder callarse, írsele a uno la lengua ‖ *ne pas tenir sa langue* írsele a uno la lengua ‖ *se mordre la langue* morderse la lengua ‖ FIG *tenir sa langue* callarse ‖ *tirer la langue* sacar la lengua (moquerie), estar muy apurado (dans la gêne).

langue-de-chat [-dəʃa] *f* lengua de gato (biscuit).
— OBSERV pl *langues-de-chat.*

Languedoc [lãgdɔk] *n pr m* GÉOGR Languedoc.

languedocien, enne [lãgdɔsjɛ̃, ɛn] *adj* languedociano, na.

Languedocien, enne *m et f* languedociano, na.

languette *f* lengüeta ‖ fiel *m*, lengüeta (d'une balance) ‖ MUS lengüeta.

langueur *f* languidez, decaimiento *m* ‖ *maladie de langueur* enfermedad de postración.

languir [lãgiːr] *v intr* languidecer ‖ FIG consumirse, desperecer (prisonnier) ‖ marchitarse (fleur, plante) ‖ FIG *faire languir* hacer esperar, tener en suspenso.
◆ *v tr languir de* o *que* ansiar, suspirar por; *je languis de la voir* ansío verla.

languissant, e *adj* lánguido, da.

lanière *f* correa, tira de cuero [*(amér.)* guasca].

lanoline *f* lanolina.

lanterne *f* farol *m* ‖ ARCHIT linterna, cupulino *m* ‖ AUTOM faro *m* (phare), luz de población (feu de ville) ‖ TECHN linterna (pignon) ‖ — ZOOL *lanterne d'Aristote* linterna de Aristóteles ‖ *lanterne magique* linterna mágica ‖ *lanterne rouge* farolillo rojo, colista de una prueba ‖ *lanterne sourde* linterna sorda ‖ *lanterne vénitienne* farolillo de papel *ou* veneciano ‖ — *éclairer la lanterne de quelqu'un* poner a alguien al corriente *ou* al tanto.
◆ *pl* (vx) FAM necedades, sandeces (sottises) ‖ *prendre des vessies pour des lanternes* confundir la gimnasia con la magnesia, confundir la velocidad con el tocino.

lanterneau; lanternon *m* ARCHIT linternilla *f*, lucernaria *f*.

lanterner *v intr* FAM perder el tiempo ‖ *faire lanterner quelqu'un* hacer esperar a alguien.
◆ *v tr* FAM dar largas, entretener (tenir en suspens).

lanugineux, euse *adj* BOT lanuginoso, sa.

lao *m* lao (langue).

Laos [laɔs] *n pr m* GÉOGR Laos.

laotien, enne *adj* laosiano, na.
◆ *m* laosiano (langue).

Laotien, enne *m et f* laosiano, na.

lapalissade *f* perogrullada, verdad de Perogrullo.

La Palisse; La Palice (monsieur de) *n pr m* La Palisse [gentilhombre francés muerto en la batalla de Pavía en 1525] ‖ *vérité de La Palisse* perogrullada.

La Paz *n pr* GÉOGR La Paz.

lapement *m* lengüetada *f*, lengüetazo.

laper *v tr* beber a lengüetadas.

lapereau [lapro] *m* gazapo (jeune lapin).

lapidaire *adj* lapidario, ria; *style lapidaire* estilo lapidario.
◆ *m* lapidario (ouvrier) ‖ lapidario (meule).

lapidation *f* lapidación, apedreamiento *m*.

lapider *v tr* lapidar (Bible), apedrear ‖ FIG vapulear, injuriar, maltratar (maltraiter).

lapilli [lapili] *m pl* GÉOL lapilli (pierres volcaniques).

lapin, e *m et f* conejo, ja (animal); *lapin domestique* conejo casero *ou* doméstico; *lapin de garenne* conejo de campo *ou* de monte ‖ FIG & FAM perro viejo, zorro, rra (rusé) ‖ — FAM *chaud lapin* cachondo ‖ *coup du lapin* golpe en la nuca ‖ *mon petit lapin* amor mío, mi vida ‖ — *courir comme un lapin* correr como una liebre *ou* como un gamo ‖ FAM *poser un lapin* dar un plantón.

lapis [lapis] *m*; **lapis-lazuli** [lapislazyli] *m*; **lazulite** [lazylit] *f* lapislázuli *m* (pierre bleue).

lapon, e *adj* lapón, ona.
◆ *m* lapón (langue).

Lapon, e *m et f* lapón, ona.

Laponie *n pr f* GÉOGR Laponia.

laps, e [laps] *adj et s* RELIG lapso, sa.
◆ *m* lapso (espace de temps).

lapsus [lapsys] *m* lapsus ‖ — *lapsus calami* lapsus calami (erreur d'écriture) ‖ *lapsus linguæ* lapsus linguae (erreur de parole).

laquage *m* lacado.

laquais [lakɛ] *m* lacayo ‖ FIG persona servil, lacayo.

laque *f* laca ‖ laca (vernis).
◆ *m* laca *f* (vernis) ‖ laca (meuble, objet laqué).

laqué, e *adj* lacado, da; laqueado, da ‖ CULIN *canard laqué* pato lacado.

laquer *v tr* dar laca, laquear, maquear ‖ poner laca en (les cheveux).

larbin *m* FAM criado, sirviente.

larcin *m* hurto, ratería ‖ FIG plagio (plagiat).

lard [laːr] *m* tocino (lard maigre), lardo (gras du lard) ‖ — FAM *gros lard* gordinflón (personne forte) ‖ *gros lard, lard gras* tocino gordo ‖ *petit lard, lard maigre* tocino entreverado ‖ — *omelette au lard* tortilla de torreznos ‖ — *n'être ni lard ni cochon* no ser carne ni pescado ‖ FAM *faire du lard* echar carne.

larder *v tr* CULIN mechar, lardear ‖ FIG acribillar, coser a estocadas (cribler de coups) | sembrar, llenar de citas (remplir de citations).

lardoire *f* mechera, aguja mechera, mechador *m*.

lardon *m* mecha *f*, lonja *f* de tocino ‖ POP pituso, niño (enfant) ‖ *lardon frit* torrezno.

lares [laːr] *adj et s m pl* lares; *les lares paternels* los lares paternos; *les dieux lares* los dioses lares.

largage *m* largamiento.

large *adj* ancho, cha; *une large bouche* una boca ancha ‖ amplio, a (vaste); *un large espace* un amplio espacio ‖ amplio, a; holgado, da; ancho, cha (ample); *un vêtement large* un vestido holgado ‖ FIG ancho, cha; tolerante; *avoir la conscience large* ser ancho de conciencia | amplio, a (idées) | considerable, grande (grand) | liberal; espléndido, da (généreux) ‖ *— idées larges* amplitud de ideas ‖ *large d'esprit* amplio de miras.

◆ *m* ancho, anchura *f* (largeur); *un mètre de large* un metro de ancho ‖ MAR mar adentro, alta mar; *gagner o prendre le large* hacerse mar adentro, navegar en alta mar ‖ *— au large* con anchura, holgadamente; *être au large dans un endroit* estar holgadamente en un sitio ‖ *au large!* ¡largo!, ¡fuera! ‖ *au large de* a la altura de ‖ *de long en large* de un lado para otro, de acá para allá ‖ *en long et en large* a lo largo y a lo ancho, en toda la extensión ‖ FIG & FAM *prendre le large* largarse, escaparse (fuir).

◆ *adv* holgado ‖ generoso, espléndido ‖ *— calculer large* calcular de más *ou* de sobra *ou* ampliamente ‖ FAM *ne pas en mener large* no llegarle a uno la camisa al cuerpo, no tenerlas todas consigo ‖ *voir large* prever de sobra.

largement *adv* ampliamente, abundantemente, con creces; *avoir largement de quoi vivre* tener ampliamente con qué vivir ‖ generosamente, liberalmente (généreusement) ‖ con mucho; *vos revenus dépassent largement les miens* sus ingresos rebasan con mucho los míos.

largesse *f* largueza, esplendidez, generosidad.

largeur *f* anchura, ancho *m* ‖ FIG amplitud, altura de miras, elevación ‖ MAR manga (d'un bateau) ‖ FAM *dans les grandes largeurs* rotundamente.

larguer *v tr* AVIAT & MAR largar, soltar, aflojar; *larguer les voiles* largar las velas; *larguer les amarres* soltar las amarras ‖ lanzar (des parachutistes) ‖ FIG dejar, abandonar.

larme *f* lágrima; *verser des larmes* derramar lágrimas; *les larmes aux yeux* con las lágrimas en los ojos ‖ BOT lágrima (de la vigne) ‖ FAM gota, lágrima (petite quantité de liqueur) ‖ *— larme batavique* o *de verre* lágrima de Batavia ‖ *larmes de crocodile* lágrimas de cocodrilo ‖ *— en larmes, tout en larmes* lloroso, deshecho en llanto, llorando ‖ *— avoir des larmes dans la voix* tener la voz ahogada en llanto ‖ *avoir la larme à l'œil* estar a punto de llorar ‖ *avoir toujours la larme à l'œil* ser un llorón ‖ *essuyer o sécher les larmes de quelqu'un* enjugar las lágrimas *ou* ser el paño de lágrimas de alguien, consolar a alguien ‖ *essuyer ses larmes* secarse las lágrimas ‖ *être ému jusqu'aux larmes* llorar de emoción ‖ *faire venir les larmes aux yeux* hacer saltar las lágrimas, hacer llorar ‖ *fondre en larmes, être tout en larmes* prorrumpir en sollozos, deshacerse en lágrimas ‖ *les larmes lui montèrent aux yeux* se le humedecieron los ojos ‖ *pleurer à chaudes larmes* llorar a lágrima viva ‖ *rire aux larmes* o *jusqu'aux larmes* llorar de risa.

larmoiement [larmwamɑ̃] *m* lagrimeo.

larmoyant, e [-mwajɑ̃, ɑ̃:t] *adj* lacrimoso, sa; lagrimoso, sa; lloroso, sa.

larmoyer* [-mwaje] *v intr* lagrimear, lloriquear.

larron *m* ladrón ‖ IMPR lardón ‖ ladrón, ladronera (dans un canal, un ruisseau) ‖ *— larron d'honneur* seductor ‖ *le bon et le mauvais larron* el buen y el mal ladrón ‖ *le troisième larron* el tercero en discordia ‖ *l'occasion fait le larron* la ocasión hace al ladrón ‖ *s'entendre comme larrons en foire* hacer buenas migas, estar a partir del piñón.

larsen *m* efecto Larsen (microphone).

larvaire *adj* larval.
larve *f* MYTH larva ‖ ZOOL larva.
larvé, e *adj* larvado, da.
laryngé, e [larɛ̃ʒe]; **laryngien, ienne** [-ʒjɛ̃, jɛn] *adj* laríngeo, a.
laryngite [-ʒit] *f* MÉD laringitis.
laryngologiste [-gɔlɔʒist]; **laryngologue** [-gɔlɔg] *m et f* laringólogo, ga.
laryngoscope [-gɔskɔp] *m* laringoscopio.
laryngotomie [-gɔtɔmi] *f* laringotomía.
larynx [larɛ̃:ks] *m* ANAT laringe *f*.
las, asse [lɑ, lɑ:s] *adj* cansado, da ‖ FIG cansado, da; harto, ta; *il est las de vous entendre* está harto de oírle ‖ *de guerre lasse* por agotamiento, por cansancio.
lasagne *f* lasaña.
◆ *pl inv* lasañas.
lascar *m* FAM perillán, barbián ‖ *un drôle de lascar* un punto filipino.
lascif, ive [lasif, i:v] *adj* lascivo, va.
laser *m* laser (source lumineuse) ‖ *— platine laser* platina láser ‖ *disque laser* disco láser.
Las Palmas *n pr* GÉOGR Las Palmas.
lassant, e *adj* cansado, da; pesado, da; que cansa.
lasser *v tr* cansar ‖ FIG agotar (excéder); *lasser la patience* agotar la paciencia.
◆ *v pr* cansarse ‖ *— se lasser à* cansarse en ‖ *se lasser de* cansarse de.
lassitude *f* lasitud (*p us*), cansancio *m* (fatigue) ‖ FIG fastidio *m*, hastío *m* (ennui).
lasso *m* lazo ‖ *lasso à boules* boleadoras (en Amérique) ‖ *prendre au lasso* lazar, sujetar con lazo.
Las Vegas *n pr* GÉOGR Las Vegas.
lat. abrév de *latitude* latitud.
latence *f* estado *m* latente ‖ *période de latence* período de latencia (psychanalyse).
latent, e *adj* latente.
latéral, e *adj* lateral.
latéralement *adv* lateralmente, de lado.
latéralisation *f* lateralización (psychologie).
latéralisé, e *adj* lateralizado, da (psychologie).
latéralité *f* lateralidad (psychologie).
latex *m* BOT látex.
latin, e *adj et s* latino, na; *la déclinaison latine* la declinación latina ‖ *— l'Amérique latine* América Latina ‖ *le Quartier latin* el Barrio Latino [barrio de los estudiantes en París].
◆ *m* latín (langue latine) ‖ *— latin de cuisine* latín macarrónico, latinajo ‖ *latin populaire* latín vulgar, sermo rusticus ‖ *— bas latin* bajo latín ‖ *— c'est du latin* es griego ‖ *en o y perdre son latin* no comprender nada de una cosa ‖ *quand les ânes parleront latin* cuando las ranas críen pelo.
latinisation *f* latinización.
latiniser *v tr* latinizar.
latinisme *m* latinismo.
latiniste *m et f* latinista.
latinité *f* latinidad ‖ *basse latinité* baja latinidad.
latino *adj et s* latino, na; hispano, na.
latino-américain, e *adj* latinoamericano, na.
— OBSERV Pour traduire le mot *latino-américain*, on doit préférer à *latinoamericano*, terme fréquemment employé en Amérique et rarement en Espagne, *iberoamericano* ou *hispanoamericano*.

Latino-Américain *m* et *f* latinoamericano, na.
latitude *f* latitud || latitud (climat); *l'homme peut vivre sous toutes les latitudes* el hombre puede vivir bajo todas las latitudes || FIG libertad; *je vous laisse toute latitude* le dejo toda libertad || *— à 40° de latitude nord* a 40° de latitud norte || *sous toutes les latitudes* en todas las latitudes || *— avoir toute latitude de* quedar en libertad para.
latrines *f pl* letrinas.
lattage *m* entablado, enlatado (de bois).
latte *f* lata *(p us)*, tabla delgada, listón *m* || traviesa (de toit) || listón (sports) || sable *m* de caballería (sabre).
latter *v tr* TECHN entarimar, entablar [*(amér)* enlatar].
lattis [lati] *m* armazón *f* de tablas de un tejado || encañado, enrejado de listones (pour les plantes).
laudanum [lodanɔm] *m* láudano.
laudatif, ive *adj* laudatorio, ria.
lauréat, e [lɔrea, at] *adj* et *s* laureado, da; galardonado, da; triunfador, ra.
laurier *m* BOT laurel || *— laurier-cerise* lauroceraso, laurel cereza *ou* real || *laurier-rose* laurel rosa, adelfa || *laurier-tin* durillo.
 ◆ *pl* FIG laureles (gloire) || *— FIG cueillir o moissonner des lauriers* cosechar laureles *ou* victorias || *être chargé de lauriers, se couvrir de lauriers* cargarse de laureles || *flétrir ses lauriers* empañar su gloria, mancillar sus laureles || *s'endormir o se reposer sur ses lauriers* dormirse en los laureles.
Lausanne *n pr* GÉOGR Lausana.
lavable *adj* lavable.
lavabo *m* lavabo, lavamanos (appareil sanitaire) || lavabo, cuarto de aseo (salle d'eau) || ECCLÉS lavatorio (prière de la messe) || FAM *les lavabos* los servicios.
lavage *m* lavado || fregado (de la vaisselle) || lava *f* (de métaux) || lavaje (de laine) || baldeo (des ponts des navires) || *— FIG & FAM lavage de cerveau* lavado de cerebro || MÉD *lavage d'estomac* lavado de estómago || *lavage gastrique* lavado gástrico.
lavallière *f* chalina (cravate).
 ◆ *adj* de color de hoja seca; cobrizo, za.
lavande *f* BOT lavanda, espliego *m*.
 — OBSERV Le mot espagnol *lavanda* est beaucoup plus courant qu'*espliego*, surtout lorsqu'il s'agit d'*eau de toilette*.
lavandière *f* lavandera (qui lave) || ZOOL arandillo *m*, aguzanieves (bergeronnette).
lavasse *f* FAM calducho *m*, caldo *m* muy claro, aguachirle *m*.
lave *f* lava.
lave-glace *m* AUTOM lavaparabrisas.
lave-linge *m inv* lavadora *f*.
lave-mains *m inv* lavamanos.
lavement *m* lavamiento, lavado (action de laver) || MÉD lavativa, ayuda *f* || ECCLÉS *lavement des pieds* lavatorio.
laver *v tr* lavar || fregar (la vaisselle) || limpiar (plaie) || baldear (un bateau) || lavar de color con aguadas (dessin) || *— laver à grande eau* lavar a fondo || FAM *laver la tête à quelqu'un* dar un jabón a alguien, reprenderle || *laver le linge* lavar la ropa || *laver les cheveux* lavar la cabeza || *laver quelqu'un d'une accusation* desagraviar a alguien || FIG *laver une injure dans le sang* lavar una injuria con sangre || *machine à laver* lavadora || *machine à laver la vaisselle* máquina lavaplatos, lavavajillas, lavaplatos.
 ◆ *v pr* lavarse || FIG *s'en laver les mains* lavarse las manos de algo, desentenderse de algo.
laverie [lavri] *f* lavadero *m* || *laverie automatique* lavandería.
lavette *f* cepillo *m* para fregar platos || FIG & FAM Juan Lanas (chiffe).
laveur, euse *m* et *f* lavador, ra || lavaplatos (plongeur) || *— laveur de carreaux* lavacristales || *laveur de voitures* lavacoches.
 ◆ *f* lavandera (de linge).
 ◆ *m* lavador || depurador (dépoussiéreur).
lave-vaisselle *m inv* lavavajillas, lavaplatos.
lavis [lavi] *m* aguada *f*, lavado (dessin) || *au lavis* a la aguada, lavado, da; *dessin au lavis* dibujo a la aguada *ou* lavado.
lavoir *m* lavadero (du linge) || lavadero (du minerai, du charbon).
laxatif, ive *adj* et *s m* laxante.
laxisme *m* laxismo.
laxiste *adj* laxo, xa (politique, morale, etc.).
 ◆ *m* et *f* laxista (personne).
layette [lɛjɛt] *f* canastilla, ropita de niño.
layon [lɛjɔ̃] *m* sendero, trocha *f* (en forêt).
Lazare [lazar] *n pr m* Lázaro.
lazaret [lazarɛ] *m* lazareto.
lazzi [ladzi] *m pl* bromas *f*, burlas *f* (plaisanteries); *sous les lazzis de la foule* entre las burlas de la muchedumbre.
le, la *art* el, la; *le frère et la sœur* el hermano y la hermana.
 ◆ *pron pers de 3ᵉ pers* lo, le, la; *je l'ai dénoncé* lo denuncié; *je l'ai prise* la he tomado.
 — OBSERV Bien que l'Académie de la langue espagnole conseille l'emploi du pronom *lo* pour traduire le pronom personnel masculin complément direct, le pronom *le* est fréquemment employé en Espagne à sa place (je l'ai vu, *le* he visto ou *lo* he visto).
lé [le] *m* paño, ancho de una tela (largeur d'une étoffe) || ancho de un rollo de papel pintado (papier peint) || *une jupe à lés* una falda de varios paños.
L.E.A. abrév de *langues étrangères appliquées* carrera universitaria de idiomas extranjeros aplicados [en Francia].
leader [lidɔr] *m* líder, jefe (chef de parti) || editorial, artículo de fondo (d'un journal) || AVIAT avión de cabeza || el primero (sports).
leadership [-ʃip] *m* jefatura *f*, liderazgo, liderato.
leasing *m* ÉCON leasing, alquiler con opción a compra.
lèche *f* rebanada (de pain), loncha (de viande) || lamido.
 ◆ *m* lameteo *m* (action de lécher) || POP *faire de la lèche* dar coba, hacer la pelotilla.
léché, e *adj* lamido, da; demasiado bien acabado || *ours mal léché* persona mal educada *ou* grosera.
lèche-bottes *m inv* POP pelotillero, cobista.
lèchefrite *f* CULIN grasera, recipiente *m* para recoger la grasa.
lécher* *v tr* lamer || pulir, limar, acabar con detalles (finir avec soin) || *— FAM lécher les pieds o les bottes de quelqu'un* hacer la pelotilla, dar coba || *lécher les vitrines* mirar los escaparates.

◆ *v pr* lamerse || *c'est bon à s'en lécher les doigts o les babines* es cosa para chuparse los dedos, es para relamerse.
lécheur, euse *adj* et *s* FAM cobista; pelotillero, ra; aduladar, ra (flatteur).
lèche-vitrine [lɛʃvitrin] *m* FAM *faire du lèche-vitrines* mirar los escaparates.
lécithine *f* CHIM lecitina.
leçon [ləsɔ̃] *f* lección || — *leçon particulière* clase privada *ou* particular || *leçons de conduite* prácticas de conducción || — *donner une bonne leçon* dar una buena lección || FIG *faire la leçon* leer la cartilla (reprendre), aleccionar (expliquer) || *servir de leçon* servir de lección *ou* de escarmiento || *tirer la leçon de* sacar fruto *ou* utilizar la experiencia de || *tirez-en la leçon* aplíquese el cuento.
lecteur, trice *m* et *f* lector, ra.
◆ *m* TECHN lector; *lecteur optique* lector óptico || — *lecteur laser* lector láser || INFORM *lecteur de bandes* lector de cintas || *lecteur de cassettes* casete || INFORM *lecteur de disques numériques* unidad de discos numéricos | *lecteur de disquettes* disquetera, unidad de discos.
lectorat *m* lectores *pl*, público lector (d'un journal, etc.) || lectorado (dans l'enseignement).
lecture *f* lectura || INFORM lectura || — *tête de lecture* cabeza sonora (magnétophone) || — *avoir de la lecture* haber leído mucho, ser instruido.
LED abrév de *light emitting diode* LED, diodo electroluminiscente || *affichage LED* visualización *ou* indicación con LED.
ledit [lədi] *adj* susodicho.
légal, e *adj* legal.
légalement *adv* legalmente.
légalisation *f* legalización.
légaliser *v tr* legalizar.
légalité *f* legalidad; *rester dans la légalité* no salirse de la legalidad.
légataire *m* et *f* DR legatario, ria; *légataire universel* legatario universal.
légation *f* legación.
légendaire *adj* legendario, ria.
◆ *m* autor de leyendas (auteur de légendes) || colección *f* de leyendas (recueil de légendes).
légende *f* leyenda || pie *m*, texto *m* (d'une carte, d'un dessin, etc.).
léger, ère *adj* ligero, ra; liviano, na (très employé en Amérique); *métal léger* metal ligero || leve (pas grave); *blessure légère* herida leve || libre; atrevido, da; *propos légers* palabras atrevidas || fino, na; *un drap léger* una sábana fina || ligero, ra (repas, café, etc.) || — FIG *esprit léger* espíritu superficial || *faute légère* falta leve || *femme légère* mujer ligera *ou* frívola || *repas léger* comida frugal *ou* ligera || *un fardeau léger* un bulto que pesa poco || — *à la légère* a la ligera || *d'un cœur léger* sin preocupaciones || *d'un pas léger* con paso rápido || — *avoir la main légère* tener las manos largas (être prompt à frapper), ser hábil de manos (chirurgien) || *dessiner d'une main légère* dibujar con soltura || *être plus léger que* pesar menos que || *prendre quelque chose à la légère* echar algo a humo de pajas || *que les heures sont légères en votre compagnie!* ¡qué pronto pasan las horas en su compañía!
légèrement *adv* ligeramente || levemente (blessé).

légèreté *f* ligereza (poids) || agilidad || levedad (d'une blessure, d'une faute, etc.) || finura (sveltesse) || soltura (du style) || FIG ligereza, liviandad (de caractère).
légiférer* *v intr* legislar.
légion *m* legión || — *Légion d'honneur* Legión de Honor || *légion étrangère* legión extranjera.
légionnaire *m* legionario || caballero de la Legión de Honor (de la Légion d'honneur).
législateur, trice *adj* et *s* legislador, ra.
législatif, ive *adj* legislativo, va; *Assemblée législative* Asamblea legislativa.
législation *f* legislación.
législativement *adv* por vía legislativa.
législature *f* legislatura || cuerpo de legisladores.
légiste *m* legista || *médecin légiste* médico forense.
légitimation *f* legitimación.
légitime *adj* legítimo, ma; *en état de légitime défense* en estado de legítima defensa || fundado, da; justificado, da; *crainte légitime* temor fundado.
◆ *f* FAM costilla, mujer, media naranja (épouse).
légitimement *adv* legítimamente, con legitimidad.
légitimer *v tr* legitimar || justificar (justifier).
légitimiste *adj* et *s* legitimista.
légitimité *f* legitimidad.
legs [lɛ ou lɛg] *m* legado, manda *f*.
léguer* *v tr* legar.
légume *m* verdura *f*, hortaliza *f* (vert) || legumbre *f* (sec) || vaina *f* (cosse).
◆ *f* POP *grosse légume* pez gordo, personaje (personnage).
légumier, ère *adj* leguminoso, sa.
◆ *m* fuente *f* para legumbres.
légumineux, euse *adj* et *s f* leguminoso, sa.
leitmotiv [lajtmɔtiv] *m* leitmotiv, tema.
Léman (lac) *n pr m* GÉOGR lago Lemán.
lemming *m* ZOOL lemming, ratón campestre.
lémuriens *m pl* ZOOL lemúridos.
lendemain [lɑ̃dmɛ̃] *m* el día siguiente, el día después, el otro día; *le lendemain fut un lundi* el día siguiente fue lunes; *il mourut le lendemain* se murió al día siguiente || FIG porvenir, futuro, mañana *f*; *sans lendemain* sin futuro *ou* porvenir; *se préoccuper du lendemain* preocuparse por el porvenir || — *au lendemain de la guerre* inmediatamente después de la guerra || *des lendemains qui chantent* un futuro prometedor || *du jour au lendemain* de la noche a la mañana, de un día para otro, de un día a otro || *il ne faut pas remettre au lendemain ce qu'on peut faire le jour même* no hay que dejar para mañana lo que se puede hacer hoy || *le lendemain matin* a la mañana siguiente || *le lendemain soir* a la noche siguiente || *triste comme un lendemain de fête* más triste que un entierro.
lénifiant, e *adj* calmante (calmant).
lénifier* *v tr* calmar, aliviar, lenificar *(p us)*.
Leningrad [leningrad] *n pr* GÉOGR Leningrado.
léninisme *m* leninismo.
léniniste *adj* et *s* leninista.
lent, e [lɑ̃, lɑ̃:t] *adj* lento, ta || *lent à* lento en *ou* para.
lente *f* liendre (œuf de pou).

lentement *adv* lentamente, despacio ‖ *lentement mais sûrement* poco a poco se va a Roma.
lenteur *f* lentitud ‖ FIG lentitud, torpeza de entendimiento (d'esprit).
lenticule *f* BOT lentícula (lentille d'eau).
lentille [lɑ̃tiːj] *f* lenteja (légume) ‖ lente (optique).
➤ *pl* pecas (taches de rousseur) ‖ — *lentille cornéenne* o *de contact* lente *ou* lentilla de contacto ‖ *lentille d'eau* lenteja de agua ‖ *lentille de mise au point* lente de enfoque ‖ *lentille grossissante* lente de aumento ‖ — *champ de lentilles* lentejar.
lentisque *m* lentisco (arbuste).
Léonard de Vinci *n pr* Leonardo da Vinci.
léonin, e *adj* leonino, na.
léopard [leɔpaːr] *m* leopardo ‖ BLAS león heráldico.
L.E.P. *abrév de lycée d'enseignement professionnel* instituto de enseñanza profesional (actuellement L.P.)
lépiote *f* lepiota (champignon).
lèpre *f* lepra.
lépreux, euse *adj* et *s* leproso, sa.
léproserie *f* leprosería, hospital de leprosos.
lequel, laquelle, lesquels, lesquelles [ləkɛl, lakɛl, lekɛl] *pr rel* el cual, la cual, los cuales, las cuales, que, el que, la que, los que, las que; *la chaise sur laquelle il est assis* la silla en que está sentado; *la date à laquelle nous faisons allusion* la fecha a la que aludimos ‖ quien, quienes, el cual (est tous les précédents); *j'ai vu Françoise, laquelle est très malade* he visto a Paquita, quien está muy enferma; *ceux avec lesquels je parle* aquellos con quienes hablo.
➤ *pr interr* cuál, cuáles; *lequel est ton ami?* ¿cuál es tu amigo?; *à laquelle de ces dames avez-vous parlé?* ¿a cuál de estas señoras habló usted?
— OBSERV Con las preposiciones *à* y *de*, este pronombre forma en francés los compuestos *auquel, auxquels, auxquelles, duquel, desquels, desquelles* que se traducen al español por la preposición y el pronombre separados: *les livres desquels vous me parlez* los libros de los que me habla.
les [lɛ] *art pl* m et f los, las; *les règles et les crayons* las reglas y los lápices ‖ *les uns et les autres* unos y otros.
➤ *pr pers* 3ᵉ personne du pluriel des deux genres les, los, las; *je les ai vus* los he visto, las he visto; *je les ai prises* las he tomado.
— OBSERV Les pronoms espagnols *les, los* et *las* sont enclitiques lorsqu'ils sont compléments d'un verbe à l'impératif, à l'infinitif ou au gérondif: *donne-les* dalas; *les voir* verlos; *en les mangeant* comiéndolos.
lesbianisme *m* lesbianismo.
lesbien, enne *adj* lesbiano, na; lesbio, bia; de Lesbos.
➤ *f* lesbiana.
lesdits, lesdites [lɛdi, dit] *adj pl* los susodichos, las susodichas.
lèse *adj f* lesa; *crime de lèse-majesté* crimen de lesa majestad.
lésé, e *adj* perjudicado, da.
léser* *v tr* perjudicar, lesionar, dañar.
lésiner *v intr* escatimar en (épargner), tacañear, cicatear.
lésion *f* lesión ‖ DR lesión, perjuicio *m*.
lessivable *adj* lavable.

lessivage *m* colada *f* (de linge), lavado con lejía (lavage à la lessive) ‖ FIG & FAM pérdida de dinero (au jeu) | jabón, rapapolvo (réprimande).
lessive *f* lejía (liquide) ‖ colada (du linge); *faire la lessive* hacer la colada ‖ FIG limpia, limpieza ‖ POP pérdida en el juego.
lessivé, e *adj* FAM hecho, cha polvo, hecho, cha migas (très fatigué) | puesto, ta de patitas en la calle (expulsé).
lessiver *v tr* hacer la colada, echar en lejía (le linge) ‖ lavar, limpiar (nettoyer) ‖ POP poner de patitas en la calle, dar el bote (expulser) ‖ FIG & POP *être lessivé* estar hecho polvo (être fatigué).
lest [lɛst] *m* lastre ‖ fibra *f* (aliment du bétail) ‖ — *sur lest* en lastre ‖ — FIG *jeter du lest* soltar *ou* echar *ou* largar lastre.
lestage *m* lastrado.
leste *adj* ligero, ra; ágil (agile) ‖ *(vx)* FIG listo, ta; decidido, da (décidé) | libre; ligero, ra (grivois) ‖ *avoir la main leste* tener las manos largas, ser ligero de manos.
lestement [lɛstəmɑ̃] *adv* con presteza, con ligereza (promptement) ‖ ágilmente, diestramente (agilement) ‖ *agir lestement* obrar sin escrúpulos.
lester *v tr* lastrar.
➤ *v pr* lastrarse ‖ FIG & FAM llenar el buche.
let *m* SPORTS let, dejada (tennis).
létal, e *adj* mortífero, mortal, letal *(p us)*.
letchi *m* BOT → **litchi**.
léthargie *f* letargo *m* ‖ FIG letargo, modorra (torpeur, nonchalance) ‖ *tomber en léthargie* caer en estado de letargo.
léthargique *adj* letárgico, ca.
letton, onne *adj* letón, ona.
Letton, onne *m* et *f* letón, ona.
Lettonie *n pr f* GÉOGR Letonia.
lettre *f* letra; *lettre armoriée, bâtarde, capitale, italique, majuscule, minuscule, moulée, ornée, ronde* letra blasonada, bastardilla, versalita, itálica, mayúscula, minúscula, de molde, florida, redondilla ‖ carácter *m*, tipo *m* (imprimerie) ‖ carta; *poster une lettre* echar una carta; *mettre une lettre à la boîte* echar una carta al buzón ‖ — *lettre circulaire* circular ‖ *lettre chargée* carta de valores declarados ‖ *lettre d'avis, ouverte, recommandée* carta de aviso, abierta, certificada ‖ *lettre de cachet* carta cerrada con el sello real que exigía el encarcelamiento *ou* el destierro de una persona ‖ *lettre de change* letra de cambio (traite) ‖ *lettre de condoléances* carta de pésame ‖ *lettre de crédit* carta de crédito ‖ *lettre de demande* instancia ‖ *lettre de faire part* esquela de defunción (décès), parte *ou* participación de boda (avis de mariage) ‖ *lettre de marque* patente de corso ‖ *lettre de mer* patente de navegación ‖ *lettre de naturalisation* carta de naturaleza ‖ *lettre de remerciement* carta de agradecimiento (de reconnaissance), carta de despido (de congé) ‖ DR *lettre de voiture* carta de porte, recibo de expedición, resguardo, manifiesto de carga ‖ *lettre d'introduction* carta de presentación ‖ *lettre dominicale* letra dominical ‖ FIG *lettre morte* letra muerta, papel mojado; *rester lettre morte* ser papel mojado ‖ *lettre piégée* carta bomba ‖ — *à la lettre, au pied de la lettre* al pie de la letra, literalmente ‖ *avant la lettre* prueba de un grabado impresa sin pie (imprimerie), antes de tiempo, por adelantado, anticipadamente (sens figuré) ‖ — *en toutes lettres* con

todas sus letras ǁ *— la lettre tue mais l'esprit vivifie* la letra mata mientras que el espíritu vivifica ǁ FAM *passer comme une lettre à la poste* pasar fácilmente ǁ *protester une lettre de change* protestar una letra ǁ *s'attacher à la lettre* atenerse a la letra.
◆ *pl* letras; *faculté des lettres* facultad de Letras ǁ *— lettres de créance* cartas credenciales ǁ *lettres de noblesse* o *d'annoblissement* cartas de nobleza, ejecutoria ǁ *lettres patentes* real despacho ǁ *— homme de lettres, femme de lettres, gens de lettres* literato, ta; hombre *ou* mujer de letras ǁ *les belles-lettres* las bellas letras.

lettré, e *adj* et *s* letrado, da; docto, ta.

lettrine *f* IMPR letra de llamada (pour indiquer un renvoi) | letra volada (en haut des pages d'un dictionnaire) | letra florida (majuscule décorative).

lettrisme *m* letrismo (mouvement littéraire).

leu *m* (*vx*) lobo (loup) ǁ leu (monnaie roumaine) ǁ *à la queue leu leu* en fila india, uno tras otro.

leucémie *f* MÉD leucemia.

leucémique *adj* et *s* MÉD leucémico, ca.

leucocytaire *adj* leucocitario, ria; *formule leucocytaire* fórmula leucocitaria.

leucocyte *m* leucocito (globule blanc).

leucocytose *f* MÉD leucocitosis.

leucorrhée *f* MÉD leucorrea.

leur *pron pers* (pluriel de *lui* et de *elle*), les; *il leur dit* les dijo ǁ se (lorsque le verbe a deux compléments); *je la leur rendrai* se la devolveré; *je les leur ai demandés* se los he pedido.
— OBSERV Les pronoms espagnols *les* et *se* sont enclitiques lorsqu'ils sont compléments d'un verbe à l'impératif, à l'infinitif ou au gérondif: *dis-le-leur* díselo; *il faut leur apporter quelque chose* hay que traerles algo; *en leur chantant une berceuse* cantándoles una nana.

leur, leurs *adj poss* su, sus; *leur foyer* su hogar; *leurs filles* sus hijas.
◆ *pr poss* el suyo, la suya, los suyos (le leur, la leur, les leurs); *notre vie et la leur* nuestra vida y la suya; *nos malheurs sont plus graves que les leurs* nuestras desgracias son más graves que las suyas ǁ el, la, los, las de ellos, de ellas (lorsqu'il y a dans la même proposition une opposition entre *son* et *leur*); *il préférait sa situation à la leur* prefería su situación a la de ellos.
◆ *m* lo suyo; *ils y mettent du leur* ponen de lo suyo.
◆ *pl* los suyos; *ils ont passé une semaine avec tous les leurs* pasaron una semana con todos los suyos.

leurre [lœːr] *m* señuelo, añagaza *f* (chasse) ǁ cebo artificial *f* (pêche) ǁ FIG añagaza *f*, engañifa *f*, cebo.

leurrer *v tr* adiestrar, amaestrar (le faucon) ǁ embaucar, engañar (tromper, abuser).

levage *m* levantamiento ǁ *appareil de levage* aparato de elevación.

levain *m* levadura *f* ǁ FIG semilla *f*, germen; *levain de haine* germen de odio.

levant *adj m* naciente; *maison tournée au soleil levant* casa orientada al sol naciente.
◆ *m* levante (l'orient).

levantin, e *adj* levantino, na.

Levantin, e *m* et *f* levantino, na.

levé, e *adj* levantado, da ǁ *— à main levée* a mano alzada (vote) ǁ *au pied levé* sin preparación, de improviso ǁ *tête levée* con la cabeza alta ǁ *— voter par assis et levés* votar por «levantados» y «sentados».

levé *m* levantamiento, trazado (d'un plan).

levée *f* levantamiento *m* ǁ levantamiento *m* (d'une séance, d'un siège, des troupes) ǁ percepción, recaudación (d'impôts) ǁ baza (aux jeux de cartes); *levée sûre, de chute* baza firme, de menos ǁ carrera, recorrido *m* (d'un piston) ǁ marejada (soulèvement des lames) ǁ dique *m* (digue) ǁ cosecha (de grains) ǁ recogida (courrier) ǁ suspensión; *levée de l'immunité parlementaire* suspensión de la inmunidad parlamentaria ǁ MIL leva, reclutamiento ǁ TECHN terraplén *m*, ribero *m* (remblai) ǁ *— levée d'arrêts* levantamiento de arresto ǁ FIG *levée de boucliers* protesta airada contra una autoridad (protestation), ataque violento, oposición (attaque) ǁ *levée d'écrou* acto de liberación ǁ *levée de jugement* expedición de testimonio de sentencia ǁ *levée des scellés* desembargo ǁ *levée du corps* levantamiento del cadáver ǁ *— à la levée de la séance* al levantarse *ou* acabarse la sesión.

lève-glace; lève-vitre *m* AUTOM elevalunas.
— OBSERV *pl lève-glaces, lève-vitres*.

lever* *v tr* levantar (mettre plus haut) ǁ levantar, erguir (redresser); *lever la tête* levantar la cabeza ǁ percibir, recaudar (impôts) ǁ reclutar, hacer una leva (troupes) ǁ levantar, alzar (un siège) ǁ levantar, alzar (dessin) ǁ levantar (gibier) ǁ levar, levantar (ancre) ǁ recoger, hacer la recogida (le courrier) ǁ FIG cercenar (couper une partie) ǁ quitar (enlever) | desaparecer; *les obstacles sont levés* los obstáculos han desaparecido ǁ AGRIC levantar (terre) ǁ POP seducir (une femme) ǁ *— lever la lettre* levantar letra, componer (imprimerie) ǁ *lever la main sur quelqu'un* levantar *ou* alzarle la mano a uno (frapper) ǁ *lever la séance* levantar la sesión ǁ FAM *lever le coude* empinar el codo ǁ *lever le couvert* quitar la mesa ǁ *lever le masque* quitarse la máscara ǁ *lever le pied* levantar el campo, poner pies en polvorosa ǁ *lever le rideau* subir *ou* levantar el telón ǁ *lever les épaules* alzar los hombros, encogerse de hombros ǁ *lever les yeux* o *le regard* levantar *ou* alzar la mirada ǁ *lever les yeux au ciel* levantar los ojos al cielo ǁ *lever les yeux sur* tener miras en, aspirar a, pretender ǁ *lever le voile* descubrir ǁ *lever un acte* levantar acta ǁ *lever un corps* levantar el cadáver ǁ *lever une difficulté* allanar *ou* hacer desaparecer una dificultad ǁ *lever une option* levantar una opción ǁ *— faire lever* levantar; *je n'ai qu'à lever le petit doigt* con solo abrir la boca ǁ *n'oser lever les yeux devant quelqu'un* no atreverse a mirar de frente a alguien.
◆ *v intr* BOT nacer, brotar ǁ fermentar la masa, leudar (fermenter).
◆ *v pr* levantarse ǁ salir (les astres) ǁ nacer (jour) ǁ aclararse (le temps) ǁ *se lever de bonne heure* o *de bon matin* madrugar, levantarse temprano.

lever *m* levantamiento, subida *f* ǁ momento de levantarse (du lit); *à son lever* al levantarse ǁ salida *f*, aparición *f* (d'un astre, du soleil) ǁ levantamiento, alzado, trazado (d'un plan) ǁ *— * THÉÂTR *lever de rideau* sainete, juguete, pieza de entrada ǁ *lever du jour* el amanecer ǁ THÉÂTR *lever du rideau* subida del telón ǁ *— du lever au coucher du soleil* de sol a sol.

levier *m* palanca *f*; *levier de commande, de réglage, de vitesse* palanca de mando, de regulación, de cambio ǁ FIG incentivo; *l'intérêt est un puissant levier* el interés es un incentivo potente ǁ *— * ÉCON *effet de levier* efecto de palanca ǁ FIG *levier de commande* mando.

lévitation *f* levitación.

levraut [ləvro] *m* lebrato (jeune lièvre).
lèvre *f* labio *m* ‖ BOT labio *m* (lobes) ‖ GÉOL pared de una falla ‖ belfo *m* (du cheval) ‖ *— du bout des lèvres* con la punta de la lengua (boire), con altivez, con desdén (avec dédain), con desgana (à contrecœur) ‖ *— avoir le cœur sur les lèvres* tener el estómago revuelto, tener náuseas *ou* ansias, sentir bascas (avoir des nausées), tener el corazón que se sale del pecho (être généreux) ‖ *avoir quelque chose sur le bout des lèvres* tener algo en la punta de la lengua ‖ *être suspendu aux lèvres de* estar pendiente de los labios de ‖ *ne pas desserrer les lèvres* no despegar los labios, no decir ni pío ‖ *pincer les lèvres* apretar los labios ‖ *se mordre les lèvres* contener la risa, comerse la risa (s'empêcher de rire) ‖ *s'en mordre les lèvres* morderse los labios *ou* los nudillos *ou* las manos, arrepentirse (se repentir) ‖ *sourire du bout des lèvres* sonreír de dientes afuera.
◆ *pl* labios, borde (d'une plaie) ‖ ANAT labios (vulve); *petites, grandes lèvres* labios internos, externos.
lévrier *m* galgo, lebrel.
levure *f* levadura; *levure chimique* levadura química; *levure de bière* levadura de cerveza ‖ raedura (du lard).
lexème *m* GRAMM lexema.
lexical, e *adj* relativo, va, al léxico.
lexicalisation *f* lexicalización.
lexicalisé, e *adj* GRAMM lexicalizado, da.
lexicographe *m et f* lexicógrafo, fa.
lexicographie *f* lexicografía.
lexicologie *f* lexicología.
lexicologue *m et f* lexicólogo, ga.
lexique *m* léxico.
lézard [lezaːr] *m* lagarto ‖ *— petit lézard* lagartija ‖ *—* FAM *faire le lézard* tomar el sol.
lézarde *f* grieta, cuarteo *m*, resquebrajadura ‖ MIL galón *m*.
lézardé, e *adj* agrietado, da; cuarteado, da.
lézarder *v tr* agrietar, cuartear.
◆ *v intr* POP vaguear, gandulear, holgazanear (flâner).
◆ *v pr* agrietarse, cuartearse.
Lhassa *n pr* GÉOGR Lhasa.
liaison [ljɛzɔ̃] *f* enlace *m*, unión (union) ‖ relación, conexión, ilación (connexion) ‖ unión, relación (attachement, union) ‖ enlace *m* (dans la prononciation) ‖ relaciones *pl* amorosas ilícitas, enredo *m* (fam), lío *m* (pop); *avoir une liaison avec une femme* tener relaciones amorosas ilícitas con una mujer ‖ ligado *m*, perfil *m* (en calligraphie) ‖ contacto *m*, conexión *f*; *liaisons radiophoniques* contactos radiofónicos ‖ CHIM enlace *m*, unión de dos átomos en una combinación; *liaison covalente* enlace covalente ‖ CONSTR aparejo *m*, juntura | tendel *m* (mortier) ‖ CULIN trabazón (d'un mélange, d'une sauce) ‖ MAR ligazón ‖ MIL comunicación, enlace *m*; *agent de liaison* agente de enlace ‖ MUS ligado *m*, ligadura *f*; *liaison coaxiale* conexión coaxial (télécommunications) ‖ INFORM *liaison pour transmission de données* enlace para transmisión de datos ‖ *être en liaison* estar en comunicación, en conexión, estar conectado.
◆ *pl* relaciones, amistades.
liane *f* BOT bejuco *m*.
— OBSERV Liana est un gallicisme très répandu.

liant, e *adj* flexible; elástico, ca; maleable ‖ FIG comunicativo, va; sociable (caractère).
◆ *m* elasticidad *f*, flexibilidad *f* (élasticité) ‖ CONSTR argamasa *f* (mortier) ‖ FIG afabilidad *f*, carácter sociable.
liasse *f* fajo *m* (de papiers, de billets) ‖ legajo *m*, rollo *m*.
Liban [libã] *n pr m* GÉOGR Líbano.
libanais, e *adj* libanés, esa.
Libanais, e *m et f* libanés, esa.
libation *f* libación.
libellé, e *adj* redactado, da (rédigé) ‖ extendido, da; *un chèque mal libellé* un cheque mal extendido.
◆ *m* redacción *f*, texto (rédaction).
libeller *v tr* redactar (rédiger) ‖ extender (un chèque).
libellule *f* libélula, caballito *m* del diablo (insecte).
libérable *adj* redimible, exonerable, que puede ser libertado *ou* eximido ‖ licenciable, que puede ser licenciado (soldat).
libéral, e *adj et s* liberal; *libéraux envers tous* liberales con todos ‖ *profession libérale* profesión liberal.
libéralement *adv* liberalmente, con liberalidad, generosamente (avec libéralité) ‖ con liberalismo, liberalmente (avec libéralisme).
libéralisation *f* liberalización.
libéraliser *v tr* liberalizar, volver liberal.
libéralisme *m* liberalismo.
libéralité *f* liberalidad.
libérateur, trice *adj et s* libertador, ra; liberador, ra.
libération *f* liberación ‖ licenciamiento *m* (d'un soldat) ‖ exoneración, exención (d'un impôt) ‖ desprendimiento *m* (de chaleur) ‖ ÉCON liberalización; *libération des échanges* liberalización del comercio; *libération des prix* liberalización de los precios ‖ *libération conditionnelle* libertad condicional ‖ *vitesse de libération* velocidad de escape (pour échapper à l'attraction d'un astre).
libéré, e *adj* libertado, da; liberado, da (libre); *être libéré sous caution* ser liberado bajo fianza; *être libéré sur parole* ser liberado bajo palabra *ou* bajo promesa ‖ exonerado, da; exento, ta (exempté) ‖ licenciado (soldat).
libérer* *v tr* poner en libertad, libertar (un prisonnier), liberar (d'une domination) ‖ liberar (d'une dette) ‖ exonerar, eximir (exempter) ‖ licenciar (un soldat) ‖ desprender; *phénomène qui libère de l'énergie* fenómeno que desprende energía.
◆ *v pr* liberarse, libertarse, eximirse.
Libéria *n pr m* GÉOGR Liberia *f*.
libérien, enne *adj* BOT del líber ‖ liberiano, na (du Libéria).
Libérien, enne *m et f* liberiano, na.
libero *m* SPORTS líbero (en football).
libertaire *adj et s* libertario, ria.
liberté *f* libertad; *en liberté* en libertad; *en toute liberté* con toda libertad ‖ *— liberté d'association* libertad de asociación ‖ *liberté de conscience* libertad de conciencia ‖ *liberté de la presse* libertad de prensa *ou* de imprenta ‖ *liberté de réunion* libertad de reunión ‖ *liberté d'esprit* despreocupación ‖ *liberté d'expression* libertad de expresión ‖ *liberté du culte* libertad de cultos ‖ *liberté sous conditions* li-

bertad condicional ‖ *liberté surveillée* libertad vigilada ‖ *liberté syndicale* libertad sindical ‖ — *libertés individuelles* libertades individuales ‖ *libertés municipales* fueros municipales ‖ *libertés publiques* libertades públicas ‖ — *en liberté provisoire* en libertad provisional ‖ — *être, mettre en liberté* estar, poner en libertad ‖ *prendre des libertés* extralimitarse.

libertin, e *adj* et *s* libertino, na.

libertinage *m* libertinaje, desenfreno ‖ *(vx)* incredulidad *f* religiosa.

libidinal, e *adj* libidinoso, sa.

libidineux, euse *adj* et *s* libidinoso, sa.

libido *f* libido (désir sexuel).

libraire *m* et *f* librero, ra.

librairie *f* librería (magasin) ‖ editorial (maison d'édition).

libre *adj* libre ‖ — *libre arbitre* albedrío, libre albedrío, libre arbitrio ‖ *libre concurrence* libre competencia ‖ *libre de taxes* exento de impuestos ‖ *libre pensée* librepensamiento ‖ — *libre à vous de* es usted libre de, es usted muy libre de, allá usted si ‖ *libre comme l'air* más libre que un pájaro ‖ *libre sur parole* libre bajo palabra ‖ — *les cheveux libres* con el pelo suelto ‖ *papier libre* papel no sellado ‖ *place libre* plaza vacante; sitio desocupado (véhicule) ‖ — *à l'air libre* al aire libre ‖ *en vente libre* en venta libre ‖ — *avoir ses entrées libres chez quelqu'un* tener entrada libre *ou* fácil acceso en casa de alguien ‖ *être libre de son temps* disponer del tiempo que se desea ‖ *vous êtes libre d'accepter, de refuser* es usted muy dueño de *ou* está en su mano aceptar, rehusar.

libre-échange [libreʃɑ̃ːʒ] *m* librecambio, libre cambio, libre comercio.

libre-échangisme *m* librecambismo.

libre-échangiste *adj* et *s* librecambista; *politique libre-échangiste* política librecambista.

librement *adv* libremente, con toda libertad.

libre penseur *m* librepensador.

libre-service *m* autoservicio.

librettiste *m* et *f* MUS libretista.

Libreville *n pr* GÉOGR Libreville.

Libye *n pr f* GÉOGR Libia.

libyen, enne [libjɛ̃, jɛn] *adj* libio, bia.

Libyen, enne *m* et *f* libio, bia.

lice *f* liza, palestra, palenque *m* (champ clos); *entrer en lice* entrar en liza, salir a la palestra *ou* al palenque ‖ FIG lid, combate *m*, contienda (combat) ‖ TECHN lizo *m* (du métier à tisser); *basse lice* lizo bajo ‖ perra de caza (chienne).

licence *f* licencia, permiso *m*; *licence d'exportation* licencia de exportación ‖ licencia (grande liberté) ‖ COMM patente, cédula ‖ licenciatura, licencia (grade universitaire) ‖ *licence poétique* licencia poética.

licencié, e *adj* et *s* licenciado, da; *licencié ès sciences* licenciado en ciencias.

licenciement [lisɑ̃simɑ̃] *m* despido, licenciamiento; *licenciement économique* despido por razones económicas.

licencier* *v tr* despedir, licenciar.

licencieux, euse *adj* licencioso, sa.

lichen [likɛn] *m* BOT liquen ‖ MÉD liquen.

lichette [liʃɛt] *f* FAM poco *m*.

licitation *f* DR licitación.

licite *adj* lícito, ta.

licol *m* → **licou.**

licorne *f* unicornio *m* (animal fabuleux) ‖ ZOOL licorne de mer narval.

licou; licol *m* cabestro, ronzal, jáquima *f*.

licteur *m* lictor.

lie [li] *f* heces *f pl*, poso *m* (résidu des liquides) ‖ FIG hez, lo más vil y despreciable; *la lie du peuple* la hez del pueblo ‖ *boire le calice jusqu'à la lie* apurar el cáliz hasta las heces.

◆ *adj* *couleur lie-de-vin* de color de heces de vino.

lié, e *adj* atado, da (attaché); *pieds et poings liés* atado de pies y manos; *liés deux à deux* atados de dos en dos ‖ FIG ligado, da ‖ — *avoir partie liée avec quelqu'un* estar de acuerdo con alguien ‖ *être très lié avec quelqu'un* intimar mucho con alguien.

lied [liːd] *m* lied, romanza *f*.

— OBSERV pl *lieds* o *lieder*.

liège *m* corcho (écorce) ‖ flotador, boya *f* (de filet) ‖ *chêne-liège* alcornoque.

Liège *n pr* GÉOGR Lieja.

liégeois, e [ljeʒwa, waːz] *adj* liejés, esa; de Lieja ‖ *café liégeois* café helado con nata.

lien [ljɛ̃] *m* ligadura *f*, atadura *f* (ce qui sert à lier) ‖ FIG lazo, vínculo (ce qui unit); *lien de parenté* lazo de parentesco ‖ MAR zuncho, abrazadera *f*.

◆ *pl* cadenas *f pl* (d'un prisonnier); *il brisa ses liens* rompió sus cadenas.

lier* *v tr* atar, amarrar (attacher) ‖ unir, juntar, trabar (joindre) ‖ vincular, unir (unir) ‖ enlazar, ligar (relier) ‖ agavillar (en gerbes) ‖ FIG ligar, sujetar (assujettir), comprometer; *lié par un contrat* ligado por un contrato ǀ espesar, ligar, trabar, dar consistencia a (sauce) ǀ trabar; *lier amitié* trabar amistad ǀ entablar (conversation) ‖ MUS ligar (les notes) ‖ — *lier la langue* atar la lengua ‖ *lier les idées* encadenar, enlazar las ideas ‖ *lier les mains* atar de manos, maniatar ‖ *lier les mots* hacer el enlace de las palabras ‖ — *fou à lier* loco de atar *ou* de remate ‖ *l'Église a le pouvoir de lier et de délier* la Iglesia tiene el poder de atar y de desatar.

◆ *v pr* atarse ‖ espesarse, tomar consistencia (sauce) ‖ encadenarse (s'enchaîner) ‖ intimar con (d'amitié) ‖ liarse, tener relaciones amorosas (avoir une liaison avec quelqu'un) ‖ FIG ligarse, enlazarse, unirse ǀ ligarse, comprometerse (s'engager); *se lier par serment* comprometerse bajo *ou* con *ou* porjuramento.

lierre *m* BOT hiedra *f*, yedra *f*.

liesse *f* alborozo *m* ‖ *en liesse* entusiasmado, alborozado, regocijado.

lieu *m* merluza *f* (poisson).

lieu *m* lugar ‖ casa *f* (maison); *sans feu ni lieu* sin casa ni hogar ‖ localidad *f*, sitio; *un lieu charmant* un sitio encantador ‖ GÉOM lugar ‖ — *lieu commun* tópico, lugar común ‖ *lieu d'asile* sagrado ‖ *lieu de naissance* lugar de nacimiento ‖ *lieu de plaisance* lugar de recreo ‖ *lieu de rendez-vous* lugar de la cita ‖ *lieu de travail* lugar de trabajo ‖ — *chef-lieu* capital de departamento *ou* de provincia ‖ *haut lieu* lugar destacado, sitio privilegiado ‖ *mauvais lieu* lugar de perdición ‖ — *au lieu de* en lugar de, en vez de ‖ *au lieu que* mientras que ‖ *en dernier lieu* por último, en último lugar ‖ *en haut lieu* en las altas esferas ‖ *en lieu sûr* en lugar seguro, a buen recaudo ‖ *en premier lieu* en primer lugar ‖ *en temps et lieu*

en tiempo y lugar oportunos ‖ *en tout lieu, en tous lieux* en cualquier lugar ‖ — *avoir lieu* efectuarse, verificarse, tener lugar (se tenir), ocurrir, suceder (arriver) ‖ *avoir lieu de* tener razones *ou* motivos para ‖ *donner lieu à* dar lugar a, dar motivos para ‖ *il n'y a pas lieu de* no hay por qué ‖ *il y a lieu de* conviene que, es lógico que, es oportuno que ‖ *s'il y a lieu* si procede, si es conveniente ‖ *tenir lieu de* hacer las veces de, servir de.
 ◆ *pl* FAM casa *f sing*, sitio *sing*; *vider les lieux* desocupar la casa, irse de un sitio ‖ — *lieux d'aisance* retrete ‖ — *les Lieux saints* los Santos Lugares ‖ *être, arriver, se rendre sur les lieux* hacer una inspección ocular, desplazarse *in situ*, personarse.

lieu-dit; lieudit [ljødi] *m* el lugar llamado ‖ *un lieu-dit* un lugar.
— OBSERV pl *lieux-dits* o *lieuxdits*.

lieue *f* legua (mesure itinéraire) ‖ FIG *j'étais à cent lieues de croire* estaba muy lejos de creer.

lieutenant [ljøtnɑ̃] *m* teniente (officier au-dessous du capitaine); *lieutenant de vaisseau* teniente de navío ‖ lugarteniente (celui qui seconde un chef).

lieutenant-colonel *m* teniente coronel.

lièvre *m* liebre *f* ‖ ASTRON Liebre *f* ‖ — *lièvre de mer* liebre marina ‖ *mémoire de lièvre* memoria mala ‖ *ragoût de lièvre* lebrada ‖ — *courir* o *chasser deux lièvres à la fois* perseguir dos objetivos al mismo tiempo ‖ *lever le lièvre* levantar la liebre.

lift *m* SPORTS liftado, efecto de avance, bola rápida, golpe liso (tennis).

lifter *v tr* SPORTS cortar (une balle).

liftier, ère *m* et *f* ascensorista.

lifting *m* lifting (de la peau).

ligament *m* ligamento.

ligamentaire *adj* de los ligamentos.

ligamenteux, euse *adj* ligamentoso, sa.

ligature *f* ligadura ‖ ligadura (horticulture) ‖ IMPR signo *m* doble ‖ MÉD *ligature des trompes* ligadura de trompas.

ligaturer *v tr* hacer una ligadura, ligar.

ligne *f* línea; *ligne droite, brisée* línea recta, quebrada ‖ línea, renglón *m* (d'un écrit) ‖ fila, línea (rangée) ‖ raya, línea (de la main) ‖ plomada (de maçon, de charpentier) ‖ sedal *m*, cuerda (pour pêcher) ‖ caña; *pêcher à la ligne* pescar con caña ‖ línea; *ligne de tramways, télégraphique* línea de tranvías, telegráfica ‖ línea, frente *m*; *ligne de bataille* línea de batalla ‖ FIG línea, regla; *ligne de conduite* línea de conducta ‖ línea, esbeltez (silhouette fine) ‖ INFORM línea ‖ MAR cabo *m* ‖ MIL infantería de línea ‖ — *la ligne, la ligne équinoxiale* la línea equinoccial, el ecuador; *le passage de la ligne* el paso del ecuador ‖ ÉLECTR *ligne à haute tension* línea de alta tensión ‖ *ligne d'arrivée* meta, línea de llegada ‖ TECHN *ligne de balayage* línea de exploración ‖ SPORTS *ligne de but* línea de gol ‖ *ligne de faîte* o *de partage des eaux* línea divisoria de las aguas, línea de cresta ‖ *ligne de flottaison* línea de flotación ‖ *ligne de fond* espinel (cordée) ‖ SPORTS *ligne d'envoi* línea de saque ‖ MIL *ligne de mire* línea de mira ‖ *ligne de sonde* sondaleza ‖ SPORTS *ligne de touche* línea de banda ‖ *ligne d'horizon* línea del horizonte ‖ *ligne directrice* directrices ‖ *ligne médiane* línea mediana ‖ — *bâtiment de ligne* buque de línea ‖ *grandes lignes* largos recorridos (trains) ‖ — *à la ligne* en párrafo aparte ‖ *dans les grandes lignes* a grandes rasgos ‖ MIL *en ligne* en fila ‖ *en ligne droite* en línea recta ‖ *en ligne sur deux rangs* en línea de a dos ‖ *hors ligne* fuera de lo corriente, excepcional, extraordinario, sobresaliente ‖ *point à la ligne* punto y aparte ‖ *sur toute la ligne* en toda la línea, en general ‖ — *aller à la ligne* hacer párrafo aparte, poner punto y aparte ‖ FAM *avoir de la ligne* tener buena facha ‖ *entrer en ligne de compte* entrar en cuenta ‖ *faire entrer en ligne de compte* tener en cuenta ‖ *garder la ligne* conservar la línea ‖ *lire entre les lignes* leer entre líneas.

lignée *f* descendencia, prole ‖ casta, raza (des animaux) ‖ FIG alcurnia, linaje *m* (lignage) ‖ *de haute lignée* linajudo.

ligneux, euse *adj* leñoso, sa.

lignicole *adj* lignícola.

lignifier (se)* *v pr* lignificarse (se changer en bois).

lignite [liɲit] *m* lignito (charbon).

ligoter *v tr* amarrar, atar ‖ maniatar (attacher les mains) ‖ FIG atar (empêcher).

ligue *f* liga.

liguer *v tr* ligar, coaligar.

ligueur, euse *m* et *f* miembro de una liga.

lilas [lila] *m* lila *f* (arbuste).
 ◆ *adj* et *s m* lila (couleur); *étoffe lilas* tela lila.

liliacé, e *adj* et *s f* BOT liliáceo, a.

Lille [lil] *n pr* GÉOGR Lila.

lilliputien, enne [lilipysjɛ̃, ɛn] *adj* et *s* liliputiense.

lillois, e [lilwa, waːz] *adj* de Lila.

Lillois, e *m* et *f* lilés, esa; lilense; nativo, va de Lila.

limace *f* babosa, limaza (mollusque) ‖ POP camisa.

limaçon *m* caracol (mollusque) ‖ ANAT caracol (de l'oreille) ‖ caracol (de montre).

limage *m* limado, limadura *f*.

limaille [limaːj] *f* limalla, limaduras *pl*; *limaille de fer* limaduras de hierro.

limande *f* gallo *m*, platija, acedía (poisson) ‖ CONSTR pieza de madera lisa de refuerzo ‖ MAR precinta.

limbe *m* limbo.
 ◆ *pl* limbo *sing*; *être dans les limbes* estar en el limbo ‖ FIG *limbes de la pensée* estado de pensamiento vago.

lime *f* lima (outil d'acier) ‖ lima (fruit) ‖ ZOOL variedad de almeja ‖ — *lime à ongles* lima de uñas *ou* para las uñas ‖ *lime demi-ronde* mediacaña ‖ *lime sourde* lima sorda ‖ — *passer la lime* limar.

limer *v tr* limar ‖ FIG limar, pulir (polir), retocar.

limicole *adj* limícola.

limier *m* perro rastreador *ou* sabueso (chien) ‖ FIG detective, policía, sabueso (détective) ‖ espía, sabueso (espion).

liminaire *adj* preliminar, liminar.

limitable *adj* limitable.

limitatif, ive *adj* limitativo, va ‖ *clause limitative* cláusula restrictiva.

limitation *f* limitación ‖ — *limitation de vitesse* limitación de velocidad ‖ *limitation des naissances* limitación de la natalidad, regulación de nacimientos ‖ *sans limitation de temps* sin límite de tiempo.

limite *f* límite *m*; *limite d'âge* límite de edad ‖ frontera, límite *m* (d'un pays, d'une province, etc.) ‖ ‖ lindero *m* (d'un champ, d'une propriété, etc.) ‖ — *à la limite* en última instancia ‖ *dans la limite de* en la medida de ‖ *d'une bêtise sans limites* de una imbecilidad que no tiene nombre.
◆ *adj* límite, tope, máximo, mínimo; *cas limite* caso límite; *vitesse, prix limite* velocidad, precio tope ‖ *date limite de vente, de consommation* fecha de caducidad ‖ *dates limites* fechas últimas.

limité, e *adj* limitado, da.
limiter *v tr* limitar, poner límites.
limitrophe *adj* limítrofe ‖ lindante, colindante (une maison, une propriété, etc.).
limnologie *f* limnología (science relative aux lacs).
limogeage [limɔʒaːʒ] *m* destitución *f*.
limoger *v tr* destituir, privar a uno de su cargo, dejar cesante.
Limoges *n pr* GÉOGR Limoges.
limon *m* limo, légamo (boue) ‖ limón, limonera *f* (d'une voiture) ‖ limón (sorte de citron) ‖ zanca *f*, limón (d'un escalier).
limonade *f* gaseosa ‖ FAM comercio *m* de bebidas.
limonadier, ère *m et f* cafetero, ra; botillero, ra (qui tient un café) ‖ vendedor, ra de refrescos.
limoneux, euse *adj* limoso, sa; cenagoso, sa.
Limousin *n pr m* GÉOGR Lemosín.
limousin, ine *adj* lemosín, ina (du Limousin).
◆ *m* (*p us*) albañil (maçon).
Limousin, e *m et f* lemosín, ina.
limousine *m* capa *f*, capote (manteau) ‖ limusina (automobile).
limpide *adj* límpido, da ‖ FIG nítido, da; límpido, da; claro, ra.
limpidité *f* limpidez, nitidez ‖ FIG claridad meridiana, limpidez; *expliquer quelque chose avec limpidité* explicar algo con claridad meridiana.
lin *m* lino (plante) ‖ *huile de lin* aceite de linaza.
linceul *m* mortaja *f*, sudario ‖ FIG capa *f*, manto; *un linceul de neige* una capa de nieve.
linéaire *adj* lineal.
linéairement *adv* MATHS linealmente.
linéament *m* lineamento.
linéarité *f* linealidad.
linge [lɛ̃ːʒ] *m* ropa *f* blanca (d'une maison) ‖ ropa *f* interior (d'une personne); *changer de linge* mudarse de ropa interior ‖ — *linge de corps* ropa interior ‖ *linge de maison* ropa blanca ‖ *linge de table* mantelería ‖ *linge de toilette* ropa de baño ‖ *linge sale* ropa sucia ‖ — FIG *blanc comme un linge* blanco como el papel ‖ *laver son linge sale en famille* lavar la ropa sucia en casa.
lingère *f* costurera, encargada de la ropa blanca.
lingerie [lɛ̃ʒri] *f* lencería ‖ ropa blanca (de maison), ropa interior (d'une femme) ‖ ropero donde se guarda la ropa blanca (armoire).
lingot [lɛ̃go] *m* lingote (barre de métal) ‖ posta *f* (balle cylindrique) ‖ lingote, blanco (typographie).
lingual, e [lɛ̃gwal] *adj et s* lingual.
linguiste [-gɥist] *n* et *f* lingüista.
linguistique [-gɥistik] *adj et s f* lingüístico, ca.
linoléum [linɔleɔm] *m* linóleo.
linon *m* linón [batista fina].
linotte *f* ZOOL pardillo *m* ‖ FIG & FAM *tête de linotte* cabeza de chorlito.
Linotype *f* (nom déposé) IMPR linotipia (machine à composer).
linotypie *f* IMPR linotipia (travail à la linotype).
linteau *m* ARCHIT dintel.
lion, lionne *m et f* león, ona.
◆ *m* BLAS león ‖ — ZOOL *lion de mer* o *marin* león marino ‖ — FIG *brave comme un lion* valiente como un león ‖ *se tailler la part du lion* llevarse la mejor parte, sacar la mejor tajada.
Lion *m* ASTR Leo.
lionceau *m* cachorro de león.
lipide *m* lípido (gras).
liposoluble *adj* liposoluble.
liposome *m* liposoma.
liposuccion *f* liposucción.
lipothymie *f* lipotimia (espèce de syncope).
lippe *f* belfo *m*, bezo *m*, morro *m* ‖ FAM *faire la lippe* hacer pucheros (les enfants), estar de morros (bouder).
lippu, e *adj* hocicón, ona; bezudo, da.
liquéfaction *f* licuefacción.
liquéfiable *adj* licuable, liquidable, licuefactible.
liquéfier* *v tr* licuefacer (rendre liquide) ‖ licuar (métaux).
liquette *f* FAM camisa (chemise).
liqueur [likœːr] *f* licor *m* (boisson alcoolisée) ‖ líquido *m* (liquide) ‖ — *coffret à liqueurs* licorera ‖ *vins de liqueur* vinos generosos.
liquidateur, trice *adj et s* liquidador, ra; *liquidateur judiciaire* liquidador judicial.
liquidation *f* liquidación; *liquidation de l'impôt* liquidación del impuesto ‖ DR *liquidation judiciaire* liquidación judicial.
liquide *adj et s m* líquido, da ‖ *argent liquide* metálico, efectivo ‖ *en liquide* en efectivo.
liquider *v tr* liquidar ‖ liquidar (une dette) ‖ resolver, liquidar; *liquider une situation difficile* resolver una situación difícil ‖ FAM suprimir, liquidar; *liquider un adversaire politique* suprimir un adversario político ‖ deshacerse de; *liquider un importun* deshacerse de un importuno.
liquidité *f* liquidez.
◆ *pl* COMM disponibilidades.
liquoreux, euse *adj* licoroso, sa ‖ generoso, sa (vin).
lire *f* lira (monnaie italienne).
lire* *v tr* leer; *lire d'un trait* leer de un tirón ‖ comprender (une langue étrangère) ‖ INFORM leer ‖ — *lire à haute voix* o *tout haut* leer en voz alta ‖ *lire couramment* leer de corrido ‖ *lire des yeux* leer con la vista ‖ *lire tout bas* leer en voz baja ‖ *lisez* léase (dans les errata).
lis [lis] *m* azucena *f* (fleur) ‖ BLAS lis; *fleur de lis* flor de lis ‖ *blanc comme un lis* blanco como la nieve *ou* como una azucena.
— OBSERV Le *lirio* espagnol est l'*iris*. Cependant, on utilise parfois *lirio blanco* pour *azucena*.
lisbonnais, e *adj* lisboeta, lisbonense.
Lisbonnais, e *m et f* lisboeta, lisbonense.
Lisbonne *n pr* GÉOGR Lisboa.
liséré [lizre] *ou* [lizere] *m* ribete, orla *f* (bordure).
liseron *m* enredadera *f* (plante).

liseur, euse *m et f* lector, ra (lecteur) ∥ aficionado, da a leer (qui aime à lire).
◆ *f* plegadera (pour marquer une page) ∥ lámpara para leer (lampe) ∥ cubierta (d'un livre) ∥ mañanita (vêtement féminin d'intérieur).

lisibilité *f* legibilidad.

lisible *adj* legible, leíble.

lisiblement *adv* de manera legible.

lisier *m* AGRIC abono semilíquido.

lisière *f* orillo *m*, orilla, vendo *m* (bordure d'un tissu) ∥ lindero *m*, linde *m* (d'un terrain, d'un bois) ∥ FIG límite *m*, extremidad (limite).
◆ *pl* andadores *m* (pour apprendre à marcher) ∥ *tenir en lisières* tutelar, mantener a raya.

lissage *m* alisadura *f*, alisado.

lisse *adj* liso, sa.

lisse *f* MAR cinta ∣ barandal *m*, batayola *m*, galón *m* (barre d'appui) ∣ *lisse de bastingage* costado, borda ∣ *lisse de hourdis* yugo principal.

lisser *v tr* alisar, pulir (polir) ∥ alisar (cheveux) ∥ acaramelar (le sucre).

liste *f* lista; *liste noire* lista negra; *figurer sur une liste* figurar en una lista ∥ INFORM lista ∥ — *liste civile* presupuesto de la casa real *ou* del jefe del Estado ∥ *liste de mariage* lista de boda *ou* de casamiento ∥ *liste des employés* nómina de los empleados ∥ *liste des victimes* relación de víctimas ∥ *liste électorale* lista *ou* padrón electoral ∥ — *être inscrit sur une liste d'attente* estar inscrito en una lista de espera ∥ *dresser une liste* elaborar una lista.

listeau; listel *m* listón, listel (moulure) ∥ grafila *f*, gráfila *f* (des monnaies).

lister *v tr* poner en una lista, inscribir, catalogar ∥ INFORM listar.

listing *m* INFORM listado.

lit [li] *m* cama *f*, lecho (meuble); *s'allonger sur son lit* echarse en la cama ∥ tálamo nupcial (lit nuptial) ∥ matrimonio; *enfant du premier lit* hijo del primer matrimonio ∥ lecho (d'une pierre) ∥ capa *f*, lecho, cama *f* (couche de sable, de pierres, etc.) ∥ cauce, lecho, madre *f*; *le lit d'un fleuve* el lecho de un río; *le fleuve est sorti de son lit* el río se salió de madre ∥ MAR dirección *f*; *lit du vent* dirección del viento ∥ — *lit à deux places, grand lit* cama de matrimonio, cama camera ∥ *lit-cage, lit pliant* cama plegable ∥ *lit clos* cama bretona [cerrada] ∥ *lit de camp* cama de campaña, catre de tijera ∥ TECHN *lit de coulée* lecho de colada ∥ *lit de justice* asiento real en una sesión solemne de las Cortes; la misma sesión ∥ *lit d'enfant* cama de niño, cuna ∥ *lit de parade* lecho mortuorio ∥ *lit de plume* cama con colchón de plumas ∥ *lit de repos* tumbona ∥ *lit de sangle* catre ∥ *lit escamotable* cama abatible ∥ *lit majeur* extensión del lecho de un río durante la crecida ∥ *lit mineur* extensión del lecho de un río durante el estiaje ∥ *lits gigognes* camas nido ∥ *lits jumeaux* camas separadas ∥ *lits superposés* literas ∥ — *bois de lit* armadura de la cama ∥ *tête du lit* cabecera de la cama ∥ — *sur son lit de mort* de cuerpo presente ∥ — *au saut du lit* al saltar de la cama ∥ *comme on fait son lit on se couche* como cebas así pescas ∥ *être au lit* estar en la cama *ou* acostado (couché), estar en cama (malade) ∥ *faire lit à part* dormir en camas separadas (couple) ∥ *garder le lit* guardar cama, estar enfermo ∥ *prendre le lit* encamarse ∥ *se mettre au lit* meterse en la cama.

— OBSERV *Lecho* est plutôt employé dans le langage figuré.

litanies [litani] *f pl* letanía *sing*, letanías.
◆ *sing* FIG & FAM letanía, retahíla, sarta (énumération) ∥ *c'est toujours la même litanie* es siempre la misma cantinela.

litchi; letchi; lychee *m* BOT litchi (fruit).

literie *f* cama, ropa de cama (tout ce qui compose un lit) ∥ tienda de camas (magasin).

lithiase *f* MÉD litiasis.

lithium [litjɔm] *m* litio (métal).

litho *f* FAM litografía.

lithogenèse *f* litogenesia.

lithographe *m et f* litógrafo, fa.

lithographie *f* litografía.

lithographier* *v tr* litografiar.

lithographique *adj* litográfico, ca.

lithologie *f* litología (science des pierres).

lithosphère *f* GÉOL litosfera.

lithotriteur; lithotripteur *m* MÉD litotritor.

litière *f* litera (véhicule ancien) ∥ cama de paja, pajaza (dans les écuries) ∥ FIG *faire litière de* no hacer caso de, hacer caso omiso de.

litige *m* litigio ∥ *être en litige* litigar, estar en litigio.

litigieux, euse *adj* litigioso, sa.

litote [litɔt] *f* lítote.

litre *m* litro (mesure) ∥ casco de una botella de un litro.
◆ *f* colgadura fúnebre (d'un défunt).

litron *m* (vx) medio cuartillo ∥ POP litro de vino.

littéraire *adj* literario, ria ∥ *le monde littéraire* el mundo de las letras.

littérairement *adv* literariamente, desde el punto de vista literario.

littéral, e *adj* literal.

littéralement *adv* literalmente ∥ FAM completamente, absolutamente, literalmente; *la voiture était littéralement détruite* el coche estaba completamente destrozado.

littérateur *m* literato.

littérature *f* literatura; *la littérature française* la literatura francesa ∥ *se lancer dans la littérature* dedicarse a la literatura.

littoral, e *adj et s m* litoral.

Lituanie *n pr f* GÉOGR Lituania.

lituanien, enne *adj* lituano, na.
◆ *m* lituano (langue).

Lituanien, enne *m et f* lituano, na.

liturgie *f* liturgia.

liturgique *adj* litúrgico, ca.

livarot [livaro] *m* queso de Livarot (Calvados).

live *adj inv* en vivo, en directo (disque, émission).

livide *adj* lívido, da.

lividité *f* lividez.

Livourne *n pr f* GÉOGR Liorna.

livrable *adj* a entregar, disponible, entregable; *livrable le 2 mai* a entregar el 2 de mayo.

livraison *f* entrega (action de livrer) ∥ reparto *m*; *voiture de livraison* coche de reparto ∥ — *livraison à domicile* servicio *ou* reparto a domicilio ∥ — *en livraison* por entregas (publication) ∥ *prendre livraison* recoger, recibir.

livre *m* libro; *livre broché, relié* libro en rústica, encuadernado ‖ — *livre blanc* libro blanco ‖ MAR *livre de bord* libro ou registro de a bordo ‖ *livre de caisse* libro de caja ‖ *livre de comptes* libro de cuentas ‖ *livre de cuisine* libro de cocina ‖ *livre de messe* libro de misa ‖ *livre de poche* libro de bolsillo ‖ *livre de prières* o *de dévotion* devocionario ‖ *livre d'heures* libro de horas ‖ *livre d'inventaire* libro de inventario ‖ *livre d'or* libro de honor ‖ *livre du maître* clave *f* ‖ *livres saints* libros sagrados ‖ — *grand-livre* libro mayor ‖ — *à livre ouvert* a libro abierto, de corrido, sin preparación ‖ FIG *parler comme un livre* hablar como un libro ‖ *tenir les livres* llevar los libros, las cuentas.

livre *f* libra (poids et monnaie).

livrée *f* librea (de domestique) ‖ servidumbre (classe des domestiques) ‖ FIG características *pl*, señales *pl* exteriores, sello *m*, signo *m* distintivo (marques extérieures) ‖ ZOOL pelaje *m* (pelage), plumaje *m* (plumage).

livrer *v tr* entregar (mettre en possession); *livrer une commande* entregar un pedido ‖ remitir, enviar, mandar (envoyer) ‖ repartir; *livrer le lait* repartir la leche ‖ entablar, dar, librar, presentar (une bataille, etc.) ‖ abandonar (abandonner) ‖ revelar, confiar (un secret) ‖ — *livrer bataille pour* librar combate por, reñir por, batallar por, defender ‖ *livrer passage* dar *ou* abrir paso ‖ — *être livré* recibir un pedido (recevoir), ser entregado (être remis).

◆ *v pr* entregarse ‖ entregarse, dedicarse (se consacrer) ‖ hacer, llevar a cabo (effectuer) ‖ echarse en brazos de, entregarse (s'abandonner à) ‖ confiarse (confier ses sentiments) ‖ descubrir el pensamiento, traicionarse (trahir sa pensée).

livresque *adj* libresco, ca.

livret [livre] *m* libreta *f*, librito ‖ cartilla *f*; *livret militaire, de famille nombreuse* cartilla militar, de familia numerosa ‖ catálogo de una colección (catalogue) ‖ MUS libreto (d'un opéra) ‖ — *livret de caisse d'épargne* cartilla de ahorros ‖ *livret scolaire* libro escolar.

livreur, euse *m* et *f* repartidor, ra ‖ *garçon livreur* repartidor.

L.O. abrév de *Lutte Ouvrière* Lucha Obrera [partido político francés de extrema izquierda].

lob *m* volea *f*, lob (au tennis).

lobby *m* camarilla *f*, lobby (au Parlement).

lobe *m* ANAT lóbulo.

lobé, e *adj* lobulado, da.

lober *v intr* pasar la pelota por encima del adversario, volear (tennis) ‖ dar una volea.

lobotomie *f* MÉD lobotomía.

lobulaire *adj* lobular.

lobule *m* lobulillo (petit lobe).

local, e *adj* et *s m* local; *des locaux bien aérés* locales muy aireados.

localement *adv* localmente, de manera local, en algunos sitios, en algunas partes.

localisable *adj* localizable.

localisation *f* localización [*(amér.)* ubicación].

localiser *v tr* localizar (déterminer la place) ‖ localizar, limitar (circonscrire).

localité *f* localidad, lugar *m*.

locataire *m* et *f* inquilino, na (d'une maison, d'un appartement) ‖ arrendatario, ria; colono (de terres) ‖ *sous-locataire* subarrendatario.

locatif *m* GRAMM locativo.

locatif, ive *adj* locativo, va; relativo, va al arrendamiento ‖ — *impôt locatif* impuesto de inquilinato ‖ *prix locatif* precio del alquiler (maison), del arrendamiento (terres) ‖ *réparations locatives* reparaciones a cuenta del inquilino ‖ *valeur locative* renta de una finca urbana.

location *f* alquiler *m* (d'une maison), arriendo *m* (de terres), locación *(p us)* ‖ reserva (réservation) ‖ THÉÂTR contaduría (bureau) | venta de localidades (vente) ‖ — *location de voitures* alquiler de coches ‖ *location-vente* alquiler con opción a compra ‖ — *en location* de alquiler (à louer), se alquila (écriteau), en contaduría (théâtre) ‖ *sous-location* subarriendo.

loc. cit. abrév de *loco citato* loco citato.

loch [lok] *m* MAR corredera *f* ‖ lago (Écosse) ‖ — *bateau de loch* barquilla de la corredera, guindola ‖ *ligne de loch* cordel de la corredera.

loche *f* locha (poisson) ‖ babosa (limace).

lock-out [lɔkaut] *m inv* cierre patronal de una fábrica, lock-out.

locomoteur, trice *adj* et *s f* locomotor, ra; locomotriz.

locomotion *f* locomoción.

locomotive *f* locomotora.

locus *m inv* BIOL locus.

locuste *f* langosta (criquet).

locuteur, trice *m* et *f* GRAMM locutor, ra; el, la que habla; persona que habla, hablante; *locuteur natif* hablante nativo.

locution *f* frase, locución.

loden *m* loden, tejido de lana impermeable.

lœss [løs] *m* GÉOL loess (limon fin).

lof [lɔf] *m* MAR barlovento ‖ *virer lof pour lof* virar en redondo *ou* con viento en popa.

lofer [-fe] *v intr* MAR orzar.

loft *m* estudio grande [taller transformado en vivienda].

logarithme *m* MATH logaritmo; *logarithme naturel* o *népérien d'un nombre* logaritmo natural *ou* neperiano de un número; *logarithme vulgaire* o *décimal d'un nombre* logaritmo vulgar *ou* ordinario de un número.

logarithmique *adj* logarítmico, ca.

loge *f* galería descubierta, loggia (du Vatican) ‖ portería, conserjería (du concierge) ‖ logia (francsmaçons) ‖ sala, estudio *m* (école des Beaux-Arts) ‖ cabaña, choza (bûcheron) ‖ casilla (chiens) ‖ BOT celdilla (des fruits) ‖ THÉÂTR palco *m* (spectateurs), camerino *m*, camarín *m* (acteurs) ‖ — *loge d'avant-scène* proscenio, palco de proscenio ‖ — FIG *entrer en loge* entrar en celda (pour préparer un concours) ‖ *être aux premières loges* estar en primera fila *ou* bien situado.

logeable [lɔʒabl] *adj* habitable.

logement *m* vivienda *f*, alojamiento; *construire des logements bon marché* construir viviendas baratas ‖ MIL alojamiento (des troupes); *billet de logement* boleta de alojamiento ‖ — *logement de fonction* vivienda oficial ‖ *logement garni* o *meublé* piso amueblado ‖ — *crise du logement* crisis de la vivienda.

loger* *v intr* vivir, habitar *(p us)* ‖ vivir, alojarse, hospedarse; *loger à l'hôtel* vivir en un hotel ‖ caber (trouver place), meter, poner (mettre); *tout logea*

logeur

dans une valise cupo todo en una maleta ‖ — FIG & FAM *loger à la belle étoile* dormir a campo raso *ou* al raso, dormir al aire libre ‖ *loger chez l'habitant* alojarse en una casa particular ‖ — FIG *être logé à la même enseigne* estar en el mismo caso, remar en la misma galera.

◆ *v tr* alojar, dar alojamiento, hospedar (donner logement) ‖ meter, poner, colocar (mettre) ‖ meter (une balle).

logeur, euse *m et f* aposentador, ra; hospedero, ra; posadero, ra ‖ inquilino, na (locataire).

loggia [lɔdʒja] *f* ARCHIT loggia, galería sin columnas.

logiciel *m* INFORM software, programa ‖ *logiciel d'application* aplicativo, software de aplicación ‖ *logiciel d'exploitation* software operativo ‖ *logiciel intégré* software *ou* programa integrado.

logicien, ienne *m et f* lógico, ca.

logique *adj* lógico, ca.

◆ *f* lógica ‖ lógica, razonamiento, método (raisonnement) ‖ — INFORM *logique de guidage* lógica de guía de mira ‖ — *avoir beaucoup de logique* ser muy lógico ‖ *manquer de logique* no ser muy lógico *ou* nada lógico *ou* poco lógico.

logiquement *adv* lógicamente.

logis [lɔʒi] *m* casa *f*, vivienda *f* (logement) ‖ morada (demeure) ‖ — *corps de logis* cuerpo de un edificio ‖ *la folle du logis* la imaginación ‖ *le maître du logis* el dueño de la casa ‖ *un sans-logis* persona sin vivienda, sin techo.

logisticien, enne *adj et s* lógico que utiliza la lógica matemática.

logistique *adj et s f* logístico, ca.

logo *m* FAM logotipo.

logomachie [lɔgɔmaʃi] *f* logomaquia (dispute de mots).

logorrhée *f* verbosidad, verborrea.

logos [logos] *m* PHILOS logos.

logotype *m* IMPR logotipo.

loi *f* ley; *se soumettre à la loi* someterse a la ley; *loi en vigueur* ley vigente ‖ ley (des monnaies) ‖ dominación, autoridad; *tenir quelqu'un sous sa loi* tener a alguien bajo su dominación ‖ regla; *les lois de la grammaire* las reglas de la gramática ‖ — *loi agraire, ancienne, atomique, civile, de la guerre, divine, martiale, morale, nouvelle* ley agraria, antigua (de Moïse), atómica, civil, de la guerra, divina, marcial, moral, nueva ‖ *loi des grands nombres* ley de los grandes números ‖ ÉCON *loi du marché* ley del mercado | *loi sur les sociétés anonymes* ley sobre las sociedades anónimas ‖ INFORM *loi sur l'informatique et sur les libertés* ley sobre informática y libertades [ley francesa sobre tratamiento de datos personales] ‖ *gens de loi* togados ‖ *homme de loi* jurista ‖ *projet de loi* proyecto de ley ‖ *proposition de loi* proposición de ley ‖ — *en dehors* o *en marge de la loi* al margen de la ley ‖ — *avoir force de loi, faire loi* tener fuerza de ley ‖ *c'est la loi et les prophètes* esto va al cielo, esto es el evangelio ‖ *faire la loi* dictar la ley (la dicter), mandar, llevar la batuta (commander) ‖ *force est restée à la loi* la ley acabó por triunfar ‖ *n'avoir ni foi ni loi* no temer ni a Dios ni al diablo ‖ *nul n'est censé ignorer la loi* la ignorancia de la ley no excusa su cumplimiento ‖ *se faire une loi* imponerse como una obligación, hacerse una regla.

loi-cadre *f* DR ley de bases.

— OBSERV pl *lois-cadres*.

loin [lwɛ̃] *adv* lejos ‖ — *loin de* lejos de; *loin de Paris* lejos de París; *loin de moi l'idée de* estoy lejos de pensar en; apartado, da; lejos de; *vivre loin du monde* vivir apartado del mundo; fuera de (en dehors de) ‖ *loin de là* ni mucho menos ‖ *loin d'ici* lejos de aquí, fuera de aquí ‖ *loin des yeux, loin du cœur* ojos que no ven, corazón que no siente ‖ *loin que* lejos de, en lugar que ‖ — *au loin* a lo lejos, en la lejanía ‖ *d'aussi loin que, du plus loin que* por más lejos que; *d'aussi loin que je puisse voir* por más lejos que pueda ver; por mucho que; *du plus loin que je me souvienne* por mucho que me acuerde ‖ *de loin* de lejos (d'une grande distance), con gran diferencia, con mucho, de lejos; *il est de loin le meilleur* es con mucho *ou* de lejos el mejor ‖ *de loin en loin* de tarde en tarde ‖ *et de loin!* y con creces, y con mucho; *il a gagné, et de loin!* ha ganado; ¡y con creces! ‖ *pas loin de* casi, cerca de; *il n'est pas loin de deux heures* son casi las dos ‖ — *aller au loin* irse lejos ‖ FIG *aller loin* ir *ou* llegar lejos, hacer fortuna *ou* situación ‖ *aller plus loin que* ir más lejos *ou* más allá que ‖ *aller trop loin* pasar de castaño oscuro ‖ *ça ne va pas plus loin* y pare usted de contar ‖ *il est loin d'être* dista mucho de ser, está lejos de ser ‖ *il y a loin de... à* hay mucho camino entre... y; hay una gran diferencia entre... y, varía mucho ‖ *mener loin* llevar lejos ‖ *ne pas aller loin* no ir *ou* no llegar muy lejos ‖ *revenir de loin* librarse de una buena, escapar de una enfermedad *ou* situación grave ‖ *tout ceci est déjà loin* todo esto queda ya atrás ‖ FIG *voir de loin* ver venir las cosas, ser muy previsor | *voir loin* tener mucha vista, ver muy lejos.

lointain, e [-tɛ̃, ɛːn] *adj* lejano, na; remoto, ta ‖ *avoir l'air* o *le regard lointain* parecer ausente, tener la mirada perdida.

◆ *m* lontananza *f*, lejanía *f* ‖ *dans le lointain* a lo lejos, en la lejanía.

loir *m* ZOOL lirón ‖ *dormir comme un loir* dormir como un lirón.

Loire *n pr f* GÉOGR Loira *m* (fleuve).

loisible *adj* lícito, ta; permitido, da (permis) ‖ posible ‖ *il vous est loisible de* le está permitido..., tiene la posibilidad de.

loisir *m* ocio ‖ tiempo disponible, tiempo libre, ratos *pl* libres *ou* de ocio (temps libre) ‖ descanso (repos) ‖ distracción *f* ‖ — *heures de loisir* ratos de ocio, tiempo libre ‖ — *à loisir, tout à loisir* con tiempo, con toda tranquilidad, a gusto ‖ *avoir loisir* o *le loisir de* tener oportunidad *ou* ocasión *ou* tiempo de *ou* para ‖ *laisser le loisir de* dar la oportunidad *ou* el tiempo de *ou* para.

lombago *m* → **lumbago**.

lombaire *adj* ANAT lumbar.

lombalgie *f* MÉD dolor *m* de riñones.

lombard, e [lɔ̃baːr, ard] *adj* lombardo, da.

Lombard, e *m et f* lombardo, da.

Lombardie *n pr f* GÉOGR Lombardía.

lombes [lɔ̃ːb] *m pl* ANAT lomos.

lombostat *m* MÉD corsé de contención, lumboestático.

lombric [lɔ̃brik] *m* lombriz *f* (ver de terre).

Lomé *n pr* GÉOGR Lomé.

londonien, enne *adj* londinense.

Londonien, enne *m et f* londinense.

Londres [lɔ̃ːdr] *n pr* GÉOGR Londres.

long, longue [lɔ̃, lɔ̃:g] *adj* largo, ga; *rue très longue* calle muy larga (distance); *un long voyage* un viaje largo (durée) ‖ alto, ta; largo, ga (taille) ‖ tardo, da; lento, ta; *qu'il est long à s'habiller!* ¡qué lento es vistiéndose! ‖ mucho, cha; largo, ga; *de longs mois sans nouvelles* muchos meses sin noticias ‖ — *de longue date* desde hace tiempo, de toda la vida ‖ *de longue haleine* de larga duración, de mucho trabajo ‖ *long de* que tiene... de largo; *un pont long de 100 mètres* un puente que tiene 100 metros de largo ‖ *long regard* mirada detenida ‖ *sauce longue* salsa clara ‖ *syllabe, voyelle longue* sílaba, vocal larga ‖ *être long extenderse*, ser demasiado extenso ‖ *faire long feu* fallar (une arme), fracasar (une affaire) ‖ FIG *ne pas faire long feu* no durar mucho.

◆ *adv* *à la longue* a la larga, con el tiempo ‖ *au long, tout au long, tout du long* a lo largo; con todo detalle (en détail) ‖ *de long en large, en long et en large* de un lado a otro, a lo largo y a lo ancho, en todos los sentidos ‖ *de longue main* desde hace tiempo ‖ *en long* a la largo ‖ FAM *en long, en large et en travers* con pelos y señales (explication), con todo detalle (examiner) ‖ *tout au long de* a lo largo de ‖ — *en dire long* decirlo todo; *un regard qui en dit long* una mirada que lo dice todo ‖ *en dire long sur* indicar claramente; *cette phrase en dit long sur ses intentions* esta frase indica claramente sus intenciones ‖ *en savoir long* saber un rato ‖ *ne pas vouloir en dire plus long* no querer hablar más.

◆ *m* largo, longitud *f*; *deux mètres de long* dos metros de largo ‖ — *de tout son long* cuan largo es uno ‖ *le long de* a lo largo de ‖ *tout le long de* durante todo el..., toda la (pendant), a lo largo (le long de) ‖ — MIL *coudes le long du corps* codos pegados al cuerpo ‖ *prendre le chemin le plus long* tomar el camino más largo.

long-courrier [lɔ̃kurje] *adj* MAR de altura ‖ de larga distancia (avion).

◆ *m* barco de altura ‖ avión de larga distancia ‖ alumno de náutica.

— OBSERV pl *long-courriers.*

long drink *m* long drink, cubata, bebida *f* larga.
— OBSERV pl *long drinks.*

longe *f* ronzal *m*, cabestro *m* (courroie) ‖ correa (petite lanière) ‖ lomo *m* (de veau).

longer* *v tr* costear, ir por la orilla de, ir a lo largo de (marcher le long de) ‖ extenderse a lo largo de (s'étendre le long de).

longeron *m* TECHN travesaño, larguero.

longévité *f* longevidad.

longiligne *adj* longilíneo, a.

longitude *f* longitud; *40° de longitude est* 40° longitud Este.

longitudinal, e *adj* longitudinal.

long-métrage; long métrage *m* largometraje.
— OBSERV pl *longs(-)métrages.*

longtemps [lɔ̃tɑ̃] *adv* et *s m* largo tiempo, mucho tiempo ‖ — *de longtemps, depuis longtemps* desde hace mucho tiempo ‖ *il n'en a plus pour longtemps* no le queda mucho tiempo (pour terminer), no le queda mucho tiempo de vida (mourir) ‖ *il y a longtemps* hace tiempo, hace mucho tiempo ‖ *mettre longtemps à faire quelque chose* tardar mucho en hacer algo.

longue *f* GRAMM & MUS largo *m*.

longuement *adv* largamente, mucho tiempo (longtemps) ‖ detenidamente (en détail).

longuet, ette [lɔ̃gɛ, ɛt] *adj* FAM larguillo, lla; algo largo.

◆ *m* pico (pain).

longueur [lɔ̃gœ:r] *f* longitud (dimension) ‖ largo *m*; *deux mètres de longueur* dos metros de largo ‖ extensión; *la longueur d'une lettre* la extensión de una carta ‖ duración, extensión; *la longueur des jours* la duración de los días ‖ MAR eslora (d'un bateau) ‖ FIG lentitud (lenteur) ‖ cuerpo (de caballo), largo; *gagner d'une demi-longueur* ganar por medio cuerpo (cheval); *à deux longueurs* a dos largos ‖ — *longueur de foyer d'une lentille* distancia focal de una lente ‖ RAD *longueur d'onde* longitud de onda ‖ MAR *longueur hors tout* eslora total ‖ — *saut en longueur* salto de longitud [(amér.) salto largo] ‖ — *à longueur de journée* durante el día entero, todo el santo día ‖ *en longueur* a lo largo ‖ *sur une longueur de 10 mètres* a lo largo de 10 metros ‖ — *avoir des longueurs* hacerse largo; *ce film, ce roman a des longueurs* esta película, esta novela se hace larga ‖ *éviter les longueurs* evitar ser demasiado largo (discours, etc.) ‖ *la longueur des mains passe pour un signe de distinction* el tener las manos largas se considera como un signo de distinción ‖ *tirer, traîner en longueur* ir para largo, no acabar nunca (progresser peu) ‖ *traîner* o *faire traîner une affaire en longueur* dar largas a *ou* ir dilatando un asunto (faire durer).

longue-vue *f* anteojo *m* de larga vista, catalejo *m*.

look *m* aspecto, pinta *f* (péjoratif), look.

looping [lupiŋ] *m* AVIAT looping, rizo (acrobatie aérienne) ‖ *faire un looping* rizar el rizo.

lopin *m* pedazo, trozo ‖ *lopin de terre* rodal, parcela, haza.

loquace [lɔkwas] *ou* [lɔkas] *adj* locuaz.

loquacité [-site] *f* locuacidad.

loque *f* andrajo *m*, jirón *m* (lambeau d'étoffe) ‖ enfermedad de las abejas ‖ FIG andrajo *m*, pingajo *m*, pingo *m* (personne molle) ‖ *en loques* hecho jirones.

loquet [lɔkɛ] *m* picaporte, pestillo.

loqueteau [lɔkto] *m* picaporte pequeño, pestillo.

lord [lɔrd] *m* lord; *premier lord de l'Amirauté* primer lord del Almirantazgo ‖ *lord-maire* alcalde de Londres, lord mayor.

— OBSERV En espagnol, le pluriel s'écrit *lores.*
— OBSERV En francés, el plural de esta palabra es *lords.*

lordose *f* MÉD lordosis.

lorgner *v tr* mirar de reojo *ou* con el rabillo del ojo *ou* de soslayo, echar una ojeada (regarder du coin de l'œil) ‖ mirar con gemelos *ou* anteojos (regarder avec une lorgnette) ‖ FIG & FAM tener miras a una cosa, echarle el ojo, codiciar (convoiter).

lorgnette *f* anteojos *m pl* ‖ gemelos *m pl* (jumelles de théâtre) ‖ — FIG *regarder par le gros bout de la lorgnette* verlo todo en pequeño | *regarder par le petit bout de la lorgnette* verlo todo de una manera exagerada.

lorgnon *m* quevedos *pl*, lentes *pl*.

lorrain, e *adj* lorenés, esa; de Lorena.
◆ *m* lorenés (langue).

Lorrain, e *m* et *f* lorenés, esa.

Lorraine *n pr f* GÉOGR Lorena.

lors [lɔ:r] *adv* entonces ‖ — *depuis lors* desde entonces ‖ *dès lors* desde entonces (dès ce temps-là), desde ese momento, y entonces (conséquemment) ‖ *dès lors que* desde que, puesto que ‖ — *lors* *de* cuando, en el momento de, durante || *lors même que* aun cuando, aunque.

lorsque *conj* cuando, en el momento que.
— OBSERV La *e* de *lorsque* se elide delante de *il, elle, en, on, un, une*: *lorsqu'il viendra* cuando venga.

losange *m* GÉOM rombo || BLAS losange || *figure en losange* figura romboidal *ou* en forma de rombo.

loser [luzœr] *m* FAM fracasado, perdedor, desgraciado.

lot [lo] *m* lote, parte *f* (part) || lote (quantité de choses, terrain) || partida *f*; *un lot de meubles* una partida de muebles || premio (dans une loterie) || INFORM lote; *traitement par lots* tratamiento por lotes, procesamiento batch || FIG destino (sort), suerte *f* | patrimonio; *gloires qui sont le lot des vieilles nations* glorias que son el patrimonio de las naciones antiguas || — *le gros lot* el premio gordo, el gordo || *lot de consolation* premio de consolación || *petits lots* pedrea (loterie).

lote *f* → **lotte**.

loterie *f* lotería (de l'État), rifa (privée); *loterie nationale* lotería nacional || FIG lotería, cosa azarosa (affaire de hasard).

loti, e *adj* repartido, da (divisé) || agraciado, da; favorecido, da || — *bien loti* favorecido || *mal loti* desfavorecido || *nous sommes bien lotis avec ces collaborateurs!* ¡arreglados estamos con estos colaboradores!, ¡vamos dados con estos colaboradores!, ¡menudos colaboradores nos han caído encima!

lotion [losjɔ̃] *f* loción; *lotion après-rasage* loción para después del afeitado; *lotion capillaire* loción capilar.

lotir *v tr* repartir, distribuir en lotes (partager par lots) || parcelar (un terrain) || dar posesión de un lote (mettre en possession d'un lot) || escoger, seleccionar (trier).

lotissement *m* distribución *f*, repartición *f* por lotes *ou* parcelas, parcelación *f* (d'un terrain) || urbanización *f* (habitations).

loto *m* lotería *f*; *loto national* lotería nacional || *loto sportif* quiniela *f*; *jouer au loto sportif* jugar a las quinielas.
— OBSERV L'espagnol n'a que *lotería* pour traduire *loterie* et *loto*.

lotte; lote *f* lota, rape *m* (poisson) || *lotte de mer* pejesapo.

lotus [lotys] *m* BOT loto.

louable *adj* laudable, loable; *intention louable* intención loable.

louage *m* alquiler (maisons, voitures, meubles); *contrat de louage* contrato de alquiler || arrendamiento, arriendo (terres, etc.).

louange [luɑ̃:ʒ] *f* alabanza, loor *m*, encomio *m* || — *à la louange de* en loor de, en elogio de || — *chanter, célébrer les louanges de* ensalzar, encomiar || *combler de louanges* cubrir de alabanzas.

louanger* *v tr* alabar, ensalzar.

louangeur, euse *adj* encomiástico, ca; elogiador, ra (qui loue).
◆ *adj* et *s* lisonjero, ra; adulador, ra (flatteur).

loubard; loubar *m* FAM gamberro, macarra.

louche *adj* bizco, ca; bisojo, ja (*p us*) || FIG turbio, bia; equívoco, ca; oscuro, ra (trouble) | sospechoso, sa || *hôtel louche* hotel de mala fama.
◆ *f* cucharón *m*, cacillo *m* (pour servir la soupe).

loucher *v intr* bizquear, ser bizco || FIG & FAM *loucher sur* írsele a uno los ojos tras de (convoiter).

louer *v tr* alquilar (maison, meubles, etc.); *louer à l'heure* alquilar por horas || arrendar (terres) || tomar, ajustar (un domestique, un employé) || reservar (place de théâtre, de train) || alabar, celebrar, elogiar, loar (vanter le mérite) || alabar (Dieu); *Dieu soit loué!* ¡alabado sea Dios! || *à louer* se alquila.
◆ *v pr* alabarse || congratularse, felicitarse por; *nous nous louons du bon résultat* nos congratulamos del buen resultado || *se louer de* estar satisfecho de.

loueur, euse *adj* et *s* alquilador, ra; arrendador, ra (qui loue).

loufoque [lufɔk] *adj* et *s* FAM chaveta; chiflado, da; extravagante.

loufoquerie [-fɔkri] *f* FAM chifladura.

louis *m* luis (monnaie).

Louis (Saint) [lwi] *n pr m* San Luis.

Louis XIV *n pr m* Luis XIV.

Louisiane *n pr f* GÉOGR Luisiana.

loukoum [lukum]; **rahat-loukoum** [raatlukum] *m* lukum, dulce oriental.

loulou *m* lulú, perrito faldero || FAM gamberro, golfo (voyou).

loup [lu] *m* lobo (animal) || antifaz, máscara *f* (masque) || error, falta *f*, pifia *f* (dans l'industrie) || TECHN mazo (outil du relieur) || sacaclavos (arrache-clous) || — *loup de mer* lubina, róbalo (poisson), lobo marino (phoque), lobo marino (vieux marin) || — *faim de loup* hambre canina || *froid de loup* frío de perros || *jeune loup* joven arribista, trepador || *le grand méchant loup* el lobo feroz || *tête-de-loup* escobón, deshollinador || FIG *vieux loup* perro viejo || — *à pas de loup* de puntillas || FIG *entre chien et loup* entre dos luces, al atardecer, al anochecer | *être connu comme le loup blanc* ser más conocido que la ruda | *hurler avec les loups* bailar al son que tocan | *le loup mourra dans sa peau* genio y figura hasta la sepultura | *les loups ne se mangent pas entre eux* un lobo a otro no se muerden | *quand on parle du loup on en voit la queue* hablando del rey de Roma por la puerta asoma | *se mettre dans la gueule du loup* meterse en la boca del lobo | *tenir le loup par les oreilles* coger al lobo por las orejas.

loupe *f* lupa, lente *m* (lentille); *regarder à la loupe* mirar con lupa || BOT nudo *m* (des arbres) || MÉD lobanillo *m*, lupia (tumeur) || VÉTÉR lobado *m*.

loupé *m* FAM fallo.

louper *v tr* FAM hacer mal, chapucear (mal exécuter), faltar (rater) | perder (manquer); *louper un train* perder un tren || *ne jamais rien louper* no fallar nunca nada, no tener nunca un fallo.

loup-garou *m* fantasma, coco, duende || FIG insociable, huraño.

loupiot, otte [lupjo, ɔt] *m* et *f* FAM chaval, la; crío, arrapiezo (enfant).

loupiote *f* FAM lamparilla (petite lampe).

Louqsor; Louxor [luksɔ:r] *n pr m* GÉOGR Luxor.

lourd, e [lu:r, lurd] *adj* pesado, da || FIG cargado, da; bochornoso, sa (temps) | pesado, da (aliment) | pesado, da (style, sommeil) | pesado, da (qui manque de finesse); *une plaisanterie lourde* una broma pesada | torpe (lourdaud) | gravoso, sa; fuerte, excesivo, va (charges) | cargado (yeux) | grave; *accident lourd de conséquences* accidente de consecuencias graves | pesado (boxe); *poids lourd* peso pesado | pesado (terrain) || — *lourde besogne*

trabajo rudo, difícil, duro ‖ *lourde erreur* o *faute* error grave, falta garrafal ‖ — *artillerie lourde* artillería pesada ‖ *eau lourde* agua pesada ‖ *franc lourd* franco fuerte ‖ *industrie lourde* industria pesada ‖ — *avoir la main lourde* pegar fuerte, tener la mano pesada.
◆ *adv* mucho; *il n'y en avait pas lourd* no había mucho; *il ne vaut pas lourd* no vale mucho ‖ — *comme il fait lourd!* ¡qué bochorno hace! ‖ *peser lourd* pesar mucho.
lourdaud, e [lurdo, o:d] *adj* torpe; tosco, ca.
◆ *m* et *f* pesado, da; zafio, fia.
lourdement [lurdəmã] *adv* pesadamente; *tomber lourdement* caer pesadamente ‖ gravosamente, excesivamente; *augmenter lourdement les impôts* aumentar excesivamente los impuestos ‖ torpemente; *marcher lourdement* andar torpemente ‖ con demasía, caro; *payer lourdement une faute* pagar caro una falta.
lourdeur *f* pesadez; *lourdeur d'estomac* pesadez de estómago ‖ gravedad; *la lourdeur d'une faute* la gravedad de una falta ‖ torpeza (de la marche) ‖ lo gravoso (des impôts).
loustic *m* FAM gracioso, sa; chusco, ca.
loutre *f* ZOOL nutria ‖ *loutre marine* nutria marina, lataz.
louve *f* loba (femelle du loup) ‖ buitrón (filet de pêche) ‖ TECHN palanca (levier).
louveteau [luvto] *m* lobezno, cachorro de lobo ‖ scout joven, joven explorador.
louvoiement *m* rodeos *pl*, zigzagueo.
louvoyer* [luvwaje] *v intr* MAR bordear, voltejear ‖ FIG andar con rodeos ǀ zigzaguear.
Louxor *n pr m* GÉOGR → **Louqsor**.
lover *v tr* MAR adujar (un câble).
◆ *v pr* enroscarse, enrollarse (s'enrouler).
loyal, e [lwajal] *adj* leal; *des serviteurs loyaux* servidores leales ‖ *à la loyale* limpiamente.
loyalement *adv* lealmente, limpiamente.
loyalisme *m* lealtad, fidelidad.
loyaliste *adj* et *s* leal ‖ legitimista (en Angleterre).
loyauté *f* lealtad; *loyauté au roi* lealtad al rey ‖ honradez, rectitud (honnêteté).
loyer *m* alquiler (logement) ‖ arriendo (terres, magasin) ‖ interés (de l'argent) ‖ vencimiento (terme).
Lozère *n pr* GÉOGR Lozère.
lozérien, enne *adj* lozeriense.
Lozérien, enne *m* et *f* lozeriense.
L.P. abrév de *lycée professionnel* instituto de enseñanza profesional (anciennement L.E.P.)
L.S.D. abrév de *Lyserg Säure Diäthylamid* LSD, dietilamida del ácido lisérgico [ácido].
lu, lue *adj* leído, da ‖ *lu et approuvé* conforme, leído y conforme.
lubie *f* FAM antojo *m*, capricho *m*, chifladura ‖ FAM *avoir la lubie de* encapricharse por, antojársele a uno.
lubricité *f* lubricidad.
lubrifiant, e *adj* et *s m* lubrificante, lubricante, lubricativo, va.
lubrification *f* lubrificación, lubricación.
lubrifier* *v tr* lubrificar, lubricar (graisser).
lubrique *adj* lúbrico, ca.

Luc (saint) *n pr m* San Lucas.
lucane *m* ZOOL lucano.
lucarne *f* tragaluz *m*, buhardilla, lumbrera ‖ escuadra (dans les buts au football).
lucide *adj* lúcido, da.
lucidement *adv* con lucidez, lúcidamente.
lucidité *f* lucidez.
Lucifer *n pr m* Lucifer, demonio (le démon).
luciole *f* luciérnaga (insecte).
lucratif, ive *adj* lucrativo, va ‖ *à but non lucratif* con fines no lucrativos.
lucre *m* lucro (gain).
ludiciel *m* INFORM programa *ou* software de juegos.
ludion *m* PHYS ludión.
ludique *adj* lúdico, ca (relatif au jeu).
luette *f* ANAT campanilla, úvula, galillo *m*.
lueur [lɥœ:r] *f* luz, resplandor *m*, fulgor *m* (lumière faible) ‖ FIG rayo *m*, vislumbre *m*, viso *m*, chispa (légère apparence).
luge *f* pequeño *m* trineo.
lugubre *adj* lúgubre; *plaintes lugubres* quejas lúgubres ‖ tétrico, ca; lóbrego, ga; *une chambre lugubre* un cuarto tétrico.
lui [lɥi] *pr pers* (3ème personne du singulier des deux genres), le; *je lui parlerai* le hablaré; *parle-lui* háblale; se; *je le lui dirai* se lo diré; *dis-le-lui* díselo; *je les lui ai donnés* se los he dado.
◆ *pr pers* (3ᵉ personne du singulier du masculin), él (sujet); *lui, il le sait* él lo sabe ‖ él; *je travaille pour lui* trabajo para él; *c'est à lui que je parle* es a él a quien hablo ‖ le; *la première occasion qui s'est présentée à lui* la primera ocasión que se le presentó ‖ sí; *ce garçon parle toujours de lui* este chico siempre está hablando de sí; *il se dit à part lui* se dijo entre sí; *il laisse des enfants derrière lui* deja hijos tras sí ‖ — *lui-même* él mismo; *il l'a fait lui-même* lo hizo él mismo (*lui* ne se traduit pas s'il accompagne un nom); *le professeur lui-même l'a dit* el profesor mismo *ou* el mismo profesor lo dijo ‖ — *à lui* suyo, ya (possession); *ce cahier est à lui* este cuaderno es suyo ‖ *avec lui* consigo; *il m'emmène avec lui* me lleva consigo ‖ *chez lui* a su casa (mouvement), en su casa (sans mouvement).
— OBSERV Les pronoms *le* et *se* sont enclitiques lorsqu'ils sont compléments d'un verbe à l'impératif, à l'infinitif ou au gérondif: *donne-lui* dale; *le lui dire* decírselo; *en lui chantant quelque chose* cantándole algo.
luire* *v intr* alumbrar, dar luz (éclairer) ‖ relucir, brillar, resplandecer ‖ FIG apuntar, manifestarse ‖ *faire luire* hacer relumbrar.
luisant, e *adj* reluciente, brillante; lustroso, sa ‖ *ver luisant* luciérnaga, gusano de luz [(*amér*) cocuyo].
◆ *m* lustre, brillo; *le luisant d'une étoffe* el lustre de una tela.
lumbago [lœ̃bago]; **lombago** [lɔ̃bago] *m* MÉD lumbago.
lumière *f* luz ‖ luz (lampe, etc.) ‖ luces *pl* (intelligence) ‖ FIG lumbrera (homme éminent) ǀ inteligencia, sabiduría (savoir) ‖ oído *m*, fogón *m* (d'une arme) ‖ lumbrera, canal *m* de vapor (d'une locomotive) ǀ agujero *m*, ojo *m* (trou dans un outil) ‖ MUS toma de viento (d'un orgue) ‖ TECHN lumbrera (du rabot) ‖ — ASTR *année-lumière, année de lumière* año luz ‖ *habit de lumières* traje de luces (torero) ‖ *le siècle des lumières* el siglo ilustrado *ou* de la Ilus-

tración || — *à la lumière de* a la vista *ou* a la luz de || — FAM *ce n'est pas une lumière* no es una lumbrera || *faire la lumière sur* esclarecer, aclarar || *fermer les yeux à la lumière* cerrar los ojos a la evidencia | *mettre en lumière* poner en evidencia, evidenciar, hacer resaltar, publicar | *perdre la lumière* quedarse ciego || *porter la lumière sur* o *dans* iluminar || *que la lumière soit!* ¡hágase la luz! || *voir la lumière* ver la luz, nacer.

lumignon *m* pabilo || cabo de vela (bout de bougie).

luminaire *m* luminaria *f* (cierge) || alumbrado (éclairage).

luminance *f* PHYS luminancia || *signal de luminance* señal de luminancia.

luminescence *f* luminescencia.

luminescent, e *adj* luminescente.

lumineusement *adv* luminosamente.

lumineux, euse *adj* luminoso, sa || FIG luminoso, sa; excelente; *idée lumineuse* idea luminosa.

luminosité *f* luminosidad.

lump *m* *œufs de lump* sucedáneo de caviar.

lumpenprolétariat *m* lumpenproletariado.

lunaire *adj* lunar || redondo, da; mofletudo, da; *visage lunaire* cara mofletuda.
◆ *f* BOT lunaria.

lunaison *f* ASTR lunación.

lunatique *adj* et *s* antojadizo, za; raro, ra (d'humeur changeante).

lunch [lœnʃ] *m* lunch, almuerzo.

lundi [lœdi] *m* lunes; *il est venu lundi* vino el lunes; *lundi matin* el lunes por la mañana || — *lundi de Pâques* lunes de Pascua || *lundi de Pentecôte* lunes de Pentecostés || — *à lundi!* ¡hasta el lunes! || — FAM *faire le lundi* no trabajar el lunes, hacer lunes.

lune *f* luna || FIG manía, lunatismo *m*, capricho *m* (caprice) || POP cara redonda *ou* de luna *ou* mofletuda (visage rond) | trasero *m* (postérieur) || — *lune d'eau* nenúfar blanco (plante) || *lune de miel* luna de miel || *lune rousse* luna de abril || — *clair de lune* claro de luna || POP *comme la lune* rematado, de capirote || *demi-lune* media luna || *nouvelle lune* luna nueva || *pleine lune* plenilunio, luna llena || ZOOL *poisson-lune* rueda (poisson) || — *aboyer à la lune* ladrar a la Luna || *demander la lune* pedir la Luna || *être dans la lune* estar en la Luna, estar distraído || *faire un trou à la lune* irse sin pagar || FIG *vouloir prendre la lune avec ses dents* desear lo imposible.

Lune *f* Luna (planète).

luné, e *adj* lunado, da; en forma de media luna (en forme de croissant) || — *bien, mal luné* de buen, mal humor *ou* talante.

lunetier, ère [lyntje, jɛːr] *adj* et *s* óptico, ca.

lunette *f* anteojo *m*; *lunette de Galilée* anteojo de Galileo || anteojo *m* de larga vista, catalejo *m* (d'approche) || ARCHIT luneto *m* | tragaluz *m*, ventanillo *m* (petite fenêtre dans un toit) || agujero *m* (des waters) || abertura de la guillotina para pasar la cabeza || entrepechuga (bréchet d'oiseau) || bisel *m*, aro *m* de reloj (de montre) || calibrador *m* (de projectiles) || media luna (fortification) || — *lunette arrière* ventanilla posterior, cristal trasero (voiture) || MAR *lunette d'étambot* tubo de codaste || *lunette de visée* visor telescópico.
◆ *pl* gafas, lentes *m*, anteojos *m*, antiparras (*p us*); *mettre ses lunettes* ponerse las gafas || anteojeras (d'un cheval) || — *lunettes de soleil* gafas de sol || TECHN *lunettes de soufflets* ventilador doble || *lunettes noires* gafas oscuras, anteojos oscuros || *serpent à lunettes* naja.

lunule *f* lúnula (géométrie) || lúnula, blanco de las uñas (tache blanche à la base de l'ongle) || viril *m* (de l'ostensoir).

lupanar *m* lupanar.

lupin *m* BOT altramuz, lupino (*p us*).

lurette *f* *il y a belle lurette* hace un siglo, hace muchísimo tiempo.

luron, onne *m* et *f* FAM barbián, ana || *un joyeux luron* un jaranero, un gran barbián.

lusitain, e *adj* → **lusitanien.**

Lusitains *n pr m pl* → **Lusitaniens.**

Lusitanie *n pr f* GÉOGR Lusitania.

lusitanien, enne; lusitain, e *adj* lusitano, na; luso, sa.

Lusitaniens; Lusitains *n pr m pl* lusitanos, lusos.

lusophone *adj* et *s* de habla portuguesa.

lustrage *m* lustrado.

lustral, e *adj* lustral (qui purifie) || *eau lustrale* agua lustral (de baptême).

lustre *m* lustre, brillo || araña *f* (lampe suspendue) || lustro (cinq ans) || FIG brillo, esplendor (éclat).

lustré, e *adj* lustroso, sa || *vêtement lustré* traje con brillo.

lustrer *v tr* lustrar, dar brillo.

lustrine *f* lustrina (tissu).

luth [lyt] *m* MUS laúd || ZOOL laúd, tortuga marina (tortue).

Luther [lytɛːr] *n pr m* Lutero.

luthéranisme *m* luteranismo.

lutherie *f* comercio de instrumentos músicos de cuerda || oficio del fabricante de instrumentos músicos de cuerda.

luthérien, enne *adj* et *s* luterano, na.

luthier *m* fabricante de instrumentos músicos de cuerda.

luthiste *m* et *f* tañedor, ra de laúd.

lutin, e *adj* vivo, va; despabilado, da; travieso, sa (éveillé, espiègle).
◆ *m* duende, trasgo (démon familier) || FIG diablillo, muchacho travieso.

lutiner *v tr* bromear, dar bromas, fastidiar.

lutrin *m* atril, facistol || coro (ensemble de chanteurs au lutrin).

lutte *f* lucha || FIG guerra, conflicto *m* || — *lutte de classes* lucha de clases || — *de haute lutte* en reñida lucha || — *entrer en lutte avec quelqu'un* entablar lucha con alguien.

lutter *v intr* luchar || disputar, pugnar, combatir.

lutteur, euse *m* et *f* luchador, ra.

lux *m* lux (unité d'éclairement).

luxation *f* MÉD luxación.

luxe *m* lujo, fasto, suntuosidad *f*, boato || FIG lujo, alarde; *un grand luxe de précautions* un gran alarde de precauciones || *s'offrir le luxe de* permitirse el lujo de.

Luxembourg [lyksɑ̃buːr] *n pr m* GÉOGR Luxemburgo.

luxembourgeois, e [-ʒwa, waːz] *adj* luxemburgués, esa (de la ville de ou de l'État du Luxembourg).

Luxembourgeois, e *m* et *f* luxemburgués, esa.

luxer *v tr* dislocar.
luxueusement *adv* lujosamente, con lujo.
luxueux, euse *adj* lujoso, sa.
luxure *f* lujuria.
luxuriance *f* frondosidad ‖ FIG exuberancia (du style).
luxuriant, e *adj* frondoso, sa; lujuriante ‖ FIG exuberante; rico, ca; fastuoso, sa.
luxurieux, euse *adj* lujurioso, sa.
luzerne *f* BOT alfalfa.
lx abrév de *lux* lx, lux.
lycée *m* instituto de segunda enseñanza, liceo *(p us)* ‖ *lycée technique* instituto de enseñanza técnica.
— OBSERV Le mot *liceo*, inusité en Espagne sauf pour le *Liceo Francés* de quelques villes, est par contre employé dans certains pays latino-américains.
lycéen, enne *m et f* alumno de un instituto de segunda enseñanza.
lychee *m* BOT → **litchi**.
Lycra *m* (nom déposé) lycra ‖ *des collants en Lycra* medias de lycra.
lymphatique [lɛ̃fatik] *adj et s* linfático, ca.
lymphe *f* linfa.
lymphocytaire *adj* MÉD linfocitario, ria.
lymphocyte *m* linfocito.
lymphoïde *adj* linfoide.
lynchage [lɛ̃ʃa:ʒ] *m* linchamiento.
lyncher [-ʃe] *v tr* linchar.
lynx [lɛ̃:ks] *m* ZOOL lince ‖ *yeux de lynx* ojos de lince.
Lyon *n pr* GÉOGR Lyón.
lyonnais, aise *adj* lionés, esa.
Lyonnais, e *m et f* lionés, esa.
lyophilisat *m* producto liofilizado.
lyophilisation *f* liofilización.
lyophiliser *v tr* liofilizar.
lyre *f* MUS lira ‖ lira (nom usuel du «ménure») ‖ FIG lira, genio poético ‖ FAM *toute la lyre* toda la gama, toda la pesca.
lyrique *adj et s m* lírico, ca ‖ — *artiste lyrique* artista lírico ‖ *comédie lyrique* comedia lírica ‖ *théâtre lyrique* teatro lírico.
lyrisme *m* lirismo.
lys [lis] *m* lis (fleur héraldique).
lyse *f* BIOL lisis.

m *m* m f.
m² abrév de *mètre carré* m², metro cuadrado.
m³ abrév de *mètre cube* m³, metro cúbico.
M abrév de *maxwell* M, maxwell ‖ abrév de *mile (marin)* milla ‖ abrév de *méga-* M, mega ‖ abrév de *major* Mayor ‖ abrév de *monsieur* señor ‖ abrév de *million* millón ‖ abrév de *masculin* m, masculino.
ma *adj poss f sing* mi.
M.A. abrév de *maître auxiliaire* profesor no titular.
Maastricht; Maëstricht *n pr* GÉOGR Maastricht ‖ *traité de Maastricht* tratado de Maastricht.
maboul, e *adj et s* FAM chiflado, da; guillado, da.
mac *m* POP chulo.
macabre *adj* macabro, bra; fúnebre; *danse macabre* danza macabra.
macadam [makadam] *m* macadán, macadam.
macadamiser *v tr* macadamizar.
Macao *n pr* GÉOGR Macao.
macaque *m* macaco (singe) ‖ FIG macaco, feo.
macareux *m* frailecillo (sorte de pingouin).
macaron *m* mostachón, macarrón (pâtisserie) ‖ insignia *f* ‖ rodete (coiffure).
macaroni *m inv* CULIN macarrones *pl*; *macaroni au gratin* macarrones al gratén ‖ POP italiano.
macchabée [makabe] *m* POP fiambre, cadáver (cadavre).
macédoine *f* CULIN macedonia; *macédoine de fruits* macedonia *ou* ensalada de frutas; *macédoine de légumes* macedonia *ou* menestra de verduras ‖ FIG batiborrillo *m*, mezcla.
Macédoine *n pr* GÉOGR Macedonia.
macédonien, enne *adj* macedónico, ca (choses).
◆ *m* macedonio (langue).
Macédonien, enne *m et f* macedonio, nia.
macération [maserasjɔ̃] *f* maceración, maceramiento *m*.
◆ *pl* FIG maceración *sing* (mortification).
macérer* *v tr et intr* macerar, remojar (faire tremper) ‖ FIG macerar, mortificar (mortifier).
machaon [makaɔ̃] *m* macaón (papillon).
mâche *f* milamores (plante).
mâcher *v tr* masticar, mascar ‖ tascar (le mors) ‖ cortar groseramente (un outil) ‖ FIG mascullar (mal prononcer) ‖ — *mâcher de haut* comer sin ganas ‖ FIG *mâcher la besogne à quelqu'un* darle el trabajo a alguien frito y cocido, darle el trabajo a alguien mascado ‖ *mâcher o ronger son frein* contenerse, retenerse ‖ FAM *ne pas mâcher ses mots* no morderse la lengua, no andarse con rodeos, no tener pelos en la lengua.
machette *f* machete *m*.
Machiavel [makjavɛl] *n pr m* Maquiavelo.

machiavélique [-lik] *adj* maquiavélico, ca.
machiaviélisme [-lism] *m* maquiavelismo.
mâchicoulis *m* matacán (fortification).
machin, e *m* et *f* FAM éste, ésta; Fulano, na (personne); *j'ai vu Machin* he visto a éste.
◆ *m* FAM chisme, trasto (objet).
machinal, e *adj* maquinal; *des gestes machinaux* gestos maquinales.
machinalement *adv* automáticamente.
machination *f* maquinación.
machine *f* máquina; *machine comptable* máquina contable ‖ tramoya (de théâtre) ‖ FAM chisme *m*, cosa (machin) ‖ *— machine à coudre, à écrire, à calculer* máquina de coser, de escribir, de calcular ‖ *machine à laver* lavadora, máquina de lavar ‖ *machine à plier* plegadora ‖ *machine à sous* tragaperras ‖ *machine à tricoter* máquina de hacer punto, tricotosa ‖ *machine à vapeur, électrique* máquina de vapor, eléctrica ‖ *machine de théâtre* tramoya ‖ *machine infernale* máquina infernal ‖ *machines agricoles* maquinaria agrícola ‖ *—* FIG *faire machine arrière* dar marcha atrás, echarse atrás ‖ *tapé à la machine* escrito a máquina.
machine-outil *f* máquina herramienta ‖ INFORM *machine-outil à commande numérique* máquina herramienta de control numérico.
machiner *v tr* maquinar, tramar, urdir.
machinerie [maʃinri] *f* maquinaria ‖ sala de máquinas (d'un navire).
machiniste *m* et *f* maquinista ‖ maquinista, tramoyista (théâtre).
machisme *m* machismo.
machiste *adj* et *s m* machista.
macho *adj* et *s m* FAM macho.
mâchoire *f* mandíbula, maxilar *m* (os) ‖ quijada ‖ zapata (freins) ‖ TECHN mordaza (d'un étau) | boca (des pinces, etc.) | roldana (d'une poulie) ‖ *— bâiller à se décrocher la mâchoire* bostezar mucho ‖ FAM *jouer des* o *travailler des* o *remuer les mâchoires* manducar, comer.
mâchonner *v tr* mascar, mascujar, masticar mal (mâcher) ‖ mascullar, hablar entre dientes (parler) ‖ mordisquear; *mâchonner son crayon* mordisquear el lápiz.
mâchouiller *v tr* FAM mascar, mascujar.
Machu Picchu *n pr* GÉOGR Machu Picchu.
maçon [masɔ̃] *m* albañil ‖ masón (franc-maçon) ‖ *— aide-maçon* peón de albañil ‖ *maître maçon* oficial albañil, maestro de obras.
◆ *adj f* albañila; *abeille maçonne* abeja albañila.
maçonner [-sɔne] *v tr* mampostear, fabricar, construir; *maçonner un mur* construir un muro ‖ revestir con mampostería; *maçonner les parois d'une citerne* revestir con mampostería las paredes de una cisterna ‖ tapar, tabicar (boucher).
maçonnerie [-sɔnri] *f* fábrica, mampostería, obra de albañilería ‖ masonería (franc-maçonnerie).
maçonnique [-sɔnik] *adj* masónico, ca.
macramé *m* macramé, agremán, pasamanería *f*.
macre *f* BOT trapa (plante aquatique).
macreuse *f* negreta (oiseau) ‖ espaldilla (viande).
macro *f* INFORM & FAM macro.
macrobiotique *adj* et *s f* macrobiótico, ca.
macrocéphalie [-fali] *f* MÉD macrocefalia.

macrocosme *m* macrocosmo (univers).
macroéconomie *f* macroeconomía.
macroinstruction; macro-instruction *f* INFORM macroinstrucción.
macromoléculaire *adj* macromolecular.
macromolécule *f* macromolécula.
macrophage [makrɔfaːʒ] *adj* et *s m* macrófago, ga (destructeur de cellules).
macrophotographie [makrɔfɔtografi] *f* macrofotografía.
macroscopique *adj* macroscópico, ca.
maculer *v tr* et *intr* macular, manchar.
Madagascar *n pr* GÉOGR Madagascar.
madame *f* señora; *madame est servie* la señora está servida; *s'occupe-t-on de vous, madame?* ¿la atienden, señora? ‖ título usado en la corte de Francia por las hijas del rey y del delfín y por la cuñada del rey ‖ *— Madame Gross* la señora de Gross ‖ *Madame Isabelle Ibarra née Martin* Señora doña Isabel Martín de Ibarra (lettre) ‖ *Madame la comtesse* la señora condesa ‖ *Madame Unetelle* la señora de tal ‖ *mesdames, messieurs* señoras y señores ‖ *— affectueux souvenirs à madame votre mère* cariñosos recuerdos a su madre ‖ *jouer à la madame* dárselas de señora.
— OBSERV pl *mesdames*.
madeleine *f* magdalena (gâteau).
mademoiselle *f* señorita ‖ título de la hija mayor del hermano del rey de Francia ‖ *Mademoiselle déjeune-t-elle ici?* ¿come aquí la señorita? (style indirect) ‖ *mademoiselle, on vous demande* señorita, la llaman (style indirect) ‖ *Mademoiselle Isabelle Chevalier* Señorita doña Isabel Chevalier ‖ *— la Grande Mademoiselle* la duquesa de Montpensier.
— OBSERV pl *mesdemoiselles*.
madère *m* madera, vino de Madera (vin).
Madère *n pr f* GÉOGR Madera.
madériser (se) *v pr* maderizarse (un vin).
madone *f* madona (la Vierge).
madrague *f* almadraba (pour la pêche du thon).
madras [madras] *m* madrás (étoffe légère).
madré, e *adj* veteado, da (bois).
◆ *adj* et *s* FIG lagarto, ta; ladino, na; astuto, ta; *un madré compère* un tío astuto.
madrépore *m* madrépora *f*.
Madrid *n pr* GÉOGR Madrid.
madrier *m* madero, tablón (pièce de bois) ‖ aguilón (de charpente) ‖ *gros madrier* alcaceña.
madrigal *m* requiebro; *dire des madrigaux* decir requiebros ‖ POÉT madrigal.
madrilène *adj* madrileño, ña.
Madrilène *m* et *f* madrileño, ña.
maelström [mɛlstrøm]; **malstrom** [malstrɔm] *m* maelstrom.
maestria [maɛstrija] *f* maestría.
Maëstricht *n pr* GÉOGR → **Maastricht**.
maestro [maɛstro] *m* MUS maestro, compositor | músico.
maffieux, euse *adj* → **mafieux**.
mafia; maffia *f* mafia.
mafieux, euse; maffieux, euse *adj* mafioso, sa.
mafioso; maffioso *m* mafioso.
— OBSERV pl *maf(f)iosi*.
magasin *m* almacén, tienda *f*; *magasin d'antiquités* tienda de antigüedades; *magasin d'alimen-*

tation tienda de comestibles || almacén, depósito; *magasin à blé* depósito de trigo || carga f (photographie) || recámara f, depósito (d'une arme) || barrilete (d'un revolver) || — *magasin général* almacén público || — *compagnie magasin* compañía de intendencia || — *employé de magasin* dependiente || *grands magasins* grandes almacenes || — *en magasin* en almacén || *courir* o *faire les magasins* ir de tiendas.
magasinage *m* almacenaje.
magasinier, ère *m et f* almacenero, ra.
magazine *m* revista f.
magdalénien, enne *adj et s m* magdaleniense.
mage *m* mago || — (vx) *juge mage* justicia mayor (magistrat) || *les Rois mages* los reyes Magos.
Magellan (détroit de) *n pr m* GÉOGR estrecho de Magallanes.
magenta *adj inv et s m* magenta.
Maghreb *n pr m* GÉOGR Magreb.
maghrébin, e *adj* mogrebí, magrebí.
Maghrébin, e *m et f* mogrebí, magrebí.
magicien, enne *m et f* mago, ga; hechicero, ra || ilusionista (théâtre).
magie *f* magia; *magie blanche, noire* magia blanca, negra.
magique *adj* mágico, ca || *baguette magique* varita de las virtudes *ou* encantada *ou* mágica.
magistère *m* magisterio || maestrazgo (d'un ordre religieux) || diploma universitario.
magistral, e *adj* magistral; *ton magistral* tono magistral || *cours magistral* clase ex cátedra.
magistralement *adv* de manera magistral, magistralmente.
magistrat [maʒistra] *m* magistrado.
magistrature *f* magistratura || — *magistrature assise* o *du siège* los jueces y magistrados || *magistrature debout* los fiscales.
magma *m* magma.
magnanime *adj* magnánimo, ma.
magnanimité *f* magnanimidad.
magnat [magna] *m* magnate, prócer; *magnat du pétrole* magnate del petróleo.
magner (se); manier (se) *v pr* POP darse prisa, menearse.
magnésie *f* CHIM magnesia.
magnésite *f* magnesita, espuma de mar.
magnésium [maɲezjɔm] *m* magnesio (métal).
magnétique *adj* magnético, ca.
magnétisation *f* magnetización.
magnétiser *v tr* magnetizar.
magnétiseur, euse *m et f* magnetizador, ra.
magnétisme *m* magnetismo || *magnétisme animal* magnetismo animal, hipnotismo.
magnéto *m* FAM casete.
magnéto *f* magneto.
magnétophone *m* magnetófono || *un magnétophone à cassettes* un casete [aparato].
magnétoscope *m* vídeo, magnetoscopio.
magnétosphère *f* magnetosfera.
magnificat [magnifikat] *m inv* magníficat.
magnificence *f* magnificencia.
magnifier* *v tr* magnificar.
magnifique *adj* magnífico, ca.
magnifiquement *adv* magníficamente.

magnitude *f* magnitud.
magnolia *m* magnolia f (fleur).
magnum [magnɔm] *m* botella f de dos litros.
magot [mago] *m* mona f de Gibraltar (singe) || monigote, figura f grotesca de porcelana || FAM gato, hucha f, ahorros *pl* (argent caché) || FIG mamarracho, hombre feo.
magouille *f*; **magouillage** *m* FAM chanchullos *m pl*; *magouilles politiciennes* chanchullos políticos.
magouiller *v intr* FAM andar en chanchullos.
magouilleur, euse *adj et s* FAM chanchullero, ra.
magret *m* CULIN filete de pato.
magyar *adj* magiar.
Magyars *n pr m pl* magiares.
maharaja; maharadjah [maaradʒa] *m* maharajá.
mah-jong; ma-jong *m* JEUX mah-jong, ma-jong (jeu chinois).
Mahomet [maɔmɛ] *n pr m* Mahoma.
mahométan, e *adj et s* mahometano, na.
mai *m* mayo (mois) || mayo, árbol adornado que se plantaba el primer día de este mes (arbre) || *le 1er Mai* el Primero de Mayo, la Fiesta del Trabajo.
maïeutique *f* PHILOS mayéutica.
maigre *adj* flaco, ca; delgado, da; *avoir les jambes maigres* tener las piernas delgadas || magro, gra; sin grasa; *viande maigre* carne magra || de vigilia, de viernes; *jour maigre* día de vigilia || poco fértil; seco, ca; árido, da (terre) || fino, na; *une écriture maigre* una caligrafía fina || ARTS seco, ca; sin ornamentos || FIG malo, la; pobre; *maigre chère* mala comida | pobre; *un maigre bilan* un pobre balance | escaso, sa; poco abundante; *maigre récompense* escasa recompensa | raquítico, ca; poco frondoso; *un maigre gazon* un césped raquítico || — *c'est bien maigre* es muy poco || *rendre un maigre service* causar perjuicio.
◆ *m* magro, carne f sin grasa || estiaje (fleuve) || comida f de vigilia *ou* de viernes || *faire maigre* comer de vigilia *ou* de viernes || *une fausse maigre* una mujer delgada sólo en apariencia.
maigrelet, ette [mɛgrəlɛ, ɛt] *adj et s* delgaducho, cha; flacucho, cha.
maigreur *f* flacura, delgadez || FIG escasez, poca abundancia (manque d'abondance) | sequedad, aridez (sécheresse).
maigrichon, onne; maigriot, otte *adj* delgaducho, cha; flacucho, cha.
maigrir *v intr* adelgazar, enflaquecer, ponerse delgado (devenir maigre).
◆ *v tr* adelgazar, poner delgado (amincir) || adelgazar, hacer parecer más delgado; *sa barbe le maigrit* su barba le hace parecer más delgado || TECHN rebajar, desbastar.
mail [maj] *m* mazo (maillet) || mallo (jeu) || paseo público, explanada f.
mailing *m* mailing, circular f.
maillage *m* gestión f de redes (organisation) || conexión f de redes (interconnexion).
maille [maːj] *f* malla (d'un filet) || punto *m* (d'un tricot); *laisser tomber une maille* escapársele a uno un punto || eslabón *m*, anillo *m* (d'une chaîne) || nube, mancha, granizo *m* (dans les yeux) || mosqueadura, pinta (chasse) || mancha (d'un melon, d'un oiseau) || FAM blanca, cuarto *m*; *ça ne vaut pas une maille* no vale un cuarto || — *maille à côte* punto

elástico ‖ *maille ajoutée* punto crecido ‖ *maille à l'endroit, à l'envers* punto del derecho, del revés ‖ *maille fantaisie* punto de fantasía ‖ — *cotte de mailles* cota de malla (armure) ‖ — *avoir maille à partir avec* andar en dimes y diretes con, disputarse con ‖ *avoir maille à partir avec la justice* estar de malas con la justicia ‖ *glisser entre les mailles du filet* escaparse por un boquete, escapar al cerco *ou* a la persecución ‖ FAM *n'avoir ni sou ni maille* no tener blanca ‖ *reprendre une maille* coger un punto.

maillechort [majʃɔːʀ] *m* metal blanco, alpaca *f*, plata *f* alemana (alliage).

maillet [majɛ] *m* mazo (marteau en bois) ‖ malleto (de papetier).

mailloche [majɔʃ] *m* mazo, machote (gros maillet de bois) ‖ MUS maza *f*, mazo (de grosse caisse).

maillon *m* malla *f* pequeña ‖ eslabón, anillo (d'une chaîne) ‖ FIG *être le maillon d'une chaîne* ser una parte de un todo.

maillot *m* envoltura *f*, mantillas *f pl* (d'un enfant) ‖ pañal (lange) ‖ traje, vestido de punto (vêtement de tricot) ‖ jersey, camiseta *f* de punto (tricot) ‖ SPORTS maillot (galicismo), camiseta *f* ‖ calzón de punto (pantalon en tricot) ‖ — *maillot de bain* bañador, traje de baño ‖ *maillot de corps* camiseta ‖ *maillot deux pièces* bañador de dos piezas, biquini ‖ SPORTS *maillot jaune* maillot amarillo, ganador de la vuelta ciclista a Francia (Tour de France) ‖ FAM *ne pas être sorti du maillot* estar todavía en mantillas.

main *f* mano (partie du corps) ‖ mano, *m* el primero que juega (cartes); *avoir la main* ser mano ‖ baza (levée au jeu); (*vx*) letra, escritura; *avoir une belle main* tener buena letra ‖ COMM librador *m* (pelle pour servir certaines denrées) ‖ FIG mano, trabajo *m*, poder *m*, autoridad ‖ IMPR mano ‖ manecilla (signe typographique) ‖ — *main chaude* adivina quién te dio (jeu) ‖ *main courante* borrador (livre de commerce), baranda, pasamano (d'un escalier, d'une rambarde) ‖ *main de justice* mano de marfil del cetro real (symbole), mano dura ‖ *main gauche* daga ‖ — *coup de main* golpe de mano (action militaire), mano, ayuda (secours) ‖ *homme de main* hombre de armas tomar ‖ *petite main* oficiala de modista (couture) ‖ *première main* oficiala de costura, primera obrera (couture) ‖ — *à deux mains* con las dos manos, con ambas manos ‖ *à la main* a mano; *cousu à la main* cosido a mano ‖ *à main armée* a mano armada ‖ *à main levée* a mano alzada ‖ *à pleines mains* a manos llenas ‖ *cousu à la main* cosido a mano ‖ *de la main à la main* de mano a mano ‖ *de longue main* desde hace mucho tiempo ‖ *de main de maître* con *ou* de mano maestra ‖ *de main d'homme* artificial ‖ *de main en main* de mano en mano ‖ *de première, seconde main* de primera, de segunda mano ‖ *de sa main* de su propia mano, de su puño y letra ‖ *des deux mains* con ambas manos ‖ *en bonnes mains* en buenas manos ‖ *en main propre, en mains propres* en propia mano ‖ *en mains tierces* a un tercero ‖ *en sous-main* bajo mano, bajo cuerda ‖ *en un tour de main* en un periquete, en un santiamén ‖ *haut la main* sin gran trabajo ‖ *haut les mains!* ¡manos arriba! ‖ *la main dans la main* cogidos de la mano ‖ *sous la main* a mano ‖ — *avoir des mains de beurre* ser torpe, ser manazas ‖ *avoir en main* tener entre manos, conocer bien, gobernar bien su negocio ‖ *avoir la haute main sur une affaire* tener vara alta, mandar en un negocio ‖ *avoir la main heureuse* tener buena mano *ou* buena suerte ‖ *avoir la main légère* ser hábil de manos (chirurgien), tener las manos largas (être prompt à frapper) ‖ *avoir la main leste* tener las manos largas ‖ *avoir la main lourde* castigar severamente ‖ *avoir la main rompue à* estar acostumbrado a ‖ *avoir les mains liées* estar atado de manos, tener las manos atadas ‖ *avoir sous la main* tener a mano ‖ *avoir une bonne main* tener buena mano ‖ ÉQUIT *battre à la main* cabecear ‖ *battre des mains* aplaudir, tocar las palmas ‖ *changer de main* cambiar de manos ‖ *demander la main d'une personne* pedir la mano de una persona ‖ *donner à pleines mains* dar a manos llenas ‖ *donner la main* o *un coup de main* ayudar, echar una mano ‖ *écrire à la main* escribir de puño y letra ‖ *en venir aux mains* llegar *ou* venir a las manos ‖ *être entre les mains de quelqu'un* depender de alguien, estar en las manos de alguien ‖ *faire main basse sur* apoderarse de, meter mano a ‖ *faire quelque chose par ses mains* o *de sa main* hacer algo por sí mismo ‖ *forcer la main* obligar, forzar ‖ *gagner de la main* ganar por la mano ‖ *les mains lui démangent* no se contiene, se le va la mano ‖ *lever la main sur quelqu'un* alzarle la mano a uno ‖ FIG *lier les mains* atar las manos ‖ *mettre la dernière main à* dar la última mano *ou* el último toque ‖ *mettre la main à la pâte* poner manos a la obra, ponerse a trabajar ‖ *mettre la main à la plume* coger la pluma ‖ *mettre la main à l'épée* echar mano a la espada ‖ FIG *mettre la main au feu* meter las manos en el fuego ‖ *mettre la main sur ce qu'on cherchait* encontrar lo que se buscaba ‖ *mettre la main sur une chose* echar mano *ou* el guante a una cosa, apoderarse de una cosa ‖ *ne pas y aller de main morte* no andarse con chiquitas ‖ *passer la main* transmitir sus poderes a otros ‖ *perdre la main* perder la práctica ‖ *prendre la main dans le sac* coger con las manos en la masa ‖ *reprendre en main* coger de nuevo las riendas, restablecer la situación ‖ *savoir de bonne main* saber de buena tinta ‖ *se donner la main* estar de acuerdo (être de connivence), ser tal para cual (se ressembler) ‖ *se faire la main* ejercitarse, entrenarse ‖ *se frotter les mains* frotarse las manos ‖ FIG *s'en laver les mains* lavarse las manos como Pilatos ‖ *serrer la main* estrechar la mano ‖ *tendre la main* dar la mano (saluer), pedir limosna, tender la mano (mendier) ‖ *tenir de première main* saber de primera mano, de buena tinta ‖ *tenir la main à quelqu'un* ayudar a alguien ‖ *tenir un enfant par la main* coger a un niño de la mano ‖ *tomber aux mains de* o *sous la main de* caer en las manos de.

mainate *m* ZOOL ave *f* parlera.

main-d'œuvre [mɛ̃dœvʀ] *f* mano de obra.

main-forte *f* ayuda, auxilio *m*, mano; *prêter main-forte* prestar ayuda, echar una mano.

mainlevée *f* desembargo *m*, levantamiento *m* de embargo ‖ *donner mainlevée* desembargar.

mainmise [mɛ̃miːz] *f* embargo *m* (saisie), requisa, confiscación ‖ FIG dominio *m*, poder *m*, influencia ‖ *avoir la mainmise sur* tener poder efectivo sobre.

mainmorte *f* DR manos muertas *pl* ‖ *biens de mainmorte* bienes inalienables.

maint, e *adj pl* varios, rias; muchos, chas ‖ — *mainte fois, maintes fois* más de una vez, muchas veces ‖ — *je vous l'ai dit maintes et maintes fois* se lo he dicho millones de veces.

maintenance [mɛ̃tnɑ̃ːs] *f* mantenencia, mantenimiento *m*.

maintenant *adv* ahora.
maintenir* *v tr* mantener ‖ sostener; *la poutre maintient le toit* la viga sostiene el tejado.
◆ *v pr* mantenerse, sostenerse.
maintien *m* conservación *f*, mantenimiento; *le maintien de l'ordre* el mantenimiento del orden ‖ conservación *f*, salvaguardia *f* (des lois) ‖ sostenimiento, conservación *f* (d'un niveau) ‖ compostura *f*, porte, actitud *f* (contenance) ‖ — *maintien sous les drapeaux* prolongación de tiempo de permanencia en filas ‖ *perdre son maintien* desconcertarse, perder el aplomo.
maire *m* alcalde ‖ — *maire du palais* mayordomo de palacio ‖ — *adjoint au maire* teniente alcalde.
mairie *f* ayuntamiento *m*, alcaldía.
mais [mɛ] *conj* pero, mas; *il est joli mais cher* es bonito pero caro ‖ sino; *il n'est pas blond mais brun* no es rubio sino moreno ‖ — *mais aussi* pero por lo tanto ‖ *mais oui* claro que sí ‖ *non mais!* ¡pero bueno! ‖ *non seulement... mais encore* no sólo... sino que.
◆ *adv* más (plus); *n'en pouvoir mais* no poder más.
◆ *m* pero; *il n'y a pas de mais qui tienne* no hay pero que valga.
— OBSERV Il ne faut pas confondre la conjonction de coordination *mas* (sans accent) et l'adverbe *más* (qui porte un accent écrit).
maïs [mais] *m* maíz.
maison *f* casa ‖ — *maison centrale* prisión de estado ‖ *maison d'arrêt* o *de force* cárcel, prisión ‖ *maison de campagne* casa de campo, hotelito, chalet, quinta ‖ *maison de charité* hospicio ‖ *maison de chasse* pabellón de caza ‖ *maison de commerce* casa comercial ‖ *maison de correction* o *de redressement* casa de corrección, correccional, reformatorio ‖ *maison de Dieu, du Seigneur* casa de Dios, iglesia, templo ‖ *maison de fous* casa de locos, manicomio ‖ *maison des jeunes et de la culture* casa de la juventud y de la cultura ‖ *maison de passe* casa de citas ‖ *maison de plaisance* casa de recreo ‖ *(vx) maison de rapport* casa de vecindad, casa de vecinos, de alquiler ‖ *maison de repos* casa de reposo ‖ *maison de retraite* asilo de ancianos ‖ *maison de santé* casa de salud, sanatorio ‖ *maison de tolérance* o *close* casa de trato ‖ *maison de vacances* casa de verano ‖ *maison de ville* o *commune* Casa Consistorial, Ayuntamiento ‖ *maison du roi* casa real ‖ *maison forte* casa fortificada ‖ *maison mère* casa central, casa matriz ‖ *maison meublée* o *garnie* casa amueblada ‖ *maison militaire* casa militar ‖ *maison mortuaire* casa mortuoria ‖ *maison religieuse* convento ‖ — FAM *la maison du bon Dieu* una casa muy acogedora ‖ *(vx) Petites-Maisons* casa de locos, manicomio [en París] ‖ — *à la maison* en casa (être), a casa (aller) ‖ *ami de la maison* amigo de la casa ou de la familia ‖ *de bonne maison* de buena familia (de bonne famille), de casa particular (domestique) ‖ *gens de maison* criados, servidumbre ‖ — *être de la maison* ser de la familia ‖ *être en maison* ser doméstico ‖ FIG *faire maison nette* o *neuve* despedir a todos los criados ‖ *garder la maison* guardar la casa (la surveiller), no salir de casa (ne pas sortir).
◆ *adj* FAM casero, ra; propio, pia de la casa, de fabricación casera; *une tarte maison* una tarta de fabricación casera ‖ POP bárbaro, ra; de miedo; *un exposé maison* una exposición de miedo.

maisonnée *f* familia, casa, toda la gente de casa.
maisonnette *f* casita.
maître [mɛtr] *m* dueño, amo (propriétaire) ‖ amo (patron) ‖ señor; *le maître de la maison est sorti* el señor de la casa ha salido ‖ amo, señor (souverain) ‖ señor; *Dieu est le maître du monde* Dios es el señor del mundo ‖ dueño; *être maître de ses passions* ser dueño de sus pasiones ‖ maestro; *maître d'école* maestro de escuela ‖ profesor (de musique, de gymnastique, etc.) ‖ maestro; *s'inspirer des maîtres* inspirarse en los maestros ‖ maestro (dans certains métiers); *maître maçon* maestro albañil ‖ maestro (dans la marine) ‖ título que se da en Francia a los abogados, procuradores y notarios ‖ maestre; *le maître de Santiago* el maestre de Santiago ‖ maese; *maître Pierre* maese Pedro ‖ — *maître à danser* maestro de baile ‖ *maître armurier* maestro armero ‖ *maître auxiliaire* profesor no titular ‖ *maître berger* mayoral ‖ *maître chanteur* chantajista ‖ *maître clerc* primer pasante ‖ MAR *maître couple* cuaderna maestra ‖ *maître d'armes* maestro de armas, de esgrima ‖ *maître de ballet* maestro de baile ‖ *maître de cérémonies* maestro de ceremonias ‖ *maître de chapelle* maestro de capilla ‖ *maître de conférences* profesor de conferencias ‖ *maître de forges* propietario de un establecimiento siderúrgico ‖ *maître de l'ouvrage* licitador, adjudicador (propriétaire) ‖ *maître de maison* amo de casa ‖ *maître d'équipage* cazador mayor (chasse), contramaestre (marine) ‖ *maître des requêtes* relator ‖ *maître d'hôtel* jefe de comedor, maestresala *(p us)*, «maître d'hôtel» ‖ *maître d'œuvre* contratista, adjudicatario (directeur de projet), maestro de obras, capataz (en construction), artífice (d'une réforme, etc.) ‖ *maître Jacques* factótum ‖ *maître queux* cocinero ‖ *maître valet* mayoral de labranza, manijero, aparcero (métayer) ‖ — *coup de maître* golpe maestro ‖ *grand maître* gran maestro (des cérémonies), gran maestre (d'un ordre) ‖ *grand maître de l'Université* ministro de Educación Nacional (en France) ‖ *petit-maître* petimetre ‖ *seigneur et maître* dueño y señor ‖ *tel maître, tel valet* de tal palo tal astilla ‖ — *en maître* como dueño y señor, como amo ‖ *être le maître de* ser dueño y señor de ‖ *être maître de* ser dueño de; *il est maître de faire ce qu'il veut* es dueño de hacer lo que le plazca ‖ *être maître de soi* dominarse ‖ *être son maître* ser dueño de sí mismo, no depender de nadie ‖ FAM *passé maître en fourberie* pícaro redomado ‖ *passer maître* recibirse maestro en un oficio (dans un métier), ser maestro, llegar a dominar (dans un art) ‖ *prendre pour maître* tomar como ejemplo ‖ *se rendre maître* hacerse dueño, apoderarse (s'emparer), dominar, sofocar (étouffer) ‖ *trouver son maître* dar con la horma de su zapato.
◆ *adj* cabal, todo, capaz, de valor; *un maître homme* un hombre cabal ‖ capital, clave; maestro, tra; *le maître mot des temps modernes* la palabra clave de los tiempos modernos ‖ FAM grande; consumado, da; *un maître fripon* un gran bribón ‖ dominante, principal, esencial; *sa maîtresse qualité* su cualidad dominante ‖ — *maître de son sort* dueño de su suerte ‖ *atout maître* triunfo mayor.
maître-autel [mɛtrotɛl] *m* altar mayor.
maître-cylindre *m* AUTOM cilindro de mando de los frenos.
— OBSERV pl *maîtres-cylindres*.
maître-nageur *m* profesor de natación.
— OBSERV pl *maîtres-nageurs*.

maîtresse *f* ama, dueña; *maîtresse de maison* ama de casa || señora; *je vous présente la maîtresse de la maison* le presento la señora de la casa || maestra; *maîtresse de piano* maestra de piano || querida, amante (concubine) || *— maîtresse d'école* maestra de escuela || *petite-maîtresse* petimetra.
◆ *adj* toda; *une maîtresse femme* toda una mujer || *poutre maîtresse* viga maestra.
maîtrisable *adj* dominable, reprimible.
maîtrise *f* dominio *m*; *maîtrise de ses passions* dominio de nuestras pasiones; *maîtrise de l'air, de la mer, de l'énergie* dominio del aire, del mar, de la energía || habilidad (habileté) || magisterio *m* (dignité et autorité de maître) || maestría (qualité de maître) || maestrazgo *m* (dans certains ordres militaires) || mandos *m pl* intermedios, conjunto de los capataces de una empresa || MUS escuela de música sacra | coro *m* de una iglesia | dignidad de maestro de capilla || *agent de maîtrise* contramaestre.
maîtriser *v tr* señorear, dominar (dominer); *maîtriser un incendie* dominar un incendio || dominar, reprimir (une rébellion) || domar; *maîtriser un cheval* domar un caballo.
◆ *v pr* dominarse, contenerse.
Maïzena *f* (nom déposé) maicena.
majesté *f* majestad || majestuosidad; *la majesté de son visage* la majestuosidad de su cara || *— Sa Majesté catholique* su Majestad Católica, el rey de España || *Sa Majesté très chrétienne* su Majestad Cristianísima, el rey de Francia || *Sa Très Gracieuse Majesté* su Graciosa Majestad, la reina de Inglaterra.
majestueux, euse *adj* majestuoso, sa.
majeur, e *adj* mayor; *cas de force majeure* caso de fuerza mayor || importante, capital; *affaire majeure* asunto importante || superior; *un intérêt majeur* un interés superior || mayor de edad; *une fille majeure* una muchacha mayor de edad || *en majeure partie* en su mayor parte.
◆ *m* dedo medio *ou* del corazón (doigt).
◆ *f* mayor (proposition d'un syllogisme).
Majeur (lac) *n pr* GÉOGR lago Mayor.
ma-jong *m* → **mah-jong**.
major *adj* et *s m* MIL mayor, teniente coronel mayor | médico militar | FAM alumno primero de una promoción.
majorat [maʒɔra] *m* mayorazgo.
majoration [-rasjɔ̃] *f* aumento *m*, recargo *m*; *la majoration des impôts* el recargo de los impuestos || DR sobreestimación, valuación excesiva.
majordome *m* mayordomo.
majorer *v tr* sobreestimar, valuar una cosa en más de su valor || aumentar, recargar, subir de precio; *majorer le prix d'une marchandise* aumentar el precio de una mercancía.
majorette *f* majorette [(amér.) bastonera].
majoritaire *adj* mayoritario, ria || de la mayoría; *motion majoritaire* moción de la mayoría || *gouvernement majoritaire* gobierno que se apoya en la mayoría.
majoritairement *adv* en su mayoría, en su mayor parte, principalmente.
majorité *f* mayoría, mayor parte; *en majorité* en su mayoría || mayoría de edad (âge) || *majorité absolue, qualifiée* o *renforcée, relative* o *simple, silencieuse* mayoría absoluta, cualificada *ou* reforzada, relativa *ou* simple, silenciosa.
Majorque *n pr f* GÉOGR Mallorca.
majorquin, e *adj* mallorquín, ina.
Majorquin, e *m et f* mallorquín, ina.
majuscule *adj* et *s f* mayúsculo, la.
mal *m* mal || dolor; *souffrir de maux de tête* padecer dolores de cabeza || daño; *il s'est fait mal* se ha hecho daño || perjuicio, daño; *les gelées font du mal à la vigne* las heladas causan perjuicio a los viñedos || mal; *dire du mal de quelqu'un* hablar mal de alguien || enfermedad *f* (maladie) || maledicencia *f* (médisance) || pena *f* (peine) || trabajo; *j'ai eu du mal à l'obtenir* me costó trabajo conseguirlo || lo malo; *le mal est qu'il s'absente souvent* lo malo es que se ausenta a menudo || *— mal au cœur* náuseas, ansias, mareo || *mal au ventre* dolor de vientre || *mal blanc* o *d'aventure* panadizo || *mal de dents* dolor de muelas || *mal de la route, de l'air, de mer* mareo || *mal d'enfant* dolores de parto || *mal de Saint-Lazare* lepra || *mal des ardents* fuego de San Antón || *mal des montagnes* vértigo [en las ascensiones]; soroche, puna (américanismes) || *mal de tête* o *à la tête* dolor de cabeza || *mal du pays* nostalgia, morriña || *chaud mal* tabardillo || *haut mal* epilepsia || *au plus mal* muy malo, muy mal, grave || *aller de mal en pis* ir de mal en peor *ou* cada vez peor || *avoir du mal à marcher* costar trabajo andar, tener dificultad para *ou* en andar || *avoir le mal de l'air* marearse (en avión) || *avoir le mal de mer* marearse (en barco) || *avoir mal à la tête, au ventre, aux dents* dolerle a uno la cabeza, el vientre, las muelas || *avoir mal au cœur* marearse, revolverse el estómago, tener náuseas || *avoir mal aux cheveux* dolerle a uno la cabeza después de una borrachera, tener resaca || *avoir très mal* dolerle a uno mucho || *ce n'est pas la peine de vous donner tant de mal* no merece la pena molestarse tanto || *de deux maux il faut choisir le moindre* del mal el menos || *dire du mal de quelqu'un* hablar mal de alguien || FAM *écouter son mal* ser aprensivo, escucharse || *être en mal de* tener ganas de || *faire du mal* hacer daño || *faire mal* hacer daño; *cette chaleur me fait mal* este calor me hace daño; lastimar; *ces souliers me font mal* estos zapatos me lastiman; hacer mal; *vous faites mal en agissant ainsi* hace usted mal obrando así; doler; *la tête me fait mal* me duele la cabeza; dar pena (faire pitié); *spectacle qui fait mal* espectáculo que da pena || *mettre à mal* echar a perder, poner en un estado lastimoso || *penser à mal* pensar mal, tener mala intención || *prendre mal* enfermar || *prendre une chose en mal* tomar a mal, ofenderse || FAM *sans se faire du mal* sin tomarse mucho trabajo || *se donner du mal* darse *ou* tomarse trabajo || *se donner un mal de chien* darse un trabajo loco, hacer esfuerzos inauditos || *se faire mal au pied* hacerse daño en el pie || *se mettre mal* vestirse sin gusto || *tourner, prendre* o *voir une chose en mal* tomar en mala parte, dar mal sentido a algo, tomar a mal, ver el lado malo de las cosas || *vouloir du mal à quelqu'un* desear mal *ou* tener entre ojos a alguien, tener ojeriza a uno.
◆ *adv* mal, malamente (fam); *il a mal parlé* ha hablado mal || *— mal à propos* poco a propósito, inoportunamente || *pas mal* bastante bien (adjectif); *il a pas mal d'amis* tiene bastantes amigos || *— FAM être mal en point* estar malo (malade), estar en situación apurada (en difficulté) || *mal tourner* salir *ou* acabar mal || *prendre mal quelque chose* tomar

algo a mal ‖ *se mettre mal avec quelqu'un* ponerse de malas *ou* enfadarse con alguien ‖ *se trouver mal* encontrarse mal, desmayarse ‖ *se trouver mal de* sentir, arrepentirse de ‖ *tomber mal* venir *ou* caer mal ‖ *tant bien que mal* mal que bien, más o menos bien.

◆ *adj* (*p us*) malo, la ‖ *— bon an, mal an* un año con otro ‖ *bon gré, mal gré* de grado o por fuerza.
— OBSERV Cuando el sustantivo francés *mal* se emplea con un artículo o va seguido de un complemento, la preposición usada es necesariamente *de* (avoir un *mal de reins terrible*), pero si se emplea sin artículo la preposición que le sigue es forzosamente *à* (avoir *mal aux dents*).

malabar *m* FAM tío grande *ou* fuerte (homme grand et fort).
malachite [malakit] *f* MIN malaquita.
malade *adj* enfermo, ma; malo, la ‖ malo, la; *une dent malade* un diente malo ‖ FAM en mal estado, en mala situación; *une industrie malade* una industria en mal estado ǀ estropeado, da (abîmé) ‖ POP chiflado, da; chalado, da ‖ *malade à mourir* muy enfermo, muy grave, fatal ‖ *malade imaginaire* enfermo de aprensión ‖ *— gravement malade* enfermo de gravedad ‖ *imagination malade* imaginación enfermiza ‖ *— être malade du cœur* estar enfermo del corazón ‖ *faire le malade* fingirse enfermo ‖ *rendre malade* poner enfermo ‖ *tomber malade* enfermar, caer *ou* ponerse enfermo.

◆ *m* et *f* enfermo, ma; *malade mental* enfermo mental; *grand malade* enfermo grave.
maladie *f* enfermedad, dolencia ‖ FIG manía, pasión; *avoir la maladie de la vitesse* tener la manía de la velocidad ‖ *— maladie bleue* enfermedad azul, cianosis ‖ *maladie de peau* enfermedad de la piel ‖ *maladie de commande* enfermedad fingida ‖ *maladie héréditaire* enfermedad hereditaria ‖ *maladie professionnelle* enfermedad laboral ‖ *maladie sexuellement transmissible* enfermedad de transmisión sexual ‖ — FAM *c'est une maladie* es una manía ‖ *être rongé par la maladie* estar consumido por la enfermedad ‖ *faire une maladie* caer enfermo, tener una enfermedad (être malade), ponerse enfermo, atormentarse, estar muy contrariado, enfadarse mucho (être contrarié) ‖ *relever de maladie* salir de una enfermedad, estar en convalecencia.
maladif, ive *adj* enfermizo, za.
maladivement *adv* de manera enfermiza.
maladresse *f* torpeza.
maladroit, e *adj* et *s* torpe; desmañado, da; inhábil.
maladroitement *adv* torpemente, desmañadamente.
malaga *m* málaga (vin).
Malaga *n pr* GÉOGR Málaga.
mal-aimé, e *adj* et *s* malquisto, ta.
malais, e *adj* malayo, ya.
◆ *m* malayo (langue).
Malais, e *m* et *f* malayo, ya.
malaise *m* malestar, indisposición *f* ‖ estrechez *f*, falta *f* de medios *ou* de recursos (manque d'argent); *vivre dans le malaise* vivir con estrechez ‖ FIG malestar, desazón *f*, desasosiego, inquietud *f* (tourment) ‖ *éprouver un malaise, être pris de malaise* sentirse indispuesto *ou* mareado.
malaisé, e *adj* difícil; trabajoso, sa; penoso, sa; *chemin malaisé* camino penoso ‖ (vx) apurado, da; escaso; de medios escasos (gêné, peu fortuné).

Malaisie; Malaysia Occidentale *n pr f* GÉOGR Malasia.
malandrin *m* malandrín, salteador.
malappris, e *adj* et *s* malcriado, da; grosero, ra; mal educado, da.
malaria *f* MÉD malaria, paludismo *m*.
malavisé, e *adj* et *s* imprudente; indiscreto, ta.
Malawi *n pr* Malaui, Malawi.
malaxage *m* amasado, amasamiento, malaxación *f*.
malaxer *v tr* amasar, malaxar ‖ dar masaje.
malaxeur *adj* et *s m* TECHN máquina *f* de amasar, amasadora *f* ǀ hormigonera *f*, mezcladora *f* (de mortier).
Malaysia *n pr* GÉOGR Malaisia.
Malbrough *n pr m* Mambrú; *Malbrough s'en va-t-en guerre* Mambrú se fue a la guerra.
malchance *f* mala suerte, desgracia, desventura ‖ *— par malchance* por desgracia, por mala suerte ‖ *quelle malchance!* ¡qué mala suerte! ‖ *— jouer de malchance* tener mala suerte, tener la negra.
malchanceux, euse *adj* et *s* que tiene mala suerte; desgraciado, da; desafortunado, da.
Maldives *n pr f pl* GÉOGR Maldivas.
maldonne *f* cartas mal dadas, error *m*, equivocación, pifia; *il y a eu maldonne* ha habido error.
mâle *m* macho (animaux) ‖ varón (hommes) ‖ TECHN macho (pièce entrant dans une autre).
◆ *adj* varonil, viril; masculino, na ‖ FIG enérgico, ca; viril; *une mâle beauté* una belleza viril.
malédiction *f* maldición; *lancer une malédiction* proferir una maldición ‖ desgracia, infortunio *m* (malheur).
maléfice *m* maleficio, encantamiento, embrujo.
maléfique *adj* maléfico, ca.
malencontreusement *adv* desgraciadamente, malhabladamente, desdichadamente.
malencontreux, euse *adj* poco afortunado, da; desgraciado, da; malhadado, da ‖ *un jour malencontreux* un día aciago.
mal-en-point; mal en point *loc adv* en mal estado, en mala situación ‖ *être mal-en-point* estar malo (malade), estar en situación apurada (en difficulté).
malentendant, e *adj* et *s* sordo, da [que oye mal].
mal-être *m* malestar (malaise).
malfaçon [malfasɔ̃] *f* defecto *m* de fabricación ‖ FIG fraude, *m*.
malfaisant, e [malfəzɑ̃, ɑ̃:t] *adj* maléfico, ca; malhechor, ra; maligno, na ‖ dañino, na; perjudicial (nuisible) ‖ *homme malfaisant* hombre de malos instintos.
malfaiteur, trice *m* et *f* malhechor, ra.
malfamé, e *adj* de mala fama, de mala reputación.
malformation *f* malformación, deformación congénita ‖ MÉD *malformation cardiaque* malformación cardíaca.
malfrat *m* POP mangante, granuja.
malgache *adj* malgache (de Madagascar).
◆ *m* malgache (langue).
Malgache *m* et *f* malgache.

malgré *prép* a pesar de ‖ — *malgré lui* a pesar suyo ‖ *malgré que* a pesar de que ‖ *malgré tout* a pesar de todo, así y todo, con todo.
— OBSERV Sólo es correcto emplear *malgré que* con el verbo *avoir* (tener).

malhabile *adj* torpe, inhábil; desmañado, da; poco diestro, tra.

malheur *m* desgracia *f*, infortunio, desdicha *f*; *tomber dans le malheur* ser perseguido por la desgracia ‖ — *de malheur* dichoso, maldito; *cet individu de malheur* ese maldito individuo ‖ *par malheur* por desgracia, desgraciadamente ‖ *pour comble de malheur* para colmo de desdichas ‖ *quel malheur!* ¡qué desgracia! ‖ — *à quelque chose malheur est bon* no hay mal que por bien no venga ‖ *faire son propre malheur* labrarse la propia desgracia ‖ *faire un malheur* ocasionar una desgracia ‖ *porter malheur* traer mala suerte, tener mala sombra ‖ *un malheur ne vient jamais seul* las desgracias nunca vienen solas.
◆ *interj* ¡maldición!, ¡mal haya!, ¡qué desgracia! ‖ *malheur à* o *sur...!* ¡ay de...!; *malheur aux vaincus!* ¡ay de los vencidos!

malheureusement *adv* desgraciadamente, de manera desgraciada; *tomber malheureusement* caerse de manera desgraciada ‖ por desgracia, desgraciadamente; *malheureusement il n'est pas venu* por desgracia no vino.

malheureux, euse *adj* desgraciado, da; desdichado, da; infeliz ‖ aciago, ga; *circonstance malheureuse* circunstancia aciaga ‖ desafortunado, da; *un joueur malheureux* un jugador desafortunado ‖ poco afortunado, da; *un mot malheureux* una palabra poco afortunada; *une initiative malheureuse* una iniciativa poco afortunada ‖ infausto, ta; funesto, ta; desastroso, sa; *une nouvelle malheureuse* una noticia infausta ‖ pobre; desgraciado, da; *ce malheureux député* ese pobre diputado ‖ maldito, ta; dichoso, sa; *cette malheureuse clef!* ¡esta maldita llave! ‖ poco agraciado, da; *une physionomie malheureuse* una fisonomía poco agraciada ‖ mísero, ra; miserable (insignifiant) ‖ *candidat malheureux* candidato fracasado *ou* vencido *ou* derrotado (aux élections) *ou* suspendido *ou* no ingresado *ou* no aprobado (à un examen) ‖ *mari malheureux* marido engañado ‖ *avoir la main malheureuse* tener poca fortuna ‖ *c'est malheureux!* ¡es lástima! ‖ *être malheureux comme les pierres* ser el rigor de las desdichas.
◆ *m* et *f* desgraciado, da; desdichado, da; infeliz.

malhonnête *adj* sin *ou* falto de *ou* con poca probidad; sin *ou* falto de *ou* con poca honradez ‖ grosero, ra; descortés (grossier) ‖ deshonesto, ta; indecente ‖ *procédés malhonnêtes* malas artes.

malhonnêtement *adv* sin honradez, sin probidad ‖ groseramente, descortésmente (grossièrement).

malhonnêteté [malɔnɛtte] *f* falta de probidad *ou* de honradez ‖ grosería, descortesía (grossièreté).

Mali *n pr m* GÉOGR Malí.

malice *f* malicia ‖ FIG & FAM travesura, picardía (espièglerie) ‖ — *par malice* por maldad ‖ *sans malice* sin malicia ‖ — *entendre malice à* dar sentido torcido a ‖ *ne pas entendre malice à une chose* hacer una cosa inocentemente.

malicieusement *adv* maliciosamente, con malicia.

malicieux, euse *adj* et *s* malicioso, sa ‖ FAM travieso, sa (espiègle).

malien, enne *adj* malí.

Malien, enne *m* et *f* malí.

malignité *f* malignidad ‖ lo maligno *m*.

malin, igne [malɛ̃, iɲ] *adj* maligno, na; *une fièvre maligne* una fiebre maligna ‖ FAM malicioso, sa; travieso, sa (espiègle) | listo, ta; vivo, va; astuto, ta (fin, rusé) ‖ FAM *ce n'est pas bien malin* no es muy difícil que digamos (facile), no es muy inteligente *ou* astuto (stupide) ‖ *il est malin comme un singe* es más listo que Cardona, sabe más que Merlín ‖ *éprouver un malin plaisir à* experimentar un placer malévolo en.
◆ *m* tunante, taimado, vivo (homme rusé) ‖ *à malin, malin et demi* a pícaro, pícaro y medio ‖ FAM *faire le malin* echárselas *ou* dárselas de listo ‖ *le malin, l'esprit malin* el demonio, el espíritu maligno ‖ *vouloir être trop malin* pasarse de listo.

malingre [malɛ̃:gr] *adj* enclenque; canijo, ja; encanijado, da.

malintentionné, e *adj* malintencionado, da.

malle *f* baúl *m*, mundo *m* (à couvercle arrondi), cofre *m* [(amér) petaca] (coffre) ‖ mala, valija (de la poste) ‖ correo *m* (paquebot postal) ‖ FAM *faire sa malle* o *ses malles* hacer las maletas, preparar sus bártulos, liar el petate.

malléabilité *f* maleabilidad ‖ lo maleable *m* (caractère).

malléable *adj* maleable.

malle-poste *f* correo *m*, coche *m* correo.
— OBSERV pl *malles-poste*.

mallette *f* baulito *m* ‖ maletín *m* (petite valise).

mal-logé, e *adj* et *s* mal alojado, da [persona que ocupa un alojamiento precario].

malmener* [malməne] *v tr* maltraer, maltratar, tratar duramente ‖ dejar maltrecho; *malmener l'ennemi* dejar maltrecho al enemigo.

malnutrition *f* desnutrición.

malodorant, e *adj* maloliente.

malotru, e *adj* (vx) FAM tosco, ca; contrahecho, cha (mal bâti) ‖ FIG grosero, ra; patán.

Malouines (îles) [malwin] *n pr f pl* GÉOGR islas Malvinas.

malpoli, e *adj* et *s* maleducado, da.

malpropre *adj* et *s* desaseado, da; sucio, cia (sale) ‖ grosero, ra; mal hecho, cha; *un travail malpropre* un trabajo mal hecho ‖ FIG indecente; sucio, cia; indecoroso, sa; *une action malpropre* una acción indecente | sin honradez, indecente (malhonnête); *une conduite malpropre* una conducta indecente.

malproprement *adv* con suciedad.

malpropreté *f* suciedad, desaseo *m* ‖ FIG indecencia, porquería, deshonestidad.

malsain, e [malsɛ̃, ɛːn] *adj* malsano, na; nocivo, va; dañino, na ‖ MAR peligroso, sa (dangereux).

malséant, e *adj* inconveniente; inoportuno, na; indecoroso, sa; impropio, pia; incorrecto, ta.

malstrom *m* → **maelström**.

malt [malt] *m* malta *f* (orge germée).

maltais, e *adj* maltés, esa; de Malta.
◆ *m* maltés (langue).

Maltais, e *m* et *f* maltés, esa.

Malte *n pr* GÉOGR Malta.

malthusianisme *m* maltusianismo.
malthusien, enne *adj* et *s* maltusiano, na.
maltose *f* CHIM maltosa.
maltraiter *v tr* maltratar, dejar malparado.
malus *m inv* malus [recargo de la prima por exceso de siniestros].
malveillance [malvɛjã:s] *f* malevolencia, mala voluntad.
malveillant, e [-jã, ã:t] *adj* malévolo, la; malintencionado, da.
◆ *m* et *f* persona malévola.
malvenu, e *adj* sin derecho *ou* motivo para, inoportuno, na; *il est malvenu à se plaindre* no tiene motivo para *ou* es inoportuno quejarse.
malversation *f* malversación.
malvoyant, e *adj* et *s* invidente.
maman *f* mamá ‖ *— belle-maman* suegra, madre política ‖ FAM *bonne-maman, grand-maman* abuelita ‖ *maman gâteau* madraza ‖ *petite maman* mamita, mamaíta [*(amér.)* mamacita].
mamelle *f* mama (mot savant), teta (familier) ‖ ubre (de la vache) ‖ pecho *m*, seno *m* ‖ FIG seno *m* nutricio, alimento *m* ‖ *— bout de mamelle* pezón ‖ *enfant à la mamelle* niño de pecho *ou* de teta ‖ *être à la mamelle* estar mamando.
mamelon [maml̃ɔ] *m* pezón (bout de la mamelle) ‖ cerro, montecillo (éminence de terrain) ‖ protuberancia *f*; *le mamelon d'une pêche* la protuberancia de un melocotón.
mamelu, e *adj* tetudo, da.
mamie; mammy; mamy *f* abuela [lenguaje infantil].
mammaire *adj* ANAT mamario, ria; *glandes mammaires* glándulas mamarias.
mammectomie; mastectomie *f* MÉD mamectomía, mastectomía.
mammifère *adj* et *s m* mamífero, ra.
mammographie *f* MÉD mamografía.
mammoplastie *f* MÉD mastoplastia.
mammouth *m* ZOOL mamut (fossile).
— OBSERV Le mot espagnol *mamut* a deux pluriels: *mamuts*, qui est le plus employé, et *mamutes*.
mammy *f* → **mamie**.
m'amours; mamours *m pl* FAM carantoñas *f*, caricias *f*, arrumacos ‖ zalamerías *f* (flatteries).
mamy *f* → **mamie**.
Man (île de) *n pr f* GÉOGR isla de Man.
management [manedʒment] *m* gestión *f* de empresas.
manager [manedʒər] *m* empresario, gerente (d'un établissement) ‖ apoderado, empresario (d'un sportif), manager (d'un boxeur).
Managua *n pr* GÉOGR Managua.
manant *m* (vx) villano (vilain) ‖ campesino, palurdo (paysan) ‖ patán, grosero (grossier).
manche *m* mango; *manche de couteau* mango de cuchillo ‖ esteva *f*, mancera *f* (d'une charrue) ‖ hueso (os des côtelettes) ‖ mástil (de la guitare) ‖ FAM zopenco, gaznápiro (stupide) ‖ *— manche à balai* palo de escoba (d'un balai), palanca de mando (d'un avion) ‖ *manche-de-couteau* navaja (mollusque) ‖ *—* FIG *branler dans le manche* no estar seguro en su empleo ‖ *jeter le manche après la cognée* tirar la soga tras el caldero ‖ FAM *se débrouiller o s'y prendre comme un manche* hacer las cosas con los pies ‖ *se mettre du côté du manche* ponerse de parte del que gana, arrimarse al sol que más calienta ‖ *s'endormir sur le manche* no dar ni golpe, estar mano sobre mano, no hacer nada ‖ POP *tomber sur un manche* llevarse un chasco, dar en hueso.
manche *f* manga; *en manches de chemise* en mangas de camisa ‖ manga, manguera, tubo *m* (tuyau) ‖ partida, mano *m*, manga (au jeu) ‖ GÉOGR canal *m*, brazo *m* de mar ‖ *— manche à air* manguera de ventilación, manga veleta ‖ *manche à vent* manga ‖ *manche d'Hippocrate* manga (pour filtrer) ‖ *manche à gigot* manga de jamón, manga afarolada ‖ *— fausse manche* manguito, mangote ‖ *— avoir quelqu'un dans sa manche* tener a alguien en el bolsillo, tener influencia con alguien ‖ FAM *c'est une autre paire de manches* eso es harina de otro costal, esos son otros López ‖ *être dans la manche de quelqu'un* estar enchufado con alguien, ser santo de la devoción de alguien ‖ *être manche à manche* estar empatados (au jeu) ‖ POP *faire la manche* alargar la mano, pedir ‖ *mettre quelque chose dans sa manche* apoderarse de algo ‖ *retrousser ses manches* arremangarse ‖ *tirer la manche à quelqu'un* tirar a uno de la manga *ou* de la levita, solicitar a uno.
Manche *n pr f* GÉOGR Mancha (région d'Espagne) ‖ Mancha, canal *m* de la Mancha [entre Francia e Inglaterra] ‖ Mancha [departamento francés] ‖ *tunnel sous la Manche* túnel de la Mancha.
manchette *f* puño *m*, vuelta (d'une chemise) ‖ manguito *m*, mangote *m* (pour protéger les manches) ‖ FAM esposas *pl* (menottes) ‖ golpe *m* dado con el antebrazo (coup) ‖ IMPR ladillo *m*, nota marginal (note marginale) ‖ titular *m*, cabecera (titre de journal).
manchon *m* manguito (fourrure pour les mains) ‖ CONSTR golilla *f* ‖ MÉCAN manguito (d'accouplement), embrague ‖ TECHN camisa *f*, manguito (gaine incandescente) ‖ envoltura *f* (enveloppe).
manchot, e [mɑ̃ʃo, ɔt] *adj* manco, ca ‖ FIG & FAM *ne pas être manchot* no ser manco, ser listo.
◆ *m* ZOOL pájaro bobo.
manchou, e *adj* → **mandchou**.
Manchou, e *m* et *f* → **Mandchou**.
mandant, e *m* et *f* mandante, poderdante.
mandarin, e *adj* mandarino, na.
◆ *m* mandarín.
mandarinat [mɑ̃darina] *m* mandarinato.
mandarine *f* mandarina (fruit).
mandarinier *m* mandarino, mandarinero (arbre).
mandat [mɑ̃da] *m* mandato, poder, procuración *f* ‖ mandato, diputación *f* (d'un député) ‖ mandamiento judicial, auto, orden *f*; *mandat de comparution, d'amener, d'arrêt, de perquisition* orden de comparecencia, de comparecer, de detención, de registro ‖ orden *f* de pago, libranza *f* (ordre de payer) ‖ mandato, misión *f*, cometido, función *f* delegada (fonctions déléguées) ‖ mandato (souveraineté) ‖ giro; *mandat postal, télégraphique* giro postal, telegráfico ‖ *— mandat de dépôt* auto de prisión ‖ *territoire sous mandat* territorio bajo fideicomiso *ou* mandato.
mandataire *m* mandatario, representante (intermédiaire) ‖ *mandataire aux Halles* asentador.
mandat-carte *m* giro postal en forma de tarjeta postal.
— OBSERV *pl mandats-cartes*.

mandater *v tr* librar una orden de pago (payer) ‖ dar poder *ou* mandato, comisionar, acreditar (déléguer).

mandat-lettre *m* giro postal.
— OBSERV pl *mandats-lettres*.

mandchou, e; manchou, e *adj* manchú; manchuriano, na; de Manchuria.

Mandchou, e; Manchou, e *m et f* manchú.

Mandchourie *n pr f* GÉOGR Manchuria.

mandibule *f* mandíbula, maxilar *m* ‖ *(p us)* pico *m* (des oiseaux).

mandoline *f* mandolina ‖ *mandoline espagnole* bandurria.
— OBSERV La *mandolina* a quatre cordes doubles, la *bandurria* en a six, également doubles.

mandragore *f* mandrágora.

mandrill [mɑ̃dril] *m* mandril (singe).

mandrin *m* mandril (de tourneur) ‖ parahúso, broca *f* taladro (outil pour percer) ‖ FIG & FAM malandrín, bandido (bandit) ‖ *mandrin à coulisseau* mandril de ranuras.

manège *m* doma *f*, ejercicios *pl* de equitación, manejo ‖ picadero (lieu où l'on dresse les chevaux) ‖ AGRIC noria *f* ‖ FIG manejo, tejemaneje, maniobra *f* (conduite artificieuse) ‖ TECHN malacate (machine) ‖ — *manège d'avions* tiovivo volador ‖ *manège de chevaux de bois* tiovivo, caballitos ‖ *manège galant* cortejo, flirteo ‖ — *faire un tour de manège* darse una vuelta en un tiovivo.

manette *f* palanca, manecilla (petit levier), *manette de jeu* manecilla de mando de juego.

manganèse *m* manganeso (métal).

mangeable [mɑ̃ʒabl] *adj* comible, comestible.

mangeaille [-ʒɑːj] *f* pienso *m*, comida (des animaux) ‖ FAM manduca, jamancia, condumio *m* (aliments).

mange-disque *m* comediscos.
— OBSERV pl *mange-disques*.

mangeoire [-ʒwaːr] *f* comedero *m* ‖ pesebre *m* (pour le gros bétail).

manger* *v tr et intr* comer; *manger à la carte* comer a la carta ‖ comer, comerse; *j'ai mangé un poulet* me he comido un pollo; *donner à manger* dar de comer ‖ comer (flétrir) ‖ devorar (animaux) ‖ FIG carcomer (ronger) ‖ tragarse, consumir, gastar (consumer) ‖ comerse, disipar; *manger le capital* comerse el capital ‖ — *manger à sa faim* comer hasta hartarse ‖ *manger à tous les râteliers* sacar partido *ou* tajada de todas partes ‖ *manger comme quatre* tener un buen saque, comer como un regimiento ‖ *manger comme un goinfre* comer a dos carrillos ‖ *manger de baisers* comerse a besos ‖ *manger de bon appétit* comer con muchas ganas ‖ *manger de la prison* estar encarcelado ‖ FAM *manger de la vache enragée* pasarlas negras, pasar privaciones ‖ FIG *manger des yeux* comerse con los ojos ‖ *manger du bout des dents* comer sin ganas ‖ *manger du curé, du communiste* ser violentamente anticlerical, anticomunista ‖ FAM *manger la consigne* violar la consigna ‖ POP *manger le morceau* confesar, irse del pico, delatar a los cómplices ‖ *manger les pissenlits par la racine* estar mascando tierra, criar malvas ‖ FIG *manger quelqu'un* encolerizarse mucho contra alguien ‖ *manger ses mots* mascullar, comerse las palabras ‖ *manger son pain blanc le premier* empezar por los postres ‖ — *bon à manger* comestible ‖ *il y a à boire et à manger* hay para todos los gustos ‖ *on en mangerait* está para comérselo ‖ POP *se manger le nez* comerse las narices, pelearse, reñir.

manger *m* comida *f* (nourriture), comer (action de manger); *le boire et le manger* la bebida y la comida ‖ *garde-manger* despensa.

mange-tout *m inv* FAM derrochador, despilfarrador (gaspilleur) ‖ tirabeque, guisante mollar (pois) ‖ judía *f* verde crecida (haricot).

mangeur, euse *adj et s* comedor, ra ‖ FIG derrochador, ra; manirroto, ta ‖ — *gros mangeur* comilón, tragón ‖ *mangeur de feu* tragafuego ‖ POP *mangeurs de grenouilles* los franceses ‖ *mangeurs de rosbif* los ingleses.

mangouste *f* mangosta (mammifère).

mangue [mɑ̃ːg] *f* mango *m* (fruit).

manguier *m* mango (arbre).

maniabilité *f* manejabilidad.

maniable *adj* manejable ‖ FIG tratable, flexible (souple) ‖ moldeable (malléable).

maniaco-dépressif, ive *adj et s* MÉD maníaco depresivo, va.

maniaque *adj et s* maniático, ca; maníaco, ca.

maniaquerie *f* comportamiento maniático, manía.

manichéen, enne [manikeɛ̃, ɛn] *adj et s* maniqueo, a.

manichéisme [-keism] *m* maniqueísmo (hérésie).

manie [mani] *f* manía ‖ *manie de la persécution* manía persecutoria.

maniement [manimɑ̃] *m* manejo ‖ tacto (toucher) ‖ cordura *f*, protuberancia *f* de grasa en ciertos puntos del cuerpo de un animal de carnicería.

manier* *v tr* manejar ‖ *(vx)* tocar, apreciar por el tacto ‖ — *au manier* al tacto ‖ *manier l'or à la pelle* apalear el oro ‖ POP *se manier* darse prisa, apurarse.

manière *f* manera, modo *m* ‖ FAM especie de, algo así como (sorte de); *une manière de professeur* una especie de profesor ‖ FIG estilo *m* (d'un écrivain, d'un artiste, etc.) ‖ *manière d'être* manera de ser, modo de ser ‖ *manière de parler* modo de hablar, decir; *c'est une manière de parler* es un decir ‖ — *adverbe de manière* adverbio de modo ‖ — *à la manière de* en el estilo peculiar de, al estilo de, como ‖ FAM *de la belle manière* de mala manera, sin miramiento ‖ *de manière à* con objeto de, para ‖ *d'une manière ou d'une autre* de una manera o de otra ‖ *de manière que* de modo que, de manera que ‖ *de telle manière que* de modo que, de tal modo que ‖ *de toute manière* de todas maneras, de todos modos ‖ *en quelque manière* en cierto sentido ‖ *en voilà des manières!* ¡vaya modales! ‖ *la manière dont* la manera como ‖ *la manière forte* la mano dura, la fuerza ‖ *par manière d'acquit* por cumplir ‖ *utiliser la manière forte* forzar.
◆ *pl* modales *m*, maneras, modos *m*; *manières distinguées* modales distinguidos ‖ FAM remilgos *m*, melindres *m*, cumplidos *m* (compliments affectés, cérémonies); *faire des manières* andar con remilgos ‖ *belles manières* modales finos.

maniéré, e *adj* amanerado, da; rebuscado, da.

maniérisme *m* amaneramiento ‖ manierismo (art).

maniériste *adj et s* *(p us)* amanerado, da ‖ manierista (art).

manif *f* FAM mani.
manifestant, e *m* et *f* manifestante.
manifestation *f* manifestación ‖ manifestación, acto *m* (cérémonie) ‖ manifestación, desfile *m* (défilé).
manifeste *adj* manifiesto, ta ‖ manifiesto, ta; declarado, da; *un menteur manifeste* un mentiroso declarado ‖ manifiesto, ta; claro, ra; evidente ‖ MAR *manifeste de douane* declaración de carga, sobordo.
◆ *m* manifiesto.
manifestement *adv* por lo visto, al parecer.
manifester *v tr* manifestar, poner de manifiesto.
◆ *v intr* manifestar, hacer una manifestación ‖ asistir a una manifestación.
◆ *v pr* manifestarse.
manigance *f* FAM manejo *m*, artimaña, tejemaneje *m*.
manigancer* *v tr* FAM tramar, maquinar, urdir, trapichear.
manille *f* argolla, anilla (d'une chaîne) ‖ manilla, grillete *m* (d'un forçat) ‖ malilla, mala (jeu de cartes) ‖ trompetilla (cigare de Manille) ‖ sombrero *m* de paja de Manila, jipijapa *m* (chapeau de paille).
Manille [maniːj] *n pr* GÉOGR Manila.
manioc *m* mandioca *f*, yuca *f* (plante).
manip; manipe *f* FAM mangoneo *m*.
manipulateur, trice *m* et *f* manipulador, ra ‖ ilusionista *m* (prestidigitateur).
◆ *m* ÉLECTR manipulador.
manipulation *f* manipulación ‖ FIG manejo *m*, manoseo *m*, manipulación (tripotage) ‖ experiencia, trabajo *m* práctico; *cahier de manipulations* cuaderno de trabajos prácticos ‖ ilusionismo *m* ‖ BIOL *manipulation génétique* manipulación genética.
manipuler *v tr* manipular ‖ FIG manejar (tripoter) ‖ hacer experiencias de química.
manitou *m* manitú (divinité des Indiens d'Amérique du Nord) ‖ FAM *grand manitou* gran personaje, mandamás, capitoste.
manivelle *f* manivela, manubrio *m* ‖ biela (de bicyclette).
manne *f* maná *m* (aliment) ‖ canasta (panier) ‖ *manne d'enfant* cuna de mimbre, moisés.
mannequin *m* maniquí ‖ modelo *f*, maniquí *f* (personne) ‖ FIG pelele, maniquí, muñeco, hombre sin carácter ‖ cesto, canasto (panier long) ‖ espantapájaros (épouvantail).
manœuvrable [-vrabl] *adj* maniobrable, manejable.
manœuvre [manœvr] *f* manejo *m*, maniobra ‖ maniobra; *manœuvres frauduleuses* maniobras fraudulentas ‖ FIG manejos *m pl*, trapicheo *m*, tejemaneje *m* (intrigues) ‖ MAR jarcia, maniobra, aparejo *m* (cordage) ‖ maniobra, faena (corvée) ‖ MIL maniobra, ejercicio *m* táctico; *terrain de manœuvres* campo de maniobras ‖ TECHN puesta en marcha.
◆ *m* bracero, peón (ouvrier) ‖ FIG chapucero [mal trabajador, mal escritor, mal artista].
manœuvrer [-vre] *v tr* et *intr* maniobrar ‖ manejar.
manœuvrier, ère [-vrije, jɛːr] *adj* maniobrero, ra ‖ FIG político hábil ‖ FAM maniobrista *m*.

manoir *m* casa *f* solariega (d'une famille) ‖ casa *f* de campo ‖ *(vx)* morada *f*, casa *f* (demeure).
manomètre *m* manómetro.
manouche *adj* et *s* cíngaro, ra; gitano, na.
manquant, e *adj* que falta, faltante; *la somme manquante* la cantidad que falta.
◆ *m* ausente ‖ *manquant à l'appel* ausente [al pasar lista].
manque *m* falta *f*; *le manque de temps* la falta de tiempo ‖ carencia *f*, escasez *f*; *manque de moyens* carencia de medios; *manque de main-d'œuvre* escasez de mano de obra ‖ lo que falta (ce qui manque) ‖ fallo, insuficiencia *f* ‖ — *manque à gagner* lucro cesante, beneficio previsto no obtenido ‖ *manque de chance* mala suerte ‖ *manque et passe* falta y pasa ‖ — POP *à la manque* camelista, de camelo ‖ *par manque de* por falta de.
manqué, e *adj* fracasado, da; malogrado, da; frustrado, da; *affaire manquée* asunto fracasado ‖ fallido, da; frustrado, da; *un coup manqué* un golpe fallido ‖ perdido, da; *une occasion manquée* una ocasión perdida ‖ que ha salido mal; *une glace manquée* un helado que ha salido mal ‖ defectuoso, sa (défectueux) ‖ *un garçon manqué* marimacho, muchacha con maneras y aficiones masculinas.
◆ *m* bizcocho *f* (sorte de biscuit) ‖ *moule à manqué* molde de bizcocho.
manquement *m* falta *f*; *manquement à la charité* infracción *f*, transgresión *f* (infraction) ‖ incumplimiento; *manquement à la parole donnée* incumplimiento de la palabra dada.
manquer *v intr* faltar; *un bras lui manque* le falta un brazo ‖ faltar (être absent) ‖ faltar, incurrir en falta; *manquer à son devoir* faltar a su deber ‖ fallar, fracasar; *affaire qui manque* negocio que fracasa; *la voix lui manqua* le falló la voz ‖ faltar al respeto; *manquer à la vieillesse* faltar al respeto a la vejez ‖ carecer; *manquer à la politesse* carecer de cortesía ‖ fallar; *manquer à ses amis* fallar a sus amigos ‖ fallar, errar; *le coup manqua* falló el tiro ‖ no venir, no acudir, faltar; *manquer à un rendez-vous* no acudir a una cita ‖ omitir, dejar de, olvidar; *ne manque pas de venir* no dejes de venir ‖ carecer de, no tener, estar falto de; *manquer d'argent* carecer de dinero ‖ fallar, flaquear, desfallecer; *le cœur lui a manqué* el corazón le ha fallado ‖ estar a punto de, estar a pique de, faltar poco para; *il a manqué de tomber* ha estado a punto de caer, faltaba poco para que se cayera ‖ — *manquer à sa parole* faltar a su palabra ‖ — *cette personne me manque beaucoup* echo mucho de menos a esta persona ‖ *il s'en manque de peu, de beaucoup* falta poco, mucho ‖ *le pied lui a manqué* se le han ido los pies ‖ *ne pas manquer de* no dejar de ‖ *sans manquer* sin falta.
◆ *v tr* echar a perder, haberle a uno salido mal, fallar; *manquer un plat* echar a perder un guiso ‖ dejar escapar, perder; *manquer une occasion* perder una ocasión ‖ no conseguir, no alcanzar, fallar; *manquer le but* no conseguir el objetivo ‖ errar; *manquer son coup* errar el golpe *ou* el tiro ‖ ejecutar mal, hacer mal, no acertar (mal exécuter) ‖ malograr (sa vie) ‖ no ver, no encontrar; *manquer un voyageur* no ver a un viajero ‖ no acudir a, faltar a; *manquer un rendez-vous* no acudir a una cita ‖ perder; *manquer le train* perder el tren ‖ marrar el tiro a; *manquer un lièvre* marrar el tiro a una liebre ‖ — *manquer le coche* perder una buena ocasión

mansarde

|| — FAM *il ne manquait plus que ça!* ¡sólo faltaba eso!, ¡lo que faltaba! || *je n'y manquerai pas* no fallaré || *la manquer belle* perder una buena ocasión (perdre), librarse de una buena (échapper) || *ne pas manquer quelqu'un* no olvidar de darle su merecido *ou* no dejar escaparse a alguien (châtier) || *se manquer* fallar el suicidio, salir rana el suicidio.
◆ *v impers* faltar; *il manque dix élèves* faltan diez alumnos.
mansarde *f* buhardilla.
mansardé, e *adj* abuhardillado, da.
mansuétude [māsyetyd] *f* mansedumbre.
mante *f* manto *m*, capa || *mante religieuse* predicador, santateresa (insecte).
manteau *m* abrigo, gabán [*(amér)* tapado] (pardessus) || abrigo (de femme); *manteau de fourrure* abrigo de pieles || capote (d'un militaire) || FIG manto, capa *f*; *le manteau de l'indifférence* el manto de la indiferencia || ZOOL manto (des mollusques) || campana *f*, manto (de cheminée) || — THÉÂTR *manteau d'Arlequin* segunda embocadura || — *le blanc manteau de la neige* la blanca alfombra de la nieve || *se draper dans son manteau* embozarse *ou* arrebujarse en un abrigo || *sous le manteau* a escondidas, bajo cuerda, solapadamente (clandestinement).
mantille [mɑ̃tiːj] *f* mantilla.
Mantoue *n pr* GÉOGR Mantua.
manucure *m* et *f* manicuro, ra.
manuel, elle *adj* et *s m* manual.
manuélin *adj m* manuelino (style).
manufacture *f* manufactura || fábrica, manufactura.
manufacturé, e *adj* manufacturado, da.
manufacturier, ère *adj* fabril.
◆ *adj* et *s* manufacturero, ra.
◆ *m* et *f* fabricante.
manu militari [manymilitari] *loc adv* manu militari, por la fuerza armada, por la fuerza de las armas.
manuscrit, e [manyskri, it] *adj* manuscrito, ta.
◆ *m* original, manuscrito.
manutention [manytɑ̃sjɔ̃] *f* manipulación, manutención, manipulado *m* (de marchandises) || intendencia militar (intendance militaire).
manutentionnaire [-sjɔnɛːr] *m* et *f* manipulador, ra.
manutentionner [-sjɔne] *v tr* manipular || confeccionar, preparar.
maoïsme *m* maoísmo.
maoïste *adj* maoísta.
maori, e *adj* maorí.
Maoris *n pr m pl* maoríes.
mappemonde *f* mapamundi *m*.
maquer *v tr* POP chulear.
maquereau [makro] *m* caballa *f*, sarda *f* (poisson) || POP chulo, rufián.
maquerelle [makrɛl] *f* POP patrona de una casa de trato.
maquette *f* maqueta, boceto *m*, proyecto *m* || IMPR maqueta.
maquettiste *m* et *f* proyectista, autor, ra de una maqueta.
maquignon *m* chalán, tratante de caballos || FIG & FAM zurcidor de voluntades.

420

maquillage [makijaːʒ] *m* maquillaje.
maquillé, e [-je] *adj* maquillado, da; pintado, da || FIG disfrazado, da; *un crime maquillé en suicide* un crimen disfrazado de suicidio.
maquiller [-je] *v tr* maquillar, pintar (farder) || FIG alterar, encubrir, disfrazar, maquillar (altérer) | maquillar, falsificar.
◆ *v pr* maquillarse, pintarse.
maquilleur, euse [-jœːr, øːz] *m* et *f* maquillador, ra (de théâtre) || FIG falsario, ria (faussaire) | tramposo, sa (tricheur).
maquis [maki] *m* monte bajo, matorral (en Corse) || resistencia *f* de los franceses contra los alemanes en la segunda guerra mundial, maquis (gallicisme), guerrilla *f* || FIG complicación *f*, laberinto inextricable, embrollo || *prendre le maquis* echarse *ou* irse al monte.
maquisard [-zaːr] *m* guerrillero, resistente.
marabout [marabu] *m* morabito (religieux musulman) || hervidor panzudo (bouilloire) || marabú (oiseau) || marabú (plume) || MIL tienda *f* de campaña cónica.
maraca *f* MUS maraca.
maraîcher, ère *adj* hortense, de huerta || — *culture maraîchère* cultivo de hortalizas || *production maraîchère* productos de la huerta.
◆ *m* et *f* hortelano, na.
marais [marɛ] *m* pantano, zona *f* pantanosa, ciénaga *f* || marisma *f* (en bordure de mer ou de fleuve) || huerta *f* (terrain pour la culture des légumes) || — *marais salant* salina || — *fièvre des marais* paludismo || *gaz des marais* gas de los pantanos, metano || *le Marais* el Marais [barrio antiguo de París].
marasme *m* marasmo.
marathon *m* maratón (course).
marathonien, enne *m* et *f* maratoniano, na.
marâtre *f* madrastra.
maraudage *m*; **maraude** *f* merodeo *m* || FIG *taxi en maraude* taxi que circula en busca de clientes.
marauder *v intr* merodear || FIG circular lentamente en busca de clientes (taxi).
maraudeur, euse *m* et *f* merodeador, ra.
◆ *adj* FIG que circula lentamente en busca de clientes (chauffeur de taxi).
marbre *m* mármol (pierre) || monumento *ou* estatua *f* de mármol (monument) || FIG mármol, frialdad *f*, dureza *f* (froideur) || IMPR platina *f*; *rester sur le marbre* quedarse en la platina || TECHN jaspeado (marbrure d'un livre) || FIG *rester de marbre* quedarse frío como el mármol.
marbré, e *adj* jaspeado, da (jaspé) || amoratado, da (par le froid).
marbrer *v tr* jaspear, vetear || amoratar, acardenalar (la peau).
marbrerie [marbrəri] *f* marmolería.
marbrier, ère [marbrije, jɛːr] *adj* del mármol, referente a la industria del mármol.
◆ *m* marmolista.
◆ *f* cantera de mármol.
marbrure *f* jaspeado *m*, jaspeadura (d'un livre) || mancha amoratada de la piel (de la peau).
marc [maːr] *m* orujo, pie (du raisin) || orujo, erraj (des olives pressées) || hez *f*, poso (lie) || zurrapa *f*, madre *f* (du café) || aguardiente de orujo (eau-de-

vie) || *faire le marc de café* adivinar el porvenir por los posos del café.

Marc (saint) [mark] *n pr m* San Marcos.

marcassin *m* jabato (petit sanglier).

marchand, e *m et f* vendedor, ra; *marchand de journaux* vendedor de periódicos || comerciante; mercader, ra; *le Marchand de Venise* el Mercader de Venecia || marchante, ta; traficante, *m*, negociante *m* (négociant) || *(p us)* comprador, ra (acheteur) || — *marchand ambulant* vendedor ambulante, buhonero || *marchand de bestiaux* tratante en ganado || *marchand de biens* corredor de fincas || *marchand de canons* fabricante de armas || *marchand de charbon* carbonero || *marchand de couleurs* droguero || *marchand de cycles* vendedor de bicicletas || *marchand de journaux* vendedor de periódicos || *marchand de sable* sueño; *le Marchand de sable est passé* se está cayendo de sueño || *marchand de sommeil* hotelero abusivo || FAM *marchand de soupe* director de un colegio de internos, dueño de restaurante abusivo || *marchand de tableaux* marchante de cuadros || FIG *marchand de tapis* regatón || *marchand de vins* tratante de vinos || *marchand d'habits* ropavejero || *marchand d'orviétan* charlatán || *marchand forain* feriante || — *marchande à la toilette* prendera || *marchande de(s) quatre-saisons* verdulera, vendedora ambulante || *les marchands du Temple* los mercaderes del Templo || — *être le mauvais marchand d'une chose* no sacar ningún beneficio de una cosa || *il y a marchand* hay comprador.

◆ *adj* mercante, mercantil; *marine marchande* marina mercante; *navire, vaisseau marchand* barco mercante || comercial; *valeur marchande* valor comercial || comercial, de mucho tráfico *ou* comercio; *rue, ville marchande* calle, ciudad comercial || — *denrée marchande* artículo comercial *ou* de fácil venta || *prix marchand* precio corriente.

marchandage *m* regateo || ajuste a destajo (à forfait) || FIG negociaciones *f pl* | comercio (dans un sens péjoratif).

marchander *v tr et intr* regatear, discutir el precio de (débattre) || ajustar *ou* hacer a destajo (exécuter à forfait) || FIG escatimar, ser avaro de, regatear; *marchander les éloges* escatimar los elogios.

◆ *v intr* vacilar, titubear; *il n'y a pas à marchander* no hay que vacilar.

marchandeur, euse *adj et s* regateador, ra (qui marchande).

◆ *m* CONSTR destajista (entrepreneur à forfait).

marchandise *f* mercancía, mercadería *(p us)*; *train de marchandises* tren de mercancías || género *m* (se dit surtout des tissus), artículo *m* (denrée) || FIG *faire valoir sa marchandise, vanter sa marchandise* hacer el artículo.

marche *f* marcha || marcha, andar *m*, manera de caminar (allure); *une marche gracieuse* un andar gracioso || camino *m*; *ce village est à une heure de marche* este pueblo está a una hora de camino || peldaño *m*, escalón *m* (degré) || marcha (sport) || funcionamiento *m* (fonctionnement) || paso *m*, curso *m* (du temps) || desarrollo *m*, progreso *m* (évolution) || movimiento *m* (des astres) || *(vx)* marcha, frontera (frontière) || cárcola (d'un métier à tisser) || huella (du pied du cerf) || FIG marcha, proceder *m*, conducta | curso *m*, desarrollo *m*; *la marche des événements* el curso de los acontecimientos || IMPR muestra || MIL & MUS marcha || — *marche arrière* marcha atrás (voiture), retroceso (d'une machine à écrire) || *marche à suivre* camino que hay que seguir, método || *marche forcée* marcha forzada || — *fausse marche* marcha fingida || — *dans le sens de la marche* en el sentido de marcha (train) || *en état de marche* en estado de funcionamiento || — FIG *faire marche arrière* dar marcha atrás | *faire une heure de marche* andar durante una hora || *hâter la marche* apretar *ou* apresurar el paso | *mettre en marche* poner en marcha || *ouvrir, fermer la marche* abrir, cerrar la marcha || *ralentir la marche* aflojar el paso || *remettre en marche* volver a poner en marcha || *se mettre en marche* ponerse en marcha.

marché *m* mercado, plaza *f*; *aller au marché* ir a la plaza || mercado; *marché au poisson* mercado de pescado || trato, transacción *f*; *faire un marché avantageux o un marché d'or* hacer un trato ventajoso; *rompre un marché* deshacer un trato || mercado (débouché) || contrato, convención *f* (convention) || FIG mercado (ville très commerçante) || — *marché à forfait* compra *ou* mercado a tanto alzado || *marché à option* mercado de opción || *marché à prime* operación de prima || *marché à règlement mensuel* mercado de liquidación mensual || *marché à terme* operación a plazo || *marché au comptant* operación al contado || FAM *marché aux puces* mercado de cosas viejas, el Rastro (à Madrid) || *marché de gré à gré* contratación por común acuerdo *ou* adjudicación directa || *marché de dupe* mal negocio, engañifa, pacto leonino || *marché du travail* bolsa del trabajo || *marché ferme* operación en firme || *marché financier* mercado financiero || *marché gris* mercado gris || *marché hors cote* operaciones sobre títulos no admitidos a la cotización oficial || *marché monétaire* mercado monetario || *marché noir* estraperlo, mercado negro; *au marché noir* de estraperlo || *marché obligatoire* mercado de obligaciones || *marché parallèle* mercado paralelo || *marché soutenu, calme, en retrait* mercado sostenido, encalmado, en retroceso || — *bon marché* barato, a buen precio; *acheter à bon marché* comprar barato || *tissus bon marché* tejidos baratos; lo barato; *le bon marché coûte toujours cher* lo barato sale siempre caro || *meilleur marché* más barato || *par-dessus le marché* además, por añadidura, aparte de eso, para colmo || — *avoir bon marché de quelque chose* sacar provecho de algo || FIG *avoir bon marché de quelqu'un* dar buena cuenta de alguien || *en être quitte à bon marché* salir bien librado [de un apuro] || *faire bon marché de* despreciar, hacer poco caso de, tener a menos, tener en poco || *faire son marché* ir al mercado, ir a la compra, hacer la compra || *mettre à quelqu'un le marché en main* obligar a uno a tomar una decisión.

marchepied [marʃəpje] *m* estribo (d'une voiture) || grada *f*, escalón (degré d'une estrade) || tarima *f* (estrade) || escabel, taburete (escabeau) || FIG escalón, trampolín (moyen de parvenir) || MAR marchapié.

marcher *v intr* pisar; *marcher sur le pied de quelqu'un* pisar el pie de alguien || andar, marchar; *marcher sur les mains, sur les genoux* andar con las manos, de rodillas || ir, estar, ocupar; *marcher en tête d'un cortège* ir a la cabeza de un cortejo || ir, caminar; *il marchait au trot* iba al trote || ir, marchar, hacer; *cette voiture marche à 150 km à l'heure*

marcheur

este coche hace 150 km por hora ‖ moverse, desplazarse; *les rivières sont des chemins qui marchent* los ríos son caminos que se mueven ‖ funcionar, andar, marchar; *auto qui marche bien* auto que funciona bien ‖ transcurrir, pasar (s'écouler); *les siècles marchent* los siglos pasan ‖ ir, prosperar, marchar; *affaire qui marche* negocio que prospera ‖ ir; *marcher à sa ruine* ir a su ruina ‖ desarrollarse, ir bien; *tout a marché* todo ha ido bien ‖ FAM cuajar; *si mon projet marche* si mi proyecto cuaja | aceptar, consentir, estar de acuerdo; *il n'a pas marché* no aceptó | creerse, tragarse; *elle a marché* se lo creyó ‖ — *marcher à grands pas* andar con pasos largos *ou* a zancadas (marcher vite), progresar mucho (prospérer) ‖ *marcher à quatre pattes* andar a gatas ‖ MIL *marcher au pas* ir al paso (en cadence), ser obediente (être discipliné) ‖ *marcher avec* o *ensemble* ir bien, ser compatibles ‖ FIG & FAM *marcher avec quelqu'un* estar con alguien, estar de acuerdo con alguien | *marcher droit* ir derecho, proceder con rectitud | *marcher du même pas* progresar al mismo tiempo, obrar de concierto ‖ *marcher en avant* o *devant* ir delante; *marcher devant quelqu'un* ir delante de alguien; llevar la delantera, ser más importante que | *marcher sous* estar a las órdenes de ‖ *marcher sur des œufs* andar pisando huevos ‖ *marcher sur les pas* o *sur les traces de quelqu'un* seguir a alguien, seguir las huellas *ou* los pasos de alguien, seguir el ejemplo de alguien ‖ *marcher sur les pieds de quelqu'un* pisar a uno (sens propre), pisotear *ou* atropellar a uno (sens figuré) ‖ *marcher sur les talons de quelqu'un* pisarle a uno los talones ‖ FIG *marcher sur quelqu'un* encontrar a alguien a cada paso ‖ — *ça marche?* ¿todo va bien? ‖ *en avant, marche!* ¡adelante *ou* de frente, mar! ‖ *faire marcher la maison* sacar la casa adelante ‖ *faire marcher quelqu'un* hacer obedecer (obtenir l'obéissance), tomar el pelo a uno, pegársela, engañarle (berner), mover a alguien *ou* manejar a alguien a su antojo (manier à son gré) ‖ *lève-toi et marche!* ¡levántate y anda! ‖ MIL *marche!* ¡marchen!

marcheur, euse *adj* et *s* andador, ra; andarín, ina.

marcotter *v tr* AGRIC acodar.

mardi *m* martes; *mardi dernier, prochain* el martes pasado, próximo *ou* que viene ‖ *mardi gras* martes de carnaval.
— OBSERV El martes 13 corresponde al viernes 13 en Francia (día de mala o buena suerte).

mare *f* charca ‖ charco *m*; *mare de sang* charco de sangre.

marécage *m* ciénaga *f*, terreno pantanoso, pantano.

marécageux, euse *adj* pantanoso, sa; cenagoso, sa.

maréchal *m* MIL mariscal; *il y a peu de maréchaux* hay pocos mariscales ‖ herrador (maréchal-ferrant) ‖ — *maréchal de camp* mariscal de campo ‖ *maréchal des logis* sargento de caballería *ou* de artillería *ou* de cuerpo de tren ‖ *maréchal des logis-chef* sargento mayor de caballería.

maréchale *f* esposa de un mariscal, mariscala ‖ hulla (houille).

maréchal-ferrant *m* herrador.
— OBSERV pl *maréchaux-ferrants*.

maréchaussée *f* gendarmería ‖ *(vx)* jurisdicción de un mariscal de Francia.

marée *f* marea ‖ pescado *m* fresco de mar (poisson) ‖ FIG oleada, marejada (masse considérable) ‖ — *marée basse* marea baja, bajamar ‖ *marée descendante* reflujo, marea saliente ‖ *marée haute* pleamar ‖ *marée montante* flujo, marea entrante ‖ *marée noire* marea negra ‖ — *contre vent et marée* contra viento y marea ‖ *grande marée* marea viva ‖ *raz de marée* maremoto, marejada alta ‖ — FIG *arriver comme marée en carême* llegar como pedrada en ojo de boticario, venir como el agua de mayo.

marelle *f* piso *m*, infernáculo *m*, rayuela, tres *m* en raya (jeu d'enfant).

marémoteur, trice *adj* maremotor, triz; mareomotor, triz ‖ — *énergie marémotrice* energía mareomotriz ‖ *usine marémotrice* central mareomotriz.

marengo [marɛ̃go] *adj* et *s m* marengo (couleur) ‖ *à la marengo* en pepitoria, a la marengo (cuisine).

mareyeur, euse [marɛjœːr, øːz] *m* et *f* pescadero, ra; marisquero, ra.

margarine *f* margarina.

marge *f* margen *m* ‖ margen (rive) ‖ FIG tiempo *m*, espacio *m* ‖ — ÉCON *marge bénéficiaire* o *de bénéfices* ganancia, beneficio, margen de ganancias | *marge brute d'autofinancement* margen bruto de financiación | *marge commerciale* margen comercial ‖ FIG *marge de manœuvre* margen de maniobra | *marge de sécurité* margen de seguridad ‖ — *en marge* al margen.
— OBSERV Le mot espagnol *margen* est tantôt masculin, tantôt féminin; il est masculin lorsqu'il correspond à la «marge» d'une feuille, et féminin dans le sens de «rivage».

margelle *f* brocal *m* (d'un puits).

marginal, e *adj* marginal ‖ ÉCON *coûts marginaux* coste marginal.

marginalement *adv* marginalmente, de manera marginal, como un marginado.

marginalisation *f* marginación.

marginaliser *v tr* marginar.

marginalité *f* marginalidad.

margoulin *m* FAM mercachifle.

marguerite *f* margarita (fleur) ‖ MAR margarita ‖ — INFORM *imprimante à marguerite* impresora de margarita ‖ — *effeuiller la marguerite* deshojar la margarita.

mari *m* marido.

mariage *m* matrimonio (union et sacrement); *mariage civil, religieux* matrimonio civil, religioso ‖ boda *f*, casamiento (noce); *aller au mariage d'un ami* ir a la boda de un amigo ‖ tute (jeu de cartes) ‖ *(vx)* dote *f* (dot) ‖ FIG unión *f*, asociación *f*, maridaje, lazo ‖ MAR ligadura *f* ‖ — *mariage blanc* matrimonio rato ‖ *mariage de raison* matrimonio de conveniencia *ou* de interés ‖ *mariage en détrempe* o *de la main gauche* matrimonio por detrás de la iglesia ‖ *mariage par procuration* matrimonio por poderes ‖ *mariage sous la cheminée* matrimonio secreto ‖ — *acte de mariage* partida de casamiento ‖ *bans de mariage* amonestaciones ‖ *le Mariage de Figaro* el Casamiento de Fígaro (Beaumarchais), las Bodas de Fígaro (Mozart) ‖ — *faire un mariage* casar ‖ *faire un mariage d'amour* casarse por amor ‖ *faire un mariage d'argent* casarse por interés ‖ *promettre le mariage* dar palabra de casamiento.

marial, e *adj* mariano, na; marial (de la Virgen Marie).

Marianne *n pr f* FAM la República francesa.
Marie *n pr f* María.
marié, e *adj* et *s* casado, da ‖ novio, via; *la robe de la mariée* el traje de la novia ‖ — *la jeune mariée* la novia ‖ *les mariés* los novios ‖ *les nouveaux o jeunes mariés* los recién casados ‖ *rimes mariées* versos pareados ‖ — *se plaindre o trouver que la mariée est trop belle* quejarse de vicio *ou* sin motivo.
Marie-Antoinette *n pr* María Antonieta.
marier* *v tr* casar ‖ FIG unir, juntar, maridar (unir) | casar, armonizar (assortir) ‖ MAR unir [dos cabos] ‖ — *être bon à marier* ser casadero ‖ *être marié de la main gauche* estar casado por detrás de la iglesia.
◆ *v pr* casarse; *se marier à la mairie, par procuration* casarse por lo civil, por poderes.
Marie-Madeleine (sainte) *n pr* santa María Magdalena.
marieur, euse *m* et *f* casamentero, ra.
marihuana; marijuana *f* marihuana, marijuana, mariguana.
marin, e *adj* marino, na; *brise marine* brisa marina ‖ marinero, ra; *navire marin* navío marinero ‖ náutico, ca; *carte marine* mapa náutico ‖ *avoir le pied marin* no marearse en los barcos (ne pas être malade), saber navegar (savoir se tirer d'affaire).
◆ *m* marino, marinero; *les Phéniciens étaient un peuple de marins* los fenicios eran un pueblo de marineros ‖ — *costume marin* traje de marinero ‖ *marin d'eau douce* marinero de agua dulce ‖ *marin de commerce* marino mercante.
marina *f* puerto *m* deportivo *ou* náutico.
marinade *f* escabeche *m* (pour le poisson); *marinade de thon* atún en escabeche ‖ adobo *m*, salmuera (pour les viandes) ‖ conserva (viande marinée).
marine *f* marina; *marine à voiles, marchande, militaire o de guerre* marina de vela, mercante, de guerra ‖ marina (peinture).
◆ *m* soldado de infantería de marina.
◆ *adj inv* *bleu marine* azul marino.
mariner *v tr* escabechar, marinar (le poisson) ‖ adobar (la viande) ‖ FIG *laisser mariner* esperar que madure, dejar en remojo.
◆ *v intr* estar en escabeche *ou* en adobo.
marinier, ère *adj* (*p us*) marinero, ra.
◆ *m* barquero, lanchero.
◆ *f* blusón *m* (de femme) ‖ marinera (d'enfant) ‖ CULIN marinera; *moules à la marinière* mejillones a la marinera.
mariole; mariolle *adj m* et *s m* FAM listo, pillín ‖ *faire le mariole* hacerse el interesante, dárselas de listo.
marionnette *f* títere *m*, marioneta ‖ FIG títere *m*, marioneta, pelele *m*, muñeco *m* (personne sans caractère) ‖ TECHN canilla (bobine) | polea vertical giratoria.
◆ *pl* teatro *m sing* de marionetas.
marionnettiste *m* et *f* titiritero, ra.
marital, e *adj* marital; *autorisation maritale* autorización marital.
maritalement *adv* maritalmente ‖ *vivre maritalement* vivir maritalmente, hacer vida marital.
maritime *adj* marítimo, ma ‖ *arsenal maritime* arsenal marítimo, astillero.
marivaudage *m* discreteo, galanteo.

marivauder *v intr* discretear, galantear ‖ andarse con floreos, andarse con exquisiteces.
marjolaine *f* BOT mejorana.
mark [mark] *m* marco (monnaie).
marketing *m* marketing, investigación *f* de mercados, mercadotecnia *f*, comercialización *f*, mercadeo.
marmaille [marmaːj] *f* FAM chiquillería, gente menuda, prole.
marmelade *f* mermelada ‖ FIG & FAM *en marmelade* hecho papilla, hecho migas.
marmite *f* olla, marmita ‖ FAM pepino *m*, obús *m* de grueso calibre ‖ — *marmite de Papin* autoclave ‖ — FIG *faire bouillir o faire aller la marmite* pagar el cocido, calentar el puchero, ganar la subsistencia de una familia.
marmiton *m* pinche, marmitón.
marmonner *v tr* mascullar, refunfuñar.
marmoréen, enne *adj* marmóreo, a ‖ FIG marmóreo, a; frío, a; glacial (froid).
marmot [marmo] *m* FAM crío, chaval, arrapiezo ‖ FIG *croquer le marmot* estar de plantón, esperar mucho.
marmotte *f* marmota (animal); *dormir comme une marmotte* dormir como una marmota ‖ pañoleta (coiffure de femme) ‖ maleta (malle) ‖ muestrario *m*, maletín *m* de muestras (boîte à échantillons).
marmotter *v tr* hablar entre dientes, mascullar.
marne *f* marga.
Marne *n pr f* GÉOGR Marne *m*.
marner *v tr* AGRIC margar, abonar con marga.
◆ *v intr* subir el nivel del mar.
marneux, euse *adj* margoso, sa.
marnière *f* margal *m*, marguera (carrière).
Maroc *n pr m* GÉOGR Marruecos.
marocain, e *adj* marroquí.
Marocain, e *m* et *f* marroquí.
maronite *adj* et *s* maronita.
maronner *v intr* FAM rabiar ‖ POP rezongar, gruñir.
maroquin *m* marroquín, tafilete (peau tannée) ‖ FAM cartera *f* de ministro (portefeuille ministériel).
maroquinerie *f* marroquinería, tafiletería (préparation et commerce du cuir).
maroquinier, ère *m* et *f* marroquinero, ra; zurrador, ra de tafilete; tafiletero, ra ‖ comerciante en artículos de cuero (marchand de maroquinerie).
marotte *f* manía, capricho *m*, monomanía (idée fixe) ‖ cetro *m* de locura (attribut de la folie) ‖ fraustina (tête en bois ou en carton) ‖ TECHN banco *m* de tonelero ‖ FIG *à chacun sa marotte* cada loco con su tema.
marquage *m* acción *f* de marcar, marca *f*, marcación *f*, marcado ‖ marcaje (sports).
marquant, e *adj* notable; destacado, da ‖ que se destaca, que llama la atención, que se señala; *couleurs marquantes* colores que se destacan ‖ *cartes marquantes* cartas que puntúan.
marque *f* marca, señal ‖ marca (d'un produit) ‖ señal; *mettre une marque dans un livre* poner una señal en un libro ‖ señal (au lieu d'une signature) ‖ sello *m* (cachet) ‖ marchamo *m* (de la douane) ‖ mancha, antojo *m* (sur la peau) ‖ señal, huella (trace d'une lésion, d'un coup) ‖ rastro *m*, huella (empreinte) ‖ signo *m*; *les marques extérieures de la*

richesse los signos exteriores de riqueza ‖ signo *m* distintivo, insignia ‖ señal, cruz (signature) ‖ hierro *m*, marca; *marque au fer rouge* marca con hierro candente ‖ picadura, señal (de la variole) ‖ FIG indicio *m*, signo *m* (indice); *marque de joie* signo de alegría ‖ prueba, señal, testimonio *m*; *marque d'affection* prueba ou señal de afecto; *marques d'amitié* pruebas de amistad ‖ estilo *m*, sello *m*; *ses œuvres portent sa marque* sus obras llevan su sello ‖ ficha, tanto *m* (jeton au jeu) ‖ tanteo *m* (score), marcador *m* (sports); *mener à la marque* ir por delante en el marcador ‖ tarja (de boulanger) ‖ vitola (des cigares) ‖ — *marque de fabrique* marca de fábrica ‖ *marque déposée* marca registrada ‖ — SPORTS *à vos marques!* ¡a sus puestos! ‖ *de marque* notable, insigne, relevante; destacado, da; *personne de marque* persona notable; de marca; *produit de marque* producto de marca ‖ — MAR *arborer la marque* enarbolar la insignia.

marqué, e *adj* marcado, da; señalado, da ‖ acentuado, da; *une différence marquée* una diferencia acentuada ‖ gastado, da; desgastado, da; estropeado, da; *marqué par l'âge* gastado por los años ‖ envejecido, da (vieilli) ‖ — *marqué au bon coin* de buen cuño, excelente ‖ *marqué de petite vérole* picado de viruelas ‖ *papier marqué* papel sellado ‖ *rôles marqués* papeles de carácter (au théâtre) ‖ — *être marqué au front, à la joue* tener una señal en la frente, en la mejilla.

marquer *v tr* señalar, marcar ‖ marcar, poner una marca (le linge), grabar (l'argenterie) ‖ anotar, inscribir; *marquer ses dépenses* anotar sus gastos ‖ SPORTS marcar ‖ marcar, tantear (au jeu) ‖ señalar (une pendule) ‖ sellar (du papier) ‖ dejar huellas (laisser des traces) ‖ acentuar, señalar, hacer resaltar (accentuer) ‖ FIG indicar, revelar; *ses paroles marquent sa générosité* sus palabras revelan su generosidad ‖ venir a ser, indicar, representar; *ce voyage marque le point culminant de* ese viaje viene a ser la culminación de ‖ señalar; *cet événement marqua le commencement de la révolution* este suceso señaló el comienzo de la revolución ‖ mostrar, dejar ver (témoigner) ‖ — *marquer d'une pierre blanche* señalar con una piedra blanca ‖ *marquer le coup* acusar el golpe ‖ MIL *marquer le pas* marcar el paso ‖ *marquer quelqu'un de son empreinte* marcar a alguien con su impronta ‖ *marquer un temps d'arrêt* hacer una pausa, detenerse, pararse.
◆ *v intr* distinguirse, señalarse (se distinguer) ‖ dejar sus huellas, ser un hito; *fait qui marquera dans l'histoire* hecho que dejará sus huellas en la historia ‖ ser digno de ser señalado; *livre où l'on ne trouve rien qui marque* libro donde no se encuentra nada digno de ser señalado ‖ POP *marquer mal* tener mala facha ou mala pinta ‖ *crayon qui ne marque pas* lápiz que no marca ou que no escribe.

marqueter* *v tr* motear, pintar manchas en ‖ TECHN taracear, adornar con marquetería.

marqueterie [marketri] *f* marquetería, taracea, embutido *m*.

marqueur, euse *m et f* marcador, ra.
◆ *m* goleador (buteur) ‖ rotulador (crayon) ‖ BIOL *marqueur biologique* marcador biológico.

marquis [marki] *m* marqués; *monsieur le marquis* el señor marqués ‖ *marquis de Carabas* falso noble.

marquise *f* marquesa (titre de noblesse) ‖ variedad de pera (poire) ‖ sortija de lanzadera (bague) ‖ marquesa (fauteuil) ‖ ARCHIT marquesina (auvent) ‖ *faire la marquise* dárselas de marquesa, hacer remilgos.

Marquises (îles) *n pr f pl* GÉOGR islas Marquesas.

marraine *f* madrina.

Marrakech *n pr* GÉOGR Marrakech, Marraquech.

marrant, e *adj* FAM gracioso, sa; divertido, da ‖ sorprendente, extraño, ña ‖ — *ce n'est pas marrant* tiene muy poca gracia, menuda gracia tiene ‖ *tu n'est pas marrant* eres un pesado, no tienes ni pizca de gracia.

marre (en avoir) *loc adv* FAM estar harto, estar hasta las narices.

marrer (se) *v pr* FAM divertirse, desternillarse de risa.

marri, e *adj* (vx) pesaroso, sa; mohíno, na.

marron *m* castaña *f* (fruit) ‖ petardo (pétard) ‖ ficha *f* para comprobar la presencia de un obrero, de un guarda nocturno, etc. ‖ marrón [galicismo empleadísimo]; castaño, color de castaña ‖ castaña *f*, moño (cheveux noués par un ruban) ‖ grumo (grumeau) ‖ POP castaña *f*, cate, mojicón, puñetazo; *flanquer un marron à quelqu'un* pegarle un puñetazo a uno ‖ TECHN piedra *f* de cal mal cocida (biscuit) ‖ — *marron d'eau* castaña de agua, trapa ‖ *marron d'Inde* castaña de Indias ‖ *marron sauvage* castaña regoldana ‖ *marrons glacés* castañas confitadas ‖ — *chauds les marrons!* ¡castañas calentitas! ‖ FIG *tirer les marrons du feu* sacar las castañas del fuego.
◆ *adj inv* marrón.

marron, onne *adj* cimarrón, ona (animal sauvage) ‖ (vx) cimarrón, ona [esclavo refugiado en la selva para recobrar su libertad] ‖ FIG clandestino, na; falso, sa; sin título; *avocat marron* abogado clandestino ‖ marrón (sportif) ‖ POP *être marron* quedarse con dos palmos de narices.

marronnier *m* castaño; *marronnier d'Inde* castaño de Indias ‖ tablero donde colocan sus fichas los obreros (tableau).

mars [mars] *m* marzo (mois); *le 5 mars* el 5 de marzo ‖ *arriver comme mars en carême* venir como agua de mayo, llegar como pedrada en ojo de boticario.

Mars [mars] *n pr m* Marte (dieu, planète).

marseillais, e [marsɛjɛ, ɛːz] *adj* marsellés, esa.
◆ *f* marsellesa (hymne national français).

Marseillais, e *m et f* marsellés, esa.

Marseille [marsɛːj] *n pr* GÉOGR Marsella.

marsouin [marswɛ̃] *m* marsopa *f*, marsopla *f* (cétacé) ‖ FAM soldado de infantería de marina ‖ MAR toldo del castillo de proa ‖ lobo de mar (marin).

marsupial, e *adj et s m* ZOOL marsupial.

marte *f* ZOOL → **martre**.

marteau *m* martillo (outil) ‖ martillo (osselet de l'oreille) ‖ macillo, martinete (d'un piano) ‖ martillo (d'horloge) ‖ pez martillo, martillo (poisson) ‖ SPORTS martillo ‖ martillo (d'un président de séance) ‖ martillo (arme à feu) ‖ aldaba *f*, aldabón (heurtoir) ‖ — *marteau à dame* pisón ‖ *marteau à dent* martillo de orejas ‖ *marteau à sertir* tas ‖ *marteau brettelé* escoda, pica ‖ *marteau d'armes* hacha de armas ‖ *marteau de forge* martillo de fragua ‖ *marteau piqueur* o *pneumatique* martillo neumático, perforadora neumática ‖ — *coup de marteau* martillazo ‖ — POP *avoir un coup de marteau*, *être marteau* estar chiflado, faltarle a uno un tornillo (être fou) ‖ *être entre le marteau et l'enclume* estar entre la espada y la pared, encontrarse entre dos fuegos.

marteau-pilon *m* martillo pilón.
— OBSERV pl *marteaux-pilons.*

martel *m (vx)* martillo ‖ FIG *avoir o se mettre martel en tête* quemarse la sangre, preocuparse *ou* inquietarse mucho.

martelage *m* martilleo ‖ marca *f* [en los árboles por derribar].

martèlement *m* martilleo.

marteler* *v tr* martillar, martillear, batir (frapper avec le marteau) ‖ recalcar [las palabras o las sílabas] ‖ pulir, limar (des vers) ‖ FIG pegar, golpear (frapper) | inquietar, preocupar ‖ MUS destacar [las notas].

martial, e [marsjal] *adj* marcial; *des airs martiaux* portes marciales ‖ *— cour martiale* consejo de guerra, tribunal militar ‖ *pyrite martiale* pirita marcial (qui contient du fer).

martien, enne [marsjɛ̃, jɛn] *adj et s* marciano, na [del planeta Marte].

martinet [martinɛ] *m* martinete (marteau mécanique) ‖ vencejo, avión (oiseau) ‖ disciplinas *f pl* (pour fouetter) ‖ zorros *pl*, sacudidor (pour dépoussiérer) ‖ palmatoria *f* (chandelier) ‖ MAR amantillo.

martingale *f* gamarra, amarra (courroie du cheval) ‖ trabilla, martingala (languette d'étoffe) ‖ martingala, combinación (au jeu) ‖ MAR moco *m* del bauprés ‖ *fausse martingale* media gamarra.

Martini *m* (nom déposé) martini.

martiniquais, e *adj* martiniqués, esa.

Martiniquais, e *m et f* martiniqués, esa.

Martinique *n pr f* GÉOGR Martinica (île).

martin-pêcheur *m* martín pescador.
— OBSERV pl *martins-pêcheurs.*

martre *f* ZOOL marta; *martre zibeline* marta cibelina.

martyr, e *adj et s* mártir; *ce fut une martyre* fue una mártir ‖ *le commun des martyrs* el común de mártires.

martyre *m* martirio ‖ FIG *souffrir le martyre* sufrir atrozmente.

martyriser *v tr* martirizar.

marxisme *m* marxismo.

marxiste *adj et s* marxista.

mas [mɑ ou mas] *m* masía *f*, masada *f*.

mascara *m* mascarilla *f*.

mascarade *f* mascarada, mojiganga ‖ disfraz *m* (déguisement) ‖ FIG hipocresía, superchería, bufonada, carnavalada, comedia.

mascaret [maskarɛ] *f* MAR macareo *m*, barra.

mascotte *f* mascota, talismán *m*.

masculin, e *adj et s m* masculino, na.

masculiniser *v tr* masculinizar.

masculinité *f* masculinidad.

maso *adj et s* FAM masoca.

masochisme [mazɔʃism] *m* masoquismo.

masochiste [-ʃist] *adj et s* masoquista.

masque *m* máscara *f*, careta *f* (faux visage) ‖ antifaz (loup) ‖ máscara *f* (personne masquée) ‖ máscara *f* (accessoire du théâtre antique) ‖ mascarilla *f* (d'anesthésiste, de beauté, mortuaire); *masque de beauté* mascarilla de belleza ‖ careta *f*, máscara *f*;

masque à gaz careta contra gases *ou* antigás ‖ careta *f* (d'escrime, d'apiculteur, d'ouvrier, de sportif) ‖ FIG fisonomía *f*, rostro, expresión *f* (visage) | máscara *f*, apariencia *f*, disfraz (apparence) | INFORM máscara; *masque de saisie* máscara de pantalla ‖ MAR guardahumo ‖ *— masque de (la) grossesse* paño ‖ *masque de plongée* gafas submarinas ‖ *masque respiratoire* máscara respiratoria ‖ FAM *je vous connais, beau masque* ya te veo; te conozco, bacalao, aunque vengas disfrazado; que te veo venir ‖ *lever o jeter le masque* quitarse la máscara, desenmascararse ‖ *ôter o arracher le masque* desenmascarar ‖ *sous le masque de* bajo el disfraz de.

◆ *f* FAM pícara, picaruela (fille malicieuse) | bruja (sorcière).

masqué, e *adj* enmascarado, da; *bandit masqué* bandido enmascarado ‖ FIG oculto, ta; escondido, da; *maison masquée par des buissons* casa oculta por matorrales ‖ *— bal masqué* baile de máscaras *ou* de disfraces ‖ MIL *tir masqué* tiro desde una posición oculta.

masquer *v tr* enmascarar, poner una careta ‖ disfrazar (déguiser) ‖ ocultar, esconder, tapar, encubrir (cacher) ‖ disimular; *une odeur qui en masque une autre* un olor que disimula otro ‖ rebozar (cuisine).

◆ *v intr* MAR tomar por avante.

massacrant, e *adj* FIG & FAM insoportable, atroz; *humeur massacrante* humor insoportable.

massacre *m* matanza *f* (tuerie), carnicería *f* (boucherie), degüello (égorgement) ‖ estrago, destrozo (ravage) ‖ BLAS cabeza *f* descarnada ‖ FIG mala ejecución *f*; *le massacre d'un opéra* la mala ejecución de una ópera | chapucería *f* ‖ *— jeu de massacre* pim pam pum (jeu forain) ‖ *massacre des Innocents* degollación de los Santos Inocentes.

massacrer *v tr* degollar (égorger), hacer una carnicería *ou* matanza, matar, exterminar (tuer) ‖ FIG destrozar, estropear (abîmer) | ejecutar mal | destrozar; *massacrer un ouvrage* destrozar una obra.

massage *m* masaje; *massage cardiaque* masaje cardíaco.

masse *f* masa ‖ masa; *le parti des masses* el partido de las masas ‖ mole, bulto *m*, cuerpo *m* informe ‖ COMM junta (des créanciers) ‖ ÉLECTR tierra, masa; *câble de masse* cable de tierra; *mettre à la masse* dar salida a tierra ‖ FIG caudal *m*, bienes *m pl* (d'une société, d'une succession) ‖ MÉCAN masa ‖ MIL masita (fonds pour l'habillement) ‖ maza (de dignitaire) ‖ *— masse d'armes* espadaña (massette) ‖ ÉCON *masse monétaire* masa monetaria | *masse salariale* masa salarial ‖ *— POP des masses* montones; *avoir des masses d'argent* tener montones de dinero ‖ *en masse* en conjunto, en masa, todos juntos (ensemble), a montones, en aluvión (en grande quantité) ‖ MIL *formation en masse* orden cerrado ‖ FAM *il n'y en a pas des masses* no hay toneladas ‖ *levée en masse* movilización general ‖ *production en masse* producción masiva ‖ *tomber comme une masse* caer como un plomo.

massepain [maspɛ̃] *m* mazapán.

masser *v tr* amontonar (entasser), concentrar (concentrer), agrupar (grouper) ‖ dar masaje, frotar (faire un massage) ‖ picar [la bola verticalmente] (billard) ‖ MIL agrupar; *masser les troupes* agrupar las tropas.

◆ *v intr* ARTS combinar las figuras de un cuadro.

◆ *v pr* congregarse, agruparse.

masseur, euse *m* et *f* masajista.

massicot [masiko] *m* CHIM masicote ‖ TECHN guillotina *f* (pour couper le papier).

massicoter *v tr* IMPR guillotinar.

massif, ive *adj* macizo, za; *de l'or massif* oro macizo ‖ *en masa*, masivo, va; *manifestation massive* manifestación en masa ‖ masivo, va; máximo, ma; *dose massive* dosis masiva ‖ total; *vente massive* venta total ‖ FIG pesado, da; amazacotado, da; tosco, ca; *esprit massif* mentalidad tosca.

◆ *m* macizo (maçonnerie) ‖ macizo (montagnes) ‖ macizo (fleurs).

Massif central *n pr* GÉOGR Macizo Central.

massique *adj* PHYS de la masa.

massivement *adv* masivamente, con una mayoría aplastante.

massue [masy] *f* porra, maza, cachiporra, clava ‖ — *argument massue* argumento contundente ‖ FIG *coup de massue* mazazo.

— OBSERV *Porra* est le mot le plus usuel; *cachiporra* est familier; *clava* ne se dit guère qu'en parlant de la massue d'Hercule.

mastectomie *f* MÉD → **mammectomie**.

mastère *m* master (diplôme).

mastic *m* almáciga *f* (résine) ‖ masilla *f* (pour boucher des trous) ‖ IMPR empastelamiento.

masticage *m* enmasillamiento, enmasillado.

masticateur *adj* et *s m* masticador, ra.

mastication [mastikasjɔ̃] *f* masticación.

masticatoire *adj* et *s* masticatorio, ria.

mastiquer *v tr* masticar ‖ fijar con masilla, poner masilla a, enmasillar (avec du mastic).

mastoc *m* FAM mazacote (homme lourd et gauche).

◆ *adj inv* FAM pesado, da; tosco, ca; basto, ta.

mastodonte *m* mastodonte.

mastoïdien, enne *adj* ANAT mastoideo, a.

mastoïdite *f* MÉD mastoiditis.

masturbation [mastyrbasjɔ̃] *f* masturbación.

masturber *v tr* masturbar.

m'as-tu-vu [matyvy] *m* et *f inv* presumido, da (prétentieux).

masure *f* casucha, choza, chabola ‖ ruina, casa en ruinas (ruine).

mat [mat] *m* mate (aux échecs); *faire mat* dar mate ‖ *faire échec et mat* dar jaque mate.

mât [mɑ] *m* palo, mástil (d'un bateau) ‖ asta *f* (drapeau) ‖ palo, poste (support) ‖ — *mât d'artimon* palo de mesana, mesana ‖ *mât de beaupré* palo de bauprés ‖ *mât de cacatois de hune* mastelerillo de juanete de popa *ou* mayor ‖ *mât de cacatois de misaine* mastelerillo de juanete de proa ‖ *mât de cocagne* cucaña ‖ MAR *mât de fortune* bandola ‖ *mât de misaine* palo de trinquete ‖ *mât de pavillon* asta de bandera ‖ *mât de perroquet de fougue* mastelero de sobremesana ‖ *mât de perroquet de hune* mastelero de gavia ‖ *mât de perruche* mastelero de perico ‖ *mât de rechange* mastelero de respeto ‖ *mât militaire* mastelero de señales (sur un navire de guerre) ‖ — MAR *grand mât* palo mayor ‖ *grand mât de hune* mastelero mayor *ou* de gavia ‖ *petit mât de hune* mastelero de velacho ‖ *un trois-mâts* un velero de tres palos.

mat, e [mat] *adj* mate (sans éclat) ‖ sentado, da; *pain mat* pan sentado ‖ sordo, da; apagado, da; *son mat* sonido sordo.

matador *m* matador, espada, diestro (tauromachie) ‖ variedad de juego de dominó y del chaquete ‖ matador (carte) ‖ *(p us)* FAM potentado, capitoste.

matamore *m* matamoros.

match [matʃ] *m* partido, encuentro, contienda *f*, match (épreuve sportive) ‖ combate (de boxe) ‖ partida *f* (d'échecs, de cartes, de billard) ‖ — *match à domicile* partido en casa ‖ *match à l'extérieur* o *en déplacement* partido fuera de casa ‖ *match nul* empate (football, etc.), combate nulo (boxe), tablas (échecs) ‖ *match retour* partido de vuelta.

— OBSERV pl *matches, matchs.*

maté *m* mate, hierba *f* mate (plante) ‖ mate, té del Paraguay (boisson).

— OBSERV En Amérique de langue espagnole, *mate* désigne surtout la calebasse où l'on fait infuser l'herbe à maté (sorte de houx).

matelas [matla] *m* colchón; *matelas à ressorts* colchón de muelles; *matelas pneumatique* colchón neumático *ou* de goma ‖ POP fajo de billetes.

matelassé, e *adj* acolchado, da; acolchonado, da ‖ enguantado, da; guatado, da; *une robe de chambre matelassée* una bata enguatada.

matelasser *v tr* acolchar, acolchonar ‖ enguatar ‖ rellenar; *matelasser un coussin* rellenar un cojín.

matelot [matlo] *m* marinero ‖ matalote, barco de una formación con relación al que le precede o le sigue (bateau) ‖ traje de marinero (vêtement d'enfant).

matelote *f* caldereta, guiso *m* de pescado (mets de poissons) ‖ *à la matelote* a la marinera.

mater *v tr* dar mate (aux échecs) ‖ remachar (écraser avec un marteau) ‖ apelmazar (rendre compact) ‖ FIG dominar, someter, meter en cintura, hacer entrar por el aro (soumettre) ‖ FIG & FAM fichar.

matérialisation *f* materialización.

matérialiser *v tr* materializar.

matérialisme *m* materialismo.

matérialiste *adj* et *s* materialista.

matérialité *f* materialidad.

matériau *m* material.

◆ *pl* materiales; *matériaux de construction* materiales de construcción ‖ documentos, documentación *f sing*; *rassembler des matériaux pour écrire un livre* reunir documentación para escribir un libro.

— OBSERV Úsase en singular *matériau* para designar un material de construcción.

matériel, elle *adj* material ‖ *(vx)* pesado, da; macizo, za (lourd) ‖ FIG materialista ‖ FAM *le temps matériel de* el tiempo necesario *ou* material para.

◆ *m* material ‖ lo esencial, lo indispensable ‖ — ÉCON *matériel d'exploitation* material de explotación ‖ AGRIC *matériel de labour* o *agricole* aperos de labranza ‖ *matériel roulant* material móvil.

matériellement *adv* materialmente (réellement); *c'est matériellement impossible* es materialmente imposible ‖ económicamente (financièrement).

maternage *m* conjunto de cuidados que dispensa una madre a su hijo ‖ cuidados excesivos.

maternel, elle *adj* materno, na; maternal; *langue maternelle* lengua materna.
◆ *f* escuela de párvulos, parvulario *m*.
maternellement *adv* maternalmente.
materner *v tr* proteger en exceso, ser madraza.
materniser *v tr* maternizar (un lait).
maternité *f* maternidad ‖ casa de maternidad (hôpital).
◆ *pl* partos *m pl*, alumbramientos *m pl*; *maternités répétées* partos repetidos.
math; maths *n f pl* FAM mates.
mathématicien, enne *m* et *f* matemático, ca.
mathématique *adj* et *s f* matemático, ca.
mathématiquement *adv* matemáticamente.
matheux, euse *m* et *f* FAM dotado, da para las ciencias.
Mathusalem [matyzalem] *n pr m* Matusalén.
matière *f* materia ‖ causa, motivo *m*, pretexto *m* (cause) ‖ tema *m* (sujet) ‖ disciplina, asignatura; *le latin est une matière difficile* el latín es una asignatura difícil; *les langues sont une matière compliquée pour les personnes âgées* los idiomas son una disciplina complicada para los ancianos ‖ — *matière à critique* motivo de crítica ‖ *matière fécale* heces fecales ‖ *matière fissile o fissible* materia escindible *ou* fisible ‖ *matière grasse* grasa ‖ *matière grise* materia *ou* sustancia gris ‖ *matière imposable* líquido imponible ‖ *matière plastique* materia plástica, plástico ‖ *matière première* materia prima ‖ *matière purulante* pus ‖ *matières d'or et d'argent* oro y plata en barras *ou* en lingotes ‖ DR *matière sommaire* asunto tratado por vía sumaria ‖ *table des matières* índice ‖ — *en matière de* en materia de, tratándose de, en lo tocante a ‖ — *donner matière à* dar lugar a ‖ *il n'y a pas matière à rire* no es cosa de risa, no hay motivo para reír.
M.A.T.I.F. abrév de *marché à terme d'instruments financiers* mercado a plazo de títulos negociables [Francia].
matin *m* mañana *f*; *il travaille le matin* trabaja por la mañana ‖ madrugada *f*, mañana *f*; *à deux heures du matin* a las dos de la madrugada ‖ — *de bon* o *de grand matin* de madrugada, muy de mañana ‖ *du matin au soir* todo el día, de sol a sol, de la mañana a la noche ‖ *du soir au matin* de la noche a la mañana, toda la noche ‖ *le matin de la vie* la juventud ‖ *le petit matin* el alba, la madrugada ‖ *l'étoile du matin* el lucero del alba ‖ *un beau matin, un de ces matins* un día, un buen día, uno de estos días.
◆ *adv* temprano; *se lever matin* levantarse temprano ‖ por la mañana; *hier matin* ayer por la mañana; *demain matin* mañana por la mañana.
mâtin *m* mastín (chien).
matinal, e *adj* matutino, na; matinal ‖ madrugador, ra; mañanero, ra (qui se lève tôt).
matinée *f* mañana; *une belle matinée* una hermosa mañana ‖ (vx) chambra (vêtement de femme) ‖ función de la tarde (spectacle d'après-midi) ‖ — *faire la grasse matinée* pegársele a uno las sábanas, levantarse tarde.
matines [matin] *f pl* maitines *m* (office religieux) ‖ *dès matines* desde por la mañana.
maton, onne *m* et *f* POP carcelero, ra.
matou *m* gato, morrongo (chat) ‖ FIG & FAM hombre desagradable, antipático.

matraquage *m* aporreamiento ‖ *matraquage publicitaire* propaganda machacona.
matraque *f* garrote *m* (gros bâton) ‖ porra, cachiporra (arme contondante).
matraquer *v tr* aporrear ‖ FIG tratar duramente.
matriarcal, e *adj* matriarcal.
matriarcat [matriarka] *m* matriarcado.
matrice *f* matriz, molde *m* (moule) ‖ cuño *m* (de monnaie) ‖ matriz, registro *m* original (registre) ‖ ANAT matriz, útero *m* ‖ IMPR matriz ‖ MATH matriz.
matricide *adj* et *s* matricida (assassin).
◆ *m* matricidio (crime).
matriciel, elle *adj* matricial, de matriz.
matricule *f* matrícula, registro *m* (liste) ‖ matrícula (inscription) ‖ certificado *m* de inscripción (extrait d'inscription)
◆ *m* número de registro, número de foliación (numéro d'inscription) ‖ FAM *en prendre pour son matricule* oír las verdades del barquero.
◆ *adj* matriz ‖ *livret matricule* cartilla militar.
matrilinéaire *adj* matrilineal.
matrimonial, e *adj* matrimonial.
matrone *f* matrona ‖ matrona, comadrona (sage-femme).
Matthieu (saint) *n pr m* San Mateo.
maturation *f* maduración, maduramiento *m*.
mature *adj* maduro, ra.
mâture *f* MAR arboladura.
maturité *f* madurez, sazón.
maudire* *v tr* maldecir.
maudit, e [modi, it] *adj* maldito, ta ‖ — *ce maudit homme* ese condenado ‖ *maudit soit* maldito sea, mal haya.
◆ *m* et *f* persona maldita.
◆ *m* el demonio.
maugréer* [mogree] *v intr* renegar, echar peste *ou* votos *ou* reniegos (pester) ‖ mascullar, refunfuñar (grommeler) ‖ *en maugréant* a regañadientes, refunfuñando.
maure [mo:r]; **more** [mo:r] *adj* moro, ra.
Maures; Mores *n pr m pl* moros.
Maures (les) *n pr* GÉOGR Maures.
mauresque; moresque *adj* morisco, ca; moruno, na.
Maurice (île) *n pr f* GÉOGR isla Mauricio.
mauricien, enne *adj* mauricio, cia.
Mauricien, enne *m* et *f* mauriciano, na.
Mauritanie [moritani] *n pr f* GÉOGR Mauritania.
mauritanien, enne *adj* mauritano, na.
Mauritanien, enne *m* et *f* mauritano, na.
mausolée *m* mausoleo.
maussade *adj* huraño, ña; desapacible (hargneux) ‖ desagradable, desabrido, da; malhumorado, da (désagréable) ‖ desapacible (temps).
mauvais, e *adj* et *s* malo, la ‖ — *mauvais coucheur* persona de mal genio *ou* que tiene malas pulgas ‖ *mauvais coup* mala pasada, trastada ‖ *mauvaise langue* mala lengua ‖ *mauvaise passe* período difícil ‖ *mauvaise plaisanterie* broma pesada ‖ *mauvaises herbes* maleza ‖ *mauvais esprit* mal pensado ‖ *mauvaise tête* cabezón, terco ‖ *mauvais pas* mal paso, paso difícil ‖ *mauvais plaisant* bromista pesado, persona de mala sombra ‖ *mauvais sujet* individuo de cuidado ‖ *mauvais traitements* malos tratos ‖ *mauvais vouloir* mala voluntad ‖ — *les mau-*

vais anges los ángeles malos ‖ — *mer mauvaise* mar agitada ‖ — *avoir mauvaise mine* tener mala cara ‖ FAM *être mauvais comme une teigne* ser más bravo que un miura ‖ *faire mauvais visage à quelqu'un* poner mala cara a alguien ‖ *faire quelque chose de mauvaise grâce* hace algo de mal grado *ou* con poca gana ‖ FAM *la trouver mauvaise* no hacerle a uno ninguna gracia ‖ *prendre en mauvaise part* tomar a mal.
- *m* lo malo, el mal.
- *adv* mal; *sentir mauvais* oler mal ‖ *il fait mauvais* hace mal tiempo.
— OBSERV On emploie en espagnol *mal* avant un substantif masculin et *malo* après celui-ci: *un mal hombre, un hombre malo.*

mauve *f* malva (plante).
- *m* color malva.
- *adj* malva *inv*.

mauviette *f* alondra (alouette) ‖ FIG & FAM alfeñique *m*, escuchimizado, da; persona enclenque *ou* débil (chétif), gallina *m* (peureux) ‖ *manger comme une mauviette* comer como un pajarito.

max. abrév de *maximum* máximo.

maxi *adj inv* FAM máximo, ma.
- *m* abrigo maxi (manteau maxi).
- *adv inv* FAM como máximo; *cent francs maxi* cien francos como máximo.

maxillaire [maksilɛːr] *adj* et *s m* ANAT maxilar.

maxima *adj pl* máxima; *températures maxima* temperaturas máximas.
- *m pl* máxima; *thermomètre à maxima* termómetro de máxima.
— OBSERV Aunque muy empleados, el adjetivo y el sustantivo plural francés *maxima* no son correctos y deben por lo tanto ser sustituidos por el adjetivo *maximaux, maximales* y por el sustantivo *maximums.*

maximal, e *adj* máximo, ma.

maximaliste *adj* et *s* maximalista, bolchevique.

maxime *f* máxima.

maximiser; maximaliser *v tr* maximizar.

maximum [maksimɔm] *m* máximo, lo máximo, máximum; *faire le maximum* hacer lo máximo ‖ *atteindre son maximum* alcanzar su punto máximo.
- *adj* máximo, ma ‖ *au maximum* como máximo.
— OBSERV Véase OBSERV de MAXIMA.

maya *adj* maya.
- *m* maya (langue).
- *f* maya.

Mayas *n pr m pl* mayas.

Mayence *n pr* GÉOGR Maguncia.

Mayenne *n pr* GÉOGR Mayenne [departamento francés].

mayonnaise [majɔnɛːz] *f* mayonesa.

Mayotte *n pr* GÉOGR Mayotte.

mazagran *m* café frío, mazagrán.

mazout *m* fuel-oil, fuel, mazut ‖ *chaudière, poêle à mazout* calentador *ou* estufa de fuel-oil.

mazurka *f* mazurca (danse, musique).

M.D.M. abrév de *Médecins du monde* Médicos del Mundo [organización humanitaria francesa].

me [mə] *pron pers de la 1re pers du sing des deux genres* me; *il me le donna* me lo dio, diómelo ‖ *me voici* aquí estoy yo, heme aquí.
— OBSERV Generalmente, el pronombre personal francés *me* se pone delante del verbo, y sólo va detrás de él cuando éste se encuentra en forma imperativa seguida de *en* o *y* en una oración afirmativa (*donnez-m'en, conduisez-m'y*). De lo contrario se emplea la forma tónica *moi* (*embrassez-moi*).
— OBSERV Le pronom espagnol *me* est toujours placé devant le verbe dans la langue parlée sauf à l'impératif (*dame*), à l'infinitif (*darme*), au gérondif (*dándome*) et lorsque le verbe vient en tête de la proposition (*seguíame un detective*).

mea-culpa *m inv* mea culpa ‖ *faire son mea-culpa* arrepentirse, decir su mea culpa.

méandre *m* meandro ‖ ARCHIT meandro ‖ FIG rodeo, artificio (détour).

méat [mea] *m* ANAT meato; *méat urinaire* o *uretral* meato urinario.

mec *m* FAM tío, individuo.

mécanicien, enne *adj* et *s* mecánico, ca.
- *m* et *f* maquinista (d'un train) ‖ chófer (chauffeur) ‖ AVIAT *mécanicien navigant* o *de bord* mecánico de a bordo.
- *f* costurera a máquina.

mécanique *adj* mecánico, ca; *ennui mécanique* problema mecánico.
- *f* mecánica (science); *mécanique quantique* o *ondulatoire* mecánica cuántica *ou* ondulatoria ‖ mecanismo *m*, funcionamiento *m*, maquinaria; *la mécanique d'une montre* la maquinaria de un reloj ‖ — *mécanique de précision* mecánica de precisión ‖ *s'y connaître en mécanique* saber de mecánica.

mécaniquement *adv* mecánicamente, irreflexivamente.

mécanisation *f* mecanización.

mécaniser *v tr* mecanizar.

mécanisme *m* mecanismo; *mécanisme de détente, d'éjection* mecanismo de disparo *ou* de expulsión.

mécano *m* FAM mecánico.

mécanographie [mekanɔgrafi] *f* mecanización contable, contabilidad mecanizada ‖ *machines de mécanographie* máquinas computadoras.

mécanographique [-grafik] *adj* mecanizado, da.

mécénat [mesena] *m* mecenazgo.

mécène *m* mecenas.

méchamment *adv* con maldad, con mala intención.

méchanceté *f* maldad ‖ maldad, mala intención; *agir avec méchanceté* obrar con mala intención ‖ jugarreta, mala pasada (tour) ‖ — *dire des méchancetés* decir cosas desagradables ‖ *faire des méchancetés* cometer maldades.

méchant, e *adj* et *s* malo, la; malvado, da (sens littéraire) ‖ desagradable (désagréable) ‖ malintencionado, da (nuisible) ‖ avieso, sa; *regard méchant* mirada aviesa ‖ — *chien méchant* cuidado con el perro ‖ *un méchant discours* un discurso pobre ‖ *un méchant poète* un poetastro ‖ — *être de méchante humeur* estar de mal talante ‖ *faire le méchant* mostrarse duro.

mèche *f* mecha ‖ mecha, torcida (d'une lampe) ‖ mechón *m* (de cheveux) ‖ pabilo *m*, mecha (d'une bougie) ‖ mecha (d'une mine) ‖ tralla (de fouet) ‖ raíz, clavo *m* (d'un furoncle) ‖ broca, taladro *m*, barrena (pour percer des trous) ‖ MAR madre (du gouvernail, du cabestan) ‖ MÉD mecha ‖ TECHN eje *m* (axe) ‖ — *mèche lente* mecha lenta ‖ *mèche soufrée* azufrín, pajuela ‖ — *être de mèche* estar de connivencia, estar conchabado, estar en el ajo ‖ FIG & FAM *éventer* o *découvrir la mèche* descubrir el pastel

‖ FAM *il n'y a pas mèche* no hay nada que hacer ‖ *se faire faire des mèches* darse mechas (coiffure) ‖ *vendre la mèche* revelar un secreto, irse de la lengua.

méchoui *m* mechoui, cordero asado entero a la manera árabe.

méconnaissable *adj* irreconocible, imposible de reconocer, desfigurado, da.

méconnaissance *f* desconocimiento *m* ‖ desagradecimiento *m*, ingratitud (ingratitude) ‖ olvido *m* voluntario.

méconnaître* *v tr* desconocer, ignorar ‖ no apreciar en su valor, quitar importancia (ne pas apprécier) ‖ negar, no reconocer (désavouer) ‖ no agradecer, desagradecer (être ingrat).

méconnu, e *adj* et *s* desconocido, da; ignorado, da; mal apreciado, da; *un génie méconnu* un genio mal apreciado.

mécontent, e *adj* et *s* descontento, ta; disgustado, da.

mécontentement *m* descontento, disgusto, enojo.

mécontenter *v tr* descontentar, disgustar, enojar (fâcher).

Mecque (La) *n pr f* GÉOGR La Meca.

mécréant, e *m* et *f* infiel; impío, pía (qui n'est pas chrétien) ‖ descreído, da; incrédulo, la (qui ne croit pas).

médaille [medaːj] *f* medalla; *décerner une médaille* conceder una medalla, premiar con una medalla ‖ placa (plaque-insigne de certaines professions) ‖ ARCHIT medallón *m* ‖ FIG *le revers de la médaille* el reverso de la medalla.

médaillé, e [-je] *adj* et *s* condecorado, da *ou* galardonado, da *ou* premiado, da con una medalla.

médaillon [-jɔ̃] *m* medallón (bijou, bas-relief, cuisine).

médecin [medsɛ̃] *m* médico; *médecin de campagne* médico rural ‖ — *médecin accoucheur* tocólogo ‖ *médecin conseil* consejero médico ‖ *médecin consultant* médico consultor *ou* de apelación *ou* de consulta ‖ *médecin conventionné* médico vinculado a un convenio de seguro ‖ *médecin de famille* médico de cabecera *ou* de familia ‖ *médecin des âmes* médico espiritual, confesor ‖ *médecin du travail* médico laboral *ou* del trabajo ‖ *médecin généraliste* médico de medicina general ‖ *médecin légiste* médico forense ‖ *médecin-major* médico militar *ou* castrense ‖ *médecin traitant* médico de cabecera ‖ — *femme médecin* médica (doctoresse).

médecine *f* medicina; *étudiant en médecine* estudiante de medicina ‖ — *médecine de groupe* medicina de equipo ‖ *médecine douce* medicina natural ‖ *médecine du travail* medicina laboral ‖ *médecine infantile* medicina infantil ‖ *médecine légale* medicina forense ‖ *médecine parallèle* medicina paralela ‖ *médecine préventive* medicina preventiva ‖ — *faire sa médecine* estudiar medicina.

média *m pl* media, medios de comunicación de masa.

médian, e *adj* et *s f* mediano, na.

médiateur, trice *adj* et *s* mediador, ra.

médiathèque *f* mediateca.

médiation [medjasjɔ̃] *f* mediación.

médiatique *adj* popular ‖ *paysage médiatique* panorama audiovisual.

médiatisation *f* mediatización.

médiatiser *v tr* mediatizar.

médiator *m* púa *f*, plectro, pulsador (pour jouer de certains instruments à cordes).

médiatrice *f* GÉOM mediatriz.

médical, e *adj* médico, ca; medical (gallicisme) ‖ — *ordonnance médicale* receta médica ‖ *personnel médical* cuadro facultativo *ou* médico ‖ *visite médicale* reconocimiento médico ‖ *visiteur* o *délégué médical* visitador médico.

médicalement *adv* medicalmente.

médicalisation *f* acción de otorgar carácter médico a cuestiones naturales o sociales.

médicaliser *v tr* dotar un país de infraestructura médica.

médicament *m* medicamento, medicina *f* (mot courant).

médicamenteux, euse *adj* medicamentoso, sa.

médication [medikasjɔ̃] *f* medicación.

médicinal, e *adj* medicinal.

medicine-ball *m* SPORTS balón medicinal.
— OBSERV pl *medicine-balls*.

médico-légal, e *adj* medicolegal.

médico-pédagogique *adj* dícese de una institución pedagógica bajo control médico para adolescentes deficientes mentales.
— OBSERV pl *médico-pédagogiques*.

médico-social, e *adj* médico social.

médiéval, e *adj* medieval, medioeval.

médiéviste *adj* et *s* medievalista.

médina *f* medina, morería.

médiocre *adj* mediocre, mediano, na; inferior; *une intelligence médiocre* una inteligencia mediocre.
↪ *m* lo mediocre ‖ *ouvrage au-dessous du médiocre* obra menos que mediocre.

médiocrité *f* mediocridad, medianía ‖ pobreza (insuffisance d'esprit).

médire* *v intr* denigrar, murmurar de, hablar mal de.
— OBSERV La segunda persona del plural del presente del indicativo es *vous médisez*.

médisance *f* maledicencia, murmuración.

médisant, e *adj* et *s* maldiciente; murmurador, ra; mala lengua (*fam*).

méditatif, ive *adj* meditabundo, da (mot usuel), meditativo, va.

méditation [meditasjɔ̃] *f* meditación.

méditer *v tr* et *intr* meditar; *méditer sur le passé* meditar sobre el pasado ‖ — *méditer de sortir* proponerse salir ‖ *méditer une évasion* planear una evasión.

Méditerranée (mer) *n pr f* GÉOGR mar *m* Mediterráneo.

méditerranéen, enne *adj* mediterráneo, a.

Mediterranéen, enne *m* et *f* mediterráneo, a.

médium [medjɔm] *m* médium, medio (spiritisme) ‖ MUS registro intermedio de la voz.
— OBSERV pl *médiums*.

médius [medjys] *m* dedo medio, del corazón *ou* cordial.

médullaire *adj* medular.

méduse *f* ZOOL medusa.

médusé, e *adj* FAM estupefacto, ta; pasmado, da; patidifuso, sa.

méduser *v tr* FAM dejar estupefacto *ou* patidifuso, pasmar.
meeting [mitiŋ] *m* mitin, reunión *f* ‖ festival (d'aviation) ‖ SPORTS encuentro, manifestación *f*.
méfait [mefɛ] *m* mala *f* acción, fechoría *f* ‖ daño, perjuicio (résultat pernicieux).
méfiance *f* desconfianza, recelo *m*; *avec une certaine méfiance* con cierto recelo.
méfiant, e *adj* desconfiado, da; receloso, sa.
méfier (se)* *v pr* desconfiar ‖ — *méfiez-vous!* ¡ojo!, ¡cuidado!, ¡no se fíe usted! ‖ *méfiez-vous des imitations* desconfíe de las imitaciones.
méforme *f* baja forma.
méga- *préf* mega-.
mégahertz *m* megahercio.
mégalithe *m* megalito.
mégalithique *adj* megalítico, ca.
mégalo *adj et s* FAM megalómano, na.
mégalomane *adj et s* megalómano, na.
mégalomanie *f* megalomanía.
mégalopole; mégalopolis; mégapole *f* megalópolis.
mégaoctet *m* INFORM megabyte.
mégaphone *m* megáfono.
mégarde *f* descuido *m*, inadvertencia; *par mégarde* por inadvertencia ‖ *se blesser par mégarde* herirse por descuido.
mégatonne *f* megatón *m*.
mégère [meʒɛːr] *f* FAM arpía, furia, tarasca ‖ *la Mégère apprivoisée* la Fierecilla domada, la doma de la bravía.
mégisserie *f* peletería (magasin) ‖ industria del curtimiento en blanco.
mégot [mego] *m* FAM colilla *f* ‖ *ramasseur de mégots* colillero.
mégoter *v intr* FAM cicatear, escatimar.
méhari *m* dromedario blanco.
— OBSERV pl *méharis* o *méhara*.
meilleur, e [mɛjœːr] *adj* mejor ‖ — *bien meilleur* mucho mejor ‖ *de meilleure heure* más temprano, antes ‖ *la meilleure part* la mejor parte ‖ *meilleur marché* más barato ‖ — *devenir meilleur* mejorar ‖ *il fait meilleur* hace mejor tiempo (meilleur temps), se está más a gusto (on est mieux), más vale (il est préférable).
◆ *m et f* mejor; *le meilleur des hommes* el mejor de los hombres ‖ — FAM *la meilleure de toutes* lo mejor del caso ‖ *pour le meilleur et le pire* para bien y para mal, en el bien y en el mal, en la suerte y en la desgracia ‖ — *avoir le meilleur* tener la mejor parte ‖ — *le meilleur est de se taire* lo mejor es callarse ‖ *prendre le meilleur sur* aventajar, llevar la ventaja, ganar.
méiose *f* BIOL meiosis.
méjuger* *v tr et intr* juzgar mal *ou* equivocadamente.
Meknès [mɛknɛs] *n pr* GÉOGR Mequínez.
Mékong *n pr* GÉOGR Mekong (fleuve).
mélancolie *f* melancolía; *sombrer dans la mélancolie* caer en un estado de melancolía ‖ FAM *ne pas engendrer la mélancolie* ser más alegre que unas pascuas.
mélancolique *adj et s* melancólico, ca.
mélancoliquement *adv* melancólicamente, con melancolía.

Mélanésie *n pr f* GÉOGR Melanesia.
mélanésien, enne *adj* melanesio, sia.
Mélanésien, enne *m et f* melanesio, sia.
mélange *m* mezcla *f*, mezcolanza *f*; *opérer un mélange* hacer una mezcla ‖ mezcla *f* (de races) ‖ AUTOM *mélange pauvre* mezcla pobre ‖ *mélange riche* mezcla rica ‖ — *bonheur sans mélange* felicidad *f* sin nubes.
◆ *pl* misceláneas (littéraire).
mélangé, e *adj* *étoffe mélangée* tela de mezclilla.
mélanger* *v tr* mezclar ‖ barajar (les cartes).
mélangeur, euse *m et f* mezclador, ra.
mélanome *m* MÉD melanoma.
mélasse *f* melaza (dans l'industrie) ‖ FIG & POP *tomber dans la mélasse* caer en la miseria, andar a la cuarta pregunta, estar en apuros.
Melba *adj inv* CULIN *pêche, fraises Melba* melocotón, fresones con helado de vainilla, puré de frambuesa y chantillí.
mêlé, e *adj* mezclado, da; confuso, sa; entreverado, da ‖ confuso, sa; *des sentiments mêlés* sentimientos confusos ‖ enmarañado, da (cheveux) ‖ *mêlé de* mezclado con.
mêlée *f* pelea, refriega, contienda; *se jeter dans la mêlée* lanzarse a la pelea ‖ barahúnda, desbarajuste *m* (confusion) ‖ melé (au rugby) ‖ FIG lucha, conflicto *m*; *mêlée d'intérêts* lucha de intereses.
mêler *v tr* mezclar ‖ entremezclar (entremêler) ‖ enredar, enmarañar; *mêler ses cheveux* enmarañar sus cabellos ‖ unir, juntar; *mêler l'utile à l'agréable* unir lo útil a lo agradable ‖ mezclar, desordenar, revolver (embrouiller) ‖ FIG implicar, complicar, meter; *mêler quelqu'un à une accusation* implicar a uno en una acusación; *mêle-toi de tes affaires!* ¡métete en tus asuntos! ‖ unir; *mêler l'amabilité à la brutalité* unir la amabilidad con la brutalidad ‖ *mêler le ciel à la terre* mezclar lo divino con lo humano.
◆ *v pr* mezclarse ‖ acompañar, agregarse, añadirse; *à sa fermeté se mêle une douceur certaine* a su firmeza se agrega una dulzura indudable ‖ unirse a, incorporarse a, juntarse con, confundirse con; *se mêler à la foule* confundirse con la multitud ‖ — *de quoi te mêles-tu?* ¿por qué te metes en lo que no te importa? ‖ *le diable s'en mêle* en ello anda el diablo ‖ *se mêler à la conversation* echar su cuarto a espadas, meter baza en la conversación ‖ FIG *se mêler de* o *à* meterse en; *se mêler d'une affaire* meterse en un asunto ‖ *se mêler des affaires d'autrui* meterse en las cosas ajenas, inmiscuirse.
mélèze *m* alerce (arbre).
méli-mélo *f* FAM mezcolanza *f*, revoltillo, batiburrillo.
— OBSERV pl *mélis-mélos*.
mélisse *f* toronjil *m*, melisa (*p us*) ‖ *eau de mélisse* agua de melisa.
melliflue; melliflu, e [mɛlifly] *adj* melifluo, flua; *un langage melliflue* un lenguage melifluo.
mélo *m* FAM melodrama.
mélodie [melɔdi] *f* melodía.
mélodieusement *adv* melodiosamente.
mélodieux, euse *adj* melodioso, sa.
mélodique *adj* melódico, ca.
mélodramatique *adj* melodramático, ca.
mélodrame *m* melodrama.
mélomane *adj et s* melómano, na.

melon [məlɔ̃] *m* melón (fruit) ‖ — *melon d'eau* (pastèque), sandía, melón de agua ‖ — *chapeau melon* sombrero hongo, bombín [Madrid].

melting-pot *m* HIST amalgama *ou* mezcla de gente [Estados Unidos] ‖ crisol (endroit).
— OBSERV pl *melting-pots.*

membrane *f* membrana.

membraneux, euse *adj* membranoso, sa.

membre [mã:br] *m* miembro (du corps) ‖ miembro (d'une assemblée, etc.) ‖ socio (d'une société, d'un club) ‖ componente (d'une organisation) ‖ individuo (d'une académie) ‖ vocal; *membre d'un comité, d'une commission* vocal de un comité, de una comisión ‖ GRAMM *un membre de phrase* un período de frase.
◆ *adj* et *s m* partícipe, miembro; *État membre* Estado partícipe, Estado miembro.

membrure *f* miembros *m pl* (corps humain) ‖ CONSTR larguero *m*, armazón, armadura ‖ MAR conjunto *m* de las cuadernas, armazón.

même *adj* mismo, ma; *c'est la même voiture* es el mismo coche ‖ — *de lui même, de soi-même* por sí mismo, de suyo, espontáneamente ‖ *en soi-même* de por sí, en sí mismo ‖ *moi-même, toi-même, elle-même* yo mismo, tú mismo, ella misma ‖ *par la même occasion* aprovechando la ocasión, al mismo tiempo ‖ *pour la même raison* por lo mismo ‖ — *c'est la même chose* es lo mismo, lo mismo da ‖ *voir du même œil* ver con los mismos ojos.
◆ *adv* hasta, incluso, aun; *je vous dirai même* incluso le diré ‖ — *à même de* en condiciones de, en estado de, capaz de; *être à même d'accomplir une tâche* ser capaz de realizar una tarea ‖ *à même la peau* directamente sobre la piel ‖ *à même le sol* en el mismo suelo ‖ *de même* lo mismo, del mismo modo, asimismo, igualmente ‖ *de même que* lo mismo que, así como ‖ *en même temps* al mismo tiempo ‖ *même pas, pas même* ni siquiera ‖ *quand même!* ¡vaya! (indignation, surprise) ‖ *quand même, même quand, même si* aun cuando ‖ *quand même, tout de même* sin embargo, a pesar de todo (malgré tout) ‖ — *boire à même la bouteille* beber en la misma botella *ou* directamente de la botella ‖ *faire de même* hacer lo mismo ‖ *il en est de même* lo mismo ocurre ‖ *il n'en est pas de même pour* no podríamos decir lo mismo de ‖ *manger à même le plat* comer en la misma fuente ‖ *rester soi-même* no cambiar nada.
◆ *m* et *f* mismo, ma; *être toujours la même* ser siempre la misma ‖ *cela revient au même* es lo mismo, es exactamente igual, eso viene a ser lo mismo, lo mismo da.

mémé *f* FAM abuelita.

mémento [memẽto] *m* agenda *f*, libro de apuntes ‖ compendio, manual (livre); *mémento de chimie* compendio de química ‖ señal *f* para recordar algo (marque) ‖ recordatorio (souvenir d'un mort) ‖ RELIG memento.

mémère *f* FAM vieja, viejecita ‖ abuela (grand-mère).

mémo *m* FAM memorándum.

mémoire *f* memoria; *n'avoir aucune mémoire* no tener ninguna memoria ‖ recuerdo *m* (souvenir) ‖ INFORM memoria; *capacité de mémoire* capacidad de memoria ‖ — INFORM *mémoire banale* memoria scratch *ou* a corto plazo *ou* auxiliar ‖ *mémoire centrale* memoria central *ou* principal ‖ *mémoire de masse* memoria de masa *ou* masiva ‖ *mémoire de rafraîchissement* memoria de regeneración *ou* de refrescamiento ‖ *mémoire magnétique* memoria magnética ‖ *mémoire morte* memoria muerta, memoria ROM ‖ *mémoire rémanente o non volatile* memoria no volátil ‖ *mémoire statique* memoria estática ‖ *mémoire tampon* memoria intermedia, buffer ‖ *mémoire virtuelle* memoria virtual ‖ *mémoire vive* memoria RAM ‖ — *à la mémoire de* en memoria de, en recuerdo de ‖ *de fâcheuse mémoire* de triste recuerdo ‖ *de mémoire* de memoria; *répéter de mémoire* repetir de memoria ‖ *de mémoire d'homme* desde tiempo inmemorial ‖ *mise en mémoire de l'information* almacenamiento de datos ‖ *pour mémoire* a título de indicación *ou* de información ‖ — *avoir la mémoire des visages* ser buen fisonomista ‖ *avoir mémoire de* acordarse de, recordar ‖ *si j'ai bonne mémoire* si mal no recuerdo, si bien recuerdo, si la memoria no me falla.

mémoire *m* memoria *f*, informe, relación *f*; *présenter un mémoire* presentar un informe ‖ tesina *f* (à l'université) ‖ COMM cuenta *f*, estado de deudas; *régler un mémoire* pagar una cuenta ‖ FAM *mémoire d'apothicaire* las cuentas del Gran Capitán.
◆ *pl* memorias *f*.

mémorable *adj* memorable.

mémorandum [memɔrãdɔm] *m* memorándum ‖ anotación *f*, reseña *f* (note) ‖ nota *f* (diplomatique) ‖ COMM memorándum, nota *f* de pedidos.

mémorial *m* memorial ‖ libro de asientos (commerce) ‖ monumento conmemorativo.

mémorialiste *m* et *f* memorialista, autor, ra de memorias históricas.

mémorisation *f* memorización, ejercicio *m* de memoria ‖ fijación en la memoria.

mémoriser *v tr* memorizar ‖ INFORM memorizar.

menaçant, e [mənasã, ã:t] *adj* amenazador, ra.

menace [mənas] *f* amenaza; *user de menaces* valerse de amenazas ‖ amenaza, amago *m*, indicio *m*; *des menaces de tempête* amagos de tempestad ‖ — *agir sous la menace* obrar bajo *ou* ante la amenaza ‖ *menaces en l'air* amenazas vanas *ou* que se las lleva el viento.

menacé, e *adj* amenazado, da; en peligro.

menacer* *v tr* amenazar; *menacer d'une arme* amenazar con un arma ‖ poner en peligro; *sa vie dissolue menace sa santé* su vida disoluta pone en peligro su salud ‖ FIG amagar ‖ — *la pluie menace* parece que va a llover ‖ *menacer ruine* amenazar ruina.

ménage *m* gobierno de la casa (direction de la maison) ‖ menaje, ajuar (meubles et ustensiles) ‖ limpieza *f*, cuidado de la casa, quehaceres *pl* domésticos; *faire le ménage* hacer la limpieza ‖ ahorro, economía *f*, arreglo; *vivre de ménage* vivir con ahorro ‖ familia *f*, casa *f* (famille); *heureux en ménage* feliz en familia; *ménage de sept personnes* familia de siete personas ‖ matrimonio (mari et femme); *un jeune ménage* un matrimonio joven ‖ — FAM *ménage a trois* triángulo ‖ *ménage de poupée* vajilla de juguete ‖ — *de ménage* casero, ra; doméstico, ca ‖ *femme de ménage* asistenta ‖ — *bien tenir son ménage* llevar muy bien la casa y su marido ‖ *faire bon, mauvais ménage* llevarse bien, mal, hacer, no hacer buenas migas, vivir en buena, mala inteligencia ‖ *faire des ménages* hacer horas de limpieza ‖ *l'intelligence peut faire bon ménage avec la beauté* la inteligencia no está reñida con la belleza ‖ *monter son ménage* comprar su ajuar,

ménagement [menaʒmɑ̃] *m* miramiento, deferencia *f*, consideración *f*, reserva *f*; *il a beaucoup de ménagements pour ses employés* tiene muchos miramientos con sus empleados ‖ precaución *f*, tacto, cuidado; *apprendre une mauvaise nouvelle avec ménagement* dar una mala noticia con cuidado ‖ — *sans ménagement* sin contemplaciones, sin miramientos ‖ *user de ménagements avec* tratar con miramientos a.

ménager* *v tr* tener cuidado con, cuidar, no abusar ‖ ahorrar, economizar, escatimar (économiser) ‖ FIG aprovechar, no perder, emplear bien; *ménager son temps* no perder el tiempo | cuidar de, mirar por, velar por; *ménager sa santé* cuidar de *ou* mirar por su salud | tratar con miramientos *ou* consideración *ou* contemplaciones; *ménager quelqu'un* tratar con consideración a alguien | tratar con tino; *ménager son directeur* tratar con tino a su director | llevar bien *ou* con tiento *ou* con precaución; *ménager une négociation* llevar con tiento una negociación | procurar, facilitar; *ménager une entrevue* facilitar una entrevista | reservar, dejar sitio para; *ménager une sortie* reservar una salida | no cansar, no exponer; *ménager ses troupes* no exponer sus tropas | no malgastar, no abusar de, no exponer; *ménager ses forces* no abusar de sus fuerzas | regatear, escatimar (efforts) | preparar, reservar; *ménager une surprise à quelqu'un* preparar una sorpresa a uno | no herir, no molestar; *ménager la susceptibilité de quelqu'un* no herir la susceptibilidad de uno ‖ — *ménager la chèvre et le chou* nadar entre dos aguas ‖ *ménager les intérêts de quelqu'un* velar por los intereses de uno ‖ *ménager les petits esprits* ir con tiento ‖ *ménager ses expressions, ses termes* medir *ou* moderar las expresiones, las palabras ‖ *ménager ses paroles* ser parco en el hablar ‖ *n'avoir rien à ménager* no tener cortapisas.
◆ *v pr* cuidarse, mirar por la salud, reservarse ‖ FIG reservarse para una ocasión; *se ménager pour la fin* reservarse para el fin ‖ *ne pas se ménager dans* darse por entero a.

ménager, ère *adj* casero, ra; doméstico, ca; *appareil ménager* aparato doméstico; *arts ménagers* artes domésticas.

ménagère *f* ama de casa (qui s'occupe des soins du ménage) ‖ servicio *m* de cubiertos, caja de guardar los tenedores, las cucharas y los cuchillos de plata ‖ *une très bonne ménagère* una mujer muy de su casa.

ménagerie [menaʒri] *f* casa de fieras (dans un zoo) ‖ exhibición de fieras (dans un cirque).

mendiant, e *adj et s* mendigo, ga; pordiosero, ra ‖ RELIG *ordre mendiant* orden mendicante.
◆ *m pl* FIG *les quatre mendiants* higos, pasas, avellanas y almendras.

mendicité *f* mendicidad, pordioseo *m*, pordiosería.

mendier* *v tr* mendigar, pordiosear.
◆ *v pr* mendigar, pordiosear, pedir limosna.

meneau *m* CONSTR crucero (de fenêtre) | bastidor, montante (châssis) ‖ *fenêtre à meneau* ajimez.

menée *f* ida, rastro *m*, camino *m* (d'un cerf) ‖ FIG manejo *m*, tejemaneje *m* | intriga (intrigue), ardid *m* (astuce) ‖ *menées secrètes* maquinación secreta.

mener* [məne] *v tr* conducir, guiar, llevar, acompañar (conduire, guider); *mener le bétail à l'abreuvoir* llevar el ganado al abrevadero ‖ transportar, llevar (transporter); *il nous a menés en voiture* nos transportó en el coche ‖ dirigir, estar a la cabeza (être à la tête de); *mener la danse* dirigir el baile ‖ GÉOM trazar (tracer); *mener une perpendiculaire* trazar una perpendicular ‖ FIG llevar; *mener une vie déréglée* llevar una vida disoluta ‖ dirigir, llevar; *bien mener ses affaires* dirigir bien sus negocios | guiar; *l'intérêt le mène* le guía el interés ‖ conducir, manejar (un véhicule) ‖ llevar a cabo (réaliser) ‖ ir en cabeza de, encabezar; *mener le peloton* ir en cabeza del pelotón ‖ llevar la delantera, ir ganando por; *mener par trois buts à un* ir ganando por tres tantos a uno ‖ — *mener à bien* llevar a bien *ou* a cabo, sacar adelante ‖ *mener à bonne fin* llevar a cabo *ou* a buen término ‖ *mener à la baguette* tratar a la baqueta, tener bajo su férula ‖ *mener de front* llevar conjuntamente, simultanear ‖ FAM *mener en bateau* liar a uno (tromper) ‖ *mener en terre* llevar a enterrar ‖ *mener grand bruit* meter mucho ruido, dar mucho jaleo ‖ *mener grand train* gastar sin contar, llevar un gran tren de vida ‖ *mener la bande* ser el jefe ‖ *mener le deuil* conducir *ou* presidir el duelo ‖ *mener loin* llevar lejos, tener graves consecuencias ‖ *mener quelqu'un par le bout du nez* llevar por las narices, manejar a uno a su antojo ‖ — *ne pas en mener large* no llegarle a uno la camisa al cuerpo ‖ *tous les chemins mènent à Rome* por todas partes se va a Roma, todos los caminos van a Roma.

ménestrel [menɛstrɛl] *m* trovador, ministril.

meneur, euse *m et f* acompañante (qui accompagne) ‖ FIG conductor, ra; cabecilla; jefe, fa; dirigente; instigador, ra (chef); *meneur d'hommes* líder ‖ animador, ra (d'émission de radio) ‖ *meneur de jeu* animador, el que dirige una empresa política *ou* de otra índole.

menhir [menːr] *m* menhir.

méninge [menɛ̃ːʒ] *f* ANAT meninge ‖ FIG *se fatiguer les méninges* devanarse los sesos.

méningite *f* MÉD meningitis.

ménisque *m* PHYS & ANAT menisco.

ménopause *f* MÉD menopausia.

ménopausée *adj f* menopáusica.

menotte *f* FAM manita, manecita (petite main).
◆ *pl* esposas (des prisonniers); *ils lui ont passé les menottes* le pusieron las esposas ‖ FIG *mettre* o *passer les menottes à quelqu'un* atar a alguien de manos y pies, maniatar a alguien.

mensonge *m* mentira *f*, embuste ‖ fábula *f*, ficción *f* (fiction) ‖ FIG engaño, falsedad *f*, quimera *f* (illusion) ‖ — *pieux mensonge* mentira piadosa ‖ *un tissu de mensonges* una sarta de embustes.

mensonger, ère *adj* mentiroso, sa ‖ falso, sa (faux) ‖ engañoso, sa; falaz (décevant).

menstruation *f* menstruación.

menstruel, elle *adj* menstrual.

mensualisation *f* mensualización.

mensualiser *v tr* mensualizar.

mensualité *f* mensualidad.

mensuel, elle *adj* mensual.
◆ *m* empleado pagado mensualmente.

mensuellement *adv* mensualmente, todos los meses.

mensuration *f* medida, mensuración.

mental, e *adj* mental.

mentalement *adv* mentalmente ‖ *être mentalement déficient* ser un disminuido psíquico.
mentalité *f* mentalidad, modo *m* de pensar ‖ FAM *sale mentalité* manera de pensar canallesca, vergonzosa, desalmada.
menteur, euse *adj* et *s* mentiroso, sa; embustero, ra ‖ engañoso, sa ‖ — *argument du menteur* argumento falso (sophisme) ‖ FAM *il est menteur comme un arracheur de dents* miente más que la Gaceta, miente más que habla, miente como un sacamuelas.
menthe [mɑ̃ːt] *f* menta, hierbabuena (plante).
menthol *m* mentol.
mentholé, e *adj* mentolado, da.
mention [mɑ̃sjɔ̃] *f* mención; *mention honorable* mención honorífica ‖ — *mention assez bien* o *bien notable* ‖ *mention passable* aprobado ‖ *mention très bien* sobresaliente ‖ — *faire mention de* mencionar, hacer mención de ‖ *«rayer la mention inutile»* «táchese lo que no proceda».
mentionner [-sjɔne] *v tr* mencionar, hacer mención de, mentar.
mentir* *v intr* mentir ‖ — *mentir comme un arracheur de dents* mentir como un sacamuelas ‖ — *a beau mentir qui vient de loin* de luengas tierras, luengas mentiras ‖ *il ment comme il respire* miente más que habla ‖ *sans mentir, pour ne pas mentir* a decir verdad, sin mentir.
menton *m* barbilla, *f*, mentón ‖ — FAM *double menton* papada ‖ *menton en galoche* barbilla prominente *ou* muy salida.
mentonnière *f* babera, barbote *m* (d'une armure) ‖ barbuquejo *m*, barboquejo *m* (de casque, de shako, etc.) ‖ IMPR botador *m*, taco *m*.
mentor *m* mentor.
menu, e [məny] *adj* menudo, da ‖ — *menu bétail* ganado menor ‖ *menue monnaie* dinero suelto, calderilla ‖ *menu gibier* caza menor ‖ *menu peuple* clase humilde *ou* modesta ‖ *menu plomb* mostacilla ‖ *menus frais* gastos menudos ‖ *menus plaisirs* caprichos, distracciones.
◆ *m* carta *f*, lista *f* de platos (carton) ‖ cubierto; *menu touristique* cubierto turístico ‖ menú, minuta *f*; *faire le menu d'un repas* hacer el menú de una comida ‖ comida *f* (repas) ‖ picón, cisco (charbon) ‖ INFORM menú; *menu déroulant* menú drop-down *ou* desenvolvente.
◆ *adv* detalladamente, punto por punto; *raconter les choses par le menu* contar las cosas detalladamente ‖ en pedacitos, en trozos (en morceaux) ‖ — *hacher menu* hacer picadillo (viande), picar (oignons, tabac, etc.).
menuet [mənɥɛ] *m* minué (danse).
menuiserie *f* carpintería ‖ trabajo *m* de carpintería (ouvrage).
menuisier *m* carpintero.
méphitique *adj* mefítico, ca.
méplat, e [mepla, at] *adj* chato, ta; más ancho que grueso; plano, na.
◆ *m* cara *f* plana de un cuerpo plano.
méprendre sur (se)* *v pr* confundirse respecto a, equivocarse en, engañarse en lo tocante a ‖ — *à s'y méprendre* hasta el punto de confundirse ‖ *se méprendre à* dejarse engañar por.
mépris [mepri] *m* desprecio, menosprecio; *encourir le mépris public* ganarse *ou* granjearse el desprecio general; *avoir du mépris pour* sentir desprecio por ‖ *au mépris de* sin tener en cuenta, con desprecio *ou* desdeño de, ignorando voluntariamente.
méprisable *adj* despreciable, menospreciable.
méprisant, e *adj* despreciativo, va; *un regard méprisant* una mirada despreciativa.
méprise *f* error *m*, equivocación; *par méprise* por error, por equivocación; *lourde méprise* error mayúsculo.
mépriser *v tr* despreciar, menospreciar.
mer [mɛːr] *f* mar *m* et *f* ‖ — *mer démontée* mar enfurecido *ou* alborotado ‖ *mer d'huile* balsa de aceite ‖ *mer fermée* mar cerrada ‖ *mer houleuse* mar agitado ‖ *mer moutonnée* mar rizado *ou* picado ‖ — *basse mer* bajamar ‖ *haute mer, pleine mer* alta mar, pleamar ‖ — *coup de mer* golpe de mar, oleada ‖ *droit de la mer* derecho marítimo ‖ *gens de mer* marinos ‖ *mal de mer* mareo ‖ *un homme à la mer!* ¡hombre al agua! ‖ — FAM *ce n'est pas la mer à boire* no es cosa del otro mundo *ou* del otro jueves ‖ *il avalerait la mer et les poissons* tiene un hambre canina (faim), tiene mucha sed (soif) ‖ *mettre à la mer* echar al agua ‖ *prendre la mer* hacerse a la mar.
— OBSERV *Mar* en espagnol est masculin dans le langage courant (*la mer Rouge* el Mar Rojo), mais il est féminin dans le langage des marins et des pêcheurs. Il l'est aussi dans les locutions comme *alta mar, bajamar, la mar de cosas* (un tas de choses).
mercantile *adj* mercantil.
mercantilisme *m* mercantilismo.
mercenaire *adj* et *s* mercenario, ria.
mercerie *f* mercería.
merci *f* merced, gracia, favor *m*; *demander, crier, implorer merci* pedir gracia, implorar merced ‖ merced (ordre) ‖ — *sans merci* sin piedad; *homme sans merci* hombre sin piedad; sin cuartel; *lutte sans merci* lucha sin cuartel ‖ — *à la merci de* a (la), merced de ‖ *à merci* a discreción, a voluntad.
◆ *m* gracias *f pl* ‖ — *merci bien, merci beaucoup!* ¡muchas gracias! ‖ *merci de* o *pour* gracias por ‖ — *Dieu merci* a Dios gracias, gracias a Dios ‖ *grand merci* mil gracias ‖ — *dire merci* dar las gracias.
mercier, ère *adj* et *s* mercero, ra.
mercredi *m* miércoles; *mercredi dernier, prochain* el miércoles pasado, que viene ‖ *mercredi des cendres* miércoles de ceniza.
mercure *m* mercurio, azogue (métal).
Mercure *n pr m* MYTH & ASTRON Mercurio.
Mercurochrome *m* (nom déposé) Mercromina *f*, mercurocromo.
merde *f* POP mierda.
◆ *interj* POP ¡coño!
merdeux, euse *adj* POP lleno, na de mierda; sucio, cia ‖ FAM *bâton merdeux* persona desagradable *ou* de trato imposible.
◆ *m* et *f* FAM mocoso, sa ‖ FIG & POP mequetrefe, individuo sin importancia.
merdier *m* FAM desmadre.
mère *f* madre; *mère de famille* madre de familia ‖ madre (religieuse) ‖ principal, central, esencial; *idée mère* idea central *ou* esencial ‖ puro, ra (pur) ‖ FAM tía, seña; *la mère Joséphine* la tía Josefa ‖ TECHN madre (vinaigre) ‖ — *mère abbesse* madre superiora, abadesa ‖ *mère branche* rama *ou* ramo principal ‖ *mère célibataire* madre soltera ‖ *mère goutte* vino de lágrima ‖ *mère nourrice* ama, nodriza ‖ *mère patrie* madre patria ‖ — *belle-mère* suegra (mère du

conjoint), madrastra (seconde femme du père) ‖ *fêtes des mères* día de la Madre ‖ *fille-mère* madre soltera ‖ *grand-mère* abuela ‖ *langue mère* lengua madre ‖ *maison mère* casa *ou* sociedad matriz *ou* central ‖ *reine mère* reina madre.

merguez *f* salchicha picante del norte de África.

méridien, enne *adj* meridiano, na.
◆ *m* ASTRON meridiano.
◆ *f* ASTRON & GÉOM meridiana ‖ siesta (sieste) ‖ tumbona (chaise-longue).

méridional, e *adj* et *s* meridional.

meringue *f* merengue *m* (pâtisserie).

meringuer *v tr* cubrir de merengue, merengar.

mérinos [merinos] *m* merino, na (mouton et tissu).

merise *f* BOT cereza silvestre.

merisier *m* BOT cerezo silvestre.

méritant, e *adj* meritorio, ria; merecedor, ra; benemérito, ta.

mérite *m* mérito; *personne de grand mérite* persona de gran mérito ‖ — *le mérite lui revient* el mérito le corresponde ‖ *se faire un mérite d'une chose* vanagloriarse de algo, honrarse con algo.

mériter *v tr* merecer, merecerse; *il l'a bien mérité* se lo ha merecido ‖ valer; *tout cela lui a mérité ce curieux sobriquet* todo esto le valió este apodo extraño ‖ — *avoir ce qu'on mérite* tener su merecido ‖ *bien mériter de sa patrie* hacerse digno de la patria ‖ *mériter de* merecer la pena de.

méritoire *adj* meritorio, ria.

merlan *m* pescadilla *f* (poisson) ‖ POP peluquero, rapabarbas ‖ *faire des yeux de merlan frit* poner los ojos en blanco.

merle *m* mirlo (oiseau) ‖ — FIG *merle blanc* mirlo blanco, cosa rara ‖ — FAM *fin merle* hombre fino, astuto | *vilain o beau merle* bicho malo, bicharraco, pajarraco ‖ — *faute de grives, on mange des merles* a falta de pan, buenas son tortas.

Merlin l'Enchanteur *n pr* el mago Merlín.

merlu *m*; **merluche** *f* merluza *f*, pescada *f* (Andalousie) ‖ bacalao *m* seco sin salar (morue).
— OBSERV La *merluche* se vende bajo el nombre de *colin*.

mérou *m* mero (poisson).

mérovingien, enne *adj* merovingio, gia.

merveille [mɛrvɛːj] *f* maravilla, portento *m* ‖ especie de pestiño *m* (pâtisserie) ‖ — *à merveille* de maravilla, a las mil maravillas, divinamente ‖ — *aller à merveille* ir de maravilla, venir que ni pintado ‖ *dire des merveilles de* decir maravillas de ‖ *faire merveille* o *des merveilles* hacer maravillas (faire des exploits), producir un efecto maravilloso (faire bel effet) ‖ *promettre monts et merveilles* prometer el oro y el moro ‖ *tomber à merveille* venir de perlas *ou* de maravilla.

merveilleusement *adv* maravillosamente, de maravilla.

merveilleux, euse [-jø, øːz] *adj* maravilloso, sa; portentoso, sa; asombroso, sa.
◆ *m* lo maravilloso, lo asombroso ‖ lo sobrenatural (dans un poème).

mes [mɛ] *adj poss pl de mon* et *ma* mis (avant un substantif), míos, mías (après un substantif); *mes frères sont plus âgés que moi* mis hermanos son mayores que yo; *mes fils sont allés saluer deux de mes amis* mis hijos han ido a saludar a dos amigos míos.

mésalliance [mezaljɑ̃ːs] *f* casamiento *m* desigual, mal casamiento *m* ‖ unión *ou* asociación desacertada.

mésallier* *v tr* malcasar.
◆ *v pr* malcasarse.

mésange *f* paro *m* (oiseau) ‖ — *mésange bleue* alionín ‖ *mésange charbonnière* paro carbonero.

mésaventure *f* contratiempo *m*, desventura, desgracia, malaventura, malandanza.

mescaline *f* mezcalina, alcaloide *m* de peyote.

mesdames [mɛdam] *f pl de madame* señoras.

mesdemoiselles [mɛdmwazɛl] *f pl de mademoiselle* señoritas.

mésentente [mezɑ̃tɑ̃ːt] *f* desacuerdo *m*, desavenencia, mala inteligencia.

mésestime *f* menosprecio *m*, desestimación.

mésestimer *v tr* menospreciar, desestimar, infravalorar, no apreciar como es debido.

mésintelligence [mezɛ̃tɛliʒɑ̃ːs] *f* desavenencia, mala inteligencia, desacuerdo *m*.

mésocarpe *m* BOT mesocarpio.
◆ *f* ova (algue d'eau douce).

mésolithique *adj* et *s m* GÉOL mesolítico, ca.

Mésopotamie [mezɔpɔtamiː] *n pr f* GÉOGR Mesopotamia.

mésosphère *f* mesosfera.

mesquin, e [mɛskɛ̃, in] *adj* mezquino, na; ruin.

mesquinement *adv* mezquinamente (avec bassesse) ‖ mezquinamente, con tacañería (sans générosité).

mesquinerie [-kinri] *f* mezquindad, tacañería, ruindad.

mess [mɛs] *m* MIL imperio, comedor de oficiales *ou* suboficiales de una misma arma.

message *m* mensaje; *message publicitaire* mensaje publicitario ‖ recado, encargo (commission) ‖ — INFORM *message d'erreur* mensaje de error ‖ *message téléphoné* aviso telefónico.

messager, ère *m et f* mensajero, ra; enviado, da ‖ ordinario *m*, cosario *m*, recadero *m*, trajinero *m* (service de marchandises) ‖ — *les messagères du printemps* las golondrinas ‖ *messager du malheur* pájaro de mal agüero.

messagerie *f* mensajería, servicio *m* de transporte ‖ despacho *m* de diligencias ‖ — *messagerie électronique* mensajería electrónica ‖ *messagerie rose* servicio de minitel para mensajes de encuentros sentimentales ‖ *messageries aériennes, maritimes* compañía de transportes aéreos, marítimos ‖ *messageries de presse* agencia distribuidora.
— OBSERV Se emplea a menudo en plural.

messe *f* misa; *aller à la messe* ir a misa; *dire la messe* decir misa ‖ — *messe basse* misa rezada ‖ *messe de funérailles* misa de cuerpo presente ‖ *messe de minuit* misa del gallo ‖ *messe des morts* misa de difuntos ‖ *messe noire* misa negra ‖ *messe pontificale* misa pontifical ‖ — *grand-messe* misa cantada, misa mayor ‖ *honoraires de messe* estipendio ‖ *livre de messe* devocionario ‖ — *dire la première messe* cantar misa (après l'ordination) ‖ *entendre la messe* oír misa ‖ FIG *faire des messes basses* andar con secreteos ‖ *servir la messe* ayudar a misa.

messianique *adj* mesiánico, ca.

messianisme *m* mesianismo.
messie [mɛsiː] *m* mesías.
messieurs [mɛsjø] *m pl de monsieur* señores.
mesurable *adj* mensurable, que se puede medir.
mesure *f* medida; *la mesure du temps* la medida del tiempo ‖ medida; *prendre des mesures draconiennes* tomar medidas drásticas ‖ medida (couture) ‖ ponderación; *cela dépasse toute mesure* esto sobrepasa toda ponderación ‖ moderación, mesura, reserva, tino *m* (retenue); *parler avec mesure* hablar con mesura ‖ MUS compás *m*; *aller en mesure, suivre la mesure* llevar *ou* guardar el compás ‖ — *mesure à deux temps* compás de dos por cuatro ‖ *mesure à quatre temps* compasillo, compás menor ‖ *mesure à trois temps* compás de tres por cuatro ‖ ÉCON *mesures d'accompagnement* o *de soutien* medidas de incentivación ‖ — *commune mesure* medida común, común rasero ‖ *unité de mesure* unidad de medida ‖ — *à mesure, au fur et à mesure* a medida que, conforme, al mismo tiempo que ‖ *dans la mesure de* en relación con, según ‖ *dans la mesure du possible* dentro de lo que cabe, en la medida de lo posible ‖ *dans la mesure où* en la medida en que ‖ *dans une certaine mesure* en cierta medida ‖ *outre mesure* más de la cuenta, demasiado ‖ *sur mesure* a la medida; *pantalon sur mesure* pantalón hecho a la medida ‖ — *agir sans mesure* obrar sin moderación, desmedidamente ‖ *avoir deux poids et deux mesures* medir con distinto rasero, aplicar la ley del embudo ‖ *battre la mesure* marcar *ou* llevar el compás ‖ *cela passe toute mesure* esto pasa de la raya *ou* de la medida ‖ *combler la mesure* llegar al último límite, llevar las cosas al extremo ‖ *dépasser la mesure* salirse de los límites, pasarse de la raya ‖ *donner sa mesure* mostrar de lo que uno es capaz ‖ *être en mesure de* hallarse en estado de, estar en condiciones de, poder, ser capaz de ‖ *faire bonne mesure* dar más de la medida ‖ FIG *garder la mesure* ser comedido ‖ *manquer de mesure* ser descomedido.
mesuré, e *adj* medido, da; proporcionado, da ‖ FIG mesurado, da; moderado, da; comedido, da.
mesurer *v tr* medir; *mesurer au litre* medir por litros ‖ proporcionar, armonizar, ajustar (proportionner) ‖ escatimar (répartir avec parcimonie) ‖ FIG evaluar, hacer estimar, dar valoración (servir à apprécier) ‖ — *mesurer du regard, par la pensée* medir con la vista, en la mente ‖ *mesurer le sol* medir el suelo con las espaldas ‖ *mesurer son coup* medir los pasos, calcular bien lo que uno va a hacer.
◆ *v pr* medirse ‖ ser comedido, moderado ‖ *se mesurer avec quelqu'un* competir, luchar, rivalizar, medirse con uno.
mésuser (de) *v intr* abusar *ou* hacer mal uso de.
métaboliser *v tr* metabolizar.
métabolisme *m* BIOL metabolismo.
métacarpe *m* ANAT metacarpo.
métairie *f* finca en aparcería ‖ alquería, cortijo *m*, granja (ferme).
métal *m* metal.
métallifère *adj* metalífero, ra.
métallique *adj* metálico, ca.
métallisé, e *adj* metalizado, da.
métalliser *v tr* metalizar.
métallographie *f* metalografía.
métalloïde *m* metaloide.

métallurgie *f* metalurgia; *métallurgie de transformation* metalurgia de transformación.
métallurgique *adj* metalúrgico, ca.
métallurgiste *m* metalúrgico, metalurgista.
métamorphique *adj* GÉOL metamórfico, ca.
métamorphisme *m* GÉOL metamorfismo.
métamorphose *f* metamorfosis, metamórfosis.
métamorphoser *v tr* metamorfosear.
métaphore *f* metáfora.
métaphorique *adj* metafórico, ca.
métaphoriquement *adv* metafóricamente, de manera metafórica.
métaphysicien, enne *m et f* metafísico, ca.
métaphysique *adj et s f* metafísico, ca.
métastase *f* MÉD metástasis.
métastaser *v tr et intr* MÉD producir metástasis.
métatarse *m* ANAT metatarso.
métayer, ère [-je, jɛːr] *m et f* aparcero, ra; colono, na ‖ cortijero, ra (fermier).
métazoaires *m pl* ZOOL metazoarios.
métempsycose; métempsychose [metãpsikoːz] *f* metempsicosis.
météo *f* FAM meteorología.
météore *m* meteoro.
météorique *adj* meteórico, ca.
météorite *f* meteorito *m*.
météoritique *adj* meteorítico, ca ‖ *cratère météoritique* cráter meteorítico.
météorologie *f* meteorología.
météorologique *adj* meteorológico, ca; *bulletin météorologique* parte meteorológico.
météorologiste; météorologue *m et f* meteorólogo, ga; meteorologista.
métèque *m* meteco ‖ FAM advenedizo, extranjero.
méthane *m* CHIM metano.
méthanier *m* metanero (bateau).
méthanol *m* metanol.
méthode *f* método *m*.
méthodique *adj* metódico, ca ‖ *encyclopédie méthodique* enciclopedia metódica.
méthodiquement *adv* metódicamente, con método ‖ *procéder méthodiquement* ir por orden.
méthodiste *adj et s* metodista.
méthodologie *f* metodología.
méthodologique *adj* metodológico, ca.
méthyle *m* CHIM metilo.
méthylène *m* CHIM metileno ‖ *bleu de méthylène* azul de metileno.
méthylique *adj* CHIM metílico, ca.
méticuleusement *adv* meticulosamente.
méticuleux, euse *adj* meticuloso, sa.
méticulosité *f* meticulosidad.
métier *m* oficio; *avoir un bon métier* tener un buen oficio ‖ profesión, carrera *f*; *le métier des armes* la carrera de las armas; *un métier d'avenir* una profesión con futuro ‖ bastidor (à broderie) ‖ papel (rôle) ‖ — *métier à tisser* telar ‖ — *arts et métiers* artes y oficios ‖ *corps de métier* corporación, gremio ‖ *homme de métier* especialista, hombre enterado ‖ *l'armée de métier* el ejército profesional ‖ — *apprendre à quelqu'un son métier* darle a uno una lección ‖ *avoir du métier* tener mucho oficio ‖ *avoir le cœur au métier* trabajar con ahínco ‖ *chacun son*

métier, *les vaches seront bien gardées* zapatero a tus zapatos, cada cual a lo suyo ‖ *être boulanger de son métier* ser de oficio panadero ‖ *être du métier* ser del oficio ‖ *faire métier de* tener la profesión de ‖ *faire son métier* cumplir con su obligación ‖ *gâcher le métier* echar a perder el oficio ‖ *il n'est de si petit métier qui ne nourrisse son maître* quien ha oficio, ha beneficio ‖ *il n'est point de sot métier* no hay oficio malo.

métis, isse [metis] *adj* et *s* mestizo, za ‖ mezclado, da (*mélangé*).

métissage *m* mestizaje.

métisser *v tr* cruzar razas, mestizar.

métonymie *f* metonimia.

métonymique *adj* metonímico, ca.

métrage *m* medición *f* por metros ‖ metros *pl*, largo en metros (*d'une pièce de tissu*); *quel métrage vous faut-il?* ¿cuántos metros le hacen falta? ‖ — CINÉM *court-métrage* cortometraje | *long-métrage* largometraje.

mètre *m* metro; *mètre carré, cube* metro cuadrado, cúbico ‖ metro (en poésie) ‖ — *mesurer en mètres, au mètre* medir por metros, con metro ‖ *mètre à ruban* cinta métrica.

métrer* *v tr* medir por metros ‖ valuar en metros.

métreur, euse *m* et *f* medidor, ra; agrimensor, ra.

métrique *adj* métrico, ca; *système métrique* sistema métrico.

métrique *f* POÉT métrica.

métro *m* metro (chemin de fer); *prendre le métro* coger el metro.

métrologie *f* metrología.

métronome *m* MUS metrónomo.

métropole *f* metrópoli.

métropolitain, e *adj* et *s m* metropolitano, na.

mets [mɛ] *m* plato, manjar.

mettable *adj* que puede llevarse *ou* ponerse; *ce vêtement n'est plus mettable* este vestido no puede ya ponerse.

metteur *m* ponedor, colocador (placeur) ‖ — ARTS *metteur au point* desbastador ‖ *metteur en œuvre* engastador ‖ *metteur en ondes* director de emisión ‖ IMPR *metteur en pages* confeccionador, compaginador (rédaction), compaginador, ajustador (imprimerie) ‖ *metteur en scène* escenógrafo, director de teatro (théâtre), director, realizador (cinéma).

mettre* *v tr*

1. PLACER — 2. INTRODUIRE — 3. VERSER, MÊLER — 4. HABILLER, REVÊTIR — 5. DÉPENSER — 6. PASSER DU TEMPS — 7. SUPPOSER, IMAGINER — 8. USER DE — 9. SUIVI D'UNE PRÉPOSITION — 10. EXPRESSIONS

1. PLACER poner, colocar; *mettre une assiette sur la table* poner un plato en la mesa; *mettre un enfant en pension* poner a un niño interno.
2. INTRODUIRE meter; *mettre la clef dans la serrure* meter la llave en la cerradura.
3. VERSER, MÊLER echar; *mettre du sel dans la soupe* echar sal en la sopa.
4. HABILLER, REVÊTIR poner, ponerse; *il met toujours les mêmes vêtements* siempre se pone la misma ropa; *mettre une robe à une enfant* poner un vestido a una niña.
5. DÉPENSER gastar; *mettre dix mille francs dans...* gastar diez mil francos en...
6. PASSER DU TEMPS tardar, echar; *mettre une heure pour faire son travail* tardar una hora en hacer su trabajo.
7. SUPPOSER, IMAGINER suponer, imaginar; *mettons que je n'aie rien dit* imaginemos que no he dicho nada; *mettez que vous avez raison* supongamos que usted tiene razón.
8. USER DE usar de, emplear; *mettre beaucoup de patience dans ce qu'on fait* usar de mucha paciencia en lo que se hace.
9. SUIVI D'UNE PRÉPOSITION *a)* À; *mettre à bas* derribar ‖ *mettre à bout* sacar de sus casillas, hacer salir de quicio ‖ *mettre à feu et à sang* poner a fuego y a sangre ‖ *mettre à flot* poner a flote ‖ *mettre à jour* poner al día, actualizar ‖ *mettre à l'amende* imponer una multa ‖ *mettre à la porte* echar a la calle ‖ *mettre à la poste* echar al correo ‖ *mettre à la raison* hacer entrar en razón ‖ *mettre à la voile* hacerse a la vela ‖ *mettre à l'épreuve* poner a prueba ‖ *mettre à même de* poner en condiciones de, dar medios para ‖ *mettre à même le sol* poner en el mismo suelo ‖ *mettre à mort* dar muerte, matar ‖ *mettre à pied* despedir ‖ *mettre à sac* saquear ‖ *mettre à sec* secar, desecar, desaguar ‖ *mettre au clair* poner en claro, sacar en limpio, aclarar ‖ *mettre au courant* poner al corriente *ou* al tanto ‖ *mettre au fait* informar, hacer saber, dar conocimiento ‖ *mettre au jour* dar *ou* sacar a luz, publicar ‖ *mettre au lit* meter en la cama, acostar ‖ *mettre au monde* dar a luz ‖ FIG & FAM *mettre au pas* meter en cintura *ou* en vereda ‖ *mettre au pied du mur* poner entre la espada y la pared ‖ *mettre au point* poner a punto, ultimar, dar el último toque (perfectionner), desbastar (le marbre), enfocar (photo), puntualizar (préciser) ‖ *mettre au secret* aislar, incomunicar ‖ *mettre aux voix* someter, poner a votación ‖ *mettre la baïonnette au canon* calar la bayoneta ‖ *mettre pied à terre* poner pie a tierra, apearse.
b) DE; *mettre de côté* ahorrar (économiser) ‖ *mettre de son côté* poner de su lado, atraer como partidario ‖ *mettre du soin à* tener *ou* poner cuidado en, esmerarse en ‖ *y mettre du sien* poner de su parte.
c) EN; *mettre en batterie* entrar en posición ‖ *mettre en bouteille, en sac* embotellar, embolsar ‖ *mettre en chantier* (un travail), emprender un trabajo ‖ *mettre en croix* crucificar ‖ *mettre en déroute* derrotar ‖ *mettre en gage* empeñar ‖ *mettre en joue* apuntar, encarar ‖ *mettre en morceaux* o *en pièces* hacer pedazos *ou* trizas ‖ *mettre en œuvre* poner en ejecución *ou* en práctica, emplear (employer), establecer ‖ *mettre en ordre* ordenar ‖ *mettre en pages* confeccionar (rédaction), compaginar, ajustar (imprimerie) ‖ *mettre en perce* abrir (tonneau) ‖ *mettre en question* poner en tela de juicio ‖ *mettre en route* poner en marcha, dar el impulso ‖ *mettre en terre* enterrar ‖ *mettre en train* poner en marcha.
d) SUR; *mettre sur la voie* encaminar, encauzar, poner en camino, orientar ‖ *mettre sur le dos de quelqu'un* cargar a uno la responsabilidad de ‖ *mettre sur pied* organizar, poner en pie.
10. EXPRESSIONS; *mettre bas* parir ‖ *mettre bas les armes* deponer las armas ‖ POP *mettre dedans* engañar ‖ *mettre dehors* echar a la calle ‖ *mettre le feu* prender fuego, incendiar ‖ POP *mettre les voiles* o *les bouts, les mettre* ahuecar el ala ‖ *mettre quelqu'un en boîte* tomar el pelo a alguien, burlarse de al-

guien || — *en mettre un coup* hacer un gran esfuerzo, echar el resto.

◆ *v pr* ponerse, colocarse || — *se mettre à couvert* ponerse a cubierto, guardarse de contratiempos || *se mettre à genoux* ponerse *ou* hincarse de rodillas, arrodillarse || *se mettre à jour* ponerse al día || *se mettre à la place de quelqu'un* ponerse en el lugar de uno || *se mettre à la raison* entrar en razón || *se mettre à l'eau* meterse en el agua || *se mettre à parler* romper a hablar || *se mettre à pleurer* romper a llorar || *se mettre à rire* echarse a reír || *se mettre à son aise* ponerse cómodo *ou* a sus anchas || *se mettre à table* sentarse a la mesa (pour manger), cantar (un accusé) || *se mettre au courant* ponerse al corriente *ou* al tanto || *se mettre au régime* ponerse a régimen || *se mettre bien avec quelqu'un* ponerse a bien con alguien || *se mettre de la partie* participar || *se mettre en colère* montar en cólera, enojarse, encolerizarse || *se mettre en frais* meterse en gastos || *se mettre en peine de* inquietarse por, darse el trabajo de || *se mettre en quatre* multiplicarse, desvivirse, hacer todo lo posible || *se mettre en rapport* ponerse en relación *ou* en contacto || FAM *se mettre en rogne* o *en boule* enojarse, encolerizarse || *se mettre en route* ponerse en camino || *se mettre en tête* meterse en la cabeza || FAM *se mettre le doigt dans l'œil* equivocarse | *se mettre quelqu'un à dos* ganarse la enemistad de alguien | *se mettre sur son trente et un* ponerse a tiros largos | *s'en mettre jusque-là* hartarse de comer, ponerse como el quico || *s'y mettre* ponerse a trabajar || — *n'avoir rien à se mettre* no tener qué ponerse, no tener con qué vestirse || *n'avoir rien à se mettre sous la dent* no tener qué llevarse a la boca.

meuble [mœbl] *adj* mueble; *biens meubles* bienes muebles || *terre meuble* tierra blanda, mollar.

◆ *m* mueble; *meuble en noyer* mueble de nogal || BLAS mueble.

◆ *pl* mobiliario *sing*, moblaje *sing* (mobilier) || *meubles-lits* muebles cama || — *être dans ses meubles* estar en su casa || *se mettre dans ses meubles* poner casa.

meublé, e *adj* amueblado, da || *non meublé* desamueblado.

◆ *m* piso amueblado (appartement meublé) || *vivre en meublé* vivir en una habitación amueblada *ou* en un piso amueblado.

meubler *v tr* amueblar || decorar, adornar (orner) || producir buen efecto || FIG rellenar, llenar || — FIG *meubler sa mémoire* enriquecer la memoria | *meubler son esprit* enriquecer sus conocimientos.

◆ *v pr* instalarse, comprarse muebles.

meuglement *m* mugido, bramido (beuglement).

meugler *v intr* mugir, bramar (beugler).

meule [møl] *f* almiar *m*, hacina (tas de foin, de blé, etc.) || carbonera (pour faire le charbon) || rueda, muela (de moulin) || piedra de afilar *ou* de amolar (pour aiguiser) || AGRIC cama (de champignons) || — *meule courante* corredera || *meule de fromage* pan *ou* rueda de queso || *meule gisante* solera, yusera.

meulier, ère *adj* molar; moleño, ña.

◆ *f* moleña, pedernal *m* (pierre) || cantera (carrière).

meunerie [mønri] *f* molinería.

meunier, ère *m* et *f* molinero, ra.

◆ *m* pez de río (chevaine).

◆ *f* paro *m* de cola larga (oiseau).

meurtre [mœrtr] *m* homicidio, asesinato; *meurtre avec préméditation* homicidio con premeditación || — FIG *c'est un meurtre!* ¡es un crimen *ou* una atrocidad! || *crier au meurtre* pedir auxilio *ou* socorro.

meurtrier, ère [-trije, jɛːr] *m* et *f* homicida; asesino, na.

◆ *adj* mortífero, ra; mortal; *épidémie meurtrière* epidemia mortífera || FIG sangriento, ta; homicida (combat, bataille, etc.) | destructor, ra; dañino, na; peligroso, sa.

meurtrière *f* tronera, aspillera, saetera (fortification).

meurtrir *v tr* magullar, contusionar (une personne) || dañar, machucar (les fruits) || FIG herir, lastimar, afligir; *meurtri dans son cœur* herido en su corazón.

meurtrissure *f* magulladura, contusión, magullamiento *m*, cardenal *m* (bleu) || machucadura (des fruits) || FIG herida.

Meuse [møːz] *n pr f* GÉOGR Mosa *m*.

meute *f* jauría; *une meute de chiens, de créanciers* una jauría de perros, de acreedores || manada, banda; *une meute d'envieux* una manada de envidiosos.

mévente *f* venta inferior en cantidad y precio.

mexicain, e *adj* mexicano, na.

Mexicain, e *m* mexicano, na.

Mexico *n pr* GÉOGR (ciudad de) México.

Mexique *n pr m* GÉOGR México.

— OBSERV En espagnol, *México* s'écrit avec un *x* même s'il se prononce *Méjico* avec un *j*.

mezzanine [medzanin] *f* entresuelo *m* (entresol) || ARCHIT tragaluz *m*, ventana pequeña (petite fenêtre).

mezza voce [medzavɔtʃe] *loc adv* MUS a media voz.

mezzo-soprano [medzosɔprano] *m* MUS mezzo-soprano.

M.F. abrév de *modulation de fréquence* MF, frecuencias medias || abrév de *millions de francs* millones de francos.

Mgr. abrév de *Monseigneur* Monseñor.

mi- prefijo invariable que significa *medio* y se une con un guión al término siguiente; *étoffe mi-soie* tela mezclada de seda; *à la mi-août* a mediados de agosto; *à mi-jambe* a media pierna; *à mi-chemin* a la mitad del camino; *mi-mort* medio muerto.

mi *m* MUS mi (note musical).

miam; miam-miam *interj* FAM ñam ñam (indique que quelque chose est appétissant, alléchant).

miaou *m* miau (cri du chat).

miasme *m* miasma.

— OBSERV Le mot espagnol *miasma* est du masculin bien qu'il soit parfois employé abusivement au féminin.

miaulement [mjolmã] *m* maullido.

miauler *v intr* maullar.

mi-bas *m inv* calcetín de media.

mica *m* MIN mica *f*.

mi-carême *f* mediados de cuaresma, jueves *m* de la tercera semana de cuaresma.

micaschiste [mikaʃist] *m* MIN micacita *f*.

miche *f* pan *m* hogaza.

Michel-Ange *n pr* Miguel Ángel.

micheline *f* automotor *m*, autovía *m*.

mi-chemin (à) *loc adv* a la mitad del camino, a medio camino.

mi-clos, e [miklo, oːz] *adj* entornado, da; medio cerrado, da; *les paupières mi-closes* los párpados entornados.

micmac *m* FAM intriga *f* | chanchullo, tejemaneje, enjuague (pratique secrète et blâmable) | embrollo, lío (désordre).

micocoulier *m* almez, almecino (arbre).

mi-corps (à) [amikɔːr] *loc adv* por la mitad del cuerpo, a medio cuerpo; *être dans l'eau jusqu'à mi-corps* estar en el agua hasta medio cuerpo.

mi-côte (à) *loc adv* a media cuesta, en la mitad de la cuesta; *s'arrêter à mi-côte* pararse a media cuesta.

mi-course (à) *loc adv* en mitad de la carrera.

micro *m* FAM micro (microphone) ‖ INFORM & FAM micro, microordenador (micro-ordinateur) ‖ *au micro monsieur Vidal* al habla *ou* al micrófono el señor Vidal.
 ◆ *f* INFORM & FAM microinformática (micro-informatique).

microbe *m* microbio.

microbien, enne *adj* microbiano, na.

microbiologie *f* microbiología.

microcéphale *adj et s* microcéfalo, la.

microchirurgie *f* microcirugía.

microclimat [mikroklima] *m* microclima.

microcosme *m* microcosmo.

micro-cravate *m* micrófono de solapa.
 — OBSERV *pl micros-cravates*.

microédition *f* INFORM microedición.

microélectronique *f* microelectrónica.

microfiche *f* INFORM microficha.

microfilm *m* microfilme.

microfilmer *v tr* microfilmar.

micrographie *f* micrografía.

micro-informatique *f* microinformática.
 — OBSERV *pl micro-informatiques*.

micromètre *m* micrómetro.

micrométrique *adj* micrométrico, ca.

micron *m* micra *f*, micrón.

micro-onde *f* microonda.

micro-ondes *m inv* microondas (four à micro-ondes).

micro-ordinateur *m* INFORM microordenador.

micro-organisme *m* microorganismo.

microphone *m* micrófono.

microphotographie *f* microfotografía.

microphysique *f* microfísica, física del átomo.

microprocesseur *m* INFORM microprocesador.

microprogrammation *f* INFORM microprogramación.

microscope *m* microscopio.

microscopie *f* microscopia.

microscopique *adj* microscópico, ca.

microséisme *m* GÉOL & PHYS microsismo, microseísmo.

microsillon *m* microsurco (disque).

miction [miksjɔ̃] *f* micción.

M.I.D.E.M. abrév de *Marché international du disque et de l'édition musicale* Mercado Internacional del Disco y de la Edición Musical.

midi *m* mediodía ‖ las doce [del día]; *il est midi vingt* son las doce y veinte; *midi sonne* dan las doce ‖ Mediodía, Sur (sud); *cet appartement donne au midi* este piso da al Sur ‖ países *pl* meridionales *ou* del Sur ‖ — *le repas de midi* el almuerzo, la comida ‖ *tous les midis* todos los días al mediodía ‖ — *à midi sonnant o juste* a las doce en punto ‖ *en plein midi* en pleno día ‖ — FIG *chercher midi à quatorze heures* buscarle tres pies al gato.

midinette *f* FAM modistilla.

mi-distance (à) *loc adv et prép* a medio camino.

mie [mi] *f* miga (du pain) ‖ *(vx)* partícula negativa que significa lo mismo que *point* o *pas*; *je ne veux mie* no quiero ‖ *(vx)* FAM amiga; *ma mie* amiga mía ‖ *n'y voir mie* no ver ni jota *ou* ni pizca.

miel *m* miel *f*; *rayon de miel* panal de miel ‖ — *lune de miel* luna de miel ‖ *mouches à miel* abejas ‖ *être tout miel* ser muy amable *ou* muy meloso.

mielleusement *adv* de manera melosa, con zalamería.

mielleux, euse *adj* meloso, sa; almibarado, da; dulzón, ona ‖ FIG meloso, sa; empalagoso, sa (doucereux, hypocrite).

mien, enne [mjɛ̃, mjɛn] *adj et pron poss* mío, mía; *ce n'est pas la mienne* no es la mía ‖ *j'y mets du mien* yo aporto mi esfuerzo, hago lo que puedo.
 ◆ *m* lo mío; *je ne demande que le mien* no pido más que lo mío.
 ◆ *pl* los míos, mi familia *f sing*.

miette *f* migaja; *une miette de pain* una migaja de pan ‖ — *la vitre est en miettes* el vidrio está hecho trizas, añicos ‖ *mettre en miettes* hacer trizas *ou* pedazos *ou* añicos.
 ◆ *pl* restos *m*; *les miettes d'une fortune* los restos de una fortuna.

mieux [mjø] *adv* mejor; *mieux vivre* vivir mejor ‖ — *à qui mieux mieux* a cual mejor, a cual más ‖ *d'autant mieux* con mayor razón, con tanta más razón ‖ *en attendant mieux* en espera de algo mejor ‖ *faute de mieux* a falta de otra cosa mejor ‖ *tant mieux* mejor, tanto mejor, mucho mejor ‖ *tout au mieux* en el mejor de los casos ‖ — *aimer mieux* gustarle a uno más, preferir ‖ *aller mieux* estar *ou* encontrarse mejor; *le malade va mieux* el enfermo está mejor; ir mejor; *nos affaires vont mieux* nuestros negocios van mejor ‖ *faire mieux* hacer mejor (mieux agir), ser mejor; *je ferais mieux d'y aller* sería mejor que fuese ‖ *ne pas demander mieux* no pedir *ou* no querer otra cosa ‖ *ne pas demander mieux que de* no pedir más que, no querer otra cosa que, no querer más que ‖ *on ne peut mieux* no se puede hacer mejor ‖ *pour mieux dire* mejor dicho ‖ *trouver mieux* encontrar algo mejor ‖ *valoir mieux* valer mucho más, ser mejor (avoir plus de valeur), valer más; *il vaut mieux s'en aller* más vale irse; *mieux vaut tard que jamais* más vale tarde que nunca.
 ◆ *adj* mejor; *être mieux* estar mejor.
 ◆ *m* lo mejor ‖ mejoría *f* (amélioration) ‖ — *au mieux* lo mejor posible, en las mejores condiciones, en la mejor hipótesis ‖ *au mieux de ses intérêts* de la manera más ventajosa ‖ *de mieux en mieux* cada vez mejor ‖ *de mon mieux, de ton mieux, du mieux possible, du mieux qu'on peut* lo mejor que puedo, lo mejor que puedes, de la mejor manera posible, lo mejor posible ‖ *la mieux, le mieux, les mieux* la mejor, el mejor, los mejores ‖ *le mieux du*

monde lo mejor del mundo, a las mil maravillas ‖ — *c'est ce qu'il y a de mieux* es lo mejor que hay ‖ *en mettant les choses au mieux* en el mejor de los casos ‖ *être du mieux avec quelqu'un* estar en relaciones excelentes con alguien ‖ *faire de son mieux* hacer cuanto se pueda *ou* todo lo posible ‖ *faire pour le mieux* obrar lo mejor posible ‖ *il y a du mieux* hay mejoría ‖ *tout est pour le mieux* todo va a pedir de boca.
— OBSERV Con *le mieux* el artículo concuerda únicamente si hay una comparación entre varias cosas (elle était *la mieux* habillée).

mieux-être [mjøzɛːtr] *m* mayor bienestar, mejor estado.

mièvre *adj* amanerado, da; afectado, da; empalagoso, sa (prétentieux) ‖ FIG delicado, da; débil, enclenque (chétif).

mièvrerie *f* afectación, amaneramiento *m*, remilgo *m*, cursilería.

mignard, e [miɲaːr, ard] *adj* remilgado, da; melindroso, sa; afectado, da.

mignardise *f* gracia, delicadeza, preciosidad (grâce délicate) ‖ mimo *m*; *faire des mignardises* hacer mimos ‖ agremán *m* (galón) ‖ clavellina, clavelito *m* (petit œillet) ‖ FAM melindres *m pl*, remilgos *m pl*, afectación.

mignon, onne *adj* amable; atento, ta; mono, na (gentil) ‖ — *argent mignon* ahorrillos ‖ *péché mignon* vicio favorito, punto flaco, debilidad.
◆ *adj et s* mono, na; monín, ina; bonito, ta; lindo, da; gracioso, sa; precioso, sa; rico, ca; *une fillette très mignonne* una niña muy mona.
◆ *m* HIST favorito, valido (favori).

migraine *f* jaqueca, dolor *m* de cabeza.

migrant, e *adj et s* emigrante.

migrateur, trice *adj et s m* migratorio, ria; que va de paso, emigrante ‖ *oiseaux migrateurs* aves de paso.

migration [migrasjɔ̃] *f* migración.

migratoire *adj* migratorio, ria.

migrer *v intr* emigrar.

mi-jambe (à) *loc adv* a media pierna.

mijaurée *f* remilgada, cursilona.

mijoter *v tr et intr* cocer a fuego lento (cuire doucement) ‖ FIG preparar poco a poco, tramar, maquinar.

mikado *m* micado (empereur du Japon).

mil *m* maza *f* de gimnasia ‖ BOT mijo.

mil *adj num* mil.

Milan *n pr* GÉOGR Milán.

milanais, e *adj* milanés, esa.

Milanais, e *m et f* milanés, esa.

mildiou *m* mildiu, mildeu (de la vigne).

mile *m* milla (mesure anglaise).

milice *f* milicia ‖ HIST *milices bourgeoises* o *communales* milicias concejiles.

milicien, enne *m et f* miliciano, na.

milieu [miljø] *m* medio, centro ‖ mitad *f*; *au milieu du roman* en la mitad de la novela ‖ FIG medio, ambiente, medio ambiente (sphère sociale) ‖ término medio; *il n'y a pas de milieu* no hay término medio ‖ ambiente especial de la gente de mal vivir, hampa (les gens du milieu) ‖ — SPORTS *milieu de terrain* centrocampista ‖ — *au beau milieu* en el mismísimo centro, justo en medio de ‖ *au beau milieu de la fête* en lo mejor de la fiesta, en plena fiesta ‖ *au milieu de* en medio de ‖ *au milieu de la foule* por entre la muchedumbre ‖ *en plein milieu* en pleno centro, justo en medio ‖ *juste milieu* justo medio ‖ *vers le milieu de l'année* hacia mediados de año ‖ — *tenir le milieu entre* estar equidistante de, estar en el centro (au centre), ser el término medio (moyen terme).
◆ *pl* los medios; *les milieux bien informés* los medios bien informados ‖ círculos, centros; *milieux diplomatiques* círculos diplomáticos.

militaire *adj et s m* militar; *école militaire* academia militar; *service militaire* servicio militar.

militairement *adv* militarmente ‖ con resolución, rápidamente (résolument).

militant, e *adj et s* militante.

militantisme *m* militancia *f*.

militarisation *f* militarización.

militariser *v tr* militarizar.

militarisme *m* militarismo.

militariste *adj et s* militarista.

militer *v intr* militar ‖ FIG combatir, luchar.

milk-shake *m* batido.

mille [mil] *adj num inv* mil; *mille francs* mil francos ‖ — FAM *des mille et des cents* miles de millares, a millares ‖ *je vous le donne en mille* me apuesto lo que usted quiera.
◆ *m* millar; *un mille d'épingles* un millar de alfileres ‖ milla *f* (mesure itinéraire) ‖ FAM *mettre dans le mille* acertar, dar en el blanco.
— OBSERV *Mille* adjetivo numeral es invariable; sólo toma la *s* en plural cuando significa medida itineraria. En las fechas se usa en francés tanto *mil* como *mille*.

millefeuille [milfœːj] *f* milenrama (plante).
◆ *m* milhojas (gâteau).
— OBSERV pl *millefeuilles*.

millénaire *adj* milenario, ria.
◆ *m* milenario, milenio (mille ans).

mille-pattes [milpat] *m inv* ZOOL ciempiés.

millepertuis [milpɛrtɥi] *m* BOT corazoncillo, hipérico.

millésime *m* fecha *f* de acuñación de una moneda ‖ año de cosecha de un vino.

millésimé, e *adj* con el año de la cosecha (bouteille de vin).

millet [mijɛ]; **mil** *m* BOT mijo.

milli- [mili] *préf* mili; *millimètre* milímetro.

milliampère *m* ÉLECTR miliamperio.

milliard [miljaːr] *m* mil millones.

milliardaire *adj et s* multimillonario, ria; archimillonario, ria.

milliardième *m* mil millonésima parte.

millibar *m* PHYS milibar.

millième *adj et s* milésimo, ma.
◆ *m* milésima *f* parte.

millier [milje] *m* millar ‖ *des milliers et des milliers* millares y millares, miles de miles.

milligramme *m* miligramo.

millilitre *m* mililitro.

millimètre *m* milímetro.

millimétré, e *adj* → **millimétrique**.

millimétrique; millimétré *adj* milimétrico, ca.

million *m* millón ‖ *riche à millions* persona llena de millones *ou* muy rica.

millionième *adj* millonésimo, ma.
◆ *m* millonésima *f* parte.

millionnaire *adj* et *s* millonario, ria.
milliseconde *f* milisegundo *m*.
millivolt *m* ÉLECTR milivoltio.
milord [milɔ:r] *ou* [mailɔ:rd] *m* milord (titre anglais) ‖ milord (voiture) ‖ FIG & FAM ricachón, milord (très riche).
mime *m* mimo, imitador (acteur) ‖ THÉÂTR mimo (pièce bouffonne).
mimer *v tr* remedar, imitar, mimar (imiter) ‖ expresar con gestos y ademanes, mimar.
mimétique *adj* mimético, ca.
mimétisme *m* mimetismo.
mimi *m* mino, micho, gato (chat) ‖ besito, mimo.
◆ *adj* FAM mono, na; bonito, ta (mignon).
mimique *adj* et *s* mímico, ca.
mimolette *f* queso de origen holandés de color naranja.
mimosa *m* mimosa *f* (fleur).
min abrév de *minute* min, minuto ‖ abrév de *minimum* mín, mínimo.
minable *adj* FIG & FAM calamitoso, sa; lastimoso, sa; lamentable; *avoir un aspect minable* tener una facha lamentable.
minaret [minarɛ] *m* alminar, minarete (gallicisme).
minauder *v intr* hacer melindres *ou* carantoñas *ou* zalamerías.
minauderie *f* monería, monada, melindre *m*, zalamería, carantoña.
minaudier, ère *adj* et *s* melindroso, sa; zalamero, a.
◆ *f* polvera.
mince [mɛ̃:s] *adj* delgado, da ‖ fino, na; ligero, ra (étoffe) ‖ FIG pobre; *mince consolation* pobre consuelo ‖ escaso, sa; corto, ta; *un mince salaire* un salario escaso ‖ — *ce n'est pas un mince mérite* no es poco mérito.
◆ *interj* FAM ¡ediablos!; ¡caray!, ¡caramba!
minceur *f* delgadez, esbeltez.
mincir *v intr* adelgazar.
mine [min] *f* cara, semblante *m*, aspecto *m* (visage, air); *avoir bonne mine* tener buena cara (personne), tener buen aspecto (plat) ‖ — POP *mine de rien* como quien no quiere la cosa ‖ *mine rébarbative* cara de pocos amigos ‖ — *avoir la mine longue* tener la cara larga ‖ *faire des mines* hacer caritas *ou* melindres *ou* muecas ‖ *faire grise mine* poner mala cara ‖ *faire la mine* poner mala cara, estar de mal talante ‖ *faire mine de* hacer como si ‖ *juger quelqu'un sur la mine* juzgar a uno por su linda cara ‖ *ne pas payer de mine* tener mal aspecto.
mine [min] *f* mina; *une mine de charbon* una mina de carbón ‖ mina (de crayon) ‖ barreno *m* (explosif) ‖ mina, mineral *m* (minerai) ‖ mina (monnaie grecque ancienne) ‖ MIL mina ‖ — *mine à ciel ouvert* mina a cielo abierto ‖ MIL *mine antichar, antipersonnel* mina anticarro, contra personal ‖ *mine à retardement* mina de acción retardada ‖ FIG *mine d'information* venero de información ‖ *mine flottante* mina flotante ‖ — *chambre, fourneau, trou de mine* cámara de mina, hornillo de mina, barreno *f* ‖ *dragueur de mines* dragaminas ‖ *mouilleur* o *poseur de mines* minador ‖ — *draguer les mines* rastrear las minas ‖ FIG *être une mine d'or* ser una mina de oro.
miner *v tr* minar, socavar (creuser) ‖ minar, poner minas; *miner une plage* poner minas en una playa ‖ poner barrenos, barrenar (pour détruire un édifice) ‖ FIG minar, consumir; *la fièvre le mine* la fiebre le consume | destruir, zapar, desbaratar.
minerai [minrɛ] *m* mineral.
minéral, e *adj* et *s m* mineral.
minéralisation *f* mineralización.
minéralisé, e *adj* mineralizado, da.
minéralogie *f* mineralogía.
minéralogique *adj* mineralógico, ca ‖ — *numéro minéralogique* número de matrícula (d'une auto) ‖ *plaque minéralogique* matrícula.
minéralogiste *m* et *f* mineralogista.
minerve *f* MÉD minerva.
minestrone [minɛstrɔn] *m* sopa *f* milanesa.
minet, ette [minɛ, ɛt] *m* et *f* FAM gatito, ta; minino, na (chat) ‖ monín, ina (personne).
mineur *m* et *adj* minero (ouvrier d'une mine); *mineur de fond* minero de extracción ‖ minador zapador (soldat).
mineur, e *adj* menor ‖ de poca importancia ‖ RELIG *ordres mineurs* órdenes menores.
◆ *adj* et *s* menor de edad, menor.
miniature *adj* et *s f* miniatura.
miniaturisation *f* miniaturización.
miniaturiser *v tr* miniaturizar.
miniaturiste *adj* et *s* miniaturista.
minibus *m* microbús.
minier, ère *adj* minero, ra; *industrie, zone minière* industria, zona minera.
minijupe *f* minifalda.
minima (a) *loc adv* DR *appel a minima* apelación fiscal.
— OBSERV Úsase en francés el latinismo *minima* como femenino de *minimum* en vez de *minimale: température minima* temperatura mínima.
minimal, e *adj* mínimo, ma [en el grado más ínfimo]; *température minimale* temperatura mínima.
minimaliser *v tr* minimalizar.
minimaliste *adj* et *s* minimalista.
minime *adj* et *s* mínimo, ma.
◆ *m* et *f* infantil (sportif de 13 à 15 ans).
◆ *m* mínimo (religieux franciscain).
minimiser *v tr* minimizar, reducir al mínimo, quitar importancia ‖ menospreciar; *sans minimiser l'importance d'un événement* sin menospreciar la importancia de un acontecimiento.
minimum [minimɔm] *m* mínimo, mínimum ‖ — *au minimum* a lo mínimo, por lo menos ‖ *minimum vital* salario mínimo vital.
— OBSERV pl *minimums*.
mini-ordinateur *m* INFORM miniordenador.
— OBSERV pl *mini-ordinateurs*.
ministère *m* ministerio; *sous le ministère de* en el ministerio de ‖ intervención *f*, concurso; *offrir son ministère* ofrecer su concurso ‖ — *ministère de la Construction* Ministerio de la Vivienda ‖ *ministère de la Santé publique* Ministerio de Sanidad ‖ *ministère de l'Éducation nationale* Ministerio de Educación nacional ‖ *ministère de l'Information* Ministerio de Información ‖ *ministère de l'Intérieur* Ministerio del Interior ‖ *ministère des Affaires étrangères* Ministerio de Asuntos Exteriores (Espagne), Ministerio de Relaciones Exteriores (Amérique) ‖ *ministère de la Défense nationale* Ministerio de la Guerra ‖ *ministère des Finances* Ministerio de Hacienda (Espagne), Ministerio de

Hacienda *ou* de Finanzas (Amérique latine) ‖ *ministère des P.T.T* Ministerio de Comunicaciones ‖ *ministère des Travaux publics* Ministerio de Obras Públicas ‖ *ministère public* ministerio público, fiscal (procureur).

ministériel, elle *adj* ministerial.

ministre *m* ministro ‖ — *ministre de tutelle* ministro encargado de los medios de control de las colectividades públicas ‖ *Premier ministre* primer ministro, jefe del Gobierno *ou* presidente del Consejo de ministros.

Minitel *m* (nom déposé) terminal de videotexto francés.

minitéliste *m* et *f* usuario de Minitel.

Minnesota *n pr* GÉOGR Minnesota.

minoen, enne [minɔɛ̃, ɛn] *adj* minoano, na.

minois [minwa] *m* FAM cara *f*, carita *f*, palmito.

minorer *v tr* valorar a bajo precio, infravalorar ‖ quitar importancia.

minoritaire *adj* minoritario, ria; de la minoría.

minoration *f* disminución.

minorité *f* minoría (dans une assemblée, dans un pays) ‖ minoría de edad, minoridad (*p us*) (d'âge) ‖ — *être en minorité* ser minoría ‖ *mettre en minorité* poner en minoría.

Minorque *n pr f* GÉOGR Menorca.

minorquin, e *adj* menorquín, ina.

Minorquin, e *m* et *f* menorquín, ina.

Minotaure *n pr m* MYTH Minotauro.

minoterie *f* almacén *m*, fábrica *ou* comercio *m* de harinas.

minotier *m* harinero, *f*.

minou *m* FAM gatito.

minuit [minɥi] *m* medianoche *f* ‖ las doce de la noche; *il est minuit vingt* son las doce y veinte de la noche ‖ *messe de minuit* misa del gallo.

minus *m inv* FAM retrasado, deficiente, débil mental.

minuscule *adj* et *s f* minúsculo, la.

minutage *m* cálculo de tiempo, cronometraje (en minutos).

minute *f* minuto *m* (temps, angle) ‖ — *la minute de vérité* la hora de la verdad; *entrecôte o steak minute* filete a la plancha poco hecho ‖ *à la minute* al instante, en seguida, al minuto ‖ *d'une minute à l'autre* de un momento a otro, dentro de un momento ‖ *je reviens dans une minute* vuelvo dentro de un minuto.
◆ *interj* ¡espere un momento!, despacio, poco a poco.

minuter *v tr* cronometrar, calcular el tiempo que dura una operación (spectacle, discours) ‖ minutar.

minuterie *f* minutero *m* (d'une horloge) ‖ interruptor *m* eléctrico automático, minutería, contacto *m* de tiempo.

minuteur *m* minutero (appareil ménager).

minutie [minysi] *f* minucia, nimiedad, menudencia, minuciosidad.

minutieusement *adv* minuciosamente.

minutieux, euse [-sjø, ø:z] *adj* minucioso, sa; meticuloso, sa.

miocène *adj* et *s m* GÉOL mioceno.

mioche [mjɔʃ] *m* FAM chaval, chico, crío.

mirabelle *f* ciruela mirabel, variedad de ciruela pequeña y amarilla.

mirabellier *m* ciruelo mirabel, ciruelo de fruto amarillo.

miracle *m* milagro ‖ THÉÂTR milagro (au Moyen Âge) ‖ — *crier miracle o au miracle* maravillarse, extasiarse ‖ *par miracle* por *ou* de milagro ‖ *tenir du miracle* ser milagroso, sa.

miraculé, e *adj* et *s* curado, da, milagrosamente.

miraculeusement *adv* milagrosamente, de milagro.

miraculeux, euse *adj* milagroso, sa ‖ FIG maravilloso, sa (merveilleux).

mirador *m* mirador, cierro (en Andalousie) ‖ bienteveo, candelecho (à la campagne) ‖ MIL torre *f* de observación.

mirage *m* espejismo ‖ FIG ilusión *f*, espejismo ‖ *mirage des œufs* mirado de los huevos al trasluz.

mire *f* mira ‖ carta de ajuste (télévision) ‖ colmillo *m* (du sanglier) ‖ — *cran de mire* muesca de mira ‖ FIG *point de mire* punto de mira, blanco de las miradas ‖ *point, ligne de mire* punto, línea de mira.

mirer *v tr* mirar a través, al trasluz (un œuf) ‖ apuntar (la cible) ‖ reflejar (refléter) ‖ FIG echar el ojo, codiciar (convoiter) ‖ POP diquelar, mirar (regarder) ‖ *mirer du drap* mirar paño a contraluz.
◆ *v pr* mirarse; *se mirer dans la glace* mirarse al espejo ‖ reflejarse; *la lune se mirait dans la rivière* la Luna se reflejaba en el río ‖ FIG contemplarse; *Narcisse se mirait dans l'eau* Narciso se contemplaba en el agua.

mirifique *adj* mirífico, ca; maravilloso, sa.

mirliton *m* flauta *f* de caña, pito (flûte) ‖ semáforo de aviso (chemin de fer) ‖ FAM *vers de mirliton* aleluyas.

miro; miraud, e *adj* et *s* POP cegato.

mirobolant, e *adj* FAM maravilloso, sa; mirífico, ca; estupendo, da.

miroir [mirwa:r] *m* espejo ‖ FIG espejo, dechado ‖ MAR espejo de popa ‖ — *miroir aux alouettes* señuelo, espejuelo, cimbel; *chasser au miroir aux alouettes* cazar con señuelo ‖ *miroir ardent* espejo ustorio ‖ MIN *miroir d'âne* espejuelo de asno [yeso cristalizado] ‖ *miroir d'eau* estanque cuadrado ‖ *miroir rétroviseur* espejo retrovisor ‖ — *œufs au miroir* huevos al plato ‖ *les yeux sont le miroir de l'âme* los ojos son el espejo del alma.

miroitement *m* espejeo, reflejo, reverberación *f*, brillo ‖ FIG espejuelo, atractivo.

miroiter *v tr* espejear, relucir, resplandecer, reflejar ‖ POÉT rielar ‖ FIG *faire miroiter* hacer brillar, seducir con, atraer con el señuelo de.

mironton *m* ropa *f* vieja (ragoût).

mis, e [mi, mi:z] *adj* (part pas de *mettre*), puesto, ta; colocado, da.

misanthrope *adj* et *s* misántropo *m*.

misanthropie *f* misantropía.

miscible [misibl] *adj* miscible, mezclable.

mise *f* postura, puesta, apuesta (pari) ‖ dinero *m* aportado, aportación de fondos (capital placé dans une affaire) ‖ puja, subasta (enchère) ‖ colocación, acción de poner ‖ porte *m*, vestimenta, traje *m* (vêtements) ‖ — *mise à feu* encendido ‖ *mise à jour* puesta al día *ou* al corriente ‖ *mise à la retraite* jubilación (civil), retiro *m* (militaire) ‖ *mise à l'eau* botadura (d'un bateau) ‖ TAUROM *mise à mort*

miser

tercio de muerte ‖ *mise à pied* suspensión de un empleado, destitución, despido ‖ *mise à prix* tasación, fijación de precio ‖ RAD *mise à la terre* toma de tierra ‖ *mise au point* puesta a punto, preparación esmerada de algo, elaboración (élaboration), enfoque (photographie), acabamiento, arreglo final, última mano *ou* toque (dernière main), aclaración periodística (explication, rectification) ‖ *mise au tombeau* sepultura ‖ *mise aux enchères* subasta, venta pública ‖ *mise aux voix* votación ‖ *mise bas* parto ‖ *mise de fonds* aportación *ou* inversión de fondos ‖ *mise en accusation* acusación ‖ MIL *mise en batterie* entrada en posición ‖ *mise en bouteilles* embotellado ‖ DR *mise en cause* auto de demanda ‖ *mise en chantier* puesta en astillero (maritime), iniciación *ou* apertura *ou* comienzo de obras (d'un travail) ‖ *mise en chiffre* cifrado ‖ *mise en conserve* conservación, fabricación de conservas ‖ *mise en demeure* requerimiento, emplazamiento ‖ *mise en disponibilité* cesantía (fonctionnaire), situación de reserva (militaire) ‖ *mise en garde* puesta en guardia (escrime), advertencia, aviso (avertissement) ‖ *mise en jeu* entrada en el juego, empleo, uso ‖ *mise en jugement* enjuiciamiento ‖ *mise en liberté* liberación, libertad ‖ *mise en marche* arranque, puesta en marcha (démarrage), comienzo (commencement) ‖ *mise en œuvre* puesta en marcha (début), aplicación (application), operaciones preliminares de la tirada (imprimerie) ‖ RAD *mise en ondes* realización ‖ IMPR *mise en pages* compaginación, ajuste (à l'imprimerie), confección (à la rédaction) ‖ *mise en place* colocación, montaje ‖ *mise en plis* marcado (coiffure) ‖ DR *mise en possession* ejecución del acto posesorio ‖ *mise en pratique* puesta en marcha ‖ *mise en route* iniciación ‖ *mise en scène* escenificación, escenografía, dirección escénica (au théâtre), dirección, realización (au cinéma), montaje (apparat) ‖ *mise en service* puesta en servicio, funcionamiento ‖ *mise en terre* sepultura, enterramiento ‖ *mise en train* comienzo (commencement), animación ‖ *mise en valeur* aprovechamiento, revalorización, mejoramiento (d'une région grâce aux travaux d'aménagement) ‖ *mise en vente* venta ‖ *mise hors cause* declaración de no culpabilidad ‖ *mise hors la loi* declaración fuera de la ley ‖ *mise sur pied* creación, establecimiento (création), montaje (préparation) ‖ — *être de mise* ser admisible *ou* de recibo (une raison), ser presentable (une personne), estar de moda (un vêtement), ser correcto (un comportement), ser apropiado *ou* oportuno (être opportun).

miser *v tr* et *intr* hacer una postura, una puesta (faire une mise), apostar (parier) ‖ jugarse; *miser tout sur une carte* jugárselo todo a una carta ‖ depositar (déposer) ‖ pujar (aux enchères) ‖ — *miser sur deux tableaux* jugar con dos barajas ‖ *miser sur quelque chose* especular en algo ‖ *miser sur quelqu'un* contar con uno (se ménager sa faveur), poner las esperanzas en uno (escompter sa réussite).

misérabilisme *m* gusto sistemático por la miseria humana.

misérabiliste *adj* et *s* que se complace por la miseria humana.

misérable *adj* et *s* miserable.

misérablement *adv* miserablemente, en la miseria.

misère *f* miseria; *misère noire* gran miseria ‖ desgracia, calamidad (malheur) ‖ — *dans la misère* en la miseria ‖ *un salaire de misère* un sueldo miserable ‖ — *crier misère* lamentarse de su pobreza ‖ *crier misère sur un tas de blé* quejarse de vicio.

◆ *pl* FAM pequeñeces, minucias (choses peu importantes) ‖ cosas desagradables ‖ FAM *faire des misères* contrariar, hacer rabiar, causar dificultades.

◆ *adj* miserable.

◆ *interj* *misère de ma vie!* ¡qué vida más desgraciada! ‖ *misère de moi!* ¡pobre de mí!, ¡qué desgraciado soy!

miséreux, euse *adj* et *s* desvalido, da; menesteroso, sa; pordiosero, ra.

miséricorde *f* misericordia; *crier miséricorde* pedir misericordia ‖ misericordia, coma (d'une stalle d'église) ‖ *(vx)* puñal *m*, misericordia (poignard).

miséricordieux, euse *adj* et *s* misericordioso, sa.

misogyne *adj* et *s* misógino, na.

misogynie *f* misoginia.

missel *m* misal.

missile *m* MIL misil, cohete ‖ — *missile de croisière* misil de crucero ‖ *missile intercontinental* misil intercontinental ‖ *missile tactique* misil táctico.

mission *f* misión; *partir en mission* ir en misión; *remplir, accomplir une mission* cumplir, llevar a cabo una misión; *mission accomplie* misión cumplida.

missionnaire *adj* et *s* misionero, ra.

Mississippi *n pr m* GÉOGR Misisipí.

missive *f* misiva, epístola, carta.

Missouri *n pr m* GÉOGR Misuri, Missouri.

mistral *m* mistral (vent).

mitaine *f* mitón *m*.

mitard *m* POP trullo (prison).

mite *f* polilla (teigne) ‖ arador *m*, acárido *m* (arachnide microscopique) ‖ piojillo *m* (des oiseaux).

mité, e *adj* apolillado, da.

mi-temps [mitɑ̃] *f* tiempo *m* (au football); *première mi-temps, deuxième mi-temps* primer tiempo, segundo tiempo ‖ descanso *m* (temps d'arrêt) ‖ *travailler à mi-temps* trabajar a media jornada.

miter (se) *v pr* apolillarse.

miteux, euse *adj* FAM mísero, ra; lastimoso, sa; astroso, sa.

mitigé, e *adj* atenuado, da; moderado, da.

mitigeur *m* grifo mezclador.

mitonner *v intr* cocer a fuego lento.

◆ *v tr* preparar cuidadosamente; *mitonner une affaire* preparar cuidadosamente un asunto.

mitose *f* BIOL mitosis.

mitotique *adj* mitósico, ca.

mitoyen, enne [mitwajɛ̃, jɛn] *adj* medianero, ra; intermedio, dia ‖ — *maisons mitoyennes* casas adosadas ‖ *mur mitoyen* pared medianera, medianería.

mitoyenneté [-jɛnte] *f* medianería (condition).

mitraillade [mitrajad] *f* descarga de metralla, ametrallamiento *m*.

mitraillage [-jaːʒ] *m* MIL ametrallamiento.

mitraille [mitrɑːj] *f* metralla; *grenade à mitraille* granada de metralla ‖ FAM calderilla, chatarra (argent).

mitrailler [-je] *v tr* ametrallar.
mitraillette [-jɛt] *f* pistola ametralladora, metralleta.
mitrailleur [-jœːr] *m* soldado ametrallador.
◆ *adj fusil mitrailleur* fusil ametrallador.
mitrailleuse [-jøːz] *f* ametralladora; *mitrailleuse jumelée* ametralladora gemela.
mitre *f* mitra (des prélats) ‖ CONSTR capuchón *m*, sombrerete *m* (de cheminée).
mi-voix (à) [amivwa] *loc adv* a media voz.
mixage *m* CINÉM mezcla *f* de sonidos [palabras, música, ruidos varios].
mixer [miksɛːr]; **mixeur** [miksœːr] *m* batidora *f* (appareil de cuisine).
mixité *f* carácter mixto.
mixte *adj* mixto, ta; *train mixte* tren mixto ‖ conjunto, ta; *la base mixte de Torrejón* la base conjunta de Torrejón ‖ — *cuisinière mixte* cocina mixta ‖ *équipe mixte* equipo mixto ‖ *à usage mixte* de múltiples usos.
◆ *m* mixto.
mixtion [mikstjɔ̃] *f* mixtión, mezcla.
mixture [-tyːr] *f* mixtura, mezcolanza.
M.J.C. *abrév de maison des jeunes et de la culture* casa de la juventud y de la cultura.
ml *abrév de millilitre* ml, mililitro.
M.L.F. *abrév de Mouvement de libération des femmes* Movimiento de Liberación de la Mujer.
Mlle *abrév de Mademoiselle* Srta.
Mlles *abrév de Mesdemoiselles* Srtas.
mm *abrév de millimètre* mm, milímetro.
MM. *abrév de Messieurs* Sres.
Mme *abrév de Madame* Sra.
mnémotechnique *adj et s f* mnemotécnico, ca.
Mo *abrév de mégaoctet* MB, megabyte.
mobile *adj* móvil; *fête mobile* fiesta móvil ‖ inestable, cambiante (inconstant) ‖ suelto, ta (feuille).
◆ *m* soldado de la guardia móvil ‖ FIG móvil (motif) ‖ PHYS móvil ‖ ARTS móvil.
mobile home *m* casa *f* rodante.
mobilier, ère *adj* mobiliario, ria ‖ — *valeurs mobilières* valores mobiliarios ‖ *vente mobilière* venta mobiliaria.
mobilisable *adj* movilizable.
◆ *m* mobiliario, mueblaje, muebles *pl*.
mobilisateur, trice *adj* movilizador, ra.
mobilisation [mɔbilizasjɔ̃] *f* movilización.
mobiliser *v tr* movilizar ‖ DR declarar mueble [un bien inmueble].
mobilité *f* movilidad; *mobilité professionnelle* movilidad profesional.
Mobylette *f* (nom déposé) ciclomotor *m* (cyclomoteur).
mocassin *m* mocasín (chaussure).
moche *adj* FAM feo, fea; feúcho, cha (laid) | malo, la (mauvais) ‖ *c'est moche* está mal, está feo (c'est mal), es desagradable *ou* molesto (c'est ennuyeux).
mocheté *f* FAM fealdad, birria; *quelle mocheté!* ¡qué birria! | asquerosidad.
modal, e *adj* modal.
modalité *f* modalidad; *modalités de paiement* modalidades de pago ‖ modo *m* de ser.

mode *m* modo (manière); *mode de vie* modo de vida ‖ GRAMM & MUS modo ‖ *mode d'emploi* instrucciones para el uso, modo de empleo.
◆ *f* moda; *la mode est capricieuse* la moda es caprichosa ‖ — CULIN *bœuf mode* guiso de carne de vaca con tocino, cebolla y zanahorias ‖ — *à l'ancienne mode* a la antigua usanza ‖ *à la mode* de moda, a la moda ‖ *à la mode de Bretagne* lejano (parents) ‖ *magasin de mode* sombrerería de señoras (modiste), tienda de modas (boutique) ‖ — *il est de mode de* está de moda ‖ *être habillé à la mode* ir vestido de moda ‖ *passer o être passé de mode* no estar de moda ‖ *travailler dans la mode* trabajar en la moda.
◆ *adj* de moda, a la moda; *tissu mode* tejido de moda.
modelage [mɔdlaːʒ] *m* modelado.
modèle *adj* modelo; *un enfant modèle* un niño modelo.
◆ *m* modelo ‖ modelo *m* et *f* (mannequin) ‖ — *modèle courant o de série* modelo corriente *ou* de serie ‖ *modèle déposé* modelo registrado ‖ *modèle réduit* modelo a escala reducida ‖ *modèle vivant* modelo vivo.
modelé *m* modelado.
modeler* [mɔdle] *v tr* modelar ‖ FIG amoldar, conformar, ajustar; *modeler sa conduite sur* ajustar su conducta a | moldear; *la vie modèle les hommes* la vida moldea a los hombres.
◆ *v pr* amoldarse, ajustarse; *se modeler sur quelqu'un* amoldarse a uno.
modeleur, euse *adj et s* modelista; modelador, ra (artiste) ‖ fabricante *ou* vendedor de estatuillas ‖ TECHN modelista.
modélisme *m* modelismo.
modéliste *adj et s* modelista; diseñador, ra (couture).
modem *m* INFORM modem.
modérateur, trice *adj et s* moderador, ra ‖ *ticket modérateur* porcentaje de los gastos de una enfermedad que corresponde pagar al asegurado social.
◆ *m* regulador (d'un mécanisme).
modération [mɔderasjɔ̃] *f* moderación, comedimiento *m*; *parler avec modération* hablar con comedimiento *ou* templanza.
moderato *adv* MUS moderato.
modéré, e *adj et s* moderado, da ‖ razonable, decente (prix) ‖ moderado, da; conservador, ra.
modérément *adv* moderadamente, con moderación.
modérer* *v tr* moderar.
◆ *v pr* moderarse.
moderne *adj* moderno, na; *l'art moderne, la littérature moderne* el arte moderno, la literatura moderna.
◆ *m* lo moderno; *en art, nous aimons le moderne* en arte nos gusta lo moderno.
modernisation [mɔdɛrnizasjɔ̃] *f* modernización.
moderniser *v tr* modernizar.
◆ *v pr* modernizarse.
modernisme *m* modernismo.
moderniste *adj et s* modernista.
modernité *f* modernidad, modernismo *m*.
modern style *adj inv* modernista.
◆ *m inv* modernismo.

modeste *adj* modesto, ta.
modestement *adv* modestamente, humildemente, con sencillez.
modestie [mɔdɛsti] *f* modestia; *fausse modestie* falsa modestia.
modicité *f* modicidad.
modifiable *adj* modificable.
modificateur, trice *adj* modificador, ra.
modification [mɔdifikasjɔ̃] *f* modificación.
modifier* *v tr* modificar.
modique *adj* módico, ca.
modiste *f* sombrerera.
modulable *adj* modulable.
modulaire *adj* ARCHIT compuesto, ta; *architecture modulaire* orden compuesto.
modulateur, trice *adj et s m* modulador, ra.
modulation [mɔdylasjɔ̃] *f* modulación ‖ — RAD *en modulation de fréquence* en frecuencia modulada ‖ *taux de modulation* porcentaje de modulación.
module *m* módulo ‖ — *module lunaire, solaire* módulo lunar, solar ‖ *modules d'enseignement* conjuntos de materiales didácticos.
moduler *v tr* modular ‖ matizar (des sons).
  ◆ *v intr* MUS & RAD modular.
modus vivendi [mɔdysvivɛ̃di] *m* modus vivendi.
moelle [mwal] *f* medula, médula; *moelle épinière* medula espinal ‖ tuétano *m* (substance comestible) ‖ BOT medula, médula, pulpa ‖ FIG medula, médula, meollo *m*, lo más substancioso de una cosa ‖ — *moelle allongée* medula oblonga, bulbo raquídeo ‖ *moelle de sureau* medula de saúco ‖ *moelle osseuse* medula ósea ‖ FIG *trempé jusqu'à la moelle* mojado *ou* calado hasta los huesos *ou* hasta los tuétanos.
moelleux, euse [-lø, ø:z] *adj* meduloso, sa; de la naturaleza de la medula ‖ FIG blando, da; mullido, da; *un lit moelleux* una cama blanda *ou* mullida ‖ suave (tissu, vin).
moellon [mwalɔ̃] *m* morrillo (maçonnerie).
mœurs [mœ:r] *ou* [mœrs] *f pl* costumbres, hábitos *m*; *un homme de bonnes mœurs* un hombre de buenas costumbres ‖ *conduite sing* (conduite) ‖ — *attentat aux mœurs* atentado a las buenas costumbres ‖ *une fille de mauvaises mœurs* una mujer de la vida ‖ *passer dans les mœurs* pasar a ser un hecho habitual.
Moghols *n pr m pl* mogoles.
mohair *m* mohair, tela *f* de pelo de angora.
Mohicans *n pr m pl* mohicanos.
moi *pron pers de la 1ère personne du singulier des deux genres* yo (sujet); *moi qui vous aime tant* yo que tanto le quiero; *moi non plus* yo tampoco; *c'est moi qui vous le dis* soy yo quien se lo digo ‖ mí (complément); *tu me l'as donné à moi* me lo has dado a mí; *pour moi* para mí; *il nous a accompagnés, mon frère et moi* nos ha acompañado a mi hermano y a mí ‖ me (complément précédé de l'impératif); *dites-moi* dígame; *donnez-moi* déme ‖ — *moi-même* yo mismo (sujet), mí mismo (complément); *c'est moi-même* soy yo mismo; *par moi-même, de moi-même* por mí mismo ‖ *à moi* mío, mía; *cette montre est à moi* este reloj es mío; a mí; *il vint à moi* vino a mí ‖ *à moi!* ¡a mí!, ¡socorro! ‖ *autour de moi* a mi alrededor, en derredor mío ‖ *avec moi* conmigo ‖ *chez moi* en mi casa ‖ *de vous à moi* entre nosotros ‖ *en moi-même* para mis adentros ‖ *pour moi* para mí ‖ *quant à moi* en cuanto a mí, por lo que a mí respecta ‖ — *c'est à moi* es mío ‖ *c'est à moi de* a mí me toca *ou* me corresponde.
  ◆ *m* yo; *le culte du moi* el culto del yo.
moignon *m* muñón ‖ garrón (de branche).
moindre [mwɛ̃:dr] *adj* menor ‖ — *la moindre des choses* la más mínima cosa, lo menos ‖ — *c'est le moindre mal* es el mal menor ‖ *je n'en ai pas la moindre idée* no tengo la menor idea.
  ◆ *m et f* último, ma.
moine *m* fraile, monje ‖ calentador, mundillo (bassinoire pour le lit) ‖ IMPR fraile [parte mal impresa de un texto] ‖ ZOOL variedad *f* de foca.
moineau *m* gorrión (oiseau) ‖ — FIG & FAM *vilain moineau* mala persona, bicho malo, pajarraco ‖ — *manger comme un moineau* comer como un pajarito.
moins [mwɛ̃] *adv* menos; *moins bon* menos bueno; *moins d'hommes* menos hombres ‖ *le moins, la moins* el menos, la menos (superlatif de l'adverbe peu); *il est le moins intelligent* es el menos inteligente.
  ◆ *m* menos; *le plus et le moins* el más y el menos ‖ lo menos; *c'est le moins qu'on puisse faire* es lo menos que se puede hacer ‖ MATH signo menos ‖ — *à moins* por menos; *je ne travaille pas à moins* no trabajo por menos ‖ *à moins de* a *ou* por menos de, por bajo de (suivi d'un nom); *à moins de cent francs* a menos de cien francos; a menos de, excepto si (suivi d'un infinitif); *à moins d'être fou* a menos de estar loco, excepto si está loco ‖ *à moins que* a menos que, a no ser que; *à moins que vous ne travailliez mieux* a menos que usted trabaje mejor ‖ *au moins, du moins, tout au moins* al menos, por lo menos ‖ *d'autant moins que* menos aun cuando ‖ *de moins* menos ‖ *de moins en moins* cada vez menos ‖ *en moins* menos, excepto, salvo; *je lui paye tout, le transport en moins* se lo pago todo, excepto el transporte ‖ *en moins de deux* en un dos por tres, en un santiamén ‖ *en moins de rien* en menos de nada ‖ *moins... moins* mientras menos..., menos ‖ *moins... plus* mientras menos..., más ‖ *ne... pas moins* no... sin embargo ‖ *ne... pas moins que* de no... más que de ‖ *ni plus ni moins* ni más ni menos, poco más o menos ‖ *non moins* también, no menos ‖ *pas le moins du monde* de ningún modo, de ninguna manera, ni por asomo, en lo más mínimo ‖ *rien moins que* todo menos (sens négatif), nada menos que (sens affirmatif) ‖ — FAM *il était moins une o moins cinq* por poco, ha faltado muy poquito ‖ *il n'en sera ni plus ni moins* será poco más o menos lo mismo ‖ *n'en être pas moins* no ser por eso menos.
moins-value [mwɛ̃valy] *f* disminución *ou* pérdida de valor, depreciación.
moire *f* muaré *m*, moaré *m* (tissu) ‖ reflejo *m*, aguas *pl*, visos *m pl*.
moiré, e *adj* tornasolado, da; que tiene reflejos *ou* aguas.
  ◆ *m* aguas *f pl*, reflejos *pl*, visos *pl*, cambiantes *pl* ‖ hojalata *f ou* zinc con reflejos.
mois [mwa] *m* mes; *au mois de mai* en el mes de mayo ‖ mensualidad *f*, mes, sueldo mensual (salaire); *toucher son mois* cobrar su mensualidad ‖ — *mois double* (mes de) doble paga ‖ *treizième mois* paga extraordinaria ‖ — COMM *à trois mois* a noventa días ‖ FAM *tous les trente-six du mois* de higos a brevas ‖ — *louer une chambre au mois* alquilar una

habitación al *ou* por mes ‖ *payer toutes les fins de mois* pagar a fines de mes.

Moïse [mɔiz] *n pr m* Moisés.

moisi, e *adj* enmohecido, da; mohoso, sa.
➤ *m* moho; *avoir un goût de moisi* saber a moho ‖ FIG *sentir le moisi* oler a moho, estar (una cosa) pasada de vieja.

moisir *v tr et intr* enmohecer, cubrirse de moho; ponerse mohoso, sa ‖ FIG & FAM *moisir* criar moho (quelque part); *il moisit dans ce bureau depuis trois ans* está criando moho en este despacho desde hace tres años.

moisissure *f* moho *m*.

moisson *f* mies, siega, cosecha, recolección de las mieses (récolte) ‖ época de la siega (époque) ‖ — *faire la moisson* segar (faucher), cosechar (récolter) ‖ FIG *une moisson de lauriers* una cosecha de laureles.

moissonner *v tr* segar (faucher) ‖ recoger, recolectar, cosechar (récolter) ‖ FIG segar; *la guerre moissonna des millions de vies* la guerra segó millones de vidas.

moissonneur, euse *m* et *f* segador, ra.
➤ *f* segadora (machine) ‖ — *moissonneuse-batteuse* segadora trilladora ‖ *moissonneuse-lieuse* segadora agavilladora.

moite [mwat] *adj* sudoroso, sa; *avoir les mains moites* tener las manos sudorosas ‖ húmedo, da (humide).

moiteur *f* trasudor *m* (de la peau) ‖ humedad.

moitié *f* mitad ‖ FAM costilla, mitad, media naranja (épouse) ‖ — *à moitié* a la mitad; *à moitié chemin* a la mitad del camino; medio; *une bouteille à moitié pleine* una botella medio llena; *il est à moitié fou* está medio loco; mitad de; *à moitié prix* a mitad de precio; a medio; *une porte à moitié fermée* una puerta a medio cerrar; a medias; *vous faites toujours les choses à moitié* usted hace siempre las cosas a medias ‖ *de moitié* a medias; *être o se mettre de moitié dans une affaire* ir a medias en un negocio; doblemente, dos veces; *discours trop long de moitié* discurso dos veces demasiado largo ‖ *moitié moins grand* la mitad más pequeño ‖ *moitié plus long* la mitad más largo.
— OBSERV Cuando se emplea la palabra *moitié* en su sentido colectivo el verbo siguiente se pone en singular si este vocablo representa una cantidad determinada (*la moitié de six est trois*) y en plural en el caso contrario (*la moitié des concurrents abandonnèrent*).

moka *m* moka (café) ‖ pastel de bizcocho con crema de café.

mol, molle *adj* → **mou**.

molaire *adj* molar (des dents) ‖ PHYS molecular.
➤ *f* muela, molar *m*.

molasse; mollasse *f* asperón *m* (pierre).

moldave *adj* moldavo, va.

Moldave *m* et *f* moldavo, va.

Moldavie *n pr f* GÉOGR Moldavia.

mole *f* PHYS mol.
— OBSERV pl *moles* (en espagnol).

môle *m* malecón, muelle (de port) ‖ escollera *f*, malecón, rompeolas (brise-lames).
➤ *f* pez *m* luna (poisson-lune) ‖ MÉD mola.

moléculaire *adj* molecular; *poids moléculaire* peso molecular.

molécule *f* molécula ‖ *molécule gramme* molécula gramo.

moleskine *f* moleskín *m*, molesquín *m*.

molester *v tr* molestar, importunar ‖ maltratar, tratar mal.

molette *f* estrella, rodaja (d'éperon) ‖ moleta (pierre pour écraser les couleurs) ‖ TECHN ruleta estriada, rueda dentada, moleta ‖ — *clef à molette* llave inglesa ‖ *molette d'extraction* castillete de extracción.

mollah; mulla; mullah *m* mullah.

mollasse *adj* blanducho, cha; blandengue; fofo, fa (mou).
➤ *m et f* FAM persona blandengue, de poco carácter.
➤ *f* asperón *m*.

mollasson, onne *adj* et *s* muy blandengue.

mollement [mɔlmã] *adv* muellemente, cómodamente; *mollement étendu* muellemente tendido ‖ suavemente ‖ tranquilamente ‖ blandamente, flojamente ‖ con remolonería, flojamente, sin vigor ‖ con molicie.

mollesse *f* blandura ‖ suavidad (douceur) ‖ flojera, desidia (paresse) ‖ molicie (amour de ses aises) ‖ FIG flojedad (du style) | pastosidad (peinture).

mollet, ette *adj* blando, da ‖ mollete (pain) ‖ pasado por agua (œuf).
➤ *m* pantorrilla *f* (de la jambe).
— OBSERV El *œuf mollet* tiene la yema blanda y la clara dura, mientras que el *œuf à la coque* tiene la yema y la clara blandas.

molleton [mɔltɔ̃] *m* muletón (étoffe).

molletonné, e [-tɔne] *adj* forrado, da; guarnecido, da con muletón; enguatado, da.

molletonner *v tr* forrar con muletón, enguatar.

mollir *v intr* flojear, flaquear (devenir moins dur) ‖ reblandecerse, ablandarse (fruits) ‖ aflojar (devenir moins tendu) ‖ retroceder, ceder (les troupes) ‖ flaquear, disminuir, debilitarse; *sa volonté a molli* su voluntad se ha debilitado ‖ FIG aflojar, ceder ‖ MAR amainar (en parlant du vent).
➤ *v tr* MAR arriar (cordage).

mollo *adv* POP tranquilo ‖ *vas-y mollo* no te pases.

mollusque [mɔlysk] *m* ZOOL molusco.

molosse *m* moloso (gros chien de garde).

molybdène *m* molibdeno (métal).

môme *m* et *f* FAM muchacho, cha; chico, ca.
➤ *f* POP chavala.

moment *m* momento, rato; *je reviens dans un moment* vuelvo dentro de un momento ‖ momento, oportunidad *f*, ocasión *f* (occasion, instant); *saisir le moment favorable* escoger el momento favorable ‖ PHYS momento; *moment d'une force* momento de una fuerza ‖ — *à ce moment là* en aquel momento, entonces (temps), en este caso (conséquence) ‖ *à ses moments perdus* a sus ratos perdidos ‖ *à tout moment* a cada momento ‖ *au moment de* en el acto de, en el momento de, al ir a ‖ *bon moment* momento oportuno ‖ *du moment que* desde el momento (dès que), puesto que, ya que (puisque) ‖ *d'un moment à l'autre* de un momento a otro, dentro de un momento ‖ *en ce moment* ahora, ahora mismo, de momento ‖ *en un moment* en un instante ‖ *par moments* a veces, de vez en cuando ‖ *pour le moment* por ahora, por el momento, actualmente ‖ *sur le moment* al principio, en un principio ‖ *un bon moment* un buen rato, un rato libre ‖ — *avoir de bons moments* tener buenos momentos ‖ *ce n'est pas le moment* no está el horno para

bollos ‖ *ne pas avoir un moment à soi* no tener ni un momento libre.
momentané, e *adj* momentáneo, a.
momentanément *adv* momentáneamente.
momie *f* momia ‖ FIG *avoir l'air d'une momie* estar hecho una momia.
momification *f* momificación.
momifier* *v tr* momificar.
◆ *v pr* momificarse.
mon, ma, mes *adj poss* (de la 1ère personne du singulier), mi, mis (précède le substantif en espagnol); *mon livre* mi libro; *ma plume* mi pluma; *mes amis* mis amigos ‖ mío, mía, míos, mías (vient après le substantif en espagnol); *mon père!* ¡padre mío!; *mes enfants!* ¡hijos míos! ‖ *— de mes amis* uno de mis amigos, un amigo mío ‖ *— mes chers enfants!* ¡queridos hijos míos! ‖ *mon Dieu!* ¡Dios mío!
— OBSERV En francés, delante de un nombre femenino que empieza por vocal o por *h* muda, se emplea *mon* en vez de *ma*: *mon amie* mi amiga; *mon heure* mi hora.
monacal, e *adj* monacal.
Monaco *n pr m* GÉOGR Mónaco.
monarchie [mɔnarʃi] *f* monarquía.
monarchique [-ʃik] *adj* monárquico, ca.
monarchiste [-ʃist] *adj et s* monárquico, ca.
monarque *m* monarca.
monastère *m* monasterio.
monastique *adj* monástico, ca.
monceau *m* montón; *un monceau de documents* un montón de documentos.
mondain, e *adj et s* mundano, na; de sociedad; *vie mondaine* vida mundana ‖ mundanal (terrestre) ‖ *— demi-mondaine* mujer galante ‖ *la brigade mondaine* la brigada antivicio ‖ *— avoir des relations mondaines* tener relaciones en la alta sociedad.
mondanité *f* mundanalidad, mundanería.
◆ *pl* ecos *m* de sociedad (dans les journaux).
monde *m* mundo; *le Nouveau, l'Ancien Monde* el Nuevo, el Antiguo Mundo ‖ gente *f*; *se moquer du monde* burlarse de la gente ‖ gente *f*, gentío; *il y avait un monde!* ¡había un gentío!, ¡había una de gente! ‖ mundo, sociedad *f*; *aimer le monde* gustarle a uno la sociedad ‖ multitud *f*, montón, gran número; *se faire un monde d'ennemis* hacerse una multitud de enemigos ‖ personal doméstico; *renvoyer tout son monde* despedir a todo el personal doméstico ‖ gente *f*, familia *f*; *tout mon monde est là* toda mi gente está aquí ‖ FIG mundo; *c'est un monde que cette entreprise* esta empresa es un mundo ‖ — FAM *le beau monde* la buena sociedad ‖ *le grand monde* la alta sociedad, el gran mundo ‖ *le monde des affaires* el mundo de los negocios ‖ *le monde des lettres* el mundillo literario ‖ *le monde savant, le monde lettré* los sabios, los escritores *ou* literatos ‖ *le meilleur... du monde* el mejor... del mundo ‖ *le petit monde* la gente menuda, los niños ‖ *— femme du monde* mujer del mundo ‖ *monsieur Tout-le-monde* el hombre de la calle ‖ *tout le monde* todos, todo el mundo ‖ *vieux comme le monde* más viejo que andar para adelante ‖ *— au bout du monde* al fin del mundo, donde Cristo dio las tres voces ‖ *de par le monde* en todas partes, en el mundo entero ‖ *du même monde* del mismo mundo ‖ *pas le moins de monde* para nada, en absoluto ‖ *pour rien au monde* por todo el oro del mundo, ni a la de tres ‖ *— aller* o *passer dans l'autre monde*

irse al otro mundo *ou* al otro barrio, morir ‖ *ce n'est pas le bout du monde* no es cosa del otro mundo *ou* del otro jueves ‖ *c'est le monde renversé* es el mundo al revés ‖ *connaître son monde* conocer muy bien a la gente ‖ *faire le tour du monde* dar la vuelta al mundo ‖ *mettre au monde* dar a luz, traer al mundo ‖ *passer dans un monde meilleur* pasar a mejor vida ‖ *se faire un monde de* dar demasiada importancia a, hacerse una montaña de ‖ *venir au monde* ver la luz.
monder *v tr* mondar; *orge mondé* cebada mondada ‖ limpiar; *monder des amandes* limpiar almendras.
mondial, e *adj* mundial.
mondialement *adv* por el mundo entero, mundialmente; *produit mondialement connu* producto conocido por el mundo entero.
mondialisation *f* universalización.
mondialiser *v tr* universalizar.
monégasque *adj* monegasco, ca (de Monaco).
Monégasque *m et f* monegasco, ca.
monétaire *adj* monetario, ria; *la masse monétaire* la masa monetaria ‖ *accord monétaire* acuerdo monetario.
monétarisme *m* ÉCON monetarismo.
mongol, e *adj* mongol, mongólico, ca (de Mongolie).
◆ *m* mogol (langue).
Mongol, e *m et f* mongol.
Mongolie *n pr f* GÉOGR Mongolia.
mongolien, enne *adj et s* mongólico, ca; que padece mongolismo.
mongolique *adj et s* mongólico, ca.
mongolisme *m* MÉD mongolismo.
moniteur, trice *m et f* maestro, tra; monitor, ra; profesor, ra; *moniteur d'escrime* maestro de esgrima; *moniteur d'auto-école* profesor de autoescuela ‖ instructor, ra; monitor, ra (gymnastique).
◆ *m* TECHN monitor ‖ INFORM monitor ‖ MÉD *moniteur cardiaque* monitor cardíaco.
monitorage; monitoring *m* monitoring, control de calidad, comprobación ‖ MÉD monitoring.
monitorat *m* formación de monitor ‖ función de monitor.
monnaie [mɔnɛ] *f* moneda ‖ vuelta; *rendre la monnaie* dar la vuelta ‖ dinero *m* suelto; *je n'ai pas de monnaie* no tengo dinero suelto ‖ cambio *m*; *donnez-moi la monnaie de cent francs* déme el cambio de cien francos ‖ *— monnaie blanche* moneda de plata ‖ *monnaie convertible* moneda convertible ‖ *monnaie de compte* moneda imaginaria ‖ *monnaie de papier* moneda de papel ‖ *monnaie de référence* moneda patrón ‖ *monnaie fiduciaire* moneda fiduciaria ‖ *monnaie flottante* moneda flotante ‖ *monnaie légale* moneda de curso legal ‖ *monnaie scripturale* moneda en depósito *ou* en cuenta, moneda bancaria ‖ *— fausse monnaie* moneda falsa ‖ *Hôtel de la Monnaie* o *des Monnaies, la Monnaie* la Casa de la Moneda, la Ceca ‖ *papier monnaie* papel moneda ‖ *pays à monnaie faible, forte* país de moneda débil, fuerte ‖ *petite* o *menue monnaie* calderilla, dinero suelto, moneda suelta ‖ *— battre monnaie* acuñar moneda ‖ FIG *c'est monnaie courante* es moneda corriente ‖ *faire de la monnaie* cambiar ‖ *payer en monnaie de singe* pagar con promesas vanas ‖ *rendre à quelqu'un la monnaie de sa pièce* pagar a uno en *ou* con la misma moneda ‖

servir de monnaie d'échange servir de moneda de cambio ‖ *faire* o *donner la monnaie de 20 francs* dar el cambio *ou* la vuelta de 20 francos ‖ *rendre la monnaie sur 20 francs* dar cambio de 20 francos.

monnaie-du-pape *f* BOT lunaria, doblescudo *m*.

monnayable *adj* acuñable; *métal monnayable* metal acuñable ‖ del, de la que se puede sacar dinero.

monnayer* [mɔnɛje] *v tr* amonedar ‖ FIG sacar dinero de (tirer de l'argent de), sacar partido de (tirer parti de).

monnayeur [mɔnɛjœːr] *m* monedero ‖ *faux-monnayeur* monedero falso.

mono *m* FAM monitor.
← *f* FAM monofonía.

monoacide *adj* CHIM monoácido, da.

monobloc *adj et s m* TECHN monobloque [de una sola pieza].

monochrome [mɔnɔkroːm] *adj et s m* monocromo, ma; de un solo color.

monocle *m* monóculo.

monoclinal, e *adj* GÉOL monoclinal.

monocoque *adj m* monocasco (avion, wagon, etc.).

monocorde *m* monocordio.
← *adj* monocorde; monótono, na.

monocristal *m* PHYS monocristal.
— OBSERV pl *monocristaux*.

monoculaire *adj* monocular.

monoculture *f* monocultivo *m*.

monocylindre *adj* monocilíndrico.

monogame *adj et s* monógamo, ma.

monogamie *f* monogamia.

monogamique *adj* monógamo, ma.

monogramme *m* monograma.

monographie *f* monografía.

monographique *adj* monográfico, ca.

monoï *m inv* aceite perfumado de origen tahitiano.

monolingue *adj et s* monolingüe.

monolinguisme *m* monolingüismo.

monolithe *m* monolito.
← *adj* monolítico, ca.

monolithique *adj* monolítico, ca.

monologue *m* monólogo; *monologue intérieur* monólogo interior.

monologuer *v intr* monologar.

monomanie *f* monomanía.

monôme *m* monomio ‖ FAM manifestación *f* estudiantil después de un examen.

monomère *adj et s m* CHIM monómero.

monomoteur *adj et s m* AVIAT monomotor.

mononucléaire *adj et s m* mononuclear.

mononucléose *f* MÉD mononucleosis.

monoparental, e *adj* monoparental [con uno de los padres sólo].

monophasé, e *adj* ÉLECTR monofásico, ca.

monophonie *f* monofonía.

monoplace *adj et s m* AVIAT monoplaza [de un solo asiento].

monoplan *m* AVIAT monoplano.

monopole *m* monopolio.

monopolisation *f* monopolización.

monopoliser *v tr* monopolizar ‖ FIG monopolizar, acaparar.

monopolistique *adj* monopolístico, ca.

monorail [monoraːj] *adj et s* monocarril, monorriel, monorrail.

monosémique *adj* GRAMM monosémico, ca.

monoski *m* monoesquí.

monosyllabe *adj et s* monosílabo, ba.

monosyllabique *adj* monosilábico, ca.

monothéisme *m* RELIG monoteísmo.

monothéiste *adj et s* monoteísta.

monotone *adj* monótono, na.

monotonie *f* monotonía.

monotype *f* IMPR monotipo *m* (machine à composer).
← *m* monotipia *f* (procédé d'impression).

monovalent, e *adj et s m* CHIM monovalente.

monoxyde *m* CHIM monóxido; *monoxyde de carbone* monóxido de carbono.

monozygote *adj* BIOL monocigótico, ca.

monseigneur [mɔ̃sɛɲœːr] *m* (abrév Mgr), monseñor ‖ su ilustrísima (en parlant à un évêque) ‖ ilustrísimo señor (en écrivant à un évêque) ‖ *pince-monseigneur* palanqueta de ladrón, ganzúa.

monsieur [məsjø] *m* señor (suivi du nom); *monsieur Dupont* señor Dupont (style direct); *Monsieur Dupont* el señor Dupont (style indirect) ‖ Señor Don, Don (devant un prénom); *Monsieur Louis Durand* Señor Don Luis Durand ‖ señor, caballero (pour appeler quelqu'un sans dire son nom: *écoutez, monsieur* escuche usted, caballero) ‖ monseñor [título que se daba en Francia a los príncipes de la familia real] ‖ el señor (titre qu'emploient les domestiques pour parler à leurs maîtres, et plus familièrement *el señorito*); *monsieur veut-il sortir?* ¿quiere salir el señor? ‖ señor; *monsieur le ministre des Affaires étrangères a la parole* el señor ministro de Asuntos Exteriores tiene la palabra; *qu'en pensez-vous, monsieur le ministre?* ¿qué le parece, señor ministro? ‖ caballero, señor, señorito [hombre de clase superior a la común]; *s'habiller comme un monsieur* vestir como un señor ‖ — *monsieur Tout-le-monde* ciudadano de a pie ‖ — *ces messieurs* los señores ‖ *cher monsieur* muy señor mío (correspondance) ‖ *faire le monsieur* dárselas de gran señor ‖ FAM *mon petit* o *mon beau monsieur* muy señor mío, ¡caballerito! ‖ FIG *un gros monsieur* un señorón, un personaje ‖ *un vilain monsieur* un tío, un pajarraco, un descarado.

monstre *m* monstruo.
← *adj un banquet monstre* un banquete monstruo.

monstrueusement *adv* monstruosamente, horriblemente, horrorosamente.

monstrueux, euse [mɔ̃stryø, øːz] *adj* monstruoso, sa.

monstruosité *f* monstruosidad.

mont [mɔ̃] *m* monte ‖ — *par monts et par vaux* por todos lados, de la Ceca a la Meca ‖ *promettre monts et merveilles* prometer el oro y el moro.

montage *m* subida *f* (action de monter) ‖ subida *f* (du lait) ‖ TECHN montaje, instalación *f* (d'une machine) ‖ montaje (d'un film) ‖ THÉÂTR *montage d'une pièce* escenografía, puesta en escena de una obra.

montagnard, e [mɔ̃taɲaːr, ard] *adj et s* montañés, esa ‖ HIST perteneciente *ou* relativo a la Montagne (Révolution française).

montagne *f* montaña ‖ FIG montaña, montón *m*; *des montagnes de paperasses* montañas de papeluchos ‖ — *montagne à vache* montaña poco escarpada ‖ *montagnes russes* montañas rusas ‖ — *chaîne de montagnes* cadena de montañas, sierra, cordillera ‖ *école de haute montagne* escuela de montañeros *ou* de montañismo ‖ *mal des montagnes* soroche (americanisme) ‖ — *la montagne accouche d'une souris* es el parto de los montes ‖ *passer ses vacances à la montagne* pasar las vacaciones en la sierra ‖ *se faire une montagne d'une chose* hacerse una montaña (de algo), imaginarse dificultades insalvables (acerca de algo).

montagneux, euse *adj* montañoso, sa.

montant, e *adj* montante, cuesta arriba, ascendente; *chemin montant* camino ascendente, camino cuesta arriba ‖ que viene; *la génération montante* la generación que viene ‖ MUS ascendente (gamme) ‖ — MIL *garde montante* guardia entrante ‖ *marée montante* marea creciente ‖ *robe montante* vestido sin escote *ou* alto *ou* cerrado.
◆ *m* quijera *f* (de la bride) ‖ larguero (d'échelle) ‖ fuerte sabor de un manjar, de un vino; *ce vin a du montant* este vino tiene fuerte sabor ‖ ÉCON importe; *le montant d'une note d'hôtel* el importe de una cuenta de hotel | montante; *montants compensatoires* montantes compensatorios ‖ CONSTR larguero, montante ‖ TECHN montante, larguero (d'une machine).

mont-blanc [mɔ̃blɑ̃] *m* pastel de puré de castañas con nata.

Mont-Blanc *n pr m* GÉOGR Mont-Blanc.

mont-de-piété [mɔ̃tpjete] *m* (vx) monte de piedad, montepío, monte (fam).

monte *f* monta, manera de montar a caballo ‖ apareamiento *m* de caballo y yegua, monta ‖ embojo *m*, subida de los gusanos de seda a las ramas.

monté, e *adj* provisto, ta; *être bien monté en vêtements* estar bien provisto de trajes ‖ montado, da; *une maison montée* una casa montada ‖ subido, da; *monté en couleur* subido de color ‖ engastado, da; montado, da (bijoux) ‖ montado, da (police) ‖ MUS acordado, da ‖ — *coup monté* artimaña, golpe preparado ‖ FIG *être monté contre quelqu'un* estar irritado contra alguien, tener ojeriza a alguien.

monte-charge *m inv* montacargas, elevador.

montée *f* subida, ascensión; *une montée difficile* una ascensión penosa ‖ ascensión, elevación (d'un avion) ‖ subida (des prix) ‖ cuesta (côte) ‖ ARCHIT montea (d'un arc) ‖ *la montée de la sève* la subida de la savia.

monténégrin, e *adj* montenegrino, na.

Monténégrin, e *m et f* montenegrino, na.

Monténégro *n pr m* GÉOGR Montenegro.

monte-plats [mɔ̃tpla] *m inv* montaplatos.

monter *v tr* subir; *monter du bois* subir leña ‖ subir, escalar; *monter la côte* subir la cuesta ‖ subir; *monte un peu le tableau* sube un poco el cuadro ‖ montar, armar (une machine) ‖ poner, instalar, montar (une maison) ‖ montar, organizar (une affaire) ‖ tramar, preparar (un complot) ‖ montar, estar; *monter la garde* estar de guardia ‖ montar; *monter un cheval* montar un caballo ‖ engastar, montar; *monter une pierre* engastar una piedra ‖ montar, poner en escena (théâtre) ‖ soliviantar, poner en contra (exalter) ‖ batir (une mayonnaise) ‖ avivar, reforzar (la couleur) ‖ elevar; *monter le ton* elevar la voz ‖ montar, acaballar (un étalon) ‖ MUS acordar ‖ — FIG *monter la tête à quelqu'un* excitar a uno ‖ FAM *monter le coup à quelqu'un* pegársela a uno, engañar a uno ‖ *monter un coup* preparar un golpe ‖ — *faire monter quelqu'un* contribuir al ascenso de alguien.
◆ *v intr* montar; *monter à cheval, à bicyclette, en auto, en avion, sur un âne* montar a caballo, en bicicleta, en coche, en avión, en un burro ‖ subir; *monter sur la table, sur le trône, en chaire* subir en la mesa, al trono, al púlpito ‖ subir, trepar; *monter sur un arbre* trepar a un árbol ‖ subir; *cet avion monte à 10 000 mètres* este avión sube a diez mil metros ‖ ascender (s'élever) ‖ crecer (la rivière), subir (la marée) ‖ llegar; *il est monté plus haut que je ne croyais* ha llegado más alto de lo que creía ‖ crecer (les plantes) ‖ crecer, aumentar; *leur curiosité montait* su curiosidad crecía ‖ elevarse, importar, alcanzar, ascender; *les frais montaient à 3 millions* los gastos se elevaban a *ou* importaban tres millones ‖ subir, aumentar (les prix) ‖ elevarse, subir; *le soleil monte à l'horizon* el sol sube en el horizonte ‖ elevarse, tener una altura de; *la tour Eiffel monte à plus de 300 mètres* la Torre Eiffel se eleva a más de trescientos metros ‖ elevarse; *des clameurs montèrent de la foule* se elevaron clamores de la muchedumbre ‖ llegar; *la pitié monte au cœur* la compasión llega al corazón ‖ subir, llegar; *génération qui monte* generación que llega ‖ subir de categoría; *un quartier qui monte* un barrio que sube de categoría ‖ echar una carta superior (au jeu) ‖ MIL ir; *monter au front* ir al frente ‖ — *monter à bord* subir a bordo ‖ *monter à l'assaut* lanzarse al asalto ‖ *monter à la tête* subirse a la cabeza ‖ *monter en grade* ascender ‖ *monter en graine* granar ‖ *monter sur les planches* pisar las tablas ‖ — *le rouge lui monta au visage* se ruborizó, se puso colorado, enrojeció.
◆ *v pr* poner casa, instalarse (un particulier), montar (un médecin, etc.) ‖ proveerse, equiparse; *se monter en linge* proveerse de ropa blanca ‖ hacer un total de, ascender a, llegar a, importar (une somme) ‖ subir, elevarse (se hausser) ‖ encolerizarse, irritarse ‖ — *se monter la tête* forjarse ilusiones (se faire des illusions), montar en cólera, subírsele la sangre a la cabeza (s'irriter) ‖ FAM *se monter le coup* hacerse ideas falsas, forjarse ilusiones.
— OBSERV *Monter* se conjuga con el auxiliar *avoir* cuando expresa una acción, y con *être* cuando expresa un estado.

monteur, euse *m et f* autor, amigo de; aficionado a; *monteur de farces* amigo de bromas ‖ CINÉM montador, ra ‖ IMPR & MÉCAN montador, ra; obrero montador, obrera montadora.

Montevideo *n pr* GÉOGR Montevideo.

montgolfière *f* montgolfiera, montgolfier *m*.

monticule *m* montículo.

Montpellier *n pr* GÉOGR Montpellier.

montpelliérain, e *adj* montpellerino, na; montpellierense.

Montpelliérain, e *m et f* montpellerino, na; montpellierense.

montrable *adj* mostrable.

montre *f* muestra (action de montrer) ‖ escaparate *m* (étalage, devanture) ‖ — *pour la montre* de lucimiento, de adorno ‖ — *faire montre de* mostrar, hacer ver (montrer), hacer alarde de, dar pruebas *ou* muestras de (faire preuve).

montre *f* reloj *m*; *montre à quartz* reloj de cuarzo; *montre à répétition* reloj de repetición; *montre-bracelet* reloj de pulsera; *montre de plongée* reloj sumergible ‖ SPORTS *contre la montre* contra reloj ‖ *montre en main* reloj en mano.

Montréal *n pr* GÉOGR Montreal.

montréalais, e *adj* montrealés, esa.

Montréalais, e *m et f* montrealés, esa.

montrer *v tr* enseñar, hacer ver (faire voir) ‖ mostrar, manifestar; *montrer de l'intérêt* mostrar interés ‖ mostrar; *montrer la vie en rose* mostrar la vida de color de rosa ‖ demostrar, mostrar; *sa réponse montre qu'il est intelligent* su contestación demuestra que es inteligente ‖ presentar (présenter) ‖ señalar, indicar; *montrer du doigt* señalar con el dedo ‖ enseñar (apprendre) ‖ dar a conocer, hacer saber; *je vous montrerai qui je suis* le haré saber quien soy yo ‖ dar; *montrer l'exemple* dar el ejemplo ‖ — *montrer les dents* enseñar los dientes ‖ *montrer patte blanche* demostrar que uno tiene carta blanca, darse a conocer.

◆ *v pr* mostrarse; *se montrer généreux* mostrarse generoso ‖ aparecer (paraître) ‖ hacerse ver, dejarse ver; *le coupable n'ose plus se montrer* el culpable (ya), no se atreve a hacerse ver ‖ exhibirse; *cette personne aime se montrer* a esta persona le gusta exhibirse.

montreur, euse *m et f* presentador, ra; exhibidor, ra ‖ *montreur de marionnettes* titiritero.

Mont-Saint-Michel (le) *n pr* GÉOGR el Mont-Saint-Michel.

montueux, euse *adj* montuoso, sa; *terrain montueux* terreno montuoso.

monture *f* cabalgadura, montura (cheval, etc.) ‖ montura, engaste *m*, engastado *m* (d'une pierre fine) ‖ TECHN armazón, armadura (outil) | caja (d'un fusil) ‖ *qui veut voyager loin ménage sa monture* a camino largo, paso corto.

monument *m* monumento ‖ FIG *un monument d'érudition* un monumento de erudición.

monumental, e *adj* monumental ‖ gigantesco, ca; colosal ‖ FIG & FAM fenomenal; *il est d'une bêtise monumentale* es de una estupidez fenomenal.

monumentalité *f* monumentalidad.

moquer (se) *v pr* burlarse, reírse, hacer burla, mofarse ‖ importarle a uno poco, traerle a uno sin cuidado, darle igual a uno, reírse; *je me moque de ce qui peut arriver* me importa poco lo que pueda ocurrir ‖ — FAM *s'en moquer* traerle a uno sin cuidado, darle a uno igual ‖ *s'en moquer comme de l'an quarante* importarle a uno un comino *ou* un bledo *ou* un pepino.

moquerie [mɔkri] *f* burla, mofa.

moquette *f* moqueta (tapis) ‖ reclamo *m*, cimbel *m* (chasse).

moqueur, euse *adj et s* burlón, ona; *rire moqueur* risa burlona.

◆ *m* sinsonte (oiseau).

moraine *f* morrena, morena (de glacier).

moral, e *adj* moral; *qualités morales* cualidades morales.

◆ *m* espíritu, mentalidad *f*; *le physique influe sur le moral* el cuerpo influye en el espíritu ‖ ánimo, moral *f*; *avoir mauvais moral* tener la moral baja ‖ — *avoir bon moral* estar animado (plein d'entrain), ser optimista (un malade) ‖ FAM *avoir le moral à zéro* tener el ánimo por los suelos ‖ *remonter le moral à quelqu'un* levantar el ánimo *ou* la moral a alguien.

◆ *f* moral ‖ moraleja (d'une fable); *la morale de l'histoire* la moraleja del asunto ‖ *faire la morale à quelqu'un* dar una lección de moral a uno, reprender *ou* reconvenir *ou* sermonear a uno.

moralement *adv* moralmente, con moralidad (éthiquement) ‖ decentemente, con decencia (convenablement) ‖ *agir moralement* portarse decentemente ‖ moralmente (psychologiquement).

moralisant, e *adj* moralizante.

moralisateur, trice *adj et s* moralizador, ra.

moralisation *f* moralización.

moraliser *v tr et intr* moralizar.

moraliste *adj et s* moralista.

moralité *f* moralidad; *un homme d'une moralité irréprochable* un hombre de moralidad irreprochable ‖ moraleja (d'une fable) ‖ moralidad (théâtre du Moyen Âge).

moratoire *adj* moratorio, ria ‖ ÉCON *intérêts moratoires* intereses moratorios.

◆ *m* moratoria *f*.

morave *adj* moravo, va.

Morave *m et f* moravo, va.

Moravie *n pr* GÉOGR Moravia.

morbide *adj* mórbido, da.

morbidité *f* carácter *m* mórbido ‖ morbosidad.

morbier *m* queso francés de Franco Condado.

morceau *m* pedazo, trozo, cacho; *un morceau de pain* un pedazo de pan; *un morceau de bois* un trozo de madera ‖ tajada *f* (morceau coupé) ‖ terrón (sucre) ‖ trozo, fragmento (d'un ouvrage); *morceaux choisis* trozos escogidos; *un morceau de musique* un fragmento de música ‖ haza *f* (de terre) ‖ — *bas morceaux* despojos ‖ *pour un morceau de pain* por un mendrugo de pan ‖ *un morceau de bravoure* una obra efectista ‖ *un morceau de prince* o *de roi* un bocado de cardenal ‖ — *aimer les bons morceaux* gustarle a uno los trozos escogidos ‖ *casser, couper, mettre en morceaux* hacer añicos *ou* pedazos *ou* trizas ‖ POP *casser le morceau* descubrir el pastel ‖ *emporter le meilleur morceau* llevarse la mejor tajada ‖ *emporter le morceau* arrancar el bocado, sacar la tajada (mordre), llevarse el gato al agua (enlever une affaire) ‖ *être fait de pièces et de morceaux* estar hecho con remiendos ‖ FAM *gober* o *avaler le morceau* tragar la píldora ‖ *mâcher les morceaux à quelqu'un* dárselo todo mascado a uno ‖ POP *manger le morceau* desembuchar, cantar de plano, denunciar a un cómplice ‖ FAM *manger un morceau* comer un bocado ‖ *s'ôter les morceaux de la bouche* quitarse el pan de la boca ‖ *tomber en morceaux* caerse a pedazos.

morcelé, e *adj* dividido, da en trozos ‖ parcelado, da (terrain).

morceler* *v tr* dividir, partir en trozos ‖ parcelar (terrain).

morcellement *m* división *f*, partición *f* ‖ parcelación *f* (d'un terrain) ‖ fragmentación *f*.

mordant, e *adj* que muerde, mordiente ‖ cortante (coupant) ‖ mordiente, penetrante ‖ FIG mordaz; cáustico, ca (satirique).

◆ *m* mordiente (acide, teinturerie) ‖ sisa *f* (dorure) ‖ FIG mordacidad *f* (critique) | acometividad *f* (des soldats) ‖ MUS mordente.

mordicus [mɔrdikys] *adv lat* con tesón, obstinadamente, erre con erre; *soutenir mordicus une opinion* sostener con tesón una opinión.

mordiller [mɔrdije] *v tr* mordisquear.

mordoré, e *adj* doradillo, lla (châtain doré).

mordorer *v tr* teñir de doradillo.

mordre *v tr* morder; *mordre un morceau de pain* morder un pedazo de pan ‖ morder, picar; *les poissons mordent à l'hameçon* los peces muerden el anzuelo ‖ picar; *un insecte m'a mordu* un insecto me ha picado ‖ picar (le froid, le soleil) ‖ morder (lime) ‖ corroer (ronger) ‖ entrar en, penetrar en (vis) ‖ morder, atacar (critiquer) ‖ FIG corroer (tourmenter) ‖ — *mordre à belles dents* morder a dentelladas *ou* con toda la boca *ou* con toda la fuerza ‖ *mordre la ligne* pasar la raya (athlétisme) ‖ *mordre la poussière* morder el polvo ‖ — *je ne sais pas quel chien l'a mordu* no sé qué mosca le ha picado ‖ *se faire mordre* ser mordido.
◆ *v intr* morder ‖ morder (eau-forte) ‖ estar superpuesto, cabalgar, imbricarse, ir imbricado; *ardoises qui mordent les unes sur les autres* pizarras que cabalgan unas sobre otras ‖ FAM picar (se laisser prendre) ‖ FIG darse bien, interesarse por; *il mord aux mathématiques* se le dan bien las matemáticas ‖ tomar gusto *ou* afición (prendre goût à) ‖ MAR agarrar al fondo (ancre) ‖ MÉCAN engranar, agarrar (un pignon) ‖ — FIG *mordre à l'hameçon* picar al anzuelo ‖ — FAM *ça ne mord pas* no traga, no pica.
◆ *v pr* morderse; *se mordre la langue* morderse la lengua ‖ FIG *s'en mordre les doigts* morderse las manos *ou* los dedos, roerse los puños.

mordu, e *adj* et *s* FAM chiflado, da; apasionado, da ‖ FAM *être mordu pour quelqu'un, de quelque chose* estar chalado *ou* entusiasmado por *ou* con alguien, por *ou* con algo.
◆ *m* hincha, forofo, fanático, ca; *les mordus du football* los hinchas del fútbol; *un mordu du jazz* un fanático del jazz.

more *adj* → **maure**.

Mores *n pr m pl* → **Maures**.

moresque *adj* → **mauresque**.

morfondre (se) *v pr* (vx) enfriarse ‖ aburrirse esperando, cansarse de esperar (s'ennuyer à attendre) ‖ estar aburrido, aburrirse (s'ennuyer).

morganatique *adj* morganático, ca.

morgue *f* altivez, altanería (fierté) ‖ depósito *m* de cadáveres, morgue (gallicisme).

moribond, e [mɔribɔ̃, ɔ̃:d] *adj* et *s* moribundo, da ‖ FIG mortecino, na (feu, lumière).

morigéner *v tr* reprender, amonestar.

morille [mɔri:j] *f* cagarria, morilla (champignon).

morisque *adj* et *s* morisco, ca.

mormon, e *adj* et *s* mormón, ona.

morne *adj* triste; taciturno, na; sombrío, a; *un regard morne* una mirada triste ‖ oscuro, ra ‖ apagado, da (couleur) ‖ lúgubre; tétrico, ca (lugubre) ‖ desapacible (temps).
◆ *m* morro, cerro (montagne arrondie).
◆ *f* borne *m* (de lance).

morose *adj* taciturno, na; sombrío, a; *humeur morose* humor taciturno ‖ moroso, sa (qui s'attarde).

morosité *f* melancolía, taciturnidad ‖ DR morosidad.

Morphée *n pr m* MYTH Morfeo.

morphème *m* morfema.

morphine *f* morfina.

morphinomane *adj* et *s* morfinómano, na.

morphogenèse *f* geomorfogénesis ‖ BIOL morfogénesis.

morphologie *f* morfología.

morphologique *adj* morfológico, ca.

morphologiquement *adv* morfológicamente.

morpion [mɔrpjɔ̃] *m* FAM ladilla *f* (insecte) ‖ lapa *f*, ladilla *f* (collant) ‖ escupitajo, chiquilicuatro (gamin) ‖ carro (jeu).

mors [mɔ:r] *m* bocado, freno (du cheval) ‖ FIG freno (gêne) ‖ TECHN parte *f* cortante *ou* sujetadora de las pinzas y tenazas ‖ tenazas *f pl* (d'étau) ‖ ceja *f*, cajo (reliure) ‖ *prendre le mors aux dents* desbocarse (le cheval), montar en cólera, perder los estribos (s'emporter), partirse el pecho (faire preuve d'énergie).

morse *m* ZOOL morsa *f*.

morse *m* morse (alphabet télégraphique).

morsure *f* mordedura, mordisco *m*, bocado *m* ‖ picadura (d'un serpent) ‖ picotazo *m*, picadura (d'un insecte).

mort [mɔ:r] *f* muerte; *mort subite* muerte repentina ‖ muerte, ruina, desaparición; *la mort du petit commerce* la ruina del pequeño comercio ‖ — MÉD *mort cérébrale* muerte cerebral ‖ *mort clinique* muerte clínica ‖ — *mise à mort* muerte, tercio de muerte (tauromachie) ‖ *petite mort* muerte chiquita ‖ *silence de mort* silencio sepulcral ‖ *souffle de la mort* aleteo de la muerte ‖ — *à la vie et à la mort* a vida y a muerte, hasta la muerte ‖ *à mort!* ¡muera! ‖ *entre la vie et la mort* entre la vida y la muerte ‖ *mort aux tyrans!* ¡abajo los tiranos!, ¡mueran los tiranos! ‖ — *avoir la mort dans l'âme* estar con lágrimas en los ojos *ou* con lágrimas de sangre ‖ *ce n'est pas la mort d'un homme* no es cosa del otro mundo ‖ *c'est ma mort me mata* ‖ *être à deux doigts de la mort* estar a dos pasos de la muerte ‖ *être à la mort* estar in artículo mortis ‖ *être à son lit de mort* estar en peligro de muerte ‖ *être à l'article de la mort* estar en su lecho de muerte ‖ *être blessé à mort* estar herido de muerte ‖ *être pâle comme la mort* o *plus pâle que la mort* estar más pálido que un muerto ‖ *faire une guerre à mort* hacer una guerra a muerte ‖ *il y a eu plusieurs morts* hubo varios muertos ‖ *la mort n'attend pas* la muerte está siempre acechando ‖ *mourir de sa belle mort* morir de muerte natural ‖ *se donner la mort* suicidarse.

mort, e *adj* et *s* muerto, ta ‖ — *mort de peur, de fatigue* muerto de miedo, de cansancio ‖ *mort ou vif* muerto o vivo ‖ — *aux morts* por los caídos ‖ *balle morte* bala fría *ou* muerta ‖ *bois mort* madera seca ‖ *eau morte* agua muerta *ou* mansa *ou* estancada ‖ *fête* o *jour des morts* día de los difuntos ‖ *feuilles mortes* hojas secas, hojarasca ‖ *ivre mort* borracho perdido ‖ *langue morte* lengua muerta ‖ *messe des morts* misa de difuntos ‖ *nature morte* bodegón, naturaleza muerta ‖ MAR *œuvres mortes* obra muerta ‖ *poids mort* peso propio, tara ‖ *point mort* punto muerto ‖ *sonnerie aux morts* toque de difuntos ‖ *temps mort* tiempo muerto, horas muertas (moment d'inactivité), tiempo (sports) ‖ *tête de mort* calavera ‖ — FAM *c'est mort* se acabó ‖ *faire le mort* hacerse el muerto ‖ *rester lettre morte* ser papel mojado *ou* letra muerta.
◆ *m* muerto (cartes).

mortadelle *f* mortadela.
mortaise *f* TECHN muesca, mortaja.
mortaiser *v tr* TECHN escoplear, hacer muesca.
mortalité *f* mortalidad, mortandad; *taux de mortalité* índice de mortalidad.
mort-aux-rats [mɔrɔra] *f inv* matarratas *m*.
Morte (mer) *n pr f* GÉOGR mar Muerto.
mortel, elle *adj* mortal; *un danger mortel* un peligro mortal.
◆ *m et f* mortal, ser humano; *heureux mortel* feliz mortal.
mortellement *adv* mortalmente, de muerte; *mortellement blessé* herido de muerte.
morte-saison *f* COMM temporada mala, período *m* de venta reducida.
mortier *m* mortero, almirez (récipient) ‖ birrete (bonnet) ‖ CONSTR mortero (agglomérant), argamasa *f* (de chaux et de sable) ‖ MIL mortero.
mortifiant, e *adj* mortificante.
mortification [mɔrtifikasjɔ̃] *f* mortificación.
mortifier* *v tr* ablandar (la viande) ‖ disciplinar, reprimir, mortificar; *mortifier ses passions* disciplinar sus pasiones ‖ FIG mortificar, humillar.
mort-né, e [mɔrne] *adj et s* mortinato, ta; nacido muerto, nacida muerta.
mortuaire [mɔrtɥɛːr] *adj* mortuorio, ria; *maison mortuaire* casa mortuoria ‖ — *chapelle mortuaire* capilla mortuoria ‖ *couronne mortuaire* corona mortuoria ‖ *drap mortuaire* mortaja ‖ *extrait mortuaire* partida de defunción.
morue [mɔry] *f* bacalao *m*, abadejo *m* ‖ POP zorra, mujer de mala vida.
morutier, ère *adj et s m* bacaladero, ra.
morve *f* moco *m* ‖ muermo *m* (du cheval).
morveux, euse *adj et s* mocoso, sa ‖ muermoso, sa (cheval).
mosaïque *adj* mosaico, ca (de Moïse); *la loi mosaïque* la ley mosaica.
◆ *f* mosaico *m*.
mosaïste *adj et s* que trabaja en mosaicos.
Moscou *n pr* GÉOGR Moscú.
Moscovie *n pr f* GÉOGR Moscovia.
moscovite *adj* moscovita.
Moscovite *m et f* moscovita.
Moselle *n pr f* GÉOGR Mosela *m*.
mosquée *f* mezquita.
mot [mo] *m* palabra *f*; *un mot de trois syllabes* una palabra de tres sílabas ‖ palabra *f*, voz *f*, vocablo, término; *«ouïr» est un mot ancien* «ouïr» es una voz antigua ‖ sentencia *f*, dicho, frase *f*; *un mot de Socrate* una sentencia de Sócrates ‖ líneas *f pl*, letras *f pl*; *je vous ai écrit un mot* le he escrito unas líneas ou dos letras ‖ clave *f* (d'une énigme) ‖ — *mot d'esprit, bon mot, mot pour rire* ocurrencia, gracia, agudeza, dicho gracioso, chiste ‖ *mot d'ordre* o *de passe* consigna, santo y seña, contraseña ‖ *mots couverts* medias palabras, palabras encubiertas ‖ *mots croisés* crucigrama, palabras cruzadas ‖ *grand mot* palabra altisonante ou rimbombante (terme emphatique) ‖ *gros mot* palabrota, taco ‖ *jeu de mots* juego de palabras, retruécano ‖ *le fin mot d'une affaire* la clave ou el quid ou el busilis de un asunto ‖ *le mot de la fin* la última palabra ‖ *maître mot* palabra clave ‖ *un petit mot* unas líneas ou letras, dos palabras ‖ — *à ce mot, à ces mots* con estas palabras, dichas estas palabras ‖ *à demi-mot* con medias palabras; *entendre à demi-mot* comprender con medias palabras ‖ *au bas mot* por lo menos, a lo menos, tirando ou calculando por bajo ‖ *du premier mot* a las primeras palabras ‖ *en un mot* en una palabra, en fin ‖ *mot à mot* palabra por palabra, literalmente ‖ *pas un mot!* ¡ni una palabra! ‖ *plus un mot!* ¡ni una palabra más! ‖ — *avoir des mots avec quelqu'un* tener unas palabras con alguien ‖ *avoir le dernier mot* tener la última palabra, salirse con la suya ‖ *avoir le mot* estar en el ajo ‖ *avoir son mot à dire* tener algo que decir ‖ *avoir toujours le mot pour rire* ser muy ocurrente ‖ *ce ne sont que des mots* esto es hablar por hablar ‖ *c'est un bien grand mot* es una expresión grandilocuente, es mucho decir ‖ *compter* o *peser ses mots* sopesar ou medir las palabras ‖ *dire* o *mettre* o *placer son mot* meter baza ‖ *dire son dernier mot* decir su última palabra ‖ *dire un mot* decir dos palabras ‖ *faire du mot à mot* traducir literalmente ‖ *jouer sur les mots* jugar del vocablo, andarse con equívocos ‖ *ne pas mâcher ses mots* no tener pelos en la lengua, no morderse la lengua ‖ *ne pas savoir le premier mot de* no saber ni jota de, estar in albis in ‖ *ne pas souffler* o *ne pas dire mot* no decir palabra, no decir ni pío ‖ *prendre quelqu'un au mot* coger a uno la palabra ‖ *qui ne dit mot consent* quien calla otorga ‖ *rapporter mot pour mot* contar palabra por palabra ‖ *sans mot dire* sin decir esta boca es mía ‖ *se donner le mot* entenderse, ponerse de acuerdo ‖ *trancher le mot* hablar claro.
motard [mɔtaːr] *m et f* FAM motociclista.
◆ *m* motorista de la policía.
mot-clef *m* palabra clave ‖ INFORM palabra clave [clave de entrada].
motel *m* motel (hôtel).
motet [mɔtɛ] *m* MUS motete.
moteur, trice *adj et s* motor, triz ‖ — *force motrice* fuerza motriz ‖ *muscles moteurs* músculos motores.
◆ *m* motor; *moteur à explosion, à réaction* motor de explosión, de reacción; *moteur turbo* motor turbo ‖ FIG causa *f*, motor; *le moteur de l'action* la causa de la acción.
motif *m* motivo ‖ motivo, dibujo (peinture) ‖ MUS tema, asunto, motivo ‖ *agir pour le bon motif* obrar con buena intención.
motion [mɔsjɔ̃] *f* moción; *motion de censure* moción de censura.
motivant, e *adj* incitativo, va.
motivation [mɔtivasjɔ̃] *f* motivación.
motiver *v tr* motivar, explicar, justificar; *rien ne motive cette attitude* nada explica esta actitud.
moto *f* FAM moto, motocicleta.
motocross *m* motocross.
motoculteur *m* AGRIC motocultivadora *f*, motocultor.
motoculture *f* motocultivo *m*.
motocyclette *f* motocicleta.
motocyclisme *m* motociclismo, motorismo.
motocycliste *m et f* motociclista, motorista (fam).
motonautisme *m* motonáutica *f*.
motopompe *f* motobomba, bomba de motor.
motorisation *f* motorización.
motorisé, e *adj* motorizado, da; *division motorisée* división motorizada ou mecanizada.

motrice *f* motriz ‖ TRANSP automotriz.
motricité *f* motricidad.
motte *f* terrón *m* (de terre) ‖ pella (de beurre) ‖ montículo *m* de tierra (éminence).
motus! [mɔtys] *interj* ¡chitón!, ¡silencio!, ¡punto en boca!, ¡mutis!
mot-valise *m* vocablo formado por la unión de la primera parte de una palabra y la última parte de la otra.
— OBSERV pl *mots-valises*.
mou, mol, molle *adj* blando, da; muelle; *ce matelas est mou* este colchón es blando ‖ suave; *de molles fourrures* pieles suaves ‖ blando, da; *main molle* mano blanda ‖ fláccido, da; fofo, fa; *visage mou* cara fofa; *avoir les jambes molles* tener las piernas fofas ‖ bochornoso, sa; *temps mou* tiempo bochornoso ‖ flojo, ja (corde) ‖ poco enérgico, ca (style) ‖ impreciso, sa; difuso, sa; desvaído, da (couleurs) ‖ flojo, ja; poco enérgico, ca; lánguido, da; sin carácter (sans vigueur) ‖ FIG muelle; *la vie molle* la vida muelle.
◆ *m* bofes *pl* (poumons du bétail) ‖ FAM blandengue, lacio (personne) ‖ *donner du mou* aflojar (une corde).
— OBSERV Delante de una vocal el adjetivo masculino singular *mou* se transforma en *mol*.
moucharabieh [muʃarabjɛ] *m* celosía *f* (jalousie).
mouchard, e [muʃaːr, ard] *m et f* FAM soplón, ona; chivato, ta; delator, ra.
moucharder *v tr* FAM soplonear, dar el chivatazo, chivar, delatar.
mouche *f* mosca (insecte) ‖ lunar *m* postizo (sur le visage) ‖ mosca, perilla (barbe) ‖ zapatilla, botón *m* (de fleuret) ‖ diana (d'une cible) ‖ mosca (pour la pêche) ‖ FAM espía *m* (espion, mouchard) ‖ — *mouche à miel* abeja ‖ *mouche à viande* o *bleue* moscón ‖ *mouche tsé-tsé* mosca tse-tsé ‖ *mouche volante* chiribita ‖ — *fine mouche* persona astuta; lagarto, ta; buena pieza ‖ *pattes de mouche* patas de mosca, garabatos ‖ *comme des mouches* como moscas ‖ — *faire mouche* dar en el blanco ‖ *gober des mouches* papar moscas ‖ *ne pas faire de mal à une mouche* no matar ni una mosca ‖ *on entendrait une mouche voler* no se oye ni una mosca ‖ *on prend plus de mouches avec du miel qu'avec du vinaigre* más moscas se cazan con miel que con vinagre ‖ *prendre la mouche* amoscarse, picarse ‖ *quelle mouche vous a piqué?* ¿qué mosca le ha picado? ‖ *tomber comme des mouches* caer como moscas *ou* como chinches.
moucher *v tr* sonar [las narices]; limpiar los mocos ‖ despabilar (la chandelle) ‖ corregir, castigar, dar una lección; *je l'ai mouché* le he dado una lección ‖ echar por las narices; *moucher du sang* echar sangre por las narices.
◆ *v pr* sonarse, limpiarse las narices ‖ — FAM *ne pas se moucher du pied* tener muchos humos (être prétentieux), darse la gran vida (ne pas se priver) ‖ *qui se sent morveux se mouche* quien se pica, ajos come.
moucheron *m* mosca *f* pequeña ‖ pabilo (de chandelle) ‖ FAM monigote, chiquillo.
moucheté, e [muʃte] *adj* moteado, da (animaux) ‖ BLAS mosqueado, da ‖ — *blé moucheté* trigo atizonado ‖ *fleuret moucheté* florete con zapatilla.
moucheture [muʃtyːr] *f* mancha, mota, pinta (d'une fourrure) ‖ moteado *m* (d'un tissu) ‖ salpicadura (tache).

mouchoir *m* pañuelo ‖ — *grand comme un mouchoir de poche* tan grande como un pañuelo ‖ *faire un nœud à son mouchoir* hacer un nudo en el pañuelo ‖ *mouchoir de cou, de tête* pañuelo de cuello, para la cabeza.
mouclade *f* CULIN plato de mejillones con vino blanco y nata.
moudre* *v tr* moler.
moue [mu] *f* mohín *m*, mueca de displicencia ‖ *faire la moue* hacer hocico, poner mala cara.
mouette [mwɛt] *f* gaviota (oiseau).
moufle *f* aparejo *m* (de poulies) ‖ manopla (gant).
◆ *m* CHIM recipiente de barro para calentar ‖ TECHN mufla *f* (sorte de four).
mouflet, ette *m et f* FAM chiquillo, lla.
mouflon *m* ZOOL musmón.
mouillage [muja:ʒ] *m* remojo (action de tremper) ‖ aguado, adición *f* de agua ‖ MAR fondeadero (lieu), fondeo (action) ‖ *être au mouillage* fondear.
mouillé, e [-je] *adj* mojado, da ‖ empañado, da; empapado, da ‖ aguado, da (vin) ‖ palatalizado, da (consonne) ‖ MAR fondeado, da ‖ FIG & FAM *une poule mouillée* un gallina.
mouiller [-je] *v tr* mojar; *mouiller du linge* mojar la ropa blanca ‖ humedecer, rociar, espurrear (humecter) ‖ bañar; *la figure mouillée de larmes* con la cara bañada de lágrimas ‖ cortar, aguar (fam), bautizar [le vin] ‖ bañar; *l'Atlantique mouille le littoral portugais* el Atlántico baña el litoral portugués ‖ CULIN añadir líquido [para componer una salsa] ‖ GRAMM palatizar [pronunciar *ill* o *gn* como la *ll* o la *ñ* españolas] ‖ — *mouiller des mines* sembrar minas ‖ MAR *mouiller l'ancre* fondear, echar el ancla.
◆ *v intr* MAR fondear.
◆ *v pr* mojarse ‖ FIG & POP comprometerse, liarse, enredarse.
mouillette [-jɛt] *f* sopita, barquito *m*, trozo *m* largo y estrecho de pan para comer los huevos pasados por agua.
mouilleur [-jœːr] *m* mojador, esponjero, humectador (appareil pour mouiller) ‖ disparador (d'ancre) ‖ MAR *mouilleur de mines* minador (bâtiment de guerre).
mouise [mwiːz] *f* FAM miseria, apuro *m* (gêne) ‖ *être dans la mouise* estar a la cuarta pregunta.
moujik *m* mujic, campesino ruso.
moulage *m* moldeado, moldeamiento ‖ vaciado (d'une figure en plâtre), fusión *f* (en métal) ‖ molienda *f* (mouture).
moulant, e *adj* ajustado, da.
moule *f* mejillón *m* (mollusque) ‖ FIG & FAM zoquete *m*, tonto, ta.
moule *m* molde (pour mouler) ‖ hormilla *m* (pour faire les boutons) ‖ — *moule à gâteau, à gaufre, à tarte* molde de bizcocho, de gofre, de tarta ‖ *ils sortent du même moule* están cortados por el mismo patrón.
moulé, e *adj* de molde, hecho en molde; *lettre moulée* letra de molde.
mouler *v tr* moldear (une statue, un caractère) ‖ vaciar, echar en molde (couler) ‖ sacar un molde ‖ ajustar, ceñir; *le corsage moule le buste* la blusa ciñe el busto ‖ *un vêtement moulant* un traje ceñido.
◆ *v pr* amoldarse, ajustarse, ceñirse.
moulin *m* molino ‖ devanadera *f* (textile) ‖ POP motor ‖ molinillo; *moulin à café, à poivre* molinillo

de café, de pimienta ‖ — *moulin à bras* molino de sangre ‖ *moulin à eau* molino de agua, aceña ‖ *moulin à foulon* batán ‖ *moulin à huile* molino de aceite, almazara ‖ *moulin à légumes* pasapuré ‖ FIG & FAM *moulin à paroles* sacamuelas, cotorra (bavard) ‖ *moulin à vent* molino de viento ‖ — *faire venir l'eau à son moulin* arrimar el ascua a su sardina, barrer para dentro ‖ *jeter son bonnet par-dessus les moulins* soltarse el pelo, ponerse el mundo por montera ‖ *lieu où l'on entre comme dans un moulin* lugar donde se entra como Pedro por su casa ‖ *on ne peut être à la fois au four et au moulin* no se puede repicar y andar en la procesión, no se puede estar en misa y repicando.

mouliner *v tr* torcer (la soie) ‖ carcomer (ronger le bois) ‖ moler (moudre) ‖ pulimentar (polir) ‖ batir (brasser) ‖ FAM dar a los pedales (pédaler) | cotorrear, charlar (bavarder).

moulinet [mulinɛ] *m* molinete, molinillo ‖ carrete (de canne à pêche) ‖ torniquete (tourniquet) ‖ molinete (mouvement) ‖ *faire des moulinets avec une canne* hacer molinetes con un bastón.

Moulinette *f* (nom déposé) picadora eléctrica.

moult [mult] *adv* (vx) mucho.

moulu, e *adj* molido, da.

moulure *f* moldura ‖ ataire *m* (de fenêtre) ‖ — *moulure plate* listel, filete ‖ *pousser une moulure* sacar una moldura.

moulurer *v tr* moldurar; *moululer un plafond* moldurar un techo.

moumoute *f* FAM peluca.

mourant, e *adj* et *s* moribundo, da ‖ *aller en mourant* ir disminuyendo *ou* menguando ‖ FIG *voix mourante* voz lánguida *ou* desfallecida.

mourir* *v intr* morir, morirse ‖ — *mourir à la peine* o *à la tâche* matarse trabajando, morir al pie del cañón ‖ *mourir à petit feu* morir a fuego lento, morir de consunción ‖ *mourir dans sa peau* genio y figura hasta la sepultura ‖ *mourir de faim, de fatigue, de peur, de rire, de vieillesse* morirse de hambre, de cansancio, de miedo, de risa, de viejo ‖ *mourir d'envie* morirse de ganas ‖ *mourir de sa belle mort* morir de muerte natural ‖ *mourir sur un tas de fumier* morir en la miseria ‖ — *bien mourir* morir habiendo recibido los santos sacramentos ‖ *être bête à mourir* ser tonto de remate ‖ *faire mourir* matar, causar la muerte ‖ *il est mort assassiné* lo asesinaron ‖ *je veux mourir si..., que je meure si...* que me muera si..., que me maten si...

◆ *v pr* morirse, estar muriéndose.

Mourmansk *n pr* GÉOGR Murmansk.

mouroir *m* (péjoratif) lugar donde se acoge a moribundos.

mouron *m* álsine *f* (pour les oiseaux) ‖ — *mouron d'eau* pamplina de agua ‖ *mouron des champs* murajes ‖ POP *se faire du mouron* quemarse la sangre.

mousquet [muskɛ] *m* mosquete.

mousquetaire *m* mosquetero ‖ — *à la mousquetaire* con revés; vuelto, ta (gants, bottes) ‖ *poignets mousquetaire* puños vueltos.

mousqueton *m* mosquetón, tercerola *f* (de cavalier) ‖ mosquetón (ressort).

moussaillon [musajɔ̃] *m* MAR & FAM grumetillo.

moussaka *f* CULIN mousaka, plato griego o turco a base de berenjenas y carne.

moussant, e *adj* espumeante, espumante ‖ *bain moussant* espuma de baño.

mousse *adj* romo, ma; embotado, da; *pointe mousse* punta roma.

◆ *m* MAR grumete.

◆ *f* musgo *m* ‖ espuma; *mousse de champagne, de savon* espuma de champaña, de jabón ‖ mousse *m*; *mousse au chocolat* mousse de chocolate ‖ — *mousse à raser* crema de afeitar ‖ *mousse carbonique* espuma de gas carbónico líquido ‖ *mousse de nylon* espuma de nylon ‖ CHIM *mousse de platine* esponja de platino ‖ — *bas mousse* media de espuma ‖ *caoutchouc mousse* goma espuma ‖ — *se faire de la mousse* quemarse la sangre.

mousseline [muslin] *f* muselina.

◆ *adj inv pommes mousseline* puré ligero de patatas ‖ *sauce mousseline* salsa holandesa con nata batida ‖ *verre mousseline* vidrio muy fino.

mousser *v intr* hacer espuma, espumar ‖ — FIG *faire mousser* hacer rabiar (mettre en colère), elogiar, alabar, ensalzar (faire valoir) ‖ FAM *se faire mousser* darse importancia, darse autobombo.

mousseron *m* mucerón, mojardón (champignon).

mousseux, euse [musø, ø:z] *adj* et *s m* espumoso, sa ‖ *vin mousseux* vino espumoso.

mousson *f* monzón *m* (vent).

moussu, e *adj* musgoso, sa; cubierto, ta de musgo; *banc moussu* banco cubierto de musgo.

moustache *f* bigote *m*.

moustachu, e *adj* bigotudo, da.

moustiquaire *f* mosquitero *m*.

moustique *m* mosquito.

moût [mu] *m* mosto ‖ jugo [de ciertos vegetales].

moutard [mutaːr] *m* FAM crío, chaval, chiquillo.

moutarde *f* mostaza ‖ FIG *la moutarde me monte au nez* se me están hinchando las narices.

moutardier *m* tarro de la mostaza, mostacera *f* (pot à moutarde) ‖ fabricante de mostaza.

mouton *m* borrego (de 1 à 2 ans), carnero (animal) ‖ cordero (viande); *une côtelette de mouton* una chuleta de cordero ‖ piel *f* de carnero; *veste en mouton* chaqueta de piel de carnero ‖ FAM cordero (personne) ‖ chivato, soplón [compañero que se da a un preso para que le saque confidencias] ‖ TECHN martinete, maza *f* (pour enfoncer des pieux) | yugo (d'une cloche) ‖ — *chercher un mouton à cinq pattes* buscar un mirlo blanco ‖ *être frisé comme un mouton* tener el pelo muy rizado.

◆ *pl* cabrillas *f* (des vagues dans la mer) ‖ FAM pelotillas *f* de polvo (poussière) ‖ — *comme des moutons* como borregos ‖ *faire comme les moutons de Panurge* donde va Vicente, ahí va la gente ‖ *revenons à nos moutons* volvamos a nuestro asunto *ou* a lo que íbamos.

moutonnant, e *adj* que cabrillea (vague) ‖ encrespado, da (mer, cheveux).

moutonné, e *adj* aborregado, da; *ciel moutonné* cielo aborregado ‖ muy rizado, da; ensortijado, da (cheveux) ‖ *roches moutonnées* rocas acanaladas por la erosión.

moutonnement *m* cabrilleo (des vagues).

moutonner *v tr* rizar, ensortijar (les cheveux).

◆ *v intr* MAR cabrillear (les vagues), encresparse (la mer).

◆ *v pr* aborregarse (le ciel).

moutonneux, euse *adj* aborregado, da (ciel) ‖ encrespado, da (mer).

mouture *f* molienda, molturación (action de moudre) || mezcla de harinas || FIG refrito *m* (sujet déjà traité et présenté différemment).

mouvance *f* HIST dependencia de un feudo || esfera de influencia; *être dans la mouvance de* estar en la esfera de influencia de.

mouvant, e *adj* motor, ra; moviente (qui meut) || movedizo, za; *sables mouvants* arena movediza || BLAS & PHILOS moviente || FIG inestable.

mouvement [muvmã] *m* movimiento; *le mouvement du pendule* el movimiento del péndulo; *des mouvements de culture physique* movimientos de cultura física || gesto (du visage) || arrebato; *il a fait cela dans un mouvement de colère* hizo esto en un arrebato de cólera || tráfico (d'une rue, d'un port) || movimiento; *un mouvement populaire* un movimiento popular || agrupación *f* (de jeunesse) || accidentes *pl* (du sol) || mecanismo, maquinaria *f* (d'une montre) || variación *f*; *le mouvement des prix* la variación de los precios || MUS movimiento || — *mouvement d'affaires* conjunto de operaciones || *mouvement d'humeur* arranque de cólera || *mouvement de la population* evolución demográfica || *mouvement d'opinion* movimiento de opinión || *mouvement perpétuel* movimiento continuo *ou* perpetuo || — *de son propre mouvement* por su propio impulso || *en mouvement* en movimiento || — *être dans le mouvement* estar al tanto *ou* al día || *mettre quelque chose en mouvement* poner algo en movimiento.

mouvementé, e [-te] *adj* animado, da; movido, da || FIG agitado, da; tormentoso, sa; *une journée mouvementée* un día agitado || *terrain mouvementé* terreno quebrado *ou* accidentado.

mouvoir* *v tr* mover || impulsar; *le moteur meut le camion* el motor impulsa el camión.
◆ *v pr* moverse.

moyen [mwajɛ̃] *m* medio; *au moyen de* por medio de || posibilidad *f*, medio (possibilité); *moyen de locomotion, d'expression* medio de locomoción, de expresión || facultad *f*; *cela m'ôtait mes moyens* eso me restaba facultades || medio, recurso; *avoir les moyens* tener recursos || DR causa *f* || MATH medio || — *dans la mesure de leurs moyens* en la medida de sus posibilidades || *par tous les moyens* por todos los medios || — *employer les grands moyens* recurrir a procedimientos decisivos || *employer les moyens du bord* utilizar los medios de que se dispone || *en pleine possession de ses moyens* con pleno dominio de sus facultades || *il n'y a pas moyen* no es posible, no hay posibilidad *ou* medio || *il n'y a pas moyen de* no hay manera *ou* modo *ou* forma de || *manquer de moyens intellectuels* ser corto de alcances || *prendre le moyen pour la fin* confundir el fin con el medio.

moyen, enne [mwajɛ̃, jɛn] *adj* medio, dia; *un homme de taille moyenne* un hombre de estatura media || mediano, na; mediocre; *une intelligence moyenne* una inteligencia mediana || común; ordinario, ria || — PHILOS *moyen terme* término medio || *moyenne entreprise* mediana empresa || — *le Français moyen* el francés corriente || *le Moyen Âge* la Edad Media.

moyenâgeux, euse [mwajɛnaʒø, øːz] *adj* medieval, medioeval.

moyen-courrier [mwajɛ̃kurje] *m* avión de transporte de distancias medias.

moyennant [mwajɛnã] *prép* mediante, con; *moyennant finances* mediante dinero, con dinero || *moyennant quoi* mediante lo cual, gracias a lo cual.

moyenne [mwajɛn] *f* media, cantidad media; *moyenne proportionnelle* media proporcional || término *m* medio (moyen terme) || media, promedio *m*; *la moyenne des exportations* el promedio de las exportaciones || nota media, calificación media (note) || — *moyenne d'âge* media de edad || *moyenne de vitesse* promedio de velocidad || — *au-dessous de la moyenne* por debajo de lo normal || *en moyenne* por término medio, un promedio de.

moyennement [-jɛnmã] *adv* medianamente || por término medio.

Moyen-Orient *n pr* GÉOGR Oriente Medio.

moyen-oriental, e *adj* de Oriente Medio.

moyeu [mwajø] *m* cubo (de roue) || yema *f* de huevo (jaune d'œuf) || cascabellillo en dulce (prune).

Mozambique *n pr m* GÉOGR Mozambique.

mozarabe *adj et s* mozárabe.

mozartien, enne *adj* de Mozart.

mozzarelle *f* mozzarella (fromage).

M.R.G. abrév de *Mouvement des Radicaux de Gauche* Movimiento de Radicales de Izquierda [Francia].

M.R.P. abrév de *Mouvement républicain populaire* Movimiento Republicano Popular [Francia].

M.S.F. abrév de *Médecins sans frontières* MSF, Médicos Sin Fronteras.

M.S.T. abrév de *maladie sexuellement transmissible* ETS, enfermedad de transmisión sexual.

M.T. abrév de *moyenne tension* tensión media.

mu *m* PHYS muón.

mû, mue [my] *adj* movido, da; *être mû par l'intérêt* estar movido por el interés.

mucilage *m* BOT mucílago.

mucosité *f* mucosidad.

mucoviscidose *f* MÉD mucoviscidosis.

mucus [mykys] *m* mucosidad *f*, moco.

mudéjar [mydeʒaːr] *adj et s* mudéjar.

mue [my] *f* muda (des animaux, de la voix) || caponera (cage pour les oiseaux à engraisser) || pollera.

muer *v intr* pelechar, mudar (être en mue) || mudar (changer la voix).
◆ *v pr* cambiarse, transformarse.

muesli; müesli *m* muesli.

muet, ette [mɥɛ, ɛt] *adj et s* mudo, da; *muet de naissance* mudo de nacimiento || — *carte muette* mapa mudo || *cinéma muet* cine mudo || *jeu muet* mímica || *lettre muette* letra muda || — *demeurer muet* enmudecer, no decir palabra || *être muet comme une carpe* ser más callado que un muerto.

muezzin [mɥɛzɛ̃] *m* almuédano, almuecín.

mufle *m* jeta *f*, hocico, morro.
◆ *adj m et s m* FIG patán, grosero, chabacano.

muflerie *f* grosería, patanería, chabacanería.

muflier *m* BOT dragón, becerra *f*.

mugir *v intr* mugir, berrear || FIG bramar (le vent, l'océan); *l'océan mugit* el océano brama.

mugissant, e *adj* mugiente.

mugissement *m* mugido, bramido.

muguet [mygɛ] *m* muguete, lirio de los valles ‖ *(vx)* lechuguino, currutaco ‖ MÉD muguete, estomatitis micósica *f.*
mulâtre *adj* mulato, ta.
mulâtre, mulâtresse *m* et *f* mulato, ta.
mule *f* mula (animal) ‖ chinela, babucha (chaussure de femme) ‖ mula (chaussure du pape) ‖ *têtu comme une mule* testarudo como una mula.
mulet [mylɛ] *m* mulo (bête de somme) ‖ mújol (poisson).
muleta [muleta] **ou** [myleta] *f* muleta.
muletier, ère *adj* muletero, ra ‖ *chemin muletier* camino de herradura.
◆ *m* arriero, mulero, muletero.
mulot [mylo] *m* ratón campesino.
multicolore *adj* multicolor.
multiconfessionnel, elle *adj* pluriconfesional.
multicoque *adj* de varios cascos.
◆ *m* embarcación *f* de varios cascos.
multiforme *adj* multiforme.
multilatéral, e *adj* multilateral.
multilingue *adj* plurilingüe.
multilinguisme *m* poliglotismo.
multimédia *adj* multimedia *adj* et *s f*; *un groupe multimédia* una multimedia *ou* sociedad de medios múltiples.
multimilliardaire *adj* et *s* multimillonario, ria.
multimillionnaire *adj* et *s* multimillonario, ria.
multinational, e *adj* et *s f* multinacional.
multipare *adj* et *s* multípara.
multipartisme *m* pluripartidismo.
multiple *adj* múltiple; *système multiple* sistema múltiple ‖ MATH múltiplo, pla.
◆ *m* MATH múltiplo; *9 est un multiple de 3* 9 es múltiplo de 3; *le plus petit commun multiple* el mínimo común múltiplo ‖ cuadro (télécommunications).
multiplex *adj* et *s m inv* múltiplex (télégraphe).
multiplexage *m* TECHN multiplexado.
multiplexeur *m* TECHN multiplexor.
multipliable *adj* multiplicable.
multiplicande *m* MATH multiplicando.
multiplicateur, trice *adj* et *s m* multiplicador, ra.
multiplicatif, ive *adj* multiplicativo, va.
multiplication [myltiplikasjɔ̃] *f* multiplicación ‖ *table de multiplication* tabla de multiplicar.
multiplicité *f* multiplicidad.
multiplier *v tr* multiplicar.
◆ *v intr* et *pr* multiplicarse.
multipolaire *adj* multipolar.
multiposte *adj* et *s m* INFORM multiusuario.
multiprise *f* ladrón *m* [enchufe].
multiprogrammation *f* INFORM multiprogramación.
multipropriété *f* multipropiedad.
multiracial, e *adj* multirracial.
multirisque *adj* multirriesgo; *assurance multirisque* seguro multirriesgo.
multitude *f* multitud, muchedumbre (foule) ‖ multitud; *une multitude d'événements* una multitud de acontecimientos.
Munich *n pr* GÉOGR Múnich.

munichois, e [mynikwa, waːz] *adj* muniqués, esa; de Munich.
Munichois, e *m* et *f* muniqués, esa.
municipal, e *adj* municipal ‖ *conseiller municipal* concejal.
◆ *m* guardia municipal de París.
municipalité *f* municipalidad, municipio *m.*
munificence *f* munificencia.
munificent, e *adj* munífico, ca.
— OBSERV Le mot *munificente* est un barbarisme en espagnol.
munir *v tr* proveer, suministrar (pourvoir) ‖ abastecer, pertrechar (fournir des munitions) ‖ dar (donner) ‖ poner, guarnecer; *munir sa canne d'un bout de fer* guarnecer su bastón con una punta de hierro ‖ — ECCLÉS *munir des sacrements* administrar los santos sacramentos ‖ — *être muni de* estar provisto de, contar con ‖ *il est mort muni des derniers sacrements* murió habiendo recibido los santos sacramentos.
◆ *v pr* proveerse ‖ *se munir de patience* armarse de paciencia.
munition [mynisjɔ̃] *f* munición, municionamiento *m*; *munitions de guerre* municiones de guerra ‖ — *dépôt de munitions* pañol (d'un navire) ‖ *pain de munition* pan de munición.
munster [mœ̃stɛːr] *m* munster, queso de Munster.
muqueux, euse [mykø, øːz] *adj* et *s f* mucoso, sa.
mur *m* pared *f* (d'une maison); *mur de briques* pared de ladrillos ‖ muro; *mur en ailes, coupe-feu* muro de ala, cortafuegos ‖ tapia *f*; *mur en pisé* tapia de adobes ‖ muralla *f*, muro (de fortification, d'une ville) ‖ FIG obstáculo, barrera *f* ‖ barrera (football); *faire le mur* formar barrera ‖ — *mur d'appui* pretil ‖ *mur de clôture* tapia ‖ *mur d'enceinte* recinto ‖ *mur de refend* pared intermedia ‖ *mur de soutènement* muro de contención ‖ *mur du son* barrera del sonido ‖ *mur mitoyen* medianería, pared medianera ‖ — *entre quatre murs* entre cuatro paredes ‖ *gros mur* pared maestra ‖ — *coller au mur* llevar al paredón, fusilar ‖ *être dans ses murs* estar en casa propia ‖ *faire le mur* formar una barrera (football), saltar la tapia, escaparse de noche (pensionnat, caserne) ‖ *l'ennemi est dans nos murs* el enemigo está en nuestra ciudad ‖ *les murs ont des oreilles* las paredes oyen ‖ *mettre quelqu'un au pied du mur* ponerle a uno entre la espada y la pared ‖ *se cogner la tête contre les murs* darse contra las paredes ‖ *se heurter à un mur* estrellarse contra la resistencia de alguien ‖ *être le dos au mur* estar entre la espada y la pared.
mûr, e *adj* maduro, ra (fruits, etc.) ‖ detenido, da; *après mûre délibération* después de una deliberación detenida ‖ pasado, da; gastado, da (usé, en parlant d'une étoffe, etc.) ‖ FIG a punto; *la situation n'est pas encore mûre* las cosas no están aún a punto ‖ — *un esprit mûr* una inteligencia madura ‖ *un homme d'âge mûr* un hombre de edad madura.
muraille [myrɑːj] *f* muralla ‖ parte superior del casco del caballo ‖ parte del casco de un barco encima de la línea de flotación.
◆ *pl* murallas, recinto *m sing* amurallado.
Muraille (la Grande) *n pr f* la Gran Muralla.
mural, e *adj* mural; *carte murale* mapa mural ‖ *peinture murale* mural, pintura mural.

Murcie *n pr* GÉOGR Murcia.
Mur des lamentations (le) *n pr m* el Muro de las lamentaciones.
mûre *f* mora (fruit) ‖ *mûre sauvage* mora silvestre, zarzamora (muron).
mûrement *adv* detenidamente, con detenimiento, largo y tendido.
murène *f* morena, murena (poisson).
murer *v tr* amurallar, murar (entourer de murs) ‖ tapiar, tabicar; *murer une fenêtre* tapiar una ventana ‖ emparedar (une personne) ‖ FIG aislar, encerrar.
muret [myrɛ] *m*; **murette** [-rɛt] *f*; **muretin** [myrtɛ̃] *m* murete *m*, tapia *f* muy baja, muro poco elevado.
murex *m* múrice (mollusque).
mûrier *m* morera *f*.
mûrir *v intr* et *tr* madurar.
mûrissant, e *adj* que madura.
murmure *m* murmullo (des personnes), susurro, susurreo (du vent).
murmurer *v tr* et *intr* murmurar, susurrar; *le vent murmure entre les feuilles* el viento susurra entre las hojas ‖ *murmurer contre quelqu'un* hablar mal de alguien.
Mururoa *n pr* GÉOGR Mururoa.
musaraigne *f* musaraña (mammifère).
musarder *v intr* FAM distraerse *ou* entretenerse con tonterías, perder el tiempo ‖ vagar, callejear distraídamente, zascandilear (vagabonder).
musc *m* almizcle ‖ almizclero (animal) ‖ *musc végétal* abelmosco.
muscade *adj* et *s f* moscada; *noix muscade* nuez moscada ‖ bolita (de prestidigitateur) ‖ *passez muscade!* fórmula de los escamoteadores al realizar un juego.
muscadet [myskadɛ] *m* tipo de vino blanco seco francés.
muscat [myska] *adj* et *s m* moscatel; *raisin muscat* uva moscatel.
muscle *m* ANAT músculo ‖ FIG *avoir du muscle* tener músculos, tener musculatura.
musclé, e *adj* musculoso, sa.
muscler *v tr* desarrollar los músculos *ou* la musculatura.
musculaire *adj* muscular.
musculation *f* musculación; *exercices de musculation* ejercicios de musculación.
musculature *f* musculatura.
muse *f* musa.
museau *m* hocico ‖ POP jeta *f* ‖ *museau de veau* morros de ternera (cuisine).
musée *m* museo.
museler* *v tr* poner bozal, abozalar (mettre une muselière) ‖ tapar la boca, amordazar (faire taire).
muselière [myzəljɛːr] *f* bozal *m*.
muséographie; **muséologie** *f* museografía, museología.
muser *v intr* vagar, barzonear.
musette *f* gaita (instrument de musique) ‖ morral *m* (sac) ‖ cartera (d'écolier) ‖ ZOOL musaraña ‖ *bal musette* baile popular *ou* de candil.
muséum [myzeɔm] *m* museo ‖ *muséum d'histoire naturelle* museo de Historia Natural.
musical, e *adj* musical.

musicalement *adv* musicalmente, desde un punto de vista musical.
musicalité *f* musicalidad.
music-hall [muzikoːl] *m* music-hall, espectáculo de variedades.
musicien, enne *adj* et *s* músico, ca.
musicographie *f* musicografía.
musicologie *f* musicología.
musicologue *m* et *f* musicólogo, ga.
musique *f* música ‖ banda (fanfare) ‖ — *musique de chambre* música de cámara ‖ — *boîte à musique* caja de música ‖ *chef de musique* director de banda ‖ *papier musique* papel pautado ‖ — *en avant la musique* adelante con los faroles ‖ — FIG & FAM *c'est une autre musique* eso es otro cantar ‖ *je connais la musique* conozco el paño *ou* el percal *ou* el asunto ‖ *jouer sans musique* tocar sin partitura ‖ *mettre en musique* poner música a.
musiquette *f* musiquilla.
musqué, e *adj* almizclado, da (parfumé au musc) ‖ almizcleño, ña (fruits) ‖ almizclero, ra (rat).
must *m* FAM lo imprescindible.
mustang [mœstɑ̃g] *m* mustango, mustang, mesteño (cheval).
musulman, e *adj* et *s* musulmán, ana.
mutable *adj* mudable.
mutant, e *adj* et *s* mutante.
mutation *f* mudanza, cambio *m*, permuta, traslado *m*; *mutation de personnel* cambio de personal ‖ BIOL mutación; *mutation chromosomique* mutación cromosómica ‖ *droits de mutation* derechos de transmisión de herencia.
mutatis mutandis *loc adv* mutatis mutandis, cambiando lo que convenga.
muter *v tr* cambiar de destino, trasladar; *muter un fonctionnaire* trasladar a un funcionario ‖ *être muté* ser destinado.
mutilation *f* mutilación ‖ deterioro *m* (d'une œuvre d'art).
mutilé, e *adj* et *s* mutilado, da; *mutilé de guerre* mutilado de guerra.
mutiler *v tr* mutilar.
mutin, e *adj* travieso, sa; revoltoso, sa (espiègle) ‖ FAM picaresco, ca; vivaracho, cha (vif, éveillé); *un regard mutin* una mirada picaresca.
◆ *m* amotinado, rebelde.
mutiner (se) *v pr* amotinarse; *les prisonniers se mutinèrent* los prisioneros se amotinaron.
mutinerie [mytinri] *f* motín *m*, sublevación ‖ insubordinación, desobediencia (désobéissance) ‖ gracia, picardía (d'un visage).
mutisme *m*; **mutité** *f* mutismo *m*, silencio *m*; *garder un complet mutisme* guardar un silencio absoluto ‖ MÉD mudez.
mutualisme *m* mutualismo.
mutualiste *adj* et *s* mutualista.
mutualité *f* mutualidad.
mutuel, elle *adj* mutuo, tua.
◆ *f* mutualidad, mutua.
mutuellement *adv* mutuamente, recíprocamente.
myasthénie *f* MÉD miastenia.
mycélium [miseljɔm] *m* BOT micelio.
Mycènes [misɛːn] *n pr* GÉOGR Micenas.

mycénien, enne *adj* micénico, ca.
Mycéniens *n pr m pl* micenios.
mycologie *f* micología.
mycologique *adj* micológico, ca.
mycologue *m et f* micólogo, ga.
mycose *f* MÉD micosis.
mycosique *adj* MÉD micótico, ca.
myéline *f* mielina.
myélite *f* MÉD mielitis.
myélographie *f* MÉD mielografía.
myélome *m* mieloma.
mygale *f* ZOOL migala, migale.
myocarde *m* ANAT miocardio.
myopathe *adj* miopático, ca.
myopathie *f* MÉD miopatía.
myope [mjɔp] *adj et s* miope, corto, ta de vista ‖ FIG & FAM *être myope comme une taupe* no ver tres en un burro.
myopie *f* MÉD miopía.
myorelaxant, e *adj et s m* miorrelajante.
myosotis [mjɔzɔtis] *m* BOT miosota *f*, raspilla *f*.
myriade *f* miríada.
myriapode *adj et s m* ZOOL miriápodo.
myrrhe *f* mirra.
myrte *m* BOT mirto, arrayán.
myrtille [mirtiːj] *f* arándano *m*, mirtillo *m*.

mystère *m* misterio ‖ THÉÂTR auto sacramental, misterio.
mystérieusement *adv* misteriosamente, de forma misteriosa.
mystérieux, euse *adj* misterioso, sa.
mysticisme *m* misticismo.
mystificateur, trice *adj et s* bromista; embaucador, ra.
mystification *f* engaño *m*, mixtificación (tromperie), broma (plaisanterie), burla (moquerie).
mystifier* *v tr* burlar, engañar, pegársela.
mystique *adj et s* místico, ca.
　◆ *f* mística.
mystiquement *adv* místicamente.
mythe *m* mito.
mythifier *v tr* mitificar.
mythique *adj* mítico, ca.
mytho *adj et s* FAM mitómano, na.
mythologie *f* mitología.
mythologique *adj* mitológico, ca.
mythologue *m et f* mitólogo, ga; mitologista.
mythomane *adj et s* mitómano, na.
mythomanie *f* mitomanía.
mytiliculture *f* mitilicultura, cría de los mejillones *ou* las almejas.
myxomatose *f* VÉTÉR mixomatosis.
myxomycètes [miksɔmisɛːt] *m pl* BOT mixomicetos.

n *m* n *f*.
nº abrév de *numéro* n.º, núm., número.
N abrév de *newton* N, newton ‖ abrév de *nord* N, norte.
nabab *m* nabab.
nabot, e [nabo, ɔːt] *m et f* retaco *m*; enano, na; tapón *m*.
nacelle *f* navecilla, barquilla (petit bateau) ‖ barquilla (d'un ballon) ‖ barco *m* (de vaisseau spatial) ‖ ARCHIT nacela (moulure).
nacre *f* nácar *m*.
nacré, e *adj* nacarado, da; anacarado, da.
nadir *m* ASTR nadir.
Nagasaki *n pr* GÉOGR Nagasaki.
nage *f* natación, nado *m*; *doué pour la nage* dotado para la natación; *se sauver à la nage* salvarse a nado ‖ modo *m* de nadar; *une nage rapide* un modo de nadar rápido ‖ MAR boga *f* ‖ SPORTS equipo *m* de remeros ‖ — *nage indienne* braza india ‖ *nage libre* estilo libre ‖ *nage papillon* mariposa ‖ — *chef de nage* patrón (aviron) ‖ *les quatre cents mètres quatre nages* los cuatrocientos metros estilos (natation) ‖ — *à la nage* a nado, nadando; *traverser un fleuve à la nage* cruzar un río a nado ‖ FIG *en nage* sudando a mares.
nageoire *f* ZOOL aleta ‖ tapadera (d'un seau) ‖ AVIAT flotador *m* (d'un hydravion) ‖ POP remo *m* (bras).
nager* *v intr* nadar; *nager sur le dos* nadar de espalda ‖ flotar, nadar; *le bois nage sur l'eau* la madera flota en el agua ‖ FAM bailar, nadar; *mes pieds nagent dans ces chaussures* mis pies bailan en los zapatos ‖ MAR bogar, remar (ramer) ‖ — POP *nager complètement* estar pez ‖ FIG *nager dans la joie* rebosar de alegría ‖ *nager dans l'opulence* nadar en la opulencia ‖ *nager entre deux eaux* nadar entre dos aguas, jugar con dos barajas ‖ *savoir nager* saber nadar y guardar la ropa *ou* bandearse, ser habilidoso *ou* astuto.
　◆ *v tr* nadar; *nager le crawl* nadar el crawl.
nageur, euse *m et f* nadador, ra ‖ MAR remero, ra (rameur) ‖ — *nageur de combat* hombre rana ‖ — *maître nageur* bañero (d'une piscine, d'une plage).
　◆ *adj* nadador, ra (oiseaux).

naguère [nagɛːr] *adv* (abrév de *il n'y a guère* no hace mucho), poco ha, hace poco, no hace mucho.
naïade [najad] *f* MYTH náyade ‖ BOT náyade.
naïf, ive [naif, iːv] *adj et s* ingenuo, nua; simple, inocente; cándido, da; *faire le naïf* hacerse el ingenuo.
nain, e [nɛ̃, nɛːn] *adj et s* enano, na.
Nairobi *n pr* GÉOGR Nairobi.
naissain *m* ostra *f* o mejillón nuevo.
naissance *f* nacimiento *m*; *lieu de naissance* lugar de nacimiento; *contrôle des naissances* regulación de nacimientos ‖ linaje *m*, cuna, extracción, condición; *de basse naissance* de baja condición ‖ ARCHIT arranque *m* (d'un arc, d'une voûte) ‖ FIG nacimiento *m*, comienzo *m*, origen *m* ‖ — *acte de naissance* partida de nacimiento ‖ *donner naissance* dar origen (provoquer), dar a luz (enfanter) ‖ *prendre naissance* nacer [un río].
naissant, e *adj* naciente; *jour naissant* día naciente ‖ reciente; nuevo, va (récent) ‖ *en naissant* al nacer.
naître* *v intr* nacer (une personne, un fleuve, une plante) ‖ — *être né coiffé* o *sous une bonne étoile* haber nacido de pie *ou* con buena estrella ‖ *être né de* ser hijo de ‖ *être né pour être poète* haber nacido para poeta ‖ FIG *faire naître* provocar, producir, originar (causer), engendrar ‖ *n'être pas né d'hier* no haber nacido ayer.
— OBSERV El verbo *naître* se conjuga con el auxiliar *être* en los tiempos compuestos (*je suis né, il était né*, etc.).
naïvement *adv* ingenuamente, con ingenuidad.
naïveté [naivte] *f* ingenuidad, candidez.
naja *m* ZOOL naja *f*, cobra *f*, serpiente *f* de anteojos.
Namibie *n pr* GÉOGR Namibia.
Nancy *n pr* GÉOGR Nancy.
nanisme *m* MÉD enanismo.
nankin *m* nanquín (tissu).
nantais, e *adj* nantés, esa.
Nantais, e *m et f* nantés, esa.
Nantes *n pr* GÉOGR Nantes.
nanti, e *adj* adinerado, da; pudiente.
◆ *m et f* pudiente ‖ *les nantis* la gente pudiente.
nantir *v tr* garantizar, dar una garantía (garantir) ‖ FIG proveer (pourvoir); *nanti d'une fortune* provisto de una fortuna.
◆ *v pr* proveerse, procurarse; *se nantir de garanties* procurarse garantías.
nantissement *m* fianza *f*, prenda *f*, garantía *f*.
NAP abrév de *Neuilly Auteuil Passy* pijo, residente de los barrios ricos de París.
napalm *m* napalm.
naphtaline *f* naftalina; *boules de naphtaline* bolas de naftalina.
naphte [naft] *m* nafta *f* (pétrole brut).
Naples *n pr* GÉOGR Nápoles.
napoléon *m* napoleón (monnaie).
Napoléon *m pr m* Napoleón.
napoléonien, enne *adj et s* napoleónico, ca.
napolitain, e *adj* napolitano, na ‖ *tranche napolitaine* helado al corte.
◆ *f* tela lisa de lana (tissu).
Napolitain, e *m et f* napolitano, na.

nappage *m* mantelería *f*.
nappe *f* mantel *m* (de table) ‖ GÉOL estrato *m*, capa ‖ capa (d'eau, de gaz) ‖ GÉOM casco *m* (surface courbe) ‖ — *nappe d'autel* sabanilla ‖ *nappe de brouillard* capa de niebla ‖ *nappe d'huile* mancha de aceite ‖ *nappe de pétrole* mancha de petróleo (pollution), capa de petróleo (gisement) ‖ *nappe phréatique* capa freática ‖ — *mettre la nappe* poner la mesa.
napper *v tr* cubrir con un mantel, poner un mantel en ‖ CULIN *napper de sauce* cubrir con una salsa.
napperon [naprɔ̃] *m* mantel individual (petite nappe) ‖ salvamanteles (pour les verres) ‖ tapete; *il faut mettre un napperon sous le vase* hay que poner un tapete debajo del florero.
narbonnais, e *adj* narbonense.
Narbonnais, e *m et f* narbonense.
Narbonne *n pr* GÉOGR Narbona.
narcisse *f* BOT narciso ‖ FIG narciso.
Narcisse *n pr m* Narciso.
narcissique *adj* narcisista.
narcissisme *m* narcisismo.
narcose *f* MÉD narcosis.
narcotique *adj et s m* MÉD narcótico, ca.
narcotrafiquant, e *m et f* narcotraficante, traficante de narcóticos.
nard [naːr] *m* BOT nardo (plante et parfum).
narghilé; narguilé *m* narguile (pipe orientale).
narguer *v tr* provocar con insolencia, dar en los ojos, mofarse de, hacer befa de.
narine *f* ventana de la nariz (orifice) ‖ aleta (aile).
narquois, e [narkwa, waːz] *adj* burlón, ona; socarrón, ona; *sourire narquois* sonrisa socarrona.
narrateur, trice *m et f* narrador, ra; relator, ra.
narratif, ive *adj* narrativo, va.
narration *f* narración, relato *m* ‖ *présent de narration* presente histórico.
narrer *v tr* narrar, relatar, describir.
narthex [narteks] *m* ARCHIT nártex.
narval *m* ZOOL narval.
— OBSERV pl *narvals*.
NASA [naza] abrév de *National Aeronautics and Space Administration* NASA, Administración Nacional de Aeronáutica y del Espacio.
nasal, e *adj et s f* nasal; *os nasaux* huesos nasales ‖ — GRAMM *consonne, voyelle nasale* consonante, vocal nasal ‖ ANAT *fosses nasales* fosas nasales.
nasalisation *f* nasalización.
nasaliser *v tr* nasalizar, dar sonido nasal.
naseau *m* ollar, ventana *f* de la nariz (de certains quadrupèdes).
nasillard, e [-jaːr, jard] *adj* gangoso, sa.
nasillement [-zijmɑ̃] *m* nasalización *f*, gangueo.
nasiller [-zije] *v intr* ganguear, nasalizar ‖ parpar (le canard) ‖ hozar, arruar (le sanglier).
nasse *f* nasa, garlito *m* (panier) ‖ buitrón *m* (filet de chasse) ‖ FIG trampa, ratonera, garlito *m*; *tomber dans la nasse* caer en la trampa.
natal, e *adj* natal.
— OBSERV pl *natals*.
nataliste *adj* natalista ‖ *politique nataliste* política que tiende a favorecer la natalidad.
natalité *f* natalidad; *taux de natalité* índice de natalidad.

natation *f* natación.
natatoire *adj* natatorio, ria.
natif, ive *adj* et *s* nativo, va; natural.
nation [nasjɔ] *f* nación ‖ *les Nations Unies* las Naciones Unidas → **O.N.U.**
national, e [nasjɔnal] *adj* nacional.
◆ *f* carretera nacional.
nationalisation [-lizasjɔ̃] *f* nacionalización.
nationaliser [-lize] *v tr* nacionalizar.
nationalisme [-lism] *m* nacionalismo.
nationaliste [-list] *adj* et *s* nacionalista.
nationalité [-lite] *f* nacionalidad; *de nationalité française* de nacionalidad francesa.
nationaux *m pl* nacionales (citoyens).
nativité *f* natividad ‖ Navidad (Noël).
natte *f* estera (tissu) ‖ pleita (tresse de fibres) ‖ trenza (cheveux, soie, etc.) ‖ coleta (des Chinois, etc.).
natter *v tr* entretejer ‖ cubrir con esteras, esterar (couvrir d'une natte) ‖ hacer pleita (tresser des nattes) ‖ trenzar (tresser).
naturalisation *f* naturalización (personnes, mots) ‖ aclimatación (de plantes, d'animaux) ‖ disecación (empaillage).
naturalisé, e *adj* et *s* naturalizado, da.
naturaliser *v tr* naturalizar ‖ aclimatar (plantes) ‖ disecar, embalsamar (animaux).
◆ *v pr* naturalizarse (se faire naturaliser).
naturalisme *m* naturalismo.
naturaliste *m* et *f* naturalista (versé en histoire naturelle) ‖ taxidermista; disecador, ra (empailleur).
◆ *adj* naturalista.
nature *f* naturaleza; *les trois règnes de la nature* los tres reinos de la naturaleza; *nature divine* naturaleza divina ‖ naturaleza, temperamento *m*, natural *m*; *une nature bilieuse* un temperamento bilioso ‖ especie; *payer en nature* pagar en especie ‖ clase, naturaleza; *objets de différente nature* objetos de naturaleza diferente ‖ — *nature morte* bodegón, naturaleza muerta (peinture) ‖ *une petite nature* un debilucho, una debilucha ‖ — *de nature* innato ‖ *de nature à* encaminado a; que pueda, con miras a, capaz de; inclinado, da a ‖ *de toute nature* de toda clase; *des intérêts de toutes natures* intereses de todas clases ‖ — *payer son tribut à la nature* fallecer, morir ‖ *peindre d'après nature* pintar del natural.
◆ *adj inv* al natural, solo; *café nature* café solo ‖ FAM natural; francote, ta; sin artificio; *personne très nature* persona muy natural ‖ *grandeur nature* tamaño natural; *portrait grandeur nature* retrato de tamaño natural.
— OBSERV *Nature* empleado como adjetivo es invariable: *des cafés nature, des pommes nature.*
naturel, elle *adj* natural; *phénomène naturel* fenómeno natural; *bonté naturelle* bondad natural ‖ — *besoins naturels* necesidades ‖ *enfant, père naturel* hijo, padre natural ‖ MATH *logarithme naturel* logaritmo natural *ou* neperiano.
◆ *m* natural, temperamento, naturaleza *f*, índole *f*; *un homme de bon naturel* un hombre de buen natural ‖ naturalidad *f*; *langage qui manque de naturel* lengua falta de naturalidad ‖ *au naturel* al natural; *thon au naturel* atún al natural ‖ *chassez le naturel il revient au galop* genio y figura hasta la sepultura ‖ *trouver tout naturel* parecerle a uno muy natural *ou* lo más natural del mundo.

◆ *pl* nativos, naturales (d'un pays).
naturellement *adv* naturalmente, de manera natural, por naturaleza (de nature, par tempérament) ‖ naturalmente, con naturalidad (simplement); *tout naturellement* con la mayor naturalidad, con toda naturalidad ‖ naturalmente, como es natural, lógicamente, por supuesto (évidemment).
naturisme *m* naturalismo (système, littérature) ‖ naturismo, desnudismo.
naturiste *adj* naturalista (système, littérature) ‖ naturista.
◆ *m* et *f* naturalista ‖ naturista, nudista.
naufrage *m* naufragio ‖ FIG hundimiento, ruina *f* ‖ *faire naufrage* naufragar.
naufragé, e *adj* et *s* náufrago, ga.
◆ *adj* naufragado, da (bateau).
naufrageur, euse *m* et *f* provocador, ra de naufragios.
nauséabond, e [nozeabɔ̃, ɔ̃:d] *adj* nauseabundo, da ‖ FIG repugnante; nauseabundo, da.
nausée *f* náusea, arcada, basca; *avoir des nausées* sentir náuseas ‖ FIG asco *m*; *cela donne la nausée* eso da asco.
— OBSERV En espagnol ce mot s'emploie presque toujours au pluriel: *sentir náuseas.*
nauséeux, euse *adj* nauseabundo, da.
nautile *m* nautilo (mollusque).
nautique *adj* náutico, ca ‖ *ski nautique* esquí acuático.
nautisme *m* SPORTS deportes náuticos.
Navahos; Navajos *n pr m pl* navajos.
naval, e *adj* naval ‖ *chantier naval* astillero.
— OBSERV pl *navals.*
navarin *m* guisado de carnero, nabos y patatas.
navarrais, e *adj* navarro, rra.
Navarrais, e *m* et *f* navarro, rra.
Navarre *n pr f* GÉOGR Navarra.
navel *f* BOT naranja nável.
navet [navɛ] *m* BOT nabo ‖ FAM birria *f*, churro, mamarracho (livre, tableau), tostón (film) | primo (niais) ‖ *avoir du sang de navet* tener sangre de horchata.
navette *f* naveta (pour l'encens) ‖ lanzadera (de tisserand) ‖ canilla (de machine à coudre) ‖ vehículo *m* que va y viene de un punto a otro ‖ — *navette aérienne* puente aéreo ‖ *navette spatiale* lanzadera *ou* transbordador espacial ‖ — FIG *faire la navette* ir y venir entre dos puntos.
navigabilité *f* navegabilidad ‖ *certificat de navigabilité* certificado de navegación.
navigable *adj* navegable.
navigant, e *adj* et *s* navegante ‖ AVIAT *personnel navigant, navigants* personal de vuelo.
navigateur *m* navegante ‖ *navigateur aérien* navegante.
navigation [navigasjɔ̃] *f* navegación ‖ — *navigation aérienne, fluviale* o *intérieure, sous-marine* navegación aérea, fluvial, submarina ‖ AVIAT *navigation inertielle* navegación inercial ‖ *navigation au long cours* navegación de altura ‖ *navigation côtière* navegación de cabotaje *ou* costera ‖ *navigation estimée* o *observée* navegación de estima ‖ — *compagnie de navigation* compañía de navegación ‖ *école de navigation* escuela de náutica.
naviguer *v intr* navegar ‖ pilotar (un avion).

navire *m* buque, navío; *navire amiral* buque insignia *ou* almirante ‖ *navire transbordeur* transbordador, trasbordador.

navrant, e *adj* lastimoso, sa; desconsolador, ra.

navré, e *adj* afligido, da; desconsolado, da.

navrer *v tr* afligir, desconsolar ‖ *je suis navré* lo siento muchísimo, lo siento en el alma.

nazaréen, enne *adj* nazareno, na.

Nazaréen, enne *m et f* nazareno, na.

Nazareth *n pr* GÉOGR Nazaret.

nazi, e [nazi] *adj et s* nazi, naci.

nazisme [-zism] *m* nazismo, nacismo.

N.B. abrév de *nota bene* N.B., nota bene.

n.c. abrév de *non communiqué* no comunicado ‖ abrév de *non connu* desconocido.

n.d. abrév de *non daté* s.f., sin fecha ‖ abrév de *non disponible* no disponible.

N.-D. abrév de *Notre-Dame* N.ª S.ª, Nuestra Señora.

N'Djamena *n pr* GÉOGR N'Djamena, Yamena.

N.D.T. abrév de *note du traducteur* N. del T., nota del traductor.

ne [nə] *adv* no; *ne dire ni oui ni non* no decir que sí ni que no ‖ no [ante un adverbio de negación]; *il ne vient jamais* no viene nunca (si l'adverbe de négation précède le verbe, l'adverbe *ne* ne se traduit pas: *jamais je n'irai* nunca iré) ‖ si no; *n'eût été son grand âge* si no hubiese sido por su edad avanzada ‖ *ne... guère* no... casi; *ne parler guère* no hablar casi ‖ *ne... pas* no; *il ne parle pas beaucoup* no habla mucho ‖ *ne... que* no... más que; *il ne veut que son plaisir* no quiere más que su placer; no... sino; *il ne fait que des sottises* no hace sino tonterías; sólo; *je ne veux que votre bien* sólo quiero su bien ‖ *que ne* por qué no; *que ne l'avez-vous dit hier?* ¿por qué no lo dijo ayer?

— OBSERV Cuando la negación *ne* se emplea en una proposición subordinada de manera únicamente explicativa, no se traduce en español: *je crains qu'il ne vienne* me temo que venga; *il faut éviter qu'il ne le dise* hay que evitar que lo diga; *il est moins intelligent qu'il n'en a l'air* es menos inteligente de lo que parece; *avant qu'on ne vous appelle* antes de que le llamen. El imperativo francés con negación se traduce por el subjuntivo; *ne dis rien* no digas nada.

né, e *adj* nacido, da; *être né à Paris* haber nacido en París ‖ de nacimiento; *aveugle-né* ciego de nacimiento ‖ nato, ta; *ennemi-né* enemigo nato ‖ originado, da; *une crise née de* una crisis originada por ‖ — *dernier-né* benjamín ‖ *nouveau-né* recién nacido ‖ *premier-né* primogénito ‖ — *être né coiffé* haber nacido de pie ‖ M*me* *Boidin, née Leblanc* la señora de Boidin, nacida Leblanc *ou* de soltera Leblanc.

néanmoins [neãmwẽ] *loc adv* sin embargo, con todo, no obstante; *ce sacrifice est pénible, néanmoins il est nécessaire* este sacrificio es doloroso, sin embargo es necesario.

néant [neã] *m* nada *f; tirer du néant* sacar de la nada ‖ poco valor; *le néant de la gloire* el poco valor de la gloria ‖ nulidad *f* (nullité) ‖ ninguno, na; *signes particuliers, néant* señales particulares, ninguna ‖ *réduire à néant* deshacer, reducir a nada, venirse abajo, aniquilar.

Nebraska *n pr* GÉOGR Nebraska.

nébuleuse *f* nebulosa.

nébuleux, euse *adj* nebuloso, sa ‖ FIG oscuro, ra; nebuloso, sa.

nébulisation *f* nebulización.

nébuliser *v tr* nebulizar.

nébuliseur *m* nebulizador.

nébulosité *f* nebulosidad ‖ FIG nebulosidad, oscuridad.

nécessaire *adj* necesario, ria; preciso, sa.
◆ *m* lo necesario, lo indispensable; *manquer du nécessaire* carecer de lo necesario, de lo indispensable ‖ neceser (trousse) ‖ — *nécessaire d'armes* caja de útiles y accesorios ‖ *nécessaire de couture* costurero ‖ *nécessaire de toilette* neceser, estuche de tocador ‖ *nécessaire de voyage* neceser de viaje ‖ — *le strict nécessaire* lo estrictamente necesario ‖ *faire le nécessaire* hacer lo necesario.

nécessairement *adv* necesariamente, obligatoriamente (obligatoirement) ‖ necesariamente, forzosamente, por fuerza (fatalement).

nécessité *f* necesidad; *articles de première nécessité* artículos de primera necesidad ‖ — *nécessité fait loi* la necesidad carece de ley ‖ — *de toute nécessité* necesariamente, forzosamente ‖ *par nécessité* forzosamente, por necesidad ‖ — *faire de nécessité vertu* apechugar de buena gana con lo que se impone, hacer de la necesidad virtud ‖ *se trouver dans la nécessité de faire quelque chose* verse en la necesidad de hacer algo.
◆ *f pl* necesidades (besoins naturels).

nécessiter *v tr* necesitar.

nécessiteux, euse *adj et s* necesitado, da; menesteroso, sa.

nec plus ultra (le) *m inv* el non plus ultra, el no va más.

nécrologie *f* necrología.

nécrologique *adj* necrológico, ca; *rubrique nécrologique* sección necrológica ‖ *notice nécrologique* esquela mortuaria.

nécromancie *f* nigromancia.

nécromancien, enne; nécromant, e *m et f* nigromante; nigromántico, ca.

nécrophage *adj* necrófago, ga.

nécrophilie *f* necrofilia.

nécropole *f* necrópolis.

nécrose *f* MÉD necrosis.

nécroser *v tr* MÉD producir necrosis.

nectaire *m* BOT nectario.

nectar *m* néctar.

nectarine *f* nectarina (fruit).

néerlandais, e *adj* neerlandés, esa.
◆ *m* neerlandés (langue).

Néerlandais, e *m et f* neerlandés, esa.

nef [nɛf] *f* nave, nao (navire) ‖ ARCHIT nave.

néfaste *adj* nefasto, ta ‖ fatal; aciago, ga; funesto, ta.

Néfertiti *n pr* Nefertiti.

nèfle *f* níspero *m* (fruit) ‖ FAM *des nèfles!* ¡naranjas de la China!

néflier [neflije] *m* níspero (arbre).

négateur, trice *adj et s* negador, ra.

négatif, ive *adj* negativo, va.
◆ *m* PHOT negativo.
◆ *f* negativa, denegación (refus) ‖ proposición negativa ‖ *répondre par la négative* responder negativamente.

négation [negasjɔ̃] *f* negación.

négativement *adv* negativamente (pour refuser) ‖ negativamente, de manera negativa (de façon

pessimiste) ‖ *il secoua négativement la tête* negó con la cabeza.
négativisme *m* negativismo.
négativité *f* negatividad.
négligé, e *adj* descuidado, da; desaliñado, da (tenue, style) ‖ desatendido, da.
◆ *m* descuido, desaliño ‖ traje *ou* bata *f* de casa (costume d'intérieur) ‖ *être en négligé* estar poco arreglado *ou* de trapillo.
négligeable [negliʒabl] *adj* despreciable, desdeñable ‖ despreciable; *une erreur négligeable* un error despreciable.
négligemment [-ʒamɑ̃] *adv* descuidadamente ‖ con indiferencia, con desidia.
négligence [-ʒɑ̃:s] *f* negligencia, desidia, descuido *m*, dejadez ‖ desaliño *m* (style).
négligent, e [-ʒɑ̃, ɑ̃:t] *adj et s* negligente; descuidado, da; dejado, da.
négliger* *v tr et intr* descuidar, desatender; *négliger ses études* desatender sus estudios ‖ ignorar; *on ne peut négliger la force matérielle de ce pays* no se puede ignorar la fuerza material de ese país ‖ desperdiciar, pasar; *négliger l'occasion* desperdiciar la ocasión ‖ despreciar, desdeñar, hacer poco caso de; *négliger les conseils* despreciar los consejos ‖ MATH despreciar ‖ — *négliger de faire quelque chose* olvidarse *ou* dejar de hacer algo ‖ *négliger une personne* hacer poco caso de una persona.
◆ *v pr* descuidarse.
négoce [negɔs] *m* negocio.
négociabilité *f* negociabilidad.
négociable *adj* negociable.
négociant, e *m et f* negociante.
négociateur, trice *m et f* negociador, ra ‖ intermediario, ria.
négociation [negɔsjasjɔ̃] *f* negociación.
négocier* [-sje] *v tr* negociar; *négocier un traité* negociar un tratado ‖ *négocier un virage* tomar un viraje *ou* una curva, sortear una curva.
◆ *v intr* negociar, comerciar, traficar; *négocier avec l'Amérique* negociar con América.
nègre *adj* negro, gra; *tribu nègre* tribu negra.
nègre, négresse *m et f* negro, gra.
◆ *m* FAM negro (collaborateur) ‖ *parler petit nègre* hablar como los indios *ou* como los moros.
— OBSERV Le mot *negro, negra* n'a aucune valeur péjorative.
négrier, ère *adj et s m* negrero, ra.
négrillon, onne [negrijɔ̃, ɔn] *m et f* negrito, ta.
négritude *f* negritud, condición de las personas de raza negra.
Negro (río) *n pr m* GÉOGR río Negro.
négroïde *adj* negroide.
négus [negys] *m* negus.
neige [nɛ:ʒ] *f* nieve; *flocon de neige* copo de nieve ‖ POP mandanga, cocaína ‖ — *canon à neige* cañón de nieve ‖ *chute de neige* nevada ‖ *neige carbonique* nieve carbónica ‖ *neige fondue* aguanieve ‖ *neige poudreuse* nieve polvorienta ‖ — *blanc comme neige* blanco como la nieve ‖ — *œufs en neige* huevos a punto de nieve.
neiger* *v impers* nevar.
neigeux, euse *adj* nevoso, sa; nevado, da.
nem *m* CULIN nem [rollito de primavera pequeño].
nénuphar [nenyfa:r] *m* nenúfar (plante).

néo-calédonien, enne *adj* neocaledonio, nia.
Néo-Calédonien, enne *m et f* neocaledonio, nia.
néoclassicisme *m* neoclasicismo.
néoclassique *adj et s* neoclásico, ca.
néocolonialisme *m* neocolonialismo.
néocolonialiste *adj et s* neocolonialista.
néofascisme *m* neofascismo.
néofasciste *adj et s* neofascista.
néogothique *adj et s* neogótico, ca.
néolibéralisme *m* neoliberalismo.
néolithique *adj et s m* neolítico, ca.
néologie *f* neología.
néologisme *m* neologismo.
néon *m* neón (gaz).
néonatal, e *adj* neonatal.
— OBSERV pl *néonatals*.
néonazi, e *adj et s* neonazi.
néonazisme *m* neonazismo.
néophyte [neɔfit] *m et f* neófito, ta.
néoplatonicien, enne *adj et s* neoplatónico, ca.
néoplatonisme *m* neoplatonismo.
néopositivisme *m* neopositivismo.
néoprène *m* neopreno (caoutchouc).
néoréalisme *m* neorrealismo.
néoréaliste *adj et s* neorrealista.
néo-zélandais, e *adj* neocelandés, esa.
Néo-Zélandais, e *m et f* neocelandés, esa.
néozoïque *adj* GÉOL neozoico, ca.
Népal *n pr m* GÉOGR Nepal.
népalais, e *adj* nepalés, esa.
◆ *m* nepalés (langue).
Népalais, e *m et f* nepalés, esa.
népérien, enne *adj* neperiano, na; *logarithme népérien* logaritmo neperiano.
néphrétique [nefretik] *adj* MÉD nefrítico, ca.
néphrite [nefrit] *f* MÉD nefritis.
néphrologie *f* MÉD nefrología.
néphrologue *m et f* MÉD nefrólogo, ga.
néphropathie *f* nefropatía.
népotisme *m* nepotismo.
Neptune *n pr m* Neptuno.
néréide *f* MYTH nereida ‖ ZOOL nereida, escolopendra (néréis).
nerf [nɛ:r] *m* nervio ‖ ARCHIT nervadura *f* (moulure) ‖ FAM tendón ‖ FIG nervio, factor preponderante; *l'argent est le nerf de la guerre* el dinero es el nervio de la guerra ‖ nervio, fuerza *f*, energía *f*; *avoir du nerf* tener energía ‖ TECHN nervura *f*, nervio (reliure) ‖ *nerf de bœuf* vergajo ‖ — *avoir les nerfs à vif* o *en boule* o *en pelote* estar hecho un manojo de nervios ‖ *avoir une crise de nerfs* tener un ataque de nervios ‖ *être* o *vivre sur les nerfs* estar *ou* vivir con los nervios de punta ‖ *être à bout de nerfs* estar al borde del ataque de nervios ‖ *passer ses nerfs sur quelqu'un* descargar los nervios en alguien ‖ *taper* o *porter sur les nerfs* atacar los nervios, poner nervioso.
Néron *n pr m* Nerón.
nervation *f* BOT nervadura.
nerveusement *adv* para los nervios (pour les nerfs) ‖ nerviosamente, con nerviosismo (avec

excitation) ‖ con irritación, de mal humor (avec irritabilité).
nerveux, euse *adj* et *s* nervioso, sa ‖ FIG vigoroso, sa; enérgico, ca; *style nerveux* estilo vigoroso.
nervi *m* hombre de armas tomar, asesino (régionalisme).
nervosité *f* nerviosismo *m*, nerviosidad.
nervure *f* nervadura ‖ vivo *m* (couture) ‖ ARCHIT nervadura (moulure) ‖ TECH nervio *m* (reliure) ‖ AVIAT *nervure de bord d'attaque* costilla de borde de ataque.
n'est-ce pas? *adv interr* ¿verdad?
net, nette [nɛt] *adj* nítido, da; *un teint net* una tez nítida ‖ limpio, pia; *linge net* ropa limpia ‖ límpido, da (limpide) ‖ neto, ta; claro, ra; *une victoire nette* una victoria clara ‖ neto, ta; *prix net* precio neto; *revenu net* renta neta; *poids net* peso neto ‖ claro, ra; *écriture, idée nette* escritura, idea clara ‖ puro, ra; nítido, da (voix) ‖ nítido, da (image) ‖ bueno, na; *vue nette* buena vista ‖ FIG sin dudas; preciso, sa; *réponse nette* respuesta precisa ‖ limpio, pia (conscience) ‖ — *net d'impôt* exento *ou* libre de impuestos ‖ — *en avoir le cœur net* saber a qué atenerse ‖ *être net* ser muy claro ‖ *faire place nette* despejar.
◆ *m* limpio; *mettre au net* poner en limpio ‖ «net» (tennis).
◆ *adv* de un golpe, de una vez; *casser net* romper de un golpe ‖ limpio; *gagner un million net* ganar un millón limpio ‖ en seco, de pronto; *s'arrêter net* pararse en seco ‖ FIG francamente, rotundamente; *refuser net* negarse rotundamente ‖ — *tout net* rotundamente, categóricamente ‖ — *parler net* hablar claro *ou* con claridad.
nettement [nɛtmã] *adv* distintamente, claramente; *apercevoir nettement un objet* percibir distintamente un objeto ‖ claramente, con toda sinceridad *ou* franqueza (sans détours) ‖ de lejos; *il est nettement le plus fort* es de lejos el más fuerte ‖ mucho; *il chante nettement mieux* canta mucho mejor.
netteté [nɛtɔœte] *f* limpieza, nitidez ‖ franqueza, claridad.
nettoyage [nɛtwaja:ʒ] *m* limpieza *f* ‖ limpiado (d'un costume) ‖ *nettoyage à sec* limpieza en seco.
nettoyant *m* producto para la limpieza.
nettoyer* [nɛtwaje] *v tr* limpiar ‖ FAM *nettoyer quelqu'un* dejar a uno limpio *ou* desplumado *ou* sin dinero.
neuf [nœf] *adj* et *s m inv* nueve ‖ noveno; *Charles IX (neuvième)* Carlos IX [noveno] ‖ — *Pie IX* Pío IX [nono] ‖ — *il était 9 heures* eran las nueve.
neuf, euve [nœf, nœ:v] *adj* nuevo, va; *maison neuve* casa nueva ‖ — *tout battant o flambant neuf* flamante ‖ *tout neuf* completamente nuevo ‖ — *être neuf dans les affaires* ser novato en los negocios.
◆ *m* nuevo; *être habillé de neuf* estar vestido de nuevo ‖ — *quoi de neuf?* ¿qué hay de nuevo? ‖ *y a-t-il du neuf?* ¿hay algo de nuevo? ‖ *mettre à neuf* renovar ‖ *remettre à neuf* dejar como nuevo ‖ *repeindre à neuf* pintar denuevo.
neurasthénie *f* MÉD neurastenia.
neurasthénique *adj* et *s* neurasténico, ca.
neurobiologie *f* BIOL neurobiología.
neurochirurgical, e *adj* neuroquirúrgico, ca.
neurochirurgie *f* MÉD neurocirugía.
neurochirurgien, enne *m* et *f* MÉD neurocirujano, na.

neuroendocrinien, enne *adj* neuroendocrino, na.
neuroendocrinologie *f* neuroendocrinología.
neuroleptique *adj* et *s m* neuroléptico, ca.
neurologie *f* MÉD neurología.
neurologique *adj* neurológico, ca.
neurologiste; neurologue *m* et *f* MÉD neurólogo, ga.
neuromédiateur *m* → **neurotransmetteur**.
neurone *m* ANAT neurona *f*.
neuropathie *f* MÉD neuropatía.
neurophysiologie *f* neurofisiología.
neuropsychiatre *m* et *f* MÉD neuropsiquiatra.
neuropsychiatrie *f* MÉD neuropsiquiatría.
neurosciences *f pl* neurociencias.
neurotransmetteur; neuromédiateur *m* neurotransmisor.
neurovégétatif, ive *adj* neurovegetativo, va.
neutralisant, e *adj* et *s m* neutralizador, ra; neutralizante.
neutralisation *f* neutralización.
neutraliser *v tr* neutralizar.
neutralisme *m* neutralismo.
neutraliste *adj* et *s* neutralista.
neutralité *f* neutralidad ‖ *rester dans la neutralité* permanecer neutral, mantener la neutralidad.
neutre *adj* et *s* neutro, tra; *couleur neutre* color neutro ‖ neutral; *nation neutre* nación neutral.
neutron *m* PHYS neutrón; *bombe à neutrons* bomba de neutrones.
neuvaine *f* novena.
neuvième *adj* et *s* noveno, na.
◆ *m* *le neuvième* la novena parte.
neuvièmement [nœvjɛmmã] *adv* en noveno lugar.
Nevada *n pr* GÉOGR Nevada.
névé *m* nevero.
neveu *m* sobrino ‖ *neveu à la mode de Bretagne* sobrino segundo.
névralgie *f* MÉD neuralgia.
névralgique *adj* neurálgico, ca.
névrite *f* MÉD neuritis.
névropathe *adj* et *s* MÉD neurópata.
névrose *f* MÉD neurosis.
névrosé, e *adj* et *s* MÉD neurótico, ca.
névrotique *adj* MÉD neurótico, ca.
New Delhi *n pr* GÉOGR Nueva Delhi.
New Jersey *n pr* GÉOGR Nueva Jersey.
new-look [njuluk] *m* nuevo aspecto *ou* estilo.
newton [nøtɔ̃] *m* PHYS newton, neutonio.
newtonien, enne [njutɔnjɛ̃, jɛn] *adj* et *s* neutoniano, na; newtoniano, na.
New York [ngjœujɔrk] *n pr* GÉOGR Nueva York.
new-yorkais, e *adj* neoyorquino, na.
New-Yorkais, e *m* et *f* neoyorquino, na.
nez [ne] *m* nariz *f*; *nez aquilin, retroussé, camus, écrasé* nariz aquilina *ou* aguileña, respingona, chata, aplastada ‖ pico, punta *f* (angle) ‖ olfato; *ce chien a du nez* ese perro tiene buen olfato ‖ proa *f* (d'un navire, d'un avion), morro (d'un avion) ‖ GÉOGR cabo, promontorio (cap) ‖ — *nez à nez* cara a cara

‖ — *au nez de* en las narices de ‖ *à vue de nez* a ojo de buen cubero ‖ MAR *sur le nez* inclinado sobre la proa ‖ — *allonger le nez, avoir le nez long, faire un nez* poner cara larga ‖ *avoir du nez* tener olfato ‖ *avoir le nez fin* o *creux* ser un lince, tener buen olfato ‖ *avoir quelqu'un dans le nez* tener a alguien entre ceja y ceja *ou* entre ojos ‖ *baisser le nez* bajar la cabeza ‖ *jeter quelque chose au nez de quelqu'un* echar algo en cara a alguien ‖ FAM *mener par le bout du nez* dominar, manejar a su antojo *ou* como un títere | *mettre* o *fourrer le nez dans une affaire* meter las narices en un negocio | *montrer son nez* asomarse, hacer acto de presencia | FIG *ne pas voir plus loin que le bout de son nez* no ver más allá de sus narices | *parler du nez* nasalizar, ganguear | *passer sous le nez* pasar por debajo de las narices | *piquer du nez* hocicar (tomber) ‖ *rire au nez de quelqu'un* reírse en las barbas *ou* en las narices de uno ‖ *saigner du nez* echar sangre por las narices ‖ FAM *se casser le nez* encontrar cerrada la puerta (la porte close), romperse las narices, quedarse con dos palmos de narices (échouer) ‖ POP *se manger le nez* tirarse de los pelos (disputer) | *se piquer le nez* coger una pítima | *tirer les vers du nez* sonsacar, tirar de la lengua ‖ *se trouver nez à nez avec quelqu'un* darse de narices con alguien ‖ *vous l'avez sous le nez!* lo tiene delante de sus narices.

N.F. abrév de *norme française* norma francesa.

ni *conj* ni; *ni pauvre ni riche* ni pobre ni rico.
◆ — OBSERV Después de *ni... ni* el verbo se pone en singular si sólo uno de los dos sujetos puede realizar la acción (ni Pierre ni Paul *ne devait* être le premier); en los demás casos se puede poner en singular o en plural (ni Pierre ni Paul ne le *savaient* o ne le *savait*).

niable [njabl] *adj* negable.

Niagara (chutes du) *n pr f pl* GÉOGR cataratas del Niágara.

niais, e [njɛ, njɛːz] *adj et s* bobo, ba; necio, cia; *faire le niais* hacer el necio.

niaisement *adv* neciamente, bobamente, con bobería ‖ *sourire niaisement* tener la risa tonta.

niaiserie [njɛzri] *f* necedad, bobería.

Niamey *n pr* GÉOGR Niamey.

Nicaragua *n pr m* GÉOGR Nicaragua *f*.

nicaraguayen, enne *adj* nicaragüense.

Nicaraguayen, enne *m et f* nicaragüense.

Nice [nis] *n pr* GÉOGR Niza.

niche *f* hornacina, nicho *m* ‖ perrera, casilla (chiens) ‖ FAM travesura, diablura.

nichée *f* nidada, pollada (oiseaux) ‖ camada (autres animaux) ‖ FAM chiquillos *m pl*, prole, grupo *m* de niños de la misma familia.

nicher *v intr* anidar (oiseaux) ‖ FAM vivir (habiter).
◆ *v tr* meter, colocar (placer); *qui vous a niché là?* ¿quién le ha colocado ahí?
◆ *v pr* anidar (les oiseaux) ‖ meterse (se placer), esconderse (se cacher).

nichons *m pl* POP limones (seins).

nickel *m* níquel (métal).

nickeler* [nikle] *v tr* niquelar ‖ POP *avoir les pieds nickelés* ser un holgazán.

niçois, e [niswa, -waːz] *adj* de Niza.

Niçois, e *m et f* nicense.

Nicolas [nikɔla] *n pr m* Nicolás.

Nicosie *n pr* GÉOGR Nicosia.

nicotine *f* nicotina.

nid [ni] *m* nido ‖ nidada *f* (nichée) ‖ — *nid d'abeilles* nido de abejas (tissu) ‖ *nid d'ange* nana ‖ *nid de guêpes* avispero ‖ MIL *nid de mitrailleuses* nido de ametralladoras ‖ *nid-de-pie* nido de urraca (fortification) ‖ *nid-de-poule* bache, hoyo ‖ — TECHN *en nid d'abeilles* en forma de panal ‖ *petit à petit l'oiseau fait son nid* poco a poco hila la vieja el copo.

nidation *f* BIOL nidación.

nidification *f* nidificación.

nidifier* *v intr* nidificar, hacer nidos.

nièce *f* sobrina ‖ *nièce à la mode de Bretagne* sobrina segunda [de primo hermano].

nielle *f* BOT neguilla (nigelle) ‖ añublo *m*, tizón *m* (maladie du blé).
◆ *m* TECHN niel (incrustation).

nieller *v tr* TECHN nielar (incruster).
◆ *v pr* atizonarse (les céréales).

N^{ième} *adj* enésimo, ma; *la N*^{ième} *fois* la enésima vez.

nier* [nje] *v tr* negar; *nier un fait* negar un hecho.
— OBSERV El verbo que sigue *nier que* se pone en subjuntivo si la negación es categórica y en indicativo si no lo es.

nietzschéen, enne *adj et s* nietzscheano, na.

nigaud, e [nigo, oːd] *adj et s* memo, ma; bobo, ba; lelo, la.

Niger *n pr m* GÉOGR Níger (pays) ‖ río Níger (fleuve).

Nigeria *n pr m* GÉOGR Nigeria.

nigérian, e *adj* nigeriano, na (du Nigeria).

Nigérian, e *m et f* nigeriano, na.

nigérien, enne *adj* nigerino, na (du Niger).

Nigérien, enne *m et f* nigerino, na.

night-club *m* night club, club nocturno.

nihilisme *m* nihilismo.

nihiliste *adj et s* nihilista.

Nil [nil] *n pr m* GÉOGR Nilo (fleuve).

nimbe [nɛ̃ːb] *m* nimbo (auréole).

nimbé, e *adj* nimbado, da; aureolado, da.

nimber *v tr* nimbar, aureolar.

nimbo-stratus [nɛ̃bostratys] *m* nimboestrato.

nimbus [nɛ̃byːs] *m* nimbo (nuage).

Nîmes *n pr* GÉOGR Nimes.

nîmois, e *adj* de Nimes.

Nîmois, e *m et f* nimeño, ña.

Ninive *n pr* HIST Nínive.

nippes [nip] *f pl* FAM ropa vieja, pingos *m*, trapos *m* (vêtements usés).

nippon, e *adj* nipón, ona.

Nippon, e *m et f* nipón, ona.

nique *f* gesto *m*, mueca ‖ *faire la nique* hacer una mueca de desdén, burlarse (se moquer).

nirvâna *m* RELIG nirvana.

nitrate *m* CHIM nitrato.

nitré, e *adj* nitrado, da.

nitreux, euse *adj* nitroso, sa.

nitrification *f* CHIM nitrificación.

nitrifier *v tr* nitrificar.

nitrique *adj* CHIM nítrico, ca.

nitroglycérine *f* nitroglicerina.

nituration [nitryrasjɔ̃] *f* TECHN nitruración.

nival, e *adj* de las nieves.

niveau *m* nivel ‖ — *niveau à bulle d'air* nivel de aire ‖ *niveau d'eau* nivel de agua ‖ *niveau de langue* nivel de lengua ‖ *niveau de vie* nivel de vida ‖ *niveau sonore* nivel de sonido ‖ — *angle à niveau* ángulo de nivel ‖ *au niveau de* a nivel de (à la même hauteur, au même échelon) ‖ *de niveau, au niveau de nivel, a nivel* ‖ *passage à niveau* paso a nivel.

niveler* *v tr* nivelar ‖ explanar (un terrain) ‖ FIG nivelar, igualar (égaliser).

nivelle *f* nivel *m* de aire.

nivellement [nivɛlmɑ̃] *m* nivelación *f* ‖ nivelación *f*, explanación *f* (terrains) ‖ FIG nivelación *f*, nivelamiento.

N.N. abrév de *nouvelles normes* nuevas normas.

nobiliaire *adj* et *s m* nobiliario, ria.

noble *adj* et *s* noble ‖ FIG grande, elevado; *style noble* estilo elevado ‖ *père noble* barba (théâtre).

noblement *adv* noblemente, dignamente, con dignidad.

noblesse *f* nobleza ‖ FIG elevación (du style) ‖ — *noblesse de robe* nobleza de toga ‖ *noblesse oblige* nobleza obliga ‖ — *avoir ses quartiers de noblesse* ser de rancio abolengo, tener sus títulos de nobleza.

nobliau *m* hidalgüelo, hidalgo de gotera.

noce *f* boda; *le jour des noces* el día de la boda ‖ nupcias *pl*; *se marier en secondes noces* contraer segundas nupcias ‖ FAM juerga (bombance) ‖ — *noces d'argent, de diamant, d'or* bodas de plata, de diamantes, de oro ‖ *premières noces* primeras nupcias ‖ *repas de noce* banquete de bodas ‖ — *aller à la noce* ir a una boda (festin) ‖ FAM *faire la noce* ir de juerga *ou* francachela, andar de picos pardos ‖ *ne pas être à la noce* estar pasándolas negras *ou* canutas.

noceur, euse *m* et *f* FAM juerguista.

nocif, ive *adj* nocivo, va; dañino, na.

nocivité *f* nocividad.

noctambule *adj* et *s* noctámbulo, la; trasnochador, ra.

noctanbulisme *m* noctambulismo.

noctuelle *f* ZOOL noctua (papillon).

nocturne *adj* nocturno, na; *match de football en nocturne* partido de fútbol por la noche *ou* nocturno.
→ *m* MUS nocturno.

nodal, e *adj* nodal.

nodosité *f* nudosidad.

nodule *m* nódulo.

Noé *n pr* Noé.

noël [nɔɛl] *m* Navidad *f*, Pascua *f* de Navidad, Natividad *f* del Señor ‖ MUS villancico, canción *f* de Navidad (cantique) ‖ — *arbre de Noël* árbol de Navidad ‖ *carte de Noël* christmas, tarjeta de felicitación de Navidad ‖ *fête de Noël* Navidad ‖ *joyeux Noël* felices Pascuas ‖ *nuit de Noël* nochebuena, noche de Navidad (fête) ‖ *père Noël* papá Noël ‖ *petit Noël* regalo de Navidad ‖ — *de Noël* navideño, ña; de Navidad; *vacances de Noël* vacaciones navideñas ‖ *présenter ses vœux à Noël* felicitar las Pascuas.

nœud [nø] *m* nudo (de corde, de cravate, d'un arbre) ‖ nudo (d'un roman, d'une pièce de théâtre) ‖ ANAT nudo, nódulo ‖ nudillo (articulations des doigts) ‖ ASTRON nodo ‖ FIG lazo, vínculo; *le nœud du mariage* los lazos del matrimonio ‖ MAR nudo (unité de vitesse) ‖ ZOOL anillo; *les nœuds de la couleuvre* los anillos de la culebra ‖ — *nœud coulant* nudo corredizo ‖ *nœud de communications* o *ferroviaire* nudo de comunicaciones *ou* ferroviario ‖ *nœud gordien* nudo gordiano ‖ *nœud papillon* pajarita ‖ — FIG *le nœud de l'action* el nudo de la acción ‖ *le nœud de la question* el nudo de la cuestión ‖ — *avoir un nœud à la gorge* tener un nudo en la garganta.

noir, e *adj* negro, gra; *cheveux noirs* cabellos negros; *race noire* raza negra ‖ FIG oscuro, ra; *nuit noire* noche oscura | negro, gra; sucio, cia; *mains noires* manos sucias | perverso, sa; *âme noire* alma perversa | profundo, da; negro, gra; *misère noire* miseria profunda ‖ magullado, da (meurtri) ‖ — *noir comme un four* oscuro como boca de lobo ‖ — *bête noire* pesadilla ‖ *chambre noire* cámara oscura ‖ *liste noire* lista negra ‖ *marché noir* mercado negro, estraperlo ‖ *travail au noir* trabajo clandestino ‖ — POP *être noir* estar morado *ou* ciego (ivre) ‖ *il fait noir* está oscuro, ya es de noche.
→ *m* et *f* negro, gra (individu de race noire).
→ *m* negro (couleur); *teindre en noir* teñir de negro ‖ oscuridad *f*; *avoir peur du noir* tener miedo a *ou* de la oscuridad; *dans le noir* en la oscuridad ‖ CHIM *noir de fumée* negro de humo ‖ MIL blanco (centre de la cible) ‖ FAM *café solo* ‖ — *noir sur blanc* con pelos y señales, con todo detalle ‖ *sous des couleurs noires* con negros colores ‖ — FIG *broyer du noir* tener ideas negras | *mettre noir sur blanc* poner por escrito ‖ *porter du noir* vestir de luto | *voir tout en noir* verlo todo negro.
→ *f* MUS negra (note).
→ *adv* *peindre noir* pintar en *ou* de negro.

noirâtre *adj* negruzco, ca.

noiraud, e [nwaro, o:d] *adj* et *s* moreno, na.

noirceur [nwarsœːr] *f* negrura ‖ mancha negra (tache) ‖ FIG maldad, perfidia (méchanceté).

noircir *v tr* ennegrecer, tiznar; *noircir une étoffe* ennegrecer una tela ‖ FIG manchar la reputación de, calumniar, difamar (diffamer) | ensombrecer, hacer más negro; *noircir la situation* ensombrecer la situación ‖ *noicir du papier* emborronar papel.
→ *v intr* et *pr* ennegrecerse (devenir noir) ‖ oscurecerse (s'obscurcir).

noircissement *m* ennegrecimiento.

noircissure *f* tiznón *m*, mancha negra.

Noire (mer) *n pr f* GÉOGR mar Negro.

noise *f* camorra, pelea, gresca; *chercher noise* buscar camorra.

noisetier [nwaztje] *m* avellano (arbre).

noisette *f* avellana (fruit).
→ *adj inv* color de avellana (couleur).

noix [nwa] *f* nuez (fruit); *écaler des noix* cascar nueces ‖ ANAT rótula (rotule) ‖ TECHN engranaje *m*, piñón *m* (moulin à café) | aislador *m* de porcelana *ou* vidrio | mediacaña (rainure) | llave, nuez (d'un fusil) ‖ — *noix de cajou* nuez de caoba ‖ *noix de coco* coco ‖ *noix de cyprès* agalla de ciprés ‖ *noix de galle* agalla ‖ *noix de veau* landrecilla de ternera ‖ *noix muscade* nuez moscada ‖ *noix vomique* nuez vómica ‖ — *une noix de beurre* una cucharadita de mantequilla ‖ FAM *vieille noix* lila, mamarracho ‖ — *à la noix, à la noix de coco* de chicha y nabo, de tres al cuarto.

nom [nɔ̃] *m* nombre, sustantivo; *nom commun, propre* nombre común, propio ‖ apellido (nom de famille); *donnez-moi vos nom et prénom* déme su nombre y apellido ‖ nombre (prénom) ‖ FIG título; *d'architecte il n'a que le nom* de arquitecto sólo tiene el título ‖ — POP *nom de Dieu!* ¡me cago en diez! ‖ *nom de guerre* apodo, sobrenombre ‖ FAM *nom de nom!, nom d'une pipe!, nom d'un chien!* ¡caramba!, ¡canastos!, ¡caracoles! ‖ — *au nom de* en nombre de, de parte de ‖ *de nom de* nombre; *roi de nom* rey de nombre ‖ *du nom* de este nombre; *Philippe, quatrième du nom* Felipe, cuarto de este nombre ‖ FAM *le petit nom* o *nom de baptême* el nombre *ou* nombre de pila ‖ *sans nom* innicalificable; *un crime sans nom* un crimen incalificable ‖ — *appeler les choses par leur nom* llamar las cosas por su nombre ‖ *c'est un grand nom* es un apellido célebre ‖ *décliner son nom* decir su nombre ‖ *mettre un nom sur un visage* caer en el nombre de una persona ‖ *se faire un nom* hacerse un nombre.

nomade *adj* et *s* nómada.
nomadisme *m* nomadismo.
no man's land [nomãnslãd] *m* tierra *f* de nadie.
nombre *m* número; *nombre abstrait, concret* número abstracto, concreto ‖ GRAMM número; *nombre singulier, pluriel* número singular, plural ‖ — PHYS *nombre atomique* número atómico ‖ *nombre cardinal* número cardinal ‖ *nombre décimal* número decimal ‖ AVIAT *nombre de Mach* número de Mach ‖ ARCHIT *nombre d'or* áureo número ‖ *nombre entier* número entero ‖ *nombre fractionnaire* número mixto ‖ *nombre ordinal* número ordinal ‖ *nombre premier* número primo ‖ *nombre simple* número dígito ‖ *la loi des grands nombres* la ley de los grandes números ‖ — *le grand nombre, le plus grand nombre* la mayoría, la mayor parte de la gente (personnes), la mayor parte *ou* el mayor número de las cosas (choses) ‖ *le pouvoir du nombre* el gobierno *ou* el poder de los más ‖ — *au nombre de* en total (en tout), entre; *mettre quelqu'un au nombre de ses amis* contar a alguien entre sus amigos ‖ *bon nombre de, nombre de* numerosos, sas; muchos, chas ‖ *dans le nombre* en el conjunto, entre ellos ‖ *depuis nombre d'années* desde hace muchos años ‖ *en nombre* en gran número ‖ *sans nombre* innumerable, sin número, sin cuento ‖ — *avoir le nombre pour soi* tener la mayoría consigo ‖ *être du nombre de* formar parte de, pertenecer a la categoría de ‖ *faire nombre* hacer bulto.
— OBSERV Con *le plus grand nombre* o *un petit nombre* se pone el verbo en singular, con *un grand nombre de* se pone el verbo en singular, sea en plural.

nombreux, euse *adj* numeroso, sa.
nombril [nɔ̃bri] *m* ombligo ‖ — *nombril-de-Vénus* ombligo de Venus (plante) ‖ *nombril marin* ombligo marino (coquillage) ‖ *se prendre pour le nombril du monde* creerse el ombligo del mundo.
nombrilisme *m* egocentrismo.
nomenclatura *f* nomenclatura.
nomenklatura *f* nomenklatura, nomenclatura.
nominal, e *adj* nominal; *valeur nominale* valor nominal.
nominalement *adv* nominalmente, por su nombre *ou* sus nombres.
nominalisation *f* GRAMM nominalización.
nominatif, ive *adj* et *s m* nominativo, va.
nomination [nɔminasjɔ̃] *f* nombramiento *m*.
nominativement *adv* por su nombre *ou* sus nombres.

nominer *v tr* nominar, seleccionar.
nommé, e *adj* et *s* nombrado, da ‖ llamado, da; tal (appelé); *le nommé Michel* el llamado Miguel ‖ — *bien, mal nommé* bien, mal llamado ‖ — *à jour nommé* el día convenido, el día señalado ‖ *à point nommé* a propósito, en el mejor momento, muy oportunamente.
nommément *adv* señaladamente, especialmente ‖ *citer nommément* llamar por su nombre.
nommer *v tr* nombrar, designar (à un poste) ‖ llamar; *comment vous nommez-vous?* ¿cómo se llama usted? ‖ llamar, poner de nombre; *mes parents m'ont nommé Michel* mis padres me pusieron de nombre Miguel ‖ dar un nombre; *nommer un golfe récemment découvert* dar un nombre a un golfo recién descubierto ‖ designar; *nommer ses héritiers* designar sus herederos ‖ llamar, dar un nombre (appeler); *nommer par son nom* llamar por su nombre ‖ decir el nombre; *il a nommé ses complices* ha dicho el nombre de sus cómplices ‖ llamar, calificar; *on ne peut nommer une telle action* no se puede calificar una acción parecida.
non *adv* no ‖ — *non alcoolisé* sin alcohol ‖ *non certes* no por cierto ‖ *non loin de* no lejos de ‖ FAM *non mais!* pero, ¿esto qué es? ‖ *non mais des fois!* ¡hay que ver! ‖ *non pas* pero no ‖ *non pas que* no es que ‖ *non plus* tampoco ‖ *non que* no porque ‖ *non seulement* no sólo ‖ — *dire non* decir que no; *je ne dis pas non* no digo que no ‖ — *il se trouve que non* resulta que no ‖ *je pense que non* creo que no ‖ *répondre par oui ou par non* contestar sí o no.
◆ *m* no; *répondre par un non* contestar con un no.
non-accompli, e *adj* GRAMM imperfectivo, va.
◆ *m* GRAMM verbo imperfectivo, forma *f* verbal imperfectiva.
non-activité [nɔnaktivite] *f* cesantía, excedencia (fonctionnaire) ‖ situación de disponible, reemplazo *m* (militaires) ‖ *en nonactivité* cesante, excedente (fonctionnaire), disponible (militaire).
nonagénaire *adj* et *s* nonagenario, ria.
non-agression [nɔnagresjɔ̃] *f* no agresión; *pacte de non-agression* pacto de noagresión.
non-aligné, e [nɔ̃naliɲe] *adj* et *s* no alineado, da.
non-alignement [-ɲəmã] *m* no alineación *f*.
nonante *adj* noventa.
— OBSERV Esta voz, de uso corriente en Suiza, Bélgica y Canadá, ya no se emplea en Francia, donde ha sido reemplazada por *quatre-vingt-dix*.
non-assistance [nɔnasistãːs] *f* falta de asistencia ‖ DR *non-assistance à personne en danger* denegación de auxilio.
non-belligérance *f* no beligerancia.
non-belligérant, e *adj* et *s* no beligerante.
nonce *m* nuncio.
nonchalance *f* indolencia, dejadez, descuido *m*.
nonchalant, e *adj* et *s* indolente; descuidado, da.
nonciature *f* nunciatura.
non-combattant, e *m* et *f* no combatiente.
non-comparution *f* DR incomparecencia.
non-conciliation *f* DR falta de conciliación.
non-conformisme *m* no conformismo.
non-conformiste *adj* et *s* no conformista.

non-conformité *f* no conformidad, disconformidad.
non-croyant, e *adj* et *s* no creyente.
non-directif, ive *adj* no dirigido, da; *entretien non directif* entrevista no dirigida.
non-dit *m* lo no dicho.
non-engagé, e *adj* et *s* no comprometido, da.
non-engagement *m* neutralidad *f*, actitud *ou* política sin compromisos.
non-être [nɔ̃nɛ:tr] *m* no ser, lo que no tiene existencia.
non-exécution [nɔ̃nɛgzekysjɔ̃] *f* no ejecución, incumplimiento *m*.
non-existence [nɔ̃nɛgzistɑ:s] *f* no existencia, inexistencia.
non-figuratif, ive *adj* et *s* ARTS no figurativo, va.
non-fumeur *adj* et *s* no fumador, ra; *compartiment non-fumeur* compartimento de no fumadores.
non-ingérence *f* no injerencia.
non-initié, e *adj* et *s* no iniciado, da.
non-inscrit, e *adj* et *s* diputado no adscrito a un grupo parlamentario.
non-intervention *f* no intervención.
non-interventionniste *adj* et *s* no intervencionista.
non-lieu *m* DR sobreseimiento; *ordonnance de non-lieu* auto de sobreseimiento; *il y a eu non-lieu* ha habido sobreseimiento.
nonne *f* monja (religieuse).
nonobstant *prép* no obstante, a pesar de (malgré).
  ➤ *adv* sin embargo, no obstante.
non-paiement; non-payement [nɔ̃pɛmɑ̃] *m* falta *f* de pago.
non-polluant, e *adj* no contaminante.
non-prolifération *f* no proliferación.
non-recevoir *m* DR *fin de non-recevoir* denegación *ou* desestimación de demanda (droit), negativa categórica (négative).
non-résident *m* no residente.
non-respect *m* incumplimiento.
non-retour *m* sin retorno; *point de non-retour* punto sin retorno.
non-salarié, e *m* et *f* no asalariado, da.
non-sens *m* disparate, absurdo, sinrazón *f*.
non-spécialiste *adj* et *s* no especialista.
non-stop *adj inv* non stop, sin interrupción.
non-viable *adj* no viable.
non-violence *f* acción sin violencia.
non-voyant, e *m* et *f* invidente.
nopal *m* nopal, chumbera *f* (plante grasse).
nord [nɔ:r] *adj* et *s m* norte || MAR *nord du compas* norte de brújula || *du nord* del Norte, norteño, ña || *perdre le nord* perder el rumbo, desorientarse (s'écarter), perder el norte *ou* la brújula *ou* la cabeza (s'affoler).
Nord (cap) *n pr* GÉOGR cabo Norte.
Nord (mer du) *n pr f* GÉOGR mar del Norte.
nord-africain, e [nɔrafrikɛ̃, ɛn] *adj* norteafricano, na.
Nord-Africain, e *m* et *f* norteafricano, na.

nord-américain, e [-amerikɛ̃, ɛn] *adj* norteamericano, na; estadounidense.
Nord-Américain, e *m* et *f* norteamericano, na; estadounidense.
nord-coréen, enne *adj* norcoreano, na.
Nord-Coréen, enne *m* et *f* norcoreano, na.
nord-est [nɔrɛst] *ou* [nɔrdɛst] *m* nordeste.
nordique *adj* et *s* nórdico, ca.
nordiste *adj* et *s* HIST nordista (guerre de Sécession américaine).
nord-ouest [nɔrwɛst] *ou* [nɔrdwɛst] *adj* et *s m* noroeste.
noria *f* noria.
normal, e *adj* normal; *être dans son état normal* estar en su estado normal || — *école normale primaire* escuela Normal del Magisterio Primario || — *c'est normal* es lógico *ou* normal.
  ➤ *f* MATH normal, perpendicular || lo normal; *supérieur à la normale* superior a lonormal.
normalement *adv* normalmente, por regla general (habituellement) || normalmente, con normalidad, de manera normal (de façon normale).
normalien, enne *m* et *f* normalista (élève).
normalisation [nɔrmalizasjɔ̃] *f* normalización.
normalisé, e *adj* normalizado, da; *taille normalisée* talla normalizada.
normaliser *v tr* normalizar.
normalité *f* normalidad.
normand, e [nɔrmɑ̃, ɑ̃:d] *adj* normando, da || FIG marrajo, ja; astuto, ta || FAM *faire une réponse normande* dar una respuesta ambigua *ou* evasiva, no decir ni sí ni no.
  ➤ *m* normando (langue).
Normand, e *m* et *f* normando, da.
Normandie *n pr f* GÉOGR Normandía.
normatif, ive *adj* normativo, va.
norme *f* norma.
Norvège *n pr f* GÉOGR Noruega.
norvégien, enne *adj* noruego, ga.
  ➤ *m* noruego (langue).
  ➤ *f* MAR bote *m* de proa alta y puntiaguda.
Norvégien, enne *m* et *f* noruego, ga.
nos [no] *adj poss* nuestros, tras; *nos soucis* nuestras preocupaciones.
nosographie *f* MÉD nosografía.
nosologie *f* MÉD nosología.
nostalgie *f* nostalgia, añoranza.
nostalgique *adj* nostálgico, ca.
nota; nota bene *m inv* nota bene *f*.
notabilité *f* notabilidad.
notable *adj* notable.
  ➤ *m* notable, ciudadano importante; *assemblée des notables* asamblea de notables.
notablement *adv* notablemente, muy, mucho.
notaire *m* notario || — *clerc de notaire* pasante de notario || *étude de notaire* notaría.
notamment *adv* particularmente, especialmente, entre otras cosas || sobre todo, principalmente.
notarial, e *adj* notarial; *actes notariaux* actas notariales.
notariat [nɔtarja] *m* notaría *f* (charges) || notariado (corporation).
notarié, e *adj* notariado, da; notarial; *acte notarié* escritura notarial.

notation [nɔtasjɔ̃] *f* notación.
note *f* nota; *prendre note d'un rendez-vous* tomar nota de una cita || apunte *m*, nota; *prendre des notes* tomar apuntes || cuenta, factura; *une note élevée* una cuenta crecida || nota; *ces fleurs donnent une note de gaieté* estas flores ponen una nota de alegría || nota, calificación; *élève qui a de bonnes notes* alumno que tiene buenas notas || MUS nota; *fausse note* nota falsa || — *note de service* nota de servicio || *note diplomatique* nota diplomática || — *changer de note* mudar de canción, mudar de tono || *chanter toujours sur la même note* repetir siempre la misma canción || *être o rester dans la note* estar a tono, no desentonar || *forcer la note* pasarse de la raya, forzar la nota, cargar las tintas.
noter *v tr* tomar nota, anotar, apuntar (sur un calepin) || calificar, poner nota a (un devoir) || señalar, marcar; *noter un passage d'une croix* señalar un trozo con una cruz || observar, advertir, notar (remarquer) || decir; *notons en passant que* de paso diremos que || MUS anotar, escribir || — *noter d'infamie* poner una nota infamante || *il est à noter que* mencionemos || FIG *être bien, mal noté* estar bien, mal considerado.
notice *f* reseña, nota, noticia; *notice bibliographique* reseña bibliográfica || — *notice d'entretien* instrucciones [para el uso y conservación de aparatos diversos] || *notice explicative* folleto explicativo || *notice nécrologique* nota necrológica.
notification *f* notificación.
notifier* *v tr* notificar.
notion *f* noción.
notoire *adj* destacado, da; notorio, ria.
notoirement *adv* notoriamente.
notoriété *f* notoriedad || *être de notoriété publique* ser público y notorio.
notre *adj poss* nuestro, tra; *notre pays* nuestro país.
— OBSERV pl *nos*.
nôtre (le, la) *pron poss* nuestro, tra; *leurs droits et les nôtres* sus derechos y los nuestros.
◆ *m* nuestra parte *f*.
◆ *m* et *f pl* nuestros, tras; *êtes-vous des nôtres?* ¿es usted de los nuestros?
nouage *m* anudamiento.
nouba *f* nuba (musique des tirailleurs nord-africains) || FAM jaleo *m*, juerga; *faire la nouba* estar de juerga.
noué, e *adj* anudado, da || escogido, da; *avoir l'estomac noué* tener el estómago encogido || AGRIC cuajado, da (fruits) || FIG raquítico, ca.
nouer *v tr* anudar (faire des nœuds), atar, trabar (lier) || agarrotar (les muscles) || FIG trabar, contraer (amitié, rapports) || tramar, urdir; *nouer une intrigue* tramar una intriga | trabar, entablar (relations); *nouer la conversation* trabar la conversación.
◆ *v pr* anudarse; *ma gorge se noua* se me anudó la garganta.
noueux, euse [nuø, ø:z] *adj* et *s* nudoso, sa; sarmentoso, sa; *des mains noueuses* manos sarmentosas.
nougat [nuga] *m* especie de turrón francés.
nougatine *f* CULIN nougatine [preparación parecida al turrón de almendra blando].
nouille [nu:j] *f* tallarín *m*, cinta || FAM ganso *m*, lelo *m*.
Nouméa *n pr* GÉOGR Numea.

nounou *f* FAM ama, nodriza.
nounours *m* FAM osito de peluche.
nourri, e *adj* alimentado, da; nutrido, da || criado, da (allaité) || FIG criado, da; educado, da (élevé) | alimentado, da; nutrido, da; fortificado, da | hermoso, sa (fruits) | granado, da; *blé nourri* trigo granado | nutrido, da (abondant); *applaudissements nourris* aplausos nutridos | granado, da; *feu nourri* fuego granado | denso, rico; *style nourri* estilo rico.
nourrice *f* nodriza, ama de cría *ou* de leche || TECHN nodriza (automobile) || — *mère nourrice* madre que cría || *mettre en nourrice* dar a criar fuera || *nourrice agréée* nodriza habilitada || *nourrice sèche* ama seca.
nourricier, ère *adj* nutricio, cia; alimenticio, cia; nutritivo, va || que asegura la subsistencia (père, terre) || *père nourricier* padre putativo.
nourrir *v tr* alimentar, nutrir; *la sang nourrit le corps* la sangre nutre el cuerpo || criar, amamantar, dar el pecho (allaiter); *nourrir un enfant* amamantar a un niño; *nourrir au biberon* criar con biberón || alimentar, dar de comer (donner à manger) || FIG alimentar, nutrir (l'esprit) | conservar, abrigar, acariciar, mantener; *nourrir de grands espoirs* abrigar muchas esperanzas || — *logé nourri* pensión completa || *nourrir au sein* amamantar, criar al pecho.
◆ *v pr* alimentarse || *se nourrir de* alimentarse de *ou* con || FIG *se nourrir d'illusions* vivir de ilusiones.
nourrissant, e *adj* alimenticio, cia; nutritivo, va.
nourrisson *m* niño de pecho.
nourriture *f* alimento *m*, comida (aliment), sustento *m* || FIG alimento; *la nourriture de l'esprit* el alimento del espíritu.
nous [nu] *pron pers pl* nosotros, tras (sujet); *nous sommes bons* nosotros somos buenos; *nous sommes belles* nosotras somos hermosas || nos (complément direct ou indirect); *il nous voit et il nous parle* nos ve y nos habla || nos (sujet, désignant un haut personnage); *nous, archevêque de Paris* nos, arzobispo de París || — *nous autres* nosotros, tras || — *à nous* nuestro, tra; *cette maison est à nous* esta casa es nuestra || *chez nous* en nuestro país (pays), en nuestra casa (maison), en nuestra sociedad, entre nosotros (parmi nous) || *c'est nous* somos nosotros, nosotras || *c'est nous qui* somos nosotros, nosotras quienes *ou* los que, las que.
— OBSERV En espagnol on n'emploie le pronom sujet que si l'on veut insister (*nous partons demain* nos vamos mañana; *nous, nous partons demain* nosotros nos vamos mañana).
nouveau, nouvel, elle *adj* nuevo, va; *un film nouveau* una nueva película || novicio, cia; novato, ta; *nouveau dans les affaires* novicio en los negocios || — *nouveau riche* nuevo rico || *nouveau roman* nouveau roman || *nouveau venu, nouvelle venue* recién llegado, da || *nouveaux philosophes* nuevos filósofos || *nouveaux visages* caras nuevas || *nouvel an, nouvelle année* Año Nuevo || *nouvelle cuisine* nueva cocina || *nouvelle lune* luna nueva || — *de nouvelle date* reciente || *la nouvelle vague* la nueva ola, la nueva generación || *il y a du nouveau* hay algo nuevo, hay novedad.
◆ *m* lo nuevo; *le nouveau plaît toujours* lo nuevo gusta siempre || novato, ta (dans une école).
◆ *adv* recién; *nouveau-né, nouveaux-mariés* recién nacido, recién casados || — *à nouveau* de

nuevo; *reprendre à nouveau un projet* comenzar de nuevo un proyecto ‖ *de nouveau* de nuevo, otra vez.
— OBSERV *Nouvel* se emplea en francés ante palabras que empiezan con vocal o *h* muda (*un nouvel avion*). *Nouveau* cambia de sentido según vaya colocado antes o después del sustantivo: *robe nouvelle* vestido de modelo reciente; *nouvelle robe* vestido comprado hace poco.

Nouveau-Mexique *n pr* GÉOGR Nuevo México.
nouveau-né *adj* et *s* recién nacido, da.
Nouveau-Québec *n pr* GÉOGR Ungava.
nouveauté *f* novedad; *magasin de nouveautés* almacén de novedades ‖ obra nueva (livre).
nouvelle *f* noticia (mot le plus courant), nueva; *apporter des nouvelles* traer noticias ‖ novela corta (récit) ‖ — *nouvelles à la main* gacetilla ‖ — *fausse nouvelle* bulo ‖ *la Bonne Nouvelle* la Buena Nueva ‖ *pas de nouvelles, bonnes nouvelles* las malas noticias llegan las primeras ‖ *première nouvelle!* ¡ahora me entero! ‖ — *demander* o *prendre des nouvelles de* preguntar por ‖ *envoyer quelqu'un aux nouvelles* enviar a alguien a buscar noticias ‖ *je suis sans nouvelles de lui* estoy sin noticias de él ‖ *vous aurez de mes nouvelles* ya oirá hablar de mí ‖ *vous m'en direz des nouvelles* ya me dirá usted, ya verá usted lo que es bueno.
Nouvelle-Angleterre *n pr* GÉOGR Nueva Inglaterra.
Nouvelle-Calédonie *n pr f* GÉOGR Nueva Caledonia.
Nouvelle-Castille *n pr* GÉOGR & HIST Castilla la Nueva.
Nouvelle-Guinée *n pr f* GÉOGR Nueva Guinea.
nouvellement *adv* desde hace poco, recientemente, recién.
Nouvelle-Orléans (La) *n pr* GÉOGR Nueva Orleans.
Nouvelles-Hébrides *n pr* GÉOGR Nuevas Hébridas.
Nouvelle-Zélande *n pr f* GÉOGR Nueva Zelanda.
nova *f* ASTR nova.
novateur, trice *adj* et *s* novador, ra; innovador, ra.
novembre [nɔvã:br] *m* noviembre.
novice *adj* et *s* novicio, cia (religieux) ‖ novato, ta; novel (débutant) ‖ MAR grumete.
noviciat [nɔvisja] *m* noviciado (religieux) ‖ FIG aprendizaje (apprentissage).
noyade [nwajad] *f* ahogamiento *m* ‖ *noyade de trois enfants* tres niños se ahogan.
noyau [nwajo] *m* hueso (d'un fruit) ‖ núcleo; *noyau atomique* núcleo atómico ‖ noyó (liqueur) ‖ macho, alma *f* (fonderie) ‖ ARCHIT nabo, eje (d'escalier) ‖ BIOL & CHIM núcleo; *noyau cellulaire* núcleo celular ‖ ÉLECTR núcleo (d'une bobine) ‖ FIG núcleo (d'une association) ‖ FIG *noyau dur* los duros.
noyautage [-ta:ʒ] *m* infiltración *f* ou organización *f* de células de partidarios entre las fuerzas adversas.
noyauter [-te] *v tr* establecer núcleos *ou* células en el seno de una colectividad.
noyé, e [nwaje] *adj* et *s* ahogado, da ‖ sumergido, da (immergé), anegado, da ‖ — FIG *noyé dans la multitude* sumergido entre la muchedumbre ‖ *noyé de larmes* bañado *ou* anegado en llanto.

noyer [nwaje] *m* nogal (arbre et bois).
noyer* [nwaje] *v tr* ahogar; *noyer un chien* ahogar un perro ‖ anegar, inundar (un terrain) ‖ inundar, ahogar (le carburateur, le moteur) ‖ diluir (les couleurs) ‖ remachar (un clou) ‖ cubrir, envolver; *une épaisse brume noie la vallée* una espesa niebla cubre el valle ‖ FIG anegar, bañar (les larmes) ‖ aclarar; *noyer une sauce* aclarar una salsa ‖ aguar (le vin) ‖ ahogar, acallar; *noyer son chagrin dans le vin* ahogar su pena embriagándose ‖ despistar (un candidat) ‖ FIG & FAM *noyer le poisson* dar largas a un asunto.
◆ *v pr* ahogarse; *se noyer dans un lac* ahogarse en un lago ‖ FIG perderse; *se noyer dans les détails* perderse en detalles ‖ ahogarse; *se noyer dans un verre d'eau* ahogarse en un vaso de agua.
N/Réf abrév de *notre référence* n/ref.ª, n/ref., nuestra referencia.
N.R.F. abrév de *Nouvelle Revue française* Nueva Revista Francesa.
N.-S. J.-C. abrév de *Notre-Seigneur Jésus-Christ* N.S.J.C., Nuestro Señor Jesucristo.
nu *m* desnudo (peinture, sculpture); *nu intégral* desnudo integral ‖ ARCHIT alineación *f*.
nu *m* ny *f* (lettre grecque).
nu, nue *adj* desnudo, da ‖ desnudo, da; sin adornos (sans ornements) ‖ yelmo, ma (sans végétation) ‖ escueto, ta; llano, na (style) ‖ desenvainado, da (épée) ‖ — *arbre nu* árbol sin hojas ‖ *cheval nu* caballo no enjaezado ‖ *la vérité toute nue* la verdad escueta ‖ *roche à nu* roca viva ‖ *tout nu* en cueros, totalmente desnudo ‖ — *à l'œil nu* a simple vista ‖ *à mains nues* sin guantes ‖ *à nu* al descubierto ‖ *nu comme un ver* completamente desnudo, en cueros, en cueros vivos ‖ — *mettre à nu* desnudar ‖ *mettre son cœur à nu* hablar con toda franqueza, abrir el corazón ‖ *monter à nu* montar a pelo (équitation).
— OBSERV *Nu* es invariable cuando precede a un sustantivo y se une con éste mediante un guión para formar una palabra compuesta: *nu-tête* con la cabeza descubierta; *nu-pieds* descalzo, con los pies desnudos. Pero se escribe: *tête nue* y *pieds nus* pues en este caso el adjetivo sigue al nombre. (Excepciones: *nue-propriété* nuda propiedad y *nus-propriétaires* nudos propietarios.)
nuage [nɥa:ʒ] *m* nube *f* ‖ FIG sombra *f* de tristeza, nube *f*, pena *f* (trouble, chagrin) ‖ — *nuage de lait* gota de leche [en café o té] ‖ *nuage de poussière* nube de polvo, polvareda ‖ NUCL *nuage radioactif* nube radioactiva ‖ — FIG *être dans les nuages* estar en las nubes *ou* en Babia ‖ *mon avenir est chargé de nuages* mi porvenir se presenta negro, mi porvenir está lleno de amenazas.
nuageux, euse *adj* nublado, da; *le ciel est nuageux* el cielo está nublado ‖ nubloso, sa; *une journée nuageuse* un día nubloso ‖ FIG nebuloso, sa; vago, ga; oscuro, ra; *une pensée nuageuse* un pensamiento nebuloso.
nuance [nɥã:s] *f* matiz *m* (couleur, son, opinion) ‖ rasgo *m*, un algo *m*, matiz *m*; *il n'y a pas de génie sans une nuance de folie* no hay genio sin un rasgo de locura.
nuancer* *v tr* matizar (couleurs, opinions).
nuancier *m* muestrario.
Nubie *n pr f* GÉOGR Nubia.
nubile *adj* núbil.
nubuck *m* nobuck.
nucléaire *adj* nuclear; *physique nucléaire* física nuclear ‖ — *essai nucléaire* ensayo nuclear ‖ *arrêt*

nucléarisation *f* nuclearización.
nucléariser *v tr* nuclearizar.
nucléide *m* PHYS → **nuclide**.
nucléique *adj acides nucléiques* ácidos nucleicos.
nucléole *m* BIOL nucléolo.
nucléon *m* PHYS nucleón.
nuclide; nucléide *m* PHYS nucleido.
nudisme *m* nudismo, desnudismo.
nudiste *adj et s* nudista, desnudista.
nudité *f* desnudez.
nue [nɥ] *f* nube (nuage) ‖ — FIG *porter aux nues* poner por las nubes | *tomber des nues* caer de las nubes.
nuée [nɥe] *f* nubarrón *m* (gros nuage) ‖ nube ‖ FIG nube, bandada; *nuée de sauterelles* nube de langostas | vaguedad (idée obscure) ‖ *nuée ardente* nube ardiente *ou* peleana (volcan).
nue-propriété *f* DR nuda propiedad.
nuire* *v tr* perjudicar, ser nocivo, hacer daño ‖ *ne pas nuire* no venir nada mal, no estar nada mal.
— OBSERV El participio pasado *nui* es siempre invariable: *ils se sont nui*.
nuisance *f* daño *m*, perjuicio *m*, molestia ‖ — *nuisances sonores* ruido ambiental ‖ *seuil de nuisance* límite de nocividad al medio ambiente ‖ *protection contre les nuisances* protección contra los daños al medio ambiente.
nuisible *adj* perjudicial; dañino, na; nocivo, va; *un oiseau nuisible* un pájaro dañino.
nuit [nɥi] *f* noche; *il fait nuit* es de noche; *nuit blanche* noche toledana, noche en blanco *ou* en claro *ou* en vela; *nuit noire* noche cerrada ‖ — *la nuit dernière* anoche, la noche anterior ‖ *les oiseaux de nuit* las aves nocturnas ‖ — *à la nuit tombante, à la tombée de la nuit* al anochecer, a la caída de la tarde ‖ *bonne nuit* buenas noches ‖ — *c'est le jour et la nuit* es la noche y el día ‖ *être de nuit* trabajar por la noche ‖ *il se fait nuit* anochece ‖ *la nuit porte conseil* es conveniente consultar con la almohada ‖ *la nuit tous les chats sont gris* de noche todos los gatos son pardos.
nuitamment *adv* durante la noche, por la noche.
nuitée *f* noche pasada en un hotel por una persona [por oposición a *journée* día].
nul, nulle *adj indéf* [antes del nombre]ninguno, na; *nul espoir* ninguna esperanza ‖ *nulle part* en ninguna parte.
◆ *adj qualif* [después del nombre]nulo, la; sin valor; *testament nul* testamento nulo; *homme nul* hombre nulo ‖ — *nul et non avenu* nulo y sin valor ‖ — *match nul* empate (sports), combate nulo [boxeo] ‖ — *être nul* ser una nulidad, ser negado, da; estar pez; *être nul en géographie* estar pez en geografía ‖ *faire partie nulle* hacer tablas.
◆ *pr indéf* nadie; *nul n'est prophète en son pays* nadie es profeta en su tierra.
— OBSERV L'adjectif indéfini *ninguno* s'apocope en *ningún* devant un nom masculin singulier (*ningún hombre*).
— OBSERV *Nul*, pronombre, exige la partícula negativa *ne* en la construcción de la frase.
nullard *adj et s* FAM calamidad, nulo, la.

nullement *adv* de ningún modo, en modo alguno, de ninguna manera.
nullipare *adj et s f* MÉD nulípara.
nullité *adv* nulidad ‖ FAM nulidad, cero *m* a la izquierda (personne).
numéraire *adj* numerario, ria.
◆ *m* numerario, metálico (argent).
numéral, e *adj* numeral.
numérateur *m* MATH numerador.
numération [nymerasjɔ̃] *f* numeración; *numération décimale* numeración decimal; *numération binaire* numeración binaria ‖ MÉD *numération globulaire* recuento de glóbulos.
numérique *adj* numérico, ca.
numériquement *adv* numéricamente.
numérisation *f* INFORM digitalización.
numériser *v tr* INFORM digitalizar.
numéro *m* número (chiffre, revue, loterie, spectacle); *numéro gagnant* número premiado ‖ matrícula *f* (d'une voiture) ‖ ejemplar, número suelto (revue) ‖ FIG tipo curioso, tipo raro ‖ — *numéro de téléphone* número de teléfono ‖ *numéro d'identification personnel* número de identificación ‖ *numéro d'immatriculation (minéralogique)* número de matrícula ‖ *numéro spécial* número especial ‖ *numéro vert* número de teléfono gratuito ‖ *numéro zéro* número cero ‖ — *l'ennemi public numéro un* el enemigo público número uno ‖ — *faire* o *composer un numéro* marcar un número ‖ FIG *avoir tiré le bon numéro* haber nacido de pie | *c'est un numéro* es un caso.
numérologie *f* numerología.
numérotage *m* numeración *f*.
numérotation *f* numeración; *numérotation téléphonique* numeración telefónica.
numéroter *v tr* numerar.
numéroteur *m* numerador (appareil).
numerus clausus *m inv* numerus clausus.
numismate *m et f* numismático, ca.
numismatique *adj et s f* numismático, ca.
nu-pieds *m inv* sandalia *f*.
nu-propriétaire *m* DR nudo propietario.
nuptial, e [nypsjal] *adj* nupcial ‖ *lit nuptial* tálamo.
nuque *f* ANAT nuca, cogote *m* (fam).
Nuremberg *n pr* GÉOGR Nuremberg.
nurse [nœrs] *f* niñera, nurse.
nursery [-səri] *f* cuarto *m ou* guardería de los niños.
nutriment *m* nutrimiento.
nutritif, ive *adj* nutritivo, va.
nutrition [nytrisjɔ̃] *f* nutrición.
nutritionnel, elle *adj* nutricional.
nutritionniste *m et f* MÉD especialista en nutrición.
Nylon [nilɔ̃] *m* (nom déposé) nylon, nilón, nailón.
nymphe [nɛ̃:f] *f* ninfa.
nymphéa [nɛ̃fea] *m* BOT ninfea, nenúfar.
nymphette *f* ninfa.
nymphomane [nɛ̃fɔman] *f* MÉD ninfómana, ninfomaníaca.
nymphomanie [-ni] *f* MÉD ninfomanía.

o *m* o *f*.

O abrév de *ouest* O, oeste.

O.A.C.I. abrév de *Organisation de l'aviation civile internationale* OACI, Organización de la Aviación Civil Internacional.

O.A.S. abrév de *Organisation de l'armée secrète* Organización del Ejército Secreto [movimiento clandestino francés opuesto a la independencia de Argelia].

oasien, enne *adj* relativo, va a los oasis.
◆ *m* et *f* habitante de los oasis.

oasis [oazis] *f* oasis *m*.

obédience *f* obediencia || *lettres d'obédience* letras obedenciales.

obéir [ɔbeiːr] *v intr* obedecer; *obéir à un ordre* obedecer a una orden; *obéir à la force* obedecer a la fuerza.

obéissance *f* obediencia; *obéissance du navire au gouvernail* obediencia del barco al timón.

obéissant, e *adj* obediente.

obélisque *m* obelisco.

obérer* *v tr* endeudar (endetter) || abrumar *ou* cargar de deudas (surcharger de dettes).

obèse *adj* et *s* obeso, sa.

obésité *f* obesidad.

obier *m* BOT mundillo, sauquillo.

objecter *v tr* objetar || reprochar, echar en cara; *on lui objecte son jeune âge* se le echa en cara su poca edad.

objecteur *m* objetante || *objecteur de conscience* objetor de conciencia.

objectif, ive *adj* et *s m* objetivo, va || PHOT *objectif à focale variable* objetivo de distancia focal variable || *objectif à grand angle* objetivo gran angular || *objectif à immersion* objetivo de inmersión.

objection *f* objeción, reparo *m*; *il fait toujours des objections à tout* pone siempre reparos a todo || *objection de conscience* objeción de conciencia.

objectivement *adv* objetivamente, con objetividad, de manera objetiva.

objectiver *v tr* objetivar, hacer objetivo.

objectivité *f* objetividad.

objet [ɔbjɛ] *m* objeto || INFORM objeto || — *objets de toilette* artículos de tocador || — *bureau des objets trouvés* depósito de objetos perdidos || GRAMM *complément d'objet* complemento directo || *sans objet* sin objeto || — *avoir pour objet* tener por objeto || *être l'objet, faire l'objet de* ser objeto de || *remplir son objet* conseguir su propósito.

obligataire *m* et *f* obligacionista.

obligation *f* obligación (devoir) || obligación (titre) || compromiso *m*; *contracter, s'acquitter d'une obligation* contraer un compromiso, deshacerse de un compromiso || deuda de gratitud (motif de reconnaissance) || — ÉCON *obligation d'État* obligación del Estado || *obligation de réserve* obligación de discreción *ou* del secreto (administration) || *obligations familiales* obligaciones familiares || *obligations militaires* deberes militares || — *d'obligation* obligatorio, ria; de obligación || *fête d'obligation* fiesta de precepto *ou* de guardar || — *sans obligation d'achat* sin compromiso de compra || — *être dans l'obligation de* estar obligado a || *faire honneur à ses obligations* cumplir con sus obligaciones, cumplir con sus compromisos.

obligatoire *adj* obligatorio, ria.

obligé, e *adj* obligado, da; *être obligé de sortir* estar obligado a salir || agradecido, da (reconnaissant) || necesario, ria; *c'est une conséquence obligée* es una consecuencia necesaria || FAM inevitable || — *c'est obligé!* ¡es de cajón!, ¡era de prever!, ¡estaba visto! || *je vous serais très obligé de* le estaría muy agradecido por, le agradecería mucho que.
◆ *m* et *f* agradecido, da || — *il est mon obligé en cette affaire* me tiene que estar muy reconocido *ou* agradecido en este asunto.

obligeance [ɔbliʒɑːs] *f* complacencia, cortesía || — *un homme d'une extrême obligeance* un hombre extremadamente cortés || — *ayez l'obligeance de* haga el favor de, tenga la bondad *ou* la amabilidad de.

obligeant, e [ɔbliʒɑ̃, ɑ̃ːt] *adj* complaciente, servicial || atento, ta; amable; *dire des paroles obligeantes* decir palabras amables.

obliger *v tr* obligar (à faire quelque chose) || forzar; *tu vas l'obliger à partir* le vas a forzar a que se vaya || servir, complacer (rendre service); *obliger ses amis* complacer a sus amigos || *être obligé de* tener que, verse obligado a || *vous m'obligeriez beaucoup en me laissant votre voiture* le estaría muy agradecido si me dejara el coche || *vous n'obligerez pas un ingrat* sabré reconocerle *ou* agradecerle lo que usted haga por mí.
— OBSERV Es preferible emplear *obliger à* en la forma activa y *obliger de* en la pasiva: *je vous oblige à faire cela* y *je suis obligé de le faire*.

oblique *adj* oblicuo, cua || FIG torcido, da || *regard oblique* mirada de soslayo.
◆ *m* ANAT oblicuo (muscle).
◆ *f* MATH oblicua.

obliquement *adv* oblicuamente, en posición oblicua || *regarder obliquement* mirar de refilón *ou* de soslayo.

obliquer *v intr* torcer a un lado.
obliquité *f* oblicuidad.
oblitérateur, trice *adj* MÉD obliterador, ra.
◆ *m* matasellos (pour les timbres).
oblitérer* *v tr* MÉD obliterar, obstruir ‖ matar, poner el matasellos (timbre) ‖ borrar (effacer) ‖ anular (annuler).
oblong, gue [ɔblɔ̃, ɔ̃:g] *adj* oblongo, ga.
obnubiler *v tr* obnubilar, obsesionar.
obole *f* óbolo *m*; *verser son obole* dar su óbolo.
obscène *adj* obsceno, na.
obscénité *f* obscenidad.
obscur *adj* oscuro, ra; sombrío, ía.
— OBSERV L'Académie espagnole admet aussi l'orthographie *obscuro*.
obscurantisme *m* oscurantismo.
obscurantiste *adj* et *s* oscurantista.
obscurcir [ɔbskyrsi:r] *v tr* oscurecer.
◆ *v pr* oscurecerse, nublarse (temps).
obscurcissement *m* oscurecimiento.
obscurément *adv* oscuramente, obscuramente (confusément) ‖ confusamente, vagamente (sans notoriété); *mourir obscurément* morir oscuramente.
obscurité *f* oscuridad, obscuridad.
obsédant, e *adj* obsesivo, va.
obsédé, e *adj* et *s* obseso, sa; obsesionado, da; *obsédé sexuel* obseso sexual ‖ maníaco, ca; *les obsédés du volant* los maníacos del volante.
obséder* *v tr* atormentar, importunar, asediar (importuner) ‖ FIG obsesionar (occuper l'esprit).
obsèques [ɔbsɛk] *f pl* exequias, funerales *m*.
obséquieusement *adv* obsequiosamente, con acatamiento.
obséquieux, euse [ɔbsekjø, ø:z] *adj* obsequioso, sa.
obséquiosité [-kjozite] *f* obsequiosidad.
observable *adj* observable.
observance *f* observancia ‖ acatamiento *m*, respeto *m* y aplicación de las reglas.
observateur, trice *adj* et *s* observador, ra ‖ cumplidor, ra (des lois, des règles).
observation *f* observación ‖ advertencia (réprimande) ‖ observancia, cumplimiento *m* (des règles) ‖ *malade en observation* enfermo en observación.
observatoire *m* observatorio ‖ MIL puesto de observación.
observer *v tr* observar ‖ cumplir, observar (la loi, une règle) ‖ *faire observer* hacer notar, advertir (avertir).
◆ *v pr* ser circunspecto, dominarse ‖ observarse, espiarse (des ennemis).
obsession *f* obsesión ‖ *avoir l'obsession de* estar obsesionado con.
obsessionnel, elle *adj* obsesivo, va.
obsidienne *f* MIN obsidiana.
obsolescence *f* obsolescencia.
obsolète *adj* obsoleto, ta (*p us*); anticuado, da; arcaico, ca.
obstacle *m* obstáculo; *course d'obstacles* carrera de obstáculos ‖ — MIL *obstacles antichars* obstáculos contracarros ‖ *entreprise semée d'obstacles* empresa llena de obstáculos ‖ — *faire obstacle à, mettre un obstacle à* obstaculizar, poner obstáculos a.

obstétrical, e *adj* MÉD de obstetricia; *procédé obstétrical* procedimiento de obstetricia.
obstétricien, enne *m* et *f* MÉD tocólogo, ga; obstetra (courant).
obstétrique *adj* obstétrico, ca.
◆ *f* MÉD obstetricia.
obstination *f* obstinación, empeño *m*.
obstiné, e *adj* obstinado, da; terco, ca.
obstinément *adv* obstinadamente, con obstinación.
obstiner (s') *v pr* obstinarse en, empeñarse en, empecinarse en; *s'obstiner à parler* obstinarse *ou* empeñarse en hablar.
obstruction *f* obstrucción ‖ — *faire de l'obstruction* hacer obstrucción (assemblée, parlement) ‖ *faire obstruction à* obstruir (empêcher).
obstructionnisme *m* obstruccionismo.
obstructionniste *adj* et *s* obstruccionista.
obstruer [ɔbstrɥe] *v tr* obstruir.
obtempérer* *v intr* obtemperar (*p us*), obedecer (obéir); *obtempérer à un ordre* obedecer una orden.
obtenir* *v tr* obtener, conseguir, lograr (parvenir à); *obtenir des résultats* conseguir *ou* lograr resultados; *obtenir un diplôme* conseguir un diploma ‖ — *obtenir de pouvoir faire quelque chose* conseguir hacer algo ‖ *obtenir de quelqu'un qu'il fasse quelque chose* lograr de alguien que haga algo ‖ *obtenir gain de cause* salirse con la suya.
obtention *f* obtención, consecución, logro *m*.
obturateur, trice *adj* obturador, ra.
◆ *m* PHOT & TECHN obturador ‖ *obturateur à iris, à rideau* obturador iris, de cortina (photographie).
obturation *f* obturación ‖ MÉD empaste *m* (dents) ‖ PHOT *vitesse d'obturation* velocidad de obturación.
obturer *v tr* obturar ‖ MÉD empastar, obturar.
obtus, e [ɔbty, y:z] *adj* MATH obtuso, sa ‖ FIG obtuso, sa; tardo, da de comprensión.
obus [oby] *m* obús, granada *f* (projectile); *obus incendiaire* obús incendiario ‖ *trou d'obus* embudo de granada.
obusier *m* obús (canon).
oc *m* oc ‖ *langue d'oc* lengua de oc, el provenzal.
O.C. abrév de *ondes courtes* OC, Onda Corta.
ocarina *m* ocarina *f*.
occasion *f* ocasión, oportunidad; *à la première occasion* en la primera ocasión; *profiter de l'occasion* aprovechar la oportunidad ‖ mercancía de lance, ocasión ‖ motivo *m*, causa; *occasion de dispute* motivo de disputa ‖ — *à l'occasion* si llega el caso, si se tercia ‖ *à l'occasion de* con motivo de ‖ *à plusieurs occasions* en varias ocasiones ‖ *dans les grandes occasions* en los casos excepcionales, en las grandes ocasiones ‖ *d'occasion* de lance, de segunda mano, de ocasión (voiture, livres, etc.) ‖ *l'occasion fait le larron* la ocasión hace al ladrón ‖ *avoir l'occasion de* tener la oportunidad de ‖ *être l'occasion de* ser la ocasión de ‖ *ne pas laisser passer l'occasion* no dejar escapar la oportunidad ‖ *perdre l'occasion* no aprovechar la oportunidad ‖ *prendre o saisir l'occasion aux o par les cheveux* a la ocasión la pintan calva, asir la ocasión por los cabellos.
occasionnel, elle *adj* ocasional.
occasionner *v tr* ocasionar, causar.
occident [ɔksidɑ̃] *m* occidente.

occidental, e [-tal] *adj* et *s* occidental.
→ *m pl* los pueblos occidentales.
occidentaliser [-talize] *v tr* occidentalizar.
occipital, e [ɔksipital] *adj* et *s m* ANAT occipital.
occiput *m* ANAT occipucio || FAM cogote.
occire* [ɔksiːr] *v tr* (*vx*) matar.
— OBSERV Hoy sólo se usan el infinitivo, el participio *occis, e*, y con sentido más bien irónico.
occitan, e *adj* occitánico, ca; occitano, na.
→ *m* occitano, lengua *f* de oc (langue).
Occitan, e *m* et *f* occitano, na.
Occitanie *n pr* Occitania.
occlure* *v tr* MÉD ocluir.
occlusif, ive *adj* oclusivo, va; *consonne occlusive* consonante oclusiva.
occlusion *f* MÉD oclusión (obstruction); *occlusion intestinale* oclusión intestinal.
occultation [ɔkyltasjɔ̃] *f* ASTR ocultación || oscurecimiento *m* (d'une source de lumière).
occulte *adj* oculto, ta; *sciences occultes* ciencias ocultas.
occulter *v tr* ASTR ocultar.
occultisme *m* ocultismo.
occultiste *adj* et *s* ocultista.
occupant, e *adj* et *s* ocupante || inquilino, na (locataire).
occupation *f* ocupación (place, emploi), trabajo *m* (travail) || quehacer *m*, ocupación (affaire) || ocupación (d'un pays, d'un logement, etc.).
occupationnel, elle *adj* MÉD ocupacional; *thérapie occupationnelle* terapia ocupacional.
occupé, e *adj* ocupado, da || *c'est occupé* está comunicando (téléphone) || *la ligne est occupée* la línea está ocupada (téléphone).
occuper *v tr* ocupar, emplear; *occuper ses heures creuses à* ocupar sus horas libres en || ocupar, tener, desempeñar; *occuper un poste important* ocupar un puesto importante || ocupar, apoderarse de (un pays) || ocupar; *cela occupe beaucoup de place* esto ocupa mucho sitio || emplear, dar trabajo, ocupar (des employés) || ocupar, vivir en (un appartement) || tomar; *les démarches ont occupé une journée* las gestiones han tomado un día || dedicar, consagrar (consacrer) || entretener (distraire) || llenar; *elle lisait pour occuper ses heures d'attente* leía para llenar sus horas de espera.
→ *v intr* DR correr con la defensa.
→ *v pr* ocuparse en, dedicarse a || hacer, dedicarse a; *de quoi t'occupes-tu?* ¿qué haces?, ¿a qué te dedicas? || encargarse de, estar encargado; *je m'occupe de la bibliothèque* me encargo de la biblioteca || dedicarse a; *s'occuper d'œuvres charitables, de politique* dedicarse a obras de caridad, a la política || atender; *on s'occupe de vous?* ¿le atienden? (vendeuse) || entretenerse en (se distraire) || hacer algo, estar ocupado; *j'aime bien m'occuper* me gusta estar ocupado || hacer caso de; *ne t'occupe pas de ce qu'il dit* no hagas caso de lo que dice || tomarse interés por, preocuparse por; *il s'occupe beaucoup de son travail* se toma mucho interés por su trabajo || tratar; *la botanique s'occupe de l'étude des plantes* la botánica se ocupa del estudio de las plantas || — FAM *je vais m'occuper de lui!* ¡ya me encargaré yo de él! | *occupe-toi de tes oignons* no te metas en camisa de once varas *ou* en lo que no te importa.

— OBSERV *Occuper avec* es un barbarismo. No debe decirse: *je suis occupé avec quelqu'un*, sino *je suis avec quelqu'un*.
occurrence *f* caso *m*, circunstancia, coyuntura || *en l'occurrence* en este caso.
O.C.D.E. abrév de *Organisation de coopération et de développement économiques* OCDE, Organización para la Cooperación y el Desarrollo Económico.
océan [ɔseã] *m* océano; *l'océan Indien* el océano Índico || FIG océano; *un océan de sable, de lumière* un océano de arena, de luz.
océane *adj la mer océane* el mar océano.
Océanie *n pr f* GÉOGR Oceanía.
océanien, enne *adj* de Oceanía.
Océanien, enne *m* et *f* oceaniense.
océanique *adj* oceánico, ca.
océanographe *m* et *f* oceanógrafo, fa.
océanographie *f* oceanografía.
océanographique *adj* oceanográfico, ca.
océanologie *f* oceanología.
océanologique *adj* oceanológico, ca.
océanologue *m* et *f* oceanólogo, ga.
ocelot [ɔslo] *m* ocelote (félin).
ocre [ɔkr] *f* MIN ocre *m*; *ocre jaune* ocre amarillo || *ocre rouge* ocre rojo, almagre.
→ *adj inv* de color ocre, ocre.
ocrer *v tr* dar color ocre a.
octaèdre *m* GÉOM octaedro.
octaédrique *adj* octaédrico, ca.
octane *m* CHIM octano; *indice d'octane* índice de octano.
octave *f* octava (musique).
octet *m* INFORM octeto, byte.
octobre *m* octubre; *Paris, le 17 octobre 1991* París a 17 de octubre de 1991.
octogénaire *adj* et *s* octogenario, ria.
octogonal, e *adj* GÉOM octogonal.
octogone *adj* et *s m* GÉOM octógono, na.
octosyllabe; octosyllabique *adj* et *s* octosílabo, ba; octosilábico, ca.
octroi *m* concesión *f*, otorgamiento (concession); *l'octroi d'un privilège* la concesión de un privilegio || consumos *pl*, arbitrios *pl* municipales (droit d'entrée) || fielato, oficina *f* de arbitrios (bureau) || *employé d'octroi* consumero.
octroyer* [ɔktrwaje] *v tr* conceder, otorgar.
oculaire *adj* et *s m* ocular; *témoin oculaire* testigo ocular || *oculaire de visée* visor.
oculiste *adj* et *s* oculista.
oculus [ɔkylys] *m* ojo de buey (œil-de-bœuf).
odalisque *f* odalisca.
ode *f* oda (poésie).
odelette [ɔdlɛt] *f* oda corta.
Odessa *n pr* GÉOGR Odesa.
odeur *f* olor *m*; *en odeur de sainteté* en olor de santidad.
→ *pl* (*vx*) perfumes *m*, buenos olores *m*.
odieusement *adv* odiosamente, de manera odiosa.
odieux, euse [odjø, øːz] *adj* odioso, sa; *se rendre odieux* hacerse odioso.
→ *m* lo odioso.
odontalgie *f* MÉD odontalgia (mal de dents).
odontologie *f* MÉD odontología.

odontologiste *m* et *f* odontólogo, ga.
odontostomatologie *f* MÉD odontoestomatología.
odorant, e *adj* oloroso, sa || odorífero, ra; fragante.
odorat [ɔdɔra] *m* olfato; *avoir l'odorat fin* tener buen olfato.
odoriférant, e *adj* odorífero, ra.
odyssée *f* odisea.
O.E.A. abrév de *Organisation des États américains* OEA, Organización de Estados Americanos.
œcuménique [-nik] *adj* ecuménico, ca; *concile œcuménique* concilio ecuménico.
œcuménisme [-nism] *m* ecumenismo.
œdémateux, euse [edematø, ø:z] *adj* MÉD edematoso, sa.
œdème [edɛ:m] *m* MÉD edema.
Œdipe [edip] *n pr m* Edipo.
œdipien, enne *adj* MÉD edípico, ca; *phase œdipienne* fase edípica.
œil [œ:j] *m* ojo; *des yeux bleus* ojos azules; *les yeux fermés* con los ojos cerrados || ojo, mirada *f* (regard) || vista *f*; *avoir l'œil à* echar la vista a || mirada *f*, ojo; *jeter les yeux sur* echar una mirada a, poner el ojo en || ojo (pain, fromage, bouillon) || oriente, aguas *f pl* (éclat des pierreries) || mirilla *f* (judas) || AGRIC botón, yema *f* (bourgeon) || IMPR ojo || MAR gaza *f* (boucle d'un filin) || TECHN ojo (ouverture pour recevoir le manche d'un outil, d'une aiguille) || — FAM *œil au beurre noir* o *poché* ojo a la funerala (hématome) || *œil de verre* ojo de cristal || RAD *œil magique* ojo mágico || *yeux cernés* ojeras || *yeux creux* ojos hundidos || — *coup d'œil* ojeada, vistazo (regard rapide), vista, perspectiva (panorama) || *mauvais œil* aojo, aojamiento || *à l'œil* a ojo || POP *à l'œil* de balde, de gorra, gratis || *à l'œil nu* a simple vista || *au doigt et à l'œil* sin chistar || *aux yeux de* a los ojos de, para || *à vue d'œil* a ojos vistas || FAM *entre quatre yeux* entre dos, a solas, mano a mano || *en un clin d'œil* en un abrir y cerrar de ojos, en un santiamén || *loin des yeux, loin du cœur* ojos que no ven, corazón que no siente || FAM *mon œil!* ¡quia!, ¡narices!, ¡ni hablar! || *œil pour œil, dent pour dent* ojo por ojo, diente por diente || FAM *pour ses beaux yeux* por su linda cara || — *avoir bon œil* tener buena vista || *avoir bon pied bon œil* estar más sano que una manzana, estar a las mil maravillas || *avoir de bons yeux* tener muy buen ojo || *avoir de l'œil* tener buena pinta *ou* presentación || POP *avoir le compas dans l'œil* o *l'œil américain* tener ojo de buen cubero, tener buen ojo || *avoir le mauvais œil* atraer la mala suerte, ser gafe, hacer mal de ojo || *avoir les yeux bouchés* tener los ojos vendados || *avoir les yeux de travers* tener mala vista, tener muy poca vista || *avoir les yeux plus grands que le ventre* llenar antes el ojo que la tripa || *avoir l'œil* tener cuidado || *avoir l'œil aux aguets* estar ojo avizor || *avoir l'œil sur quelqu'un* vigilar a alguien, no quitar ojo a alguien || *avoir* o *tenir quelqu'un à l'œil* no quitarle los ojos de encima a uno || POP *avoir un œil qui dit zut à l'autre* ser bizco, tener un ojo aquí y el otro en Pekín || *coûter les yeux de la tête* costar un ojo de la cara *ou* un riñón || *couver* o *dévorer* o *manger quelqu'un des yeux* comerse a alguien con los ojos || *crever les yeux, sauter aux yeux* saltar a la vista, ser evidente || *être tout yeux* ser todo ojos || FAM *faire de l'œil* guiñar || *faire les gros yeux* mirar con ojos terribles || *faire les yeux doux* echar miradas cariñosas, mirar con ternura || *fermer les yeux sur* hacer la vista gorda || *jeter les yeux sur* echar el ojo a || *lever les yeux au ciel* alzar los ojos al cielo || *mettre sous les yeux* poner delante de los ojos || FIG *ne dormir que d'un œil* ser muy vigilante, nadar y guardar la ropa || *ne pas avoir froid aux yeux* tener más valor que un torero || *ne pas avoir les yeux dans sa poche* no tener telarañas en los ojos, ver todo muy claro || *ne pas en croire ses yeux* no dar crédito a sus ojos || *ne pas fermer l'œil* no pegar ojo || *ne pas oser lever les yeux* no atreverse a levantar la vista || *ouvrez l'œil!* ¡ojo! || *ouvrir de grands yeux* mirar con asombro || FIG *ouvrir* o *dessiller les yeux* abrir los ojos, quitar la venda de los ojos || *ouvrir l'œil et le bon* tener mucho cuidado || *regarder avec des yeux de merlan frit* mirar con ojos de carnero degollado || *regarder du coin de l'œil* mirar de reojo *ou* de soslayo *ou* con el rabillo del ojo || *regarder quelqu'un dans les yeux* o *dans le blanc des yeux* mirar en los ojos *ou* fijamente || POP *se faire de l'œil* timarse || *se mettre le doigt dans l'œil* o *jusqu'au coude* tirarse una plancha, meter la pata hasta el corvejón, cogerse los dedos || *s'en battre l'œil* importarle a uno un pepino || *se rincer l'œil* regodearse *ou* recrearse viendo algo || *taper dans l'œil* hacer tilín, caer en gracia (personnes), entrar por los ojos (choses) | *tourner de l'œil* darle a uno un patatús, desmayarse (s'évanouir), hincar el pico, estirar la pata (mourir) || *voir du même œil* abundar en la misma opinión, ver del mismo modo || *voir d'un bon, d'un mauvais œil* ver con buenos, malos ojos || *voir d'un certain œil* ver de cierta forma *ou* cierto modo.
— OBSERV El plural es *yeux*, pero los compuestos de *œil* forman su plural con *œils: œil-de-bœuf, œils-de-bœuf*.
œil-de-bœuf [œjdəbœf] *m* ojo de buey, tragaluz *ou* claraboya *f* circular.
œil-de-perdrix [-pɛrdri] *m* ojo de gallo (cor) || ojo de perdiz (tissu).
œillade [œjad] *f* guiñada, mirada.
œillère [-jɛ:r] *f* anteojera (harnais) || lavaojos (coupe pour baigner l'œil) || ANAT canino *m* superior (dent) || FAM *avoir des œillères* no ver más que lo que se quiere, tener anteojeras.
œillet [œjɛ] *m* clavel (plante et fleur) || ojete (pour lacet d'une chaussure, etc.) || MAR gaza *f*, ollao || — *œillet de poète* clavellina || *œillet d'Inde* cempoal, clavel de las Indias.
œilleton [œjtɔ̃] *m* BOT retoño, renuevo (rejeton) || borde del ocular (dans une lunette au microscope) || — *œilleton de hausse* orificio de mira del alza || *œilleton de visée* orificio de mira.
œnologie [enɔlɔʒi] *f* enología.
œnologique [-lɔʒik] *adj* enológico, ca.
œnologue *m* et *f* enólogo, ga.
œsophage [ezɔfa:ʒ] *m* ANAT esófago.
œsophagien, enne [-ʒjɛ̃, jɛn]; **œsophagique** [-ʒik] *adj* ANAT esofágico, ca.
œstral, e [ɛstral] *adj* BIOL *cycle œstral* ciclo menstrual *ou* oestral.
œstrogène [ɛstrɔʒɛ:n] *adj* et *s m* estrógeno, na; *hormones œstrogènes* hormonas estrógenas.
œstrus [ɛstrys] *m* estro, celo (chez les animaux).
œuf [œf, plurʌ:ø] *m* huevo || hueva *f* (de poisson) || POP bobo, mentecato || — *œuf à la coque* huevo pasado por agua (trois minutes) || *œufs à la neige*

monte nevado, natilla con claras de huevo ‖ *œuf à repriser* huevo de madera para zurcir ‖ *œuf de Pâques* huevo de Pascuas ‖ *œuf dur* huevo duro ‖ *œuf mollet* huevo pasado por agua (six minutes) ‖ *œuf poché* huevo escalfado ‖ — *œufs brouillés* huevos revueltos ‖ *œufs en neige* huevos batidos a punto de nieve ‖ *œufs sur le plat* huevos al plato *ou* estrellados ‖ — *l'œuf de Colomb* el huevo de Colón ‖ *plein comme un œuf* repleto, ta; de bote en bote (une chose), ahíto, ta; atiborrado, da (repu) ‖ — FIG *étouffer* o *tuer dans l'œuf* cortar de raíz, hacer abortar | *être encore dans l'œuf* estar aún en proyecto | *marcher sur des œufs* andar pisando huevos | *mettre tous ses œufs dans le même panier* jugárselo todo a una carta | *qui vole un œuf vole un bœuf* quien hace un cesto hace ciento | *sortir de l'œuf* salir del cascarón.

œuvre [œːvr] *f* obra, trabajo *m*; *entreprendre une œuvre délicate* emprender una obra delicada ‖ obra; *les œuvres de Molière* las obras de Molière ‖ obra, buena acción; *les œuvres de miséricorde* las obras de misericordia ‖ engaste *m* (d'une pierre précieuse) ‖ — *œuvre de bienfaisance* o *pie* obra de beneficencia *ou* pía ‖ MAR *œuvres vives, mortes* obras vivas, muertas ‖ — *bonnes œuvres* buenas obras, obras pías ‖ *l'exécuteur des hautes œuvres* el verdugo ‖ — *à chacun selon ses œuvres* a cada uno su merecido ‖ *à l'œuvre!* ¡manos a la obra! ‖ *à l'œuvre on connaît l'artisan* por la muestra se conoce el paño ‖ *être à l'œuvre* o *en œuvre* estar manos a la obra ‖ *faire œuvre* de obrar como ‖ *faire œuvre de ses dix doigts* no estar mano sobre mano, no estar con las manos cruzadas ‖ *mettre à l'œuvre* emplear, poner a trabajar (des personnes) ‖ *mettre en œuvre* poner en práctica *ou* en ejecución, emplear (des moyens), establecer; *mettre en œuvre la coopération économique* establecer la cooperación económica ‖ *mettre tout en œuvre* poner todos los medios ‖ *se mettre à l'œuvre* ponerse manos a la obra.

◆ *m* obra *f* (ensemble des ouvrages); *l'œuvre peint de Michel-Ange* la obra pictórica de Miguel Ángel ‖ CONSTR obra *f* ‖ MUS obra *f* (opus) ‖ — *gros œuvre* conjunto de paredes maestras ‖ *hors-d'œuvre* entremeses (repas) ‖ *le grand œuvre* la piedra filosofal ‖ *maître d'œuvre* maestro de obras, sobrestante ‖ — *à pied d'œuvre* a pie de obra ‖ *dans œuvre, hors d'œuvre* en el cuerpo del edificio, al exterior ‖ *en sous-œuvre* por debajo de los cimientos.

œuvrer [œvre] *v intr* trabajar, laborar, obrar; *œuvrer pour le bien public* laborar por el bien público.

O.F.C.E. abrév de *Observatoire français des conjonctures économiques* Observatorio Francés de Coyunturas Económicas.

off *adj inv* CINÉM off, fuera, fuera de campo ‖ *voix off* voz en off.

offensant, e [ɔfɑ̃sɑ̃, ɑ̃ːt] *adj* ofensivo, va; injurioso, sa.

offense *f* ofensa, agravio *m* ‖ DR injuria ‖ *faire une offense* ofender.

offensé, e *adj et s* ofendido, da.

offenser *v tr* ofender; *offenser quelqu'un* ofender a alguien ‖ FIG maltratar; *offenser la grammaire* maltratar la gramática | lastimar, herir; *ce spectacle offense la vue* ese espectáculo lastima los ojos ‖ *offenser Dieu* ofender a Dios, pecar ‖ *offenser le goût, la morale* faltar a las reglas del gusto, de la moral ‖ *soit dit sans vouloir vous offenser* perdone la expresión, sin que le sirva de molestia, con perdón sea dicho.

◆ *v pr* ofenderse, picarse (fam); *s'offenser d'un rien* ofenderse por poca cosa.

offenseur *m* ofensor.

offensif, ive *adj* ofensivo, va; *arme, alliance offensive* arma, alianza ofensiva.

◆ *f* ofensiva; *prendre l'offensive* pasar a la ofensiva.

offertoire *m* ofertorio (messe).

office *m* oficio, función *f*, cargo; *remplir l'office de secrétaire* desempeñar las funciones de secretario ‖ oficio, cargo (d'avoué) ‖ oficina *f*, delegación *f* (bureau); *office de tourisme* oficina *ou* delegación de turismo; *office de la main-d'œuvre* oficina de colocación ‖ oficio, servicio (service); *les bons offices* los buenos oficios ‖ ECCLÉS oficio; *office des morts* oficio de difuntos ‖ — *Office des changes* Instituto de Moneda Extranjera ‖ *Office du blé* Servicio Nacional del Trigo ‖ *Office du logement* Instituto de la Vivienda ‖ *petit office* oficio parvo ‖ *Saint-Office* Santo Oficio ‖ — *d'office* de oficio ‖ *faire office d'interprète* hacer las veces de intérprete.

◆ *f* antecocina *f*, oficio, office (local attenant à la cuisine).

officialisation *f* oficialización.

officialiser *v tr* oficializar, dar carácter oficial.

officiant, e *adj et s* celebrante.

officiel, elle *adj* oficial; *le «Journal officiel»* el «Diario Oficial» (en Espagne, Boletín Oficial del Estado).

◆ *m* funcionario; *un officiel du Ministère a déclaré* un funcionario del Ministerio declaró ‖ *les officiels qui accompagnent le chef de l'État* las autoridades que acompañan al Jefe del Estado.

officiellement *adv* oficialmente, de manera oficial, con carácter oficial.

officier [ɔfisje] *m* MIL oficial; *officier général* oficial general ‖ — *officier à la retraite, d'active, de réserve, subalterne* oficial retirado, de la escala activa, de complemento, subalterno ‖ *officier de l'état civil* alcalde, teniente alcalde ‖ *officier de police* policía ‖ *officier de santé* oficial de Sanidad ‖ MAR *officier marinier* suboficial del cuerpo de auxiliares ‖ *officier ministériel* curial, escribano ‖ *officier supérieur* jefe.

officier* *v intr* ECCLÉS oficiar, celebrar.

officieusement *adv* oficiosamente, extraoficialmente, de manera oficiosa *ou* no oficial *ou* extraoficial.

officieux, euse *adj* servicial (serviable) ‖ oficioso, sa (sans caractère officiel).

officinal, e *adj* MÉD oficinal; *composition, plante officinale* composición, planta oficinal.

officine *f* oficina, laboratorio *m*.

— OBSERV *Oficina* s'emploie surtout dans l'acception de *bureau*. Pour les autres acceptions, on dira plutôt *farmacia* et *laboratorio*, comme en France.

offrande *f* ofrenda.

offrant *adj m et s m* postor; *vendre au plus offrant* vender al mayor *ou* mejor postor.

offre *f* oferta; *la loi de l'offre et de la demande* la ley de la oferta y la demanda; *offre ferme* oferta en firme ‖ ofrecimiento *m*; *j'accepte votre offre désintéressée* acepto su ofrecimiento desinteresado ‖ proposición (de paix) ‖ — *offre d'emploi* oferta de empleo ‖ *offre publique d'achat (O.P.A.)* oferta pública de adquisición (OPA) ‖ *«offres d'emploi»* «ofertas de empleo» (presse).

offrir* *v tr* regalar, ofrecer; *offrir un livre* regalar un libro ‖ ofrecer, obsequiar con; *offrir un vin d'honneur* ofrecer un vino de honor; *on a offert un souvenir à chaque visiteur* cada visitante ha sido obsequiado con un recuerdo ‖ ofrecer (une cigarette) ‖ convidar a, invitar a; *je t'offre un verre te* convido a tomar una copa ‖ ofrecer (sa maison, un emploi) ‖ presentar, ofrecer; *cette situation offre des avantages* esta situación presenta ventajas; *cette région offre des paysages variés* esta región presenta paisajes variados ‖ presentar; *offrir des nouveautés* presentar novedades ‖ ofrecer (une récompense, un sacrifice, des holocaustes) ‖ ofrendar; *offrir son âme a Dieu* ofrendar su alma a Dios ‖ proponer (un prix, une augmentation, de faire quelque chose) ‖ brindar; *je vous offre la possibilité de* le brindo la oportunidad de ‖ deparar; *offrir l'occasion* deparar la ocasión ‖ — *offrir de* (suivi de l'infinitif), proponer; *offrir de se rendre à Madrid* proponer ir a Madrid ‖ *offrir ses hommages* saludar respetuosamente ‖ *offrir ses vœux* felicitar ‖ *offrir son bras* ofrecer el brazo ‖ *offrir un exemple de* ser un ejemplo de.
◆ *v pr* ofrecerse ‖ comprarse; *s'offrir une voiture* comprarse un coche ‖ presentarse (l'occasion) ‖ ofrecerse, proponer; *s'offrir à faire un travail* ofrecerse para hacer un trabajo ‖ — *s'offrir à la vue de* ofrecerse a la vista de ‖ *s'offrir aux regards* exponerse a las miradas ‖ *s'offrir de belles vacances* costearse *ou* tirarse unas buenas vacaciones ‖ *s'offrir la satisfaction de* darse el gusto de ‖ POP *s'offrir un gueuleton* darse una comilona ‖ — *pouvoir s'offrir quelque chose* permitirse el lujo de comprar algo.

offset [ɔfsɛt] *m* IMPR offset.

offshore ; off shore *adj inv* offshore, costa afuera (prospection de pétrole) ‖ off-shore, extraterritorial (banque).
◆ *m inv* hidroplano (bateau).

offusquer *v tr* chocar, ofender ‖ (vx) ofuscar, deslumbrar.
◆ *v pr* ofenderse, disgustarse.

ogival, e *adj* ojival.

ogive *f* ARCHIT ojiva ‖ MIL ojiva (d'un projectile); *ogive nucléaire* ojiva nuclear ‖ *en ogive* ojival.

ogre, esse *m et f* ogro, ogresa ‖ FIG malvado, da; cruel (personne méchante) ‖ *manger comme un ogre* comer como un ogro, como un caballo, como una lima.

oh! *interj* ¡oh! ‖ *oh là là!* ¡adiós!, ¡jo! ‖ *pousser des oh! et des ah!* lanzar *ou* proferir exclamaciones de asombro.

ohé! *interj* ¡eh! (sert à appeler).

Ohio *n pr* GÉOGR Ohio.

ohm [o:m] *m* ÉLECTR ohmio, ohm (unité).

ohmmètre [ommɛtr] *m* ÉLECTR ohmiómetro.

O.H.Q. abrév de *ouvrier hautement qualifié* obrero muy cualificado.

oie [wa] *f* ZOOL ganso *m*, ánade *m*, oca, ánsar *m* ‖ FIG & FAM ganso (stupide) ‖ — *oie blanche* pavitonta, pava (jeune fille candide) ‖ — *jeu de l'oie* juego de la oca ‖ *les oies du Capitole* los gansos del Capitolio ‖ *pas de l'oie* paso de la oca (pas de parade dans l'armée allemande) ‖ *patte-d'oie* encrucijada (carrefour), pata de gallo (aux yeux) ‖ — *bête comme une oie* más tonto que una mata de habas.

oignon [ɔɲɔ̃] *m* BOT cebolla *f*; *un chapelet d'oignons* una ristra de cebollas ‖ juanete (durillon) ‖ reloj de bolsillo antiguo ‖ bulbo (des fleurs) ‖ — *pelure d'oignons* tela de cebolla (pellicule du bulbe), clarete (vin) ‖ — FAM *aux petits oignons* a cuerpo de rey, a las mil maravillas | *en rang d'oignons* en fila, uno tras otro ‖ — POP *ce n'est pas tes oignons, occupe-toi de tes oignons* no te metas en camisa de once varas | *c'est ses oignons* con su pan se lo coma.

oindre* [wɛ̃:dr] *v tr* untar (frotter d'huile) ‖ ungir (d'huile consacrée).

oing ; oint *m* unto, sebo, manteca.

oint [wɛ̃] *adj* et *s m* ungido (consacré).

oiseau [wazo] *m* ave *f*; *les oiseaux appartiennent à l'embranchement des vertébrés* las aves pertenecen al subtipo de los vertebrados ‖ ave *f* (grand); *le vautour est un oiseau* el buitre es un ave ‖ pájaro (petit); *le moineau est un oiseau* el gorrión es un pájaro ‖ CONSTR artesilla *f* para llevar la argamasa / caballetes (de couvreur) ‖ — *oiseau chanteur* ave canora ‖ FIG *oiseau de malheur* o *de mauvais augure* ave de mal agüero ‖ *oiseau de nuit* ave nocturna ‖ *oiseau de passage* ave de paso ‖ *oiseau de proie* ave de rapiña ‖ *oiseau du paradis* ave del paraíso ‖ *oiseau migrateur* ave migratoria ‖ *oiseau nageur* palmípedo ‖ FIG *oiseau rare* mirlo blanco, rara flor ‖ FIG & FAM *un vilain oiseau, un drôle d'oiseau* un pájaro de cuenta, un pajarraco, un bicho raro ‖ — *à vol d'oiseau* en línea recta ‖ *être comme l'oiseau sur la branche* estar en el aire, estar por poco tiempo en un sitio ‖ *la belle plume fait le bel oiseau* el hábito hace al monje ‖ FAM *l'oiseau s'est envolé* el pájaro voló ‖ *manger comme un oiseau* comer como un pajarito ‖ *petit à petit, l'oiseau fait son nid* poco a poco hila la vieja el copo.

oiseau-lyre *m* ave *f* lira, menuro.

oiseau-mouche *m* ZOOL pájaro mosca, colibrí (colibri).
— OBSERV pl *oiseaux-mouches*.

oiseleur [-lœ:r] *m* pajarero, cazador de pájaros ‖ *Henri I*ᵉʳ *l'Oiseleur* Enrique I el Pajarero.

oiselle *f* FAM bobalicona.

oiseux, euse *adj* ocioso, sa (inutile); *des propos oiseux* palabras ociosas.

oisif, ive *adj* et *s* ocioso, sa; desocupado, da (désœuvré) ‖ improductivo, va; *capitaux oisifs* capitales improductivos.

oisillon [wazijɔ̃] *m* ZOOL pajarillo, avecilla *f*, cría *f* de pájaro.

oisiveté [-vte] *f* ociosidad, ocio *m*; *l'oisiveté est la mère de tous les vices* la ociosidad es madre de todos los vicios.

oison *m* ansarón ‖ FIG & FAM ganso, estúpido.

O.I.T. abrév de *Organisation internationale du travail* OIT, Organización Internacional del Trabajo.

O.J.D. abrév de *Office de justification de la diffusion des supports de publicité* OJD, Oficina de Justificación de la Difusión.

O.K.! [oke] *interj* FAM ¡muy bien!, ¡de acuerdo!, ¡O.K.! ‖ *(amér) oqué*.

okapi *m* okapí (mammifère).

Oklahoma *n pr* GÉOGR Oklahoma.

okoumé *m* okume, ocume (arbre africain).

O.L. abrév de *ondes longues* OL, onda larga.

olé! *interj* FAM ¡olé!, ¡ole!
◆ *adj inv* FAM olé olé ligero, ra (qui manque de retenue); *une femme olé olé* una mujer ligera ‖ atrevido, da (osé).

oléacées *f pl* BOT oleáceas.

oléagineux, euse *adj et s m* oleaginoso, sa.

oléicole *adj* oleícola.

oléiculteur, trice *m et f* oleicultor, ra, olivicultor, ra.

oléiculture *f* oleicultura, olivicultura.

oléifère *adj* oleífero, ra.

oléoduc *m* oleoducto.

oléorésine *f* oleorresina.

olfactif, ive *adj* olfativo, va; olfatorio, ria; *le nerf olfactif* el nervio olfativo.

olfaction *f* olfacción *(p us)*, olfateo *m*.

olibrius [ɔlibrijys] *m* FAM excéntrico, figurón.

olifant; oliphant *m* olifante (cor).

oligarchie *f* oligarquía; *l'oligarchie financière* la oligarquía financiera.

oligarchique *adj* oligárquico, ca.

oligocène *adj et s* GÉOL oligoceno, na.

oligo-élément *m* BIOL oligoelemento.

oliphant *m* → **olifant**.

olivaie [ɔlivɛ] *f* olivar *m*.

olivaison *f* cosecha de la aceituna.

olivâtre *adj* aceitunado, da.

olive *f* aceituna, oliva (fruit); *olive farcie* aceituna rellena; *huile d'olive* aceite de oliva ‖ ARCHIT oliva (motif).
◆ *adj inv* color verde oliva; aceitunado, da (couleur).

oliveraie [ɔlivrɛ] *f* olivar *m*.

olivette *f* olivar *m* (plantation) ‖ uva *f* de grano en forma de oliva (raisin) ‖ perla *f* falsa en forma de oliva.

olivier *m* olivo, aceituno (arbre) ‖ olivo (bois) ‖ — *olivier sauvage* acebuche ‖ — *jardin des Oliviers* Huerto de los Olivos ‖ *mont des Oliviers* Monte Oliveto, Monte de los Olivos ‖ *rameau d'olivier* ramo de olivo.

olographe; holographe *adj* ológrafo, fa (testament).

O.L.P. abrév de *Organisation de libération de la Palestine* OLP, Organización para la Liberación de Palestina.

Olympe [ɔlɛ̃:p] *n pr m* MYTH Olimpo (ensemble des dieux) ‖ FIG el Cielo.

Olympe; Olympe (mont) *n pr* GÉOGR monte Olimpo.

olympiade [-pjad] *f* olimpiada.

Olympie [-pi] *n pr f* HIST Olimpia.

olympien, enne [-pjɛ̃, jɛn] *adj* olímpico, ca (de l'Olympe); *Zeus Olympien* Júpiter Olímpico; *regard olympien* mirada olímpica.

olympique [-pik] *adj* olímpico, ca; *jeux Olympiques* Juegos Olímpicos.

olympisme *m* olimpismo.

O.M. abrév de *ondes moyennes* OM, onda media ‖ abrév de *Olympique de Marseille* Olímpico de Marsella [club de fútbol].

Oman *n pr* GÉOGR Omán.

ombelle *f* BOT umbela.

ombellifère *adj et s f* umbelífero, ra.

ombilic *m* ombligo (nombril) ‖ FIG ombligo (point central) ‖ BOT ombligo de Venus.

ombilical, e *adj* ANAT umbilical; *cordon ombilical* cordón umbilical.

ombrage *m* umbría *f*, enramada *f* ‖ FIG desconfianza *f*, sospecha *f*, sombra *f*; *porter o faire o donner ombrage* hacer sombra, inspirar desconfianza ‖ *prendre ombrage* sentirse celoso, quedar resentido.

ombragé, e *adj* umbrío, a; sombreado, da; umbroso, a.

ombrager* [-ʒe] *v tr* sombrear, dar sombra (faire de l'ombre) ‖ cubrir (recouvrir).
◆ *v pr* ponerse a la sombra.

ombrageux, euse [-ʒø, ø:z] *adj* espantadizo, za (chevaux) ‖ FIG desconfiado, da; receloso, sa (personnes).

ombre *f* sombra; *l'ombre d'un arbre* la sombra de un árbol ‖ FIG apariencia, sombra; *l'ombre d'un doute* la sombra de una duda | oscuridad, tinieblas *pl* ‖ sombreado *m* (d'un dessin) ‖ POÉT alma; *l'ombre d'Achille* el alma de Aquiles ‖ — *ombre à paupières* sombra de ojos ‖ *ombre portée* esbatimento, sombra proyectada ‖ *ombres chinoises* sombras chinescas ‖ *terre d'ombre* tierra de Siena (couleur) ‖ — POP *à l'ombre* a la sombra, en chirona (en prison) ‖ *à l'ombre de* al amparo de | *pas l'ombre de* ni pizca de, ni sombra de ‖ *pas l'ombre d'un doute* sin duda alguna, sin la menor duda, sin el menor asomo de duda ‖ *sous l'ombre, sous l'ombre de* so pretexto de ‖ — *avoir peur de son ombre* tener miedo hasta de la sombra de sí mismo ‖ FIG *courir après son ombre* soñar con quimeras | *faire de l'ombre à quelqu'un* hacer sombra a alguien | *il n'y a pas l'ombre d'un doute* no cabe la menor duda | *il y a une ombre au tableau* en este asunto hay un punto oscuro *ou* negro | *laisser dans l'ombre* dejar en la incertidumbre | *les causes restent dans l'ombre* las causas no están todavía muy claras | *n'être que l'ombre de soi-même* no ser más que la sombra de sí mismo | *passer comme une ombre* pasar como una nube de verano | *rester o se tenir dans l'ombre* mantenerse apartado.

ombrelle *f* sombrilla, quitasol *m* ‖ umbrela (des méduses) ‖ umbrela (mollusque).

ombrer *v tr* ARTS sombrear ‖ poner a la sombra, cubrir (mettre à l'ombre).

ombreux, euse *adj* umbroso, sa; umbrío, a.

Ombrie *n pr f* GÉOGR Umbría.

oméga *m* omega *f* (lettre grecque) ‖ *l'alpha et l'oméga* el principio y el fin.

omelette *f* tortilla; *omelette au fromage, aux herbes, au jambon, aux pommes de terre o parmentier* tortilla de queso, de finas hierbas, de jamón, de patatas; *omelette baveuse* tortilla poco hecha; *omelette nature* tortilla a la francesa ‖ *omelette norvégienne* helado cubierto con un suflé caliente.

omettre* *v intr* omitir ‖ *omettre une formalité* pasar por alto *ou* hacer caso omiso de un trámite.

O.M.I. abrév de *Organisation maritime internationale* OMI, Organización Marítima Internacional.

omicron *m* ómicron *f* (lettre grecque).

omis, e [ɔmi, i:z] *adj et s* omitido, da; olvidado, da.
◆ *m* mozo no alistado por omisión.

omission *f* omisión.

O.M.M. abrév de *Organisation météorologique mondiale* OMM, Organización Meteorológica Mundial.
omnibus [ɔmnibys] *m* ómnibus.
◆ *adj inv* *train omnibus* tren ómnibus.
omnicolore *adj* multicolor.
omnipotence *f* omnipotencia.
omnipotent, e *adj* omnipotente; todopoderoso, sa.
omnipraticien, enne *adj* MÉD de medicina general.
◆ *m* et *f* MÉD médico, ca de medicina general.
omniprésence *f* omnipresencia.
omniprésent, e *adj* omnipresente.
omniscience *f* omnisciencia.
omniscient, e *adj* omnisciente.
omnisports *adj inv* *salle omnisports* polideportivo.
omnivore *adj* omnívoro, ra.
omoplate *f* ANAT omóplato, omoplato *m*.
O.M.S. abrév de *Organisation mondiale de la santé* OMS, Organización Mundial de la Salud.
on [ɔ̃] *pr indéf* Ce pronom n'ayant pas d'équivalent en espagnol, il faut le traduire par différentes tournures.
1. *Par la forme pronominale* — quand le complément est un nom de chose qui devient alors sujet du verbe; *on dit tant de choses!* ¡se dicen tantas cosas!; — quand le complément est un nom de personne indéterminé ou que le verbe ne permet pas l'équivoque; *on demande bonnes à tout faire* se necesitan criadas.
2. *Par se* — quand le complément représente une personne déterminée; *on remercia l'organisateur* se dieron las gracias al organizador; *on les appellera* se les llamará; — quand le verbe est intransitif; *on y mange très bien* allí se come muy bien.
3. *Par uno, una* — lorsque l'emploi de *se* peut donner à la phrase un sens ambigu; *on a ses petites habitudes* uno tiene sus costumbres; *on n'entend pas ce qu'on dit* no oye uno lo que se dice.
4. *Par la 3ᵉ personne du pluriel ou par la forme pronominale* — quand le sujet représente une collectivité; *au siècle dernier on voyageait peu* en el siglo pasado viajaban poco (ici on pourrait également employer la forme pronominale), — dans certaines locutions; *on dit* dicen, se dice; *on raconte* cuentan, se cuenta.
5. *Par la 3ᵉ personne du pluriel* — quand le sujet est indéfini; *on frappe à la porte* llaman a la puerta.
6. *Par uno, una* — si le pronom *on* représente en réalité la première personne du singulier; *on se porte encore bien* uno, una se encuentra todavía bien.
7. *Par le verbe à la 1ʳᵉ personne du pluriel* — si le pronom *on* représente le pronom français *nous*; *on est tous allé en vacances* todos hemos ido de vacaciones.
8. *Par un nom collectif* — s'il précède un verbe pronominal de sens réciproque; *on s'entraide dans cette ville* la gente se ayuda mutuamente en esta ciudad.
— OBSERV Por razones de eufonía, *on* puede ser sustituido por *l'on* cuando viene después de *et, ou, où, que, à, qui, quoi, si: si l'on nous voit, à l'heure où l'on ne voit plus rien.*

onagre *m* onagro(âne sauvage) ‖ MIL onagro (machine) ‖ BOT onagra *f*, enotera *f*.
onanisme *m* onanismo.
once *f* onza (poids) ‖ ZOOL onza.
oncle *m* tío ‖ — *oncle à la mode de Bretagne* tío segundo ‖ — *grand-oncle* tío abuelo ‖ *l'oncle Sam* el Tío Sam (les États-Unis).
— OBSERV El femenino es *tante* tía.
oncologie *f* MÉD oncología.
oncologiste *m* et *f* MÉD → **oncologue**.
oncologue; oncologiste *m* et *f* MÉD oncólogo, ga.
onction [ɔ̃ksjɔ̃] *f* unción (application d'huile) ‖ fervor *m*, unción ‖ *extrême-onction* extremaunción.
onctueux, euse *adj* untuoso, sa; *liquide onctueux* líquido untuoso ‖ lleno de unción.
onctuosité *f* untuosidad.
onde *f* onda ‖ ola (vague) ‖ — *onde de choc* onda de choque ‖ *onde de polarisation* onda de polarización ‖ *onde électromagnétique* onda electromagnética ‖ *onde sonore, amortie, porteuse* onda acústica, amortiguada, portadora ‖ *onde stationnaire* onda estacionaria ‖ — RAD *grandes ondes, ondes longues (O.L.)* onda larga (OL); *ondes courtes (O.C.)* onda corta (OC); *petites ondes, ondes moyennes (O.M.)* onda media (OM) | *longueur d'ondes* lontigud de onda ‖ POÉT *l'onde amère* el mar ‖ — *sur les ondes* en las ondas ‖ *être sur la même longueur d'onde* estar en la misma onda ‖ *mettre en ondes* poner en onda *ou* en antena.
ondée *f* aguacero *m*, chaparrón *m*.
ondine *f* MYTH ondina.
on-dit [ɔ̃di] *m inv* habladuría *f*, hablilla *f*.
ondoiement [ɔ̃dwamɑ̃] *m* ondeo, ondulación *f* (des vagues) ‖ ECCLÉS agua *f* de socorro (baptême).
ondoyant, e [ɔ̃dwajɑ̃, ɑ̃:t] *adj* ondeante, ondulante ‖ FIG tornadizo, za (inconstant).
ondoyer* [-je] *v intr* ondear, ondular.
◆ *v tr* dar el agua de socorro (baptiser).
ondulant, e *adj* ondulante.
ondulation *f* ondulación; *ondulation permanente* ondulación permanente.
ondulatoire *adj* ondulatorio, ria; *mécanique ondulatoire* mecánica ondulatoria.
ondulé, e *adj* ondulado, da.
onduler *v intr* ondular (les moissons).
◆ *v tr* ondular, hacer ondas en (les cheveux).
onduleux, euse *adj* onduloso, sa; sinuoso, sa (qui forme des ondulations).
one-man-show *m inv* espectáculo de variedades centrado en un solo artista.
onéreux, euse *adj* oneroso, sa *(p us)*; costoso, sa; muy caro, ra ‖ *à titre onéreux* pagando de su propio bolsillo.
O.N.F. abrév de *Office national des forêts* Instituto Nacional de Montes [Francia].
O.N.G. abrév de *organisation non gouvernementale* organismo no gubernamental.
ongle [ɔ̃gl] *m* uña *f* (du doigt); *il ronge ses ongles* se muerde las uñas ‖ garra *f* (des animaux) ‖ — *ongle incarné* uñero ‖ *ongles en deuil* uñas de luto *ou* sucias ‖ — *coup d'ongle* arañazo ‖ *jusqu'au bout des ongles* hasta el tuétano, de la cabeza a los pies ‖ — *à l'ongle on connaît le lion* por la uña se conoce al león, por el hilo se saca el ovillo ‖ *rogner les ongles à quelqu'un* cortarle a uno los vuelos ‖ *se*

faire les ongles arreglarse las uñas, hacerse la manicura.

onglée *f* entumecimiento *m* de los dedos ‖ *avoir l'onglée* tener los dedos helados.

onglet [ɔ̃glɛ] *m* inglete, bisel (biseau) ‖ GÉOM inglete (angle) ‖ BOT base *f* de pétalo ‖ TECHN cartivana *f* (reliure) | uñero (d'une page) | uña *f*, muesca *f* (couteaux) ‖ MÉD uña *f* (de l'œil).

onguent [ɔ̃gɑ̃] *m* ungüento.

onguiculé, e *adj* unguiculado, da.

ongulé, e *adj et s m* ZOOL ungulado, da.

onguligrade *adj et s m* ZOOL ungulígrado, da.

onirique *adj* onírico, ca (du rêve).

onirisme *m* onirismo.

oniromancie *f* oniromancia.

O.N.I.S.E.P. abrév de *Office national d'information sur les enseignements et les professions* órgano público francés encargado de proporcionar documentación para la información y orientación de alumnos y estudiantes.

onomastique *adj et s f* onomástico, ca.

onomatopée *f* onomatopeya.

ontogenèse; ontogénie *f* ontogenia.

ontologie *f* ontología.

ontologique *adj* ontológico, ca.

O.N.U. abrév de *Organisation des Nations unies* ONU, Organización de las Naciones Unidas.

O.N.U.D.I.; Onudi abrév de *Organisation des Nations unies pour le développement industriel* ONUDI, Organización de las Naciones Unidas para el Desarrollo Industrial.

onusien, enne *adj* de la ONU.

onyx [ɔniks] *m* ónice.

onze [ɔ̃:z] *adj num et s m* once ‖ POP *prendre le train onze* coger el cochecito de San Fernando.

➡ *m* once (équipe de football).

— OBSERV El artículo que precede a *onze* no se elide (*le onze*) salvo en la expresión *bouillon d'onze heures* (jicarazo).

onzième *adj num ord et s* undécimo, ma; onceno, na ‖ onzavo, va (fraction).

onzièmement *adv* en undécimo lugar.

oocyte *m* BIOL → *ovocyte*.

oogone [ɔɔgɔn] *f* BOT oogonio *m*.

oosphère [ɔɔsfɛr] *f* BOT oosfera.

O.P. abrév de *ouvrier professionnel* operario diplomado *ou* titulado.

O.P.A. abrév de *offre publique d'achat* OPA, oferta pública de adquisición.

opacifier* *v tr* volver opaco.

opacité *f* opacidad ‖ sombra oscura.

opale *f* MIN ópalo *m* ‖ color *m* de ópalo.

➡ *adj* opalino, na.

opalescent, e [ɔpalɛsɑ̃, ɑ̃:t] *adj* opalescente.

opalin, e *adj et s f* opalino, na.

opaque *adj* opaco, ca.

op. cit. abrév de *opere citato* op. cit., obra citada.

O.P.E. abrév de *offre publique d'échange* oferta pública de intercambio [de valores].

open *adj inv* SPORTS open, abierto ‖ *billet open* billete abierto.

O.P.E.P. abrév de *Organisation des pays exportateurs de pétrole* OPEP, Organización de los Países Exportadores de Petróleo.

opéra *m* MUS ópera *f*.

opérable *adj* operable.

opéra-comique *m* ópera *f* cómica.

opérande *m* INFORM operando.

opérateur, trice *m et f* operador, ra ‖ INFORM operador, ra; *opérateur arithmétique, logique* operador aritmético, lógico ‖ CINÉM *opérateur de prise de vues* tomavistas (appareil), operador de fotografía *ou* de tomas (personne).

opération *f* operación; *opération d'arithmétique* operación aritmética; *opération chirurgicale* operación quirúrgica; *opération de Bourse* operación de Bolsa ‖ — *opération à cœur ouvert* operación a corazón abierto ‖ *opération de sauvetage* operación de rescate ‖ — FAM *par l'opération du Saint-Esprit* por obra y gracia del Espíritu Santo, por arte de magia ‖ *salle d'opération* quirófano ‖ *table d'opération* mesa de operaciones ‖ *théâtre d'opérations* teatro de operaciones, campo de batalla.

opérationnel, elle *adj* operacional; operativo, va (stratégie).

opératoire *adj* operatorio, ria ‖ — *bloc opératoire* bloque quirúrgico ‖ *choc opératoire* choque quirúrgico *ou* operatorio ‖ *médecine opératoire* cirugía.

opercule *m* opérculo.

operculé, e *adj* operculado, da.

opérer* *v tr* operar, producir (produire) ‖ operar; *opérer un cancéreux* operar a un canceroso ‖ hacer, realizar, efectuar; *opérer des miracles* hacer milagros; *opérer une soustraction* hacer *ou* efectuar una resta ‖ *opérer une arrestation* efectuar una detención, detener ‖ *se faire opérer* operarse; *se faire opérer des amygdales* operarse de las amígdalas.

➡ *v intr* obrar, operar, producir su efecto; *le remède commence à opérer* el remedio empieza a obrar.

➡ *v pr* producirse; *il s'est opéré un profond changement* se ha producido un profundo cambio.

opérette *f* opereta.

ophidien, enne *adj et s m* ofidio, dia (serpent).

ophiure *f* ZOOL ofiuro *m*.

ophtalmologie *f* MÉD oftalmología.

ophtalmologiste; ophtalmologue *m et f* oftalmólogo, ga.

ophtalmoscope *m* oftalmoscopio.

ophtalmoscopie *f* oftalmoscopia.

opiacé, e *adj* opiáceo, a; opiado, da.

opiner *v tr et intr* opinar ‖ *opiner du bonnet* asentir con la cabeza.

opiniâtre *adj* pertinaz; porfiado, da; obstinado, da; *des combattants opiniâtres* combatientes pertinaces ‖ tesonero, ra; *travail opiniâtre* labor tesonera ‖ rebelde, tenaz; *toux opiniâtre* tos rebelde.

opiniâtreté *f* tesón *m*, porfía, obstinación (fermeté, constance), tenacidad, testarudez (entêtement).

opinion *f* opinión; *braver l'opinion publique* desafiar a la opinión pública ‖ parecer *m*, juicio *m*, opinión; *mon opinion est que* mi parecer es que; *dire son opinion* expresar su juicio ‖ — *opinion préconçue* prejuicio ‖ *partage d'opinions* división de opiniones, desacuerdo ‖ *sondage d'opinion* sondeo de la opinión pública ‖ — *avoir bonne, mauvaise opinion de* tener buena, mala opinión de.

opium [ɔpjɔm] *m* opio.

O.P.J. abrév de *officier de police judiciaire* oficial de policía judicial.

opossum [ɔpɔsɔm] *m* ZOOL zarigüeya *f* (sarigue).
oppidum *m* HIST oppidum [poblado fortificado].
opportun, e [ɔpɔrtœ̃, yn] *adj* oportuno, na; *arrivée opportune* llegada oportuna ‖ conveniente; *il est opportun de partir d'ici* es conveniente irnos de aquí ‖ acertado, da; oportuno, na; pertinente; *réflexion très opportune* reflexión muy acertada.
opportunément *adv* oportunamente, en el momento más oportuno, a punto.
opportunisme *m* oportunismo.
opportuniste *adj et s* oportunista ‖ pancista (en politique).
opportunité *f* oportunidad; *saisir l'opportunité* aprovechar la oportunidad ‖ conveniencia, oportunidad; *l'opportunité d'une démarche* la conveniencia de una gestión.
opposabilité *f* oponibilidad.
opposable *adj* oponible.
opposant, e *adj et s* opositor, ra ‖ oposicionista (membre de l'opposition).
opposé, e *adj* opuesto, ta ‖ contrario, ria (intérêts) ‖ BOT & GÉOM opuesto, ta.
◆ *m* lo contrario, lo opuesto; *c'est tout à fait à l'opposé* es todo lo contrario ‖ — *à l'opposé* al contrario ‖ *à l'opposé de* en oposición con, por el contrario.
opposer *v tr* oponer (de bonnes raisons, une résistance) ‖ poner frente a frente.
◆ *v pr* oponerse; *s'opposer à un mariage* oponerse a una boda.
opposite *m* *à l'opposite* enfrente (vis-à-vis).
opposition *f* oposición; *l'opposition politique* la oposición política ‖ ASTR oposición ‖ — *par opposition* por oposición à en contraste con, a la inversa de ‖ — *entrer en opposition avec quelqu'un* entrar en oposición con alguien ‖ *être en opposition avec* estar en oposición *ou* en desacuerdo con ‖ *faire opposition à un paiement* oponerse legalmente a un pago.
oppressant, e *adj* oprimente.
oppresser *v tr* oprimir ‖ FIG atormentar ‖ — *respiration oppressée* respiración ahogada ‖ — *être oppressé* respirar con ahogo.
oppresseur *adj et s m* opresor.
oppressif, ive *adj* opresivo, va.
oppression *f* opresión.
opprimant, e *adj* opresivo, va; oprimente.
opprimé, e *adj et s* oprimido, da; *les peuples opprimés* los pueblos oprimidos.
opprimer *v tr* oprimir.
opprobre *f* oprobio *m*.
optatif, ive *adj et s m* optativo, va.
opter *v intr* optar.
opticien, enne *m et f* óptico, ca.
optimal, e *adj* óptimo, ma.
optimalisation; optimisation *f* optimación, optimalización, optimización.
optimaliser; optimiser *v tr* optimar, optimalizar, optimizar.
optimisation *f* → **optimalisation**.
optimiser *v tr* → **optimaliser**.
optimisme *m* optimismo.
optimiste *adj et s* optimista.
optimum [ɔptimɔm] *adj et s m* óptimo, ma.

option [ɔpsjɔ̃] *f* opción ‖ *matière à option, option* asignatura facultativa ‖ *en option* opcional ‖ *prendre une option sur* suscribir una opción para.
optionnel, elle *adj* opcional, facultativo, va.
optique *adj et s* óptico, ca.
◆ *f* óptica ‖ FIG enfoque *m*, óptica ‖ — *illusion d'optique* ilusión óptica ‖ — *avoir une autre optique* tener distinto punto de vista, enfocar las cosas de distinta manera.
optométrie *f* PHYS optometría.
opulence *f* opulencia ‖ *vivre dans l'opulence* vivir en la opulencia, nadar en la abundancia.
opulent, e *adj* opulento, ta.
opus [ɔpys] *m* MUS opus.
opuscule *m* opúsculo.
O.Q. abrév de *ouvrier qualifié* obrero cualificado.
or *conj* ahora bien.
or *m* oro; *une montre en or* un reloj de oro; *cheveux d'or* cabellos de oro ‖ — *or blanc* oro blanco ‖ *en or feuilles* oro en panes ‖ *or moulu* oro molido ‖ FIG *or noir* oro negro (pétrole) ‖ — *une affaire en or* un negocio magnífico ‖ *dollar-or, franc-or* dólar oro, franco oro ‖ *l'âge d'or* la edad de oro ‖ *livre d'or* libro de oro ‖ *personne en or* pedazo de pan ‖ *plaqué or* chapado de oro ‖ *pour tout l'or du monde* por todo el oro del mundo ‖ *règle d'or* regla de oro ‖ — *acheter à prix d'or* comprar carísimo *ou* a peso de oro ‖ *avoir un cœur d'or* tener un corazón de oro ‖ *c'est de l'or en barre* es oro en barras ‖ *cette affaire est une mine d'or* este negocio es una mina de oro ‖ *être cousu d'or, marcher o rouler sur l'or* apalear el oro ‖ *faire un pont d'or* hacer *ou* tender un puente de plata ‖ *parler d'or* hablar en plata ‖ *payer au poids de l'or* pagar a peso de oro ‖ *rouler o marcher sur l'or* estar forrado ‖ *tout ce qui brille n'est pas or* no es oro todo lo que reluce ‖ *valoir son pesant d'or* valer su peso en oro.
— OBSERV *Or* se emplea en plural únicamente cuando se trata de diferenciar dos matices de oro: *une boîte de deux ors*.
oracle *m* oráculo ‖ *ton d'oracle* tono sentencioso.
orage *m* tormenta *f*, tempestad *f* ‖ FIG borrasca *f*, tormenta *f* (colère) ‖ revés, calamidad *f*; *les orages de la vie* los reveses de la vida ‖ — *pluie d'orage* aguacero ‖ FIG *tenir tête à l'orage* hacer frente a la tormenta, capear el temporal.
orageux, euse *adj* tempestuoso, sa; borrascoso, sa ‖ bochornoso, sa; *une chaleur orageuse* un calor bochornoso ‖ FIG borrascoso, sa; agitado, da; movido, da.
oraison *f* oración ‖ — *oraison dominicale* oración dominical, padre nuestro ‖ *oraison funèbre* oración fúnebre ‖ — *être en oraison, faire oraison* orar, rezar.
oral, e *adj et s m* oral; *tradition orale* tradición oral; *examens oraux* exámenes orales ‖ *par voie orale* por vía oral.
oralement *adv* oralmente, de manera oral, de boca en boca ‖ *être interrogé oralement* tener un examen oral.
oralité *f* oralidad.
Oran *n pr* GÉOGR Orán.
orange [ɔrɑ̃ːʒ] *f* naranja; *un jus d'orange* un zumo de naranja ‖ — *orange amère* naranja agria ‖ *orange pressée* zumo de naranja natural ‖ *orange sanguine* naranja sanguina.

◆ *adj inv* et *s m* anaranjado, da; naranja (couleur); *un orange clair, un tissu orange* un naranja claro, un tejido anaranjado ‖ ámbar; *feu orange* disco ámbar.
Orange *n pr* GÉOGR Orange.
orangé, e *adj* et *s m* anaranjado, da (couleur).
orangeade [ɔrɑ̃ʒad] *f* naranjada.
oranger [-ʒe] *m* BOT naranjo ‖ — *eau de fleur d'oranger* agua de azahar ‖ *fleur d'oranger* azahar.
orangeraie [ʒrɛ] *f* naranjal *m*.
orangerie [-ʒri] *f* invernadero *m* de naranjos.
orang-outan [ɔrɑ̃utɑ̃] *m* ZOOL orangután.
orateur, trice *m* et *f* orador, ra.
oratoire *adj* oratorio, ria; *geste oratoire* gesto oratorio ‖ *l'art oratoire* la oratoria.
◆ *m* oratorio (petite chapelle).
oratorio *m* oratorio (musique).
orbe *m* orbe (surface).
orbe *adj* ARCHIT sin aberturas [una pared].
orbital, e *adj* orbital; *station orbitale* estación orbital; *vol orbital* vuelo orbital.
orbite *f* ANAT órbita, cuenca (des yeux) ‖ ASTR órbita; *mise sur orbite* puesta en órbita; *orbite géostationnaire* órbita geoestacionaria ‖ — FIG *dans l'orbite de* bajo el área de influencia de, en la órbita de ‖ *placer o mettre sur orbite* poner en órbita.
orbiteur *m* orbitador.
orchestral, e [ɔrkɛstral] *adj* MUS orquestal.
orchestrateur, trice *m* et *f* orquestador, ra.
orchestration [-trasjɔ̃] *f* MUS orquestación.
orchestre [ɔrkɛstr] *m* MUS orquesta *f* ‖ patio de butacas (théâtre) ‖ *fauteuil d'orchestre* butaca de patio.
orchestrer [-tre] *v tr* MUS orquestar; *orchestrer une partition* orquestar una partitura.
orchidée [-de] *f* BOT orquídea.
ordinaire *adj* ordinario, ria (conforme à l'ordre établi) ‖ común (commun) ‖ habitual; ordinario, ria; corriente (habituel) ‖ ordinario, ria; del montón, vulgar (médiocre) ‖ corriente; *du vin ordinaire* vino corriente.
◆ *m* lo corriente, lo ordinario, lo común; *un film qui sort de l'ordinaire* una película que se sale de lo corriente *ou* que es fuera de lo común ‖ ordinario (autorité ecclésiastique, courrier) ‖ — *ordinaire de la messe* ordinario de la misa ‖ — *à l'ordinaire, d'ordinaire* comúnmente, de ordinario, generalmente.
ordinal, e *adj* ordinal; *adjectifs numéraux ordinaux* adjetivos numerales ordinales.
ordinateur *m* INFORM ordenador, computador, computadora *f*; *ordinateur domestique, individuel* o *personnel* ordenador doméstico, personal; *ordinateur de bureau* ordenador de sobremesa ‖ *mettre sur ordinateur* pasar al ordenador.
ordination *f* ECCLÉS ordenación.
ordonnance *f* ordenación, disposición (arrangement) ‖ ARCHIT ordenación, orden *m* ‖ COMM orden de pago, libramiento *m* ‖ DR mandato *m ou* mandamiento *m* judicial (du juge), ordenanza (de l'exécutif) ‖ MÉD prescripción facultativa (prescription), receta (écrit) ‖ MIL ordenanza, reglamento *m* (règlement) | asistente *m*, ordenanza *m* (d'un officier) ‖ — *ordonnance royale* real orden ‖ — *officier d'ordonnance* ayudante de campo.

— OBSERV *Ordonnance* en el sentido de *asistente, ordenanza (militar)* se emplea también en masculino.
ordonnancement *m* orden *f* de pago, libramiento ‖ *ordonnancement du travail* planificación del trabajo, programa de trabajo.
ordonnancer* *v tr* dar orden de pago.
ordonnancier *m* recetario.
ordonnateur, trice *adj* et *s* ordenador, ra.
◆ *m* ordenador de pago ‖ maestro de ceremonias (dans une fête) ‖ *ordonnateur des pompes funèbres* encargado de pompas fúnebres.
ordonné, e *adj* ordenado, da.
◆ *f* MATH ordenada.
ordonner *v tr* ordenar, disponer (ranger) ‖ ordenar, mandar (imposer) ‖ prescribir, recetar (un médecin) ‖ ECCLÉS ordenar (un prêtre) ‖ FAM *monsieur, madame, mademoiselle j'ordonne* mandón, mandona.
◆ *v intr* disponer de.
— OBSERV *Ordonner* se construye generalmente con el subjuntivo: *ordonner qu'il vienne*. Pero cuando no se puede discutir la orden se puede emplear el indicativo o el condicional: *la cour a ordonné que ce témoin serait entendu*.
ordre *m* orden *f*; *mettre des papiers en ordre* poner papeles en orden ‖ orden *f* (commandement) ‖ orden (discipline, calme); *troubler l'ordre* alterar el orden ‖ orden *f* (de la Légion d'honneur, national du Mérite) [creadas para recompensar el mérito personal] ‖ colegio (des avocats, des médecins, etc.) ‖ categoría *f*, orden; *un écrivain de premier ordre* un escritor de primer orden ‖ ARCHIT & BOT & ZOOL orden; *ordre dorique* orden dórico; *ordre des coléoptères* orden de los coleópteros ‖ COMM orden *f*, pedido (commande) ‖ ECCLÉS orden (sacrement), orden *f* (institut religieux) | orden (hiérarchie entre les anges) ‖ — *ordre chronologique* orden cronológico ‖ *ordre de bataille* orden de batalla ‖ *ordre de grève* convocatoria de huelga ‖ MIL *ordre de mission* permiso administrativo de ausencia ‖ *ordre de succession* orden de sucesión ‖ MIL *ordre dispersé* formación abierta ‖ *ordre du jour* orden del día ‖ *ordre public* orden público ‖ MIL *ordre serré* orden cerrado ‖ ECCLÉS *ordres majeurs, mineurs* órdenes mayores, menores ‖ — *billet à ordre* pagaré ‖ *clause à ordre* endoso ‖ *mot d'ordre* consigna, santo y seña ‖ *rappel à l'ordre* llamada de atención *ou* al orden ‖ *sous-ordre* subalterno ‖ — *à l'ordre du jour* al orden del día ‖ MIL *à vos ordres!* ¡a sus órdenes!, ¡a la orden! ‖ *dans le même ordre d'idées* de manera análoga, de la misma manera ‖ *d'ordre pratique* de orden práctico ‖ *jusqu'à nouvel ordre* hasta nuevo aviso ‖ *par ordre de grandeur* por orden de tamaño ‖ *par ordre d'entrée en scène* por orden de aparición *ou* de salida a escena ‖ *sans aucun ordre* sin orden ni concierto ‖ — *avoir de l'ordre* ser ordenado ‖ MIL *citer à l'ordre du jour* citar en la orden del día ‖ *être à l'ordre du jour* ser de actualidad ‖ *être aux ordres* o *sous les ordres de quelqu'un* estar a las *ou* bajo las órdenes de alguien ‖ *mettre de l'ordre* ordenar ‖ *payer à l'ordre de* páguese a la orden de ‖ *procéder par ordre* proceder por orden.
— OBSERV *Orden* est masculin en espagnol dans le sens d'*arrangement, disposition, style architectural* et *sacrement*. Dans les autres cas il est féminin.
ordure *f* basura; *boîte à ordures* cubo de la basura ‖ porquería (immondices) ‖ FIG indecencia, porquería, grosería | tipo *m* asqueroso, marrano *m*, guarro *m* (personne abjecte) ‖ — *ordures ménagères* basura ‖ *tas d'ordures* muladar.

ordurier, ère *adj* indecente; puerco, ca; licencioso, sa.

orée *f* lindero *m*, linde *m* et *f*; *à l'orée d'un bois* en la linde de un bosque.

Oregon *n pr* GÉOGR Oregón.

oreillard, e [ɔrεjaːr, ard] *adj et s* orejudo, da.
◆ *m* orejudo (chauve-souris).

oreille [ɔrεj] *f* ANAT oreja (partie externe); *avoir de grandes oreilles* tener grandes orejas; *oreilles dressées, tombantes* orejas tiesas, gachas ‖ oído *m* (ouïe); *j'ai mal aux oreilles* me duele el oído ‖ oído *m* (aptitude à apprécier les sons); *avoir l'oreille fine* tener buen oído ‖ asa (anse) ‖ oreja (d'ancre) ‖ orejera (de charrue, de fauteuil) ‖ *fauteuil à oreilles* sillón de orejeras ‖ *— à l'oreille* al oído ‖ *— avoir l'oreille basse, baisser l'oreille* tener las orejas gachas ‖ *avoir les oreilles délicates* tener el oído delicado ‖ *avoir les oreilles rebattues o battues d'une chose* estar harto de oír una cosa *ou* estar hasta la coronilla ‖ *avoir l'oreille de quelqu'un* ser escuchado por alguien ‖ *avoir l'oreille fine* ser fino de oídos ‖ *casser les oreilles à quelqu'un* dar la lata *ou* el tostón a alguien ‖ FAM *cela me sort par les oreilles* estoy hasta la coronilla de esto ‖ *dire deux mots à l'oreille de quelqu'un* decirle a uno cuatro palabras ‖ *dormir sur ses deux oreilles* dormir a pierna suelta *ou* tranquilo ‖ *dresser, ouvrir, tendre l'oreille* aguzar el oído, escuchar con interés ‖ *échauffer les oreilles* calentar los cascos, quemar la sangre ‖ *écorcher l'oreille o les oreilles* lastimar el oído ‖ *écouter de toutes ses oreilles* ser todo oídos ‖ *faire la sourde oreille, se boucher les oreilles* hacerse el sordo, no darse por enterado, hacer oídos de mercader ‖ *fermer l'oreille à* no querer escuchar a, no dar oídos a (refuser d'écouter), negarse a (refuser d'accéder) ‖ *frotter o couper o tirer les oreilles de quelqu'un* calentarle a uno las orejas, pegarle ‖ *les murs ont des oreilles* las paredes oyen ‖ *montrer o laisser passer o laisser voir le bout de l'oreille* enseñar la oreja, vérsele a uno el plumero ‖ *n'écouter que d'une oreille* escuchar a medias ‖ *ne pas en croire ses oreilles* no dar crédito a nuestros oídos ‖ *ne pas entendre de cette oreille-là* no ver de la misma manera ‖ *ne pas tomber dans l'oreille d'un sourd* no caer en saco roto ‖ *prêter l'oreille* prestar oído, estar atento ‖ *se faire tirer l'oreille* hacerse de rogar ‖ *tendre l'oreille* prestar oídos ‖ *ventre affamé n'a point d'oreilles* al buen hambre no hay pan duro.

oreiller [ɔrεje] *m* almohada *f*.

oreillette [-jεt] *f* ANAT aurícula (du cœur) ‖ orejera (d'un bonnet).

oreillons [-jɔ̃] *m pl* orejeras *f* (d'un casque, d'une casquette) ‖ MÉD paperas *f*, parotiditis *f sing*.

Orénoque *n pr m* GÉOGR Orinoco.

ores [ɔːr] *adv* (*vx*) ahora ‖ *d'ores et déjà* desde ahora, de aquí en adelante.

Oreste *n pr m* Orestes.

orfèvre *m* et *f* platero, ra (mot le plus usité); febre, orífice (qui travaille l'or) ‖ *être orfèvre en la matière* estar ducho en la materia.

orfèvrerie *f* orfebrería, platería.

orfraie *f* quebrantahuesos *m*, pigargo *m* (oiseau) ‖ *pousser des cris d'orfraie* chillar como una rata, gritar como un descosido.

organdi *m* organdí (mousseline).

organe *m* órgano ‖ voz *f*; *avoir un bel organe* tener buena voz ‖ INFORM *organe d'entrée, de sortie* órgano de entrada, de salida ‖ *organe de traitement* órgano de proceso *ou* de tratamiento.

organigramme *m* organigrama (graphique).

organique *adj* orgánico, ca.

organiquement *adv* orgánicamente, de manera orgánica.

organisateur, trice *adj et s* organizador, ra.

organisation *f* organización ‖ *Organisation des Nations unies (O.N.U.)* Organización de las Naciones Unidas ‖ ANAT constitución.

organisationnel, elle *adj* organizacional, concerniente a la organización.

organisé, e *adj* organizado, da.

organiser *v tr* organizar.
◆ *v pr* organizarse.

organisme *m* organismo.

organiste *m et f* MUS organista.

organite *m* organito (élément de la cellule).

organologie *f* organología.

orgasme *m* orgasmo.

orge [ɔrʒ] *f* BOT cebada *f*; *eau d'orge* agua de cebada ‖ *— champ d'orge* cebadal ‖ MÉD *grain d'orge* orzuelo (orgelet) ‖ *sucre d'orge* pirulí, caramelo largo en forma de palito.
◆ *m orge mondé, orge perlé* cebada mondada, cebada perlada.
— OBSERV Sólo es masculino en estos dos casos.

orgeat [ɔrʒa] *m* horchata *f* ‖ *sirop d'orgeat* horchata.

orgelet [ɔrʒəlε] *m* MÉD orzuelo.

orgiaque *adj* orgiaco, ca; orgiástico, ca.

orgie *f* orgía.

orgue [ɔrg] *m* MUS órgano; *souffler l'orgue* entonar el órgano ‖ MAR cañería *f* de desagüe ‖ MIL cañón multitubular (canon), rastrillo (fortification) ‖ GÉOL *orgues basaltiques* basaltos prismáticos ‖ *orgue de Barbarie* organillo ‖ *— buffet d'orgue* caja de órgano ‖ MUS *point d'orgue* calderón.
— OBSERV *Orgue* es masculino en el singular y en el plural (si designa varios instrumentos). En cambio es femenino en el plural cuando designa un solo instrumento.

orgueil [ɔrgœj] *m* orgullo; *cet enfant est l'orgueil de la famille* ese niño es el orgullo de la familia ‖ soberbia *f*; *l'orgueil est un péché* la soberbia es un pecado ‖ (*p us*) fulcro (d'un levier) ‖ *crever d'orgueil* no caber en sí de orgullo, reventar de orgullo.

orgueilleusement *adv* orgullosamente, con orgullo, con altivez, altivamente.

orgueilleux, euse [-jø, øːz] *adj et s* orgulloso, sa.

orient [ɔrjɑ̃] *m* oriente (point cardinal) ‖ oriente (d'une perle) ‖ *— Extrême-Orient* Extremo *ou* Lejano Oriente ‖ *Grand Orient* Gran Oriente [institución central masónica] ‖ *Moyen-Orient* Oriente Medio ‖ *Proche-Orient* Próximo *ou* Cercano Oriente.

orientable *adj* orientable.

oriental, e *adj et s* oriental; *des pays orientaux* países orientales.

orientalisme *m* orientalismo.

orientaliste *adj et s* orientalista.

orientation *f* orientación; *orientation professionnelle* orientación profesional ‖ *— course d'orientation* carrera de orientación ‖ *sens de l'orientation* sentido de la orientación.

orienté, e *adj* orientado, da (position); *appartement bien, mal orienté* apartamento bien, mal orientado ‖ tendencioso, sa (idéologie) ‖ *journal orienté à gauche* periódico de izquierdas.

orienter *v tr* orientar ‖ FIG dirigir, guiar.
→ *v pr* orientarse, dirigirse.

orifice *m* orificio.

oriflamme *f* oriflama.

origan *m* orégano (plante).

originaire *adj* oriundo, da; originario, ria; natural; *être originaire de* ser natural *ou* oriundo de ‖ originario, ria.

originairement *adv* originariamente, primitivamente.

original, e *adj et s* original; *textes originaux* textos originales ‖ extravagante; estrafalario, ria.

originalement *adv* originalmente, extravagantemente.

originalité *f* originalidad ‖ extravagancia, singularidad.

origine *f* origen *m*; *d'origine française* de origen francés ‖ *— à l'origine* al principio ‖ *dans l'origine* en su origen, en el principio ‖ *dès l'origine* desde el origen, desde el principio ‖ *d'origine* de origen, genuino (produit) ‖ *tirer son origine de* proceder de.

originel, elle *adj* original; *péché originel* pecado original.

originellement *adv* originalmente, desde su nacimiento *ou* origen.

orignal *m* alce del Canadá (élan).

oripeau *m* oropel, relumbrón.

O.R.L. abrév de *oto-rhino-laryngologie* ORL, otorrinolaringología ‖ *être en O.R.L* seguir tratamiento en ORL (malade) ‖ abrév de *oto-rhino-laryngologiste* otorrinolaringólogo, ga (médecin).

orléanais, e *adj* orleanés, esa.

Orléanais, e *m et f* orleanés, esa.

orléaniste *adj et s* orleanista.

Orléans [ɔrleã] *n pr* Orleáns.

orme *m* BOT olmo ‖ FAM *attendez-moi sous l'orme* espéreme sentado.

ormeau *m*; **ormille** *f* olmo *m* pequeño.

ornemaniste *m et f* CONSTR adornista, estuquista.

ornement *m* ornamento, adorno, ornato (architecture, style, etc.) ‖ ornamento, paramento (habit sacerdotal).

ornemental, e *adj* ornamental.

ornementation *f* ornamentación, ornato *m*, adorno *m*.

ornementer *v tr* ornamentar, adornar.

orner *v tr* adornar, ornar ‖ enriquecer (l'esprit).

ornière *f* carril *m*, carrilada, rodada (des roues) ‖ FIG hábito *m*, costumbre inveterada, camino *m* trillado, carril *m* ‖ *sortir de l'ornière* salir del atolladero.

ornithologie *f* ornitología.

ornithologiste; **ornithologue** *m et f* ornitólogo, ga.

ornithorynque *m* ornitorrinco (animal).

orogenèse *f* orogénesis.

orogénique *adj* orogénico, ca.

orographie *f* orografía.

oronge *f* BOT oronja ‖ *— oronge vineuse* oronja vinosa *ou* rojiza ‖ *oronge vraie* amanita ‖ *— fausse oronge* falsa oronja, matamoscas.

orpailleur [ɔrpajœːr] *m* buscador de pepitas de oro.

Orphée *n pr m* Orfeo.

orphelin, e [ɔrfəlɛ̃, in] *m et f* huérfano, na; *orphelin de père, de mère* huérfano de padre, de madre.

orphelinat [-lina] *m* orfanato, asilo de huérfanos, orfelinato (gallicisme) ‖ inclusa *f* (enfants abandonnés).

orphéon *m* MUS orfeón.

orphéoniste *m et f* orfeonista.

orphique *adj et s* órfico, ca.

orpiment *f* MIN oropimente.

orque *f* ZOOL orca (épaulard).

ORSEC abrév de *ORganisation des SECours* organización de socorros [en Francia] ‖ *plan ORSEC* programa de organización de socorros a escala departamental en caso de catástrofe.

ORSECRAD abrév de *Orsec en cas d'accident nucléaire* organización de socorros en caso de catástrofe nuclear [en Francia].

orteil [ɔrtɛːj] *m* dedo del pie ‖ *gros orteil* dedo gordo del pie.

orthocentre *m* GÉOM ortocentro.

orthodontie *f* MÉD ortodoncia.

orthodontiste *m et f* MÉD ortodontista.

orthodoxe *adj et s* ortodoxo, xa.

orthodoxie *f* ortodoxia.

orthogenèse [ɔrtoʒənɛːz] *f* ortogénesis.

orthogénie *f* ortogénesis [planificación de los nacimientos].

orthogonal, e *adj* GÉOM ortogonal.

orthographe *f* ortografía; *faire une faute d'orthographe* cometer una falta de ortografía.

orthographier* *v tr* ortografiar ‖ *mal orthographié* escrito con faltas de ortografía.

orthographique *adj* ortográfico, ca (signe, dessin).

orthopédie *f* ortopedia.

orthopédique *adj* ortopédico, ca.

orthopédiste *adj et s* ortopédico, ca.
→ *m et f* ortopedista; ortopédico, ca.

orthophonie *f* ortofonía.

orthophoniste *m et f* MÉD ortofonista.

orthoptère *adj et s m* ZOOL ortóptero, ra.

orthoptie; **orthoptique** *f* ortóptica.

orthoptiste *m et f* especialista en ortóptica.

ortie *f* BOT ortiga ‖ *— ortie blanche* ortiga muerta (lamier) ‖ ZOOL *ortie de mer* ortiga de mar ‖ *— FIG & FAM jeter son froc aux orties* ahorcar *ou* colgar el hábito.

ortolan *m* hortelano (oiseau).

orvet [ɔrvɛ] *m* lución (reptile).

os [ɔs] *plur.*: [o] *m* ANAT hueso ‖ *— os à moelle* hueso con tuétano *ou* médula ‖ *os de seiche* jibión ‖ *— en chair et en os* en carne y hueso, en persona ‖ *— chasser les os à quelqu'un* romper a uno las costillas ‖ FAM *il y a un os* hay un pero *ou* una pega ‖ *l'avoir dans l'os* salirle a uno el tiro por la culata ‖ *n'avoir que les os et la peau* estar en los huesos ‖ *ne pas faire de vieux os* no llegar a viejo ‖ FAM *tomber*

sur un os dar en hueso | *trempé jusqu'aux os* calado hasta los huesos.
— OBSERV En plural no se pronuncia la *s* final.
Osaka *n pr* GÉOGR Osaka.
O.S. abrév de *ouvrier spécialisé* obrero especializado.
oscar *m* oscar (récompense).
oscillant, e [ɔsilɑ̃, ɑ̃ːt] *adj* oscilante.
oscillateur [-latœːr] *m* PHYS oscilador.
oscillation [-lasjɔ̃] *f* oscilación.
oscillatoire [-latwaːr] *adj* oscilatorio, ria.
osciller [-le] *v intr* oscilar.
oscillographe [-lɔgraf] *m* ÉLECTR oscilógrafo.
oscilloscope *m* osciloscopio.
osé, e *adj* osado, da; atrevido, da.
oseille [ozɛːj] *f* BOT acedera || POP parné *m*, mosca, pasta (argent) || — *oseille-épinard* hierba de la paciencia || CHIM *sel d'oseille* sal de acederas || — POP *la faire à l'oseille* dar el pego, engañar.
oser *v tr et intr* atreverse, osar; *je n'ose pas le faire* no me atrevo a hacerlo || *si j'ose dire, si j'ose m'exprimer ainsi* y perdone la expresión.
— OBSERV En forma negativa y seguido de un infinitivo *oser* puede emplearse sin *pas*: *je n'ose venir, je n'ose pas venir..*
osier *m* mimbre || *osier blanc* sarga.
Oslo *n pr* GÉOGR Oslo.
osmium [ɔsmjɔm] *m* osmio (métal).
osmose *f* PHYS ósmosis.
ossature *f* esqueleto *m*, osamenta (squelette) || FIG armazón.
osselet [ɔslɛ] *m* huesecillo (petit os) || taba *f* (jeu) || VÉTÉR porrilla *f* (tumeur du cheval).
ossements [ɔsmɑ̃] *m pl* huesos, osamenta *f sing*.
osseux, euse *adj* óseo, a (tissu), huesoso, sa (relatif à l'os) || huesudo, da; *des mains osseuses* manos huesudas.
ossification *f* osificación.
ossifier* *v tr* osificar.
◆ *v pr* osificarse.
osso-buco *m inv* CULIN ossobuco.
ossu, e *adj* huesudo, da.
ossuaire [ɔsɥeːr] *m* osario.
ostéalgie *f* MÉD ostealgia.
ostéite *f* MÉD osteítis.
ostensible *adj* ostensible.
ostensiblement *adv* ostensiblemente, ostensivamente, a las claras, sin recato.
ostensoir *m* custodia *f*.
ostentation *f* ostentación || *faire ostentation de* hacer alarde *ou* gala de.
ostentatoire *adj* ostentatorio, ria.
ostéomyélite *f* MÉD osteomielitis.
ostéopathe *m et f* MÉD osteópata.
ostéopathie *f* MÉD osteopatía.
ostéoplastie *f* MÉD osteoplastia.
ostéotomie *f* MÉD osteotomía.
ostracisme *m* ostracismo.
ostréicole *adj* ostrícola.
ostréiculteur, trice *m et f* ostricultor, ra.
ostréiculture *f* ostricultura.
ostrogoth; ostrogot, e [ɔstrɔgo, ɔːt] *adj* ostrogodo, da.

◆ *m* FIG bárbaro, ra; animal, salvaje (sauvage) || FAM *un drôle d'ostrogoth* un tipo curioso.
Ostrogoths *n pr m pl* ostrogodos.
otage *m* rehén || *prendre quelqu'un en otage* retener como rehén a alguien, secuestrar a alguien.
otalgie *f* MÉD otalgia.
O.T.A.N. abrév de *Organisation du traité de l'Atlantique Nord* OTAN, Organización del Tratado del Atlántico Norte.
otarie *f* ZOOL león *m* marino, otaria.
O.T.A.S.E. abrév de *Organisation du traité de l'Asie du Sud-Est* SEATO, Organización del Tratado del SE Asiático.
ôté *prep* excepto, salvo; *livre excellent, ôté deux ou trois pages* libro excelente, salvo dos o tres páginas.
ôter *v tr* quitar; *ôter un rideau, une tache* quitar una cortina, una mancha || quitarse, despojarse de; *ôter son chapeau* quitarse el sombrero || restar, quitar; *ôter un de trois* quitar uno de tres || sacar (tirer du doute, de l'inquiétude) || suprimir; *ôtez deux paragraphes à cet article* suprima dos párrafos a este artículo.
◆ *v pr* quitarse; *ôtez-vous de là* quítese de ahí.
otite *f* MÉD otitis.
otorhino *m et f* MÉD → **oto-rhino-laryngologiste**.
oto-rhino-laryngologie [ɔtorinolarɛ̃gɔlɔʒi] *f* MÉD otorrinolaringología.
oto-rhino-laryngologiste [-ʒist]; **otorhino** *m et f* MÉD otorrinolaringólogo, ga.
otoscope *m* otoscopio.
Ottawa *n pr* GÉOGR Ottawa.
ottoman, e *adj et s* otomano, na.
◆ *m* otomán (tissu).
◆ *f* otomana (canapé).
ou *conj* o, u.
— OBSERV En español *u* remplace *o* devant les mots commençant par *o* (*blanc ou noir* blanco o negro; *l'un ou l'autre* uno u otro), même lorsqu'il s'agit de chiffres qui ne sont pas écrits en toutes lettres (7 u 8). *O* portait autrefois un accent aigu, *ó*, qu'il a conservé uniquement lorsqu'il sépare deux chiffres afin d'éviter la confusion possible avec un zéro (3 ó 4).
où *adv interrog* dónde, en dónde; *où habites-tu?* ¿dónde vives? || adónde, a dónde; *où allez-vous?* ¿adónde va usted? || por dónde; *je ne sais pas où j'en suis* no sé por dónde voy || — *d'où* de dónde || *jusqu'où* hasta dónde || *par où* por dónde || — *où en est l'affaire?* ¿cómo van las cosas?, ¿cómo va el asunto? || *où en sont les choses?* ¿cómo van las cosas?
◆ *adv* donde; *la où tu es* allí donde estás || adonde, a donde; *là où nous allons* ahí adonde vamos || — *d'où* de donde; *d'où il s'ensuit que* de donde resulta que || *n'importe où* donde sea, en cualquier sitio || *par où* por donde.
◆ *pron rel* donde, en donde, en que, en el cual, en la cual, en los cuales, en las cuales; *la ville où je suis né* la ciudad en que nací || adonde, a donde, al que, al cual, a la cual, a los cuales, a las cuales; *l'endroit où je vais* el sitio adonde voy || en que; *le jour où tu es venu* el día en que viniste || *au cas où, pour le cas où* en caso de que.
— OBSERV *Donde* et *adonde* prennent un acent aigu dans les phrases interrogatives ou exclamatives.

O.U.A. abrév de *Organisation de l'unité africaine* OUA, Organización de la Unidad Africana.

Ouagadougou *n pr* GÉOGR Ouagadougou, Uagadugu.

ouailles [waːj] *f pl* RELIG fieles *m*, grey *sing*.

ouais! [wɛ] *interj* FAM ¡bueno!, ¡hombre!

ouate [wat] *f* algodón *m* en rama, guata.
— OBSERV Se dice *de l'ouate* o *de la ouate*, pero siempre *d'ouate* en frases negativas: *je n'ai pas d'ouate*.

ouaté, e *adj* enguatado, da; acolchado, da (garniture) ‖ acogedor, ra; envolvente (atmosphère).

ouater *v tr* enguatar.

oubli *m* olvido; *tomber dans l'oubli* caer en el olvido ‖ *oubli de soi* desprendimiento, abnegación.

oublié, e *adj* et *s* olvidado, da.

oublier* *v tr* olvidar ‖ *oublier de* olvidarse, descuidarse de ‖ — *feindre d'oublier* hacerse el olvidadizo ‖ *le passé est oublié* el pasado pasado está.
◆ *v pr* olvidarse ‖ olvidarse de uno mismo; *s'oublier, c'est penser aux autres* olvidarse de sí mismo es pensar en los demás ‖ faltar al respeto, desmandarse (être insolent) ‖ *ne pas s'oublier* no descuidar sus intereses.

oubliette *f* mazmorra.

oublieux, euse *adj* olvidadizo, za.

ouest [wɛst] *adj* et *s m* oeste ‖ — *à l'ouest* al oeste ‖ *vent d'ouest* viento del oeste, poniente.

ouest-allemand, e [wɛstalmã, ãːd] *adj* de Alemania del Oeste.

ouf! *interj* ¡uf!

Ouganda *n pr m* GÉOGR Uganda.

ougandais, e *adj* ugandés, sa.

Ougandais, e *m* et *f* ugandés, esa.

oui [wi] *adv* sí; *ne dire ni oui ni non* no decir ni que sí ni que no ‖ *mais oui* claro que sí, sí hombre (*fam*).
◆ *m* sí ‖ *pour un oui, pour un non* por una pequeñez, por un quítame allá esas pajas.
— OBSERV *Sí*, adverbe ou pronom, porte un accent écrit en espagnol pour le distinguer de *si* conjonction.
— OBSERV El español *sí* se traduce en francés por *si* cuando responde a una interrogación, una pregunta interrogativa, una duda: *vous ne voyez pas?* — *si, je vois, il ne sera pas au rendez-vous* — *si, il y sera*.

ouï-dire *m inv* rumor, voz *f* que corre ‖ *par ouï-dire* de oídas.

ouïe [wiː] *f* oído *m* (le sens); *être tout ouïe* ser todo oídos.
◆ *pl* agallas (des poissons) ‖ eses, efes (d'un violon) ‖ AUTOM persiana, abertura para la aeración.

ouïr* [wiːr] *v tr* oír.
— OBSERV Sólo se emplea en el infinitivo, en el participio pasado y en los tiempos compuestos, y aun en estos tiempos es poco corriente, salvo en la locución *ouï-dire*; en los demás casos se emplea el verbo *entendre*.

ouistiti *m* ZOOL tití.
— OBSERV Es preferible decir *le ouistiti* que *l'ouistiti*.

oukase *m* ucase.

ouléma *m* ulema.

ouolof; wolof *m* uolof (langue).

Our; Ur *n pr* GÉOGR Ur.

ouragan *m* huracán ‖ FIG *arriver comme un ouragan* llegar en tromba.

Oural *n pr m* GÉOGR Ural (fleuve), Urales *pl* (monts).

ouralien, enne *adj* uraliano, na.
◆ *m* urálico (langue).

ourdir *v tr* urdir ‖ FIG urdir, tramar.

ourdou; urdu *m* urdu (langue).

ourler *v tr* dobladillar.

ourlet [urlɛ] *m* dobladillo (couture) ‖ borde.

ours [urs] *m* ZOOL oso; *ours blanc, brun, fourmilier, marin, noir* oso blanco, pardo, hormiguero, marino, negro ‖ FIG oso, cardo setero, persona *f* insociable ‖ — *ours en peluche* oso de peluche ‖ FAM *un ours mal léché* un oso, un hurón.

ourse *f* ZOOL osa ‖ — ASTR *Grande Ourse* Osa Mayor ‖ *Petite Ourse* Osa Menor.

oursin *m* ZOOL erizo de mar ‖ piel *f* de oso.

ourson *m* ZOOL osezno.

oust!; ouste! [ust] *interj* FAM ¡fuera!, ¡oxte! (*p us*), ¡largo de aquí! (pour chasser quelqu'un) ‖ ¡de prisa!, ¡pronto! (pour obliger à se hâter).

out [awt] *adv* out (tennis) ‖ fuera de combate (boxe).
◆ *adj inv* FAM fuera de combate; eliminado, da (éliminé) ‖ FAM *être out* estar out (dépassé).

outil [uti] *m* herramienta *f*, útil (*p us*) ‖ FIG instrumento, herramienta *f*; *la langue est l'outil de l'écrivain* la lengua es el instrumento del escritor ‖ *outils agricoles* o *aratoires* aperos de labranza *ou* agrícolas.

outillage [-jaːʒ] *m* herramientas *f pl*, herramental (outils), aperos *pl* (surtout agricoles) ‖ maquinaria *f*, utillaje.

outillé, e [-je] *adj* equipado, da; provisto, ta de herramientas *ou* de maquinaria.

outiller [-je] *v tr* equipar, proveer de herramientas *ou* de maquinaria.

outilleur [-jœːr] *m* obrero especialista en una máquina determinada.

outrage *m* ultraje, ofensa *f* ‖ injuria *f*; *accabler d'outrages* llenar de injurias; *les outrages du temps* las injurias del tiempo ‖ — *outrage à magistrat* desacato a un magistrado ‖ *outrage aux bonnes mœurs* ultraje a las buenas costumbres ‖ *outrage public à la pudeur* ultraje público al pudor ‖ — *délit d'outrage au chef de l'État* delito de injurias al jefe del Estado ‖ *les derniers outrages* los mayores ultrajes.

outrageant, e [-ʒã, ãːt] *adj* ultrajante; injurioso, sa ‖ ofensivo, va (propos).

outrager* *v tr* ultrajar, injuriar, agraviar; *outrager en paroles* ultrajar de palabra ‖ FIG atentar contra, ofender; *outrager la morale* atentar contra la moral ‖ DR injuriar.

outrageusement *adv* excesivamente, extremadamente; *outrageusement bête* extremadamente necio.

outrageux, euse *adj* injurioso, sa; ultrajoso, sa; ultrajante.

outrance *f* exageración, exceso *m* ‖ *à outrance* a ultranza, hasta el extremo (jusqu'au bout), sin tregua, a muerte (combat).

outrancier, ère *adj* et *s* exagerado, da; excesivo, va; desmedido, da (démesuré).

outre *f* odre *m*, pellejo *m* ‖ POP *être plein comme une outre* estar como una cuba.

outre *prép* además de (en plus); *outre cela* además de esto ‖ allende, más allá de, tras el otro lado de, del otro lado de (au-delà de) ‖ — *outre mesure* sin medida, desmesuradamente, fuera de toda

medida ‖ *outre que* además de que ‖ — *d'outre en outre* de parte a parte ‖ *en outre* además, por añadidura ‖ *passer outre à* hacer caso omiso de, no hacer caso de, no tener en cuenta.
— OBSERV *En outre* debe emplearse sin complemento; por lo tanto conviene evitar la expresión *en outre de*.

outré, e *adj* exagerado, da ‖ FIG irritado, da; indignado, da.

outre-Atlantique *loc adv* al otro lado del Atlántico.

outrecuidance [utrəkɥidɑ̃:s] *f* suficiencia, presunción, fatuidad, desfachatez.

outrecuidant, e [-dɑ̃, ɑ̃:t] *adj* presuntuoso, sa; petulante; fatuo, tua (fat).

outre-Manche *loc adv* más allá de la Mancha.

outremer [utrəme:r] *m* lapislázuli (pierre) ‖ azul de ultramar (couleur).

outre-mer *loc adv* ultramar; *aller outre-mer* ir a ultramar ‖ *produits d'outre-mer* ultramarinos.

outrepasser *v tr* sobrepasar, extralimitarse en.
◆ *v intr* salirse los perros del coto de caza.

outrer *v tr* extremar, desmedir (exagérer) ‖ irritar, indignar; *vos paroles l'ont outré* sus palabras le han indignado.

outre-Rhin [utrarɛ̃] *loc adv* allende el Rin.

outsider [autsajdər] *m* outsider, posible vencedor, no favorito.

Ouvéa *n pr* GÉOGR Ouvéa.

ouvert, e *adj* abierto, ta; *fenêtre ouverte* ventana abierta; *voyelle ouverte* vocal abierta ‖ FIG abierto, ta; franco, ca; comunicativo, va; *caractère ouvert* carácter comunicativo ‖ inteligente; despejado, da; *un esprit ouvert* un espíritu inteligente ‖ declarado, da; abierto, ta; *guerre ouverte* guerra declarada ‖ expuesto, ta; *maison ouverte à tous les vents* casa expuesta a todos los vientos ‖ INFORM abierto, ta; *programme ouvert* rutina abierta ‖ SPORTS reñido, da; duro, ra (compétition) ‖ — *lettre ouverte* carta abierta ‖ *porte grande ouverte* puerta abierta de par en par ‖ *ville ouverte* ciudad abierta (non fortifiée) ‖ *visage ouvert* rostro franco ‖ — *à bras ouverts* con los brazos abiertos, cordialmente ‖ *à cœur ouvert* con toda franqueza, con el corazón en la mano ‖ *à livre ouvert* sin preparación, de corrido; *traduire à livre ouvert* traducir de corrido ‖ *tenir table ouverte* tener mesa franca.

ouvertement *adv* abiertamente, francamente.

ouverture *f* abertura (en général) ‖ boca (grotte, puits, port) ‖ apertura (d'une réunion, exposition, etc.) ‖ salida (jeux de cartes), apertura (aux échecs, au rugby) ‖ hueco *m* (trou) ‖ vano *m*, hueco *m* (de portes et de fenêtres) ‖ obertura (musique) ‖ proposición; *faire des ouvertures de paix* hacer proposiciones de paz ‖ — *ouverture à gauche* apertura a la izquierda (en politique) ‖ *ouverture de crédits* alocación de crédito ‖ *ouverture de la chasse* levantamiento de la veda, desvede ‖ *ouverture d'esprit* anchura de miras ‖ *ouverture du diaphragme* abertura del diafragma ‖ — *heures d'ouverture* horario de atención al público ‖ *séance d'ouverture* sesión inaugural *ou* de apertura.

ouvrable *adj* laborable, hábil, de trabajo; *jour ouvrable* día laborable ‖ labrable, laboreable; *matière ouvrable* materia labrable.

ouvrage *m* obra *f*, trabajo, labor *f* (en général); *ouvrage de menuiserie* labor de carpintería ‖ labor *f* (d'aiguille) ‖ obra *f* (production littéraire, livre)
‖ MIL elemento autónomo de una línea fortificada ‖ — MIL *ouvrage à cornes* hornabeque ‖ CONSTR *ouvrage d'art* obra de fábrica ‖ *panier o corbeille à ouvrage* cesta de labores ‖ *table à ouvrage* costurero ‖ — *avoir le ou du cœur à l'ouvrage* trabajar con ganas.

ouvragé, e; ouvré, e *adj* labrado, da (façonné) ‖ bordado, da (brodé), calado, da (ajouré).

ouvrant, e *adj* que se abre ‖ AUTOM *toit ouvrant* techo corredizo.

ouvré, e *adj* → **ouvragé** ‖ *jour ouvré* día trabajado.

ouvre-boîtes *m inv* abrelatas.

ouvre-bouteilles *m inv* abrebotellas.

ouvrer *v tr et intr* labrar.

ouvreur, euse *m et f* abridor, ra (qui ouvre) ‖ artífice, artesano *m* ‖ mano *f* (jeux de cartes), declarante (au bridge).
◆ *f* acomodadora (dans un théâtre ou cinéma).

ouvrier, ère [uvrije, jɛ:r] *m et f* obrero, ra; *les ouvriers se plaignent* los obreros se quejan ‖ obrero, ra; operario, ria; *ouvrier électricien* operario electricista ‖ — *ouvrier agricole* trabajador agrícola *ou* del campo ‖ *ouvrier d'usine* obrero industrial ‖ *ouvrier professionnel* operario diplomado *ou* titulado ‖ *ouvrier qualifié* obrero cualificado ‖ *ouvrier saisonnier* obrero temporero *ou* estacional ‖ *ouvrier specialisé* obrero especializado.
◆ *f* obrera (abeille).
◆ *adj* obrero, ra; *classe ouvrière* clase obrera ‖ *cheville ouvrière* clavija maestra ‖ FIG *être la cheville ouvrière* ser el alma.

ouvrir* *v tr* abrir (en général) ‖ FIG inaugurar, abrir; *ouvrir le bal* abrir el baile | fundar, abrir; *ouvrir une école* fundar una escuela | poner; *ouvrir la radio* poner la radio | entablar (des négociations) ‖ — *ouvrir des horizons* abrir horizontes ‖ *ouvrir la chasse* levantar la veda ‖ FIG *ouvrir la porte à* dejar paso a (aux abus) ‖ *ouvrir l'appétit* abrir el apetito ‖ *ouvrir le dialogue* abrir el diálogo ‖ MIL *ouvrir le feu* romper el fuego ‖ *ouvrir l'esprit* despertar la inteligencia *ou* el entendimiento ‖ *ouvrir les oreilles* aguzar el oído ‖ *ouvrir les yeux à quelqu'un* abrir los ojos a alguien ‖ *ouvrir un compte* abrir una cuenta ‖ *ouvrir une session* abrir una sesión.
◆ *v intr* dar, dar acceso; *cette porte ouvre sur le jardin* esta puerta da al jardín ‖ abrir; *le magasin ouvre le dimanche* el almacén abre el domingo ‖ abrir, ser mano (jeux de cartes); *ouvrir à trèfle* abrir con tréboles.
◆ *v pr* abrirse ‖ dar; *porte qui s'ouvre sur la rue* puerta que da a la calle ‖ abrirse (fleurs) ‖ comenzar, iniciarse; *l'année s'ouvre sur un grave événement* el año comienza con un grave suceso ‖ explayarse (s'expliquer) ‖ FIG *s'ouvrir à quelqu'un* confiarse a alguien ‖ *s'ouvrir les veines* cortarse *ou* abrirse las venas.

ouzbek; uzbek *adj* uzbeko, ka.

Ouzbek; Uzbek *m et f* uzbeko, ka.

Ouzbékistan *n pr* GÉOGR Uzbekistán.

ouzo *m* ouzo [licor de anís de origen griego].

ovaire *m* ovario.

ovale *adj* oval; ovalado, da.
◆ *m* GÉOM óvalo.

ovarien, enne *adj* ovárico, ca.

ovation *f* ovación ‖ *faire une ovation* ovacionar.

ovationner *v tr* ovacionar, aclamar.

ove *m* ARCHIT óvolo, ovo (moulure) ‖ GÉOM óvalo.
overdose *f* sobredosis.
Ovide *n pr m* Ovidio.
ovin, e *adj* et *s m* ovino, na.
ovipare *adj* et *s* ovíparo, ra.
ovni abrév de *objet volant non identifié* ovni, objeto volante no identificado.
ovocyte; oocyte *m* BIOL ovocito, oocito.
ovoïde *adj* ovoide.
ovovivipare *adj* et *s* ovovivíparo, ra.
ovulation *f* ovulación.
ovulatoire *adj* ovulatorio, ria.
ovule *m* óvulo.
ovuler *v intr* ovular.
oxacide; oxyacide *m* CHIM oxácido.
oxalique *adj* CHIM oxálico, ca.
oxford [ɔksfɔːd] *m* oxford (tissu).
oxhydrique *adj* CHIM oxhídrico, ca; *chalumeau oxhydrique* soplete oxhídrico.
oxydable *adj* oxidable.

oxydant, e *adj* et *s m* oxidante.
oxydation *f* oxidación.
oxyde *m* óxido; *oxyde de carbone* óxido de carbono.
oxyder *v tr* oxidar.
◆ *v pr* oxidarse.
oxygénation *f* oxigenación.
oxygène *m* oxígeno.
oxygéné, e *adj* oxigenado, da; *eau oxygénée* agua oxigenada ‖ *cheveux oxygénés* pelo oxigenado.
oxygéner* *v tr* oxigenar.
◆ *v pr* oxigenarse (prendre l'air).
oxyton *m* GRAMM oxítono.
oyat [ɔja] *m* BOT carrizo.
ozonateur *m* → **ozoniseur**.
ozone *m* CHIM ozono.
ozoniser *v tr* ozonar, ozonificar.
ozoniseur; ozonateur *m* ozonador, ozonizador.
ozonosphère *f* ozonosfera.

P

p *m* p *f*.
p abrév de *pico* p, pico [prefijo] ‖ abrév de *page* p., pág., página ‖ abrév de *passable* R, regular (appréciation) ‖ abrév de *pièce* habitación.
Pa abrév de *pascal* Pa, pascal, pascalio.
P.A. abrév de *petites annonces* anuncios por palabras *ou* breves.
PAC abrév de *politique agricole commune* PAC, política agrícola común.
PACA; Paca abrév de *Provence-Alpes-Côte-d'Azur* Provenza-Alpes-Costa Azul [región francesa].
pacage *m* pasto, pastizal, pastura *f* ‖ pasturaje (communal) ‖ AGRIC pastoreo ‖ *droit de pacage* derecho de pasto.
pacager* *v tr* et *intr* hacer pastar, apacentar.
pacemaker *m* MÉD marcapasos.
pacha *m* bajá, pachá (gallicisme) ‖ *vivre comme un pacha* vivir como un pachá.
pachyderme *adj* et *s m* ZOOL paquidermo.
pacificateur, trice *adj* et *s* pacificador, ra ‖ FIG apaciguador, ra.
pacification *f* pacificación ‖ FIG apaciguamiento *m*.
pacifier* *v tr* pacificar; *pacifier les peuples* pacificar a los pueblos ‖ FIG apaciguar; *pacifier les esprits* apaciguar los ánimos.
pacifique *adj* pacífico, ca.
Pacifique (océan) *n pr m* GÉOGR océano Pacífico.

pacifiquement *adv* pacíficamente, sin violencia.
pacifisme *m* pacifismo.
pacifiste *adj* et *s* pacifista.
pack *m* pack (banquise et rugby).
packaging *m* embalaje, envase.
pacotille [pakɔtiːj] *f* pacotilla ‖ MAR pacotilla, ancheta ‖ *vendeur de pacotille* pacotillero.
pacquer *v tr* embarrilar [el pescado].
pacte *m* pacto; *pacte de non-agression* pacto de no agresión.
pactiser *v intr* pactar, hacer un pacto ‖ FIG transigir, contemporizar (transiger) ‖ FIG *pactiser avec sa conscience* acallar la conciencia.
pactole *m* FIG pactolo, mina *f* (source de richesses).
paddock *m* paddock, potrero (enclos) ‖ paddock, recinto reservado en los hipódromos para pasear de la brida a los caballos (hippodrome).
paddy *m inv* casulla, paddy (riz).
Padoue *n pr* GÉOGR Padua.
paella *f* CULIN paella.
paf *adj* POP borracho perdido, curda, trompa.
paf! *interj* ¡paf!, ¡zas!
PAF abrév de *paysage audiovisuel français* panorama audiovisual francés [conjunto de las emisoras de radio y televisión en Francia].
pagaie [pagɛ] *f* MAR zagual *m*, canalete *m*, pagaya (aviron court).

pagaille; pagaïe [pagaːj] *f* FAM desorden *m*, follón *m* ‖ *en pagaille* en desorden (en désordre), a espuertas, a porrillo (en quantité).

paganisme *m* paganismo.

pagayer* [pagɛje] *v intr* remar con zagual *ou* pagaya.

pagayeur, euse [-jœːr, øːz] *m et f* persona que rema con zagual.

page *f* página ‖ plana (d'un journal) ‖ FIG página, episodio *m* ‖ cuartilla, hoja (feuillet) ‖ carilla (d'écriture ou de papier à lettres) ‖ — *page blanche* página en blanco ‖ *page de garde* guarda ‖ — *belle page* recto ‖ *fausse page* verso ‖ *metteur en pages* compaginador (d'imprimerie), confeccionador (dans la salle de rédaction) ‖ *mise en pages* compaginación, confección ‖ — FAM *être à la page* estar al día *ou* al tanto *ou* al corriente ‖ *mettre en pages* compaginar, confeccionar ‖ FIG *tournons la page* borrón y cuenta nueva.

page *m* paje.

pagel *m* pagel (poisson).

pagination *f* paginación, foliación.

paginer *v tr* paginar, foliar.

pagne *m* taparrabo.

pagode *f* pagoda ‖ figura chinesca de cabeza móvil (figurine) ‖ ídolo *m* (idole) ‖ moneda de oro de India (monnaie) ‖ *manche pagode* manga estrecha hasta el codo y acampanada hasta el puño.

pagre *m* pagro (poisson).

pagure *m* paguro, ermitaño (bernard l'ermite).

paie; paye [pɛ, pɛj] *f* paga; *bulletin* o *feuille de paie* hoja de paga ‖ FAM deudor *m* (débiteur) ‖ — *double paie* paga extraordinaria ‖ *haute paie* sobresueldo, gratificación ‖ *faire la paie* pagar, dar la paga.

paiement; payement [pɛmã] *m* pago; *paiement anticipé* pago anticipado; *paiement comptant* pago al contado.

païen, enne [pajɛ̃, jɛn] *adj et s* pagano, na.

paierie [pɛri] *f* pagaduría, caja.

paillard, e [pajaːr, ard] *adj et s* lascivo, va; verde; libertino, na (débauché) ‖ *(vx)* que duerme sobre paja.

paillasse *m* payaso, bufón ‖ POP camaleón (homme changeant).

paillasson *m* felpudo, esterilla *f* ‖ AGRIC estera *f*, pajote (pour protéger les plantes).

paille [pɑːj] *f* paja ‖ TECHN quebraza, defecto *m*, pelo *m* ‖ — *paille de fer* estropajo metálico *ou* de acero ‖ — *chaise de paille* silla de enea ‖ *feu de paille* llamarada ‖ *homme de paille* testaferro, hombre de paja ‖ *une paille!* ¡una bicoca! ‖ *vin de paille* vino de paja ‖ — FIG *être sur la paille* no tener ni donde caerse muerto, estar en la miseria ‖ *mettre sur la paille* dejar en la ruina, arruinar, dejar sin un cuarto ‖ *rompre la paille* romper un acuerdo, enfadarse ‖ *tirer à la courte paille* echar pajas ‖ *voir la paille dans l'œil du prochain et ne pas voir la poutre que l'on a dans le sien* ver la paja en el ojo del vecino y no la viga en el nuestro.

◆ *adj* pajizo, za; color de paja; *un ruban paille* una cinta pajiza.

pailler *v tr* cubrir de paja, empajar ‖ poner asiento y respaldo de enea (chaise).

pailleté, e [-te] *adj* bordado, da *ou* recamado, da con lentejuelas.

paillette [pajɛt] *f* lentejuela (sur une étoffe) ‖ pepita (d'or) ‖ hojuela de soldadura (soudure) ‖ laminilla, hoja (de mica) ‖ jardín *m* (dans une pierre précieuse) ‖ muelle *m* (ressort) ‖ *savon en paillettes* jabón en escamas.

paillon *m* cascarilla *f*, laminilla *f* de cobre (mince feuille de cuivre) ‖ lentejuela *f* grande (grosse paillette) ‖ funda *f* de paja (pour les bouteilles) ‖ eslabón (maille) ‖ cesto de panadero (paneton) ‖ filtro de paja (filtre).

paillote *f* choza de paja.

pain *m* pan; *morceau de pain* pedazo de pan; *pain frais, rassis, grillé, frit* pan tierno, duro, tostado, frito ‖ pastilla *f* (de savon) ‖ librillo (de cire) ‖ FIG pan, sustento; *gagner son pain* ganarse el pan ‖ — *pain à cacheter* oblea, lacre ‖ *pain à chanter* hostia no consagrada ‖ *pain anglais, viennois* pan de flor, de Viena ‖ *pain au lait* bollo de leche ‖ *pain azyme* pan ázimo ‖ *pain bénit* pan bendito ‖ *pain bis* pan bazo, moreno ‖ *pain blanc* pan blanco *ou* candeal ‖ *pain complet* pan integral ‖ *pain de campagne* pan artesano ‖ *pain de fantaisie* pan de lujo ‖ *pain de Gênes* pan genovés ‖ *pain de glace* barra de hielo ‖ *pain de gruau* pan de flor ‖ *pain de maïs* borona ‖ *pain de ménage* pan casero ‖ *pain de mie* pan de molde *ou* francés ‖ *pain d'épice* alajú ‖ *pain de poisson, de légumes* pudín *ou* budín de pescado, de legumbres ‖ *pain-de-pourceau* pamporcino (plante) ‖ *pain de seigle* pan de centeno ‖ *pain de sucre* pilón *ou* pan de azúcar ‖ *pain mollet* mollete ‖ *pain noir* pan de centeno ‖ *pain perdu* torrija ‖ — *arbre à pain* árbol del pan ‖ *notre pain quotidien* el pan nuestro de cada día ‖ *petit pain* panecillo ‖ — *en pain de sucre* en forma de cono ‖ *pour une bouchée de pain* por un mendrugo de pan ‖ — FIG & FAM *avoir du pain sur la planche* tener trabajo para rato, tener tela para cortar, haber tela de que cortar ‖ *c'est pain bénit* le está bien empleado, para que aprenda ‖ *être au pain et à l'eau* o *au pain sec* estar a pan y agua ‖ *être bon comme du pain* o *comme du bon pain* ser más bueno que el pan, ser bueno como un pedazo de pan ‖ *l'homme ne vit pas seulement de pain* no sólo de pan vive el hombre ‖ *manger son pain blanc le premier* dejar el rabo por desollar ‖ *se vendre comme des petits pains* venderse como rosquillas *ou* como panecillos.

pair *m* par (noble).

— OBSERV El femenino es *pairesse*.

pair, e *adj* par; *nombre pair* número par.

◆ *m* par *f*, paridad *f*, igualdad *f* en el cambio; *change au pair* cambio a la par ‖ — *aller de pair avec* correr parejas con, ir a la par de, correr paralelos ‖ *être au pair dans une maison* prestar algunos servicios domésticos a cambio de la comida y el alojamiento [en España se dice más bien vivir con una familia para cuidar a los niños o dar clases de idiomas, etc.] ‖ *hors de pair, hors pair* sin igual, sin par, sin rival.

◆ *pl* pares, iguales, semejantes; *jugé par ses pairs* juzgado por sus iguales.

paire *f* par *m*; *une paire de chaussures* un par de zapatos ‖ pareja; *une paire de pigeons* una pareja de palomas ‖ yunta (de bœufs), tronco *m* (de chevaux) ‖ pareja, par *m* (d'amis) ‖ pareja (poker); *deux paires* doble pareja ‖ — *une paire de lunettes* gafas, anteojos ‖ — FAM *c'est une autre paire de manches* eso es harina de otro costal, eso es otro cantar ‖ FIG *les deux font la paire* allá se van, son tal para cual.

pairie *f* dignidad, título *m* de par.
paisible *adj* apacible, pacífico ‖ sosegado, da; tranquilo, la (tranquille).
paisiblement *adv* apaciblemente, sosegadamente, tranquilamente.
paître* *v tr* apacentar, llevar (los animales), a pacer.
◆ *v intr* pacer, pastar (brouter) ‖ FIG & FAM *envoyer paître* mandar a paseo *ou* a la porra *ou* a hacer gárgaras.
paix [pɛ] *f* paz ‖ tranquilidad, calma ‖ portapaz ‖ — *paix fourrée* paz fingida ‖ *paix romaine* paz octaviana ‖ — FIG *avoir la conscience en paix* tener la conciencia tranquila ‖ *faire la paix* hacer las paces ‖ FAM *ficher la paix* dejar en paz ‖ *laisser en paix* dejar en paz ‖ *pour avoir la paix* para estar tranquilo.
◆ *interj* ¡silencio!, ¡chitón!, ¡paz!
Pakistan *n pr m* GÉOGR Paquistán, Pakistán.
pakistanais, e *adj* paquistaní, pakistaní.
Pakistanais, e *m et f* paquistaní, pakistaní.
pal *m* palo, estaca *f* ‖ empalamiento (supplice) ‖ BLAS palo.
— OBSERV pl *pals*.
PAL abrév de *phase alternating line* PAL, línea de fase alternativa ‖ *système PAL* sistema PAL [sistema alemán de TV en color].
palabre *f (vx)* conferencia con un jefe negro ‖ palabrería, verborrea, palabreo *m*.
palabrer *v intr* charlotear, palabrear (discourir).
palace *m* hotel de gran lujo.
paladin *m* paladín.
palais [palɛ] *m* palacio ‖ curia *f*; *style de palais* estilo de curia; *gens du palais* gente de curia ‖ ANAT paladar, cielo de la boca ‖ FIG paladar, gusto; *avoir le palais fin* tener paladar delicado ‖ — *le palais Bourbon* edificio donde se reúne la Asamblea Nacional francesa ‖ *le palais de l'Élysée* residencia del presidente de Francia ‖ *palais de justice* palacio de justicia, audiencia ‖ *petit palais* palacete ‖ *palais des expositions* palacio de exposiciones.
palan *m* aparejo, polipasto (système de poulies).
palanquin *m* palanquín.
palatal, e *adj et s f* GRAMM palatal, paladial.
palatalisation *f* palatalización.
palatin, e *adj et s* palatino, na.
◆ *f* palatina (fourrure).
Palatin (mont) *n pr* GÉOGR monte Palatino.
Palatinat [palatina] *n pr m* GÉOGR Palatinado.
pale *f* compuerta de molino ‖ álabe *m*, paleta (d'une roue à aubes) ‖ pala (d'hélice) ‖ ECCLÉS hijuela, palia ‖ MAR pala (de l'aviron).
pâle *adj* pálido, da ‖ — *bleu pâle* azul celeste; *rose pâle* rosa pálido ‖ *pâle comme un linge* o *comme la mort* blanco como el papel ‖ *pâle de colère* ciego de ira ‖ *style pâle* estilo descolorido, apagado ‖ *une pâle imitation* una pálida imitación ‖ — FAM *se faire porter pâle* darse de baja.
palefrenier [palfrənje] *m* palafrenero, mozo de caballerizas.
palefroi [-frwa] *m* palafrén (cheval de parade).
paléochrétien, enne *adj* paleocristiano, na.
paléographe *m et f* paleógrafo, fa.
paléographie *f* paleografía.
paléographique *adj* paleográfico, ca.

paléolithique *adj et s m* paleolítico, ca.
paléontologie *f* paleontología.
paléontologiste; paléontologue *m et f* paleontólogo, ga.
paléozoïque *adj et s m* GÉOL paleozoico, ca.
Palerme *n pr* GÉOGR Palermo.
paleron *m* paletilla *f* (du bétail) ‖ espaldilla *f* (boucherie).
Palestine *n pr f* GÉOGR Palestina.
palestinien, enne *adj* palestino, na.
Palestinien, enne *m et f* palestino, na.
palet [palɛ] *m* chito, chita *f* (jeu) ‖ tejo (disque pour le jeu de palet).
paletot [palto] *m* gabán, abrigo, paletó *(p us)*.
palette *f* paleta (d'un peintre) ‖ álabe *m*, pala, paleta (d'une roue hydraulique) ‖ espaldilla (boucherie) ‖ pala (raquette) ‖ FAM paletón *m*, paleta (dent) ‖ *(vx)* palmeta (férule) ‖ TECHN paleta ‖ INFORM *palette graphique* paleta gráfica.
palettiser *v tr* paletizar.
palétuvier *m* mangle (arbre).
pâleur *f* palidez.
pâlichon, onne *adj* FAM paliducho, cha.
palier *m* descansillo, rellano, meseta *f* (d'un escalier) ‖ parte *f* plana *ou* nivel de una carretera, de una vía férrea ‖ FIG grado, escalón, nivel (échelon) ‖ MÉCAN apoyo, cojinete, «palier» (support) ‖ — *mes voisins de palier* mis vecinos de piso *ou* de rellano ‖ *par palier* escalonadamente, gradualmente ‖ *vol en palier* vuelo a altura constante ‖ — *habiter sur le même palier* vivir en el mismo piso.
palière *adj f* a nivel del descansillo.
palindrome *adj et s m* palíndromo, capicúa.
pâlir *v intr* palidecer ‖ — *pâlir sur les livres* quemarse las pestañas estudiando, no levantar (la), cabeza de los libros ‖ — *faire pâlir* infundir temor (inspirer de la crainte), hacer palidecer (éclipser) ‖ *son étoile pâlit* su poder disminuye, su ocaso se acerca.
◆ *v tr* descolorar; *le soleil pâlit les rideaux* el sol descolora las cortinas.
palissade *f* empalizada, estacada, vallado *m*.
palissandre *m* palisandro.
palisser *v tr* poner en espaldera.
palladium [paladjɔm] *m* paladio (métal) ‖ paladión (statue de Pallas) ‖ FIG defensa *f*, resguardo, salvaguardia *f*, paladión.
palliatif, ive *adj et s m* paliativo, va.
pallier* *v tr* paliar ‖ mitigar, calmar momentáneamente, paliar (calmer).
Palma de Majorque; Palma *n pr* GÉOGR Palma de Mallorca.
palmaire *adj* palmar; *muscle palmaire* músculo palmar.
palmarès *m* lista *f* de premios (école) ‖ lista *f* de los resultados (sport, concours) ‖ historial, hoja *f* de servicios.
palme *f* BOT palma ‖ palmera (palmier) ‖ palmo *m* (mesure) ‖ palma (insigne) ‖ aleta (de nageur) ‖ — *palmes académiques* condecoración francesa al mérito académico ‖ FIG *remporter la palme* llevarse la palma.
palmé, e *adj* palmeado, da; palmado, da.
palmer [palmɛːr] *m* palmer, tornillo micrométrico, calibrador.

palmer [palme] *v tr* TECHN aplanar cabezas de agujas.
palmeraie *f* palmeral *m*, palmar *m*.
palmier *m* BOT palmera *f* ‖ palmera *f* (gâteau) ‖ — *palmier-dattier* palma datilera, palmera ‖ *palmier nain* palmito.
palmipède *adj et s m* palmípedo, da.
palmiste *m* palmito.
palombe *f* paloma torcaz (pigeon ramier).
pâlot, otte [palo, ɔt] *adj* paliducho, cha; descolorido, da.
palourde *f* almeja (clovisse).
palpable *adj* palpable.
palpation *f* MÉD palpación, palpadura, palpamiento *m*.
palper *v tr* palpar (toucher) ‖ FIG & FAM meterse en el bolsillo, embolsarse, cobrar, recibir dinero (toucher de l'argent).
palpitant, e *adj* palpitante ‖ FIG & FAM palpitante (gallicisme), emocionante.
  ◆ *m* POP corazón.
palpitation *f* palpitación.
palpiter *v tr* palpitar.
paltoquet [paltɔkɛ] *m* FAM patán, palurdo.
paludéen, enne [palydeɛ̃, ɛn] *adj* palúdico, ca; *fièvre paludéenne* fiebre palúdica.
paludier, ère *m et f* salinero, ra.
paludisme *m* MÉD paludismo, malaria *f* (malaria).
palus [palys] *m* tierra *f* de aluvión bordelesa ‖ vino de la región bordelesa.
palynologie *f* palinología (étude des pollens).
pâmer *v intr et pr* pasmarse, desfallecer ‖ extasiarse (s'émerveiller) ‖ TECHN destemplarse (acier) ‖ — *se pâmer de joie* volverse loco de alegría ‖ *se pâmer de rire* desternillarse de risa.
pâmoison *f* pasmo *m* ‖ soponcio *m*, patatús *m* (mots familiers) ‖ *tomber en pâmoison* desmayarse, dar un patatús *ou* un soponcio.
pampa *f* pampa.
Pampelune *n pr* GÉOGR Pamplona.
pamphlet [pɑ̃flɛ] *m* libelo, panfleto (gallicisme).
pamphlétaire *m et f* libelista, autor, ra de libelos; panfletista (gallicisme).
pamplemousse *m* pomelo [(amér)* toronja *f*].
pamplemoussier *m* pomelo [(amér)* toronjo *m*].
pampre *m* pámpano (rameau de vigne).
pan *m* faldón (d'un vêtement) ‖ pañal (d'une chemise) ‖ lienzo de pared (de mur) ‖ cara *f*, lado (face) ‖ palmo, cuarta *f* (empan) ‖ batea *f* (batée) ‖ *pan coupé* chaflán.
pan! *interj* ¡zas!, ¡pum!
Pan *n pr* MYTH Pan.
panacée *f* panacea (remède).
panachage *m* mezcla *f*, mezcolanza *f* (mélange).
panache *m* penacho (d'un casque) ‖ FIG & FAM brillo, brillantez *f*, lustre (ce qui a de l'éclat) ‖ corona *f* (d'une lampe) ‖ ARCHIT pechina *f* (d'une voûte) ‖ FIG *faire panache* apearse por las orejas (cavalier), volcar, dar una vuelta de campana (voiture).
panaché, e *adj* empenachado, da (orné d'un panache) ‖ abigarrado, da (de diverses couleurs) ‖ mezclado, da (mélangé) ‖ FAM heterogéneo, a; variado, da (style) ‖ — *bière panachée* cerveza con gaseosa ‖ *glace panachée* helado de varios gustos ‖ *haricots panachés* judías blancas y verdes ‖ *légumes panachés* verduras mezcladas ‖ *tulipe panachée* tulipa de colores *ou* en mosaico.
panacher *v tr* empenachar, poner un penacho (orner d'un panache) ‖ abigarrar (orner de couleurs variées) ‖ mezclar, entremezclar (mélanger) ‖ FIG inscribir en una papeleta de voto candidatos de listas diferentes (élections).
  ◆ *v pr* tomar colores variados.
panade *f* sopa de pan ‖ POP miseria (misère).
panafricain, e *adj* panafricano, na.
panafricanisme *m* panafricanismo.
panais [panɛ] *m* BOT pastinaca *f*, chirivía *f*.
panama *m* jipijapa, panamá (chapeau).
Panama *n pr* GÉOGR Panamá.
panaméen, enne *adj* panameño, ña.
Panaméen, enne *m et f* panameño, ña.
panaméricain, e *adj* panamericano, na.
panaméricanisme *m* panamericanismo.
panarabisme *m* panarabismo.
panard, e *adj* patizambo, ba; zambo, ba (cheval).
  ◆ *m* POP pinrel, queso (pied).
panaris *m* MÉD panadizo, uñero, panarizo.
panathénées *f pl* panateneas (fêtes grecques).
pancarte *f* cartel *m*, pancarta.
panchen-lama *m* panchen-lama [denominación tibetana].
panchromatique *adj* PHOT pancromático, ca.
pancréas [pɑ̃kreas] *m* ANAT páncreas.
pancréatique *adj* pancreático, ca.
panda *m* panda (mammifère de l'Himalaya).
pandémonium [pɑ̃demɔnjɔm] *m* pandemónium, pandemonio.
pandore *m* FAM gendarme, guiri.
  ◆ *f* bandola (instrument à cordes).
Pandore *n pr f* MYTH Pandora.
pané, e *adj* empanado, da; *côtelette panée* chuleta empanada ‖ *eau panée* agua panada.
panégyrique *m* panegírico.
panégyriste *m et f* panegirista.
panel *m* panel.
paner *v tr* empanar.
panetière *f* (*vx*) zurrón *m* (gibecière) ‖ armario *m* del pan (armoire pour le pain) ‖ panera (corbeille) ‖ bolsa del pan (sac).
paneton *m* cestillo (de boulanger).
pangermanisme *m* pangermanismo.
panhellénisme *m* panhelenismo.
panicaut [paniko] *m* cardo borriquero, cardo corredor (chardon).
panier *m* cesta *f*, cesto ‖ canasta *f* (à linge) ‖ cesta *f* de la compra (à provisions) ‖ papelera *f*, cesto de los papeles (corbeille à papier) ‖ enceste, cesto, punto (but au basket-ball) ‖ (*vx*) miriñaque (crinoline) ‖ — *panier à bouteilles* botellero ‖ *panier à ouvrage* costurero, cesta de labores ‖ *panier à salade* cesto para escurrir la ensalada (pour la salade), coche celular (pour prisonniers) ‖ FIG *panier de crabes* nido de víboras, jaula de grillos | *panier de la ménagère* cesta de la compra | *panier percé* manirroto, ta; despilfarrador, ra; saco roto ‖ — *le dessus du panier* lo mejorcito, la flor y nata ‖ — *faire danser l'anse du panier* sisar ‖ *mettre au panier* tirar a la basura ‖ *on peut tous les mettre dans le*

panière

même panier están todos cortados con el mismo patrón *ou* con la misma tijera.
panière *f* canasta, cesta para el pan.
panier-repas *m* comida *f* fría para viajes.
panifier* *v tr* panificar.
panique *adj* pánico, ca ‖ *peur panique* pavor, miedo cerval.
◆ *f* pánico *m*; *jeter o semer la panique* sembrar el pánico.
paniquer *v intr*; **se paniquer** *v pr* FAM perder los estribos.
◆ *v tr* FAM horrorizar.
panislamisme *m* panislamismo.
panne *f* pana (tissu) ‖ avería (de voiture) ‖ apagón *m*, corte *m* (d'électricité) ‖ teja cumbrera (tuile) ‖ manteca, grasa de cerdo, pella (graisse de porc) ‖ banda, faja (de nuages) ‖ atasco *m*, parada, detención (arrêt) ‖ ARCHIT viga, correa (d'un comble) ‖ TECHN boca (du marteau) ‖ THÉÂTR embolado *m*, papel *m* malo (mauvais rôle) ‖ — FAM *avoir une panne*, être *o* rester *o tomber en panne* tener una avería (auto) ‖ *avoir une panne sèche* quedarse sin gasolina (auto) ‖ POP *être dans la panne* estar en la miseria, estar a dos velas ‖ MAR *être en panne* pairar, estar al pairo *ou* en facha ‖ FIG *rester en panne* quedarse plantado ‖ MAR *se mettre en panne* ponerse al pairo, ponerse en facha.
panneau *m* ARCHIT tablero, entrepaño ‖ panel, cuarterón (d'une porte) ‖ cartel, cartelera *f* (affiche), tablero (tableau) ‖ tabla *f* (peinture) ‖ MAR cuartel de escotilla ‖ tabla *f* (couture) ‖ cubierta *f* de un cristal (horticulture) ‖ red *f* de caza (chasse) ‖ almohadilla *f*, baste de la albarda ‖ AVIAT pantalla *f* ‖ — *panneau d'affichage* tablón de anuncios ‖ *panneau de signalisation* señal de tráfico ‖ *panneau d'interdiction de stationner* señal de prohibido estacionar ‖ *panneau électoral* cartel electoral ‖ *panneau indicateur* disco (rond), placa (de formes diverses) ‖ *panneau publicitaire* valla publicitaria ‖ FIG *tomber o donner dans le panneau* caer en la trampa, dejarse engañar, tragar el anzuelo.
panneton *m* TECHN paletón (d'une clef).
panonceau *m* escudo que señalaba la jurisdicción señorial ‖ rótulo, placa *f* (à la porte de certains établissements).
panoplie *f* panoplia.
panorama *m* panorama.
panoramique *adj* panorámico, ca; *écran panoramique* pantalla panorámica.
◆ *m* CINÉM panorámica *f* (prise de vue).
pansage *m* limpieza *f* de un animal.
panse *f* FAM panza, barriga ‖ herbario *m*, panza (des ruminants) ‖ panza (d'une cruche).
pansement *m* cura *f*, apósito; *faire un pansement* hacer una cura, poner un apósito ‖ tirita (pansement adhésif).
panser *v tr* curar (une blessure) ‖ vendar (bander) ‖ almohazar, limpiar (un cheval).
panslavisme *m* paneslavismo.
pansu, e *adj* et *s* panzudo, da; barrigón, ona; barrigudo, da (ventru).
◆ *adj* panzudo, da (renflé).
pantagruélique *adj* pantagruélico, ca.
pantalon *m* pantalón, pantalones *pl*; *pantalon de golf* pantalón bombacho; *pantalon de ski* pantalón de esquí.

pantalonnade *f* bufonada, payasada (bouffonnerie) ‖ FIG farsa, hipocresía (hipocrisie).
pantelant, e *adj* palpitante (palpitant) ‖ jadeante (haletant).
panthéisme *m* panteísmo.
panthéiste *adj* et *s* panteísta.
panthéon *m* panteón de hombres ilustres.
panthère *f* pantera.
pantin *m* pelele, títere, muñeco, monigote.
pantographe *m* pantógrafo.
pantois [pɑ̃twa] *adj m* (vx) jadeante (haletant) ‖ FIG & FAM estupefacto, atónito, patidifuso (déconcerté); *rester pantois* quedarse estupefacto.
pantomime *f* pantomima.
◆ *m* (vx) pantomimo.
pantouflard, e *adj* FAM casero, ra (casanier).
pantoufle *f* zapatilla, pantufla, pantuflo *m* (chaussure d'intérieur) ‖ — FIG & FAM *en pantoufles* con toda comodidad, a sus anchas ‖ FAM *raisonner comme une pantoufle* pensar con los pies, hablar a tontas y a locas.
panure *f* pan *m* rallado.
P.A.O. abrév de *publication assistée par ordinateur* autoedición.
paon [pɑ̃] *m* pavo real, pavón ‖ pavón (papillon) ‖ FIG hombre vanidoso ‖ — *être fier comme un paon* hincharse como un pavo ‖ *se parer des plumes du paon* vestirse *ou* engalanarse con plumas ajenas.
paonne [pan] *f* pava real.
papa *m* papá ‖ — FAM *papa gâteau* padrazo ‖ FAM *bon papa* abuelito (grand-père), buen hombre ‖ *mon petit papa* papaíto ‖ — POP *à la papa* a la pata llana, simplemente; cachazudamente, con calma ‖ *de papa* de otra época, de antes, de la otra generación.
papal, e *adj* papal; *pouvoirs papaux* poderes papales.
papauté *f* papado *m*, pontificado *m*.
papaye [papaj] *f* papaya (fruit).
papayer [-je] *m* papayo (arbre).
pape *m* papa.
Papeete *n pr* GÉOGR Papeete.
papelard, e *adj* hipócrita; camandulero, ra.
◆ *m* camandulero, santurrón (faux dévot) ‖ POP papelucho.
paperasse *f* papelucho *m*, papelote *m*.
paperasserie [paprasi] *f* papeleo *m*; *paperasserie administrative* papeleo administrativo.
papeterie [papεtri] *f* papelería (commerce) ‖ papelera, fábrica de papel (fabrique) ‖ recado *m* de escribir (nécessaire pour écrire).
papetier, ère [paptje, jɛːr] *adj* et *s* papelero, ra; vendedor, ra, fabricante de papel.
papi; **papy** *m* abuelo [lenguaje infantil].
papier *m* papel; *papier ordinaire* papel corriente ‖ letra *f*, documento de comercio, efecto (lettre de commerce) ‖ FAM artículo periodístico, papel ‖ *les papiers* la documentación *f sing*, documentos, papeles (d'identité, etc.) ‖ — *papier à cigarettes* papel de fumar ‖ *papier à dessin* papel de dibujo ‖ *papier à lettres* papel de cartas *ou* de escribir ‖ *papier (d')aluminium* papel de aluminio ‖ *papier à musique* papel pautado ‖ *papier autographique* papel autográfico ‖ *papier bible* papel biblia ‖ *papier brouillon* borrador ‖ *papier bulle* papel de pruebas

∥ *papier buvard* papel secante ∥ *papier-calque* papel de calcar, papel cebolla *ou* manteca [Cono Sur] ∥ *papier carbone* papel de carbón ∥ *papier collant* papel engomado *ou* de pegar ∥ *papier couché* papel cuché ∥ *papier couronne* papel de marca ∥ *papier-cuir* cartón cuero ∥ *papier d'argent, d'étain* papel de plata, de estaño ∥ *papier d'Arménie* papel de Armenia ∥ *papier d'emballage* papel de envolver ∥ *papier de soie* papel de culebrilla *ou* de seda ∥ *papier de verre* papel de lija ∥ *papier écolier* papel de marca, papel de cuartillas ∥ *papier-émeri* papel esmerilado ∥ *papier en continu* papel continuo ∥ *papier-filtre* papel de filtro ∥ *papier glacé* papel glaseado *ou* de brillo ∥ *papier gommé* papel engomado ∥ *papier gris* papel de estraza *ou* de añafea ∥ *papier hygiénique* papel higiénico *ou* sánico *ou* de retrete ∥ *papier joseph* papel tela ∥ *papier journal* papel de periódico ∥ *papier kraft* papel kraft (papier d'emballage) ∥ *papier libre* papel sin sellar ∥ *papier mâché* cartón piedra ∥ *papier machine* papel de máquina *ou* para máquina (s), de escribir ∥ *papier non rogné* papel de barba ∥ *papier-parchemin* pergamino vegetal ∥ *papier peint* papel pintado ∥ *papier pelure* papel cebolla ∥ *papier quadrillé* papel cuadriculado ∥ *papier rayé* papel pautado ∥ *papier recyclé* papel reciclado ∥ *papiers de bord* papeles de a bordo ∥ *papier sulfurisé* papel vegetal ∥ *papier timbré* papel sellado *ou* de pagos ∥ *papier toile* papel tela ∥ *papier vélin* papel vitela ∥ *papier vergé* papel vergé *ou* verjurado ∥ — *petit papier* papeleta (examen) ∥ *sans papiers d'identité* indocumentado ∥ — FIG *avoir une figure* o *une mine de papier mâché* tener cara de pan mascado *ou* de acelga ∥ FIG & FAM *être dans les petits papiers de quelqu'un* estar bien con uno, tener buenas aldabas con uno ∥ *être réglé comme du papier à musique* ser un cronómetro (exact), ser automático ∥ *mettre* o *coucher sur le papier* poner por escrito ∥ *mettre les papiers en règle* arreglar los papeles ∥ *noircir du papier* emborronar papel *ou* cuartillas ∥ *tirer un petit papier* sacar una papeleta (examen).
papier-monnaie *m* papel moneda.
papilionacé, e *adj* et *s f pl* BOT papilionáceo, a.
papille [papiːj] *f* ANAT papila.
papillon [papijɔ̃] *m* mariposa *f* ∥ FIG mariposón, veleta *f* (homme volage) ∥ mapa pequeño que se pone en una esquina de uno grande ∥ cartel pequeño de anuncio (affiche) ∥ comunicado a la prensa ∥ quemador de gas (bec de gaz) ∥ palometa *f*, mariposa *f* (écrou) ∥ IMPR banderilla *f* ∥ TECHN válvula *f*, mariposa *f* (soupape) ∥ — *papillon de nuit* falena ∥ — *brasse papillon* mariposa ∥ FAM *minute, papillon!* ¡un momento, rico! ∥ *nœud papillon* pajarita ∥ — *avoir des papillons noirs* tener ideas negras ∥ *courir après les papillons* distraerse con naderías.
papillonnage; papillonement *m* mariposeo.
papillonner *v intr* FAM mariposear.
papillote [-jɔt] *f* papillote *m* (pour les cheveux) ∥ caramelo *m* envuelto en papel rizado (bonbon) ∥ *en papillote* a la papillote (cuisine).
papillotement [-jɔtmɑ̃] *m* deslumbramiento.
papilloter* *v tr* poner papillotes.
♦ *v intr* pestañear, parpadear (les yeux).
papisme *m* papismo.
papiste *m* et *f* papista.
papoter *v intr* FAM parlotear, charlotear, chacharear, estar de cháchara.

papou, e *adj* papú.
— OBSERV pl *papúes*.
Papou, e *m* et *f* papú.
— OBSERV pl *papúes*.
Papouasie *n pr f* GÉOGR Papuasia.
paprika *m* paprika *f*, pimiento picante molido.
papule *f* pápula.
papy *m* → **papi**.
papyrus [papirys] *m* papiro (plante).
pâque *f* pascua (fête juive).
paquebot [pakbo] *m* paquebote, buque transatlántico [*(amér)* paquete].
pâquerette [pakrɛt] *f* margarita, maya (fleur).
pâques [pɑːk] *m* Pascua *f* [de Resurrección] (jour); *il viendra à Pâques* vendrá por Pascua ∥ Semana *f* Santa (période) ∥ — *Pâques closes* domingo de Cuasimodo ∥ — *dimanche de Pâques* domingo de Resurrección, Pascua Florida ∥ *les vacances de Pâques* vacaciones de Semana Santa ∥ — *à Pâques ou à la Trinité* cuando las ranas críen pelos ∥ *faire ses pâques* comulgar por Pascua Florida, cumplir con la Iglesia.
Pâques (île de) *n pr* GÉOGR isla de Pascua.
paquet [pakɛ] *m* paquete; *un paquet de livres* un paquete de libros ∥ bulto; *un paquet de linge* un bulto de ropa ∥ *(vx)* correo de un transatlántico (courrier) ∥ FAM adefesio, persona *f* mal trajeada | persona *f* pesada (importun) ∥ INFORM paquete (de données) ∥ — *paquet de cigarettes* cajetilla *ou* paquete de cigarrillos ∥ MAR *paquet de mer* golpe de mar ∥ *paquet de nerfs* manojo de nervios ∥ *par petits paquets* poco a poco ∥ — FIG & FAM *faire son paquet* liar el petate, marcharse ∥ FAM *mettre le paquet* jugar el todo por el todo (ne pas lésiner), echar toda la carne en el asador, echar el resto (fournir un gros effort) | *recevoir son paquet* recibir una bronca | *risquer le paquet* jugárselo todo a una carta.
paquetage *m* empaquetado, empaque (action de paqueter) ∥ MIL impedimenta *f*, equipo completo de un soldado.
par *prép* por (lieu, moyen, instrument, cause, manière, auteur, ordre) ∥ con; *prouver par des exemples* demostrar con ejemplos ∥ en; *arriver par bateau* llegar en barco; *par une chaude après-midi* en una tarde calurosa ∥ a; *gagner tant par mois* ganar tanto al mes ∥ de; *prendre par la main* coger de la mano ∥ por *ou* gérondif; *il commença par rire* empezó por reírse *ou* riéndose ∥ — *par-ci, par-là* aquí y allá ∥ *par conséquent* por consiguiente ∥ *par contre* en cambio ∥ *par-dedans* en el interior ∥ *par-dehors* por fuera ∥ *par-delà* más allá ∥ *par-derrière* por detrás ∥ *par-devant* por delante, ante ∥ *par ici* por aquí ∥ *par là* por allí (direction), así (de cette manière) ∥ — *de par* por el mundo por el mundo; en nombre de; *de par le roi* en nombre del rey; en virtud de; *de par la loi* en virtud de la ley.
parabole *f* parábola.
parabolique *adj* et *s* parabólico, ca.
paracentèse [parasɛ̃tɛːz] *f* MÉD paracentesis.
paracétamol *m* paracetamol.
parachèvement *m* acabamiento, remate, perfeccionamiento.
parachever* *v tr* acabar, rematar, concluir.
parachutage *m* lanzamiento en paracaídas.
parachute *m* paracaídas.

parachuter *v tr* lanzar en paracaídas ‖ FIG & FAM nombrar de improviso (nommer).
parachutisme *m* paracaidismo.
parachutiste *adj et s* paracaidista.
parade *f* parada (du cheval) ‖ FIG alarde *m*, ostentación, gala (ostentation) ‖ MIL desfile *m*, parada ‖ quite *m*, parada (escrime) ‖ parada (football) ‖ escena burlesca de presentación, exhibición (dans un théâtre forain) ‖ — *de parade* de gala, de lujo; *tenue de parade* uniforme de gala ‖ *lit de parade* lecho mortuorio ‖ — *faire parade* hacer alarde.
parader *v intr* desfilar (troupes) ‖ manejar (un cheval) ‖ FIG pavonearse, darse postín (se pavaner).
paradigmatique *adj* GRAMM paradigmático, ca.
paradigme *m* paradigma (exemple).
paradis [paradi] *m* paraíso; *paradis terrestre* paraíso terrenal ‖ gloria *f*, cielo (ciel) ‖ variedad *f* de manzana ‖ THÉÂTR paraíso, gallinero ‖ — *graine de paradis* malagueta, amomo ‖ *oiseau de paradis* ave del paraíso ‖ — *c'est le paradis sur terre* es el Paraíso terrenal, es Jauja ‖ FIG *être au paradis* estar en la gloria ‖ *il ne l'emportera pas en paradis* ya las pagará.
paradisiaque *adj* paradisiaco, ca; paradisíaco, ca; *bonheur paradisiaque* felicidad paradisíaca.
paradisier *m* ave *f* del paraíso (oiseau).
paradoxal, e *adj* paradójico, ca; *des esprits paradoxaux* espíritus paradójicos.
paradoxalement *adv* paradójicamente, por extraño que parezca.
paradoxe [paradɔks] *m* paradoja *f*.
parafe *m* → **paraphe**.
parafer *v tr* → **parapher**.
parafeur *m* → **parapheur**.
paraffinage *m* parafinado.
paraffine *f* CHIM parafina.
paraffiné, e *adj* parafinado, da.
paraffiner *v tr* parafinar ‖ *papier paraffiné* papel parafinado.
parafiscal, e *adj* parafiscal; *organismes parafiscaux* organismos parafiscales.
parafiscalité *f* parafiscalidad.
parafoudre *m* pararrayos.
parage *m* (vx) alcurnia *f*, linaje (noblesse) ‖ laboreo de las viñas en otoño (vignes) ‖ MAR aguas *f pl*, paraje ‖ TECHN pulimento (polissage).
◆ *pl* parajes (endroit).
paragraphe *m* párrafo (mot usuel), parágrafo (p us) [(amér) acápite] ‖ apartado (de loi, d'article).
Paraguay [paragwɛ] *n pr m* GÉOGR Paraguay.
paraguayen, enne [-jɛ̃, jɛn] *adj* paraguayo, ya.
Paraguayen, enne *m et f* paraguayo, ya.
paraître* *v intr* aparecer, salir, surgir; *dès que le soleil parut* en cuanto salió el sol ‖ mostrarse; *paraître en public* mostrarse en público ‖ parecer; *il paraît malade* parece enfermo ‖ publicarse, salir a luz; *vient de paraître* acaba de publicarse ‖ parecer tener, representar, aparentar; *il ne paraît pas son âge* no representa la edad que tiene ‖ manifestarse (se manifester) ‖ presentarse, comparecer (comparaître) ‖ FIG distinguirse, aparentar, brillar (briller) ‖ — *paraître en scène* salir al escenario (entrer en scène), aparecer en escena (se produire) ‖ *paraître à l'écran* salir en televisión ‖ — *chercher à paraître* darse postín ‖ *faire paraître* dejar ver, mostrar (montrer), aparentar (simuler), publicar (publier),

hacer comparecer (en justice) ‖ *laisser paraître quelque chose* dejar traslucir algo.
◆ *v imp* parecer; *à ce qu'il paraît* según parece ‖ — *il paraît que* parece ser que, parece que ‖ *il y paraît* se ve, se conoce, se nota.
parallaxe *f* ASTR paralaje.
parallèle *adj* paralelo, la ‖ — *barres parallèles* barras paralelas (gymnastique) ‖ *les «Vies parallèles», de Plutarque* las «Vidas paralelas», de Plutarco ‖ *marché parallèle* mercado paralelo ‖ — *établir* o *faire un parallèle entre* establecer un paralelo entre ‖ *mettre en parallèle* comparar.
◆ *m* paralelo; *le seizième parallèle* el paralelo dieciséis.
◆ *f* paralela ‖ ÉLECTR *en parallèle* en derivación.
parallélépipède; parallélipipède *m* paralelepípedo.
parallélisme *m* paralelismo.
parallélogramme *m* paralelogramo.
parallèlement *adv* paralelamente, de manera paralela ‖ FIG paralelamente, a la vez, al mismo tiempo.
paralogisme *m* paralogismo (raisonnement faux).
paralysant, e *adj* paralizador, ra; paralizante.
paralyser *v tr* paralizar.
paralysie *f* parálisis ‖ *paralysie infantile* parálisis infantil, poliomielitis.
paralytique *adj et s* paralítico, ca.
paramécie *f* paramecio *m*.
paramédical, e *adj* paramédico, ca; *des soins paramédicaux* cuidados paramédicos.
paramètre *m* GÉOM parámetro.
paramétrer *v tr* definir *ou* establecer parámetros ‖ INFORM parametrizar.
paramétrique *adj* paramétrico, ca.
paramilitaire *adj* paramilitar.
parangon *m* prototipo, modelo, parangón (modèle) ‖ diamante *ou* perla *f* sin defecto.
parano *adj et s* FAM paranoico, ca.
paranoïa *f* paranoia.
paranoïaque *adj et s* paranoico, ca.
paranormal, e *adj* paranormal.
parapente *m* SPORTS parapente (parachute).
parapet [parapɛ] *m* parapeto ‖ pretil, antepecho, parapeto (garde-fou).
parapharmacie *f* productos *m pl* parafarmacológicos.
paraphe; parafe *m* rúbrica *f* (trait accompagnant la signature).
parapher; parafer *v tr* rubricar.
parapheur; parafeur *m* portafirmas.
paraphrase *f* paráfrasis ‖ FIG perorata, discurso *m* largo y confuso.
paraphraser *v tr* parafrasear ‖ FIG amplificar, exaltar (amplifier).
paraphrastique *adj* parafrástico, ca.
paraplégie *f* MÉD paraplejía.
paraplégique *adj et s* parapléjico, ca.
parapluie [paraplɥi] *m* paraguas; *parapluie pliant* paraguas plegable ‖ *parapluie atomique* o *nucléaire* paraguas atómico *ou* nuclear.
parapsychologie *f* parapsicología.
parascolaire *adj* extracurricular.
parasismique *adj* antisísmico, ca.

parasitaire *adj* parasitario, ria; parasítico, ca.
parasite *adj* parásito, ta.
◆ *m* parásito.
◆ *pl* parásitos (radio).
parasiter *v tr* vivir en parásito sobre (animal ou végétal).
parasitisme *m* parasitismo.
parasitologie *f* parasitología.
parasitose *f* parasitosis.
parasol *m* quitasol, parasol.
parasympathique *adj* et *s m* parasimpático, ca.
paratonnerre *m* pararrayos.
paravent *m* biombo (meuble mobile) ‖ tapadera *f*, pantalla *f*.
parbleu! *interj* ¡pues claro!
parc [park] *m* parque ‖ majada *f*, cercado (pour le bétail) ‖ aprisco, redil (pour les moutons) ‖ vivero, criadero (de poissons) ‖ coto (de chasse) ‖ estacionamiento, aparcamiento (pour les voitures) ‖ jaula *f*, parque (pour bébé) ‖ MIL parque; *parc d'artillerie* parque de artillería ‖ — *parc à huîtres* ostrero, ostral, criadero de ostras ‖ *parc automobile* parque automóvil ‖ *parc d'attractions* parque de atracciones ‖ *parc de stationnement* parque de estacionamiento ‖ *parc national* parque nacional ‖ *parc naturel* parque natural ‖ *parc zoologique* parque zoológico.
parcage *m* encierro en la majada *ou* el redil, redileo ‖ sirle (engrais) ‖ aparcamiento (de voitures).
parcellaire *adj* parcelario, ria.
parcellarisation; parcellisation *f* parcelación.
parcellariser; parcelliser *v tr* parcelar.
parcelle *f* parcela (de terre) ‖ partícula, ápice *m* (petite quantité).
parce que *loc adv* porque ‖ FAM porque sí, porque no (pour affirmer, pour nier catégoriquement).
parchemin *m* pergamino ‖ *papier-parchemin* papel pergamino, pergamino vegetal.
parcheminé, e *adj* apergaminado, da.
parcimonie *f* parsimonia.
— OBSERV Remarquer le *s* qui remplace le *c* français.
parcimonieusement *adv* parsimoniosamente, con parsimonia.
parcimonieux, euse *adj* parsimonioso, sa.
parcmètre; parcomètre *m* parquímetro.
parcourir* *v tr* recorrer; *parcourir une ville* recorrer una ciudad ‖ hojear (un livre) ‖ *parcourir des yeux* recorrer con la vista.
parcours [parkuːr] *m* recorrido, trayecto ‖ *libre parcours* libre tránsito.
pardessus [pardəpsy] *m* abrigo, gabán.
par-devers *prép* ante, en presencia de ‖ — *par-devers le juge* ante el juez ‖ *par-devers soi* para sus adentros.
pardi! *interj* ¡pues claro!, ¡naturalmente!, ¡ya lo creo!
pardon *m* perdón (d'une faute, d'une offense) ‖ romería *f*, peregrinación *f* (en Bretagne) ‖ — *demander pardon* pedir perdón, disculparse ‖ *je vous demande pardon* usted perdone, perdone, dispense, disculpe.
◆ *pl* RELIG indulgencias *f*.

◆ *interj* ¡perdón!, ¡usted dispense, perdone usted!
pardonnable *adj* perdonable, disculpable.
pardonner *v tr* perdonar.
◆ *v intr* perdonar; *une maladie qui ne pardonne pas* una enfermedad que no perdona ‖ perdonar, dispensar, disculpar; *pardonnez-moi d'arriver si tard* dispénseme por llegar tan tarde.
paré, e *adj* adornado, da; engalanado, da; *paré de fleurs* adornado con *ou* de flores ‖ — *bal paré* baile de etiqueta ‖ MAR *paré!* ¡listo! ‖ *titre paré* título ejecutorio.
pare-balles *m inv* abrigo a prueba de balas (abri) ‖ chaleco de protección contra las balas (vêtement).
pare-brise [parbriːz] *m inv* parabrisas.
pare-chocs [parʃɔk] *m inv* parachoques.
pare-feu *m inv* cortafuego.
parégorique *adj* paregórico, ca.
pareil, eille [parɛj] *adj* igual; parecido, da; semejante, similar ‖ tal, semejante; *un pareil ouvrage* semejante *ou* tal obra ‖ — *en pareil cas* en semejante caso ‖ *sans pareil* sin igual, sin par ‖ — FAM *c'est du pareil au même* es exactamente igual, lo mismo da, es lo mismo ‖ *c'est toujours pareil* siempre pasa lo mismo, es siempre lo mismo ‖ *n'avoir jamais rien vu de pareil* no haber visto nunca cosa semejante.
◆ *adv* igual, de la misma manera; *être habillés pareil* estar vestidos de la misma manera ‖ *faire pareil* hacer lo mismo.
◆ *m* igual, semejante ‖ *n'avoir pas son pareil* ser de lo que no hay.
◆ *f rendre la pareille* pagar con la misma moneda.
pareillement *adv* igualmente, de la misma manera ‖ también, asimismo (aussi) ‖ igualmente (de même).
parement *m* paramento, ornamento ‖ bocamanga *f* (revers) ‖ ECCLÉS frontal (d'un autel) ‖ paramento (maçonnerie, menuiserie) ‖ bordillo (d'un chemin) ‖ *épée de parement* espada de gala *ou* de ceremonia.
parenchyme *m* ANAT & BOT parénquima.
parent, e *m* et *f* pariente, ta ‖ — *parent éloigné* pariente lejano ‖ *parent par alliance* pariente político.
◆ *m pl* padres (le père et la mère) ‖ parientes, parentela *f*, deudos (famille) ‖ ascendientes (ancêtres) ‖ — *parents spirituels* padrinos ‖ *grands-parents* abuelos.
◆ *adj* pariente, ta; allegado, da ‖ FIG pariente, ta; semejante ‖ — *être parent de* ser padres de (père ou mère de), ser pariente de (membre de la famille).
parental, e *adj* parental ‖ — *autorité parentale* autoridad de los padres, patria potestad ‖ *congé parental* baja dada a los padres por maternidad o adopción.
parenté *f* parentesco *m* ‖ parentela, parientes *m pl* (ensemble des parents) ‖ similitud (d'opinions) ‖ *parenté spirituelle* parentesco espiritual.
parentèle *f (vx)* parentela (plus usité qu'en français).
parentéral, e *adj* MÉD parenteral.
parenthèse *f* paréntesis *m* ‖ *entre parenthèses, par parenthèse* entre paréntesis ‖ *ouvrir, fermer la parenthèse* abrir, cerrar el paréntesis.

paréo *m* pareo (pagne).
parer *v tr* engalanar, adornar (orner) ‖ parar, evitar (détourner) ‖ limpiar (la viande, les légumes) ‖ CONSTR descafilar, agramilar (les briques) ‖ aderezar (un plat) ‖ MAR aparejar (l'ancre) ‖ TECHN chiflar (amincir les peaux) ‖ VÉTÉR despalmar, rebajar el casco (du cheval) ‖ *parer de bijoux* alhajar.
◆ *v intr* precaverse; *parer à un danger* precaverse de un peligro ‖ remediar; *parer à un inconvénient* remediar un inconveniente ‖ prevenirse, prever; *parer à toute éventualité* prevenirse contra toda eventualidad, prever toda eventualidad ‖ solucionar; *parer au plus pressé* solucionar lo más urgente.
◆ *v pr* engalanarse (s'orner) ‖ hacer alarde (se vanter) ‖ precaverse; *se parer contre la misère* precaverse contra la miseria.
pare-soleil *m inv* quitasol, parasol.
paresse *f* pereza, holgazanería ‖ *paresse d'esprit* pereza mental.
paresser *v intr* FAM holgazanear, hacer el vago.
paresseusement *adv* perezosamente, con pereza, con desgana.
paresseux, euse *adj et s* perezoso, sa.
◆ *m pl* ZOOL perezosos.
parfaire* *v tr* perfeccionar, pulir, dar los últimos toques (achever) ‖ completar; *parfaire une somme* completar una cantidad.
parfait, e *adj* perfecto, ta ‖ absoluto, ta; *un silence parfait* un silencio absoluto ‖ perfecto, ta; consumado, da; *un parfait imbécile* un imbécil consumado ‖ *c'est parfait!, parfait!* ¡está bien!, ¡muy bien! ‖ *voilà qui est parfait* esto está muy bien *ou* perfecto.
◆ *m* GRAMM pretérito perfecto ‖ helado de café (glace) ‖ perfección *f*.
parfaitement *adv* perfectamente ‖ FAM sí, seguro, ya lo creo (oui).
parfois [parfwa] *adv* a veces, algunas veces, de vez en cuando.
parfum [parfœ] *m* perfume ‖ gusto (de glace) ‖ POP *être au parfum* estar en el ajo.
parfumer *v tr* perfumar; *parfumé à la violette* perfumado a la violeta.
◆ *v pr* perfumarse.
parfumerie *f* perfumería.
parfumeur, euse *m et f* perfumista; perfumero, ra.
◆ *adj* de perfumes.
pari *m* apuesta *f*; *faire un pari* hacer una apuesta ‖ — *Pari mutuel urbain (P.M.U.)* apuestas mutuas (courses de chevaux), quinielas (football) ‖ *tenir un pari* hacer una apuesta, apostar.
paria *m* paria.
parier* *v tr* apostar, hacer una apuesta ‖ — *parier à coup sûr* apostar sobre seguro ‖ *parier tout l'or du monde* apostar la cabeza ‖ — *il y a gros o beaucoup o tout à parier* mucho apostaría que ‖ — *combien paries-tu que...?* ¿cuánto va que...?, ¿cuánto te apuestas que...? ‖ *je te parie que non!* ¡a que no!
pariétal, e *adj et s m* ANAT parietal; *les os pariétaux* los huesos parietales.
parieur, euse *m et f* apostante ‖ quinielista (football).

parigot, e *adj et s* POP parisiense.
Paris [pari] *n pr* GÉOGR París ‖ *Paris ne s'est pas fait en un jour* no se ganó Zamora en una hora.
paris-brest *m inv* CULIN rosquilla *f* de pasta de lionesas con almendras.
parisianisme *m* parisianismo, costumbre *f ou* locución *f* parisiense.
parisien, enne *adj* parisiense.
— OBSERV *Parisino*, bien que très employé, est considéré comme un gallicisme.
Parisien, enne *m et f* parisiense.
parisyllabe; parisyllabique *adj et s m* GRAMM parisílabo, ba; parasilábico, ca.
paritaire *adj* paritario, ria ‖ *commission paritaire* tribunal mixto, comité paritario.
parité *f* paridad ‖ ÉCON *parité de change* paridad de cambio.
parjure *adj et s* perjuro, ra (personne).
◆ *m* perjurio (faux serment).
parjurer (se) *v pr* perjurar, jurar en falso.
parka *m ou f* parka *f*.
parking [parkiŋ] *m* aparcamiento, parking.
parlant, e *adj* que habla, parlante ‖ FIG expresivo, va (regard) ‖ muy parecido, da; que está hablando (portrait) ‖ — BLAS *armes parlantes* armas parlantes ‖ *cinéma parlant* cine sonoro ‖ *témoignages parlants* testimonios convincentes.
◆ *adv généralement parlant* en términos generales.
parlé, e *adj* hablado, da; *l'anglais parlé* el inglés hablado ‖ oral.
◆ *m* parte *f* hablada (d'une opérette).
parlement *m* parlamento.
parlementaire *adj* parlamentario, ria; *régime parlementaire* régimen parlamentario.
◆ *m* diputado, parlamentario.
parlementarisme *m* parlamentarismo.
parlementer *v intr* parlamentar.
parler *v tr et intr* hablar; *parler le français* hablar el francés ‖ hablar de; *parler affaire* hablar de negocios ‖ sonar (résonner) ‖ hablar, mandar; *l'honneur parle* el honor manda ‖ — *parler à bâtons rompus* hablar sin ton ni son *ou* sin orden ni concierto ‖ *parler à haute voix* hablar en voz alta ‖ *parler à mots couverts* hablar a medias palabras ‖ *parler à son bonnet* hablar para su coleto *ou* para el cuello de su camisa ‖ *parler à tort et à travers* hablar a tontas y a locas ‖ *parler au cœur* emocionar, hablar al alma ‖ *parler au hasard* hablar sin ton ni son ‖ *parler clair et net* hablar clara y llanamente ‖ *parler d'abondance* improvisar ‖ *parler de choses et d'autres* hablar de todo un poco ‖ *parler de la pluie et du beau temps* hablar de cosas sin importancia ‖ *parler de sang-froid* hablar serenamente ‖ *parler d'or* hablar de perlas ‖ *parler du nez* hablar gangoso, ganguear ‖ *parler en l'air* hablar sin reflexión *ou* con ligereza ‖ *parler en maître* hablar como maestro ‖ *parler français comme une vache espagnole* hablar el francés muy mal ‖ *parler gras* hablar con la garganta *ou* groseramente ‖ *parler petit nègre* hablar como los indios ‖ *parler pour ne rien dire* hablar por hablar ‖ *parler pour rire* hablar en broma ‖ *parler raison* hablar razonablemente *ou* sensatamente ‖ *parlons peu, mais parlons bien* pocas palabras, pero buenas ‖ — *cela ne vaut pas la peine d'en parler* no vale *ou* no merece la pena que se hable de eso ‖ *c'est une façon de parler* es un

decir ‖ *faire parler de soi* dar que decir, dar que hablar ‖ *moi qui vous parle* aquí donde usted me oye ‖ *n'en parlons plus!* ¡no hablemos más de eso! ‖ *on en parle* la gente lo dice, lo dicen ‖ *quand on parle du loup on en voit la queue* hablando del rey de Roma, por la puerta asoma ‖ *sans parler de* sin hablar de, sin mencionar a ‖ *tout parle pour lui* todo habla en su favor ‖ *trouver à qui parler* encontrar la horma de su zapato ‖ POP *vous parlez!, tu parles!* ¡qué va!, ¡que se cree usted!, ¡que te crees tú eso!, ¡y tú que lo digas!
— OBSERV El participio *parlé* es siempre invariable: *ils se sont parlé longtemps.*

parler *m* habla *f* (langage) ‖ dialecto, lenguaje ‖ — *avoir son franc-parler* no tener pelos en la lengua ‖ *jamais beau parler n'écorche la langue* hablar bien no cuesta dinero *ou* no cuesta nada.

parleur, euse *m et f* hablador, ra; parlanchín, ina ‖ *beau parleur* pico de oro, hombre de labia.

parloir *m* locutorio, sala *f* de visitas.

parlote *f* (*p us*) FAM reunión en la que los abogados jóvenes ejercitan su oratoria ‖ conversación, parleta, cháchara (conversation).

parme *adj inv* color de malva.

Parme *n pr* GÉOGR Parma.

parmesan, e *adj* parmesano, na.
◆ *m* queso parmesano.

parmi *prép* entre ‖ *parmi nous* entre nosotros.
— OBSERV *Parmi* se utiliza delante de un sustantivo en plural o de un nombre colectivo, mientras que *entre* sólo se emplea con dos personas o cosas.

Parnasse *n pr m* Parnaso ‖ FIG Parnaso (poésie, poètes).

parnassien, enne *adj et s* POÉT parnasiano, na.

parodie *f* parodia.

parodier* *v tr* parodiar.

parodique *adj* paródico, ca.

paroi *f* pared ‖ tabique *m* (cloison) ‖ casco *m* (d'un tuyau).

paroisse *f* parroquia (église et juridiction) ‖ parroquia, feligresía (juridiction) ‖ *coq de paroisse* gallito del pueblo, cacique.

paroissial, e *adj* parroquial.

paroissien, enne *m et f* feligrés, esa.
◆ *m* FAM *un drôle de paroissien* un tipo raro ‖ devocionario (livre de messe).

parole *f* palabra ‖ voz, habla *m* (ton de la voix); *avoir la parole douce* tener una voz suave ‖ dicho *m*, frase (sentence); *parole mémorable* dicho memorable ‖ paso *m* (cartes) ‖ *les paroles d'une chanson* la letra de una canción ‖ — *parole* paso (bridge) ‖ *parole d'honneur* palabra de honor ‖ *paroles en l'air* palabras al viento ‖ *paroles tendres* ternezas ‖ — *homme de parole* hombre de palabra ‖ *ma parole* palabra, palabra de honor ‖ *ma parole!* ¡por Dios! ‖ *sur parole* bajo palabra ‖ *temps de parole* tiempo concedido para hacer uso de la palabra ‖ — *adresser la parole* dirigir la palabra ‖ *avoir la parole brève* gastar pocas palabras, hablar poco ‖ *avoir la parole facile* tener la lengua suelta ‖ *bercer de belles paroles* entretener con buenas palabras ‖ *c'est un moulin à paroles* habla como una cotorra ‖ *couper la parole* cortar la palabra, interrumpir ‖ *demander la parole* pedir la palabra ‖ *donner la parole* conceder la palabra ‖ *je vous crois sur parole* me basta con su palabra ‖ *la parole est à M* tiene la palabra el señor ‖ *la parole est d'argent, le silence d'or* en boca cerrada no entran moscas ‖ *les paroles s'envolent, les écrits restent* las palabras se las lleva el viento ‖ *manquer à sa parole* faltar a su palabra ‖ *n'avoir qu'une parole* no tener más que una palabra ‖ *passer parole* pasar (au bridge) ‖ *porter la parole* ser el portavoz ‖ *prendre la parole* tomar la palabra, hacer uso de la palabra ‖ *sur ces bonnes paroles* dichas *ou* con estas palabras ‖ *tenir parole* cumplir con su palabra.

parolier *m* libretista (d'un opéra, d'une opérette, etc.) ‖ autor de la letra (d'une chanson).

paronyme *m* GRAMM parónimo.

paronymie *f* GRAMM paronimia.

parotide *adj et s f* ANAT parótida.

paroxysmal, e *adj* MÉD → **paroxysmique**.

paroxysme *m* paroxismo.

paroxysmique; paroxysmal, e *adj* MÉD paroxismal.

paroxyton *adj* GRAMM paroxítono, na; grave.
◆ *m* vocablo paroxítono.

parpaing [parpɛ̃] *m* CONSTR perpiaño, piedra *f* sillar.

parquer *v tr* acorralar, encerrar (les animaux) ‖ establecer (un parc d'artillerie) ‖ aparcar (une voiture).
◆ *v intr* redilear, amajadar (mettre le bétail dans un parc).

Parques *f pl* MYTH Parcas.

parquet [parkɛ] *m* (vx) estrado (d'un tribunal) ‖ autoridades *f pl* judiciales ‖ ministerio fiscal (ministère public) ‖ corro de Bolsa (en Bourse) ‖ CONSTR entarimado, parquet, parqué (du sol) ‖ — *parquet à bâtons rompus* entarimado en espinapez ‖ MAR *parquet de chargement* compartimiento de una bodega donde se carga el grano ‖ *parquet de chauffe* suelo de caldeo ‖ *parquet d'élevage* corral (pour volailles) ‖ *parquet en point de Hongrie* entarimado de punto de Hungría.

parqueter [-kəte] *v tr* entarimar.

parrain [parɛ̃] *m* padrino.

parrainage *m* padrinazgo.

parrainer *v tr* apadrinar.

parricide *adj et s* parricida (personne).
◆ *m* parricidio (crime du parricide).

parsec *m* ASTR parsec.

parsemer* *v tr* sembrar, esparcir (répandre) ‖ constelar (d'étoiles) ‖ salpicar; *un texte parsemé de citations latines* un texto salpicado de citas latinas.

part [pa:r] *f* parte ‖ — *à part* aparte; *c'est une enfant à part* es una niña aparte; aparte, excepto; *à part cela tout va bien* excepto eso todo va bien ‖ *à part entière* de pleno derecho ‖ *à part soi* para sus adentros ‖ *d'autre part* por otra parte ‖ *de la part de* de parte de ‖ *de part en part* de parte a parte ‖ *de part et d'autre* de una y otra parte, por ambas partes ‖ *de toutes parts* de *ou* por todas partes ‖ *la part du lion* la mejor parte ‖ *lettre o billet de faire part* esquela (décès), participación (mariage) ‖ *membre à part entière* miembro de pleno derecho ‖ *mis à part* aparte ‖ *nulle part* en ninguna parte ‖ *pour ma part* por mi parte, en cuanto a mí ‖ *quelque part* en alguna parte ‖ *pour une large o une bonne part* en gran medida ‖ — FIG & FAM *avoir part au gâteau* sacar tajada ‖ *faire bande à part* hacer rancho aparte ‖ *c'est de la part de qui?* ¿de parte de quién? ‖ FIG *faire la part belle à quelqu'un* concederle a alguien gran ventaja ‖ *faire la part de* tener en cuenta || *faire la part des choses* tenerlo todo en cuenta || *faire la part du feu* abandonar una parte para no perderlo todo || *faire part à deux* ir a medias || *faire part de* dar parte de, dar conocimiento de || *mettre à part* poner de lado *ou* aparte || *prendre en bonne, mauvaise part* tomar en buen, mal sentido || *prendre part aux bénéfices* participar *ou* tener parte en los beneficios de un negocio || *prendre sa part* asumir la parte que le corresponde || *savoir de bonne part* saber de buena tinta.

part. abrév de *particulier* part., particular.

partage *m* reparto, partición *f*, repartición *f* || parte *f*, porción *f* (portion) || partición *f* (d'une succession) || empate, repartición *f* de votos (égalité) || — *partage d'opinions* división de opiniones || — *acte, extrait de partage* hijuela *f* || GÉOGR *ligne de partage des eaux* línea divisoria de las aguas || *sans partage* por completo, exclusivamente, enteramente || — *avoir en partage* tocar *ou* caer en suerte en un reparto; *il a eu cette ferme en partage* le ha tocado esta finca en el reparto.

partagé, e *adj* partido, da; repartido, da; compartido, da || correspondido, da (amour) || — INFORM *temps partagé* tiempo compartido || — *bien partagé du sort* favorecido por la suerte || *être partagé entre* dudar entre || *être partagé sur* tener sentimientos encontrados *ou* contradictorios acerca de || *les avis sont partagés* las opiniones están divididas.

partageable [partaʒabl] *adj* divisible, partible, repartible.

partager* *v tr* partir, repartir, dividir (diviser) || compartir; *partager le pouvoir* compartir el poder || dotar (douer); *la nature l'a bien partagé* la naturaleza lo ha dotado bien || dividir (séparer en parties opposées) || FIG tomar parte en, participar de (participer à) || *partager en deux* partir por la mitad || *partager en frères* partir como hermanos || *partager entre* distribuir entre || FIG *partager la joie de quelqu'un* asociarse a la alegría de uno, tomar parte en ella || *partager la poire en deux* partir la diferencia por igual || *partager le même sort qu'un autre* seguir la suerte de otro || *partager les risques* compartir los riesgos || *partager les voix* salir empatados (vote) || *partager l'opinion de quelqu'un* compartir la opinión de alguien, ser de la misma opinión que alguien.

➤ *v pr* partirse, repartirse || dividirse (routes).

partageur, euse *adj* que comparte de buen grado.

partance *f* MAR leva, partida, salida || MAR *en partance* en franquía, a punto de salir.

partant, e *adj* dispuesto, ta; *être partant pour quelque chose* estar dispuesto a *ou* para hacer algo.

➤ *m* et *f* que parte, persona *f* que se va || competidor, ra (concurrent).

partant *conj* por consiguiente, por lotanto.

partenaire *m* et *f* compañero, ra; pareja *f* (au jeu) || pareja *f* (cavalier) || socio, cia (affaires, etc.) || copartícipe (projet) || asociado, da; miembro asociado (d'une organisation) || firmante (signataire) || interlocutor, ra (dans un entretien) || — *partenaires commerciaux* países que mantienen relaciones comerciales, terceros contratantes || *partenaires sociaux* actores *ou* agentes sociales.

partenariat *m* colaboración *f*.

parterre *m* cuadro, arriate (de jardin) || THÉÂTR patio de butacas (lieu et spectateurs) || — FAM *prendre un billet de parterre* coger una liebre, dar con los huesos en el suelo (tomber).

parthénogenèse *f* partenogénesis.

parti *m* partido (politique) || bando (faction) || decisión *f*, determinación *f*; *prendre un parti* tomar una decisión || partido (personne à marier); *un beau parti* un buen partido || MIL partida *f*, comando || — *parti pris* prejuicio, idea preconcebida || *esprit de parti* partidismo, espíritu de partido || — *à parti pris, point de conseil* a decisión tomada, es inútil el consejo || *en prendre son parti* resignarse || *faire un mauvais parti à* hacer pasar un mal rato a || *prendre le parti de quelqu'un* declararse a favor de alguien || *prendre parti pour* tomar partido por || *prendre son parti d'une chose* resignarse a una cosa, aguantarse con ella; *j'en prends mon parti* me resigno a ello || *tirer parti* sacar partido, provecho.

parti, e *adj* FAM achispado, da; ligeramente borracho, cha.

partial, e [-sjal] *adj* parcial; *des juges partiaux* jueces parciales.

partialement *adv* parcialmente, con parcialidad.

partialité [-sjalite] *f* parcialidad.

participant, e *adj* et *s* participante, partícipe || concursante (à un concours).

➤ *adj* particionero, ra.

participation *f* participación; *participation à un crime* participación en un crimen; *participation aux bénéfices* participación en los beneficios || asistencia, participación; *conférence avec la participation de* conferencia con asistencia de.

participe *m* GRAMM participio || — *participe passé* participio pasivo *ou* de pretérito || *participe présent* participio de presente *ou* activo.

participer *v intr* participar, tomar parte; *participer aux bénéfices* participar en las ganancias, en los beneficios (économie) || participar; *le mulet participe de l'âne et du cheval* el mulo participa del burro y del caballo || intervenir, participar; *à combien de films as-tu participé?* ¿en cuántas películas has intervenido?

participial, e *adj* participial; *des emplois participiaux* empleos participales.

particulariser *v tr* particularizar.

➤ *v pr* particularizarse, distinguirse, singularizarse.

particularisme *m* particularismo.

particularité *f* particularidad.

particule *f* partícula.

particulier, ère *adj* particular; *chambre particulière* habitación particular || particular, especial; *dans certains cas particuliers* en ciertos casos especiales || particular, personal; *l'intérêt particulier doit s'effacer devant l'intérêt général* el interés personal debe desaparecer ante el interés general || peculiar, particular (caractéristique) || *cours particulier* clase particular.

➤ *m* particular || FAM individuo, quídam (individu) || — *en particulier* en particular, particularmente || *en son particulier* en su fuero interno || «*particulier vend...*» «particular vende...».

particulièrement *adv* particularmente, sobre todo, especialmente.

partie *f* parte || partida (jeux, chasse, etc.) || ramo *m*, especialidad, competencia; *être très fort dans sa partie* ser muy fuerte en su ramo; *ce n'est pas ma partie* no es mi especialidad *ou* de mi competencia

‖ parte, parte litigante (dans un procès) ‖ COMM partida; *comptabilité en partie double, simple* contabilidad por partida doble, simple ‖ MUS parte ‖ — *partie adverse* parte contraria ‖ DR *partie civile* parte civil | *partie lésée* parte perjudicada *ou* ofendida ‖ *partie de campagne* jira campestre, partida de campo, excursión al campo ‖ *partie de plaisir* excursión (divertissement), placer (chose agréable, amusante) ‖ *partie nulle* tablas (échecs, dames) ‖ — *les parties belligérantes* los beligerantes ‖ *les parties en présence* los asistentes ‖ *les parties intéressées* los interesados ‖ — *en grande partie* en gran parte ‖ *en partie* en parte ‖ *en parties égales* por partes iguales, mitad por mitad ‖ — *avoir affaire à forte partie* tener que habérselas con un adversario temible ‖ *avoir la partie belle* llevar las de ganar, ponérselo todo a uno como a Felipe II ‖ *avoir partie gagnée* dar la partida por ganada ‖ *avoir partie liée avec quelqu'un* estar conchabado con alguien ‖ *ce n'est que partie remise* es cosa diferida ‖ *être juge et partie* ser juez y parte ‖ *faire partie de* formar parte de, integrar ‖ *prendre quelqu'un à partie* tomarla con uno, atacar a uno ‖ *quitter la partie* abandonar el juego (jeu), renunciar, abandonar (renoncer).

◆ *pl* órganos *m* genitales, las partes (organes génitaux).

partiel, elle [parsjɛl] *adj* parcial.

partiellement *adv* parcialmente, en parte.

partir* *v intr* salir, partir; *partir pour l'Espagne* salir para España; *trois routes partent du village* tres carreteras salen del pueblo ‖ marcharse, irse (s'en aller) ‖ salir; *il partit comme un trait* salir disparado ‖ saltar; *le bouchon est parti* el tapón ha saltado ‖ arrancar, ponerse en marcha; *un moteur qui part difficilement* un motor que arranca difícilmente ‖ FAM lanzarse; *partir dans une longue explication* lanzarse a una larga explicación ‖ salir (cartes) ‖ dispararse (une arme) ‖ salir, proceder (émaner, provenir) ‖ partir; *partir d'une hypothèse* partir de una hipótesis ‖ — *partir d'un éclat de rire* soltar una carcajada ‖ — *à partir de* a partir de ‖ *à partir d'ici* desde aquí ‖ *avoir maille à partir avec quelqu'un* tener que ver con uno, habérselas con uno ‖ FAM *être parti* estar achispado ‖ *être parti de rien* haber empezado con nada ‖ FAM *la voilà partie!* ¡ya está!, ¡ya ha empezado! (à rire, etc.).

— OBSERV En francés *partir* se emplea siempre con el auxiliar *être*.

partisan, e *adj* et *s* partidario, ria (adepte) ‖ seguidor, ra; partidario, ria (d'une doctrine) ‖ — *querelles partisanes* querellas partidistas ‖ *être partisan de* ser partidario de.

◆ *m* MIL guerrillero ‖ *guerre de partisans* guerrilla.

partita *f* MUS partita.

partitif, ive *adj* et *s m* GRAMM partitivo, va; *article partitif* artículo partitivo.

partition *f* partición, división (division d'un territoire, d'un écu) ‖ MUS partitura.

partout [partu] *adv* por todas partes, en todas partes ‖ — *partout ailleurs* en cualquier otra parte ‖ *partout où* en cualquier parte donde, donde quiera que ‖ — *de partout* de todas partes ‖ *deux partout* empatados, empate a dos (football) ‖ *quinze partout* quince iguales, iguales a quince (tennis).

parure *f* adorno *m*, ornato *m* ‖ aderezo *m*, juego *m*; *une parure de diamants* un aderezo de diamantes ‖ juego *m* de ropa interior femenina (lingerie) ‖ juego *m* de mangas y cuello ‖ TECHN caedura, recortes *m pl* (rognure) ‖ *parure de berceau, de lit* juego de cuna, de cama.

parution [parysjɔ̃] *f* publicación, aparición, salida (d'un livre).

parvenir* *v intr* llegar (arriver) ‖ hacer fortuna ‖ medrar (s'élever) ‖ alcanzar, conseguir; *parvenir aux honneurs* alcanzar los honores ‖ *faire parvenir quelque chose à quelqu'un* hacer llegar *ou* enviar algo a alguien.

— OBSERV Se conjuga con el auxiliar *être*.

parvenu, e *m* et *f* nuevo rico, nueva rica; advenedizo, za.

parvis [parvi] *m* atrio (atrium) ‖ plaza *f* (esplanade devant une église) ‖ pórtico, nártex.

pas [pa] *m* paso; *faire un pas en arrière* dar un paso hacia atrás ‖ escalón, paso (marche) ‖ precedencia *f*, preeminencia *f* (préséance) ‖ diligencia *f*, paso (démarche) ‖ paso (danse) ‖ MUS marcha *f* ‖ — *pas allongé* paso castellano (chevaux) ‖ MIL *pas accéléré, cadencé, sans cadence, de charge, de route, de l'oie* paso acelerado, acompasado, ligero *ou* ordinario, de carga *ou* de ataque, de maniobra, de la oca ‖ *pas de course* carrera, paso de carga ‖ *pas d'hélice, de vis* paso de hélice, de rosca ‖ *pas de porte* umbral ‖ *pas de quatre* paso de cuatro ‖ *pas en arrière* paso hacia atrás ‖ *pas gymnastique* o *de gymnastique* paso ligero *ou* gimnástico ‖ — *à grands pas* a paso largo, a zancadas ‖ *à pas comptés* con pasos contados ‖ *à pas de géant* a pasos agigantados, con pasos de gigante ‖ *à pas de loup* de puntillas, sin meter ruido ‖ *au pas* al paso ‖ *de ce pas* ahora mismo ‖ *d'un bon pas* a buen paso ‖ *faux pas* tropezón, paso en falso, desliz, traspiés ‖ *pas à pas* paso a paso ‖ *traces de pas* huellas de pasos, pisadas ‖ — *aller bon pas* ir a buen paso ‖ *allonger le pas* alargar el paso ‖ *avancer de quatre pas* adelantar cuatro pasos ‖ *être dans un mauvais pas* estar en un mal paso ‖ *faire les cent pas* rondar la calle ‖ FIG *faire les premiers pas* dar los primeros pasos ‖ *faire un faux pas* dar un paso en falso, dar un tropezón ‖ *faire un pas* dar un paso ‖ *faire un pas de clerc* cometer una pifia ‖ FIG *il n'y a que le premier pas qui coûte* lo difícil es el primer paso, todo es empezar ‖ FIG *franchir* o *sauter le pas* decidirse ‖ *marcher à pas comptés* ir a pasos contados ‖ *marcher sur les pas de quelqu'un* pisar las huellas de alguien ‖ *marquer le pas* marcar el paso ‖ *mettre quelqu'un au pas* meter en cintura, meter en vereda ‖ *prendre le pas sur quelqu'un* ganar por la mano a uno ‖ *revenir o retourner sur ses pas* desandar lo andado, volverse atrás ‖ *tirer d'un mauvais pas* sacar de un apuro *ou* de un mal paso.

pas [pa] *adv* no ‖ — *pas beaucoup* no mucho ‖ *pas de sucre, merci* sin azúcar, por favor ‖ *pas du tout* en absoluto, de ningún modo ‖ *pas encore* aún no, todavía no ‖ *pas mal* regular, no está mal ‖ *pas mal de monde* bastante gente ‖ *pas plus tard qu'hier* ayer mismo ‖ *pas un* ni uno ‖ *pas vrai* no es verdad ‖ *pas vrai?* ¿verdad? ‖ — *même pas* ni siquiera ‖ *non pas que* no es que ‖ *presque pas* casi nada, apenas ‖ *une pomme pas mûre* una manzana que no está madura ‖ — *ceci est à vous ou pas?* ¿esto es o no es suyo? ‖ *il m'a dit de ne pas le faire* me dijo que no lo hiciera.

— OBSERV En *ne... pas*, no se traduce *pas*: *ne viens pas* no vengas; *ne pas venir* no venir.

pascal *m* pascal (unité de pression).

pascal

pascal, e *adj* pascual; *agneau pascal* cordero pascual.
— OBSERV pl *pascals* y *pascaux*.
pascalien, enne *adj* referente *ou* adicto a Pascal.
pas-de-porte *m* COMM traspaso, llave *f*.
paso doble *m* MUS pasodoble.
passable *adj* pasable; pasadero, ra; regular ‖ aprobado, da (note).
passablement *adv* medianamente, pasaderamente (moyennement) ‖ algo, un poco; *une plaisanterie passablement risquée* una broma un poco arriesgada.
passage *m* paso; *le passage de la ligne* el paso del ecuador ‖ paso; *ôtez-vous de mon passage* quítese de mi paso ‖ travesía *f* (traversée) ‖ pasaje (prix d'une traversée) ‖ tránsito (droit qu'on paie pour passer) ‖ servidumbre *f* de paso, paso (droit de passer) ‖ pasaje, pasadizo, callejón (ruelle) ‖ alfombra *f* estrecha, estera *f* (tapis étroit) ‖ paso, transición *f* (transition) ‖ paso de costado (cheval) ‖ pasaje (d'un livre) ‖ CINÉM pase (projection) ‖ — *passage à niveau* paso a nivel ‖ FAM *passage à tabac* paliza, zurra ‖ FIG *passage à vide* momento crítico ‖ *passage clouté* paso de peatones ‖ *passage interdit* prohibido el paso ‖ *passage protégé* paso protegido ‖ — *au passage* de paso ‖ *de passage* de paso ‖ *oiseaux de passage* aves de paso *ou* migratorias ‖ — *laissez le passage!* ¡paso! ‖ *prendre au passage* coger al paso ‖ *se frayer un passage* abrirse paso.
passager, ère *adj* pasajero, ra; *un malaise passager* un malestar pasajero ‖ *oiseau passager* ave de paso *ou* migratoria.
◆ *m* et *f* pasajero, ra (voyageur); *les passagers d'un avion* los pasajeros de un avión ‖ *passager clandestin* polizón, pasajero clandestino.
passagèrement *adv* pasajeramente, de manera pasajera, por poco tiempo.
passant, e *adj* de mucho tráfico *ou* tránsito; concurrido, da; *rue très passante* calle de mucho tránsito.
◆ *m* presilla *f* (de ceinture).
◆ *m* et *f* transeúnte.
passation [pasasjɔ̃] *f* otorgamiento *m* de una escritura *ou* de un contrato, asiento contable ‖ *passation des pouvoirs* entrega *ou* transmisión de poderes.
passe [pɑs] *f* paso *m* (des oiseaux migrateurs) ‖ pase *m* (sports, magnétisme) ‖ vuelta (d'un câble) ‖ pasa (jeux) ‖ parte delantera de un sombrero (d'un chapeau) ‖ IMPR perdido *m* ‖ MAR paso *m*, pasaje *m* (chenal) ‖ TECHN pasada ‖ — *maison de passe* casa de citas ‖ *mauvaise passe* mal paso ‖ *mot de passe* contraseña, santo y seña ‖ *passe d'armes* enfrentamiento dialéctico ‖ *volumes de passe* libros fuera de tirada ‖ — *être dans une bonne, mauvaise passe* pasar por un buen, mal momento ‖ *être en passe de* estar en trance de.
passé, e *adj* pasado, da ‖ descolorido, da; pasado, da (décoloré) ‖ — *passé de mode* pasado de moda ‖ *passé maître* maestro consumado ‖ — *ces jours passés* los días pasados ‖ *il a dix ans passés* tiene diez años cumplidos ‖ *il est 9 heures passées* son más de las nueve, son las nueve y pico, son las nueve dadas.
◆ *m* pasado ‖ GRAMM pretérito; *passé antérieur* pretérito anterior; *passé composé* pretérito perfecto; *passé simple* pretérito indefinido ‖ *le passé est le passé, n'en parlons plus* lo pasado pasado.

498

passé *prép* después de (après); *passé dix heures* después de las diez.
passe-crassane *f inv* variedad de pera de invierno.
passe-droit [pɑsdrwa] *m* favor, atropello.
— OBSERV pl *passe-droits*.
passéisme *m* apego al pasado.
passement *m* pasamano.
passementer *v tr* pasamanar.
passementerie [pɑsmɑ̃tri] *f* pasamanería.
passementier, ère *m* et *f* pasamanero, ra.
passe-montagne *m* pasamontañas.
— OBSERV pl *passe-montagnes*.
passe-partout [pɑspartu] *m inv* llave *f* maestra (clef) ‖ orla *f*, marco (cadre) ‖ tronzador, sierra *f* (scie).
◆ *adj* que sirve para todo ‖ *phrase, formule, mot passe-partout* comodín.
passe-passe *m inv* *tour de passe-passe* juego de manos, pasapasa (du prestidigitateur) ‖ FIG jugarreta *f* (mauvaise plaisanterie) ‖ *faire des tours de passe-passe* hacer juegos malabares.
passe-plat *m* ventana *f* de la cocina para servir los platos.
— OBSERV pl *passe-plats*.
passepoil *m* ribete, vivo, cordoncillo (couture).
passeport [pɑspɔːr] *m* pasaporte.
passer *v intr* pasar; *passer devant quelqu'un* pasar ante alguien; *passer chez quelqu'un* pasar por casa de alguien; *passer sur un pont* pasar por un puente ‖ representarse (une pièce) ‖ ponerse, proyectarse, echarse (un film) ‖ salir, pasar; *passer au tableau* salir a la pizarra ‖ pasar, transcurrir (s'écouler); *quinze jours sont passés* han transcurrido quince días ‖ pasar (perdre son tour) ‖ ascender a; *passer capitaine* ascender a capitán ‖ comerse, irse (la couleur) ‖ pasarse; *passer à l'ennemi* pasarse al enemigo ‖ aprobarse, adoptarse; *la loi est passée* la ley ha sido aprobada ‖ digerirse (un mets) ‖ marchitarse (se faner) ‖ ser admitido, introducirse; *ce mot a passé dans notre langue* esta palabra ha sido admitida en nuestro idioma ‖ FAM morir, desaparecer, pasar a mejor vida ‖ — *passer à côté de la question* salirse del tema ‖ *passer à l'action* pasar a la acción ‖ *passer à l'opposition* pasarse a la oposición ‖ *passer à la radio, télévision* salir en la radio, en la televisión ‖ *passer à table* sentarse a la mesa ‖ *passer au rouge, au vert* pasar con el disco cerrado, abierto ‖ *passer au salon* pasar a la sala *ou* al salón ‖ *passer aux aveux* decidirse a confesar ‖ *passer de bouche en bouche* ir de boca en boca ‖ *passer de mode* pasar de moda, quedarse anticuado ‖ *passer de vie à trépas* pasar de vida a muerte ‖ AUTOM *passer en* o *la seconde* poner la segunda ‖ *passer mal* sentar mal; *ce repas passe mal* me ha sentado mal la comida ‖ *passer outre* hacer caso omiso de ‖ *passer par-dessus bord* caerse al agua ‖ *passer par la tête* pasar por la cabeza, ocurrírsele a uno ‖ *passer par les armes* pasar por las armas ‖ *passer pour* pasar por ‖ *passer prendre quelqu'un* pasar a buscar a alguien ‖ FAM *passer sous le nez* pasar por debajo de las narices ‖ FIG *passer sur* pasar por alto ‖ — *en passant* de paso ‖ *en passer par* resignarse a ‖ *faire passer quelqu'un, quelque chose pour* considerar a alguien, algo como ‖ FAM *faire passer l'envie* o *le goût de* quitarle a uno las ganas *ou* la costumbre de ‖ *passe!* ¡está bien! ‖ *passe encore de le penser,*

mais de le dire! que lo piense aún, ¡pero que lo diga! ‖ *passe pour des médisances, mais que sean* maledicencias, pase, pero ‖ *passez-moi ce mot* válgame la palabra ‖ *passons!* ¡dejemos eso *ou* ese detalle de lado!, ¡pasemos! ‖ *y passer* pasar por ello (en faire l'expérience), gastarse, irse en ello (être dépensé).

◆ *v tr* pasar; *passer une rivière* pasar un río ‖ sobrepasar, pasar; *passer la limite d'âge* sobrepasar el límite de edad ‖ adelantar, pasar (dépasser) ‖ ponerse (un vêtement) ‖ poner *ou* pasar con (téléphone); *passez-moi la secrétaire* póngame con la secretaria; *je vous passe M. X* le paso con el Sr. X ‖ colar, pasar (filtrer) ‖ pasar, poner en circulación (de la monnaie) ‖ pasar por alto; *passer une faute* pasar por alto una falta ‖ satisfacer (une envie) ‖ seguir; *passez votre chemin* siga su camino ‖ hacer, firmar (un contrat) ‖ concertar; *passer un marché* concertar un negocio ‖ COMM pasar (en compte) ‖ pasar, entrar (contrebande); *passer quelque chose en fraude* pasar algo de contrabando ‖ representar (une pièce) ‖ echar, poner (un film) ‖ — *passer commande* hacer un pedido ‖ *passer dans les moeurs* ser un hecho habitual ‖ *passer dans l'usage* ser de uso corriente ‖ *passer la main par la portière* pasar la mano por la puerta ‖ *passer la parole à quelqu'un* ceder la palabra a alguien ‖ THÉÂTR *passer la rampe* tener cierto éxito ‖ FAM *passer l'arme à gauche* estirar la pata, palmar ‖ *passer l'éponge* hacer borrón y cuenta nueva ‖ *passer le balai, l'aspirateur* pasar la escoba, la aspiradora ‖ *passer maître dans l'art de* ser maestro en ‖ *passer quelque chose en revue* analizar *ou* examinar *ou* estudiar algo, pasar revista a algo ‖ *passer quelqu'un à tabac* molerle a uno a golpes, zurrarle la badana, sacudirle el polvo ‖ *passer quelqu'un au fil de l'épée* pasar a alguien a cuchillo ‖ *passer son chemin* pasar de largo ‖ *passer son temps à* pasarse el tiempo en ‖ *passer sous silence* pasar por alto, pasar en silencio, silenciar ‖ *passer un examen* examinarse ‖ *passer un mauvais quart d'heure* pasar un mal rato ‖ *passer un régiment en revue* pasar revista a un regimiento ‖ *passer un savon* echar un jabón, un rapapolvo, una bronca ‖ — *comme si rien ne s'était passé* como si nada ‖ FAM *je l'ai senti passer* me ha hecho la pascua ‖ *j'en passe et des meilleures, et j'en passe!* y me quedo corto ‖ *qu'est-ce que je lui ai passé!* ¡menuda bronca se ha llevado!

◆ *v pr* pasar, transcurrir (s'écouler); *le temps se passe à ne rien faire* el tiempo transcurre sin hacer nada ‖ arreglárselas sin; *nous nous passons de femme de ménage* nos arreglamos sin asistenta ‖ ocurrir, suceder, pasar (avoir lieu); *que se passet'il?* ¿qué pasa? ‖ prescindir, privarse, abstenerse (se priver de) ‖ (vx) pasarse (s'altérer) ‖ — *je me serais bien passé de cette grippe* menuda gracia me ha hecho esta gripe ‖ *se passer de l'eau sur le visage* pasarse agua por la cara ‖ *se passer les mains sous l'eau* lavarse las manos.

passereau [pasro] *m* pájaro.

passerelle *f* pasarela ‖ — *passerelle de manœuvre o de commandement* puente de mando ‖ AVIAT *passerelle télescopique* pasarela de acceso.

passe-temps [pαstɑ̃] *m inv* pasatiempo, entretenimiento.

passe-thé *m inv* colador para el té.

passeur, euse *m et f* barquero, ra ‖ pasador, ra (à la frontière).

passible *adj* pasible, punible, merecedor de (condamnation) ‖ sujeto, ta; *passible de droits de douane* sujeto a derechos aduaneros.

passif, ive *adj et s m* pasivo, va.
◆ *m* GRAMM voz *f* pasiva; *mettre une phrase au passif* poner una frase en voz pasiva.

passiflore *f* pasionaria, pasiflora (fleur).

passing-shot [pasinʃɔt] *m* passing-shot (tennis).

passion *f* pasión; *avoir la passion de la musique* tener pasión por la música ‖ RELIG Pasión; *la Passion selon saint Matthieu* la Pasión según San Mateo ‖ — BOT *fleur o arbre de la Passion* pasionaria ‖ *fruit de la passion* pasionaria, murucuyá ‖ — *se laisser emporter par la passion* dejarse llevar por las pasiones.

passionnant, e *adj* apasionante; *une histoire passionnante* una historia apasionante.

passionné, e *adj et s* apasionado, da.
◆ *m et f* apasionado, da; *être passionné de quelque chose* estar apasionado por algo; *c'est un passionné d'échecs* es un apasionado del ajedrez.

passionnel, elle *adj* pasional.

passionnément *adv* apasionadamente, con pasión.

passionner *v tr* apasionar.
◆ *v pr* apasionarse.

passivement *adv* pasivamente.

passivité *f* pasividad.

passoire *f* colador *m*, pasador *m* (ustensile de cuisine).

pastel *m* pastel, lápiz de pastel (crayon) ‖ dibujo al pastel (dessin) ‖ pastel, hierba *f* pastel, glasto (plante).

pastelliste *m et f* pastelista (peintre).

pastèque *f* sandía.

pasteur *m* pastor; *le Bon Pasteur* el Buen Pastor.

pasteurisation *f* pasterización, pasteurización.

pasteurisé, e *adj* pasterizado, da; pasteurizado, da; *lait pasteurisé* leche pasterizada.

pasteuriser *v tr* pasterizar, pasteurizar.

pastiche *m* imitación *f*, plagio, remedo, pastiche (gallicisme).

pasticher *v tr* remedar, imitar, plagiar.

pastille [pasti:j] *f* pastilla ‖ pebete *m* (parfum).

pastis [pastis] *m* anisado (liqueur anisée) ‖ FIG & FAM follón, lío (gâchis).

pastoral, e *adj* pastoral, pastoril ‖ *la Symphonie pastorale* la Sinfonía pastoral.
◆ *f* pastoral.

pastoureau *m* pastorcillo, zagal; *les pastoureaux de Provence* los pastorcillos de Provenza.

pat [pat] *adj m* ahogado (aux échecs).

patachon *m* patrón de un patache ‖ FAM *vie de patachon* vida de juerga continua.

patagon, onne *adj* patagón, ona.

Patagon, onne *m et f* patagón, ona.

Patagonie *n pr f* GÉOGR Patagonia.

patapouf *m* FAM hombre gordo, gordinflón (homme) ‖ caída *f* ruidosa *ou* ridícula, batacazo (chute) ‖ ¡cataplum! (bruit).

pataquès [patakɛs] *m* lapsus linguae, gazapo.

patate *f* BOT batata, boniato *m* ‖ FAM patata, papa (pomme de terre) ‖ — *patate douce* batata ‖ POP *quelle patate!* ¡qué cernícalo!

patati, patata *interj* patatín, patatán; *que patatín, que patatán.*
patatras! [patatrɑ] *interj* ¡cataplum!
pataud, e [pato, oːd] *adj et s* FAM palurdo, da; patán; tolondro, dra (rustre).
→ *m et f* patón, ona; patudo, da (chiens) ‖ FAM persona regordeta.
Pataugas *m* (nom déposé) botines de tela gruesa especiales para caminatas.
pataugeoire *f* piscina infantil.
patauger* *v intr* chapotear ‖ FIG & FAM enredarse, atascarse (s'embrouiller).
patch *m* MÉD parche.
patchouli [patʃuli] *m* pachulí (parfum, plante).
patchwork *m* patchwork.
pâte *f* pasta ‖ masa (du pain) ‖ FIG & FAM madera, carácter *m*, índole *m* (caractère) ‖ — *pâte à choux* pasta de lionesas ‖ *pâte à frire* albardilla ‖ *pâte à modeler* plastilina ‖ *pâte à papier* lechada, pasta de papel ‖ *pâte brisée* masa quebrada, pastaflora ‖ *pâte d'amandes* pasta de almendras ‖ *pâte de bois* pulpa de madera ‖ *pâte de coing* carne de membrillo ‖ *pâte de fruit* dulce de fruta ‖ *pâte dentifrice* pasta dentífrica, crema dental ‖ *pâte feuilletée* pasta de hojaldre, masa hojaldrada ‖ *pâtes alimentaires* pastas alimenticias ‖ — *fromage à pâte dure, molle* queso blando, queso duro ‖ — FAM *bonne pâte* buena persona, buen hombre, hombre de buena pasta ‖ — FIG *mettre la main à la pâte* poner manos a la obra ‖ IMPR *tombé en pâte* empastelado.
pâté *m* pasta *f* de hígado, «foie gras» (charcuterie) ‖ pastel (de viande ou poisson); *pâté de lièvre* pastel de liebre ‖ FIG & FAM borrón, mancha *f* de tinta (d'encre) ‖ manzana *f* [(*amér*) cuadra] (de maisons) ‖ IMPR pastel, conjunto de letras mezcladas ‖ — *pâté de sable* flan de arena ‖ *pâté en croûte* empanada.
— OBSERV *Pâté* no tiene el sentido de *pastel* [dulce].
pâtée *f* cebo *m* (pour engraisser la volaille) ‖ comida (pour les animaux) ‖ FAM comida | papas *pl* (soupe épaisse).
patelin, e *adj et s* zalamero, ra.
→ *m* POP pueblo, pueblucho (village).
patelle *f* lapa (mollusque) ‖ fuente (plat) ‖ ANAT rótula, patela (rotule).
patène *f* ECCLÉS patena.
patenôtre *f* (*vx*) padrenuestro *m* (oraison dominicale) ‖ FAM rezo *m* (prière).
→ *pl* cuentas de rosario (grains de chapelet) ‖ letanía *sing*, palabras sin sentido (paroles ininteligibles).
patente *f* patente ‖ — MAR *patente de santé, nette, suspecte* patente de sanidad, limpia, sucia.
patenté, e *adj et s* patentado, da ‖ competente, titular (attitré) ‖ FIG & FAM de marca mayor; absoluto, ta; total.
patenter *v tr* patentar, conceder patente.
patère *f* pátera (coupe ancienne) ‖ alzapaño *m* (de rideau) ‖ percha, colgador *m*, gancho *m* (pour chapeaux, vêtements).
paternalisme *m* paternalismo.
paternaliste *adj* paternalista.
paterne *adj* almibarado, da (doucereux).
paternel, elle *adj* paterno, na; *grand-père paternel* abuelo paterno ‖ paternal; *autorité paternelle* autoridad paternal.

→ *m* POP padre, viejo (père).
paternellement *adv* paternalmente.
paternité *f* paternidad ‖ *recherche de paternité* investigación de la paternidad.
pâteux, euse *adj* pastoso, sa ‖ *avoir la bouche o la langue pâteuse* tener la lengua estropajosa *ou* pastosa.
pathétique *adj* patético, ca.
→ *adj et s m* ANAT patético, ca.
→ *m* el género patético.
pathogène *adj* patógeno, na.
pathologie *f* patología.
pathologique *adj* patológico, ca.
pathos [patoːs] *m* FAM énfasis *f*.
patibulaire *adj* patibulario, ria; *fourches patibulaires* horcas patibularias ‖ FIG *mine* o *air patibulaire* rostro patibulario.
patiemment [pasjamɑ̃] *adv* pacientemente, con paciencia.
patience [-sjɑ̃ːs] *f* paciencia ‖ solitario *m* (jeu de cartes) ‖ romanza (plante) ‖ MIL tablilla con una ranura para limpiar varios botones del uniforme al mismo tiempo ‖ — *patience!* ¡paciencia! ‖ — *être à bout de patience* estar hasta la coronilla, habérsele agotado a uno la paciencia ‖ *la patience vient à bout de tout* con paciencia todo se alcanza *ou* se gana el cielo ‖ *mettre la patience à rude épreuve* probar la paciencia ‖ *perdre patience* perder la paciencia ‖ *prendre en patience* llevar con paciencia ‖ *prendre patience* tener paciencia ‖ *s'armer de patience* armarse de paciencia.
patient, e [-sjɑ̃, ɑ̃ːt] *adj et s* paciente.
patienter [-sjɑ̃te] *v intr* tener paciencia, armarse de paciencia ‖ esperar (attendre).
patin *m* patín; *patins à roulettes* patines de ruedas; *patins à glace* patines de cuchilla ‖ solera *f* (rail) ‖ AVIAT patín ‖ TECHN zapata *f* (d'un frein) ‖ zapata *f*, eslabón (de chenille) ‖ calzo (construction) ‖ suela *f* (semelle).
patinage *m* patinaje; *patinage à roulettes* patinaje sobre ruedas; *patinage artistique* patinaje artístico ‖ patinazo (de roues).
patine *f* pátina.
patiner *v intr* patinar.
→ *v tr* dar pátina.
patinette *f* patineta (trottinette).
patineur, euse *m et f* patinador, ra.
patinoire *f* patinadero *m*, pista de patinar.
patio [patjo] *ou* [pasjo] *m* patio.
pâtir *v intr* padecer, sufrir ‖ resentirse, sufrir las consecuencias (supporter les conséquences) ‖ vivir pobremente ‖ *pâtir de* padecer.
pâtisserie *f* pastelería, repostería (art et boutique) ‖ pastel *m*, dulce *m* (gâteau).
pâtissier, ère *m et f* pastelero, ra; repostero, ra ‖ *crème pâtissière* crema.
patois, e [patwa, waːz] *adj* dialectal, provincial; *chanson patoise* cantar dialectal.
→ *m* habla *f* regional y popular, patois ‖ FAM jerga *f* (charabia).
patraque *f* FAM cacharro *m*, cascajo *m*, máquina que anda mal.
→ *adj* FAM achacoso, sa; pachucho, cha.
pâtre *m* pastor [de ganado].
patriarcal, e *adj* patriarcal; *régimes patriarcaux* regímenes patriarcales.

patriarcat [patriarka] *m* patriarcado.
patriarche [-arʃ] *m* patriarca.
patricien, enne [patrisjɛ̃, -jɛn] *adj* et *s* patricio, cia.
patrie *f* patria; *la mère patrie* la madre patria; *céleste patrie* patria celestial.
patrimoine *m* patrimonio, acervo; *patrimoine génétique, héréditaire* patrimonio genético, hereditario; *patrimoine culturel* acervo cultural.
patrimonial, e *adj* patrimonial; *biens patrimoniaux* bienes patrimoniales.
patriote *adj* et *s* patriota.
patriotique *adj* patriótico, ca.
patriotisme *m* patriotismo.
patron, onne *m* et *f* dueño, ña; amo, ma (chef) ‖ patrono, na (protecteur, saint).
◆ *m* patrono, empresario [*(amér)* empleador] ‖ jefe (d'un bureau) ‖ patrón (modèle) ‖ MAR patrón.
patronage *m* patrocinio (protection) ‖ patronato (société) ‖ círculo recreativo juvenil (d'une paroisse, d'une école) ‖ *sous le patronage de* patrocinado por.
patronal, e *adj* patronal; *syndicats patronaux* sindicatos patronales ‖ empresarial; *des initiatives patronales* iniciativas empresariales.
patronat [patrɔna] *m* empresariado, empresarios *pl*, patronato (*p us*).
patronnesse *adj f* patrocinadora, protectora (de bienfaisance).
patronyme *m* patronímico, nombre patronímico.
patronymique *adj* patronímico, ca.
patrouille [patruj] *f* patrulla.
patrouiller [-je] *v intr* MIL patrullar ‖ FAM chapotear (patauger).
◆ *v tr (vx)* FAM manosear, sobar (manier).
patrouilleur [-jœːr] *m* patrullero (bateau) ‖ avión de reconocimiento (avion) ‖ soldado que patrulla.
patte *f* pata (des animaux) ‖ pabellón *m* (d'un instrument) ‖ grapa, clavo *m* (clou) ‖ garabato *m*, garfio *m* (crochet) ‖ presilla, trabilla (de pantalon) ‖ lengüeta, oreja (d'un portefeuille) ‖ cartera, golpe *m* (des poches) ‖ rabillo *m* (attache) ‖ garra; *pattes d'astrakan* garras de astracán ‖ FAM pata (jambe) ‖ mano (main) ‖ FIG & FAM mano (adresse); *avoir de la patte* tener buena mano ‖ MAR uña (de l'ancre) ‖ MIL charretera, hombrera (d'épaule) ‖ MUS pauta (de papier à musique) ‖ — MÉCAN *patte d'araignée* pata de araña, ranura de engrase ‖ *patte de derrière* pie ‖ *patte de devant* mano ‖ *patte de lièvre* difumino ‖ *pattes de lapin* patillas cortas ‖ FAM *pattes de mouche* patas de mosca, garabatos (écriture) ‖ — FIG & FAM *coup de patte* indirecta ‖ — *pantalon à pattes d'éléphant* pantalones de campana ‖ — POP *à pattes* a pata, a patita | *bas les pattes!* ¡manos quietas! | *court sur pattes* paticorto ‖ *haut sur pattes* patilargo ‖ — *avoir un fil à la patte* estar cogido ‖ *donne la patte!* ¡da la mano! (chien) ‖ FIG *faire patte de velours* esconder las uñas, tratar con suavidad y dulzura ‖ FAM *graisser la patte* untar la mano, sobornar ‖ *marcher à quatre pattes* andar a gatas ‖ *montrer patte blanche* darse a conocer, demostrar que uno tiene carta blanca ‖ *ne remuer ni pied ni patte* no mover ni pie ni mano ‖ FIG *tomber entre* o *sous les pattes de quelqu'un* caer en las garras de uno, caer en poder de uno.

patte-d'oie *f* encrucijada (carrefour) ‖ pata de gallo (rides) ‖ MAR pata de ganso; *en patte d'oie* a pata de ganso.
— OBSERV *pl pattes-d'oie.*
pattemouille [patmuːj] *f* sarga, almohadilla, trapo *m* mojado para planchar.
pâturage *m* pasto, pasturaje, dehesa *f*; *de gros pâturages* pastos feraces ‖ pastoreo, pasto (action) ‖ *pâturage communal* pasto comunal, dula.
pâture *f* pasto *m*, pienso *m*, forraje *m* (fourrage) ‖ dehesa (pâturage) ‖ FAM pitanza, comida ‖ FIG pasto *m*, comidilla; *incident qui a servi de pâture aux journaux* incidente que ha sido la comidilla de los periódicos ‖ *droit de pâture* derecho de pasturaje *ou* de pastoreo ‖ — *vaine pâture* pasto en lugar inculto, pasto libre, dula ‖ — FIG *donner en pâture* entregar.
pâturer *v intr* pacer, pastar, pastorear.
paturon *m* cuartilla *f* (des chevaux).
Paul *n pr m* Pablo ‖ Paulo (pape).
paume *f* palma (de la main) ‖ pelota (jeu) ‖ frontón *m* [*(amér)* cancha] (terrain) ‖ palmo *m* (mesure) ‖ CONSTR lengüeta.
paumé, e *adj* FAM despistado, da.
◆ *m* et *f* FAM colgado, da; colgado, da de la vida.
paumer *v tr (vx)* golpear con la palma de la mano ‖ POP perder.
paupérisation *f* pauperización, empobrecimiento *m* (appauvrissement).
paupériser *v tr* pauperizar.
paupière *f* ANAT párpado *m* ‖ *fard à paupières* sombra de ojos ‖ FIG *ouvrir, fermer les paupières* abrir, cerrar los ojos.
paupiette *f* CULIN pulpeta; *paupiettes de veau* pulpetas *ou* rizos de ternera.
pause *f* pausa ‖ parada, detención, alto *m* (arrêt) ‖ MUS pausa, silencio *m* ‖ SPORTS descanso *m* (repos) ‖ MIL *faire la pause* descansar un rato.
pause-café *f* FAM pausa para tomar un café.
— OBSERV *pl pauses-café.*
pauvre *adj* pobre ‖ triste; *un pauvre salaire* un triste sueldo ‖ — *pauvre homme* pobre hombre, infeliz ‖ — *mon pauvre ami!* ¡hombre! ‖ FAM *un pauvre type* un desgraciado.
◆ *m* et *f* pobre ‖ *pauvre d'esprit* mentecato.
pauvrement *adv* pobremente, en la miseria.
pauvresse *f* pobre, mendiga (femme pauvre).
pauvreté *f* pobreza; *pauvreté n'est pas vice* pobreza no es vileza.
pavage [pavaːʒ]; **pavement** [pavmɑ̃] *m* empedrado (de pierres) ‖ adoquinado (de pavés) ‖ pavimento (surface portante) ‖ empedramiento (action) ‖ *pavage en bois* entarugado.
pavane *f* pavana (danse).
pavaner (se) *v pr* pavonearse.
pavé *m* adoquín (pierre taillée) ‖ tarugo (pavé de bois) ‖ empedrado, adoquinado, pavimento (sol pavé) ‖ calle *f*, arroyo (la rue) ‖ FIG & FAM golpe (coup) ‖ ladrillo (livre très épais) ‖ — INFORM *pavé numérique* teclado numérico ‖ FIG *le pavé de l'ours* elogio torpe ‖ — *battre le pavé* callejear ‖ *être sur le pavé* estar en la calle (être à la rue), no tener colocación (être sans emploi) ‖ *mettre sur le pavé* poner a uno en la calle *ou* en el arroyo ‖ FIG *tenir le*

haut du pavé estar en el candelero *ou* en primera fila.

paver *v tr* solar, pavimentar (recouvrir); *paver en mosaïque* solar con *ou* de mosaico ‖ empedrar (empierrer) ‖ adoquinar (de pavés) ‖ entarugar (en bois) ‖ FIG cubrir, llenar de (remplir) ‖ *l'enfer est pavé de bonnes intentions* el infierno está lleno de buenas intenciones.

pavillon [pavijɔ̃] *m* pabellón (drapeau) ‖ chalet (petit), hotelito (grand) ‖ pabellón (dans une exposition) ‖ pabellón, bocina *f* (tube acoustique) ‖ techo (d'une voiture) ‖ ANAT pabellón (oreille externe) ‖ ARCHIT pabellón ‖ ECCLÉS palia *f* (du tabernacle) ‖ MIL tienda *f* de campaña (tente) ‖ MAR *pavillon de complaisance* pabellón de conveniencia ‖ — MAR *amener pavillon* arriar bandera, rendirse ‖ FIG & FAM *baisser pavillon* arriar pabellón, dar su brazo a torcer, ceder ‖ *mettre le pavillon en berne* poner la bandera a media asta.

pavillonnaire *adj* urbanizado, da ‖ *zone pavillonnaire* urbanización.

pavoiser *v tr* empavesar (un bateau) ‖ engalanar, poner colgaduras en (un édifice).
◆ *v intr* poner colgaduras ‖ FIG & FAM echar las campanas al vuelo (manifester une grande joie) | echar sangre por las narices (boxeur).

pavot [pavo] *m* adormidera *f* (plante).

payable [pɛjabl] *adj* pagadero, ra; pagable; *payable en trente jours* pagadero en treinta días ‖ *payable à la livraison* a pagar a la recepción.

payant, e [-jɑ̃, ɑ̃:t] *adj* que paga (spectateur) ‖ de pago (que l'on paie) ‖ FAM rentable; provechoso, sa ‖ que compensa; *des résultats payants* resultados que compensan.
◆ *m* el que paga.

paye [pɛj *o* pɛ] *f* → **paie**.

payé, e [pɛje] *adj* pagado, da; *payé d'un sourire* pagado con una sonrisa ‖ *être payé de retour* ser correspondido.

payement [-jmɑ̃] *m* → **paiement**.

payer* [-je] *v tr* pagar; *payer un employé* pagar a un empleado ‖ pagar, abonar; *payer ses dettes* abonar sus deudas ‖ recompensar; *être payé de ses efforts* encontrarse recompensado por sus esfuerzos ‖ — *payer à la livraison* pagar a la *ou* contra entrega ‖ *payer à vue* pagar a la vista ‖ FIG *payer cher quelque chose* sacrificarse por algo ‖ *payer comptant* pagar al contado ‖ *payer de* dar pruebas de, mostrar; *payer d'audace* dar pruebas de atrevimiento ‖ *payer de retour* corresponder ‖ *payer de sa personne* dar la cara, exponerse (s'exposer), darse por entero (se consacrer) ‖ *payer de sa poche* poner de su bolsillo ‖ *payer de sa vie, de ses deniers* pagar con su vida, con su dinero ‖ *payer d'ingratitude* ser ingrato ‖ *payer en espèces* pagar en metálico *ou* en efectivo ‖ *payer les pots cassés* pagar los vidrios rotos, pagar el pato ‖ *payer quelqu'un avec la monnaie de sa pièce* pagar con la misma moneda ‖ *payer rubis sur l'ongle* pagar a tocateja ‖ — *être payé de sa personne* ser muy creído de sí mismo ‖ *être payé pour le savoir* tener la experiencia desgraciada de saberlo ‖ *il me l'a fait payer 10 francs* me cobró 10 francos ‖ *il me le paiera* me las pagará.
◆ *v intr* FAM rentar, ser productivo, va | compensar, dar resultado; *la générosité ne paie pas* la generosidad no compensa ‖ *cela ne paie pas de mine* eso tiene mal aspecto.

◆ *v pr* pagarse ‖ darse; *je vais me payer une vie de roi* me voy a dar una vida de rey ‖ obsequiarse, darse el gusto de, permitirse el capricho de ‖ cobrar, cobrarse (toucher); *paie-toi ce que je te dois* cóbrate lo que te debo ‖ — *se payer de* contentarse con, arreglárselas con ‖ *se payer de mots* hablar mucho y hacer poco ‖ FAM *se payer la tête* o *la figure de quelqu'un* tomar el pelo a uno, pitorrearse de uno.

payeur, euse [-jœːr, jøːz] *adj et s* pagador, ra ‖ habilitado (des traitements, etc.) ‖ *mauvais payeur* cliente moroso.

pays [pɛi] *m* país; *les pays européens* los países europeos ‖ tierra *f*, terruño, patria *f* chica (terroir) ‖ *provincial qui regrette son pays* provinciano que echa de menos su tierra ‖ tierra *f* (contrée); *c'est le pays des pêches* es la tierra de melocotones ‖ FAM paisano, na (du même village); *c'est mon pays* es paisano mío ‖ — *pays de cocagne* tierra de Jauja ‖ — *de mon pays* de mi tierra ‖ *du pays* de la región ‖ *mal du pays* nostalgia, morriña ‖ — *arriver de son pays*, être bien de son pays acabar de llegar de su tierra, ser provinciano ‖ *être en pays de connaissance* estar entre amigos ‖ *voir du pays* ver mundo.

paysage [-zaːʒ] *m* paisaje ‖ *paysage audiovisuel, politique* panorama audiovisual, político ‖ FAM *cela fait bien dans le paysage* hace buen efecto, adorna.

paysager, ère *adj* paisajístico, ca (relatif au paysage) ‖ ajardinado, da (semblable à un paysage) ‖ *bureau paysager* oficina decorada para la separación de los espacios.

paysagiste [-zaʒist] *adj et s* paisajista.

paysan, anne [-zɑ̃, an] *adj et s* campesino, na.

paysannat [-zana] *m* los campesinos *pl*, la clase *f* de los campesinos, la clase *f* agraria ‖ *(amér)* campesinado].

paysannerie [-zanri] *f* naturaleza campesina ‖ gente campesina ‖ rusticidad (grossièreté) ‖ escenas *pl* de costumbres campesinas.

Pays-Bas [pɛibɑ] *n pr m pl* GÉOGR Países Bajos, Holanda.

P.C. *abrév de permis de construire* permiso *ou* licencia de construcción *ou* edificación ‖ *abrév de poste de commandement* PM, Puesto de Mando ‖ *abrév de prêt conventionné* préstamo concertado (en condiciones favorables al deudor) ‖ *abrév de Parti Communiste* PC, Partido Comunista.

PC *abrév de personal computer* PC, ordenador personal, sobremesa.

P.C.F. *abrév de parti communiste français* PCF, Partido Comunista Francés.

P.C.V. *abrév de à PerCeVoir* a cobro revertido ‖ *appel en PCV* llamada a cobro revertido.

P.-D.G. *abrév de Président-directeur général* Presidente (y) Director General, Director Gerente [*(amér)* Gerente General].

P.E.A. *abrév de plan d'épargne en actions* PAA, plan de ahorro en acciones.

péage *m* peaje; *pont à péage* puente de peaje ‖ *chaîne à péage* canal de pago (télévision).

péagiste *m* et *f* peajero *m*.

peau [po] *f* piel (d'homme) ‖ cutis *m* (du visage) ‖ piel, pellejo *m* (d'animal) ‖ pellejo *m* (peau flasque) ‖ piel (d'un fruit) ‖ pellejo *m* (des raisins) ‖ monda, mondadura (des pommes de terre) ‖ piel, cáscara (d'orange, de banane) ‖ FAM nata (du lait) ‖ FIG & FAM pellejo *m*, pelleja; *défendre sa peau*

defender el pellejo ‖ — *peau d'âne* diploma, pergamino ‖ *peau de chagrin* piel de zapa ‖ *peau de chamois* gamuza ‖ *peau d'Espagne* piel de olor ‖ *peau de tambour* parche de tambor ‖ — *gants de peau* guantes de piel ‖ POP *une vieille peau* un vejestorio ‖ — FAM *avoir la peau de quelqu'un* cargarse a uno ‖ *avoir le diable dans la peau* ser de la piel del diablo ‖ FAM *avoir quelqu'un dans la peau* tener a alguien en la masa de la sangre ‖ *crever dans sa peau* reventar de gordo (obèse), reventar de rabia (de dépit) ‖ *entrer dans la peau de son personnage* identificarse con el personaje (acteur) ‖ *être bien, mal dans sa peau* sentirse, no sentirse bien en su pellejo ‖ *être dans la peau de quelqu'un* estar en el pellejo de alguien ‖ *faire bon marché de sa peau* jugarse el pellejo ‖ *faire peau neuve* cambiar de vida (de vie), de conducta (de conduite), de traje (de vêtements) ‖ *il mourra dans sa peau, il ne changera jamais de peau* genio y figura hasta la sepultura ‖ *il ne faut pas vendre la peau de l'ours avant de l'avoir tué* eso es el cuento de la lechera ‖ *je ne voudrais pas être dans sa peau* no quisiera estar en su pellejo ‖ *le loup mourra dans sa peau* muda el lobo los dientes, mas no las mientes ‖ *n'avoir que la peau et o sur les os* estar en los huesos, estar hecho un esqueleto ‖ *ne pas tenir dans sa peau* no llegarle a uno la camisa al cuerpo (de peur), no caber en el pellejo (de joie, etc.) ‖ *risquer sa peau* jugarse el pellejo ‖ *sauver sa peau* salvar el pellejo ‖ *se mettre dans la peau de quelqu'un* ponerse en el lugar de alguien ‖ *vendre cher sa peau* vender cara su vida.

peaufinage *m* retoque final.

peaufiner *v tr* dar los últimos retoques (parachever) ‖ pasar con una gamuza (passer une peau de chamois).

peausserie [posʀi] *f* pellejería.

peaussier *adj et s m* pellejero, zurrador.

pécari *m* pecarí, pécari, saíno (animal).

peccadille *f* pecadillo *m*, peccata minuta.

pechblende [pɛʃblɛ:d o blã:d] *f* pecblenda.

pêche *f* BOT melocotón *m* [(*amér*) durazno] (fruit) ‖ pesca; *la pêche du saumon* la pesca del salmón; *la pêche à la ligne* la pesca con caña; *pêche côtière, en haute mer* pesca de bajura *ou* de litoral, de altura ‖ *pêche au chalut* pesca de arrastre ‖ *pêche sous-marine* pesca submarina ‖ *port de pêche* puerto pesquero ‖ — FAM *avoir la pêche* tener marcha.

péché *m* pecado; *péché mortel, véniel, originel* pecado mortal, venial, original ‖ — *péché mignon* flaco, debilidad, vicio favorito ‖ — *à tout péché miséricorde* toda falta merece perdón, no hay pecado sin remisión.

pécher* *v intr* pecar ‖ — *pécher en paroles, par ignorance* pecar de palabra, por ignorancia ‖ *pécher par bêtise* pecar de necio.

pêcher *m* melocotonero [(*amér*) duraznero] (arbre).

pêcher *v tr* pescar; *pêcher à la ligne* pescar con caña ‖ FAM *pêcher*; *où as-tu pêché cette nouvelle?* ¿dónde has pescado esta noticia? ‖ *pêcher en eau trouble* pescar en río revuelto.

pêcherie *f* pesquería, pesquera ‖ explotación de la pesca.

pécheur, eresse *adj et s* pecador, ra.

pêcheur, euse *adj et s* pescador, ra; *pêcheur à la ligne* pescador de caña; *pêcheur de perles* pescador de perlas.

◆ *adj* pesquero, ra; *bateau pêcheur* barco pesquero.

pécore *f* ([*p us en sentido propio*]) pécora, bestia ‖ FIG & FAM tonta, mema (*stupide*).

pectine *f* CHIM pectina.

pectoral, e *adj* pectoral; *muscles pectoraux* músculos pectorales; *pâte pectorale* pasta pectoral.
◆ *m* pectoral ‖ racional, pectoral (des juifs).

pécule *m* peculio.

pécuniaire *adj* pecuniario, ria; *peine pécuniaire* pena pecuniaria.

pécuniairement *adv* pecuniariamente, económicamente ‖ *il est pécuniairement en difficulté* tiene problemas económicos *ou* de dinero.

pédagogie *f* pedagogía.

pédagogique *adj* pedagógico, ca.

pédagogue *m et f* pedagogo, ga.

pédale *f* pedal *m*; *les pédales d'une bicyclette* los pedales de una bicicleta ‖ FIG & FAM ciclismo *m* (sports) ‖ POP marica *m* (homosexuel) ‖ — *pédale de l'orgue* contra ‖ FIG & FAM *mettre la pédale douce* poner la sordina ‖ *perdre les pédales* perder los estribos.

pédaler *v intr* pedalear, dar a los pedales ‖ ir en bicicleta ‖ POP correr.

pédalier *m* piñón mayor, plato [neologismo] (bicyclette) ‖ teclado, pedal (de l'orgue).

pédalo *m* hidropedal.

pédant, e *adj et s* pedante.

pédanterie *f*; **pédantisme** *m* pedantería *f*, pedantismo *m*.

pédé *adj m et s m* POP maricón, marica.

pédéraste *m* pederasta.

pédérastie *f* pederastia.

pédestre *adj* pedestre ‖ *randonnée pédestre* senderismo.

pédiatre *m et f* pediatra, pedíatra (*médecin pour enfants*).

pédiatrie *f* pediatría.

pédicule *m* ANAT pedúnculo ‖ BOT pedículo, pedúnculo.

pédicure *m et f* pedicuro, ra; callista (*fam*).

pedigree [pedigre] *ou* [pedigri] *m* pedigree, pedigrí, carta *f* de origen, genealogía *f* de un animal de raza.

pédologie *f* pedología, edafología (science du sol).

pédologue *m et f* edafólogo, ga.

pédoncule *m* pedúnculo.

pédophilie *f* pedofilia.

pédopsychiatre *m et f* psiquiatra infantil.

pédopsychiatrie *f* psiquiatría infantil.

peeling *m* peeling (cosmétique).

Pégase *n pr m* Pegaso.

P.E.G.C. abrév de *professeur d'enseignement général de collège* profesor de segunda enseñanza [Francia].

pègre *f* hampa.

peigne [pɛɲ] *m* peine ‖ peineta *f* (peigne haut) ‖ carda *f* (pour la laine) ‖ rastrillo (pour le lin et le chanvre) ‖ venera *f*, peine (mollusque) ‖ plantilla *f* (des décórateurs) ‖ — BOT *peigne-de-Vénus* quijones ‖ *peigne fin* peine espeso, lendrera ‖ — FIG *passer un quartier au peigne fin* registrar un barrio a fondo || *se donner un coup de peigne* pasarse el peine.

peigné *m* tejido peinado.

peigner *v tr* peinar || TECHN cardar, peinar (textile) | rastrillar (le lin, le chanvre).

◆ *v pr* peinarse.

peignoir [pɛɲwar] *m* bata *f* (robe de chambre) || peinador (pour se coiffer) || albornoz (sortie de bain).

peinard, e [pɛnaːr, ard] *adj* POP pancho, cha || *on est peinard ici* se está la mar de bien aquí.

peindre* *v tr* pintar; *peindre en rouge* pintar de rojo; *peindre à fresque, à la brosse, à l'huile, en détrempe* pintar al fresco, a la brocha, al óleo, al temple || FIG pintar, describir (décrire).

peine *f* pena; *peine capitale, afflictive, de mort, infamante* pena capital, aflictiva, de muerte, infamante || trabajo *m*, esfuerzo *m* (travail) || pesar *m* (chagrin) || dificultad; *avoir de la peine à marcher* tener dificultad para andar || *— à grand-peine* a duras penas || *à peine* apenas || *avec peine* difícilmente, con pena || *comme une âme en peine* como un alma en pena || *homme de peine* peón, azacán, mozo || *pour la peine* en premio || *sous peine de* so pena de, bajo pena de || *— à chaque jour suffit sa peine* cada día trae su afán || *ce n'est pas la peine de* no merece ou no vale la pena || *donnez-vous la peine de vous asseoir* tome asiento por favor || *est-ce bien la peine de...?* ¿de qué sirve...? || *être dans la peine* estar afligido || *être o se mettre en peine de* inquietarse por, preocuparse por || *faire de la peine* dar pena || *faire peine à* dar lástima, dar pena || *j'ai peine à le dire* me cuesta trabajo decirlo || *mourir à la peine* morir trabajando || *on n'a rien sans peine* no hay atajo sin trabajo || *perdre sa peine* perder el tiempo || *se donner de la peine* hacer grandes esfuerzos || *se donner o prendre la peine de* tomarse el trabajo o la molestia de || *valoir la peine* merecer ou valer la pena.

peiné, e [pene] *adj* apenado, da; pesaroso, sa.

peiner [pene] *v tr* afligir, apenar || (vx) cansar, dar que hacer, fatigar.

◆ *v intr* penar, padecer, sufrir || tener dificultad ou trabajo; *peiner pour faire un travail* tener dificultad para hacer un trabajo.

◆ *v pr* (vx) cansarse, darse mucho trabajo.

peint, e [pɛ̃, ɛ̃ːt] *adj* pintado, da.

peintre *m* pintor || *— peintre en bâtiment* pintor de brocha gorda || *— artiste peintre* pintor de cuadros || *femme peintre* pintora.

peinture *f* pintura; *peinture à l'huile* pintura al óleo || *— peinture à la détrempe* pintura al temple || *peinture à l'eau* acuarela || *«peinture fraîche»* «recién pintado» || *peinture mate, brillante* pintura mate, brillante || *— FIG en peinture* en apariencia || FIG et FAM *ne pas pouvoir voir quelqu'un en peinture* no poder ver a alguien ni en pintura ou ni pintado.

peinturer *v tr* pintar.

peinturlurer *v tr et intr* FAM pintarrajear, pintorrear.

péjoratif, ive *adj* despectivo, va; peyorativo, va.

péjorativement *adv* despectivamente, peyorativamente, en sentido peyorativo.

pékan *m* pecán, marta *f* del Canadá.

Pékin *n pr* GÉOGR Pekín.

pékinois, e *adj* pekinés, esa; pequinés, esa.

◆ *m* pekinés, pequinés (chien).

Pékinois, e *m et f* pekinés, esa; pequinés, esa.

P.E.L. abrév de *plan d'épargne logement* plan francés de ahorro para la vivienda.

pelade *f* MÉD peladera, alopecia.

pelage *m* pelaje (les poils) || peladura *f*, pelado (action).

pélagique *adj* pelágico, ca (de la haute mer); *faune pélagique* fauna pelágica.

pelé, e *adj* pelado, da || pelado, da; mondado, da (pommes de terre, etc.).

◆ *m et f* pelón, ona; calvo, va (chauve) || FIG & FAM *quatre pelés et un tondu* cuatro pelados, cuatro gatos.

pêle-mêle *adv* confusamente, en desorden, en barullo.

◆ *m inv* revoltijo, desorden, mescolanza *f*, batiborrillo (mélange) || marco para varias fotografías (cadre).

peler* *v tr* pelar, apelambrar, quitar el pelo (ôter le poil) || pelar, mondar, quitar la piel (fruits, légumes) || descortezar (un arbre).

◆ *v intr* mudar la piel.

pèlerin, e [pɛlrɛ̃, in] *m et f* peregrino, na || (vx) viajero, ra; viajante (voyageur).

◆ *m* halcón (faucon) || langosta *f* (criquet) || tiburón (requin).

pèlerinage [pɛlrinaːʒ] *m* peregrinación *f*; *pèlerinage à Saint-Jacques-de-Compostelle* peregrinación a Santiago de Compostela || romería *f*; *aller en pèlerinage à un ermitage* ir de romería a una ermita || lugar de peregrinación (lieu).

pèlerine *f* esclavina (vêtement).

pélican *m* ZOOL pelícano, alcatraz (d'Amérique) || pelícano (outil de dentiste).

pelisse *f* pelliza || MIL pelliza, dormán *m*.

pellagre *f* MÉD pelagra.

pelle *f* pala || pala, hoja (d'aviron) || paleta (à gâteaux) || recogedor *m* (à balayures) || *— pelle mécanique* pala mecánica ou cargadora, excavadora || *—* FAM *à la pelle* a patadas, en abundancia, a espuertas, a porrillo, a punta de pala || POP *ramasser une pelle* coger una liebre, caerse (tomber), fracasar (échouer) || FIG & FAM *remuer l'argent à la pelle* apalear el dinero.

pelletée *f* palada, paletada, pala || FIG multitud, carretada (grande quantité).

pelleter* *v tr* apalear; *pelleter des grains* apalear los granos || palear, remover con la pala.

pelleteuse [pɛltøːz] *f* TECHN excavadora, pala cargadora || *pelleteuse chargeuse* pala cargadora.

pelletier, ère *adj et s* peletero, ra.

pellicule *f* pellejo *m* (du raisin) || caspa (du cuir chevelu) || PHOT película, carrete *m*.

Péloponnèse; Péloponèse *n pr m* GÉOGR Peloponeso.

pelotari *m* pelotari (joueur de pelote basque).

pelote [plɔt] *f* pelota, bola (boule) || SPORTS pelota; *pelote basque* pelota vasca || ovillo *m*, madeja (laine, de fil) || acerico *m*, almohadilla (pour piquer les épingles) || estrella (tache blanche sur le front des chevaux) || *— avoir les nerfs en pelote* tener los nervios de punta || FIG & FAM *faire sa pelote* hacer su agosto, ahorrar.

peloter [-te] *v tr* ovillar (laine) || enrollar (ficelle) || pescar con cebo (pêche) || POP sobar, manosear, magrear (caresser) || POP & FIG dar coba, hacer la pelotilla (aduler).

peloton [-tɔ̃] *m* pelotón (groupe) ‖ ovillo pequeño, ovillejo (petite pelote) ‖ *(vx)* acerico ‖ MIL pelotón; *peloton d'exécution* pelotón de ejecución.

pelotonner *v tr* ovillar, devanar, hacer ovillos (faire des pelotes).
◆ *v pr* ovillarse, hacerse un ovillo ‖ FIG acurrucarse, arrebujarse, apelotonarse (se blottir).

pelouse *f* césped *m* ‖ cuadro *m* de césped en un jardín ‖ entrada (d'un champ de course).

peluche *f* felpa (étoffe) ‖ pelusa ‖ *animal en peluche* muñeco de peluche.

pelucher *v intr* soltar pelusa, deshilacharse (les étoffes).

pelucheux, euse *adj* que se deshilacha.

pelure *f* piel (des fruits) ‖ mondadura, monda (d'orange, de pomme de terre) ‖ pellejo *m* (de raisin) ‖ tintillo (vin) ‖ POP gabán *m*, abrigo *m* ‖ — *pelure d'oignon* binza, tela de cebolla (pellicule) ‖ — *papier pelure* papel cebolla.

pelvien, enne *adj* ANAT pelviano, na; de la pelvis.

pelvis [pɛlvis] *m* ANAT pelvis *f*.
— OBSERV En francés la palabra usual es *bassin*.

pénal, e *adj* penal; *codes pénaux* códigos penales.

pénalisant, e *adj* desventajoso, sa; perjudicial.

pénalisation *f* SPORTS castigo *m*, falta, penalidad ‖ multa (bridge).

pénaliser *v tr* penalizar ‖ SPORTS sancionar.

pénaliste *m et f* DR penalista.

pénalité *f* penalidad.

penalty [penalti] *m* penalty, castigo máximo (football).
— OBSERV pl *penaltys*.

pénates [penat] *m pl* penates ‖ FAM *regagner ses pénates* volver a casa.

penaud, e [pəno, oːd] *adj* corrido, da; confuso, sa; avergonzado, da.

penchant *m* *(vx)* inclinación *f*, pendiente *f* (pente) ‖ FIG inclinación *f*, propensión *f*; *avoir un penchant pour la musique* tener inclinación hacia la música.

penché, e *adj* inclinado, da; *la tour penchée de Pise* la torre inclinada de Pisa; *penché en avant* inclinado hacia adelante ‖ FAM *airs penchés* ademanes afectados.

pencher *v tr* inclinar.
◆ *v intr* inclinarse, ladearse, estar ladeado ‖ FIG propender a, ser propenso a, inclinarse a (être porté à) ‖ estar en declive (terrain) ‖ correr; *État qui penche vers sa ruine* Estado que corre a la ruina ‖ — *pencher pour* inclinarse a ‖ — *faire pencher la balance* inclinar el fiel de la balanza.
◆ *v pr* inclinarse ‖ — *se pencher au dehors* asomarse ‖ *se pencher sur* estudiar, examinar.

pendable *adj* que merece la horca ‖ condenable, digno de castigo ‖ *tour pendable* mala pasada, jugarreta, fechoría, barrabasada.

pendaison *f* horca; *mériter la pendaison* merecer la horca ‖ acción de colgar ‖ *pendaison de crémaillère* inauguración (con festejo) de una casa.

pendant *prép* durante; *pendant une semaine* durante una semana ‖ *pendant ce temps-là* mientras tanto, entretanto, durante ese tiempo ‖ *pendant que* mientras, mientras que.

pendant, e *adj* colgante, que cuelga, pendiente ‖ FIG pendiente, por resolver (affaire).

◆ *m* pareja *f*; compañero, ra (objet semblable) ‖ FIG semejante, igual (semblable); *l'un est le pendant de l'autre* el uno es el igual del otro ‖ MIL tirante (de l'épée) ‖ — *pendants d'oreilles* pendientes, zarcillos ‖ — *faire pendant* hacer juego ou pareja ‖ *fruits pendants par branches et par racines* cosechas sin hacer.

pendeloque *f* almendra, colgante *m* (d'un lustre) ‖ colgante *m* (de boucle d'oreilles) ‖ dije *m* (breloque).

pendentif *m* ARCHIT pechina *f* ‖ colgante, dije, «pendentif» (bijou).

penderie *f* guardarropa *m*, ropero *m*.

pendouiller [pɑ̃duje] *v intr* FAM balancearse (pendre mollement) ‖ colgar ridículamente.

pendre *v tr* colgar, suspender; *pendre un jambon* colgar un jamón ‖ ahorcar, colgar (un criminel).
◆ *v intr* colgar, estar colgado, pender; *pendre à* colgar de ‖ colgar; *une robe qui pend d'un côté* un vestido que cuelga de un lado ‖ — FAM *cela lui pend au nez* eso le amenaza ‖ *dire pis que pendre de quelqu'un* desollar vivo a alguien, echar pestes de alguien ‖ FIG *être pendu à* estar pendiente de ‖ *il est bon à pendre* merece la horca ‖ POP *va te faire pendre!* ¡que te parta un rayo!
◆ *v pr* colgarse; *se pendre à une branche* colgarse de una rama ‖ ahorcarse (se donner la mort).

pendu, e *adj* colgado, da; suspendido, da (suspendu) ‖ ahorcado, da (par pendaison) ‖ — FAM *avoir la langue bien pendue* tener la lengua muy suelta, no tener pelos en la lengua ‖ *je veux bien être pendu si* que me ahorquen si.
◆ *m* ahorcado ‖ — POP *veine de pendu* suerte loca, potra ‖ — *il ne faut pas parler de corde dans la maison d'un pendu* no hay que mentar la soga en casa del ahorcado.

pendulaire *adj* pendular (mouvement).

pendule *m* péndulo, péndola *f* ‖ *pendule compensateur* péndola compensadora.
◆ *f* reloj *m* [de pared, de chimenea].

pendulette *f* reloj *m* pequeño.

pêne *m* pestillo (d'une serrure) ‖ *pêne dormant* pestillo de golpe.

pénéplaine *f* GÉOGR penillanura.

pénétrant, e *adj* penetrante.

pénétration *f* penetración.

pénétré, e *adj* penetrado, da ‖ convencido, da; *d'un ton pénétré* con tono convencido ‖ lleno, na; *pénétré de repentir* lleno de arrepentimiento ‖ *être pénétré de soi-même, de son importance* ser pagado de sí mismo.

pénétrer* *v tr et intr* penetrar ‖ FIG calar, penetrar, entrar; *pénétrer à fond dans l'âme humaine* calar hondamente en el alma humana.
◆ *v pr* convencerse; *se pénétrer d'une vérité* convencerse de una verdad.

pénible *adj* penoso, sa; afligente ‖ FAM pesado, da (ennuyeux).

péniblement *adv* penosamente, a duras penas.

péniche *f* MAR gabarra, chalana (bateau) ‖ *péniche de débarquement* barcaza de desembarco.

pénicilline *f* MÉD penicilina.

pénicillium [penisiljɔm] *m* penicillium (moisissure).

péninsulaire *adj* peninsular.

péninsule *f* península; *la péninsule Ibérique* la península Ibérica.
pénis [penis] *m* ANAT pene.
pénitence *f* penitencia; *en o pour pénitence* como penitencia ‖ castigo *m* (punition) ‖ — *faire pénitence* hacer penitencia ‖ *mettre en pénitence* castigar.
pénitencier *m* penitenciario (prêtre) ‖ penitenciaría *f*, penal.
pénitent, e *adj* et *s* penitente.
pénitentiaire [penitãsjɛːr] *adj* penitenciario, ria.
penne *f* pena, pluma grande (plume) ‖ barbas *pl*, plumas *pl* (d'une flèche) ‖ pezuelo (d'une étoffe) ‖ MAR pena, penol *m* (d'antenne).
penné, e *adj* pinado, da (feuille).
Pennines *n pr f pl* GÉOGR Peninos *m*.
Pennsylvanie *n pr f* GÉOGR Pensilvania.
penny [pɛni] *m* penique.
pénombre *f* penumbra.
pensable *adj* concebible ‖ *ce n'est pas pensable* ¡será posible!
— OBSERV Se emplea sobre todo en forma negativa.
pensant, e *adj* pensante, que piensa ‖ — *homme bien pensant* hombre de bien ‖ *journal bien pensant* periódico tradicionalista.
pense-bête *m* recordatorio.
pensée *f* pensamiento *m* ‖ parecer *m* (opinion) ‖ idea; *la pensée de la mort* la idea de la muerte ‖ recuerdo *m* (souvenir) ‖ BOT pensamiento *m*, trinitaria (fleur) ‖ — *arrière-pensée* segunda intención, reserva mental ‖ *libre pensée* libre pensamiento ‖ — *en pensée* en el pensamiento *ou* la mente ‖ *il me vient à la pensée* me viene a las mentes, se me ocurre ‖ *se représenter quelque chose par la pensée* formarse una idea de algo, imaginarse algo.
penser *v intr* et *tr* pensar, creer; *je pense que* creo que ‖ — *penser à* pensar en; *penser à tout* pensar en todo ‖ *penser à mal* tener malas intenciones ‖ — *au moment où l'on y pense le moins* cuando menos se piensa ‖ *donner* o *laisser à penser* dar que pensar ‖ *je n'en pense pas moins* creo que se queda usted corto ‖ *je ne pense pas* no creo ‖ *je pense, donc je suis* pienso, luego existo ‖ *liberté de penser* libertad de pensamiento ‖ *n'y pensons plus* olvidemos eso ‖ *penses-tu!* ¡ni hablar!, ¡que te crees tú eso!, ¡qué va! ‖ *qu'en pensez-vous?* ¿qué le parece?, ¿qué opina? ‖ *tout bien pensé* pensándolo bien, mirándolo bien ‖ *tu n'y penses pas!* ¡ni lo sueñes!
penser *m* POÉT pensamiento.
penseur, euse *m* et *f* pensador, ra ‖ *libre-penseur* librepensador.
pensif, ive *adj* pensativo, va.
pension *f* pensión ‖ pensionado *m*, colegio *m* de internos, internado *m* (maison d'éducation) ‖ pensión pasiva (de l'État) ‖ — *pension complète* pensión completa ‖ *pension de famille* casa de huéspedes ‖ *pension de guerre, d'invalidité* pensión de guerra, pensión de retraite ou prestación por invalidez ‖ *pension de retraite, alimentaire* pensión de retiro, alimenticia ‖ *pension viagère* pensión vitalicia ‖ — *élève en demi-pension* alumno mediopensionista ‖ — *être en pension* estar interno en un colegio ‖ *mettre en pension* meter en internado ‖ *prendre pension* hospedarse ‖ *prendre quelqu'un en pension* hospedar.
pensionnaire *m* et *f* huésped, da (hôte), pensionista; interno, na (dans un collège) ‖ pensionado, da; pensionista (qui reçoit une pension) ‖ actor fijo y a sueldo del Teatro Francés (Comédie-Française) ‖ *demi-pensionnaire* medio pensionista (dans un lycée).
pensionnat *m* internado, colegio de internos, pensionado.
pensivement *adv* pensativamente.
pensum [pɛ̃sɔm] *m* pensum, castigo.
— OBSERV pl *pensums*.
pentacorde [pɛ̃takɔrd] *m* MUS pentacordio.
pentaèdre [-ɛdr] *m* GÉOM pentaedro.
→ *adj* pentaédrico, ca.
pentagonal, e [-gɔnal] *adj* pentagonal; *prismes pentagonaux* prismas pentagonales.
pentagone [-gɔn] *m* pentágono ‖ *le Pentagone* el Pentágono.
→ *adj* pentagonal, pentágono, na.
pentathlon [-tlɔ̃] *m* pentatlón (épreuve athlétique).
pentatonique [-tɔnik] *adj* MUS pentatónico, ca.
pente [pãːt] *f* pendiente, cuesta; *pente douce, raide* pendiente suave, pronunciada *ou* empinada ‖ inclinación, declive *m* (inclination) ‖ FIG inclinación, propensión (penchant) ‖ — *à deux pentes* de dos aguas (toiture) ‖ *en pente* inclinado, da; en pendiente ‖ — POP *avoir le gosier* o *la dalle en pente* beber como una cuba ‖ *être sur la mauvaise pente* andar por mal camino.
Pentecôte *n pr f* Pentecostés *m*; *à la Pentecôte* por Pentecostés ‖ *lundi de Pentecôte* lunes de Pentecostés.
pentu, e *adj* en pendiente, inclinado, da.
pénurie *f* penuria, escasez; *pénurie de main-d'œuvre* escasez de mano de obra.
P.E.P.; Pep abrév de *plan d'épargne populaire* plan de ahorro popular.
pépé *m* FAM abuelito ‖ FIG & FAM carcamal, carroza.
pépée *f* POP gachí.
pépère *m* FAM abuelito (grand-père) ‖ abuelo (homme d'un certain âge).
→ *adj* FAM tranquilo, la; comodón, ona; *une vie pépère* una vida tranquila | macanudo, da (formidable).
pépie *f* moquillo *m*, pepita (des oiseaux) ‖ FIG & FAM *avoir la pépie* tener mucha sed, estar seco.
pépiement [pepimã] *m* pío, piar (des oiseaux).
pépier* *v intr* piar (oiseaux).
pépin *m* pipa *f*, pepita *f* (des fruits) ‖ FAM paraguas (parapluie) ‖ POP engorro, lío (difficulté).
pépinière *f* vivero *m*, semillero *m*, almáciga, plantario *m* (d'arbres) ‖ FIG cantera, vivero *m*; *c'est une pépinière d'artistes* es una cantera de artistas.
pépiniériste *adj* et *s* arbolista, encargado de un vivero.
pépite *f* pepita (de métal).
péplum [peplɔm] *m* peplo.
— OBSERV pl *péplums*.
P.E.P.S. abrév de *premier entré, premier sorti* FIFO, primeras entradas, primeras salidas.
pepsine *f* CHIM pepsina.
peptide *m* péptido.
peptique *adj* péptico, ca.
péquenot [pɛkno] *m* POP paleto, cateto.

P.E.R. abrév de *plan d'épargne retraite* plan francés de ahorro para la jubilación.
percale *f* percal *m* (tissu).
percaline *f* percalina (tissu).
perçant, e *adj* horadante; puntiagudo, da (outil) || FIG agudo, da (vue, douleur, voix) || perspicaz, penetrante (esprit).
percée *f* abertura, boquete *m* (ouverture) || paso *m* (dans une forêt) || claro *m* (en peinture) || ARCHIT luz, vano *m* (porte, fenêtre) || MIL brecha, ruptura, penetración || — *faire une percée* abrirse paso *ou* ouvrir une percée abrir una calle.
percement *m* abertura *f*, perforación *f* || apertura *f* (d'une rue).
perce-neige *f inv* narciso *m* de las nieves (fleur).
perce-oreille [pɛrsɔrɛj] *m* tijereta *f*, cortapicos (forficule).
— OBSERV pl *perce-oreilles*.
percepteur, trice *adj* perceptor, ra.
◆ *m* recaudador de contribuciones (d'impôts).
perceptibilité *f* perceptibilidad.
perceptible *adj* perceptible.
perceptif, ive *adj* PHILOS perceptivo, va.
perception *f* percepción (sens) || recaudación (d'impôts) || oficina de recaudador (bureau) || *recette et perception* depositaría-pagaduría.
percer* *v tr* horadar, taladrar, agujerear (trouer) || abrir (rue, fenêtre) || perforar, abrir; *percer un tunnel* perforar un túnel || atravesar, hender; *percer la foule* hender la muchedumbre || atravesar; *le soleil perce les nuages* el sol atraviesa las nubes || traspasar (transpercer); *percer le cœur* traspasar el corazón || calar (l'eau) || abrir (mettre en perce) || FIG penetrar, adivinar; *percer un secret* penetrar un secreto || *percer ses dents* echar los dientes.
◆ *v intr* abrirse, reventarse (un abcès) || manifestarse, traslucirse (se déceler) || FIG hacer carrera, abrirse camino; *cet homme percera* este hombre se abrirá camino | MIL abrirse paso || — *percer à jour* calar de parte a parte.
perceuse *f* taladro *m*.
percevoir* *v tr* percibir, cobrar, recaudar (de l'argent) || FIG percibir; *percevoir un bruit* percibir un ruido.
perche *f* vara, garrocha (gaule) || trole *m* (de tramway) || estaca (à houblon) || pértiga; *saut à la perche* salto con pértiga || pértica (mesure agraire) || perca (poisson) || asta (du cerf) || alcándara (fauconnerie) || — *perche à son* brazo *ou* pértiga del micrófono || FIG *tendre la perche à quelqu'un* echar un cable a uno, ayudar a alguien | *une grande perche* una espingarda.
percher *v intr* et *pr* posarse, encaramarse || FIG & FAM vivir, alojarse (loger).
◆ *v intr* encaramar, colocar en un sitio elevado.
percheron, onne *adj* et *s* del Perche.
◆ *m* et *f* percherón, ona (grand cheval robuste).
perchiste *m* et *f* SPORTS saltador, ra de pértiga || CINÉM perchista, jirafista.
perchman *m* perchista, jirafista.
perchoir *m* percha *f*, vara *f* (des oiseaux) || palo (de poulailler) || alcándara *f*, percha *f* (en fauconnerie) || varilla *f* (dans une cage).

perclus, e [pɛrkly, y:z] *adj* baldado, da; tullido, da.
percolateur *m* percolador, cafetera *f* de filtro muy grande.
perçu, e [pɛrsy] *adj* percibido, da || cobrado, da (argent).
percussion *f* percusión; *arme à percussion* arma de percusión; *instrument à percussion* instrumento de percusión.
percussionniste *m et f* percusionista.
percutant, e *adj* percutiente || FIG & FAM contundente (frappant).
percuter *v tr* percutir.
◆ *v intr* chocar (heurter).
perdant, e *adj* et *s* perdedor, ra || — *les numéros perdants* los números no agraciados *ou* no premiados || *partir perdant* no salir favorito (un cheval), ir vendido (à un examen).
perdition *f* perdición; *lieu de perdition* antro de perdición || *en perdition* en peligro de naufragio.
perdre *v tr* perder; *perdre beaucoup d'argent au jeu* perder mucho dinero en el juego || echar a perder, estropear, perder (abîmer); *chapeau perdu par la pluie* sombrero estropeado por la lluvia || — *perdre au change* perder en el cambio || *perdre courage* desanimarse, descorazonarse || *perdre de vue* perder de vista || FAM *perdre la tête* o *le nord* o *la tramontane* o *les pédales* perder la cabeza *ou* los estribos || *perdre le fil d'un discours* perder el hilo de un discurso || *perdre l'esprit* perder la razón o el juicio || *perdre pied* perder pie || *perdre ses moyens* perder sus facultades || *perdre son temps* perder el tiempo || — *à perdre haleine* hasta perder el aliento *ou* la respiración || *tu ne perds rien pour attendre* ya verás lo que es bueno.
◆ *v intr* perder | perder valor, valer menos (valoir moins) || salirse (fuir) || MAR bajar || *navire qui perd* barco que no avanza *ou* que avanza poco.
◆ *v pr* perderse || *je m'y perds* no comprendo nada, estoy hecho un lío.
perdreau *m* perdigón (oiseau).
perdrix [pɛrdri] *f* perdiz (oiseau) || — *perdrix blanche, grise* perdiz blanca, pardilla.
perdu, e *adj* perdido, da || desahuciado, da (malade) || invisible; *reprise perdue* remiendo invisible || esfumado, da (peinture); *contours perdus* contornos esfumados || — *perdu de dettes* agobiado *ou* acribillado de deudas || — *à corps perdu* temerariamente, impetuosamente, a cuerpo descubierto || *à fonds perdus* a fondo perdido *ou* muerto *ou* vitalicio || *à vos moments perdus* en sus ratos libres, a ratos perdidos || *peine perdue* trabajo inútil, trabajo perdido || *sentinelle perdue* centinela avanzada || *se sentir tout perdu* no hallarse || *un de perdu, dix de retrouvés* cuando una puerta se cierra ciento se abren.
◆ *m* FAM loco; *comme un perdu* como un loco.
perdurer *v intr* perdurar.
père *m* padre || FAM tío; *le père François* el tío Paco || — *père conscrit* padre conscripto, senador de la antigua Roma || *père noble* barba (au théâtre) || *Père Noël* Papá Noel || *père nourricier* padre nutricio, marido de la nodriza || *père spirituel* director *ou* padre espiritual || — *beau-père* suegro, padre político || *de père en fils* de padres a hijos || *Dieu le Père* Dios Padre || *grand-père* abuelo || FAM *gros père* gordinflón || *le Père éternel* el Padre Eterno || *le Saint-Père*

el Padre Santo, el Santo Padre, el Papa [suele criticarse como galicismo la forma *Santo Padre*] ‖ *les Pères de l'Église* los Santos Padres, los Padres de la Iglesia ‖ *les père et mère* los padres ‖ *mon père* padre (à un prêtre) ‖ *petits pères* padres mínimos ‖ *placement de père de famille* inversión segura ‖ *tel père tel fils* de tal palo tal astilla ‖ *— c'est bien le fils de son père* de casta le viene al galgo.

pérégrination *f* peregrinación.

péremption [perãpsjɔ̃] *f* caducidad de la instancia, perención *(p us)* ‖ *date de péremption* fecha de caducidad.

péremptoire [perãptwaːr] *adj* perentorio, ria.

pérenne *adj* perenne.

pérennisation *f* perpetuación.

pérenniser *v tr* perpetuar, hacer perenne.

pérennité *f* perennidad.

péréquation *f* perecuación, reparto *m* por igual, distribución equitativa, compensación.

perfectible *adj* perfectible.

perfection [pɛrfɛksjɔ̃] *f* perfección ‖ *à la perfection* a la perfección, perfectamente.

perfectionnement [-sjɔnmã] *m* perfeccionamiento.

perfectionner [-sjɔne] *v tr* perfeccionar.
 ➤ *v pr* mejorar; *se perfectionner en anglais* mejorar sus conocimientos de inglés.

perfectionnisme *m* perfeccionismo.

perfectionniste *adj* perfeccionista.

perfide *adj* et *s* pérfido, da.

perfidement *adv* pérfidamente.

perfidie *f* perfidia.

perforant, e *adj* perforante ‖ *ulcère perforant* úlcera perforada.

perforateur, trice *adj* et *s* perforador, ra.

perforation *f* perforación.

perforatrice *f* perforadora (machine).

perforé, e *adj* perforado, da; *bande perforée* cinta perforada; *carte perforée* tarjeta perforada.

perforer *v tr* perforar.

performance *f* resultado *m*, marca ‖ cualidades *pl* técnicas, prestación (d'un véhicule, etc.) ‖ hazaña, hecho *m* fuera de lo corriente ‖ *tests de performance* tests de ejecución.

performant, e *adj* de excelentes resultados prácticos, muy eficiente *ou* potente, de altas calidades técnicas.

perfuser *v tr* MÉD poner el goteo *ou* el gota a gota.

perfusion *f* MÉD perfusión; *perfusion intraveineuse, rectale* perfusión intravenosa *ou* endovenosa, rectal ‖ *faire une perfusion à quelqu'un* hacer una perfusión a alguien.

pergola *f* pérgola.

périarthrite *f* MÉD periartritis.

péricarde *m* ANAT pericardio.

péricarpe *m* BOT pericarpio.

péricliter *v intr* periclitar, decaer.

péridural, e *adj* MÉD epidural.
 ➤ *f* inyección epidural.

périgée *m* ASTR perigeo.

Périgord *n pr m* GÉOGR Perigord.

périgourdin, e *adj* del Perigord, de Périgueux.

Périgourdin, e *m* et *f* nativo, va del Perigord (región) ‖ nativo, va de Périgueux (ville).

péri-informatique *f* parainformática (activités) ‖ material *m* periférico, periféricos *m pl* (composants).
 — OBSERV pl *péri-informatiques*.

péril [peril] *m* peligro, riesgo (risque); *braver le péril* arrostrar el peligro; *en péril de mort* en peligro de muerte ‖ *— à ses risques et périls* por su cuenta y riesgo ‖ *au péril de sa vie* con riesgo de la vida, a costa de su vida ‖ *il n'y a pas péril en la demeure* nada se pierde por esperar.

périlleux, euse [perijø, jøːz] *adj* peligroso, sa ‖ *saut périlleux* salto mortal.

périmé, e *adj* caducado, da; sin vigencia; prescrito, ta ‖ FIG anticuado, da | superado, da; caduco, ca (dépassé).

périmer (se) *v pr* caducar (document), prescribir (un procès) ‖ *être périmé* estar caducado (document), estar prescrito (procès), estar fuera de moda (démodé).

périmètre *m* perímetro.

périnatal, e *adj* MÉD perinatal.
 — OBSERV pl *périnatals* o *périnataux*.

périnée *m* ANAT perineo.

période *f* período *m*, periodo *m* ‖ ASTRON *période de révolution* período de revolución ‖ MÉD *période d'incubation* período de incubación.

périodicité *f* periodicidad.

périodique *adj* periódico, ca ‖ *garniture* o *serviette périodique* compresa.
 ➤ *m* publicación *f* periódica (revue) ‖ *département de périodiques* hemeroteca.

périodiquement *adv* periódicamente.

périoste *m* ANAT periostio.

péripatéticien, enne *adj* et *s* peripatético, ca.
 ➤ *f* carrerista (prostituée).

péripétie [peripesi] *f* peripecia.

périphérie *f* periferia ‖ extrarradio *m* (d'une ville).

périphérique *adj* periférico, ca ‖ *boulevard périphérique* carretera de circunvalación (d'une ville).
 ➤ *m* INFORM periférico.

périphrase *f* perífrasis.

périphrastique *adj* perifrástico, ca.

périple *m* periplo.

périr *v intr* perecer (mourir) ‖ naufragar (faire naufrage) ‖ tener su fin, desaparecer (disparaître) ‖ FIG *périr d'ennui* morirse de aburrimiento.

périscope *m* periscopio.

périscopique *adj* periscópico, ca.

périssable *adj* perecedero, ra; *denrées périssables* productos *ou* artículos perecederos ‖ caduco, ca.

périssoire *f* esquife *m*, piragua (embarcation).

péristyle *m* ARCHIT peristilo.

Péritel (prise) *f* (nom déposé) euroconector *m*.

péritoine *m* ANAT peritoneo.

péritonite *f* peritonitis.

perle *f* perla; *perle de culture* perla cultivada ‖ cuenta, perla (ornement sphérique de verre, de métal, etc.) ‖ FAM gazapo *m* ‖ FIG perla, alhaja (très beau) ‖ IMPR perla, tipo *m* de cuatro puntos ‖ *— gris perle* gris perla ‖ *— enfiler des perles* ensartar perlas (unir), perder el tiempo.

perlé, e *adj* perlado, da; en forma de perla ‖ adornado con perlas; aljofarado, da ‖ perlado, da; «perlé» (tissu) ‖ FIG primoroso, sa; de perlas (soigné)

‖ — *grève perlée* huelga intermitente, obstrucción concertada a la producción ‖ *orge perlé* cebada perlada.
perler *v tr* adornar con perlas ‖ mondar, pelar (le riz, l'orge) ‖ FIG bordar, hacer de perlas, ejecutar con primor.
◆ *v intr* cubrirse de gotas, gotear (le front, etc.).
perlier, ère *adj* perlero, ra; *industrie perlière* industria perlera ‖ *huître perlière* madreperla.
perlimpinpin *m poudre de perlimpinpin* polvos de la madre Celestina.
permanence *f* permanencia ‖ comisaría central (commissariat) ‖ servicio *m* permanente ‖ estudio *m* (lycée) ‖ — *en permanence* sin interrupción, permanentemente ‖ — *assurer une permanence* atender al servicio ‖ *être de permanence* estar de guardia *ou* de servicio.
permanent, e *adj* et *s* permanente ‖ *cinéma permanent* cine de sesión continua.
◆ *f* permanente (des cheveux).
permanganate *m* CHIM permanganato.
perméabilité *f* permeabilidad.
perméable *adj* permeable ‖ FIG permeable, influenciable.
permettre* *v tr* permitir ‖ permitir, autorizar; *permettre de prendre* permitir tomar, autorizar tomar ‖ — *il me permet de venir* me permite venir *ou* que venga ‖ *permettez!* ¡disculpe!
◆ *v pr* permitirse ‖ *on peut se permettre de dire* no es aventurado decir, cabe decir.
permis [pɛrmi] *m* permiso, licencia *f* ‖ — *permis de chasse, de pêche* licencia de caza, de pesca ‖ *permis de circulation* billete de libre circulación, pase ‖ *permis de conduire* carnet de conducir (expression courante), permiso de conducción *ou* de conducir (dénomination officielle) ‖ *permis de construire* permiso *ou* licencia de construcción *ou* edificación ‖ *permis de séjour* permiso de residencia ‖ *permis de travail* permiso de trabajo ‖ *permis d'inhumer* licencia de enterramiento ‖ *permis poids lourds* permiso de *ou* para conducir camiones.
permis, e [pɛrmi, iːz] *adj* permitido, da; lícito, ta ‖ — *il se croit tout permis* se cree que todo le está permitido, se cree que todo el monte es orégano ‖ *s'il m'était permis* si me fuera permitido, si se me permitiese.
permissif, ive *adj* permisivo, va.
permission *f* permiso *m*; *demander la permission de* pedir permiso para ‖ — MIL *permission libérable* permiso limitado ‖ — *avec votre permission* con permiso *ou* con su permiso ‖ *en permission* con *ou* de permiso ‖ — *avoir la permission de* estar autorizado para.
permissivité *f* permisividad.
permutabilité *f* permutabilidad.
permutable *adj* permutable.
permutation *f* permuta (d'employés), permutación (d'action) ‖ MATH permutación.
permuter *v tr* et *intr* permutar.
pernicieux, euse *adj* pernicioso, sa.
péroné *m* ANAT peroné (os).
péronnelle *f* FAM bachillera, parlanchina.
péroraison *f* peroración.
pérorer *v intr* perorar.

Pérou *n pr m* GÉOGR Perú ‖ FIG *ce n'est pas le Pérou* no vale un Perú *ou* un Potosí, no es cosa del otro jueves, no es Jauja.
peroxyde *m* CHIM peróxido.
perpendiculaire *adj* et *s f* GÉOM perpendicular.
perpendiculairement *adv* perpendicularmente ‖ *tracer une droite perpendiculairement à* trazar una línea perpendicular a.
perpétration *f* perpetración.
perpétrer* *v tr* perpetrar, cometer.
perpétuation *f* perpetuación.
perpétuel, elle [pɛrpetɥɛl] *adj* perpetuo, tua ‖ perenne (éternel) ‖ *mouvement perpétuel* movimiento continuo.
perpétuellement *adv* continuamente, constantemente, siempre.
perpétuer *v tr* perpetuar.
perpétuité *f* perpetuidad ‖ *travaux forcés à perpétuité* cadena perpetua ‖ — *être condamné à perpétuité* estar condenado a reclusión perpetua.
Perpignan *n pr* GÉOGR Perpiñán.
perplexe *adj* perplejo, ja.
perplexité *f* perplejidad.
perquisition *f* pesquisa, indagación.
perquisitionner *v intr* indagar, perquirir, hacer pesquisas.
perron *m* escalinata *f*.
perroquet *m* loro, papagayo (oiseau) ‖ FIG loro, papagayo ‖ mezcla de anisado y licor de menta (apéritif) ‖ MAR juanete, perroquete ‖ — *perroquet de fougue* sobremesana ‖ — *grand perroquet* juanete mayor ‖ *petit perroquet* juanete de proa.
perruche *f* cotorra (oiseau) ‖ MAR perico *m*.
perruque *f* peluca, bisoñé *m* ‖ FIG & FAM *vieille perruque* hombre de ideas rancias *ou* anticuadas.
perruquier *m* peluquero ‖ FAM rapabarbas.
pers, e [pɛr, pɛrs] *adj* garzo, za; *yeux pers* ojos garzos ‖ de color verdoso.
persan, e *adj* persa.
◆ *m* persa (langue).
Persan, e *m* et *f* persa.
perse *adj* persa.
◆ *m* persa (langue).
◆ *f* persiana (tissu).
Perse *m* et *f* persa.
Perse *n pr f* GÉOGR Persia.
persécuté, e *adj* et *s* perseguido, da.
persécuter *v tr* perseguir ‖ acosar (harceler); *être persécuté par les créanciers* ser acosado por los acreedores.
persécuteur, trice *adj* et *s* perseguidor, ra ‖ importuno, na.
persécution *f* persecución ‖ *manie de la persécution* manía persecutoria.
persévérance *f* perseverancia.
persévérant, e *adj* et *s* perseverante.
persévérer* *v intr* perseverar ‖ *persévérer à croire que* persistir en creerse que.
persienne *f* persiana.
persiflage *m* burla *f*, guasa *f*, chifla *f*, chunga *f*, tomadura *f* de pelo ‖ *avec persiflage* con retintín.
persifler *v tr* burlarse de, guasearse de, tomar el pelo a.
persifleur, euse *adj* et *s* burlón, ona; zumbón, ona; guasón, ona.

persil [pɛrsi] *m* perejil (plante) ‖ FIG & FAM *faire son persil* hacer su agosto.

persillade [-jad] *f* lonchas *pl* de vaca frías con perejil, emperejilado *m*.

persillé, e [-je] *adj* de pasta verde (fromage) ‖ entreverada (viande).

Persique (golfe) *n pr* GÉOGR golfo Pérsico.

persistance *f* persistencia; *mettre de la persistance à* tener persistencia en.

persistant, e *adj* persistente ‖ perenne (feuille); *à feuillage persistant* de hojas perennes.

persister *v intr* persistir; *il persiste à le croire* persiste en creérselo ‖ perseverar; *il persiste à travailler* persevera en trabajar.

personnage *m* personaje ‖ figura *f* de Belén *ou* de Nacimiento (de crèche) ‖ individuo; *triste personnage* pobre individuo ‖ — *quel grossier personnage!* ¡qué tipo más grosero! ‖ — *faire le grand personnage* dárselas de importante.

personnalisation *f* personalización.

personnaliser *v tr* personalizar, personificar.

personnalité *f* personalidad ‖ *(vx)* alusión personal.

personne *f* persona ‖ — *personne à charge* persona a cargo ‖ *personne âgée* persona de edad ‖ *personne civile* persona civil ‖ *personne morale* persona moral ‖ — *en personne* en persona, personalmente (par soi-même), personificado, da; *c'est l'avarice en personne* es la avaricia personificada ‖ *grande personne* persona mayor ‖ *jeune personne* señorita, joven ‖ *les grandes personnes* los mayores ‖ — *donner 10 francs par personne* dar 10 francos por persona ‖ *être bien fait de sa personne* tener buena facha ‖ *être content de sa personne* estar satisfecho de sí mismo ‖ *être personne à* ser capaz de ‖ *être satisfait de sa (petite) personne* estar muy satisfecho de sí mismo ‖ *il aime sa personne* es muy comodón ‖ *répondre de la personne de quelqu'un* responder de alguien.
◆ *pron indéf m* nadie; *personne n'est venu* nadie ha venido; *personne d'autre* nadie más ‖ — *personne ne dit mieux?* ¿no vale más?, ¿nadie da más? ‖ *y aller de sa personne* poner de su parte.
— OBSERV *Personne*, pronombre, exige la partícula negativa *ne* en la construcción de la frase.

personnel, elle *adj* personal ‖ *j'ai des idées personnelles à ce sujet* tengo mis ideas acerca del asunto.
◆ *m* personal ‖ plantilla *f*; *faire partie du personnel d'une entreprise* estar en plantilla en una empresa ‖ — *personnel d'encadrement* personal directivo *ou* de mando ‖ *personnel enseignant* cuerpo docente ‖ *personnel intérimaire* personal interino ‖ *personnel temporaire* personal temporero *ou* de temporada ‖ — *service du personnel* departamento de personal.

personnellement *adv* personalmente.

personnification *f* personificación.

personnifier* *v tr* personificar ‖ *c'est l'honnêteté personnifiée* es la honestidad personificada.

perspectif, ive *adj* perspectivo, va.
◆ *f* perspectiva ‖ — *perspective aérienne, cavalière* perspectiva aérea, caballera ‖ — *en perspective* en perspectiva.

perspicace *adj* perspicaz.

perspicacité *f* perspicacia.

persuader *v tr* persuadir; *persuader quelqu'un de venir* persuadir a uno que venga ‖ *j'en suis persuadé* estoy totalmente convencido de ello.

persuasif, ive *adj* persuasivo, va.

persuasion *f* persuasión.

perte *f* pérdida ‖ FIG perdición, ruina (ruine) ‖ condenación, perdición (d'une âme) ‖ MIL baja (mort), pérdidas *pl* (quantité perdue) ‖ — *perte de connaissance* pérdida del sentido *ou* del conocimiento ‖ *perte de jouissances d'un droit* pérdida de la titularidad de un derecho ‖ MÉD *perte de sang* hemorragia, flujo de sangre ‖ *pertes blanches* leucorrea ‖ *perte sèche* pérdida total ‖ COMM *profits et pertes* pérdidas y ganancias ‖ — *à perte* con pérdida ‖ *à perte de vue* hasta perderse de vista, muy lejos ‖ *(vx) à perte d'haleine* hasta perder la respiración ‖ *avec pertes et fracas* de patitas en la calle, con cajas destempladas ‖ *en pure perte* para nada, sin provecho alguno ‖ — *courir à sa perte* irse a la ruina ‖ FIG *être en perte de vitesse* perder el dinamismo, el prestigio, la popularidad ‖ *renvoyer avec pertes et fracas* despedir con cajas destempladas.

pertinemment [pɛrtinamã] *adv* pertinentemente, oportunamente, como conviene ‖ a ciencia cierta, positivamente.

pertinence *f* pertinencia.

pertinent, e *adj* pertinente ‖ *une requête pertinente* una demanda que procede *ou* procedente *ou* pertinente.

pertuis [pɛrtɥi] *m* angostura *f*, estrechamiento de un río (d'un fleuve) ‖ paso, brazo de mar estrecho (détroit) ‖ ojo (d'une clef) ‖ puerto, alfoz (dans les montagnes).

perturbateur, trice *adj* et *s* perturbador, ra.

perturbation *f* perturbación; *jeter la perturbation* sembrar la perturbación ‖ *perturbation atmosphérique* perturbación atmosférica.

perturbé, e *adj* perturbado, da (trafic) ‖ afectado, da (personne).

perturber *v tr* perturbar.

péruvien, enne *adj* peruano, na.

Péruvien, enne *m* et *f* peruano, na.

pervenche *f* hierba doncella, vincapervinca ‖ FAM agente de policía encargada de echar una multa [uniforme azul claro].

pervers, e [pɛrvɛr, vɛrs] *adj* et *s* perverso, sa.
◆ *adj* depravado, da.

perversion *f* perversión, pervertimiento *m* ‖ *perversion sexuelle* desviación sexual.

perversité *f* perversidad.

pervertir *v tr* pervertir (rendre mauvais) ‖ desnaturalizar, alterar (dénaturer).

pesage [pəza:ʒ] *m* peso; *une méthode de pesage* un método de peso ‖ peso, pesaje (des jockeys, boxeurs, etc.).
— OBSERV *Pesaje* est un gallicisme très employé.

pesant, e [-zã, ã:t] *adj* pesado, da; *un pesant fardeau* un bulto pesado ‖ grave (attiré vers la terre) ‖ fuerte; *des coups pesants* golpes fuertes ‖ pesado, da; *atmosphère pesante* atmósfera pesada ‖ pesado, da; lento, ta (lent, pénible) ‖ duro, ra; penoso, sa; *un esclavage pesant* una penosa esclavitud ‖ torpe, poco suelto (style), pesado, da; poco entretenido, da (auteur) ‖ — *avoir la main pesante* no ser ágil de manos; tener la mano dura (être fort) ‖ *avoir la tête pesante* tener la cabeza pesada.

◆ *adv* de peso; *dix kilogrammes pesant* diez kilogramos de peso.

◆ *m* peso (poids) ‖ *il vaut son pesant d'or* vale su peso en oro, vale un Perú *ou* un Potosí.

pesanteur *f* PHYS gravedad, fuerza de atracción de la Tierra, pesantez *(p us); lois de la pesanteur* leyes de la gravedad ‖ peso *m*; *faire sentir la pesanteur de son bras* hacer sentir el peso de su brazo ‖ torpeza en los movimientos, pesadez (lourdeur dans les mouvements) ‖ poca vivacidad ‖ pesadez (d'estomac) ‖ *absence de pesanteur, non-pesanteur* ingravidez.

pèse; pèze *m* POP parné, pasta *f*, moni (argent).

pèse-bébé *m* pesabebés, peso *ou* balanza *f* para niños.
— OBSERV pl *pèse-bébé* o *pèse-bébés*.

pesée [pəze] *f* peso *m* (poids) ‖ pesada, peso *m* ‖ palancada, empuje *m*, esfuerzo *m* (effort fait avec un levier) ‖ añadidura (du pain) ‖ pesaje *m* (gallicisme), peso *m* (des boxeurs, etc.).

pèse-lettre *m* pesacartas.
— OBSERV pl *pèse-lettre* o *pèse-lettres*.

pèse-personne *m* peso de baño.

peser* *v tr* pesar ‖ FIG examinar, sopesar, ponderar; *peser mûrement les choses* examinar con atención las cosas ‖ pesar, medir, calcular; *peser ses paroles* medir sus palabras; *peser le pour et le contre* pesar el pro y el contra.

◆ *v intr* pesar; *peser lourd* pesar mucho ‖ bajar (levier) ‖ pesar en (la conscience) ‖ — *peser sur* hacer fuerza en ‖ *peser sur les épaules* abrumar, recaer, ser *ou* constituir un peso ‖ *peser sur l'estomac* ser de digestión pesada ‖ — *ne pas peser lourd* no tener mucho peso, ser cosa de poco peso, tener poca consistencia.

peseta *f* peseta (monnaie).

peso *m* peso (monnaie).

pessimisme *m* pesimismo.

pessimiste *adj* et *s* pesimista.

peste *f* peste; *peste bubonique* peste bubónica ‖ FIG peste (chose mauvaise) ‖ — *petite peste* demonio, persona maliciosa ‖ — *fuir quelqu'un comme la peste* huir de uno como de la peste.

◆ *interj* ¡diablo!, ¡maldita sea! ‖ *peste soit de lui!* ¡mala peste se lo lleve!

pester *v intr* echar pestes (contra), echar sapos y gusanos, tronar contra.

pesticide *adj* et *s m* plaguicida.

pestiféré, e *adj* et *s* apestado, da (malade de la peste).

pestilence *f* pestilencia.

pestilentiel, elle *adj* pestífero, ra; pestilencial.

pet [pɛ] *m* FAM pedo; *lâcher un pet* tirarse un pedo.

pétale *m* BOT pétalo.

pétanque *f* petanca [especie de juego de bolos].

pétant, e *adj* FAM en punto.

pétarader *v intr* producir una serie de traquidos *ou* detonaciones *ou* explosiones.

pétard [petaːr] *m* petardo, cohete ‖ FAM revólver ‖ FIG & FAM escándalo, tremolina *f*; *faire du pétard* armar la tremolina ‖ POP trasero, asentaderas *f pl* ‖ — *petit pétard* buscapiés ‖ — FAM *il va y avoir du pétard* se va a armar la gorda *ou* un bollo *ou* la de Dios es Cristo ‖ *nom d'un pétard!* ¡caramba!, ¡canastos!

pétaudière *f* FAM casa de Tócame Roque.

pet-de-nonne [pɛdnɔn] *m* buñuelo de viento, suspiro de monja.

péter* *v intr* POP tirarse un pedo, ventosear (faire un pet) ‖ FAM estallar, reventar (crever), romper (rompre) ‖ chisporrotear, chasquear (dans le feu) ‖ *il faut que ça pète* tiene que ir volando.

pète-sec *adj* et *s m inv* FAM mandón, ona; persona autoritaria.

péteux, euse *m* et *f* FAM cagueta (lâche).

pétillant, e *adj* chispeante ‖ burbujeante; espumoso, sa (vin) ‖ chisporroteante (feu) ‖ FIG chispeante, centelleante (spirituel) | vivo, va; chispeante; *yeux pétillants* ojos vivos ‖ *personne pétillante d'esprit* persona chispeante de ingenio.

pétillement *m* chisporroteo ‖ viveza *f*, chispas *f pl* (d'esprit) ‖ burbujeo (du vin) ‖ brillo (des yeux).

pétiller *v intr* chisporrotear ‖ ser espumoso, burbujear (vin) ‖ FIG chispear, brillar ‖ — *pétiller de joie, de colère, d'impatience* saltar, chispear de alegría, de cólera, de impaciencia ‖ *pétiller d'esprit* tener un ingenio chispeante ‖ — FIG *le sang lui pétille dans les veines* la sangre le hierve en las venas.

pétiole [pesjɔl] *m* BOT peciolo, pecíolo.

petiot, e [pətjo, tjɔt] *adj* et *s* FAM pequeñín, ina; chiquitín, ina.

petit, e [pəti, it] *adj* pequeño, ña ‖ bajo, ja; *un homme petit* un hombre bajo ‖ FIG humilde; *petites gens* gente humilde | mezquino, na; ruin (mesquin) | insignificante; *un petit historien* un historiador insignificante ‖ — *petite heure* hora escasa ‖ *petite main* oficiala de modista ‖ *petite santé* salud delicada ‖ *petite vérole* viruela ‖ *petit pois* guisante ‖ *petits soins* atenciones delicadas ‖ — *le petit monde* los niños, la gente menuda ‖ *les petites annonces* los anuncios por palabras ‖ *mon petit monsieur* señor mío ‖ — *au petit bonheur* a lo que salga, a la buena de Dios, a ojo, por las buenas, al buen tuntún ‖ *en petit* en resumen, en pequeño ‖ *petit à petit* poco a poco ‖ — *cet enfant est déjà un petit homme* este niño ya es un hombrecito ‖ *être aux petits soins pour* cuidar mucho a, tener atenciones delicadas con ‖ *petit à petit l'oiseau fait son nid* poco a poco hila la vieja el copo ‖ *se faire petit* o *tout petit* hacerse chiquito (très discret), humillarse (se rabaisser).

◆ *m* et *f* pequeño, ña; niño, ña; crío, cría; peque; *apporter des bonbons aux petits* traer caramelos a los niños ‖ — *la classe des petits* la clase de los pequeños ‖ *mon petit, ma petite* hijo, hijito; hija, hijita; chiquillo, chiquilla ‖ *pauvre petit* pobrecito ‖ *pour petits et grands* para chicos y grandes *ou* niños y adultos.

◆ *m* cría *f* (des animaux) ‖ pollo, polluelo (des oiseaux) ‖ cachorro (du chien, du loup, etc.) ‖ pequeño (de petite taille) ‖ humilde, pobre (humble) ‖ lo pequeño (sens abstrait) ‖ — *les infiniment petits* los infinitamente pequeños ‖ *les tout petits* los pequeñuelos, los pequeñines, la gente menuda ‖ — *faire des petits* parir (les animaux), tener cola (avoir des suites), multiplicarse (augmenter).

— OBSERV En général le français *petit* placé devant un nom qu'il a qualifie se traduit par un diminutif qui varie selon qu'il a un contenu péjoratif ou non. Ainsi l'on dira *un petit livre* un librito, et *un petit fonctionnaire* un funcionarucho.

petit-beurre *m* galleta *f* (gâteau sec).
— OBSERV pl *petits-beurre*.

petit-bourgeois *adj* de la clase media inferior, de la pequeña burguesía.

➤ *m* et *f* pequeño burgués, pequeña burguesa.
Petit Chaperon rouge (le) Caperucita roja.
petit déjeuner *m* desayuno.
— OBSERV pl *petits déjeuners*.
petit-déjeuner *v intr* FAM desayunar.
petite-fille *f* nieta.
petitement *adv* en corta cantidad, poquito || pobremente, modestamente, con estrechez (pauvrement) || mezquinamente; *vivre petitement* vivir mezquinamente || con bajeza, bajamente; *se venger petitement* vengarse con bajeza || *être logé petitement* vivir en un piso pequeño.
petitesse *f* pequeñez || FIG bajeza, pequeñez || *ne pas s'arrêter à des petitesses* no reparar en pequeñeces, no andarse con chiquitas.
petit-fils [pətifis] *m* nieto.
— OBSERV pl *petits-fils*.
petit-four *m* pastelillo (sucré), canapé (salé).
— OBSERV pl *petits-fours*.
petit-gris [pətigri] *m* gris, ardilla *f*, petigrís (fourrure) || especie *f* de caracol.
— OBSERV pl *petits-gris*.
pétition *f* petición, instancia, solicitud (requête) || *pétition de principe* petición de principio || *faire signer une pétition* recoger firmas para (una petición).
pétitionnaire *m et f* solicitante; peticionario, ria.
pétitionner *v intr* presentar una petición, solicitar.
petit-lait *m* suero.
— OBSERV pl *petits-laits*.
petit-nègre *m* FAM jerga *f* que consiste principalmente en hablar siempre en infinitivo || *parler petit-nègre* hablar como los indios.
Petit Poucet (le) Pulgarcito.
Petit Prince (le) El principito.
petit pois *m* guisante.
— OBSERV pl *petits pois*.
petits-enfants [pətizɑ̃fɑ̃] *m pl* nietos.
petit-suisse *m* queso blanco, «petit-suisse».
— OBSERV pl *petits-suisses*.
pétoche *f* FAM canguelo *m*, mieditis; *avoir la pétoche* tener mieditis.
peton *m* FAM piececito.
pétoncle *m* pechina *f* (mollusque).
pétrel *m* petrel (oiseau) || *grand pétrel* pájaro diablo.
pétri, e *adj* amasado, da || FIG lleno, na; hinchado, da (d'orgueil) | formado, da; modelado, da; torneado, da.
pétrifiant, e *adj* petrificante.
pétrification *f* petrificación.
pétrifier* *v tr* petrificar || FIG petrificar, dejar atónito (méduser).
pétrin *m* artesa *f*, amasadera *f* || FIG & FAM aprieto, apuro, atolladero; *être dans le pétrin* estar en un apuro.
pétrir *v tr* amasar (la farine, etc.) || dar masajes (les muscles) || FIG formar, modelar (façonner) || llenar (remplir); *pétri d'orgueil* lleno de orgullo.
pétrissage *m* amasamiento || masaje.
pétrochimie *f* petroquímica.
pétrochimique *adj* petroquímico, ca.

pétrodollar *m* petrodólar.
pétrographie *f* petrografía.
pétrographique *adj* petrográfico, ca.
pétrole *m* petróleo; *pétrole brut, lampant, léger, lourd, moyen* petróleo crudo *ou* bruto, lampante *ou* flamígero, ligero, pesado, medio || *bleu pétrole* azul verdoso.
pétrolette *f* FAM velomotor *m*.
pétroleuse *f* mujer de armas tomar.
pétrolier, ère *adj* petrolero, ra.
➤ *m* petrolero (navire) || técnico del petróleo.
pétrolifère *adj* petrolífero, ra [(amér) petrolero, ra].
pétulance *f* impetuosidad, viveza (vivacité).
pétulant, e *adj* et *s* vivo, va; impetuoso, sa (impétueux).
pétunia *m* BOT petunia *f*.
peu *adv* et *s m* poco; *manger peu* comer poco; *attendez un peu* espere un poco || — *peu à peu* poquito a poco, poco a poco || *peu après* poco después || *peu de* poco, poca; pocos, pocas; *peu de personnes* pocas personas || *peu de chose* poca cosa || *peu importe* ¡qué más da!, poca importancia tiene || *peu ou point* casi nada; ningún, ninguna || *peu ou prou* poco o mucho || *peu souvent* pocas veces, rara vez || — *à peu de chose près, à peu près* poco más o menos, cosa de, aproximadamente || *dans peu de temps* dentro de poco || *depuis peu* hace poco tiempo, desde hace poco || *fort peu* muy poco || *le peu de gens qui* la poca gente que || *pour peu de temps* por poco tiempo || *pour peu que* a poco que, por poco que || *pour un peu* por poco, poco ha faltado para que || *quelque peu* un poco, algo || *si peu que ce soit* por muy poco que sea || *si peu que rien* poquísimo, apenas nada || *sous peu, avant peu, dans peu* dentro de poco || FAM *un petit peu, un tout petit peu* un poquitín, un poquito | *un peu!* ya lo creo (certainement) | *un peu beaucoup* demasiado || *c'est si peu de chose* es tan poca cosa || *c'est un peu fort!* ¡esto es demasiado! || — *essayez un peu!* ¡atrévase! || *excusez du peu!* ¡poca cosa! || *ou peu s'en faut* o poco menos || *peu s'en est fallu, il s'en est fallu de peu* por poco, poco faltó; *peu s'en est fallu que je ne vinsse* por poco venía, poco faltó para que viniera || *peu s'en faut* poco falta || *tant soit peu, un tant soit peu* un poquito, un poquitín, por poco que sea || *vivre de peu* vivir con poco || FAM *y aller un peu fort* exagerar, pasarse de la raya.
— OBSERV Lorsque *peu* de signifie *quelques* il se traduit en espagnol par l'adjectif *poco, poca*, qui s'accorde en genre et en nombre avec le mot auquel il se rapporte.
— OBSERV Después de *peu* el verbo concuerda con el complemento. Cuando *le peu* significa *la falta de* el participio queda invariable. En cambio si es el equivalente de *cierta cantidad* el verbo concuerda con el sustantivo que sigue *peu*.
peuh! [pø] *interj* ¡bah!, ¡pchs!
peuplade *f* pueblo *m* primitivo, tribu.
peuple [pœpl] *m* pueblo || FAM muchedumbre *f* (foule) || — FAM *il y a du peuple* hay un mogollón de gente || *le bas peuple* el pueblo bajo, el vulgo || *le menu ou petit peuple* el pueblo humilde.
➤ *adj inv* populachero, ra; vulgar (vulgaire); *cela fait peuple, c'est peuple* eso es populachero.
peuplé, e *adj* poblado, da.
peuplement *m* población *f*, asentamiento (colonisation) || plantación *f*, repoblación *f* (sur un terrain).

peupler *v tr* poblar.
◆ *v intr* multiplicarse, proliferar.
peuplier *m* álamo (arbre) ‖ *— peuplier blanc* álamo blanco ‖ *peuplier noir* álamo negro, chopo ‖ *peuplier tremble* álamo temblón.
peur *f* miedo *m*, temor *m*, susto *m*; *avoir grand peur* tener mucho miedo ‖ *— peur bleue* miedo cerval, pavor ‖ *— de peur de* por miedo a, por temor a ‖ *de peur que* por temor de que ‖ *— à faire peur que* mete miedo, que asusta ‖ *avoir peur* temer, tener miedo; *avoir peur de la foudre* temer al rayo ‖ *avoir peur de son ombre* tener miedo hasta de la sombra de sí mismo ‖ *avoir peur d'un rien* asustarse por nada ‖ *en être quitte pour la peur* pasar un buen susto ‖ *faire peur* dar miedo, asustar (effrayer) ‖ *il y a eu plus de peur que de mal* fue mayor el miedo que el daño, tuvo más miedo que otra cosa ‖ *j'ai bien peur de* me temo que, tengo miedo de que ‖ *j'ai peur qu'il ne vienne* temo que venga ‖ *j'en ai bien peur* me lo temo ‖ *laid à faire peur* más feo que Picio, de un feo que asusta *ou* que mete miedo *ou* que da un susto al miedo ‖ *mourir de peur* morirse de miedo ‖ *prendre peur* asustarse ‖ *sans peur et sans reproche* sin miedo y sin tacha ‖ *trembler de peur* temblar de miedo.
peureusement *adv* con miedo.
peureux, euse *adj et s* miedoso, sa; temeroso, sa; asustadizo, za.
peut-être [pøtɛtr] *adv* puede ser, quizá, tal vez, acaso; *peut-être le sait-il* quizá lo sepa ‖ *peut-être bien* es muy posible, quizá, a lo mejor ‖ *peut-être bien que oui* a lo mejor sí.
pèze *m* → **pèse**.
P.G.C.D. abrév de *plus grand commun diviseur* m.c.d., máximo común divisor.
pH abrév de *potentiel hydrogène* pH, potencial hidrógeno.
phacochère *m* facoquero (sanglier).
phagocyte *m* fagocito.
phagocyter *v tr* MÉD fagocitar ‖ FIG fagocitar.
phagocytose *f* fagocitosis.
phalange *f* falange.
phalangette *f* falangeta (doigts).
phalangiste *adj et s* falangista.
phalanstère *m* falansterio.
phalène *f* falena (papillon).
phallique *adj* fálico, ca.
phallocrate *adj et s* falócrata.
phallocratie *f* falocracia.
phalloïde *adj* faloide.
phallus [falys] *m* falo.
phantasme *m* ilusión *f* óptica, visión *f*.
pharaon *m* faraón.
pharaonien, enne; pharaonique *adj* faraónico, ca.
phare *m* faro ‖ AUTOM faro ‖ *— AUTOM phare code* luz de cruce ‖ *— AUTOM rouler en phares* llevar la luz de carretera ǀ *se mettre en phares* encender las luces largas *ou* de carretera.
pharisien *m* fariseo.
pharmaceutique *adj* farmacéutico, ca.
pharmacie *f* farmacia, botica (*fam*) ‖ botiquín *m* (trousse ou armoire) ‖ *exercer la pharmacie* ser farmacéutico.
pharmacien, enne *m et f* farmacéutico, ca; boticario, ria (*fam*) ‖ *pharmacien capitaine* capitán de Farmacia.
phamacologie *f* farmacología.
pharmacologique *adj* farmacológico, ca.
pharmacologiste; pharmacologue *m et f* farmacólogo, ga.
pharmacopée *f* farmacopea.
pharyngé, e *adj* ANAT faríngeo, a.
pharyngite *f* MÉD faringitis.
pharynx [farɛ̃:ks] *m* ANAT faringe *f*.
phase *f* fase.
phasme *m* fasmo (insecte).
Phèdre *n pr f* MYTH Fedra.
◆ *m* Fedro (fabuliste latin) ‖ Fedro (disciple de Socrate).
Phénicie *n pr f* GÉOGR Fenicia.
phénicien, enne *adj* fenicio, cia.
◆ *m* fenicio (langue).
Phéniciens *n pr m pl* fenicios.
phénix [feniks] *m* fénix.
phénol *m* CHIM fenol.
phénoménal, e *adj* fenomenal; *des vols phénoménaux* robos fenomenales.
phénomène *m* fenómeno.
phénoménologie *f* fenomenología.
phénoménologue *m et f* fenomenólogo, ga.
phénotype *m* fenotipo.
phi *m inv* fi *f*, phi *f* (lettre grecque).
Philadelphie *n pr* GÉOGR Filadelfia.
philanthrope *adj et s* filántropo, pa.
philanthropie *f* filantropía.
philanthropique *adj* filantrópico, ca.
philatélie *f* filatelia.
philatéliste *m et f* filatelista.
philharmonie *f* MUS filarmonía.
philharmonique *adj* MUS filarmónico, ca.
philippin, e *adj* filipino, na.
Philippin, e *m et f* filipino, na.
Philippines *n pr f pl* GÉOGR Filipinas.
philistin *m* filisteo (peuple) ‖ FAM filisteo, bárbaro, ostrogodo (ignorant).
philo *f* FAM filosofía.
philodendron [filɔdɛ̃drɔ̃] *m* BOT filodendro.
philologie *f* filología.
philologique *adj* filológico, ca.
philologue *m et f* filólogo, ga.
philosophale *adj f* filosofal; *pierre philosophale* piedra filosofal.
philosophe *adj et s* filósofo, fa; *vivre en philosophe* vivir como un filósofo.
philosopher *v intr* filosofar.
philosophie *f* filosofía ‖ (*vx*) *faire sa philosophie* estudiar el bachillerato de letras.
philosophique *adj* filosófico, ca.
philosophiquement *adv* filosóficamente, con filosofía.
philtre *m* filtro, brebaje mágico, bebedizo.
phimosis [fimozis] *m* MÉD fimosis *f*.
phlébite *f* MÉD flebitis.
phlébologie *f* flebología.
phlegmon; flegmon *m* MÉD flemón, flegmón.
Phnom Penh *n pr* GÉOGR Phnom Penh.

phobie *f* fobia.
phobique *adj* fóbico, ca.
phœnix; phénix [feniks] *m* fénix (palmier).
phonation *f* fonación.
phonème *m* fonema.
phonéticien, enne *m* et *f* fonetista.
phonétique *adj* et *s f* fonético, ca.
phonétiquement *adv* fonéticamente || *il écrit phonétiquement* escribe tal como le suena.
phonique *adj* fónico, ca.
phono *m* FAM fonógrafo.
phonographe *m* fonógrafo.
phonologie *f* fonología.
phonothèque *f* fonoteca.
phoque *m* foca *f* (animal).
phosphate *m* CHIM fosfato.
phosphaté, e *adj* CHIM fosfatado, da.
phosphater *v tr* fosfatar.
phosphène *m* fosfeno.
phosphore *m* CHIM fósforo || *projectile au phosphore* proyectil de fósforo.
phosphoré, e *adj* fosforado, da.
phosphorescence *f* fosforescencia.
phosphorescent, e *adj* fosforescente.
phosphorique *adj* fosfórico, ca; *acide phosphorique* ácido fosfórico.
phosphure *m* CHIM fosfuro.
photo *f* foto; *faire o prendre des photos* hacer *ou* sacar fotos || — *photo d'identité* foto de carné *ou* carnet || *photo en couleurs* foto en color || — *en photo* en foto || — *faire de la photo* dedicarse a la fotografía || *prendre en photo* fotografiar.
◆ *adj inv* fotográfico, ca; *appareil, pellicule photo* cámara *ou* máquina, película fotográfica.
photochimie *f* fotoquímica.
photochimique *adj* fotoquímico, ca.
photocomposer *v tr* IMPR fotocomponer.
photocomposition *f* fotocomposición.
photocopie *f* fotocopia.
photocopier *v tr* fotocopiar || *machine à photocopier* fotocopiadora.
photoélectrique *adj* fotoeléctrico, ca.
photogénique *adj* fotogénico, ca.
photographe *m* et *f* fotógrafo, fa.
photographie *f* fotografía || *faire de la photographie* dedicarse a la fotografía.
photographier* *v tr* hacer una fotografía, fotografiar, sacar una foto de || *se faire photographier* sacarse una fotografía.
photographique *adj* fotográfico, ca || *appareil photographique* máquina fotográfica *ou* de fotografiar.
photograveur [fɔtɔgravœːr] *m* fotograbador.
photogravure *f* fotograbado *m*.
photolithographie *f* fotolitografía.
photolyse *f* fotólisis.
Photomaton *m* (nom déposé) Fotomatón.
photomètre *m* fotómetro.
photométrie *f* fotometría.
photométrique *adj* fotométrico, ca.
photomontage *m* fotomontaje.
photon *m* PHYS fotón.

photophore *m* fotóforo, lámpara *f* fijada al casco (mineurs).
photosensible *adj* fotosensible.
photosphère [fɔtɔsfɛːr] *f* ASTR fotosfera.
photosynthèse *f* fotosíntesis.
photothèque *f* fototeca, archivo *m*; fotográfico.
phototropisme *m* fototropismo.
phototype *m* fototipo.
phrase *f* frase || GRAMM oración, frase || — *phrase toute faite* frase estereotipada *ou* hecha *ou* acuñada || *sans phrases* sin ambigüedades, sin rodeos || — FAM *faire des phrases* hacer frases, hablar enfáticamente *ou* con prosopopeya.
phrasé *m* MUS fraseo.
phraséologie *f* fraseología.
phraseur, euse *m* et *f* hablador, ra; fabricante de frases; *c'est un phraseur* es un hablador.
phratrie *f* fratría (Antiquité grecque).
phréatique *adj* subterráneo, a; freático, ca.
phrygien, enne *adj* frigio, gia; *bonnet phrygien* gorro frigio.
phtaléine *f* CHIM ftaleína.
phtisie [ftizi] *f* MÉD tisis.
phtisique [-zik] *ajd* et *s* tísico, ca.
phylloxéra; phylloxera *m* filoxera *f*.
physicien, enne *m* et *f* físico, ca.
physico-chimie *f* fisicoquímica.
physico-chimique *adj* fisicoquímico, ca.
physiocrate *adj* et *s* fisiócrata.
physiocratie *f* fisiocracia.
physiologie *f* fisiología.
physiologique *adj* fisiológico, ca.
physiologiquement *adv* fisiológicamente.
physiologiste *m* et *f* fisiólogo, ga.
physionomie *f* fisonomía, fisionomía (moins courant); *physionomie malheureuse* fisonomía poco agraciada.
physionomiste *adj* et *s* fisonomista.
physiothérapie *f* fisioterapia.
physique *adj* físico, ca.
◆ *f* física; *physique nucléaire* física nuclear.
◆ *m* físico (physionomie); *avoir un beau physique* tener un físico agradable || *avoir le physique de l'emploi* irle a uno muy bien un papel *ou* un oficio, encajar muy bien en un papel.
physiquement *adv* físicamente (pour le physique) || físicamente, de físico (d'aspect physique).
phytobiologie *f* fitobiología.
phytophage *adj* fitófago, ga.
phytothérapie *f* fitoterapia.
pi *m inv* pi (lettre grecque) || MATH pi (3,1416).
piaf [pjaf] *m* FAM gorrión (moineau).
piaffement *m* acción *f* de piafar, pataleo.
piaffer *v intr* piafar (cheval) || FIG pavonearse, ostentar || FIG *piaffer d'impatience* saltar *ou* brincar de impaciencia.
piaillement [pjajmã] *m* chillido, piada *f* (oiseaux) || gritería *f*, griterío, chillido (personnes).
piailler [pjaje] *v intr* piar (les oiseaux) || FAM chillar (les personnes).
pianissimo *adv* MUS pianísimo.
pianiste *m* et *f* pianista.
pianistique *adj* pianístico, ca; del piano.

piano *m* MUS piano ‖ — *piano à queue* piano de cola ‖ *piano demi-queue* piano de media cola ‖ *piano droit* piano vertical ‖ FAM *piano du pauvre* acordeón ‖ *pianoforte* pianoforte, piano ‖ *piano mécanique* organillo ‖ *piano oblique* piano diagonal.
piano *adv* MUS piano.
piano-bar *m* piano bar.
— OBSERV pl *pianos-bars.*
pianoforte *m inv* MUS pianoforte.
pianoter *v intr* MUS teclear ‖ golpetear.
piastre *f* piastra.
piaule *f* POP habitación, cuarto *m* (chambre).
piaulement [pjolmã] *m* pío.
piauler *v intr* piar (les poulets) ‖ chillar (les enfants).
P.I.B. abrév de *produit intérieur brut* PIB, producto interior bruto.
pic *m* pico (outil) ‖ pico, picacho (montagne) ‖ MAR perilla *f* de mesana ‖ pájaro carpintero, pico (pivert) ‖ — *abîme à pic* abismo vertical ‖ *couler à pic* irse a pique ‖ FIG & FAM *tomber à pic* venir de primera *ou* de perilla, caer como pedrada en ojo de boticario.
picador *m* picador (corrida).
picard, e *adj* picardo, da (de Picardie).
◆ *m* dialecto picardo.
Picard, e *m et f* picardo, da.
Picardie *n pr f* GÉOGR Picardía.
picaresque *adj* picaresco, ca.
piccolo; picolo *m* FAM vino corriente y flojo ‖ MUS flautín.
pichenette *f* FAM papirotazo *m*, capón (chiquenaude).
pichet [piʃɛ] *m* jarro, pichel (petit broc).
pickles [pikœls] *m pl* encurtidos.
pickpocket [pikpɔkɛt] *m* ratero (voleur).
pick-up [pikœp] *m inv* fonocaptor (d'un poste de radio) ‖ tocadiscos, pick-up (phonographe électrique).
pic-nic *m* → **pique-nique.**
picoler *v intr* POP pimplar, soplar, empinar el codo (boire).
picolo *m* → **piccolo.**
picorer *v intr* picotear, picar, buscar alimentos (les oiseaux) ‖ *(vx)* merodear, pecorear (marauder).
◆ *v tr* picar, picotear, comer poco.
picotement *m* picor, picazón *f*, comezón *f*.
picoter *v tr* picotear (becqueter) ‖ picar, causar picazón (démanger) ‖ picar (un papier) ‖ poner cuñas (mines) ‖ FIG picar, zaherir (taquiner).
picotin *m* picotín (mesure) ‖ pienso (pour les chevaux).
picrate *m* CHIM picrato ‖ POP vino peleón (vin ordinaire), vinate, mollate, pirriaque (vin).
picrique *adj m* CHIM pícrico (acide).
pictogramme *m* pictograma.
pictographie *f* pictografía.
pictural, e *adj* pictórico, ca; *des ornements picturaux* ornamentos pictóricos.
pic-vert *m* ZOOL → **pivert.**
pie [pi] *f* urraca, picaza (oiseau) ‖ FAM cotorra; *jaser comme une pie* hablar como una cotorra ‖ pío, pía (couleur); *des chevaux pie* caballos píos ‖ — *voleur comme une pie* más ladrón que siete ‖ — FIG *trouver la pie au nid* hacer un descubrimiento maravilloso.
— OBSERV *Pie*, adjetivo de color, es invariable.
pie [pi] *adj* pío, pía; piadoso, sa (pieux); *œuvres pies* obras pías.
Pie [pi] *n pr m* Pío; *Pie IX* Pío IX [Nono].
pièce *f* pieza; *les pièces d'une machine* las piezas de una máquina ‖ habitación, cuadro *m* (d'un appartement) ‖ remiendo *m*, pieza (raccommodage); *mettre une pièce à un pantalon* poner una pieza a un pantalón; *mettre une pièce à une chaussure* poner un remiendo a un zapato ‖ pedazo *m* (morceau) ‖ cada uno *m*, unidad (chaque); *cent francs pièce* cien francos cada uno; *vendu à la pièce* vendido por unidades ‖ pieza (chasse, tissu) ‖ moneda, pieza (monnaie) ‖ documento *m*; *pièce d'identité* documento de identidad ‖ pieza (échecs, héraldique) ‖ obra; *pièce de vers* obra en verso; *pièce de musique* obra de música ‖ obra de teatro; *pièce en cinq actes* obra de teatro en cinco actos ‖ MIL pieza (bouche à feu) ‖ escuadra de arma colectiva (d'un canon) ‖ — *pièce à conviction* cuerpo del delito, pieza de convicción ‖ *pièce à l'appui* comprobante ‖ *pièce d'eau* estanque ‖ *pièce de bétail* cabeza de ganado, res ‖ *pièce de charpente* viga ‖ *pièce de rechange, détachée* pieza de recambio, de repuesto ‖ *pièce de résistance* plato fuerte *ou* de resistencia ‖ *pièce de terre* haza ‖ *pièce de vin* tonel de vino ‖ *pièce justificative* comprobante, documento justificativo, justificante ‖ *pièce montée* plato montado ‖ — *de toutes pièces* completamente ‖ *en pièces détachées* desarmado ‖ *pièce à pièce* pieza por pieza ‖ *tout d'une pièce* de un solo bloque, de una sola pieza; envarado, rígido, tieso; *marcher tout d'une pièce* andar envarado, rígido (sans souplesse), de un tirón (d'un trait); *faire sa nuit tout d'une pièce* dormir de un tirón ‖ *un deux-pièces* un bañador de dos piezas *ou* de dos cuerpos (maillot de bain), un dos piezas (vêtement), un piso de dos habitaciones (appartement) ‖ *un maillot une pièce* un bañador ‖ — *armé de toutes pièces* armado de pies a cabeza ‖ *c'est inventé de toutes pièces* es pura invención ‖ FAM *donner la pièce* dar una propina ‖ *faire pièce à quelqu'un* ir en contra de uno (s'opposer) ‖ *fait de pièces et de morceaux* hecho de retazos ‖ *juger sur pièce* juzgar de viso ‖ *mettre en pièces* hacer pedazos *ou* añicos (briser), despedazar, destrozar (par des médisances), desbaratar, hacer trizas (l'ennemi) ‖ *payer à la pièce* pagar a destajo ‖ FAM *nous ne sommes pas aux pièces* lo que hacemos no corre prisa ‖ *tomber en pièces* caerse a pedazos ‖ *travailler à la pièce* o *aux pièces* trabajar a destajo ‖ *vendre à la pièce* vender por pieza.
pied [pje] *m* pie (en général) ‖ pata *f* (support); *une table à quatre pieds* una mesa de cuatro patas ‖ pies *pl*; *elle était au pied du lit* estaba a los pies de la cama ‖ pata *f* (cuisine) ‖ — *pied à coulisse* pie de rey, compás de corredera ‖ *pied de devant* mano (du cheval) ‖ *pied de fonte* horma (cordonnier) ‖ *pied de montoir* pie de cabalgar ‖ *pied de nez* palmo de narices ‖ *pied de porc* mano de cerdo ‖ *pied de vigne* cepa ‖ *pied fourchu* pata hendida ‖ *pieds nus, nu-pieds* descalzo, za; *elle marche pieds nus* anda descalza ‖ *pieds plats* pies planos ‖ — *à pied* a pie (en marchant), pie a tierra (militaire) ‖ *à pied d'œuvre* sobre el terreno, al pie del cañón ‖ *à pied sec* a pie enjuto ‖ *à pieds joints* a pie juntillas, con los pies juntos ‖ *au petit pied* de poca monta ‖ *au*

pied de la lettre al pie de la letra || *au pied du mur* entre la espada y la pared || *au pied levé* de repente, improvisadamente, de improviso || *aux pieds de quelqu'un* a los pies de alguien || *coup de pied* puntapié, patada || *de la tête aux pieds, des pieds à la tête* de pies a cabeza || *de pied en cap* de pies a cabeza || *de pied ferme* a pie firme || *de plain-pied* al mismo nivel || *en pied* de cuerpo entero (portrait) || *le pied à l'étrier* con el pie en el estribo || *pied à pied* paso a paso || *sur le même pied, sur un pied d'égalité* en pie de igualdad || *sur le pied de a razón, en plan de* || *sur le pied de guerre* en pie de guerra || *sur pied* en pie; levantado, da (guéri), preparado, da; listo, ta (prêt), establecido, da (établi), en pie, antes de la cosecha (avant la récolte), en vivo (animal) || *sur un grand pied* en plan grande, a lo grande || *sur un pied d'égalité* en igualdad de condiciones || *sur un pied d'intimité* en un plan de intimidad || — *attendre de pied ferme* esperar a pie firme || *avoir bon pied bon œil* estar más sano que una manzana, ser fuerte como un roble || *avoir le pied marin* ser muy marinero, no marearse || *avoir pied* hacer pie (dans l'eau) || *avoir toujours un pied en l'air* estar siempre con un pie en el aire || *avoir un pied dans la fosse* o *dans la tombe* tener un pie en el sepulcro || *avoir un pied quelque part* meter un pie *ou* tener entrada en algún sitio || POP *casser les pieds de quelqu'un* dar la lata *ou* fastidiar a alguien || FAM *cela lui fait les pieds* lo tiene bien merecido (c'est bien fait), le da una lección, es un buen escarmiento | *envoyer son pied quelque part* largar una patada en el trasero | *être bête comme ses pieds* ser tonto de capirote || *être sur un bon pied* estar en buena situación || *faire des pieds et des mains* revolver Roma con Santiago, hacer todo lo posible || FAM *faire du pied à quelqu'un* dar con el pie a alguien | *faire le pied de grue* estar de plantón, esperar en vano || *faire un pied de nez* hacer burla con la mano, hacer un palmo de narices (pour se moquer) || *fouler aux pieds* pisotear || *lâcher pied* perder pie, perder terreno, cejar || FAM *lever le pied* largarse, fugarse || *marcher sur les pieds de quelqu'un* pisotear, apabullar || *mettre le pied* o *les pieds à* poner los pies en || *mettre les pieds dans le plat* meter la pata || *mettre pied à terre* poner pie en tierra, apearse || *mettre quelqu'un à pied* poner a uno en la puerta de la calle, despedir || *mettre sur pied* poner en pie || *ne pas se donner de coups de pied* no tener abuela, ser muy engreído || *ne plus mettre les pieds dans un endroit* no poner más los pies en un sitio || *ne pouvoir mettre un pied devant l'autre* no tenerse en pie || *ne pas savoir sur quel pied danser* no saber a qué son bailar, no saber a qué atenerse, no saber a qué carta quedarse || *partir du bon pied* entrar con buen pie || *perdre pied* no hacer pie, perder pie | *pieds et poings liés* atado de pies y manos || *prendre pied* asentarse || *prendre quelqu'un au pied levé* coger a uno de improviso || *remettre quelqu'un sur pied* levantar a alguien (relever), hacer a alguien levantar cabeza (rétablir) || *retomber sur ses pieds* caer de pie || FAM *se casser les pieds* aburrirse como una ostra || *se lever du pied gauche* o *du mauvais pied* levantarse con el pie izquierdo || *taper du pied* golpear el suelo con el pie (frapper le sol), patalear (les enfants), patear (en signe de désapprobation) || FAM *travailler comme un pied* trabajar con los pies.

pied-à-terre [pjetatɛːr] *m inv* apeadero, vivienda *f* de paso.

pied-bot [pjebo] *m* patizambo.
— OBSERV pl *pieds-bots*.

pied-de-biche [pjedbiʃ] *m* sacaclavos, uña *f* (pour extraire des clous) || pie prensatelas, prensilla *f* (couture) || pinzas *f pl* de dentista (de dentiste) || empuñadura *f*, llamador (de sonnette).
— OBSERV pl *pieds-de-biche*.

pied-de-poule [pjedpul] *m* pata *f* de gallo.
— OBSERV pl *pieds-de-poule*.

piédestal *m* pedestal; *des piédestaux de marbre* pedestales de mármol || FIG *mettre quelqu'un sur un piédestal* poner a alguien por las nubes *ou* en los altares.

pied-noir [pjenwar] *m et f* FAM europeo, europea de Argelia.

piège *m* trampa *f*, cepo; *tendre un piège* tender una trampa || — *piège explosif* mina con trampa || — *donner* o *tomber dans le piège* caer en la trampa || *dresser un piège* armar una trampa || FIG *prendre au piège* atrapar || *se laisser prendre à son propre piège* caer en sus propias redes.

piéger *v tr* coger en la trampa || colocar minas en (des engins explosifs) || colocar un explosivo en (une voiture, etc.) || *lettre, voiture piégée* carta-bomba, coche-bomba || *piéger une mine* colocar una trampa en una mina.

piémont; piedmont *m* llanura *f* un poco inclinada al pie de una montaña.

Piémont *n pr m* GÉOGR Piamonte.

piémontais, e *adj* piamontés, esa.

Piémontais, e *m et f* piamontés, esa.

pierraille [pjɛrɑːj] *f* grava, cascajo *m*.

pierre *f* piedra || terrón *m* (morceau de sucre) || MÉD piedra, cálculo *m* || — *pierre à aiguiser* piedra de amolar *ou* de afilar, amoladera || *pierre à bâtir* piedra de construcción || *pierre à briquet* piedra de mechero *ou* de encendedor || *pierre à feu* o *à fusil* pedernal, piedra de chispa || *pierre angulaire* o *fondamentale* piedra angular *ou* fundamental || *pierre d'achoppement* escollo || *pierre d'aimant* piedra imán || *pierre d'attente* adaraja || *pierre d'autel* ara || *pierre de taille* sillar, cantería, piedra de sillería || *pierre de touche* piedra de toque || *pierre d'évier* pila || *pierre fine* piedra fina || *pierre infernale* piedra infernal, nitrato de plata || *pierre levée* menhir || *pierre météorique* piedra meteórica || *pierre philosophale* piedra filosofal || *pierre plate* piedra plana *ou* lancha || *pierre ponce* piedra pómez || *pierre précieuse* piedra preciosa || *pierre tombale* lápida sepulcral || — *coup de pierre* pedrada || *fusil à pierre* escopeta de chispa || *mur de pierres sèches* muro de piedra en seco || *tailleur de pierre* picapedrero, cantero || — *dur comme la pierre* duro como un pedernal *ou* como la piedra || — *ce jour est marqué d'une pierre blanche* es un día señalado, es un día señalado con piedra blanca || FAM *être malheureux comme les pierres* ser el rigor de las desdichas || FIG *faire d'une pierre deux coups* matar dos pájaros de un tiro | *geler à pierre fendre* helarse las piedras | *jeter des pierres dans le jardin de quelqu'un* tirar piedras al tejado ajeno | *jeter la pierre et cacher le bras* tirar la piedra y esconder la mano | *n'avoir pas une pierre où reposer sa tête* no tener donde caerse muerto | *pierre qui roule n'amasse pas mousse* piedra movediza nunca moho cobija || *poser la première pierre* poner la primera piedra.

pierreries [pjɛrri] *f pl* pedrerías, piedras preciosas.

pierreux, euse *adj* pedregoso, sa (rempli de pierres) ‖ pétreo, a (comme la pierre).

pierrot [pjɛro] *m* pierrot (masque) ‖ gorrión (moineau).

pietà *f inv* piedad (peinture, sculpture).

piétaille *f* MIL & FAM infantería, pipis *m pl*.

piété *f* piedad ‖ — *piété filiale* amor filial ‖ — *œuvres de piété* obras pías.

piétement *m* TECHN travesaños *pl* (d'un meuble).

piétinement *m* pisoteo ‖ pataleo (gigotement) ‖ FIG poco adelanto, estancamiento (d'une conférence).

piétiner *v tr* pisotear.
◆ *v intr* patear, patalear; *piétiner de colère* patalear de cólera ‖ FIG estancarse, no haber ningún adelanto, atascarse (ne pas avancer) ‖ *piétiner sur place* marcar el paso.

piétisme *m* pietismo (doctrine religieuse).

piétiste *adj et s* pietista.

piéton *m* peatón, transeúnte ‖ *passage pour piétons* paso de peatones.

piétonnier, ère *adj* peatonal.

piètre *adj* pobre, ruin, de poco valor, sin valor; malo, la ‖ *faire piètre figure* hacer un pobre papel.

piètrement *adv* mediocremente, con poca brillantez.

pieu *m* estaca *f* ‖ POP piltra *f*, catre (lit).

pieusement *adv* piadosamente, con piedad ‖ FIG como oro en paño.

pieuter (se) *v pr* FAM meterse en la piltra, acostarse (se coucher).

pieuvre *f* pulpo *m* (poulpe) ‖ pulpo *m* (pour fixer) ‖ FIG persona exigente.

pieux, euse [pjø, jø:z] *adj* piadoso, sa ‖ respetuoso, sa; *un fils pieux* un hijo respetuoso ‖ devoto, ta; *soins pieux* cuidados devotos ‖ *pieux mensonge* mentira piadosa.

piézo-électrique *adj* piezoeléctrico, ca.

pif [pif] *m* FAM napias *f pl*, naripa *f* (nez) ‖ POP *au pif* a ojímetro.

pifomètre *m* FAM *mesurer au pifomètre* medir a ojo de buen cubero *ou* a ojímetro *ou* a bulto.

pige *f* medida de longitud, escala ‖ IMPR regla de calibre | tarea normal (tâche) | trabajo *m* por líneas (journal) ‖ POP año *m* (année) ‖ POP *faire la pige à quelqu'un* pasar *ou* adelantar a uno, ir más de prisa que él (aller plus vite), dar ciento y raya (faire mieux).

pigeon [piʒɔ̃] *m* palomo (oiseau) ‖ pella *f* de yeso (plâtre) ‖ FIG & FAM primo, palomino, bobalicón (dupe) ‖ — *pigeon ramier* paloma torcaz ‖ *pigeon vole* juego de prendas ‖ *pigeon voyageur* paloma mensajera ‖ — *gorge-de-pigeon* color tornasolado (couleur) ‖ *tir au pigeon* tiro de pichón ‖ *tir au pigeon d'argile* tiro al plato.

pigeonnant, e [piʒɔnɑ̃, ɑ̃:t] *adj* FAM *gorge pigeonnante* pechos subidos.

pigeonne *f* paloma, pichona (femelle du pigeon).

pigeonneau *m* pichón (jeune pigeon) ‖ FIG & FAM primo, inocentón (que l'on dupe).

pigeonner *v tr* FAM *pigeonner quelqu'un* quedarse con alguien.

pigeonnier *m* palomar ‖ FAM desván, buhardilla *f* (mansarde).

piger* *v tr* POP chanelar, comprender, entender (comprendre) | mirar, fijarse en (regarder) | pescar (attraper) ‖ POP *ne rien piger* no entender ni jota, quedarse en ayunas *ou* in albis.

pigiste *m et f* periodista independiente.

pigment *m* pigmento.

pigmentaire *adj* pigmentario, ria.

pigmentation *f* pigmentación.

pigmenter *v tr* pigmentar.

pignon *m* ARCHIT aguilón ‖ BOT piñón (graine de la pomme de pin) ‖ TECHN piñón, ruedecilla *f* dentada; *pignon de renvoi* piñón de cambio ‖ — *pin pignon* pino piñonero *ou* real ‖ — *avoir pignon sur rue* tener casa propia.

pilaf, pilau; pilaw *m* arroz blanco (riz).

pilaire *adj* piloso, sa.

pilastre *m* pilastra *f*.

pile *f* pila ‖ pila, rimero *m*; *une pile de bois* una pila de leña ‖ machón *m*, pila, pilar *m* (d'un pont) ‖ cruz, reverso *m* (d'une monnaie) ‖ BLAS pila ‖ PHYS pila; *pile électrique, atomique* pila eléctrica, atómica ‖ — *pile ou face* cara o cruz.
◆ *adv* justo, al pelo, en punto ‖ — FAM *à deux heures pile* a las dos en punto ‖ — POP *arriver pile, tomber pile* llegar justo (arriver juste), venir al pelo (bien tomber) ‖ FAM *s'arrêter pile* pararse en seco *ou* justo.

piler *v tr* majar, machacar, triturar ‖ POP moler a palos (battre) ‖ FAM *se faire piler* sufrir un fracaso aplastante.

pileux, euse *adj* piloso, sa; *système pileux* sistema piloso.

pilier *m* pilar ‖ poste (poteau) ‖ FIG sostén, soporte, apoyo (soutien) | asiduo (de cabaret), elemento básico, pilar (de société) ‖ pilar (rugby).

pillage [pija:ʒ] *m* pillaje, saqueo (mot le plus usuel) ‖ plagio ‖ *mettre au pillage* saquear.

pillard, e [-ja:r, ard] *adj et s* saqueador, ra *(p us)*; pillador, ra ‖ ladrón, ona (voleur) ‖ plagiario, ria (plagiaire).

piller [-je] *v tr* saquear (s'emparer par la violence) ‖ robar, despojar (voler) ‖ plagiar, copiar (plagier).

pilleur, euse [-jœ:r, jø:z] *adj et s* saqueador, ra ‖ plagiario, ria ‖ MAR *pilleur d'épave* raquero.

pilon *m* mano *f*, maja *f* (du mortier) ‖ mazo (de moulin à foulon) ‖ pisón (pour les terres) ‖ FAM muslo, pata *f* (de volaille) ‖ pata *f* de palo, pierna *f* de madera (jambe de bois) ‖ — *marteau-pilon* martillo pilón ‖ *mettre un ouvrage au pilon* destruir la edición de una obra.

pilonnage *m* apisonamiento (de la terre), machacado, majamiento ‖ MIL machaqueo, bombardeo intensivo, martilleo (bombardement intense).

pilonner *v tr* apisonar (la terre), machacar, majar ‖ MIL machacar, martillear a cañonazos.

pilori *m* picota *f* ‖ FIG *mettre o clouer au pilori* poner en la picota, señalar a la vergüenza pública.

pilo-sébacé, e *adj* pilosebáceo, a.

pilosité *f* pilosidad, vellosidad.

pilotage *m* AVIAT pilotaje, vuelo; *pilotage sans visibilité* vuelo sin visibilidad; *pilotage manuel* pilotaje manual ‖ MAR pilotaje, practicaje ‖ CONSTR pilotaje, estacado.

pilote *m* AVIAT piloto; *pilote de ligne* piloto de línea *ou* civil ‖ FIG guía, piloto ‖ MAR práctico, piloto ‖ ZOOL pez piloto ‖ — *pilote automatique* autopiloto

piloter

‖ *pilote côtier* piloto práctico ‖ *pilote d'essai* piloto de pruebas ‖ *pilote hauturier* piloto de altura ‖ *pilote lamaneur* piloto de puerto.
◆ *adj* piloto, modelo; *usine pilote* fábrica piloto; *ferme pilote* granja modelo ‖ — *bateau pilote* barco de práctico.

piloter *v tr* pilotar, conducir (une auto, un avion, etc.) ‖ CONSTR zampear, poner estacas *ou* pilotes ‖ FIG & FAM guiar, dirigir.

pilotis [pilɔti] *m* pilotes *pl*, zampas *f pl*; *bâti sur pilotis* construido sobre pilotes.

pilou *m* felpa *f* de algodón.

pilule *f* píldora ‖ — FIG & FAM *avaler la pilule* tragarse la píldora | *dorer la pilule* dorar la píldora | *prendre la pilule* tomar la píldora.

pimbêche *adj et s* FAM marisabidilla, tontivana, impertinente.
◆ *adj et s f* cursi, cursilona.

piment *m* guindilla *f*, pimiento chile (plante) ‖ FIG sal *f* y pimienta *f*, sabor ‖ — *piment carré* pimiento morrón (poivron) ‖ *piment d'Amérique* ají ‖ *piment rouge* pimiento, guindilla, ñora.

pimenté, e *adj* salpimentado, da ‖ FIG picante.

pimenter *v tr* sazonar con guindilla ‖ FIG hacer picante, salpimentar, sazonar (un récit).

pimpant, e *adj* pimpante; peripuesto, ta; rozagante.

pin *m* pino (arbre) ‖ — *pin d'Alep* pincarrasco, pino carrasco ‖ *pin laricio* pino negro *ou* negral ‖ *pin maritime* pino marítimo ‖ *pin pignon* o *parasol* pino piñonero, pino real ‖ *pin sylvestre* pino albar *ou* silvestre ‖ *pomme de pin* piña.

pinacle *m* pináculo ‖ pináculo (cartes) ‖ — FIG *au pinacle* en el pináculo, en la cumbre | *porter quelqu'un au pinacle* poner a alguien en el pináculo *ou* por las nubes.

pinacothèque *f* pinacoteca.

pinailler *v intr* FAM ser minucioso *ou* meticuloso *ou* quisquilloso.

pinailleur, euse *adj et s* FAM quisquilloso, sa.

pinard [pinaːr] *m* POP mollate, vinate, pirriaque (vin).

pince *f* garra, presa ‖ pinza (couture); *pinces lâchées* pinzas sueltas ‖ lumbre (d'un fer à cheval) ‖ mano, garras *pl* (du pied des animaux) ‖ tenazas *pl* (d'une cheminée, des forgerons) ‖ boca, pata (de langoustes, de homards) ‖ POP mano; *serrer la pince* dar la mano | pata, patita (pied) ‖ TECHN pinza (outil) | palanca, alzaprima (levier) ‖ — *pince à dessin* pinza sujetapapeles ‖ *pince à gaz* mordaza de gas ‖ *pince à glace* pinza para hielo ‖ *pince à linge* alfiler de la ropa ‖ *pince à sucre* tenacillas para el azúcar ‖ *pince universelle* alicate *ou* tenaza universal.
◆ *pl* palas, pinzas (dents de devant) ‖ alicates *m*, pinzas (outil) ‖ — *pinces à épiler* pinzas, pinzas de depilar ‖ *pinces à ongles* alicates ‖ *pinces de cycliste* pinzas de ciclista.

pincé, e *adj* ajustado, da; entallado, da (couture) ‖ encogido, apretado (lèvre) ‖ FIG afectado, da (manière).

pinceau *m* pincel (d'artiste peintre), brocha *f* (gros pinceau de peintre en bâtiment) ‖ pequeño haz luminoso (faisceau lumineux) ‖ POP pinrel (pied) ‖ *coup de pinceau* pincelada (d'un tableau); brochazo (de bâtiment).

pincée *f* pizca; *une pincée de sel* una pizca de sal ‖ pulgarada; *une pincée de tabac* una pulgarada de tabaco.

pincement *m* pellizco ‖ desmoche (des bourgeons) ‖ encogimiento (des lèvres) ‖ AUTOM convergencia *f* de las ruedas delanteras (des roues d'une auto) ‖ FIG escozor, picor (de jalousie) ‖ MUS punteado ‖ *avoir un pincement au cœur* tener encogido el corazón.

pince-monseigneur *m* palanqueta *f*, ganzúa *f*.
— OBSERV *pl pinces-monseigneur*.

pince-nez [pɛ̃sne] *m inv* quevedos *pl*, lentes *pl*.

pincer* *v tr* pellizcar, dar pellizcos (avec les doigts) ‖ coger (prendre) ‖ coger con las tenazas (avec des pinces) ‖ apretar (les lèvres) ‖ despuntar, desmochar (les plantes) ‖ ajustar (ajuster), entallar (à la taille) ‖ FIG & FAM coger, pescar (surprendre, arrêter) ‖ MAR puntear ‖ MUS puntear, pisar.
◆ *v intr* FIG picar; *le froid pince* el frío pica ‖ POP *en pincer pour* estar colado por.
◆ *v pr* apretarse; *se pincer le doigt* apretarse el dedo ‖ *se pincer le nez* apretarse la nariz, pinzarse la nariz.

pince-sans-rire *m et f inv* persona *f* graciosa *ou* chistosa que tiene un aspecto serio.

pincette *f* pinza pequeña.
◆ *pl* tenazas (pour le feu) ‖ POP remo *m sing*, piernas (jambes) ‖ FAM *n'être pas à prendre avec des pincettes* no haber por donde cogerlo.

pinçon [pɛ̃sɔ̃] *m* pellizco ‖ cardenal (marque sur la peau).

pineau *m* uva *f* tintilla de Borgoña ‖ vino generoso de Charentes.

pinède; pineraie *f* pinar *m*, pineda.

pingouin [pɛ̃gwɛ̃] *m* pingüino (oiseau).

ping-pong [piŋpɔ̃ŋ] *m* tenis de mesa, ping pong.

pingre *adj et s* FAM agarrado, da; roñica; *mon oncle est un pingre* mi tío es un roñica.

pingrerie *f* roñosería, tacañería.

pinnipède *adj et s* ZOOL pinnípedo, da.

Pinocchio Pinocho.

pinot [pino] *m* uva *f* tintilla de Borgoña.

pin's *m inv* pin.

pinson *m* pinzón (oiseau) ‖ *gai comme un pinson* alegre como unas castañuelas *ou* unas Pascuas.

pintade *f* pintada, gallineta (en Argentine).

pintadeau *m* pollo de pintada.

pinte *f* pinta (mesure).

pinter *v intr et pr* POP trincar de lo lindo, empinar el codo (boire).

pin-up [pinœp] *f* pin-up, joven guapa y escultural.

pinyin *m* pinyin (système de transcription de l'écriture chinoise).

pioche *f* piocha, pico *m*, zapapico *m*, piqueta.

piocher *v tr* cavar (creuser) ‖ robar (les cartes) ‖ FIG & FAM empollar, estudiar; *piocher la chimie* empollar química.

piolet [pjɔlɛ] *m* piolet, bastón de montañero (en Espagne), piqueta *f* (en Amérique).

pion *m* peón (aux échecs), ficha *f* (aux dames) ‖ FAM vigilante, maître d'étude) ‖ FIG & FAM *damer le pion à quelqu'un* ganarle a uno por la mano, ganar la partida a uno.

pioncer* *v intr* POP dormir.

pionne *f* FAM vigilanta (d'école).
pionnier, ère *m* et *f* FIG precursor, ra, adelantado, da; explorador, ra, colonizador, ra.
➤ *m* MIL zapador, gastador (sapeur).
— OBSERV On emploie souvent le gallicisme *pionero*.
pioupiou *m* POP guripa, sorche (soldat).
pipe *f* pipa; *fumer la pipe* fumar en pipa; *pipe de bruyère* pipa de brezo ‖ pipa, barrica (tonneau) ‖ tubo *m* (tuyau) ‖ — POP *casser sa pipe* estirar la pata, hincar el pico (mourir) ‖ FAM *fumer sa pipe* rabiar | *par tête de pipe* por barba, por persona.
pipeau *m* caramillo (flûte) ‖ reclamo para cazar (pour imiter le cri des oiseaux) ‖ trampa *f* para cazar pájaros.
➤ *pl* varillas *f*, enligadas (chasse) ‖ FIG & FAM artimañas *f*, añagazas *f*, trampas *f*.
pipelet, ette *m* et *f* FAM portero, ra.
pipe-line [piplin] ou [pajplajn] *m* oleoducto.
— OBSERV pl *pipe-lines*.
piper *v tr* cazar con reclamo | *(vx)* FIG engañar (tromper) | hacer fullerías [con los dados o las cartas] (tricher) ‖ — *les dés sont pipés* los dados están trucados ‖ — FAM *il s'est fait piper* lo trincaron | *ne pas piper, ne pas piper mot* no decir ni pío, no decir esta boca es mía.
piperade *f* CULIN tortilla de pimientos morrones y tomates.
pipette *f* pipeta (tube) ‖ pipa pequeña.
pipi *m* FAM pipí; *faire pipi* hacer pipí.
piquage *m* picado (des pierres) ‖ costura *f*, cosido a máquina.
piquant, e *adj* punzante, en punta (qui pique) ‖ picante; *sauce piquante* salsa picante ‖ agudo, da; penetrante; *froid piquant* frío penetrante ‖ FIG picante, mordaz, punzante (satirique) | excitante (excitant).
➤ *m* espina *f*, pincho, púa *f* ‖ FIG lo chistoso, lo curioso, lo interesante (ce qu'il y a de curieux).
pique *f* pica (arme) ‖ pica, puya (dans les courses de taureaux) ‖ regatón *m* (de canne de skieur) ‖ FIG indirecta; *envoyer o lancer des piques* tirar indirectas ‖ MUS púa.
➤ *m* picos *pl* (carte) ‖ *être fichu comme l'as de pique* ir hecho un adefesio, estar mal vestido.
piqué, e *adj* picado, da; echado a perder (boisson) ‖ picado, da (fruit, etc.) ‖ cosido a máquina (cousu) ‖ FAM picado, da; disgustado, da (offensé) | chiflado, da (fou) ‖ MUS picado, da ‖ *n'être pas piqué des vers* no ser moco de pavo, no ser manco.
➤ *m* piqué (tissu) ‖ AVIAT picado; *en piqué* en picado.
pique-assiette [pikasjɛt] *m inv* FAM gorrón.
pique-feu *m inv* TECHN atizador (tisonnier).
pique-fleurs *m* portaflores.
pique-nique; pic-nic *m* comida *f* campestre, jira *f* campestre.
— OBSERV pl *pique-niques*.
pique-niquer *v intr* comer en el campo, ir de jira campestre.
pique-niqueur, euse *m* et *f* excursionista que va a comer al campo.
— OBSERV pl *pique-niqueurs, euses*.
piquer *v tr* pinchar; *les épines piquent* las espinas pinchan ‖ picar (insecte) ‖ morder; *se faire piquer par un serpent* ser mordido por una serpiente ‖ poner una inyección (faire une piqûre), vacunar (vaciner) ‖ picar, apolillar (ronger, se dit des insectes) ‖ picar (le vent, le froid, etc.) ‖ coser, pespuntear (coudre) ‖ coser a máquina ‖ puntear, estarcir (un dessin) ‖ mechar (larder de la viande) ‖ tirarse de cabeza; *piquer une tête dans l'eau* tirarse de cabeza al agua ‖ embastar (matelas) ‖ picar (au billard) ‖ dar; *piquer les heures* dar las horas ‖ FIG picar (l'amour-propre) | picar, mover; *piquer la curiosité* mover la curiosidad | escocer, picar (une réflexion) | lastimar, picar, molestar (fâcher) ‖ MUS picar ‖ POP birlar, robar (voler) ‖ TAUROM picar ‖ — *piquer au vif* herir en carne viva ‖ *piquer du nez* caerse de narices ‖ *piquer quelqu'un d'honneur* picarle a uno en el amor propio ‖ *piquer un fard* ponerse uno como un tomate, subírsele a uno el pavo ‖ *piquer une crise* coger una rabieta ‖ *piquer un cent mètres* salir pitando ‖ *piquer un somme* dar una cabezada, echar un sueñecito, descabezar un sueño.
➤ *v intr* pinchar ‖ AVIAT descender en picado, picar ‖ FAM *se faire piquer* ser cogido, coger.
➤ *v pr* pincharse ‖ picarse (le bois, etc.) ‖ agriarse, echarse a perder (une boisson) ‖ presumir, dárselas de (se vanter) ‖ picarse, enfadarse; *il se pique d'un rien* se pica por nada ‖ — *se piquer au jeu* empicarse en el juego ‖ *se piquer d'honneur* poner todo su amor propio.
piquet *m* estaca *f*, jalón, poste (pieu) ‖ piquete, jalón (jalon) ‖ penitencia *f*, poste, castigo de pie [en las escuelas] ‖ monis (au croquet) ‖ juego de los cientos (jeu de cartes) ‖ MIL piquete (escorte), retén (troupe dans la caserne, pompiers) | pelotón, piquete; *piquet d'exécution* pelotón de ejecución ‖ — *piquet de grève* piquete de huelga ‖ *piquet d'incendie* brigada contra incendios ‖ — FAM *être planté comme un piquet* estar cuajado como un poste | *être raide comme un piquet* estar más tieso que un huso *ou* que el palo de la escoba *ou* que un ajo.
piqueter* *v tr* jalonar, señalar con estacas *ou* piquetes ‖ puntear (marquer par des points).
piquette *f* aguapié ‖ pirriaque *m*, vino *m* peleón, vinucho *m* (mauvais vin) ‖ FAM paliza, palizón, *m*.
piqûre [pikyːr] *f* picadura (d'un insecte), pinchazo *m* (d'un objet) ‖ pespunte *m*, costura (couture) ‖ puntada; *3 500 piqûres à la minute* 3 500 puntadas por minuto ‖ inyección (injection); *faire des piqûres* poner inyecciones ‖ basta (d'un matelas).
piranha [pirana]; **piraya** [piraja] *m* piraña.
piratage *m* pirateo.
pirate *m* pirata ‖ barco pirata (bateau) ‖ *édition, émission pirate* edición, emisión pirata ‖ *pirate de l'air* secuestrador [de avión]; pirata del aire.
pirater *v intr* piratear.
piraterie *f* piratería; *piraterie aérienne* piratería aérea.
piraya *m* → **piranha**.
pire *adj* peor.
➤ *m* lo peor, lo más malo ‖ *en mettant les choses au pire* en el peor de los casos.
Pirée (Le) *n pr* GÉOGR El Pireo.
pirogue *f* piragua (canot).
pirouette [pirwɛt] *f* pirueta, voltereta ‖ peonza, perinola (toton) ‖ FIG cambio *m* brusco, cambiazo *m* (changement brusque) ‖ FAM *répondre par des pirouettes* salirse por la tangente, responder por peteneras.
pirouetter *v intr* piruetear ‖ FIG cambiar de opinión.

pis [pi] *m* ubre *f*, teta *f* (mamelle d'un animal).

pis [pi] *adv* peor; *il est pis que jamais* está peor que nunca ‖ *— au pis aller* en el peor de los casos, por mal que venga, poniéndose en lo peor ‖ *de mal en pis* de mal en peor ‖ *de pis en pis* cada vez peor ‖ *tant pis* mala suerte ‖ *tant pis pour toi, pour lui* peor para ti, para él ‖ *tant pis pour moi, pour nous!* ¡qué le vamos a hacer!

◆ *adj* peor; *c'est encore pis* es aún peor ‖ *qui pis est* y lo que es peor.

◆ *m* lo peor ‖ *pis-aller* mal menor, último recurso ‖ *le pis-aller* lo peor que puede suceder ‖ *un pis-aller* remedio para salir del paso ‖ — *dire pis que pendre de quelqu'un* desollar vivo a alguien, echar pestes de alguien ‖ *mettre les choses au pis* ponerse en el peor de los casos.

piscicole [pisikɔl] *adj* piscícola.
pisciculteur, trice *m et f* piscicultor, ra.
pisciculture *f* piscicultura.
piscine *f* piscina [(*amér.*) pileta, alberca] ‖ *piscine couverte* piscina cubierta.
piscivore *adj et s* piscívoro, ra.
Pise *n pr* GÉOGR Pisa.
pisse *f* POP orina.
pissenlit *m* BOT cardillo, tagarnina *f*, diente de león (dent-de-lion) ‖ FAM *manger les pissenlits par la racine* estar mascando tierra, criar malvas.
pisser *v intr et tr* POP mear ‖ *laisser pisser le mérinos* dejar el agua correr.
pisseur, euse *m et f* meón, ona.
pisseux, euse *adj* meado, da; orinado, da; *linge pisseux* ropa meada ‖ *couleur pisseuse* color amarillo sucio.
pissotière *f* FAM meadero *m*.
pistache *f* pistacho *m*, alfóncigo *m* (fruit) ‖ — *pistache de terre* cacahuete, maní.

◆ *adj* *couleur pistache* color verde claro.

pistachier *m* pistachero, alfóncigo (arbuste).
piste *f* pista, huella ‖ pista (de course, d'avions, etc.) ‖ — *piste balisée* pista señalizada ‖ *piste cavalière* camino de herradura ‖ *piste cendrée* pista de ceniza ‖ *piste cyclable* carril-bici ‖ TECHN *piste sonore* banda sonora (cinéma) ‖ *tour de piste* vuelta; *faire un tour de piste* dar una vuelta ‖ — *être sur la bonne, la mauvaise piste* llevar buen camino, estar equivocado ‖ FIG *être sur la piste de quelqu'un* estar buscando a, buscar la pista de alguien ‖ *mettre sur une fausse piste* despistar ‖ *suivre à la piste* seguir la pista *ou* el rastro *ou* los pasos.
pister *v tr* FAM seguir la pista, rastrear.
pisteur *m* gancho, empleado de un hotel para atraer a los viajeros.
pistil *m* BOT pistilo.
pistole *f* doblón *m* (monnaie d'or) ‖ *(vx)* moneda de diez francos ‖ celda de pago (prison).
pistolet [pistɔlɛ] *m* pistola *f* (arme) ‖ plantilla *f*, regla *f* de curvas (de dessinateur) ‖ pistola *f*, pulverizador, aerógrafo (pour peindre) ‖ bollo de pan (en Belgique) ‖ FAM orinal ‖ FIG & FAM tipo, pájaro, persona *f* curiosa; *quel drôle de pistolet!* ¡vaya un tipo! ‖ MAR pescante ‖ — *pistolet à air comprimé* escopeta de aire comprimido ‖ *pistolet à eau* pistola de agua ‖ *pistolet mitrailleur* subfusil, pistola ametralladora ‖ — *coup de pistolet* tiro de pistola, pistoletazo.

piston *m* émbolo, pistón ‖ muelle, botón (ressort) ‖ FAM enchufe (recommandation) ‖ MUS cornetín de pistón *ou* de llaves ‖ pistón, llave *f* (de certains instruments) ‖ — TECHN *piston plongeur* chupón ‖ — FIG & FAM *avoir du piston* estar enchufado, tener enchufe, estar recomendado.
pistonner *v tr* FAM enchufar, recomendar ‖ proteger ‖ FAM *se faire pistonner* tener un enchufe, conseguir una recomendación.
pistou *m* CULIN sopa provenzal parecida al pisto.
pitance *f* pitanza.
pitch *m* SPORTS pitch (golf).
pitchpin [pitʃpɛ̃] *m* BOT pitchpín, pino de Virginia, pino (de) tea.
piteusement *adv* patéticamente, miserablemente.
piteux, euse *adj* lastimoso, sa; lamentable; *il est en piteux état* ha quedado en un estado lastimoso ‖ FAM *mine piteuse* cara triste.
pithécanthrope *m* pitecántropo, antropopiteco.
pithiatique *adj et s* pitiático, ca.
pitié *f* piedad (invocation) ‖ lástima; *avoir pitié de* tener lástima de ‖ — *par pitié!* ¡por piedad! ‖ *sans pitié* sin piedad ‖ — *à faire pitié* que da lástima *ou* pena; *il chante à faire pitié* canta que da lástima ‖ *faire pitié* dar lástima ‖ *prendre quelqu'un en pitié* tener lástima de alguien, compadecer a uno.
piton *m* armella *f*, cáncamo (clou à tête en anneau) ‖ escarpia, alcayata (crochet) ‖ pico, cresta *f* (d'une montagne) ‖ pitón, clavija *f* de escalada (alpinisme).
pitoyable [pitwajabl] *adj* lastimoso, sa (qui fait pitié) ‖ lamentable (mauvais) ‖ piadoso, sa; compasivo, va (qui a de la pitié).
pitoyablement *adv* lamentablemente.
pitre *m* payaso, bufón; *faire le pitre* hacer el payaso.
pitrerie *f* payasada, bufonada.
pittoresque *adj* pintoresco, ca ‖ pictórico, ca (de la peinture).

◆ *m* lo pintoresco, pintoresquismo.

pituitaire *adj* pituitario, ria.
pityriasis [pitirjazis] *m* MÉD pitiriasis *f*.
pivert [pivɛːr]; **pic-vert** *m* ZOOL picamaderos, pájaro carpintero.
pivoine *f* peonía, saltaojos *m* (plante) ‖ FAM *rouge comme une pivoine* rojo como una amapola, colorado como un tomate.
pivot [pivo] *m* gorrón, pivote (axe) ‖ FIG eje, soporte, base *f*, elemento principal (agent principal) ‖ pivote (basket) ‖ BOT nabo, raíz *f* vertical (racine).
pivotant, e *adj* BOT pivotante, nabiforme ‖ giratorio, ria; que gira (qui pivote).
pivotement *m* giro.
pivoter *v intr* girar sobre su eje, dar vueltas sobre su eje (tourner) ‖ BOT penetrar verticalmente (une racine) ‖ — *pivoter sur ses talons* girar sobre los talones.
pixel *m* INFORM pixel.
pizza [pidza] *f* pizza.
pizzeria *f* pizzería.
pizzicato [pidzikato] *adv* MUS pizzicato, punteado.
P.J. abrév de *police judiciaire* policía judicial.
P.L. abrév de *poids lourd* vehículo pesado.

placage *m* enchapado, chapeado ∥ placaje (rugby).

placard [plaka:r] *m* armario empotrado (armoire encastrée), alacena *f* ∥ capa *f* espesa (de peinture) ∥ cartel (affiche); *placard publicitaire* cartel publicitario ∥ IMPR galerada *f*, prueba *f* de imprenta.

placarder *v tr* fijar carteles ∥ satirizar, zaherir (railler dans des écrits) ∥ sacar galeradas *ou* pruebas de imprenta (imprimerie).

place *f* sitio *m*, lugar *m* (endroit) ∥ plaza (dans une ville) ∥ colocación, cargo *m*, puesto *m* (emploi) ∥ puesto *m* (d'un écolier) ∥ asiento *m* (dans une voiture, en train) ∥ localidad, entrada (dans un théâtre, un cinéma, etc.) ∥ plaza (ville de garnison) ∥ importancia; *ce pays accorde une grande place aux arts* este país da una gran importancia a las artes ∥ espacio *m*; *article qui occupe beaucoup de place (dans les journaux)*, artículo que ocupa mucho espacio [en los periódicos] ∥ — *place boursière* plaza bursátil ∥ *place d'armes* plaza de armas, armería ∥ *place de choix* lugar preferente ∥ *place d'honneur* sitio de honor ∥ *place forte* plaza fuerte ∥ — *homme en place* hombre bien colocado ∥ *voiture de place* coche de punto ∥ — *à la place de* en lugar de, en vez de ∥ *à ta place* en tu lugar ∥ *au o en lieu et place de* en su lugar ∥ *de place en place* de acá para allá, de aquí para allí ∥ *sur place* en el mismo lugar, sobre el propio terreno, in situ ∥ — *ce n'est pas ma place* no pinto nada ∥ *demeurer en place* no moverse ∥ *être en place* estar empleado ∥ *faire du surplace* seguir a máquina parada (cyclisme) ∥ *faire la place* ser corredor de comercio ∥ *faire place à* hacer *ou* dejar sitio a, dar paso a ∥ *faire place nette* despejar un lugar, dejar el terreno libre ∥ *faire une place* dejar un sitio ∥ *il y a vingt places assises, debout* hay veinte plazas con asiento, de pie ∥ *je ne voudrais pas être à sa place!* ¡no me gustaría estar en su pellejo! ∥ *moi, à votre place, je* yo, que usted ∥ *ne pas se sentir à sa place* no sentirse cómodo ∥ *ne pas tenir o rester en place* no poder estarse quieto ∥ *prendre place* colocarse, tomar sitio ∥ *remettre quelqu'un à sa place* poner a uno en su sitio, llamar a uno al orden ∥ *se mettre à la place de quelqu'un* ponerse en el lugar de alguien ∥ *se rendre sur place* ir sobre el terreno *ou* personarse en un lugar ∥ *tenir sa place* tener su puesto.
➤ *interj* ¡paso libre!, ¡despejen!

placebo *m* MÉD placebo; *effet placebo* efecto placebo.

placement *m* colocación *f* ∥ colocación *f*, empleo (emploi) ∥ inversión *f* (d'un capital) ∥ venta *f*, colocación *f* (vente) ∥ *bureau de placement* agencia de colocaciones, oficina de colocación.

placenta [plasɛ̃ta] *m* ANAT & BOT placenta *f*.

placentaire [-tɛ:r] *adj* placentario, ria.
➤ *m pl* placentarios (mammifères).

placer* *v tr* colocar, poner (établir) ∥ vender, colocar (vendre) ∥ invertir (de l'argent) ∥ acomodar (dans un spectacle public) ∥ FIG colocar (dans un emploi) ∥ — *placer la balle* colocar el balón ∥ *placer son coup* colocar un directo (boxe) ∥ — *être bien, mal placé* estar bien, mal situado; estar bien, mal comunicado (quartier) ∥ *être bien, mal placé pour faire quelque chose* estar, no estar en el mejor lugar para hacer algo ∥ *je n'ai pu placer un mot* no he podido meter baza en la conversación, no he podido decir esta boca es mía.
➤ *v pr* colocarse ∥ *se placer au premier rang* ponerse en primera fila.

placet [plasɛ] *m* petición *f*, memorial, instancia *f* ∥ plácet (diplomatique) ∥ DR súplica *f*, demanda *f*.

placeur, euse *m* et *f* acomodador, ra (dans un théâtre) ∥ agente de colocaciones (qui procure un emploi) ∥ corredor, ra; representante (commercial).

placide *adj* plácido, da.

placidité *f* placidez.

placoplâtre *m* (nom déposé) cartón yeso.

plafond *m* techo (d'une chambre) ∥ pintura *f* de un techo ∥ altura *f* (de nuages) ∥ AVIAT altura *f* máxima ∥ FIG tope, límite ∥ MÉCAN velocidad *f* máxima ∥ POP chola *f* (tête) ∥ — *faux plafond* cielo raso ∥ *prix plafond* precio tope ∥ — *crever le plafond* rebasar el tope *ou* el límite ∥ *sauter au plafond* saltar *ou* dar brincos de alegría.

plafonnement *m* tope, límite.

plafonner *v tr* techar (garnir d'un plafond).
➤ *v intr* llegar al límite *ou* al tope *ou* al máximo (faire le maximum) ∥ volar lo más alto posible (avion) ∥ ir a la velocidad máxima (voiture, etc.).

plafonnier *m* luz *f* del techo, lámpara *f* de techo, luz *f* cenital (voitures).

plage *f* playa (rivage marin) ∥ clima *m* (climat) ∥ MAR puente *m*, cubierta corrida ∥ zona ∥ *plage arrière* bandeja (d'une voiture).

plagiaire *m* et *f* plagiario, ria.

plagiat [plaʒja] *m* plagio.

plagier* [-ʒje] *v tr* plagiar.

plagiste *m* et *f* administrador, ra de playa privada.

plaid [plɛd] *m* manta *f* de viaje (couverture de voyage) ∥ gabán escocés (manteau).

plaidant, e *adj* litigante, pleiteante; *les parties plaidantes* las partes litigantes ∥ *avocat plaidant* abogado demandante.

plaider *v intr* litigar, pleitear ∥ informar, abogar, defender (défendre) ∥ hablar en favor de, abogar por (influencer en faveur de) ∥ *plaider coupable* solicitar la declaración de culpabilidad, declararse culpable.
➤ *v tr* defender ∥ hablar en favor de, sostener (soutenir) ∥ — *plaider le faux pour savoir le vrai* decir mentira para sacar verdad ∥ *plaider une cause* defender una causa ∥ *plaider un fait* hacer valer un hecho.

plaideur, euse *m* et *f* litigante, pleiteante (d'un procès) ∥ pleitista (qui aime les procès).

plaidoirie *f* DR alegato *m*, defensa, informe *m* ∣ abogacía (art de plaider).

plaidoyer *m* alegato, defensa *f* en favor ∥ DR alegato, defensa *f*, informe.

plaie [plɛ] *f* herida (blessure) ∥ llaga, úlcera (ulcère) ∥ cicatriz (cicatrice) ∥ plaga (fléau) ∥ FIG herida, llaga (morale) ∥ — *quelle plaie!* ¡qué lata! ∥ FIG *mettre le doigt sur la plaie* poner el dedo en la llaga ∥ *ne rêver que plaies et bosses* buscar camorra, soñar siempre con peleas ∥ *retourner le couteau dans la plaie* hurgar en la herida, renovar la herida, herir en carne viva.

plaignant, e *adj* et *s* DR demandante, querellante.

plain, e *adj* llano, na; plano, na ∥ *de plain-pied* al mismo nivel, a igual altura, en la misma planta.

plain-chant *m* MUS canto llano.
— OBSERV *pl plains-chants*.

plaindre* *v tr* compadecer a, tener lástima de; *plaindre les malheureux* compadecer a los desgraciados || — *être à plaindre* ser digno de compasión || *n'être pas à plaindre* no tener por qué quejarse, no ser digno de lástima.

◆ *v pr* quejarse; *se plaindre de quelqu'un* quejarse de uno || presentar una denuncia, denunciar, querellarse (en justice).

plaine *f* llano *m*, llanura, planicie || — *plaine du ciel o céleste* espacios celestes || *plaine littorale* planicie litoral || — *haute plaine* altiplanicie, altillanura || POÉT *la plaine liquide* el mar.

plainte *f* queja; *ses plaintes sont mal fondées* sus quejas están mal fundadas || quejido *m*, lamento *m*; *les plaintes d'un blessé* los quejidos de un herido || DR denuncia, querella, demanda || — *déposer une plainte* presentar una denuncia || *porter plainte* denunciar, querellarse.

plaintif, ive *adj* quejumbroso, sa; lastimero, ra.

plaintivement *adv* lastimeramente, con voz quejumbrosa.

plaire* *v intr* gustar, agradar, placer; *cela me plaît* eso me gusta || *avoir le don de plaire* tener don de gente.

◆ *v impers* querer, desear, gustar; *je ferai ce qu'il vous plaira* haré lo que desee || — *à Dieu ne plaise* no lo quiera Dios || *comme il vous plaira* como usted quiera, como le guste || *il plaît à* le gusta a || *plaît-il?* ¿cómo?, ¿qué desea?, ¿decía usted? || *plaise à Dieu!, plût à Dieu que!* ¡ojalá!, ¡quiera Dios que!, ¡quiera Dios! || *s'il plaît à Dieu* si Dios quiere, Dios mediante || *s'il vous plaît* por favor.

◆ *v pr* complacerse en, estar a gusto con (prendre plaisir à) || gustarse, agradarse; *ils se plaisent* se gustan || estar a gusto, encontrarse a gusto; *il se plaît à la campagne* está a gusto en el campo || darse bien (plantes) || vivir bien (les animaux).

— OBSERV Le participe passé de *plaire* est le même que celui de *pleuvoir: plu.*

plaisamment *adv* agradablemente, con gracia (agréablement).

plaisance (de) *loc adv* de recreo, deportivo, va; *bateau de plaisance* barco de recreo; *port de plaisance* puerto deportivo || *navigation de plaisance* navegación deportiva *ou* de recreo.

plaisancier, ère *adj* deportista náutico, ca; balandrista.

plaisant, e *adj* agradable; grato, ta (agréable) || gracioso, sa; divertido, da (qui fait rire).

◆ *m* gracioso, chistoso; *faire le plaisant* hacerse el gracioso || lo gracioso, lo divertido, lo gracioso del caso (le côté curieux) || *mauvais plaisant* bromista pesado, persona de mala sombra.

plaisanter *v intr* bromear, chancearse || FIG bromear, no hablar en serio || — *il ne plaisante pas* no se anda con chiquitas, no gasta bromas || *je ne plaisante pas* no estoy bromeando, hablo en serio || *on ne plaisante pas avec cela* esto no es cosa de broma || *pour plaisanter* en broma || FAM *vous plaisantez!* ¡usted está hablando en broma!, ¡no será verdad!

◆ *v tr* burlarse, dar broma, tomar el pelo (railler).

plaisanterie *f* broma, chanza || chiste *m* (jeu de mots) || — *plaisanterie à part* broma aparte, hablando en serio || *mauvaise plaisanterie* broma pesada, broma de mal gusto || *par plaisanterie* de broma || *trêve de plaisanterie* dejémonos de bromas || — FAM *entendre o comprendre la plaisanterie* admitir bromas, tener correa || *tourner en plaisanterie* tomar a broma, quitar importancia.

plaisantin *m* bromista, guasón.

plaisir *m* placer; *les plaisirs de la vie* los placeres de la vida || gusto; *tu as beaucoup de plaisir à le faire* tienes mucho gusto en hacerlo || goce; *les plaisirs de l'âme* los goces del alma || favor; *faites-moi le plaisir de dîner avec nous* hágame el favor de cenar con nosotros || recreo; *voyage de plaisir* viaje de recreo || diversión *f* (divertissement) || barquillo (oublie) || — *bon plaisir* capricho, voluntad arbitraria || *menus plaisirs* gastos menudos para cosas agradables || *partie de plaisir* jira, excursión de recreo, diversión || — *à plaisir* sin motivo || *avec plaisir* con gusto, con mucho gusto || *pour ton plaisir* por tu gusto || — *au plaisir de vous revoir* hasta la vista || *faire le plaisir de* hacer el favor de, tener la bondad de || *faire plaisir à quelqu'un* dar gusto, agradar, ser agradable a uno (plaire) || *gâcher son plaisir à quelqu'un* aguarle la fiesta a alguien || *M. et Mme X ont le plaisir de vous faire part de* el Sr. X y Sra. tienen el placer de comunicarle || *prendre plaisir à* complacerse en, gustar de || *se faire un plaisir de* tener mucho gusto en || *tel est notre plaisir* o *notre bon plaisir* esta es nuestra voluntad.

plan *m* plano (surface) || plano (tracé) || plano; *le plan de Paris* el plano de París || plano (cinéma) || plan (projet); *arrêter un plan* fijar un plan || plan; *plan quinquennal* plan quinquenal; *plan d'aménagement* plan de ordenación || terreno, orden, punto de vista, plan; *sur le plan économique* en el terreno económico, desde el punto de vista económico || planta *f* (d'une maison) || plano (aviation) || ARCHIT plano || FIG plano || término, plano (d'un tableau; *au premier plan* en primer plano || — *plan américain* plano americano (cinéma) || *plan d'action* plan de acción || *plan d'attaque, de campagne* plan de ataque, de campaña || *plan de cague* timón || *plan de tir* plano de tiro || *plan de travail* superficie de trabajo (cuisine) || *plan d'eau* estanque || *plan de vol* plan de vuelo || *plan général o d'ensemble* plano largo *ou* de conjunto || — *arrière-plan* segundo término, plano de fondo (peinture), segundo plano (cinéma) || *gros plan, premier plan* primer plano || — *être au premier plan* estar en primer término || FAM *laisser en plan* dejar plantado *ou* en la estacada, abandonar || *mettre quelque chose au premier plan* poner algo en primer plano || *rester en plan* quedarse en suspenso *ou* parado || *sur tous les plans* en todos los aspectos.

— OBSERV Il faut remarquer que *plano* correspond à quelque chose de concret (tracé, surface), alors que *plan* est en quelque sorte l'équivalent de *projet*.

plan, e *adj* plano, na.

planche *f* tabla, tablón *m* (de bois) || plancha (de métal) || lámina (gravure) || hondón *m* (sole, grille) || AGRIC arriate *m*, tabla (jardinage) || — TECHN *planche à découper* tajo, tabla de cortar || *planche à dessin* tablero de dibujo || *planche à repasser* mesa de planchar || *planche à roulettes* monopatín || *planche à voile* plancha a vela || FIG *planche de salut, la dernière planche* tabla de salvación, el último recurso || — *avoir du pain sur la planche* tener trabajo para rato, tener tela que cortar, haber tela que cortar || *faire la planche* hacer el muerto, hacer la plancha (dans l'eau).

◆ *pl* tablas (théâtre); *monter sur les planches* pisar las tablas || — MAR *jour de planches* tiempo de que dispone un barco para descargar.

plancher *m* piso, suelo ‖ FIG nivel, base *f* ‖ — FAM *le plancher des vaches* la tierra firme ‖ — POP *débarrasser le plancher* largarse, ahuecar el ala.
planchette *f* tablilla ‖ plancheta (topographie) ‖ *planchette de bord* tablero de instrumentos (d'avion).
planchiste *m* et *f* windsurfista.
plan-concave *adj* planocóncavo, va.
plan-convexe *adj* planoconvexo, xa.
plancton *m* plancton.
planer *v intr* cernerse (les oiseaux) ‖ planear (un avion); *vol plané* vuelo planeado ‖ dominar (voir de haut) ‖ FIG cernerse, pesar (menacer) ‖ estar en las nubes (être distrait) ‖ *il plane des doutes sur sa conduite* hay sospechas sobre su conducta.
◆ *v tr* alisar, cepillar (le bois) ‖ pulir, aplanar (les métaux) ‖ pelar, quitar los pelos (enlever les poils).
planétaire *adj* et *s m* planetario, ria ‖ TECHN *planétaire de différentiel* piñón planetario.
planétarisation *f* universalización.
planétarium [planetarjɔm] *m* planetarium, planetario.
planète *f* planeta *m*.
planeur *m* planador (ouvrier) ‖ planeador, avión sin motor; *vol en planeur* vuelo sin motor.
planificateur, trice *adj* et *s* planificador, ra.
◆ *m* comisario de un plan económico.
planification *f* planificación.
planifier *v tr* planificar.
planisphère *m* planisferio.
planning [planiŋ] *m* plan de trabajo, planificación *f*, programación *f*, planning ‖ *planning familial* planificación familiar.
planque *f* FAM escondite *m*, zulo *m* (endroit caché) | enchufe *m*.
planqué, e *adj* et *s* FAM enchufado, da [en un buen puesto]; emboscado, da (pendant la guerre).
planquer *v tr* FAM esconder (cacher).
◆ *v pr* FAM esconderse, ponerse a cubierto (se mettre à couvert) ‖ MIL FAM emboscarse (à l'abri), enchufarse (à une bonne place).
plant [plã] *m* planta *f*, plantón (jeune tige) ‖ plantío, plantel (terrain planté).
plantain *m* BOT llantén, plantaina *f*, zaragatona *f* ‖ plátano macho *ou* de América ‖ *plantain d'eau* llantén de agua, alisma.
plantaire *adj* ANAT plantar.
plantation *f* plantación (action) ‖ plantación, plantío *m* (résultat) ‖ instalación de un decorado (théâtre).
plante *f* planta ‖ — *plante d'appartement* planta de interior ‖ *plante du pied* planta del pie ‖ *plante fourragère* planta forrajera ‖ *plante grasse* planta carnosa ‖ *plante grimpante* planta trepadora ‖ *plante potagère* hortaliza ‖ *plante verte* planta verde ‖ — *jardin des plantes* jardín botánico.
planter *v tr* plantar ‖ clavar en tierra, hincar (enfoncer en terre) ‖ poner; *planter un clou* poner un clavo ‖ fijar, montar (des tentes) ‖ izar, enarbolar (arborer); *planter un drapeau* izar una bandera ‖ FIG colocar, poner (dresser) ‖ — *planter quelqu'un là* dejar plantado a uno ‖ — FAM *aller planter ses choux* retirarse al campo ‖ *être bien planté* ser bien plantado, tener buena planta ‖ *tout planter là* dejar todo plantado.
◆ *v pr* FAM plantarse (se poster).
planteur *m* plantador ‖ propietario de una plantación.
plantoir *m* plantador, almocafre (outil).
planton *m* MIL ordenanza, plantón *(p us)*.
plantureux, euse *adj* abundante; copioso, sa (repas, etc.) ‖ fértil (sol) ‖ corpulento, ta; relleno, na; metido en carnes (gros) ‖ FIG enjundioso, sa; fértil, lleno de ideas (style).

plaque *f* placa ‖ plancha, lámina, placa (lame) ‖ chapa, placa (d'identité) ‖ placa (décoration) ‖ placa (photographique) ‖ plataforma (de machine) ‖ FIG centro *m*, eje *m*, nudo *m* ‖ — *plaque commémorative* lápida conmemorativa ‖ *plaque chauffante* o *de cuisson* placa eléctrica ‖ *plaque de beurre* paquete de mantequilla ‖ *plaque de chocolat* tableta de chocolate ‖ *plaque de couche* cantonera (d'arme) ‖ *plaque de police* o *minéralogique* matrícula (d'une voiture) ‖ *plaque tournante* placa *ou* plataforma giratoria (chemins de fer), pivote, centro (axe).
plaqué, e *adj* chapado, da; chapeado, da; enchapado, da; *plaqué d'or* chapado de oro ‖ pegado, da; adherido, da (collé); *des cheveux plaqués* pelo pegado.
◆ *m* TECHN madera *f* contrachapada (bois) ‖ plaqué (métal).
plaquer *v tr* chapar, contrachapar, contrachapear, enchapar (couvrir d'une feuille) ‖ pegar, adherir (coller) ‖ trasplantar (du gazon) ‖ sujetar para detener, hacer un placaje (rugby), poner las espaldas en el suelo (lutte) ‖ POP plantar, dejar plantado, abandonar ‖ — *plaquer des accords* tocar acordes simultáneamente ‖ *se plaquer par terre* pegarse al suelo.
plaquette *f* placa, medalla conmemorativa (médaille du souvenir) ‖ opúsculo *m*, librito *m*, folleto *m* (petit livre) ‖ plaqueta (du sang) ‖ AUTOM *plaquette de frein* chapa de freno.
plasma *m* BIOL plasma (sang).
plasmatique *adj* plasmático, ca.
plastic *m* plástico, explosivo plástico.
plasticage *m* → **plastiquage**.
plasticien, enne *adj* cirujano plástico, cirujana plástica ‖ artista plástico, ca.
plasticité *f* plasticidad.
plastification *f* plastificado *m*, plastificación *f*.
plastifier *v tr* plastificar.
plastiquage; plasticage *m* voladura *f* con plástico.
plastique *adj* plástico, ca.
◆ *m* materia *f* plástica, plástico (matière) ‖ plástico (explosif).
◆ *f* plástica.
plastiquer *v tr* volar, agredir con plástico.
plastiqueur, euse *m* et *f* agresor, ra que emplea el plástico.
plastron *m* pechera *f* (de chemise) ‖ plastrón (cravate) ‖ peto (de cuirasse, de tortue) ‖ peto (d'escrime) ‖ MIL enemigo figurado.
plastronner *v intr* tirarse a fondo (escrime) ‖ FAM sacar el pecho ‖ FIG gallear, darse importancia | dárselas de guapo (faire le beau).
plat [pla] *m* fuente *f*; *plat allant au four* fuente de horno ‖ lo llano (d'un pays) ‖ lo plano, hoja *f* (d'une épée) ‖ batea *f* (wagon) ‖ cara *f* (d'un brillant) ‖ plato (repas); *déjeuner composé de trois plats* almuerzo

compuesto de tres platos ‖ pletina *f* (métallurgie) ‖ tapa *f* (reliure) ‖ platillo (d'une balance) ‖ — *plat à barbe* bacía (pour le rasage) ‖ *plat à hors-d'œuvre* entremesero ‖ *plat à poisson* besuguera ‖ *plat cuisiné* plato precocinado ‖ *plat d'aviron* pala de remo ‖ *plat de côtes* falda (viande) ‖ *plat de résistance* plato fuerte ‖ *plat du jour* plato del día ‖ *plats préparés* platos preparados ‖ — *coup de plat d'épée* cintarazo ‖ *le plat de la main* la palma de la mano ‖ *le premier plat* el primer plato ‖ *sur le plat* al plato (œufs) ‖ *sur un plat d'argent* en bandeja de plata ‖ — FAM *en faire tout un plat* hacerse una montaña *ou* hacerse un mundo de algo ‖ POP *faire du plat* dar la coba (flatter), camelar (baratiner) ‖ FIG *mettre les petits plats dans les grands* tirar la casa por la ventana | *mettre les pieds dans le plat* meter la pata.

plat, e [pla, at] *adj* llano, na; *terrain plat* terreno llano ‖ sereno, na; tranquilo, la; *mer plate* mar tranquilo ‖ liso, sa; *poitrine plate* pecho liso ‖ aplastado, da; *un visage plat* una cara aplastada ‖ llano, na; *assiette plate* plato llano ‖ chato, ta; *bateau plat* barco chato ‖ lacio, cia; *cheveux plats* pelos lacios ‖ rastrero, ra (vil) ‖ SPORTS liso; *cent mètres plat* cien metros lisos ‖ FIG sin sabor; insulso, sa; insípido, da; anodino, na (sans attrait), sin relieve, sosaina (sans relief) ‖ vacío, a (bourse) ‖ *plat personnage* persona anodina ‖ — *angle plat* ángulo plano ‖ *calme plat* calma chicha ‖ *chaussures plates* zapatos planos *ou* sin tacones ‖ *courses plates* carreras sin obstáculos ‖ *eau plate* agua natural (eau du robinet) ‖ *nez plat* nariz chata ‖ *nœud plat* nudo de envergue *ou* de rizo ‖ *pieds plats* pies planos ‖ *rimes plates* versos pareados ‖ *teinte plate* color uniforme *ou* liso ‖ — *à plat ventre* boca abajo, cuerpo a tierra ‖ *être plat comme une galette* quedar como si lo hubieran planchado.

◆ *adv* *à plat* de plano, a todo lo largo (en largeur), desinflado, da (pneus), descargado, da (batterie), agotado, da; rendido, da (fatigué), muy bajo, ja (moral) ‖ *tomber à plat* no hacer gracia.

platane *m* plátano (arbre) ‖ *faux platane* sicomoro, plátano falso, arce blanco.

plateau *m* bandeja *f* (plat); *plateau à fromages* bandeja de quesos ‖ platillo (d'une balance) ‖ banco (de sable, de roches) ‖ escena *f*, escenario, tablado (théâtre) ‖ plató (de cinéma ou de télévision) ‖ batea *f* (wagon) ‖ plato giratorio (de tourne-disque) ‖ pista *f* (gymnastique) ‖ plato (de bicyclette) ‖ plato (d'embrayage) ‖ GÉOGR meseta *f*, planicie *f* ‖ *haut plateau* altiplanicie [*(amér)* altiplano].

plateau-repas *m* bandeja *f* de comida.
— OBSERV pl *plateaux-repas*.

plate-bande *f* arriate *m*, platabanda (d'un parterre) ‖ ARCHIT platabanda, moldura plana (moulure) ‖ *marcher sur les plates-bandes de quelqu'un* meterse en el terreno de uno.

platée *f* fuente, plato *m* (contenu) ‖ CONSTR cimientos *m pl*.

plate-forme *f* plataforma ‖ azotea (toit plat uni) ‖ batea, vagón *m* descubierto (wagon plat) ‖ viga (solive) ‖ — *plate-forme de forage ou pétrolière* plataforma petrolífera ‖ FIG & FAM *plate-forme électorale* programa electoral.
— OBSERV pl *plates-formes*.

platement *adv* llanamente, con sencillez ‖ vulgarmente, prosaicamente, sin brillantez.

platine *m* platino (métal); *mousse de platine* esponja de platino.

◆ *f* chapa (d'une serrure) ‖ llave (d'une arme à feu) ‖ platina (d'une montre, d'une machine pneumatique) ‖ muelle *m* (de couteau) ‖ cuadro *m*, platina (d'une presse) ‖ plato *m* (d'un tourne-disque) ‖ — *platine disque* giradiscos ‖ *platine laser* platina láser.

◆ *adj inv* platino; *blond platine* rubio platino.

platiné, e *adj* rubio, bia platino ‖ *vis platinées* platinos (d'un moteur).

platitude *f* banalidad, simpleza ‖ bajeza, vileza, carácter *m* rastrero (ce qui est avilissant) ‖ insipidez, sosería (sans force ni saveur) ‖ lugar común *m*, tópico *m* (lieu commun) ‖ *faire des platitudes* dar coba.

Platon *n pr m* Platón.

platonicien, enne *adj et s* platónico, ca.

platonique *adj* platónico, ca.

platonisme *m* platonismo.

plâtrage *m* enyesado ‖ escayolado (chirurgie).

plâtras [plɑtra] *m* cascote (débris).

plâtre *m* yeso ‖ escayola *f* (pour la chirurgie) ‖ estatua *f* de yeso ‖ — *carrière de plâtre* yesera, yesar ‖ *dans le plâtre* escayolado, da (membre) ‖ — FIG *battre comme plâtre* dar una paliza soberana, moler a palos | *essuyer les plâtres* estrenar una casa *ou* un local (d'une maison), pagar la novatada *ou* ser el primero en sufrir los inconvenientes de algo (de quelque chose de nouveau), ser telonero (au théâtre).

plâtrer *v tr* enyesar ‖ escayolar (chirurgie) ‖ enlucir, revocar (couvrir de plâtre) ‖ enyesar, clarificar con yeso (les vins) ‖ AGRIC abonar con yeso (amender avec du plâtre) ‖ FIG fingir, simular, solapar (feindre) | enharinar, pintar, componer (farder).

plâtreux, euse *adj* yesoso, sa.

plâtrier *adj et s m* yesero, ra.

plausible *adj* plausible.

play-back [plɛbak] *m* play back, playback (cinéma).

play-boy *m* playboy.
— OBSERV pl *play-boys*.

plèbe *f* plebe.

plébéien, enne *adj et s* plebeyo, ya.

plébiscitaire *adj* plebiscitario, ria.

plébiscite *m* plebiscito.

plébisciter *v tr* plebiscitar.

pléiade *f* pléyade.

plein, e *adj* lleno, na; *sac plein de farine* saco lleno de harina ‖ pleno, na (mot recherché); *en pleine possession de* en plena posesión de ‖ pleno, na; *pleins pouvoirs* plenos poderes ‖ macizo, za; compacto, ta; *mur plein* pared maciza ‖ completo, ta; entero, ra (entier) ‖ lleno, na; relleno, na (gros); *visage plein* cara rellena ‖ preñada, llena (enceinte); *chatte pleine* gata preñada ‖ que sólo piensa en (entièrement occupé); *auteur plein de son sujet* escritor que sólo piensa en su tema ‖ FAM repleto, ta (gavé); *plein de nourriture* repleto de comida ‖ FIG lleno, na; *plein de joie* lleno de alegría ‖ — *plein aux as* que tiene muchos cuartos, más rico que Creso ‖ ARCHIT *plein cintre* medio punto ‖ *arc (en o de) plein cintre* arco de medio punto ‖ FIG *plein de soi-même* poseído de su persona, creído de sí mismo ‖ *plein de vin* ebrio ‖ *pleine lune* luna llena ‖ *pleine mer* pleamar (marée), alta mar (le large) ‖ — *bois plein*

espesura ‖ *voix pleine* voz llena ‖ *— à plein* de lleno ‖ *à plein régime* a todo motor ‖ *à pleines mains* a manos llenas ‖ *à pleines voiles* a toda vela ‖ *à plein gaz* a todo gas ‖ *— à plein temps* de dedicación exclusiva, de plena dedicación (travail), la jornada completa; *travailler à plein temps* trabajar la jornada completa ‖ *de plein droit* con pleno derecho ‖ *en plein* en pleno, en medio de; *en plein désert* en medio del desierto; completamente, de lleno (entièrement) ‖ *en plein air* al aire libre ‖ *en plein hiver* en pleno invierno ‖ *en plein jour* a la luz del día, en pleno día ‖ *en plein milieu* justo en el medio ‖ *— plein à craquer* abarrotado, atestado, lleno de bote en bote ‖ FAM *tout plein* muchísimo, muchísima; *il a tout plein d'argent* tiene muchísimo dinero; muy, sumamente; *joli tout plein* muy lindo ‖ *— avoir le cœur plein* tener el corazón acongojado ‖ *avoir les mains pleines* tener las manos llenas ‖ *en avoir plein la tête* estar hasta los pelos ‖ POP *en avoir plein le dos* estar hasta la coronilla ‖ *en avoir plein les pattes* estar derrengado *ou* extenuado.
- *adv* lleno, na *adj*, completamente; *avoir de l'argent plein les poches* tener los bolsillos llenos de dinero.
- *m* lo lleno; *le plein et le vide* lo lleno y lo vacío ‖ lo grueso, trazo grueso (écriture) ‖ máximo (maximum) ‖ macizo (d'un mur) ‖ MAR marea *f* alta (marée haute) | cargamento completo ‖ *— le plein de la lune* la luna llena ‖ — FIG *battre son plein* estar en marea alta (mer), estar en pleno apogeo *ou* en su punto culminante (à son point culminant); *faire le plein* llenar completamente, repostar a tope (d'essence), llenarse completamente, estar abarrotado; *ce théâtre fait le plein à chaque représentation* este teatro se llena completamente en cada función; *faire le plein des voix* lograr el mayor número de votos.

pleinement *adv* plenamente, enteramente.
plein-emploi; plein emploi *m* pleno empleo.
plein-temps *m adj inv* jornada *f* completa ‖ dedicación *f* plena, plena dedicación.
— OBSERV pl *pleins-temps*.
plénier, ère *adj* plenario, ria; *indulgence plénière* indulgencia plenaria; *cour plénière* asamblea plenaria ‖ *séance plénière* pleno, sesión plenaria.
- *f* pleno *m* (séance).
plénipotentiaire *adj et s m* plenipotenciario.
plénitude *f* plenitud.
pléonasme *m* GRAMM pleonasmo (répétition).
pléonastique *adj* pleonástico, ca.
pléthore *f* plétora.
pléthorique *adj* pletórico, ca.
pleur [plœːr] *m* llanto, lloro.
- *pl* lágrimas *f*, llanto *sing* (larmes) ‖ BOT lágrimas (de la vigne) ‖ *— essuyer les pleurs de quelqu'un* enjugar el llanto de alguien, ser el paño de lágrimas de alguien ‖ *être (tout) en pleurs* llorar a lágrima viva ‖ *être noyé de pleurs* estar anegado en llanto ‖ *il y aura des pleurs et des grincements de dents* allí será el llorar y el crujir de dientes ‖ *répandre des pleurs* derramar lágrimas.
— OBSERV Se emplea casi exclusivamente la forma plural: *pleurs*.
pleurer *v intr et tr* llorar; *pleurer un père, pleurer ses fautes* llorar a su padre, llorar sus faltas ‖ *— pleurer à chaudes larmes* llorar a lágrima viva ‖ *pleurer auprès d'un chef* llorarle al jefe ‖ *pleurer comme un veau* berrear ‖ *pleurer toutes les larmes de son corps* estar hecho un mar de lágrimas ‖ *— bête à pleurer* tonto que da lástima (personne), de llorar (chose) ‖ *ne pleurez pas sur moi* no lloréis por mí.
pleurésie *f* MÉD pleuresía.
pleureur, euse *adj et s* llorón, ona ‖ *saule pleureur* sauce llorón.
- *f* plañidera (dans les funérailles).
pleurnichement *m*; **pleurnicherie** *f* lloriqueo *m*.
pleurnichard, e *adj* FAM lacrimoso, sa (voix).
pleurnicher *v intr* lloriquear.
pleurnicheur, euse *adj et s* llorón, ona.
pleurote *m* pleuroto (champignon).
pleutre [pløːtr] *m* vil, cobarde.
pleutrerie *f* vileza, bajeza, cobardía.
pleuvasser; pleuviner; pleuvoter *v intr* FAM lloviznar, chispear.
pleuvoir* [pløvwaːr] *v impers* llover; *il pleut sans cesse* no para de llover ‖ *— pleuvoir à torrents* o *à seaux* o *à verse* o *des hallebardes* llover a cántaros *ou* a chuzos, diluviar ‖ *— cesser de pleuvoir* escampar, dejar *ou* parar de llover ‖ *qu'il pleuve ou qu'il vente* aunque llueva, llueva o truene.
- *v intr* llover; *les coups pleuvaient* los golpes llovían.
plèvre *f* ANAT pleura.
plexiglas *m* plexiglás.
plexus [plɛksys] *m* ANAT plexo; *plexus solaire* plexo solar.
pli *m* pliegue, doblez *f* ‖ sobre (enveloppe) ‖ pliego, carta *f* ‖ raya *f*; *le pli du pantalon* la raya del pantalón ‖ tabla *f* pliegue; *les plis d'une jupe* las tablas de una falda ‖ arruga *f*; *cette robe fait des plis* este vestido hace arrugas ‖ alforza (pour raccourcir une manche de chemise) ‖ arruga *f* (ride) ‖ baza *f* (levée au jeu de cartes) ‖ fuelle; *les plis d'un accordéon* los fuelles de un acordeón ‖ FIG hábito, costumbre *f* (habitude) ‖ GÉOL pliegue, repliegue ‖ *— pli chargé* carta con valores declarados ‖ *pli de terrain* hondonada ‖ *pli du bras* coyuntura ‖ *pli du jarret* corva ‖ *— faux pli* arruga ‖ *mise en plis* marcado (coiffure) ‖ *— FIG & FAM cela ne fait pas un pli* eso no ofrece la menor duda, no hay problema ‖ *faire une mise en plis* marcar el pelo (coiffure) ‖ *prendre le pli de* tomar la costumbre de hacer algo ‖ *prendre son pli* asentarse (vêtement) ‖ FIG *prendre un mauvais pli* tomar una mala costumbre.
pliable *adj* plegable, flexible ‖ FIG manejable, dócil (docile).
pliage *m* doblado, plegado.
pliant, e *adj* flexible ‖ plegable (qui peut être plié); *lit pliant* cama plegable ‖ FIG dócil, manejable.
- *m* silla *f* de tijera (siège).
plie [pli] *f* platija, acedía (poisson).
plier* *v tr* doblar, plegar ‖ cerrar (un éventail) ‖ desmontar (une tente) ‖ FIG doblegar, someter (assujettir) ‖ MAR recoger (les voiles) ‖ FAM *plier bagage* tomar las de Villadiego (s'enfuir), liar el petate, irse al otro barrio (mourir).
- *v intr* doblar, curvarse (s'affaisser) ‖ FIG doblegarse (se soumettre) ‖ MIL replegarse, retroceder, ceder (reculer); *l'armée pliait* el ejército se replegaba ‖ *— plier sous le poids des années* estar abrumado por la edad ‖ *— FAM être plié en deux* doblarse por la cintura, partirse de risa ‖ *il vaut mieux plier que rompre* antes doblar que quebrar ‖

IMPR *machine à plier à poches, à couteaux* plegadora de bolsas, de cuchillas.

plinthe *f* ARCHIT plinto *m* (d'une colonne) | zócalo *m*, cenefa (planche de mur).

pliocène *adj et s m* GÉOL plioceno.

plissage *m* plegado || plisado (gallicisme).

plissé *m* plegado (papier), tableado (étoffes), plisado (gallicisme).

plissement *m* plegado (action) || GÉOL plegamiento, pliegue.

plisser *v tr* plegar (faire des plis à) || hacer tablas, plisar (gallicisme) || fruncir, arrugar; *plisser le front* fruncir el ceño.

◆ *v intr* tener pliegues, formar tablas (avoir des plis), arrugarse.

pliure [plijy:r] *f* plegado *m* (action) || taller *m* de tableado *ou* de plisado (étoffe) *ou* de plegado (papier).

ploiement [plwamã] *m* doblado, vencimiento, doblamiento || hundimiento.

plomb [plɔ̃] *m* plomo (métal) || plomo, perdigón (de chasse) || vertedero, pila *f* (évier) || precinto, marchamo (sceau de plomb) || tufo (gaz méphitique) || ÉLECTR plomo (coupecircuit) || MAR escandallo, sonda *f* (sonde) || *— plomb de chasse* perdigón || *— fil à plomb* plomada || *menu plomb* mostacilla || *sommeil de plomb* sueño de plomo *ou* muy pesado || *— à plomb* a plomo (verticalement) || *avoir du plomb dans l'aile* estar alicaído, estar para el arrastre, estar al borde de la ruina || *avoir un sommeil de plomb* tener un sueño de plomo, muy pesado || *mettre les plombs* precintar || *n'avoir pas de plomb dans la tête* no tener la cabeza bien sentada, ser ligero de cascos.

plombage *m* emplomado (action de plomber) || empaste (d'une dent) || precintado, precinto (d'un colis, etc.).

plombé, e *adj* emplomado, da || empastado, da (dent) || precintado, da; marchamado, da (colis) || plomizo, za; de color de plomo (couleur).

plomber *v tr* emplomar || precintar, marchamar (un colis) || bollar (une pièce d'étoffe) || empastar (une dent) || aplomar (vérifier la verticalité).

◆ *v pr* tomar color plomizo.

plomberie *f* fontanería (métier de plombier).

plombier *m* fontanero (ouvrier qui installe l'eau, le gaz) || plomero (ouvrier qui travaille le plomb).

plombières *f* helado *m* de frutas confitadas.

plonge *f* inmersión, zambullida || *faire la plonge* lavar *ou* fregar los platos (dans un restaurant).

plongeant, e *adj* que se sumerge, que se hunde en el agua (qui plonge) || de arriba abajo (de haut en bas) || desde lo alto; *vue plongeante* vista desde lo alto || *— capot plongeant* morro bajo || MIL *tir plongeant* tiro oblicuo.

plongée *f* talud *m*, declive *m* (d'un parapet) || inmersión, sumersión (action de submerger) || vista desde lo alto (point de vue) || plano *m* tomado de arriba abajo, picado *m* (cinéma) || *— plongée sous-marine* submarinismo || *— en plongée* sumergido (sous-marin).

plongeoir [plɔ̃ʒwa:r] *m* trampolín, tablón.

plongeon *m* zambullida *f*, chapuzón (action de plonger dans l'eau) || buceo (sous l'eau) || SPORTS salto de trampolín [*(amér.)* clavado] (saut) || estirada *f* || caída *f* (chute) || somorgujo (oiseau) || *— plongeon de haut vol* salto de palanca || *— faire un plongeon* zambullirse, chapuzarse, tirarse de cabeza, saltar (sauter d'un tremplin), hacer una estirada, tirarse (football), escabullirse (disparaître), hacer una reverencia (révérence).

plonger* *v tr* sumergir (submerger) || hundir, bañar (enfoncer dans un liquide) || FIG sumir, hundir (dans la tristesse, dans la misère, etc.) || hundir, clavar (un poignard) || hundir, meter (dans sa poche, etc.) || echar (jeter profondément) || *— plonger dans l'obscurité* dejar a oscuras || *plonger quelqu'un dans l'embarras* poner a alguien en un apuro || *plonger ses regards* mirar de arriba abajo || *— plongé dans l'obscurité* a oscuras || *— être plongé dans de profondes réflexions* estar ensimismado en hondas reflexiones.

◆ *v intr* zambullirse, chapuzarse (dans l'eau) || bucear (travailler sous l'eau) || saltar, tirarse (sauter d'un plongeoir) || dominar (regarder de haut en bas); *le regard plonge dans l'abîme* la mirada domina el abismo || FIG desaparecer, hundirse (disparaître) || *plonger dans un sommeil profond* dormirse profundamente.

◆ *v pr* sumirse, abismarse, hundirse (se livrer entièrement).

plongeur, euse *m et f* SPORTS submarinista | saltador, ra (qui saute d'un tremplin) || lavaplatos (dans un restaurant).

◆ *m* buzo (scaphandrier) || émbolo de sumersión (piston).

plot [plo] *m* transmisor eléctrico (d'un tramway) || plataforma *f* de salida (natation) || ÉLECTR contacto; *plots de contact* contactos del interruptor.

plouc *adj inv et s* FAM paleto, ta; rústico, ca.

plouf! *onomatopée* ¡pluf!

ploutocratie *f* plutocracia.

ployer* [plwaje] *v tr* doblar, encorvar, plegar (plier) || FIG doblegar.

◆ *v intr* ceder bajo el peso, vencerse, hundirse, cimbrear (fléchir) || FIG doblegarse, someterse (céder) || MIL replegarse, ceder terreno.

pluches *f pl* FAM mondaduras.

pluie [plɥi] *f* lluvia || *— pluie battante* lluvia recia || *pluie brève* lluvia de poca duración || *pluie fine* lluvia menuda || *pluies acides* lluvia ácida || *— sous la pluie* bajo la lluvia || *— après la pluie le beau temps* después de la tempestad viene la calma || *ennuyeux comme la pluie* muy pesado, muy cargante, más pesado que un saco de plomo || *— faire la pluie et le beau temps* ser el amo, ser el que hace y deshace || *le temps est à la pluie* el tiempo anuncia lluvia, parece que va a llover || *parler de la pluie et du beau temps* hablar de cosas sin importancia *ou* indiferentes || *petite pluie abat grand vent* causas pequeñas suelen traer grandes efectos || FAM *ne pas être tombé de la dernière pluie* no haber nacido ayer.

plumage *m* plumaje.

plumard [plyma:r] *m* (*p us*) plumero (plumeau) || POP piltra *f* (lit).

plume *f* pluma || pluma, plumilla (d'un stylo) || *— plume stylographique* pluma estilográfica, estilográfica (stylo) || *— guerre de plume* diatriba escrita || *homme de plume* escritor || *lit de plume* colchón de plumas || *poids plume* peso pluma (boxe) || *trait de plume* plumazo || *— à la plume* con pluma, de pluma; *dessin à la plume* dibujo de pluma || *— écrire au courant de la plume* escribir a vuela pluma *ou* al correr de la pluma || FIG *laisser des plumes* salir desplumado *ou* trasquilado ‖ *prendre la plume* tomar la pluma, ponerse a escribir ‖ *se parer des plumes du paon* engalanarse con plumas ajenas ‖ POP *voler dans les plumes à quelqu'un* arremeter contra alguien.

plumeau *m* plumero.

plumer *v tr* desplumar ‖ FIG & FAM desplumar, pelar (dépouiller).

plumet [plymɛ] *m* MIL plumero, penacho de plumas.

plumetis [plymti] *m* bordado de realce, plumetís.

plumier *m* plumero, estuche de plumas.
— OBSERV Se emplea a veces el galicismo *plumier*.

plumitif *m* DR registro de audiencia, papel de oficio ‖ FAM plumífero, escribiente.

plum-pudding [plœmpœdiŋ] *m* pudín, budín.

plupart (la) [laplypaːr] *f* la mayor parte, la mayoría ‖ — *la plupart du temps* la mayoría de las veces, casi siempre ‖ *pour la plupart* la inmensa mayoría, la mayor parte.
— OBSERV El verbo debe ir en plural cuando *la plupart* significa *la mayoría de los hombres*, y cuando va seguido de un nombre en plural: *la plupart écrivent ce mot ainsi, la plupart des gens sont partis*; debe ir en singular cuando el nombre también es singular: *la plupart du peuple est mécontent*.

plural, e *adj* plural; *votes pluraux* votaciones plurales.

pluralisme *m* pluralismo.

pluraliste *adj* pluralista.

pluralité *f* pluralidad.

pluricellulaire *adj* pluricelular.

pluridimensionnel, elle *adj* pluridimensional.

pluridisciplinaire *adj* pluridisciplinario, ria.

pluriel, elle *adj* et *s m* plural.

plurilingue *adj* plurilingüe.

plurilinguisme *m* poliglotía *f*, poliglotismo.

pluripartisme *m* pluripartidismo.

plus [ply] *ou* [plys] *adv* más (davantage); *j'ai plus de temps que toi* tengo más tiempo que tú ‖ más; *deux plus cinq font sept* dos más cinco son siete ‖ — *plus de* más de (davantage), basta de, no más, ya no hay (assez), no hay (manque) ‖ *plus d'une fois* más de una vez ‖ *plus grand* mayor, más grande ‖ *plus mauvais* peor ‖ *plus... moins* cuanto más *ou* mientras más... menos; *plus je le vois, moins je le comprends* cuanto más le veo, menos le comprendo ‖ *plus ou moins* más o menos ‖ *plus petit* menor, más pequeño ‖ *plus... plus* cuanto más... más; *plus je le connais, plus je l'aime* cuanto más le conozco más le quiero ‖ *plus qu'il n'en faut* más de la cuenta ‖ *plus tôt* antes, más temprano ‖ — *au plus, tout au plus* a lo sumo, cuando más, a lo más ‖ *au plus tard* lo más tarde, a más tardar ‖ *au plus tôt* cuanto antes ‖ *bien plus* mucho más (beaucoup), más aún (plus encore) ‖ *d'autant plus que* toda vez que, tanto más cuanto que ‖ *de plus* además (en outre), de más, de sobra (en trop), más aún (encore) ‖ *de plus en plus* cada vez más, más y más ‖ *en plus* además (en outre), aparte, no comprendido (prix) ‖ *le plus* el más; *le plus joli* el más bonito (lorsque cette locution est accompagnée d'un substantif, celui-ci se place en espagnol entre *el* et *más*); *l'enfant le plus intelligent* el niño más inteligente; más; *celui qui travaillera le plus* el que más trabaje ‖ *ne plus* no más; basta de ‖ *ne... plus* no... más, ya no; *il ne travaille plus ici* ya no trabaja aquí ‖ *ne... plus que* no... ya más que; *il ne me reste plus qu'un livre* no me queda ya más que un libro ‖ *ni plus ni moins* ni más ni menos, nada más y nada menos ‖ *non plus* tampoco ‖ *pas plus* no más ‖ *pas plus que* como tampoco ‖ *sans plus* sin más ‖ *tant et plus* tanto y más, mucho ‖ *tout au plus* todo lo más, a lo sumo, a lo más ‖ — *à n'en pouvoir plus* a más no poder ‖ *il n'est plus* ha dejado de existir ‖ *qui peut le plus peut le moins* el que puede lo más puede lo menos ‖ *qui plus est* y lo que es más, y además ‖ *qui plus qui moins* quien más quien menos, el que más y el que menos, cual más cual menos ‖ *sans plus parler* sin decir más.
◆ *m* lo más ‖ MATH más (signe).
— OBSERV Pronunciación: En *plus* no se pronuncia la *s* final delante de una consonante y en las locuciones negativas *ne plus* y *non plus*: *il est plu(s) fort que moi; je ne vais plu(s)*. No obstante, en terminología de matemática, la *s* se pronuncia siempre (2 *plus* 2) y también ha de hacerse el enlace cuando la palabra siguiente empieza por vocal. La *s* se pronuncia normalmente en la palabra compuesta *plus-que-parfait* y también se hace generalmente cuando significa *davantage* (*il en a plus que moi*).
— OBSERV *Plus grand* et *plus petit* ont deux traductions en espagnol, *mayor, más grande* et *menor, más pequeño*, respectivement, mais les plus correctes sont *mayor* et *menor*.

plusieurs [plyzjœːr] *adj* et *pr indéf pl* varios, rias; algunos, nas.

plus-que-parfait [plyskəparfɛ] *m* GRAMM pluscuamperfecto.

plus-value [plyvaly] *f* plusvalía, aumento *m* de valor (augmentation de valeur) ‖ superávit *m*, excedente *m* (impôts).

Pluton *n pr m* Plutón.

plutonium [plytɔnjɔm] *m* plutonio (métal).

plutôt [plyto] *adv* antes, antes bien, primero; *plutôt mourir que céder* antes morir que ceder ‖ más bien; *il est plutôt bavard* es más bien parlanchín ‖ un tanto; *il est plutôt extraordinaire* es un tanto extraordinario ‖ mejor dicho, más bien; *grand ou plutôt gigantesque* alto o mejor dicho gigantesco ‖ si no; *essayez plutôt vous-même* intente si no usted mismo.
— OBSERV Evítese la confusión con *plus tôt* antes, más temprano.

pluvial, e *adj* pluvial, de lluvia; *régimes pluviaux* regímenes pluviales.

pluvieux, euse *adj* lluvioso, sa; pluvioso, sa.

pluviomètre *m* pluviómetro.

pluviométrie *f* pluviometría.

pluviométrique *adj* pluviométrico, ca.

pluviosité *f* pluviosidad.

P.M. abrév de *police militaire* PM, Policía Militar ‖ abrév de *préparation militaire* preparación militar.

P.M.A. abrév de *pays les moins avancés* países menos avanzados ‖ abrév de *procréation médicalement assistée* PMA, Procreación Médicamente Asistida.

P.M.E. abrév de *petites et moyennes entreprises* PYMES, Pequeñas y Medianas Empresas.

P.M.I. abrév de *petites et moyennes industries* Pequeñas y Medianas Industrias ‖ abrév de *protection maternelle et infantile* protección maternal e infantil.

P.M.U. abrév de *Pari mutuel urbain* apuestas mutuas.

P.N.B. abrév de *produit national brut* PNB, Producto Nacional Bruto.

pneu [pnø] *m* neumático (pneumatique) ‖ cubierta *f* (sans chambre à air) ‖ — *pneu à plat* neumático desinflado ‖ *pneu increvable* neumático contra pinchazos.
— OBSERV pl *pneus*.
pneumatique *adj* neumático, ca.
◆ *m* neumático (de roue) ‖ continental (lettre).
◆ *f* PHYS neumática (science).
pneumocoque *m* neumococo.
pneumogastrique *adj* et *s* neumogástrico, ca.
pneumologie *f* neumología.
pneumologue *m* et *f* neumólogo, ga.
pneumonie *f* MÉD neumonía, pulmonía.
P.N.U.E.; Pnue abrév de *Programme des Nations unies pour l'environnement* PNUMA, Programa de las Naciones Unidas para el Medio Ambiente.
Pô *n pr m* GÉOGR Po (fleuve).
P.O. abrév de *petites ondes* ondas medias *ou* hectométricas.
poche *f* bolsillo *m*; *poche de veste* bolsillo de chaqueta ‖ bolsa, buche *m* (faux pli d'un vêtement), rodillera (aux genoux) ‖ bolsa, cartera (serviette) ‖ costal *m*, saco *m* (sac) ‖ buche *m* (jabot des oiseaux) ‖ bolsa (sac de papier) ‖ copo *m*, manga, bolsa (d'un filet de pêche) ‖ capucha, capuchón *m* (du poulpe) ‖ red (filet pour chasser) ‖ bolsa; *des poches sous les yeux* bolsas bajo los ojos ‖ MÉD bolsa (d'un abcès) ‖ MIN & MIL bolsa ‖ — *poche de coulée* caldero de colada (sidérurgie) ‖ *poche plaquée* bolsillo de parche ‖ *poches à revers o à rabat* bolsillos con cartera ‖ — *argent de poche* dinero para gastos menudos ‖ *de poche* de bolsillo (livre, sous-marin) ‖ *format de poche* de bolsillo ‖ FIG *les mains dans les poches* con las manos en los bolsillos ‖ — *avoir quelqu'un dans sa poche* tener a alguien en el bolsillo *ou* en el bote ‖ *connaître comme sa poche* conocer como la palma de la mano ‖ FAM *c'est dans la poche* está chupado ‖ *mettre en poche* meterse en el bolsillo ‖ FIG *n'avoir pas sa langue dans sa poche* no tener pelos en la lengua | *ne pas avoir les yeux dans sa poche* no tener telarañas en los ojos ‖ *y être de sa poche* poner en su bolsillo.
pocher *v tr* escalfar (œufs) ‖ esbozar, hacer un apunte (ébaucher) ‖ *pocher l'œil à quelqu'un* poner a uno un ojo a la funerala.
◆ *v intr* formar bolsas *ou* buches (un vêtement).
pochette *f* bolsillito *m* (petite poche) ‖ redecilla (petit filet) ‖ violín de bolsillo (petit violon) ‖ pañuelo *m* que se pone en el bolsillo superior de la chaqueta (mouchoir) ‖ estuche *m* (de compas) ‖ librillo *m*, carterilla ‖ *une pochette de papier à fumer* un librillo de papel de fumar; *une pochette d'allumettes* una carterilla de cerillas ‖ sobre *m* (enveloppe) ‖ bolso *m* de mano (sac) ‖ funda (de disque).
pochette-surprise *f* sorpresa [cucurucho].
— OBSERV pl *pochettes-surprises*.
pochoir *m* plantilla *f ou* chapa *f* de estarcir, patrón estarcido (pour colorier).
podagre *adj* et *s* gotoso, sa.
◆ *f* MÉD podagra, gota en el pie.
podium [pɔdjɔm] *m* podio.
podologie *f* MÉD podología.
podologue *m* et *f* MÉD podólogo, ga.
podzol [pɔdzɔl] *m* podzol.
poêle [pwɑl] *m* estufa *f* (de chauffage) ‖ velo nupcial, yugo (dans les mariages) ‖ palio (dais) ‖ paño mortuorio (du cercueil) ‖ *tenir les cordons du poêle* llevar las cintas del féretro.
◆ *f* sartén (plat de cuisine) ‖ tostador *m* (à marrons) ‖ — *poêle à frire* sartén ‖ — FIG & FAM *tenir la queue de la poêle* tener la sartén por el mango.
poêlée [-le] *f* sartenada (contenu).
poêler *v tr* pasar por la sartén.
poêlon [pwalɔ̃] *m* cazo, sartén *f* sin mango.
poème *m* poema ‖ libreto (d'un opéra) ‖ FIG poema.
poésie *f* poesía.
poète *adj* et *s* poeta.
poétesse *f* poetisa.
poétique *adj* et *s f* poético, ca.
poétiquement *adv* poéticamente.
poétiser *v intr* poetizar.
pognon *m* POP parné, pasta *f* (argent).
pogrom; pogrome *m* pogrom, pogromo.
poids [pwɑ] *m* peso; *le poids d'un corps* el peso de un cuerpo ‖ pesa *f* (pour peser); *une balance et ses poids* una balanza y sus pesas ‖ pesa *f* (d'une horloge) ‖ SPORTS peso ‖ pesa *f* (en gymnastique) ‖ FIG peso, fuerza *f* (force) | peso, carga *f*, lastre; *le poids des affaires* el peso de los negocios ‖ — *poids atomique, moléculaire, spécifique* peso atómico, molecular, específico ‖ *poids et haltères* levantamiento de pesas ‖ *poids et mesures* pesas y medidas ‖ *poids lourd* vehículo pesado (camion) ‖ *poids lourd, mi-lourd, moyen, plume, coq, mouche* peso pesado, semipesado, medio, pluma, gallo, mosca (boxeo) ‖ *poids mort* peso muerto, lastre ‖ *poids utile* peso útil ‖ *poids vif* peso en vivo (boucherie) ‖ — *au poids* al peso ‖ *au poids de l'or* a peso de oro ‖ *de poids* de peso; *argument de poids* argumento de peso ‖ *avoir deux poids et deux mesures* aplicar la ley del embudo ‖ *faire bon poids* pesar corrido, dar buen peso ‖ FIG *faire le poids* tener talla, tener las cualidades requeridas ‖ *prendre du poids* engordar ‖ *tomber de tout son poids* desplomarse.
poignant, e *adj* punzante (douleur) ‖ FIG desgarrador, ra (déchirant) | emocionante (émouvant) | angustioso, sa (angoissant).
poignard [pwaɲaːr] *m* puñal ‖ puntilla *f* (pour achever le taureau) ‖ — *coup de poignard* puñalada ‖ FIG *mettre le poignard sous o sur la gorge* poner un puñal en el pecho.
poignarder *v tr* apuñalar, dar de puñaladas, acuchillar ‖ FIG causar dolor profundo.
poigne [pwaɲ] *f* fuerza en los puños ‖ FAM energía, fuerza, vigor *m* ‖ — FAM *homme à poigne* hombre enérgico *ou* de autoridad férrea.
poignée *f* puñado *m*; *une poignée de sable* un puñado de arena ‖ empuñadura, puño *m*; *la poignée d'un sabre* la empuñadura de un sable ‖ mango *m* (manche) ‖ asa (d'une valise, etc.) ‖ picaporte *m*, manilla, manija, tirador *m* (des portes et des fenêtres) ‖ agarrador *m* (de fer à repasser) ‖ tirador *m* (d'un tiroir) ‖ palanca (du frein) ‖ garganta (de la crosse d'une arme) ‖ llave, llavín *m* (d'un robinet) ‖ FIG puñado *m* (petit nombre); *une poignée de soldats* un puñado de soldados ‖ — *à poignées* a puñados, a manos llenas ‖ *donner une poignée de main* dar un apretón de manos.
poignet [pwaɲɛ] *m* muñeca *f* (de la main) ‖ puño (d'une chemise) ‖ *à la force du poignet* a pulso.
poil [pwal] *m* pelo ‖ — *poil à gratter* picapica ‖ *poil follet* bozo ‖ — FAM *à poil* en cueros, en pelota (nu)

| *à trois* o *à quatre poils* de pelo en pecho (courageux) | *à un poil près* por poco, por el pelo de una hormiga | *au poil* macanudo, ¡magnífico! || *au quart de poil* al pelo, con gran precisión || *de tout poil* de toda calaña || — FAM *avoir un poil dans la main* ser más vago que la chaqueta de un guardia, no mover ni un dedo || FAM *être de mauvais poil* estar de mal humor || *monter à poil* montar a pelo (un cheval) || *reprendre du poil de la bête* remontar la pendiente.

poilant, e *adj* POP de mondarse de risa, mondante.

poil-de-carotte *adj inv* FAM pelirrojo, ja *adj*.
poiler (se) *v pr* POP mondarse de risa.
poilu, e *adj* peludo, da; velludo, da.
◆ *m* soldado francés de la Primera Guerra mundial, veterano || hombre de pelo en pecho, valiente.

poinçon [pwɛ̃sɔ̃] *m* TECHN punzón (pour percer) || buril (de graveur) || troquel, cuño (médailles, monnaies) || contraste (marque sur l'or ou l'argent) || sacabocados, taladro, taladrador (emporte-pièce) || lezna *f* (de sellier) || rompedera *f*, martillo (pour la pierre) || tonel, barrica *f* (tonneau) || puntero (forge) || ARCHIT pendolón, cuchillo, péndola *f*, pie derecho (d'un comble) || *poinçon de garantie* sello de contraste.

poinçonnage; poinçonnement *m* contraste, marca *f*, sello || taladro, perforación *f* || picado (d'un billet).

poinçonner *v tr* contrastar (l'or, l'argent) || picar (les billets de transport) || taladrar, perforar.

poinçonneur, euse *adj* et *s* empleado que pica los billetes.
◆ *f* TECHN perforadora, taladradora || máquina de ojetear (couture).

poindre* *v tr* punzar, pinchar (piquer).
◆ *v intr* despuntar, asomar, rayar (le jour, la lumière) || brotar, comenzar a salir (les plantes) || FIG despuntar, aparecer.
— OBSERV Este verbo se conjuga casi únicamente en el presente de infinitivo y en las terceras personas de singular del presente, imperfecto y futuro de indicativo.

poing [pwɛ̃] *m* puño || — *poing américain* anillo de hierro || — *coup de poing* puñetazo || *les poings sur les hanches* con los brazos en jarras || — FIG *dormir à poings fermés* dormir a pierna suelta || *faire le coup de poing* andar a puñetazos || *montrer le poing à quelqu'un* amenazar a alguien con el puño || *pieds et poings liés* atado de pies y manos || *se mordre o se ronger les poings* morderse o comerse los nudillos *o* los puños.

point [pwɛ̃] *m* punto || puntada *f*, punto (couture); *faire de gros points* dar grandes puntadas || punto (dentelle); *point de Venise* punto de Venecia || punto (écriture) || punto, extremo; *on a traité différents points* se han tratado varios puntos || JEUX & SPORTS punto, tanto || nota *f*, punto (note d'un écolier) || punzada *f* (douleur) || agujero, punto (trou) || pinta *f*, mancha *f* (tache) || punto (Bourse); *ces actions ont perdu beaucoup de points* esas acciones han perdido muchos enteros || IMPR punto || MUS puntillo, punto || — *point à l'aiguille* punto de aguja || *point à la ligne* punto y aparte || *(amér)* punto acápite] || *point arrière* pespunte || *point chaud* lugar turbulento, punto conflictivo, zona peligrosa || *point culminant* punto culminante || *point d'appui* punto de apoyo || *point d'arrivée* punto de llegada, conclusión || *point de chaînette* punto de cadeneta || *point de chute* punto de caída, lugar de descenso || *point d'eau* aguadero, puesto de aprovisionamiento de agua || *point d'éclair, d'écoulement, de rosée* punto de inflamación, de flujo, de rocío (pétrole) || *point de côté* dolor de costado, punzada en el costado || *point de croix* punto de cruz || *point de départ* punto de partida || *point de mire* punto de mira, mira || *point (de) mousse, de jersey* punto de musgo *ou* santa clara, de media *ou* jersey || *point de non retour* situación irreversible, punto sin retorno || *point d'épine, point russe* punto ruso || *point de repère* punto de referencia || *point de reprise* zurcido || *point de tige* punto de tallo || *point de vente* punto de venta, expendeduría || *point de vue* punto de vista || *point d'exclamation* admiración, signo de admiración || *point d'honneur* pundonor, amor propio || *point d'interrogation* interrogación, signo de interrogación || MUS *point d'orgue* calderón || *point d'ourlet* punto de dobladillo || *point du jour* aurora, amanecer || *point faible* punto débil *ou* flaco || *point final* punto final || *point mort* punto muerto, estancamiento || *point natte* punto de trencilla || *point noué* nudo || *point-virgule, point et virgule* punto y coma || *points cardinaux* puntos cardinales || *points de suspension* puntos suspensivos || *points de suture* puntos de sutura || — *bon point* buena nota (école) || — *à point* en su punto (cuisine), a punto, a propósito (à propos) || *à point nommé* a punto, en el momento preciso *ou* oportuno || *à tel point que* hasta tal punto que || *au dernier point, au plus haut point* en sumo grado, en grado máximo, extremadamente || *au point* a punto, de point en point* punto por punto || *de tout point, en tout point* de todo punto, enteramente, en todo || *du point de vue* desde el punto de vista || *mal en point* en mal estado || *sur le point de* a punto de || — *donner des points* dar puntos *ou* tantos de ventaja || *donner un bon point* dar una buena nota || *faire le point* señalar el punto, tomar la estrella (mer), encontrar el punto de estación (topographie), analizar la situación, hacer el balance, concretar, recapitular (faire le bilan) || *jouer en cent points* jugar una partida a cien puntos || *marquer des points* puntuar (sports), apuntarse *ou* marcarse unos tantos (figuré) || *marquer un point* apuntarse un tanto (succès), marcar un tanto *ou* un gol (football), marcar una cesta (basket), marcar un punto || *mettre au point* poner en su punto, acabar, dar el último toque (perfectionner), poner a punto (un projet, une machine), desbastar (le marbre), enfocar (photo), puntualizar (préciser) || *rendre des points* dar ventaja (au jeu) || *tout vient à point à qui sait attendre* con el tiempo todo se consigue || *un point c'est tout* y ya está, nada más, y sanseacabó || *venir à point* venir a punto *ou* al pelo *ou* como anillo al dedo.

point [pwɛ̃] *adv* (vx) no; *vous mentez — point* usted miente — no || — *point aussi* tampoco || *point de no* hay; *point d'argent, point d'amis* no hay dinero, no hay amigos; *point de peuple qui n'aime l'indépendance* no hay pueblo a quien no guste la independencia || *point du tout* de ningún modo, de ninguna manera, en absoluto || — *ne... point* no; *je ne partirai point* no me iré || *peu ou point* poco o nada.

pointage *m* puntería *f* (d'une arme); *pointage en hauteur* puntería en alcance || enfoque (d'un télescope) || anotación *f*, control (pour signaler) ||

pointe f punta || punta, puntilla (clou) || remate m, extremo m; *pointe d'un clocher* remate de un campanario || aguja, punzón m, buril m (de graveur) || pico m (d'un col) || guía; *les pointes d'une moustache* las guías del bigote || nesga (couture) || pizca, poco m (un peu) || pañuelo m, pico m (fichu) || pico m (lange) || GÉOGR punta || MIL punta (d'avant-garde) || — TECHN *pointe à tracer* puntilla || *pointe d'ail* punta de ajo || *pointe d'asperge* cabeza de espárrago || TECHN *pointe de diamant* punta de diamante || *pointe de feu* botón de fuego || *pointe de tension* pico de tensión || *pointe de vitesse* acelerón || *pointe sèche* punta seca || — *coup de pointe* estocada || *heures de pointe* horas punta || *la pointe du jour* el alba, la aurora, el amanecer || *une pointe d'ironie, de raillerie* cierta ironía, cierto tono de burla || *à la pointe de l'épée* con la punta de la espada, por la fuerza de las armas, a viva fuerza || *en pointe* en punta || — *être à la pointe du progrès* ser el más adelantado || *faire des pointes* bailar de puntas || *industrie de pointe* industria de vanguardia || MIL *lancer des pointes* lanzar incursiones || *sur la pointe des pieds* de puntillas || *pousser une pointe jusqu'à* llegar hasta.

pointeau m TECHN punzón || aguja f de válvula (pour régler le débit) || listero (d'un chantier) || *pointeau de carburateur* punzón ou aguja de la cuba del carburador.

pointer v tr herir con la punta de una espada ou de un sable, dar una estocada || apuntar (avec une arme) || enfocar (avec des jumelles) || apuntar, anotar (noter) || marcar, señalar (marquer) || puntear, hacer puntos (faire des points) || puntear (sur une liste) || poner de punta, levantar, enderezar (dresser en pointe) || aguzar (les oreilles) || JEUX tantear || fichar (les heures de travail) || hacer el recuento de (un scrutin) || MUS puntear.
◆ v intr despuntar, empezar a salir (commencer à pousser) || despuntar (le jour, l'aube) || remontarse, alzarse, elevarse en el aire (s'élever en l'air) || encabritarse (le cheval) || picar, fichar (dans une usine).
◆ v pr FAM apostarse (se poster) || llegar (arriver).

pointer m perro de muestra inglés.

pointeur, euse m et f listero m (qui pointe, qui note) || apuntador, ra (qui pointe une arme) || apuntador, ra, arrimador (pétanque).
◆ m INFORM puntero.

pointeuse f máquina para fichar, punteadora.

pointillé [pwĕtije] m punteado || grabado punteado || línea f de puntos, trepado (coupon) || *découper suivant le pointillé* cortar siguiendo la línea de puntos *ou* el punteado.

pointilleux, euse [-jø, ø:z] adj puntilloso, sa; quisquilloso, sa.

pointillisme [-jism] m puntillismo (peinture).

pointilliste [-jist] adj et s puntillista (peintre).

pointu, e adj puntiagudo, da; picudo, da || FIG agudo, da (voix).

pointure f número m, medida (des chaussures, des gants, des cols, etc.) || IMPR puntura (organe de la presse) | puntizón m (trou) || MAR empuñidura.

point-virgule punto y coma.
— OBSERV pl *points-virgules*.

poire f pera (fruit) || pera, perilla (électrique, etc.) || FAM primo m (naïf) || POP jeta, cara, rostro m (visage) || — *poire à poudre* polvorín, cebador (poudrière de chasse) || *poire d'avocat* aguacate || *poire fondante* pera de agua || — *en poire* en forma de pera || *entre la poire et le fromage* a los postres, al final de la comida || — *couper la poire en deux* partir la diferencia || POP *faire sa poire* presumir, darse importancia || FIG *garder une poire pour la soif* ahorrar ou guardar algo para después.

poireau m puerro (plante) || FIG verruga f (verrue).

poireauter v intr FAM esperar mucho || FAM *faire poireauter* dar un plantón.

poirier m peral (arbre) || — *poirier sauvage* guadepero (arbre) || — *faire le poirier* hacer el pino (gymnastique).

pois [pwα] m guisante || — *pois cassés* guisantes majados || *pois chiche* garbanzo || *pois de senteur* guisante de olor || *pois mange-tout* tirabeque, guisante mollar || — *petits pois* guisantes || *tissu à pois* tejido de lunares.

poison m veneno (mot usuel), ponzoña f (mot littéraire) || FAM mala persona f, peste f, mal bicho, lengua f viperina (personne méchante), rollo, persona f pesada (personne ennuyeuse).

poissard, e adj populachero, ra; grosero, ra (grossier).
◆ f pescadera, verdulera.

poisse f FAM mala pata, la negra (déveine) || FAM *porter la poisse* ser gafe.

poisseux, euse adj pegajoso, sa; peguntoso, sa (qui poisse) || pringoso, sa (poissé).

poisson m ZOOL pez, pescado || — *poisson-chat* siluro (silure) || FIG *poisson d'avril* inocentada || *poisson-épée* pez espada (espadon) || *poisson-lune* pez luna || *poisson-scie* pez sierra || *poissons rouges* peces de colores || *poisson volant* pez volador || *comme un poisson dans l'eau* como el pez en el agua || *ni chair ni poisson* ni carne ni pescado, ni chicha ni limonada || — *avoir du sang de poisson* tener sangre de horchata || *c'est l'histoire du poisson qui se mord la queue* es la pescadilla mordiéndose la cola || *être Poissons* ser Piscis || *finir en queue de poisson* quedarse en agua de borrajas || *le gros poisson mange le petit* el pez grande se come al chico || *pêcher o prendre du poisson o des poissons* pescar.
— OBSERV *Pez* tant qu'il est dans l'eau; *pescado* une fois qu'il a été pêché pour l'alimentation.

poissonnerie f pescadería.

poissonneux, euse adj abundante en peces.

poissonnier, ère m et f pescadero, ra (vendeur).
◆ f besuguera (ustensile).

Poissons m pl ASTR Piscis.

poitevin, e adj del Poitou, de Poitiers.

Poitevin, e m et f nativo, va del Poitou (région) || nativo, va de Poitiers (ville).

Poitou n pr GÉOGR Poitou.

poitrail [pwatra:j] m pecho (du cheval) || antepecho (harnais) || ARCHIT dintel.

poitrinaire adj et s MÉD enfermo, ma del pecho.

poitrine f pecho m; *maladie de poitrine* enfermedad del pecho || pecho (de femme) || costillar m (boucherie).

poivre m pimienta f || — *poivre de Cayenne* pimienta de Cayena || *poivre en grains, moulu* pimienta en grano, molida ‖ FAM *poivre et sel* entrecano (cheveux) ‖ *poivre long* pimiento de cornetilla ‖ — *cher comme poivre* carísimo.

poivré, e *adj* sazonado con pimienta (assaisonné) ‖ picante; licencioso, sa (licencieux) ‖ POP por las nubes (très cher).

poivrer *v tr* sazonar con pimienta ‖ FIG salpimentar (récit).

poivrier *m* pimentero.

poivrière *f* pimentero *m* (ustensile) ‖ pimental *m* (plantation) ‖ atalaya (d'une forteresse).

poivron *m* pimiento morrón (fruit).

poivrot, e *m et f* FAM borracho empedernido, borracha empedernida (ivrogne).

poix [pwa] *f* pez ‖ *coller comme poix* pegarse como la pez.

poker [pokɛːr] *m* JEUX póker, póquer ‖ *poker dice, poker d'as* póker de dados ‖ *partie de poker* partida de póquer.

polaire *adj* polar; *cercle polaire, terres polaires* círculo polar, tierras polares ‖ *l'étoile Polaire, la Polaire* la (estrella), Polar.

polar *m* FAM novela, película policíaca.

polarisation *f* polarización.

polarisé, e *adj* polarizado, da ‖ FAM *être complètement polarisé par* no pensar más que en.

polariser *v tr* polarizar.
◆ *v pr* polarizarse.

polarité *f* polaridad.

Polaroid *m* (nom déposé) Polaroid.

polder *m* pólder.

poldérisation *f* polderización.

pôle *m* polo; *pôle Nord, Sud* polo Norte, Sur ‖ FIG *pôle d'attraction* polo de atención ‖ ÉLECTR *pôle négatif, positif* polo negativo, positivo.

polémique *adj et s* polémico, ca.

polémiquer *v intr* polemizar.

polémiste *m et f* polemista.

polenta [pɔlɛnta] *f* polenta, gachas *pl* de maíz *ou* de castañas.

pole position *f* SPORTS pole position.
— OBSERV *pl pole positions*.

poli, e *adj* pulido, da; liso, sa (lisse) ‖ FIG pulido, da; esmerado, da (fini) | pulido, da; refinado, da (élégant) | educado, da; fino, na; cortés (courtois).
◆ *m* pulimento, bruñido.

police *f* policía ‖ póliza; *police d'assurance* póliza de seguro ‖ — IMPR *police de caractères* fuente ‖ *police de la route* policía de tráfico ‖ *police judiciaire (P.J.)* policía judicial ‖ *police parallèle* policía paralela ‖ *police secours* servicio urgente de policía ‖ — *agent de police* agente de policía, guardia urbano, guardia ‖ MIL *bonnet de police* gorro de cuartel ‖ *peine de police* pena de policía ‖ — *faire la police* vigilar ‖ *assurer la police de o dans* mantener el orden de *ou* en.

policer* *v tr* civilizar ‖ mejorar las costumbres de (adoucir les mœurs) ‖ dictar leyes prudentes y sensatas.

polichinelle *m* polichinela ‖ *mener une vie de polichinelle* llevar una vida de juerguista.

Polichinelle *n pr* Polichinela ‖ *secret de Polichinelle* secreto a voces.

policier, ère *adj* policiaco, ca; policíaco, ca; *film, roman policier* película, novela policíaca.

◆ *m* policía.

policlinique *f* policlínica.

poliment *adv* con educación, educadamente, finamente, cortésmente.

polio *f* FAM polio (poliomyélite).

poliomyélite *f* MÉD poliomielitis, parálisis infantil.

poliomyélitique *adj et s* poliomielítico, ca.

polir *v tr* pulir, pulimentar (une surface), bruñir (un métal) ‖ ciclar (joaillerie) ‖ FIG pulir.

polissage *m* pulimento, pulido ‖ bruñido (métal).

polisseur, euse *m et f* pulidor, ra; bruñidor, ra.
◆ *f* pulidora (machine).

polisson, e *m et f* tunantuelo, la; bribonzuelo, la (enfant malpropre, mal élevé) ‖ chiquillo travieso (espiègle) ‖ perdido, da; truhán, ana; pillo, lla (débauché) ‖ pícaro, ra; granujilla (coquin).
◆ *adj* FAM verde, libre; licencioso, sa (licencieux).

politesse *f* cortesía, urbanidad (comportement) ‖ delicadeza, cumplido *m*, atención (action) ‖ — *marques de politesse* atenciones ‖ *par politesse* por cumplir ‖ — FIG *brûler la politesse* despedirse a la francesa, marcharse bruscamente (partir), faltar a una cita (manquer à un rendez-vous) ‖ *c'est la moindre des politesses* es lo menos que se puede hacer ‖ *faire assaut de politesse* rivalizar en cortesía ‖ *je lui apprendrai la politesse* va a saber quien soy yo ‖ *pour lui faire une politesse* para quedar bien ‖ *rendre la politesse* devolver el cumplido ‖ *se confondre en politesses* deshacerse en cumplidos.

politicard, e *adj et s* politicastro, tra.

politicien, enne *m et f* político, ca ‖ politicastro, tra (en mauvaise part).

politicologue *m et f* → **politologue**.

politique *adj et s* político, ca.
◆ *f* política; *politique étrangère* o *extérieure, intérieure* política exterior, interior.

politique-fiction *f* política ficción.
— OBSERV *pl politiques-fictions*.

politiquement *adv* políticamente; *s'engager politiquement* comprometerse políticamente.

politisation *f* politización, imposición de un carácter político.

politiser *v intr* politizar, dar un carácter político.

politologue; politicologue *m et f* politólogo, ga; politicólogo, ga.

polka *f* polca (danse et air) ‖ *pain polka* pan adornado con cuadritos.

pollen [pɔlɛn] *m* BOT polen.

pollinisation *f* BOT polinización.

polluant, e *adj et s m* contaminante.

polluer *v tr* (vx) manchar, mancillar, profanar ‖ contaminar (l'air, l'eau); *polluer une rivière* contaminar un río.

pollueur, euse *adj et s* contaminador, ra.

pollution *f* (vx) profanación, mancha ‖ polución ‖ contaminación (de l'air, de l'eau); *pollution atmosphérique* contaminación del ambiente.

polo *m* polo (jeu et vêtement) ‖ *joueur de polo* polista.

polochon *m* FAM almohada *f* larga, travesaño, travesero (traversin).

Pologne *n pr f* GÉOGR Polonia.

polonais

polonais, e *adj* polaco, ca.
➤ *m* polaco (langue).
➤ *f* polaca (redingote et danse) ‖ MUS polonesa.
Polonais, e *m* et *f* polaco, ca.
poltron, onne *adj* et *s* cobarde.
polyacide *adj* et *s m* poliácido.
polyamide *m* poliamida *f*.
polyandrie *f* poliandria.
polyarthrite *f* poliartritis.
polychlorure *m* polímero de cloruro ‖ *polychlorure de vinyle* cloruro de polivinilo.
polychrome *adj* policromo, ma.
polychromie *f* policromía.
polyclinique *f* policlínica.
polycopie *f* copia hecha con multicopista.
polycopié *m* tema por fotocopia [en clase].
polycopier* *v tr* multicopiar, tirar *ou* hacer a multicopista ‖ *machine à polycopier* multicopista.
polyculture *f* AGRIC policultivo *m*, cultivo *m* de plantas diferentes en la misma tierra.
polycyclique *adj* policíclico, ca.
polyèdre *adj m* et *s m* GÉOM poliedro.
polyédrique *adj* poliédrico, ca.
polyester *m* poliéster.
polyéthylène *m* CHIM polietileno.
polygame *adj* et *s m* polígamo, ma.
polygamie *f* poligamia.
polyglotte *adj* et *s* políglota, ta; poligloto, ta.
polygonal, e *adj* GÉOM poligonal.
polygone *m* GÉOM & MIL polígono.
polymère *adj* et *s m* CHIM polímero, ra.
polymérisation *f* CHIM polimerización.
polymériser *v tr* CHIM polimerizar.
polymorphe *adj* polimorfo, fa.
polymorphisme *m* polimorfismo.
Polynésie *n pr f* GÉOGR Polinesia.
polynésien, enne *adj* polinesio, sia.
Polynésien, enne *m* et *f* polinesio, sia.
polynévrite *f* polineuritis.
polynôme *m* MATH polinomio.
polynucléaire *adj* polinuclear.
➤ *m* leucocito de núcleo lobulado.
polype *m* pólipo.
polyphasé, e *adj* ÉLECTR polifásico, ca.
polyphonie *f* MUS polifonía.
polyphonique *adj* polifónico, ca.
polypier *m* polipero.
polyptyque *m* políptico.
polysémie *f* polisemia.
polysémique *adj* polisémico, ca.
polystyrène *m* CHIM poliestireno.
polysyllabe; polysyllabique *adj* polisílabo, ba; polisilábico, ca.
polytechnicien, enne *m* et *f* politécnico, ca, alumno, na *ou* antiguo alumno, antigua alumna de la Escuela Politécnica de París.
polytechnique *adj* politécnico, ca ‖ — *École polytechnique* Escuela Politécnica [París] ‖ *entrer à, sortir de Polytechnique* ingresar en, salir de la Escuela Politécnica.
polythéisme *m* politeísmo.
polythéiste *adj* et *s* politeísta.

polyuréthanne; polyuréthane *m* CHIM poliuretano.
polyvalence *f* polivalencia.
polyvalent, e *adj* et *s m* polivalente.
pomelo *m* BOT pomelo.
pommade *f* pomada ‖ FIG & FAM *passer de la pommade à quelqu'un* dar coba a alguien, pasar la mano por el lomo a alguien.
pommader *v tr* untar de pomada *ou* cosmético (cheveux).
➤ *v pr* untarse de pomada *ou* cosmético (cheveux).
pommard [pɔmaːr] *m* vino de Pommard [Borgoña].
pomme *f* manzana (fruit); *pomme à couteau* manzana de mesa ‖ cogollo *m*, repollo *m* (de chou ou de salade) ‖ pomo *m* (d'une canne) ‖ pera, perilla (ornement) ‖ POP jeta, hocico *m* (tête) ‖ — *pommes allumettes* patatas paja ‖ *pomme cuite* manzana asada ‖ ANAT *pomme d'Adam* nuez ‖ *pomme d'amour* tomate ‖ *pomme d'arrosoir* alcachofa [de regadera] ‖ FIG *pomme de discorde* manzana de la discordia ‖ *pomme de mât* perilla de palo, tope de mastelero ‖ *pomme de pin* piña ‖ *pomme de raquette* higo chumbo ‖ *pomme de terre* patata, papa (américanisme) ‖ *pomme de terre nouvelle* patata temprana ‖ *pommes chips* patatas fritas a la inglesa ‖ *pommes vapeur* patatas al vapor ‖ — POP *aux pommes* macanudo, de rechupete | *ma pomme* mi menda (moi) | *tomber dans les pommes* darle a uno un sopitipando, darle a uno un patatús, caerse redondo, desmayarse.
pommé, e *adj* repolludo, da (chou, salade) ‖ rematado, da; de remate; *sot pommé* tonto de remate.
pommeau *m* pomo, empuñadura *f* (de l'épée) ‖ perilla *f* (de la selle).
pommelé, e [pɔmle] *adj* aborregado (ciel) ‖ tordo, da (cheval).
pommeler (se)* *v pr* aborregarse (le ciel).
pommeraie *f* AGRIC manzanar *m*, pomar *m*.
pommette *f* perilla, bolilla (ornement) ‖ ANAT pómulo *m*.
pommier *m* BOT manzano (arbre).
pompage *m* aspiración *f* con la bomba, extracción *f* por medio de una bomba, bombeo ‖ *station de pompage* estación de bombeo.
pompe *f* bomba (machine); *pompe aspirante et foulante* bomba aspirante e impelente ‖ pompa, pomposidad, fausto *m* (apparat); *en grande pompe* con gran pompa ‖ — *pompe à chapelets* o *à godets* noria ‖ *pompe à eau* bomba de agua ‖ *pompe à essence* surtidor de gasolina ‖ *pompe à graisser* bomba de engrase ‖ *pompe à incendie* bomba de incendios ‖ *pompe à injection* bomba de inyección ‖ *pompe à pneumatique* bomba neumática *ou* de aire ‖ *pompe de bicyclette* bomba de bicicleta, bombín ‖ — POP *château la pompe* agua | FIG & FAM *coup de pompe* cansancio repentino, desfallecimiento ‖ *serrure à pompe* cerradura de bombilla ‖ — POP *à toute pompe* a todo gas ‖ *en grande pompe* con gran pompa.
➤ *pl* FIG pompas, placeres *m* frívolos ‖ pompas; *pompes funèbres* pompas fúnebres ‖ POP zapatos *m* (chaussures).
Pompéi [pɔ̃pei] *n pr* GÉOGR Pompeya.
pompéien, enne *adj* pompeyano, na.
Pompéien, enne *m* et *f* pompeyano, na.

pomper *v tr* dar a la bomba, sacar con la bomba, bombear ‖ aspirar (l'éléphant, etc.) ‖ empapar, absorber (absorber) ‖ FAM copiar (copier) ‖ POP trincar, pimplar, beber (boire) | cansar (fatiguer), agotar (épuiser) | chupar (l'argent).

pompette *adj* FAM achispado, da (ivre).

pompeusement *adv* pomposamente, de manera rimbombante.

pompeux, euse *adj* pomposo, sa.

pompier *m* bombero (pour éteindre le feu) ‖ oficial de sastre retocador (tailleur).
◆ *adj* FAM vulgar; ramplón, ona; sin mérito.

pompiste *m et f* encargado, da de un surtidor de gasolina ‖ MAR encargado, da de las bombas.

pompon *m* borla *f* (ornement) ‖ borla *f* (de coiffure de marin, etc.) ‖ — *rose pompon* rosa de pitiminí ‖ — FAM *avoir le pompon* llevarse la palma, ser mejor que ninguno ‖ POP *avoir son pompon* estar achispado, estar entre dos luces.

pomponner *v tr* adornar con borlas *ou* madroños (avec des pompons) ‖ ataviar, emperejilar (parer) ‖ FIG adornar con afectación | engalanar (parer) ‖ *pomponner un cheval* enjaezar un caballo.
◆ *v pr* emperejilarse, vestirse con esmero, acicalarse.

ponant *m* poniente.

ponçage [pɔ̃saːʒ] *m* pulimento, acción *f* de apomazar ‖ acuchillado (du parquet).

ponce *f* piedra pómez (pierre ponce) ‖ cisquero *m* (pour dessins piqués).

Ponce Pilate *n pr m* Poncio Pilato.

poncer* *v tr* dar *ou* pulimentar con piedra pómez, apomazar (polir) ‖ acuchillar (le parquet) ‖ estarcir (dessin).

poncho *m* poncho.

poncif *m* estarcido, dibujo picado ‖ tópico, vulgaridad *f*, trivialidad *f* (littérature, beaux-arts).

ponction [pɔ̃ksjɔ̃] *f* MÉD punción ‖ FIG *faire une ponction sur* hacer una sangría en.

ponctionner [-sjɔne] *v tr* MÉD hacer punciones, puncionar.

ponctualité [pɔ̃ktɥalite] *f* puntualidad.

ponctuation *f* puntuación.

ponctuel, elle *adj* puntual ‖ constituido por un punto.

ponctuellement *adv* puntualmente, a la hora (à l'heure) ‖ puntualmente, concretamente (de façon limitée).

ponctuer *v tr* puntuar ‖ FIG subrayar, acentuar, marcar; *ponctuer chaque mot d'un geste* subrayar cada palabra con un ademán.

pondaison *f* puesta, postura (des animaux).

pondérable *adj* ponderable.

pondéral, e *adj* ponderal; *titres pondéraux* títulos ponderales.

pondérateur, trice *adj* ponderador, ra; ponderativo, va.

pondération *f* ponderación.

pondéré, e *adj* ponderado, da.

pondérer* *v tr* ponderar, sopesar.

pondeur, euse *adj et s* ponedora (oiseaux) ‖ FIG & FAM prolífico, ca; fecundo, da; *un pondeur de prose* un prosista prolífico *ou* fecundo.

pondre *v tr* poner (oiseaux) ‖ aovar (autres animaux) ‖ FIG & FAM parir, escribir; *pondre une tragédie* escribir una tragedia.

poney [pɔnɛ] *m* poney (cheval).

pongiste *m et f* SPORTS jugador, ra de tenis de mesa *ou* ping pong.

pont [pɔ̃] *m* puente ‖ cubierta *f* (d'un bateau) ‖ fullería *f* (tricherie aux cartes) ‖ puente (entre deux jours de fêtes) ‖ ÉLECTR puente; *pont de Wheatstone* puente de Wheatstone ‖ MUS puente metódico, trozo de transición ‖ — *pont à bascule* puente basculante ‖ *pont aérien* puente aéreo ‖ *pont arrière* puente trasero (automobile) ‖ *pont aux ânes* demostración del teorema del cuadrado de la hipotenusa (géométrie), puente de los asnos, escollo en el que sólo tropiezan los ignorantes (difficultés) ‖ *pont biais* puente en esviaje ‖ *pont de bateaux* puente de pontones *ou* barcos ‖ *pont de graissage* rampa de engrase ‖ *pont d'envol* cubierta de vuelos ‖ *pont élévateur* elevador ‖ *Ponts et chaussées* Caminos, Canales y Puertos ‖ *pont rail* puente ferroviario ‖ *pont roulant* puente grúa de corredera ‖ *pont-route, pont routier* puente vial *ou* de carretera ‖ *ponts et chaussées* caminos, canales y puertos ‖ *pont suspendu* puente colgante ‖ *pont tournant* puente giratorio ‖ *pont transbordeur* puente transbordador ‖ — MAR *faux pont* sollado ‖ *tête de pont* cabeza de puente *ou* de desembarco ‖ — *couper dans le pont* cortar en la carta abarquillada (jeu), caer en la trampa (se laisser tromper) ‖ *couper les ponts derrière soi* quemar las naves ‖ *depuis lors beaucoup d'eau est passée sous les ponts* ¡pues no ha llovido poco desde entonces! ‖ *faire le pont* hacer puente ‖ *faire le pont avec une carte* abarquillar una carta ‖ *faire un pont d'or* hacer un puente de plata ‖ *jeter un pont sur* tender un puente sobre ‖ *servir de pont* servir de intermediario.

pontage *m* construcción *f* de un puente militar.

ponte *f* puesta, postura (oiseaux) ‖ JEUX punto *m* ‖ cargamento *f* de cubierta.
◆ *m* POP mandamás, personaje importante.

ponté, e *adj* MAR cubierto, ta con puente.

pontife *m* pontífice (ecclésiastique); *souverain pontife, pontife romain* sumo pontífice, pontífice romano (le pape) ‖ FIG & FAM mandón, mandamás.

pontifiant, e *adj* FAM enfático, ca; sentencioso, sa.

pontifical, e *adj et s m* pontifical; *ornements pontificaux* ornamentos pontificales.

pontificat [pɔ̃tifika] *m* pontificado.

pontifier* *v intr* pontificar ‖ FIG & FAM perorar enfáticamente (parler avec emphase), actuar pomposamente, poner cátedra.

pont-l'évêque *m inv* queso blando de Normandía.

pont-levis [pɔ̃lvi] *m* puente levadizo.

ponton *m* MAR pontón.

ponton-grue *m* grúa *f* flotante.
— OBSERV *pl pontons-grues*.

pontonnier *m* pontonero (militaire) ‖ jefe de embarcadero (service de bateaux).

pool [pul] *m* pool, comunidad *f* (entente) ‖ *pool dactylographique* servicio de mecanografía.

pop; pop music *adj et s* pop, música pop.

pop-corn *m* roseta *f*, palomita *f* (maïs grillé).

pope *m* pope (prêtre).

popeline *f* popelín *m*, popelina (tissu).
popote *f* FAM cocina, comida; *faire la popote* hacer la comida ‖ imperio *m* (restaurant d'officiers).
◆ *adj* FAM casero, ra (casanier) | prosaico, ca; vulgar.
populace *f* populacho *m*.
populacier, ère *adj* populachero, ra.
populaire *adj* popular.
◆ *f pl* entradas de general.
popularisation *f* popularización.
populariser *v tr* popularizar.
popularité *f* popularidad.
population *f* población ‖ población, vecindario *m* (d'une ville).
populationniste *adj et s* que tiende a favorecer el crecimiento de la población.
populeux, euse *adj* populoso, sa.
populisme *m* partido de tendencia popular ‖ popularismo (littérature).
populiste *adj et s* populista ‖ popularista (littérature).
populo *m* POP plebe *f*, pueblo, populacho.
porc [pɔːr] *m* cerdo, puerco (cochon) ‖ carne de cerdo (viande); *manger du porc* comer carne de cerdo ‖ FIG puerco (homme sale).
porcelaine [pɔrsəlɛːn] *f* porcelana (poterie) ‖ ZOOL margarita (coquillage).
porcelet [pɔrsəlɛ] *m* lechón, cochinillo ‖ *porcelet rôti* cuchifrito.
porc-épic [pɔrkepik] *m* puerco espín.
— OBSERV pl *porcs-épics*.
porche *m* porche (d'église, de pavillon), portal, soportal (d'un immeuble).
porcherie *f* pocilga, porqueriza, cochinera.
porcin, e *adj* porcino, na; porcuno, na; de cerda.
◆ *pl* porcinos.
pore [pɔːr] *m* poro.
poreux, euse *adj* poroso, sa.
porno *adj* FAM porno.
◆ *m* género porno ‖ película, libro porno.
pornographie *f* pornografía.
pornographique *adj* pornográfico, ca.
porosité *f* porosidad.
port [pɔːr] *m* puerto; *port franc* puerto franco ‖ puerto (col des Pyrénées) ‖ porte (action de porter) ‖ porte (prix du transport); *franco de port* franco de porte ‖ posición *f*, aspecto ‖ porte, continente (maintien) ‖ FIG puerto, refugio (asile, refuge) ‖ — *port d'armes* tenencia de armas ‖ *port d'attache* puerto de amarre *ou* de matrícula (bateau), domicilio, residencia (personne) ‖ *port de commerce, de pêche* puerto comercial, pesquero ‖ *port de plaisance* puerto deportivo ‖ *port de salut* puerto de salvación ‖ *port d'escale* puerto de escala ‖ COMM *port dû* portes debidos | *port payé* portes pagados ‖ MAR *port en lourd* carga máxima, peso muerto ‖ *port illégal* uso indebido ‖ *port marchand* puerto de carga ‖ INFORM *port parallèle* puerto paralelo | *port série* puerto serial ‖ — FIG *arriver à bon port* llegar felizmente, llegar a buen puerto.
portabilité *f* INFORM portabilidad (logiciel).
portable *adj* transportable ‖ que puede llevarse (vêtement) ‖ portátil, transportable (appareil).
◆ *m* INFORM ordenador portátil.

portage *m* transporte, porte ‖ transporte por tierra (d'une embarcation).
portail [pɔrtaːj] *m* pórtico.
portant, e *adj* TECHN que lleva *ou* sostiene; sustentador, ra (qui porte) ‖ — *à bout portant* a quemarropa, a boca de jarro ‖ *bien portant* con buena salud ‖ *mal portant* con mala salud.
◆ *m* asa *f* (anse) ‖ bastidor (théâtre).
portatif, ive *adj* portátil.
Port-au-Prince *n pr* GÉOGR Puerto Príncipe.
porte *f* puerta ‖ puerta (skis) ‖ compuerta (d'écluse) ‖ — *porte à claire-voie* cancilla ‖ *porte à glissière* puerta corredera ‖ TECHN *porte d'agrafe* hembra de corchete ‖ *porte de derrière* puerta trasera ‖ AVIAT *porte d'embarquement* puerta de embarque ‖ *porte d'entrée* puerta de entrada ‖ *porte de secours* salida de emergencia ‖ *porte de service* puerta de servicio ‖ *porte vitrée* puerta con cristales, puerta vidriera ‖ — *fausse porte* puerta falsa *ou* excusada ‖ *le pas de la porte* el umbral ‖ — *de porte en porte* de puerta en puerta, de casa en casa ‖ *porte à porte* pared por medio (à côté) ‖ — *écouter aux portes* escuchar detrás de las puertas ‖ FIG *enfoncer une porte ouverte* descubrir el Mediterráneo, hacer algo que ya está hecho ‖ *être aimable comme une porte de prison* ser un oso ‖ FIG *fermer la porte au nez* dar con la puerta en las narices ‖ *frapper à la porte* llamar a la puerta ‖ FIG *frapper à toutes les portes* tocar todos los registros ‖ *il faut qu'une porte soit ouverte ou fermée* no hay término medio, hay que decidirse ‖ *laisser la porte ouverte à* dejar la posibilidad ‖ FIG *mettre à la porte* echar a la calle ‖ *mettre la clef sous la porte* marcharse furtivamente ‖ *ouvrir la porte à* dar lugar a, dar paso a, abrir la puerta a, hacer posible ‖ FAM *prendre la porte* coger la puerta, tomar el portante ‖ *refuser sa porte* negarse a recibir ‖ *se ménager une porte de sortie* dejar *ou* reservarse una puerta abierta *ou* una puerta de escape.
◆ *adj* ANAT porta (veine).
porté, e *adj* inclinado, da; predispuesto, ta (enclin) ‖ transportado, da (transporté) ‖ anotado, da, apuntado, da (noté) ‖ — *c'est bien porté* es lo que se estila ‖ *être porté sur* ser muy dado a, ser muy aficionado a.
porte-à-faux [pɔrtafo] *m inv* voladizo ‖ *en porte (-)à(-)faux* en vilo, en falso.
porte-à-porte [pɔrtapɔrt] *m* venta *f* directa ‖ *faire du porte-à-porte* vender a domicilio.
porte-avions *m inv* portaviones, portaaviones.
porte-bagages [pɔrtbagaːʒ] *m inv* portaequipaje.
porte-bébé *m* portabebés.
porte-bonheur *m inv* amuleto, mascota *f* ‖ pulsera *f* de una pieza (bracelet).
porte-bouteilles [-butɛːj] *m inv* botellero, portabotellas.
porte-cartes *m inv* tarjetero (cartes de visite), portadocumentos (pour papiers d'identité), portaplanos (de cartes et plans).
porte-clefs [pɔrtəkle] *m inv* llavero.
porte-couteau *m inv* salvamantel para cuchillos.
porte-documents *m inv* portadocumentos, cartera *f* [(amér) porta-folio].
porte-drapeau *m inv* abanderado ‖ *être le porte-drapeau de* abanderar, ser el abanderado de.

portée *f* camada, cama (d'animaux) ‖ alcance *m* (d'une arme, d'une phrase, etc.); *à portée de la main* al alcance de la mano; *à longue portée* de largo alcance ‖ alcance *m*, capacidad, comprensión; *ceci est hors de sa portée* esto está por encima de sus capacidades ‖ alcance *m*, fuerza; *théorie d'une grande portée* teoría de mucho alcance ‖ MUS pentagrama *m* ‖ TECHN tramo *m*, luz, arco *m* (de l'arche d'un pont) ‖ — *à la portée de toutes les bourses* al alcance de todos los bolsillos ‖ *à portée de fusil* a tiro de fusil ‖ *à portée de voix* al alcance del oído.

porte-fenêtre *f* puerta vidriera, ventana vidriera.
— OBSERV pl *portes-fenêtres*.

portefeuille [pɔrtəfœ:j] *m* cartera *f* (de poche) ‖ COMM cartera *f* (effets) ‖ FIG cartera *f* (ministère); *ministre sans portefeuille* ministro sin cartera ‖ *lit en portefeuille* petaca.

porte-jarretelles *m inv* liguero.

porte-malheur *m inv* persona *f ou* cosa *f* de mal agüero, gafe, cenizo; *un oiseau porte-malheur* un pájaro de mal agüero.

portemanteau *m* percha *f*, perchero ‖ portamantas (de voyage) ‖ MIL maletín de grupa ‖ MAR pescante (bossoir).

portemine *m inv* lapicero, portaminas.

porte-monnaie [pɔrtmɔnɛ] *m inv* portamonedas, monedero.

porte-parapluie *m inv* paragüero.

porte-parole *m inv* portavoz [*(amér.)* vocero].

porte-plume *m inv* palillero, portaplumas.

porter *v tr* llevar (soutenir et transporter) ‖ llevar (vêtement); *porter la robe, la soutane* llevar toga, sotana ‖ llevar; *il ne porte plus le deuil* ya no lleva luto ‖ llevar (tenir); *porter la tête haute* llevar la cabeza alta ‖ dirigir, fijar; *porter les regards sur* fijar la mirada en ‖ poner, fijar (l'attention) ‖ manifestar; *porter intérêt à quelqu'un* manifestar interés por alguien ‖ producir; *argent qui porte intérêt* dinero que produce interés ‖ inducir, incitar; *porter un jeune au mal* inducir a un joven a obrar mal ‖ dar, traer; *porter malheur* dar mala suerte ‖ producir, dar; *un arbre qui porte beaucoup de fruits* árbol que produce muchas frutas ‖ llevar en su seno (avoir en gestation) ‖ poner en, apuntar en, inscribir en, anotar en; *porter un nom sur une liste* poner un nombre en una lista ‖ poner, ingresar; *porter une somme en compte* poner una cantidad en cuenta ‖ apuntar; *porter présent* apuntar presente ‖ asentar (commerce); *porter sur les livres* asentar en los libros ‖ dar, asestar (un coup) ‖ MAR arrastrar, llevar; *le courant porte au large* la corriente arrastra mar adentro ‖ MIL terciar (l'arme) ‖ — *porter à croire* hacer creer ‖ *porter amitié à quelqu'un* tener cariño a alguien ‖ *porter atteinte* causar perjuicio, ir contra ‖ *porter aux nues* poner por las nubes ‖ *porter bien le vin* aguantar bebiendo ‖ *porter bien son âge* representar la edad que se tiene ‖ *porter bonheur à quelqu'un* traer buena suerte a alguien ‖ *porter en avant* adelantar ‖ *porter en compte* acreditar en cuenta ‖ *porter envie à quelqu'un* envidiar a alguien ‖ *porter la culotte* llevar los pantalones ‖ *porter la main sur quelqu'un* levantar la mano a alguien ‖ *porter les armes* ser soldado ‖ *porter plainte* denunciar ‖ *porter préjudice* causar perjuicio ‖ *porter quelqu'un dans son cœur* llevar a alguien en el corazón ‖ *porter respect à* respetar a, tener respeto a ‖ *porter ses pas vers un lieu* ir a un lugar ‖ *porter sur le dos* llevar a cuestas ‖ *porter témoignage* ser testigo de ‖ *porter un coup à* perjudicar, menoscabar, reducir ‖ *porter un fait à la connaissance de quelqu'un* notificar algo a alguien ‖ *porter un jugement* emitir un juicio ‖ *porter un toast à* brindar por, ofrecer un brindis por ‖ *se faire porter malade* declararse enfermo, darse de baja.

◆ *v intr* descansar en, apoyarse en; *l'édifice porte sur une colonne* el edificio se apoya en una columna ‖ alcanzar (arme); *porter loin* alcanzar lejos ‖ surtir efecto, causar impresión, dar resultado (avoir son effet); *son allusion a porté* su alusión surtió efecto ‖ alcanzar (la vue) ‖ tratar de, referirse a, tener por objeto; *sur quoi porte votre critique?* ¿de qué trata su crítica? ‖ referirse a, abarcar, cubrir (englober) ‖ estar preñada; *la chatte porte huit semaines* la gata está preñada durante ocho semanas ‖ MAR dirigirse ‖ — *porté à* dado a, inclinado a, predispuesto a; *porté à la générosité* dado a la generosidad ‖ *porter à faux* estar en falso (construction), no ser concluyente *ou* fundado (jugement), ser hecho en vano (action) ‖ *porter à la tête* subirse a la cabeza ‖ *porter sur* referirse a ‖ *porter sur les nerfs* crispar, atacar los nervios ‖ — *être porté sur* ser aficionado a ‖ *l'eau de mer porte mieux que l'eau douce* el agua de mar sostiene más que el agua dulce.

◆ *v pr* dirigirse; *se porter vers quelqu'un* dirigirse hacia uno ‖ estar, encontrarse (santé); *se porter bien, mal* estar bien, mal; *comment vous portez-vous?* ¿cómo está usted? ‖ entregarse, abandonarse (se livrer); *se porter à des excès* entregarse a excesos ‖ presentarse como; *se porter candidat* presentarse como candidato ‖ llevarse, estilarse (un vêtement); *ces chapeaux ne se portent plus* esos sombreros ya no se llevan ‖ llevarse (être porté) ‖ dejarse llevar (se laisser emporter) ‖ estar orientado hacia, recaer en (soupçons) ‖ — *se porter candidat à* presentarse como candidato a ‖ *se porter fort pour* salir fiador de ‖ *se porter garant pour* responder por, garantizar a, salir fiador de, avalar a ‖ DR *se porter partie* constituirse parte.

porter [pɔrtɛːr] *m* pórter (bière).

porte-revues *m inv* revistero.

porte-savon [pɔrtsavɔ̃] *m inv* jabonera *f*.

porte-serviettes *m inv* toallero.

porteur, euse *adj* portador, ra.
◆ *m et f* portador, ra (qui porte).
◆ *m* mozo de equipajes (gares) ‖ — *porteur d'eau* aguador ‖ *porteur de contraintes* comisionado de apremios ‖ *porteur de mauvaises nouvelles* correo de malas nuevas ‖ *porteur d'une obligation* tenedor de una obligación ‖ — *au porteur* al portador.

porte-voix [pɔrtəvwa] *m inv* megáfono, bocina *f*, portavoz.

portier, ère *m et f* portero, ra (d'une maison).
◆ *m* portero (gardien de but) ‖ ostiario (clerc); *portier robot* portero eléctrico.
◆ *adj* *frère portier* hermano portero.

portière *f* portezuela (de voiture) ‖ puerta (de train) ‖ cortina (de porte), portier *m* (gallicisme) ‖ MIL compuerta, balsa (franchissement de cours d'eau).

portillon *m* portillo ‖ *portillon automatique* puerta automática, portillera automática (métro).

portion [pɔrsjɔ̃] *f* porción ‖ ración (au restaurant) ‖ *mettre à la portion congrue* poner a régimen, poner a media ración.

portique *m* pórtico ‖ cuadro sueco (de gymnastique) ‖ *grue à portique, portique roulant* grúa pórtico.

porto *m* vino de Oporto.

Porto *n pr* GÉOGR Oporto.

portoricain, e *adj* puertorriqueño, ña; portorriqueño, ña.

Portoricain, e *m et f* puertorriqueño, ña; portorriqueño, ña.

Porto Rico; Puerto Rico *n pr m* GÉOGR Puerto Rico.

portrait [pɔrtrɛ] *m* retrato; *portrait en pied* retrato de cuerpo entero; *portrait en buste* retrato de medio cuerpo ‖ FIG semblanza *f* (description d'une personne) ‖ descripción *f* ‖ FIG & FAM cara *f* ‖ — FIG *c'est le portrait de* es el retrato de, se parece mucho a (personne) ‖ *c'est tout le portrait de son père* es el vivo retrato de su padre, es su padre clavado.

portraitiste *m et f* retratista.

portrait-robot *m* retrato-robot.
— OBSERV pl *portraits-robots*.

portraiturer *v tr* retratar.

port-salut [pɔrsaly] *m inv* port-salut, queso francés de la región del Maine.

portuaire *adj* portuario, ria.

portugais, e *adj* portugués, esa; luso, sa; lusitano, na.
◆ *m* portugués (langue).
◆ *f* variedad de ostra de concha grande e irregular.

Portugais, e *m et f* portugués, esa; lusitano, na.

Portugal *n pr m* GÉOGR Portugal.

portulan *m* MAR portulado (carte).

P.O.S.; Pos abrév de *plan d'occupation des sols* plan de urbanización.

pose *f* colocación, instalación; *pose de la première pierre* colocación de la primera piedra ‖ sesión (du modèle) ‖ exposición (photographie); *temps de pose* tiempo de exposición ‖ foto; *rouleau de 36 poses* carrete de 36 fotos ‖ actitud, postura (attitude); *prendre une pose indolente* tomar una postura indolente ‖ tendido *m*, instalación (voie ferrée, électricité, gaz) ‖ ARCHIT asiento *m* (tuiles, briques) ‖ FIG afectación, actitud estudiada.

posé, e *adj* puesto, ta; colocado, da (placé, mis) ‖ tranquilo, la; comedido, da; sosegado, da (tranquille) ‖ FIG sentado, da; admitido, da (admis); *ceci posé* sentado esto ‖ — *à main posée* pausadamente y con aplicación, tranquilamente ‖ MUS *voix posée* voz segura *ou* que no vacila.

posément *adv* pausadamente, lentamente, tranquilamente.

posemètre *m* fotómetro, exposímetro (photographie).

poser *v tr* poner, colocar (placer); *poser un objet sur la table* poner un objeto encima de la mesa ‖ escribir, poner; *je pose 6 et je retiens 3* pongo 6 y llevo 3 ‖ plantear; *poser un problème* plantear un problema ‖ desembarazarse, dejar (se débarrasser) ‖ establecer, asentar (établir) ‖ hacer; *poser une question* hacer una pregunta ‖ deponer, abandonar; *poser les armes* deponer las armas ‖ enunciar, poner (énoncer); *poser ses conditions* poner sus condiciones ‖ presentar; *poser sa candidature* presentar su candidatura ‖ poner, instalar (l'électricité, le gaz) ‖ hacer el tendido de, tender (ligne télégraphique, voie de chemin de fer) ‖ ARCHIT asentar, echar (pierre, brique); *poser les fondements* asentar los cimientos ‖ FIG dar fama *ou* notoriedad *ou* categoría, procurar consideración ‖ MATH enunciar (un théorème) ‖ POP *poser un lapin* dar un plantón.
◆ *v intr* descansar en, apoyarse en (s'appuyer) ‖ posar, servir de modelo (en peinture) ‖ posar, tomar postura conveniente para retratarse ‖ FIG darse tono, presumir, fardar (affecter) ‖ *poser à* dárselas de.
◆ *v pr* ponerse, colocarse, posarse (les oiseaux) ‖ aterrizar, posarse, tomar tierra (les avions) ‖ FIG erigirse en, dárselas de, echárselas de; *se poser en vainqueur* dárselas de vencedor ‖ POP *comme idiot tu te poses là* a idiota no hay quien te gane.

poseur, euse *adj et s* instalador, ra ‖ FIG presumido, da; vanidoso, sa; postinero, ra; fardón, ona ‖ — MAR *poseur de mines* minador (bateau) ‖ *poseur de parquets* entarimador ‖ *poseur de voies ferrées* asentador de vías.

positif, ive *adj et s m* positivo, va.
◆ *m* PHOT positiva *f*.

position *f* posición, postura; *changer de position* cambiar de postura ‖ FIG empleo *m*, cargo *m*; *avoir une position chez* tener un empleo en la casa ‖ FIG *prendre position* tomar una posición ‖ MIL posición (défensive), situación.
◆ *pl* partidas (d'un tarif de douane).

positionnement *m* posicionamiento.

positionner *v tr* colocar, situar, posicionar [barbarismo].

positivement *adv* positivamente, totalmente (avec certitude) ‖ verdaderamente, de verdad, auténticamente (tout à fait) ‖ positivamente, favorablemente, de forma positiva (d'une façon heureuse) ‖ con electricidad positiva, positivamente (avec de l'électricité positive).

positivisme *m* positivismo.

positiviste *adj et s* positivista.

positivité *f* carácter *m* positivo, positividad.

posologie *f* MÉD posología.

possédé, e *adj* poseído, da (dominé).
◆ *adj et s* endemoniado, da; poseso, sa (démoniaque) ‖ energúmeno, na (personne violente) ‖ *crier comme un possédé* gritar como un endemoniado *ou* un energúmeno.

posséder* *v tr* poseer, tener (avoir) ‖ dominar (maîtriser) ‖ — FIG dominar, conocer a fondo *ou* bien; *posséder les mathématiques* dominar las matemáticas ‖ FAM *posséder quelqu'un* dársela a uno con queso, pegársela a uno.
◆ *v pr* dominarse, ser dueño de sí mismo.

possesseur *m* poseedor, ra; posesor, ra.

possessif, ive *adj et s m* posesivo; *adjectif, pronom possessif* adjetivo, pronombre posesivo.

possession *f* posesión ‖ *en pleine possession de ses moyens* con pleno dominio de sus facultades.

possessivité *f* posesividad.

possibilité *f* posibilidad ‖ posibilidad, eventualidad.

possible *adj* posible ‖ — *aussitôt que possible* tan pronto como sea posible ‖ *autant que possible* en *ou* dentro de lo posible, dentro de lo que cabe ‖ *si possible* si es posible ‖ — *rendre possible* hacer posible.

◆ *m* lo posible; *dans la mesure du possible* en la medida de lo posible ‖ *faire (tout) son possible* hacer (todo) lo posible.

◆ *adv* es posible, quizás (peut-être) ‖ — *au possible* en sumo grado, a más no poder; *être avare au possible* ser avaro en sumo grado ‖ *pas possible!* ¡no me digas!, ¡no es verdad!

postal, e *adj* postal; *colis postal* paquete postal; *carte postale* tarjeta postal; *mandats postaux* giros postales.

postclassique *adj* posclásico, ca.

postcombustion *f* TECHN postcombustión.

postdater *v tr* poner fecha posterior a la verdadera, posfechar.

poste *f* posta (de chevaux) ‖ correo *m*, correos *m pl*, casa de correos (administration, bureau); *aller à la poste* ir a correos ‖ — *poste restante* lista de correos [*(amér)* poste restante]; *écrire poste restante* escribir a la lista de correos ‖ — *agent* o *employé des postes* empleado de correos ‖ *bureau de poste d'un quartier* estafeta de correos de un barrio ‖ FAM *c'est passé comme une lettre à la poste* se lo ha *ou* se lo han tragado ‖ *mettre une lettre à la poste* echar una carta al correo.

◆ *m* puesto; *le poste du pilote* el puesto del piloto ‖ MIL puesto; *poste avancé* puesto avanzado ‖ empleo, cargo, puesto (emploi) ‖ asiento, partida *f* (d'un compte) ‖ extensión *f* (téléphone) ‖ — *poste d'aiguillage* caseta *ou* cabina de cambio de agujas ‖ *poste d'eau* boca de riego *ou* de agua ‖ *poste de combat* puesto avanzado ‖ *poste de commandement (P.C.)* puesto de mando (PM), cuartel general; *il a établi son P.C. à Paris* ha establecido su cuartel general en París ‖ *poste de contrôle* puesto de control ‖ *poste de douane* estación de aduanas ‖ *poste de police* cuerpo de guardia (militaire), puesto de policía ‖ *poste de radio* aparato de radio ‖ *poste de ravitaillement* puesto de abastecimiento ‖ *poste de secours* puesto de socorro (le long d'une route), casa de socorro (dans une ville) ‖ *poste d'essence* surtidor de gasolina ‖ *poste de surveillance* avanzadilla ‖ *poste de télévision* aparato de televisión ‖ *poste de travail* puesto de trabajo ‖ *poste d'incendie* boca de incendio ‖ *poste émetteur* emisora ‖ *poste tarifaire* partida arancelaria ‖ — *conduire quelqu'un au poste* llevar a alguien a la prevención *ou* al cuartelillo.

posté, e *adj* por turno; *travail posté* trabajo por turno.

poste-frontière *m* paso fronterizo.

poster *v tr* apostar, poner (placer) ‖ echar al correo *ou* al buzón (courrier).

postérieur, e *adj* posterior.

◆ *m* FAM trasero.

postérieurement *adv* posteriormente, después.

posteriori (a) *loc adv* a posteriori.

postériorité *f* posterioridad.

postérité *f* posteridad.

postface *f* nota final de un libro, advertencia final.

postglaciaire *adj* posglacial.

posthume *adj* póstumo, ma.

postiche *adj* postizo, za; *cheveux postiches* cabellos postizos ‖ FIG falso, sa; artificial; simulado, da (faux); *douleur postiche* dolor simulado.

◆ *m* adorno artificial (ornement) ‖ postizo (cheveux).

postier, ère *m et f* empleado, empleada de correos ‖ caballo *m* de posta (cheval).

postillon [pɔstijɔ̃] *m* postillón (conducteur) ‖ delantero (d'un équipage) ‖ FAM partícula *f* de saliva que salta al hablar, cura *f*, perdigón (salive); *envoyer des postillons* echar perdigones.

postillonner [-jɔne] *v intr* FAM espurrear saliva al hablar, echar perdigones.

postimpressionnisme *m* ARTS postimpresionismo.

postimpressionniste *adj et s* ARTS postimpresionista.

postindustriel, elle *adj* postindustrial.

postnatal, e *adj* posnatal.

— OBSERV pl *postnatals* o *postnataux*.

postopératoire *adj* postoperatorio, ria.

postposer *v tr* posponer.

postscolaire *adj* postescolar.

post-scriptum [pɔstskriptɔm] *m inv* posdata *f*, post scriptum.

postsynchronisation *f* CINÉM postsincronización, grabación posterior del sonido.

postsynchroniser *v tr* CINÉM postsincronizar, grabar posteriormente el sonido.

postulant, e *adj et s* postulante.

postulat [pɔstyla] *m* postulado.

postuler *v tr* postular.

posture *f* postura ‖ FIG situación, posición, postura; *être en mauvaise posture* hallarse en una mala posición *ou* situación.

pot [po] *m* vasija *f*, cacharro (en général) ‖ tarro, bote (de conserves, de médicaments, etc.) ‖ jarro (pot avec une anse et un bec), orza *f* (pot sans anse ni bec) ‖ maceta *f*, tiesto (à fleurs) ‖ olla *f* (marmite à large ouverture et à deux anses), puchero (marmite à ouverture étroite et à une anse) ‖ FAM vaso, copa *f*; *payer un pot à un ami* invitar a tomar un vaso a un amigo ‖ — *pot à eau* jarra de agua ‖ *pot au lait* lechera (domestique), cántara, cántaro (pour le transport) ‖ *pot de chambre* orinal [*(amér)* bacín, orinal, escupidera] ‖ FAM *pot de colle* pelmazo (importun) ‖ *pot d'échappement* silencioso ‖ — *à la fortune du pot* a la pata la llana, sin cumplidos, en confianza ‖ FAM *manque de pot!* ¡mala pata!, ¡mala suerte! ‖ FIG *sourd comme un pot* más sordo que una tapia ‖ — POP *avoir du pot* tener potra *ou* suerte ‖ FAM *boire* o *prendre un pot* tomar una copa ‖ FIG *c'est un pot à tabac* es un tapón de alberca ‖ *découvrir le pot aux roses* descubrir el pastel, descubrir el secreto, tirar de la manta ‖ *payer les pots cassés* pagar los vidrios rotos, pagar el pato ‖ *tourner autour du pot* andar con rodeos, andarse por las ramas.

potable *adj* potable ‖ FIG & FAM potable, pasable, aceptable, regular.

potache *m* FAM colegial.

potage *m* sopa *f* ‖ FIG *pour tout potage* en todo y por todo, por junto, todo junto.

potager, ère *adj* hortense; hortelano, na ‖ — *jardin potager* huerto, huerta ‖ *plante potagère* hortaliza.

◆ *m* huerta *f*, huerto.

potasse *f* CHIM potasa.

potasser *v tr et intr* FAM empollar (étudier).

potassique *adj* potásico, ca.

potassium [pɔtasjɔm] *m* potasio (métal).

pot-au-feu [pɔtofø] *m inv* olla *f*, puchero (marmite), cocido, puchero (mets), carne *f* para el cocido (viande).
◆ *adj* FAM casero, ra; de su casa (attaché à son ménage).
pot-de-vin [podvɛ̃] *m* gratificación *f*, guante, mamelas *f pl*, soborno.
— OBSERV pl *pots-de-vin*.
pote *m* POP amigacho.
poteau *m* poste; *poteau télégraphique* poste telegráfico; *poteau indicateur* poste indicador ‖ línea *f* de llegada, llegada *f*, meta *f* (ligne d'arrivée), línea *f* de salida (ligne de départ) ‖ poste (football) ‖ *au poteau!* ¡al paredón! (à mort!).
potée *f* olla, jarro *m* (contenu); *une potée de vin* un jarro de vino ‖ guiso *m* de nabos, coles y carne, pote *m* (mets) ‖ TECHN arcilla para moldes (pour moules) ‖ *potée d'émeri* polvos de esmeril.
potelé, e *adj* rollizo, za; regordete, ta.
potence *f* horca (supplice et instrument) ‖ jabalcón *m* ‖ BLAS potenza ‖ CONSTR pescante *m* (pour suspendre) ‖ MAR guindaste *m* ‖ FIG *gibier de potence* carne de horca.
potentat [pɔtɑ̃ta] *m* potentado.
potentialiser *v tr* potenciar.
potentialité [pɔtɑ̃sjalite] *f* potencialidad.
potentiel, elle [-sjɛl] *adj et s m* potencial.
potentiellement *adv* en potencia, potencialmente.
potentille [pɔtɑ̃tiːj] *f* potentila (plante).
potentiomètre [pɔtɑ̃sjɔmɛtr] *m* ÉLECTR potenciómetro.
poterie [pɔtri] *f* vasija de barro *ou* de metal (récipient) ‖ alfarería (fabrique, art) ‖ cañería de barro (tuyaux).
poterne *f* poterna, portillo *m*, postigo *m*.
potiche *f* jarrón *m*, jarro *m* de porcelana.
potier, ère *m et f* alfarero *m* ‖ fabricante *ou* vendedor, ra de vasijas.
potin *m* FAM cotilleo, chisme (cancan) ‖ jaleo, alboroto (tapage) ‖ TECHN aleación *f* de cobre, estaño y plomo (alliage).
potion *f* poción.
potiron *m* BOT calabaza *f*.
pot-pourri [popuri] *m* FAM olla *f* podrida, especie *f* de puchero (mets) ‖ FIG popurrí (musique).
— OBSERV pl *pots-pourris*.
pou *m* piojo (insecte) ‖ — *laid comme un pou* más feo que Picio, más feo que un coco ‖ — FAM *chercher des poux à quelqu'un* buscar las cosquillas a uno.
— OBSERV pl *poux*.
pouah! *interj* ¡uf!, ¡fo! [indica repugnancia].
poubelle *f* cubo *m* de la basura.
pouce *m* pulgar (doigt de la main), dedo gordo del pie (du pied) ‖ pulgada *f*, pulgarada *f* (mesure) ‖ FIG pulgada *f*, ápice ‖ — FAM *donner un coup de pouce* echar un cable *ou* una mano, dar un empujón ‖ *manger sur le pouce* comer de pie y de prisa ‖ FIG *mettre les pouces* darse por vencido, acabar por ceder ‖ *ne pas quitter d'un pouce* no dejar un solo instante ‖ FIG *se mordre les pouces* comerse los nudillos, morderse las manos *ou* los dedos, roerse los puños ‖ *se tourner les pouces* estar mano sobre mano, estar con los brazos cruzados ‖ FIG *sucer son pouce* chuparse el dedo.

◆ *interj* ¡para!, ¡un momento! (aux jeux).
pouding [pudiŋ] *m* → **pudding**.
poudre *f* pólvora (explosif); *poudre à canon* pólvora de cañón ‖ polvo *m* (matière pulvérisée); *sucre en poudre* azúcar en polvo ‖ polvos *m pl* (composition médicinale, cosmétique, etc.); *poudre de riz* polvos de arroz ‖ arenilla (pour l'écriture) ‖ — *poudre à éternuer* estornutatorio ‖ *poudre à récurer* polvos detergentes ‖ *poudre de perlimpinpin* polvos de la madre Celestina ‖ *poudre sans fumée* pólvora sin humo ‖ — *coton-poudre* algodón pólvora ‖ *en poudre* en polvo, molido ‖ — FIG *il n'a pas inventé la poudre* no ha inventado la pólvora ‖ *jeter de la poudre aux yeux* engañar con falsas apariencias ‖ FIG *mettre en poudre* pulverizar, reducir a polvo ‖ *mettre le feu aux poudres* hacer estallar *ou* saltar (une affaire) ‖ FAM *prendre la poudre d'escampette* poner pies en polvorosa, tomar las de Villadiego ‖ *se répandre comme une traînée de poudre* propagarse como un reguero de pólvora ‖ *tirer sa poudre aux moineaux* gastar la pólvora en salvas.
poudrer *v tr* empolvar.
◆ *v pr* empolvarse.
poudreux, euse *adj* polvoroso, sa (couvert de poudre) ‖ polvoriento, ta (couvert de poussière) ‖ en polvo; *neige poudreuse* nieve en polvo.
◆ *f* mesa de tocador (toilette) ‖ nieve en polvo ‖ AGRIC espolvoreadora ‖ talquera.
poudrier *m* salvadera *f* (pour l'écriture) ‖ azucarero (sucrier) ‖ polvera *f* (pour poudre de riz) ‖ pirotécnico, polvorista (ouvrier).
poudrière *f* polvorín *m* ‖ FIG *ce pays est une poudrière* este país es un barril de pólvora *ou* un polvorín.
poudroyer* [-pudrwaje] *v intr* empolvar ‖ levantarse una polvareda.
pouf *m* taburete bajo de asiento relleno, puf (gallicisme) ‖ ahuecador (pour les jupes) ‖ anuncio enfático y engañoso (annonce).
pouf! *interj* ¡zas!, ¡puf!, ¡paf!
pouffer *v intr* reventar de risa.
poufiasse; pouffiasse *f* POP tiparraca, fulana.
pouilleux, euse [pujø, jøːz] *adj et s* piojoso, sa.
poujadisme *m* poujadismo (doctrine) ‖ POP (péjoratif) corporativismo (attitude politique).
poujadiste *m et f* poujadista.
poulailler [pulaje] *m* gallinero (pour les poules) ‖ paraíso, gallinero (théâtre).
poulain *m* potro, jaco (cheval)· ‖ piel *f* de potro (fourrure) ‖ carretilla *f* (chariot) ‖ FIG pupilo, apadrinado (protégé).
poularde *f* polla cebada, capón *m*.
poule *f* gallina ‖ SPORTS liga, grupo *m*, campeonato *m* ‖ puesta, polla (au jeu) ‖ guerra (billard) ‖ POP zorra (prostituée) ‖ — CULIN *poule au pot* puchero de gallina ‖ *poule d'eau* polla de agua ‖ *poule de Barbarie* gallina de Guinea ‖ *poule de bois* ganga (gélinotte) ‖ *poule des sables* perdiz de mar (glaréole) ‖ *poule d'Inde* pava ‖ *poule faisane* faisana ‖ FIG *poule mouillée* gallina, cobarde ‖ *poule pondeuse* gallina ponedora ‖ *poule sultane* calamón ‖ — *la poule aux œufs d'or* la gallina de los huevos de oro ‖ *mère poule* clueca (sens propre), madraza (sens figuré) ‖ — FIG & FAM *avoir la chair de poule* tener carne de gallina ‖ *mettre la poule au pot* echar la gallina en la olla ‖ *quand les poules auront des dents* cuando las ranas críen pelos.

poulet [pulɛ] *m* pollo; *poulet de grain, de chair* pollo tomatero, de cría ‖ FAM pichón (terme affectueux) ‖ POP poli, policía.

poulette *f* pollita, polla ‖ FAM pichona (terme affectueux).
◆ *adj sauce poulette* salsa blanca [mantequilla, huevo y vinagre].

pouliche *f* potra, potranca (jument).

poulie *f* MAR motón *m*; *poulie à fouet* motón de rabiza ‖ TECHN polea, garrucha.

pouliner *v intr* parir [la yegua].

poulinière *adj* et *s f* yegua de vientre.

poulpe *m* pulpo (pieuvre).

pouls [pu] *m* ANAT pulso ‖ — *se tâter le pouls* pensarlo bien ‖ *tâter* o *prendre le pouls* tomar el pulso.

poumon *m* ANAT pulmón ‖ — MÉD *poumon artificiel* pulmón artificial | *poumon d'acier* pulmón de acero ‖ — *crier à pleins poumons* gritar con todas las fuerzas de los pulmones.

poupe *f* MAR popa ‖ *avoir le vent en poupe* ir viento en popa.

poupée *f* muñeca (jouet); *poupée de chiffon, de son* muñeca de trapo, de serrín ‖ cabezal *m*, soporte *m*, contrapunta (d'un tour) ‖ copo *m*, husada (pour quenouille) ‖ muñeca (mannequin) ‖ dedil *m* (pansement au doigt) ‖ POP muchacha, chica, gachí ‖ — *jardin de poupée* jardín miniatura ‖ *maison de poupée* casa de muñecas.

poupin, e *adj* frescote, ta; rubicundo, da; sonrosado, da.

poupon, onne *m* et *f* nene, na; rorro, rra ‖ angelote *m* [niño rollizo] (enfant potelé).

pouponner *v intr* FAM cuidar a un nene.

pouponnière *f* guardería infantil (crèche).

pour *prép* para (indiquant le but, la destination); *cette cravate est pour toi* esta corbata es para ti; *je pars pour Madrid* salgo para Madrid ‖ para (par rapport à); *grand pour son âge* crecido para su edad ‖ para (deux actions successives); *il tomba pour ne plus se relever* cayó para no volverse a levantar ‖ por (à cause de, parce que); *on l'a puni pour avoir menti* lo han castigado por haber mentido ‖ por (au prix de, en échange de); *prendre une chose pour une autre* tomar una cosa por otra ‖ por (pour une durée, une quantité, une somme de); *un engagement pour un an* un contrato por un año; *donner treize objets pour douze* dar trece objetos por doce; *vendre pour mille francs de marchandises* vender por mil francos de mercancías ‖ por (en faveur de, en défense de); *mourir pour la patrie* morir por la patria; *l'amour d'une mère pour son fils* el amor de una madre por su hijo ‖ por (comme, en qualité de); *prendre pour domestique* tomar por criado; *laisser pour mort* dejar por muerto ‖ por (quant à); *pour ma part j'y consens* por mi parte consiento en ello ‖ por (à la place de); *je le fais pour toi* lo hago por ti ‖ por (en échange de); *dent pour dent* diente por diente ‖ — *pour autant* por eso ‖ *pour cent* por ciento ‖ *pour de bon* de verdad, de veras, en serio ‖ *pour le moins* por lo menos ‖ *pour lors* entonces ‖ *pour peu que* por poco que ‖ *pour que* para que.
◆ *m* pro; *le pour et le contre* el pro y el contra.

pourboire *m* propina *f*.

pourceau *m* cerdo, puerco, cochino.

pourcentage *m* porcentaje, tanto por ciento.

pourchasser *v tr* perseguir, ir a la caza de, hostigar.

pourfendeur *m* perdonavidas, matasiete.

pourfendre *v tr* partir de un tajo, atravesar de una estocada ‖ FIG vapulear (critiquer).

pourlécher* *v tr* relamer.
◆ *v pr* relamerse ‖ *se pourlécher les babines* chuparse los dedos, relamerse.

pourparlers *m pl* conversación *f sing*, negociaciones *f*, trato *sing* ‖ — *engager les pourparlers* entablar las negociaciones ‖ *être en pourparlers* estar al habla, estar en tratos.

pourpier *m* BOT verdolaga *f*.

pourpoint [purpwẽ] *m* jubón, justillo (vêtement) ‖ farseto (pour armure) ‖ *à brûlepourpoint* a quema ropa, a quemarropa.

pourpre *f* púrpura (étoffe et dignité).
◆ *m* púrpura *f* (couleur, maladie, mollusque).
◆ *adj* púrpura.

pourpré, e *adj* purpúreo, a ‖ MÉD *fièvre pourprée* urticaria.

pourquoi *conj* et *adv* por qué; *pourquoi vous fâchez-vous?* ¿por qué se enfada usted? ‖ para qué, por qué (but); *pourquoi a-t-il pris cela?* ¿para qué ha tomado esto? ‖ a qué, por qué (but immédiat); *pourquoi es-tu venu?* ¿a qué has venido? ‖ *c'est pourquoi* por esta razón, por eso.
◆ *m* porqué; *savoir le pourquoi de chaque chose* saber el porqué de cada cosa.
— OBSERV Ne pas confondre avec l'espagnol *porque* (parce que), en un mot.

pourri, e *adj* podrido, da ‖ *temps pourri* tiempo asqueroso.
◆ *m* lo podrido ‖ *sentir le pourri* oler a podrido.

pourrir *v tr* podrir, pudrir.
◆ *v intr* et *pr* podrirse, pudrirse.

pourrissement *m* empeoramiento, deterioro; *le pourrissement de la situation* el empeoramiento de la situación.

pourriture *f* podredumbre ‖ caquexia (cachexie) ‖ FIG corrupción ‖ — MÉD *pourriture d'hôpital* gangrena ‖ *quelle pourriture!* ¡qué porquería!, ¡qué asco!

poursuite *f* persecución, perseguimiento *m (p us)*; *la poursuite d'un voleur* la persecución de un ladrón ‖ prosecución, continuación; *la poursuite d'une affaire* la prosecución de un negocio ‖ carrera de persecución (courses) ‖ MIL persecución del enemigo ‖ — *à la poursuite de* en persecución de ‖ *être* o *se mettre à la poursuite de* perseguir a.
◆ *pl* diligencias, gestiones (démarches) ‖ DR diligencias.

poursuivant, e *adj* et *s* perseguidor, ra ‖ pretendiente (d'une femme) ‖ DR demandante, querellante.

poursuivre* *v tr* perseguir; *poursuivre un voleur* perseguir a un ladrón ‖ proseguir (continuer); *poursuivre son chemin* proseguir su camino ‖ buscar; *poursuivre la gloire* buscar la gloria ‖ acosar, hostigar; *poursuivre quelqu'un de ses menaces* acosar a uno con amenazas ‖ DR perseguir judicialmente | demandar (en justice).
◆ *v pr* seguirse, proseguirse.

pourtant *conj* sin embargo, a pesar de ello, no obstante, con todo.

pourtour *m* contorno, perímetro.

pourvoi *m* DR apelación *f*, recurso ‖ — *pourvoi à une vacance* provisión de una vacante ‖ *pourvoi en* *cassation* recurso de casación ‖ *pourvoi en grâce* petición de indulto.

pourvoir* *v intr* subvenir a, atender a, ocuparse de; *pourvoir à ses besoins* subvenir a sus necesidades; *pourvoir à son éducation* atender a su educación.

◆ *v tr* proveer, suministrar, abastecer (fournir) ‖ colocar a (établir) ‖ cubrir; *pourvoir une vacance* cubrir una vacante ‖ FIG dotar, ornar; *pourvu de grandes qualités* dotado de grandes cualidades.

◆ *v pr* proveerse ‖ DR interponer recurso de, recurrir, apelar; *se pourvoir en cassation* recurrir en casación.

pourvoyeur, euse [purwajœːr, jøːz] *m et f* proveedor, ra; abastecedor, ra.

◆ *m* MIL proveedor (de pièce).

pourvu, e *adj* provisto, ta ‖ *pourvu que* con tal que (du moment que), ojalá; *pourvu qu'il fasse beau!* ¡ojalá haga buen tiempo!

pousse *f* brote *m*, retoño *m* (des plantes) ‖ salida, crecimiento *m* (des dents) ‖ torcedura (du vin) ‖ VÉTÉR huélfago *m*.

pousse-café *m inv* FAM copita *f* después del café, poscafé *(p us)*.

poussée *f* empujón *m* ‖ empuje *m* (d'avion) ‖ FIG acceso *m*; *poussée de fanatisme* acceso de fanatismo ‖ ola; *poussée inflationniste* ola inflacionista ‖ estirón *m* (de croissance) ‖ ARCHIT empuje *m* (pression) ‖ MÉD acceso *m* ‖ PHYS empuje *m* (d'un fluide).

pousse-pousse *m inv* cochecillo chino tirado por un hombre.

pousser *v tr* empujar ‖ lanzar, dar (cri, soupir, etc.) ‖ hacer adelantar, favorecer (favoriser) ‖ estimular (stimuler) ‖ llevar (entraîner) ‖ impulsar, dar un impulso, impeler (donner une impulsion) ‖ correr (déplacer) ‖ extender (étendre) ‖ echar (poils, cheveux, dents, etc.) ‖ activar, avivar (le feu) ‖ hacer avanzar; *pousser un troupeau* hacer avanzar un rebaño ‖ hacer más profundo, examinar a fondo, llevar muy lejos (approfondir) ‖ pujar (aux enchères) ‖ trabajar (une œuvre d'art) ‖ dar, tirar; *pousser une estocade* tirar una estocada ‖ BOT echar, producir (plantes) ‖ FIG incitar, mover a, inducir; *pousser à la dépense* incitar al gasto | extremar; *pousser le zèle jusqu'à* extremar su celo hasta ‖ — FIG *pousser à bout* sacar de sus casillas (énerver), forzar a fondo, apurar (forcer à fond) | *pousser au noir* cargar de tinta ‖ *pousser du coude* dar codazos *ou* con el codo ‖ *pousser la fenêtre* entornar *ou* cerrar un poco la ventana ‖ *pousser le dévouement jusqu'à* sacrificarse hasta el punto de ‖ *pousser une chanson* echar una canción ‖ *pousser un élève* hacer adelantar a un alumno.

◆ *v intr* empujar ‖ nacer, salir (les dents, les pousses d'une plante, etc.) ‖ crecer (croître) ‖ llegar, seguir (poursuivre son chemin) ‖ — *pousser à la roue* dar un empujón, echar una mano ‖ *pousser comme de la mauvaise herbe* crecer como la cizaña ‖ *pousser comme des champignons* crecer como hongos.

◆ *v pr* empujarse ‖ echarse a un lado, correrse (faire de la place) ‖ abrirse camino (faire son chemin).

poussette *f* cochecito *m* de niños, coche silla *m* (voiture) ‖ empujón *m* (cyclisme) ‖ carrito *m* (pour les provisions).

poussier *m* polvo de carbón, carbonilla *f*, carbón en polvo.

poussière *f* polvo *m*; *faire de la poussière* levantar polvo ‖ mota; *avoir une poussière dans l'œil* tener una mota en el ojo ‖ — BOT *poussière fécondante* polen ‖ *poussières radio-actives* cenizas radiactivas ‖ — *coup de poussière* explosión en una mina ‖ FAM *et des poussières* y pico (somme) ‖ — *faire mordre la poussière à un ennemi* abatir a un enemigo ‖ FIG *mordre la poussière* morder el polvo ‖ *réduire en poussière* hacer añicos, hacer polvo ‖ *tomber en poussière* hacerse polvo.

poussiéreux, euse *adj* polvoriento, ta.

poussif, ive *adj* que parece huélfago ‖ FAM que se ahoga (voiture) ‖ MÉD asmático, ca.

poussin *m* polluelo, pollito ‖ FIG nene (enfant) ‖ MIL cadete, novato del ejército del aire, gurripato.

poussoir *m* botón, pulsador.

poutre *f* viga.

poutrelle *f* vigueta.

pouvoir* *v tr* poder ‖ — *n'en pouvoir mais* no poder más (être épuisé), no poderlo remediar (n'y rien pouvoir) ‖ *n'en pouvoir plus* no poder más ‖ *ne pas pouvoir s'empêcher de* no poder menos de *ou* sino ‖ — *il se peut que* puede ser que, es posible que ‖ *on ne peut mieux* mejor imposible ‖ *on ne peut plus* no puede ser más ‖ *on peut dire que* cabe decir que, podemos decir que ‖ *puis-je entrer?* ¿se puede?, ¿puedo pasar? ‖ *puissiez-vous réussir!* ¡ojalá lo consiga usted! ‖ *qui peut le plus peut le moins* quien puede lo más puede lo menos ‖ *tu ne peux pas savoir!* ¡ni te imaginas, ni te lo imaginas! ‖ *tu peux le dire!* ¡seguro que sí!

pouvoir *m* poder; *pouvoir législatif, exécutif, judiciaire* poder legislativo, ejecutivo, judicial ‖ — *pouvoir absolu* poder absoluto ‖ *pouvoir d'achat* poder adquisitivo ‖ *pouvoir par-devant notaire* poder ante notario ‖ — *fondé de pouvoir* apoderado ‖ *les pouvoirs publics* los poderes públicos ‖ *pleins pouvoirs* plenos poderes ‖ — *au pouvoir de* bajo el poder de.

P.P.C.M. abrév de *plus petit commun multiple* m.c.m., mínimo común múltiplo.

P.R. abrév de *poste restante* lista de correos ‖ abrév de *Parti Républicain* Partido Republicano [Francia].

praesidium; présidium [prezidjɔm] *m* presidium (en U.R.S.S).

pragmatique *adj et s f* pragmático, ca.

pragmatisme *m* pragmatismo.

pragmatiste *adj et s* pragmatista.

pragois, e; praguois, e *adj* praguense.

Pragois, e; Praguois, e *m et f* praguense.

Prague *n pr* GÉOGR Praga.

praire *f* almeja grande (mollusque).

prairie *f* prado *m* (pré), pradera (naturelle).

pralin *m* abono mezclado con tierra ‖ garapiña *f* (sucre cuit).

praline *f* almendra garapiñada.

praliné *m* chocolate con almendras garapiñadas.

praticable *adj* practicable ‖ transitable (chemin) ‖ *(vx)* tratable, sociable (personnes).

◆ *m* practicable (théâtre), grúa *f* móvil (cinéma).

praticien, enne [pratisjɛ̃, jɛn] *m et f* practicador, ra ‖ MÉD práctico facultativo.

pratiquant, e *adj* et *s* practicante.
pratique *adj* práctico, ca ‖ *travaux pratiques* prácticas, clases prácticas.
  ➤ *f* práctica; *mettre en pratique* poner en práctica ‖ procedimiento *m*, práctica (*procédé*) ‖ costumbre, uso *m* (*coutume*) ‖ trato *m* (*fréquentation*) ‖ pito *m* (*pour marionnettes*) ‖ parroquiano *m* (*client*) ‖ MAR plática.
  ➤ *f pl* prácticas, devociones (religieuses).
  ➤ *m* MAR práctico (piloto).
pratiquement *adv* en la práctica (dans la pratique) ‖ prácticamente, casi (presque).
pratiquer *v tr* practicar ‖ tratar (fréquenter), abrir, practicar (exécuter).
  ➤ *v intr* practicar (une religion).
  ➤ *v pr* practicarse ‖ existir; *la politique qui se pratique ici* la política que existe aquí.
praxis *f* praxis.
pré *m* prado ‖ FIG *aller sur le pré* tener un desafío.
préalable *adj* previo, via ‖ — *condition préalable* condición previa, requisito previo ‖ *question préalable* cuestión previa ‖ *sans avis préalable* sin previo aviso.
  ➤ *m* condición *f* previa ‖ cuestión *f* previa ‖ *au préalable* previamente, de antemano.
préalablement *adv* previamente, de antemano.
Préalpes [prealp] *n pr f pl* Prealpes *m*.
préalpin, e *adj* relativo a los Prealpes.
préambule *m* preámbulo.
préamplificateur *m* preamplificador (radio).
préau *m* patio (de monastère, de prison) ‖ cobertizo del patio de recreo (écoles), sala *f* grande en las escuelas.
préavis [preavi] *m* aviso previo ‖ *préavis de licenciement* notificación previa de despido ‖ *avec préavis* con aviso (communication téléphonique).
prébende [prebã:d] *f* prebenda.
précaire *adj* precario, ria.
précairement *adv* precariamente, en condiciones precarias.
précambrien *adj* et *s m* precámbrico, ca; precambriano, na.
précancéreux, euse *adj* precanceroso, sa.
précarisation *f* inseguridad, deterioro, desgaste, precarización.
précariser *v tr* hacer precario.
précarité *f* estado *m* precario, lo precario *m*, el carácter *m* precario, precariedad.
précaution *f* precaución ‖ — *précautions oratoires* advertencias ‖ — *par précaution* por precaución *ou* previsión ‖ *pour plus de précaution* para mayor seguridad ‖ — *prendre des précautions* o *ses précautions* tomar precauciones.
précautionneusement *adv* cautelosamente, precavidamente, con precaución, con cuidado.
précautionneux, euse *adj* precavido, da.
précédemment [presedamã] *adv* anteriormente.
précédent, e *adj* precedente, anterior; *le jour précédent* el día anterior.
  ➤ *m* antecedente, precedente ‖ *sans précédent* sin precedentes.
précéder* *v tr* preceder.
précepte *m* precepto.
précepteur, trice *m* et *f* preceptor, ra.
préceptorat [prɛsɛptɔra] *m* preceptorado.

préchauffage *m* calentamiento previo, precalentamiento.
préchauffer *v tr* precalentar ‖ CULIN *préchauffer le four* calentar el horno.
prêche *m* prédica *f* (sermon protestant).
prêcher *v tr* predicar ‖ FIG recomendar; *prêcher l'économie* recomendar la economía ‖ *prêcher le faux pour savoir le vrai* decir mentira para sacar verdad.
  ➤ *v intr* predicar; *prêcher d'exemple* predicar con el ejemplo; *prêcher dans le désert* predicar en el desierto ‖ *prêcher pour son saint, pour sa paroisse* barrer hacia dentro ‖ *prêcher un converti* gastar saliva en balde, hablar inútilmente.
prêcheur, euse *m* et *f* predicador, ra.
prêchi-prêcha *m* FAM sermoneo, letanía *f*.
précieusement *adv* preciosamente ‖ afectadamente, con afectación, amaneradamente.
précieux, euse *adj* precioso, sa; *métaux précieux* metales preciosos ‖ FAM amanerado, da (manière); afectado, da (affecté) ‖ culterano, na; rebuscado, da (langage); *style précieux* estilo rebuscado.
  ➤ *m* amaneramiento (affectation).
  ➤ *f* marisabidilla, preciosa.
préciosité *f* afectación, amaneramiento *m* ‖ preciosidad, culteranismo *m* (du style).
précipice *m* precipicio.
précipitation *f* precipitación.
précipité, e *adj* et *s m* precipitado, da.
précipitemment *adv* precipitadamente.
précipiter *v tr* et *intr* precipitar.
  ➤ *v pr* precipitarse ‖ *se précipiter au-devant de quelqu'un* correr al encuentro de alguien.
précis, e [presi, i:z] *adj* preciso, sa ‖ conciso, sa; preciso, sa; *style précis* estilo conciso ‖ en punto; *trois heures précises* las tres en punto ‖ fijo, ja; determinado, da; *date précise* fecha fija ‖ MIL preciso (tir).
  ➤ *m* compendio (livre); *précis de géométrie* compendio de geometría.
précisément *adv* precisamente.
préciser *v tr* precisar, especificar (un point).
précision *f* precisión; *instrument de précision* instrumento de precisión.
précité, e *adj* precitado, da; antes citado, da; susodicho, cha.
précoce *adj* precoz (personnes, saisons) ‖ temprano, na; precoz (végétaux).
précocement *adv* de manera precoz, con precocidad.
précocité *f* precocidad.
précolombien, enne *adj* precolombino, na.
précombustion *f* precombustión (de moteur Diesel).
préconçu, e [prekɔ̃sy] *adj* preconcebido, da.
préconisation *f* preconización.
préconiser *v tr* preconizar ‖ postular, preconizar (des mesures).
précontraint, e *adj* CONSTR pretensado, da; recomprimido, da (béton).
  ➤ *f* pretensado *m* (béton).
précuit, e *adj* precocinado, da.
précurseur *adj* et *s* precursor, ra ‖ MIL *détachement précurseur* partida aposentadora.
prédateur, trice *adj* de rapiña (animal).

prédécesseur *m* predecesor, ra; antecesor, ra.
— OBSERV *Prédécesseur* no tiene femenino correspondiente en francés. Se dice: *elle fut son prédécesseur.*
prédécoupé, e *adj* cortado, da.
prédestination *f* predestinación.
prédestiné, e *adj* et *s* predestinado, da.
prédestiner *v tr* predestinar.
prédétermination *f* predeterminación.
prédéterminer *v tr* predeterminar.
prédicat [predika] *m* predicado.
prédicateur, trice *m* et *f* predicador, ra.
prédicatif, ive *adj* GRAMM predicativo, va.
prédication *f* predicación.
prédiction *f* predicción.
prédigéré, e *adj* predigerido, da.
prédilection *f* predilección; *avoir une prédilection pour* tener predilección por.
prédire* *v tr* predecir, vaticinar.
prédisposer *v tr* predisponer.
prédisposition *f* predisposición ‖ MÉD propensión.
prédominance *f* predominio.
prédominant, e *adj* predominante.
prédominer *v intr* predominar.
préélectoral, e *adj* preelectoral.
préélémentaire *adj* preescolar; *enseignement préélémentaire* educación preescolar.
préemballé, e *adj* empaquetado, da.
prééminence *f* preeminencia.
prééminent, e *adj* preeminente.
préemption [preãpsjɔ̃] *f* derecho *m* preferente de compra, derecho *m* de retracto.
préenregistré, e *adj* grabado, da con anterioridad.
préétabli, e *adj* preestablecido, da.
préétablir *v tr* preestablecer.
préexistant, e *adj* preexistente.
préexistence *f* preexistencia.
préexister *v intr* preexistir.
préfabrication *f* prefabricación.
préfabriqué, e *adj* prefabricado, da.
préface *f* prefacio *m*.
préfacer* *v tr* prologar, hacer un prefacio.
préfacier *m* prologuista.
préfectoral, e *adj* prefectoral ‖ *arrêtés préfectoraux* órdenes gubernativas.
préfecture *f* prefectura ‖ — *préfecture de police* jefatura de policía ‖ *préfecture maritime* departamento marítimo.
— OBSERV La *préfecture* es, respecto al departamento francés, lo que *el gobierno civil* es a la provincia española.
préférable *adj* preferible.
préférablement *adv* preferentemente, preferiblemente.
préféré, e *adj* et *s* preferido, da; predilecto, ta.
préférence *f* preferencia ‖ — *de préférence* preferentemente, con preferencia ‖ *ordre de préférence* orden de prelación ‖ — *donner la préférence à quelqu'un* dar preferencia a alguien ‖ *obtenir la préférence sur* ser preferido a.
préférentiel, elle *adj* preferencial, preferente; *traitement préférentiel* trato preferente.
préférer* *v tr* preferir; *je préfère de beaucoup cette solution* prefiero con mucho esta solución.

préfet [prefɛ] *m* prefecto ‖ — *préfet de police* uno de los prefectos de París, encargado exclusivamente de la policía ‖ *préfet maritime* jefe de un departamento marítimo.
— OBSERV Las funciones del *préfet* corresponden a las del *gobernador civil* en España.
préfète *f* FAM mujer del prefecto, gobernadora.
préfiguration *f* prefiguración.
préfigurer *v tr* prefigurar.
préfinancement *m* prefinanciación *f*.
préfixation *f* GRAMM prefijación.
préfixe *m* GRAMM prefijo.
préfixé, e *adj* GRAMM con prefijo.
préfixer *v tr* fijar antes, prefijar ‖ poner un prefijo.
préglaciaire *adj* GÉOL preglaciar.
prégnant, e *adj* que se impone.
préhellénique *adj* prehelénico, ca.
préhenseur [preãsœr] *adj* prensor.
préhensile [-sil] *adj* prensil; *singe à queue préhensile* mono de cola prensil.
préhension [-sjɔ̃] *f* prensión.
préhispanique *adj* prehispánico, ca.
préhistoire *f* prehistoria.
préhistorien, enne *m* et *f* tratadista de prehistoria, especialista en prehistoria; prehistoriador, ra.
préhistorique *adj* prehistórico, ca.
préindustriel, elle *adj* preindustrial.
préinscription *f* preinscripción.
préjudice *m* perjuicio ‖ — *au préjudice de* en detrimento de, con menoscabo de, en perjuicio de ‖ *sans préjudice de* sin perjuicio de ‖ — *porter préjudice à* perjudicar a.
préjudiciable *adj* perjudicial.
préjugé *m* prejuicio ‖ *avoir un préjugé contre* tener prejuicios contra.
préjuger* *v tr* prejuzgar, implicar ‖ juzgar de antemano ‖ DR fallar provisionalmente.
prélasser (se) *v pr* descansar cómodamente; *se prélasser dans un fauteuil* descansar cómodamente en un sillón.
prélat [prela] *m* prelado.
prélature *f* prelatura.
prélavage *m* prelavado.
prèle; prêle; presle *f* BOT cola de caballo.
prélèvement *m* deducción *f*, descuento previo (déduction) ‖ toma *f* (prise); *prélèvement de sang* toma de sangre ‖ muestra *f*; *faire un prélèvement sur le lait* sacar una muestra de la leche ‖ DR extracción *f*.
prélever* [prelve] *v tr* deducir, descontar previamente (déduire) ‖ tomar, sacar muestras [de una cosa] ‖ *prélever du sang* tomar *ou* sacar sangre ‖ *prélever sur un compte* cargar en una cuenta.
préliminaire *adj* et *s m pl* preliminar.
prélude *m* preludio.
préluder *v intr* preludiar ‖ FIG preludiar, preparar, iniciar.
prématuré, e *adj* et *s* prematuro, ra; *retraite prématurée* retiro prematuro ‖ precoz ‖ prematuro, ra (né avant terme) ‖ BOT temprano, na (précoce).
prématurément *adv* prematuramente, antes de tiempo ‖ *un enfant né prématurément* un niño prematuro.

préméditation *f* premeditación.
prémédité, e *adj* premeditado, da.
préméditer *v tr* premeditar.
prémices [premis] *f pl* primicias.
premier, ère *adj* primero, ra || — *premier âge* primera infancia || MIL *premier bureau d'état-major* Primera Sección de Estado Mayor || MAR *premier maître* contramaestre de segunda || *Premier ministre* primer ministro || *le premier étage* el primer piso, el principal || *le premier venu* un cualquiera, el primero que llega || *matières premières* materias primas || MATH *nombre premier* número primo || — *au premier abord* a primera vista || *de premier choix* de primera calidad || *de premier ordre* de gran calidad ou valor || *de première importance* de mucha importancia || *du premier coup* a la primera || *(enfant) du premier lit* (hijo) de primeras nupcias || *en premier lieu* en primer lugar.
  ◆ *m* primero; *le premier de tous* el primero de ou entre todos || primer piso || primera *f* (dans les charades) || — *jeune premier* galán joven || *le premier de l'an* el día de año nuevo || *il vaux mieux être le premier dans son village que le second à Rome* más vale ser cabeza de ratón que cola de león.
  ◆ *f* primera; *voyager en première* viajar en primera || encargada de un taller de costura || clase que corresponde al sexto año de bachillerato español || primera ascensión (alpinisme) || IMPR galerada, primera prueba || THÉÂTR estreno *m*, primera representación || — *première classe* soldado de primera || *une première mondiale* una primicia mundial || — POP *de première* de primera || *jeune première* joven actriz.
  — OBSERV L'adjectif masculin *primero* perd le *o* final lorsqu'il est suivi d'un nom: *le premier livre* el primer libro, mais on dira *el libro primero*.
premièrement *adv* en primer lugar, para empezar.
premier-né *adj* et *s m* primogénito.
  — OBSERV pl *premiers-nés*. Se puede decir en femenino, aunque sea poco empleado, *fille premier-née* o *fille première-née* (primogénita).
prémisse *f* premisa.
prémolaire *f* premolar *m* (dent).
prémonition *f* premonición.
prémonitoire *adj* premonitorio, ria.
prémunir *v tr* prevenir, precaver.
  ◆ *v pr* prevenirse.
prenable *adj* conquistable, expugnable (ville) || FIG seductible, conquistable (personnes).
prenant, e *adj* prensil; *queue prenante* cola prensil || adherente (collant) || DR que recibe *ou* cobra; *partie prenante* el que cobra *ou* percibe || FIG sobrecogedor, ra (voix).
prénatal, e *adj* prenatal || *allocations prénatales* subsidios familiares percibidos por la futura madre antes de nacer el niño.
  — OBSERV pl *prénatals* o *prénataux*.
prendre* *v tr* tomar, coger; *prendre un livre* tomar un libro || tomar; *prendre son déjeuner* tomar el almuerzo || recoger; *je vous prendrai à une heure* le recogeré a la una || dar; *un frisson m'a pris* me dio un escalofrío || agarrarse; *la fumée me prend à la gorge* el humo se me agarra a la garganta || cobrar, llevar; *vous prenez trop cher* usted cobra demasiado || llevar; *prenez-moi dans votre voiture* lléveme en su coche || sacar, tomar; *prendre des places* sacar entradas || coger; *prendre froid* coger frío || tomar; *prendre une ville* tomar una ciudad || requerir, tomar; *prendre beaucoup de temps* requerir mucho tiempo || prender, coger, detener, atrapar (arrêter); *prendre un voleur* prender a un ladrón || comer (échecs, dames); *prendre un cavalier* comer un caballo || ocupar; *être très pris* estar muy ocupado || tomar; *prendre une commande* tomar un pedido || sacar, tomar; *prendre une photo* sacar una foto || pescar, capturar (du poisson) || cobrar; *prendre son importance* cobrar su importancia || FAM recibir; *prendre une gifle* recibir una bofetada || — *prendre acte* levantar acta || *prendre à l'écart* llevar aparte || *prendre au dépourvu* coger *ou* pillar desprevenido *ou* descuidado || *prendre au mot* coger la palabra || *prendre au pied de la lettre* tomar al pie de la letra || *prendre au sérieux, au tragique* tomar en serio, trágicamente || *prendre congé* despedirse || *prendre contact* entrar en contacto || *prendre courage* animarse || *prendre de l'âge* entrar en años || *prendre de la place* coger *ou* ocupar sitio || *prendre de l'intérêt à* interesarse por || *prendre des cartes* robar cartas || *prendre des nouvelles de* preguntar por || *prendre des renseignements* informarse || *prendre deux kilos* engordar dos kilos || *prendre du ventre* echar barriga || *prendre en main une affaire* encargarse de un negocio || *prendre exemple sur* tomar como ejemplo a || *prendre fait et cause pour* declararse en favor de || *prendre femme* casarse || *prendre feu* incendiarse (s'enflammer), encenderse (s'emporter) || *prendre garde à* tener cuidado con || *prendre la défense de* salir en defensa de || *prendre la mer* hacerse a la mar || *prendre la mouche* picarse, enfadarse || *prendre la place de quelqu'un* sustituir a alguien (remplacer), quitar el puesto a alguien (enlever) || *prendre l'avis de* pedir consejo a || *prendre l'eau* calarse || *prendre le jour* dejar pasar la luz || *prendre le large* irse mar adentro (un bateau), largarse (s'en aller) || *prendre les armes* tomar las armas || *prendre les choses comme elles viennent* aceptar las cosas como vengan, resignarse || *prendre mal* coger un resfriado (s'enrhumer), tomar a mal (se fâcher) || *prendre naissance* tener origen || *prendre note* tomar nota || *prendre par la main* coger de la mano || *prendre part à* participar en || *prendre parti pour* tomar partido por, decidirse a favor de || *prendre pitié de* tener lástima de || *prendre place* sentarse || *prendre plaisir à* tener gusto en || *prendre quelque chose sur soi* llevar algo consigo || *prendre quelqu'un de vitesse* ser más rápido que uno || *prendre quelqu'un en amitié* cobrarle cariño a uno || *prendre quelqu'un en grippe* tener ojeriza *ou* inquina a uno, tomarlas con uno || *prendre quelqu'un par les sentiments* sacar partido de las debilidades de alguien || *prendre racine* echar raíces || *prendre sa source* nacer (rivière) || *prendre ses fonctions* asumir sus funciones || *prendre son bien où on le trouve* cada cual se defiende como puede || *prendre son temps* no precipitarse || *prendre son vol* despegar (avión) || *prendre sous son aile* coger bajo su manto || *prendre sous son bonnet* cargar con la responsabilidad de || *prendre sur le fait* coger in fraganti || *prendre un engagement* comprometerse || *prendre une personne pour une autre* tomar una persona por otra || *prendre un rendez-vous avec* citarse con || — *à tout prendre* mirándolo bien, después de todo || *c'est à prendre ou à laisser* lo toma o lo deja || *il faut en prendre et en laisser* de dinero y calidad la mitad de la mitad || *je vous y prends* le sorprendo || *le pren-*

preneur

dre de haut hablar con altanería ‖ *le prendre sur tel ton* hablar con cierto tono ‖ *mal prendre une observation* tomar a mal una observación ‖ *on ne m'y prendra plus* no me cogerán otra vez ‖ *on ne sait par quel bout le prendre* no se sabe por donde cogerle ‖ *pour qui me prenez-vous?* ¿por quién me toma usted? ‖ *qu'est-ce qui lui prend?* ¿qué le pasa? ‖ *qu'est-ce qu'il va prendre!* ¡la que se va a ganar! ‖ *un mal de dents le prend* tiene de repente un dolor de muelas.
◆ *v intr* agarrar, echar raíces; *ces plantes ont bien pris* estas plantas han agarrado bien ‖ espesarse (chocolat, etc.), trabarse (mayonnaise), tomar consistencia (crème), helarse, congelarse, cuajarse (glace, fleuve) ‖ cuajarse (lait) ‖ agarrar (vaccin) ‖ agarrar, aferrar (l'ancre) ‖ prender (feu) ‖ cuajar; *cette mode ne prend pas* esta moda no cuaja ‖ tener éxito *ou* aceptación (avoir du succès) ‖ fijarse (couleur) ‖ pasar por la cabeza, ocurrir, antojar; *cela m'a pris de partir* se me ocurrió irme ‖ arrancar de, empezar en; *les Champs Élysées prennent à la place de la Concorde* los Campos Elíseos arrancan de la plaza de la Concordia ‖ dar, entrar; *l'envie lui prit de chanter* le dieron ganas de cantar ‖ coger, tomar; *prendre à droite* coger a la derecha ‖ fraguar (ciment) ‖ encenderse, arder; *l'allumette prend* se enciende ou arde la cerilla ‖ FAM ser creído *ou* aceptado; *votre mensonge n'a pas pris* su mentira no ha sido creída ‖ — *prendre au plus court* coger *ou* tomar el camino más corto ‖ *prendre du bon côté* tomar bien ‖ *prendre sur soi* dominarse ‖ *prendre sur soi de* comprometerse a ‖ — *ça ne prend pas* esto no pasa, esto no hay quien se lo trague, de eso nada ‖ *être bien pris* estar bien proporcionado.
◆ *v impers* ocurrir, suceder (arriver) ‖ — *bien, mal lui en prit* tuvo una buena, mala idea ‖ *s'il vous en prend envie* si le da la gana de hacerlo.
◆ *v pr* ponerse, echarse, comenzar; *il se prit à pleurer* se puso a llorar ‖ cogerse (laisser saisir) ‖ helarse; *la Seine se prend* el Sena se hiela ‖ atacar; *s'en prendre à plus fort que soi* atacar a alguien más fuerte que uno ‖ tomarse (remède) ‖ engancharse; *se prendre à un clou* engancharse a un clavo ‖ MÉD estar afectado ‖ — *se prendre au jeu* tomarlo en serio ‖ *se prendre d'amitié pour* cobrar cariño a ‖ *se prendre les doigts dans* pillarse los dedos en ‖ *se prendre pour* dárselas de, creerse ‖ — *comment s'y prendre?* ¿cómo hacerlo? ‖ *savoir comment s'y prendre avec quelqu'un* saber manejar a alguien ‖ *s'en prendre à quelqu'un* echar la culpa a uno, tomarla con uno ‖ *s'y prendre à deux fois* intentar dos veces ‖ *s'y prendre à l'avance* tomarlo por anticipación *ou* anticipadamente ‖ *s'y prendre à temps* hacer las cosas a su debido tiempo ‖ *s'y prendre bien, mal* hacerlo *ou* arreglárselas bien, mal.
— OBSERV *Coger* a, dans certains pays d'Amérique latine, un sens inconvenant. On le remplace soit par *tomar*, soit par *agarrar*: *prendre le tramway* agarrar el tranvía.

preneur, euse *adj et s* tomador, ra ‖ arrendatario, ria (à bail) ‖ comprador, ra (acheteur) ‖ — *benne preneuse* pala mecánica ‖ *être preneur* ser comprador ‖ *trouver preneur* encontrar comprador.

prénom [prenɔ̃] *m* nombre, nombre de pila.

prénommé, e *adj et s* llamado, da; *le prénommé Pierre* el llamado Pedro ‖ DR arriba nombrado *ou* mencionado, el susodicho; *le prénommé* el arriba nombrado, el susodicho.

prénommer *v tr* llamar, dar nombre de pila.
prénuptial, e [prenypsjal] *adj* prenupcial.
préoccupant, e *adj* que preocupa.
préoccupation *f* preocupación.
préoccupé, e *adj* preocupado, da.
préoccuper *v tr* preocupar.
◆ *v pr* preocuparse.
préparateur, trice *m et f* preparador, ra ‖ practicante (en pharmacie) ‖ auxiliar (de laboratoire).
préparatif *m* preparativo.
préparation *f* preparación.
préparatoire *adj* preparatorio, ria; de preparación ‖ — *cours préparatoire* curso equivalente a primero de E.G.B (enseignement primaire) ‖ *classe préparatoire (aux grandes écoles)* curso preparatorio para ingresar en escuelas de formación superior universitaria (enseignement supérieur).
préparer *v tr* preparar.
◆ *v pr* prepararse; *se préparer à partir* prepararse para salir.
prépondérance *f* preponderancia.
prépondérant, e *adj* preponderante.
préposé, e *m et f* encargado, da ‖ — *préposé des douanes* aduanero ‖ *préposé des postes* cartero.
préposer *v tr* encargar de; *préposer quelqu'un au téléphone* encargar a alguien del teléfono.
prépositif, ive *adj* GRAMM prepositivo, va.
préposition *f* GRAMM preposición.
prépositionnel, elle *adj* GRAMM preposicional, prepositivo, va.
prépuce *m* ANAT prepucio.
préraphaélite *adj et s* prerrafaelista, prerrafaelita.
prérentrée *f* incorporación de los profesores y del personal administrativo antes del comienzo de curso.
préretraite *f* jubilación anticipada.
prérogative *f* prerrogativa.
près [prɛ] *adv* cerca ‖ — *près de* cerca de ‖ — *à beaucoup près* ni con mucho ‖ *à cela près* excepto eso ‖ *à cette somme près* poco más o menos, casi, aproximadamente ‖ *de près* de cerca (peu éloigné), al raso (à ras) ‖ *tout près* muy cerca, cerquita ‖ — FAM *être près de ses sous* ser agarrado *ou* roñica ‖ *je ne suis pas à mille francs près* mil francos no significan mucho para mí ‖ *je ne suis pas près de lui pardonner* no estoy como para perdonárselo ‖ *ne pas y regarder de près* no ser exigente ‖ *serrer de près* seguir de cerca.
◆ *prép* cerca de; *ambassadeur près le Saint-Siège* embajador cerca de la Santa Sede.
présage *m* presagio ‖ *tirer un présage de* presagiar algo de.
présager* *v tr* presagiar.
pré-salé *m* carnero cebado con pastos salados [a orillas del mar] ‖ carne *f* de este carnero.
presbyte *adj et s* présbita.
presbytère *m* rectoral *f*, casa *f* del cura *ou* parroquial.
presbytérianisme *m* presbiterianismo.
presbytérien, enne *adj et s* presbiteriano, na.
presbytie [prɛsbisi] *f* MÉD presbicia.
prescience [presjɑ̃:s] *f* presciencia, precognición.
préscolaire *adj* preescolar; *âge préscolaire* edad preescolar.

prescriptible *adj* DR prescriptible.
prescription *f* prescripción.
prescrire* *v tr* prescribir ‖ MÉD recetar.
prescrit, e *adj* prescrito, ta; indicado, da ‖ *ne pas dépasser la dose prescrite* administrar la dosis indicada.
préséance *f* precedencia, prelación.
présélection *f* preselección.
présélectionner *v tr* preseleccionar.
présence *f* presencia; *en présence* en presencia ‖ — *présence d'esprit* presencia de ánimo ‖ — *faire acte de présence* hacer acto de presencia, hacerse ver.
présent, e *adj* presente.
  ◆ *m* obsequio, presente (cadeau) ‖ presente (temps actuel) ‖ asistente (personne) ‖ GRAMM presente ‖ *un présent des dieux* un don del cielo ‖ — *à présent* ahora ‖ *à présent que* ahora que ‖ *dès à présent* desde ahora ‖ — *être présent à tout* o *partout* estar en todo ‖ *faire présent de* regalar.
présentable *adj* presentable.
présentateur, trice *m y f* presentador, ra (dans un cabaret, théâtre, etc.) ‖ presentador, ra; locutor, ra (radio et télévision).
présentation *f* presentación.
présentement *adv* ahora, actualmente, en la actualidad.
présenter *v tr* presentar ‖ MIL *présenter les armes* presentar armas.
  ◆ *v pr* presentarse; *l'affaire se présente bien* el negocio se presenta bien ‖ *se présenter en personne* personarse.
présentoir *m* expositor.
préservatif, ive *adj* et *s m* preservativo, va.
préservation *f* preservación.
préserver *v tr* preservar.
présidence *f* presidencia.
président *m* presidente ‖ — *président-directeur général* director gerente ‖ *président du jury* presidente del jurado.
présidente *f* presidenta.
présidentiable *adj* et *s* posible presidente; serio candidato o seria candidata a la presidencia.
présidentiel, elle *adj* presidencial.
présider *v tr* presidir.
  ◆ *v intr* cuidar de, dirigir; *présider aux préparatifs de la fête* dirigir los preparativos de la fiesta.
présidium [prezidjɔm] *m* → **praesidium**.
présomptif, ive [prezɔ̃ptif, i:v] *adj* presunto, ta (héritier).
présomption [-psjɔ̃] *f* presunción ‖ DR *présomption légale* presunción de ley *ou* de solo derecho.
présomptueux, euse [-ptɥø, ɥø:z] *adj* et *s* presuntuoso, sa; presumido, da.
presque [prɛsk] *adv* casi ‖ *la presque totalité de* la casi la totalidad de ‖ *presque pas* apenas.
  — OBSERV La *e* final sólo se elide en *presqu'île.*
presqu'île *f* península.
pressant, e *adj* urgente, acuciante; *besoin pressant* necesidad urgente ‖ apremiante; *un ordre pressant* una orden apremiante ‖ perentorio, ria; *sur un ton pressant* con un tono perentorio ‖ *se faire pressant* hacerse acuciante.
presse *f* prensa (machine); *presse à copier* prensa de copiar; *presse hydraulique* prensa hidráulica ‖ prensa (imprimerie et journaux) ‖ tropel *m*, gentío *m* (fonte) ‖ prisa, urgencia; *il n'y a pas presse* no corre prisa ‖ tornillo *m* de banco (en menuiserie) ‖ — IMPR *presse à platine* minerva ‖ *presse d'information* prensa informativa ‖ *presse du cœur* prensa del corazón ‖ *presse féminine* prensa femenina ‖ *liberté de la presse* libertad de imprenta (livres), libertad de prensa (journaux) ‖ *ouvrage sous presse* libro en prensa *ou* que ha entrado en máquina ‖ *service de presse* servicio de información ‖ — FIG *avoir bonne, mauvaise presse* tener buena, mala prensa; tener buen, mal cartel ‖ *mettre sous presse* poner en prensa.
pressé, e *adj* prensado, da (avec une presse) ‖ exprimido, da; estrujado, da (comprimé) ‖ apretado, da (serré) ‖ acosado, da; perseguido, da (poursuivi) ‖ apremiado, da; acuciado, da; *pressé par la soif* acuciado por la sed ‖ ansioso, sa; deseoso, sa; impaciente; *pressé de sortir* ansioso de salir ‖ presuroso, sa; que tiene prisa; *pressé de partir* presuroso de marcharse ‖ urgente; *le plus pressé* lo más urgente; *affaire pressée* negocio urgente ‖ repetido, da; *frapper à coups pressés* llamar con golpes repetidos ‖ — *citron pressé* limón natural ‖ — *aller au plus pressé* acudir a lo más urgente ‖ *être pressé* tener prisa (personne), correr prisa (chose) ‖ *n'avoir rien de plus pressé que de* lo que más urge *ou* lo más interesante es (le plus urgent), faltarle tiempo a uno para (s'empresser de).
presse-citron *m inv* exprimelimones, exprimidor de limones.
pressentiment *m* presentimiento, corazonada *f*.
pressentir* *v tr* presentir ‖ FIG sondear; *pressentir quelqu'un sur ses intentions* sondear las intenciones de uno ‖ proponer (proposer).
presse-papiers *m inv* pisapapeles.
presse-purée *m inv* pasapuré.
presser *v tr* apretar (serrer); *presser les rangs* apretar las filas ‖ estrechar (entre les bras) ‖ prensar (avec une presse) ‖ exprimir, estrujar (un fruit) ‖ ejercer una presión ‖ apretar, pulsar (un bouton) ‖ acosar, hostigar (harceler); *presser l'ennemi* acosar *ou* hostigar al enemigo ‖ acuciar; *presser quelqu'un de questions* acuciar a alguien con preguntas ‖ acuciar, obligar, apurar, forzar (obliger); *pressé par le besoin* acuciado por la necesidad ‖ atormentar (tourmenter) ‖ apresurar (hâter) ‖ apretar (le pas) ‖ *presser sur la gachette* oprimir el gatillo ‖ *presser le mouvement* acelerar.
  ◆ *v intr* urgir, correr prisa, ser urgente; *l'affaire presse* el asunto urge ‖ — FIG & FAM *presser quelqu'un comme un citron* sacarle el jugo a alguien ‖ — *le temps presse* el tiempo apremia ‖ *pressons!* ¡de prisa!
  ◆ *v pr* apresurarse, darse prisa (se hâter); *se presser de manger* apresurarse a comer ‖ apretujarse, apiñarse (venir en grand nombre).
pressing [prɛsiŋ] *m* tintorería *f*.
pression *f* presión; *pression atmosphérique* presión atmosférica; *pression artérielle* presión arterial ‖ — *bouton-pression* automático ‖ *sous pression* bajo presión ‖ *faire pression* ejercer presión.
pressoir *m* lagar (raisins, olives, pommes), prensa *f* (fruits et graines).
pressurer *v tr* prensar ‖ pisar (le raisin), prensar (les pommes) ‖ estrujar, sacar el jugo (fruits) ‖ FIG oprimir, abrumar (d'impôts, d'exigences) | sacar el dinero, exprimir, estrujar (tirer de l'argent).

pressurisation f presurización.
pressuriser v tr presurizar, sobrecomprimir.
prestance f buena presencia, empaque m, prestancia.
prestataire m et f contribuyente en especies ‖ *prestataire de services* prestador de servicios.
prestation f prestación (de capitaux) ‖ prestación personal (impôt pour certains services) ‖ *— prestation de serment* jura, prestación de juramento ‖ *prestations de service* prestación de servicios ‖ *prestations familiales* subsidios familiares.
preste adj pronto, ta (rapide) ‖ hábil, ágil.
  ◆ interj ¡pronto!, ¡vivo!
prestement adv prontamente, pronto.
prestidigitateur, trice m et f prestidigitador, ra.
prestidigitation f prestidigitación.
prestige m prestigio.
prestigieux, euse adj prestigioso, sa.
presto; prestissimo adv MUS presto, prestísimo.
présumé, e adj presunto, ta.
présumer v tr et intr presumir (supposer).
présupposé m presupuesto.
présupposer v tr presuponer.
présupposition f presuposición.
présure f cuajo m.
prêt, e [prɛ, prɛːt] adj presto, ta; pronto, ta; dispuesto, ta; *prêt à partir* dispuesto para la marcha ‖ dispuesto, ta; *être prêt à tout* estar dispuesto a todo ‖ listo, ta; *être prêt* estar listo ‖ *se tenir prêt* estar preparado.
  ◆ m préstamo; *prêt sur gages* préstamo sobre prendas ‖ MIL haberes pl de un soldado ‖ *prêt franc* rebaje de rancho y sobras.
prêt-à-porter [prɛtapɔrte] m ropa f de confección, «prêt-à-porter».
prêté, e adj prestado, da.
  ◆ m (vx) *prêté rendu* represalia justificada ‖ *— c'est un prêté pour un rendu* donde las dan las toman, es pagar con la misma moneda ‖ *un prêté vaut un rendu* una buena obra se paga con otra.
prétendant, e m et f pretendiente, ta.
prétendre v tr pretender.
  ◆ v intr aspirar, pretender; *prétendre aux honneurs* aspirar a los honores, pretender honores.
prétendu, e adj presunto, ta; supuesto, ta; *un prétendu gentilhomme* un supuesto hidalgo.
  ◆ m et f FAM prometido, da.
prétendument adv supuestamente.
prête-nom m testaferro.
  — OBSERV pl *prête-noms*.
prétentieusement [pretɑ̃sjøzmɑ̃] adv presuntuosamente.
prétentieux, euse [-sjø, jøːz] adj et s presuntuoso, sa; presumido, da.
prétention [-sjɔ̃] f pretensión ‖ *sans prétention* sin pretensiones ‖ *avoir beaucoup de prétentions* tener muchas pretensiones ou muchos humos.
prêter v tr prestar; *prêter à intérêt* prestar con interés ‖ *— prêter assistance* asistir, prestar asistencia ‖ *prêter attention* prestar atención ‖ *prêter la main* ayudar, echar una mano ‖ *prêter l'oreille* prestar oídos ‖ FIG *prêter main forte* ayudar con todas sus fuerzas, echar una mano ‖ *prêter secours* prestar socorro, socorrer ‖ *prêter serment* prestar juramento, jurar ‖ *si Dieu lui prête vie* si Dios le guarda.
  ◆ v intr prestar, dar de sí (s'étendre); *cette étoffe prête* esta tela da de sí ‖ *— prêter à* dar motivo a ‖ *prêter à rire* hacer reír.
  ◆ v pr prestarse, consentir.
prétérit [preterit] m GRAMM pretérito indefinido e imperfecto inglés.
prétérition f preterición.
préteur m pretor (magistrat romain).
prêteur, euse adj aficionado a prestar.
  ◆ m et f prestador, ra (occasionnel) ‖ prestamista (de profession) ‖ *prêteur sur gages* prestamista a cambio de un empeño.
prétexte adj et s f pretexta (toge).
  ◆ m pretexto; *sous prétexte que* so ou con el pretexto de que; *sous aucun prétexte* bajo ningún pretexto ‖ *servir de prétexte pour* servir de pretexto para, dar pie para.
prétexter v tr pretextar.
prétoire m pretorio (romain) ‖ DR sala f de audiencias.
Prétoria n pr GÉOGR Pretoria.
prétorien, enne adj et s m pretoriano, na.
prétraité, e adj tratado, da; que ha sufrido un tratamiento previo.
prêtre m sacerdote.
prêtresse f sacerdotisa.
prêtrise f sacerdocio m.
preuve [prœːv] f prueba ‖ *— preuve écrite* prueba escrita ‖ *preuve matérielle* prueba material ‖ *preuves à l'appui* pruebas al canto ‖ *— à preuve* damos como prueba ‖ *jusqu'à preuve du contraire* salvo prueba en contrario ou en contra ‖ *en être la meilleure preuve* ser la mejor prueba de algo, ser buena muestra de algo ‖ *faire preuve de* dar pruebas ou muestras de, manifestar, demostrar ‖ *faires ses preuves* dar prueba de sus aptitudes ‖ *la preuve en est que* prueba de ello es que.
preux [prø] adj et s m inv (vx) valiente, hombre de pro.
prévaloir* v intr prevalecer, prevaler; *son opinion prévalut* su parecer prevaleció.
  ◆ v pr prevalerse, prevalecerse; *se prévaloir de sa naissance* prevalerse de su alcurnia ‖ invocar; *se prévaloir d'un article pour* invocar un artículo para.
prévaricateur, trice adj et s prevaricador, ra.
prévarication f prevaricación.
prévenance f atención, deferencia, obsequio m.
prévenant, e adj atento, ta; solícito, ta.
prévenir* [prevnir] v tr prevenir; *prévenir un malheur* prevenir una desgracia ‖ prevenir, avisar; *prévenir quelqu'un de son arrivée* avisar a uno de su llegada ‖ prevenir, precaver, prever (une maladie) ‖ FIG anticiparse a (devancer) ‖ *— être prévenu contre quelqu'un, en sa faveur* tener malos, buenos informes de una persona; estar mal, bien dispuesto para con alguien ‖ *mieux vaut prévenir que guérir* más vale prevenir que curar.
préventif, ive adj preventivo, va; *détention préventive* prisión ou detención preventiva; *mesure préventive* medida preventiva.
prévention f prevención (préjugé) ‖ prevención (des accidents) ‖ *en prévention* en prisión preventiva (justice).

préventivement *adv* con prevención, preventivamente, de manera preventiva.
prévenu, e *adj* prevenido, da ‖ dispuesto, ta; *être prévenu contre, en faveur de* estar mal, bien dispuesto para con.
◆ *m* et *f* acusado, da; procesado, da; reo, rea.
préverbe *m* prefijo que va delante del verbo.
prévisible *adj* previsible.
prévision *f* previsión ‖ *prévisions météorologiques o du temps* pronóstico meteorológico *ou* del tiempo, predicciones *ou* previsiones meteorológicas *ou* del tiempo.
prévisionnel, elle *adj* preventivo, va.
prévisionniste *adj* et *s* previsionista.
prévoir* *v tr* prever.
prévôt [prevo] *m* preboste (officier seigneurial) ‖ ayudante de maestro de esgrima (escrime).
prévoyance *f* previsión ‖ *— avec prévoyance* precavidamente ‖ *caisse de prévoyance* caja de previsión.
prévoyant, e *adj* previsor, ra; precavido, da.
prévu, e *adj* previsto, ta.
prie-Dieu *m inv* reclinatorio.
prier* *v tr* orar, rezar; *prier Dieu* rezar a Dios ‖ rogar (demander); *je vous prie de venir* le ruego que venga ‖ invitar, convidar; *prier quelqu'un à dîner* invitar a alguien a cenar ‖ *— prier de* rogar que ‖ *— je vous en prie* se lo ruego, por favor *ou* por Dios ‖ *je vous prie d'agréer, Monsieur, mes salutations distinguées* queda de Ud. su affmo. y s. s. *ou* le saluda atentamente ‖ *je vous prie de bien vouloir* le ruego si a bien lo tiene, le ruego tenga la amabilidad de ‖ *je vous prie de vouloir bien* le ruego tenga a bien ‖ *se faire prier* hacerse rogar.
prière *f* ruego *m*, súplica; *à ma prière* a ruego mío ‖ oración, plegaria (prière religieuse) ‖ *— prières publiques* rogativas ‖ *— livre de prières* devocionario, libro de oraciones ‖ *— prière de* se ruega ‖ *prière d'insérer* se ruega la publicación ‖ *— faire des prières pour demander quelque chose* hacer rogativas para pedir algo ‖ *faire sa prière, être en prière* rezar.
prieur, e *m* et *f* prior, ra.
prieuré *m* priorato.
primaire *adj* primario, ria ‖ FIG & FAM de cortos alcances ‖ *— école primaire* escuela primaria, escuela de primera enseñanza ‖ *enseignement primaire* primera enseñanza ‖ GÉOL *terrains primaires* terrenos primarios.
◆ *m* ÉLECTR primario (circuit).
primat [prima] *m* primado (prélat) ‖ prioridad *f*, primacía *f* (philosophie).
primates *m pl* ZOOL primates.
primauté *f* primacía, preeminencia.
prime *adj* primo, ma ‖ *prime jeunesse* tierna infancia.
◆ *f* prima (heure canonique) ‖ primera posición (escrime) ‖ prima; *prime à l'exportation* prima a la exportación; *prime d'assurance* prima de seguro ‖ sobresueldo *m* (d'un salaire) ‖ *— prime de risque* prima de riesgo ‖ *prime de transport* subsidio de transporte ‖ *— de prime abord* en el primer momento ‖ *faire prime* ser buscado, ser apreciado.
primer *v intr* sobresalir, ser el primero (surpasser) ‖ tener prelación, primar; *la générosité devrait primer sur l'égoïsme* haría falta que la generosidad tuviese prelación sobre el egoísmo.
◆ *v tr* ser más importante que, superar a (l'emporter sur) ‖ recompensar, premiar, conceder un premio, primar (récompenser).
primerose [primroːz] *f* BOT malvarrosa.
primesautier, ère *adj* espontáneo, a; vivo, va.
primeur *f* primicia ‖ FIG principio *m* (commencement) ‖ *vin primeur o de primeur* vino del año en curso puesto a la venta el tercer jueves de noviembre [Francia] ‖ *avoir la primeur de* tener las primicias de.
◆ *pl* frutas *ou* verduras tempranas (horticulture) ‖ *marchand de primeurs* frutería.
primevère *f* primavera, prímula (plante).
primipare *adj* et *s f* primeriza, primípara.
primitif, ive *adj* et *s* primitivo, va.
◆ *m* primitivo (peintre).
◆ *f* MATH primitiva.
primitivement *adv* primitivamente, originariamente, inicialmente, al principio.
primo *adv* primero, en primer lugar, primeramente.
primordial, e *adj* primordial; *principes primordiaux* principios primordiales.
prince *m* príncipe; *prince héritier* príncipe heredero ‖ *— prince charmant* príncipe azul ‖ FIG *prince de la science* príncipe de la ciencia ‖ *— FAM être bon prince* ser acomodaticio ‖ *vivre en prince* vivir a lo príncipe.
prince-de-galles *m inv* et *adj inv* príncipe de Gales (tissu).
princesse *f* princesa ‖ FIG el Estado; *voyager aux frais de la princesse* viajar a costa del Estado ‖ *faire la princesse* dárselas de princesa.
princier, ère *adj* principesco, ca; de príncipe.
princièrement *adv* a lo príncipe, principescamente.
principal, e *adj* et *s* principal; *les points principaux* los puntos principales.
◆ *m* lo principal ‖ el principal ‖ director de colegio ‖ capital; *principal et intérêts* capital e intereses ‖ DR lo esencial de una acción judicial.
principalement *adv* principalmente, sobre todo, ante todo.
principauté *f* principado *m*.
principe *m* principio ‖ norma *f*; *principe essentiel* norma esencial ‖ *— de principe* de principio ‖ *en principe* en principio ‖ *par principe* por principio ‖ *pour le principe* por principios ‖ *— partir du principe que* dar por sentado que.
printanier, ère *adj* primaveral ‖ FIG juvenil, primaveral; *grâce printanière* gracia juvenil.
printemps [prɛ̃tɑ̃] *m* primavera *f* (saison) ‖ abril (année); *une jeune fille de quinze printemps* una muchacha de quince abriles ‖ temperatura *f* clemente (température douce) ‖ FIG juventud *f* (jeunesse).
priori (a) *loc adv* a priori.
prioritaire *adj* et *s* prioritario, ria.
priorité *f* prioridad ‖ preferencia de paso, prioridad, mano (code de la route) ‖ *— priorité à droite* prioridad de paso a la derecha ‖ *— en priorité* en prioridad ‖ *avoir la priorité sur* tener prioridad sobre.
pris, e [pri, iːz] *adj* tomado, da ‖ cogido, da; agarrado, da ‖ sacado, da (du grec, du latin) ‖ prendi-

prise

do, da (saisi) ‖ lleno, na; *pris de peur* lleno de miedo ‖ atacado, da (d'une maladie) ‖ helado, da (gelé) ‖ cuajado, da (caillé) ‖ FIG prendado, da; seducido, da (séduit) ‖ — *pris dans un piège* cogido en la trampa ‖ *pris de vin* ebrio ‖ *parti pris* prejuicio ‖ *taille bien prise* talle proporcionado ‖ — *avoir le nez pris* tener la nariz tapada ‖ *c'est autant de pris!* ¡que me quiten lo bailado! ‖ *tel est pris qui croyait prendre* ir por lana y volver trasquilado.

prise *f* toma; *prise de contact, de possession, d'habit* toma de contacto, de posesión, de hábito ‖ toma, conquista (conquête) ‖ presa, botín *m* (butin) ‖ agarradero *m*, presa, asidero *m* (pour saisir) ‖ toma (de tabac) ‖ coagulación (caillement) ‖ solidificación (de l'eau) ‖ fraguado *m* (du ciment) ‖ llave, presa (lutte) ‖ posición (de raquette) ‖ toma (d'eau, d'air) ‖ presa (alpinisme) ‖ presa, captura (de poissons) ‖ MÉD toma; *prise de sang* toma de sangre; *administrer un antibiotique en six prises* administrar un antibiótico en seis tomas ‖ ÉLECTR enchufe *m*, toma, conexión ‖ MAR apresamiento *m* (d'un navire), presa (le navire pris) ‖ — DR *prise à partie* acción judicial contra un juez ‖ *prise d'armes* acto militar con armas ‖ *prise d'eau* presa (déviation), caz (d'un moulin) ‖ FAM *prise de bec* agarrada, riña ‖ *prise de commandement* toma de mando ‖ *prise de conscience* toma de conciencia ‖ *prise de corps* captura, prisión ‖ *prise de fonction* toma de posesión ‖ *prise de participation* participación en una sociedad ‖ *prise de position* postura, posición ‖ *prise de son* grabación, registro del sonido, toma de sonido ‖ *prise de tabac* toma de rapé *ou* de polvo de tabaco ‖ *prise de terre* toma de tierra ‖ *prise de vues* toma de vistas ‖ *prise directe* directa; *se mettre en prise directe* poner la directa ‖ *prise d'otages* toma de rehenes ‖ — *avoir prise sur quelqu'un* tener mucho ascendiente sobre uno (influence), hacer mella en alguien (impression) ‖ *donner prise à* dar pábulo a, dar pie a, dar motivo a ‖ *en venir aux prises* llegar a las manos, estar en conflicto ‖ *être o se trouver aux prises avec* enfrentarse con, luchar contra ‖ AUTOM *être en prise* tener una marcha puesta ‖ *faire prise* cuajarse (le lait), fraguarse (le plâtre, le mortier) ‖ *lâcher prise* soltar prenda *ou* la presa, ceder ‖ *mettre aux prises* poner frente a frente, enfrentar ‖ *mettre en prise* poner una velocidad (un automóvil) ‖ *n'offrir aucune prise* no dar pie.

priser *v tr* valuar, apreciar, tasar (mettre un prix) ‖ celebrar, ponderar (faire cas de) ‖ tener en gran estima (aimer) ‖ tomar (aspirer par le nez); *priser du tabac* tomar rapé.

prismatique *adj* prismático, ca.
prisme *m* prisma.
prison *f* cárcel, prisión ‖ MIL calabozo *m* ‖ — *prison à perpétuité* cadena perpetua ‖ — *aller, être en prison* ir a la cárcel, estar encarcelado ‖ *être aimable comme une porte de prison* ser un oso ‖ *être condamné à 5 ans de prison* ser condenado a 5 años de prisión *ou* de cárcel ‖ *être triste comme une porte de prison* ser triste como un día sin pan ‖ *faire de la prison* estar en la cárcel ‖ *mettre en prison* meter en la cárcel, encarcelar.
prisonnier, ère *adj* et *s* preso, sa; encarcelado, da (en prison) ‖ prisionero, ra (de guerre).
privatif, ive *adj* GRAMM privativo, va.
privation *f* privación.
privatisation *f* ÉCON privatización.
privatiser *v tr* ÉCON privatizar.

privé, e *adj* particular (sans fonctions publiques) ‖ particular (correspondance, propriété) ‖ privado, da (intime); *la vie privée* la vida privada ‖ *(vx)* amaestrado, da; *oiseau privé* pájaro amaestrado.
◆ *m* privado, intimidad *f* (vie intime); *en public et dans le privé* en público y en privado.
priver *v tr* privar ‖ castigar (de dessert, de récréation, etc.); *être privé de dessert* estar castigado sin postre.
◆ *v pr* privarse.
privilège *m* privilegio.
privilégié, e *adj* et *s* privilegiado, da.
privilégier *v tr* privilegiar, dar preferencia.
prix [pri] *m* precio (coût) ‖ premio (récompense); *distribution des prix* reparto de premios ‖ pago, castigo (punition); *recevoir les prix de ses fautes* recibir el pago de sus faltas ‖ — *prix conseillé* precio aconsejado ‖ *prix courant* tarifa, lista de precios (liste des prix), precio corriente (prix du moment) ‖ *prix coûtant* precio de fábrica ‖ *prix d'achat, de vente* precio de compra, de venta ‖ *prix d'encouragement* precio de estímulo ‖ *prix de revient* precio de coste ‖ *prix doux* precio arreglado ‖ *prix fixe* precio fijo ‖ *prix fort* precio fuerte ‖ *prix littéraire* premio literario ‖ *prix marchand* precio corriente ‖ *prix taxé* precio de tasa ‖ — *à bas prix* barato ‖ — *à aucun prix* por nada del mundo ‖ *à prix d'or* a precio de oro ‖ *à prix unique* de precio fijo ‖ *à tout prix* a todo coste, cueste lo que cueste ‖ *au prix de* a costa de; *au prix d'un effort* a costa de un esfuerzo; en comparación con; *ce n'est rien au prix de* no es nada en comparación con ‖ *au prix fort* muy caro ‖ *de prix* de mucho valor, de precio ‖ *hors de prix* carísimo ‖ *juste prix* precio moderado ‖ *pour prix de* en premio de ‖ — *à quelque prix que ce soit* a cualquier precio, cueste lo que cueste ‖ *au prix où est le beurre* en los tiempos que estamos ‖ — *coûter les yeux de la tête* o *un prix fou* costar un ojo de la cara *ou* un riñón *ou* un sentido ‖ *mettre à prix la tête de quelqu'un* poner a precio la cabeza de uno ‖ *remporter le prix* llevarse el premio, llevarse la palma.
pro *adj* et *s* FAM profesional.
probabilité *f* probabilidad; *calcul des probabilités* cálculo de probabilidades.
probable *adj* probable.
probablement *adv* probablemente.
probant, e *adj* convincente.
probatoire *adj* probatorio, ria.
probe *adj* probo, ba.
probité *f* probidad.
problématique *adj* problemático, ca.
problème *m* problema; *poser, résoudre un problème* plantear, resolver *ou* solucionar un problema ‖ — FAM *il n'y a pas de problème* no hay problema; *pour ce qui est de l'appartement, il n'y a pas de problème* por lo del piso, no hay problema; cueste lo que cueste; *cette année, il n'y a pas de problème, il doit réussir son examen* este año, cueste lo que cueste, tiene que aprobar.
procédé *m* proceder, conducta *f*, modo; *bons, mauvais procédés* buenos, malos modos ‖ procedimiento, método (méthode) ‖ suela *f* (queues de billard) ‖ *c'est un échange de bons procédés* amor con amor se paga.
procéder* *v tr* et *intr* proceder ‖ — *procéder de* proceder de, provenir de ‖ *procéder par recoupements* atar cabos.

procédural, e *adj* DR procesal.
procédure *f* DR procedimiento *m* (forme) ‖ proceso *m* (instruction) ‖ actuación (ensemble d'actes juridiques) ‖ trámite *m*, gestión (tramitation) ‖ *procédure d'expropriation* proceso expropiatorio ‖ — *code de procédure civile* ley de enjuiciamiento civil ‖ *la Procédure* el derecho procesal.
procédurier, ère *adj* DR sumarial.
◆ *adj* et *s* pleitista, picapleitos (chicanier).
procès [prɔsɛ] *m* DR proceso, causa *f* (mot le plus courant); *gagner, perdre un procès* ganar, perder un proceso ǀ sumario (ensemble de pièces produites) ‖ MÉD proceso (ciliaire) ‖ — FIG *sans autre forme de procès* sin pararse en barras, sin más ni menos ǀ *sans forme de procès* sin forma de juicio ‖ — *être en procès avec* tener un pleito con ‖ *faire le procès de* acusar, procesar, sentar en el banquillo a ‖ *faire un procès à* poner un pleito a ‖ FIG *gagner, perdre son procès* tener éxito, fracasar.
processeur *m* INFORM procesador ‖ *processeur vectoriel* procesador vectorial.
procession *f* procesión.
processionnaire *adj f* et *s f* ZOOL procesionaria (chenille).
processus [prɔsɛsys] *m* proceso, desarrollo.
procès-verbal *m* atestado; *dresser procès-verbal* hacer un atestado ‖ acta *f* (d'une séance); *dresser le procès-verbal* levantar acta ‖ boletín *ou* notificación *f* de denuncia *ou* de multa (amende).
— OBSERV *pl procès-verbaux*.
prochain, e *adj* próximo, ma; que viene; *la semaine prochaine* la semana próxima ‖ cercano, na (endroit).
◆ *m* prójimo; *on doit assister son prochain* hay que ayudar al prójimo.
prochainement *adv* próximamente, pronto, en breve, dentro de poco.
proche *adj* cercano, na (lieu); *maison proche de l'église* casa cercana a la iglesia ‖ próximo, ma (temps) ‖ cerca; *il est proche du sol* está cerca del suelo ‖ cercano, na (famille); *proche parent* pariente cercano ‖ allegado, da; *dans les milieux proches de la présidence* en los círculos allegados a la presidencia ‖ — *de proche en proche* poco a poco, progresivamente ‖ *l'heure est proche* se acerca la hora.
◆ *m pl* parientes, deudos, allegados ‖ *l'un de ses proches* uno de sus allegados.
◆ *prép* cerca; *proche de la gare* cerca de la estación.
Proche-Orient *n pr m* GÉOGR Cercano Oriente, Próximo Oriente.
proclamateur, trice *m* et *f* proclamador, ra.
proclamation *f* proclamación (action), proclama (écrit).
proclamer *v tr* proclamar.
proclitique *adj* et *s m* GRAMM proclítico, ca.
proconsul *m* procónsul.
procréateur, trice *adj* et *s* procreador, ra.
procréation *f* procreación.
procréer* *v tr* procrear.
procuration *f* poder *m*, procuración ‖ — *donner procuration* dar poderes ‖ *se marier par procuration* casarse por poderes.
procurer *v tr* proporcionar, facilitar; *il m'a procuré du travail* me proporcionó trabajo.

procureur *m* procurador ‖ DR fiscal, acusador público ‖ — *procureur de la République* fiscal, ministerio público, procurador de la República ‖ *procureur général* fiscal del Tribunal Supremo.
prodigalité *f* prodigalidad.
prodige *m* prodigio, portento ‖ *tenir du prodige* parecer prodigioso, ser portentoso.
prodigieusement *adv* prodigiosamente (merveilleusement) ‖ FAM olímpicamente (profondément).
prodigieux, euse *adj* prodigioso, sa; portentoso, sa; *réussite prodigieuse* éxito prodigioso.
prodigue *adj* et *s* pródigo, ga; *l'Enfant prodigue* el Hijo pródigo.
prodiguer *v tr* prodigar.
◆ *v pr* prodigarse.
producteur, trice *adj* et *s* productor, ra.
◆ *m* CINÉM productor.
productible *adj* productible.
productif, ive *adj* productivo, va.
production *f* producción ‖ presentación, exhibición; *production d'une pièce* presentación de un documento.
productivisme *m* productivismo.
productivité *f* productividad.
produire* *v tr* producir ‖ enseñar, exhibir; *produire un passeport* enseñar un pasaporte ‖ presentar; *produire des témoins* presentar testigos ‖ *produire de l'effet* producir *ou* surtir efecto.
◆ *v pr* producirse ‖ darse a conocer ‖ presentarse (spectacle, acteur).
produit, e *adj* producido, da.
◆ *m* producto ‖ MATH producto ‖ — *produit d'entretien* producto de limpieza ‖ *produit des ventes* producto de las ventas ‖ *produit national brut* producto nacional bruto ‖ *produit net* producto neto ‖ *produit (pour la) vaisselle* lavavajillas ‖ *produits agricoles* productos agrícolas ‖ *produits alimentaires* productos alimenticios ‖ *produits de beauté* productos de belleza.
proéminence *f* prominencia.
proéminent, e *adj* prominente.
prof *m* et *f* FAM profe.
profanateur, trice *adj* et *s* profanador, ra.
profanation *f* profanación ‖ FIG prostitución, profanación.
profane *adj* et *s* profano, na ‖ *profane en la matière* lego en la materia.
profaner *v tr* profanar ‖ FIG prostituir, profanar.
proférer* *v tr* proferir.
professer *v tr* profesar (des opinions) ‖ ejercer (exercer) ‖ enseñar (enseigner).
professeur *m* profesor, ra ‖ catedrático, ca (de lycée, d'université) ‖ — *les professeurs* el profesorado, el cuerpo de profesores (corps) ‖ *professeur suppléant* profesor auxiliar.
— OBSERV La palabra *professeur* no tiene forma femenina (*elle est professeur de piano*).
profession *f* profesión (métier) ‖ *sans profession* sin profesión, «sus labores» ‖ *faire profession de* hacer profesión de.
professionnaliser *v tr* profesionalizar.
◆ *v pr* profesionalizar.
professionnalisme *m* profesionalismo.
professionnel, elle *adj* et *s* profesional.
professionnellement *adv* profesionalmente.

professoral

professoral, e *adj* profesoral; *travaux professoraux* trabajos profesorales.
professorat [prɔfesɔra] *m* profesorado.
profil [prɔfil] *m* perfil ‖ línea *f* (d'une voiture) ‖ sección *f*, corte (coupe) ‖ TECHN perfil.
profilage *m* perfilado.
profilé, e *adj* perfilado, da ‖ estilizado, da; aerodinámico, ca (avion, voiture).
◆ *m* TECHN perfil.
profiler *v tr* perfilar.
◆ *v pr* perfilarse.
profit [prɔfi] *m* provecho; *lire avec profit* leer con provecho ‖ ganancia *f*; *ses profits pécuniers* sus ganancias pecuniarias ‖ — COMM *pertes et profits* pérdidas y ganancias ‖ — *au profit de* en beneficio de, en provecho de ‖ *faire du profit* ser ventajoso ‖ *faire son profit de, mettre à profit* aprovechar ‖ *tirer profit* sacar provecho, aprovecharse.
profitable *adj* provechoso, sa; útil.
profiter *v intr* sacar provecho de (tirer un gain) ‖ aprovechar (tirer une utilité); *profiter de l'occasion* aprovechar la ocasión ‖ ser provechoso (être utile) ‖ crecer (grandir), engordar (grossir); *enfant qui profite* niño que crece (grandit), que engorda (grossit).
profiterole *f* profiterole (gâteau).
profiteur, euse *m et f* aprovechado, da; aprovechón, ona; logrero, ra.
profond, e *adj* profundo, da; hondo, da ‖ FIG profundo, da ‖ redomado, da; acabado, da (consommé) ‖ oscuro, ra; *bleu profond* azul oscuro ‖ *voix profonde* voz ahuecada ‖ FIG *au plus profond de* en lo más hondo de.
profondément *adv* profundamente, en profundidad (de manière profonde) ‖ profundamente, muy (fortement) ‖ — *dormir profondément* dormir profundamente ‖ *respirer profondément* respirar hondo ‖ *souhaiter quelque chose profondément* desear algo fervorosamente.
profondeur *f* profundidad ‖ FIG hondura, profundidad (difficile) ‖ MIL fondo (d'une colonne) ‖ — *de la profondeur de* de dentro de, del fondo de ‖ *en profondeur* a fondo ‖ *passe en profondeur* pase adelantado (sports).
profusion *f* profusión.
progéniture *f* progenitura, progenie, prole.
progestatif, ive *adj* MÉD progestágeno, na.
◆ *m* progestágeno.
progestérone *f* progesterona.
progiciel *m* INFORM paquete de programas *ou* de software; *progiciel d'application* paquete de programas de aplicación.
programmable *adj* programable.
programmateur, trice *adj et s* programador, ra.
programmation *f* programación, fijación de un programa.
programme *m* programa ‖ FIG & FAM *au programme de ce soir* lo previsto de esta noche.
programmé, e *adj* programado, da.
programmer *v tr* programar, establecer un programa.
programmeur, euse *m et f* INFORM programador, dora.

progrès [prɔgrɛ] *m* progreso, adelanto ‖ — *être en progrès* estar adelantado ‖ *faire des progrès* adelantar, hacer adelantos.
progresser *v intr* progresar ‖ MIL avanzar.
progressif, ive *adj* progresivo, va.
progression *f* progresión ‖ MIL avance *m* ‖ MATH *progression arithmétique, géométrique* progresión aritmética, geométrica.
progressiste *adj et s* progresista.
progressivement *adv* progresivamente.
progressivité *f* progresividad.
prohibé, e *adj* prohibido, da.
prohiber *v tr* prohibir.
prohibitif, ive *adj* prohibitivo, va.
prohibition *f* prohibición.
proie [prwa] *f* presa; *le renard et sa proie* la zorra y su presa ‖ FIG botín *m*, presa (butin) ‖ — *oiseau de proie* ave de rapiña *ou* rapaz ‖ — *être en proie à o la proie de* ser presa de *ou* víctima de ‖ *être la proie des flammes* ser pasto de las llamas.
projecteur *m* proyector, reflector, foco (source lumineuse) ‖ proyector (photo, cinéma).
projectile *m* proyectil ‖ — *projectile atomique, brisant* proyectil atómico, rompedor ‖ *projectile téléguidé* proyectil teledirigido *ou* teleguiado.
◆ *adj* propulsor, ra.
projection *f* proyección ‖ proyección, exhibición (dans un cinéma).
projectionniste *m et f* CINÉM proyeccionista.
projet [prɔʒɛ] *m* proyecto; *ce n'est encore qu'un projet* no es más que un proyecto ‖ plan; *n'avoir aucun projet cet après-midi* no tener ningún plan para esta tarde.
projeter* *v tr* proyectar ‖ planear ‖ proyectar, exhibir (au cinéma) ‖ *être projeté hors de* salir despedido *ou* disparado fuera de.
prolégomènes *m pl* prolegómenos.
prolétaire *adj et s* proletario, ria.
prolétariat [prɔletarja] *m* proletariado.
prolétarien, enne *adj* proletario, ria; del proletariado.
prolétarisation *f* proletarización.
prolétariser *v tr* proletarizar.
prolifération *f* proliferación.
proliférer* *v intr* proliferar.
prolifique *adj* prolífico, ca.
prolixe *adj* prolijo, ja.
prolixité *f* prolijidad.
prolo *m et f* FAM proleta.
PROLOG *m* INFORM PROLOG.
prologue *m* prólogo.
prolongateur *m* ÉLECTR prolongador.
prolongation *f* prolongación, prórroga ‖ prórroga (d'un match).
prolongé, e *adj* prolongado, da; largo, ga.
prolongement *m* prolongamiento ‖ repercusión *f*; *cette affaire a eu des prolongements en Europe* este asunto ha tenido repercusiones en Europa.
prolonger* *v tr* prolongar.
◆ *v pr* prolongarse.
promenade [prɔmnad] *f* paseo *m* (action et lieu); *faire une promenade* dar un paseo.

promener* [-ne] *v tr* pasear ‖ FIG & FAM *envoyer promener* mandar a paseo ‖ FIG *envoyer tout promener* echarlo todo a rodar.
◆ *v pr* pasearse.
promeneur, euse [-nœːr, øːz] *m et f* paseante.
promesse *f* promesa; *tenir sa promesse* cumplir su promesa ‖ *promesse de mariage* desposorios.
prometteur, euse *adj et s* prometedor, ra.
promettre* *v tr et intr* prometer; *promettre de faire une chose* prometer hacer una cosa ‖ — *promettre et tenir c'est deux* del dicho al hecho hay mucho trecho ‖ *promettre monts et merveilles* prometer el oro y el moro ‖ — FAM *cela promet!* ¡lo que nos espera! (c'est mal parti), empieza bien, tiene un buen arranque (cela commence bien) ‖ *cette personne promet* esta persona llegará (sens positif), buen camino lleva, pronto empieza ése (sens négatif).
◆ *v pr* prometerse ‖ proponerse, tomar la resolución de ‖ *s'en promettre de belles* prometérselas felices.
promis, e *adj* prometido, da ‖ — *chose promise, chose due* lo prometido es deuda ‖ *terre promise* tierra de promisión.
◆ *m et f* prometido, da; novio, via (fiancé).
promiscuité [prɔmiskчite] *f* promiscuidad.
promo *f* FAM promoción (étudiants, militaires).
promontoire *m* promontorio.
promoteur, trice *m et f* promotor, ra.
promotion *f* promoción ‖ promoción, ascenso *m* (militaires).
promotionnel, elle *adj* promocional.
promouvoir* *v tr* promover ‖ elevar (à une dignité ou fonction) ‖ promover, ascender (militaires) ‖ llevar a cabo (mettre à exécution).
— OBSERV Este verbo se usa solamente en el infinitivo, en los tiempos compuestos y en la voz pasiva.
prompt, e [prɔ̃, prɔ̃ːt] *adj* pronto, ta ‖ rápido, da ‖ — *avoir la main prompte* tener las manos largas ‖ *avoir l'esprit prompt* ser vivo de genio.
promptement *adv* prontamente, rápidamente, con prontitud.
prompteur *m* prompter, apuntador (télévision).
promptitude [-tityd] *f* prontitud.
promu, e *adj* promovido, da ‖ elevado, da (dignitaire) ‖ promovido, ascendido (militaire).
promulgation *f* promulgación.
promulguer *v tr* promulgar.
prôner *v tr* predicar (prêcher) ‖ preconizar, recomendar (recommander) ‖ FIG celebrar, defender, ensalzar, encomiar (vanter).
pronom *m* GRAMM pronombre.
pronominal, e *adj* GRAMM pronominal; *adjectifs pronominaux* adjetivos pronominales.
pronominalement *adv* con carácter pronominal.
prononçable *adj* pronunciable.
prononcé, e *adj* pronunciado, da ‖ señalado, da; saliente; abultado, da; marcado, da; pronunciado, da (gallicisme); *traits bien prononcés* rasgos muy marcados ‖ firme, formal (arrêté) ‖ FIG resuelto, ta; decidido, da (décidé); *caractère prononcé* carácter resuelto.
◆ *m* DR fallo, pronunciamiento (d'un jugement).

prononcer* *v tr* pronunciar.
◆ *v intr* DR fallar, sentenciar, pronunciar (la sentence).
◆ *v pr* pronunciarse ‖ decidirse.
prononciation *f* pronunciación ‖ DR fallo *m*, sentencia (d'un jugement), declaración (d'un arrêt).
pronostic [prɔnɔstik] *m* pronóstico ‖ *concours de pronostics* quiniela.
pronostique *adj* MÉD relativo, va al pronóstico; sintomático, ca.
pronostiquer *v tr* pronosticar.
pronostiqueur, euse *m et f* pronosticador, ra.
propagande *f* propaganda.
propagandiste *adj et s* propagandista.
propagateur, trice *adj et s* propagador, ra ‖ propalador, ra (des bruits).
propagation *f* propagación.
propager* *v tr* propagar (communiquer) ‖ propalar (divulguer).
propane *m* CHIM propano (gaz).
propension *f* propensión ‖ *avoir de la propension à* ser propenso a.
propergol *m* propergol.
prophète *m* profeta; *nul n'est prophète en son pays* nadie es profeta en su tierra ‖ *prophète de malheur* pájaro de mal agüero.
prophétesse *f* profetisa.
prophétie [prɔfesi] *f* profecía.
prophétique *adj* profético, ca.
prophétiser *v tr* profetizar.
prophylactique *adj* MÉD profiláctico, ca.
prophylaxie *f* MÉD profilaxis, profilaxia, profiláctica.
propice *adj* propicio, cia; *circonstances propices* circunstancias propicias.
propitiatoire *adj et s m* propiciatorio, ria.
proportion *f* proporción; *observer les proportions* guardar las proporciones ‖ *hors de proportion* desproporcionado ‖ *toute proportion gardée* guardando las proporciones, teniéndolo todo en cuenta.
proportionnalité *f* proporcionalidad.
proportionné, e *adj* proporcionado, da.
proportionnel, elle *adj* proporcional.
proportionnellement *adv* en proporción, proporcionalmente.
proportionner *v tr* proporcionar.
propos [prɔpo] *m* palabras *f pl*, declaración *f*; *tenir des propos subversifs* hacer declaraciones subversivas, pronunciar palabras subversivas ‖ conversación *f*, charla *f* (causerie) ‖ propósito, intención *f* (but) ‖ tema; *changeons de propos* cambiemos de tema ‖ — *propos galants* piropos, requiebros ‖ *propos injurieux* injurias ‖ — *à ce propos* a propósito de eso, a este respecto ‖ *à propos* a propósito, oportunamente ‖ *à propos de* a propósito de ‖ *à propos de rien* sin motivo ‖ *à quel propos?, à propos de quoi?* ¿por qué razón? ‖ *à tout propos* a cada paso ‖ *de propos délibéré* de intento, adrede, deliberadamente ‖ *ferme propos* firme propósito ‖ *hors de propos* que no es del caso, que no viene a cuento, fuera de lugar ‖ *mal à propos* poco a propósito, inoportunamente, intempestivamente ‖ *venir à propos* venir al caso, venir a cuento.
proposable *adj* que puede proponerse.

proposer *v tr* proponer; *proposer un achat* proponer una compra.
- *v pr* proponerse; *il se propose de partir* se propone marcharse ‖ ofrecerse; *se proposer pour un emploi* ofrecerse para un empleo.

proposition *f* proposición, propuesta; *sur proposition de* a propuesta de ‖ propuesta (avancement) ‖ GRAMM oración ‖ DR *proposition de loi* proposición de ley.

propre *adj* propio, pia (qui appartient); *son propre fils* su propio hijo ‖ propio, pia; con su mismo *ou* misma; *écrire de sa propre main* escribir con su propia mano ‖ mismo, ma; propio, pia; *ce furent ses propres paroles* éstas fueron sus mismas palabras ‖ limpio, pia (net); *un mouchoir propre* un pañuelo limpio ‖ propio, pia (approprié pour) ‖ exacto, ta; justo, ta; *expression propre* expresión exacta ‖ FIG limpio, pia (décent) ‖ — *au propre* en sentido propio (sens propre), en limpio (net) ‖ *en main propre* personalmente, en propias manos ‖ *sens propre, nom propre* sentido propio, nombre propio.
- *m* lo propio ‖ — *de son propre* de su cosecha ‖ *me voilà propre!* ¡buena la he hecho!, ¡estoy listo!, ¡estoy aviado! ‖ — *appartenir à quelqu'un en propre* pertenecer (algo), exclusivamente a alguien ‖ *c'est du propre!* ¡buena la ha hecho usted!
- *pl propres, biens propres* bienes propios, parafernales.

propre-à-rien *m et f* nulidad *f*, inútil.
— OBSERV pl *propres-à-rien*.

proprement *adv* propiamente (exactement) ‖ limpiamente (avec propreté) ‖ convenientemente, decentemente (convenablement) ‖ — *proprement dit* propiamente dicho, dicho con propiedad ‖ — *à proprement parler* hablando con propiedad, mejor dicho.

propret, ette *adj* limpito, ta; aseadito, ta.

propreté *f* limpieza ‖ *soins de propreté* aseo, aseo corporal.

propriétaire *m et f* propietario, ria ‖ casero, ra; propietario, ria; dueño, ña (d'un immeuble) ‖ — *propriétaire foncier* propietario de bienes inmuebles ‖ — *gros propriétaire terrien* latifundista, gran terrateniente ‖ *nu-propriétaire* nudo propietario.

propriété *f* propiedad ‖ casa de campo (maison de campagne), finca (exploitation agricole), casa de recreo (d'agrément) ‖ posesiones *pl*; *il est mort dans sa propriété* ha muerto en sus posesiones ‖ — *propriété artistique et littéraire* propiedad intelectual ‖ *propriété industrielle* propiedad industrial ‖ *nue-propriété* nuda propiedad.

propulser *v tr* propulsar.

propulseur *adj m et s m* propulsor.

propulsif, ive *adj* propulsivo, va.

propulsion *f* propulsión; *propulsion à réaction* propulsión a chorro.

prorata *m inv* prorrata *f*, parte *f* ‖ *au prorata* a prorrata, a prorrateo.

prorogatif, ive *adj* prorrogativo, va.

prorogation *f* prórroga.

proroger* *v tr* prorrogar; *proroger un paiement* prorrogar un pago.

prosaïque *adj* prosaico, ca; *considérations prosaïques* consideraciones prosaicas.

prosaïsme *m* prosaísmo.

prosateur *m* prosista.

proscription *f* proscripción (exil) ‖ FIG abolición.

proscrire* *v tr* proscribir (frapper de proscription) ‖ FIG abolir.

proscrit, e *m et f* proscrito, ta.

prose *f* prosa.

prosélyte *m et f* prosélito *m*.

prosélytisme *m* proselitismo.

prosodie *f* GRAMM prosodia.

prosodique *adj* GRAMM prosódico, ca.

prospect *m* distancia mínima entre dos edificios ‖ cliente posible *ou* potencial.

prospecter *v tr* hacer una prospección, prospectar (minéraux) ‖ buscar clientes nuevos, prospectar (clientèle).

prospecteur, trice *m et f* prospector, ra.

prospecteur-placier *m* funcionario francés que analiza el mercado del trabajo y orienta a los solicitantes de empleo.
— OBSERV pl *prospecteurs-placiers*.

prospectif, ive *adj* del futuro.
- *f* prospectiva.

prospection *f* prospección ‖ investigación, prospección (du marché).

prospectus [prɔspɛktys] *m* prospecto.

prospère *adj* próspero, ra.

prospérer* *v intr* prosperar.

prospérité *f* prosperidad.

prostate *f* ANAT próstata.

prostatique *adj* MÉD prostático, ca.

prosternation *f*; **prosternement** *m* prosternación *f*.

prosterner* *v tr* hacer prosternarse.
- *v pr* prosternarse.

prostituée *f* prostituta.

prostituer *v tr* prostituir.
- *v pr* prostituirse.

prostitution *f* prostitución.

prostration *f* prostración.

prostré, e *adj* prostrado, da.

protagoniste *m et f* protagonista.

protecteur, trice *adj et s* protector, ra.
- *m* protector (d'Angleterre).

protection *f* protección ‖ — *protection civile* protección civil ‖ *Protection maternelle et infantile (P.M.I.)* protección materno-infantil ‖ — *écran de protection* pantalla protectora ‖ — *prendre un air de protection* tomar aire protector.

protectionnisme *m* proteccionismo.

protectionniste *adj et s* proteccionista.

protectorat [prɔtɛktɔra] *m* protectorado.

protégé, e *m et f* protegido, da.

protège-cahier [prɔtɛʒkaje] *m* forro de cuaderno.
— OBSERV pl *protège-cahiers*.

protège-dents [-dã] *m inv* protector (boxe).

protéger* *v tr* proteger, amparar ‖ proteger (les lettres, un candidat).

protège-slip *m* salvaslip.
— OBSERV pl *protège-slips*.

protège-tibia *m* espinillera *f*.
— OBSERV pl *protège-tibias*.

protéiforme *adj* proteiforme.

protéine *f* CHIM proteína.

protéinique; protéique *adj* proteico, ca ‖ CHIM proteínico, ca.
protestant, e *adj et s* protestante.
protestantisme *m* protestantismo.
protestataire *adj et s* protestador, ra; protestante.
protestation *f* protesta, protestación.
protester* *v intr* protestar (réclamer) ‖ protestar de, asegurar; *protester de son innocence* protestar de su inocencia.
◆ *v tr* COMM protestar (faire un protêt).
protêt [prɔtɛ] *m* COMM protesto.
prothèse *f* MÉD prótesis; *prothèse dentaire* prótesis dental.
prothésiste *m et f* protésico, ca; *prothésiste dentaire* protésico dental.
protides *m pl* prótidos.
protidique *adj* proteico, ca.
protocolaire *adj* protocolar.
protocole *m* formulario (formulaire) ‖ protocolo (procès-verbal diplomatique) ‖ protocolo [ceremonial] ‖ DR estatuto formal, formulario ‖ — *protocole d'accord* convenio *ou* acuerdo (básico) ‖ INFORM *protocole de communication* protocolo de comunicación ‖ MÉD *protocole opératoire* protocolo quirúrgico.
protohistoire *f* protohistoria.
proton *m* PHYS protón.
prototype *m* prototipo.
protoxyde *m* CHIM protóxido.
protozoaires *m pl* ZOOL protozoos, protozoarios.
protubérance *f* protuberancia.
protubérant, e *adj* protuberante ‖ *yeux protubérants* ojos saltones.
prou *adv* (*p us*) mucho (beaucoup) ‖ — *ni peu ni prou* ni poco ni mucho, de ningún modo ‖ *peu ou prou* más o menos (plus ou moins).
proue [pru] *f* MAR proa ‖ MAR *figure de proue* mascarón de proa.
prouesse [pruɛs] *f* proeza, hazaña.
proustien, enne *adj* de Proust.
prouvable *adj* demostrable, probable.
prouver *v tr* probar, demostrar (démontrer); *cela ne prouve rien* eso no demuestra nada.
provenance *f* procedencia ‖ *en provenance de* procedente de.
provençal, e *adj* provenzal; *des chants provençaux* cantos provenzales ‖ *à la provençale* a lo provenzal.
◆ *m* provenzal (langue).
Provençal, e *m et f* provenzal.
Provence *n pr f* GÉOGR Provenza.
provenir* [prɔvniːr] *v intr* proceder, provenir.
proverbe *m* proverbio, refrán ‖ *passer en proverbe* hacerse proverbial.
proverbial, e *adj* proverbial; *des dictons proverbiaux* dichos proverbiales.
proverbialement *adv* como dice el refrán.
providence *f* providencia.
providentiel, elle *adj* providencial.
province *f* provincia, región ‖ — *en province* en provincias, fuera de la capital ‖ *la province* los provincianos; *la province est mécontente* los provincianos están descontentos.

provincial, e *adj* provincial; *des tribunaux provinciaux* tribunales provinciales ‖ provinciano, na (qui est gauche, emprunté).
◆ *m et f* provinciano, na.
◆ *m* RELIG provincial (supérieur).
proviseur *m* director de un Instituto de enseñanza media.
provision *f* provisión, abastecimiento *m* ‖ COMM provisión de fondos (couverture) ‖ DR anticipo *m* sobre los honorarios (d'un avoué) ‖ — *chèque sans provision* cheque sin fondos ‖ *placard o armoire à provisions* armario de las provisiones ‖ — *par provision* provisionalmente ‖ — *faire ses provisions* abastecerse.
provisionnel, elle *adj* provisional ‖ *versement provisionnel* desembolso a cuenta.
provisionner *v tr* ÉCON abonar (un compte).
provisoire *adj* provisional [(amér) provisorio, ria] ‖ DR *mise en liberté provisoire* puesta en libertad provisional.
◆ *m* lo provisional.
provisoirement *adv* provisionalmente, provisoriamente.
provoc; provoque *f* FAM ir de provo.
provocant, e *adj* provocante.
provocateur, trice *adj et s* provocador, ra.
provocation *f* provocación.
provoque *f* FAM → **provoc**.
provoquer *v tr* provocar.
proxénète *m et f* proxeneta; alcahuete, ta.
proxénétisme *m* proxenetismo, alcahuetería *f*.
proximité *f* proximidad ‖ *à proximité de* en las cercanías de, junto a, cerca de.
prude *adj et s f* gazmoño, ña; mojigato, ta ‖ solapado, da.
prudemment [prydamã] *adv* prudentemente.
prudence *f* prudencia.
prudent, e *adj et s* prudente; *ce n'est pas prudent* no es prudente.
pruderie *f* gazmoñería, mojigatería.
prud'homme *m* (*vx*) hombre bueno (probe) ‖ hombre experimentado y de buen consejo (expérimenté) ‖ miembro de la Magistratura del Trabajo ‖ — *conseil de prud'hommes* Magistratura del Trabajo, tribunal de conciliación laboral ‖ FAM *monsieur Prudhomme* burgués necio.
prune *f* ciruela (fruit) ‖ — *prune de Damas* ciruela damascena ‖ *prune reine-claude* ciruela claudia ‖ — FIG *pour des prunes* por *ou* para nada, en balde.
pruneau *m* ciruela *f* pasa ‖ POP peladilla *f* (projectile).
prunelle *f* endrina (fruit) ‖ licor *m* de endrina (liqueur) ‖ niña, pupila; *comme la prunelle de ses yeux* como la niña de sus ojos.
prunellier *m* endrino (arbre).
prunier *m* ciruelo (arbre).
prurigineux, euse *adj* MÉD pruriginoso, sa.
prurit [pryrit] *m* MÉD prurito.
Prusse *n pr f* GÉOGR Prusia ‖ *travailler pour le roi de Prusse* trabajar para el obispo.
prussien, enne *adj* prusiano, na ‖ *à la prussienne* con regularidad automática.
Prusssien, enne *m et f* prusiano, na.
P.S. abrév de *parti socialiste* PS, Partido Socialista Francés.

P.-S. abrév de *post-scriptum* P.D., postdata.
P.S.A. abrév de *Peugeot société anonyme* Peugeot, Sociedad Anónima.
psalliote *m* salioto (champignon).
psalmodie *f* salmodia.
psalmodier* *v tr* et *intr* salmodiar.
psaume *m* salmo.
psautier *m* salterio.
pseudo- *préf* pseudo-, seudo-.
pseudonyme *adj* et *s m* seudónimo, ma.
PS-G abrév de *Paris St-Germain* París Saint-Germain [club de fútbol de París].
psi *m* psi *f*.
psitt; pst *interj* ¡pst!
psoriasis [psɔrjazis] *m* MÉD psoriasis *f*.
psy *m* et *f* FAM psicoanalista (psychanalyste) | psiquiatra (psychiatre) | psicólogo, ga (psychologue).
psychanalyse *f* psicoanálisis *m*, sicoanálisis *m*.
psychanaliser *v tr* hacer un psicoanálisis *ou* un sicoanálisis.
psychanalyste *adj* et *s* psicoanalista, sicoanalista.
psychanalytique *adj* psicoanalítico, ca; sicoanalítico, ca.
psychasthénie *f* psicastenia, sicastenia.
psyché [psiʃe] *f* psique, espejo *m* (miroir) || psique, psiquis, siquis (âme).
Psyché [psiʃe] *n pr f* MYTH Psique, Psiquis.
psychédélique *adj* psicodélico, ca; *musique psychédélique* música psicodélica.
psychiatre [psikjɑːtr] *m* et *f* MÉD psiquiatra, siquiatra.
psychiatrie [-tri] *f* MÉD psiquiatría, siquiatría.
psychiatrique [-trik] *adj* psiquiátrico, ca; siquiátrico, ca.
psychique [psiʃik] *adj* psíquico, ca; síquico, ca.
psychisme [-ʃism] *m* psiquismo, siquismo.
psycho *f* FAM psicología.
psychodrame *m* MÉD psicodrama, sicodrama.
psycholinguistique *adj* et *s f* psicolingüístico, ca.
psychologie *f* psicología, sicología.
psychologique *adj* psicológico, ca; sicológico, ca || *guerre psychologique* guerra psicológica.
psychologiquement *adv* psicológicamente, anímicamente.
psychologue *adj* et *s* psicólogo, ga; sicólogo, ga.
psychomoteur, trice *adj* psicomotor, ra; psicomotor, triz || *— rééducation psychomotrice* reeducación psicomotriz || *troubles psychomoteurs* trastornos de la psicomotricidad.
psychopathe *adj* psicopático, ca; sicopático, ca.
◆ *m* et *f* psicópata, sicópata || *les psychopathes* las personalidades psicopáticas.
psychopathie *f* psicopatía, sicopatía.
psychopathologie *f* psicopatología, sicopatología.
psychopédagogie *f* psicopedagogía, sicopedagogía.
psychophysiologie *f* psicofisiología, sicofisiología.
psychose *f* psicosis, sicosis.

psychosensoriel, elle *adj* psicosensorial.
psychosomatique *adj* psicosomático, ca; sicosomático, ca || *maladies psychosomatiques* desórdenes psicosomáticos.
psychotechnique *f* psicotecnia, sicotecnia.
psychothérapeute *m* et *f* psicoterapeuta.
psychothérapie *f* psicoterapia, sicoterapia.
psychotique *adj* et *s* psicótico, ca.
psychotrope *m* psicofármaco.
◆ *adj* psicótropo, pa.
Pta abrév de *peseta* Pta., peseta.
puant, e [pɥɑ̃, ɑ̃ːt] *adj* hediondo, da; apestoso, sa || FIG insoportable | vanidoso, sa; fatuo, tua || *boules puantes* bombas fétidas, bolillas pestosas.
puanteur *f* hediondez, mal olor *m*, peste, pestazo *m*.
pubère *adj* et *s* púber, ra; *jeune fille pubère* joven púbera.
puberté *f* pubertad.
pubien, enne *adj* pubiano, na.
pubis [pybis] *m* ANAT pubis.
publiable *adj* publicable.
public, ique *adj* et *s m* público, ca || *— en public* en público || *— biens publics* bien común || *le grand public* el público en general || *ministère public* Ministerio fiscal || *— être tombé dans le domaine public* ser del dominio público.
publication *f* publicación.
publiciste *m* et *f* publicista.
publicitaire *adj* publicitario, ria.
◆ *m* et *f* que se ocupa de publicidad, anunciante, agente publicitario, publicista.
publicité *f* publicidad, propaganda.
publier* *v tr* publicar || pregonar (proclamer).
publipostage *m* publicidad *f* directa por correo.
publiquement *adv* públicamente.
puce [pys] *f* pulga (insecte) || *— marché aux Puces* Rastro [en Madrid] || *— FIG avoir la puce à l'oreille* tener la mosca detrás de la oreja | *chercher des puces à quelqu'un* buscarle a uno las cosquillas | *secouer les puces à quelqu'un* sacudirle las pulgas a alguien.
◆ *adj inv* de color pardo (on emploie parfois le gallicisme *pus*).
puceau, elle *adj* et *s* virgen, virgo (*fam*) || *la Pucelle* Juana de Arco, la Doncella de Orleáns.
pucelage *m* FAM doncellez, virginidad.
puceron [pysrɔ̃] *m* ZOOL pulgón.
pudding; pouding [pudiŋ] *m* pudín, budín, pudding (gâteau).
pudeur *f* pudor *m*.
pudibond, e *adj* pudibundo, da; pudoroso, sa.
pudibonderie *f* pudibundez.
pudique *adj* púdico, ca.
pudiquement *adv* púdicamente, pudorosamente, con pudor.
puer* [pɥe] *v intr* et *tr* heder, apestar || *puer le tabac* apestar a tabaco.
puéricultrice *f* puericultora.
puériculture *f* puericultura.
puéril, e *adj* pueril.
puérilement *adv* puerilmente, de manera infantil.
puérilité *f* puerilidad.

Puerto Rico *n pr* GÉOGR → **Porto Rico.**
pugilat [pyʒila] *m* pugilato.
pugnace *adj* pugnaz, combativo, va.
pugnacité *f* pugnacidad, combatividad.
puîné, e *adj* et *s* menor (dernier), segundo, da; segundón, ona (second).
puis [pɥi] *adv* después, luego ‖ — *et puis* además, y además, por otra parte (en outre, d'ailleurs) ‖ *et puis?* ¿bueno y qué?, ¿y qué?
puisard *m* pozo negro (puits) ‖ sumidero (égout) ‖ TECHN sumidero (de mine).
puiser *v tr* et *intr* sacar, tomar; *puiser de l'eau à une rivière* sacar agua de un río ‖ — *puiser aux sources* beber en las fuentes ‖ FIG *puiser des forces* sacar fuerzas.
puisque *conj* puesto que, ya que, pues; *viens puisqu'il le faut* ven, ya que es preciso.
puissamment *adv* poderosamente ‖ sumamente, extremadamente.
puissance *f* poder *m* (pouvoir, autorité) ‖ fuerza (force) ‖ PHYS & MATH & PHILOS potencia; *élever un nombre à la puissance quatre* elevar un número a la cuarta potencia; *la puissance d'un moteur* la potencia de un motor; *puissance au frein* potencia al freno *ou* efectiva ‖ potencia (État) ‖ capacidad; *avoir une grande puissance de travail* tener una gran capacidad de trabajo ‖ facilidad; *puissance d'oubli* facilidad para olvidar ‖ — *puissance paternelle* potestad paternal, patria potestad ‖ — *en puissance* en potencia ‖ — *être en puissance de* estar bajo el poder de ‖ MATH *trois puissance quatre* tres elevado a la cuarta potencia, tres elevado a cuatro.
◆ *pl* potencias.
puissant, e *adj* poderoso, sa (qui a du pouvoir) ‖ potente; *une machine puissante* una máquina potente ‖ poderoso, sa; *remède puissant* remedio poderoso ‖ corpulento, ta.
◆ *m* poderoso ‖ *le Tout-Puissant* el Todopoderoso.
◆ *m pl* pudientes.
puits [pɥi] *m* pozo; *puits artésien* pozo artesiano; *puits perdu* pozo negro ‖ MAR & MIN pozo ‖ — FIG *puits de science* pozo de ciencia, persona muy sabia ‖ *puits sans fond* pozo airón.
pull *m* → **pull-over.**
pull-over; pull *m* jersey, pull over.
— OBSERV *pl pull-overs.*
pullulation *f*; **pullulement** *m* pululación *f*.
pulluler *v intr* pulular.
pulmonaire *adj* pulmonar (du poumon).
◆ *f* BOT pulmonaria.
pulpe *f* pulpa; *pulpe dentaire* pulpa dental; *pulpe d'un fruit* pulpa de un fruto.
pulpeux, euse *adj* pulposo, sa.
pulsar *m* ASTR púlsar.
pulsation *f* pulsación.
pulser *v tr* TECHN forzar ‖ *air pulsé* ventilación forzada.
pulsion *f* impulsión ‖ MÉD pulsión.
pulsionnel, elle *adj* impulsivo, va.
pulvérisateur *m* pulverizador.
pulvérisation *f* pulverización ‖ AUTOM petroleado *m*.
pulvériser *v tr* pulverizar ‖ AUTOM petrolear.
pulvérulent, e *adj* pulverulento, ta.

puma *m* ZOOL puma (cougouar).
punaise *f* chinche (insecte) ‖ chinche, chincheta (clou) ‖ — *punaise d'eau* garapito ‖ *punaise des bois* mariquita.
punaiser *v tr* clavar con chinchetas.
punch [pɔ̃ʃ] *m* ponche (boisson) ‖ SPORTS pegada *f* ‖ FAM energía ‖ *bol à punch* ponchera.
punching-ball [pœntʃiŋːl] *m* punching ball.
puni, e *adj* et *s* castigado, da (écoles) ‖ arrestado, da (militaire).
punique *adj* púnico, ca ‖ FIG *foi punique* mala fe, fe púnica.
punir *v tr* castigar; *puni de sa témérité* castigado por su temeridad ‖ condenar; *punir de prison, de mort* condenar a la cárcel, a muerte ‖ *on est toujours puni par où l'on a pêché* en el pecado va la penitencia.
punitif, ive *adj* punitivo, va.
punition *f* castigo *m* ‖ DR pena ‖ MIL castigo *m*, arresto *m* ‖ *en punition* como castigo.
punk *adj inv* et *s* punk, punki.
pupillaire [pypilɛr] *adj* pupilar.
pupille [pypij] *m* et *f* DR pupilo, la (orphelin) ‖ — *pupille de la nation* huérfano de guerra ‖ *pupille de l'État* hospiciano, inclusero.
◆ *f* pupila, niña (de l'œil).
pupitre *m* pupitre ‖ MUS atril ‖ consola *f* (d'un ordinateur).
pupitreur, euse *m* et *f* INFORM operador, ra de consola.
pur, e *adj* puro, ra ‖ limpio, pia; *pur de tout crime* limpio de cualquier crimen ‖ — *cheval pur sang* caballo pura sangre ‖ *en pure perte* en balde, inútilmente, en vano.
purée *f* puré *m* (mets) ‖ POP estrechez, miseria (pauvreté) ‖ FIG & POP *être dans la purée* estar a dos velas, estar sin un céntimo.
purement *adv* puramente, meramente ‖ *purement et simplement* pura y simplemente, lisa y llanamente.
pureté [pyrte] *f* pureza ‖ FIG *pureté de sang* limpieza de sangre.
purgatif, ive *adj* purgativo, va.
◆ *m* purga *f*, purgante.
purgatoire *m* purgatorio.
purge *f* purga, purgante *m* (médication) ‖ desagüe *m*, conducto *m* de evacuación ‖ DR cancelación ‖ FIG purga (politique).
purger* *v tr* MÉD purgar ‖ purificar, depurar (purifier), acrisolar (les métaux) ‖ limpiar, librar de; *purger une mer des pirates* limpiar de piratas un mar ‖ purgar, expiar; *purger une peine* expiar una pena ‖ DR cancelar, redimir (hypothèque) ‖ TECHN limpiar, purgar ‖ *purger sa contumace* constituirse prisionero.
◆ *v pr* purgarse.
purifiant, e *adj* purificante.
purificateur, trice *adj* et *s* purificador, ra.
purification *f* purificación.
purifier* *v tr* purificar.
purin *m* aguas *f pl* de estiércol, jugo de estiércol.
purisme *m* purismo.
puriste *adj* et *s* purista.
puritain, e *adj* et *s* puritano, na.
puritanisme *m* puritanismo.

pur-sang [pyrsɑ̃] *m inv* caballo de pura sangre.
purulence *f* MÉD purulencia.
purulent, e *adj* MÉD purulento, ta.
pus [py] *m* MÉD pus.
pusillanime [pyzilanim] *adj* pusilánime.
pusillanimité [-mite] *f* pusilanimidad.
pustule *f* MÉD pústula.
pustuleux, euse *adj* pustuloso, sa.
putain *f* POP puta, ramera.
putatif, ive *adj* putativo, va (*supposé*).
pute *f* POP puta.
putois [pytwa] *m* turón (animal) ‖ pincel de alfarero ‖ FAM *crier comme un putois* gritar desaforadamente.
putréfaction *f* putrefacción, pudrición.
putréfier* *v tr* pudrir.
putrescent, e *adj* putrescente.
putrescible *adj* putrescible.
putride *adj* pútrido, da.
putsch [putʃ] *m* alzamiento, putsch, golpe.
putschiste *adj et s* golpista.
putt; putting *m* SPORTS pateo (au golf).
putter *m* SPORTS putter [palo] (au golf).
putter *v intr* SPORTS patear (au golf).
putting *m* SPORTS → **putt**.
puy [pɥi] *m* monte, montaña *f*.
puzzle [pœzl] *m* rompecabezas (jeu).
P.-V. abrév de *procès-verbal* multa.
PVC abrév de *PolyVinylChloride* PVC, cloruro de polivinilo.
P.V.D. abrév de *pays en voie de développement* país en vías de desarrollo.

Pygmalion *n pr* MYTH Pigmalión.
Pygmées *n pr m pl* pigmeos.
pyjama *m* pijama.
pylône *m* pilón (en Égypte) ‖ pilar (pilier) ‖ TECHN poste (poteau).
pyralène *m* TECHN piraleno, aceite aislante.
pyramidal, e *adj* piramidal; *objets pyramidaux* objetos piramidales ‖ FIG enorme, garrafal (énorme).
pyramide *f* pirámide ‖ — *pyramide des âges* pirámide de las edades [estructura por edades] ‖ *tronc de pyramide* tronco de pirámide.
pyrénéen, enne *adj* pirenaico, ca.
Pyrénéen, enne *m et f* pirenense.
Pyrénées *n pr f pl* GÉOGR Pirineos *m*.
Pyrex *m* (nom déposé) Pirex [vidrio que resiste al fuego].
pyrite *f* MIN pirita.
pyrograver *v tr* pirograbar.
pyrogravure *f* pirograbado *m*.
pyrolyse *f* pirolisis.
pyromane *m et f* pirómano, na.
pyromanie *f* piromanía.
pyromètre *m* pirómetro (thermomètre).
pyrométrie *f* pirometría.
pyrotechnie *f* pirotecnia.
pyrotechnique *adj* pirotécnico, ca.
Pythagore *n pr m* Pitágoras.
pythagoricien, enne *adj et s* pitagórico, ca.
pythie *f* pitonisa, pitia.
python *m* pitón (serpent).

Q

q [ky] *m* q *f*.
Qatar; Katar *n pr m* GÉOGR Qatar.
Q.C.M. abrév de *questionnaire à choix multiple* examen tipo test.
Q.G. abrév de *quartier général* cuartel general.
Q.H.S. abrév de *quartier de haute sécurité* departamento de alta seguridad (prison).
Q.I. abrév de *quotient intellectuel* coeficiente de inteligencia.
qqch abrév de *quelque chose* alguna cosa, algo.
qqn abrév de *quelqu'un* alguien.
quadragénaire [kwadraʒenɛːr] *adj et s* cuadragenario, ria; cuarentón, ona (*fam*).
quadrangulaire *adj* GÉOM cuadrangular.
quadrant [kwadrɑ̃] ou [kadrɑ̃] *m* GÉOM cuadrante.
quadrature *f* GÉOM cuadratura ‖ FIG *c'est la quadrature du cercle* es la cuadratura del círculo.

quadriceps *adj et s m* cuadriceps (muscle).
quadrichromie *f* cuatricromía.
quadriennal, e *adj* cuadrienal, cuatrienal.
quadrige *m* cuadriga *f*.
quadrilatéral, e *adj* cuadrilátero, ra; *terrains quadrilatéraux* terrenos cuadriláteros.
quadrilatère *adj et s m* GÉOM cuadrilátero.
quadrillage [kadrijaːʒ] *m* cuadrícula *f* ‖ cuadriculado ‖ MIL división *f* en zonas.
quadrille [-driːj] *m* contradanza *f* (danse), lanceros *pl* ‖ grupo de jinetes (dans un carrousel).
quadriller [-drije] *v tr* cuadricular ‖ MIL dividir en zonas.
quadrimoteur *adj et s m* AVIAT cuatrimotor, tetramotor.
quadripartite *adj* cuadripartito, ta.
quadriphonie *f* cuadrafonía.

quadriréacteur *adj et s m* AVIAT cuatrirreactor.
quadrysillabe *m* cuatrisílabo.
quadrysillabique *adj* cuatrisílabo, ba.
quadrumane *adj et s m* ZOOL cuadrumano, na.
quadrupède *adj m et s m* cuadrúpedo.
quadruple *adj* cuádruple ‖ MUS *quadruple croche* semifusa.
◆ *m* cuádruplo.
quadrupler *v tr et intr* cuadruplicar.
quadruplés, ées [kwadryple] *m et f pl* cuatrillizos, zas (enfants).
quai [kɛ] *m* muelle (d'un cours d'eau, au bord de la mer); *se mettre à quai* atracar al muelle ‖ avenida *f*, paseo (entre l'eau et les maisons) ‖ andén (chemin de fer) ‖ — FIG *le Quai (d'Orsay)* el ministerio de Asuntos Exteriores [de Francia].
quaker, eresse [kwɛkər, ərɛs] *m et f* cuáquero, ra.
quakerisme [-rism] *m* cuaquerismo.
qualifiable [kalifjabl] *adj* calificable ‖ *ce n'est pas qualifiable* no tiene nombre (indignation).
qualificatif, ive [-fikatif, i:v] *adj et s m* calificativo, va.
qualification [-fikasjɔ̃] *f* calificación (attribution) ‖ calificación (pour une épreuve sportive) ‖ capacitación, cualificación (d'un ouvrier); *contrat de qualification* contrato de cualificación.
qualifié, e [-fje] *adj* calificado, da ‖ capacitado, da; *il n'est pas très qualifié pour faire ce travail* no está muy capacitado para efectuar esa labor ‖ — *ouvrier qualifié* obrero cualificado *ou* especializado ‖ DR *vol qualifié* robo con agravantes.
qualifier* [-fje] *v tr* calificar ‖ cualificar (un ouvrier).
◆ *v pr* calificarse.
qualitatif, ive *adj* cualitativo, va.
qualitativement *adv* cualitativamente.
qualité [kalite] *f* cualidad (propriété caractéristique); *la vitesse, qualité essentielle d'un avion* la velocidad, cualidad esencial de un avión ‖ calidad (ensemble des qualités); *un avion de qualité* un avión de calidad ‖ calidad; *préférer la qualité à la quantité* preferir la calidad a la cantidad ‖ calidad (condition); *qualité de citoyen* calidad de ciudadano ‖ — *qualité de la vie* calidad de vida ‖ *rapport qualité-prix* relación calidad precio ‖ *homme de qualité* hombre de calidad ‖ *en qualité de* en calidad de, como ‖ — *avoir qualité pour* tener autoridad para, estar autorizado para.
◆ *pl* DR apuntamiento *m sing* ‖ aptitud, cualidad, disposiciones *pl*, dotes *pl*; *cet enfant a de bonnes qualités* este niño manifiesta buenas disposiciones.
quand [kɑ̃] *adv* cuándo; *quand partez-vous?* ¿cuándo sale usted?
◆ *conj* cuando; en el momento en que; *quand il est arrivé, il m'a salué* cuando llegó, me saludó; *quand vous serez vieux* cuando sea usted viejo ‖ aun cuando; *quand je le saurais, je me tairais* aun cuando lo supiese, me callaría; *quand bien même je parlerais, ils me feraient taire* cuando hablase, me harían callar ‖ — FAM *quand même* a pesar de todo, con todo y con eso ‖ *on me l'a défendu, mais je le ferai quand même* me lo han prohibido, pero lo haré a pesar de todo ‖ *quand même, quand bien même* aun cuando, incluso si ‖ FAM *quand même!* ¡vamos!, ¡lo que faltaba!

— OBSERV *Cuando* porte un accent écrit sur le *a* lorsque c'est un adverbe interrogatif. Lorsque la conjonction *quand* introduit une préposition subordonnée au futur en français, la conjonction équivalente *cuando* doit être suivie du présent du subjonctif en espagnol.

quanta [kwɑ̃ta] *m pl* PHYS quanta, cuanta.
— OBSERV El singular de *quanta* es *quantum*.
quant à [kɑ̃ta] *loc prép* en cuanto a, con respecto a, por lo que se refiere a.
quant-à-moi [kɑ̃tamwa] *m inv*; **quant-à-soi** [-swa] *m inv* reserva *f*, actitud *f* de reserva; *il reste sur son quant-à-soi* él guarda reserva.
quantième [kɑ̃tjɛm] *m* día; *ne pas savoir le quantième du mois où l'on est* no saber el día del mes en que estamos.
quantifiable *adj* que se puede cuantificar.
quantificateur *m* MATH cuantificador ‖ — *quantificateur existentiel* cuantificador particular ‖ *quantificateur universel* cuantificador universal.
quantification [kɑ̃tifikasjɔ̃] *f* cuantificación, determinación de la cantidad.
quantifier [-fje] *v tr* determinar la cantidad de algo ‖ PHYS cuantificar, aplicar a un fenómeno la teoría de los cuanta.
quantique [kwɑ̃tik] *adj* cuántico, ca; *mécanique quantique* mecánica cuántica; *physique quantique* física cuántica.
quantitatif, ive [kɑ̃titatif, i:v] *adj* cuantitativo, va ‖ CHIM *analyse quantitative* análisis cuantitativo.
quantitativement *adv* cuantitativamente.
quantité [kɑ̃tite] *f* cantidad; *mesurer une quantité* medir una cantidad ‖ una gran cantidad, un gran número *m*; *quantité de gens disent* una gran cantidad de gente dice ‖ ÉLECTR cantidad ‖ *adjectif, adverbe de quantité* adjetivo, adverbio de cantidad ‖ — *du travail en quantité* trabajo en cantidad ‖ *en grande quantité* en gran cantidad ‖ *en quantités industrielles* en cantidades industriales.
— OBSERV El verbo (o adjetivo) puede concordar con el complemento: *une quantité d'enfants parurent, quantité de gens en sont sûrs*.
quantum [kwɑ̃tɔm] *m* cantidad *f* (dans une répartition) ‖ cuantía *f* (montant d'une indemnisation) ‖ PHYS quantum.
— OBSERV pl *quanta*.
quarantaine [karɑ̃tɛ:n] *f* cuarentena (âge) ‖ cuarentena, unos *m* cuarenta; *une quarantaine de soldats* unos cuarenta soldados ‖ cuarentena (navire, malade) ‖ — *avoir la quarantaine* tener los cuarenta, ser un cuarentón ‖ *mettre quelqu'un en quarantaine* poner a alguien en cuarentena.
quarante [karɑ̃:t] *adj num card et s m* cuarenta ‖ — FAM *les Quarante* los miembros de la Academia Francesa ‖ *se moquer d'une chose comme de l'an quarante* importarle a uno algo un bledo.
quarantième [-tjɛːm] *adj num ord et s* cuadragésimo, ma ‖ cuarentavo, va (fraction).
quark *m* PHYS quark.
quart, e [ka:r, kart] *adj* MÉD *fièvre quarte* cuartana.
◆ *m* cuarto (heure) ‖ cuarto, cuarta *f* parte; *un quart de mètre* un cuarto de metro; *trois est le quart de douze* tres es la cuarta parte de doce ‖ botella *f* de a cuarto; *un quart d'eau minérale* una botella de a cuarto de agua mineral ‖ MAR guardia *f*, cuarto; *être de quart* estar de guardia ‖ MIL taza metálica (gobelet) ‖ — MUS *quart de soupir* silencio de se-

quarte

micorchea ‖ SPORTS *quarts de finale* cuartos de final ‖ *— les trois quarts du temps* casi siempre, la mayor parte del tiempo ‖ *portrait de trois quarts* retrato de medio perfil ‖ — FIG *au quart de tour* a la primera *aux trois quarts* en gran parte, casi totalmente ‖ *pour le quart d'heure* por el momento, por ahora ‖ — FIG *démarrer au quart de tour* arrancar a la primera ‖ *il est le quart* son y cuarto ‖ *il est moins le quart* son las menos cuarto ‖ *passer un mauvais quart d'heure* pasar un mal rato ‖ MAR *prendre le quart* entrar de guardia.

quarte [kart] *f* cuartillo *m* (unité de mesure) ‖ cuarta (parade d'escrime).

quarté *m* quiniela *f* hípica que consiste en acertar los cuatro primeros caballos.

quartette *m* MUS cuarteto.

quartier [kartje] *m* cuarta *f* parte, cuarto (en général) ‖ gajo, casco (d'orange) ‖ trozo, porción *f* (d'une tarte) ‖ cuarto (d'un bœuf) ‖ barrio (d'une ville) ‖ contrafuerte (de chaussure) ‖ faldón (de selle) ‖ trimestre ‖ cuarto (degré de descendance dans une famille) ‖ ASTR cuarto; *premier, dernier quartier* cuarto creciente, menguante ‖ BLAS cuartel ‖ FIG gracia *f*, perdón ‖ MIL acuartelamiento (lieu occupé par la troupe) ‖ — *quartier commerçant, résidentiel* barrio comercial, residencial ‖ *quartier de haute sécurité (Q.H.S.)* departamento de alta seguridad (prison) ‖ CONSTR *quartier de pierre* bloque de piedra ‖ MIL *quartier d'hiver, quartier général* cuartel *ou* refugio de invierno, cuartel general ‖ — *pas de quartier!* ¡guerra sin cuartel! ‖ — *avoir quartier libre* estar *ou* dejar libre ‖ *avoir ses quartiers de noblesse* ser de alta alcurnia, de rancio abolengo ‖ *donner, faire quartier* dar cuartel, acordar gracia.

quartier-maître *m* MAR cabo de la marina.
 — OBSERV pl *quartiers-maîtres*.

quartz [kwarts] *m* MIN cuarzo.

quasar *m* ASTR quásar.

quasi [kazi] *adv* casi.

quasiment [-mã] *adv* FAM casi.

quaternaire [kwatɛrnɛːr] *adj* que vale cuatro *ou* es divisible por cuatro ‖ CHIM & MATH cuaternario, ria.
 ▸ *adj* et *s m* cuaternario, ria; *ère quaternaire, le quaternaire* era cuaternaria, el cuaternario.

quatorze [katɔrz] *adj* et *s m* catorce.
 ▸ *adj ord* catorce; decimocuarto, ta; *chapitre quatorze* capítulo catorce *ou* decimocuarto ‖ *Louis XIV* (quatorze), Luis XIV [catorce].

quatorzième [-zjɛːm] *adj ord* et *s* decimocuarto, ta ‖ catorzavo, va (fraction) ‖ *le quatorzième siècle* el siglo catorce.

quatrain [katrɛ̃] *m* cuarteto (vers de onze syllabes) ‖ cuarteta *f* (vers octosyllabe).

quatre [katr] *adj num* et *s m* cuatro; *quatre à quatre* de cuatro en cuatro ‖ — *à quatre pattes* a cuatro patas ‖ MUS *morceau à quatre mains* pieza a cuatro manos (piano) ‖ — *couper les cheveux en quatre* hilar muy fino, cortar un pelo en el aire ‖ FAM *se mettre en quatre pour quelqu'un* desvivirse por alguien, deshacerse en atenciones con alguien, tratar a cuerpo de rey ‖ *se tenir à quatre* dominarse, contenerse, aguantarse.
 ▸ *adj ord* cuarto; *Henri IV* (quatre), Enrique IV [cuarto].

quatre-épices [katrepis] *m inv* BOT neguilla *f*.

quatre-quarts *m inv* CULIN bizcocho compuesto de cuatro ingredientes en partes iguales.

quatre-quatre *m inv* MUS medida en cuatro tiempos.
 ▸ *f ou m inv* coche todo terreno.

quatre-saisons [katrəsɛzɔ̃] *f inv* BOT variedad de fresa ‖ *marchande des quatre-saisons* verdulera ambulante.

quatre-vingtième [katrəvɛ̃tjɛːm] *adj* et *s* octogésimo, ma ‖ ochentavo, va (fraction).

quatre-vingts [katrəvɛ̃] *adj* et *s m* ochenta.
 — OBSERV Pierde la *s* cuando precede a otro número: *quatre-vingt-quatre* ochenta y cuatro; y cuando es empleado como adjetivo numeral: *page quatre-vingt*, *année mille huit cent quatre-vingt*.

quatre-vingt-dix [-dis] *adj* et *s m* noventa.

quatre-vingt-dixième [-dizjɛːm] *adj* ets nonagésimo, ma ‖ noventavo, va (fraction).

quatrième [katrijɛm] *adj ord* et *s* cuarto, ta.
 ▸ *f* cuarta (jeu de cartes) ‖ tercer curso *m* de bachillerato ‖ MATH *quatrième proportionnelle* cuarta proporcional.

quatrièmement [-mã] *adv* en cuarto lugar, cuarto.

quattrocento [kwatrosãto] *m* siglo XV, quattrocento.

quatuor [kwatɥɔr] *m* MUS cuarteto.

que [kə] *pron rel* que; *le livre que je lis* el libro que estoy leyendo ‖ a quien, al que, a la que, al cual, a la cual; *la personne que j'aime* la persona a quien quiero.
 ▸ *pron interr* qué; *que dis-tu?* ¿qué dices? ‖ de qué, para qué; *que lui sert de parler s'il ne peut rien prouver?* ¿de qué le sirve hablar si no puede demostrar nada? ‖ *qu'est-ce que...?* ¿qué es lo que...?, ¿qué?
 ▸ *conj* que; *je veux que tu viennes* quiero que vengas ‖ para que; *venez que l'on vous félicite* venga para que le felicitemos ‖ antes que; *je n'irai pas que tout ne soit prêt* no iré antes que todo esté listo ‖ ya que (puisque) ‖ que (pour exprimer un souhait, un ordre, une imprécation); *qu'il s'en aille* que se vaya (quelquefois le «que» peut être supprimé: *que je meure si...* muera yo si) ‖ *Que* ne se traduit pas lorsqu'il remplace certaines conjonctions ou adverbes déjà exprimés; *quand on est riche et qu'on est généreux* cuando se es rico y se es generoso; *s'il m'écrit et qu'il me demande de l'argent* si me escribe y me pide dinero ‖ *Que de* ne se traduit pas; *c'est une faute que de s'obstiner* es un error obstinarse ‖ — *que non!* ¡ca!, ¡claro que no! ‖ *que si!* ¡claro que sí! ‖ — *à peine... que* apenas... cuando ‖ *aussi bien que* tan bien como ‖ *aussi... que* tan... como ‖ *autant... que* tanto... como ‖ *c'est... que* es... donde (lieu), es... cuando (temps), es... como (manière), es... a quien (personne) ‖ *d'autant plus que* tanto más cuanto que ‖ *il n'est que de* no hay más que ‖ *moins, plus... que* menos, más... que ‖ *si... que* tan... que ‖ *tout autre que* cualquier otro que no fuese.
 ▸ *adv* qué; *que vous êtes jolie!* ¡qué guapa está! ‖ por qué; *que ne le disiez-vous?* ¿por qué no lo decía? ‖ — *que de* cuánto, ta; *que d'hommes!* ¡cuántos hombres! ‖ *que ne... je* quién; *que ne puis-je aller en vacances!* ¡quien pudiera irse de vacaciones! ‖ — *cruel que vous êtes!* ¡qué cruel es usted!

Québec *n pr* GÉOGR Quebec.

québécois, e *adj* quebequés, esa.

Québécois, e *m* et *f* quebequés, esa.

quechua; quichua *m* quechua, quichua.

quel, elle *adj interr* et *exclam* qué (devant un nom ou un adjectif); *quelle chance! ¡*qué suerte!; *quelle personne sympathique!* ¡qué persona más simpática! ‖ cuál (devant un verbe); *quel est votre but?* ¿cuál es su propósito? ‖ quién; *quel est cet homme?* ¿quién es este hombre? ‖ *quel que* cualquiera que; *quels que soient les dangers, je les affronterai* cualesquiera que sean los peligros, los arrostraré.

quelconque *adj indéf* cualquiera, cualquier; *donner un prétexte quelconque* dar cualquier pretexto ‖ FAM mediocre, del montón; *un livre quelconque* un libro mediocre.

 — OBSERV *Cualquiera* perd son *a* final lorsqu'il est placé immédiatement devant un nom ou un adjectif: *un jour quelconque* cualquier día; *un pauvre homme quelconque* cualquier pobre hombre. Le pluriel de *cualquiera* est *cualesquiera*: *des choses quelconques* cualesquiera cosas.

quelque [kɛlk] *adj indéf* alguno, na; *as-tu quelque livre à me prêter?* ¿tienes algún libro que dejarme? ‖ *— quelque chose* algo; *je vais vous montrer quelque chose de beau* le voy a enseñar algo bonito ‖ *quelque part* en algún sitio; *ce livre doit être quelque part* este libro tiene que estar en algún sitio; en cierto sitio (coup de pied) ‖ *quelque... que* por mucho... que, por más... que; *quelque effort qu'il fasse il n'arrive à rien* por mucho esfuerzo que haga no consigue nada ‖ *quelque... que, quelque... qui* cualquiera que sea... que; *quelques sujets que l'on discute* cualesquiera que sean los temas que se discuten ‖ *quelque temps* algún tiempo ‖ *— ce mot me dit quelque chose* esta palabra me suena, me dice algo ‖ *ce visage me dit quelque chose* esta cara me suena *ou* me resulta conocida *ou* me recuerda algo.

 ◆ *pl* algunos, nas; unos, unas; *il a quelques amis* tiene unos amigos ‖ unos pocos, unos cuantos, alguno que otro, uno que otro; *il a écrit quelques pièces de théâtre* ha escrito unas cuantas obras *ou* alguna que otra obra de teatro ‖ *quelques autres* otros pocos ‖ *— cent francs et quelques* cien francos y pico.

 ◆ *adv* cerca de; unos, unas; aproximadamente; *il y a quelque six semaines* hace unas seis semanas ‖ por, por muy, por más; *quelque habile qu'il soit* por muy hábil que sea ‖ *quelque peu* un poco, algo.

 — OBSERV *Alguno* s'apocope en *algún* devant un substantif masculin singulier (*quelque jour* algún día).

 — OBSERV La *e* final del adjetivo *quelque* no se elide nunca excepto delante de *un* o *une* (*quelqu'un* alguien; *quelqu'une* alguna).

quelquefois *adv* algunas veces, a veces.

 — OBSERV No se confunda *quelquefois* a veces, con *quelques fois* varias veces.

quelqu'un, e [kɛlkœ̃, yn] *pron indéf* alguien; *quelqu'un est-il venu?* ¿ha venidoalguien? ‖ alguno, na; uno, una; *quelqu'un de mes amis* alguno de mis amigos ‖ FAM *il se croit quelqu'un* se cree alguien.

quelques-uns, unes [kɛlkəzœ̃, yn] *pron indéf pl* varios, varias; algunos, algunas.

quémander *v tr* et *intr* mendigar; *quémander un emploi* mendigar un empleo.

quémandeur, euse *m* et *f* pedigüeño, ña.

qu'en-dira-t-on (le) *m inv* el qué dirán.

quenelle [kənɛl] *f* CULIN especie de croqueta [con pescado o carne].

quenotte *f* FAM dientecillo *m* (d'enfant).

quenouille [kənuːj] *f* rueca (pour filer) ‖ copo *m*, husada, rocada; *filer deux quenouilles* hilar dos copos ‖ árbol *m* cortado en forma de huso ‖ tope *m* de obturación (obturateur pour le métal fondu) ‖ AGRIC tallo *m* (tige) ‖ *tomber en quenouille* recaer en hembra (un héritage).

quercinois, e; quercynois, e *adj* quercinés, esa.

Quercinois, e; Quercynois, e *m* et *f* quercinés, esa.

Quercy *n pr* GÉOGR Quercy.

querelle [kərɛl] *f* disputa, pendencia, camorra (rixe); *chercher querelle* buscar camorra ‖ *(vx)* querella (contestation) ‖ *— querelle d'Allemand* disputa sin fundamento ‖ *— épouser la querelle de quelqu'un* ponerse de parte de alguien.

quereller [-le] *v tr* reñir, regañar.

 ◆ *v pr* pelearse.

querelleur, euse [-lœːr, øːz] *adj* et *s* pendenciero, ra; camorrista.

quérir; querir* *v tr* buscar, traer (chercher); *envoyer quérir le médecin* mandar buscar al médico.

 — OBSERV Úsase solamente el infinitivo después de los verbos *aller, envoyer* y *venir*.

questeur [kɛstœːr] *m* cuestor (à Rome) ‖ administrador de una asamblea legislativa.

question [kɛstjɔ̃] *f* pregunta; *poser une question* hacer una pregunta ‖ cuestión (sujet à discuter); *mettre une question sur le tapis* poner una cuestión sobre el tapete ‖ *(vx)* tormento *m* (torture); *soumettre à la question* dar tormento ‖ cuestión, cosa; *c'est une question de vie ou de mort* es cuestión de vida o muerte ‖ tema *m*, asunto *m*; *des questions d'ordre général* asuntos de orden general ‖ problema *m*; *c'est là une question économique* eso es un problema económico ‖ *questions sociales* problemas sociales ‖ *— question de confiance* voto de confianza ‖ *question piège* pregunta capciosa ‖ *question subsidiaire* pregunta subsidiaria ‖ *— la personne, le type en question* la persona, el tipo de marras ‖ *en question* de que se trata ‖ *l'affaire en question* el asunto de que se trata ‖ *pas question!* ¡ni hablar!, ¡ni pensarlo! ‖ *quelle question!* ¡vaya pregunta! ‖ *— être en question* estar puesto en tela de juicio ‖ *il en est question* así parece ‖ *il est question de* se trata de (il s'agit), parece que (il semble) ‖ *il n'est pas question d'y aller* ni hablar de ir ‖ *mettre en question* poner en duda *ou* en tela de juicio (examiner), someter a discusión (discuter) ‖ *poser la question de confiance* plantear *ou* presentar la cuestión de confianza ‖ *qu'il n'en soit plus question* que no se vuelva a hablar más de esto ‖ *remettre en question* volver a discutir ‖ *sortir de la question* salirse del tema.

questionnaire *m* cuestionario (recueil de questions) ‖ *(vx)* verdugo.

questionner *v tr* preguntar, interrogar ‖ *(vx)* torturar, dar tormento.

quête [kɛːt] *f* *(vx)* busca, búsqueda (recherche) ‖ colecta (à l'église); *faire la quête* hacer una colecta ‖ cuestación (sur la voie publique) ‖ MAR inclinación (d'un mât) ‖ ángulo *m* entre la quilla y el codaste ‖ *en quête de* en busca de, en pos de.

quêter *v tr* buscar (chercher) ‖ ventear (chasse).

 ◆ *v intr* hacer la colecta, pedir (à l'église), postular (sur la voie publique).

quêteur, euse *adj* et *s* limosnero, ra (religieux) ‖ postulante, ta (sur la voie publique) ‖ ventor (chien) || *quêteur d'honneurs* buscador de honores.

quetsche [kwetʃ] *f* ciruela damascena || aguardiente *m* de ciruelas.

queue [kø:] *f* cola (poissons, oiseaux, chevaux, animaux en général, robe) || rabo *m* (chiens, taureaux, souris, chats, quadrupèdes) || mango *m* (d'un ustensile) || FIG cola (file d'attente, dernière partie d'un cortège) || taco *m* de billar || faldón *m* (d'une jaquette) || fin *m*, final *m* || cola (d'une comète, d'un avion) || BOT pecíolo *m* (des feuilles), rabillo *m* (des fleurs et des fruits) || IMPR rabo *m* (d'une lettre), birlí *m* (fin de page en blanc) || — *queue de cheval* cola, coleta (coiffure) || *coup de queue* coletazo || *fausse queue* pifia (au billard) || *piano à queue* piano de cola || *tête à queue* tornillazo (dérapage d'une voiture) || — *à la queue leu leu* en fila india, uno tras otro || *en queue* en la cola (d'un train, d'un métro, etc.) || *sans queue ni tête* sin pies ni cabeza || — *avoir la queue basse* tener el rabo entre las piernas || *faire la queue* hacer cola || *faire une queue de poisson* cerrarse; *le camion m'a fait une queue de poisson* el camión me ha cerrado || *finir en queue de poisson* quedar en agua de borrajas || POP *n'en avoir pas la queue d'un* estar sin un cuarto, estar pelado || *prendre la queue, se mettre à la queue* ponerse a la cola || *remuer, battre la queue* colear, dar coletazos || *tenir la queue de la poêle* tener la sartén por el mango || FAM *tirer le diable par la queue* estar a la cuarta pregunta.

queue-d'aronde *f* TECHN cola de milano, cola de pato (assemblage).
— OBSERV pl *queues-d'aronde*.

queue-de-cheval [køtʃəval] *f* cola de caballo.
— OBSERV pl *queues-de-cheval*.

queue-de-pie [kødpi] *f* FAM chaqué *m* (habit).
— OBSERV pl *queues-de-pie*.

queue-de-rat [kødra] *f* TECHN cola de rata, limatón *m* (lime) || MAR rabo *m* de rata.
— OBSERV pl *queues-de-rat*.

qui *pron rel* que; *l'homme qui vient* el hombre que viene || quien; *qui trop embrasse mal étreint* quien mucho abarca poco aprieta || quien, quienes, el que, los que, la que, las que, el cual, los cuales, la cual, las cuales (précédé d'une préposition); *ceux pour qui je parle* aquellos para quienes hablo || *qui... qui* quién... quien || *celui qui* el que, quien || *ce qui* lo que || *— chez qui* en cuya casa, en casa de quien || *c'est moi qui* soy yo quien || *c'est... qui* es... quien *ou* el que; *c'est son père qui parle* es su padre el que habla || *il n'y a personne qui* no hay quien, no hay nadie que || *qui pis est* lo que es peor || *qui que ce soit* quienquiera *ou* cualquiera que sea.
◆ *pron interr* quién, quiénes; *qui sont ces deux garçons?* ¿quiénes son estos dos chicos?; *dis-moi qui va venir* dime quién va a venir; *pour qui voterons-nous?* ¿por quién votaremos? || a quién; *qui as-tu rencontré?* ¿a quién has encontrado?

quiche [kiʃ] *f* tarta con tocino y jamón [entremés de Lorena].

Quichotte (Don) *n pr m* Don Quijote.

quichua *m* → **quechua**.

quick *m* SPORTS pista *f* rápida (tennis).

quiconque *pron rel indéf* quienquiera que, cualquiera que; *quiconque le verra* quienquiera que le vea || cualquiera, cualquier otro, cualquier; *vous le faites mieux que quiconque* lo hace mejor que cualquiera.
— OBSERV El pronombre *quiconque* no tiene ni plural ni forma femenina y, mientras en francés va seguido del indicativo, en español va siempre seguido del subjuntivo (*quiconque est mère* cualquiera que sea madre).

quidam [kɥidam] *ou* [kidam] *m* FAM quídam, fulano.

quiétisme [kɥietism] *m* quietismo.

quiétude [-tyd] *ou* [kjetyd] *f* quietud, sosiego *m* || *en toute quiétude* con toda tranquilidad.

quignon [kiɲɔ̃] *m* mendrugo, zoquete de pan.

quille [ki:j] *f* bolo *m* (jeu) || MAR quilla (de bateau) || MIL & POP licencia || — POP zancas *pl* (jambe) || — *quille de roulis* quilla de balance || *recevoir quelqu'un comme un chien dans un jeu de quilles* recibir a alguien como perros en misa *ou* de mala manera.

quincaillerie [kɛ̃kɑjri] *f* quincalla (marchandise métallique) || ferretería, quincallería (magasin) || FAM chatarra (objets sans valeur).

quincaillier, ère [kɛ̃kɑje, jɛ:r] *m* et *f* ferretero, ra; quincallero, ra.

quinconce [kɛ̃kɔ̃:s] *m* AGRIC tresbolillo; *plantation en quinconce* plantación al tresbolillo.

quinine *f* quinina.

quinquagénaire [kɥɛkwaʒenɛ:r] *adj et s* quincuagenario, ria; cincuentón, ona (*fam*).

quinquennal, e [kɥɛkɥenal] *adj* quinquenal; *jeux quinquennaux* juegos quinquenales.

quinquennat [-na] *m* quinquenio.

quinquina [kɛ̃kina] *m* quino, quina *f* (arbre) || MÉD quina *f*, quinquina *f* || vino quinado (vin).

quintal *m* quintal (poids).
— OBSERV Le *quintal métrique* pèse 100 kg. L'ancien *quintal* espagnol (non métrique) pesait 100 livres.

quinte [kɛ̃:t] *f* MUS quinta || escalera (au poker); *quinte au roi, quinte flush* o *floche* escalera al rey, escalera de color; *quinte majeure* escalera máxima || quinta (escrime) || MÉD acceso *m*, ataque *m* de tos (toux) || FAM capricho *m*, humorada (caprice).

quinté *m* quiniela *f* hípica que consiste en acertar los cinco primeros caballos.

quintessence *f* quintaesencia.

quintet *m* MUS quinteto de jazz.

quintette [kɛ̃tɛt] *ou* [kɥɛtɛt] *m* MUS quinteto.

quintuple [kɛ̃typl] *adj et s m* quíntuplo, pla.

quintupler *v tr* et *intr* quintuplicar.

quintuplés, ées *m* et *f pl* quintillizos, zas.

quinzaine [kɛ̃zɛ:n] *f* quincena, dos semanas || unos quince, quincena (environ quinze) || *une quinzaine publicitaire, commerciale* un quincena publicitaria, comercial.

quinze [kɛ̃:z] *adj num* et *ord s* quince; *Louis XV* (quinze), Luis XV [quince] || *jeudi en quinze* del jueves en quince días.
◆ *m* quince (équipe de rugby).

quinzième [kɛ̃zjɛ:m] *adj ord* et *s* decimoquinto, ta || quinzavo, va (fraction).

quiproquo [kiprɔko] *m* quid pro quo, equivocación *f*.

Quirinal (mont) *n pr* GÉOGR monte Quirinal.

Quito *n pr* GÉOGR Quito.

quittance *f* recibo *m* || FIG *donner quittance de* liberar de (une obligation), pagar (une dette).

quitte *adj* libre; *reconnaître un débiteur quitte de sa dette* reconocer a un deudor libre de su deuda; *être* *quitte de soucis* estar libre de preocupaciones ‖ exento, ta; *être quitte d'impôts* estar exento de impuestos ‖ — *quitte à* con riesgo de, con peligro de; *quitte à perdre sa place* con riesgo de perder su puesto; sin perjuicio que, a reserva de; *un système nommé aujourd'hui libéralisme, quitte à prendre demain un autre nom* un sistema llamado hoy liberalismo, sin perjuicio que tome mañana otro nombre; aunque tenga, incluso si; *je veux le renvoyer, quitte à lui payer une indemnité* quiero echarle, incluso si tengo que pagarle una indemnización ‖ *quitte ou double* doble o nada, lo toma o lo deja (jeu) ‖ — *en être quitte à bon marché* salir bien parado ‖ *en être quitte pour* librarse con; *en être quitte pour un avertissement* librarse con una advertencia; costarle a uno; *j'en suis quitte pour un million* me cuesta un millón ‖ *en être quitte pour la peur* no haber sido más que el susto ‖ *être quitte avec quelqu'un* estar en paz con alguien ‖ *être quitte de* haberse librado de; *être quitte d'une visite* haberse librado de una visita ‖ *jouer à quitte ou double* jugar a doble o nada (jeu), jugarse el todo por el todo (tout risquer).

— OBSERV *Quitte à* es invariable.

quitter *v tr* dejar, abandonar; *quitter la partie* abandonar la partida; *quitter sa famille* dejar su familia; *quitter ses fonctions* abandonar sus funciones ‖ irse de, marcharse de; *quitter un lieu, son pays* irse de un sitio, de su país ‖ quitarse, despojarse de; *quitter son pardessus* quitarse el abrigo ‖ separarse de; *ne pas quitter quelqu'un d'un pas* no separarse de uno ni un paso ‖ salirse de; *fleuve qui a quitté son lit* río que se ha salido de su cauce ‖ (vx) liberar, dispensar; *quitter quelqu'un d'une dette* dispensar a uno de una deuda ‖ — *quitter la chambre* salir de la habitación (malade) ‖ *quitter la route* (voiture), salirse de la carretera, despistarse ‖ *quitter le droit chemin* apartarse del buen camino ‖ *quitter le lit* levantarse ‖ *quitter l'habit religieux* salirse del convento, renunciar al hábito ‖ *quitter un chemin* apartarse de un camino ‖ — *la vie l'a quitté* la vida se le ha ido ‖ *ne pas quitter* acompañar siempre, no dejar en paz; *un désir qui ne nous quitte jamais* un deseo que nos acompaña siempre; *la maladie ne la quitte plus* la enfermedad no la deja en paz; estar siempre presente; *son souvenir ne me quitte pas* su recuerdo está siempre presente en mí ‖ *ne pas quitter des yeux* no quitar la vista ou los ojos de encima, no apartar la vista de ‖ *ne pas quitter quelqu'un d'une semelle* pisar los talones de uno, no dejarle a uno ‖ *quand l'âme quitte le corps* cuando el alma se separa del cuerpo.

◆ *v intr* irse, marcharse (s'en aller) ‖ *ne quittez pas* no se retire (téléphone).

◆ *v pr* separarse; *ils se sont quittés définitivement* se separaron definitivamente ‖ separarse, despedirse; *nous nous sommes quittés à l'aéroport* nos despedimos en el aeropuerto.

quitus [kitys] ou [kɥitys] *m* finiquito, descargo.

qui vive? *interj* ¿quién vive?

◆ *m* *être sur le qui-vive* estar en alerta continua, estar muy atento.

quiz *m* concurso.

quoi [kwa] *pron rel* que, lo que; *c'est à quoi je pensais* es en lo que pensaba; *il n'y a pas de quoi se vanter* no hay de qué estar orgulloso ‖ — *quoi que* por más que; *quoi que vous disiez* por más que usted diga ‖ — *à cause de quoi* por cuya causa ‖ *en vue de quoi* con cuyo objeto ‖ *n'importe quoi* cualquier cosa ‖ *sans quoi* sino, sin lo cual; *j'ai la fièvre, sans quoi je serais venu* tengo fiebre, sino hubiera ido ‖ — *as-tu de quoi écrire?* ¿tienes con qué escribir? ‖ *il n'a pas de quoi se l'acheter* no tiene con qué comprárselo ‖ *il n'y a pas de quoi* de nada, no hay de qué ‖ *il n'y a pas de quoi être fier* no hay por qué estar orgulloso ‖ *il y a de quoi* no es para menos; *je me suis fâchée, mais il y avait de quoi* me he enfadado, pero no era para menos ‖ *quoi qu'il en soit* sea lo que sea, sea lo que fuere ‖ *quoi qu'on en dise* a pesar de lo que se diga, dígase lo que se diga ‖ *un je-ne-sais-quoi* un no sé qué.

◆ *pron interr* qué; *à quoi pensez-vous?* ¿en qué piensa usted?, ¿en qué está usted pensando?; *je ne sais pas de quoi il s'agit* no sé de qué se trata ‖ — *à quoi bon?* ¿para qué? ‖ *en quoi puis-je vous aider?* ¿en qué puedo ayudarle? ‖ *quoi de plus normal que* es muy lógico que ‖ *quoi faire?* ¿qué hemos de hacer?

◆ *interj* ¡cómo! (comment); *quoi! vous partez?* ¡cómo! ¿se marcha usted?; ¡vamos!, ¡vaya!, ¡hombre! (à la fin d'une phrase); *c'est un bon garçon, quoi!* es un buen chico, ¡vaya!; *soyez poli, quoi!* sea usted correcto, ¡vamos!; *et puis quoi encore!* y, ¿qué más quieres?

quoique *conj* aunque.

— OBSERV La conjunción *quoique* va siempre seguida del subjuntivo. La *e* final se elide solamente delante de *il, elle, on, un, une*.

— OBSERV La conjonction *aunque* est suivie de l'indicatif lorsqu'elle introduit un fait présenté comme réel, et du subjonctif si ce fait est présenté comme hypothétique.

quolibet [kɔlibe] *m* pulla *f*, pullazo, rechifla *f*, chirigota *f*.

quorum [kgwœrɔm] *m* quórum (d'une assemblée); *atteindre le quorum* tener quórum.

quota [kgwœta] *m* cuota *f*, cupo, contingente; *quota d'importation* cuota de importación.

quote-part [kgwœtpaːr] *f* cuota, parte proporcional.

— OBSERV *Quote-part* no se emplea en plural.

quotidien, enne [kotidjɛ̃, jɛn] *adj* diario, ria; cotidiano, na.

◆ *m* diario, periódico (journal); *le quotidien du soir* el periódico de la tarde.

quotidiennement *adv* diariamente, a diario, cotidianamente.

quotidienneté *f* cotidianeidad.

quotient [kosjɑ̃] *m* MATH cociente, razón *f* ‖ *quotient intellectuel* coeficiente de inteligencia.

quotité [kgwœtite] *f* cuota, parte ‖ DR *quotité disponible* tercio de libre disposición en una herencia.

R

r *m* r *f.*

rab; rabe *m* FAM sobras *f pl* ‖ *il y a du rab* hay de sobra ‖ *vouloir du rab* querer más.

rabâcher *v tr* FAM machacar, machaconear, repetir.
◆ *v intr* FAM repetirse.

rabais [rabɛ] *m* rebaja *f*, descuento ‖ baja *f* (des eaux) ‖ — *adjuger au rabais* adjudicar al mejor postor ‖ *mettre au rabais* rebajar ‖ *vendre au rabais* vender con rebaja.

rabaisser *v tr* bajar (descendre) ‖ bajar, rebajar (prix) ‖ FIG rebajar (abaisser) ‖ FIG & FAM *rabaisser le caquet de quelqu'un* bajar los humos a alguien.
◆ *v pr* rebajarse.

rabane *f* tejido *m* de rafia.

rabat [raba] *m* alzacuello, collarín (des ecclésiastiques) ‖ golilla *f* (des magistrats) ‖ rebote (d'une balle) ‖ birla *f* (quilles) ‖ ojeo (chasse) ‖ campana *f* (cheminée) ‖ rebaja *f*, baja *f* (prix) ‖ carterilla *f* (d'une poche) ‖ solapa *f* (livre).

Rabat *n pr* GÉOGR Rabat.

rabat-joie [-ʒwa] *adj et s m inv* aguafiestas.

rabattage *m* ojeo (chasse) ‖ rebaja *f*, baja *f* (rabais) ‖ AGRIC poda *f*, desmoche (des arbres).

rabatteur *m* ojeador ‖ gancho (pour attirer des clients).

rabattre* *v tr* bajar; *rabattre les bords d'un chapeau* bajar las alas de un sombrero ‖ abatir (faire tomber) ‖ doblar, plegar (replier) ‖ rebajar, descontar; *rabattre dix mille francs* rebajar diez mil francos ‖ volver; *col rabattu* cuello vuelto ‖ planchar, sentar; *rabattre un pli* planchar una arruga ‖ ojear (chasse) ‖ allanar (la terre) ‖ remachar (un clou) ‖ rebajar (la couleur) ‖ pulimentar (le marbre) ‖ enganchar, pescar (des clients) ‖ rechazar, parar (un coup) ‖ birlar (au jeu de quilles) ‖ AGRIC podar, chapodar, desmochar (élaguer) ‖ GÉOM proyectar, abatir ‖ FIG rebajar, abatir (l'orgueil, etc.) ‖ FAM *rabattre le caquet* cerrar el pico (faire taire), bajar los humos (humilier).
◆ *v intr* torcer, tirar; *rabattre sur le bord de la mer* tirar hacia orillas del mar ‖ cerrar (tricot) ‖ — *rabattre de* rebajar ‖ — *il faut en rabattre* hay que ceder, hay que bajar sus pretensiones.
◆ *v pr* recaer (retomber) ‖ volverse, echarse; *se rabattre vers o sur* volverse hacia ‖ conformarse; *n'ayant plus de viande, il se rabattit sur les légumes* como ya no le quedaba carne se conformó con las verduras.

rabattu, e *adj* vuelto, ta; *un chapeau à bords rabattus* un sombrero con las alas vueltas ‖ *chapeau rabattu sur les yeux* sombrero inclinado hacia adelante.

rabbin *m* rabino.

rabbinique *adj* rabínico, ca.

rabbinisme *m* rabinismo (doctrine des rabbins).

rabelaisien, enne *adj et s* rabelesiano, na.

rabibocher *v tr* FAM arreglar, componer, apañar (raccommoder) ‖ FIG & FAM hacer las paces entre, reconciliar; *rabibocher deux amis* hacer las paces entre dos amigos.

rabiot [rabjo]; **rab** *m* MIL & POP sobras *f pl* de rancho (de vivres) ‖ recargo en el servicio (temps de service supplémentaire) ‖ suplemento, excedente, sobras *f pl* (de nourriture) ‖ trabajo suplementario, suplemento (de travail).

rabioter *v tr* POP mangar, hurtar, birlar, hacerse con.

rabique *adj* MÉD rábico, ca; *virus rabique* virus rábico.

râble *m* lomo, solomillo, rabada *f* ‖ rabadilla *f* (d'un lapin, d'un lièvre) ‖ TECHN hurgón (pour fourgonner) ‖ paleta *f* de fundidor.
◆ *pl* MAR costillas *f*, cuadernas *f* (du bateau).

râblé, e *adj* FIG fornido, da; recio, cia; robusto, ta ‖ lomudo, da (un lièvre).

rabot [rabo] *m* TECHN cepillo, garlopa *f* (de menuisier) ‖ batidera *f* (de maçon) ‖ raspador (de mine) ‖ — *rabot à diamant* diamante de vidriero ‖ TECHN *rabot à moulures* repasadera ‖ — FIG *passer le rabot* cepillar, pulir, dar el último toque.

rabotage *m* cepillado, cepilladura *f*.

raboter *v tr* cepillar, acepillar (le bois) ‖ FIG pulir, limar, corregir (polir).

raboteur *m* obrero que cepilla, acepillador.

raboteuse *f* cepilladora, labra (machine).

raboteux, euse *adj* áspero, ra; rasposo, sa ‖ desigual; escabroso, sa (inégal); *chemin raboteux* camino escabroso ‖ FIG tosco, ca; desigual; áspero, ra (style).

rabougri, e *adj* desmirriado, da; desmedrado, da; canijo, ja; encanijado, da (chétif).

rabougrir *v intr* desmedrar, no crecer, encanijarse, ponerse canijo.
◆ *v tr* desmedrar, impedir el desarrollo, retrasar el crecimiento (retarder la croissance de); *le froid rabougrit les arbres* el frío impide el desarrollo de los árboles.
◆ *v pr* encogerse, achicarse (se recroqueviller) ‖ FIG embotarse, perder sus cualidades (perdre ses qualités).

rabrouer *v tr* acoger, tratar con aspereza ‖ regañar, reprender ásperamente (gronder rudement).

racaille [raka:j] *f* chusma, gentuza, canalla (rebut de la société) ‖ desecho *m*, sobra, escoria (rebut).

raccommodage *m* compostura *f*, arreglo (réparation) ‖ remiendo (pièce), zurcido (reprise).

raccommodement *m* reconciliación *f*, arreglo.
raccommoder *v tr* componer, arreglar, reparar (réparer) ‖ remendar (rapiécier), zurcir (repriser), repasar (remettre en état) ‖ lañar, remendar (la vaisselle) ‖ FIG reconciliar, hacer las paces | rehacer, echar un remiendo a (sa fortune) | arreglar, reparar (une gaffe).
◆ *v pr* FIG reconciliarse, hacer las paces.
raccommodeur, euse *m* et *f* reparador, ra ‖ lañador, ra (de vaisselle).
raccompagner *v tr* acompañar a, despedir a (des visites).
raccord [rakɔːr] *m* racor, empalme, enlace, unión *f* ‖ empalme, boquilla *f*, acoplamiento, enchufe flexible (de deux tuyaux) ‖ unión *f*, manguito, racor ‖ retoque (maquillage) ‖ CINÉM ajuste ‖ — *raccord de maçonnerie* retoque de albañilería ‖ *raccord de peinture* retoque de pintura ‖ TECHN *raccord fileté* manguito de unión.
raccordement *m* empalme, conexión *f*, enlace ‖ empalme (chemin de fer) ‖ — *bretelle de raccordement* carretera de enlace ‖ *voie de raccordement* vía de maniobra.
raccorder *v tr* empalmar, enlazar (joindre par un raccord) ‖ enlazar (relier) ‖ retocar, restaurar, reparar (réparer) ‖ ajustar ‖ retocar (maquillage) ‖ casar (tissus) ‖ TECHN conectar, enchufar; *raccorder au réseau téléphonique* conectar a la red telefónica.
raccourci, e *adj* abreviado, da (texte) ‖ acortado, da (vêtement) ‖ *à bras raccourcis* a brazo partido.
◆ *m* reducción *f* ‖ atajo, trocha *f* (chemin plus court) ‖ ARTS escorzo ‖ expresión *f* concisa ‖ *en raccourci* en resumen, en pocas palabras, en síntesis.
raccourcir *v tr* acortar ‖ abreviar (abréger) ‖ encoger (rétrécir) ‖ POP guillotinar, decapitar, cortar la cabeza *ou* el cuello (guillotiner).
◆ *v intr* et *pr* acortarse ‖ menguar (les jours) ‖ encoger (rétrécir) ‖ acortar el camino (chemin).
raccourcissement *m* acortamiento ‖ encogimiento (rétrécissement).
raccrocher *v tr* et *intr* volver a colgar; *raccrocher un tableau* volver a colgar un cuadro ‖ volver a enganchar; *raccrocher une remorque* volver a enganchar un remolque ‖ colgar (le téléphone) ‖ agarrar, recuperar, pescar, coger (ce qui s'échappe) ‖ FIG detener, parar (arrêter) ‖ cazar, enganchar (raccoler) ‖ *ne raccrochez pas* no cuelgue, no se retire (le téléphone).
◆ *v pr* agarrarse, aferrarse.
race *f* raza; *race jaune* raza amarilla ‖ FIG casta; *chien de bonne race* perro de buena casta ‖ *bon chien chasse de race* de casta le viene al galgo el ser rabilargo.
racé, e *adj* de raza (animal) ‖ con clase; fino, na (une personne).
rachat [raʃa] *m* rescate, redención *f*; *le rachat des captifs* el rescate de los cautivos ‖ nueva *f* compra ‖ DR retroventa *f* ‖ perdón, remisión *f*, indulto (pardon).
rachetable *adj* rescatable, redimible ‖ que se puede volver a comprar ‖ perdonable, redimible (une faute).
racheter* *v tr* rescatar, redimir; *racheter des captifs* rescatar cautivos ‖ volver a comprar, comprar de nuevo (acheter de nouveau) ‖ comprar (acheter) ‖ liberarse (d'une obligation) ‖ FIG compensar, salvar; *racheter ses défauts par ses qualités* compensar sus defectos con sus cualidades; *sa gentillesse rachète tout* su simpatía lo salva todo ‖ ganar el perdón por, redimir; *racheter ses péchés* ganar el perdón por sus pecados.
◆ *v pr* rescatarse, redimirse ‖ FIG desquitarse (se rattraper).
rachidien, enne [raʃidjɛ̃, ɛn] *adj* raquídeo, a (bulbe).
rachitique [-ʃitik] *adj* et *s* raquítico, ca.
rachitisme [-ʃitism] *m* raquitismo.
racial, e *adj* racial; *troubles raciaux* trastornos raciales.
racine *f* raíz; *racines adventives* raíces adventicias ‖ raigón *m*, raíz (des dents) ‖ MATH raíz ‖ GRAMM raíz ‖ sedal *m* (de ligne de pêche) ‖ — MATH *racine carrée, cubique* raíz cuadrada, cúbica ‖ — BOT *racine pivotante* raíz columnar *ou* nabiforme *ou* pivotante ‖ — FIG *couper le mal dans sa racine* o *à la racine* cortar de raíz, extirpar *ou* arrancar el mal de raíz ‖ *prendre racine* arraigar, echar raíces, enraizar.
racinien, enne *adj* raciniano, na; propio de Racine.
racisme *m* racismo.
raciste *adj* et *s* racista.
rack *m* (mot anglais), rack (meuble).
racket [rakɛt] *m* chantaje, extorsión *f*.
racketter *v tr* mangonear.
racketteur; racketter *m* chantajista.
raclage; raclement *m* raspado, raspadura *f*, raedura *f* ‖ poda *f*, limpia *f* (des taillis).
raclée *f* POP paliza, palizón *m*, tunda, vapuleo *m*.
raclement *m* → **raclage**.
racler *v tr* raspar, rascar ‖ rastrillar (les terres) ‖ rasar, pasar el rasero (rader) ‖ FAM rascar, tocar mal (un instrument) ‖ FIG *racler les fonds de tiroir* rascarse los bolsillos.
◆ *v pr* *se racler la gorge* aclararse la voz, carraspear.
raclette *f* raspador *m*, rascador *m*, raedera, rasqueta *f*.
racloir *m* rascador, raedera *f* (outil) ‖ MAR rasqueta *f*.
raclure *f* raspadura, raedura.
racolage *m* (vx) MIL enganche, reclutamiento ‖ provocación *f* (de fille de la rue).
racoler *v tr* (vx) MIL enganchar, reclutar ‖ echar el gancho, enganchar, pescar ‖ hacer la buscona (prostituée).
racoleur, euse *adj* et *s* (vx) MIL enganchador, reclutador ‖ gancho (recruteur de clients).
◆ *f* POP buscona, carrerista, fulana.
racontable *adj* contable, narrable.
racontar *m* FAM chisme, cotilleo, comadreo, habladuría *f* (cancan).
raconter *v tr* contar, relatar, referir; *raconter une histoire* contar una historia ‖ — FAM *en raconter* hablar mucho y exageradamente ‖ *ne me raconte pas d'histoires* no me vengas con cuentos ‖ *raconter des histoires* meter cuentos.
raconteur, euse *m* et *f* cuentista.
racornir *v tr* endurecer, acartonar, poner duro (endurcir).
◆ *v pr* endurecerse, resecarse, ponerse duro (devenir dur) ‖ FAM apergaminarse, acartonarse, amojamarse (devenir maigre et sec) ‖ FIG perder la sensibilidad, endurecerse.

radar *m* radar ‖ *— écran radar* pantalla de radar ‖ *système radar* sistema de radar.
rade *f* rada, ensenada ‖ FAM *laisser, rester en rade* dejar, quedarse plantado *ou* en la estacada.
radeau *m* balsa *f*; *radeau de sauvetage* balsa salvavidas ‖ armadía *f* (train de bois).
radial, e *adj* radial; *pneu à carcasse radiale* neumático radial.
◆ *f* carretera radial urbana (voie routière).
radian *m* MATH radián.
radiant, e *adj* radiante.
radiateur *m* radiador; *radiateur électrique, à gaz* radiador eléctrico, de gas.
radiation *f* PHYS radiación ‖ cancelación (action de rayer) ‖ exclusión, supresión (d'une liste).
radical, e *adj* et *s m* radical.
radicalement *adv* radicalmente, de manera radical.
radicalisation *f* radicalización.
radicaliser *v tr* radicalizar.
◆ *v pr* radicalizarse.
radicalisme *m* radicalismo (politique radicale).
radical-socialisme *m* radicalsocialismo.
radical-socialiste *adj* et *s* radicalsocialista.
radicelle *f* raicilla.
radicule *f* BOT radícula, rejo *m*.
radié, e *adj* et *s* BOT radiado, da.
radier* *v tr* tachar, rayar, borrar (rayer) ‖ excluir, descartar (exclure) ‖ MÉD radiar, tratar con rayos X ‖ MIL dar de baja, expulsar de las filas militares.
radiesthésie *f* radiestesia.
radiesthésiste *m* et *f* radiestesista.
radieux, euse *adj* radiante (rayonnant) ‖ rebosante, resplandeciente (de joie).
radin, e *adj* et *s* FAM roñoso, sa; tacaño, ña; roñica.
radiner (se) *v pr* POP llegar, plantarse (arriver), ir (aller).
— OBSERV Úsase también como intransitivo.
radinerie *f* FAM roñería, tacañería.
radio *f* radio (radiodiffusion, radiotéléphonie) ‖ MÉD radiografía ‖ *— poste de radio* aparato de radio, radio ‖ *— passer à la radio* salir en la radio ‖ *se faire faire une radio des poumons* hacerse una radiografía de los pulmones.
◆ *m* radio (radiotélégraphiste) ‖ radiotelefonista.
radioactif, ive *adj* radiactivo, va; radioactivo, va.
radioactivité *f* NUCL radiactividad, radioactividad ‖ *radioactivité naturelle, résiduelle* radiactividad natural, residual.
radioalignement *m* radioalineación *f*.
radioamateur *m* radioaficionado.
radioastronomie *f* radioastronomía.
radiobalisage *m* señalización *f* por medio de la radio, radiobaliza, radioconducción.
radiobalise *f* radiobaliza.
radiocobalt *m* radiocobalto.
radiocommande *f* dirección por radio.
radiocommunication *f* radiocomunicación.
radiocompas [radjokɔ̃pɑ] *m* radiocompás, radiogoniómetro.
radioconducteur *m* radioconductor, cohesor.
radiodiffuser *v tr* radiar, radiodifundir.

radiodiffusion *f* radiodifusión ‖ *station de radiodiffusion* estación de radiodifusión, radiodifusora, radioemisora.
radioélectricien, enne *m* et *f* técnico, ca de radio.
radioélectricité *f* radioelectricidad.
radioélectrique *adj* radioeléctrico, ca.
radioélément *m* cuerpo radiactivo, radioelemento.
radiofréquence *f* radiofrecuencia.
radiogramme *m* radiograma.
radiographie; radio *f* radiografía ‖ *se faire faire une radio* hacerse una radiografía.
radiographier* *v tr* radiografiar ‖ *se faire radiographier* hacerse radiografías.
radiographique *adj* radiográfico, ca.
radioguidage *m* dirección *f* por radio.
radioguider *v tr* dirigir por radio.
radiologie *f* radiología.
radiologique *adj* radiológico, ca.
radiologue; radiologiste *m* et *f* radiólogo, ga.
radionavigant *m* radionavegante.
radionavigation *f* radionavegación.
radiophare *m* radiofaro.
radiophonie *f* radiofonía.
radiophonique *adj* radiofónico, ca; *programme o émission, jeu radiophonique* programa, concurso radiofónico.
radiorécepteur *m* radiorreceptor.
radioreportage *m* reportaje radiofónico.
radioreporter *m* et *f* reportero, ra de la radio.
radioréveil; radio-réveil *m* radiorreloj.
— OBSERV pl *radioréveils; radios-réveils*.
radioscopie *f* radioscopia.
radiosondage *m* radiosondeo.
radio-taxi *m* radiotaxi.
— OBSERV pl *radio-taxis*.
radiotechnique *adj* et *s f* radiotécnico, ca.
radiotélégraphie *f* radiotelegrafía.
radiotélégraphiste *m* et *f* radiotelegrafista.
radiotéléphone *m* radioteléfono.
radiotéléphonie *f* radiotelefonía.
radiotéléphonique *adj* radiotelefónico, ca.
radiotélescope *m* radiotelescopio.
radiotélévisé, e *adj* radiotelevisado, da.
radiotélévision *f* radiotelevisión.
radiothérapeute *m* et *f* MÉD radioterapeuta.
radiothérapie *f* radioterapia.
radis [radi] *m* rábano (plante); *radis noir* rábano negro ‖ FAM cuarto, blanca *f*, perra *f* (argent); *n'avoir pas un radis* estar sin blanca, no tener una perra ‖ FAM *ça ne vaut pas un radis* esto no vale un pito *ou* un real *ou* un comino.
radium [radjɔm] *m* radio (métal).
radius [radjys] *m* ANAT radio (os).
radotage *m* chochez *f*, chochera *f* ‖ desatino, necedad *f* (niaiserie).
radoter *v intr* chochear, desatinar, decir tonterías ‖ repetirse (rabâcher).
radoteur, euse *adj* chocho, cha.
◆ *m* et *f* viejo chocho, vieja chocha.
radoub [radu] *m* MAR carena *f* ‖ MAR *bassin* o *cale de radoub* carenero, dique de carena.

radouber *v tr* MAR carenar, reparar.
radoucir *v tr* suavizar, ablandar ‖ suavizar, templar, dulcificar (le temps) ‖ FIG aplacar, sosegar (apaiser), suavizar, ablandar (rendre traitable).
  ◆ *v pr* templarse (le temps) ‖ aplacarse, ablandarse.
radoucissement *m* suavización *f* (du caractère) ‖ mejora *f*, mejoría *f*, mejoramiento (du temps).
rafale *f* ráfaga, racha (de vent) ‖ ráfaga (d'armes à feu); *rafale de mitrailleuse* ráfaga de ametralladora ‖ *tir par rafales* tiro de ametralladora.
raffermir *v tr* fortificar, fortalecer (renforcer); *raffermir les gencives* fortificar las encías ‖ endurecer (durcir) ‖ consolidar (consolider) ‖ FIG afianzar, consolidar, afirmar, asegurar (établir solidement).
  ◆ *v pr* endurecerse ‖ fortalecerse ‖ afianzarse.
raffermissement *m* robustecimiento, fortalecimiento ‖ endurecimiento; *raffermissement du sol* endurecimiento del suelo ‖ consolidación *f* (consolidation).
raffinage *m* refinado, refinación *f*, refino.
raffiné, e *adj* refinado, da; fino, na.
  ◆ *m et f* persona de gusto refinado.
raffinement [rafinmã] *m* refinamiento.
raffiner [-ne] *v tr* refinar.
  ◆ *v intr* sutilizar, afinar (subtiliser).
raffinerie [-nri] *f* refinería.
raffoler *v intr* estar loco *ou* chiflado por, tener mucha afición a, pirrarse por; *je raffole de la musique* estoy loco por la música.
raffut [rafy] *m* FAM jaleo, follón; *faire du raffut* armar jaleo ‖ *il va y avoir du raffut* se va a armar la gorda *ou* la de Dios es Cristo.
rafiau; rafiot [rafjo] *m* barca *f* velera ‖ carraca *f*, barcucho, carcamán.
rafistolage *m* FAM remiendo, chapucería *f*, chapuza *f*.
rafistoler *v tr* FAM remendar, hacer una chapuza (raccomoder).
rafle *f* saqueo *m* (action de tout emporter) ‖ redada, batida, razzia (de la police) ‖ carozo *m* (du maïs) ‖ escobajo *m* (de raisin) ‖ red (filet).
rafler *v tr* saquear, robar ‖ arramblar con, llevarse, cargar con (tout emporter) ‖ FAM *tout rafler* alzarse con el santo y la limosna.
rafraîchir *v tr* enfriar, refrescar; *rafraîchir de l'eau* enfriar agua ‖ retocar, poner como nuevo; *rafraîchir une robe* retocar un vestido ‖ remozar; *rafraîchir un vêtement* remozar un vestido ‖ cortar las puntas, igualar, recortar (un taillis, etc.) ‖ descansar (reposer) ‖ AGRIC labrar por segunda vez ‖ ARTS avivar ‖ FIG *rafraîchir la mémoire* refrescar la memoria ‖ *rafraîchir les cheveux* arreglar el cuello (homme), cortar *ou* entresacar el pelo (femme).
  ◆ *v intr* refrescar, enfriarse (liquide).
  ◆ *v pr* tomar un refrigerio *ou* un refresco, tomar *ou* beber algo fresco ‖ refrescar; *le temps se rafraîchit* el tiempo refresca.
rafraîchissant, e *adj* refrescante, refrigerante.
rafraîchissement *m* enfriamiento (baisse de température) ‖ restauración *f* (d'un tableau) ‖ retoque (d'un vêtement, des cheveux) ‖ refresco (boisson fraîche) ‖ remozamiento (rajeunissement).
  ◆ *pl* refrescos (boissons).
raft; rafting *m* SPORTS rafting.

ragaillardir [ragajardiːr] *v tr* FAM remozar, revigorizar.
rage *f* rabia ‖ pasión, afición violenta (passion violente) ‖ MÉD rabia ‖ dolor *m*; *rage de dents* dolor de muelas ‖ — *à la rage* rabiosamente ‖ *écumer de rage* echar espumarajos de cólera ‖ *faire rage* causar estragos, asolar (tempête), hacer furor (une mode, une danse), tener violencia extrema.
rageant, e [raʒɑ̃, ɑ̃ːt] *adj* FAM que da rabia ‖ *c'est rageant* es para indignarse.
rager* *v intr* FAM rabiar, encoraginarse.
rageur, euse *adj et s* FAM rabioso, sa; iracundo, da; colérico, ca.
rageusement *adv* rabiosamente, con rabia, con coraje.
raglan *m* raglán (pardessus).
  ◆ *adj inv* raglán; *manches raglan* mangas raglán.
ragondin *m* ZOOL coipo, quiyá.
ragot, e [rago, ɔt] *adj et s* recogido, da; corto de patas y grueso (cheval).
  ◆ *m* FAM chisme, cuento, cotilleo, hablilla *f* (cancan) ‖ jabato de dos años (sanglier).
ragoût [ragu] *m* guisado, guiso ‖ FIG salsa *f*, incentivo, atracción *f*.
ragoûtant, e *adj* apetitoso, sa; sabroso, sa (mets); *peu ragoûtant* poco apetitoso ‖ agradable; grato, ta (spectacle).
  — OBSERV *Ragoûtant* se emplea únicamente en formas negativas: *peu ragoûtant, pas très ragoûtant*.
ragtime *m* MUS ragtime.
rahat-loukoum; rahat-lokoum *m* rahat lokum, dulce oriental.
rai [rɛ] *m* rayo (de lumière) ‖ radio (d'une roue).
raid [rɛd] *m* raid, incursión *f*, correría *f* ‖ carrera *f* de resistencia (sports) ‖ *raids aériens* incursiones aéreas.
raide *adj* tieso, sa; rígido, da; *jambe raide* pierna rígida ‖ tenso, sa; tirante (tendu) ‖ empinado, da; duro, ra (pente) ‖ lacio (cheveux) ‖ estirado, da; tieso, sa; envarado, da; *marcher raide* andar estirado ‖ FIG rígido, da; inflexible; *des principes raides* principios inflexibles ‖ FAM fuerte (fort) ‖ violento, ta; *un argument un peu raide* un argumento algo violento ‖ — *raide comme la justice* más tieso que un huso ‖ *raide comme un manche à balai* más tieso que un ajo ‖ — *corde raide* cuerda floja ‖ POP *c'est (un peu) raide* eso es el colmo, eso pasa de castaño oscuro, no hay quien se lo crea ‖ FAM *être raide* o *raide comme un passe-lacet* estar sin un cuarto *ou* sin una perra *ou* sin dinero, estar pelado ‖ *être tué raide* quedarse en el sitio ‖ *tomber raide mort* caer muerto en redondo, quedarse en el sitio.
raider *m* tiburón (de los negocios).
raideur *f* rigidez, tiesura ‖ tiesura, falta de soltura *ou* de flexibilidad, envaramiento *m* (manque de souplesse) ‖ pendiente, inclinación (d'un escalier, d'un chemin) ‖ FIG rigidez, severidad ‖ tirantez, tensión (tension) ‖ firmeza, tenacidad, dureza (fermeté).
raidillon [redijɔ̃] *m* repecho, costanilla *f*.
raidir *v tr* atiesar, poner tieso (rendre raide) ‖ estirar, atirantar, poner tirante (tendre) ‖ MAR tesar ‖ FIG endurecerse, curtir.
  ◆ *v intr* ponerse tieso *ou* rígido.

◆ *v pr* ponerse tieso *ou* rígido ‖ envararse, ponerse tieso (devenir raide) ‖ FIG resistir, mantenerse firme.
raidissement *m* rigidez *f*, tiesura *f* ‖ FIG tirantez *f*, endurecimiento (relations).
raie [rɛ] *f* raya (trait) ‖ raya (des cheveux) ‖ AGRIC entresurco *m*, surco *m* de arado ‖ ZOOL raya (poisson) ‖ — *raies du spectre* líneas del espectro ‖ *raie tachetée* escrita (poisson).
raifort [rɛfɔːr] *m* rábano blanco ‖ *raifort sauvage* rábano silvestre.
rail [rɑːj] *m* riel, raíl, carril ‖ ferrocarril; *transport par rail* transporte por ferrocarril ‖ — *rail à gorge* raíl guía ‖ *rail conducteur* carril conductor.
railler [-je] *v tr* burlarse de, hacer burla de, chancear, meterse con.
◆ *v intr* burlarse, bromear (se moquer).
raillerie [-jri] *f* burla, broma ‖ *entendre la raillerie* aguantar bromas, tener correa.
railleur, euse [-jœːr, jøːz] *adj* et *s* burlón, ona; chancero, ra; bromista.
rainette *f* rubeta, rana de zarzal.
rainurage *m* ranurado.
rainure *f* ranura, canal *m*.
raisin *m* uvas *f pl* (fruit de la vigne); *grappe de raisin* racimo de uvas; *j'aime le raisin* me gustan las uvas ‖ *uva f* (grain et sens collectif); papel de marquilla (0,50 × 0,65) ‖ — *raisin blanc, noir* uva blanca, negra ‖ *raisin de table* uva de mesa ‖ *raisin d'ours* gayuba (busserole) ‖ *raisin muscat* uva moscatel ‖ *raisins de Corinthe, de Malaga* pasas *ou* uvas pasas de Corinto, de Málaga ‖ *raisins secs* pasas, uvas pasas.
raison *f* razón ‖ razón, motivo *m; avoir toutes les raisons de* tener sobrados motivos para; *ce n'est pas une raison pour* no es motivo para ‖ razón, juicio *m; perdre la raison* perder el juicio; *âge de raison* edad del juicio ‖ — *raison d'État* razón de Estado ‖ *raison d'être* razón de ser ‖ MATH *raison directe, inverse d'une progression* razón directa, inversa de una progresión ‖ *raison sociale* razón social, firma ‖ — *mariage de raison* matrimonio de conveniencia *ou* de interés ‖ *à plus forte raison* con mayor motivo *ou* razón, máxime, cuanto más ‖ *à raison de* a razón de ‖ *ce que de raison* lo que es justo, lo razonable ‖ *comme de raison* como es justo, como se debe, como es lógico ‖ *en raison de* en razón a, con motivo de (à l'occasion de), dado, da; debido, da a; a causa de (étant donné) ‖ *plus que de raison* más de lo conveniente *ou* de lo debido *ou* de lo justo ‖ *pour quelle raison?* ¿por qué motivo?, ¿por qué? ‖ *pour une raison ou pour une autre* por A o por B, por una razón o por otra ‖ *raison de plus pour* razón de más para ‖ *sans rime ni raison* sin ton ni son, sin motivo u ocasión ‖ — *avoir raison* tener razón; *vous avez tout à fait raison* tiene usted toda la razón ‖ *avoir raison de* hacer bien en; *il a raison de partir* hace bien en marcharse ‖ *avoir raison de quelqu'un* vencer a uno, poder más que uno ‖ *avoir toujours de bonnes raisons* tener excusas para todo ‖ *demander raison* pedir satisfacción ‖ *donner raison à dar* razón a ‖ *entendre raison* avenirse a razones ‖ *faire entendre raison* hacer entrar en razón, meter en razón ‖ *faire raison* justificar ‖ *il y a raison en tout o pour tout* todo tiene un límite *ou* un tope ‖ *la raison du plus fort est toujours la meilleure* el más fuerte siempre lleva las de ganar ‖ *la raison vient avec l'âge* con los años viene el juicio ‖ FIG *mettre*

à la raison poner *ou* meter en razón ‖ *parler raison* hablar razonablemente *ou* con sentido común ‖ DR *pour valoir ce que de raison* y para que conste (certificats) ‖ *ramener quelqu'un à la raison* hacer entrar en razón a alguien ‖ *recouvrer la raison* recobrar la razón ‖ *rendre raison* justificar, explicar (justifier), luchar en combate singular (par un duel) ‖ *se faire une raison* conformarse, darse un motivo, aguantarse ‖ *se rendre à la raison* reducirse a la razón, avenirse a razones.
raisonnable *adj* racional (doué de raison); *être raisonnable* ser racional ‖ razonable (conforme à la raison); *prétention raisonnable* pretensión razonable ‖ razonable, módico (prix).
raisonnablement *adv* razonablemente, sensatamente, con sensatez (de façon sensée) ‖ de manera razonable, moderadamente, con moderación (modérément).
raisonné, e *adj* razonado, da; pensado, da ‖ racional; *méthode raisonnée* método racional.
raisonnement *m* raciocinio (faculté, action ou manière de raisonner); *manquer de raisonnement* carecer de raciocinio ‖ razonamiento (enchaînement d'idées); *raisonnement fondé* razonamiento fundado ‖ FAM *raisonnement cornu* razón de pie de banco.
raisonner *v intr* razonar, raciocinar ‖ discutir, hacer reflexiones (discuter) ‖ pensar ‖ reflexionar sobre, pensar en; *tu raisonnes toujours trop sur tout* tú piensas siempre demasiado en todo.
◆ *v tr* razonar ‖ hablar de (converser sur); *raisonner politique* hablar de política ‖ hacer entrar en razón, procurar convencer (faire entendre raison) ‖ — *raisonner comme une pantoufle* pensar con los pies ‖ *raisonner juste* razonar bien.
raisonneur, euse *adj* et *s* razonador, ra; filosofador, ra ‖ respondón, ona; discutidor, ra (qui discute les ordres).
rajeunir *v tr* et *intr* rejuvenecer ‖ remozar; *rajeunir une décoration* remozar un decorado ‖ hacer más joven, rejuvenecer; *cette coiffure vous rajeunit* este peinado le hace más joven ‖ renovar (le personnel) ‖ *cela ne nous rajeunit pas!* ¡esto nos envejece!
◆ *v pr* rejuvenecerse ‖ remozarse ‖ quitarse años (se dire plus jeune); *se rajeunir de cinq ans* quitarse cinco años.
rajeunissant, e *adj* rejuvenecedor, ra.
rajeunissement *m* rejuvenecimiento ‖ remozamiento.
rajout [raʒu] *m* añadido, añadidura *f*.
rajouter *v tr* añadir (ajouter) ‖ volver a añadir, añadir de nuevo (ajouter de nouveau) ‖ FAM *en rajouter* cargar las tintas, exagerar.
rajustement; réajustement *m* reajuste; *le rajustement des salaires* el reajuste de los sueldos ‖ arreglo, compostura *f*.
rajuster; réajuster *v tr* reajustar, volver a ajustar (ajuster de nouveau) ‖ componer, arreglar (remettre en état) ‖ ajustar, encajar bien (adapter).
râlant, e *adj* estertoroso, sa; con el estertor (un moribond) ‖ FAM *c'est râlant* es molesto *ou* engorroso.
râle *m* estertor; *le râle de la mort* el estertor de la muerte.
ralenti *m* ralentí, marcha lenta *f; marcher au ralenti* funcionar al ralentí (un moteur) ‖ cámara len-

ta (cinéma) ‖ *au ralenti* a marcha lenta, al ralentí (moteur), a cámara lenta (prise de vues), lentamente, lento, despacio (lentement).

ralentir *v tr* aminorar, disminuir, moderar; *ralentir le pas* aminorar el paso ‖ FIG reducir, disminuir ‖ aminorar la velocidad de, retrasar; *la neige ralentit les voitures* la nieve retrasa los coches ‖ *(vx)* FIG amortizar (émousser).
↪ *v intr* et *pr* ir más despacio (modérer la marche) ‖ disminuir (diminuer).

ralentissement *m* disminución *f* de la velocidad ‖ disminución *f*.

ralentisseur *m* decelerador, moderador.

râler *v intr* estar con el estertor de la agonía (moribond) ‖ tener un estertor (un enrhumé) ‖ mugir, bramar (le tigre, le faon) ‖ FAM gruñir, refunfuñar, protestar (grogner).

râleur, euse *adj* et *s* FAM gruñón, ona; protestón, ona.

ralliement [ralimã] *m* reunión *f* ‖ — MIL toque de llamada (sonnerie pour rallier) ‖ adhesión *f* ‖ — *point de ralliement* punto *ou* lugar de reunión ‖ *signe de ralliement* señal de reunión.

rallier* [-lje] *v tr* reunir [lo disperso] ‖ ganar, captar (ramener à une cause) ‖ incorporarse, reintegrar, volver a (rejoindre); *rallier son poste* incorporarse a su cargo ‖ regresar, volver (rentrer) ‖ poner de acuerdo ‖ — *rallier la terre* acercarse a tierra ‖ *rallier le bord* regresar a bordo ‖ *rallier un port* ganar un puerto.
↪ *v pr* reunirse ‖ adherirse, suscribirse (à une opinion) ‖ unirse, adscribirse (à un parti) ‖ fusionarse (deux partis).

rallonge *f* añadido *m*, añadidura ‖ ampliación (élargissement) ‖ alargadera (d'un compas, d'un goniomètre) ‖ larguero *m* (d'une table) ‖ POP guante *m*, gratificación (dessous-de-table) ‖ — FAM *nom à rallonge* apellido que no se acaba nunca (très long) ‖ *table à rallonges* mesa con largueros *ou* extensible.

rallongement *m* alargamiento.

rallonger* *v tr* alargar.
↪ *v intr* alargarse.

rallumer *v tr* volver a encender ‖ FIG avivar, reanimar.

rallye [rali] *m* rallye.

RAM; Ram abrév de *Random access memory* RAM, Ram, memoria Ram.

ramadan *m* ramadán (neuvième mois musulman).

ramage *m* ramaje ‖ gorjeo, canto (des oiseaux) ‖ FIG gorjeo (des enfants) ‖ habla, lenguaje, manera *f* de expresarse (langage) ‖ *à ramages* rameado, da; *tissu à ramages* tejido rameado.

ramassage *m* recogida *f*; *le ramassage des papiers* la recogida de los papeles ‖ reunión *f* (groupement) ‖ *service de ramassage* transporte escolar (d'enfants), transporte del personal (d'employés).

ramassé, e *adj* recogido, da (animal) ‖ FAM rechoncho, cha (personne).

ramasse-miettes *m inv* recogemigas.

ramasser *v tr* recoger; *ramasser du bois* recoger leña ‖ recoger (recueillir) ‖ aunar, reunir; *ramasser ses forces* aunar sus fuerzas ‖ condensar, resumir (résumer) ‖ reunir (rassembler) ‖ encoger (pelotonner) ‖ FAM llevarse, ganarse; *ramasser une gifle* llevarse una bofetada ‖ POP pescar, agarrar, trincar; *ramasser un voleur* pescar a un ladrón ‖ POP *ramasser une pelle* coger una liebre, dar con los huesos en el suelo.
↪ *v pr* acurrucarse, encogerse (se pelotonner) ‖ POP levantarse (se relever).

ramasseur, euse *m* et *f* recogedor, ra ‖ coleccionista (collectionneur) ‖ — *ramasseur de balles* recogepelotas ‖ *ramasseur de mégots* colillero.
↪ *f* AGRIC recogedor *m* ‖ *ramasseuse de gerbes* portagavillas.

ramassis [ramɑsi] *m* montón, hacina *f*, revoltijo (de choses) ‖ hato, pandilla *f*; *ramassis d'escrocs* pandilla de estafadores.

rambarde *f* MAR batayola, barandilla.

ramdam [ramdam] *m* POP alboroto, escándalo (vacarme); *faire du ramdam* armarescándalo *ou* alboroto.

rame *f* MAR remo *m* (aviron) ‖ resma (de papier) ‖ tren *m*, unidad (métro, train) ‖ AGRIC rodrigón *m*; *rame de haricots* rodrigón de judías ‖ MIL escalón *m* (de convoi automobile) ‖ — *être à la rame* andar al remo ‖ *faire force de rames* forzar de remos ‖ POP *ne pas en fiche une rame* no dar golpe, estar mano sobre mano.

rameau *m* ramo (petite branche) ‖ ANAT ramificación *f* ‖ ramal (d'une mine, d'une montagne, etc.) ‖ FIG rama *f* (d'une famille) ‖ *dimanche des Rameaux* domingo de Ramos.

ramée *f* enramada (abri) ‖ ramaje *m*, ramada, ramas *pl* cortadas (branches coupées).

ramener* [ramne] *v tr* traer de nuevo, volver a traer, devolver; *je vous ramènerai votre livre demain* le devolveré su libro mañana ‖ llevar de nuevo, volver a llevar; *je dois ramener l'enfant chez le médecin* debo llevar de nuevo al niño al médico ‖ traer consigo; *je ramène un ami à dîner* traigo conmigo un amigo a cenar ‖ FIG hacer volver; *ramener l'abondance* hacer volver la abundancia | restablecer; *ramener la paix* restablecer la paz ‖ volver; *la charité sort de l'austérité et y ramène* la caridad sale de la austeridad y vuelve a ella | hacer volver; *ramener sur le droit chemin* hacer volver al buen camino ‖ reducir; *la surtaxe a été ramenée de 15 % à 10 %* la sobretasa ha sido reducida de 15 % a 10 % ‖ volver a poner, reponer (remettre) ‖ poner, echarse (mettre); *ramener ses cheveux en avant* echarse los pelos hacia adelante ‖ echar; *ramener les bras en arrière* echar los brazos hacia atrás ‖ llevar (amener) ‖ acompañar, llevar (reconduire); *je vous ramènerai chez vous en voiture* le llevaré a su casa en coche ‖ — *ramener tout à soi* pensar sólo en sí mismo, hacerlo girar todo alrededor suyo ‖ — POP *la ramener* farolearse, darse tono ‖ *tout ramener à* relacionarlo todo con.
↪ *v pr se ramener à* reducirse a.

ramequin *m* pastelillo de queso ‖ recipiente en el cual se sirve este pastel.

ramer *v intr* remar; *ramer contre le courant* remar contra corriente ‖ POP apencar, currelar (travailler beaucoup).
↪ *v tr* AGRIC encañar, rodrigar (les plantes) ‖ FAM *il s'y entend comme à ramer les choux* no sabe donde tiene las narices.

ramette *f* resmilla (de papier) ‖ IMPR rama.

rameur, euse *m* et *f* remero, ra.

rameuter *v tr* volver a amotinar ‖ atraillar, juntar en jauría (chiens).

rami *m* rami (jeu de cartes).
ramier *m* paloma *f* torcaz *ou* zurita.
ramification *f* ramificación.
ramifier* *v tr* ramificar.
◆ *v pr* ramificarse.
ramolli, e *adj* et *s* FAM imbécil; alelado, da; con el cerebro reblandecido.
ramollir *v tr* reblandecer, ablandar || FIG aflojar, debilitar.
◆ *v pr* reblandecerse, ablandarse || FAM volverse imbécil.
ramollissement *m* reblandecimiento || FIG entontecimiento || MÉD reblandecimiento.
ramollo *adj* FAM pachucho, cha; aplatanado, da.
ramonage *m* deshollinamiento || escalada *f* de chimenea (escalade).
ramoner *v tr* deshollinar || escalar de chimenea (alpinisme).
ramoneur *m* deshollinador.
rampant, e *adj* rastrero, ra; *animal rampant* animal rastrero || FIG rastrero, a; servil; *caractère rampant* carácter rastrero || BLAS rampante; *lion rampant* león rampante || BOT rastrero, ra (plantes) || ARCHIT inclinado, da; en declive, por tranquil; *arc rampant* arco por tranquil.
◆ *adj* et *s m* MIL & FAM personal de tierra *ou* que no vuela (dans l'aviation).
rampe *f* barandilla, baranda, pasamanos *m* (balustrade d'un escalier) || rampa (plan incliné) || rampa, declive *m* pendiente (pente douce) || THÉÂTR candilejas *pl*, batería de luces (lumières de scène) || fila de proyectores, batería (aviation) || — *rampe de lancement* rampa *ou* plataforma de lanzamiento (de fusées) || — *feux de la rampe* candilejas || POP *lâcher la rampe* hincar el pico, espichar (mourir).
ramper *v intr* arrastrarse, reptar || trepar (le lierre) || FIG arrastrarse, rebajarse (s'humilier).
Ramsès *n pr* Ramsés.
ramure *f* enramada, ramaje *m* (branchage) || cornamenta (d'un animal).
rancard; rancart; rencard [rãkaːr] *m* POP chivateo, soplo (renseignement) || FAM cita *f* (rendez-vous) || FAM *donner un rancard* citar.
rancarder; rencarder *v tr* FAM quedar con, citar (donner un rendez-vous) || POP dar el chivatazo, chivarse *v pr*, soplar (renseigner).
rancart [rãkaːr] (**mettre au**) *loc* FAM arrinconar, arrumbar.
rance *adj* rancio, cia.
◆ *m* lo rancio || *sentir le rance* oler a rancio.
ranch [rãnʃ]; **rancho** [rãntʃo] *m* rancho (ferme).
ranci *m* olor, sabor a rancio.
rancir *v intr* ponerse rancio, enranciarse.
rancœur *f* rencor *m*, resentimiento *m*, rencilla.
rançon [rãsɔ̃] *f* rescate *m* || FIG precio *m*, tributo *m*, pago *m*, contrapartida; *la rançon de la gloire* el precio de la gloria || *mettre à rançon* exigir *ou* imponer rescate.
rançonner *v tr* exigir rescate, poner a precio || robar, despojar || FIG clavar, desollar (demander un prix excessif).
rançonneur, euse *m* et *f* persona *f* que exige un rescate || desollador, ra; ladrón, ona; abusón, ona.

rancune *f* rencor *m* || FAM *sans rancune* olvidémoslo, hagamos las paces || *garder rancune à quelqu'un* guardar rencor a alguien.
rancunier, ère *adj* et *s* rencoroso, sa.
randonnée *f* revuelta (chasse) || caminata, marcha larga (à pied); *il fit une longue randonnée* se dio una larga caminata, excursión || vuelta, circuito *m* (en automobile).
randonneur, euse *m* et *f* caminante (à pied), excursionista (à pied, à cheval, à byciclette).
rang [rã] *m* fila *f* || puesto, lugar (place) || categoría *f*, clase *f*, rango (classe) || chibalete (d'imprimerie) || hilada *f* (de briques) || vuelta *f* (tricot, collier) || — MIL *rang d'ancienneté* orden de antigüedad || — THÉÂTR *premier rang* primera fila, fila delantera || — MIL *à vos rangs, fixe!* ¡firmes! || *de haut rang* de mucha categoría, de alto rango, de alta condición || *en rang* en fila || FAM *en rang d'oignons* en ristra, en hilera || MIL *en rangs serrés* en orden cerrado || *hors rang* sin par, extraordinario || MIL *par rang de taille* por estatura || — *avoir rang de* tener rango de, tener el grado de || — *garder son rang* conservar su categoría (sa classe), conservar la formación (militaire) || — *mettre au rang de* colocar entre || *ouvrir, serrer les rangs* abrir, cerrar las filas || *rentrer dans le rang* entrar en vereda || MIL *rompre les rangs* romper filas || *se mettre en rang* ponerse en fila || *se mettre en rangs par quatre* ponerse en filas de a cuatro || *se mettre sur les rangs* ponerse entre los candidatos *ou* pretendientes || *sorti du rang* oficial procedente de suboficial, patatero (*fam*) || *tenir son rang* mantener *ou* conservar su rango || *tenir un rang honorable* ocupar una posición honorable.
rangé, e *adj* ordenado, da; *une vie rangée* una vida ordenada || comedido, da; formal; serio, ria || — *bataille rangée* batalla campal || *être rangé, être rangé des voitures* estar encajado.
rangée *f* hilera, fila; *une rangée d'arbres* una hilera de árboles || ordenación (tricot).
rangement *m* arreglo, colocación *f* en orden.
ranger* *v tr* ordenar, arreglar, poner en orden; *ranger une pièce* arreglar un cuarto | FIG colocar, poner; *ranger parmi les meilleurs* colocar entre los mejores | incluir, clasificar; *ranger un auteur parmi les classiques* clasificar a un autor entre los clásicos || guardar, meter; *ranger un livre dans un tiroir* guardar un libro en un cajón || poner en su sitio (mettre à sa place) || apartar (mettre de côté) || aparcar (voiture) || poner en fila (mettre en rang) || FIG hacer adoptar, hacer compartir; *il les a tous rangés à son avis* les ha hecho a todos adoptar su opinión || MAR arranchar, costear (longer); *ranger une côte* arranchar una costa, costear.
◆ *v pr* colocarse || ponerse en fila (se mettre en rang) || adoptar, adherirse a; *se ranger à une opinion* adoptar una opinión || echarse *ou* ponerse a un lado, apartarse, dejar paso (s'écarter pour faire place) || FIG sentar cabeza, encajarse, llevar una vida ordenada (mener une vie rangée) || — *se ranger du côté de* ponerse del lado de, adoptar *ou* tomar el partido de || *se ranger sous la bannière de* alistarse en las filas de.
ranimer *v tr* reanimar, animar || avivar (le feu).
raout [raut] *m* fiesta *f*, reunión *f*, sarao (fête).
rapace *adj* et *s* rapaz; *rapace diurne, nocturne* rapaz diurna, nocturna || FIG codicioso, sa; ávido, da.
◆ *m pl* ZOOL rapaces *f*.
rapacité *f* rapacidad || FIG avidez, codicia.

rapatrié, e *adj* et *s* repatriado, da.
rapatriement [rapatrimã] *m* repatriación *f* ‖ *(vx)* reconciliación *f* (réconciliation).
rapatrier* *v tr* repatriar ‖ *(vx)* reconciliar (réconcilier).
◆ *v pr* repatriarse.
râpe *f* rallador *m*, rallo *m* (ustensile de cuisine) ‖ TECHN escofina (grosse lime).
râpé, e *adj* raído, da; gastado, da; *costume râpé* traje raído ‖ rallado, da; *fromage râpé* queso rallado.
◆ *m* queso rallado ‖ rapé, tabaco en polvo (tabac).
râper *v tr* rallar (le pain, le fromage) ‖ raspar (user la surface d'un corps) ‖ limar, escofinar (limer) ‖ FAM raer, usar, gastar (les vêtements).
rapetasser *v tr* FAM remendar.
rapetisser *v tr* empequeñecer, achicar, reducir.
◆ *v intr* disminuir, achicarse ‖ acortarse ‖ encoger (rétrécir).
◆ *v pr* achicarse.
râpeux, euse *adj* rasposo, sa; áspero, ra.
raphia *m* rafia *f* (plante et fibre).
rapiat, e [rapja, at] *adj* FAM roñoso, sa; roñica.
rapide *adj* rápido, da ‖ muy pendiente, muy empinado (très incliné); *côte rapide* cuesta muy pendiente.
◆ *m* rápido (train, fleuve).
rapidité *f* rapidez.
rapiéçage; rapiècement *m* remiendo.
rapiécer* *v tr* remendar, poner *ou* echar una pieza.
rapière *f* espada, estoque *m*.
raplapla *loc* *être un peu raplapla* estar un poco decaído, estar aplatanado, no encontrarse muy católico *ou* pocho *ou* pachucho.
raplatir *v tr* aplastar de nuevo.
rapparier* *v tr* emparejar de nuevo.
rappel *m* llamamiento, llamada *f* [*(amér)* llamado] ‖ retirada *f*, revocación *f* (d'un ambassadeur) ‖ THÉÂTR llamada *f* a escena ‖ MIL llamada *f*, llamamiento; *battre o sonner le rappel* tocar llamada [con tambor o trompeta] ‖ notificación *f* ‖ FIG recuerdo, evocación *f*; *le rappel du passé* el recuerdo del pasado ‖ atrasos *pl* (paiement) ‖ canto de las perdices (chant des perdreaux) ‖ TECHN retroceso (retour en arrière) ‖ SPORTS rápel, «rappel» (alpinisme) ‖ — *rappel à l'ordre* llamamiento *ou* llamada al orden ‖ *rappel de compte* pago de un resto de cuenta ‖ *rappel d'impôt* notificación de liquidación de impuestos ‖ *rappel d'un vaccin* revacunación, dosis de recuerdo ‖ — SPORTS *descente en rappel* descenso en rápel (alpinisme) ‖ *lettre de rappel* carta de llamada (ambassadeur) ‖ MÉD *piqûre de rappel* revacunación ‖ TECHN *ressort de rappel* muelle antagonista.
rappelé, e *adj* et *s* llamado a filas, movilizado (soldat, réserviste).
rappeler* *v tr* volver a llamar, llamar nuevamente ‖ llamar; *rappeler à l'ordre* llamar al orden ‖ volver; *rappeler à la vie* volver a la vida ‖ recordar (faire revenir à la mémoire); *rappeler un fait* recordar un hecho ‖ retirar, hacer volver; *rappeler un ambassadeur* retirar un embajador ‖ recordar a, parecerse a; *il me rappelle sa mère* me recuerda a su madre ‖ THÉÂTR llamar a escena ‖ — *rappeler ses*

esprits recobrar el sentido, volver en sí ‖ *rappeler sous les drapeaux* llamar a filas ‖ — *pour autant que je me rappelle* si mal no recuerdo, si mi memoria no me engaña ‖ *veuillez me rappeler au bon souvenir de* dele recuerdos a.
◆ *v pr* recordar, acordarse de; *se rappeler quelque chose* recordar una cosa.
— OBSERV El verbo pronominal francés va seguido de un complemento directo (*se rappeler une chose* recordar una cosa) y no es correcto emplear la preposición *de* excepto con un infinitivo (*je me rappelle de l'avoir vu* recuerdo haberle visto). Es incorrecto decir *je m'en rappelle*, en lugar de *je me le rappelle* o de *je m'en souviens*. La expresión *je m'en rappelle* es correcta solamente si *en* es complemento del nombre y no del verbo: *cet évènement est arrivé, je m'en rappelle toutes les circonstances* ese acontecimiento sucedió y recuerdo todas sus circunstancias.
rappliquer *v intr* volver a aplicar ‖ POP presentarse, acudir (venir).
rapport [rapɔːr] *m* producto, rendimiento; *le rapport d'une terre* el producto de una tierra; *terre en plein rapport* tierra en pleno rendimiento ‖ renta *f*; *immeuble de rapport* inmueble de renta ‖ analogía *f*, similitud *f*; *le rapport de deux caractères* la similitud de dos caracteres ‖ relación *f*; *le rapport entre deux choses* la relación entre dos cosas ‖ relación *f*, trato; *être en bons rapports* estar en buenas relaciones ‖ relación *f*, relato (récit) ‖ informe; *présenter un rapport au directeur* presentar un informe al director ‖ informe, ponencia *f*; *le rapport de la commission* el informe de la comisión ‖ DR dictamen, informe (d'experts) ‖ relación *f* (d'un juge) ‖ reintegro, restitución *f*, colación *f* (dans une succession) ‖ rendición *f* (des comptes) ‖ contacto sexual ‖ MIL informe, parte ‖ MATH razón *f* ‖ — ÉCON *rapport d'activités* informe sobre actividades ‖ MATH *rapport des masses* relación de las masas ‖ *rapport d'expertise* informe pericial ‖ *rapport qualité-prix* relación calidad precio ‖ *rapports de bon voisinage* relaciones de buena vecindad ‖ *terres de rapport* tierras de acarreo ‖ — *en rapport avec* en relación con, conforme a ‖ *par rapport à* con relación a, en comparación con, respecto a (en comparaison) ‖ *sous le rapport de* desde el punto de vista de, con respecto a ‖ *sous tous les rapports* en todos los aspectos, desde cualquier punto de vista ‖ — *avoir rapport à* tener relación con, referirse a ‖ *entretenir des rapports d'amitié* mantener relaciones amistosas ‖ *être sans rapport avec*, *n'avoir aucun rapport avec* no tener nada que ver con ‖ *faire le rapport entre* relacionar con ‖ *mettre en rapport* poner en relación *ou* en contacto.
rapporté, e *adj* vuelto a traer, traído de nuevo ‖ *pièce rapportée* trozo adicional (assemblage), elemento ajeno *ou* añadido a la familia (par alliance).
rapporter *v tr* volver a traer, traer de nuevo (apporter de nouveau) ‖ traer; *rapporter des cigares de La Havane* traer cigarros puros de La Habana ‖ devolver, restituir, traer (restituer) ‖ producir, dar; *cette terre rapporte beaucoup de blé* esta tierra da mucho trigo ‖ proporcionar; *rapporter du profit* proporcionar provecho ‖ acarrear, transportar, traer ‖ relacionar (rapprocher) ‖ relatar, referir; *rapporter des faits intéressants* relatar hechos interesantes ‖ informar de, hacer un informe de; *rapporter les décisions d'une commission* informar de las decisiones de una comisión ‖ contar, decir, acusar (redire indiscrètement); *personne qui rapporte tout* persona que lo cuenta todo ‖ FAM acusar,

chivarse (moucharder) ‖ alegar, citar ‖ FIG atribuir (rattacher à) ‖ añadir, agregar (ajouter) ‖ hacer remontar, trasladar (faire remonter) ‖ revocar, anular (une loi, un décret, etc.) ‖ GÉOM transportar, llevar al papel, trasladar ‖ DR colacionar, traer a colación (dans une succession) | informar, exponer, dictaminar (un procès) ‖ comparar, convertir (des mesures, des monnaies étrangères) ‖ cobrar (à la chasse) ‖ *rapporter tout à soi* hacerlo girar todo alrededor suyo.

◆ *v intr* dar beneficio *ou* dinero, rentar ‖ FAM chivarse ‖ cobrar; *chien qui rapporte bien* perro que cobra bien.

◆ *v pr* corresponder, estar relacionado con, relacionarse, referirse ‖ adaptarse, ajustarse (se joindre) ‖ GRAMM referirse ‖ *s'en rapporter à* remitirse a (s'en remettre), fiarse de, confiar en, atenerse a.

rapporteur, euse *adj et s* soplón, ona; chivato, ta; acusica; acusón, ona.

◆ ponente [*(amér)* informador, relator] (d'une assemblée) ‖ GÉOM transportador (dessin).

rapprendre; réapprendre* *v tr* aprender de nuevo.

rapproché, e *adj* vecino, na; cercano, na (proche, voisin) ‖ FIG parecido, da; similar (peu différent) ‖ seguido, da; *enfants rapprochés* niños seguidos.

rapprochement *m* acercamiento, aproximación *f* ‖ comparación *f*, paralelo, cotejo (comparaison) ‖ FIG reconciliación *f*, acercamiento (réconciliation).

rapprocher *v tr* acercar a, aproximar a, arrimar a; *rapprocher un fauteuil de la table* acercar un sillón a la mesa ‖ comparar, cotejar (comparer, confronter) ‖ acortar, disminuir, hacer desaparecer (les distances) ‖ FIG reconciliar | unir; *le malheur rapproche ceux qui souffrent* la desdicha une a los que sufren.

◆ *v pr* acercarse ‖ parecerse, asemejarse, ser similar; *son éducation se rapprochait de la mienne* su educación se parecía a la mía ‖ unirse; *ses sourcils noirs se rapprochaient légèrement* sus negras cejas casi se unían.

rapsodie *f* → **rhapsodie**.

rapt [rapt] *m* rapto.

raquer *v intr* POP soltar la mosca, pagar.

raquette *f* raqueta (jeux) ‖ penca (feuille du nopal) ‖ raqueta, barajón *m* (patin pour la neige).

rare *adj* raro, ra (peu fréquent) ‖ escaso, sa; poco abundante (végétation) ‖ ralo, la; *barbe rare* barba rala ‖ PHYS raro (gaz) ‖ — *il est rare que* es raro que, es poco frecuente que ‖ *les vivres sont rares* los víveres son escasos *ou* escasean ‖ *oiseau rare* mirlo blanco ‖ FAM *vous devenez bien rare, vous vous faites bien rare* se le ve a usted muy poco.

raréfaction *f* rarefacción, enrarecimiento *m* ‖ *raréfaction des naissances* disminución de la natalidad.

raréfier* *v tr* rarificar, rarefacer (mots savants), enrarecer (mot courant).

rarement [rαrmã] *adv* rara vez, raramente, en muy pocas ocasiones, muy pocas veces.

rareté *f* rareza ‖ enrarecimiento *m*, rarefacción (de l'air).

rarissime *adj* rarísimo, ma.

ras, e [rα, rα:z] *adj* corto, ta (court); *chien à poil ras* perro de pelo corto ‖ afeitado, da; apurado, da (rasé); *barbe rase* barba afeitada ‖ raso, sa ‖ liso, sa; *velours ras* terciopelo liso ‖ — *ras du cou* de cuello cerrado ‖ — *à ras bord* colmado ‖ *au ras de, à ras de* al nivel de, a ras de, ras con ras ‖ *rase campagne* campo raso ‖ — *couper les cheveux ras* cortar el pelo a rape, rapar ‖ *faire table rase* hacer tabla rasa.

R.A.S. abrév de *rien à signaler* sin novedad.

rasade *f* vaso *m* lleno ‖ gran trago *m*, tragantada; *boire une rasade de* echarse *ou* beber un gran trago de.

rasage *m* tundido (tissus) ‖ afeitado (barbe).

rasant, e *adj* MIL rasante; *tir rasant* tiro rasante ‖ FAM pesado, da; latoso, sa (ennuyeux) ‖ *rasant le sol* rasando el suelo.

rascasse *f* rescaza (poisson).

rasé, e *adj* afeitado, da (barbe) ‖ rapado, da (cheveux).

rase-mottes (en) *loc adv* AVIAT a ras de tierra, rasando el suelo, rasante (vol).

raser *v tr* afeitar, rasurar *(p us)*; *raser la barbe* afeitar la barba ‖ rapar; *raser le crâne* rapar la cabeza ‖ arrasar, derribar (démolir) ‖ descolmar (rader) ‖ TECHN tundir (tissus), apelambrar (peau) ‖ FIG rozar (frôler), rasar (mot technique) ‖ MAR desarbolar (un navire) ‖ MIL desmantelar; *raser un fort* desmantelar un fuerte ‖ FAM dar la lata *ou* el tostón, ser pesado; *cette personne me rase* esta persona me da la lata | fastidiar, molestar, ser una lata (déranger) | ser una lata; *ce livre me rase* este libro es una lata para mí ‖ *raser le mur* pasar rozando la pared ‖ *se faire raser* afeitarse.

◆ *v pr* afeitarse ‖ FAM aburrirse (s'ennuyer) ‖ *se raser de près* apurar bien.

raseur, euse *m et f* rapador, ra ‖ tundidor, ra (de tissu).

◆ *adj et s* FAM pesado, da; pelma; pelmazo, za (personne ennuyeuse).

ras-le-bol *m inv* POP fastidio, hastío ‖ *en avoir ras le bol* estar hasta la coronilla.

rasoir *m* navaja *f* de afeitar, navaja *f* barbera (à lame non protégée) ‖ maquinilla *f* de afeitar (avec lame de sûreté) ‖ — *coupe au rasoir* corte de pelo a la navaja ‖ *lame de rasoir* hoja de afeitar ‖ *rasoir électrique* afeitadora *ou* maquinilla (de afeitar), eléctrica, rasurador ‖ *rasoir mécanique* maquinilla de afeitar.

◆ *adj* FAM pesado, da; molesto, ta.

rassasier* [rasazje] *v tr* saciar, hartar.

rassemblement *m* reunión *f* ‖ concentración *f*, aglomeración *f* ‖ grupo, agrupación *f* ‖ recolección *f* (obtention) ‖ MIL formación *f*.

◆ *interj* MIL ¡a formar!

rassembler *v tr* juntar ‖ reunir, agrupar (grouper) ‖ FIG concentrar (concentrer) | poner en orden (remettre en ordre) ‖ recoger el caballo (équitation) ‖ MIL formar ‖ — *rassembler ses forces* reunir sus fuerzas ‖ *rassembler ses idées* poner en orden sus ideas.

rasseoir* [raswa:r] *v tr* sentar de nuevo ‖ *(p us)* volver a poner (replacer).

◆ *v pr* sentarse de nuevo.

rasséréner* *v tr* serenar, sosegar (rendre le calme) ‖ despejar; *ciel rasséréné* cielo despejado.

rassir *v intr* endurecerse (pain).

rassis, e *adj* vuelto a sentar ‖ sentado, da (réfléchi); *esprit rassis* cabeza sentada ‖ sereno, na; tranquilo, la (calme) ‖ *pain rassis* pan sentado, pan duro.

rassortiment *m* → **réassortiment**.
rassurant, e *adj* tranquilizador, ra.
rassuré, e *adj* tranquilo, la; *ne pas être très rassuré* no estar muy tranquilo.
rassurer *v tr* tranquilizar, calmar (rendre la tranquillité).
rasta *m* FAM rastacuero.
rasta; rastafari *adj inv* et *s* rastafari.
rastaquouère *m* rastacuero, advenedizo, vividor.
rat [ra] *adj* FIG roñoso, sa; roñica; tacaño, ña (avare).
◆ *m* ZOOL rata *f* ‖ — *rat de bibliothèque* ratón de biblioteca ‖ *rat-de-cave* torcida de cera, cerilla larga (bougie), inspector de contribuciones ‖ FAM *rat d'église* chupacirios, beato ‖ *rat d'hôtel* rata *ou* ratero de hotel ‖ *rat musqué* ratón almizclero ‖ — *mort-aux-rats* matarratas ‖ *petit rat* joven bailarina de la Ópera de París ‖ — *être fait comme un rat* estar más perdido que Carracuca ‖ *s'ennuyer comme un rat mort* aburrirse como una ostra.
rata *m* POP guisote, rancho ‖ MIL rancho.
ratage *m* fallo ‖ fracaso (échec).
ratatiné, e *adj* FAM arrugado, da; avellanado, da; acartonado, da; apergaminado, da (ridé).
ratatiner *v tr* FAM hacer añicos, hacer polvo (abîmer) | encoger (rapetisser).
◆ *v pr* arrugarse, apergaminarse (se rider).
ratatouille [ratatuj] *f* FAM guisote *m*, comistrajo *m*, rancho *m* (ragoût grossier) ‖ *ratatouille niçoise* pisto.
rate *f* ANAT bazo *m* ‖ rata (femelle du rat) ‖ — FIG *ne pas se fouler la rate* no matarse trabajando, no dar golpe, ser un vago ‖ FIG & FAM *se dilater o se désopiler la rate* reírse a carcajadas, desternillarse de risa.
raté, e *adj* fallado, da ‖ mal hecho, cha ‖ *une robe ratée* un vestido mal hecho ‖ fracasado, da; frustrado, da.
◆ *m* fallo (de coup de feu, d'allumage) ‖ FIG fracasado (écrivain, acteur, etc.) ‖ — *avoir des ratés* fallar, ratear (moteur).
◆ *interj* ¡por poco!
râteau *m* AGRIC rastrillo (à main), rastro (à cheval) ‖ TECHN rastrillo (de serrures) ‖ raqueta *f* (croupier) ‖ *râteau faneur* rastro henificador.
râtelier *m* pesebre, comedero (pour les animaux) ‖ FIG & FAM dentadura *f* (rangées de dents) ‖ dentadura *f* postiza (fausses dents) ‖ herramental (d'un menuisier) ‖ portabobinas *f pl* (cantre) ‖ percha *f* (outils) ‖ taquera *f*, portatacos (billard) ‖ MAR cabillero ‖ — MIL *râtelier d'armes* armero ‖ — FIG & FAM *manger à tous les râteliers* servir a Dios y al diablo, sacar partido *ou* tajada de todas partes.
rater *v intr* fallar, errar, marrar (une arme) ‖ fallar (un moteur) ‖ FIG fracasar (échouer).
◆ *v tr* fallar, marrar, errar el tiro ‖ perder; *rater le train* perder el tren ‖ FAM no ver, no encontrar; *je l'ai raté hier à la sortie du théâtre* ayer no lo encontré a la salida del teatro ‖ FIG dejar escapar (laisser échapper) ‖ *rater une place* dejar escapar una colocación ‖ hacer mal, no salirle bien a uno (un travail) ‖ — *rater sa vie* malograr la vida, fracasar ‖ *rater son coup* errar *ou* fallar el golpe ‖ FIG & FAM *rater un examen* ser suspendido en un examen.
ratiboiser *v tr* FAM limpiar, afanar, mangar (rafler), pelar (prendre l'argent) ‖ POP apiolar, cargarse (tuer) ‖ arruinar.

raticide *m* raticida.
ratière *f* ratonera (piège).
ratification *f* ratificación.
ratifier* *v tr* ratificar.
ratio *m* ratio (en comptabilité).
ration *f* ración; *ration alimentaire* ración alimenticia ‖ *mettre à la ration* racionar.
rationalisation *f* racionalización.
rationaliser *v tr* racionalizar.
rationalisme *m* racionalismo.
rationaliste *adj* et *s* racionalista.
rationalité *f* racionalidad.
rationnel, elle *adj* racional.
◆ *m* lo racional.
rationnellement *adv* racionalmente, de manera racional.
rationnement *m* racionamiento; *carte de rationnement* cartilla de racionamiento; *ticket de rationnement* cupón de racionamiento.
rationner *v tr* racionar.
ratissage *m* AGRIC rastrillaje, rastrillado ‖ MIL operación *f* de limpieza.
ratisser *v tr* rastrillar, pasar el rastrillo (avec un râteau) ‖ FAM limpiar, birlar, pelar (ratiboiser) ‖ MIL hacer una operación de limpieza ‖ FAM *je me suis fait ratisser au casino* me limpiaron *ou* me pelaron en el casino.
raton *m* ratoncillo (petit rat) ‖ pastel de queso (gâteau) ‖ *raton laveur* mapache, oso lavador.
ratonnade *f* FAM incursión violenta contra los africanos del Norte (péjoratif).
R.A.T.P. *abrév de Régie autonome des transports parisiens* empresa pública autónoma de transportes parisienses [metro, autobús].
rattachement *m* atadura *f* ‖ FIG relación *f*, conexión *f*, enlace (rapport) ‖ incorporation *f*, unión *f*, integración *f* (territoire) ‖ adhesión *f* (à un parti).
rattacher *v tr* atar (attacher) ‖ atar de nuevo (attacher de nouveau) ‖ incorporar, unir; *rattacher la Savoie à la France* incorporar Saboya a Francia ‖ FIG relacionar, ligar (relier); *rattacher un fait à un autre* relacionar un hecho con otro | unir, vincular; *elle seule me rattachait au pays* solamente ella me vinculaba al país ‖ *être rattaché à* depender de; *service rattaché au ministère* servicio que depende del Ministerio.
◆ *v pr* atarse, sujetarse ‖ FIG apegarse, cobrar apego a | tener conexión, relacionarse | relacionarse, ligarse (se lier à).
rattrapable *adj* recuperable.
rattrapage *m* desquite (d'un dommage) ‖ recuperación *f* (du retard) ‖ alcance (d'une voiture) ‖ *cours de rattrapage* clase atrasada.
rattraper *v tr* volver a coger, coger (attraper) ‖ alcanzar, coger (atteindre) ‖ recobrar, recuperar; *rattraper le temps perdu* recuperar el tiempo perdido ‖ arreglar, reparar (une bêtise, une gaffe) ‖ — FIG *on ne m'y rattrapera plus* no me cogerán en otra | *si je le rattrape!* ¡si cae en mis manos!
◆ *v pr* desquitarse (d'une perte, d'un échec) ‖ recuperarse, recobrarse (se remettre) ‖ agarrarse, asirse; *se rattraper à une branche* agarrarse de *ou* a una rama.
rature *f* tachadura, tachón *m* (trait de plume).
raturer *v tr* tachar, rayar, borrar (effacer) ‖ raspar (gratter).

R.A.U. abrév de *République arabe unie* RAU, República Árabe Unida.

rauque *adj* ronco, ca ‖ POÉT rauco, ca.
— OBSERV Le mot espagnol *ronco* a aussi le sens d'*enroué*.

ravage *m* estrago, destrozo, devastación *f; faire des ravages* causar estragos *f* ‖ FIG estrago; *les ravages de la peur* los estragos del miedo; *faire des ravages* hacer estragos (dans les cœurs) | achaque; *les ravages du temps* los achaques de la vejez.

ravagé, e *adj* asolado, da; devastado, da ‖ FIG descompuesto, ta; destrozado, da; desfigurado, da; *visage ravagé par la douleur* cara descompuesta por el dolor.

ravager* *v tr* asolar, causar estragos, destrozar, devastar.

ravageur, euse *adj* et *s* devastador, ra; estragador, ra.

ravalement *m* revoque, enlucido (enduit) ‖ ángulo entrante en una obra (enfoncement) ‖ TECHN rebajo, rebajamiento (du bois) ‖ FIG hundimiento (affaissement).

ravaler *v tr* volver a tragar (avaler de nouveau), tragar (avaler) ‖ FIG contener, reprimir; *ravaler sa colère, son dégoût* contener *ou* reprimir su ira, su asco ‖ AGRIC desmochar (un arbre) ‖ rebajar (le bois) ‖ FIG rebajar, disminuir, quitar valor, poner por los suelos (le mérite, la valeur) ‖ revocar (une façade) ‖ *je lui ferai bien ravaler ses paroles* se acordará mucho de lo que ha dicho.
◆ *v pr* rebajarse, envilecerse.

ravaudage *m* zurcido (reprise) ‖ remiendo (raccommodage).

ravauder *v tr* zurcir (repriser), remendar (raccommoder).

rave *f* naba (radis).

ravi, e *adj* encantado, da (charmé) ‖ arrebatado, da ‖ embelesado, da (extasié) ‖ *ravi de vous connaître* encantado de conocerle.

ravier *m* fuente *f ou* platillo para los entremeses.

ravigotant, e *adj* vigorizador, ra.

ravigote *f* salsa verde.

ravigoter *v tr* FAM vigorizar, reanimar, entonar (remettre en forme).

ravin *m* barranco ‖ hondonada *f* (vallée encaissée).

ravine *f* avenida, torrente *m* (cours d'eau) ‖ torrentera, arroyada, barranco *m* (ravin).

raviné, e *adj* cortado, da; quebrado, da (terrain) ‖ FIG arrugado, da; surcado, da de arrugas; *visage raviné par les soucis* cara surcada de arrugas a causa de las preocupaciones.

ravinement [ravinmã] *m* abarrancamiento.

raviner *v tr* abarrancar, formar barrancos, arroyar.

ravioli *m pl* ravioles, raviolis.

ravir *v tr* arrebatar, quitar (enlever de force) ‖ raptar, robar (une personne) ‖ FIG encantar; *sa façon de chanter me ravit* su manera de cantar me encanta; *je suis ravi de vous voir* estoy encantado de verle ‖ *à ravir* a las mil maravillas, de maravilla, que es un primor.

raviser (se) *v pr* cambiar de opinión, echarse atrás, mudar de parecer.

ravissant, e *adj* FIG encantador, ra (charmant); *beauté ravissante* belleza encantadora ‖ arrebata-

dor, ra (qui s'empare) ‖ raptor, ra; rapaz; *animal ravissant* animal rapaz ‖ BLAS rampante.

ravissement *m* arrobamiento, arrebato (extase) ‖ rapto; *le ravissement d'Hélène* el rapto de Helena ‖ encanto (enchantement) ‖ *être dans le ravissement* estar encantado *ou* arrobado.

ravisseur, euse *adj* et *s* raptor, ra ‖ rapaz; *les loups ravisseurs* los lobos rapaces ‖ arrebatador, ra (qui prend de force) | ladrón, ona (voleur).

ravitaillement [ravitajmã] *m* abastecimiento, suministro ‖ MIL avituallamiento, aprovisionamiento ‖ compra *f; aller au ravitaillement* ir a la compra ‖ *ravitaillement en vol* abastecimiento en vuelo.

ravitailler [-je] *v tr* abastecer, aprovisionar, suministrar ‖ MIL avituallar, aprovisionar.
◆ *v pr* repostarse (essence).

ravitailleur [-jœr] *adj* et *s m* abastecedor ‖ MAR barco nodriza ‖ AVIAT avión nodriza.

raviver *v tr* reavivar, avivar (couleur) ‖ atizar, avivar; *raviver le feu* atizar el fuego ‖ reanimar; *liqueur qui ravive les forces* licor que reanima las fuerzas ‖ FIG refrescar, reavivar (des souvenirs) ‖ TECHN decapar, desoxidar.

ravoir* *v tr* recobrar, recuperar.
— OBSERV Este verbo sólo se usa en infinitivo.

rayé, e [rɛje] *adj* rayado, da ‖ listado, da; de rayas (tissu) ‖ estriado, da (un canon).

rayer* *v tr* rayar ‖ listar (étoffe) ‖ tachar, borrar (effacer) ‖ quitar (enlever) ‖ estriar (un canon) ‖ FIG excluir, radiar, eliminar; *rayer des listes* excluir de las listas ‖ — *rayer quelqu'un de ce monde o du nombre des vivants* suprimirle a uno (tuer), echar a uno en el olvido (oublier) ‖ *rayez cela de vos papiers o de vos tablettes* eso, quíteselo usted de la cabeza.

rayon [rɛjɔ̃] *m* rayo (de lumière, du Soleil); *darder des rayons* arrojar rayos ‖ GÉOM radio; *rayon de courbure* radio de curvatura ‖ radio, rayo (d'une roue) ‖ AGRIC surco (sillon) ‖ BOT radio (d'écorce) ‖ anaquel, tabla *f* estante, plúteo (étagère) ‖ sección *f*, departamento (partie d'un magasin); *le rayon des cravates* la sección de corbatas ‖ FIG rayo, viso, destello (lueur) ‖ resquicio; *un rayon d'espoir* un resquicio de esperanza | radio; *rayon d'action* radio de acción; *dans un rayon de vingt kilomètres* en un radio de veinte kilómetros ‖ — *rayon de braquage* radio de giro (d'un véhicule) ‖ *rayon de miel* panal ‖ *rayons cathodiques, cosmiques, X* rayos catódicos, cósmicos, X ‖ *rayon laser* rayo láser ‖ *rayon visuel* visual ‖ — *chef de rayon* jefe de sección *ou* de departamento ‖ — FAM *ce n'est pas mon rayon* no es asunto mío ‖ *il en connaît un rayon* sabe un rato de eso.

rayonnage *m* AGRIC trazado de surcos ‖ estantería *f*, anaquelería *f* (d'une bibliothèque).

rayonnant, e *adj* radiante (radieux) ‖ resplandeciente (resplendissant) ‖ — *chaleur rayonnante* calor radiante *ou* por irradiación ‖ *pouvoir rayonnant* poder de radiación ‖ — *être rayonnant de bonheur* no caber en sí de gozo, estar loco de contento, rebosar de alegría.

rayonne *f* rayón *m*, rayona, seda artificial.

rayonnement *m* brillo, resplandor ‖ radiación *f*, irradiación *f; le rayonnement de la chaleur* la radiación del calor ‖ difusión *f*, expansión *f* (propagation) ‖ FIG proyección *f*, irradiación *f*, influencia *f; le rayonnement de la culture* la proyección de la cultura ‖ — *rayonnement solaire* radiación solar ‖ sur-

face de rayonnement d'un radiateur superficie radiante de un radiador.

rayonner *v intr* radiar, irradiar (émettre des rayons) ‖ brillar ‖ resplandecer de felicidad, de alegría; *son visage rayonne* su rostro resplandece de felicidad ‖ ir a diferentes puntos [desde un centro] ‖ AGRIC trazar surcos ‖ FIG influir, tener proyección *ou* ascendiente ‖ PHYS irradiar, emitir radiaciones ‖ *rayonner de bonheur* no caber en sí de gozo, estar loco de contento, rebosar de alegría.

rayure *f* rayado *m*, rayadura (trace) ‖ raya (raie) ‖ lista, raya (de couleur); *chemise à rayures* camisa a rayas ‖ estría (d'arme à feu).

raz [rα] *m* MAR paso, estrecho (chenal) | corriente *f* marina (courant) ‖ *raz de marée* maremoto.
— OBSERV La expresión *raz de marée* es invariable.

razzia [ragdœzja] *f* correría, razzia.

razzier* [-gdœzje] *v tr* efectuar una correría en.

R.-D. abrév de *recherche-développement* I+D, investigación y desarrollo.

R.D.A. abrév de *République démocratique allemande* República Democrática Alemana.

RdC abrév de *rez-de-chaussée* b, bajo, planta baja.

ré *m inv* MUS re.

réabonnement *m* nueva suscripción *f*, renovación *f* de suscripción (à un journal), nuevo abono, renovación *f* de abono (au théâtre).

réabonner *v tr* renovar la suscripción de (journal) *ou* el abono de (théâtre).

réac *adj* et *s* FAM carca (réactionnaire).

réaccoutumer *v tr* acostumbrar nuevamente, volver a acostumbrar.

réacteur *m* PHYS & MÉCAN reactor ‖ NUCL *réacteur nucléaire* reactor nuclear.

réactif, ive *adj* et *s m* reactivo, va.

réaction *f* reacción ‖ *— avion à réaction* avión de reacción ‖ *moteur à réaction* motor de reacción ‖ *réaction en chaîne* reacción en cadena ‖ *— par réaction* como reacción.

réactionnaire *adj* et *s* reaccionario, ria.

réactionnel, elle *adj* reaccional.

réactivation *f* reactivación.

réactiver *v tr* reactivar ‖ avivar (une flamme).

réactualisation *f* reactualización.

réactualiser *v tr* reactualizar.

réadaptation *f* readaptación.

réadapter *v tr* readaptar, adaptar de nuevo.

ready-made *m* ARTS ready-made.
— OBSERV pl *ready-made* o *ready-mades*.

réaffirmer *v tr* reafirmar, volver a afirmar.

réagir *v tr* reaccionar; *il a réagi rapidement* ha reaccionado rápidamente ‖ CHIM reaccionar.

réajuster *v tr* → **rajuster**.

réajustement *m* → **rajustement**.

réalisable *adj* realizable.

réalisateur, trice *adj* et *s* realizador, ra.
◆ *m* realizador (cinéma, télévision) ‖ realizador (œuvre).

réalisation *f* realización ‖ *réalisation de soi* autorrealización.

réaliser *v tr* realizar, hacer; *impossible à réaliser* imposible de realizar ‖ hacer; *réaliser des bénéfices* hacer beneficios ‖ llevar a cabo *ou* a bien, ejecutar, realizar; *réaliser un projet* llevar a cabo un proyecto ‖ darse cuenta de, percatarse de; *réaliser l'importance des difficultés* darse cuenta de la importancia de las dificultades ‖ cumplir, realizar (un vœu) ‖ dirigir, realizar (un film) ‖ DR realizar; *réaliser ses biens* realizar sus bienes.
◆ *v pr* realizarse ‖ cumplirse, realizarse (un vœu).

réalisme *m* realismo.

réaliste *adj* et *s* realista.

réalité *f* realidad ‖ *— en réalité* en realidad ‖ *être bien dans la réalité* tener los pies en la tierra ‖ *prendre ses désirs pour des réalités* figurársele a uno huéspedes los dedos.

réaménagement *m* reajuste ‖ ÉCON *réaménagement de la dette* reorganización de la deuda.

réaménager *v tr* reajustar ‖ ÉCON reorganizar (dette).

réanimation *f* MÉD reanimación; *salle de réanimation* sala de reanimación; *service de réanimation* unidad de vigilancia intensiva.

réanimer *v tr* reanimar.

réapparaître* *v intr* reaparecer, volver a aparecer.

réapparition *f* reaparición, nueva aparición.

réapprendre *v tr* aprender otra vez *ou* de nuevo, volver a aprender (étudier) ‖ enseñar otra vez, volver a enseñar (enseigner).

réapprovisionnement [reaprɔvizjɔnmɑ̃] *m* reabastecimiento, nuevo abastecimiento.

réapprovisionner [-ne] *v tr* reabastecer, abastecer de nuevo.

réarmement [rearməmɑ̃] *m* rearme.

réarmer *v tr* rearmar, armar de nuevo.
◆ *v pr* rearmarse.

réassort *m* COMM mercancía repuesta.

réassortiment; rassortiment *m* COMM renovación *f* de existencias.

réassortir *v tr* COMM renovar las existencias.

réassurance *f* reaseguro *m*.

rébarbatif, ive *adj* ingrato, ta; repelente (rebutant) ‖ poco atractivo, va; *un sujet rébarbatif* un tema poco atractivo ‖ árido, da; *un problème rébarbatif* un problema árido ‖ *mine rébarbative* cara de pocos amigos, cara huraña *ou* hosca.

rebâtir *v tr* reedificar, reconstruir.

rebattre* *v tr* vencer de nuevo (battre de nouveau) ‖ apalear (un tapis, un matelas) ‖ FIG remachar, repetir demasiado, machacar (répéter) ‖ barajar de nuevo (les cartes) ‖ varear (la laine d'un matelas) ‖ *rebattre les oreilles à quelqu'un de quelque chose* machacar los oídos de uno con algo, calentar los cascos de uno con algo, machaconear a alguien con algo.

rebattu, e *adj* FIG trillado, da; sobado, da; manoseado, da; manido, da; *un sujet rebattu* un tema trillado ‖ *avoir les oreilles rebattues de quelque chose* estar harto de oír una cosa.

rebelle *adj* et *s* rebelde.
◆ *adj* reacio, cia (hostile); *rebelle à quelque chose* reacio a algo.

rebeller (se) *v pr* rebelarse.

rébellion [rebɛljɔ̃] *f* rebelión ‖ *être en rébellion ouverte contre* rebelarse abiertamente contra.

rebelote *interj* POP ¡dale que te pego!

rebiffer (se) *v pr* FAM resistirse; *se rebiffer contre une proposition* resistirse a una propuesta ‖ POP rebelarse, tirar coces; *se rebiffer contre* rebelarse contra, tirar coces a.

rebiquer *v intr* FAM rizarse hacia fuera ‖ *avoir les cheveux qui rebiquent* tener las puntas hacia fuera.

reblochon *m* queso de Saboya.

reboisement *m* repoblación *f* forestal.

reboiser *v tr* repoblar [un monte].

rebond [rəbɔ̃] *m* rebote (d'une balle); *faux rebond* falso rebote ‖ salto (de l'eau) ‖ salto atrás (bond en arrière).

rebondi, e *adj* FAM rollizo, za; rechoncho, cha; repleto, ta (gros).

rebondir *v intr* rebotar (une balle) ‖ FIG volver a animarse (se ranimer) | volver a cobrar actualidad, volver a ponerse sobre el tapete, reaparecer (réapparaître) | reanudarse (reprendre).

rebondissement *m* rebote, rechazo ‖ FIG vuelta *f* al primer plano de la actualidad, vuelta *f* a la actualidad (d'une affaire) | repercusión *f*, secuela *f*.

rebord [rəbɔːr] *m* borde, reborde (bord) ‖ resalto (bord saillant) ‖ TECHN pestaña *f* (d'une serrure).

reboucher *v tr* volver a tapar, taponar nuevamente.
◆ *v pr* atascarse *ou* atorarse de nuevo (tuyau).

rebours, e [rəbuːr, urs] *adj* (*p us*) intratable, arisco, ca ‖ (*p us*) revirado, da (bois).
◆ *m* contrapelo, revés (tissu) ‖ (*vx*) FIG lo contrario, lo opuesto (le contraire); *le rebours du bon sens* lo contrario del sentido común ‖ — *à rebours* al revés (à l'envers), a contrapelo (à contrepoil) ‖ *compte à rebours* cuenta hacia atrás (lancement de fusée).

rebouteux, euse; rebouteur, euse *m* et *f* ensalmador, ra.

reboutonner *v tr* abrochar de nuevo, volver a abrochar *ou* a abotonar.

rebrousse-poil (à) [arəbruspwal] *loc adv* a contrapelo, al revés.

rebrousser *v tr* levantar hacia atrás (poil, plume) ‖ *rebrousser chemin* desandar lo andado, dar media vuelta, volver sobre sus pasos, dar marcha atrás.
◆ *v intr* retroceder, dar media vuelta, volver hacia atrás.

rebuffade *f* bufido *m*, sufión *m*, feo *m*, desaire *m* (affront) ‖ negativa (refus).

rébus [rebys] *m* jeroglífico.

rebut [rəby] *m* desecho, desperdicio (chose dédaignée) | FIG hez *f*, lo peor; *le rebut de la société* lo peor de la sociedad ‖ — *de rebut* de desecho ‖ *mettre au rebut* desechar, arrumbar, dar al traste con, archivar.

rebutant, e *adj* repelente; repulsivo, va (qui repousse) ‖ engorroso, sa; cargante (travail).

rebuter *v tr* repeler (repousser) ‖ desechar (mettre au rebut) ‖ desanimar, desalentar, descorazonar, asquear.
◆ *v pr* cansarse, hartarse.

récalcitrant, e *adj* et *s* recalcitrante; reacio, cia; rebelde; obstinado, da.

recalculer *v tr* calcular de nuevo, volver a calcular.

recalé, e *adj* et *s* FAM suspendido, da; cateado, da (à un examen).

recaler *v tr* FAM suspender, catear, cepillar, cargar, dar calabazas (dans un examen) | poner en su sitio (remettre à sa place).

récapitulatif, ive *adj* recapitulativo, va.

récapitulation *f* recapitulación.

récapituler *v tr* recapitular.

recel [rəsɛl] *m* encubrimiento, ocultación *f*.

receler* *v tr* encubrir, ocultar (personnes, choses) ‖ FIG contener, encerrar, entrañar (renfermer).

receleur, euse *m* et *f* encubridor, ra; ocultador, ra.

récemment [resamɑ̃] *adv* recientemente, hace poco.

recensement *m* empadronamiento, censo (de la population) ‖ inspección *f* de mercancías (vérification de marchandises) ‖ inventario, recuento (inventaire) ‖ recuento (des voix) ‖ MIL alistamiento (d'une classe).

recenser *v tr* empadronar, hacer el censo ‖ recontar, enumerar (compter) ‖ MIL alistar.

récent, e *adj* reciente.

recentrage *m* reajuste.

recentrer *v tr* reajustar.

récépissé *m* recibo, resguardo.

réceptacle *m* receptáculo.

récepteur, trice *adj* receptor, ra.
◆ *m* receptor (radio) ‖ auricular (de téléphone) ‖ colector (d'eaux) ‖ — INFORM *récepteur de papier* recogedor de papel ‖ *récepteur universel* receptor universal (de sang).

réceptif, ive *adj* receptivo, va.

réception *f* recepción ‖ recibimiento *m*, acogida (accueil) ‖ ingreso *m* (dans une école, un groupe) ‖ recepción (radio) ‖ recepción, fiesta (réunion) ‖ caída (d'un saut) ‖ MIL presentación (d'un officier) ‖ comprobación, prueba (d'un pont) ‖ — *accuser réception de* acusar recibo de (lettre) ‖ *réception d'un appartement* entrega de las llaves de un piso ‖ *jour, heures de réception* día, horas de atención al público.

réceptionner *v tr* recibir dando la conformidad.

réceptionniste *m* et *f* recepcionista.

réceptivité *f* receptividad.

récessif, ive *adj* recesivo, va.

récession *f* recesión.

recette *f* ingresos *m pl*, entradas *pl* (argent reçu); *compter la recette et la dépense* contar los ingresos y los gastos *ou* las entradas y las salidas ‖ recaudación, entradas *pl*, taquilla, taquillaje *m* (d'une salle de spectacles) ‖ cobro *m*, recaudación; *faire la recette* efectuar el cobro ‖ recaudación de contribuciones (du percepteur) ‖ receta (de cuisine) ‖ taquilla (guichet) ‖ FIG receta, fórmula; *avoir une recette pour faire fortune* tener una receta para hacer fortuna ‖ MIN cargadero *m* ‖ recepción (de produits) ‖ — *garçon de recette* cobrador, recaudador ‖ *recette buraliste* expendeduría de tabaco ‖ *recette de bonne femme* receta *ou* conseja de vieja ‖ — *faire de bonnes recettes* hacer una buena recaudación, tener buenos ingresos ‖ *faire recette* ser taquillero, tener mucha taquilla; *un auteur qui fait recette* un autor que es taquillero; ser un éxito de taquilla; *cette pièce a fait recette* esta obra ha sido un éxito de taquilla.

recevabilité *f* DR admisibilidad, procedencia.

recevable *adj* admisible, procedente ‖ válido, da; *candidature recevable* candidatura válida.

receveur, euse *m* et *f* recaudador, ra (de contributions) ‖ cobrador, ra (dans les autobus, etc.) ‖ jefe (d'un bureau de poste).
◆ *m* MÉD receptor; *receveur universel* receptor universal; *receveur d'organes* receptor de órganos.
recevoir* *v tr* recibir ‖ cobrar (toucher); *recevoir sa pension* cobrar su pensión ‖ aprobar (à un examen), ingresar (à une grande école).
◆ *v intr* recibir, tener visitas, tener reunión en casa; *nous recevons souvent* tenemos visitas a menudo ‖ *— être bien, mal reçu* ser recibido de buena, de mala manera ‖ *être reçu* ser recibido (sens général), haber aprobado (à un examen), haber ganado unas oposiciones (à un concours), haber ingresado (à une grande école) ‖ *— recevoir à bras ouverts* recibir con los brazos abiertos ‖ *être reçu comme un chien dans un jeu de quilles* ser recibido como los perros en misa ‖ *il reçoit de 8 à 10* atiende de 8 a 10 (heures).
rechange *m* repuesto, recambio; *roue de rechange* rueda de recambio ‖ COMM recambio (d'une traite) ‖ *— de rechange* de repuesto, de recambio (sens général), de respeto (sens militaire) ‖ *pièce de rechange* recambio, pieza de recambio *ou* de repuesto ‖ *vêtements de rechange* vestidos para cambiarse.
rechanter *v tr* volver a cantar ‖ *(p us)* FAM repetir (répéter).
rechaper *v tr* recauchutar (un pneu).
réchapper *v intr* escaparse, librarse, salvarse ‖ *— il n'en réchappera pas* no tiene salvación ‖ *réchapper à un accident* librarse *ou* salvarse de un accidente.
recharge *f* recargo *m*, recarga (action) ‖ recarga (d'un accumulateur, etc.) ‖ recambio *m* (rechange) ‖ MIL nueva carga *ou* ataque.
rechargeable *adj* recargable, recambiable.
recharger* *v tr* recargar, volver a cargar (arme, batterie) ‖ cargar (un appareil photo) ‖ *(p us)* atacar de nuevo (attaquer) ‖ recebar, empedrar (une route).
réchaud [reʃo] *m* infiernillo, cocinilla *f* (à alcool) ‖ hornillo; *réchaud à gaz, électrique* hornillo de gas, eléctrico ‖ calientaplatos (pour chauffer les plats) ‖ *réchaud à charbon* anafe.
réchauffé *m* cosa *f ou* comida *f* recalentada (chose réchauffée) ‖ FIG & FAM refrito, cosa *f* sabida; *cette pièce est du réchauffé* esta obra de teatro es un refrito.
réchauffement *m* recalentamiento ‖ subida *f* [de la temperatura] ‖ AGRIC abono *ou* estiércol nuevo (fumier neuf).
réchauffer *v tr* recalentar ‖ calentarse; *réchauffer ses mains* calentarse las manos ‖ FIG reanimar, animar ǀ excitar (le zèle).
◆ *v pr* entrar en calor, calentarse ‖ subir; *la température se réchauffe* sube la temperatura.
rêche *adj* áspero, ra (au goût et au toucher) ‖ FIG rudo, da; áspero, ra.
recherche *f* busca, búsqueda ‖ averiguación, indagación (enquête) ‖ investigación (scientifique); *Centre national de la recherche scientifique* Consejo Superior de Investigaciones Científicas ‖ FIG refinamiento *m*, rebuscamiento *m*, afectación, atildamiento *m*; *habillé avec recherche* vestido con atildamiento ‖ *— recherche de paternité* investigación de la paternidad ‖ *recherche fondamentale* investigación básica ‖ *— à la recherche de* en busca de, en pos de ‖ *— faire des recherches* investigar, hacer investigaciones ‖ *se mettre o être à la recherche de* ponerse *ou* estar en busca de.
recherché, e *adj* buscado, da; *recherché par la police* buscado por la policía ‖ atildado, da; afectado, da; rebuscado, da; refinado, da; *style recherché* estilo atildado ‖ raro, ra; escaso, sa (rare) ‖ solicitado, da; *une personne très recherchée* una persona muy solicitada (pour ses qualités).
rechercher *v tr* volver a buscar (chercher de nouveau) ‖ buscar, rebuscar (chercher avec soin) ‖ investigar, averiguar (sciences, etc.) ‖ indagar, investigar (enquêter) ‖ perseguir, buscar ‖ buscar; *rechercher l'amitié de* buscar la amistad de.
rechigner *v intr* refunfuñar, poner mala cara, fruncir el ceño, rechinar ‖ hacer con mala cara *ou* a regañadientes ‖ *obéir en rechignant* obedecer a regañadientes.
rechute *f* recaída; *faire une rechute* tener una recaída.
rechuter *v intr* recaer, tener una recaída (un malade) ‖ reincidir (récidiver).
récidive *f* DR reincidencia ‖ MÉD recidiva ‖ FIG reiteración.
récidiver *v intr* reincidir ‖ MÉD reproducirse (maladie), recaer (malade) ‖ rehacer, repetir (refaire).
récidivisme *m* DR habitualidad *f*, habitualidad *f* por reincidencia.
récidiviste *adj* et *s* reincidente.
récif [resif] *m* arrecife.
récipient [resipjɑ̃] *m* recipiente.
réciprocité *f* reciprocidad ‖ GRAMM reciprocación.
réciproque *adj* recíproco, ca.
◆ *f* recíproca ‖ *rendre la réciproque* pagar con la misma moneda (mauvaise action), proceder en justa reciprocidad (sens général).
réciproquement *adv* recíprocamente, mutuamente (mutuellement) ‖ *et réciproquement* y viceversa, y al contrario.
récit [resi] *m* relato, narración *f* ‖ MUS recitado.
récital *m* MUS recital.
— OBSERV pl *récitals*.
récitatif *m* MUS recitativo.
récitation *f* recitación (action) ‖ poesía (texte).
réciter *v tr* recitar; *il récite comme un perroquet* recita como un papagayo ‖ contar, referir (raconter) ‖ rezar (une prière) ‖ *— réciter les leçons* dar las lecciones ‖ *faire réciter les leçons* tomar las lecciones.
réclamation *f* reclamación; *le bureau des réclamations* la oficina de reclamaciones.
réclame *m* reclamo (chasse).
◆ *f* publicidad, propaganda, reclamo *m* (publicité) ‖ reclamo *m* (objet) ‖ *— article en réclame* artículo de reclamo ‖ FIG *faire de la réclame* hacer propaganda *ou* publicidad.
réclamer *v tr* reclamar ‖ requerir, exigir (avoir besoin de) ‖ FAM llamar (appeler).
◆ *v intr* reclamar (protester).
◆ *v pr se réclamer de* valerse de (invoquer), apelar a (faire appel).
reclassement *m* nueva clasificación *f* ‖ readaptación *f*, rehabilitación *f* (de trabajadores).
reclasser *v tr* volver a clasificar ‖ readaptar, rehabilitar.

reclus, e [rəkly, y:z] *m* et *f* recluso, sa.
- *adj* recluido, da; encerrado, da.

réclusion *f* reclusión; *réclusion criminelle* reclusión mayor ‖ *réclusion à perpétuité* reclusión perpetua.

recoiffer *v tr* volver a peinar, peinar otra vez.
- *v pr* volverse a peinar, peinarse otra vez (les cheveux) ‖ volver a cubrirse la cabeza (avec un chapeau).

recoin *m* rincón, escondrijo ‖ FIG recoveco, repliegue, lo más íntimo.

recoller [rəkɔle] *v tr* volver a pegar *ou* encolar.

récoltant, e *adj* et *s* AGRIC propietario que cosecha él mismo sus cultivos.

récolte *f* cosecha; *récolte sur pied* cosecha sin recoger; *récolte stockée* cosecha en granero ‖ extracción (sel) ‖ recolección (action) ‖ FIG cosecha, acopio *m*.

récolter* *v tr* cosechar ‖ recolectar, recoger cosechas (recueillir) ‖ extraer (du sel) ‖ FAM cobrar, ganarse; *tu vas récolter une gifle* vas a cobrar *ou* vas a ganarte una torta | ganarse; *récolter une punition* ganarse un castigo ‖ *qui sème le vent récolte la tempête* quien siembra vientos recoge tempestades.

recommandable *adj* recomendable; *peu recommandable* poco recomendable.

recommandation *f* recomendación ‖ certificación, certificado *m* (du courrier).

recommandé, e *adj* recomendado, da ‖ encomendado, da (à Dieu ou aux saints) ‖ certificado, da; *envoi en recommandé* envío por certificado; *lettre recommandée* carta certificada.
- *m* certificado (lettre, paquet).

recommander *v tr* recomendar ‖ encomendar (à Dieu ou aux saints) ‖ certificar (les lettres) ‖ — *il est recommandé de faire* se recomienda hacer ‖ *je vous recommande d'être prudent* le recomiendo sea prudente.
- *v pr* encomendarse (à Dieu ou aux saints) ‖ *se recommander de quelqu'un* valerse de la recomendación de alguien.

recommencement *m* repetición *f*, vuelta *f* a empezar, nuevo comienzo ‖ *la vie est un perpétuel recommencement* la vida es un eterno comenzar.

recommencer* *v tr* volver a empezar, empezar de nuevo, volver a hacer; *recommencer un travail* volver a empezar un trabajo ‖ volver a; *recommencer à chanter* volver a cantar ‖ repetir; *recommencer une expérience* repetir un experimento.
- *v intr* volver a hacerlo; *je ne t'aimerai plus si tu recommences* no te querré más si lo vuelves a hacer ‖ — *c'est toujours à recommencer* es el cuento de nunca acabar ‖ *la pluie recommence* vuelve a llover ‖ *recommencer de plus belle* volver a las andadas.

récompense *f* recompensa; *en récompense* como recompensa.

récompenser *v tr* recompensar ‖ compensar (dédommager) ‖ galardonar, premiar; *ses œuvres ont été récompensées* sus obras han sido premiadas ‖ *récompenser d'un travail* recompensar por un trabajo.

recomposer *v tr* recomponer, componer de nuevo ‖ arreglar (arranger) ‖ reorganizar.

recomposition *f* recomposición.

recompter [rəkɔ̃te] *v tr* recontar, volver a contar.

réconciliation *f* reconciliación.

réconcilier *v tr* reconciliar.
- *v pr* reconciliarse.

reconductible *adj* prorrogable.

reconduction *f* reconducción, prórroga, renovación (d'un bail, d'un contrat).

reconduire* *v tr* despedir, acompañar a la salida ‖ acompañar; *je vais vous reconduire chez vous* le voy a acompañar a su casa ‖ DR reconducir, prorrogar ‖ echar, despedir (chasser) ‖ *être reconduit* prorrogarse, continuar su existencia *ou* su vigencia *ou* su aplicación.

reconfirmer *v tr* reconfirmar, volver a confirmar.

réconfort [rekɔ̃fɔ:r] *m* consuelo, confortación *f* (*p us*).

réconfortant, e *adj* tónico, ca; reconfortante ‖ FIG alentador, ra; reconfortante; *nouvelle réconfortante* noticia alentadora.
- *m* tónico, reconstituyente (médicament).

réconforter *v tr* reconfortar, confortar, tonificar, fortificar, entonar (fortifier) ‖ FIG reconfortar, confortar | consolar, alentar.

reconnaissable *adj* reconocible.

reconnaissance *f* reconocimiento *m*; *la reconnaissance d'une erreur* el reconocimiento de un error; *la reconnaissance d'un enfant* el reconocimiento de un niño ‖ agradecimiento *m*, reconocimiento *m*, gratitud; *la reconnaissance d'un protégé* el agradecimiento de un protegido ‖ confesión, reconocimiento *m* (aveu) ‖ resguardo *m*, vale *m* (reçu d'un dépôt) ‖ papeleta del Monte de Piedad (reçu du mont-de-piété) ‖ MIL reconocimiento *m*; *avion de reconnaissance* avión de reconocimiento ‖ exploración; *faire une reconnaissance en Afrique* hacer una exploración en África ‖ — *reconnaissance de dette* reconocimiento de deuda ‖ INFORM *reconnaissance de la parole* o *vocale* reconocimiento de (la) voz | *reconnaissance des formes* reconocimiento de formas | *reconnaissance optique* reconocimiento óptico de caracteres ‖ — MIL *en reconnaissance* en reconocimiento | *faire une reconnaissance* reconocer el terreno.

reconnaissant, e *adj* agradecido, da; reconocido, da; *je vous suis très reconnaissant de vos paroles* le estoy muy agradecido por sus palabras; *être reconnaissant envers ses parents* estar agradecido a sus padres.

reconnaître* *v tr* conocer, reconocer; *avec ce chapeau je ne t'ai pas reconnu* con este sombrero no te he conocido ‖ reconocer (un objet, un gouvernement, un enfant) ‖ *(vx)* agradecer, mostrar gratitud por; *reconnaître un service* agradecer un favor ‖ reconocer, admitir (admettre); *je lui reconnais certaines qualités* le reconozco ciertas cualidades ‖ reconocer, confesar; *reconnaître ses torts* reconocer sus faltas (avouer) ‖ MIL reconocer ‖ reconocer (le terrain, les lieux) ‖ *se faire reconnaître* darse a conocer.
- *v pr* conocerse, reconocerse ‖ orientarse; *impossible de se reconnaître dans ce bois* imposible orientarse en este bosque ‖ reconocerse; *se reconnaître coupable* reconocerse culpable ‖ conocerse; *l'âge se reconnaît à la fatigue des yeux* la edad se conoce por el cansancio de los ojos ‖ verse; *il se reconnaît dans ses enfants* se ve en sus hijos ‖ — FAM *ne pas s'y reconnaître* no entender nada ‖ *s'y reconnaître* dar en el clavo.

reconquérir* *v tr* reconquistar ‖ FIG recobrar, recuperar (recouvrer).
reconquête *f* reconquista ‖ *la Reconquête* la Reconquista (contre les Maures).
reconsidérer *v tr* volver a considerar, reconsiderar.
reconstituant, e *adj* et *s m* reconstituyente.
reconstituer *v tr* reconstituir.
reconstitution *f* reconstitución.
reconstruction *f* reconstrucción.
reconstruire* *v tr* reconstruir.
reconversion *f* readaptación.
reconvertir *v tr* readaptar.
recopier* *v tr* volver a copiar ‖ poner *ou* sacar en limpio (un brouillon).
record [rəkɔːr] *m* récord, marca *f*, plusmarca *f* ‖ — *record du monde* récord del mundo ‖ *battre, détenir, établir un record* batir, tener, establecer un récord ‖ FAM *en un temps record* en un tiempo récord.
recordman [rəkɔrdman] *m,* **recordwoman** [rəkɔrdwuman] *f* recordman, recordwoman, plusmarquista.
— OBSERV pl *recordmen, recordwomen.*
recoucher *v tr* volver a acostar.
◆ *v pr* volver a acostarse.
recoudre* *v tr* recoser, volver a coser ‖ *(vx)* reunir.
recoupement *m* ARCHIT rebajo, derrame del basamento ‖ comprobación *f* de hecho (vérification) ‖ intersección *f* (topographie) ‖ *par recoupement* atando cabos, por diversos conductos ‖ *faire un recoupement* o *des recoupements* atar *ou* unir cabos.
recouper *v tr* recortar, volver a cortar ‖ mezclar (les vins) ‖ retocar (un vêtement) ‖ FIG confirmar, coincidir con; *l'explication de son père recoupait la sienne* la explicación de su padre confirmaba la suya.
◆ *v intr* cortar de nuevo (aux cartes).
recourbé, e *adj* encorvado, da; *nez recourbé* nariz encorvada ‖ encorvado, da; doblado, da; *fil de fer recourbé* alambre encorvado.
recourber *v tr* encorvar, doblar.
recourir* *v intr* recurrir a, apelar a, echar mano de (avoir recours à) ‖ correr de nuevo (courir de nouveau) ‖ volver corriendo (revenir en courant).
recours [rəkuːr] *m* recurso (appel) ‖ — *recours en cassation* recurso de casación ‖ *recours en grâce* petición de indulto ‖ — *en dernier recours* en *ou* como último recurso ‖ — *avoir recours à* recurrir a, valerse de, echar mano de.
recouvert, e *adj* cubierto, ta; recubierto, ta.
recouvrable *adj* recobrable, recuperable.
recouvrement *m* recubrimiento (action de recouvrir) ‖ recuperación *f*, recobro (action de recouvrer) ‖ recuperación *f* (santé, force) ‖ recaudación *f*, cobranza *f*, cobro (argent, impôt).
recouvrer *v tr* recobrar, recuperar; *recouvrer la vue* recobrar la vista ‖ recaudar, cobrar (toucher).
recouvrir* *v tr* recubrir, cubrir ‖ retejar (une toiture) ‖ revestir, cubrir; *recouvrir de métal* revestir con metal ‖ volver a tapizar (un fauteuil) ‖ tapar (un lit) ‖ FIG ocultar, encubrir, tapar (masquer).
◆ *v pr* cubrirse.
recracher *v tr* volver a escupir.
◆ *v tr* echar, arrojar de la boca, escupir.
récréatif, ive *adj* recreativo, va.

récréation *f* recreo *m*, recreación *(p us)* ‖ — *cour de récréation* patio ‖ *être en récréation* estar en el recreo (école).
recréer* *v tr* crear de nuevo, volver a crear.
récréer* *v tr* recrear.
◆ *v pr* recrearse.
recrépir *v tr* revocar de nuevo, volver a revocar.
récrier (se)* *v tr* exclamar (d'étonnement) ‖ clamar, protestar; *se récrier contre une injustice* clamar contra una injusticia.
récriminateur, trice *adj* recriminador, ra.
récrimination *f* recriminación.
récriminer *v intr* recriminar; *récriminer contre quelqu'un* recriminar a alguien.
récrire* *v tr* escribir de nuevo, volver a escribir ‖ contestar por carta (répondre par lettre).
recroquevillé, e [rəkrɔkvije] *adj* acurrucado, da; encogido, da (ramassé) ‖ abarquillado, da.
recroqueviller (se) *v pr* abarquillarse (se tordre) ‖ acurrucarse, encogerse (se pelotonner).
recru, e *adj* molido, da; cansado, da; reventado, da; *cheval recru* caballo cansado.
recrudescence [rəkrydɛssɑ̃ːs] *f* recrudecimiento *m*; *recrudescence du froid, d'une maladie* recrudecimiento del frío, de una enfermedad ‖ recrudescencia; *la recrudescence de la criminalité* la recrudescencia de la criminalidad ‖ *être en recrudescence* recrudecer.
recrue *f* MIL recluta *m* ‖ quinto *m* (conscrit) ‖ neófito, ta; nuevo adherente (d'un groupe).
recrutement *m* reclutamiento (soldats) ‖ contratación *f* (employés).
recruter *v tr* MIL reclutar ‖ contratar (personnel).
◆ *v pr* contratarse (être recruté) ‖ encontrarse (se trouver).
rectal, e *adj* ANAT rectal; *par voie rectale* por vía rectal.
rectangle *m* GÉOM rectángulo.
rectangulaire *adj* GÉOM rectangular.
recteur, trice *adj* rector, ra.
◆ *m* rector (université, religieux) ‖ cura (en Bretagne).
◆ *f* timonera (plume de la queue d'un oiseau).
rectifiable *adj* rectificable.
rectificatif, ive *adj* et *s* rectificativo, va.
rectification *f* rectificación.
rectifier *v tr* rectificar ‖ MIL corregir (le tir).
rectiligne *adj* rectilíneo, a.
rectitude *f* rectitud.
recto *m* anverso, recto (d'un papier).
rectoral, e *adj* rectoral.
rectorat [rɛktɔra] *m* rectoría *f* (maison du recteur) ‖ rectorado (charge, dignité, durée).
rectum [rɛktɔm] *m* ANAT recto (intestin).
reçu, e *adj* recibido, da ‖ ingresado, da; aprobado, da (admis).
◆ *m* recibo ‖ *acquitter un reçu* poner el recibí.
recueil [rəkœːj] *m* libro, colección *f*; *un recueil de poèmes* un libro de poemas.
recueillement [-jmɑ̃] *m* recogimiento.
recueilli, e [-ji] *adj* FIG recogido, da (homme, attitude) ‖ reunido, da; juntado, da (réuni).
recueillir* [-ji:r] *v tr* recoger ‖ juntar, reunir; *recueillir des renseignements* reunir datos ‖ recoger, acoger (donner asile) ‖ conseguir, obtener, lle-

varse; *recueillir la majorité* conseguir la mayoría || allegar (des fonds) || adquirir (un héritage).
- *v pr* recogerse, ensimismarse, concentrar sus ideas *ou* su atención.
recuire* *v tr et intr* recocer, volver a cocer.
recuit, e [rəkɥi, ɥit] *adj et s m* recocido, da.
recul [rəkyl] *m* retroceso; *le recul d'un canon* el retroceso de un cañón || espacio (place) || alejamiento, distancia *f*; *ne pas avoir assez de recul pour juger un tableau* no tener suficiente distancia para juzgar un cuadro || FIG perspectiva *f* (dans le temps) || regresión *f*; *recul des exportations* regresión de las exportaciones || culatazo (d'une arme) || *— avec le recul* con la distancia || *avoir un mouvement de recul* hacer un movimiento hacia atrás || FIG *manquer de recul* carecer *ou* estar falto de perspectiva || *prendre du recul* retroceder, alejarse (reculer), tener perspectiva.
reculade *f* reculada || retirada (retraite).
reculé, e *adj* lejano, na; alejado, da (lointain) || remoto, ta (temps).
reculer *v tr* echar hacia atrás, alejar; *reculer sa chaise* echar su silla hacia atrás || aplazar, diferir (retarder); *reculer un paiement* aplazar un pago || alejar; *reculer ses frontières* alejar sus fronteras.
- *v intr* retroceder, recular; *reculer d'un pas* retroceder un paso || vacilar (hésiter) || echarse atrás; *reculer devant une difficulté* echarse atrás ante una dificultad || ir para atrás || retrasar || dar culatazo (un fusil) || *— ne pas reculer d'un pouce* no retroceder de una pulgada || *ne reculer devant rien* no asustarse de nada, no reparar en nada, no arredrarse por nada || *reculer pour mieux sauter* esperar el mejor momento.
- *v pr* recular, echarse atrás.
reculons (à) *loc adv* andando hacia atrás || FIG andando para atrás como los cangrejos.
reculotter *v tr* subir los pantalones.
récupérable *adj* recuperable.
récupération *f* recuperación.
récupérer *v tr* recuperar (objet, matériel) || recobrar (santé, forces) || recuperar; *récupérer une heure de travail* recuperar una hora de trabajo (rattraper).
- *v intr* recuperarse (reprendre des forces).
récurage *m* fregado.
récurer *v tr* fregar, restregar || *poudre à récurer* polvos detergentes || *tampon à récurer* estropajo.
récurrence *f* MÉD recurrencia.
récurrent, e *adj* MÉD recurrente.
récursif, ive *adj* GRAMM recursivo, va || MATH recursivo, va; *fonction récursive* función recursiva.
récusable *adj* recusable.
récusation *f* recusación.
récuser *v tr* recusar (un jugement, un tribunal) || rechazar (rejeter).
- *v pr* DR declararse incompetente.
recyclage *m* reconversión *f*, reciclaje, reciclado, reciclamiento || *— recyclage des matériaux* reciclado de materiales || *cours de recyclage* cursos de reciclaje.
recyclé, e *adj* reciclado, da; *verre recyclé* vidrio reciclado.
recycler *v tr* reconvertir, reciclar.
rédacteur, trice *m et f* redactor, ra || *rédacteur en chef* redactor jefe.

rédaction *f* redacción (l'action, la chose rédigée) || redacción (le personnel, le bureau des rédacteurs).
rédactionnel, elle *adj* de la redacción, redaccional.
reddition *f* rendición.
redécouvrir* *v tr* descubrir de nuevo, volver a descubrir.
redéfaire* *v tr* deshacer de nuevo.
redéfinir *v tr* definir de nuevo, volver a definir.
redemander *v tr* volver a pedir, pedir otra vez (pétition) || volver a preguntar, preguntar otra vez || pedir la devolución de [lo prestado].
redémarrage *m* reactivación *f*, reanudación *f*.
redémarrer *v intr* arrancar de nuevo (un véhicule) || FIG volver a empezar.
rédempteur, trice *adj et s* redentor, ra.
rédemption *f* redención.
redéploiement *m* MIL reorganización de un dispositivo militar || ÉCON reorganización, reorientación.
redéployer *v tr* MIL reorganizar || ÉCON reorganizar, reorientar.
redescendre *v tr et intr* bajar de nuevo, volver a bajar || bajar después de haber subido.
redevable *adj* être redevable de deber; *il m'est redevable d'une somme de cent francs* me debe una suma de cien francos || FIG *je lui suis redevable de la vie* le debo la vida.
redevance *f* canon *m*, censo *m* || *redevances téléphoniques* recibos de teléfono.
redevenir* *v intr* volver a ser, ser de nuevo.
redevoir* *v tr* quedar debiendo.
rédhibitoire *adj* DR redhibitorio, ria.
rediffuser *v tr* volver a emitir *ou* difundir.
rediffusion *f* redifusión.
rédiger* *v tr* redactar.
redingote *f* levita, redingote *m*.
redire* *v tr* repetir; *redire toujours la même chose* repetir siempre lo mismo || *ne pas se le faire redire* no hacérselo decir dos veces, no vacilar en hacer algo.
- *v intr* censurar, criticar (blâmer); *trouver quelque chose à redire* tener algo que criticar || *trouver à redire à tout* tener siempre que decir algo, buscar pelos en la sopa.
rediscuter *v tr* discutir de nuevo, volver a discutir.
redistribuer *v tr* volver a distribuir *ou* a repartir.
redistribution *f* nueva distribución.
redite *f* repetición inútil.
redondance *f* redundancia.
redondant, e *adj* redundante.
redonner *v tr* dar de nuevo, volver a dar || devolver (rétablir, restituer); *redonner la santé* devolver la salud.
- *v intr* reincidir, recaer, volver a caer (retomber); *redonner dans le même vice* recaer en el mismo vicio || volver a la carga *ou* a atacar (revenir à la charge).
redorer *v tr* volver a dorar, redorar || FAM *redorer son blason* redorar su blasón *ou* su escudo.
redoublant, e *adj et s* repetidor, ra (d'une année scolaire).

redoublé, e *adj* redoblado, da ‖ *pas redoublé* pasodoble (musique), paso redoblado (militaire) ‖ *à coups redoublés* con violencia.

redoublement *m* redoblamiento, redoble ‖ aumento, incremento (augmentation) ‖ repetición *f* (d'une année scolaire).

redoubler *v intr* redoblar (réitérer); *redoubler d'efforts* redoblar sus esfuerzos ‖ arreciar (pluie, vent) ‖ aumentar; *la fièvre redouble* la fiebre aumenta.
- *v tr* poner otro forro (doublure) ‖ repetir; *redoubler une classe* repetir curso ‖ aumentar, incrementar (accroître) ‖ redoblar, repetir; *redoubler une consonne* repetir una consonante.

redoutable *adj* temible.

redouter *v tr et intr* temer ‖ — *c'est à redouter* es de temer, es temible ‖ *redouter de parler* no atreverse a hablar.

redoux *m* subida *f* de temperaturas en temporada fría.

redressement *m* enderezamiento; *le redressement d'un clou* el enderezamiento de un clavo ‖ enderezamiento (d'un tort) ‖ restablecimiento (remise en état, en marche) ‖ resurgimiento, recuperación *f* (d'un pays) ‖ rectificación *f* (du courant, d'un compte) ‖ *redressement fiscal* rectificación impositiva ‖ *maison de redressement* reformatorio.

redresser *v tr* erguir, enderezar (élever) ‖ enderezar, deshacer, reparar (des torts) ‖ hacer resurgir (la nation) ‖ enderezar, poner en su cauce, restablecer (rétablir) ‖ corregir (l'image) ‖ enderezar, poner derecho; *redresser une poutre* enderezar una viga ‖ ÉLECTR rectificar (courant).
- *v pr* erguirse, enderezarse, ponerse derecho ‖ incorporarse (dans le lit) ‖ FIG erguirse.

redresseur *m* ÉLECTR rectificador (de courant) ‖ *redresseur de torts* desfacedor de entuertos, deshacedor de agravios.
- *adj m* rectificador.

réducteur, trice *adj* TECHN reductor, ra.
- *adj m et s* CHIM reductor ‖ PHOT rebajador.
- *m* reductor (de vitesse).

réductible *adj* reducible, reductible.

réduction *f* reducción, aminoración (d'impôts, etc.) ‖ rebaja (de prix).

réduire* *v tr* reducir; *réduire en poussière* reducir a polvo; *réduire d'un quart* reducir en una cuarta parte; *réduire au silence* reducir al silencio ‖ sofocar (une émeute), reducir (une résistance) ‖ disminuir (diminuer) ‖ MÉD & MATH reducir ‖ — *réduire à néant* aniquilar, dar por tierra ‖ *réduire à sa plus simple expression* reducir a su más mínima expresión ‖ *réduire au silence* reducir al silencio, acallar ‖ *réduire en esclavage* esclavizar ‖ *réduire en poudre* o *en poussière* o *en miettes* hacer polvo *ou* añicos *ou* trizas ‖ — *en être réduit à* no tener más remedio que.
- *v intr* reducirse.

réduit, e [redɥi, ɥit] *adj* reducido, da.
- *m* cuarto pequeño, cuartucho, cuchitril (péjoratif) ‖ MIL reducto.
- *f* MATH reducida.

rééchelonnement *m* ÉCON reescalonamiento, reprogramación *f*, reajuste del calendario ‖ *rééchelonnement de la dette* reprogramación del servicio de la deuda.

réécouter *v tr* volver a escuchar.
réécrire *v tr* volver a escribir.
rééditer *v tr* reeditar.
réédition *f* reedición.
rééducation *f* reeducación ‖ MÉD reeducación, rehabilitación; *rééducation de la parole* reeducación de la palabra ‖ *centre de rééducation* centro de reeducación.
rééduquer *v tr* reeducar.
réel, elle [reɛl] *adj* real ‖ efectivo, va.
- *m* lo real.
réélection *f* reelección.
rééligible *adj* reelegible.
réélire* *v tr* reelegir.
réellement *adv* realmente, verdaderamente, de verdad.
réembaucher *v tr* contratar de nuevo (ouvriers).
réémetteur *m* reemisor.
réemploi *m* → **remploi**.
réemployer *v tr* → **remployer**.
réemprunter *v tr* → **remprunter**.
réengager* *v tr* → **rengager**.
rééquilibrage *m* reequilibrado.
rééquilibrer *v tr* reequilibrar.
réescompte [reɛskɔ̃:t] *m* COMM redescuento.
réescompter [-te] *v tr* descontar de nuevo.
réessayer; ressayer *v tr* intentar otra vez *ou* de nuevo.
réétudier *v tr* volver a estudiar, reexaminar, reconsiderar.
réévaluation *f* revaluación.
réévaluer *v tr* revaluar.
réexamen *m* reexamen, nuevo examen.
réexaminer *v tr* volver a examinar [un asunto].
réexpédier* *v tr* reexpedir.
réexpédition *f* reexpedición.
réexporter *v tr* reexportar.
réf. abrév de *référence(s)* referencia (s).
refaire* *v tr* rehacer ‖ FAM engañar, pegársela *ou* dársela a uno; *il a été refait* le han dado el pego.
- *v intr* volver a dar las cartas.
- *v pr* rehacerse, reponerse ‖ restablecerse (rétablir sa santé) ‖ volver a habituarse ‖ FAM *se refaire une beauté* arreglarse.
réfection *f* (*vx*) refección (repas) ‖ reparación, refacción, refección (remise en état).
réfectoire *m* refectorio, comedor.
référé *m* DR recurso de urgencia.
référence *f* referencia ‖ — *ouvrage de référence* libro de consulta ‖ *faire référence à* hacer referencia a ‖ FIG *ce n'est pas une référence* no sirve de referencia.
- *pl* referencias, informes *m* ‖ *ayant des références* informado, da (employé).
référencer *v tr* citar una referencia [en una carta].
référendum [referɛ̃dɔm] *m* referéndum ‖ encuesta *f* (enquête de journal).
référer* *v tr* (*vx*) referir ‖ remitir (remettre).
- *v intr* informar; *en référer à la direction* informar a la dirección.
- *v pr* referirse.
refermer *v tr* cerrar, volver a cerrar (fermer); *refermer une porte* cerrar una puerta.

refiler

◆ *v pr* cerrarse, volver a cerrarse.
refiler *v tr* FAM colar, pasar; *refiler une pièce fausse* colar una moneda falsa | colgar, cargar, endosar (un travail).
refinancement *m* ÉCON refinanciación *f.*
réfléchi, e *adj* reflejado, da; *rayon réfléchi* rayo reflejado ‖ GRAMM reflexivo, va (verbe, forme) ‖ reflexivo, va (raisonnable, sérieux); *un garçon réfléchi* un chico reflexivo ‖ pensado, da; meditado, da; cuerdo, da (idée, etc.).
réfléchir *v tr* reflejar.
◆ *v intr* reflexionar, pensar; *il faut que j'y réfléchisse* tengo que pensarlo ‖ *— c'est tout réfléchi* está decidido, no me lo pienso más ‖ *donner à réfléchir* dar que pensar ‖ *il faut réfléchir avant d'agir* mirar antes de saltar, antes que te cases mira lo que haces ‖ *tout bien réfléchi, en réfléchissant bien* pensándolo bien, mirándolo bien, bien mirado todo.
◆ *v pr* reflejarse.
réfléchissant, e *adj* reflejante, reflectante; *surface réfléchissante* superficie reflejante ‖ reflectante; reflectorizado, da (plaque).
réflecteur, trice *adj* et *s m* PHYS reflector, ra.
◆ *m* reflector.
reflet *m* reflejo ‖ FIG reflejo, imagen *f.*
refléter* *v tr* reflejar; *la glace reflète les rayons lumineux* el espejo refleja los rayos luminosos.
◆ *v pr* reflejarse.
refleurir *v intr* reflorecer.
reflex *adj inv* PHOT réflex.
◆ *m inv* PHOT réflex *f* [cámara].
réflexe *adj* reflejo, ja; *mouvement réflexe* movimiento reflejo.
◆ *m* reflejo; *réflexe conditionné* reflejo condicionado.
réflexif, ive *adj* reflexivo, va (psychologie).
réflexion *f* PHYS reflexión ‖ reflexión (action de réfléchir) ‖ idea, pensamiento *m* ‖ *— groupe de réflexion* grupo de reflexión ‖ *temps de réflexion* período de reflexión ‖ *— réflexion faite, à la réflexion* mirándolo bien, pensándolo bien, bien mirado ‖ *— faire des réflexions* llamar la atención, reprender.
refluer [rəflye] *v intr* refluir ‖ retroceder, volver; *la foule reflua vers la sortie* la muchedumbre retrocedió hacia la salida ‖ volver a (pensées, souvenirs).
reflux [-fly] *m* reflujo (marée) ‖ FIG reflejo, retroceso.
refondre *v tr* refundir ‖ reestructurar (reorganizar).
refonte *f* refundición ‖ reestructuración, reforma; *la refonte des institutions* la reestructuración de las instituciones ‖ refundición (d'un livre).
réformable *adj* reformable.
réformateur, trice *adj* et *s* reformador, ra.
réforme *f* reforma; *réforme agraire* reforma agraria ‖ MIL baja, licencia absoluta (position) ‖ reforma (église) ‖ *cheval de réforme* caballo de desecho.
réformé, e *adj* et *s* reformado, da.
◆ *adj* et *s m* declarado inútil por enfermo (conscrit), dado de baja ‖ militario en service).
réformer *v tr* reformar ‖ MIL declarar inútil por enfermo, dar de baja ‖ desechar (un cheval).
◆ *v pr* reformarse, corregirse.
réformisme *m* reformismo.

réformiste *adj* et *s* reformista.
reformuler *v tr* reformular, volver a formular.
refoulé, e *adj* et *s* inhibido, da.
refoulement *m* rechazo, retroceso ‖ impulsión *f,* descarga *f* (pompe) ‖ compresión (d'un gaz) ‖ inhibición *f,* tendencia *f* reprimida, represión *f* (d'un désir, d'un sentiment) ‖ enfurtido (des étoffes), curtido (du cuir) ‖ expulsión *f.*
refouler *v tr* rechazar, hacer retroceder ‖ echar, expulsar ‖ comprimir (gaz, etc.) ‖ atacar (la poudre d'une arme à feu) ‖ enfurtir (les étoffes), curtir (le cuir) ‖ FIG ahogar, contener; *refouler ses pleurs* ahogar el llanto | inhibir, reprimir, contener, comprimir (un désir, une sensation).
réfractaire *adj* refractario, ria ‖ rebelde; refractario, ria (rebelle) ‖ *soldat réfractaire* insumiso.
réfracter *v tr* refractar.
réfraction *f* PHYS refracción.
refrain [rəfrɛ̃] *m* estribillo (de chanson) ‖ canción *f,* cantinela *f* (répétition, rengaine).
refréner* *v tr* refrenar.
réfrigérant, e *adj* refrigerante ‖ FIG no muy caluroso, sa; *accueil réfrigérant* acogida no muy calurosa.
◆ *m* enfriador.
réfrigérateur, trice *adj* refrigerador, ra.
◆ *m* refrigerador, frigorífico, nevera *f.*
réfrigération *f* refrigeración.
réfrigéré, e *adj* refrigerado, da ‖ FIG & FAM congelado, da; helado, da ‖ *wagon réfrigéré* vagón frigorífico.
réfrigérer* *v tr* refrigerar.
réfringence [refrɛ̃ʒɑ̃:s] *f* PHYS refringencia.
réfringent, e [-ʒɑ̃, ɑ̃:t] *adj* PHYS refringente.
refroidir *v tr* enfriar; *refroidir l'eau* enfriar el agua ‖ *—* FIG aplacar, apagar, enfriar; *refroidir l'enthousiasme* aplacar el entusiasmo ‖ POP apilar, cargarse, dejar fiambre (tuer) ‖ TECHN refrigerar.
◆ *v intr* enfriarse; *la soupe refroidit* la sopa se enfría.
◆ *v pr* MÉD enfriarse, resfriarse.
refroidissement *m* enfriamiento ‖ MÉD enfriamiento, resfriado ‖ refrigeración *f* (moteur); *circuit de refroidissement* circuito de refrigeración ‖ FIG enfriamiento (relations).
refroidisseur *m* enfriador.
refuge *m* refugio ‖ amparo (protection, surtout morale) ‖ isleta *f,* refugio (trottoir) ‖ *demander refuge à quelqu'un* pedir asilo a alguien.
réfugié, e *adj* et *s* refugiado, da.
réfugier (se)* *v pr* refugiarse.
refus [rəfy] *m* negativa *f,* negación *f* ‖ rechazamiento, rechazo, repulsa *f* (rejet); *refus d'une offre* rechazamiento de una oferta ‖ ÉQUIT parón ‖ *— refus de priorité* incumplimiento del ceda el paso ‖ *refus d'obéissance* desobediencia ‖ *— ce n'est pas de refus* con mucho gusto, no es como para despreciarlo ‖ *essuyer un refus* recibir una negativa.
refusable *adj* rehusable, rechazable, que se puede negar.
refuser *v tr* negar, rehusar, rechazar (rejeter); *refuser un service* rehusar un favor ‖ negarse a; *refuser de sortir* negarse a salir ‖ negar; *la nature lui a refusé la beauté* la naturaleza le ha negado la belleza ‖ suspender (à un examen), dar calabazas (fam) ‖ *— refuser du monde* echar gente, no aceptar gente ‖

refuser la priorité no respetar la prioridad *ou* el ceda el paso ‖ *refuser sa porte à quelqu'un* cerrar la puerta a alguien.
◆ *v intr* pararse (cheval) ‖ ser contrario (vent).
◆ *v pr* negarse; *se refuser à parler* negarse a hablar ‖ privarse (se priver); *se refuser tout repos* privarse de todo descanso ‖ resistirse; *il se refuse à penser que* se resiste a pensar que ‖ *ne rien se refuser* no privarse de nada.
réfutable *adj* refutable.
réfutation *f* refutación.
réfuter *v tr* refutar, rechazar.
regagner *v tr* recobrar; *regagner la confiance* recobrar la confianza ‖ FIG recuperar; *regagner le temps perdu* recuperar el tiempo perdido ‖ volver a ganar; *regagner de l'argent* volver a ganar dinero ‖ alcanzar, juntarse con ‖ volver (revenir); *regagner son pays* volver a su país ‖ *regagner du terrain* recuperar el terreno perdido.
regain [rəgɛ̃] *m* renadío, segundo corte, hierba *f* de segundo corte (d'un pré) ‖ FIG renuevo ‖ — *regain de jeunesse* remozamiento ‖ *regain de popularité* nuevo período de popularidad.
régal *m* regalo, placer, delicia *f* (plaisir); *cette musique est un régal pour l'oreille* esta música es un regalo para el oído ‖ festín, regalo.
régalade *f* regalo *m*, festín *m* ‖ *(vx)* fogata (flambée) ‖ *boire à la régalade* beber a chorro.
régaler *v tr* FAM invitar, pagar (payer); *c'est moi qui régale* invito yo ‖ amenizar, obsequiar (agrémenter) ‖ nivelar, allanar (aplanir).
◆ *v pr* deleitarse con, regalarse (d'un repas) ‖ FIG disfrutar, gozar; *je vais me régaler* la voy a gozar.
regard [rəgaːr] *m* mirada *f*; *foudroyer du regard* fulminar con la mirada ‖ TECHN registro, trampilla *f* (égout, machine) ‖ — *regard noir* mirada dura ‖ *regard perçant* mirada aguda *ou* penetrante ‖ — *droit de regard* derecho de fiscalización ‖ *long regard* mirada penetrante ‖ — *au regard de* respecto a ‖ *en regard* en frente ‖ *jeter o lancer un regard* echar una mirada *ou* una ojeada ‖ *jeter ses regards sur* poner los ojos en (choisir) ‖ *menacer du regard* amenazar con la mirada ‖ *ne pas avoir un regard pour* no dignarse mirar a, no hacer caso de ‖ *parcourir du regard* recorrer con la mirada ‖ *se dérober aux regards de* huir de las miradas de ‖ *tourner ses regards vers* volver la mirada *ou* los ojos a.
regardant, e *adj* roñoso, sa; tacaño, ña.
regarder *v tr* mirar a; *se contenter de regarder les gens qui passent* contentarse con mirar a la gente que pasa; *la maison regarde le sud* la casa mira al Sur ‖ FIG mirar, considerar (considérer) ‖ competer a, interesar a, corresponder a, atañer a; *affaire qui regarde le pays* asunto que compete al país ‖ — *regarder à la dérobée o du coin de l'œil* mirar con el rabillo del ojo, mirar de soslayo ‖ *regarder avec des yeux ronds* mirar con los ojos abiertos como platos ‖ *regarder comme* considerar como ‖ *regarder dans le blanc des yeux o droit dans les yeux* mirar de hito en hito, fijar la mirada ‖ *regarder de biais o de travers* mirar con recelo ‖ *regarder de haut* mirar por encima del hombro *ou* de arriba abajo ‖ *regarder d'un bon, d'un mauvais œil* mirar con buenos, malos ojos [algo] ‖ *regarder en face* mirar frente a frente *ou* cara a cara *ou* a la cara *ou* a los ojos (dans les yeux), enfrentarse, afrontar, encararse (affronter) ‖ *regarder quelqu'un du haut de sa grandeur* mirar a alguien por encima del hombro ‖ *regarder quelqu'un d'un bon, d'un mauvais œil* mirar a alguien con buenos, malos ojos ‖ *regarder quelqu'un sous le nez o entre les yeux* mirar provocativamente ‖ — *ça me regarde* esto es asunto mío ‖ *ça ne me regarde pas* esto no es asunto mío (ce n'est pas mon affaire), no me importa (ça m'est égal) ‖ *ça vous regarde* esto es cosa suya, allá usted ‖ *ça vous regarde?* ¿y a usted qué le importa?, ¿y a usted qué más le da? ‖ FAM *mêlez-vous de ce qui vous regarde* no se meta en lo que no le llaman *ou* en lo que no le importa ‖ *non mais tu ne m'as pas regardé!* ¡qué te crees!
◆ *v intr* reparar, poner reparo; *ne pas y regarder de si près* no reparar en detalles ‖ — *sans regarder à la dépense* sin mirar *ou* reparar en gastos ‖ *sans y regarder* sin reparar en los detalles ‖ *y regarder à deux fois* pensarlo mucho antes de obrar.
◆ *v pr* mirarse ‖ — *se regarder en chiens de faïence* mirarse de hito en hito y con hostilidad ‖ *se regarder face à face* estar frente por frente.
régate *f* MAR regata ‖ corbatita de nudo (cravate).
regeler* [rəʒle] *v tr et intr* helar de nuevo.
régence *f* regencia.
◆ *adj inv* regencia; *style Régence* estilo Regencia.
régénérateur, trice *adj et s* regenerador, ra.
◆ *m* TECHN regenerador.
régénération *f* regeneración.
régénérer* *v tr* regenerar ‖ TECHN regenerar (caoutchouc).
régent, e *adj et s* regente.
régenter *v tr* regentar ‖ FIG regentar, dirigir.
reggae *m* MUS reggae.
régicide *adj et s* regicida (assassin).
◆ *m* regicidio (crime).
régie *f* administración de rentas, estanco (de l'État) ‖ control *m* (télévision, cinéma) ‖ — *en régie* en administración ‖ *la Régie des tabacs* la Compañía Arrendataria de Tabacos.
regimber *v intr* respingar (animaux) ‖ FIG respingar, forcejear.
◆ *v pr* hacer la contra, enfrentarse a, ir contra, oponerse a.
régime *m* régimen (gouvernement) ‖ racimo (bananes) ‖ MÉCAN régimen ‖ MÉD régimen, dieta *f*; *régime sans sel* régimen sin sal; *régime lacté* dieta láctea ‖ régimen (droit, géographie, etc.) ‖ — *régime matrimonial* régimen de bienes en el matrimonio ‖ *régime vieillesse* plan de pensiones ‖ — *à plein régime* a toda marcha ‖ *être au régime* estar a régimen *ou* a plan, seguir un plan ‖ *se mettre au régime* ponerse a régimen.
régiment *m* MIL regimiento ‖ FIG multitud *f*, batallón; *un régiment de cousins* un batallón de primos ‖ FAM servicio militar, mili *f*; *un copain de régiment* un amigo de la mili ‖ — FAM *faire son régiment* hacer el servicio militar, hacer la mili ‖ *inconnu au régiment* ilustre desconocido.
région *f* región ‖ MIL región ‖ MAR *région maritime* departamento marítimo.
régional, e *adj* regional.
◆ *m* red *f* telefónica regional.
régionalisation *f* regionalización.
régionaliser *v tr* regionalizar.
régionalisme *m* regionalismo.
régionaliste *adj et s* regionalista.

régir *v tr* regir ‖ dirigir, gobernar (gouverner) ‖ GRAMM regir.

régisseur *m* regidor, administrador ‖ THÉÂTR traspunte, regidor de escena ‖ regidor, director de producción (cinéma) ‖ jefe de control (du son).

registre *m* registro (livre) ‖ llave *f* [de un fogón, de una caldera de vapor] ‖ control (de tonalité) ‖ INFORM registro ‖ MUS registro ‖ — *registre de comptabilité* registro de contabilidad ‖ *registre de l'état civil* registro civil ‖ *registre foncier* registro de la propiedad.

réglable *adj* regulable.

réglage *m* arreglo ‖ reglaje, ajuste (d'un appareil) ‖ *bague de réglage* anillo de ajuste ‖ rayado, pautado (du papier) ‖ corrección *f*, reglaje (du tir) ‖ control (de tonalité) ‖ graduación *f*, regulación *f* (d'une quantité).

règle *f* regla (règlement) ‖ pauta, regla, norma (norme) ‖ norma; *règles de la concurrence* normas de la competencia ‖ regla (pour tirer des traits) ‖ iguala (du maçon) ‖ — *règle à calcul* regla de cálculo ‖ *règle de conduite* norma de conducta ‖ *règle de mélange* regla de aligación ‖ *règle de trois* regla de tres ‖ ÉCON *règles de procédure* normas procesales (statuts) ‖ — *à la règle* con regla ‖ *en règle* en regla, en forma debida, como Dios manda; *bataille en règle* batalla en regla ‖ *en règle générale* por regla general ‖ — *avoir pour règle de faire* tener por norma hacer ‖ *être de règle* ser requisito indispensable, ser imperativo *ou* obligatorio ‖ *être en règle* estar en regla ‖ *être en règle avec sa conscience* tener la conciencia tranquila.

◆ *pl* reglas, período *m sing* (menstrues) ‖ *dans les règles, dans les règles de l'art* con todas las reglas del arte, con todas las de la ley.

réglé, e *adj* ordenado, da; regulado, da ‖ regulado, da (appareil) ‖ corregido (tir) ‖ reglado, da; moderado, da ‖ determinado, da; fijado, da; *dispositions réglées d'avance* disposiciones determinadas de antemano ‖ regular (pouls) ‖ concluido, da; resuelto, ta; *c'est une question réglée* es asunto concluido ‖ — MATH *surface réglée* superficie reglada ‖ — FAM *être réglé comme du papier à musique* ser como un cronómetro (exact), ser automático.

réglée *adj f* menstruante, que tiene la regla *ou* la menstruación.

règlement *m* reglamento ‖ MIL reglamento, ordenanzas *f pl* ‖ liquidación *f*, pago (argent) ‖ arreglo, solución *f*; *règlement d'un différend* arreglo de una controversia ‖ — *règlement à la commande* pago al formalizarse el pedido ‖ *règlement de compte* ajuste de cuenta (assassinat) ‖ *règlement de sécurité* reglamento de seguridad ‖ *règlement d'une somme* liquidación *ou* pago de una cantidad ‖ *règlement en espèces, par chèque* pago en efectivo, con cheque ‖ *règlement intérieur* reglamento interno ‖ DR *règlement judiciaire* procedimiento de suspensión de pagos.

réglementaire *adj* reglamentario, ria ‖ *ce n'est pas très réglementaire* no está de acuerdo con los cánones, no es de ley.

réglementation *f* reglamentación ‖ *réglementation des marchés* organización *ou* regulación del mercado.

réglementer *v tr* someter a un reglamento, reglamentar, regular.

régler* *v tr* pautar, reglar, rayar (papier) ‖ regular, ajustar (un mécanisme) ‖ FIG arreglar, ordenar, regular; *régler sa vie* ordenar su vida ‖ reglamentar, determinar (décider) ‖ zanjar, arreglar, solucionar; *régler un problème* zanjar un problema ‖ resolver, solventar, dirimir (un différend) ‖ terminar con, concluir (mettre fin à) ‖ liquidar, abonar (compte) ‖ pagar; *régler le boulanger* pagar al panadero ‖ graduar, ajustar; *régler en hauteur* ajustar en altura ‖ — *régler le tir* ajustar el tiro ‖ *régler sa conduite sur* amoldar *ou* arreglar la conducta a ‖ *régler son compte à quelqu'un* pagarle (le payer), ajustarle a uno las cuentas (se venger), quitarse a uno de encima (s'en débarrasser) ‖ *régler son pas sur* ponerse al compás de ‖ *régler une montre* poner en hora un reloj.

◆ *v pr* fijarse, determinarse.

réglette *f* regleta.

régleur, euse *adj* et *s* ajustador, ra.

◆ *m* corrector (tir) ‖ válvula *f* de expansión (détendeur).

◆ *f* IMPR rayadera.

réglisse *f* regaliz *m* ‖ — *bâton de réglisse* paloduz (racine), barra de regaliz (bonbon) ‖ *jus de réglisse, réglisse* regaliz.

régio *adj* FAM legal; *c'est un type tout ce qu'il y a de plus régio* es un tío de lo más legal.

régnant, e *adj* reinante ‖ FIG reinante, dominante.

règne [rɛɲ] *m* reinado; *sous le règne de Néron* durante el reinado de Nerón ‖ reino; *règne animal* reino animal ‖ FIG reinado.

régner* *v intr* reinar ‖ — *diviser pour régner* divide y vencerás ‖ *le roi règne et ne gouverne pas* el rey reina pero no gobierna.

regonfler *v tr* rehenchir ‖ inflar de nuevo ‖ FIG & FAM levantar el ánimo, entonar.

regorger* *v intr* rebosar, salirse (liquides) ‖ rebosar (abonder) ‖ — *regorger de santé* rebosar salud ‖ *regorger de biens* nadar en la abundancia.

régresser *v intr* retroceder, perder, experimentar una regresión.

régressif, ive *adj* regresivo, va.

régression *f* regresión, retroceso.

regret [rəgrɛ] *m* pesar, disgusto ‖ queja *f* (plainte) ‖ pena *f*, pesadumbre *f* (chagrin) ‖ — *à mon vif regret* con mi mayor sentimiento ‖ *à regret* con pesar, a disgusto ‖ *avec tous mes regrets* sintiéndolo en el alma ‖ — *avoir le regret de, être au regret de* lamentar *ou* sentir mucho ‖ *en être aux regrets* arrepentirse, estar arrepentido.

regrettable *adj* lamentable, deplorable, triste ‖ *il est regrettable que* es una pena que ‖ *perte regrettable* dolorosa pérdida.

regretté, e *adj* sentido, da; lamentado, da ‖ llorado, da (défunt) ‖ echado de menos.

regretter *v tr* lamentar, sentir, deplorar ‖ sentir la pérdida de (d'une personne) ‖ echar de menos (une personne ou une chose perdue); *regretter ses camarades* echar de menos a sus compañeros ‖ — *je le regrette beaucoup* lo siento mucho *ou* en el alma ‖ *je regrette de ne pas l'avoir vu* siento no haberlo visto.

regroupement *m* reagrupamiento, reagrupación *f*.

regrouper *v tr* reagrupar.

régularisation *f* regularización ‖ regulación; *régularisation d'un cours d'eau* regulación de un curso de agua.
régulariser *v tr* regularizar.
régularité *f* regularidad.
régulateur, trice *adj* regulador, ra.
  ◆ *m* regulador ‖ — *régulateur cardiaque* marcapasos, regulador cardíaco, marcador de paso ‖ TECHN *régulateur de vitesse, de température* regulador de velocidad, de temperatura.
régulation *f* regulación ‖ *régulation des naissances* control de natalidad.
régulier, ère *adj* regular ‖ puntual (exact) ‖ regular (religieux) ‖ FAM leal.
  ◆ *m* MIL regular.
  ◆ *f* POP costilla, parienta (épouse).
régulièrement *adv* regularmente, con regularidad (à moments fixes) ‖ uniformemente, por igual (uniformément) ‖ por regla general, normalmente (en principe).
régurgitation *f* regurgitación.
régurgiter *v tr* regurgitar.
réhabilitation *f* rehabilitación.
réhabiliter *v tr* rehabilitar.
réhabituer *v tr* acostumbrar de nuevo.
rehaussement [rəosmã] *m* realce ‖ levantamiento.
rehausser [-se] *v tr* realzar ‖ levantar (élever).
réhydrater *v tr* rehidratar.
réimplanter *v tr* reimplantar.
réimportation *f* COMM reimportación.
réimporter *v tr* COMM reimportar.
réimposer *v tr* ÉCON reimponer.
réimpression *f* reimpresión.
réimprimer *v tr* reimprimir.
Reims *n pr* GÉOGR Reims.
rein [rɛ̃] *m* ANAT riñón; *rein artificiel* riñón artificial; *avoir mal aux reins* tener dolor de riñones ‖ ARCHIT riñón.
  ◆ *pl* riñones, lomos ‖ — *tour de reins* dolor de cintura ‖ — *avoir les reins solides* tener el riñón bien cubierto, ser pudiente (être puissant) ‖ *casser les reins* deslomar (rouer de coups), cargarse (un adversaire) ‖ FAM *se casser les reins* cargársela.
réincarnation *f* reencarnación.
réincarner (se) *v pr* reencarnar.
réincorporer *v tr* reincorporar.
reine *f* reina; *la reine douairière* la reina viuda ‖ reina, abeja maestra (abeille) ‖ reina, dama (aux échecs, aux cartes).
reine-claude *f* ciruela claudia, reina claudia (fruit).
  — OBSERV *pl reines-claudes.*
reine-marguerite *f* BOT aster *m* de la China.
  — OBSERV *pl reines-marguerites.*
reinette *f* reineta (pomme).
réinscription *f* nueva inscripción.
réinscrire* *v tr* inscribir de nuevo.
  ◆ *v pr* volver a inscribirse.
réinsérer *v tr* reinsertar.
réinsertion *f* reinserción.
réinstaller *v tr* reinstalar ‖ reasentar.
réintégration *f* reintegración.
réintégrer* *v tr* reintegrar ‖ volver a; *réintégrer le domicile conjugal* volver al domicilio conyugal ‖ volver a poner; *réintégrer quelqu'un en prison* volver a poner a uno en la cárcel ‖ volver a dar, devolver (redonner); *réintégrer quelqu'un dans ses biens* devolver a uno sus bienes ‖ rehabilitar (un fonctionnaire).
réintroduction *f* nueva introducción.
réintroduire* *v tr* introducir de nuevo, volver a introducir.
réinventer *v tr* inventar de nuevo.
réinvestir *v tr* volver a investir (un député) ‖ volver a investir (des capitaux) ‖ MIL sitiar *ou* cercar de nuevo.
réitératif, ive *adj* reiterativo, va.
réitération *f* reiteración.
réitérer* *v tr et intr* reiterar.
rejaillir [rəʒajiːr] *v intr* saltar (liquides) ‖ reflejarse (lumière) ‖ (vx) rebotar (rebondir) ‖ FIG *rejaillir sur* recaer sobre, repercutir sobre.
rejaillissement [-jismã] *m* salto (d'un liquide) ‖ (vx) rebote (d'une balle) ‖ reflejo (de la lumière) ‖ FIG repercusión *f*.
rejet [rəʒɛ] *m* desestimación *f*, rechazo; *le rejet de sa demande* la desestimación de su petición ‖ BOT renuevo, retoño ‖ joven enjambre (d'abeilles) ‖ tierra *f* sacada (d'un fossé) ‖ POÉT encabalgamiento ‖ MÉD rechazo.
rejetable *adj* rechazable.
rejeter* *v tr* echar de nuevo, volver a echar, tirar de nuevo, volver a tirar; *rejeter un poisson à l'eau* volver a echar un pez al agua ‖ rechazar, arrojar; *rejeter l'ennemi hors d'un pays* arrojar al enemigo fuera de un país ‖ rechazar; *rejeter une demande* rechazar una petición ‖ vomitar, devolver (vomir) ‖ achacar, echar; *rejeter la faute sur quelqu'un* achacar *ou* echar la culpa a alguien ‖ *rejeter un mot à la fin d'une phrase* trasladar una palabra al final de una frase.
  ◆ *v intr* BOT retoñar.
  ◆ *v pr* echarse; *se rejeter en arrière* echarse atrás ‖ volverse a meter; *se rejeter sur l'étude* volverse a meter en el estudio ‖ recurrir (se reporter).
rejeton *m* BOT retoño, brote, renuevo, vástago ‖ FIG retoño, vástago (descendant).
rejoindre* *v tr* reunir, volver a juntar; *rejoindre les lèvres d'une plaie* volver a juntar los bordes de una llaga ‖ reunirse con, juntarse con; *rejoindre ses amis* reunirse con sus amigos ‖ ir a dar; *chemin qui rejoint la route* camino que va a dar a la carretera ‖ alcanzar, coger (rattraper) ‖ MIL incorporarse a ‖ FIG acercarse a; *cela rejoint ma pensée* esto se acerca a mis ideas.
  ◆ *v pr* juntarse, reunirse ‖ encontrarse, verse (se retrouver).
rejouer *v tr et intr* volver a jugar (jeu) ‖ volver a representar (théâtre) ‖ volver a tocar (musique).
réjoui, e *adj* regocijado, da; alegre, jovial; gozoso, sa.
réjouir *v tr* regocijar, alegrar.
  ◆ *v pr* alegrarse, regocijarse.
réjouissance *f* regocijo *m*, alegría, júbilo *m* (joie) ‖ *(vx)* porción de hueso (boucherie).
  ◆ *pl* festejos *m*, fiestas.
réjouissant, e *adj* divertido, da; alegre.
relâche *m* descanso (repos) ‖ día de descanso (théâtre) ‖ *sans relâche* sin tregua, sin descanso ‖ *faire relâche* no haber función; *ce théâtre fait relâche* no hay función en este teatro.

relâché

◆ *f* MAR escala.
relâché, e *adj* relajado, da.
relâchement [rəlɑʃmã] *m* relajamiento, relajación *f* (des mœurs, de la discipline, de l'activité) ‖ aflojamiento, flojedad *f* (d'une corde) ‖ relajación *f*, disminución *f*, aflojamiento (de la tension) ‖ MÉD relajación *f* ‖ FAM relajación *f*, soltura *f* de vientre (diarrhée).
relâcher *v tr* aflojar; *relâcher un câble* aflojar un cable ‖ relajar; *relâcher la discipline* relajar la disciplina ‖ soltar, liberar, libertar, devolver la libertad a (un prisonnier) ‖ *relâcher de* ceder en, reducir, disminuir.
◆ *v intr* MAR hacer escala, entrar de arribada.
◆ *v pr* aflojarse (corde) ‖ relajarse; *la morale s'est relâchée* la moralidad se ha relajado ‖ aflojar, disminuir los esfuerzos; *cet élève s'est relâché en mathématiques* este alumno ha aflojado en matemáticas.
relais [rəlɛ] *m* parada *f*, posta *f*, relevo (endroit) ‖ caballos *pl* de relevo, posta *f* (chevaux) ‖ albergue (auberge) ‖ SPORTS relevo; *course de relais* carrera de relevos; *équipe de relais* equipo de relevo ‖ descubierto (dans les fleuves) ‖ multiplicador (d'explosifs) ‖ ÉLECTR relé ‖ RAD repetidor, estación *f* de enlace, relé ‖ — SPORTS *relais quatre nages* relevo estilos ‖ *relais routier* restaurante de carretera ‖ — FIG *prendre le relais* tomar el relevo, relevar.
relance *f* envite *m* (au poker) ‖ FIG reactivación, nuevo impulso *m*; *relance économique* reactivación económica ‖ resurgimiento *m*; *relance européenne* resurgimiento europeo ‖ *de relance* de insistencia (lettre).
relancer* *v tr* lanzar de nuevo, volver a lanzar (lancer de nouveau) ‖ dejar partir, dejar marcharse (faire repartir) ‖ reenvidar (au poker) ‖ FIG reactivar, dar nuevo impulso (l'économie) ‖ FIG & FAM acosar, perseguir, hostigar, no dejar en paz; *relancer quelqu'un* acosar a uno ‖ volver a hablar de, volver a poner sobre el tapete, discutir de nuevo (une question) ‖ reprender, regañar (réprimander) ‖ — *relancer la conversation* reanimar *ou* reanudar la conversación ‖ *relancer un client* insistir de nuevo con *ou* dar otro toque a un cliente.
relater *v tr* relatar.
relatif, ive *adj* relativo, va ‖ *relatif à* relativo a *ou* sobre; *étude relative aux liens existants* estudio sobre las relaciones existentes.
◆ *m* lo relativo.
— OBSERV Il est souvent possible en espagnol de remplacer l'expression *relativo a*, suivie d'un complément, par ce complément, auquel on ajoute le suffixe *ero, era*: *relatif au blé, à la maison* triguero, casero.
relation *f* relación ‖ relación, contacto *m*; *entrer en relation avec quelqu'un* ponerse en relación con alguien ‖ relato *m*, narración (récit) ‖ enlace, relación (liaison) ‖ MATH razón, relación.
◆ *pl* relaciones, trato *m sing* ‖ relaciones (personnes connues) ‖ — *relations internationales* relaciones internacionales ‖ *relations publiques* relaciones públicas ‖ *relations sexuelles* relaciones sexuales ‖ — *mettre quelqu'un en relation avec* poner a alguien en relación con.
relationnel, elle *adj* relacional.
relative *f* GRAMM oración de relativo.
relativement *adv* relativamente (par rapport à) ‖ *relativement à* respecto a, en lo relativo a (au sujet de), comparado con, en comparación a (par comparaison).
relativiser *v tr* relativizar.
relativisme *m* PHYLOS relativismo.
relativiste *adj* et *s* relativista.
relativité *f* relatividad.
relaver *v tr* volver a lavar.
relax; relaxe *adj* FAM relajado, da; tranquilo, la ‖ *fauteuil relax* tumbona.
relaxant, e *adj* relajante.
relaxation *f* relajación, relajamiento *m* ‖ puesta en libertad, liberación (libération).
relaxer *v tr* poner en libertad, liberar, soltar (mettre en liberté).
◆ *v pr* FAM relajarse (muscles, esprit).
relayer* [rəlɛje] *v tr* relevar, sustituir (remplacer) ‖ SPORTS hacer el relevo, relevar.
◆ *v pr* alternar, turnarse, relevarse (se remplacer); *se relayer au volant* turnarse en el volante; *relayer auprès d'un malade* turnarse para cuidar a un enfermo.
relayeur, euse [-jœːr, ø:ʒ] *m* et *f* miembro de un equipo de relevos (sports).
relecture *f* segunda lectura.
reléguer* *v tr* relegar, confinar.
relent [rəlã] *m* resabio (mauvais goût) ‖ tufo, mal olor (mauvaise odeur) ‖ FIG resabio, resto.
relève *f* relevo *m* (action et troupe) ‖ *prendre la relève* tomar el relevo, relevar, reemplazar.
relevé, e [rəlve] *adj* levantado, da ‖ FIG elevado, da; noble (élevé) | relevante, sobresaliente (remarquable) | picante (épicé) ‖ realzado, da (mis en valeur) ‖ peraltado, da (virage).
◆ *m* lista *f*, relación *f* detallada (dépenses, gains) ‖ lectura *f*, apunte *m* (d'un compteur) ‖ estado, estadística *f* (statistique) ‖ ARCHIT trazado, levantamiento (d'un plan) ‖ *relevé de comptes* extracto de cuentas ‖ *relevé d'identité bancaire (R.I.B.)* certificado de identificación bancaria *ou* de cuenta.
relèvement *m* reedificación, refección (d'un mur) ‖ levantamiento (d'une chose tombée) ‖ FIG rehabilitación *f* (d'un délinquant) ‖ mejora *f*; *relèvement de la qualité* mejora de la calidad ‖ determinación *f* de la posición de un punto (topographie) ‖ ANAT & MAR marcación *f* ‖ MAR arrufo (tonture) ‖ FIG renacimiento, levantamiento (d'un peuple) ‖ aumento, subida *f* (augmentation) ‖ aumento; *relèvement du niveau de vie, des droits de douane* aumento del nivel de vida, de los derechos arancelarios.
relever* *v tr* levantar, poner de pie (remettre debout) ‖ reedificar, rehacer, reconstruir (reconstruire) ‖ poner a flote (remettre à flot) ‖ levantar, remangar (retrousser) ‖ alzar, levantar (redresser) ‖ FIG levantar, sacar a flote (rétablir la prospérité) | elevar (élever); *le travail relève l'homme* el trabajo eleva al hombre | rehabilitar (un délinquant) ‖ realzar (rehausser) | dar, levantar, animar; *relever le courage* levantar el ánimo; *relever la conversation* animar la conversación ‖ reprender, regañar (reprendre) ‖ señalar, hacer notar, marcar; *relever une faute* señalar una falta ‖ notar, darse cuenta (se rendre compte) ‖ responder a, contestar a; *relever une impertinence* contestar a una impertinencia ‖ retener (une date) ‖ tomar nota, apuntar, sacar notas (prendre note) ‖ determinar la posición (déterminer la position) ‖ peraltar (un virage) ‖ levantar

un plano de (topographie) ‖ aumentar, subir (augmenter); *relever les salaires* subir los sueldos ‖ mejorar; *relever le niveau de vie* mejorar el nivel de vida ‖ relevar, reemplazar en un trabajo (relayer) ‖ relevar, revocar (révoquer) ‖ relevar, liberar, eximir de un deber (libérer) ‖ sazonar, poner picante (épicer) ‖ coger (tricot) ‖ recogerse; *relever les cheveux* recogerse el pelo ‖ MAR marcar; *relever sa position* marcar su posición ǀ levar (l'ancre) ‖ — *relever la tête* alzar la cabeza ‖ *relever le gant* o *le défi* recoger el guante, aceptar el desafío *ou* el reto.
➤ *v intr* depender ‖ — *relever de* competer a (être du ressort de), ser muestra *ou* signo de (être signe de), convalecer de, salir de (se remettre de) ‖ *relever de couches* levantarse después de un parto ‖ *relever de maladie* salir de una enfermedad.
➤ *v pr* levantarse, ponerse de pie ‖ salir de la cama ‖ recuperarse, reponerse (se remettre) ‖ relevarse, turnarse (se relayer) ‖ *il ne s'en relèvera pas* no se rehará.
relief *m* relieve; *carte en relief* mapa en relieve ‖ FIG realce, lustre ‖ — *bas-relief* bajorrelieve, bajo relieve ‖ *demi-relief* medio relieve ‖ *haut-relief* alto relieve ‖ — *broder en relief* bordar en realce, recamar ‖ *mettre en relief* poner de relieve, hacer resaltar.
➤ *pl* sobras, restos de comida.
relier* *v tr* atar de nuevo, volver a atar, atar otra vez (lier de nouveau) ‖ poner en comunicación, comunicar, enlazar, unir, reunir (établir des communications) ‖ conectar (télécommunications) ‖ empalmar, juntar (câbles, fils électriques, etc.) ‖ unir, reunir (rattacher) ‖ enlazar, relacionar ‖ encuadernar (un livre) ‖ poner aros *ou* cercos (à un tonneau).
relieur, euse *adj* et *s* encuadernador, ra.
religieusement *adv* religiosamente (de façon religieuse) ‖ religiosamente, escrupulosamente, como oro en paño (scrupuleusement) ‖ con fervor, fervorosamente (solennellement) ‖ *se marier religieusement* contraer matrimonio religioso.
religieux, euse *adj* et *s* religioso, sa; monje, fraile, monja.
➤ *f* pastelillo *m* de crema.
religion *f* religión ‖ — *entrer en religion* profesar, entrar en religión, hacerse religioso ‖ *se faire une religion de* imponerse el deber de.
religiosité *f* religiosidad.
reliquaire *m* relicario.
reliquat [rəlika] *m* resto, saldo (d'un compte) ‖ secuelas *f pl*, restos *pl* (d'une maladie).
relique [rəlik] *f* reliquia ‖ *garder comme une relique* guardar como oro en paño.
relire* *v tr* releer, leer de nuevo ‖ leer, descifrar.
➤ *v pr* releer (sa propre écriture).
reliure *f* encuadernación (de livre) ‖ cubierta (pour fascicules).
relogement *m* realojamiento.
reloger *v tr* realojar.
relouer *v tr* realquilar, subarrendar (souslouer).
reluire* *v intr* relucir, brillar.
reluisant, e *adj* reluciente, brillante ‖ FIG & FAM brillante; lucido, da; *situation pas très reluisante* situación no muy lucida.
— OBSERV *Reluisant* en su acepción familiar se emplea generalmente en forma negativa.
reluquer *v tr* FAM echar el ojo, diquelar.

remâcher *v tr* volver a mascar, rumiar ‖ FIG rumiar (une idée).
remailler; remmailler [-je] *v tr* remallar (les peaux) ‖ coger puntos [a las medias] (bas).
remake [rimɛk] *m* nueva versión *f* (d'un film).
rémanence *f* ÉLECTR remanencia.
rémanent, e *adj* remanente.
remaniement [rəmanimã] *m* revisión *f*, arreglo (révision) ‖ modificación *f*, transformación *f* (modification) ‖ cambio, reforma *f* ‖ remodelación *f*, cambio en la composición (d'un gouvernement); *remaniement ministériel* reorganización ministerial ‖ IMPR recorrido.
remanier* *v tr* rehacer, retocar (retoucher) ‖ modificar, arreglar, transformar (modifier) ‖ cambiar, reformar (changer) ‖ remodelar (un gouvernement) ‖ IMPR recorrer.
remaquiller *v tr* retocar (el maquillaje).
➤ *v pr* retocarse.
remariage *m* segundas nupcias *f pl*, nuevo casamiento.
remarier* *v tr* volver a casar.
➤ *v pr* volver a casarse.
remarquable *adj* notable; *remarquable par sa taille* notable por su estatura ‖ extraordinario, ria; excelente; *un chanteur remarquable* un cantor extraordinario ‖ señalado, da; *il a fait un travail remarquable* ha hecho un trabajo señalado ‖ relevante; *il lui a rendu un service remarquable* le ha prestado un servicio relevante.
remarquablement *adv* sumamente; *il est remarquablement intelligent* es sumamente inteligente.
remarque *f* nota, advertencia ‖ observación; *une remarque intéressante, désagréable* una observación interesante, desagradable.
remarqué, e *adj* señalado, da; *une absence remarquée* una ausencia señalada.
remarquer *v tr* observar, notar, ver; *il enleva des taches qu'il avait remarquées* quitó unas manchas que había observado ‖ notar, darse cuenta de; *remarquer la différence* notar la diferencia; *remarquer l'absence de quelqu'un* darse cuenta de la ausencia de uno; *remarquer quelque chose au premier coup d'œil* notar algo a primera vista ‖ fijarse en; *as-tu remarqué l'air qu'il a?* ¿te has fijado en el aspecto que tiene?; *remarquer quelqu'un* fijarse en uno ‖ señalar, notar; *le journaliste remarque dans son article l'importance de la question* el periodista señala en su artículo la importancia del problema ‖ ver; *j'ai remarqué une très jolie robe* he visto un vestido muy bonito ‖ decir; *et pourtant, remarqua la duchesse* y sin embargo, dijo la duquesa ‖ marcar de nuevo, volver a marcar (marquer de nouveau) ‖ — *remarque bien que* mira que, ahora que, te advierto que ‖ — *être remarqué* ser visto ‖ *faire remarquer* hacer ver, hacer notar, señalar ‖ *je vous ferai remarquer que* le advierto que ‖ *se faire remarquer* llamar la atención.
➤ *v pr* notarse, verse.
remballage *m* nuevo embalaje.
remballer *v tr* embalar (emballer) ‖ volver a embalar (emballer de nouveau) ‖ FIG & FAM pasaportar, despachar, mandar a paseo.
rembarquement *m* reembarco (personnes), reembarque (choses).
rembarquer *v tr* reembarcar.
➤ *v intr* et *pr* reembarcarse.

rembarrer *v tr* FAM reñir, echar una bronca a (reprendre).

remblai *m* terraplén (masse de matière pour élever un terrain) ‖ terraplenado (action) ‖ *terres de remblai* tierras de acarreo.

remblaiement *m* acarreo.

remblayage [rɑ̃blɛjaːʒ] *m* terraplenado.

remblayer* [-je] *v tr* terraplenar, rellenar.

rembobiner *v tr* rebobinar.

remboîter *v tr* MÉD encajar, reducir (un os) ‖ reencuadernar (un livre).

rembourrage *m* relleno (d'un siège) ‖ hombrera (d'une veste) ‖ paja *f*, relleno (remplissage).

rembourré, e *adj* relleno, na (rempli) ‖ blando, da; *siège bien rembourré* asiento muy blando ‖ — FAM *bien rembourré* rellenito, metido en carnes (grassouillet) ‖ *être rembourré de noyaux de pêches* ser duro como la piedra.

rembourrer *v tr* rellenar.

remboursable *adj* reembolsable ‖ reintegrable (loterie).

remboursement *m* reembolso ‖ reintegro (loterie) ‖ devolución *f* del importe (d'une place) ‖ *envoyer contre remboursement* enviar contra reembolso.

rembourser *v tr* reembolsar, devolver el dinero ‖ resarcir, reintegrar ‖ — *être remboursé à la loterie* cobrar el reintegro ‖ *rembourser des billets* devolver el importe de las entradas.

rembrunir *v tr* oscurecer, ponerse más oscuro (rendre plus foncé) ‖ FIG entristecer, contristar (attrister).

◆ *v pr* entristecerse ‖ nublarse, entoldarse (le temps).

remède *m* remedio, medicamento, medicina *f* ‖ — *remède de bonne femme* remedio casero ‖ *à chose faite point de remède* a lo hecho pecho ‖ *être sans remède* no haber remedio ‖ *le remède est pire que le mal* el remedio es peor que la enfermedad ‖ *porter remède à* remediar.

remédier* *v intr* remediar, poner remedio ‖ *remédier aux abus* terminar con los abusos.

remembrement [rəmɑ̃brəmɑ̃] *m* concentración *f* parcelaria.

remembrer *v tr* concentrar, reunir, llevar a cabo la concentración parcelaria (terres).

remémorer *v tr* rememorar, recordar.

◆ *v pr* recordar.

remerciement [rəmɛrsimɑ̃] *m* agradecimiento; *avec tous mes remerciements* con mis más expresivas gracias; *lettre de remerciement* carta de agradecimiento.

◆ *pl* gracias *f*; *adresser des remerciements* dar las gracias.

remercier* [-sje] *v tr* dar las gracias, agradecer (rendre grâce) ‖ rehusar cortésmente (refuser) ‖ despedir (renvoyer) ‖ — *en vous remerciant* agradeciéndole, le agradezco, le doy las gracias, dándole las gracias ‖ *je vous remercie* muchas gracias, se lo agradezco ‖ *je vous remercie de vos bontés* le agradezco sus amabilidades.

réméré *m* DR retroventa *f* ‖ *vendre à réméré* retrovender ‖ *vente à réméré* venta con pacto de retro.

remettre* *v tr* volver a poner, volver a meter; *remettre un enfant dans son lit* volver a meter un niño en su cama ‖ volver a ponerse, ponerse de nuevo; *remettre sa veste* volver a ponerse la chaqueta ‖ volver a poner, restablecer (ramener) ‖ reponer (une pièce de théâtre) ‖ imponer (décoration) ‖ reconocer, acordarse de; *je vous remets à présent* ahora le reconozco ‖ devolver; *remettre un enfant à sa famille* devolver un niño a su familia ‖ dar, entregar (donner) ‖ entregar; *remettre une lettre, les pouvoirs, un prix, un devoir au professeur* entregar una carta, los poderes, un premio, un deber al profesor ‖ confiar, poner en manos de (une affaire) ‖ dejar en manos de; *remettre les choses au hasard* dejar las cosas en manos del azar ‖ remitir, condonar (faire grâce de) ‖ rebajar (une peine) ‖ aplazar, dejar para más adelante (différer) ‖ reponer, restablecer; *l'air de la campagne l'a remis* el aire del campo le ha restablecido ‖ arreglar, componer (en état) ‖ encajar (une luxation) ‖ — *remettre à flot* sacar ou poner a flote ‖ *remettre à neuf* reparar, dejar como nuevo ‖ *remettre au pas* meter en cintura ‖ POP *remettre ça* volver a empezar ‖ *remettre en état une machine* revisar una máquina ‖ FIG *remettre quelqu'un à sa place* parar los pies a alguien, poner a uno en su sitio ‖ *remettre quelqu'un d'aplomb* poner a uno como nuevo ‖ *remettre ses pouvoirs à* pasar ou entregar los poderes a ‖ *remettre une coutume en usage* hacer renacer una costumbre ‖ FAM *remettez la même chose* vuelva a llenar (au bar) ‖ — *en remettre* exagerar, camelar, cargar la mano ‖ *il ne faut pas remettre au lendemain ce que l'on peut faire le jour même* no dejes para mañana lo que puedas hacer hoy.

◆ *v pr* reponerse, restablecerse, recuperarse (d'une maladie, d'une émotion) ‖ mejorar, aclararse, despejarse (le temps) ‖ volver a sentarse; *se remettre à table* volver a sentarse en la mesa ‖ volver a, volver a empezar (recommencer); *se remettre à jouer* volver a jugar ‖ tranquilizarse, sosegarse (se calmer) ‖ rehacerse (d'une perte) ‖ — *se remettre à flot* ponerse a flote ‖ *se remettre en selle* volver a montar a caballo (à cheval), recuperarse (dans une affaire) ‖ *se remettre entre les mains de Dieu* encomendarse a Dios ‖ *se remettre entre les mains de quelqu'un* ponerse en manos de alguien, encomendarse a alguien ‖ — *remettez-vous!* ¡tranquilícese! ‖ *s'en remettre à quelqu'un* contar con alguien, remitirse a alguien.

remeubler *v tr* amueblar de nuevo.

remilitariser *v tr* remilitarizar.

réminiscence *f* reminiscencia.

remis, e [rəmi, iːz] *adj* (participe passé de remettre), aplazado, da; diferido, da ‖ *c'est partie remise* será para otra vez.

remise *f* reposición ‖ remisión (action d'envoyer) ‖ entrega (livraison) ‖ remesa, envío *m* (envoi) ‖ remesa (d'un chèque, de fonds) ‖ entrega (d'un prix) ‖ remisión, perdón *m* (d'une peine) ‖ descuento *m*, rebaja (escompte) ‖ condonación, cancelación (d'une dette) ‖ comisión (d'un représentant) ‖ demora, dilación, aplazamiento *m* (délai) ‖ cochera, cobertizo *m* (pour les voitures) ‖ — *remise à neuf* renovación ‖ *remise en état* arreglo, revisión ‖ *remise en jeu* saque (sports) ‖ *remise en place* colocación ‖ *voiture de remise* o *de grande remise* coche de alquiler.

remiser *v tr* encerrar en la cochera ‖ guardar (ranger) ‖ FAM echar con cajas destempladas (renvoyer), parar los pies (remettre à sa place) ‖ volver a hacer una puesta (au jeu).

◆ *v pr* posarse, ocultarse (le gibier à plume).

rémissible *adj* remisible.
rémission *f* remisión, perdón *m* ‖ alivio *m* (d'une maladie) ‖ *sans rémission* sin remisión, sin remedio (implacablement), sin interrupción.
remmailler [-je] *v tr* remallar, componer las mallas [de una red] (d'un filet) ‖ coger los puntos *ou* las carreras [de una media] (d'un bas).
remmener* [rɑ̃mne] *v tr* volver a llevar.
remodelage *m* remodelación *f.*
remodeler *v tr* remodelar.
remontage *m* remonta *f*, colocación *f* de suelas nuevas (de chaussures) ‖ armado (d'une arme) ‖ nuevo montaje (d'une machine) ‖ subida *f* (montée).
remontant, e *adj* ascendent, que sube ‖ estimulante; tónico, ca.
◆ *m* tónico, estimulante.
remontée *f* subida, ascenso *m* ‖ *remontée mécanique* remontes (ski).
remonte-pente *m inv* telesquí, telearrastre.
remonter *v intr* volver a subir, subir de nuevo; *remonter dans la chambre* volver a subir a su cuarto ‖ volver a montar (à cheval) ‖ volver a subir (baromètre, fièvre, prix) ‖ levantar (jupe) ‖ subir (s'élever) ‖ remontarse, elevarse; *remonter à l'Antiquité* remontarse a la Antigüedad ‖ remontar, navegar río arriba ‖ — *remonter à* tener su origen en ‖ *remonter à la surface* salir a flote ‖ FAM *remonter au déluge* ser del año de Maricastaña ‖ MAR *remonter au vent* remontar, ganar barlovento ‖ — FAM *être remonté* estar muy animado ‖ *ses actions remontent* sus acciones se cotizan más.
◆ *v tr* volver a subir; *remonter la côte* volver a subir la cuesta ‖ elevar, levantar (un mur) ‖ subir más (un tableau) ‖ levantar; *remonter son col* levantar el cuello ‖ dar cuerda (montre) ‖ montar de nuevo, volver a armar (machine, etc.) ‖ reponer, montar de nuevo (pièce de théâtre) ‖ reponer, renovar, reconstruir (regarnir) ‖ echar suelas (aux chaussures) ‖ subirse (ses chaussettes) ‖ FIG estimular, animar, entonar (réconforter) ‖ MIL remontar ‖ — FIG *remonter le courant* ir a contracorriente ‖ *remonter la pente* o *le courant* subir la cuesta ‖ *remonter le moral* levantar el ánimo ‖ *remonter un fleuve* subir un río, ir a contracorriente, ir río arriba.
◆ *v pr* reponerse, fortificarse, cobrar fuerzas.
remontoir *m* corona *f* (montre).
remontrance *f* amonestación, reprimenda, reconvención ‖ *faire une remontrance* amonestar.
remontrer *v tr* volver a enseñar *ou* mostrar ‖ (*vx*) advertir, hacer ver (faire voir) ‖ *en remontrer à quelqu'un* dar una lección a uno, darle cien vueltas a uno.
remords [rəmɔːr] *m* remordimiento.
remorquage *m* remolque [acción de remolcar].
remorque *f* remolque *m*; *remorque basculante* remolque volquete ‖ — *à la remorque* a remolque ‖ — *prendre un bateau en remorque* llevar un barco a remolque ‖ *se mettre* o *être à la remorque de quelqu'un* ir a remolque de alguien.
remorquer *v tr* remolcar ‖ FIG arrastrar, remolcar ‖ MAR *remorquer à couple* remolcar abarloado.
remorqueur, euse *adj* et *s m* remolcador, ra.
rémoulade *f* salsa mayonesa con mostaza.
rémouleur *m* afilador, amolador (aiguiseur).

remous [rəmu] *m* remolino ‖ FIG remolino, alboroto, agitación *f.*
rempaillage [rɑ̃pɑja:ʒ] *m* asiento nuevo puesto a una silla.
rempailler [-je] *v tr* poner asiento nuevo a una silla.
rempailleur, euse *m* et *f* sillero, ra.
rempaqueter *v tr* empaquetar de nuevo.
rempart [rɑ̃pa:r] *m* muralla *f* (fortification) ‖ FIG defensa *f*, amparo, escudo.
rempiler *v tr* volver a amontonar.
◆ *v intr* MIL & POP reengancharse.
remplaçant, e *m* et *f* sustituto, ta; substituto, ta; reemplazante, remplazante ‖ suplente, reserva SPORTS.
remplacement *m* reemplazo; sustitución, substitución ‖ — *assurer le remplacement de quelqu'un* sustituir a alguien ‖ *faire des remplacements* hacer sustituciones.
remplacer* *v tr* reemplazar, remplazar, sustituir, substituir, suplir; *remplacer une chose par une autre* reemplazar una cosa por otra ‖ reemplazar, cambiar (renouveler) ‖ — *je me suis fait remplacer* me han sustituido ‖ *remplacer au pied levé* reemplazar de improviso *ou* en el último momento.
rempli, e *adj* lleno, na; relleno, na ‖ FIG *être rempli de soi-même* estar muy creído *ou* pagado de sí mismo, darse tono.
remplir *v tr* llenar de nuevo, rellenar ‖ completar (compléter) ‖ rellenar; *remplir un formulaire* rellenar un formulario ‖ ejercer, desempeñar, ocupar (une fonction) ‖ responder a, satisfacer a (répondre à) ‖ emplear (employer); *bien remplir son temps* emplear bien el tiempo ‖ ocupar (occuper) ‖ reparar (dentelle) ‖ cumplir con (un devoir, une promesse) ‖ *remplir les conditions requises* cumplir con los requisitos, satisfacer todos los requisitos.
◆ *v pr* llenarse ‖ POP hartarse, llenarse (se rassasier).
remplissage *m* relleno ‖ FIG relleno, broza *f*, paja *f*, inutilidades *f pl*; *faire du remplissage* meter broza ‖ reparación *f* de encajes ‖ MAR tarugo (pièce de bois) ‖ *matériau de remplissage* material de relleno.
remploi; réemploi *m* nuevo empleo (de fonds), reinversión *f* ‖ DR adquisición *f* de un inmueble con el producto de los bienes dotales.
remployer* [rɑ̃plwaje]; **réemployer** *v tr* volver a emplear, emplear de nuevo.
remplumer *v tr* cubrir de plumas (technique).
◆ *v pr* echar plumas, cubrirse de plumas, pelechar ‖ FIG & FAM engordar (grossir), reponerse (santé), recobrarse, recuperarse (affaires).
rempocher *v tr* volver a embolsar, volver a cobrar.
rempoissonner *v tr* repoblar (un étang, etc.).
remporter *v tr* llevarse ‖ FIG conseguir, lograr, obtener ‖ ganar (gagner) ‖ *remporter la palme* llevarse la palma.
rempoter *v tr* trasplantar de una maceta a otra.
remprunter; réemprunter *v tr* tomar *ou* pedir prestado de nuevo.
remuant, e *adj* inquieto, ta; bullicioso, sa ‖ revoltoso, sa (enfant).
remue-ménage [rəmymena:ʒ] *m inv* (*vx*) trastorno, mudanza *f* ‖ trajín, barullo ‖ *il y a un grand remue-ménage* está todo patas arriba.

remuement [-mã] *m* movimiento, meneo ‖ *(vx)* FIG disturbios *pl*, revuelta *f*, agitación *f* (troubles).

remuer *v tr* mover, menear; *remuer la main* mover la mano ‖ cambiar de sitio, mudar (changer de place) ‖ remover, mover (le café, les liquides) ‖ FIG conmover, mover (émouvoir) | poner en movimiento; *remuer beaucoup de monde* poner en movimiento a mucha gente | agitar; *le scandale a remué la ville* el escándalo ha agitado la ciudad | — *remuer ciel et terre* revolver Roma con Santiago ‖ *remuer l'argent à la pelle* apalear oro, estar forrado ‖ *remuer la terre* remover la tierra.
- *v intr* moverse, menearse.
- *v pr* moverse ‖ FIG moverse.

rémunérateur, trice *adj* et *s* remunerador, ra.
rémunération *f* remuneración; *rémunération en nature* remuneración en especie.
rémunérer* *v tr* remunerar.
renâcler *v intr* resoplar ‖ FIG & FAM rezongar, refunfuñar.
renaissance *f* renacimiento *m* ‖ FIG renovación.
- *adj inv* renacentista, renacimiento; *style Renaissance* estilo renacentista.

renaissant, e *adj* renaciente ‖ renacentista (art).
renaître* *v intr* renacer ‖ reaparecer; *les fleurs renaissent au printemps* las flores reaparecen en primavera ‖ FIG reponerse, cobrar fuerzas (reprendre des forces).
- *v tr* renaître à volver a tener, estar animado por; *renaître à l'espoir* volver a tener esperanza ‖ *renaître à la vie* renacer a la vida, volver a vivir.

rénal, e *adj* ANAT renal.
renard [rənaːr] *m* zorro ‖ FIG zorro (rusé) ‖ fisura *f*, grieta *f* (d'un réservoir) ‖ «renard», piel de zorro (fourrure) ‖ *vieux renard* viejo zorro, zorrastrón, perro viejo.
renarde *f* zorra.
renardeau *m* zorrillo.
renardière *f* zorrera.
rencaisser *v tr* volver a ingresar en caja, reintegrar.
rencard [rãkaːr] *m* → **rancard**.
rencarder *v tr* → **rancarder**.
renchérir *v intr* encarecerse, ponerse más caro ‖ FIG ponderar, encarecer.
renchérissement *m* encarecimiento.
rencontre *f* encuentro *m* (personnes ou choses) ‖ casualidad, coincidencia ‖ ocasión, coyuntura (occasion) ‖ choque *m*, refriega (choc imprévu de troupes) ‖ reunión ‖ entrevista (entrevue) ‖ desafío *m*, duelo *m* ‖ encuentro *m*, partido *m* (match) ‖ — *de rencontre* de ocasión ‖ *point de rencontre* punto de confluencia ‖ *un ami de rencontre* un conocido ‖ — *aller à la rencontre* ir *ou* salir al encuentro ‖ *faire de mauvaises rencontres* topar con mala gente ‖ *faire une rencontre* encontrarse con alguien.
rencontrer *v tr* encontrar ‖ dar con, dar en, topar con, tropezar (heurter) ‖ entrevistarse con (avoir une entrevue) ‖ enfrentarse con (match).
- *v pr* encontrarse, coincidir ‖ conocerse ‖ verse; *où allons-nous nous rencontrer?* ¿dónde nos vamos a ver? ‖ existir, encontrarse; *cela ne se rencontre guère* esto apenas existe ‖ confluir (cours d'eau, chemins, etc.) ‖ enfrentarse (deux équipes, deux armées).

rendement *m* rendimiento ‖ producto (produit) ‖ — *à plein rendement* a plenorendimiento, con el máximo rendimiento ‖ ÉCON *taux de rendement actuariel* tipo *ou* tasa de rendimiento actuarial.
rendez-vous *m inv* cita *f* ‖ lugar de la cita, sitio de la reunión ‖ cita *f*, encuentro (spatial) ‖ — *consultation sur rendez-vous* consulta previa, petición de hora ‖ *donner rendez-vous* citar, dar cita ‖ *fixer un rendez-vous* citarse, darse cita ‖ *prendre rendez-vous* citarse, quedar (deux amis) ‖ *prendre rendez-vous, demander un rendez-vous* pedir hora (chez le médecin).
rendormir* *v tr* volver a dormir.
- *v pr* dormirse de nuevo.

rendre *v tr* devolver, restituir; *rendre un livre emprunté* devolver un libro prestado ‖ rendir, entregar; *rendre une place, les armes* rendir una plaza, las armas ‖ producir, rendir, dar (rapporter) ‖ devolver; *rendre un article défectueux* devolver un artículo defectuoso ‖ devolver, hacer recobrar; *rendre la santé* devolver la salud ‖ volver; *le succès l'a rendu fou* el éxito le ha vuelto loco ‖ poner; *cet examen me rend malade* este examen me pone enfermo ‖ hacer; *cela te rendrait heureux* esto te haría feliz ‖ expresar, reflejar; *cela rend sa pensée* esto refleja su pensamiento ‖ reproducir; *copie qui rend parfaitement l'original* copia que reproduce perfectamente el original ‖ traducir (traduire) ‖ rendir, tributar; *rendre hommage* rendir homenaje ‖ pronunciar, fallar, dictar; *rendre un verdict* pronunciar un veredicto ‖ emitir, producir, dar; *rendre un son* emitir un sonido ‖ exhalar, desprender; *rendre une bonne odeur* exhalar buen olor ‖ corresponder, devolver (une invitation) ‖ devolver, arrojar, vomitar (vomir) ‖ decir, expresar; *une photographie qui ne rend rien* una fotografía que no dice nada ‖ *(vx)* entregar, llevar (porter) ‖ llevar, conducir (amener) ‖ — *rendre compte* dar cuenta, dar parte ‖ *rendre des comptes* rendir *ou* dar cuentas ‖ *rendre des points à* sacar puntos a ‖ *rendre gloire* glorificar ‖ *rendre gorge* devolver a la fuerza ‖ *rendre grâce o grâces* dar las gracias, agradecer ‖ *rendre justice* hacer justicia, reconocer los méritos ‖ *rendre la justice* administrar la justicia ‖ *rendre l'âme o l'esprit* entregar el alma, exhalar el último suspiro *ou* el postrer aliento ‖ *rendre la monnaie* dar la vuelta ‖ *rendre la pareille o la monnaie de sa pièce* pagar con la misma moneda ‖ *rendre la parole* devolver la palabra ‖ *rendre le bien pour le mal* devolver bien por mal ‖ MIL *rendre les armes* rendir *ou* entregar las armas, declararse vencido ‖ *rendre plus petit* achicar, hacer más pequeño ‖ *rendre raison de* dar razón de, explicar ‖ *rendre réponse* dar una contestación, contestar, responder ‖ *rendre sa visite à quelqu'un* devolver la visita a alguien ‖ rendre service, hacer un favor, prestar ayuda *ou* servicio ‖ *rendre témoignage* dar *ou* prestar testimonio ‖ POP *rendre tripes et boyaux* echar las entrañas, vomitar ‖ *rendre visite* hacer una visita, visitar ‖ — *Dieu vous le rende!* ¡Dios se lo pague! ‖ *il faut rendre à César ce qui est à César* hay que dar a César lo que es de César.
- *v intr* devolver, arrojar, vomitar; *avoir envie de rendre* tener ganas de devolver ‖ tener éxito (réussir) ‖ rendir, dar un rendimiento (machine), ser productivo (une affaire).
- *v pr* ir, trasladarse, dirigirse (aller) ‖ acudir; *se rendre à un endroit* acudir a un lugar ‖ rendirse, someterse, entregarse (capituler) ‖ darse, entregarse (une femme) ‖ ponerse, volverse; *se rendre*

malade ponerse enfermo ‖ traducirse (un mot) ‖ FIG hacerse, mostrarse (se montrer); *se rendre utile* hacerse útil | someterse, acceder, estar de acuerdo (accéder) ‖ reconocer; *se rendre à l'évidence* reconocer la evidencia ‖ admitir; *se rendre aux raisons de quelqu'un* admitir las razones de uno ‖ — *se rendre compte* darse cuenta ‖ *se rendre coupable* ser culpable ‖ *se rendre maître* hacerse dueño (propriétaire), hacerse maestro (savoir).

rendu *m* COMM devolución *f* ‖ *c'est un prêté pour un rendu* donde las dan las toman, eso es pagar con la misma moneda.

rendu, e *adj* devuelto, ta ‖ conducido, da; transportado, da ‖ llegado, da (arrivé); *enfin nous voilà rendus* por fin hemos llegado ‖ rendido, da; cansado, da (fatigué) ‖ FIG expresado, da (exprimé).

rêne *f* rienda (plus usité au pluriel) ‖ FIG rienda; *les rênes du gouvernement* las riendas del gobierno ‖ *fausse rêne* falsa rienda, engallador.

renégat, e [rənega, at] *adj* et *s* renegado, da.
renégocier *v tr* renegociar.
reneiger *v impers* volver a nevar.
renfermé, e *adj* encerrado, da ‖ reservado, da; poco comunicativo, va (peu communicatif).
 ◆ *m sentir le renfermé* oler a cerrado.
renfermement *m* encierro.
renfermer *v tr* encerrar (enfermer) ‖ volver a encerrar (enfermer de nouveau) ‖ FIG encerrar, contener, entrañar (contenir) ‖ resumir, compendiar, sintetizar (restreindre) | mantener oculto, ocultar, esconder (cacher).
 ◆ *v pr* encerrarse ‖ FIG ensimismarse, concentrarse | limitarse, reducirse (se limiter).
renfiler *v tr* enhebrar de nuevo, volver a ensartar.
renflé, e *adj* hinchado, da ‖ abultado, da ‖ ARCHIT *colonne renflée* columna con éntasis.
renflement *m* abultamiento, hinchazón *f* ‖ dilatación *f*.
renfler *v tr* hinchar, inflar (gonfler) ‖ dilatar, abultar.
 ◆ *v intr* hincharse, aumentar de volumen.
renflouage [rɑ̃flua:ʒ] ; **renflouement** [-mɑ̃] *m* MAR desencalladura *f*.
renflouer *v tr* MAR desencallar, poner a flote ‖ FIG poner *ou* sacar a flote, sacar de apuros, sacar adelante.
renfoncement *m* hueco, oquedad *f* (creux) ‖ hundimiento (enfoncement) ‖ IMPR cuadratín.
renfoncer* *v tr* hundir más ‖ calarse, encasquetarse (le chapeau) ‖ FIG ocultar, no dejar ver (larmes, chagrin).
renforcement *m* refuerzo (action) ‖ fortalecimiento; *le renforcement de l'économie* el fortalecimiento de la economía.
renforcer* *v tr* reforzar ‖ extremar (la surveillance) ‖ dar mayor intensidad a (un son) ‖ intensificar, acentuar ‖ fortalecer.
 ◆ *v pr* reforzarse ‖ intensificarse; *les relations se renforceront* las relaciones se intensificarán.
renfort *m* refuerzo ‖ MIL refuerzo; *arriver en renfort* llegar de refuerzo ‖ — *à grand renfort de* con gran acompañamiento de, con gran cantidad de ‖ *à grand renfort de trompettes* a bombo y platillos ‖ *envoyer des renforts* enviar refuerzos.
renfrogné, e *adj* et *s* enfadado, da; ceñudo, da.

renfrogner (se) *v pr* ponerse ceñudo, enfadarse, enfurruñarse.
rengager; réengager* *v tr* empeñar de nuevo (emprunter) ‖ contratar de nuevo, volver a contratar (contrat) ‖ MIL reenganchar.
 ◆ *v pr* MIL reengancharse ‖ comprometerse de nuevo.
rengaine *f* canción muy oída (chanson) ‖ FIG & FAM estribillo *m*, cantinela, canción (paroles); *la même rengaine* la eterna cantinela, la misma canción.
rengainer *v tr* envainar, volver a envainar ‖ FIG tragarse *ou* comerse uno lo que se iba a decir.
rengorger (se)* *v pr* pavonearse, sacar el pecho ‖ FIG pavonearse, darse importancia, engallarse.
reniement [rənimɑ̃] *m* negación *f*; *le reniement de saint Pierre* la negación de San Pedro ‖ *(p us)* reniego, blasfemia *f* (blasphème).
renier* *v tr* negar (nier) ‖ renegar de; *renier sa famille* renegar de su familia ‖ renegar, blasfemar (blasphémer) ‖ desdecirse; *renier ses opinions* desdecirse de sus opiniones ‖ no reconocer (sa signature) ‖ repudiar (abjurer).
reniflement [rəniflǝmɑ̃] *m* sorbo ‖ resoplido.
renifler [rǝnifle] *v intr* sorber, aspirar con la nariz (aspirer par le nez), resoplar ‖ FIG & FAM *renifler sur* hacer asco a, poner cara de asco ante.
 ◆ *v tr* aspirar por la nariz (aspirer par le nez) ‖ FIG oler, tener viento, husmear (flairer).
renne [rɛn] *m* ZOOL reno.
renom *m* renombre, fama *f* (célébrité).
renommé, e *adj* famoso, sa; afamado, da; reputado, da; renombrado, da (célèbre) ‖ reelegido, da (élu de nouveau).
renommée *f* fama, renombre *m*, celebridad (célébrité) ‖ fama, reputación ‖ voz pública (voix publique).
renommer *v tr* reelegir, elegir de nuevo (élire de nouveau) ‖ volver a nombrar, nombrar de nuevo (nommer de nouveau) ‖ afamar, dar fama *ou* celebridad (donner de la célébrité).
renoncement [rənɔ̃smɑ̃] *m* renuncia *f*, renunciamiento, renunciación *f*.
renoncer *v intr* renunciar ‖ fallar, renunciar (au jeu de cartes) ‖ — *renoncer à ses droits* renunciar a sus derechos ‖ *renoncer à soi-même* hacer renuncia de sí mismo.
 ◆ *v tr* repudiar (répudier).
renonciation *f* renuncia, renunciación.
 — OBSERV *Renoncement* representa un renunciamiento moral; *renonciation* tiene un sentido material o legal.
renoncule *f* BOT ranúnculo *m*.
renouer *v tr* reanudar ‖ renovar; *renouer une alliance* renovar una alianza ‖ volver a anudar *ou* a atar (nouer de nouveau) ‖ *renouer le fil de ses pensées* encontrar la idea que se había ido de la cabeza.
 ◆ *v intr* reconciliarse, reanudar una amistad, una relación ‖ restablecer; *renouer avec une tradition* restablecer una tradición.
renouveau *m* primavera *f* (printemps) ‖ FIG renovación *f*, renacimiento, vuelta *f*, renuevo, rebrote.
renouvelable [rənuvlabl] *adj* renovable.
renouveler* [-vle] *v tr* renovar ‖ cambiar ‖ volver a empezar, repetir (recommencer) ‖ traer de nuevo, resucitar (faire renaître) ‖ dar nueva vida a.

renouvellement

◆ *v intr* renovar los votos, etc.
◆ *v pr* renovarse ‖ reaparecer, repetirse, volver a producirse.
renouvellement [-vɛlmã] *m* renovación *f* ‖ cambio (changement) ‖ aumento, desarrollo, incremento (accroissement) ‖ reposición *f*; *renouvellement des stocks* reposición de existencias ‖ renovación *f* (des vœux).
rénovateur, trice *adj* et *s* renovador, ra.
rénovation *f* renovación (des vœux, d'un passeport) ‖ cambio *m* (changement) ‖ mejora (changement en mieux) ‖ remodelación (réfection) .
rénover *v tr* renovar.
renseignement [rãsɛɲmã] *m* información *f*; *service de renseignements* servicio de información ‖ informe; *fournir des renseignements* dar informes ‖ dato; *par manque de renseignements* por falta de datos ‖ — *à titre de renseignement* a título de información.
◆ *pl* oficina *f sing* de información; *s'adresser aux renseignements* dirigirse a la oficina de información ‖ informaciones (téléphone) ‖ — *renseignements techniques* características técnicas ‖ — *aller aux renseignements, prendre des renseignements* tomar informes, informarse.
renseigner [rãsɛɲe] *v tr* informar, dar informes (donner des renseignements).
◆ *v pr* informarse.
rentabilisable *adj* que se puede rentabilizar.
rentabilisation *f* rentabilización.
rentabiliser *v tr* rentabilizar.
rentabilité *f* rentabilidad ‖ ÉCON *taux de rentabilité* tasa de rentabilidad.
rentable *adj* rentable; productivo, va; que puede producir beneficios.
rente *f* renta ‖ — *rente foncière* renta de bienes raíces, del suelo ‖ *rente sur l'État* renta pagada por el Estado ‖ *rente viagère* renta vitalicia ‖ *vivre de ses rentes* vivir de renta.
rentier, ère *m* et *f* rentista.
rentoiler *v tr* pegar un lienzo nuevo a una pintura para conservarla ‖ cambiar la tela de una prenda.
rentrant, e *adj* et *s* entrante.
◆ *m* jugador que sustituye a otro que sale (joueur).
rentré, e *adj* entrado, da (entré) ‖ entrado de nuevo ‖ encajado, da (emboîté) ‖ reconcentrado, da; contenido, da; *colère rentrée* ira contenida ‖ interior (intérieur) ‖ hundido, da; *avoir les yeux rentrés* tener los ojos hundidos.
◆ *m* metido (couture).
rentrée [rãtre] *f* reapertura, reanudación de la actividad, apertura; *la rentrée scolaire* la reapertura del curso escolar ‖ vuelta, regreso *m*, retorno *m* (retour) ‖ ingreso *m*, entrada (perception d'un revenu) ‖ recaudación (impôts) ‖ robo *m* (au jeu de cartes) ‖ AGRIC recogida, recolección ‖ THÉÂTR reaparición, vuelta a escena (d'un acteur) ‖ — *rentrée des vacances* vuelta de las vacaciones ‖ *rentrée politique, parlementaire* reanudación de las tareas políticas, parlamentarias ‖ *rentrée théâtrale* comienzo de la temporada, nueva temporada de teatro ‖ — *faire sa rentrée* reaparecer, volver a escena.
rentrer *v intr* entrar (entrer) ‖ volver a entrar, entrar de nuevo (entrer de nouveau) ‖ recogerse, volver; *rentrer tard le soir* recogerse tarde por la noche ‖ encajar (s'emboîter) ‖ penetrar (pénétrer) ‖ entrar, estar comprendido (être compris) ‖ ingresar en caja, cobrar (être payé) ‖ quedarse; *à minuit, la ville rentre dans le silence* a medianoche, la ciudad se queda silenciosa ‖ regresar, volver (revenir); *rentrer de son bureau* volver de su oficina; *il est déjà rentré* ya ha vuelto ‖ FIG entrar; *cela rentre dans mes attributions* esto entra en mis atribuciones ǀ encajar, entrar; *cela rentre dans mes projets* esto encaja en mis proyectos ‖ reanudar sus sesiones (un tribunal) ‖ reanudar las clases (élèves) ‖ FAM estrellarse contra; *la voiture est rentrée dans un arbre* el coche se estrelló contra un árbol ‖ reaparecer (un actor); ‖ volver a la pantalla (au cinéma) ‖ — *rentrer dans* recuperar, recobrar ‖ *rentrer dans la compétence de* ser de la competencia de ‖ *rentrer dans les bonnes grâces de quelqu'un* obtener de nuevo el favor de alguien ‖ *rentrer dans l'ordre* volver a la normalidad *ou* a lo normal ‖ FAM *rentrer dans sa coquille* meterse en su cascarón ‖ *rentrer dans ses droits* recobrar sus derechos ‖ *rentrer dans son argent, dans son bien* recuperar su dinero, sus bienes ‖ *rentrer en grâce* recuperar la confianza, ser perdonado ‖ *rentrer en lice* salir a la palestra, entrar en liza ‖ *rentrer en soi-même* reconcentrarse, ensimismarse.
◆ *v tr* recoger, guardar, poner al abrigo; *rentrer la moisson* recoger las mieses ‖ meter ‖ meter hacia dentro; *rentrer l'estomac* meter hacia dentro el estómago ‖ IMPR hacer un cuadratín ‖ ocultar (cacher) ‖ — *rentrer les joues* hundir las mejillas ‖ *rentrer ses larmes* reprimir el llanto, tragarse las lágrimas.
renversant, e *adj* FAM asombroso, sa.
renverse *f* MAR viento *m* contrario ‖ — *à la renverse* de espaldas, boca arriba ‖ FIG *tomber à la renverse* quedarse patidifuso *ou* con la boca abierta (d'étonnement), caerse (de rire).
renversé, e *adj* derribado, da; volcado, da ‖ atropellado, da (par une voiture) ‖ invertido, da; *image renversée* imagen invertida ‖ echado para atrás; *la tête renversée* la cabeza echada hacia atrás *ou* para atrás ‖ descompuesto, ta; trastornado, da (troublé); *figure renversée* cara descompuesta ‖ sorprendido, da; estupefacto, ta ‖ — *crème renversée* natillas ‖ — *c'est le monde renversé* es el mundo al revés.
renversement *m* caída *f*, vuelco ‖ trastorno, cambio profundo (bouleversement) ‖ FIG caída *f*, derrumbamiento ǀ derrocamiento (d'un régime) ‖ MÉCAN inversión *f* ‖ MUS transposición *f* ‖ inversión *f*, alteración *f*; *renversement des alliances* inversión de las alianzas ‖ — *renversement de la situation* cambio radical de la situación ‖ *renversement de l'esprit* trastocamiento de las ideas ‖ *renversement de marche* cambio de marcha.
renverser *v tr* invertir; *renverser une image* invertir una imagen ‖ trastocar, cambiar completamente; *la situation a été renversée à la dernière minute* la situación ha cambiado completamente en el último minuto ‖ FAM dejar estupefacto, asombrar (étonner) ‖ derribar, echar abajo (abattre); *renverser un mur* derribar una pared ‖ volcar (un verre) ‖ derramar (un liquide) ‖ volcar, tirar al suelo (jeter à terre) ‖ atropellar, arrollar; *il a été renversé par une voiture* ha sido atropellado por un coche ‖ echar para atrás; *renversant la tête* echando la cabeza para atrás ‖ FIG derribar, echar abajo, derrocar; *renverser un gouvernement* derribar un gobierno ‖ — FIG *renverser la vapeur* cambiar

radicalmente de actitud ‖ — *cette histoire m'a renversé* esa historia me ha tirado de espaldas ‖ *les rôles sont renversés* se han cambiado los papeles.
◆ *v pr* volcarse (une barque) ‖ caerse (un verre) ‖ derramarse (un liquide) ‖ invertirse ‖ *se renverser sur le dos* recostarse, echarse de espaldas ‖ *se renverser sur une chaise* retreparse, respaldarse.

renvoi *m* devolución *f*; *renvoi de marchandises* devolución de mercaderías ‖ reexpedición *f* (d'une lettre) ‖ destitución *f* (destitution); *le renvoi d'un ministre* la destitución de un ministro ‖ despido (congé) ‖ expulsión *f* (d'un élève) ‖ DR remisión *f* (devant un juge, une commission) ‖ aplazamiento (ajournement) ‖ licencia *f* (des soldats) ‖ remisión *f*, llamada *f* (dans un livre) ‖ eructo (éructation) ‖ MUS signo de repetición ‖ PHYS reflexión *f* (de la lumière, du son) ‖ *avoir des renvois* eructar.

renvoyer* [rãvwaje] *v tr* devolver (rendre) ‖ volver a enviar (envoyer de nouveau) ‖ devolver (une balle) ‖ reexpedir; *renvoyer une lettre* reexpedir una carta ‖ reflejar (lumière) ‖ FIG reflejar ‖ destituir; *renvoyer un fonctionnaire* destituir a un funcionario ‖ despedir, echar (congédier) ‖ expulsar (un élève) ‖ licenciar (un soldat) ‖ hacer volver (faire retourner) ‖ absolver, declarar inocente (décharger d'une accusation) ‖ DR remitir, enviar al juez competente ‖ aplazar, diferir (ajourner) ‖ remitir (à un document) ‖ restar (tennis) ‖ — FIG *renvoyer la balle* devolver la pelota ‖ *renvoyer quelqu'un avec pertes et fracas* despedir con cajas destempladas.

réoccuper *v tr* ocupar nuevamente, volver a ocupar.

réopérer *v tr* volver a operar, operar de nuevo.

réorchestration *f* nueva orquestación.

réorchestrer *v tr* volver a orquestar, orquestar de nuevo.

réorganisation *f* reorganización.

réorganiser *v tr* reorganizar.

réorientation *f* nueva orientación.

réorienter *v tr* reorientar.

réouverture *f* reapertura.

repaire *m* guarida *f*.

repaître* *v tr* alimentar, mantener.
◆ *v intr* pacer, pastar (paître) ‖ comer (manger).
◆ *v pr* alimentarse, mantenerse, sustentarse ‖ — *se repaître de chimères* alimentarse *ou* vivir de quimeras ‖ *se repaître de sang, de carnage* ser sanguinario, encarnizarse.

répandre *v tr* derramar, verter (verser un liquide, du sel, etc.) ‖ echar, esparcir, desparramar (étaler des choses non liquides) ‖ infundir, inspirar; *répandre la terreur* infundir terror ‖ dar, proporcionar; *répandre la joie* dar alegría ‖ desprender, difundir; *le Soleil répand sa lumière* el Sol difunde su luz ‖ FIG propagar, difundir, propalar (propager); *répandre une nouvelle* difundir una noticia ‖ emanar, desprender, despedir (exhaler) ‖ distribuir, repartir (distribuer).
◆ *v pr* derramarse ‖ aparecer, pintarse, reflejarse; *le bonheur se répandait sur son visage* la felicidad se reflejaba en su rostro ‖ manifestarse (se montrer) ‖ propalarse, esparcirse, difundirse (se propager) ‖ cundir; *l'inquiétude se répand* cunde la inquietud ‖ FIG deshacerse (en compliments) ‖ prorrumpir (en injures, en récriminations).

répandu, e *adj* derramado, da; vertido, da ‖ FIG difundido, da; esparcido, da; propalado, da (propagé) ‖ generalizado, da; admitido comúnmente; *l'opinion la plus répandue* la opinión más generalizada ‖ mundano, na (mondain).

réparable *adj* reparable ‖ remediable (une affaire).

reparaître [rəparɛːtr] *v intr* reaparecer.

réparateur, trice *adj et s* reparador, ra.

réparation *f* reparación ‖ restablecimiento *m* (de la santé) ‖ reparo *m* (édifice) ‖ FIG reparación, satisfacción (d'un préjudice); *demander la réparation d'une offense* pedir reparación de una ofensa ‖ — *réparation par les armes* duelo, desafío ‖ — *coup de pied de réparation* penalty, castigo máximo (football) ‖ *en réparation* no funciona (ascenseur) ‖ *point de réparation* punto de penalty (football) ‖ *surface de réparation* área de castigo (football).

réparer *v tr* reparar, arreglar ‖ mejorar, poner orden (améliorer) ‖ reponer, reparar, restablecer (rétablir) ‖ reparar, expiar (une offense) ‖ — *réparer une perte* compensar una pérdida ‖ *réparer un oubli* subsanar un olvido.

reparler *v intr* volver a hablar, hablar otra vez.

repartie *f* réplica, salida; *avoir la repartie facile* tener la réplica viva.

repartir* *v tr* replicar (répliquer).
◆ *v intr* volver a marcharse, volver a irse ‖ *repartir à zéro* volver a empezar de cero.

répartir *v tr* repartir, distribuir.

répartiteur *m* repartidor, partidor.

répartition *f* reparto *m*, repartición, distribución ‖ derrama (impôts) ‖ distribución; *répartition géographique de la population* distribución geográfica de la población.

reparution *f* reedición.

repas [rəpα] *m* comida *f* ‖ *à l'heure des repas* a la hora de la comida *ou* de comer.

repassage *m* nuevo paso (nouveau passage) ‖ afilado *f*, amoladura *f* (aiguisage) ‖ vaciado (d'une lame) ‖ planchado (du linge) ‖ repaso (leçon).

repasser *v tr et intr* pasar de nuevo, volver a pasar (passer de nouveau) ‖ FAM *tu repasseras!* ¡puedes esperar sentado!, ¡vas dado!
◆ *v tr* afilar (aiguiser) ‖ vaciar (une lame) ‖ planchar (le linge); *un pantalon bien repassé* un pantalón bien planchado ‖ volver a pasar, pasar (passer de nouveau) ‖ volver a pasar (un plat) ‖ dar, dejar (laisser) ‖ FIG repasar (une leçon, un rôle, etc.) | repasar, examinar de nuevo (examiner de nouveau) | evocar, recapacitar (évoquer) ‖ — *fer à repasser* plancha ‖ *pierre à repasser* amoladera, piedra de afilar.

repasseuse *f* planchadora.

repaver *v tr* adoquinar, empedrar de nuevo.

repayer* [rəpεje] *v tr* volver a pagar.

repêchage *m* acción *f* de sacar del agua ‖ examen suplementario, repesca *f* ‖ FAM ayuda *f*, socorro (secours) ‖ SPORTS repesca *f* ‖ recuperación *f*, rescate (d'un astronaute).

repêcher *v tr* volver a pescar ‖ sacar del agua (retirer de l'eau) ‖ FIG & FAM sacar de un mal paso, de un apuro | aceptar *ou* admitir *ou* aprobar a un candidato después de una nueva deliberación *ou* un nuevo examen, repescar | rescatar, recuperar (un astronaute) ‖ SPORTS repescar.

repeindre* *v tr* repintar, pintar de nuevo.

repeint, e [rəpɛ̃, ɛ̃:t] *adj* pintado, da de nuevo.
◆ *m* retoque (dans un tableau).
repenser *v tr et intr* repensar, pensar de nuevo.
repentant, e *adj* arrepentido, da.
repenti, e *adj et s* arrepentido, da.
repentir *m* arrepentimiento ‖ *avoir le repentir de* arrepentirse de, tener arrepentimiento por.
repentir (se)* *v pr* arrepentirse ‖ FAM *vous vous en repentirez!* ¡ya se arrepentirá!, ¡me las pagará!
repérable *adj* localizable, reconocible.
repérage *m* punto de referencia ‖ marcación *f* [señalamiento de marcas o puntos] ‖ localización *f* ‖ descubrimiento ‖ *repérage par le son* fonolocalización.
répercussion *f* repercusión ‖ FIG repercusión, impacto *m*, consecuencia.
répercuter *v tr* repercutir.
◆ *v pr* FIG reflejarse (sur quelque chose).
reperdre *v tr* volver a perder.
repère *m* señal *f*, marca *f* (marque) ‖ indicación *f* ‖ placa *f* (indiquant l'altitude d'un lieu) ‖ *point de repère* punto de referencia.
repérer* *v tr* marcar, señalar (marquer) ‖ identificar (identifier) ‖ descubrir, localizar (découvrir) ‖ MIL localizar ‖ FAM ver, notar (remarquer) ‖ *si tu continues tu vas te faire repérer!* ¡si sigues te van a fichar!
◆ *v pr* orientarse ‖ darse cuenta de donde se está.
répertoire *m* repertorio ‖ agenda *f*, librito (carnet) ‖ FIG enciclopedia *f*, archivo (personne) ‖ fichero (fichier) ‖ listín (de téléphone) ‖ THÉÂTR repertorio; *mettre au répertoire* poner en el repertorio.
répertorier* *v tr* establecer un repertorio de ‖ inscribir en un repertorio ‖ catalogar.
répéter* *v tr* repetir ‖ THÉÂTR ensayar ‖ repasar, volver a explicar un curso (donner des répétitions) ‖ reflejar, reproducir (réfléchir) ‖ DR reclamar ‖ *répéter sur tous les tons* repetir en todos los tonos.
◆ *v pr* repetirse.
répétiteur, trice *m et f* profesor particular ‖ pasante (de collège).
répétitif, ive *adj* repetitivo, va.
répétition *f* repetición ‖ clase particular, repaso *m* (leçon particulière) ‖ THÉÂTR ensayo *m*; *répétition générale* ensayo general ‖ *arme à répétition* arma de repetición.
répétitivité *f* repetitividad.
repeuplement [rəpœpləmã] *m* repoblación *f*.
repeupler [-ple] *v tr* repoblar.
repiquer *v tr* repicar, picar de nuevo ‖ reparar un empedrado ‖ coser nuevamente a máquina ‖ AGRIC traspasar, replantar.
◆ *v intr* volver a la carga, volver a empezar.
répit [repi] *m* tregua *f*, respiro, descanso ‖ *sans répit* sin tregua, sin cesar ‖ *un instant de répit* un momento de tranquilidad.
replacer* *v tr* reponer, colocar de nuevo ‖ colocar de nuevo (un fonctionnaire).
replanter *v tr* replantar.
replâtrage *m* revoque, repellado, enlucido ‖ FIG chapuza *f*, mala compostura *f* (rafistolage) ‖ arreglo, parches *pl* (arrangement).
replâtrer *v tr* revocar, repellar ‖ FIG hacer chapuzas (rafistoler) ‖ arreglar, poner parches.

replet, ète [rəplɛ, ɛ:t] *adj* rechoncho, cha.
repleuvoir* *v intr* volver a llover.
repli *m* doblez *f*, pliegue, repliegue ‖ FIG recoveco; *les replis du cœur* los recovecos del corazón ‖ MIL repliegue ‖ debilitación *f*, repliegue (de la Bourse).
◆ *pl* ondulaciones *f* (terrain).
repliable *adj* replegable, plegable.
repliement [rəplimã] *m* MIL repliegue ‖ plegadura *f*, repliegue.
replier* [rəplwaje] *v tr* replegar ‖ doblar.
◆ *v pr* replegarse ‖ doblarse, enroscarse (se courber) ‖ MIL replegarse, retroceder ‖ retroceder (la Bourse) ‖ *se replier sur soi-même* recogerse en sí mismo.
réplique *f* réplica, contestación ‖ ARTS réplica, copia ‖ THÉÂTR entrada ‖ *argument sans réplique* argumento terminante.
répliquer *v tr et intr* replicar.
replonger* *v tr* sumergir de nuevo ‖ FIG sumir.
◆ *v intr* zambullirse de nuevo, tirarse de nuevo al agua ‖ volver a sumergirse, sumergirse otra vez.
◆ *v pr* volver a sumirse; *se replonger dans les études* volver a sumirse en los estudios.
répondant *m* fiador, garante (garant) ‖ crédito, solvencia *f*; *commerçant qui a du répondant* comerciante que tiene crédito ‖ asistente, el que ayuda a la misa (à la messe).
répondeur, euse *adj* respondón, ona.
◆ *m* contestador automático (téléphone).
répondre *v tr* contestar, responder (faire une réponse) ‖ asegurar (affirmer); *je vous réponds qu'il en est ainsi* le aseguro que es así ‖ *répondre la messe* ayudar a misa.
◆ *v intr* contestar, responder; *il est difficile de vous répondre* es difícil contestarle ‖ responder, contestar; *répondre à un appel* responder a un llamamiento ‖ FIG responder, corresponder; *répondre aux bienfaits* responder a los favores ‖ responder, salir fiador, garantizar (se porter garant) ‖ responder, replicar, ser respondón (répliquer) ‖ responder (moteur) ‖ contestar (téléphone) ‖ ayudar (à la messe) ‖ — *répondre aux besoins* satisfacer ou cubrir las necesidades ‖ *répondre de quelqu'un* responder de uno ‖ *répondre du tac au tac* contestar *ou* responder sin titubear *ou* en el acto ‖ — *je ne réponds plus de rien* no me hago responsable de nada, yo no quiero saber nada ‖ *j'en réponds* respondo de ello, se lo garantizo ‖ *ne pas daigner répondre* dar la callada por respuesta, no dignarse contestar ‖ *tu pourrais bien répondre!* por lo menos ¡contesta!
◆ *v pr* corresponderse.
réponse *f* respuesta, contestación ‖ — *réponse de Normand* contestación ambigua ‖ — *bulletin-réponse* hoja de respuesta ‖ *en réponse à* en respuesta a ‖ *avoir réponse à tout* no quedarse nunca callado, tener siempre respuesta.
repopulation *f* repoblación.
report *m* COMM suma *f* anterior, suma *f* y sigue, saldo (dans une facture, un livre de commerce, etc.) ‖ aplazamiento, postergación *f* (d'une question) ‖ doble prórroga *f* (en Bourse) ‖ IMPR reporte (lithographie).
reportage *m* reportaje.
reporter [rəpɔrtɛːr] *m* reportero, ra; reporter *m et f*.

reporter [-te] *v tr* volver a llevar, llevar de nuevo ‖ transportar, trasladar, situar (transporter) ‖ llevar, poner (à la page suivante) ‖ reportar (lithographie) ‖ aplazar, diferir (réunion, question) ‖ doblar (en Bourse) ‖ volver; *reporter son affection sur les malheureux* volver su cariño hacia los desgraciados.
◆ *v pr* transportarse con el pensamiento a [un tiempo anterior] ‖ referirse, remitirse (se référer) ‖ compararse (considérer) ‖ recordar, traer a colación (faire retour sur) ‖ *à reporter* suma y sigue.

reporter-cameraman *m et f* reportero gráfico, reportera gráfica; cámara.
— OBSERV pl *reporters-cameramans* o *reporters-cameramen.*

repos [rəpo] *m* descanso, reposo; *travailler sans repos* trabajar sin descanso ‖ paz *f*; *avoir la conscience en repos* tener la conciencia en paz ‖ tranquilidad *f*, quietud *f*, sosiego (tranquillité) ‖ sueño; *perdre le repos* perder el sueño ‖ pausa *f* (dans la lecture, en musique) ‖ cesura *f* (en poésie) ‖ descansillo, descanso (palier) ‖ — *repos éternel* descanso eterno ‖ — *champ de repos* cementerio, campo santo, camposanto ‖ — *de tout repos* muy fácil, tirado, descansado (aisé), seguro (sûr) ‖ — *être au repos* estar descansado ‖ *jouir d'un repos bien gagné* gozar de un bien merecido reposo ‖ *prendre un peu de repos* descansar un poco.
◆ *interj* MIL en su lugar ¡descanso!

reposant, e *adj* que descansa *ou* reposa; descansado, da; *vie reposante* vida descansada.

reposé, e *adj* descansado, da; reposado, da ‖ fresco, ca; *teint reposé* tez fresca ‖ reposado, da (liquides) ‖ *à tête reposée* con toda tranquilidad, con reflexión, con calma.

reposer *v tr* descansar (mot courant), reposar (mot littéraire) ‖ volver a poner (poser de nouveau) ‖ calmar, sosegar (procurer du calme) ‖ — MIL *reposer les armes* descansen las armas ‖ *reposer ses yeux o sa vue sur* detener la mirada en, fijarse en ‖ MIL *reposez armes!* ¡descansen armas!
◆ *v intr* descansar, dormir ‖ reposarse, sentarse (un liquide) ‖ descansar; *ici repose* aquí descansa ‖ estar depositado, encontrarse (être déposé) ‖ descansar (s'appuyer sur) ‖ FIG apoyarse *f*, fundarse (être fondé) ‖ fundamentarse; *cela repose sur des principes solides* esto se fundamenta en principios sólidos ‖ estar puesto (être placé).
◆ *v pr* descansar, reposar; *se reposer sur un lit* descansar en una cama ‖ FIG apoyarse en ‖ *se reposer sur ses lauriers* dormirse en los laureles.

repose-tête *m* reposacabezas (d'un siège).

repositionner *v tr* volver a poner en su sitio.

repoussant, e *adj* repulsivo, va; repelente.

repousse *f* crecimiento *m* (cheveux) ‖ AGRIC brote *m*, rebrote *m*, retoño *m*.

repousser *v tr* rechazar; *repousser une offre, la tentation* rechazar una oferta, la tentación ‖ repeler, rechazar (une attaque) ‖ rechazar, rehusar (refuser) ‖ repeler (répugner) ‖ volver a empujar, empujar; *repousser une chaise* empujar una silla ‖ aplazar, diferir (reporter) ‖ TECHN repujar (travailler en relief) ‖ *repousser une pensée* ahuyentar un pensamiento.
◆ *v intr* echar renuevos, brotar, echar brotes (une plante) ‖ volver a crecer *ou* a salir (les cheveux, les dents, etc.) ‖ dar culatazo (fusil), retroceder (canon).

repoussoir *m* TECHN botador (menuisier) ‖ cincel, cercador (de tailleur) ‖ bajapieles (manucure) ‖ FAM petardo, birria *f* (femme laide).

répréhensible [repreãsibl] *adj* reprensible.

reprendre* *v tr* volver a tomar; *reprendre une ville* volver a tomar una ciudad ‖ volver a coger; *reprendre un prisonnier* volver a coger un prisionero ‖ repetir; *reprendre du potage* repetir de sopa ‖ recuperar, recobrar; *reprendre son souffle* recobrar aliento ‖ reintegrar, volver a ocupar; *reprendre sa place* reintegrar su puesto ‖ readmitir (un employé) ‖ volver a ponerse; *reprendre ses habits d'été* volver a ponerse la ropa de verano ‖ estrechar; *reprendre une robe* estrechar un vestido ‖ recoger; *je viendrai vous reprendre* vendré a recogerle ‖ reprender, censurar (blâmer) ‖ corregir (les fautes) ‖ proseguir, reemprender, reanudar; *reprendre un travail, une conversation* proseguir un trabajo, reanudar una conversación ‖ volver a examinar *ou* a estudiar (un problème) ‖ volver a hacer, rehacer (refaire) ‖ reparar; *reprendre un mur* reparar una pared ‖ THÉÂTR repetir (recommencer) ‖ reponer, reestrenar (une pièce) ‖ recomprar (racheter) ‖ — *reprendre connaissance* recuperar el conocimiento ‖ *reprendre courage* recobrar ánimo ‖ *reprendre des forces* tomar fuerzas, recobrar las fuerzas ‖ *reprendre du poil de la bête* remontar la pendiente, recobrar ánimo ‖ *reprendre en main* volver a ocuparse de ‖ *reprendre goût à* volver a interesarse por ‖ *reprendre haleine* recobrar aliento ‖ *reprendre la mer* hacerse a la mar ‖ *reprendre la route* reemprender el viaje, volver a ponerse en camino ‖ *reprendre le dessus* rehacerse, volver a tomar ventaja ‖ *reprendre sa parole* retirar su palabra ‖ *reprendre ses esprits* volver en sí, recuperar *ou* recobrar el sentido (revenir à soi), recobrar el dominio de sí mismo (se remettre) ‖ *reprendre ses habitudes* volver a sus costumbres ‖ *reprendre son cours* reanudarse ‖ — *on ne m'y reprendra plus* no me cogerán otra vez, no me volverá a pasar ‖ *pour reprendre la formule de mon père* para decirlo con las palabras de mi padre ‖ *que je ne vous y reprenne plus* no lo vuelva a hacer.
◆ *v intr* proseguir, contestar (répondre) ‖ proseguir, decir; *je reconnais, reprit-il, que vous avez raison* reconozco, prosiguió, que tiene usted razón ‖ AGRIC agarrar, arraigar (une plante) ‖ reanudarse; *les relations économiques ont repris* se han reanudado las relaciones económicas ‖ reactivarse, recuperarse (les affaires) ‖ recuperarse (un malade) ‖ volver; *la pluie a repris* vuelve a llover; *le froid reprend* el frío vuelve ‖ *reprendre du poids* ganar peso ‖ *reprendre le collier* volver al trabajo.
◆ *v pr* ser tomado de nuevo ‖ empezar de nuevo, volver a empezar (recommencer) ‖ recuperar *ou* recobrar el dominio de sí mismo ‖ corregirse, rectificarse, retractarse (se rétracter) ‖ — *se reprendre à espérer* recobrar la esperanza ‖ *s'y reprendre à plusieurs fois* no hacer una cosa a la primera.

repreneur *m* ÉCON persona que se hace cargo de una empresa que presenta dificultades.

représailles [rəprezɑ:j] *f pl* represalias; *user de représailles* tomar *ou* ejercer represalias.

représentant, e *adj* representante.
◆ *m* DR heredero por representación ‖ representante (qui a un mandat) ‖ representante, agente comercial; *représentant de commerce* representante

comercial || *représentant habilité* representante habilitado *ou* autorizado.

représentatif, ive *adj* representativo, va.

représentation *f* nueva presentación || representación, imagen || representación, función (théâtre) || FIG representación || — *représentation schématique* patrón || *frais de représentation* gastos de representación.

représentativité *f* calidad de representativo.

représenter *v tr* representar (présenter de nouveau) || representar (reproduire) || representar a; *représenter un ministre* representar a un ministro || representar, constituir || representar (théâtre) || representar, suponer, significar, equivaler a; *œuvre qui représente dix ans de travail* obra que representa diez años de trabajo.
- *v intr* representar.
- *v pr* representarse || volver a presentarse (examen) || figurarse, imaginarse || darse cuenta de; *vous représentez-vous ce que cela signifie pour moi?* ¿se da usted cuenta de lo que eso significa para mí?

répressif, ive *adj* represivo, va.

répression *f* represión; *mesures de répression* medidas represivas.

réprimande *f* reprimenda, reprensión.

réprimander *v tr* reprender.

réprimer *v tr* reprimir (enrayer).

repris, e [rəpri, iːz] *adj* vuelto a tomar, a coger, etc. || continuado, da.
- *m repris de justice* persona con antecedentes penales.

reprisage *m* zurcido.

reprise *f* recuperación, nueva toma (nouvelle prise) || reanudación; *reprise des relations diplomatiques* reanudación de las relaciones diplomáticas; *reprise des hostilités* reanudación de las hostilidades || reactivación, recuperación (Bourse) || nuevo incremento *m*, nuevo desarrollo *m* (essor) || AUTOM poder *m* de aceleración, «reprise» || zurcido *m*, remiendo *m* (à une étoffe) || reestreno *m*, reposición (théâtre, cinéma) || asalto *m* (escrime, boxe, etc.) || empalme *m* (football) || MUS vuelta, repetición || estribillo *m* (d'une chanson) || reparación (réparation) || traspaso *m* (d'un appartement) || TECHN represa (hydraulique) || *reprise économique* recuperación económica, expansión.
- *pl* bienes *m* propios de cada uno de los esposos que se retiran antes de repartir los bienes gananciales *ou* de la comunidad || — *à deux, trois... reprises* dos, tres... veces || *à plusieurs reprises* repetidas veces, en varias ocasiones, varias veces.

repriser *v tr* zurcir (raccommoder); *aiguille à repriser* aguja de zurcir; *coton à repriser* algodón de zurcir.

réprobateur, trice *adj* reprobador, ra.

réprobation *f* reprobación.

reproche *m* reproche || crítica *f*; *quel reproche peux-tu me faire?* ¿qué crítica puedes hacerme?; *le seul reproche que je fasse à ce film c'est son manque de réalisme* la única crítica que hago a esta película es su falta de realismo || defecto || *je peux faire un reproche à ta robe* puedo encontrar un defecto en tu vestido || pega *f*; *tu ne peux faire qu'un reproche à ma voiture* sólo puedes encontrar una pega en mi coche || cargo, reproche; *le seul reproche à faire à ta mère est de ne pas savoir être mère* el único cargo que se puede hacer a tu madre es el de no saber ser madre || recriminación *f*; *les reproches d'un pays à un autre* las recriminaciones de un país a otro || queja *f*; *les reproches d'une personne lésée* las quejas de una persona perjudicada || reparo; *tu ne cesses de faire des reproches à la cuisine de ce pays* estás siempre poniendo reparos a la cocina de este país || DR razón *f* de una acusación || — *sans reproche* sin tacha; *le chevalier sans peur et sans reproche* el Caballero sin miedo y sin tacha || *ton, air de reproche* tono, cara de reproche || — *faire le reproche de* echar en cara; *tu m'en fais toujours le reproche* siempre me lo estás echando en cara || *se faire le reproche de* acusarse de; *je ne peux pas me faire le reproche de quoi que ce soit* no me puedo acusar de nada.

reprocher *v tr* reprochar || echar en cara, reprochar; *je lui reproche sa négligence* le echo en cara su negligencia; *on lui reproche sa richesse* le echan en cara su riqueza || criticar, censurar; *je lui reproche sa façon de faire* le critico su manera de obrar; *je ne reproche rien au système* no critico nada del sistema *ou* en el sistema; *reprocher un défaut* censurar un defecto || acusar de; *je lui reproche tous nos malheurs* le acuso de todas nuestras desdichas || culpar de, echar la culpa de; *je lui reproche notre défaite* le culpo de nuestra derrota || reprobar, recriminar; *reprocher à quelqu'un sa conduite* reprobar a alguien su comportamiento || DR recusar || *je ne vous reproche rien* no le digo nada.
- *v pr* reprocharse.

reproducteur, trice *adj* reproductor, ra; *organes reproducteurs* órganos reproductores.
- *m et f* reproductor, ra (animal employé à la reproduction).
- *m* semental (animal mâle).
- *f* máquina reproductora.

reproductible *adj* reproductible.

reproductif, ive *adj* reproductivo, va.

reproduction *f* reproducción || *reproduction interdite* prohibida la reproducción.

reproduire* *v tr* reproducir; *reproduire un tableau* reproducir un cuadro || presentar de nuevo (présenter de nouveau).
- *v pr* reproducirse.

reprogrammer *v tr* volver a programar.

reprographie *f* reprografía.

réprouvé, e *adj* reprobado, da.
- *m et f* réprobo, ba.

réprouver *v tr* reprobar (condamner).

reptile *adj et s m* reptil.

repu, e *adj* ahíto, ta; harto, ta.

républicain, e *adj et s* republicano, na.

républicanisme *m* republicanismo (qualité, sentiments de républicain).

republier* *v tr* publicar de nuevo, volver a publicar.

république *f* república.

répudiation *f* repudiación, repudio *m*.

répudier* *v tr* repudiar.

répugnance *f* repugnancia || — *avoir de la répugnance pour* tener repugnancia a || *avoir* o *éprouver de la répugnance à faire quelque chose* hacer algo con repugnancia || *éprouver de la répugnance pour* sentir repugnancia por.

répugnant, e *adj* repugnante.

répugner *v intr* repugnar, repeler; *les araignées me répugnent* las arañas me repugnan; *je répugne à faire ce travail* el hacer este trabajo me repele.
répulsif, ive *adj* repulsivo, va; repelente.
répulsion *f* repulsión.
réputation *f* reputación, fama; *avoir une bonne réputation* tener buena reputación, buena fama ‖ *— de réputation mondiale* de fama mundial ‖ *— avoir la réputation d'être* tener la reputación de ser ‖ *connaître quelqu'un de réputation* conocer a alguien por su reputación.
réputé, e *adj* famoso, sa; reputado, da; *réputé pour* reputado por.
requérir* *v tr* requerir ‖ pedir, solicitar (demander) ‖ DR demandar (en justice).
requête *f* demanda, solicitud, petición (prière) ‖ DR demanda, requerimiento *m* ‖ *— à la requête de* a instancia de, a petición de ‖ *chambre des requêtes* sala del Tribunal Supremo francés que estatuye sobre la admisión de los recursos de casación ‖ *maître des requêtes* relator del Consejo de Estado.
requiem [rekɥiɛm] *m inv* réquiem ‖ FAM *avoir une face o un visage o un air de requiem* tener cara de cuaresma *ou* de muerto.
requin *m* tiburón.
requinquer *v tr* FAM vestir de pies a cabeza, vestir bien (une personne) | dar buen aspecto a, poner como nuevo, dejar nueva (une chose) ‖ FIG entonar, animar, poner como nuevo.
◆ *v pr* FAM recobrar la salud, reponerse (se rétablir) | entonarse (se remonter) | emperejilarse (s'attifer).
requis, e *adj* requerido, da; necesario, ria.
réquisition *f* DR requerimiento *m*, alegato *m*, demanda (demande) | informe *m* (du procureur de la République) ‖ requisición, requisa (embargo).
réquisitionner *v tr* requisar (biens) ‖ militarizar (grévistes).
réquisitoire *m* DR pedimento del fiscal, requisitoria *f*, informe ‖ FIG acusación *f*, inculpación *f* (requête); *réquisitoire contre* acusación contra.
R.E.R. abrév de *réseau express régional* red de trenes rápidos de la región parisiense.
resaler [rəsale] *v tr* volver a salar.
resalir [rəsaliːr] *v tr* volver a ensuciar.
rescapé, e *adj et s* superviviente.
rescousse *f* auxilio *m*, socorro *m*; *aller à la rescousse* ir en auxilio ‖ *— appeler quelqu'un à la rescousse* pedir socorro a alguien ‖ *venir à la rescousse de* acudir en ayuda de.
réseau *m* red *f* (filet) ‖ red *f* (de chemin de fer, routier, téléphonique, de distribution) ‖ INFORM red; *réseau local* red de área local ‖ redecilla *f* (pour les cheveux) ‖ randa *f* (fond d'une dentelle) ‖ redecilla *f* (des ruminants) ‖ *le réseau câblé* la red por cable ‖ *le réseau ferré* la red ferroviaria ‖ *réseau de barbelés* alambrada.
réséda *m* reseda *f* (plante).
réservation *f* reserva (de place).
réserve *f* reserva (chose réservée) ‖ reserva, comedimiento *m*, discreción ‖ reserva, excepción, restricción ‖ complemento *m* (complément) ‖ reserva, salvedad; *un règlement sans réserve* un reglamento sin salvedad ‖ reservado *m* (espace réservé) ‖ coto *m* vedado, vedado *m* de caza (chasse), reserva (pêche) ‖ reservado (liturgie) ‖ MIL reserva ‖ *—* DR *réserve légale* reserva legal *ou* legítima ‖ *réserve naturelle* reserva natural ‖ ÉCON *réserves de change* reservas de divisas ‖ *réserves obligatoires* reservas obligatorias ‖ *— à la réserve de* a excepción de, excepto ‖ *à la réserve que* salvo que ‖ *assorti de réserves* con reservas ‖ *en réserve* de reserva ‖ MIL *officier de réserve* oficial de complemento ‖ *sans réserve* sin reserva, sin excepción, sin salvedades ‖ *sous réserve de* a reserva de ‖ *sous toute réserve* sin garantía, con muchas reservas ‖ *— faire des réserves sur* poner en duda, reservarse el juicio acerca de ‖ *se tenir sur la réserve* estar sobre aviso, estar en guardia.
réservé, e *adj* reservado, da ‖ comedido, da (retenu).
réserver *v tr* reservar.
◆ *v pr* reservarse; *se réserver le droit de* reservarse el derecho de.
réserviste *m* MIL reservista.
réservoir *m* reserva *f* (d'objets) ‖ depósito (de gaz), depósito, tanque (d'essence) ‖ vivero (pour le poisson) ‖ alberca *f*, arca *f* de agua, tanque (hydraulique) ‖ FIG cantera *f* (pépinière); *réservoir d'hommes* cantera humana.
résidant, e *adj et s* residente.
◆ *adj* radicado, da; residente; *résidant à Paris* radicado en París.
résidence *f* residencia ‖ *— résidence générale* Alta Comisaría (dans un protectorat) ‖ *résidence principale* vivienda habitual ‖ *résidence secondaire* segunda vivienda ‖ *résidence universitaire* residencia universitaria ‖ *— en résidence surveillée* en residencia forzosa.
résident *m* residente ‖ ministro residente (diplomate) ‖ *résident général* Alto Comisario.
résidentiel, elle *adj* residencial ‖ *unité résidentielle* unidad residencial.
résider *v intr* residir (demeurer) ‖ residir, radicarse (s'établir) ‖ FIG residir, estribar, radicar; *la difficulté réside en ceci* la dificultad radica en esto.
résidu *m* residuo.
résiduaire [rezidɥɛːr] *adj* residual; *eaux résiduaires* aguas residuales.
résiduel, elle [-dɥel] *adj* residual.
résignation *f* resignación ‖ DR renuncia.
résigné, e *adj et s* resignado, da.
résigner *v tr* resignar, renunciar.
◆ *v pr* resignarse ‖ resignarse a, conformarse con.
résiliable *adj* rescindible, anulable.
résiliation *f* rescisión, anulación.
résilier* *v tr* rescindir, invalidar, anular.
résille [reziːj] *f* redecilla (pour les cheveux) ‖ rejilla (d'un vitrail).
résine *f* resina.
résiné *adj m et s m* retsina (vin).
résiner *v tr* resinar; *résiner un pin* resinar un pino ‖ untar de resina (enduire de résine).
résineux, euse *adj* resinoso, sa.
◆ *m* árbol acuícolifo, conífera *f*.
résistance *f* resistencia (endurance) ‖ resistencia (électrique) ‖ *—* MIL *centre de résistance* centro de resistencia ‖ *la Résistance* la Resistencia a la ocupación alemana [1940-1945] ‖ *pièce o plat de résistance* plato fuerte.

résistant, e *adj* resistente.
 ◆ *m* et *f* miembro *m* de la Resistencia, resistente.
résister *v intr* resistir; *résister à l'ennemi* resistir al enemigo ‖ FIG ser difícil de cortar, ser muy duro; *cette viande résiste* esta carne es muy dura ‖ *résister à la tentation* resistir la tentación.
résolu, e *adj* resuelto, ta; decidido, da; *un homme résolu* un hombre decidido ‖ solucionado, da; concluido, da (question) ‖ *être résolu à* estar resuelto *ou* decidido a.
résoluble *adj* resoluble ‖ DR rescindible (contrat).
résolument *adv* resueltamente, enérgicamente, decididamente.
résolutif, ive *adj* et *s m* resolutivo, va.
résolution *f* resolución ‖ DR rescisión, resolución (d'un contrat) ‖ solución, resolución (d'un problème) ‖ resolución (d'une image) ‖ resolución (texte).
résolutoire *adj* resolutorio, ria.
résonance *f* resonancia; *caisse de résonance* caja de resonancia.
résonateur *m* resonador.
résonnant, e *adj* resonante, sonoro, ra; *une salle trop résonnante* una sala demasiado resonante ‖ retumbante, resonante (voix).
résonner *v intr* resonar ‖ FIG *résonner du bruit de* proclamar.
résorber *v tr* reabsorber, resorber ‖ FIG enjugar, reabsorber; *résorber un déficit* enjugar un déficit ‖ acabar con, suprimir; *résorber le chômage* acabar con el desempleo.
 ◆ *v pr* reabsorberse, resorberse.
résorption [rezɔrpsjɔ̃] *f* resorción, reabsorción.
résoudre* *v tr* resolver (décomposer) ‖ resolver, solucionar; *résoudre un problème* resolver un problema ‖ MÉD resolver ‖ DR rescindir, anular (annuler) ‖ — *résoudre de* decidir, resolver; *il résolut de venir* decidió venir ‖ *résoudre quelqu'un à* decidirle a uno a *ou* para.
 ◆ *v impers il a été résolu que* han resuelto que, resolvieron que.
 ◆ *v pr* resolverse ‖ reducirse, convertirse; *tout cela se résout à rien* todo se reduce a *ou* se convierte en nada ‖ conformarse, decidirse; *il s'est résolu à partir* se decidió a *ou* se conformó con irse ‖ MÉD resolverse.
respect [rɛspɛ] *m* respeto; *inspirer du respect* infundir respeto ‖ acatamiento, respeto (d'une loi) ‖ — *respect humain* respeto humano ‖ *sauf votre respect* con perdón de usted ‖ — *manquer de respect à* faltarle el respeto a ‖ *tenir en respect* tener a raya, contener.
 ◆ *pl* saludos respetuosos ‖ — *mes respects* saludos respetuosos (en général), a sus órdenes (militaires) ‖ *présenter ses respects* dirigir sus saludos respetuosos.
respectabilité *f* respetabilidad.
respectable *adj* respetable.
respecter *v tr* respetar ‖ acatar, respetar (une loi) ‖ *faire respecter ses droits* hacer respetar sus derechos.
 ◆ *v pr* respetarse ‖ preciarse; *comme tout Espagnol qui se respecte* como cualquier español que se precia.
respectif, ive *adj* respectivo, va.
respectivement *adv* respectivamente, cada uno.

respectueusement *adv* respetuosamente, con respeto.
respectueux, euse *adj* respetuoso, sa.
 ◆ *f* FAM ramera, prostituta.
respirable *adj* respirable.
respiration *f* respiración; *respiration artificielle* respiración artificial ‖ *retenir sa respiration* contener la respiración.
respiratoire *adj* respiratorio, ria.
respirer *v tr* et *intr* respirar; *respirer à pleins poumons* respirar a todo pulmón ‖ FIG reflejar; *un visage qui respire la bonté* una cara que refleja la bondad ‖ *je respire!* ¡qué peso se me ha quitado de encima!, ¡qué alivio!
resplendir *v intr* resplandecer.
resplendissant, e *adj* resplandeciente.
responsabiliser *v tr* responsabilizar.
responsabilité *f* responsabilidad ‖ — DR *responsabilité civile* responsabilidad civil ‖ *responsabilité pénale, morale, collective* responsabilidad penal, moral, colectiva ‖ — *prendre ses responsabilités* hacerse cargo de sus propias responsabilidades ‖ *refuser la responsabilité de* declinar la responsabilidad de.
responsable *adj* et *s* responsable ‖ *rendre responsable de* echar la culpa de, hacer responsable de.
 ◆ *m* et *f* encargado, da (d'un service) ‖ *responsable syndical* enlace *ou* delegado sindical.
resquiller [-je] *v intr* FAM colarse (se glisser) ‖ sisar (de l'argent).
resquilleur, euse [-jœːr, jøːz] *m* et *f* FAM colón, ona ‖ persona que sisa; sisador, ra.
ressac [rəsak] *m* resaca *f*.
ressaisir *v tr* asir de nuevo ‖ coger de nuevo, volver a coger (reprendre) ‖ reconquistar (reconquérir) ‖ DR reembargar (saisir de nouveau) ‖ recobrar (reprendre possession).
 ◆ *v pr* apoderarse de nuevo (s'emparer de nouveau) ‖ volver a coger, coger de nuevo (reprendre) ‖ FIG rehacerse, serenarse, reponerse (se maîtriser).
ressasser *v tr* tamizar, cerner de nuevo ‖ FIG machacar, repetir (répéter).
ressaut [rəso] *m* resalto (saillie) ‖ salto de agua (différence de niveau) ‖ desnivel (de terrain).
ressayer *v tr* ⟶ **réessayer**.
ressemblance *f* parecido *m*, semejanza (similitude).
ressemblant, e *adj* parecido, da; *portrait ressemblant* retrato parecido.
ressembler *v intr* parecerse (a); *cela ressemble à un avion* esto se parece a un avión ‖ parecerse (a), haber salido (a); *cet enfant ressemble à sa mère* este niño ha salido a su madre ‖ — *cela ne vous ressemble pas* esto no parece cosa suya ‖ *cela ne ressemble à rien* esto no vale nada.
 ◆ *v pr* parecerse ‖ *qui se ressemble s'assemble* cada oveja con su pareja.
 — OBSERV El participio pasado *ressemblé* es invariable: *elles se sont ressemblé longtemps.*
ressemelage [rəsəmlaːʒ] *m* remonta *f* (ressemelage complet) ‖ media suela *f* (demi-semelle).
ressemeler* [-le] *v tr* remontar (ressemeler entièrement) ‖ echar medias suelas (poser une demi-semelle).

ressentiment *m* resentimiento.
ressentir* *v tr* sentir; *ressentir un choc* sentir un choque ‖ experimentar (éprouver); *ressentir de l'amitié* experimentar amistad.
◆ *v pr* resentirse; *se ressentir de la conduite de quelqu'un* resentirse por la conducta de uno ‖ FAM *je ne m'en ressens pas* no me apetece, no estoy para eso.
resserre [rəsɛːr] *f* cuarto *m* trastero.
resserré, e *adj* estrecho, cha; angosto, ta (étroit) ‖ apretado, da (serré) ‖ cerrado, da (pores) ‖ FIG limitado, da.
resserrement *m* apretamiento (d'une vis) ‖ FIG estrechamiento, fortalecimiento; *resserrement des liens économiques* estrechamiento de los lazos económicos.
resserrer *v tr* apretar; *resserrer une vis* apretar un tornillo ‖ estrechar (rendre plus étroit) ‖ guardar; *resserrer un objet dans un tiroir* guardar un objeto en un cajón ‖ cerrar (les pores) ‖ encerrar; *des montagnes resserrent cette ville* unas montañas encierran esta ciudad ‖ FIG estrechar, afianzar; *resserrer les liens de l'affection* estrechar los lazos del cariño | abreviar (abréger).
◆ *v pr* estrecharse (devenir plus étroit) ‖ encerrarse (se renfermer) ‖ FIG encogerse (le cœur).
resservir* *v tr et intr* servir de nuevo, volver a servir ‖ FIG & FAM sacar a colación (redire).
ressort [rəsɔːr] *m* resorte, muelle (terme usuel); *ressort à boudin* muelle en espiral ‖ incumbencia *f*, competencia *f*; *ceci n'est pas de mon ressort* esto no es de mi incumbencia ‖ DR instancia *f*; *juger en dernier ressort* juzgar en última instancia ‖ FIG nervio, energía *f*, fuerza *f* (force) | dinamismo | motor (d'une œuvre) ‖ — *ressort à lames* ballesta, resorte de láminas ‖ *ressort de rappel* muelle de retorno.
ressortir* *v intr* resaltar, destacarse; *cet ornement ne ressort pas sur le fond* este adorno no resalta sobre el fondo ‖ volver a salir (sortir de nouveau) ‖ resultar, deducirse; *de ceci il ressort que* de esto resulta que ‖ *faire ressortir* destacar, hacer resaltar.
◆ *v tr* DR *ressortir à un tribunal* ser de la jurisdicción de un tribunal ‖ FIG salir a (ressembler).
ressortissant, e *adj* de la jurisdicción de [un tribunal].
◆ *m et f* natural, nacional, súbdito; *les ressortissants d'un pays* los naturales *ou* nacionales de un país.
ressource *f* recurso *m*; *homme de ressource* hombre de recursos ‖ AVIAT enderezamiento *m* ‖ — *les ressources économiques* los recursos económicos ‖ — *avoir la ressource de* tener el recurso de ‖ *être à bout de ressources* haber agotado todos los recursos ‖ *leur seule ressource était de* su único recurso era.
ressourcer (se) *v pr* volver a sus raíces profundas.
ressouvenir (se)* *v pr* acordarse de, recordar.
ressurgir *v intr* → **resurgir**.
ressusciter *v tr et intr* resucitar.
restant, e *adj* restante ‖ *poste restante* lista de correos; *écrire poste restante* escribir a la lista de correos.
◆ *m* resto.
restau; resto *m* FAM restaurante.
restaurant *m* restaurante, restaurant, restorán, casa *f* de comidas ‖ comedor (d'un hôtel, universitaire) ‖ — *restaurant d'entreprise* restaurante de empresa ‖ *restaurant universitaire (R.U.)* restaurante universitario.
restaurateur, trice *m et f* restaurador, ra (de tableaux).
◆ *m* encargado *ou* dueño de un restaurante (patron d'un restaurant).
restauration *f* restauración ‖ *restauration rapide* fast-food *ou* comida rápida.
restaurer *v tr* restaurar.
◆ *v pr* comer.
reste *m* resto; *le reste de sa fortune* el resto de su fortuna ‖ resto, remanente (d'une somme) ‖ MATH resto ‖ — *reste d'accent* deje, dejo ‖ — *au reste, du reste* además, por lo demás ‖ *de reste* de sobra; *avoir de l'argent de reste* tener dinero de sobra ‖ *et le reste, et tout lereste* y lo demás, y todo lo demás ‖ *quant au reste* por lo demás ‖ — *demeurer en reste* ser deudor, quedar debiendo ‖ *jouer son reste* echar el resto ‖ *n'être jamais en reste* no ir a la zaga ‖ *ne pas demander son reste* no pedir más explicaciones, marcharse sin decir nada ‖ *ne pas demeurer en reste* pagar con la misma moneda (rendre la pareille), no ir a la zaga.
◆ *pl* restos ‖ restos (dépouille mortelle) ‖ sobras *f*; *les restes d'un repas* las sobras de una comida.
rester *v intr* quedar, quedarse; *rester bouche bée* quedarse boquiabierto ‖ ser todavía (continuer à être); *elle reste belle malgré son âge* a pesar de su edad es todavía guapa ‖ tardar; *rester trop longtemps à faire quelque chose* tardar demasiado en hacer algo ‖ quedarse, permanecer; *elle est restée trois ans à Madrid* ella se quedó tres años en Madrid ‖ — *rester court* quedarse cortado ‖ FAM *rester en carafe* quedarse plantado ‖ *rester en route* quedarse en el camino ‖ *rester soi-même* ser siempre el mismo ‖ *rester sur le carreau* quedarse en el sitio ‖ *rester sur sa faim* quedarse con las ganas ‖ *rester sur une impression* quedarse con una impresión ‖ *restons-en là* no insistamos, dejémoslo ‖ — *en rester à* no llegar más lejos que ‖ *en rester là* no pasar de ahí ‖ *y rester* quedarse ahí, morir.
◆ *v impers il reste* queda, quedan ‖ *il reste à* queda *ou* quedan por ‖ *il n'en reste pas moins que* sin embargo, lo cual quiere decir que ‖ *reste à savoir si* queda por saber si.
restituer *v tr* restituir ‖ DR rehabilitar ‖ FAM devolver (vomir).
restitution *f* restitución.
resto *m* FAM → **restau**.
Restoroute *m* (nom déposé) albergue de carretera, de autopista.
resto-U *m* restaurante universitario.
restreindre* *v tr* restringir ‖ limitar, reducir; *restreindre la production* limitar la producción.
◆ *v pr* restringirse.
restreint, e [rɛstrɛ̃, ɛːt] *adj* limitado, da.
restrictif, ive *adj* restrictivo, va.
restriction *f* restricción; *restrictions à l'importation* restricciones a las importaciones; *sans restriction* sin restricciones.
restructuration *f* reestructuración.
restructurer *v tr* reestructurar.
résultant, e *adj et s f* resultante.
résultat [rezylta] *m* resultado ‖ resultado, logro, éxito (réussite) ‖ *résultats sportifs* resultados deportivos.

◆ *pl* saldo *sing* (solde).

résulter *v intr* resultar, derivarse, provenir; *la révolte résulta du mécontentement* el motín provino del descontento ‖ resultar, deducirse; *il en résulte de ello se deduce.*
— OBSERV *Résulter* se emplea únicamente en la tercera persona, en el infinitivo y en los participios.

résumé, e *adj* resumido, da.
◆ *m* resumen; *un résumé d'histoire* un resumen de historia ‖ compendio (précis) ‖ *en résumé* en resumen.

résumer *v tr* resumir, hacer un resumen de, extractar, compendiar.
◆ *v pr* resumirse ‖ decir en pocas palabras ‖ *résumons-nous* concretemos.

résurgence *f* resurgencia, resurgimiento, *m*.

resurgir; ressurgir *v intr* resurgir.

résurrection *f* resurrección ‖ FIG reaparición.

retable *m* retablo.

rétablir *v tr* restablecer; *rétablir la vérité* restablecer la verdad ‖ *rétablir quelqu'un dans ses droits* restituir a alguien sus derechos.
◆ *v pr* restablecerse.

rétablissement *m* restablecimiento.

retailler [rətɑje] *v tr* recortar, volver a cortar ‖ volver a sacar punta a (crayon).

rétamer *v tr* restañar (*p us*), estañar ‖ FAM ajumar (enivrer) ‖ hacer polvo (démolir).

rétameur *m* estañador.

retaper *v tr* FAM componer, apañar, arreglar; *retaper un vieux vêtement* arreglar un vestido viejo ‖ *retaper un lit* hacer la cama a la inglesa.
◆ *v pr* FAM remontar la pendiente, restablecerse.

retard [rətɑːr] *m* retraso, tardanza; *avoir du retard dans son travail* tener retraso en su trabajo ‖ retardo (d'une fusée) ‖ — *retard scolaire* retraso escolar ‖ — AUTOM *retard à l'admission* retardo de la admisión ‖ *retard à l'allumage* retraso en el encendido ‖ *sans retard* sin retraso ‖ — *arriver en retard* llegar tarde, llegar con retraso *ou* con atraso ‖ *prendre du retard* atrasarse, retrasarse, tomar *ou* coger retraso ‖ *rattraper son retard* recuperar el retraso.

retardataire *adj* et *s* retrasado, da ‖ rezagado, da (courses).

retardateur, trice *adj* que retrasa.

retardé, e *adj* et *s* atrasado, da (mental) ‖ retardado, da; *mouvement retardé* movimiento retardado.

retardement *m* (*vx*) retraso ‖ *bombe à retardement* bomba de retardo *ou* con mecanismo de relojería.

retarder *v tr* demorar, retrasar; *retarder son voyage* demorar el viaje ‖ diferir, aplazar (conférence, etc.) ‖ retardar, retrasar; *la pluie nous a retardés* la lluvia nos ha retrasado; *j'ai été retardé* me he retrasado.
◆ *v tr* et *intr* atrasar; *ma montre retarde de dix minutes* mi reloj atrasa diez minutos ‖ FAM *tu retardes!* no estás al tanto.

retéléphoner *v tr* telefonear de nuevo, volver a telefonear.

retendre *v tr* volver a tender (piège) ‖ volver a tensar (câble).

retenir* *v tr* retener (garder); *retenir une somme d'argent* retener una cantidad de dinero ‖ retener, detener; *la peur le retint* el miedo le detuvo ‖ retener, deducir, descontar (déduire); *retenir une partie du salaire* descontar parte del salario; *retenir sur le salaire* deducir del salario ‖ contener (ne pas laisser passer) ‖ contener, reprimir; *retenir l'envie de rire* contener las ganas de reír ‖ sujetar (attacher) ‖ recordar (se souvenir); *retenir une date* recordar una fecha ‖ MATH llevarse (dans une soustraction) ‖ reservar; *retenir une chambre* reservar una habitación ‖ seleccionar (choisir) ‖ apalabrar (des domestiques) ‖ *retenir à dîner* retener a cenar ‖ *retenir sa langue* cerrar los labios, guardar la lengua ‖ *retenir son haleine* retener el aliento ‖ *je ne vous retiens pas* usted puede marcharse ‖ FAM *je vous retiens!* ¡me las pagará usted!, ¡ya le ajustaré las cuentas! ‖ *votre demande a retenu toute notre attention* su solicitud ha merecido nuestro mayor interés.
◆ *v pr* contenerse, retenerse, moderarse (se contenir) ‖ agarrarse (s'accrocher); *se retenir à une branche* agarrarse de una rama ‖ FAM aguantarse.

retenter *v tr* volver a intentar ‖ *retenter sa chance* volver a probar suerte, probar suerte una vez más.

rétention *f* retención ‖ MÉD *rétention d'urine* retención de orina.

retentir *v intr* resonar, sonar ‖ repercutirse.

retentissant, e *adj* resonante ‖ ruidoso, sa; estrepitoso, sa; fragoso, sa (bruyant) ‖ sonoro, ra; *une voix retentissante* una voz sonora ‖ retumbante (tonnerre) ‖ clamoroso, sa; aparatoso, sa; rotundo, da; *succès retentissant* éxito clamoroso.

retentissement *m* resonancia *f* ‖ ruido (bruit) ‖ estruendo, retumbo (tonnerre) ‖ FIG repercusión *f*, consecuencia *f* ‖ resonancia *f*; *ce discours a eu un grand retentissement* este discurso ha tenido gran resonancia.

retenu, e *adj* retenido, da ‖ detenido, da (arrêté) ‖ moderado, da (prudent, circonspect) ‖ descontado, da; deducido, da; retenido, da (déduit) ‖ contenido, da; reprimido, da (réprimé) ‖ reservado, da (chambre d'hôtel).

retenue [rətəny] *f* descuento *m*, deducción; *retenue sur le salaire* deducción del salario ‖ retención; *la retenue des marchandises à la douane* la retención de las mercancías en la aduana ‖ MAR retenida (câble) ‖ FIG moderación, discreción, comedimiento; *agir avec retenue* obrar con moderación ‖ castigo *m* sin salir (à l'école) ‖ MATH lo que se lleva ‖ represa (d'un bief) ‖ — *retenue à la source* retención (fiscal), en la fuente ‖ *retenue d'eau* embalse ‖ — *être en retenue* estar castigado sin salir.

réticence *f* reticencia (omission, rhétorique) ‖ reparo *m*; *approuver quelque chose avec certaines réticences* aprobar algo con ciertos reparos ‖ resistencia.

réticent, e *adj* reticente ‖ reacio, cia; *à sa proposition, il se montra réticent* ante su propuesta, se mostró reacio.

réticulaire *adj* reticular.

réticulé, e *adj* reticulado, da.

rétif, ive *adj* repropio, pia (cheval) ‖ FIG reacio, cia.

rétine *f* ANAT retina.

rétinien, enne *adj* ANAT retiniano, na.

retirage *m* reimpresión *f*, nueva *f* tirada.

retiré, e *adj* retirado, da ‖ apartado, da; alejado, da; aislado, da; retirado, da (isolé).

retirer *v tr* tirar de nuevo, volver a tirar (tirer de nouveau) ‖ retirar, apartar (écarter) ‖ IMPR retirar ‖ sacar; *retirer ses mains de ses poches* sacar las manos de los bolsillos ‖ sacar; *retirer de l'argent d'une banque* sacar dinero de un banco; *retirer un enfant d'une pension* sacar un niño de una pensión ‖ sacar, recoger; *retirer les billets de théâtre* recoger las entradas de teatro ‖ quitar; *retire ta main* quita la mano; *il m'a retiré les clés de la maison* me ha quitado las llaves de la casa ‖ quitarse; *retirer ses chaussures* quitarse los zapatos ‖ retirar; *je retire ce que j'ai dit* retiro lo dicho ‖ sacar (extraire); *on retire du sucre de la betterave* se saca azúcar de la remolacha ‖ sortear de nuevo [la lotería] ‖ FIG retirar, privar de; *retirer sa confiance à quelqu'un* retirar la confianza a uno ‖ quitar; *son échec ne lui retire rien* su fracaso no le quita nada ‖ *retirer du profit, un bénéfice* sacar provecho, un beneficio.
◆ *v pr* retirarse, irse, marcharse; *se retirer dans sa chambre* retirarse a su cuarto ‖ recogerse; *il se retire toujours à neuf heures* se recoge siempre a las nueve ‖ retirarse, jubilarse (prendre sa retraite) ‖ volver a su cauce (cours d'eau) ‖ retirarse; *se retirer à la campagne* retirarse al campo ‖ *se retirer des affaires* retirarse de los negocios ‖ retirarse (la mer) ‖ encoger (rétrécir).

retombée *f* ARCHIT arranque *m* (d'une voûte) ‖ caída (d'une draperie).
◆ *pl* lluvia *sing* (radio-active) ‖ FIG consecuencias, repercusiones | efectos *m*.

retomber *v intr* recaer, volver a caer ‖ caer; *ses cheveux lui retombent sur les épaules* su pelo le cae sobre los hombros ‖ volver a caer; *retomber malade* volver a caer enfermo ‖ volver a bajar (fièvre, avion) ‖ FIG caer; *retomber dans les mêmes erreurs* caer en los mismos errores ‖ — *retomber sur* caer encima; *la poutre retomba sur lui* la viga le cayó encima; recaer sobre; *la faute retombe toujours sur moi* la culpa recae siempre sobre mí; *la conversation retombe toujours sur la même question* la conversación recae siempre sobre el mismo tema ‖ FIG *retomber sur la tête o le nez de quelqu'un* salirle a uno el tiro por la culata | *retomber sur ses pieds* salir siempre con la suya.

retordre *v tr* retorcer ‖ FAM *donner du fil à retordre* dar mucha guerra, dar que hacer.

rétorquer *v tr* redargüir ‖ contestar, replicar (répondre).

retors, e [rətɔr:, ɔrs] *adj* retorcido, da ‖ FIG marrullero, ra; ladino, na.
◆ *m* retor (tissu) ‖ marrullero, ladino.

rétorsion *f* retorsión ‖ FIG retorsión, represalia; *mesures de rétorsion* medidas derepresalia.

retouche *f* retoque *m* ‖ *faire une retouche o des retouches* hacer un arreglo *o* arreglos, hacer un retoque *ou* retoques.

retoucher *v tr et intr* retocar.

retoucheur, euse *m et f* retocador, ra.

retour *m* vuelta *f*, regreso; *un retour facile* un regreso fácil; *être de retour* estar de vuelta ‖ vuelta *f*, retorno; *le retour du printemps* la vuelta de la primavera ‖ retorno; *retour à la terre* retorno al campo ‖ vuelta *f*; *billet aller-retour* billete de ida y vuelta ‖ embozo (du drap du lit) ‖ reciprocidad *f*; *l'amitié demande du retour* la amistad requiere reciprocidad ‖ ARCHIT vuelta *f*, esconce, ángulo; *retour d'équerre* vuelta a escuadra ‖ DR reintegro ‖ — *retour à l'envoyeur* devuélvase al remitente ‖ *retour aux sources* vuelta a los orígenes *ou* a las raíces ‖ *retour d'âge* menopausia ‖ *retour de bâton* tiro por la culata ‖ *retour de chariot* retorno de carro ‖ *retour de flamme* retorno de llama ‖ AUTOM *retour de manivelle* retrocesode manivela ‖ FIG *retours en arrière* miradas atrás ‖ — *à mon retour* cuando vuelva ‖ FAM *cheval de retour* reincidente ‖ FAM *choc en retour* choque de rechazo ‖ *esprit de retour* añoranza ‖ *match de retour* partido de vuelta ‖ *par retour du courrier* a vuelta de correo ‖ *par un juste retour des choses* en justa compensación ‖ *pendant le retour* durante la vuelta ‖ *retour de, au retour de* de regreso de, de vuelta de ‖ *sans retour* sin remisión, definitivamente ‖ *être sur le retour* o *sur son retour* envejecer (vieillir), estar para volver (revenir) ‖ *faire un retour sur soi-même* examinar retrospectivamente su conducta ‖ *payer de retour* corresponder, pagar con la misma moneda.

retournement *m* vuelta *f*, cambio total (d'une situation) ‖ inversión *f*; *retournement des alliances* inversión de las alianzas ‖ AVIAT vuelta *f* de campana, vuelta *f* sobre el ala.

retourner *v tr* volver *ou* dar la vuelta a, volver del revés (tourner à l'envers) ‖ volver, dar vueltas a (tourner à l'envers) ‖ volver, dar vueltas a (tourner dans tous les sens) ‖ reexpedir (une lettre) ‖ devolver (rendre) ‖ volver; *on a retourné contre lui ses propres arguments* han vuelto contra él sus propios argumentos ‖ volver boca arriba (carte) ‖ dar vueltas a; *retourner une idée dans sa tête* dar vueltas a una idea en la cabeza ‖ — *retourner la salade* mover la ensalada ‖ *retourner le foin* voltear el heno ‖ *retourner la terre* labrar la tierra, roturar, voltear la tierra ‖ *retourner quelqu'un* hacer cambiar de opinión *ou* volver del revés (influencer) *ou* emocionar *ou* conmover *ou* trastornar (émouvoir) a alguien ‖ FAM *retourner quelqu'un comme une crêpe* manejar a uno a su antojo, hacer con uno lo que se quiere ‖ FAM *retourner sa veste* chaquetear, volver la casaca ‖ *retourner son compliment à quelqu'un* devolver el cumplido a alguien ‖ *retourner sur le dos, sur le ventre* volver boca arriba, boca abajo ‖ *retourner une gifle* pegar una bofetada ‖ *retourner une situation* cambiar por completo una situación ‖ *retourner un vêtement* volver un vestido ‖ *ne retourne pas cette histoire dans la tête* no le des más vueltas a este asunto.
◆ *v intr* volver, regresar; *retourner à la maison* volver a casa ‖ volver; *retourner à la mer* volver al mar ‖ devolver (être restitué) ‖ — *retourner en arrière* volver hacia atrás ‖ *retourner sur ses pas* desandar lo andado ‖ *savoir de quoi il retourne* saber de qué se trata *ou* lo que pasa.
◆ *v pr* volverse (pour regarder) ‖ dar vueltas (s'agiter) ‖ acogerse a (revenir à) ‖ FIG arreglar las cosas (prendre ses dispositions) ‖ — *je n'ai même pas le temps de me retourner* no tengo tiempo para nada ‖ *s'en retourner* volver, regresar, irse ‖ *s'en retourner comme on était venu* irse como se había venido ‖ *se retourner contre* volverse en contra.

retracer* *v tr* trazar de nuevo ‖ FIG describir (décrire) ‖ recordar (rappeler).

rétractable *adj* retractable; *concession rétractable* concesión retractable.

rétractation *f* retractación.

rétracter *v tr* retraer (contracter) ‖ FIG retractar (désavouer); *rétracter une opinion* retractar una opinión.

rétractile

♦ *v pr* retraerse ‖ FIG retractarse.
rétractile *adj* retráctil.
rétraction *f* retracción.
retraduire* *v tr* traducir de nuevo, volver a traducir.
retrait [rətrɛ] *m* contracción *f*, disminución *f*, encogimiento (des matériaux) ‖ suspensión *f*; *retrait d'emploi* suspensión de empleo ‖ suspensión *f*, retirada *f* (d'un permis) ‖ retirada *f*; *le retrait des troupes* la retirada de las tropas; *le retrait de la mer* la retirada del mar ‖ retirada *f* (d'un projet de loi) ‖ salida *f* (d'un compte) ‖ ARCHIT releje ‖ retractación *f* (de la Bourse) ‖ DR retracto ‖ — DR *retrait d'autorisation* retracto de autorización ‖ — *en retrait* hacia atrás ‖ *maison construite en retrait de la rue* casa retranqueada ‖ SPORTS *passe en retrait* pase hacia atrás.
retraite *f* jubilación (fonctionnaire) ‖ retiro *m* (militaire) ‖ retirada; *la retraite de l'armée d'occupation* la retirada del ejército de ocupación ‖ retirada, retreta, toque *m* (sonnerie); *battre la retraite* tocar retreta ‖ retiro *m*, pensión (solde); *toucher sa retraite* cobrar la pensión *ou* el retiro ‖ retiro *m*; *une retraite agréable* un agradable retiro ‖ retiro *m* (religion) ‖ ARCHIT releje *m* ‖ COMM resaca (effet de commerce) ‖ — *retraite anticipée* jubilación anticipada ‖ — *l'âge de la retraite* la edad de la jubilación ‖ *maison de retraite* asilo para ancianos ‖ *retraite aux flambeaux* desfile con antorchas ‖ — *en retraite* jubilado (fonctionnaire), retirado (militaire) ‖ — *battre en retraite* batirse en retirada (armée), retirarse (se retirer), retroceder, cejar, echarse atrás (céder) ‖ *couvrir une retraite* cubrir la retirada ‖ *faire une retraite* hacer un retiro ‖ *mettre à la retraite* retirar, jubilar ‖ *mettre un objet à la retraite* arrinconar, arrumbar un objeto ‖ *prendre sa retraite* retirarse (militaire), jubilarse (fonctionnaire) ‖ *sonner la retraite* tocar retreta (chasse).
retraité, e *adj et s* retirado, da (commerçant, militaire) ‖ jubilado, da (fonctionnaire).
retraitement *m* recuperación; *usine de retraitement* fábrica de recuperación.
retraiter *v tr* reprocesar.
retranchement *m* supresión *f* ‖ disminución *f* (diminution) ‖ substracción *f* (d'un chiffre) ‖ MIL atrincheramiento ‖ FIG baluarte, reducto ‖ FIG *pousser quelqu'un dans ses derniers retranchements* acorralar a uno.
retrancher *v tr* suprimir ‖ *(vx)* cercenar (diminuer) ‖ restar, substraer (soustraire); *retrancher de* o *sur* restar *ou* substraer de.
♦ *v pr* parapetarse; *se retrancher derrière un mur* parapetarse tras un muro ‖ encerrarse; *se retrancher dans sa chambre* encerrarse en su habitación ‖ FIG escudarse, ampararse.
retranscription *f* nueva transcripción.
retranscrire* *v tr* transcribir nuevamente.
retransmettre* *v tr* retransmitir, radiar (radio), televisar (télévision).
retransmission *f* retransmisión.
retravailler [rətravaje] *v tr et intr* trabajar de nuevo, volver a trabajar.
retraverser *v tr* atravesar de nuevo, volver a atravesar.
rétréci, e *adj* estrechado, da ‖ encogido, da; achicado, da (tissu) ‖ FIG limitado, da (idée) | cerrado,

da (esprit) ‖ *chaussée rétrécie* estrechamiento de carretera.
rétrécir *v tr* estrechar; *rétrécir un vêtement* estrechar un traje ‖ encoger; *le lavage rétrécit certains tissus* el lavado encoge ciertos tejidos.
♦ *v intr et pr* estrecharse; *ici, la route se rétrécit* aquí la carretera se estrecha ‖ encoger (un tissu) ‖ FIG limitarse.
rétrécissement *m* estrechamiento (de la route) ‖ encogimiento (d'un tissu) ‖ MÉD estrechamiento, constricción.
retremper *v tr* remojar (mouiller de nouveau) ‖ dar un nuevo temple (donner une nouvelle trempe) ‖ FIG fortalecer.
♦ *v pr* FIG fortalecerse, cobrar nuevo vigor ‖ *se retremper dans l'atmosphère familiale* meterse de nuevo en el ambiente familiar.
rétribuer *v tr* retribuir.
rétribution *f* retribución.
rétro *m* retroceso (billard).
♦ *adj inv* FAM retro.
rétroactif, ive *adj* retroactivo, va.
rétroaction *f* retroacción.
rétroactivement *adv* con efecto retroactivo.
rétroactivité *f* retroactividad ‖ *la nonrétroactivité d'une loi* la irretroactividad de una ley.
rétrocéder* *v tr* DR hacer la retrocesión de.
rétrocession *f* DR retrocesión.
rétrocontrôle *m* BIOL retrocontrol.
rétrofusée *f* retrocohete *m*.
rétrogradation *f* retrogradación ‖ MIL degradación.
rétrograde *adj et s* retrógrado, da ‖ *effet rétrograde* retroceso (billard).
rétrograder *v tr* MIL degradar.
♦ *v intr* retroceder, retrogradar ‖ AUTOM retroceder.
rétroprojecteur *m* retroproyector.
rétrospectif, ive *adj et s f* retrospectivo, va.
rétrospectivement *adv* retrospectivamente, al volver la vista atrás.
retroussé, e *adj* arremangado, da (manches) ‖ *nez retroussé* nariz respingona.
retrousser *v tr* remangar, arremangar (manches) ‖ retorcer (moustaches) ‖ levantar, alzar (soulever) ‖ recoger (sa jupe).
♦ *v pr* recogerse.
retrouvailles [rətruvɑːj] *f pl* FAM reencuentro *m sing*, encuentro *m sing*.
retrouver *v tr* encontrar; *j'ai retrouvé ma montre* he encontrado mi reloj; *retrouver un coupable* encontrar a un culpable ‖ volver a encontrar, recobrar; *retrouver la bonne humeur* recobrar el buen humor ‖ recobrar, recuperar (la santé, la parole) ‖ volver a encontrar (chemin, direction) ‖ reunirse; *j'irai vous retrouver* me reuniré con usted ‖ reunirse con, volver a encontrarse con; *il est heureux de retrouver ses parents* se alegra de reunirse con sus padres ‖ FIG reconocer (reconnaître) ‖ acordarse de ‖ *j'ai retrouvé son nom* me acuerdo de su apellido ‖ — *je vous retrouverai!* ¡nos volveremos a encontrar! ‖ *un de perdu, dix de retrouvés* cuando una puerta se cierra, ciento se abren.
♦ *v pr* encontrarse; *se retrouver seul* encontrarse solo ‖ reunirse; *ils se retrouveront à Paris* se reunirán en París ‖ coincidir (se rencontrer par ha-

sard) || encontrarse a sí mismo || volver a encontrar el camino, orientarse || — FIG *ne pas s'y retrouver* estar perdido | *s'y retrouver* no perder dinero.
rétroversion *f* retroversión.
rétrovirus *m* MÉD retrovirus.
rétroviseur *m* retrovisor.
rets [rɛ] *m* red *f* (filet) || FIG red *f*, trampa *f* (ruse).
réuni, e *adj* reunido, da.
réunification *f* reunificación.
réunifier *v tr* reunificar.
réunion *f* reunión.
Réunion (la) *n pr f* GÉOGR la Reunión.
réunionnais, e *adj* originario, ria de la Reunión.
Réunionnais, e *m et f* reuniónés, esa.
réunir *v tr* reunir; *réunir les troupes* reunir las tropas || convocar; *réunir le Sénat* convocar el Senado || unir (mettre en communication) || juntar (rapprocher) || sumar; *trois pays qui réunissent cent millions d'habitants* tres países que suman cien millones de habitantes || FIG reunir.
◆ *v pr* reunirse; *les députés vont se réunir* los diputados van a reunirse || congregarse, reunirse (se grouper).
réussi, e *adj* acertado, da; atinado, da (bien trouvé) || logrado, da; conseguido, da (bien exécuté) || que ha tenido éxito (qui a eu du succès).
réussir [reysiːr] *v tr* conseguir, lograr; *réussir un but* conseguir un gol || llevar a bien; *réussir une entreprise* llevar a bien una empresa || sacar; *réussir un problème* sacar un problema || salirle bien a uno; *réussir un tableau* salirle bien a uno un cuadro.
◆ *v intr* ser un éxito; *ce film a réussi* esta película ha sido un éxito || tener éxito; *un écrivain qui commence à réussir* un escritor que empieza a tener éxito || triunfar; *pour réussir il faut avoir de l'audace* para triunfar hace falta tener osadía || ir bien, sentar bien; *ce médicament lui réussit* esta medicina le sienta bien || salir bien; *tout lui réussit* todo le sale bien || ir bien, marchar; *ses affaires réussissent* sus negocios van bien || salir adelante; *mes enfants ont tous réussi* todos mis hijos han salido adelante || tener resultado satisfactorio; *cette opération chirurgicale a réussi* esta operación quirúrgica ha tenido resultado satisfactorio || darse bien; *la vigne réussit dans cette région* la vid se da bien en esta región || acertar; *réussir un concours radiophonique* acertar un concurso radiofónico || aprobar; *réussir son examen d'entrée* aprobar el examen de ingreso || — *réussir à* llegar a, conseguir, lograr; *il a réussi à faire ce qu'il voulait* ha conseguido hacer lo que quería; conseguir; *j'ai réussi à me ruiner* he conseguido arruinarme || *réussir du premier coup* conseguirlo a la primera || — *faire réussir* sacar adelante, llevar a bien, conseguir *ou* lograr realizar; *il a fait réussir ce projet* ha sacado adelante este proyecto.
réussite *f* éxito *m*; *la réussite d'un ouvrage, d'une entreprise* el éxito de una obra, de una empresa || triunfo *m*; *ce garçon est certain de sa réussite* este chico está seguro de su triunfo || acierto *m*; *ce titre est une réussite* este título es un acierto || logro *m*, consecución; *c'est une des réussites du régime* es uno de los logros del régimen || solitario *m* (jeu de cartes).
réutilisable *adj* reutilizable.
réutilisation *f* reutilización.
réutiliser *v tr* reutilizar.
revacciner [rəvaksine] *v tr* revacunar.

revaloir* *v tr* pagar (payer en mal); *je lui revaudrai cela* ya me lo pagará || devolver (rendre l'équivalent en bien).
revalorisation *f* revalorización.
revaloriser *v tr* revalorar, revalorizar.
revanchard, e [rəvɑ̃ʃaːr, ard] *adj et s* revanchista.
revanche *f* desquite *m*, revancha (gallicisme très employé) || — *à charge de revanche* en desquite, como revancha || *en revanche* en cambio, en compensación || — *prendre sa revanche* desquitarse, tomar la revancha.
rêvasser *v intr* soñar despierto.
rêvasserie *f* ensueño *m* || FIG desvarío *m*, quimera, divagación.
rêve *m* sueño; *passer comme un rêve* pasar como un sueño || ensueño; *un pays de rêve* un país de ensueño || — *le rêve de sa vie* su sueño dorado || — *faire un rêve éveillé* soñar despierto || *il a fait un beau rêve* ha sido como un sueño.
revêche *adj* arisco, ca; áspero, ra || FIG áspero, ra; brusco, ca.
réveil *m* despertar; *le réveil du printemps* el despertar de la primavera || despertador (pendule) || MIL diana *f*; *sonner le réveil* tocar diana.
réveil [revɛj] *m*; **réveille-matin** [revɛjmatɛ̃] *m inv* despertador (pendule).
réveiller [-je] *v tr* despertar.
◆ *v pr* despertarse; *se réveiller en sursaut* despertarse sobresaltado || espabilarse, despabilarse || *se réveiller complètement*.
réveillon [-jɔ̃] *m* cena *f* [de medianoche]; en Nochebuena o en Nochevieja; «réveillon» (gallicisme).
réveillonner [-jɔne] *v intr* cenar [a medianoche]; en Nochebuena o en Nochevieja.
révélateur, trice *adj* revelador, ra.
◆ *m* PHOT revelador.
révélation *f* revelación.
révélé, e *adj* revelado, da || *religion révélée* religión revelada.
révéler *v tr* revelar.
◆ *v pr* revelarse || demostrarse, aparecer || — *se révéler facile, faux* resultar fácil, falso || *se révéler un allié sûr* revelarse como un fielaliado.
revenant, e *adj* (vx) ameno, na; placentero, ra (qui plaît).
◆ *m* aparecido, espectro (spectre) || FIG resucitado (personne que l'on n'avait pas vue depuis longtemps).
revendeur, euse *adj et s* revendedor, ra.
revendicateur, trice *adj* reivindicador, ra.
revendicatif, ive *adj* reivindicativo, va.
revendication *f* reivindicación; *revendications sociales* reivindicaciones sociales; *journée de revendication* jornada de reivindicación.
revendiquer *v tr* reivindicar, reclamar (réclamer) || asumir; *revendiquer la responsabilité d'un acte* asumir la responsabilidad de una acción || adjudicar (un attentat, etc.).
revendre *v tr* revender || — *avoir de l'esprit à revendre* tener toda la gracia, sobrarle a uno la gracia || *en avoir à revendre* tener de sobra [de una cosa].
revenir* [rəvniːr] *v intr* volver, regresar; *revenir à la maison* volver a casa || FIG volver; *revenons à notre sujet* volvamos a nuestro tema || recobrar (santé,

etc.) ‖ volver (reparaître); *le temps passé ne revient pas* el tiempo pasado no vuelve ‖ volver; *produit qui fait revenir les cheveux à leur couleur naturelle* producto que vuelve el pelo a su color natural ‖ volver a hacer *ou* a emplear; *revenir aux mêmes procédés* volver a emplear los mismos procedimientos ‖ salir, resultar; *cela me revient cher, à vingt francs* eso me sale caro, a veinte francos ‖ sonar (se souvenir); *son nom me revient* su nombre me suena ‖ acordarse de; *mes jeunes années me reviennent* me acuerdo de mis años mozos ‖ repetir; *le goût de la sardine me revient* la sardina me repite ‖ gustar, hacer gracia, caer simpático (plaire); *cet homme ne me revient pas* este hombre no me cae simpático ‖ retractarse ‖ corresponder, tocar, pertenecer; *cela vous revient* eso le corresponde ‖ repetirse, volver a plantearse ‖ *cette question revient toujours* esta cuestión se repite siempre ‖ repetirse; *fête qui revient toujours à la même date* fiesta que se repite siempre en la misma fecha ‖ volverse como era; *ce tissu est bien revenu au lavage* este tejido se ha vuelto como era después de haberlo lavado ‖ llegar a los oídos de (venir aux oreilles) ‖ FAM dar el primer paso para una reconciliación ‖ aparecerse; *les fantômes reviennent la nuit au château* los fantasmas se aparecen en el castillo por la noche ‖ — *revenir à* venir a ser; *cela revient au même* viene a ser lo mismo ‖ *revenir à dire* querer decir ‖ *revenir à la charge* volver al ataque *ou* a la carga ‖ *revenir à quelqu'un* reconciliarse con (se réconcilier), resultarle simpático a uno ‖ *revenir à soi* volver en sí, recobrar el sentido ‖ *revenir au bercail* volver al redil, volver a la querencia ‖ *revenir au même* venir a ser lo mismo ‖ *revenir bredouille* volver con las manos vacías ‖ *revenir de* reponerse (maladie), estar de vuelta de; *il est revenu de tout* está de vuelta de todo; cambiar; *revenir d'une opinion* cambiar de opinión; hartarse, cansarse; *c'est une mode dont on est revenu* es una moda de la cual nos hemos cansado ‖ *revenir de loin* haberse librado de una buena ‖ *revenir de Pontoise* caerse de un nido ‖ *revenir de ses fautes* enmendarse ‖ *revenir d'une erreur* caer en la cuenta de una equivocación, salir de un error ‖ *revenir en arrière* volverse para atrás ‖ *revenir sur* volver a hablar de ‖ *revenir sur le compte de quelqu'un* cambiar de opinión respecto a alguien ‖ *revenir sur le tapis* volver a ponerse sobre el tapete, plantearse de nuevo (question) ‖ *revenir sur sa parole* retirar la palabra ‖ *revenir sur ses pas* desandar lo andado, volverse atrás ‖ *revenir sur une question* echarse atrás ‖ *revenons à nos moutons* volvamos a nuestro tema *ou* al grano *ou* a lo mismo *ou* al asunto ‖ — *à chacun ce qui lui revient* a cada cual lo suyo ‖ *cela revient à dire* lo que quiere decir ‖ *en revenir* librarse, escaparse (danger, maladie) ‖ *en revenir à* volver a; *pour en revenir à nos problèmes* para volver a nuestros problemas ‖ *faire revenir* pasar por el fuego, rehogar (viande) ‖ *il n'y a pas à y revenir* no hay que hablar más del asunto, no hay que darle más vueltas ‖ *inutile de revenir là-dessus* no vale la pena insistir ‖ *je n'en reviens pas!* ¡aún no me lo creo!, ¡no doy crédito a mis ojos!, ¡me he quedado viendo visiones!, ¡no salgo de mi asombro! ‖ FAM *s'en revenir* volver, regresar ‖ *y revenir* volver a lo de siempre.

revente *f* reventa.

revenu *m* renta *f*; *revenu brut* renta bruta ‖ provecho (profit) ‖ ingreso, ganancias *f pl*; *revenus accessoires, secondaires* ingresos adicionales, accesorios ‖ — *revenu imposable* líquido imponible ‖ *revenu national brut* producto nacional bruto ‖ *revenu net* ingreso, renta ‖ *revenu par habitant* renta per cápita ‖ — *impôt sur le revenu* impuesto sobre la renta.

revenu, e *adj* decepcionado, da; desengañado, da; desilusionado, da; de vuelta.

rêver *v tr* soñar con; *rêver la gloire* soñar con la gloria.
◆ *v tr et intr* soñar; *rêver de quelqu'un* soñar con alguien; *rêver de richesses* soñar con riquezas ‖ pensar; *il y a un an qu'il rêve à ce projet* hace un año que piensa en este proyecto ‖ imaginarse; *je n'ai jamais dit cela, vous l'avez rêvé* no dije nunca esto, usted se lo ha imaginado ‖ — *rêver de* soñar con ‖ *rêver tout éveillé* soñar despierto ‖ — *ne rêver que plaies et bosses* soñar siempre con peleas ‖ FAM *tu rêves!* ¡qué te crees!, ¡ni pensarlo!

réverbération *f* reverberación.

réverbère *m* reverbero; *four à réverbère* horno de reverbero ‖ farol, reverbero (pour l'éclairage public) ‖ *allumeur de réverbères* farolero.

réverbérer* *v tr* reverberar.
◆ *v pr* reverberar, reflejarse.

reverdir *v intr* reverdecer ‖ FIG reverdecer, remozarse.
◆ *v tr* volver verde ‖ volver a pintar de verde.

révérence *f* reverencia ‖ — *(vx) révérence parler, sauf révérence* con perdón, con perdón sea dicho ‖ *tirer sa révérence* saludar (saluer), irse (s'en aller), decir que ni hablar (refuser).

révérencieux, euse *adj* reverente.

révérend, e [revərã, ã:d] *adj et s* reverendo, da.

révérer* *v tr* reverenciar (honorer).

rêverie [rɛvri] *f* ensueño *m* ‖ ensueño *m*, ilusión ‖ *être perdu dans ses rêveries* estar en las nubes ‖ *les rêveries du promeneur solitaire* reflexiones de un paseante solitario.

revers [rəvɛːr] *m* revés (envers) ‖ vuelta *f* (de vêtement) ‖ reverso (d'une médaille) ‖ solapa *f* (de col) ‖ revés, desgracia *f* (malheur) ‖ dorso (main) ‖ cruz *f* (monnaie) ‖ revés (tennis) ‖ campana *f* (botte) ‖ — FIG *revers de fortune* reveses de fortuna ‖ *revers de la médaille* la otra cara, el lado malo [de un asunto] ‖ *revers de main* revés, manotazo ‖ — *à revers de* revés; *prendre à revers* tomar de revés ‖ *de revers* de costado, de flanco.

reversement *m* transferencia *f* (fonds).

reverser *v tr* echar de nuevo ‖ volver a verter; *reverser de l'eau sur le sol* volver a verter agua por el suelo ‖ DR imputar.

réversibilité *f* reversibilidad.

réversible *adj* reversible ‖ de dos caras (tissu).

réversion *f* reversión.

revêtement *m* revestimiento (du sol, du mur) ‖ cubierta *f* (câble).

revêtir* *v tr* revestir ‖ ponerse, vestirse (un vêtement) ‖ cubrir (envelopper) ‖ asumir.

rêveur, euse *adj et s* soñador, ra ‖ *ça me laisse rêveur* eso me deja pensativo, eso me da que pensar.

rêveusement *adv* abstraídamente (distraitement) ‖ anonadamente (avec perplexité).

revient [rəvjɛ̃] *m* coste ‖ *prix de revient* precio de coste, precio de fábrica.

revigorer *v tr* vigorizar, vigorar.

revirement *m* mudanza *f* (changement) ‖ FIG cambio brusco, viraje ‖ MAR virada *f*.
réviser *v tr* revisar (examiner à nouveau) ‖ repasar (leçon).
réviseur, euse *m et f* revisor, ra.
révision *f* revisión ‖ repaso *m* (leçon) ‖ — *conseil de révision* junta de clasificación (conscrits) ‖ — *faire ses révisions* repasar (leçons) ‖ AUTOM *la révision des 10 000 km* la revisión de los 10 000 km.
révisionnisme *m* revisionismo.
révisionniste *adj et s* revisionista.
revisiter *v tr* volver a visitar, visitar de nuevo ‖ FIG volver a mirar.
revisser *v tr* volver a atornillar, atornillar de nuevo.
revitalisant, e *adj* revitalizante.
revitaliser *v tr* revitalizar.
revivifier* *v tr* revivificar.
revivre* *v intr* revivir ‖ — *faire revivre* resucitar ‖ *faire revivre un mort* resucitar a un muerto; *ce vin est capable de faire revivre un mort* este vino es capaz de resucitar a un muerto.
révocabilité *f* revocabilidad.
révocable *adj* revocable.
révocation *f* revocación ‖ MIL expulsión.
revoici *adv* FAM aquí otra vez ‖ *nous revoici* henos aquí de nuevo, aquí nos tiene otra vez.
revoilà *adv* FAM ahí de nuevo ‖ *les revoilà* helos ahí de nuevo, aquí les tiene otra vez.
revoir* *v tr* ver de nuevo ‖ reexaminar, revisar (reviser) ‖ repasar (leçon) ‖ representarse (imaginer).
◆ *v pr* volverse a ver, verse otra vez ‖ verse, imaginarse; *je me revois à Paris en 1968* me veo en París en 1968.
◆ *m* adiós, despedida *f* ‖ *au revoir* hasta la vista, adiós (moins précis que le français *adieu*), hasta luego (à tout à l'heure) ‖ — *dire au revoir à quelqu'un* decir adiós *ou* despedir a alguien.
révoltant, e *adj* escandaloso, sa; indignante.
révolte *f* rebelión, revuelta.
révolté, e *adj et s* rebelde; sublevado, da; revoltoso, sa ‖ indignado, da.
révolter *v tr* (vx) rebelar, sublevar ‖ FIG escandalizar, indignar | chocar.
◆ *v pr* rebelarse, sublevarse ‖ FIG sublevarse.
révolu, e *adj* cumplido, da; *vingt ans révolus* veinte años cumplidos ‖ pasado, da; caduco, ca; anticuado, da (périmé).
révolution *f* revolución; *la révolution industrielle* la revolución industrial.
révolutionnaire *adj et s* revolucionario, ria.
révolutionner *v tr* revolucionar ‖ FIG alborotar (mettre en effervescence) | agitar.
revolver [revɔlvɛːr] *m* revólver (arme) ‖ *poche revolver* bolsillo trasero de un pantalón.
revolving *adj inv* ÉCON rotatorio, ria; renovable; *crédit revolving* crédito rotatorio.
révoquer *v tr* revocar (annuler) ‖ despedir (congédier un employé, etc.), revocar (un fonctionnaire) ‖ *révoquer en doute* poner en duda.
revoter *v tr et v intr* volver a votar, votar otra vez.
revouloir *v tr* querer de nuevo.

revoyure (à la) POP hasta más ver, a más ver (au revoir).
revu, e *adj* revisado, da ‖ vuelto a ver ‖ *revu et corrigé* corregido y aumentado.
revue [rəvy] *f* revista ‖ — *revue de presse* revista de prensa ‖ — POP *être de la revue* quedarse con dos palmos de narices ‖ *passer en revue* pasar revista a (troupes), analizar, pasar revista, examinar, estudiar (des problèmes).
révulsé, e *adj* descompuesto, ta; trastornado, da (le visage) ‖ en blanco (les yeux).
révulser (se) *v pr* descomponerse.
révulsif, ive *adj et s m* MÉD revulsivo, va.
révulsion *f* MÉD revulsión.
rewriting *m* remodelación *f* de un texto.
Reykjavík *n pr* GÉOGR Reikiavik.
rez-de-chaussée [retʃose] *m inv* bajo, planta *f* baja, piso bajo.
rez-de-jardin *m inv* planta *f* baja con jardín.
R.F. abrév de *République française* República Francesa.
R.F.A. abrév de *République fédérale d'Allemagne* RFA, República Federal de Alemania.
R.F.O. abrév de *Radio-télévision française d'outre-mer* Radio Televisión francesa de ultramar.
R.G. abrév de *Renseignements généraux* departamento de la policía nacional francesa que centraliza informes de tipo político y social.
Rh abrév de *Rhésus* Rh, factor Rhesus.
rhabiller [-je] *v tr* vestir de nuevo ‖ componer (raccommoder), reparar, ajustar ‖ FIG renovar, remozar (des idées).
◆ *v pr* vestirse de nuevo, vestirse otra vez.
rhapsodie; rapsodie *f* rapsodia.
rhéostat [reɔsta] *m* PHYS reóstato, reostato.
rhésus [rezys] *m* macaco ‖ — *facteur Rhésus (Rh)* factor Rhesus (Rh) ‖ *rhésus positif, négatif* Rh positivo, negativo.
rhéteur *m* retórico.
rhétoricien, enne *adj et s* retórico, ca.
rhétorique *f* retórica ‖ *(vx)* última clase del bachillerato francés (jusqu'en 1885).
Rhin *n pr m* GÉOGR Rin.
rhinite *f* MÉD rinitis.
rhinocéros *m* rinoceronte.
rhino-pharyngite *f* MÉD rinofaringitis.
rhino-pharynx [rinofarɛ̃ks] *m* rinofaringe *f*.
rhizome *m* BOT rizoma.
rhodanien, enne *adj* rodaniano, na; del Ródano.
Rhodes [rɔd] *n pr* GÉOGR Rodas.
rhododendron [rɔdɔdɛ̃drɔ̃] *m* BOT rododendro.
rhomboïde *adj* romboideo, a.
◆ *m* romboide.
Rhône *n pr m* GÉOGR Ródano.
Rhovyl *m* (nom déposé) rhovil.
rhubarbe *f* BOT ruibarbo *m*.
rhum [rɔm] *m* ron.
rhumatisant, e *adj et s* reumático, ca; *vieillard rhumatisant* anciano reumático.
rhumatismal, e *adj* reumático, ca; *douleur rhumatismale* dolor reumático.
rhumatisme *m* reumatismo, reúma, reuma.
rhumatologie *f* MÉD reumatología.

rhumatologique *adj* reumatológico, ca.

rhumatologue *m* et *f* reumatólogo, ga.

rhume *m* resfriado, constipado, catarro ‖ — *rhume de cerveau* catarro nasal, coriza ‖ *rhume de poitrine* catarro ‖ *rhume des foins* rinitis alérgica, polinosis.

rhumerie [rɔmri] *f* destilería de ron.

ria *f* ría.

Riad *n pr* GÉOGR → **Riyad**.

riant, e [rijã, ã:t] *adj* risueño, ña; riente.

R.I.B. abrév de *relevé d'identité bancaire* certificado de identificación bancaria *ou* de cuenta.

ribambelle *f* sarta, retahíla; *une ribambelle d'enfants* una retahíla de niños.

ribonucléique *adj* BIOL ribonucleico; *acide ribonucléique* ácido ribonucleico.

ricanement *m* risa *f* burlona *ou* socarrona.

ricaner *v intr* reír burlonamente, reír sarcásticamente.

ricaneur, euse *adj* et *s* burlón, ona; socarrón, ona.

ric-à-rac; ric-rac *loc adv* con exactitud, a toca teja; *payer ric-rac* pagar con exactitud.

richard, e *m* et *f* FAM ricacho, cha; ricachón, ona.

riche *adj* et *s* rico, ca ‖ — RELIG *la parabole du mauvais riche* la parábola del rico avariento ‖ *nouveau riche* nuevo rico ‖ — *cela fait riche* eso viste bien.
◆ *adj* FAM estupendo, da; magnífico, ca; *une riche idée* una idea estupenda ‖ — FAM *c'est une riche nature* es una persona excelente ‖ *être riche de poseer* ‖ *être riche de possibilités* ofrecer muchas posibilidades.

richement *adv* ricamente, suntuosamente.

richesse *f* riqueza.

richissime *adj* riquísimo, ma.

Richter (échelle de) escala de Richter.

ricin *m* BOT ricino ‖ *huile de ricin* aceite de ricino.

ricocher *v intr* rebotar.

ricochet *m* rebote ‖ FIG *par ricochet* por carambola, de rebote.
◆ *pl* cabrillas *f*, pijotas *f* (jeu).

ric-rac *loc adv* → **ric-à-rac**.

rictus [riktys] *m* rictus, risilla *f*; *rictus sardonique* risa sardónica.

ride *f* arruga; *des rides sillonnaient son front* tenía la frente surcada de arrugas ‖ onda, pliegue *m* (pli).

ridé, e *adj* arrugado, da; *front ridé* frente arrugada.

rideau *m* cortina *f* (de porte), visillo (de fenêtre); *tirer le rideau* correr la cortina ‖ cortina *f* (de fumée, etc.) ‖ pantalla *f* (de cheminée) ‖ THÉÂTR telón; *lever le rideau* levantar el telón; *le baisser du rideau* la caída del telón ‖ — *double rideau* cortina ‖ *lever de rideau* piececilla que empieza un espectáculo, combate *ou* partido telonero (boxe, football) ‖ *rideau de douche* cortina de ducha ‖ *rideau de fer* telón metálico (au théâtre), telón de acero (frontière fermée) ‖ *rideau de scène* telón de boca ‖ *rideau métallique* cierre metálico (de magasin) ‖ — *tirer le rideau sur* correr un velo sobre.

rider *v tr* arrugar ‖ FIG rizar (les flots) ‖ MAR acollar.

ridicule *adj* ridículo, la; *tourner en ridicule* poner en ridículo, ridiculizar.
◆ *m* ridiculez *f*, lo ridículo ‖ — *braver le ridicule* importarle a uno poco quedar en ridículo ‖ *couvrir de ridicule* ridiculizar ‖ *se rendre ridicule* hacer el ridículo.

ridiculement *adv* ridículamente, estrafalariamente, de forma ridícula *ou* grotesca (de façon grotesque) ‖ ridículamente, irrisoriamente (honteusement).

ridiculiser *v tr* ridiculizar.

ridule *f* arruguita de la piel.

rien [rjɛ̃] *pron indéf* nada; *ne rien faire* no hacer nada; *qu'avez-vous répondu?* — *rien* ¿qué respondió usted? — nada ‖ algo; *est-il rien de plus beau?* ¿hay algo más bonito? ‖ — *rien de nada*; *il n'a rien fait de nouveau* no ha hecho nada nuevo; nada de; *ce roman n'a rien d'extraordinaire* esta novela no tiene nada de extraordinario ‖ *rien de rien, rien du tout* nada de nada ‖ *rien moins que* nada menos que ‖ *rien que cela* nada más que eso ‖ *rien qu'un moment* sólo un momento ‖ — *de rien de nada*, no hay de qué (réponse à «merci») ‖ *pour rien* por nada; *je ne le ferais pour rien au monde* no lo haría por nada en el mundo; en balde; *faire un effort pour rien* hacer un esfuerzo en balde ‖ *un bon à rien* un inútil ‖ — *ça ne fait rien* no importa ‖ *cela ne me dit rien* no me dice nada, no me apetece (ne pas en avoir envie), no me suena (ne pas connaître) ‖ *ce n'est pas rien* no es moco de pavo ‖ *comme si de rien n'était* como si nada, como si tal cosa ‖ *compter pour rien* no hacer caso de ‖ *il n'en est rien* no hay nada de eso ‖ *je n'y suis pour rien* no tengo nada que ver con eso ‖ *ne servir à rien* no servir para nada ‖ *n'être rien* no ser nadie, ser un Don Nadie ‖ *n'être rien à quelqu'un* no tocarle nada a uno (parenté) ‖ *qui ne risque rien n'a rien* el que no se aventura no pasa el mar ‖ *rien à faire* ni pensarlo ‖ *rien que d'y penser, d'y songer* sólo con pensarlo ‖ *sans avoir l'air de rien* como quien no quiere la cosa.
◆ *m* pequeñez *f*, nadería *f*; *un rien lui fait peur* una pequeñez le asusta ‖ cero; *quarante à rien* cuarenta a cero (tennis) ‖ — *en moins de rien, en un rien de temps* en un santiamén, en menos que canta un gallo ‖ *un rien-du-tout* un Don Nadie ‖ *un tout petit rien* una nimiedad, una nadería.
◆ *pl* bagatelas *f*, naderías *f*, cosas *f* sin importancia; *s'amuser à des riens* entretenerse con cosas sin importancia.
◆ *adv* POP tampoco (ironique); *il fait rien froid ce matin!* ¡tampoco hace frío esta mañana!
— OBSERV Le pronom espagnol *nada* peut être placé avant ou après le verbe. S'il est placé avant, il exclut toute autre négation (*il ne fait rien* nada hace); s'il est placé après, la négation est nécessaire (*il ne dit rien* no dice nada).

riesling [rislin] *m* clase de vino blanco seco de la región de Alsacia.

rieur, euse [rijœ:r, øːz] *adj* et *s* reidor, ra; el que ríe.

rififi *m* POP bronca *f*.

rifle *m* rifle; *rifle à six coups* rifle de seis tiros.

rigide *adj* rígido, da ‖ FIG rígido, da.

rigidifier *v tr* volver *ou* hacer rígido, da.

rigidité *f* rigidez.

rigolade *f* FAM risa, broma, guasa, chirigota; *prendre quelque chose à la rigolade* tomar algo en broma *ou* a guasa *ou* a chirigota; *aimer la rigolade* ser amigo de bromas, estar siempre de guasa ‖ FAM tontería, chorrada, cosa muy fácil; *c'est de la rigolade* es una chorrada.

rigolard, e *adj* et *s m* FAM guasón, ona; chusco, ca; bromista (drôle).

rigole *f* reguero *m*, reguera ‖ acequia, reguera (pour l'arrosage) ‖ zanja (tranchée) ‖ arroyuelo *m* (ruisseau) ‖ *rigole de décharge* canal de desagüe, desaguadero.

rigoler *v intr* FAM reírse ǀ pasarlo en grande, divertirse mucho ǀ hablar en broma, bromear, guasearse ‖ FAM *histoire de rigoler* en plan de broma.
◆ *v tr* AGRIC abrir regueros en.

rigolo, ote *adj* et *s* FAM gracioso, sa; chusco, ca ‖ — FAM *ce n'est pas rigolo* no tiene ni pizca de gracia ǀ *je ne trouve pas ça rigolo* no le veo la gracia.
◆ *m* POP revólver.

rigorisme *m* rigorismo.

rigoriste *adj* et *s* rigorista.

rigoureusement *adv* rigurosamente, estrictamente (scrupuleusement) ‖ rigurosamente, completamente, absolutamente (absolument) ‖ rigurosamente, minuciosamente, meticulosamente (avec minutie).

rigoureux, euse *adj* riguroso, sa ‖ crudo, da; riguroso, sa (temps).

rigueur *f* rigor *m* ‖ crudeza, rigor *m* (du temps) ‖ — *à la rigueur* si acaso, como máximo (tout au plus), más o menos (plus ou moins), si no hay más remedio, si es necesario (si c'est indispensable) ‖ *de rigueur* de rigor ‖ — *tenir rigueur* guardar rencor, no perdonar.

rikiki *adj inv* FAM → **riquiqui**.

rillettes [rijɛt] *f pl* chicharrones *m* finos.

rime *f* rima ‖ — *sans rime ni raison* sin ton ni son ‖ — *n'avoir ni rime ni raison* no tener pies ni cabeza.

rimer *v intr* rimar ‖ — FIG *à quoi cela rime-t-il?* ¿y eso a qué viene? ǀ *cela ne rime à rien* eso no viene a cuento ǀ *n'entendre ni rime ni raison* no atender a razones.
◆ *v tr* versificar.

rimmel *m* rimel, cosmético para las pestañas.

rinçage [rɛ̃saːʒ] *m* aclarado (du linge) ‖ enjuague.

rince-bouteilles [rɛ̃sbutɛːj] *m inv* escobilla *f* para lavar las botellas.

rince-doigts [-dwa] *m inv* enjuague, lavafrutas.

rincer* *v tr* enjuagar ‖ aclarar (les cheveux, le linge) ‖ FAM calar (mouiller); *je me suis fait rincer* me he calado ‖ POP dar un rapapolvo.
◆ *v pr* FAM *se rincer la dalle* echarse un trago, mojar la canal maestra ‖ *se rincer l'œil* regodearse (spectacle licencieux).

rincette *f* FAM trago *m* de aguardiente [que se echa en la taza después de bebido el café].

ring [riŋ] *m* ring, cuadrilátero (boxe) ‖ FIG *monter sur le ring* lanzarse a la lucha.

ringard, e [rɛ̃gaːr] *adj* et *s* FAM carroza, hortera.
◆ *m* hurgón, atizadero (tisonnier).

Río Bravo *n pr* GÉOGR → **Rio Grande.**

Rio de Janeiro *n pr* GÉOGR Río de Janeiro.

Rio Grande; Río Bravo *n pr* GÉOGR Río Grande (fleuve).

ripaille *f* FAM francachela, comilona; *faire ripaille* estar de francachela.

riper *v tr* raer, raspar (gratter) ‖ desplazar (une voie ferrée) ‖ MAR lascar (la chaîne de l'ancre).
◆ *v intr* patinar (déraper) ‖ FIG & POP pirárselas.

riposte *f* réplica ‖ respuesta (escrime, lutte).

riposter *v intr* replicar ‖ parar atacando (escrime).

riquiqui; rikiki *adj* FAM chiquitín, ina.

rire *m* risa *f* ‖ — *fou rire* risa nerviosa *ou* loca, ataque de risa ‖ *rire forcé* risa de conejo.

rire* *v intr* reír, reírse; *il n'y a pas de quoi rire* no hay de qué reírse ‖ — *rire à la barbe* o *au nez de quelqu'un* reírse de uno en su cara ‖ *rire aux éclats* o *à gorge déployée* reírse a carcajadas *ou* a mandíbula batiente ‖ *rire dans sa barbe* reír para su coleto ‖ *rire du bout des lèvres, des dents, jaune* reír sin ganas, reír de dientes afuera ‖ *rire sous cape* reír para sus adentros ‖ — *rira bien qui rira le dernier* quien ríe el último ríe mejor, al freír será el reír ‖ — *avoir le mot pour rire* ser chistoso ‖ FAM *étouffer o pouffer o crever de rire* reventar de risa ‖ *il n'y a pas là de quoi rire* no tiene ninguna gracia ‖ *mourir de rire* morirse de risa; *c'est à mourir de rire* es para morirse de risa ‖ *ne pas avoir envie de rire, ne pas avoir le cœur à rire* no estar para bromas ‖ *pour rire* en broma, en son de burla (pour plaisanter), de mentirijillas (ce n'est pas vrai) ‖ *prêter à rire* dar que reír ‖ *se tordre de rire* desternillarse de risa ‖ *vous voulez rire* usted bromea, no habla usted en serio.
◆ *v pr* reírse.

ris [ri] *m* (vx) POÉT risa ‖ MAR rizo; *prendre des ris* tomar rizos ‖ *ris de veau* molleja.

risée *f* risotada ‖ burla, mofa (moquerie) ‖ irrisión (objet de moquerie) ‖ hazmerreír *m* (personne dont on se moque); *il est la risée de tout le voisinage* es el hazmerreír de todo el barrio ‖ ráfaga (vent).

risette *f* risita, sonrisita (d'un enfant) ‖ *faire risette* sonreír (se dit des enfants).

risible *adj* risible.

risotto [rizɔto] *m* CULIN risotto.

risque *m* riesgo ‖ — *assurance tous risques* seguro todo riesgo ‖ *groupe à risque* grupo expuesto a riesgos ‖ *groupe à haut risque* grupo de alto riesgo ‖ — *à ses risques et périls* por su cuenta y riesgo ‖ *au risque de* a riesgo de ‖ — *prendre des risques* arriesgarse.

risquer *v tr* arriesgar ‖ arriesgar, jugarse; *risquer sa vie* arriesgar la vida ‖ amenazar; *cela risquait de ne pas lui être favorable* eso amenazaba con no serle favorable ‖ atreverse a hacer; *il a risqué une allusion* se atrevió a hacer una alusión ‖ aventurar; *risquer une nouvelle théorie* aventurar una nueva teoría ‖ — *risquer de* correr peligro de ‖ *risquer le coup* o *le paquet* probar ventura ‖ *risquer le tout pour le tout* jugarse el todo por el todo, poner toda la carne en el asador ‖ *risquer sa peau* jugarse el tipo *ou* el pellejo ‖ *risquer un regard* echar una mirada furtiva ‖ — *qui ne risque rien n'a rien* quien no se arriesga no pasa la mar.
◆ *v pr* arriesgarse.

rissoler *v tr* et *intr* CULIN dorar.

ristourne *f* comisión (représentant) ‖ bonificación anual (coopératives, assurances) ‖ rebaja, descuento *m* (réduction) ‖ MAR anulación.

ristourner *v tr* bonificar (coopératives, etc.) ‖ hacer una rebaja *ou* un descuento (faire une réduction) ‖ pagar una comisión (représentant) ‖ MAR anular.

rite *m* rito; *rites d'initiation* ritos de iniciación.

ritournelle *f* ritornelo *m* ‖ FAM *toujours la même ritournelle* siempre la misma canción *ou* la misma cantinela.
ritualiser *v tr* ritualizar.
rituel, elle *adj* ritual.
➤ *m* ritual, libro ritual.
rituellement *adv* ceremoniosamente (religieusement) ‖ habitualmente, invariablemente (invariablement).
rivage *m* orilla *f*, ribera *f*; *sur le rivage* en la orilla.
rival, e *adj* et *s* rival; *l'emporter sur ses rivaux* vencer a sus rivales ‖ *sans rival* inigualable, sin igual.
rivaliser *v intr* rivalizar, competir; *rivaliser de politesse* rivalizar en cortesía.
rivalité *f* rivalidad.
rive *f* orilla, ribera ‖ entrada (d'un four).
river *v tr* remachar, roblar ‖ FIG clavar; *il avait les yeux rivés sur le revolver* tenía la mirada clavada en el revólver ‖ FAM *river son clou à quelqu'un* dejar parado *ou* seco a alguien (faire taire).
riverain, e *adj* et *s* ribereño, ña (d'un cours d'eau) ‖ *les riverains d'une rue* los habitantes *ou* los vecinos de una calle.
rivet [rivɛ] *m* remache, roblón; *rivet à tête plate, fraisée, ronde* roblón de cabeza plana, fresada, redonda ‖ clavillo (d'un éventail, etc.).
riveter* [rivte] *v tr* remachar, roblar.
riveteuse; riveuse *f* máquina remachadora.
rivière *f* río *m* [corriente de agua de mediana importancia afluente de otra] ‖ ÉQUIT ría (obstacle) ‖ *une rivière de diamants* un collar de brillantes.
rixe *f* riña.
Riyad; Riad *n pr* GÉOGR Riad.
riz [ri] *m* arroz; *riz décortiqué* arroz descascarillado *ou* sin cáscara ‖ — *riz à la créole* arroz blanco ‖ *riz au lait* arroz con leche ‖ — *poudre de riz* polvos (cosmétique).
riziculteur, trice *m et f* cultivador, ra de arroz; arrocero, ra.
riziculture *f* cultivo *m* del arroz.
rizière *f* arrozal *m* (champ de riz).
R.M.C. abrév de *Radio Monte-Carlo* Radio Montecarlo.
R.M.I. abrév de *revenu minimum d'insertion* ayuda estatal para la inserción social de los más desfavorecidos.
R.N. abrév de *route nationale* carretera nacional.
R.N.I.S. abrév de *réseau numérique à intégration des services* RDSI, Red Digital de Servicios Integrados.
robe *f* vestido *m* [especialmente de mujer]; traje *m*; *robe de laine* vestido de lana ‖ hábito *m* (de religieux, de religieuse) ‖ toga (des gens de loi) ‖ pelo *m*, pelaje *m* (d'un animal) ‖ capa (du cheval) ‖ capa (enveloppe du cigare) ‖ piel, telilla (de l'oignon) ‖ — *robe de baptême* traje de bautizo ‖ *robe de chambre* bata ‖ *robe de grossesse* vestido premamá ‖ *robe du soir* o *de soirée* traje de noche ‖ *robe montante* vestido cerrado ‖ — *pommes de terre en robe de chambre* o *des champs* patatas hervidas *ou* asadas con su piel.
robinet [rɔbinɛ] *m* grifo, llave *f* ‖ canilla *f*, espita *f* (de tonneau) ‖ — *robinet d'arrêt* llave de paso ‖ *robinet d'évacuation* llave de purga ‖ *robinet du gaz* llave de paso del gas ‖ *robinet mélangeur* grifo monomando.

Robin des bois *n pr* Robin Hood.
robinetterie [-tri] *f* fontanería, grifería (ensemble) ‖ fábrica de grifos.
robinier *m* robinia *f*, falsa acacia *f*.
roboratif, ive *adj* roborativo, va.
robot [robo] *m* robot, autómata ‖ *robot de cuisine* robot de cocina.
robotique *f* robótica.
robotisation *f* automatización.
robotiser *v tr* robotizar.
robuste *adj* robusto, ta ‖ sólido, da.
robustesse *f* robustez ‖ solidez (solidité).
roc [rɔk] *m* roca *f*, peña *f* (grosse masse rocheuse) ‖ *dur comme un roc* duro como la roca.
rocade *f* MIL circunvalación, carretera paralela al frente ‖ carretera de circunvalación (route).
rocaille [rɔkɑːj] *f* rocalla.
➤ *adj* ARTS grutesco, ca; *architecture rocaille* arquitectura grutesca.
rocailleux, euse [-jø, jøːz] *adj* rocalloso, sa; pedregoso, sa ‖ FIG áspero, ra; duro, ra (style).
rocambolesque *adj* fantástico, ca.
roche *f* roca, peña ‖ — *eau de roche* agua de manantial ‖ *noblesse de vieille roche* nobleza de rancio abolengo ‖ — FIG *clair comme de l'eau de roche* más claro que el agua, de una claridad meridiana | *il y a anguille sous roche* hay gato encerrado.
rocher *m* peñasco, peñón, peña *f*; *escalader un rocher* escalar una peña ‖ ANAT peñasco (de l'oreille) ‖ ZOOL peñasco (coquillage) ‖ *le rocher de Gibraltar* el peñón de Gibraltar.
Rocheuses (montagnes) *n pr m pl* GÉOGR Montañas Rocosas.
rocheux, euse *adj* rocoso, sa.
rock; rock and roll [rɔkɛnrɔl] MUS rock and roll.
rocker *m*; **rockeur, euse** *m et f* cantante de rock, rockero, ra ‖ FAM rockero, ra.
rocket *f* cohete *m* (fusée).
rockeur, euse *m et f* → **rocker**.
rocking-chair [rɔkinʃɛr] *m* mecedora *f*.
rococo *m* rococó (style).
➤ *adj inv* charro, rra; recargado, da; *ornement rococo* adorno charro ‖ anticuado, da (vieilli).
rodage *m* TECHN esmerilado (de soupapes) ‖ rodaje (moteur, voiture).
rodéo *m* rodeo ‖ FAM carrera de coches y motos.
roder *v tr* esmerilar (les soupapes) ‖ rodar (une voiture, un moteur) ‖ FIG experimentar; *c'est une méthode bien rodée* es un método muy experimentado.
rôder *v intr* vagabundear ‖ merodear (marauder).
rôdeur, euse *m et f* vagabundo, da.
rodomontade *f* baladronada.
rogatoire *adj* rogatorio, ria; *commission rogatoire* comisión rogatoria.
rogaton *m* FAM sobra *f*, resto.
rogne *f* IMPR refilado *m* (coupe au massicot) ‖ POP rabia, berrinche *m* ‖ — POP *être en rogne* estar rabiando | *se mettre en rogne* rabiar, coger un berrinche.
rogner *v tr* recortar (découper) ‖ AGRIC cercenar (enlever en coupant) ‖ FAM rebajar; *rogner le traitement de quelqu'un* rebajarle el sueldo a uno ‖ IMPR refilar ‖ VÉTÉR rebajar (le sabot).
➤ *v intr* POP gruñir, murmurar, rabiar.

rognon *m* CULIN riñón; *rognons au Xérès* riñones al Jerez.

rognure [rɔɲyːr] *f* recorte *m* (métal, cuir, papier) ‖ refilado *m* (action de rogner).

rogue *adj* arrogante; altanero, ra.

roi *m* rey ‖ rey (jeux) ‖ FIG rey; *le roi de la jungle, de l'acier* el rey de la selva, del acero ‖ — *roi des cailles* rey de codornices (oiseau) ‖ *roi des harengs* achagual (poisson) ‖ *Roi-Soleil* Rey Sol ‖ — *de par le roi* en nombre del rey ‖ *le jour* o *la fête des Rois* el día de Reyes ‖ *morceau de roi* bocado de cardenal ‖ — *tirer les Rois* distribuir el roscón de Reyes ‖ *travailler pour le roi de Prusse* trabajar para el obispo.

roitelet *m* reyezuelo, reyecillo (roi) ‖ reyezuelo, abadejo, régulo (oiseau).

Roland [rɔlɑ̃] *n pr m* Roldán, Orlando.

rôle *m* cometido, función *f*, finalidad *f* (d'un médecin, d'un militaire, etc.) ‖ nómina *f*, lista *f*, rol (liste) ‖ DR turno de causas y pleitos | foja *f* (feuillet) | registro, estado (registre) ‖ rollo (de tabac) | THÉÂTR papel ‖ MAR *rôle d'équipage* rol ‖ *jeu de rôle* papel de representación ‖ — *à tour de rôle* por turno, uno tras otro ‖ — *avoir le beau rôle* lucirse, quedar bien ‖ *jouer* o *tenir un rôle* representar *ou* interpretar un papel (au théâtre) ‖ *jouer un grand rôle* desempeñar un gran papel ‖ *les rôles sont renversés* se cambiaron los papeles.

rollmops [rɔlmɔps] *m* arenque escabechado.

ROM; Rom abrév de *read only memory* ROM, read only memory.

romain, e *adj* romano, na ‖ — *chiffres romains* números romanos.
◆ *m* IMPR letra *f* redonda, letra *f* romanilla.

Romain, e *m et f* romano, na ‖ *travail de Romain* obra de romanos.

romaine *f* romana (balance) ‖ lechuga romana (laitue).

roman *m* novela *f*; *roman à l'eau de rose* novela rosa ‖ *(vx)* romance, narración *f* en lengua romance ‖ — *roman d'espionnage* novela de espionaje ‖ *roman noir* novela negra ‖ *roman policier, de cape et d'épée* novela policíaca, de capa y espada.

roman, e *adj et s m* romance (langue); *les langues romanes* las lenguas romances ‖ románico, ca (architecture).

romance *f* romanza (musique).

romancer *v tr* novelar; *une biographie romancée* una biografía novelada.

romancero *m* romancero.

romanche *m* romanche, rético, retorromano (langue).

romancier, ère *m et f* novelista.

romand, e *adj* la *Suisse romande* Suiza de lengua francesa.

Romand, e *m et f* nativo, va de la Suiza de lengua francesa.

romanesque *adj* novelesco, ca ‖ fabuloso, sa (fabuleux) ‖ romanticón, ona; *avoir un esprit romanesque* tener un espíritu romanticón.
◆ *m* lo novelesco; *les femmes aiment le romanesque* a las mujeres les gusta lo novelesco.

roman-feuilleton [rɔmɑ̃fœjtɔ̃] *m* folletín, novela *f* por entregas.

roman-fleuve *m* novela *f* muy larga, novelón, «novela *f* río».

romanichel, elle *m et f* gitano, na; cíngaro, ra (tzigane).

romanisation *f* romanización.

romaniser *v tr* romanizar.
◆ *v intr* abrazar la religión católica.

romaniste *m et f* romanista.

roman-photo *m* fotonovela *f*.
— OBSERV pl *romans-photos*.

romantique *adj et s* romántico, ca; *poète romantique* poeta romántico.

romantisme *m* romanticismo.

romarin *m* BOT romero.

rombière *f* FAM gachí, mujer (femme) | vieja pretenciosa (vieille).

Rome *n pr* GÉOGR Roma ‖ *tous les chemins mènent à Rome* por todas partes se va a Roma.

rompre *v tr* romper, quebrar (briser) ‖ romper, cortar, interrumpir; *rompre les relations avec quelqu'un* romper las relaciones con uno ‖ partir (le pain) ‖ hacer añicos, romper (déchirer) ‖ dominar, domeñar; *rompre la résistance de quelqu'un* domeñar la resistencia de uno ‖ FIG romper; *rompre la tête à quelqu'un* romper la cabeza a uno ‖ domar, desbravar (un cheval) ‖ AGRIC roturar, romper ‖ MIL romper; *rompez les rangs!* ¡rompan filas! ‖ — *rompre le fil de son discours* cortar el hilo del discurso ‖ *rompre le jeûne* quebrantar *ou* romper el ayuno ‖ *rompre son ban* quebrantar el destierro ‖ — *à tout rompre* ruidosamente, a rabiar; *applaudir à tout rompre* aplaudir ruidosamente.
◆ *v intr* ceder, romperse; *cette poutre finira par rompre* esta viga acabará cediendo ‖ reñir, romper, terminar; *Frédéric et Isabelle ont rompu* Federico e Isabel han reñido ‖ FIG romper; *rompre avec son passé* romper con el pasado.
◆ *v pr* romperse, quebrarse ‖ *se rompre le cou* desnucarse, romperse la crisma.

rompu, e *adj* roto, ta (cassé) ‖ FIG rendido, da; molido, da; extenuado, da; roto, ta; deshecho, cha (harassé) | molido, da; *avoir les jambes rompues* tener las piernas molidas | ducho, cha; avezado, da; curtido, da; diestro, tra; *un homme rompu aux affaires* un hombre curtido en los negocios; *être rompu aux affaires* ser diestro *ou* estar avezado en los negocios ‖ BLAS rompido, da ‖ *parler à bâtons rompus* hablar sin ton ni son *ou* sin orden ni concierto.

romsteck; rumsteck [rɔmstɛk] *m* lomo de vaca (boucherie).

ronce [rɔ̃ːs] *f* zarza, espino *m* ‖ FIG espina, abrojo *m*, escollo *m* (difficulté) ‖ veta redondeada (dans certains bois) ‖ — *ronce artificielle* alambre espinoso, espino artificial, alambrada ‖ *ronce de noyer* veta de nogal.

ronceraie *f* zarzal *m*.

Roncevaux *n pr* GÉOGR Roncesvalles.

ronchon, onne *adj et s* FAM refunfuñón, ona; gruñón, ona; rezongador, ra.

ronchonnement *m* FAM queja *f*, refunfuño.

ronchonner *v intr* FAM refunfuñar, rezongar, gruñir.

ronchonneur, euse *adj et s* FAM gruñón, ona; rezongón, ona; refunfuñón, ona.

rond, e [rɔ̃, rɔ̃ːd] *adj* redondo, da; *une pomme ronde* una manzana redonda ‖ FIG claro, ra; decidido, da; *être rond en affaires* ser claro en los negocios | importante, grande; *gagner une somme assez ronde* ganar una cantidad bastante impor-

rondade

tante || FAM regordete, ta; rechoncho, cha (gros) | trompa; borracho, cha (ivre) || redonda (lettre) || — *compte rond, nombre rond* cuenta redonda, número redondo || *mille francs tout rond* mil francos justos || — POP *être rond comme une barrique* estar borracho como una cuba.

◆ *m* redondel, círculo, anillo (cercle) || raja *f*, rodaja *f* (de saucisson) || rosquilla *f* (de fumée) || POP blanca *f*, cuarto, perra *f* (argent) || — *rond de serviette* servilletero, aro para la servilleta || — *faire des ronds de jambe* hacer zalamerías || POP *rester comme deux ronds de flan* quedarse con la boca abierta.

◆ *adv en rond* formando un círculo; *s'asseoir en rond* sentarse formando un círculo || FAM *ne pas tourner rond* estar chiflado, no estar bueno de la cabeza || *tourner en rond* estar dando vueltas || *tourner rond* marchar bien (moteur, affaires).

rondade *f* carrerilla (prise d'élan).

rond-de-cuir *m* FAM chupatintas, cagatinta.

— OBSERV pl *ronds-de-cuir.*

ronde *f* ronda (inspection) || redondilla, letra redonda (lettre) || MIL ronda; *chemin de ronde* camino de ronda || MUS semibreve, redonda (note) | corro *m* (danse) || *à la ronde* a la redonda (alentour), por turno, en corro (chacun son tour).

ronde-bosse *f* ARTS alto relieve *m*.

rondelet, ette [rɔ̃dlɛ, ɛt] *adj* regordete, ta; rollizo, za; metido en carne || — *bourse rondelette* bolsa repleta || *somme rondelette* buena cantidad, cantidad importante.

rondelle *f* arandela; *rondelle d'arrêt* arandela de retención || rodaja (de cuir) || cincel *m* pequeño (de sculpteur) || rodaja (de citron, de saucisson) || rodela (bouclier) || arandela (de lance).

rondement *adv* sin rodeos (franchement) || con decisión (avec détermination) || prontamente, rápidamente (promptement).

rondeur *f* redondez; *la rondeur d'une pomme* la redondez de una manzana || FIG armonía, elegancia (du style) || franqueza, naturalidad (franchise) || curva (du corps).

rondin *m* leño (bois à brûler) || palo, garrote (gourdin) || TECHN mandril, rodillo (mandril) || rollizo (de toit) || chaquetilla *f* (de garçon de café) || rollizo (de fortification).

rondo *m* MUS rondó.

rondouillard, e [rɔ̃dujaːr, ard] *adj* FAM regordete, ta; rollizo, za (gros).

rond-point [rɔ̃pwɛ̃] *m* glorieta *f*, plaza *f* circular, rotonda *f* (place) || encrucijada *f* (carrefour).

ronéoter; ronéotyper *v tr* mimeografiar.

ronflant, e *adj* sonoro, ra; ruidoso, sa (sonore) || FIG rimbombante, retumbante (style).

ronflement *m* ronquido || ronquido, zumbido (du moteur) || FIG zumbido, rugido.

ronfler *v intr* roncar (respirer bruyamment) || FIG zumbar, resonar | retumbar (le canon).

ronfleur, euse *m* et *f* roncador, ra.

◆ *m* TECHN zumbador.

ronger* *v tr* roer || carcomer; *les vers rongent le bois* los gusanos carcomen la madera || carcomer, apolillar (les mites) || socavar, minar (miner) || corroer (un métal) || minar, consumir (une maladie) || FIG consumir, atormentar, carcomer (tourmenter) || *ronger son frein* tascar el freno.

◆ *v pr* FIG atormentarse, devorarse, carcomerse (d'impatience, d'inquiétude) || *se ronger les ongles, les poings* morderse las uñas, los puños.

608

rongeur, euse *adj* et *s m* roedor, ra (mammifère) || que corroe (qui corrode) || FIG atormentador, ra; devorador, ra (tourmenteur) || *ver rongeur* gusanillo de la conciencia (remords), carcoma (cause de ruine).

ronron; ronronnement *m* ronroneo (du chat) || FIG ruido monótono (bruit).

ronronner *v intr* ronronear.

roquefort [rɔkfɔːr] *m* roquefort (fromage).

roquer *v intr* enrocar (aux échecs).

roquet [rɔkɛ] *m* gozque (chien) || FIG mequetrefe, chisgarabís.

roquette *f* jaramago *m*, oruga (plante) || roqueta (fortification) || MIL cohete *m*; *roquette antichar* cohete anticarro.

rosace *f* rosetón *m*, rosa.

rosacé, e *adj* rosáceo, a.

◆ *f* MÉD acné rosácea.

◆ *pl* BOT rosáceas.

rosaire *m* rosario.

— OBSERV Voir *chapelet.*

rosâtre *adj* de color que tira a rosáceo.

rosbif *m* rosbif.

rose *f* rosa; *bouquet de roses* ramo de rosas || ARCHIT rosetón *m*, rosa (rosace) || — *rose de chien* escaramujo || *rose de Jéricho* rosa de Jericó || *rose de Noël* eléboro negro || MAR *rose des vents* rosa de los vientos *ou* náutica || *rose pompon* rosa de pitiminí || *rose sauvage* escaramujo || *rose trémière* alcea, malva loca, malvarrosa || — *diamant en rose* diamante rosa || *eau de rose* agua de rosa || *roman à l'eau de rose* novela rosa || — *découvrir le pot aux roses* descubrir el pastel || FAM *envoyer sur les roses* mandar a paseo *ou* a la porra || *être sur des roses* vivir en un lecho de rosas *ou* rodeado de placeres || *il n'y a pas de rose sans épines* no hay rosa sin espinas, no hay miel sin hiel.

◆ *adj* et *s m* rosa *inv* (couleur); *des étoffes roses* tejidos rosa; *un rose clair* un rosa claro || *rose bonbon* rosa fuerte || *tout n'est pas rose dans la vie* la vida no es senda de rosas || *voir tout en rose* verlo todo color de rosa.

— OBSERV L'adjectif espagnol *rosa* ne s'accorde jamais en genre (*un libro rosa*) et ne devrait jamais prendre la marque du pluriel (*libros rosa*) bien que l'usage courant tende à ne pas appliquer cette règle.

rosé, e *adj* rosado, da (couleur) || sonrosado, da (teint).

◆ *adj* et *s m* clarete, rosado (vin).

roseau *m* BOT caña *f* || FIG persona *f* frágil *ou* débil || *roseau commun* caña común, carrizo.

rosée [roze] *f* rocío *m* || — *goutte de rosée* gota de rocío || *point de rosée* punto de condensación || FIG *tendre comme la rosée* muy tierno.

roseraie [rozrɛ] *f* rosaleda, rosalera.

rosette *f* roseta || lazada (nœud) || botón *m* de condecoración (décoration) || tinta encarnada (encre rouge) || cobre *m* rojo (cuivre) || rodaja (d'éperon).

Rosette (pierre de) *n pr* Piedra de Roseta.

rosier *m* rosal || *rosier muscat* mosqueta.

rosir *v intr* sonrosarse, tomar color de rosa.

rosse *f* matalón *m*, rocín *m*, caballejo *m* || FAM vago, ga; haragán, ana (fainéant) || mala persona; marrajo, ja (méchant).

◆ *adj* FAM malvado, da; malo, la; marrajo, ja ‖ — *chanson rosse* canción irónica *ou* mordaz ‖ *un coup rosse* una mala pasada, una mala jugada.
rosser *v tr* FAM dar una tunda, vapulear, dar una mano de palos.
rosserie *f* FAM mala pasada, faena, mala jugada, jugarreta, perrería (action rosse) | impertinencia, grosería (parole).
rossignol *m* ruiseñor (oiseau) ‖ ganzúa *f* (crochet pour ouvrir les serrures) ‖ mercancía *f* invendible, cosa *f* pasada de moda.
rot [ro] *m* FAM regüeldo (éructation), flato (de nourrisson).
rôt [ro] *m* asado (rôti).
rotatif, ive *adj* rotativo, va.
◆ *f* IMPR rotativa.
rotation *f* rotación ‖ rotación, sucesión [de cultivos] (assolement) ‖ rotación, movimiento *m*; *rotation des stocks* movimiento de existencias.
rotatoire *adj* rotatorio, ria.
roter *v intr* FAM regoldar ‖ eructar (terme poli) ‖ echar flatos (nourrisson).
rôti *m* asado; *un rôti de mouton* un asado de cordero.
rôtie *f* tostada.
rotin *m* rota *f* (plante) ‖ bastón de caña, bejuco (canne) ‖ POP blanca *f*, gorda *f* (sou) ‖ *meubles en rotin* muebles de mimbre.
rôtir *v tr* asar.
◆ *v intr et pr* asarse (viande) ‖ tostarse (personne au soleil).
rôtisserie *f* establecimiento *m* donde se sirven asados.
rôtisseur, euse *m et f* dueño, ña de un establecimiento de asados ‖ persona *f* que asa.
rôtissoire *f* asador *m* (appareil), horno *m* de asados (four).
rotonde *f* rotonda ‖ depósito *m* de locomotoras, rotonda.
rotondité *f* redondez; *la rotondité de la Terre* la redondez de la Tierra ‖ FAM obesidad, gordura.
rotor *m* MÉCAN rotor; *rotor entraîneur* rotor conductor ‖ AVIAT rotor (d'hélicoptère).
Rotterdam *n pr* GÉOGR Rotterdam.
rotule *f* ANAT & MÉCAN rótula.
roture *f* estado *m* llano, plebe.
roturier, ère *adj et s* plebeyo, ya ‖ pechero, ra (au Moyen Âge).
rouage *m* rueda *f* ‖ FIG mecanismo, engranaje; *le rouage administratif* el mecanismo administrativo.
◆ *pl* rodaje *sing*, conjunto *sing ou* juego *sing* de ruedas.
roublard, e *adj et s* FAM tunante; astuto, ta (rusé).
roublardise *f* FAM tunantería, picardía, marrullería, astucia.
rouble *m* rublo (monnaie russe).
roucoulade *f* → **roucoulement**.
roucoulant, e *adj* arrullador, ra.
roucoulement *m*; **roucoulade** *f* arrullo.
roucouler *v intr* arrullar ‖ FIG arrullar, hacer caritas *ou* arrumacos (deux amoureux) | cantar melancólicamente, hacer gorgoritos.
roue [ru] *f* rueda; *véhicule à deux roues* vehículo de dos ruedas ‖ rueda (supplice) ‖ MAR aduja (d'un câble) ‖ — *roue à aubes* rueda de paletas *ou* de álabes ‖ *roue à rochet* rueda de trinquete ‖ *roue arrière* rueda trasera ‖ *roue à sabots* noria (élévation d'eau) ‖ *roue d'échappement* rueda catalina (montre) ‖ *roue de fromage* pan de queso ‖ *roue dentée* rueda dentada ‖ *roue de secours* o *de rechange* rueda de repuesto *ou* de recambio (auto) ‖ *roue libre* rueda libre ‖ — FAM *la cinquième roue du carrosse* el último mono, el último mico ‖ *la grande roue* la noria (fête foraine) ‖ FIG *la roue de la fortune* la rueda de la fortuna ‖ — *faire la roue* hacer la rueda (le paon), pavonearse (se pavaner) ‖ *mettre des bâtons dans les roues* poner trabas, estorbar, entorpecer ‖ FIG *pousser à la roue* ayudar, echar una mano, empujar el carro.
roué, e *adj* molido, da; apaleado, da (battu) ‖ vivales; lagartón, ona; taimado, da (rusé).
◆ *m et f* enrodado, da, que ha sufrido el tormento de la rueda ‖ *(vx)* elegante, libertino [del tiempo de la Regencia en Francia] ‖ vivales; lagartón, ona; taimado, maulero, ra (rusé) ‖ persona *f* sin principios.
Rouen *n pr* GÉOGR Ruán.
rouer *v tr* enrodar, atormentar en la rueda ‖ *rouer de coups* apalear, moler a palos, vapulear.
◆ *v intr* hacer la rueda (un oiseau).
rouerie [ruri] *f* astucia, pillería, marrullería.
rouet [rwɛ] *m* torno (machine à filer) ‖ rueda *f* (d'arquebuse) ‖ TECHN roldana *f* (d'une poulie) | rodete (de serrure).
rouflaquette *f* garceta, patilla.
rouge *adj* rojo, ja; encarnado, da; colorado, da ‖ candente; *fer rouge* hierro candente ‖ — *viande rouge* carne roja ‖ — *être rouge comme une écrevisse o comme un coq o comme une pivoine o comme une tomate* estar más rojo que un cangrejo (par le soleil), estar *ou* ponerse más colorado que un tomate (de honte) ‖ *être sur la liste rouge* no figurar en la guía telefónica.
◆ *adj et s m* tinto (vin) ‖ FAM rojo (communiste).
◆ *m* rojo, encarnado, colorado ‖ rubor, colores *pl* ‖ carmín, rojo de labios (fard) ‖ tinto (vin) ‖ mingo (au billard) ‖ — *rouge blanc* rojo blanco ‖ *rouge cerise* rojo cereza ‖ *rouge feu* rojo candente, color de fuego ‖ *rouge vif* rojo vivo ‖ — FAM *petit rouge* tintorro ‖ *tube de rouge à lèvres* rojo de labios ‖ — *chauffer au rouge* poner al rojo ‖ *devenir rouge* ponerse colorado, subirse los colores a la cara, ruborizarse ‖ *le feu est au rouge* el disco está en rojo ‖ *le rouge lui monte au visage* se le suben los colores a la cara, se le sube el pavo ‖ *passer au rouge* ponerse rojo (signal) ‖ *porter au rouge* poner al rojo (métal) ‖ *se mettre du rouge* pintarse los labios.
◆ *adv se fâcher tout rouge* ponerse furioso, ponerse rojo de ira, echar chiribitas, echar rayos y centellas ‖ *voir rouge* ponerse furioso.
— OBSERV En espagnol *rojo* est le terme général (*la Croix-Rouge* la Cruz Roja); *encarnado* et *colorado* font plutôt partie du langage familier (*un œillet rouge* un clavel encarnado; *rouge de honte* colorado de vergüenza).
Rouge (mer) *n pr f* GÉOGR mar *m* Rojo.
rougeâtre [ruʒɑːtr] *adj* rojizo, za.
rougeaud, e [-ʒo, oːd] *adj et s* FAM coloradote, ta.
rouge-gorge *m* petirrojo (oiseau).
rougeoiement [ruʒwamɑ̃] *m* resplandor *ou* reflejo rojo.

rougeole [-ʒɔl] *f* MÉD sarampión *m* ‖ BOT melampiro *m* silvestre.

rougeoyer* [ruʒwaje] *v intr* enrojecer.

rouget [ruʒɛ] *m* salmonete (poisson) ‖ — VÉTÉR *rouget du porc* mal rojo, erisipela porcina ‖ *rouget grondin* rubio (poisson).

rougeur *f* color *m* rojo; *la rougeur des lèvres* el color rojo de los labios ‖ FIG rubor *m* (d'émotion ou de honte).
◆ *pl* manchas rojas (sur la peau).

rougir *v tr* enrojecer, poner rojo ‖ poner al rojo (le fer).
◆ *v intr* enrojecer, ponerse rojo ‖ FIG ruborizarse, sonrojarse, ponerse colorado ‖ ponerse al rojo (fer) ‖ — *eau rougie* agua con un poco de vino tinto ‖ *faire rougir* ruborizar ‖ *rougir jusqu'à la racine des cheveux* ponerse como un pavo, subírsele a uno el pavo.

rougissant, e *adj* enrojecido, da ‖ FIG sonrojado, da; ruborizado, da (d'émotion).

rouille [ruːj] *f* herrumbre, orín *m*, moho *m* ‖ BOT roya; *rouille brune du blé* roya parda del trigo.

rouillé, e [-je] *adj* herrumbroso, sa; mohoso, sa; enmohecido, da ‖ BOT dañado de roya.

rouiller [-je] *v tr* enmohecer, poner mohoso, oxidar ‖ FIG embotar, entorpecer (l'esprit) ‖ AGRIC producir la roya, el tizón (sur les céréales).
◆ *v intr et pr* enmohecerse, ponerse mohoso, oxidarse.

roulade *f* voltereta (galipette) ‖ CULIN filete *m* relleno ‖ MUS trino *m*, gorgorito *m*.

roulage *m* rodaje, rodadura *f* ‖ apisonamiento (avec un rouleau) ‖ acarreo (transport) ‖ agencia *f* de transportes (entreprise) ‖ AGRIC rulado ‖ AVIAT *piste de roulage* pista de despegue.

roulant, e *adj* que rueda bien (qui roule bien) ‖ carretero (chemin) ‖ POP para partirse de risa; *une histoire roulante* un chiste para partirse de risa ‖ — *cuisine roulante, roulante* cocina móvil de campaña ‖ *escalier roulant* escalera mecánica ‖ *fauteuil roulant* cochecito de inválidos, sillón de ruedas (des invalides) ‖ *feu roulant* fuego graneado ‖ *matériel roulant* material móvil (chemin de fer) ‖ *personnel roulant* personal empleado en transportes públicos.

rouleau *m* rodillo (cylindre de bois, etc.) ‖ rollo (de papier) ‖ paquete cilíndrico, cartucho (de pièces de monnaie) ‖ rodillo (encreur, à pâtisserie, etc.) ‖ rulo (coiffure) ‖ — *rouleau compresseur* apisonadora ‖ *rouleau de pellicule* rollo de película ‖ CULIN *rouleau de printemps* rollo de primavera ‖ FIG & FAM *être au bout du rouleau* no saber ya qué decir, acabársele a uno la cuerda (se taire), no poder más (être épuisé), estar en las últimas (près de mourir).

roulé-boulé *m* voltereta *f* [acción de hacerse un ovillo para amortiguar una caída].
— OBSERV *pl roulés-boulés*.

roulement *m* rodadura *f* (mouvement de ce qui roule) ‖ circulación *f* ‖ MUS gorjeo, trino ‖ redoble (du tambour) ‖ fragor (du tonnerre) ‖ FIG turno, relevo ‖ — *fonds de roulement* fondo de operaciones ‖ *roulement à billes* rodamiento *ou* cojinete de bolas ‖ *service par roulement* servicio por turno *ou* rotación.

rouler *v tr* hacer rodar, rodar; *rouler un tonneau* hacer rodar un tonel ‖ mover, desplazar (un fauteuil) ‖ enrollar (un tissu, du papier) ‖ envolver; *roulé dans une couverture* envuelto en una manta ‖ pasar el rodillo por; *rouler la pâte* pasar el rodillo por la pasta ‖ apisonar (passer le rouleau compresseur) ‖ FAM timar, dársela, pegársela (tromper); *rouler quelqu'un* timar a uno ‖ arrastrar; *la rivière roule des cailloux* el río arrastra piedras ‖ FIG tener en la cabeza (dans l'esprit) ‖ — *rouler les épaules, les hanches* contonear los hombros, las caderas ‖ *rouler les «r»* pronunciar fuerte las erres ‖ *rouler les yeux* hacer juegos de ojos ‖ *rouler sa bosse* rodar por el mundo, correr mundo ‖ *rouler une cigarrette* liar un cigarrillo.
◆ *v intr* rodar ‖ rodar, marchar, avanzar; *l'automobile roule bien* el automóvil rueda bien ‖ FIG correr, rodar; *ce jeune homme a beaucoup roulé* este muchacho ha corrido mucho ‖ caerse rodando; *l'enfant a roulé du haut de l'escalier* el niño se ha caído rodando desde lo alto de la escalera ‖ dar vueltas; *mille projets roulaient dans sa tête* mil proyectos daban vueltas en su cabeza ‖ circular; *l'argent roule beaucoup en Amérique* el dinero circula mucho en América ‖ girar, tratar de; *la conversation a roulé sur la politique* la conversación ha girado sobre la política ‖ turnarse (se relayer) ‖ IMPR marchar, funcionar (une rotative) ‖ MAR balancearse ‖ — FAM *ça roule* todo marcha bien, la cosa va pitando ‖ *rouler sur l'or* apalear los millones, estar forrado ‖ *tout roule là-dessus* todo gira sobre eso.
◆ *v pr* revolverse ‖ revolcarse; *se rouler sur le gazon, par terre* revolcarse sobre el césped, en el suelo ‖ FIG & FAM *se rouler par terre* tirarse al suelo de risa.

roulette *f* ruedecilla (petite roue) ‖ ruleta, rodillo *m* trazador (de tailleur) ‖ ruleta (jeu) ‖ torno *m*, fresa (du dentiste) ‖ — *la roulette russe* la ruleta rusa ‖ *patins à roulettes* patines de ruedas ‖ — FIG *aller comme sur des roulettes* ir como sobre ruedas, ir como una seda.

roulis [ruli] *m* balanceo, balance (d'un bateau, d'un avion) ‖ MAR *quille de roulis* quilla de balance.

roulotte *f* carromato *m*, carro *m* de feriante (des forains) ‖ remolque *m* habitable, caravana (de tourisme).

roulure *f* BOT acebolladura ‖ POP suripanta, mujer de la vida (prostituée).

roumain, e *adj* rumano, na.
◆ *m et f* rumano (langue).

Roumain, e *m et f* rumano, na.

Roumanie *n pr f* GÉOGR Rumania.

round [rund] *m* asalto, «round» (boxe); *combat en 15 rounds* combate en 15 asaltos.

roupie *f* FAM velas *f pl* (humeur du nez) ‖ rupia (monnaie de l'Inde).

roupiller [rupije] *v intr* POP dormir, echar un sueño.

roupillon [-jɔr] *m* POP sueño (sommeil) ‖ POP *piquer un roupillon* echar una cabezada.

rouquin, e *adj et s* FAM pelirrojo, ja.
◆ *m* POP tintorro, morapio (vin rouge).

rouspéter *v intr* FAM protestar, rajar, gruñir, refunfuñar ‖ *sans rouspéter* sin chistar.

rouspéteur, euse *adj et s* FAM protestón, ona; gruñón, ona.

roussâtre *adj* rojizo, za.

roussette *f* lija (squale) ‖ panique *m* (grande chauve-souris).
rousseur *f* color *m* rojo, rubicundez ‖ *tache de rousseur* peca.
roussi, e *adj* tostado, da; quemado, da; chamuscado, da.
◆ *m* olor a quemado, chamusquina *f* ‖ FIG *sentir le roussi* oler a chamusquina.
Roussillon [rusijɔ̃] *n pr m* GÉOGR Rosellón.
roussillonnais, e *adj* rosellonés, esa.
Rousillonnais, e *m et f* rosellonés, esa.
roussir *v tr* enrojecer (rendre roux) ‖ chamuscar, quemar (brûler légèrement) ‖ CULIN hacer dorar, dar una vuelta (dans un corps gras).
◆ *v intr* enrojecer (devenir roux) ‖ chamuscarse, quemarse ligeramente.
routage *m* envío, expedición *f*, transporte.
routard, e *m et f* FAM mochilero *m*.
route *f* carretera (voie carrossable) ‖ ruta, vía (voie de communication) ‖ FIG camino *m*, senda, vía; *suivre la bonne route* seguir el buen camino; curso *m*, recorrido *m*; *la route du Soleil* el curso del Sol ‖ MAR derrota, rumbo *m* ‖ MIL itinerario *m* ‖ — *route aérienne, maritime* vía aérea, marítima ‖ *route à grande circulation* carretera general, de primer orden ‖ *route départementale, nationale* carretera secundaria *ou* comarcal, nacional ‖ *route glissante* firme resbaladizo ‖ *(vx) route royale* camino real ‖ *route stratégique* pista militar ‖ — *code de la route* código de circulación ‖ *feuille de route* hoja de ruta ‖ *grand-route* carretera general ‖ — *bonne route!* ¡buen viaje! ‖ MIL *en colonne de route* en columna de viaje ‖ *en cours de route* en el camino ‖ *en route!* ¡en marcha! ‖ FAM *en route, mauvaise troupe!* ¡adelante! ‖ — *barrer la route à quelqu'un* cortar el paso *ou* interceptar el camino a uno ‖ *faire de la route* conducir por carretera ‖ *faire fausse route* ir descaminado, errar el camino, equivocarse ‖ *faire route avec quelqu'un* ir acompañado por ‖ *faire route vers* ir en dirección a, seguir el camino hacia ‖ *laisser en route* dejar en el camino ‖ *se mettre en route* ponerse en marcha.
routier, ère *adj* de camino, de carreteras; *carte routière* mapa de carreteras ‖ — *gare routière* estación de autobuses *ou* de autocares ‖ *relais routier* albergue de carretera.
◆ *m* corredor de carretera (cycliste) ‖ guía (scout) ‖ camionero, conductor de camiones ‖ MAR portulano, atlas marítimo ‖ FAM *vieux routier* perro viejo, hombre de mucha experiencia.
◆ *m pl (vx)* salteadores de caminos, forajidos.
◆ *f* automóvil *m* para carretera.
routine *f* rutina; *s'affranchir de la routine* apartarse de la rutina.
routinier, ère *adj* rutinario, ria; rutinero, ra.
rouvre *m* roble.
rouvrir* *v tr et intr* volver a abrir.
◆ *v pr* volverse a abrirse.
roux, rousse [ru, rus] *adj* rojizo, za ‖ pelirrojo, ja; *une femme rousse* una mujer pelirroja ‖ *lune rousse* luna de abril.
◆ *m et f* pelirrojo, ja; *une rousse* una pelirroja.
◆ *m* color rojizo ‖ CULIN salsa *f* rubia.
royal, e [rwajal] *adj* real; *famille royale* familia real ‖ FIG regio, gia; *un luxe royal* un lujo regio ‖ — *aigle royal* águila real ‖ *prince royal* príncipe heredero.

royalement *adv* regiamente, como a un rey ‖ FAM *s'en moquer royalement* importarle a uno un comino, traer sin cuidado.
royalisme *m* monarquismo, realismo.
royaliste *adj et s* monárquico, ca; realista ‖ *être plus royaliste que le roi* ser más papista que el papa.
royalty [rɔjalti] *f* royalty, derechos *m pl* de autor o de inventor.
royaume [rwajoːm] *m* reino ‖ — *le royaume des cieux* el reino de los cielos ‖ *le royaume des morts, le sombre royaume* los infiernos ‖ *pas pour un royaume* por nada en el mundo, por todo el oro del mundo ‖ — *au royaume des aveugles les borgnes sont rois* en el país de los ciegos *ou* en tierra de ciegos el tuerto es rey.
Royaume-Uni *n pr m* GÉOGR Reino Unido.
royauté [rwajote] *f* realeza, dignidad real ‖ monarquía; *les erreurs de la royauté* los errores de la monarquía.
R.P.R. abrév de *Rassemblement pour la République* Unión por la República [partido político francés].
R.S.V.P. abrév de *répondez s'il vous plaît* se ruega respuesta.
RTB abrév de *Radio-télévision belge* RTB, Radiotelevisión Belga.
RTL abrév de *Radio-télévision Luxembourg* RTL, Radiotelevisión de Luxemburgo.
R.U. abrév de *restaurant universitaire* restaurante universitario.
ruade *f* coz; *lancer une ruade* dar una coz ‖ FIG embestida, embate *m*.
Ruanda; Rwanda *n pr* GÉOGR Ruanda.
ruban *m* cinta *f*; *ruban adhésif* cinta adhesiva ‖ condecoración *f* (décoration) ‖ ARCHIT cinta *f* (ornement) ‖ — *ruban carbone* cinta de carbono ‖ *ruban encreur* cinta de máquina ‖ *ruban magnétique* cinta magnetofónica ‖ INFORM *ruban perforé* cinta perforada ‖ — *mètre à ruban* cinta métrica ‖ — *porter le ruban rouge* pertenecer a la Legión de Honor.
◆ *pl* CULIN cintas *f*, tallarines.
rubéole *f* MÉD rubéola.
Rubicon *n pr m* GÉOGR Rubicón; *franchir le Rubicon* atravesar el Rubicón.
rubis [rybi] *m* rubí (pierre) ‖ — *(vx) rubis balais* rubí balaje ‖ *rubis spinelle* espinela ‖ — FIG *faire rubis sur l'ongle* apurar un vaso de vino ‖ *payer rubis sur l'ongle* pagar a toca teja *ou* hasta el último céntimo.
rubrique *f* rúbrica (titre) ‖ sección, rúbrica (dans un journal) ‖ *rubrique des chiens écrasés* sucesos, noticias diversas.
ruche *f* colmena (d'abeilles) ‖ nasa (pêche) ‖ encañonado *m* de tul *ou* encaje ‖ FIG enjambre *m*, hormiguero *m* (grande agglomération).
rucher *m* colmenar (endroit) ‖ conjunto de colmenas (ensemble).
rude *adj* áspero, ra; basto, ta; *peau rude* piel áspera ‖ áspero, ra; desigual (raboteux); *chemin rude* camino desigual ‖ bronco, ca; *voix rude* voz bronca ‖ rudo, da; duro, ra; penoso, sa; fatigoso, sa (pénible); *être mis à rude épreuve* estar sometido a ruda prueba ‖ duro, ra; riguroso, sa; *un caractère rude* un carácter riguroso ‖ duro, ra; riguroso, sa; crudo, da; *un hiver rude* un invierno riguroso ‖ áspero, ra; *un vin rude* un vino áspero ‖ temible

(redoutable); *rude adversaire* adversario temible ‖ FAM *un rude gaillard* un mozo con toda labarba.
rudement *adv* bruscamente, duramente, rudamente ‖ FAM un rato, muy; mucho, cha; *c'est rudement bon* es un rato bueno.
rudesse *f* aspereza, dureza, tosquedad ‖ rudeza (dureté) ‖ rigor *m* (du climat) ‖ *traiter quelqu'un avec rudesse* tratar duramente a uno.
rudiment *m* rudimento.
rudimentaire *adj* rudimentario, ria.
rudoiement [rydwamã] *m* maltrato, maltratamiento.
rudoyer* [-je] *v tr* maltratar, tratar duramente.
rue *f* calle ‖ THÉÂTR bastidores *m pl* ‖ ruda (plante) ‖ — *à tous les coins de rue* a la vuelta de la esquina ‖ *grand-rue* calle mayor ‖ *homme de la rue* hombre de la calle ‖ *les rues en sont pavées* hay por todas partes ‖ — *ça court les rues* hasta los tontos lo saben, es archisabido (connu), es corriente, se encuentra a la vuelta de la esquina (courant) ‖ *être à la rue* estar en la calle ‖ *descendre dans la rue* echarse a lacalle.
ruée *f* riada, oleada, avalancha; *la ruée des touristes vers l'Espagne* la riada de turistas hacia España ‖ embestida, acometida.
ruelle *f* callejuela, callejón *m* ‖ espacio *m* entre la cama y la pared (de lit) ‖ *(vx)* alcoba.
ruer *v intr* cocear, dar coces (le cheval) ‖ FAM *ruer dans les brancards* tirar coces a.
◆ *v pr* arrojarse, abalanzarse, precipitarse.
ruffian; rufian *m* rufián.
rugby *m* rugby ‖ *rugby à treize, à quinze* rugby a trece, a quince.
rugbyman [rygbiman] *m* jugador de rugby.
— OBSERV *pl rugbymen.*
rugir *v intr* rugir (le lion, le tigre) ‖ himplar, rugir (la panthère, l'once) ‖ FIG rugir, bramar (de colère).
◆ *v tr* proferir; *rugir des menaces* proferir amenazas.
rugissant, e *adj* rugiente, que ruge.
rugissement *m* rugido ‖ FIG bramido.
rugosité *f* rugosidad, aspereza.
rugueux, euse [rygø, ø:z] *adj* rugoso, sa.
◆ *m* rascador (d'un artifice).
ruine *f* ruina ‖ — *en ruine* ruinoso ‖ *être, tomber en ruine* estar, caer en ruinas.
ruiné, e *adj* arruinado, da.
ruiner *v tr* arrasar, asolar; *la grêle a ruiné les vignes* el granizo ha asolado las viñas ‖ FIG arruinar, echar a perder; *la débauche a ruiné sa santé* los excesos han arruinado su salud ‖ echar por tierra, anular, invalidar (infirmer); *objection qui ruine un raisonnement* objeción que echa por tierra un razonamiento.
◆ *v pr* arruinarse.
ruineux, euse *adj* ruinoso, sa.
ruisseau *m* arroyo ‖ lecho, cauce de un arroyo (lit) ‖ arroyo, cuneta *f* (dans une rue) ‖ FIG río (de larmes) ‖ — *tirer du ruisseau* sacar del arroyo ‖ *traîner dans le ruisseau* ser muy corriente *ou* vulgar (être commun), poner por los suelos *ou* de vuelta y media *ou* como los trapos (avilir).
ruisselant, e *adj* chorreando, que chorrea ‖ FIG rutilante, brillante; *ruisselant de pierreries* rutilante de pedrerías ‖ *ruisselant de sueur* chorreando sudor, sudando la gota gorda.

ruisseler* *v intr* chorrear ‖ FIG brillar.
ruissellement [ryisɛlmã] *m* chorreo, chorro ‖ brillo, resplandor, destellos *pl* (de lumière) ‖ arroyada *f* (écoulement des eaux).
rumba *f* rumba (danse) ‖ *danser la rumba* bailar la rumba, rumbearse.
rumeur *f* rumor *m* ‖ *rumeur publique* vox populi, rumor general.
ruminant, e *adj* et *s m* rumiante.
rumination *f* rumia.
ruminer *v tr* rumiar ‖ FIG rumiar, dar vueltas a un asunto.
rumsteck [rɔmstɛk] *m* → **romsteck.**
rupestre *adj* rupestre.
rupin, e *adj* et *s* POP ricachón, ona; pudiente.
◆ *adj* POP elegantón, ona.
rupteur *m* ÉLECTR ruptor, interruptor.
rupture *f* rotura (d'un câble, d'une poutre) ‖ quebrantamiento *m* (du jeûne) ‖ ruptura (d'un contrat, des hostilités, des relations diplomatiques) ‖ rotura, fractura (d'un os) ‖ — *rupture de ban* quebrantamiento de destierro ‖ COMM *rupture de stock* agotamiento de existencias ‖ ÉLECTR *courant de rupture* corriente de ruptura ‖ MIL *projectile de rupture* proyectil perforante.
rural, e *adj* rural, del campo, agrícola; *les problèmes ruraux* los problemas rurales.
◆ *m pl* campesinos, aldeanos.
ruse *f* astucia, ardid *m*, artimaña, añagaza; *user de ruse* valerse de astucias.
rusé, e *adj* et *s* astuto, ta; artero, ra.
ruser *v intr* usar de ardides, obrar con astucia.
rush [rœʃ] *m* esfuerzo final, «sprint» (dans une course) ‖ riada *f*, oleada *f*, avalancha *f* (ruée).
rushes *m pl* CINÉM rushes, primeras pruebas *f*.
russe *adj* ruso, sa.
◆ *m* ruso (langue).
Russe *m* et *f* ruso, sa.
Russie *n pr f* GÉOGR Rusia.
russification *f* rusificación.
russifier* *v tr* rusificar.
rustaud, e [rysto, oːd] *adj* et *s* rústico, ca; patán; tosco, ca; palurdo, da.
rusticité *f* rusticidad.
Rustine *f* (nom déposé) parche *m* (de caoutchouc).
rustique *adj* rústico, ca.
◆ *m* escoda *f* (marteau de tailleur de pierre).
rustre *adj* grosero, ra (grossier) ‖ zafio, fia; basto, ta (sans éducation).
◆ *m* patán.
rut [ryt] *m* celo (des animaux); *être en rut* estar en celo.
rutabaga *m* colinabo, nabo sueco.
rutilant, e *adj* rutilante.
rutiler *v intr* rutilar ‖ FIG resplandecer, brillar.
R.V. abrév de *rendez-vous* cita.
Rwanda *n pr* GÉOGR → **ruanda.**
rythme *m* ritmo; *au rythme de 10 par jour* a un ritmo de 10 al día.
rythmé, e *adj* rítmico, ca; cadencioso, sa.
rythmer *v tr* ritmar, dar ritmo, hacer rítmico.
rythmique *adj* et *s f* rítmico, ca.

S

s *m s f*

S abrév de *sud* S, sur.

S.A. abrév de *société anonyme* S.A., sociedad anónima ‖ abrév de *Son Altesse* Su Alteza.

sa *adj poss f* → **son.**

sabayon *m* especie de natillas.

sabbat [saba] *m* RELIG sábado (jour de repos pour les juifs) ‖ aquelarre (des sorciers) ‖ FIG & FAM algazara *f*, escandalera *f* (vacarme).

sabbatique *adj* sabático, ca; *année sabbatique* año sabático.

sabir *m* lengua *f* franca utilizada antiguamente en los puertos del Mediterráneo ‖ FAM jerigonza *f*.

sablage *m* enarenamiento ‖ arenado, limpieza *f* con chorro de arena.

sable *m* arena *f*; *sables mouvants* arenas movedizas ‖ MÉD arenilla *f* (calcul) ‖ BLAS sable (noir) ‖ ZOOL cibelina *f* (martre) ‖ — FIG *avoir du sable dans les yeux* tener los ojos cargados de sueño | *bâtir sur le sable* edificar sobre arena.

sablé, e *adj* enarenado, da ‖ *pâte sablée* pastaflora.
◆ *m* galleta *f* parecida al polvorón (pâtisserie).

sabler *v tr* enarenar (un jardin, une voie ferrée) ‖ TECHN arenar, limpiar con chorro de arena (décaper) ‖ FIG beber de un golpe (vins) ‖ *sabler le champagne* celebrar algún acontecimiento con champaña.

sablier *m* ampolleta *f*, reloj de arena (horloge) ‖ salvadera *f*, arenillero (pour sécher l'encre) ‖ azufrador (de vignes).

sablière *f* arenal *m* (carrière) ‖ CONSTR solera (charpente) ‖ TECHN arenero *m* (locomotive).

sablonneux, euse *adj* arenoso, sa.

sabord [sabɔr] *m* MAR porta *f*.

sabordage; sabordement *m* MAR barreno ‖ FIG suspensión *f* voluntaria (d'un projet).

saborder *v tr* MAR dar barreno, barrenar ‖ FIG dar barreno, hacer fracasar (faire échouer).
◆ *v pr* suspender voluntariamente (une entreprise financièrement viable) ‖ MAR hundir voluntariamente un navío.

sabot [sabo] *m* casco (chevaux), pezuña *f* (ruminants) ‖ zueco, almadreña *f* (chaussure de bois) ‖ peonza *f* (toupie) ‖ TECHN zapata *f* (de frein) ‖ POP cacharro, trasto ‖ polibán (baignoire sabot) ‖ carrito (au baccara) ‖ — FIG & FAM *avoir du foin dans ses sabots* estar forrado (paysan) | *dormir comme un sabot* dormir como un tronco | *je te vois venir avec tes gros sabots* te conozco mascarita aunque vengas disfrazada ‖ *sabot de Denver* cepo (pour bloquer une voiture).

sabotage *m* sabotaje (détérioration).

saboter *v intr* hacer ruido con los zuecos ‖ fabricar zuecos ‖ jugar a la peonza.
◆ *v tr* TECHN poner azuche a ‖ FIG sabotear, deteriorar; *saboter une entreprise* sabotear una empresa | chapucear, frangollar (bâcler).

saboteur, euse *m et f* saboteador, ra ‖ chapucero, ra (qui travaille mal).

sabotier, ère *m et f* almadreñero, ra (qui fait des sabots).
◆ *f* danza rústica (en sabots).

sabre *m* sable; *mettre sabre au clair* desenvainar el sable ‖ — *sabre-baïonnette* cuchillo bayoneta ‖ *sabre d'abattis* machete ‖ FAM *sabre de bois!* ¡caramba!, ¡canastos! ‖ — *coup de sabre* sablazo ‖ *traîneur de sabre* perdonavidas, militarote fanfarrón ‖ — *faire du sabre* tirar el sable (escrime).

sabrer *v tr* acuchillar, dar sablazos a (frapper avec le sabre) ‖ FIG & FAM chapucear, frangollar (bâcler) ‖ tachar (biffer), criticar.

sac [sak] *m* saco (pour marchandises) ‖ bolso (sac à main) ‖ bolsa *f* (en papier fin), cartucho (en papier fort) ‖ talego, talega *f* (de toile) ‖ costal (pour les céréales) ‖ bolsa *f*; *le sac du plombier* la bolsa del fontanero ‖ sayal (de moine) ‖ MAR saco ‖ POP panza *f*, andorga *f* (ventre) ‖ — *sac à dos* mochila *f* (de soldat ou de camping) ‖ *sac à malice* saco de prestidigitador ‖ *sac à ouvrage* bolsa de labores ‖ *sac à pain, à linge* talega de pan, de ropa sucia ‖ *sac à provisions* bolsa para la compra ‖ MIL *sac à terre* saco terrero ‖ FAM *sac à vin* zaque, borracho ‖ *sac de couchage* saco de dormir ‖ *sac de plage* bolsa de playa ‖ *sac de voyage* bolso de viaje ‖ *sac en plastique* bolsa de plástico ‖ *sac postal* saca de correspondencia ‖ *sac-poubelle* bolsa de basura ‖ — *course en sac* carrera de sacos ‖ *homme de sac et de corde* bandido ‖ *robe sac* vestido saco ‖ — *ils sont à mettre dans le même sac* son de la misma ralea ‖ FAM *l'affaire est dans le sac* el negocio es cosa hecha *ou* está en el bote *ou* está chupado ‖ FIG *prendre quelqu'un la main dans le sac* coger a alguien con las manos en la masa *ou* in fraganti ‖ FAM *vider son sac* desahogarse, vaciar el saco (de gré), desembuchar (de force).

sac [sak] *m* saqueo, saco (pillage) ‖ *mettre à sac* saquear, entrar a saco en.

saccade *f* sofrenada, sobarbada (chevaux).

saccadé, e *adj* brusco, ca; a tirones (mouvement) ‖ entrecortado, da (voix) ‖ irregular (pouls, etc.) ‖ nervioso, sa (rire) ‖ FIG cortado, da (style).

saccader *v tr* dar tirones *ou* sacudidas ‖ ÉQUIT sofrenar.

saccage *m* saqueo, saco.

saccager* *v tr* saquear, asolar (mettre à sac) ‖ destrozar, hacer polvo (détériorer) ‖ FAM revolver, trastornar (bouleverser).

saccharine *f* CHIM sacarina.
saccharose *m* CHIM sacarosa *f.*
S.A.C.E.M. abrév de *Société des auteurs, compositeurs et éditeurs de musique* Sociedad de Autores, Compositores y Editores de Música [Francia].
sacerdoce [saserdɔs] *m* sacerdocio.
sacerdotal, e *adj* sacerdotal.
sachet [saʃɛ] *m* saquito, bolsita *f* (petit sac) ‖ almohadilla *f* perfumada ‖ sobrecito (de safran), sobre (soupe, thé) ‖ MÉD papelillo (de bismuth) ‖ MIL saquete (de canon).
sacoche *f* bolso *m*, morral *m*, talego *m* (bourse) ‖ cartera (de bicyclette, d'écolier, du facteur) ‖ bolsa, zurrón *m* (du harnais) ‖ *sacoche à outils* bolsa de herramientas.
sac-poubelle *m* bolsa de basura.
— OBSERV pl *sacs-poubelle.*
sacquer *v tr* → **saquer.**
sacral, e *adj* sacro, cra [sagrado].
sacralisation *f* sacralización.
sacraliser *v tr* sacralizar.
sacramentel, elle *adj* sacramental.
sacre *m* consagración *f* (d'un évêque) ‖ coronación *f* (d'un roi) ‖ ZOOL sacre (gerfaut) ‖ *le sacre du printemps* la consagración de la primavera.
sacré, e *adj* sagrado, da; *feu sacré* fuego sagrado ‖ FAM maldito, ta; dichoso, sa; *sacré menteur!* ¡maldito embustero!; *ce sacré monde* este maldito mundo ‖ imponente, fenomenal; *il a un sacré talent!* ¡tiene un talento imponente! ‖ — ECCLÉS *le Sacré Collège* el Sacro Colegio ‖ FAM *une sacrée chance* una chamba, una chiripa ‖ *un sacré temps* un tiempo horrible, un asco de tiempo ‖ *voie sacrée* vía sacra.
◆ *m* lo sagrado.
sacré, e *adj* ANAT sacro, cra (du sacrum).
sacrement *m* RELIG sacramento ‖ — *le saint sacrement* el Santísimo Sacramento ‖ *recevoir les derniers sacrements* recibir los sacramentos.
sacrément *adv* de lo más, en grado sumo.
sacrer *v tr* consagrar (consacrer) ‖ coronar (un roi).
◆ *v intr* jurar, blasfemar (jurer) ‖ soltar tacos (dire des gros mots).
sacrificateur, trice *m et f* sacrificador, ra.
sacrifice *m* sacrificio ‖ *faire le sacrifice de* sacrificar.
sacrificiel, elle *adj* relativo, va a un sacrificio ritual.
sacrifié, e *adj et s* sacrificado, da ‖ víctima (génération) ‖ *prix sacrifiés* precios regalados.
sacrifier* *v tr* sacrificar.
◆ *v intr* ofrecer un sacrificio; *sacrifier aux dieux* ofrecer un sacrificio a los dioses ‖ — *sacrifier à la mode* seguir la moda ‖ *sacrifier à une passion* entregarse a una pasión.
◆ *v pr* sacrificarse; *se sacrifier sur l'autel de l'amitié* sacrificarse en aras de la amistad.
sacrilège *adj et s* sacrílego, ga.
◆ *m* sacrilegio (acte).
sacripant *m* bribón, tuno, pillo.
sacristain *m* ECCLÉS sacristán.
sacristie *f* sacristía.
sacro-saint, e *adj* sacrosanto, ta.
sacrum [sakrɔm] *m* ANAT sacro, hueso sacro.

sadique *adj et s* sádico, ca.
sadisme *m* sadismo.
sadomaso *adj et s* FAM sadomasoquista.
sadomasochisme [sadomazoʃism] *m* sadomasoquismo.
sadomasochiste *adj et s* sadomasoquista.
safari *m* safari, cacería *f*; *faire un safari* hacer un safari.
safari-photo *m* safari fotográfico.
— OBSERV pl *safaris-photos.*
safran *m* azafrán (plante et gouvernail) ‖ *safran bâtard* azafrán bastardo, alazor, romí.
safrané, e *adj* azafranado, da.
safraner *v tr* azafranar.
saga *f* saga.
sagace *adj* sagaz.
sagacité *f* sagacidad.
sagaie [sagɛ] *f* azagaya (javelot).
sage *adj* prudente; cuerdo, da; *un sage conseiller* un consejero prudente; *tu es fou, il est sage* estás loco, él es cuerdo ‖ moderado, da (modéré) ‖ sensato, ta; *de sages paroles* palabras sensatas ‖ honesto, ta (conduite, mœurs) ‖ tranquilo, la; bueno, na; *les enfants doivent être sages* los niños tienen que ser buenos *ou* quedarse tranquilos ‖ seria, formal, casta (femme) ‖ *être sage comme une image* ser bueno como un santo.
◆ *m* sabio ‖ consejero técnico ‖ *les sept sages de la Grèce* los siete sabios de Grecia.
sage-femme *f* comadrona, partera.
— OBSERV pl *sages-femmes.*
sagement *adv* prudentemente, con tino.
sagesse *f* sabiduría, cordura, prudencia; *agir avec sagesse* obrar con sabiduría, con cordura ‖ buena conducta, docilidad, obediencia (d'un enfant); *prix de sagesse* premio de buena conducta ‖ sensatez; *la sagesse d'une réponse* la sensatez de una contestación ‖ formalidad, seriedad (femme) ‖ sabiduría (connaissance) ‖ RELIG sabiduría, sapiencia; *le livre de la Sagesse* el libro de la Sabiduría ‖ *dent de sagesse* muela del juicio.
Sagittaire *m* ASTR Sagitario.
sagouin *m* ZOOL zagüí, sagüí.
sagouin, e [sagwɛ̃, in] *adj et s* FAM marrano, na; gorrino, na; cochino, na (malpropre).
Sahara *n pr* GÉOGR Sahara, Sáhara.
saharien, enne *adj* sahariano, na; sahárico, ca; del Sahara.
Saharien, enne *m et f* sahariano, na.
saharienne *f* sahariana.
Sahel (le) *n pr* GÉOGR Sahel, región subsahariana.
sahélien, enne *adj* saheliano, na.
sahraoui, e *adj* saharaui.
Sahraoui *m et f* saharaui.
saignant, e [sɛɲɑ̃, ɑ̃:t] *adj* sangriento, ta; sangrante; *blessure saignante* herida sangrante ‖ FIG *plaie encore saignante* herida no cicatrizada (douleur récente) ‖ *viande saignante* carne poco hecha.
saignée [-ɲe] *f* MÉD sangría ‖ ANAT sangría, sangradura (pli de coude) ‖ sangría (d'un arbre) ‖ sangradera, sangradura (rigole) ‖ FIG & FAM sangría (sacrifice d'argent).
saignement [-ɲmɑ̃] *m* desangramiento ‖ *saignement de nez* hemorragia nasal.

saigner *v tr* sangrar; *saigner un malade* sangrar a un enfermo ‖ desangrar; *saigner un agneau* desangrar un cordero ‖ desangrar (terrain) ‖ FIG & FAM chupar la sangre a, sangrar a, sacar todo el dinero de (quelqu'un) ‖ *saigner quelqu'un à blanc* desangrarle a uno (médecine), esquilmarle a uno (dépouiller).
◆ *v intr* echar sangre, sangrar; *saigner du nez* echar sangre por la nariz, sangrar por la nariz ‖ *saigner comme un bœuf* sangrar como un cochino *ou* un toro ‖ — FIG *la plaie saigne encore* la herida está aún abierta.
◆ *v pr* sangrarse ‖ FIG & FAM sacrificarse, dar más de lo que se puede ‖ FIG & FAM *se saigner aux quatre veines* dar cuanto se tiene.

saillant [sajɑ̃] *m* saliente.

saillant, e [sajɑ̃, ɑ̃ːt] *adj* saliente; saledizo, za; voladizo, za (qui fait saillie) ‖ saltón, ona; *yeux saillants* ojos saltones ‖ FIG destacado, da; notable; *les événements les plus saillants d'une époque* los acontecimientos más destacados de una época ‖ agudo, da; sobresaliente; *idée saillante* idea aguda.

saillie *f* ARCHIT vuelo *m*, voladizo *m*, saliente *m*, saledizo *m* ‖ bulto *m* (relief); *en saillie* de bulto ‖ relieve *m* (peinture) ‖ protuberancia, prominencia (protubérance) ‖ ímpetu *m*, arranque *m*, arrebato *m* (élan) ‖ FIG agudeza, detalle *m*, ocurrencia (trait d'esprit) ‖ ZOOL cubrición, monta (accouplement) ‖ *faire saillie* emerger, salir.

saillir [sajiːr] *v intr* saltar, manar, brotar (jaillir) ‖ ARCHIT sobresalir, volar (un balcon).
◆ *v tr* ZOOL cubrir, montar (couvrir).
— OBSERV Este verbo sólo se conjuga en la 3.ª persona del singular y del plural de tiempos simples y compuestos, y en el participio.

sain, e [sɛ̃, sɛːn] *adj* sano, na ‖ saneado, da; *des finances saines* hacienda saneada ‖ — *sain de corps et d'esprit* sano de cuerpo y alma ‖ *sain et sauf* sano y salvo; ileso ‖ — *être sain d'esprit* estar en su sano juicio.

saindoux [sɛ̃du] *m* manteca *f* de cerdo.

sainement [sɛnmɑ̃] *adv* sanamente (d'une manière saine) ‖ FIG juiciosamente (judicieusement).

saint, e *adj* santo, ta; *une vie sainte* una vida santa; *la semaine sainte* la Semana Santa ‖ sagrado, da; *l'Écriture sainte* la Sagrada Escritura; *la Sainte Famille* la Sagrada Familia; *l'histoire sainte* la historia sagrada ‖ — *la Saint-Jean* el día de San Juan ‖ *la Saint-Sylvestre* el día de Nochevieja ‖ *la (Très) Sainte Vierge* la Virgen Santísima ‖ *le Saint Empire romain germanique* el Sacro Imperio Romano Germánico ‖ *les Lieux saints, la Terre sainte* tierra Santa ‖ *toute la sainte journée* todo el santo día ‖ *un saint homme* un santo varón.
◆ *m* et *f* santo, ta ‖ — *saint de saints* sanctasanctórum ‖ *ne savoir à quel saint se vouer* no saber a qué santo encomendarse ‖ *prêcher pour son saint* alabar a su santo, barrer hacia adentro.
— OBSERV *Saint* se escribe con minúscula delante de un nombre propio: *saint Paul*. Se escribe con mayúscula para designar una fiesta: *la Saint-Sylvestre*.
— OBSERV Devant les noms des saints *Domingo, Tomé, Tomás* et *Toribio*, on met *santo* au lieu de *san*.

Saint-Barthélemy (la) *f* HIST la noche de San Bartolomé.

saint-bernard [sɛ̃bɛrnaːr] *m inv* ZOOL perro de San Bernardo.

saint-cyrien, enne *m* et *f* cadete de la Academia General Militar de Saint-Cyr [actualmente en Coëtquidan].
— OBSERV pl *saint-cyriens, saint-cyriennes*.

Saint-Domingue [sɛ̃dɔmɛ̃ːg] *n pr* GÉOGR Santo Domingo.

Sainte-Hélène *n pr* GÉOGR Santa Elena.

saint-émilion *m inv* saint-émilion (bordeaux rouge).

sainte-nitouche *f* mosquita muerta.
— OBSERV pl *saintes-nitouches*.

Saint-Esprit [sɛ̃tɛspri] *m* Espíritu Santo ‖ *par l'opération du Saint-Esprit* por arte de magia, por arte de birlibirloque, por obra y gracia del Espíritu Santo.

sainteté *f* santidad ‖ *Sa Sainteté* Su Santidad.

Saint-Étienne *n pr* GÉOGR Saint-Étienne.

Saint-Glinglin (à la) *loc adv* FAM cuando las ranas críen pelo, dentro de mucho tiempo, nunca.

Saint-Gothard *n pr* GÉOGR San Gotardo ‖ *col du Saint-Gothard* paso de San Gotardo.

saint-honoré *m inv* pastel con nata (gâteau).

Saint-Jacques-de-Compostelle *n pr* GÉOGR Santiago de Compostela.

Saint-Laurent *n pr m* GÉOGR San Lorenzo (fleuve).

Saint-Malo *n pr* GÉOGR Saint-Malo.

Saint-Marin *n pr* GÉOGR San Marino.

saint-nectaire *m inv* queso francés de la región de Auvernia.

Saint-Père *m* Santo Padre (le pape).

Saint-Pétersbourg *n pr* GÉOGR San Petersburgo.

saint-pierre *m inv* ZOOL pez de San Pedro.

Saint-Pierre *n pr* GÉOGR Saint-Pierre (de Saint-Pierre-et-Miquelon) ‖ San Pedro (basilique).

Saint-Pierre-et-Miquelon *n pr* GÉOGR Saint-Pierre y Miquelon.

Saint-Sébastien *n pr* GÉOGR San Sebastián.

Saint-Siège *m* Santa Sede *f*.

saint-simonien, enne *adj* et *s* PHILOS sansimoniano, na.

saint-simonisme *m* PHILOS sansimonismo.

saint-synode *m* RELIG Santo Sínodo.
— OBSERV pl *saints-synodes*.

saisi, e *adj* et *s* DR embargado, da ‖ recogido, da; retirado, da de la circulación (journal) ‖ decomisado, da (à la douane).

saisie *f* DR embargo *m*, incautación; *saisie conservatoire* embargo preventivo ‖ recogida, secuestro *m*, retirada de la circulación (d'un journal) ‖ MAR embargo *m* (d'un navire) ‖ decomiso *m* (à la douane). ‖ INFORM *saisie de données* entrada de datos, picado *m*.

saisir *v tr* agarrar, asir, coger; *saisir par le poignet* agarrar por la muñeca ‖ coger, prender; *saisir un bandit* prender a un bandido ‖ CULIN soasar (exposer à feu vif) ‖ FIG captar, comprender; *saisir une pensée* captar un pensamiento ‖ aprovechar; *saisir l'occasion* aprovechar la ocasión ‖ sobrecoger (le froid, la peur, etc.) ‖ sorprender, pasmar, dejar estupefacto *ou* pasmado (surprendre) ‖ DR embargar; *saisir un mobilier* embargar un mobiliario ‖ incautarse de; *l'État a saisi ses biens* el Estado se ha incautado de sus bienes ‖ decomisar (à la douane) ‖ someter a; *saisir une commission d'un projet de loi* someter un proyecto de ley a una comisión ‖ recoger, secuestrar, retirar de la circulación ‖ apoderarse de; *saisir les rênes de l'État* apoderarse de las riendas del Estado ‖ ver (voir) ‖ oír, sentir (entendre) ‖ INFORM picar ‖ *— le comité est saisi d'un rapport* el comité tiene ante sí un informe ‖ *saisir les tribunaux* apelar a la justicia.

◆ *v pr* DR hacerse cargo de ‖ coger, agarrar; *se saisir d'une carabine* coger una carabina.

saisissant, e *adj* sorprendente, que deja pasmado; pasmoso, sa (surprenant) ‖ penetrante, que sobrecoge (froid) ‖ DR que embarga ǀ que recoge *ou* retira de la circulación (un journal).

◆ *m* embargante.

saisissement *m* sobrecogimiento (de froid, de frayeur) ‖ FIG pasmo, sobrecogimiento (émotion).

saison *f* estación ‖ tiempo *m*, época; *saison des semailles* época de siembras ‖ tiempo *m*; *fruit de saison* fruta del tiempo ‖ temporada (dans une station thermale ou autre) ‖ temporada (de théâtre, sports, etc.) ‖ *— saison des amours* estación de los amores ‖ *saison des pluies* estación de las lluvias ‖ *— basse, haute saison* temporada baja, alta ‖ *la belle saison* la buena temporada ‖ *la saison creuse* la temporada baja ‖ *la saison nouvelle* la primavera ‖ *— de demi-saison* de entretiempo ‖ *hors de saison* inoportuno, na ‖ *marchand de(s) quatre-saisons* verdulero ambulante ‖ *morte-saison* temporada de calma *ou* de poca venta ‖ *tarif hors saison* tarifa de fuera de temporada (hôtel) *ou* de temporada baja (avion) ‖ *— faire la saison* hacer su agosto (un commerçant).

saisonnier, ère *adj* estacional ‖ de la temporada, temporal.

◆ *m et f* trabajador, ra de temporada.

sajou [saʒu] *m* ZOOL sajú, mono capuchino.

saké *m* saki (boisson).

salace *adj* salaz.

salade *f* ensalada; *salade de tomates* ensalada de tomates ‖ ensalada, ensaladilla; *salade russe* ensaladilla, ensalada rusa ‖ escarola (scarole), lechuga (laitue) ‖ FAM follón *m*, mezcolanza (mélange) ǀ lío *m*, cuento *m* (boniment) ‖ celada (casque) ‖ *— salade de fruits* macedonia de frutas ‖ *salade niçoise* ensalada «niçoise» ‖ *— haricots en salade* ensalada de judías, judías en ensalada ‖ FAM *panier à salade* coche celular ‖ *— FAM faire une salade* enredar, confundirlo todo ǀ *raconter des salades* contar mentiras, venir con cuentos.

saladier *m* ensaladera *f*.

salage *m* salazón *f*, saladura *f*.

salaire *m* salario, jornal (journalier), sueldo (mensuel) ‖ FIG recompensa *f* (récompense), castigo, merecido (châtiment) ‖ *— salaire de base* sueldo base ‖ *salaire de début* salario inicial *ou* de entrada ‖ *salaire de misère* sueldo de hambre ‖ *salaire minimum interprofessionnel de croissance (S.M.I.C.)* salario mínimo ‖ *salaire réel* salario real ‖ *— échelle des salaires* escala de salarios.

salaison *f* salazón, saladura ‖ salazón (denrée alimentaire salée).

salamalecs [salamalɛk] *m pl* FAM zalema *f*.

salamandre *f* ZOOL salamandra ‖ (nom déposé) salamandra [estufa].

Salamanque *n pr* GÉOGR Salamanca.

salami *m* especie *f* de salchichón [*(amér)* salame].

salant *adj* salino, na ‖ *marais salant* salina.

◆ *m* marisma *f*.

salarial, e *adj* salarial.

salariat [salarja] *m* salariado.

salarié, e *adj et s* asalariado, da.

salarier* *v tr* asalariar.

salaud; salop, salope [salo, ɔp] *m et f* POP cabrón, ona.

sale *adj* sucio, cia (malpropre) ‖ sucio, cia; *un blanc sale* un blanco sucio ‖ FIG sucio, cia; inmundo, da; indecente (qui blesse la pudeur) ǀ sucio, cia (contraire à l'honneur) ‖ FAM malo, la; *une sale affaire* un mal negocio, un asunto malo; *un sale tour* una mala jugada (très désagréable) ‖ *— un sale type* una mala persona ‖ *— être sale comme un peigne* estar más sucio que el palo de un gallinero ‖ *quel sale temps!* ¡vaya un tiempo de perros!

salé, e *adj* salado, da ‖ FIG & FAM picante (piquant), subido, da de tono; verde (grivois) ‖ FAM excesivo, va; disparatado, da; *une note salée* una cuenta disparatada.

◆ *m* carne *f* de cerdo salada ‖ *petit salé* saladillo.

salement *adv* como un cochino (malproprement) ‖ POP ruínmente, bajamente (bassement) ‖ *— POP il s'est fait salement amocher* ha recibido una paliza de padre y señor mío ‖ *jouer salement* jugar sucio.

saler *v tr* salar; *saler du porc* salar carne de cerdo ‖ echar *ou* poner sal (dans un plat) ‖ FIG & FAM clavar; *ce restaurateur sale ses clients* el dueño de este restaurante clava a sus clientes ǀ cargar; *aujourd'hui il a salé sa note* hoy ha cargado la cuenta ǀ castigar severamente (punir) ‖ *saler et épicer* sazonar (cuisine).

saleté [salte] *f* suciedad; *la saleté d'une rue* la suciedad de una calle ‖ basura, suciedad, inmundicia; *balayer des saletés* barrer basuras ‖ mota (dans l'œil) ‖ FIG & FAM guarrería, perrería, marranada; *faire une saleté* hacer una marranada ǀ marranada, porquería, verdulería; *dire des saletés* decir verdulerías ǀ porquería (personne).

salicylique *adj* CHIM salicílico, ca.

salière *f* salero *m* (à sel) ‖ fosa supraorbitaria (des chevaux) ‖ FAM hoyuelo *m* de la clavícula (creux).

saligaud, e [saligo, o:d] *m et f* POP marrano, na; cochino, na (sale) ǀ sinvergüenza, canalla (malhonnête).

salin, e *adj* salino, na.

◆ *m* salina *f* (d'eau salée).

◆ *f* salina (du sous-sol) ‖ *(vx)* carne salada (viande), pescado salado (poisson), salón *m* (*p us*).

salinité *f* salinidad.

salique *adj* sálico, ca; *loi salique* ley sálica.

salir *v tr* manchar, ensuciar, macular; *il a sali la nappe* ha manchado el mantel ‖ mancillar (souiller) ‖ FIG manchar (rendre impur) ǀ mancillar, manchar; *salir la réputation de quelqu'un* manchar la reputación de uno ‖ *salir du papier* emborronar cuartillas.

salissant, e *adj* sucio, cia; *un travail salissant* un trabajo sucio ‖ poco sufrido, da; *le blanc est une couleur salissante* el blanco es un color poco sufrido ‖ que se mancha *ou* ensucia mucho.

salissure *f* mancha (tache), suciedad (saleté).

salivaire *adj* ANAT salival, salivar ‖ *glandes salivaires* glándulas salivales.

salivation *f* salivación.
salive *f* saliva ‖ — FAM *avaler* o *ravaler sa salive* tragar saliva ǀ *dépenser beaucoup de salive* gastar saliva, hablar por los codos ǀ *perdre sa salive* hablar inútilmente, gastar saliva en balde.
saliver *v intr* salivar.
salle *f* sala ‖ — *salle à manger* comedor ‖ *salle commune* sala común (hôpital) ‖ *salle d'armes* sala de esgrima ‖ *salle d'attente* sala de espera ‖ *salle d'eau* aseo ‖ *salle de bains* cuarto de baño ‖ *salle de cinéma* sala de cine ‖ *salle de classe* aula ‖ *salle de concert* sala de conciertos ‖ *salle de consultation* consulta ‖ *salle de danse* sala ou salón de baile ‖ *salle de jeux* sala de juegos ‖ *salle d'embarquement* sala de embarque (aéroport) ‖ *salle de police* cuarto de prevención ‖ *salle de projection* sala de proyección ‖ *salle de séjour* cuarto de estar ‖ *salle des fêtes* salón de actos ‖ *salle des machines* sala de máquinas ‖ *salle des pas perdus* antesala, vestíbulo, salón de espera (tribunaux), pasillos (Parlement) ‖ *salle des ventes* sala de subastas ‖ *salle d'exclusivité* cine de estreno ‖ *salle d'exposition* sala de exposiciones ‖ *salle d'opérations* quirófano ‖ *salle obscure* sala de cine ‖ — *faire salle comble* tener un lleno (théâtre).
salmigondis [salmigɔ̃di] *m* CULIN ropa *f* vieja (mets) ‖ FIG revoltijo, mezcolanza *f* (mélange).
salmis [salmi] *m* CULIN guiso de caza menor.
salmonelle *f* BIOL salmonela.
salmonellose *f* MÉD salmonelosis.
salmonidés *m pl* ZOOL salmónidos.
saloir *m* saladero.
Salomon *n pr m* Salomón.
salon *m* salón, sala *f* ‖ salón, tertulia *f* (littéraire, etc.) ‖ exposición *f* (de peinture, sculpture, etc.) ‖ — *salon de coiffure* salón de peluquería, peluquería ‖ *salon de l'automobile* salón del automóvil ‖ *salon de thé* salón de té ‖ *salon de toilettage* peluquería canina ‖ *salon du livre* Feria del libro.
salop *m* POP → *salaud*.
salopard [salɔpaːr] *m* POP cabrón.
salope *f* POP puerca, marrana (femme) ǀ → **salaud**.
saloper *v tr* FAM chapucear, chafallar.
saloperie *f* FAM porquería, mamarrachada, marranada, cochinada.
salopette *f* peto *m* de trabajo, mono *m* (de travail) ‖ babero *m*, delantal *m* (d'enfant).
salpêtre *m* salitre, nitro, nitrato ‖ *salpêtre du Chili* nitrato de Chile.
salsa *f* salsa.
salsifis [salsifi] *m* BOT salsifí (plante) ‖ *salsifis d'Espagne* o *noir* escorzonera.
saltimbanque *m* saltimbanqui.
salto *m* SPORTS salto mortal; *salto arrière* salto mortal hacia atrás.
salubre *adj* salubre, saludable.
salubrité *f* salubridad ‖ *salubrité publique* higiene pública.
saluer *v tr* saludar; *saluer de la main un ami* saludar con la mano a un amigo ‖ FIG proclamar, declarar por aclamación; *l'armée le salua empereur* el ejército lo proclamó emperador ǀ acoger; *saluer avec faveur une élection* acoger favorablemente una elección.
salut [saly] *m* salvación *f*; *devoir son salut à la fuite* deber su salvación a la huida ‖ RELIG salvación *f*; *prier pour son salut* rogar por la salvación de su alma ǀ bendición *f* ‖ MIL saludo (salutation) ‖ — *Armée du Salut* Ejército de Salvación.
◆ *interj* FAM ¡hola! (bonjour), ¡adiós! (au revoir).
salutaire *adj* saludable.
salutation *f* saludo *m*, salutación ‖ RELIG *salutation angélique* salutación angélica ‖ *recevez mes salutations distinguées* o *respectueuses* reciban un atento saludo.
◆ *pl* recuerdos *m*.
Salvador *n pr m* GÉOGR El Salvador.
salvadorien, enne *adj* salvadoreño, ña.
salvadorien, enne *m* et *f* salvadoreño, ña.
salvateur, trice *adj* salvador, ra.
salve *f* salva ‖ FIG *salve d'applaudissements* salva de aplausos.
Salzbourg *n pr* GÉOGR Salzburgo.
Samarie *n pr f* GÉOGR Samaria.
samaritain, e *adj* samaritano, na.
Samaritain, e *m* et *f* samaritano, na.
samba *f* samba (danse).
samedi *m* sábado; *samedi saint* sábado Santo *ou* de Gloria.
samouraï *m* samurai.
samovar *m* samovar.
sampan; sampang *m* MAR sampán.
Samson [sɑ̃sɔ̃] *n pr m* Sansón.
S.A.M.U. abrév de *service d'aide médicale d'urgence* servicio móvil de urgencias médicas [Francia].
sanatorium [-jɔm] *m* sanatorio antituberculoso.
— OBSERV *pl sanatoriums*.
sancerre *m* sancerre (vin blanc).
sanctifiant, e [sɑ̃ktifjɑ̃, ɑ̃ːt] *adj* sanctificante.
sanctification *f* santificación.
sanctifier* *v tr* santificar.
sanction [sɑ̃ksjɔ̃] *f* sanción (approbation ou peine); *prendre des sanctions contre* sancionar.
sanctionner *v tr* sancionar; *sanctionner une loi* sancionar una ley ‖ FAM sancionar, castigar (punir).
sanctuaire [sɑ̃ktɥɛːr] *m* santuario.
sanctus [-tys] *m* RELIG sanctus.
sandale *f* sandalia.
sandalette *f* sandalia [que deja el pie muy descubierto].
Sandow [sɑ̃dɔːv] *m* (nom déposé) extensor, tensores *pl* (gymnastique) ‖ AVIAT cable elástico (pour planeurs).
sandre *m* et *f* lucioperca *m* (poisson).
sandwich [sɑ̃dwitʃ] *m* bocadillo ‖ emparedado, sandwich (de pain de mie) ‖ — *homme sandwich* hombre anuncio ‖ SPORTS *prendre en sandwich* hacer obstrucción.
— OBSERV *pl sandwichs* o *sandwiches*.
sang [sɑ̃] *m* sangre *f* ‖ FIG sangre *f*, linaje, parentesco (descendance) ‖ — *coup de sang* hemorragia *f* cerebral, apoplejía *f* ‖ *demi-sang* caballo cruzado ǀ *donneur de sang* donante de sangre ǀ *la voix du sang* la voz de la sangre ‖ *pur-sang* pura sangre ‖ — FIG & FAM *avoir du sang dans les veines* tener sangre en las venas, no tener sangre de horchata ǀ *avoir du sang de navet* tener sangre de horchata ǀ *avoir du sang de poulet* ser un gallina ‖ FIG *avoir du sang sur les mains* tener las manos manchadas de

sangre | *avoir le sang chaud* tener la sangre caliente, ser ardoroso | *avoir quelque chose dans le sang* tener algo en la masa de la sangre, llevar algo en la sangre | *avoir quelqu'un dans le sang* estar por los huesos de alguien ‖ *être tout en sang* estar bañado en sangre ‖ *faire couler le sang* derramar sangre ‖ *fouetter quelqu'un jusqu'au sang* azotar a alguien hasta hacerle sangre ‖ *laver un affront dans le sang* lavar una afrenta con sangre ‖ *mon sang n'a fait qu'un tour* se me heló la sangre en las venas ‖ *ne pas se faire de mauvais sang* tomar las cosas con tranquilidad ‖ *se faire du bon sang* darse buena vida, pasarlo bien ‖ *se faire du mauvais sang* quemarse la sangre, preocuparse mucho.

sang-froid [sɑ̃frwa] *m inv* sangre *f* fría ‖ *— de sang-froid* a sangre fría ‖ *perdre son sang-froid* perder la sangre fría, perder los estribos.

sanglant, e [sɑ̃glɑ̃, ɑ̃:t] *adj* sangriento, ta; ensangrentado, da ‖ FIG sangriento, ta; *de sanglants reproches* reproches sangrientos.

sangle *f* cincha (harnais) ‖ banda (de parachute) ‖ francelete *m*, correa (courroie) ‖ MAR pallete *m* ‖ *lit de sangle* catre de tijera.

sangler [sɑ̃gle] *v tr* ceñir (ceindre), ajustar, apretar (serrer) ‖ cinchar (un cheval) ‖ azotar a, dar cintarazos a (frapper) ‖ asestar; *sangler un coup de fouet à quelqu'un* asestar un latigazo a alguien.

sanglier *m* ZOOL jabalí.
— OBSERV Le pluriel du mot *jabalí* est *jabalíes*.

sanglot *m* sollozo; *éclater en sanglots* prorrumpir en sollozos.

sangloter *v intr* sollozar.

sang-mêlé *m et f inv* mestizo, za.

sangria *f* sangría.

sangsue [sɑ̃sy] *f* ZOOL sanguijuela ‖ FIG chupón, ona (personne qui soutire de l'argent).

sanguin, e [sɑ̃gɛ̃, in] *adj* sanguíneo, a (tempérament) ‖ *— groupe sanguin* grupo sanguíneo ‖ *orange sanguine* naranja sanguina *ou* de sangre ‖ *vaisseaux sanguins* vasos sanguíneos.

sanguinaire *adj* sanguinario, ria; *un tyran sanguinaire* un tirano sanguinario.
◆ *f* BOT sanguinaria.

sanguine *f* sanguina (crayon et dessin) ‖ sanguina (orange) ‖ sanguinaria (pierre).

sanguinolent, e [sɑ̃ginɔlɑ̃, ɑ̃:t] *adj* sanguinolento, ta.

sanitaire *adj* sanitario, ria; *cordon sanitaire* cordón sanitario ‖ *— appareil sanitaire* aparato sanitario ‖ *installation sanitaire* instalación sanitaria.

sans [sɑ̃] *prép* sin ‖ *— sans cela, sans quoi* si no ‖ *sans cesse* sin cesar ‖ *sans doute* sin duda ‖ *sans fil* inalámbrico, sin hilos ‖ *sans inconvénient* sin inconvenientes ‖ *sans manches* sin mangas ‖ *sans qu'il s'en aperçoive* sin que se dé cuenta ‖ *sans scrupules* sin escrúpulos ‖ *— non sans peine* con mucha dificultad.

sans-abri *m et f inv les sans-abri* los sin casa.

San Salvador *n pr* GÉOGR San Salvador.

sans-cœur *m inv* desalmado, da.

sanscrit, e [sɑ̃skri, it] *adj* et *s m* → **sanskrit, e**.

sans-culotte *m* sans-culotte [revolucionario francés de 1792].

sans-emploi *m et f inv* desempleado, da.

sans-faute *m inv* algo sin tacha *ou* intachable.

sans-gêne *m inv* descaro, desparpajo, familiaridad *f* excesiva, frescura *f*.
◆ *m et f* FAM fresco, ca; descarado, da.

sanskrit, e; sanscrit, e [sɑ̃kri, it] *adj* et *s m* sánscrito, ta.

sans-le-sou [sɑ̃lsu] *m et f inv* pobretón, ona; pelado, da.

sans-logis [sɑ̃lɔʒi] *m et f* desalojado, da.

sansonnet [sɑ̃sɔnɛ] *m* ZOOL estornino.

Santa Cruz *n pr* GÉOGR Santa Cruz.

Santa Fe *n pr* GÉOGR Santa Fe.

santal *m* BOT sándalo.

santé *f* salud; *recouvrer la santé* recobrar la salud ‖ *— la Santé publique* Sanidad Pública ‖ *maison de santé* sanatorio psiquiátrico, casa de reposo ‖ *petite santé* salud delicada, poca salud ‖ *service de santé* Cuerpo de Sanidad Militar ‖ *— à votre santé* a su salud ‖ *— avoir une santé de fer* tener una salud de hierro ‖ *être en bonne santé* estar bien de salud ‖ *boire à la santé de* brindar por, beber a la salud de.

santiag *f* botas *pl* tejanas.

Santiago *n pr* GÉOGR Santiago (du Chili).

santon *m* santón (religieux musulman) ‖ figurita *f* de nacimiento (personnage de crèche).

Saône [so:n] *n pr f* GÉOGR Saona *m*.

São Paulo *n pr* GÉOGR São Paulo.

São Tomé et Príncipe *n pr* GÉOGR Santo Tomé y Príncipe.

saoudien, enne *adj* saudí.

Saoudien, enne *m et f* saudí.

saoul, e [su, sul] *adj* → **soûl**.

saouler [-le] *v tr* → **soûler**.

sapajou *m* ZOOL sajú, mono capuchino ‖ FIG mico, mequetrefe (petit homme laid).

sape *f* zapa (tranchée) ‖ FAM arma *m* de ingenieros ‖ POP trapos *m pl* (vêtement) ‖ FIG *travail de sape* labor de zapa.

saper *v tr* zapar, minar ‖ FIG socavar (détruire sournoisement) ‖ POP *être bien sapé* estar bien maqueado, ir de tiros largos.

saperlipopette! *interj* FAM ¡canastos!, ¡caracoles!

sapeur *m* MIL zapador.

sapeur-pompier *m* bombero.

saphique *adj* sáfico, ca; *vers saphique* verso sáfico.

saphir *m* zafiro.

saphisme *m* safismo, lesbianismo.

Sapho *n pr f* → **Sappho**.

sapide *adj* sápido, da.

sapidité *f* sapidez.

sapin *m* BOT abeto (arbre) ‖ pino (bois) ‖ *sapin blanc* o *argenté* abeto común, pinabete ‖ *sapin de Noël* árbol de Navidad ‖ FAM *sentir le sapin* oler a difunto.

sapinière *f* BOT abetal *m*, abetar *m*.

saponacé, e *adj* saponáceo, a; jabonoso, sa.

saponaire *f* BOT saponaria, jabonera.

saponification *f* CHIM saponificación.

saponifier* *v tr* CHIM saponificar.

Sappho; Sapho *n pr f* Safo.

sapristi! *interj* ¡caramba!, ¡caracoles!, ¡cáspita!

saprophyte *adj* et *s m* BOT saprófito, ta.

saquer; sacquer *v tr* POP poner de patitas en la calle, echar (chasser) ‖ FAM calificar bajo, tirar al degüello (dans un examen).
sar *m* sargo, mojarra *f* (poisson).
sarabande *f* MUS zarabanda ‖ FAM jaleo *m*, zarabanda.
Saragosse *n pr* GÉOGR Zaragoza.
Sarajevo *n pr* GÉOGR Sarajevo.
sarbacane *f* cerbatana.
sarcasme *m* sarcasmo.
sarcastique *adj* sarcástico, ca.
sarcastiquement *adv* con sarcasmo, sarcásticamente.
sarclage *m* AGRIC escarda *f*, escardadura *f*, sachadura *f*, salladura *f*.
sarcler *v tr* AGRIC escardar, sachar.
sarcloir *m* AGRIC escardillo, sacho, sallete.
sarcomateux, euse *adj* MÉD sarcomatoso, sa.
sarcome *m* MÉD sarcoma.
sarcophage *m* sarcófago.
Sardaigne *n pr f* GÉOGR Cerdeña.
sardane *f* sardana (danse).
sarde *adj* sardo, da.
Sarde *m et f* sardo, da.
sardine *f* sardina (poisson); *sardines à l'huile* sardinas en aceite ‖ FAM sardineta (galon).
sardinier, ère *adj et s* sardinero, ra.
◆ *m* ou *f* barco *m* sardinero, sardinera *f* (bateau) ‖ sardinal *m* (filet).
sardonique *adj* sardónico, ca.
Sargasses (mer des) *n pr* GÉOGR mar *m* de los Sargazos.
sari *m* sari [traje tradicional femenino de la India].
sarigue *f* ZOOL zarigüeya.
— OBSERV La palabra francesa *sarigue* se usa frecuentemente como masculino.
S.A.R.L. abrév de *société à responsabilité limitée* S.L., S.R.L., sociedad (de responsabilidad), limitada.
sarment *m* BOT sarmiento.
sarrasin, e *adj et s* sarraceno, na (musulman).
◆ *m* alforfón, trigo sarraceno (plante).
◆ *f* rastrillo *m* (herse).
sarrau *m* blusa *f*, blusón.
— OBSERV pl *sarraus* o *sarraux*.
Sarre *n pr f* GÉOGR Sarre *m*.
sarriette *f* BOT ajedrea.
sas [sα] *m* TECHN cedazo, tamiz (crible) ‖ cámara *f* de la esclusa (d'une écluse) ‖ esclusa *f* de aire, compartimiento estanco (écluse d'air).
S.A.S. abrév de *Son Altesse Sérénissime* S.A.S., Su Alteza Serenísima.
Satan *n pr m* Satán, Satanás.
satané, e *adj* FAM endiablado, da; endemoniado, da; *il fait un satané temps* hace un tiempo endemoniado ‖ maldito, ta; *satané coquin!* ¡maldito pillo!
satanique *adj* satánico, ca.
satanisme *m* satanismo.
satelliser *v tr* satelizar, poner en órbita (un satellite artificiel).
satellite *m* ASTR satélite ‖ MÉCAN satélite (pignon) ‖ — *satellite artificiel* satélite artificial ‖ *satellite de télécommunications* satélite de comunicaciones ‖ *satellite météorologique* satélite meteorológico ‖ *satellite scientifique* satélite científico.
◆ *adj et s m* satélite; *pays satellite* país satélite.
satiété [sasjete] *f* saciedad ‖ *jusqu'à satiété* hasta la saciedad, hasta más no poder.
satin *m* raso, satén (étoffe) ‖ FIG *peau de satin* piel aterciopelada.
satiné, e *adj* satinado, da ‖ arrasado, da (tissus).
◆ *m* lustre, brillo.
satiner *v tr* satinar.
satinette *f* rasete *m* (tissu).
satire *f* sátira ‖ *faire la satire de* satirizar.
satirique *adj et s* satírico, ca.
satiriser *v tr* satirizar.
satiriste *m* satírico.
satisfaction *f* satisfacción; *à ma grande satisfaction* para mi gran satisfacción ‖ — *donner satisfaction à quelqu'un* dar satisfacción a alguien; satisfacer a alguien por una ofensa *ou* un agravio ‖ *obtenir satisfaction* obtener una satisfacción *ou* una reparación.
satisfaire* *v tr* satisfacer; *satisfaire sa curiosité* satisfacer su curiosidad ‖ atender, satisfacer (une demande) ‖ *satisfaire à ses devoirs* cumplir con su deber.
satisfaisant, e *adj* satisfactorio, ria.
satisfait, e *adj* satisfecho, cha.
satisfecit [satisfesit] *m inv* testimonio, certificado de satisfacción.
saturateur *m* saturador.
saturation *f* saturación ‖ *arriver à saturation* saturar.
saturer *v tr* saturar ‖ FIG saturar, saciar, colmar (rassasier).
Saturne *n pr m* MYTH & ASTR Saturno.
satyre *m* MYTH sátiro (demi-dieu) ‖ FIG sátiro (débauché) ‖ ZOOL sátiro.
S.A.U. abrév de *surface agricole utile* superficie agrícola útil.
sauce [soːs] *f* salsa; *lier une sauce* trabar una salsa ‖ carboncillo *m* (fusain) ‖ FIG complemento *m*, accesorios *m pl* ‖ — *sauce blanche, blonde* salsa blanca, rubia ‖ *sauce tomate* salsa de tomate ‖ — *sauce à toutes les sauces* bueno para todo, en todas las formas | *mettre à toutes les sauces* estar siempre con (choses), servir para todo, ser el comodín (personne).
saucée *f* POP chubasco *m*, chaparrón *m* (averse) ‖ paliza (correction).
saucer* *v tr* mojar en salsa, rebañar; *saucer son pain* rebañar el pan ‖ FIG & FAM calar, empapar; *l'averse nous a saucés* el chaparrón nos ha empapado (tremper) | echar una bronca a (réprimander).
saucière *f* salsera.
saucisse *f* salchicha, longaniza (charcuterie) ‖ MIL & FAM salchicha (ballon d'observation) ‖ POP majadero *m*, bobo *m* ‖ FIG *ne pas attacher ses chiens avec des saucisses* ser tacaño *ou* roñoso.
saucisson *m* salchichón (charcuterie) ‖ MIL salchicha *f* (de mine).
saucissonner *v intr* FAM picar (manger).
◆ *v tr* FAM trocear (tronçonner) | encordelar (ficeler).

sauf [sof] *prép* salvo, excepto; *sauf erreur ou omission* salvo error u omisión ‖ — *sauf à* a reserva de ‖ *sauf avis contraire* salvo opinión contraria ‖ *sauf empêchement* salvo impedimento ‖ *sauf imprévu* salvo imprevistos ‖ *sauf que* salvo que, excepto que; *tout s'est bien passé sauf qu'il a plu toute la journée* todo fue bien salvo que llovió todo el día ‖ *sauf votre respect* con perdón de usted.

sauf, sauve [sof, soːv] *adj* salvado, da; *l'honneur est sauf* el honor está salvado ‖ — *sain et sauf* sano y salvo ‖ — *avoir la vie sauve* salir ileso ‖ *laisser la vie sauve à quelqu'un* perdonar la vida a alguien.

sauf-conduit [sofkɔ̃dyi] *m* salvoconducto.
— OBSERV pl *sauf-conduits*.

sauge *f* salvia (plante).

saugrenu, e [sogrəny] *adj* descabellado, da; estrafalario, ria; ridículo, la.

saule *m* BOT sauce, salce ‖ *saule pleureur* sauce llorón.

saumâtre *adj* salobre ‖ FIG desagradable; molesto, ta; pesado, da; *plaisanterie saumâtre* broma desagradable ‖ *je l'ai trouvée saumâtre* me ha hecho poquísima gracia.

saumon *m* ZOOL salmón ‖ TECHN galápago (fonderie).
◆ *adj inv* asalmonado, da (couleur).

saumoné, e *adj* salmonado, da; asalmonado, da; *truite saumonée* trucha salmonada.

saumure *f* salmuera.

sauna [sona] *m* sauna *f*.

saupoudrage *m* espolvoreamiento.

saupoudrer *v tr* espolvorear ‖ FIG salpicar, entreverar; *saupoudrer son discours de citations latines* salpicar su discurso de citas latinas.

saupoudreuse *f* espolvoreador *m*.

saur [sɔːr] *adj* ahumado, da (fumé); *hareng saur* arenque ahumado.

sauriens [sɔrjɛ̃] *m pl* ZOOL saurios.

saut [so] *m* salto; *faire un saut* dar un salto ‖ brinco (bond) ‖ salto de agua, cascada *f* (chute d'eau) ‖ cubrición *f* (étalon) ‖ FIG cambio brusco, salto ‖ *saut à ouverture retardée* salto con apertura retardada (parachute) ‖ *saut de carpe* salto de la carpa ‖ *saut de mouton* salto de carnero (cheval) ‖ *saut de page* salto de página ‖ SPORTS *saut en hauteur, en longueur, à la perche* salto de altura, de longitud, con pértiga ‖ *saut en parachute* salto con paracaídas ‖ *saut périlleux* salto mortal ‖ — *au saut du lit* al salir de la cama, al levantarse ‖ *de plein saut de* pronto, súbitamente ‖ — FIG & FAM *faire le grand saut* estirar la pata (mourir) ‖ FIG *faire le saut* pasar el Rubicón ‖ *faire un saut chez quelqu'un* dar ou pegar un salto a casa de uno ‖ *ne faire qu'un saut jusqu'à* ponerse de un salto en.

saut-de-lit [sodli] *m* salto de cama, bata *f*.
— OBSERV pl *sauts-de-lit*.

saute *f* cambio *m* brusco ‖ — MAR *saute de vent* salto *m* de viento ‖ *saute de température* cambio brusco de temperatura ‖ FIG *saute d'humeur* cambio brusco de humor.

sauté *m* CULIN salteado.

saute-mouton *m* JEUX pídola *f*; *jouer à saute-mouton* jugar a la pídola.

sauter *v intr* saltar; *sauter de bas en haut* saltar de abajo arriba ‖ echarse, lanzarse; *sauter au cou de quelqu'un* echarse en brazos de uno ‖ pasar, saltar; *sauter d'un sujet à l'autre* pasar de un tema a otro; *élève qui saute de troisième en première* alumno que salta de cuarto a sexto ‖ estallar; *la poudrière a sauté* el polvorín ha estallado ‖ cubrir (étalon) ‖ FAM pegar un salto (aller) ‖ FIG hundirse, arruinarse (la banque) | caer (un gouvernement) | saltar, brincar (de joie) ‖ MAR cambiar bruscamente de dirección (le vent) ‖ — *sauter à la corde* saltar a la cuerda ‖ *sauter à pieds joints, à cloche-pied* saltar a pie juntillas *ou* con los pies juntos, con un pie ‖ FIG *sauter aux nues, en l'air, jusqu'au plafond* ponerse hecho una fiera | *sauter aux yeux* saltar a la vista ‖ FAM *et que ça saute!* ¡y volando! ‖ — *faire sauter* saltear (cuire à feu vif), asaltar, atracar (une caisse), forzar, violar (une serrure), desbancar (la banque), volar (une poudrière), derribar (un gouvernement), quitar de en medio, suprimir (quelqu'un) ‖ *se faire sauter la cervelle* saltarse *ou* levantarse la tapa de los sesos.
◆ *v tr* saltar, franquear, salvar (une haie, un fossé) ‖ saltarse, omitir (une ligne, un repas) ‖ CULIN saltear ‖ POP *la sauter* morirse de hambre.

sauterelle [sotrɛl] *f* ZOOL saltamontes *m* (petite), langosta (grosse) ‖ TECHN falsa escuadra (équerre) | cinta transportadora elevadora (bande transporteuse).

sauterie *f* FAM guateque *m*.

sauternes *m* vino bordelés de Sauternes.

sauteur, euse *adj et s* saltador, ra ‖ FIG & FAM veleta *f*, persona *f* inconstante (personne peu sérieuse) ‖ SPORTS *sauteur à la perche* saltador de pértiga | *sauteur en longueur, en hauteur* saltador de longitud, de altura.
◆ *m* caballo de saltos (cheval) ‖ saltador (insecte).

sautillant, e [sotijɑ̃, ɑ̃ːt] *adj* brincador, ra ‖ FIG descosido, da; cortado, da (style).

sautillement [-tijmɑ̃] *m* saltillo, saltito.

sautiller [-tije] *v intr* brincar, dar saltitos ‖ FIG ser descosido (style).

sautoir *m* aspa *f* (croix) ‖ sartén *f* para saltear, saltadero (endroit pour sauter) ‖ collar muy largo (collier) ‖ BLAS sotuer ‖ *en sautoir* en forma de aspa (deux épées), al pecho (ruban d'un ordre).

sauvage *adj et s* ZOOL salvaje; bravío, a (animaux) ‖ BOT silvestre, borde ‖ FIG salvaje (non civilisé) | huraño, ña; arisco, ca (solitaire) | bárbaro, ra (brute).

sauvagement *adv* salvajemente, brutalmente ‖ *il a été sauvagement assassiné* ha sido salvajemente asesinado.

sauvageon, onne [sovaʒɔ̃, ɔn] *m et f* insociable (adulte), salvaje (enfant).

sauvagerie [-ʒri] *f* salvajismo *m* (état) ‖ salvajada (action) ‖ insociabilidad, huraña.

sauvagin, e [-ʒɛ̃, in] *adj et s m* salvajino, na.
◆ *f* salvajina (*p us*).

sauvegarde *f* salvaguardia, salvaguarda; *les lois sont la sauvegarde de la liberté* las leyes son la salvaguardia de la libertad ‖ MAR varón *m* ‖ INFORM copia de seguridad, salvaguarda ‖ DR *clause de sauvegarde* cláusula de salvaguardia.

sauvegarder *v tr* salvaguardar, proteger, salvar.

sauve-qui-peut [sovkipø] *m inv* desbandada *f*.

sauver *v tr* salvar; *sauver un naufragé* salvar a un náufrago ‖ salvar, preservar; *sauver son honneur* preservar su honor ‖ — *sauver la vie à quelqu'un* salvarle la vida a alguien || *sauver les apparences* cubrir las apariencias.

◆ *v pr* salvarse || escaparse, largarse (s'enfuir) | irse (partir) | salirse (liquide) || *sauve qui peut!* ¡sálvese quien pueda!

sauvetage *m* salvamento || — *sauvetage en montagne* salvamento *ou* rescate de montaña || — MAR *bouée de sauvetage* guíndola, salvavidas | *canot de sauvetage* bote de salvamento, bote salvavidas | *ceinture, gilet de sauvetage* cinturón, chaleco salvavidas | *société de sauvetage* sociedad de salvamento de náufragos.

sauveteur *adj* et *s* salvador (celui qui sauve) || salvavidas (qui sert à sauver).

sauvette (à la) *loc adv* FIG de prisa y corriendo, precipitadamente || *marchand à la sauvette* vendedor ambulante no autorizado.

sauveur *adj* et *s* salvador; *le sauveur de son père* el salvador de su padre || salvador, libertador (libérateur) || RELIG *le Sauveur* el Salvador.

— OBSERV El femenino del adjetivo *sauveur* es *salvatrice.*

S.A.V. abrév de *service après-vente* servicio posventa.

savamment *adv* sabiamente | sabiendo a qué atenerse, con conocimiento de causa (en connaissance de cause).

savane *f* sabana (dans la zone tropicale).

savant, e *adj* sabio, bia; erudito, ta || hábil; *une manœuvre savante* una maniobra hábil || amaestrado, da; sabio, bia; *chien savant* perro amaestrado | *femme savante* marisabidilla || *mot savant* palabra culta | *société savante* sociedad científica.

◆ *m* et *f* sabio, bia || científico *m*.

savarin *m* saboyana *f*, bizcocho borracho (gâteau).

savate *f* chancla (soulier usé) || chancleta (soulier sans talon); *en savates* en chancletas || boxeo *m* francés (sports) || FIG torpe *m* (maladroit) || MAR anguila || FAM *traîner la savate* estar en la miseria, andar a la cuarta pregunta.

savetier *m* (*vx*) zapatero remendón (cordonnier).

saveur *f* sabor *m* || *avoir la saveur de* tener sabor a, saber a.

Savoie *n pr f* GÉOGR Saboya.

savoir* *v tr* saber; *je le sais bien* ya lo sé || poder (seulement avec le verbe au conditionnel); *rien ne saurait m'en empêcher* nada me lo podría impedir || — *savoir de bonne source* saber de buena tinta || *savoir gré* agradecer || *savoir par cœur* saber de memoria || *savoir sur le bout du doigt* saber de corrido, al dedillo, de carretilla || *savoir y faire* saber arreglárselas || — *à savoir*, quiere decir || *comme chacun sait* como es sabido | *Dieu sait, Dieu seul le sait* sabe Dios || *en savoir bien d'autres* ser capaz de eso y de mucho más || *en savoir long* saber un rato de eso, tener mucha letra menuda || *faire savoir* dar a conocer (informer), hacer saber (une autorité) || *je crois savoir que* tengo entendido que || *ne pas être sans savoir que* no ignorar que || *ne pas savoir où se mettre* no saber dónde meterse || *ne savoir à quel saint se vouer* no saber a qué santo encomendarse || *ne pas savoir sur quel pied danser* no saber a qué carta quedarse || *ne vouloir rien savoir* no querer saber nada || *on ne saurait dire* no podemos decir || *reste à savoir* queda por saber, sólo queda por saber || *un je-ne-sais-quoi* un no sé qué.

◆ *v intr* saber || — *je n'en sais rien* no sé nada, no tengo ni idea || *pas que je sache* que yo sepa no || *tu ne peux pas savoir!* ¡no *ou* ni te imaginas!

◆ *v pr* saberse; *tout finit par se savoir* todo acaba sabiéndose, todo llega a saberse || *cette fille se sait jolie* esta muchacha sabe que es guapa.

savoir *m* saber, sabiduría *f*, cultura *f*; *homme de grand savoir* hombre de gran cultura.

savoir-faire *m inv* tacto, tino, mano *f* izquierda (habileté) || conocimientos especializados *ou* prácticos *ou* técnicos, tecnología *f*, pericia *f*, «savoir faire» (compétence professionnelle).

savoir-vivre *m inv* mundología *f*, usos sociales *m pl*, trato social.

savon *m* jabón; *savon de toilette* jabón de tocador *ou* de olor; *savon en paillettes* jabón en escamas || FIG & FAM jabón, bronca *f*, rapapolvo (réprimande); *passer un savon à quelqu'un* dar un jabón *ou* echar una bronca a alguien || — *savon à barbe* jabón de afeitar || — *boîte à savon* jabonera || *bulle de savon* burbuja *ou* pompa de jabón.

savonnage *m* enjabonado, jabonadura *f*, enjabonadura *f*.

savonner *v tr* enjabonar, jabonar || FIG & FAM dar un jabón, echar una bronca.

savonnerie *f* jabonería || *la Savonnerie* la Savonnerie, antigua manufactura real de tapices en Francia.

savonnette *f* pastilla de jabón.

savonneux, euse *adj* jabonoso, sa.

savourer *v tr* saborear.

savoureux, euse *adj* sabroso, sa.

savoyard, e [savwajaːr, ard] *adj* saboyano, na.

Savoyard, e *m* et *f* saboyano, na.

saxe *m* porcelana *f* de Sajonia; *un service de vieux saxe* un servicio de vieja porcelana de Sajonia.

Saxe *n pr f* GÉOGR Sajonia || *Basse-Saxe* Baja Sajonia.

saxhorn [saksɔrn] *m* MUS bombardino (instrument).

saxo *m* FAM saxo.

saxon, onne *adj* sajón, ona.

Saxons *n pr m pl* sajones.

saxophone *m* MUS saxofón, saxófono.

saxophoniste *m* et *f* MUS saxofonista.

saynète [sɛnɛt] *f* THÉÂTR sainete *m*.

sbire *m* esbirro, polizonte.

scabreux, euse *adj* escabroso, sa; *un sujet scabreux* un tema escabroso.

scalaire *adj* escalar.

◆ *m* angelote, pez ángel (poisson).

scalène *adj m* GÉOM escaleno.

scalp *m* cuero cabelludo, cabellera *f* (trophée chez les Amérindiens).

scalpel *m* MÉD escalpelo.

scalper *v tr* escalpar, despojar del cuero cabelludo.

scandale *m* escándalo; *faire un* o *du scandale* armar un escándalo || — *pierre de scandale* piedra de escándalo || — *au grand scandale de* escandalizando a.

scandaleusement *adv* escandalosamente, con escándalo (honteusement) || terriblemente (excessivement) || *c'est scandaleusement cher* es carísimo.

scandaleux, euse *adj* escandaloso, sa.

scandaliser *v tr* escandalizar; *scandaliser ses voisins* escandalizar a los vecinos.
◆ *v pr* escandalizarse; *se scandaliser de* escandalizarse con.
scander *v tr* POÉT escandir, medir ‖ MUS acompasar.
scandinave *adj* escandinavo, va.
Scandinave *m et f* escandinavo, va.
Scandinavie *n pr f* GÉOGR Escandinavia.
scanner; scanneur *m* MÉD escáner, tomógrafo ‖ INFORM escáner.
scanographie *f* MÉD tomografía computada (procédé) ‖ escanograma (image obtenue).
scansion *f* POÉT escansión.
scaphandre *m* escafandra *f*, escafandro.
scaphandrier *m* buzo.
scapulaire *m* RELIG escapulario.
◆ *adj* ANAT escapular [del hombro].
scarabée *m* ZOOL escarabajo.
scarificateur *m* AGRIC & MÉD escarificadora *f*.
scarification *f* MÉD escarificación.
scarifier* *v tr* AGRIC & MÉD escarificar.
scarlatine *f* MÉD escarlatina.
scarole *f* BOT escarola.
scat *m* canción *f* de jazz con letra improvisada *ou* disparatada (improvisation).
scatologie *f* escatología [broma soez].
scatologique *adj* escatológico, ca.
sceau [so] *m* sello ‖ *garde des Sceaux* ministro de Justicia ‖ FIG *sous le sceau du secret* bajo secreto.
scélérat, e [selera, at] *adj et s* malvado, da (méchant, criminel), perverso, sa; alevoso, sa (perfide) ‖ FIG & FAM bribonzuelo, la; pillo, lla.
scellé, e [sɛle] *adj* sellado, da; precintado, da ‖ AUTOM *circuit scellé* circuito precintado.
◆ *m pl* sello *sing*, precinto *sing* sellado ‖ DR *bris de scellés* violación de sello, quebrantamiento de sello ‖ *mettre les scellés* precintar.
scellement [-lmã] *m* TECHN empotramiento.
sceller [-le] *v tr* sellar; *sceller d'un cachet de cire* sellar con sello de lacre ‖ FIG poner el sello a, confirmar (confirmer) ‖ precintar (une porte) ‖ TECHN empotrar (fixer) ‖ tapar (boucher) ‖ FIG sellar, asegurar, consolidar; *sceller l'amitié* sellar la amistad.
scénario [senarjo] *m* argumento (canevas d'une pièce) ‖ CINÉM guión.
scénariste [-rist] *m et f* CINÉM guionista ‖ THÉÂTR autor, ra de argumentos.
scène [sɛːn] *f* THÉÂTR escena, escenario *m*; *être sur scène* estar en el escenario ‖ escena (subdivision d'un acte) ‖ tablas *pl* (art dramatique) ‖ escena; *c'est une scène attendrissante* es una escena conmovedora ‖ teatro; *cette pièce a été la scène du crime* este cuarto ha sido el teatro del crimen ‖ FAM riña, disputa, altercado *m*; *une scène de ménage* una riña conyugal ‖ *— sur le devant de la scène* en primer plano ‖ *— entrer en scène* salir a escena ‖ *faire une scène à quelqu'un* hacer una escena *ou* armar un escándalo a uno ‖ *mettre en scène* dirigir (cinéma, théâtre) ‖ *mettre sur* o *porter à la scène* llevar a la escena ‖ *monter sur scène* pisar el escenario ‖ *porter à la scène* llevar a escena ‖ *sortir de scène* hacer mutis.
scénique [senik] *adj* escénico, ca.
scénographe *m et f* escenógrafo, fa.

scénographie *f* escenografía.
scepticisme [sɛptism] *m* escepticismo.
sceptique [-tik] *adj et s* escéptico, ca.
sceptre [sɛptr] *m* cetro ‖ FIG *sceptre de fer* gobierno de hierro *ou* despótico.
schah; shah; chah [ʃa] *m* cha, chah, shah (roi d'Iran).
schéma [ʃema] *m* esquema (dessin) ‖ FIG esquema, plan (d'un projet, d'un ouvrage).
schématique *adj* esquemático, ca.
schématiquement *adv* esquemáticamente.
schématisation *f* esquematización.
schématiser *v tr* esquematizar.
schématisme *m* esquematismo.
schème *m* PHILOS esquema.
scherzo [skertzo]; **scherzando** [-tzãdo] *adv et s m* MUS scherzo.
schilling [ʃiliŋ] *m* schilling (monnaie de l'Autriche).
schismatique [ʃismatik] *adj et s* RELIG cismático, ca.
schisme *m* RELIG cisma.
schiste *m* MIN esquisto ‖ pizarra *f*; *schiste bitumineux* pizarra bituminosa.
schisteux, euse *adj* esquistoso, sa; laminar; pizarroso, sa.
schizo *adj et s* FAM esquizofrénico, ca.
schizophrène [skizɔfrɛːn] *m et f* esquizofrénico, ca.
schizophrénie [-freni] *f* MÉD esquizofrenia.
schizophrénique [ski-] *adj* MÉD esquizofrénico, ca.
schlittage [ʃlitaːʒ] *m* arrastre de maderas en trineo [en los Vosgos franceses].
schnaps [ʃnaps] *m* FAM aguardiente.
schuss [ʃus] *m* schuss (ski); *descendre en schuss* descender en schuss.
sciage *m* aserradura *f* (action) ‖ *bois de sciage* madera serradiza.
sciatique *adj et s f* ciático, ca; *nerf sciatique* nervio ciático.
scie [si] *f* TECHN sierra; *scie à métaux* sierra para metales ‖ pez *m* sierra (poisson) ‖ FAM lata, tabarra, pesadez (chose ennuyeuse), tostón *m* (personne ennuyeuse) | estribillo *m* (rengaine) ‖ *— scie à bois* sierra para leña ‖ *scie à contourner* o *à découper* segueta ‖ *scie à ruban* sierra de cinta ‖ *scie à tronçonner* tronzador ‖ *scie circulaire* sierra circular ‖ *scie de long* sierra abrazadera ‖ *scie égoïne* o *à main* serrucho ‖ *scie sauteuse* sierra alternativa vertical ‖ *— en dents de scie* en forma de sierra.
sciemment [sjamã] *adv* a sabiendas.
science *f* ciencia ‖ *— sciences naturelles* ciencias naturales ‖ *sciences humaines, sociales* ciencias humanas, sociales ‖ *sciences politiques (sciences po)* ciencias políticas ‖ *— de science certaine* a ciencia cierta.
science-fiction *f* ciencia ficción.
scientifique *adj et s* científico, ca.
scientifiquement *adv* científicamente.
scientisme *m* cientificismo.
scientiste *adj et s* partidario, ria del cientificismo.
scier* [sje] *v tr* serrar, aserrar ‖ FIG & FAM dejar de una pieza (étonner vivement); *cette nouvelle m'a*

scié esta noticia me ha dejado de una pieza ‖ MAR ciar ‖ FIG & FAM *scier le dos à quelqu'un* dar la lata *ou* el tostón a alguien.
scierie [siri] *f* aserradero *m*, serrería.
scinder [sɛ̃de] *v tr* escindir, separar, dividir.
scintillant, e [sɛ̃tijɑ̃, ɑ̃:t] *adj* centelleante ‖ titilante (une étoile) ‖ brillante, chispeante (le style).
scintillation [-jasjɔ̃] *f*; **scintillement** [-jmɑ̃] *m* centelleo *m*.
scintiller [-je] *v intr* centellear, cintilar ‖ titilar (les étoiles) ‖ FIG brillar.
scion [sjɔ̃] *m* AGRIC retoño, renuevo, pimpollo (pousse) ‖ púa *f* (pour greffer) ‖ rabiza *f* (de la canne à pêche).
Scipion [sipjɔ̃] *n pr m* Escipión.
scission [sisjɔ̃] *f* escisión.
scissionniste *adj et s* escisionista.
scissipare *adj* ZOOL escisíparo, ra; fisíparo, ra.
scissiparité *f* escisiparidad, fisiparidad.
sciure [sjy:r] *f* serrín *m*, aserrín *m* (de bois).
scléreux, euse *adj* MÉD escleroso, sa.
sclérose *f* MÉD esclerosis; *sclérose en plaques (S.E.P.)* esclerosis en placas.
sclérosé, e *adj* MÉD escleroso, sa.
scléroser (se) *v pr* endurecerse ‖ FIG estancarse, padecer esclerosis (habitudes, institutions, etc.).
scolaire *adj* escolar; *année scolaire* curso escolar ‖ *d'âge scolaire* en edad escolar.
scolarisable *adj* que puede ser escolarizado, da.
scolarisation *f* escolarización ‖ asistencia a las escuelas.
scolarisé, e *adj* escolarizado, da.
scolariser *v tr* escolarizar, dar instrucción.
scolarité *f* escolaridad; *scolarité obligatoire* escolaridad obligatoria ‖ *— âge de scolarité* edad escolar ‖ *frais de scolarité* gastos de escolaridad.
scolastique *adj* escolástico, ca.
◆ *m* escolástico (écrivain).
◆ *f* escolástica (enseignement).
scoliose *f* MÉD escoliosis.
scolopendre *f* ZOOL escolopendra, ciempiés ‖ BOT escolopendra, lengua de ciervo.
scoop [skup] *m* scoop, pisotón [jerga periodística].
scooter [skutœːr] *m* scooter.
scorbut [skɔrbyt] *m* MÉD escorbuto.
scorbutique *adj et s* MÉD escorbútico, ca.
score *m* SPORTS tanteo ‖ *ouvrir le score* abrir *ou* hacer funcionar el marcador.
scorie *f* escoria.
scorpion *m* ZOOL escorpión, alacrán.
Scorpion *m* ASTR Escorpio.
scotch [skɔtʃ] *m* whisky (escocés).
Scotch [skɔtʃ] *m* (nom déposé) celo.
scotcher *v tr* pegar con celo.
scout, e [skut] *m et f* scout, explorador, ra.
◆ *adj* de los exploradores.
scoutisme [-tism] *m* escutismo, organización *f* de exploradores.
Scrabble [skrabəl] ou [skrabl] *m* (nom déposé) JEUX scrabble.
scratcher [skratʃe] *v tr* eliminar, descalificar (d'une épreuve sportive).

scribe *m* escriba (dans l'Antiquité) ‖ escribiente (qui fait des écritures) ‖ FAM chupatintas, plumífero.
scribouillard *m* FAM chupatintas, plumífero.
script [skript] *m* script, texto, copia *f*, guión.
scripte [skript] *m et f* CINÉM script, anotador, ra.
scriptural, e *adj* escriturario, ria.
scrofuleux, euse *adj et s* escrofuloso, sa.
scrotum [skrɔtɔm] *m* ANAT escroto.
scrupule *m* escrúpulo; *être sans scrupule* no tener ningún escrúpulo ‖ *se faire scrupule de quelque chose* tener escrúpulos *ou* dudas con respecto a algo.
scrupuleusement *adv* escrupulosamente, al pie de la letra.
scrupuleux, euse *adj* escrupuloso, sa.
scrutateur, trice *adj* escrutador, ra; escudriñador, ra.
scruter *v tr* escudriñar, escrutar ‖ *scruter l'horizon* otear el horizonte.
scrutin *m* escrutinio, recuento de votos; *dépouiller le scrutin* efectuar el escrutinio, hacer el recuento de votos ‖ *— scrutin à deux tours* votación *ou* elecciones a dos vueltas ‖ *scrutin de ballotage* votación de desempate, votación adicional ‖ *scrutin proportionnel, majoritaire* escrutinio proporcional, mayoritario ‖ *scrutin uninominal* escrutinio uninominal.
sculpter [skylte] *v tr* esculpir; *sculpter sur marbre* esculpir en mármol.
sculpteur [-tœːr] *m* escultor, tallista.
sculptural, e [-tyral] *adj* escultural.
sculpture [-tyːr] *f* escultura; *sculpture sur bois* escultura en madera.
◆ *pl* dibujos *m*, ranuras, resaltos *m* (pneus).
S.D.F. *abrév de sans domicile fixe* sin domicilio fijo.
S.D.N. *abrév de Société des Nations* Sociedad de Naciones.
se [sə] *pron pers réfl* se.
— OBSERV Lorsque le pronom espagnol *se* accompagne un verbe à l'infinitif ou au gérondif, il est obligatoirement enclitique (*se faire* hacerse; *en se promenant* paseándose).
séance *f* sesión; *ouvrir, lever la séance* abrir, levantar la sesión ‖ *— séance de cinéma* sesión de cine ‖ *séance plénière* pleno, sesión plenaria ‖ *séance tenante* acto continuo *ou* sobre la marcha ‖ *— en séance publique* en sesión pública.
séant, e *adj* decente; decoroso, sa (décent) ‖ que celebra sus sesiones (siégeant).
◆ *m* postura *f* del que está sentado ‖ *— être sur son séant* estar sentado ‖ *se mettre sur son séant* incorporarse, sentarse.
seau [so] *m* cubo ‖ FAM *il pleut à seaux* llueve a cántaros.
sébacé, e *adj* sebáceo, a; *glandes sébacées* glándulas sebáceas.
sébile *f* platillo *m*, escudilla.
séborrhée *f* MÉD seborrea.
sébum [sebɔm] *m* sebo.
sec, sèche [sɛk, sɛʃ] *adj* seco, ca; *terrain, temps sec* terreno, tiempo seco ‖ paso, sa; seco, ca (fruits) ‖ enjuto, ta (maigre) ‖ FIG seco, ca; *un bruit sec* un ruido seco; *une réponse sèche* una respuesta seca ‖ *— nourrice sèche* ama seca ‖ *pain, vin sec* pan, vino seco ‖ *perte sèche* pérdida completa ‖ *raisins secs*

sécable

pasas, uvas pasas ‖ — *à pied sec* a pie enjuto ‖ FAM *en cinq sec* en un dos por tres.

◆ *m* seco, lo seco ‖ *pienso seco (pour les bestiaux)* ‖ — *au sec* en seco ‖ *tenir au sec* guárdese en sitio seco (médicament).

◆ *adv* secamente; *parler sec* hablar secamente ‖ rotundamente, tajantemente, sin rodeos; *il m'a dit non tout sec* me dijo no rotundamente ‖ — *boire sec* ser un gran bebedor ‖ — *à sec* en seco; *nettoyer à sec* limpiar en seco; pelado, da; tronado, da (sans argent), vacío, a (vide), agotado, da; *ce poète est à sec* este poeta está agotado ‖ MAR *à sec de voile* a palo seco ‖ — FAM *mettre quelqu'un à sec* dejarle a uno limpio (ruiner).

sécable *adj* divisible, cortable.

SECAM; Secam abrév de *séquentiel à mémoire* sistema francés de TV en color.

sécant, e *adj* et *s f* GÉOM secante.

sécateur *m* AGRIC podadera *f*, tijera *f* para podar.

sécession [sesesjɔ̃] *f* secesión ‖ *la guerre de Sécession* la guerra de Secesión ‖ *faire sécession* separarse de.

sécessionniste *adj* et *s* secesionista.

séchage *m* secado, secamiento.

sèche *f* FAM pitillo *m*, cigarro, cilindrín *m* (cigarette); *griller une sèche* echar un pitillo.

sèche-cheveux [sɛʃʃəvø] *m* secador [de pelo].

sèche-linge *m inv* secadora *f*.

sèche-mains *m inv* secamanos automático.

sèchement *adv* secamente; *répondre sèchement* contestar secamente.

sécher* *v tr* secar ‖ FIG fumarse [la clase] (argot scolaire).

◆ *v intr* secarse ‖ estar pez *ou* pegado (argot scolaire) ‖ hacer novillos (faire l'école buissonnière) ‖ — FIG *sécher de dépit* reventar de despecho ‖ *sécher sur pied* consumirse de tristeza.

sécheresse [seʃrɛs] *f* sequedad ‖ AGRIC sequía ‖ FIG sequedad, esterilidad (absence d'images) ‖ sequedad, aridez (de l'âme) ‖ aridez (du style) ‖ sequedad (du ton).

séchoir *m* secadero (lieu) ‖ secador (appareil) ‖ tendedero (pour étendre le linge).

second, e [səgɔ̃, ɔ̃:d] *adj* segundo, da ‖ secundario, ria; *un ouvrage de second intérêt* una obra de interés secundario ‖ *de seconde main* de segunda mano, de lance ‖ — *être dans un état second* estar fuera de la realidad ‖ *trouver un second souffle* encontrar un nuevo impulso.

◆ *m* segundo (personne ou chose en deuxième rang) ‖ suplente, segundo (suppléant) ‖ segundo piso ‖ padrino (duel) ‖ subcampeón (dans un championnat) ‖ — MAR *capitaine en second* el segundo de a bordo ‖ MIL *commandant en second* segundo jefe.

◆ *f* AUTOM segunda (boîte de vitesses) ‖ segunda (qui vient en deuxième rang) ‖ *seconde, classe de seconde* quinto año de bachillerato (lycée).

secondaire [-dɛːr] *adj* secundario, ria ‖ — *enseignement secondaire* segunda enseñanza, enseñanza media ‖ *secteur secondaire* sector secundario *ou* industrial.

◆ *m* secundario.

secondairement *adv* accesoriamente.

seconde [səgɔ̃:d] *f* segundo *m* (angle et temps) ‖ segunda (de devinette, d'escrime) ‖ *voyager en seconde* viajar en segunda.

seconder [səgɔ̃de] *v tr* secundar.

secouer *v tr* sacudir; *secouer un torchon* sacudir un trapo ‖ zarandear (agiter très fort) ‖ agitar; *secouer la tête* agitar la cabeza ‖ FIG trastornar; *sa maladie l'a secoué* su enfermedad lo ha trastornado ‖ impresionar, trastornar; *cette nouvelle m'a secoué* esta noticia me ha impresionado ‖ FIG & FAM reñir, sacudir (réprimander) ‖ — *secouer la poussière d'un tapis* sacudir una alfombra ‖ *secouer le joug* sacudir el yugo ‖ FIG & FAM *secouer les puces* sacudir el polvo.

◆ *v pr* sacudirse ‖ FAM reaccionar (ne pas se laisser aller).

secourable *adj* caritativo, va; compasivo, va.

secourir* *v tr* socorrer; *secourir les pauvres* socorrer a los pobres.

secourisme *m* socorrismo.

secouriste *m* et *f* socorrista.

secours [səkuːr] *m* socorro, auxilio; *appeler au secours* pedir socorro; *porter secours* prestar socorro ‖ — *le secours en montagne* auxilio *ou* socorro en montaña ‖ *roue de secours* rueda de repuesto ‖ *sortie de secours* salida de emergencia ‖ — *au secours!* ¡auxilio!, ¡socorro! ‖ *appeler quelqu'un à son secours* pedir auxilio a alguien ‖ *être d'un grand secours* ser de una gran ayuda.

◆ *pl* refuerzos (troupes) ‖ donativos (dons) ‖ — *premiers secours* primeros auxilios.

secousse *f* sacudida; *secousse tellurique* sacudida telúrica ‖ FIG conmoción; *une secousse politique* una conmoción política.

secret [səkrɛ] *m* secreto; *le secret de Polichinelle* el secreto a voces ‖ — *secret de fabrication* secreto de fabricación ‖ *secret médical* secreto médico ‖ *serrure à secret* cerradura de secreto ‖ — *en secret* en secreto ‖ — *être tenu au secret professionnel* estar obligado *ou* vinculado por el secreto profesional ‖ *garder un secret, observer un secret* guardar un secreto ‖ *mettre au secret* incomunicar, dejar incomunicado ‖ *parler en secret* secretear.

secret, ète [səkrɛ, ɛːt] *adj* secreto, ta.

secrétaire *m* et *f* secretario, ria ‖ — *secrétaire de mairie* secretario municipal ‖ *secrétaire d'ambassade* secretario de embajada ‖ *secrétaire de direction* secretaria de dirección ‖ *secrétaire d'État* ministro (ministre), secretario de Estado (aux États-Unis et au Vatican) ‖ *secrétaire de rédaction* secretario de redacción ‖ *secrétaire général (S.G.)* secretario general ‖ *secrétaire médicale* secretaria médica.

◆ *m* escritorio, secreter (meuble) ‖ ZOOL serpentario.

secrétariat [səkretarja] *m* secretaría *f* (bureau) ‖ secretariado (emploi).

secrètement *adv* secretamente.

sécréter* *v tr* segregar, secretar.

sécréteur, euse; sécréteur, trice *adj* secretor, ra; secretorio, ria.

sécrétion *f* ANAT secreción.

sectaire *adj* et *s* sectario, ria.

sectarisme *m* sectarismo.

secte *f* secta.

secteur *m* GÉOM sector; *secteur circulaire, sphérique* sector circular, esférico ‖ ÉCON sector; *secteur primaire, secondaire, tertiaire* sector primario *ou* agropecuario, secundario *ou* industrial, terciario *ou* de servicios ‖ *secteur public, privé* sector público, privado ‖ MIL sector ‖ ÉLECTR red *f*; *brancher sur le* *secteur* conectar con la red; *fonctionne sur pile et secteur* funciona con pila *ou* pilas y con electricidad.

section *f* sección, corte *m* (coupe) ‖ sección, departamento *m* (administration); *section du Conseil d'État* sección del Consejo de Estado ‖ — *section conique* sección cónica ‖ *section d'autoroute* tramo de autopista ‖ *section électorale* distrito electoral ‖ *section littéraire, scientifique* letras, ciencias ‖ MUS *section rythmique* sección rítmica.

sectionner *v tr* seccionar, cortar, partir.
sectoriel, elle *adj* sectorial.
sectorisation *f* división *ou* organización en sectores.
sectoriser *v tr* dividir *ou* organizar en sectores.
sécu *f* FAM Seguridad Social.
séculaire *adj* secular.
séculariser *v tr* secularizar.
séculier, ère *adj* secular (du siècle, du monde); *clergé séculier* clero secular ‖ *bras séculier* brazo secular.
◆ *m* seglar, lego ‖ laico (laïque).
secundo [səgɔ̃do] *adv* en segundo lugar, segundamente.
sécurisant, e *adj* que da seguridad.
sécuriser *v tr* dar seguridad, tranquilizar.
sécuritaire *adj* relativo, va a la seguridad pública.
sécurité *f* seguridad ‖ seguro *m* (d'une arme) ‖ — *Sécurité sociale* Seguridad Social (législation et organisme), seguros *m pl* sociales (assurances) ‖ — *forces de sécurité* fuerzas de seguridad ‖ *la sécurité de l'emploi* la seguridad del empleo ‖ *la sécurité internationale* la seguridad internacional ‖ *la sécurité routière* la seguridad vial ‖ *système de sécurité* sistema de seguridad ‖ — *être en sécurité* estar fuera de peligro ‖ *remboursé par la Sécurité sociale* incluido en el petitorio del Seguro de Enfermedad (médicament).
sédatif, ive *adj et s m* MÉD sedativo, va; sedante; *ordonner un sédatif* recetar un sedante.
sédentaire *adj et s* sedentario, ria.
sédentarisation *f* asentamiento *m* de los nómadas.
sédentariser *v tr* asentar a los nómadas.
sédentarité *f* estado sedentario.
sédiment *m* sedimento.
sédimentaire *adj* sedimentario, ria.
sédimentation *f* sedimentación.
séditieux, euse *adj et s* sedicioso, sa.
sédition *f* sedición.
séducteur, trice *adj et s* seductor, ra.
séduction *f* seducción ‖ atractivo *m* (attrait irrésistible).
séduire* *v tr* seducir, cautivar; *séduire par de belles promesses* seducir con hermosas promesas ‖ seducir (une femme) ‖ sobornar, corromper; *séduire un témoin* sobornar a un testigo.
séduisant, e *adj* seductor, ra; atractivo, va.
séfarade *adj* sefardí.
Séfarade *m et f* sefardí.
segment [sɛgmɑ̃] *m* GÉOM & MÉCAN segmento.
segmentaire *adj* segmentario, ria.
segmentation *f* segmentación.
segmenter *v tr* segmentar.

Ségovie *n pr* GÉOGR Segovia.
ségrégatif, ive *adj* segregativo, va.
ségrégation *f* segregación; *ségrégation raciale* segregación racial.
ségrégationnisme *m* segregacionismo, segregación *f* racial.
ségrégationniste *adj et s* segregacionista.
seiche *f* sepia, jibia ‖ GÉOGR variación del nivel, desnivel *m* (d'un lac).
seigle [sɛːgl] *m* BOT centeno; *seigle ergoté* centeno atizonado.
seigneur [sɛɲœːr] *m* señor ‖ — *le Seigneur* Dios, el Señor ‖ *Notre Seigneur* nuestro Señor, Jesucristo ‖ *Seigneur!, Seigneur Dieu!* ¡Dios mío! ‖ *seigneur et maître* dueño y señor ‖ — *à tout seigneur tout honneur* a tal señor tal honor ‖ — *faire le seigneur* tener muchos humos, dárselas de señor ‖ *vivre en grand seigneur* vivir a lo grande.
seigneurial, e [-rjal] *adj* señoril, señorial.
seigneurie [-ri] *f* señorío *m* (autorité et territoire) ‖ señoría (titre); *votre seigneurie* su señoría.
sein [sɛ̃] *m* ANAT pecho; *donner le sein à un nourrisson* dar el pecho a un nene ‖ FIG pecho, seno; *presser contre son sein* apretar contra su pecho ‖ seno, centro; *dans le sein de la Terre* en el seno de la Tierra ‖ — *le sein d'Abraham* el seno de Abraham ‖ — *au sein de* dentro de, en el mismo, en el seno de.
Seine *n pr f* GÉOGR Sena *m*.
seing [sɛ̃] *m* DR firma *f* ‖ — *blanc-seing* firma en blanco ‖ *sous seing privé* sin legalizar.
séisme *m* seísmo, sismo, terremoto.
séismicité; sismicité *f* frecuencia de seísmos.
séismique; sismique *adj* sísmico, ca.
séismographe; sismographe *m* sismógrafo.
séismologie; sismologie *f* sismología.
S.E.I.T.A. abrév de *Société nationale d'exploitation industrielle des tabacs et allumettes* Sociedad Nacional de Explotación Industrial de Tabacos y Cerillas [Francia].
seize [sɛːz] *adj et s m inv* dieciséis, diez y seis.
seizième [-zjɛːm] *adj* decimosexto, ta (ordre, rang).
◆ *adj et s m* dieciseisavo, va (fraction).
séjour *m* estancia *f*, permanencia *f* (dans un lieu); *un court séjour à Paris* una breve estancia en París ‖ temporada (temps); *faire un séjour à* pasar una temporada en ‖ FIG morada *f* (demeure), mansión *f* (résidence) ‖ — *carte de séjour* tarjeta de residencia ‖ *salle de séjour* cuarto de estar.
séjourner *v intr* permanecer, residir (résider) ‖ estarse, quedarse (rester) ‖ estancarse, remansarse (eau).
sel [sɛl] *m* sal *f*; *sel marin* sal marina; *sel gemme* sal gema, sal pedrés ‖ CHIM sal *f* ‖ FIG sal *f* (finesse d'esprit) ‖ — FIG *sel attique* sal ática, aticismo ‖ *sel d'Angleterre* o *d'Epsom* o *de magnésie* o *de Sedlitz* sal de Higuera (sulfate de magnésium) ‖ *sel de Glauber* sulfato de sosa ‖ *sel de Saturne* sal de plomo *ou* de Saturno ‖ *sel de Vichy* bicarbonato de sosa ‖ *sel d'oseille* sal de acederas ‖ *sel gris, de cuisine* sal morena, de cocina.
◆ *m pl* sales *f* (pour ranimer) ‖ *sels de bain* sales de baño.
sélect, e [selɛkt] *adj* FAM selecto, ta.
sélecteur *m* selector.

sélectif, ive *adj* selectivo, va.
sélection *f* selección ‖ — *sélection naturelle* selección natural ‖ *sélection professionnelle* selección de personal ‖ — SPORTS *épreuve de sélection* prueba eliminatoria *ou* clasificatoria ‖ *faire, opérer une sélection parmi* seleccionar *ou* elegir *ou* escoger entre (varias personas o cosas).
sélectionné, e *adj* et *s* seleccionado, da (joueur).
sélectionner *v tr* seleccionar, escoger.
sélectionneur, euse *adj* et *s* seleccionador, ra.
sélectivité *f* RAD selectividad.
sélénium [selenjɔm] *m* CHIM selenio.
sélénologie *f* selenología.
self [sɛlf] *m* FAM autoservicio, self-service.
self-control *m* autocontrol, dominio de sí mismo, ma; self-control.
— OBSERV *pl self-controls.*
self-made-man [sɛlfmɛdman] *m* (mot anglais), self-made man.
self-service *m* autoservicio, self-service.
selle *f* silla, silla de montar (pour cavalier) ‖ sillín *m* (de bicyclette) ‖ banco *m* (de sculpteur) ‖ faldilla, cuarto *m* trasero (viande) ‖ deposición (évacuation par les voies naturelles) ‖ — *selle anglaise* silla inglesa, galápago ‖ — *cheval de selle* caballo de silla ‖ — *aller à la selle* ir al retrete, hacer sus necesidades ‖ FIG *être bien en selle* estar bien amarrado [en su empleo] | *remettre quelqu'un en selle* sacarle a uno adelante.
seller *v tr* ensillar.
sellerie *f* guarnicionería, talabartería (profession) ‖ guarniciones *pl,* arreos *m pl* (harnais) ‖ guarnés *m,* guadarnés *m* (magasin de harnais).
sellette *f* banquillo *m* (de l'accusé) ‖ banco *m* (de sculpteur) ‖ asiento *m* suspendido (maçons et peintres) ‖ sillín *m* (harnais) ‖ asiento *m* abatible (de stalle) ‖ — FIG *être sur la sellette* estar en el banquillo de los acusados | *mettre o tenir quelqu'un sur la sellette* agobiar a preguntas.
sellier *m* guarnicionero, talabartero.
selon [səlɔ̃] *prép* según; *selon les cas* según los casos; *selon cet auteur* según este autor ‖ conforme a, según; *j'ai agi selon vos désirs* he actuado conforme a sus deseos ‖ — *selon lui, moi* a su, a mi modo de ver ‖ *selon que* según que ‖ — FAM *c'est selon* según, depende.
semailles [səmɑːj] *f pl* siembra *sing,* sementera *sing.*
semaine *f* semana; *la semaine des quatre jeudis* la semana que no tenga viernes ‖ salario semanal, semana (des ouvriers) ‖ *semaine anglaise* semana inglesa ‖ *semaine sainte* Semana Santa ‖ — *en semaine* durante la semana ‖ — *être de semaine* estar de semana ‖ *il y a plus de jours que de semaines* hay más días que longanizas ‖ *prêter à la petite semaine* prestar a dita.
semainier, ère *m* et *f* semanero, ra.
◆ *m* (vx) semanario (boîte à rasoirs) ‖ semanario (bracelet) ‖ agenda *f* semanal.
sémanticien, enne *m* et *f* semantista.
sémantique *adj* et *s f* semántico, ca.
sémaphore *m* semáforo (chemin de fer, maritime).
semblable [sɑ̃blabl] *adj* et *s* semejante ‖ *il n'a pas son semblable pour* no hay quien le gane a.

semblant *m* apariencia *f*; *un semblant d'amitié* una apariencia de amistad ‖ — *faire semblant de* hacer como si *ou* que, fingir, hacer el paripé de, simular que ‖ *faire semblant de ne pas voir* hacer la vista gorda ‖ FAM *ne faire semblant de rien* disimular, aparentar indiferencia.
sembler *v intr* parecer; *cela me semble bon* eso me parece bueno.
◆ *v impers* parecer; *il semble que* parece que ‖ — *ce me semble* a mi parecer, en mi opinión, a mi juicio ‖ *comme bon vous semblera* como le parezca ‖ *il me semble* me parece ‖ *que vous semble-t-il de cela?* ¿qué le parece a usted esto? ‖ *si bon vous semble* si le parece bien.
sème *m* GRAMM sema.
semelle [səmɛl] *f* suela (sous les chaussures) ‖ plantilla (dans les chaussures) ‖ soleta (d'un bas) ‖ solera (poutre) ‖ zapata (d'ancre) ‖ pie *m* (mesure) ‖ — *semelle compensée* suela compensada ‖ — *battre la semelle* golpear el suelo con los pies para calentarlos ‖ FIG *ne pas avancer d'une semelle* no avanzar ni un paso | *ne pas quitter quelqu'un d'une semelle* no dejar a uno a sol ni a sombra, pisarle los talones a uno | *ne pas reculer d'une semelle* no ceder un ápice.
semence *f* AGRIC simiente, semilla (graine) ‖ ANAT semen *m* ‖ tachuela (petit clou) ‖ perlitas *pl,* aljófar *m* (perles) ‖ FIG semilla, germen *m.*
semer* [səme] *v tr* sembrar; *semer des céréales* sembrar cereales ‖ sembrar, esparcir (disséminer); *semer des fleurs sur son passage* sembrar flores al pasar ‖ FIG sembrar, propagar, esparcir (répandre); *semer la discorde* sembrar la discordia ‖ POP dejar tirado, muy atrás a (un concurrent) | librarse de; *semer un importun* librarse de un majadero | despistarse de; *les bandits ont semé la police* los bandidos se han despistado de la policía ‖ — *semer à tous vents* sembrar a los cuatro vientos ‖ *semer son argent* distribuir dinero a manos llenas ‖ *semé de difficultés* lleno de dificultades.
semestre *m* semestre.
semestriel, elle *adj* semestral.
semeur, euse *m* et *f* sembrador, ra ‖ FIG propagador, ra; *semeur de faux bruits* propagador de noticias falsas.
semi-aride *adj* semiárido, da; casi árido, da.
semi-automatique *adj* MIL semiautomático, ca.
semi-circulaire *adj* semicircular.
semi-conducteur *m* ÉLECTR semiconductor.
semi-conserve *f* semiconserva.
— OBSERV *pl semi-conserves.*
semi-consonne *f* semiconsonante.
— OBSERV *pl semi-consonnes.*
semi-fini *adj* semiacabado, semimanufacturado; *produits semi-finis* productos semiacabados.
semi-liberté *f* DR permiso *m.*
— OBSERV *pl semi-libertés.*
sémillant, e [semijɑ̃, ɑ̃ːt] *adj* vivaracho, cha (vif) ‖ vivo, va (spirituel).
séminaire *m* seminario (école, groupe, réunion) ‖ *petit séminaire* seminario menor.
séminal, e *adj* seminal.
séminariste *m* seminarista.
semi-nomade *adj* et *s* seminómada.
semi-nomadisme *m* seminomadismo.
sémiologie *f* semiología.

sémiologue *m* et *f* semiólogo, ga.
sémioticien, enne *m* et *f* semiótico, ca.
sémiotique *f* semiótica.
semi-public, ique *adj* semipúblico, ca.
— OBSERV pl *semi-publics, iques*.
semi-remorque *f* semirremolque *m*.
semis [səmi] *m* siembra *f*, sembradura *f* (semailles) ‖ sembrado, sementera *f* (champ ensemencé) ‖ almáciga *f*, semillero (plant).
sémite *adj* semita.
Sémite *m* et *f* semita.
sémitique *adj* semítico, ca.
sémitisme *m* semitismo.
semi-voyelle [səmivwajε] *f* GRAMM semivocal.
semoir *m* AGRIC sembradora *f* (machine) ‖ sementero (sac).
semonce *f* amonestación, reprimenda, reconvención ‖ MAR *coup de canon de semonce* disparo de advertencia *ou* de aviso.
semoncer* *v tr* *(vx)* amonestar, reprender, reconvenir.
semoule *f* sémola ‖ *sucre semoule* azúcar en polvo.
sempiternel, elle *adj* sempiterno, na.
sénat [sena] *m* senado.
sénateur *m* senador ‖ FAM *train de sénateur* paso lento, aire grave.
sénatorial, e *adj* senatorial; senatorio, ria.
Sénégal *n pr m* GÉOGR Senegal.
sénégalais, e *adj* senegalés, esa.
Sénégalais, e *m* et *f* senegalés, esa.
Sénèque *n pr m* Séneca.
sénescence [senεsα̃:s] *f* BIOL senescencia.
sénile *adj* senil.
sénilité *f* senilidad.
senior [senjɔ:r] *adj* et *s* SPORTS senior.
senne; seine *f* jábega, traína.
sens [sα̃:s] *m* sentido; *le sens de la vue* el sentido de la vista; *sens commun* sentido común ‖ sentido, razón; *perdre l'usage des sens* perder uno el sentido ‖ — *sens unique, interdit* dirección única, prohibida (circulation) ‖ — *bon sens* sensatez, buen sentido ‖ — *à double sens* de doble sentido (mot), de dirección doble (circulation) ‖ *à mon sens* a mi entender, a mi juicio ‖ *dans o en un sens* en cierto sentido *ou* modo ‖ *dans le mauvais sens* en sentido contrario *ou* opuesto ‖ *dans le sens de la longueur, de la largeur* en sentido longitudinal, transversal ‖ *dans le sens des aiguilles d'une montre* en el sentido de las manecillas *ou* agujas del reloj ‖ *en ce sens que* en el sentido de que ‖ *en dépit du bon sens* en contra del sentido común, sin sentido común ‖ *sens dessus dessous* trastornado, da (moralement), en desorden, patas arriba (en désordre) ‖ *sens devant derrière* del revés ‖ — *abonder dans le sens de quelqu'un* abundar en la opinión *ou* en las ideas de uno, ser del mismo parecer que otro ‖ *avoir le sens de la mesure* ser mesurado ‖ *avoir le sens des affaires* tener sentido de los negocios ‖ *reprendre (l'usage de) ses sens* recobrar el conocimiento (reprendre connaissance) ‖ *tomber sous le sens* ser evidente, caer de su peso ‖ *ça n'a pas de sens* (eso), no tiene sentido.

sensation *f* sensación ‖ — *nouvelle à sensation* noticia sensacional ‖ — FIG *faire sensation* impresionar, causar sensación.
sensationnalisme *m* sensacionalismo, amarillismo.
sensationnel, elle *adj* sensacional.
◆ *m* FAM lo sensacional.
sensé, e *adj* sensato, ta; cuerdo, da.
sensibilisation *f* PHOT sensibilización.
sensibiliser *v tr* PHOT sensibilizar ‖ despertar *ou* aguzar la sensibilidad ‖ tocar en; *sensibiliser l'amour propre* tocar el amor propio ‖ conmover; *sensibiliser l'opinion publique* conmover la opinión pública.
sensibilité *f* sensibilidad.
sensible *adj* sensible; *point sensible* punto sensible ‖ apreciable, notable, sensible; *progrès sensibles* progresos notables.
sensiblement *adv* sensiblemente ‖ *ils ont sensiblement le même poids* pesan prácticamente *ou* casi lo mismo.
sensiblerie *f* sensiblería.
sensitif, ive *adj* sensitivo, va.
◆ *m* et *f* persona excesivamente susceptible.
◆ *f* BOT sensitiva.
sensoriel, elle *adj* sensorial; sensorio, ria.
sensualité *f* sensualidad.
sensuel, elle *adj* et *s* sensual.
sentence *f* sentencia (phrase et jugement).
sentencieux, euse *adj* sentencioso, sa.
senteur *f* olor *m* ‖ BOT *pois de senteur* guisante de olor.
senti, e *adj* sentido, da ‖ FIG claro, ra; *observation bien sentie* observación bien clara.
sentier *m* sendero, senda *f* ‖ FIG camino; *hors des sentiers battus* fuera de los caminos trillados.
sentiment *m* sentimiento; *avoir de bons sentiments* tener buenos sentimientos ‖ sentir, sentimiento; *le sentiment de la nation* el sentir de la nación ‖ — *avoir le sentiment que* darle a uno la impresión que, parecerle a uno que ‖ *faire du sentiment* ser sensiblero; caer en la sensiblería ‖ *recevez mes sentiments respectueux* reciban un respetuoso saludo ‖ *si vous me prenez par les sentiments* si apela a mis sentimientos.
sentimental, e *adj* sentimental.
sentimentalement *adv* sentimentalmente.
sentimentalisme *m* sentimentalismo.
sentimentalité *f* sentimentalismo *m*.
sentine *f* MAR sentina.
sentinelle *f* centinela *m*; *en sentinelle* de centinela ‖ POP catalina (excrément).
sentir* *v tr* sentir; *sentir une violente douleur* sentir un dolor violento ‖ oler; *sentir un parfum* oler un perfume ‖ oler a (dégager une odeur); *ce mouchoir sent la lavande* este pañuelo huele a lavanda ‖ saber (avoir le goût de) ‖ apreciar, sentir; *sentir la poésie* sentir la poesía ‖ notar; *on sent de la gaieté sous chacun de ses mots* se nota alegría en cada una de sus palabras ‖ FIG oler a, tener trazas de; *cela sent le roman* esto tiene trazas de novela ‖ — FAM *sentir le roussi* oler a chamusquina ‖ *sentir le sapin* oler a difunto ‖ — *cela sent la fin* está en las últimas ‖ FIG & FAM *ne pouvoir sentir quelqu'un* no poder sufrir, no tragar a alguien, atragantársele a uno alguien ‖ *se faire sentir* sentirse, notarse; *le*

froid commence à se faire sentir comienza a sentirse el frío.
- ◆ *v intr* oler; *sentir bon, mauvais* oler bien, mal; *ce poisson sent* este pescado huele.
- ◆ *v pr* sentirse; *je me sens mal* me siento mal || *ne plus se sentir de joie* no poder contener la alegría || *se sentir le courage, la force de* sentirse con valor, fuerzas para.

seoir* [swaːr] *v intr* sentar, ir bien, favorecer (convenir) || estar sito; *maison sise dans le centre* casa sita en el centro || celebrar sesiones; *la cour séant à Paris* el tribunal celebrando sus sesiones en París || estar sentado; *Jésus-Christ sied à la droite du Père* Jesucristo está sentado a la diestra de Dios Padre.
- ◆ *v impers* convenir || *comme il sied* como conviene.
- — OBSERV *Seoir* no se emplea en infinitivo y sólo se emplea en la tercera persona de los tiempos simples.

Séoul *n pr* GÉOGR Seúl.
séparable *adj* separable.
séparateur, trice *adj et s m* separador, ra.
séparation *f* separación || DR *séparation de biens* separación de bienes | *séparation de corps* separación [matrimonial].
séparatisme *m* separatismo.
séparatiste *adj et s* separatista.
séparément *adv* por separado.
séparer *v tr* separar; *séparer les bons d'avec les méchants* separar los buenos de los malos || dividir; *séparer une chambre en trois* dividir una habitación en tres.
- ◆ *v pr* separarse || separarse, despedirse (prendre congé) || dividirse || DR separarse, no vivir juntos los esposos.

sépia *f* ZOOL jibia, sepia || sepia *m* (couleur) || dibujo *m* hecho con sepia (dessin).
sept [sɛt] *adj num et s inv* siete || séptimo; *Charles VII (septième)*, Carlos VII [séptimo].
septante [sɛptãːt] *adj num et s inv* setenta (en Belgique et en Suisse).
septembre [sɛptãːbr] *m* septiembre, setiembre.
septennal, e *adj* septenal.
septennat *m* septenio || septenio (mandat de sept ans).
septentrional, e *adj* septentrional.
septicémie *f* septicemia.
septième [sɛtjɛːm] *adj* séptimo, ma || FIG *septième ciel* séptimo cielo.
- ◆ *m* la séptima *f* parte.
- ◆ *f* curso *m* de ingreso en Bachillerato || MUS séptima.

septièmement [sɛtjɛmmã]; **septimo** [sɛptimo] *adv* en séptimo lugar.
septique *adj* séptico, ca.
septuagénaire *adj et s* septuagenario, ria.
septuor *m* MUS septeto.
septuple *adj et s m* séptuplo, pla.
septupler *v tr* septuplicar.
- ◆ *v intr* septuplicarse, septuplicar.

sépulcral, e *adj* sepulcral || FIG *voix sépulcrale* voz sepulcral.
sépulcre *m* sepulcro || *le saint sépulcre* el Santo Sepulcro.
sépulture *f* sepultura.

séquelle [sekɛl] *f* pandilla, caterva (suite de gens méprisables) || FIG sarta, retahíla, cáfila (de questions, de remarques) || secuela (suites d'une maladie).
séquence [sekãːs] *f* RELIG secuencia || CINÉM secuencia, escena || escalera (jeux).
séquentiel, elle *adj* INFORM secuencial.
séquestration [sekɛstrasjɔ̃] *f* secuestro *m*, secuestración.
séquestre [-kɛstr] *m* secuestro, embargo (saisie) || — *séquestre judiciaire* depósito judicial || — *lever le séquestre* desembargar || *mettre sous séquestre* embargar.
séquestrer [-kɛstre] *v tr* secuestrar, embargar (saisir) || FIG secuestrar (isoler une personne).
- ◆ *v pr* FIG encerrarse, aislarse del trato social.

séquoia [sekɔja] *m* secoya *f* (arbre).
sérac *m* GÉOL sérac, aglomeración *f* de bloques de hielo en un glaciar || queso blanco de los Alpes.
sérail [seraj] *m* serrallo (harem) || palacio || FIG *rentrer au sérail* introducirse en las altas esferas.
séraphin *m* serafín (esprit céleste).
séraphique *adj* seráfico, ca || *le docteur séraphique* el Doctor Seráfico [San Buenaventura].
serbe *adj* serbio, bia.
Serbe *m et f* serbio, bia.
Serbie *n pr* GÉOGR Serbia.
serbo-croate *adj et s* serbo-croata.
- ◆ *m* serbocroata (langue).

serein, e [sərɛ̃, ɛːn] *adj* sereno, na; *temps serein* tiempo sereno || sereno, na; apacible (tranquille).
- ◆ *m* sereno, relente (humidité nocturne).

sereinement *adv* con serenidad, serenamente.
sérénade *f* serenata.
sérénissime *adj* serenísimo, ma (titre).
sérénité *f* serenidad (du ciel) || FIG serenidad, calma || serenidad (titre).
séreux, euse *adj et s f* seroso, sa.
serf, serve [sɛrf, sɛrv] *adj* esclavo, va; servil || FIG servil.
- ◆ *m et f* siervo, va.

serge *f* sarga (tissu).
sergent *m* MIL sargento || TECHN cárcel *f* (serre-joint) || — *sergent-chef, sergent-major* sargento primero || *sergent de ville* agente de policía, guardia municipal.
séricicole *adj* sericícola.
sériciculteur *m et f* sericicultor, ra, sericultor, ra.
sériciculture *f* sericicultura, sericultura.
série *f* serie; *en série* en serie || serie (au billard) || SPORTS categoría || — *série limitée* serie limitada || *série noire* serie de calamidades *ou* de desgracias || — *imprimante série* impresora serial *ou* carácter por carácter | *soldes de fin de séries* saldos de restos de serie || — *de série* de serie || *hors série* excepcional, fuera de serie.
- — OBSERV Cuando *série* va seguido por un complemento en plural, el verbo se suele poner también en plural: *la série de crimes qui ont été commis*; con *une série* se puede emplear tanto el singular como el plural: *une série d'articles qui traite de ce sujet*.

sériel, elle *adj* relativo, va a una serie || MUS *musique sérielle* música serial.
sérier* *v tr* seriar, disponer en serie.

sérieusement *adv* seriamente, en serio; *parler sérieusement* hablar seriamente ‖ gravemente, de gravedad; *être sérieusement malade* estar gravemente enfermo.

sérieux, euse *adj* serio, ria; *il est trop sérieux, il ne rit jamais* es demasiado serio, no se ríe nunca; *ce n'est pas sérieux* ¡eso no es serio! ‖ serio, ria; formal (sage) ‖ grave; *une maladie sérieuse* una enfermedad grave ‖ importante; *de sérieuses modifications* modificaciones importantes.
◆ *m* seriedad *f*, gravedad *f* ‖ *manque de sérieux* informalidad, falta de seriedad ‖ *garder son sérieux* contener la risa ‖ *manquer de sérieux* no tener fundamento (argument) ‖ *prendre au sérieux* tomar en serio.

sérigraphie *f* serigrafía.

serin, e [sərɛ̃, in] *m et f* ZOOL canario *m*, canaria *f* ‖ FIG & FAM primo, ma; tonto, ta.

seriner *v tr* (*p us*) enseñar a cantar por medio de un organillo [a un pájaro] ‖ FIG & FAM machacar (répéter pour apprendre), estar siempre con (répéter).

seringa; **seringat** *m* BOT jeringuilla *f*.

seringue *f* jeringa (à lavements) ‖ jeringuilla (à injections).

sérique *adj* seroso, sa (du sérum).

serment *m* juramento ‖ FIG promesa *f* solemne ‖ — *serment d'Hippocrate* juramento hipocrático ‖ FAM *serment d'ivrogne* promesa de borracho ‖ *serment judiciaire* juramento judicial ‖ *sous la foi du serment* bajo juramento ‖ *prêter serment* prestar juramento ‖ — *faire le serment de* jurar ‖ *faire un faux serment* jurar en falso.

sermon *m* RELIG sermón ‖ FAM sermón, prédica *f*.

sermonner *v tr* sermonear.
◆ *v intr* FAM sermonear, predicar.

sermonneur, euse *m et f* sermoneador, ra.

SERNAM abrév de *Service national de messageries* Servicio Nacional de Transporte de Mercancías [Francia].

sérodiagnostic *m* MÉD serodiagnóstico.

sérologie *f* serología.

séronégatif, ive *adj et s* MÉD seronegativo, va.

séropositif, ive *adj et s* MÉD seropositivo, va.

séropositivité *f* MÉD seropositividad.

sérosité *f* serosidad.

sérothérapie *f* MÉD sueroterapia, seroterapia.

serpe *f* hocino *m*, podadera, podón *m* ‖ FIG & FAM *taillé à la serpe* hecho muy groseramente *ou* a patadas.

serpent [sɛrpɑ̃] *m* ZOOL serpiente *f* ‖ FIG víbora *f*, serpiente *f* (personne perfide) ‖ MUS serpentón ‖ — *serpent à lunettes* serpiente de anteojo, naja ‖ *serpent à sonnette* serpiente de cascabel, crótalo ‖ FIG *serpent de mer* serpiente de verano (nouvelle) ‖ ÉCON *serpent monétaire (européen)* serpiente monetaria (europea) ‖ FIG *langue de serpent* lengua de víbora *ou* viperina ‖ *réchauffer un serpent dans son sein* criar cuervos.

serpentaire *f* BOT serpentario, dragontea.
◆ *m* ZOOL serpentario.

serpenter *v intr* serpentear, culebrear.

serpentin *m* serpentín (tuyau) ‖ serpentina *f* (ruban de papier) ‖ MIL serpentín (pièce d'artillerie).

serpentine *f* MIN & MIL serpentina.

serpette *f* AGRIC podadera pequeña, navaja jardinera.

serpillière [sɛrpijɛːr] *f* fregona, aljofifa, bayeta (pour le nettoyage).

serpolet [sɛrpɔlɛ] *m* BOT serpol, tomillo.

serrage *m* presión *f*; *collier de serrage* abrazadera de presión ‖ ajuste (assemblage).

serre *f* invernadero *m*, invernáculo *m*, estufa (pour plantes) ‖ presión (pression) ‖ — *serre chaude* estufa, invernadero caliente ‖ *serre froide* invernadero frío ‖ *effet de serre* efecto invernadero.
◆ *pl* garras (d'oiseau).

serré, e *adj* apretado, da ‖ ceñido, da; estrecho, cha (robe) ‖ FIG oprimido, da; encogido, da; en un puño; *avoir le cœur serré* tener el corazón en un puño ‖ FAM agarrado, da (avare) ‖ reñido, da (combat, lutte) ‖ porfiado, da (discussion) ‖ conciso, sa (style), riguroso, sa (raisonnement, logique) ‖ *avoir le gosier serré* atravesársele a uno un nudo en la garganta.
◆ *adv écrire serré* escribir apretado ‖ *jouer serré* jugar sobre seguro *ou* con tiento (jeux), obrar con cautela (agir avec prudence).

serre-joint; serre-joints [sɛrʒwɛ̃] *m inv* TECHN cárcel *f*.

serre-livres *m inv* sujetalibros.

serrement *m* estrechamiento, apretón; *serrement de mains* apretón de manos ‖ barrera *f* de madera (de mine) ‖ FIG *serrement de cœur* angustia, congoja.

serrer *v tr* apretar; *serrer les dents* apretar los dientes; *serrer un nœud* apretar un nudo ‖ dar, estrechar (la main) ‖ estrechar (étreindre) ‖ ceñir; *serrer la taille avec une bande* ceñir la cintura con una faja ‖ guardar, encerrar; *serrer quelque chose dans un tiroir* guardar algo en un cajón ‖ ceñirse, pegarse; *serrer à droite* ceñirse a la derecha; *serrer le trottoir* pegarse a la acera ‖ apretar (chaussure) ‖ estar estrecho; *cette robe me serre* este vestido me está estrecho ‖ ceñirse a; *serrer le sujet* ceñirse al tema ‖ cerrar, estrechar (joindre, rapprocher); *serrer les rangs* estrechar filas ‖ MAR aferrar, cargar (les voiles) ‖ FIG oprimir; *serrer le cœur* oprimir el corazón ‖ *serrer de près* perseguir de cerca, acosar ‖ *serrer la gorge* o *le cou* estrangular ‖ *serrer la queue* ir con el rabo entre las piernas ‖ FIG *serrer la vis* apretar las clavijas ‖ *serrer le style* escribir concisamente ‖ *serrer son jeu* jugar sobre seguro ‖ — *être serrés comme des sardines* o *comme des harengs* estar como sardinas en lata *ou* como arenques en banasta.
◆ *v pr* estrecharse, apretujarse (les uns contre les autres) ‖ ceñirse (la taille) ‖ — FIG & FAM *se serrer la ceinture* apretarse el cinturón ‖ *se serrer la main* estrecharse la mano ‖ *son cœur se serre* se le encoge el corazón.

serre-tête *m inv* cinta *f* elástica para el pelo, diadema *f*.

serriste *m et f* AGRIC explotador, ra de un invernadero.

serrure *f* cerradura ‖ *forcer une serrure* descerrajar, forzar una cerradura.

serrurerie [sɛryrri] *f* cerrajería; *serrurerie d'art* cerrajería artística.

serrurier *m* cerrajero.

sertir *v tr* engastar (des pierres précieuses) ‖ rebordear, embutir, engastar, unir (des tôles).

sertisseur, euse *adj* et *s* engastador, ra.
◆ *m* máquina *f* de engatillar (boîtes de conserve).
sertissure *f* engaste *m* (d'une pierre).
sérum [serɔm] *m* MÉD suero ‖ — *sérum antidiphtérique* suero antidiftérico ‖ *sérum antilymphocytaire* suero antilinfocitario ‖ *sérum antivenimeux* suero antivenenoso ‖ *sérum de vérité* suero de la verdad ‖ *sérum sanguin* suero sanguíneo *ou* hemático.
servage *m* servidumbre *f* ‖ FIG vasallaje.
serval *m* ZOOL gato cerval.
— OBSERV *pl servals*.
servant *adj m* sirviente ‖ *cavalier servant* escudero (écuyer) ‖ *chevalier servant* galán ‖ RELIG *frère servant* donado, hermano lego.
◆ *m* MIL sirviente (d'une arme) ‖ jugador que saca, saque, sacador (sports).
servante *f* criada, sirvienta, moza de servicio (domestique) ‖ trinchero *m* (table de service) ‖ tentemozo *m* (support) ‖ *(vx)* servidora ‖ *servante de Jésus-Christ* monja.
serveur, euse *m* et *f* camarero, ra (restaurant).
◆ *m* JEUX saque, sacador ‖ INFORM servidor (centre serveur).
serviabilité *f* obsequiosidad.
serviable *adj* servicial; *un homme très serviable* un hombre muy servicial.
service *m* servicio (public, domestiques) ‖ servicio, vajilla *f* (vaisselle); *service de faïence* vajilla de loza ‖ servicio (linge de table) ‖ favor; *rendre un service* prestar *ou* hacer un favor ‖ servicio (dans un restaurant) ‖ turno, servicio; *le policier de service* el policía de turno ‖ juego, servicio (thé, café) ‖ departamento (entreprise) ‖ RELIG oficio (office), funeral (funérailles) ‖ SPORTS saque; *être au service* tener el saque; *enlever le service* romper el saque ‖ — *service après-vente (S.A.V.)* servicio posventa ‖ *service d'ordre* servicio de orden ‖ *service export* departamento de exportación ‖ *service militaire* servicio militar ‖ — *services secrets* servicio de contraespionaje ‖ *services sociaux* servicios sociales ‖ — *à votre service* servidor de usted, a su disposición ‖ *heures de service* horas de servicio ‖ *hors service* fuera de servicio ‖ *mort au service de la patrie* muerto en acto de servicio ‖ *pendant le service* durante el servicio ‖ *porte de service* puerta de servicio ‖ *premier service* primer turno (de comedor) ‖ *qu'y a-t-il pour votre service?* ¿qué se le ofrece?, ¿en qué puedo servirle? ‖ — *avoir 25 ans de service* tener 25 años de servicio ‖ *être en service chez quelqu'un* servir en casa de alguien (como empleado o doméstico) ‖ *être, mettre en service* funcionar, poner en funcionamiento *ou* en servicio ‖ *faire le service* servir la comida ‖ *rendre de grands services à* prestar un gran servicio *ou* mucha ayuda a (personne), servir mucho a, ser muy útil para, tener gran utilidad para (chose) ‖ *rendre un mauvais service* causar perjuicio ‖ *reprendre du service* reincorporarse al servicio.
serviette *f* servilleta (de table) ‖ toalla (de toilette) ‖ cartera (pour documents), cartapacio *m* (d'écolier) ‖ *serviette hygiénique* o *périodique* paño higiénico.
serviette-éponge *f* toalla de felpa.
— OBSERV *pl serviettes-éponges*.
servile *adj* servil.

servilité *f* servilismo *m*.
servir* *v tr* servir a; *servir un prince* servir a un príncipe ‖ servir; *servir à dîner* servir la cena; *servir le dessert* servir el postre; *servir à table* servir en la mesa; *qu'est-ce que je vous sers?* ¿qué le sirvo? ‖ ayudar a (messe) ‖ atender (un client); *on vous sert?* ¿le atienden? ‖ favorecer, servir; *les circonstances m'ont servi* las circunstancias me han favorecido ‖ rematar (un animal) ‖ pagar (rente) ‖ servir, asistir con naipe del mismo palo (cartes) ‖ FAM sacar, venir con; *il nous sert toujours la même histoire* siempre nos viene con la misma historia ‖ *(vx) servir une dame* hacer la corte a una dama.
◆ *v intr* servir; *servir à* servir para; *cela ne sert à rien* (eso), no sirve para nada ‖ ser, hacer de; *servir de mère à quelqu'un* ser una madre para alguien; *il lui sert d'interprète* es su intérprete ‖ servir, hacer el servicio militar ‖ sacar, saque, servir (tennis) ‖ *servir de* ser utilizado como, servir de; *cet imperméable me sert de manteau* utilizo este impermeable como abrigo.
◆ *v pr* servirse, valerse, usar, utilizar (d'un instrument) ‖ servirse (de viande, de vin) ‖ aprovecharse, servirse, valerse; *se servir des circonstances* aprovecharse de las circunstancias.
serviteur *m* servidor ‖ — FIG *serviteur de Dieu* siervo de Dios ‖ *serviteur de l'État* funcionario ‖ — *je suis votre serviteur* servidor de usted ‖ *votre très humble serviteur* su seguro servidor.
servitude *f* servidumbre ‖ DR *servitude de passage* servidumbre de paso ‖ — MAR *bâtiment de servitude* barco de servicio (dans un port).
servocommande *f* servomando *m*.
servofrein *m* MÉCAN servofreno.
servomécanisme *m* servomecanismo.
servomoteur *m* MÉCAN servomotor.
ses *pl de l'adj poss* son sa sus; *ses livres* sus libros.
sésame *m* BOT sésamo, alegría *f*.
session *f* período *m* de sesiones, reunión (d'une assemblée) ‖ sesión (d'un concile) ‖ vistas *pl* (de la cour d'assises) ‖ exámenes *m pl*; *session de septembre* exámenes de septiembre.
sesterce *m* sestercio (monnaie romaine).
set [sɛt] *m* set (tennis) ‖ CINÉM plató ‖ *set de table* mantel individual.
setter [sɛtɛ:r] *m* ZOOL setter (chien).
seuil *m* umbral (d'une porte) ‖ FIG umbral; *le seuil de la vie* el umbral de la vida ǀ puertas *f pl*; *être au seuil d'un conflit* estar a las puertas de un conflicto ‖ GÉOGR paso bajo [por el que comunican dos regiones] ‖ MAR fondo elevado del mar ‖ — ÉCON *seuil de rentabilité* punto neutral *ou* de equilibrio financiero ‖ *seuil d'excitation* umbral de excitación (physiologie).
seul, e *adj* solo, la; *vivre seul* vivir solo ‖ único, ca; *le seul coupable* el único culpable ‖ sólo; *seule une femme le sait* sólo lo sabe una mujer ‖ simple; *le seul consentement suffit* el simple consentimiento basta ‖ — *seul à seul, tout seul* a solas ‖ — *comme un seul homme* como un solo hombre ‖ *d'un seul coup* de un solo golpe, de una sola vez (en une fois), de pronto, de improviso, de repente (soudain) ‖ *pas un seul* ni uno, ni siquiera uno ‖ — *cela va tout seul* eso marcha solo, no hay problema ‖ *parler tout seul* hablar solo.

◆ *m* et *f* único, ca; *c'est le seul qui me reste* es el único que me queda ‖ *un seul, une seule* uno, una.

seulement *adv* solamente, sólo ‖ pero, sólo que; *il consent, seulement il demande que* consiente, pero pide que ‖ — *non seulement* no solamente, no sólo ‖ *pas seulement* ni aun, ni siquiera ‖ *si seulement* si al menos..., si por lo menos ‖ — *il vient d'arriver seulement* acaba sólo *ou* justo de llegar.

sève *f* BOT savia ‖ FIG vigor *m*, energía, savia.

sévère *adj* severo, ra; *regard sévère* mirada severa ‖ grave, importante (pertes) ‖ sobrio, bria; severo, ra; *lignes sévères* líneas sobrias.

sévèrement *adv* severamente, rigurosamente, duramente (durement) ‖ gravemente, fuertemente (gravement).

sévérité *f* severidad.

sévices *m pl* sevicia *f sing*, malos tratos.

sévillan, e *adj* sevillano, na.

Sévillan, e *m* et *f* sevillano, na.

Séville [sevi:j] *n pr* GÉOGR Sevilla.

sévir *v intr* obrar con severidad, actuar con rigor ‖ castigar sin consideración (punir) ‖ FIG reinar, hacer estragos (épidémie, calamité); *le froid sévit* reina el frío.

sevrage *m* destete (enfant) ‖ AGRIC corte (d'une marcotte).

sevrer* *v tr* destetar (enfants) ‖ FIG privar (priver) ‖ AGRIC cortar (une marcotte).

sèvres *m* porcelana *f* de Sevres.

sexagénaire *adj* et *s* sexagenario, ria.

sex-appeal [sɛksapiːl] *m* sex-appeal.

S.Exc. abrév de *Son Excellence* S.E., Su Excelencia.

sexe *m* sexo ‖ FAM *le sexe faible, le beau sexe* el sexo débil, el bello sexo ‖ *le sexe fort* el sexo fuerte.

sexisme *m* sexismo.

sexiste *adj* et *s* sexista.

sexologie *f* sexología.

sexologue *m* et *f* sexólogo, ga.

sex-shop *m* sex-shop.
— OBSERV pl *sex-shops*.

sex-symbol *m* sex symbol, símbolo sexual.
— OBSERV pl *sex-symbols*.

sextant *m* sextante.

sextuor [sɛkstɥɔːr] *m* MUS sexteto.

sextuple *adj* et *s m* séxtuplo, pla.

sextupler *v tr* et *intr* sextuplicar.

sexualité *f* sexualidad.

sexué, e *adj* sexuado, da.

sexuel, elle *adj* sexual; *acte sexuel* acto sexual.

sexuellement *adv* sexualmente ‖ *maladie sexuellement transmissible* enfermedad de transmisión sexual.

sexy *adj inv* sexy.

seyant, e *adj* que sienta bien, que favorece (vêtement, coiffure).

Seychelles (les) *n pr f pl* GÉOGR Seychelles.

S.G. abrév de *Secrétaire général* Secretario General.

shah [ʃa] *m* → **chah**.

shaker [ʃɛkœːr] *m* shaker, coctelera *f*.

shakespearien, enne [ʃɛkspirjɛ̃, jɛn] *adj* shakespeariano, na.

shampooing; shampoing [ʃɑ̃pwɛ̃] *m* champú ‖ — *shampooing colorant* champú colorante ‖ *shampooing et après-shampooing* champú y acondicionador ‖ *shampooing traitant* champú de tratamiento ‖ — *se faire un shampooing* lavarse el pelo *ou* la cabeza.

shampouiner *v tr* lavar con champú.

shampouineur, euse *m* et *f* máquina *f* para limpiar alfombras con un producto espumoso (appareil) ‖ ayudante de peluquería (employé).

Shanghai *n pr* GÉOGR Shanghai.

shérif [ʃerif] *m* shérif, chérif.

sherpa *m* sherpa.

sherry [ʃɛri] *m* sherry, vino de Jerez.

shetland *m* ZOOL caballo de islas Shetland (poneys) ‖ shetland (tissu); *pull shetland* jersey de lana shetland.

Shetland (îles) *n pr f pl* GÉOGR islas Shetland.

shilling [ʃiliŋ] *m* chelín (monnaie).

shinto; shintoïsme [ʃɛ̃to, -ism] *m* sintoísmo.

shintoïste [-ist] *adj* et *s* sintoísta.

shoot [ʃuːt] *m* chut, tiro, disparo (football).

shooter [-te] *v intr* chutar (football).
◆ *v pr* POP chutarse (drogue).

shopping *m* compras *f pl*; *faire du shopping* ir de compras *ou* de tiendas.

short [ʃɔrt] *m* pantalón corto, «short».

show *m* (mot anglais), show.

show-biz *m inv* FAM mundo del espectáculo.

show-business [ʃobiznɛs] *m inv* mundo del espectáculo.

showroom *m* sala *f* de muestras.

si *conj* si; *si tu viens tu seras reçu* si vienes serás recibido ‖ ¡ojalá! (souhait, regret); *si je pouvais le faire* ¡ojalá pudiese hacerlo! ‖ — *si ce n'est* sino ‖ *si ce n'est que* excepto que, salvo que ‖ *s'il est aimable, eux, par contre* él es amable; ellos, en cambio (opposition) ‖ *si seulement* si por lo menos, ojalá ‖ *si tant est que* si es cierto que.
— OBSERV Delante de *il, si* pierde su vocal; por lo tanto se escribe *s'il vient* (y no *si il vient*).

si *adv* tan (tellement, aussi); *pas si tôt* no tan pronto *ou* temprano; *c'est un si gentil garçon!* ¡es tan buen chico! ‖ sí (affirmation en réponse à une interrogative négative); *mais si, que si* claro que sí; *je vous assure que si* le aseguro que sí ‖ no; *Paul n'est pas venu, si?* Pablo no vino, ¿no? ‖ por; *si pressé qu'il soit* por mucha prisa que tenga; *si peu que ce soit* por poco que sea ‖ *si bien que* tanto que, de tal modo *ou* manera que, así que.

si *m inv* el sí; *avec lui il y a toujours des si et des mais* con él siempre hay los sí y los pero ‖ MUS si.

SI abrév de *syndicat d'initiative* organismo para la promoción del turismo en una región.

S.I. abrév de *Système international (d'unités)* SI, Sistema Internacional de Unidades.

Siam *n pr m* GÉOGR Siam.

siamois, e *adj* siamés, esa ‖ — *chat siamois* gato siamés ‖ *frères siamois* hermanos siameses.
◆ *m* siamés (langue).

Sibérie *n pr f* GÉOGR Siberia.

sibérien, enne *adj* siberiano, na.

Sibérien, enne *m* et *f* siberiano, na.

sibyllin, e *adj* sibilino, na.

sic *adv* sic.

sicaire *m* sicario.

SICAV; S.I.C.A.V. abrév de *société d'investissement à capital variable* sociedad gestora del fondo de inversión mobiliaria.

siccatif, ive [sikatif, i:v] *adj* et *s m* secante; *huile siccative* aceite secante ‖ MÉD desecativo, va.

Sicile *n pr f* GÉOGR Sicilia.

sicilien, enne *adj* siciliano, na.

Sicilien, enne *m* et *f* siciliano, na.

SIDA; sida abrév de *syndrome immuno-déficitaire acquis* SIDA, sida, síndrome de inmunodeficiencia adquirida ‖ *sida avéré* sida diagnosticado.

sidatique *adj* MÉD sídico, ca.
 ◆ *m* et *f* MÉD sidoso, sa.

side-car [saidkɑːr] *m* sidecar.

sidéen, enne *adj* et *s* sidoso, sa.

sidéral, e *adj* ASTR sideral; sidéreo, a.

sidérant, e *adj* apabullante.

sidéré, e *adj* estupefacto, ta; pasmado, da.

sidérer* *v tr* dejar estupefacto, ta; quitar el hipo.

sidérurgie *f* siderurgia.

sidérurgique *adj* siderúrgico, ca.

sidérurgiste *m* et *f* especialista en siderurgia.

sidologue *m* et *f* MÉD especialista de sida (médecin).

siècle *m* siglo ‖ mundo, siglo (le monde) ‖ — *au cours des siècles* al correr de los siglos ‖ *dans tous les siècles des siècles* por los siglos de los siglos ‖ *le XXe siècle* el siglo XX.

siège *m* asiento (meuble); *prenez un siège* tome asiento ‖ asiento (d'un juge ou d'un tribunal) ‖ escaño, puesto [(*amér*) banco] (d'une assemblée) ‖ pescante (du cocher) ‖ capital *f* (d'un empire) ‖ oficina *f* central, residencia *f*, sede *f* (d'une administration) ‖ domicilio social (d'une société) ‖ MÉCAN asiento (de soupape) ‖ MÉD centro, foco (d'une maladie) ‖ MIL sitio, cerco ‖ — AUTOM *siège avant, arrière* asiento delantero, trasero | *siège baquet* asiento bajo y cóncavo [de los coches deportivos] ‖ *siège épiscopal* sede *ou* silla episcopal ‖ — *bain de siège* baño de asiento ‖ *état de siège* estado de sitio ‖ *le Saint-Siège* la Santa Sede ‖ *lever le siège* levantar el sitio (militaire), levantar el vuelo, ahuecar el ala (s'en aller).

siéger* *v intr* ocupar un escaño; *siéger au Sénat* ocupar un escaño en el Senado ‖ celebrar sesión, reunirse (se réunir) ‖ tener su domicilio *ou* sede, residir (résider) ‖ FIG residir, estar, radicar, hallarse; *c'est là que siège le mal* ahí es donde reside el mal.

sien, sienne [sjɛ̃, sjɛn] *adj* et *pron poss* suyo, ya; *cette valise est la sienne* esta maleta es la suya.
 ◆ *m* lo suyo; *à chacun le sien* a cada cual lo suyo ‖ *y mettre du sien* contribuir personalmente, poner de su lado.
 ◆ *m pl* los suyos (les parents).
 ◆ *f pl* *faire des siennes* hacer de las suyas.

Sienne *n pr* GÉOGR Siena ‖ *terre de Sienne* siena (ocre).

sierra *f* GÉOGR sierra.

Sierra Leone *n pr f* GÉOGR Sierra Leona.

sieste *f* siesta; *faire la sieste* dormir la siesta.

sieur [sjœːr] *m* señor ‖ *le sieur Joseph* el tal José [despectivo].

sifflant, e *adj* sibilante, silbante.

sifflement *m* silbido ‖ silbido, pitido (du train).

siffler *v tr* et *intr* silbar; *siffler son chien* silbar al perro ‖ pitar (avec un sifflet); *siffler la fin d'un match* pitar el final de un partido ‖ FIG silbar, pitar, abuchear; *siffler une pièce* silbar una obra de teatro ‖ POP soplarse, echarse al coleto; *siffler un verre* soplarse un vaso.

sifflet [siflɛ] *m* pito, silbato (instrument) ‖ POP frac, smoking ‖ — *coup de sifflet* silbido, pitido ‖ *en sifflet* en bisel; *tailler en sifflet* cortar en bisel ‖ — FIG & POP *couper le sifflet* degollar, cortar la garganta (tuer), dejar a uno cortado, achantar (mettre hors d'état de répondre).
 ◆ *pl* FIG silbidos, silba *f*, pita *f* (désapprobation).

siffleur, euse *adj* et *s* silbador, ra.

sifflotement *m* silbido ligero.

siffloter *v intr* et *tr* silbotear, silbar ligeramente.

sigle *m* sigla *f*.

sigma *m* sigma *f* (lettre grecque).

signal *m* señal *f*; *signaux de circulation* señales de tráfico; *signal d'alarme* señal de alarma ‖ signo; *signaux en morse* signos Morse ‖ — *signal analogique* señal analógica ‖ *signal d'alerte, de détresse* señal de advertencia, de auxilio *ou* de socorro ‖ *signal horaire* señal horaria ‖ *signal optique, sonore* señal óptica, acústica ‖ — *donner le signal* dar la señal ‖ *donner le signal du départ* dar la salida.

signalé, e *adj* señalado, da.

signalement *m* filiación *f*, señas *f pl*, descripción *f* (d'un individu) ‖ *prendre le signalement* filiar.

signaler *v tr* señalar ‖ dar a conocer, mostrar ‖ advertir, apuntar; *signaler quelques oublis* advertir algunos olvidos ‖ — *rien à signaler* sin novedad, nada nuevo ‖ *signaler quelqu'un à la police* denunciar a alguien a la policía.
 ◆ *v pr* señalarse, distinguirse ‖ *se signaler à l'attention de quelqu'un* llamar la atención de alguien.

signalétique *adj* que contiene la filiación; descriptivo, va.
 ◆ *f* señalización (moyens de signalisation).

signalisation *f* señalización (trafic) ‖ señalamiento *m* (utilisation des signaux) ‖ *panneau de signalisation* señal de tráfico.

signaliser *v tr* señalizar.

signataire *adj* et *s* firmante; signatario, ria.

signature *f* firma (nom) ‖ IMPR signatura (d'une feuille imprimée).

signe [siɲ] *m* signo; *signe de ponctuation* signo de puntuación ‖ señal *f*, seña *f*; *parler par signes, faire des signes* hablar por señas, hacer señas ‖ señal *f*; *bon signe* buena señal ‖ muestra, *f*; *il donne des signes de faiblesse* da muestras de debilidad ‖ ASTR signo (zodiaque) ‖ MATH signo (symbole) ‖ — *signe de la croix* señal de la Cruz ‖ *signe de ralliement* seña de reunión, contraseña ‖ *signe distinctif* señal ‖ *signes extérieurs* signos exteriores ‖ *signes particuliers* señas particulares ‖ — *en signe de* en señal de ‖ *sous le signe de* bajo la influencia de (astrologie) ‖ — *c'est bon signe* es buena señal ‖ *faire le signe de la croix* santiguarse, persignarse ‖ *faire signe* avisar ‖ *faire signe à quelqu'un d'entrer* hacer señas a alguien para que entre ‖ *faire un signe de la main, de la tête* hacer una seña con la mano, con la cabeza ‖ *ne pas donner signe de vie* no dar señales de vida.

signer *v tr* firmar; *signer d'un pseudonyme* firmar con un seudónimo ‖ *signer de son sang* sellar con

su sangre (les martyrs) || *signer son nom* firmar, poner su firma.
- *v pr* santiguarse, persignarse.
signet *m* registro (pour marquer les pages).
signifiant *m* significante.
significatif, ive *adj* significativo, va.
signification *f* significado *m*, significación || DR notificación (d'un acte, d'un jugement).
signifié *m* GRAMM significado.
signifier* *v tr* significar || DR notificar (par voie judiciaire).
sikh *adj* et *s* sij.
silence *m* silencio || MUS silencio, pausa *f* || — *faire silence, garder le silence* guardar silencio, callar || *passer sous silence* pasar en silencio, pasar por alto, callar, silenciar || *réduire au silence* reducir al silencio, silenciar.
silencieusement *adv* silenciosamente, en silencio.
silencieux, euse *adj* silencioso, sa.
- *m* silenciador, silencioso (automobiles) || silenciador (arme à feu).
Silésie *n pr f* GÉOGR Silesia.
silex [silɛks] *m* sílex, pedernal.
silhouette *f* silueta.
silhouetter *v tr* siluetear.
- *v pr* perfilarse.
silicate *m* CHIM silicato.
silice *f* CHIM sílice.
siliceux, euse *adj* CHIM silíceo, a.
silicium [silisjɔm] *m* CHIM silicio; *plaquette de silicium* placa de silicio.
silicone *m* CHIM silicona *f*.
silicose *f* MÉD silicosis.
sillage [sija:ʒ] *m* MAR estela *f* || FIG *marcher dans le sillage de quelqu'un* seguir las huellas *ou* los pasos de alguien.
sillon [sijɔ̃] *m* surco || FIG estela *f*, rastro (trace) || FIG *faire o creuser son sillon* labrarse un camino.
- *pl* arrugas *f* (rides).
sillonner [-jɔne] *v tr* hacer surcos en (tracer des sillons) || FIG surcar, atravesar; *de belles routes sillonnent la France* buenas carreteras surcan Francia || *visage sillonné de rides* rostro surcado de arrugas.
silo *m* silo.
silotage *m* AGRIC ensilaje.
simagrées *f pl* melindres *m*, remilgos *m*.
simien, enne *adj* ZOOL símico, ca.
- *m pl* simios.
simiesque *adj* simiesco, ca.
similaire *adj* similar.
similarité *f* similitud, semejanza.
simili *préf* símili, imitación de, artificial; *similimarbre* similimármol, imitación de mármol; *similicuir* cuero artificial.
- *m* FAM imitación *f*.
- *f* similigrabado *m*.
similigravure *f* IMPR autotipia, similigrabado *m*.
similitude *f* similitud, semejanza || símil *m* (analogie) || MATH semejanza; *rapport de similitude* relación de semejanza.
simple *adj* simple (pur); *corps simple* cuerpo simple || simple (seul); *un simple geste* un simple gesto || sencillo, lla; fácil; *un procédé tout simple* un procedimiento muy sencillo || sencillo, lla (sans ornement) || llano, na; sencillo, lla; campechano, na (sans façon) || simple (naïf) || solo, la; *souliers à simple semelle* zapatos con una sola suela || BOT simple || — FAM *simple comme bonjour* tirado, muy fácil || *simple d'esprit* inocente, simple || *simple soldat* soldado raso || — GRAMM *passé simple* pretérito indefinido || *un simple particulier* un particular || *une simple formalité* una mera formalidad.
- *m* simple (niais) || simple (tennis); *simple dames* simple femenino || — *passer du simple au double* multiplicarse por dos, duplicarse.
- *pl* MÉD simples (plantes) || gente *f sing* sencilla.
simplement *adv* simplemente, sencillamente || — *purement et simplement* pura y simplemente, pura y llanamente || *tout simplement* nada menos que; *il risque tout simplement sa vie* arriesga nada menos que su vida.
simplet, ette [sɛ̃plɛ, ɛt] *adj* simplón, ona.
simplicité *f* sencillez, naturalidad, llaneza (de mœurs); *en toute simplicité* con sencillez || sencillez; *un mécanisme d'une grande simplicité* un mecanismo de gran sencillez || simpleza (niaiserie) || simplicidad (absence de mélange).
simplifiable *adj* simplificable.
simplificateur, trice *adj* et *s* simplificador, ra.
simplification *f* simplificación.
simplifier* *v tr* simplificar.
simplisme *m* simplismo.
simpliste *adj* et *s* simplista.
simulacre *m* simulacro.
simulateur, trice *adj* et *s* simulador, ra; *un hábil simulateur* un hábil simulador.
- *m* AVIAT *simulateur de vol* simulador de vuelo.
simulation *f* simulación || DR simulación || ÉCON *modèle de simulation* modelo de simulación.
simuler *v tr* simular; *simuler une maladie* simular una enfermedad.
simultané, e *adj* simultáneo, a.
simultanéité *f* simultaneidad.
simultanément *adv* simultáneamente, a la vez.
Sinaï *n pr m* GÉOGR Sinaí.
sinapisme *m* MÉD sinapismo.
sincère *adj* sincero, ra || sentido, da; *émotion sincère* sentida emoción || — *sincères condoléances* sentido pésame || — *agréez mes sincères salutations* reciba un atento saludo (lettre).
sincèrement *adv* sinceramente, de verdad || *je suis sincèrement désolé* lo siento en el alma.
sincérité *f* sinceridad; *en toute sincérité* con sinceridad || franqueza; *pardonnez (à) ma sincérité* dispense mi franqueza.
sinécure *f* sinecura, canonjía.
sine qua non [sinekwanɔn] *loc adj inv* sine qua non, indispensable; *condition sine qua non* condición sine qua non.
Singapour [sɛ̃gapu:r] *n pr* GÉOGR Singapur.
singe [sɛ̃:ʒ] *m* ZOOL mono, mona *f* || FIG imitamonos, imitador, remedador (imitateur) | macaco, hombre feo (laid) || POP patrono [entre obreros] || MIL & FAM carne *f* en lata (viande) || — *malin comme un singe* astuto como un zorro || — *faire le singe* hacer el tonto || *payer en monnaie de singe* pagar con promesas vanas.

— OBSERV *Singe* se aplica a ambos géneros. La hembra también se llama *guenon*.
singer* *v tr* remedar, imitar.
singerie *f* jaula de monos (ménagerie) ‖ FIG mueca, gesto *m*, visaje *m* (grimace) ‖ remedo *m*, imitación (imitation) ‖ FAM carantoña.
singleton *m* semifallo, singleton (au bridge).
singulariser *v tr* singularizar.
◆ *v pr* singularizarse, distinguirse (se faire remarquer).
singularité *f* singularidad.
◆ *pl* rarezas, extravagancias (extravagances).
singulier, ère *adj* et *s m* singular ‖ GRAMM singular ‖ *combat singulier* duelo.
singulièrement *adv* de manera extraña, singularmente (bizarrement) ‖ mucho, sobremanera (fortement).
sinistre *adj* siniestro, tra; *spectacle sinistre* espectáculo siniestro.
◆ *m* siniestro (fait dommageable).
sinistré, e *adj* et *s* siniestrado, da; víctima de un siniestro; afectado, da; damnificado, da.
sinistrose *f* sinistrosis ‖ FAM pesimismo *m* general.
sinologie *f* sinología.
sinologue *m* et *f* sinólogo, ga.
sinon *conj* si no (autrement); *obéis, sinon tu seras puni* obedece, si no serás castigado ‖ sino (excepté); *personne ne le sait sinon toi* nadie lo sabe sino tú ‖ *sinon que* sino que.
sinueux, euse [sinyø, ø:z] *adj* sinuoso, sa.
sinuosité *f* sinuosidad.
sinus [sinys] *m* MATH & ANAT seno.
sinusite *f* MÉD sinusitis.
sinusoïdal, e *adj* GÉOM sinusoidal.
sinusoïde *adj* GÉOM sinusoide.
sionisme *m* sionismo.
sioniste *adj* et *s* sionista.
sioux *adj inv* siux, sioux.
Sioux [sju] *n pr m pl* Siux (Indiens d'Amérique).
siphon *m* sifón (tube recourbé, bouteille) ‖ bombillo, sifón (d'évier, de tout-à-l'égout, etc.).
siphonné, e *adj* FAM majareta, chiflado, da.
siphonner *v tr* trasegar con sifón.
sire *m* señor (titre) ‖ majestad *f* (roi) ‖ FAM *un pauvre sire* un pobre diablo ‖ *un triste sire* un hombre vil.
sirène *f* sirena (monstre) ‖ sirena (signal acoustique); *sirène d'alarme* sirena de alarma ‖ FIG sirena, ninfa.
sirocco; siroco *m* siroco.
sirop [siro] *m* jarabe, sirope (pharmacie) ‖ almíbar, jarabe; *fruits au sirop* frutas en almíbar; *sirop de menthe* jarabe de menta.
siroter *v tr et intr* FAM beber a sorbitos, beborrotear (boire en savourant).
SIRPA; Sirpa abrév de *Service d'information et de renseignement du public de l'armée* servicio del ejército de información al público [en Francia].
sirupeux, euse *adj* almibarado, da ‖ de consistencia de jarabe.
sisal *m* BOT sisal, pita *f*, agave.
sismique; séismique *adj* sísmico, ca.
sismographe; séismographe *m* sismógrafo.
sismologie; séismologie *f* sismología.

sismologue *m* et *f* sismólogo, ga.
Sisyphe *n pr* MYTH Sísifo; *mythe de Sisyphe* mito de Sísifo.
sitar *m* (mot hindi) MUS cítara *f*.
sitariste *m* et *f* MUS citarista.
site *m* paraje, vista *f*, perspectiva *f*; *un site sauvage* un paraje salvaje ‖ MIL ángulo de situación ‖ — *site archéologique* emplazamiento arqueológico ‖ *site nucléaire* emplazamiento nuclear ‖ *site pittoresque* sitio *ou* paraje pintoresco ‖ *sites naturels, historiques* sitios *ou* emplazamientos naturales, históricos ‖ *sites touristiques* sitios *ou* emplazamientos turísticos.
sit-in *m* sentada *f* (manifestation non violente).
sitôt [sito] *adv* tan pronto ‖ tan pronto como, en cuanto; *sitôt ce dictionnaire fini, j'en ferai un autre* tan pronto como acabe este diccionario haré otro, en cuanto acabe este diccionario haré otro ‖ — *sitôt que* tan pronto como, luego que, al instante que ‖ — *de sitôt* tan pronto ‖ *sitôt dit sitôt fait* dicho y hecho.
situation *f* situación ‖ empleo *m*, colocación, puesto *m* (emploi); *avoir une bonne situation* tener un buen empleo ‖ posición; *situation sociale* posición social ‖ — *situation de famille* estado civil ‖ FAM *situation intéressante* estado interesante ‖ — *être en situation de faire quelque chose* estar en posición de hacer algo.
situé, e *adj* situado, da; colocado, da ‖ situado, da; localizado, da.
situer *v tr* situar ‖ situar, localizar [*(amér.)* ubicar].
six [sis] ou [siz] (delante de una vocal o *h* muda) [si] (delante de una consonante) *adj num* et *s m inv* seis ‖ sexto, ta; *Alphonse VI* (sixième), Alfonso VI [sexto].
sixième [sizjɛ:m] *adj* et *s* sexto, ta.
◆ *m* sexto (la sixième partie) ‖ sexto piso (étage).
◆ *f* primer *m* curso de bachillerato [francés] ‖ *examen d'entrée en sixième* examen de ingreso de bachillerato.
sixièmement *adv* en sexto lugar.
sixte *f* MUS sexta (intervalle).
Skaï [skaj] *m* (nom déposé) skay (matériau).
sketch *m* CINÉM & THÉÂTR sketch, escena *f* corta de carácter generalmente cómico.
— OBSERV pl *sketches*.
ski *m* esquí ‖ — *ski alpin* esquí alpino ‖ *ski de fond* o *de randonnée* esquí de fondo ‖ *ski de piste* esquí de pista ‖ *ski nautique* esquí acuático ‖ *skis courts* esquís cortos ‖ — *faire du ski* esquiar.
skiable *adj* apto para practicar el esquí (piste).
skier* *v intr* esquiar.
skieur, euse *m* et *f* esquiador, ra ‖ MIL *éclaireur skieur* esquiador escalador.
skiff; skif *m* MAR esquife.
skinhead; skin *m* et *f* skin head, cabeza rapada.
skipper [skipœr] *m* (mot anglais), skipper.
slalom [slalɔm] *m* slalom, eslalom (en ski); *slalom géant, spécial* slalom gigante, especial ‖ FIG & FAM *faire du slalom entre* zigzaguear entre.
slalomer *v intr* SPORTS efectuar un recorrido en slalom.
slalomeur, euse *m* et *f* SPORTS especialista en slalom.

slave *adj* eslavo, va.
◆ *m* eslavo (langue).
Slave *m* et *f* eslavo, va.
slavisant, e *m* et *f* eslavista.
slavophile *adj* et *s* eslavófilo, la.
slip *m* slip, calzoncillos *pl* ‖ MAR grada *f* (navires).
slogan *m* eslogan, «slogan».
slovaque *adj* eslovaco, ca.
◆ *m* eslovaco (langue).
Slovaque *m* et *f* eslovaco, ca.
Slovaquie *n pr f* GÉOGR Eslovaquia.
slovène *adj* esloveno, na.
◆ *m* esloveno (langue).
Slovène *m* et *f* esloveno, na.
Slovénie *n pr f* GÉOGR Eslovenia.
slow [slo] *m* agarrado *m* [baile]; balada *f* [canción].
S.M. abrév de *Sa Majesté* S.M., Su Majestad.
smala; smalah *f* casa y equipo de un jefe árabe ‖ FAM familión *m* (famille nombreuse).
smash [smaʃ ou smatʃ] *m* «smash», mate (tennis, volley-ball).
smasher [-tʃe] *v intr* dar un mate.
S.M.E. abrév de *Système monétaire européen* SME, Sistema Monetario Europeo.
S.M.I. abrév de *Système monétaire international* SMI, Sistema Monetario Internacional.
S.M.I.C. abrév de *salaire minimum interprofessionnel de croissance* S.M.I., salario mínimo interprofesional (en Espagne).
— OBSERV Llamado hoy *salaire minimum de croissance.*
smicard, e *m* et *f* FAM persona que gana el salario mínimo.
smocks *m pl* pliegues fruncidos y bordados.
smocking [smɔkiŋ] *m* «smoking», esmoquin.
Smyrne *n pr* GÉOGR Esmirna.
S.N.C.B. abrév de *Société nationale des chemins de fer belges* SNCB, Sociedad Nacional de los Ferrocarriles Belgas.
S.N.C. abrév de *service non compris* servicio no incluido.
S.N.C.F. abrév de *Société nationale des chemins de fer français* Sociedad Nacional de Ferrocarriles Franceses.
SNES; Snes abrév de *Syndicat national de l'enseignement secondaire* Sindicato Nacional de Enseñanza Media [en Francia].
snob *adj* et *s* «snob», esnob.
— OBSERV *Snob* no tiene forma femenina, se dice *elle est snob, il est snob.*
snober *v tr* desdeñar, menospreciar.
snobinard, e *m* et *f* FAM snob.
snobisme *m* «snobismo», esnobismo.
S.N.S.M. abrév de *Société nationale de sauvetage en mer* Sociedad Nacional de Salvamento en el Mar [en Francia].
sobre *adj* sobrio, bria.
sobrement *adv* con moderación, moderadamente, sobriamente (avec modération) ‖ discretamente, sencillamente (simplement) ‖ *s'habiller sobrement* tener un estilo sobrio.
sobriété *f* sobriedad ‖ FIG moderación.
sobriquet [sɔbrikɛ] *m* apodo, mote.
soc *m* reja *f* (de la charrue).

sociabilité *f* sociabilidad.
sociable *adj* sociable ‖ *être très sociable* ser muy sociable, tener don de gentes.
social, e *adj* social ‖ — *aide sociale* ayuda social ‖ *charges sociales* cargas sociales.
◆ *m* lo social (le social).
social-démocrate *adj* et *s* socialdemócrata.
social-démocratie *f* socialdemocracia.
socialement *adv* socialmente, en el orden social.
socialisation *f* socialización.
socialiser *v tr* socializar.
socialisme *m* socialismo.
socialiste *adj* et *s* socialista.
sociétaire *adj* et *s* socio, cia (d'une société ou association) ‖ societario, ria; miembro (d'une corporation) ‖ *sociétaire de la Comédie-Française* actor de esta compañía que participa en la distribución de los beneficios del teatro.
société *f* sociedad ‖ — *société anonyme (S.A.)* sociedad anónima (S.A.) ‖ *société à responsabilité limitée (S.A.R.L.)* sociedad (de responsabilidad), limitada (S.L.) ‖ *société d'abondance, de consommation* sociedad opulenta, de consumo ‖ *société de capitaux* sociedad de capitales ‖ *Société de Jésus* Compañía de Jesús ‖ *société de services* sociedad de servicios ‖ *société d'investissement* sociedad de inversiones ‖ *société d'investissement à capital variable (SICAV)* sociedad gestora del fondo de inversión mobiliaria ‖ *société en commandite* sociedad comanditaria *ou* en comandita ‖ *société en nom collectif* sociedad (regular), colectiva ‖ *société mère* sociedad matriz ‖ *société par actions* sociedad por acciones ‖ *société savante* sociedad científica ‖ — *la bonne société, la haute société* la buena sociedad, la alta sociedad ‖ *la société industrielle* la sociedad industrial ‖ — MATH *règle de société* regla de compañía.
socioculturel, elle *adj* sociocultural.
socio-économique *adj* socioeconómico, ca.
sociolinguistique *f* sociolingüística.
◆ *adj* sociolingüístico, ca.
sociologie *f* sociología.
sociologique *adj* sociológico, ca.
sociologue *m* et *f* sociólogo, ga.
socioprofessionnel, elle *adj* socioprofesional.
socle *m* ARCHIT & GÉOL zócalo ‖ pedestal, peana *f* (piédestal).
socquette *f* calcetín *m* bajo.
Socrate *n pr m* Sócrates.
socratique *adj* socrático, ca.
soda *m* soda *f* (boisson gazeuse).
sodé, e *adj* que contiene sodio o sosa.
sodique *adj* sódico, ca.
sodium [sɔdjɔm] *m* sodio (métal).
sodomie *f* sodomía.
sodomiser *v tr* sodomizar.
sœur [sœːr] *f* hermana; *sœur consanguine* hermana de padre ‖ RELIG hermana ‖ sor (devant un nom propre); *sœur Marie* sor María ‖ — *sœur de lait* hermana de leche ‖ — *belle-sœur* cuñada ‖ FAM *bonne sœur* monja, hermana ‖ *demi-sœur* hermanastra ‖ POP *et ta sœur!* ¡tu tía! ‖ *les Neuf Sœurs* las Musas ‖ *les Petites Sœurs des pauvres* las Hermanitas de los pobres.
sœurette *f* FAM hermanita.
sofa *m* sofá.

Sofia *n pr f* GÉOGR Sofía.
SOFRES; Sofres abrév de *Société française d'enquêtes par sondage* Sociedad Francesa de Sondeos de la Opinión Pública.
software *m* INFORM software, programa (logiciel).
soi [swa] *pron pers* sí, sí mismo, sí misma; *parler de soi* hablar de sí mismo || sí mismo, sí misma; *il faut oser être soi* hay que atreverse a ser sí mismo || *— à part soi* para sí, para sus adentros || *avec soi* consigo || *chez soi* en su casa, en su país || *en soi* consigo; *ce qui est sincère porte en soi son charme* lo que es sincero lleva consigo su encanto; en sí, de por sí; *une chose bonne en soi* una cosa buena en sí || *soi-même* uno mismo || *sur soi* consigo; *porter sur soi* llevar consigo || *— avoir un chez-soi* tener casa propia || *cela va de soi* eso cae de su peso, ni que decir tiene || *prendre quelque chose sur soi* tomar la responsabilidad de algo || *rentrer en soi* adentrarse en uno mismo || *revenir à soi* volver en sí.
soi-disant *adj inv* supuesto, ta; titulado, da || *un soi-disant peintre* un supuesto pintor.
◆ *adv* por lo que dicen, aparentemente.
soie [swa] *f* seda (matière et tissu); *soie crue* o *grège* seda cruda || cerda (poil dur du porc, du sanglier) || espiga (d'arme blanche).
soierie [-ri] *f* sedería (tissu et fabrique).
soif *f* sed; *avoir grand-soif* tener mucha sed || FIG sed; *la soif de l'or* la sed del oro || *— FAM jusqu'à plus soif* hasta hartarse || *— avoir soif de* tener sed de || *boire à sa soif* beber hasta hartarse || *donner soif à quelqu'un* abrir las ganas a alguien.
soignant, e *adj* et *s* sanitario, ria.
soigné, e *adj* esmerado, da; curioso, sa; aseado, da; arreglado, da.
soigner [swaɲe] *v tr* cuidar a; *soigner un vieillard* cuidar a un anciano || asistir a, atender a; *le médecin soigne le malade* el médico asiste al enfermo || esmerarse; *soigner sa diction* esmerarse al hablar || pulir; *soigner son style* pulir el estilo || tratar (une dent, une affection), curar (guérir) || someter a tratamiento || FIG & FAM *soigner quelqu'un* ocuparse de alguien.
◆ *v pr* cuidarse.
soigneur *m* SPORTS entrenador, cuidador.
soigneusement *adv* cuidadosamente, con cuidado (avec soin) || minuciosamente, con esmero (avec minutie).
soigneux, euse *adj* cuidadoso, sa || esmerado, da (travail).
soin [swɛ̃] *m* cuidado; *travailler avec soin* trabajar con cuidado || esmero; *écrire avec soin* escribir con esmero || solicitud *f*, cuidado; *entourer quelqu'un de soins* rodear a alguien de cuidados || *soins* curas *f* (à l'infirmerie) || *— soins de beauté* cuidados de belleza || *soins dentaires* curas dentales || *soins du corps* cuidados del cuerpo || *soins intensifs* cuidados intensivos || *soins médicaux* curas médicas, asistencia facultativa || *soins tout particuliers* especiales atenciones || *— les premiers soins* los primeros auxilios || *manque de soin* abandono || *— avoir soin de* ocuparse de || *confier le soin de* encargar || *donner des soins à quelqu'un* prestar asistencia a uno (médicaux), cuidar a uno || *être aux petits soins avec* tener mil delicadezas con, tratar con mucho miramiento a || *Madame Dupuy, aux bons soins de M. Martin* Señor Martín, para entregar a la señora de Dupuy (lettres) || *prendre soin de* ocuparse de (s'occuper), esforzarse en || *soins du visage* tratamiento facial.
soir *m* tarde *f* (avant le coucher du soleil); *six heures du soir* las seis de la tarde || noche *f* (à partir de huit heures environ); *à dix heures du soir* a las diez de la noche || *— MIL appel du soir* lista de retreta || *demain soir* mañana por la noche || *hier soir*, *hier au soir* anoche, ayer por la noche || FIG *le soir de la vie* el ocaso de la vida, la vejez || *robe du soir* traje de noche || *— à ce soir* hasta la noche.
soirée *f* noche [hasta la hora de acostarse]; *dans la soirée* por la noche || reunión, tertulia nocturna || velada, fiesta de noche, sarao *m* || *— soirée dansante* baile de noche || *soirée de gala* función de gala (théâtre), baile de gala || FAM *soirée télé* noche de tele || *— en soirée* de noche (spectacle).
soit [swa] ou [swat] *adv* sea, bien está (acceptation); *vous aimez cela, soit* a usted le gusta eso, bien está.
◆ *conj* es decir, o sea, cosa de; *il a perdu une forte somme, soit un million* ha perdido una fuerte suma, es decir un millón || sea, supongamos (supposition); *soit 4 à multiplier par 3* sea que 4 se multiplique por 3 || *soit que* ya sea || *soit... soit* ya... ya, sea... sea; *soit l'un soit l'autre* ya uno ya otro || *un tant soit peu* un poquito.
soixantaine [swasɑ̃tɛːn] *f* sesenta (soixante), unos sesenta, sesenta poco más o menos (environ soixante) || *la soixantaine* los sesenta, la edad de sesenta años (âge).
soixante [swasɑ̃ːt] *adj num* et *s m inv* sesenta.
soixante-dix *adj* et *s m inv* setenta.
soixante-huitard, e *adj* et *s* FAM progre del 68.
soixantième [-tjɛːm] *adj* et *s* sexagésimo, ma; sesentavo, va.
◆ *m* sesentavo, sesentava *f* parte (fraction).
soja [sɔʒa] ou [sɔja] *m* BOT soja *f*; *germes de soja* brotes de soja, soja germinada.
sol *m* suelo; *sol fertile* suelo fértil || terreno; *sol argileux* terreno arcilloso || CHIM sol (colloïde) || MUS sol (note) || *à même le sol* en el santo suelo.
solaire *adj* solar; *système solaire* sistema solar || *— cadran solaire* reloj de sol || ANAT *plexus solaire* plexo solar.
◆ *m* TECHN lo solar (techniques et industries).
solarium [sɔlarjɔm] *m* solario.
soldat [sɔlda] *m* soldado || *— soldat de plomb* soldadito de plomo || *soldat de première classe* soldado de primera || *soldat de deuxième classe, simple soldat* soldado raso || *— le Soldat inconnu* el Soldado Desconocido.
soldate *f* FAM mujer soldado (femme soldat).
soldatesque *adj* et *s f* soldadesco, ca.
solde *f* sueldo *m*; *être à la solde de* estar a sueldo de || MIL sueldo *m* base | paga (de gradé, d'officier); *demi-solde* media paga.
◆ *m* COMM saldo (d'un compte); *solde débiteur, créditeur* saldo deudor, acreedor | saldo, rebaja *f*, liquidación *f* (de marchandises); *la saison des soldes* la temporada de las rebajas.
solder *v tr* COMM saldar, liquidar (un compte, des marchandises) || MIL pagar (la troupe).
◆ *v pr* resultar; *les négociations se sont soldées par un échec* las negociaciones resultaron un fracaso.
soldeur, euse *m* et *f* saldista (commerçant).

sole f lenguado m (poisson) ‖ palma (du cheval) ‖ AGRIC añojal m, parcela de cultivo (pièce de terre) ‖ MAR fondo m de un barco plano ‖ TECHN solera (fours).

solécisme m GRAMM solecismo.

soleil [sɔlɛj] m sol; *la lumière du soleil* la luz del sol ‖ girándula f, rueda f (feu d'artifice) ‖ BOT girasol ‖ — *soleil levant, couchant* sol naciente, poniente ‖ — *au grand soleil* a plena luz del día ‖ *au lever du soleil* al salir el sol ‖ *au soleil* bajo el sol ‖ *au soleil couchant* al ponerse el sol ‖ *coup de soleil* quemadura de sol (brûlure), insolación ‖ *en plein soleil* a pleno sol ‖ *le Roi-Soleil* el Rey Sol [Luis XIV] ‖ *le soleil de minuit* el sol de medianoche ‖ FIG *sous le soleil* bajo el sol, en el mundo; *rien de nouveau sous le soleil* no hay nada nuevo bajo el sol ‖ — *avoir des biens au soleil* tener bienes inmuebles ‖ *avoir sa place au soleil* tener una buena situación ‖ FAM *piquer un soleil* ruborizarse, ponerse colorado ‖ FIG *se tenir près du soleil* arrimarse al sol que más calienta *ou* a buen árbol (près d'un personnage important).

solennel, elle [sɔlanɛl] adj solemne.

solennellement adv solemnemente, ceremoniosamente.

solenniser [sɔlanize] v tr solemnizar.

solennité [-nite] f solemnidad.

solfège m MUS solfeo.

solfier* v tr MUS solfear; *solfier un morceau* solfear una partitura.

solidaire adj solidario, ria; *être solidaire de* ser solidario con.

solidairement adv solidariamente.

solidariser v tr solidarizar.
◆ v pr solidarizarse; *se solidariser avec les grévistes* solidarizarse con los huelguistas.

solidarité f solidaridad.

solide adj sólido, da ‖ resistente (matériel) ‖ FIG firme, asentado, da; consistente, sólido, da (des connaissances) | sustancial, consistente (argument, discours) | auténtico, ca; verdadero, ra; *de solides avantages* verdaderas ventajas ‖ — *un solide gaillard* un chicarrón, un mocetón ‖ *avoir les nerfs solides* tener los nervios bien templados ‖ FIG *avoir les reins solides* tener las espaldas cubiertas.
◆ m MATH & PHYS sólido.

solidement adv sólidamente, firmemente, fuertemente ‖ FIG profundamente, firmemente.

solidification f solidificación.

solidifier* v tr solidificar.
◆ v pr solidificarse.

solidité f solidez (résistance) ‖ FIG firmeza, consistencia (esprit, jugement).

soliflore m florero para una sola flor (vase).

soliloque m soliloquio.

solipsisme m PHILOS solipsismo.

soliste adj et s MUS solista.

solitaire adj solitario, ria ‖ MÉD *ver solitaire* solitaria.
◆ m anacoreta, ermitaño (moine) ‖ solitario (diamant) ‖ JEUX solitario ‖ viejo jabalí macho (sanglier) ‖ SPORTS *en solitaire* en solitario.

solitairement adv solo, en soledad.

solitude f soledad.

solive f CONSTR viga, vigueta.

sollicitation f solicitación, ruego m (prière); *des sollicitations émouvantes* ruegos conmovedores ‖ FIG tentación; *les sollicitations de l'amour* las tentaciones del amor.

solliciter v tr solicitar, pedir; *solliciter un emploi* solicitar un empleo ‖ FIG incitar, tentar, excitar; *solliciter à la révolte* incitar a la revuelta.

sollicitude f solicitud.

solo adj et s m MUS solo.
— OBSERV pl *solos* o *soli*.

Sologne n pr GÉOGR Sologne.

solognot, e adj de Sologne [región de Francia].

Solognot, e m et f nativo, va de Sologne.

solstice m solsticio; *solstice d'été, d'hiver* solsticio de verano, de invierno.

solubilité f solubilidad.

soluble adj soluble; *café soluble* café soluble.

soluté m solución f, disolución f (dans un liquide).

solution f solución, disolución (dans un liquide) ‖ solución (d'un problème, d'une équation) ‖ solución (dénouement) ‖ DR fin m, terminación (d'un procès) ‖ — *la solution de facilité* el camino más fácil ‖ *solution de continuité* solución de continuidad (interruption) ‖ MATH *solution étrangère* solución extraña.

solutionner v tr (néologisme critiqué) solucionar, resolver.

solvabilité f solvencia.

solvable adj solvente.

solvant m disolvente.

somali m somalí (langue).

somali, e; somalien, enne adj somalí.

Somali, e; Somalien, enne m et f somalí.

Somalie n pr f GÉOGR Somalia.

somalien, enne adj → somali.

Somalien, enne m et f → Somali.

Somalis (Côte française des) n pr GÉOGR Djibouti, Yibuti.

somatique adj somático, ca.

somatiser v tr somatizar (psychologie).

sombre adj sombrío, a; *une maison sombre* una casa sombría ‖ oscuro, ra (couleur) ‖ tenebroso, a (ténébreux), lóbrego, ga (mot poétique); *nuit sombre* noche tenebrosa ‖ FIG sombrío, a; negro, gra (inquiétant); *un sombre avenir* un porvenir sombrío ‖ sombrío, a; melancólico, ca; taciturno, na ‖ — *il fait sombre* está oscuro, hay poca luz ‖ FIG *une sombre brute* un tío bestia.

sombrer v intr MAR zozobrar, hundirse, irse a pique (un bateau) ‖ FIG venirse abajo, hundirse; *entreprise qui sombre* empresa que se viene abajo ‖ caer; *sombrer dans l'oubli* caer en el olvido ‖ — *sombrer corps et biens* zozobrar, hundirse ‖ FIG *sombrer dans le vice* hundirse en el vicio ‖ — *sa fortune a sombré* perdió su fortuna.

sombrero m sombrero de ala ancha [cordobés o mejicano].

sommaire [sɔmɛːr] adj sumario, ria (bref); *justice sommaire* justicia sumaria ‖ somero, ra; escueto, ta (superficiel) ‖ — *exécution sommaire* ejecución sumaria ‖ *exposé sommaire* exposición sumaria, resumen.
◆ m sumario, resumen ‖ IMPR índice (table des matières) ‖ *faire le sommaire de* hacer el resumen *ou* el sumario de.

sommairement *adv* sumariamente (brièvement), someramente (superficiellement).

sommation *f* intimación, conminación; *sommation par huissier* intimación judicial ‖ DR requerimiento *m* ‖ orden *ou* mandato *m* conminatorio (appel) ‖ aviso *m*, advertencia (avertissement) ‖ *(p us)* MATH suma.

somme [sɔm] *f* suma (addition) ‖ cantidad, suma (d'argent); *emprunter une grosse somme* pedir prestada una cantidad crecida ‖ — *somme théologique* suma teológica ‖ *somme toute, en somme* en resumidas cuentas, en resumen, en suma ‖ — *bête de somme* bestia de carga, acémila (mot le plus usité) ‖ *faire la somme* sumar, hacer la suma.
◆ *m* sueño; *faire un somme* echar un sueño ‖ *faire un petit somme* echar una cabezada.

sommeil [sɔmɛj] *m* sueño; *sommeil de plomb, lourd* sueño de plomo, pesado ‖ — FIG *le sommeil éternel* el descanso eterno ‖ MÉD *maladie du sommeil* enfermedad del sueño ‖ — *dormir du sommeil du juste* dormir el sueño de los justos ‖ FIG *mettre une affaire en sommeil* aplazar un asunto ‖ *tomber de sommeil* caerse de sueño.

sommeiller [-je] *v intr* dormitar (d'un sommeil léger) ‖ FIG descansar, estar en calma; *la nuit quand tout sommeille* por la noche cuando todo descansa *ou* está en calma.

sommelier, ère [sɔməlje] *m et f* sumiller *m* (ancien fonctionnaire royal) ‖ sumiller *m* (nom officiel mais p us), bodeguero, ra; botillero *m* (chargé du service des vins).

sommer *v tr* intimar, conminar, mandar (commander), requerir, ordenar (ordonner); *je vous somme de répondre* le ordeno que conteste ‖ MATH sumar, adicionar.

sommet [sɔmɛ] *m* cumbre *f*, cima *f*, cúspide *f* (d'une montagne, d'un édifice, etc.) ‖ GÉOM vértice (d'un angle), cúspide *f* (d'une pyramide, d'un cône) ‖ cumbre *f* (réunion) ‖ — *conférence au sommet* conferencia (internacional), de alto nivel *ou* en la cumbre (chefs d'État) ‖ *rencontre au sommet* encuentro de alto nivel.

sommier *m* somier (de lit); *sommier à lattes, à ressorts* somier de tablas fijas, de muelles ‖ dintel (d'une porte) ‖ yugo (d'une cloche) ‖ secreto (d'un orgue) ‖ travesaño (d'une grille) ‖ ARCHIT sotabanco, salmer (de voûte d'arc) ‖ COMM libro de caja (registre) ‖ *sommiers judiciaires* fichero central.

sommité [sɔmmite] *f* cúspide, cumbre, cima ‖ FIG notabilidad, eminencia, lumbrera (personnage).

somnambule *adj et s* sonámbulo, la.

somnambulisme *m* sonambulismo.

somnifère *adj et s m* somnífero, ra; soporífero, ra ‖ FAM soporífero, ra; *lecture somnifère* lectura soporífera.

somnolence *f* somnolencia.

somnolent, e *adj* soñoliento, ta.

somnoler *v intr* dormitar.

somptuaire *adj* suntuario, ria ‖ — *dépenses somptuaires* gastos suntuarios ‖ *lois somptuaires* leyes suntuarias *ou* contra el lujo.

somptueusement *adv* suntuosamente.

somptueux, euse *adj* suntuoso, sa.

somptuosité *f* suntuosidad.

son *m* sonido; *son aigu* sonido agudo ‖ son (son agréable); *au son de la guitare* al son de la guitarra ‖ salvado, afrecho (des céréales) ‖ — *son et lumière* luz y sonido ‖ — MIL *boule de son* pan de munición ‖ *prise de son* grabación ‖ FAM *tache de son* peca.

son, sa *adj poss de la 3ᵉ pers* su; *son père* su padre; *sa maison* su casa; *ses valises* sus maletas ‖ — *faire son malin* hacer el pillo, dárselas de pillo ‖ *sentir son o sa* oler a.
— OBSERV El plural de *son* o *sa* es: *ses* sus.

sonar *m* MAR sonar (appareil de détection par le son).

sonate *f* MUS sonata.

sonatine *f* MUS sonatina.

sondage *m* sondeo; *sondage d'opinion* sondeo de opinión; *sondage sur un échantillon représentatif* sondeo sobre una muestra representativa.

sonde *f* MAR & MÉD sonda ‖ TECHN sonda, barrena (pour forages) ‖ pincho *m*, aguja (de douanier) ‖ cala (pour le fromage) ‖ — *sonde à laser* sonda de láser ‖ *sonde spatiale* sonda espacial.

sondé, e *m et f* encuestado, da.

sonder *v tr* sondar, sondear (un terrain, un puits) ‖ MÉD sondar ‖ FIG sondear, tantear (la pensée, les intentions) ‖ *sonder l'opinion publique* sondear *ou* tantear *ou* pulsar la opinión pública, tomar el pulso a la opinión pública.

sondeur, euse *m et f* sondeador, ra (celui qui sonde).
◆ *m* sonda *f* (appareil).

songe [sɔ̃ːʒ] *m* sueño ‖ FIG ensueño (illusion) ‖ — *en songe* en sueños ‖ *faire un songe* tener un sueño, soñar.

songer* *v intr* soñar (rêver) ‖ pensar; *songer à son avenir* pensar en el porvenir ‖ — *songez que* considere que ‖ *songez-y!* ¡piénselo bien!, ¡tenga cuidado! ‖ — *n'y songez pas!* ¡ni lo sueñe!, ¡ni lo piense!

songerie [sɔ̃ʒri] *f* ensueño *m* (rêverie).

songeur, euse *m et f* soñador, ra.
◆ *adj* ensimismado, da; pensativo, va; *un air songeur* un aire ensimismado ‖ *ça me laisse songeur* eso me da que pensar.

sonique *adj* del sonido; *vitesse sonique* velocidad del sonido.

sonnaille [sɔnaːj] *f* cencerro *m*, esquila.

sonnant, e *adj* sonante, sonoro, ra ‖ *en punto*; *à midi sonnant* a las doce en punto ‖ *espèces sonnantes et trébuchantes* moneda contante y sonante ‖ *horloge sonnante* reloj que da las horas.

sonné, e *adj* dada (heure); *il est dix heures sonnées* son las diez dadas ‖ cumplido, da; *il a cinquante ans sonnés* tiene cincuenta años cumplidos ‖ FAM guillado, da; chiflado, da (fou) ‖ castigado, da (boxeur) ‖ que ha recibido una buena solfa.

sonner *v intr* sonar (rendre un son) ‖ tañer (les cloches) ‖ tocar; *sonner du clairon* tocar la corneta ‖ tocar el timbre (à la porte) ‖ tocar la campanilla (le sacristain) ‖ dar; *midi sonne* dan las doce ‖ sonar, llegar; *la dernière heure a sonné* la última hora ha llegado ‖ — *sonner creux* sonar a hueco ‖ — *faire sonner* recalcar, ponderar ‖ FIG *mot qui sonne mal* palabra malsonante.
◆ *v tr* tocar, tañer (tirer des sons); *sonner la cloche* tocar la campana ‖ tocar a (annoncer); *sonner la messe* tocar a misa; *sonner le tocsin* tocar a rebato ‖ tocar el timbre, llamar (au moyen d'une sonnette); *sonner la bonne* llamar a la criada ‖ POP dar un palizón (frapper) ‖ *sonner le creux* sonar a

hueco ‖ MIL *sonner la retraite* tocar retreta ‖ POP *sonner les cloches à quelqu'un* echarle la bronca a uno.

sonnerie [sɔnri] *f* campaneo *m*, repique *m* (des cloches) ‖ timbre *m* (d'un réveil, d'un téléphone, d'une porte), campana (de pendule) ‖ MIL toque *m* de trompeta.

sonnet [sɔnɛ] *m* POÉT soneto; *sonnet estrambot* soneto con estrambote.

sonnette *f* campanilla ‖ cascabel *m* (grelot) ‖ timbre *m*; *appuyer sur la sonnette* tocar el timbre ‖ TECHN martinete *m* (de mouton) ‖ — *serpent à sonnette* serpiente de cascabel (crotale) ‖ — *sonnette d'alarme* timbre de alarma ‖ FIG *tirer la sonnette d'alarme* dar la alarma.

sono *f* FAM sonorización.

sonore *adj* sonoro, ra ‖ *effets sonores* efectos de sonido.

sonorisation *f* sonorización ‖ megafonía (d'une salle de conférence, etc.).

sonoriser *v tr* sonorizar.

sonorité *f* sonoridad.

sophisme *m* sofisma.

sophiste *adj* et *s* sofista.

sophistication *f* sofisticación ‖ adulteración (d'une substance).

sophistiqué, e *adj* sofisticado, da ‖ arreglado, da; falsificado, da.

sophistiquer *v tr* adulterar (frelater).

Sophocle *n pr m* Sófocles.

sophrologie *f* sofrología.

soporifique *adj* et *s m* soporífico, ca.

soprano *m* MUS soprano, tiple.
◆ *m* et *f* soprano.
— OBSERV pl *sopranos* o *soprani*.

sorbe *f* serba (fruit du sorbier).

sorbet [sɔrbɛ] *m* sorbete.

sorbetière *f* sorbetera, heladera.

sorbier *m* BOT serbal.

Sorbonne (la) *n pr f* la Sorbona [Universidad de París].

sorcellerie [sɔrsɛlri] *f* brujería, hechicería.

sorcier, ère [-sje, jɛːr] *m* et *f* brujo, ja; hechicero, ra ‖ FAM *une vieille sorcière* una bruja, una vieja malvada ‖ FIG & FAM *ce n'est pas sorcier* no es nada del otro jueves ‖ *il ne faut pas être grand sorcier pour* no hay que ser una lumbrera para ‖ *ne pas être grand sorcier* no ser un mago.

sordide *adj* sórdido, da.

sorgho *m* BOT sorgo, zahína *f*.

sornette *f* cuento *m*, camelo *m* ‖ *laissez là toutes ces sornettes!* ¡déjese de cuentos!, ¡basta de pamplinas!

sort [sɔːr] *m* suerte *f*; *le sort en a décidé ainsi* así lo ha querido la suerte ‖ fortuna *f*; *braver les coups du sort* arrostrar las veleidades de la fortuna ‖ destino; *notre sort en dépend* nuestro destino depende de ello ‖ aojo, sortilegio, maleficio (maléfice) ‖ — *tirage au sort* sorteo ‖ — *jeter au sort, jeter le sort* echar suertes ‖ *jeter un sort* hechizar, aojar ‖ *le sort en est jeté* la suerte está echada ‖ *tirer au sort* sortear (une chose), entrar en suerte, quintar (les conscrits).

sortable *adj* adecuado, da; conveniente ‖ FAM presentable, decente ‖ *ne pas être sortable* ser impresentable.

sortant, e *adj* et *s* saliente, que sale.

sorte *f* suerte, clase (espèce); *toutes sortes de bêtes* toda clase *sing* de animales ‖ clase, tipo *m*; *couleurs de diverses sortes* colores de diversos tipos ‖ clase, índole; *impôts de toutes sortes* impuestos de toda índole ‖ especie; *une sorte de* una especie de ‖ modo *m*, manera (façon); *il faut vous y prendre de cette sorte* tiene que hacerlo de este modo ‖ — *de la sorte* de este modo ‖ *de sorte que, en sorte que* de modo que ‖ *de telle sorte* de tal modo ‖ *en quelque sorte* en cierto modo, por decirlo así ‖ *faire en sorte que* procurar que.

sortie *f* salida; *à la sortie* a la salida ‖ invectiva, salida ‖ INFORM salida ‖ THÉATR mutis *m* ‖ — *sortie-de-bain* salida de baño (peignoir) ‖ *sortie-de-bal* salida de teatro (manteau) ‖ «*sortie de camions*» «salida de camiones» ‖ *sortie de l'école, de l'usine* salida de la escuela, de la fábrica ‖ *sortie de secours* salida de incendio ou de emergencia ‖ — *bulletin de sortie* alta (à l'hôpital) ‖ — *faire sa sortie* estrenarse (un film) ‖ FIG *faire une sortie à quelqu'un* armar bruscamente una bronca a alguien ‖ *se ménager une porte de sortie* prepararse una salida ou una puerta de escape.

sortilège *m* sortilegio.

sortir* *v intr* salir; *sortir de chez soi* salir de casa ‖ salirse; *sortir de l'ordinaire* salirse de lo corriente ‖ ser, proceder (d'une école); *il sort de Saint-Cyr* procede de Saint-Cyr ‖ despedir, desprenderse (une odeur) ‖ estrenarse (un film) ‖ librarse; *sortir d'une difficulté* librarse de una dificultad ‖ — FAM *sortir de* acabar de; *il sort d'être malade* acaba de estar enfermo ‖ *sortir de bonne famille* proceder, descender de buena familia ‖ *sortir de la coquille* salir del cascarón ‖ *sortir de la tête* o *de l'esprit* irse de la cabeza ‖ *sortir de rien* salir de la nada ‖ *sortir des bornes* rebasar los límites ‖ *sortir de ses gonds* salirse de sus casillas ‖ *sortir de table* levantarse de la mesa ‖ MIL *sortir du rang* ser patatero (fam), proceder de la tropa ‖ *sortir du sujet* apartarse ou salirse del tema ‖ INFORM *sortir du système* salir del sistema ‖ *sortir quelqu'un d'embarras* sacar a uno de apuro ‖ — *ne pas sortir de là* mantenerse en sus trece.
◆ *v tr* sacar; *sortir la voiture* sacar el coche; *sortir un nouveau modèle* sacar un nuevo modelo ‖ publicar (un livre) ‖ COMM poner en venta (mettre en vente) ‖ FAM echar, expulsar, poner de patitas en la calle; *sortir un importun* echar a un importuno ‖ echar, decir (dire) ‖ *au sortir de* a la salida de, al salir de.
◆ *v pr* FAM *s'en sortir* arreglárselas, componérselas, conseguir salir del apuro.

s.o.s. [ɛsoɛs] *m* sos.

sosie [sɔziː] *m* sosia.

sot, sotte [so, sɔt] *adj* et *s* ☐ tonto, ta; necio, cia; bobo, ba ‖ ridículo, la; absurdo, da.

sot-l'y-laisse *m inv* rabadilla *f* de ave.

sottise *f* tontería, necedad (défaut d'esprit, action sotte) ‖ disparate *m*, sandez (bêtise) ‖ majadería; *dire des sottises* decir majaderías.

sottisier *m* repertorio de sandeces, disparatorio.

sou *m* perra chica *f*, cinco céntimos ‖ FAM perra *f*, cuarto (argent); *avoir des sous* tener perras ‖ — *sou du franc* rebaja de 5 % hecha al criado del comprador ‖ — *appareil* o *machine à sous* máquina tragaperras ‖ *gros sou, petit sou* perra gorda, perra chica [monedas de 5 y 10 céntimos] ‖ *un sans-le-*

souahéli

sou un pelado ‖ — *au sou la livre* proporcionalmente, a prorrateo ‖ FAM *de quatre sous* de cuatro cuartos ‖ *jusqu'au dernier sou* hasta el último céntimo ‖ — FAM *être belle comme un sou neuf* ser bella como el Sol ‖ *être près de ses sous* ser un agarrado ‖ *être propre comme un sou neuf* estar limpio como un chorro de oro ‖ FIG *n'avoir pas le sou, être sans le sou* o *sans un sou vaillant* no tener un real, no tener ni una lata, estar sin blanca ‖ *n'avoir pas un sou de* o *pas pour un sou de* carecer de, no tener ni pizca de.

souahéli, e *adj* et *s m* → **swahili**.

soubassement *m* ARCHIT basamento, zócalo ‖ rodapié (d'un lit).

soubresaut [subrəso] *m* sobresalto (émotion) ‖ repullo, estremecimiento (sursaut) ‖ FIG coletazo; *les derniers soubresauts du régime* los últimos coletazos del régimen ‖ corcovo, espantada *f* (d'animal).

soubrette *f* confidenta, graciosa (de théâtre) ‖ FIG doncella, criada (servante).

souche [suʃ] *f* cepa, tocón *m* (d'un arbre) ‖ tronco *m*, origen *m* (d'une famille) ‖ origen *m*; *mot de souche indo-européenne* palabra de origen indoeuropeo ‖ raíz (racine) ‖ matriz (d'un registre) ‖ cepa (d'un virus) ‖ FIG tarugo *m*, zoquete *m*, mastuerzo *m* (bûche) ‖ — *registre à souches* talonario ‖ *de vieille souche* de rancio abolengo ‖ — *dormir comme une souche* dormir como un tronco ‖ *faire souche* tener descendencia.

souci *m* preocupación *f*, cuidado; *vivre sans souci* vivir sin preocupaciones ‖ deseo (désir) ‖ objeto de desvelo *ou* de preocupaciones (objet de soins) ‖ BOT maravilla *f*, caléndula *f* ‖ — *par souci de* por deseo de ‖ — *avoir le souci de* dar importancia a ‖ *se faire du souci* preocuparse ‖ — *c'est là le moindre* o *le cadet de mes soucis* es lo que menos me preocupa.

soucier (se)* *v pr* preocuparse, inquietarse; *je ne m'en soucie guère* no me preocupo mucho por ello ‖ *s'en soucier comme de l'an quarante* importarle a uno un comino.

soucieux, euse *adj* cuidadoso, sa; atento, ta (attentif) ‖ inquieto, ta; preocupado, da; desasosegado, da (inquiet) ‖ atento; *soucieux de bien parler* atento a hablar bien.

soucoupe *f* platillo *m* (de tasse) ‖ *soucoupe volante* platillo volante.

soudage *m* soldadura *f*.

soudain *adv* súbitamente, de repente; *soudain il se leva* de repente se levantó.

soudain, e *adj* súbito, ta; repentino, na; *mort soudaine* muerte repentina.

soudainement *adv* repentinamente, súbitamente.

soudaineté *f* lo súbito *m*, lo repentino *m*.

Soudan *n pr m* GÉOGR Sudán.

soudanais, e; soudanien, enne *adj* sudanés, esa.

Soudanais, e; Soudanien, enne *m* et *f* sudanés, esa.

soude *f* sosa, barrilla ‖ CHIM sosa; *soude caustique* sosa cáustica.

souder *v tr* TECHN soldar.
➤ *v pr* soldarse ‖ FIG agruparse, apiñarse (autour d'un chef).

soudeur, euse *m* et *f* soldador, ra.

640

soudoyer* [sudwaje] *v tr* asalariar (avoir à solde) ‖ sobornar (suborner).

soudure *f* soldadura (métal, os) ‖ — *soudure autogène* soldadura autógena ‖ — FIG *faire la soudure avec* hacer durar hasta, empalmar con (entre deux récoltes, deux livraisons, etc.).

soufflage *m* sopladura *f* (action de souffler) ‖ soplado (du verre) ‖ MAR embono (revêtement de la coque).

soufflant, e *adj machine soufflante* termo soplante ‖ FAM *record soufflant* récord que quita el hipo.

souffle *m* soplo (de l'air) ‖ soplo (avec la bouche) ‖ onda *f* de choque (d'explosion) ‖ soplo (cardiaque); *souffle au cœur* soplo en el corazón ‖ hálito, aliento (haleine); *perdre le souffle* perder el aliento ‖ FIG soplo, inspiración *f* ‖ — *dernier souffle* último respiro ‖ — *à bout* o *hors de souffle* sin aliento ‖ — *avoir le souffle court* tener poco resuello ‖ FAM *couper le souffle* dejar sin respiración ‖ *en avoir le souffle coupé* quitarle a uno el hipo ‖ *manquer de souffle* no poder respirar, faltar la respiración ‖ *n'avoir plus que le souffle* estar agonizando ‖ *ne tenir qu'à un souffle* estar pendiente de un hilo ‖ *retenir son souffle* contener *ou* aguantar la respiración.

soufflé, e *adj* abuñuelado, da; inflado, da; hinchado, da ‖ *omelette soufflée* tortilla de viento.
➤ *m* CULIN «soufflé».

souffler *v intr* soplar; *le vent souffle* el viento sopla; *souffler avec la bouche* soplar con la boca ‖ resoplar; *souffler comme un bœuf* resoplar como un buey ‖ respirar; *laisser les chevaux souffler* dejar respirar a los caballos.
➤ *v tr* soplar, aventar (le feu) ‖ apagar, soplar; *souffler une chandelle* apagar una vela ‖ hinchar (gonfler) ‖ FIG inspirar, sugerir (une idée), sembrar (la discorde, la haine, etc.) ‖ apuntar, soplar (une leçon), apuntar (théâtre) ‖ soplar (jeu de dames) ‖ volar (par une explosion) ‖ TECHN soplar (le verre) ‖ POP dejar patitieso (étonner) ‖ — *souffler le chaud et le froid* jugar con dos barajas ‖ *souffler quelques mots dans l'oreille de quelqu'un* susurrar unas palabras en el oído de alguien ‖ *souffler un emploi à quelqu'un* birlar *ou* quitar un empleo a alguien ‖ — *ne pas souffler mot* no decir ni pío, no chistar, no rechistar.

soufflerie *f* fuelles *m pl* (d'orgue, de forge) ‖ soplador *m* (de gaz carbonique) ‖ TECHN *soufflerie aérodynamique* túnel aerodinámico.

soufflet [sufle] *m* fuelle (pour souffler) ‖ fuelle (d'un vêtement, d'appareil photographique) ‖ fuelle (entre deux voitures de chemin de fer) ‖ bofetón, bofetada *f*, guantazo (gifle).

souffleur, euse *m* et *f* soplador, ra (qui souffle) ‖ que respira con dificultad (qui respire mal).
➤ *m* soplador (de verre) ‖ entonador (orgues) ‖ apuntador (théâtre) ‖ ZOOL delfín grande ‖ *trou du souffleur* concha del apuntador (théâtre).
➤ *f* sopladora (appareil à air comprimé pour la manutention de produits pulvérulents).

souffrance *f* sufrimiento *m*, padecimiento *m* (douleur) ‖ — FIG *en souffrance* en suspenso, en retardo, detenido, da (objet non réclamé) ‖ *jour de souffrance* luz de medianería.

souffrant, e *adj* indispuesto, ta; enfermo, ma; malo, la (malade) ‖ doliente, paciente (qui souffre) ‖ RELIG *Église souffrante* Iglesia purgante.

souffre-douleur *m inv* macho *ou* burro de carga, sufrelotodo, víctima *f* (celui qui fait tout le travail) ‖ hazmerreír, juguete (tête de Turc).

souffreteux, euse *adj* miserable, necesitado, da; falto, ta de todo (misérable) ‖ achacoso, sa (malade).

souffrir* *v tr et intr* sufrir, padecer (d'une douleur physique ou morale); *souffrir d'une rage de dents* padecer un dolor de muelas; *souffrir le martyre* sufrir como un condenado ‖ soportar, aguantar, tolerar; *ne pas pouvoir souffrir quelqu'un* no poder aguantar a alguien ‖ permitir; *souffrez que je revienne sur* permita que le hable de nuevo de ‖ pasar, sentir; *souffrir la soif* pasar sed.
◆ *v pr* sufrirse (se supporter mutuellement).

soufi; sufi *adj inv et s m* sofí.

soufisme; sufisme *m* sufismo, sofismo.

soufre *m* azufre (métalloïde); *fleur de soufre* flor de azufre.

soufrer *v tr* azufrar.

soufrière *f* azufrera, azufral *m* (gisement).

souhait [swɛ] *m* anhelo, deseo, antojo (désir) ‖ voto (vœu) ‖ — *souhaits de bonne année* felicitaciones de Año Nuevo ‖ *à souhait* a pedir de boca, a medida del deseo ‖ *à vos souhaits!* ¡Jesús, María y José!, ¡Jesús! (à celui qui éternue) ‖ *tous nos souhaits de* todos nuestros deseos de.

souhaitable [-tabl] *adj* deseable.

souhaiter [-te] *v tr* desear (désirer); *il serait à souhaiter que* sería de desear que; *je vous souhaite une bonne et heureuse année* le deseo un feliz Año Nuevo ‖ hacer votos por (formuler des vœux) ‖ — *souhaiter la bonne année* felicitar el día de Año Nuevo ‖ *souhaiter le bonjour, le bonsoir* dar los buenos días, las buenas tardes ‖ *souhaiter sa fête à quelqu'un* felicitar a alguien por su santo ‖ — FAM *je vous en souhaite* se va usted a divertir (ironique).

souiller [suje] *v tr* manchar ‖ FIG manchar (mot usuel), deshonrar, mancillar (mot littéraire); *souiller son nom* mancillar su nombre ‖ *souiller ses mains de sang* mancharse las manos de sangre.

souillon [-jɔ̃] *m et f* FAM puerco, ca; porcachón, ona (malpropre) ‖ fregona *f* (femme de ménage).

souillure [-jyːr] *f* mancha; *veston couvert de souillures* chaqueta cubierta de manchas ‖ FIG mancha, mancilla (mot littéraire), deshonra (déshonneur); *une souillure dans son passé* una mancha en su pasado.

souk [suk] *m* zoco (marché).

soûl, e; saoul, e [su, sul] *adj* borracho, cha; embriagado, da ‖ FIG harto, ta; *être soûl de musique* estar harto de música.
◆ *m* *en avoir tout son soûl* tener todo lo necesario, tener todo cuanto se quiere.

soulagement *m* alivio (physique et moral); *soupir de soulagement* suspiro de alivio ‖ consuelo (moral).

soulager* *v tr* aligerar, aliviar, descargar; *soulager un portefaix* aligerar a un mozo de cuerda ‖ aliviar; *soulager un chagrin* aliviar una pena ‖ socorrer; *soulager les pauvres* socorrer a los menesterosos ‖ CONSTR poner un contrafuerte ‖ POP birlar, mangar (voler).
◆ *v pr* aliviarse ‖ FAM hacer una necesidad.

soûlard, e [sulaːr, ard]; **soûlaud, e** [sulo, oːd] *adj et s* POP borrachín, ina; pellejo *m*.

soûler; saouler [sule] *v tr* emborrachar, embriagar (enivrer) ‖ hartar, atracar (gorger) ‖ FIG hartar, saciar (un désir, etc.) ‖ marear (étourdir); *il m'a soûlé de paroles* me ha mareado con su palabrería.
◆ *v pr* hartarse, atracarse (se gorger) ‖ emborracharse, embriagarse (s'enivrer).

soûlerie *f* borrachera (partie de débauche).

soulèvement *m* levantamiento ‖ GÉOL levantamiento (du sol) ‖ agitación *f*; *le soulèvement des flots* la agitación de las olas ‖ FIG sublevación *f*, alzamiento, motín (révolte) ‖ sublevación *f* (indignation) ‖ MÉD *soulèvement du cœur* basca, náuseas, arcadas.

soulever* [sulve] *v tr* levantar; *soulever un fardeau* levantar un bulto; *le vent soulève de la poussière* el viento levanta polvo ‖ indignar; *son insolence souleva l'assemblée* su insolencia indignó a la asamblea ‖ FIG sublevar, alzar, levantar (pousser à la révolte) ‖ promover, provocar (une dispute), plantear (un problème, une question), ocasionar ‖ *soulever le cœur* revolver el estómago, asquear.
◆ *v pr* levantarse (s'élever) ‖ FIG sublevarse, alzarse, rebelarse (se révolter).

soulier *m* zapato (chaussure); *souliers plats, à talons* zapatos planos, de tacón ‖ FIG & FAM *être dans ses petits souliers* estar incómodo.

souligner *v tr* subrayar (d'un trait) ‖ FIG recalcar, subrayar, hacer hincapié en (insister).

soumettre* *v tr* someter; *soumettre les rebelles* someter a los rebeldes ‖ FIG dominar; *soumettre ses passions* dominar sus pasiones ‖ subordinar, supeditar; *soumettre la raison à la foi* subordinar la razón a la fe ‖ someter (au jugement de quelqu'un); *soumettre un projet à* someter un proyecto a ‖ exponer (exposer).
◆ *v pr* someterse, conformarse; *je me soumets à votre décision* me someto a su decisión.

soumis, e [sumi, iːz] *adj* sumiso, sa; *soumis aux lois* sumiso a la ley ‖ sumiso, sa; obediente; *un enfant soumis* un niño obediente ‖ sometido, da; sujeto, ta; *revenus soumis à l'impôt* rentas sujetas a impuestos.

soumission *f* sumisión ‖ licitación, oferta.

soumissionnaire *m* postor, licitador.

soumissionner *v tr* licitar (dans une adjudication, un marché, etc.).

soupape *f* TECHN válvula; *soupape de sûreté o de sécurité* válvula de seguridad ‖ *réglage, rodage de soupapes* reglaje, esmerilado de válvulas.

soupçon [supsɔ̃] *m* sospecha *f*; *j'ai des soupçons* tengo sospechas ‖ FAM pizca *f*, un poquito, gota *f*; *un soupçon de poivre* una pizca de pimienta; *un soupçon de vin* una gota de vino ‖ — *au-dessus de tout soupçon* por encima de toda sospecha.

soupçonnable *adj* sospechoso, sa.

soupçonner *v tr* sospechar; *nous le soupçonnons de mentir* sospechamos que miente.

soupçonneux, euse *adj* suspicaz, receloso, sa; desconfiado, da.

soupe *f* sopa; *soupe à l'oignon, de poissons* sopa de cebollas, de pescado ‖ MIL & FAM rancho *m*, comida, fajina (sonnerie) ‖ — *soupe en sachet* sopa de sobre ‖ *soupe populaire* comedor de beneficencia ‖ — *s'emporter comme une soupe au lait* irritarse de pronto ‖ FIG & FAM *trempé comme une soupe* hecho una sopa, calado hasta los huesos (mouillé).

soupente *f* sobradillo *m*, caramanchón *m* (d'un escalier) ‖ conjunto *m* de correas para la suspensión de los coches antiguos, sopanda.

souper *v intr* cenar ‖ POP *avoir soupé d'une chose* estar harto *ou* hasta la coronilla de una cosa.
◆ *m* cena *f* [en los medios rurales o después de una función de noche].

soupeser* *v tr* sopesar.

soupière *f* sopera (récipient).

soupir *m* suspiro; *il poussa un soupir* dio un suspiro ‖ MUS suspiro (silence) ‖ — *soupir de soulagement* respiro de alivio ‖ — *jusqu'au dernier soupir* hasta la muerte ‖ *rendre le dernier soupir* exhalar el último suspiro.

soupirail [supiraj] *m* tragaluz.

soupirant *m* pretendiente, adorador, el que suspira por una mujer.

soupirer *v intr* suspirar ‖ *soupirer pour* o *vers* o *après* suspirar por; *soupirer pour une femme* suspirar por una mujer.
◆ *v tr* POÉT cantar lastimeramente, suspirar ‖ suspirar (exprimer par des soupirs); *soupirer ses peines* suspirar de pena.

souple *adj* flexible; *l'osier est souple* el mimbre es flexible ‖ ágil, flexible, suelto, ta (les membres) ‖ FIG flexible, dócil ‖ — INFORM *disquette souple* disco flexible *ou* floppy ‖ — FIG *avoir l'échine souple* mostrarse servil ‖ *être souple comme un gant* ser suave como un guante.

souplement *adv* ágilmente.

souplesse *f* flexibilidad (flexibilité) ‖ agilidad, soltura (agilité) ‖ suavidad (douceur) ‖ tacto *m* (habileté) ‖ *en souplesse* con soltura.

souquer *v tr* MAR azocar (serrer).
◆ *v intr* hacer algo con todas sus fuerzas (faire effort).

sourate *f* → surate.

source *f* fuente, manantial *m*; *les sources du Nil* las fuentes del Nilo; *source thermale, d'eau minérale* fuente termal, de agua mineral ‖ fuente, origen *m*, principio *m*; *une source de profits* una fuente de ingresos ‖ FIG fuente (document où l'on puise) ‖ — FIG *de bonne source* de buena tinta | *de source certaine* de ciencia cierta | *de sources dignes de foi* de fuentes fidedignas ‖ — *chose qui coule de source* cosa fácil, natural, que se desprende naturalmente, que cae por su peso | *prendre sa source à, dans* nacer en (cours d'eau) ‖ *tenir une nouvelle de bonne source* saber algo de buena tinta.

sourcier *m* zahorí (prospecteur de sources).

sourcil [sursi] *m* ANAT ceja *f* ‖ FIG *froncer le sourcil* fruncir el ceño, arrugar el entrecejo.

sourcilier, ère [-silje, jɛːr] *adj* ciliar, superciliar.

sourciller [-sije] *v intr* fruncir las cejas ‖ FIG *ne pas sourciller* quedarse impasible *ou* sin pestañear.

sourcilleux, euse [-sijø, øːz] *adj* altivo, va; altanero, ra (hautain).

sourd, e [suːr, surd] *adj* sordo, da ‖ FIG sordo, da (insensible) ‖ sordo, da; *bruit sourd* ruido sordo; *voix sourde* voz sorda ‖ — FAM *sourd comme un pot* sordo como una tapia ‖ — *être sourd à* hacer caso omiso de ‖ *faire la sourde oreille* hacerse el sordo, hacer oídos de mercader, no darse por enterado.
◆ *m et f* sordo, da; *un sourd de naissance* un sordo de nacimiento ‖ — *crier comme un sourd* gritar como un loco *ou* muy fuerte ‖ *frapper comme un sourd* golpear con brutalidad ‖ *il n'est pire sourd que celui qui ne veut pas entendre* no hay peor sordo que el que no quiere oír.

sourdement *adv* sordamente ‖ secretamente (en secret).

sourdine *f* MUS sordina ‖ — FIG *mettre une sourdine* moderar, poner sordina (prétentions, plaintes) ‖ — *en sourdine* a la sordina, a la sorda.

sourd-muet [surmyɛ]**; sourde-muette** [surdmyɛt] *adj et s* sordomudo, da.

sourdre *v intr* brotar, manar (l'eau) ‖ FIG surgir, resultar.
— OBSERV Sólo se usa en infinitivo y a veces en la 3.ª persona del presente de indicativo.

souriant, e *adj* sonriente, risueño, ña.

souriceau *m* ratoncillo.

souricière *f* ratonera ‖ *tomber dans une souricière* caer en la ratonera, en una trampa.

sourire* *v intr* sonreír, sonreírse ‖ agradar, convenir (plaire); *ce projet me sourit* este proyecto me agrada ‖ FIG *la vie lui sourit* la vida le sonríe.

sourire *m* sonrisa *f*; *il avait le sourire aux lèvres* estaba con la sonrisa en los labios ‖ *garder le sourire* conservar la sonrisa.

souris [suri] *f* ratón *m* ‖ carne pegada al hueso (de gigot) ‖ INFORM ratón ‖ — *souris d'hôtel* rata de hotel ‖ *souris qui n'a qu'un trou est bientôt prise* quien no tiene más que un recurso pronto está apurado ‖ FIG *on entendrait trotter une souris* se oiría volar una mosca.

sournois, e *adj et s* hipócrita, solapado, da ‖ socarrón, ona.

sournoisement *adv* socarronamente.

sournoiserie [surnwazri] *f* disimulación, hipocresía.

sous [su] *prép* debajo de, bajo; *sous la table* debajo de la mesa; *marcher sous la pluie* andar bajo la lluvia ‖ bajo; *sous clef* bajo llave; *sous la tutelle de* bajo la tutela de; *sous le feu de l'ennemi* bajo el fuego del enemigo; *sous l'effet de la drogue* bajo los efectos de la droga; *sous l'influence de* bajo la influencia de; *sous enveloppe* bajo sobre; *sous serment* bajo juramento ‖ con; *sous une forme humaine* con forma humana; *sous le titre de* con el título de ‖ dentro de; *sous huitaine* dentro de ocho días; *sous peu* dentro de poco ‖ durante el reinado de; *sous Louis XIII* durante el reinado de Luis XIII ‖ so; *sous couleur* so color; *sous cape* so capa; *sous prétexte* so pretexto; *sous peine* so pena ‖ a; *sous les ordres de* a las órdenes de; *sous réserve de* a reserva de ‖ — *sous cet angle* desde este punto de vista ‖ *sous le coup de* movido por ‖ *sous les yeux* ante los ojos ‖ — *être sous le vent* estar a sotavento ‖ *passer sous silence* silenciar.

sous-alimentation [suzalimɑ̃tasjɔ̃] *f* subalimentación, desnutrición.

sous-alimenté, e *adj* subalimentado, da, desnutrido, da.

sous-alimenter [-te] *v tr* subalimentar.

sous-bois *m* maleza *f* ‖ paisaje de un bosque.

sous-chef [suʃɛf] *m* subjefe, segundo jefe (d'un bureau).

sous-classe *f* BOT & ZOOL subclase.

sous-commission *f* subcomisión; *sous-commission parlementaire* subcomisión parlamentaria.

sous-continent *m* subcontinente.
— OBSERV pl *sous-continents*.

sous-couche *f* primera capa.
— OBSERV pl *sous-couches*.
souscripteur *m* suscriptor ‖ firmante (signataire).
souscription *f* suscripción, firma ‖ despedida y firma (d'une lettre).
souscrire* *v tr* suscribir, firmar.
◆ *v intr* suscribir, convenir (adhérer à un avis) ‖ suscribirse (s'engager à payer).
sous-cutané, e *adj* subcutáneo, a; *piqûre sous-cutanée* inyección subcutánea.
sous-délégué, e *m et f* subdelegado, da.
sous-développé, e *adj* subdesarrollado, da; poco desarrollado, da.
sous-développement *m* subdesarrollo.
sous-diacre *m* subdiácono.
sous-directeur, trice *m et f* subdirector, ra.
sous-effectif *m* plantilla *f* reducida.
— OBSERV pl *sous-effectifs*.
sous-emploi *m* subempleo, paro encubierto.
sous-employer *v tr* subemplear.
sous-ensemble *m* MATH subconjunto.
— OBSERV pl *sous-ensembles*.
sous-entendre *v tr* sobrentender, sobreentender.
◆ *v pr* sobrentenderse, sobreentenderse.
sous-entendu, e *adj* sobrentendido, da; sobreentendido, da; *une phrase sous-entendue* una frase sobrentendida.
◆ *m* supuesto, segunda *f* intención ‖ *parler par sous-entendus* hablar con segundas.
sous-équipé, e *adj* equipado, da insuficientemente.
sous-équipement *m* ÉCON equipamiento insuficiente.
— OBSERV pl *sous-équipements*.
sous-estimer; sous-évaluer *v tr* subestimar, infravalorar, tener en menos.
sous-évaluation *f* infravaloración.
— OBSERV pl *sous-évaluations*.
sous-évaluer *v tr* infravalorar.
sous-exploiter *v tr* ÉCON subexplotar.
sous-exposer [suzɛkspoze] *v tr* PHOT subexponer, exponer insuficientemente.
sous-exposition *f* PHOT subexposición.
— OBSERV pl *sous-expositions*.
sous-fifre *m* FAM subalterno | empleaducho.
sous-genre *m* subgénero.
sous-jacent, e [suʒasɑ̃, ɑ̃:t] *adj* subyacente.
sous-lieutenant *m (vx)* MIL subteniente ‖ alférez.
sous-locataire *m et f* subarrendatario, ria.
sous-location *f* subarriendo *m*.
sous-louer *v tr* subarrendar, realquilar.
sous-main *m inv* carpeta *f*, cartapacio (pour écrire) ‖ *en sous-main* bajo mano, en secreto.
sous-marin, e *adj* submarino, na.
◆ *m* MAR submarino (bâtiment).
sous-marque *f* submarca.
— OBSERV pl *sous-marques*.
sous-médicalisé, e *adj* que carece de una infraestructura médica adecuada [país, región].
sous-multiple *adj et s m* MATH submúltiplo, pla.
sous-off *m* MIL & FAM suboficial.
sous-officier *m* MIL suboficial.

sous-ordre *m* subordinado, subalterno (subordonné) ‖ BOT & ZOOL suborden ‖ *en sous-ordre* bajo las órdenes de otro.
sous-payer *v tr* pagar mal.
sous-peuplé, e *adj* subpoblado, da.
sous-peuplement *m* subpoblación *f*.
— OBSERV pl *sous-peuplements*.
sous-préfecture *f* subprefectura.
sous-préfet [suprefɛ] *m* subprefecto.
sous-produit [suprɔdɥi] *m* subproducto.
sous-programme *m* INFORM subprograma, subrutina.
sous-pull *m* jersey fino que se lleva debajo de otro.
— OBSERV pl *sous-pulls*.
sous-secrétaire *m* subsecretario; *sous-secrétaire d'État* subsecretario de Estado.
soussigné, e *adj et s* infrascrito, ta ‖ *— le soussigné* el abajo firmante, el infrascrito ‖ *— je soussigné* el que suscribe.
sous-sol *m* subsuelo (du terrain) ‖ sótano (d'un bâtiment).
sous-tasse; soutasse *f* platillo (en Belgique).
— OBSERV pl *sous-tasses*.
sous-tendre *v tr* GÉOM subtender.
sous-titrage *m* CINÉM subtitulado.
— OBSERV pl *sous-titrages*.
sous-titre *m* subtítulo.
sous-titré, e *adj* subtitulado, da.
sous-titrer *v tr* poner subtítulo a, subtitular.
soustraction *f* sustracción, substracción (détournement) ‖ MATH sustracción, resta.
— OBSERV L'orthographe *sustraction* (sans *b*) est actuellement la plus courante. Il en est ainsi de tous les mots espagnols commençant par *subst*.
soustraire* *v tr* sustraer, substraer, robar (voler) ‖ MATH sustraer, restar.
◆ *v pr* sustraerse, apartarse (se dérober).
sous-traitance *f* subcontratación.
— OBSERV pl *sous-traitances*.
sous-traitant *m* segundo contratista, subcontratista, contratista subsidiario.
sous-traiter *v tr* ceder en subcontrato ‖ tomar en subcontrato.
sous-verre *m* cuadrito montado a la inglesa.
sous-vêtement *m* prenda *f* interior.
◆ *pl* ropa *f sing*, ropa *f sing* interior.
soutane *f* sotana.
soutasse *f* → **sous-tasse**.
soute *f* MAR pañol *m* ‖ cala de equipaje, bodega (avion) ‖ *— soute à charbon* carbonera ‖ *soute à munitions* polvorín.
soutenable *adj* sustentable, sostenible (opinion) ‖ soportable (supportable).
soutenance *f* defensa *ou* mantenimiento *m* de una tesis.
soutènement *m* sostenimiento ‖ sostén (soutien) ‖ *mur de soutènement* muro de contención.
souteneur *m* sostenedor, el que sostiene ‖ rufián, chulo.
soutenir* [sutnir] *v tr* sostener; *soutenir une poutre* sostener una viga; *soutenir une attaque* sostener un ataque ‖ mantener (prix) ‖ mantener, sustentar, sostener (opinion) ‖ amparar; *soutenir une famille* amparar una familia ‖ afirmar; *je vous*

soutiens que le afirmo que ‖ MIL apoyar ‖ — *soutenir la gageure* mantenerse en sus trece ‖ *soutenir le regard de quelqu'un* aguantar la mirada de alguien ‖ *soutenir une thèse* presentar y defender una tesis.

◆ *v pr* sostenerse; *se soutenir en l'air* sostenerse en el aire ‖ ampararse, sostenerse, ayudarse; *se soutenir mutuellement* sostenerse mutuamente.

soutenu, e *adj* constante, persistente ‖ noble, elevado, da (style) ‖ sostenido, da (à la Bourse).

souterrain, e *adj* subterráneo, a; *chemin souterrain* camino subterráneo ‖ FIG *voies souterraines* vías ocultas, caminos secretos.

◆ *m* subterráneo.

soutien *m* sostén ‖ apoyo, ayuda *f* (aide) ‖ sostenimiento; *pour le soutien de la communauté* para el sostenimiento de la comunidad ‖ mantenimiento (des prix) ‖ amparo, protección *f* ‖ MIL apoyo ‖ — *soutien de famille* sostén de familia, mozo exento de servicio militar por cargas de familia ‖ *apporter son soutien* apoyar.

soutien-gorge *m* sostén, sujetador.
— OBSERV pl *soutiens-gorge*.

soutier *m* MAR pañolero.

soutirage *m* trasiego (d'un liquide).

soutirer *v tr* trasegar (un liquide) ‖ FIG sonsacar, sacar con maña (obtenir par adresse).

soutra *m* sutra.

souvenir (se)* [səsuvniːr] *v pr* acordarse; *souvenez-vous de moi* acuérdese de mí ‖ — *je m'en souviendrai* no se me olvidará ‖ *vous souvient-il?* ¿se acuerda usted de que?

souvenir *m* memoria *f* (mémoire); *échapper au souvenir* irse de la memoria ‖ recuerdo (impression précédente); *souvenir confus* recuerdo confuso ‖ recuerdo (cadeau) ‖ *bons souvenirs, meilleurs souvenirs* muchos recuerdos.

souvent *adv* frecuentemente, a menudo, muchas veces ‖ *le plus souvent* las más de las veces, la mayoría de las veces.

souverain, e [suvrɛ̃, ɛːn] *adj et s* soberano, na; *puissance souveraine* poder soberano; *remède souverain* remedio soberano ‖ sumo, ma; supremo, ma; *le souverain pontife* el sumo pontífice; *cour souveraine* tribunal supremo.

◆ *m* soberano, libra *f* esterlina [moneda de oro inglesa].

souverainement *adv* soberanamente (avec un pouvoir souverain) ‖ extraordinariamente, soberanamente (au plus haut point); *s'ennuyer souverainement* aburrirse soberanamente.

souveraineté [-rɛnte] *f* soberanía; *la souveraineté de la nation* la soberanía de la nación ‖ supremacía; *la souveraineté de la raison* la supremacía de la razón ‖ FIG autoridad moral.

soviet [sɔvjɛt] *m* soviet.

soviétique *adj* soviético, ca.

Soviétique *m et f* soviético, ca.

soviétisation *f* sovietización.

soviétiser *v tr* sovietizar.

soyeux, euse [swajø, øːz] *adj* sedoso, sa.
◆ *m* negociante en seda.

S.P.A. abrév de *Société protectrice des animaux* Sociedad Protectora de Animales [Francia].

spacieusement *adv* ampliamente.

spacieux, euse *adj* espacioso, sa.

spadassin *m* espadachín, pendenciero (bretteur) ‖ FIG asesino a sueldo (assassin à gages).

spaghetti; spaghettis [spagɛti] *m pl* espaguetis.

sparadrap [sparadra] *m* esparadrapo.

Sparte *n pr* GÉOGR & HIST Esparta.

spartiate [sparsjat] *adj* espartano, na; esparciata ‖ *à la spartiate* espartanamente, severamente.
◆ *f* sandalia.

Spartiate *m et f* espartano, na; esparciata.

spasme *m* espasmo.

spasmodique *adj* espasmódico, ca.

spasmophile *adj* espasmofílico, ca.
◆ *m et f* espasmófilo, la.

spasmophilie *f* espasmofilia.

spath [spat] *m* MIN espato; *spath d'Islande* espato de Islandia; *spath fluor* espato flúor.

spatial, e [spasjal] *adj* espacial; *engins spatiaux* vehículos espaciales.

spationaute *m et f* astronauta (astronaute).

spatio-temporel, elle *adj* espacio-temporal.
— OBSERV pl *spatio-temporels, elles*.

spatule *f* espátula.

spécial, e *adj* especial.
◆ *f* clase de matemáticas superiores (classe).

spécialement *adv* especialmente; *pas spécialement* no especialmente.

spécialisation *f* especialización.

spécialisé, e *adj* especializado, da.

spécialiser *v tr* especializar; *spécialiser un ouvrier* especializar a un obrero ‖ particularizar, especificar (spécifier).

◆ *v pr* especializarse; *se spécialiser dans l'électronique* especializarse en electrónica.

spécialiste *adj et s* especialista.

spécialité *f* especialidad ‖ MÉD específico *m* (médicament).

spécieux, euse *adj* especioso, sa; aparente.

spécification *f* especificación.

spécificité *f* especificidad, caracter *m* específico.

spécifier* *v tr* especificar.

spécifique *adj* específico, ca; *poids spécifique* peso específico.

spécifiquement *adv* específicamente, en particular.

spécimen [spesimɛn] *m* muestra *f*, espécimen (échantillon) ‖ ejemplar; *un spécimen magnifique de scarabée* un ejemplar magnífico de escarabajo.

spectacle *m* espectáculo ‖ *spectacle permanent* sesión continua (cinéma) ‖ *se donner en spectacle, servir de spectacle* ser el espectáculo, servir de diversión.

spectaculaire *adj* espectacular ‖ espectacular; aparatoso, sa; *accident spectaculaire* accidente aparatoso.

spectateur, trice *m et f* espectador, ra; *en spectateur* como espectador.

spectral, e *adj* espectral (fantomatique) ‖ PHYS espectral; *analyse spectrale* análisis espectral.

spectre [spɛktr] *m* espectro ‖ — PHYS *spectre d'absorption* espectro de absorción ‖ *spectre solaire* espectro solar.

spectrogramme *m* espectrograma.

spectrographe *m* PHYS espectrógrafo.

spectromètre *m* PHYS espectrómetro; *spectromètre à laser* espectrómetro de láser.
spectroscope *m* PHYS espectroscopio.
spéculateur, trice *m* et *f* especulador, ra.
spéculatif, ive *adj* especulativo, va.
spéculation *f* especulación.
spéculer *v intr* especular; *spéculer sur* especular con.
spéculum [spekulɔm] *m* espéculo.
speech [spiːtʃ] *m* FAM discurso.
spéléologie *f* espeleología.
spéléologue; spéléologiste *m* et *f* espeleólogo, ga.
spencer [spɛ̃sɛr] **ou** [spɛnsər] *m* spencer (vêtement).
spermatozoïde *m* espermatozoide.
sperme *m* esperma *m* et *f* ‖ MÉD *donde sperme* donación de esperma | *donneur de sperme* donante de esperma.
spermicide *adj* et *s m* MÉD espermicida, espermaticida.
sphère *f* GÉOM & ASTR esfera; *sphère armillaire* esfera armilar; *sphère céleste* esfera celeste ‖ FIG esfera (milieu); *sphère d'activité* esfera de acción ‖ bombo *m* (de la loterie).
sphéricité *f* esfericidad.
sphérique *adj* esférico, ca.
sphincter [sfɛ̃ktɛːr] *m* ANAT esfínter.
sphinx [sfɛ̃ks] *m* esfinge *f*.
— OBSERV El femenino es *sphinge*.
spi *m* → **spinnaker**.
spin [spin] *m* PHYS espín (moment cinétique de l'électron).
spinal, e *adj* ANAT espinal.
spinnaker [spineker]; **spi** *m* (mot anglais), spinnaker, balón, vela *f* (voile).
spirale *f* GÉOM espiral (courbe) ‖ AVIAT espiral.
spire *f* espira.
spirite *adj* et *s* espiritista.
spiritisme *m* espiritismo.
spiritual [spiritwol] *m* (mot anglais), espiritual [canto religioso].
— OBSERV pl *spirituals*.
spiritualiser *v tr* espiritualizar.
spiritualisme *m* espiritualismo.
spiritualiste *adj* et *s* espiritualista.
spiritualité *f* espiritualidad.
spirituel, elle *adj* espiritual (incorporel) ‖ sacro, cra; religioso, sa; *concert spirituel* concierto de música sacra *ou* religiosa ‖ ingenioso, sa; inteligente, agudo, da; *une réplique spirituelle* una réplica ingeniosa, aguda ‖ — *directeur spirituel* director espiritual ‖ *être spirituel* tener gracia, ser gracioso.
◆ *m* lo espiritual.
spirituellement *adv* espiritualmente (enesprit) ‖ ingeniosamente, con agudeza (avec esprit); *répondre spirituellement* contestar con agudeza.
spiritueux, euse *adj* et *s m* espiritoso, sa; espirituoso, sa (alcoolique).
spiroïdal, e *adj* espiroidal; espiroideo, a.
spiromètre *m* MÉD espirómetro.
spleen [spliːn] *m* muermo (ennui, hypocondrie) ‖ *avoir le spleen* estar melancólico.
splendeur *f* esplendor *m*.

splendide *adj* espléndido, da.
spoliateur, trice *adj* et *s* espoliador, ra; expoliador, ra.
spoliation *f* expoliación, despojo *m*.
spolier* *v tr* expoliar, espoliar, despojar (déposséder).
spondaïque *adj* POÉT espondaico, ca.
spondée *m* POÉT espondeo.
spongieux, euse [spɔ̃ʒjø, øːz] *adj* esponjoso, sa.
sponsor *m* esponsor, patrocinador.
sponsoring [-riŋ]; **sponsorat** *m* patrocinio.
— OBSERV Es aconsejable el uso de la palabra francesa *parrainage*.
sponsoriser *v tr* patrocinar.
spontané, e *adj* espontáneo, a.
spontanéité *f* espontaneidad.
spontanément *adv* espontáneamente.
sporadique *adj* esporádico, ca.
sporadiquement *adv* esporádicamente.
sporange *m* BOT esporangio.
spore *f* BOT espora.
sport [spɔːr] *m* deporte; *sports d'hiver* deportes de invierno ‖ — *sport de combat* deporte de lucha ‖ *sport de défense* deporte de defensa ‖ *sport individuel, d'équipe* deporte individual, de equipo ‖ — *faire du sport* practicar los deportes.
◆ *adj inv* de sport, deportivo, va; *une veste sport* una chaqueta de sport ‖ FAM *être sport* portarse como un caballero.
sportif, ive *adj* deportivo, va ‖ *les résultats sportifs* los resultados deportivos.
◆ *m* et *f* deportista.
sportivement *adv* deportivamente, con deportividad.
sportivité *f* deportividad.
sportswear *m* ropa *f* de sport.
spot [spɔt] *m* punto luminoso ‖ foco (projecteur) ‖ espacio (publicitaire) ‖ *spot d'exploration* punto de exploración (télévision).
sprat [sprat] *m* sprat, especie de arenque.
spray [sprɛ] *m* (mot anglais), spray, esprai, pulverizador.
sprint [sprint] *m* SPORTS «sprint», esfuerzo final ‖ FAM *piquer un sprint* echar una carrera.
sprinter [-tœːr] *m* SPORTS «sprinter», velocista.
sprinter *v intr* esprintar.
spumeux, euse *adj* espumoso, sa.
squale [skwal] *m* ZOOL escualo.
squame [skwam] *f* escama.
squameux, euse [-mø, øːz] *adj* escamoso, sa.
square [skwaːr] *m* jardinillo (cour), plazoleta *f*, plaza *f* ajardinada.
squash [skwaʃ] *m* (mot anglais) SPORTS squash.
squat [skwat] *m* (mot anglais), ocupación *f* ilegal de una vivienda, vivienda ocupada ilegalmente.
squatter [skwatœr] *m* squatter, okupa, ocupante ilegal de una vivienda.
squatter [skwate]; **squattériser** [skwaterize] *v tr* ocupar ilegalmente una vivienda.
squelette [skəlɛt] *m* esqueleto.
squelettique *adj* esquelético, ca.
Sri Lanka *n pr* GÉOGR Sri Lanka.
sri lankais, e *adj* cingalés, esa.
Sri Lankais, e *m* et *f* cingalés, esa.

SS abrév de *SchutzStaffel* SS, policía política del régimen nazi ‖ *les SS* las SS.

S.S.R. abrév de *Société suisse de radiodiffusion et télévision* emisora de radio y televisión en lengua francesa.

St; Ste abrév de *Saint, Sainte* San; Sto., Santo; Sta., Santa.

stabat mater [stabatmatɛr] *m inv* stábat [himno a la Virgen].

stabilisant *m* estabilizante.

stabilisateur, trice *adj* et *s m* estabilizador, ra.

stabilisation *f* estabilización.

stabiliser *v tr* estabilizar.
◆ *v pr* estabilizarse.

stabilité *f* estabilidad.

stable *adj* estable; *équilibre stable* equilibrio estable; *paix stable* paz estable.

stabulation *f* AGRIC estabulación.

staccato [stakato] *adv* et *s m* MUS staccato.

stade *m* estadio (mesure) ‖ SPORTS estadio; *un stade olympique* un estadio olímpico ‖ FIG fase *f*, grado, estadio; *les différents stades d'une évolution* las diferentes fases de una evolución.

staff [staf] *m* CONSTR estaf, estuco ‖ FAM staff, equipo directivo ‖ staff, equipo de trabajo.

stage *m* pasantía *f* (avocat) ‖ período de prácticas (pratique) ‖ cursillo (théorique); *un stage d'informatique* un cursillo de informática ‖ FIG preparación *f* ‖ — *stage de formation* cursillo de capacitación ‖ *stage de perfectionnement* cursillo de perfeccionamiento ‖ *stage d'initiation* cursillo de iniciación.

stagflation *f* ÉCON estanflación.

stagiaire *adj* et *s* que está de prueba, de prácticas (à l'essai) ‖ *professeur stagiaire* profesor cursillista.
◆ *m* et *f* pasante (d'avocat) ‖ cursillista.

stagnant, e [stagnã, ã:t] *adj* estancado, da; *eaux stagnantes* aguas estancadas ‖ FIG estancado, da; *affaire stagnante* asunto estancado.

stagnation [-gnasjɔ̃] *f* estancamiento *m*, estancación; *stagnation de l'eau, des affaires* estancamiento del agua, de los negocios.

stagner [-gne] *v intr* estancarse.

stakhanovisme *m* stajanovismo.

stakhanoviste *m* et *f* stajanovista.

stalactite *f* estalactita.

stalagmite *f* estalagmita.

Staline *n pr* Stalin.

stalinien, enne *adj* stalinista, staliniano, na.

stalinisme *m* stalinismo.

stalle *f* silla de coro (église) ‖ luneta, butaca (théâtres) ‖ compartimiento *m* para un caballo en las cuadras (pour chevaux).

stance *f* POÉT estancia (strophe).

stand [stɑ̃:d] *m* stand, caseta *f* (d'exposition) ‖ barraca *f* de tiro al blanco (de tir) ‖ SPORTS *stand de ravitaillement* puesto de avituallamiento ‖ MIL *stand de tir* galería de tiro.

standard [stɑ̃da:r] *adj* estándar, tipo (type); *modèle standard* modelo estándar ‖ de serie, estándar; *une voiture standard* un coche de serie.
◆ *m* centralita *f* telefónica ‖ FIG *standard de vie* tren *ou* nivel de vida.

standardisation *f* standardización, normalización, tipificación.

standardiser *v tr* standardizar, normalizar, tipificar.

standardiste *m* et *f* telefonista.

standing [stɑ̃diŋ] *m* nivel de vida ‖ categoría *f*; *un appartement de grand standing* un apartamento de gran categoría.

staphylocoque *m* estafilococo.

star *f* estrella de cine, «star» (étoile).

starie *f* MAR estadía (estarie).

starlette *f* actriz de cine principiante.

starter [starter] *m* juez de salida (courses) ‖ AUTOM estrangulador, starter, estárter; *mettre le starter* encender el estárter *ou* el starter.

starting-block [startiŋblɔk] *m* SPORTS taco de salida.
— OBSERV pl *starting-blocks.*

station [stasjɔ̃] *f* posición, postura; *station verticale* posición vertical ‖ pausa, parada (pause) ‖ estación (de métro) ‖ parada (de taxis, d'autobus) ‖ estación (archéologique, météorologique, de villégiature, etc.) ‖ emisora, estación emisora (radio) ‖ RELIG estación ‖ — MÉD *station debout* posición vertical ‖ *station balnéaire* ciudad costera, pueblo costeño (lieu de vacances en bord de mer) ‖ AUTO *station de lavage* túnel de lavado ‖ *station de poursuite* estación de seguimiento (de fusées) ‖ *station de ski* estación de esquí ‖ *station de sports d'hiver* estación de deportes de invierno ‖ INFORM *station de travail* estación de trabajo ‖ ASTR *station orbitale, spatiale* estación espacial ‖ *station thermale* estación climática, balneario.

stationnaire *adj* estacionario, ria.
◆ *m* MAR barco vigía (à l'entrée d'un port, d'une rade).

stationnement *m* estacionamiento, aparcamiento ‖ — *stationnement alterné* estacionamiento alterno ‖ *stationnement interdit* prohibido el estacionamiento ‖ *stationnement payant* estacionamiento de pago.

stationner *v intr* estacionarse, aparcar ‖ *défense de stationner* prohibido aparcar.

station-service *f* estación de servicio.
— OBSERV pl *stations-service.*

statique *adj* et *s f* estático, ca.

statisticien, enne *m* et *f* estadista, estadístico, ca.

statistique *adj* et *s f* estadístico, ca.

statistiquement *adv* según las estadísticas, estadísticamente.

statuaire *adj* estatuario, ria.
◆ *m* estatuario (sculpteur).
◆ *f* estatuaria (art).

statue *f* estatua.

statuer *v tr* et *intr* estatuir ‖ *statuer à l'unanimité* resolver por unanimidad.

statuette *f* figurina, estatuilla.

statufier *v tr* FAM levantar una estatua a.

statu quo [statykwo] *m inv* statu quo.

stature *f* estatura; *de haute stature* de gran estatura.

statut [staty] *m* estatuto.

statutaire *adj* estatutario, ria.

statutairement *adv* según los estatutos.

Sté abrév de *société* Sdad, sociedad.
steak [stɛk] *m* (mot anglais), bistec, bisté (bifteck).
stéarine *f* estearina.
stéatite *f* MIN esteatita.
steeple-chase [stipœltʃɛz] *m* steeple-chase, carrera *f* de obstáculos.
stèle *f* estela (monument).
stellaire *adj* ASTR estelar (des étoiles) || estrellado, da (rayonné en étoile).
◆ *f* BOT estelaria, pie *m* de león.
stem; stemm *m* SPORTS stemm (ski).
stencil [stɛnsil] *m* cliché *ou* clisé de multicopista, sténcil.
sténodactylo *m* et *f* taquimecanógrafo, fa.
sténodactylographie *f* taquimecanografía.
sténographe; sténo *m* et *f* taquígrafo, fa; estenógrafo, fa.
sténographie; sténo *f* taquigrafía, estenografía.
sténographier* *v tr* taquigrafiar, estenografiar.
sténographique *adj* taquigráfico, ca; estenográfico, ca.
sténose *f* MÉD estenosis.
sténotype *f* estenotipo *m*, máquina de taquigrafía.
sténotypie *f* estenotipia, taquigrafía mecánica.
sténotypiste *m* et *f* taquígrafo, taquígrafa a máquina, estenotipista.
stentor [stātɔːr] *m* ZOOL esténtor || *voix de stentor* voz estentórea.
stéphanois, e *adj* de Saint-Étienne [ciudad].
Stéphanois, e *m* et *f* nativo, va de Saint-Étienne.
steppe *f* estepa.
steppique *adj* estepario, ria.
stère *m* estéreo (mesure pour le bois).
stéréo *adj* et *s f* FAM estéreo.
stéréométrie *f* estereometría.
stéréophonie *f* estereofonía; *émission en stéréophonie* emisión en estereofonía.
stéréophonique *adj* estereofónico, ca.
stéréoscope *m* estereoscopio.
stéréoscopie *f* estereoscopia.
stéréoscopique *adj* estereoscópico, ca.
stéréotomie *f* estereotomía.
stéréotype *m* estereotipo (cliché).
stéréotypé, e *adj* estereotipado, da || *un sourire stéréotypé* una sonrisa estereotipada *ou* maquinal.
stérile *adj* estéril.
stérilet *m* sterilet, dispositivo intrauterino (DIU).
stérilisant, e *adj* esterilizador, ra.
stérilisateur *m* esterilizador.
stérilisation *f* esterilización.
stérilisé, e *adj* esterilizado, da.
stériliser *v tr* esterilizar.
stérilité *f* esterilidad.
sterling [stɛrliŋ] *adj inv* esterlina; *livre sterling* libra esterlina || *zone sterling* zona de la libra esterlina.
sterne *f* esterna, golondrina de mar (hirondelle de mer).
sternum [stɛrnɔm] *m* ANAT esternón.

stéroïde *adj* et *s . m* esteroide; *hormone stéroïde* hormona esteroide.
stéthoscope *m* estetoscopio.
steward [stjuwəd] *m* camarero, auxiliar [de barco o de avión].
stick [stik] *m* bastoncillo, vara *f* || stick, bastón (hockey) || patrulla *f* (de parachutistes).
stigmate *m* estigma || llaga *f* (d'un saint).
stigmatisation *f* estigmatización.
stigmatiser *v tr* estigmatizar || FIG estigmatizar, condenar.
stimulant, e *adj* estimulante.
◆ *m* estimulante || FIG estimulante, acicate.
stimulateur, trice *m* et *f* estimulador, ra || MÉD *stimulateur cardiaque* estimulador cardíaco, marcapasos (pacemaker).
stimulation *f* estímulo *m*, estimulación.
stimuler *v tr* estimular; *stimuler un enfant* estimular a un niño.
stimulus [stimylys] *m* estímulo.
— OBSERV pl *stimuli* o *stimulus*.
stipulation *f* estipulación.
stipuler *v tr* estipular.
stock *m* existencias *f pl*, provisión *f*, «stock» || reservas *f pl*, depósito.
stockage *m* almacenamiento (réserves), abastecimiento (approvisionnement) || INFORM almacenamiento || NUCL *stockage des déchets radioactifs* almacenamiento de residuos radioactivos.
stocker *v tr* almacenar.
Stockholm [stɔkɔlm] *n pr* GÉOGR Estocolmo.
stoïcien, enne *adj* et *s* estoico, ca.
stoïcisme *m* estoicismo.
stoïque *adj* estoico, ca; *il est stoïque* es estoico.
◆ *adj* et *s* estoico, ca; *l'école stoïque* la escuela estoica.
stoïquement *adv* estoicamente.
stomacal, e *adj* estomacal.
stomachique *adj* et *s m* estomacal.
stomate *m* BOT estoma.
stomatologie *f* MÉD estomatología.
stomatologiste; stomatologue *m* et *f* MÉD estomatólogo, ga.
stop *m* stop (route) || stop, punto (télégrammes) || AUTOM luz *f* de faro (feux arrière).
◆ *interj* ¡alto!, ¡pare! (ordre d'arrêter).
stoppage *m* zurcido (d'une déchirure).
stopper *v tr* parar, detener (arrêter) || zurcir (repriser).
◆ *v intr* pararse, detenerse || zurcir.
stoppeur, euse *adj* et *s* zurcidor, ra.
◆ *m* et *f* FAM autoestopista (auto-stoppeur).
◆ *m* SPORTS defensa (football).
store [stɔːr] *m* persiana *f* (à lamelles), toldo (en toile) || cortinilla *f* (intérieur) || *store vénitien* persiana veneciana.
strabisme *m* estrabismo.
stradivarius [stradivarjys] *m* estradivario (violon).
strangulation *f* estrangulación.
strapontin *m* traspuntín, trasportín, traspontín, asiento plegable.
Strasbourg *n pr* GÉOGR Estrasburgo.
strasbourgeois, e *adj* estrasburgués, esa.

Strasbourgeois, e *m* et *f* estrasburgués, esa.
strass; stras *m* estrás [cristal] ‖ FIG oropel (faux éclat).
stratagème *m* estratagema *f; user de stratagèmes* emplear estratagemas.
strate *f* GÉOL estrato *m.*
stratège *m* MIL estratega, estratego *(p us).*
stratégie *f* MIL estrategia.
stratégique *adj* estratégico, ca.
stratification *f* GÉOL estratificación.
stratifier* *v tr* GÉOL estratificar.
stratigraphie *f* GÉOL estratigrafía.
stratigraphique *adj* estratigráfico, ca.
strato-cumulus [stratokymylys] *m inv* estrato-cúmulo.
stratosphère *f* estratosfera.
stratosphérique *adj* estratosférico, ca; *ballon stratosphérique* globo estratosférico.
stratus [stratys] *m* estrato (nuage).
streptocoque *m* estreptococo.
streptomycine *f* MÉD estreptomicina.
stress [strɛs] *m inv* estrés.
stressant, e *adj* estresante.
stressé, e *adj* estresado, da.
stresser *v tr* estresar.
Stretch *adj inv* (nom déposé) elástico, ca; *velours Stretch* terciopelo elástico.
 ← *m inv* tejido elástico.
stretching *m* SPORTS estiramiento.
strict, e [strikt] *adj* estricto, ta; *dans la plus stricte intimité* en la más estricta intimidad ‖ — *le strict minimum, le strict nécessaire* sólo lo mínimo, lo estrictamente necesario ‖ *son droit le plus strict* su justo derecho.
strictement *adv* estrictamente ‖ *strictement interdit* terminantemente prohibido.
stricto sensu [striktosɛ̃sy] *loc adv* strictu sensu.
strident, e *adj* estridente.
stridulation *f* estridor *m*, chirrido *m* (du grillon).
strie [stri] *f* estría.
strié, e *adj* estriado, da.
strier* *v tr* estriar.
string [striŋ] *m* tanga (maillot de bain).
strip-tease *m* strip-tease.
stripteaseuse *f* mujer que hace strip-tease.
striure [strijyːr] *f* estriado *m* (état) ‖ estría (strie).
stroboscope *m* estroboscopio.
strophe *f* estrofa.
structural, e *adj* estructural.
structuralisme *m* estructuralismo.
structuraliste *adj et s m* estructuralista.
structurant, e *adj* estructurante.
structuration *f* estructuración.
structure *f* estructura ‖ *structures touristiques d'accueil* estructuras turísticas.
structuré, e *adj* estructurado, da.
structurel, elle *adj* estructural.
structurer *v tr* estructurar, dar una estructura a.
strychnine *f* estricnina.
stuc *m* estuco.
studette *f* pequeño estudio *m* [apartamento].
studieux, euse *adj* estudioso, sa; *un élève studieux* un alumno estudioso.

studio *m* estudio; *studio de peintre* estudio de pintor; *studio radiophonique, cinématographique* estudio radiofónico, cinematográfico ‖ estudio, apartamento de una sola habitación.
stupéfaction *f* estupefacción ‖ *être frappé de stupéfaction* quedarse estupefacto.
stupéfait, e *adj* estupefacto, ta; *demeurer stupéfait* quedarse estupefacto.
stupéfiant, e *adj* estupefaciente, estupefactivo, va (remède) ‖ FIG estupefaciente; *nouvelle stupéfiante* noticia estupefaciente.
 ← *m* estupefaciente (médicament).
stupéfier* *v tr* MÉD entorpecer, pasmar ‖ FIG pasmar, dejar estupefacto; *sa réponse m'a stupéfié* su respuesta me ha dejado estupefacto.
stupeur *f* estupor *m.*
stupide [stypid] *adj* estúpido, da; *un homme stupide* un hombre estúpido ‖ estupefacto, ta; atónito, ta; *demeurer stupide devant un malheur* quedarse estupefacto ante una desgracia.
stupidement *adv* estúpidamente, de manera estúpida, como un estúpido.
stupidité *f* estupidez.
stupre *m* estupro.
Stuttgart *n pr* GÉOGR Stuttgart.
style *m* estilo ‖ BOT estilo ‖ TECHN estilete (d'appareil enregistreur) ‖ — *de grand style* brillante; *une offensive de grand style* una ofensiva brillante ‖ *meuble de style* mueble de estilo ‖ *style de vie* estilo de vida.
stylé, e *adj* con clase, que tiene mucho estilo.
styler *v tr* enseñar a servir, adiestrar, acostumbrar; *styler la nouvelle bonne* enseñar a servir a la nueva criada ‖ FIG formar, dar un estilo.
stylet [stilɛ] *m* estilete.
styliser *v tr* estilizar.
stylisme *m* estilismo, rebuscamiento.
styliste *m et f* estilista.
stylisticien, enne *m et f* especialista en estilística.
stylistique *f* estilística.
stylo *m* FAM pluma *f* ‖ — *stylo à encre* pluma estilográfica ‖ *stylo à bille* bolígrafo.
stylobate *m* ARCHIT estilóbato.
stylo-feutre *m* rotulador.
 — OBSERV pl *stylos-feutres.*
Stylomine *m* (nom déposé) portaminas (portemine).
su, e *part pass de savoir* sabido, da; *il l'a su aujourd'hui* lo ha sabido hoy.
 ← *m au vu et au su de tous* a vista y ciencia de todos.
suaire *m* sudario; *le saint suaire* el santo sudario.
suave [sɥav] *adj* suave.
suavité *f* suavidad.
subalterne *adj et s* subalterno, na.
subaquatique *adj* subacuático, ca.
subconscience *f* subconsciencia.
subconscient, e *adj et s m* subconsciente.
subdésertique *adj* GÉOGR subdesértico, ca.
subdiviser *v tr* subdividir.
subdivision *f* subdivisión ‖ MIL circunscripción.
subéquatorial, e *adj* subecuatorial.
subir *v tr* sufrir; *subir des revers* sufrir reveses; *subir un examen* sufrir un examen ‖ experimentar;

subir une rénovation totale experimentar una renovación completa.
subit, e [sybi, it] *adj* súbito, ta; repentino, na ‖ repentino, na; *mort subite* muerte repentina.
subitement [-tmã] *adv* súbitamente, de repente.
subjectif, ive *adj* subjetivo, va.
◆ *m* lo subjetivo.
subjectivement *adv* subjetivamente.
subjectivisme *m* subjetivismo.
subjectivité *f* subjetividad.
subjonctif, ive [sybʒɔ̃ktif, iv] *adj* et *s m* GRAMM subjuntivo, va.
subjuguer *v tr* subyugar.
sublimation *f* sublimación.
sublime *adj* sublime.
◆ *m* lo sublime.
sublimé, e *adj* sublimado, da.
◆ *m* CHIM sublimado; *sublimé corrosif* sublimado corrosivo.
sublimer *v tr* sublimar.
subliminal, e *adj* subliminal.
sublimité *f* sublimidad.
sublingual, e [syblɛ̃gwal] *adj* ANAT sublingual.
submergé, e *adj* sumergido, da; hundido, da ‖ FIG agobiado, da; enterrado, da.
submerger* *v tr* sumergir ‖ inundar.
submersible *adj* et *s m* sumergible.
submersion *f* sumersión.
subodorer *v tr* olfatear (sentir) ‖ FIG olerse, barruntar (pressentir); *subodorer une intrigue* olerse una intriga.
subordination *f* subordinación.
subordonné, e *adj* et *s* subordinado, da ‖ GRAMM *proposition subordonnée* oración subordinada.
subordonner *v tr* subordinar ‖ subordinar, supeditar; *nos réussites sont subordonnées à nos efforts* nuestros éxitos están supeditados a nuestros esfuerzos.
subornation *f* soborno *m*, sobornación.
suborner *v tr* sobornar.
suborneur, euse *adj* et *s* sobornador, ra.
subreptice [sybreptis] *adj* subrepticio, cia.
subrepticement *adv* furtivamente, disimuladamente.
subrogé, e *adj* DR subrogado, da ‖ *subrogé tuteur* protutor.
subroger* *v tr* DR subrogar.
subsaharien, enne *adj* subsahariano, na.
subséquent, e [sybsekɑ̃, ɑ̃:t] *adj* subsecuente, subsiguiente.
subside *m* subsidio.
subsidiaire *adj* subsidiario, ria; *question subsidiaire* pregunta subsidiaria.
subsistance [sybzistɑ̃:s] *f* subsistencia ‖ *pourvoir à la subsistance de quelqu'un* proveer a la subsistencia de alguien.
subsistant, e [-tɑ̃, ɑ̃:t] *adj* subsistente.
subsister [-te] *v intr* subsistir.
substance *f* sustancia, substancia; *substance active* sustancia activa ‖ *en substance* en sustancia.
— OBSERV L'orthographe *sustancia* (sans *b*) est actuellement la plus courante. Il en est de même pour tous les mots espagnols commençant par *subst*.

substantiel, elle *adj* sustancial, substancial, sustancioso, sa; substancioso, sa (un aliment) ‖ sustancial, substancial, esencial (un livre) ‖ FAM considerable; *obtenir des avantages substantiels* obtener ventajas considerables.
substantiellement *adv* ampliamente, con creces.
substantif, ive *adj* et *s m* sustantivo, va ‖ GRAMM substantivo, va.
substantiver *v tr* sustantivar, substantivar.
substituable *adj* sustituible, substituible.
substituer *v tr* sustituir, substituir.
◆ *v pr* sustituir, substituir, ponerse en el sitio de, reemplazar; *la république se substitue à la monarchie* la República sustituye a la Monarquía.
substitut [sybstity] *m* sustituto, substituto.
substitutif, ive *adj* substitutivo, va.
substitution *f* sustitución, substitución ‖ DR *peine de substitution* conmutación de pena | *substitution d'enfant* sustitución de hijo.
substrat [sybstra] ; **substratum** [-tɔm] *m* PHILOS & GÉOL substrato.
subterfuge *m* subterfugio.
subtil, e *adj* sutil.
◆ *m* lo sutil.
subtilement *adv* sutilmente, con sutileza.
subtilisation *f* sutilización.
subtiliser *v tr* sutilizar, pulir; *subtiliser son style* pulir su estilo ‖ FAM birlar, limpiar, hurtar (dérober).
◆ *v intr* sutilizar; *il ne faut pas trop subtiliser* no conviene sutilizar con exceso ‖ obrar con sutilezas.
subtilité *f* sutileza, sutilidad.
subtropical, e *adj* subtropical.
suburbain, e *adj* suburbano, na.
subvenir* *v intr* subvenir, atender, satisfacer; *subvenir à ses besoins* satisfacer sus necesidades.
— OBSERV Subvenir sólo admite el auxiliar *avoir*. *j'ai subvenu à ses besoins*.
subvention *f* subvención.
subventionné, e *adj* subvencionado, da.
subventionner *v tr* subvencionar.
subversif, ive *adj* subversivo, va.
subversion *f* subversión.
suc *m* jugo (en général); *suc gastrique* jugo gástrico; *suc de viande* jugo de carne ‖ zumo (jus de plante ou de fruits) ‖ FIG esencia *f*.
succédané, e *adj* et *s m* sucedáneo, a.
succéder *v intr* suceder; *les vivants succèdent aux morts* los vivos suceden a los muertos ‖ FIG heredar.
◆ *v pr* sucederse.
succès [syksɛ] *m* éxito; *avoir du succès* tener éxito ‖ *— succès de librairie* éxito comercial [de un libro] ‖ *succès fou* o *éclatant* éxito clamoroso ‖ *une pièce à succès* un éxito teatral ‖ *— sans succès* sin éxito.
successeur *m* sucesor, ra.
— OBSERV La palabra francesa *successeur* no tiene forma femenina; se dice: *Élisabeth II a été le successeur de George VI* Isabel II fue la sucesora de Jorge VI.
successif, ive *adj* sucesivo, va ‖ DR *droits successifs* derechos de sucesión.
succession *f* sucesión; *la succession des évènements* la sucesión de los acontecimientos ‖ DR su-

successivement

cesión, herencia (héritage) || *prendre la succession* suceder.
successivement *adv* sucesivamente; *il a été successivement maire, député et ministre* ha sido alcalde, diputado y ministro sucesivamente || *elle est successivement triste et enjouée* unas veces está triste y otras contenta.
succinct, e [syksɛ̃, ɛ̃ːt] *adj* sucinto, ta; *récit succinct* relato sucinto; *réponse succincte* respuesta sucinta || escaso, sa; poco abundante; *repas succinct* comida escasa.
succinctement *adv* sucintamente.
succion [syksjɔ̃] *f* succión.
succomber *v intr* sucumbir || FIG sucumbir, ceder; *succomber à la tentation* ceder a la tentación.
succulence *f* suculencia.
succulent, e *adj* suculento, ta.
succursale *adj et s f* sucursal || *magasin à succursales multiples* tienda con múltiples sucursales.
sucer* *v tr* chupar || FAM chuparse; *sucer son doigt* chuparse el dedo || FAM *sucer avec le lait* mamarlo (recevoir dès l'enfance).
sucette *f* chupete *m* (tétine) || chupón *m*, pirulí *m* [*(amér)* chupete *m*] (bonbon).
suceur, euse *adj et s* chupador, ra; chupón, ona (fam).
suçoir [syswaːr] *m* BOT chupón || ZOOL trompa *f* (d'insecte).
suçon [-sɔ̃] *m* FAM chupetón, chupendo.
suçoter [-sɔte] *v tr* chupetear.
sucrage *m* azucarado, azucaramiento.
sucrant, e *adj* endulzante, edulcorante.
sucre *m* azúcar *f ou m*; *sucre de canne, de betterave* azúcar de caña, de remolacha || — *sucre brut* azúcar mascabado *ou* moscabado || *sucre candi* azúcar cande, candi || *sucre cristallisé* azúcar cristalizada | *sucre de lait* lactosa | *sucre de pomme* caramelo de manzana || *sucre d'orge* pirulí, caramelo largo en forma de palito || *sucre en morceaux* azúcar de cortadillo *ou* en terrones || *sucre en poudre* azúcar en polvo || *sucre raffiné* azúcar refinada || *sucre roux* azúcar morena || — *pain de sucre* pilón *ou* pan de azúcar || *un morceau de sucre, un sucre (fam)* un terrón de azúcar || — *en pain de sucre* en forma de cono || — FIG & FAM *casser du sucre sur le dos de quelqu'un* cortar un traje, murmurar contra *ou* criticar a alguien | *être tout sucre, tout miel* ser meloso y amable.
— OBSERV En espagnol, le féminin est plus courant que le masculin. Par contre, le pluriel est toujours du genre masculin: *los azúcares finos*.
sucré, e *adj* azucarado, da || FIG meloso, sa; melindroso, sa (d'une douceur affectée).
➤ *f* melindrosa; *faire la sucrée* hacer la melindrosa.
sucrer *v tr* azucarar, echar azúcar en; *sucrer le café* echar azúcar en el café || endulzar; *sucrer avec du miel* endulzar con miel || FIG & FAM *sucrer les fraises* tener las manos temblonas.
➤ *v pr* FAM echarse azúcar || POP aprovecharse de todo, ponerse las botas.
sucrerie *f* azucarera, fábrica de azúcar, ingenio *m* de azúcar.
➤ *pl* golosinas, dulces *m* (friandises).
sucrier, ère [sykrije, jɛːr] *adj* azucarero, ra; *industrie sucrière* industria azucarera.
➤ *m* azucarero (récipient).

sud *adj inv et s m inv* sur (point cardinal) || sud; *sud-ouest* sudoeste.
sud-africain, e *adj* sudafricano, na.
Sud-Africain, e *m et f* sudafricano, na.
sud-américain, e *adj* sudamericano, na.
Sud-Américain, e *m et f* sudamericano, na.
sudation *f* sudación.
sud-coréen, enne [sydkoreɛ̃, ɛn] *adj* surcoreano, na.
Sud-Coréen, e *m et f* surcoreano, na.
sud-est *adj inv et s m inv* sudeste, sureste.
sudiste *adj et s* sudista (pendant la guerre de Sécession, aux États-Unis).
sudorifique *adj et s m* MÉD sudorífico, ca.
sudoripare; sudorifère *adj* sudoríparo, ra.
sud-ouest *adj inv et s m inv* sudoeste, suroeste.
➤ *m* MAR sudoeste (vent).
Suède [sɥɛd] *n pr f* GÉOGR Suecia.
suédine *f* tejido *m* que imita la gamuza (étoffe).
suédois, e *adj* sueco, ca || *allumettes suédoises* fósforos que no se encienden sino con un rascador especial.
➤ *m* sueco (langue).
Suédois, e *m et f* sueco, ca.
suée [sɥe] *f* sudación abundante (action de suer) || FIG & FAM sudor *m* (peine) | canguelo *m*, susto *m*, mal rato *m* (peur).
suer *v intr* sudar (transpirer) || | rezumarse (suinter); *le mur sue* la pared se rezuma || — *suer à grosses gouttes* sudar la gota gorda || — FIG & POP *faire suer* cargar, jorobar, jeringar || FAM *faire suer le burnous* sacar todo el jugo.
➤ *v tr* sudar || rezumar || FAM *suer sang et eau* sudar a chorros, sudar tinta.
sueur *f* sudor *m* || — *à la sueur de son front* con el sudor de su frente || — *avoir des sueurs froides* tener sudores fríos || *être tout en sueur* estar bañado en sudor.
Suez (canal de) *n pr m* GÉOGR canal de Suez.
suffire* *v intr* bastar, ser suficiente; *ce qu'il possède lui suffit* lo que posee le basta || *cela suffit* basta, es bastante, ya está bien.
➤ *v pr* bastarse a sí mismo.
➤ *v impers* *il suffit, suffit* basta, es bastante, ya está bien || — *il suffit de* basta con || *il suffit que* basta (con) que.
suffisamment *adv* suficientemente, bastante, lo suficiente.
suffisance *f* cantidad suficiente; *avoir sa suffisance de pain* tener cantidad suficiente de pan || suficiencia, presunción (présomption) || *à suffisance, en suffisance* suficientemente, bastante.
suffisant, e *adj* suficiente.
➤ *adj et s* presumido, da; engreído, da; suficiente (vaniteux).
suffixal, e *adj* por sufijos; *dérivation suffixale* derivación por sufijos.
suffixation *f* formación de palabras mediante sufijos.
suffixe *m* GRAMM sufijo.
suffocant, e *adj* sofocante, sofocador, ra.
suffocation *f* sofocación, sofoco *m*.
suffoquer *v tr* sofocar || FIG sofocar (émouvoir) || dejar sin respiración, quitar el hipo (étonner).

◆ *v intr* ahogarse (étouffer) ‖ FIG encenderse *v pr*; *suffoquer de colère* encenderse de ou en ira.

suffrage *m* sufragio; *suffrage universel* sufragio universal ‖ — *suffrage capacitaire* sufragio restringido ‖ *suffrage direct, indirect* sufragio directo, indirecto ‖ *suffrages valablement exprimés* votos válidos.

suffragette *f* sufragista.

suggérer* [sygʒere] *v tr* sugerir; *on lui suggéra de parler* le sugirieron que hablase.

suggestif, ive [-ʒestif, iːv] *adj* sugestivo, va; sugerente.

suggestion [-ʒestjɔ̃] *f* sugerencia (action de suggérer) ‖ sugestión (action de suggestionner); *suggestion hypnotique* sugestión hipnótica.

suggestionner *v tr* sugestionar.

suggestivité *f* lo sugestivo *m*.

suicidaire *adj* suicida.

suicide *adj* suicida; *opération suicide* operación suicida.

◆ *m* suicidio.

suicider (se) *v pr* suicidarse.

suie [sɥi] *f* hollín *m*.

suif [sɥif] *m* sebo ‖ POP jabón, bronca *f*.

suintant, e *adj* que rezuma.

suintement [sɥɛ̃tmɑ̃] *m* rezumamiento, chorreo (d'un liquide) ‖ supuración *f* (d'une plaie).

suinter [-te] *v intr* rezumarse, chorrear ‖ MÉD supurar.

suisse *adj* suizo, za; *montre suisse* reloj suizo.

◆ *m* pertiguero (d'église) ‖ quesito blanco, «petit suisse» (fromage).

Suisse *n pr f* GÉOGR Suiza.

Suisse, Suissesse *m et f* suizo, za (habitant de la Suisse).

suite *f* séquito *m*, cortejo *m* (d'un souverain) ‖ comitiva, acompañantes *m pl*; *le ministre et sa suite* el ministro y sus acompañantes ‖ serie, sucesión (de nombres, de succès) ‖ «suite», apartamento *m* (dans un hôtel) ‖ continuación; *attendons la suite du récit* esperemos la continuación del relato ‖ curso *m*; *la suite des événements* el desarrollo de los acontecimientos ‖ MUS «suite» ‖ consecuencia, resultado *m*; *son discours aura des suites* su discurso tendrá consecuencias ‖ orden *m*, ilación; *paroles sans suite* palabras sin orden ‖ — *esprit de suite* perseverancia ‖ — *à la suite* a continuación ‖ *de suite* seguidamente, seguido, sin interrupción; *faire dix kilomètres de suite* andar diez kilómetros seguidos ‖ *par la suite* más tarde, luego ‖ *par suite* a consecuencia, como consecuencia ‖ *suite à votre lettre du* en contestación a su carta del ‖ *tout de suite* de ou en seguida; *venez tout de suite* venga en seguida ‖ — *avoir de la suite dans les idées* ser pertinaz ‖ *donner suite à* dar curso, cursar ‖ *faire suite à* ser continuación de ‖ *faire suite à une lettre* responder a una carta ‖ *prendre la suite de* suceder a.

suivant *prép* según; *suivant les mérites de chacun* según los méritos de cada cual; *suivant Homère* según Homero ‖ siguiendo, en la misma dirección que (dans la direction de) ‖ *suivant que* según que, conforme.

suivant, e *adj* siguiente; *chapitre suivant* capítulo siguiente.

◆ *m au suivant!* ¡el siguiente!

◆ *f* doncella (servante) ‖ THÉÂTR doncella.

◆ *m pl* acompañantes.

suiveur, euse *adj* de seguimiento; *voiture suiveuse* coche de seguimiento (cyclisme).

◆ *m* seguidor (course cycliste).

suivi, e *adj* seguido, da ‖ ordenado, da; *raisonnement bien suivi* razonamiento bien ordenado ‖ continuo, nua; *correspondance suivie* correspondencia continua ‖ concurrido, da; frecuentado, da; *conférence très, peu suivie* conferencia muy, poco concurrida ‖ COMM de producción continua.

◆ *m* control (contrôle).

suivisme *m* borreguismo.

suivre* *v tr* seguir; *suivre les prescriptions du médecin* seguir las prescripciones del médico ‖ oír, escuchar, seguir (un discours) ‖ asistir a, dar; *suivre des cours de langues* dar clases de idiomas ‖ comprender; *bien suivre un cours de mathématiques* comprender bien una lección de matemáticas ‖ comprender; *suivez-moi bien* compréndame ‖ enterarse; *tu me suis?* ¿te enteras? ‖ prestar atención a (être attentif) ‖ dejarse guiar por, seguir; *suivre son imagination* dejarse guiar por la imaginación ‖ hacer caso a, seguir los consejos de, escuchar a; *s'il m'avait suivi il aurait réussi* si me hubiese hecho caso hubiera logrado su propósito ‖ ocuparse de; *suivre ses élèves* ocuparse de los alumnos ‖ seguir produciendo (un article) ‖ perseguir; *des soucis qui nous suivent* preocupaciones que nos persiguen; *suivre un but* perseguir un objetivo ‖ — FAM *suivre le mouvement* bailar al son que tocan ‖ *suivre quelqu'un de près* seguir a uno de cerca, vigilar a uno estrechamente (surveiller), pisarle a uno los talones ‖ *suivre quelqu'un des yeux* seguir a uno con los ojos, no perder de vista a uno ‖ *suivre sa destinée* conformarse con el propio destino ‖ *suivre son cours* seguir sucurso.

◆ *v intr* seguir; *c'est à vous de suivre* a usted le toca seguir; *ce qui suit* lo que sigue ‖ estar atento (élève) ‖ — *à suivre* continuará (article de journal, histoire, etc.) ‖ *faire suivre* remítase a las nuevas señas *ou* al destinatario (lettre).

◆ *v impers* resultar, inferirse, desprenderse, implicar; *il suit de là que* de ello se desprende que, esto implica que.

◆ *v pr* seguirse ‖ sucederse, seguirse; *les jours se suivent* los días se suceden ‖ encadenarse, eslabonarse; *ces raisonnements se suivent* estos razonamientos se encadenan.

sujet [syʒɛ] *m* motivo, causa *f*; *sujet d'espoir* motivo de esperanza ‖ asunto, tema (matière); *le sujet d'une conférence* el tema de una conferencia ‖ sujeto, persona *f* (personne); *mauvais sujet* mala persona ‖ GRAMM & PHILOS sujeto ‖ MÉD paciente (malade), sujeto (cadavre) ‖ MUS tema ‖ ZOOL & BOT sujeto (animal ou végétal) ‖ — *sujet de conversation* tema de conversación ‖ *sujet d'examen* tema de examen ‖ *sujet d'expérience* conejillo de Indias ‖ *sujet porte-greffe* porta injerto, patrón ‖ — *à ce sujet* referente a esto ‖ *au sujet de* a propósito de, respecto a, relativo a ‖ — *avoir sujet de se plaindre* tener motivo para quejarse ‖ *c'est à quel sujet?* ¿de qué se trata? ‖ *donner sujet* dar motivo *ou* pie ‖ *entrer dans le vif du sujet* entrar en el meollo del asunto ‖ *sortir du sujet* salirse del tema.

sujet, ette [syʒɛ, ɛt] *adj* sujeto, ta (astreint), sometido, da (soumis), expuesto, ta (exposé) ‖ propenso, sa (enclin) ‖ *être sujet à caution* que hay que poner en tela de juicio, estar en entredicho *ou* poco seguro.

sujétion 652

◆ *m* súbdito, ta (d'un souverain).
sujétion *f* sujeción.
sulfamide *m* sulfamida *f*.
sulfatage *m* sulfatado.
sulfate *m* CHIM sulfato.
sulfater *v tr* sulfatar.
sulfite *m* sulfito.
sulfure *m* CHIM sulfuro.
sulfuré, e *adj* sulfurado, da || *hydrogène sulfuré* ácido sulfhídrico.
sulfurer *v tr* CHIM sulfurar.
sulfureux, euse *adj* sulfuroso, sa.
sulfurique *adj* CHIM sulfúrico, ca; *acide sulfurique* ácido sulfúrico.
sulfurisé, e *adj* sulfurizado, da; *papier sulfurisé* papel sulfurizado.
sultan *m* sultán (souverain).
sultanat [syltana] *m* sultanía *f*, sultanato.
sultane *f* sultana (femme du sultan).
Sumatra *n pr* GÉOGR Sumatra.
summum [sɔmmɔm] *m* súmmum, lo sumo.
sumo [sumo] *m* sumo (lutte).
sunnite *adj et s* suní, sunnita (musulman).
super *m* FAM súper *f*, supercarburante, plomo.
◆ *adj inv* FAM estupendo, alucinante.
superbe *adj* soberbio, bia (orgueilleux) || soberbio, bia; magnífico, ca; *un cadeau superbe* un regalo soberbio.
◆ *f* soberbia, orgullo *m*.
◆ *m* orgulloso, soberbio.
superbement *adv* magníficamente, preciosamente.
supercarburant *m* supercarburante, gasolina *f* plomo.
supercherie *f* superchería.
supérette *f* supermercado (supermarché).
superfétatoire *adj* redundante.
superficie *f* superficie.
superficiel, elle *adj* superficial.
superficiellement *adv* superficialmente, de modo superficial || *être blessé superficiellement* sufrir heridas superficiales.
superflu, e *adj* superfluo, flua.
◆ *m* lo superfluo.
superforme *f* FAM excelente forma [física, moral].
super-huit *adj inv* CINÉM super 8; *caméra, film super-huit* cámara, película super 8.
◆ *m inv* super 8.
supérieur, e *adj* superior; *à l'étage supérieur* en la planta *ou* el piso superior; *supérieur en nombre* superior en número || — *air supérieur* aires de superioridad || *l'autorité supérieure* la superioridad || RELIG *Mère supérieure* madre superiora || MIL *officiers supérieurs* jefes.
◆ *m et f* superior, ra; *obéir à un supérieur* obedecer a un superior; *le supérieur du couvent* el superior del convento.
— OBSERV L'adjectif espagnol *superior* est des deux genres, mais le nom a aussi la forme féminine.
Supérieur (lac) *n pr* GÉOGR lago Superior.
supérieurement *adv* superiormente, extremadamente || *être supérieurement intelligent* ser inteligentísimo, ser una lumbrera.
supériorité *f* superioridad.

superlatif, ive *adj et s m* superlativo, va; *terminaison superlative* terminación superlativa || *au superlatif* en grado superlativo, en sumo grado.
supermarché *m* supermercado.
supernova *f* ASTR supernova.
superphosphate *m* CHIM superfosfato.
superposable *adj* superponible, que puede superponerse.
superposé, e *adj* superpuesto, ta; sobrepuesto, ta || *lits superposés* literas.
superposer *v tr* superponer, sobreponer.
◆ *v pr* superponerse, sobreponerse.
superposition *f* superposición.
superproduction *f* superproducción (film).
superpuissance *f* superpotencia.
supersonique *adj* supersónico, ca; *vitesse supersonique* velocidad supersónica.
superstar *f* superestrella.
superstitieusement *adv* por superstición, supersticiosamente.
superstitieux, euse *adj et s* supersticioso, sa.
superstition *f* superstición.
superstructure *f* superestructura.
superviser *v tr* supervisar.
supervision *f* supervisión.
supin *m* GRAMM supino.
supplanter *v tr* suplantar.
suppléance [sypleã:s] *f* suplencia.
suppléant, e [-pleã, ã:t] *adj et s* suplente; *médecin suppléant* médico suplente.
suppléer* [-plee] *v tr et intr* suplir (compléter) || suplir, reemplazar (remplacer); *suppléer une chose par une autre* suplir una cosa con otra || *suppléer au manque d'instruction* suplir la falta de instrucción.
supplément *m* suplemento || — DR *supplément d'enquête* nuevas diligencias en el sumario || *supplément d'information* suplemento de información || *un supplément de 100 francs* un suplemento de 100 francos || *un supplément de frites* un suplemento de patatas fritas.
supplémentaire *adj* suplementario, ria; adicional || extraordinario, ria; *heures supplémentaires* horas extraordinarias || — *contributions supplémentaires* contribuciones suplementarias (résolution) || *lit supplémentaire* cama supletoria.
supplétif, ive *adj* MIL dícese de las tropas indígenas alistadas temporalmente en las tropas regulares francesas.
suppliant, e *adj et s* suplicante.
supplication *f* súplica, suplicación.
supplice *m* suplicio, tormento, tortura *f* || FIG *être au supplice* estar atormentado.
supplicié, e *m et f* ajusticiado, da.
supplicier* *v tr* ejecutar, ajusticiar (exécuter) || FIG atormentar, torturar (tourmenter).
supplier* *v tr* suplicar, rogar; *je vous en supplie* se lo ruego; *supplier quelqu'un de venir* suplicar a uno que venga.
supplique *f* súplica, petición por escrito || súplica, ruego *m*.
support [sypɔ:r] *m* soporte || FIG apoyo, sostén (soutien) || INFORM soporte; *support de données* soporte de datos || BLAS soporte || — *support audiovisuel* soporte audiovisual || *support publicitaire* soporte publicitario.

supportable *adj* soportable.
supporter *m* partidario, ria; seguidor, ra (d'une personne, d'une idée) ‖ SPORTS hincha *(fam)*.
supporter *v tr* sostener (soutenir); *colonnes supportant une voûte* columnas que sostienen una bóveda ‖ sufragar; *supporter les frais du voyage* sufragar los gastos del viaje ‖ soportar; *supporter le froid* soportar el frío ‖ soportar, aguantar; *ne pas supporter les enfants* no soportar a los niños ‖ resistir; *ce livre ne supporte pas la critique* este libro no resiste la crítica.
   ◆ *v pr* soportarse, tolerarse mutuamente.
supposé, e *adj* supuesto, ta.
   ◆ *prép* suponiendo, dando por supuesto, si se supone ‖ *supposé que* en el supuesto de que.
supposer *v tr* suponer ‖ indicar ‖ *à supposer que* suponiendo que.
supposition *f* suposición, supuesto *m* ‖ — DR *supposition d'enfant* suposición de parto ‖ FAM *une supposition que* supongamos que.
suppositoire *m* MÉD supositorio.
suppôt [sypo] *m* agente ‖ FIG secuaz ‖ *suppôt de Bacchus* borracho ‖ *suppôt de Satan* satélite de Satán, mala persona.
suppression *f* supresión ‖ DR *suppression de part o d'enfant* ocultación de parto.
supprimer *v tr* suprimir ‖ INFORM suprimir (un fichier) ‖ FAM exterminar, suprimir (tuer).
   ◆ *v pr* suicidarse, quitarse de en medio.
suppurant, e *adj* MÉD supurante.
suppuration *f* MÉD supuración.
suppurer *v intr* supurar.
supputation *f* suputación.
supputer *v tr* suputar (calculer).
supra *adv* supra.
supraconducteur, trice *adj* et *s m* superconductor, ra.
supraconduction; supraconductivité *f* superconductividad, supraconductividad.
supranational, e *adj* supranacional.
supranationalité *f* supranacionalidad.
supraterrestre *adj* supraterrestre.
suprématie *f* supremacía.
suprême *adj* supremo, ma; *chef suprême* jefe supremo ‖ sumo, ma; *au suprême degré* en sumo grado ‖ — *Cour suprême* Tribunal Supremo ‖ *volontés suprêmes* últimas voluntades ‖ — FAM *c'est une bêtise suprême* es una solemne tontería.
   ◆ *m* CULIN partes *f* más delicadas de un ave servidas con su salsa, suprema *f*.
suprêmement *adv* sumamente, infinitamente.
sur [syr] *prép* en; *s'asseoir sur une chaise* sentarse en una silla; *sur le boulevard* en el bulevar; *lire sur un journal* leer en un periódico; *frapper sur le visage* golpear en el rostro; *il y a un bon programme sur la première chaîne* hay un buen programa en el primer canal; *graver sur bois* grabar en madera; *sur 2 km* en 2 km; *sur toute la ligne* en toda la línea ‖ sobre, encima de; *le livre est sur la table* el libro está sobre la mesa ‖ encima de; *les nuages sont sur nos têtes* las nubes están encima de nuestras cabezas ‖ sobre; *avoir une grande influence sur quelqu'un* tener mucha influencia sobre alguien ‖ en, sobre; *nous ne sommes pas d'accord sur cela* no estamos de acuerdo en esto ‖ acerca de, sobre; *on peut parler longtemps sur ce sujet* se puede hablar mucho tiempo acerca de este tema ‖ por; *6 m de long sur 4 de large* 6 metros de largo por 4 de ancho; *juger quelqu'un sur les apparences* juzgar a uno por las apariencias; *sur l'honneur* por el honor; *sur l'ordre de* por mandato de ‖ de, entre; *sur cent invités il en est venu cinq* de cien invitados vinieron cinco; *trois fois sur dix* tres veces de diez ‖ de cada; *un sur deux* uno de cada dos ‖ de; *prendre sur son capital* tomar de su capital; *Francfort-sur-le-Main* Francfort del Meno ‖ con; *parler sur un ton tragique* hablar con un tono trágico; *compter sur quelqu'un* contar con alguien ‖ a, hacia; *tourner sur la droite* torcer a la derecha; *se diriger sur Le Havre* dirigirse hacia El Havre ‖ hacia, sobre; *sur les trois heures* sobre las tres ‖ a; *sur sa demande* a petición suya; *mes fenêtres donnent sur la rue* mis ventanas dan a la calle; *gagner du terrain sur l'ennemi* ganar terreno al enemigo ‖ bajo; *sur la recommandation de* bajo la recomendación de ‖ mediante; *sur présentation de la carte* mediante presentación de la tarjeta ‖ tras; *écrire lettre sur lettre* escribir carta tras carta ‖ — *sur ce* en esto ‖ *sur le tard* bastante tarde ‖ *sur l'heure* sin demora, inmediatamente, acto seguido ‖ — *aller sur les lieux* personarse (la police) ‖ FIG *avoir les deux pieds sur terre* no andar por las nubes ‖ *je vous crois sur parole* me basta con su palabra ‖ *prendre quelque chose sur soi* tomar la responsabilidad de algo ‖ *rester sur son appétit* quedarse con las ganas ‖ *revenir sur ses pas* desandar lo andado.
sur, e *adj* ácido, da; agridulce, acedo, da; *pomme sure* manzana agridulce.
sûr, e *adj* seguro, ra; *j'en suis sûr* estoy seguro de ello; *remède sûr* remedio seguro; *peu sûr* poco seguro ‖ — *sûr de quelque chose* seguro de algo ‖ *sûr de soi* seguro de sí mismo ‖ — *à coup sûr* con toda seguridad, seguramente ‖ *bien sûr!* ¡claro!, ¡desde luego!, ¡naturalmente! ‖ FAM *pour sûr* de seguro, por cierto ‖ — *avoir la main sûre* tener la mano firme ‖ *avoir le coup d'œil sûr* tener mucho ojo, ser un lince ‖ FAM *j'en suis sûr et certain* estoy convencido de ello ‖ *le plus sûr est de* lo más seguro es ‖ *mettre en lieu sûr* poner a buen recaudo.
surabondance *f* superabundancia.
surabondant, e *adj* superabundante (abondant) ‖ superfluo, flua; *détails surabondants* detalles superfluos.
surabonder *v intr* superabundar.
suractivité *f* superactividad.
suraigu, ë *adj* sobreagudo, da; muy agudo, da.
surajouter *v tr* sobreañadir.
suralimentation *f* sobrealimentación.
suralimenté, e *adj* sobrealimentado, da.
suralimenter *v tr* sobrealimentar.
suranné, e *adj* caduco, ca; prescrito, ta (prescrit) ‖ anticuado, da (démodé).
surarmement *m* armamentismo.
surate; sourate *f* sura (Coran).
surbaissé, e *adj* rebajado, da.
surbaisser *v tr* ARCHIT rebajar.
surcharge *f* sobrecarga (de poids) ‖ recargo *m* (impôts) ‖ sobrecarga (sur un timbre-poste) ‖ enmienda, corrección [sobre un escrito] ‖ — *surcharge de bagages* sobrecarga *ou* exceso de equipaje ‖ *surcharge de travail* exceso de trabajo.
surcharger* *v tr* sobrecargar ‖ recargar, cargar excesivamente ‖ enmendar (corriger) ‖ abrumar (charges, impôts).

surchauffe f recalentamiento m.
surchauffé, e adj con la calefacción muy alta.
surchauffer v tr calentar demasiado ‖ TECHN recalentar, sobrecalentar (la vapeur).
surchoix [syrʃwa] m primera f calidad.
surclasser v tr dominar, patentizar una superioridad manifiesta sobre.
surcomposé, e adj GRAMM doblemente compuesto.
surcompression f surcompresión.
surcomprimer v tr supercomprimir.
surconsommation f ÉCON consumo m excesivo.
surcouper v tr contrafallar (jeux).
surcoût m coste suplementario.
surcroît [syrkrwa] m aumento, acrecentamiento ‖ — de o par surcroît además, por añadidura ‖ pour surcroît de bonheur para colmo de felicidad.
surdi-mutité f sordomudez.
surdité f sordera; atteint de surdité totale aquejado de sordera total.
surdosage m sobredosificación f.
surdose f sobredosis (overdose).
surdoué, e adj superdotado, da.
sureau m BOT saúco.
sureffectif m exceso de personas ‖ personnel en sureffectif exceso de personal ou de plantilla.
surélévation f alzamiento m ‖ mayor elevación añadida a una fábrica ‖ subida, aumento m.
surélever* [syrelve] v tr sobrealzar, realzar, dar mayor altura ‖ aumentar, subir.
sûrement adv seguramente, naturalmente, sin duda, por supuesto, claro está, desde luego (certainement) ‖ eficazmente, de manera diligente (efficacement) ‖ — il y a sûrement une solution seguro que hay una solución ‖ je vais sûrement y aller lo más seguro es que vaya ‖ sûrement pas por supuesto que no, de ninguna manera, ni pensarlo, ni hablar.
surenchère f sobrepuja ‖ FIG afán m de emulación ‖ sobremarca (bridge) ‖ — surenchère de violence escalada de violencia ‖ surenchère électorale aumento de promesas electorales, demagogia.
surenchérir v intr sobrepujar ‖ FIG prometer más que otro.
surenchérissement m sobrepuja f ‖ nuevo aumento de precio.
surendettement m ÉCON sobreendeudamiento.
surentraînement m exceso de entrenamiento, sobreentrenamiento.
surentraîner v tr entrenar con exceso, sobreentrenar.
suréquipé, e adj equipado, equipada con exceso.
suréquipement m equipamiento excesivo.
surestimation f sobrestimación, supervaloración.
surestimer v tr sobrestimar, supervalorar.
suret, ette [syre, ɛt] adj agrillo, lla; agrete.
sûreté [syrte] f seguridad; serrure de sûreté cerradura de seguridad ‖ MIL seguro m (d'une arme), seguridad (des troupes) ‖ — la Sûreté nationale, la Sûreté la Policía ‖ sûreté nucléaire seguridad nuclear ‖ — en sûreté seguro, en seguridad, a salvo ‖ pour plus de sûreté para más seguridad.

surévaluer v tr sobrestimar, supervalorar, sobrevalorar.
surexcitation f sobrexcitación, sobreexcitación.
surexcité, e adj sobreexcitado, da ‖ des enfants surexcités niños revolucionados.
surexciter v tr sobrexcitar, sobreexcitar.
surexposer v tr PHOT sobreexponer, exponer demasiado.
surexposition f PHOT sobreexposición, exceso m de exposición.
surf [sœrf] m SPORTS surf.
surface f superficie; la surface de la Terre la superficie de la Tierra ‖ GÉOM superficie, área; 100 m² de surface 100 m² de superficie ‖ — surface de réparation área de castigo (football) ‖ AVIAT surface portante superficie sustentadora ‖ — MAR faire surface salir a la superficie.
surfacer v tr TECHN refrentar, pulir una superficie.
surfait, e adj sobrestimado, da.
surfer [sœrfe] m inv SPORTS practicar surf.
surfeur, euse [sœrfœr, øz] m et f SPORTS surfista.
surfil [syrfil] m sobrehilado.
surfiler [-le] v tr sobrehilar.
surfin, e [syrfɛ̃, in] adj superfino, na; sobrefino, na.
surgélation f congelación.
surgelé, e adj et s m CULIN congelado, da.
surgeler v tr congelar (à très basse température).
surgénérateur, trice; surrégénérateur, trice adj et s m NUCL reactor reproductor.
surgir v intr surgir.
surhomme [syrɔm] m superhombre.
surhumain, e [-ymɛ̃, ɛːn] adj sobrehumano, na.
surimposer v tr recargar, aumentar (impôt).
surimposition f recargo m, aumento m de impuesto.
surimpression f PHOT sobreimpresión, doble impresión.
Surinam; Suriname n pr m GÉOGR Surinam.
surinfection f MÉD segunda infección.
surintendance f superintendencia.
surintendant, e m et f superintendente, ta ‖ HIST superintendente en la Francia del Antiguo Régimen.
surir v intr acedarse, agriarse.
surjet [syrʒɛ] m punto por encima, rebatido (couture).
surjeter* v tr coser a punto por encima, rebatir.
sur-le-champ adv en el acto; obéir sur-le-champ obedecer en el acto ‖ en seguida; arriver sur-le-champ llegar en seguida.
surlendemain m dos días después, a los dos días.
surligner v tr subrayar.
surligneur m rotulador fluorescente (feutre).
surmédicalisation f uso m excesivo de técnicas médicas.
surmédicaliser v tr hacer uso excesivo de técnicas médicas.
surmenage m sobrefatiga f, agotamiento por cansancio excesivo, surmenage; surmenage intellectuel surmenage intelectual.

surmené, e *adj* sobrefatigado, da; agotado, da.
surmener* *v tr* hacer trabajar demasiado, agotar por cansancio excesivo.
surmoi *m* PHILOS superyó, superego.
surmontable *adj* superable.
surmonter *v tr* coronar, rematar; *une statue surmonte l'édifice* una estatua remata el edificio ‖ rebasar (dépasser) ‖ FIG superar, vencer; *surmonter les difficultés* superar las dificultades.
surmulot [syrmylo] *m* ZOOL rata *f* de campo.
surmultiplié, e *adj* *vitesse surmultipliée* superdirecta, directa multiplicada (automobile).
surnager* *v intr* sobrenadar (flotter) ‖ FIG subsistir, sobrevivir, perdurar.
surnatalité *f* exceso *m* del índice de natalidad.
surnaturel, elle *adj* sobrenatural ‖ FIG prodigioso, sa; extraordinario, ria; *adresse surnaturelle* destreza prodigiosa.
◆ *m* lo sobrenatural.
surnom [syrnɔ̃] *m* sobrenombre, apodo, mote.
surnombre *m* excedente, demasía *f* ‖ *être en surnombre* estar de sobra *ou* de más, sobrar.
surnommer *v tr* apodar, dar un sobrenombre (donner un sobriquet) ‖ denominar, llamar (appeler).
surnuméraire *adj* et *s m* supernumerario, ria.
suroît [syrwa] *m* MAR sudeste (vent) ‖ impermeable con capucha ‖ sueste (chapeau).
surpassement *m* superación *f*.
surpasser *v tr* sobrepasar, superar, rebasar (dépasser) ‖ aventajar, estar por encima de (être supérieur); *surpasser tous les élèves* estar por encima de todos los alumnos.
◆ *v pr* superarse, sobrepasarse a sí mismo (faire encore mieux).
surpayer* [-je] *v tr* pagar con sobreprecio (payer cher).
surpeuplé, e *adj* superpoblado, da.
surpeuplement *m* exceso de población, superpoblación *f*.
surpiquer *v tr* hacer sobrecosturas.
surpiqûre *f* sobrecostura (couture).
surplace *m* «surplace», «standing», inmovilidad *f* de un ciclista en equilibrio.
surplis [syrpli] *m* sobrepelliz (vêtement d'église).
surplomb [syrplɔ̃] *m* ARCHIT desplome, vuelo.
surplomber [-be] *v intr* estar inclinado *ou* fuera de la vertical (un mur).
◆ *v tr* dominar, estar suspendido sobre.
surplus [syrply] *m* demasía *f* (excès) ‖ excedente, sobrante (excédent).
◆ *m pl* material *sing* militar sobrante de una campaña, excedentes; *surplus américains* excedentes americanos ‖ *au surplus* por lo demás.
surpopulation *f* excedente *m* de población, superpoblación.
surprenant, e *adj* sorprendente.
surprendre* *v tr* sorprender ‖ interceptar, descubrir (un secret) ‖ abusar de, burlar (tromper); *surprendre la bonne foi de quelqu'un* abusar de la buena voluntad de alguien; *surprendre la confiance* burlar la confianza.
◆ *v pr* *se surprendre à faire quelque chose* percatarse uno de que está haciendo algo involuntariamente.

surpression *f* TECHN superpresión.
surprime *f* sobreprima (assurance).
surpris, e *adj* sorprendido, da.
surprise *f* sorpresa; *il m'a fait une surprise* me dio una sorpresa ‖ *voyage sans surprise* viaje sin problemas ‖ *par surprise* por sorpresa.
surprise-partie *f* guateque *m*, asalto *m*.
surproduction *f* superproducción.
surprotéger *v tr* proteger en exceso, sobreproteger.
surréalisme *m* surrealismo.
surréaliste *adj* et *s* surrealista.
surrégénérateur, trice *adj* et *s m* NUCL → **surgénérateur**.
surrégénération *f* NUCL → **surgénération**.
surrénal, e *adj* ANAT suprarrenal.
sursaturer *v tr* supersaturar, sobresaturar ‖ FIG hartar.
sursaut [syrso] *m* sobresalto, repullo (*fam*) ‖ arranque; *sursaut d'énergie* arranque de energía ‖ FIG coletazo; *les derniers sursauts du régime* los últimos coletazos del régimen ‖ *en sursaut* sobresaltado, súbitamente; *s'éveiller en sursaut* despertarse sobresaltado.
sursauter *v intr* sobresaltarse ‖ *faire sursauter* sobresaltar.
surseoir* [syrswaːr] *v intr* aplazar, diferir; *surseoir à une exécution* aplazar una ejecución ‖ DR sobreseer.
sursis [syrsi] *m* plazo, prórroga *f* ‖ — DR *avec sursis* con la sentencia en suspenso (condamnation) ‖ MIL *sursis d'incorporation* prórroga.
sursitaire *m* et *f* persona que beneficia de una prórroga.
surtaxe *f* recargo *m* ‖ sobretasa; *surtaxe postale* sobretasa postal.
surtension *f* ÉLECTR supertensión, sobretensión.
surtout [syrtu] *adv* sobre todo, principalmente, especialmente.
◆ *m* sobretodo, capote, gabán (vêtement) ‖ centro de mesa (de table).
surveillance [syrvɛjãːs] *f* vigilancia ‖ — *la surveillance du territoire* la vigilancia del territorio (contre-espionnage) ‖ *sous surveillance* sometido a vigilancia, vigilado ‖ *sous la surveillance de* al cuidado de.
surveillant, e *adj* et *s* vigilante ‖ inspector (d'études).
surveiller [-je] *v tr* vigilar ‖ cuidar (soigner); *surveiller son langage, sa ligne* cuidar el lenguaje, la línea.
◆ *v pr* vigilarse ‖ observarse (soi-même) ‖ cuidarse (après une maladie).
survenir* *v intr* sobrevenir, venir *ou* ocurrir de improviso.
survêtement *m* chandal (vêtement de sport).
survie [syrvi] *f* supervivencia ‖ — *équipement de survie* equipo de supervivencia ‖ *une survie de quelques mois* una supervivencia de algunos meses.
survivance *f* supervivencia (fait de survivre) ‖ futura (droit à la succession d'une charge).
survivant, e *adj* et *s* superviviente.

survivre* *v tr* et *intr* sobrevivir; *la victime a peu de chances de survivre* la víctima tiene pocas posibilidades de sobrevivir.
survol *m* AVIAT vuelo por encima de.
survoler *v tr* AVIAT sobrevolar, volar sobre *ou* por encima de ‖ FIG tocar por encima; *survoler une question* tocar por encima un asunto.
survoltage *m* ÉLECTR aumento de voltaje, sobrevoltaje, sobretensión *f*.
survolté, e *adj* sobrevoltado, da; *lampe survoltée* lámpara sobrevoltada ‖ FIG sobreexcitado, da; revolucionado, da.
sus [sy *o* sys] *adv* sobre, encima ‖ — *en sus* encima, además, por añadidura ‖ *en sus de* además de ‖ — *courir sus à quelqu'un* echarse sobre uno.
  ◆ *interj* ¡vamos!, ¡anda!, ¡dale!
susceptibilité *f* susceptibilidad.
susceptible *adj* susceptible (très sensible) ‖ capaz de, apto, ta para (capable) ‖ *susceptible d'amélioration o d'être amélioré* susceptible de mejora *ou* de mejorarse.
susciter *v tr* suscitar ‖ crear.
suscription *f* sobrescrito *m*.
susdit, e [sysdi, it] *adj* et *s* susodicho, cha; antedicho, cha.
susmentionné, e [sysmɑ̃sjɔne] *adj* susodicho, cha; arriba citado.
susnommé, e [sysnɔme] *adj* et *s* susodicho, cha; arriba nombrado.
suspect, e [syspɛ, ɛkt] *adj* et *s* sospechoso, sa.
suspecter *v tr* sospechar de (soupçonner); *on suspecte Pierre* se sospecha de Pedro ‖ poner en duda; *suspecter l'honnêteté de quelqu'un* poner en duda la honradez de uno.
suspendre *v tr* colgar, suspender; *suspendre au plafond* colgar del techo ‖ suspender, interrumpir (interrompre) ‖ suspender, privar temporalmente de sus funciones (un fonctionnaire) ‖ suspender (un journal, des paiements).
suspendu, e *adj* suspendido, da; colgado, da ‖ suspendido, da; con suspensión (voiture) ‖ cesante; *fonctionnaire suspendu* funcionario cesante ‖ — TECHN *pont suspendu* puente colgante ‖ — *être suspendu aux lèvres de quelqu'un* estar pendiente de los labios de alguien.
suspens [syspɑ̃] *adj* suspenso ‖ — *en suspens* en suspenso ‖ *problèmes en suspens* problemas pendientes.
suspense [sœspens *o* syspɑ̃ːs] *m* «suspense» (d'un film, d'un roman, etc.).
suspenseur *adj* et *s m* ANAT suspensorio.
suspensif, ive *adj* suspensivo, va; *points suspensifs* puntos suspensivos.
suspension *f* suspensión ‖ lámpara colgante, colgante *m* (lustre) ‖ *points de suspension* puntos suspensivos ‖ DR *suspension d'audience* suspensión de la audiencia, de la vista.
suspicieux, euse *adj* receloso, sa.
suspicion *f* sospecha, recelo *m*.
sustentation *f* sustentación.
sustenter *v tr* sustentar, mantener (le corps, l'esprit) ‖ AVIAT sustentar.
susurrement [sysyrmɑ̃] *m* susurro.
susurrer [-re] *v tr* et *intr* susurrar.
sutra *m* → **soutra**.

suture *f* sutura; *point de suture* punto de sutura.
suzerain, e *adj* soberano, na.
  ◆ *m* señor feudal.
suzeraineté *f* soberanía feudal, señorío *m* feudal.
svelte *adj* esbelto, ta.
sveltesse *f* esbeltez.
S.V.P. abrév de *s'il vous plaît* por favor.
swahili; souahéli, e *adj* et *s m* suajili (langue).
sweater [swɛtœr] *m* suéter, jersey (gilet).
sweat-shirt [swɛtʃart] *m* sudadera *f*.
swing [swiŋ] *m* «swing» (boxe et musique de jazz).
swinguer *v intr* FAM tener ritmo, tener marcha.
sybarite *adj* et *s* sibarita.
sybaritisme *m* sibaritismo.
sycomore *m* BOT sicómoro, sicomoro.
Sydney *n pr* GÉOGR Sidney.
syllabation *f* silabeo *m*.
syllabe *f* sílaba.
syllabique *adj* silábico, ca.
syllogisme *m* silogismo.
sylphide *f* sílfide.
sylvestre *adj* silvestre; *pin sylvestre* pino silvestre.
sylvicole *adj* silvícola.
sylviculteur, trice *m* et *f* silvicultor, ra.
sylviculture *f* silvicultura.
symbiose [sɛ̃bjoːz] *f* simbiosis.
symbole *m* símbolo; *symbole graphique* símbolo gráfico.
symbolique *adj* simbólico, ca.
  ◆ *m* lo simbólico; *le symbolique et le sacré* lo simbólico y lo sagrado.
  ◆ *f* simbología.
symboliquement *adv* simbólicamente.
symbolisation *f* simbolización.
symboliser *v tr* simbolizar.
symbolisme *m* simbolismo.
symboliste *adj* et *s* simbolista.
symétrie *f* simetría.
symétrique *adj* simétrico, ca.
  ◆ *m* MATH elemento simétrico.
symétriquement *adv* simétricamente, con simetría.
sympa *adj* FAM simpaticón, ona.
sympathie *f* simpatía ‖ — *témoignages de sympathie* muestras de simpatía (d'estime), pésame (deuil), felicitación, enhorabuena (félicitation) ‖ — *accueillir avec sympathie* recibir con simpatía ‖ *avoir de la sympathie pour quelqu'un* sentir simpatía por alguien ‖ *croyez à toute ma sympathie* con toda mi simpatía, con todo mi afecto ‖ *exploser par sympathie* explotar por simpatía.
sympathique *adj* simpático, ca; *je le trouve sympathique* me cae simpático ‖ *encre sympathique* tinta simpática.
  ◆ *m* ANAT simpático.
sympathiquement *adv* con simpatía.
sympathisant, e *adj* et *s* simpatizante.
sympathiser *v intr* simpatizar.
symphonie *f* sinfonía.
symphonique *adj* sinfónico, ca.
symphoniste *m* et *f* sinfonista.
symposium [sɛ̃pozjɔm] *m* simposio, simposium.

symptomatique [sɛ̃ptɔmatik] *adj* sintomático, ca.
symptomatologie [-tɔlɔʒi] *f* sintomatología.
symptôme [-toːm] *m* síntoma.
synagogue *f* sinagoga.
synapse *f* sinapsis (neurologie).
synchrone *adj* sincrónico, ca; síncrono, na; *moteur synchrone* motor síncrono.
synchronie [sɛ̃krɔni] *f* sincronía.
synchronique *adj* sincrónico, ca; *tableau synchronique* cuadro sincrónico.
synchroniquement *adv* sincrónicamente, al mismo tiempo.
synchronisation *f* sincronización.
synchroniser *v tr* sincronizar.
synchronisme *m* sincronismo.
synclinal, e *adj* et *s m* GÉOL sinclinal.
syncope *f* síncope *m* ‖ GRAMM & MUS síncopa.
syncopé, e *adj* MUS sincopado, da.
syncrétisme *m* sincretismo.
syndic *m* síndico ‖ presidente, delegado de la comunidad de propietarios.
syndical, e *adj* sindical.
syndicalisation *f* sindicación.
syndicaliser *v tr* sindicalizar.
syndicalisme *m* sindicalismo.
syndicaliste *adj* et *s* sindicalista.
syndicat [sɛ̃dika] *m* sindicato; *syndicat ouvrier, patronal* sindicato obrero, de la patronal ‖ — *syndicat de propriétaires* comunidad de propietarios ‖ *syndicat d'initiative* oficina de turismo.
syndiqué, e *adj* et *s* sindicado, da.
syndiquer *v tr* sindicar.
◆ *v pr* sindicarse, afiliarse a un sindicato.
syndrome *m* MÉD síndrome.
synecdoque *f* sinécdoque.
synergie *f* sinergia.
synesthésie *f* sinestesia.
synodal, e *adj* sinodal.
synode *m* sínodo.
synonyme *adj* et *s m* sinónimo, ma.
synonymie *f* sinonimia.
synonymique *adj* sinonímico, ca.
synopsis [sinɔpsis] *f* sinopsis.
◆ *m* CINÉM guión.

synoptique *adj* sinóptico, ca; *tableau synoptique* cuadro sinóptico.
synovial, e *adj* ANAT sinovial.
◆ *adj* et *s f* *bourse synoviale, synoviale* cápsula sinovial *ou* articular.
synovie *f* sinovia ‖ *épanchement de synovie* derrame sinovial.
syntagmatique *adj* GRAMM sintagmático, ca; *axe syntagmatique* eje sintagmático.
syntagme *m* sintagma.
syntaxe *f* GRAMM sintaxis.
syntaxique [sɛ̃taksik] *adj* et *s f* GRAMM sintáctico, ca.
synthèse *f* síntesis; *faire la synthèse de* hacer la síntesis de.
synthétique *adj* sintético, ca.
synthétiser *v tr* sintetizar.
synthétiseur *m* MUS sintetizador.
syphilis [sifilis] *f* MÉD sífilis.
syphilitique *adj* et *s* MÉD sifilítico, ca.
Syracuse *n pr* GÉOGR Siracusa.
Syrie *n pr f* GÉOGR Siria.
syrien, enne *adj* sirio, ria; siriaco, ca; siríaco, ca (de Syrie).
◆ *m* sirio, siriaco, siríaco (langue).
Syrien, enne *m* et *f* sirio, ria; siriaco, ca.
systématique *adj* et *s f* sistemático, ca.
systématiquement *adv* sistemáticamente, por sistema.
systématisation *f* sistematización.
systématiser *v tr* sistematizar.
système *m* sistema; *système nerveux* sistema nervioso; *système métrique* sistema métrico ‖ — AUTOM *système ABS* sistema ABS (freins) ‖ FAM *système D* [abrev de *débrouillard*]; maña, habilidad para salir de un apuro ‖ *système décimal* sistema decimal ‖ *système solaire* sistema solar ‖ INFORM *système de gestion de base de données* sistema de gestión de base de datos ‖ *système de numérotation* sistema numérico ‖ *système de traitement des données* sistema de tratamiento de datos ‖ *système d'exploitation* sistema operativo ‖ *système expert* sistema experto ‖ — *par système* por sistema, de propósito deliberado ‖ — POP *taper sur le système* quemar la sangre.
systole *f* ANAT sístole.

T

t *m* t *f.*
t abrév de *tonne* t, tonelada.
ta *adj poss f* tu; *ta cravate* tu corbata.
tabac *m* tabaco; *tabac brun* tabaco negro ‖ FAM estanco (bureau de tabac); *passer devant le tabac* pasar delante del estanco ‖ — *tabac à chiquer* tabaco de mascar ‖ *tabac à priser* tabaco en polvo ‖ *tabac gris* picadura ‖ — *blague à tabac* petaca ‖ *bureau de tabac* estanco, expendeduría de tabaco (nom officiel) ‖ FIG & FAM *pot à tabac* tapón de alberca, retaco, persona regordeta ‖ — *du même tabac* de la misma clase ‖ — FAM *c'est le même tabac* es lo mismo | *passer à tabac* sacudir el polvo, zurrar la badana, dar una paliza.
◆ *pl* tabacalera *f sing* (administration des tabacs).
◆ *adj inv* de color tabaco.
tabagie *f* lugar *m* que huele a tabaco.
tabagisme *m* MÉD nicotismo, nicotinismo.
tabasser *v tr* POP sacudir el polvo, zurrar la badana, dar una tunda.
tabatière *f* tabaquera [caja para rapé] ‖ tragaluz *m* (fenêtre) ‖ *fenêtre à tabatière* lumbrera, buhardilla.
tabernacle *m* tabernáculo (chez les juifs) ‖ sagrario, tabernáculo (liturgie catholique).
table *f* mesa (meuble) ‖ FIG comida, mesa, yantar *m (p us)*; *chez Durand la table est excellente* en casa de Durand la comida es excelente ‖ comensales *m pl* (convives) ‖ placa (plaque) ‖ GÉOGR mesa, meseta ‖ MATH tabla (de multiplication, de logarithmes) ‖ — *table à dessin* tablero de dibujo, mesa de dibujante ‖ *table basse* mesa baja ‖ *table de communion, sainte table* comulgatorio, sagrada mesa ‖ *table d'écoute* puesto de escucha ‖ *table de nuit* o *de chevet* mesilla de noche ‖ *table de rotation* mesa rotatoria ‖ *table des matières* índice (d'un livre) ‖ MUS *table d'harmonie* tabla de armonía ‖ *table d'hôte* mesa redonda (dans une pension de famille) ‖ MÉD *table d'opération* mesa de operaciones ‖ *table d'orientation* mapa de orientación ‖ SPORTS *table finlandaise* tabla finlandesa ‖ *table ronde* mesa redonda (débat) ‖ *table roulante* carrito ‖ *tables de la loi* tablas de la ley ‖ *tables gigognes* mesas de nido ‖ INFORM *table traçante* plotter, trazador de gráficos ‖ — *à table!* a comer, ¡a la mesa! ‖ — *aimer la table* gustarle a uno la buena comida ‖ *desservir la table* quitar la mesa ‖ *dresser* o *mettre la table* poner la mesa ‖ *faire table rase* hacer tabla rasa ‖ *mettre quelqu'un sur table d'écoute* poner a alguien bajo escucha telefónica ‖ *se mettre à table* sentarse en la mesa (pour manger), confesar, cantar de plano (avouer) ‖ *sortir de table, quitter la table, se lever de table* levantarse de la mesa ‖ *tenir table ouverte* tener mesa franca ‖ *traîner à table* quedarse de sobremesa.
tableau *m* cuadro (peinture); *un tableau de Goya* un cuadro de Goya ‖ cuadro (de contrôle) ‖ cuadro, tabla *f* (historique, chronologique) ‖ FIG cuadro, descripción *f*, panorama ‖ tablero, encerado, pizarra *f* (dans les écoles) ‖ lista *f* (des membres d'une compagnie) ‖ paño (cartes) ‖ THÉÂTR cuadro ‖ — *tableau d'affichage* tablón *ou* tablilla de anuncios (pour annoncer), marcador (sports) ‖ MAR *tableau arrière* espejo de popa ‖ *tableau d'avancement* lista de ascenso, escalafón (du personnel) ‖ *tableau de bord* salpicadero, tablero de mandos (automobile), tablero *ou* cuadro de instrumentos (avion) ‖ *tableau de chasse* piezas cobradas ‖ *tableau de l'effectif* plantilla ‖ *tableau de maître* obra maestra ‖ *tableau d'honneur* cuadro de honor ‖ *tableau horaire* indicador de horarios (trains) ‖ *tableau vivant* cuadro viviente ‖ — POP *vieux tableau* vejestorio, vieja pelleja ‖ — *quel tableau!* ¡vaya un cuadro!, ¡qué espectáculo! ‖ *jouer* o *miser sur les deux tableaux* jugar a dos paños ‖ FAM *vous voyez d'ici le tableau!* ¡imagínese qué escena!
tablée *f* conjunto *m* de comensales.
tabler *v intr* contar con; *tabler sur quelque chose* contar con algo.
tablette *f* tabla, anaquel *m*, entrepaño *m* (rayon) ‖ antepecho (d'un balcon), alféizar (d'une fenêtre) ‖ repisa (d'une cheminée, de salle de bains, de radiateur) ‖ tableta, pastilla (d'un médicament, de chocolat).
◆ *pl (vx)* tablillas (pour écrire) ‖ — FIG & FAM *mettez cela sur vos tablettes* métaselo en la cabeza, tome buena nota de eso ‖ *rayer quelque chose de ses tablettes* borrar algo de la lista, no contar más con algo.
tableur *m* INFORM hoja *f* de cálculo.
tablier [tablie] *m* delantal, mandil (pour préserver les vêtements), babero, baby (d'enfant) ‖ tablero (d'échecs, de dames) ‖ tablero, piso (d'un pont) ‖ cortina *f* pantalla *f* (d'une cheminée) ‖ salpicadero (de voiture) ‖ — FAM *rendre son tablier* devolver los trastos, tomar el portante.
tabloïd; tabloïde *adj* de formato pequeño.
◆ *m* tabloide.
tabou *adj* tabú, sagrado, da.
◆ *m* tabú (objet sacré).
taboulé *m* CULIN tabbulé [entrada libanesa a base de trigo triturado].
tabouret [tabure] *m* taburete, banqueta *f* (siège) ‖ escabel, tarima *f* (pour les pieds).
tabulaire *adj* tabular.
tabulateur *m* tabulador.

tabulation *f* tabulación.
tabulatrice *f* TECHN tabuladora.
tac *m* tac, zas (coup, bruit sec) ‖ FIG *répondre o riposter du tac au tac* responder inmediatamente en los mismos términos.
TAC abrév de *train auto-couchettes* expreso con servicio de transporte de coches.
tache *f* mancha ‖ FIG tacha, defecto *m*; *une vie sans tache* una vida sin tacha ‖ *— tache de vin* antojo (sur la peau) ‖ *taches de rousseur* pecas ‖ *— FIG faire tache* desentonar (dans une réunion) ‖ *faire tache d'huile* extenderse como mancha de aceite (une nouvelle).
tâche *f* tarea, labor ‖ *— tâche répétitive* tarea repetitiva ‖ *tâches ménagères* quehaceres domésticos ‖ *— à la tâche* a destajo ‖ *— mourir à la tâche* morir con las botas puestas, al pie del cañón ‖ FIG *prendre à tâche de* poner empeño en, esforzarse en ‖ *remplir sa tâche* cumplir su cometido ‖ *se tuer à la tâche* matarse trabajando.
tacher *v tr* manchar ‖ FIG mancillar, manchar, macular.
tâcher *v intr* tratar de, hacer por, procurar; *il tâche de se faire connaître* trata de darse a conocer.
tâcheron *m* destajista, obrero a destajo.
tacheter* *v tr* motear, salpicar de manchas.
tachycardie [takikardi] *f* taquicardia.
tachymètre [-mɛtr] *m* TECHN tacómetro ‖ AUTOM cuentarrevoluciones.
tacite *adj* tácito, ta.
tacitement *adv* tácitamente.
taciturne *adj* taciturno, na.
tacle *m* SPORTS entrada *f*.
tacot [tako] *m* FAM cacharro, cafetera *f* (vieux véhicule).
tact [takt] *m* tacto (sensation) ‖ FIG tacto, discreción *f*; *manque de tact* falta de tacto; *avoir du tact* tener tacto.
tacticien, enne *m* et *f* táctico, ca.
tactile *adj* táctil.
tactique *adj* táctico, ca; *l'emploi tactique des avions* el uso táctico de los aviones.
◆ *f* táctica; *tactique navale* táctica naval.
Tadjikistan *n pr m* GÉOGR Tayikistán, Tayikia.
Tadj Mahall; **Taj Mahal** *n pr* Taj Mahal.
taekwondo *m* SPORTS taekwondo.
tænia [tenja] *m* → **ténia**.
taffetas [tafta] *m* tafetán.
tag *m* pintada *f*.
Tage *n pr m* GÉOGR Tajo.
tagine; **tajine** *m* CULIN tajín [estofado magrebí].
tagliatelle *f* CULIN tagliatelle *inv*.
— OBSERV pl *tagliatelles* o *tagliatelle*.
taguer *v tr* hacer pintadas.
Tahiti *n pr* GÉOGR Tahití.
tahitien, enne *adj* tahitiano, na.
Tahitien, enne *m* et *f* tahitiano, na.
taïaut!; **tayaut!** [tajo] *interj* ¡hala! [grito del cazador para lanzar los perros a la caza].
taie [tɛ] *f* funda [de almohada] ‖ MÉD nube, mancha en la córnea.
taïga *f* taiga (forêt).
taillable [tɑjabl] *adj* et *s* pechero, ra (sujet à l'impôt de la taille).

taillader [-jade] *v tr* acuchillar, hacer cortaduras en (la chair) ‖ acuchillar (une étoffe).
taillandier *m* cuchillero, herrero de corte.
taille [tɑːj] *f* corte *m* (action de tailler) ‖ filo *m*, corte *m* (tranchant) ‖ talla, estatura (stature) ‖ tamaño *m*; *animaux de grande taille* animales de gran tamaño ‖ dimensión, extensión (grandeur); *la taille d'un pays* las dimensiones de un país ‖ talle *m*, cintura (partie du corps); *avoir une taille de guêpe* tener una cintura de avispa ‖ talla, número *m*, medida (d'un vêtement) ‖ talla, pecho *m* (impôt sur les roturiers) ‖ talla (gravure du diamant) ‖ tarja (pour les ventes à crédit) ‖ juego *m* (au baccara) ‖ AGRIC poda, tala (des arbres) ‖ MÉD litotomía, cistotomía, talla (opération de la vessie) ‖ *— taille de pierres* labra de piedras ‖ *taille fine, taille bien prise* talle esbelto ‖ *— basse taille* bajo profundo (voix) ‖ *pierre de taille* sillar ‖ *— de taille* enorme, inmenso ‖ *en taille* a cuerpo gentil (sans manteau) ‖ *par rang de taille* por orden de estatura ‖ *— être de taille à* ser capaz de, tener talla para, ser de talla para.
taillé, e [-je] *adj* tallado, da; cortado, da (coupé); *taillé en pointe* tallado en punta, afilado ‖ listo, ta; preparado, da; presto, ta (préparé) ‖ hecho para, propio para, idóneo (fait pour) ‖ hecho, cha; *un homme bien taillé* un hombre bien hecho ‖ tajado, da (blason) ‖ FIG proporcionado, da ‖ *— taillés sur le même patron* cortados por el mismo patrón ‖ *— être taillé pour* tener disposición para, ser capaz de, tener talla para.
taille-crayon *m* sacapuntas.
— OBSERV pl *taille-crayon* o *taille-crayons*.
tailler [tɑje] *v tr* cortar ‖ podar, talar (les arbres) ‖ afilar, sacar punta (un crayon) ‖ tajar (une plume) ‖ tallar, labrar (la pierre, les diamants) ‖ cortar, arreglar (façonner) ‖ ser banquero, tallar (au baccara) ‖ MÉD hacer la operación de la talla *ou* litotomía ‖ *(vx)* gravar con impuestos ‖ *— tailler dans le vif* cortar en carne viva ‖ *tailler en pièces* destrozar, hacer trizas ‖ *tailler la soupe* cortar pan para la sopa ‖ FAM *tailler une bavette* echar un párrafo, charlar.
◆ *v pr* POP largarse, pirárselas (partir) ‖ *— se tailler une place de choix* obtener una situación envidiable ‖ *se tailler un succès* lograr un éxito.
tailleur [-jœːr] *m* cantero (de pierres) ‖ sastre (couture) ‖ traje sastre *ou* de chaqueta, sastre (costume tailleur) ‖ *tailleur pour dames* modista ‖ *assis en tailleur* sentado con las piernas cruzadas.
tailleur-pantalon *m* traje de chaqueta con pantalón.
taillis [-ji] *m* bosquecillo, monte bajo.
◆ *adj* tallar; *bois taillis* monte tallar.
tain *m* azogue (amalgame appliqué à une glace).
taire* *v tr* callar ‖ *faire taire* mandar callar, acallar, imponer silencio.
◆ *v pr* callarse ‖ *— se taire sur* o *de* no decir nada de ‖ *taisez-vous!* ¡cállese!, ¡cállense! (pluriel) ‖ *tais-toi!* ¡cállate!
— OBSERV El participio pasado de *se taire* concuerda siempre con el sujeto: *elles se sont tues, ils se sont tus*.
Taiwan *n pr* GÉOGR Taiwán.
taiwanais, e *adj* taiwanés, esa.
Taiwanais, e *m* et *f* taiwanés, esa.
tajine *m* CULIN → **tagine**.
Taj Mahal *n pr* → **Tadj Mahall**.
talc [talk] *m* talco.
talé, e *adj* magullado, da; machucado, da.

talent [talɑ̃] *m* talento (monnaie, poids) ‖ talento (aptitude) ‖ — *un peintre de talent* un pintor de valor ‖ — *avoir du talent* tener talento ‖ *forcer son talent* pasarse de la raya.

talentueux, euse *adj* FAM talentoso, sa; talentudo, da.

talion *m* talión; *loi du talion* ley del talión.

talisman *m* talismán.

talkie-walkie *m* walkie-talkie.
— OBSERV *pl talkies-walkies.*

Talmud [talmyd] *n pr m* Talmud.

talmudique *adj* talmúdico, ca.

talmudiste *m et f* talmudista.

taloche *f* FAM pescozón *m*, capón *m*, capirotazo *m* (coup sur la tête) ‖ llana, esparavel *m* (de maçon).

talon *m* talón (du pied, d'un bas) ‖ tacón (d'une chaussure) ‖ pulpejo (des chevaux) ‖ extremidad *f* (d'un pain) ‖ montón, paquete (aux cartes) ‖ talón (d'un pneumatique) ‖ maza *f* (billard) ‖ cazoleta *f* (d'une pipe) ‖ matriz *f* (d'un carnet) ‖ ARCHIT talón (moulure) ‖ MAR talón (extrémité postérieure de la quille) ‖ MUS talón del arco ‖ — *talon d'Achille* talón de Aquiles ‖ *talon de chèque* matriz de un cheque ‖ *talon de collier* aguja (boucherie) ‖ *(vx) talon rouge* cortesano ‖ *talons aiguilles* tacones de aguja ‖ *talons plats* tacones planos ‖ — *assis sur les talons* en cuclillas ‖ *avoir l'estomac dans les talons* tener el estómago en los pies, ladrarle a uno el estómago ‖ *être toujours aux talons* o *sur les talons de quelqu'un* estar pegado a los talones de uno ‖ *marcher sur les talons de quelqu'un* seguir de cerca a uno, pisarle a uno los talones ‖ FIG *montrer les talons* echarse a correr, irse ‖ *tourner les talons* volver las espaldas, dar media vuelta.

talonnade *f* SPORTS talonazo *m*.

talonnage *m* talonaje, envío del balón hacia atrás (rugby).

talonner *v tr* seguir de cerca, pisar los talones ‖ espolear, picar con la espuela (un cheval) ‖ FIG acosar, acuciar, hostigar, perseguir (presser vivement) ‖ talonar, enviar (el balón), hacia atrás (rugby).
◆ *v intr* dar con el fondo el talón de un barco.

talonnette *f* talón *m* reforzado (bas, chaussette) ‖ talonera, refuerzo *m* en los bajos (pantalon) ‖ plantilla, talonera (à l'intérieur de la chaussure).

talonneur *m* talonador (rugby).

talquer *v tr* espolvorear con talco.

talus [taly] *m* talud, declive ‖ MIL escarpa *f* ‖ — *talus de déblai* talud de excavación ‖ *talus de remblai* terraplén ‖ — *tailler* o *couper en talus* cortar oblicuamente ou al sesgo.

talweg; thalweg [talvɛg] *m* vaguada *f*.

tamanoir *m* oso hormiguero (grand fourmilier).

Tamanrasset *n pr* GÉOGR → **Tamenghest**.

tamarin *m* tamarindo (arbre et fruit) ‖ tití (singe).

tamarinier *m* tamarindo (arbre).

tamaris [tamaris] *m* taray, tamariz, tamarisco (arbre).

tambouille [tɑ̃buj] *f* POP guisote *m* ‖ *faire la tambouille* guisar.

tambour *m* tambor; *battre le tambour* tocar el tambor; *être le tambour du régiment* ser tambor del regimiento ‖ cancel (à l'entrée d'un édifice) ‖ bastidor, tambor (pour broder) ‖ ARCHIT tambor (d'une colonne, d'une coupole) ‖ TECHN tambor (de frein, de machine à laver), cilindro (de treuil) ‖ — *tambour de basque* pandero, pandereta ‖ — *sans tambour ni trompette* sin bombos ni platillos ‖ — FIG & FAM *mener tambour battant* llevar a la baqueta (quelqu'un), llevar a buen paso (quelque chose).

tambourin *m* tamboril, pandereta *f*.

tambourinage; tambourinement *m* tamborileo.

tambourinaire *m* tamborilero (en Provence).

tambouriner *v intr* tamborilear (avec les doigts) ‖ repiquetear; *la pluie tambourinait sur le toit* la lluvia repiqueteaba en el tejado ‖ tocar el tambor (battre du tambour).
◆ *v tr* tocar con el tambor ‖ anunciar al son del tambor ‖ pregonar, anunciar a bombo y platillo.

tambour-major *m* tambor mayor.

Tamenghest; Tamanrasset *n pr* GÉOGR Tamenghest.

tamis [tami] *m* tamiz, cedazo; *tamis vibrant* tamiz vibratorio ‖ FIG *passer au tamis* cribar, pasar por la criba.

tamisage *m* cernido, cribado, tamizado.

Tamise *n pr f* GÉOGR Támesis *m*.

tamisé, e *adj* tamizado, da; *lumière tamisée* luz tamizada.

tamiser *v tr et intr* tamizar, cerner ‖ tamizar, dejar pasar (laisser passer).

tampon *m* tapón (bouchon) ‖ tampón, almohadilla *f* (pour encrer) ‖ tampón, sello (cachet) ‖ matasellos (de la poste) ‖ muñequilla *f*, muñeca *f* (pour frotter ou imprégner) ‖ tope (chemin de fer) ‖ tapaboca (d'un canon) ‖ taco (cheville) ‖ tapadera *f* (d'un égout, d'un puisard) ‖ FIG amortiguador, tapón ‖ MÉD tapón (pour pansement) ‖ *(vx)* MIL asistente, ordenanza ‖ — *tampon à récurer* estropajo ‖ *tampon hygiénique* o *périodique* tampón higiénico ‖ — POP *coup de tampon* porrazo, trompazo ‖ *État tampon* Estado tapón ‖ INFORM *mémoire tampon* memoria intermedia, buffer ‖ — *servir de tampon* amortiguar los golpes.

tamponner *v tr* taponar (boucher) ‖ dar con la muñequilla (un meuble) ‖ topar (des trains) ‖ poner un taco (dans un mur) ‖ sellar (apposer un cachet).
◆ *v pr* chocar (deux véhicules).

tamponneur, euse *adj* que choca ‖ *autos tamponneuses* autos de choque [atracción de feria].

tam-tam [tamtam] *m* gong, batintín ‖ tantán, tam-tam (en Afrique) ‖ FAM publicidad *f*, bombo (publicité); *faire beaucoup de tam-tam* dar mucho bombo ‖ escándalo (vacarme).
— OBSERV *pl tam-tams.*

tan [tɑ̃] *m* casca *f*, corteza *f* de la encina (pour le tannage des peaux).

Tananarive *n pr* GÉOGR → **Antananarivo**.

tanche *f* tenca (poisson).

tandem [tɑ̃dɛm] *m* tándem.

tandis [tɑ̃di] *adv* *(vx)* mientras ‖ *tandis que* mientras que.

tangage *m* MAR cabeceo.

Tanganyika (lac) *n pr* GÉOGR lago Tanganika.

tangent, e *adj* tangente ‖ FAM por los pelos, justo.

tangente *f* GÉOM tangente ‖ POP bedel *m* (appariteur de faculté) ‖ FIG & FAM *s'échapper par* o *prendre la tangente* salirse por la tangente.

tangentiel, elle *adj* tangencial ‖ PHYS *accélération tangentielle* aceleración tangencial.
Tanger *n pr* GÉOGR Tánger.
tangible *adj* tangible.
tango *m* tango (danse).
◆ *adj inv* color anaranjado (couleur orangée).
tanguer *v intr* MAR cabecear, arfar ‖ bambolearse (vaciller).
tanière *f* guarida, cubil *m*, madriguera (des animaux) ‖ cuchitril *m* (taudis).
tanin; tannin *m* tanino.
tank [tɑ̃:k] *m* tanque, carro de combate (char de combat) ‖ depósito, tanque (réservoir).
tanker *m* MAR petrolero.
tannage *m* curtido, curtimiento (du cuir).
tannant, e *adj* curtiente ‖ FIG & FAM cargante, pesado, da (ennuyeux).
tanné, e *adj* curtido, da (cuirs) ‖ bronceado, da; tostado, da; curtido, da (peau humaine).
◆ *m* color bronceado.
tanner *v tr* curtir, zurrar (les cuirs) ‖ FIG & FAM dar la lata, cargar, molestar ‖ POP zurrar, pegar ‖ *tanner le cuir* zurrar la badana.
tannerie *f* curtiduría, tenería.
tanneur, euse *adj* et *s* curtidor, ra.
tannin *m* → **tanin**.
tant *adv* tanto, ta; tantos, tas; *il a tant d'argent* tiene tanto dinero; *j'ai tant d'amies* tengo tantas amigas ‖ tanto, hasta tal punto; *il a tant mangé* ha comido tanto ‖ de tan, de, por lo; *je ne pouvais dormir tant j'étais soucieux* no podía dormir de tan preocupado como estaba *ou* de preocupado que estaba *ou* por lo preocupado que estaba ‖ — *tant bien que mal* mal que bien, más o menos bien ‖ *tant et plus* muchísimo, tanto y más ‖ *tant mieux* tanto mejor, mejor que mejor, mejor ‖ *tant pis!* ¡tanto peor!, ¡qué le vamos a hacer! ‖ *tant pour cent* tanto por ciento ‖ *tant qu'à faire* (fam) de camino, de paso; *je dois aller à Rouen et tant qu'à faire j'irai voir ma famille* tengo que ir a Ruán y de camino iré a ver a mi familia ‖ *tant que* mientras; *tant qu'il pleuvra je ne sortirai pas* mientras llueva no saldré; hasta donde; *tant que la vue peut s'étendre* hasta donde alcanza la vista; tanto como, todo el tiempo que; *garde-le tant que tu voudras* quédatelo todo el tiempo que quieras; tanto que; *il pleura tant qu'il s'endormit* lloró tanto que se durmió ‖ *tant... que* tanto... como; *tant ici qu'ailleurs* tanto aquí como en otra parte ‖ *tant s'en faut* ni con mucho, ni con mucho menos ‖ *tant soit peu, un tant soit peu* un tanto, algo, por poco que sea ‖ — *en tant que* como, en calidad de ‖ — *comme il y en a tant* como hay tantos ‖ *si tant est que* suponiendo que, si es cierto que, si es que ‖ *tous tant que nous sommes* nosotros todos.
Tantale *n pr m* Tántalo; *supplice de Tantale* suplicio de Tántalo.
tante *f* tía; *grand-tante* tía abuela ‖ POP marica *m*, mariquita (pédéraste) ‖ — *tante à la mode de Bretagne* tía segunda ‖ — POP *chez ma tante* en Peñaranda, en el Monte de Piedad.
tantième *adj* enésimo, ma; *la tantième partie d'un tout* la enésima parte de un todo.
◆ *m* tanto por ciento, porcentaje, tanto, parte *f* proporcional (pourcentage).
tantine *f* FAM tita.

tantinet [tɑ̃tinɛ] *m* poquito, pizca *f*; *un tantinet de sucre* una pizca de azúcar ‖ *un tantinet* algo, un poco; *il est un tantinet malin* es un poco malicioso.
tantôt [tɑ̃to] *adv* luego, dentro de poco; *je vous verrai tantôt* le veré luego ‖ hace poco, hace un rato, antes (avant); *je suis venu tantôt* vine hace un rato ‖ por la tarde (l'après-midi); *je reviendrai tantôt* volveré por la tarde ‖ — *tantôt... tantôt* tan pronto... como, tan pronto... tan pronto, ya... ya, unas veces... otras veces, ora... ora; *tantôt il est d'un avis, tantôt d'un autre* unas veces es de un parecer, otras de otro ‖ — *à tantôt* hasta pronto, hasta luego (à bientôt), hasta la tarde (à cet après-midi).
Tanzanie *n pr f* GÉOGR Tanzania.
tanzanien, enne *adj* tanzano, na.
Tanzanien, enne *m* et *f* tanzano, na.
T.A.O. abrév de *traduction assistée par ordinateur* traducción asistida por ordenador.
taoïsme *m* taoísmo.
taoïste *adj* et *s* taoísta.
taon [tɑ̃] *m* ZOOL tábano, tabarro.
tapage *m* alboroto, jaleo ‖ FIG ruido, escándalo ‖ FAM sablazo (emprunt) ‖ — *tapage nocturne* escándalo nocturno ‖ — *cette nouvelle fera du tapage* esta noticia dará mucho que hablar ‖ — *faire du tapage* alborotar, armar jaleo.
tapageur, euse *adj* et *s* alborotador, ra; ruidoso, sa.
◆ *adj* FIG llamativo, va; chillón, ona (criard) ‖ escandaloso, sa (qui fait scandale) ‖ *publicité tapageuse* publicidad a bombo y platillos.
tapant, e *adj* FAM en punto; *midi tapant* las doce en punto.
tape *f* palmada, cachete *m*, sopapo *m* (gifle) ‖ tapón *m* (bouchon) ‖ mandilete *m*, tapabocas *m* (du canon).
tapé, e *adj* mecanografiado, da (dactylographié) ‖ FIG & FAM chiflado, da; tocado, da (fou) ‖ bien hecho, bien dicho, oportuno, na; fetén, de primera; *réponse bien tapée* contestación oportuna.
tape-à-l'œil [tapalœj] *adj* FAM llamativo, va; vistoso, sa.
◆ *m inv* FAM camelo, farfolla *f*, bambolla *f*.
tapecul [tapky] *m* tílburi [de dos asientos] ‖ FAM cacharro, carraca *f* (vieille voiture) ‖ MAR ala *f* de cangreja (voile).
tapement *m* golpe, porrazo, choque.
tapenade *f* CULIN tapenade [puré de aceitunas].
taper *v tr* pegar, dar un cachete, dar un sopapo (battre) ‖ dar; *taper deux coups à la porte* dar dos golpes en la puerta ‖ golpear, dar golpes; *taper un enfant avec un balai* golpear a un niño con una escoba ‖ FAM dar un sablazo, sablear, sacar (emprunter de l'argent); *taper quelqu'un de 10 francs* sacarle a alguien 10 francos ‖ mecanografiar, escribir a máquina (dactylographier) ‖ aporrear, tocar (sur le piano).
◆ *v intr* subirse a la cabeza (le vin) ‖ pegar, apretar; *le soleil tape dur* el sol pega fuerte ‖ — *taper à côté* fallar el golpe ‖ *taper à la machine* escribir a máquina ‖ *taper dans les réserves* echar mano a las reservas ‖ *taper dans le tas* escoger a bulto *ou* al buen tuntún ‖ *taper dans l'œil* entrar por los ojos (chose), hacer tilín, caer en gracia (personne) ‖ *taper de* golpear con ‖ *taper du pied* patear ‖ *taper sur* golpear ‖ *taper sur l'épaule* tocar *ou* dar una palmadita en el hombro ‖ *taper sur les nerfs* poner

tapette

nervioso, crispar los nervios ‖ *taper sur le ventre à quelqu'un* tratar a alguien con mucha familiaridad ‖ *taper sur quelqu'un* poner como un trapo, criticar a alguien.
◆ *v pr* POP cargarse, chuparse (une corvée) | zamparse, soplarse (manger, boire) ‖ — POP *se taper dessus* zurrarse la badana | *se taper la cloche* darse una comilona, llenarse el buche | *tu peux te taper* espérate sentado | *une histoire à se taper le derrière par terre* una historia para desternillarse de risa.

tapette *f* golpecito *m*, palmadita, cachete *m* ‖ macillo *m* (outil) ‖ muñequilla de grabador ‖ POP marica *m* (pédéraste) | parlanchín *m*, hablador *m* ‖ POP *avoir une fière tapette* gustarle mucho a uno el charloteo.

tapeur, euse *m et f* persona *f* aficionada a pegar, pegón, ona (frappeur) ‖ FAM sablista *m* (emprunteur).

tapin *m* POP fulaneo.

tapinois (en) *loc adv* FAM a escondidas, a la chita callando, de tapadillo, de ocultis.

tapioca *m* tapioca *f* ‖ sopa *f* de tapioca.

tapir *m* tapir (mammifère).

tapir (se) *v pr* agazaparse, agacharse ‖ FIG encerrarse, retirarse.

tapis [tapi] *m* alfombra *f* (pour le parquet) ‖ tapete (pour un meuble) ‖ tapiz (tapisserie) ‖ paño, tapete (de billard) ‖ FAM lona *f* (boxe); *envoyer au tapis* hacer besar la lona ‖ — *tapis-brosse* felpudo, estera ‖ *tapis de selle* manta sudadera ‖ *tapis de sol* colchoneta dura ‖ *tapis roulant* transportador, cinta transportadora (para mercancías), pasillo rodante (para personas) ‖ *tapis vert* tapete verde (table de jeu) ‖ — *aller au tapis* besar la lona, caer derribado (en boxe) ‖ *amuser le tapis* divertir la concurrencia ‖ *être sur le tapis, tenir quelqu'un sur le tapis* estar sobre el tapete, ser objeto de la conversación ‖ *mettre sur le tapis* poner sobre el tapete (une question).

tapisser *v tr* tapizar (les murs, les fauteuils) ‖ empapelar (mettre du papier sur les murs) ‖ adornar con colgaduras (orner de tentures) ‖ cubrir, revestir (une surface).

tapisserie *f* tapicería (pour les meubles) ‖ tapiz *m* (pour les murs) ‖ tapicería (art de tapisser) ‖ colgadura (tenture) ‖ empapelado *m* (papier) ‖ — *tapisserie de haute, de basse lisse* tapiz de alto, de bajo lizo ‖ — FIG *faire tapisserie* quedarse en el poyete, comer pavo (au bal).

tapissier, ère *m et f* tapicero, ra ‖ empapelador, ra (personne qui tapisse les murs).
◆ *f* (vx) coche *m* abierto de mudanza | (vx) jardinera *f* (omnibus).

tapotage; tapotement *m* golpeteo ‖ FAM aporreamiento, aporreo (du piano).

tapoter *v tr* golpetear, dar golpecitos ‖ *tapoter au piano* aporrear el piano.

tapuscrit *m* texto mecanografiado.

taquet [takɛ] *m* taco, cuña *f* ‖ estaca *f* (piquet de bois) ‖ uña *f* tope, taqué (d'un mécanisme) ‖ IMPR uña *f* ‖ MAR cornamusa *f* (pour amarrer) | *taquet de pont* prensacabos.

taquin, e *adj et s* guasón, ona.

taquiner *v tr* hacer rabiar, pinchar ‖ FIG inquietar ligeramente ‖ FIG & FAM *taquiner la dame de pique* tirar de la oreja a Jorge | *taquiner le goujon* pescar con caña.

taquinerie *f* broma, pulla, guasa (action) ‖ guasa (caractère).

tarabiscoté, e *adj* recargado, da (style) ‖ FIG enrevesado, da; *une histoire tarabiscotée* una historia enrevesada.

tarabuster *v tr* molestar, dar la lata.

tarama *m* CULIN «tarama» [especie de paté a base de huevos de pescado].

taraud [taro] *m* TECHN terraja *f*, macho de aterrajar *ou* de roscar.

tarauder *v tr* aterrajar (fileter) ‖ perforar (percer).

taraudeuse *f* aterrajadora, máquina de aterrajar.

tard [ta:r] *adv* tarde; *mieux vaut tard que jamais* más vale tarde que nunca ‖ — *au plus tard* lo más tarde, a más tardar ‖ *tôt ou tard* tarde o temprano.
◆ *m* anochecer, atardecer; *sur le tard* al anochecer ‖ FIG *sur le tard* en el ocaso de la vida.

tarder *v intr* tardar; *pourquoi avez-vous tant tardé?* ¿por qué ha tardado usted tanto? ‖ — *tarder à* tardar en ‖ — *il me tarde de* espero con impaciencia, estoy impaciente por.

tardif, ive *adj* tardío, a.

tardivement *adv* tarde, tardíamente.

tare *f* tara (poids de l'emballage) ‖ defecto *m*, vicio *m* (du bétail) ‖ FIG tara, tacha, defecto *m* | deterioro *m*, avería (perte de valeur) ‖ *faire la tare* equilibrar los platillos de una balanza.

taré, e *adj* averiado, da; deteriorado, da (marchandise) ‖ FIG viciado, da; corrompido, da (corrompu) | tarado, da (qui a un défaut).

tarentelle *f* tarantela (danse et musique).

tarentule *f* tarántula ‖ *piqué o mordu de la tarentule* picado por la tarántula.

tarer *v tr* destarar (emballage) ‖ deteriorar, estropear, causar merma ‖ FIG manchar, mancillar; *tarer la réputation* manchar la reputación.

targette *f* pestillo *m*, pasador *m*, colanilla.

targuer (se)* *v pr* hacer alarde, jactarse.

targui, e *adj* → **touareg**.

Targui, e *m et f* → **Touareg**.

tarif [tarif] *m* tarifa *f*, lista *f* de precios (tableau des prix) ‖ arancel (droit de douane) ‖ *voyager à plein tarif, à tarif réduit* viajar con tarifa completa, con tarifa reducida.

tarifaire *adj* arancelario, ria.

tarifer *v tr* tarifar.

tarification *f* fijación de tarifa.

tarin *m* verderón, chamariz (oiseau) ‖ POP napias *f pl*, narizota *f* (nez).

tarir *v tr* agotar, secar (mettre à sec) ‖ hacer cesar, parar (faire cesser) ‖ terminar *ou* acabar con (en finir avec).
◆ *v intr* agotarse, secarse; *la source a tari tout à coup* el manantial se ha agotado de repente ‖ FIG cesar *ou* pararse *ou* parar de hablar; *ne pas tarir sur un problème* no parar de hablar de un problema ‖ *ne pas tarir d'éloges sur* hacerse lenguas de.

tarissable *adj* agotable.

tarissement *m* agotamiento, desecación *f* (d'une source) ‖ FIG agotamiento.

tarot [taro] *m* naipe [diferente de los ordinarios y a los que se atribuye poder adivinatorio].

Tarragone *n pr* GÉOGR Tarragona.

tarse *m* tarso.
tarsien, enne *adj* ANAT del tarso.
◆ *m pl* ZOOL társidos.
tartan *m* tartán, tela *f* escocesa.
tartane *f* tartana (bateau).
tartare *adj* tártaro, ra || CULIN *sauce tartare* salsa tártara | *steak tartare* bistec tártaro.
tarte *f* tarta (pâtisserie); *tarte aux pommes* tarta de manzana || FAM guantada, tortazo *m*, torta (gifle) || FIG & FAM *tarte à la crème* tópico.
◆ *adj* FAM cursi.
tartelette *f* tartita, pastelillo *m*.
tartine *f* rebanada de pan con mantequilla, miel, mermelada, etc. || FIG & FAM rollo *m*, escrito *m ou* discurso *m* pesado.
tartiner *v tr* untar una rebanada de pan con mantequilla, miel o mermelada || *fromage à tartiner* queso para untar.
◆ *v intr* FAM dar el rollo.
tartre *m* tártaro (dépôt que laisse le vin) || sarro (des dents) || incrustación *f*, sarro (des chaudières, des canalisations, etc.) || *crème de tartre* crémor tártaro.
tartufe *m* tartufo, hipócrita, mojigato, ta.
tartuferie *f* hipocresía, mojigatería.
tas [tɑ] *m* montón, pila *f* (monceau) || FIG & FAM partida *f*, banda *f*; *tas de paresseux* partida de holgazanes | la mar *f*, un montón; *un tas de choses à dire* la mar de cosas que contar | tas, yunque pequeño (petite enclume) || — CONSTR *tas de charge* hilada || *tas de fumier* estercolero, montón de estiércol || — *apprendre sur le tas* formarse en el puesto de trabajo | *grève sur le tas* huelga de brazos caídos || *taper dans le tas* dar palos de ciego (frapper au hasard), coger en el montón *ou* a bulto (prendre dans la masse).
tasse *f* taza || — FAM *la grande tasse* el mar, el charco || *tasse à café* taza de café | *tasse à thé* taza de té || — *boire la tasse* tragar agua (au cours d'une baignade) | *faire boire la tasse* dar una ahogadilla.
tassé, e *adj* apretado, da; comprimido, da (serré) || encogido, da; achaparrado, da; *vieillard tassé* viejo encogido || FAM bien servido, da; cargado, da; *un whisky bien tassé* un whisky bien servido.
tasseau *m* cuña *f*, calzo (cale de bois) || tas (enclume) || CONSTR punto de apoyo de un andamio.
tassement *m* asiento, asentamiento (d'une construction) || apisonado, apisonamiento (de la terre).
tasser *v tr* apilar, amontonar (mettre en tas) || apisonar (aplatir) || apretujar, aplastar, comprimir (réduire de volume) || apiñar, amontonar (des personnes, des groupes).
◆ *v intr* crecer (une plante).
◆ *v pr* hundirse (s'affaisser) || achaparrarse (l'homme) || apretujarse, apiñarse, apretarse (se serrer) || FIG & FAM calmarse, arreglarse (une affaire).
tata *f* tita, tata (langage enfantin).
tatami *m* tatami.
tatar, e *adj* tártaro, ra.
◆ *m* tártaro (langue).
Tatarie *n pr f* GÉOGR → **Tatarstan**.
Tatarstan; Tatarie *n pr* GÉOGR Tartaria.
Tatars; Tartares *n pr m pl* Tátaros, Tártaros.

tâter *v tr* tentar, tocar (toucher) || tantear, sondear; *tater le terrain* tantear el terreno || FIG probar (essayer); *tâter d'un métier* probar un oficio || (vx) probar, gustar, catar (d'un mets) || — FIG *tâter le pavé* ir a tientas || *tâter le pouls* tomar el pulso.
◆ *v pr* tentarse, palparse || reflexionar, pensarlo bien (réfléchir).
tâte-vin [tɑtvñ]; **taste-vin** *m inv* catavinos (tasse) || pipeta *f* (tube).
tatillon, onne [tatijɔ̃, ɔ̃n] *adj* et *s* FAM puntilloso, sa; reparón, ona.
tâtonnement *m* marcha *f* a tientas || FIG tanteo, sondeo, titubeo (recherche hésitante).
tâtonner *v intr* buscar a tientas (chercher en tâtant) || FIG tantear, titubear (hésiter) || *marcher en tâtonnant* andar a tientas.
tâtons (à) [atatɔ̃] *loc adv* a tientas, a ciegas; *avancer à tâtons* ir a tientas.
tatou *m* ZOOL tatú.
tatouage *m* tatuaje.
tatouer *v tr* tatuar.
tatoueur *adj* et *s m* tatuador, persona *f* que tatúa.
tau *m* tau (lettre grecque) || tau, tao, cruz *f* de San Antonio (figure héraldique).
taudis [todi] *m* cuchitril, tugurio, zaquizamí.
taulard, e *m* et *f* POP → **tôlard, e**.
taule *f* POP → **tôle**.
taupe *f* topo *m* (animal) || FAM clase preparatoria para la Escuela Politécnica || — POP *vieille taupe* carcamal, vejestorio || — *noir comme une taupe* negro como el carbón, como el azabache || — FAM *aller au royaume des taupes* irse al otro barrio, morir || *il est myope comme une taupe* no ve tres en un burro.
taupinière *f* topera, topinera (d'une taupe) || FIG montículo *m*, collado *m* (élévation).
taureau *m* toro (animal); *taureau de combat* toro de lidia || FIG toro, roble (personne vigoureuse) || *prendre le taureau par les cornes* coger al toro por los cuernos.
Taureau *m* ASTR Tauro; *être du Taureau* ser Tauro.
taurillon [tɔrijɔ̃] *m* becerro, añojo.
taurin, e *adj* taurino, na.
tauromachie *f* tauromaquia.
tauromachique *adj* tauromáquico, ca.
tautologie *f* tautología (répétition inutile).
tautologique *adj* tautológico, ca.
taux [to] *m* tasa *f* (prix fixé) || tipo de interés, tanto por ciento, rédito (intérêt annuel) || porcentaje, proporción *f* (proportion) || índice, coeficiente, tasa *f* (d'augmentation); *taux d'accroissement* índice *ou* coeficiente de incremento | coeficiente, grado; *taux d'invalidité* coeficiente de invalidez || nivel, precio (prix) || — MÉD *taux de cholestérol* índice de colesterol || MÉCAN *taux de compression* relación de compresión || *taux de fécondité* índice de fecundidad | *taux de mortalité* índice de mortalidad || *taux de natalité* índice de natalidad || — ÉCON *taux annuel de croissance économique* tasa anual de crecimiento económico | *taux de change* tipo de cambio | *taux de chômage* tasa de desempleo | *taux de couverture* tasa de cobertura | *taux d'escompte* tipo de descuento | *taux d'inflation* tasa de infla-

ción | *taux d'intérêt* tipo de interés | *taux directeur* tipo director | *taux préférentiel* tipo preferencial.
taveler* *v tr* manchar, salpicar.
tavelure *f* mancha (sur la peau, sur les fruits).
taverne *f* taberna ‖ restaurante *m* de lujo, hostería.
tavernier, ère *m et f* tabernero, ra.
taxation *f* tasación (action) ‖ fijación (des prix, des salaires).
taxe *f* tasa, tarifa (prix officiellement fixé) ‖ impuesto *m*, contribución; *taxe de luxe* impuesto de lujo ‖ tasación de las costas judiciales ‖ arancel *m* (de douane) ‖ — *taxe à la valeur ajoutée (T.V.A.)* impuesto al valor añadido *ou* agregado (IVA) ‖ *taxe de base* tarifa mínima (téléphone) ‖ *taxe professionnelle* Impuesto sobre los Rendimientos del Trabajo Personal ‖ *toutes taxes comprises* IVA incluido.
taxer *v tr* tasar (fixer les prix) ‖ gravar, poner un impuesto a, imponer una carga a (mettre un impôt sur) ‖ fijar las costas judiciales ‖ FIG tachar, acusar; *taxer quelqu'un d'avarice* tachar a uno de avaricia.
— OBSERV *Taxer de* se construye siempre con un sustantivo, y se dice *taxer quelqu'un de sottise*, pero *traiter quelqu'un de sot*.
taxi *m* taxi (auto de location) ‖ *chauffeur de taxi* taxista.
taxidermie *f* taxidermia.
taxidermiste *m et f* taxidermista.
taximètre *m* taxímetro.
taxinomie *f* → **taxonomie**.
taxonomie; taxinomie *f* taxonomía.
tayaut! [tajo] *interj* → **taïaut!**
taylorisation [tɛlɔrizasjɔ̃] *f* taylorización [organización metódica del trabajo].
taylorisme [-rism] *m* taylorismo.
T.B. abrév de *très bien* muy bien (appréciation).
T.B.E. abrév de *très bon état* en muy buen estado (petites annonces).
TCA abrév de *taxe sur le chiffre d'affaires* impuesto sobre el volumen de negocios.
Tchad *n pr* GÉOGR Chad (lac).
tchadien, enne *adj* chadiano, na.
Tchadien, enne *m et f* chadiano, na.
tchador *m* chador.
tchécoslovaque *adj* checoslovaco, ca.
Tchécoslovaque *m et f* checoslovaco, ca.
Tchécoslovaquie *n pr f* GÉOGR Checoslovaquia.
tchèque *adj* checo, ca.
◆ *m* checo (langue).
Tchèque *m et f* checo, ca.
tchin-tchin *interj* FAM ¡salud!, ¡chinchín!
T.D. abrév de *travaux dirigés* prácticas (cours).
T.D.F. abrév de *Télévision de France* Televisión de Francia.
te *pron pers* te; *je te donne* te doy.
— OBSERV Lorsque le pronom est complément d'un verbe à l'infinitif ou au gérondif, il est proclitique en français et enclitique en espagnol (*je vais te le donner* voy a dártelo; *en te voyant* viéndote).
technicien, enne [tɛknisjɛ̃, jɛn] *m et f* técnico *m*, especialista.
technicité *f* tecnicismo *m*, tecnicidad.

technico-commercial, e *adj* técnico comercial; *ingénieur technico-commercial* ingeniero técnico comercial.
Technicolor *m* (nom déposé) Tecnicolor.
technique *adj et s f* técnico, ca; *expression technique* expresión técnica ‖ *enseignement technique* enseñanza laboral.
techniquement *adv* técnicamente.
technocrate *m et f* tecnócrata.
technocratie *f* tecnocracia.
technocratisation *f* tecnocratización.
technocratique *adj* tecnocrático, ca.
technologie *f* tecnología.
technologique *adj* tecnológico, ca.
technologue; technologiste *m et f* tecnólogo, ga.
teck; tek *m* teca *f* (arbre).
teckel *m* teckel, tekel.
tectonique *adj et s f* GÉOL tectónico, ca; *tectonique des plaques* tectónica de placas.
Te Deum [tedeɔm] *m* Tedéum, tedéum, te deum.
T.E.E. abrév de *Trans-Europ-Express* Trans Europ Express.
teen-ager *m et f* FAM quinceañero, ra.
— OBSERV pl *teen-agers*.
tee-shirt [tiʃœrt] *m* niqui [*(amér)* playera *f*].
Téflon *m* (nom déposé) Teflón.
tégument *m* tegumento.
Téhéran *n pr* GÉOGR Teherán.
teigne [tɛɲ] *f* polilla (insecte) ‖ FIG & FAM bicho *m* malo, bicharraco *m* (personne méchante) ‖ MÉD tiña (du cuir chevelu) ‖ VÉTÉR arestín *m*.
teigneux, euse *adj et s* tiñoso, sa.
teindre* *v tr* teñir; *teindre en bleu marine* teñir de azul marino.
◆ *v pr* teñirse el pelo (les cheveux).
teint [tɛ̃] *m* tinte, colorido (d'un tissu) ‖ tez *f*, color (du visage) ‖ — FIG *bon teint* cien por cien, convencido ‖ *bon teint, grand teint* color sólido (tissu) ‖ *fond de teint* maquillaje de base ‖ — *avoir un teint de papier mâché* estar pálido como la cera.
teint, e *adj* teñido, da.
teintant, e *adj* con color.
teinte *f* tinte *m*, color *m*; *teinte plate* tinte uniforme ‖ FIG matiz *m*, tinte *m*, visos *m pl*, tono *m*, un poco; *une teinte d'ironie* un poco de ironía.
teinté, e *adj* teñido, da ‖ ahumado, da (verres) ‖ moreno, na (peau).
teinter *v tr* teñir.
teinture *f* tintura, tinte *m* ‖ tintura (pharmacie) ‖ FIG barniz *m*, baño *m* (connaissance superficielle) ‖ *teinture d'iode* tintura de yodo.
teinturerie [tɛ̃tyrri] *f* tintorería, tinte *m* ‖ *donner un vêtement à la teinturerie* llevar un traje a la tintorería.
teinturier, ère *adj et s* tintorero, ra.
tel, telle *adj indéf* tal, semejante ‖ tal, este; *tel est mon avis* este es mi parecer ‖ tal, tan grande (si grand) ‖ — *tel père, tel fils* de tal palo tal astilla ‖ *tel que* tal como (comme), tal cual, tal y como (ainsi) ‖ — *de telle sorte que* de tal manera que ‖ *il n'y a rien de tel pour* no hay nada como eso para.

◆ *pron indéf* quien, alguien; *tel rit aujourd'hui qui pleurera demain* quien ríe hoy llorará mañana || *Un tel, Une telle* Fulano, Fulana [de Tal].

— OBSERV *Tel* concuerda con el nombre o pronombre que viene después: *tel homme, telles femmes; tel que* con el nombre que precede: *les bêtes féroces telles que le lion, le tigre...*; *comme tel* con el nombre que se sobreentiende: *la musique est un art international et comme tel refuse les frontières.*

— OBSERV En français, il n'y a qu'un mot pour désigner divers individus: *j'ai rencontré Un tel, Un tel et Un tel* encontré a Fulano, Mengano, Zutano y Perengano.

tél. abrév de *téléphone* tel., teléfono.
Tel-Aviv-Jaffa *n pr* GÉOGR Tel Aviv-Jaffa.
télé *f* FAM tele (télévision).
téléachat *m* telecompra *f.*
télébenne *f* → **télécabine.**
télécabine; télébenne *f* teleférico *m* monocable.
Télécarte *f* (nom déposé) tarjeta de teléfono.
téléchargement *m* INFORM telecarga *f.*
télécommande *f* telemando *m,* mando *m* a distancia.
télécommandé, e *adj* teledirigido, da.
télécommander *v tr* teledirigir.
télécommunication *f* telecomunicación.
téléconférence *f* teleconferencia.
télécopie *f* telecopia, fax *m.*
télécopieur *m* telecopiadora *f,* fax.
télédétection *f* teledetección.
télédiffuser *v tr* emitir por televisión.
télédiffusion *f* teledifusión.
télédistribution *f* televisión por cable.
téléenseignement *m* educación a distancia.
téléférique *adj* et *s m* → **téléphérique.**
téléfilm *m* telefilme.
télégénique *adj* telegénico, ca.
télégramme *m* telegrama || *télégramme téléphoné* telefonema.
télégraphe *m* telégrafo.
télégraphie *f* telegrafía; *télégraphie sans fil* telegrafía sin hilos.
télégraphier* *v tr* et *intr* telegrafiar.
télégraphique *adj* telegráfico, ca.
télégraphiste *adj* et *s* telegrafista.
téléguidage *m* dirección *f* a distancia.
téléguidé, e *adj* teleguiado, da; teledirigido, da.
téléguider *v tr* teleguiar, teledirigir.
téléimprimeur *m* teleimpresor.
téléinformatique *f* teleinformática.
télékinésie *f* telequinesia.
télématique *f* telemática.
télématiser *v tr* equipar con medios telemáticos.
télémètre *m* telémetro.
télémétrie *f* telemetría.
téléobjectif *m* teleobjetivo.
téléologie *f* teleología.
télépathe *adj* et *s* telépata || médium.
télépathie *f* telepatía.
télépathique *adj* telepático, ca.
téléphérique; téléférique *adj* et *s m* teleférico, ca.
téléphone *m* teléfono || *téléphone à pièces* teléfono de monedas || FAM *téléphone arabe* de boca en boca || *téléphone à touches* teléfono de teclas ||

téléphone rouge teléfono rojo || *téléphone sans fil* teléfono sin hilos *ou* inalámbrico || — FAM *coup de téléphone* llamada telefónica, telefonazo || — *avoir le téléphone* tener teléfono || *il est au téléphone* está hablando por teléfono.
téléphoné, e *adj* FAM *c'était téléphoné* me lo venía oliendo.
téléphoner *v tr* et *intr* llamar por teléfono, telefonear.
téléphonie *f* telefonía; *téléphonie sans fil* telefonía sin hilos.
téléphonique *adj* telefónico, ca || — *appel téléphonique* llamada telefónica || *cabine téléphonique* cabina telefónica || *conversation téléphonique* conversación telefónica.
téléphoniste *m* et *f* telefonista.
téléphotographie; téléphoto *f* telefotografía, telefoto.
télescopage *m* choque de frente [vehículos].
télescope *m* telescopio.
télescoper *v tr* chocar de frente.
◆ *v pr* chocar de frente [dos vehículos].
télescopique *adj* telescópico, ca; *tube télescopique* tubo telescópico.
téléscripteur *m* teleimpresor.
télésiège *m* telesilla.
téléski *m* telesquí || — *téléski à archets* telesilla || *téléski à perche* telearrastre.
téléspectateur, trice *m* et *f* telespectador, ra; televidente.
télésurveillance *f* televigilancia.
Télétel *m* (nom déposé) servicio de videotex francés.
Télétex *m* (nom déposé) Teletex.
télétexte *m* teletexto.
télétype *m* teletipo.
télévisé, e *adj* televisado, da || *journal télévisé* telediario.
téléviser *v tr* televisar.
téléviseur *adj m* et *s m* televisor.
télévision *f* televisión || — *télévision à péage* televisión de pago *ou* de abonados || *télévision par câble* televisión por cable || — *poste de télévision* televisor || — *avoir la télévision* tener televisión || *passer à la télévision* salir en televisión.
télévisuel, elle *adj* televisual.
télex *m* télex.
télexer *v tr* transmitir por télex.
tellement *adv* de tal suerte, de tal manera (de telle sorte) || tan; *il est tellement idiot* es tan idiota || tanto; *tu n'es pas méchant, mais Pierre l'est tellement* no eres malo, pero Pedro lo es tanto || tanto, ta; *il est venu tellement de fois* ha venido tantas veces || — *tellement que* de tal modo que, de tal suerte que || *(vx) tellement quellement* así así || — FAM *pas tellement* no mucho, no tanto; *aimes-tu la musique? pas tellement* ¿te gusta la música? no tanto; *nous ne nous amusons pas tellement* no nos divertimos mucho; no muy, no tan; *il n'est pas tellement sympathique* no es tan simpático; *il ne travaille pas tellement bien* no trabaja muy bien.
tellure *m* telurio (métal).
tellurique; tellurien, enne *adj* telúrico, ca; *secousse tellurique* sacudida telúrica.
téméraire *adj* et *s* temerario, ria.

témérité *f* temeridad.
témoignage *m* testimonio ‖ FIG muestra *f*, prueba *f*; *témoignage de sympathie* muestras de simpatía ‖ *— être appelé en témoignage* ser llamado como testigo ‖ *porter un faux témoignage* levantar falso testimonio ‖ *rendre témoignage à quelqu'un* rendir homenaje a alguien ‖ *rendre témoignage de* dar fe de.
témoigner *v intr* testimoniar, atestiguar, testificar ‖ declarar como testigo (porter témoignage) ‖ *témoigner pour, contre* declarar a favor, en contra.
◆ *v tr* manifestar, mostrar; *témoigner de la joie* manifestar alegría ‖ demostrar, ser prueba de, dar prueba de; *gestes qui témoignent une vive surprise* gestos que demuestran una viva sorpresa ‖ *— témoigner quelque chose pour, contre* declarar algo a favor, en contra.
témoin [temwɛ̃] *m* testigo *m et f* ‖ padrino (d'un duel) ‖ prueba *f*; *il est ici, témoin ses traces* está aquí, prueba de ello sus huellas ‖ testigo (dans une course de relais) ‖ TECHN testigo, muestra *f* ‖ *— témoin à charge, à décharge* testigo de cargo, de descargo ‖ *Témoin de Jéhovah* Testigo de Jehovah ‖ *témoin d'un mariage* padrino *ou* madrina de una boda ‖ *témoin oculaire* testigo de vista *ou* ocular ‖ *— appartement témoin* piso de muestra, piso piloto ‖ *lampe témoin* lámpara indicadora *ou* testigo ‖ *— Dieu m'est témoin* Dios es testigo ‖ *prendre à témoin* tomar por testigo.
— OBSERV *Témoin* no tiene forma femenina en francés: se dice *cette femme est un témoin sûr*.
tempe *f* sien.
tempérament *m* temperamento ‖ FIG carácter, genio, índole *f* ‖ templanza *f*, moderación *f* ‖ MUS temperamento ‖ *— vente à tempérament* venta a plazos ‖ *— avoir du tempérament* tener temperamento.
tempérance *f* templanza ‖ *société de tempérance* asociación antialcohólica.
tempérant, e *adj* temperante (qui modère) ‖ mesurado, da; moderado, da; templado, da (sobre).
température *f* temperatura ‖ fiebre, calentura (fièvre) ‖ *— FIG prendre la température* tantear el terreno ‖ *prendre sa température* tomarse la temperatura (fièvre).
tempéré, e *adj* templado, da [*(amér)* temperado, da] (température).
tempérer* *v tr* temperar, templar ‖ FIG templar, moderar, calmar (calmer).
tempête *f* tempestad, temporal *m* (en mer), tormenta (à terre) ‖ FIG torrente *m* (d'injures) ‖ *— tempête de neige* nevasca ‖ *tempête de sable* tempestad de arena ‖ *vent de tempête* viento tempestuoso ‖ *— braver la tempête* capear el temporal.
tempêter *v intr* echar pestes, vociferar.
tempétueux, euse *adj* tempestuoso, sa.
temple *m* templo.
templier *m* templario.
tempo [tɛmpo] *m* MUS tiempo, movimiento.
temporaire *adj* temporal, temporario, ria; *travail temporaire* trabajo temporal ‖ temporero, ra (saisonnier).
temporairement *adv* temporalmente, por cierto tiempo.
temporal, e *adj* et *s m* temporal (de la tempe).
temporalité *f* temporalidad.

temporel, elle *adj* temporal; *pouvoir temporel* poder temporal; *existence temporelle* existencia temporal.
◆ *m* lo temporal ‖ temporalidades *f pl* (ecclésiastique).
temporisateur, trice *adj* et *s* contemporizador, ra, transigente.
temporisation *f* contemporización.
temporiser *v intr* contemporizar.
temps [tɑ̃] *m* tiempo (durée, atmosphère) ‖ época *f*, estación *f*, tiempo (saison) ‖ AUTOM & GRAMM & MUS & SPORTS tiempo ‖ *—* INFORM *temps d'accès* tiempo de acceso ‖ *temps d'arrêt* parada, detención momentánea ‖ *temps de chien* tiempo de perros ‖ *temps de pose* tiempo de exposición (photographie) ‖ INFORM *temps de réponse* tiempo de respuesta ‖ *temps mort* tiempo muerto ‖ INFORM *temps partagé* tiempo compartido ‖ *temps réel* tiempo real ‖ *— beau temps* buen tiempo ‖ *gros temps* temporal, mar gruesa ‖ *la plupart du temps* la mayoría de las veces, en muchas ocasiones ‖ *le bon vieux temps* los buenos tiempos ‖ *le temps libre* el tiempo libre ‖ *— à plein temps* de dedicación exclusiva, de plena dedicación ‖ *après la pluie, le beau temps* después de la tempestad viene la calma ‖ *à temps* a tiempo, con tiempo (assez tôt), temporal, por tiempo limitado (durée limitée) ‖ *à temps partiel* tiempo parcial (travail) ‖ *à temps perdu* a ratos perdidos ‖ *au temps de* en tiempos de ‖ *au temps jadis* antaño ‖ *au temps où les bêtes parlaient* en tiempos de Maricastaña *ou* del rey que rabió ‖ *avant le temps* antes de tiempo, prematuramente ‖ *dans ce temps* hoy día ‖ *dans la nuit des temps* en la noche de los tiempos ‖ *dans le temps* antiguamente, antaño ‖ *dans le temps que* en el tiempo que, mientras ‖ *de* o *en tout temps* siempre, toda la vida ‖ *de mon temps* en mis tiempos, en mi época ‖ *depuis le temps* desde entonces (depuis lors), desde ‖ *de temps à autre, de temps en temps* de vez en cuando, de cuando en cuando ‖ *en ce temps-là* por aquel tiempo ‖ *en deux temps, trois mouvements* en un dos por tres, en dos patadas (très vite) ‖ *en même temps* al mismo tiempo, a la vez ‖ *en son temps* en su momento, a su tiempo ‖ *en temps de paix, de guerre* en tiempos de paz, de guerra ‖ *en temps ordinaire* corrientemente ‖ *en temps utile* en tiempo hábil *ou* oportuno, a su debido tiempo ‖ *en temps voulu* a tiempo ‖ *entre-temps* entre tanto ‖ *—* FAM *avoir fait son temps* haber cumplido el tiempo de su servicio [militar]; estar fuera de uso (être hors d'usage) ‖ *avoir le temps* tener tiempo ‖ *avoir tout juste le temps de faire quelque chose* tener el tiempo justo para hacer algo ‖ *être de son temps* ser muy de su época ‖ *gagner du temps* ganar tiempo ‖ *il est grand temps que, il est plus que temps que* ya es hora que ‖ *il est temps de* ya es hora de ‖ *il est toujours temps de* siempre se está a tiempo de ‖ *il n'y a pas de temps à perdre* no hay tiempo que perder ‖ *il y a beau temps* hace mucho tiempo ‖ *laisser faire le temps* dar tiempo al tiempo ‖ *les temps changent* los tiempos cambian ‖ *les temps sont durs* los tiempos son difíciles ‖ *le temps c'est de l'argent* el tiempo es oro ‖ *le temps me dure* el tiempo se me hace largo ‖ *le temps presse* urge ‖ *par le temps qui court* hoy en día ‖ *passer son temps à lire* pasarse el tiempo leyendo ‖ *perdre son temps* perder el tiempo ‖ *prendre le temps comme il vient* tomar las cosas como vienen ‖ *prendre son temps* tomarse tiempo, tomarlo con tiempo ‖ *rester un bon bout de temps*

quedarse mucho tiempo || *se donner du bon temps* pegarse una buena vida || *travailler à plein temps* trabajar la jornada completa || *tromper o tuer o faire passer le temps* matar el tiempo.

tenable *adj* defendible (défendable); *cette situation n'est pas tenable* esa situación no es defendible.

— OBSERV Se emplea sobre todo con la negación y entonces se traduce por *insostenible*.

tenace *adj* tenaz, resistente a la ruptura (résistant à la rupture) || pegajoso, sa; tenaz (qui adhère) || FIG terco, ca; tenaz (têtu).

ténacité *f* tenacidad.

tenaille *f*; **tenailles** *f pl* [tənɑːj] tenazas *pl* || MIL tenaza *sing* (fortification).

tenailler [-je] *v tr* atenacear, atenazar (torturer avec des tenailles) || FIG atormentar, hacer sufrir.

tenancier, ère *m et f* colono *m*, cortijero, ra; arrendatario, ria (d'une métairie) || gerente, encargado, da (d'un hôtel, d'une maison de jeux) || (vx) terrazguero *m*.

tenant, e *adj* *séance tenante* en el acto.
◆ *m* mantenedor (dans un tournoi) || FIG paladín, defensor, partidario (d'une opinion) || poseedor (d'un titre, d'un record) || BLAS tenante || *— les tenants et les aboutissants d'une terre* las tierras colindantes *ou* confines || *— d'un seul tenant, tout d'un tenant* de una sola pieza || *— connaître les tenants et les aboutissants d'une affaire* conocer los pormenores *ou* el intríngulis de un asunto.

tendance *f* tendencia || FIG inclinación, propensión, signo *m* || ÉCON *tendance à la hausse, à la baisse* tendencia al alza, a la baja | *la tendance est orientée à la hausse, à la baisse* la tendencia se orienta al alza, a la baja || *avoir tendance à* tener tendencia a, tender a.

tendancieux, euse *adj* tendencioso, sa.

tendeur *m* tensor || cazador con trampas (chasseur).

tendineux, euse *adj* tendinoso, sa || *viande tendineuse* carne fibrosa, con tendones.

tendinite *f* MÉD tendinitis.

tendon *m* tendón; *tendon d'Achille* tendón de Aquiles.

tendre *adj* tierno, na; blando, da || tierno, na (jeune); *dès l'âge le plus tendre* desde la más tierna edad || FIG tierno, sensible; *cœur tendre* corazón tierno | cariñoso, sa (affectueux); *paroles tendres* palabras cariñosas | tierno, na; suave (couleur) | sentimental, dulce (touchant); *une chanson tendre* una canción sentimental || *—* FIG *avoir la peau tendre* ser muy susceptible.
◆ *m* (vx) amor, ternura *f*.

tendre *v tr* tender || estirar, poner tirante, atirantar, tensar (tirer) || alargar; *tendre le bras* alargar el brazo || tapizar, empapelar (tapisser) || armar (dresser); *tendre une tente* armar una tienda de campaña || tender, preparar; *tendre un piège* tender un lazo || *— tendre la main* pedir limosna (demander l'aumône), ayudar, tender la mano (aider) || *tendre la perche à quelqu'un* echar un capote a uno || *tendre les bras* abrir los brazos (s'offrir) || *tendre l'oreille* aguzar *ou* aplicar el oído || *tendre son esprit* aguzar el entendimiento.
◆ *v intr* encaminarse, dirigirse, tender; *tendre à la perfection* tender a la perfección.

tendrement *adv* tiernamente, cariñosamente, con ternura.

tendresse *f* ternura, cariño *m*.
◆ *pl* caricias, pruebas de afecto.

tendron *m* retoño, pimpollo (rejeton) || ternillas *f pl* (viande) || FIG & FAM pimpollo, guayabo, jovencita *f* (très jeune personne).

tendu, e *adj* tenso, sa; tirante (en état de tension) || tenso, sa; *esprit tendu* espíritu tenso || FIG tirante; *rapports tendus* relaciones tirantes || MIL tenso, sa (tir, trajectoire) || *— caractère tendu* tirantez || *situation tendue* situación tirante *ou* crítica || *style tendu* estilo forzado.

ténèbres *f pl* tinieblas.

ténébreux, euse *adj* tenebroso, sa || *un beau ténébreux* una belleza melancólica.

Tenerife; Ténériffe *n pr* GÉOGR Tenerife.

teneur, euse *m et f* poseedor, ra; tenedor, ra (qui a une chose) || IMPR *teneur de copie* atendedor || *teneur de livres* tenedor de libros.

ténia *m* tenia *f*, solitaria *f* (ver).

tenir* *v tr*

1. SENS GÉNÉRAL — 2. RETENIR — 3. DIRIGER — 4. ENTRETENIR — 5. CONTENIR, RENFERMER — 6. SOUTENIR — 7. OCCUPER — 8. FAIRE HONNEUR À — 9. ÉMETTRE — 10. CONSIDÉRER — 11. S'EMPARER DE — 12. LOCUTIONS DIVERSES

1. SENS GÉNÉRAL tener, tener cogido (à la main, dans les bras); *tenir un enfant dans ses bras* tener un niño en brazos; *tenir un chapeau à la main* tener un sombrero en la mano || mantener; *tenir les yeux fermés* mantener los ojos cerrados; *tenir quelqu'un éveillé* mantener despierto a uno || tener, poseer; *tenir un emploi* tener un empleo || tener; *le médecin m'a tenu longtemps dans la salle d'attente* el médico me ha tenido mucho tiempo en la sala de espera || tener, poner; *tiens-le droit* ponlo derecho || FAM haber agarrado *ou* pescado; *tenir une bonne grippe* haber agarrado una buena gripe || *— tenir quelque chose de* provenir algo de; *je tiens cette montre de mon père* este reloj proviene de mi padre; saber algo por; *il tient cette nouvelle du roi* sabe esta noticia por el rey.

2. RETENIR retener; *tenir par le bras* retener por el brazo; *tenir son souffle* retener la respiración || sujetar; *ce tableau est tenu par un clou* este cuadro está sujeto por un clavo || *— tenir sa langue* retener la lengua, callarse || *tenir ses élèves* tener en mano a sus alumnos.

3. DIRIGER llevar, estar encargado de; *tenir un hôtel* llevar un hotel || regentar (un bureau de tabac)

4. ENTRETENIR mantener, cuidar; *bien tenir une maison* cuidar bien una casa || tener, mantener; *tenir en bon état* tener en buen estado.

5. CONTENIR, RENFERMER contener, tener capacidad para; *cette bouteille tient un litre* esta botella contiene un litro; *un stade qui contient cent mille personnes* un estadio que tiene capacidad para cien mil personas.

6. SOUTENIR sostener, soportar; *des colonnes qui tiennent le fronton* columnas que sostienen el frontón.

7. OCCUPER ocupar, coger; *ces livres tiennent beaucoup de place* estos libros ocupan mucho sitio; *ce travail m'a tenu toute la matinée* este trabajo me ha cogido toda la mañana || ocupar, estar en; *tenir le premier rang* ocupar la primera fila.

tenir

8. FAIRE HONNEUR À cumplir; *tenir sa promesse* o *sa parole* cumplir (con) su promesa, cumplir su palabra.
9. ÉMETTRE proferir; *tenir des propos injurieux* proferir palabras injuriosas ‖ pronunciar; *tenir un discours* pronunciar un discurso ‖ decir; *tenir des propos déplacés* decir palabras fuera de lugar ‖ sostener; *tenir une conversation* sostener una conversación ‖ hacer, sostener; *tenir un raisonnement absurde* hacer un razonamiento absurdo.
10. CONSIDÉRER *tenir comme* dar por; *je tiens l'affaire comme faite* doy por hecho el negocio ‖ *tenir pour* tener por, considerar como; *tenir quelqu'un pour intelligent* tener a alguien por inteligente.
11. S'EMPARER DE apoderarse de, dominar; *quand la colère le tient* cuando la cólera se apodera de él.
12. LOCUTIONS DIVERSES *tenir à jour* tener al día ‖ *tenir au courant* tener al corriente ‖ *tenir au frais* consérvese en lugar fresco (un produit) ‖ *tenir compagnie* hacer compañía, acompañar ‖ *tenir compte de* tener en cuenta ‖ *tenir conseil* tener o celebrar un consejo (réunir), deliberar ‖ *tenir de bonne source* saber de buena tinta ‖ *tenir en échec* hacer fracasar (l'ennemi), empatar (une équipe) ‖ *tenir en grande estime* tener en mucho ‖ *tenir garnison* estar de guarnición ‖ *tenir la droite, la gauche* ir o circular por la derecha, por la izquierda ‖ *tenir l'affiche* continuar en cartel (un film, une pièce) ‖ *tenir l'alcool* aguantar el alcohol ‖ *tenir la mer* navegar bien ‖ *tenir la route* agarrarse, tener buena adherencia o estabilidad (une voiture) ‖ *tenir la tête* tener en cabeza ‖ *tenir le lit* guardar cama ‖ *tenir le pouvoir* ejercer el poder ‖ *tenir les livres, la caisse* llevar o tener los libros, la caja ‖ FAM *tenir le vin* ser una esponja, aguantar mucho (pouvoir boire beaucoup) ‖ *tenir lieu de* hacer las veces de, reemplazar ‖ *tenir quelqu'un à distance* mantener alguien a distancia o a raya ‖ *tenir quelqu'un en respect* hacerse respetar por alguien ‖ *tenir sa classe* mantener el orden en su clase (un professeur) ‖ *tenir secret* guardar secreto ‖ *tenir son rang* mantener su puesto ‖ *tenir son sérieux* mantenerse o quedarse serio ‖ *tenir sur les fonts baptismaux* sacar de pila ‖ *tenir tête* resistir, hacer frente ‖ *tenir tout de quelqu'un* deberlo todo a alguien ‖ MIL *tenir une position* defender una posición ‖ *tenir une réunion* celebrar una reunión ‖ *tenir un pari* hacer una apuesta, apostar ‖ *tenir un rôle* desempeñar un papel ‖ *tiens, tenez* toma, tome o tomad; *tiens, voici ton livre* toma, aquí tienes tu libro; mira, mire o mirad (écoute, regarde) ‖ *tiens!* ¡hombre!, ¡vaya! (exprime la surprise); *tiens!.. que c'est drôle!* ¡hombre!, ¡qué divertido! ‖ — *faire tenir* entregar.

◆ *v intr* tocar con, estar contiguo a; *ma maison tient à la sienne* mi casa toca con la suya ‖ sostenerse; *tenir sur ses jambes* sostenerse de pie ‖ estar unido; *la corde tient au mur* la cuerda está unida al muro ‖ estar sujeto; *armoire qui tient au mur* armario que está sujeto a la pared ‖ durar, subsistir; *cette mode ne tiendra pas* esta moda no durará ‖ resistir, aguantar; *les soldats tiennent* los soldados resisten; *ce mur tient bon* este muro resiste bien ‖ agarrar (une couleur, une chose collée) ‖ cuajar (la neige) ‖ caber; *ce livre tient dans ma poche* este libro cabe en mi bolsillo; *on tient à huit à cette table* en esta mesa cabemos ocho personas ‖ deberse a, obedecer a, ser el resultado de; *cela tient à plusieurs raisons* esto se debe a varias razones ‖ tener algo de, parecer; *cela tient du roman* esto tiene algo de novela; *cela tient du miracle* esto parece un milagro ‖ tener algo de, salir a, parecerse a; *cet enfant tient de son père* este niño tiene algo de su padre ‖ tener empeño en, tener interés por; *il tient à nous voir* tiene empeño en vernos ‖ querer; *nous tenons à vous remercier de* queremos agradecerle por ‖ apreciar, tener apego; *il tient à sa réputation* él aprecia su reputación ‖ relacionarse, referirse; *tout ce qui tient à lui* todo lo que se refiere a él ‖ depender; *cela tient à vous* eso depende de usted ‖ aceptar el envite (aux cartes) ‖ poder sostenerse; *une affirmation qui ne tient pas* una afirmación que no puede sostenerse ‖ mantenerse, seguir en pie; *notre marché tiendra* nuestro trato se mantendrá ‖ resistir; *tenir contre les pleurs* resistir a las lágrimas ‖ — *tenir à cœur* preocupar enormemente (inquiéter), interesar muchísimo (intéresser) ‖ *tenir à sa peau* apreciar su pellejo ‖ *tenir bon* o *ferme* sujetarse bien (clou), resistir mucho, aguantar, mantenerse firme (résister) ‖ *tenir en haleine* tener en vilo ‖ *tenir pour* ser partidario de ‖ *cela ne tient pas debout* esto no tiene ni pies ni cabeza ‖ *cela ne tient qu'à un fil* esto está pendiente de un hilo ‖ *c'est à n'y pas tenir* esto es algo inaguantable, no hay quien lo aguante ‖ FAM *en tenir pour* estar por los huesos de, estar chalado por (amoureux), estar por (en faveur de) ‖ *être tenu de* estar obligado a ‖ *il a de qui tenir!* ¡tiene a quién salir!, ¡de casta le viene al galgo el ser rabilargo! ‖ *je n'y tiens pas* no me interesa nada, no tengo ningún interés por ello, no me apetece ‖ *ne pas pouvoir tenir en place* no poder estarse quieto ‖ *ne plus tenir* no poder más ‖ *ne tenir à rien* no importarle a uno nada ‖ *y tenir* tener mucho interés por ello, apetecer ‖ *y tenir comme à la prunelle de ses yeux* quererlo más que a las niñas de sus ojos.

◆ *v impers* *il ne tient qu'à lui* sólo depende de él, no depende más que de él, en sus manos está ‖ *il n'y a pas de mais qui tienne* no hay pero que valga ‖ *il vaut mieux tenir que courir* más vale pájaro en mano que ciento volando ‖ *qu'à cela ne tienne* que no quede por eso.

◆ *v pr* agarrarse, cogerse; *tenez-vous par la main* cójanse de la mano ‖ estar cogido, tenerse, estar agarrado; *ils se tenaient par la main* estaban cogidos de la mano ‖ estar; *il se tenait derrière lui* estaba detrás de él; *se tenir à la disposition de* estar a la disposición de ‖ quedarse, permanecer; *tenez-vous là* quédese ahí ‖ estarse; *se tenir tranquille* estarse quieto ‖ mantenerse; *tenez-vous droit* manténgase derecho ‖ comportarse, portarse; *se tenir bien* comportarse bien ‖ considerarse, darse por; *se tient pour battu* se considera vencido ‖ tener lugar, celebrarse; *la fête se tient sur la place* la fiesta tiene lugar en la plaza ‖ estar unido; *deux planches qui se tiennent* dos tablas que están unidas ‖ ser lógico, ser coherente (un raisonnement) ‖ estar íntimamente relacionado; *dans le monde tout se tient* en el mundo todo está íntimamente relacionado ‖ retenerse, contenerse (se retenir) ‖ — *se tenir mal* tener una mala postura o una postura viciosa (position), portarse mal (conduite) ‖ *se tenir mal à table* guardar mala compostura en la mesa ‖ *se tenir prêt* estar listo ‖ *se tenir prêt à* estar dispuesto a, prepararse a ‖ *se tenir sur le qui-vive* estar sobreaviso ‖ *se tenir sur ses gardes* estar alerta ‖ — *ne pas se tenir de joie* no caber en sí de gozo ‖ *savoir à quoi s'en tenir* saber a qué atenerse ‖ *se tenir pour dit* darse por enterado *ou* avisado ‖ *s'en tenir o se tenir à* atenerse a, limitarse a ‖ *s'en tenir là* no ir más allá, parar en eso ‖ *tenez-vous bien!* ¡mucho ojo!, ¡cuidado! (avertissement, menace) ‖ *tiens-toi bien* ponte bien (redresse-toi).

Tennessee *n pr* GÉOGR Tennessee.

tennis [tenis] *m* tenis; *court de tennis* campo de tenis ‖ — *tennis de table* tenis de mesa, ping-pong ‖ — *joueur de tennis* tenista.

tennisman *m* tenista.
— OBSERV pl *tennismans o tennismen.*

tenon *m* TECHN espiga *f*, macho.

ténor *m* tenor.

tenseur *adj et s m* ANAT tensor.

tensiomètre *m* tensiómetro.

tension *f* tensión; *tension artérielle* tensión arterial; *tension nerveuse* tensión nerviosa ‖ tirantez, tensión; *tension entre deux pays* tirantez entre dos países; *tension raciale* tensión racial ‖ — *tension d'esprit* esfuerzo mental, atención ‖ — *avoir de la tension* tener la tensión alta.

tentaculaire *adj* tentacular.

tentacule *m* tentáculo.

tentant, e *adj* tentador, ra (chose qui tente).

tentateur, trice *adj et s* tentador, ra (qui tente).

tentation *f* tentación.

tentative *f* tentativa ‖ DR intento *m* ‖ — *tentative de suicide* tentativa de suicidio ‖ *tentative d'évasion* tentativa de fuga.

tente *f* tienda de campaña [(*amér*) carpa]; *dresser une tente* armar una tienda de campaña ‖ toldo *m* (bâche) ‖ MÉD *tente à oxygène* cámara *ou* tienda de oxígeno.

tenter *v tr* intentar (essayer); *tenter une entreprise* intentar una empresa ‖ tentar (chercher à séduire); *le serpent tenta Ève* la serpiente tentó a Eva ‖ — *tenter de* tratar de, intentar, procurar ‖ *tenter sa chance* probar fortuna.

tenture *f* colgadura (tapisserie) ‖ papel *m* pintado (pour tapisser les murs) ‖ colgadura negra, paño *m* fúnebre (étoffe noire).

tenu, e *adj* obligado, da; *être tenu de venir* estar obligado a venir ‖ sostenido, da; firme (valeurs en Bourse) ‖ — *bien tenu* bien cuidado, bien atendido ‖ *compte tenu du fait que* habida cuenta de que ‖ *mal tenu* descuidado.
◆ *m* retención *f* (de la balle au basket, etc.).

ténu, e *adj* tenue.

tenue *f* modales *m pl*, porte *m*, buenos *m pl* modos (comportement) ‖ vestimenta, manera de vestirse (manière de se vêtir) ‖ celebración, sesión (réunion) ‖ tenida (assemblée des francs-maçons) ‖ dignidad (dignité) ‖ tónica, firmeza (des valeurs en Bourse) ‖ asiento *m* (du cavalier) ‖ uniforme *m* (militaire), traje *m* (civil) ‖ FIG dirección, cuidado *m*, orden *m* (d'une maison, classe, etc.) ‖ presentación; *il a toujours une tenue impeccable* su presentación es siempre impecable ‖ corrección (de style) ‖ MUS prolongación ‖ — *tenue de cérémonie, grande tenue* uniforme de gala ‖ *tenue de combat* traje de campaña ‖ COMM *tenue de livres* teneduría de libros ‖ *tenue de parade* uniforme de gala *ou* de formación ‖ *tenue de route* adherencia, estabilidad [de un coche] ‖ *tenue de soirée* traje de etiqueta ‖ *tenue de soirée de rigueur* se ruega etiqueta ‖ *tenue de sortie, de travail* uniforme de paseo, de diario ‖ *tenue de sport* ropa deportiva ‖ *tenue de ville* traje de calle ‖ *tenue de voyage* ropa de viaje ‖ — *en grande tenue* de etiqueta, de gala ‖ *en tenue* de uniforme ‖ FAM *en tenue légère, en petite tenue* en paños menores ‖ *tout d'une tenue, d'une seule tenue* todo seguido ‖ — *avoir de la tenue* tener buenos modales ‖ *manquer de tenue* no saber comportarse, no tener buenos modales ‖ *se mettre en tenue* vestirse de uniforme.

ténuité *f* tenuidad.

tequila *f* tequila *m et f*.

ter *adv* tres veces (trois fois) ‖ por tercera vez (pour la troisième fois) ‖ triplicado (numéro).

tératologie *f* teratología.

tercet [tɛrsɛ] *m* terceto (vers).

térébenthine *f* trementina ‖ *essence de térébenthine* esencia de trementina, aguarrás.

Tergal *m* (nom déposé) Tergal (tissu synthétique).

tergiversation *f* vacilación, titubeo *m* (hésitation).

tergiverser *v intr* vacilar, titubear (hésiter).

terme *m* término, plazo (délai); *à terme échu* a plazo vencido ‖ alquiler trimestral (loyer trimestriel) ‖ término, vocablo, palabra *f* (mot) ‖ COMM vencimiento ‖ MATH término ‖ — *terme de rigueur* término *ou* plazo perentorio ‖ — *moyen terme* término medio ‖ *opération à long terme* operación a largo plazo ‖ *vente à terme* venta a plazos ‖ — *aux termes de la loi* según la ley ‖ *avant terme* antes de tiempo, prematuramente ‖ *en d'autres termes* en otros términos, con otras palabras ‖ *en termes propres* con los términos adecuados ‖ — *arriver à son terme* terminar *ou* llegar a su fin ‖ *enfant né à terme* nacido a los nueve meses ‖ *être en bons termes* estar en buenos términos, mantener buenas relaciones ‖ *être o toucher à son terme* estar acabándose, estar en las últimas ‖ *être sur son terme* estar fuera de cuenta (une femme) ‖ *mettre un terme à* dar por terminado, poner término *ou* punto final a ‖ *peser o mesurer ses termes* medir sus palabras ‖ *venir à terme* vencer (une dette).

terminaison *f* terminación.

terminal, e *adj* terminal ‖ *classes terminales* últimos cursos del bachillerato.
◆ *m* TECHN terminal ‖ INFORM *terminal conversationnel* terminal conversacional ‖ *terminal graphique* terminal gráfico ‖ *terminal vidéo* terminal vídeo.

terminer *v tr* terminar (achever); *terminer ses études* terminar sus estudios ‖ limitar, delimitar; *mur qui termine un jardin* muro que limita un jardín ‖ acabar, rematar (finir avec soin).
◆ *v pr* terminarse, acabarse.

terminologie *f* terminología.

terminologique *adj* terminológico, ca.

terminologue *m et f* terminólogo, ga.

terminus [tɛrminys] *m* término, final de línea (d'une ligne de transport).

termite *m* comején, termes (fourmi blanche).
— OBSERV On emploie le gallicisme *termita*.

termitière *f* comejenera, termitero *m* (nid de termites).

ternaire *adj* ternario, ria.

terne *adj* apagado, da; sin brillo.

ternir *v tr* empañar ‖ deslustrar (une étoffe).

ternissement *m* empañamiento.
terrain *m* terreno ‖ campo (de sports); *terrain de football* campo de fútbol ‖ — *terrain à bâtir* solar ‖ *terrain d'atterrissage* campo de aterrizaje ‖ *terrain d'aviation* campo de aviación ‖ *terrain de camping* terreno de camping ‖ *terrain de culture* tierra de cultivo *ou* de labranza ‖ *terrain d'en-but* área de gol (rugby). ‖ *terrain de sport* campo de deportes *ou* deportivo ‖ *terrain vague* solar ‖ — *véhicule tout terrain* vehículo todo terreno ‖ — *sur le terrain* en el mismo sitio ‖ — FIG *abandonner le terrain* dejar el campo libre, huir ‖ *aller sur le terrain* tener un desafío ‖ *déblayer le terrain* zanjar las dificultades ‖ *être sur son terrain* estar en su elemento ‖ *tâter o sonder o reconnaître le terrain* tantear *ou* reconocer el terreno ‖ *trouver un terrain d'entente* ponerse de acuerdo.
terrasse *f* terraza, bancal *m*, arriate *m* (levée de terre); *champ en terrasse* campo de bancales ‖ terraza, terrado *m*, azotea (toiture plate) ‖ terraza (de café).
terrassement *m* excavación *f*, movimiento de tierras, remoción *f* de tierras (travail du terrassier) ‖ explanación *f*, desmonte, nivelación (d'un terrain).
terrasser *v tr* cavar (creuser la terre) ‖ nivelar, terraplenar (égaliser un terrain) ‖ derribar, tirar al suelo (jeter par terre) ‖ FIG vencer (vaincre) ‖ abatir, consternar (abattre) ‖ *terrassé par la maladie* fulminado por la enfermedad.
terrassier *m* terraplenador, jornalero que trabaja en desmontes.
terre *f* tierra ‖ suelo *m*; *se coucher par terre* acostarse en el suelo ‖ barro *m*; *pot en terre* jarro de barro ‖ — *terre à blé* tierra paniega *ou* de pan llevar ‖ *terre à foulon* tierra de batán ‖ *terre à potier* barro de alfareros ‖ *terre cuite* barro cocido, terracota ‖ *terre de bruyère* mezcla de arena y mantillo ‖ *terre de Sienne* tierra de Siena ‖ *terre d'ombre* sombra de Venecia *ou* de viejo ‖ *terre forte o grasse* tierra de miga ‖ *terre glaise* barro, greda ‖ *terre promise* tierra prometida *ou* de Promisión ‖ *terre réfractaire* talque ‖ *Terre sainte* tierra Santa ‖ *terres rares* tierras raras ‖ — *esprit terre à terre* espíritu prosaico ‖ *fonds de terre* finca rústica ‖ *la terre ferme* la tierra firme ‖ *travail de la terre* cultivo de la tierra ‖ — *à terre, par terre* en el suelo, al suelo, por tierra ‖ FIG *avoir les deux pieds sur terre* tener la cabeza sobre los hombros ‖ *être sur la Terre* existir ‖ *flanquer par terre* desbaratar, tirar por tierra (projet) ‖ *jeter par terre* tirar al suelo, derribar ‖ *mettre par terre* poner en el suelo ‖ *mettre pied à terre* poner pie en tierra, apearse ‖ *mettre o porter en terre* enterrar, sepultar ‖ *remuer ciel et terre* remover Roma con Santiago ‖ *tomber par terre* caerse al suelo.
terré, e *adj* agazapado, da (un animal) ‖ escondido, da; apartado, da (une personne).
terreau *m* mantillo.
Terre de Feu *n pr* GÉOGR Tierra del Fuego.
terre-neuve *m inv* terranova (chien).
Terre-Neuve *n pr f* GÉOGR Terranova.
terre-neuvier; terre-neuvas *m* pescador de bacalao en los bancos de Terranova (pêcheur) ‖ bacaladero que va a Terranova (bateau).
terre-plein [tɛrplɛ̃] *m* terraplén ‖ explanada *f* (fortification).
— OBSERV pl *terre-pleins*.

terrer *v tr* AGRIC acollar, echar tierra (mettre de la nouvelle terre) ‖ cubrir de tierra, enterrar (couvrir de terre).
◆ *v pr* agazaparse (un animal), meterse en una madriguera (un lapin) ‖ FIG esconderse, apartarse (une personne).
terrestre *adj* terrestre; *animaux terrestres* animales terrestres ‖ terrenal; *paradis terrestre* paraíso terrenal ‖ terreno, na; *les intérêts terrestres* los intereses terrenos ‖ terráqueo; *le globe terrestre* el globo terráqueo.
terreur *f* terror *m* ‖ *terreur panique* pánico, pavor.
terreux, euse *adj* terroso, sa.
terrible *adj* terrible.
terriblement *adv* terriblemente, horriblemente (affreusement) ‖ muchísimo, ma; la mar de (extrêmement); *avoir terriblement faim* tener muchísima hambre; *il fait terriblement chaud* hace la mar de calor ‖ *il est terriblement tard* es tardísimo.
terrien, enne *adj et s* terrateniente (qui possède plusieurs terres) ‖ habitante de la Tierra (qui habite la Terre) ‖ rural ‖ FAM hombre de tierra adentro (qui n'est pas marin) ‖ *propriétaire terrien* terrateniente.
terrier *m* madriguera *f* (trou dans la terre) ‖ FIG madriguera *f*, guarida *f* (lieu retiré) ‖ terrier, zarcero, ra (chien de chasse) ‖ *fox-terrier* fox-terrier.
◆ *adj* *livre terrier* libro becerro.
terrifiant, e *adj* terrorífico, ca; aterrador, ra.
terrifier* *v tr* aterrar, aterrorizar.
terrine *f* lebrillo *m*, barreño *m* (vase de terre) ‖ conserva de carnes en tarro, terrina (gallicisme).
territoire *m* territorio.
territorial, e *adj* territorial ‖ — MIL *armée territoriale, territoriale* segunda reserva ‖ *collectivités territoriales* jurisdicciones territoriales ‖ *eaux territoriales* aguas jurisdiccionales.
◆ *m* soldado de la segunda reserva.
territorialité *f* territorialidad.
terroir *m* terruño, tierra *f*, patria *f* chica; *sentir le terroir* recordar *ou* traer a la memoria el terruño ‖ *avoir l'accent du terroir* tener el deje *ou* el dejo de la región, de la provincia.
terroriser *v tr* aterrorizar, asustar.
terrorisme *m* terrorismo.
terroriste *adj et s* terrorista.
tertiaire [tɛrsjɛːr] *adj et s* terciario, ria ‖ *ère tertiaire, tertiaire* era terciaria, el Terciario.
tertio [tɛrsjo] *adv* tercero, en tercer lugar.
tertre *m* cerro, colina *f* ‖ *tertre funéraire* túmulo funerario.
tes [tɛ] *adj poss pl* tus; *tes amis et tes amies* tus amigos y tus amigas.
Tessin *n pr* GÉOGR Tesino (fleuve).
tessiture *f* tesitura.
tesson *m* casco, tiesto ‖ *tessons de bouteille* cascos de botella.
test [tɛst] *m* test, prueba *f*; *test d'aptitude* test de aptitud ‖ caparazón, concha *f* [de moluscos y tortugas].
testament *m* testamento; *Ancien, Nouveau Testament* Antiguo, Nuevo Testamento ‖ — *testament authentique* testamento abierto ‖ *testament mystique o secret* testamento cerrado ‖ *testament olographe* testamento ológrafo ‖ — *faire son testament* hacer testamento.

testamentaire *adj* testamentario, ria ‖ *exécuteur testamentaire* albacea.

tester *v intr* testar, hacer testamento.
◆ *v tr* someter a una prueba *ou* a un test.

testicule *m* ANAT & ZOOL testículo.

testimonial, e *adj* testimonial, testifical.

testostérone *f* testosterona.

tétanie *f* tetania *f*, tetanismo *m*.

tétanique *adj* tetánico, ca.

tétaniser *v tr* causar tétanos, tetanizar.

tétanos [tetanɔs] *m* MÉD tétanos.

têtard *m* renacuajo (première forme de la grenouille) ‖ árbol desmochado (arbre).

tête [tɛːt] *f* ANAT & ZOOL cabeza; *la tête de l'homme, cinquante têtes de bétail* la cabeza del hombre, cincuenta cabezas de ganado ‖ cara (visage) ‖ FAM cara (expression du visage); *faire la mauvaise tête* poner mala cara ‖ cabeza; *cela nous revient à tant par tête* tocamos a tanto por cabeza ‖ FIG cabeza (esprit, raison, imagination, volonté, caractère, etc...); *avoir une chose en tête* tener una cosa en la cabeza; *perdre la tête* perder la cabeza ‖ cabeza (extrémité renflée d'un objet, commencement); *tête d'épingle, d'ail, d'un chapitre, d'un convoi* cabeza de alfiler, de ajo, de un capítulo, de un convoy ‖ cabecera (de lit) ‖ copa (d'un arbre) ‖ cotillo *m* (d'un marteau) ‖ — *tête atomique* cabeza atómica ‖ FIG *tête baissée* con los ojos cerrados, de cabeza, sin pensarlo, sin reflexionar, ciegamente; *les soldats attaquèrent tête baissée* los soldados atacaron ciegamente ‖ *tête brûlée* bala rasa, cabeza loca ‖ *tête carrée* cabezón, cabezotas, terco ‖ *tête chaude* impulsivo, brusco ‖ *tête chercheuse* cabeza buscadora (fusée) ‖ *tête couronnée* testa coronada ‖ *tête d'affiche* cabecera del reparto (théâtre) ‖ *tête de pedazo de...*, *so* ‖ *tête de bétail* cabeza de ganado, res ‖ *tête d'éruption* árbol de Navidad (mines) ‖ *tête de ligne* cabeza de línea ‖ *tête de linotte* cabeza de chorlito ‖ *tête de mort* calavera (squelette humain), queso de bola (fromage) ‖ *tête d'enregistrement, de lecture, d'effacement* cabeza de grabación, sonora, supresora (magnétophone) ‖ POP *tête de pipe* barba; *à tant par tête de pipe* a tanto por barba ‖ MIL *tête de pont, de plage* cabeza de puente, de playa ‖ SPORTS *tête de série* cabeza de serie (tennis) ‖ *tête de turc* cabeza de turco ‖ CULIN *tête de veau* cabeza de ternera ‖ *tête nue* descubierto, sin sombrero, a pelo ‖ — *coup de tête* cabezazo, testarazo (coup avec la tête), cabezonada, capricho (action peu réfléchie) ‖ *forte tête* carácter fuerte ‖ *homme de tête* hombre muy entero ‖ *mal de tête* dolor de cabeza ‖ *mauvaise tête* mala cabeza ‖ *prise de tête* comedura de coco ‖ *voix de tête* voz de falsete ‖ — *à la tête de* al frente de ‖ *à tête reposée* con toda tranquilidad, con sosiego ‖ *de la tête aux pieds* de la cabeza a los pies, de arriba abajo ‖ *de tête* mentalmente; *faire une multiplication de tête* hacer una multiplicación mentalmente ‖ *en tête (de)* delante (de) ‖ *en tête-à-tête* a solas, mano a mano, frente a frente, cara a cara ‖ *la tête haute, basse* con la cabeza alta, cabizbajo ‖ *la tête la première* de cabeza ‖ *il tomba la tête la première* cayó de cabeza ‖ *sur la tête de* a nombre de (sous le nom), por la salud de (serment) ‖ — *avoir en tête de* tener en la cabeza, tener la intención de ‖ *avoir la tête dure* ser duro de mollera ‖ *avoir la tête près du bonnet* tener un genio vivo, ser irascible ‖ *avoir la tête qui tourne* marearse ‖ *avoir la tête sur les épaules* tener la cabeza encima de los hombros ‖ *avoir sa tête o toute sa tête* estar en sus cabales, conservar la cabeza ‖ *avoir ses têtes* tener sus manías ‖ *avoir une bonne tête* tener una cara simpática ‖ FAM *ça me prend la tête* me tiene frito *ou* negro [un asunto] ‖ *ça (ne) va pas la tête?* ¿estás loco? ‖ *casser la tête* poner la cabeza bomba ‖ *couper la tête d'un arbre* desmochar un árbol ‖ *courber la tête* bajar la cabeza ‖ *coûter les yeux de la tête* costar un ojo de la cara ‖ *donner sa tête à couper* jugarse la cabeza *ou* el cuello ‖ *en avoir par-dessus la tête* estar hasta la coronilla *ou* hasta los pelos *ou* hasta las narices ‖ *en faire à sa tête* obrar a su antojo ‖ *(en) faire une tête* poner una (mala) cara ‖ *faire la tête* estar de morros (bouder), poner mala cara ‖ *faire une tête* dar un cabezazo (au football) ‖ *faire une tête de* poner cara de ‖ *gagner d'une tête* ganar por una cabeza (turf) ‖ *garder toute sa tête* tener sangre fría ‖ *jeter à la tête de* echar en cara ‖ *jurer sur la tête de quelqu'un* jurar por alguien *ou* por la salud de alguien ‖ *laver la tête à quelqu'un* echar una bronca a alguien ‖ *marcher sur la tête* estar tarumba ‖ *mettre sur la tête de* poner a nombre de ‖ *monter à la tête* subirse a la cabeza ‖ *monter la tête à quelqu'un* hincharle a uno la cabeza contra alguien *ou* contra algo ‖ *n'avoir ni queue ni tête* no tener ni pies ni cabeza ‖ *n'avoir pas de tête* no tener cabeza ‖ *n'en faire qu'à sa tête* hacer uno lo que le da la gana ‖ FAM *ne pas se casser la tête* no quebrarse, no herniarse ‖ *ne savoir où donner de la tête* andar de cabeza ‖ *passer par la tête une idée* ocurrírsele a uno una idea ‖ *payer de sa tête* pagar con la cabeza *ou* con su vida ‖ *payer tant par tête o par tête de pipe* (fam) pagar tanto por cabeza *ou* por barba (fam) ‖ *piquer une tête* tirarse de cabeza ‖ *prendre la tête* encabezar (mener) ‖ FAM *prendre la tête à quelqu'un* traerle a uno negro (ennuyer) ‖ *se jeter à la tête de quelqu'un* insinuarse (faire des avances) ‖ *se mettre dans la tête o en tête* meterse en la cabeza ‖ *se monter la tête* hacerse ilusiones ‖ *se payer la tête de quelqu'un* tomarle el pelo a uno ‖ *se creuser o se casser la tête* quebrarse la cabeza ‖ *se taper la tête contre les murs* darse de cabeza contra la pared ‖ *tenir tête* resistir, hacer frente ‖ *tourner la tête* subir a la cabeza.

tête-à-queue [tɛtakø] *m inv* vuelta *f* completa de dirección, tornillazo (voiture, cheval); *faire un tête-à-queue* dar un tornillazo *ou* una vuelta completa de dirección.

tête-à-tête [tɛtatɛt] *m inv* entrevista *f ou* conversación *f* a solas, mano a mano ‖ confidente *m* (canapé à deux places) ‖ tú y yo, servicio de café para dos personas.

tête-bêche *adv* pies contra cabeza.

tête-de-loup [tɛtdəlu] *f* escobón *m*, deshollinador *m*, cabeza de fraile.

tête-de-Maure *adj inv* de color pardo oscuro.

tête-de-nègre *adj inv et s f* castaño oscuro (couleur).

tétée *f* FAM mamada.

téter* *v tr* mamar ‖ — *donner à téter* dar de mamar, dar el pecho ‖ *téter sa mère* tomar el pecho.

têtière *f* cabezada (de la bride d'un cheval) ‖ cabezal *m*, funda (d'un fauteuil) ‖ MAR gratil *m* (de la voile).

tétine *f* teta, ubre (des femelles des mammifères) ‖ tetina, boquilla (d'un biberon).

téton *m* FAM pecho, teta *f* (de la femme) ‖ TECHN tetón, espiga *f* (saillie).

tétracorde *m* tetracordio.
tétraèdre *m* GÉOM tetraedro.
tetraédrique *adj* GÉOM tetraédrico, ca.
tétralogie *f* tetralogía.
tétramètre *adj* de cuatro metros.
◆ *m* verso de cuatro metros.
tétraplégique *adj* et *s* tetrapléjico, ca.
tétraplégie *f* MÉD tetraplejía.
tétrapode *adj* et *s m* ZOOL tetrápodo, da.
tétrasyllabe *adj* et *s m* tetrasílabo, ba; cuatrisílabo, ba.
tétrasyllabique *adj* tetrasilábico, ca.
têtu, e *adj* et *s* testarudo, da; terco, ca; cabezón, ona; *être têtu comme une mule* ser terco como un aragonés.
teuf-teuf [tœftœf] *m inv* FAM cacharro, cafetera *f* (automobile).
teuton, onne *adj* teutón, ona.
teutonique *adj* teutónico, ca.
Teutons *n pr m pl* teutones.
texan, e *adj* tejano, na.
Texan, e *m* et *f* tejano, na.
Texas [tɛksɑs] *n pr m* GÉOGR Tejas, Texas.
texte *m* texto; *restituer un texte* restablecer un texto ‖ *texte de loi* texto legal ‖ THÉÂTR *apprendre son texte* aprenderse el papel.
textile *adj* textil; *industrie textile* industria textil.
◆ *m* tejido; *textile artificiel* tejido artificial.
texto *adv* FAM textualmente, con estas mismas palabras.
textuel, elle *adj* textual.
textuellement *adv* textualmente, palabra por palabra.
texture *f* textura, contextura, tejido *m*.
TF1 abrév de *Télévision française 1* Televisión Francesa 1 [primera cadena].
T.G.I. abrév de *tribunal de grande instance* juzgado de primera instancia *ou* de instrucción.
T.G.V. abrév de *train à grande vitesse* TAV, Tren de Alta Velocidad.
th abrév de *thermie* th, termia.
thaï, ïe [taj] *adj* et *s m* thai.
◆ *m* thai (langue du Sud-Est asiatique).
thaïlandais, e *adj* tailandés, esa.
Thaïs *n pr m pl* tais.
Thaïlande *n pr f* GÉOGR Tailandia.
Thaïlandais, e *m* et *f* tailandés, esa.
thalamus *m* ANAT tálamo.
thalassothérapie *f* MÉD talasoterapia.
Thalès *n pr m* Tales.
thalle *m* BOT talo (des lichens).
thallophytes *m pl* BOT talofitas *f*.
thalweg [talvɛːg] *m* → **talweg**.
thaumaturge *m* taumaturgo.
thé *m* té; *thé au lait, au citron* té con leche, con limón ‖ *thé dansant* té baile ‖ *prendre le thé* tomar el té.
théâtral, e *adj* teatral; *groupes théâtraux* grupos teatrales.
théâtre *m* teatro (lieu, littérature, profession) ‖ FIG teatro, escenario; *cette ville fut le théâtre d'un grand évènement* esta ciudad fue teatro de un gran suceso ‖ — *théâtre boulevardier o de boulevard* teatro ligero *ou* de género chico ‖ *théâtre de poche* teatro de dimensiones reducidas ‖ MIL *théâtre des opérations* teatro de operaciones ‖ *théâtre filmé* teatro filmado ‖ — *coup de théâtre* lance imprevisto, sorpresa ‖ *pièce de théâtre* obra de teatro *ou* teatral ‖ — *faire du théâtre* trabajar en el teatro ‖ *mettre un roman au théâtre* poner una novela en escena, adaptar una novela al teatro.
théâtreux, euse *m* et *f* teatrero, ra.
Thèbes [tɛːb] *n pr* GÉOGR Tebas.
théier [teje] *m* té (arbuste).
théière [-jɛːr] *f* tetera.
théine *f* teína (alcaloïde).
théisme *m* teísmo (doctrine) ‖ intoxicación *f* mediante el té.
théiste *adj* et *s* teísta.
thématique *adj* temático, ca.
thème *m* tema ‖ traducción *f* inversa ‖ GRAMM tema, radical ‖ MIL & MUS tema ‖ — *thème astral* carta astral ‖ FAM *fort en thème* empollón (étudiant).
théocratie *f* teocracia.
théocratique *adj* teocrático, ca.
théodicée *f* teodicea.
théodolite *m* teodolito.
théogonie *f* teogonía.
théologal, e *adj* teologal.
théologie *f* teología.
théologien, enne [teɔlɔʒjɛ̃, ɛn] *m* et *f* teólogo, ga.
théologique *adj* teológico, ca.
théorème *m* teorema.
théoricien, enne *m* et *f* teórico, ca.
théorie *f* teoría ‖ *en théorie* teóricamente, en teoría.
théorique *adj* teórico, ca.
théoriquement *adv* teóricamente, en teoría.
théoriser *v t* et *intr* teorizar.
théosophie *f* teosofía.
thérapeute *m* et *f* terapeuta.
thérapeutique *adj* et *s f* terapéutico, ca.
thérapie *f* terapia, terapéutica; *thérapie de groupe* terapia de grupo.
Thérèse d'Avila (sainte) *n pr* santa Teresa de Jesús.
thermal, e *adj* termal ‖ — *cure thermale* cura termal ‖ *station thermale* estación termal, balneario, caldas.
thermalisme *m* estado termal ‖ organización *f* y explotación *f* de las fuentes termales.
thermes [tɛrm] *m pl* termas *f*, caldas *f*.
thermie *f* PHYS termia.
thermique *adj* térmico, ca.
thermocautère *m* termocauterio.
thermochimie *f* termoquímica.
thermochimique *adj* termoquímico, ca.
thermocouple *m* PHYS termopar, par termoeléctrico.
thermodurcissable *adj* termoestable, que se endurece con el calor.
thermodynamique *f* termodinámica.
thermoélectricité *f* termoelectricidad.
thermoélectrique *adj* termoeléctrico, ca; *couple thermoélectrique* par termoeléctrico.
thermogène *adj* termógeno, na.

thermomètre *m* termómetro; *thermomètre à maximum et à minimum, médical* termómetro de máxima y mínima, clínico.
thermométrie *f* termometría.
thermométrique *adj* termométrico, ca.
thermonucléaire *adj* termonuclear.
thermoplastique *adj* termoplástico, ca.
thermopompe *f* termobomba.
thermopropulsion *f* termopropulsión.
thermorégulation *f* termorregulación, regulación térmica.
thermorésistant, e *adj* termorresistente.
Thermos [tɛrmɔs] *f* (nom déposé) termo *m*, termos *m* (récipient isolant).
thermosphère *f* termosfera.
thermostat [tɛrmɔsta] *m* termostato.
thésaurisation *f* atesoramiento *m*, acumulación de riquezas.
thésauriser *v tr* atesorar.
thésauriseur, euse *adj* et *s* atesorador, ra.
thesaurus; thésaurus *m* tesauro.
thèse *f* tesis (proposition, opinion); *roman à thèse* novela de tesis ‖ tesis (de doctorat) ‖ *— en thèse générale* generalmente hablando, de manera general ‖ *—* FIG *cela change la thèse* eso es otro cantar, esto cambia el problema.
Thésée *n pr m* Teseo.
Thessalie *n pr f* GÉOGR Tesalia.
Thessalonique *n pr f* GÉOGR Tesalónica.
thêta *m* theta *f* (lettre grecque).
thibaude *f* arpillera, harpillera (étoffe).
Thomas d'Aquin (saint) *n pr* Santo Tomás de Aquino.
thomisme *m* tomismo.
thon *m* atún (poisson).
thonier *m* barco atunero.
thora; torah *f* tora.
thoracique *adj* torácico, ca.
thorax *m* ANAT tórax.
thorium [tɔrjɔm] *m* torio (métal).
thriller *m* thriller.
thrombose *f* MÉD trombosis; *thrombose coronaire* trombosis coronaria.
thune; tune *f* POP perra, pela ‖ POP *avoir de la thune* tener pasta *ou* pelas ‖ *n'avoir pas une thune* estar sin blanca *ou* sin un duro, no tener una perra *ou* un duro.
thuriféraire *m* turiferario ‖ FIG adulón, ona; cobista (flatteur).
thuya [tyja] *m* tuya *f* (arbre).
thym [tɛ̃] *m* tomillo (plante).
thymus [timys] *m* timo (glande de la gorge).
thyroïde *adj* ANAT tiroideo, a.
 ◆ *f* tiroides *m*.
thyroïdien, enne *adj* ANAT tiroideo, a.
thyrse *m* tirso ‖ BOT tirso, panoja *f*.
T.I. abrév de *tribunal d'instance* Tribunal de Instancia.
tiare *f* tiara.
Tibériade (lac de) *n pr* GÉOGR lago Tiberíades.
Tibet *n pr m* GÉOGR Tibet.
tibétain, e *adj* tibetano, na.
Tibétain, e *m* et *f* tibetano, na.

tibia *m* ANAT tibia *f*.
Tibre *n pr m* GÉOGR Tíber.
tic *m* tic (contraction nerveuse chez l'homme) ‖ FIG tic, manía *f* ‖ muletilla *f* (de langage) ‖ VÉTÉR tiro.
ticket [tikɛ] *m* billete (d'autobus, de chemin de fer) ‖ entrada *f* (de cinéma) ‖ tique ‖ cupón (d'une carte de rationnement) ‖ *— ticket de caisse* tique de caja ‖ *ticket de quai* billete de andén ‖ *ticket modérateur* porcentaje de los gastos que corresponde pagar al asegurado social (sécurité sociale).
ticket restaurant *m* ticket restaurante.
tic-tac *m inv* tictac (onomatopée du bruit de l'horloge).
tie-break *m* SPORTS tie break, juego decisivo, muerte *f* súbita.
 — OBSERV pl *tie-breaks*.
tiédasse *adj* templaducho, cha; medio frío, a; *un café tiédasse* un café medio frío.
tiède *adj* tibio, bia; templado, da; *un bain tiède* un baño tibio.
 ◆ *adv boire tiède* beber cosas templadas.
tièdement *adv* tibiamente ‖ FIG sin gran entusiasmo.
tiédeur *f* tibieza.
tiédir *v tr* entibiar, templar.
 ◆ *v intr* entibiarse.
tien, tienne *adj* et *pron poss* tuyo, ya.
 ◆ *m* et *f* lo tuyo, la tuya ‖ *— à la tienne!* ¡salud! (à ta santé!) ‖ *les tiens* los tuyos, tus parientes ‖ *—* FAM *tu fais des tiennes* haces de las tuyas ‖ *un tiens vaut mieux que deux tu l'auras* más vale un toma que dos te daré, más vale pájaro en mano que ciento volando.
tiens! [tjɛ̃] *interj* ¡hombre!, ¡vaya! (du verbe *tenir*).
tierce *f* escalerilla (série de trois cartes de même couleur) ‖ tercera (escrime) ‖ tercia (office divin) ‖ BLAS tercia ‖ IMPR última prueba.
tiercé, e *adj* BLAS terciado, da; *tiercé en fasce* terciado en faja.
 ◆ *m* apuesta *f* triple gemela (pari aux courses de chevaux).
tiers, tierce [tjɛːr, tjɛrs] *adj* tercer (devant un nom masculin singulier), tercero, ra; *un tiers parti* un tercer partido; *une tierce personne* una tercera persona ‖ *—* DR *tierce opposition* tercería ‖ *tiers état* el Estado llano ‖ REL *tiers ordre* orden tercera ‖ *tiers payant* pago directo por el seguro social de los gastos de una enfermedad (sécurité sociale) ‖ *tiers provisionnel* abono a cuenta de una tercera parte del impuesto sobre la renta (impôts) ‖ *— fièvre tierce* fiebre terciana.
 ◆ *m* tercio, tercera *f* parte; *le tiers d'une pomme* la tercera parte de una manzana ‖ tercero, tercera *f* persona; *porter tort à un tiers* causar daño a un tercero ‖ *assurance au tiers* seguro contra tercera persona ‖ *être en tiers* ser tercero (dans une réunion).
tiers-monde *m* tercer mundo, Tercer Mundo.
 — OBSERV pl *tiers-mondes*.
tiers-mondiste *adj* et *s* tercermundista.
tif [tif] *m* POP pelo (cheveu).
 ◆ *pl* pelambrera *f sing*.
tige [tiːʒ] *f* BOT tallo *m*, tronco *m* | caña (graminées) ‖ tronco *m* (ancêtre dont provient une famille) ‖ ARCHIT caña, fuste *m* (d'une colonne) ‖ caña (d'une botte) ‖ tija (de la clef) ‖ varilla, barra (barre)

tignasse

∥ MÉCAN vástago *m* (d'un piston, de perforation) ∥ FAM *vieille tige* aviador veterano.

tignasse *f* FAM greñas *pl*, pelambrera (chevelure).

Tigre *n pr m* GÉOGR Tigris.

tigre, esse *m* et *f* tigre (animal).
➤ *f* FIG mujer muy celosa, fiera.
— OBSERV Le féminin de *tigre* (*tigresse*) se traduit en espagnol par *tigre hembra*. Le *tigre américain*, ou *jaguar*, donne au féminin *tigra*.

tigré, e *adj* atigrado, da.

tilbury *m* tílburi.

tilde *m* tilde *f*.

tilleul [tijœl] *m* tilo, tila *f* (arbre) ∥ tila *f* (fleur, infusion).

tilt *m* falta *f* (au flipper) ∥ FAM *faire tilt* tener una iluminación.

timbale *f* timbal *m* ∥ cubilete *m*, vaso *m* metálico (pour boire) ∥ molde *m* de cocina cilíndrico (cuisine) ∥ timbal *m* (mets) ∥ FIG & FAM *décrocher la timbale* ganar el premio, llevarse la palma.

timbalier *m* timbalero.

timbrage *m* timbrado, sellado.

timbre *m* sello [(*amér*) estampilla *f*] (timbre-poste) ∥ timbre (timbre fiscal) ∥ timbre, campanilla *f* (sonnerie) ∥ timbre, metal (de la voix) ∥ sello, estampilla *f* (cachet) ∥ sello (instrument servant à apposer des marques) ∥ BLAS timbre ∥ MUS timbre (son caractéristique d'un instrument) ∥ TECHN presión *f* máxima (d'une chaudière) ∥ FIG *avoir le timbre fêlé* estar algo tocado, andar mal de la cabeza.

timbré, e *adj* sellado, da (enveloppe), timbrado, da (document) ∥ FIG & FAM tocado de la cabeza; *il est un peu timbré* está tocado de la cabeza ∥ *papier timbré* papel timbrado.

timbre-amende *m* DR timbre fiscal que acredita el pago de una multa.
— OBSERV pl *timbres-amendes*.

timbre-poste *m* sello de correos [(*amér*) estampilla *f*].
— OBSERV pl *timbres-poste*.

timbre-quittance *m* timbre móvil (sur les quittances, reçus, etc.), póliza *f* (sur les actes civils et judiciaires).

timbrer *v tr* sellar, timbrar (*p us*) ∥ poner un sello, franquear (lettre).

timide *adj* et *s* tímido, da.

timidement *adv* tímidamente, con timidez.

timidité *f* timidez.

timing *m* timing.

timonerie *f* MAR timonera, cámara del timón ∥ AUTOM mandos *m pl* (de la direction ou des freins).

timonier *m* timonel, timonero (qui tient le gouvernail) ∥ caballo de tronco (cheval).

timoré, e *adj* et *s* timorato, ta; indeciso, sa.

tinctorial, e *adj* tintóreo, a.

tinette *f* barril *m*, barrilete *m* (pour la graisse) ∥ tonel *m* de poceros.

tintamarre *m* estruendo, bataola *f*.

tintement *m* tintineo ∥ — *tintement des cloches* tañido de las campanas ∥ *tintement d'oreilles* zumbido de oídos.

tinter *v tr* et *intr* tocar, tañer (cloche) ∥ zumbar (bourdonner); *les oreilles me tintent* me zumban los oídos.

tintin *interj* FAM ¡ni hablar del peluquín!, ¡nanay!, ¡ni flores!

tintinnabuler *v tr* tintinear, cascabelear (un grelot).

Tintoret (le) [lɛtɛ̃tɔrɛ] *n pr m* Tintoreto.

tintouin [tɛ̃twɛ̃] *m* FAM mareo, inquietud *f*, preocupación *f* (souci) ∥ alboroto (vacarme).

T.I.P. abrév de *titre interbancaire de paiement* orden de pago interbancaria.

tique *f* garrapata (parasite).

tiquer *v intr* tener un tic (avoir un tic) ∥ FIG & FAM poner mala cara, poner cara de pocos amigos ∥ VÉTÉR padecer tiro ∥ FAM *il n'a pas tiqué* no ha chistado, no ha dicho esta boca es mía.

tir *m* tiro; *tir à blanc, à boulet, d'écharpe* tiro de fogueo, con bola, oblicuo ∥ — *tir à la cible* tiro al blanco ∥ *tir à l'arc* tiro con arco ∥ *tir au but* tiro a gol, remate (football) ∥ *tir aux pigeons* tiro de pichón ∥ *tir aux pigeons d'argile* tiro al plato ∥ *tir de barrage* fuego de barrera ∥ *tir de mitraillette* disparo de metralleta ∥ *tir d'obus* cañonazo ∥ — *ligne de tir* línea de tiro.

T.I.R. abrév de *transports internationaux routiers* TIR, transportes internacionales por carretera.

tirade *f* perorata (discours) ∥ tirada (de vers) ∥ parlamento *m* (théâtre) ∥ sarta, ristra, retahíla (d'injures).

tirage *m* emisión *f*, libranza *f* (d'une traite) ∥ desembolso (versement) ∥ tiro (d'une cheminée) ∥ camino de sirga (halage) ∥ sorteo (loterie) ∥ FIG & FAM dificultad *f*; *il y a du tirage* hay dificultad ∥ IMPR tirada *f* ∥ PHOT copia *f*, prueba *f* (épreuve), positivado, tiraje (action) ∥ TECHN tirado (de métaux), devanado (de la soie) ∥ — IMPR *tirage à part* separata ∥ *tirage au sort* sorteo ∥ *tirage d'une loterie* sorteo de una lotería ∥ IMPR *tirage en creux* o *en hélio* huecograbado ∥ *tirage sur papier* positivado (photo) ∥ — COMM *droits de tirage spéciaux* derechos especiales de giro.

tiraillement [tirɑjmɑ̃] *m* tirón, estirón ∥ retortijón (d'estomac).
➤ *pl* FIG dificultades *f*, disensiones *f*, desavenencias *f*, tirantez *f sing*.

tirailler [-je] *v tr* dar tirones ∥ FIG importunar, molestar (importuner) | atraer en dos sentidos diferentes.
➤ *v intr* tirotear.

tirailleur [-jœːr] *m* MIL tirador, cazador ∥ — *(vx) régiment de tirailleurs* regimiento de tropas indígenas ∥ — *marcher en tirailleur* marchar en orden disperso *ou* en guerrilla.

Tirana *n pr* GÉOGR Tirana.

tirant *m* cordón de bolsa (d'une bourse) ∥ tirante de bota (ganse servant à tirer la tige d'une chaussure) ∥ tendón, nervio (dans la viande) ∥ ARCHIT tirante (d'un toit) ∥ — *tirant d'air* altura que media entre un puente y el nivel del agua ∥ *tirant d'eau* calado (d'un bateau).

tire *f* tirada, tirón *m* ∥ *voleur à la tire* carterista, ratero, descuidero.

tiré, e *adj* tirado, da ∥ sacado, da (extrait) ∥ cansado, da; descompuesto, ta (visage) ∥ — FAM *tiré par les cheveux* traído por los pelos, sin venir a cuento ∥ — FIG *être tiré à quatre épingles* estar de punta en blanco *ou* muy compuesto *ou* peripuesto.

◆ *m* monte de caza, matorral (taillis) ‖ caza *f* (gibier) ‖ COMM librado, da [persona contra quien se gira una letra] ‖ *tiré à part* tirada aparte, separata (reproduction).

tire-au-flanc [tirɔflɑ̃] *m inv* FAM gandumbas, remolón ‖ *quel tire-au-flanc!* ¡cómo escurre el bulto!, ¡cómo se escaquea!

tire-botte *m* sacabotas, tirabotas.

tire-bouchon *m* sacacorchos ‖ tirabuzón (cheveux) ‖ SPORTS tirabuzón (plongeon) ‖ *en tire-bouchon* en espiral.

tire-bouchonné, e *adj* en forma de tirabuzón.

tire-bouchonner *v tr* dar forma de tirabuzón.

tire-d'aile (à) *loc adv* a aletazos, con vuelo rápido, a todo vuelo.

tire-fesses *m inv* FAM percha *f*.

tire-larigot (à) FAM úsase en la locución *boire à tire-larigot* beber como una esponja.

tire-ligne *m* tiralíneas.

tirelire *f* alcancía, hucha ‖ POP buche *m* (estomac).

tirer *v tr* tirar de (amener vers soi); *cheval qui tire une voiture* caballo que tira de un coche ‖ sacar; *tirer de l'argent, l'épée* sacar dinero, la espada; *tirer profit* sacar provecho ‖ sacar; *tirer des conclusions* sacar conclusiones ‖ sacar, hacer salir (faire sortir une personne); *tirer quelqu'un de prison, d'embarras* sacar a alguien de prisión, de apuros ‖ sacar, coger (de l'eau) ‖ tirar (de la bière) ‖ tirar, trazar (une ligne, un plan) ‖ estirar (bas, jupe) ‖ tirar, imprimir (une estampe, un livre) ‖ tirar, disparar; *tirer un lièvre* tirar a una liebre; *tirer un coup de canon* tirar un cañonazo ‖ tomar, sacar; *tirer un mot du latin* tomar una palabra del latín ‖ extraer, sacar (extraire); *on tire le sucre de la betterave* el azúcar se saca de la remolacha ‖ correr; *tirer les rideaux* correr las cortinas ‖ ordeñar (traire) ‖ quitar (ôter) ‖ sortear (loterie) ‖ *(vx)* tirar (l'or) ‖ chutar, tirar, rematar (football) ‖ COMM extender, librar (un chèque), girar, librar (une traite) ‖ FAM tirarse, chuparse; *tirer six mois de prison* tirarse seis meses de cárcel ‖ PHOT revelar ‖ — *tirer à blanc* disparar con munición de fogueo ‖ *tirer à soi* barrer para adentro ‖ *tirer au clair* poner en claro, sacar en limpio ‖ *tirer avantage de* sacar provecho de, aprovecharse de ‖ FIG *tirer des plans* trazar planes ‖ *tirer la jambe* renquear ‖ *tirer la langue* sacar la lengua (moquerie), tener la lengua fuera (fatigue) ‖ *tirer la porte* cerrar la puerta ‖ *tirer les cartes* echar las cartas (prédire la destinée) ‖ *tirer les larmes des yeux* hacer saltar las lágrimas ‖ *tirer les Rois* repartir el roscón de Reyes ‖ *tirer les vers du nez* tirar de la lengua, sonsacar ‖ *tirer parti* sacar partido ‖ *tirer quelqu'un de la boue* sacar del arroyo ‖ *tirer sa révérence* decir adiós, despedirse ‖ *tirer sa source* o *son origine* proceder, descender, tener su origen ‖ *tirer son chapeau à quelqu'un* quitarse el sombrero, descubrirse (pour saluer), descubrirse (pour admirer) ‖ *tirer son épingle du jeu* arreglárselas, salir bien de un mal paso ‖ *tirer une affaire au clair* poner en claro un asunto ‖ *tirer une courroie* estirar *ou* tensar una correa ‖ *tirer une épine du pied* quitar un peso de encima ‖ *tirer une épreuve* hacer una copia (photo) ‖ *tirer un feu d'artifice* quemar una colección de fuegos artificiales ‖ *tirer vanité de* hacer alarde de, vanagloriarse de, envanecerse de ‖ *tirer vengeance de* vengarse de ‖ *navire qui tire six mètres d'eau* barco de seis metros de calado.

◆ *v intr* tirar; *tirer sur la bride* tirar de la brida ‖ tirar, disparar; *tirer sur quelqu'un* disparar a alguien ‖ tirar; *tirer à l'arc* tirar con arco ‖ tirar; *cette cheminée tire bien* esta chimenea tira bien ‖ tirar a (sur une couleur); *ce manteau tire sur le bleu* este abrigo tira a azul ‖ — *tirer à la courte paille* echar pajas ‖ *tirer à sa fin* tocar a su fin, llegar al final ‖ *tirer au but* tirar a gol (football) ‖ FAM *tirer au flanc* hacerse el remolón ‖ *tirer au jugé* o *au hasard* tirar a bulto ‖ *tirer au sort* sortear ‖ *tirer des armes* esgrimir ‖ *tirer juste* tirar con precisión ‖ — *cela ne tire pas à conséquence* esto no tiene importancia.

◆ *v pr* salir, librarse, zafarse; *se tirer d'un trou* salir de un boquete; *se tirer d'une situation délicate* salir de una situación delicada ‖ cumplir; *il s'est bien tiré de sa mission* ha cumplido bien su misión ‖ POP largarse, pirárselas (s'en aller) ‖ — *se tirer d'affaire* salir adelante, salir bien de un apuro ‖ — *s'en tirer* salir, salir bien; *l'opération était grave mais le malade s'en est (bien) tiré* la operación era grave pero el enfermo ha salido bien; tirar; *il s'en tire avec 300 francs par mois* tira con 300 francos al mes ‖ *s'en tirer par une pirouette* salir por la tangente.

tiret [tiʀɛ] *m* raya *f* ‖ guión (trait d'union).

tirette *f* cordón *m* de cortinas (de rideaux) ‖ tablero *m* que sirve de mesa ‖ presilla (pour suspendre les robes) ‖ *table à tirette* mesa extensible.

tireur, euse *m et f* tirador, ra; *bon tireur* buen tirador ‖ librador, girador de una letra de cambio ‖ — *tireur d'armes* maestro de esgrima ‖ *tireur, tireuse de cartes* echador, echadora de cartas ‖ *tireur d'élite* tirador de primera ‖ *tireur d'or* tirador de oro.

◆ *f* PHOT tiradora, máquina para sacar copias.

tiroir *m* cajón (boîte) ‖ MÉCAN corredera *f*, distribuidor (d'une machine à vapeur) ‖ — *tiroir-caisse* caja (d'un commerçant) ‖ THÉÂTR *pièce à tiroirs* folla.

tisane *f* tisana, infusión.

tison *m* tizón, ascua *f* ‖ cerilla *f* que el viento no puede apagar (allumette) ‖ FIG rescoldo (d'une passion).

tisonnier *m* atizador, hurgón (pour le feu).

tissage *m* tejido (action et ouvrage) ‖ fábrica *f* de tejidos.

tisser *v tr* tejer.

tisserand, e [tisʀɑ̃, ɑ̃d] *m et f* tejedor, ra.

tissu *m* tejido, tela *f* ‖ ANAT tejido ‖ FIG tejido, sarta *f*; *un tissu de mensonges* una sarta de embustes ‖ — ÉCON *tissu industriel* red industrial ‖ *tissu urbain* ordenación del espacio urbano, estructura urbana.

tissu-éponge *m* felpa *f*, tela *f* de rizo.

— OBSERV pl *tissus-éponges*.

tissulaire *adj* relativo a los tejidos orgánicos.

titan *m* titán ‖ *de titan* titánico, ca; *un travail de titan* un trabajo titánico.

titane *m* titanio (métal).

titanesque; titanique *adj* titánico, ca.

Titans *n pr m pl* MYTH Titanes.

titi *m* FAM golfillo de París.

Titicaca (lac) *n pr* GÉOGR lago Titicaca.

Titien [tisjɛ̃] *n pr m* Ticiano.

titillation [-lasjɔ̃] ou [-jasjɔ̃] *f* titilación ‖ cosquilleo *m*, cosquilla (chatouillement).

titiller [-le ou -je] *v intr* titilar, titilear.
◆ *v tr* cosquillear.

titrage *m* titulación (d'un film, d'une revue) || graduación *f* (de l'alcool).

titre *m* título (inscription, subdivision, de propriété, qualification, dignité) || ley *f* (d'un métal), dosificación *f* (d'une solution) || grado, graduación *f* (d'alcool) || tratamiento; *on donne aux rois le titre de Votre Majesté* los reyes tienen tratamiento de Su Majestad || — *titre au porteur* título al portador || *titre coté* título cotizable || *titre courant* titulillo, folio explicativo || *titre de paiement* título de pago || *titre de transport* billete || ÉCON *titres participatifs* títulos de participación || *dépôt de titres* depósito de valores || IMPR *faux titre* anteportada, portadilla || *recrutement sur titres* selección por méritos || — *à des titres différents* por razones distintas || *à divers titres* por distintos conceptos || *à juste titre* de derecho, con toda la razón, con mucha razón || *à plusieurs titres* por varios conceptos || *à quel titre?* ¿con qué título? || *à titre de, au titre de* como, en concepto de, a título de, en calidad de || *à titre d'essai* a título de prueba || *à titre d'information* a título de información || *à titre exceptionnel* excepcionalmente || *à titre gracieux* o *gratuit* graciosamente, gratis || *à très juste titre* con razón que le sobra || *au même titre* con el mismo título || *en titre* titular; *professeur en titre* profesor titular || — *avoir des titres* tener títulos para.

titrer *v tr* conceder un título (donner un titre) || determinar la graduación, titular.

titubant, e *adj* titubeante, vacilante.

tituber *v intr* titubear.

titulaire *adj et s* titular || numerario, ria (professeur, etc.) || *titulaire d'un compte* cuentacorrentista || *évêque titulaire* obispo titular.

titularisation *f* nombramiento *m* como titular, titularización.

titulariser *v tr* titularizar, hacer titular.

T.N.T. abrév de *trinitrotoluène* TNT, trinitrotolueno (explosif).

toast [toːst] *m* brindis || tostada *f* (pain grillé) || *porter un toast à* brindar por.

toasteur; toaster [tostœːr] *m* tostador (grille-pain).

toboggan *m* tobogán || AVIAT *toboggan de secours* rampa de emergencia.

toc [tɔk] *m* pam pam (onomatopée pour exprimer un choc) || FAM bisutería *f*, imitación *f*, joya *f* falsa; *un bijou en toc* una joya de bisutería || TECHN mandril (d'un tour).
◆ *adj inv* FAM feúcho, cha (laid).

tocade *f* FAM → **toquade**.

tocard; toquard *m* FAM caballo de carrera malo.

toccata [tɔkata] *f* MUS tocata.

tocsin *m* rebato, toque de alarma || *sonner le tocsin* tocar a rebato, dar la alarma.

toge *f* toga.

Togo *n pr m* GÉOGR Togo.

togolais, e *adj* togolés, esa.

Togolais, e *m* et *f* togolés, esa.

tohu-bohu [tɔybɔy] *m inv* FAM confusión *f*, barullo, caos.

toi *pron pers* tú (sujet), te (complément direct), ti (complément indirect); *c'est toi* eres tú; *toi, tu mens* tú mientes; *il travaille mieux que toi* trabaja mejor que tú; *tais-toi* cállate; *on dit de toi* se dice de ti; *c'est à toi qu'il parle* a ti es a quien habla || — *à toi* tuyo, ya || *avec toi* contigo (pléonasme de construction, d'après le latin *cumte-cum*) || *idiot toi-même!* ¡tonto tú! || — *à toi de jouer* a ti te toca jugar.
— OBSERV Il faut remarquer qu'avec l'impératif le pronom est enclitique.

toile *f* tela; *toile de coton* tela de algodón || lienzo *m* (tissu de lin) || lienzo *m* (peinture) || lona (à voile, à bâche) || THÉÂTR telón *m* (rideau) || — *toile à bâches* lona || *toile à sacs* o *de jute* tela de saco || *toile cirée* hule || *toile d'araignée* telaraña || *toile de fond* telón de foro (au théâtre) || *toile de sauvetage* lona de salvamento (pompiers) || *toile de tente* tela de tienda || — *grosse toile* tela basta || *village de toile* ciudad de lona || — *dormir* o *coucher sous la toile* dormir en tienda de campaña.

toilettage *m* aseo (animaux).

toilette *f* aseo *m*, limpieza personal (action de se laver) || tocador *m*, lavabo *m* (meuble) || traje *m*, vestido *m* (vêtements de femme) || holandilla, lienzo *m* fino (toile fine) || paño *m* para envolver (pour envelopper) || limpieza, lavado *m* (d'une auto) || *toilette intime* higiene íntima || — *cabinet de toilette* aseo, cuarto de aseo || *nécessaire de toilette* neceser de aseo, fin de semana || *objets de toilette* artículos de tocador || — *être en grande toilette* estar en traje de gala || *faire sa toilette* lavarse (se laver), arreglarse, componerse (s'habiller).
◆ *pl* servicios *m pl* [(amér) baño *m sing*] (cabinet d'aisances); *les toilettes des dames, des messieurs* los servicios para damas, para caballeros.

toiletter *v tr* asear (un animal).

toise *f* (vx) toesa (mesure de longueur) || talla, marca (pour mesurer la taille) || — *mesurer les autres à sa toise* medir a los demás por su mismo rasero || *passer à la toise* tallarse.

toiser *v intr* tallar, medir la estatura (mesurer les hommes avec la toise) || FIG mirar de arriba abajo (regarder avec dédain).

toison *f* vellón *m* (laine d'un animal) || FAM greñas *pl*, melena, pelambre (chevelure) || MYTH *Toison d'or* vellocino de oro || — *ordre de la Toison d'or* orden del Toisón de Oro.

toit [twa] *m* tejado (couverture d'un bâtiment) || techo; *toit de chaume* techo de paja || FIG techo, hogar (maison) || MIN pendiente (d'un filon) || — *toit ouvrant* techo corredizo (d'une voiture) || FIG *crier* o *publier sur les toits* pregonar a voz en grito, decir a voces || *habiter sous le même toit* vivir bajo el mismo techo.

toiture *f* tejado *m*, techumbre, techado *m*.

Tokyo *n pr* GÉOGR Tokio.

tôlard, e; taulard, e *m et f* POP recluso, sa.

tôle *f* chapa, palastro *m*; *tôle ondulée* chapa ondulada.

tôle; taule *f* POP chirona, cárcel (prison).

Tolède *n pr* GÉOGR Toledo.

tolérable *adj* tolerable.

tolérance *f* tolerancia; *tolérance religieuse* tolerancia religiosa || *maison de tolérance* casa de trato, mancebía.

tolérant, e *adj* tolerante.

tolérer* *v tr* tolerar.

tôlerie *f* fabricación de chapas de hierro || objeto *m* de chapa || taller *m* del chapista, chapistería.

tôlier *adj et s m* chapista.

tollé *f* tole, clamor de indignación.
toltèque *adj* tolteca.
Toltèques *n pr m pl* toltecas.
toluène *m* CHIM tolueno.
tomahawk [tɔmaoːk] *m* tomahawk, hacha *f* de guerra [de los pieles rojas].
tomaison *f* IMPR indicación de tomo, signatura (livres).
tomate *f* tomate *m*, tomatera (plante) ‖ tomate *m* (fruit).
tombal, e *adj* sepulcral, tumbal; *pierre tombale* lápida sepulcral.
tombant, e *adj* caído, da; que se cae, caedizo, za (qui tombe) ‖ lacio, cia (cheveux) ‖ BOT inclinado; *tige tombante* tallo inclinado ‖ — *à la nuit tombante* al anochecer, al caer la noche ‖ *jour tombant* el atardecer.
tombe *f* tumba, sepulcro *m* ‖ — *avoir un pied dans la tombe* tener un pie en el sepulcro ‖ *descendre dans la tombe* bajar al sepulcro.
tombeau *m* tumba *f* ‖ — *à tombeau ouvert* a toda velocidad, a todo correr, a tumba abierta ‖ FIG *se creuser un tombeau* labrarse su propia ruina.
tombée *f* caída ‖ *à la tombée de la nuit, à la tombée du jour* al atardecer, a la caída de la tarde.
tomber* *v intr* caer, caerse; *le livre est tombé par terre* el libro cayó al suelo; *Pierre est tombé par terre* Pedro se cayó al suelo ‖ FIG caer; *tomber dans l'indigence, en disgrâce* caer en la indigencia, en desgracia; *nos illusions tombent une à une* nuestras ilusiones caen una tras otra; *style qui tombe dans le ridicule* estilo que cae en lo ridículo ‖ arrojarse; *tomber aux pieds de quelqu'un* arrojarse a los pies de alguien ‖ caer (le jour, la nuit) ‖ caer; *cette fête tombe un jeudi* esa fiesta cae en jueves ‖ ponerse, caer; *tomber malade* ponerse enfermo ‖ caer, morir; *le capitaine est tombé à la tête de ses hommes* el capitán cayó al frente de sus hombres ‖ caer; *le gouvernement tombera* el gobierno caerá ‖ caer; *une robe qui tombe bien* un vestido que cae bien; *les cheveux lui tombent sur les épaules* el pelo le cae sobre los hombros ‖ caerse; *mes cheveux tombent* se me cae el pelo ‖ decaer; *la conversation tombe* la conversación decae ‖ decaer, perder fuerza; *l'intérêt de la pièce tombe pendant le deuxième acte* el interés de la pieza decae durante el segundo acto ‖ amainar, calmarse; *le vent est tombé* el viento ha amainado ‖ bajar; *sa fièvre est tombée* le ha bajado la fiebre ‖ recaer; *la conversation tomba sur lui* la conversación recayó sobre él ‖ recaer, caer; *tout tombe toujours sur moi* todo me cae siempre encima ‖ encontrar, dar con (trouver) ‖ dar a, desembocar en; *rue qui tombe dans une avenue* calle que da a una avenida ‖ coincidir con; *mon anniversaire tombe en même temps que le tien* mi cumpleaños coincide con el tuyo ‖ FIG caerse; *tomber de sommeil* caerse de sueño ‖ — *tomber à la renverse* caerse de espaldas ‖ *tomber amoureux* enamorarse ‖ *tomber à pic, bien tomber* venir de perilla, venir al pelo, llegar como pedrada en ojo de boticario ‖ *tomber aux mains de* o *entre les mains de* caer en manos de ‖ *tomber bien, mal* venir o caer bien, mal ‖ *tomber bien bas* venir a menos ‖ *tomber comme des mouches* caer como moscas ‖ *tomber comme une masse* caer como muerto ‖ *tomber d'accord* ponerse de acuerdo ‖ *tomber dans l'erreur* incurrir en *ou* cometer un error ‖ *tomber dans les pommes* darle a uno un patatús *ou* un soponcio ‖ *tomber de haut* o *des nues* caer de las nubes, quedarse atónito ‖ *tomber dessus* echarse encima ‖ *tomber en arrêt* ponerse (chien) ‖ *tomber en désuétude* caer en desuso ‖ *tomber en pièces* caerse a pedazos ‖ *tomber en lambeaux* caer hecho jirones ‖ *tomber en poussière* convertirse en polvo ‖ *tomber en ruine* caerse en ruinas, desmoronarse ‖ *tomber raide mort* quedarse en el sitio, morir en el acto ‖ *tomber sous la main de* llegar a las manos de ‖ *tomber sous le sens* caer de su peso, ser evidente ‖ *tomber sur l'ennemi* precipitarse contra el enemigo ‖ *tomber sur quelqu'un* encontrarse a alguien (rencontrer par hasard), emprenderla con alguien (attaquer vivement en paroles) ‖ — *tombé à l'eau* malogrado [proyecto] ‖ — *c'est tombé à l'eau!* ¡mi gozo en un pozo! ‖ *laisser tomber* dejar, abandonar, dar de lado (une affaire), dejar plantado, plantar (un amoureux), bajar (la voix) ‖ FAM *laisse tomber!* ¡déjalo! ‖ *les bras m'en tombent* me he quedado de una pieza, me extraña muchísimo ‖ *ne pas tomber dans l'oreille d'un sourd* no caer en saco roto.
◆ *v impers* *il est tombé de la grêle* ha caído granizo.
◆ *v tr* POP tumbar, derribar; *tomber un adversaire* tumbar un adversario ‖ *tomber la veste* quitarse la chaqueta.
tombereau *m* volquete ‖ carretada *f* (contenu) ‖ carreta *f* (pour les condamnés à mort).
tombeur *m* FAM luchador que derriba a sus adversarios ‖ *tombeur de femmes* seductor, don Juan, conquistador, tenorio.
tombola *f* tómbola, rifa.
Tombouctou *n pr* GÉOGR Tombuctú.
tome *m* tomo.
tomette *f* → **tommette**.
tomme *f* queso *m* de Saboya.
tommette; tomette *f* baldosilla, baldosa [de forma hexagonal].
tomographie *f* tomografía.
ton, ta, tes [tɔ̃, ta, tɛ] *adj poss* tu, tus; *ton frère* tu hermano; *ta cousine* tu prima; *tes amis* tus amigos; *ton âme* tu alma.
ton *m* tono (de la voix, d'un instrument, d'une couleur, etc.) ‖ — *de bon, mauvais ton* de buen, mal tono *ou* estilo ‖ *ton sur ton* en el mismo tono ‖ — *changer de ton* mudar de tono ‖ *donner le ton* marcar la tónica, llevar la voz cantante ‖ *élever* o *hausser le ton* subir el tono, subirse de tono ‖ *se donner un ton* darse tono ‖ *si vous le prenez sur ce ton* si lo toma usted así.
tonal, e *adj* MUS tonal; *systèmes tonals* sistemas tonales.
tonalité *f* ARTS tonalidad ‖ señal de llamada (téléphone) ‖ *tonalité continue* tonalidad continua.
tondaison *f* → **tonte**.
tondeur, euse *m et f* esquilador, ra.
◆ *f* tundidora (pour les étoffes) ‖ esquiladora (pour tondre les animaux) ‖ maquinilla de cortar el pelo (pour les cheveux de l'homme) ‖ cortacéspedes *m*, cortadora de césped (pour le gazon).
tondre *v tr* esquilar (des animaux) ‖ pelar, cortar el pelo (les personnes) ‖ FAM rapar, cortar (couper les cheveux ras) ‖ TECHN tundir (les étoffes) ‖ cortar el césped, igualar (le gazon) ‖ podar, recortar (tailler ras) ‖ FAM pelar, desplumar (exploiter) ‖ FIG cargar con fuertes impuestos, esquilmar ‖ *tondre un œuf* ser muy avaro.

tondu

tondu, e *adj* esquilado, da (un animal) ‖ tundido, da (étoffes) ‖ pelado, da (qui a les cheveux coupés) ‖ rapado, da (tondu ras) ‖ igualado, da (pré).
◆ *m* et *f* pelado, da; rapado, da ‖ FAM *le Petit Tondu* Napoleón I.
tonicité *f* tonicidad.
tonifiant, e *adj* tónico, ca; tonificante.
tonifier* *v tr* tonificar, entonar.
tonique *adj* tónico, ca; *accent tonique* acento tónico.
◆ *adj* et *s m* tónico, ca; *remède tonique* remedio tónico; *le quinquina est un tonique* la quina es un tónico.
◆ *f* MUS tónica.
tonitruant, e *adj* atronador, ra; estruendoso, sa.
Tonkin *n pr m* GÉOGR Tonquín, Tonkín.
tonkinois, e *adj* tonquinés, esa.
Tonkinois, e *m* et *f* tonquinés, esa.
tonnage *m* MAR tonelaje, arqueo (capacité d'un navire).
tonnant, e *adj* tonante; *Jupiter tonnant* Júpiter tonante ‖ estruendoso, sa ‖ FIG *voix tonnante* voz de trueno.
tonne *f* tonelada (unité de poids) ‖ cuba (récipient de bois) ‖ MAR boya (bouée) ‖ *armure à tonne* armadura de tonelete.
tonneau *m* tonel (récipient) ‖ MAR tonelada *f* (mesure) ‖ rana *f* (jeu) ‖ vuelta *f* de campana; *la voiture fit un tonneau* el coche dio una vuelta de campana ‖ cochecito de paseo (voiture légère et découverte) ‖ AVIAT tonel (acrobatie).
tonnelet [tɔnlɛ] *m* tonelete, barrilito.
tonnelier [tɔnəlje] *m* tonelero.
tonnelle *f* cenador *m* (dans un jardin) ‖ manga (de chasse) ‖ ARCHIT bóveda de medio punto (voûte).
tonner *v intr* tronar, atronar ‖ retumbar (le canon) ‖ FIG *tonner contre* echar pestes contra, tronar contra.
◆ *v impers* tronar.
tonnerre *m* trueno; *le roulement du tonnerre* el fragor del trueno ‖ rayo (foudre) ‖ *(vx)* recámara *f* (d'une arme) ‖ salva *f*; *un tonnerre d'applaudissements* una salva de aplausos ‖ *coup de tonnerre* trueno (bruit), acontecimiento fatal *ou* imprevisto (événement fatal) ‖ *voix de tonnerre* voz de trueno, voz atronadora ‖ — FAM *du tonnerre* bárbaro, ra; chanchi; macanudo, da ‖ *tonnerre de Dieu!* ¡ira de Dios!
tonsure *f* tonsura (cérémonie religieuse) ‖ tonsura, coronilla (couronne sur la tête).
tonsurer *v tr* tonsurar.
tonte; tondaison *f* esquila, esquileo *m* (action et époque) ‖ lana esquilada (laine tondue) ‖ corte *m*, igualado *m* (du gazon).
tonton *m* FAM tío, tito (oncle).
tonus [tɔnys] *m* tono (contraction permanente du muscle) ‖ FIG vigor.
top! *interj* ¡top! [voz que indica el comienzo o el fin de una maniobra].
◆ *au troisième top il sera exactement 8 heures 6 minutes* al oír la tercera señal serán exactamente las ocho y seis minutos.
topaze *f* topacio *m*.
toper *v intr* darse la mano, chocarla (se serrer la main) ‖ consentir, aceptar ‖ FAM *tope là* chócala, vengan esos cinco.

678

topinambour *m* BOT topinambur, aguaturma *f*, pataca *f*.
topique *adj* et *s* MÉD tópico, ca.
top model *m* top model.
top niveau *m* FAM cumbre *f*; *elle est au top niveau de sa carrière* está en la cumbre de su carrera.
— OBSERV pl *top niveaux*.
topo *m* FAM plano, croquis (plan) | exposición *f*, explicación *f*.
topographe *m* et *f* topógrafo, fa.
topographie *f* topografía.
topographique *adj* topográfico, ca.
topologie *f* topología.
toponyme *m* topónimo.
toponymie *f* toponimia.
toponymique *adj* toponímico, ca.
top secret *adj inv* top secret, alto secreto.
toquade; tocade *f* FAM capricho *m*, chifladura.
toquard [tɔkaːr] *m* ⟶ **tocard**.
toque *f* birrete *m*, bonete *m* (de magistrat) ‖ gorra, visera (de jockey) ‖ gorro *m* (de cuisinier) ‖ toca, casquete *m* (chapeau de femme) ‖ montera (sports).
toqué, e *adj* et *s* FAM chiflado, da; guillado, da (fou) ‖ loco por, enamorado perdido de (très épris).
toquer de (se) *v pr* chiflarse por, encapricharse por.
torche *f* antorcha, tea, hachón *m* ‖ tapón *m* de paja (bouchon de paille) ‖ rodete *m* (pour porter une charge sur la tête) ‖ *parachute en torche* paracaídas que no se despliega completamente.
torcher *v tr* limpiar (avec un linge, papier, etc.) ‖ tapiar con adobe ‖ POP chapucear, hacer mal y de prisa (faire à la hâte) | rebañar (une assiette) | zurrar, pegar (battre).
◆ *v pr* limpiarse.
torchère *f* hachón *m*, hachero *m*, tedero *m*.
torchis [tɔrʃi] *m* adobe.
torchon *m* paño, trapo de cocina ‖ FIG & FAM fregona *f* ‖ — POP *coup de torchon* gresca, pendencia ‖ *papier-torchon* papel para acuarela ‖ — FIG *le torchon brûle* la cosa está que arde.
tordant, e *adj* FAM de caerse de risa, desternillante.
tord-boyaux [tɔrbwajo] *m inv* POP matarratas [aguardiente fuerte y malo].
tordre *v tr* torcer (une corde, etc.) ‖ retorcer, estrujar (le linge) ‖ retorcer (tourner violemment); *tordre le cou* retorcer el pescuezo.
◆ *v pr* torcerse, retorcerse, doblarse ‖ retorcerse (les mains, la moustache, etc.), mesarse (les cheveux) ‖ — *se tordre de douleur* retorcerse de dolor ‖ FAM *se tordre de rire* desternillarse, partirse de risa ‖ *se tordre le pied* torcerse el pie.
tordu, e *adj* torcido, da.
◆ *adj* et *s* POP idiota, majadero.
tore *m* ARCHIT toro, bocel (moulure) ‖ GÉOM toro.
toréador *m* torero.
toréer *v intr* torear ‖ *toréer à cheval* rejonear.
torero *m* torero.
torgnole *f* FAM torniscón *m*, manotazo *m*.
toril *m* toril, chiquero.
tornade *f* tornado *m* (cyclone).

toron *m* cable trenzado, cabo (assemblage de fils) ‖ ARCHIT bocel, toro (moulure).
Toronto *n pr* GÉOGR Toronto.
torpeur *f* torpor *m*, entorpecimiento *m*.
torpillage [tɔrpijaːʒ] *m* torpedeamiento, torpedeo.
torpille [-piːj] *f* torpedo *m* (poisson) ‖ torpedo *m* (engin de guerre).
torpiller [-pije] *v tr* torpedear ‖ FIG torpedear, hacer fracasar (un projet).
torpilleur [-pijœːr] *m* torpedero (bateau) ‖ torpedista (marin).
torréfacteur *m* torrefactor, tostador de café.
torréfaction *f* torrefacción, tostadura, tostado *m*.
torréfier* *v tr* torrefactar, tostar (mot usuel).
torrent *m* torrente ‖ FIG torrente, gran cantidad *f* ‖ *— à torrents* a torrentes, a cántaros ‖ *lit d'un torrent* torrentera.
torrentiel, elle *adj* torrencial.
torrentueux, euse *adj* torrencial, torrentoso, sa.
torride *adj* tórrido, da.
tors, e [tɔːr, tɔrs] *adj* torcido, da; retorcido, da ‖ ARCHIT *colonne torse* columna salomónica.
◆ *m* torsión *f*, torcedura *f* (des fils) ‖ torzal, cordón de seda (de soie).
torsade *f* franja de cadeneta (pour tapissiers) ‖ canelón *m*, entorchado *m* (passementerie) ‖ ARCHIT espirales ‖ TECHN empalme *m* (joint de deux fils) ‖ *torsade d'épaulette* entorchado de charretera.
torsadé, e *adj* trenzado, da (un pull).
torsader *v tr* retorcer ‖ entorchar, hacer entorchados (passementerie).
torse *m* torso ‖ ARCHIT salomónica.
torsion *f* torsión ‖ retorcimiento ‖ MÉCAN torsión; *barre de torsion* barra de torsión.
tort [tɔːr] *m* culpa *f*, sinrazón *f*; *reconnaître ses torts* reconocer su culpa ‖ daño, perjuicio (préjudice); *réparer le tort qu'on a fait* reparar el daño que se ha hecho ‖ error (erreur) ‖ *— à tort* sin razón, sin ningún motivo, injustamente ‖ *à tort et à travers* a tontas y a locas, a diestro y siniestro ‖ *à tort ou à raison* con razón o sin ella, con derecho o sin él ‖ *— avoir tort* tener la culpa (être coupable), no tener razón (soutenir une chose fausse), hacer mal en, no deber, cometer un error en; *il a tort de rire* hace mal en reírse; *ir descaminado; il n'avait pas tort d'écrire que* no iba descaminado al escribir que ‖ *donner tort à quelqu'un* quitarle la razón a alguien ‖ *être dans son tort* infringir la ley *ou* el reglamento (infraction), cometer un error ‖ *faire tort à* perjudicar, hacer daño ‖ *mettre quelqu'un dans son tort* hacer caer en falta a alguien ‖ *redresser des torts* deshacer entuertos *ou* agravios.
torticolis *m* MÉD tortícolis *f ou m* (douleurs au cou).
tortillard [tɔrtijaːr] *adj m* retorcido, nudoso (qui se tord) ‖ *orme tortillard* olmo nudoso.
◆ *m* FAM tren carreta (chemin de fer secondaire).
tortillement [-tijmɑ̃] *m* retorcimiento ‖ FIG & FAM disculpa *f*, rodeo, subterfugio ‖ contoneo, meneo de caderas (des hanches).
tortiller *v tr* retorcer, torcer (une corde).
◆ *v intr* FIG & FAM andar con rodeos ‖ *—* FAM *il n'y a pas à tortiller* no hay que darle vueltas ‖ *tortiller des hanches* contonearse.

◆ *v pr* enroscarse, retorcerse (se replier).
tortillon [-tijɔ̃] *m* moño, coco (coiffure) ‖ rodete (pour porter un fardeau sur la tête) ‖ difumino, esfumino (dessin) ‖ ropa retorcida (de linge).
tortionnaire [tɔrsjɔnɛːr] *adj* de tortura, de tormento; *appareil tortionnaire* aparato de tortura.
◆ *m* verdugo.
tortu, e *adj* torcido, da; de través; *arbre tortu* árbol torcido ‖ FIG falso, sa; torcido, da; *raisonnement tortu* razonamiento falso.
tortue *f* tortuga (reptile) ‖ testudo *m*, tortuga (abri formé par les boucliers) ‖ *tortue caret* carey ‖ *tortue marine* galápago, tortuga de mar ‖ *— FIG à pas de tortue* a paso de tortuga ‖ *marcher comme une tortue* andar a paso de tortuga.
tortueux, euse *adj* tortuoso, sa.
torturant, e *adj* que atormenta, que tortura.
torture *f* tortura, tormento *m* ‖ *— mettre à la torture* dar tormento (torturer), poner en un brete, en un aprieto ‖ FIG *mettre son esprit à la torture* devanarse los sesos.
torturé, e *adj* torturado, da; atormentado, da.
torturer *v tr* torturar, atormentar ‖ *torturer un texte* alterar, desfigurar un texto.
◆ *v pr* torturarse, atormentarse ‖ *se torturer l'esprit* devanarse los sesos.
torve *adj* torvo, va; avieso, sa; *un regard torve* una mirada torva.
toscan, e *adj* toscano, na; *ordre toscan* orden toscano.
◆ *m* toscano (dialecte).
Toscan, e *m et f* toscano, na.
Toscane *n pr f* GÉOGR Toscana.
tôt [to] *adv* temprano, pronto (de bonne heure); *se coucher tôt* acostarse temprano ‖ presto, pronto (vite) ‖ *— au plus tôt* cuanto antes, lo más pronto (le plus rapidement possible), no antes de (sûrement pas avant) ‖ *le plus tôt possible* lo antes posible ‖ *tôt ou tard* tarde o temprano, más tarde o más temprano ‖ *avoir tôt fait de* no tardar nada en ‖ *ce n'est pas trop tôt!* ¡a buena hora! ‖ *le plus tôt sera le mieux* cuanto antes mejor.
total, e *adj et s m* total ‖ *— au total* en resumen, en resumidas cuentas, total ‖ *ce fut un triomphe total* fue un triunfo total.
totalement *adv* totalmente.
totalisation *f* totalización.
totaliser *v tr* totalizar, sumar.
totalitaire *adj* totalitario, ria.
totalitarisme *m* totalitarismo.
totalité *f* totalidad ‖ *en totalité* totalmente, completamente.
totem [tɔtɛm] *m* tótem.
totémique *adj* totémico, ca.
totémisme *m* totemismo.
touareg *m* tuareg (langue).
touareg, ègue; targui, e *adj* tuareg.
Touareg, ègue; Targui, e *m et f* tuareg.
toubib [tubib] *m* FAM médico, galeno.
toucan *m* tucán (oiseau).
touchant *prép* tocante a, con respecto a.
touchant, e *adj* conmovedor, ra; *discours touchant* discurso conmovedor.
touche *f* toque *m* (action de toucher) ‖ toque *m* (essai de l'or) ‖ tecla (d'un piano, d'une machine à

écrire) ‖ traste *m* (d'une guitare) ‖ diapasón *m* (d'un violon) ‖ mordida, picada (à la pêche) ‖ pincelada (peinture) ‖ estilo *m* (d'un écrivain) ‖ tocado *m* (escrime) ‖ pica, vara para conducir los bueyes (gaule) ‖ POP facha, pinta (aspect) ‖ SPORTS línea de banda (ligne), fuera de banda (sortie), saque *m* de banda (remise en jeu), toque *m* (façon de frapper la balle) ‖ — *touche de but* lateral de gol (rugby) ‖ — INFORM *touche à effleurement* o *sensitive* tecla táctil | *touche d'annulation* tecla de anulación | *touche de commande* tecla de mando | *touche de correction* tecla de corrección | *touche de déverrouillage* tecla de desbloqueo | *touche de fonction* tecla de función | *touche de retour* tecla de retorno | *touche de validation* tecla de validación ‖ — SPORTS *juge de touche* juez de línea *ou* de banda ‖ *pierre de touche* piedra de toque ‖ — FAM *avoir une drôle de touche* tener una pinta muy rara ‖ FAM *avoir une touche avec une femme* timarse con una mujer ‖ *faire une touche* timarse ‖ SPORTS *mettre en touche* echar fuera por la línea de banda ‖ SPORTS *rester sur la touche* quedarse en la banda.

touche-à-tout [tuʃatu] *adj* et *s* FAM metomentodo, entremetido, da; entrometido, da.

toucher *v tr* tocar; *toucher un objet* tocar un objeto ‖ tocar, estar a la vera (être proche de) ‖ *(vx)* tocar (jouer d'un instrument de musique) ‖ cobrar (recevoir); *toucher de l'argent* cobrar dinero ‖ afectar; *être touché par des mesures* ser afectado por medidas ‖ abordar; *toucher un problème* abordar un problema ‖ tocar (escrime) ‖ dar; *toucher la cible* dar en el blanco ‖ conducir, guiar con la pica (les bœufs) ‖ tocar, ser pariente; *il me touche de près* es un pariente cercano ‖ pisar; *enfin il a touché la terre espagnole* al fin pisó tierra española ‖ FAM decir (dire); *je lui en toucherai un mot* le diré dos palabras sobre ello ‖ FIG atañer, concernir (regarder); *cela ne me touche en rien* eso no me concierne | conmover, impresionar; *son malheur me touche* su desgracia me conmueve ‖ entrar en relación con, tomar contacto con (prendre contact avec) ‖ MAR tocar en, hacer escala en ‖ — *toucher au but* o *le but* llegar a la meta ‖ *toucher au vif* tocar en lo vivo ‖ *toucher de près* interesar personalmente (intéresser), ser muy allegado (très lié) ‖ *touchez là* vengan esos cinco, chóquela.

⬥ *v intr* tocar (porter la main sur) ‖ lindar con, estar junto a (être contigu); *maison qui touche un rempart* casa que linda con las murallas ‖ — *toucher à sa fin* ir acabándose, tocar a su fin, acercarse al fin ‖ *toucher de près à, toucher à* ser casi igual que, parecerse mucho a ‖ *toucher juste* dar en el quid *ou* en el clavo ‖ — *il n'a pas l'air d'y toucher* parece que en su vida ha roto un plato ‖ *sans avoir l'air d'y toucher* como quien no quiere la cosa.

toucher *m* tacto (sens) ‖ MÉD palpación *f* ‖ MUS ejecución *f* (doigté).

touffe *f* mata; *touffe d'herbe* mata de hierba ‖ manojo *m* (bouquet, poignée de brins, de fleurs) ‖ mechón *m* (de cheveux) ‖ copo *m* (de laine).

touffu, e *adj* tupido, da (serré) ‖ frondoso, sa (arbre) ‖ FIG farragoso, sa; prolijo, ja.

touiller *v tr* FAM remover; *touiller la salade* remover la ensalada.

toujours [tuʒu:r] *adv* siempre; *toujours pareil* siempre lo mismo ‖ todavía, aún (encore); *êtes-vous toujours là?* ¿está usted todavía ahí? (au sens de *continuer à*, se rend par *seguir*avec un participe présent: *je suis toujours content de lui* sigo estando contento con él) ‖ por ahora, mientras tanto; *payez toujours, et nous verrons après* por ahora pague, veremos después ‖ — *pour toujours* para siempre ‖ *toujours est-il* en todo caso, lo cierto es que ‖ *toujours plus, toujours moins* cada vez más, cada vez menos.

Toulon *n pr* GÉOGR Tolón.
toulonnais, e *adj* tolonés, esa (de Toulon).
Toulonnais, e *m* et *f* tolonés, esa.
toulousain, e *adj* tolosano, na (de Toulouse).
Toulousain, e *m* et *f* tolosano, na.
Toulouse *n pr* GÉOGR Tolosa [de Francia].
toundra [tundra] *f* tundra (steppe).
toupet [tupɛ] *m* mechón, tufo (touffe de cheveux) ‖ tupé, copete (cheveux relevés sur le front) ‖ FIG & FAM caradura *f*, frescura *f*, rostro; *il a un toupet!* ¡tiene una caradura! ‖ *faux toupet* peluca que cubre sólo la parte superior de la cabeza.

toupie *f* trompo *m*, peonza (jouet) ‖ torno *m*, fresa (outil) ‖ *tourner comme une toupie* dar vueltas como una peonza.

tour *f* torre (bâtiment élevé, pièce du jeu des échecs) ‖ — ARCHIT *tour d'angle* torre de ángulo ‖ *tour d'échelle* almizcate ‖ *tour de contrôle* torre de mando *ou* de control (aérodrome) ‖ MIN & CHIM *tour de dégazolinage* torre de desgasolinado ‖ CHIM *tour de fractionnement* columna de fraccionamiento ‖ *tour de guet* atalaya ‖ AVIAT *tour de lancement* torre de lanzamiento | *tour de montage* torre de montaje ‖ NUCL *tour de réfrigération* torre de refrigeración ‖ *tour flanquante* torre flanqueante ‖ *tour de relais* poste repetidor (radio).

tour *m* torno (machine-outil) ‖ torno (dans les monastères et les hospices) ‖ vuelta *f*; *un tour de roue* una vuelta de rueda; *faire le tour de la ville* dar la vuelta a la ciudad ‖ revolución *f*; *cinq cents tours à la minute* quinientas revoluciones por minuto ‖ vuelta *f*, paseo (promenade); *faire un tour le matin* dar una vuelta por la mañana ‖ rodeo (détour) ‖ faena *f*, jugada *f*, pasada *f*; *jouer un mauvais tour à quelqu'un* jugar una mala pasada a uno ‖ vuelta *f*; *élu au premier tour* elegido en la primera vuelta ‖ circunferencia *f*, perímetro; *avoir cent mètres de tour* tener cien metros de circunferencia ‖ perímetro; *tour de poitrine* perímetro torácico ‖ sesgo, cariz, carácter, aspecto; *cette affaire prend un mauvais tour* este asunto toma mal sesgo ‖ giro (locution) ‖ vez *f*, turno; *parler à son tour* hablar a su vez ‖ número, suerte *f*; *faire un tour d'équilibre, de prestidigitation* hacer un número de equilibrio, de prestidigitación ‖ torre (jeux) ‖ vuelta *f*, «tour» (unité d'angle) ‖ — *tour de chant* actuación (d'un chanteur) ‖ *tour de cou* cuello (pièce d'habillement) ‖ *tour de faveur* turno preferente ‖ *tour de force* proeza, hazaña, cosa difícil ‖ *tour de France* vuelta a Francia ‖ *tour de main* habilidad manual ‖ *tour de passe-passe* juego de manos ‖ *tour de reins* lumbago, derrengadura ‖ *tour de scrutin* vuelta de escrutinio ‖ *tour de tête* contorno de la cabeza ‖ *tour d'horizon* examen general de la situación, panorama, ojeada, vista de conjunto ‖ — *mauvais tour* mala pasada, broma pesada, jugarreta ‖ *un tour pour rien* una vuelta de favor, gratis ‖ — *à tour de bras* con todas las fuerzas ‖ *à tour de rôle* en su orden ‖ *chacun son tour* a cada cual su turno ‖ *en un tour de main* en un santiamén, en un abrir y cerrar de ojos ‖ *tour à tour* por turno (l'un après l'autre), a veces, a ratos; *il est tour à tour souriant et sérieux* a veces está sonriente y otras veces serio || — *avoir plus d'un tour dans son sac* tener siempre salida para todo || *donner un tour de vis* apretar un tornillo || *faire le tour de* dar la vuelta a || *faire le tour du cadran* dormir doce horas de un tirón || *faire un tour d'horizon* examinar la situación || *fait au tour* bien hecho, bien torneado || *fermer à double tour* cerrar con dos vueltas, con siete llaves || FAM *jouer un sale tour à quelqu'un* jugar una mala pasada a uno.

Touraine *n pr f* GÉOGR Turena.

tourangeau, elle *adj* turonense.

Tourangeau, elle *m et f* turonés, esa (de Tours); turoniense, turangés, esa (de Touraine).

tourbe *f* turba (charbon) || *(p us)* turbamulta, turba (foule).

tourbière *f* turbera, turbal *m*.

tourbillon [turbijɔ̃] *m* torbellino (d'air), remolino (d'eau) || FIG torbellino || *tourbillon de poussière* polvareda, tolvanera.

tourbillonnant, e *adj* remolinante || FIG turbulento, ta; impetuoso, sa.

tourbillonnement *m* remolino, torbellino.

tourbillonner *v intr* arremolinarse, remolinar, remolinear || FIG girar, dar vueltas; *le monde tourbillonne autour de lui* el mundo gira a su alrededor.

tourelle *f* torrecilla, garita || MIL torreta (d'un char, d'un avion, etc.) | torre (de bateau de guerre) || *tourelle à trois objectifs* torreta para tres objetivos, plataforma con tres objetivos [tomavistas] (caméra).

tourisme *m* turismo || — *agence de tourisme* agencia de turismo || *avion de tourisme* avioneta || *voiture de tourisme* turismo || — *faire du tourisme* hacer turismo.

touriste *m et f* turista.

touristique *adj* turístico, ca.

tourmaline *f* turmalina.

tourment *m* tormento.

tourmente *f* tormenta.

tourmenté, e *adj* atormentado, da || FIG penoso, sa; trabajoso, sa; hecho con dificultad | rebuscado, da (style) | desigual, escabroso, sa; accidentado, da (terrain) | agitado, da (mer).

tourmenter *v tr* atormentar, hacer sufrir; *la goutte le tourmente* la gota le hace sufrir || agitar violentamente, sacudir || FIG acosar, importunar (harceler).

◆ *v pr* atormentarse, inquietarse (s'inquiéter).

tournage *m* torneado, torneadura *f* (travail au tour) || rodaje (d'un film); *tournage en extérieur* rodaje en exteriores.

tournant *m* vuelta *f*, recodo, revuelta *f* || rueda *f* de molino (roue de moulin) || FIG viraje decisivo, hito, momento crucial; *la Révolution française marque un tournant dans l'histoire* la Revolución francesa marca un viraje decisivo en la historia | rodeo, vuelta *f* (moyen détourné) || MAR remolino (tourbillon) || FIG *je t'attends au tournant!* ¡te espero en la esquina!

tournant, e *adj* giratorio, ria; *pont tournant* puente giratorio || giratorio, ria; de revolución; *machine tournante* máquina de revolución || sinuoso, sa, que da vueltas; *rue tournante* calle sinuosa || — *escalier tournant* escalera de caracol || *grève tournante* huelga escalonada *ou* alternativa *ou* por turno || MIL *mouvement tournant* movimiento envolvente || *plaque tournante* placa giratoria (plate-forme).

tourné, e *adj* torneado, da; labrado a torno (objet) | echado a perder, rancio, cia (abîmé en général); agriado, da; avinagrado, da (vin); pintado, da (fruits); cortado, da (lait); enverado, da (raisin) || orientado, da (orienté) || — FIG *bien tourné, mal tourné* bien, mal formado *ou* hecho; *un compliment fort bien tourné* un cumplido muy bien hecho || *phrase bien tournée* frase bien construida || — FIG *avoir l'esprit mal tourné* ser un malpensado.

tournebouler *v tr* FAM hacer perder la chaveta, volver tarumba (rendre fou).

tournebroche *m* asador.

tourne-disque; tourne-disques *m* tocadiscos.
— OBSERV pl *tourne-disques*.

tournedos [turnədo] *m* filete de vaca grueso, «tournedós» (gallicisme).

tournée *f* viaje *m ou* visita de inspección (d'un fonctionnaire) || viaje *m* de negocios (voyage d'affaires) || ronda (du facteur) || gira (de théâtre) || POP paliza, soba || FAM ronda, convidada (à boire).

tournemain *m* (vx) acción *f* de volver la mano || *en un tournemain* en un abrir y cerrar de ojos, en un periquete, en un santiamén.

tourner *v tr* dar vueltas a, girar; *tourner une broche* dar vueltas a un asador || enrollar, liar; *tourner un fil autour d'un bâton* enrollar un hilo alrededor de un palo || volver, girar, tornar *(p us)*; *tourner la tête* volver la cabeza || pasar; *tourner les pages d'un livre* pasar las páginas de un libro || dirigir, volver, tornar *(p us)*; *tourner les yeux vers quelqu'un* dirigir los ojos hacia alguien || rodear, dar un rodeo a; *tourner une montagne* rodear una montaña || FIG eludir, evitar, sortear; *tourner une difficulté* eludir una dificultad || tornear, labrar; *tourner un pied de table* tornear una pata de mesa || redactar (une lettre), construir, componer (une phrase) || examinar una affaire) || tomar a *ou* por lo, echarse a, interpretar; *il tourne tout au tragique* toma todo por lo trágico; *il tourne tout en plaisanterie* se lo echa todo a broma || volver, poner; *tourner une phrase à la forme passive* poner una frase en forma pasiva || rodar (un film) || — FIG *tourner la page* hacer borrón y cuenta nueva || *tourner la tête à quelqu'un* volver loco *ou* trastornar a alguien || *tourner le dos à quelqu'un* dar la espalda a uno || *tourner le sang* o *les sangs* o *les sens* dejar helada la sangre, dejar helado, trastornar || *tourner les pieds* torcer los pies (en marchant) || *tourner les talons* volver las espaldas, dar media vuelta || *tourner quelqu'un en ridicule* ridiculizar a uno || *tourner ses armes contre* tomar las armas contra || *tournez, s'il vous plaît (T.S.V.P.)* véase al dorso *ou* a la vuelta.

◆ *v intr* girar, dar vueltas; *la Terre tourne autour du Soleil* la Tierra gira alrededor del Sol || torcer, doblar; *le chemin tourne à gauche* el camino tuerce a la izquierda || tomar la curva; *le chauffeur a tourné trop court* el chófer ha tomado la curva demasiado cerrada || cambiar; *le vent a tourné* el viento ha cambiado || echarse a perder, ponerse rancio (s'abîmer en général), cortarse (le lait), agriarse, avinagrarse (le vin), pintarse (fruits), enverarse (raisin) || serpentear (être sinueux) || redundar en; *cela tournera à sa gloire* esto redundará en su gloria || volverse; *cette couleur tourne au bleu* este color se vuelve azul || funcionar; *tourner à vide* funcionar en balde ‖ FIG inclinarse hacia; *elle tourne à la dévotion* ella se inclina hacia la devoción | volverse, ponerse; *cette affaire tourne au tragique* este asunto se pone trágico | ponerse, volverse, tornarse; *le temps tourne à la pluie* el tiempo se está volviendo lluvioso | girar; *conversation qui tourne autour d'un seul sujet* conversación que gira alrededor de un solo tema ‖ trabajar (dans un film) ‖ acogollarse (chou) ‖ — *tourner à la graisse* ahilarse (vin) ‖ *tourner à l'aigre* agriarse ‖ *tourner à tous les vents* ser un veleta, cambiar a menudo de opinión ‖ *tourner autour de quelqu'un* andar rondando a uno ‖ *tourner autour du pot* andarse con rodeos ‖ *tourner bride* volver sobre sus pasos ‖ *tourner casaque* chaquetear (*fam*) ‖ *tourner court* cambiar, desviarse (une conversation), malograrse (un projet, une affaire) ‖ FAM *tourner de l'œil* darle a uno un patatús, desmayarse ‖ *tourner en dérision* ridiculizar ‖ *tourner en rond* estar dando vueltas, ir de un lado para otro ‖ *tourner rond* marchar bien, carburar, pitar (moteur, affaire) ‖ — *bien tourner* salir bien, tomar buen rumbo (une affaire), salir bueno (une personne) ‖ *faire tourner en bourrique* volver tarumba ‖ *la chance a tourné* ha cambiado la suerte ‖ *la tête lui tourne* la cabeza le da vueltas (il a des vertiges) ‖ *mal tourner* echarse a perder; *ce jeune homme a mal tourné* este muchacho se ha echado a perder; tomar mal sesgo *ou* mal cariz; *cette entreprise a mal tourné* esta empresa ha tomado mal sesgo ‖ *ne pas tourner rond* no marchar bien (moteur, affaire), no andar bien de la cabeza (personne) ‖ *silence, on tourne* acción (cinéma).

◆ *v pr* tornarse, volverse; *leur doute s'était tourné en admiration* su duda se había tornado en *ou* vuelto admiración ‖ FIG *se tourner les pouces* estar con los brazos cruzados, estar mano sobre mano.

tournesol *m* girasol, tornasol, mirasol (plante) ‖ tornasol (colorant).

tourneur *m* tornero.

tournevis [turnəvis] *m* destornillador; *tournevis cruciforme* destornillador de estrella.

tournicoter *v intr* FAM dar vueltas, andar de acá para allá.

tourniquet [turnike] *m* torniquete, molinete (porte) ‖ torniquete (garrot) ‖ rueda *f*, ruleta *f* (jeu) ‖ MAR molinete ‖ *(vx)* FAM *passer au tourniquet* comparecer en Consejo de Guerra.

tournis [-ni] *m* VÉTÉR modorra *f*, tornada *f* ‖ mareo (malaise, vertige) ‖ — *avoir le tournis* estar mareado ‖ *donner le tournis* marear a alguien.

tournoi *m* HIST torneo ‖ SPORTS torneo, competición *f* (de tennis, de bridge).

tournoiement [turnwamɑ̃] *m* remolino (d'un liquide, de l'air, de la poussière) ‖ FIG torbellino; *le tournoiement des passions* el torbellino de las pasiones ‖ vahído (vertige).

tournoyer* *v intr* arremolinarse, hacer *ou* formar remolinos; *les feuilles mortes tournoient* las hojas muertas se arremolinan ‖ FIG dar vueltas; *ces pensées tournoyaient dans sa tête* estos pensamientos daban vueltas en su cabeza ‖ serpentear; *sentiers qui tournoient entre les montagnes* sendas que serpentean entre las montañas ‖ ir de acá para allá, vagar (errer çà et là).

tournure *f* giro *m*, sesgo *m*, cariz *m*; *cette affaire a pris une mauvaise tournure* este asunto ha tomado mal cariz ‖ carácter *m*, manera de ser; *tournure d'esprit poétique* carácter poético ‖ porte *m* (d'une personne) ‖ giro *m* (d'une phrase) ‖ torneadura, viruta (déchet métallique) ‖ *tournure d'esprit* manera de ver las cosas ‖ — *prendre tournure* concretarse [un asunto, un proyecto].

tour-opérateur *m* tour operator, operador turístico.

— OBSERV pl *tours-opérateurs*.

Tours *n pr* GÉOGR Tours.

tourte *f* tortada (tarte) ‖ hogaza redonda (pain) ‖ borujo *m*, torta de orujo ‖ FIG & FAM mentecato *m*, zoquete *m* (imbécile).

tourteau *m* hogaza *f* redonda (pain) ‖ borujo, torta *f* de orujo ‖ buey de mar, masera *f* (gros crabe) ‖ BLAS roel, tortillo.

tourtereau *m* tortolillo (jeune tourterelle) ‖ FIG tórtolo, hombre amartelado.

◆ *pl* FIG tórtolos, enamorados.

tourterelle *f* tórtola.

tourtière *f* tortera (récipient).

tous [tus] *pl de tout* → **tout.**

Toussaint *n pr m* Santos ‖ *la Toussaint* fiesta de Todos los Santos.

tousser *v intr* toser.

toussotement *m* tosiqueo.

toussoter *v intr* tosiquear.

tout, e [tu, tut] *adj indéf* todo, da; cualquier; *tout travail mérite salaire* todo trabajo merece salario ‖ todo, da; *toute la ville en parle* toda la ciudad habla de esto; *tous les hommes* todos los hombres ‖ único, ca; *cet enfant est toute ma joie* este niño es mi única alegría ‖ — *tout autre* cualquier otro ‖ *tout ce qui* todo lo que; *tout ce qui naît doit mourir* todo lo que nace ha de morir ‖ *tout ce qu'il y a de* todo lo que hay; *tout ce qu'il y a de mieux* todo lo mejor que hay; todos los; *tout ce qu'il y a d'artistes en France* todos los artistas de Francia ‖ *tout ce qu'il y a de plus* de lo más; *tout ce qu'il y a de plus satisfaisant* de lo más satisfactorio ‖ *tout le monde* todo el mundo ‖ *tout seul* solo ‖ FAM *tout un chacun* cada quisque, cada hijo de vecino ‖ — *tous autant que vous êtes* todos ustedes ‖ *tous ceux qui* todos los, cuantos ‖ *tous les deux* los dos, ambos; *tous les trois, etc.* los tres, etc. ‖ *tous les jours* todos los días, cada día ‖ *tous les... qui* todos los... que, cuantos; *tous les peintres qui réussissent* cuantos pintores tienen éxito; *tous les hommes que tu connais ne sont pas intelligents* todos los hombres que conoces no son inteligentes ‖ *tous les trois jours* cada tres días ‖ *tous risques* a todo riesgo (assurance) ‖ — *à tout hasard* por si acaso, a todo evento ‖ *de toute façon* de todas formas *ou* maneras, de todos modos ‖ *de toutes ses forces* con todas sus fuerzas ‖ *de tout mon cœur* con toda mi alma, de todo corazón ‖ *en tout cas* de todas formas, en todo caso ‖ — *faire tout son possible* hacer todo lo posible ‖ *il est tout le portrait de son père* es el verdadero retrato de su padre ‖ *une femme de toute beauté* una mujer de una belleza perfecta.

◆ *pron indéf* todo, da; *tout est prêt* todo está preparado; *toutes sont venues* todas han venido ‖ — *tout compris* todo incluido ‖ *tout compté* considerándolo todo ‖ — *après tout* después de todo, al fin y al cabo ‖ *comme tout* sumamente, muy; *il est gentil comme tout* es muy simpático ‖ *en tout* en conjunto, en total ‖ *en tout et pour tout* en total ‖ *une fois pour toutes* de una vez para siempre ‖ — *à tout prendre* mirándolo bien, considerándolo todo ‖ *avoir tout de* parecerse mucho a, salir a; *il a tout de son père* se parece mucho a su padre ‖ *c'est tout* ya está, nada más, eso es todo ‖ *c'est tout ce qu'il y a de plus beau* esto es lo más hermoso que hay ‖ *c'est tout dire* qué más puede decirse, con eso queda todo dicho ‖ *pour tout aller* para *ou* de diario (robe).

◆ *adv* Se puede traducir por *muy* seguido del adverbio o adjetivo español correspondiente o por el adjetivo con el sufijo superlativo *ísimo; tout nettement* muy claramente, clarísimo; *ils sont partis tout contents* salieron muy contentos, contentísimos ‖ *tout, da*; completamente; *elle était toute couverte de boue* estaba toda cubierta de lodo ‖ *tout en* (devant un gérondif), no se traduce, basta poner el verbo en gerundio o en pretérito imperfecto precedido de *mientras* (para indicar simultaneidad), o se traduce por *aunque* (quoique), y el verbo se pone en pretérito imperfecto o gerundio; *travailler tout en chantant* trabajar cantando, trabajar mientras cantaba; *il acceptа cette situation tout en regrettant la précédente* aceptó esta situación aunque echaba de menos *ou* echando de menos aunque echaba de menos ou echando de menos la anterior ‖ — *tout à coup* de repente, de pronto ‖ *tout à fait* del todo, completamente ‖ *tout à la fois* de una vez ‖ *tout à l'heure* hace un rato (il y a un instant), dentro de poco, luego (plus tard) ‖ *tout au moins, à tout le moins* al menos, por lo menos ‖ *tout au plus* todo lo más, a lo sumo ‖ *tout autant* lo mismo ‖ *tout autre* completamente *ou* muy distinto ‖ *tout à vous* le saluda atentamente (dans une lettre) ‖ *tout bas* bajito, en voz baja ‖ *tout compte fait* mirándolo bien, en resumidas cuentas ‖ *tout court* a secas ‖ *tout de go* inmediatamente ‖ *tout de même* sin embargo, a pesar de todo ‖ *tout de suite* en seguida ‖ *tout doucement, tout doux* muy despacito, con cuidado ‖ *tout d'un coup* de golpe, de una vez ‖ *tout en bas, tout en haut* abajo del todo, arriba del todo ‖ *tout fait* preparado (repas), de confección (vêtements) ‖ *tout juste* justo, justito; *avoir tout juste de quoi vivre* tener justo para vivir ‖ *tout... que* por muy... que, por más... que, por, aunque; *tout savants qu'ils sont* por muy sabios que sean, aunque sean muy sabios ‖ — *à tout à l'heure* hasta luego, hasta ahora ‖ *avant tout* antes que nada ‖ *du tout, pas du tout* de ningún modo, de ninguna manera, en absoluto ‖ *du tout au tout* totalmente, completamente ‖ *et tout et tout* y toda la pesca ‖ *et voilà tout* y con eso se acabó, y eso es todo ‖ *le tout premier, la toute première* el primero de todos, la primera de todas ‖ *pas du tout* nada; *il ne s'arrêta pas du tout* no se detuvo nada ‖ *pour tout de bon* de una vez, seriamente ‖ *rien du tout* nada absolutamente ‖ *un tout petit peu* un poquito ‖ — *allez tout droit* siga recto, vaya seguido (direction) ‖ *avoir tout du* tener pinta de ‖ *c'est tout autre chose* eso es otra cosa ‖ *c'est tout un, c'est tout comme* da lo mismo, es la misma cosa, es lo mismo ‖ FAM *elle est mignonne tout plein* ella es muy linda ‖ *être tout en larmes* estar bañado en lágrimas ‖ *être tout yeux, tout oreilles* ser todo ojos, todo oídos ‖ *tomber de tout son long* caer cuan largo se es.

◆ *m* todo, el todo; *je prends le tout* lo tomo todo ‖ — *le tout* lo importante; *le tout est de réussir* lo importante es conseguirlo ‖ *le tout ensemble* el conjunto ‖ *le Tout Paris* lo mejor *ou* lo más selecto de París ‖ *monsieur Tout le monde* el hombre de la calle ‖ — *pas du tout* de ningún modo, de ninguna manera ‖ — *ce n'est pas le tout o pas tout ça mais* con todo y con eso ‖ *former un tout* formar un conjunto ‖ *il faut de tout pour faire un monde* de todo hay en la viña del señor ‖ *risquer o jouer le tout pour le tout* jugarse el todo por el todo, poner toda la carne en el asador ‖ *tout est là* eso es la madre del cordero, eso es el busilis.

— OBSERV El plural de *tout, e* empleado como adjetivo indefinido es *tous, toutes*. El plural de *tout* empleado como nombre es *touts: plusieurs touts distincts*.

— OBSERV *Tout* adverbio es generalmente invariable. Pero a veces por razones de eufonía varía cuando precede un adjetivo femenino que empieza por una consonante o una *h* aspirada: *elle est toute surprise, toute honteuse; des carafes toutes pleines*.

tout-à-l'égout [tutalegu] *m* sistema de evacuación directa a la cloaca, caño.

Toutankhamon *n pr* Tutankhamón.

toutefois [tutfwa] *adv* sin embargo, no obstante ‖ *si toutefois* si es que.

toutou *m* FAM perro, guauguau (dans le langage des enfants).

Tout-Paris *m sing* París en pleno.

tout-petit *m et f* pequeñín, ina; peque ‖ *des jouets pour les tout-petits* juguetes para los más pequeños.

— OBSERV pl *tout-petits*.

tout-puissant, toute-puissante *adj* et *s* todopoderoso, sa; omnipotente.

◆ *m* *le Tout-Puissant* el Todopoderoso, Dios.

— OBSERV pl *tout-puissants, toutes-puissantes*.

tout-venant *m* MIN hulla *f* en bruto ‖ mercancía *f* no seleccionada.

toux [tu] *f* tos.

toxémie *f* toxemia; *toxémie gravidique* toxemia del embarazo.

toxicité *f* toxicidad.

toxicologie *f* toxicología.

toxicologique *adj* toxicológico, ca.

toxicologue *m* et *f* toxicólogo, ga.

toxicomane *adj* et *s* toxicómano, na.

toxicomanie *f* toxicomanía.

toxine *f* toxina.

toxique *adj* et *s m* tóxico, ca.

toxoplasmose *f* toxoplasmosis.

T.P. abrév de *travaux pratiques* prácticas (cours) ‖ abrév de *travaux publics* obras públicas ‖ abrév de *Trésor public* Erario *ou* Tesoro Público.

T.P.G. abrév de *trésorier-payeur général* Tesorero General.

— OBSERV pl *trésoriers-payeurs généraux*.

trac [trak] *m* FAM nerviosismo, miedo (au moment de paraître en public) ‖ — FAM *tout à trac* sin reflexión, bruscamente ‖ — *avoir le trac* ponerse nervioso.

traçage *m* trazado.

traçant, e *adj* BOT rastrero, ra (racine) ‖ MIL *balle traçante* bala trazadora ‖ *table traçante* plotter, trazador de gráficos.

tracas [traka] *m* preocupación *f*, inquietud *f*; *les tracas d'un père* las preocupaciones de un padre ‖ molestia *f* (embarras) ‖ *(vx)* ajetreo, tráfago ‖ CONSTR trampa *f* (ouverture dans le plancher).

tracasser *v tr* inquietar, preocupar; *sa santé me tracasse* su salud me inquieta ‖ molestar (embarrasser).

◆ *v intr* ajetrearse, ir de un lado para otro.
tracasserie *f* preocupación, fastidio *m* ‖ molestia, enredo *m*; *les tracasseries de la vie* las molestias de la vida ‖ pesadez, molestia (importunité).
tracassier, ère *adj* et *s* molesto, ta; *un enfant tracassier* un niño molesto ‖ enredador, ra; lioso, sa.
trace *f* rastro *m*, huella (empreinte) ‖ FIG huella (dans l'esprit) ‖ señal, marca (cicatrice) ‖ indicio *m*; *déceler des traces d'albumine* descubrir indicios de albúmina ‖ rodada (des roues) ‖ GÉOM traza ‖ — *à la trace* por las huellas ‖ *traces de pas* pisadas [huellas] ‖ — *être sur la trace de* estar sobre la pista de ‖ FIG *marcher sur* o *suivre les traces de quelqu'un* seguir las huellas *ou* el ejemplo de uno, imitarle ‖ *ne pas trouver trace de* no encontrar rastro *ou* huellas de ‖ *suivre à la trace* rastrear.
tracé *m* trazado.
tracer* *v tr* trazar (des lignes, des lettres) ‖ FIG pintar; *tracer un tableau sinistre* pintar un cuadro siniestro.
◆ *v intr* rastrear (les plantes) ‖ socavar la tierra (les taupes) ‖ FAM ir a todo gas *ou* a toda mecha (aller vite).
trachée [traʃe] *f* ANAT tráquea.
trachée-artère [-artɛːr] *f* traquearteria, tráquea.
trachéite [-keit] *f* traqueítis.
trachéotomie [-keɔtɔmi] *f* traqueotomía.
tract [trakt] *m* octavilla *f*, pasquín, libelo.
tractation *f* trato *m*.
tracter *v tr* tirar de; *tracter une remorque* tirar de un remolque.
tracteur *m* tractor; *tracteur sur chenilles* tractor oruga ‖ *conducteur de tracteur* tractorista.
traction *f* tracción ‖ AUTOM propulsión total, doble tracción ‖ *traction avant, traction* tracción delantera (d'une voiture) ‖ *traction toutes roues* propulsión total.
tradition *f* tradición ‖ THÉÂTR morcilla [palabra o frase añadida por el actor] ‖ — *aux vieilles traditions* de mucha solera, de rancio abolengo ‖ *il est de tradition que* es tradicional que.
traditionalisme *m* tradicionalismo.
traditionaliste *adj* et *s* tradicionalista.
traditionnel, elle *adj* tradicional.
traditionnellement *adv* tradicionalmente, por costumbre.
traducteur, trice *m* et *f* traductor, ra.
traduction *f* traducción ‖ — INFORM *traduction assistée par ordinateur* traducción asistida por ordenador ‖ *traduction automatique* traducción automática.
traduire* *v tr* traducir; *traduire un texte de l'espagnol en français* traducir un texto del español al francés ‖ DR citar en *ou* ante la justicia, citar, hacer comparecer; *traduire en conseil de guerre* hacer comparecer *ou* citar ante un consejo de guerra ‖ FIG expresar, manifestar, traducir, reflejar; *nos yeux traduisent nos sentiments* nuestros ojos expresan nuestros sentimientos ‖ — *traduire à livre ouvert* traducir directamente *ou* de corrido.
◆ *v pr* manifestarse, traducirse.
traduisible *adj* traducible.
trafic [trafik] *m* circulación *f*, tráfico (des véhicules) ‖ tráfico, comercio ‖ FAM trapicheo, tejemaneje, trapisonda *f* ‖ — *trafic automobile* tránsito rodado ‖ *trafic d'armes* tráfico de armas ‖ *trafic de drogue* narcotráfico, tráfico de drogas ‖ *trafic de transit* tráfico de tránsito ‖ — *le trafic des voyageurs* el tráfico de pasajeros.
traficoter *v intr* FAM trapichear (faire de petits trafics).
◆ *v tr* FAM tramar (manigancer); *qu'est-ce que tu traficotes?* ¿qué estás tramando?
trafiquant, e *m* et *f* traficante.
trafiquer *v intr* traficar, comerciar ‖ FAM trapichear, trapisondar.
tragédie *f* tragedia.
tragédien, enne *m* et *f* actor, actriz trágico, ca.
tragi-comédie *f* tragicomedia.
tragi-comique *adj* tragicómico, ca.
tragique *adj* trágico, ca; *situation tragique* situación trágica.
◆ *m* tragedia *f*, el género trágico ‖ trágico (auteur de tragédies) ‖ lo trágico; *le tragique de certaines situations* lo trágico de ciertas situaciones ‖ — *prendre au tragique* tomar por lo trágico ‖ *tourner au tragique* tomar mal aspecto, ponerse trágico.
tragiquement *adv* trágicamente.
trahir [traiːr] *v tr* traicionar; *trahir sa patrie* traicionar la patria; *trahir la pensée d'un écrivain* traicionar el pensamiento de un escritor ‖ faltar a; *trahir sa promesse* faltar a su palabra ‖ revelar, descubrir; *trahir un secret* descubrir un secreto ‖ defraudar; *trahir la confiance d'un ami* defraudar la confianza de un amigo.
trahison *f* traición; *haute trahison* alta traición ‖ *par trahison* a traición.
train *m* paso, marcha *f* (d'une bête) ‖ tren; *train express, mixte, omnibus, rapide* tren expreso, mixto, ómnibus, rápido ‖ *train à grande vitesse (T.G.V.)* Tren de Alta Velocidad (TAV) ‖ *train autocouchettes* expreso con servicio de transporte de coches ‖ tren, convoy; *un train de camions* un convoy de camiones ‖ FAM jaleo, alboroto (vacarme) ‖ POP trasero ‖ TECHN carro, juego, tren ‖ — TECHN *train à brames* tren de laminación ‖ AUTOM *train avant, arrière* tren delantero, trasero ‖ *train d'atterrissage* tren de aterrizaje ‖ *train de bois flotté* armadía, almadía ‖ *train de ceinture* tren de circunvalación ‖ *train de devant, de derrière* cuartos delanteros, traseros (d'un cheval) ‖ TECHN *train dégrossisseur* tren desbastador ‖ *train de laminoir* tren de laminador ‖ *train d'engrenages* tren de engranajes ‖ *train de plaisir* tren de recreo, tren botijo (*pop*) ‖ *train de pneus* juego de neumáticos ‖ *train de vie* tren de vida, modo de vivir ‖ TECHN *train finisseur* tren de acabado ‖ *train omnibus* tren ómnibus *ou* correo ‖ FAM *train onze* coche de San Fernando ‖ — *l'arme du train, le train* servicio de automovilismo ‖ — *à ce train-là* al paso que vamos ‖ *à fond de train* a todo correr, a toda marcha ‖ *en train de* (se traduit en espagnol par le gérondif du verbe correspondant); *en train de manger* comiendo ‖ — *aller bon train* ir a buen paso ‖ *aller son train* seguir su camino *ou* su curso ‖ *aller un train d'enfer* ir a todo correr ‖ FAM *être dans le train* vivir con su tiempo ‖ *être en train* estar en forma, estar animado (plein d'allant), estar en curso (en cours) ‖ *être en train de* (suivi de l'infinitif) estar (suivi du gérondif); *être en train de lire* estar leyendo ‖ *mener grand train* llevar una vida por todo lo alto, vivir a todo tren ‖ *mener quelqu'un bon train* tratar a al-

guien a la baqueta ‖ *mener une affaire bon train* llevar un asunto a buen paso *ou* a buena marcha ‖ *mettre en train* animar, excitar (animer), poner en marcha, empezar, principiar (commencer), imponer en la prensa (imprimerie).

traînailler [trɛnɑje] *v tr* ⟶ **traînasser**.

traînant, e *adj* que arrastra, rastrero, ra ‖ FIG monótono, na; lánguido, da; cansino, na; *voix traînante* voz cansina.

traînard, e *m* et *f* FAM rezagado, da (resté en arrière) ‖ FIG persona pesada, posma.
◆ *m* carro de bancada (du tour).

traînasser; traînailler *v tr* FAM prolongar, dar largas a, hacer durar; *traînasser une affaire* dar largas a un asunto ‖ arrastrar; *marcher en traînassant ses pantoufles* andar arrastrando las zapatillas.
◆ *v intr* FAM corretear, vagar, callejear (errer).

traîne *f* arrastre *m* (action de traîner) ‖ rastra (chose que l'on traîne) ‖ cola (d'une robe, d'une comète) ‖ traína, red barredera (filet) ‖ — *à la traîne* a remolque ‖ *à traîne* de cola (robe) ‖ FIG *être à la traîne* ir atrasado *ou* rezagado.

traîneau *m* trineo.

traînée *f* reguero *m*; *traînée de poudre* reguero de pólvora ‖ estela (d'une comète) ‖ AVIAT resistencia aerodinámica (d'un avion) ‖ FAM mujer tirada *ou* perdida (femme de mauvaise vie) ‖ MAR fondo *m*.

traîner *v tr* tirar de, arrastrar, remolcar; *cheval qui traîne une charrette* caballo que tira de una carreta ‖ arrastrar, acarrear; *les égouts traînent des immondices* las alcantarillas acarrean inmundicias ‖ traer; *il traîne avec lui toute sa famille* trae consigo toda su familia ‖ FIG arrastrar, llevar; *traîner une misérable existence* arrastrar una miserable existencia ‖ — *traîner les pieds* arrastrar los pies ‖ *traîner quelqu'un dans la boue* hablar pestes de uno, poner a uno como los trapos *ou* como un trapo, cubrir a uno de oprobio ‖ *traîner* o *faire traîner une affaire en longueur* dar largas a un asunto, ir dilatando un asunto ‖ — *il a traîné un rhume tout l'hiver* ha estado acatarrado durante todo el invierno.
◆ *v intr* rezagarse, quedarse atrás; *coureur qui traîne derrière le peloton de tête* corredor que se queda atrás del pelotón de cabeza ‖ arrastrar, colgar; *manteau qui traîne* abrigo que arrastra ‖ FAM ir tirando; *il est très malade et peut traîner encore longtemps* está muy enfermo y puede todavía ir tirando mucho tiempo ‖ andar rodando, no estar en su sitio; *des livres qui traînent sur une table* libros que andan rodando por encima de la mesa ‖ callejear, vagabundear (flâner) ‖ *traîner en longueur* no acabar nunca, ir para largo.
◆ *v pr* andar a gatas, arrastrarse; *les enfants aiment à se traîner* a los niños les gusta andar a gatas; *se traîner par terre* arrastrarse por el suelo ‖ andar con dificultad ‖ hacerse largo; *ce film se traîne* esta película se hace larga.

traîne-savates *m inv* FAM zángano, zangandongo.

training *m* training, entrenamiento deportivo (entraînement) ‖ chándal, chandal (survêtement).

train-train; traintrain; trantran *m inv* FAM marcha *f* normal, rutina *f*.

traire* *v tr* ordeñar ‖ *machine à traire* ordeñadora.

trait [trɛ] *m* tiro; *bêtes de trait* animales de tiro ‖ tiro, tirante (des chevaux) ‖ raya *f*, trazo (ligne) ‖ raya *f* (alphabet Morse) ‖ trago; *avaler d'un trait* beber de un trago ‖ saeta *f*, dardo (arme) ‖ tiro, alcance de un arma (portée); *à un trait d'arbalète* a tiro de ballesta ‖ corte (de scie) ‖ derecho de apertura (jeux) ‖ rasgo, característica *f*; *c'est un trait de notre époque* es una característica de nuestra época ‖ pullazo, pulla *f* (de satire) ‖ ECCLÉS tracto ‖ — *les traits* rasgos, facciones *f* (du visage) ‖ — FIG *trait de flamme* palabras inflamadas, apasionadas ‖ *trait de génie* rasgo de ingenio ‖ *trait de lumière* rayo de luz ‖ *trait de plume* plumazo ‖ *trait d'esprit* agudeza ‖ *trait d'union* guión (voir observ à TIRET), lazo, vínculo, nexo (lien) ‖ — *à grands traits* a grandes rasgos ‖ *d'un trait, tout d'un trait* de un tirón ‖ *trait pour trait* igualito, clavado (semblable), punto por punto; *copier trait pour trait* copiar punto por punto ‖ — *avoir les traits tirés* tener la cara cansada ‖ *avoir trait à* referirse a, tener relación con ‖ *partir comme un trait* salir disparado, salir como un rayo *ou* una flecha.

trait, e *adj* tirado, da; reducido, da; a hilo; *de l'or trait* oro tirado ‖ ordeñado, da (vache).

traitant, e *adj* de tratamiento; *crème traitante* crema de tratamiento; *shampooing traitant* champú de tratamiento ‖ *médecin traitant* médico de cabecera *ou* habitual.

traite *f* tráfico *m* (de marchandises) ‖ tirada, tirón *m*, trecho *m* (parcours) ‖ ordeño *m* (des vaches, etc.) ‖ COMM letra de cambio, orden de pago ‖ — *traite des Blanches* trata de blancas ‖ *traite des Noirs* o *des Nègres, la traite* trata de negros ‖ — *d'une traite* de una tirada, de un tirón ‖ — COMM *protester une traite* protestar una letra.

traité *m* tratado; *traité de mathématiques* tratado de matemáticas ‖ tratado, convenio; *conclure un traité de commerce* concertar un tratado de comercio.

traitement *m* tratamiento, trato (manière d'agir) ‖ sueldo, paga *f* (d'un fonctionnaire) ‖ tratamiento; *le traitement des matières premières* el tratamiento de materias primas ‖ MÉD tratamiento, método de curación; *suivre un traitement* seguir un tratamiento ‖ — INFORM *traitement automatique du langage* tratamiento automático del lenguaje ‖ *traitement de l'information* proceso de datos ‖ *traitement de texte* procesamiento *ou* tratamiento de textos ‖ *traitement par lots* procesamiento por lotes ‖ *traitement séquentiel* tratamiento secuencial.
◆ *pl mauvais traitements* malos tratamientos *ou* tratos, vía de hechos.

traiter *v tr* tratar; *traiter un sujet* tratar un asunto; *traiter quelqu'un splendidement* tratar a uno espléndidamente; *bien, mal traiter* tratar bien, mal; *traiter un métal* tratar un metal ‖ asistir (un malade) ‖ tratar (une maladie) ‖ — *traiter comme un chien* tratar como a un perro ‖ *traiter de* tratar de, calificar de; *traiter quelqu'un de voleur* tratar a uno de ladrón ‖ *traiter de haut* o *de haut en bas* tratar con desdén ‖ *traiter d'une façon cavalière* o *par-dessous la jambe* tratar por encima del hombro ‖ *traiter quelqu'un en parent pauvre* tratar a alguien como a la oveja negra.
◆ *v intr* negociar; *traiter de la paix* negociar la paz ‖ hablar, tratar (parler de) ‖ hacer un tratado; *traiter de la métallurgie* hacer un tratado de metalurgia.
◆ *v pr* negociarse; *les blés se traitent cher cette année* los trigos se negocian caro este año.

traiteur *m* casa *f* de comidas de encargo.

traître, esse *adj* et *s* traidor, ra ‖ — *en traître* a traición, traidoramente ‖ *pas un traître mot* ni una palabra ‖ — *prendre quelqu'un en traître* tratar a alguien de manera desleal.
traîtreusement *adv* traidoramente.
traîtrise *f* traición, perfidia, alevosía.
trajectoire *f* trayectoria ‖ MIL *trajectoire tendue* trayectoria tensa.
trajet [tʀaʒɛ] *m* trayecto, recorrido (parcours) ‖ travesía *f* (traversée).
tralala *m* FAM aparato, pompa *f*; *et tout le tralala* y toda la pompa ‖ *en grand tralala* vestido de tiros largos.
tram [tʀam] *m* FAM tranvía.
trame *f* trama (des fils) ‖ trama, retícula (en photogravure) ‖ TECHN trama ‖ FIG trama, enredo *m* (d'une tragédie) ‖ POÉT *la trame de nos jours* la vida.
tramer *v tr* tramar, urdir.
 ◆ *v pr* tramarse.
tramontane *f* tramontana ‖ FIG *perdre la tramontane* perder la cabeza *ou* la tramontana.
tramp [tʀɛmp] *m* MAR carguero de servicio irregular.
trampoline *m* trampolín.
tramway [tʀamwɛ] *m* tranvía.
tranchant *m* corte, filo, tajo; *épée à deux tranchants* espada de dos filos ‖ cortadera *f* (d'apiculteur) ‖ FIG *arme à double tranchant* arma de dos filos.
tranchant, e *adj* cortante, afilado, da (qui coupe) ‖ FIG decisivo, va; resuelto, ta; tajante; *ton tranchant* tono decisivo.
tranche *f* rebanada (de pain), loncha, lonja (de jambon), tajada (de viande), rodaja, raja (de saucisson), raja (de poisson, de fromage) ‖ raja, tajada (de pastèque, de melon) ‖ canto *m* (d'un livre, d'une monnaie, d'une planche) ‖ placa, plancha (de marbre, de pierre) ‖ grupo (de chiffres) ‖ serie (d'une émission financière) ‖ sorteo *m*; *tranche spéciale de Noël* sorteo extraordinario de Navidad ‖ TECHN cortadera ‖ — *tranche à froid* cortafrío ‖ FIG *tranche de vie* episodio de la vida real ‖ ÉCON *tranche d'imposition* grupo impositivo ‖ *tranche grasse* babilla (bœuf) ‖ — *dorure sur tranche* canto dorado (reliure) ‖ *pain de mie coupé en tranches* pan de molde cortado.
tranché, e *adj* tajante (péremptoire) ‖ FIG marcado, da; contrastado, da (couleur) ‖ BLAS partido en banda, tronchado, da.
tranchée *f* zanja (excavation) ‖ MIL trinchera ‖ *tranchée d'écoulement* desagüe ‖ — *voie en tranchée* trinchera (chemin de fer).
 ◆ *pl* MÉD cólicos *m* agudos ‖ *tranchées utérines* entuertos.
trancher *v tr* cortar, cercenar ‖ cortar, trinchar (la viande) ‖ FIG zanjar, resolver, dilucidar; *trancher la difficulté* zanjar la dificultad ‖ *trancher le cou, la gorge, la tête* degollar, pasar a cuchillo.
 ◆ *v intr* decidir, resolver ‖ FIG resaltar, contrastar (les couleurs) | contrastar; *cela tranche sur sa modération habituelle* esto contrasta con su moderación habitual ‖ — *trancher dans le vif* cortar por lo sano ‖ *trancher net* cortar en seco.
tranquille [tʀɑ̃kil] *adj* tranquilo, la; quieto, ta; *se tenir tranquille* quedarse quieto ‖ recoleto, ta; *une place tranquille* una plaza recoleta ‖ — *avoir la conscience tranquille* tener la conciencia tranquila ‖

être tranquille comme Baptiste quedarse tan tranquilo ‖ *laisse-moi tranquille* déjame en paz ‖ *soyez tranquille* no se preocupe.
tranquillement *adv* tranquilamente, con calma.
tranquillisant, e *adj* tranquilizador, ra.
 ◆ *m* MÉD calmante, tranquilizante, sedante.
tranquilliser *v tr* tranquilizar; *tranquilliser l'esprit par de bonnes paroles* tranquilizar el espíritu con buenas palabras.
 ◆ *v pr* tranquilizarse.
tranquillité *f* tranquilidad ‖ *tranquillité d'esprit* tranquilidad de espíritu ‖ *en toute tranquillité* con toda tranquilidad, sin ninguna preocupación.
transaction [tʀɑ̃zaksjɔ̃] *f* transacción.
transactionnel, elle *adj* transaccional.
transalpin, e *adj* transalpino, na.
transat *m* FAM tumbona *f*.
 ◆ *f* regata transatlántica.
transatlantique *adj* transatlántico, ca.
 ◆ *m* transatlántico (paquebot) ‖ tumbona *f* (fauteuil pliant).
transbahuter *v tr* FAM mover de arriba para abajo.
transbordement *m* transbordo.
transborder *v tr* transbordar.
transbordeur *adj* et *s m* transbordador; *pont transbordeur* puente transbordador.
transcaucasien, enne *adj* transcaucásico, ca.
transcendance *f* trascendencia.
transcendant, e *adj* trascendental, trascendente, transcendental, transcendente ‖ sobresaliente, transcendente (supérieur) ‖ MATH *nombre transcendant* número transcendente.
transcendantal, e *adj* trascendental, transcendental.
transcender *v tr* PHIL transcender, trascender.
transcodage *m* transcodificación.
transcoder *v tr* transcodificar.
transcontinental, e *adj* et *s m* transcontinental.
transcripteur *m* transcriptor (appareil) ‖ copista (personne qui transcrit).
transcription *f* copia, transcripción ‖ DR registro *m*, copia en un registro ‖ MUS transcripción.
transcrire* *v tr* copiar, transcribir (musique, écriture).
transe *f* ansia, ansiedad, congoja, zozobra ‖ trance *m* (d'un médium) ‖ — *entrer en transes* extasiarse, enajenarse ‖ *être en transes* estar transportado.
transept [tʀɑ̃sɛpt] *m* ARCHIT crucero (d'une église); *bras du transept* nave del crucero.
transférable *adj* transferible.
transférer* *v tr* transferir ‖ trasladar; *transférer un prisonnier* trasladar a un prisionero ‖ traspasar (un fonds de commerce, un joueur professionnel).
transfert [tʀɑ̃sfɛːʀ] *m* transferencia *f* (de fonds) ‖ traslado; *transfert de reliques* traslado de reliquias ‖ traspaso (d'un fonds de commerce, d'un joueur professionnel) ‖ transmisión *f* (de biens immobiliers) ‖ ÉCON *transferts sociaux* transferencias sociales.
transfiguration *f* transfiguración.
transfigurer *v tr* transfigurar.
 ◆ *v pr* transfigurarse.
transfo *m* ÉLECTR & FAM transformador.

transformable *adj* transformable.
transformateur, trice *adj* transformador, ra.
◆ *m* ÉLECTR transformador.
transformation *f* transformación ǁ transformación de ensayo (rugby) ǁ *industries de transformation* industrias de la transformación.
transformer *v tr* transformar.
◆ *v pr* transformarse.
transformisme *m* transformismo.
transformiste *adj et s* transformista.
transfuge *m* tránsfuga.
transfuser *v tr* transfundir ǁ hacer una transfusión de (du sang) ǁ FIG transfundir.
transfusion *f* transfusión; *transfusion de sang* transfusión de sangre.
transgresser *v tr* transgredir, quebrantar, infringir ǁ *transgresser la loi* quebrantar *ou* transgredir la ley.
transgression *f* transgresión, infracción ǁ GÉOL *transgression marine* transgresión marina.
transhumance [trãzymãːs] *adj* trashumancia, trashumación.
transhumant, e [-mã, ãːt] *adj* trashumante.
transhumer [-me] *v intr* trashumar.
◆ *v tr* hacer trashumar.
transi, e *adj* transido, da ǁ aterido, da; transido, da (de froid) ǁ FAM *amoureux transi* enamorado perdido.
transiger* [trãziʒe] *v intr* transigir ǁ FIG *transiger avec son devoir, sa conscience, son honneur* no cumplir estrictamente con su deber, ir en contra de su conciencia, faltar a su honor.
transir [trãsiːr] ou [trãziːr] *v tr* helar, pasmar (de froid) ǁ FIG estremecer, pasmar (de peur).
◆ *v intr (vx)* aterirse, helarse, tiritar (de froid).
transistor *m* RAD transistor.
transit [trãzit] *m* tránsito; *marchandises en transit* mercancías en tránsito.
transitaire [-tɛːr] *adj* de tránsito; *la France est un pays transitaire* Francia es un país de tránsito.
◆ *m* agente de tránsito.
transiter [-te] *v tr* llevar en tránsito.
◆ *v intr* estar en tránsito.
transitif, ive [-tif, iːv] *adj et s m* transitivo, va.
transition [-sjɔ̃] *f* transición.
transitivement *adv* GRAMM como transitivo, de manera transitiva; *verbe employé transitivement* verbo usado como transitivo.
transitivité [-tivite] *f* carácter *m* transitivo.
transitoire [-twaːr] *adj* transitorio, ria.
translation *f* traslado *m* (transfert) ǁ GÉOM traslación.
translittération *f* transcripción (d'un alphabet dans un autre).
translucide *adj* translúcido, da.
transmettre* *v tr* transmitir.
transmigration *f* transmigración.
transmigrer *v intr* transmigrar.
transmissibilité *f* transmisibilidad.
transmissible *f* transmisible.
transmission *f* transmisión ǁ — INFORM *transmission de données* transmisión de datos ǁ *transmission de pensée* transmisión del pensamiento.
transmuer; transmuter *v tr* transmutar, transmudar *(p us)*.

transmutabilité *f* transmutabilidad.
transmutation *f* transmutación.
transmuter *v tr* → **transmuer**.
transocéanique [trãzɔseanik] *adj* transoceánico, ca.
transparaître* *v intr* transparentarse, traslucirse.
transparence *f* transparencia.
transparent, e *adj* transparente.
◆ *m* falsilla *f* (guide-âne) ǁ transparente (décoration).
transpercer* *v tr* atravesar, traspasar (avec une arme) ǁ atravesar, traspasar, calar; *la pluie ne peut transpercer un imperméable* la lluvia no puede atravesar un impermeable ǁ traspasar, horadar (une montagne).
transpiration *f* sudor *m*, transpiración ǁ BOT transpiración.
transpirer *v intr* sudar, transpirar ǁ FIG traslucirse (un secret).
transplant *m* MÉD transplante.
transplantable *adj* trasplantable.
transplantation *f*; **transplantement** *m* MED trasplante *m*, trasplantación *f*.
transplanter *v tr* trasplantar.
transport [trãspɔːr] *m* transporte (de marchandises) ǁ traspaso, transferencia *f*, cesión *f* (cession) ǁ DR inspección *f* ocular, visita *f* ǁ transporte (bateau) ǁ FIG transporte, arrebato (sentiment violent); *transport de colère* arrebato de cólera ǁ *transport de joie* exultación ǁ MÉD *transport au cerveau* delirio (délire), congestión (congestion).
◆ *pl* transportes (ensemble) ǁ — *transports en commun* transportes públicos ǁ *transports routiers* transportes por carretera ǁ *transports terrestres* transportes terrestres.
transportable *adj* transportable, trasladable.
transporter *v tr* transportar; *transporter des voyageurs* transportar viajeros ǁ trasladar; *transporter sur la scène un fait historique* trasladar a la escena un hecho histórico ǁ deportar, desterrar (déporter) ǁ DR transmitir, ceder ǁ transferir (une somme) ǁ FIG arrebatar (ravir), poner fuera de sí, sacar de quicio (mettre hors de soi).
◆ *v pr* trasladarse, pasar de un lugar a otro ǁ FIG trasladarse.
transporteur, euse *adj* transportador, ra.
◆ *m* transportista; *la responsabilité du transporteur* la responsabilidad del transportista ǁ — *transporteur à bande* cinta transportadora ǁ *transporteur aérien* o *à câbles* transportador aéreo, teleférico industrial.
transposable *adj* MUS transportable, que se puede de poner en otro tono.
transposer *v tr* transponer ǁ MUS transportar.
transposition *f* transposición ǁ MUS transporte *m*.
transsaharien, enne *adj* transahariano, na.
transsexualisme *m* transexualismo.
transsexuel, elle *adj et s* transexual.
transsibérien, enne *adj et s m* transiberiano, na.
transsonique *adj* transónico, ca (vitesse).
transvasement *m* trasiego, transvase.
transvaser *v tr* trasegar, transvasar (un liquide).
transversal, e *adj* transversal.
◆ *f* MATH transversal.

transverse *adj* transverso, sa.
Transylvanie *n pr f* GÉOGR Transilvania.
trantran *m inv* FAM → **train-train**.
trapèze *m* ANAT & GÉOM trapecio ‖ trapecio (appareil de gymnastique).
◆ *adj inv* trapecio; *robe trapèze, muscle trapèze* vestido trapecio, músculo trapecio.
trapéziste *m et f* trapecista.
trapézoïdal, e *adj* trapezoidal.
trappe *f* trampa, trampilla (porte au niveau du sol) ‖ puerta *ou* ventana de corredera (à coulisse) ‖ trampa (piège) ‖ FIG trampa, artimaña, ardid *m* (ruse) ‖ MAR escotilla, escotillón *m*.
trappeur *m* trampero (chasseur).
trappiste *m* trapense (religieux).
trapu, e *adj* rechoncho, cha; achaparrado, da.
traque *f* batida, ojeo *m* (à la chasse).
traqué, e *adj* acosado, da; acorralado, da ‖ cercado, da (entouré).
traquenard [trakna:r] *m* cepo, trampa *f* ‖ FIG lazo, emboscada *f*, trampa *f* ‖ pasitrote, paso cansino (allure des chevaux).
traquer *v tr* acosar, acorralar (encercler le gibier) ‖ ojear, batir (rabattre le gibier) ‖ FIG acosar, acorralar (quelqu'un).
trauma *m* trauma.
traumatique *adj* traumático, ca.
traumatisant, e *adj* traumatizante.
traumatiser *v tr* traumatizar.
traumatisme *m* traumatismo, trauma; *traumatisme crânien* traumatismo craneal.
traumatologie *f* traumatología.
traumatologiste *m et f* traumatólogo, ga.
travail [travaj] *m* trabajo; *travail manuel, intellectuel* trabajo manual, intelectual ‖ faena *f*; *les travaux des champs* las faenas del campo ‖ obra *f* (ouvrage) ‖ labor *f*; *un bijou d'un beau travail* una joya de primorosa labor ‖ alabeo, pandeo, arqueamiento (du bois) ‖ hozadero (du sanglier) ‖ PHYS trabajo ‖ — MÉD *en travail* de parto ‖ *travail à la chaîne* producción en línea *ou* en cadena ‖ *travail au noir* trabajo negro *ou* clandestino ‖ DR *travail d'intérêt général (T.I.G.)* trabajo penitenciario ‖ *travail intérimaire* trabajo interino ‖ *travail posté* trabajo por turnos ‖ *travail saisonnier* trabajo estacional ‖ *accident du travail* accidente de trabajo ‖ *un travail de cheval* un trabajo de negros ‖ *un travail de Romains* un obra de romanos ‖ *un travail de Titan* un trabajo titánico ‖ — *être sans travail* estar desempleado *ou* sin trabajo.
◆ *pl* obras *f*; *travaux publics* obras públicas ‖ trabajos ‖ — *travaux de dame* labores femeninas ‖ *travaux d'Hercule* trabajos de Hércules ‖ *travaux dirigés (T.D.)* prácticas (cours) ‖ *travaux d'utilité collective* trabajos de utilidad pública ‖ *travaux forcés* trabajos forzados *ou* forzosos ‖ *travaux forcés à perpétuité* cadena perpetua ‖ *travaux manuels* trabajos manuales ‖ *travaux ménagers* quehaceres domésticos, labores caseras ‖ *travaux pratiques* prácticas (étude).
travaillé, e [-je] *adj* trabajado, da ‖ obsesionado, da; *travaillé par une idée* obsesionado por una idea ‖ atormentado, da; *travaillé par la maladie* atormentado por la enfermedad ‖ trabajado, da; pulido, da; *style travaillé* estilo trabajado ‖ labrado, da (bois).

travailler [-je] *v intr* trabajar; *travailler à un ouvrage* trabajar en una obra ‖ producir, rentar (l'argent) ‖ fermentar (le vin) ‖ estudiar; *il ne travaille pas à l'école* no estudia en el colegio ‖ alabearse, arquearse, combarse (le bois) ‖ alterarse (couleurs) ‖ estar en actividad (l'imagination) ‖ — *travailler à l'heure, à la tâche* trabajar por horas, a destajo ‖ *travailler comme un forcené* trabajar como un descosido ‖ FIG & FAM *travailler du chapeau* estar chiflado, faltarle a uno un tornillo ‖ *travailler pour des prunes* trabajar para el obispo *ou* en balde.
◆ *v tr* labrar, trabajar (façonner) ‖ trabajar, pulir, hacer con esmero (s'appliquer à) ‖ FIG agitar, excitar ‖ atormentar ‖ preocupar (inquiéter) ‖ adulterar (le vin).
travailleur, euse [-jœːr, øːz] *adj et s* trabajador, ra; productor, ra ‖ obrero, ra; *parti des travailleurs* partido obrero ‖ estudioso, sa; *garçon très travailleur* muchacho muy estudioso ‖ — *travailleur à domicile* trabajador a domicilio ‖ *travailleur de force* obrero ‖ *travailleur immigré* trabajador emigrante ‖ *travailleur indépendant* trabajador independiente ‖ *travailleur saisonnier* trabajador de temporada ‖ *travailleuse familiale* auxiliar del hogar (aide ménagère).
◆ *f* mesita de costura.
travailliste [-jist] *adj et s* laborista.
travée *f* tramo *m* (espace entre deux supports) ‖ bovedilla (d'un toit) ‖ fila (de bancs).
traveller's cheque; traveller's check *m* traveller-check, cheque de viaje.
— OBSERV *pl traveller's cheques; traveller's checks*.
travelling [travliŋ] *m* CINÉM travelling, travelín; *travelling optique* travelín óptico.
travelo *m* POP travestí, travesti, «manolo».
travers [traveːr] *m* defecto (défaut) ‖ ancho, anchura *f*; *un travers de doigt* el ancho de un dedo ‖ MAR través ‖ — *à tort et à travers* a tontas y a locas, a troche y moche ‖ *à travers* a través ‖ *à travers champs* a campo traviesa ‖ *au travers de* por en medio, por entre ‖ *de travers, en travers de* través ‖ — *aller de travers* ir al revés ‖ *avaler de travers* atragantarse ‖ *avoir l'esprit de travers* tener mal genio, tener el genio atravesado ‖ *chacun a ses travers* de cuerdo y loco todos tenemos un poco ‖ *comprendre de travers* comprender al revés ‖ *entendre de travers* oír al revés ‖ *faire tout de travers* no hacer nada a derechas ‖ *mettre en travers* atravesar, poner atravesado ‖ *passer au travers de* librarse de ‖ *regarder de travers* mirar con mala cara *ou* de lado ‖ *se regarder de travers* mirarse de reojo.
traversable *adj* atravesable.
traverse *f* travesaño *m*, larguero *m* (pièce de bois) ‖ atajo *m*, trocha (chemin plus court) ‖ traviesa (d'une voie ferrée) ‖ través *m* (parapet) ‖ FIG *se mettre à la traverse* obstaculizar.
◆ *pl* contratiempos *m*, obstáculos *m*, reveses *m*.
traversée *f* travesía ‖ *traversée de voie* cruces de vías (chemin de fer) ‖ FIG *la traversée du désert* período difícil en la vida de alguien.
traverser *v tr* atravesar, cruzar (un pays, la rue) ‖ traspasar, calar; *la pluie traverse son manteau* la lluvia traspasa su abrigo ‖ FIG atravesar, pasar; *traverser des temps malheureux* atravesar malos tiempos ‖ — *traverser de part en part* atravesar de parte a parte ‖ *traverser l'esprit* pasar por la cabeza, cruzar por la imaginación.

traversier, ère *adj* transversal; *un chemin traversier* un camino transversal ‖ *flûte traversière* flauta travesera.

traversin *m* travesaño, cabezal, almohada *f* larga (oreiller) ‖ astil (d'une balance) ‖ tabla *f* del fondo (d'un tonneau).

travesti, e *adj* et *s m* disfrazado, da ‖ *bal travesti* baile de disfraces.
◆ *m* disfraz, traje de máscara (déguisement).
— OBSERV El sustantivo francés *travesti* no tiene forma femenina.

travestir *v tr* disfrazar ‖ parodiar (imiter en style burlesque) ‖ interpretar torcidamente, desnaturalizar, tergiversar (donner une fausse interprétation).
◆ *v pr* disfrazarse; *se travestir en Pierrot* disfrazarse de Pierrot.

travestissement *m* disfraz ‖ FIG alteración *f*, interpretación *f* torcida.

traviole (de) *loc adv* POP de través.

trayeur, euse *m* et *f* ordeñador, ra.
◆ *f* ordeñadora, máquina de ordeñar.

trébuchant, e *adj* que tropieza ‖ trabucante (monnaie) ‖ *espèces sonnantes et trébuchantes* dinero contante y sonante.

trébucher *v intr* tropezar, dar un traspié; *trébucher sur une pierre* tropezar con *ou* contra *ou* en una piedra ‖ FIG tropezar (commettre une faute) ‖ caer, dar en tierra (tomber) ‖ correr el peso (dans une balance).
◆ *v tr* (*p us*) pesar (les monnaies).

tréfilage *m* trefilado.

tréfiler *v tr* trefilar, estirar (un métal).

trèfle *m* trébol (plante); *trèfle à quatre feuilles* trébol de cuatro hojas; *trèfle incarnat* trébol encarnado ‖ trébol [uno de los palos de que se compone la baraja francesa] ‖ ARCHIT ornamento trilobulado ‖ POP parné, moni (argent) ‖ *croisement en trèfle* trébol de cambio de dirección (autoroute).

tréfonds [trefɔ̃] *m* subsuelo (propriété) ‖ FIG *le fonds et le tréfonds* lo más recóndito, los pormenores; *le fonds et le tréfonds d'une affaire* los pormenores de un asunto.

treillage [trejaːʒ] *m* enrejado, reja *f*, encañado ‖ emparrado (pour la vigne).

treille *f* emparrado *m*, parra ‖ *le jus de la treille* el vino.

treillis [treji] *m* enrejado (treillage) ‖ cuadrícula *f* (dessin) ‖ terliz, arpillera *f* (toile grossière) ‖ FIG traje de faena ‖ *treillis en bois* entramado.

treize [trɛːz] *adj num* et *s m* trece ‖ decimotercio; *Louis XIII* (treizième), Luis XIII (decimotercio) ‖ *treize à la douzaine* trece por docena.

treizième *adj num ord* decimotercio, cia; decimotercero, ra ‖ *treizième siècle* siglo trece.
◆ *m* trezavo (fraction).

trek *m* → **trekking**.

trekking; trek *m* trekking.

tréma *m* GRAMM diéresis *f*, crema *f*.

tremblant, e *adj* tembloroso, sa; trémulo, la ‖ vacilante, poco firme; *pont tremblant* puente vacilante ‖ FIG temeroso, sa (craintif).
◆ *f* VÉTÉR trembladera (du mouton).

tremble *m* tiemblo, álamo temblón (peuplier).

tremblement *m* temblor (agitation) ‖ trepidación *f* (d'un corps matériel) ‖ FIG temblor, temor (crainte), estremecimiento ‖ MUS trémolo ‖ — *tremblement de terre* terremoto, temblor de tierra ‖ — FAM *et tout le tremblement* y toda la pesca (choses).

trembler *v intr* temblar ‖ estremecerse, trepidar ‖ tiritar (de froid, de fièvre) ‖ FIG temer, estremecerse (avoir peur) ‖ vacilar (la lumière) ‖ ser temblorosa (voix) ‖ — *trembler comme une feuille* temblar como una hoja ‖ *trembler pour* tener miedo por ‖ — *à faire trembler* que mete miedo ‖ *faire trembler* asustar, espantar.

tremblotant, e *adj* tembloroso, sa; vacilante.

tremblote *f* FAM *avoir la tremblote* tener mieditis *ou* canguelo (peur), tener una tiritona (de froid).

tremblotement *m* temblequeo, temblor.

trembloter *v intr* temblequear.

trémie *f* tolva de molino ‖ comedero *m* (mangeoire).

trémière *f* malvarrosa (rose).

trémolo *m* MUS trémolo ‖ FIG temblor (de la voix).

trémoussement *m* zarandeo, meneo ‖ aleteo (des oiseaux).

trémousser *v intr* aletear (en parlant des oiseaux).
◆ *v pr* agitarse, menearse (se remuer) ‖ FIG moverse mucho (se donner du mal).

trempage *m* remojo.

trempe *f* remojo *m* (action de tremper dans un liquide) ‖ agua de fermentación (bière) ‖ TECHN temple *m* (de l'acier, du verre, etc.) ‖ FIG temple *m* (caractère); *un homme de cette trempe* un hombre de ese temple ‖ FAM paliza, zurra, solfa.

trempé, e *adj* mojado, da; remojado, da; empapado, da (mouillé, imbibé) ‖ aguado, da (mêlé d'eau) ‖ cubierto, ta; bañado, da; *trempé de sueur* bañado en sudor ‖ templado, da (métal, verre) ‖ FIG enérgico, ca; vigoroso, sa ‖ FAM *trempé comme une soupe* hecho una sopa, calado hasta los huesos.

tremper *v tr* mojar, bañar, meter en un líquido; *tremper la plume dans l'encre* mojar la pluma en tinta ‖ empapar, remojar; *tremper du pain dans la soupe* remojar pan en la sopa ‖ aguar, bautizar (fam); *tremper son vin* aguar el vino ‖ TECHN templar (un métal, le verre, etc.) ‖ FIG templar, dar temple ‖ — *tremper la soupe* echar caldo a las sopas ‖ FIG *tremper ses mains dans le sang* ensangrentarse las manos, mancharse las manos de sangre ‖ — *être trempé* estar empapado, estar hecho una sopa.
◆ *v intr* estar en remojo, remojarse; *pain qui trempe dans l'eau* pan que se remoja en el agua ‖ FAM participar en, estar pringado en; *il a trempé dans ce crime* está pringado en este crimen ‖ — *faire tremper* poner en remojo (aliments), remojar (le linge) ‖ *se faire tremper par une averse* quedar empapado por un chaparrón.
◆ *v pr* remojarse, darse un remojo.

trempette *f* sopita, rebanadita de pan ‖ — *faire la trempette* mojar una sopita ‖ FAM *faire trempette* darse un chapuzón, darse un baño.

tremplin *m* trampolín (à la piscine, en montagne) ‖ FIG trampolín, base *f* ‖ *tremplin de haut vol* palanca (piscine).

trench-coat [trenʃkot] *m* trinchera *f*.

trentaine *f* treintena, unos *m pl* treinta ‖ *avoir la trentaine* estar en los treinta.

trente *adj num* et *s m* treinta ‖ — *trente-et-quarante* treinta y cuarenta (jeu) ‖ *trente-et-un* treinta y una (jeu) ‖ *trente-trois tours* treinta y tres revo-

luciones, elepé (disque) || — *tous les trente-six du mois de higos a brevas* || — FAM *se mettre sur son trente-et-un* estar vestido de punta en blanco.
Trente *n pr* GÉOGR Trento || *le concile de Trente* el Concilio Tridentino.
trentième [trãtjɛːm] *adj num ord* trigésimo, ma.
◆ *m et f* treintavo, va.
◆ *m* la trigésima *f* parte (fraction) || *le trentième du mois* el treinta del mes.
trépan *m* MÉD trépano (instrument) || MÉD trepanación *f* (opération) || TECHN taladro, trépano (pour percer) | perforadora *f*, trépano (outil de sondage).
trépanation *f* MÉD trepanación.
trépaner *v tr* trepanar.
trépas [trepɑ] *m* óbito, tránsito *(vx)* || FAM *passer de vie à trépas* pasar a mejor vida, morir.
trépassé, e *adj et s* muerto, ta; difunto, ta; finado, da || *la fête des Trépassés* el día de los Difuntos.
trépasser *v intr* fallecer, morir.
trépidant, e *adj* trepidante.
trépidation *f* trepidación (des vitres, du sol) || agitación (des membres, des nerfs).
trépider *v intr* trepidar.
trépied [trepje] *m* trébedes *f pl* (ustensile de cuisine) || trípode (d'Apollon) || PHOT trípode.
trépignement *m* pataleo.
trépigner *v intr* patalear, patear.
◆ *v tr* pisar, pisotear (fouler aux pieds).
très *adv* muy; *très vite* muy pronto || muy, ísimo, ma (suffixe); *très vieux* muy viejo, viejísimo; *très agréable* muy agradable, agradabilísimo || FAM mucho, cha; *j'ai très froid, très faim* tengo mucho frío, mucha hambre || FAM *très très grand* grandísimo.
trésor *m* tesoro || *trésor public* tesoro, erario público.
trésorerie [trezɔrri] *f* tesorería || ministerio *m* de Hacienda (en Grande-Bretagne) || — *difficultés de trésorerie* dificultades en la tesorería || ÉCON *rapport de trésorerie* informe de tesorería.
trésorier, ère *m et f* tesorero, ra.
◆ *m* MIL cajero, pagador.
tressaillement [tresɑjmã] *m* estremecimiento, sobresalto.
tressaillir* [-jiːr] *v intr* estremecerse, vibrar (de joie, d'émotion).
tressauter *v intr* sobresaltarse; *tressauter devant un danger* sobresaltarse ante un peligro.
tresse *f* trenza || soga (cordage).
tresser *v tr* trenzar.
tréteau *m* caballete.
◆ *pl* tablado *sing*, tablas *f* || FIG *monter sur les tréteaux* pisar las tablas (devenir comédien).
treuil [-trœːj] *m* torno.
treuiller *v tr* levantar algo con un torno.
trêve *f* tregua; *faire trêve* dar tregua || — *trêve de plaisanteries, de compliments* basta de bromas, de cumplidos || — *sans trêve* sin tregua || — *ne pas donner de trêve* no dar el menor descanso, no dar tregua.
tri *m* selección *f*, clasificación *f* (triage) || *bureau de tri, tri* sala de batalla (à la poste).
triacide *m* triácido.
triade *f* tríada.

triage *m* selección *f*, clasificación *f* (des charbons) || apartado, clasificación *f* (du courrier) || limpia *f*, expurgo (des grains) || baza *f* extra (cartes) || *gare de triage* estación de apartado *ou* de clasificación.
trial *m* SPORTS trial.
— OBSERV *pl* trials.
triangle *m* GÉOM triángulo || MAR guindola *f* || MUS triángulo || AUTOM *triangle de signalisation* triángulo de señalización.
triangulaire *adj* triangular; *pyramide triangulaire* pirámide triangular; *tournoi triangulaire* torneo triangular.
◆ *m* ANAT triangular.
triangulation *f* triangulación.
trias [triɑːs] *m* GÉOL triásico, trías (période).
triathlon *m* SPORTS triatlón.
triatomique *adj* triatómico, ca.
tribal, e *adj* tribal.
triboélectricité *f* electricidad estática por frotamiento.
tribord [tribɔːr] *m* MAR estribor.
tribu *f* tribu.
tribulation *f* tribulación.
tribun *m* tribuno; *tribun du peuple, militaire* tribuno de la plebe, militar.
tribunal *m* tribunal; *tribunal pour enfants* tribunal de menores || — *tribunal administratif* tribunal administrativo *ou* de lo contencioso || *tribunal correctionnel* tribunal correccional || *tribunal de grande instance* Juzgado de Primera Instancia || *tribunal de police* tribunal depolicía || *tribunal d'instance* tribunal de instancia.
tribunat [tribyna] *m* tribunado.
tribune *f* tribuna || — *tribune libre* tribuna libre (presse) || *tribune sacrée* púlpito || — *ce journal lui a offert une tribune* ese diario le ofreció una tribuna.
tribut [triby] *m* tributo || FIG retribución *f*, pago (rétribution).
tributaire *adj* tributario, ria || afluente, tributario, ria (cours d'eau).
tricentenaire *m* tricentenario.
tricéphale *adj* tricéfalo, la; tricípite.
triceps [trisɛps] *adj et s m* tríceps (muscle).
triche *f* FAM trampa, fullería || *à la triche* trampeando, haciendo trampas.
tricher *v tr et intr* hacer trampas *ou* fullerías, trampear; *tricher au jeu* hacer trampas en el juego || engañar (tromper) || FIG tapar, disimular un defecto del mejor modo posible.
tricherie *f* fullería, trampa (au jeu); *gagner par tricherie* ganar con trampas || FIG trampa, ardid *m*.
tricheur, euse *m et f* tramposo, sa; fullero, ra.
trichine [triʃin *o* trikin] *f* triquina.
trichinose [-noːz] *f* MÉD triquinosis.
trichloréthylène *m* tricloroetileno.
trichrome *adj* tricromo, ma.
trichromie *f* tricromía.
tricolore *adj* tricolor || *le drapeau tricolore* la bandera francesa.
tricorne *adj* tricorne, tricornio.
◆ *m* sombrero de tres picos, tricornio.
tricot [triko] *m* punto, tejido de punto; *elle faisait du tricot* hacía punto || prenda *f* de punto || jersey, chaleco de punto (pull-over) || género de punto (tissu) || *tricot de corps, de peau* camiseta.

tricotage *m* punto de aguja, labor *f* de punto.
tricoté, e *adj* de punto; *bas tricotés* medias de punto.
tricoter *v tr et intr* hacer punto; *elle tricote toute la journée* hace punto todo el día ‖ hacer medias, tricotar [*(amér.)* tejer] ‖ FAM dar una tunda ‖ POP bailar (danser) | andar muy deprisa (marcher vite) ‖ — POP *tricoter des jambes* irse uno que se las pela, correr mucho (courir) ‖ — *aiguille à tricoter* aguja de hacer punto ‖ *machine à tricoter* máquina de tricotar, tricotosa [*(amér.)* tejedora].
tricoteur, euse *m et f* persona que hace punto, calcetero, ra.
➤ *m* telar de tejidos de punto.
➤ *f* máquina de hacer punto, máquina de tricotar, tricotosa [*(amér.)* tejedora].
trictrac *m* tablas *f pl* reales, chaquete (jeu).
tricycle *m* triciclo.
trident *m* tridente (sceptre de Neptune) ‖ tridente, fisga *f* (pour pêcher) ‖ AGRIC azadón de tres dientes.
tridimensionnel, elle *adj* tridimensional.
trièdre *adj et s m* GÉOM triedro, dra.
triennal, e *adj* trienal.
triennat *m* trienio.
trier* *v tr* escoger, separar, clasificar, seleccionar ‖ limpiar, expurgar (les grains) ‖ desborrar, quitar la borra (la laine) ‖ apartar (le minerai) ‖ clasificar (le courrier) ‖ *trier sur le volet* escoger con cuidado.
Trieste *n pr* GÉOGR Trieste.
trieur, euse *m et f* escogedor, ra.
➤ *m* clasificadora *f*, seleccionador, separador (des grains, du charbon).
➤ *f* máquina para limpiar la lana, desborradora.
trifolié, e *adj* BOT trifoliado, da.
triforium [trifɔrjɔm] *m* ARCHIT triforio.
trifouiller [trifuje] *v tr* FAM revolver, hurgar, manosear.
triglycéride *m* triglicérido.
trigone *adj* trígono, na; triangular.
trigonométrie *f* trigonometría; *trigonométrie rectiligne* trigonometría plana.
trigonométrique *adj* trigonométrico, ca.
trijumeau *adj m et s m* ANAT trigémino (nerf).
trilatéral, e *adj* trilateral, trilátero, ra.
trilingue *adj* trilingüe.
trille [trij] *m* MUS trino.
trillion [triljɔ̃] *m* trillón.
trilobé, e *adj* trilobulado, da; trebolado, da.
trilogie *f* trilogía.
trimaran *m* trimarán.
trimbaler *v tr* FAM acarrear, cargar con, llevar a cuestas.
trimer *v intr* POP ajetrearse, trajinar, andar sin descanso, matarse (se fatiguer) | pringar, currelar, apencar (travailler).
trimestre *m* trimestre.
trimestriel, elle *adj* trimestral.
trimestriellement *adv* trimestralmente, por trimestre.
trimoteur *adj m et s m* trimotor (avion).
tringle *f* varilla, barra (des rideaux) ‖ vástago *m* (tige) ‖ ARCHIT filete *m*, moldura ‖ — *tringle chemin de fer* riel (pour les rideaux) ‖ — POP *se mettre la tringle* apretarse el cinturón.
trinité *f* trinidad ‖ *à Pâques ou à la Trinité* cuando las ranas críen pelos.
Trinité-et-Tobago *n pr* GÉOGR Trinidad y Tobago.
trinôme *m* MATH trinomio.
trinquer *v intr* brindar (choquer les verres) ‖ FAM beber, trincar (boire) ‖ POP pagar el pato ‖ *trinquer à la santé de quelqu'un* brindar por uno.
trio *m* MUS terceto, trío (composition et musiciens) ‖ trío (réunion de trois personnes ou choses) ‖ TECHN laminador de tres cilindros.
triode *adj* RAD tríodo, da.
➤ *f* tríodo *m*.
triolet [triɔlɛ] *m* MUS tresillo ‖ letrilla *f* (composition poétique) ‖ BOT trébol (trèfle).
triomphal, e *adj* triunfal.
triomphalement *adv* triunfalmente.
triomphalisme *m* triunfalismo.
triomphaliste *adj et s* triunfalista.
triomphant, e *adj* triunfante.
triomphateur, trice *adj et s m* triunfador, ra.
triomphe *m* triunfo ‖ acto de fin de curso (à l'école de Saint-Cyr) ‖ — *être reçu en triomphe* ser recibido en olor de multitud ‖ *porter en triomphe* aclamar triunfalmente, llevar a *ou* en hombros.
triompher *v intr* triunfar ‖ sobresalir, distinguirse (exceller) ‖ hacer alarde, vanagloriarse (tirer vanité de) ‖ *triompher de* triunfar sobre.
trip *m* trip, viaje (drogue) ‖ FAM *c'est pas mon trip* no me mola, no me va.
triparti, e; tripartite *adj* tripartito, ta.
tripartisme *m* tripartismo, asociación *f* de tres partidos.
tripatouillage [tripatuja:ʒ] *m* FAM retoque burdo (d'une œuvre littéraire) | manoseo.
tripatouiller [-je] *v tr* FAM retocar burdamente (une œuvre littéraire) | manosear.
tripe *f* tripa, mondongo *m* (boyau) ‖ FAM tripa (de l'homme) ‖ tripa (d'un cigare) ‖ — *œufs à la tripe* huevos duros en salsa de cebollas.
➤ *pl* callos *m*, tripicallos (mets); *tripes à la mode de Caen* especie de callos a la madrileña ‖ FAM *rendre tripes et boyaux* echar las tripas.
triperie *f* casquería, tripería, mondonguería.
tripette *f* tripilla, tripa pequeña ‖ FIG & POP *cela ne vaut pas tripette* eso no vale un comino *ou* un pito.
triphasé, e *adj* trifásico, ca (courant).
triphtongue *f* GRAMM triptongo *m*.
tripier, ère *m et f* casquero, ra; tripero, ra; mondonguero, ra.
triple *adj et s m* triple ‖ — MUS *triple croche* fusa ‖ *triple saut* triple salto ‖ — *en triple exemplaire* por triplicado.
triplement *m* triplicación *f*.
triplement *adv* triplemente, tres veces más.
tripler *v tr* triplicar.
➤ *v intr* triplicarse.
triplés, ées *m et f pl* trillizos, zas.
triplet [triplɛ] *m* triplete, objetivo de tres lentes.
Tripoli *n pr* GÉOGR Trípoli.
triporteur *m* triciclo de reparto, carrillo ‖ motocarro (avec moteur).

tripot [tripo] *m* garito, timba *f* (maison de jeu) ‖ FIG garito, antro (maison mal fréquentée).
tripotage *m* FAM manoseo, toqueteo, sobadura *f* | chanchullo, tejemaneje (opération malhonnête).
tripotée *f* POP paliza, soba (rossée) | montón *m*, pila, caterva (tas).
tripoter *v tr* FAM manosear, sobar; *tripoter un tissu* manosear una tela | toquetear, manosear (un mécanisme).
◆ *v intr* trapichear, hacer chanchullos, hacer negocios sucios (spéculer).
triptyque *m* tríptico.
trique *f* FAM garrote *m*, tranca, estaca ‖ *coup de trique* garrotazo, palo.
trisaïeul, e [trizajœl] *m et f* tatarabuelo, la.
trisannuel, elle *adj* trienal.
trisomie *f* BIOL trisomía; *trisomie 21* trisomía del par 21.
trisomique *adj et s* trisómico, ca.
triste *adj* triste; *un souvenir triste* un recuerdo triste ‖ — *triste comme un lendemain de fête* más triste que un entierro de tercera, más triste que un velatorio ‖ *une triste réputation* una reputación infame ‖ *un triste individu* un sinvergüenza ‖ *un triste repas* una comida floja ‖ — FAM *c'est pas triste!* ¡tiene tela!, ¡tiene lo suyo! ‖ *faire triste figure* o *mine à* poner mala cara a.
tristement *adv* tristemente, con tristeza.
tristesse *f* tristeza.
tristounet, ette *adj* FAM tristón, ona.
trisyllabe *adj et s m* GRAMM trisílabo, ba.
trisyllabique *adj* trisilábico, ca.
triton *m* ZOOL & MYTH tritón ‖ MUS trítono.
trituration *f* trituración.
triturer *v tr* triturar.
triumvir *m* triunviro.
triumvirat [triɔmvira] *m* triunvirato.
trivalent, e *adj et s m* CHIM trivalente.
trivial, e *adj* grosero, ra; malsonante (expression, mot) ‖ trivial.
trivialité *f* grosería ‖ trivialidad.
tr/min abrév de *tour par minute* rpm, revoluciones por minuto.
troc *m* trueque, permuta *f* ‖ *troc pour troc* pelo a pelo.
trochée *m* troqueo (poésie).
◆ *f* retoño *m* (d'un arbre).
troène *m* alheña *f* (arbuste).
troglodyte *m* troglodita.
trogne *f* FAM cara coloradota (visage enluminé).
trognon *m* troncho (d'un légume) ‖ corazón (d'un fruit) ‖ POP cara *f*, jeta *f* (visage) ‖ POP *ils m'auront jusqu'au trognon* me sacarán hasta la médula.
Troie [trwa] *n pr* HIST Troya ‖ *le cheval de Troie* el caballo de Troya.
troïka *f* troica.
trois [trwɑ] *adj num et s m* tres ‖ tercero, ra; *Henri III* (troisième), Enrique III (tercero) ‖ — *le trois janvier* el tres de enero ‖ *les trois quarts du temps* la mayoría de las veces ‖ MATH *règle de trois* regla de tres ‖ — *en formation par trois, trois par trois* en formación de a tres (avions) ‖ *en trois exemplaires* por triplicado, en ejemplar triplicado.
trois-étoiles *adj* de tres estrellas (hôtel) ‖ de tres tenedores (restaurant).

trois-huit *m* MUS compás de tres por ocho ‖ *faire les trois-huit* cubrir un puesto con tres turnos de ocho horas (travail).
troisième *adj num ord et s* tercero, ra ‖ *le troisième âge* la tercera edad.
◆ *f* cuarto *m* curso del bachillerato francés.
— OBSERV On emploie *tercer* devant un substantif masculin: *le troisième jour* el tercer día.
troisièmement *adv* en tercer lugar, tercero.
trois-mâts [trwɑmɑ] *m* MAR buque de tres palos.
trois-quarts [-kaːr] *m inv* berlina *f* grande (coupé) ‖ violín pequeño (violon) ‖ tres cuartos (vêtements) ‖ tres cuartos (rugby).
troll *m* gnomo, geniecillo (scandinave).
trolley [trɔlɛ] *m* trole; *tramway à trolley* tranvía con trole ‖ vagoneta *f* que se desliza por un cable.
trolleybus [-bys] *m* trolebús.
trombe *f* tromba, manga; *des trombes d'eau* trombas de agua ‖ *en trombe* en tromba.
trombine *f* POP jeta, cara (visage).
tromblon *m* trabuco naranjero (espingole) ‖ bocacha *f* (de fusil lance-grenades).
trombone *m* MUS trombón | trombón, caño de lengüeta (orgue) ‖ clip (agrafe) ‖ — *trombone à coulisse* trombón de varas, sacabuche ‖ *trombone à pistons* trombón de llaves.
tromboniste *m et f* trombón (musicien).
trompe *f* trompa ‖ bocina (d'une auto) ‖ ARCHIT trompa ‖ — ANAT *trompe de Fallope* trompa de Falopio | *trompe d'Eustache* trompa de Eustaquio | *trompe utérine* trompa uterina.
trompe-l'œil [trɔ̃plœj] *m inv* engañifa *f*, apariencia *f* engañosa ‖ efecto (beaux-arts).
tromper *v tr* engañar; *tromper un client* engañar a un cliente ‖ burlar (se soustraire à); *tromper la vigilance* burlar la vigilancia ‖ ser infiel a, engañar a (son mari, sa femme) ‖ matar; *tromper le temps, la faim* matar el tiempo, el hambre.
◆ *v pr* equivocarse (faire erreur) ‖ equivocarse, engañarse (s'abuser) ‖ — *se tromper de peu* equivocarse por muy poco ‖ *si je ne me trompe* si no me equivoco.
tromperie *f* engaño *m*, engañifa.
trompeter* *v intr* tocar la trompeta, trompetear (jouer de la trompette) ‖ chillar (en parlant de l'aigle, du cygne, de la grue).
◆ *v tr* FAM cacarear, pregonar (une nouvelle).
trompette *f* trompeta (instrument de musique) ‖ FAM cara (visage) ‖ — *trompette à clefs* corneta de llaves ‖ *trompette marine* trompa marina ‖ — *nez en trompette* nariz respingona ‖ FIG & FAM *sans tambour ni trompette* sin ruido, sin bombo ni platillos.
◆ *m* trompeta (musicien).
trompettiste *m et f* trompeta.
trompeur, euse *adj et s* engañoso, sa; engañador, ra.
◆ *m et f* embustero, ra.
tronc [trɔ̃] *m* tronco (arbre, homme, colonne, famille) ‖ cepillo (dans une église) ‖ — *tronc commun* sección común (dans l'enseignement) ‖ *tronc de cône* cono truncado ‖ *tronc de pyramide* pirámide truncada.
tronche *f* leño *m*, tronco *m* ‖ POP cabezota (tête), jeta (visage).
tronçon *m* trozo ‖ maslo (de queue de cheval) ‖ ramal, tramo (de chemin de fer, de route).

tronconique *adj* troncónico, ca; en forma de cono truncado.

tronçonner *v tr* hacer trozos, cortar en trozos, trocear ‖ tronzar (le bois).

tronçonneuse *f* máquina de tronzar, tronzador *m*.

trône *m* trono; *monter sur le trône* subir al trono ‖ silla *f* (des évêques) ‖ FAM orinal (vase de nuit).
◆ *pl* tronos (chœur des anges).

trôner *v intr* FIG darse importancia, pavonearse (faire l'important) | dominar, reinar (occuper la première place).

tronquer *v tr* truncar (un texte, une colonne) ‖ mutilar (une statue).

trop *adv* demasiado; *trop manger* comer demasiado ‖ muy; *vous êtes trop gentil* es usted muy amable ‖ — *de trop, en trop* de sobra, de más; *être de trop* estar de sobra ‖ *ni trop ni trop peu* ni tanto ni tan calvo ‖ FAM *par trop* demasiado ‖ *pas trop* no mucho ‖ *trop de* demasiado, da ‖ — *c'en est trop* ya es demasiado, eso pasa de la raya ‖ *en faire un peu trop* pasarse, excederse ‖ *ne pas avoir trop de* no tener demasiado, no estar sobrado de ‖ *si ce n'est pas trop demander* si no es molestia, si no es abuso.
◆ *m* exceso, demasía *f*.

trophée *m* trofeo.

tropical, e *adj* tropical.

tropique *adj* et *s m* trópico, ca.

tropisme *m* tropismo.

troposphère *f* troposfera.

trop-perçu *m* lo cobrado de más, el cobro indebido.

trop-plein *m* exceso, sobrante (d'un récipient) ‖ rebosadero, desagüe (système d'écoulement) ‖ AUTOM tubo de desagüe.
— OBSERV pl *trop-pleins*.

troquer *v tr* trocar; *troquer une chose contre une autre* trocar una cosa por otra.

troquet *m* FAM bareto.

trot [tro] *m* trote (allure du cheval) ‖ — *trot allongé, grand trot* trote largo ‖ *trot assis* trote a la española *ou* sentado ‖ *trot enlevé* trote a la inglesa ‖ *trot raccourci, petit trot* trote corto ‖ — *au trot* al trote, de prisa, vivamente.

trotskisme *m* trotskismo.

trotskiste *adj* et *s* trotskista.

trotte *f* FAM trecho *m*, tirada, caminata (distance) ‖ *tout d'une trotte* de un tirón.

trotter *v intr* trotar, ir al trote ‖ FAM corretear, callejear ‖ *trotter par o dans la cervelle de quelqu'un* dar vueltas en la cabeza de uno, preocuparle.
◆ *v pr* POP largarse (se sauver).

trotteur, euse *adj* et *s* trotón, ona; trotador ra (cheval) ‖ persona que anda rápido.
◆ *f* segundero *m* (aiguille d'une montre).

trottiner *v intr* trotar corto (un cheval) ‖ andar a paso cortito y muy deprisa, corretear.

trottinette *f* patineta (patinette).

trottoir *m* acera *f* (de rue) ‖ andén (dans une gare) ‖ — *trottoir cyclable* pista para ciclistas ‖ *trottoir roulant* plataforma móvil ‖ — *faire le trottoir* hacer la carrera, dedicarse a la prostitución callejera.

trou *m* agujero, orificio, boquete (fam) ‖ hoyo (cavité faite dans le sol) ‖ bache (route) ‖ agujero, roto, tomate [familiar] (aux chaussettes) ‖ madriguera *f* (des animaux), ratonera (de souris) ‖ ojo (de la serrure) ‖ piquera *f* (de la fonte), bigotera *f* (du laitier) ‖ picadura *f* (de variole) ‖ FIG & FAM rincón, poblacho, villorrio (petite localité) ‖ fallo, bache (de la mémoire) ‖ POP chirona *f* (prison) ‖ THÉÂTR concha *f* (du souffleur) ‖ hoyo (au golf) ‖ — AVIAT *trou d'air* bache (dépression), chimenea (de parachute) ‖ TECHN *trou de coulée* piquera, colada (hauts-fourneaux) ‖ MAR *trou d'écoute* escotera ‖ *trou de loup* pozo de lobo (fortification) ‖ *trou d'obus* embudo de granada ‖ ASTR *trou noir* agujero negro [región del espacio] ‖ CULIN *trou normand* licor que se toma entre dos platos para estimular el apetito ‖ — *avoir des trous de mémoire* tener lapsus de memoria ‖ FAM *boire comme un trou* beber como una cuba ‖ *boucher un trou* tapar un agujero, pagar una deuda ‖ FIG & FAM *faire un trou à la Lune* irse sin pagar ‖ FIG *faire son trou* hacerse un hueco, colocarse bien, establecerse.

troubadour *m* trovador.
◆ *adj* trovadoresco, ca.

troublant, e *adj* turbador, ra ‖ FIG inquietante, sorprendente.

trouble *m* disturbio, desorden, desconcierto (agitation tumultueuse) ‖ desavenencia *f*, disensión *f* (désunion) ‖ turbación *f*, confusión *f*, rubor.
◆ *pl* disturbios, revueltas *f* (soulèvement populaire) ‖ trastornos; *des troubles mentaux* trastornos mentales; *troubles de la personnalité* trastornos de la personalidad; *troubles de la vision* trastornos de la visión.

trouble *adj* turbio, bia ‖ confuso, sa; empañado, da (pas clair) ‖ movido, da; desenfocado, da (photo) ‖ FIG *pêcher en eau trouble* pescar en río revuelto.
◆ *adv* confusamente, poco claro; *voir trouble* ver poco claro.

trouble-fête *m* et *f inv* aguafiestas.

troubler *v tr* enturbiar (rendre trouble) ‖ turbar, agitar, revolver (agiter) ‖ turbar, impresionar (inquiéter, intimider) ‖ perturbar, trastornar (causer du désordre) ‖ desunir, sembrar la discordia (causer la mésintelligence) ‖ trastornar, turbar; *troubler la raison* trastornar la razón ‖ aguar, turbar (une fête).
◆ *v pr* enturbiarse, ponerse turbio ‖ cubrirse de nubes, entoldarse (le ciel) ‖ FIG turbarse, perder la serenidad, embrollarse (s'embarrasser).

trouduc *m* POP → **trou-du-cul**.

trou-du-cul; trouduc *m* POP retaco.

trouée *f* portillo *m*, abertura, boquete *m* (dans une haie) ‖ boquete *m* tala (dans un bois) ‖ MIL brecha, ruptura (du front) ‖ *faire une trouée* abrirse paso.

trouer *v tr* agujerear, horadar ‖ MIL abrir una brecha *ou* un paso.

troufion *m* POP sorche, guripa (soldat).

trouillard, e [tʀujaːr, aʀd] *adj* et *s* FAM miedoso, sa; cagueta.

trouille [tʀuːj] *f* FAM canguelo *m*, jindama, mieditis (peur); *avoir la trouille* tener canguelo.

troupe *f* tropa (de soldats); *troupes aéroportées* tropas aerotransportadas ‖ cuadrilla, banda, tropel *m* (réunion de gens) ‖ bandada (d'oiseaux) ‖ compañía (de théâtre) ‖ — *troupe de choc* fuerzas de choque *ou* de asalto ‖ *troupe de ligne* tropa de línea ‖ *troupe d'élite* tropas escogidas ‖ — *homme de troupe* clase de tropa ‖ — *en troupe* en grupo, en tropel (personnes), en manada (animaux).

troupeau

troupeau *m* rebaño, manada *f* (d'animaux) ‖ piara (de porcs) ‖ FIG rebaño, grey *f*, feligreses *pl* (d'un diocèse, d'une paroisse) ‖ hato, multitud *f*.

troupier *m* FAM soldado ‖ — *vieux troupier* veterano ‖ — *fumer comme un troupier* fumar como una chimenea.

trousse *f* estuche *m*, maletín *m* (de chirurgien, de vétérinaire, etc.) ‖ estuche *m* (de dessin) ‖ — *trousse à outils* caja de herramientas ‖ *trousse d'écolier* estuche de lápices ‖ *trousse de secours* botiquín de primeros auxilios ‖ *trousse de toilette* neceser de tocador, bolsa de aseo.

◆ *pl* trusas, gregüescos *m* (des pages) ‖ — *courir comme s'il avait le diable à ses trousses* ir como alma que lleva el diablo ‖ *être aux trousses de quelqu'un* ir pisando los talones a alguien.

trousseau *m* manojo; *trousseau de clefs* manojo de llaves ‖ ajuar, equipo, ropa *f* (d'une fiancée, d'un collégien, etc.) ‖ canastilla *f* (d'un nouveau-né).

trousser *v tr* arremangar, levantar, recoger (les vêtements), remangar, arremangar (les manches) ‖ — *trousser un compliment* expresar bien un cumplido ‖ *trousser une affaire* despachar rápidamente un negocio ‖ *trousser une volaille* atar un ave para asarla.

◆ *v pr* remangarse, arremangarse, recogerse.

trouvaille *f* hallazgo *m*, descubrimiento *m* (découverte) ‖ acierto *m*; *le titre de ce livre est une trouvaille* el título de este libro es un acierto.

trouvé, e *adj* encontrado, da; hallado, da ‖ feliz, oportuno, na; acertado, da; *expression trouvée* expresión feliz ‖ — *bureau des objets trouvés* oficina de objetos perdidos ‖ *enfant trouvé* niño expósito ‖ *tout trouvé* fácil, lógico, natural (qui s'offre naturellement).

trouver *v tr* encontrar, hallar, dar con; *trouver un appartement* encontrar un piso ‖ sorprender, coger; *trouver en faute* coger en falta ‖ FIG descubrir, inventar; *trouver un procédé* descubrir un procedimiento ‖ sentir, experimentar; *trouver du plaisir* sentir placer ‖ ver, encontrar; *je vous trouve bonne mine* le encuentro a usted buena cara ‖ acertar (deviner) ‖ — *trouver à qui parler* encontrar con quien hablar ‖ *trouver à redire* tener algo que decir, poner peros, criticar ‖ *trouver asile* encontrar asilo ‖ *trouver bon, mauvais* encontrar bien, mal ‖ *trouver chaussure à son pied* encontrar la horma de su zapato ‖ *trouver grâce aux yeux de* caer en gracia ‖ *trouver la mort* encontrar la muerte, resultar muerto ‖ *trouver le temps long* hacérsele a uno el tiempo muy largo ‖ *trouver quelqu'un sur son chemin* tropezarse con alguien ‖ *trouver refuge* encontrar refugio ‖ — *aller à* o *venir trouver quelqu'un* ir a ver a alguien ‖ *je le trouve sympathique* me cae simpático ‖ *la trouver mauvaise* hacerle a uno poca gracia, parecerle mal a uno una cosa ‖ *ne pas pouvoir trouver le sommeil* no poder conciliar el sueño ‖ *ne trouver rien de mieux que* no ocurrírsele a uno otra cosa que.

◆ *v pr* encontrarse, hallarse; *je me trouve à Paris depuis un an* me encuentro en París desde hace un año ‖ sentirse, encontrarse; *le malade se trouve mieux* el enfermo se encuentra mejor ‖ — *se trouver bien, mal* encontrarse bien, mal ‖ *se trouver nez à nez avec quelqu'un* toparse *ou* tropezarse con alguien.

◆ *v impers* *il se trouve que* sucede que, ocurre que, resulta que.

trouvère *m* trovero.

troyen, enne [trwajɛ̃, jɛn] *adj* troyano, na.

Troyen, enne *m et f* troyano, na.

Troyes *n pr* GÉOGR Troyes.

truand, e [tryɑ̃, ɑ̃:d] *m et f* truhán, ana; pícaro, ra.

truander *v tr* FAM timar, pegarla; *truander quelqu'un* pegársela a uno.

◆ *v intr* FAM hacer trampa, jugar sucio.

trublion *m* perturbador, agitador (qui sème le trouble).

truc [tryk] *m* habilidad *f*, maña *f* (adresse) ‖ máquina *f* (théâtre) ‖ truco, suerte *f* (tour de main) ‖ cosa *f*; *tu fais toujours des trucs bizarres* siempre haces cosas extrañas ‖ tranquillo; *trouver le truc* dar con el tranquillo ‖ mecanismo, sistema, añagaza (moyen), mengano (personne) ‖ FAM chisme, cosa *f*, cacharro, chirimbolo (objet dont on ne se rappelle pas le nom) ‖ FAM *c'est pas mon truc* no me va.

trucage; truquage *m* falsificación *f* [de objetos antiguos] ‖ fullería *f*, trampa *f* (cartes) ‖ CINÉM efectos especiales, trucaje ‖ *sans trucage* sin trampa ni cartón.

truchement *m* intérprete, intermediario ‖ (vx) trujamán, truchimán ‖ *par le truchement de* por intermedio de, mediante, por mediación de, a través de.

trucider *v tr* FAM cargarse, trucidar (tuer).

truculence *f* truculencia.

truculent, e *adj* truculento, ta.

truelle *f* TECHN llana, palustre *m*, trulla (outil de maçon) ‖ pala, paleta (pour servir le poisson).

truffe *f* trufa (champignon) ‖ POP napias *pl* (nez) ‖ percebe, zoquete (niais) ‖ CULIN *truffe au chocolat* trufa de chocolate.

truffé, e *adj* trufado, da ‖ FIG *un discours truffé de citations* un discurso repleto de citas.

truffer *v tr* trufar (garnir de truffes) ‖ FIG rellenar, atiborrar.

truffier, ère *adj* que produce trufas ‖ referente a las trufas.

truffière *f* trufera (terrain à truffes).

truie [tryi] *f* cerda, marrana (femelle du porc).

truisme *m* truismo, perogrullada *f*.

truite *f* trucha (poisson) ‖ *truite saumonée* trucha asalmonada.

truité, e *adj* atruchado, da (fer) ‖ agrietada (poterie) ‖ salpicado, da; manchado, da; moteado, da (tacheté).

trumeau *m* entreventana *f*, entrepaño (mur entre deux fenêtres) ‖ tremó, tremol (glace) ‖ pierna de vaca, jarrete.

truquage *m* → **trucage**.

truquer *v tr* falsificar [objetos antiguos] ‖ falsear (les comptes) ‖ amañar (préparer à l'avance).

◆ *v intr* andarse con trucos, con tejemanejes, trapichear.

truqueur, euse *m et f* falsificador, ra.

trust [trœst] *m* trust.

truster [trœste] *v tr* acaparar, monopolizar.

tsar; tzar [tsar] *m* zar (empereur de Russie).

tsarine *f* zarina (épouse du tsar).

tsé-tsé *f inv* tse-tsé, mosca del sueño.

T-shirt [tiʃœrt] *m* niqui [(amér*)* playera].

tsigane; tzigane [tsigan] *adj* cíngaro, ra; gitano, na.

Tsigane; Tzigane *m* et *f* cíngaro, ra; gitano, na.

T.S.V.P. abrév de *tournez s'il vous plaît* véase al dorso.

T.T.C. abrév de *toutes taxes comprises* IVA incluido.

tu *pron pers sing de la 2ᵉ pers* tú; *tu le connais, moi non* tú le conoces, yo no ‖ FAM *être à tu et à toi* tutearse, tratarse de tú por tú.
— OBSERV En général le pronom *tu* ne se traduit pas en espagnol, il est rendu par le verbe à la 2ᵉ personne du singulier (*tu viens*? ¿vienes?), il n'est exprimé que lorsque l'on veut insister.

T.U. abrév de *temps universel* tiempo universal [tiempo civil de Greenwich].

tuant, e *adj* FAM matador, ra; agotador, ra; que mata (pénible) | insoportable, intolerable, cargante (assommant).

tuba *m* MUS tuba *f* (instrument) ‖ tubo respiratorio (de plongeur).

tubage *m* entubado (médecine et travaux publics) ‖ MIN & CHIM tubería *f* de revestimiento ‖ *tubage de la trachée* intubación.

tube *m* tubo ‖ ANAT tubo; *le tube digestif* el tubo digestivo ‖ *(p us)* cañón (d'une arme) ‖ respirador (pêche sous-marine) ‖ FAM éxito (chanson) ‖ POP chistera *f*, sombrero de copa (chapeau) ‖ TECHN válvula *f* (radio) ‖ — *tube à essai* tubo de ensayo ‖ *tube au néon* tubo de neón ‖ *tube d'aspersion* roseta ‖ *tube de cachets d'aspirine* tubo de aspirinas ‖ *tube de colle* tubo de pegamento ‖ *tube de dentifrice* tubo de pasta de dientes ‖ *tube de peinture* tubo de pintura ‖ ÉLECTR *tube électronique* tubo electrónico, válvula electrónica ‖ *tube lance-fusées, lance-torpilles* tubo lanzacohetes, lanzatorpedos ‖ TECHN *tubes d'irradiation* tubos de carga ‖ — FAM *à plein tube* a toda máquina, a toda leche (*pop*).

tubercule *m* tubérculo.

tuberculeux, euse *adj* et *s* tuberculoso, sa.

tuberculine *f* MÉD tuberculina.

tuberculose *f* MÉD tuberculosis.

tubéreux, euse *adj* tuberoso, sa.
◆ *f* BOT tuberosa (mot savant), nardo *m* (mot usuel).

tubérosité *f* tuberosidad.

tubulaire *adj* tubular ‖ *chaudière tubulaire* caldera tubular.

tubulure *f* abertura de frasco *ou* matraz ‖ tubería, conducto *m* (conduit) ‖ — AUTOM *tubulure d'admission* colector de admisión ‖ *tubulure d'échappement* tobera de escape.

T.U.C. abrév de *travaux d'utilité collective* trabajos de utilidad pública.

tue-mouche [-muʃ] *m inv* BOT falsa oronja.
◆ *adj papier tue-mouches* papel para matar moscas.

tuer *v tr* matar ‖ sacrificar (boucherie) ‖ — *tuer le temps* matar el tiempo ‖ *tuer le ver* matar el gusanillo ‖ — *être tué sur le coup* morir en el acto.
◆ *v pr* matarse ‖ *se tuer à* matarse (suivi du gérondif).

tuerie [tyri] *f* matanza, carnicería, degollina (massacre).

tue-tête (à) [atyt‌ɛt] *loc adv* a voz en grito, a grito pelado; *chanter à tue-tête* cantar a voz en grito ‖ *crier à tue-tête* desgañitarse gritando.

tueur, euse *m* et *f* asesino, na (de personnes), pistolero (à gages), matador, ra (d'animaux).
◆ *m* matarife, jifero (dans les abattoirs).

tuf *m* toba *f* (pierre).

tuile *f* teja ‖ FIG & FAM calamidad, follón *m*, contratiempo *m* ‖ — *tuile cornière* teja acanalada ‖ *tuile de croupe* teja de copete ‖ *tuile faîtière* teja cumbrera ‖ *tuile femelle* teja de canalón ‖ *tuile mâle* teja de caballete.

tuilerie *f* tejar *m* tejería.

tulipe *f* tulipán *m* (fleur) ‖ tulipa (abat-jour).

tulipier *m* tulipero, tulipanero (arbre) ‖ cultivador de tulipanes.

tulle *m* tul (tissu).

tuméfaction *f* MÉD tumefacción, hinchazón (enflure).

tuméfié, e *adj* tumefacto, ta; hinchado, da.

tumescence [tymɛssɑ:s] *f* tumescencia.

tumescent, e [-sã, ã:t] *adj* tumescente, tumefacto, ta.

tumeur *f* MÉD tumor *m*; *tumeur cancéreuse* tumor cancerígeno.

tumoral, e *adj* MÉD tumoral.

tumulte *m* tumulto.

tumultueux, euse *adj* tumultuoso, sa.

tumulus [tymylys] *m* túmulo.
— OBSERV pl *tumulus* o *tumuli*.

tune *f* POP → **thune**.

tuner *m* tuner, sintonizador.

tungstène [tœgstɛ:n] *m* CHIM tungsteno, volframio.

tunique *f* túnica ‖ dalmática (de sous-diacre) ‖ ANAT & BOT túnica ‖ MIL guerrera (vareuse d'uniforme).

Tunis [tynis] *n pr* GÉOGR Túnez (ville).

Tunisie *n pr f* GÉOGR Túnez, Tunicia (pays).

tunisien, enne *adj* tunecino, na (de la Tunisie).

Tunisien, enne *m* et *f* tunecino, na (de Tunisie).

tunnel *m* túnel; *tunnel aérodynamique* túnel aerodinámico.

turban *m* turbante ‖ CULIN corona *f*.

turbin *m* POP tajo (travail); *aller au turbin* ir al tajo ‖ *après le turbin* después de currelar.

turbine *f* MÉCAN turbina; *turbine à vapeur* turbina de vapor ‖ AVIAT *turbine-compresseur* turbina compresor.

turbo *m* turbo (mollusque).

turboalternateur *m* turboalternador.

turbocompressé, e *adj* AUTOM turbocompresado, da; con turbocompresor.

turbocompresseur *m* turbocompresor.

turbomoteur *m* turbomotor.

turbopompe *f* turbobomba.

turbopropulseur *m* turbopropulsor.

turboréacteur *m* turborreactor.

turbot [tyrbo] *m* rodaballo (poisson).

turbotière *f* besuguera.

turbulence *f* turbulencia.

turbulent, e *adj* turbulento, ta; *esprit turbulent* espíritu turbulento.
◆ *adj* et *s* revoltoso, sa.

turc, turque *adj* turco, ca.
◆ *m* turco (langue) ‖ ZOOL gusano blanco, larva *f* de abejorro ‖ TECHN cazarremaches.
Turc, Turque *m* et *f* turco, ca ‖ — *le Grand Turc* el gran turco ‖ *tête de Turc* cabeza de turco ‖ — *fort comme un Turc* más fuerte que un roble, fuerte como un toro ‖ — *traiter de Turc à Maure* tratar a la baqueta *ou* a palos.
turf [tœrf *o* tyrf] *m* turf, hipódromo (terrain de courses) ‖ deporte hípico, hipismo.
— OBSERV La palabra francesa *turf* sólo se emplea en singular.
turfiste [-fist] *m* et *f* aficionado a las carreras de caballos, turfista.
turgescence *f* MÉD turgencia, hinchazón.
turgescent, e *adj* MÉD turgente, hinchado, da.
Turin *n pr* GÉOGR Turín.
turista *f* FAM cagalera (*pop*), diarrea.
turlupiner *v tr* FAM atormentar; *cette idée me turlupine* esta idea me atormenta.
turpitude *f* infamia, bajeza, torpeza ‖ torpeza, liviandad, impureza.
Turquie *n pr f* GÉOGR Turquía.
turquoise *f* turquesa (pierre).
tutélaire *adj* tutelar.
tutelle *f* tutela ‖ tutoría (charge) ‖ *territoire sous tutelle* fideicomiso ‖ FIG *être sous la tutelle de quelqu'un* depender de alguien.
tuteur, trice *m* et *f* tutor, ra ‖ *subrogé tuteur* protutor.
◆ *m* tutor, rodrigón (pour les plantes).
tutoiement [tytwamɑ̃] *m* tuteo.
tutorat *m* tutoría *f*.
tutoyer* [-je] *v tr* tutear.
tutrice *f* → **tuteur**.
tutti quanti (et) *loc adv* y demás.
tutu *m* tonelete, faldilla *f* de bailarina.
tuyau [tɥijo] *m* tubo (pour le passage d'un fluide) ‖ caño (en terre cuite) ‖ cañón (d'une plume d'oiseau, d'une cheminée, d'orgue) ‖ caña *f* (tige creuse) ‖ cañón, pliegue (pli du linge) ‖ FAM informe, noticia *f* confidencial ‖ — *tuyau d'arrosage* manga *ou* manguera de riego ‖ *tuyau d'échappement* tubo de escape ‖ *tuyau de décharge* desaguadero ‖ *tuyau d'incendie* manguera de incendio ‖ — FAM *dire dans le tuyau de l'oreille* decir al oído.
tuyauter [-te] *v tr* encañonar (le linge) ‖ FAM informar, dar noticias *ou* datos confidenciales.
tuyauterie [-tri] *f* cañería ‖ tubería (ensemble des tuyaux) ‖ cañonería (d'orgue).
tuyère [tɥijɛːr] *f* tobera (de fourneau, de moteur à réaction); *tuyère à air comprimé* tobera de aire comprimido; *tuyère d'éjection* tobera de escape.

T.V. abrév de *télévision* televisión.
T.V.A. abrév de *taxe sur la valeur ajoutée* IVA, impuesto sobre el valor añadido.
T.V.H.D. abrév de *télévision à haute définition* televisión de alta definición.
tweed [twiːd] *m* tweed, lana *f* escocesa (étoffe).
twin-set [twinsɛt] *m* conjunto (chandail et cardigan).
twist *m* twist (danse).
tympan [tɛ̃pɑ̃] *m* ANAT & ARCHIT tímpano ‖ IMPR tímpano, bastidor (d'une presse) ‖ MÉCAN piñón de engranaje ‖ TECHN rueda *f* hidráulica elevadora ‖ panel (menuiserie).
type *m* tipo ‖ FAM tipo (personnage original) ‖ IMPR tipo ‖ POP tipo, tío (individu) ‖ — FAM *chic type* un tío estupendo ‖ *pauvre type* pobre tipo ‖ *sale type* tiparraco, bicharraco, bicho malo ‖ — *avoir le type méditerranéen* tener tipo mediterráneo.
typer *v tr* caracterizar, representar, diseñar, reproducir perfectamente el tipo de ‖ *personne très typée* persona con un tipo muy acusado.
typhoïde *adj* et *s f* MÉD tifoideo, a; *fièvre typhoïde* fiebre tifoidea.
typhoïdique *adj* tifoídico, ca; relativo a la fiebre tifoidea.
typhon *m* tifón (ouragan).
typhus [tifys] *m* MÉD tifus.
typique *adj* típico, ca.
typiquement *adv* típicamente ‖ *un style typiquement français* un estilo típico de los franceses.
typo *f* FAM tipografía.
typographe *adj* et *s* tipógrafo, fa ‖ *ouvrier typographe* cajista tipógrafo.
typographie *f* tipografía.
typographique *adj* tipográfico, ca.
typologie *f* tipología.
tyran *m* tirano, na ‖ bienteveo, pitirre (oiseau).
— OBSERV La palabra francesa *tyran* se aplica tanto a una mujer como a un hombre (*cette femme est un tyran*).
tyrannie *f* tiranía.
tyrannique *adj* tiránico, ca.
tyranniser *v tr* tiranizar.
tyrien, enne *adj* tirio, ria (de Tyr).
Tyrol *n pr m* GÉOGR Tirol.
tyrolien, enne *adj* tirolés, esa.
◆ *f* música y baile del Tirol.
Tyrolien, enne *m* et *f* tirolés, esa.
tzar [tsar] etses dérivés→ **tsar, etc.**
tzigane [tsigan] *adj* → **tsigane**.
Tzigane *m* et *f* → **Tsigane**.

U

u *m* **u** *f.*
ubac *m* vertiente *f* norte de una montaña, umbría *f.*
ubiquité [ybikцite] *f* ubicuidad; *avoir le don d'ubiquité* tener el don de la ubicuidad.
ubuesque *adj* grotesco, ca.
U.D.F. abrév de *Union pour la démocratie française* Unión para la Democracia Francesa [partido político de centroderecha].
U.E.F.A. abrév de *Union européenne de football association* UEFA, Unión de Asociaciones Europeas de Fútbol.
U.E.O. abrév de *Union de l'Europe occidentale* UEO, Unión Europea Occidental.
U.E.R. abrév de *unité d'enseignement et de recherche* unidad de enseñanza e investigación (université).
U.F.R. abrév de *unité de formation et de recherche* unidad de formación e investigación [en las universidades francesas].
UHF abrév de *Ultra-High Frequency* UHF, Frecuencia Ultra Alta.
U.H.T. abrév de *ultra-haute température* UHT, ultra alta temperatura (lait).
U.I.T. abrév de *Union internationale des télécommunications* UIT, Unión Internacional para las Telecomunicaciones.
Ukraine *n pr f* GÉOGR Ucrania.
ukrainien, enne *adj* ucranio, nia.
Ukrainien, enne *n m et f* ucranio, nia.
ulcération *f* ulceración.
ulcère *m* MÉD úlcera *f*; *ulcère à l'estomac* úlcera gástrica.
ulcérer *v tr* ulcerar || FIG ulcerar, lastimar, herir (blesser moralement); *vos critiques l'ont ulcéré* sus críticas le han lastimado.
ulcéreux, euse *adj* ulceroso, sa.
U.L.M. abrév de *ultraléger motorisé* ultraligero.
Ulster *n pr* GÉOGR Ulster.
ultérieur, e *adj* ulterior || posterior || *remis à une date ultérieure* aplazado para una fecha posterior.
ultérieurement *adv* ulteriormente, posteriormente || *veuillez rappeler ultérieurement* vuelva a llamar más tarde.
ultimatum [yltimatɔm] *m* ultimátum; *signifier un ultimatum* dirigir un ultimátum.
— OBSERV pl *ultimatums.*
ultime *adj* último, ma.
ultra *adj et s* extremista, ultra.
ultramicroscope *m* ultramicroscopio.
ultramicroscopie *f* ultramicroscopia.
ultramoderne *adj* ultramoderno, na.
ultramontain, e *adj et s* ultramontano, na.

ultraroyaliste *adj et s* ultrarrealista.
ultrasensible *adj* ultrasensible.
ultrason *m* ultrasonido.
— OBSERV pl *ultrasons.*
ultraviolet, ette; ultra-violet, ette *adj et s m* ultravioleta, ultraviolado, da.
ululation *f* → **ululement.**
ululement *m*; **hululement** *m*; **ululation** *f* ululato *m*, ululación *f.*
ululer; hululer *v intr et tr* ulular.
Ulysse *n pr m* MYTH Ulises.
un, une *adj num ord* uno, una (*uno* perd sa dernière lettre devant un substantif masculin: *un homme* un hombre) || *— un à un, un par un* uno por uno, uno a uno || FAM *comme pas un* como nadie, como ninguno || *encore un uno más* || *pas un* ni uno, ninguno || FAM *ne faire ni une ni deux* no pararse en barras || *ne faire qu'un* no ser más que uno.
◆ *adj qualificat* uno, una (indivisible); *la patrie est une* la patria es una || *c'est tout un* es lo mismo, es todo uno.
◆ *adj ordinal* primero, ra; *page un* página primera.
◆ *art indéf* un, una; *un de mes amis* un amigo mío || *un de ces jours* un día de éstos.
◆ *m* uno (une unité); *un et un font deux* uno y uno son dos || primera *f* (charade).
◆ *f* FAM *la une* la primera plana, la primera página de un periódico || *cinq colonnes à la une* a toda plana.
un, une, uns, unes *pron indéf* uno, una, unos, unas; *l'un est grand, l'autre petit* uno es grande, el otro pequeño || *— un de, l'un de* uno de || *— de deux choses l'une* una de dos || FAM *un et d'une!* ¡y va una! || *l'un après l'autre* uno tras otro || *l'un dans l'autre* uno con otro || *l'un de l'autre* uno de otro || *l'un et l'autre* uno y otro, ambos, los dos || *l'un l'autre, l'un à l'autre, les uns les autres* uno a otro, recíprocamente || *ni l'un ni l'autre* ni uno ni otro, ninguno de los dos.
— OBSERV Por razones de eufonía se dice *à l'un des élèves* (a uno de los alumnos) y no *à un des élèves.*
unanime *adj* unánime.
unanimement *adv* unánimamente, por unanimidad.
unanimité *f* unanimidad; *approuver à l'unanimité* aprobar por unanimidad || *faire l'unanimité* ser aprobado unánimemente, tener la aprobación de todos.
U.N.E.D.I.C. abrév de *Union nationale interprofessionnelle pour l'emploi dans l'industrie et le commerce* Unión Nacional para el Empleo en la Industria y el Comercio [Francia].
Unesco abrév de *United Nations Educational, Scientific and Cultural Organization* Unesco, Organi-

zación de las Naciones Unidas para la Educación, la Ciencia y la Cultura.
unguéal, e [ɔ̃geal] *adj* ungular (de l'ongle).
uni, e *adj* unido, da; *amis très unis* amigos muy unidos ‖ llano, na; liso, sa (plat); *chemin uni* camino llano ‖ liso, sa; de un solo color, sin adornos; *chemise unie* camisa lisa ‖ igual (sans inégalité) ‖ FIG sencillo, lla; uniforme (sans variété) ‖ *uni à* unido con ‖ — *galop uni* galope sostenido *ou* regular ‖ *rendre uni* igualar, unificar.
◆ *m* tela *f* lisa, de un solo color (étoffe).
Unicef abrév de *United Nations International Children's Emergency Fund* Unicef, Fondo de las Naciones Unidas para la Infancia.
unicellulaire *adj* unicelular.
unicité *f* unicidad.
unicolore *adj* unicolor, monocromo.
unidirectionnel, elle *adj* RAD unidireccional.
unième *adj num ordin* primero; *vingt et unième* vigésimo primero.
— OBSERV Se emplea sólo a continuación de las decenas y centenas.
unificateur, trice *adj* et *s* unificador, ra.
unification *f* unificación.
unifier *v tr* unificar.
uniforme *adj* uniforme.
uniforme *m* uniforme; *port de l'uniforme* uso del uniforme ‖ — *uniforme de parade* uniforme de gala ‖ — *endosser* o *prendre l'uniforme* abrazar la carrera de las armas ‖ *quitter l'uniforme* volver a la vida civil, retirarse de la carrera militar (soldat de carrière), licenciarse (simple soldat).
uniformément *adv* uniformemente, por igual.
uniformisation *f* uniformación.
uniformiser *v tr* uniformar, uniformizar.
uniformité *f* uniformidad.
unijambiste *adj* de una sola pierna.
◆ *m* et *f* persona de una sola pierna.
unilatéral, e *adj* unilateral.
unilatéralement *adv* unilateralmente.
uninominal, e *adj* uninominal.
union *f* unión; *l'union de l'âme et du corps* la unión del alma y del cuerpo; *union douanière* unión aduanera ‖ — *union conjugale* unión conyugal ‖ *union de consommateurs* unión de consumidores ‖ *union libre* unión libre ‖ — *l'union fait la force* la unión hace la fuerza.
Union Soviétique *n pr* GÉOGR Unión Soviética.
unionisme *m* unionismo.
unioniste *adj* et *s* unionista.
unipare *adj* unípara, ra.
unipolaire *adj* unipolar.
unique *adj* único, ca; *fils, fille unique* hijo único, hija única ‖ *unique en France* único en Francia.
uniquement *adv* únicamente.
unir *v tr* unir; *unir une chose à une autre* unir una cosa con otra ‖ igualar, allanar (égaliser) ‖ FIG unir; *unir deux familles par un mariage* unir dos familias por un matrimonio.
◆ *v pr* unirse, casarse (se marier).
unisexe *adj* unisex.
unisexué, e; unisexuel, elle *adj* BOT unisexual.
unisson *m* MUS unísono, unisón ‖ FIG acuerdo, unísono; *se mettre à l'unisson* ponerse de acuerdo *ou* al unísono.

unitaire *adj* et *s m* unitario, ria.
unitarien, enne *adj* et *s* RELIG unitario, ria.
unitarisme *m* RELIG unitarismo.
unité *f* unidad; *unité d'action, de lieu, de temps* unidad de acción, de lugar, de tiempo ‖ INFORM *unité centrale de traitement (C.P.U.)* unidad central de proceso (CPU) ‖ *unité de sortie* unidad de salida ‖ *unité de valeur (U.V.)* asignatura (à l'université).
univers [ynivɛːr] *m* universo ‖ *univers carcéral* mundo de la cárcel.
universalisation *f* universalización.
universaliser *v tr* universalizar.
universalisme *m* universalismo.
universaliste *m* et *f* universalista.
universalité *f* universalidad ‖ DR totalidad; *l'universalité de ses biens* la totalidad de sus bienes.
universel, elle *adj* universal.
◆ *m* PHILOS lo universal.
universellement *adv* universalmente.
universitaire *adj* universitario, ria.
◆ *m* et *f* catedrático, catedrática de universidad.
université *f* universidad; *l'université de Paris* la Universidad de París.
univocité *f* PHILOS univocación, carácter *m* de unívoco.
univoque *adj* PHILOS unívoco, ca.
upérisation *f* uperización.
upériser *v tr* uperizar.
uppercut [ypɛrkyt] *m* uppercut (boxe).
U.P.U. abrév de *Union postale universelle* UPU, Unión Postal Universal.
Ur *n pr* GÉOGR → **Our.**
urane *m* urano, óxido de uranio.
uranifère *adj* uranífero, ra; *gisement uranifère* yacimiento uranífero.
uranium [yranjɔm] *m* uranio (métal) ‖ *uranium enrichi* uranio enriquecido.
Uranus [yranys] *m* Urano.
urbain, e *adj* urbano, na.
urbanisation *f* urbanización.
urbaniser *v tr* urbanizar.
urbanisme *m* urbanismo.
urbaniste *adj* et *s* urbanista.
urbanité *f* urbanidad, cortesía.
urdu *m* → **ourdou.**
urée *f* urea.
urémie *f* MÉD uremia.
uretère *m* ANAT uréter.
urètre *m* ANAT uretra *f*.
urgence *f* urgencia, emergencia ‖ — *d'urgence* urgentemente, con toda urgencia ‖ *en cas d'urgence* en caso de emergencia ‖ — *service des urgences* urgencias [hospital].
urgent, e *adj* urgente ‖ *être urgent* urgir; *il est urgent d'agir* urge obrar.
urger *v intr* FAM ser urgente; *ça urge!* ¡es urgente!
urinaire *adj* urinario, ria; *voies urinaires* vías urinarias.
urinal *m* orinal [para enfermos].
urine *f* orina.
uriner *v intr* orinar.
urinoir *m* urinario.
urique *adj* úrico, ca.

urne *f* urna ‖ *aller aux urnes* votar.
urogénital, e *adj* urogenital.
urographie *f* urografía.
urologie *f* urología.
urologique *adj* urológico, ca.
urologue *m* et *f* urólogo, ga.
U.R.S.S. abrév de *Union des républiques socialistes soviétiques* URSS, Unión de Repúblicas Socialistas Soviéticas.
U.R.S.S.A.F. abrév de *Unions pour le recouvrement des cotisations de la Sécurité sociale et des Allocations familiales* Unión Regional de la Seguridad Social y del Subsidio Familiar [Francia].
urticaire *f* MÉD urticaria.
Uruguay [yrygwɛ] *n pr m* GÉOGR Uruguay.
uruguayen, enne [-gwajẽ, jɛn, -gɛẽ, ɛn] *adj* uruguayo, ya.
Uruguayen, enne *m* et *f* uruguayo, ya.
us [ys] *m pl* usos; *us et coutumes* usos y costumbres.
USA abrév de *United States of America* USA.
usage *m* uso, empleo; *le bon usage des richesses* el buen uso de las riquezas ‖ uso, costumbre; *aller contre l'usage établi* ir contra la costumbre establecida ‖ uso, disfrute (jouissance) ‖ — *usage du monde* mundología ‖ — MÉD *médicament à usage externe* medicamento de uso tópico ‖ — *à l'usage de* para uso de ‖ *d'usage* usual, de costumbre ‖ *hors d'usage* desusado, fuera de uso, inservible ‖ *selon l'usage* al uso, según costumbre ‖ *être en usage* estilarse ‖ *faire usage de* hacer uso de, emplear; *faire bon usage de* hacer buen uso de; ejercer; *faire usage du droit de vote* ejercer el derecho de voto ‖ *mettre en usage* valerse de.
  ◆ *pl* bienes de propios.
usagé, e *adj* usado, da (vêtements).
usager, ère *m* et *f* usuario, ria; *les usagers de la route* los usuarios de la carretera.
usant, e *adj* agotador, ra; que desgasta, que quema.
usé, e *adj* usado, da; *un manteau usé* un abrigo usado ‖ desgastado, da; gastado, da (affaibli) ‖ manoseado, da; trillado, da (banal) ‖ — *usé jusqu'à la corde* raído ‖ — *les eaux usées* las aguas residuales.
user *v tr* gastar, desgastar (détériorer) ‖ gastar, consumir (consommer) ‖ debilitar, agotar, destruir (la santé) ‖ destrozar (les nerfs).
  ◆ *v intr* usar, emplear, valerse de; *user de la force* emplear la fuerza ‖ usar, hacer uso, valerse de; *user d'un droit* hacer uso de un derecho ‖ — *en user* comportarse, obrar, portarse; *en user bien avec quelqu'un* portarse bien con uno ‖ *mal user de* usar mal de.
  ◆ *v pr* gastarse, desgastarse, deteriorarse.
usinage *m* fabricación *f* ‖ mecanizado, operación *f* de mecanizado (à l'aide d'une machine-outil); *usinage par abrasion* mecanizado con abrasivos.

usine *f* fábrica ‖ — *usine à gaz* fábrica de gas ‖ *usine atomique* central atómica ‖ *usine d'incinération des déchets* planta de incineración de desechos ‖ *usine marémotrice* central mareomotriz.
usiner *v tr* mecanizar, trabajar con una máquina herramienta ‖ fabricar.
usité, e *adj* usado, da; empleado, da; en uso; *mot peu usité* palabra poco empleada.
ustensile *m* utensilio; *ustensile de cuisine* utensilio de cocina.
usuel, elle [yzɥɛl] *adj* usual.
  ◆ *m* manual, libro de uso corriente.
usuellement *adv* usualmente, ordinariamente.
usufruit [yzyfrɥi] *m* DR usufructo ‖ *avoir l'usufruit de* usufructuar.
usufruitier, ère *adj* et *s* usufructuario, ria.
usuraire *adj* usurario, ria; *bénéfice usuraire* beneficio usurario.
usure *f* usura (intérêt) ‖ desgaste *m*, deterioro *m* (détérioration) ‖ FIG debilitación ‖ — FIG *guerre d'usure* guerra de desgaste ‖ FIG *rendre avec usure* devolver con creces.
usurier, ère *adj* et *s* usurero, ra.
usurpateur, trice *adj* et *s* usurpador, ra.
usurpation *f* usurpación.
usurper *v tr* et *intr* usurpar.
ut [yt] *m inv* MUS do, ut *(vx)*.
utérin, e *adj* et *s* uterino, na.
utérus [yterys] *m* ANAT útero.
utile *adj* útil ‖ *se présenter en temps utile* presentarse a su debido tiempo.
  ◆ *m* lo útil, lo que es útil ‖ *joindre l'utile à l'agréable* unir lo útil con lo agradable.
utilisable *adj* utilizable, aprovechable.
utilisateur, trice *adj* et *s* utilizador, ra; usuario, ria.
utilisation *f* utilización, aprovechamiento *m*.
utiliser *v tr* utilizar, aprovechar ‖ *utiliser au maximum* apurar.
utilitaire *adj* et *s* utilitario, ria.
utilitarisme *m* utilitarismo.
utilité *f* utilidad; *d'utilité publique* de utilidad pública ‖ *c'est d'une grande utilité* es de una gran utilidad.
  ◆ *pl* THÉÂTR figurantes *m*, comparsas *m* et *f* ‖ *jouer les utilités* representar pequeños papeles.
utopie *f* utopía.
utopique *adj* et *s* utópico, ca.
utopiste *adj* et *s* utopista.
Utrecht *n pr* GÉOGR Utrecht.
U.V. abrév de *ultraviolet* UV, ultravioleta ‖ abrév de *unité de valeur* asignatura (à l'université).
uval, e *adj* uval, de uva.
uvule *f* ANAT úvula, campanilla, galillo *m* (luette).
uzbek *adj* et *s m* → **ouzbek**.
Uzbek *m* et *f* → **Ouzbek**.

V

v *m* v *f* ‖ — *décolleté en* V escote de pico ‖ *encolure en* V cuello de pico.

V abrév de *volt* V, voltio.

va! *interj* ¡anda! ‖ FAM vale, bueno (je consens) ‖ *va pour cette somme!* ¡vaya por esta cantidad!

vacance *f* vacante; *en cas de vacance de siège* en caso de producirse una vacante ‖ FIG *la vacance du pouvoir* el vacío del poder.
- *pl* vacaciones; *être en vacances* estar de vacaciones ‖ — *vacances d'été* veraneo, vacaciones de verano ‖ — *grandes vacances* vacaciones de verano ‖ *passer les vacances d'été à* veranear en.

vacancier, ère *m et f* persona *f* de vacaciones ‖ veraneante (en été).

vacant, e *adj* vacante (non occupé) ‖ vacío, a; desocupado, da; *logement vacant* vivienda vacía *ou* desocupada ‖ DR vacante (succession) ‖ desierto, ta; *prix déclaré vacant* premio declarado desierto ‖ — *biens vacants* bienes mostrencos ‖ *succession vacante* herencia yacente.

vacarme *m* jaleo, estrépito; *faire du vacarme* armar jaleo, formar un estrépito.

vacataire *adj* supernumerario, ria (dans le public) ‖ contratado, da (dans le privé).
- *m et f* supernumerario, ria (dans le public) ‖ trabajador, ra por contrato (dans le privé) ‖ penene (professeur).

vacation [vakasjɔ̃] *f* diligencia (temps consacré à une affaire) ‖ dietas *pl*, derechos *m pl* (honoraires).
- *pl* vacaciones (d'un tribunal).

vaccin [vaksɛ̃] *m* MÉD vacuna *f*.

vaccination [-nasjɔ̃] *f* MÉD vacunación.

vaccine [vaksin] *f* VÉTÉR viruela de la vaca ‖ vacuna.

vacciner [-ne] *v tr* vacunar.

vache *f* vaca; *une vache laitière* una vaca lechera ‖ POP hueso *m*, persona severa *ou* malintencionada ‖ — *vache à eau* bolsa de agua ‖ POP *vache à lait* mina ‖ FAM *vache à roulettes* guardia, polizonte ‖ *vache marine* vaca marina, manatí ‖ FIG *vaches maigres, grasses* vacas flacas, gordas ‖ — *coup de pied en vache* patada alevosa ‖ *coup en vache* mala jugada ‖ FAM *la vache!* ¡cochino!, ¡cochina! (en parlant d'une personne) ‖ *le plancher des vaches* la tierra firme ‖ POP *oh la vache!* ¡córcholis! ‖ — POP *il pleut comme vache qui pisse* llueve a mares | *manger de la vache enragée* pasar las de Caín ‖ *parler français comme une vache espagnole* hablar francés muy mal.
- *adj* FAM hueso, severo, ra; malintencionado, da; *ce professeur est vache* este profesor es un hueso; *question vache* pregunta mal intencionada ‖ FAM *être vache* tener mala leche.

vachement *adv* FAM terriblemente, enormemente, estupendamente; *cette affaire est vachement compliquée* este asunto es terriblemente complicado.

vacher, ère *m et f* vaquero, ra.

vacherie *f* vaquería ‖ POP cochinada, cabronada, faena, mala jugada (mauvais tour).

vacherin *m* pastel de nata y merengue (gâteau) ‖ nombre del queso gruyère en el Franco-Condado (fromage).

vachette *f* vaqueta (cuir).

vacillant, e [vasijɑ̃, ɑ̃:t] *adj* vacilante.

vacillement [-jmɑ̃] *m* vacilación *f*, balanceo.

vaciller [-je] *v intr* vacilar ‖ FIG dudar, vacilar.

va-comme-je-te-pousse (à la) *loc adv* a la buena de Dios.

vacuité *f* vacuidad.

vade-mecum [vademekɔm] *m inv* vademécum.

vadrouille [vadruj] *f* MAR escobón *m*, lampazo *m* (tampon) ‖ FAM *en vadrouille* de picos pardos, de paseo; *être en vadrouille* andar de picos pardos, estar de paseo.

vadrouiller [-je] *v intr* FAM andar de picos pardos, callejear, vagabundear, pasearse.

va-et-vient *m inv* vaivén (mouvement) ‖ FIG intercambio (échange) ‖ muelle (d'une porte) ‖ MAR andarivel, estacha *f* (cordage) ‖ ÉLECTR conmutador, interruptor (de lampe).

vagabond, e *adj* vagabundo, da ‖ FIG errabundo, da; *imagination vagabonde* imaginación errabunda.
- *m et f* vagabundo, da (sans domicile) ‖ DR vago, ga.

vagabondage *m* vagabundeo ‖ vagancia *f* (délit).

vagabonder *v intr* vagabundear ‖ FIG mariposear (errer) ‖ DR vagar.

vagin *m* ANAT vagina *f*.

vaginal, e *adj* vaginal.

vaginite *f* MÉD vaginitis.

vagir *v intr* llorar, dar vagidos (le nouveau-né) ‖ chillar (le lièvre).

vagissement *m* vagido ‖ chillido (du lièvre).

vague *adj* vago, ga; *de vagues promesses* promesas vagas ‖ baldío, a (non cultivé) ‖ MÉD vago (nerf) ‖ *terrain vague* solar.
- *m* vacío (vide) ‖ FIG vaguedad *f*; *le vague de ses propos* la vaguedad de sus palabras ‖ — *avoir du vague à l'âme* sentir nostalgia *ou* morriña ‖ *avoir les yeux dans le vague, regarder dans le vague* tener la mirada perdida ‖ *rester dans le vague* decir vaguedades, no precisar mucho ‖ *se perdre dans le vague* andarse con vaguedades.
- *f* ola (lame) ‖ FIG oleada, ola ‖ FIG & FAM *la nouvelle vague* la nueva ola, la nueva generación ‖ *vague de chaleur, de froid* ola de calor, de frío.

vaguelette *f* ola pequeña.
vaguement [vagmɑ] *adv* algo, un tanto, más o menos, vagamente ‖ apenas, poco; *connaissez-vous Saint-Jean-de-Luz? — très vaguement* ¿conoce usted San Juan de Luz? — apenas.
vahiné *f* tahitiana.
vaillamment [vajamã] *adv* valientemente.
vaillance [-jã:s] *f* valentía, valor *m* (valeur) ‖ ánimo *m* (courage).
vaillant, e [-jã, ã:t] *adj* valiente, valeroso, sa ‖ animoso, sa (courageux) ‖ trabajador, ra ‖ *à cœur vaillant, rien d'impossible* el mundo es de los audaces ‖ *pas un sou vaillant* ni un cuarto.
vain, e *adj* vano, na; *vaines excuses* vanas excusas ‖ — *vaine pâture* pastos libres, pasto comunal ‖ — *en vain* en vano, en balde.
vaincre* *v tr* vencer; *vaincre l'ennemi* vencer al enemigo ‖ FIG salvar, vencer; *vaincre les obstacles* salvar los obstáculos.
◆ *v pr* vencerse, dominarse.
vaincu, e *adj* et *s* vencido, da; *s'avouer vaincu* darse por vencido ‖ *malheur aux vaincus!* ¡ay de los vencidos!
vainement *adv* vanamente, en vano.
vainqueur *m* vencedor ‖ *en vainqueur* en plan de vencedor.
◆ *adj* vencedor, ra (qui a vaincu), victorioso, sa; triunfante, triunfador, ra ‖ *air vainqueur* aire arrogante *ou* de suficiencia.
— OBSERV Esta palabra no tiene forma femenina en francés, se dice «elle fut le vainqueur», «elle sortit vainqueur de ce concours».
vair *m* (*p us*) vero, marta cebellina *f* (fourrure) ‖ BLAS vero.
vairon *m* gobio (poisson).
vairon *adj m* de color diferente (yeux).
vaisseau *m* MAR buque, navío, nave *f* (navire); *capitaine de vaisseau* capitán de navío; *vaisseau amiral, fantôme* buque insignia, fantasma ‖ ANAT vaso; *vaisseaux sanguins* vasos sanguíneos ‖ ARCHIT nave *f* (nef) ‖ BOT vaso ‖ — *un vaisseau spatial* una nave espacial ‖ — FIG *brûler ses vaisseaux* quemar las naves.
vaisselier *m* vasar, platero.
vaisselle *f* vajilla ‖ — *vaisselle plate* vajilla de oro o plata ‖ — *eau de vaisselle* agua de fregar ‖ *faire la vaisselle* fregar los platos ‖ *s'envoyer la vaisselle à la tête* tirarse los trastos a la cabeza.
val *m* val (*vx*), valle ‖ *par monts et par vaux* por montes y por valles (partout).
— OBSERV pl *vals o vaux*.
valable *adj* valedero, ra; válido, da; *quittance valable* recibo válido ‖ admisible, aceptable; *excuse valable* excusa admisible ‖ de valor (personne, œuvre) ‖ que sirve, que vale; *des conseils valables pour toute une vie* consejos que sirven para toda la vida.
Val d'Aoste *n pr* GÉOGR Valle de Aosta.
valence *f* naranja de Valencia (orange) ‖ CHIM valencia.
Valence *n pr* GÉOGR Valencia.
Valenciennes *n pr* GÉOGR Valenciennes.
valériane *f* valeriana (plante).
valet [valɛ] *m* criado, sirviente ‖ FIG lacayo ‖ valet, jota *f* (jeu de cartes français); *valet de trèfle* valet de trébol; sota *f* (jeu de cartes espagnol) ‖ pesa *f* suspendida de un cordel para cerrar una puerta (contrepoids) ‖ TECHN barrilete, siete (de menuisier) ‖ — *valet de chambre* ayuda de cámara (chez soi), camarero, mozo de habitación (dans un hôtel) ‖ *valet de charrue, de ferme* mozo de labranza, gañán ‖ *valet de comédie* criado de comedia, gracioso ‖ *valet d'écurie* mozo de cuadra ‖ *valet d'établi* soporte de banco de carpintero ‖ *valet de nuit* galán de noche (meuble) ‖ *valet de pied* lacayo ‖ — *maître valet* manijero, capataz agrícola ‖ *tel maître tel valet* a tal amo tal criado.
valeur *f* valor *m*, valía; *artiste de valeur* artista de valor; *objet de valeur* objeto de valor ‖ intensidad (d'une couleur) ‖ valentía, valor *m* (vaillance) ‖ equivalencia, lo equivalente a (quantité) ‖ COMM valor *m*; *valeur en compte* valor en cuenta ‖ MATH valor *m*; *valeur absolue, relative* valor absoluto, relativo ‖ MUS valor *m* (des notes) ‖ — COMM *valeur fournie* valor recibido ‖ *valeur marchande* valor comercial ‖ ÉCON *valeur nominale* valor nominal ‖ *valeur or* valor en oro ‖ *valeurs déclarées* valores declarados ‖ *valeurs immobilières* valores inmuebles ‖ *valeurs mobilières* valores mobiliarios ‖ — *attacher de la valeur à* dar mucha importancia a ‖ *donner de la valeur* dar valor, avalorar ‖ *mettre en valeur* dar valor, avalorar (valoriser), hacer fructificar, aprovechar, beneficiar (des terres), hacer resaltar, poner de relieve (des qualités) ‖ *prendre de la valeur* aumentar de valor una cosa.
valeureux, euse *adj* valeroso, sa.
validation *f* validación.
valide *adj* sano, na; válido, da (personne) ‖ FIG válido, da; *contrat valide* contrato válido.
◆ *m* et *f* persona válida *ou* sana.
valider *v tr* validar.
validité *f* validez.
valise *f* maleta ‖ valija; *valise diplomatique* valija diplomática ‖ *petite valise* maleta pequeña, maletín ‖ — *faire sa valise* hacer la maleta.
vallée *f* valle *m* ‖ cuenca (d'une mine) ‖ FIG *vallée de larmes* valle de lágrimas.
vallon *m* vallecito, valle, vallejo.
vallonné, e *adj* ondulado, da (terrain).
vallonnement *m* ondulación *f* (du terrain).
valoir* *v intr* valer; *cette montre vaut trois cents francs* este reloj vale trescientos francos ‖ sentar; *le vin ne me vaut rien* el vino no me sienta bien ‖ — *autant vaut* lo mismo da ‖ *à valoir sur* a cuenta de ‖ *cela ne me dit rien qui vaille* eso me da mala espina ‖ *faire valoir* hacer valer (appliquer), beneficiarse de (tirer parti), aprovechar, beneficiar (des terres), realzar (mettre en relief), ensalzar (vanter), valerse de, esgrimir (se prévaloir de) ‖ *ils se valent* son tal para cual (personnes), vienen a ser lo mismo (choses) ‖ *l'un vaut l'autre* allá se van los dos ‖ *ne pas valoir cher* no valer un comino ‖ *que vaut ce candidat?* ¿qué valía tiene este candidato? ‖ *se faire valoir* darse a valer, lucirse ‖ *un rien-qui-vaille* inútil ‖ *vaille que vaille* mal que bien.
◆ *v tr* valer; *la gloire que ses exploits lui ont value* la gloria que le han valido sus hazañas ‖ equivaler a; *une blanche en musique vaut deux noires* una blanca en música equivale a dos negras ‖ merecer; *le paysage vaut une visite* el paisaje merece una visita; *valoir la peine* merecer la pena ‖ dar, proporcionar (donner) ‖ ser equiparable *ou* equivalente a; *rien ne vaut ce pays* nada es equiparable a este país.

valorisant

◆ *v impers* valer; *il vaut mieux* más vale, es mejor.
— OBSERV El participio pasado del verbo *valoir, valu*, es variable cuando significa *proporcionar* (la gloire que cette action lui a *value*) pero queda invariable cuando tiene el sentido de *tener el valor* (il ne vaut plus la somme qu'il a *valu*).
valorisant, e *adj* que valoriza, que da prestigio.
valorisation *f* valorización.
valoriser *v tr* valorizar.
Valparaiso *n pr* GÉOGR Valparaíso.
valse *f* vals *m* || FIG *la valse des étiquettes* o *des prix* la subida incesante de los precios.
valser *v intr* bailar un vals, valsar (danser) || FAM *envoyer quelqu'un valser* poner a alguien de patitas en la calle || FIG *faire valser l'argent* derrochar || FIG & FAM *faire valser quelqu'un* traer a alguno al retortero.
◆ *v tr* bailar como vals.
valseur, euse *m* et *f* valsador, ra; que baila el vals.
valve *f* valva (de mollusque) || valva, ventalla (d'un fruit) || MÉCAN válvula || RAD válvula, lámpara.
valvulaire *adj* valvular.
valvule *f* ANAT válvula (des veines).
vamp [vãːp] *f* CINÉM mujer fatal, vampiresa.
vampire *m* vampiro (spectre) || FIG sanguijuela *f* || vampiro (chauve-souris).
vampirisme *m* vampirismo.
van *m* harnero (pour le grain) || furgón para el transporte de caballos (voiture).
vanadium [vanadjɔm] *m* vanadio (métal).
Vancouver *n pr* GÉOGR Vancouver.
vandale *adj* et *s* vándalo, la.
vandalisme *m* vandalismo.
vanille [vaniːj] *f* vainilla (fruit) || *à la vanille* de vainilla || *glace à la vanille* helado mantecado *ou* de vainilla.
vanillé, e [-je] *adj* aromatizado, da con vainilla.
vanillier [-je] *m* vainilla *f* (plante).
vanilline [-jin] *f* CHIM vanilina, vainillina.
vanité *f* vanidad || — *sans vanité* sin jactancia || *tirer vanité de* vanagloriarse de, envanecerse con.
vaniteux, euse *adj* et *s* vanidoso, sa.
vanity-case *m* neceser, fin de semana.
— OBSERV pl *vanity-cases*.
vannage *m* ahecho, cribado (du grain) || conjunto de compuertas de una acequia o presa (vannes).
vanne *f* TECHN compuerta, alza (sur un cours d'eau) || válvula (sur une tuyauterie) || FAM pulla; *lancer des vannes à quelqu'un* tirar pullas a uno.
vanné, e *adj* FAM reventado, da; consumido, da.
vanneau *m* avefría *f* (oiseau).
vanner *v tr* ahechar, cribar (le grain) || batir (une crème) || FAM reventar (fatiguer) || poner compuertas (à un cours d'eau).
vannerie *f* cestería.
vannier *m* et *f* cestero.
vantail *m* hoja *f*, batiente (de porte o de fenêtre).
— OBSERV pl *vantaux*.
vantard, e *adj* et *s* jactancioso, sa.
vantardise *f* jactancia, vanagloria.

702

vanter *v tr* alabar, ponderar el mérito de || *ses mérites ne sont pas assez vantés* sus méritos no están bien ponderados.
◆ *v pr* jactarse, vanagloriarse, presumir.
Vanuatu *n pr* GÉOGR Vanuatu.
va-nu-pieds [vanypje] *m* et *f inv* descamisado, da; desharrapado, da.
vapes *f pl* *être dans les vapes* estar grogui (évanoui), estar en las nubes (rêveur) || *tomber dans les vapes* caerse redondo.
vapeur *f* vapor *m*; *vapeur d'eau* vapor de agua || — FIG *à toute vapeur* a todo vapor, a toda máquina || *bateau, machine à vapeur* barco, máquina de vapor || *les vapeurs du vin* los vapores del vino || *pommes vapeur* patatas al vapor || — CULIN *cuit à la vapeur* cocido al vapor || FIG *renverser la vapeur* cambiar radicalmente.
vaporeux, euse *adj* vaporoso, sa (ciel, lumière, tissu) || FIG nebuloso, sa; oscuro, ra (style, etc.).
vaporisateur *m* vaporizador, pulverizador.
vaporisation *f* vaporización.
vaporiser *v tr* vaporizar.
vaquer *v intr* vacar, estar vacante, estar disponible (être vacant) || interrumpir sus funciones || dedicarse a, consagrarse a, ocuparse en (s'appliquer à); *vaquer à ses affaires* dedicarse a sus negocios.
varappe *f* escalamiento *m* de peñascos (alpinisme).
varech [varɛk] *m* BOT varec (algue).
vareuse *f* marinera (de marin) || guerrera (veste d'uniforme) || chaquetón *m* (veste).
variabilité *f* variabilidad.
variable *adj* et *s f* variable.
variant, e *adj* vario, ria.
◆ *f* variante.
variation *f* variación.
varice *f* varice.
varicelle *f* varicela, viruelas *pl* locas.
varié, e *adj* variado, da; *hors-d'œuvre variés* entremeses variados.
varier* *v tr* variar; *varier son alimentation* variar la alimentación.
◆ *v intr* variar; *ses réponses varient* sus respuestas varían || cambiar, diferir; *les mœurs varient d'un pays à l'autre* las costumbres cambian de un país a otro || MATH variar.
variété *f* variedad || variedad, tipo *m*; *il existe de nombreuses variétés d'arbres* existen numerosos tipos de árboles.
◆ *pl* variedades; *spectacle de variétés* espectáculo de variedades.
variole *f* MÉD viruela, viruelas *pl*.
— OBSERV S'emploie surtout au pluriel en espagnol.
varioleux, euse *adj* et *s* varioloso, sa; virolento, ta.
variolique *adj* variólico, ca; varioloso, sa.
variqueux, euse *adj* varicoso, sa.
varlope *f* TECHN garlopa (rabot).
Varsovie *n pr* GÉOGR Varsovia.
vasculaire *adj* vascular.
vascularisation *f* vascularización.
vascularisé, e *adj* vascularizado, da.
vase *m* vaso (récipient) || jarrón (d'art) || florero (fleurs) || — *vase de nuit* orinal || PHYS *vases commu-*

nicants vasos comunicantes ‖ RELIG *vases sacrés* vasos sagrados ‖ — FIG *en vase clos* aislado, da.
◆ *f* limo *m*, cieno *m*, fango *m*.
vasectomie; vasotomie *f* MÉD vasectomía.
vaseline [vazlin] *f* vaselina.
vaseux, euse *adj* cenagoso, sa; fangoso, sa; limoso, sa ‖ FIG & FAM hecho polvo, molido, da; desfallecido, da (fatigué) | mediocre, deslucido, da (médiocre), con muy poca gracia (astuce).
vasistas [vazistas] *m* montante (porte), tragaluz, ventanilla *f* (mansarde).
vasoconstricteur *adj* et *s m* vasoconstrictor.
vasoconstriction *f* vasoconstricción.
vasodilatateur *adj* et *s m* vasodilatador.
vasodilatation *f* vasodilatación.
vasomoteur, trice *adj* et *s m* vasomotor, ra (nerfs).
vasque *f* pilón *m*, pila (de fontaine) ‖ centro *m* de mesa.
vassal, e *adj* et *s* vasallo, lla; *États vassaux* Estados vasallos.
vassalité *f*; **vasselage** *m* avasallamiento *m* ‖ vasallaje *m*.
vaste *adj* vasto, ta; extenso, sa; grande, amplio, mayor; *des ensembles industriels plus vastes* conjuntos industriales mayores ‖ FAM enorme, mayúsculo, la; *une vaste bêtise* una tontería mayúscula.
Vatican *n pr m* GÉOGR Vaticano.
vaticane *adj f* vaticana; *politique vaticane* política vaticana.
vatication *f* vaticinio *m*.
vaticiner *v intr* vaticinar, pronosticar, adivinar.
va-tout [vatu] *m inv* resto (mise de tout l'argent des jeux) ‖ FIG *jouer son va-tout* jugar el todo por el todo, echar *ou* envidar el resto.
vaudeville *m* vodevil, vaudeville (gallicismes), comedia *f* ligera.
vaudevillesque *adj* vodevilesco, ca; vaudevillesco, ca (gallicismes).
vaudou *m* vudú.
vau-l'eau (à) [avolo] *loc adv* río abajo, siguiendo la corriente, aguas abajo ‖ *s'en aller à vau-l'eau* salir mal, irse a pique, fracasar (aller mal).
vaurien, enne *m* et *f* golfo, fa.
vautour *m* ZOOL buitre ‖ FIG hombre rapaz, usurero, logrero (usurier).
vautrer (se) *v pr* revolcarse en, tenderse en; *se vautrer sur l'herbe* tenderse en la hierba ‖ repantigarse, arrellanarse (dans un fauteuil).
va-vite (à la) *loc adv* deprisa y corriendo.
veau *m* ternero, becerro (animal); *veau de lait* ternero lechal ‖ ternera *f* (viande); *un rôti de veau* un asado de ternera ‖ becerro (peau) ‖ FAM cacharro (voiture) ‖ — ZOOL *veau marin* becerro marino, foca (phoque) ‖ — FIG *adorer le veau d'or* adorar el becerro de oro | *faire le veau, s'étendre comme un veau* tenderse a la bartola ‖ *pleurer comme un veau* berrear ‖ *tuer le veau gras* echar la casa por la ventana.
vecteur *adj m* et *s m* vector; *rayon vecteur* radio vector.
vectoriel, elle *adj* vectorial; *calcul vectoriel* cálculo vectorial.
vécu, e *adj* vivido, da.

vedettariat *m* vedetismo.
vedette *f* MAR lancha motora, motora ‖ primera figura, estrella (artiste) ‖ divo, va; astro (acteur connu) ‖ figura; *la grande vedette sera le président de la République* la gran figura será el presidente de la República ‖ divo, va (opéra) ‖ — *vedette de sauvetage* lancha salvavidas ‖ *vedette lance-torpilles* lancha torpedera ‖ *un combat vedette* un combate estelar ‖ — IMPR *en vedette* en un solo renglón ‖ *mettre en vedette* poner en primer plano, en evidencia, destacar ‖ *tenir o avoir la vedette* estar en la primera plana de la actualidad.
védisme *m* RELIG vedismo.
végétal, e *adj* et *s m* vegetal; *médicaments végétaux* medicinas vegetales.
végétalisme *m* vegetalismo, vegetarianismo.
végétarien, enne *adj* et *s* vegetariano, na.
végétarisme *m* vegetarianismo.
végétatif, ive *adj* vegetativo, va ‖ — BOT *appareil végétatif* aparato vegetativo ‖ ANAT *système nerveux végétatif* sistema nervioso vegetativo ‖ *vie végétative* vida vegetativa.
végétation *f* vegetación; *la végétation des tropiques* la vegetación de los trópicos.
◆ *pl* MÉD vegetaciones.
végéter* *v intr* vegetar ‖ FIG vegetar, ir tirando (fam).
véhémence *f* vehemencia.
véhément, e *adj* vehemente.
véhiculaire *adj* *langue véhiculaire* lengua de relación.
véhicule *m* vehículo; *véhicule utilitaire* utilitario, vehículo comercial.
véhiculer *v tr* transportar en vehículo ‖ FIG comunicar, transmitir.
veille [vɛj] *f* insomnio *m*, desvelo *m* (insomnie) ‖ vela, vigilia (temps de la nuit que l'on passe sans dormir) ‖ víspera (jour précédent) ‖ vigilia (d'une fête) ‖ — *à la veille de* en vísperas de (près de) ‖ *la veille au soir* la noche anterior.
◆ *pl* vigilias (études, travaux de nuit).
veillée [-je] *f* velada ‖ vela (d'un malade) ‖ velatorio *m* (d'un défunt) ‖ *faire sa veillée d'armes* velar las armas.
veiller [-je] *v intr* velar (ne pas dormir) ‖ vigilar; *le concierge veille à la sortie de l'établissement* el conserje vigila a la salida del establecimiento ‖ quedarse sin dormir; *elle dut veiller toute la nuit pour achever sa robe* tuvo que quedarse sin dormir toda la noche para acabar su vestido ‖ tener cuidado con (prendre garde à) ‖ FIG cuidar, velar; *veiller à la sécurité de quelqu'un* cuidar de la seguridad de alguien ‖ hacer guardia; *deux soldats veillaient aux portes du palais* dos soldados hacían guardia en las puertas del palacio ‖ — *veiller à ce que* procurar que ‖ *veiller au grain* vigilar los golpes de viento (maritime), estar ojo avizor, estar preparado para una eventualidad (être vigilant).
◆ *v tr* velar, cuidar; *veiller un malade* velar a un enfermo.
veilleur, euse [-jœːr, øːz] *m* et *f* vigilante ‖ *veilleur de nuit* sereno (des rues), guarda nocturno *ou* de noche (d'une usine).
veilleuse [-jøːz] *f* mariposa (à huile) ‖ lamparilla de noche (lampe) ‖ piloto *m*, llama auxiliar (pour allumer un appareil) ‖ — FAM *la mettre en veilleuse* poner punto en boca ‖ *mettre en veilleuse* poner a

veinard

media luz (une lumière), disminuir, limitar alguna actividad (restreindre une activité) ‖ AUTOM *mettre les phares en veilleuse* poner luces de población.

veinard, e *adj* et *s* FAM potroso, sa; chambón, ona; suertudo, da.

veine *f* ANAT vena ‖ MIN vena, veta (filon) ‖ TECHN vena, veta (d'une pierre, bois, etc.) ‖ POP & FAM chamba, potra (chance) ‖ — POP *veine de pendu* suerte loca ‖ *veine poétique* vena poética ‖ — *en veine de en vena de* ‖ *pas de veine!* ¡qué mala pata! ‖ — FIG & FAM *être en veine* estar uno en vena.

veiné, e *adj* veteado, da.

veineux, euse *adj* venoso, sa (des veines); *sang veineux* sangre venosa ‖ veteado, da; que tiene vetas; *pierre veineuse* piedra veteada.

veinule *f* ANAT venilla.

veinure *f* TECHN veteado *m*.

vêlage; vêlement *m* parición *f ou* parto de la vaca.

vélaire *adj* et *s f* GRAMM velar.

Velcro *m* (nom déposé) velcro.

vêlement *m* → **vêlage**.

vêler *v intr* parir la vaca.

vélin *m* vitela *f* (parchemin).

   ▶ *adj* et *s papier vélin, vélin* papel vitela.

véliplanchiste *m* et *f* windsurfista, winsurfista.

velléitaire *adj* et *s* veleidoso, sa.

velléité [vεleite] *f* veleidad.

vélo *m* FAM bici *f*, bicicleta *f*.

véloce *adj* veloz.

vélocipède *m* velocípedo.

vélocité *f* (*p us*) velocidad.

vélocross *m* bici-cross.

vélodrome *m* velódromo.

vélomoteur *m* velomotor.

velours [vəluːr] *m* terciopelo, velludillo, veludillo (de coton) ‖ FIG lo aterciopelado; *le velours d'une pêche* lo aterciopelado de un melocotón ‖ — *velours côtelé* pana, pana de canutillo ‖ — *patte de velours* pata de gallo con las uñas escondidas ‖ FAM *sur du velours* fácilmente, sobre seguro (avec certitude) ‖ — FIG *c'est comme un velours* es puro terciopelo ‖ *faire patte de velours* esconder las uñas, ocultar la mala intención con palabras agradables ‖ *faire un velours* hacer mal un enlace de palabras.

velouté, e *adj* aterciopelado, da ‖ FIG suave (vin), untuoso, sa (crème).

   ▶ *m* lo aterciopelado; *le velouté d'une étoffe* lo aterciopelado de una tela ‖ CULIN crema [sopa de puré]; *velouté d'asperges* crema de espárragos; *velouté de tomates* crema de tomate.

velu, e *adj* velludo, da; velloso, sa.

vélum [velɔm] *m* entoldado, toldo.

— OBSERV pl *vélums*.

venaison *f* caza (gibier).

vénal, e *adj* venal ‖ FIG venal, interesado, da.

vénalité *f* venalidad.

venant, e *adj* et *s* viniente, que llega, que viene.

   ▶ *m* viniente ‖ — *allants et venants* yentes y vinientes, los que van y vienen ‖ — *à tout venant* al primero que llega ‖ *bien venant* que viene bien (qui vient bien), que crece con vigor (qui profite).

vendable *adj* vendible.

vendange *f* vendimia.

vendanger* *v tr* et *intr* vendimiar.

vendangeur, euse *m* et *f* vendimiador, ra.

Vendée *n pr f* GÉOGR Vandea.

vendéen, enne *adj* vandeano, na.

Vendéen, enne *m* et *f* vandeano, na.

vendetta *f* venganza, vendetta [guerra entre dos familias en Córcega y en algunas regiones de Italia].

vendeur, euse *m* et *f* vendedor, ra (marchand) ‖ dependiente, ta (employé).

vendre *v tr* vender; *vendre des oranges* vender naranjas; *vendre un tableau cent mille francs* vender un cuadro en *ou* por cien mil francos ‖ FIG vender; *vendre sa conscience* vender la conciencia ‖ traicionar, denunciar, vender; *vendre ses complices* denunciar a sus cómplices ‖ — *vendre à perte* vender con pérdida ‖ *vendre à terme o à tempérament* vender a plazos ‖ *vendre aux enchères* vender en pública subasta ‖ *vendre comptant* vender al contado ‖ FIG & FAM *vendre la mèche* dar el soplo, descubrir el pastel, revelar un secreto ‖ *vendre la peau de l'ours avant de l'avoir tué* vender la piel del oso antes de haberlo matado ‖ *vendre quelque chose pour rien* vender algo por nada.

   ▶ *v pr* venderse, dejarse sobornar ‖ *il s'est vendu par cette réflexion* esta reflexión le ha vendido [delatado].

vendredi *m* viernes; *vendredi prochain* el viernes próximo.

vendu, e *adj* et *s* vendido, da.

venelle *f* callejón *m*, callejuela.

vénéneux, euse *adj* venenoso, sa; *champignon vénéneux* seta venenosa.

vénérable *adj* et *s* venerable; *vieillard vénérable* anciano venerable.

vénération *f* veneración.

vénérer* *v tr* venerar.

vénerie [venri] *f* montería.

vénérien, enne *adj* venéreo, a; *maladie vénérienne* enfermedad venérea.

veneur *m* montero; *grand veneur* montero mayor.

Venezuela *n pr m* GÉOGR Venezuela.

vénézuélien, enne *adj* venezolano, na.

Vénézuelien, enne *m* et *f* venezolano, na.

vengeance [vãʒãːs] *f* venganza ‖ — *crier, demander vengeance* clamar venganza ‖ *tirer vengeance* vengarse.

venger* *v tr* vengar; *venger une offense grave* vengar una ofensa grave.

   ▶ *v pr* vengarse ‖ *se venger par des bienfaits* devolver bien por mal.

vengeur, eresse *adj* et *s* vengador, ra.

véniel, elle *adj* venial; *péché véniel* pecado venial ‖ sin gravedad.

venimeux, euse *adj* venenoso, sa (animaux); *un serpent venimeux* una serpiente venenosa ‖ FIG venenoso, sa (méchant) ‖ *langue venimeuse* lengua viperina.

venin *m* veneno, ponzoña *f* (*p us*); *le venin d'un serpent* el veneno de una serpiente.

venir* *v intr* venir; *il va venir* il va a venir ‖ venir, proceder; *ce thé vient de Ceylan* este té viene de Ceilán; *ce mot vient du latin* esta palabra procede del latín ‖ venir, seguir (succéder); *le printemps vient après l'hiver* la primavera viene después del invierno *ou* sigue al invierno ‖ venir; *le pouvoir* *vient du peuple* el poder viene del pueblo ‖ llegar, venir; *la mort vient sans qu'on s'en doute* la muerte viene cuando menos se espera ‖ llegar; *un malheur ne vient jamais seul* una desgracia nunca llega sola; *l'heure est venue* ya llegó la hora ‖ llegar; *l'eau ne venait pas au robinet* el agua no llegaba al grifo ‖ llegar (arriver) ‖ entrar; *il vient de l'air par la porte* entra aire por la puerta ‖ FIG llegar; *il me vient à l'épaule* me llega al hombro ‖ darse, salir (plantes) ‖ crecer (pousser); *cet arbre vient bien* este árbol crece bien ‖ acercarse; *venir à lui* acercarse a él ‖ caer, salir; *le vin vient goutte à goutte* el vino cae gota a gota ‖ formar; *il lui est venu une tumeur* se le ha formado un tumor ‖ — *venir à bout de* terminar, llevar a cabo ‖ *venir à l'idée* ocurrírsele a uno ‖ *venir à point* venir de perlas *ou* a punto ‖ *venir à rien* venir a menos, quedarse en nada ‖ *venir au monde* nacer ‖ *venir bien, mal* salir bien, mal (épreuve) ‖ *venir de* acabar de; *je viens d'arriver* acabo de llegar ‖ — *à venir* venidero, ra; futuro, ra ‖ *venir à*, llegar a (arriver à), pasar a, llegar a; *j'en viens à votre question* paso ahora a su pregunta ‖ *en venir aux faits* ir al grano ‖ *en venir aux mains* llegar a las manos, pelearse ‖ *faire venir* llamar (personne), mandar traer (chose) ‖ *laisser venir* esperar antes de obrar ‖ *ne faire qu'aller et venir* irse sólo un momento ‖ FIG *voir venir quelqu'un* verle a uno venir, adivinar las intenciones de uno ‖ *vouloir en venir à* tener como objetivo ‖ — FAM *ça vient?* ¿estamos?, ¿listo? ‖ *garçon?* — *je viens, madame* ¿camarero? — voy, señora ‖ *où voulez-vous en venir?* ¿a dónde quiere usted ir a parar?, ¿qué quiere usted decir? ‖ *s'il venait à pleuvoir* si lloviera ‖ *tout vient à point à qui sait attendre* todo llega a su debido tiempo ‖ POP *viens-y pour voir!* ¡ven acá y nos veremos!

— OBSERV Cuando se trata de un lugar que no es el mismo que el sitio en el que se encuentra la persona que habla, se emplea el verbo *ir: sa mère lui écrit de venir près d'elle* su madre le escribe que vaya junto a ella; *je viens!* ¡voy!

Venise *n pr* GÉOGR Venecia.
vénitien, enne *adj* veneciano, na.
Vénitien, enne *m* et *f* veneciano, na.
vent [vã] *m* viento; *vent arrière, debout* viento en popa, en contra ‖ viento, aire; *il y a beaucoup de vent* hace mucho aire ‖ aire; *faire du vent avec un éventail* hacer aire con un abanico ‖ gas, ventosidad *f*; *avoir des vents* tener ventosidades ‖ olor (vénerie) ‖ viento (direction); *je sème à tout vent* siembro a los cuatro vientos ‖ MUS viento; *instruments à vent* instrumentos de viento ‖ — *contre vents et marées* contra viento y marea ‖ *coup de vent* ráfaga de viento ‖ POP *du vent!* ¡lárguese!, ¡aire! ‖ *en coup de vent* de prisa y corriendo ‖ *en plein vent* en lugar expuesto al viento ‖ — *aller au vent* ganar el viento ‖ *aller contre le vent* hurtar el viento ‖ *aller le nez au vent* ir muy tieso ‖ FIG *aller plus vite que le vent* ir como el viento ‖ *aller selon le vent* ir al amparo del viento, ir con la corriente ‖ *allez, et bon vent!* ¡váyase con Dios! ‖ *autant en emporte le vent* lo que el viento se llevó ‖ *avoir bon vent* tener viento favorable ‖ *avoir du vent dans les voiles* estar achispado *ou* calamocano ‖ *avoir vent de quelque chose* llegar algo a los oídos de uno, barruntar ‖ FAM *ce que vous dites, c'est du vent* lo que dice son palabras al aire ‖ MAR *être au vent* estar a barlovento ‖ *être dans le vent* seguir la moda *ou* el movimiento ‖ MAR *être sous le vent* estar a sotavento ‖ *fendre le vent* cortar el aire ‖ *le vent a tourné* el viento ha cambiado (temps), se han vuelto las tornas (chance) ‖ *le vent est tombé* amainó el viento ‖ *quel bon vent vous amène?* ¿qué le trae por aquí? ‖ *qui sème le vent récolte la tempête* quien siembra vientos recoge tempestades ‖ *tourner à tout vent* moverse a todos los vientos ‖ MAR *venir au vent* orzar.

vente *f* venta; *la vente du lait* la venta de leche ‖ corte *m*, tala (de árboles) ‖ — *vente à crédit* venta a crédito ‖ *vente à tempérament o à terme* venta a plazos ‖ *vente au comptant* venta al contado ‖ *vente au détail* venta al por menor ‖ *vente aux enchères* subasta, almoneda ‖ *vente de charité* venta benéfica ‖ *vente en gros* venta al por mayor ‖ *vente par correspondance* (V.P.C), venta por correspondencia ‖ — *mettre en vente* poner a la venta *ou* en venta.
venté, e *adj* venteado, da.
venter *v imp* ventear, soplar el viento.
venteux, euse *adj* ventoso, sa; *mars est venteux* marzo es ventoso ‖ ventoso, sa; flatulento, ta; *légumes venteux* legumbres flatulentas.
ventilateur *m* ventilador.
ventilation *f* ventilación (aération) ‖ distribución, desglose *m* (sur différents comptes); *ventilation des frais généraux* desglose de los gastos generales ‖ clasificación.
ventiler *v tr* ventilar (aérer) ‖ desglosar, distribuir (les articles d'un compte) ‖ clasificar.
ventouse *f* ventosa ‖ TECHN respiradero *m* (ouverture).
ventral, e *adj* ventral.
ventre *m* ANAT vientre ‖ FAM barriga *f*, tripa *f* (ρορ) ‖ vientre, barriga *f*, panza *f* (d'un vase, d'un bateau) ‖ ARCHIT pandeo, panza *f* ‖ antinodo (acoustique) ‖ — FIG *ventre à terre* a galope tendido, a todo escape ‖ *à plat ventre* boca abajo ‖ FAM *à ventre déboutonné* a dos carrillos, hasta reventar ‖ *bas ventre* hipogastrio, bajo vientre ‖ *sur le ventre* boca abajo ‖ — *avoir, prendre du ventre* tener, echar barriga ‖ *avoir dans le ventre* tener dentro de sí, tener en las entrañas ‖ *avoir du cœur au ventre* tener mucho valor ‖ FIG *avoir le ventre creux* tener un vacío en el estómago ‖ *avoir le ventre plein* estar harto ‖ *donner un coup de ventre* dar un barrigazo ‖ FIG & FAM *en avoir dans le ventre* tener muchas agallas *ou* hígado ‖ *savoir ce que quelqu'un a dans le ventre* saber lo que piensa uno (sa pensée), saber lo que vale uno (ce qu'il vaut) ‖ *taper sur le ventre de quelqu'un* tratarlo con familiaridad ‖ *ventre affamé n'a point d'oreilles* el hambre es mala consejera.
ventrée *f* ventregada (portée) ‖ POP panzada, atracón *m*.
ventriculaire *adj* ANAT ventricular.
ventricule *m* ANAT ventrículo.
ventrière *f* ventrera, barriguera (harnais).
ventriloque *adj et s* ventrílocuo, a.
ventripotent, e *adj* FAM ventrudo, da; panzudo, da; barrigudo, da; tripudo, da.
ventru, e *adj* ventrudo, da; barrigudo, da; barrigón, ona; panzudo, da (personne) ‖ ventrudo, da (objet).
venu, e *adj* conseguido, da; realizado, da; *une estampe bien venue* una estampa bien realizada ‖ venido, da; *bien venu* bien venido ‖ — *venu de* que viene de, procedente de ‖ *être mal venu* ser poco oportuno.

venue

◆ *adj* et *s* llegado, da; *nouveau venu* recién llegado.
◆ *m* et *f* el que llega, la que llega; *écouter le premier venu* escuchar al primero que llega.
venue *f* llegada, venida; *allées et venues* idas y venidas ‖ crecida, desarrollo *m*; *arbre d'une belle venue* árbol de gran desarrollo ‖ *un conte d'une belle venue* un cuento escrito con acierto *ou* con talento.
Vénus [venys] *n pr* Venus.
vêpres [vɛːpr] *f pl* vísperas (partie de l'office) ‖ HIST *Vêpres siciliennes* vísperas sicilianas.
ver *m* ZOOL gusano ‖ MÉD verme ‖ — *ver à soie* gusano de seda ‖ *ver blanc* larva de abejorro ‖ *ver de terre* lombriz ‖ *ver luisant* luciérnaga (luciole) ‖ *ver solitaire* solitaria ‖ *vers intestinaux* lombrices intestinales ‖ — *écrasé comme un ver* aplastado como una cucaracha ‖ *nu comme un ver* en cueros vivos ‖ — FIG *avoir le ver solitaire* tener la solitaria ‖ FIG & FAM *tirer les vers du nez* tirar de la lengua, sonsacar ‖ FAM *tuer le ver* matar el gusanillo.
véracité *f* veracidad.
véranda *f* veranda ‖ mirador *m*, cierro de cristales *m* (galerie).
verbal, e *adj* verbal ‖ *procès verbal* atestado, denuncia escrita, información sumaria (constat de délit), acta (compte rendu).
verbalement *adv* verbalmente, de viva voz, de palabra.
verbalisation *f* formalización de un atestado (délit) ‖ levantamiento *m* de acta (compte rendu).
verbaliser *v intr* formalizar el atestado (dresser le procès verbal), proceder contra (poursuivre) ‖ levantar acta (faire le compte rendu).
verbe *m* palabra *f*, voz *f* ‖ RELIG verbo (deuxième personne de la sainte Trinité) ‖ GRAMM verbo ‖ *avoir le verbe haut* hablarfuerte.
verbeux, euse *adj* verboso, sa.
verbiage *m* palabrería *f*, verborrea *f*.
verdâtre *adj* verdusco, ca; verdoso, sa.
verdeur *f* acidez, agrura (du vin) ‖ falta de madurez (fruits) ‖ humedad de la madera verde (du bois) ‖ FIG verdor *m*, vigor *m* (jeunesse, vigueur) ‖ carácter licencioso *m*, lo verde, lo licencioso; *la verdeur de ses propos* lo licencioso de sus palabras.
verdict [vɛrdikt] *m* DR veredicto; *verdict d'acquittement* veredicto de inculpabilidad.
verdier *m* verderón (oiseau) ‖ antiguo jefe de guardias forestales.
verdir *v tr* pintar de verde.
◆ *v intr* verdecer, verdear, reverdecer (la terre, les arbres) ‖ verdear (devenir vert) ‖ ponerse verde (de peur, de colère, etc.) ‖ criar cardenillo (le cuivre).
verdissement [vɛrdismã]; **verdoiement** [-dwamã] *m* el verdear.
verdoyant, e [-dwajã, ãːt] *adj* verde, verdoso, sa; que verdece.
verdoyer* [-dwaje] *v intr* verdecer, verdear ‖ reverdecer.
verdure *f* verde *m*, verdor *m* (des plantes) ‖ hierba, césped *m*, plantas que cubren un terreno, como las de los prados, etc. ‖ verdura, hortalizas *pl* (herbe, feuillages, plantes potagères).
véreux, euse *adj* agusanado, da (qui a des vers) ‖ FIG dudoso, sa (douteux), sospechoso, sa (suspect) ‖ poco limpio, pia; turbio, bia (malhonnête).
verge *f* vara (de bois) ‖ varilla (de métal) ‖ MAR caña (de l'ancre) ‖ ANAT verga ‖ TECHN astil *m* (de fléau) ‖ eje *m* de áncora (d'une horloge).
◆ *pl* varas, azotes *m* ‖ *donner des verges pour se faire fouetter* dar armas al enemigo.
verger *m* vergel, huerto (jardin).
vergeté, e *adj* BLAS vergeteado, da ‖ listado, da; veteado, da.
vergetures *f pl* MÉD estrías, veteaduras, vetas (de la peau) ‖ verdugones *m* (de coups).
verglacé, e *adj* cubierto, ta de hielo; helado, da (chaussée).
verglas [vɛrgla] *m* hielo en el pavimento.
vergogne *f* vergüenza; *sans vergogne* sin vergüenza.
vergue *f* MAR verga.
véridique *adj* verídico, ca.
vérifiable *adj* comprobable.
vérificateur, trice *adj* et *s* verificador, ra; comprobador, ra; perito (expert) ‖ *vérificateur des comptes* interventor de cuentas.
vérification *f* comprobación, verificación ‖ examen *m*, revisión ‖ contraste *m* (des poids et mesures) ‖ — *vérification des comptes* intervención de cuentas ‖ *vérification d'identité* control de identidad.
vérifier* *v tr* comprobar, verificar ‖ examinar, revisar ‖ confirmar, justificar.
vérin *m* TECHN gato, elevador; *vérin à vis* gato de rosca *ou* de tornillo; *vérin hydraulique* gato hidráulico.
véritable *adj* verdadero, ra ‖ legítimo, ma; *cuir véritable* cuero legítimo ‖ legítimo, ma; de ley (métal) ‖ *c'est un véritable désastre* es un verdadero desastre.
véritablement *adv* verdaderamente, de veras, de verdad.
vérité *f* verdad ‖ naturalidad (portrait) ‖ — *vérité de La Palice* perogrullada ‖ *minute de vérité* hora de la verdad ‖ *à la vérité* a decir verdad, la verdad sea dicha ‖ *en vérité* en *ou* de verdad, verdaderamente ‖ — FAM *dire ses (quatre) vérités à quelqu'un* decir a uno cuatro verdades ‖ *il n'y a que la vérité qui blesse* sólo la verdad ofende ‖ *toutes les vérités ne sont pas bonnes à dire* no todas las verdades son para dichas.
verjus [vɛrʒy] *m* agraz.
vermeil, eille [vɛrmɛj] *adj* bermejo, ja (rouge).
◆ *m* TECHN corladura *f* (argent doré).
vermicelle *m* fideos *pl* (pâtes alimentaires) ‖ sopa de fideos (potage).
vermiculaire *adj* vermicular.
vermiculé, e *adj* vermiculado, da.
vermifuge *adj* et *s m* MÉD vermífugo, ga; vermicida.
vermillon [vɛrmijɔ̃] *m* bermellón (couleur).
vermine *f* miseria (parasites) ‖ FIG chusma, gentuza.
vermisseau *m* gusanillo.
Vermont *n pr* GÉOGR Vermont.
vermoulu, e *adj* carcomido, da (bois).
vermoulure *f* carcoma (du bois).
vermouth *m* vermut, vermú (apéritif).
vernaculaire *adj* vernáculo, la.
vernal, e *adj* vernal (du printemps).

verni, e *adj* barnizado, da ‖ FAM potrero, ra; suertudo, da ‖ *des chaussures vernies* zapatos de charol ‖ FAM *être verni* tener chorra *ou* chamba *ou* potra.

vernir *v tr* barnizar ‖ charolar (chaussures) ‖ *souliers vernis* zapatos de charol.

vernis [vɛrni] *m* barniz (enduit) ‖ vidriado, barniz vítreo (pour la porcelaine) ‖ charol (pour les cuirs) ‖ FIG baño, barniz, capa *f*; *un vernis d'éducation* un barniz de educación ‖ BOT barniz ‖ *vernis à ongles* laca *ou* esmalte para uñas.

vernissage *m* barnizado ‖ FIG inauguración *f* de una exposición de arte, apertura *f*.

vernissé, e *adj* barnizado, da (verni) ‖ vidriado, da (céramique) ‖ lustroso, sa (brillant) ‖ acharolado, da (cuir).

vernisser *v tr* vidriar (la poterie).

vérole *f* sífilis ‖ MÉD *petite vérole* viruelas; *marqué de petite vérole* picado de viruelas.

véronique *f* verónica (plante) ‖ verónica (tauromachie).

Vérone *n pr* GÉOGR Verona.

verrat [vɛra] *m* verraco (porc).

verre *m* vidrio; *verre à vitres* vidrio de ventanas ‖ cristal (verre fin); *verre à glaces* cristal de lunas ‖ vaso (pour l'eau), copa *f* (pour le vin, l'alcool) ‖ copa *f*; *je t'offre un verre* te invito a una copa ‖ cristal (d'un tableau) ‖ casco (bouteille vide) ‖ lente, cristal de gafas ‖ — *verre à dents* vaso para los dientes ‖ *verre à pied* copa ‖ *verre à vin, à liqueur* vaso de vino, de licor ‖ *verre cathédrale* cristal amarillado ‖ *verre de contact* lente de contacto ‖ *verre de lampe* tubo ‖ *verre de montre* cristal de reloj ‖ *verre dépoli* vidrio deslustrado *ou* esmerilado ‖ *verre dormant, châssis de verre* vidriera, vidrio armado ‖ *verre grossissant* cristal de aumento ‖ *verres fumés* cristales ahumados ‖ — *fibre de verre* fibra de vidrio ‖ *papier de verre* papel de lija ‖ *petit verre* copita ‖ — FAM *casser son verre de montre* romperse la rabadilla ‖ *choquer les verres* brindar ‖ *mettre sous verre* poner en un cuadro ‖ *prendre un verre* tomar una copa.

◆ *pl* FAM gafas *f* (lunettes); *porter des verres* llevar gafas.

verrerie [vɛrri] *f* vidriería (fabrique où l'on fait le verre) ‖ cristalería (fabrique et objets en verre).

verrier *m* vidriero ‖ vasera *f* (pour les verres à boire).

verrière *f* vasera *f* (pour placer les verres) ‖ vidriera (d'église) ‖ cristalera (toit).

verroterie *f* abalorio *m*, bujería de vidrio.

verrou *m* cerrojo, pestillo; *tirer, ouvrir le verrou* echar, descorrer el cerrojo ‖ cerrojo (d'une arme) ‖ FIG cerrojo (football) ‖ — *verrou de sûreté* pasador de seguridad ‖ — FIG *être sous les verrous* estar en chirona.

verrouillage [vɛruja:ʒ] *m* bloqueo (d'une arme) ‖ el cerrar (fermeture) ‖ enclavamiento ‖ AUTOM *verrouillage automatique* cierre automático.

verrouillé, e *adj* cerrado, da con cerrojo.

verrouiller [-je] *v tr* echar el cerrojo, cerrar con cerrojo ‖ bloquear (une arme) ‖ encerrar (un prisonnier).

◆ *v pr* encerrarse, echar el cerrojo a su puerta.

verrue [vɛry] *f* MÉD verruga ‖ lunar *m*, mancha, defecto *m*.

vers [vɛr] *m* verso; *vers libres* versos libres ‖ *vers blanc* verso blanco *ou* suelto.

vers [vɛr] *prép* hacia, con dirección a (in direction de); *aller vers le nord* ir hacia el norte ‖ a; *il m'a envoyé vers vous* me envió a usted ‖ hacia, alrededor de, sobre las, a eso de; *vers midi* hacia el mediodía, a eso de las doce.

versaillais, e [vɛrsaje, ɛːz] *adj* versallesco, ca.

Versaillais, e *m et f* versallés, esa.

Versailles [vɛrsɑːj] *n pr* Versalles.

versant *m* vertiente *f*, ladera *f* (pente) ‖ FIG lado, semblante, aspecto.

versatile *adj* versátil.

versatilité *f* versatilidad.

verse *f* encamado *m*, caída de las mieses (moissons) ‖ *pleuvoir à verse* llover a cántaros, a mares.

versé, e *adj* versado, da; *être versé dans* ser versado en.

Verseau *m* ASTR Acuario.

versement *m* pago, entrega *f* (d'argent) ‖ desembolso (déboursement) ‖ ingreso, imposición *f* (à un compte courant) ‖ — *versements échelonnés* pago a plazos ‖ — *premier versement* desembolso inicial, entrada.

verser *v tr* verter, derramar (répandre); *verser son sang* derramar la sangre ‖ echar; *verser de l'eau, du sel dans une casserole* echar agua, sal en un cazo ‖ dar; *verser à boire* dar de beber ‖ escanciar, echar (du vin) ‖ entregar, dar, abonar (de l'argent), ingresar (à un compte courant) ‖ pagar, abonar (une cotisation) ‖ desembolsar (débourser) ‖ volcar (un véhicule) ‖ encamar, tumbar (moissons) ‖ cubrir (le ridicule), sembrar (la paix, la haine) ‖ *verser des pleurs o des larmes* derramar lágrimas.

◆ *v intr* volcarse (une voiture) ‖ inclinarse por (avoir un penchant) ‖ FIG caer (tomber) ‖ encamarse, acostarse (les céréales).

◆ *v pr* echarse; *se verser à boire* echarse de beber ‖ servirse; *se verser un verre* servirse una copa.

verset [vɛrsɛ] *m* versículo.

verseur, euse *adj et s m* echador, vertedor.

verseuse *f* jarra, cafetera.

versificateur, trice *m et f* versificador, ra.

versification *f* versificación.

versifier* *v intr* versificar.

◆ *v tr* poner en verso, versificar.

version *f* versión; *version originale* versión original ‖ versión, traducción directa; *versión espagnole* traducción directa del español.

verso *m* vuelta *f*, verso, dorso, reverso (dos d'un feuillet).

vert, e [vɛːr, vɛrt] *adj* verde (couleur); *espaces verts* zonas verdes ‖ BOT verde (pas mûr, pas sec); *raisins verts, bois vert* uva verde, leña verde ‖ FAM lozano, na; vigoroso, sa; *une verte vieillesse* una vejez lozana | fuerte, severo, ra; *une verte réprimande* una severa reprimenda | verde, licencioso, sa; *en raconter de vertes* contar cosas verdes ‖ — *vert bouteille* verde botella ‖ *vert d'eau* verde mar ‖ *vert pomme* verde manzana ‖ — *langue verte* germanía ‖ *légumes verts* verduras, hortalizas ‖ *un vert galant* un don Juan, un mujeriego ‖ *vin vert* vino agraz ‖ *volée de bois vert* tunda de palos, paliza ‖ — FIG *donner le feu vert* dejar paso libre.

◆ *m* verde; *aimer le vert* gustarle a uno el verde ‖ AGRIC forraje verde ‖ disco verde (signal) ‖ — FIG & FAM *en voir des vertes et des pas mûres* pasar las negras *ou* las moradas ‖ *se mettre au vert* irse a descansar al campo.

— OBSERV El adjetivo *vert* queda invariable si va seguido de un adjetivo o de un nombre que lo modifica (des robes *vert* foncé, des chapeaux *vert* bouteille).
vert-de-gris [vɛrdəgri] *m inv* cardenillo, verdín.
vertébral, e *adj* ANAT vertebral; *disques vertébraux* discos vertebrales.
vertèbre *f* ANAT vértebra.
vertébré, e *adj et s m* vertebrado, da.
vertement *adv* agriamente, severamente, con aspereza; *tancer vertement* amonestar agriamente.
vertex *m* ANAT vértex.
vertical, e *adj* vertical; *cercles verticaux* círculos verticales.
◆ *f* GÉOM vertical (ligne).
◆ *m* ASTR vertical.
verticalement *adv* verticalmente.
verticalité *f* verticalidad.
vertige *m* vértigo; *avoir le vertige* tener vértigo || FIG vértigo, extravío (étourdissement).
vertigineux, euse *adj* vertiginoso, sa.
vertu *f* virtud (d'une personne) || virtud, propiedad (d'une plante) || castidad, honra, honestidad (chasteté féminine) || *— en vertu de* en virtud de, conforme a || *faire de nécessité vertu* hacer de tripas corazón.
vertueux, euse *adj* virtuoso, sa.
verve *f* inspiración, numen *m* (force de l'imagination) || *être en verve* estar inspirado *ou* locuaz.
verveine *f* BOT verbena || poleo *m* (infusion).
vésical, e *adj* ANAT vesical; *organes vésicaux* órganos vesicales.
vésicatoire *adj et s m* MÉD vejigatorio, ria; vesicatorio, ria.
vésiculaire *adj* vesicular.
vésicule *f* ANAT vesícula; *vésicule biliaire* vesícula biliar.
Vespa *f* (nom déposé) vespa.
vespasienne *f* urinario *m* público.
vespéral, e *adj* verpertino, na (du soir).
vesse-de-loup [vɛsdəlu] *f* BOT bejín, pedo de lobo.
vessie [vɛsi] *f* ANAT vejiga || *— vessie natatoire* vejiga natatoria || *—* FIG *prendre des vessies pour des lanternes* confundir Roma con Santiago, confundir la gimnasia con la magnesia.
vestale *f* vestal.
veste *f* chaqueta, americana [*(amér)* saco] (vêtement) || *— veste droite, croisée* chaqueta recta, cruzada || *—* POP *remporter o prendre une veste* llevar calabazas, llevarse un chasco || FAM *retourner sa veste* cambiarse la chaqueta, chaquetear || FAM *tomber la veste* quitarse la chaqueta.
vestiaire *m* guardarropa *f*, vestuario.
vestibule *m* ANAT vestíbulo || ARCHIT vestíbulo, zaguán.
vestige *m* vestigio.
vestimentaire *adj* de ropa, de indumentaria.
veston *m* chaqueta *f*, americana *f* || *— veston d'intérieur* batín || *— en veston* con chaqueta.
Vésuve *n pr m* GÉOGR Vesubio.
vêtement *m* traje; *vêtement d'homme* traje de hombre || ropa *f*; *le manteau est un vêtement d'hiver* el abrigo es ropa de invierno || FIG vestidura *f* || *vêtements de dessous* ropa interior.
vétéran *m* veterano.

vétérinaire *adj et s* veterinario, ria || *médecine vétérinaire* veterinaria.
vétille [vetiːj] *f* fruslería, bagatela, pamplina || *pour une vétille* por un quítame allá esas pajas.
vêtir* *v tr* vestir || *vêtir une robe* ponerse un vestido.
◆ *v pr* vestirse.
vétiver *m* espicanardo, vetiver (plante).
veto [veto] *m inv* veto (opposition) || *mettre o opposer son veto* vetar, poner el veto.
vêtu, e *adj* vestido, da; *toute de noir vêtue* toda vestida de negro || *chaudement vêtu* bien abrigado.
vétuste *adj* vetusto, ta.
vétusté *f* vetustez.
veuf, veuve *adj et s* viudo, da; *veuve Dubois* la viuda de Dubois.
◆ *f* POP la guillotina || *pension de la veuve* viudedad.
veule [vøːl] *adj* FAM apático, ca; abúlico, ca; pasivo, va (sans énergie) || pusilánime (lâche).
veulerie [-lri] *f* apatía, pasividad, abulia, falta de energía || pusilanimidad (lâcheté).
veuvage [vœvaːʒ] *m* viudez, *f*.
veuve *f* → **veuf**.
vexant, e *adj* molesto, ta; cargante, vejatorio, ria; que contraría.
vexation [vɛksasjɔ̃] *f* vejación, molestia.
vexatoire [-twaːr] *adj* vejatorio, ria.
vexer *v tr* vejar, molestar, picar.
◆ *v pr* molestarse, incomodarse, amoscarse, picarse.
v.f. abrév de *version française* versión francesa.
VHF abrév de *Very High Frequency* VHF, Muy Alta Frecuencia (télévision).
VHS abrév de *video home system* VHS.
via *prép* por, vía; *Madrid-Londres «via» Paris* Madrid-Londres vía París.
viabiliser *v tr* acondicionar; *viabiliser un terrain* acondicionar un terreno.
viabilité *f* viabilidad (d'un enfant) || calidad de transitable (chemin).
viable *adj* viable (qui peut vivre) || transitable (chemin) || factible (projet).
— OBSERV Lorsqu'il s'agit d'un chemin, les gallicismes *viable* et *praticable* sont souvent employés.
viaduc *m* viaducto.
viager, ère *adj* vitalicio, cia || *pension o rente viagère* pensión *ou* renta vitalicia, vitalicio.
◆ *m* renta vitalicia *f* || *mettre en viager* hacer un vitalicio.
viande *f* carne; *viande de bœuf* carne de vaca; *viande garnie* carne con guarnición; *viande hachée, saignante* carne picada, poco hecha || *— viande blanche* ternera, conejo, aves || *viande noire* caza || *viande rouge* vaca, cordero.
viatique *m* viático.
vibrant, e *adj* vibrante.
vibraphone *m* MUS vibráfono.
vibratile *adj* vibrátil.
vibration *f* vibración.
vibrato *m* MUS vibrato (corde), trémolo (voix).
vibratoire *adj* vibratorio, ria.
vibrer *v intr* vibrar.
vibreur *m* vibrador.
vibromasseur *m* vibrador || FAM consolador.

vicaire *m* vicario.
vice *m* vicio ‖ resabio (d'un cheval) ‖ DR *vice de forme* vicio de forma.
vice- *préf* vice-.
vice-amiral [visamiral] *m* vicealmirante.
— OBSERV pl *vice-amiraux.*
vice-consul *m* vicecónsul.
— OBSERV pl *vice-consuls.*
vice-présidence *f* vicepresidencia.
— OBSERV pl *vice-présidences.*
vice-président, e *m et f* vicepresidente, ta.
— OBSERV pl *vice-présidents.*
vice-reine *f* virreina.
— OBSERV pl *vice-reines.*
vice-roi *m* virrey.
— OBSERV pl *vice-rois.*
vice versa [viseversa] *loc adv* viceversa.
vichy *m* vichy (étoffe).
vicié, e *adj* viciado, da; impuro, ra; *air vicié* aire viciado.
vicier* *v tr* viciar ‖ enviciar (une personne).
◆ *v pr* viciarse.
vicieux, euse *adj et s* vicioso, sa ‖ falso, sa; resabiado, da (chevaux) ‖ *cercle vicieux* círculo vicioso.
vicinal, e *adj* vecinal; *chemins vicinaux* caminos vecinales.
vicissitude *f* vicisitud.
vicomte *m* vizconde.
vicomtesse *f* vizcondesa.
victime *f* víctima ‖ — *être la victime de* ser la víctima de (celui qui souffre de), ser el perjudicado por (celui à qui nuit) ‖ *être victime d'une attaque* ser víctima de un ataque [cerebral].
victoire *f* victoria, triunfo *m* (triomphe) ‖ — *victoire à la Pyrrhus* victoria pírrica ‖ — *chanter* o *crier victoire* cantar victoria.
victorien, enne *adj* victoriano, na.
victorieusement *adv* victoriosamente.
victorieux, euse *adj* victorioso, sa.
victuailles [viktɥɑːj] *f pl* vituallas.
vidange *f* vaciado *m* (action de vider) ‖ limpieza (des égouts) ‖ — *en vidange* empezado, da; medio lleno (tonneaux, bouteilles) ‖ *tuyau de vidange* tubo de desagüe ‖ — *faire la vidange* cambiar el aceite (d'une automobile).
vidanger* *v tr* vaciar, limpiar (les fosses d'aisances) ‖ vaciar (un récipient) ‖ cambiar el aceite (d'une voiture).
vidangeur *m* pocero.
vide *adj* vacío, cía; *un tiroir vide* un cajón vacío; *salle vide* sala vacía ‖ FIG falto, ta; vacío, cía; *un esprit vide d'idées* un espíritu falto de ideas ‖ vacío, cía; *avoir la tête vide* tener la cabeza vacía ‖ desprovisto, ta; *mot vide de sens* palabra desprovista de sentido ‖ vacante; *laisser un siège de député vide* dejar un escaño vacante.
◆ *m* PHYS vacío; *faire le vide* hacer el vacío ‖ ARCHIT hueco ‖ hueco (de temps) ‖ vacío; *sa mort fait un grand vide* su muerte deja un gran vacío ‖ vacante *f*; *combler les vides dans une administration* cubrir las vacantes en una administración ‖ interrupción *f*, vacío ‖ — *à vide* vacío ‖ PHYS *cloche à vide* campana neumática ‖ *emballé sous vide* envasado al vacío *ou* sin aire ‖ — *avoir peur du vide* tener vértigo [temor a las alturas] ‖ *faire le vide au-*

tour de quelqu'un hacer el vacío a uno ‖ *parler dans le vide* hablar para las paredes ‖ *tourner à vide* girar loco (un moteur).
vidé, e *adj* limpiado, da (poisson) ‖ destripado, da; vacío, a (volaille) ‖ FAM agotado, da; reventado, da (personne).
vidéo *adj inv* vídeo ‖ — *bande vidéo* videocinta ‖ *cassette vidéo* videocasete ‖ *jeu vidéo* video juego.
◆ *m* película de vídeo.
vidéocassette *f* videocasete.
vidéo-clip *m* videoclip.
vidéo-club *m* videoclub.
vidéodisque *m* videodisco.
vide-ordures [vidɔrdyːr] *m inv* colector *ou* vertedero de basuras.
vidéotex *m* videotex.
vidéothèque *f* videoteca.
vide-poches *m inv* canastillo, cajita *f* [para poner lo que se lleva en los bolsillos].
vide-pomme *m inv* utensilio para vaciar las manzanas.
vider *v tr* vaciar; *vider un tonneau* vaciar un tonel ‖ beber; *vider une bouteille* beber una botella ‖ desocupar, desalojar; *vider les lieux* desocupar una casa ‖ terminar, liquidar (une question) ‖ destripar, vaciar (volailles) ‖ limpiar (poissons) ‖ FAM echar, poner de patitas en la calle ‖ agotar, reventar (épuiser) ‖ — *vider les arçons* o *les étriers* apearse por las orejas, caerse del caballo ‖ FIG & FAM *vider les lieux* o *le plancher* largarse ‖ *vider son sac* desembuchar (de force), vaciar el saco, desahogarse (de gré) ‖ *se faire vider* ser echado.
◆ *v pr* vaciarse ‖ liquidarse, arreglarse.
videur, euse *m et f* destripador, ra ‖ vaciador, ra.
◆ *m* gorila.
vie [vi] *f* vida; *assurance sur la vie* seguro de vida; *changer de vie* mudar de vida ‖ — *vie de bâton de chaise* o *de patachon* o *de Polichinelle* vida de juerguista ‖ *vie de bohème* vida bohemia ‖ — *gens de mauvaise vie* gente de mal vivir ‖ *niveau de vie* nivel de vida ‖ — *à la vie à la mort* hasta la muerte, para siempre jamás ‖ *à vie* vitalicio, cia; *pension à vie* pensión vitalicia; perpetuo, tua; *secrétaire à vie* secretario perpetuo ‖ *de ma vie* en mi vida ‖ *en vie, tout en vie* vivo, va ‖ *jamais de la vie* nunca jamás (à aucun moment), en modo alguno (nullement) ‖ *la vie durant* durante toda la vida ‖ *pour la vie* para toda la vida, de por vida ‖ *sur ma vie* por mi vida ‖ — *avoir la vie dure* tener siete vidas como los gatos ‖ *c'est la vie!* ¡la vida! ‖ *donner la vie à* dar vida a ‖ *donner sa vie* dar la vida ‖ *faire bonne vie* darse buena vida ‖ FAM *faire la vie* juerguearse (vivre dans la débauche) ‖ *faire une vie* armar un escándalo *ou* la de Dios es Cristo ‖ *gagner sa vie* ganarse la vida ‖ *jouer avec sa vie* o *la vie* jugarse la vida ‖ *mener la vie dure à quelqu'un* hacer la vida imposible a alguien ‖ *passer à une vie meilleure* pasar a mejor vida ‖ *passer de vie à trépas* irse al otro mundo ‖ *rendre la vie* reanimar ‖ FAM *rendre la vie dure* o *impossible à quelqu'un* hacerle a uno la vida imposible, dar mala vida a uno ‖ *sa vie ne tient qu'à un fil* su vida está pendiente de un hilo.
vieil [vjɛj] *adj m* viejo ‖ — *vieil ivoire* marfil cansado ‖ *vieil or* oro viejo.
— OBSERV Este adjetivo se emplea en vez de *vieux* delante de las palabras que empiezan con vocal o h muda:

vieillard [-ja:r] *m* anciano, viejo.
vieille [vjɛj] *adj f et s f* → **vieux**.
vieille *f* budión (poisson).
Vieille-Castille *n pr* HIST & GÉOGR Castilla la Vieja.
vieillerie [-jri] *f* antigualla (vieilles choses) ‖ chochez, vejez (propos).
vieillesse [-jɛs] *f* vejez; *bâton de vieillesse* báculo de la vejez ‖ *mourir de vieillesse* morir de viejo.
vieilli, e [-ji] *adj* envejecido, da; avejentado, da ‖ FIG anticuado, da (suranné).
vieillir [-ji:r] *v intr* envejecer (devenir vieux), avejentarse (paraître vieux) ‖ FIG anticuarse (se démoder).
◆ *v tr* envejecer, avejentar (faire paraître vieux).
◆ *v pr* avejentarse, envejecerse.
vieillissant, e [-jisɑ̃, ɑ̃:t] *adj* que envejece.
vieillissement [-jismɑ̃] *m* envejecimiento, avejentamiento.
vieillot, otte [-jo, ɔt] *adj* avejentado, da ‖ anticuado, da.
vièle *f* MUS vihuela de arco.
vielle *f* MUS zanfonía, viella (instrument).
Vienne *n pr* GÉOGR Viena.
viennois, e *adj* vienés, esa (d'Autriche) ‖ vienense (de France).
Viennois, e *m et f* vienés, esa (d'Autriche) ‖ vienense (de France).
viennoiserie *f* bollería vienesa.
vierge *f* virgen.
◆ *adj* virgen; *forêt vierge* selva virgen ‖ FIG limpio, pia; *casier judiciaire vierge* registro de antecedentes penales limpio ‖ *film vierge* película virgen *ou* no impresionada.
Vierge *f* ASTR Virgo (zodiaque) ‖ *la Sainte Vierge Marie, la Sainte Vierge* la Virgen Santísima, María Santísima.
Viêt-Nam *n pr m* GÉOGR Vietnam.
vietnamien, enne *adj* vietnamita.
◆ *m* vietnamita (langue).
Vietnamien, enne *m et f* vietnamita.
vieux [vjø]; **vieil, vieille** [vjɛj] *adj* viejo, ja; *un vieil homme* un hombre viejo; *je suis plus vieux que vous* yo soy más viejo que usted ‖ veterano, na; *un vieux journaliste* un periodista veterano ‖ inveterado, da; de toda la vida, de siempre; *un vieil ivrogne* un borracho de siempre ‖ antiguo, gua; de toda la vida (ami) ‖ anticuado, da (mot) ‖ rancio, cia; *vieille tradition* rancia tradición ‖ añejo, ja (vin) ‖ viejo, ja; usado, da; *un vieux chapeau* un sombrero usado ‖ — *vieille branche* compañero, amigote ‖ — *vieux beau* viejo coquetón ‖ *vieux garçon, vieille fille* solterón, ona ‖ *vieux jeu* chapado a la antigua ‖ — *le bon vieux temps* los buenos tiempos ‖ *les vieux jours* la vejez, los últimos días ‖ — *être vieux comme Hérode* o *comme Matusalem* ser más viejo que Matusalén.
◆ *m* lo viejo.
◆ *m et f* viejo, ja; anciano, na; *les jeunes et les vieux* los jóvenes y los viejos ‖ viejo, ja (parents) ‖ — *mon vieux!, ma vieille!* ¡hombre!, ¡mujer!; *ravi de te voir, mon vieux!* ¡encantado de verte ¡hombre! ‖ *un vieux de la vieille* un viejo experimentado, un veterano ‖ — *avoir un coup de vieux* envejecer de golpe.
vif, vive [vif, vi:v] *adj* vivo, va (vivant) ‖ FIG vivo, va; pronto, ta; raudo, da (brillant, prompt); *avoir l'imagination vive* ser vivo de imaginación ‖ vivo, va; impetuoso, sa; impulsivo, va; *un enfant très vif* un niño muy impetuoso ‖ agudo, da; fino, na; *odorat très vif* olfato muy fino ‖ mordaz, incisivo, va; *de vifs reproches* reproches mordaces ‖ gran, intenso, sa; *vif intérêt* gran interés ‖ intenso, sa; *froid vif, douleur vive* frío, dolor intenso ‖ subido, da; vivo, va (couleur, odeur); *rouge vif* rojo subido ‖ — *brûlé vif* quemado vivo ‖ MAR *eaux vives* aguas vivas ‖ *haie vive* seto vivo ‖ — *de vive force* a viva fuerza ‖ *de vive voix* de viva voz, de palabra ‖ — *avoir les nerfs à vif* tener los nervios de punta ‖ *être vif comme la poudre* ser un fuguillas *ou* un polvorilla.
◆ *m* lo importante; *le vif d'un sujet* lo importante de un tema ‖ — *entrer dans le vif du sujet* entrar en el meollo del tema ‖ *mettre à vif* poner en carne viva ‖ *piquer au vif* herir en lo vivo ‖ *prendre sur le vif* reproducir del natural ‖ *toucher au vif* tocar en la herida *ou* en el punto sensible ‖ *trancher dans le vif* cortar por lo sano.
vif-argent *m* azogue, mercurio ‖ FIG *avoir du vif-argent dans les veines* tener azogue en las venas.
vigie *f* vigía *m* ‖ atalaya *m* ‖ garita (wagon).
vigilance *f* vigilancia.
vigilant, e *adj* vigilante.
vigile *m* vigilante (dans une banque, etc.) ‖ guarda jurado (dans des locaux administratifs) ‖ HIST vigilante.
◆ *f* RELIG vigilia.
vigne *f* vid (plante) ‖ viña (vignoble) ‖ — *vigne vierge* viña loca ‖ — *feuille de vigne* hoja de parra *ou* de vid, pámpano ‖ *jeune vigne* majuelo ‖ *pied de vigne* cepa ‖ — FIG *êtredans les vignes du Seigneur* estar borracho.
vigneau *m* BOT aliaga *f*, aulaga *f* (ajonc) ‖ bígaro, bigarro (bigorneau).
vigneron, onne *m et f* viñador, ra; viñatero, ra.
vignette *f* viñeta ‖ mercurial (plante) ‖ timbre *m*, precinto *m*, estampilla (de paiement des droits) ‖ patente (de voiture).
vignoble *m* viñedo.
◆ *adj* vinícola.
vigogne *f* vicuña.
vigoureusement *adv* vigorosamente, enérgicamente.
vigoureux, euse *adj* vigoroso, sa.
vigueur *f* vigor *m* ‖ — *en vigueur* en vigor, vigente ‖ — *cesser d'être en vigueur* dejar de surtir efectos, dejar de estar vigente ‖ *être en vigueur* estar en vigor *ou* vigente, regir.
viking [vikiŋ] *adj* vikingo, ga.
Vikings *n pr m pl* vikingos.
vil, e *adj* vil ‖ FIG abyecto, ta ‖ *acheter à vil prix* comprar a bajo precio.
vilain, e *adj* feo, a (laid) ‖ malo, la; despreciable, ruin; *une vilaine action* una acción despreciable ‖ desagradable, malo, la; *un vilain chemin* un camino malo ‖ — *le vilain monsieur* el coco, el bu ‖ — *il fait vilain* hace mal tiempo.
◆ *m et* · *f* villano, na (personne infâme) ‖ villano, na *(vx)*; campesino, na.
◆ *m* FAM escándalo, disputa *f*; *il y a eu du vilain* se ha armado un escándalo.

vilebrequin [vilbrəkɛ̃] *m* TECHN berbiquí ǁ MÉCAN cigüeñal.
vilenie [vilni] *f* bajeza, villanía.
vilipender *v tr* vilipendiar.
villa *f* chalet *m*, chalé *m*, hotelito *m*, villa, quinta (maison).
village *m* aldea *f*, pueblo, lugar ǁ — *village de toile* ciudad de lona ǁ *village de vacances* campamento de turismo ǁ — *l'idiot du village* el tonto del pueblo.
villageois, e [vilaʒwa, waːz] *adj et s* lugareño, ña; aldeano, na.
ville *f* ciudad, villa *(p us)*; *aller en ville* ir a la ciudad ǁ — *ville d'eau* estación balnearia ǁ *ville forte* plaza fuerte ǁ — *en ville* ciudad, interior (lettres) ǁ *habit o tenue de ville* traje de calle ǁ *hôtel de ville* ayuntamiento ǁ *sergent de ville* guardia urbano ǁ — *déjeuner, dîner en ville* almorzar, cenar fuera de casa.
 — OBSERV *Ciudad* (cité) était un titre accordé jadis seulement à de grandes villes jouissant de certains privilèges. Il s'est étendu depuis à toute ville de quelque importance. Cependant Madrid se nomme toujours *la villa del oso y el madroño*, comme la désignent ses armoiries. *Villa* s'applique couramment à toute petite ville qui n'est ni port ni place forte. *Urbe*, terme littéraire, désigne toutes les grandes agglomérations.
ville-champignon *f* ciudad hongo [de crecimiento muy rápido].
 — OBSERV pl *villes-champignons*.
villégiature *f* veraneo *m* (en été), temporada de descanso y vacaciones ǁ *aller en villégiature* ir de veraneo.
Vilnious *n pr* GÉOGR Vilna.
vin *m* vino ǁ *vin blanc* vino blanco ǁ *vin coupé* vino aguado ǁ *vin de dessert* vino de postre, vino generoso ǁ *vin de goutte* vino de lágrima ǁ *vin de messe* vino de consagrar ǁ *vin de table* vino de mesa ǁ *vin d'honneur* vino de honor ǁ *vin doux* vino dulce ǁ *vin en fût* vino a granel ǁ *vin généreux* vino generoso ǁ *vin mousseux* vino espumoso ǁ *vin rosé* vino clarete *ou* rosado ǁ *vin rouge* vino tinto ǁ *vin vieux* vino añejo ǁ — *gros vin* vino peleón, pirriaque ǁ *tache de vin* mancha en la piel ǁ — *dans le vin* borracho ǁ — *avoir le vin gai* ponerse alegre ǁ *avoir le vin mauvais* tener mal vino ǁ FAM *cuver son vin* dormir la mona ǁ *être entre deux vins* estar entre Pinto y Valdemoro ǁ *être pris de vin* estar borracho ǁ *le vin est tiré, il faut le boire* a lo hecho pecho ǁ FIG *mettre de l'eau dans son vin* bajar de *ou* el tono, moderar las pretensiones.
vinaigre *m* vinagre; *vinaigre d'alcool* vinagre de alcohol; *vinaigre de vin* vinagre de vino ǁ — FAM *faire vinaigre* aligerar, darse prisa ǁ *tourner au vinaigre* torcerse las cosas, ponerse las cosas feas.
 ◆ *interj* ¡tocino! (au jeu de la corde pour demander que l'on tourne plus vite).
vinaigrer *v tr* echar vinagre, envinagrar.
vinaigrette *f* vinagreta (sauce) ǁ carricoche antiguo [con dos ruedas].
vinaigrier *m* vinagrero (qui fait et vend du vinaigre) ǁ vinagrera *f* (burette à vinaigre) ǁ BOT zumaque (sumac des corroyeurs).
vinasse *f* vinaza (vin tiré des lies et des marcs) ǁ vinote *m*, residuos *m pl*; de la destilación de licores alcohólicos ǁ FAM vinazo *m*, vino *m* peleón.
vindicatif, ive *adj* vindicativo, va; vengativo, va.
vindicte *f* vindicta, venganza; *vindicte publique* vindicta pública.

vineux, euse *adj* vinoso, sa (de vin, semblable au vin); *couleur vineuse* color vinoso ǁ fuerte, espirituoso (vin) ǁ vinícola (pays).
vingt [vɛ̃] *adj num* veinte; *vingt personnes* veinte personas ǁ vigésimo, ma; veinte; *page vingt* página vigésima.
 ◆ *m* veinte.
 — OBSERV Cuando se multiplica *vingt* se pone en plural (*quatre-vingts* ochenta). Sin embargo, es invariable cuando va seguido de otro número (*quatre-vingt-un* ochenta y uno).
vingtaine [-tɛːn] *f* veintena, unos veinte.
vingtième [-tjɛm] *adj num ord et s m* vigésimo, ma ǁ *la vingtième partie* la veinteava parte.
vinicole *adj* vinícola, vitivinícola.
vinifère *adj* vinífero, ra.
vinification *f* vinificación.
vinyle *m* CHIM vinilo.
vinylique *adj* vinílico, ca.
viol *m* violación *f*.
violacé, e *adj* violáceo, a; violado, da; cárdeno, na.
 ◆ *f* BOT violácea.
violacer* *v intr* tirar a violado.
violateur, trice *m et f* violador, ra.
violation *f* violación (d'un secret) ǁ profanación, violación (d'une chose sainte).
viole [vjɔl] *f* MUS viola.
violemment [vjɔlamɑ̃] *adv* violentamente.
violence *f* violencia ǁ — *faire violence à* forzar, violentar (contraindre), violentar (violer) ǁ *se faire violence* contenerse ǁ *user de violence* ser violento.
violent, e *adj* violento, ta ǁ FAM violento, excesivo (exagéré).
violenter *v tr* violentar.
violer *v tr* violar.
violet, ette *adj et s* violado, da; morado, da; *devenir violet de colère* ponerse morado de ira.
 ◆ *m* violeta, morado (couleur).
 ◆ *f* violeta (fleur).
violeur, euse *m et f* violador, ra.
violine *adj* violeta púrpura (couleur).
violiste *m et f* viola (joueur de viole).
violon *m* violín (instrument de musique) ǁ violín, violinista (musicien) ǁ FIG & POP chirona *f*; *mettre au violon* meter en chirona (arrêter) ǁ — *violon d'Ingres* pasatiempo favorito ǁ MUS *premier violon* primer violín [violinista] ǁ — FIG *payer les violons* pagar los gastos de una fiesta.
violoncelle *m* MUS violonchelo, violoncelo (instrument à cordes) ǁ violonchelista, violoncelista (artiste qui en joue).
violoncelliste *m* violonchelista, violoncelista.
violoneux *m* FAM rascatripas, violinista malo.
violoniste *m et f* violinista.
V.I.P. abrév de *Very Important Person* VIP, persona muy importante (personnalité).
vipère *f* víbora (serpent venimeux) ǁ FAM víbora (personne médisante) ǁ *langue de vipère* lengua viperina.
vipereau; vipéreau; vipériau *m* viborezno.
vipérin, e *adj* viperino, na.
virage *m* curva *f*, vuelta *f*, viraje; *virage dangereux, en épingle à cheveux* curva peligrosa, muy cerrada ǁ PHOT viraje ǁ MAR virada *f* ǁ FIG viraje; *politique qui*

prend un virage dangereux política que toma un viraje peligroso ‖ — MÉD *virage de la cuti-réaction* momento en que la cutirreacción pasa de negativa a positiva ‖ *virage relevé, non relevé* curva peraltada, muy abierta ‖ *virage sans visibilité* curva sin visibilidad ‖ — *prendre un virage à la corde* ceñirse mucho a la curva, tomar la curva muy cerrada.

virago *f* virago *m*, marimacho *m*.

viral, e *adj* MÉD viral, vírico, ca; *hépatite virale* hepatitis vírica.

virée *f* FAM vuelta, garbeo *m* (promenade); *faire une virée dans les bois* darse una vuelta por los bosques ‖ *tournées et virées* idas y venidas.

virement *m* MAR virada *f* ‖ COMM transferencia *f* ‖ *virement postal* giro postal.

virer *v intr* girar, dar vueltas ‖ torcer; *virez à gauche* tuerza a la izquierda ‖ tomar la curva (une voiture); *virer court* tomar la curva demasiado cerrada ‖ cambiar (de couleur) ‖ CHIM virar ‖ PHOT rebajar, virar ‖ MÉD volverse positiva (cuti) ‖ MAR virar ‖ — *virer à* o *vers* volverse hacia ‖ *virer de bord* virar de bordo (bateau), chaquetear, cambiar de camisa, volverse la casaca (d'opinion).
◆ *v tr* COMM hacer una transferencia de, transferir ‖ girar (virement postal) ‖ FAM tirar (jeter bas) ‖ POP poner de patitas en la calle, echar (expulser) ‖ MÉD *virer sa cuti-réaction* o *sa cuti* ser sensible a la cutirreacción *ou* dermorreacción, virar la dermorreacción, volverse positiva la cutirreacción.

virevolte *f* escarceos *m pl*, caracoleos *m pl* (d'un cheval).

virevolter *v intr* hacer escarceos (un cheval) ‖ dar vueltas y revueltas, dar vueltas, girar.

Virgile *n pr m* Virgilio.

virginal, e *adj* virginal.

Virginie *n pr* GÉOGR Virginia.

virginité *f* virginidad.

virgule *f* GRAMM coma ‖ *bacille virgule* vírgula, vibrión del cólera.

viril, e *adj* viril, varonil.

viriliser *v tr* virilizar, dar carácter viril.

virilité *f* virilidad.

virole *f* TECHN virola, abrazadera de mango (anneau de métal) ‖ troquel *m* (monnaie) ‖ junta (pour réunir) ‖ contera (de canne).

virologie *f* virología.

virtualité *f* virtualidad.

virtuel, elle *adj* virtual.

virtuellement *adv* virtualmente, en potencia.

virtuose *m et f* virtuoso, sa.

virtuosité *f* virtuosidad.

virulence *f* virulencia.

virulent, e *adj* virulento, ta.

virus [virys] *m* MÉD virus ‖ FIG microbio, virus, contagio ‖ *virus filtrant* virus filtrable, ultravirus.

vis [vis] *f* tornillo *m*; *vis sans fin* tornillo sin fin ‖ — *vis à tête plate, ronde* tornillo de cabeza plana, redonda ‖ *vis calante* tornillo de calce ‖ *vis femelle* tuerca ‖ *vis mère* tuerca matriz *ou* partida ‖ AUTOM *vis platinée* platino ‖ — *escalier à vis* escalera de caracol ‖ *pas de vis* paso de rosca ‖ FIG & POP *serrer la vis à quelqu'un* apretar las clavijas *ou* los tornillos a alguien.

visa *m* COMM visto bueno, refrendo ‖ visado [(*amér*) visa *f*] (de passeport).

visage *m* rostro, cara *f*, faz *f* (figure) ‖ semblante (aspect); *un visage sévère* un semblante severo ‖ — *faux visage* mascarilla ‖ — *à deux visages* de dos caras ‖ *à visage découvert* a cara descubierta ‖ *changer de visage* cambiar de cara, cambiarse los colores de la cara ‖ *faire bon, mauvais visage* poner buena, mala cara; recibir bien, mal ‖ *se composer un visage* poner cara de circunstancias.

visagiste *m* visajista, técnico facial, especialista de la belleza de la cara.

vis-à-vis [vizavi] *prép* enfrente de, frente a frente; *vis-à-vis de la mairie* enfrente de la alcaldía ‖ *être sincère vis-à-vis de soi-même* ser sincero consigo mismo *ou* hacia sí mismo.
◆ *m* FAM persona colocada enfrente *ou* frente a otra; *mon vis-à-vis à table* la persona colocada frente a mí en la mesa ‖ confidente (canapé) ‖ — *vis-à-vis de* con respecto a, referente a, con relación a (en ce qui concerne), con, para con (envers).

viscéral, e [viseral] *adj* ANAT visceral; *arcs viscéraux* arcos viscerales.

viscéralement *adv* profundamente.

viscère [-sɛːr] *m* ANAT víscera *f*.

viscose *f* CHIM viscosa.

viscosité *f* viscosidad.

visée *f* mirada ‖ puntería (direction) ‖ FIG objetivo *m*, mira, intención (but); *des visées ambitieuses* objetivos ambiciosos ‖ — *ligne de visée* línea de mira ‖ — *avoir de hautes visées* picar muy alto ‖ *faire des visées* tirar visuales (topographie).

viser *v tr et intr* apuntar a; *viser un oiseau* apuntar a un pájaro ‖ apuntar, dirigir la puntería ‖ PHOT enfocar ‖ FIG poner la mira en, aspirar a, no buscar más que, dirigir sus esfuerzos a; *viser la popularité* no buscar más que la popularidad | tender, intentar, pretender (tendre); *il vise à me nuire* tiende a perjudicarme ‖ FAM echar un ojo (regarder) ‖ — *ceci vise à* el objeto es, se pretende ‖ *qui vise à* encaminado a ‖ *se sentir visé* darse por aludido.
◆ *v tr* visar, poner el visado (passeport) ‖ refrendar, poner el visto bueno (document).

viseur *m* visor (optique) ‖ mira *f* (armes) ‖ PHOT enfocador.

visibilité *f* visibilidad; *pilotage sans visibilité* vuelo sin visibilidad.

visible *adj* visible ‖ FAM visible, que puede recibir visitas ‖ FIG patente, evidente.

visiblement *adv* por lo visto, al parecer (manifestement) ‖ visiblemente, a la vista (ostensiblement).

visière *f* visera (de casque, de casquette, d'auto) ‖ FIG *rompre en visière* atacar *ou* contradecir abiertamente y violentamente.

Visigoths *n pr m pl* → **Wisigoths**.

vision *f* visión.

visionnaire *adj et s* visionario, ria.

visionner *v tr* ver (una película), antes de su distribución, visionar.

visionneuse *f* PHOT visionadora.

visiophone; vidéophone *m* videófono, videoteléfono.

visite *f* visita; *visite de condoléance* visita de pésame; *avoir* o *recevoir de la visite* recibir visitas ‖ inspección (d'un appareil) ‖ MAR fondeo *m* (inspection d'un bateau) ‖ MIL revista ‖ — *visite de politesse* visita de cumplido ‖ *visite médicale* examen *ou* reconocimiento médico ‖ *— carte de visite* tarjeta de visita ‖ DR *droit de visite* derecho de visita ‖ *heures de visite* horas de visita (hôpital, prison) ‖ *— être en visite chez quelqu'un* estar de visita en casa de alguien ‖ *faire une visite à quelqu'un* hacer una visita *ou* visitar a alguien ‖ *rendre à quelqu'un sa visite* devolver a alguien una visita ‖ *rendre visite* visitar.

visiter *v tr* visitar ‖ visitar, inspeccionar; *l'évêque visite son diocèse* el obispo inspecciona su diócesis.

visiteur, euse *adj* et *s* visitador, ra; visitante, visita *f* (qui est en visite) ‖ visitador, ra (inspecteur) ‖ vista *m* (inspecteur de la douane).

vison *m* ZOOL visón.

visqueux, euse *adj* viscoso, sa; pegajoso, sa.

vissage *m* atornillamiento.

visser *v tr* atornillar (fixer avec des vis) ‖ apretar, enroscar (serrer) ‖ FIG & FAM apretar las clavijas *ou* los tornillos a alguien.

visserie *f* tornillos *m pl*, pernos *m pl*, tuercas *pl* ‖ fábrica de tornillos y artículos similares (usine) ‖ *choix de visserie* surtido de tornillos, pernos y tuercas (vis, écrous, etc.).

Vistule *n pr f* GÉOGR Vístula *m*.

visualisation *f* visualización ‖ INFORM *écran de visualisation* pantalla de visualización.

visualiser *v tr* hacer visible, visualizar.

visuel, elle *adj* visual.
◆ *m* diana *f* (cible).

visuellement *adv* visualmente.

vital, e *adj* vital; *les organes vitaux* órganos vitales ‖ FIG vital, fundamental.

vitalité *f* vitalidad.

vitamine *f* vitamina.

vitaminé, e *adj* vitaminado, da.

vitaminique *adj* vitamínico, ca.

vite *adj* rápido, da; veloz; *les coureurs les plus vites* los corredores más rápidos.
◆ *adv* de prisa, deprisa, rápidamente; *parler vite* hablar de prisa ‖ *— au plus vite* lo más pronto *ou* de prisa posible ‖ *— aller vite* o *un peu vite* ir demasiado de prisa ‖ *aller vite en besogne* despachar el trabajo (être expéditif), imaginar ya las cosas hechas (imaginer) ‖ *faire vite* ir de prisa, apresurarse ‖ *travailler à la va-vite* trabajar a la ligera ‖ *— ce sera vite fait* se hará rápidamente ‖ *viens vite!* ¡ven deprisa!
◆ *interj* ¡pronto!, ¡de prisa!, ¡a toda prisa!

vitesse *f* velocidad; *la vitesse de la lumière* la velocidad de la luz ‖ rapidez, celeridad (promptitude) ‖ AUTOM velocidad; *changer de vitesse* cambiar de velocidad ‖ *— vitesse de croisière* velocidad de crucero ‖ *vitesse de pointe* velocidad punta ‖ *vitesse moyenne* velocidad media ‖ *— AUTOM boîte de vitesses* caja de cambios ‖ *grande, petite vitesse* gran, pequeña velocidad (chemin de fer) ‖ *— à toute vitesse* a toda velocidad, a todo correr, a escape ‖ FAM *en quatrième vitesse* a todo gas, volando, zumbando ‖ *en vitesse* con rapidez, velozmente, pronto ‖ *— engager une vitesse* meter una velocidad ‖ *être en perte de vitesse* perder velocidad (avion) ‖ *faire de la vitesse* correr mucho ‖ *gagner de vitesse* tomar la delantera, ganar por la mano ‖ *prendre de vitesse* ganar por la mano.

viticole *adj* vitícola.

viticulteur, trice *m* et *f* viticultor, ra.

viticulture *f* viticultura.

vitiligo *m* MÉD vitíligo, despigmentación *f* de la piel.

vitrage *m* encristalado (action de vitrer) ‖ acristalamiento; *double vitrage* doble acristalamiento ‖ vidriera *f* (porte, châssis vitré) ‖ transparente, visillo (rideau).

vitrail [vitra:j] *m* vidriera *f*, vitral; *des vitraux splendides* vidrieras espléndidas.

vitre *f* cristal *m* (de fenêtre) ‖ FIG & FAM *casser les vitres* armar un escándalo, formar la tremolina.

vitré, e *adj* con cristales, cerrado con vidrieras, guarnecido de vidrios ‖ vítreo, a; *électricité vitrée* electricidad vítrea ‖ *— ANAT humeur vitrée* humor vítreo ‖ *porte vitrée* vidriera.

vitrer *v tr* poner cristales, cerrar con vidrieras.

vitrerie *f* cristalería, vidriería.

vitreux, euse *adj* vítreo, a (de verre) ‖ vidrioso, sa (œil, regard).

vitrier *m* vidriero.

vitrification *f* vitrificación.

vitrifier* *v tr* vitrificar.
◆ *v pr* vitrificarse.

vitrine *f* escaparate *m* [(amér) vidriera, vitrina] (sur la rue) ‖ vitrina (armoire) ‖ *en vitrine* en escaparate.

vitriol *m* CHIM vitriolo ‖ *huile de vitriol* aceite de vitriolo, ácido sulfúrico concentrado ‖ FIG *un article au vitriol* un artículo mordaz *ou* incisivo.

vitrioler *v tr* echar vitriolo, vitriolar.

vitrocéramique *f* vitrocerámica.

vitupération *f* vituperación.

vitupérer* *v tr* vituperar (blâmer).

vivable *adj* FAM soportable, tolerable.

vivace *adj* vivaz ‖ MUS vivace.

vivacité *f* vivacidad, viveza ‖ violencia; *la vivacité d'une critique* la violencia de una crítica.

vivant, e *adj* vivo, va; viviente ‖ FIG vivo, va; *langue vivante* lengua viva ‖ lleno de vida; *roman vivant* novela llena de vida ‖ animado, da; *une rue vivante* una calle animada ‖ muy parecido, da; vivo, va (portrait); *c'est le portrait vivant de son père* es el vivo retrato de su padre ‖ *— Dieu vivant* Dios vivo ‖ *moi vivant* mientras yo viva ‖ *tableau vivant* cuadro viviente.
◆ *m* vivo, viviente, que vive; *les vivants et les morts* los vivos y los muertos ‖ *— FAM bon vivant* hombre regalón ‖ *de son vivant, du vivant de* en vida de [cuando vivía] ‖ *en sonvivant* en vida suya.

vivarium [vivarjɔm] *m* ZOOL vivero.

vivat! [viva o vivat] *interj* ¡viva! (pour applaudir).
◆ *m* viva, vítor, aclamación *f*; *pousser des vivats* dar vivas.

vive *f* peje *m* araña (poisson).
◆ *interj* ¡viva! ‖ *vive les vacances!* ¡viva las vacaciones!

vivement *adv* vivamente ‖ pronto, rápidamente ‖ enérgicamente ‖ profundamente, grandemente; *vivement touché* profundamente afectado.
◆ *interj* que llegue(n) pronto; *vivement les vacances!* ¡que lleguen pronto las vacaciones!

vivier *m* vivero de peces.

vivifiant, e *adj* vivificante.

vivifier* *v tr* vivificar.

vivipare *adj* et *s* ZOOL vivíparo, ra.

vivisection *f* vivisección.

vivoter *v intr* FAM ir viviendo, ir tirando, ir pasando, vivir con trabajo.

vivre* *v intr* vivir; *les perroquets vivent longtemps* los loros viven muchos años ∥ vivir (habiter); *vivre à la campagne* vivir en el campo ∥ alimentarse (se nourrir); *vivre de légumes* alimentarse con legumbres ∥ vivir (subvenir à ses besoins); *vivre de son travail* vivir de su trabajo ∥ durar; *sa gloire vivra éternellement* su gloria durará eternamente ∥ — *vivre au jour le jour* vivir al día ∥ *vivre avec* convivir con ∥ *vivre chichement* vivir miserablemente ∥ *vivre d'amour et d'eau fraîche* vivir con pan y cebollas ∥ *vivre de rien* vivir con poco ∥ — FAM *apprendre à vivre à quelqu'un* meter a uno en cintura, ponerle a uno las peras a cuarto ∥ — *cette coutume a vécu* esta costumbre ha muerto ∥ *être facile à vivre* tener buen carácter ∥ *être sur le qui-vive* estar alerta *ou* ojo avizor ∥ *il fait bon vivre* se vive bien ∥ *ne pas vivre* no vivir de inquietud ∥ *qui vive?* ¿quién vive? (sentinelle) ∥ *qui vivra verra* vivir para ver.

vivre *m* alimento [úsase en singular sólo en la frase: *avoir le vivre et le couvert* tener casa y comida].
◆ *pl* víveres ∥ *couper les vivres à quelqu'un* cortarle los víveres a alguien, dejar a uno sin recursos.

vivrier, ère *adj* alimenticio, cia [úsase principalmente en la locución: *cultures vivrières* huerta, cultivo de plantas comestibles].
◆ *m* abastecedor, ra (fournisseur).

vizir *m* visir.

Vladivostok *n pr* GÉOGR Vladivostok.

vlan!; v'lan! *interj* ¡zas!, ¡paf!

v.o. abrév de *version originale* v.o., versión original ∥ *voir un film en v.o* ver una película en versión original.

vocable *m* vocablo, palabra *f* ∥ advocación *f* (d'une église).

vocabulaire *m* vocabulario.

vocal, e *adj* vocal; *organes vocaux* órganos vocales.

vocalique *adj* vocálico, ca.

vocalisation *f* vocalización.

vocalise *f* vocalización.

vocaliser *v intr et tr* vocalizar.

vocatif *m* GRAMM vocativo.

vocation *f* vocación; *avoir la vocation* tener vocación.

vociférations *f pl* vociferaciones.

vociférer* *v tr et intr* vociferar.

vodka *f* vodka *m*.

vœu [vø] *m* voto; *prononcer ses vœux* pronunciar sus votos; *faire vœu de chasteté* hacer voto de castidad ∥ deseo; *c'est mon vœu le plus cher* es mi mayor deseo ∥ — *vœux de bonheur* votos de felicidad ∥ *vœux de nouvel an* felicitación por Año Nuevo ∥ — *faire vœu de* prometer, jurar ∥ *faire o former des vœux pour* hacer *ou* formular votos por ∥ *mes meilleurs vœux* muchas felicidades, enhorabuena ∥ *présenter ses vœux* felicitar (nouvel an, anniversaire, etc.), dar la enhorabuena (mariage) ∥ *tous mes vœux* mi más cordial enhorabuena.

vogue *f* boga (action de voguer) ∥ FIG boga, fama, moda (mode); *être en vogue* estar en boga, estar de moda.

voguer *v intr* MAR bogar, remar (ramer) ∥ navegar (naviguer) ∥ — *voguer à pleines voiles* ir viento en popa ∥ — *vogue la galère!* ¡y ruede la bola!, ¡venga lo que viniere!

voici *prép* he aquí *(p us)*, aquí está; *me voici* aquí estoy; *te voici* hete aquí, aquí estás ∥ aquí; *le voici qui vient* aquí viene ∥ este, esta, esto es; estos, estas son; *voici mes enfants* estos son mis hijos; *la table que voici* esta mesa ∥ aquí tiene, aquí está; *voici ce que vous m'avez demandé* aquí tiene lo que me ha pedido ∥ hace; *voici une heure que j'attends* hace una hora que espero ∥ ya; *nous voici arrivés* ya hemos llegado ∥ será; *voici bientôt le jour de ta fête* pronto será el día de tu santo ∥ hará, harán; *voici bientôt trois mois que je ne l'ai pas vu* pronto harán tres meses que no le he visto ∥ — *voici, monsieur* tenga señor ∥ *voici que* ya; *voici qu'il pleut* ya está lloviendo ∥ *nous y voici* ya estamos.
— OBSERV Dans les expressions *he aquí* et *he ahí* les pronoms personnels *me, te, le, lo, la, los, las, nos, os* sont obligatoirement enclitiques (ex: *heos aquí* vous voici).

voie [vwa] *f* vía, ruta; *voie publique* vía pública; *par la voie des airs* por vía aérea ∥ vía (chemin de fer) ∥ FIG camino *m*, senda (chemin), medio *m* (moyen); *par la voie de la persuasion* por medio de la persuasión ∥ conducto *m*; *par voie de presse* por conducto de la prensa ∥ calle, vía, carril *m* (d'autoroute) ∥ huella, pista (du gibier) ∥ ANAT vía; *voies urinaires* vías urinarias ∥ ASTR vía; *Voie lactée* Vía láctea ∥ TECHN vía (automobile) ∥ triscadura (d'une scie) ∥ carga (de bois de chauffage) ∥ — MAR *voie d'eau* vía de agua ∥ *voie de communication* vía de comunicación ∥ DR *voie de droit* procedimiento jurídico ∥ *voie de garage* vía muerta ∥ *voie de salut* camino de salvación ∥ *voie express* vía rápida ∥ *voie privée* vía privada ∥ *voies de fait* vías de hecho ∥ *la voie publique* la vía pública ∥ — *par des voies détournées* indirectamente ∥ *par la voie hiérarchique* por conducto regular *ou* reglamentario ∥ MÉD *par voie buccale o orale* por vía oral ∥ *par voie rectale* por vía rectal ∥ — *pays en voie de développement* países en vías *ou* en trance de desarrollo ∥ *route à deux, trois voies* carretera de dos, tres carriles ∥ — *être en bonne voie* ir por buen camino ∥ *être en voie de* estar en vías de, en curso de, en trance de ∥ FIG *être sur une voie de garage* estar dejado de lado ∥ *mettre sur la voie* encaminar, encauzar ∥ FIG *ouvrir la voie* dejar ou dar el paso, dar lugar.

voilà *prép* he aquí *(p us)*, ahí está; *la voilà* hela ahí, ahí está ∥ ahí; *le voilà qui vient* ahí viene ∥ ese, esa, eso es; esos, esas son; *voilà ses raisons* esas son sus razones; *la maison que voilà* esa casa ∥ hace; *voilà trois heures que je suis là* hace tres horas que estoy aquí ∥ ya; *nous voilà arrivés* ya hemos llegado ∥ eso sí que es; *voilà une bonne action* eso sí que es una buena acción ∥ — *voilà que* ya ∥ *voilà tout* eso es todo ∥ — *nous y voilà* ya estamos ∥ — FAM *en veux-tu, en voilà* a porrillo ∥ *ne voilà-t-il pas que, voilà-t-il pas que* resulta que, héteme aquí que ∥ *nous voilà bien!* ¡estamos arreglados *ou* aviados!
◆ *interj* ¡toma!, ¡ya está bien! ∥ *en voilà assez!* ¡basta!, ¡ya está bien!

voilage *m* adorno transparente en un vestido ∥ cortinaje, visillos *pl* (des fenêtres).

voile *m* velo; *voile de mariée* velo de novia ∥ FIG manto ∥ PHOT veladura *f* ∥ — ANAT *voile du palais* velo del paladar, cielo de la boca ∥ — FIG *sous le voile* so capa de, con apariencia de, con el pretexto de; *sous le voile de l'amitié* so capa de amistad ∥ — FIG *avoir un voile sur o devant les yeux* tener los ojos vendados *ou* una venda ante los ojos ∥ *jeter* o *mettre un voile sur* correr un tupido velo sobre, tapar con un manto, correr un velo sobre ‖ RELIG *prendre le voile* profesar, tomar el velo.

voile *f* MAR vela ‖ FIG vela (bateau à voiles) ‖ regata ‖ — *voile carrée, à livarde, de cape, d'étai* vela cangreja, de abanico *ou* tarquina, de capa, de estay ‖ — *bateau à voiles* barco de vela, velero ‖ *grandvoile* vela mayor ‖ — *à pleines voiles* a toda vela, a todo trapo ‖ *toutes voiles dehors* a toda vela ‖ AVIAT *vol à voile* vuelo sin motor ‖ — *faire de la voile* practicar el deporte de la vela ‖ *faire voile sur* navegar rumbo a ‖ *mettre à la voile* hacerse a la vela, alzar velas (s'embarquer) ‖ POP *mettre les voiles* ahuecar el ala, largarse.

voilé, e *adj* velado, da ‖ con velo, con manto (avec un voile) ‖ FIG oculto, ta; tapado, da | tomada, velada, empañada (voix) ‖ alabeado, da (bois) ‖ torcido, da (métal, roue de vélo) ‖ aparejado, da (bateau) ‖ PHOT velado, da.

voiler *v tr* poner las velas, aparejar (bateau) ‖ cubrir, tapar, ocultar (cacher) ‖ FIG velar, disimular ‖ PHOT velar.
◆ *v intr* alabearse, combarse, torcerse (se courber, se gauchir).
◆ *v pr* velarse (se mettre un voile) ‖ *se voiler la face* cubrirse *ou* taparse la cara.

voilette *f* velo *m* (des dames).

voilier *m* velero (qui fait des voiles) ‖ MAR velero (bateau à voiles); *fin voilier* buen velero ‖ ave de alto vuelo.

voilure *f* MAR velamen *m* ‖ TECHN alabeo *m* (bois, roues) ‖ AVIAT planos *m pl* sustentadores del avión ‖ MAR *centre de voilure* centro vélico.

voir* *v tr* ver.

1. PERCEVOIR — 2. DISTINGUER, OBSERVER — 3. EXAMINER — 4. VISITER, RENCONTRER — 5. CONNAÎTRE, DÉCOUVRIR, SAVOIR — 6. CONCEVOIR, IMAGINER — 7. MÉDECINE — 8. LOCUTIONS

1. PERCEVOIR ver; *je l'ai vu de mes propres yeux* lo he visto con mis propios ojos ‖ ver, leer; *je l'ai vu dans le journal* lo he leído en el periódico ‖ ver, comprender; *je ne vois pas ce que vous voulez dire* no comprendo lo que quiere usted decir ‖ ver, prever; *je ne vois pas la fin de nos problèmes* no veo el fin de nuestros problemas ‖ apreciar, ver; *sa façon de voir les choses* su manera de ver las cosas ‖ — *il ne voit pas plus loin que le bout de son nez* no ve más allá de sus narices ‖ *voir page deux* véase la página dos.
2. DISTINGUER, OBSERVER ver, observar, mirar; *voir au microscope* observar al microscopio ‖ distinguir, ver; *je vois des arbres à l'horizon* veo árboles en el horizonte.
3. EXAMINER examinar, ver; *voir de plus près* examinar de más cerca ‖ ver; *je vais voir si je peux* voy a ver si puedo ‖ ver, experimentar; *il a vu bien des malheurs* ha visto muchas desgracias ‖ *nous verrons ça* ya veremos.
4. VISITER, RENCONTRER ver, visitar; *aller voir quelqu'un* ir a ver a alguien ‖ — *je l'ai vu par hasard* lo he visto por casualidad ‖ *on ne te voit plus* no hay quien te vea.
5. CONNAÎTRE, DÉCOUVRIR, SAVOIR ver; *je n'ai jamais vu une chose pareille* nunca he visto cosa igual *ou* tal cosa ‖ ver, saber; *je vais voir s'il y a quelqu'un* voy a ver si hay alguien ‖ *c'est à voir* es digno de

verse, hay que verlo (valoir la peine), esto habría que verlo (douteux)
6. CONCEVOIR, IMAGINER ver; *à ce que je vois* por lo que veo ‖ imaginarse, ver; *je ne le vois pas homme d'affaires* no me lo imagino hombre de negocios.
7. MÉDECINE ver, examinar; *voir un malade* examinar a un enfermo; consultar; *voir son médecin* consultar al médico.
8. LOCUTIONS *voir d'un bon, d'un mauvais œil* ver con buenos, con malos ojos ‖ *voir le jour* salir a la luz, publicarse (un livre) ‖ FIG *voir mal o difficilement que* ver pocas posibilidades de que | *voir trente-six chandelles* ver las estrellas ‖ *voir venir quelqu'un* conocer las intenciones de alguien ‖ FAM *voyez-vous?* ¿comprende usted? | *voyons voir* a ver, veamos ‖ — *à ce que je vois* por lo que veo, por lo visto ‖ FAM *dites voir* dígame a ver | *écoutez voir* oiga ‖ *en avoir vu bien d'autres* estar curado de espanto ‖ *en faire voir à quelqu'un* hacer pasar las negras a alguien, dar mucho trabajo *ou* mucha guerra a alguien ‖ *en voir de toutes les couleurs* pasarlas negras *ou* moradas ‖ FAM *essayez voir* mire a ver ‖ *être beau à voir* ser digno de verse ‖ FAM *faire voir* enseñar (montrer), llevar (conduire) ‖ *je le vois d'ici!* ¡como si lo viera! ‖ *laissez voir* manifestar, mostrar (faire preuve) ‖ FAM *montrez voir* deje que vea ‖ *n'avoir rien à voir avec* no tener nada que ver con ‖ *ne pas pouvoir voir quelqu'un* tener a uno entre ceja y ceja, no poder ver a uno ‖ *n'y voir goutte* no ver ni jota (rien voir), quedarse en ayunas *ou* in albis (ne rien comprendre) ‖ FAM *regardez voir* mire ‖ *se faire bien voir* ser bien mirado ‖ FAM *tu vas voir ce que tu vas voir* ya verás lo que es bueno ‖ POP *va te faire voir!* ¡vete a paseo!
◆ *v intr* ver ‖ mirar; *voyez à ce qu'il ne manque de rien* mire a que no le falte nada ‖ — *voir de loin* ver de lejos ‖ *vois-tu, voyez-vous* ya ves, ya ve usted ‖ *voyons!* ¡veamos!, ¡vamos! ‖ — *avoir à voir à* tener que ver en ‖ *on verra* ya veremos ‖ *pour voir* para ver, para probar.
◆ *v pr* verse; *cela se voit tous les jours* esto se ve todos los días ‖ verse, tratarse (se fréquenter).

— OBSERV Las expresiones corrientes *dites voir, écoutez voir, essayez voir, voyons voir* son barbarismos y no deben usarse. El participio pasado *vu* seguido de un infinitivo concuerda sólo si va precedido por el complemento directo del infinitivo (*je les ai vus bâtir* les he visto construir; *la maison que j'ai vu bâtir* la casa que he visto edificar). No se debe decir *il y a longtemps que je ne l'ai pas vu* sino *il y a longtemps que je ne l'ai vu.*

voire *adv* (vx) ciertamente, en verdad ‖ incluso, hasta, aún; *il est probable, voire certain que* es probable, incluso seguro que.

voirie *f* servicio *m* de vías públicas, vialidad (administration) ‖ red de comunicaciones (voies de communication) ‖ servicios *m pl* municipales de limpieza ‖ servicio *m* de vías y obras ‖ vertedero *m* (d'ordures).

voisin, e *adj* et *s* vecino, na.
◆ *adj* vecino, na; próximo, ma; cercano, na (proche) ‖ semejante; parecido, da.
◆ *m* et *f* persona que está al lado ‖ prójimo (prochain) ‖ *voisin de palier* vecino que vive en la misma planta.

voisinage *m* vecindad *f* (proximité) ‖ vecindario (habitants, voisins) ‖ cercanía *f* (environs) ‖ *politique de bon voisinage* política de buena vecindad.

voisiner *v intr* ser vecinos de ‖ estar cerca de *ou* al lado de ‖ FAM tratar con los vecinos.

voiture *f* carruaje *m* (véhicule à roues) ‖ coche *m* [*(amér)* carro *m*] (automobile) ‖ coche *m* (chemin de fer, à cheval) ‖ carro *m* (grosse voiture de transport hippomobile) ‖ — *voiture à bras* carro con varales ‖ *voiture d'enfant* cochecito de niño ‖ *voiture de place* coche de punto ‖ *voiture de sport* coche deportivo ‖ *voiture d'infirme* silla de ruedas ‖ *voitures-couchettes* coches literas (train) ‖ *voiture tout terrain* vehículo para todo terreno ‖ — *messieurs les voyageurs, en voiture!* señores viajeros, ¡al tren! ‖ *toute la voiture jeta de hauts cris* todas las personas que iban en el coche gritaron con fuerza.

voiture-lit [vwatyrli] *f* coche *m* cama.
— OBSERV pl *voitures-lits*.

voiture-restaurant *f* coche *m* restaurante.
— OBSERV pl *voitures-restaurants*.

voiturette *f* cochecillo *m*.

voix [vwa] *f* voz; *voix de crécelle* voz chillona; *voix creuse* voz cavernosa; *avoir une belle voix* tener buena voz ‖ voto *m*; *donner sa voix* dar su voto; *motion approuvée par douze voix contre neuf* moción aprobada por doce votos a favor y nueve en contra ‖ GRAMM voz; *voix passive* voz pasiva ‖ consejo *m* (conseil), advertencia, mandato *m* (ordre) ‖ — *voix claironnante* voz atiplada *ou* estridente *ou* clara y aguda ‖ *voix de dessus* tiple ‖ *voix prépondérante* voto de calidad ‖ — *grosse voix* vozarrón ‖ *la voix de la conscience* la voz de la conciencia ‖ *la voix de la raison* la voz de la razón ‖ *la voix du sang* la llamada de la sangre ‖ — *à voix haute* en voz alta ‖ *à voix basse* en voz baja ‖ *de vive voix* de palabra, de viva voz ‖ — *aller aux voix* votar ‖ *avoir de la voix* tener voz ‖ *avoir voix délibérative* tener voz y voto ‖ *baisser la voix* bajar la voz ‖ *élever la voix* levantar la voz ‖ *faire la grosse voix* levantar *ou* alzar la voz ‖ *mettre aux voix* poner a votación ‖ *ne pas avoir voix au chapitre* no tener vela en el entierro, no tener ni voz ni voto.

vol *m* vuelo ‖ bandada *f* (groupe d'oiseaux) ‖ — *vol à voile* vuelo a vela *ou* sin motor ‖ *vol de nuit* vuelo nocturno ‖ *vol en rase-mottes, d'essai, en palier* vuelo a ras de tierra, de prueba, horizontal ‖ SPORTS *vol libre* vuelo libre ‖ *vol plané* vuelo planeado ‖ — *au vol* al vuelo ‖ *à vol d'oiseau* en línea recta (distance), a vuelo de pájaro (vue) ‖ FIG *de haut vol* de mucho vuelo ‖ *prendre son vol* emprender el vuelo ‖ *saisir l'occasion au vol* coger la ocasión por los pelos.

vol *m* robo ‖ — *vol à la tire* ratería ‖ *vol à l'étalage* robo de escaparate ‖ *vol à main armée* atraco ‖ *vol avec effraction* robo con fractura ‖ *vol qualifié* robo con agravantes.

volage *adj* voluble, versátil; veleidoso, sa; cambiante (changeant) ‖ infiel (infidèle).

volaille [vɔlaːj] *f* aves *pl* de corral, volatería; *donner à manger à la volaille* dar de comer a las aves de corral ‖ ave de corral.

volailler; volailleur *m* vendedor de aves, recovero, gallinero (marchand) ‖ *(p us)* gallinero (poulailler).

volant *m* volante (ornement, jouet) ‖ TECHN volante (roue) ‖ AUTOM volante ‖ COMM reservas *f pl* (réserve) ‖ talón de registro.

volant, e *adj* volante, volador, ra (qui vole) ‖ volante, itinerante (qui se déplace) ‖ flotante, ondeante (agité par le vent) ‖ — *feuille volante* hoja suelta *ou* volante ‖ *fusée volante* cohete ‖ AVIAT *le personnel volant, les volants* el personal de vuelo ‖ *table volante* velador ‖ MÉD *petite vérole volante* varicela.

volatil, e *adj* volátil.

volatile *m* volátil (qui vole).

volatilisation *f* volatilización.

volatiliser *v tr* volatilizar.

volatilité *f* CHIM volatilidad.

vol-au-vent [vɔlɔvã] *m inv* volován, «vol-au-vent», pastel relleno de pescado o carne.

volcan *m* volcán.

volcanique *adj* volcánico, ca.

volcanisme *m* volcanismo.

volcanologie *f* vulcanología.

volcanologue; vulcanologue *m et f* vulcanologista, vulcanólogo, ga.

volée *f* vuelo *m* (vol) ‖ bandada (d'oiseaux); *une volée de moineaux* una bandada de gorriones ‖ repique *m*, tañido *m*, campanada (de cloches) ‖ ARCHIT tramo *m* (d'escalier), tiro *m* (d'escalier) ‖ MAR andanada (décharge) ‖ MIL caña, bolada (du canon) ‖ POP paliza (coups) ‖ SPORTS voleo *m* (de la balle) ‖ TECHN aguilón *m* (de grue) | volea (de voiture) ‖ — *demi-volée* de rebote ‖ — *à la volée* al vuelo; *saisir à la volée* coger al vuelo ‖ FIG *de haute volée* de alto rango, de alto copete ‖ *prendre sa volée* alzar *ou* emprender el vuelo (partir), emanciparse, volar con sus propias alas (s'émanciper) ‖ AGRIC *semer à la volée* sembrar al voleo ‖ *sonner à grande* o *à toute volée* echar *ou* tocar a vuelo (les cloches).

voler *v intr* volar (oiseaux, avions) ‖ FIG volar, correr (courir) ‖ — *voler au secours de* volar en socorro de ‖ *voler de ses propres ailes* volar con sus propias alas ‖ *voler en éclats* hacerse pedazos ‖ — *on entendrait voler une mouche* se podría oír el vuelo de una mosca.

◆ *v tr* cazar; *vautour volant un lièvre* azor cazando una liebre.

voler *v tr* robar ‖ FAM *il ne l'a pas volé* le está bien empleado, lo tiene bien merecido.

volet [vɔlɛ] *m* postigo (de fenêtre) ‖ tabla *f* de cierre (de boutique) ‖ hoja *f*, parte *f* (d'un triptyque) ‖ tabla *f* (planche pour trier) ‖ AVIAT flap, alerón ‖ MÉCAN válvula *f* ‖ MAR parte *f* (partie) ‖ aspecto *f* ‖ FIG *trié sur le volet* muy escogido.

voleter* [vɔlte] *v intr* revolotear.

voleur, euse *adj et s* ladrón, ona ‖ — *voleur à la roulotte* ladrón que opera en los coches estacionados ‖ *voleur à la tire* carterista ‖ *voleur à l'étalage* mechero ‖ *voleur de bestiaux* cuatrero ‖ *voleur de cœurs* ladrón de corazones ‖ *voleur de grand chemin* bandolero, salteador de caminos ‖ *voleur d'enfants* raptador de niños ‖ — *au voleur!* ¡ladrón!, ¡ladrones!

Volga *n pr f* GÉOGR Volga *m*.

volière *f* pajarera.

volige *f* CONSTR chilla, ripia (planche).

volitif, ive *adj* volitivo, va.

volley-ball [vɔlɛbol] *m* SPORTS balonvolea.

volleyer *v intr* SPORTS jugar de volea.

volleyeur, euse [-jœːr, øːz] *m et f* jugador, jugadora de balonvolea.

volontaire *adj et s* voluntario, ria (de son gré) ‖ voluntarioso, sa; voluntario, ria (entêté).

volontairement *adv* voluntariamente (de son gré) ‖ voluntariosamente (avec entêtement).
volontariat *m* MIL voluntariado.
volontarisme *m* voluntarismo.
volonté *f* voluntad ‖ — *à volonté* a discreción, a gusto de uno ‖ *de bonne volonté* de buena voluntad, con gusto ‖ MIL *feu à volonté* fuego a discreción ‖ *mauvaise volonté* mala voluntad ‖ — *n'en faire qu'à sa volonté* no hacer más que su capricho, salirse siempre con la suya.
◆ *pl* caprichos, antojos ‖ FAM *faire ses quatre volontés* hacer su santa voluntad.
volontiers [vɔlɔ̃tje] *adv* gustoso, sa; con gusto, de buena gana, de buen grado, gustosamente ‖ fácilmente, naturalmente (naturellement).
volt [vɔlt] *m* ÉLECTR voltio.
Volta *n pr* GÉOGR Volta (fleuve).
voltage *m* ÉLECTR voltaje.
voltaïque *adj* ÉLECTR voltaico, ca.
voltaire *m* sillón de respaldo alto (fauteuil), silla *f* poltrona.
voltairien, ienne *adj* et *s* volteriano, na.
volte *f* volteo *m* vuelta (mouvement du cheval) ‖ SPORTS esquiva, parada.
volte-face *f inv* media vuelta; *faire volte-face* dar media vuelta ‖ FIG cambio *m* súbito de opinión, cambiazo *m*.
voltige *f* cuerda floja (corde) ‖ ejercicios *m pl* de trapecio (au cirque) ‖ volteo *m* (équitation) ‖ acrobacia aérea ‖ FIG *haute voltige* acrobacia, malabarismo.
voltiger* *v intr* revolotear (voler) ‖ voltear (à la corde raide) ‖ caracolear (un cheval) ‖ flotar, ondear (un drapeau) ‖ FIG mariposear (papillonner).
voltigeur *m* volatinero, ra (cirque), volteador, ra ‖ MIL tirador, cazador (soldat) ‖ cigarro puro.
voltmètre *m* ÉLECTR voltímetro.
volubile *adj* BOT voluble ‖ FIG locuaz.
volubilis [vɔlybilis] *m* BOT enredadera *f* de campanillas (liseron).
volubilité *f* locuacidad, volubilidad.
volume *m* volumen (livre, grosseur, mathématiques) ‖ caudal (débit d'eau) ‖ espacio, bulto; *pour qu'il fasse moins de volume* para que ocupe menos espacio, para que haga menos bulto ‖ fuerza *f* (des sons) ‖ volumen (de la voix).
volumétrique *adj* volumétrico, ca.
volumineux, euse *adj* voluminoso, sa.
volupté *f* voluptuosidad.
voluptueusement *adv* voluptuosamente.
voluptueux, euse *adj* et *s* voluptuoso, sa.
volute *f* ARCHIT voluta ‖ FIG voluta, espiral (de fumée).
vomi *m* vómito, vomitona *f*.
vomique *adj* et *s f* vómica; *noix vomique* nuez vómica.
vomir *v tr* vomitar; *vomir son repas* vomitar la comida ‖ FIG *vomir des injures* vomitar injurias ‖ — *cela fait vomir, cela ferait vomir, c'est à faire vomir* da náuseas.
vomissement *m* vómito.
vomissure *f* vomitona, vómito *m*.
vomitif, ive *adj* et *s m* MÉD vomitivo, va.
vorace *adj* voraz.
voracement *adv* vorazmente, con avidez.

voracité *f* voracidad ‖ FIG avidez, codicia (avidité).
vos [vo] *adj poss pl de votre* vuestros, tras; *vos fils et vos filles* vuestros hijos y vuestras hijas (quand il s'agit d'une ou de plusieurs personnes qui ne se tutoient pas, on traduit en espagnol par *sus* ou *de usted* ou *de ustedes*: *vos enfants* sus hijos, los hijos de usted, de ustedes. On dit aussi pléonastiquement: sus hijos de usted).
Vosges [vo:ʒ] *n pr f pl* GÉOGR Vosgos *m*.
vosgien, enne [-ʒjɛ̃, jɛn] *adj* de los Vosgos.
Vosgien, enne *m* et *f* vosgiense.
votant, e *adj* et *s m* votante.
votation *f* voto *m* (en Suisse).
vote *m* voto; *motiver son vote* explicar el voto ‖ votación *f* (action); *vote à main levée* votación a mano alzada; *vote par appel nominal* votación nominal ‖ — *vote à bulletin secret* votación secreta ‖ *vote par correspondance* votación ou voto por correo ‖ *vote par procuration* voto por poder.
voter *v intr* et *tr* votar; *voter par assis et levés* votar puestos de pie.
votif, ive *adj* votivo, va.
votre [vɔtr] *adj poss* vuestro, vuestra; *votre livre* vuestro libro; *votre maison* vuestra casa (quand il s'agit d'une ou de plusieurs personnes qui ne se tutoient pas, on traduit par *su* ou *de usted* ou *de ustedes*: *votre maison* su casa, la casa de usted. On dit aussi: su casa de usted ou de ustedes).
— OBSERV pl *vos*.
vôtre (le, la) [vo:tr] *pron poss sing* el vuestro, la vuestra, lo vuestro (s'il s'agit de personnes qui ne se tutoient pas, on traduit par *el suyo, la suya, lo suyo, el de usted, la de usted, lo de usted*: *notre pays et le vôtre* nuestro país y el suyo).
◆ *pl* los vuestros, las vuestras; los suyos, las suyas; los, las de usted ou los, las de ustedes.
vouer [vwe] *v tr* consagrar, dedicar (consacrer) ‖ poner bajo la advocación (d'un saint) ‖ profesar; *vouer un amour profond à* profesar un amor profundo a ‖ prometer por voto (promettre) ‖ *être voué à l'échec* estar condenado al fracaso, no poder ser sino un fracaso.
◆ *v pr* consagrarse ‖ *ne savoir à quel saint se vouer* no saber a qué santo encomendarse.
vouloir* *v tr* querer; *voulez-vous me prêter de l'argent?* ¿quiere dejarme dinero? ‖ querer, desear; *faites ce que vous voudrez* haga usted lo que quiera ‖ requerir, necesitar; *la vigne veut de grands soins* la viña requiere muchos cuidados ‖ exigir (exiger) ‖ mandar; *comme le veut l'histoire* como lo manda la historia ‖ esperar, querer; *que veut-il de moi?* ¿qué espera de mí? ‖ querer, hacer el favor de; *voulez-vous vous taire* haga el favor de callarse ‖ querer ver; *je ne vous veux plus ici* no quiero verle más por aquí ‖ — *vouloir bien* consentir ‖ *vouloir du bien, du mal à quelqu'un* desear bien, mal a alguien ‖ — *veuillez* sírvase usted, tenga a bien, dígnese usted ‖ *veuillez agréer, monsieur, l'expression de mes sentiments dévoués* le saluda atentamente su seguro servidor ‖ — *qu'on le veuille ou non* quiérase o no ‖ *sans le vouloir* sin querer ‖ — *savoir ce que parler veut dire* comprender el sentido oculto de ciertas palabras ‖ *si je mens, je veux bien être pendu* si miento, que me ahorquen ‖ — *bien vouloir* tener a bien ‖ *Dieu le veuille!* ¡Dios lo quiera! ‖ *je veux bien* no veo inconveniente, no veo nada en contra ‖ *je veux bien admettre* reconozco ‖

vouloir   718

◆ *v intr* querer; *je ne veux pas de ses excuses* no quiero sus excusas ‖ — *en vouloir à quelqu'un* tener algo contra alguien, estar resentido con alguien ‖ *s'en vouloir de* sentir, estar avergonzado por; *je m'en veux d'avoir fait cela* siento haber hecho esto, estoy avergonzado por haber hecho esto.

vouloir *m* voluntad *f* (volonté); *bon, mauvais vouloir* buena, mala voluntad.

voulu, e *adj* deliberado, da; intencionado, da; hecho a propósito *ou* adrede (délibéré) ‖ *en temps voulu* a su (debido), tiempo, en tiempo oportuno, cuando proceda.

vous [vu] *pron pers de la 2ᵉ pers du pl des deux genres*
1. PRONOM SUJET vosotros, vosotras (quand il s'agit de personnes qui se tutoient); *vous êtes* vosotros sois ‖ ustedes (quand il s'agit de personnes qui ne se tutoient pas); *vous êtes* ustedes son ‖ usted (par politesse lorsqu'on s'adresse à une seule personne); *vous êtes trop bon* es usted demasiado bueno ‖ — *c'est à vous* es suyo *ou* de usted *ou* de ustedes ‖ *c'est à vous de* a usted le toca, usted debe ‖ *de vous à moi* de usted a mí, entre nosotros dos ‖ vos (appartient au style soutenu et ne s'emploie que pour s'adresser à Dieu ou aux saints); *vous êtes tout-puissant* vos sois todopoderoso.
2. PRONOM COMPLÉMENT os (personnes qui se tutoient); *je vous vois* os veo; *je vous le dirai* os lo diré ‖ les, las [a ustedes] (personnes qui ne se tutoient pas); *je vous connais* les conozco; se (avec un double complément); *je vous le dirai* se lo diré ‖ le, la [a usted] (marque de politesse); *je vous vois* le veo; se (avec un double complément); *je vous l'apporterai* se lo traeré.
— OBSERV Généralement en espagnol on n'exprime le pronom sujet que pour insister: *vous mangez* coméis; *vous, vous mangez* vosotros coméis. Les pronoms compléments sont obligatoirement enclitiques avec le gérondif, l'impératif et l'infinitif: *j'irai vous voir* iré a verles; les pronoms *usted* et *ustedes* s'écrivent en abrégé *Ud., Uds.* ou *Vd., Vds.*

voussoir; vousseau *m* ARCHIT dovela *f*.

voussure *f* ARCHIT superficie abovedada ǀ dovelaje *m*.

voûte *f* ARCHIT bóveda ‖ MAR bovedilla ‖ TECHN copa, bóveda (du fourneau) ‖ — *voûte à tonnelle* bóveda de cañón ‖ *voûte d'arête* bóveda por aristas ‖ *voûte d'ogive* bóveda ojival ‖ ANAT *voûte du crâne, du palais* bóveda craneal, palatina *ou* cielo de la boca ‖ *voûte en arc de cloître* bóveda en rincón de claustro, bóveda claustral ‖ *voûte en berceau* bóveda de medio punto *ou* de cañón ‖ *voûte en plein cintre* bóveda de medio punto ‖ *voûte lambrissée* bóveda con casetones ‖ ANAT *voûte plantaire* bóveda plantar ‖ — *clef de voûte* clave de bóveda ‖ *la voûte du ciel* la bóveda celeste.

voûté, e *adj* abovedado, da (en voûte) ‖ encorvado, da (courbé) ‖ *avoir le dos voûté* ser cargado de espaldas.

voûter *v tr* ARCHIT abovedar (couvrir avec une voûte) ‖ FIG encorvar (courber).
◆ *v pr* encorvarse (se courber).

vouvoiement [vuvwamɑ̃]; **voussoiement** [-swamɑ̃] *m* tratamiento de usted *ou* de vos.

vouvoyer [-je]; **voussoyer*** [vuswaje] *v tr* hablar *ou* tratar de usted *ou* de vos a alguien.

voyage [vwaja:ʒ] *m* viaje; *bon voyage!* ¡buen viaje! ‖ — *voyage à forfait* viaje todo comprendido ‖ *voyage au long cours* gran viaje ‖ *voyage d'affaires* viaje de negocios ‖ *voyage de noces* viaje de novios ‖ *voyage organisé* viaje organizado ‖ — *les gens du voyage* los saltimbanquis ‖ — *aller en voyage* ir de viaje ‖ *être en voyage* estar de viaje ‖ FIG *faire le grand voyage* irse al otro barrio, irse de este mundo *ou* al otro mundo, morir.

voyager* [-ʒe] *v intr* viajar; *voyager en Espagne* viajar por España.

voyageur, euse [-ʒœːr, øːz] *m et f* viajero, ra.
◆ *adj commis voyageur, voyageur de commerce* viajante [de comercio] ‖ *pigeon voyageur* paloma mensajera.

voyagiste *m et f* operador *m* turístico.

voyance *f* videncia.

voyant, e *adj* vidente ‖ FIG llamativo, va; vistoso, sa (qui se remarque), chillón, ona; vivo, va (couleur).
◆ *m* vidente (illuminé) ‖ MAR señal *f* de boya *ou* baliza ‖ TECHN indicador luminoso de un aparato, chivato.
◆ *f* vidente, adivina, pitonisa.

voyelle *f* GRAMM vocal.

voyeur, euse *m et f* mirón, ona; voyeur *m*.

voyeurisme *m* voyeurismo, escoptofilia *f*.

voyou *m* golfo, gamberro, granuja.
◆ *adj* de golfo; *prendre des airs voyous* dárselas de golfo.

V.P.C. abrév de *vente par correspondance* venta por correspondencia.

vrac (en) *loc adv* a granel, en montón ‖ en desorden.

vrai, e *adj* verdadero, ra; cierto, ta; *un vrai diamant* un diamante verdadero ‖ — *vrai de vrai* de verdad de las buenas ‖ *vrai, quel travail!* ¡vaya trabajo! ‖ — *aussi vrai que* tan verdad como ‖ *pas vrai?* ¿verdad? ‖ — *c'est si vrai que* tan es así que, es tan verdad que ‖ *c'est vrai que* es verdad ‖ *dire vrai* decir la verdad ‖ *est-ce vrai?, vrai?* ¿de verdad? ‖ *il est vrai* verdad es ‖ *il n'en est pas moins vrai que* si bien verdad es ‖ *il n'est que trop vrai que* por desgracia es demasiado cierto que *ou* es la pura verdad que ‖ *s'il est vrai que* si es cierto que ‖ *toujours est-il vrai que, il est vrai que* también es verdad que, si bien es verdad que, es verdad que.
◆ *m* verdad *f*, lo verdadero (vérité).
◆ *m et f* auténtico, ca; *les parfums, les vrais, sont chers* los perfumes, los auténticos, son caros ‖ — *au vrai, de vrai* en verdad, en realidad, la verdad sea dicha ‖ *à vrai dire* a decir verdad, en realidad, la verdad sea dicha, lo cierto es que ‖ FAM *pour de vrai* de veras ‖ FAM *un vrai de vrai* uno de verdad ‖ — *être dans le vrai* tener razón, estar en lo cierto.

vraiment *adv* verdaderamente, de verdad, de veras (véritablement) ‖ — *vraiment?* ¿de verdad?, ¿de veras? ‖ — *oui vraiment* realmente, sin duda.

vraisemblable *adj* verosímil ‖ probable.
◆ *m* lo verosímil, la verosimilitud *f*.

vraisemblablement *adv* probablemente, con toda probabilidad, según parece, al parecer.

vraisemblance *f* verosimilitud ‖ probabilidad.

vrille [vri:j] *f* BOT tijereta, zarcillo *m* (filament) ‖ TECHN barrena (pour percer) ‖ barrena (avion); *tomber en vrille* hacer la barrena.

vrillé, e [-je] *adj* barrenado, da (percé) ‖ retorcido, da (enroulé en vrille) ‖ BOT que tiene zarcillos *ou* tijeretas.

vriller [-je] *v tr* barrenar (percer).
◆ *v intr* ensortijarse, enroscarse (se tordre) ‖ elevarse en espiral ‖ hacer la barrena (un avion).
vrombir *v intr* zumbar.
vrombissement *m* zumbido (d'un moteur).
V.R.P. abrév de *voyageur représentant placier* viajante representante corredor.
V.T.T. abrév de *vélo tout terrain* bicicleta todo terreno.
vu, e *adj* visto, ta ‖ FIG visto, ta; considerado, da; *être bien, mal vu* estar bien, mal visto *ou* considerado ‖ estudiado, da (étudié) ‖ — *c'est tout vu* todo está visto ‖ *ni vu ni connu* ni visto ni oído.
◆ *prép* en vista de, a la vista de; *vu les circonstances* en vista de las circunstancias ‖ dado, da; considerando, teniendo en cuenta, a causa de (en raison de) ‖ — *vu et approuvé* visto bueno, conforme ‖ *vu que* visto que, en vista de que ‖ *vu l'article 2* teniendo en cuenta *ou* dado *ou* según el artículo 2 ‖ *au vu et au su de tous* a la vista y conocimiento de todos, a cara descubierta.
vue [vy] *f* vista; *vue perçante* vista aguda *ou* penetrante ‖ vista (panorama); *offrir une belle vue* tener una vista magnífica ‖ impresión; *échange de vues* cambio de impresiones ‖ opinión, punto *m* de vista; *je ne partage pas vos vues* no comparto sus opiniones ‖ proyecto *m*, designio *m*; *seconder les vues de quelqu'un* secundar los proyectos de uno ‖ examen *m* ‖ ARCHIT luz, hueco *m* ‖ — *vue d'ensemble* visión de conjunto ‖ *vue faible* poca vista ‖ *vue imprenable* sin servidumbre de luces ‖ — *dessin à vue* dibujo hecho a ojo ‖ CINÉM *prise de vues* toma de vistas ‖ *servitude de vue* servidumbre de luces ‖ — *à la vue de* al ver, viendo ‖ *à perte de vue* hasta perderse de vista ‖ *à première vue* a primera *ou* simple vista ‖ *au* o *du point de vue* desde el punto de vista ‖ *à vue* a la vista; *payable à vue* pagadero a la vista ‖ *à vue de nez* a ojo, a ojo de buen cubero ‖ *à vue d'œil* a ojos vistas ‖ *en vue* a la vista; *mettre en vue* poner a la vista ‖ *en vue de* con vistas *ou* miras a, con objeto de (pour), a la vista de (près) ‖ — *avoir des vues élevées* tener altas miras ‖ *avoir des vues sur* echar el ojo, poner las miras en ‖ *avoir en vue* tener a la vista (projet), tener presente, tener en cuenta (tenir compte) ‖ *avoir la vue basse* o *courte* ser corto de vista ‖ *avoir une vue longue* ser largo de vista ‖ *avoir vue sur* dar a; *avoir vue sur la mer* dar al mar ‖ *détourner la vue* apartar la vista ‖ FAM *en mettre plein la vue* dar en las narices, deslumbrar ‖ *être très en vue* estar muy a la vista *ou* en primer plano ‖ *garder à vue* vigilar (suspect) ‖ *ne pas perdre quelque chose de vue* no perder algo de vista.
Vulcain *n pr* MYTH Vulcano.
vulcanisation *f* TECHN vulcanización.
vulcaniser *v tr* TECHN vulcanizar.
vulgaire *adj* vulgar.
◆ *m* vulgo *m* (le commun) ‖ vulgaridad *f*, lo vulgar; *tomber dans le vulgaire* caer en la vulgaridad.
vulgairement *adv* vulgarmente, comúnmente, popularmente (communément) ‖ vulgarmente, bastamente (grossièrement).
vulgarisateur, trice *adj* et *s* vulgarizador, ra.
vulgarisation *f* vulgarización, divulgación; *ouvrage de vulgarisation* obra de divulgación.
vulgariser *v tr* vulgarizar.
vulgarisme *m* vulgarismo.
vulgarité *f* vulgaridad.
vulnérabilité *f* vulnerabilidad.
vulnérable *adj* vulnerable.
vulvaire *f* BOT vulvaria (plante).
◆ *adj* vulvar.
vulve *f* ANAT vulva.
vulvite *f* MÉD vulvitis.
V.V.F. abrév de *Villages-Vacances-Familles* asociación de campamentos de turismo familiar.

w [dubləve] *m* w *f*, v doble.
W abrév de *watt* W, vatio.
wagnérien, enne [vagnerjɛ̃, jɛn] *adjet s* wagneriano, na.
wagon [vagɔ̃] *m* vagón (marchandises); *wagon à bestiaux* vagón para ganado ‖ coche (voyageurs) ‖ ARCHIT conducto de humos ‖ *wagon plat* batea.
wagon-citerne [-sitɛrn] *m* vagón cisterna.
— OBSERV pl *wagons-citernes*.
wagon-lit [-li] *m* coche cama.
— OBSERV pl *wagons-lits*.
wagonnet [vagɔnɛ] *m* vagoneta *f*.
wagon-restaurant [-rɛstɔrɑ̃] *m* coche *ou* vagón restaurante, coche comedor.
— OBSERV pl *wagons-restaurants*.
Walkman *m* (nom déposé) walkman.
walkyrie [valkiri] *f* walkiria (divinité).
Wallis-et-Futuna *n pr* GÉOGR Wallis y Futuna.
wallon, onne [walɔ̃, ɔn] *adj* valón, ona.
Wallon, onne *m* et *f* valón, ona.
Wallonie *n pr* GÉOGR Valonia.
wapiti [wapiti] *m* uapití, wapití (cerf).
warning *m* AUTOM luces *f pl* de avería *ou* de emergencia.

Washington *n pr* GÉOGR Washington.
water-closet [-klozɛt] *m*; **waters** *m pl* retrete, wáter (*fam*).
water-polo [-polo] *m* SPORTS polo acuático, waterpolo.
— OBSERV pl *water-polos*.
waters *m pl* → **water-closet**.
watt [wat] *m* ÉLECTR vatio (unité).
wattheure [-œːr] *m* ÉLECTR vatio-hora.
wattmètre [watmɛtr] *m* ÉLECTR vatímetro.
W.-C. abrév de *water-closet* W.C., wáter, retrete.
week-end [wikɛnd] *m* fin de semana, week-end.
western [wɛstɛrn] *m* película del Oeste (film).
Westphalie [vɛsfali] *n pr f* GÉOGR Westfalia.
Wh abrév de *wattheure* Wh, vatio-hora.

whisky [wiski] *m* whisky (liqueur).
whist [wist] *m* whist (jeu de cartes).
white-spirit [wajtspirit] *m* aguarrás (solvant).
— OBSERV pl *white-spirit* o *white-spirits*.
williams *f* pera williams (poire).
winch [wintʃ] *m* MAR chigre, maquinilla *f*.
winchester [wintʃɛstɛr] *m* winchester, fusil de repetición.
Wisconsin *n pr* GÉOGR Wisconsin.
wisigothique [vizigɔtik]; **wisigoth, e** [vizigɔ, ɔt] *adj* visigodo, da; visigótico, ca.
Wisigoths; Visigoths *n pr m pl* visigodos.
wolfram [vɔlfram] *m* volframio, tungsteno.
Wyoming *n pr* GÉOGR Wyoming.

x [iks] *m* x *f* ‖ MATH x (inconnue) ‖ — *l'X* la Escuela Politécnica ‖ *monsieur X* el señor X ‖ DR *plainte contre X* denuncia contra persona *ou* personas desconocidas ‖ *rayons X* rayos X ‖ *un X* un alumno de la Escuela Politécnica.
xénon *m* CHIM xenón (gaz).
xénophile *adj et s* xenófilo.
xénophilie *f* xenofilia.
xénophobe *adj et s* xenófobo, ba.
xénophobie *f* xenofobia.

Xérès [keres]; **Jerez** [xeres] *n pr* Jerez ‖ vino de Jerez.
xérophile *adj* xerófilo, la.
xi *m inv* → **ksi**.
xylographe *m et f* xilógrafo, fa.
xylographie *f* xilografía.
xylographique *adj* xilográfico, ca.
xylophage *adj et s m* ZOOL xilófago, ga.
xylophone *m* MUS xilófono (instrument).
xylophoniste *m et f* MUS xilofonista.

Y

y *m* y *f*.
y *adv* allí, ahí; *il y est* está allí o ahí; *j'y vais* voy; *allez-y!* ¡hala!, ¡venga!; *il y a* hay ‖ pronombre personal de ambos géneros y números. Equivale según los casos a *a él, a ella, a ello, a ellas, a ellos, de él, en él, etc.*; *ne vous y fiez pas* no se fíe usted de él, de ella, etc. ‖ *j'y suis* aquí estoy (lieu), ya caigo, comprendo (je comprends) ‖ *y compris* incluido, comprendido.
yacht [jak] ou [jɔt] *m* MAR yate (bateau) ‖ balandro (à voile).

yacht-club *m* yacht-club, club náutico.
— OBSERV pl *yacht-clubs*.
yachting [-tiŋ] *m* navegación *f* a vela, navegación *f* de recreo (sport).
yachtman [-man]; **yachtsman** *m* propietario de un yate ‖ que se dedica al yachting.
yack; yak *m* yac (buffle).
Yakoutie *n pr* GÉOGR → **Iakoutie**.
Yalta *n pr* Yalta; *conférence de Yalta* conferencia de Yalta.

Yangzi Jiang; Yang-Tseu-Kiang *n pr m* GÉOGR río Changjiang *ou* Yangtsé, Yangtse Kiang.
yankee [jãŋki] *adj* et *s* yanqui.
Yaoundé *n pr* GÉOGR Yaoundé, Yaundé.
yaourt [jaurgtœ]; **yogourt**; **yoghourt** [jɔgurt] *m* yogur.
yaourtière *f* yogurtera.
yard [jard] *m* yarda *f* (mesure).
yatagan *m* yatagán (sabre).
yearling *m* ZOOL caballo de un año *ou* pura sangre (pur sang).
Yémen (République du) *n pr f* GÉOGR República de Yemen.
yéménite *adj* yemení, yemenita.
Yéménite *m* et *f* yemení, yemenita.
yen [jɛn] *m* yen (monnaie japonaise).
yeuse *f* encina (chêne).
yeux [jø] *m pl* ojos.

yé-yé *adj* et *s inv* yé-yé.
yiddish *m* judeoalemán.
ylang-ylang [] *m* ilang ilang (plante).
yoga *m* yoga.
yogi [jɔgi] *m* yogui (ascète).
yogourt; yoghourt [jɔgurt] *m* → **yaourt**.
yole *f* MAR yola (canot).
Yom Kippour; Kippour *n pr* Yom Kipur [fiesta judía].
yorkshire-terrier; yorkshire *m* yorkshire.
— OBSERV pl *yorkshire-terriers* o *yorkshires*.
yougoslave *adj* yugoslavo, va.
Yougoslave *m* et *f* yugoslavo, va.
Yougoslavie *n pr f* GÉOGR Yugoslavia.
yourte *f* cabaña de los pastores mongoles.
yo-yo *m inv* yoyo (jouet).
yuan *m* yuan (monnaie chinoise).
yucca [jyka] *m* yuca *f* (plante).

Z

z *m* z *f*.
Zagreb *n pr* GÉOGR Zagreb.
Zaïre *n pr m* GÉOGR Zaire.
zaïrois, e *adj* zaireño, ña.
Zaïrois, e *m* et *f* zaireño, ña.
zakouski *m pl* entremeses rusos.
Zambie *n pr f* GÉOGR Zambia.
zambien, enne *adj* zambiano, na.
Zambien, enne *m* et *f* zambiano, na.
Zapothèques *n pr m pl* zapotecas.
zapper *v intr* hacer zapping (télévision).
zapping *m* zapping (télévision).
Zarathoustra *n pr* → **Zarathushtra**.
Zarathushtra; Zarathoustra; Zoroastre *n pr* Zarathustra, Zoroastro.
zèbre *m* ZOOL cebra *f* || POP elemento, individuo; *drôle de zèbre!* ¡vaya elemento! || FAM *courir comme un zèbre* correr como un gamo.
zébrer* *v tr* rayar.
zébrure *f* rayado *m*, listado *m* de la piel.
zébu *m* cebú (mammifère).
zélateur, trice *m* et *f* defensor, ra; celador, ra.
zèle *m* celo, interés || *faire du zèle* mostrar demasiado celo, propasarse.
zélé, e *adj* et *s* celoso, sa; afanoso, sa; activo, va.
zen *adj inv* et *s m* zen.
zénith [zenit] *m* ASTR cenit, zenit || FIG punto máximo, apogeo; *sa gloire est au zénith* su gloria está en su punto máximo.
zénithal, e [-tal] *adj* cenital.

zéphyr *m* céfiro (vent, toile).
zéphyrien, enne *adj* ligero, ra; *danse zéphyrienne* danza ligera.
zeppelin [zɛplɛ̃] *m* zepelín (dirigeable).
zéro *m* cero || FAM nada || — FIG *un zéro* un cero a la izquierda, un ser inútil || PHYS *zéro absolu* cero absoluto || — *au-dessous de zéro* bajo cero; *six degrés au-dessous de zéro* seis grados bajo cero || SPORTS *trois buts à zéro* tres goles a cero || — *partir de zéro* empezar de cero || *repartir à zéro* volver a empezar.
◆ *adj* ninguno, na; *zéro faute* ninguna falta; *zéro franc* ningún franco.
zest [zɛst] *m* *entre le zist et le zest* ni bien ni mal, así así, ni fu ni fa || *être entre le zist et le zest* no saber qué partido tomar.
zeste *m* cáscara *f* (d'orange ou de citron) || tastana *f*, bizna *f* (cloison de la noix) || FIG cosa sin valor || *cela ne vaut pas un zeste* eso no vale un comino.
zêta *m* zeta *f* (lettre grecque).
Zeus *n pr* MYTH Zeus.
zézaiement; zézayement [zezɛgjœmã] *m* ceceo.
zézayer* [-zɛje] *v intr* cecear.
Z.I. abrév de *zone industrielle* zona industrial.
zibeline *f* ZOOL marta cibelina *ou* cebellina.
zieuter *v tr* → **zyeuter**.
zigoto *m* POP gachó || POP *faire le zigoto* dárselas de listo.
zigouiller [ziguje] *v tr* POP apiolar (tuer).
zigzag *m* zigzag, zigzagueo, ziszás || *faire des zigzags* andar haciendo eses, andar zigzagueando, hacer zigzagueos.

zigzaguer *v intr* zigzaguear ‖ FAM ir haciendo eses.
Zimbabwe *n pr m* GÉOGR Zimbabue, Zimbabwe.
zimbabwéen, enne *adj* zimbabuense.
Zimbabwéen, enne *m et f* zimbabuense.
zinc [zɛ̃:g] *m* cinc, zinc (métal) ‖ POP mostrador de un bar | cacharro, avión.
zingaro *m* zíngaro, gitano.
zinguer *v tr* TECHN galvanizar con cinc; *tôle zinguée* chapa galvanizada ‖ cubrir de cinc (un toit).
zingueur *adj et s* cinquero.
zinzin *adj* FAM chiflado, da (dérangé).
◆ *m* FAM cacharro (engin bruyant) | cacharro, cachivache, trasto (truc) ‖ ÉCON & FAM inversionista institucional.
Zip *m* (nom déposé) cremallera *f*.
zist *m* → **zest.**
zizanie *f* BOT cizaña (ivraie) ‖ FIG cizaña (discorde); *semer la zizanie* sembrar cizaña.
zizi *m* verdón, emberizo (oiseau) ‖ FAM pilila *f*.
Zodiac *m* (nom déposé) zodiac *f*.
zodiacal, e *adj* ASTR zodiacal.
zodiaque *m* ASTR zodíaco.
zombie; zombi *m* zombie, zombi ‖ FIG & FAM zombi (amorphe).
zona *m* MÉD zona *f*.
zone *f* zona ‖ área (surface) ‖ chabolismo; *la zone a disparu* el chabolismo ha desaparecido ‖ chabolas; *il vit dans la zone* vive en las chabolas ‖ INFORM campo (champ) ‖ *— zone bleue* zona azul ‖ MIL. *zone d'action* zona de acción ‖ *zone de développement* polo de desarrollo ‖ *zone d'extension urbaine* o *d'urbanisation* área de ensanche *ou* de urbanización ‖ *zone d'influence* zona de influencia ‖ *zone dollar, franc, sterling* zona del dólar, del franco, de la libra esterlina ‖ *zone érogène* zona erógena ‖ *zone franche* zona franca ‖ *zone frontière* zona fronteriza ‖ *zone industrielle* zona industrial ‖ *zone interdite* zona prohibida ‖ HIST *zone libre, occupée* zona libre, ocupada en Francia durante la segunda guerra mundial ‖ ÉCON *zone monétaire* zona monetaria ‖ *zone piétonnière* o *piétonne* zona de peatones *ou* peatonal ‖ *zone résidentielle* zona residencial ‖ *zone surveillée* zona vigilada ‖ *zone torride, tempérée, glaciale* zona tórrida, templada, glacial ‖ — FIG & FAM *de deuxième zone* de segunda clase.
zoner *v intr* FAM callejear, vagar.
zoo [zo] *m* zoo, parque zoológico.
zoobiologie *f* zoobiología.
zoolâtrie *f* zoolatría.
zoologie *f* zoología.
zoologique *adj* zoológico, ca.
zoologiste; zoologue *m et f* zoólogo, ga.
zoom *m* PHOT zoom.
zoomorphe; zoomorphique *adj* zoomorfo, fa.
zoomorphisme *m* zoomorfismo.
zoophile *adj et s* zoófilo, la.
zoophilie *f* zoofilia.
zootechnicien, enne *adj et s* zootécnico, ca.
zootechnique *f* zootecnia.
Zoroastre *n pr* → **Zarathushtra.**
zouave [zwɑːv] *m* zuavo (soldat) ‖ FAM *faire le zouave* hacer el oso, dárselas de payaso.
zoulou *adj* zulú.
Zoulous *n pr m pl* zulúes.
zozo *m* FAM patoso.
zozotement *m* FAM ceceo.
zozoter *v intr* FAM cecear.
Z.U.P.; Zup abrév de *zone à urbaniser par priorité* zona de urbanización prioritaria [en Francia].
Zurich *n pr* GÉOGR Zúrich ‖ *lac de Zurich* lago de Zúrich.
zut! [zyt] *interj* FAM ¡cáscaras!
zygoma *m* ANAT cigoma, zigoma (os).
zygomatique *adj* ANAT cigomático, ca; *arcade zygomatique* arco cigomático.
zygote *m* BIOL zigoto.

La conjugación francesa

Los verbos franceses están clasificados en tres grupos, caracterizados por la forma de la terminación del infinitivo.

1er grupo: verbos en **-er**
2º grupo: verbos en **-ir** (imperfecto, *-issais*)
3er grupo: verbos en **-ir** (imperfecto, *-ais*)
   verbos en **-oir**
   verbos en **-re**

Los verbos del 1er grupo son todos regulares (salvo *aller* y *envoyer*) así como los del 2º; los del 3er grupo son más o menos irregulares.

Los verbos que tienen una *e* muda o una *é* cerrada en la penúltima sílaba cambian estas vocales en *è* abierta cuando la sílaba siguiente es muda (*je sème, j'achèverai*).

Los verbos acabados en **-ier** son irregulares solamente en la 1ª y en la 2ª persona del plural del imperfecto de indicativo (*nous apprécions, vous appréciez*) y del presente de subjuntivo (*que nous appréciions, que vous appréciiez*) en que hay dos *i*. Todos estos verbos están señalados en el diccionario por un asterisco.

2º grupo. Véase los artículos **bénir, fleurir, haïr**.
3er grupo. Véase la lista de verbos irregulares.

VERBOS REGULARES

TIEMPO	INFINITIVO							
	-er		**-ir**		**-ir, -re, -oir**			
Indicativo presente	e	ons	is	issons	s	ons		
	es	ez	is	issez	s	ez		
	e	ent	it	issent	-, t	ent		
Imperfecto	ais	ions	issais	issions	ais	ions		
	ais	iez	issais	issiez	ais	iez		
	ait	aient	issait	issaient	ait	aient		
Pretérito indefinido	ai	âmes	is	îmes	us	ûmes	is	îmes
	as	âtes	is	îtes	us	ûtes	is	îtes
	a	èrent	it	irent	ut	urent	it	irent
Futuro	erai	erons	irai	irons	rai	rons		
	eras	erez	iras	irez	ras	rez		
	era	eront	ira	iront	ra	ront		
Condicional presente	erais	erions	irais	irions	rais	rions		
	erais	eriez	irais	iriez	rais	riez		
	erait	eraient	irait	iraient	rait	raient		
Subjuntivo presente	e	ions	isse	issions	e	ions		
	es	iez	isses	issiez	es	iez		
	e	ent	isse	issent	e	ent		
Imperfecto del subjuntivo	asse	assions	isse	issions	usse	ussions	isse	issions
	asses	assiez	isses	issiez	usses	ussiez	isses	issiez
	ât	assent	ît	issent	ût	ussent	ît	issent
Imperativo	e		is		s *ou* e			
	ons		issons		ons			
	ez		issez		ez			
Participio presente	ant		issant		ant			
Participio pasado	é, ee		i, ie		u, ue		i, ie	
	és, ées		is, ies		us, ues		is, ies	

PARTICULARIDADES DE CIERTOS VERBOS

1er grupo. Los verbos terminados en **-cer** (*percer*) toman una cedilla en la *c* delante de *a* u *o* (*je perçais*). En los verbos terminados en **-ger** (*manger*) se añade una *e* muda después de la *g* delante de *a* u *o* (*je mangeais*).

Los verbos terminados en **-eler** (*appeler*) o **-eter** (*jeter*) doblan la *l* o la *t* delante de *e* muda (*j'appelle; je jette*) salvo algunos como *peler, geler, acheter, fureter*, etc., que no repiten la *l* o la *t* pero toman acento grave en la *e* (*j'achète*).

Los verbos terminados en **-ener** (*amener*) y en **-érer** (*prospérer*) llevan un acento grave en la *e* del presente de indicativo.

Los verbos terminados en **-yer** (*ployer*) cambian *y* en *i* delante de *e* muda (*je ploie*).

AUXILIARES

Avoir. Como auxiliar, *avoir* significa **haber** y sirve para formar los tiempos compuestos de los verbos transitivos y de la mayor parte de los intransitivos (*il a écrit une lettre; elle a vécu deux ans à Paris*). [Véase en el párrafo «El participio pasado», pág. III, lo referente a la concordancia de éste con el complemento.]

Avoir se emplea además en el sentido activo e indica la posesión como lo hace el verbo castellano **tener** (*j'ai un livre; j'ai faim*).

Être. Corresponde a los verbos castellanos **ser** y **estar**.

Como auxiliar, sirve para conjugar:

TIEMPO	INFINITIVO			
	avoir		**être**	
Indicativo presente	j'ai tu as il a	nous avons vous avez ils ont	je suis tu es il est	nous sommes vous êtes ils sont
Imperfecto	j'avais tu avais il avait	nous avions vous aviez ils avaient	j'étais tu étais il était	nous étions vous étiez ils étaient
Pretérito indefinido	j'eus tu eus il eut	nous eûmes vous eûtes ils eurent	je fus tu fus il fut	nous fûmes vous fûtes ils furent
Futuro	j'aurai tu auras il aura	nous aurons vous aurez ils auront	je serai tu seras il sera	nous serons vous serez ils seront
Condicional presente	j'aurais tu aurais il aurait	nous aurions vous auriez ils auraient	je serais tu serais il serait	nous serions vous seriez ils seraient
Imperativo	aie ayons ayez	El *imperativo* carece de primera y tercera persona del singular y de tercera persona del plural	sois soyons soyez	El *imperativo* carece de primera y tercera persona del singular y de tercera persona del plural
Subjuntivo presente	que j'aie que tu aies qu'il ait	que nous ayons que vous ayez qu'ils aient	que je sois que tu sois qu'il soit	que nous soyons que vous soyez qu'ils soient
Imperfecto del subjuntivo	que j'eusse que tu eusses qu'il eût	que nous eussions que vous eussiez qu'ils eussent	que je fusse que tu fusses qu'il fût	que nous fussions que vous fussiez qu'ils fussent
Participio presente	ayant		étant	
Participio pasado	eu, e	eus, es	été	

1. la **voz pasiva** (*il est aimé de tous* es amado de todos).
2. los **tiempos compuestos** de los verbos **pronominales** (*je me suis levé* me he levantado).
3. los **tiempos compuestos** de algunos verbos **intransitivos**, especialmente los que expresan movimiento o transición (*aller, partir, arriver, devenir, naître, mourir*, etc.) [*je suis allé* he ido; *nous sommes arrivés* hemos llegado].

ce, c' delante del verbo être. Cuando una locución castellana empieza con el verbo *ser* seguido del nombre o del pronombre sujeto, *ser* se traduce por *être* en la 3ª persona (singular o plural) precedido de *ce* o *c'* (*c'est moi; c'est nous; ce sont eux*). Los relativos *quien, que, el que*, etc., se traducen por **qui** (sujeto) o **que** (complemento). En la forma interrogativa *ce* puede colocarse después del verbo (*c'est moi qui commande; c'est la maison que j'ai achetée; c'est vous qui avez parlé?* o *est-ce vous qui avez parlé?*).

La locución **c'est ... que** puede emplearse también acompañada de un complemento circunstancial e indicar el lugar (*c'est ici que* aquí es donde), el tiempo (*c'est aujourd'hui que* hoy es cuando), el modo (*c'est ainsi que* así es como) o la causa (*c'est pourquoi* por eso es por lo que).

Hay que poner el pronombre *il* delante de *être* en la 3ª persona del singular para expresar la **hora** y añadir siempre la palabra *heure* al número que la expresa (*il est 6 heures*).

VERBOS PRONOMINALES

Los verbos pronominales se conjugan, como ya se ha dicho, con el auxiliar **être** (*nous nous sommes levés*). Obsérvese la existencia de los dos pronombres, el sujeto y el complemento. (Véase también el párrafo «Participio».)

VERBOS IMPERSONALES

Los verbos impersonales franceses se conjugan con el pronombre **il** (*il pleut; il neige; il fait beau*).

Las frases castellanas en las cuales se usan los verbos *haber* y *hacer* en forma impersonal se traducen en francés por medio del auxiliar **avoir** precedido del pronombre *il* y del adverbio *y* (*il y a des enfants dans la cour; il y a deux mois*). El verbo *hacer* usado impersonalmente para indicar variaciones atmosféricas se traduce al francés por el verbo **faire** precedido de *il* (*il fait froid; il faisait chaud*).

VOZ PASIVA

El empleo de la forma pasiva es mucho más frecuente en francés que en castellano (*je suis très surpris de ta visite* me sorprende mucho tu visita). Así, las frases reflexivas castellanas, en las que la idea de acción desaparece al no mencionarse el agente, pueden traducirse al francés por medio de la construcción pasiva (toda compra *se paga* al contado *tout achat est payé comptant*; la «ll» se considera en francés como una «l» duplicada *le «ll» est considéré en français comme un «l» double*).

PARTICIPIO

El participio pasado. Usado **sin auxiliar**, el participio pasado concuerda, como un adjetivo, con el nombre que califica (*la leçon apprise; les devoirs terminés*).

Empleado **con el auxiliar être**, el participio pasado concuerda en género y número con el nombre sujeto de *être*, como en castellano (*ils sont venus; elles sont venues*).

— OBSERV El participio pasado de los **verbos pronominales**, reflexivos o recíprocos, conjugados con el auxiliar *être*, concuerdan con el pronombre (*me, te, se, nous, vous*) si éste es complemento directo (*elle s'est blessée; ils se sont battus*). No concuerda con el pronombre si éste es complemento indirecto o de atribución (*ils se sont adressé des injures; nous nous sommes écrit*).

Sin embargo, cuando el complemento directo del verbo pronominal se halla antes del participio pasado, éste concuerda con el complemento (*les injures qu'ils se sont adressées*).

El participio pasado conjugado **con el auxiliar avoir**:
1. concuerda con el **complemento directo** cuando éste está **antepuesto** al participio (*les cerises que nous avons mangées* [*cerises* se halla antes de *mangées*]);
2. no varía cuando tiene el complemento directo después (*j'ai mangé des cerises*);
3. tampoco varía cuando no tiene complemento directo (*ils ont répondu à notre lettre*).

— OBSERV El participio pasado conjugado con el auxiliar *avoir* y seguido de un **infinitivo** complemento directo es invariable. Pero cuando el sujeto del infinitivo se halla antes del participio pasado, éste concuerda con el sujeto del infinitivo (*la femme que j'ai entendue chanter* [en cambio *la chanson que j'ai entendu chanter*, frase en la que se sobreentiende *par quelqu'un*]).

En francés se coloca siempre el sujeto detrás del participio en las **cláusulas absolutas**, y se emplea, si así se requiere, el participio en la forma compuesta (dicho esto *cela dit*; hechas las partes, el león habló así *les parts ayant été faites, le lion parla ainsi*). No obstante es preferible traducir en muchos casos la cláusula absoluta castellana por una proposición temporal (pronunciado el discurso, se sentó *après avoir prononcé son discours* [mejor que *son discours étant prononcé*], il s'assit).

El participio presente o **participio activo**. Es invariable y presenta siempre la terminación **-ant**. Señalemos que el participio presente de los verbos en *ir* del 2º grupo termina en *-issant* (finissant), distinguiéndose así del de los verbos en *ir* del 3er grupo que acaba simplemente en *-ant* (sortant).

El **gerundio francés** está formado por el participio presente precedido siempre de la preposición **en**. Corresponde al gerundio castellano usado sin preposición (*il parlait en gesticulant* hablaba gesticulando) o al infinitivo precedido de *al* (*en sortant, il vit son père* al salir, vio a su padre).

— OBSERV No hay que confundir el gerundio francés con el gerundio castellano precedido de *en* que denota inmediata anterioridad (*en llegando* aussitôt o une fois arrivé).

SUBJUNTIVO Y CONCORDANCIA

El francés moderno es menos riguroso que el castellano respecto a las reglas de concordancia entre los tiempos del subjuntivo y el verbo de la proposición principal. Así, el presente se usa a menudo en lugar del imperfecto (*il faudrait qu'il vienne* [en lugar de *qu'il vînt*]). Al traducir, será preciso restablecer la concordancia.

INFINITIVO

Después de verbos que expresan una orden o un ruego, el subjuntivo castellano de la proposición subordinada se traduce en francés por el infinitivo (*dis-lui de venir* dile que venga; *je te prie de te taire* te ruego que te calles).

El infinitivo castellano usado como imperativo se emplea a veces en francés (*agiter avant de s'en servir*), pero casi siempre se traducirá por un tiempo personal francés (¡[a] *callar!* taisez-vous!).

EXPRESIÓN DE LA HIPÓTESIS

El futuro y condicional castellanos, usados para expresar una hipótesis, se traducen en francés por el verbo **devoir** conjugado respectivamente en presente o en imperfecto del indicativo (*estará enfermo il doit être malade; tendría unos sesenta años il devait avoir dans les soixante ans*).

El futuro francés, en una proposición subordinada que empieza por una conjunción de tiempo o un pronombre relativo, se traduce en castellano por el subjuntivo presente cuando la proposición principal está en futuro o en imperativo (*quand j'aurai de l'argent, j'achèterai une maison* cuando tenga dinero, compraré una casa; *venez quand vous pourrez* venga cuando pueda).

VERBOS IRREGULARES

absoudre ind. pres.: *j'absous, tu absous, il absout, nous absolvons, vous absolvez, ils absolvent*. Imperf.: *j'absolvais... nous absolvions...* No hay pretérito indefinido. Fut.: *j'absoudrai... nous absoudrons...* Cond. pres.: *j'absoudrais... nous absoudrions...* Imper.: *absous, absolvons, absolvez*. Subj. pres.: *que j'absolve... que nous absolvions...* No hay imperfecto. Ger.: *absolvant*. P. p.: *absous, absoute*.

abstenir (s') como VENIR.

abstraire como TRAIRE.

accourir como COURIR.

accroître como CROÎTRE, pero el participio (*accru*) no lleva acento circunflejo.

accueillir como CUEILLIR.

acquérir ind. pres.: *j'acquiers, tu acquiers, il acquiert, nous acquérons, vous acquérez, ils acquièrent*. Imperf.: *j'acquérais... nous acquérions...* Fut.: *j'acquerrai... nous acquerrons...* Cond. pres.: *j'acquerrais... nous acquerrions...* Imper.: *acquiers, acquérons, acquérez*. Subj. pres.: *que j'acquière... que nous acquérions...* Imperf.: *que j'acquisse... que nous acquissions...* Ger.: *acquérant*. P. p.: *acquis, acquise*.

adjoindre como CRAINDRE.

admettre como METTRE.
advenir como VENIR.
aller ind. pres.: *je vais, tu vas, il va, nous allons, vous allez, ils vont.* Imperf.: *j'allais... nous allions...* Pret. indef.: *j'allai... nous allâmes...* Fut.: *j'irai... nous irons...* Cond. pres.: *j'irais... nous irions...* Imper.: *va, allons, allez.* Subj. pres.: *que j'aille... que nous allions, que vous alliez, qu'ils aillent.* Imperf.: *que j'allasse... que nous allassions...* Ger.: *allant.* P. p.: *allé, allée.*
apercevoir como RECEVOIR.
apparaître como PARAÎTRE.
appartenir como VENIR.
apprendre como PRENDRE.
assaillir como TRESSAILLIR.
asseoir ind. pres.: *j'assieds, tu assieds, il assied, nous asseyons, vous asseyez, ils asseyent...* o *j'assois, tu assois...* etc. Imperf.: *j'asseyais... nous asseyions* o *j'assoyais...* Pret. indef.: *j'assis... nous assîmes...* Fut.: *j'assiérai... nous assiérons...* o *j'assoirai...* Cond. pres.: *j'assiérais... nous assiérions...* o *j'assoirais...* Imper.: *assieds, asseyons, asseyez* o *assois.* Subj. pres.: *que j'asseye... que nous asseyions...* o *que j'assoie...* Imperf.: *que j'assisse... que nous assissions...* Ger.: *asseyant* o *assoyant.* P. p.: *assis, assise.*
astreindre como CRAINDRE.
atteindre como CRAINDRE.
avoir véase conjugación pág. II.
battre como METTRE.
boire ind. pres.: *je bois, tu bois, il boit, nous buvons, vous buvez, ils boivent.* Imperf.: *je buvais...* Pret. indef.: *je bus... nous bûmes...* Fut.: *je boirai...* Cond. pres.: *je boirais...* Imper.: *bois, buvons, buvez.* Subj. pres.: *que je boive... que nous buvions...* Imperf.: *que je busse... que nous bussions...* Ger.: *buvant.* P. p.: *bu, bue.*
bouillir ind. pres.: *je bous, tu bous, il bout, nous bouillons, vous bouillez, ils bouillent.* Imperf.: *je bouillais...* Pret. indef.: *je bouillis...* Fut.: *je bouillirai.* Cond.: *je bouillirais...* Imper.: *bous, bouillons, bouillez.* Subj. pres.: *que je bouille... que nous bouillions...* Imperf.: *que je bouillisse.... que nous bouillissions...* Ger.: *bouillant.* P. p.: *bouilli, bouillie.*
braire se emplea solamente en el infinitivo y en las terceras personas del ind. pres.: *il brait, ils braient;* del fut.: *il braira, ils brairont;* del cond.: *il brairait, ils brairaient.*
bruire sólo se usa en las formas siguientes: *bruire, il bruit, ils bruissent; il bruyait, ils bruyaient* o *il bruissait, ils bruissaient.*
ceindre como CRAINDRE.
chaloir verbo anticuado que hoy sólo se usa en las loc. *il ne m'en chaut, peu m'en chaut, peu me chaut.*
choir sólo se emplea en el infinitivo y en el p. p.: *chu, chue.*
circonscrire como ÉCRIRE.
circonvenir como VENIR.
clore ind. pres.: *je clos, tu clos, il clôt* (no hay plural). Fut.: *je clorai...* Cond.: *je clorais...* Imp.: *clos.* Subj. pres.: *que je close...* P. p.: *clos, close.*

combattre como BATTRE.
commettre como METTRE.
comparaître como PARAÎTRE.
comparoir término jurídico usado solamente en el infinitivo y en el ger.: *comparant, comparante.*
complaire como PLAIRE.
comprendre como PRENDRE.
compromettre como METTRE.
concevoir como RECEVOIR.
conclure ind. pres.: *je conclus, tu conclus, il conclut, nous concluons, vous concluez, ils concluent.* Imperf.: *je concluais... nous concluions...* Pret. indef.: *je conclus... nous conclûmes...* Fut.: *je conclurai...* Cond. pres.: *je conclurais...* Imper.: *conclus, concluons, concluez.* Subj. pres.: *que je conclue..., que nous concluions...* Imperf.: *que je conclusse... que nous conclussions...* Ger.: *concluant.* P. p.: *conclu, conclue.*
concourir como COURIR.
conduire ind. pres.: *je conduis... nous conduisons...* Imperf.: *je conduisais... nous conduisions...* Pret. indef.: *je conduisis... nous conduisîmes...* Fut.: *je conduirai...* Cond. pres.: *je conduirais...* Imper.: *conduis, conduisons, conduisez.* Subj. pres.: *que je conduise... que nous conduisions...* Imperf.: *que je conduisisse... que nous conduisissions...* Ger.: *conduisant.* P. p.: *conduit, conduite.*
conjoindre como CRAINDRE.
connaître ind. pres.: *je connais, tu connais, il connaît, nous connaissons, vous connaissez, ils connaissent.* Imperf.: *je connaissais...* Pret. indef.: *je connus, nous connûmes...* Fut.: *je connaîtrai...* Cond. pres.: *je connaîtrais... nous connaîtrions...* Imper.: *connais, connaissons, connaissez.* Subj. pres.: *que je connaisse... que nous connaissions...* Imperf.: *que je connusse... que nous connussions...* Ger.: *connaissant.* P. p.: *connu, connue.*
conquérir como ACQUÉRIR.
consentir como MENTIR.
construire como CONDUIRE.
contenir como VENIR.
contraindre como CRAINDRE.
contredire como DÉDIRE.
contrefaire como FAIRE.
contrevenir como VENIR.
convaincre como VAINCRE.
convenir como VENIR.
coudre ind. pres.: *je couds, tu couds, il coud, nous cousons, vous cousez, ils cousent.* Imperf.: *je cousais... nous cousions...* Pret. indef.: *je cousis... nous cousîmes...* Fut.: *je coudrai... nous coudrons...* Imper.: *couds, cousons, cousez.* Subj. pres.: *que je couse... que nous cousions...* Imperf.: *que je cousisse... que nous cousissions...* Ger.: *cousant.* P. p.: *cousu, cousue.*
courir ind. pres.: *je cours, tu cours, il court, nous courons, vous courez, ils courent.* Imperf.: *je courais...* Pret. indef.: *je courus... nous courûmes...* Fut.: *je courrai... nous courrons...* Imper.: *cours, courons, courez.* Subj. pres.: *que je coure... que nous courions...* Imperf.: *que je courusse... que nous courussions...* Ger.: *courant.* P. p.: *couru, courue.*

couvrir como OUVRIR.

craindre ind. pres.: *je crains, tu crains, il craint, nous craignons, vous craignez, ils craignent*. Imperf.: *je craignais...* Pret. indef.: *je craignis... nous craignîmes...* Fut.: *je craindrai... nous craindrons...* Cond. pres.: *je craindrais... nous craindrions...* Imper.: *crains, craignons, craignez*. Subj. pres.: *que je craigne... que nous craignions...* Imperf.: *que je craignisse... que nous craignissions...* Ger.: *craignant*. P. p.: *craint, crainte*.

croire ind. pres.: *je crois, tu crois, il croit, nous croyons, vous croyez, ils croient*. Imperf.: *je croyais... nous croyions...* Pret. indef.: *je crus... nous crûmes...* Fut.: *je croirai... nous croirons...* Cond. pres.: *je croirais... nous croirions...* Imper.: *crois, croyons, croyez*. Subj. pres.: *que je croie... que nous croyions...* Imperf.: *que je crusse... que nous crussions...* Ger.: *croyant*. P. p.: *cru, crue*.

croître ind. pres.: *je croîs, tu croîs, il croît, nous croissons, vous croissez, ils croissent*. Imperf.: *je croissais...* Pret. indef.: *je crûs... nous crûmes...* Fut.: *je croîtrai... nous croîtrons...* Cond. pres.: *je croîtrais... nous croîtrions...* Imper.: *croîs, croissons, croissez*. Subj. pres.: *que je croisse... que nous croissions...* Imperf.: *que je crûsse... que nous crûssions...* Ger.: *croissant*. P. p.: *crû, crue*.

cueillir ind. pres.: *je cueille... nous cueillons...* Imperf.: *je cueillais...* Pret. indef.: *je cueillis... nous cueillîmes...* Fut.: *je cueillerai... nous cueillerons...* Cond. pres.: *je cueillerais... nous cueillerions*. Imper.: *cueille, cueillons, cueillez*. Subj. pres.: *que je cueille... que nous cueillions...* Imperf.: *que je cueillisse... que nous cueillissions...* Ger.: *cueillant*. P. p.: *cueilli, cueillie*.

cuire como CONDUIRE.

débattre como BATTRE.

décevoir como RECEVOIR.

déchoir ind. pres.: *je déchois... nous déchoyons, vous déchoyez, ils déchoient*. Imperf.: (p us). Pret. indef.: *je déchus... nous déchûmes...* Fut.: *je décherrai...* Cond. pres.: *je décherrais...* No hay imperativo. Subj. pres.: *que je déchoie... que nous déchoyions...* Imperf.: *que je déchusse... que nous déchussions*. No hay gerundio. P. p.: *déchu, déchue*.

déclore como CLORE.

découdre como COUDRE.

découvrir como COUVRIR.

décrire como ÉCRIRE.

décroître como CROÎTRE; pero el p. p. (*décru*) no lleva acento circunflejo.

dédire como DIRE, salvo en la segunda persona del pl del ind. pres.: *vous dédisez*; y del imp.: *dédisez*.

déduire como CONDUIRE.

défaillir sólo se emplea en los tiempos compuestos, en las personas y en los tiempos simples siguientes. Ind. pres.: *nous défaillons, vous défaillez, ils défaillent*. Imperf.: *je défaillais... nous défaillions...* Pret. indef.: *je défaillis... nous défaillîmes...* Fut. (p us): *je défaudrai...* Cond. pres. (p us): *je défaudrais...* Subj. pres.: *que je défaille...* Imperf.: *que je défaillisse...* Ger.: *défaillant*. P. p.: *défailli, défaillie*.

défaire como FAIRE.

démentir como MENTIR.

démettre como METTRE.

dépeindre como CRAINDRE.

déplaire como PLAIRE.

déprendre (se) como PRENDRE.

desservir como SERVIR.

déteindre como CRAINDRE.

détenir como VENIR.

détruire como CONDUIRE.

devenir como VENIR.

dévêtir como VÊTIR.

devoir ind. pres.: *je dois... nous devons, vous devez, ils doivent*. Imperf.: *je devais... nous devions...* Pret. indef.: *je dus... nous dûmes...* Fut.: *je devrai... nous devrons...* Cond. pres.: *je devrais... nous devrions...* Imper.: *dois, devons, devez*. Subj. pres.: *que je doive... que nous devions...* Imperf.: *que je dusse... que nous dussions...* Ger.: *devant*. P. p.: *dû, due*.

dire ind. pres.: *je dis, tu dis, il dit, nous disons, vous dites, ils disent*. Imperf.: *je disais...* Pret. indef.: *je dis... nous dîmes...* Fut.: *je dirai... nous dirons...* Cond. pres.: *je dirais... nous dirions...* Imper.: *dis, disons, dites*. Subj. pres.: *que je dise... que nous disions...* Imperf.: *que je disse... que nous dissions...* Ger.: *disant*. P. p.: *dit, dite*.

disconvenir como VENIR.

discourir como COURIR.

disjoindre como CRAINDRE.

disparaître como PARAÎTRE.

dissoudre como ABSOUDRE.

distraire como TRAIRE.

dormir ind. pres.: *je dors, tu dors, il dort, nous dormons, vous dormez, ils dorment*. Imperf.: *je dormais... nous dormions*, etc.

échoir sólo se emplea en las personas y en los tiempos siguientes: ind. pres.: *il échoit*. Pret. indef.: *j'échus... nous échûmes...* Fut.: *j'écherrai...* Cond. pres.: *j'écherrais...* Sub. pres.: *qu'il échée* o *qu'il échoie, qu'ils échéent* o *qu'ils échoient*. Imperf.: *que j'échusse...* Ger.: *échéant*. P. p.: *échu, échue*; y en las terceras personas de los tiempos compuestos.

éclore usado solamente en el infinitivo y en las terceras personas del ind. pres.: *il éclôt, ils éclosent*; del fut.: *il éclora, ils écloront*; del cond. pres.: *il éclorait, ils écloraient*; del subj. pres.: *qu'il éclose, qu'ils éclosent*. P. p.: *éclos, éclose* (y en los tiempos compuestos con *être*).

éconduire como CONDUIRE.

écrire ind. pres.: *j'écris, tu écris, il écrit, nous écrivons, vous écrivez, ils écrivent*. Imperf.: *j'écrivais...* Pret. indef.: *j'écrivis... nous écrivîmes...* Fut.: *j'écrirai... nous écrirons...* Cond. pres.: *j'écrirais... nous écririons...* Imper.: *écris, écrivons, écrivez*. Subj. pres.: *que j'écrive... que nous écrivions...* Imperf.: *que j'écrivisse... que nous écrivissions...* Ger.: *écrivant*. P. p.: *écrit, écrite*.

élire como LIRE.

émettre como METTRE.

émouvoir como MOUVOIR, pero el p. p. (*ému*) no lleva acento circunflejo.

empreindre como CRAINDRE.
enceindre como CEINDRE.
encourir como COURIR.
endormir como DORMIR.
enduire como CONDUIRE.
enfreindre como CRAINDRE.
enfuir (s') como FUIR.
enjoindre como CRAINDRE.
enquérir (s') como ACQUÉRIR.
ensuivre (s') como SUIVRE, pero se emplea solamente en las terceras personas: *il s'ensuit, elles s'ensuivirent.*
entr'apercevoir como RECEVOIR.
entremettre (s') como METTRE.
entreprendre como PRENDRE.
entretenir como VENIR.
entrevoir como VOIR.
entrouvrir como OUVRIR.
envoyer ind. pres.: *j'envoie, tu envoies, il envoie, nous envoyons, vous envoyez, ils envoient.* Imperf.: *j'envoyais... nous envoyions, vous envoyiez...* Pret. indef.: *j'envoyai... nous envoyâmes...* Fut.: *j'enverrai... nous enverrons...* Cond. pres.: *j'enverrais... nous enverrions...* Imper.: *envoie, envoyons, envoyez.* Subj. pres.: *que j'envoie... que nous envoyions, que vous envoyiez...* Imperf.: *que j'envoyasse... que nous envoyassions...* Ger.: *envoyant.* P. p.: *envoyé, envoyée.*
éprendre (s') como PRENDRE.
équivaloir como VALOIR.
éteindre como CRAINDRE.
être véase conjugación pág. IIO.
étreindre como CRAINDRE.
exclure como CONCLURE.
extraire como TRAIRE.
faillir sólo se emplea en el pret. indef.: *je faillis... nous faillîmes...* Fut.: *je faudrai* o *je faillirai...* Cond. pres.: *je faudrais* o *je faillirais...* Ger.: *faillant.* P. p.: *failli, faillie* y en los tiempos compuestos.
faire ind. pres.: *je fais, tu fais, il fait, nous faisons, vous faites, ils font.* Imperf.: *je faisais...* Pret. indef.: *je fis... nous fîmes...* Fut.: *je ferai... nous ferons...* Cond. pres.: *je ferais... nous ferions...* Imper.: *fais, faisons, faites.* Subj. pres.: *que je fasse... que nous fassions...* Imperf.: *que je fisse... que nous fissions...* Ger.: *faisant.* P. p.: *fait, faite.*
falloir verbo impersonal. Ind. pres.: *il faut.* Imperf.: *il fallait.* Pret. indef.: *il fallut.* Fut.: *il faudra.* Cond. pres.: *il faudrait.* Subj. pres.: *qu'il faille.* Imperf.: *qu'il fallût.* P. p.: *fallu.*
feindre como CRAINDRE.
férir sólo ha conservado el infinitivo y el p. p.: *féru, férue.*
forfaire sólo se usa en el infinitivo y en los tiempos compuestos.
frire sólo se usa en las formas siguientes: ind. pres.: *je fris, tu fris, il frit* (carece de plur.). Fut.: *je frirai... nous frirons...* Cond. pres.: *je frirais... nous fririons...* Imper. segunda pers. sing.: *fris.* P. p.: *frit, frite.*
fuir ind. pres.: *je fuis, tu fuis, il fuit, nous fuyons, vous fuyez, ils fuient.* Imperf.: *je fuyais... nous fuyions, vous fuyiez...* Pret. indef.: *je fuis... nous fuîmes...* Fut.: *je fuirai... nous fuirons...* Cond. pres.: *je fuirais... nous fuirions...* Imper.: *fuis, fuyons, fuyez.* Subj. pres.: *que je fuie... que nous fuyions, que vous fuyiez...* Imperf.: *que je fuisse... que nous fuissions...* Ger.: *fuyant.* P. p.: *fui, fuie.*
geindre como CRAINDRE.
gésir sólo se usa en las personas y en los tiempos siguientes. Ind. pres.: *il gît, nous gisons, vous gisez, ils gisent.* Imperf.: *je gisais... nous gisions...* Ger.: *gisant.*
haïr pierde la diéresis en sing. del ind. pres.: *je hais, tu hais, il hait;* y en el imper.: *hais.*
inclure como CONCLURE, salvo el p. p.: *inclus, incluse.*
inscrire como ÉCRIRE.
instruire como CONDUIRE.
interdire como DIRE, salvo en la segunda persona del plur. del ind. pres.: *vous interdisez;* y del imper.: *interdisez.*
intervenir como VENIR.
introduire como CONDUIRE.
joindre como CRAINDRE.
lire ind. pres.: *je lis, tu lis, il lit, nous lisons, vous lisez, ils lisent.* Imperf.: *je lisais... nous lisions...* Pret. indef.: *je lus... nous lûmes...* Fut.: *je lirai... nous lirons...* Cond. pres.: *je lirais... nous lirions...* Imper.: *lis, lisons, lisez.* Subj. pres.: *que je lise... que nous lisions...* Imperf.: *que je lusse... que nous lussions...* Ger.: *lisant.* P. p.: *lu, lue.*
luire ind. pres.: *je luis, tu luis, il luit, nous luisons, vous luisez, ils luisent.* Imperf.: *je luisais... nous luisions...* No hay pretérito indefinido. Fut.: *je luirai... nous luirons...* Cond. pres.: *je luirais... nous luirions...* No hay imperativo. Subj. pres.: *que je luise... que nous luisions...* No hay imperfecto. Ger.: *luisant.* P. p.: *lui* (no tiene femenino).
maintenir como VENIR.
malfaire sólo usado en el infinitivo.
maudire ind. pres.: *je maudis... nous maudissons...* Imperf.: *je maudissais... nous maudissions...* Pret. indef.: *je maudis, nous maudîmes...* Fut.: *je maudirai...* Cond. pres.: *je maudirais...* Imper.: *maudis, maudissons, maudissez.* Subj. pres.: *que je maudisse...* Imperf.: *que je maudisse, que tu maudisses, qu'il maudît...* Ger.: *maudissant.* P. p.: *maudit, maudite.*
méconnaître como CONNAITRE.
médire como DIRE, salvo en la segunda persona del plur. del ind. pres.: *vous médisez;* y del imper.: *médisez.*
mentir ind. pres.: *je mens, tu mens, il ment, nous mentons, vous mentez, ils mentent.* Imperf.: *je mentais...* Pret. indef.: *je mentis... nous mentîmes...* Fut.: *je mentirai... nous mentirons...* Cond. pres.: *je mentirais... nous mentirions...* Imper.: *mens, mentons, mentez.* Subj. pres.: *que je mente... que nous mentions...* Imperf.: *que je mentisse... que nous mentissions...* Ger.: *mentant.* P. p.: *menti.*

méprendre (se) como PRENDRE.

messeoir como SEOIR (ser conveniente).

mettre ind. pres.: *je mets, tu mets, il met, nous mettons, vous mettez, ils mettent*. Imperf.: *je mettais*. Pret. indef.: *je mis... nous mîmes*. Fut.: *je mettrai... nous mettrons...* Cond. pres.: *je mettrais... nous mettrions...* Imper.: *mets, mettons, mettez*. Subj. pres.: *que je mette... que nous mettions...* Imperf.: *que je misse... que nous missions...* Ger.: *mettant*. P. p.: *mis, mise*.

moudre ind. pres.: *je mouds, tu mouds, il moud, nous moulons, vous moulez, ils moulent*. Imperf.: *je moulais...* Pret. indef.: *je moulus... nous moulûmes...* Fut.: *je moudrai... nous moudrons...* Cond. pres.: *je moudrais... nous moudrions...* Imper.: *mouds, moulons, moulez*. Subj. pres.: *que je moule... que nous moulions...* Imperf.: *que je moulusse... que nous moulussions...* Ger.: *moulant*. P. p.: *moulu, moulue*.

mourir ind. pres.: *je meurs, tu meurs, il meurt, nous mourons, vous mourez, ils meurent*. Imperf.: *je mourais...* Pret. indef.: *je mourus... nous mourûmes...* Fut.: *je mourrai... nous mourrons...* Cond. pres.: *je mourrais... nous mourrions...* Imper.: *meurs, mourons, mourez*. Subj. pres.: *que je meure... que nous mourions...* Imperf.: *que je mourusse... que nous mourussions...* Ger.: *mourant*. P. p.: *mort, morte*.

mouvoir ind. pres.: *je meus, tu meus, il meut, nous mouvons, vous mouvez, ils meuvent*. Imperf.: *je mouvais...* Pret. indef.: *je mus... nous mûmes...* Fut.: *je mouvrai... nous mouvrons...* Cond. pres.: *je mouvrais... nous mouvrions...* Imper.: *meus, mouvons, mouvez*. Subj. pres.: *que je meuve... que nous mouvions...* Imperf.: *que je musse... que nous mussions...* Ger.: *mouvant*. P. p.: *mû, mue*.

naître ind. pres.: *je nais, tu nais, il naît, nous naissons, vous naissez, ils naissent*. Imperf.: *je naissais...* Pret. indef.: *je naquis... nous naquîmes...* Fut.: *je naîtrai... nous naîtrons...* Imper.: *nais, naissons, naissez*. Subj. pres.: *que je naisse... que nous naissions...* Imperf.: *que je naquisse... que nous naquissions...* Ger.: *naissant*. P. p.: *né, née*.

nuire como LUIRE, pero posee además un imperf. del subj.: *que je nuisisse... que nous nuisissions*.

obtenir como TENIR.

occire hoy sólo se usan el infinitivo y el participio pasado: *occis, e*.

offrir como OUVRIR.

oindre como CRAINDRE.

omettre como METTRE.

ouïr sólo usado en el infinitivo; en el ger.: *oyant*; en el p. p.: *ouï*; y en los tiempos compuestos.

ouvrir ind. pres.: *j'ouvre, tu ouvres, il ouvre, nous ouvrons, vous ouvrez, ils ouvrent*. Imperf.: *j'ouvrais...* Pret. indef.: *j'ouvris, nous ouvrîmes...* Fut.: *j'ouvrirai... nous ouvrirons...* Cond. pres.: *j'ouvrirais... nous ouvririons...* Imper.: *ouvre, ouvrons, ouvrez*. Subj. pres.: *que j'ouvre... que nous ouvrions...* Imperf.: *que j'ouvrisse... que nous ouvrissions...* Ger.: *ouvrant*. P. p.: *ouvert, ouverte*.

paître ind. pres.: *je pais, tu pais, il paît, nous paissons, vous paissez, ils paissent*. Imperf.: *je paissais...* Fut.: *je paîtrai... nous paîtrons...* Imper.: *pais, paissons, paissez*. Subj. pres.: *que je paisse... que nous paissions...* Ger.: *paissant*. Los demás tiempos no se emplean.

paraître como CONNAITRE.

parcourir como COURIR.

parfaire como FAIRE.

partir como MENTIR.

parvenir como VENIR.

peindre como CRAINDRE.

percevoir como RECEVOIR.

permettre como METTRE.

plaindre como CRAINDRE.

plaire ind. pres.: *je plais, tu plais, il plaît, nous plaisons, vous plaisez, ils plaisent*. Imperf.: *je plaisais...* Pret. indef.: *je plus... nous plûmes...* Fut.: *je plairai... nous plairons...* Cond. pres.: *je plairais... nous plairions...* Imper.: *plais, plaisons, plaisez*. Subj. pres.: *que je plaise... que nous plaisions...* Imperf.: *que je plusse... que nous plussions...* Ger.: *plaisant*. P. p.: *plu* (sin femenino).

pleuvoir verbo impersonal. Ind. pres.: *il pleut*. Imperf.: *il pleuvait*. Pret. indef.: *il plut*. Fut.: *il pleuvra...* Cond. pres.: *il pleuvrait*. Subj. pres.: *qu'il pleuve*. Imperf.: *qu'il plût*. Ger.: *pleuvant*. P. p.: *plu*.

poindre como CRAINDRE.

poursuivre como SUIVRE.

pourvoir ind. pres.: *je pourvois... nous pourvoyons...* Imperf.: *je pourvoyais... nous pourvoyions...* Pret. indef.: *je pourvus... nous pourvûmes...* Fut.: *je pourvoirai...* Cond. pres.: *je pourvoirais...* Imper.: *pourvois, pourvoyons, pourvoyez*. Subj. pres.: *que je pourvoie... que nous pourvoyions...* Imperf.: *que je pourvusse... que nous pourvussions...* Ger.: *pourvoyant*. P. p.: *pourvu, pourvue*.

pouvoir ind. pres.: *je peux* o *je puis, tu peux, il peut, nous pouvons, vous pouvez, ils peuvent*. Imperf.: *je pouvais...* Pret. indef.: *je pus... nous pûmes...* Fut.: *je pourrai... nous pourrons...* Cond. pres.: *je pourrais... nous pourrions...* Imper. (p us). Subj. pres.: *que je puisse... que nous puissions...* Imperf.: *que je pusse... que nous pussions...* Ger.: *pouvant*. P. p.: *pu*.

prédire como DÉDIRE.

prendre ind. pres.: *je prends, tu prends, il prend, nous prenons, vous prenez, ils prennent*. Imperf.: *je prenais...* Pret. indef.: *je pris... nous prîmes...* Fut.: *je prendrai... nous prendrons...* Cond. pres.: *je prendrais... nous prendrions...* Imper.: *prends, prenons, prenez*. Subj. pres.: *que je prenne... que nous prenions...* Imperf.: *que je prisse... que nous prissions...* Ger.: *prenant*. P. p.: *pris, prise*.

prescrire como ÉCRIRE.

pressentir como MENTIR.

prévaloir como VALOIR, salvo en el subj. pres.: *que je prévale... que nous prévalions*.

prévenir como VENIR.

prévoir como VOIR, salvo en el fut.: *je prévoirai... nous prévoirons...*; y en el cond. pres.: *je prévoirais... nous prévoirions*.

promettre como METTRE.

promouvoir sólo usado en el infinitivo, en los tiempos compuestos: *j'ai promu...*, etc.; y en la forma pasiva: *ils sont promus*.
proscrire como ÉCRIRE.
provenir como VENIR.
quérir sólo usado en el infinitivo.
rabattre como BATTRE.
rasseoir como ASSEOIR.
ratteindre como CRAINDRE.
ravoir sólo usado en el infinitivo.
rebattre como BATTRE.
recevoir ind. pres.: *je reçois, tu reçois, il reçoit, nous recevons, vous recevez, ils reçoivent*. Pret. indef.: *je reçus, tu reçus, il reçut, nous reçûmes, vous reçûtes, ils reçurent*. Imper.: *reçois, recevons, recevez*. Subj. pres.: *que je reçoive... que nous recevions...* Imperf.: *que je reçusse... que nous reçussions*. P. p.: *reçu, reçue*.
reconduire como CONDUIRE.
reconnaître como CONNAÎTRE.
reconquérir como CONQUÉRIR.
reconstruire como CONSTRUIRE.
recoudre como COUDRE.
recourir como COURIR.
recouvrir como COUVRIR.
récrire como ÉCRIRE.
recroître como CROÎTRE.
recueillir como CUEILLIR.
recuire como CUIRE.
redécouvrir como COUVRIR.
redéfaire como FAIRE.
redevenir como VENIR.
redevoir como DEVOIR.
redire como DIRE.
redormir como DORMIR.
réduire como CONDUIRE.
réélire como LIRE.
refaire como FAIRE.
réinscrire como ÉCRIRE.
réintroduire como CONDUIRE.
rejoindre como JOINDRE.
relire como LIRE.
reluire como LUIRE.
remettre como METTRE.
renaître como NAÎTRE.
rendormir como DORMIR.
renvoyer como ENVOYER.
repaître (se) como PAÎTRE; tiene además un pret. indef.: *je me repus... nous nous repûmes*; y un p. p.: *repu, repue*.
reparaître como CONNAÎTRE.
repeindre como CRAINDRE.
repentir (se) como MENTIR.

reprendre como PRENDRE.
requérir como ACQUÉRIR.
résoudre ind. pres.: *je résous, tu résous, il résout, nous résolvons, vous résolvez, ils résolvent*. Imperf.: *je résolvais...* Pret. indef.: *je résolus... nous résolûmes...* Fut.: *je résoudrai... nous résoudrons...* Cond. pres.: *je résoudrais... nous résoudrions...* Imper.: *résous, résolvons, résolvez*. Subj. pres.: *que je résolve... que nous résolvions...* Imperf.: *que je résolusse... que nous résolussions...* Ger.: *résolvant*. P. p.: *résolu, résolue* y *résous* (sólo en el masculino).
ressentir como MENTIR.
resservir como SERVIR.
ressortir como SORTIR, en el caso de *volver a salir*. Pero cuando significa *ser de la competencia de, incumbir*, se conjuga como FINIR.
ressouvenir (se) como VENIR.
restreindre como CRAINDRE.
retenir como VENIR.
retraduire como CUIRE.
retranscrire como ÉCRIRE.
retransmettre como METTRE.
revaloir como VALOIR.
revenir como VENIR.
revêtir como VÊTIR.
revivre como VIVRE.
revoir como VOIR.
rire ind. pres.: *je ris, tu ris, il rit, nous rions, vous riez, ils rient*. Imperf.: *je riais... nous riions...* Pret. indef.: *je ris... nous rîmes...* Fut.: *je rirai... nous rirons...* Cond. pres.: *je rirais... nous ririons...* Imper.: *ris, rions, riez*. Subj. pres.: *que je rie... que nous riions...* Imperf.: *que je risse... que nous rissions...* Ger.: *riant*. P. p.: *ri*.
rouvrir como OUVRIR.
satisfaire como FAIRE.
savoir ind. pres.: *je sais, tu sais, il sait, nous savons, vous savez, ils savent*. Imperf.: *je savais...* Pret. indef.: *je sus... nous sûmes...* Fut.: *je saurai... nous saurons...* Cond. pres.: *je saurais... nous saurions...* Imper.: *sache, sachons, sachez*. Subj. pres.: *que je sache... que nous sachions...* Imperf.: *que je susse... que nous sussions...* Ger.: *sachant*. P. p.: *su, sue*.
secourir como COURIR.
séduire como CONDUIRE.
sentir como MENTIR.
seoir (estar sentado, estar situado) sólo se emplea en el ger.: *séant*; y en el p. p.: *sis, sise*.
seoir (ser conveniente) sólo se usa en las terceras personas. Ind. pres.: *il sied, ils siéent*. Imperf.: *il seyait, ils seyaient*. Fut.: *il siéra, ils siéront*. Cond. pres.: *il siérait, ils siéraient*. Subj. pres.: *qu'il siée, qu'ils siéent*. Ger.: *seyant* o *séant*.
servir como MENTIR.
sortir ind. pres.: *je sors, tu sors, il sort, nous sortons, vous sortez, ils sortent*. Se conjuga después como MENTIR.
souffrir como OUVRIR.

soumettre como METTRE.
sourire como RIRE.
souscrire como ÉCRIRE.
soustraire como TRAIRE.
soutenir como VENIR.
souvenir (se) como VENIR.
subvenir como VENIR.
suffire ind. pres.: *je suffis, tu suffis, il suffit, nous suffisons, vous suffisez, ils suffisent.* Imperf.: *je suffisais...* Pret. indef.: *je suffis... nous suffîmes...* Fut.: *je suffirai... nous suffirons...* Cond. pres.: *je suffirais... nous suffirions...* Imper.: *suffis, suffisons, suffisez.* Subj. pres.: *que je suffise... que nous suffisions...* Imperf.: *que je suffisse... que nous suffissions...* Ger.: *suffisant.* P. p.: *suffi.*
suivre ind. pres.: *je suis, tu suis, il suit, nous suivons, vous suivez, ils suivent.* Imperf.: *je suivais...* Pret. indef.: *je suivis... nous suivîmes...* Fut.: *je suivrai... nous suivrons...* Cond. pres.: *je suivrais... nous suivrions...* Imper.: *suis, suivons, suivez.* Subj. pres.: *que je suive... que nous suivions...* Imperf.: *que je suivisse... que nous suivissions...* Ger.: *suivant.* P. p.: *suivi, suivie.*
surprendre como PRENDRE.
surseoir ind. pres.: *je sursois... nous sursoyons...* Imperf.: *je sursoyais... nous sursoyions...* Pret. indef.: *je sursis...* Fut.: *je surseoirai...* Cond. pres.: *je surseoirais...* Imper.: *sursois, sursoyons, sursoyez.* Subj. pres.: *que je sursoie... que nous sursoyions...* Imperf.: *que je sursisse...* Ger.: *sursoyant.* P. p.: *sursis, sursise.*
survenir como VENIR.
survivre como VIVRE.
taire como PLAIRE (pero *il tait* sin î).
teindre como CRAINDRE.
tenir como VENIR.
traduire como CUIRE.
traire ind. pres.: *je trais, tu trais, il trait, nous trayons, vous trayez, ils traient.* Imperf.: *je trayais... nous trayions...* No hay pretérito indefinido. Fut.: *je trairai... nous trairons...* Cond. pres.: *je trairais... nous trairions...* Imper.: *trais, trayons, trayez.* Subj. pres.: *que je traye... que nous trayions...* No hay imperfecto. Ger.: *trayant.* P. p.: *trait, traite.*
transcrire como ÉCRIRE.
transmettre como METTRE.
transparaître como CONNAITRE.
tressaillir ind. pres.: *je tressaille... nous tressaillons...* Imperf.: *je tressaillais... nous tressaillions...* Pret. indef.: *je tressaillis... nous tressaillîmes...* Fut.: *je tressaillirai... nous tressaillirons...* Cond. pres.: *je tressaillirais... nous tressaillirions...* Imper.: *tressaille, tressaillons, tressaillez.* Subj. pres.: *que je tressaille... que nous tressaillions...* Imperf.: *que je tressaillisse... que nous tressaillissions...* Ger.: *tressaillant.* P. p.: *tressailli, tressaillie.*
vaincre ind. pres.: *je vaincs, tu vaincs, il vainc, nous vainquons, vous vainquez, ils vainquent.* Imperf.: *je vainquais...* Pret. indef.: *je vainquis... nous vainquîmes...* Fut.: *je vaincrai... nous vaincrons...* Cond. pres.: *je vaincrais... nous vaincrions...* Imper.: *vaincs, vainquons, vainquez.* Subj. pres.: *que je vainque... que nous vainquions...* Imperf.: *que je vainquisse... que nous vainquissions...* Ger.: *vainquant.* P. p.: *vaincu, vaincue.*
valoir ind. pres.: *je vaux, tu vaux, il vaut, nous valons, vous valez, ils valent.* Imperf.: *je valais...* Pret. indef.: *je valus... nous valûmes...* Fut.: *je vaudrai... nous vaudrons...* Cond. pres.: *je vaudrais... nous vaudrions...* Imper.: *vaux, valons, valez.* Subj. pres.: *que je vaille... que nous valions...* Imperf.: *que je valusse... que nous valussions...* Ger.: *valant.* P. p.: *valu, value.*
venir ind. pres.: *je viens... nous venons... ils viennent.* Imperf.: *je venais...* Pret. indef.: *je vins...* Fut.: *je viendrai...* Cond. pres.: *je viendrais...* Subj. pres.: *que je vienne... que nous venions... qu'ils viennent.* Imperf.: *que je vinsse... qu'il vînt...* Ger.: *venant.* P. p.: *venu, venue.*
vêtir ind. pres.: *je vêts, tu vêts, il vêt, nous vêtons, vous vêtez, ils vêtent.* Imperf.: *je vêtais... nous vêtions...* Pret. indef.: *je vêtis... nous vêtîmes...* Fut.: *je vêtirai... nous vêtirons...* Cond. pres.: *je vêtirais... nous vêtirions...* Imper.: *vêts, vêtons, vêtez.* Subj. pres.: *que je vête... que nous vêtions...* Imperf.: *que je vêtisse... que nous vêtissions...* Ger.: *vêtant.* P. p.: *vêtu, vêtue.*
vivre ind. pres.: *je vis... nous vivons...* Imperf.: *je vivais... nous vivions...* Pret. indef.: *je vécus... nous vécûmes...* Fut.: *je vivrai... nous vivrons...* Cond. pres.: *je vivrais... nous vivrions...* Imper.: *vis, vivons, vivez.* Subj. pres.: *que je vive... que nous vivions...* Imperf.: *que je vécusse... que nous vécussions...* Ger.: *vivant.* P. p.: *vécu, vécue.*
voir ind. pres.: *je vois... nous voyons, vous voyez, ils voient.* Imperf.: *je voyais... nous voyions...* Pret. indef.: *je vis... nous vîmes...* Fut.: *je verrai... nous verrons...* Cond. pres.: *je verrais... nous verrions...* Imper.: *vois, voyons, voyez.* Subj. pres.: *que je voie... que nous voyions...* Imperf.: *que je visse... que nous vissions...* Ger.: *voyant.* P. p.: *vu, vue.*
vouloir ind. pres.: *je veux, tu veux, il veut, nous voulons, vous voulez, ils veulent.* Imperf.: *je voulais...* Pret. indef.: *je voulus... nous voulûmes...* Fut.: *je voudrai... nous voudrons...* Cond. pres.: *je voudrais... nous voudrions...* Imper.: *veux, voulons, voulez (o veuille, veuillons, veuillez).* Subj. pres.: *que je veuille... que nous voulions...* Imperf.: *que je voulusse... que nous voulussions...* Ger.: *voulant.* P. p.: *voulu, voulue.*

La conjugaison espagnole

Les verbes espagnols se divisent en trois groupes de conjugaison caractérisés par la terminaison de leur infinitif en **-ar, -er, ir**.

VERBES RÉGULIERS

Infinitif	PREMIÈRE CONJUGAISON **amar**		DEUXIÈME CONJUGAISON **beber**	
Indicatif présent	**am**o **am**as **am**a	**am**amos **am**áis **am**an	**beb**o **beb**es **beb**e	**beb**emos **beb**éis **beb**en
Imparfait	**am**aba **am**abas **am**aba	**am**ábamos **am**abais **am**aban	**beb**ía **beb**ías **beb**ía	**beb**íamos **beb**íais **beb**ían
Passé simple	**am**é **am**aste **am**ó	**am**amos **am**asteis **am**aron	**beb**í **beb**iste **beb**ió	**beb**imos **beb**isteis **beb**ieron
Futur	**am**aré **am**arás **am**ará	**am**aremos **am**aréis **am**arán	**beb**eré **beb**erás **beb**erá	**beb**eremos **beb**eréis **beb**erán
Conditionnel présent	**am**aría **am**arías **am**aría	**am**aríamos **am**aríais **am**arían	**beb**ería **beb**erías **beb**ería	**beb**eríamos **beb**eríais **beb**erían
Impératif	**am**a	**am**ad	**beb**e	**beb**ed
Subjonctif présent	**am**e **am**es **am**e	**am**emos **am**éis **am**en	**beb**a **beb**as **beb**a	**beb**amos **beb**áis **beb**an
Imparfait du subjonctif	**am**ara (ase) **am**aras (ases) **am**ara (ase)	**am**áramos (ásemos) **am**arais (aseis) **am**aran (asen)	**beb**iera (iese) **beb**ieras (ieses) **beb**iera (iese)	**beb**iéramos (iésemos) **beb**ierais (ieseis) **beb**ieran (iesen)
Futur du subjonctif	**am**are **am**ares **am**are	**am**áremos **am**areis **am**aren	**beb**iere **beb**ieres **beb**iere	**beb**iéremos **beb**iereis **beb**ieren
Participe présent		**am**ando		**beb**iendo
Participe passé		**am**ado		**beb**ido

TROISIÈME CONJUGAISON **(vivir)**

La 3e conjugaison est identique à la 2e, sauf aux 1re et 2e personnes du pluriel de l'indicatif présent (**vivimos, vivís** au lieu de *bebemos, bebéis*) et à la 2e personne du pluriel de l'impératif (**vivid** au lieu de *bebed*). Au futur et au conditionnel, la première lettre de la terminaison est un **i** au lieu du **e** de la 2e conjugaison (*viviré* je vivrai; *viviríamos* nous vivrions).

AUXILIAIRES

Haber. *Haber* (avoir) est toujours auxiliaire ou impersonnel. Dans ce dernier cas, il a le sens de «y avoir» (*habrá* il y aura). La forme *hay* (il y a) est particulière à la 3e personne du singulier de l'indicatif présent.

L'idée d'**obligation impersonnelle** (*il faut*) est rendue par *hay que* suivi de l'infinitif (*hay que comer para vivir*), ou bien par la tournure *es preciso (necesario, menester)* et l'infinitif, ou bien encore par *hacer falta* et l'infinitif.

L'idée d'**obligation personnelle** (*il faut que je, tu* etc. ou *je dois, tu dois*, etc.) est rendue par *tengo que, tienes que*, etc., suivi de l'infinitif ou bien par *es preciso (necesario, menester) que* et le subjonctif, ou bien encore par *hace falta que* et le subjonctif.

Les **temps composés** se forment toujours avec l'auxiliaire **haber** et le participe passé reste invariable (*he cantado* j'ai chanté; *hemos ido* nous sommes allés; *ella se ha levantado* elle s'est levée).

L'aspect de **conjecture**, exprimé en français par *devoir*, peut être rendu par *haber de* (*ha de ser tarde* il doit être tard), par *deber de* ou par le futur ou le conditionnel. (Voir plus loin «L'indicatif», page XII.)

Ser et **estar.** Voir l'article ÊTRE, page 277.

TEMPS	INFINITIF					
	haber		**ser**		**estar**	
Indicatif présent	he has ha	hemos habéis han	soy eres es	somos sois son	estoy estás está	estamos estáis están
Imparfait	había habías había	habíamos habíais habían	era eras era	éramos erais eran	estaba estabas estaba	estábamos estabais estaban
Passé simple	hube hubiste hubo	hubimos hubisteis hubieron	fui fuiste fue	fuimos fuisteis fueron	estuve estuviste estuvo	estuvimos estuvisteis estuvieron
Futur	habré habrás habrá	habremos habréis habrán	seré serás será	seremos seréis serán	estaré estarás estará	estaremos estaréis estarán
Conditionnel présent	habría habrías habría	habríamos habríais habrían	sería serías sería	seríamos seríais serían	estaría estarías estaría	estaríamos estaríais estarían
Impératif	he	habed	sé	sed	esté	estad
Subjonctif présent	haya hayas haya	hayamos hayáis hayan	sea seas sea	seamos seáis sean	esté estés esté	estemos estéis estén
Imparfait du subjonctif	hubiera (iese) hubieras (ieses) hubiera (iese)	hubiéramos (iésemos) hubierais (ieseis) hubieran (iesen)	fuera (ese) fueras (eses) fuera (ese)	fuéramos (ésemos) fuerais (eseis) fueran (esen)	estuviera (iese) estuvieras (ieses) estuviera (iese)	estuviéramos (iésemos) estuvierais (ieseis) estuvieran (iesen)
Futur du subjonctif	hubiere hubieres hubiere	hubiéremos hubiereis hubieren	fuere fueres fuere	fuéremos fuereis fueren	estuviere estuvieres estuviere	estuviéremos estuviereis estuvieren
Participe présent	habiendo				siendo		estando	
Participe passé	habido				sido		estado	

FORMES PASSIVE ET PRONOMINALE

Le passif. Se forme avec l'auxiliaire *ser* et le participe passé du verbe à conjuguer qui s'accorde (*fue castigado; fueron castigados*).

Verbes pronominaux. Dans la conjugaison pronominale, les réfléchis se placent avant le verbe sauf à l'infinitif, à l'impératif et au gérondif.

GÉRONDIF

Le gérondif se forme par l'adjonction de la terminaison **-ando** au radical de l'infinitif des verbes en **-ar**, et de la terminaison **-iendo** au radical de l'infinitif des verbes en **-er** et **-ir**. (Irrégularités: *diciendo, pudiendo, viniendo*.)

Le gérondif est toujours invariable. Employé seul, il peut exprimer la manière et correspond au participe présent français précédé de la préposition *en* (*salió llorando* il sortit en pleurant).

— OBSERV Le participe présent français précédé de *en* et exprimant le temps sera rendu en espagnol par **al** suivi de l'infinitif (*en sortant [comme il sortait], il rencontra son père* al salir, se encontró con su padre).

L'idée de durée est exprimée par le gérondif précédé de *estar*; celle de progression par le gérondif précédé de *ir* et celle de continuité par le gérondif précédé de *seguir*. *Llevar* et le gérondif envisagent rétrospectivement cet aspect de continuité (*llevo dos horas caminando* je marche depuis deux heures).

PARTICIPE PASSÉ

Le participe passé se forme par l'adjonction de la terminaison **-ado** au radical de l'infinitif des verbes en **-ar**, et de la terminaison **-ido** au radical de l'infinitif des verbes en **-er** et **-ir**. (Irrégularités: *abierto* [abrir], *cubierto* [cubrir], *muerto* [morir], *vuelto* [volver], *resuelto* [resolver], *puesto* [poner], *dicho* [decir], *hecho* [hacer], *escrito* [escribir], *visto* [ver], *roto* [romper], *impreso* [imprimir] et les composés *descubierto, envuelto*, etc.)

Le participe passé avec *haber* est toujours invariable (*los libros que hemos leído*). Il ne doit jamais être séparé de l'auxiliaire (*hemos dormido muy bien*).

Le participe passé permet de former des propositions absolues analogues à l'ablatif absolu latin. En pareil cas, le nom doit toujours être placé après le participe. Il y aura souvent lieu de traduire la forme simple du participe espagnol par la forme composée en français (*pronunciado el discurso, se sentó* après avoir prononcé son discours, il s'assit).

INDICATIF

Le **futur** et le **conditionnel** espagnols peuvent rendre l'idée d'hypothèse, respectivement au présent et au passé (*estará enfermo* il doit être malade; *tendría entonces cincuenta años* il devait alors avoir cinquante ans).

L'espagnol emploie le **passé simple** chaque fois qu'il s'agit d'une action terminée au moment où l'on parle (*llovió mucho el año pasado*) et réserve l'emploi du **passé composé** pour indiquer qu'une action dure encore au moment où l'on parle (*hoy, ha llovido mucho*).

SUBJONCTIF

Le subjonctif espagnol est employé après un verbe d'ordre (*dile que venga*) et pour exprimer la défense (*no os acerquéis*).

Après une conjonction de temps ou un relatif, le futur français se traduit par le présent du subjonctif espagnol (*ven cuando puedas* viens quand tu pourras).

La **concordance des temps** est obligatoire en espagnol. Aussi, lorsque le verbe de la proposition principale est à un temps du passé ou au conditionnel, le verbe d'une subordonnée au subjonctif doit être à l'imparfait (*temía que no lo supiese* je craignais qu'il ne le sût pas).

La conjonction **si** est suivie en espagnol du subjonctif imparfait lorsque le verbe de la principale est au conditionnel (*si tuviera dinero, compraría una casa*). **Como si** est toujours suivi du subjonctif imparfait.

Pour l'**imparfait du subjonctif**, on peut choisir indifféremment les formes en **-se** ou **-ra**. Mais il convient de signaler que cette dernière est aussi parfois utilisée comme équivalente du conditionnel (*quisiera* je voudrais), ou encore du plus-que-parfait de l'indicatif, emploi qui ne doit pas être imité.

— OBSERV Le **subjonctif futur** en **-re** a complètement disparu de la langue actuelle, sauf dans quelques formules figées: *venga lo que viniere* advienne que pourra.

IMPÉRATIF

La 1re personne du pluriel ainsi que les 3es personnes avec la formule *usted, ustedes* sont empruntées au présent du subjonctif (*comamos, coma Ud., coman Uds.*) [exception: *vamos*].

Les pronoms personnels compléments doivent être enclitiques (*levántese*). Aux deux premières personnes du pluriel, la dernière consonne de la terminaison du verbe disparaît lorsque le pronom est enclitique (*levantémonos, levantaos*).

INFINITIF

Devant l'infinitif sujet, attribut ou complément direct, on supprime le *de* français (*es vergonzoso mentir* il est honteux de mentir; *se prohibe fumar* défense de fumer).

Dans le langage familier, l'infinitif (souvent précédé de la préposition *a*) peut exprimer un **ordre** qui s'adresse à une collectivité (*¡a callar!* taisez-vous!).

La plupart des infinitifs espagnols sont susceptibles d'être **substantivés**. Cet emploi a pour but de présenter l'action exprimée par le verbe d'une manière plus **vivante** que le ferait un nom abstrait d'origine et de sens analogues. Ainsi, l'infinitif précédé de l'article **el** devient un véritable substantif (*el correr* le fait de courir, la course; *el cantar* le fait de chanter, le chant).

L'infinitif substantivé peut être accompagné d'autres déterminatifs que l'article *el* et exprime alors la nuance que le français rend par «la façon de» (*un mirar* une façon de regarder, un regard; *aquel gritar* cette façon de crier).

VERBES IRRÉGULIERS

abastecer se conjugue comme PARECER.

abnegarse comme COMENZAR.

abolir défectif. Se conjugue seulement aux temps et personnes dont la désinence porte la voyelle *i*. Ind. prés.: *abolimos, abolís*. Imparf.: *abolía, abolías*, etc. Pas. simpl.: *abolí, aboliste, abolió*, etc. Fut.: *aboliré, abolirás*, etc. Cond.: *aboliría, abolirías*, etc. Impér.: *abolid*. Subj. prés. (n'existe pas). Imparf. subj.: *aboliera, abolieras*, etc. (première forme); *aboliese, abolieses*, etc. (deuxième forme). Fut. subj.: *aboliere, abolieres*, etc. Gér.: *aboliendo*. Part. pas.: *abolido*.

aborrecer comme PARECER.

absolver comme VOLVER.

abstenerse comme TENER.

abstraer o **abstraerse** comme TRAER.

acaecer défectif. Comme PARECER.

acertar comme COMENZAR.

acontecer défectif impers. Comme PARECER.

acordar, acostar comme CONTAR.

acrecentar comme COMENZAR.

acrecer comme NACER.

adherir comme SENTIR.

adolecer, adormecer comme PARECER.

adquirir ind. prés.: *adquiero, adquieres*, etc. Subj. prés.: *adquiera, adquiramos, adquiráis*, etc. Impér.: *adquiere, adquiera*, etc.

aducir ind. prés.: *aduzco, aduces, aducís*, etc. Pas. simpl.: *adujimos, adujisteis*, etc. Impér.: *aduce, aduzca, aducid*, etc. Subj. prés.: *aduzca, aduzcas, aduzcáis*, etc. Imparf. subj.: *adujera, adujeras, adujerais*, etc. (première forme); *adujese, adujeses, adujeseis*, etc. (deuxième forme). Fut. subj.: *adujere, adujeres*, etc. Gér.: *aduciendo*. Part. pas.: *aducido*.

advenir comme VENIR.

advertir comme SENTIR.

aferrar comme COMENZAR.

afluir comme HUIR.

aforar comme AGORAR.

agorar comme CONTAR (avec tréma dans les formes diphtonguées).

agradecer comme PARECER.

agredir comme ABOLIR.
alentar comme COMENZAR.
almorzar comme CONTAR.
amanecer comme PARECER. Impers.
amarillecer comme PARECER.
amolar comme CONTAR.
andar ind. pas. simpl.: *anduve, anduviste, anduvo, anduvimos, anduvisteis, anduvieron.* Imparf. subj.: *anduviera, anduvieras,* etc. (première forme); *anduviese, anduvieses,* etc. (deuxième forme); Fut. subj.: *anduviere, anduvieres,* etc.
anochecer défectif impers. Comme PARECER.
antedecir comme DECIR.
anteponer comme PONER.
antevenir comme VENIR.
apacentar comme COMENZAR.
aparecer comme PARECER.
apercollar comme CONTAR.
apetecer comme PARECER.
aponer comme PONER.
apostar comme CONTAR (dans le sens de «parier», «gager»).
apretar comme COMENZAR.
aprobar comme CONTAR.
argüir comme HUIR.
arrendar comme COMENZAR.
arrepentirse comme SENTIR.
ascender comme HENDER.
asentar comme COMENZAR.
asentir comme SENTIR.
aserrar comme COMENZAR.
asir ind. prés.: *asgo, ases, asimos, asís,* etc. Impér.: *ase, asga, asgamos, asid,* etc. Subj. prés.: *asga, asgas, asgáis,* etc.
asolar, asonar comme CONTAR.
astreñir comme TEÑIR.
astriñir comme MULLIR.
atañer défectif. Comme TAÑER.
atardecer comme PARECER.
atender comme HENDER.
atenerse comme TENER.
aterirse défectif. Comme ABOLIR.
aterrar comme COMENZAR (sauf dans le sens de «terrifier» où il est régulier).
atestar comme COMENZAR (dans le sens de «remplir»).
atraer comme TRAER.
atravesar comme COMENZAR.
atribuir comme HUIR.
atronar comme CONTAR.
avalentar comme COMENZAR.
avenir comme VENIR.

aventar comme COMENZAR.
avergonzar o **avergonzarse** comme CONTAR.
balbucir défectif. Comme ABOLIR.
bendecir comme DECIR.
bienquerer comme QUERER.
blandir défectif. Comme ABOLIR.
bruñir, bullir comme MULLIR.
caber ind. prés.: *quepo, cabes, cabe, cabéis,* etc. Pas. simpl.: *cupe, cupiste, cupo, cupieron,* etc. Fut.: *cabré, cabrás, cabréis,* etc. Cond. prés.: *cabría, cabrías,* etc. Impér.: *cabe, quepa, quepamos,* etc. Subj. prés.: *quepa, quepas, quepáis,* etc. Imparf. subj.: *cupiera, cupieras, cupierais,* etc. (première forme); *cupiese, cupieses, cupieseis,* etc. (deuxième forme). Fut. subj.: *cupiere, cupieres,* etc.
caer ind. prés.: *caigo.* Pas. simpl.: *caí, caíste, cayó, cayeron,* etc. Subj. prés.: *caiga, caigas, caigamos, caigáis, caigan.*
calentar comme COMENZAR.
carecer comme PARECER.
cegar comme COMENZAR.
ceñir comme TEÑIR.
cerner comme HENDER.
cernir comme SENTIR.
cerrar, cimentar comme COMENZAR.
circunferir comme SENTIR.
cocer comme VOLVER.
colar comme CONTAR.
colegir comme PEDIR.
colgar comme CONTAR.
comedirse comme PEDIR.
comenzar ind. prés.: *comienzo, comienzas, comienza, comenzamos,* etc. Subj. prés.: *comience, comiences, comencemos,* etc. Impér.: *comienza, comience, comencemos,* etc.
compadecer comme PARECER.
comparecer comme PARECER.
competir comme PEDIR.
complacer comme PARECER.
componer comme PONER.
comprobar comme CONTAR.
concebir comme PEDIR.
concernir comme DISCERNIR.
concertar comme COMENZAR.
concluir comme HUIR.
concordar comme CONTAR.
condescender comme HENDER.
condolerse comme VOLVER.
conducir comme ADUCIR.
conferir comme SENTIR.
confesar comme COMENZAR.
confluir comme HUIR.
conmover comme VOLVER.

conocer ind. prés.: *conozco*, etc. Impér.: *conoce, conozca, conozcamos, conozcan*. Subj. prés.: *conozca, conozcas, conozcan*.

conseguir comme PEDIR.

consentir comme SENTIR.

consolar comme CONTAR.

constituir comme HUIR.

constreñir comme TEÑIR.

construir comme HUIR.

contar ind. prés.: *cuento, cuentas, cuenta, contamos, contáis, cuentan*. Subj. prés.: *cuente, cuentes, contemos*, etc. Impér.: *cuenta, cuente, contemos*, etc.

contender comme HENDER.

contener comme TENER.

contradecir comme DECIR.

contraer comme TRAER.

contrahacer comme HACER.

contraponer comme PONER.

contravenir comme VENIR.

contribuir comme HUIR.

controvertir comme SENTIR.

convalecer comme PARECER.

convenir comme VENIR.

convertir comme SENTIR.

corregir comme PEDIR.

corroer comme ROER.

costar comme CONTAR.

crecer comme PARECER.

creer pas. simpl.: *creyó, creyeron*. Imparf. subj.: *creyera, creyeras*, etc. (première forme); *creyese, creyeses*, etc. (deuxième forme). Fut. subj.: *creyere, creyeres*, etc. Gér.: *creyendo*.

dar ind. prés.: *doy, das, dais*, etc. Pas. simpl.: *di, diste, dio, disteis*, etc. Subj. prés.: *dé, des, dé, demos*, etc. Imparf. subj.: *diera, dieras, dierais*, etc. (première forme); *diese, dieses*, etc. (deuxième forme). Fut. subj.: *diere, dieres*, etc. Impér.: *da, dé, demos*, etc.

decaer comme CAER.

decir ind. prés.: *digo, dices, decimos, decís*, etc. Pas. simpl.: *dije, dijiste, dijo*, etc. Fut.: *diré, dirás, diréis*, etc. Subj. prés.: *diga, digas, digáis*, etc. Imparf. subj.: *dijera, dijeras*, etc. (première forme); *dijese, dijeses*, etc. (deuxième forme). Fut.: *dijere, dijeres*, etc. Cond. prés.: *diría, dirías*, etc. Impér.: *di, diga, digamos, decid*, etc. Gér.: *diciendo*. Part. pas.: *dicho*.

decrecer comme PARECER.

deducir comme ADUCIR.

defender comme HENDER.

deferir comme SENTIR.

degollar comme CONTAR.

demoler comme VOLVER.

demostrar comme CONTAR.

denegar comme COMENZAR.

denostar comme CONTAR.

dentar comme COMENZAR.

deponer comme PONER.

derretir comme PEDIR.

derruir comme HUIR.

desagradecer comme PARECER.

desalentar comme COMENZAR.

desandar comme ANDAR.

desaparecer comme PARECER.

desaprobar comme CONTAR.

desarrendar comme COMENZAR.

desasir comme ASIR.

desasosegar comme COMENZAR.

desatender comme HENDER.

desavenir comme VENIR.

descender comme HENDER.

descolgar comme CONTAR.

descollar comme CONTAR.

descomponer comme PONER.

desconcertar comme COMENZAR.

desconocer comme PARECER.

desconsolar comme CONTAR.

descontar comme CONTAR.

descordar comme CONTAR.

descornar comme CONTAR.

desdecir comme DECIR.

desdentar comme COMENZAR.

desempedrar comme COMENZAR.

desenfurecer comme PARECER.

desengrosar comme CONTAR.

desenmohecer comme PARECER.

desenmudecer comme PARECER.

desentenderse comme HENDER.

desenterrar comme COMENZAR.

desentumecer comme PARECER.

desenvolver comme VOLVER.

desfallecer comme PARECER.

desfavorecer comme PARECER.

desgobernar comme COMENZAR.

desguarnecer comme PARECER.

deshacer comme HACER.

deshelar comme COMENZAR.

desherrar comme COMENZAR.

deshumedecer comme PARECER.

desleír comme REÍR.

deslucir comme LUCIR.

desmedirse comme PEDIR.

desmembrar comme COMENZAR.

desmentir comme SENTIR.

desmerecer comme PARECER.

desobedecer comme PARECER.
desobstruir comme HUIR.
desoír comme OIR.
desolar, desoldar comme CONTAR.
desollar comme CONTAR.
despedir comme PEDIR.
despedrar comme COMENZAR.
despertar comme COMENZAR.
desplegar comme COMENZAR.
despoblar comme CONTAR.
desteñir comme TEÑIR.
desterrar comme COMENZAR.
destituir comme HUIR.
destorcer comme VOLVER.
destruir comme HUIR.
desvanecer comme PARECER.
desvergonzarse comme CONTAR.
desvestir comme PEDIR.
detener comme TENER.
detraer comme TRAER.
devenir comme VENIR.
devolver comme VOLVER.
diferir comme SENTIR.
difluir comme HUIR.
digerir comme SENTIR.
diluir comme HUIR.
discernir ind. prés.: *discierno, disciernes, discierne, discernimos, discernís, disciernen.* Subj. prés.: *discierna, disciernas, discernamos, etc.* Impér.: *discierne, discierna, discernid, etc.*
disconvenir comme VENIR.
discordar comme CONTAR.
disentir comme SENTIR.
disminuir comme HUIR.
disolver comme VOLVER.
disponer comme PONER.
distender comme HENDER.
distraer comme TRAER.
distribuir comme HUIR.
divertir comme SENTIR.
dolar comme CONTAR.
doler comme VOLVER.
dormir ind. prés.: *duermo, duermes, duerme, dormís, etc.* Pas. simpl.: *dormí, dormiste, durmió, durmieron, etc.* Impér.: *duerme, duerma, durmamos, dormid, etc.* Subj. prés.: *duerma, duermas, duerma, etc.* Imparf. subj.: *durmiera, durmieras, etc.* (première forme); *durmiese, durmieses, etc.* (deuxième forme). Fut. subj.: *durmiere, durmieres, etc.* Gér.: *durmiendo.*
elegir comme PEDIR.
embaír défectif. Comme ABOLIR.

embebecer comme PARECER.
embellecer comme PARECER.
embestir comme PEDIR.
emblandecer comme PARECER.
emblanquecer comme PARECER.
embobecer comme PARECER.
embravecer comme PARECER.
embrutecer comme PARECER.
emparentar comme COMENZAR.
empedernir défectif. Comme ABOLIR.
empedrar comme COMENZAR.
empequeñecer comme PARECER.
empezar comme COMENZAR.
emplastecer comme PARECER.
empobrecer comme PARECER.
emporcar comme CONTAR.
enaltecer, enardecer comme PARECER.
encalvecer comme PARECER.
encallecer, encandecer comme PARECER.
encanecer, encarecer comme PARECER.
encender comme HENDER.
encentar, encerrar comme COMENZAR.
enclocar comme CONTAR.
encloquecer comme PARECER.
encomendar comme COMENZAR.
encontrar comme CONTAR.
encordar comme CONTAR.
encrudecer comme PARECER.
endentar comme COMENZAR.
endurecer comme PARECER.
enflaquecer comme PARECER.
enfurecer comme PARECER.
engrandecer comme PARECER.
engreír comme REIR.
engrosar comme CONTAR.
engrumecerse comme PARECER.
engullir comme MULLIR.
enloquecer comme PARECER.
enlucir comme LUCIR.
enmarillecerse comme PARECER.
enmelar comme COMENZAR.
enmendar comme COMENZAR.
enmohecer comme PARECER.
enmudecer comme PARECER.
ennegrecer comme PARECER.
ennoblecer comme PARECER.
enorgullecer comme PARECER.
enrarecer comme PARECER.
enriquecer comme PARECER.

enrojecer comme PARECER.
enronquecer comme PARECER.
ensangrentar comme COMENZAR.
ensoberbecer, ensombrecer comme PARECER.
ensordecer comme PARECER.
entallecer comme PARECER.
entender comme HENDER.
entenebrecerse, enternecer comme PARECER.
enterrar comme COMENZAR.
entontecer comme PARECER.
entorpecer comme PARECER.
entrecerrar comme COMENZAR.
entrelucir comme LUCIR.
entreoír comme OIR.
entretener comme TENER.
entrever comme VER.
entristecer comme PARECER.
entullecer comme PARECER.
entumecer comme PARECER.
envanecer comme PARECER.
envejecer comme PARECER.
enverdecer comme PARECER.
envilecer comme PARECER.
envolver comme VOLVER.
equivaler comme VALER.
erguir ind. prés.: *irgo* ou *yergo, irgues* ou *yergues, irgue* ou *yergue, erguimos, erguís, irguen* ou *yerguen*. Pas. simpl.: *erguí, erguiste, irguió, erguimos, erguisteis, irguieron*. Impér.: *irgue* ou *yergue, irga* ou *yerga, irgamos*, etc. Subj. prés.: *irga* ou *yerga, irgas* ou *yergas, irga* ou *yerga, irgamos*, etc. Impar. subj.: *irguiera, irguieras*, etc. (première forme); *irguiese, irguieses*, etc. (deuxième forme). Fut. subj.: *irguiere, irguieres*, etc. Gér.: *irguiendo*.
errar ind. prés.: *yerro, yerras, yerra*, etc. Subj. prés.: *yerre, yerres*, etc. Impér.: *yerra, yerre, erremos*, etc.
escabullirse comme MULLIR.
escarmentar comme COMENZAR.
escarnecer, esclarecer comme PARECER.
escocer comme VOLVER.
esforzar comme CONTAR.
establecer comme PARECER.
estar Voir conjugaison page XI.
estatuir comme HUIR.
estregar comme COMENZAR.
estremecer comme PARECER.
estreñir comme TEÑIR.
excluir comme HUIR.
expedir comme PEDIR.
exponer comme PONER.
extender comme HENDER.

extraer comme TRAER.
fallecer, favorecer comme PARECER.
fenecer, florecer comme PARECER.
fluir comme HUIR.
follar comme CONTAR.
fortalecer comme PARECER.
forzar comme CONTAR.
fosforecer comme PARECER.
fotocomponer comme PONER.
fregar comme COMENZAR.
freír comme REIR.
gañir comme MULLIR.
garantir défectif. Comme ABOLIR.
gemir comme PEDIR.
gobernar comme COMENZAR.
gruñir pas. simpl.: *gruñí, gruñiste, gruño, gruñeron*, etc. Imparf. subj.: *gruñera, gruñeras*, etc. ou *gruñese, gruñeses*, etc. Fut. subj.: *gruñere, gruñeres*, etc. Gér.: *gruñendo*.
guarecer comme PARECER.
guarnecer comme PARECER.
haber Voir conjugaison page XI.
hacendar comme COMENZAR.
hacer ind. prés.: *hago, haces, hace*, etc. Pas. simpl.: *hice, hiciste, hizo*, etc. Fut.: *haré, harás, hará*, etc. Impér.: *haz* ou *hace, haga, hagamos*, etc. Cond. prés.: *haría, harías*, etc. Subj. prés.: *haga, hagas*, etc. Imparf. subj.: *hiciera, hicieras*, etc. (première forme); *hiciese, hicieses*, etc. (deuxième forme). Fut. subj.: *hiciere, hicieres*, etc. Gér.: *haciendo*. Part. pas.: *hecho*.
heder comme HENDER.
helar comme COMENZAR.
henchir comme PEDIR.
hender ind. prés.: *hiendo, hiendes, hiende, hendemos, hendéis, hienden*. Impér.: *hiende, hienda, hendamos*, etc. Subj. prés.: *hienda, hiendas*, etc.
herir comme SENTIR.
herrar comme COMENZAR.
hervir comme SENTIR.
holgar comme CONTAR.
hollar comme CONTAR.
huir ind. prés.: *huyo, huyes, huye, huimos, huís, huyen*. Pas. simpl.: *huí, huiste, huyó*, etc. Impér.: *huye, huya, huid*, etc. Subj. prés.: *huya, huyas, huya*, etc.
humedecer comme PARECER.
imbuir comme HUIR.
impedir comme PEDIR.
imponer comme PONER.
incluir comme HUIR.
indisponer comme PONER.
inducir comme ADUCIR.
inferir comme SENTIR.

influir comme HUIR.
ingerir comme SENTIR.
inquirir comme ADQUIRIR.
instituir, instruir comme HUIR.
interferir comme SENTIR.
interponer comme PONER.
intervenir comme VENIR.
introducir comme ADUCIR.
intuir comme HUIR.
invernar comme COMENZAR.
invertir comme SENTIR.
investir comme PEDIR.
ir ind. prés.: *voy, vas, va, vamos, vais, van.* Pas. simpl.: *fui, fuiste, fue,* etc. Imparf.: *iba, ibas,* etc. Impér.: *ve, vaya, vamos, id, vayan.* Subj. prés.: *vaya, vayas,* etc. Imparf. subj.: *fuera, fueras, fueran,* etc. (première forme); *fuese, fueses,* etc. (deuxième forme). Fut. subj.: *fuere, fueres, fuere, fuéremos,* etc. Gér.: *yendo.* Part. pas.: *ido.*
jugar comme CONTAR.
languidecer comme PARECER.
lucir ind. prés.: *luzco, luces, luce,* etc. Impér.: *luce, luzca, luzcamos, lucid,* etc. Subj. prés.: *luzca, luzcas,* etc.
llover comme VOLVER (impers., se conjugue seulement aux troisièmes personnes).
maldecir comme DECIR.
malentender comme HENDER.
malherir comme SENTIR.
malquerer comme QUERER.
maltraer comme TRAER.
mancornar comme CONTAR.
manifestar comme COMENZAR.
manir défectif. Comme ABOLIR.
mantener comme TENER.
medir comme PEDIR.
melar, mentar comme COMENZAR.
mentir comme SENTIR.
merecer comme PARECER.
merendar comme COMENZAR.
moler comme VOLVER.
morder comme VOLVER.
morir comme DORMIR.
mostrar comme CONTAR.
mover comme VOLVER.
mullir pas. simpl.: *mullí, mulliste, mulló,* etc. Imparf. subj.: *mullera, mulleras,* etc. ou *mullese, mulleses,* etc. Fut. subj.: *mullere, mulleres,* etc. Gér.: *mullendo.*
nacer ind. prés.: *nazco, naces, nace,* etc. Subj. prés.: *nazca, nazcas,* etc. Impér.: *nace, nazcamos,* etc.
negar comme COMENZAR.

nevar comme COMENZAR (impers., se conjugue seulement aux troisièmes personnes).
obedecer comme PARECER.
obstruir comme HUIR.
obtener comme TENER.
ofrecer comme PARECER.
oír ind. prés.: *oigo, oyes, oye, oímos, oís, oyen.* Subj. prés.: *oiga, oigas,* etc. Imparf. subj.: *oyera, oyeras,* etc. Impér.: *oye, oiga.* Pas. simpl.: *oí, oíste, oyó,* etc. Gér.: *oyendo.*
oler ind. prés.: *huelo, hueles, huele, olemos, oléis, huelen.* Subj. prés.: *huela, huelas,* etc. Impér.: *huele, huela, olamos, oled, huelan.*
oponer comme PONER.
oscurecer comme PARECER.
pacer comme NACER.
padecer, palidecer comme PARECER.
parecer ind. prés.: *parezco, pareces,* etc. Impér.: *parece, parezca,* etc. Subj. prés.: *parezca, parezcas,* etc.
pedir ind. prés.: *pido, pides, pide, pedimos, pedís, piden.* Pas. simpl.: *pedí, pediste, pidió,* etc. Impér.: *pide, pida, pidamos,* etc. Subj. prés.: *pida, pidas,* etc. Imparf. subj.: *pidiera, pidieras,* etc. (première forme); *pidiese, pidieses,* etc. (deuxième forme). Fut. subj.: *pidiere, pidieres,* etc. Gér.: *pidiendo.*
pensar comme COMENZAR.
perder comme HENDER.
perecer comme PARECER.
permanecer comme PARECER.
perquirir comme ADQUIRIR.
perseguir comme PEDIR.
pertenecer comme PARECER.
pervertir comme SENTIR.
pimpollecer comme PARECER.
placer ind. prés.: *plazco, places, place,* etc. Pas. simpl.: *plací, placiste, plació* ou *plugo, placimos, placisteis,* etc. Impér.: *place, plazca, placed,* etc. Subj. prés.: *plazca, plazcas, plazca* ou *plegue* ou *plega,* etc. Imparf. subj.: *placiera, placieras,* etc. (première forme); *placiese, placieses, placiese* ou *pluguiese,* etc. (deuxième forme). Fut. subj.: *placiere, placieres, placiere* ou *pluguiere,* etc.
plañir comme MULLIR.
plegar comme COMENZAR.
poblar comme CONTAR.
poder ind. pres.: *puedo, puedes, puede, podemos, podéis, pueden.* Pas. simpl.: *pude, pudiste, pudo,* etc. Fut.: *podré, podrás, podrá,* etc. Cond. prés.: *podría, podrías,* etc. Impér.: *puede, pueda, podamos,* etc. Subj. prés.: *pueda, puedas, pueda,* etc. Imparf. subj.: *pudiera, pudieras,* etc. (première forme); *pudiese, pudieses,* etc. (deuxième forme). Gér.: *pudiendo.*
podrir comme PUDRIR.
poner ind. prés.: *pongo, pones, pone,* etc. Pas. simpl.: *puse, pusiste, puso,* etc. Fut.: *pondré, pondrás,*

etc. Cond. prés.: *pondría, pondrías,* etc. Impér.: *pon, ponga, pongamos,* etc. Subj. prés.: *ponga, pongas,* etc. Imparf. subj.: *pusiera, pusieras,* etc. (première forme); *pusiese, pusieses,* etc. (deuxième forme). Fut. subj.: *pusiere, pusieres,* etc. Gér.: *poniendo.* Part. pas.: *puesto.*

poseer comme CREER.
posponer comme PONER.
preconcebir comme PEDIR.
predecir comme DECIR.
predisponer comme PONER.
preferir comme SENTIR.
presentir comme SENTIR.
presuponer comme PONER.
preterir défectif. Comme ABOLIR.
prevalecer comme PARECER.
prevaler comme VALER.
prevenir comme VENIR.
prever comme VER.
probar comme CONTAR.
producir comme ADUCIR.
proferir comme SENTIR.
promover comme VOLVER.
proponer comme PONER.
proseguir comme PEDIR.
prostituir comme HUIR.
provenir comme VENIR.
pudrir part. pas.: *podrido.*
quebrar comme COMENZAR.

querer ind. prés.: *quiero, quieres, quiere, queremos, queréis, quieren.* Pas. simpl.: *quise, quisiste, quiso,* etc. Fut.: *querré, querrás, querrá,* etc. Impér.: *quiere, quiera,* etc. Cond. prés.: *querría, querrías,* etc. Subj. prés.: *quiera, quieras,* etc. Imparf. subj.: *quisiera, quisieras,* etc. (première forme); *quisiese, quisieses,* etc. (deuxième forme). Fut. subj.: *quisiere, quisieres,* etc.

raer ind. prés.: *raigo* ou *rayo, raes,* etc. Pas. déf.: *raí, raíste, rayó, rayeron,* etc. Impér.: *rae, raiga* ou *raya, raigamos* ou *rayamos,* etc. Subj. prés.: *raiga* ou *raya,* etc.

reaparecer comme PARECER.
reargüir comme HUIR.
reblandecer comme PARECER.
recaer comme CAER.
recalentar comme COMENZAR.
recluir comme HUIR.
recocer comme VOLVER.
recomendar comme COMENZAR.
recomponer comme PONER.
reconocer comme CONOCER.
reconstituir, reconstruir comme HUIR.

recontar comme CONTAR.
reconvenir comme VENIR.
reconvertir comme SENTIR.
recordar, recostar comme CONTAR.
recrudecer comme PARECER.
reducir comme ADUCIR.
reelegir, reexpedir comme PEDIR.
referir comme SENTIR.
reflorecer comme PARECER.
refluir comme HUIR.
reforzar comme CONTAR.
refregar comme COMENZAR.
refreír comme REIR.
regar comme COMENZAR.
regir comme PEDIR.
regruñir comme GRUÑIR.
rehacer comme HACER.
rehuir comme HUIR.

reír ind. prés.: *río, ríes, ríe, reímos, reís, ríen.* Pas. déf.: *reí, reíste, rió,* etc. Impér.: *ríe, ría,* etc. Subj. prés.: *ría, rías, ría, riamos,* etc. Imparf. subj.: *riera, rieras,* etc. (première forme); *riese, rieses,* etc. (deuxième forme). Fut. subj.: *riere, rieres,* etc. Gér.: *riendo.*

rejuvenecer comme PARECER.
relucir comme LUCIR.
remendar comme COMENZAR.
remoler comme VOLVER.
remorder, remover comme VOLVER.
renacer comme NACER.
rendir comme PEDIR.
renegar comme COMENZAR.
renovar comme CONTAR.
reñir comme TEÑIR.
repacer comme NACER.
repetir comme PEDIR.
replegar comme COMENZAR.
repoblar comme CONTAR.
reponer comme PONER.
reprobar comme CONTAR.
reproducir comme ADUCIR.
requerir comme SENTIR.
resentirse comme SENTIR.
resolver comme VOLVER.
resollar, resonar comme CONTAR.
resplandecer, restablecer comme PARECER.
restituir comme HUIR.
restregar comme COMENZAR.
restriñir comme MULLIR.
retemblar comme COMENZAR.
retener comme TENER.

retorcer comme VOLVER.
retostar comme CONTAR.
retraer comme TRAER.
retribuir comme HUIR.
retronar comme CONTAR.
retrotraer comme TRAER.
revenir comme VENIR.
reventar comme COMENZAR.
reverdecer comme PARECER.
revertir comme SENTIR.
revestir comme PEDIR.
revolcar comme CONTAR.
revolver comme VOLVER.
robustecer comme PARECER.
rodar comme CONTAR.

roer ind. prés.: *roo* ou *roigo* ou *royo*, etc. Pas. simpl.: *roí, roíste, royó, royeron*, etc. Impér.: *roe, roa* ou *roiga* ou *roya*, etc. Subj. prés.: *roa, roas*, etc. ou *roiga, roigas*, etc. ou *roya, royas*, etc. Gér.: *royendo*.

rogar comme CONTAR.

saber ind. prés.: *sé, sabes, sabe*, etc. Pas. simpl.: *supe, supiste, supo*, etc. Fut.: *sabré, sabrás, sabrá*, etc. Impér.: *sabe, sepa, sepamos*, etc. Cond. prés.: *sabría, sabrías*, etc. Subj. prés.: *sepa, sepas*, etc. Impar. subj.: *supiera, supieras*, etc. (première forme); *supiese, supieses*, etc. (deuxième forme). Fut. subj.: *supiere, supieres*, etc. Gér.: *sabiendo*. Part. pas.: *sabido*.

salir ind. prés.: *salgo, sales, sale*, etc. Fut.: *saldré, saldrás, saldrá*, etc. Impér.: *sal, salga, salgamos*, etc. Cond. prés.: *saldría, saldrías*, etc. Subj. prés.: *salga, salgas*, etc. Gér.: *saliendo*. Part. pas.: *salido*.

salpimentar comme COMENZAR.

satisfacer ind. prés.: *satisfago, satisfaces, satisface*, etc. Pas. simpl.: *satisfice, satisficiste, satisfizo*, etc. Fut.: *satisfaré, satisfarás, satisfará*, etc. Impér.: *satisfaz* ou *satisface, satisfaga, satisfagamos*, etc. Cond. prés.: *satisfaría, satisfarías*, etc. Subj. prés.: *satisfaga, satisfagas*, etc. Imparf. subj.: *satisficiera, satisficieras*, etc. (première forme); *satisficiese, satisficieses*, etc. (deuxième forme). Fut. subj.: *satisficiere, satisficieres*, etc. Part. pas.: *satisfecho*.

seducir comme ADUCIR.
segar comme COMENZAR.
seguir comme PEDIR.
sembrar, sentar comme COMENZAR.

sentir ind. prés.: *siento, sientes, siente, sentimos, sentís, sienten*. Pas. simpl.: *sentí, sentiste, sintió, sentimos, sentisteis, sintieron*. Impér.: *siente, sienta, sintamos*, etc. Subj. prés.: *sienta, sientas*, etc. Imparf. subj.: *sintiera, sintieras*, etc. (première forme); *sintiese, sintieses*, etc. (deuxième forme). Fut. subj.: *sintiere, sintieres*, etc. Gér.: *sintiendo*.

ser voir conjugaison page XI.
serrar comme COMENZAR.
servir comme PEDIR.

sobreentender; sobrentender comme HENDER.
sobreponer comme PONER.
sobresalir comme SALIR.
sobrevenir comme VENIR.
sobrevolar comme CONTAR.
sofreír comme REIR.
solar, soldar comme CONTAR.
soler défectif. Comme VOLVER.
soltar, sonar comme CONTAR.
sonreír comme REIR.
soñar comme CONTAR.
sosegar comme COMENZAR.
sostener comme TENER.
soterrar comme COMENZAR.
subarrendar comme COMENZAR.
subseguirse comme PEDIR.
substituir ou **sustituir** comme HUIR.
substraér ou **sustraer** comme TRAER.
subvenir comme VENIR.
subvertir, sugerir comme SENTIR.
subyacer comme YACER.
superponer comme PONER.
suponer comme PONER.

tañer pas. simpl. ind.: *tañí, tañiste, tañó*, etc. Imparf. subj.: *tañera, tañeras*, etc. (première forme); *tañese, tañeses*, etc. (deuxième forme). Fut. subj.: *tañere, tañeres*, etc. Gér.: *tañendo*. Part. pas.: *tañido*.

temblar comme COMENZAR.
tender comme HENDER.

tener ind. prés.: *tengo, tienes, tiene, tenemos, tenéis, tienen*. Pas. simpl.: *tuve, tuviste, tuvo*, etc. Fut.: *tendré, tendrás*, etc. Impér.: *ten, tenga, tengamos*, etc. Cond. prés.: *tendría, tendrías*, etc. Subj. prés.: *tenga, tengas*, etc. Imparf. subj.: *tuviera, tuvieras*, etc. (première forme); *tuviese, tuvieses, tuviesen*, etc. (deuxième forme). Fut. subj.: *tuviere, tuvieres*, etc. Gér.: *teniendo*. Part. pas.: *tenido*.

tentar comme COMENZAR.

teñir ind. prés.: *tiño, tiñes, tiñe, teñimos, teñís, tiñen*. Pas. simpl.: *teñí, teñiste, tiñó*, etc. Impér.: *tiñe, tiña, tiñamos*, etc. Subj. prés.: *tiña, tiñas*, etc. Imparf. subj.: *tiñera, tiñeras*, etc. (première forme); *tiñese, tiñeses*, etc. (deuxième forme). Fut. subj.: *tiñere, tiñeres*, etc. Gér.: *tiñendo*. Part. pas.: *teñido* ou *tinto*.

torcer comme VOLVER.
tostar comme CONTAR.
traducir comme ADUCIR.

traer ind. prés.: *traigo, traes, trae*, etc. Pas. simpl.: *traje, trajiste, trajo*, etc. Impér.: *trae, traiga, traigamos*, etc. Subj. prés.: *traiga, traigas*, etc. Imparf. subj.: *trajera, trajeras*, etc. (première forme); *trajese, trajeses*, etc. (deuxième forme). Fut. subj.: *trajere, trajeres*, etc. Gér.: *trayendo*. Part. pas.: *traído*.

transferir comme SENTIR.

transgredir comme ABOLIR.
transponer comme PONER.
trascender comme QUERER.
trascolar comme CONTAR.
trasegar comme COMENZAR.
traslucirse comme LUCIR.
trastocar comme CONTAR.
trocar comme CONTAR.
tronar comme CONTAR.
tropezar comme COMENZAR.
tullir comme MULLIR.
valer ind. prés.: *valgo, vales, vale,* etc. Fut.: *valdré, valdrás, valdrá,* etc. Impér.: *val* ou *vale, valga, valgamos,* etc. Cond. prés.: *valdría, valdrías,* etc. Subj. prés.: *valga, valgas,* etc. Gér.: *valiendo.* Part. pas.: *valido.*
venir ind. prés.: *vengo, vienes, viene, venimos, venís, vienen.* Pas. simpl.: *vine, viniste, vino,* etc. Fut.: *vendré, vendrás,* etc. Impér.: *ven, venga, vengamos,* etc. Cond. prés.: *vendría, vendrías,* etc. Subj. prés.: *venga, vengas,* etc. Imparf. subj.: *viniera, vinieras,* etc. (première forme); *viniese, vinieses,* etc. (deuxième forme). Fut. subj.: *viniere, vinieres,* etc. Gér.: *viniendo.* Part. pas.: *venido.*
ver ind. prés.: *veo, ves, ve,* etc. Imparf.: *veía, veías,* etc. Impér.: *ve, vea,* etc. Subj. prés.: *vea, veas,* etc. Gér.: *viendo.* Part. pas.: *visto.*
verter comme HENDER.
vestir comme PEDIR.
volar comme CONTAR.
volcar comme CONTAR.
volver ind. prés.: *vuelvo, vuelves, vuelve,* etc. Pas. simpl.: *volví, volviste,* etc. Impér.: *vuelve, vuelva,* etc. Subj. prés.: *vuelva, vuelvas,* etc. Gér.: *volviendo.* Part. pas.: *vuelto.*
yacer ind. prés.: *yazco* ou *yazgo* ou *yago, yaces, yace,* etc. Subj. prés.: *yazca* ou *yazga* ou *yaga,* etc. Impér.: *yace* ou *yaz, yazca* ou *yaga, yazcamos* ou *yazgamos, yaced, yazcan.* Gér.: *yaciendo.* Part. pas.: *yacido.*
zaherir comme SENTIR.
zambullir comme MULLIR.